D1675954

Dr. Heid & Partner
RECHTSANWÄLTE · VEREID. BUCHPRÜFER
36043 FULDA, FRANZOSENWÄLDCHEN 2
TEL. (0661) 2 50 61-0, FAX 2 50 61-11

Münchener Handbuch des Gesellschaftsrechts

Band 4
Aktiengesellschaft

Münchener Handbuch des Gesellschaftsrechts

Band 4
Aktiengesellschaft

Herausgegeben von
Professor Dr. Michael Hoffmann-Becking
Rechtsanwalt in Düsseldorf

Bearbeitet von

Dr. Andreas Austmann, Rechtsanwalt in Düsseldorf; *Dr. Hartwin Bungert,* Rechtsanwalt in Düsseldorf; *Dr. Achim Herfs,* Rechtsanwalt in München; *Prof. Dr. Michael Hoffmann-Becking,* Rechtsanwalt in Düsseldorf; *Dr. Ernst-Thomas Kraft,* Rechtsanwalt, Steuerberater und Wirtschaftsprüfer in Frankfurt/Main; *Prof. Dr. Gerd Krieger,* Rechtsanwalt in Düsseldorf; *Dr. Oliver Rieckers,* LL. M., Rechtsanwalt in Düsseldorf; *Dr. Viola Sailer-Coceani,* Rechtsanwältin in München; *Dr. Kai-Steffen Scholz,* Rechtsanwalt in Berlin; *Dr. Christian Wentrup,* Rechtsanwalt in Düsseldorf

5., neubearbeitete Auflage 2020

Zitiervorschlag:
MünchHdb GesR IV/*Bearbeiter* § … Rn. …
oder
MünchHdb AG/*Bearbeiter* § … Rn. …

www.beck.de

ISBN 978 3 406 70504 5

© 2020 Verlag C. H. Beck oHG
Wilhelmstr. 9, 80801 München
Satz, Druck und Bindung: Druckerei C. H. Beck, Nördlingen
(Adresse wie Verlag)

chbeck.de/nachhaltig

Gedruckt auf säurefreiem, alterungsbeständigem Papier
(hergestellt aus chlorfrei gebleichtem Zellstoff)

Vorwort zur 5. Auflage

In den fünf Jahren seit dem Erscheinen der 4. Auflage des Handbuchs hat sich die „Aktienrechtsreform in Permanenz" nicht mehr in derselben schnellen Folge von Aktienrechtsnovellen fortgesetzt wie in den Jahren von 1994 bis 2014. Aber auch in den vergangenen fünf Jahren gab es erhebliche Änderungen des AktG, die in der Neuauflage zu berücksichtigen waren, insbesondere das „Gesetz für die gleichberechtigte Teilhabe von Frauen und Männern an Führungspositionen in der Wirtschaft und im öffentlichen Dienst" vom März 2015, die nach langem Hin und Her Ende 2015 verabschiedete „Aktienrechtsnovelle 2016" und schließlich das Ende 2019 verkündete „Gesetz zur Umsetzung der zweiten Aktionärsrechterichtlinie (ARUG II)". Eingearbeitet wurde auch die Anfang 2020 bekanntgemachte vollständige Neufassung des Deutschen Corporate Governance Kodex.

Im Kreis der Autoren hat sich nur die folgende Änderung ergeben: Das bis zur 4. Auflage von Georg Wiesner bearbeitete Kapitel Vorstand hat zum einen Teil Christian Wentrup (§§ 19–21) und zum anderen Teil Michael Hoffmann-Becking (§§ 22–27) übernommen.

Der Umfang des Buchs hat sich von Auflage zu Auflage erheblich erweitert, bei im Wesentlichen unveränderter Gliederung und Darstellungsweise. Unverändert geblieben sind auch Konzeption und Zielsetzung des Buchs, wie sie in dem nachstehend noch einmal abgedruckten Vorwort zur 1. Auflage umrissen wurden.

Düsseldorf, im März 2020   Michael Hoffmann-Becking

Vorwort zur 1. Auflage

Mit diesem Handbuch soll dem Praktiker des Gesellschafts- und Steuerrechts eine auf seine Bedürfnisse zugeschnittene systematische Gesamtdarstellung des deutschen Aktienrechts an die Hand gegeben werden. Herausgeber, Autoren und Verlag haben sich nicht zum Ziel gesetzt, die Reihe der wissenschaftlich hochrangigen Kommentare zum Aktiengesetz durch ein Werk ähnlichen Zuschnitts zu erweitern, sondern den Benutzer zuverlässig und praxisnah über den aktuellen Stand des Aktienrechts zu informieren, wie er sich aus Gesetz, Rechtsprechung und Literatur ergibt. Demgemäß haben die Autoren durchweg auf eine breitere wissenschaftliche Erörterung von Pro und Contra zugunsten einer detaillierten Bestandsaufnahme dessen verzichtet, was man bei aller Vorsicht als gesicherten Bestand des Wissens ansehen kann.

Die Gliederung des Buches führt durch alle Stadien im Leben einer Aktiengesellschaft von der Gründung bis zur Liquidation und folgt damit im wesentlichen dem Aufbau des Gesetzes. Die strenge Systematik des gesamten Buches, die weitgehende Untergliederung der einzelnen Abschnitte sowie die Verwendung von Randnummern sollen die Benutzung als Handbuch erleichtern. Die inhaltlichen Schwerpunkte liegen bei den Organisationsstrukturen und Verfahrensregeln, welche die Aktiengesellschaft als besonders leistungsfähige Rechtsform für größere Unternehmen kennzeichnen. Die Arbeitsweise und das Zusammenwirken der drei Organe Vorstand, Aufsichtsrat und Hauptversammlung werden deshalb besonders eingehend behandelt. Hervorzuheben ist auch die breit angelegte Darstellung des Konzernrechts der AG, dessen Bedeutung für die Beratungs- und Gerichtspraxis laufend zunimmt.

Bei den Überlegungen zur Wahl der richtigen Rechtsform eines Unternehmens geht es, wenn die Aktiengesellschaft ins Blickfeld kommt, nicht zuletzt um ihre steuerliche Verfassung. Hier liegt deshalb ein weiterer Schwerpunkt dieses Handbuchs. Die Darstellung der steuerrechtlichen Merkmale und Besonderheiten der AG wurde dabei auch in der Gliederung des Buchs in einen engen Kontext zur gesellschaftlichen Darstellung gebracht.

Das Buch enthält keine Gesamtdarstellung des Rechts der Rechnungslegung der AG. Nachdem die für die Rechnungslegung von Kapitalgesellschaften geltenden materiellen Vorschriften durch das Bilanzrichtliniengesetz weitgehend im HGB vereinheitlicht worden sind, beschränkt sich die Darstellung darauf, die aktienrechtlichen Besonderheiten des Verfahrens von der Aufstellung des Jahresabschlusses bis zur Gewinnverwendung zu skizzieren.

Das Buch wurde „aus der Praxis für die Praxis" geschrieben. Die Verfasser haben es sich zur Aufgabe gestellt, vor allem die praktisch bedeutsamen Fragestellungen im systematischen Zusammenhang zu behandeln. Sie bitten die Benutzer dieses Handbuches auch aus diesem Grunde herzlich um Anregung und Kritik.

Als Herausgeber danke ich meinen Mitautoren für den großen persönlichen Einsatz und die rücksichtsvolle Zusammenarbeit in den mehr als drei Jahren, die wir für die Niederschrift dieses Buches benötigt haben. Dem Verlag, insbesondere Herrn Dr. Bernd Rüster danke ich herzlich für die hervorragende Betreuung und das große Verständnis, das er für die ewige Zeitnot schreibender Rechtsanwälte bewiesen hat. Mein Dank gilt auch Herrn Assessor Norbert Konda für die Hilfe bei der Gesamtredaktion und Herrn Rechtsanwalt Günther Hagen für die Erstellung des Sachregisters.

Düsseldorf, im Mai 1988   Michael Hoffmann-Becking

Inhaltsübersicht

Inhaltsverzeichnis XI
Bearbeiterverzeichnis XLIII
Abkürzungsverzeichnis XLV

1. Kapitel. Einführung

§ 1	Geschichte der Aktiengesellschaft und des Aktiengesetzes *(Hoffmann-Becking)*	1
§ 2	Wirtschaftliche Funktionen und Typen der AG *(Hoffmann-Becking)*	8

2. Kapitel. Gründung

§ 3	Bargründung als Normalform der Gründung *(Hoffmann-Becking)*	13
§ 4	Besonderheiten der Sachgründung *(Hoffmann-Becking)*	25
§ 5	Steuern bei Gründung der AG *(Kraft)*	44

3. Kapitel. Allgemeine Bestimmungen der Satzung

§ 6	Satzung *(Sailer-Coceani)*	61
§ 7	Firma *(Sailer-Coceani)*	69
§ 8	Sitz *(Sailer-Coceani)*	73
§ 9	Geschäftsjahr, Bekanntmachungen, Unternehmensgegenstand *(Sailer-Coceani)*	82
§ 10	Zweigniederlassung *(Sailer-Coceani)*	89

4. Kapitel. Grundkapital, Aktien und Rechtsstellung der Aktionäre

§ 11	Grundkapital *(Sailer-Coceani)*	97
§ 12	Aktie *(Sailer-Coceani)*	102
§ 13	Aktienarten, Aktiengattungen *(Sailer-Coceani)*	118
§ 14	Verfügungen über die Aktie *(Sailer-Coceani)*	125
§ 15	Eigene Aktien *(Rieckers)*	162
§ 16	Kapitalaufbringung und Kapitalerhaltung *(Rieckers)*	196
§ 17	Mitgliedschaft des Aktionärs *(Rieckers)*	278
§ 18	Klagerechte der Aktionäre *(Rieckers)*	298

5. Kapitel. Vorstand

§ 19	Vorstand als Leitungsorgan der Gesellschaft *(Wentrup)*	307
§ 20	Bestellung und Abberufung der Vorstandsmitglieder *(Wentrup)*	332
§ 21	Anstellungsverhältnis der Vorstandsmitglieder *(Wentrup)*	363
§ 22	Geschäftsführung *(Hoffmann-Becking)*	441
§ 23	Vertretung *(Hoffmann-Becking)*	454
§ 24	Besondere Vorstandsmitglieder *(Hoffmann-Becking)*	467
§ 25	Organpflichten der Vorstandsmitglieder *(Hoffmann-Becking)*	476

Inhaltsübersicht

§ 26	Haftung der Vorstandsmitglieder *(Hoffmann-Becking)*	520
§ 27	Schädigung durch Einflussnahme auf die Gesellschaft *(Hoffmann-Becking)*	542

6. Kapitel. Aufsichtsrat

§ 28	Zusammensetzung und Größe des Aufsichtsrats *(Hoffmann-Becking)*	547
§ 29	Aufgaben des Aufsichtsrats *(Hoffmann-Becking)*	566
§ 30	Begründung, Dauer und Beendigung der Mitgliedschaft im Aufsichtsrat *(Hoffmann-Becking)*	595
§ 31	Innere Ordnung des Aufsichtsrats *(Hoffmann-Becking)*	628
§ 32	Ausschüsse des Aufsichtsrats *(Hoffmann-Becking)*	659
§ 33	Rechte und Pflichten der Aufsichtsratsmitglieder *(Hoffmann-Becking)*	676
§ 34	Deutscher Corporate Governance Kodex und Entsprechenserklärung von Vorstand und Aufsichtsrat *(Hoffmann-Becking)*	706

7. Kapitel. Hauptversammlung

§ 35	Zuständigkeit der Hauptversammlung *(Bungert)*	717
§ 36	Einberufung der Hauptversammlung *(Bungert)*	749
§ 37	Teilnehmer, Leitung und Ablauf der Hauptversammlung *(Hoffmann-Becking)*	803
§ 38	Auskunftsrecht der Aktionäre *(Hoffmann-Becking)*	831
§ 39	Stimmrecht *(Hoffmann-Becking)*	851
§ 40	Beschlüsse und Wahlen *(Austmann)*	869
§ 41	Niederschrift *(Hoffmann-Becking)*	905
§ 42	Beschlussmängel und Beschlusskontrolle *(Ausmann)*	916
§ 43	Sonderprüfung und Ersatzansprüche (§§ 142–149 AktG) *(Bungert)*	993

8. Kapitel. Jahresabschluss

§ 44	Aufstellung des Jahresabschlusses *(Hoffmann-Becking)*	1017
§ 45	Prüfung des Jahresabschlusses *(Hoffmann-Becking)*	1023
§ 46	Feststellung des Jahresabschlusses *(Hoffmann-Becking)*	1030
§ 47	Gewinnverwendung *(Hoffmann-Becking)*	1038
§ 48	Nichtigkeit des Jahresabschlusses und Sonderprüfung wegen Unterbewertung *(Hoffmann-Becking)*	1055

9. Kapitel. Steuerrecht

§ 49	Grundzüge der Besteuerung der Aktiengesellschaft *(Kraft)*	1061
§ 50	Körperschaftsteuer *(Kraft)*	1066
§ 51	Besteuerung der AG, Gewinnausschüttungen *(Kraft)*	1142
§ 52	Gewerbesteuer *(Kraft)*	1148
§ 53	Erbschaftsteuer *(Kraft)*	1164
§ 54	Umsatzsteuer *(Kraft)*	1177
§ 55	Sonstige Steuern *(Kraft)*	1203

Inhaltsübersicht

10. Kapitel. Kapitalmaßnahmen

§ 56	Überblick zu Kapitalmaßnahmen *(Scholz)*	1211
§ 57	(Reguläre) Kapitalerhöhung gegen Einlagen *(Scholz)*	1213
§ 58	Bedingte Kapitalerhöhung *(Scholz)*	1324
§ 59	Genehmigtes Kapital *(Scholz)*	1363
§ 60	Kapitalerhöhung aus Gesellschaftsmitteln *(Scholz)*	1395
§ 61	Ordentliche Kapitalherabsetzung *(Scholz)*	1430
§ 62	Vereinfachte Kapitalherabsetzung *(Scholz)*	1461
§ 63	Kapitalherabsetzung durch Einziehung *(Scholz)*	1476
§ 64	Finanzierung mit Fremdkapital; Aktienoptionen *(Scholz)*	1497
§ 65	Steuerliche Behandlung der Kapitalmaßnahmen *(Kraft)*	1549

11. Kapitel. Auflösung und Abwicklung

§ 66	Auflösung *(Hoffmann-Becking)*	1565
§ 67	Abwicklung *(Hoffmann-Becking)*	1567
§ 68	Steuerliche Behandlung der Liquidation der Aktiengesellschaft *(Kraft)*	1572

12. Kapitel. Konzernrecht des Aktiengesetzes

§ 69	Grundlagen *(Krieger)*	1579
§ 70	Abhängige Unternehmen und faktische Konzerne *(Krieger)*	1641
§ 71	Vertragskonzern (Beherrschungsvertrag) *(Krieger)*	1723
§ 72	Gewinnabführungsvertrag *(Krieger)*	1828
§ 73	Andere Unternehmensverträge *(Krieger)*	1858
§ 74	Eingliederung *(Krieger)*	1888

13. Kapitel. Ausschluss von Minderheitsaktionären (Squeeze-out)

§ 75	Ausschluss von Minderheitsaktionären (Squeeze-out) *(Austmann)*	1911

14. Kapitel. Kommanditgesellschaft auf Aktien

§ 76	Geschichtliche Entwicklung und heutige wirtschaftliche Bedeutung *(Herfs)*	1971
§ 77	Gründung, Kapital und Aktien, Auflösung und Abwicklung *(Herfs)*	1985
§ 78	Rechte der Komplementäre, Kommanditaktionäre und ihre Rechtsbeziehungen untereinander *(Herfs)*	2004
§ 79	Verfassung der KGaA *(Herfs)*	2033
§ 80	Kapitalmaßnahmen *(Herfs)*	2087
§ 81	Jahresabschluss, Gewinnverteilung und Gewinnverwendung *(Herfs)*	2097
§ 82	Steuerrecht *(Kraft)*	2113

Inhaltsübersicht

15. Kapitel. Europäische Aktiengesellschaft

§ 83	Geschichte und Rechtsgrundlagen *(Austmann)*	2125
§ 84	Gründung *(Austmann)*	2134
§ 85	Grenzüberschreitende Sitzverlegung *(Austmann)*	2168
§ 86	Verfassung *(Austmann)*	2176
Sachverzeichnis *(Hartwich)*		2201

Inhaltsverzeichnis

Bearbeiterverzeichnis XLIII
Abkürzungsverzeichnis XLV

1. Kapitel. Einführung

§ 1   **Geschichte der Aktiengesellschaft und des Aktiengesetzes** 1
    I. Entwicklung bis zum Aktiengesetz 1937 1
        1. Geschichtliche Vorläufer 1
        2. Konzessionssystem des 19. Jahrhunderts 2
        3. Entwicklung vom ADHGB von 1861 bis zum 1. Weltkrieg 2
        4. Zeit der Weimarer Republik 3
    II. Aktiengesetz 1937 4
    III. Aktiengesetz 1965 4
        1. Vorgeschichte und Ziele der Reform 4
        2. Änderungen des AktG seit 1965 5

§ 2   **Wirtschaftliche Funktionen und Typen der AG** 8
    I. Tatsächliche Verbreitung der AG 8
    II. Wirtschaftliche Funktionen der AG 9
        1. „Kapitalsammelbecken" 9
        2. Organisation eines großen und wechselnden Kreises von Gesellschaftern 10
        3. Trennung von Kapital und Management 10
    III. Typen der AG 10
        1. Publikums-AG 10
        2. Familien-AG 10
        3. Nebenleistungs-AG 10
        4. Genossenschaftliche AG 10
        5. AG im (Teil-)Besitz der öffentlichen Hand 11
        6. Investment AG 11
        7. Unternehmensbeteiligungs-AG 11
        8. Börsennotierte AG 11
        9. REIT-AG 11

2. Kapitel. Gründung

§ 3   **Bargründung als Normalform der Gründung** 13
    I. Entstehungsformen der AG 13
        1. Formwechsel 13
        2. Bargründung 13
    II. Gründungsprotokoll 14
        1. Angabe der Gründer 14
        2. Feststellung der Satzung 14
        3. Übernahme der Aktien 16
        4. Bestellung des ersten Aufsichtsrats 17
        5. Bestellung des Abschlussprüfers 19
    III. Gründungsbericht, Gründungsprüfung und Anmeldung 19
        1. Gründungsbericht der Gründer 19
        2. Gründungsprüfungsberichte des Vorstands, des Aufsichtsrats und des Gründungsprüfers .. 20
        3. Anmeldung der Bargründung 20
        4. Mitteilungen nach § 20 AktG 21
        5. Mitteilung nach § 42 AktG bei Einpersonen-AG 21
    IV. Haftung der Gründer und der übrigen Beteiligten 22
        1. Haftung aus Geschäften für die Gesellschaft 22
        2. Haftung der Gründer 22
        3. Haftung von Vorstand, Aufsichtsrat und Gründungsprüfer 22

Inhaltsverzeichnis

	V. Vorgesellschaft zwischen Errichtung und Eintragung	22
	1. Rechtsnatur	23
	2. Innenverhältnis	23
	3. Außenverhältnis	24
§ 4	**Besonderheiten der Sachgründung**	25
	I. Sacheinlagen und Sachübernahmen in Satzung und Einbringungsvertrag	26
	1. Festsetzungen in der Satzung	26
	2. Einbringungsvertrag	28
	3. Ausgabebetrag und Bilanzansatz bei Sacheinlagen	30
	II. Bestellung des ersten Aufsichtsrats	33
	1. Anwendungsbereich des § 31 AktG	33
	2. Verfahren nach § 31 AktG	33
	III. Gründungsbericht, Gründungsprüfung und Anmeldung	36
	1. Gründungsbericht	36
	2. Gründungsprüfungsbericht des Vorstands und des Aufsichtsrats	36
	3. Bericht des Gründungsprüfers	37
	4. Anmeldung der Sachgründung	38
	IV. Haftung der Gründer und der übrigen Beteiligten	39
	V. Nachgründung	40
	1. Anwendungsbereich des § 52 AktG	40
	2. Verfahren nach § 52 AktG	43
§ 5	**Steuern bei Gründung der AG**	44
	I. Beginn der Steuerpflicht	45
	1. Vorgründungsphase	45
	2. Gründungsphase	45
	3. Entstehen der Aktiengesellschaft	46
	4. Bedeutung des Geschäftsjahres	46
	II. Steuerliche Behandlung von Maßnahmen bei der Gründung	47
	1. Steuerliche Behandlung der Einlage	47
	2. Gründungskosten	48
	3. Umsatzsteuer bei der Gründung	48
	III. Sonderfälle der Einlage	49
	1. Sachgründung	49
	2. Sacheinlage einzelner Wirtschaftsgüter	49
	3. Einlage eines Betriebs, Teilbetriebs oder Mitunternehmeranteils	50
	4. Sacheinlage von Anteilen an einer anderen Kapitalgesellschaft (Anteilstausch)	57
	5. Verdeckte Sacheinlage	59
	6. Formwechsel	59

3. Kapitel. Allgemeine Bestimmungen der Satzung

§ 6	**Satzung**	61
	I. Allgemeines	61
	1. Doppelfunktion der Satzung	61
	2. Auslegung	63
	3. Form	63
	II. Notwendiger Satzungsinhalt	63
	1. Mindestinhalt	63
	2. Mängel der Satzung	64
	3. Statutarische Regelung als Gültigkeitsvoraussetzung	64
	III. Grenzen statutarischer Gestaltungsfreiheit	65
	1. Abweichungen vom Gesetz	65
	2. Ergänzungen	66
	3. Rechtsfolgen	66
	IV. Satzung und schuldrechtliche Aktionärsvereinbarungen	67
	V. Vorratsgründung	68

Inhaltsverzeichnis

§ 7	**Firma**	69
	I. Allgemeines	69
	1. Gesetzliche Regelung	69
	2. Rechtsfolgen eines Verstoßes	70
	II. Grundsätze der Firmenbildung	70
	1. Grundsatz	70
	2. Rechtsformzusatz	70
	3. Firmenrechtliches Irreführungsverbot	71
	4. Zweigniederlassung	71
	5. Vorgesellschaft, Liquidation, Konkurs	72
	6. AG & Co. KG	72
	7. Abgeleitete Firma	73
	8. Sonderfälle	73
	III. Schutz der Firma	73
§ 8	**Sitz**	73
	I. Allgemeines	74
	1. Bedeutung des Sitzes	74
	2. Bestimmung des Sitzes	74
	II. Doppelsitz	75
	III. Sitzverlegung	76
	1. Satzungsänderung	76
	2. Anmeldung	76
	3. Sitzverlegung ins Ausland	77
	IV. Rechtsfolgen eines Verstoßes	78
	V. Steuerliche Bedeutung des Sitzes	79
§ 9	**Geschäftsjahr, Bekanntmachungen, Unternehmensgegenstand**	82
	I. Geschäftsjahr	82
	II. Bekanntmachungen	84
	III. Gegenstand des Unternehmens	84
	1. Aktienrechtliche Bedeutung des Unternehmensgegenstandes	84
	2. Änderung des Unternehmensgegenstandes	87
	3. Steuerliche Bedeutung des Unternehmensgegenstands *Sailer-Coceani/Kraft*	88
§ 10	**Zweigniederlassung**	89
	I. Allgemeines	89
	1. Übersicht	89
	2. Errichtung und Aufhebung der Zweigniederlassung	90
	3. Firma der Zweigniederlassung	91
	4. Vertretungsberechtigung	91
	II. Registerrechtliche Behandlung der Zweigniederlassung	91
	1. Eintragung	91
	2. Löschung	92
	III. Zweigniederlassungen von Gesellschaften mit Sitz im Ausland	92
	1. Allgemeines	92
	2. Maßgebliches Recht	93
	3. Anmeldung und Bekanntmachung	94
	4. Verfahren des Registergerichts	95
	5. Sonstige Anmeldungen	95
	IV. Steuerliche Bedeutung einer Zweigniederlassung	95

4. Kapitel. Grundkapital, Aktien und Rechtsstellung der Aktionäre

§ 11	**Grundkapital**	97
	I. Begriffe	97
	II. Haftungsrisiken	99
	III. Zerlegung in Aktien	101
	IV. Rechtsfolgen der Unterschreitung des Mindestgrundkapitals	101

Inhaltsverzeichnis

§ 12 Aktie	102
I. Allgemeines	102
II. Aktienurkunde und aktienrechtliche Nebenpapiere	103
1. Aktie	103
2. Globalurkunde	108
3. Zwischenscheine	109
5. Erneuerungsschein	112
III. Kraftloserklärung und Umtausch von Aktienurkunden	113
1. Allgemeines	113
2. Gerichtliche Kraftloserklärung	113
3. Kraftloserklärung durch die Gesellschaft	115
IV. Börsennotierte Aktiengesellschaft	116
§ 13 Aktienarten, Aktiengattungen	118
I. Aktienarten	118
1. Begriff der Aktienarten	118
2. Umwandlung der Aktienart	120
II. Aktiengattungen	121
1. Begriff der Aktiengattung	121
2. Verschiedene Aktiengattungen	122
III. Nennbetrags- und Stückaktien	124
1. Wahlfreiheit	124
2. Nennbetragsaktien	124
3. Stückaktien	125
§ 14 Verfügungen über die Aktie	125
I. Einleitung	127
II. Übertragung der unverkörperten Mitgliedschaft	127
III. Übertragung von Inhaberaktien	128
1. Verkörperung der Mitgliedschaft	128
2. Übereignung wie bewegliche Sachen	128
IV. Übertragung von Namensaktien	128
1. Übertragung durch Indossament	128
2. Weitere Übertragungsmöglichkeiten	130
3. Vinkulierte Namensaktien	131
4. Aktienregister	139
5. Verwendung der Registerdaten	146
V. Übertragung von Aktien unter Berücksichtigung der Verwahrung	147
1. Übertragung bei Sonderverwahrung	147
2. Übertragung bei Sammelverwahrung	147
VI. Legitimationsübertragung	149
VII. Sonstige Verfügungen über die Aktie	149
1. Nießbrauch	149
2. Verpfändung	151
3. Treuhand	152
VIII. Steuerliche Behandlung von Verfügungen über die Aktie	154
1. Aktien im Privatvermögen	154
2. Aktien, die als Gegenleistung für eine Sacheinlage gewährt wurden	158
3. Aktien im Betriebsvermögen	160
4. Aktien im Betriebsvermögen einer Kapitalgesellschaft	161
§ 15 Eigene Aktien	162
I. Allgemeines	164
II. Übernahme eigener Aktien	165
1. Übernahmeverbot	165
2. Umgehungsgeschäfte	166
3. Internationales Privatrecht	168
III. Erwerb eigener Aktien	168
1. Grundsätzliches Erwerbsverbot	168
2. Ausnahmen vom Erwerbsverbot	169

Inhaltsverzeichnis

3. Allgemeine Grundsätze für die Ausnahmen vom Erwerbsverbot	182
4. Bilanzielle Behandlung	183
5. Rechtsfolgen von Verstößen gegen das Erwerbsverbot	184
6. Rechte und Pflichten aus eigenen Aktien	185
7. Informations- und Publizitätspflichten	186
IV. Erwerb eigener Aktien durch Dritte, Inpfandnahme eigener Aktien, Umgehungsgeschäfte	187
1. Erwerb eigener Aktien durch Dritte	187
2. Inpfandnahme eigener Aktien	188
3. Umgehungsgeschäfte	189
4. Internationales Privatrecht	192
V. Steuerliche Behandlung eigener Aktien	193
1. Steuerfolgen bei der Gesellschaft	193
2. Steuerfolgen für die Aktionäre	195
§ 16 Kapitalaufbringung und Kapitalerhaltung	196
I. Allgemeines	202
II. Einlagepflichten der Aktionäre	203
1. Einlagepflicht	203
2. Erfüllung der Einlagepflicht	205
3. Rechtsfolgen nicht rechtzeitiger Zahlung	213
4. Verbot der Befreiung der Aktionäre von Leistungspflichten	220
5. Verdeckte Sacheinlagen	225
6. Hin- und Herzahlen	237
III. Sonstige Leistungspflichten der Aktionäre	242
1. Nebenleistungspflichten	242
2. Schuldrechtliche Verpflichtungen	244
IV. Verbot der Einlagenrückgewähr	245
1. Umfang des Verbots	245
2. Art und Weise des Verstoßes gegen die Vermögensbindung	246
3. Leistungen durch und an Dritte	252
4. Ausnahmen vom Verbot der Einlagenrückgewähr	254
5. Rückgewähr von Aktionärsdarlehen	265
6. Finanzplankredite	272
7. Zinsverbot	273
8. Rechtsfolgen von Verstößen	274
V. Haftung beim Empfang verbotener Leistungen	276
§ 17 Mitgliedschaft des Aktionärs	278
I. Mitgliedschaft und Mitgliedschaftsrechte	280
1. Überblick	280
2. Erwerb und Verlust der Mitgliedschaft	280
3. Mitgliedschaftsrechte	280
4. Abspaltungsverbot	282
II. Gleichbehandlungsgrundsatz	283
1. Inhalt	283
2. Rechtsfolgen	288
III. Treuepflicht	289
1. Rechtsgrund, Adressaten und Inhalt	289
2. Anwendungsbereich	293
3. Rechtsfolgen	297
§ 18 Klagerechte der Aktionäre	298
I. Überblick	299
II. Klage- und Antragsrechte nach dem Aktiengesetz	299
1. Individualrechte	299
2. Minderheitenrechte	300
III. Aktionärsklage	300
1. Terminologie	300

Inhaltsverzeichnis

	2. Aktionärsklage	300
	3. Abwehrklage	301
IV.	Schutz der Mitgliedschaft	305

5. Kapitel. Vorstand

§ 19 Vorstand als Leitungsorgan der Gesellschaft 307
    I. Verhältnis zu den anderen Organen 308
        1. Dreigliedrige Organisation der Aktiengesellschaft 308
        2. Weitere Organe 311
    II. Eigenverantwortliche Leitung durch den Vorstand 312
        1. Leitung der Gesellschaft 312
        2. Eigenverantwortlichkeit 318
        3. Leitung im Unternehmensverbund 322
    III. Vorstand als notwendiges Organ 326
        1. Erforderlichkeit eines Vorstands 326
        2. Bezeichnung 326
        3. Zahl der Vorstandsmitglieder 327
    IV. Vorstand als Arbeitgeber und Unternehmer 328
    V. Zielgrößen für den Frauenanteil in Führungsebenen (§ 76 Abs. 4 AktG) 329
        1. Allgemeines 329
        2. Anwendungsbereich 329
        3. Betroffene Führungsebenen 330
        4. Festlegung der Zielgrößen und Verschlechterungsverbot 330
        5. Fristsetzung und Veröffentlichung 331
        6. Rechtsfolgen 332

§ 20 Bestellung und Abberufung der Vorstandsmitglieder 332
    I. Eignungsvoraussetzungen 333
        1. Gesetzliche Eignungsvoraussetzungen 333
        2. Statutarische Eignungsvoraussetzungen 334
        3. Rechtsfolgen bei Fehlen oder Wegfall von Eignungsvoraussetzungen 335
        4. Vorstands-Doppelmandate 336
        5. Zielgrößen für den Frauenanteil im Vorstand; Diversität 336
    II. Bestellung und Anstellungsverhältnis 336
    III. Bestellungskompetenz 339
        1. Bestellung durch den Aufsichtsrat 339
        2. Bestellung durch das Gericht 343
    IV. Dauer der Bestellung 344
    V. Fehlerhafte und faktische Vorstandsverhältnisse 346
        1. Fehlerhafte Vorstandsverhältnisse 346
        2. Faktische Vorstandsverhältnisse 347
    VI. Widerruf der Bestellung 348
        1. Allgemeines 348
        2. Wichtiger Grund 349
        3. Pflicht zum Widerruf 355
        4. Wirksamwerden des Widerrufs 355
        5. Rechtsschutz des abberufenen Vorstandsmitglieds 356
    VII. Sonstige Beendigungsgründe 358
        1. Amtsniederlegung 358
        2. Einvernehmliche Beendigung der Bestellung 358
        3. Weitere Beendigungsgründe 359
    VIII. Suspendierung 359
        1. Einseitige Suspendierung 359
        2. Einvernehmliche Suspendierung 361
        3. Einvernehmliche Freistellung 361
    IX. Anmeldung der Vorstandsmitglieder 361

Inhaltsverzeichnis

§ 21 Anstellungsverhältnis der Vorstandsmitglieder	363
I. Rechtsnatur	367
1. Schuldrechtlicher Charakter des Anstellungsverhältnisses	367
2. Geltung arbeitsrechtlicher Vorschriften	370
3. Recht der Allgemeinen Geschäftsbedingungen	373
4. Allgemeines Gleichbehandlungsgesetz	374
5. Gegenseitige Treuepflicht	375
6. Sozialversicherungsrecht	376
II. Abschluss des Anstellungsvertrags	376
1. Zuständigkeit des Aufsichtsrats	376
2. Form und Dauer des Anstellungsvertrags	378
3. Umwandlung in ein „gewöhnliches" Anstellungsverhältnis	381
4. Fehlerhafter Anstellungsvertrag	382
III. Bezüge der Vorstandsmitglieder	383
1. Allgemeines	383
2. Vergütungsbestandteile und Fürsorgeaufwendungen	384
3. Angemessenheit der Bezüge	384
4. Festsetzung der Vorstandsbezüge	391
5. Vergütungssystem, Vergütungsfestsetzung und Vergütungsbericht bei börsennotierten Gesellschaften	391
6. Sondervorschriften für Finanzinstitute und Versicherungsunternehmen	396
7. Einzelne variable Vergütungsbestandteile	396
8. Abfindungen	402
9. Herabsetzung der Bezüge	405
10. Heraufsetzung der Bezüge	408
11. Leistungsstörungen und Verjährung	408
IV. Sonstige Rechte des Vorstandsmitglieds aus dem Anstellungsvertrag	410
1. Ruhegehalt	410
2. Auslagenersatz	417
3. Urlaub	418
4. Zeugnis	418
V. Pflichten des Vorstandsmitglieds aus dem Anstellungsvertrag	419
1. Allgemeines	419
2. Wettbewerbsverbot	419
3. Auskunfts- und Herausgabepflicht	423
VI. Ende des Anstellungsvertrags	423
1. Kündigung des Anstellungsvertrags durch die Gesellschaft	423
2. Kündigung des Anstellungsvertrags durch das Vorstandsmitglied	432
3. Einvernehmliche Beendigung des Anstellungsvertrages	432
4. Weitere Beendigungsgründe	432
VII. Kreditgewährung an Vorstandsmitglieder	433
1. Allgemeines	433
2. Kreditbegriff	433
3. Mitwirkung des Aufsichtsrats	434
4. Rechtsfolge bei Verstößen	434
VIII. Offenlegung von Vorstandsbezügen	435
1. Offenlegung nach HGB	435
2. Vergütungsbericht bei börsennotierten Aktiengesellschaften	435
IX. Steuerliche Behandlung der Bezüge	437
§ 22 Geschäftsführung	441
I. Geschäftsführung durch den Vorstand	442
1. Geschäftsführung	442
2. Geschäftsführungsbefugnis	442
II. Arten der Geschäftsführungsbefugnis	442
1. Gesamtgeschäftsführung	442
2. Einzelgeschäftsführung	443
3. Gesamtgeschäftsführung mit Mehrheitsprinzip	444

Inhaltsverzeichnis

III. Willensbildung des Vorstands	445
1. Beschlussfassung	445
2. Verhalten überstimmter Vorstandsmitglieder	447
IV. Geschäftsverteilung	448
1. Arten der Vorstandsorganisation	448
2. Wirkungen und Grenzen der Geschäftsverteilung	449
3. Änderungen der Geschäftsverteilung	452
V. Geschäftsordnung	452
§ 23 Vertretung	**454**
I. Vorstand als organschaftlicher Vertreter	455
1. Vorstand als Handlungsorgan	455
2. Außergerichtliche Vertretung	455
3. Gerichtliche Vertretung	456
4. Vertretung durch den Aufsichtsrat	457
II. Gesamtvertretung	460
1. Aktivvertretung	460
2. Passivvertretung	461
III. Abweichende Regelungen der Vertretungsmacht	462
1. Allgemeines	462
2. Modifizierte Gesamtvertretung	462
3. Einzelvertretung	462
4. Unechte Gesamtvertretung	462
IV. Wirkungen der Vertretung	463
V. Vertretung durch Bevollmächtigte	464
VI. Zurechnung von Wissen und Willensmängeln	465
VII. Haftung der Aktiengesellschaft für Handeln von Vorstandsmitgliedern	467
§ 24 Besondere Vorstandsmitglieder	**467**
I. Vorstandsvorsitzender	468
1. Allgemeines	468
2. Ernennung	468
3. Rechtsstellung	468
4. Vorstandssprecher	469
II. Arbeitsdirektor	470
1. Allgemeines	470
2. Bestellung	471
3. Zuständigkeitsbereich	471
4. Gleichberechtigung	472
III. Stellvertretende Vorstandsmitglieder	473
1. Allgemeines	473
2. Anwendbarkeit der für die Vorstandsmitglieder geltenden Vorschriften	473
IV. Aufsichtsratsmitglieder als Stellvertreter von Vorstandsmitgliedern	474
1. Allgemeines	474
2. Bestellung	475
3. Rechtsstellung	475
§ 25 Organpflichten der Vorstandsmitglieder	**476**
I. Allgemeines	478
II. Leitungspflichten	478
1. Allgemeines	478
2. Pflicht zur Unternehmensorganisation	479
III. Sorgfaltspflichten	484
1. Legalitätspflicht	484
IV. Treuepflichten	487
1. Allgemeines	487
2. Geschäftschancenlehre	488
3. Verschwiegenheitspflicht	489
V. Business Judgement Rule	491
1. Gesetzliche Regelung	491

Inhaltsverzeichnis

	2. Tatbestandsvoraussetzungen	493
	3. Beweislast	495
VI.	Berichte an den Aufsichtsrat	495
	1. Allgemeines	495
	2. Regelberichte	496
	3. Sonderberichte	497
	4. Anforderungsberichte	498
	5. Berichterstattung über verbundene Unternehmen	499
	6. Ordnungsgemäße Berichterstattung	500
	7. Information innerhalb des Aufsichtsrats	500
	8. Durchsetzung der Berichtspflicht	501
VII.	Vorlagen und Berichte an die Hauptversammlung	501
	1. Vorlagepflichten	501
	2. Berichtspflichten	502
VIII.	Vorbereitung und Ausführung von Hauptversammlungsbeschlüssen	502
	1. Vorbereitung von Maßnahmen	502
	2. Vorbereitung und Abschluss von Verträgen	503
	3. Verlangen der Hauptversammlung	503
	4. Ausführungspflicht des Vorstands	504
IX.	Pflichten bei Vermögensverfall der Gesellschaft	504
	1. Allgemeines	504
	2. Verlustanzeige nach § 92 Abs. 1 AktG	505
	3. Antrag auf Eröffnung des Insolvenzverfahrens	507
	4. Zahlungsverbot	511
X.	Pflichten des Vorstands in steuerlichen Angelegenheiten	512
	1. Steuerliche Pflichten, insbesonders Anzeige- und Auskunftspflichten	512
	2. Buchführungspflicht	516
	3. Abgabe und gegebenenfalls Berichtigung von Steuererklärungen	518
	4. Pflicht zur Einbehaltung und rechtzeitigen Entrichtung von Steuern	519

§ 26 Haftung der Vorstandsmitglieder 520

I.	Allgemeines	521
II.	Haftung gegenüber der Gesellschaft	523
	1. Allgemeines	523
	2. Vorstandsmitglied	523
	3. Pflichtverletzung	524
	4. Verschulden	524
	5. Schaden	525
	6. Kausalität	526
	7. Umkehr der Beweislast	528
	8. Gesamtschuldnerische Haftung	529
	9. Sondertatbestände	529
	10. Ausschluss der Haftung durch Hauptversammlungsbeschluss	530
	11. Verzicht und Vergleich	532
	12. Verjährung	533
	13. Geltendmachung	535
III.	Haftung gegenüber Aktionären	536
IV.	Haftung gegenüber Dritten	536
	1. Vertragliche Ansprüche	536
	2. Ansprüche aus unerlaubter Handlung	537
V.	D&O-Versicherung	538
	1. Allgemeines	538
	2. Ausgestaltung	539
	3. Dreiecksverhältnis	540
	4. Selbstbehalt	542

Inhaltsverzeichnis

§ 27	**Schädigung durch Einflussnahme auf die Gesellschaft**	542
	I. Allgemeines	542
	II. Haftung nach § 117 Abs. 1 AktG	543
	1. Bestimmung von Organmitgliedern und leitenden Angestellten unter Benutzung des Einflusses auf die Gesellschaft	543
	2. Schaden	543
	3. Rechtswidrigkeit	544
	4. Vorsatz	544
	III. Mithaftungen	544
	1. Haftung von Organmitgliedern nach § 117 Abs. 2 AktG	544
	2. Haftung des Nutznießers nach § 117 Abs. 3 AktG	545
	IV. Ausnahmen nach § 117 Abs. 7 AktG	545
	V. Anspruchsberechtigte	545
	1. Gesellschaft	545
	2. Aktionäre	545
	VI. Verzicht, Vergleich, Verjährung	546
	VII. Verhältnis zu anderen Haftungstatbeständen	546
	1. Unerlaubte Handlungen	546
	2. Haftung bei Bestehen eines Beherrschungsvertrages	546
	3. Haftung bei Abhängigkeit	546

6. Kapitel. Aufsichtsrat

§ 28	**Zusammensetzung und Größe des Aufsichtsrats**	547
	I. Gesetzliche Modelle	548
	1. Aufsichtsrat ohne Arbeitnehmervertreter nach dem AktG	548
	2. Aufsichtsrat mit einem Drittel Arbeitnehmervertreter nach dem DrittelbG	549
	3. Paritätisch zusammengesetzter Aufsichtsrat nach dem MitbestG	551
	4. Paritätische Montanmitbestimmung	554
	II. Fortgeltung des Mitbestimmungsmodells	557
	1. Montanmitbestimmung	557
	2. Umwandlungsgesetz	557
	3. Mitbestimmungs-Beibehaltungsgesetz	557
	4. Mitbestimmung bei grenzüberschreitender Verschmelzung (MgVG)	558
	III. Mitbestimmungsvereinbarungen zur Zusammensetzung des Aufsichtsrats	558
	1. Grundsatz des zwingenden Gesetzesrechts	558
	2. Fallgruppen zum möglichen Inhalt	559
	IV. Statusverfahren nach §§ 97 ff. AktG	561
	1. Zweck des Verfahrens	561
	2. Anwendungsbereich	561
	3. Bekanntmachung nach § 97 AktG	563
	4. Gerichtliche Entscheidung nach §§ 98, 99 AktG	565
	5. Vollzug der Überleitung nach § 97 Abs. 2 AktG	565
§ 29	**Aufgaben des Aufsichtsrats**	566
	I. Stellung des Aufsichtsrats in der Organverfassung der AG	568
	1. Gesetzliche Zuständigkeiten	568
	2. Verhältnis zu den anderen Organen	569
	3. Beirat	572
	II. Überwachung der Geschäftsführung	574
	1. Gegenstand und Maßstab der Überwachung	574
	2. Mittel der Überwachung	580
	3. Geschäfte mit nahestehenden Personen	588
	III. Entscheidung über die Ausübung von Beteiligungsrechten nach § 32 MitbestG und § 15 MitbestErgG	592
	1. Grundgedanke	592
	2. Anwendungsbereich	592

Inhaltsverzeichnis

3. Weisungsbindung des Vorstands	593
4. Beschlussfassung im Aufsichtsrat	594

§ 30 Begründung, Dauer und Beendigung der Mitgliedschaft im Aufsichtsrat ... 595
    I. Persönliche Voraussetzungen ... 596
        1. Gesetzliche Voraussetzungen und Ausschlussgründe ... 596
        2. Geschlechterquote, § 96 Abs. 2 und 3 AktG ... 605
        3. Satzungsmäßige Voraussetzungen ... 610
    II. Bestellung ... 610
        1. Wahl durch die Hauptversammlung ... 610
        2. Entsendung ... 615
        3. Ersatzmitglieder ... 616
        4. Gerichtliche Bestellung ... 619
    III. Amtszeit ... 621
        1. Beginn der Amtszeit ... 621
        2. Höchstdauer ... 621
        3. Amtszeit bei Wiederbestellung ... 622
        4. Amtsperioden des Aufsichtsrats ... 622
        5. Amtszeit der Arbeitnehmervertreter ... 623
        6. Amtszeit der entsandten Mitglieder ... 623
        7. Amtszeit der Ersatzmitglieder ... 623
    IV. Ausscheiden ... 624
        1. Wegfall persönlicher Voraussetzungen ... 624
        2. Niederlegung ... 624
        3. Abberufung ... 625
        4. Verkleinerung des Aufsichtsrats ... 627
    V. Bekanntmachung der Änderungen im Aufsichtsrat ... 627

§ 31 Innere Ordnung des Aufsichtsrats ... 628
    I. Geschäftsordnung ... 629
        1. Regelungskompetenz des Aufsichtsrats ... 629
        2. Erlass und Geltungsdauer ... 630
        3. Selbstbeurteilung ... 631
    II. Vorsitzender ... 631
        1. Vorsitzender und Stellvertreter nach AktG ... 631
        2. Vorsitzender und Stellvertreter nach MitbestG ... 636
    III. Einberufung von Sitzungen ... 639
        1. Zahl der Sitzungen ... 639
        2. Form und Frist ... 640
        3. Tagesordnung und Beschlussvorschläge ... 640
        4. Einberufungsverlangen und Selbsteinberufungsrecht ... 641
        5. Aufhebung und Verlegung ... 642
    IV. Sitzungen und Beschlüsse ... 642
        1. Sitzungsleitung ... 642
        2. Beschlussfähigkeit ... 645
        3. Beschlussfassung nach AktG ... 646
        4. Beschlussfassung nach MitbestG ... 648
        5. Vertagung ... 650
        6. Schriftliche Stimmabgabe ... 651
        7. Beschlussfassung ohne Sitzung und andere Sonderformen der Beschlussfassung ... 653
        8. Ausführung von Beschlüssen ... 654
    V. Niederschrift ... 655
        1. Sitzungsniederschrift ... 655
        2. Niederschrift über Beschlussfassung ohne Sitzung ... 657
    VI. Fehlerhafte Beschlüsse ... 657
        1. Grundsätze ... 657
        2. Inhalts- und Verfahrensfehler ... 658
        3. Einzelne Verfahrensmängel ... 658

Inhaltsverzeichnis

§ 32 Ausschüsse des Aufsichtsrats	659
I. Arten	659
1. Arbeitsteilung durch Ausschüsse	659
2. Grenzen der Entscheidungsdelegation	660
3. Personalausschuss	662
4. Präsidium	664
5. Nominierungsausschuss	665
6. Prüfungsausschuss	665
7. Vermittlungsausschuss nach § 27 Abs. 3 MitbestG	669
8. Ausschuss für Geschäfte mit nahestehenden Personen	670
II. Bildung, Besetzung und Überwachung	670
1. Bildung von Ausschüssen	670
2. Besetzung der Ausschüsse	671
3. Überwachung der Ausschüsse und Berichtspflicht	673
III. Innere Ordnung	674
1. Regelungskompetenzen	674
2. Einzelfragen	674
§ 33 Rechte und Pflichten der Aufsichtsratsmitglieder	676
I. Gleichheit der Rechte und Pflichten	678
II. Persönliche und unabhängige Amtsausübung	678
1. Persönliche Wahrnehmung des Amtes	678
2. Weisungsfreie Amtsführung	679
III. Vergütung	680
1. Rechtsgrund und Arten der Vergütung	680
2. Festsetzung und Bewilligung der Vergütung	684
3. Aufsichtsratstantieme	687
4. Aktienoptionen	688
5. Vergütung des ersten Aufsichtsrats	689
6. Steuerliche Behandlung der Vergütung	689
IV. Verträge mit Aufsichtsratmitgliedern	690
1. Regelungszweck des § 114 AktG	690
2. Abgrenzung zur Aufsichtsratstätigkeit	690
3. Reichweite des Zustimmungsvorbehalts	692
4. Zustimmung des Aufsichtsrats	693
5. Kreditgewährung nach § 115 AktG	693
V. Verschwiegenheitspflicht	694
1. Grundlage und persönlicher Umfang	694
2. Sachlicher Umfang	695
3. Regelungen in Satzung und Geschäftsordnung	696
VI. Haftung	697
1. Allgemeines	697
2. Verletzung der Sorgfaltspflicht	698
VII. Klagerechte	703
1. Allgemeines	703
2. Fallgruppen	703
§ 34 Deutscher Corporate Governance Kodex und Entsprechenserklärung von Vorstand und Aufsichtsrat	706
I. Gesetzliche Regelung	707
II. Deutscher Corporate Governance Kodex	708
1. Entstehung, Entwicklung und Verfahren	708
2. Rechtsnatur, verfassungsrechtliche Zulässigkeit und rechtspolitische Kritik	710
III. Erklärungspflicht von Vorstand und Aufsichtsrat	712
1. Jährliche Erklärung für Vergangenheit und Zukunft	713
2. Form und Veröffentlichung der Erklärung	714
3. Sanktionen bei Verstößen	715

Inhaltsverzeichnis

7. Kapitel. Hauptversammlung

§ 35 Zuständigkeit der Hauptversammlung ... 717
- I. Einführung ... 718
  - 1. Zweck und Aufgabe der Hauptversammlung ... 718
  - 2. Verhältnis zu den anderen Gesellschaftsorganen ... 719
  - 3. Hauptversammlung und Mitbestimmung ... 722
- II. Gesetzliche Zuständigkeit der Hauptversammlung ... 722
  - 1. Enumerationsprinzip ... 722
  - 2. Beschlüsse in Geschäftsführungsangelegenheiten ... 725
  - 3. Entlastung ... 727
  - 4. Beschluss über die Billigung des Vorstandsvergütungssystems bzw. des Vergütungsberichts und über die Vergütung der Aufsichtsratsmitglieder ... 734
  - 5. Beschluss über die Billigung von Geschäften mit nahestehenden Personen oder Unternehmen (related party transactions) ... 738
- III. Satzungsmäßige und ungeschriebene Zuständigkeiten ... 739
  - 1. Satzungsmäßige Zuständigkeit ... 739
  - 2. Ungeschriebene Zuständigkeit für Grundlagenentscheidungen ... 739
  - 3. Rechtsschutz der Aktionäre ... 746
- IV. Hauptversammlungsarten ... 747
  - 1. Ordentliche und außerordentliche Hauptversammlung ... 747
  - 2. Universalversammlung ... 748

§ 36 Einberufung der Hauptversammlung ... 749
- I. Einberufungsgründe ... 750
  - 1. Einzelne Einberufungsgründe nach Gesetz oder Satzung ... 750
  - 2. Einberufung aus Gründen des Wohls der Gesellschaft ... 751
  - 3. Rechtsfolgen unterbliebener Einberufung ... 752
- II. Einberufungszuständigkeit ... 752
  - 1. Vorstand ... 752
  - 2. Aufsichtsrat ... 753
  - 3. Dritte ... 755
- III. Einberufung auf Verlangen von Aktionären ... 755
  - 1. Einberufungsverlangen ... 755
  - 2. Einberufung durch die Minderheit aufgrund gerichtlicher Ermächtigung ... 761
- IV. Bekanntmachung der Einberufung ... 764
  - 1. Form, Frist ... 764
  - 2. Inhalt – Überblick ... 766
  - 3. Inhalt – Einzelfragen zu Zeit und Ort der Hauptversammlung ... 769
  - 4. Inhalt – Tagesordnung ... 773
- V. Aktionärsforum (§ 127a AktG) ... 784
- VI. Unterrichtungen im Vorfeld der Hauptversammlung ... 785
  - 1. Verschiedene Mitteilungen durch die Gesellschaft (§ 125 AktG) ... 785
  - 2. Zugänglichmachen von Gegenanträgen (§ 126 AktG) ... 790
  - 3. Zugänglichmachen von Wahlvorschlägen (§ 127 AktG) ... 797
  - 4. Weiterleitung von Mitteilungen durch Kreditinstitute (§ 128 AktG) ... 798
- VII. Mängel der Einberufung ... 800
- VIII. Absage der Hauptversammlung und Absetzung von Tagesordnungspunkten; Änderung der Einberufung ... 802

§ 37 Teilnehmer, Leitung und Ablauf der Hauptversammlung ... 803
- I. Teilnehmer der Hauptversammlung ... 804
  - 1. Vorstand, Aufsichtsrat, Dritte ... 804
  - 2. Aktionäre ... 806
  - 3. Aktionärsvertreter ... 808
  - 4. Teilnehmerverzeichnis ... 811
  - 5. Nachweis der Stimmzählung ... 813

Inhaltsverzeichnis

II. Geschäftsordnung der Hauptversammlung	813
III. Leitung der Hauptversammlung	814
1. Versammlungsleiter	814
2. Aufgaben und Befugnisse des Versammlungsleiters	817
3. Einzelne Leitungsmaßnahmen	819
4. Ordnungsmaßnahmen bei Störungen	824
IV. Typischer Ablauf einer Hauptversammlung	825
1. Leitfaden	825
2. Eröffnung der Versammlung	826
3. Generaldebatte	827
4. Abstimmungen	828
5. Schließung der Hauptversammlung	829
V. Virtuelle Hauptversammlung nach dem COVID-19-Pandemie-Gesetz	829

§ 38 Auskunftsrecht der Aktionäre ... 831

I. Allgemeines	832
1. Funktion und Rechtsnatur des Auskunftsrechts	832
2. Aktionär als Inhaber des Auskunftsrechts	832
3. Erfüllung der Auskunftspflicht durch den Vorstand	833
II. Gegenstand und Umfang des Auskunftsrechts	833
1. Angelegenheiten der Gesellschaft	834
2. Verbundene Unternehmen	834
3. Erforderlichkeit der Auskunft	835
III. Ausübung des Auskunftsrechts	839
1. Auskunftsverlangen	839
2. Auskunftserteilung	842
IV. Verweigerung der Auskunft	843
1. Allgemeines	843
2. Verweigerungsgründe nach § 131 Abs. 3 S. 1 AktG	844
V. Erweitertes Auskunftsrecht	846
1. Verpflichtung zur Folgeauskunft nach § 131 Abs. 4 S. 1 und 2 AktG	846
2. Konzernausnahme	847
VI. Rechtsmittel gegen Verletzung des Auskunftsrechts	848
1. Auskunftserzwingung	848
2. Anfechtungsklage	850

§ 39 Stimmrecht ... 851

I. Allgemeines	852
1. Rechtsnatur und Gegenstand des Stimmrechts	852
2. Inhaber des Stimmrechts	853
3. Ausübung des Stimmrechts durch Dritte	853
4. Stimmrechtsberater	853
5. Beginn des Stimmrechts	854
II. Mehrstimmrechte und Höchststimmrechte	855
1. Mehrstimmrecht	855
2. Höchststimmrecht	855
III. Stimmrechtslose Vorzugsaktien	857
1. Gewinnvorzug	857
2. Nachzahlungsrecht	859
3. Ausschluss und Aufleben des Stimmrechts	859
4. Aufhebung oder Beschränkung des Vorzugs	860
5. Ausgabe neuer Vorzugsaktien	861
IV. Stimmrechtsausschluss	862
1. Stimmverbote nach § 136 Abs. 1 AktG	862
2. Stimmverbote analog § 136 Abs. 1 AktG?	864
V. Stimmbindungsverträge	865
1. Erscheinungsformen und Rechtsnatur	865
2. Zulässigkeitsschranken	866
3. Durchsetzung der Stimmbindung	868

Inhaltsverzeichnis

§ 40	**Beschlüsse und Wahlen**	869
	I. Grundlagen	870
	1. Beschluss als Rechtsgeschäft eigener Art	870
	2. Kategorien von Beschlüssen	871
	II. Hauptversammlungsbeschlüsse	872
	1. Beschlussfähigkeit	872
	2. Beschlussantrag	872
	3. Abstimmung	875
	4. Mehrheit	884
	5. Weitere Erfordernisse	887
	6. Beschlussfeststellung	887
	7. Protokollierung	889
	8. Eintragung ins Handelsregister	890
	9. Zeitliche Geltung von Hauptversammlungsbeschlüssen	890
	III. Sonderbeschlüsse	892
	1. Zweck und Rechtsnatur	892
	2. Fallgruppen	893
	3. Verfahren	894
	4. Rechtswirkungen	897
	IV. Satzungsändernde Beschlüsse	897
	1. Anwendungsbereich	897
	2. Besonderheiten des Verfahrens	900
	3. Inhaltliche Besonderheiten	902
	V. Wahlen	902
	1. Wahlanlässe und anwendbare Vorschriften	902
	2. Wahlmodi	903
	3. Verfahrensfragen	904
§ 41	**Niederschrift**	905
	I. Überblick	906
	1. Zweck	906
	2. Notarielles oder privatschriftliches Protokoll	906
	3. Ergebnis-, nicht Wortprotokoll	906
	4. Sonderversammlung und Universalversammlung	907
	II. Inhalt der Niederschrift	907
	1. Zwingender und fakultativer Inhalt	907
	2. Beschlüsse	908
	III. Beurkundung durch den Notar	910
	1. Notar	910
	2. Amtspflichten	911
	3. Beurkundungsverfahren	912
	IV. Niederschrift des Versammlungsleiters	913
	1. Erleichterung für AG ohne Börsennotierung	913
	2. Beschlüsse ohne qualifiziertes Mehrheitserfordernis	913
	3. Unterzeichnung durch Versammlungsleiter	914
	V. Publizität der Niederschrift	914
	1. Einreichung zum Handelsregister	914
	2. Einsichtnahme und Erteilung von Abschriften	915
	3. Veröffentlichung der Abstimmungsergebnisse	915
	VI. Rechtsfolgen bei fehlender oder fehlerhafter Niederschrift	915
	1. Nichtigkeit nach § 241 Nr. 2 AktG	915
	2. Haftung für Pflichtverstöße des Protokollanten	916
§ 42	**Beschlussmängel und Beschlusskontrolle**	916
	I. Das aktienrechtliche System	920
	1. Grundgedanken	920
	2. Beschlussmängel und Kontrollmechanismen	920
	3. Beschlusskontrolle und Missbrauch	922
	4. Freigabeverfahren	923

Inhaltsverzeichnis

5. Reform	923
6. Schiedsverfahren	924
II. Nichtigkeit	924
1. Abschließender Katalog der Nichtigkeitsgründe	924
2. Die einzelnen Nichtigkeitsgründe	925
3. Nichtigkeitsfolge	934
4. Heilung	934
III. Anfechtbarkeit	935
1. Anfechtungsgründe: Verletzung von Gesetz oder Satzung	935
2. Verfahrensfehler	937
3. Inhaltliche Fehler	942
4. Rechtsfolgen der Anfechtbarkeit	946
5. Bestätigung	946
IV. Anfechtungsklage	949
1. Anfechtungsbefugnis, insbesondere der Aktionäre	949
2. Anfechtungsfrist	956
3. Gerichte und Instanzenzug	957
4. Beteiligte	959
5. Verfahrensgrundsätze	962
6. Urteil und Vergleich	964
7. Positive Beschlussfeststellungsklage	967
8. Kosten und Streitwert	968
V. Nichtigkeitsklage	970
1. Anwendungsbereich	970
2. Verfahren	971
3. Urteilswirkungen	974
VI. Freigabeverfahren	974
1. Anwendungsbereich	974
2. Freigabegründe	975
3. Verfahren	981
4. Rechtsfolgen der Freigabe	983
VII. Sonderregelungen für spezielle Beschlüsse	984
1. Wahlen zum Aufsichtsrat	984
2. Gewinnverwendungsbeschlüsse	990
3. Kapitalerhöhungsbeschlüsse	991
§ 43 Sonderprüfung und Ersatzansprüche (§§ 142–149 AktG)	**993**
I. Überblick	994
II. Sonderprüfung	995
1. Arten	995
2. Veranlassung der Sonderprüfung	995
3. Stellung der Sonderprüfer	1000
4. Durchführung der Sonderprüfung; Kosten	1002
III. Geltendmachung von Ersatzansprüchen	1004
1. Überblick	1004
2. Pflicht zur Geltendmachung auf Veranlassung der Hauptversammlung	1005
3. Gerichtliche Bestellung besonderer Vertreter	1011
IV. Aktionärsklage	1012

8. Kapitel. Jahresabschluss

§ 44 Aufstellung des Jahresabschlusses	**1017**
I. Vorbemerkung	1017
II. Sonderregeln zur gesetzlichen Rücklage und Kapitalrücklage, § 150 AktG	1017
1. Gesetzliche Rücklage	1017
2. Kapitalrücklage	1018
3. Verwendung der gesetzlichen Rücklage und der Kapitalrücklage	1018
III. Sonderregeln zum Bilanzausweis des Eigenkapitals, § 152 AktG	1019

Inhaltsverzeichnis

1. Grundkapital	1019
2. Rücklagenveränderung	1019
IV. Sonderregeln zur Gewinn- und Verlustrechnung, § 158 AktG	1019
1. Ausweis der Rücklagenveränderungen	1019
2. Ausgleichszahlung bei Gewinnabführungsvertrag	1020
V. Zusätzliche Pflichtangaben und Erklärungen	1020
1. Angaben zu Vorstandsbezügen, § 285 S. 1 Nr. 9, § 314 Abs. 1 Nr. 6 HGB	1020
2. Angaben zu übernahmerelevanten Umständen, § 289a Abs. 1, § 315a Abs. 1 HGB	1020
3. Nichtfinanzielle Erklärung/Bericht, §§ 289b–e, §§ 315b und c HGB	1020
4. Erklärung zur Unternehmensführung, § 289 f., § 315d HGB	1022
5. Vergütungsbericht, § 162 AktG	1022
6. Zusätzliche Pflichtangaben im Anhang, § 160 Abs. 1 AktG	1022
§ 45 Prüfung des Jahresabschlusses	**1023**
I. Prüfung durch den Abschlussprüfer	1023
1. Abschlussprüfung nach §§ 316 ff. HGB	1023
2. Wahl des Abschlussprüfers	1023
3. Erteilung des Prüfungsauftrags	1025
4. Gerichtliche Ersetzung des gewählten Prüfers nach § 318 Abs. 3 HGB	1025
II. Prüfung durch den Aufsichtsrat	1025
1. Vorlagen des Vorstands nach § 170 AktG	1025
2. Prüfungsumfang und -maßstab	1027
3. Bericht des Aufsichtsrats	1028
§ 46 Feststellung des Jahresabschlusses	**1030**
I. Feststellung durch Vorstand und Aufsichtsrat, § 172 AktG	1030
II. Feststellung durch die Hauptversammlung, § 173 AktG	1031
III. Änderung des festgestellten Jahresabschlusses	1032
1. Änderung vor Feststellung	1032
2. Änderung vor oder nach Einberufung der Hauptversammlung	1032
3. Änderung des fehlerhaften Jahresabschlusses	1033
4. Änderung des fehlerfreien Jahresabschlusses	1034
IV. Steuerliche Bedeutung des Jahresabschlusses	1034
1. Grundlagen der Gewinnermittlung; Maßgeblichkeitsgrundsatz	1034
2. Steuerliche Besonderheiten bei Berichtigung und Änderung des Jahresabschlusses	1036
§ 47 Gewinnverwendung	**1038**
I. Allgemeines	1039
II. Rücklagenbildung im Rahmen der Feststellung des Jahresabschlusses, § 58 AktG	1039
1. Einstellung in gesetzliche und satzungsmäßige Rücklagen	1039
2. Freie Rücklagenbildung durch Vorstand und Aufsichtsrat	1040
3. Rücklagenbildung im Konzern	1041
III. Verwendung des Bilanzgewinns, § 174 AktG	1042
IV. Gewinnverteilung	1043
1. Gesetzliche Regeln	1043
2. Abweichende Bestimmungen	1044
V. Gewinnanspruch des Aktionärs	1045
1. Inhalt und Grundlage	1045
2. Fälligkeit	1045
3. Dividendenverzicht	1045
4. Gewinnanteilschein	1046
VI. Sachdividende	1046
VII. Aktiendividende	1047
VIII. Besteuerung der Gewinnverwendung	1047
1. Besteuerung der Aktionäre	1047
2. Belastung mit Kapitalertragsteuer	1050
3. Besteuerung von Dividenden bei der Veräußerung von Aktien oder von Dividendenscheinen	1053
4. Besonderheiten bei disproportionaler Ausschüttung	1054

Inhaltsverzeichnis

§ 48	**Nichtigkeit des Jahresabschlusses und Sonderprüfung wegen Unterbewertung**	1055
	I. Nichtigkeit des festgestellten Jahresabschlusses, § 256 AktG	1056
	1. Allgemeines	1056
	2. Nichtigkeitsgründe	1057
	3. Geltendmachung und Heilung	1058
	II. Sonderprüfung wegen unzulässiger Unterbewertung, §§ 258 ff. AktG	1058
	1. Funktion und systematische Stellung	1058
	2. Gang des Verfahrens	1059

9. Kapitel. Steuerrecht

§ 49	**Grundzüge der Besteuerung der Aktiengesellschaft**	1061
	I. Unbeschränkte Steuerpflicht der Aktiengesellschaft	1061
	1. Entstehung der unbeschränkten Steuerpflicht	1061
	2. Ende der unbeschränkten Steuerpflicht	1063
	II. Beschränkte Steuerpflicht einer Körperschaft	1065
§ 50	**Körperschaftsteuer**	1066
	I. Einkommensermittlung bei der AG	1069
	1. Überblick	1069
	2. Vom Betriebsausgabenabzug ausgeschlossene Aufwendungen	1073
	3. Steuerfreie Einkünfte nach § 8b Abs. 1 und 2 KStG	1077
	4. Ertragsteuerliche Behandlung von Sanierungsgewinnen	1085
	5. Einkommensermittlung bei Auslandsbezug	1087
	II. Verdeckte Gewinnausschüttungen	1096
	1. Begriffsbestimmung	1096
	2. Besonderheiten bei beherrschenden Gesellschaftern	1103
	3. Verdeckte Gewinnausschüttung beim Anstellungsvertrag eines an der AG beteiligten Vorstands	1107
	4. Beispiele für verdeckte Gewinnausschüttungen	1111
	5. Korrespondenzprinzip	1111
	6. Rechtsfolgen einer verdeckten Gewinnausschüttung	1112
	7. Rückgängigmachen der verdeckten Gewinnausschüttung	1113
	III. Verdeckte Einlagen	1114
	1. Begriff	1114
	2. Gegenstand der Einlage	1114
	3. Bewertung der verdeckten Einlage; Korrespondenzprinzip; Rechtsfolgen	1116
	4. Rückgängigmachen einer verdeckten Einlage	1118
	5. Schenkungsteuer bei Einlagen	1118
	IV. Beschränkungen des Betriebsausgabenabzugs für Zinsaufwendungen	1118
	1. Allgemeines	1118
	2. Zinsabzugsbegrenzung	1120
	3. Ausnahmeregelungen	1122
	4. Besonderheiten der Zinsschrankenregelungen bei Personengesellschaften	1127
	V. Beschränkungen des Betriebsausgabenabzugs bei Rechteüberlassung	1127
	1. Allgemeines	1127
	2. Tatbestandsvoraussetzungen im Einzelnen	1128
	3. Rechtsfolgen	1128
	VI. Verlustnutzung bei der AG	1129
	1. Behandlung von Verlusten bei Kapitalgesellschaften	1129
	2. Körperschaftsteuerrechtliche Voraussetzungen des Verlustabzugs der AG	1130
§ 51	**Besteuerung der AG, Gewinnausschüttungen**	1142
	I. Allgemeines	1142
	II. Körperschaftsteuer der AG	1143
	1. Steuersätze	1143
	2. Steuerliche Auswirkungen der Gewinnausschüttung der AG; steuerliches Eigenkapital	1143

Inhaltsverzeichnis

3. Verbliebene Besonderheiten aus dem Übergang vom Anrechnungsverfahren zum Halb-/Teileinkünfteverfahren	1147
§ 52 Gewerbesteuer	**1148**
I. Gewerbesteuerpflicht der Aktiengesellschaft	1149
II. Bemessungsgrundlage der Gewerbesteuer	1150
1. Gewerbeertrag	1150
2. Hinzurechnungen	1152
3. Kürzungen	1156
III. Gewerbeverlust	1159
IV. Ermittlung der Gewerbesteuer	1161
1. Bildung des Gewerbesteuermessbetrages, Steuererhebung	1161
2. Zerlegung des Gewerbesteuermessbetrages bei Hebeberechtigung mehrerer Gemeinden	1161
3. Maßnahmen gegen „Gewerbesteueroasen"	1162
V. Besteuerungsverfahren	1162
VI. Rechtsmittelverfahren	1163
1. Rechtsmittel gegen den Gewerbesteuermessbescheid	1163
2. Rechtsmittel gegen den Gewerbesteuerbescheid	1163
3. Überblick über die Rechtsbehelfe bei der Gewerbesteuer	1163
§ 53 Erbschaftsteuer	**1164**
I. Aktien als erbschaft-/schenkungsteuerpflichtige Zuwendungen	1165
1. Erwerb von Todes wegen	1166
2. Schenkung unter Lebenden	1166
3. Steuerschuldner	1167
4. Internationale Abgrenzung der Steuerpflicht	1167
5. Steuerverschonungen und Steuerbefreiungen	1168
6. Steuerbemessungsgrundlage	1173
7. Entstehen der Steuer, Bewertungsstichtag	1175
8. Tarif	1176
II. Besonderheiten des Verfahrens	1176
III. Leistungen von Aktionären und Dritten an die Aktiengesellschaft	1176
§ 54 Umsatzsteuer	**1177**
I. Vorbemerkung	1179
1. Ziel der Umsatzbesteuerung	1179
2. Umsatzsteuer im Europäischen Binnenmarkt	1179
II. Umsatzbesteuerung betrieblicher Vorgänge	1180
1. Entgeltliche Leistungen (Lieferungen und sonstige Leistungen) von Unternehmern im Inland (§ 1 Abs. 1 Nr. 1 UStG)	1180
2. Besteuerung der Einfuhr nach § 1 Abs. 1 Nr. 4 UStG	1194
3. Innergemeinschaftlicher Erwerb im Inland gegen Entgelt nach § 1 Abs. 1 Nr. 5 UStG	1194
4. Steuerbefreiungen	1194
5. Bemessungsgrundlage	1196
6. Umsatzsteuersätze	1197
III. Vorsteuerabzug	1197
1. Funktion	1197
2. Unternehmereigenschaft des Empfängers	1198
3. Leistung für sein Unternehmen	1198
4. Leistungen von einem anderen Unternehmer	1198
5. Rechnung mit offenem Steuerausweis	1198
6. Fehlerhafte Rechnungen	1199
7. Gutschriften	1200
8. Ausschluss des Vorsteuerabzugs	1200
9. Aufteilung von Vorsteuerbeträgen nach § 15 Abs. 4 UStG	1200
10. Ausschluss des Vorsteuerabzugs für Unternehmer	1201
11. Berichtigung des Vorsteuerabzugs	1201
12. Bekämpfung missbräuchlichen Vorsteuerabzugs	1201

Inhaltsverzeichnis

IV. Entstehen der Steuer, Steuerschuldner und Verfahren	1202
1. Steuerschuldner	1202
2. Entstehen der Steuer	1203
3. Verfahren	1203

§ 55 Sonstige Steuern 1203
  I. Grundsteuer 1204
  II. Grunderwerbsteuer 1205

10. Kapitel. Kapitalmaßnahmen

§ 56 Überblick zu Kapitalmaßnahmen 1211
  I. Maßnahmen der Kapitalbeschaffung 1211
    1. Beschaffung von Eigenkapital und Fremdkapital 1211
    2. Beschaffung neuen Eigenkapitals durch Kapitalerhöhung 1211
    3. Kapitalerhöhung aus Gesellschaftsmitteln 1212
  II. Maßnahmen der Kapitalherabsetzung 1212

§ 57 (Reguläre) Kapitalerhöhung gegen Einlagen 1213
  I. Allgemeines 1218
    1. Überblick 1218
    2. Allgemeine Zulässigkeitsvoraussetzungen 1219
    3. Verpflichtung zur Durchführung oder Unterlassung einer Kapitalerhöhung 1224
  II. Kapitalerhöhungsbeschluss 1226
    1. Beschlussfassung 1226
    2. Beschlussinhalt 1229
    3. Mängel der Beschlussfassung 1235
  III. Sacheinlagen 1236
    1. Allgemeines 1236
    2. Kapitalerhöhungsbeschluss 1236
    3. Ausgabebetrag und Einlagewert 1238
    4. Prüfung 1241
    5. Einbringung der Sacheinlage 1241
    6. Differenzhaftung des Einbringenden 1243
    7. Sachkapitalerhöhung als Nachgründung 1245
    8. Verdeckte Sacheinlagen; Hin- und Herzahlen 1246
    9. „Schütt-aus-hol-zurück"-Verfahren 1252
    10. Steuerliche Wirkungen des „Schütt-aus-hol-zurück"-Verfahrens 1253
    11. Gemischte Sacheinlage 1254
    12. Debt Equity-Swap 1255
  IV. Anmeldung und Eintragung des Kapitalerhöhungsbeschlusses 1256
    1. Anmeldung zur Eintragung ins Handelsregister 1256
    2. Prüfung durch das Registergericht 1257
    3. Eintragung 1259
  V. Bezugsrecht 1259
    1. Gesetzliches Bezugsrecht 1259
    2. Ausschluss des gesetzlichen Bezugsrechts 1268
    3. Mittelbares Bezugsrecht 1289
    4. Rechtsgeschäftliches Bezugsrecht 1295
    5. Bezugsrecht und Bezugsrechtsausschluss im Konzern 1295
    6. Steuerliche Behandlung der Veräußerung oder Ausübung des Bezugsrechts 1296
  VI. Zeichnung der Aktien 1297
    1. Allgemeines 1297
    2. Zeichnungserklärung und Zeichnungsvertrag 1298
    3. Mängel der Zeichnung; Leistungsstörungen 1303
  VII. Weitere Abwicklung 1304
    1. Einlageleistung 1304
    2. Anmeldung, Eintragung und Bekanntmachung 1307

Inhaltsverzeichnis

3. Wirksamwerden	1309
4. Ausgabe der neuen Aktien	1309
5. Auswirkung auf vertragliche Beziehungen zu Dritten	1310
6. Fehlerhafte Kapitalerhöhungen	1312
VIII. Kapitalmarktrechtliche Aspekte	1314
1. Prospektpflicht	1314
2. Informationspflichten nach MAR und WpHG	1315
3. Übernahmerecht	1323

§ 58 Bedingte Kapitalerhöhung 1324

I. Überblick	1325
II. Voraussetzungen und Umfang	1326
1. Zulässige Zwecke	1326
2. Volleinzahlung bisheriger Einlagen	1331
3. Bezugsrecht	1332
4. Zulässiger Umfang	1334
III. Erhöhungsbeschluss	1337
1. Beschlussfassung	1337
2. Inhalt des Beschlusses	1338
3. Mängel der Beschlussfassung	1342
IV. Sacheinlagen	1342
1. Sacheinlagekautelen	1342
2. Sonderregelungen für Wandel- und Optionsanleihen	1344
3. Sonderregelungen für die Einbringung von Forderungen aus Gewinnbeteiligungen von Arbeitnehmern	1346
4. Verstöße gegen Sacheinlagekautelen	1346
V. Anmeldung, Eintragung und Bekanntmachung	1347
VI. Bezugsrechte	1348
1. Entstehung	1348
2. Schutz der Bezugsrechte; Aufhebung und Änderung des bedingten Kapitals	1349
VII. Ausübung des Bezugsrechts	1352
1. Bezugserklärung	1352
2. Wirkung der Bezugserklärung	1354
3. Mängel der Bezugserklärung	1354
VIII. Aktienausgabe	1355
1. Bedeutung und Tatbestand der Aktienausgabe	1355
2. Voraussetzungen der Aktienausgabe	1356
3. Besondere Voraussetzungen bei Wandelschuldverschreibungen und -genussrechten	1357
IX. Wirksamwerden der Kapitalerhöhung	1359
X. Anmeldung, Eintragung und Bekanntmachung der Aktienausgabe	1360
XI. Kapitalmarktrechtliche Aspekte	1361
1. Wandel- und Optionsanleihen bzw. -genussrechte	1361
2. Aktienoptionen	1362

§ 59 Genehmigtes Kapital 1363

I. Überblick	1364
II. Ermächtigung des Vorstands	1366
1. Erteilung der Ermächtigung	1366
2. Inhalt und Grenzen der Ermächtigung	1367
3. Bezugsrechtsausschluss	1371
4. Anmeldung und Eintragung ins Handelsregister	1377
III. Durchführung der Kapitalerhöhung durch den Vorstand	1378
1. Allgemeines	1378
2. Voraussetzungen der Aktienausgabe	1378
3. Festsetzung von Aktieninhalt und Ausgabebedingungen	1381
4. Aktienausgabe gegen Sacheinlagen	1383
5. Bezugsrechte	1385

Inhaltsverzeichnis

	6. Durchführung der Kapitalerhöhung	1390
	7. Fehlerhafte Kapitalerhöhung	1391
	8. Belegschaftsaktien	1392
§ 60	**Kapitalerhöhung aus Gesellschaftsmitteln**	1395
I.	Allgemeines	1396
	1. Überblick	1396
	2. Art der Kapitalerhöhung	1396
	3. Verbindung mit sonstigen Kapitalveränderungen	1397
	4. Schranken der Kapitalerhöhung aus Gesellschaftsmitteln	1398
	5. „Schütt-aus-hol-zurück"-Verfahren	1398
II.	Kapitalerhöhungsbeschluss	1398
	1. Beschlussfassung	1398
	2. Beschlussinhalt	1399
	3. Voraussetzungen der Beschlussfassung	1401
	4. Mängel der Beschlussfassung	1401
III.	Zugrunde zu legende Bilanz	1403
	1. Letzte Jahresbilanz	1403
	2. Zwischenbilanz	1405
	3. Verstöße	1407
IV.	Umwandlungsfähige Rücklagen	1407
	1. Zulässigkeit der Umwandlung	1407
	2. Beschränkung und Ausschluss der Umwandlung	1409
V.	Anmeldung, Eintragung und Wirksamwerden	1411
	1. Anmeldung	1411
	2. Prüfung und Eintragung	1412
	3. Wirksamwerden der Kapitalerhöhung	1413
	4. Fehlerhafte Eintragung	1413
VI.	Berechtigung aus der Kapitalerhöhung	1414
	1. Berechtigung der Altaktionäre	1414
	2. Teilrechte	1415
	3. Teileingezahlte Aktien	1416
	4. Gewinnbeteiligung	1417
	5. Ausstattung der neuen Aktien	1419
VII.	Wahrung bestehender Rechte	1419
	1. Aufrechterhaltung bestehender Aktionärsrechte	1419
	2. Besonderheiten teileingezahlter Aktien	1422
	3. Rechtsbeziehungen mit Dritten	1423
	4. Erhöhung bedingten Kapitals	1425
VIII.	Weitere Abwicklung	1426
	1. Verbriefung	1426
	2. Verwertung nicht abgeholter Aktien	1427
IX.	Kapitalmarktrechtliche Aspekte	1428
§ 61	**Ordentliche Kapitalherabsetzung**	1430
I.	Allgemeines	1431
	1. Inhalt und Zweck der Kapitalherabsetzung; Ausweis im Jahresabschluss	1431
	2. Durchführungswege	1432
	3. Verbindung mit anderen Kapitalmaßnahmen	1434
	4. Allgemeine Voraussetzungen und Schranken der Kapitalherabsetzung	1435
	5. Ablauf der Kapitalherabsetzung	1438
II.	Kapitalherabsetzungsbeschluss	1438
	1. Beschlussfassung	1438
	2. Beschlussinhalt	1439
	3. Mängel der Beschlussfassung	1440
III.	Anmeldung und Wirksamwerden der Kapitalherabsetzung	1441
	1. Anmeldung, Eintragung und Bekanntmachung	1441
	2. Wirksamwerden der Kapitalherabsetzung	1442

Inhaltsverzeichnis

	IV. Gläubigerschutz	1445
	1. Sicherheitsleistung	1445
	2. Auszahlungs- und Erlassverbot	1449
	V. Abwicklung der Kapitalherabsetzung	1450
	1. Reduzierung der Grundkapitalziffer	1450
	2. Herabsetzung der Aktiennennbeträge	1450
	3. Kapitalherabsetzung durch Zusammenlegung von Aktien	1451
	VI. Anmeldung der Durchführung	1454
	VII. Kapitalmarktrechtliche Aspekte	1455
	1. Prospektrechtliche Aspekte	1455
	2. Informationspflichten nach WpHG	1455
	3. Übernahmerecht	1459
	4. Besonderheiten beim Kapitalschnitt auf Null	1460
§ 62	**Vereinfachte Kapitalherabsetzung**	1461
	I. Allgemeines	1461
	II. Voraussetzungen und Schranken	1463
	1. Zulässige Zwecke	1463
	2. Vorherige Auflösung von Reserven	1464
	3. Höchstbetrag der Kapitalherabsetzung zur Rücklagendotierung	1465
	4. Minderheitenschutz	1466
	III. Durchführung der Kapitalherabsetzung	1466
	1. Hauptversammlungsbeschluss	1466
	2. Weitere Abwicklung	1467
	IV. Verwendung der gewonnenen Beträge und zukünftige Gewinnausschüttungen	1467
	1. Ausschüttungsverbot und Pflicht zu zweckgerechter Verwendung	1467
	2. Verwendung der gewonnenen Beträge bei zu hoch angenommenen Verlusten	1468
	3. Beschränkung zukünftiger Gewinnausschüttungen	1470
	V. Rückwirkungsmöglichkeiten	1473
	1. Rückbeziehung der Kapitalherabsetzung	1473
	2. Rückbeziehung einer gleichzeitigen Kapitalerhöhung	1474
	3. Bekanntmachung des Jahresabschlusses	1476
§ 63	**Kapitalherabsetzung durch Einziehung**	1476
	I. Allgemeines	1477
	II. Zwangseinziehung	1479
	1. Zulassung in der Satzung	1479
	2. Angeordnete Zwangseinziehung	1480
	3. Gestattete Zwangseinziehung	1481
	4. Einziehungsentgelt	1482
	III. Einziehung nach Erwerb durch die Gesellschaft	1486
	IV. Einziehungsverfahren	1487
	1. Ordentliches Einziehungsverfahren	1487
	2. Vereinfachtes Einziehungsverfahren	1489
	V. Weitere Abwicklung der Einziehung	1492
	1. Anmeldung, Eintragung und Bekanntmachung des Einziehungsbeschlusses	1492
	2. Einziehungshandlung	1492
	3. Wirksamwerden der Kapitalherabsetzung	1492
	4. Anmeldung der Durchführung	1493
	VI. Einziehung von Stückaktien ohne Kapitalherabsetzung	1493
	1. Voraussetzungen	1493
	2. Einziehungsbeschluss	1494
	3. Abwicklung	1495
	VII. Ausschluss von Aktionären aus wichtigem Grund	1495
§ 64	**Finanzierung mit Fremdkapital; Aktienoptionen**	1497
	I. Überblick	1500
	II. Wandel- und Optionsanleihen	1500
	1. Inhalt und wirtschaftliche Bedeutung	1500
	2. Bilanzielle und steuerliche Behandlung	1502

Inhaltsverzeichnis

3. Strukturierung und Ablauf der Ausgabe von Wandel- oder Optionsanleihen	1502
4. Ausgabebeschluss der Hauptversammlung	1503
5. Ausgabe der Wandel- und Optionsanleihen	1508
6. Hinterlegung beim Handelsregister und Bekanntmachung in den Gesellschaftsblättern	1510
7. Bezugsrecht der Aktionäre	1511
8. Berechtigung aus der Wandel- oder Optionsanleihe	1514
9. Sicherstellung des Wandlungs- oder Optionsrechts	1514
10. Sonderformen	1518
11. Wandlungs- und Optionsrechte für Anleihen von Tochtergesellschaften	1522
III. Gewinnschuldverschreibungen	1523
IV. Genussrechte	1525
1. Allgemeines	1525
2. Ausgestaltung	1529
3. Ausgabe	1530
4. Schutz gegen wirtschaftliche Beeinträchtigungen	1532
V. Aktienoptionsprogramme	1536
1. Überblick	1536
2. Selbstständige Optionen mit bedingtem Kapital	1537
3. Selbstständige Optionen mit Erwerb eigener Aktien	1545
4. Wandel- oder Optionsanleihen	1546
5. Virtuelle Optionsprogramme	1547
6. Aktienoptionsprogramme für Aufsichtsratsmitglieder	1548

§ 65 Steuerliche Behandlung der Kapitalmaßnahmen ... 1549
- I. Kapitalerhöhung gegen Einlage ... 1550
  - 1. Bareinlage ... 1550
  - 2. Kapitalerhöhung gegen Sacheinlage ... 1551
- II. Kapitalerhöhung aus Gesellschaftsmitteln ... 1552
- III. Kapitalherabsetzung ... 1554
  - 1. Übersicht über die steuerliche Auswirkung der Kapitalherabsetzung ... 1554
  - 2. Steuerliche Folgen bei der Gesellschaft ... 1554
  - 3. Behandlung beim Aktionär ... 1555
  - 4. Kapitalherabsetzung als verdeckte Gewinnausschüttung ... 1556
- IV. Vereinfachte Kapitalherabsetzung ... 1556
- V. Steuerliche Behandlung von Wandelschuldverschreibungen ... 1557
  - 1. Steuerliche Behandlung der AG ... 1557
  - 2. Behandlung der Wandelschuldverschreibung beim Anleihezeichner ... 1559
- VI. Steuerliche Behandlung von Genussrechten ... 1561
  - 1. Allgemeines ... 1561
  - 2. Behandlung bei der AG ... 1561
  - 3. Steuerliche Behandlung des Rechtsinhabers ... 1563

11. Kapitel. Auflösung und Abwicklung

§ 66 Auflösung ... 1565
- I. Allgemeines ... 1565
- II. Auflösungsgründe nach § 262 Abs. 1 AktG ... 1565
  - 1. Zeitablauf, Nr. 1 ... 1565
  - 2. Auflösungsbeschluss, Nr. 2 ... 1566
  - 3. Eröffnung des Insolvenzverfahrens, Nr. 3 ... 1566
  - 4. Ablehnung der Eröffnung des Insolvenzverfahrens mangels Masse, Nr. 4 ... 1566
  - 5. Feststellung eines Satzungsmangels, Nr. 5 ... 1566
  - 6. Löschung wegen Vermögenslosigkeit, Nr. 6 ... 1566
- III. Andere Auflösungsgründe, § 262 Abs. 2 AktG ... 1567
- IV. Anmeldung und Eintragung der Auflösung, § 263 AktG ... 1567

Inhaltsverzeichnis

§ 67 **Abwicklung**	1567
I. Allgemeines	1567
II. Abwickler	1568
1. Bestellung	1568
2. Aufgaben	1569
3. Vertretungsmacht	1570
III. Rechnungslegung	1570
1. Eröffnungsbilanz	1570
2. Jahresabschluss und Lagebericht	1570
3. Schlussrechnung	1571
IV. Verteilung des Vermögens	1571
V. Fortsetzung einer aufgelösten AG	1571
§ 68 **Steuerliche Behandlung der Liquidation der Aktiengesellschaft**	1572
I. Vorbemerkung	1572
II. Liquidationsgewinnermittlung nach § 11 KStG	1572
1. Besteuerungszeitraum bei Liquidation	1573
2. Vermögensvergleich während des Liquidationszeitraumes	1574
III. Gewerbesteuerliche Behandlung der Liquidation	1575
IV. Umsatzsteuer im Zeitraum der Liquidation	1576
V. Das steuerliche Eigenkapital der AG bei der Liquidation	1576
VI. Behandlung der Liquidationsausschüttung beim Aktionär	1577
1. Aktien im Privatvermögen	1577
2. Aktien im Betriebsvermögen	1578

12. Kapitel. Konzernrecht des Aktiengesetzes

§ 69 **Grundlagen**	1579
I. Allgemeines	1582
1. Zweck der Vorschriften	1582
2. Begriffsbestimmungen	1583
3. Überblick über die Rechtsfolgen	1584
4. Ausstrahlung auf andere Rechtsbereiche	1584
II. Verbundene Unternehmen	1585
1. Unternehmensbegriff	1585
2. Verbundene Unternehmen	1590
III. Mehrheitsbeteiligungen	1591
1. Allgemeines	1591
2. Anteilsmehrheit	1591
3. Stimmrechtsmehrheit	1594
4. Rechtsfolgen	1596
IV. Abhängige und herrschende Unternehmen	1596
1. Allgemeines	1596
2. Beherrschender Einfluss	1597
3. Abhängigkeitsvermutung und Widerlegung	1605
4. Rechtsfolgen	1609
V. Konzern	1609
1. Grundlagen	1609
2. Unterordnungskonzern	1611
3. Gleichordnungskonzern	1613
VI. Wechselseitige Beteiligungen	1620
1. Allgemeines	1620
2. Einfache wechselseitige Beteiligung	1620
3. Qualifizierte wechselseitige Beteiligungen	1624
VII. Mitteilungspflichten	1625
1. Überblick	1625
2. Mitteilungspflichten nach § 20 AktG	1626
3. Mitteilungspflichten nach § 21 AktG	1640
4. Mitteilungspflichten nach § 328 Abs. 4 AktG	1641

Inhaltsverzeichnis

§ 70 Abhängige Unternehmen und faktische Konzerne	1641
A. Überblick	1648
B. Begründung und Aufgabe herrschenden Einflusses	1649
I. Beteiligungserwerb und -veräußerung durch die herrschende Aktiengesellschaft	1649
1. Allgemeines	1649
2. Konzernklausel	1649
3. Bindung an den Unternehmensgegenstand	1650
4. Zustimmung der Hauptversammlung (Holzmüller)	1652
5. Rechtsfolgen unzulässigen Beteiligungserwerbs	1657
6. Entherrschungsvertrag	1658
II. Schutz gegen die Entstehung eines Abhängigkeitsverhältnisses	1658
1. Abwehrmaßnahmen der Gesellschaft	1658
2. Treuepflicht der Aktionäre	1659
C. Leitung des Unternehmensverbundes	1660
I. Grundlagen	1660
1. Leitung durch das herrschende Unternehmen	1660
2. Pflichten des Vorstands der abhängigen Gesellschaft	1665
II. Rechte und Pflichten des Aufsichtsrats	1666
1. Aufsichtsrat der herrschenden Aktiengesellschaft	1666
2. Aufsichtsrat der abhängigen Gesellschaft	1669
III. Leitungskontrolle durch die Hauptversammlung der Obergesellschaft	1671
1. Ungeschriebene Hauptversammlungszuständigkeiten	1671
2. Informationsrechte	1673
IV. Finanzierungsfragen	1674
1. Überblick	1674
2. Kapitalaufbringung und Erhaltung im Konzern	1674
3. Gewinnverwendung im Konzern	1677
4. Fremdfinanzierung und Cash-Management im Konzern	1678
D. Schutzsystem der §§ 311–318 AktG	1681
I. Allgemeines	1681
1. Trennungsprinzip als Grundlage	1681
2. Überblick zu § § 311 ff. AktG	1682
3. Anwendbarkeit der §§ 311 ff. AktG	1683
4. Verhältnis der §§ 311 ff. AktG zu allgemeinen Vorschriften	1685
II. Nachteilsausgleich	1686
1. Allgemeines	1686
2. Veranlassung von Rechtsgeschäften und Maßnahmen	1686
3. Nachteilsermittlung	1689
4. Ausgleich des Nachteils	1694
III. Abhängigkeitsbericht und Prüfung	1698
1. Allgemeines	1698
2. Berichtspflicht	1699
3. Inhalt des Berichts	1701
4. Prüfung durch den Abschlussprüfer	1705
5. Prüfung durch den Aufsichtsrat	1708
6. Sonderprüfung	1709
IV. Verletzung der Pflicht zum Nachteilsausgleich	1712
1. Verantwortlichkeit des herrschenden Unternehmens und seiner gesetzlichen Vertreter	1712
2. Verantwortlichkeit der Verwaltungsmitglieder der abhängigen Gesellschaft	1714
E. Qualifiziert faktischer Konzern (qualifizierte Nachteilszufügung)	1715
I. Grundlagen	1715
II. Tatbestand	1717
1. Tatbestandsvoraussetzungen	1717
2. Darlegungs- und Beweisfragen	1719
III. Rechtliche Behandlung qualifizierter Konzerne	1720
1. Verlustausgleichspflicht	1720
2. Sicherheitsleistung und Ausfallhaftung	1721

3. Weitere Rechtsfolgen	1721
4. Abwehransprüche	1722
5. Feststellung durch den Abschlussprüfer	1722
§ 71 Vertragskonzern (Beherrschungsvertrag)	**1723**
A. Bildung eines Vertragskonzerns	1729
I. Allgemeines	1729
II. Beherrschungsvertrag	1730
1. Inhalt	1730
2. Rechtsform und Sitz der Vertragsparteien	1732
3. Mehrstufige Unternehmensverbindungen; Gemeinschaftsunternehmen	1733
4. Verdeckte Beherrschungsverträge	1734
5. Fehlerhafte Beherrschungsverträge	1735
III. Zustandekommen des Beherrschungsvertrags	1735
1. Vertragsabschluss	1735
2. Zustimmung der Hauptversammlungen	1738
3. Anmeldung, Eintragung, Wirksamwerden	1752
B. Auffüllung der gesetzlichen Rücklage; Verlustausgleich	1754
I. Auffüllung der gesetzlichen Rücklage	1754
II. Verlustausgleich	1755
1. Voraussetzungen	1755
2. Einzelfragen des Anspruchs	1758
C. Sicherung der außenstehenden Aktionäre	1761
I. Angemessener Ausgleich	1761
1. Grundlagen	1761
2. Anspruchsinhalt	1764
3. Fehlen oder Unangemessenheit der Ausgleichsbestimmung	1776
II. Angemessene Abfindung	1777
1. Grundlagen	1777
2. Art der Abfindung	1781
3. Höhe der Abfindung	1784
4. Fehlen oder Unangemessenheit des Abfindungsangebots	1785
III. Bewertungsfragen	1785
1. Bewertungsziel	1785
2. Wertermittlung des Unternehmens	1786
3. Börsenkurs der Aktie	1790
4. Gerichtliche Bestimmung des Ausgleichs oder der Abfindung	1793
D. Konzernleitung	1796
I. Weisungsrecht des Vorstands der Obergesellschaft	1796
1. Umfang und Grenzen	1796
2. Ausübung des Weisungsrechts	1799
3. Konzernleitungspflicht	1800
II. Pflichten des Vorstands der abhängigen Gesellschaft	1800
III. Verantwortlichkeit	1801
1. Verantwortlichkeit des herrschenden Unternehmens und seiner Organe	1801
2. Verantwortlichkeit der Organe der abhängigen Gesellschaft	1804
IV. Rechte und Pflichten der Aufsichtsräte	1805
V. Konzernleitungskontrolle durch die Hauptversammlungen	1805
VI. Finanzierungsfragen	1806
E. Dauer, Änderung und Beendigung des Beherrschungsvertrags	1806
I. Dauer des Vertrags	1806
II. Änderung des Vertrages	1807
1. Änderungsvereinbarung	1807
2. Sonderbeschluss der außenstehenden Aktionäre	1809
3. Ausgleich und Abfindung	1810
4. Parteiwechsel und Vertragsbeitritt beim herrschenden Unternehmen	1810
III. Beendigung des Vertrages	1812
1. Allgemeines	1812
2. Beendigungsgründe	1812

Inhaltsverzeichnis

3. Anmeldung und Eintragung	1822
4. Rechtsfolgen der Vertragsbeendigung	1822

§ 72 Gewinnabführungsvertrag ... 1828
   I. Allgemeines ... 1830
   II. Inhalt und Parteien des Vertrages ... 1831
      1. Gewinnabführungsvertrag ... 1831
      2. Geschäftsführungsvertrag ... 1833
   III. Abschluss, Änderung und Beendigung des Vertrags ... 1834
      1. Zustandekommen des Vertrages ... 1834
      2. Dauer, Änderung und Beendigung des Vertrages ... 1834
   IV. Wirkung des Vertrages ... 1836
      1. Leitungsmacht und Verantwortlichkeit ... 1836
      2. Auffüllung der gesetzlichen Rücklage ... 1836
      3. Gewinnabführung ... 1837
      4. Verlustausgleich ... 1840
      5. Ausgleich und Abfindung für die außenstehenden Aktionäre ... 1840
   V. Besteuerung bei Vorliegen eines Ergebnisabführungsvertrags ... 1841
      1. Körperschaftsteuerliche Organschaft ... 1842
      2. Gewerbesteuerliche Organschaft ... 1857
      3. Umsatzsteuerliche Organschaft ... 1857
      4. Haftung im Organkreis ... 1858

§ 73 Andere Unternehmensverträge ... 1858
   I. Grundlagen ... 1860
      1. Überblick ... 1860
      2. Vertragsparteien ... 1861
      3. Unternehmensverbindung ... 1862
      4. Kartellrecht ... 1862
   II. Gewinngemeinschaft ... 1862
      1. Allgemeines ... 1862
      2. Inhalt und Wirkung des Vertrages ... 1863
      3. Angemessenheit der Gegenleistung ... 1864
   III. Teilgewinnabführungsvertrag ... 1865
      1. Inhalt und Wirkung des Vertrages ... 1865
      2. Einstellungen in die gesetzliche Rücklage ... 1868
      3. Höchstbetrag der Gewinnabführung ... 1868
      4. Angemessenheit der Gegenleistung ... 1869
   IV. Betriebspacht und Betriebsüberlassung ... 1869
      1. Allgemeines ... 1869
      2. Inhalt und Wirkung der Verträge ... 1871
      3. Angemessenheit der Gegenleistung ... 1873
      4. Abgrenzung zum Beherrschungsvertrag ... 1875
      5. Kombination mit anderen Unternehmensverträgen ... 1876
   V. Betriebsführungsvertrag ... 1877
      1. Allgemeines ... 1877
      2. Inhalt und Wirkung des Vertrages ... 1878
      3. Abgrenzung zum Beherrschungsvertrag ... 1880
      4. Kombination mit anderen Unternehmensverträgen ... 1881
   VI. Abschluss, Änderung und Beendigung der Verträge ... 1882
      1. Vertragsabschluss und Zustimmung der Hauptversammlung ... 1882
      2. Wirksamwerden der Verträge ... 1884
      3. Vertragsänderung ... 1885
      4. Vertragsbeendigung ... 1886
   VII. Steuerliche Wirkungen anderer Unternehmensverträge ... 1887

§ 74 Eingliederung ... 1888
   I. Allgemeines ... 1889
   II. Eingliederung einer 100 %-igen Tochtergesellschaft nach § 319 AktG ... 1890
      1. Überblick ... 1890

Inhaltsverzeichnis

2. Erforderliche Kapitalbeteiligung	1890
3. Eingliederungsbeschluss der einzugliedernden Gesellschaft	1890
4. Zustimmungsbeschluss der Hauptgesellschaft	1891
5. Eintragung ins Handelsregister	1893
III. Eingliederung durch Mehrheitsbeschluss nach § 320 AktG	1895
1. Überblick	1895
2. Erforderliche Kapitalbeteiligung	1895
3. Eingliederungsbericht des Vorstands	1896
4. Eingliederungsprüfung	1896
5. Eingliederungsbeschluss der einzugliedernden Gesellschaft	1897
6. Zustimmungsbeschluss der Hauptgesellschaft	1898
7. Eintragung und Wirksamwerden	1898
8. Abfindung der ausgeschiedenen Aktionäre	1898
9. Gerichtliche Festsetzung der Abfindung	1900
IV. Gläubigerschutz	1901
1. Sicherheitsleistung	1901
2. Haftung der Hauptgesellschaft	1901
V. Wirkung der Eingliederung	1903
1. Leitungsmacht und Verantwortlichkeit	1903
2. Vermögenszugriff und Verlustausgleichspflicht der Hauptgesellschaft	1905
3. Rechte und Pflichten des Aufsichtsrats	1906
4. Auskunftsrecht der Aktionäre der Hauptgesellschaft	1906
VI. Beendigung der Eingliederung	1907
1. Beendigungsgründe	1907
2. Folgen der Beendigung	1908
VII. Steuerliche Behandlung der Eingliederung	1909

13. Kapitel. Ausschluss von Minderheitsaktionären (Squeeze-out)

§ 75 Ausschluss von Minderheitsaktionären (Squeeze-out)	1911
I. Einführung und Abgrenzung	1913
1. Grundlagen	1913
2. Andere Ausschlussverfahren	1915
II. Ablauf des Ausschlussverfahrens (Überblick)	1918
III. Beteiligte	1919
1. Betroffene Gesellschaft	1919
2. Hauptaktionär	1919
IV. Vorbereitung des Übertragungsbeschlusses	1925
1. Verlangen des Hauptaktionärs	1925
2. Bericht des Hauptaktionärs	1928
3. Festlegung und Prüfung der Barabfindung	1931
4. Bankgarantie	1936
V. Übertragungsbeschluss der Hauptversammlung	1938
1. Vorbereitung der Hauptversammlung	1938
2. Durchführung der Hauptversammlung	1942
3. Anfechtung und Nichtigkeit des Übertragungsbeschlusses	1944
4. Eintragung ins Handelsregister	1946
VI. Barabfindung der Minderheitsaktionäre	1952
1. Höhe der Barabfindung	1952
2. Abfindungsanspruch	1957
3. Gerichtliche Überprüfung der Barabfindung	1958
VII. Sonstige Folgen des Minderheitsausschlusses	1959
1. Bezugsrechte auf Aktien	1959
2. Anhängige Anfechtungs- und Nichtigkeitsklagen	1961
3. Sonstige Verfahren	1963
VIII. Missbrauch des Minderheitsausschlusses	1963
1. Allgemeines	1963
2. Fallgruppen	1964
3. Rechtsfolgen	1969

Inhaltsverzeichnis

14. Kapitel. Kommanditgesellschaft auf Aktien

§ 76 Geschichtliche Entwicklung und heutige wirtschaftliche Bedeutung 1971
    I. Geschichtliche Entwicklung 1973
    II. Heutige Bedeutung 1975
    III. Vor- und Nachteile der KGaA 1979
    IV. Rechtsnatur und Erscheinungsformen 1980
        1. Rechtsnatur 1980
        2. Gestaltungsfreiheit 1982
        3. Ausgestaltung der KGaA 1983

§ 77 Gründung, Kapital und Aktien, Auflösung und Abwicklung 1985
    I. Gründung 1985
        1. Gründungsbeteiligte 1985
        2. Gründungsverfahren 1986
        3. Satzung 1987
        4. Firma 1988
        5. Gründung durch Umwandlung 1989
    II. Aktien und Einlagen 1991
        1. Aktien 1991
        2. Einlagen der persönlich haftenden Gesellschafter 1992
        3. Gesellschafterdarlehen 1995
    III. Auflösung der KGaA 1996
        1. Überblick 1996
        2. Auflösungsgründe nach HGB 1997
        3. Auflösung durch Kündigung 1999
        4. Auflösungsgründe nach Aktienrecht 2002
        5. Keine weiteren Auflösungstatbestände 2002
        6. Anmeldung, Folgen der Auflösung 2002
    IV. Abwicklung 2003

§ 78 Rechte der Komplementäre, Kommanditaktionäre und ihre
     Rechtsbeziehungen untereinander 2004
    I. Begründung des Gesellschaftsverhältnisses zwischen Komplementär und
       KGaA 2005
        1. Begründung der Komplementärstellung 2005
        2. Qualifikation des persönlich haftenden Gesellschafters 2007
    II. Rechte der Komplementäre 2011
        1. Geschäftsführung 2011
        2. Vertretungsberechtigung 2011
    III. Persönliche Haftung und Pflichten des Komplementärs 2012
        1. Persönliche Haftung 2012
        2. Wettbewerbsverbot 2014
        3. Allgemeine Treuepflicht 2017
    IV. Ausscheiden und Ausschluss eines Komplementärs 2018
        1. Überblick 2018
        2. Ausscheiden aufgrund gesetzlicher Regelungen 2019
        3. Ausscheiden aufgrund Satzungsregelungen 2024
        4. Ausscheiden des letzten persönlich haftenden Gesellschafters 2026
        5. Rechtsfolgen des Ausscheidens 2028
        6. Eintragung 2029
    V. Rechtsstellung der Kommanditaktionäre 2029
        1. Überblick 2029
        2. Rechtsverhältnis zwischen Komplementären und Kommanditaktionären 2029
        3. Rechte der Kommanditaktionäre 2031

§ 79 Verfassung der KGaA 2033
    I. Überblick 2035
    II. Geschäftsführung 2036
        1. Geschäftsführungsberechtigte Komplementäre 2036

    2. Einzel- oder Gesamtgeschäftsführungsbefugnis 2038
    3. Entzug der Geschäftsführungsbefugnis 2039
    4. Niederlegung 2042
    5. Umfang der Geschäftsführungsbefugnis 2042
    6. Sorgfaltspflicht 2046
    7. Tätigkeitsvereinbarung und -vergütung 2047
    8. Vertretungsmacht 2052
  III. Hauptversammlung 2053
    1. Teilnahmeberechtigung 2053
    2. Stimmrecht 2055
    3. Beschlussfassung 2056
    4. Kompetenzen der Hauptversammlung 2058
  IV. Aufsichtsrat 2063
    1. Funktion des Aufsichtsrats 2063
    2. Anwendbare Vorschriften 2064
    3. Zusammensetzung des Aufsichtsrats; Begründung, Dauer und Beendigung der
       Mitgliedschaft im Aufsichtsrat 2064
    4. Kompetenzen des Aufsichtsrats 2066
    5. Haftung 2071
    6. Mitbestimmung 2072
    7. Fakultative Gesellschaftsorgane 2074
    8. Konzernrecht, Squeeze-out und Mitteilungspflichten 2079
    9. Corporate Governance Kodex und Entsprechenserklärung 2081
    10. Übernahmerecht 2085

§ 80 Kapitalmaßnahmen 2087
  I. Schaffung neuer oder Erhöhung bestehender Komplementäranteile 2088
    1. Überblick 2088
    2. Maßgebliche Rechtsvorschriften 2088
    3. Beschlussmehrheit, erforderliche Beschlüsse und Beschlussinhalt 2089
    4. Bezugsrecht der Kommanditaktionäre 2089
    5. Schutz der Kommanditaktionäre 2090
    6. Verbuchung einer Vermögenseinlage 2091
    7. Genehmigtes Komplementärkapital 2091
  II. Erhöhung des Grundkapitals 2092
    1. Anwendbare Vorschriften 2092
    2. Rechte der Komplementäre bei Erhöhung des Grundkapitals 2092
  III. Umwandlung von Komplementäranteilen in Aktien 2094
    1. Praktische Bedeutung des Umwandlungsrechts 2094
    2. Anwendbare Vorschriften 2094
  IV. Umwandlung von Kommanditaktien in Komplementäreinlagen 2096

§ 81 Jahresabschluss, Gewinnverteilung und Gewinnverwendung 2097
  I. Jahresabschluss 2098
    1. Aufstellung des Jahresabschlusses 2098
    2. Allgemeine für den Jahresabschluss geltende Vorschriften 2098
    3. Sondervorschriften für den Jahresabschluss der KGaA 2099
    4. Zusätzlicher Jahresabschluss nach den Regeln für Personenhandels-
       gesellschaften 2101
    5. Feststellung des Jahresabschlusses 2102
  II. Gewinnverteilung zwischen Komplementären und Kommanditaktionären 2105
    1. Errechnung des zu verteilenden Gewinns 2105
    2. Gesetzliche Regelung für die Verteilung 2106
    3. Satzungsregelungen für die Gewinnverteilung 2107
  III. Gewinnverwendung 2108
    1. Verwendung des auf die Kommanditaktionäre entfallenden Gewinns 2108
    2. Entnahmen der Komplementäre 2109
    3. Bildung von Rücklagen im Jahresabschluss 2111

Inhaltsverzeichnis

§ 82	**Steuerrecht**	2113
	I. Überblick	2114
	1. Besteuerung der KGaA	2115
	2. Besteuerung des Komplementärs	2115
	3. Besteuerung der Kommanditaktionäre	2116
	II. Ertragsbesteuerung der KGaA	2116
	1. Körperschaftsteuer	2116
	2. Gewerbesteuer	2120
	III. Ertragsbesteuerung des Komplementärs	2121
	1. Komplementär als natürliche Person	2121
	2. Komplementär als Juristische Person	2123
	IV. Ertragsbesteuerung der Kommanditaktionäre	2123
	1. Anteile im Privatvermögen	2123
	2. Anteile im Betriebsvermögen	2123
	3. Sonstige Vergütungen an Kommanditaktionäre	2124

15. Kapitel. Europäische Aktiengesellschaft

§ 83	**Geschichte und Rechtsgrundlagen**	2125
	I. SE als eigene Gesellschaftsform	2126
	II. Europäische und deutsche Gesetzgebung	2129
	III. Normenhierarchie	2131
	1. Überblick	2131
	2. Verweisungsnormen der SE-VO	2132
	3. Gerichtliche Zuständigkeiten	2134
§ 84	**Gründung**	2134
	I. Gründungsformen	2135
	1. Überblick	2135
	2. Verschmelzung	2139
	3. Holding-SE	2154
	4. Gemeinsame Tochter-SE	2159
	5. Formwechsel	2161
	6. Tochter-SE der SE	2166
	II. Haftung im Gründungsstadium	2166
	1. Vor-SE	2167
	2. Handelndenhaftung	2168
§ 85	**Grenzüberschreitende Sitzverlegung**	2168
	I. Grundgedanken	2169
	II. Verfahren	2170
	1. Beschlussvorbereitung	2170
	2. Verlegungsbeschluss und Registerverfahren	2171
	3. Rechtsfolgen	2173
	III. Minderheitsschutz	2174
	IV. Gläubigerschutz	2174
§ 86	**Verfassung**	2176
	I. Leitungs- und Aufsichtsorgane	2177
	1. Zwei Grundmodelle	2177
	2. Dualistisches System: Aufsichtsrat und Vorstand	2178
	3. Monistisches System: Verwaltungsrat und geschäftsführende Direktoren	2180
	II. Hauptversammlung	2188
	III. Festlegung des Mitbestimmungsmodells	2190
	1. Regelungskonzept	2190
	2. Verfahren	2190
	3. Verhandlungsergebnis	2193
	4. Wege aus der Mitbestimmung	2198

Verzeichnis der Bearbeiter

Dr. Andreas Austmann	§§ 40, 42, 75, 83–86
Dr. Hartwin Bungert	§§ 35, 36, 43
Dr. Achim Herfs	§§ 76–81
Prof. Dr. Michael Hoffmann-Becking	§§ 1–4, 22–34, 37–39, 41, 44–48, 66, 67
Dr. Ernst-Thomas Kraft	§§ 5, 8 V, 9 III 3, 10 IV, 14 VIII, 15 V, 21 IX, 25 X, 46 IV, 47 VIII, 49–55, 65, 68, 72 V, 74 VII, 82
Prof. Dr. Gerd Krieger	§§ 69–74
Dr. Oliver Rieckers	§§ 15–18
Dr. Viola Sailer-Coceani	§§ 6–14
Dr. Kai-Steffen Scholz	§§ 56–64
Dr. Christian Wentrup	§§ 19–21

Abkürzungsverzeichnis

Verzeichnis der Abkürzungen und der abgekürzt zitierten Literatur
aA	anderer Ansicht
aaO	am angegebenen Ort
abgedr.	abgedruckt
ABl. EG	Amtsblatt der Europäischen Gemeinschaften
abl.	ablehnend
Abs.	Absatz
Abschn.	Abschnitt
abw.	abweichend
AcP	Archiv für die civilistische Praxis
Adler/Düring/Schmaltz Rechnungslegung	Adler/Düring/Schmaltz Rechnungslegung und Prüfung der Unternehmen, Kommentar zum HGB, AktG, GmbHG, PublG, hrsg. v. Forster/Goerdeler/Lanfermann/Müller/Siepe/Stolberg, 6. Aufl. 1995 ff.
aE	am Ende
aF	alte Fassung
AG	Aktiengesellschaft; Die Aktiengesellschaft (Zeitschrift); Amtsgericht
AGB	Allgemeine Geschäftsbedingungen
AHK-Gesetz	Gesetz der Alliierten Hohen Kommission
AktG	Aktiengesetz
Aktienrechtsnovelle 2016	Gesetz zur Änderung des Aktiengesetz vom 22.12.2015 (BGBl. I 2565)
allg.	allgemein
AllgM.	Allgemeine Meinung
aM	anderer Meinung
AnfG	Anfechtungsgesetz
Anh.	Anhang
Anm.	Anmerkung
AnwBl.	Anwaltsblatt
AO	Abgabenordnung
AP	Arbeitsrechtliche Praxis, Nachschlagewerk des Bundesarbeitsgerichts
AR Hdb./Bearbeiter	Semler/v. Schenck (Hrsg.), Arbeitshandbuch für Aufsichtsratsmitglieder, 4. Aufl. 2013
ArbG	Arbeitsgericht
ArbGG	Arbeitsgerichtsgesetz
ApothG	Apothekengesetz
Art.	Artikel
ARUG II	Gesetz zur Umsetzung der zweiten Aktionärsrechterichtlinie v 12.12.2019 (BGBl. I 2637)
AStG	Außensteuergesetz
Aufl.	Auflage
ausf.	ausführlich
AusfG	Ausführungsgesetz
AuslInvestmG	Auslandsinvestmentgesetz
AVO	Ausführungsverordnung
AWG	Außenwirtschaftsgesetz
Az.	Aktenzeichen
BaFin	Bundesanstalt für Finanzdienstleistungsaufsicht
BAG	Bundesarbeitsgericht
BAnz	Bundesanzeiger
Baumbach/Hopt HGB/Bearbeiter	Handelsgesetzbuch, bearb. von Hopt/Kumpen/Merkt/M. Roth, 39. Aufl. 2020

Abkürzungsverzeichnis

Baumbach/Lauterbach/Albers/Hartmann	Zivilprozessordnung, Kommentar, 75. Aufl. 2016
Baumbach/Hueck AktG	Baumbach/Hueck, Aktiengesetz, Kommentar, 13. Aufl. 1968
Baumbach/Hueck GmbHG/Bearbeiter	GmbH-Gesetz, Kommentar, bearb. von Beurskens/Fastrich/Haas/Kersting/Noack/Servatius, 22. Aufl. 2019
BayObLG	Bayerisches Oberstes Landesgericht
BB	Betriebs-Berater
BBG	Bundesbeamtengesetz
Bd.	Band
Bearb.	Bearbeiter
bearb	bearbeitet
Beck'scher BilKomm./Bearbeiter	Grottel u. a. (Hrsg.), Beck'scher Bilanzkommentar, 12. Aufl. 2020
Beck'sches Formularbuch/Bearbeiter	Hoffmann-Becking/Gebele (Hrsg.), Beck'sches Formularbuch zum Bürgerlichen, Handels- und Wirtschaftsrecht, 13. Aufl. 2019
Beck'sches Hdb. d. Rechnungslegung/Bearbeiter	Böcking u. a. (Hrsg.), Beck'sches Handbuch der Rechnungslegung (Loseblatt)
Begr.	Begründung
Beitr.	Beitrag
Bek	Bekanntmachung
bek	bekanntgemacht
bes.	besonders
Beschl.	Beschluss
Bespr.	Besprechung
bestr.	bestritten
BetrAVG	Gesetz zur Verbesserung der betrieblichen Altersversorgung (Betriebsrentengesetz)
BetrVG	Betriebsverfassungsgesetz
BeurkG	Beurkundungsgesetz
BewG	Bewertungsgesetz
BFH	Bundesfinanzhof
BFHE	Entscheidungen des Bundesfinanzhofes
BGB	Bürgerliches Gesetzbuch
BGBl.	Bundesgesetzblatt
BGH	Bundesgerichtshof
BGHSt	Amtliche Sammlung der Entscheidungen des Bundesgerichtshofs in Strafsachen
BGHZ	Entscheidungen des Bundesgerichtshof in Zivilsachen
BKR	Zeitschrift für Bank- und Kapitalmarktrecht
Blümich/Bearbeiter EStG, KStG u. GewStG	Blümich, Kommentar zum EStG, KStG, GewStG und Nebengesetzen (Loseblatt)
BMF	Bundesministerium der Finanzen
BMJV	Bundesministerium der Justiz und für Verbraucherschutz
BO	Berufsordnung; Börsenordnung
BörsG	Börsengesetz
BörsZulV	Börsenzulassungsverordnung
BRAK-Mitt.	Mitteilungen der Bundesrechtsanwaltskammer
BRAO	Bundesrechtsanwaltsordnung
BR-Drucks.	Bundesrats-Drucksache
Brönner	Brönner, Die Besteuerung der Gesellschaften, 18. Aufl. 2007
BSG	Bundessozialgericht

Abkürzungsverzeichnis

BStBl.	Bundessteuerblatt
BT-Drucks.	Bundestags-Drucksache
Bürgers/Körber AktG/Bearbeiter	Bürgers/Körber (Hrsg.), Aktiengesetz, 4. Aufl. 2017
Bundesanzeiger	elektronischer Bundesanzeiger, www.bundesanzeiger.de
Bumiller/Harders FGG	Bumiller/Harders, Freiwillige Gerichtsbarkeit (FamFG), 10. Aufl. 2011
Bunjes/Geist UStG	Bunjes/Geist, Umsatzsteuergesetz, 18. Aufl. 2019
Butzke Hauptversammlung der AG	Die Hauptversammlung der Aktiengesellschaft, 5. Aufl. 2013
BVerfG	Bundesverfassungsgericht
BVerfGE	Entscheidungen des Bundesverfassungsgerichts
BVerwG	Bundesverwaltungsgericht
BWNotZ	Zeitschrift für das Notariat in Baden-Württemberg
bzw.	beziehungsweise
CCZ	Corporate Compliance Zeitschrift
c. i. c.	culpa in contrahendo
Corporate Governance Kodex	Deutscher Corporate Governance Kodex idF der Bekanntmachung vom 23.1.2020
DAG	Deutsche Angestellten-Gewerkschaft
DAV-Handelsrechtsausschuss	Handelsrechtsausschuss des Deutschen Anwaltvereins
DAX	Deutscher Aktienindex
DB	Der Betrieb
DBA	Doppelbesteuerungsabkommen
DBW	Die Betriebswirtschaft
DepotG	Depotgesetz
ders.	derselbe
DCGK	Deutscher Corporate Governance Kodex idF der Bekanntmachung vom 23.1.2020
DGB	Deutscher Gewerkschaftsbund
dies.	dieselbe(n)
Diss.	Dissertation
DNotZ	Deutsche Notarzeitschrift
DrittelbG	Gesetz über die Drittelbeteiligung der Arbeitnehmer im Aufsichtsrat (Drittelbeteiligungsgesetz)
DStR	Deutsches Steuerrecht
DStZ	Deutsche Steuerzeitung
DZWir	Deutsche Zeitschrift für Wirtschaftsrecht
eBAnz	elektronischer Bundesanzeiger
EFG	Entscheidungen der Finanzgerichte
EG	Einführungsgesetz; Europäische Gemeinschaft
EGAktG	Einführungsgesetz zum Aktiengesetz
EGBGB	Einführungsgesetz zum Bürgerlichen Gesetzbuch
EHUG	Gesetz über elektronische Handelsregister und Genossenschaftsregister sowie das Unternehmensregister
Einl.	Einleitung
einschl.	einschließlich
Ek	Eigenkapital
Emmerich/Habersack AG/GmbH-KonzernR	Emmerich/Habersack, Aktien- und GmbH-Konzernrecht, 9. Aufl. 2019
entspr.	entsprechend

Abkürzungsverzeichnis

ErfK/Bearbeiter	Erfurter Kommentar zum Arbeitsrecht, hrsg. von Müller-Glöge, Preis, Schmidt, 20. Aufl. 2020
EStDV	Einkommensteuer-Durchführungsverordnung
EStG	Einkommensteuergesetz
EU-APr-VO	Verordnung (EU) Nr. 537/2014 zur Abschlussprüfung bei Unternehmen von öffentlichem Interesse
EuroEG	Gesetz zur Einführung des Euro
EWG	Europäische Wirtschaftsgemeinschaft (jetzt EU)
EWiR	Entscheidungen zum Wirtschaftsrecht
EWIV	Europäische wirtschaftliche Interessenvereinigung
f., ff.	folgend(e)
FG	Finanzgericht
FGG	Gesetz über die Angelegenheiten der freiwilligen Gerichtsbarkeit
FG Nds.	Finanzgericht Niedersachsen
FGO	Finanzgerichtsordnung
Fitting BetrVG	Betriebsverfassungsgesetz, Kommentar, bearb. von Engels, Schmidt, Trebinger, Linsenmaier, 30. Aufl. 2020
Fn.	Fußnote
Form.	Formular
FR	Finanzrundschau
FS	Festschrift
GBO	Grundbuchordnung
GbR	Gesellschaft bürgerlichen Rechts
gem.	gemäß
GenG	Genossenschaftsgesetz
GesR	Gesellschaftsrecht
Geßler/Hefermehl AktG	Geßler/Hefermehl/Eckardt/Kropff, Aktiengesetz, 1974 ff. (s. jetzt MüKomm. AktG)
GewStG	Gewerbesteuergesetz
GewStR	Gewerbesteuer-Richtlinien
GewO	Gewerbeordnung
GG	Grundgesetz
ggf.	gegebenenfalls
GKG	Gerichtskostengesetz
Glanegger/Güroff GewStG	Gewerbesteuergesetz, Kommentar, bearb. von Glanegger, Selder, Wagner, 9. Aufl. 2017
GmbH	Gesellschaft mit beschränkter Haftung
GmbHG	GmbHG-Gesetz
GmbHR	GmbH-Rundschau
Godin/Wilhelmi AktG	v. Godin/Wilhelmi, Kommentar zum Aktiengesetz, 4. Aufl. 1971
GrESt	Grunderwerbsteuer
GrEStG	Grunderwerbssteuergesetz
Grigoleit AktG/Bearbeiter	Grigoleit (Hrsg.), Aktiengesetz, 2013
GroßkommAktG/Bearbeiter	Hirte/Mülbert/Roth (Hrsg.), Aktiengesetz, Großkommentar, 5. Aufl. 2015 ff.
GroßkommGmbH/Bearbeiter	Ulmer/Habersack/Löbbe (Hrsg), GmbHG, Bd. 1 2. Aufl. 2013, Bd. 2 2. Aufl. 2014, Bd. 3, 2. Aufl. 2016
GroßkommHGB/Bearbeiter	Canaris/Schilling/Ulmer (Hrsg.), Handelsgesetzbuch, Großkommentar, 5. Aufl. 2010

Abkürzungsverzeichnis

GWR	GWR Gesellschafts- und Wirtschaftsrecht (beck-online)
GRUR	Gewerblicher Rechtsschutz und Urheberrecht (Zeitschrift)
GRUR Int.	Gewerblicher Rechtsschutz und Urheberrecht international
GuV-Rechnung	Gewinn- und Verlustrechnung
GWB	Gesetz gegen Wettbewerbsbeschränkungen (Kartellgesetz)
Habersack/Verse Europ. GesR	Habersack/Verse, Europäisches Gesellschaftsrecht, 4. Aufl. 2011
Habersack/Wicke UmwG/Bearbeiter	Habersack/Wicke (Hrsg.), Kommentar zum UmwG, 2019
HandelsR	Handelsrecht
Happ AktienR/Bearbeiter	Happ u. a. (Hrsg.), Aktienrecht, Bd. I 5. Aufl. 2019, Bd.II 5. Aufl. 2019
Haritz/Menner/Bilitewski/Bearbeiter UmwStG	Haritz/ Menner/Bilitewski (Hrsg.), Umwandlungssteuergesetz, Kommentar, 5. Aufl. 2019
Hartmann/Böttcher/Nissen/Bordewin EStG	Hartmann/Böttcher/Nissen/Bordewin, Kommentar zum Einkommensteuergesetz (Loseblatt)
Hdb. börsennotierte AG/Bearbeiter	Handbuch börsennotierte AG, hrsg. von Marsch-Barner/Frank A. Schäfer, 4. Aufl. 2018
Bearbeiter	H. P. Westermann (Hrsg.), Handbuch der Personengesellschaften, (Loseblatt)
Hdb. VorstandsR/Bearbeiter	Fleischer (Hrsg.), Handbuch des Vorstandsrechts, 2006
Heidel AktienR u. KapitalmarktR/Bearbeiter	Heidel (Hrsg), Aktienrecht und Kapitalmarktrecht, 4. Aufl. 2014
Henssler/Strohn GesR/Bearbeiter	Henssler/Strohn (Hrsg.), Gesellschaftsrecht, 7. Aufl. 2019
Herrmann/Heuer/Raupach EStG u. KStG	Herrmann/Heuer/Raupach, Einkommensteuer- und Körperschaftsteuergesetz mit Nebengesetzen (Loseblatt)
HFR	Höchstrichterliche Finanzrechtsprechung
HGB	Handelsgesetzbuch
HH MitbestR/Bearbeiter	Habersack/Henssler, Mitbestimmungsrecht 4. Aufl 2018
hL	herrschende Lehre
hM	herrschende Meinung
Hölters AktG/Bearbeiter	Hölters (Hrsg), Aktiengesetz, 3. Aufl. 2017
Hoffmann/Preu Aufsichtsrat	Hoffmann/Preu, Der Aufsichtsrat, 5. Aufl. 2003
Hrsg.	Herausgeber
hrsg.	herausgegeben
HRV	Handelsregisterverordnung
Hs.	Halbsatz
Hübschmann/Hepp/Spitaler AO u. FGO	Kommentar zur Abgabenordnung und Finanzgerichtsordnung, bearb. von Söhn und Offerhaus (Loseblatt)
Hüffer/Koch AktG	Hüffer, Kommentar zum AktG, bearb. von Koch, 14. Aufl. 2020
HV	Hauptversammlung
HV Hdb./Bearbeiter	Arbeitshandbuch für die Hauptversammlung, hrsg. von Semler/Volhard/Reichert, 4. Aufl. 2018

Abkürzungsverzeichnis

idF	in der Fassung
IDW	Institut der Wirtschaftsprüfer
IDW-FAR	Stellungnahmen des Fachausschusses Recht des IDW
IDW-HFA	Stellungnahmen des Hauptfachausschusses des IDW
IDW-RS	IDW Stellungnahmen zur Rechnungslegung
i. e. S.	im engeren Sinne
Ihrig/Schäfer Rechte und Pflichten	Ihrig/Schäfer, Rechte und Pflichten des Vorstands, 2014
insbes.	insbesondere
InsO	Insolvenzordnung
IntGesR	Internationales Gesellschaftsrecht
IPR	Internationales Privatrecht
IPRax	Praxis des Internationalen Privat- und Verfahrensrechts
IPRspr.	Die deutsche Rechtsprechung auf dem Gebiet des internationalen Privatrechts
IRZ	Zeitschrift für internationale Rechnungslegung
iSd./iSv./iSe.	im Sinne des/der/von/einer
iVm	in Verbindung mit
Jäger AG	Jäger, Aktiengesellschaft, 2004
JbFfSt	Jahrbuch der Fachanwälte für Steuerrecht
JIG DCGK	Johannsen-Roth/Illert/Ghassemi-Tabar, DCGK, 2020
JR	Juristische Rundschau
JuS	Juristische Schulung
JW	Juristische Wochenschrift
JZ	Juristenzeitung
Kallmeyer UmwG/Bearbeiter	Umwandlungsgesetz, hrsg. von Kallmeyer, 6. Aufl. 2017
KapMuG	Kapitalanleger-Musterverfahrensgesetz
Kapp/Ebeling ErbStG	Kapp/Ebeling, Erbschaftsteuer- und Schenkungsteuergesetz, Kommentar (Loseblatt)
KG	Kommanditgesellschaft; Kammergericht
KGaA	Kommanditgesellschaft auf Aktien
Kirchhof	Kirchhof, Einkommensteuergesetz 19. Aufl. 2020
Kirchhof/Söhn/Mellinghof EStG	Kirchhof/Söhn/Mellinghof (Hrsg.), Einkommensteuergesetz, Kommentar (Loseblatt)
Knobbe-Keuk	Knobbe-Keuk, Bilanz- und Unternehmenssteuerrecht, 9. Aufl. 1993
Kodex	Deutscher Corporate Governance Kodex idF der Bek. vom 23.1.2020
KölnKommAktG/Bearbeiter	Kölner Kommentar zum Aktiengesetz, hrsg. von Zöllner/Noack, 3. Aufl. 2004ff
Köln/Komm SpruchG/Bearbeiter	Riegger (Hrsg.), Kölner Kommentar zum Spruchverfahrensgesetz, 2013
Köln/KommWpÜG/Bearbeiter	Kölner Kommentar zum WpÜG, hrsg. von Hirte/von Bülow, 2. Aufl. 2010
KonTraG	Gesetz zur Kontrolle und Transparenz im Unternehmensbereich
KÖSDI	Kölner Steuerdialog
KostO	Kostenordnung
Kremser/Bachmann/Lutter/v. Werder DCGK	Deutscher Corporate Governance Kodex, 7. Aufl. 2018
Kreutziger/Schaffner/Stephany /Bearbeiter BewG	Bewertungsgesetz, Kommentar, bearb. von Kreutziger, Schaffner, Stephany, 4. Aufl. 2018

Abkürzungsverzeichnis

Kropff AktG	Textausgabe des Aktiengesetzes 1965 mit Begründungen und Berichten, 1965
KSchG	Kündigungsschutzgesetz
K. Schmidt/Lutter AktG/Bearbeiter	Karsten Schmidt/Lutter (Hrsg.), Aktiengesetz, 3. Aufl. 2015
KSt	Körperschaftsteuer
KStDV	Körperschaftsteuer-Durchführungsverordnung
KStG	Körperschaftsteuergesetz
KTS	Zeitschrift für Insolvenzrecht
KVStG	Kapitalverkehrssteuergesetz
KVStDV	Durchführungsverordnung zur Kapitalverkehrssteuer
KWG	Gesetz über das Kreditwesen
LAG	Landesarbeitsgericht
Langenbucher Aktien- und KapitalmarktR	Langenbucher, Aktien- und Kapitalmarktrecht, 4. Aufl. 2018
Lenski/Steinberg GewStG	Kommentar zum Gewerbesteuergesetz, bearb. von Kleinheisterkamp, Köster, Keß, Roger, Schuster, Kratzsch, Nöcker, de Hesselle, Sarrazin, (Loseblatt)
LG	Landgericht
Littmann EStG/Bearbeiter	Littmann/Bitz/Pust, Das Einkommensteuerrecht (Loseblatt)
LM	Nachschlagewerk des Bundesgerichtshofs, hrsg. von Lindenmaier und Möhring
Ls	Leitsatz
LSG	Landessozialgericht
Lutter UmwG/Bearbeiter	Umwandlungsgesetz, hrsg. von Lutter/Bayer/J. Vetter, 5. Aufl. 2014
Lutter/Hommelhoff GmbHG	GmbH-Gesetz, bearb. von Bayer, Hommelhoff, Kleindiek, Lutter, 20. Aufl. 2020
LZ	Leipziger Zeitschrift
Lutter/Krieger/Verse Rechte und Pflichten	Lutter/Krieger/Verse, Rechte und Pflichten des Aufsichtsrats, 7. Aufl. 2020
m. E.	meines Erachtens
m. abl. Anm.	mit ablehnender Anmerkung
Michalski GmbHG/Bearbeiter	Michalski (Hrsg.), Kommentar zum GmbHG, 2 Bde., 2. Aufl. 2010
Mio.	Millionen
MitbestErgG	Gesetz zur Ergänzung des Gesetzes über die Mitbestimmung der Arbeitnehmer in den Aufsichtsräten und Vorständen der Unternehmen des Bergbaus und der Eisen und Stahl erzeugenden Industrie
MitbestG	Mitbestimmungsgesetz
MittBayNot	Mitteilungen des Bayerischen Notarvereins, der Notarkasse und der Landesnotarkammer Bayern
MittRhNotK	Mitteilungen der Rheinischen Notarkammer
MontanMitbestG	Gesetz über die Mitbestimmung der Arbeitnehmer in den Aufsichtsräten und Vorständen der Unternehmen des Bergbaus und der Eisen und Stahl erzeugenden Industrie
MüHdb. GesR I/Bearbeiter	Gummert/Weipert (Hrsg.), Münchener Handbuch des Gesellschaftsrechts Bd. 1: BGB-Gesellschaft, OHG, Partnerschaftsgesellschaft, Partenreederei, EWIV, 5. Aufl. 2019

Abkürzungsverzeichnis

MüHdb. GesR II/Bearbeiter	Gummert/Weipert (Hrsg.), Münchener Handbuch des Gesellschaftsrechts Bd. 2: Kommanditgesellschaft (KG), Stille Gesellschaft (StG), 5. Aufl. 2019
MüHdb. GesR III/Bearbeiter	Priester/Mayer/Wicke (Hrsg.), Münchener Handbuch des Gesellschaftsrechts Bd. 3: Gesellschaft mit beschränkter Haftung, 5. Aufl. 2018
MüKoAktG/Bearbeiter	Goette/Habersack (Hrsg.) Münchener Kommentar zum Aktiengesetz, 4. Aufl. 2013 ff., Bd. 1, 2, 5. Aufl. 2019 f.
MüKommBGB/Bearbeiter	Rebmann/Säcker (Hrsg.), Münchener Kommentar zum BGB, 7. Aufl. 2015 ff.
MüKommHGB/Bearbeiter	K. Schmidt (Hrsg.), Münchener Kommentar zum HGB, 4. Aufl. 2016 ff.
MüKomm. BilR/Bearbeiter	Münchener Kommentar zum Bilanzrecht, Bd. 2, 2013, hrsg. von Hennrichs/Kleindiek/Watrin
Münch. Vertragshandbuch Bd./Bearbeiter	Münchener Vertragshandbuch Bd. 1 Gesellschaftsrecht 8. Aufl. 2018
m. w. N.	mit weiteren Nachweisen
m. zust. Anm.	mit zustimmender Anmerkung
Nachw.	Nachweise
nF	neue Fassung
Ziemons/Binnewies Hdb. AG/Bearbeiter	Handbuch der Aktiengesellschaft, bearb. von Ziemons/Binnewies (Loseblatt)
NJOZ	Neue Juristische Online-Zeitschrift
NJW	Neue Juristische Wochenschrift
NJW-RR	NJW-Rechtsprechungs-Report Zivilrecht
Notarhandbuch/Bearbeiter	Hauschild/Kallrath/Wachter, Notarhandbuch Gesellschafts- und Unternehmensrecht, 2. Aufl. 20117
Nr.	Nummer
Nrn.	Nummern
nv	nicht veröffentlicht
NWB	Neue Wirtschafts-Briefe für Steuer- und Wirtschaftsrecht (Loseblatt)
NZA	Neue Zeitschrift für Arbeits- und Sozialrecht
NZG	Neue Zeitschrift für Gesellschaftsrecht
OECD-MA	Organisation für wirtschaftliche Zusammenarbeit – Musterabkommen
OFD	Oberfinanzdirektion
OGH BrZ	Oberster Gerichtshof für die britische Besatzungszone
OHG	Offene Handelsgesellschaft
o. J.	ohne Jahr
OLG	Oberlandesgericht
OLGE	Rechtsprechung der Oberlandesgerichte
OLGZ	Entscheidungen der Oberlandesgerichte in Zivilsachen einschließlich der freiwilligen Gerichtsbarkeit
ÖStZ	Österreichische Steuer-Zeitung
Palandt BGB/Bearbeiter	Palandt, Bürgerliches Gesetzbuch, 79. Aufl. 2020
PartGG	Gesetz über Partnerschaftsgesellschaften Angehöriger Freier Berufe
PrALR	Preußisches Allgemeines Landrecht
RabelsZ	Zeitschrift für ausländisches und internationales Privatrecht

Abkürzungsverzeichnis

Raiser/Veil Kapitalgesellschaften	....	Recht der Kapitalgesellschaften, 6. Aufl. 2015
Raiser/Veil/Jacobs MitbestG	....	Raiser/Veil/Jacobs, Mitbestimmungsgesetz u. DrittelbG, 6. Aufl. 2015
RAG	....	Reichsarbeitsgericht
RdA	....	Recht der Arbeit
Rdn.	....	Randnummer(n)
RefE	....	Referentenentwurf
RegE	....	Regierungsentwurf
Reith IntStR	....	Reith, Internationales Steuerrecht, Handbuch, 2004
RFH	....	Reichsfinanzhof
RG	....	Reichsgericht
RGSt	....	Amtliche Sammlung der Entscheidungen des Reichsgerichts für Strafsachen
RGZ	....	Entscheidungen des Reichsgerichts in Zivilsachen
Richardi BetrVG/Bearbeiter	....	Richardi (Hrsg.), Kommentar zum Betriebsverfassungsgesetz, 16. Aufl. 2018
Richtl.	....	Richtlinie(n)
rkr.	....	rechtskräftig
RhNotZ	....	Rheinische Notar-Zeitschrift
ROHGE	....	Amtliche Sammlung der Entscheidungen des Reichsoberhandelsgerichts
Rössler/Troll BewG	..	Bewertungsgesetz, Kommentar, 30. Aufl. 2019 (Loseblatt)
Roth/Altmeppen GmbHG	....	GmbH-Gesetz, Kommentar, bearb. von Altmeppen und Roth, 6. Aufl. 2009
Rowedder/Schmidt-Leithoff/Bearbeiter	...	Schmidt-Leithoff (Hrsg.), GmbHG, Kommentar, 6. Aufl. 2017
Rpfleger	....	Der Deutsche Rechtspfleger
RPflG	....	Rechtspflegergesetz
Rspr.	....	Rechtsprechung
RStBl.	....	Reichssteuerblatt
RVG	....	Rechtsanwaltsvergütungsgesetz
RWP	....	Rechts- und Wirtschaftspraxis (Loseblatt-Sammlung)
S.	....	Seite
s.	....	siehe
Schaumburg IntStR	...	Internationales Steuerrecht, bearb. von v. Fredden, Häck, Schaumburg, 4. Aufl. 2017
L. Schmidt EStG/Bearbeiter	....	L. Schmidt (Hrsg.), Einkommensteuergesetz, Kommentar, 38. Aufl. 2019
K. Schmidt GesR	.....	K. Schmidt, Gesellschaftsrecht, 4. Aufl. 2002
K. Schmidt HandelsR		K. Schmidt, Handelsrecht, 6. Aufl. 2014
Schmitt/Hörtnagl/Stratz UmwG/UmwStG	....	Umwandlungsgesetz, Umwandlungssteuergesetz, hrsg. von Schmitt, Hörtnagl, 8. Aufl. 2018
Scholz GmbHG/Bearbeiter	....	Kommentar zum GmbH-Gesetz, 11. Aufl. 2012 ff., 12. Aufl. 2017 ff.
Seibert/Kiem/Schüppen Hdb. kleine AG	..	Seibert/Kiem/Schüppen (Hrsg.), Handbuch der kleinen AG, 5. Aufl. 2008
Semler/Stengel UmwG/Bearbeiter	....	J. Semler/Stengel (Hrsg.), Umwandlungsgesetz, 4. Aufl. 2017
SeuffA	....	Seufferts Archiv
SG	....	Sozialgericht
SGB	....	Sozialgesetzbuch
SGB III	....	Sozialgesetzbuch Drittes Buch – Arbeitsförderung
SGB V	....	Sozialgesetzbuch Fünftes Buch – Gesetzliche Krankenversicherung
SGB VI	....	Sozialgesetzbuch Sechstes Buch – Gesetzliche Rentenversicherung
SGB VII	....	Siebtes Buch Sozialgesetzbuch – Gesetzliche Unfallversicherung

Abkürzungsverzeichnis

SGB X	Zehntes Buch Sozialgesetzbuch – Sozialverwaltungsverfahren und Sozialdatenschutz
Sölch/Ringleb UStG/Bearbeiter	Mößlang (Hrsg.), Umsatzsteuergesetz mit Durchführungsbestimmungen und Ergänzungsvorschriften, Kommentar (Loseblatt)
sog.	sogenannte(r)
SolZG	Solidaritätszuschlagsgesetz
Sp.	Spalte
Spindler/Stilz AktG/Bearbeiter	Spindler/Stilz (Hrsg.), Aktiengesetz, 4. Aufl. 2019
SpruchG	Gesetz über das gesellschaftsrechtliche Spruchverfahren (Spruchverfahrensgesetz)
Staub HGB/Bearbeiter	Handelsgesetzbuch, Großkommentar, 5. Aufl. 2009 ff.
Stbg.	Die Steuerberatung
StBerG	Steuerberatungsgesetz
StbJb.	Steuerberater-Jahrbuch
StBp	Die steuerliche Betriebsprüfung
StG	Stille Gesellschaft
StGB	Strafgesetzbuch
str.	streitig
Streck KStG/Bearbeiter	Streck (Hrsg.), Kommentar zum Körperschaftsteuergesetz, 9. Aufl. 2018
st. Rspr.	ständige Rechtsprechung
StuW	Steuer und Wirtschaft
Tipke/Kruse AO u. FGO	Tipke/Kruse, Kommentar zur Abgabenordnung, Finanzgerichtsordnung (Loseblatt)
Tipke/Lang	Steuerrecht, bearb. von Seer, Montag, Englisch, Hennricks, Hey, 23. Aufl. 2018
Thomas/Putzo ZPO	Kommentar zur Zivilprozessordnung, 37. Aufl. 2016
Troll/Gebel/Jülicher/Gottschalk ErbStG	Troll/Gebel/Jülicher/Gottschalk, Erbschaftsteuer- und Schenkungsteuergesetz (Loseblatt)
TUG(-E)	Transparenzrichtlinie-Umsetzungsgesetz (Entwurf)
Tz.	Textziffer
u. a.	unter anderem
Ulmer GmbHG/Bearbeiter	GmbHG-Großkommentar, hrsg. von Ulmer/Habersack/Löbbe, 2. Aufl. 2013 ff.
UMAG	Gesetz zur Unternehmensintegrität und Modernisierung des Anfechtungsrechts
UmwG	Umwandlungsgesetz
UmwStG	Umwandlungssteuergesetz
unveröff.	unveröffentlicht
UR	Umsatzsteuer-Rundschau
UStG	Umsatzsteuergesetz
UStR	Umsatzsteuer-Richtlinien
usw.	und so weiter
u. U.	unter Umständen
UVR	Umsatzsteuer- und Verkehrsteuer-Recht
v.	vom/von
VAG	Gesetz über die Beaufsichtigung der privaten Versicherungsunternehmen und Bausparkassen
VereinsG	Vereinsgesetz

Abkürzungsverzeichnis

VersR	Versicherungsrecht
VerwArch	Verwaltungsarchiv
VGH	Verwaltungsgerichtshof
vgl.	vergleiche
Vogel DBA/Bearbeiter	Vogel/Lehner (Hrsg.), Doppelbesteuerungsabkommen, Kommentar, 6. Aufl. 2015
Vorb.	Vorbemerkung
VS Hdb./Bearbeiter	J. Semler/Peltzer (Hrsg.), Arbeitshandbuch für Vorstandsmitglieder, 2. Aufl. 2015
VSt	Vermögensteuer
w. N.	weitere Nachweise
Wertpapier	Das Wertpapier
WG	Wechselgesetz
WiB	Wirtschaftsrechtliche Beratung (Zeitschrift; seit 1998: NZG)
Widmann/Mayer	Widmann/Mayer, Umwandlungsrecht (Loseblatt)
Wiedemann GesR I	Wiedemann, Gesellschaftsrecht Bd. I, 1980
wistra	Zeitschrift für Wirtschaft, Steuer und Strafrecht
WKS/Bearbeiter	Wißmann / Kleinsorge / Schubert, Mitbestimmungsrecht, 5. Aufl. 2017
WM	Wertpapier-Mitteilungen
WP-Hdb.	Wirtschaftsprüfer-Handbuch
WPg	Die Wirtschaftsprüfung
WpHG	Wertpapierhandelsgesetz
WPO	Wirtschaftsprüferordnung
WpÜG	Wertpapiererwerbs- und Übernahmegesetz
WRP	Wettbewerb in Recht und Praxis
z. B.	zum Beispiel
ZBB	Zeitschrift für Bankrecht und Bankwirtschaft
ZfA	Zeitschrift für Arbeitsrecht
ZfB	Zeitschrift für Betriebswirtschaft
Zfbf	Schmalenbachs Zeitschrift für betriebswirtschaftliche Forschung
ZfgK	Zeitschrift für das gesamte Kreditwesen
ZGR	Zeitschrift für Unternehmens- und Gesellschaftsrecht
ZHR	Zeitschrift für das gesamte Handelsrecht
ZIP	Zeitschrift für Wirtschaftsrecht und Insolvenzpraxis
ZPO	Zivilprozessordnung
ZRP	Zeitschrift für Recht und Praxis
zust.	zustimmend
z. T.	zum Teil
ZwVR	Zwangsvollstreckungsrecht
zzgl.	zuzüglich
ZZP	Zeitschrift für Zivilprozess

1. Kapitel. Einführung

§ 1 Geschichte der Aktiengesellschaft und des Aktiengesetzes

Übersicht

	Rn.		Rn.
I. Entwicklung bis zum Aktiengesetz 1937	1–11	II. Aktiengesetz 1937	12–14
		III. Aktiengesetz 1965	15–32
1. Geschichtliche Vorläufer	1, 2	1. Vorgeschichte und Ziele der Reform	15–18
2. Konzessionssystem des 19. Jahrhunderts	3, 4	2. Änderungen des AktG seit 1965	19–32
3. Entwicklung vom ADHGB von 1861 bis zum 1. Weltkrieg	5–7		
4. Zeit der Weimarer Republik	8–11		

Schrifttum: *Assmann,* Entwicklung der Aktiengesellschaft und des Aktienrechts, in: Großkomm. AktG, 4. Aufl. 1992, Einl. Rdn. 6–339; *Bayer/Habersack* (Hrsg.), Aktienrecht im Wandel, Bd. I: Entwicklung des Aktienrechts, 2007; *Bayer* (Hrsg.), Gesellschafts- und Kapitalmarktrecht in den Beratungen des Deutschen Juristentags, 2010; *Gmür,* Die Emder Handelskompagnien des 17. und 18. Jahrhunderts, FS Westermann, 1974, S. 167–197; *Habersack,* Geschichtliche Entwicklung des Aktienrechts und der Aktiengesellschaft in: MünchKommAktG, 4. Aufl. 2016, Einl. Rdn. 12–72; *Hoffmann-Becking,* Die fachliche Arbeit der Deutschen Juristentage und ihre Wirkungen auf dem Gebiet des Aktien-, Konzern- und Kapitalmarktrechts, FS 150 Jahre DJT, 2010, S. 185–219; *Hoffmann-Becking (Hrsg.),* Stellungnahmen des Handelsrechtsausschusses des DAV, 2016; *K. Nörr,* Zur Entwicklung des Aktien- und Konzernrechts während der Weimarer Republik, ZHR 150 (1986), 155–181; *Schubert,* Quellen zur Aktienrechtsreform der Weimarer Republik, 1999; *Schubert/Hommelhoff,* Hundert Jahre modernes Aktienrecht, Texte und Quellen zur Aktienrechtsreform 1884, ZGR-Sonderheft 4, 1985; *Schubert/Hommelhoff,* Die Aktienrechtsreform am Ende der Weimarer Republik, Protokolle der Verhandlungen im Aktienrechtsausschuss des Vorläufigen Reichswirtschaftsrats unter Vorsitz von Max Hachenburg, 1987.

I. Entwicklung bis zum Aktiengesetz 1937

1. Geschichtliche Vorläufer. Als frühe Vorläufer der modernen Aktiengesellschaft werden meist italienische Banken der Renaissance genannt, die bereits die Haftungsbeschränkung auf das Gesellschaftsvermögen und die Übertragbarkeit von Anteilen kannten. Im 17. Jahrhundert entwickelten sich vor allem in England und in den Niederlanden, aber auch in den norddeutschen Hafenstädten,[1] die **Handelskompagnien,** die den Handel mit den neuen Kolonien in Übersee betrieben. Sie besaßen eigene Rechtspersönlichkeit und waren wegen der ihnen verliehenen Hoheitsrechte gemischt privatrechtlich-öffentlich-rechtliche Gebilde. Die Konzessionierung und die Verleihung der öffentlich-rechtlichen Privilegien erfolgte durch eine vom staatlichen Souverän ausgefertigte Urkunde, den „Octroi". Die ausgegebenen Anteilsscheine wurden nach niederländischem Sprachgebrauch „Actien" genannt, abgeleitet vom lateinischen actio. 1

Eine gesetzliche Regelung des Aktienrechts fehlte zurzeit des **Octroisystems** noch völlig, wenn man von einem englischen Gesetz zum Verbot von „Seifenblasengründungen", dem „bubble act" von 1720, absieht. Mit der Ausdehnung der Gesellschaftsform der Kompagnie vom Seehandel auf andere Bereiche der Wirtschaft, insbesondere das Bank- und Versicherungswesen im Laufe des 18. Jahrhunderts wurde in Frankreich die Inhaberaktie eingeführt und dadurch die Übertragung der Anteile wesentlich erleichtert. 2

---

[1] Vgl. die anschaulichen Darstellungen von *Gmür,* Die Emder Handelskompagnien des 17. und 18. Jahrhunderts, FS Westermann, 1974, 167 ff. u. *Cordes/Jahntz* in Aktienrecht im Wandel. Bd. I, 2007, S. 14 ff.

3 **2. Konzessionssystem des 19. Jahrhunderts.** Mit dem Beginn der Industrialisierung zu Anfang des 19. Jahrhunderts wuchs die Bedeutung der Aktiengesellschaft als Kapitalsammelbecken für risikoreiche Unternehmungen. Im französischen Code de Commerce von 1807 wurde die AG als eine privatrechtliche, der staatlichen Konzession bedürfende Körperschaft erstmals gesetzlich geregelt.[2] In Deutschland waren die Eisenbahngesellschaften „bahnbrechend" für die Verbreitung der Rechtsform der AG.[3] Das Kapital für den Bau von Eisenbahnen wurde ganz überwiegend als Aktienkapital aufgebracht. Demgemäß betraf das **preußische Gesetz über Aktiengesellschaften von 1843**[4] insbesondere die Voraussetzungen für die öffentlich-rechtliche Genehmigung und den Betrieb von Eisenbahngesellschaften. Aber auch Bank-, Versicherungs- und Bergbaugesellschaften wurden zunehmend als Aktiengesellschaften oder Kommanditgesellschaften auf Aktien organisiert.

4 Der Unterschied des Konzessionssystems zum Octroisystem liegt darin, dass die konzessionierten Gesellschaften des 19. Jahrhunderts anders als die vorangehenden Kompagnien durchweg keine öffentlich-rechtlichen Befugnisse mehr besaßen. Für die innere Organisation der Aktiengesellschaft, die im Aktiengesetz von 1843 nur bruchstückhaft geregelt war, galten in Preußen noch bis 1861 ergänzend die Vorschriften des Allgemeinen Landrechts über die Gesellschaft.[5]

5 **3. Entwicklung vom ADHGB von 1861 bis zum 1. Weltkrieg.** Das **Allgemeine Deutsche Handelsgesetzbuch (ADHGB) von 1861,** das zunächst in den meisten Mitgliedsstaaten des Deutschen Bundes als Landesrecht erlassen wurde und ab 1871 als Reichsgesetz galt, enthielt erstmals eine umfassende Regelung der inneren Verfassung der AG. Neben die Generalversammlung und den Vorstand trat nunmehr der Aufsichtsrat als drittes, allerdings nur fakultatives Organ. Das Konzessionssystem, bei dem die staatliche Genehmigung von einer Ermessensentscheidung abhängt, wurde zunächst als Regel fortgesetzt bis zu der liberalen **Aktiennovelle von 1870.** Mit dieser Novelle begann das **System der Normativbestimmungen:** Wenn die im Gesetz festgelegten formellen Voraussetzungen erfüllt sind, können die Gründer die für die Entstehung der AG notwendige Registereintragung verlangen; eine besondere staatliche Genehmigung ist nicht erforderlich.

6 In den auf die Novelle von 1870 und dem Krieg gegen Frankreich 1870/71 folgenden Jahren der „Gründerzeit" wurden zahlreiche Aktiengesellschaften gegründet, 479 allein im Jahre 1872. Viele Gründungen erwiesen sich als unseriös, und viele Gesellschaften brachen schon nach kurzer Zeit zusammen. In der **Aktienrechtsreform von 1884**[6] wurde deshalb in einer Novelle zum ADHGB das Normativsystem zu einem erheblich verfeinerten Gründungsrecht ausgebaut. Auch die Organisationsverfassung der AG wurde neu geregelt: Der Aufsichtsrat wurde zum zwingend vorgeschriebenen Organ, und die Aufsichtsratsmitglieder, die nicht mehr notwendig Aktionäre sein mussten, konnten nur noch durch die Generalversammlung gewählt werden. Die Zuständigkeit für die Bestellung der Vorstandsmitglieder lag noch nicht zwingend beim Aufsichtsrat, sondern war in der Satzung zu regeln. Trotz der Betonung der gesetzlich zwingenden Aufsichtsfunktion des Aufsichtsrats konnten dem Aufsichtsrat durch die Satzung zusätzlich auch Geschäftsführungskompetenzen zugewiesen werden. Die gleichzeitige Zugehörigkeit einer Person zu Vorstand und Aufsichtsrat war jedoch verboten. Auch die Individual- und Minderheitenrechte der Aktionäre wurden durch die Reform verstärkt, zB durch das Recht jedes Aktionärs zur Anfechtung von Beschlüssen der Generalversammlung und die Minderheitenrechte zur

---

[2] Dazu eingehend *A. Deutsch* in Aktienrecht im Wandel, Bd. I, S. 46 ff.
[3] Ausführlich dazu GroßkommAktG/*Assmann,* 4. Aufl. 1992, Einl. Rn. 44 ff. u. *Kießling* in Aktienrecht im Wandel, Bd. I, S. 98 ff.
[4] Text und Materialien, zusammen mit einer Einführung hrsg. von *Baums,* 1981.
[5] GroßkommAktG/*Assmann* Einl. Rn. 59 u. *Kießling* in Aktienrecht im Wandel Bd. I S. 218 ff.
[6] Vgl. die Sammlung der Texte und Quellen und die Einführungen von *Schubert/Hommelhoff,* Hundert Jahre modernes Aktienrecht, 1985, sowie die Darstellung von *Hofer* in Aktienrecht im Wandel, Bd. I, S. 388 ff.

Ergänzung der Tagesordnung (5 %), zur Sonderprüfung durch Revisoren (10 %) und zur Geltendmachung von Ersatzansprüchen gegen Gründer und Organmitglieder (20 %).

Das 1900 in Kraft getretene **HGB von 1897** brachte keine wesentlichen Änderungen des Aktienrechts. Zu erwähnen ist die Änderung der Reihenfolge von KGaA und AG im Aufbau der gesetzlichen Regelung. Während in der Novelle von 1884 noch die KGaA als Sonderform der Kommanditgesellschaft vor der AG geregelt wurde,[7] regelte das neue HGB entsprechend der geänderten wirtschaftlichen Bedeutung an erster Stelle die AG und sodann die KGaA als Sonderform der AG.

4. Zeit der Weimarer Republik[8]. In den zwanziger Jahren kam es in der Folge von Krieg und Inflation, von unsicheren innen- und außenpolitischen Verhältnissen und nicht zuletzt im Zuge einer weitreichenden Konzentrationsbewegung in der Wirtschaft zu erheblichen Missständen und Missbräuchen im deutschen Aktienwesen. Zur Abwehr von wirklich oder vermeintlich drohenden „Überfremdungen" wurden die Möglichkeiten der Stärkung der Verwaltung zu Lasten der Aktionäre und des Aktienmarktes durch Mehrstimmrechtsaktien, Vorrats- oder Verwertungsaktien und Vinkulierung extrem genutzt. Die Idee des von den Eigentümern weitgehend abgelösten „Unternehmens an sich" machte sich breit.[9] In der umfangreichen Reformdiskussion der zwanziger Jahre wurden auch Mängel der Rechnungslegung und eine unzureichende Publizität der Gesellschaften immer wieder herausgestellt.

Die Geschichte der spezifisch deutschen Erscheinung der **Arbeitnehmermitbestimmung** im Aufsichtsrat beginnt mit dem Betriebsrätegesetz 1920 iVm dem Gesetz über die Entsendung von Betriebsratsmitgliedern in den Aufsichtsrat von 1922; der Betriebsrat konnte zwei Mitglieder in den Aufsichtsrat entsenden. Zu einer Teilreform des Aktienrechts kam es nach der Weltwirtschaftskrise durch die Brüning'sche **Notverordnung vom 19.9.1931,** durch die vor allem die Pflichtprüfung der Rechnungslegung eingeführt, die Aufsichtsmittel des Aufsichtsrats erweitert und der Erwerb eigener Aktien eingeschränkt wurde.[10] Die Regelungen der Notverordnung waren weitgehend aus dem umfassenden Entwurf für ein neues Aktiengesetz entnommen, den das Reichsjustizministerium 1930 vorgelegt hatte.[11]

In den zwanziger Jahren entwickelte sich – noch praeter legem – das **Konzernrecht** als neues Rechtsgebiet.[12] Das typische Instrument einer vertraglichen Konzernbildung war seinerzeit die als besonders flexibel geschätzte BGB-Gesellschaft, die insbesondere in der Form der „Interessengemeinschaft" als Ersatz für eine Verschmelzung eingesetzt wurde (zB IG Farben).[13]

---

[7] Zur Rechtfertigung der KGaA als eigenständiger Rechtsform in der Reform von 1884 s. GroßkommAktG/*Assmann,* 4. Aufl. 1992, Einl. Rn. 101 ff. u. → § 76 Rn. 1.

[8] *K. Nörr,* Zur Entwicklung des Aktien- und Konzernrechts während der Weimarer Republik, ZHR 150 (1986), 155 ff.; *Schubert,* Quellen zur Aktienrechtsreform der Weimarer Republik, 1999; *Schubert/Hommelhoff,* Die Aktienrechtsreform am Ende der Weimarer Republik, 1987.

[9] Nachw. bei *Nörr* ZHR 150 (1986), 155 (158).

[10] Die Verordnung vom 19.9.1931 ist abgedruckt bei *Schubert/Hommelhoff* Aktienrechtsreform am Ende der Weimarer Republik. Durch eine weitere Notverordnung vom 6.10.1931 wurde die Kapitalherabsetzung in erleichterter Form zugelassen.

[11] Zu diesem Entwurf s. *Schlegelberger ua* JW 1930, 2617 ff.; *Schubert/Hommelhoff* Aktienrechtsreform am Ende der Weimarer Republik geben den Entwurf von 1931 und seine Begründung vollständig wieder.

[12] Dazu *Nörr* ZHR 150 (1986), 155 (168–181); *Hommelhoff,* Die Konzernleitungspflicht, 1982, S. 2–29; *Spindler,* Recht und Konzern, 1993. Die wichtigsten Monographien waren *Haussmann,* Grundlegung des Rechts der Unternehmenszusammenfassungen, 1926, und *Friedländer,* Konzernrecht, 1927.

[13] Die Interessengemeinschaft wäre nach der heutigen Terminologie eine Gewinngemeinschaft im Sinne von § 292 Abs. 1 Nr. 1 AktG, ist jedoch in der Praxis von geringer Bedeutung. Näher dazu → § 73 Rn. 8 ff.

11 Bis zum AktG 1937 war das Aktienrecht im HGB geregelt und wurde demgemäß vornehmlich in den großen Kommentaren zum HGB kommentiert. Zu erwähnen sind vor allem: *Staub's* Kommentar zum HGB, wo das Aktienrecht in der 1926 erschienenen 12./13. Auflage von *Pinner* bearbeitet wurde, der zuletzt 1934 in 3. Auflage erschienene große HGB-Kommentar von *Düringer/Hachenburg* mit den aktienrechtlichen Bearbeitern *Bing, Flechtheim* und *Hachenburg* und der 1928 erschienene Aktienrechts-Kommentar von *Brodmann*. Auch heute noch lesenswert sind die Reformdiskussionen in den aktienrechtlichen Abteilungen der Deutschen Juristentage 1924 und 1926 mit den Beiträgen von *Flechtheim, Hachenburg, J. Lehmann* u. *Pinner*.[14]

II. Aktiengesetz 1937

12 Das Aktiengesetz vom 30.1.1937 brachte die seit langem diskutierte und vorbereitete umfassende Reform des Aktienrechts. Die AG und die KGaA wurden wegen des gewachsenen Umfangs der Regelungen erstmals in einem eigenen Gesetz außerhalb des HGB geregelt. Das neue Gesetz beruhte weitgehend auf den Entwürfen des Justizministeriums von 1930 und 1931 als Ergebnis der Reformdiskussion der Weimarer Republik und enthielt nur wenige Konzessionen an die nationalsozialistische Ideologie und Wortwahl.[15] Nach § 70 AktG 1937 hatte der Vorstand „unter eigener Verantwortung die Gesellschaft so zu leiten, wie das Wohl des Betriebs und seiner Gefolgschaft und der gemeine Nutzen von Volk und Reich es fordern". Bei Meinungsverschiedenheiten im Vorstand entschied nach § 70 Abs. 2 S. 2 AktG 1937 der Vorsitzende des Vorstands, wenn ein solcher ernannt war und die Satzung nichts anderes bestimmte. Das Alleinentscheidungsrecht des Vorstandsvorsitzenden („Führerprinzip") wurde damit zwar erstmals gesetzlich geregelt; der Sache nach wurde jedoch nur das schon in der Kaiserzeit und der Weimarer Republik geltende „Generaldirektorsprinzip" bestätigt.[16]

13 In Anknüpfung an die Reformdiskussion der zwanziger Jahre wurden die Vorschriften zur Rechnungslegung und Publizität weiter verschärft; Mehrstimmrechtsaktien wurden – vorbehaltlich einer ministeriellen Erlaubnis – verboten, die Schaffung von Verwaltungsaktien wesentlich erschwert. Erstmals regelte das Gesetz die Vorzugsaktien ohne Stimmrecht sowie die bedingte Kapitalerhöhung und das genehmigte Kapital als Formen der Kapitalbeschaffung. Die Anfechtbarkeit und Nichtigkeit von Hauptversammlungsbeschlüssen wurde ausführlich geregelt, und die Formen der Umwandlung und Verschmelzung wurden erweitert. Die rechtspolitische Tendenz, die Rechtsform der AG dem Großunternehmen vorzubehalten, zeigte sich in dem vorgeschriebenen Mindestkapital von 500.000,– Mark.

14 Zum neuen AktG 1937 erschienen rasch die Kommentare, die nach dem Kriege in weiteren Auflagen fortgeführt wurden: 1939 erschien die 1. Aufl. des damals noch einbändigen Großkommentars zum AktG, bearbeitet von *Gadow, Heinichen, Eberhardt Schmidt, Walter Schmidt* und *Weipert*. Ebenfalls 1939 gaben die Aktienrechtler aus dem Reichsjustizministerium ihren „Referentenkommentar" heraus: *Schlegelberger/Quassowski/Herbig/Geßler/Hefermehl*, AktG, 3. Aufl. 1939. Bereits 1937 war die 1. Auflage des Kommentars von *v. Godin/Wilhelmi* erschienen.

III. Aktiengesetz 1965

15 1. Vorgeschichte und Ziele der Reform. Das Aktiengesetz vom 6.9.1965 ist die größte kodifikatorische Leistung des Gesetzgebers der Nachkriegszeit auf dem Gebiet des Handels-

---

[14] Vgl. die Darstellung von *Th. Hoffmann* u. *J. Schmidt* in Bayer (Hrsg.), Gesellschaftsrecht und Kapitalmarktrecht in den Beratungen des DJT, 2010 S. 231 ff., 261 ff. u. *Hoffmann-Becking* FS 150 Jahre DJT, 2010, S. 185 (197 ff.).

[15] Vgl. den Überblick bei GroßkommAktG/*Assmann* Einl. Rn. 148 ff.

[16] *von Hein* ZHR 166 (2002), 464 ff.; *Hoffmann-Becking* NZG 2003, 745 (749 f.); anders MüKoAktG/*Habersack* Einl. Rn. 21.

rechts. Anders als bei früheren Reformen des Aktienrechts, insbesondere den Reformen von 1884 und 1931, ging es nicht darum, akuten Missständen abzuhelfen, sondern um längerfristige rechtspolitische Zielsetzungen.

Der Reform ging eine langjährige Diskussion mit zahlreichen Denkschriften, Verhandlungen und Untersuchungsberichten von mehreren Deutschen Juristentagen, rechtpolitischen Monographien und Aufsätzen voraus. 1958 legte das Bundesjustizministerium einen Referentenentwurf vor, 1960 folgte der Regierungsentwurf.[17]

Das AktG 1965 ist keine völlige Neuschöpfung, sondern hat zahlreiche bewährte Regelungen des AktG 1937 übernommen. Ein wirkliches Novum – und zwar nicht nur für Deutschland – ist die Kodifizierung des Konzernrechts in den Vorschriften über verbundene Unternehmen in §§ 15–22 AktG und §§ 291–338 AktG. Dabei liegt das Schwergewicht der Regelungen auf dem Schutz der außenstehenden Aktionäre der abhängigen Gesellschaft und der Darstellung der Vermögens- und Ertragslage des Konzerns in einer Konzernrechnungslegung.[18]

Neben dem Ziel einer zumindest teilweisen Kodifikation des Konzernrechts sollten mit der Reform vor allem der Schutz und der Einfluss der Aktionäre verstärkt werden, um eine weite Streuung des Aktienbesitzes zu fördern.[19] Diesem Ziel dienen ua die verstärkte Einschaltung der Hauptversammlung in die Gewinnverwendung, die verstärkten Mitsprache- und Kontrollrechte von Aktionärminderheiten und die Beschränkungen des Depotstimmrechts. Auch die Verbesserung der Rechnungslegung und Publizität gegenüber dem AktG 1937 zielt in erster Linie auf eine verbesserte Information der Aktionäre als Eigentümer der Gesellschaft.

2. Änderungen des AktG seit 1965. Bedeutsame Änderungen des AktG 1965 haben sich aus der Gesetzgebung zur Mitbestimmung der Arbeitnehmer und aus den Bemühungen der EG um die europäische Rechtsangleichung auf dem Gebiet des Gesellschaftsrechts ergeben. Zum **MitbestG 1976,** das – im Anschluss an die Gesetze zur Montanmitbestimmung von 1951 und 1956, wenn auch mit wesentlichen Abweichungen – die paritätische Mitbestimmung in den Aufsichtsräten der großen Kapitalgesellschaften eingeführt hat, → § 28 Rn. 16 ff.

Im Zuge der **EG-Rechtsangleichung** wurden acht nach Art. 54 Abs. 3 Buchst. g EWG-Vertrag erlassene gesellschaftsrechtliche Richtlinien in deutsches Recht umgesetzt:[20]
– Die 1969 umgesetzte 1. Richtlinie begründete insbesondere zusätzliche Pflichten zur Bekanntmachung und Registereintragung.
– Die 2. Richtlinie (Kapitalrichtlinie) wurde 1979 transformiert. Sie verschärfte insbesondere die Vorschriften über Sacheinlagen bei Gründung und Kapitalerhöhung und schränkte die Möglichkeiten zum Erwerb eigener Aktien weiter ein. Die 2006 erfolgte Änderung der 2. Richtlinie wurde 2009 im ARUG umgesetzt (→ Rn. 28).
– Die 3. Richtlinie (Verschmelzungsrichtlinie) wurde mit Wirkung ab 1.1.1983 umgesetzt und hat wesentliche Änderungen des Verschmelzungsrechts im AktG erforderlich gemacht.
– Die 4., 7. und 8. Richtlinie betrafen die Rechnungslegung im Einzelabschluss und im Konzernabschluss und die Befähigung zur Abschlussprüfung. Sie wurden gemeinsam im Bilanzrichtliniengesetz vom 19.12.1985 umgesetzt.
– Die 1993 umgesetzte 11. Richtlinie regelte die Offenlegung bestimmter Unterlagen bei Zweigniederlassungen von Kapitalgesellschaften in anderen EG-Ländern.

---

[17] Ausführliche Darstellung der Entstehungsgeschichte durch *Kropff* in Bayer/Habersack (Hrsg.), Aktienrecht im Wandel, Bd. I, S. 670 ff.
[18] Vgl. *Hommelhoff* Die Konzernleitungspflicht S. 29–35.
[19] Zu den Zielen der Reform s. die Einleitung der Begr. zum RegE, abgedr. bei *Kropff,* AktG, 1965, S. 13–18. Zur Kritik an den Reformzielen, insbes. am Verständnis des Eigentums des Aktionärs s. *Hengeler/Kreifels* in *Hengeler* (Hrsg.), Beiträge zur Aktienrechtsreform, 1959.
[20] Einen Überblick geben *Habersack/Verse,* Europäisches Gesellschaftsrecht, 4. Aufl. 2011, §§ 5 ff.

– Die 12. Richtlinie betraf die Zulässigkeit der Einmann-GmbH und wurde 1992 transformiert.
– Die 13. Richtlinie für Übernahmeangebote wurde am 30.3.2004 nach langem Ringen verabschiedet. Sie erforderte einige Anpassungen des Übernahmerechts im WpÜG, die 2006 erfolgt sind.

21 Die Richtlinien-Vorschläge der Kommission zur Organstruktur der AG (5. Richtlinie) und zum Konzernrecht (9. Richtlinie) haben keine Zustimmung gefunden und sollen nach dem Aktionsplan der EU-Kommission auf dem Gebiet des Gesellschaftsrechts vom 21.5.2003[21] nicht mehr aufgegriffen werden. Die Vorschläge zur grenzüberschreitenden Verschmelzung (10. Richtlinie) und zur grenzüberschreitenden Sitzverlegung (14. Richtlinie) waren lange Zeit vor allem an den deutschen Vorstellungen zur Mitbestimmung gescheitert. Nach dem Mitbestimmungskompromiss zur Societas Europaea (SE) in der die SE-Verordnung ergänzenden Richtlinie 2001/86/EG vom 8.10.2001 (dazu → § 82 Rn. 11) wurde am 26.10.2005 die Richtlinie zur grenzüberschreitenden Verschmelzung (Richtlinie 2005/56/EG) erlassen, die in Deutschland durch das 2. Gesetz zur Änderung des UmwG in den §§ 122a ff. UmwG umgesetzt wurde. Eine umfangreiche Richtlinie zu grenzüberschreitenden Umwandlungen, Verschmelzungen und Spaltungen steht kurz vor dem Abschluss.[22] Die Richtlinie über die Ausübung bestimmter Rechte von Aktionären in börsennotierten Gesellschaften (sog. Aktionärsrechterichtlinie) von 2007 zielte auf eine Verbesserung der Aktionärsinformation und eine Erleichterung der grenzüberschreitenden Stimmrechtsausübung. Sie wurde zusammen mit anderen Reformthemen 2009 im ARUG umgesetzt (→ Rn. 28). Inzwischen gibt es die Änderungsrichtlinie 2017/828/EU vom 17.5.2017 zur Aktionärsrechterichtlinie, die durch das ARUG II umgesetzt wird (→ Rn. 32).

22 Seit Mitte der 90er Jahre mehren sich auch solche Änderungen des AktG, die nicht auf gesellschaftsrechtlichen Vorgaben der EU, sondern auf eigenen Reformvorstellungen des deutschen Gesetzgebers beruhen. Die in immer rascherer Folge beschlossenen Aktienrechtsnovellen[23] folgen dem fragwürdigen Konzept einer „Aktienrechtsreform in Permanenz" und sind nicht dazu angetan, das Vertrauen in das Aktiengesetz als verlässlichen und dauerhaften Rahmen für die Organisation der Unternehmen und das Handeln ihrer Organe zu stärken. Hinzu kommen die immer häufigeren und immer detaillierteren Eingriffe der Gesetzgebung zum Kapitalmarktrecht in das Recht der Aktiengesellschaft, die durchweg auf Richtlinien der EU beruhen. Nachfolgend werden ohne Anspruch auf Vollständigkeit nur die wesentlichen Änderungsgesetze zum AktG genannt:

23 Durch das **Gesetz zur „kleinen AG"** und zur Deregulierung des Aktienrechts vom 2.8.1994 hat der Gesetzgeber keine neue Rechtsform geschaffen, sondern eine Reihe von punktuellen Änderungen des Aktiengesetzes vorgenommen.[24] Neben einigen formellen Erleichterungen insbesondere für Gesellschaften, die nicht an der Börse notiert werden, enthält das Gesetz auch eine wesentliche sachliche Änderung durch den erleichterten Bezugsrechtsausschluss bei Kapitalerhöhungen börsennotierter Gesellschaften in § 186 Abs. 3 S. 4 AktG (dazu → § 57 Rn. 123 ff.).

24 In dem am 1.1.1995 in Kraft getretenen **Umwandlungsgesetz** (UmwG)[25] werden umfassend für alle Gesellschaftsformen insbesondere die Rechtsinstitute der Verschmelzung,

---

[21] Abgedruckt in NZG 2003 Sonderbeilage zu Heft 13. Vgl. dazu *Habersack* NZG 2004, 1 ff. und die Stellungnahme des DAV-Handelsrechtsausschusses NZG 2003, 1008.

[22] Vgl. zum Entwurf der Richtlinie DAV-Handelsrechtsausschuss NZG 2018, 857 ff.

[23] Die Stellungnahmen des DAV-Handelsrechtsausschusses zu den Entwürfen für alle Reformgesetze im Zeitraum von 1997 bis 2014 sind – jeweils mit Hinweisen zum Gesetzgebungsverfahren – abgedruckt in *Hoffmann-Becking* (Hrsg.), Stellungnahmen des Handelsrechtsausschusses des DAV, 2016.

[24] Überblick über die Neuregelungen bei *Lutter* AG 1994, 429 ff.; *Seibert/Kiem* Die kleine AG, 4. Aufl. 2000; *Hoffmann-Becking* ZIP 1995, 1 ff.

[25] Gesetz zur Bereinigung des Umwandlungsrechts vom 28.10.1994, BGBl. I S. 3210.

der Spaltung und des Formwechsels geregelt. Die Vorschriften zur Verschmelzung (§§ 339 ff. AktG aF) und zur formwechselnden Umwandlung (§§ 369 ff. AktG aF) von Aktiengesellschaften sind demgemäß im Aktiengesetz gestrichen worden. Die Verfahrensregeln beim Abschluss von Unternehmensverträgen (§§ 293a–g AktG) wurden um Berichts- und Prüfungspflichten nach dem Muster des Verschmelzungsrechts ergänzt. Im Übrigen waren mit der Reform des Umwandlungsrechts keine grundlegenden Änderungen des Aktiengesetzes verbunden.

Zum Gesetz über die Zulassung von **Stückaktien** vom 25.3.1998 → § 13 Rn. 18, zum **Namensaktiengesetz (NaStraG)** vom 18.1.2001 → § 14 Rn. 36 ff.

Durch das **Gesetz zur Kontrolle und Transparenz im Unternehmensbereich (KonTraG)** vom 27.4.1998[26] hat der Gesetzgeber auf die verbreitete öffentliche Kritik an der Leitung und Kontrolle der großen Unternehmen reagiert. Ohne das gesetzliche Kontrollsystem des AktG 1965 grundsätzlich in Frage zu stellen, wurden durch das KonTraG zahlreiche Regelungen insbesondere zur Verbesserung der Arbeit des Aufsichtsrats, zur Erhöhung der Transparenz der Willensbildung in der Hauptversammlung und zur Stärkung der Abschlussprüfung getroffen. Außerdem wurde der Erwerb eigener Aktien auf Grund einer Ermächtigung durch die Hauptversammlung zugelassen (§ 71 Abs. 1 Nr. 8 AktG) und die Gewährung von Aktienoptionsrechten an Vorstandsmitglieder und Arbeitnehmer der Gesellschaft sowie an Mitglieder der Geschäftsführung verbundener Unternehmen geregelt (§ 192 Abs. 2 Nr. 3, § 193 Abs. 2 Nr. 4 AktG).

Nur kurze Zeit nach der Aktienrechtsnovelle von 1998 (KonTraG) wurden im Jahre 2001 von einer **Regierungskommission Corporate Governance** unter dem Vorsitz von *Baums* zahlreiche Gesetzesvorschläge zur Verbesserung der Unternehmensführung und -kontrolle und zur Modernisierung des Aktienrechts vorgelegt.[27] Durch das **Transparenz und Publizitätsgesetz (TransPuG)** vom 19.7.2002 wurde ein – kleinerer – Teil der Vorschläge in geltendes Recht umgesetzt.[28] Weitergehende Reformschritte folgten im **Gesetz zur Unternehmensintegrität und Modernisierung des Anfechtungsrechts (UMAG)** vom 22.9.2005.[29] Das UMAG enthält zahlreiche Änderungen insbesondere zur Organhaftung, zur Hauptversammlung und zur Anfechtungsklage.

Im Jahre 2009 wurde das **Gesetz zur Umsetzung der Aktionärsrechterichtlinie (ARUG)** beschlossen, das durch einige Erleichterungen zur Sachgründung und Sachkapitalerhöhung auch der Umsetzung der Änderungsrichtlinie zur 2. EG-Richtlinie diente. Über die Umsetzung der Richtlinien hinaus beschloss der Gesetzgeber im ARUG einige vorsichtige Regelungen zur Eindämmung der missbräuchlichen Aktionärsklagen.[30]

Ebenfalls in 2009, und zwar kurz vor dem Ende der Legislaturperiode, wurde in großer Eile das **Gesetz zur Angemessenheit der Vorstandsvergütung (VorstAG)** verabschiedet, um auf die verbreitete Kritik an überhöhten Managerbezügen zu reagieren.[31]

Aus dem Referentenentwurf einer Aktienrechtsnovelle 2011[32] wurde der Regierungsentwurf einer Aktienrechtsnovelle 2012[33] und nach langem Hin und Her über Ergän-

---

[26] Vgl. auch die Begr. des RegE vom 28.1.1998, BT-Drs. 13/9712, die Darstellung des Gesetzgebungsverfahrens in MüKoAktG/*Habersack* Einl. Rn. 43 ff. und die Stellungnahme des DAV-Handelsrechtsausschusses ZIP 1997, 163.

[27] Bericht der Regierungskommission Corporate Governance, hrsg. von *Baums*, 2001. Dazu DAV-Handelsrechtsausschuss BB Beilage 4 2003 = NZG Sonderbeilage zu Heft 9 2003.

[28] BGBl. I S. 2681. Zum RefE s. DAV-Handelsrechtsausschuss NZG 2002, 115 ff.

[29] BGBl. I S. 2802. Zum RefE s. DAV-Handelsrechtsausschuss NZG 2004, 555 ff., zum RegE s. DAV-Handelsrechtsausschuss NZG 2005, 388.

[30] Gesetz vom 30.7.2009, BGBl. I S. 2479. Zum RefE s. DAV-Handelsrechtsausschuss NZG 2008, 534 ff., zum RegE s. DAV-Handelsrechtsausschuss NZG 2009, 96.

[31] Gesetz vom 31.7.2009, BGBl. I S. 2509. Zum Inhalt und den Anwendungsproblemen s. *Hoffmann-Becking/Krieger* Beilage zu NZG Heft 26/2009.

[32] Dazu DAV-Handelsrechtsausschuss NZG 2011, 217 ff.

[33] BT-Drs. 17/8989. Dazu DAV-Handelsrechtsausschuss NZG 2012, 380 ff.

zungen des Entwurfs insbesondere durch eine Entscheidungskompetenz der Hauptversammlung zur Vorstandsvergütung[34] schließlich der Regierungsentwurf einer Aktienrechtsnovelle 2014.[35] Am 30.12.2015 wurde das Gesetz mit dem Titel **„Aktienrechtsnovelle 2016"** verkündet.[36]

31 Im Jahre 2015 wurde durch das "Gesetz für die gleichberechtigte Teilhabe von Frauen und Männern an Führungspositionen in der Wirtschaft und im öffentlichen Dienst"[37] eine zwingende feste **Geschlechterquote** von 30% für den Aufsichtsrat in börsennotierten Gesellschaften eingeführt (§ 96 Abs. 2 AktG). Außerdem wurden die Gesellschaften, die entweder börsennotiert oder mitbestimmt sind, verpflichtet, Zielgrößen für die *Frauenquote* in Aufsichtsrat und Vorstand und den beiden Führungsebenen unterhalb des Vorstands festzulegen (§ 76 Abs. 4 AktG).

32 Das am 17. Dezember 2019 verkündete **ARUG II** setzt die geänderte Aktionärsrechterichtlinie um.[38] Dabei geht es im Wesentlichen um Regelungen zur besseren Identifikation und Information von Aktionären in §§ 67a ff. AktG, zur Vergütung der Mitglieder von Vorstand und Aufsichtsrat in §§ 87a, 113, 120a AktG und zu Geschäften mit nahestehenden Personen in §§ 111a ff. AktG.

§ 2 Wirtschaftliche Funktionen und Typen der AG

Übersicht

	Rn.		Rn.
I. Tatsächliche Verbreitung der AG	1–3	3. Nebenleistungs-AG	10
II. Wirtschaftliche Funktionen der AG	4–7	4. Genossenschaftliche AG	11
1. „Kapitalsammelbecken"	5	5. AG im (Teil-)Besitz der öffentlichen Hand	12
2. Organisation eines großen und wechselnden Kreises von Gesellschaftern	6	6. Investment AG	13
		7. Unternehmensbeteiligungs-AG	14
3. Trennung von Kapital und Management	7	8. Börsennotierte AG	15, 16
III. Typen der AG	8–17	9. REIT-AG	17
1. Publikums-AG	8		
2. Familien-AG	9		

Schrifttum: GroßkommAktG/*Assmann*, 4. Aufl. 1992, Einl. Rdn. 291–329; *Bayer*, Aktienrecht in Zahlen, AG 2010, Sonderheft August; *Lieder/Th. Hoffmann*, Die bunte Welt der KGaA, AG 2016, 704–712 *Wiedemann*, Entwicklungen im Kapitalgesellschaftsrecht, DB 1993, 141–153; MünchKommAktG/*Habersack*, 4. Aufl. 2016, Einl. Rdn. 1–11.

I. Tatsächliche Verbreitung der AG

1 Die Zahl der in den Handelsregistern der Bundesrepublik eingetragenen Aktiengesellschaften ging bis Anfang der achtziger Jahre laufend, wenn auch ohne große Sprünge zurück, von 2.559 Gesellschaften im Jahre 1950 auf 2.118 im Jahre 1983. Seit 1984 ist die Zahl wieder angestiegen, zunächst nur allmählich, in der zweiten Hälfte der neunziger Jahre jedoch sprunghaft: von 2.128 in 1984 über 2.262 zu Ende 1987 und 3.219 zu Ende 1992 auf 5.468 zu Ende 1998.[1] Nach der Kapitalmarktstatistik der Deutschen Bundesbank

---

[34] Dazu DAV-Handelsrechtsausschuss NZG 2013, 694 ff. u. *Seibert* FS Bruno Kübler, 2015, S. 665 ff.
[35] BR-Drs. 22/15.
[36] Zur wechselvollen Entstehungsgeschichte s. *Hoffmann-Becking*, Stellungnahmen des DAV, I 11–14 S. 123 ff.
[37] Gesetz vom 24.4.2015, BGBl. I S. 462. Zur Entstehungsgeschichte s. *Seibert* NZG 2016, 16.
[38] BGBl. I S. 2637. Zum RefE s. DAV Handelsrechtsausschuss NZG 2019, 12, zum RegE vom März 2019 (DT-Drs. 19/9739) s. *Wentz* WM 2019, 906 ff. u. *Peschos/Goslar* AG 2019, 365 ff.

[1] In den Statistischen Jahrbüchern berichtete das Statistische Bundesamt bis einschließlich 1992 jährlich über die Entwicklung von Zahl und Kapital der Aktiengesellschaften. Aktuelle Berichte zu

§ 2 Wirtschaftliche Funktionen und Typen der AG 2–5 § 2

bestanden Ende 2001 sogar schon 13.588[2] Aktiengesellschaften, und die Zahl war bis Mitte 2010 auf rund 17.000 angewachsen.[3] Inzwischen ist die Zahl wieder rückläufig, nämlich auf rd. 15.000 per Ende 2017.[4] Die Tendenzwenden zeigten sich auch in der Zahl der börsennotierten Aktiengesellschaften, die im Jahre 1965 noch 627 betrug, bis 1983 auf 442 absank, bis 1992 wieder auf 655 angestiegen war[5] und Ende 2001 sogar 1.079 betrug, um dann allerdings wieder auf 536 im Jahr 2014 abzusinken.[6]

Der immer noch vergleichsweise geringen Zahl der Aktiengesellschaften steht die große 2 und weiterhin stark steigende Zahl der GmbH's gegenüber; sie hat sich von rund 40.000 im Jahre 1962 bis heute auf über 1,2 Mio. erhöht.[7] Andererseits vereinigten die vergleichsweise wenigen Aktiengesellschaften im Jahre 1996 ein Grundkapital von insgesamt 220 Mrd. DM, während das Stammkapital aller GmbHs zusammen 302 Mrd. DM ausmachte.[8] Von den steuerpflichtigen Umsätzen aller Unternehmen entfielen im Jahr 2001 19,5 % auf Aktiengesellschaften und 33,8 % auf GmbH's.[9] Diese Zahlen zeigen, dass die AG unverändert die typische Rechtsform des Großunternehmens ist.

Die vorstehenden Zahlen zur AG schließen die wenigen **Kommanditgesellschaften** 3 **auf Aktien** ein. Ihre Zahl lag über lange Jahrzehnte gleichbleibend bei rund 30 Gesellschaften. Erst in neuerer Zeit ist eine größere Zahl von Umwandlungen in die KGaA zu beobachten, seit der BGH[10] im Jahre 1997 eine Kapitalgesellschaft als Komplementär einer KGaA zugelassen hat (→ § 76 Rn. 5, → § 78 Rn. 10 ff.). In der Umsatzsteuerstatistik wurden für 2000 75 KGaA's ausgewiesen; im Jahre 2010 war von rund 225 Gesellschaften dieser Rechtsform auszugehen,[11] und inzwischen ist die Zahl auf rund 350 gestiegen (→ § 76 Rn. 3).[12]

II. Wirtschaftliche Funktionen der AG

Im Vergleich mit den anderen Gesellschaftsformen, die das Gesetz zum Betreiben eines 4 wirtschaftlichen Unternehmens anbietet, sind für die AG – neben vielen anderen Merkmalen – insbesondere die folgenden Funktionen kennzeichnend:

1. „Kapitalsammelbecken". Die AG ermöglicht die Beschaffung großer Kapitalbeträge 5 mit langfristiger Bindung als Haftkapital durch einen großen Kreis von Anlegern. In dieser Funktion als „Kapitalsammelbecken" liegt sowohl historisch wie aktuell die besondere wirtschaftliche Bedeutung der Rechtsform der AG begründet.[13] Nur die AG und die KGaA können sich durch die Ausgabe von Aktien über die Wertpapierbörsen finanzieren, während der GmbH trotz ihrer Eigenschaft als Kapitalgesellschaft dieser Zugang zum Kapitalmarkt nicht offensteht.

---

rechtlichen und wirtschaftlichen Aspekten der AG und der Aktie veröffentlicht die Zeitschrift „Die Aktiengesellschaft" (AG) laufend in ihrem Sonderteil „AG-Report".

[2] AG 2002, R 76.
[3] Bayer/Hoffmann AG 2009, R 30 u. AG 2010, R 283; Bayer, Aktienrecht in Zahlen, AG 2010 Sonderheft August, S. 5/7.
[4] Kornblum GmbHR 2018, 669 (670).
[5] AG 1985, R 308; 1987, R 80; 1988, R 3; 1993, R 98; 1995, R 124 und R 272.
[6] Bayer/Hoffmann AG 2015, R 91 f. 2017 waren es nach einem Bericht der Bundesregierung nur noch 450 (BT-Drs. 18/13333).
[7] Kornblum GmbHR 2018, 669 (670).
[8] GroßkommGmbHG/Ulmer Einl. Rn. A 70.
[9] GroßkommGmbHG/Ulmer Einl. Rn. A 116.
[10] BGH ZIP 1997, 1027 m. Bespr. Herfs WiB 1997, 688.
[11] Bayer/Hoffmann AG 2010, R 83/84; Fett/Stütz NZG 2017, 1121.
[12] Lieder/Hoffmann AG 2016, 704 (707); Kornblum GmbHR 2018, 669 (670).
[13] GroßkommAktG/Assmann, 4. Aufl. 1992, Einl. Rn. 292 f.; MüKoAktG/Habersack, 5. Aufl. 2020, Einl. Rn. 5; Hengeler/Kreifels in Beiträge zur Aktienrechtsreform, 1959, S. 11/17.

6 **2. Organisation eines großen und wechselnden Kreises von Gesellschaftern.** Entsprechend ihrer Funktion als Kapitalsammelbecken ermöglicht die AG mit ihrer körperschaftlichen Verfassung die zweckmäßige gesellschaftsrechtliche Organisation eines großen und in seiner Zusammensetzung wechselnden Kreises von Anteilseignern. Dem dienen ua die meist kleine Stückelung der Aktiennennbeträge, die grundsätzlich freie Übertragbarkeit der Aktien und die formalisierten Regeln für die Willensbildung der Aktionäre in der Hauptversammlung.

7 **3. Trennung von Kapital und Management.** Im Interesse einer professionellen Führung des Unternehmens obliegt die Geschäftsführung nicht den Kapitaleignern, sondern die Gesellschaft wird vom Vorstand in eigener Verantwortung geleitet (§ 76 AktG). Die Befugnisse der Kapitaleigner und des Managements sind streng getrennt; die in der Hauptversammlung organisierten Aktionäre können nur mittelbar über die Auswahl der Aufsichtsratsmitglieder auf die Besetzung des Vorstands und dessen Geschäftspolitik Einfluss nehmen. Die Kompetenzverteilung zwischen den drei Organen – Vorstand, Aufsichtsrat und Hauptversammlung – ist klar und strikt (→ § 19 Rn. 1 ff., → § 29 Rn. 11 ff., → § 35 Rn. 5 ff.). Wegen ihrer klaren Organisationsstruktur kann die AG auch für solche Unternehmen, insbesondere große Familienunternehmen, attraktiv sein, die nicht oder noch nicht den Zugang zum Kapitalmarkt suchen.

III. Typen der AG

8 **1. Publikums-AG.** Die AG ist besonders geeignet für die Beteiligung eines breiten Anlegerpublikums. Vor allem aus steuerrechtlichen Gründen hat sich zwar für diesen Zweck auch der Typus der Publikums-KG entwickelt; die AG bleibt aber die klassische Rechtsform für eine Publikumsgesellschaft mit offenem Gesellschafterkreis. Die Aktien der Publikums-AG sind typischerweise zum Börsenhandel zugelassen, entweder mit amtlicher Notierung oder im geregelten Markt. Zur börsennotierten AG im Sinne von § 3 Abs. 2 AktG → Rn. 14.

9 **2. Familien-AG.** Wenn sich die Mehrheit der stimmberechtigten Aktien in der Hand einer Familie befindet, sind meist Schutzvorkehrungen gegen eine Überfremdung getroffen, sei es in der Satzung insbesondere durch die Schaffung vinkulierter Namensaktien, sei es außerhalb der Satzung durch schuldrechtliche Verfügungsbeschränkungen und Stimmbindungen der Familienaktionäre. Eine gesetzliche Sonderregelung für Familien-AG's findet sich nur in der mitbestimmungsrechtlichen Vorschrift des § 1 Abs. 1 Nr. 1 DrittelbG: Bei einer Familien-AG mit weniger als 500 Arbeitnehmern kann der Aufsichtsrat auch dann ausschließlich mit Vertretern der Aktionäre besetzt werden, wenn die AG schon vor dem 10.8.1994 bestand. Die Privilegierung setzt jedoch voraus, dass alle Aktionäre miteinander verwandt oder verschwägert sind. → § 28 Rn. 3.

10 **3. Nebenleistungs-AG.** Nur noch geringe praktische Bedeutung hat die Nebenleistungs-AG, bei welcher der Aktionär gemäß § 55 AktG neben der Kapitaleinlage die gesetzliche Verpflichtung – und meist auch Berechtigung – übernimmt, gewisse wiederkehrende, nicht in Geld bestehende Leistungen zu erbringen, zB die Einlieferung von Zuckerrüben (→ § 16 Rn. 54 ff.).[14]

11 **4. Genossenschaftliche AG.** Im genossenschaftlichen Bereich der Wirtschaft wird bei großen Unternehmen zunehmend die Rechtsform der AG eingesetzt, um die organisatorischen Vorteile der AG zu nutzen, eine festere Bindung des haftenden Kapitals zu erreichen und den Zugang zum Kapitalmarkt zu eröffnen.[15]

---

[14] Vgl. *Karsten Schmidt* FS Immenga, 2004, 705 ff.
[15] Vgl. *M. Luther* Die genossenschaftliche AG, 1978; MüKoAktG/*Habersack* Einl. Rn. 10.

5. AG im (Teil-)Besitz der öffentlichen Hand. Auch die öffentliche Hand – Bund, 12
Länder, Gemeinden – bedient sich häufig der AG als Rechtsform für ihre wirtschaftlichen
Unternehmungen, und zwar sowohl im Bereich der Daseinsvorsorge (zB Stadtwerke AG)
als auch im fiskalischen Bereich. Wenn neben der öffentlichen Hand auch private Aktionäre
beteiligt sind, spricht man von gemischtwirtschaftlichen Unternehmen.

Für die öffentliche Hand als Mehrheitsaktionär einer AG gelten die konzernrechtlichen
Beschränkungen des AktG für herrschende Unternehmen.[16] Eine privilegierende Sonderregelung enthalten die §§ 394, 395 AktG: Aufsichtsratsmitglieder, die auf Veranlassung
einer Gebietskörperschaft in den Aufsichtsrat gewählt oder entsandt worden sind, unterliegen bei der Berichterstattung an die Gebietskörperschaft nicht der sonst für Aufsichtsratsmitglieder nach §§ 116, 93 AktG geltenden Verschwiegenheitspflicht (→ § 33 Rn. 59).

6. Investment AG. Die heute im Kapitalanlagegesetzbuch (KAGB) vom 4.7.2013[17] ge- 13
regelte Investment AG ist eine der zulässigen Rechtsformen für die Organisation eines
Investmentfonds. Das KAGB unterscheidet zwischen einer Investment AG mit fixem
Kapital und einer Investment AG mit variablem Kapital.[18]

7. Unternehmensbeteiligungs-AG. Das seit 1987 geltende Gesetz über Unternehmens- 14
beteiligungsgesellschaften (UBGG)[19] soll mittelständischen Unternehmen den indirekten
Zugang zum Kapitalmarkt erleichtern. Die UBG, die seit der Neufassung des Gesetzes im
Jahre 1998 nicht nur in der Rechtsform der AG, sondern auch als GmbH, KG oder KGaA
betrieben werden darf, beteiligt sich offen oder still an anderen Unternehmen und refinanziert sich als „Kapitalsammelstelle" durch die Ausgabe von Aktien mit amtlicher Notierung
oder im geregelten Markt. Der entscheidende Unterschied zur „normalen" AG liegt nicht
im Gesellschaftsrecht, sondern im Steuerrecht: Die von dem zuständigen Landesfinanzminister als UBG anerkannte AG ist von der Gewerbesteuer freigestellt (§ 3 Nr. 23 GewStG).

8. Börsennotierte AG. Neuerdings differenziert der Gesetzgeber zunehmend zwischen 15
börsennotierten Gesellschaften, die er strengeren Regelungen unterwirft, und Gesellschaften, deren Aktien nicht an der Börse notiert werden. Diese kapitalmarktorientierte Unterscheidung findet sich zB in § 87 Abs. 1 AktG (Bezüge der Vorstandsmitglieder), § 110
Abs. 3 AktG (Zahl der Aufsichtsratssitzungen), § 125 Abs. 1 S. 5 AktG (Vorschläge zur
Wahl von Aufsichtsratsmitgliedern), § 130 Abs. 1 S. 3 AktG (Form der Niederschrift der
Hauptversammlung) und § 134 Abs. 1 S. 2 AktG (Höchststimmrecht). Die Definition der
„börsennotierten" Gesellschaft in § 3 Abs. 2 AktG erfasst die Notierung der Aktien im
regulierten Markt, nicht aber die Einführung in den Freiverkehr.

Die mit dem Gesetz zur „kleinen AG" in 1994 begonnene Entwicklung hat zu einem 16
unabgestimmten Nebeneinander von Sonderregeln für börsennotierte Gesellschaften einerseits im AktG und andererseits in den Kapitalmarktgesetzen, insbesondere dem WpHG
geführt. Bestrebungen, ein noch weitergehendes Sonderrecht für die börsennotierte AG zu
schaffen und die Gestaltungsfreiheit für die nicht börsennotierte AG zu erweitern, wurden
vom 67. Deutschen Juristentag in 2008 mit deutlicher Mehrheit abgelehnt.[20]

9. REIT-AG. Durch das Gesetz zur Schaffung deutscher Immobilien-Aktiengesellschaften 17
mit börsennotierten Anteilen (REIT-Gesetz) vom 28.5.2007 hat der Gesetzgeber die
Möglichkeit eröffnet, ein Investitionsvehikel in Form einer AG aufzusetzen, das selbst von
Körperschaft- und Gewerbesteuer befreit ist und bei dem allein auf der Ebene der Anteilseigner eine Dividendenbesteuerung erfolgt.[21]

---

[16] BGHZ 69, 334 – Veba/Gelsenberg; BGH WM 1997, 967 – VW/Niedersachsen.
[17] BGBl. 2013 I S. 1981.
[18] Näher dazu *Fischer/Friedrichs* ZBB 2013, 153 ff.; *Zetzsche* AG 2013, 613 ff.
[19] Gesetz vom 9.9.1998, BGBl. I S. 2765.
[20] Verhandlungen des 67. DJT Bd. II/2 N 239 ff.
[21] Zu den aktienrechtlichen Gestaltungsfragen s. *Wieneke/Fett* NZG 2007, 774 ff.

2. Kapitel. Gründung

§ 3 Bargründung als Normalform der Gründung

Übersicht

	Rn.		Rn.
I. Entstehungsformen der AG	1, 2	5. Mitteilung nach § 42 AktG bei	
1. Formwechsel	1	Einpersonen-AG	32
2. Bargründung	2	IV. Haftung der Gründer und der übrigen	
II. Gründungsprotokoll	3–25	Beteiligten	33–36
1. Angabe der Gründer	4–6	1. Haftung aus Geschäften für die Gesellschaft	33
2. Feststellung der Satzung	7–12		
3. Übernahme der Aktien	13–17	2. Haftung der Gründer	34, 35
4. Bestellung des ersten Aufsichtsrats	18–24	3. Haftung von Vorstand, Aufsichtsrat und Gründungsprüfer	36
5. Bestellung des Abschlussprüfers	25		
III. Gründungsbericht, Gründungsprüfung und Anmeldung	26–32	V. Vorgesellschaft zwischen Errichtung und Eintragung	37–48
1. Gründungsbericht der Gründer	26	1. Rechtsnatur	40, 41
2. Gründungsprüfungsberichte des Vorstands, des Aufsichtsrats und des Gründungsprüfers	27, 28	2. Innenverhältnis	42
		3. Außenverhältnis	43–48
3. Anmeldung der Bargründung	29, 30		
4. Mitteilungen nach § 20 AktG	31		

Schrifttum: *Hommelhoff/Kleindiek,* Schuldrechtliche Verwendungspflichten und „freie Verfügung" bei der Barkapitalerhöhung, ZIP 1987, 477–491; *Kleindiek,* Zur Gründerhaftung in der Vor-GmbH, ZGR 1997, 427–448; *ders.,* Modalitäten ordnungsgemäßer Bareinlageleistung bei Gründung einer AG, FS H. P. Westermann, 2008, S. 1073–1086; *Priester,* Geschäfte mit Dritten vor Eintragung der AG, ZHR 165 (2001), 383–394; *ders.,* Schuldrechtliche Zusatzleistungen bei Kapitalerhöhung im Aktienrecht, FS Röhricht, 2005, S. 467–477; *Saage,* Zum Umfang der Gründungsprüfung, ZGR 1977, 683–689; *Karsten Schmidt,* Barkapitalaufbringung und „freie Verfügung" bei der Aktiengesellschaft und der GmbH, AG 1986, 106–116; *Wiedemann,* Die Erfüllung der Geldeinlagepflicht bei Kapitalerhöhungen im Aktienrecht, ZIP 1991, 1257–1269; *Wiedenmann,* Zur Haftungsverfassung der Vor-AG: Der Gleichlauf von Gründerhaftung und Handelnden-Regress, ZIP 1997, 2029–2037.

I. Entstehungsformen der AG

1. Formwechsel. Mehrere Wege führen zur AG. Sie entsteht nicht notwendig im Wege 1 der Gründung nach §§ 23 ff. AktG, sondern in der Mehrzahl der Fälle durch **Formwechsel** eines bereits in einer anderen Rechtsform bestehenden Unternehmens in die Rechtsform der AG.[1] Besonders häufig ist der Formwechsel einer GmbH in eine AG (§§ 238 ff. UmwG). Auch eine Personengesellschaft kann im Wege des Formwechsels und unter Wahrung ihrer rechtlichen Identität in die Rechtsform der AG umgewandelt werden (§§ 214 ff. UmwG). Außer durch Gründung und Formwechsel kann eine AG auch im Wege der **Verschmelzung** durch Neugründung (§§ 73 ff. UmwG) oder **Spaltung** zur Neugründung (§§ 135 ff., 141 ff. UmwG) entstehen.

2. Bargründung. Die gesetzliche Normalform der Gründung ist die **Bargründung,** bei 2 der die Gründer die von ihnen übernommenen Aktien durch Bareinlagen zu belegen haben. Falls die Gründer die Aktien gegen Sacheinlagen übernehmen oder im Zuge der Gründung eine Sachübernahme durch die Gesellschaft erfolgen soll, gelten zusätzlich zu den allgemeinen Gründungsvorschriften besondere Sicherungsvorschriften für die **Sach-**

---

[1] Die Zeitschrift „Die Aktiengesellschaft" berichtet in ihrem Sonderteil „Aktien-Report" laufend über Gründungen, Umwandlungen und Verschmelzungen von Aktiengesellschaften.

gründung, die nachfolgend in § 4 behandelt werden. Möglich ist auch eine **gemischte Bar- und Sachgründung,** bei der ein Teil der Aktien gegen Bareinlagen und der andere Teil gegen Sacheinlagen übernommen werden. In diesem Fall sind alle Sonderregelungen des Gesetzes für die Sachgründung ebenfalls zu beachten. Von der gemischten Bar- und Sachgründung ist eine **gemischte Einlage** zu unterscheiden, bei der auf eine Aktie sowohl eine Sach- als auch eine Bareinlage zu leisten ist.[2]

II. Gründungsprotokoll

3   Die rechtsgeschäftliche Errichtung der AG erfolgt in einem notariell beurkundeten Gründungsprotokoll, in dem die Gründer vor allem die Satzung ihrer Gesellschaft feststellen und die Übernahme der Aktien erklären. Die folgenden Angaben und Regelungen sind unerlässlich:

4   **1. Angabe der Gründer.** An der Gründung mussten sich nach dem bis 1994 geltenden Recht mindestens fünf Personen beteiligen. Seit der Neufassung von § 2 AktG im Gesetz über die „kleine AG" ist die Einpersonen-Gründung der AG zugelassen. Der oder die Gründer sind im Gründungsprotokoll namentlich aufzuführen (§ 23 Abs. 2 Nr. 1 AktG). Gründer kann jede natürliche oder juristische Person, auch eine oHG oder KG sein. Auch eine GbR,[3] eine Erbengemeinschaft,[4] ein nicht rechtsfähiger Verein[5] sowie eine Vor-AG oder Vor-GmbH[6] können Gründer sein.

5   Jeder Gründer kann sich bei dem Gründungsakt durch einen Bevollmächtigten auf Grund notariell beglaubigter Vollmacht (§ 23 Abs. 1 S. 2 AktG) vertreten lassen. Auch ein Mitgründer kann als Bevollmächtigter auftreten; die notwendige Befreiung von § 181 BGB braucht nicht ausdrücklich zu erfolgen, sondern wird im Regelfall bereits mit der Vollmacht an den Mitgründer konkludent erteilt.[7] Wenn bei einer Mehrpersonengründung ein vollmachtloser Vertreter handelt, muss die Genehmigung notariell beglaubigt werden.[8] Eine notariell beglaubigte Vollmacht ist nicht erforderlich für gesetzliche Vertreter. Sie müssen ihre Vertretungsmacht durch Vorlage eines Registerauszuges oder der Bestellungsurkunde nachweisen. Auch bei Prokuristen genügt ein Registerauszug.[9]

6   Ob ein Gründer für eigene Rechnung oder als „Strohmann" für fremde Rechnung mitwirkt, ist für die Wirksamkeit des Gründungsaktes ohne Belang.[10] Bedeutsam ist die „Strohmann"-Eigenschaft eines Gründers allerdings für die Angaben im Gründungsbericht (§ 32 Abs. 3 AktG) und die Voraussetzungen der Gründungsprüfung (§ 33 Abs. 2 Nr. 2 AktG), wenn der Gründer die Aktien für Rechnung eines Vorstands- oder Aufsichtsratsmitglieds übernimmt.

7   **2. Feststellung der Satzung.** Für den Inhalt der von den Gründern festzustellenden Satzung gilt im Grundsatz dasselbe wie für den Satzungsinhalt einer bereits bestehenden

---

[2] Dazu Hüffer/*Koch* AktG § 36 Rn. 12; MüKoAktG/*Pentz* § 27 Rn. 68, § 36 Rn. 83f. Zur gemischten Sacheinlage → § 4 Rn. 4.
[3] BGHZ 78, 311 (313f.); 118, 83 (99f.); GroßkommAktG/*Bachmann* § 2 Rn. 25; Hüffer/Koch AktG § 2 Rn. 10; MüKoAktG/*Heider* § 2 Rn. 17.
[4] Hüffer/*Koch* AktG § 2 Rn. 11; Spindler/Stilz AktG/*Drescher* § 2 Rn. 12; MüKoAktG/*Heider* § 2 Rn. 19; aA KölnKommAktG/*Dauner-Lieb* § 2 Rn. 11; GroßkommAktG/*Bachmann* § 2 Rn. 29.
[5] GroßkommAktG/*Bachmann* § 2 Rn. 27; Hüffer/*Koch* AktG § 2 Rn. 10; MüKoAktG/*Heider* § 2 Rn. 18.
[6] Hüffer/*Koch* AktG § 2 Rn. 10; MüKoAktG/*Heider* § 2 Rn. 18; KölnKommAktG/*Dauner-Lieb* § 2 Rn. 9; Spindler/Stilz AktG/*Drescher* § 2 Rn. 11.
[7] MüKoAktG/*Pentz* § 23 Rn. 14; Grigoleit/*Vedder* AktG § 23 Rn. 15.
[8] Spindler/Stilz AktG/*Limmer* § 23 Rn. 13a; Hüffer/*Koch* AktG § 23 Rn. 12.
[9] Hüffer/*Koch* AktG § 23 Rn. 12; Spindler/Stilz AktG/*Limmer* § 23 Rn. 13a; KölnKommAktG/*A. Arnold* § 23 Rn. 46; aA MüKoAktG/*Pentz* § 23 Rn. 18.
[10] GroßkommAktG/*Bachmann* § 2 Rn. 16; MüKoAktG/*Heider* § 2 Rn. 22ff.

AG (dazu unten §§ 6 ff.). Zusätzliche Erfordernisse ergeben sich aus § 27 AktG für die Sachgründung (dazu unten § 4) sowie aus § 26 AktG für beide Formen der Gründung.

Die **Vorratsgründung** einer AG ist zulässig, wenn die Verwendung als „Mantel" für die spätere Aufnahme des Geschäftsbetriebs in der Satzung klargestellt wird, zB durch den Unternehmensgegenstand „Verwaltung des eigenen Vermögens" (offene Vorratsgründung).[11] Die spätere Aufnahme des Geschäftsbetriebs (Mantelverwendung) ist nach der Rechtsprechung als wirtschaftliche Neugründung anzusehen mit der Folge, dass die der Gewährleistung der Kapitalausstattung dienenden Gründungsvorschriften einschließlich der registerrechtlichen Kontrolle entsprechend anzuwenden sind.[12] Die entsprechende Anwendung der Gründungsvorschriften ist nach der Rechtsprechung des BGH nicht nur bei der erstmaligen Aufnahme des Geschäftsbetriebs geboten, sondern auch bei einer Reaktivierung der Gesellschaft nach zwischenzeitlicher Einstellung der Tätigkeit.[13] Nach der Aufnahme des Geschäftsbetriebs sind nach hM für die Dauer von zwei Jahren die Vorschriften über die Nachgründung in § 52 AktG entsprechend anzuwenden (→ § 4 Rn. 55).[14]

Nach § 26 Abs. 2 AktG muss in der Satzung die Gesamtziffer des von der Gesellschaft zu tragenden **Gründungsaufwands** festgesetzt werden. Zum Schutz der Gläubiger und Aktionäre soll in der Satzung offengelegt werden, inwieweit das Grundkapital durch den von der Gesellschaft übernommenen Gründungsaufwand vorbelastet ist.[15] Demgemäß sind alle nicht aktivierungsfähigen Aufwendungen anzusetzen, also insbesondere die Notar- und Gerichtskosten, die Kosten einer Gründungsprüfung und die Kosten der Rechtsberatung. Soweit die Kosten – zB Beratungs- und Prüfungshonorare – noch nicht genau feststehen, sind zum Zwecke der Ermittlung des festzusetzenden Gesamtbetrags geschätzte Beträge anzusetzen. Nach der Praxis der Registergerichte sind zwar nicht die Einzelbeträge, wohl aber die Arten der Aufwendungen zu nennen.[16] Zum Gründungsaufwand rechnete auch die früher erhobene Kapitalverkehrsteuer.[17] Dagegen ist eine durch die Sacheinlage von Grundbesitz ausgelöste Grunderwerbsteuer, die nach § 255 Abs. 1 S. 2 HGB als Anschaffungsnebenkosten aktiviert wird, nicht als Gründungsaufwand anzusetzen. Das folgt aus dem Zweck der Offenlegungspflicht des § 26 Abs. 2 AktG und steht auch im Einklang mit § 248 Abs. 1 HGB, der klarstellt, dass die Aufwendungen für die Gründung nicht aktiviert werden dürfen.

Falls einem Aktionär oder einem Dritten ein **Sondervorteil** für seine Mitwirkung an der Gründung eingeräumt wird, muss auch dies in der Satzung ausdrücklich festgesetzt werden, § 26 Abs. 1 AktG. Dabei geht es nicht um mitgliedschaftsrechtliche Sonderrechte (zB Rechte aus Vorzugsaktien oder Entsendungsrechte in den Aufsichtsrat), sondern um reine Gläubigerrechte (zB Lieferrechte, Provisionen etc).[18] Die Festsetzung als Sondervorteil dispensiert von dem Gebot der Gleichbehandlung aller Aktionäre, entbindet aber nicht von der Einhaltung anderer zwingender aktienrechtlicher Grundsätze. Dazu gehört insbesondere das gegenüber § 26 Abs. 1 AktG vorrangige Verbot der Einlagenrückgewähr nach § 57 AktG. Nach herrschender Auffassung ist es deshalb nicht zulässig, gewinn-

---

[11] BGHZ 117, 323. Dazu *J. Meyer* ZIP 1994, 1661; GroßkommAktG/*Röhricht/Schall* § 23 Rn. 344 ff. Auch → § 6 Rn. 15.

[12] BGHZ 117, 323 (331); 153, 158; 192, 341; Großkomm AktG/*Röhricht/Schall* § 23 Rn. 365 ff.; Hüffer/*Koch* AktG § 23 Rn. 27.

[13] BGHZ 155, 318; Spindler/Stilz AktG/*Limmer* § 23 Rn. 44; Hüffer/*Koch* AktG § 23 Rn. 27d.

[14] Hüffer/*Koch* AktG § 23 Rn. 27a; Grigoleit/*Vedder* AktG vor § 23 Rn. 19; *Pentz* FS Hoffmann-Becking, 2013, 871 (886).

[15] BGHZ 107, 1 (4 ff.); OLG Düsseldorf GmbHR 1987, 59.

[16] OLG Celle NZG 2016, 586; OLG Zweibrücken ZIP 2014, 623 (624); Notarhandbuch/*Hauschild/Kallrath* § 16 Rn. 376.

[17] OLG Hamm GmbHR 1984, 155; Ulmer GmbHG/*Ulmer* § 5 Rn. 214.

[18] Inkonsequent GroßkommAktG/*Röhricht/Schall* § 26 Rn. 17; Hüffer/*Koch* AktG § 26 Rn. 3; KölnKommAktG/*A. Arnold* § 26 Rn. 11. Zu den Typen von Sondervorteilen s. *Junker* ZHR 159 (1995), 207 (213), zu Sonderrechten iSv § 35 BGB → § 13 Rn. 14, → § 17 Rn. 7.

unabhängige feste Zahlungen an einen Aktionär auf Grund einer Festsetzung als Sondervorteil zu leisten.[19]

11 Die Feststellung der Satzung ist der Kern des Gründungsaktes und muss, wie § 23 Abs. 1 S. 1 AktG vorschreibt, durch **notarielle Beurkundung** erfolgen. Diese Form ist auch dann gewahrt, wenn der Satzungstext dem Gründungsprotokoll als Anlage beigefügt und im Protokoll auf die Anlage verwiesen wird (§ 9 Abs. 1 S. 2 BeurkG).[20]

12 Ob die Beurkundung auch **im Ausland** erfolgen kann, ist umstritten. Die Wahrung der Ortsform (Art. 11 Abs. 1 Alt. 2 EGBGB) durch Einhaltung der am ausländischen Beurkundungsort geltenden Formvorschriften genügt nach hM nicht.[21] Die Wahrung der Geschäftsform (Art. 11 Abs. 1 Alt. 1 EGBGB) ist dagegen ausreichend, wenn die erforderliche Gleichwertigkeit der ausländischen mit einer inländischen Beurkundung gegeben ist.[22] Dafür genügt es, wenn die Urkundsperson nach Vorbildung und Stellung im Rechtsleben eine der Tätigkeit des deutschen Notars entsprechende Funktion ausübt und ein dem deutschen Beurkundungsrecht in den tragenden Grundsätzen entsprechendes Verfahrensrecht zu beachten hat.[23]

13 3. Übernahme der Aktien. Die Gründer müssen in derselben Urkunde, in der die Satzung festgestellt wird, sämtliche Aktien übernehmen (§ 23 Abs. 2 Nr. 2 AktG). Die Aufteilung auf die einzelnen Gründer ist im notariellen Protokoll anzugeben. Außerdem muss das Protokoll bei Nennbetragsaktien den Nennbetrag der Aktien und bei Stückaktien die Zahl der Aktien, den Ausgabebetrag – auch wenn er mit dem Nennbetrag oder anteiligen Betrag des Grundkapitals übereinstimmt – und, wenn mehrere Gattungen bestehen, auch die Gattung der Aktien bezeichnen (§ 23 Abs. 2 Nr. 2 AktG). Eine Zeichnung der Aktien außerhalb des Gründungsprotokolls, wie sie § 185 AktG für die Übernahme neuer Aktien aus einer Kapitalerhöhung vorschreibt (→ § 57 Rn. 166 ff.), entfällt bei der Gründung.

14 In der Satzung muss bestimmt werden, ob die Aktien als Inhaber- oder Namensaktien ausgegeben werden, § 23 Abs. 3 Nr. 5 AktG. Seit der Aktienrechtsnovelle 2016 sind nach dem 31.12. bei einer 2015 gegründeten AG im Regelfall Namensaktien auszugeben und Inhaberaktien nur noch unter engen Voraussetzungen zulässig (dazu näher → § 13 Rn. 2).

15 Das Gesetz verlangt weiter, dass in der Urkunde der **eingezahlte Betrag** des Grundkapitals angegeben wird (§ 23 Abs. 2 Nr. 3 AktG). Zur Zeit der Errichtung des Gründungsprotokolls wird jedoch in der Regel noch kein Betrag eingezahlt sein, zumal zu diesem Zeitpunkt noch gar nicht der Vorstand bestellt ist, zu dessen freier Verfügung die eingezahlten Beträge stehen müssen. Im Gründungsprotokoll kann und sollte festgelegt werden, wann und in welchem Umfang die übernommenen Einlagen zu zahlen sind. Bei der nachfolgenden Anmeldung der Gesellschaft (dazu → Rn. 29) muss nach § 37 Abs. 1 S. 2 AktG erklärt und nachgewiesen werden, dass inzwischen mindestens ein Viertel des Nennbetrags der Bareinlagen und, falls der Ausgabebetrag gemäß § 9 Abs. 2 AktG über dem Nennbetrag oder anteiligen Betrag des Grundkapitals festgesetzt worden ist, der gesamte Mehrbetrag (Agio) eingezahlt ist und endgültig zur freien Verfügung des Vorstands steht (§ 36a Abs. 1 AktG).

---

[19] KölnKommAktG/*A. Arnold* § 26 Rn. 10; MüKoAktG/*Bayer* § 57 Rn. 93; GroßkommAktG/*Röhricht/Schall* § 26 Rn. 18; *Junker* ZHR 159 (1995), 207 (215); *Schiller* BB 1991, 2403 (2410); aA *Bommert*, Verdeckte Vermögensverlagerungen im Aktienrecht, 1989, S. 123; *Gail* WpG 1970, 237 (241).

[20] MüKoAktG/*Pentz* § 23 Rn. 28; KölnKommAktG/*A. Arnold* § 23 Rn. 30.

[21] Großkomm. AktG/*Röhricht/Schall* § 23 Rn. 68 ff. mN; offengelassen in BGHZ 80, 76 (78).

[22] BGHZ 80, 76 (78); Großkomm. AktG/*Röhricht/Schall* § 23 Rn. 78; Hüffer/*Koch* AktG § 23 Rn. 11 mN zur Gegenmeinung.

[23] BGHZ 80, 76 hat diese Voraussetzungen sogar für die Beurkundung einer GmbH-Satzungsänderung durch den Amtsnotar in Zürich (Altstadt) bejaht. Ausführlich zur Gleichwertigkeit MüKoAktG/*Pentz* § 23 Rn. 33 ff.

Wenn bereits im Gründungsprotokoll die Fälligkeit und der Umfang der Einzahlung 16
festgelegt wurden, bedarf es keiner gesonderten **Einforderung der Einlagen** mehr. Dann
erübrigt sich auch die Frage, ob in der Phase zwischen der Errichtung des Gründungsprotokolls und der Anmeldung der Gesellschaft eine Einforderung von Einlagen durch den
Vorstand oder durch die Gründer zu erfolgen hat.[24] Nach Abschluss der Gründung mit
Anmeldung und Eintragung der Gesellschaft entscheidet der Vorstand über die Einforderung der noch ausstehenden Einlagen, § 63 Abs. 1 AktG (dazu → § 16 Rn. 9). Die
Einlageforderung verjährt erst zehn Jahre nach ihrer Entstehung (§ 54 Abs. 4 AktG).

Außerhalb des Gründungsprotokolls können sich die Gründer in einer schuldrechtlichen 17
Vereinbarung zu zusätzlichen Einlageleistungen verpflichten (sog. **schuldrechtliches
Agio**).[25] Die Zusatzleistungen können auch mit verpflichtender Wirkung zugunsten der
Vor-AG vereinbart werden, sei es gemäß § 328 BGB oder durch eigene Beteiligung der
Vor-AG an der Vereinbarung.[26] Ob das, was die Gesellschaft auf Grund der Vereinbarung
für die Ausgabe der Aktien zusätzlich erhält, gemäß § 272 Abs. 2 Nr. 1 HGB in die
Kapitalrücklage einzustellen ist und damit der Kapitalbindung nach § 150 AktG unterliegt[27]
oder als andere Zuzahlung nach § 272 Abs. 2 Nr. 4 HGB bilanziert werden kann,[28] ist
umstritten. Dazu auch → § 57 Rn. 32.

4. Bestellung des ersten Aufsichtsrats. Die Gründer haben den ersten Aufsichtsrat der 18
Gesellschaft zu bestellen, § 30 Abs. 1 AktG. Die Bestellung bedarf der notariellen Beurkundung, § 30 Abs. 1 S. 2 AktG, und erfolgt zwar nicht notwendig, aber doch zweckmäßig zusammen mit der Feststellung der Satzung und der Übernahme der Aktien im
notariellen Gründungsprotokoll. Die für die Bildung und Zusammensetzung des ersten
Aufsichtsrats geltenden Sondervorschriften des § 30 AktG sind nicht anzuwenden, wenn
die AG oder KGaA im Wege des Formwechsels entsteht, § 197 S. 2 UmwG.

Der erste Aufsichtsrat bestellt nach § 30 Abs. 4 AktG den ersten Vorstand. Die **Vor-** 19
standsbestellung bedarf keiner besonderen Form; sie wird wie jeder andere Aufsichtsratsbeschluss in einer Niederschrift nach § 107 Abs. 2 AktG festgehalten.

Die **Zahl der Mitglieder** des ersten Aufsichtsrats richtet sich nach der Festlegung in der 20
Satzung, für die § 95 AktG gilt (drei Mitglieder oder eine höhere Zahl bis zu der vom
Grundkapital abhängigen Höchstzahl). Die Zahl kann während der Amtszeit des ersten
Aufsichtsrats durch Satzungsänderung erhöht werden. Die Vorschriften über die Bestellung
von Aufsichtsratsmitgliedern der Arbeitnehmer sind auf die Zusammensetzung und die
Bestellung des ersten Aufsichtsrats nicht anzuwenden, § 30 Abs. 2 AktG. Dem ersten
Aufsichtsrat gehören somit ausschließlich Aufsichtsratsmitglieder der Anteilseigner an, auch
wenn die Gesellschaft sogleich nach ihrer Errichtung Arbeitnehmer in größerer Zahl
anstellt;[29] andererseits ist die Amtszeit des ersten Aufsichtsrats durch § 30 Abs. 3 S. 1 AktG
eng begrenzt. Wenn in der Satzung vorgesehen ist, dass der Aufsichtsrat aus sechs oder neun

---

[24] Nach hM ist der Vorstand zuständig, → § 16 Rn. 10, GroßkommAktG/*Röhricht*/*Schall* § 36 Rn. 111; Hüffer/*Koch* AktG § 36a Rn. 2 mN. Vor der Eintragung braucht die Einforderung nicht nach § 63 Abs. 1 S. 2 AktG bekanntgemacht zu werden (*Röhricht*/*Schall* § 36 Rn. 111).

[25] Hüffer/*Koch* AktG § 36a Rn. 2a, § 54 Rn. 7; Großkomm AktG/*Mock* § 9 Rn. 40, 121 ff.; MüKoAktG/*Bungeroth* § 54 Rn. 30; *Priester* FS Röhricht, 2005, 467 ff.; *Baums* FS Hommelhoff, 2012, 61 (74 ff.); *Hermanns* ZIP 2003, 788 (791 f.); *Schorling*/*Vogel* AG 2003, 86 ff.; *Chr. Becker* NZG 2003, 510 ff.; aA *Herchen*, Agio und verdecktes Agio im Recht der Kapitalgesellschaften, 2004, S. 315 ff.; *C. Schäfer* FS Stilz, 2014, 525 (528 ff.).

[26] Hüffer/*Koch* AktG § 9 Rn. 10; MüKoAktG/*Götze* § 54 Rn. 31.

[27] *Baums* FS Hommelhoff, 2012, 61 (83 ff.); *Becker* NZG 2003, 510 (515 f.); Großkomm AktG/*Mock* § 9 Rn. 141; Schmidt/Lutter/*Ziemons* AktG § 9 Rn. 15. Vgl. auch → § 4 Rn. 18 zum Bilanzansatz des Zusatzwerts bei der Sacheinlage.

[28] OLG München ZIP 2007, 126; *Priester* FS Röhricht, 2005, 467 (476); Hüffer/*Koch* AktG § 54 Rn. 8; *Mellert* NZG 2003, 1096 (1098); *Weitnauer* NZG 2001, 1065 (1067 f.).

[29] *Heither* DB 2008, 109 will § 30 Abs. 2 AktG zeitlich beschränken, wenn zur Zeit des ersten Aufsichtsrats eine mitbestimmte Gesellschaft auf die neue AG verschmolzen wird; dagegen *Kuhlmann*

Mitgliedern besteht, müssen die Gründer – abgesehen von den Besonderheiten bei der Sachgründung nach § 31 AktG (dazu → § 4 Rn. 21 ff.) – alle sechs oder neun Mitglieder bestellen, und zwar auch dann, wenn künftig ein Teil der Sitze durch Aufsichtsratsmitglieder der Arbeitnehmer besetzt werden soll. Anderenfalls ist der erste Aufsichtsrat unvollständig besetzt und damit die Gründung nicht ordnungsgemäß. Die Satzung kann allerdings bestimmen, dass der erste Aufsichtsrat aus einer geringeren Anzahl von Mitgliedern als der zweite Aufsichtsrat bestehen soll, zB aus drei anstelle von sechs Mitgliedern.[30]

21 Zur **Amtszeit** der Mitglieder des ersten Aufsichtsrats bestimmt § 30 Abs. 1 S. 1 AktG keine Mindestdauer; die vorgeschriebene Bestellung für das erste Voll- oder Rumpfgeschäftsjahr betrifft nur die Bestellung des Abschlussprüfers. Aus Sinn und Zweck der Gründungsvorschriften wird jedoch geschlossen, dass die Amtszeit so bemessen werden muss, dass sie über die Eintragung der Gesellschaft hinausreicht.[31] Das Gesetz bestimmt eine Höchstdauer: Die Mitglieder des ersten Aufsichtsrats können längstens für die Zeit bis zur Beendigung der Hauptversammlung bestellt werden, die über die Entlastung für das erste Voll- oder Rumpfgeschäftsjahr beschließt, § 30 Abs. 3 S. 1 AktG. Falls im Bestellungsbeschluss der Gründer nicht ausdrücklich eine kürzere Amtszeit festgesetzt ist, gilt die Amtszeit des § 30 Abs. 3 S. 1 AktG.[32] Die Amtszeit endet auch dann mit der Hauptversammlung, wenn diese nicht über die Entlastung beschließt.[33] Sie kann nach ihrem Beginn durch Satzungsänderung verkürzt werden; da die Satzungsänderung wie eine Abberufung wirkt, ist das Mehrheitserfordernis des § 103 Abs. 1 S. 2 AktG zu beachten. Wenn einzelne oder sogar alle Mitglieder des ersten Aufsichtsrats vorzeitig ausscheiden (Tod, Niederlegung, Abberufung oder individuell geringere Amtszeit), werden auch die Nachfolger noch Mitglieder des ersten Aufsichtsrats, so dass auch für sie die Begrenzung der Amtszeit durch § 30 Abs. 3 S. 1 AktG gilt.[34] Für die Abberufung von Mitgliedern des ersten Aufsichtsrats und die Bestellung von Nachfolgern vorzeitig ausgeschiedener Mitglieder ist nach Eintragung der Gesellschaft nicht mehr das Kollegium der Gründer, sondern die Hauptversammlung zuständig; es gelten die in §§ 101, 103 AktG und der Satzung bestimmten Mehrheitserfordernisse.[35]

22 Die Begrenzung der Amtszeit durch § 30 Abs. 3 S. 1 AktG gilt nicht für den ersten Aufsichtsrat der AG nach ihrer Entstehung durch einen **Formwechsel**, da die Vorschriften des § 30 AktG über die Bildung und Zusammensetzung des ersten Aufsichtsrats nach einem Formwechsel in die AG nicht anzuwenden sind, § 197 S. 2 UmwG. Falls der Aufsichtsrat bei der AG nach den gleichen gesetzlichen Vorschriften zusammengesetzt wird wie bei der alten Rechtsform und sich auch die zahlenmäßige Zusammensetzung nicht ändert, können die Mitglieder des Aufsichtsrats für den Rest ihrer bei der alten Rechtsform bestimmten Amtszeit im Amt bleiben, § 203 UmwG. Das Gesetz hat damit die früher umstrittene Frage im Sinne der Kontinuität der Aufsichtsratsmandate entschieden.[36]

23 Zur **Vergütung** der Mitglieder des ersten Aufsichtsrats s. § 113 Abs. 2 AktG u. → § 33 Rn. 39 f.

NZG 2010, 418. Weitergehende Reformvorschläge bei *Thoelke* AG 2014, 137. Vgl. auch → § 4 Rn. 21 zu § 31 AktG.

[30] MüKoAktG/*Pentz* § 30 Rn. 20; Hüffer/*Koch* AktG § 30 Rn. 5.

[31] Hüffer/*Koch* AktG § 30 Rn. 7; MüKoAktG/*Pentz* § 30 Rn. 26; GroßkommAktG/*Röhricht/Schall* § 30 Rn. 12.

[32] GroßkommAktG/*Röhricht/Schall* § 30 Rn. 13; MüKoAktG/*Pentz* § 30 Rn. 23.

[33] Hüffer/*Koch* AktG § 30 Rn. 7; Großkomm AktG/*Röhricht/Schall* § 30 Rn. 11. Vgl. BGH NZG 2002, 916 zu § 102 AktG.

[34] GroßkommAktG/*Röhricht/Schall* § 30 Rn. 18; MüKoAktG/*Pentz* § 30 Rn. 30.

[35] GroßkommAktG/*Röhricht/Schall* § 30 Rn. 17; Hüffer AktG/*Koch* § 30 Rn. 4.

[36] Begr. RegE zu § 203 UmwG, BT-Drs. 12/6699, 144 f. Nach altem Recht gegen Kontinuität *Zöllner* DB 1973, 2077; *Hoffmann-Becking* AG 1980, 269. Zur Anwendung von § 31 AktG beim Formwechsel in die AG → § 4 Rn. 22.

Rechtzeitig vor Ablauf der Amtszeit des ersten Aufsichtsrats hat der Vorstand in ent- 24
sprechender Anwendung von §§ 96–99 AktG bekanntzumachen, nach welchen gesetzlichen Vorschriften der nächste, also der **zweite Aufsichtsrat** nach seiner Ansicht zusammenzusetzen ist, § 30 Abs. 3 S. 2 AktG. Der zweite Aufsichtsrat muss dann, falls nicht innerhalb der Monatsfrist ein Antrag nach § 98 AktG auf gerichtliche Entscheidung über die Zusammensetzung des Aufsichtsrats gestellt worden ist, nach den in der Bekanntmachung des Vorstands angeführten Vorschriften, also gegebenenfalls zu einem Drittel oder zur Hälfte mit Aufsichtsratsmitgliedern der Arbeitnehmer besetzt werden. Für die Amtszeit des zweiten Aufsichtsrats gelten die normalen Regeln der Satzung und des § 102 Abs. 1 AktG. Falls das Gericht nach § 98 AktG angerufen wurde und das Verfahren bei Ablauf der Amtszeit des ersten Aufsichtsrats noch nicht beendet ist, ist auch der zweite Aufsichtsrat von der Hauptversammlung (oder ggf. vom Gericht nach § 104 AktG) nach den Regeln zu besetzen, wie sie für die Besetzung des ersten Aufsichtsrats durch die Gründer galten (arg. § 96 Abs. 2 AktG).[37]

5. Bestellung des Abschlussprüfers. Auch die nach § 30 Abs. 1 AktG erforderliche 25
Bestellung des Abschlussprüfers für das erste Voll- oder Rumpfgeschäftsjahr durch die Gründer bedarf der notariellen Beurkundung und erfolgt zwar nicht notwendig, aber zweckmäßig im Gründungsprotokoll. Die Bestellung ist auch dann erforderlich, wenn die Gesellschaft voraussichtlich nach § 267 Abs. 1 HGB als kleine Kapitalgesellschaft nicht prüfungspflichtig sein wird. Da die Frage der Prüfungspflicht von den erst künftig am Bilanzstichtag gegebenen Verhältnissen abhängt und somit bei der Gründung noch nicht entschieden werden kann, muss in jedem Fall vorsorglich ein Abschlussprüfer bestellt werden.[38] Unnötige Kosten entstehen dadurch nicht, weil der Aufsichtsrat keinen Prüfungsauftrag zu erteilen braucht, wenn die fehlende Prüfungspflicht feststeht.

III. Gründungsbericht, Gründungsprüfung und Anmeldung

1. Gründungsbericht der Gründer. Die Gründer haben einen schriftlichen Bericht über 26
den Hergang der Gründung zu erstatten, § 32 Abs. 1 AktG. Der Gründungsbericht kann gleichzeitig mit der Beurkundung des Gründungsprotokolls erstellt werden und muss von allen Gründern persönlich ohne die Möglichkeit der rechtsgeschäftlichen Vertretung unterschrieben werden.[39] Er wiederholt zweckmäßig noch einmal den wesentlichen Inhalt des Gründungsprotokolls (abgesehen von der dort festgestellten Satzung), nämlich die Namen der Gründer und die von ihnen übernommenen Aktien, die Mitglieder des ersten Aufsichtsrats, den Abschlussprüfer und – über das Gründungsprotokoll hinaus – die vom ersten Aufsichtsrat bestellten Vorstandsmitglieder. Für die Sachgründung verlangt § 32 Abs. 2 AktG darüber hinaus eine Darlegung zur Angemessenheit der Leistungen der Gesellschaft für die Sacheinlagen oder Sachübernahmen (→ § 4 Rn. 32). Auch im Gründungsbericht der Bargründung ist nach § 32 Abs. 3 AktG anzugeben, ob und in welchem Umfang von einem Gründer („Strohmann") Aktien für Rechnung eines Vorstandsmitglieds oder Aufsichtsratsmitglieds übernommen worden sind und ob und in welcher Weise ein Vorstands- oder Aufsichtsratsmitglied sich einen besonderen Vorteil oder für die Gründung oder ihre Vorbereitung eine Entschädigung oder Belohnung ausbedungen hat. Wenn bei der Gründung ein Strohmann für ein Vorstands- oder Aufsichtsratsmitglied handelt, ist er verpflichtet, dies im Rahmen des Gründungsberichts zu offenbaren.[40]

---

[37] GroßkommAktG/*Röhricht/Schall* § 30 Rn. 23; KölnKommAktG/*A. Arnold* § 30 Rn. 26; Hüffer/*Koch* AktG § 30 Rn. 9; MüKoAktG/*Pentz* § 31 Rn. 41; *Röder/Gneitling* DB 1993, 1618 (1621); auch → § 4 Rn. 31.

[38] Zustimmend KölnKommAktG/*A. Arnold* § 30 Rn. 27; Großkomm AktG/*Röhricht/Schall* § 30 Rn. 25; Hüffer/*Koch* AktG § 30 Rn. 10; aA Spindler/Stilz AktG/*Gerber* § 30 Rn. 20.

[39] KölnKommAktG/*A. Arnold* § 32 Rn. 4; MüKoAktG/*Pentz* § 32 Rn. 6; GroßkommAktG/*Röhricht/Schall* § 32 Rn. 3, 5.

[40] MüKoAktG/*Pentz* § 32 Rn. 29; GroßkommAktG/*Röhricht/Schall* § 32 Rn. 28.

27 **2. Gründungsprüfungsberichte des Vorstands, des Aufsichtsrats und des Gründungsprüfers.** Den Hergang der Gründung haben **Vorstand und Aufsichtsrat** zu prüfen, § 33 Abs. 1 AktG, und darüber schriftlich zu berichten, § 34 Abs. 2 AktG. Sie tun dies zweckmäßig in einem gemeinsamen Bericht,[41] in dem sie sich insbesondere dazu zu äußern haben, ob die Angaben der Gründer über die Übernahme der Aktien, über die Einlagen auf das Grundkapital und über die Festsetzungen der Satzung nach § 26 AktG und – bei der Sachgründung – nach § 27 AktG richtig und vollständig sind (§ 34 Abs. 1 Nr. 1 AktG). Bei der Sachgründung müssen Vorstand und Aufsichtsrat darüber hinaus bestätigen, dass der Wert der Sacheinlagen den geringsten Ausgabebetrag (Nennbetrag oder – bei Stückaktien – anteiligen Betrag des Grundkapitals) der dafür zu gewährenden Aktien erreicht, und angeben, welche Bewertungsmethoden bei der Ermittlung des Wertes angewandt worden sind (§ 34 Abs. 1 Nr. 2, Abs. 2 S. 2 AktG), → § 4 Rn. 35. Der Prüfungsbericht muss von sämtlichen Mitgliedern des Vorstands und des Aufsichtsrats persönlich unterzeichnet werden; eine Vertretung ist nicht möglich.[42]

28 Eine Gründungsprüfung durch einen **Gründungsprüfer** ist nach § 33 Abs. 2 AktG nicht nur regelmäßig bei der Sachgründung, sondern auch bei der Bargründung erforderlich, falls ein Vorstands- oder Aufsichtsratsmitglied zu den Gründern gehört (Nr. 1) oder für ein Vorstands- oder Aufsichtsratsmitglied ein Strohmann aufgetreten ist (Nr. 2) oder ein Vorstands- oder Aufsichtsratsmitglied sich Sondervorteile oder einen Gründerlohn ausbedungen hat (Nr. 3). Wenn eine juristische Person Gründer ist, greift Nr. 1 ein, falls ein Mitglied des gesetzlichen Vertretungsorgans des Gründers Vorstands- oder Aufsichtsratsmitglied wird.[43] Die Gründungsprüfung erfolgt durch einen vom Registergericht bestellten Gründungsprüfer (§ 34 Abs. 2 S. 2 AktG). In den Fällen des § 33 Abs. 2 Nr. 1 und 2 AktG kann jedoch der beurkundende Notar die Gründungsprüfung im Auftrag der Gründer vornehmen.[44] Falls außerdem ein Fall des § 33 Abs. 2 Nr. 3 oder 4 AktG vorliegt, muss zumindest insoweit eine Prüfung durch einen gerichtlich bestellten Gründungsprüfer erfolgen. Der vom Gericht bestellte Gründungsprüfer und der von den Gründern bestellte Abschlussprüfer können identisch sein; die Bestellung zum Abschlussprüfer begründet keine Befangenheit nach § 33 Abs. 5 AktG. Der Umfang der Prüfung durch den Gründungsprüfer deckt sich nach § 34 Abs. 1 AktG mit dem, was Vorstand und Aufsichtsrat zu prüfen haben.[45]

29 **3. Anmeldung der Bargründung.** Die Anmeldung der Gesellschaft zur Eintragung in das Handelsregister muss gemeinsam von allen Gründern, allen Mitgliedern des Vorstands und allen Mitgliedern des ersten Aufsichtsrats vorgenommen werden, § 36 Abs. 1 AktG. Im weiteren Verlauf des Registerverfahrens, zB bei einer Beschwerde, wird die Gesellschaft dagegen vom Vorstand in vertretungsberechtigter Zahl seiner Mitglieder vertreten.[46] Die Bargründung darf erst angemeldet werden, wenn der im Gründungsprotokoll oder später eingeforderte Geldbetrag ordnungsgemäß eingezahlt worden ist; der eingeforderte Betrag muss mindestens 25 % des geringsten Ausgabebetrags (Nennbetrags oder anteiligen Betrags des Grundkapitals) und 100 % des Agios umfassen (§ 36 Abs. 2, § 36a Abs. 1 AktG). Auch der Einpersonen-Gründer braucht nur 25 % des geringsten Ausgabebetrags einzuzahlen; seit Streichung von § 36 Abs. 2 S. 2 AktG in 2008. braucht er keine Sicherheit für den an 100 %

---

[41] Ein gemeinsamer Bericht ist zulässig, Hüffer/*Koch* AktG § 34 Rn. 4; KölnKommAktG/*A. Arnold* § 34 Rn. 8; GroßkommAktG/*Röhricht/Schall* § 34 Rn. 21; MüKoAktG/*Pentz* § 34 Rn. 19.

[42] KölnKommAktG/*A. Arnold* § 34 Rn. 10; MüKoAktG/*Pentz* § 34 Rn. 18; Hüffer/*Koch* AktG § 33 Rn. 2.

[43] Hüffer/*Koch* AktG § 33 Rn. 4; MüKoAktG/*Pentz* § 33 Rn. 17.

[44] Dazu *Hermanns* ZIP 2002, 1785 mit Muster des Prüfungsberichts des Notars u. Notarhandbuch/*Schaub* § 17 Rn. 121.

[45] Zu den Pflichten des Gründungsprüfers s. BGHZ 64, 52; GroßkommAktG/*Röhricht/Schall* § 34 Rn. 3; *K. Schmidt* DB 1975, 1781; *Saage* ZGR 1977, 683.

[46] BGHZ 117, 323 (327 ff.).

fehlenden Betrag zu bestellen. Die Anmeldenden haben nach § 37 Abs. 1 AktG in der Anmeldung zu erklären, dass diese Voraussetzungen erfüllt sind, und nachzuweisen, dass der Betrag endgültig zur freien Verfügung des Vorstands steht. (→ § 16 Rn. 6 ff.)[47] Bei Einzahlung auf ein Bankkonto der (Vor-)Gesellschaft oder des Vorstands ist der Nachweis nach § 37 Abs. 1 S. 3 AktG durch eine Bestätigung der Bank zu führen, für deren Richtigkeit die Bank haftet.[48] Die Bank steht mit ihrer Erklärung nur dafür ein, dass nach ihrer Kenntnis keine der freien Verfügungsmacht des Vorstands entgegenstehende Tatsachen vorliegen.[49]

Nach § 37 Abs. 2 AktG hat der Vorstand auch zu versichern, dass keine Umstände **30** vorliegen, die seiner Bestellung nach § 76 Abs. 3 S. 3 und 4 AktG entgegenstehen. Dabei ist es nicht erforderlich, dass die einzelnen Varianten des § 76 Abs. 3 S. 3 und 4 AktG ausdrücklich angegeben werden.[50] Auch die gesetzliche Vertretungsbefugnis der Vorstandsmitglieder ist in der Anmeldung anzugeben, § 37 Abs. 3 Nr. 2 AktG; die Zeichnung der Unterschriften ist seit Einführung des elektronischen Handelsregisters nicht mehr erforderlich. Die Anmeldung muss die genaue Anschrift der inländischen Geschäftsräume der Gesellschaft enthalten, § 37 Abs. 3 Nr. 1 AktG. Die Mitglieder des ersten Aufsichtsrats müssen mit Name, Vorname, ausgeübtem Beruf und Wohnort angegeben werden (§ 37 Abs. 4 Nr. 3a AktG), die Mitglieder des Vorstands mit Name, Vorname, Wohnort und Geburtsdatum (§§ 24, 43 Handelsregister VO). Die der Anmeldung beizufügenden Anlagen sind in § 37 Abs. 4 AktG aufgelistet.

4. Mitteilungen nach § 20 AktG. Soweit ein Gründer mehr als 25 % der Aktien oder die **31** Mehrheit übernimmt, muss dieses der Gesellschaft förmlich mitgeteilt und von der Gesellschaft nach § 20 Abs. 6 AktG bekanntgemacht werden (dazu → § 69 Rn. 118 ff.). Die Mitteilungspflicht wird wegen der Zurechnung nach § 20 Abs. 2 Nr. 2 AktG schon durch die Übernahme im Gründungsprotokoll ausgelöst und besteht somit bereits gegenüber der Vor-AG;[51] diese muss die Mitteilung nach § 20 Abs. 6 AktG unverzüglich, jedoch nicht schon vor Eintragung der Gesellschaft bekanntmachen, da eine Bekanntmachung nach § 20 AktG vor Bekanntmachung der Eintragung der Gesellschaft Verwirrung stiften würde.[52] Die Mitteilung nach § 42 AktG dispensiert bei der Einmann-Gründung den Alleinaktionär nicht von der Mitteilungspflicht nach § 20 AktG.[53] Die Mitteilungs- und Bekanntmachungspflichten nach § 20 AktG gelten auch für den Aktienerwerb im Zuge des Formwechsels in die AG.[54]

5. Mitteilung nach § 42 AktG bei Einpersonen-AG. Sobald einem Aktionär alle **32** Aktien allein gehören, muss diese Tatsache mit Name, Beruf und Wohnort des Alleinaktionärs nach § 42 AktG zu den Registerakten mitgeteilt werden. Bei der Einpersonen-Gründung erfolgt die Mitteilung der Sache nach schon mit der Anmeldung der Gesellschaft und der Einreichung des Gründungsprotokolls; dennoch soll nach hM eine gesonderte Mitteilung erfolgen.[55] Nach der Gründung wird die Mitteilungspflicht (jeweils) ausgelöst,

---

[47] Zu den Anforderungen an die „endgültig freie Verfügung" s. GroßkommAktG/*Röhricht/Schall* § 36 Rn. 53 ff.; BGH NZG 2002, 524; BayObLG ZIP 2002, 1398; *Siegler* NZG 2003, 1143.
[48] Nach BGHZ 113, 335 (353 ff.); 119, 177 (181) handelt es sich um eine Gewährleistungshaftung ohne Erfordernis eines Verschuldens, die eine Anwendung von § 254 BGB ausschließt. Die Haftung setzt allerdings voraus, dass die Bestätigung zu dem der Bank bekannten Zweck ihrer Vorlage zum Handelsregister ausgestellt wird (BGHZ 175, 86 Rn. 18).
[49] BGHZ 175, 86 Rn. 25; Großkomm. AktG/*Pentz* § 37 Rn. 21; *Hüffer/Koch* AktG § 37 Rn. 3a.
[50] BGH ZIP 2010, 1337 Anders früher BayObLG DB 1982, 273 u. DB 1983, 2408.
[51] *Hüffer/Koch* AktG § 20 Rn. 2; *Priester* AG 1974, 212 (213); KölnKommAktG/*Koppensteiner* § 20 Rn. 29, 42; aA GroßkommAktG/*Windbichler* § 20 Rn. 19.
[52] *Priester* AG 1974, 212 (214); iErg auch GroßkommAktG/*Windbichler* § 20 Rn. 19; MüKoAktG/*Pentz* § 20 Rn. 42; aA *Hüffer/Koch* AktG § 20 Rn. 2; KölnKommAktG/*Koppensteiner* § 20 Rn. 43.
[53] GroßkommAktG/*Windbichler* § 20 Rn. 54; iErg auch *Bachmann* NZG 2001, 961 (964 f.).
[54] GroßkommAktG/*Windbichler* § 20 Rn. 19; *Iriger/Longreé* NZG 2013, 1289 ff.
[55] *Trölitzsch* WiB 1994, 795 (798); *Bachmann* NZG 2001, 961 (964); MüKoAktG/*Pentz* § 42 Rn. 18; KölnKommAktG/*M. Arnold* § 42 Rn. 6.

wenn sich alle Aktien in der Hand eines Aktionärs vereinigen. Eine Zurechnung fremden Aktienbesitzes nach § 16 Abs. 4 AktG schreibt § 42 AktG im Gegensatz zu § 20 Abs. 1 S. 2 AktG nicht vor; § 16 Abs. 4 AktG ist nach richtiger Auffassung auch nicht analog anzuwenden.[56] Mitteilungspflichtig ist nicht der Alleinaktionär, sondern der Vorstand, vorausgesetzt, er weiß um den Alleinbesitz.[57] Der Alleinaktionär muss dem Vorstand die notwendigen Auskünfte erteilen und ist selbst nicht zu der Mitteilung an das Handelsregister berechtigt.[58]

IV. Haftung der Gründer und der übrigen Beteiligten

33 **1. Haftung aus Geschäften für die Gesellschaft.** Die Haftungslage bei Geschäften, die zurzeit der „Vorgesellschaft" zwischen Errichtung und Eintragung der Gesellschaft vorgenommen werden, wird nachstehend in → Rn. 38 ff. dargestellt.

34 **2. Haftung der Gründer.** Das Gesetz regelt ausführlich die Verantwortlichkeit der Gründer und anderer Personen, die neben den Gründern in einer die Gesellschaft schädigenden Weise an der Gründung mitgewirkt haben, in §§ 46, 47 AktG. Die Gründer sind der Gesellschaft nach § 46 AktG als Gesamtschuldner zum Schadensersatz verpflichtet, wenn sie einen der in § 46 Abs. 1 S. 1 und 2, Abs. 2 und 4 AktG aufgeführten Tatbestände schuldhaft (s. § 46 Abs. 3 AktG) erfüllt haben. Dabei geht es insbesondere um die Richtigkeit und Vollständigkeit ihrer Angaben im Gründungsbericht und um ihre Gewähr für die tatsächliche Leistung der Mindesteinzahlung nach § 36a Abs. 1 AktG. Die Ersatzansprüche der Gesellschaft verjähren in fünf Jahren, § 51 AktG, und sind von Seiten der Gesellschaft auf die Dauer von drei Jahren unverzichtbar und keinem Vergleich zugänglich, § 50 AktG.

35 Von der gesamtschuldnerischen Haftung der Gründer aus § 46 AktG ist die **Haftung** des einzelnen Gründers aus seinem **Einlageversprechen** zu unterscheiden. Bei der Bareinlage wird die Verpflichtung zur Leistung des vollen Ausgabebetrags schon im Gründungsprotokoll begründet. Auch die Fälligkeit der einzelnen Leistungen kann im Gründungsprotokoll festgelegt werden; mangels einer solchen Festlegung können die ausstehenden Zahlungen von der Gesellschaft durch den Vorstand – im Gründungsstadium formlos, nach Eintragung gemäß § 63 AktG – jederzeit eingefordert werden (vgl. → Rn. 15). Bei der Sacheinlage haftet der einlegende Gründer für die Werthaltigkeit seiner Sacheinlage. Vgl. dazu im Einzelnen → § 4 Rn. 48 f.

36 **3. Haftung von Vorstand, Aufsichtsrat und Gründungsprüfer.** Die Mitglieder des Vorstands und des Aufsichtsrats unterliegen schon im Gründungsstadium den allgemeinen Sorgfaltspflichten aus § 93 und § 116 AktG. § 48 AktG regelt dazu einige Besonderheiten. Die Ersatzansprüche der Gesellschaft verjähren nach § 51 AktG in fünf Jahren ab der Eintragung der Gesellschaft oder der späteren zum Ersatz verpflichtenden Handlung. Für die Haftung des Gründungsprüfers verweist das Gesetz in § 49 AktG auf die gesetzlichen Haftungsregeln für die Verantwortlichkeit des Abschlussprüfers in § 323 HGB.

V. Vorgesellschaft zwischen Errichtung und Eintragung

37 Die AG ist bereits mit der Feststellung der Satzung und der Übernahme aller Aktien durch die Gründer im Gründungsprotokoll „errichtet", § 29 AktG. Sie besteht aber vor der Eintragung in das Handelsregister „als solche" noch nicht, § 41 Abs. 1 S. 1 AktG. Erst mit der Eintragung wird die AG zur juristischen Person, auf die alle Vorschriften des AktG anwendbar sind. In der Phase zwischen der Errichtung und der Eintragung besteht sie

---

[56] *Bachmann* NZG 2001, 961 (963 f.); Hüffer/*Koch* AktG § 42 Rn. 4; MüKoAktG/*Pentz* § 42 Rn. 21; anders noch *Hoffmann-Becking* ZIP 1995, 1 (3).

[57] *Hoffmann-Becking* ZIP 1995, 1 (3 f.).

[58] Hüffer/*Koch* AktG § 42 Rn. 5; Großkomm. AktG/*Ehricke* § 42 Rn. 52; MüKoAktG/*Pentz* § 42 Rn. 23; aA *Lutter* AG 1994, 429 (435).

jedoch bereits als ein Rechtsgebilde eigener Art, das als **Vorgesellschaft** oder **Gründungsgesellschaft** bezeichnet wird.

Von der Vorgesellschaft, die notwendig im Verlauf einer jeden Gründung entsteht, ist die zeitlich vorangehende **Vorgründungsgesellschaft** zu unterscheiden. Sie entsteht nur dann, wenn sich die künftigen Gründer in einem notariell beurkundeten[59] Vorvertrag zur gemeinsamen Errichtung der AG verpflichten und die dafür wesentlichen Eckdaten festlegen. Das auf dem Vorvertrag beruhende Rechtsverhältnis der Vor-Gründer bestimmt sich nach den Regeln der BGB-Gesellschaft. Gemeinsamer Zweck ist die Errichtung der AG.[60] Die Rechte und Pflichten der Vorgründungsgesellschaft werden – anders als die der Vorgesellschaft (→ Rn. 43) – mangels rechtlicher Identität nicht ohne weiteres mit der Eintragung zu Rechten und Pflichten der AG.[61]

Die Rechtsverhältnisse der **Vorgesellschaft** sind im Gesetz in § 41 AktG nur bruchstückhaft geregelt. Auf Grund der umfangreichen Rechtsprechung insbesondere zur Vor-GmbH lassen sich im Wesentlichen die folgenden Grundsätze feststellen:[62]

1. Rechtsnatur. Die Vorgesellschaft ist weder eine BGB-Gesellschaft, noch ein nicht rechtsfähiger Verein und – falls sie bereits werbend tätig wird – auch keine OHG, sondern eine teilrechtsfähige Organisationsform sui generis, „die einem Sonderrecht untersteht, das aus den im Gesetz oder im Gesellschaftsvertrag gegebenen Gründungsvorschriften und dem Recht der rechtsfähigen Gesellschaft, soweit es nicht die Eintragung voraussetzt, besteht".[63]

Die Vorgesellschaft ist bereits aktiv und passiv parteifähig,[64] grundbuchfähig und auch insolvenzfähig.[65] Die Vorgesellschaft kann unter ihrem Namen bereits Eigentum erwerben, insbesondere an den Einlageleistungen der Aktionäre. Allerdings handelt es sich bis zur Eintragung rechtlich um Gesamthandseigentum der Gründer. Die Vorgesellschaft kann insbesondere Bankkonten auf ihren Namen unterhalten. Sie kann auch schon als Eigentümerin ins Grundbuch eingetragen werden.[66] Zur Firma der Vorgesellschaft → § 7 Rn. 9, zur Steuerpflicht → § 5 Rn. 4, 7.

2. Innenverhältnis. Das Innenverhältnis der Vorgesellschaft, insbesondere die Kompetenzen der Organe und die Regeln für ihre Willensbildung richten sich weitgehend nach dem Recht der eingetragenen AG. Eine Satzungsänderung kann allerdings nur durch einstimmigen Beschluss aller Gründer erfolgen.[67] Eine Übertragung von Aktien vor Eintragung der AG wird durch § 41 Abs. 4 S. 1 AktG ausdrücklich ausgeschlossen. Eine Verpflichtung zur Übertragung von Aktien kann deshalb zwar schon vorher begründet, aber erst nach Eintragung erfüllt werden; möglich ist allerdings auch eine Übertragung unter der aufschiebenden Bedingung der Eintragung.[68] Die Vorgesellschaft kann durch eine Vereinbarung der Gründer, durch die Kündigung eines Gründers aus wichtigem Grund und entsprechend § 726 BGB durch ein endgültiges Scheitern der Eintragungsbemühungen aufgelöst werden; sie ist sodann durch die Vorstandsmitglieder abzuwickeln.[69]

---

[59] KG AG 2004, 321; Hüffer/*Koch* AktG § 23 Rn. 14.
[60] Hüffer/*Koch* AktG § 23 Rn. 15; MüKoAktG/*Pentz* § 41 Rn. 10 ff.; KG AG 2003, 431; vgl. auch GroßkommGmbHG/*Ulmer* § 2 Rn. 48 ff.
[61] BGH NZG 2001, 561.
[62] Ausführliche Darstellungen bei Hüffer/*Koch* AktG § 41 Rn. 2 ff.; MüKoAktG/*Pentz* § 41 Rn. 22 ff.
[63] BGHZ 21, 242 (246), stRspr.
[64] BGH WM 1998, 245.
[65] BGH ZIP 2003, 2123.
[66] BGHZ 45, 338.
[67] Hüffer/*Koch* AktG § 41 Rn. 7; MüKoAktG/*Pentz* § 41 Rn. 39; KölnKommAktG/*M. Arnold* § 41 Rn. 36.
[68] MüKoAktG/*Pentz* § 41 Rn. 164; Großkomm AktG/*K. Schmidt* § 41 Rn. 67; KölnKommAktG/*M. Arnold* § 41 Rn. 88; Schmidt/Lutter/*Drygala* AktG § 41 Rn. 32; Hüffer/*Koch* AktG § 41 Rn. 30.
[69] BGH ZIP 2006, 2267 = JZ 2007, 995.

43 **3. Außenverhältnis.** Die Vorgesellschaft handelt ebenso wie die eingetragene AG durch den Vorstand als ihren organschaftlichen Vertreter (→ § 19 Rn. 44). Die Vertretungsmacht des Vorstands, die Vorgesellschaft zu berechtigen und zu verpflichten, umfasst ohne weiteres alle zur Entstehung der AG **notwendigen** Rechtshandlungen, also zB die Einrichtung eines Bankkontos, die Zahlung von Gebühren und Steuern, die Vereinbarungen mit den Gründern zur Bewirkung der übernommenen Einlagen. Zu der darüber hinausgehenden Vertretungsmacht des Vorstands → Rn. 42. Wenn der Vorstand ausscheidet, ist es vor Eintragung der Gesellschaft nicht möglich, einen Notvorstand gemäß § 85 AktG durch das Gericht bestellen zu lassen.[70]

44 Schon in der älteren Rechtsprechung wurde angenommen, dass die durch die vorbereitenden Rechtsgeschäfte entstehenden Rechte und Pflichten der Vorgesellschaft mit der Eintragung ohne weiteres Rechte und Pflichten der AG werden, ohne dass es einer Genehmigung durch die eingetragene Gesellschaft bedarf. Weitergehende Vorbelastungen der AG mit Verbindlichkeiten aus einer Geschäftstätigkeit der Vorgesellschaft sollten jedoch im Interesse der realen Kapitalaufbringung ausgeschlossen sein (Vorbelastungsverbot).[71] In der rechtsfortbildenden Entscheidung BGHZ 80, 129 hat der BGH das Vorbelastungsverbot aufgegeben.[72] Die Entscheidung ist zwar zur Vor-GmbH ergangen; ihre Grundsätze sind aber auch für die Vor-AG maßgeblich.[73] Nunmehr ist anerkannt, dass die Gründer die Vertretungsmacht des Vorstands für die Vorgesellschaft über die zur Erlangung der Rechtsfähigkeit notwendigen Geschäfte hinaus ausdehnen und den Vorstand ermächtigen können, bereits in der Phase der Vorgesellschaft die Geschäfte im Namen der Gesellschaft aufzunehmen. Die Rechte und Pflichten aus solchen Geschäften gehen unterschiedlos und ohne weiteres mit der Eintragung der AG voll auf diese über. Die Wirksamkeit der Geschäfte hängt auch nicht davon ab, dass die besonderen Regeln über eine Sachübernahme nach § 27 AktG eingehalten werden.[74] Der notwendige Kapitalschutz der werdenden Gesellschaft erfolgt nicht mehr über ein „Vorbelastungsverbot", sondern mit Hilfe der vom BGH entwickelten **Unterbilanzhaftung der Gründer,** die den Vorstand zur Geschäftsaufnahme ermächtigt haben: Soweit durch die aus der Zeit der Vorgesellschaft rührenden Vorbelastungen der Wert des Gesellschaftsvermögens im Zeitpunkt der Eintragung hinter dem Grundkapital zurückbleibt, haften die Gründer gegenüber der Gesellschaft anteilig im Verhältnis ihrer Kapitalanteile für die entstandene Differenz.[75]

45 Die Ermächtigung des Vorstands durch die Gründer zur Geschäftsaufnahme bedarf keiner besonderen Form. Nach einer im Schrifttum vordringenden Auffassung ist gar keine ausdrückliche oder konkludente Erklärung der Gründer erforderlich, sondern soll ohne weiteres schon im Stadium der Vor-AG eine umfassende **Vertretungsmacht des Vorstands** gemäß § 82 AktG bestehen.[76] Die herrschende Auffassung hält dagegen am Erfordernis einer Ermächtigung fest.[77] Bei der Sachgründung ist sie regelmäßig schon darin zu sehen, dass sich die Gründer mit der Einbringung vor Eintragung einverstanden erklären.[78]

---

[70] OLG Frankfurt a. M. WM 1996, 123; aA MüKoAktG/*Pentz* § 41 Rn. 33 für Sonderfälle.
[71] BGHZ 45, 338 (342); 65, 378 (383).
[72] Vgl. zu dieser Rechtsfortbildung die eingehenden Darstellungen bei GroßkommGmbHG/*Ulmer/Habersack* § 11 Rn. 65 ff., 98 ff. und *Fleck* GmbHR 1983, 5.
[73] LG Heidelberg ZIP 1997, 2045 (2047); OLG Karlsruhe ZIP 1998, 1961 (1963); *Wiedenmann* ZIP 1997, 2029 (2031 ff.); Hüffer/*Koch* AktG § 41 Rn. 8, 16; MüKoAktG/*Pentz* § 41 Rn. 113 f.
[74] *Priester* ZHR 165 (2001), 383 (392); Hüffer/*Koch* AktG § 27 Rn. 5a.
[75] BGHZ 134, 133; 165, 391 m. Bespr. *Bayer/Lieder* ZGR 2006, 875.
[76] GroßkommAktG/*K Schmidt* § 41 Rn. 58; MüKoAktG/*Pentz* § 41 Rn. 34; KölnKommAktG/*M. Arnold* § 41 Rn. 32; Schmidt/Lutter/*Drygala* AktG § 41 Rn. 7.
[77] BGHZ 80, 129 (139); Hüffer/*Koch* AktG § 41 Rn. 11; Ulmer GmbHG/*Ulmer* § 11 Rn. 35 f.; OLG Hamm NZG 2002, 867.
[78] *Fleck* GmbHR 1983, 5 (9); Hüffer/*Koch* AktG § 41 Rn. 11; GroßkommGmbHG/*Ulmer/Habersack* § 11 Rn. 37.

Die Unterbilanzhaftung aller Gründer für Minderungen des Grundkapitals aus Geschäften der Vorgesellschaft – auch „Differenzhaftung" oder „Vorbelastungshaftung" genannt – ist zu unterscheiden von der gesetzlich geregelten **Differenzhaftung des einzelnen Sacheinlegers,** wenn der Wert seiner Sacheinlage unter dem geringsten Ausgabebetrag (Nennbetrag oder anteiliger Betrag des Grundkapitals) der dafür gewährten Anteile liegt (§ 36a Abs. 2 S. 3 AktG, § 9 Abs. 1 GmbHG).[79]

Wenn die Eintragung der Gesellschaft scheitert, weil das Registergericht die Eintragung bestandskräftig ablehnt oder die Gründer ihren Gründungswillen endgültig aufgeben[80], haften die Gründer für die Verluste der Vorgesellschaft nicht nur bis zur Höhe ihrer Einlageverpflichtung, sondern unbeschränkt. Diese **Verlustdeckungshaftung** ist jedoch – ebenso wie die Unterbilanzhaftung nach Eintragung – im Grundsatz nur eine Innenhaftung, besteht also nur gegenüber der abzuwickelnden Vorgesellschaft und nicht unmittelbar gegenüber den Gläubigern.[81] Anders ist es, wenn die Vor-AG nach dem Scheitern der Gründung nicht sofort liquidiert, sondern die Geschäftstätigkeit fortgeführt wird; dann haften die Gründer für sämtliche Verbindlichkeiten, auch für die bis zum Scheitern entstandenen, unmittelbar nach außen gegenüber den Gläubigern.[82] Auch diese Rechtsprechung des BGH zur Vor-GmbH ist für die Vor-AG ebenfalls maßgeblich.

Neben der Unterbilanzhaftung und der Verlustdeckungshaftung der Gründer für kapitalmindernde Vorbelastungen und Verluste der Vorgesellschaft steht die persönliche und gesamtschuldnerische **Haftung der handelnden Vorstandsmitglieder** aus § 41 Abs. 1 S. 2 AktG: Wer vor der Eintragung der Gesellschaft in ihrem Namen handelt, haftet persönlich; haften mehrere, so haften sie als Gesamtschuldner. Weder die Gründer[83] noch die Aufsichtsratsmitglieder[84] sind „Handelnde" im Sinne dieser Haftungsvorschrift. Die praktische Bedeutung der Haftung der Vorstandsmitglieder aus § 41 Abs. 1 S. 2 AktG ist gering, da sie nach der Rechtsprechung wegfällt, wenn es zur Eintragung der Gesellschaft kommt und die mit Einverständnis der Gründer für die Vorgesellschaft begründeten Verbindlichkeiten zu solchen der eingetragenen Gesellschaft werden.[85] Bedeutsam ist die Haftung des handelnden Vorstandsmitglieds aus § 41 Abs. 1 S. 2 AktG im Wesentlichen nur noch für den Fall, dass der Vorstand die Geschäfte ohne Einverständnis der Gründer aufgenommen hat.[86]

§ 4 Besonderheiten der Sachgründung

Übersicht

	Rn.		Rn.
I. Sacheinlagen und Sachübernahmen in Satzung und Einbringungsvertrag	1–20	1. Anwendungsbereich des § 31 AktG	21–23
1. Festsetzungen in der Satzung	1–6	2. Verfahren nach § 31 AktG	24–31
2. Einbringungsvertrag	7–12	a) Größe des ersten Aufsichtsrats	24
3. Ausgabebetrag und Bilanzansatz bei Sacheinlagen	13–20	b) „Rumpfaufsichtsrat"	25–27
II. Bestellung des ersten Aufsichtsrats	21–31	c) Entsprechende Anwendung von §§ 97–99 AktG	28–31

---

[79] Dazu BGHZ 64, 52 (62); Hüffer/*Koch* AktG § 9 Rn. 6 und → § 4 Rn. 39, 48. Zum unterschiedlichen Rechtsgrund s. *Stimpel* FS Fleck, 1988, 345 (348 f.).

[80] S. dazu OLG München NZG 2017, 1106 Rn. 23 f.

[81] BGHZ 134, 333 zur Vor-GmbH. Zust. für Vor-AG OLG Hamm AG 2003, 278; OLG Karlsruhe ZIP 1998, 1961 (1963); *Wiedenmann* ZIP 1997, 2029 (2032 f.); Hüffer/*Koch* AktG § 41 Rn. 9a.

[82] BGH WM 2003, 27.

[83] BGHZ 47, 25 (28); 72, 45 (46); Hüffer/*Koch* AktG § 41 Rn. 20; iErg auch BAG ZIP 2005, 350.

[84] OLG Köln NZG 2002, 1066.

[85] BGHZ 80, 182 (183); BAG ZIP 2005, 350; 2006, 1672; Hüffer/*Koch* AktG § 41 Rn. 25; *Lutter* NJW 1989, 2649 (2654).

[86] Vgl. GroßkommGmbHG/*Ulmer*/*Habersack* § 11 Rn. 122, 124.

	Rn.		Rn.
III. Gründungsbericht, Gründungsprüfung und Anmeldung	32–46	1. Anwendungsbereich des § 52 AktG	50–60
1. Gründungsbericht	32–34	2. Verfahren nach § 52 AktG	60a–65
2. Gründungsprüfungsbericht des Vorstands und des Aufsichtsrats	35	a) Schriftform	61
		b) Zustimmung der Hauptversammlung	62
3. Bericht des Gründungsprüfers	36–43		
4. Anmeldung der Sachgründung	44–46	c) Nachgründungsbericht	63
IV. Haftung der Gründer und der übrigen Beteiligten	47–49	d) Nachgründungsprüfung	64
		e) Eintragung im Handelsregister	65
V. Nachgründung	50–65		

Schrifttum: *Baums,* Agio und sonstige Zuzahlungen im Aktienrecht, FS Hommelhoff, 2012, S. 61–86; *Ballerstedt,* Zur Bewertung von Vermögenszugängen aufgrund kapitalgesellschaftsrechtlicher Vorgänge, FS Geßler, 1971, S. 69–80; *Cahn,* „Andere Zuzahlungen" im Aktienrecht, FS Baums, 2017, S. 169–192; *Herchen,* Agio und verdecktes Agio im Recht der Kapitalgesellschaften 2004; *Hoffmann-Becking,* Der Einbringungsvertrag zur Sacheinlage eines Unternehmens oder Unternehmensteils in die Kapitalgesellschaft, FS Lutter, 2000, S. 453–472; *ders.,* Ausgabebetrag bei Sacheinlagen, FS Wiedemann, 2002, S. 999–1012; *ders.,* Fehlerhafte offene Sacheinlage versus verdeckte Sacheinlage, Liber Amicorum M. Winter, 2011, S. 237–254; *Hügel,* Verschmelzung und Einbringung, 1993; *Kley,* Sachkapitalerhöhung bei der Aktiengesellschaft: Einbringungsvertrag und Zeichnung der neuen Aktien, RNotZ 2003, 17–32; *Koch,* Die Nachgründung, 2002; *Krieger,* Zur Reichweite des § 52 AktG, FS Claussen, 1997, S. 223–237; *Kropff,* Über die „Ausgliederung", FS Geßler, 1971, S. 111–126; *Lüssow,* Das Agio im GmbH- und Aktienrecht, 2005; *Maier-Reimer,* Wert der Sacheinlage und Ausgabebetrag, FS Bezzenberger, 2000, S. 253–266; *Priester,* Die Festsetzungen im GmbH-Vertrag bei Einbringung von Unternehmen, BB 1980, 19–23; *ders.,* Kapitalausstattung und Gründungsrecht bei Umwandlung einer GmbH in eine AG, AG 1986, 29–36; *ders.,* Kapitalaufbringungspflicht und Gestaltungsspielräume beim Agio, FS Lutter, 2000, S. 617–635; *Stefan Richter,* Die Verpflichtung des Inferenten zur Übertragung eines Vermögensgegenstandes als Gegenstand der Sacheinlage, ZGR 2009, 721–767; *Carsten Schäfer,* Zur Einbeziehung des Agios in die aktienrechtliche Kapitalaufbringung, FS Stilz, 2014, S. 525–536, *ders.,* Schuldrechtliches Agio im Aktienrecht – Kapitalaufbringung ad libitum?, ZIP 2016, 953–955; *Wieneke,* Die Festsetzung des Gegenstands der Sacheinlage nach §§ 27, 183 AktG, AG 2013, 437–445.

I. Sacheinlagen und Sachübernahmen in Satzung und Einbringungsvertrag

1 1. Festsetzungen in der Satzung. Das Gesetz unterscheidet zwei Formen der Sachgründung: durch Sacheinlagen und durch Sachübernahmen. Der Unterschied betrifft nicht den einzubringenden Gegenstand; jeder Vermögensgegenstand, der einen feststellbaren Vermögenswert besitzt (§ 27 Abs. 2 AktG), kann gleichermaßen Gegenstand einer Sacheinlage oder einer Sachübernahme sein. Der Unterschied liegt vielmehr in Folgendem: Bei einer **Sacheinlage** hat ein Gründer einen Vermögensgegenstand als Gegenleistung für die von ihm übernommenen Aktien einzubringen. Bei einer **Sachübernahme** erhält der Einbringende von der Gesellschaft eine andere Gegenleistung als Aktien; er muss demgemäß nicht notwendig zu den Gründern gehören, sondern kann auch ein Dritter sein. Entsprechend dieser Unterscheidung von Sacheinlage und Sachübernahme erfolgt eine Sachkapitalerhöhung nach § 183 AktG notwendig durch Sacheinlagen und nicht durch Sachübernahmen.[1]

2 Für beide Formen der Sachgründung verlangt § 27 Abs. 1 AktG über die Erfordernisse des § 23 AktG hinaus zusätzliche **Festsetzungen in der Satzung.** Es müssen besonders festgesetzt werden

– der Gegenstand der Sacheinlage oder Sachübernahme,
– die Person, von der die Gesellschaft den Gegenstand erwirbt,

---

[1] Allerdings ist es möglich, bei einer Barkapitalerhöhung, die zur Finanzierung eines Sacherwerbs bestimmt ist, die formellen Sicherungen nach Art einer Sachübernahme (Festsetzungen und Wertprüfung) vorzunehmen, um das Risiko einer „verdeckten Sacheinlage" auszuräumen. Vgl. dazu *Maier-Reimer* FS Nirk, 1992, 639 (646 ff.).

– der Nennbetrag (bei Stückaktien: die Zahl) der bei der Sacheinlage zu gewährenden Aktien oder die bei der Sachübernahme zu gewährende Vergütung.

Es genügt nicht, dass die Festsetzungen im Rahmen des sonstigen Inhalts der Gründungsurkunde erfolgen, sondern sie müssen in den Text der von den Gründern festgestellten Satzung aufgenommen werden, da sonst die Fortdauer der satzungsmäßigen Publizität der Festsetzungen bei späteren Satzungsänderungen mit Hilfe der dazu erteilten notariellen Bescheinigungen nach § 181 Abs. 1 S. 2 AktG nicht sicher gewährleistet wäre.[2] Die Festsetzungen können erst fünf Jahre nach Eintragung der Gesellschaft geändert und erst dreißig Jahre nach Eintragung der Gesellschaft durch Satzungsänderung beseitigt werden, § 27 Abs. 4 u. 5 AktG.

Einlagefähig sind nur Vermögensgegenstände, deren wirtschaftlicher Wert feststellbar ist, § 27 Abs. 2 AktG. Das setzt nicht notwendig voraus, dass der Gegenstand bilanzrechtlich aktiviert werden kann.[3] Es genügt, dass er selbstständig bewertet werden kann, und er muss auch nicht notwendig übertragbar sein.[4] Auch obligatorische Nutzungsrechte können Gegenstand einer Sacheinlage sein, wenn die Nutzungsdauer feststeht.[5] Nicht einlagefähig sind dagegen Verpflichtungen zu Dienstleistungen, § 27 Abs. 2 Hs. 2 AktG,[6] und Aktien der Gesellschaft.[7]

Die beiden Formen der Sachgründung durch Sacheinlage und Sachübernahme können derart kombiniert werden, dass die AG als Gegenleistung für die Einlage des Vermögensgegenstandes teilweise Aktien und teilweise eine andere Gegenleistung, insbesondere Geld oder die Einräumung einer Forderung, gewährt (**gemischte Sacheinlage**).[8] Bei dieser Gestaltung muss die Kapitalaufbringung als einheitliches Rechtsgeschäft in vollem Umfang den Regelungen über Sacheinlagen unterworfen werden.[9] Das gilt jedenfalls bei einer verdeckten gemischten Sacheinlage und nach verbreiteter Auffassung auch bei einer teilbaren Einlageleistung.[10]

Zur **verdeckten Sacheinlage** und ihrer Behandlung im neuen § 27 Abs. 3 AktG → § 16 Rn. 34 ff., zur Festsetzung des **Gründungsaufwands** in der Satzung → § 3 Rn. 9.

Das gesellschaftsrechtliche Gebot des § 27 Abs. 1 AktG zur **bestimmten Bezeichnung** des einzubringenden Gegenstandes in der Satzung dient vor allem der Information des Publikums über die Art der Vermögensausstattung der Gesellschaft. Es ist von dem sachen-

---

[2] Hüffer/*Koch* AktG § 27 Rn. 9; GroßkommAktG/*Schall* § 27 Rn. 247; MüKoAktG/*Pentz* § 27 Rn. 71. Wenn der Satzungstext dem Protokoll als Anlage nach § 9 Abs. 1 S. 2 BeurkG beigefügt ist (→ § 3 Rn. 11), genügt es, wenn die Festsetzungen dort enthalten sind; dagegen genügt nicht die Aufnahme in eine andere Anlage.

[3] Hüffer/*Koch* AktG § 27 Rn. 14; Schmidt/Lutter/*Bayer* AktG § 27 Rn. 11; MüKoAktG/*Pentz* § 27 Rn. 18 f.

[4] GroßkommAktG/*Schall* § 27 Rn. 132; MüKoAktG/*Pentz* § 27 Rn. 21; Spindler/Stilz AktG/ *Katzenstein* § 27 Rn. 12; Hüffer/*Koch* AktG § 27 Rn. 15; aA Schmidt/Lutter/*Bayer* AktG § 27 Rn. 12; KölnKommAktG/*A. Arnold* § 27 Rn. 44.

[5] BGHZ 144, 290 (294); OLG Nürnberg AG 1999, 381 (382); GroßkommAktG/*Schall* § 27 Rn. 155 ff.; Hüffer/*Koch* AktG § 27 Rn. 18; aA *Knobbe-Keuk* ZGR 1980, 214 (217 ff.).

[6] BGHZ 180, 38 u. BGH ZIP 2010, 423: Keine verdeckte Sacheinlage möglich, weil Dienstleistung nicht einlagefähig ist.

[7] BGH NZG 2011, 1271 (1272) – ISION.

[8] BGHZ 170, 47 Rn. 7; Hüffer/*Koch* AktG § 27 Rn. 8; Schmidt/Lutter/*Bayer* AktG § 27 Rn. 31; *Ekkenga* ZIP 2013, 541 ff. Der Begriff ist irreführend; gemischt ist nicht die Sacheinlage des Inferenten, sondern die Gegenleistung der Gesellschaft.

[9] BGHZ 170, 47 Rn. 7; 173, 145 Rn. 15 zur verdeckten gemischten Sacheinlage. IErg zustimmend *Koch* ZHR 175 (2011), 55 (65 ff.); *Maier-Reimer* FS Hoffmann-Becking, 2013, 755 (757 ff.). Anders *Priester* FS Maier-Reimer, 2010, 525 ff.; *Habersack* ZGR 2008, 48 ff. Zur Rechtslage bei der Kapitalerhöhung → § 57 Rn. 83.

[10] GroßkommAktG/*Schall* *§ 27 Rn. 217;* Schmidt/Lutter/*Bayer* AktG § 27 Rn. 32; Spindler/Stilz AktG/*Katzenstein* § 27 Rn. 65, 194 ff. Anders Hüffer/*Koch* AktG § 27 Rn. 8a. Anders auch BGHZ 191, 364 Rn. 49 u. → § 57 Rn. 83 für die Kapitalerhöhung.

rechtlichen Bestimmtheitsgebot zu unterscheiden, das bei der Übertragung des Vermögensgegenstandes auf die Gesellschaft gewahrt sein muss. Der Gegenstand muss nach § 27 Abs. 1 AktG in der Satzung so genau bezeichnet werden, dass Zweifel über seine Identität ausgeschlossen und seine einzelnen Merkmale zumindest bestimmbar sind.[11] Für die Festsetzung in der Satzung nach § 27 Abs. 1 AktG gilt insoweit dasselbe wie für die Festsetzung im Kapitalerhöhungsbeschluss bei einer Sachkapitalerhöhung nach § 183 Abs. 1 AktG (dazu → § 57 Rn. 43). Wenn eine Sachgesamtheit, insbesondere also ein Betrieb oder Teilbetrieb einzubringen ist, müssen die zur Sachgesamtheit gehörenden Vermögensgegenstände nicht im Einzelnen aufgelistet werden, sondern es genügt eine schlagwortartige Bezeichnung, wenn sie verkehrsüblich ist (zB Einbringung des Betriebs der X GmbH mit allen Aktiven und Passiven).[12] Wenn einzelne zu der Sachgesamtheit gehörende Gegenstände von der Einbringung ausgenommen werden sollen, muss dies ausdrücklich vermerkt werden.[13] Bei der Einbringung eines Betriebs oder Teilbetriebs muss auch nicht notwendig eine **Einbringungsbilanz** der Feststellung der Satzung im Gründungsprotokoll als Anlage beigeheftet werden.[14] Dagegen ist es aus sachenrechtlichen und insbesondere aus steuerlichen Gründen in aller Regel erforderlich, dass dem – sogleich zu erörternden – Einbringungsvertrag bei der Einbringung eines Betriebs oder Teilbetriebs eine Einbringungsbilanz als Anlage beigefügt wird.[15]

7 **2. Einbringungsvertrag.** Durch die nach § 27 Abs. 1 AktG erforderlichen Festsetzungen in der Satzung und die darauf bezogene Übernahmeerklärung in der Gründungsurkunde entsteht die Sacheinlagepflicht des oder der Gründer. Bei einer Sachkapitalerhöhung entsteht die Sacheinlagepflicht durch den satzungsändernden Erhöhungsbeschluss nach § 183 Abs. 1 AktG und die korrespondierende Zeichnung der neuen Aktien nach § 185 AktG (→ § 57 Rn. 166 ff.). Man kann diese Kombination von Satzungsfestsetzung und Übernahme- oder Zeichnungserklärung als körperschaftsrechtliche **Sacheinlagevereinbarung** bezeichnen, die materieller Bestandteil der Satzung ist.[16]

8 Davon zu unterscheiden ist ein „Vertrag über die Sacheinlage" iSv § 27 Abs. 3 AktG aF. Er beruht auf der satzungsmäßigen Festsetzung der Einlage, aber er ist nicht notwendig identisch mit dem durch die satzungsmäßige Festsetzung und die korrespondierende Übernahme- oder Zeichnungserklärung entstehende Vereinbarung, sondern kann inhaltlich darüber hinausgehen. Dieser Vertrag, der in der Praxis meist als **Einbringungsvertrag**[17] bezeichnet wird, kann sich als Vollzugsgeschäft darauf beschränken, die dingliche Erfüllung

---

[11] Hüffer/*Koch* AktG § 27 Rn. 10; GroßkommGmbHG/*Ulmer/Casper* § 5 Rn. 143 ff.; GroßkommAktG/*Schall* § 27 Rn. 241.

[12] OLG Düsseldorf DB 1993, 974 (975) u. GmbHR 1996, 214 (215); GroßkommAktG/*Schall* § 27 Rn. 241; *Hoffmann-Becking* FS Lutter, 2000, 453 (462) mN.

[13] *Priester* BB 1980, 19 (20); GroßkommGmbHG/*Ulmer/Casper* § 5 Rn. 149; Hüffer/*Koch* AktG § 27 Rn. 10.

[14] *Priester* BB 1980, 19 (21 f.); *Groß*kommGmbHG/*Ulmer/Casper* § 5 Rn. 149; Baumbach/Hueck GmbHG/*Fastrich* § 5 Rn. 45.

[15] Sachenrechtlich ermöglicht die Einbringungsbilanz, die auf die Geschäftsbücher der übertragenden Gesellschaft Bezug nimmt, die Bestimmung der übergehenden Vermögensgegenstände jedenfalls insoweit, als die und und nur ein Teil der unter einer Bilanzposition geführten Gegenstände übergehen sollen. Zur Bedeutung der Einbringungsbilanz für die Bewertung der Sacheinlage s. GroßkommGmbHG/*Ulmer/Casper* § 5 Rn. 96. Zur steuerlichen Einbringungsbilanz s. § 20 Abs. 2 S. 3 UmwStG. Auch → § 5 Rn. 26 ff.

[16] GroßkommAktG/*Schall* § 27 Rn. 101 f.; MüKoAktG/*Pentz* § 27 Rn. 16; Hüffer AktG/*Koch* § 27 Rn. 4. Ebenso GroßkommGmbHG/*Ulmer/Casper* § 5 Rn. 37; Baumbach/Hueck GmbHG/*Fastrich* § 5 Rn. 21. In diesem Sinne auch BGHZ 45, 338.

[17] Ausführlich dazu *Hoffmann-Becking* FS Lutter, 2000, 453 (459 ff.); MüKoAktG/*Schürnbrand* § 183 Rn. 23 ff.; Hüffer/*Koch* AktG § 183 Rn. 6; Bürgers/Körber AktG/*Marsch-Barner* § 183 Rn. 8; *Wieneke* AG 2013, 437 ff.; *Kley* RNotZ 2003, 17 ff.; GroßkommGmbHG/*Ulmer/Casper* § 5 Rn. 140 f. Auch → § 57 Rn. 53.

der durch den Satzungsbeschluss und die korrespondierende Übernahme oder Zeichnung begründeten Einlagepflicht zu regeln. Aber das setzt voraus, dass alle Einzelheiten des Verpflichtungsgeschäfts im Satzungsbeschluss vollständig festgelegt worden sind und es keiner näheren Konkretisierung der geschuldeten Erfüllungshandlungen und sonstigen Modalitäten der Einbringung mehr bedarf. Bei der Einlage einzelner oder gattungsmäßig bestimmter Vermögensgegenstände ist es häufig problemlos möglich, alle erforderlichen Einzelheiten in die Satzungsfestsetzung aufzunehmen. Anders verhält es sich bei der Einbringung von Sachgesamtheiten, insbesondere bei der Einbringung von Unternehmen oder Unternehmensteilen. Die dazu erforderlichen umfangreichen Regelungen zur Fälligkeit und Art der Erfüllungshandlungen, zur zeitlichen Abgrenzung der Ergebnisse, zur Haftung bei Sach- und Rechtsmängeln, zur Mitwirkung bei der Erlangung behördlicher Genehmigungen etc werden in der Regel in einem Einbringungsvertrag geregelt, der die Einlagepflicht noch einmal begründet, und zwar detaillierter als in den Festsetzungen der Satzung, und in dem auch die dinglichen Übertragungsakte enthalten sein können.[18] In der Regel wird der Einbringungsvertrag gleichzeitig mit dem Satzungsbeschluss oder nachfolgend abgeschlossen. Er kann aber jedenfalls bei der Kapitalerhöhung auch schon vorher unter der aufschiebenden Bedingung der Festsetzungen im Kapitalerhöhungsbeschluss vereinbart werden (→ § 57 Rn. 56).[19]

Was in den satzungsmäßigen Festsetzungen enthalten sein muss und nicht außerhalb der Satzung im Einbringungsvertrag geregelt werden kann, ist nicht danach zu beurteilen, was zu dem wirtschaftlich einheitlichen Geschäft iSv § 139 BGB gehört.[20] Bei der Bestimmung des erforderlichen Umfangs der satzungsmäßigen Festsetzungen geht es nämlich nicht um die für das Verhältnis der Vertragspartner maßgebliche Unterscheidung zwischen einem einheitlichen oder teilbaren Rechtsgeschäft, sondern um die Außensicht des Publikums. Durch die Festsetzungen der Satzung muss der Gegenstand der Einlage so genau bestimmt werden, dass für das Publikum Zweifel über seine Identität ausgeschlossen sind. Dafür genügt bei Sachgesamtheiten, wenn sie durch eine schlagwortartige und verkehrsübliche Bezeichnung identifiziert und wertmäßig erhebliche Aktiva und Passiva, die von der Einbringung ausgenommen werden sollen, bezeichnet werden (→ Rn. 6). Die näheren Einzelheiten können außerhalb der Satzung im Einbringungsvertrag geregelt werden, der mit der Anmeldung der Gesellschaft nach § 37 Abs. 4 Nr. 2 AktG (oder mit der Anmeldung der Kapitalerhöhung nach § 188 Abs. 3 Nr. 2 AktG) zum Handelsregister einzureichen ist und damit als Inhalt der Registerakten publik wird.

Auch der so verstandene Einbringungsvertrag ist ein körperschaftliches Rechtsgeschäft eigener Art und kein schuldrechtlicher Kaufvertrag.[21] Da er vom Registergericht bei der Werthaltigkeitskontrolle heranzuziehen ist und Bestandteil der Registerakten wird, ist es sachgemäß, ihn objektiv auszulegen.[22] Sachgemäß ist es auch, die Gewährleistungsregeln des Kaufrechts nur eingeschränkt analog anzuwenden,[23] um den Besonderheiten der Sacheinlage gerecht werden zu können, insbesondere der ohne weiteres geltenden Barleistungspflicht bei unvollständiger oder mangelhafter Sachleistung (Differenzhaftung, → Rn. 48).

Der Einbringungsvertrag bedarf nur dann der notariellen Beurkundung, wenn sich dies aus den allgemeinen Vorschriften wegen des Gegenstands der Sacheinlage ergibt, also bei

---

[18] MüKoAktG/*Schürnbrand* § 183 Rn. 23, 26; GroßkommAktG/*Wiedemann* § 183 Rn. 73; GroßkommGmbHG/*Ulmer/Casper* § 5 Rn. 140 f.; *Hoffmann-Becking* FS Lutter, 2000, 453 (459 ff.).
[19] *Hoffmann-Becking* FS Lutter, 2000, 453 (457 f.); Hüffer/*Koch* AktG § 183 Rn. 6.
[20] So kann aber BGHZ 45, 338 (342) verstanden werden.
[21] MüKoAktG/*Schürnbrand* § 183 Rn. 26; GroßkommAktG/*Wiedemann* § 183 Rn. 73; aA Hüffer/*Koch* AktG § 183 Rn. 6. Vom Einbringungsvertrag zu unterscheiden sind schuldrechtlich vereinbarte Zusatzleistungen des Sacheinlegers, insbesondere zusätzliche Barzahlungen bei Erreichen bestimmter Zielwerte (sog. schuldrechtliches Agio, → § 3 Rn. 17).
[22] Zust. MüKoAktG/*Schürnbrand* § 183 Rn. 26.
[23] GroßkommAktG/*Schall* § 27 Rn. 415 ff.; GroßkommAktG/*Wiedemann* § 183 Rn. 73; MüKoAktG/*Schürnbrand* § 183 Rn. 29. Vgl. auch BayObLG DB 1979, 1075.

der Einbringung von Grundstücken aus § 311b BGB und bei GmbH-Anteilen aus § 15 Abs. 3 GmbHG.[24] Die einfache Schriftform muss jedoch zumindest gewahrt werden, da der Vertrag zum Handelsregister einzureichen ist.[25]

12 Wenn die nach § 27 Abs. 1 AktG erforderlichen Festsetzungen fehlen oder unvollständig sind, kann die Sacheinlagepflicht nicht entstehen und entsteht auch kein Anspruch auf den Erhalt von Aktien als Gegenleistung für die Einlage. Daran hat die Änderung des § 27 AktG durch das ARUG im Jahre 2009 nichts geändert, da die Festsetzungserfordernisse des § 27 Abs. 1 und des § 183 Abs. 1 AktG unverändert zwingend sind.[26] Ein dennoch abgeschlossener Einbringungsvertrag war nach § 27 Abs. 3 AktG aF der Gesellschaft gegenüber unwirksam, was allerdings nicht ausschloss, dass die Gründer untereinander an die getroffenen Abreden zur Sacheinlage gebunden waren. § 27 Abs. 3 AktG nF regelt nicht mehr die Rechtsfolgen einer fehlerhaften offenen Sacheinlage, sondern die einer verdeckten Sacheinlage; trotz der fehlerhaften Kennzeichnung als Bargründung oder Barkapitalerhöhung sind die Verträge über die Sacheinlage und die Rechtshandlungen zu ihrer Ausführung nicht unwirksam, § 27 Abs. 3 S. 2, § 183 Abs. 2 AktG nF. Dasselbe ist erst recht anzunehmen, wenn der Satzungsbeschluss offen eine Sacheinlage verlangt, diese jedoch fehlerhaft festsetzt.[27] Wenn es trotz der fehlerhaften Festsetzung der Sacheinlage zur Eintragung der Gesellschaft oder der Durchführung der Kapitalerhöhung kommt, ist auch nach neuem Recht davon auszugehen, dass die eingetragene Satzung oder Kapitalerhöhung wirksam ist, obwohl dies anders als früher in § 27 Abs. 3 S. 2, § 183 Abs. 2 S. 2 AktG aF nicht mehr ausdrücklich im Gesetz bestimmt wird.[28] Bei fehlerhafter Festsetzung der Sacheinlage ist der Gründer oder Aktionär zur Geldeinlage verpflichtet. Auf die Geldeinlagepflicht ist jedoch analog § 27 Abs. 3 AktG nF der Wert der eingebrachten Sache anzurechnen.[29]

13 **3. Ausgabebetrag und Bilanzansatz bei Sacheinlagen.** Aktien dürfen bei Gründung und Kapitalerhöhung nicht für einen geringeren Betrag als ihren Nennbetrag oder – bei Stückaktien – den anteiligen Betrag des Grundkapitals ausgegeben werden; die Ausgabe für einen höheren Betrag ist zulässig, § 9 AktG. Wenn die Aktien für einen höheren Betrag ausgegeben werden, nennt man die Differenz zum geringsten Ausgabebetrag **Aufgeld** oder Agio. Ein höherer Ausgabebetrag muss in die Gründungsurkunde oder den Kapitalerhöhungsbeschluss aufgenommen werden und wird für den Einleger durch seine korrespondierende Übernahme- oder Zeichnungserklärung verbindlich. Der Ausgabebetrag bestimmt und begrenzt den Umfang der mitgliedschaftlichen Einlagepflicht des Aktionärs, § 54 Abs. 1 AktG.[30]

14 Diese Grundsätze zum Ausgabebetrag gelten für Bar- und Sacheinlagen bei Gründung oder Kapitalerhöhung gleichermaßen. Auch bei der Sachgründung oder Sachkapitalerhöhung ist es möglich, einen über den Nennbetrag hinausgehenden Ausgabebetrag festzusetzen. Während der höhere Ausgabebetrag bei der Bareinlage eine entsprechend höhere

---

[24] Hüffer/*Koch* AktG § 183 Rn. 6; MüKoAktG/*Schürnbrand* § 183 Rn. 27; GroßkommAktG/*Wiedemann* § 183 Rn. 73; *Hoffmann-Becking* FS Lutter, 2000, 453 (464); *Kley* RNotZ 2003, 17 (24).

[25] Im Ergebnis ebenso GroßkommGmbHG/*Ulmer/Casper* § 5 Rn. 141; Hüffer/*Koch* AktG § 183 Rn. 6; Bürgers/Körber AktG/Marsch-Barner § 183 Rn. 8.

[26] Hüffer/*Koch* AktG § 27 Rn. 12; K. Schmidt/Lutter/AktG/*Bayer* § 27 Rn. 37; *Hoffmann-Becking* Liber Amicorum M. Winter, 2011, 237 (246).

[27] *Hoffmann-Becking*, Liber Amicorum M. Winter, 2011, 237 (246 f.); Schmidt/Lutter/*Bayer* AktG § 27 Rn. 39; KölnKommAktG/*A. Arnold* § 27 Rn. 41; MüKoAktG/*Schürnbrand* § 183 Rn. 52.

[28] Hüffer/*Koch* AktG § 27 Rn. 12a, § 183 Rn. 14; KölnKommAktG/*A. Arnold* § 27 Rn. 41; Bürgers/Körber AktG/*Lohse* § 27 Rn. 20.

[29] Schmidt/Lutter/*Bayer* AktG § 27 Rn. 39; MüKoAktG/*Schürnbrand* § 183 Rn. 56; KölnKommAktG/*A. Arnold* § 27 Rn. 41; Hüffer/*Koch* AktG § 27 Rn. 12a; HdB börsennotierte AG/*Busch* § 42 Rn. 27; weitere Nachweise bei *Hoffmann-Becking* Liber amicorum M. Winter, 2011, 237 (248). S. auch GroßkommGmbHG/*Ulmer/Casper* § 5 Rn. 162: Anrechnung analog § 19 Abs. 4 GmbHG.

[30] Zu darüber hinausgehenden schuldrechtlich vereinbarten Einlagepflichten (sog. schuldrechtliches Agio) → § 3 Rn. 17.

Einzahlungspflicht begründet, bedeutet er bei der Sacheinlage, dass der Einleger einen entsprechend höheren Wert der einzulegenden Sache verspricht. Der Ausgabebetrag bestimmt bei der Sachgründung und Sachkapitalerhöhung somit die Höhe der **Wertdeckungszusage** des Sacheinlegers.

Das ergibt sich aus § 36a Abs. 2 S. 3 AktG, und insoweit besteht im Schrifttum wohl allgemein Einigkeit.[31] Erst bei der Frage, ob die auf bare Nachzahlung der Differenz gerichtete gesetzliche Wertdeckungshaftung bei der Sacheinlage auch das festgesetzte Agio umfasst, gingen die Meinungen auseinander. Nach der heute herrschenden und durch den BGH bestätigten Auffassung greift die gesetzliche **Differenzhaftung** auch insoweit ein, als der Wert der eingelegten Sache hinter dem höheren Ausgabebetrag zurückbleibt, das festgesetzte Agio also nicht gedeckt ist.[32] Dazu näher → Rn. 48.

Wenn der Wert der Sacheinlage über dem Nennbetrag (oder – bei Stückaktien – dem anteiligen Betrag des Grundkapitals) der auszugebenden Aktien liegt, muss dies nicht notwendig in der Festsetzung eines Agios in der Gründungssatzung oder dem Kapitalerhöhungsbeschluss zum Ausdruck kommen. Die **satzungsmäßige Festsetzung** kann sich auf die Angabe des Nennbetrags der zu gewährenden Aktien als Ausgabebetrag und die Bezeichnung des Einlagegegenstands beschränken. Wenn ein über dem Nennbetrag der Aktien liegender Wert der Sacheinlage in der Satzung ausdrücklich festgesetzt wird, bedeutet dies die Festsetzung eines höheren Ausgabebetrags und folgt daraus eine entsprechend erweiterte Werthaftung des Sacheinlegers (→ Rn. 48). Notwendig ist diese Festsetzung jedoch nicht, sondern die Aktien können auch bei einem den Nennbetrag übersteigenden Wert der Sacheinlage zum Nennbetrag und ohne Festsetzung eines Aufgeldes ausgegeben werden.[33]

Die Festsetzung eines über den Nennbetrag hinausgehenden Ausgabebetrags ist insbesondere nicht erforderlich, um bei der Sachkapitalerhöhung durch eine **Wertprüfung nach § 255 Abs. 2 AktG** zu gewährleisten, dass der Wert der versprochenen Einlage einen korrekten Gegenwert für die neuen Aktien darstellt. § 255 Abs. 2 AktG ist nach allgemeiner Auffassung auch bei der Sachkapitalerhöhung mit Bezugsrechtsausschluss anzuwenden, um die Altgesellschafter vor einer Verwässerung des Werts ihrer Anteile durch eine zu billige Ausgabe der neuen Anteile zu schützen (→ § 57 Rn. 47). Zu diesem Zweck bedarf es einer vergleichenden Bewertung des einzubringenden Vermögens mit dem Wert des Gesellschaftsvermögens vor Kapitalerhöhung. Für das Ergebnis dieser Prüfung ist nicht maßgebend, wie hoch der festgesetzte Ausgabebetrag ist, und auch nicht, ob überhaupt ein über dem Nennbetrag liegender Ausgabebetrag festgesetzt worden ist, sondern für die Anfechtbarkeit kommt es allein darauf an, ob die Relation der Werte angemessen ist.[34]

---

[31] Vgl. Hüffer/*Koch* AktG § 36a Rn. 6; MüKoAktG/*Pentz* § 36a Rn. 27.

[32] BGHZ 191, 364 Rn. 17 ff. – Babcock; Hüffer/*Koch* AktG § 27 Rn. 21; *Verse* ZGR 2012, 875 (879 ff.); MüKoAktG/*Schürnbrand* § 183 Rn. 71; GroßkommAktG/*Schall* § 27 Rn. 215; so schon *Hoffmann-Becking* FS Wiedemann, 2002, 999 (1001 f.); *Priester* FS Lutter, 2000, 617 (622).

[33] So die nach wie vor hM, s. OLG München ZIP 2007, 126 (129); Hüffer/*Koch* AktG § 9 Rn. 9; *Verse* ZGR 2012, 875 (882 ff.); MüKoAktG/*Schürnbrand* § 183 Rn. 72; KölnKommAktG/*Ekkenga* § 183 Rn. 100; *Cahn* FS Baums, 2017, 169 (173 f.); *Hoffmann-Becking* FS Lutter, 2000, 453 (465 ff.); *Hoffmann-Becking* FS Wiedemann, 2002, 999 ff.; *Lüssow*, Das Agio im GmbH- und Aktienrecht, 2005, S. 106 ff.; *Wieneke* NZG 2012, 136 (138). Dagegen *Herchen*, Agio und verdecktes Agio im Recht der Kapitalgesellschaften, 2004, S. 204 ff.; *Dietz*, Aktien als Akquisitionswährung, 2004, S. 155 ff.; *C. Schäfer* FS Stilz, 2014, 525 (528 ff.); *C. Schäfer ders.* ZIP 2016, 953 (954 f.). Entgegen *C. Schäfer* ZIP 2016, 953 (954 f.) zwingt BGHZ 191, 364 Rn. 18 – Babcock nicht zur Abkehr von der hM (zutr. *Verse* ZGR 2012, 875 (883 ff.)).

[34] Näher dazu *Maier-Reimer* FS Bezzenberger, 2000, 253 (262 ff.); *Lüssow*, Das Agio im GmbH- und Aktienrecht, 2005 S. 105 ff.; *Hoffmann-Becking* FS Wiedemann, 2002, 999 (1003 ff.); HdB börsennotierte AG/*Busch* § 42 Rn. 31; *Baums* FS Hommelhoff, 2012, 61 (69); *Heer* ZIP 2012, 2325 (2328); Fleischer/*Hüttemann* Rechtshdb. Unternehmensbewertung/*Adolff*, 2015, § 19 Rn. 42; KölnKommAktG/*Ekkenga* § 183 Rn. 100; *Cahn* FS Baums, 2017, 169 (175).

18 Die Festsetzung eines Aufgeldes ist auch nicht erforderlich, um einen **Bilanzansatz** des eingelegten Vermögensgegenstandes über dem Nennbetrag der dafür gewährten Aktien zu ermöglichen. Der Bilanzansatz des eingebrachten Vermögens dient anderen Zwecken und folgt deshalb auch anderen Regeln als die Bemessung der Wertgarantie des Sacheinlegers durch Festsetzung eines höheren Ausgabebetrags.[35] Das wird besonders deutlich, wenn der bisherige handels- und steuerrechtliche Buchwert des Sacheinlegers fortgeführt werden soll und demgemäß im Einbringungsvertrag dieser Buchwert als bilanzieller Einbringungswert vereinbart wird. Die Buchwertfortführung entspricht im Regelfall den Interessen beider Seiten, um eine ertragsteuerliche Realisierung der Reserven zu vermeiden. Ob der Sacheinleger auch bereit ist, eine entsprechend hohe Wertgarantie einzugehen, oder von ihm sogar eine noch höhere Wertgarantie in Höhe des von den Parteien angenommenen Zeitwerts verlangt wird, steht auf einem anderen Blatt. Außerdem weichen die Bewertungsregeln, die für die Einhaltung der durch den Ausgabebetrag ausgedrückten Wertgarantie maßgeblich sind, und die Regeln für die Bilanzierung des eingebrachten Vermögens nach Maßgabe der Anschaffungskosten iSv §§ 253 Abs. 1 S. 1, 255 HGB wesentlich voneinander ab. Soweit es für die Wertgarantie, zB bei der Einbringung von Unternehmen, auf den Ertragswert ankommt, kann der bilanzrechtlich zulässige Einbringungswert, wie der Fall der Buchwertfortführung zeigt, erheblich von dem wirklichen Wert des eingelegten Vermögens abweichen. Außerdem ist zu bedenken, dass für die Deckung des Ausgabebetrags und für den bilanziellen Wertansatz unterschiedliche Zeitpunkte maßgeblich sind.

19 Schließlich zeigt sich die Unabhängigkeit von Ausgabebetrag und Bilanzansatz auch in der Vorschrift des § 272 Abs. 2 Nr. 1 HGB. Wenn sich nach den Bilanzierungsregeln ein über dem Nennbetrag der dafür gewährten Anteile liegender Wert des eingebrachten Vermögens ergibt, ist der Mehrbetrag in die **Kapitalrücklage** nach § 272 Abs. 2 Nr. 1 HGB einzustellen, ganz unabhängig davon, ob ein entsprechendes Aufgeld festgesetzt worden ist. Der Betrag, der bei der Ausgabe von Anteilen „über den Nennbetrag hinaus erzielt wird" und nach § 272 Abs. 2 Nr. 1 HGB in die Kapitalrücklage einzustellen ist, kann, muss aber nicht, mit einem festgesetzten Aufgeld identisch sein.[36] Ein Ausweis des Differenzbetrags als „andere Zuzahlung" in der Kapitalrücklage nach § 272 Abs. 2 Nr. 4 AktG ist nicht möglich, wenn es sich um eine gegenständlich unstreitbare Eigenleistung handelt, sondern nur bei einer zusätzlichen Leistung.[37]

20 Für den Bilanzansatz des eingelegten Vermögens hat die übernehmende Gesellschaft nach der immer noch herrschenden Auffassung ein weitreichendes **Wahlrecht**. Sie kann den eingelegten Gegenstand mit dem Zeitwert ansetzen, kann jedoch auch einen geringeren bilanziellen Einbringungswert bis zur Untergrenze eines dem Nennbetrag der auszugebenden Aktien entsprechenden Wert ansetzen.[38] Die Gegenmeinung ist der Ansicht, dass Sacheinlagen grundsätzlich mit ihrem Zeitwert einzubuchen sind. Allerdings machen auch die Vertreter der Gegenmeinung eine Ausnahme für den Fall, dass das Steuerrecht – insbesondere in § 20 UmwStG – die Fortführung eines unter dem Zeitwert liegenden Buchwerts als Einlage gestattet (dazu → § 5 Rn. 30 ff.). Im Fall der steuerlich zulässigen

---

[35] *Priester* FS Lutter, 2000, 617 (628); *Herchen,* Agio und verdecktes Agio im Recht der Kapitalgesellschaften, 2004, S. 203 f.; HdB börsennotierte AG/*Busch* § 42 Rn. 29 ff.

[36] *Adler/Düring/Schmaltz,* Rechnungslegung und Prüfung der Unternehmen, 6. Aufl. 1995, HGB § 255 Rn. 97, HGB § 272 Rn. 95; GroßkommAktG/*Schall* § 27 Rn. 194, 202; MünchKomm BilR/*Kropff* HGB § 272 Rn. 115; *Kropff* FS Geßler, 1971, 111 (118 f.); *Ballerstedt* FS Geßler, 1971, 69 (75); *Maier-Reimer* FS Bezzenberger, 2000, 253 (261); *Priester* FS Lutter, 2000, 617 (628 f.); *Hoffmann-Becking* FS Wiedemann, 2002, 999 (1006 ff.); *Dietz,* Aktien als Akquisitionswährung, S. 154; HdB börsennotierte AG/*Busch* § 42 Rn. 31; *Baums* FS Hommelhoff, 2012, 61 (83 ff.); *Hüffer/Koch* AktG § 9 Rn. 9.

[37] IErg ebenso *Baums* FS Hommelhoff, 2012, 61 (83 ff.); aA *Cahn* FS Baums, 2017, 169 (187 ff.).

[38] *Adler/Düring/Schmaltz,* Rechnungslegung und Prüfung der Unternehmen, 6. Aufl. 1995, HGB § 255 Rn. 97; KölnKommAktG/*Claussen/Corth,* 2. Aufl. 1989, HGB § 255 Rn. 33; GroßkommGmbHG/*Ulmer* § 5 Rn. 81.

Buchwertfortführung soll ausnahmsweise auch handelsrechtlich der niedrigere Buchwert angesetzt werden dürfen.[39]

II. Bestellung des ersten Aufsichtsrats

1. Anwendungsbereich des § 31 AktG. Wenn im Zuge der Sachgründung ein Unternehmen oder ein Unternehmensteil einzubringen ist und mit der Einbringung auch die Arbeitsverhältnisse der betreffenden Arbeitnehmer auf die soeben gegründete AG übergehen, bereitet die Bestellung des ersten Aufsichtsrats besondere Probleme. Es fragt sich dann, wie der Aufsichtsrat mitbestimmungsrechtlich richtig zusammengesetzt werden muss, und vor allem, ab wann die Vertreter der Arbeitnehmer hinzutreten. Auch für die Sachgründung gilt zwar im Grundsatz das Privileg des § 30 Abs. 2 AktG, wonach auf die Zusammensetzung und die Bestellung des ersten Aufsichtsrats nicht die Vorschriften über die Bestellung von Aufsichtsratsmitgliedern der Arbeitnehmer anzuwenden sind. § 31 AktG bestimmt jedoch für den Fall der **Einbringung eines Unternehmens oder Unternehmensteils** ein besonderes Verfahren, das einerseits sicherstellt, dass von Anfang an ein entscheidungsfähiger Aufsichtsrat besteht, und andererseits eine möglichst baldige Mitwirkung der Arbeitnehmervertreter auf einer sicheren Rechtsgrundlage ermöglichen soll. 21

Die Regelung des § 31 AktG gilt ausschließlich für den ersten Aufsichtsrat bei der Sachgründung. Sie würde, wenn man sich an § 197 S. 2 UmwG hält, nicht in den Fällen des **Formwechsels** einer Gesellschaft ohne mitbestimmten Aufsichtsrat in eine AG oder KGaA gelten, da bei einem Formwechsel die Vorschriften über die Bildung und Zusammensetzung des ersten Aufsichtsrats nicht anzuwenden sind. Der Gesetzgeber hat deshalb den zu weit gefassten § 197 S. 2 UmwG durch das 2. Gesetz zur Änderung des UmwG eingeschränkt und in Satz 3 ausdrücklich § 31 MitbestG für anwendbar erklärt.[40] 22

§ 31 AktG kann nicht analog herangezogen werden für die zum Teil vergleichbare Problematik bei der Einbringung eines Unternehmens im Zuge einer **Sachkapitalerhöhung,** und zwar auch dann nicht, wenn es sich dabei um eine Nachgründung im Sinne von § 52 AktG handelt.[41] Wenn der Aufsichtsrat auf Grund der Einbringung eines Betriebs im Wege der Sachkapitalerhöhung nicht mehr zutreffend zusammengesetzt ist, muss eine Bekanntmachung nach § 97 AktG erfolgen und müssen anschließend die fehlenden Arbeitnehmervertreter für die Dauer des Wahlverfahrens nach § 104 AktG gerichtlich bestellt werden, um die Aktionsfähigkeit des Aufsichtsrats zu gewährleisten (→ § 28 Rn. 72). 23

2. Verfahren nach § 31 AktG. a) Größe des ersten Aufsichtsrats. Während die Gründer außerhalb des Anwendungsbereichs des § 31 AktG frei sind in der Festlegung der Größe des ersten Aufsichtsrats – drei Mitglieder oder eine höhere Zahl, § 95 AktG –, müssen sie sich im Falle des § 31 AktG bezüglich der Zahl der von ihnen zu bestellenden Aufsichtsratsmitglieder an den gesetzlichen Vorschriften orientieren, die nach der Einbringung des Unternehmens maßgeblich sein werden, § 31 Abs. 1 S. 1 AktG. Wenn in der Satzung zB die Einbringung eines Unternehmens mit mehr als 2.000 Arbeitnehmern festgesetzt ist, müssen die Gründer so viele Aufsichtsratsmitglieder bestellen, wie nach § 7 Abs. 1 MitbestG als Aufsichtsratsmitglieder der Anteilseigner zu bestellen sind, also sechs, acht oder zehn. Falls die Gesellschaft nach der Einbringung weniger als 2.000 Arbeitnehmer beschäftigen wird, muss der Aufsichtsrat nach dem DrittelbG künftig zu zwei Dritteln aus Vertretern der Anteilseigner und einem Drittel aus Vertretern der Arbeitnehmer 24

---

[39] *Ballerstedt* FS Geßler, 1971, 69 (74 f.); MünchKommBilR/*Kropff* HGB § 272 Rn. 116; Hüffer/ Koch AktG § 27 Rn. 20; MüKoAktG/*Pentz* § 27 Rn. 39; GroßkommAktG/*Schall* § 27 Rn. 205.
[40] Die Änderung entspricht dem Vorschlag des DAV-Handelsrechtsausschusses NZG 2000, 802 (807). Vor der Gesetzesänderung wurde dieses Ergebnis durch eine teleologische Reduktion begründet, s. *Joost* FS Claussen, 1997, 187 (194 ff.). Zur Amtszeit des ersten Aufsichtsrats nach Formwechsel in die AG → § 3 Rn. 20.
[41] *Brauksiepe* BB 1967, 484 (485).

bestehen. In diesem Fall genügt es jedoch nicht, dass die Gründer zwei Aufsichtsratsmitglieder bestellen, sondern es müssen, damit ein Kollegium mit der Möglichkeit von Mehrheitsentscheidungen entsteht, mindestens drei Mitglieder bestellt werden, § 31 Abs. 1 S. 2 AktG.

25 **b) „Rumpfaufsichtsrat".** Die von den Gründern nach § 31 Abs. 1 AktG zu bestellenden Aufsichtsratsmitglieder sind, obwohl sie nur die Anteilseignerseite repräsentieren, als „Rumpfaufsichtsrat" bereits voll entscheidungsfähig. Sie allein bilden in dieser Phase den vollständig besetzten ersten Aufsichtsrat der Gesellschaft im Sinne von § 30 AktG, und sie sind, wie § 31 Abs. 2 AktG bestimmt, vorbehaltlich einer abweichenden Regelung in der Satzung schon dann beschlussfähig, wenn die Hälfte von ihnen, mindestens aber drei Mitglieder an der Beschlussfassung teilnehmen. Von Bedeutung ist dies insbesondere für die **Vorstandsbestellung:** Die von dem „Rumpfaufsichtsrat" vorgenommenen Bestellungen bedürfen keiner späteren Bestätigung durch den nach der Einbringung um die Arbeitnehmervertreter ergänzten Aufsichtsrat. Eine Ausnahme gilt für einen etwa erforderlichen Arbeitsdirektor; die nach § 33 MitbestG erforderliche Beschlussfassung des Aufsichtsrats über die Zuweisung des Personalressorts kann erst der nach dem MitbestG zusammengesetzte Aufsichtsrat vornehmen.[42] Auch die Wahl des Vorsitzenden und des Stellvertreters nach den besonderen Mehrheitsregeln des § 27 MitbestG kann erst nach der Wahl oder gerichtlichen Bestellung der Arbeitnehmervertreter erfolgen. Der nur aus Vertretern der Anteilseigner bestehende „Rumpfaufsichtsrat" ist jedoch nicht gehindert, sondern nach § 107 Abs. 1 S. 1 AktG sogar verpflichtet, aus seiner Mitte einen Vorsitzenden und einen Stellvertreter zu wählen, die solange im Amt bleiben, bis der Aufsichtsrat nach dem MitbestG zusammengesetzt ist und die Arbeitnehmervertreter bestellt sind (→ § 31 Rn. 27).

26 Für die **Amtszeit** der von den Gründern bestellten Aufsichtsratsmitglieder gilt auch im Fall des § 31 AktG die Höchstgrenze des § 30 Abs. 3 S. 1 AktG. Sie können längstens bis zur Beendigung der Hauptversammlung bestellt werden, die über die Entlastung für das erste Geschäftsjahr beschließt.

27 Die von den Gründern festgestellte **Satzung** kann bereits auf die Verhältnisse des endgültigen Aufsichtsrats abstellen. Zum Beispiel kann die Satzung im Falle des später nach § 7 Abs. 1 S. 1 Nr. 1 MitbestG zusammengesetzten Aufsichtsrats von Anfang an vorsehen, dass der Aufsichtsrat aus je sechs Mitgliedern der Anteilseigner und der Arbeitnehmer besteht. Die Satzung kann auch die Amtszeit und die Beschlussfähigkeit entsprechend den gesetzlichen Bestimmungen regeln, die nach der Einbringung für den mitbestimmten Aufsichtsrat gelten werden. Die zwingenden Sonderregeln der §§ 30, 31 AktG gehen dann für die Phase des ersten Aufsichtsrats den Satzungsregeln vor, ohne dass dies im Satzungstext ausdrücklich vermerkt sein muss. Bei der Regelung der Beschlussfähigkeit ist allerdings eine ausdrückliche Differenzierung angebracht, da § 31 Abs. 2 AktG nicht zwingend ist.[43]

28 **c) Entsprechende Anwendung von §§ 97–99 AktG.** Sobald die Einbringung des Unternehmens oder Unternehmensteils erfolgt ist – maßgebend ist der Tag des Übergangs der Arbeitsverhältnisse nach § 613a BGB[44] –, ist vom Vorstand (nicht mehr von den Gründern) unverzüglich in entsprechender Anwendung von §§ 97–99 AktG bekanntzumachen, nach welchem der in § 96 AktG aufgelisteten gesetzlichen Modelle der Aufsichtsrat nach seiner Ansicht zusammengesetzt sein muss, § 31 Abs. 3 AktG. Zum Statusverfahren nach §§ 97 ff. AktG → § 28 Rn. 54 ff. Die **Bekanntmachung des Vorstands** wird im Regelfall der Auffassung der Gründer entsprechen, die diese bei der Bestellung der Aufsichtsratsmitglie-

---

[42] MüKoAktG/*Pentz* § 31 Rn. 17; Hüffer/*Koch* AktG § 30 Rn. 12; GroßkommAktG/*Röhricht*/*Schall* § 31 Rn. 10.

[43] MüKoAktG/*Pentz* § 31 Rn. 22; Hüffer/*Koch* AktG § 31 Rn. 6; GroßkommAktG/*Röhricht*/*Schall* § 31 Rn. 14.

[44] MüKoAktG/*Pentz* § 31 Rn. 25; Hüffer/*Koch* AktG § 31 Rn. 8; GroßkommAktG/*Röhricht*/*Schall* § 31 Rn. 17.

der nach § 31 Abs. 1 AktG zugrunde gelegt haben. Die von den Gründern bestellten Aufsichtsratsmitglieder der Anteilseigner bleiben dann auch nach der Bekanntmachung des Vorstands unverändert im Amt (abgesehen von dem Sonderfall der Bestellung von drei Aufsichtsratsmitgliedern nach § 31 Abs. 1 S. 2, Abs. 3 S. 3 AktG). Allerdings gilt für sie auch unverändert die Begrenzung ihrer Amtszeit als Mitglieder des ersten Aufsichtsrats bis zum Ende der ersten ordentlichen Hauptversammlung nach § 30 Abs. 3 S. 1 AktG.

29 Wenn innerhalb der Monatsfrist des § 97 Abs. 2 AktG kein Antrag nach § 98 AktG auf gerichtliche Entscheidung über die Zusammensetzung des Aufsichtsrats gestellt worden ist, wählen die Arbeitnehmer anschließend die nach der Satzung und den betreffenden Mitbestimmungsvorschriften maßgebliche Zahl der Arbeitnehmervertreter. Im Fall des § 104 Abs. 3 AktG ist für die Zeit bis zum Abschluss der **Arbeitnehmerwahlen** auch eine gerichtliche Bestellung der fehlenden Arbeitnehmervertreter möglich.[45] Die von den Arbeitnehmern gewählten Mitglieder werden, wenn die Wahl rechtzeitig beendet ist, noch Mitglieder des ersten Aufsichtsrats. Für sie gilt nach dem 1994 neu gefassten § 31 Abs. 5 AktG nicht die zwingende Begrenzung der Amtszeit auf die Zeit bis zum Ende der ordentlichen Hauptversammlung, sondern die in der Satzung bestimmte gewöhnliche Amtszeit. § 31 Abs. 5 AktG gilt auch für die gerichtlich bestellten Arbeitnehmervertreter im ersten Aufsichtsrat, da auch sie nach Absatz 3 dieser Vorschrift, nämlich gemäß den durch das Statusverfahren verbindlich festgestellten Regeln für die Zusammensetzung des Aufsichtsrats bestellt wurden; sie können somit über die erste ordentliche Hauptversammlung hinaus im Amt bleiben, solange keine Arbeitnehmerwahlen erfolgt sind.[46] Um alsbald zu einer Angleichung der Amtsperioden aller Mitglieder zu gelangen, empfiehlt es sich, die Aktionärvertreter bei der Wahl zum „zweiten" Aufsichtsrat für eine entsprechend kürzere Amtszeit zu wählen.[47]

30 Wenn die Bekanntmachung nach § 31 Abs. 3 AktG zur Zeit des ersten Aufsichtsrats erfolgt ist und sich die Amtszeit des ersten Aufsichtsrats ihrem Ende nähert, erübrigt sich eine **zusätzliche Bekanntmachung** des Vorstands nach § 30 Abs. 3 S. 2 AktG über die richtige Zusammensetzung des nächsten Aufsichtsrats.[48] Wenn umgekehrt zuerst die Bekanntmachung nach § 30 Abs. 3 S. 2 AktG über die Zusammensetzung des zweiten Aufsichtsrats erfolgte und erst nachfolgend die Einbringung vollzogen worden ist, entfällt, wie § 31 Abs. 4 AktG ausdrücklich bestimmt, die Pflicht zur Bekanntmachung nach § 31 Abs. 3 AktG. Im Ergebnis kann in diesem Fall aber dennoch eine neue Bekanntmachung geboten sein, nämlich dann, wenn auf Grund der Einbringung nunmehr ein anderes gesetzliches Mitbestimmungsmodell maßgeblich ist, das der Vorstand bei seiner Bekanntmachung nach § 30 Abs. 3 S. 2 AktG noch nicht berücksichtigen konnte. Dann ist der Vorstand zwar nicht schon nach § 31 Abs. 3 AktG, weil es sich um eine Einbringung im Rahmen einer Sachgründung handelt, wohl aber nach der allgemeinen Regel des § 97 Abs. 1 AktG zur Bekanntmachung verpflichtet, weil der Aufsichtsrat nicht mehr nach den nunmehr maßgebenden Vorschriften besetzt ist.[49]

31 Schwierig wird die Situation, wenn im Anschluss an eine Bekanntmachung nach § 31 Abs. 3 AktG das Gericht nach § 98 AktG angerufen wurde und das **gerichtliche Verfahren** zurzeit der ersten ordentlichen Hauptversammlung noch nicht abgeschlossen ist.

---

[45] LG Hof WM 1993, 695; Hüffer/*Koch* AktG § 31 Rn. 10; GroßkommAktG/*Röhricht/Schall* § 31 Rn. 21; MüKoAktG/*Pentz* § 31 Rn. 30; KölnKommAktG/*A. Arnold* § 31 Rn. 19; *Hoffmann-Becking* ZIP 1995, 1 (4). Anders GroßkommAktG/*Oetker* MitbestG § 6 Rn. 10, der eine gerichtliche Bestellung erst nach einer Übergangsfrist von sechs Monaten für zulässig hält.

[46] KölnKommAktG/*A. Arnold* § 31 Rn. 30. IErg ebenso, aber mit widersprüchlicher Begründung MüKoAktG/*Pentz* § 31 Rn. 48; die Höchstdauer nach § 102 Abs. 1 AktG lässt sich nur durch Anwendung von § 31 Abs. 5 AktG rechtfertigen.

[47] Zu einer entsprechenden „Öffnungsklausel" in der Satzungsbestimmung zur Amtszeit → § 30 Rn. 86.

[48] Begr. RegE zu § 31 AktG, abgedr. bei *Kropff* AktG S. 51; MüKoAktG/*Pentz* § 31 Rn. 50.

[49] Hüffer/*Koch* AktG § 31 Rn. 13; KölnKommAktG/*A. Arnold* § 31 Rn. 28.

Auch in diesem Fall endet die Amtszeit der von den Gründern nach § 31 Abs. 1 AktG bestellten Aufsichtsratsmitglieder gemäß § 30 Abs. 3 S. 1 AktG mit dem Ende der ersten ordentlichen Hauptversammlung. Problematisch ist, nach welchen Regeln in diesem Fall der zweite Aufsichtsrat zusammenzusetzen ist. Für den Fall des Gerichtsverfahrens nach einer Bekanntmachung gemäß § 30 Abs. 3 S. 2 AktG schließt die herrschende Meinung aus § 96 Abs. 2 AktG, dass der zweite Aufsichtsrat von der Hauptversammlung unverändert nach den Regeln für die Zusammensetzung des ersten Aufsichtsrats zu besetzen ist, solange das Gerichtsverfahren noch nicht abgeschlossen ist.[50] § 31 Abs. 3 S. 2 AktG verweist zwar nur auf die §§ 97–99 AktG und nicht auf § 96 AktG, aber der Grundgedanke des § 96 Abs. 2 AktG (Status quo-Prinzip[51]) spricht dafür, auch hier die Regeln für die Besetzung des ersten Aufsichtsrats anzuwenden, so dass die Hauptversammlung – die an die Stelle der Gründer getreten ist – nach § 31 Abs. 1 AktG verfahren kann und auch noch der zweite Aufsichtsrat als „Rumpfaufsichtsrat" ohne Arbeitnehmervertreter beschlussfähig ist.[52]

III. Gründungsbericht, Gründungsprüfung und Anmeldung

32 **1. Gründungsbericht.** Bei der Sachgründung müssen im Bericht der Gründer nach § 32 Abs. 2 AktG zusätzlich zum sonstigen Inhalt des Berichts auch die wesentlichen Umstände dargelegt werden, von denen die **Angemessenheit der Leistungen** der Gesellschaft für die Sacheinlagen oder Sachübernahmen abhängt. Bei der Sacheinlage geht es um die Angemessenheit der vorgesehenen Aktienausgabe, bei der Sachübernahme um die Angemessenheit der von der Gesellschaft zu leistenden Vergütung.

33 In der Regel werden die Gründer zu diesem Zweck ein **Bewertungsgutachten** eines Wirtschaftsprüfers beifügen und die Angemessenheit der Gegenleistung unter Bezugnahme auf dieses Gutachten begründen. Nicht möglich ist dagegen eine Bezugnahme im Bericht der Gründer auf den Bericht des Gründungsprüfers, da umgekehrt der Bericht der Gründer Gegenstand der nachfolgenden Gründungsprüfung ist.[53] Wenn unterschiedliche Sacheinlagen oder neben einer Sacheinlage auch Bareinlagen mit einem Aufgeld geleistet werden, genügt nicht die Feststellung, dass der Wert der Sacheinlage den Nennwert erreicht, sondern es muss eine vergleichende Bewertung erfolgen.

34 Im Rahmen der Darlegungen zur Angemessenheit der Gegenleistung sind nach § 32 Abs. 2 S. 2 AktG besonders anzugeben: etwa vorausgegangene Rechtsgeschäfte des Einbringenden, die dieser im Hinblick auf die Sacheinlage oder Sachübernahme vorgenommen hat (sog. Zwischengeschäfte), die Anschaffungs- und Herstellungskosten, die dem Einbringenden in den letzten beiden Jahren für die einzubringenden Gegenstände entstanden sind, sowie – wenn ein Unternehmen eingebracht wird – dessen „Betriebserträge", dh Jahresüberschüsse oder Jahresfehlbeträge[54] aus den beiden letzten Geschäftsjahren. Wenn eine Sachgesamtheit, insbesondere ein Betrieb eingelegt wird, sind etwaige Anschaffungskosten für den Erwerb des Betriebs anzugeben, nicht dagegen die innerhalb des Betriebs angefallenen Anschaffungs- und Herstellungskosten.

35 **2. Gründungsprüfungsbericht des Vorstands und des Aufsichtsrats.** Die Mitglieder des Vorstands und des Aufsichtsrats müssen sich bei der Sachgründung in ihrem Prüfungsbericht nach § 34 Abs. 1 AktG zusätzlich zu den normalen Prüfungsthemen auch dazu äußern, ob die Festsetzungen der Satzung über die Sacheinlagen oder Sachübernahmen richtig und vollständig sind und ob der Wert der Sacheinlagen den Nennbetrag der dafür zu

---

[50] → § 3 Rn. 24.
[51] → § 28 Rn. 54.
[52] GroßkommAktG/*Röhricht/Schall* § 31 Rn. 26; KölnKommAktG/*A. Arnold* § 31 Rn. 18; MüKoAktG/*Pentz* § 31 Rn. 41.
[53] Vgl. Beckches Formularbuch/*Hoffmann-Becking/Berger* Form. X.3 u. 4.
[54] MüKoAktG/*Pentz* § 32 Rn. 25; GroßkommAktG/*Röhricht/Schall* § 32 Rn. 21. Nach KölnKommAktG/*A. Arnold* § 32 Rn. 16 u. Hüffer/*Koch* AktG § 32 Rn. 5 sind außerordentliche Erträge gesondert anzugeben.

gewährenden Aktien erreicht bzw. ob der Wert der Sachübernahmen der dafür zu gewährenden Vergütung entspricht. Die dabei angewandte Bewertungsmethode ist im Prüfungsbericht ausdrücklich anzugeben, § 34 Abs. 2 S. 2 AktG (→ Rn. 38). Der Prüfungsbericht muss von allen Mitgliedern des Vorstands und des Aufsichtsrats persönlich unterzeichnet werden (→ § 3 Rn. 27).

3. Bericht des Gründungsprüfers. Bei der Bargründung ist die Prüfung durch einen 36 gerichtlich bestellten Gründungsprüfer nach § 33 Abs. 2 Nr. 1–3 AktG nur ausnahmsweise erforderlich, insbesondere, wenn ein Vorstands- oder Aufsichtsratsmitglied zu den Gründern gehört (→ § 3 Rn. 28). Bei der Sachgründung ist die Prüfung durch den Gründungsprüfer dagegen im Regelfall obligatorisch, § 33 Abs. 2 Nr. 4 AktG, und nur unter den Voraussetzungen des § 33a AktG entbehrlich (dazu → Rn. 41 ff.).

Der Prüfer wird vom Gericht **bestellt,** § 33 Abs. 3 AktG. Er kann identisch sein mit 37 dem von den Gründern im Gründungsprotokoll bestellten Abschlussprüfer. Wenn sich die Gründer und die Mitglieder des Vorstands und Aufsichtsrats in ihren Prüfungsberichten auf ein freiwillig erstelltes Wirtschaftsprüfergutachten bezogen haben, um ihre Feststellungen zu belegen, sollte dieser Gutachter, obwohl in der Regel kein gesetzlicher Befangenheitsgrund nach § 33 Abs. 5 AktG oder § 319 HGB vorliegt, vom Gericht nicht zum Gründungsprüfer bestellt werden. Der gerichtlich bestellte Prüfer kann sich allerdings in diesem Fall darauf beschränken, das bereits vorliegende Bewertungsgutachten zu überprüfen.[55]

Der Gründungsprüfer hat nach § 34 Abs. 1 AktG insbesondere zu prüfen, ob die Fest- 38 setzungen der Satzung nach §§ 26, 27 AktG richtig und vollständig sind und ob der Wert der Sacheinlage mindestens den geringsten Ausgabebetrag gemäß § 9 Abs. 7 AktG, also den Nennbetrag oder den anteiligen Betrag des Grundkapitals der dafür auszugebenden Aktien erreicht bzw. ob die Sachübernahme die Höhe der dafür vorgesehenen Vergütung rechtfertigt. Er muss in seinem **Bericht** angeben, welche Bewertungsmethoden er bei der Ermittlung des Werts der Sacheinlage oder Sachübernahme angewandt hat. Umstritten war bislang, ob der Gründungsprüfer über den Wortlaut des § 34 Abs. 1 S. 1 Nr. 2 AktG hinaus auch die Deckung eines festgesetzten Aufgelds zu prüfen hat.[56] Art. 10 Abs. 2 der 2. EG-Richtlinie schreibt für die Sachgründung und Sachkapitalerhöhung eine Prüfung vor, ob der Wert der Sacheinlage dem Nennbetrag und „gegebenenfalls dem Mehrbetrag" der dafür ausgegebenen Aktien entspricht. Eine richtlinienkonforme Auslegung zwingt, wie der BGH inzwischen festgestellt hat, zur Erstreckung der Prüfung (und der Differenzhaftung, → Rn. 48) auf die Deckung des Agios.[57] Zum entsprechenden Problem bei der Sachkapitalerhöhung → § 57 Rn. 61.

In jeder Verpflichtung zur Sacheinlage ist, wie die in bar zu erfüllende **Differenzhaf-** 39 **tung** (→ Rn. 48) bei wertmäßig unzureichender Sacheinlage zeigt, subsidiär eine Bareinlagepflicht enthalten. Bei der Bewertung der Sacheinlage kommt es deshalb entscheidend darauf an, welchen Barbetrag die Gesellschaft aufwenden müsste, um den Gegenstand zu erwerben. Dieser „Ausgabenersparniswert" ist im Regelfall der Verkehrswert des Einlage-

---

[55] Vgl. Becksches Formularbuch/*Hoffmann-Becking* Form. X.4. Auch → § 57 Rn. 52 zum Prüfer der Sachkapitalerhöhung.

[56] Für eine Erstreckung auf das Agio schon *Bayer* FS Ulmer, 2003, 21 (31 ff.); *Priester* FS Lutter, 2000, 617 (623); *Herchen,* Agio und verdecktes Agio im Recht der Kapitalgesellschaften, 2004, S. 129 ff.; *Lüssow,* Das Agio im GmbH- und Aktienrecht, 2005, S. 200 ff.; *Schulze-Osterloh* FS Raiser, 2005, 359 (367); *Baums* FS Hommelhoff, 2012, 61 (65). So nun auch MüKoAktG/*Pentz* § 34 Rn. 15. Bei Einfügung des § 33a AktG durch das ARUG hat der Gesetzgeber § 34 Abs. 1 S. 1 Nr. 2 und § 37a Abs. 1 S. 3 AktG unverändert gelassen (kritisch dazu DAV-Handelsrechtsausschuss NZG 2008, 534 u. NZG 2009, 96).

[57] BGHZ 191, 364 Rn. 17 ff. = ZIP 2012, 73 – Babcock mit zust. Bespr. *Verse* ZGR 2012, 875 (878 ff.).

gegenstands; bei der Sacheinlage eines Unternehmens kommt es somit regelmäßig auf den nach der herrschenden Ertragswertmethode ermittelten Unternehmenswert an.[58]

40 Der Gründungsprüfer hat Anspruch auf eine **Vergütung** und den Ersatz angemessener Auslagen. Vergütung und Auslagenersatz müssen auch dann, wenn sich die Gesellschaft und der Prüfer über die Höhe einig sind, zur Wahrung der Unabhängigkeit des Prüfers vom Gericht nach § 35 Abs. 3 S. 2 AktG festgesetzt werden; eine Vereinbarung ohne gerichtliche Festsetzung ist nach hM unwirksam.[59]

41 Unter den in § 33a AktG normierten Voraussetzungen kann bei einer Sachgründung von der Prüfung durch einen gerichtlich bestellten Gründungsprüfer abgesehen werden. Durch die 2009 eingefügten Regelungen in §§ 33a, 37a AktG hat der Gesetzgeber von dem durch die Änderungsrichtlinie zur 2. EG-Richtlinie eingeräumten Wahlrecht Gebrauch gemacht, bei der Sachgründung Erleichterungen für die Bewertung und das Eintragungsverfahren vorzusehen. Entsprechende Erleichterungen gelten für die Sachkapitalerhöhung nach §§ 183a, 184 AktG (dazu unter → § 57 Rn. 51).

42 Nach § 33a Abs. 1 AktG ist eine externe Gründungsprüfung entbehrlich, wenn übertragbare Wertpapiere oder Geldmarktinstrumente iSv § 2 Abs. 1 und Abs. 1a WpHG Gegenstand der Sacheinlage oder Sachübernahme sind und mit dem näher bestimmten gewichteten Börsenpreis bewertet werden. Dies gilt nicht, wenn der gewichtete Börsenpreis durch außergewöhnliche Umstände erheblich beeinflusst worden ist (§ 33a Abs. 2 Alt. 1 AktG). Für die Einlage oder Übernahme „anderer Vermögensgegenstände", als sie durch Nr. 1 erfasst werden, also insbesondere für Betriebe, Unternehmen und Unternehmensanteile, bestimmt Nr. 2, dass auf die Prüfung durch einen Gründungsprüfer verzichtet werden kann, wenn eine Bewertung zugrunde gelegt wird, die ein unabhängiger, ausreichend vorgebildeter und erfahrener Sachverständiger nach den allgemein anerkannten Bewertungsgrundsätzen mit dem beizulegenden Zeitwert ermittelt hat, und der Bewertungsstichtag nicht mehr als sechs Monate vor dem Tag der Einbringung liegt. Diese Erleichterung gilt jedoch nicht, wenn der Zeitwert bei Einbringung auf Grund neuer oder neu bekannt gewordener Umstände erheblich niedriger ist als der von dem Sachverständigen angenommene Wert (§ 33a Abs. 2 Alt. 2 AktG).

43 Jedenfalls von der Befreiung nach § 33a Abs. 1 Nr. 2 AktG wird voraussichtlich nur selten Gebrauch gemacht werden. Eine entsprechende Bewertung durch einen qualifizierten Sachverständigen nachzuweisen, dürfte im Regelfall nicht weniger beschwerlich sein als die Prüfung durch einen gerichtlich bestellten Gründungsprüfer und ist überdies mit dem Risiko der „Gegenausnahme" nach § 33a Abs. 2 AktG belastet.[60]

44 **4. Anmeldung der Sachgründung.** Bei der Anmeldung der Sachgründung sind die folgenden zusätzlichen Erfordernisse zu beachten:

Die Mitglieder von Vorstand und Aufsichtsrat müssen in der Anmeldung nach § 37 Abs. 1 S. 1 AktG erklären, dass die Voraussetzungen der §§ 36 Abs. 2, 36a AktG über die **Leistung der Sacheinlagen** erfüllt sind. Wenn die Sacheinlage bereits geleistet worden ist, ist das Erfüllungsgeschäft, dh der dingliche Vollzug des Einbringungsvertrags nachzuweisen. Das dingliche Übertragungsgeschäft muss aber nicht notwendig bereits abgeschlossen sein. Das Gesetz lässt es nach hM genügen, wenn die Verpflichtung zur Einbringung begründet worden ist und die Übertragung des Vermögensgegenstandes nach dem Inhalt der Verpflichtung vor Ablauf von fünf Jahren seit der Eintragung der Gesellschaft zu bewirken ist, § 36a Abs. 2 S. 2 AktG. Dem Gründer kann also entweder schon im Gründungsprotokoll oder in dem Einbringungsvertrag für die dingliche Übertragung eine Frist von bis zu fünf

---

[58] *Lutz/Matschke* Wpg 1992, 741 (744); *Gienow* FS Semler, 1993, 165 (167 ff.); Hüffer/*Koch* AktG § 27 Rn. 20; GroßkommAktG/*Schall* § 27 Rn. 199. Vgl. auch GroßkommGmbHG/*Ulmer* § 5 Rn. 86 ff.

[59] Hüffer/*Koch* AktG § 35 Rn. 6; MüKoAktG/*Pentz* § 35 Rn. 26; KölnKommAktG/*A. Arnold* § 35 Rn. 19.

[60] Vgl. DAV-Handelsrechtsausschuss NZG 2008, 534 u. NZG 2009, 96.

Jahren eingeräumt werden.[61] Die Anteilsrechte des Gründers entstehen nach hM auch in diesem Fall schon mit der Eintragung als stimm- und gewinnberechtigte Aktien (auch → § 39 Rn. 10).[62]

In jedem Fall, also auch dann, wenn die dingliche Übertragung erst lange Zeit nach der Eintragung der Gesellschaft erfolgen soll, muss in der Anmeldung nach § 36a Abs. 2 S. 3 iVm § 37 Abs. 1 S. 1 AktG erklärt werden, dass der Wert der Einlage dem Nennbetrag der Aktien, und, wenn ein höherer Ausgabebetrag festgesetzt ist, auch diesem entspricht, dass also **Nennbetrag und Agio** gedeckt sind. Diese Erklärung kann sich naturgemäß nur auf den aktuellen Wert des Einlagegegenstandes beziehen, ebenso wie auch der Gründungsprüfer nach § 34 Abs. 1 AktG (dazu → Rn. 38) und das Gericht nach § 38 Abs. 2 AktG nur prüfen können, ob nach dem aktuellen Wert der vorgesehenen Einlage Nennbetrag und Agio gedeckt sind. Wenn sich der Wert des Gegenstandes bis zum Tage der dinglichen Übertragung vermindert, berührt dies nicht mehr die Ordnungsmäßigkeit der Gründungsvorgänge[63], sondern es stellt sich nur noch die Frage, welche Seite nach dem Inhalt des Einbringungsvertrags dieses Verlustrisiko zu tragen hat. 45

Wenn unter den Voraussetzungen des § 33a AktG von der Prüfung durch einen Gründungsprüfer abgesehen wird (→ Rn. 41 ff.), sind bei der Anmeldung der Gesellschaft nach § 37a AktG zusätzliche Erklärungen abzugeben. Insbesondere müssen die Anmeldenden versichern, dass ihnen Umstände, die eine Gegenausnahme nach § 33a Abs. 2 AktG begründen, nicht bekannt geworden sind. 46

IV. Haftung der Gründer und der übrigen Beteiligten

Die Haftungsregeln der §§ 46–51 AktG zur Verantwortlichkeit insbesondere der Gründer, des Vorstands, des Aufsichtsrats und des Gründungsprüfers gelten gleichermaßen für die Sachgründung wie für die Bargründung. Für den Fall der Sachgründung ist die Haftung des einzelnen Gründers aus seinem Einlageversprechen von besonderem Interesse: 47

Falls der Wert des Gegenstandes hinter dem Nennbetrag (bei Stückaktien: dem anteiligen Betrag des Grundkapitals) der dafür gewährten Aktien zurückbleibt, hat der Gründer die Differenz in bar nachzuzahlen. Diese von der Rechtsprechung entwickelte **Differenzhaftung**[64] ist inzwischen in § 9 Abs. 1 GmbHG ausdrücklich geregelt und erstreckt sich dort nicht auf ein etwa festgesetztes Agio. Im AktG fehlt eine ausdrückliche Regelung. Insbesondere aus den auf den Ausgabebetrag abstellenden Regelungen zur Bestimmung der Leistungspflicht der Aktionäre in § 54 Abs. 1 und § 36a Abs. 2 S. 3 AktG ist jedoch zu entnehmen, dass die gesetzliche Differenzhaftung anders als bei der GmbH auch insoweit eingreift, als der Wert der Sacheinlage zwar den geringsten Ausgabebetrag (§ 9 Abs. 1 AktG), aber nicht das Aufgeld (§ 9 Abs. 2 AktG) deckt.[65] Wenn der Wert des einge- 48

---

[61] Hüffer/Koch AktG § 36a Rn. 4; GroßkommAktG/Röhricht/Schall § 36a Rn. 8 ff.; MüKoAktG/Pentz § 36a Rn. 13 ff.; KölnKommAktG/A. Arnold § 36a Rn. 11 ff.; Bürgers/Körber AktG/Lohse § 36a Rn. 4; Grigoleit/Vedder AktG § 36a Rn. 4; Krebs/Wagner AG 1998, 467 (468 ff.). Auch → § 57 Rn. 182 zur Kapitalerhöhung. Anders KölnKommAktG/Kraft, 2. Aufl., § 36a Rn. 10 ff., Kraft GS Schultz, 1987, 193 ff. u. Spindler/Stilz AktG/Döbereiner § 36a Rn. 10, welche die redaktionell verunglückte Vorschrift auf den Fall der Einbringung einer gegen einen Dritten gerichteten Forderung auf Übertragung eines Vermögensgegenstandes beschränken wollen, und Stefan Richter ZGR 2009, 721 (741), wonach die Sacheinlage in der Verpflichtung des Inferenten bestehen kann, einen Vermögensgegenstand auf die Gesellschaft zu übertragen. Anders auch D. Mayer ZHR 154 (1990), 535 (542 ff.).

[62] Nach Stefan Richter ZGR 2009, 721 (727 f.) ist dies bei dem Ansatz der hM unvereinbar mit § 60 Abs. 2 und § 134 Abs. 2 S. 1 AktG. Vgl. auch die Bedenken bei Hoffmann-Becking FS Lutter, 2000, 453 (471).

[63] Vgl. GroßkommAktG/Schall § 36a Rn. 13.

[64] BGHZ 64, 52 (62); 68, 191 (195).

[65] BGHZ 191, 364 Rn. 17 ff. = ZIP 2012, 73 (74 f.) – Babcock; Hüffer/Koch AktG § 27 Rn. 21. So schon Hoffmann-Becking FS Wiedemann, 2002, 999 (1002) mN zum damaligen Streitstand. Auch → § 57 Rn. 61.

brachten Gegenstands, zB eines Betriebs oder Unternehmens, nicht nur hinter dem Nennbetrag (und einem etwa festgesetzten Agio) zurückbleibt, sondern sogar negativ ist, muss der Einleger auf Grund der Differenzhaftung auch den negativen Wert bar ausgleichen, da sonst der festgesetzte Wert der Einlage nicht erreicht wird.[66] Die Gesellschaft trägt im Streitfall die Darlegungs- und Beweislast für die behauptete Wertdifferenz.[67]

49 Abgesehen von der gesetzlichen Differenzhaftung bestimmt sich die Haftung des Sacheinlegers für die Werthaltigkeit des Einlagegegenstandes nach dem Inhalt des darüber abgeschlossenen **Einbringungsvertrags**.[68] Die Haftungsregeln des Einbringungsvertrags sind besonders dann von Bedeutung, wenn sich der Wert des Gegenstandes bis zum dinglichen Übergang wesentlich verändern kann.

V. Nachgründung

50 **1. Anwendungsbereich des § 52 AktG.** Durch die Vorschriften über die Nachgründung in § 52 AktG will das Gesetz verhindern, dass die bei einer Sachgründung geltenden Sicherungen der Kapitalaufbringung dadurch umgangen werden, dass die Gesellschaft im Wege der Bargründung errichtet wird und eine von vornherein geplante Übernahme von Gegenständen erst nach der Eintragung der Gesellschaft vereinbart wird.[69] Es geht also um eine nachträgliche, zwei Jahre über die Gründung hinaus reichende Sicherung der Kapitalaufbringung.

51 Von einer **„Nachgründung"** spricht das Gesetz in der seit 2000 geltenden Fassung des § 52 Abs. 1 AktG, wenn die Gesellschaft in den ersten zwei Jahren seit der Eintragung mit Gründern oder mit Aktionären, die mit mehr als 10% des Grundkapitals an der Gesellschaft beteiligt sind außerhalb der laufenden Geschäfte der Gesellschaft einen Vertrag über den Erwerb von Vermögensgegenständen für eine 10% des Grundkapitals übersteigende Vergütung abschließt (näher zur Vergütungsschwelle → Rn. 57f.). Für diesen Fall sieht § 52 AktG eine Reihe von Sicherungen in Anlehnung an die Gründungsvorschriften vor, insbesondere die Zustimmung der Hauptversammlung zu dem Vertrag (Nachgründungsvertrag), dessen Eintragung in das Handelsregister, einen Nachgründungsbericht des Aufsichtsrats und eine Prüfung durch einen gerichtlich bestellten Gründungsprüfer. Von der Prüfung durch einen Gründungsprüfer kann allerdings abgesehen werden, wenn die Voraussetzungen des § 33a AktG gegeben sind (dazu → Rn. 41ff.). Eine Ergänzung der Satzung durch Festsetzungen analog §§ 26, 27 AktG (Nachgründungsaufwand, Gegenstand des Erwerbs) schreibt das Gesetz nicht vor.

52 Die gesetzliche Regelung der Nachgründung lässt das Verbot der „verdeckten Sacheinlage" (dazu → § 16 Rn. 33ff.) unberührt, das für alle Kapitalerhöhungen sowohl während als auch nach dem Zeitraum von zwei Jahren seit Gründung der Gesellschaft gilt.[70] Das gilt auch für den Fall einer verdeckten gemischten Sacheinlage.[71]

53 Wenn bei einer Nachgründung die Erfordernisse des § 52 AktG nicht beachtet werden, sind der betreffende Vertrag und die Geschäfte zu seiner Ausführung unwirksam, § 52 Abs. 1 S. 1 u. 2 AktG. Die Rückabwicklung erfolgt nicht nach § 62 AktG, sondern nach § 812 BGB, da es sich um einen Mangel der Kapitalaufbringung, nicht der Kapitalerhaltung handelt.[72]

---

[66] GroßkommAktG/*Schall* § 27 Rn. 212f.; MüKoAktG/*Pentz* § 27 Rn. 44; KölnKommAktG/ *A. Arnold* § 27 Rn. 74; Schmidt/Lutter/*Bayer* AktG § 27 Rn. 26.
[67] OLG Düsseldorf AG 2011, 823 (824).
[68] Dazu näher → Rn. 7ff. und *Hoffmann-Becking* FS Lutter, 2000, 453ff.
[69] GroßkommAktG/*Priester* § 52 Rn. 13f.; MüKoAktG/*Pentz* § 52 Rn. 5; *Krieger* FS Claussen, 1997, 223 (224); *Koch*, Die Nachgründung, 2002, S. 20ff.
[70] BGHZ 110, 47 (52ff.); GroßkommAktG/*Priester* § 52 Rn. 16ff.; Schmidt/Lutter/*Bayer* AktG § 52 Rn. 52; *Habersack* ZGR 2008, 48 (59).
[71] BGHZ 173, 145 Rn. 14 m. Bespr. *Böttcher* NZG 2008, 416ff.
[72] BGHZ 173, 145 Rn. 18; 175, 265 Rn. 15; Schmidt/Lutter/*Bayer* AktG § 52 Rn. 44; aA Hüffer/ *Koch* AktG § 52 Rn. 9.

§ 4 Besonderheiten der Sachgründung   54–56 § 4

Nach der früheren Fassung des § 52 Abs. 1 AktG wurden entsprechende Verträge mit **54** Gründern sowie mit Aktionären unabhängig von der Beteiligungshöhe und sogar mit beliebigen anderen Personen erfasst. Auch die seit 2000 geltende Neufassung geht noch immer weiter, als es nach Art. 11 der Kapitalschutzrichtlinie (2. EG-Richtlinie) erforderlich wäre, die nur für entsprechende Geschäfte mit Gründern besondere Schutzvorkehrungen verlangt.[73] Offen ist, ob Geschäfte mit einem Partner, der mit einem Gründer oder 10 %-Aktionär verbunden ist oder diesem sonst nahesteht, in analoger Anwendung von § 52 AktG erfasst werden. Nach einer verbreiteten Auffassung sollen die zu kapitalersetzenden Gesellschafterdarlehen nach § 32a Abs. 3 S. 2 GmbHG aF entwickelten Zurechnungsregeln angewendet werden.[74] Richtiger dürfte es sein, § 52 Abs. 1 AktG nicht über den Wortlaut hinaus, auch nicht konzerndimensional anzuwenden, es sei denn, es lässt sich im konkreten Fall ein Umgehungsgeschäft feststellen.[75] Damit entfällt für die Eigenschaft als Gründer oder 10 %-Aktionär eine generelle Zurechnung der Anteile, die von einem verbundenen Unternehmen gehalten werden.[76] Ebenso gilt § 52 Abs. 1 AktG nicht, wenn das Geschäft nicht von der AG, sondern von einem mit ihr verbundenen Unternehmen abgeschlossen wird.[77]

Umstritten ist auch, ob die Aktivierung einer schon seit mehr als zwei Jahren bestehen- **55** den **Vorratsgesellschaft** auch im Hinblick auf § 52 AktG wie eine Neugründung zu behandeln ist, so dass Geschäfte, im Zeitraum von zwei Jahren nach der Geschäftsaufnahme der Vorrats-AG den Nachgründungsregeln unterliegen (dazu → § 3 Rn. 8). Die Rechtsprechung hat sich zu dieser Frage noch nicht geäußert; im Schrifttum überwiegen die Stimmen, die sich für eine Anwendung von § 52 AktG aussprechen.[78]

Eine Nachgründung nach § 52 AktG liegt im Grundsatz auch dann vor, wenn die AG **56** durch **Formwechsel** entstanden ist und innerhalb der folgenden zwei Jahre die Einbringung von Vermögensgegenständen für eine Gegenleistung von mehr als 10 % des Grundkapitals vereinbart wird. Der Gesetzgeber hat jedoch in 2007 durch § 245 Abs. 1 S. 3 AktG die Anwendung des § 52 AktG beim Formwechsel einer GmbH in eine AG oder KGaA ausgeschlossen, wenn die GmbH bereits länger als zwei Jahre bestand.[79] § 52 AktG ist außerdem nicht anwendbar beim Formwechsel einer AG in eine KGaA und umgekehrt einer KGaA in eine AG, § 245 Abs. 2 S. 3, Abs. 3 S. 3 UmwG. Die Vorschriften über die Nachgründung sind dagegen nach § 67 UmwG entsprechend anzuwenden, wenn eine Gesellschaft auf eine seit weniger als zwei Jahren eingetragene AG **verschmolzen** wird und Aktien von mehr als 10 % des (erhöhten) Grundkapitals gewährt werden. Dies gilt nach der in 2007 erfolgten Ergänzung der Ausnahmeregelung in § 67 S. 2 UmwG nicht, wenn die aufnehmende AG ihre Rechtsform durch Formwechsel einer seit mehr als zwei Jahren eingetragenen GmbH erlangt hat.[80]

---

[73] Vgl. die Kritik des DAV-Handelsrechtsausschusses NZG 2000, 443 an der Neufassung. *Martens* FS Priester, 2007, 427 (443) stellt sogar § 52 AktG rechtspolitisch insgesamt in Frage.

[74] GroßkommAktG/*Priester* § 52 Rn. 37 f.; Notarhandbuch/*Schaub* § 17 Rn. 277; Schmidt/Lutter/ *Bayer* AktG § 52 Rn. 18; *Dormann*/*Fromholzer* AG 2001, 242 (243); *Pentz* NZG 2001, 346 (351); vgl. auch Hüffer/*Koch* AktG § 52 Rn. 3; aA *Werner* ZIP 2001, 1403 (1405).

[75] In diesem Sinne will es die Begründung zur Neufassung des § 52 Abs. 1 AktG (abgedruckt in ZIP 2000, 937 (939)) der Rechtsprechung überlassen, Umgehungen durch die Einschaltung verbundener Unternehmen zu beurteilen.

[76] Anders *Pentz* NZG 2001, 346 (351); *Dormann*/*Fromholzer* AG 2001, 242 (244).

[77] Hüffer/*Koch* AktG § 52 Rn. 12a; *Reichert* ZGR 2001, 554 (572 ff.); GroßkommAktG/*Priester* § 52 Rn. 47; *Kubis* AG 1993, 118 (120). *Witte*/*Wunderlich* BB 2000, 2213 (2214); differenzierend *Krott* BB 1999, 806 (808); *Holzapfel*/*Raschmann* FS Bezzenberger, 1999, 163 (186 f.).

[78] Hüffer/*Koch* AktG § 23 Rn. 27a; GroßkommAktG/*Priester* § 52 Rn. 32 f.; Schmidt/Lutter/*Bayer* AktG § 52 Rn. 19; *Grooterhorst* NZG 2001, 145 (148); *Pentz* FS Hoffmann-Becking, 2013, 871 (886 f.); aA Spindler/Stilz AktG/*Heidinger* § 52 Rn. 45; *Werner* ZIP 2001, 1403 (1404); *Dormann*/ *Fromholzer* AG 2001, 467 (468).

[79] Die Änderung entsprach einem Vorschlag des DAV-Handelsrechtsausschusses NZG 2000, 802 (808).

[80] Auch diese Änderung geht auf einen Vorschlag des DAV-Handelsrechtsausschusses NZG 2000, 802 (805) zurück.

57 **Nachgründungsvertrag** ist nach § 52 Abs. 1 S. 1 AktG ein Vertrag der Gesellschaft, nach dem sie „vorhandene oder herzustellende Anlagen oder andere Vermögensgegenstände für eine den zehnten Teil des Grundkapitals übersteigende Vergütung erwerben soll". Der Begriff „Vergütung" deutet darauf hin, dass durch den Gesetzestext nur der Fall der nachträglichen Sachübernahme erfasst ist, bei der als Gegenleistung nicht die Gewährung von Aktien, sondern eine sonstige Vergütung vereinbart ist. Nach herrschender Auffassung ist § 52 AktG für den Fall der **Kapitalerhöhung mit Sacheinlagen** innerhalb der Zweijahresfrist jedoch analog anwendbar.[81] Maßgeblich ist dann, ob für die einzubringenden Sacheinlagen Aktien im Nennbetrag von mehr als 10% des erhöhten Grundkapitals gewährt werden sollen (→ § 57 Rn. 64).[82] Die Anwendung des § 52 AktG neben § 183 AktG bedeutet, dass zusätzlich zur Prüfung durch den gerichtlich bestellten Prüfer auch ein Prüfungsbericht des Aufsichtsrats erstellt werden muss und der Einbringungsvertrag der Zustimmung der Hauptversammlung und der Eintragung im Handelsregister bedarf.

58 Ob die Vergütung 10% des Grundkapitals übersteigt, hängt im Übrigen nach verbreiteter Auffassung davon ab, ob sie aus gebundenem Vermögen geleistet werden soll oder aus Vermögen, das ausgeschüttet werden könnte. Danach liegt eine Nachgründung nur vor bei einer Leistung aus dem Vermögen, das zur Deckung des Grundkapitals und der nach § 272 Abs. 2 Nr. 1–3 HGB gebildeten oder zu bildenden Kapitalrücklagen benötigt wird (teleologische Reduktion).[83]

59 Ein Erwerb von „Vermögensgegenständen" iSv § 52 AktG durch die junge AG kann auch vorliegen, wenn sie neue Gesellschaftsanteile gegen Bar- oder Sacheinlagen erwirbt. Das kann ausnahmsweise auch bei Gründung einer **Tochtergesellschaft** oder der Kapitalerhöhung bei einer Tochtergesellschaft der Fall sein. Voraussetzung für eine (analoge) Anwendung von § 52 AktG ist jedoch, dass Gründer oder maßgeblich beteiligte Aktionäre der jungen AG an dem Geschäft mitwirken, etwa als Mitgründer oder bereits beteiligte Gesellschafter der Tochtergesellschaft. Demgemäß ist § 52 AktG nicht anwendbar auf die Gründung oder Kapitalerhöhung einer 100%-Tochter.[84]

60 Ausgenommen vom Anwendungsbereich der Nachgründung ist nach dem neu gefassten § 52 Abs. 9 AktG der Erwerb der Vermögensgegenstände im Rahmen der **laufenden Geschäfte** der Gesellschaft, in der Zwangsvollstreckung oder an der Börse. Nach der bis 2000 geltenden engeren Fassung waren nur solche Geschäfte ausgenommen, die den Gegenstand des Unternehmens bilden. Die Neufassung übernimmt den Wortlaut von Art. 11 Abs. 2 der 2. EG-Richtlinie. Der Rahmen der „laufenden Geschäfte" deckt sich weitgehend mit dem Kreis der „gewöhnlichen Geschäfte" im Sinne von § 116 HGB.[85]

---

[81] OLG Oldenburg AG 2002, 620; GroßkommAktG/*Priester* Rn. 22 ff.; Hüffer/*Koch* AktG § 52 Rn. 11; *Kubis* AG 1993, 118 (120 f.); *Diekmann* ZIP 1996, 2149 (2151); *Krieger* FS Claussen, 1997, 223 (227); *Grub/Fabian* AG 2002, 614; *Koch,* Die Nachgründung, S. 212 ff.; aA *Bork/Stangier* AG 1984, 320 (322 f.); *Mülbert* AG 2003, 136 ff.; *Reichert* ZGR 2001, 554 (577 ff.); *Habersack* ZGR 2008, 48 (60); differenzierend KölnKommAktG/*M. Arnold* § 52 Rn. 10; offen gelassen in BGHZ 175, 265 Rn. 11.

[82] *Kubis* AG 1983, 121 f.; GroßkommAktG/*Priester* § 52 Rn. 25, 51; *Krieger* FS Claussen, 1997, 223 (228); KölnKommAktG/*M. Arnold* § 52 Rn. 12; *Koch,* Die Nachgründung, S. 235 f. Vgl. auch § 67 S. 3 UmwG.

[83] Hüffer/*Koch* AktG § 52 Rn. 5a; *Reichert* ZGR 2001, 554 (563 ff.); GroßkommAktG/*Priester* § 52 Rn. 54 f.; *Drygala* FS Huber, 2006, 691 (693, 696 f.); aA MüKoAktG/*Pentz* § 52 Rn. 24; KölnKommAktG/*M. Arnold* § 52 Rn. 20; Notarhandbuch/*Schaub* § 17 Rn. 283; Spindler/Stilz AktG/*Heidinger* § 52 Rn. 44.

[84] GroßkommAktG/*Priester* § 52 Rn. 45 f.; weitergehend Hüffer/*Koch* AktG § 52 Rn. 12 und *Reichert* ZGR 2001, 582 ff., die § 52 AktG auch bei Mitwirkung von Gründern oder maßgeblich beteiligten Aktionären für nicht anwendbar halten.

[85] *Lutter/Ziemons* ZGR 1999, 479 (492 f.); differenzierend GroßkommAktG/*Priester* § 52 Rn. 92 u. *Koch,* Die Nachgründung, S. 96 f., 106.

2. Verfahren nach § 52 AktG. Liegen die Voraussetzungen einer Nachgründung vor, so ist das folgende Verfahren einzuhalten: 60a

a) Schriftform. Der verpflichtende Erwerbs- oder Einbringungsvertrag (Sacheinlagen- oder Sachübernahmevertrag) bedarf als Nachgründungsvertrag nach § 52 Abs. 2 S. 1 AktG mindestens der Schriftform, soweit nicht wegen des Gegenstandes (Grundstücke, GmbH-Anteile) eine notarielle Beurkundung erforderlich ist. 61

b) Zustimmung der Hauptversammlung. Der Vertrag bedarf zu seiner Wirksamkeit der Zustimmung der Hauptversammlung mit einer Mehrheit von mindestens 75 % des bei der Beschlussfassung vertretenen Grundkapitals, § 52 Abs. 1 und 5 AktG. Wenn der Vertrag im ersten Jahr nach der Eintragung der Gesellschaft abgeschlossen wird, muss die zustimmende Mehrheit mindestens ein Viertel des Grundkapitals ausmachen, § 52 Abs. 5 S. 2 AktG. Zur Vorbereitung der Entscheidung der Hauptversammlung schreibt das Gesetz in § 52 Abs. 2 AktG erweiterte Informationspflichten gegenüber den Aktionären vor. Ebenso wie die Zustimmung zum Unternehmensvertrag nach § 293 AktG kann auch die Zustimmung der Hauptversammlung nach § 52 AktG nicht nur als Genehmigung, sondern auch als Einwilligung zu einem Vertragsentwurf erteilt werden.[86] 62

c) Nachgründungsbericht. Der Aufsichtsrat hat vor der Beschlussfassung der Hauptversammlung einen Nachgründungsbericht zu erstatten, § 52 Abs. 3 AktG, während der Vorstand anders als bei der Sachgründung keinen eigenen Prüfungsbericht erstatten muss, sondern den Vertrag nur zu Beginn der Hauptversammlung erläutern muss, § 52 Abs. 2 S. 5 AktG. Für den Umfang der Nachgründungsprüfung des Aufsichtsrats verweist § 52 Abs. 3 S. 2 AktG auf § 32 Abs. 2 und 3 AktG, also auf die Vorschriften über den Gründungsbericht der Gründer und nicht auf die Vorschriften über die Gründungsprüfung durch den Aufsichtsrat in § 34 AktG. Während der Gründungsprüfungsbericht von allen Aufsichtsratsmitgliedern unterzeichnet werden muss (→ Rn. 26), genügt für den Nachgründungsbericht eine Beschlussfassung des Aufsichtsrats und die Unterzeichnung durch den Vorsitzenden, da anders als bei der Gründung nicht die Mitglieder des Aufsichtsrats zu prüfen und zu berichten haben, sondern der Aufsichtsrat als Organ berichtspflichtig ist (vgl. § 33 Abs. 1 und § 52 Abs. 3 AktG).[87] 63

d) Nachgründungsprüfung. Ebenfalls vor der Beschlussfassung der Hauptversammlung muss eine besondere Nachgründungsprüfung durch einen gerichtlich bestellten Gründungsprüfer erfolgen, § 52 Abs. 4 AktG, es sei denn, die Voraussetzungen des neuen § 33a AktG sind gegeben. Zum Verfahren und zum Umfang dieser Prüfung verweist das Gesetz in vollem Umfang auf die Vorschriften über die Gründungsprüfung durch den Gründungsprüfer. Der Prüfer hat also insbesondere festzustellen, ob der Wert des einzubringenden Vermögensgegenstandes die Höhe der dafür zu gewährenden Vergütung rechtfertigt oder – im Fall der Sachkapitalerhöhung – der Wert der Sacheinlage den Nennbetrag (richtiger: den Ausgabebetrag) der dafür zu gewährenden Aktien erreicht, § 34 Abs. 1 Nr. 2 AktG (dazu → Rn. 38). Da es keinen Bericht der „Nachgründer" gibt, ist § 34 Abs. 1 Nr. 1 AktG nicht anwendbar, jedoch sind die Angaben im Nachgründungsbericht des Aufsichtsrats Gegenstand der Prüfung. Bei einer Sachkapitalerhöhung ist sowohl eine Sacheinlagenprüfung nach § 183 Abs. 3 AktG als auch eine Nachgründungsprüfung nach § 52 Abs. 4 AktG erforderlich; die beiden Prüfungen können jedoch tatsächlich verbunden und ihre Ergebnisse in einem Prüfungsbericht zusammengefasst werden. 64

e) Eintragung im Handelsregister. Schließlich bedarf der Nachgründungsvertrag zu seiner Wirksamkeit auch der Eintragung im Handelsregister, § 52 Abs. 1 AktG. Die Ein- 65

---

[86] Hüffer/*Koch* AktG § 52 Rn. 13; GroßkommAktG/*Priester* § 52 Rn. 69; Spindler/Stilz AktG/ *Heidinger* § 52 Rn. 70; MüKoAktG/*Pentz* § 52 Rn. 33; Notarhandbuch/*Schaub* § 17 Rn. 290; Schmidt/Lutter/*Bayer* AktG § 52 Rn. 34; aA KölnKommAktG/*M. Arnold* § 52 Rn. 28.

[87] KölnKommAktG/*M. Arnold* § 52 Rn. 25; Großkomm AktG/*Priester* § 52 Rn. 60.

tragung erfolgt in derselben Art wie die Eintragung eines Unternehmensvertrags nach § 294 AktG, nämlich durch Bezugnahme auf die eingereichten Urkunden, also auf den Nachgründungsvertrag und das Hauptversammlungsprotokoll, § 52 Abs. 8 S. 1 AktG. Der bis zur Eintragung schwebend unwirksame Vertrag wird schuldrechtlich rückwirkend wirksam (arg. § 184 Abs. 1 BGB).

§ 5 Steuern bei Gründung der AG

Übersicht

	Rn.		Rn.
I. Beginn der Steuerpflicht	1–12	1. Sachgründung	19–22
1. Vorgründungsphase	2, 3	2. Sacheinlage einzelner Wirtschaftsgüter	23–25
2. Gründungsphase	4–6		
3. Entstehen der Aktiengesellschaft	7, 8	3. Einlage eines Betriebs, Teilbetriebs oder Mitunternehmeranteils	26–42
4. Bedeutung des Geschäftsjahres	9–12		
II. Steuerliche Behandlung von Maßnahmen bei der Gründung	13–18	4. Sacheinlage von Anteilen an einer anderen Kapitalgesellschaft (Anteilstausch)	43–46
1. Steuerliche Behandlung der Einlage	13, 14	5. Verdeckte Sacheinlage	47–50
2. Gründungskosten	15, 16	6. Formwechsel	51, 52
3. Umsatzsteuer bei der Gründung	17, 18		
III. Sonderfälle der Einlage	19–52		

Schrifttum: *Beinert/Benecke,* Internationale Aspekte der Umstrukturierung von Unternehmen – Erster Teil: Entstrickung bei Umwandlungen sowie FusionsRL und Teilbetriebsbegriff im UmwStG 2006, FR 2010, 1009; *Beinert/Benecke,* Internationale Aspekte der Umstrukturierung von Unternehmen – Umwandlungen nach §§ 3 ff. und §§ 11 ff. UmwStG sowie Anwendung des § 50d Abs. 9 EStG, Finanz-Rundschau (FR), 2010, 1120; *Benz/Rosenberg,* Einbringungsvorgänge nach dem Regierungsentwurf des SEStEG, BB 2006 Beilage SEStEG, 51; *Dötsch/Pung,* Die Änderungen des UmwStG (Teil I), DB 2006, 2704; Teil II DB 2006, 2763; *Förster/Wendland,* Einbringung von Unternehmensteilen in Kapitalgesellschaften, BB 2007, 631; *Halász/Kloster,* Fortschreitende Europäisierung des Rechts grenzüberschreitender Unternehmenszusammenschlüsse, DStR 2004, 1324; *Hahn,* Formwechsel und Sitzverlegung nach dem künftigen SEStEG, DStR 2005, 677; *Heuermann,* Veräußerung einer Beteiligung durch Anteilstausch – Anwendungsbereich von § 6 Abs. 6 Satz 1 EStG, HFR 2009, 125; *Jordan,* Der Anteilstausch im Lichte des Brexit. StuB 2018, 472; *Kast/Peter,* Kapitalerhöhung und Börsengang im Umsatzsteuerrecht, BB 2001, 1821; *Kollruss,* Umwandlungsrecht beim Anteilstausch europarechtswidrig? FR 2018, 583; *Kussmaul/Klein,* Maßgeblichkeitsprinzip bei verdeckter Einlage und verdeckter Ausschüttung, DStR 2001, 189; *Mikus,* Die Bedienung von Aktienoptionen durch eigene Anteile nach der Unternehmens-St-Reform, BB 2002, 178; *Pyszka,* Das von mehreren Teilbetrieben genutzte Grundstück – Ein Hindernis für die steuerneutrale Umstrukturierung) Teil 1 DStR 2016, 2017; *Rapp,* Einbringung von Mitunternehmeranteilen in Kapitalgesellschaften nach § 20 UmwStG – Umstrukturierungshindernis Gesellschafterverbindlichkeiten? DStR 2017, 580; *Reiß,* Vorsteuerabzug aus Emissionsaufwendungen beim Börsengang, UR 2001, 41; *Rödder/Schumacher,* Das kommende SEStEG – Teil I, DStR 2006, 1481, Teil II, DStR 2006, 1525; *Schaflitzl/Widmayer,* Die Besteuerung von Umwandlungen nach dem Regierungsentwurf zum SEStEG, BB 2006 Beilage SEStEG, 36; *Schiffers,* Unternehmenssteuerreform 2008 – Erstmalige Anwendung des abgesenkten KSt-Satzes bei vom Kalenderjahr abweichendem Wirtschaftsjahr, DStZ 2007, 569; *Schlagheck,* Nutzungsvorteile im Konzern nach der Unternehmens-St-Reform, GmbHR 2002, 92; Strahl, Gesamtplanbetrachtung bei Einbringungsvorgängen; NWB 2018, 2172; *Voß,* Aktuelle Probleme des neuen Eigenkapitalausweises nach den §§ 27–29 KStG, BB 2003, 880; *Wassermeyer,* Zur Bewertung von Nutzungsentnahmen und Leistungsentnahmen, DB 2003, 2616; *Weber-Grellet,* Die verdeckte Einlage, DB 1998, 1532; *Weiss/Brühl* Zur umfassenden Rechtsnachfolge beim Anteilstausch nach § 21 UmwStG. Ubg 2018, 22; *Werra/Teiche,* Das SEStBeglG aus der Sicht international tätiger Unternehmen, DB 2006, 1455.

I. Beginn der Steuerpflicht

Die AG entsteht mit der Eintragung im Handelsregister, § 41 Abs. 1 S. 1 AktG. Für die **1** Besteuerung sind während der Gründung drei Phasen zu unterscheiden: die Vorgründungsphase, die Gründungsphase und die Phase ab rechtlicher Entstehung der Kapitalgesellschaft.[1] Die nachfolgenden steuerlichen Überlegungen gelten für die KGaA und die SE in gleicher Weise.[2]

1. Vorgründungsphase. Die Vorgründungsphase beginnt mit der Entscheidung der Ge- **2** sellschafter, die spätere Gesellschaft zu gründen. Mit dem Vertrag der Gründer, eine AG gründen zu wollen, entsteht eine Vorgründungsgesellschaft (→ § 3 Rn. 38). Die Vorgründungsphase endet mit Errichtung der AG durch Feststellung der Satzung und Übernahme der Aktien durch die Gründer (→ § 3 Rn. 37). Sind in der Vorgründungsphase mehrere Personen vorhanden, entsteht eine GbR.[3] Steuerpflichtig sind die einzelnen Gründer; die Gesellschaft als solche ist nicht körperschaftsteuerpflichtig.[4] Nimmt die Vorgründungsgesellschaft eine gewerbliche Tätigkeit auf, wird sie zur oHG. Die Einkünfte aus einer solchen Tätigkeit werden im Grundsatz den Gründern als Mitunternehmern zugerechnet, § 15 Abs. 1 S. 1 Nr. 2 EStG.[5]

Zwischen der Vorgründungsgesellschaft und der späteren Gesellschaft besteht **keine** **3** **zivilrechtliche Identität.** Die von der Vorgründungsgesellschaft begründeten Rechte und Pflichten gehen deswegen nicht automatisch, sondern nur auf Grund besonderer Vereinbarung auf die spätere Gesellschaft über (→ § 3 Rn. 36).[6] Auch steuerlich besteht keine Identität der späteren Gesellschaft mit der Vorgründungsgesellschaft. Bei dieser gegebenenfalls entstandene und nicht verrechnete Verluste können von der späteren Gesellschaft nicht genutzt werden.

2. Gründungsphase. Die Gründungsgesellschaft (Vorgesellschaft) besteht ab der Errich- **4** tung der AG; sie besteht bis zur Eintragung der AG im Handelsregister (→ § 3 Rn. 37). In dieser Phase kann die Vorgesellschaft bereits körperschaftsteuerpflichtig iSv § 1 Abs. 1 Nr. 1 KStG sein. Strittig war, ob dafür Voraussetzung ist, dass die Gesellschaft nach außen auftritt und Vermögen besitzt. Letzteres wurde früher durch die Rechtsprechung des BFH verlangt,[7] von der Literatur überwiegend verneint.[8] Mit BFH vom 14.10.1992 ist klargestellt, dass auch die Vorgesellschaft als die durch Abschluss der Satzung errichtete, wenn auch noch nicht eingetragene Kapitalgesellschaft besteht und steuerlich als Kapitalgesellschaft zu behandeln ist, sofern sie später tatsächlich in das Handelsregister eingetragen wird.[9]

Die Vorgesellschaft wird als Einheit mit der später entstehenden AG behandelt. Die in **5** der Gründungsphase erzielten Gewinne und Verluste werden der AG zugerechnet. Die Ausdehnung der Steuerpflicht der später eingetragenen AG auf die zuvor liegende Phase der Vorgesellschaft stellt keine steuerlich unzulässige Rückwirkung dar.[10] Kommt es nicht

---

[1] Zur Terminologie BGH DStR 1998, 821; BFH BStBl. II 1990 S. 468; BStBl. II 1993 S. 352; BFH/NV 2002, 158; FG Brandenburg EFG 2007, 32.
[2] Zur Errichtung der SE vgl. SEStEG v. 7.12.2006 BGBl. 2006 I S. 2782; Dötsch/Pung/Möhlenbrock/*Graffe* KStG § 1 Rn. 66.
[3] BFH BStBl. II 1990 S. 91; *Blümich/Rengers* KStG § 1 Rn. 172; Dötsch/Pung/Möhlenbrock/ *Graffe* KStG § 1 Rn. 105f; Gosch/*Hummel* KStG § 1 Rn. 34; Erle/*Sauter* KStG § 1 Rn. 82.
[4] FG Brandenburg DStRE 2003, 1223 (rkr.).
[5] H 1.1 „Vorgründungsgesellschaft" KStR; FG Brandenburg EFG 2007, 32.
[6] BFH BFH/NV 2001, 573.
[7] BFH BStBl. III 1960 S. 319; BStBl. II 1973 S. 568; BStBl. II 1981 S. 600.
[8] *Streck* BB 1972, 263; *Blümich/Rengers* KStG § 1 Rn. 181; *Frotscher/Drüen* KStG § 1 Rn. 93 f.; Erle/*Sauter* KStG § 1 Rn. 83; Dötsch/Pung/Möhlenbrock/*Graffe* KStG § 1 Rn. 109; ab Aufnahme der Geschäftstätigkeit Jacobs, Unternehmensbesteuerung, 5. Aufl. 2015, S. 449.
[9] BFH BStBl. II 1993 S. 352 (353); BFH BStBl. II 2008 S. 579; H 1.1 „Beginn der Steuerpflicht" KStR.
[10] *Blümich/Rengers* KStG § 1 Rn. 181 f.; Dötsch/Pung/Möhlenbrock/*Graffe* KStG § 1 Rn. 109; BFH DStR 2001, 1808: Identität.

zur Eintragung der AG in das Handelsregister, sind die steuerlichen Konsequenzen nicht völlig klar. Der zivilrechtlichen Behandlung entsprechend läge es nahe, von einer Liquidation nach § 11 KStG auszugehen. Stattdessen entspricht es der hM, das mit Ausbleiben der Eintragung rückwirkend die Qualifikation als eigenständiges Steuersubjekt entfällt. Setzt die „Vorgesellschaft" ihre Tätigkeit nach Fehlschlagen der Eintragung fort, wird sie rückwirkend als GbR oder OHG qualifiziert; den (ehemaligen) Gründern werden nach der Auffassung des BFH Einkünfte nach § 15 Abs. 1 S. 1 Nr. 2 EStG zugerechnet.[11] Bei Vorliegen weiterer Voraussetzungen kann auch ein nicht rechtsfähiger Verein vorliegen, der nach § 1 Abs. 1 Nr. 5 KStG körperschaftsteuerpflichtig wäre. Ob eine GbR oder ein nicht rechtsfähiger Verein vorliegt, hat der BFH danach unterschieden, ob ein größerer Gründerkreis vorliegt und eine Satzung und geschäftsführende Organe geschaffen wurden.[12]

6 In der Phase der Vorgesellschaft sind die steuerlichen Erklärungs- und Mitteilungspflichten zu beachten und von denjenigen zu erfüllen, die die Vorgesellschaft vertreten. Die jeweiligen Vertreter unterliegen § 34 AO und haben die steuerlichen Pflichten der Vor-AG zu erfüllen und die Steuern aus deren Mitteln zu entrichten; sie haften nach § 69 AO bei vorsätzlicher oder grob fahrlässiger Verletzung ihrer Pflichten für die Steuerverbindlichkeiten.[13]

7 **3. Entstehen der Aktiengesellschaft.** Mit der Eintragung der AG in das Handelsregister ist die Gesellschaft im Rechtssinne entstanden, § 41 Abs. 1 S. 1 AktG. Unabhängig von der Tatsache und dem Zeitpunkt der Aufnahme einer Geschäftstätigkeit bildet der Zeitpunkt der Eintragung im Handelsregister den spätesten Zeitpunkt für den Beginn der Körperschaftsteuerpflicht nach § 1 Abs. 1 S. 1 Nr. 1 KStG.[14] Die Gewerbesteuerpflicht beginnt ebenfalls spätestens mit Eintragung der Gesellschaft im Handelsregister, § 8 Abs. 2 KStG, § 2 Abs. 2 GewStG.[15] Wird vor diesem Zeitpunkt eine nach außen in Erscheinung tretende Geschäftstätigkeit ausgeübt, beginnt die Steuerpflicht bereits in der Phase der Vorgesellschaft.

8 Die Gesellschaft nach Eintragung im Handelsregister bildet mit der Vorgesellschaft steuerlich eine Einheit. Die während der Phase der Vorgesellschaft getätigten Geschäfte, die erworbenen Vermögensgegenstände und die eingegangenen Verbindlichkeiten werden der AG steuerlich zugerechnet. Das Gleiche gilt für Gewinne und Verluste aus der Zeit der Vorgesellschaft.

9 **4. Bedeutung des Geschäftsjahres.** Das Geschäftsjahr der AG wird in der Satzung festgelegt (→ § 9 Rn. 2); fehlt eine Regelung, ist das Geschäftsjahr gleich dem Kalenderjahr. Es darf 12 Monate nicht überschreiten.[16] Da die AG als Kaufmann nach handelsrechtlichen Vorschriften verpflichtet ist, Bücher zu führen, ist auch für steuerliche Zwecke der Gewinn nach dem Wirtschaftsjahr zu ermitteln, für das die AG regelmäßig Abschlüsse erstellt, § 7 Abs. 4 KStG. Da die Buchführungspflicht bereits vor der Eintragung im Handelsregister beginnen kann, kann das erste Geschäftsjahr bereits früher beginnen.[17] Der Gewinnermittlungszeitraum ist regelmäßig das Kalenderjahr. Hat die Steuerpflicht nicht

---

[11] BFH BStBl. III 1952 S. 172 (180); BStBl. III 1960 S. 316; offen gelassen von BFH BStBl. II 1973 S. 568; BFH/NV 2000, 194; BStBl. II 2010 S. 991; zu langdauernder Vorgesellschaft FG Brandenburg EFG 2007, 32; Ernst & Young/*Kalbfleisch*, Körperschaftsteuergesetz, § 1 Rn. 123 ff., 125; *Frotscher/Drüen* KStG § 1 Rn. 91; Gosch/*Hummel* KStG § 1 Rn. 35; Dötsch/Pung/Möhlenbrock/*Graffe* KStG § 1 Rn. 110.
[12] BFH BStBl. III 1952 S. 172; im entschiedenen Fall abgelehnt in BFH BStBl. II 2010 S. 991 (993).
[13] *Loose* in Tipke/Kruse AO § 34 Rn. 19 ff.; sowie AO § 69 Rn. 5 ff.
[14] BFH BStBl. II 1990 S. 468.
[15] Blümich/*Drüen* EStG GewStG § 2 Rn. 241.
[16] BFH BFH/NV 2009, 1835.
[17] Unklar § 4a Abs. 1 Nr. 2 EStG; Blümich/*Rengers* EStG KStG § 7 Rn. 31; aA *Schiffers* DStZ 2007, 569.

während des gesamten Kalenderjahres bestanden, wie zB bei Gründung der AG im Verlaufe des Kalenderjahres, tritt an die Stelle des Kalenderjahres der entsprechend kürzere Zeitraum der jeweiligen Steuerpflicht.

Als Zeitraum des Geschäftsjahres darf ein vom Kalenderjahr abweichender Zeitraum festgelegt werden. Bei der erstmaligen Entscheidung ist der Kaufmann frei.[18] Für die steuerliche Gewinnermittlung gilt im Falle eines vom Kalenderjahr abweichenden Wirtschaftsjahres, dass der Gewinn aus dem Gewerbebetrieb der AG in dem Kalenderjahr bezogen wird, in dem das Wirtschaftsjahr endet, § 7 Abs. 4 S. 2 KStG. **10**

Das Geschäftsjahr der AG kann durch Beschluss der HV über eine Satzungsänderung geändert werden (→ § 9 Rn. 3). Die Änderung wird mit der Eintragung im Handelsregister wirksam. Die Umstellung des für die steuerliche Gewinnermittlung maßgeblichen Wirtschaftsjahres auf einen vom Kalenderjahr abweichenden Zeitraum ist steuerlich nur wirksam, wenn die Änderung im **Einvernehmen** mit dem zuständigen Finanzamt der Gesellschaft vorgenommen wird, § 7 Abs. 4 S. 3 KStG.[19] Wird das Einvernehmen nicht hergestellt, bleibt es für die steuerliche Gewinnermittlung bei dem bisherigen Zeitraum.[20] Für die Umstellung des Wirtschaftsjahres von einem vom Kalenderjahr abweichenden Zeitraum auf das Kalenderjahr ist das Einvernehmen des Finanzamts nicht erforderlich. **11**

Wird im Zusammenhang mit der Begründung oder Beendigung eines steuerlichen **Organschaftsverhältnisses** (dazu unten § 72) im Sinne von § 14 KStG das Wirtschaftsjahr der Organgesellschaft auf einen vom Kalenderjahr abweichenden Zeitpunkt geändert, um die Voraussetzungen des § 14 Abs. 1 Nr. 1 KStG erfüllen zu können, ist die dafür erforderliche Zustimmung des Finanzamts zu erteilen, R 14.4 Abs. 3 S. 1 KStR.[21] **12**

II. Steuerliche Behandlung von Maßnahmen bei der Gründung

1. Steuerliche Behandlung der Einlage. Die Aufbringung des Eigenkapitals der AG ist als (offener) Einlagevorgang beim Gesellschafter und der Gesellschaft steuerneutral. Das gilt sowohl für die Leistung der auf das Grundkapital zu erbringenden Einlage, als auch für ein darüber hinaus zu leistendes Aufgeld. Die Einlage in das Grundkapital ist nach § 8 Abs. 1 KStG iVm § 4 Abs. 1 S. 2 EStG bei der steuerlichen Gewinnermittlung durch Vermögensvergleich herauszurechnen.[22] Die auf das Grundkapital erbrachte Einlage führt steuerlich zu einer Erhöhung des **Nennkapitals.** Das darüber hinaus durch den Gesellschafter geleistete Aufgeld (Agio iSv § 272 Abs. 2 Nr. 1 HGB) oder eine sonstige Zuzahlung werden als **steuerliches Einlagekonto** nach § 27 Abs. 1 KStG ausgewiesen.[23] Einlagen und verdeckte Einlagen erhöhen das Einkommen der Gesellschaft nicht, § 8 Abs. 3 S. 3 KStG, vorausgesetzt, dass eine verdeckte Einlage beim Inferenten nicht abzugsfähig ist.[24] Bareinlagen werden stets mit dem Nominalbetrag angesetzt. **13**

Die Einlage des Aktionärs führt bei diesem zu **Anschaffungskosten.** Der Anschaffungsvorgang ist ebenfalls erfolgsneutral. Die Anschaffungskosten des Aktionärs sind bei der Ermittlung eines Veräußerungsgewinns von Bedeutung.[25] Aufwendungen, die der Aktionär im Zusammenhang mit der Gründung der AG trägt (zB Gerichts- oder Notargebühren, **14**

---

[18] Dötsch/Pung/Möhlenbrock/*Werner/Pung* KStG § 7 Rn. 31.
[19] Einvernehmen = Zustimmung, BFH BStBl. II 1981 S. 50.
[20] Dötsch/Pung/Möhlenbrock/*Werner/Pung* KStG § 7 Rn. 44b.
[21] Dötsch/Pung/Möhlenbrock/*Werner/Pung* KStG § 7 Rn. 50.
[22] *Blümich/Rengers* KStG § 8 Rn. 83; iErg wohl auch BFH GrS BStBl. II 1998 S. 307.
[23] BMF-Schreiben vom 4.6.2003 zum Steuerlichen Einlagekonto, BStBl. I 2003 S. 366.
[24] IdF des Jahressteuergesetzes 2007, BGBl. 2006 I S. 2878; Dötsch/Pung/Möhlenbrock/*Lang* KStG § 8 Abs. 3 Teil B Rn. 150 ff.
[25] ZB im steuerlichen Betriebsvermögen bei Gewinnermittlung durch Betriebsvermögensvergleich, § 8 Abs. 1 KStG iVm § 5 Abs. 1 EStG unter Beachtung von § 8b Abs. 2 KStG, §§ 3 Nr. 40, 3c Abs. 2 EStG, im Privatvermögen nach § 17 Abs. 2 S. 1 und § 20 Abs. 2 Nr. 1 EStG.

Prüfungs- oder Veröffentlichungskosten), sind als Anschaffungsnebenkosten ebenfalls zu aktivieren.

15 **2. Gründungskosten.** Gründungskosten, die die AG zulässigerweise selbst zu tragen hat (dazu → § 3 Rn. 9), können nach Beginn der Steuerpflicht von der Kapitalgesellschaft uneingeschränkt als Betriebsausgaben abgezogen werden. Die im früheren § 9 Abs. 1 Nr. 1a KStG enthaltenen Abzugsbeschränkungen sind ersatzlos entfallen. Es ist ohne Bedeutung, ob die Aktien zu pari oder zu einem höheren Ausgabebetrag ausgegeben wurden.

16 Erstattet die AG den Aktionären Auslagen, die im Zusammenhang mit der Gründung angefallen sind, liegt ebenfalls eine Betriebsausgabe vor. Die Erstattung überhöhter Aufwendungen oder von Aufwendungen, die allein in die Sphäre des Aktionärs fallen, stellt eine verdeckte Gewinnausschüttung dar. Die Rechtsprechung und Finanzverwaltung verlangen in Übereinstimmung mit § 26 Abs. 2 AktG die Festsetzung des von der Gesellschaft zu tragenden Gründungsaufwands in der Satzung.[26]

17 **3. Umsatzsteuer bei der Gründung.** Die Leistung einer **Bareinlage** an die AG ist nicht steuerbar. Die Ausgabe von Gesellschaftsanteilen durch die AG ist kein steuerbarer Umsatz.[27]

18 Eine Vorgründungsgesellschaft wird nach Ansicht des BFH als Unternehmer angesehen. Sie ist zum Vorsteuerabzug berechtigt, auch wenn sie eine Leistung lediglich dadurch erbringt, dass sie die von ihr bezogenen Leistungen in einem Akt an die Kapitalgesellschaft veräußert und diese Leistung nach § 1 Abs. 1a KStG steuerfrei ist.[28] Strittig ist, ob die bei der Vorgesellschaft oder der durch Eintragung im Handelsregister entstandenen AG angefallenen **Vorsteuern** auf Lieferungen und Leistungen, die die Kapitalgesellschaft im Zusammenhang mit der Gründung in Anspruch genommen hat, abzugsfähig sind; im Übrigen besteht auch bei der Umsatzsteuer Identität von Vorgesellschaft und nach Eintragung bestehender AG.[29] In der Vergangenheit stand die Auffassung im Vordergrund, dass diese Vorsteuern unmittelbar oder mittelbar mit der Ausgabe der Aktien zusammenhängen und deshalb nach § 15 Abs. 2 UStG nicht abzugsfähig sind.[30] Der BFH hatte die Frage dem EuGH zur Entscheidung vorgelegt.[31] Der BFH suchte damit Klärung herbeizuführen, ob die Kapitalaufnahme als Hilfsumsätze im Bereich der Finanzgeschäfte und der in Art. 13 Teil B Buchst. D genannten Umsätze nach Art. 19 Abs. 2 S. 2 der 6. EG-Richtlinie bei der Berechnung des pro rata Satzes außer Betracht zu bleiben hat. Ob auf diese Regelung abgestellt werden kann, ist fraglich, da Deutschland zulässigerweise von anderen Berechnungsschlüsseln Gebrauch gemacht hat.[32] Der EuGH hat festgestellt, dass die Ausgabe von Aktien nicht in den Anwendungsbereich der MwStSystRL fällt und damit nach der wirtschaftlichen Tätigkeit der AG im Allgemeinen zu beurteilen ist. Bei steuerpflichtigen Ausgangsumsätzen besteht somit das Recht zum Vorsteuerabzug.[33]

---

[26] BFH BStBl. II 1990 S. 89; BMF 25.6.1991, BStBl. I 1991 S. 661.
[27] EuGH Slg. 2003, I-6851; 2005, I-4357.
[28] BFH BStBl. II 2005 S. 155; dazu EuGH UR 2004, 362 und BFH BB 2004, 2393.
[29] Sölch/Ringleb/*Wagner* UStG § 15 Rn. 219.
[30] ZB BFH BStBl. II 1976 S. 265 zur Publikums KG; OFD München 25.5.2000, DStR 2000, 1096.
[31] BFH BFH/NV 2002, 144.
[32] Hierzu ferner EuGH UR 2001, 164 – Abbey National; *Kast/Peter* BB 2001, 1821; *Reiß* UR 2001, 41.
[33] EuGH BFH/NV Beilage 2005, 306; Sölch/Ringleb/*Wagner* UStG § 15 Rn. 219 („Börsengang").

III. Sonderfälle der Einlage

1. Sachgründung. Die Gründung der AG durch Sacheinlage führt zu zusätzlichen ertragsteuerlichen, umsatzsteuerlichen und gegebenenfalls grunderwerbsteuerlichen Fragen. Für die Ertragsteuern kann die Bilanzierung der Sacheinlage von Bedeutung sein. Für die Aufbringung des Nennkapitals und die Einstellung weiterer Beträge in das steuerliche Einlagenkonto nach § 27 Abs. 1 KStG gelten im Vergleich zur Bareinlage keine Besonderheiten. Auf der Ebene der AG ist auch die offene Sacheinlage in der Regel erfolgsneutral. Von Bedeutung ist insbesondere die **Bewertung** des **eingebrachten Sachvermögens.** Zur Übertragung einzelner Wirtschaftsgüter sogleich 2., zur Einlage eines Betriebs, Teilbetriebs oder Mitunternehmeranteils 3. und von Anteilen an einer anderen Kapitalgesellschaft 4. Der Wertansatz für steuerliche Zwecke, zu dem der eingelegte Gegenstand angesetzt wird, bildet die Bemessungsgrundlage für die steuerlichen Abschreibungen.

Bei der Einlage von **Nutzungen** ist zu unterscheiden. Nutzungsrechte sind als Wirtschaftsgüter einlegbar (→ § 4 Rn. 3) und unterliegen wie diese der Bewertung.[34] Anderes gilt für **Nutzungsvorteile,** die nicht Gegenstand einer Einlage sein können. Dazu gehören aus steuerlicher Sicht die rechtlich ungesicherte, jederzeit entziehbare Überlassung eines Wirtschaftsguts zur Nutzung, wie zB von Sachen, Rechten, Kapital oder der Arbeitsleistung.[35]

Die Verwendung eines Sachgegenstands als Gegenstand seiner Einlage ist für den Gründer ein **Tausch** des Gegenstands gegen die erhaltenen Aktien.[36] Die Sacheinlage ist im Grundsatz zum gemeinen Wert zu bewerten. Steuerliche Auswirkungen für den Gründer ergeben sich hieraus dann, wenn der eingelegte Gegenstand zu einem Betriebsvermögen oder aus anderen Gründen steuerverhaftetem Vermögen des Gründers gehört, vgl. § 6 Abs. 6 EStG. Das ist aber auch bei Wirtschaftsgütern, die nicht zu einem Betriebsvermögen gehören und deren Einbringung ein privates Veräußerungsgeschäft nach §§ 20 Abs. 2, Abs. 4a oder 23 Abs. 1 EStG darstellt, bei der Einbringung einer wesentlichen Beteiligung iSv § 17 Abs. 1 EStG oder bei sperrfristbehafteten Anteilen nach §§ 13, 22 UmwStG der Fall. Der Veräußerungspreis ermittelt sich hier nach dem Wert der empfangenen Gegenleistung, also einerseits dem gemeinen Wert der Aktien,[37] andererseits dem gemeinen Wert des eingebrachten Wirtschaftsgutes.[38]

Die Sacheinlage unterliegt der **Umsatzsteuer,** wenn der Gegenstand der Sacheinlage von einem Unternehmer im Rahmen seines Unternehmens geleistet wurde (Tausch nach § 3 Abs. 12 S. 1 UStG) und es sich nicht um die Einlage eines Unternehmens im Ganzen oder eines Teils davon im Sinne von § 1 Abs. 1a UStG handelt. Der Wert der erhaltenen Aktien gilt als Entgelt für die Sacheinlage und bildet die Bemessungsgrundlage für die Umsatzsteuer, § 10 Abs. 2 S. 2 UStG. Die AG ist für die Umsatzsteuer auf die Sacheinlage nach Maßgabe von § 15 UStG zum Vorsteuerabzug berechtigt.

2. Sacheinlage einzelner Wirtschaftsgüter. Werden als Gegenstand einer Sacheinlage einzelne Wirtschaftsgüter in die AG eingelegt, erfolgt deren Bewertung bei der AG zum **Teilwert** (zB nach § 6 Abs. 1 Nr. 5 EStG), in besonderen Fällen mit dem gemeinen Wert. Die Bewertung mit dem Teilwert ist Grundlage für die Berechnung der Abschreibungen durch die AG. Die AG ist bei der Wahl der Abschreibungsmethode nicht an die von dem einbringenden Aktionär angewandte Methode gebunden. Der Teilwert ist zugleich bestimmend bei der Ermittlung eines Veräußerungsgewinns. Nach § 8 Abs. 1 KStG gelten für die

---

[34] BFH GrS BStBl. II 1988 S. 348; *Weber-Grellet* DB 1995, 2550 (2556).
[35] L. Schmidt/*Loschelder* EStG § 4 Rn. 303 ff.; *Beiser* DB 2003, 15; *Wassermeyer* DB 2003, 2616.
[36] Erle/Sauter/*Schulte* KStG § 8 Rn. 338; Blümich/*Rengers* EStG KStG § 8 Rn. 170.
[37] L. Schmidt/*Weber-Grellet* EStG § 23 Rn. 52, zur Veräußerungsfiktion bei bestimmten Einlagen Rn. 72.
[38] BFH DStR 2017, 2658.

Bewertung von Einlagen auch § 6 Abs. 1 Nr. 5 und § 6 Abs. 5 Nr. 2 EStG,[39] soweit letzterer auf Kapitalgesellschaften Anwendung findet.[40] Der Teilwert ist auch dann anzusetzen, wenn er niedriger ist als der Buchwert.[41] Besonderheiten gelten bei der Einlage von Forderungen gegen die Gesellschaft, deren Wert gemindert ist. Eine steuerneutrale Einlage erfolgt für die AG nur in Höhe des (werthaltigen) Teilwerts der Forderung; im Übrigen führt die Einlage (der Forderungsverzicht) zu einem steuerpflichtigen Ertrag.[42]

24 Zur Behandlung der Sacheinlage aus dem **Privatvermögen** vgl. → Rn. 21. Wird der Gegenstand der Sacheinlage einem **Betriebsvermögen** entnommen, führt die Einlage beim übertragenden Unternehmen zur Auflösung der in dem Wertansatz des betreffenden Gegenstands befindlichen stillen Reserven und zu einem steuerpflichtigen Gewinn. Die Anschaffungskosten der Aktien bemessen sich nach dem gemeinen Wert des eingebrachten Sachgegenstands, § 6 Abs. 6 S. 1 EStG.[43] Der Tausch wird wie ein Veräußerungsgeschäft behandelt.[44]

25 Zu den Sonderregelungen bei eingebrachten Anteilen an einer anderen Kapitalgesellschaft vgl. → Rn. 43 ff.

26 **3. Einlage eines Betriebs, Teilbetriebs oder Mitunternehmeranteils.** Die steuerlichen Folgen der obligatorischen Gewinnrealisierung bei der Einbringung von Sachvermögen können vermieden werden, wenn es sich bei den Einlagegegenständen um einen Betrieb, Teilbetrieb oder einen Mitunternehmeranteil handelt. Die Einlage von solchem Betriebsvermögen führt zur Anwendung der **Sonderregeln** des § 20 Abs. 1 UmwStG. Dabei ist im Grundsatz gleichgültig, ob es sich bei dem Einbringenden um einen Einzelunternehmer, eine Mitunternehmerschaft oder eine andere Kapitalgesellschaft handelt.[45] Voraussetzung für die Anwendung der §§ 20, 22 und 23 UmwStG ist, dass das eingebrachte Betriebsvermögen sich als eine der vorgenannten Kategorien darstellt und dass die Gegenleistung der Gesellschaft in Gesellschaftsrechten besteht (offene Sacheinlage). Zur Anwendung kommen die umwandlungsrechtlichen Vorschriften[46], die Grundlage auch für gesellschaftsrechtliche und steuerliche grenzüberschreitende Umstrukturierungen sind. Zur verdeckten Sacheinlage vgl. → Rn. 47 ff.

27 Einbringungsgegenstand ist ein **Betrieb** oder **Teilbetrieb.** Zum Betrieb oder Teilbetrieb gehören alle Wirtschaftsgüter, die dessen wesentliche Betriebsgrundlage bilden.[47] Maßgeblich ist nun der europäische Teilbetriebsbegriff. Wurde der Teilbetriebsbegriff im nationalen Bereich im Wesentlichen unter Rückgriff auf die Rechtsprechung zu § 16 EStG definiert, gilt seit SEStEG der Teilbetriebsbegriff im Sinne der EG-Fusionsrichtlinie.[48] Nach neuerer

---

[39] Dötsch/Pung/Möhlenbrock/*Lang* KStG § 8 Abs. 3 Teil B Rn. 20; Blümich/*Rengers* KStG § 8 Rn. 170; *Frotscher/Drüen* KStG KStG § 8 Rn. 317–322; aA BFH BStBl. II 2000 S. 230. Die Begründung zu § 6 Abs. 1 Nr. 5a EStG im RegE des SEStEG v. 24.5.2006 weist auf die Geltung jedenfalls dieser Regelung auch für Körperschaften nach § 8 Abs. 1 KStG hin; BFH BFH/NV 2005, 19; 2009, 1411; 2010, 375; zur verdeckten Einlage *Dorn* Ubg 2019, 157.

[40] *Koller* NWB 2018, 1775.

[41] BFH DStRE 2016, 513.

[42] Dötsch/Pung/Möhlenbrock/*Lang* KStG § 8 Abs. 3 Teil B Rn. 58 ff.

[43] BFH BFH/NV 2009, 1262; 2018, 16; L. Schmidt/*Kulosa* EStG § 6 Rn. 731; *Märkle* DStR 2000, 797 (806);.

[44] L. Schmidt/*Kulosa* EStG § 6 Rn. 733 ff.

[45] Tz. 20.03 UmwStE 2011; weitere Beteiligte einer Einbringung kann eine jur. Person des öffentlichen Rechts im Rahmen eines BgA sein.

[46] SEStEG v. 7.12.2006 BGBl. I S. 2782.

[47] *Schmitt/Hörtnagel/Stratz* UmwG/UmwStG § 20 Rn. 19; zum Teilbetrieb *Beinert/Benecke* FR 2010, 1009 ff.

[48] Dötsch/Pung/Möhlenbrock/*Patt* KStG UmwStG § 20 Rn. 89 ff.; die Finanzverwaltung tendiert im nationalen rahmen weiterhin zum Teilbetriebsbegriff des § 16 EStG, vgl. → Rn. 15.02 und 15.07 UmwSt.Erlass. Der BFH BFH/NV 2019, 56 beruft sich auf § 16 EStG und die EU-Richtlinie und scheint danach die Begriffe übereinstimmend auszulegen.

Betrachtung ist der Teilbetriebsbegriff tätigkeitsorientiert und funktionsbezogen.[49] Diese Grundsätze gelten auch für Anteile an einer anderen Kapitalgesellschaft, die zu den wesentlichen Betriebsgrundlagen gehört. Danach müssen alle funktional wesentlichen Betriebsgrundlagen sowie dem Teilbetrieb nach wirtschaftlichen Zusammenhängen zuordenbare Wirtschaftsgüter in die Kapitalgesellschaft eingebracht werden;[50] die Überlassung zur Nutzung genügt nicht. Notwendige Bestandteile des eingebrachten Betriebs oder Teilbetriebs einer Personengesellschaft sind auch Wirtschaftsgüter, die dessen Betrieb dienen, auch wenn sie Eigentum eines Gesellschafters sind (Sonderbetriebsvermögen I; Gegenstände des Sonderbetriebsvermögens II dienen nicht der Mitunternehmerschaft und gehören in der Regel nicht zu den wesentlichen Betriebsgrundlagen).[51] Der Begriff des Teilbetriebs ist im Übrigen gesetzlich nicht definiert. Nach der herrschenden Meinung wird darunter ein mit einer gewissen Selbstständigkeit ausgestatteter, organisch geschlossener Teil des Gesamtbetriebs verstanden, der für sich alleine lebensfähig ist.[52] Ein Teilbetrieb umfasst die Gesamtheit der in einem Unternehmensteil einer Gesellschaft vorhandenen aktiven und passiven Wirtschaftsgüter, die in organisatorischer Hinsicht einen selbständigen Betrieb, dh eine aus eigenen Mitteln funktionsfähige Einheit darstellen. Zu einem solchen Betrieb gehören alle funktional wesentlichen Betriebsgrundlagen sowie diesem Teilbetrieb nach wirtschaftlichen Zusammenhängen zuordenbare Wirtschaftsgüter.[53] Werden wesentliche Betriebsgrundlagen nicht in die AG eingebracht, sind die im eingebrachten Vermögen liegenden stillen Reserven aufzudecken und zu versteuern.[54] Für die zurückbehaltenen Vermögensgegenstände unterbleibt die Auflösung und Versteuerung der stillen Reserven, vorausgesetzt, dass diese Vermögensgegenstände weiterhin Betriebsvermögen sind. Die im zeitlichen Vorfeld einer Einbringung erfolgende Ausgliederung einer funktional wesentlichen Betriebsgrundlage hindert die Steuerneutralität der nachfolgenden Einbringung nicht.[55] Nicht zu dem Einbringungsgewinn gehören stille Reserven in den als Gegenleistung gewährten Aktien.[56] Entscheidend ist das Gesamtbild der Verhältnisse aus der Sicht des Einbringenden,[57] ob ein Teilbetrieb vorliegt oder nicht; maßgeblich hierfür war nach bisheriger Betrachtungsweise spätestens der Zeitpunkt des Abschlusses des Einbringungsvertrags. Zulässig war auch die Einbringung eines Teilbetriebs im Aufbau, wenn die wesentlichen Betriebsgrundlagen bereits vorhanden waren und bei planmäßigem Fortgang ein lebensfähiger Organismus zu erwarten ist.[58] Die Auffassung der Finanzverwaltung, dass Voraussetzungen des Teilbetriebs bereits am steuerlichen Übertragungsstichtag, auf den die steuerlichen Wirkungen zurückbezogen werden können, vorgelegen haben,[59] wird als verschärfend kritisiert.[60] Wird eine funktional wesentliche Betriebsgrundlage von mehreren Teilbetrieben genutzt, liegt ein Einbringungs-/Spaltungshindernis vor. Grundstücke müs-

---

[49] BMF 16.8.2000, BStBl. I 2000 S. 1253; *Herzig* DB 2000, 2236.
[50] BFH BStBl. II 2011 S. 467 Rn. 23; BFH/NV 2014, 437; BStBl. II 2017 S. 992 Rn. 23; DB 2018, 1252; Dötsch/Pung/Möhlenbrock/*Patt* KStG UmwStG § 20 Rn. 43; *Moritz* DB-online 1275780.
[51] UmwStE 2011 Rn. 15.04 iVm 15.02; BFH BStBl. II 1996 S. 342; BB 1998, 1997; *Schmitt/Hörtnagel/Stratz* UmwStG § 20 Rn. 70.
[52] Dötsch/Pung/Möhlenbrock/*Patt* KStG UmwStG § 20 Rn. 76.
[53] UmwStE 2011 Rn. 20.06 iVm 15.02; BFH BFH/NV 2014, 693; zur Problematik der von mehreren Teilbetrieben genutzten Grundstücke *Pyszka* DStR 2016, 2017.
[54] UmwStE 2011 Rn. 15.12. Zur Anwendung der Grundsätze über eine Betriebsaufspaltung BFH BStBl. II 1991 S. 635; *Jacobs*, Unternehmensbesteuerung, 5. Aufl. 2015, S. 424 ff., 539 f.
[55] BFH BFH/NV 2018, 810; *Strahl* NWB 2018, 2172.
[56] BFH DStR 2018, 2011 mit Anm. *Broemel* DStRK 2018, 182.
[57] *Rödder/Herlinghaus/v. Lishaut* UmwStG § 20 Rn. 68; *Schmitt/Hörtnagel/Stratz* UmwG/UmwStG § 20 Rn. 85.
[58] *Rödder/Herlinghaus/v. Lishaut* UmwStG § 20 Rn. 69; Dötsch/Pung/Möhlenbrock/*Patt* KStG UmwStG § 20 Rn. 106.
[59] UmwStE 2011 Rn. 15.03 iVm 02.14 sowie Rn. 20.14.
[60] Dötsch/Pung/Möhlenbrock/*Patt* KStG UmwStG § 20 Rn. 113.

sen zivilrechtlich real aufgeteilt werden; aus Billigkeitsgründen kann auch eine ideelle Teilung (Bruchteilseigentum) in Betracht kommen.[61]

28 Ist der Betrieb oder ein Teilbetrieb einer **Personenhandelsgesellschaft** oder ein **Mitunternehmeranteil** Gegenstand der Sacheinlage, gelten die vorgenannten Grundsätze entsprechend. Aus steuerlicher Sicht gilt als Einbringender nicht die Personengesellschaft, sondern jeder Mitunternehmer der Personengesellschaft; hieran hat sich im Grundsatz durch die Neuregelungen des SEStEG nichts geändert.[62] Im Umwandlungssteuererlass wird hierzu eine differenzierende Auffassung vertreten. Besteht nach der Einbringung des Betriebs der Personengesellschaft die Personengesellschaft (Mitunternehmerschaft) fort und werden ihr die Anteile an dem übernehmenden Rechtsträger gewährt, ist sie selbst Einbringende; wird die Personengesellschaft infolge der Einbringung aufgelöst und stehen die gewährten Anteile zivilrechtlich den Gesellschaftern (Mitunternehmern) zu, sind diese als Einbringende anzusehen.[63] Für jeden der Mitunternehmer handelt es sich um einen gesonderten Einbringungsvorgang, so dass steuerlich das Bewertungswahlrecht durch die übernehmende Gesellschaft nach § 20 Abs. 2 S. 1 UmwStG in Bezug auf jeden Mitunternehmer individuell (aber einheitlich) ausgeübt werden kann.[64] Gleiches gilt auch bei der Sacheinlage von Mitunternehmeranteilen. Das Bewertungswahlrecht bei Einbringung eines Mitunternehmeranteils wird in der aufnehmenden Gesellschaft ausgeübt. Eine Bindung an den handelsbilanziellen Wertansatz für den eingebrachten Mitunternehmeranteil in der Bilanz der Kapitalgesellschaft besteht nicht.[65] § 20 Abs. 1 UmwStG gilt auch, wenn ein Mitunternehmer nicht seinen gesamten, sondern nur einen Teil seines Mitunternehmeranteils einbringt.[66] Das diesem Mitunternehmeranteil zuzuordnende Sonderbetriebsvermögen I des Gesellschafters muss ebenfalls (anteilig) eingebracht werden. Unklar ist, ob Gesellschafterverbindlichkeiten, die Sonderbetriebsvermögen darstellen, nach § 20 Abs. 2 S. 2 Nr. 4 UmwStG als sonstige Gegenleistung zu betrachten sind.[67]

29 §§ 20 ff. UmwStG kommen nur zur Anwendung, wenn die AG **neue Aktien** bei der Gründung oder infolge einer Kapitalerhöhung ausgibt.[68] Die Verwendung eigener Aktien kommt bei der Gründung ohnehin nicht in Betracht.[69] Es ist gleichgültig, ob als Gegenleistung für die Einlage Stamm- oder Vorzugsaktien oder Aktien beider Gattungen ausgegeben werden. Bei der Ausgabe neuer Aktien kann ebenfalls festgelegt werden, in welchem Umfang die Sacheinlage zur Deckung des Grundkapitals und inwieweit sie zur Leistung eines Aufgelds Verwendung findet. Die Festsetzung eines bezifferten Aufgelds kann unterbleiben. Für die Anwendung von § 20 Abs. 1 UmwStG ist allein entscheidend, dass neue Aktien ausgegeben werden; der Nominalbetrag der Aktien darf den Wert der Einlage unterschreiten. Die AG darf neben den neuen Aktien eine sonstige Gegenleistung gewähren.[70] Der gemeine Wert dieser anderen Gegenleistung darf den Buchwert des eingebrachten Betriebsvermögens keinesfalls übersteigen, sonst ist dieses mindestens mit dem gemeinen Wert der anderen Wirtschaftsgüter anzusetzen, § 20 Abs. 2 S. 4 UmwStG. Im Rahmen des JStG 2013 wurde diskutiert, die Gewährung einer sonstigen Gegenleistung

---

[61] BFH BFH/NV 2013, 1650; UmwStE 2011 Rn. 15.08; Dötsch/Pung/Möhlenbrock/Patt KStG UmwStG § 20 Rn. 110; *Pyszka* DStR 2016, 2017.
[62] Differenzierend UmwStE 2011 Rn. 20.03.
[63] UmwStE 2011 Rn. 20.03 mit Hinweis auf BFH BStBl. II 1996 S. 342.
[64] UmwStE 2011 Rn. 20.12 *Rödder/Herlinghaus/v. Lishaut* UmwStG § 20 Rn. 153 mit Hinweis auf BT-Drs. 16/2710, 43; Dötsch/Pung/Möhlenbrock/Patt KStG UmwStG § 20 Rn. 192.
[65] BFH BStBl. II 2004 S. 804.
[66] UmwStE 2011 Rn. 20.11.
[67] *Rapp* DStR 2017, 580.
[68] UmwStE 2011 Rn. E 20.09.
[69] UmwStE 2011 Rn. 20.09 zu Anteilen an der aufnehmenden Kapitalgesellschaft, die wesentliche Betriebsgrundlage des eingebrachten Betriebs oder Teilbetriebs sind, die auf unwiderruflichen Antrag zurück behalten werden dürfen.
[70] UmwStE 2011 Rn. E 20.11; *Schmitt/Hörtnagel/Stratz* UmwStG § 20 Rn. 218, 353 ff.

§ 5 Steuern bei Gründung der AG

auszuschließen.[71] Die Regelungen wurden indes nicht in die Steuerrechtsänderungen des Jahres 2013 aufgenommen; die Umsetzung erfolgte im Rahmen des StÄndG 2015.[72] Werden sonstige Gegenleistungen neben den Gesellschaftsrechten gewährt, hängt die Buchwertfortführung nach § 20 Abs. 2 S. 2 Nr. 4 UmwStG jetzt zudem davon ab, dass der Wert der sonstigen Gegenleistung nicht mehr beträgt als 25 % des Buchwerts des eingebrachten Betriebsvermögens oder 500.000 EUR, jedoch maximal dem Buchwert des eingebrachten Betriebsvermögens.[73] Werden die Wertgrenzen überschritten, erfolgt ein anteiliger Wertansatz mit dem gemeinen Wert.[74]

Die aufnehmende AG hat das ihr übertragene Betriebsvermögen grundsätzlich mit dem **30** gemeinen Wert anzusetzen, § 20 Abs. 2 S. 1 UmwStG; für die Bewertung der Pensionsrückstellungen bleibt es bei § 6a EStG.[75] Auf Antrag, der von der aufnehmenden Kapitalgesellschaft spätestens bis zur Abgabe der steuerlichen Schlussbilanz bei dem für die übernehmende Gesellschaft zuständigen Finanzamt zu stellen ist, kann das übernommene Betriebsvermögen einheitlich mit dem Buchwert, höchstens jedoch mit dem gemeinen Wert angesetzt werden.[76] Die Ausübung des **Wahlrechts** ist an die Voraussetzungen von § 20 Abs. 2 S. 2 Nr. 1–3 UmwStG gebunden, womit gewährleistet werden soll, dass die in dem Vermögen liegenden stillen Reserven der Besteuerung mit Körperschaftsteuer unterliegen.[77] Der Wert der Passivposten des eingebrachten Betriebsvermögens darf den Wert der Aktivposten nicht übersteigen. Der Buchwert ist der Wert, mit dem der Einbringende das eingebrachte Betriebsvermögen im Zeitpunkt der Einbringung nach den steuerlichen Gewinnermittlungsvorschriften anzusetzen hatte. Ist der nach steuerlichen Vorschriften ermittelte gemeine Wert der Wirtschaftsgüter geringer als der Buchwert, ist der Ansatz zum Buchwert ausgeschlossen.[78] Der früher geltende Grundsatz, dass das Wahlrecht nach Maßgabe des Maßgeblichkeitsprinzips nach § 5 Abs. 1 S. 2 EStG nF in der Handelsbilanz ausgeübt wird,[79] ist nach dem SEStEG entfallen. Das Wahlrecht kann nun beschränkt auf die Steuerbilanz ausgeübt werden.

Zur Verhinderung von Steuerausfällen ist bei gewerblich geprägten oder infizierten **31** Personengesellschaften mit Steuerausländern nach Fortführung von Buchwerten eine verschärfte Entstrickungsbesteuerung zu beachten, § 50i Abs. 1 EStG. In Fällen von § 50i Abs. 2 EStG wird das Wahlrecht nach § 20 Abs. 2 UmwStG gänzlich ausgeschlossen, wenn das Recht der Bundesrepublik Deutschland zu Besteuerung des Gewinns aus der Veräußerung der erhaltenen Anteile (oder von Anteilen im Sinne von § 22 Abs. 7 UmwStG) ausgeschlossen ist.[80]

---

[71] Vgl. vorgeschlagene Änderung von §§ 20 Abs. 2 und 21 Abs. 1 UmwStG; BR-Drs. 302/12.

[72] G v. 2.11.2015 BGBl. 2015 I S. 1830 ff.; zu den Vorentwürfen vgl. Art. 11f des Entwurfs eines G zur Anpassung der Abgabenordnung an den Zollkodex der Union und zur Änderung weiterer steuerlicher Vorschriften, Empfehlungen der Ausschüsse, BT-Drs. 431/1/14; im RefE eines weiteren G zur Umsetzung der Protokollerklärung v. 19.2.2015 nunmehr 25 %, maximal 300.000 EUR; *Rödder* Ubg 2015, 329; *Haarmann* DStZ 2015, 438; *Bron* DB 2015, 940.

[73] Dötsch/Pung/Möhlenbrock/*Patt* KStG UmwStG § 20 Rn. 224 ff.; *Schmitt/Hörtnagel/Stratz* UmwG/UmwStG UmwStG § 20 Rn. 353 f.

[74] Dötsch/Pung/Möhlenbrock/*Patt* KStG UmwStG § 20 Rn. 224q ff.

[75] UmwStE 2011 Rn. 20.17.

[76] UmwStE 2011 Rn. 20.17 ff.

[77] Dazu auch LfSt Bayern DStR 2014, 1971.

[78] UmwStE 2011 Rn. 3.12; keine Aufstockung auf höhere Werte, wenn der Gesamtwert des Betriebsvermögens infolge eines negativen Geschäftswertes den Buchwert nicht übersteigt, BFH BStBl. II 2016 S. 913.

[79] *Schmitt/Hörtnagel/Stratz* UmwStG § 20 Rn. 268; *Rödder/Herlinghaus/v. Lishaut* UmwStG § 20 Rn. 147; *Förster/Wendland* BB 2007, 631.

[80] G v. 26.6.2013 BGBl. 2013 I S. 1809 sowie G v. 20.12.2016 BGBl. 2016 I S. 3000; dazu BR-Drs. 406/1/16; ferner BMF 20.12.2015, BStBl. I 2016 S. 7; Dötsch/Pung/Möhlenbrock/*Patt* KStG UmwStG § 20 Rn. 227e ff.; *Schmitt/Hörtnagel/Stratz* UmwG/UmwStG UmwStG § 20 Rn. 265a ff.; *Brühl/Weiss* Ubg 2017, 259.

32 Wählt die AG den Wertansatz der übertragenen Wirtschaftsgüter zum Buchwert, werden die in den einzelnen übertragenen Wirtschaftsgütern enthaltenen **stillen Reserven** des einbringenden Gründers in vollem Umfang auf die AG übertragen. Die AG tritt in die steuerliche Rechtsstellung des Überträgers ein, was insbesondere für die Fortsetzung der steuerlichen Bewertung der übernommenen Wirtschaftsgüter, die Absetzungen für Abnutzung und die den steuerlichen Gewinn mindernden Rücklagen gilt, § 23 Abs. 1 iVm § 12 Abs. 3 erster Halbsatz UmwStG. Ferner ist der AG der Zeitraum der Zugehörigkeit von Wirtschaftsgütern zum Betriebsvermögen des Einbringenden zuzurechnen, § 4 Abs. 2 S. 3 UmwStG. Ein dem Einbringenden verbliebener Verlustvortrag nach § 10d EStG kann von der übernehmenden AG nicht ausgenutzt werden.[81]

33 Für den einbringenden Gründer hat der Wertansatz der übertragenen Wirtschaftsgüter durch die AG unmittelbare Auswirkungen, da der Wertansatz, mit dem die AG das eingebrachte Betriebsvermögen ansetzt, für ihn als Veräußerungspreis und als Anschaffungskosten für die erworbenen Aktien gilt, § 20 Abs. 3 S. 1 UmwStG. Übt die übernehmende AG zulässigerweise das Wahlrecht zum Buchwertansatz aus, entsteht infolge der Wertgleichheit des Veräußerungspreises und der Anschaffungskosten kein Veräußerungsgewinn. Die Besteuerung des Anteilseigners richtet sich nach § 22 UmwStG. Die Behandlung der erworbenen Aktien als einbringungsgeborene Anteile nach § 21 UmwStG aF, deren stille Reserven für den einbringenden Gründer steuerverstrickt geblieben sind, ist entfallen und gilt lediglich für Übertragungen, die vor dem 12.12.2006 erfolgt sind, fort. Für Einbringungsfälle gilt jetzt die Steuerverstrickung der zum Einbringungszeitpunkt vorhandenen stillen Reserven beim übertragenden Gesellschafter für einen Zeitraum von sieben Jahren, § 22 Abs. 1 UmwStG (sperrfristbehaftete Anteile). Zur Versteuerung gelangt in den Fällen der Sacheinlage und des Anteilstauschs unterhalb des gemeinen Werts der Einbringungsgewinn I iSv § 22 Abs. 1 S. 3 UmwStG, der sich aus dem Unterschiedsbetrag zwischen dem gemeinen Wert des eingebrachten Betriebsvermögens zum Zeitpunkt der Einbringung (nach Abzug von Kosten für die Einbringung) und dem Wert ergibt, den die übertragende Gesellschaft für das Betriebsvermögen angesetzt hatte. Wertveränderungen seit dem Einbringungsstichtag schlagen sich im Einbringungsgewinn I nicht nieder. Zur Realisierung eines Einbringungsgewinns II kommt es, wenn eingebrachte Anteilen an einer Kapitalgesellschaft veräußert werden, die nicht nach § 8b Abs. 2 KStG steuerfrei veräußert werden konnten.[82] Die Veräußerung führt zu einer rückwirkenden Besteuerung des Einbringenden, so als ob zum damaligen Zeitpunkt die Voraussetzungen für die Fortführung der Buchwerte nicht vorgelegen hätten. Für jedes Jahr, in dem keine die Besteuerung auslösende Maßnahme iSd §§ 22 Abs. 1 UmwStG[83] erfolgt ist, vermindert sich der Betrag des steuerverstrickten Einbringungsgewinns um je ein Siebtel.[84] Nach Ablauf der sieben Jahre können die infolge der Einbringung erhaltenen Aktien ohne Auswirkungen der (dann abgelaufenen) Steuerverstrickung veräußert werden. Gestaltungen, um die Einbringungsgewinnbesteuerung nach § 22 UmwStG zu vermeiden sind nach BFH nicht grundsätzlich missbräuchlich.[85]

34 Wenn während der Verstrickungsperiode Anteile veräußert werden, gilt dies rückwirkend als Gewinn aus der Einbringung; § 16 Abs. 4 EStG ist darauf nicht anzuwenden. Auf einen bei der Sacheinlage sonst entstehenden Veräußerungsgewinn ist § 16 Abs. 4 EStG nach Maßgabe von § 20 Abs. 4 S. 1 UmwStG anzuwenden. Der Einbringungsgewinn

---

[81] UmwStE 2011 Rn. 23.02.
[82] UmwStE 2011 Rn. 22.02; zur GewSt-Pflicht eines Einbringungsgewinns II FG Schleswig-Holstein DB 2018, 1121 mAnm *Weiss/Brühl* DB 2018, 1548; *Göllner* DB 2018, 1182; *Moritz* DB 2018, 1829.
[83] Vgl. auch die fiktiven Veräußerungsvorgänge nach S. 6; *Rödder/Herlinghaus/v. Lishaut* UmwStG § 22 Rn. 101 ff.; *Schmitt/Hörtnagel/Stratz* UmwStG § 22 Rn. 56 ff.; *Dötsch/Pung/Möhlenbrock/Patt* KStG UmwStG § 20 Rn. 27 und 39 ff.
[84] UmwStE 2011 Rn. 22.08 mit Beispiel zu Berechnung.
[85] BFH DB 2018, 1568; *Ronneberger* NWB 2018, 3155.

erhöht nach § 22 Abs. 4 UmwStG die Anschaffungskosten der erhaltenen Anteile zum Einbringungszeitpunkt und verringert damit einen Gewinn bei Veräußerung dieser Anteile.[86] Ferner kann die übernehmende Kapitalgesellschaft auf Antrag den versteuerten Einbringungsgewinn als Erhöhungsbetrag – unter der Voraussetzung, dass der Einbringende die auf den Einbringungsgewinn entfallende Steuer bezahlt hat – in dem Wirtschaftsjahr, in das das schädliche Ereignis nach § 22 UmwStG fällt, ansetzen und damit eine Buchwertaufstockung in Höhe des versteuerten Einbringungsgewinns vornehmen, § 23 Abs. 2 UmwStG.[87]

Die nachträgliche Besteuerung des Einbringenden nach § 22 Abs. 1 UmwStG wird **35** durch **Veräußerungen** jeder Art ausgelöst. Dazu gehören entgeltliche Übertragungen jeder Art, nach Auffassung der Finanzverwaltung zB auch Umwandlungen und Einbringungen, wie Verschmelzung, Aufspaltung, Abspaltung oder uU auch der Formwechsel.[88] Als schädliche Verfügungen gelten nach § 22 Abs. 1 S. 6 UmwStG die unentgeltliche Übertragung (Nr. 1), die Weitereinbringung der Anteile ohne den Nachweis der Buchwertfortführung (Nr. 2), die Rückzahlung von Kapital der Gesellschaft, an der die (sperrfristbehafteten) Anteile bestehen, infolge von Auflösung, Kapitalherabsetzung oder Rückzahlung aus dem steuerlichen Einlagenkonto iSd § 27 KStG (Nr. 3), wenn und soweit die Rückzahlung den Beteiligungsbuchwert oder dessen Anschaffungskosten des Aktionärs übersteigt,[89] die nicht zu Buchwerten erfolgte Ketteneinbringung (Nr. 4 und 5) oder wenn der Einbringende oder die übernehmende Gesellschaft aus dem Anwendungsbereich von § 1 Abs. 4 UmwStG herausfällt (Nr. 6), wie zB bei Wegzug aus der EU/dem EWR oder Austritt eines Landes aus der EU.[90] Bei Umwandlungen soll auf übereinstimmenden Antrag aller an der Umwandlung beteiligten Personen aus Billigkeitsgründen von der rückwirkenden Besteuerung des Einbringungsgewinns abgesehen werden können.[91] Das setzt allerdings voraus, dass es durch die Maßnahme zu keiner steuerlichen Statusverbesserung kommt, keine stillen Reserven von sperrfristbehafteten Anteilen auf Anteile Dritter übergehen, das deutsche Besteuerungsrecht nicht verloren geht und die Beteiligten damit einverstanden sind, dass auf alle mittelbaren und unmittelbaren Anteile § 22 Abs. 1 und 2 UmwStG entsprechend anzuwenden ist.

Für Einbringungsfälle, die nach bisherigem UmwStG vollzogen wurden, gilt das bisherige **36** Recht fort. Infolge der Einbringung gewährte Anteile sind einbringungsgeboren im Sinne des bisherigen § 21 UmwStG aF.[92] Falls der Einbringende eine **natürliche Person** (oder Mitunternehmerschaft, an der natürliche Personen beteiligt sind) ist, findet auf den bei Veräußerung von einbringungsgeborenen Aktien erzielten Gewinn § 3 Nr. 40 S. 4 Buchst. a EStG Anwendung. Erfolgt die Veräußerung erst nach Ablauf von sieben Jahren seit der Einbringung, ist der Veräußerungsgewinn nur noch zu 60% steuerpflichtig. Die Anschaffungskosten für die Aktien dürfen dann nur noch anteilig zu 60% als Betriebsausgaben abgezogen werden, § 3c Abs. 2 S. 1 EStG. Die Anwendung des ermäßigten Steuersatzes nach § 34 Abs. 1 und 3 EStG ist ausgeschlossen. Ist der Einbringende eine **Körperschaft** nach § 1 Abs. 1 Nr. 1 KStG, ist ein durch die Veräußerung der Aktien erzielter Gewinn steuerfrei, wenn die Veräußerung nach Ablauf von sieben Jahren nach der Einbringung erfolgt, § 8b Abs. 4 S. 1 Nr. 1, S. 2 Nr. 2 KStG aF. Die Anschaffungskosten

---

[86] UmwStE 2011 Rn. 22.10; Dötsch/Pung/Möhlenbrock/Patt KStG UmwStG § 20 Rn. 54 ff.
[87] UmwStE 2011 Rn. 23.07 ff. auch zu den weiteren Voraussetzungen.
[88] BFH DB 2018, 1568; UmwStE 2011 Rn. 22.02 sowie 22.18 ff.; Dötsch/Pung/Möhlenbrock/Patt KStG UmwStG § 20 Rn. 39 ff.
[89] UmwStE 2011 Rn. 22.24.
[90] UmwStE 2011 Rn. 22.18 ff.; zur Bedeutung beim Brexit vgl. Art. 3 Brexit-Steuerbegleitgesetz, v. 25.3.2019 BGBl. 2019 I 357; zum Entwurf BR-Drs. 4/19, nach dessen § 22 Abs. 8 UmwStG-E solche passiven Folgen vermieden werden sollen; ferner *Jordan* StuB 2018, 472; *Cloer/Holle* FR 2016, 921; zur Wegzugsbesteuerung vgl. → § 14 Rn. 94 ff.
[91] UmwStE 2011 Rn. 22.23.
[92] Zu den Übergangsregelungen § 27 UmwStG; dazu UmwStE 2011 Rn. 27.03 ff. sowie S. 01 ff.

für die Aktien dürfen nicht von der Kapitalgesellschaft als Betriebsausgaben abgezogen werden, § 8b Abs. 3 KStG. 5% des Veräußerungsgewinns gelten als nicht abzugsfähige Betriebsausgabe und damit steuerpflichtig, § 8b Abs. 3 KStG.[93]

37 Bei Bewertung des eingebrachten Betriebsvermögens zum **gemeinen Wert** gelten die eingebrachten Wirtschaftsgüter als zum Zeitpunkt der Einlage angeschafft, wenn die Sacheinlage im Wege der Einzelrechtsnachfolge vollzogen wurde, § 23 Abs. 4 UmwStG. Für die Kapitalgesellschaft wird der Vorgang entsprechend den allgemeinen Vorschriften als Anschaffungsvorgang behandelt.[94] Der Ansatz zum gemeinen Wert erfordert die Aufstockung des Wertansatzes aller Wirtschaftsgüter auf diesen Wert; bestand noch eine Differenz zwischen der Summe der gemeinen Werte und dem Einbringungswert insgesamt, ist ein Geschäftswert in Höhe der Differenz anzusetzen.[95] Liegt der gemeine Wert eines Betriebs/Teilbetriebs bei einer Sacheinlage nach § 20 Abs. 1 UmwStG infolge eines negativen Geschäftswerts nicht oberhalb der Buchwerte, darf die übernehmende Kapitalgesellschaft keine höheren Werte als die Buchwerte ansetzen, selbst wenn die Teilwerte der einzelnen Wirtschaftsgüter deren Buchwerte übersteigen.[96] Die Abschreibungen bemessen sich nach diesen Anschaffungskosten; eine Bindung an die Bewertungsmethoden des Einbringenden besteht nicht. Eine Zurechnung der Besitzzeit erfolgt nicht. Bei der Übertragung von Verbindlichkeiten kommen §§ 4f und 5 Abs. 7 EStG zur Anwendung.[97] Erfolgt die Sacheinlage entsprechend § 123 Abs. 3 UmwG als Gesamtrechtsnachfolge, gilt nach § 23 Abs. 4 S. 2 UmwStG Abs. 3 entsprechend, so dass die AG in die steuerliche Rechtsstellung des Einbringenden eintritt, allerdings erhöhen sich die Bemessungsgrundlagen für die Abschreibung. Die Abschreibungsmethoden können beibehalten werden.[98] Die Besitzzeiten des Rechtsvorgängers sind in Fällen beider Alternativen nicht anzurechnen. Der Ansatz zum gemeinen Wert bedingt, dass steuerfreie Rücklagen aufzulösen sind; selbstgeschaffene Wirtschaftsgüter einschließlich eines Geschäftswerts sind anzusetzen.[99]

38 Der gemeine Wert für die erworbenen Aktien ist zwingend, wenn das Besteuerungsrecht der Bundesrepublik Deutschland für die Gewinne aus der Veräußerung der infolge der Sacheinlage gewährten Anteile ausgeschlossen ist und auch durch die Einbringung nicht begründet wird, § 20 Abs. 3 UmwStG; zu weiteren Tatbeständen vgl. → Rn. 32.

39 Infolge des Ansatzes der Sacheinlage zum gemeinen Wert entsteht bei dem einbringenden Gründer nach § 20 Abs. 4 S. 1 UmwStG ein **Einbringungsgewinn.** Der Einbringungsgewinn ist nach den allgemeinen Vorschriften zu versteuern (Einkommensteuer, Körperschaftsteuer sowie Gewerbesteuer, es sei denn, dass der Einbringungsgewinn zugleich ein Aufgabegewinn[100] ist oder § 7 Abs. 2 GewStG zur Anwendung kommt). Der Einbringungsgewinn unterliegt dem begünstigten Steuersatz nach § 34 Abs. 1 EStG, wenn der Einbringende eine natürliche Person ist.[101] Da die eingebrachten Wirtschaftsgüter bei der AG mit ihren gemeinen Werten angesetzt werden, gehen keine stillen Reserven auf die AG über. Infolgedessen wird die Erfassung der in den Anteilen liegenden stillen Reserven ebenfalls nicht notwendig. Auf diese Anteile findet § 22 Abs. 1 UmwStG keine Anwendung. Die durch die Sacheinlage entstandenen Aktien an der AG können von einer natürlichen Person ohne Einhaltung einer Wartefrist veräußert werden. Der Veräußerungsgewinn ist bei Aktien, die nach dem 31.12.2008 erworben wurden, nach § 20 Abs. 2 Nr. 1

---

[93] G zur Umsetzung der Protokollerklärung vom 22.12.2003 BGBl. 2003 I S. 2840.
[94] UmwStE 2011 Rn. 23.21.
[95] *Schmitt/Hörtnagel/Stratz* UmwStG § 20 Rn. 280.
[96] BFH BStBl. II 2016 S. 913; Vorinstanz FG Münster BB 2014, 1968.
[97] *Schmitt/Hörtnagel/Stratz* UmwG/UmwStG UmwStG § 20 Rn. 278, 279a ff.; dggü BFH DStRE 2015, 449: Ansatz von Pensionsverbindlichkeiten stets zu Anschaffungskosten ungeachtet § 6a Abs. 3 EStG.
[98] Zur gewerbesteuerlichen Bedeutung der Rechtsnachfolge *Weiss/Brühl* Ubg 2018, 22.
[99] UmwStE 2011 Rn. 23.17.
[100] Abschn. R 7.1 (3), H 7.1 (3) (Veräußerungs- und Aufgabegewinne) GewStR.
[101] Zur Anwendung des Freibetrags § 16 Abs. 4 EStG; UmwStE 2011 Rn. 20.27.

EStG stets steuerpflichtig; bei zuvor erworbenen Aktien gilt dies nur, wenn die Anteile innerhalb der Jahresfrist des § 23 Abs. 1 Nr. 4 EStG aF veräußert werden oder als Teil einer Beteiligung nach § 17 Abs. 1 EStG (Anteilsbesitz mindestens 1 %) gelten. Gehören die Anteile zum Betriebsvermögen einer Kapitalgesellschaft, ist infolge des Ansatzes zum gemeinen Wert die steuerfreie Veräußerung nach § 8b Abs. 2 KStG ohne Einhalten einer Wartefrist möglich. 5 % des Veräußerungsgewinns gelten als steuerpflichtige nicht abzugsfähige Betriebsausgabe, vgl. § 8b Abs. 3 KStG.[102]

40 Der AG steht das Wahlrecht zum Ansatz des eingebrachten Betriebsvermögens mit einem **Zwischenwert** zu.[103] Zwischenwert ist ein Wert, der den bisherigen Buchwert übersteigt, aber den gemeinen Wert nicht erreicht. Zum Zwischenwertansatz muss nach Auffassung der Finanzverwaltung[104] der Zeitwert aller Vermögensgegenstände ermittelt werden. Auf der Grundlage der Kenntnis der den einzelnen Wirtschaftsgütern zuzuordnenden und der insgesamt vorhandenen stillen Reserven erfolgt dann die gleichmäßige Aufstockung[105] der stillen Reserven in allen Wirtschaftsgütern. Ein Geschäftswert ist erst dann anzusetzen, wenn für alle anderen Wirtschaftsgüter bereits der Wertansatz auf den gemeinen Wert aufgestockt worden ist und der insgesamt zu erreichende Zwischenwert den Gesamtbetrag der angesetzten Aufstockung nicht erreicht. Bei einem Ansatz zum Zwischenwert gelten für die AG die gleichen Grundsätze wie bei einem Ansatz zum gemeinen Wert, wenn die Einbringung als Vorgang mit Gesamtrechtsnachfolge ausgestaltet wurde, § 23 Abs. 3 UmwStG (→ Rn. 37).

41 Der Ansatz zum Zwischenwert führt bei dem Gründer zum Entstehen eines steuerpflichtigen Gewinns. § 20 Abs. 4 UmwStG kommt zur Anwendung. Da die Sacheinlage zu einem Wert unter dem gemeinen Wert führte, bleiben die stillen Reserven, die zum Zeitpunkt der Einbringung vorhanden waren, steuerverstrickt, § 22 Abs. 1 UmwStG. Zu den Auswirkungen vgl. → Rn. 33 ff.

42 In Fällen der Einbringung nach § 20 UmwStG ist es zulässig, die Einbringungswirkungen auf einen in der Vergangenheit liegenden Zeitpunkt zurück zu beziehen.[106] Das Einkommen und das Vermögen des Einbringenden und der übernehmenden Gesellschaft sind auf Antrag so zu ermitteln, als ob das eingebrachte Betriebsvermögen mit Ablauf des steuerlichen Übertragungsstichtags, der bis zu acht Monate zurückliegen kann, auf die Übernehmerin übergegangen wäre, § 20 Abs. 5 UmwStG. Dies kann nach Abs. 6 bei Verschmelzungen der Stichtag der Schlussbilanz, in anderen Fällen ein bis zu acht Monate vor der Anmeldung zur Eintragung im Handelsregister liegender Stichtag sein. Durch das AmtshilfeRLUmsG wurde in § 2 Abs. 4 S. 3–6 UmwStG die Regelung aufgenommen, dass der Ausgleich oder die Verrechnung von positiven Einkünften des übertragenden Rechtsträgers im Rückwirkungszeitraum mit verrechenbaren Verlusten, verbliebenen Verlustvorträgen, nicht ausgeglichenen negativen Einkünften oder einem Zinsvortrag nach § 4h EStG nicht zulässig ist.[107] Damit wird cash-box-Gestaltungen entgegen gewirkt.

43 **4. Sacheinlage von Anteilen an einer anderen Kapitalgesellschaft (Anteilstausch).** Anteile an einer anderen Kapitalgesellschaft nehmen an den Vergünstigungen der §§ 21–23 UmwStG teil, wenn sie Gegenstand der Sacheinlage sind, an der die übernehmende Kapitalgesellschaft entweder infolge der Sacheinlage oder unter Berücksichtigung einer bereits vorhandenen Beteiligung einschließlich der erworbenen Anteile nachweisbar un-

---

[102] Seit Gesetz zur Umsetzung der Protokollerklärung, BGBl. 2003 I S. 2840.
[103] *Schmitt/Hörtnagel/Stratz* UmwStG § 20 Rn. 300 ff.; *Rödder/Herlinghaus/v. Lishaut* UmwStG § 20 Rn. 176 f.
[104] UmwStE 2011 Rn. 23.14 iVm 03.25 f.
[105] BFH BStBl. II 1984 S. 747; *Schmitt/Hörtnagel/Stratz* UmwStG § 20 Rn. 302 f.
[106] UmwStE 2011 Rn. 20.13 ff.
[107] AmtshilfeRLUmsG v. 26.6.2013 BGBl. I S. 1809; *Dodenhoff* FR 2014, 687; *Melan/Wecke* DB 2014, 1447.

mittelbar die **Mehrheit der Stimmrechte** hat, § 21 Abs. 1 S. 2 UmwStG.[108] Es ist zulässig, dass die Mehrheit an der anderen Gesellschaft durch mehrere im zeitlichen Zusammenhang erfolgende Einbringungsvorgänge unterschiedlicher Personen erreicht wird, auch wenn die Voraussetzung durch keinen der Einbringenden allein, doch durch die Einbringenden gemeinsam erreicht werden. Die Voraussetzungen sind dann erfüllt, wenn die Einbringungen auf einem einheitlichen Gründungs- oder Kapitalerhöhungsvorgang beruhen.[109]

44 Nach der Auffassung der Finanzverwaltung ist § 21 UmwStG nur auf Anteile im Betriebsvermögen anzuwenden, also auch auf Anteile iSv § 17 EStG oder ehemals einbringungsgeborenen Anteile iSv § 21 Abs. 1 UmwStG 1995. § 21 UmwStG ist hingegen nicht auf Anteile anwendbar, die im Falle einer zum **Privatvermögen** gehörenden Beteiligung als Sacheinlage in die AG eingebracht werden.[110] Eine Begrenzung der persönlichen Anwendung bezogen auf den Einbringenden erfolgt in Fällen von § 21 UmwStG durch § 1 Abs. 4 UmwStG zwar nicht; allerdings ergeben sich aus § 20 Abs. 4a S. 1 und 2 EStG Sonderregelungen für Privataktionäre. Für diese gilt im Rahmen eines Tauschs von Anteilen eine obligatorische Fortführung der bisherigen Anschaffungskosten, es sei denn, dass das Recht der Bundesrepublik Deutschland hinsichtlich der Besteuerung eines Gewinns aus der Veräußerung der erhaltenen Anteile ausgeschlossen oder beschränkt ist. Der Einbringende kann auch in einem Drittstaat ansässig sein.[111] Anteilsinhaber von steuerverstrickten Anteilen können wie bei der Einlage von Wirtschaftsgütern aus dem Betriebsvermögen unter den Voraussetzungen des § 21 UmwStG die sofortige Versteuerung eines Veräußerungsgewinns vermeiden.

45 Eingebrachte Anteile sind von der aufnehmenden Gesellschaft grundsätzlich mit dem gemeinen Wert anzusetzen. Die AG hat bei der Sacheinlage von mehrheitsvermittelnden Anteilen an einer Kapitalgesellschaft im Sinne von § 21 Abs. 1 S. 2 UmwStG auf Antrag das **Wahlrecht** des Wertansatzes mit dem Buchwert wie bei Sacheinlage der in → Rn. 29 ff. beschriebenen Wirtschaftsgüter. Es gelten nach § 21 Abs. 1 S. 2 Nr. 2 UmwStG die gleichen Restriktionen bei Gewährung einer sonstigen Gegenleistung wie bei der Einlage eines Betriebs ua nach § 20 Abs. 2 UmwStG.

46 Die **steuerlichen Konsequenzen** für den einbringenden Gründer hängen von dem steuerlichen Wertansatz bei der aufnehmenden Gesellschaft und von dem steuerlichen Status der eingebrachten Anteile beim einbringenden Gesellschafter ab. Wie bei der Einbringung anderer Wirtschaftsgüter gilt der Wertansatz bei der aufnehmenden Gesellschaft zugleich als Veräußerungspreis der eingebrachten und als Anschaffungskosten der erworbenen Anteile, § 21 Abs. 2 S. 1 UmwStG. Der Einbringende muss den gemeinen Wert als Veräußerungspreis und Anschaffungskosten ansetzen, wenn für die eingebrachten Anteile das Recht der Bundesrepublik Deutschlands zur Besteuerung der stillen Reserven ausgeschlossen ist, was bei Einbringung in eine unbeschränkt steuerpflichtige AG indes nicht der Fall sein wird. Aber selbst in einem solchen Fall kann der Einbringende unter den Voraussetzungen von § 21 Abs. 2 S. 3 UmwStG beim qualifizierten Anteilstausch (§ 21 Abs. 1 S. 2 UmwStG) den Buchwert oder einen unterhalb des gemeinen Werts liegenden Zwischenwert ansetzen. Sind die Anteile Privatvermögen des Einbringenden, sind diese nach § 20 Abs. 2 Nr. 1 EStG stets steuerverstrickt, wenn nach dem 31.12.2008 erworben, sonst als Beteiligung iSv § 17 EStG oder einbringungsgeborene Anteile nach § 21 UmwStG aF. Sind die Anteile Privatvermögen, gilt beim Anteilstausch (sowie bei Ver-

---

[108] BFH DB 2018, 1568; krit. zur teilweisen sofortigen Besteuerung aus europarechtlichen Gründen *Kollruss* FR 2018, 583.
[109] Tz. 20.15 UmwSt-Erlass; UmwStE 2011 Rn. 21.09; *Rödder/Herlinghaus/v. Lishaut* UmwStG § 21 Rn. 68.
[110] Zur Bewertung der Einlage wertgeminderter Beteiligungen iSv § 17 EStG BFH FR 2018, 470.
[111] UmwStE 2011 Rn. 21.03; *Rödder/Herlinghaus/v. Lishaut* UmwStG § 21 Rn. 38; *Schmitt/Hörtnagel/Stratz* UmwStG § 20 Rn. 176.

schmelzungen und Abspaltungen)[112] für die Fortführung der bisherigen Anschaffungskosten § 20 Abs. 4a S. 1 und 2 EStG; sind die Anteile aus anderen Gründen steuerverstrickt (zB als Anteile iSv § 17 EStG oder als ehemals einbringungsgeborene Anteile nach § 21 UmwStG 1995), kann die Versteuerung eines Veräußerungsgewinns infolge des Anteilstauschs vermieden werden, wenn der Aktionär beim qualifizierten Anteilstausch den Antrag zur Buchwertfortführung zulässigerweise stellt. Die Notwendigkeit, dass die AG die Anschaffungskosten des jeweiligen Aktionärs für die eingebrachten Anteile ansetzt, ist entfallen. Nach bisherigem Recht, das für Einbringungsfälle vor der Neuregelung fort gilt, bleiben die durch die Sachkapitalerhöhung entstandenen Aktien einbringungsgeboren und steuerverstrickt, auf den Veräußerungsgewinn findet die Begünstigung nach § 3 Nr. 40a EStG aF Anwendung.[113] Werden die Anteile zum gemeinen Wert angesetzt, entsteht für den einbringenden Gründer ein Tauschgewinn, der nach § 20 Abs. 2 EStG beim Privataktionär nach § 20 Abs. 4a S. 1, 2 EStG steuerneutral bleibt und bei Veräußerung der erhaltenen Aktien der Abgeltungssteuer unterliegt. In Fällen von § 17 Abs. 2 EStG findet das Teileinkünfteverfahren nach § 3 Nr. 40c EStG Anwendung. Gleiches gilt bei Anteilen im Betriebsvermögen von Nichtkapitalgesellschaften (§ 3 Nr. 40a EStG); der Tauschgewinn unterliegt zusätzlich der Gewerbesteuer. Gehörten die Anteile zum Betriebsvermögen einer Kapitalgesellschaft, ist bei Ansatz des gemeinen Werts durch die AG der Veräußerungsgewinn infolge des Tauschs nach § 8b Abs. 2 KStG steuerfrei, wenn nicht die eingebrachten Anteile ihrerseits sperrfristbehaftet iSv § 22 UmwStG oder einbringungsgeboren infolge einer Sacheinlage nach § 20 Abs. 1 S. 1 UmwStG aF waren, § 8b Abs. 4 S. 2 Nr. 2 KStG aF. Die Veräußerung von (anteils-)einbringungsgeborenen Aktien durch solche Gründer ist nach § 8b Abs. 2 KStG steuerfrei, doch gelten 5 % des Veräußerungsgewinns als steuerpflichtige nicht abzugsfähige Betriebsausgabe.

5. Verdeckte Sacheinlage. Werden Anteile an einer anderen Kapitalgesellschaft verdeckt, dh ohne Durchführung einer Kapitalerhöhung durch einen Aktionär aus dem Privatvermögen in eine AG eingebracht, hat die Kapitalgesellschaft die verdeckt eingelegten Anteile mit dem gemeinen Wert anzusetzen.[114]

Stammen die verdeckt eingelegten Anteile aus einem Betriebsvermögen, gilt für den Anteilstausch § 6 Abs. 6 S. 2 EStG und wird ein Gewinn in Höhe des Unterschiedsbetrags des Teilwerts der eingelegten Anteile und ihrer Anschaffungskosten erzielt. Der Gewinn wird nach § 3 Nr. 40 Buchstabe a EStG nach dem Teileinkünfteverfahren besteuert. Wird eine Beteiligung nach § 17 EStG verdeckt eingelegt, liegt nach § 17 Abs. 1 S. 2 EStG ein Veräußerungsgeschäft vor. Der Veräußerungspreis der Anteile bestimmt sich nach deren gemeinem Wert, § 17 Abs. 2 S. 2 EStG; § 3 Nr. 40c EStG findet Anwendung.

Gehörten die verdeckt eingelegten Anteile zu einem Betriebsvermögen einer Kapitalgesellschaft nach § 1 Abs. 1 Nr. 1 KStG, findet § 8b Abs. 2 KStG Anwendung. Nach Satz 3 gilt unter Beachtung von Abs. 3 als steuerfreie Veräußerung auch die verdeckte Einlage.

Bei der erwerbenden AG erhöht die verdeckte Einlage nicht das Einkommen der Gesellschaft, § 8 Abs. 3 S. 3 KStG. Voraussetzung ist nach dem Korrespondenzprinzip allerdings, dass die verdeckte Einlage das Einkommen des Gesellschafters nicht gemindert hat.[115]

6. Formwechsel. Entsteht die AG durch den Formwechsel einer Personenhandelsgesellschaft in eine AG nach § 190 UmwG, finden auf die steuerlichen Folgen die Vorschriften über die Einbringung eines Betriebs (§§ 20–23 UmwStG) entsprechende Anwendung,

---

[112] Dazu AmtshilfeRLUmsG v. 26.6.2013 BGBl. I S. 1809.
[113] Unter der Voraussetzung, dass die eingebrachten Anteile ihrerseits nicht einbringungsgeborene Anteile iSv § 20 Abs. 1 S. 1 UmwStG sind.
[114] L. Schmidt/*Kulosa* EStG § 6 Rn. 733: § 6 Abs. 6 EStG gilt nicht; BFH BFH/NV 2009, 1262 unter II. 2.b.aa; krit. *Heuermann* HFR 2009, 125; Dötsch/Pung/Möhlenbrock/*Lang* KStG nF § 8 Abs. 3 Teil B Rn. 56.
[115] Dötsch/Pung/Möhlenbrock/*Lang* KStG § 8 Abs. 3 Teil B Rn. 150 ff.

§ 25 UmwStG. Für die steuerlichen Folgen bei der AG und den einbringenden Gründern gelten die → Rn. 26 ff. entsprechend. Anders als nach den umwandlungsrechtlichen Vorschriften muss die übertragende (genauer: ihre Form wechselnde) Gesellschaft auf den steuerlichen Übertragungsstichtag eine Steuerbilanz aufstellen.[116] Auch wenn es sich bei dem Formwechsel um einen identitätswahrenden Vorgang handelt, stehen der aufnehmenden AG auf Antrag die Bewertungswahlrechte nach §§ 20, 21 UmwStG zu.

52 Entsteht die AG durch den Formwechsel einer anderen Kapitalgesellschaft, ist der Formwechsel steuerlich ohne Bedeutung, da der Formwechsel einer Körperschaft in eine andere Körperschaft die steuerliche Behandlung insgesamt unberührt lässt.

---

[116] Zur steuerlichen Rückwirkung FG Niedersachsen v. 29.1.2019, DStRE 2019, 893.

3. Kapitel. Allgemeine Bestimmungen der Satzung

§ 6 Satzung

Übersicht

	Rn.		Rn.
I. Allgemeines	1–5	III. Grenzen statutarischer Gestaltungsfreiheit	9–12
1. Doppelfunktion der Satzung	1–3	1. Abweichungen vom Gesetz	9, 10
2. Auslegung	4, 4a	2. Ergänzungen	11
3. Form	5	3. Rechtsfolgen	12
II. Notwendiger Satzungsinhalt	6–8	IV. Satzung und schuldrechtliche Aktionärsvereinbarungen	13, 14
1. Mindestinhalt	6		
2. Mängel der Satzung	7	V. Vorratsgründung	15
3. Statutarische Regelung als Gültigkeitsvoraussetzung	8		

Schrifttum: *Bachmann,* Abschied von der „wirtschaftlichen Neugründung"?, NZG 2011, 441; *Bausch,* Schuldrechtliche Vereinbarungen über die Entsendung von Mitgliedern in den Aufsichtsrat im Lichte des § 101 II AktG, NZG 2007, 574; *Grunewald,* Satzungsfreiheit für das Beschlussmängelrecht, NZG 2009, 967; *Habersack,* Wider das Dogma von der unbeschränkten Gesellschafterhaftung bei wirtschaftlicher Neugründung einer AG oder GmbH, AG 2010, 845; *Hase,* Schiedsgerichtsbarkeit im Gesellschaftsrecht: Optimierungsspielräume für die DIS-ERGeS, BB 2011, 1993; *Hellermann,* Aktienrechtliche Satzungsstrenge und Delegation von Gestaltungsspielräumen an den Vorstand, NZG 2008, 561; *Hoffmann-Becking,* Der Einfluss schuldrechtlicher Gesellschaftervereinbarungen auf die Rechtsbeziehungen in der Kapitalgesellschaft, ZGR 1994, 442 ff.; *Hüffer,* Die Haftung bei wirtschaftlicher Neugründung unter Verstoß gegen die Offenlegungspflicht, NJW 2011, 1772; *Jürgenmeyer,* Satzungsklauseln über qualifizierte Beschlussmehrheiten im Aufsichtsrat der Aktiengesellschaft, ZGR 2007, 112; *Lieder,* Zur Anwendbarkeit der Grundsätze der Mantelverwendung, NZG 2010, 10; *D. Mayer,* Grenzen von Aktionärsvereinbarungen, MittBayNot 2006, 281; *Mertens,* Satzungs- und Organisationsautonomie im Aktien- und Konzernrecht, ZGR 1994, 426 ff.; *Noack,* Gesellschaftervereinbarungen bei Kapitalgesellschaften, 1994; *ders.,* Der allseitige Gesellschafterbeschluss als „schuldrechtliche Abrede" und dessen korporationsrechtliche Folgen, NZG 2010, 1017; *Nodoushani,* Weniger Satzungsstrenge für geschlossene Gesellschaften?, NZG 2008, 452; *Petrikowski,* Satzungsstrenge contra Gestaltungsfreiheit im Recht der „deutschen" AG und SE, 2009; *Riegger/Wilske,* Auf dem Weg zu einer allgemeinen Schiedsfähigkeit von Beschlussmängelstreitigkeiten?, ZGR 2010, 733; *Schäfer,* Besondere Regelungen für börsennotierte und für nichtbörsennotierte Gesellschaften?, NJW 2008, 2536; *Schall,* „Cessante ratione legis" und das Richterrecht zur wirtschaftlichen Neugründung, NZG 2011, 656; *Waclawik,* Zulässigkeit und Regelungsmacht satzungsmäßiger Treuepflicht- und Gerichtsstandsregeln bei der Aktiengesellschaft, DB 2005, 1151; *Winter,* Satzung und schuldrechtliche Gesellschaftervereinbarungen: Die Sicht der Praxis, in: Gesellschaftsrecht 1995, 1996, S. 131 ff.; *Zöllner,* Wechselwirkungen zwischen Satzung und Gesellschaftervereinbarungen ohne Satzungscharakter, in: Gesellschaftsrecht 1995, 1996, S. 89 ff.

I. Allgemeines

1. Doppelfunktion der Satzung. Die Satzung der AG hat eine doppelte Funktion.[1] Sie 1 enthält zum einen die Vereinbarung der Gründer (vgl. § 28 AktG) über die Errichtung der AG; § 2 AktG spricht insofern auch vom Gesellschaftsvertrag der AG. Zum anderen enthält die Satzung die Verfassung der AG, die ihre Organisation sowie die mitgliedschaftlichen Rechte und Pflichten der Aktionäre im Verhältnis zur AG regelt. Darüber hinaus kann die Satzung **individualrechtliche** (nicht korporative) **Regelungen** der Aktionäre untereinander oder zwischen AG und Aktionären enthalten.[2] Der Satzungsbegriff ist zunächst einmal

---

[1] Vgl. MüKoAktG/*Pentz* § 23 Rn. 37.
[2] MüKoAktG/*Pentz* § 23 Rn. 41; KölnKommAktG/*Drygala* § 54 Rn. 33.

ganz formal zu sehen. Der gesamte Inhalt der nach § 23 Abs. 1 S. 1 AktG notariell beurkundeten Satzungsurkunde stellt danach die Satzung dar. Die Unterscheidung in korporative (körperschaftsrechtliche, materielle, echte) und nicht korporative (individualrechtliche, formelle, unechte) Bestandteile hat Bedeutung insbesondere für die Frage der Auslegung (vgl. → Rn. 4), aber auch für die Satzungsänderung (vgl. → § 40 Rn. 74 ff.). Zu den **korporativen** Bestandteilen gehören alle Bestimmungen, die nicht nur für die bei Inkrafttreten der Bestimmung vorhandenen Gesellschafter oder einzelne von ihnen gelten, sondern für einen unbestimmten Personenkreis, zu dem sowohl gegenwärtige als auch künftige Aktionäre und/oder Gläubiger der Gesellschaft gehören, von Bedeutung sind, also insbesondere solche Bestimmungen, die die Grundlagen der Gesellschaft, ihre Beziehungen zu den Aktionären und die Stellung der Organe regeln.[3] Hierzu zählt insbesondere der in § 23 Abs. 3 und 4 AktG zwingend vorgeschriebene notwendige Satzungsinhalt (vgl. → Rn. 6 ff.; sog. **notwendige** korporative Satzungsbestimmungen). Darüber hinaus kann die Satzung fakultative korporative Regelungen enthalten wie zB[4] über die Dauer der Gesellschaft (§§ 39 Abs. 2, 262 Abs. 1 Nr. 1 AktG), über das Geschäftsjahr (vgl. → § 9 Rn. 1 ff.) und über den Gerichtsstand für Klagen der Aktionäre gegen die AG.[5] Auch die Regelung einer Sachübernahme nach § 27 Abs. 1 AktG (→ § 4 Rn. 1) ist korporativer Natur.

2 Die Satzungsurkunde kann auch **nichtkorporative** Bestimmungen enthalten (zur Regelung außerhalb der Satzung vgl. → Rn. 13 f.). Hierzu gehören in erster Linie schuldrechtliche Vereinbarungen zwischen der AG und einzelnen oder allen Aktionären, soweit es sich nicht um Nebenpflichten iSv § 55 AktG handelt, sowie Konsortialvereinbarungen unter den Aktionären, soweit sie wegen § 23 Abs. 5 AktG nicht mit korporativer Wirkung vereinbart werden können. Durch die Aufnahme in die Satzung verlieren diese Bestimmungen nicht ihre Rechtsnatur als (meist) schuldrechtliche Regelungen. Ihre Änderung unterliegt daher auch nicht den für Satzungsänderungen geltenden Bestimmungen.[6] Neben den notwendigen korporativen und den nichtkorporativen Bestimmungen stehen solche, die sowohl in der Satzung als auch außerhalb geregelt werden können. Ein Beispiel ist die Verpflichtung der Aktionäre, wiederkehrende Leistungen zu erbringen; diese Verpflichtung kann korporativ als Nebenleistungspflicht iSv § 55 AktG oder als bloße schuldrechtliche Pflicht geregelt werden. Im Wesentlichen handelt es sich hierbei um Satzungsergänzungen iSv § 23 Abs. 5 S. 2 AktG (→ Rn. 11). Da es sich bei einer Regelung in der Satzung um eine korporative Regelung handelt, werden diese Satzungsbestimmungen, die auf einem Gestaltungswahlrecht der Aktionäre beruhen, als **potentiell korporative** Satzungsbestandteile (indifferente Satzungsbestandteile) bezeichnet.[7] Bei diesen Regelungen steht es im Belieben der Aktionäre, ob sie die Regelung als korporative oder nichtkorporative ausgestalten; die Abgrenzung kann zweifelhaft sein. Maßgebend ist der durch objektive Auslegung (vgl. → Rn. 4) ermittelte Wille der Gründer. Die Aufnahme in die Satzung stellt ein wesentliches Indiz für eine korporative Regelung dar.[8]

3 Die Gründung der AG erfolgt durch Feststellung der Satzung durch die Gründer und die Übernahme der Aktien (vgl. im Einzelnen → § 3 Rn. 7 ff.). Auch wenn § 2 AktG die Begriffe Satzung und Gesellschaftsvertrag synonym verwendet, ist die Satzung kein rein schuldrechtlicher Vertrag. Es handelt sich vielmehr um einen Vertrag besonderer Art, der als **schuldrechtlicher und organisationsrechtlicher Vertrag** zu qualifizieren ist.[9] Er enthält

---

[3] BGHZ 123, 347 – IBH/Powell Duffryn; MüKoAktG/*Pentz* § 23 Rn. 40; Hüffer/*Koch* AktG § 23 Rn. 3.
[4] Weitere Beispiele bei MüKoAktG/*Pentz* § 23 Rn. 40 und 160 f.
[5] BGHZ 123, 347; OLG Koblenz ZIP 1992, 1234; *Bork* ZHR 157 (1993), 48; *Wilm* WiB 1994, 253.
[6] MüKoAktG/*Pentz* § 23 Rn. 41.
[7] MüKoAktG/*Pentz* § 23 Rn. 43 ff.; Hüffer/*Koch* AktG § 23 Rn. 5.
[8] Ulmer/*Ulmer* GmbHG § 53 Rn. 24; MüKoAktG/*Pentz* § 23 Rn. 45; Hüffer/*Koch* AktG § 23 Rn. 5; KölnKommAktG/*Zöllner* § 179 Rn. 53.
[9] Siehe auch die ausführliche Darstellung samt der verschiedenen Theorien zur Rechtsnatur der Satzung bei GroßkommAktG/*Röhricht/Schall* § 23 Rn. 6 ff.

sowohl die Vereinbarung der Gründer über die Errichtung der AG als auch die Organisationsregelungen der Gesellschaft.[10] Mit der Eintragung der Gesellschaft verselbstständigen sich die AG und ihre Satzung gegenüber den Gründern[11] (zur Vorgesellschaft → § 3 Rn. 37 ff.). Die Satzungsregelungen gestalten die Verfassung der AG und haben Geltung auch gegenüber späteren Aktionären. Aus der Rechtsnatur als gesellschaftsrechtlicher Organisationsvertrag folgt, dass auf die Errichtung der Satzung zwar die Vorschriften des Allgemeinen Teils des BGB grundsätzlich Anwendung finden, nicht aber die auf Leistungsaustausch gerichteten Vorschriften der §§ 320 ff. BGB. Durch die Verselbstständigung der Satzung gegenüber den Aktionären gelten auch Besonderheiten bei der Auslegung (→ Rn. 4 f.) sowie bei der Geltendmachung von Willens- und Vertragsmängeln (vgl. → Rn. 7).

2. Auslegung. Die besondere Rechtsnatur der Satzung hat Konsequenzen für ihre Auslegung. Die korporativen Teile der Satzung sind nach ihrem objektiven Erklärungswert aus sich heraus und damit ähnlich wie Gesetzesnormen auszulegen.[12] Das gilt unabhängig davon, ob es sich um notwendige oder fakultative Satzungsbestimmungen mit korporativem Charakter handelt.[13] Bei der Auslegung werden nur Wortlaut, Zweck und systematische Stellung berücksichtigt, wozu nur allgemein zugängliche Unterlagen, also insbesondere die Registerakten, herangezogen werden dürfen. Der Wille der Gründer und ihre für Dritte nicht erkennbaren Vorstellungen sind für die Auslegung ebenso unbeachtlich wie die Entstehungsgeschichte der Satzung, sofern sie sich nicht aus dem Inhalt der öffentlich zugänglichen Registerakten erschließen.[14] Ausnahmen sind bei missbräuchlicher Berufung auf offensichtlich misslungene Satzungsformulierungen denkbar.[15] Die Auslegung ist durch das Revisionsgericht frei nachprüfbar.[16]   **4**

Für **nicht korporative Bestandteile** der Satzung gelten demgegenüber die allgemeinen Regeln der Vertragsauslegung.[17] Diese Auslegung nach §§ 133, 157 BGB ist in der Revisionsinstanz nach den allgemeinen Grundsätzen nur dahingehend nachprüfbar, ob gesetzliche Auslegungsregeln, anerkannte Auslegungsgrundsätze, Denkgesetze, Erfahrungssätze oder Verfahrensvorschriften verletzt worden sind.[18]   **4a**

3. Form. Zur Form der Feststellung der Satzung → § 3 Rn. 11, zur Satzungsänderung → § 40 Rn. 74 ff.   **5**

II. Notwendiger Satzungsinhalt

1. Mindestinhalt. Die Satzung der AG muss einen bestimmten Mindestinhalt haben. Nach § 23 Abs. 3 und 4 AktG muss die Satzung folgende notwendigen Bestimmungen enthalten: **6**

---

[10] MüKoAktG/*Pentz* § 23 Rn. 37; Ulmer/*Ulmer/Löbbe* GmbHG § 2 Rn. 4 f.; Hüffer/*Koch* AktG § 23 Rn. 7; ebenso nun auch GroßkommAktG/*Röhricht/Schall* § 23 Rn. 12.
[11] BGHZ 21, 370 (374 f.); 47, 172 (179); OLG Hamm OLGZ 1993, 24 (28); Hüffer/*Koch* AktG § 23 Rn. 7; KölnKommAktG/*Arnold* § 23 Rn. 20.
[12] Ganz herrschende Meinung, siehe für alle nur GroßkommAktG/*Röhricht/Schall* § 23 Rn. 39 mit zahlreichen weiteren Nachweisen in Fn. 52.
[13] MüKoAktG/*Pentz* § 23 Rn. 50; KölnKommAktG/*Arnold* § 23 Rn. 22.
[14] BGHZ 96, 245 (250); 123, 347 – IBH/Powell Duffryn; BGH NZG 2008, 309; MüKoAktG/*Pentz* § 23 Rn. 52.
[15] GroßkommAktG/*Röhricht/Schall* § 23 Rn. 46; MüKoAktG/*Pentz* § 23 Rn. 50; Hüffer/*Koch* AktG § 23 Rn. 39; aA *Grunewald* ZGR 1995, 68 (84 f.).
[16] StRspr, vgl. BGHZ 14, 25 (36); BGH WM 1974, 372; BGHZ 96, 245 (250); BGHZ 184, 239; GroßkommAktG/*Röhricht/Schall* § 23 Rn. 51; KölnKommAktG/*Arnold* § 23 Rn. 26; MüKoAktG/*Pentz* § 23 Rn. 53.
[17] BGH WM 1955, 65; GroßkommAktG/*Röhricht/Schall* § 23 Rn. 54; Hüffer/*Koch* AktG § 23 Rn. 40; MüKoAktG/*Pentz* § 23 Rn. 49 f.
[18] BGH WM 1955, 65; 1991, 495 (496); vgl. allgemein BGH NJW 2004, 2232; BGHZ 186, 269; GroßkommAktG/*Röhricht/Schall* § 23 Rn. 54; MüKoAktG/*Pentz* § 23 Rn. 53.

– Firma und Sitz der Gesellschaft,[19]
– Gegenstand des Unternehmens,[20]
– Höhe des Grundkapitals,[21]
– Zerlegung des Grundkapitals entweder in Nennbetragsaktien oder in Stückaktien, bei Nennbetragsaktien deren Nennbeträge und die Zahl der Aktien jeden Nennbetrags, bei Stückaktien deren Zahl, außerdem, wenn mehrere Gattungen bestehen, die Gattung der Aktien und die Zahl der Aktien jeder Gattung,[22]
– ob die Aktien auf den Inhaber oder auf den Namen ausgestellt werden,[23]
– Zahl der Mitglieder des Vorstands oder die Regeln, nach denen diese Zahl festgestellt wird,[24]
– Form der Bekanntmachungen.[25]

§ 23 Abs. 3 und 4 AktG regeln den notwendigen Satzungsinhalt nicht abschließend. Auch andere Gesetze können weiteren zwingend notwendigen Satzungsinhalt bestimmen, wie zB das Gesetz über die Wahrnehmung von Urheberrechten und verwandten Schutzrechten vom 9.9.1965 (BGBl. I S. 1294) für Verwertungsgesellschaften.[26]

7 2. Mängel der Satzung. Enthält die Satzung nicht alle der in § 23 Abs. 3 und 4 AktG genannten Bestimmungen oder ist eine von ihnen mangelhaft oder nichtig, so darf der Registerrichter die Eintragung nach § 38 Abs. 1 und Abs. 4 AktG nur ablehnen, soweit diese Bestimmung, ihr Fehlen oder ihre Nichtigkeit (1.) Tatsachen oder Rechtsverhältnisse betrifft, die nach § 23 Abs. 3 AktG oder auf Grund anderer zwingender gesetzlicher Vorschriften in der Satzung bestimmt sein müssen oder die in das Handelsregister einzutragen oder von dem Gericht bekanntzumachen sind, (2.) Vorschriften verletzt, die ausschließlich oder überwiegend zum Schutze der Gläubiger der Gesellschaft oder sonst im öffentlichen Interesse gegeben sind, oder (3.) die (Gesamt-)Nichtigkeit der Satzung zur Folge hat. Richtigerweise reicht es aus, wenn die Ablehnungsgründe gemäß § 38 Abs. 4 Nr. 1, 2 und 3 AktG alternativ erfüllt sind.[27] Trägt der Registerrichter trotz der Mängel ein, so kommt eine Klage auf Nichtigerklärung der Gesellschaft nach § 275 Abs. 1 AktG nur dann in Betracht, wenn die Satzung keine Bestimmungen über die Höhe des Grundkapitals oder über den Gegenstand des Unternehmens enthält oder die Bestimmungen der Satzung über den Gegenstand des Unternehmens nichtig sind. Die Voraussetzungen für die Klage auf Nichtigerklärung gelten entsprechend für die Zulässigkeit der Amtslöschung nach § 397 S. 1 FamFG. Fehlen dagegen nur Bestimmungen nach § 23 Abs. 3 Nr. 1, 4–6 AktG oder ist eine dieser Bestimmungen oder die Bestimmung über die Höhe des Grundkapitals nichtig, so kommt nur das Verfahren der Amtsauflösung nach § 399 FamFG in Betracht. Eine Verletzung des § 23 Abs. 4 AktG ist demgegenüber kein Auflösungs- oder Nichtigkeitsgrund. Zu den Rechtsfolgen bei Verstößen gegen § 23 Abs. 5 AktG vgl. → Rn. 12.

8 3. Statutarische Regelung als Gültigkeitsvoraussetzung. Die Aufnahme bestimmter Regelungen in die Satzung kann weiterhin Gültigkeitsvoraussetzung für diese Regelungen sein. So bedürfen etwa Sacheinlagen, Sachübernahmen, Sondervorteile und Gründungsaufwand nach §§ 26, 27 AktG statutarischer Regelung (→ § 4 Rn. 2 ff.). Sie sind andernfalls der Gesellschaft gegenüber unwirksam. Sie werden dadurch aber nicht zu notwendigen Satzungsbestandteilen.

---

[19] Vgl. dazu unten § 7 und § 8.
[20] Vgl. dazu → § 9 Rn. 10 ff.
[21] Vgl. dazu → § 11 Rn. 1 ff.
[22] Vgl. dazu → § 11 Rn. 11 f.
[23] Vgl. dazu → § 13 Rn. 1 ff.
[24] Vgl. dazu → § 19 Rn. 47 ff.
[25] Vgl. dazu → § 9 Rn. 6 ff.
[26] Einzelheiten bei MüKoAktG/*Pentz* § 23 Rn. 154; Hüffer/*Koch* AktG § 23 Rn. 33.
[27] Hüffer/*Koch* AktG § 38 Rn. 14; KölnKommAktG/*Arnold* § 38 Rn. 26; MüKoAktG/*Pentz* § 38 Rn. 69; aA (kumulativ) Spindler/Stilz/*Döbereiner* AktG § 38 Rn. 10.

III. Grenzen statutarischer Gestaltungsfreiheit

1. Abweichungen vom Gesetz. Nach § 23 Abs. 5 AktG kann die Satzung von den Vorschriften des AktG nur abweichen, wenn es ausdrücklich zugelassen ist. Ergänzende Bestimmungen sind zulässig, es sei denn, dass das AktG eine abschließende Regelung enthält. Die ausdrückliche Zulassung von Abweichungen nach § 23 Abs. 5 S. 1 AktG ist wörtlich zu nehmen.[28] Bloßes Schweigen des Gesetzes ist nicht ausreichend.[29]

Die Vorschrift erfasst nach ihrem Wortlaut nur Abweichungen vom AktG, nicht hingegen von anderen Gesetzen, wie etwa dem MitbestG.[30] Dass die in den §§ 27–29, 31 und 32 MitbestG enthaltenen Regelungen nicht zur Disposition des Satzungsgebers stehen, ist nicht in § 23 Abs. 5 S. 1 AktG begründet, sondern ergibt sich aus deren zwingender Natur (vgl. § 25 Abs. 2 MitbestG).[31] Umgekehrt können aber ausnahmsweise abweichende Satzungsbestimmungen auch in anderen Gesetzen als dem AktG zugelassen sein, so etwa in § 17 Abs. 3 ZPO. Mangels gesetzlicher Zulassung ist es ua unzulässig, in der Satzung von der gesetzlich geregelten Form der Mitbestimmung der Arbeitnehmer abzuweichen (→ § 28 Rn. 44 ff.). Ferner darf in der Satzung (und auch in einer Geschäftsordnung) die Verschwiegenheitspflicht der Aufsichtsratsmitglieder nicht verschärft oder vermindert werden, da es insofern an einer ausdrücklichen Zulassung in den §§ 116 S. 2 und S. 1 iVm 93 Abs. 1 S. 3 AktG fehlt (→ § 33 Rn. 67 ff.).[32] Darüber hinaus schreibt § 23 Abs. 5 S. 1 AktG die gesetzliche Zuständigkeitsverteilung zwischen den Organen als zwingendes Recht fest.[33] Unzulässig ist weiterhin eine Satzungsbestimmung, nach der Belegschaftsaktien nach Beendigung des Arbeitsverhältnisses der Gesellschaft oder einem Dritten zu übertragen sind.[34] Wegen § 121 Abs. 5 AktG ist eine Satzungsbestimmung unzulässig, nach der die Hauptversammlung ohne inhaltliche Vorgaben mit einfacher Stimmenmehrheit den Ort der nächsten Hauptversammlung bestimmt.[35] Angesichts der Regelung des § 23 Abs. 5 S. 1 AktG besteht auch für die in § 129 Abs. 1 S. 1 AktG zugelassene Geschäftsordnung für die Hauptversammlung nur ein geringer Gestaltungsspielraum. § 129 Abs. 1 S. 1 AktG wird daher in der Praxis auch künftig keine große Rolle spielen (dazu → § 37 Rn. 32 ff.).[36] Allerdings enthält gerade das Recht der Hauptversammlung einige Öffnungsklauseln, die dem Satzungsgeber eigene Gestaltungsspielräume eröffnen oder ihm gestatten, dem Vorstand Gestaltungsspielräume im Wege der Ermächtigung zu eröffnen; vgl. etwa §§ 118 Abs. 1 S. 2, Abs. 2, Abs. 3 S. 2, Abs. 4, 131 Abs. 2 S. 2 AktG.[37] Satzungsmäßige Schieds-

---

[28] MüKoAktG/*Pentz* § 23 Rn. 161; GroßkommAktG/*Röhricht/Schall* § 23 Rn. 177; Hüffer/*Koch* AktG § 23 Rn. 35; Geßler BB 1971, 1015 (1016); Geßler FS Luther, 1976, 69 (70 ff.); *Luther* FG Hengeler, 1972, 167 (171). Eine Aufzählung der gesetzlich zugelassenen Abweichungen findet sich bei GroßkommAktG/*Röhricht/Schall* § 23 Rn. 185 ff. Zur rechtspolitischen Kritik an § 23 Abs. 5 AktG vgl. *Mertens* ZGR 1994, 426 (427 ff.). Der 67. Deutscher Juristentag hat indes an Satzungsstrenge ausdrücklich festgehalten, vgl. Hüffer/*Koch* AktG § 23 Rn. 34; aus rechtsökonomischer Perspektive *Bak*, Aktienrecht zwischen Markt und Staat. Eine ökonomische Kritik des Prinzips der Satzungsstrenge, 2003.
[29] KölnKommAktG/*Arnold* § 23 Rn. 138; GroßkommAktG/*Röhricht/Schall* § 23 Rn. 178; Hüffer/*Koch* AktG § 23 Rn. 35.
[30] GroßkommAktG/*Röhricht/Schall* § 23 Rn. 180; Hüffer/*Koch* AktG § 23 Rn. 34; aA Geßler ZGR 1980, 427 (441).
[31] BGHZ 83, 106 (110); BGH NZG 2012, 347 (zur GmbH); Ulmer/Habersack/Henssler/*Habersack*, MitbestR, 4. Aufl. 2018, MitbestG § 25 Rn. 9; GroßkommAktG/*Röhricht/Schall* § 23 Rn. 180.
[32] BGHZ 64, 325 (326); *Lutter* Information und Vertraulichkeit im Aufsichtsrat, 3. Aufl. 2006, S. 218 ff.
[33] Hüffer/*Koch* AktG § 23 Rn. 36; *Timm* DB 1980, 1201 (1204).
[34] BayObLGZ 1988, 371.
[35] BGH NJW 1994, 320 (321 f.); Hüffer/*Koch* AktG § 121 Rn. 13.
[36] Hüffer/*Koch* AktG § 129 Rn. 1c; *Bezzenberger* ZGR 1998, 352 (365 f.); *Hennerkes/Kögel* DB 1999, 81 ff.
[37] Zu letzterem BGHZ 184, 239.

klauseln für Beschlussmängelstreitigkeiten werden überwiegend als unzulässig angesehen.[38] Nachdem der BGH für die GmbH die grundsätzliche Schiedsfähigkeit von Beschlussmängelstreitigkeiten festgestellt hat[39], wird die Zulässigkeit von Schiedsvereinbarungen außerhalb der Satzung zunehmend bejaht;[40] die Erfüllung der vom BGH aufgestellten Voraussetzungen dürfte allerdings de facto nur in personalistisch strukturierten Aktiengesellschaften möglich sein.

11 **2. Ergänzungen.** Das AktG ergänzende Bestimmungen können statutarisch auch dann getroffen werden, wenn das AktG es nicht ausdrücklich zulässt. Sie sind aber nur insoweit möglich, als das AktG erkennbar keine abschließende Regelung getroffen hat.[41] Dies ist anhand der betroffenen gesetzlichen Vorschriften sowie ihres Sinns und Zwecks zu entscheiden. Teilweise sind Ergänzungen im Gesetz ausdrücklich zugelassen, zB in § 107 Abs. 1 S. 1 AktG durch Verweis auf die „nähere Bestimmung der Satzung".[42] In dem danach ergänzungsfähigen Bereich kann die Satzung ua die Kompetenzen des Vorstands bei Bildung und Umorganisation des Konzerns durch Abgrenzung des Unternehmensgegenstandes begrenzen,[43] die Möglichkeit eines Ehrenvorsitzenden der Gesellschaft – nicht aber des Aufsichtsrats – vorsehen oder ausschließen,[44] einer bestimmten Person den Vorsitz in der Hauptversammlung übertragen[45] und, solange dem Aufsichtsrat nicht die Wahlfreiheit genommen wird, persönliche Voraussetzungen für Vorstandsmitglieder aufstellen.[46] Hingegen darf die Satzung keine unzumutbar beschränkenden Vorgaben für die Vertretungsperson iSv § 134 Abs. 1 S. 1 AktG enthalten.[47]

12 **3. Rechtsfolgen.** Die Vorschrift des § 23 Abs. 5 AktG ordnet selbst nicht die Rechtsfolge der Nichtigkeit an. Trotzdem besteht Einigkeit, dass ein Verstoß gegen § 23 Abs. 5 AktG zur Nichtigkeit führt.[48] Die Nichtigkeit ergibt sich aus § 241 Nr. 3 AktG,[49] und zwar auch dann, wenn der Mangel bereits in der ursprünglichen Satzung vorhanden war. Daraus folgt, dass die Nichtigkeit nach Maßgabe des § 242 Abs. 2 AktG geheilt werden kann, wenn die unter Verstoß gegen § 23 Abs. 5 AktG zustande gekommene Satzungsbestimmung durch spätere Satzungsänderung von der Hauptversammlung beschlossen wurde. Es ist aber auch

---

[38] Vgl. *von Hase* BB 2011, 1993 (1994 f.); ablehnend Hüffer/*Koch* AktG § 246 Rn. 18; Spindler/Stilz/*Dörr* § 246 Rn. 10; GroßkommAktG/*K. Schmidt* § 246 Rn. 121; befürwortend *Borris* NZG 2010, 481; differenzierend nach der Größe der Aktiengesellschaft *Goette* GWR 2009, 103.

[39] BGHZ 180, 221 – Schiedsfähigkeit II.

[40] Hüffer/*Koch* AktG § 246 Rn. 19; *Borris* NZG 2010, 481.

[41] Hüffer/*Koch* AktG § 23 Rn. 37; Aufzählung zulässiger und unzulässiger Ergänzungen bei MüKoAktG/*Pentz* § 23 Rn. 163 f.

[42] Dazu BGHZ 83, 106 (111); eine Auflistung der ausdrücklich zugelassenen Ergänzungen bei Hüffer/*Koch* AktG § 23 Rn. 38.

[43] *Heinsius* ZGR 1984, 383 (405 f.); vgl. auch → § 9 Rn. 13 f.

[44] MüKoAktG/*Habersack* § 107 Rn. 73; Hüffer/*Koch* AktG § 107 Rn. 12; *Lutter* ZIP 1984, 645 (648); vgl. auch → § 31 Rn. 26.

[45] Vgl. MüKoAktG/*Kubis* § 119 Rn. 108; Spindler/Stilz/*Wicke* Anh. § 119 Rn. 2; vgl. auch → § 37 Rn. 36.

[46] GroßkommAktG/*Röhricht/Schall* § 23 Rn. 246; MüKoAktG/*Spindler* § 84 Rn. 28 ff. *Geßler* FS Luther, 1976, 69 (82); aA KölnKommAktG/*Mertens* § 76 Rn. 116 (gelten allenfalls als Sollvorschriften); *Hommelhoff* BB 1977, 322 (324 f.). Auch → § 20 Rn. 6 f. Zu möglichen diskriminierenden Voraussetzungen für Vorstandsmitglieder in der Satzung siehe die Darstellung bei GroßkommAktG/*Kort* § 76 Rn. 266 ff.

[47] OLG Stuttgart NJW-RR 1990, 1316; Hüffer/*Koch* AktG § 134 Rn. 25.

[48] BGHZ 144, 365 (367) (ohne jede Begründung); *Casper*, Die Heilung nichtiger Beschlüsse im Kapitalgesellschaftsrecht, 1998, S. 204 ff.; *Emde* ZIP 2000, 1753 (1754); GroßkommAktG/*Röhricht/Schall* § 23 Rn. 260; GroßkommAktG/*K. Schmidt* § 241 Rn. 56, 60; MüKoAktG/*Pentz* § 23 Rn. 170.

[49] *Casper* Heilung nichtiger Beschlüsse, 1998, S. 209; MüKoAktG/*Hüffer/Schäfer* § 241 Rn. 52; aA GroßkommAktG/*Röhricht/Schall* § 23 Rn. 260 f.; *Geßler* ZGR 1980, 427 (444); MüKoAktG/*Pentz* § 23 Rn. 170 (aus § 23 Abs. 5 AktG).

gerechtfertigt, bereits in der ursprünglichen Satzung vorhandene Verstöße gegen § 23 Abs. 5 AktG analog § 242 Abs. 2 AktG heilen zu lassen.[50]

IV. Satzung und schuldrechtliche Aktionärsvereinbarungen

Schuldrechtliche Aktionärsvereinbarungen – auch „Nebenverträge" oder „satzungsergänzende Nebenabreden" genannt – sind Vereinbarungen, die einzelne oder alle Aktionäre zur Regelung ihrer Rechtsverhältnisse untereinander oder im Verhältnis zur AG außerhalb der Satzung treffen.[51] Gegenstände solcher Aktionärsvereinbarungen sind in der Praxis insbesondere die Besetzung und Besoldung der Organe,[52] die Beschränkung oder Öffnung des Kreises der Aktionäre beispielsweise durch Vorerwerbs- oder Vorkaufsrechte,[53] die Regelung von Finanzierungsbeiträgen über die Einlagepflicht hinaus,[54] Festlegungen zur Ausschüttungs- und Bilanzierungspolitik[55] und – sehr häufig – Stimmbindungsvereinbarungen.[56] Von ihrer **Rechtsnatur** her handelt es sich um schuldrechtliche Verträge, häufig um Innengesellschaften des bürgerlichen Rechts.[57] Da es sich um Verträge handelt, können diese Aktionärsvereinbarungen grundsätzlich nur einvernehmlich geändert werden. Sie unterliegen nicht der Form des § 23 Abs. 1 AktG und – was sie häufig besonders interessant macht – nicht der Handelsregisterpublizität.[58] Bei der rechtsgeschäftlichen Übertragung der Aktionärsstellung bedarf es wegen der Relativität der schuldrechtlichen Aktionärsvereinbarung einer zusätzlichen rechtsgeschäftlichen Überleitung der Rechte und Pflichten aus der Nebenvereinbarung, um ein Auseinanderfallen der Beteiligung an der Gesellschaft einerseits und der Beteiligung an der auf sie bezogenen Nebenabrede anderseits zu vermeiden.[59]

Schuldrechtliche Aktionärsvereinbarungen und Satzung sind grundsätzlich getrennt voneinander zu beurteilen, und zwar auch dann, wenn alle Aktionäre an der Vereinbarung beteiligt sind (sog. Trennungsprinzip).[60] Daher bestimmen Aktionärsvereinbarungen auch nicht den Inhalt oder Umfang der Treuepflicht.[61] Ebenso wenig können diese Vereinbarungen zur Auslegung von Satzungsbestimmungen herangezogen werden.[62] Wegen eines Ver-

---

[50] BGHZ 144, 365 (368); *Casper* Heilung nichtiger Beschlüsse, 1998, S. 208 f.; *Geßler* ZGR 1980, 427 (453); GroßkommAktG/*Röhricht*/*Schall* § 23 Rn. 262; MüKoAktG/*Hüffer*/*Schäfer* § 242 Rn. 31; offen gelassen von BGHZ 99, 211 (217).

[51] *Baumann*/*Reiss* ZGR 1989, 157 (158); GroßkommAktG/*Röhricht*/*Schall* § 23 Rn. 296 ff.; *Hoffmann-Becking* ZGR 1994, 442; *Hüffer*/*Koch* AktG § 23 Rn. 45; *Zöllner* in Gesellschaftsrecht 1995, 1996, S. 89/90.

[52] GroßkommAktG/*Röhricht*/*Schall* § 23 Rn. 299 ff.; *Hoffmann-Becking* ZGR 1994, 442 (444).

[53] OLG Karlsruhe AG 1990, 499; LG Offenburg AG 1989, 134 (137); GroßkommAktG/*Röhricht,/Schall* § 23 Rn. 308 f.; *Noack,* Gesellschafterveinbarungen bei Kapitalgesellschaften, 1994, S. 282 f.

[54] BGH AG 1990, 86 f.

[55] *Hoffmann-Becking* ZGR 1994, 442 (444); weitere Beispiele bei *Baumann*/*Reiss* ZGR 1989, 157 (181 ff.); *Noack,* Gesellschafterveinbarungen bei Kapitalgesellschaften, 1994, S. 1 ff. und 37 ff.

[56] Vgl. BGHZ 48, 163; 179, 13; *Podewils* BB 2009, 733; *D. Mayer* MittBayNot 2006, 281 (286 f.); für Einzelheiten vgl. → § 39 Rn. 45 ff.

[57] BGHZ 126, 226 (234); 179, 13 (beide zu Stimmrechtskonsortien); GroßkommAktG/*Röhricht*/*Schall* § 23 Rn. 322; MüKoAktG/*Pentz* § 23 Rn. 198.

[58] Spindler/Stilz/*Limmer* AktG § 23 Rn. 41.

[59] Siehe dazu und zu den verschiedenen Möglichkeiten der rechtsgeschäftlichen Überleitung der Rechte und Pflichten aus der Nebenabrede GroßkommAktG/*Röhricht*/*Schall* § 23 Rn. 328 ff.

[60] OLG Stuttgart BB 2001, 794 (797) (zur GmbH); Spindler/Stilz/*Limmer* AktG § 23 Rn. 41, 41b; *Baumann*/*Reiss* ZGR 1989, 157 (158 f.); *Goette* in Gesellschaftsrecht 1995, 1996, S. 113/120; *Ulmer* NJW 1987, 1849 (1850 f.); *Ulmer* FS Röhricht, 2005, 633 ff.; *Winter* ZGR 154 (1990), 259 (263 ff.); aA *Noack,* Gesellschafterveinbarungen bei Kapitalgesellschaften, 1994, S. 116 ff.

[61] *Goette* in Gesellschaftsrecht 1995, 1996, S. 113/126; *Ulmer* NJW 1987, 1849 (1852); aA *Zöllner* in Gesellschaftsrecht 1995, 1996, S. 89/107 ff.

[62] OLG Stuttgart BB 2001, 794 (797) (zur GmbH); *Hüffer*/*Koch* AktG § 23 Rn. 47; MüKoAktG/*Pentz* § 23 Rn. 200; aA *Grunewald* ZGR 1995, 68 (86 ff.); *Zöllner* in Gesellschaftsrecht 1995, 1996, S. 89/105 ff.

stoßes gegen Aktionärsvereinbarungen kann ein Hauptversammlungsbeschluss auch dann nicht angefochten werden, wenn alle Aktionäre an der Vereinbarung beteiligt sind (sog. „omnilaterale" Aktionärsvereinbarung).[63] Die gegenteilige frühere Rechtsprechung zur GmbH[64] ist der Sache nach zwischenzeitlich aufgegeben.[65] Dagegen kann einem Aktionär die Anfechtungsbefugnis fehlen, wenn der Hauptversammlungsbeschluss zwar an sich anfechtbar ist, aber einer (allseitigen) Aktionärsvereinbarung entspricht.[66] Ein Verstoß gegen § 23 Abs. 5 S. 1 AktG liegt jedoch vor, wenn die Verletzung der Aktionärsvereinbarung organisationsrechtliche Sanktionen wie zB eine Kaduzierung nach § 64 AktG zur Folge haben soll.[67]

V. Vorratsgründung

15 Eine **Vorrats- oder Mantelgründung** (vgl. auch → § 3 Rn. 8) ist die Gründung einer AG, die abgesehen von der Verwaltung ihres Vermögens eine unternehmerische Tätigkeit nicht ausüben soll, sondern lediglich „auf Vorrat" gegründet wird.[68] In Ermangelung einer eigenen wirtschaftlichen oder sonstigen Tätigkeit ist die Gesellschaft zunächst nur die äußere Rechtsform einer AG, eine „Hülse".[69] Die Gründung dient also dem Zweck, eine AG auf Vorrat zu schaffen, die erst später bei Bedarf – meist nach Erwerb durch Dritte (sog. Mantelverwendung) – unternehmerischer Verwendung zugeführt werden soll, und zwar in aller Regel unter Auswechslung ihrer Organmitglieder und nach Änderung von Sitz und Unternehmensgegenstand. Mit der Vorratsgründung wird also die Absicht verfolgt, bei Bedarf sofort über eine AG verfügen zu können, ohne erst noch die zeitraubenden Gründungsformalitäten durchführen zu müssen. Die Zulässigkeit der Vorratsgründung von Aktiengesellschaften ist früher mit der Begründung abgelehnt worden, sie stelle eine Umgehung der für die Gründung maßgebenden gesetzlichen Vorschriften dar und sei daher nichtig.[70] Nach heute nahezu einhelliger und richtiger Auffassung ist die Vorratsgründung jedoch dann zulässig, wenn die Gründung auf Vorrat offengelegt und als Unternehmensgegenstand zB die Verwaltung eigenen Vermögens angegeben wird („offene Vorratsgründung").[71] Zulässig ist daher die **Mantelverwendung** durch spätere Aufnahme des Geschäftsbetriebs.[72] Als Unterfall der Mantelverwendung ebenfalls zulässig ist der so genannte **Mantelkauf**, bei dem ein außenstehender Dritter die Anteile an der Mantelgesellschaft erwirbt. Der Mantelkauf kann für den Erwerber sinnvoll sein, um Ressourcen zu sparen, die er andernfalls bei einer Neugründung aufzubringen hätte.[73] Die Mantelverwendung ist nach der Rechtsprechung als wirtschaftliche Neugründung anzusehen, so dass die Gründungsvorschriften einschließlich der registerrechtlichen Kontrolle entsprechend anzuwenden sind.[74] Bei einer wirtschaft-

---

[63] OLG Stuttgart BB 2001, 794 (797) (zur GmbH); *Hoffmann-Becking* ZGR 1994, 442 (450); Hüffer/*Koch* AktG § 23 Rn. 47; MüKoAktG/*Pentz* § 23 Rn. 202.

[64] BGH NJW 1983, 1910 (1911); 1987, 1890 (1891).

[65] Zutreffend *Goette* Gesellschaftsrecht 1995, 1996 S. 113/119 ff. unter Hinweis auf BGHZ 123, 15 (20).

[66] Vgl. BGH NZG 2010, 988 (satzungswidriger allseitiger Gesellschafterbeschluss bei der GmbH als umgedeutete schuldrechtliche Nebenabrede beseitigt Anfechtbarkeit eines späteren Beschlusses); *Noack* NZG 2010, 1017.

[67] Hüffer/*Koch* AktG § 23 Rn. 47; *Winter* ZGR 154 (1990), 259 (281).

[68] BGHZ 117, 323 (330); GroßkommAktG/*Röhricht/Schall* § 23 Rn. 344 f.; Hüffer/*Koch* AktG § 23 Rn. 25. Etwas abweichende Terminologie *Heidinger* ZGR 2005, 101 (103).

[69] KG JW 1924, 1537.

[70] *Baumbach/Hueck* AktG § 23 Rn. 5; GroßkommAktG/*Barz*, 3. Aufl., § 23 Anm. 13.

[71] BGHZ 117, 323 (330 ff.); 153, 158; Hüffer/*Koch* AktG § 23 Rn. 25; KölnKommAktG/*Arnold* § 23 Rn. 93.

[72] BGHZ 117, 323 (331 ff.); 153, 158 (160 ff.); 192, 341; Hüffer/*Koch* AktG § 23 Rn. 26; *Altmeppen* NZG 2003, 145 ff. Zum Vorliegen einer Mantelverwendung vgl. BGH NZG 2010, 427.

[73] GroßkommAktG/*Röhricht/Schall* § 23 Rn. 362.

[74] BGHZ 117, 323 (331); 153, 158 (160 ff.); 155, 318 (321); 192, 341. Zu den Auswirkungen auf die Praxis *Goette* DStR 2003, 887/889 f.; *Heidinger* ZGR 2005, 101; *Nolting* ZIP 2003, 651 ff. Kritisch *Heidenhain* NZG 2003, 1051 ff.; *K. Schmidt* NJW 2004, 1345 ff.

lichen Neugründung einer Vorrats- oder Mantelgesellschaft kommt eine Haftung der handelnden Personen analog § 41 Abs. 1 S. 2 AktG nur dann in Betracht, wenn die Geschäfte vor Offenlegung der wirtschaftlichen Neugründung aufgenommen worden sind und dem nicht alle Aktionäre zugestimmt haben.[75] Unterbleibt die Offenlegung der wirtschaftlichen Neugründung gegenüber dem Handelsregister, gelten die Grundsätze der Unterbilanzhaftung. Diese Haftung ist zeitlich begrenzt auf den Zeitpunkt, zu dem die wirtschaftliche Neugründung entweder durch die Anmeldung der Satzungsänderungen oder durch die Aufnahme der wirtschaftlichen Tätigkeit erstmals nach außen in Erscheinung getreten ist.[76] Die Zuführung von Sachwerten innerhalb von zwei Jahren nach Eintragung der entsprechenden Satzungsänderungen in das Handelsregister kann zur entsprechenden Anwendung des § 52 AktG führen.[77] Gründer im Sinne von § 52 Abs. 1 S. 1 AktG sind die ersten Verwender der AG. Nach der Rechtsprechung ist die analoge Anwendung der Gründungsvorschriften nicht nur bei der erstmaligen Aufnahme des Geschäftsbetriebs geboten, sondern auch bei Reaktivierung der AG nach zwischenzeitlicher Einstellung der Tätigkeit.[78]

§ 7 Firma

Übersicht

	Rn.		Rn.
I. Allgemeines	1–3	5. Vorgesellschaft, Liquidation, Konkurs	9, 10
1. Gesetzliche Regelung	1		
2. Rechtsfolgen eines Verstoßes	2, 3	6. AG & Co. KG	11
II. Grundsätze der Firmenbildung	4–13	7. Abgeleitete Firma	12
1. Grundsatz	4	8. Sonderfälle	13
2. Rechtsformzusatz	5	III. Schutz der Firma	14
3. Firmenrechtliches Irreführungsverbot	6, 7		
4. Zweigniederlassung	8		

Schrifttum: *Gabbert*, Firma der Aktiengesellschaft: Zulässige Abkürzung „AG"?, DB 1992, 198–200; *Clausnitzer*, Das Firmenrecht in der Rechtsprechung (2000 bis 2009), DNotZ 2010, 345; *Lutter/Welp*, Das neue Firmenrecht der Kapitalgesellschaften ZIP 1999, 1073–1083; *Parmentier/Steer*, Die Konzernfirma nach dem Ende der Unternehmensverbindung, GRUR 2003, 196–202; *Röh*, Zusatz „und Partner": Reservierung für die Partnerschaftsgesellschaft?, DB 1996, 2426–2427; *K. Schmidt*, HGB-Reform im Regierungsentwurf, ZIP 1997, 909–918; *ders.*, Das Handelsrechtsreformgesetz, NJW 1998, 2161–2169; *U. H. Schneider*, Die Firma des Konzerns und der Konzernunternehmen, BB 1989, 1985–1990; *Schulenburg*, Die Abkürzung im Firmenrecht der Kapitalgesellschaften, NZG 2000, 1156–1159; *Wessel/Zwernemann*, Die Firmengründung, 6. Aufl. 1994.

I. Allgemeines

1. Gesetzliche Regelung. Die Firma ist der Geschäftsname, unter dem die AG am Rechtsverkehr teilnimmt. Die Vorschrift des § 4 AktG hat zwar die Überschrift „Firma", regelt aber nicht die Firma, sondern die Erforderlichkeit des ausgeschrieben oder abgekürzt verwendeten Rechtsformzusatzes Aktiengesellschaft. Die Firma ist nach der Neufassung von § 4 AktG durch das Handelsrechtsreformgesetz vom 22.6.1998 (BGBl. I S. 1474) nicht mehr dem **Gegenstand des Unternehmens** zu entnehmen. Die Firma muss die Bezeichnung „Aktiengesellschaft" oder eine allgemein verständliche Abkürzung dieser Bezeichnung enthalten (→ Rn. 5). Neben der Vorschrift des § 4 AktG gelten die allgemeinen

---

[75] Vgl. BGH NZG 2011, 1066 zur GmbH. Vgl. zum Streitstand Hüffer/Koch AktG § 23 Rn. 27c.
[76] BGHZ 192, 341; BGH NZG 2014, 264; krit. zur Anwendung der Unterbilanzhaftung auf die wirtschaftliche Neugründung *Schall* NZG 2011, 656; *Habersack* AG 2010, 845.
[77] Hüffer/Koch AktG § 23 Rn. 27a; *Grootehorst* NZG 2001, 145 (148); *Priester* DB 2001, 467 (468). Auch → § 4 Rn. 44.
[78] BGHZ 155, 318 mit Anm. *Heidenhain* NZG 2003, 1051; BGHZ 192, 341 (beide zur GmbH).

Vorschriften des Firmenrechts in den §§ 17 ff. HGB sowie besondere firmenrechtliche Vorschriften bei Verschmelzung (§ 18 UmwG) und Formwechsel (§ 200 UmwG) sowie in Spezialgesetzen (zB für Kreditinstitute und Wirtschaftsprüfungsgesellschaften).

2 **2. Rechtsfolgen eines Verstoßes.** Die Firma muss in der **Satzung** bestimmt werden (§ 23 Abs. 3 Nr. 1 AktG). Das **Fehlen** oder die **Nichtigkeit** der Bestimmungen über die Firma bildet daher gemäß § 38 Abs. 1, Abs. 4 Nr. 1 AktG ein Eintragungshindernis.[1] Wird die Gesellschaft trotzdem eingetragen, so hat das Registergericht nach § 399 Abs. 1 FamFG die Gesellschaft aufzufordern, innerhalb einer von ihm bestimmten Frist die Firma zu ändern. Stellt das Registergericht fest, dass die Änderung nicht erfolgt ist, so hat das die Auflösung der Gesellschaft nach § 262 Abs. 1 Nr. 5 AktG iVm § 399 Abs. 2 FamFG zur Folge.

3 Ist demgegenüber eine bisher zulässige Firma durch eine Satzungsänderung in unzulässiger Weise verändert worden, so kann das Registergericht nicht nach § 399 Abs. 1 FamFG vorgehen. Der Beschluss kann aber wegen Verstoßes gegen § 4 AktG im Amtslöschungsverfahren nach § 398 FamFG mit der Folge des § 241 Nr. 6 AktG gelöscht werden.[2] Daneben hat das Registergericht nach §§ 37 Abs. 1 HGB, 392 FamFG die Möglichkeit, den Vorstand durch Festsetzung eines Ordnungsgeldes zur Unterlassung des Gebrauchs der unzulässigen Firma anzuhalten.[3]

II. Grundsätze der Firmenbildung

4 **1. Grundsatz.** Nach § 4 AktG ist die einzige gesetzliche Vorgabe an die Firmenbildung, dass die Firma das Wort „Aktiengesellschaft" oder eine allgemein verständliche Abkürzung dieser Bezeichnung als Rechtsformzusatz enthalten muss. Das frühere sog. Entlehnungsgebot, wonach die Firma in der Regel dem Unternehmensgegenstand zu entnehmen war,[4] gilt nicht mehr. Die Gestaltungsmöglichkeiten der Firma einer AG sind somit gegenüber der früheren Rechtslage wesentlich erweitert worden. Es sind neben der nach wie vor zulässigen, dem Unternehmensgegenstand entlehnten **Sachfirma** auch eine **Personenfirma** und eine **Fantasiefirma** oder eine hieraus gebildete Mischform zulässig.[5] Die allgemeinen Vorschriften des Firmenrechts in den §§ 17 ff. HGB sind selbstverständlich auch für die Firma der AG zu beachten. Insbesondere darf die Firma nach § 18 Abs. 2 HGB keine Angaben enthalten, die geeignet sind, über geschäftliche Verhältnisse, die für die angesprochenen Verkehrskreise wesentlich sind, irrezuführen.

5 **2. Rechtsformzusatz.** Die Firma der AG muss nach § 4 AktG in allen Fällen die Bezeichnung „**Aktiengesellschaft**" oder eine allgemein verständliche Abkürzung dieser Bezeichnung enthalten.[6] Der Zusatz muss in deutscher Sprache abgefasst sein und darf nicht durch ähnliche Formulierungen wie „Aktienverein" oder „Aktienunternehmen" ersetzt werden. Zulässig sind aber Wortverbindungen wie „Aktiengesellschaft für Maschinenbau" und „Bauaktiengesellschaft"; nicht zulässig ist hingegen die Verwendung des Wortteils „Aktien", zB in „Aktienbrauerei". Das Wort „Aktiengesellschaft" kann in der Satzung abgekürzt verwendet werden und wird entsprechend auch im Handelsregister eingetragen.

---

[1] MüKoAktG/*Pentz* § 23 Rn. 67; ebenso bei fehlendem oder nichtigem Rechtsformzusatz nach § 4 AktG, vgl. Spindler/Stilz/*Drescher* AktG § 4 Rn. 6.

[2] GroßkommAktG/*Bachmann* § 4 Rn. 36; *Baums,* Eintragung und Löschung von Gesellschafterbeschlüssen, 1981, S. 110/116.

[3] Adressat des Registerzwangs ist nicht die Gesellschaft, sondern die vertretungsberechtigte(n) Person(en), vgl. MüKoZPO/*Krafka* FamFG § 392 Rn. 14; Kreidel/*Heinemann* FamFG § 392 Rn. 21 (allgM).

[4] Vgl. *K. Schmidt* NJW 1998, 2161 (2167 f.); *Lutter/Welp* ZIP 1999, 1073 (1074 ff.).

[5] BayObLGZ 2000, 83; OLG Frankfurt a. M. AG 2005, 403 (404); Hüffer/*Koch* AktG § 4 Rn. 11.

[6] Dies gilt nach § 26a EGAktG auch für sogenannte alte Firmen; vgl. *Hüffer* NJW 1979, 1065 (1070); *Heinrich* BB 1979, 1480 ff. (jeweils zu § 4 AktG aF).

Welche Abkürzungen zulässig sind, gibt § 4 AktG nicht vor. Nach Auffassung des Gesetzgebers stellen der Maßstab der Allgemeinverständlichkeit und die Irreführungsprüfung nach § 18 Abs. 2 HGB sicher, dass der Rechtsverkehr durch die Abkürzung nicht über die Rechtsform des Unternehmens getäuscht wird. Hieraus ist zu entnehmen, dass die Abkürzung der Bezeichnung „Aktiengesellschaft" auch genügt, um nach § 80 Abs. 1 S. 1 AktG die Rechtsform auf den Geschäftsbriefen der Gesellschaft anzugeben.[7] Die übliche Abkürzung lautet „AG". In den Grenzen des Irreführungsverbots freigestellt ist die Stellung des Rechtsformzusatzes in der Firma.[8] Wird der zwingend vorgeschriebene Rechtsformzusatz fortgelassen, führt dies zur Rechtsscheinhaftung aller Vertreter des Unternehmens (analog § 179 BGB), die durch die Zeichnung ohne den Rechtsformzusatz das Vertrauen des Geschäftsgegners auf die Haftung mindestens einer natürlichen Person hervorgerufen haben.[9]

3. Firmenrechtliches Irreführungsverbot. Die Firma der AG kann Sach-, Personen- und Fantasiefirma oder eine Mischform sein. Sie darf nach § 18 Abs. 2 S. 1 HGB lediglich keine Angaben enthalten, die geeignet sind, über geschäftliche Verhältnisse, die für die angesprochenen Verkehrskreise wesentlich sind, irrezuführen. Das Irreführungsverbot gilt auch für den Rechtsformzusatz. Daher muss der grundsätzlich obligatorische Rechtsformzusatz einer AG zur Vermeidung einer Irreführung entfallen, wenn die Firma der AG namengebender Bestandteil einer GmbH & Co. KG werden soll.[10] Wegen weiterer Einzelheiten wird auf die Kommentierungen zu § 18 Abs. 2 HGB verwiesen.[11]

Aus Gründen eines erhöhten Schutzbedürfnisses des Rechtsverkehrs oder wegen der besonderen Ausprägung des jeweiligen Berufsrechts werden über § 18 Abs. 2 S. 1 HGB hinaus strengere Anforderungen an die Bildung der Firmen oder an die Verwendung bestimmter Bezeichnungen in der Firma gestellt, zB bei Wirtschaftsprüfungs- und Steuerberatungsgesellschaften nach § 31 WPO und § 53 StBerG, bei Banken und Bausparkassen nach §§ 39 ff. KWG bzw. § 17 BausparkG, bei Kapitalanlagegesellschaften und Investmentaktiengesellschaften nach § 3 InvG, bei Immobilien-Aktiengesellschaften mit börsennotierten Anteilen nach § 7 REIT-Gesetz und bei Versicherungen nach § 6 VAG;[12] dagegen erfasst § 59k BRAO nur Rechtsanwaltsgesellschaften in der Rechtsform einer GmbH.[13] Für neu gegründete Aktiengesellschaften ist auch der Zusatz „und Partner" nach § 11 Abs. 1 S. 1 PartGG verboten.[14]

4. Zweigniederlassung. Die Firma der Zweigniederlassung (zum Begriff vgl. unten § 10) kann mit der der Hauptniederlassung identisch sein. Ihr kann aber auch ein Zusatz

---

[7] GroßkommAktG/*Habersack/Foerster* § 80 Rn. 16; Hüffer/*Koch* AktG § 80 Rn. 3.
[8] Vgl. Hüffer/*Koch* AktG § 4 Rn. 17; MüKoAktG/*Heider* § 4 Rn. 18; KölnKommAktG/*Dauner-Lieb* § 4 Rn. 9; Spindler/Stilz/*Drescher* AktG § 4 Rn. 4; vgl. auch OGH NZG 2000, 593; wohl berechtigt sind die Bedenken von GroßkommAktG/*Bachmann* § 4 Rn. 16 bei Angabe des Rechtsformzusatzes in der Mitte der Gesamtbezeichnung.
[9] BGH NJW 1991, 2627 zur GmbH; NJW 1996, 2645 zur Vor-GmbH; NZG 2007, 426 zur niederländischen BV; Spindler/Stilz/*Drescher* AktG § 4 Rn. 6; MüKoAktG/*Heider* § 4 Rn. 20; differenzierend GroßkommAktG/Bachmann § 4 Rn. 43: Objektives Interesse des Vertragspartners an der Rechtsformidentität des Unternehmensträgers im Einzelfall zu bestimmen und zu gewichten.
[10] OLG Stuttgart DB 2001, 695 (696 f.).
[11] Vgl. auch OLG Frankfurt a. M. AG 2005, 403 (404).
[12] Vgl. Staub/*Burgard* HGB § 18 Rn. 78 ff.; *Clausnitzer* DNotZ 2010, 345 (359); BGH NJW 1988, 262 (Steuerberatungsgesellschaft).
[13] Vgl. Spindler/Stilz/*Drescher* AktG § 4 Rn. 15; zur berufsrechtlichen Zulassung einer Aktiengesellschaft als Rechtsanwaltsgesellschaft BGHZ 161, 376; zur Unzulässigkeit einer Rechtsanwaltsgesellschaft in der Rechtsform einer GmbH & Co. KG BGH NJW 2011, 3036 sowie BVerfG NJW 2012, 993; zur Zulässigkeit der Firmierung als „Rechtsanwalts GmbH" siehe OLG Rostock NJW 2007, 1473.
[14] BGHZ 135, 257 ff.; BayObLG NZG 2003, 477; die gegenteilige Auffassung OLG Frankfurt a. M. NJW 1996, 2237 ist damit überholt. AA aber erneut OLG Frankfurt a. M. NJW-RR 2006, 44.

beigefügt werden, der in das Handelsregister einzutragen ist (§ 13 Abs. 1 S. 1 und Abs. 2 HGB). Die Zweigniederlassung kann beispielsweise die bisherige Firma eines neu erworbenen Handelsgeschäfts fortführen. Sie muss dann freilich durch einen Zusatz den Zusammenhang zwischen der Haupt- und der Zweigniederlassung klar zum Ausdruck bringen. Vor allem muss stets vermieden werden, dass durch die abweichende Firmierung die Zweigniederlassung unzutreffend als eigener Rechtsträger erscheint.[15] Ob und welcher Zusatz beigefügt wird, muss die Hauptversammlung durch Satzungsänderung beschließen,[16] sofern es sich nicht um bloße Zusätze wie „Filiale München", „Zweigniederlassung Düsseldorf" etc handelt.[17] Für Zusätze der Firma der Zweigniederlassung gilt im Übrigen ebenfalls § 18 Abs. 2 HGB.

9 **5. Vorgesellschaft, Liquidation, Konkurs.** Auch wenn die AG vor ihrer Eintragung noch kein Formkaufmann gem. § 3 Abs. 1 AktG ist, so kann sie im Stadium der Vorgesellschaft (dazu → § 3 Rn. 37 ff.) doch – jedenfalls sofern sie bereits ein kaufmännisches Unternehmen ist – die Firma der späteren, eingetragenen Gesellschaft führen. Allerdings ist die Firma der Vorgesellschaft durch einen Zusatz wie „in Gründung" oder „i. Gr." als solche zu bezeichnen. In dieser Phase genießt die Vor-AG bereits Firmenschutz nach Maßgabe der allgemeinen Vorschriften.[18] Betreibt die Vorgesellschaft dagegen kein kaufmännisches Unternehmen iSd § 1 HGB, so darf sie keine Firma führen. Sie kann die satzungsmäßige Firma der künftigen AG aber unter Hinweis auf das Gründungsstadium als Namen verwenden.[19] Dies kann für die Grundbucheintragung von als Sacheinlagen eingebrachten Grundstücken[20] und der Eröffnung eines Kontos bei einem Kreditinstitut (§ 37 Abs. 1 S. 3 AktG) praktisch werden.

10 Während der **Liquidation** behält die AG ihre bisherige Firma bei (→ § 67 Rn. 1). Nach § 269 Abs. 6 AktG ist ihr aber ein die Abwicklung andeutender Zusatz – üblicherweise „i. L." oder „i. A." – hinzuzufügen. Wird die Gesellschaft gem. § 262 Abs. 1 Nr. 3 AktG aufgelöst, so erhält sie keinen besonderen, auf das **Insolvenzverfahren** hindeutenden Zusatz. Auch während des Insolvenzverfahrens ist eine Firmenänderung möglich. Das Bedürfnis dazu entsteht, wenn der Insolvenzverwalter das Geschäft mit der Firma verkauft, wozu er auch bei einer Personenfirma ohne Einwilligung des namengebenden Aktionärs befugt ist, sofern dieser die Verwendung seines Namens nicht eingeschränkt hat.[21]

11 **6. AG & Co. KG.** Für die Bildung der Firma einer AG & Co. KG sind Besonderheiten zu beachten.[22] Nach § 19 Abs. 2 HGB muss die Firma einer oHG oder KG, bei der kein Gesellschafter eine natürliche Person ist, eine Bezeichnung enthalten, die die Haftungsbeschränkung kennzeichnet. Daher ist die Verwendung der Bezeichnung „Aktiengesellschaft" oder der Abkürzung „AG" in der Firma der KG grundsätzlich erforderlich. Zulässig ist aber wohl auch die Bezeichnung „beschränkt haftende KG".[23]

---

[15] GroßkommAktG/*Bachmann* § 4 Rn. 33.
[16] BayObLGZ 1992, 59 und BayObLG DB 1990, 1607; MüKoAktG/*Heider* § 4 Rn. 55; aA *Baumbach/Hueck* AktG § 42 Rn. 9; offen lassend GroßkommAktG/*Bachmann* § 4 Rn. 33.
[17] BayObLGZ 1992, 59; LG Nürnberg-Fürth BB 1984, 1066.
[18] BGHZ 120, 103 (106); MüKoAktG/*Heider* § 4 Rn. 11.
[19] Einzelheiten bei Staub/*Burgard* HGB § 17 Rn. 14; MüKoAktG/*Heider* § 4 Rn. 11.
[20] BGHZ 45, 338 (348 f.); *Fleck* ZGR 1975, 212 (216).
[21] BGHZ 109, 364 (für GmbH & Co.); BGHZ 85, 221 (für GmbH); Hüffer/*Koch* AktG § 264 Rn. 11; *Steinbeck* NZG 1999, 133 ff.
[22] Vgl. Staub/*Burgard* HGB § 19 Rn. 18; zur Unzulässigkeit des Zusatzes „& Sohn" im Zusammenhang mit der Haftungsbeschränkung nach § 19 Abs. 5 HGB aF vgl. BGH NJW 1985, 736 (737); zum Zusatz „& Co." BGH NJW 1981, 342. Zur Fortgeltung der bisherigen Rechtsprechung zu § 19 Abs. 5 HGB aF für § 19 Abs. 2 HGB vgl. BR-Drs. 340/97, 56.
[23] Ebenroth/Boujong/Joost/Strohn/*Zimmer* HGB § 19 Rn. 20; die Zulässigkeit einer „beschränkt haftenden OHG" befürwortend OLG Hamm OLGZ 1987, 290.

7. Abgeleitete Firma. Nach § 22 HGB ist die AG befugt, eine abgeleitete Firma zu **12** führen, wenn sie ein bestehendes Handelsgeschäft mit dem Recht der Firmenfortführung erwirbt.[24] Weitere Voraussetzung ist freilich, dass die AG – anders im Fall der Gründung – ihre bisherige Firma aufgibt. Zwei Firmen darf sie nicht führen. § 4 AktG bestimmt, dass die AG auch in eine abgeleitete Firma in jedem Fall die Bezeichnung „Aktiengesellschaft" oder eine allgemein verständliche Abkürzung dieser Bezeichnung aufnehmen muss.

8. Sonderfälle. Weitere firmenrechtliche Fragen entstehen bei Vermögensübertragung **13** sowie bei **Verschmelzung** (§ 18 UmwG) und **Formwechsel** (§ 200 UmwG).[25]

III. Schutz der Firma

Die AG genießt den allgemeinen Firmenschutz nach § 12 BGB, § 37 Abs. 2 HGB, §§ 3, **14** 5, 8 f. UWG, ferner ggf. § 15 Abs. 5 iVm § 5 Abs. 2 MarkenG.[26] Unter Umständen kann in der Verletzung der Firma auch ein Eingriff in den eingerichteten und ausgeübten Gewerbebetrieb nach § 823 Abs. 1 BGB liegen.[27] In diesem Fall kann die AG außer dem Anspruch auf Schadensersatz einen Beseitigungsanspruch und bei Wiederholungsgefahr einen Unterlassungsanspruch nach §§ 1004, 823 Abs. 1 BGB analog geltend machen.

§ 8 Sitz

Übersicht

	Rn.		Rn.
I. Allgemeines	1–6	2. Anmeldung	10–12
1. Bedeutung des Sitzes	1–3	3. Sitzverlegung ins Ausland	13–17
2. Bestimmung des Sitzes	4–6	IV. Rechtsfolgen eines Verstoßes	18, 19
II. Doppelsitz	7, 8	V. Steuerliche Bedeutung des Sitzes	20–28
III. Sitzverlegung	9–17		
1. Satzungsänderung	9		

Schrifttum: *Bandehzadeh/Thoß,* Die nachträgliche Verlagerung des tatsächlichen Sitzes einer GmbH, NZG 2002, 803–807; *Bork,* Doppelsitz und Zuständigkeit im aktienrechtlichen Anfechtungsprozess, ZIP 1995, 609–616; *Campos Nave,* Das Ende der gegenwärtigen Wegzugsbesteuerung – Der zweite Blick auf Cartesio, BB 2009, 870; *Ditz,* Aufgabe der finalen Entnahmetheorie, IStR 2009, 115; *Katschinski,* Die Begründung eines Doppelsitzes bei Verschmelzung, ZIP 1997, 620–626; *Knobbe-Keuk,* Umzug von Gesellschaften in Europa, ZHR 154 (1990), 325–356; *König,* Doppelsitz einer Kapitalgesellschaft, AG 2000, 18–31; *König,* Zur Begründung eines Doppelsitzes bei der Fusion zweier Aktiengesellschaften, EWiR 2001, 1077–1078; *Mitschke,* Kein steuerfreier Exit stiller Reserven bei Sitzverlegung einer SE von Deutschland nach Österreich, IStR 2011, 294; *Notthoff,* Die Zulässigkeit der Eintragung eines Doppelsitzes bei Kapitalgesellschaften, WiB 1996, 773–776; *Paefgen,* „Cartesio": Niederlassungsfreiheit minderer Güte, WM 2009, 529; *ders.* „Polpud": Niederlassungsfreiheit als Sitzspaltungsfreiheit, WM 2017, 2359 und 2018, 1029; *Pluskat,* Die Zulässigkeit des Mehrfachsitzes und die Lösung der damit verbundenen Probleme, WM 2004, 601–609; *Priester,* Satzungsänderung und Satzungsdurchbrechung, ZHR 151 (1987), 40–58; *Schneider/Oepen,* Finale Entnahme, Sicherstellung stiller Reserven und Entstrickung, FR 2009, 22.

---

[24] Zu den Voraussetzungen im einzelnen GroßkommAktG/*Bachmann* § 4 Rn. 20 ff.; MüKoAktG/*Heider* § 4 Rn. 33 ff. sowie Staub/*Burgard* HGB § 22 Rn. 84 ff.

[25] Vgl. Staub/*Burgard* HGB Anh. § 22; Schmitt/Hörtnagl/Stratz/*Stratz* UmwG, UmwStG UmwG § 18 Rn. 7 ff. und UmwG § 200 Rn. 7 ff.; MüKoAktG/*Heider* § 4 Rn. 41 ff.

[26] Vgl. Staub/*Burgard* HGB Anh. I und II zu § 37; zum Schutz des Bestandteils „Commerz" vgl. BGH WM 1989, 1584.

[27] BGHZ 19, 23 (27); 15, 107 (112).

I. Allgemeines

1. Bedeutung des Sitzes. Sitz der Gesellschaft ist nach § 5 AktG der Ort im Inland, den die Satzung bestimmt. Die Festsetzung des Sitzes ist nach § 23 Abs. 3 Nr. 1 AktG notwendiger Satzungsbestandteil. Der satzungsmäßige Sitz der Gesellschaft entscheidet nach § 14 AktG über die örtliche Zuständigkeit für eine ganze Reihe von aktienrechtlichen Verfahren der freiwilligen Gerichtsbarkeit.[1] Der Sitz entscheidet nach § 17 Abs. 1 ZPO zugleich über den allgemeinen Gerichtsstand der Gesellschaft. Daneben kann die Gesellschaft noch einen weiteren allgemeinen Gerichtsstand in der Satzung vorsehen (§ 17 Abs. 3 ZPO).[2]

Der Sitz ist weiterhin für den Ort der Hauptversammlung von Bedeutung. Bestimmt nämlich die Satzung nichts anderes, so findet die Hauptversammlung gem. § 121 Abs. 5 S. 1 AktG am Sitz der Gesellschaft statt. Die AG hat an ihrem satzungsgemäßen Sitz ihre Hauptniederlassung; die übrigen Niederlassungen sind nur Zweigniederlassungen, ohne dass es dabei auf die tatsächliche Bedeutung für den Geschäftsbetrieb ankommt.[3]

Der satzungsgemäße Sitz ist demgegenüber im Internationalen Privatrecht gegenüber Nicht-EU-Staaten (Drittstaaten) nicht maßgebend für das Gesellschaftsstatut (Personalstatut) der Gesellschaft. Anknüpfungspunkt für das Gesellschaftsstatut der AG ist in diesen Fällen vielmehr der tatsächliche Sitz der Verwaltung.[4] Der Verwaltungssitz ist der Ort, an dem „die grundlegenden Entscheidungen der Unternehmensleitung effektiv in laufende Geschäftsführungsakte umgesetzt werden"[5] bzw. wo „das entscheidende Wort gesprochen wird". Diese sogenannte Sitztheorie ist demgegenüber nicht vereinbar mit der Niederlassungsfreiheit gemäß Art. 49, 54 AEUV und der dazu ergangenen Rechtsprechung des EuGH.[6] An ihrer Stelle ist innerhalb der EU-Staaten das Gründungsrecht zu praktizieren, und zwar im Sinne eines kollisionsrechtlichen Grundsatzes. Auslandsgründungen in einem EU-Staat nach dem dortigen Recht finden somit auch im Inland Anerkennung.[7] Insoweit ist die Gründungstheorie an die Stelle der gegenüber Drittstaaten geltenden Sitztheorie getreten.[8] An der Gründungsanknüpfung hat der EuGH in einer jüngeren Entscheidung festgehalten, auch wenn er die Reichweite des Gesellschaftsstatus zugunsten des Insolvenzstatuts beschränkt hat.[9]

2. Bestimmung des Sitzes. Der statutarische Sitz der Gesellschaft muss, wie § 5 AktG ausdrücklich festhält, **innerhalb Deutschlands** liegen. Andernfalls könnte die AG schon mangels eines nach §§ 36 Abs. 1, 14 AktG zuständigen Handelsregisters nicht zur Entstehung gelangen. Wird der Sitz später ins Ausland verlegt, so hat ein entsprechender Hauptversammlungsbeschluss nach der früher hM[10] die Auflösung der deutschen Gesell-

---

[1] Vgl. die Aufzählung bei MüKoAktG/*Heider* § 5 Rn. 16 f.; Spindler/Stilz/*Drescher* AktG § 5 Rn. 2.
[2] BGH NJW 1998, 1322; vgl. dazu auch → § 6 Rn. 10.
[3] KölnKommAktG/*Dauner-Lieb* § 5 Rn. 14.
[4] BGHZ 178, 192; BGH NJW 2003, 1607 (1608); BGHZ 97, 269 (272); 78, 318 (334); 53, 181 (183); BayObLG EWiR § 13b HGB 1/85, 697 *(Wiedemann)* = WM 1985, 1202; OLG Saarbrücken JZ 1989, 904 (905); Hüffer/*Koch* AktG § 1 Rn. 36; *Ebenroth* JZ 1988, 18 (20 ff.); instruktiv zum Ganzen MüKoAktG/*Habersack* Einl. Rn. 75 ff.; Spindler/Stilz/*Müller* AktG Internationales Gesellschaftsrecht Rn. 1 ff.
[5] BGHZ 97, 269 (272); ebenso Spindler/Stilz/*Gerber* AktG § 45 Rn. 3.
[6] Vgl. EuGH NJW 1999, 2027 – Centros; EuGH NJW 2002, 3614 – Überseering; EuGH NJW 2003, 3331 (3333) – Inspire Art; Spindler/Stilz/*Müller* AktG Internationales Gesellschaftsrecht Rn. 3, 13 ff.
[7] EuGH NJW 2002, 3614 ff.; 2003, 3331 (3333); BGHZ 154, 185 (188 f.); BGH AG 2003, 386 (387) – Überseering; *Bayer* BB 2003, 2357 (2363 f.); *Zimmer* NJW 2003, 3585 ff.
[8] Vgl. dazu ausführlich mit kritischen Anmerkungen MüKoAktG/*Ego* Europ. Aktienrecht B. Europäische Niederlassungsfreiheit Rn. 215 ff.
[9] EuGH NJW 2016, 223 ff. – Kornhaas/Dithmar; weitergehend noch MüKoAktG/*Ego* Europ. Aktienrecht B. Europäische Niederlassungsfreiheit Rn. 225, der in dieser Entscheidung des EuGH sogar eine Abkehr von einer umfassenden europäischen Gründungsanknüpfung sieht.
[10] BGHZ 25, 134 (144); OLG Hamm NJW 2001, 2183.

schaft zur Folge. Dem ist nicht zu folgen. Der Verlegungsbeschluss ist vielmehr nach § 241 Nr. 3 Alt. 3 AktG nichtig und darf somit nicht in das Handelsregister eingetragen werden;[11] der ursprüngliche Sitz besteht fort.[12] Dies gilt auch für eine Sitzverlegung innerhalb der Europäischen Union.[13] Die Niederlassungsfreiheit der Art. 49, 54 AEUV gebietet nicht, dass EU-Staaten ihren Gesellschaften die Verlegung des Satzungssitzes in das EU-Ausland unter Beibehaltung der Rechtsform ermöglichen.[14]

Die Aktionäre (Gründer) sind bei der Wahl des Sitzes – bis auf die Erforderlichkeit eines inländischen[15] Satzungssitzes – nicht in ihrer Satzungsautonomie beschränkt.[16] Die frühere Rechtslage (§ 5 Abs. 2 AktG aF) erforderte, dass sich der Satzungssitz am Ort des Betriebs, der Geschäftsleitung oder der Verwaltung befindet. Dies ist nicht mehr erforderlich.[17] Allerdings ist die rechtsmissbräuchliche Wahl eines Satzungssitzes ausgeschlossen, der mit tatsächlichen Verhältnissen der AG nichts zu tun hat und nur schutzwürdige Belange Dritter oder einer Aktionärsminderheit den Interessen der Gesellschaft oder ihrer Mehrheitsaktionäre hintanstellt.[18] Dies ist allerdings nicht schon der Fall, wenn keines der drei früher erforderlichen Kriterien gegeben ist.[19]

Der Sitz muss hinreichend bestimmt sein, um die daran anknüpfenden Zuständigkeitsfragen eindeutig klären zu können. Als Sitz ist danach eine **deutsche Gemeinde** anzugeben. Hat eine Gemeinde durch eine Gebietsreform ihre Selbstständigkeit verloren, führt aber weiterhin einen eigenen Namen, so kann der nun unselbstständige Gemeindeteil als Sitz beibehalten oder angegeben werden, wenn sich damit für den Rechtsverkehr keine Unklarheiten ergeben und die AG an der Angabe ein berechtigtes Interesse hat.[20] Bei Großstädten genügt grundsätzlich die Angabe der Gemeinde. Ist die Großgemeinde allerdings in mehrere Amtsgerichtsbezirke aufgeteilt, so gilt dies auch für die Bestimmung des Sitzes der AG;[21] Sitz der Gesellschaft ist also beispielsweise nicht Hamburg, sondern Hamburg-Harburg, Hamburg-Wandsbek, etc. Fehlt eine hinreichende Konkretisierung des Sitzes, bestimmen sich Gerichtsstand und registergerichtliche Zuständigkeit danach, wo die Verwaltung tatsächlich geführt wird.[22]

II. Doppelsitz

Nach heute herrschender Auffassung kann das Registergericht bei einer AG einen Doppelsitz zulassen; die Zulassung ist jedoch auf außergewöhnliche Fälle zu beschränken.[23]

---

[11] Ausführlich zu den Rechtsfolgen von Verstößen einer nachträglichen Satzungssitzverlegung gegen § 5 AktG → Rn. 19.
[12] Wie hier GroßkommAktG/*Bachmann* § 5 Rn. 45; MüKoAktG/*Heider* § 5 Rn. 54; Hüffer/*Koch* AktG § 5 Rn. 9; KölnKommAktG/*Dauner-Lieb* § 5 Rn. 23; Spindler/Stilz/*Drescher* AktG § 5 Rn. 10, 12.
[13] Spindler/Stilz/*Drescher* AktG § 5 Rn. 10; aA Hüffer/*Koch* AktG § 5 Rn. 15.
[14] Ausführlich → Rn. 13 ff.
[15] Dazu Hüffer/*Koch* AktG § 5 Rn. 7; *Preuß* GmbHR 2007, 57.
[16] Praktische Erwägungen für die Sitzwahl bei GroßkommAktG/*Bachmann* § 5 Rn. 45.
[17] Dazu auch → Rn. 14.
[18] Hüffer/*Koch* AktG § 5 Rn. 8; siehe auch GroßkommAktG/*Bachmann* § 5 Rn. 36, der die so genannte Firmenbestattung als rechtsmissbräuchliche Sitzverlegung nennt.
[19] Hüffer/*Koch* AktG § 5 Rn. 8.
[20] BayObLG BB 1976, 622; ebenso GroßkommAktG/*Bachmann* § 5 Rn. 26.
[21] BayObLG AG 1987, 377 (379); MüKoAktG/*Heider* § 5 Rn. 23; KölnKommAktG/*Dauner-Lieb* § 5 Rn. 12; siehe aber die zutreffenden Bedenken von GroßkommAktG/Bachmann § 5 Rn. 25 bei Registerkonzentration an einem Amtsgericht, wie in Berlin beim Amtsgericht Charlottenburg.
[22] So für die frühere Lage in Berlin KG OLGRspr. 20, 286 (287); zu den Rechtsfolgen einer nicht hinreichend konkreten Satzungssitzbestimmung → Rn. 18 f.
[23] OLG Düsseldorf AG 1988, 50 (51); BayObLG DB 1985, 1280; LG Essen AG 2001, 429 (430) = ZIP 2001, 1632; GroßkommAktG/*Bachmann* § 5 Rn. 31 ff.; Hüffer/*Koch* AktG § 5 Rn. 10; KölnKommAktG/*Dauner-Lieb* § 5 Rn. 21 f.; GroßkommHGB/*Koch* § 13 Rn. 51 ff.; MüKoAktG/*Heider* § 5 Rn. 34; *Notthoff* WiR 1996, 773 ff.; für Zulässigkeit bei berechtigtem Interesse *Katschinski* ZIP

Ein solcher außergewöhnlicher Fall ist bejaht worden, wenn wegen der grundlegenden Veränderungen der politischen, wirtschaftlichen und insbesondere währungsrechtlichen Verhältnisse nach 1945 ein Bedürfnis hierfür anzuerkennen war.[24] In der Rechtsprechung wurde auch später grundsätzlich ein Doppelsitz in Berlin und in einem Ort der Bundesrepublik Deutschland anerkannt.[25] Die Verschmelzung ist demgegenüber nicht automatisch ein außergewöhnlicher Fall, in dem ein Doppelsitz zugelassen werden müsste.[26] Vielmehr müssen konkrete Umstände vorliegen, die ein schutzwürdiges Interesse an einem Doppelsitz begründen, beispielsweise zu erwartende Beeinträchtigungen von Vermögensinteressen.

8   Soweit ein Doppelsitz zulässig ist, ist die AG in das Handelsregister beider Sitzgerichte einzutragen. Auch alle künftigen die AG betreffenden Eintragungen wie Kapitalerhöhungen und Satzungsänderungen sind stets bei beiden Gerichten zu bewirken. Beide Registergerichte sind dabei in ihrer Prüfungstätigkeit voneinander unabhängig,[27] so dass widersprechende Entscheidungen und zeitliche Unterschiede bei der Eintragung möglich sind. Die daraus resultierenden Nachteile hat die Gesellschaft zu tragen.[28] Ist ein Doppelsitz nach den in → Rn. 7 dargestellten Grundsätzen zulässig, können Beschlüsse der Hauptversammlung wahlweise vor den Landgerichten beider Sitze angefochten werden.[29]

III. Sitzverlegung

9 **1. Satzungsänderung.** Der Sitz der Gesellschaft kann jederzeit geändert werden. Da der Gesellschaftssitz nach § 23 Abs. 3 Nr. 1 AktG zu den notwendigen Satzungsbestandteilen gehört, setzt die Sitzverlegung eine Satzungsänderung voraus.[30] Sie fällt somit in die Zuständigkeit der Hauptversammlung. Das Verfahren über die Verlegung richtet sich wie bei allen Satzungsänderungen nach §§ 179, 181 AktG. Der Vorstand hat also in vertretungsberechtigter Zahl die Satzungsänderung zur Eintragung in das Handelsregister anzumelden und dabei den vollständigen Wortlaut der Satzung beizufügen; § 45 AktG trifft ergänzende Regelungen. Nach § 45 Abs. 1 AktG ist die Verlegung beim Gericht des bisherigen Sitzes und nicht beim Gericht des neuen Sitzes anzumelden.

10 **2. Anmeldung.** Wird der Sitz aus dem Bereich des bisherigen Gerichts hinausverlegt, so hat das bisherige Gericht – nach Prüfung der formellen Ordnungsmäßigkeit der Anmel-

---

1997, 620 ff.; *Pluskat* WM 2004, 601 ff. Für Zulässigkeit sogar eines dritten Sitzes, wenn dies für die Gesellschaft lebenswichtig ist AG Bremen DB 1976, 1810.

[24] Nachweise bei BayObLG DB 1985, 1280.

[25] KG BB 1973, 1001; BayObLG NJW 1962, 1014; LG Berlin WM 1994, 1246; LG Bonn WM 1994, 1933 – VIAG. Ende November 1985 gab es in Deutschland 46 Gesellschaften mit einem Doppelsitz, vgl. AG 1986, R 86.

[26] BayObLG DB 1985, 1280 (1281); AG Essen AG 2001, 434 (435); GroßkommAktG/*Bachmann* § 5 Rn. 33; *Notthoff* WiR 1996, 773 (776); Hüffer/*Koch* AktG § 5 Rn. 10; ebenfalls für das Erfordernis eines schutzwürdigen Interesses KölnKommAktG/*Dauner-Lieb* § 5 Rn. 21; aA LG Frankfurt a. M. DB 1973, 2237; *Katschinski* ZIP 1997, 620 (626).

[27] OLG Düsseldorf AG 1988, 50 (51); KG BB 1973, 1001; BayObLG NJW 1962, 1114; LG Hamburg DB 1973, 2237; MüKoAktG/*Heider* § 5 Rn. 37.

[28] Zu den Konsequenzen im Einzelnen GroßkommAktG/*Bachmann* § 5 Rn. 34; GroßkommHGB/*Hüffer* Vor § 13 Rn. 28; Grigoleit/*Wicke* AktG § 5 Rn. 4; MüKoAktG/*Heider* § 5 Rn. 37 ff. sowie instruktiv KG WM 1991, 1927 ff. Für die Bestellung von Liquidatoren nach § 273 Abs. 4 S. 1 AktG soll gem. § 2 Abs. 1 FamFG das zuerst befasste Registergericht zuständig sein. Zweckmäßiger erscheint die Bestimmung eines einzigen örtlich zuständigen Gerichts analog § 5 Abs. 1 Nr. 2 FamFG; zur Rechtslage gem. § 5 Abs. 1 S. 1 FGG aF ebenso GroßkommAktG/*Brändel* § 5 Rn. 30 Fn. 53.

[29] KG WM 1996, 1454 (1455); LG Berlin WM 1994, 1246; LG Bonn WM 1994, 1993 – VIAG; MüKoAktG/*Heider* § 5 Rn. 44; Hüffer/*Koch* AktG § 246 Rn. 37; aA *Bork* ZIP 1995, 609 (616).

[30] OLG Köln BB 1984, 1065 (1066) zur GmbH; MüKoAktG/*Heider* § 5 Rn. 51; Hüffer/*Koch* AktG § 5 Rn. 11.

dung³¹ – die Anmeldung³² gem. § 45 Abs. 2 S. 1 AktG dem Gericht des neuen Sitzes mitzuteilen. Der Mitteilung beizufügen sind die Eintragungen für den bisherigen Sitz sowie die bei dem bisher zuständigen Gericht aufbewahrten Urkunden (§ 45 Abs. 2 S. 2 Hs. 1 AktG). Bei elektronischer Registerführung sind die Eintragungen und die Dokumente elektronisch zu übermitteln, § 45 Abs. 2 S. 2 Hs. 2 AktG.

Die Prüfung der materiellen Voraussetzungen der Sitzverlegung erfolgt nach § 45 Abs. 2 S. 3 AktG durch das Gericht des neuen Sitzes; seine Prüfung beschränkt sich dabei jedoch auf die Ordnungsgemäßheit des Beschlusses über die Sitzverlegung und auf die Verwechslungsgefahr der Firma nach § 30 HGB. Endet die Prüfung positiv, so hat es die Sitzverlegung einzutragen und die mitgeteilten Eintragungen gem. § 45 Abs. 2 S. 4 AktG ohne weitere Nachprüfung³³ zu übernehmen. Mit der Eintragung bei dem Gericht des neuen Sitzes wird die Sitzverlegung nach § 45 Abs. 2 S. 5 AktG wirksam.³⁴ Das Gericht des neuen Sitzes hat seine Eintragung nach § 10 HGB vollständig bekanntzumachen und dem bisher zuständigen Gericht (§ 45 Abs. 2 S. 6 AktG) seine Eintragungen mitzuteilen. Das bisherige Gericht hat dann seine Löschungen von Amts wegen vorzunehmen, § 45 Abs. 2 S. 7 AktG. Zur Sitzverlegung ins Ausland vgl. → Rn. 13 ff.

Wird der Sitz nur an einen anderen Ort innerhalb des Bezirks des Gerichts des bisherigen Sitzes verlegt, so wird nach § 45 Abs. 3 AktG die Ordnungsgemäßheit des Beschlusses über die Sitzverlegung und die Firmenunterscheidbarkeit (§ 30 HGB) von dem bisherigen Gericht geprüft. Führt die Prüfung zu keinen Beanstandungen, so hat es die Sitzverlegung einzutragen. Die Sitzverlegung wird mit der Eintragung wirksam.

3. Sitzverlegung ins Ausland. Bei der Sitzverlegung einer deutschen Aktiengesellschaft ins Ausland ist zwischen der Verlegung des Verwaltungssitzes in das EU-Ausland unter Beibehaltung eines inländischen Satzungssitzes (rechtsformwahrende Sitzverlegung) und der Verlegung (auch) des Satzungssitzes (statutenwechselnde Sitzverlegung) zu unterscheiden. Zudem ist jeweils die Perspektive des Herkunfts- und des Aufnahmestaates einzunehmen.

Bezüglich der rechtsformwahrenden Sitzverlegung hat der EuGH in der „Cartesio"-Entscheidung unter Bestätigung der sogenannten „Daily Mail"-Doktrin³⁵ entschieden, dass es mit der Niederlassungsfreiheit gem. Art. 49, 54 AEUV vereinbar ist, wenn EU-Staaten ihren Gesellschaften die Verlegung des Verwaltungssitzes in das EU-Ausland unter Beibehaltung der Rechtsform nicht ermöglichen.³⁶ Die frühere Rechtslage erforderte nach § 5 Abs. 2 AktG aF, dass sich der Satzungssitz am Ort des Betriebs, der Geschäftsleitung oder der Verwaltung befindet, und verhinderte damit eine rechtsformwahrende Sitzverlegung deutscher Aktiengesellschaften ins Ausland. Dieses Identitätserfordernis zwischen Verwaltungs- und Satzungssitz wurde jedoch im Zuge des MoMiG aufgehoben:³⁷ Im Interesse der Wettbewerbsfähigkeit deutscher Gesellschaften mit EU-Auslandsgesellschaften hat sich der Gesetzgeber dafür entschieden, den rechtsformwahrenden Wegzug zu erlauben.³⁸

---

³¹ LG Düsseldorf BB 1966, 1036; MüKoAktG/*Pentz* § 45 Rn. 7 ff.
³² Formular der Anmeldung einer Sitzverlegung in: Münch. Vertragshandbuch Bd. 1/*Favoccia* Form V.24.
³³ ZB der Zulässigkeit der Firma BayObLG DB 1978, 838.
³⁴ OLG Hamm DB 2004, 972.
³⁵ EuGH NJW 1989, 2186 – Daily Mail.
³⁶ EuGH NJW 2009, 569 – Cartesio; BayObLG ZIP 2004, 806 (808); OLG Brandenburg ZIP 2005, 489 (490); zustimmend *Kindler* NZG 2009, 130 (131); KölnKommAktG/*Dauner-Lieb* § 5 Rn. 24; Spindler/Stilz/*Drescher* AktG § 5 Rn. 10; aA *Bungert* AG 1995, 489 (499 ff.); kritisch. auch *Lutter* BB 2003, 7 (10); *Leible/Hoffmann* BB 2009, 58.
³⁷ Gesetz zur Modernisierung des GmbH-Rechts und zur Bekämpfung von Missbräuchen (MoMiG) vom 23.10.2008, BGBl. I S. 2026; *Wicke* DStR 2012, 1756.
³⁸ *Däubler/Heuschmidt* NZG 2009, 493; eingehend zur Einordnung von § 5 AktG als Sach- bzw. Kollisionsnorm *Bayer/Schmidt* ZHR 173 [2009], 735 ff.; siehe im Übrigen auch *Wicke* DStR 2012, 1756.

15 Ebenfalls in der „Cartesio"-Entscheidung hat der EuGH in einem obiter dictum festgestellt, dass die Niederlassungsfreiheit jedoch verletzt ist, wenn bei einer Sitzverlegung mit Formwechsel der Herkunftsstaat die Gesellschaft an einer Umwandlung in eine Rechtsform des Aufnahmestaates hindert, soweit eine Umwandlung nach dem Recht des Aufnahmestaates möglich ist.[39] Eine Satzungssitzverlegung unter Beibehaltung der Rechtspersönlichkeit des Herkunftsstaates ist hingegen auch in der EU nur möglich, wenn dies nach dem Recht des alten und des neuen Sitzes vorgesehen ist.[40] Daher kann auch eine nach einem ausländischen Recht gegründete Aktiengesellschaft nicht identitätswahrend ihren Sitz nach Deutschland verlegen, selbst wenn dies nach ihrem bisherigen Gesellschaftsstatut zulässig war.[41] § 45 AktG über die Sitzverlegung einer AG gilt insoweit nicht.

16 Aus der Perspektive des Aufnahmestaates sind EU-Mitgliedsstaaten durch die Niederlassungsfreiheit gezwungen, die rechtsformwahrende, zuziehende deutsche Aktiengesellschaft anzuerkennen.[42] Darüber hinaus steht der Niederlassungsfreiheit nach der „Vale"-Entscheidung des EuGH auch bei einer Satzungssitzverlegung, also einem Statutenwechsel, eine Regel des Aufnahmestaates entgegen, die zwar für inländische Gesellschaften eine Umwandlung gestattet, aber die Umwandlung einer EU-Auslandsgesellschaft in eine inländische Gesellschaft verwehrt.[43]

17 Nicht nur aus Sicht der Rechtspraxis wünschenswert ist de lege ferenda eine einheitliche Regelung auf EU-Ebene, wie sie mit dem Richtlinienvorschlag der Kommission vom 25.4.2018 zu grenzüberschreitenden Umwandlungen erreicht werden soll.[44]

IV. Rechtsfolgen eines Verstoßes

18 Durch den Wegfall von § 5 Abs. 2 AktG aF und die damit verbundene Gestaltungsfreiheit im Rahmen von § 5 AktG nF werden unzulässige Satzungssitzbestimmungen zwar weitaus seltener vorkommen.[45] Entspricht die Satzungsbestimmung über den Sitz bei der Gründung dennoch nicht den Erfordernissen des § 5 AktG, so hat das Registergericht die Eintragung nach § 38 Abs. 1 S. 2 iVm Abs. 4 Nr. 1 AktG abzulehnen. Dies gilt insbesondere für die Fälle, in denen der Satzungssitz sich im Ausland befindet, die Ortsangabe nicht hinreichend konkret ist, da aus ihr nicht unmittelbar auf das zuständige Amtsgericht geschlossen werden kann, oder im Einzelfall ein Rechtsmissbrauch vorliegt.[46] Wird die Gesellschaft trotzdem eingetragen, so ist sie wirksam entstanden und kann auch nicht durch Klage auf Nichtigerklärung nach § 275 AktG beseitigt werden.[47] Das Registergericht hat jedoch die Gesellschaft nach § 399 Abs. 1 S. 1 FamFG aufzufordern, den Mangel innerhalb einer bestimmten Frist zu beseitigen. Stellt das Gericht fest, dass die Berichtigung nicht erfolgt ist, so hat dies nach § 262 Abs. 1 Nr. 5 AktG die Amtsauflösung der Gesellschaft zur Folge.

19 Verstößt hingegen die Sitzverlegung im Rahmen einer Satzungsänderung gegen § 5 AktG, so hat das Registergericht die Eintragung der Satzungsänderung abzulehnen.[48] Ist

---

[39] EuGH NJW 2009, 569 – Cartesio.
[40] BGHZ 97, 269 (271 f.); BayObLG ZIP 2004, 806 (807); OLG Brandenburg ZIP 2005, 489 (490); OLG Zweibrücken AG 1990, 547 (548).
[41] OLG Zweibrücken AG 1990, 547 (548).
[42] EuGH NJW 1999, 2027 – Centros; EuGH NJW 2002, 3614 – Überseering; EuGH NJW 2003, 3331 – Inspire Art.
[43] EuGH NJW 2012, 2715 – Vale; eingehend dazu *Kindler* EuZW 2012, 888; *Wicke* DStR 2012, 1756.
[44] Vorschlag COM (2018) 241 zur Änderung der Richtlinie (EU) 2017, 1132. S. dazu DAV-Handelsrechtsausschuss NZG 2018, 857 ff.
[45] So auch KölnKommAktG/*Dauner-Lieb* § 5 Rn. 18 f.
[46] Hüffer/*Koch* AktG § 5 Rn. 9; siehe zu den Anforderungen des § 5 AktG bereits → Rn. 3 ff.
[47] KölnKommAktG/*Dauner-Lieb* § 5 Rn. 18; MüKoAktG/*Heider* § 5 Rn. 49; Spindler/Stilz/*Drescher* AktG § 5 Rn. 11.
[48] MüKoAktG/*Heider* § 5 Rn. 52.

die Sitzverlegung dennoch zu Unrecht eingetragen worden, so ist der zugrunde liegende Beschluss nach § 241 Nr. 3 Alt. 3 AktG nichtig und kann auch nach Eintritt der Heilungswirkung gemäß § 242 Abs. 2 S. 1 AktG durch Löschung des Beschlusses von Amts wegen nach § 398 FamFG gelöscht werden (vgl. § 242 Abs. 2 S. 3 AktG).[49] Maßgeblich bleibt dann der bis zur Satzungsänderung bestehende Satzungssitz.[50]

V. Steuerliche Bedeutung des Sitzes

Der in der Satzung der AG festgelegte Sitz ist Anknüpfungspunkt wesentlicher steuerlicher Belange. Die **unbeschränkte Körperschaftsteuerpflicht** der AG in der Bundesrepublik Deutschland wird ua durch deren Geschäftsleitung oder Sitz im Inland begründet, § 1 Abs. 1 S. 1 KStG. Diese steuerlich relevante Festlegung wird durch die Satzung getroffen, § 11 AO.[51] Durch den Sitz im Inland ist die AG unbeschränkt steuerpflichtig, unterliegt dadurch mit ihren gesamten, weltweit erzielten Einkünften der inländischen Besteuerung, es sei denn die inländische Besteuerung wird durch mit anderen Staaten abgeschlossene Doppelbesteuerungsabkommen für bestimmte Einkünfte eingeschränkt. 20

Der Ort des Sitzes ist subsidiär maßgeblich für die Festlegung der **Zuständigkeit** eines Finanzamts zur Veranlagung von Steuern der AG, § 20 Abs. 2 AO. Die primäre Zuständigkeit bestimmt sich nach dem Ort, an dem sich der Ort der Geschäftsleitung der AG befindet, § 20 Abs. 1 iVm § 10 AO. Das ist der Ort, der den Mittelpunkt der geschäftlichen Oberleitung beinhaltet, also der, von dem aus das Unternehmen tatsächlich geleitet wird. Dieser Ort entspricht idR dem zivilrechtlichen Verwaltungssitz.[52] Regelmäßig gibt es nur einen Ort der geschäftlichen Leitung;[53] diese Sichtweise scheint indes in einem langsamen Wandel begriffen zu sein.[54] Nach einer neueren BFH-Entscheidung kann ein Organ (Geschäftsführer) einer Kapitalgesellschaft ein ständiger Vertreter nach § 13 AO sein und damit eine inländische Vertreterbetriebsstätte begründen.[55] Die Zuständigkeit des Finanzamts für die Umsatzsteuer, die Realsteuern, Zölle und Verbrauchsteuern bestimmt sich nach gesonderten Vorschriften, §§ 21–23 AO. Die finanzgerichtliche Zuständigkeit bestimmt sich nicht nach dem Sitz der AG, sondern nach dem Sitz der Finanzbehörde, deren Maßnahme Gegenstand des Verfahrens ist, § 38 FGO. 21

Nach § 137 Abs. 1 AO ist dem Finanzamt eine **Sitzverlegung** anzuzeigen. 22

Nach der im deutschen Recht in der Vergangenheit vertretenen Sitztheorie richtete sich die Existenz der Gesellschaft nach dem Recht des Staates, in dem sie ihren tatsächlichen Verwaltungssitz hat. Die Verlegung des Sitzes einer inländischen AG in das Ausland galt als Liquidation, wenn sie dadurch aus der unbeschränkten Steuerpflicht in einem Mitgliedstaat der Europäischen Union oder einem Staat ausscheidet, auf den das Abkommen über den Europäischen Wirtschaftsraum Anwendung findet, und führt nach § 12 Abs. 3 S. 1 KStG zur Auflösung der Gesellschaft. In Folge der „Centros-Entscheidung" des EuGH[56] war zunächst strittig, ob die Sitztheorie mit dem europäischen Recht vereinbar ist.[57] Der EuGH hat seine Rechtsauffassung in der Entscheidung vom 5.11.2002 (Überseering/NCC)[58] und 23

---

[49] MüKoAktG/*Heider* § 5 Rn. 52; GroßkommAktG/*Bachmann* § 5 Rn. 45; Hüffer/*Koch* AktG § 5 Rn. 9.
[50] Hüffer/*Koch* AktG § 5 Rn. 9; MüKoAktG/*Koch* § 262 Rn. 67.
[51] Klein/*Gersch* AO § 11 Rn. 3; *Koenig* AO § 11 Rn. 2.
[52] Dötsch/Pung/Möhlenbrock/*Graffe* KStG § 1 Rn. 22.
[53] BFH BStBl. II 1999 S. 437.
[54] BFH BFH/NV 2015, 615; Vorinstanz FG Schleswig-Holstein EFG 2011, 191.
[55] BFH FR 2019, 522; Vorinstanz FG Rheinland-Pfalz DStRE 2017, 612.
[56] EuGH NZG 1999, 298 = GmbHR 1999, 474; zuvor bereits EuGH Slg. 1988, I-5483 – Daily Mail.
[57] ZB *Sandrock* BB 1999, 1337 ff.; *Eilers/Wienands* IStR 1999, 289 (293); *Sörgel* DB 1999, 2236; *Meilicke* DB 1999, 627; *Fock* RIW 1999, 42 (45); dggü *Altmeppen* DStR 2000, 1061 mwN; *Kindler* NJW 1999, 1993 (1996 f.).
[58] EuGH ZIP 2002, 2037 ff. = DB 2003, 377; dazu *Schanze/Jüttner* AG 2003, 30.

der Entscheidung vom 30.9.2003 (Inspire Art)[59] weiter verdeutlicht. Danach ist die Sitztheorie nicht mehr aufrechtzuerhalten;[60] dies wurde in der Entscheidung v. 13.12.2003 (Sevic Systems) fortgeschrieben.[61] Seit der Vale-Entscheidung des EuGH[62] wird der grenzüberschreitende Herein-Formwechsel anerkannt. Infolge der Polpud-Entscheidung des EuGH[63] ist ein solcher Formwechsel ohne Auflösung der wegziehenden Gesellschaft zulässig, auch wenn dies nur die Verlegung des Satzungssitzes betrifft. Auch bei einer grenzüberschreitenden Verschmelzung hat der EuGH entschieden, dass die Steuerneutralität des Vorgangs nicht von einem vorherigen Bewilligungsverfahren abhängig gemacht werden darf, in welchem sachliche Gründe für die Maßnahme nachgewiesen werden müssen.[64] Der BFH hatte seit Ergehen der ersten Entscheidungen des EuGH zunächst keinen Anlass gesehen, seine Rechtsprechung zu ändern.[65] Mit einer Reihe von Entscheidungen wurde die Aufgabe dieser Betrachtungsweise herbeigeführt.[66] Mit seiner Entscheidung vom 29.1.2003 hatte sich der BFH jedenfalls für Zuzugsfälle von der Sitztheorie im Steuerrecht verabschiedet. So kann eine deutsche Kapitalgesellschaft mit Sitz im Inland auch durch die grenzüberschreitende Sitzverlegung einer ausländischen Kapitalgesellschaft und deren Umwandlung in eine deutsche Kapitalgesellschaft (zB eine AG) entstehen.[67] Die Entscheidung erstreckt sich über EU-Fälle hinaus auf Nichtdiskriminierungsfälle (im entschiedenen Fall einer US-Gesellschaft).[68]

24 Im Wegzugsfall gilt nach § 12 Abs. 3 KStG die Körperschaft jedoch dann als aufgelöst mit der Folge der Realisierung der stillen Reserven nach Maßgabe von § 11 KStG, wenn sie infolge der Veränderung aus der unbeschränkten Steuerpflicht in einem Mitgliedstaat der EU oder des EWR ausscheidet. Für Wegzugsfälle hat der EuGH in der Entscheidung vom 11.3.2004 (Lasteyrie du Saillant) steuerliche Wegzugsbeschränkungen als unvereinbar mit der Niederlassungsfreiheit erklärt.[69] Danach sind wohl auch nationale Regelungen über die sofortige Besteuerung von stillen Reserven nicht mit EU-Recht vereinbar, wenn die Besteuerung der stillen Reserven im Wegzugstaat wegen der Steuerpflicht einer Betriebsstätte, der die Wirtschaftsgüter zugeordnet werden, auch nach Wegzug möglich bleibt.[70]

25 Zu ertragsteuerlichen Folgen bei einer Sitzverlegung in das Ausland kann es nach deutschem Steuerrecht kommen, wenn zugleich auch der Ort der Geschäftsführung in das Ausland verlegt wird und damit die unbeschränkte Steuerpflicht beendet wird.

26 Liegt kein Fall vor, der nach § 11 KStG zur Liquidationsbesteuerung führt, ist in § 12 Abs. 1 KStG[71] als Rechtsfolge bei Aufgabe oder Beschränkung des Besteuerungsrechts Deutschlands vorgesehen, dass im Falle eines dadurch eintretenden Ausschlusses oder einer Beschränkung des deutschen Besteuerungsrechts betroffene Wirtschaftsgüter als zum ge-

---

[59] EuGH BB 2003, 2195.
[60] *Triebel/Hase* BB 2003, 2409.
[61] EuGH DStR 2006, 49 – Sevic Systems.
[62] EuGH BB 2012, 2069; dazu *Feldhaus* BB 2017, 2819.
[63] EuGH BB 2017, 2829; *Stiegler* AG 2017, 846; *Schneider* DB 2018, 941; *Paefgen* WM 2017, 2359 und 2018, 1029.
[64] EuGH IStR 2017, 409.
[65] BFH BStBl. II 1999 S. 437 ff.; BFH/NV 2000, 1505 f.
[66] EuGH NZG 1999, 298 = GmbHR 1999, 474 – Centros; zuvor bereits EuGH Slg. 1988, I-5483 – Daily Mail; dazu *Sandrock* BB 1999, 1337 ff.; *Eilers/Wienands* IStR 1999, 289 (293); *Sörgel* DB 1999, 2236; *Meilicke* DB 1999, 627; *Fock* RIW 1999, 42 (45); dggü *Altmeppen* DStR 2000, 1061 mwN; *Kindler* NJW 1999, 1993 (1996 f.); EuGH ZIP 2002, 2037 ff. = DB 2003, 377 – Überseering/NCC; dazu *Schanze/Jüttner* AG 2003, 30; EuGH BB 2003, 2195 – Inspire Art; *Triebel/Hase* BB 2003, 2409; EuGH DStR 2009, 59 – Cartesio; dazu *Paefgen* WM 2009, 529; *Campos Nave* BB 2009, 870 (872).
[67] OLG Nürnberg NZG 2014, 349 ff.; KG DStR 2016, 1427; Dötsch/Pung/Möhlenbrock/*Graffe* KStG § 1 Rn. 87.
[68] BFH DB 2003, 1200 mit Anm. *Thömmes*; *Sedemund* BB 2003, 1362.
[69] EuGH DB 2004, 686; *Kleinert/Probst* DB 2004, 673; *Schnitger* BB 2004, 804 (809).
[70] *Jacobs* Internationale Unternehmensbesteuerung, 1184 f.
[71] G. v. 7.12.2006 BGBl. I S. 2782.

meinen Wert veräußert oder überlassen fingiert werden; vgl. auch §§ 4 Abs. 1 S. 4, 4g und 15 Abs. 1a EStG. Das führt für Wirtschaftsgüter, die nicht dem deutschen Steuerrecht verhaftet bleiben, anders als bei Grundstücken oder inländischem Betriebsstättenvermögen, mit dem die weggezogene Körperschaft im Inland beschränkt steuerpflichtig bleibt, zur Realisierung der stillen Reserven.[72] Das deutsche Besteuerungsrecht der stillen Reserven in bestimmten Anteilen wird durch § 4 Abs. 1 S. 5 EStG, § 12 Abs. 1 KStG eingeschränkt, aber der späteren Besteuerung vorbehalten, § 15 Abs. 1a EStG.[73] Die Rechtsfolgen der Entstrickung können durch einen Ausgleichsposten nach § 4g EStG gemildert werden.[74]

Die uneingeschränkte sofortige Besteuerung der stillen Reserven im Wegzugsfall wird für europarechtswidrig gehalten.[75] Die aufgeschobene Besteuerung der stillen Reserven, wie sie in § 4g EStG sich über die Auflösung eines Sonderpostens über einen Zeitraum von 5 Jahren ergibt, wird, verbunden mit der Stundung der Steuern (§ 36 Abs. 5 EStG) nicht für einen EU-rechtlichen Verstoß gehalten, nicht zuletzt, seit Art. 5 ATAD-RL eine vergleichbare Entstrickungsbesteuerung vorsieht, die bis zum 31.12.2019 umzusetzen ist.[76]

Mit der Aufgabe der Rechtsprechung zur finalen Entnahmetheorie durch den BFH[77] war zweifelhaft geworden, ob die Gewinnrealisierung bei Wirtschaftsgütern, die infolge der Sitzverlegung in das Ausland verlagert werden, tatsächlich notwendig ist; die Rechtsprechungslinie wurde zur Betriebsaufgabentheorie fortgesetzt.[78] Die Entscheidungen könnteneine Neuorientierung hinsichtlich des Fortbestands des deutschen Besteuerungsrechts in Fällen der Sitzverlegung bewirken. Selbst in Fällen, in denen das mit dem anderen Staat bestehende DBA das Besteuerungsrecht dem anderen Staat zuweist, kann es zur nachlaufenden (fortbestehenden) Besteuerung von stillen Reserven von in das Ausland verbrachten Wirtschaftsgütern kommen. Infolge dieses fortbestehenden Besteuerungsrechts fehlt es folglich an dem in § 12 Abs. 1 KStG vorausgesetzten Ausschluss oder der Beschränkung des deutschen Besteuerungsrechts, mit der Folge, dass die sofortige Besteuerung der stillen Reserven im Falle der Sitzverlegung nicht zulässig ist.[79] Diese Rechtsüberlegungen sind bis jetzt intensiv diskutiert und umstritten.[80] Das BMF hat eine Nichtanwendungsverfügung diese Urteile betreffend herausgegeben. Die Instanzgerichte entscheiden indes auf der Linie des BFH.[81] Der EuGH hat seine Rechtsprechung bekräftigt und zwar nicht die Erfassung nicht versteuerter stiller Reserven, wohl aber die Anordnung der sofortigen Versteuerung der stillen Reserven zum Zeitpunkt des Wegzugs beanstandet.[82]

---

[72] EuGH DStR 2014, 193 – DMC; Dötsch/Pung/Möhlenbrock/*Benecke/Staats* KStG § 12 Rn. 350; Gosch/*Lambrecht* KStG § 12 Rn. 90 ff.; Erle/Sauter/*Lenz* KStG § 12 Rn. 16; *Jacobs*, Internationale Unternehmensbesteuerung, S. 1184 f.

[73] L. Schmidt/*Loschelder* EStG § 4 Rn. 330; L. Schmidt/*Wacker* EStG § 15 Rn. 155 f.

[74] Frotscher/Drüen KStG § 12 Rn. 54 ff.

[75] EuGH RIW 2015, 382; EuWZ 2017, 180; *Micker/Schwarz* IWB 2017, 344; *Beinert/Kahle* FR 2015, 585.

[76] Dötsch/Pung/Möhlenbrock/*Benecke/Staats* KStG § 12 Rn. 38, 46b; Blümich/*Pfirrmann* EStG KStG § 12 Rn. 28; *Rautenstrauch/Suttner* BB 2016, 2391; *Haug* DStZ 2016, 446; *Musil* EuZW 2017, 180.

[77] BFH BStBl. II 2009 S. 464 ff.; dazu Nichtanwendungsverfügung des BMF v. 20.5.2009, BStBl. I 2009 S. 671.

[78] BFH BFH/NV 2010, 346; 2010, 432.

[79] Dazu zB *Köhler* IStR 2010, 337 ff.; Erle/Sauter/*Lenz* KStG § 12 Rn. 37.

[80] Dötsch/Pung/Möhlenbrock/*Benecke/Staats* KStG § 12 Rn. 229; *Wassermeyer* DB 2006, 1176 und 2420; *Rödder/Schumacher* DStR 2006, 1481 (1483); *Beiser* DB 2008, 2724; *Roser* DStR 2008, 2389; *Kahle/Franke* IStR 2009, 406; *Prinz* DB 2009, 807; *Ditz* IStR 2009, 115; *Ditz/Schneider* DStR 2010, 81; *Körner* IStR 2009, 741; aM *Mitschke* FR 2008, 1144 und 2009, 326; *ders.* DB 2009, 1376; *Blöchle* IStR 2009, 645.

[81] FG Rheinland-Pfalz IStR 2011, 308; dazu *Mitschke* IStR 2011, 294.

[82] EuGH DStR 2011, 2335 – National Grid Indus; *Mössner*, Steuerrecht international tätiger Unternehmen, Abschn. 1.224 f.

28 Als weitere Folge der EuGH-Entscheidungen war in § 14 Abs. 1 Nr. 2 KStG vorgesehen worden, dass ein Organschaftsverhältnis zu einem Organträger gestattet wird, der im Inland den Ort der Geschäftsleitung, nicht jedoch seinen Sitz hat.[83] Durch Gesetz v. 20.2.2013 wurde diese Entwicklung fortgesetzt und auch der doppelte Inlandsbezug für Organgesellschaften aufgegeben, vgl. § 14 Abs. 1 S. 1 KStG. Diese brauchen nunmehr nur den Ort der Geschäftsleitung im Inland zu haben, wenn der Sitz in einem Mitgliedstaat der EU oder des EWR liegt.[84]

§ 9 Geschäftsjahr, Bekanntmachungen, Unternehmensgegenstand

Übersicht

	Rn.		Rn.
I. Geschäftsjahr	1–5	a) Änderung des Unternehmensgegenstandes	18
II. Bekanntmachungen	6, 7	b) Über- und Unterschreitung des Unternehmensgegenstandes	19
III. Gegenstand des Unternehmens	8–24	c) Faktische Änderungen des Unternehmensgegenstandes	20, 21
1. Aktienrechtliche Bedeutung des Unternehmensgegenstandes	8–17	3. Steuerliche Bedeutung des Unternehmensgegenstands Sailer-Coceani/Kraft	22–24
a) Gesellschaftszweck, Gesellschaftsgegenstand	8–12		
b) Individualisierung	13–17		
2. Änderung des Unternehmensgegenstandes	18–21		

Schrifttum: *Carstens/Gisewski*, Unterschreiten des Unternehmensgegenstands bei der Veräußerung von Beteiligungen, CCZ 2009, 72–76; *Feldhaus*, Der Verkauf einer Aktiengesellschaft und die Notwendigkeit einer außerordentlichen Hauptversammlung, 562–569; *Groß*, Hauptversammlungen 2003: Bekanntmachung nur im elektronischen Bundesanzeiger?, DB 2003, 867–869; *Groß*, Zuständigkeit der Hauptversammlung bei Erwerb und Veräußerung von Unternehmensbeteiligungen, AG 1994, S. 266–271; *Lutter*, Organzuständigkeit im Konzern, FS Stimpel, 1985, S. 825–854; *Martens*, Aktienrechtliche Probleme eines Ausstiegs aus der Kernenergie, FS Kellermann, 1991, S. 271–298; *Noack*, Der elektronische Bundesanzeiger im Aktienrecht – ein Überblick BB 2002, 2025–2028; *Streuer*, Der statuarische Unternehmensgegenstand, 2001; *Tieves*, Der Unternehmensgegenstand der Kapitalgesellschaft, 1998; *von Gumpert*, Rechtsfolgen einer Überschreitung des Unternehmensgegenstands im Gemeinschaftsprivatrecht, 2002; *Wollburg/Gehling*, Umgestaltung des Konzerns – Wer entscheidet über die Veräußerung von Beteiligungen einer Aktiengesellschaft, FS Lieberknecht, 1997, S. 133–161.

I. Geschäftsjahr

1 Das Aktiengesetz enthält keine Regelungen über das Geschäftsjahr, knüpft aber in einigen Vorschriften an den Begriff des Geschäftsjahres an. Nach § 171 Abs. 2 S. 2 AktG hat der Aufsichtsrat in seinem Bericht nach Satz 1 mitzuteilen, in welcher Art und in welchem Umfang er die Geschäftsführung während des Geschäftsjahres geprüft hat. In § 175 Abs. 1 S. 2 AktG heißt es, dass die Hauptversammlung in den ersten acht Monaten des Geschäftsjahres stattzufinden hat. Auch das HGB spricht in §§ 242 Abs. 1 S. 1, 264 Abs. 1 S. 3 HGB vom Geschäftsjahr und gibt dem Vorstand der AG auf, in den ersten drei Monaten des neuen Geschäftsjahres für das vergangene Geschäftsjahr den Jahresabschluss sowie den Lagebericht aufzustellen und den Abschlussprüfern vorzulegen (§ 320 Abs. 1 HGB).

2 Im AktG ist nicht geregelt, dass die Satzung eine Bestimmung über das Geschäftsjahr zu enthalten hat. Nach § 240 Abs. 2 S. 2 HGB beträgt die Höchstdauer des Geschäftsjahres zwölf Monate.[1] Besteht keine statutarische Regelung, so fallen Geschäftsjahr und Kalender-

---

[83] Dazu *Löwenstein/Maier* IStR 2002, 185 (186).

[84] G zur Änderung und Vereinfachung der Unternehmensbesteuerung und des steuerlichen Reisekostenrechts v. 20.2.2013 BGBl. I S. 285.

[1] Vgl. *Staub/Hüffer* HGB § 240 Rn. 42; KölnKommAktG/*Claussen/Korth* HGB § 242 Rn. 29; KölnKommHGB Rechnungslegung/*Braun* HGB § 240 Rn. 9.

jahr zusammen. Nimmt die Gesellschaft ihre Tätigkeit bei der Gründung im Laufe des Kalenderjahres auf, so endet das erste Geschäftsjahr bei Fehlen einer statutarischen Regelung am 31.12. und ist ein Rumpfgeschäftsjahr. Soll das Geschäftsjahr vom Kalenderjahr abweichen, so bedarf es wegen der Folgen für den Jahresabschluss und die in der ordentlichen Hauptversammlung zu beschließende Gewinnverwendung einer statutarischen Regelung.

Die Abweichung vom Kalenderjahr kann auch später im Wege der Satzungsänderung **3** eingeführt werden.[2] Die rückwirkende Änderung des Geschäftsjahres ist unzulässig.[3] Sie ist nur wirksam, wenn die Eintragung der Satzungsänderung vor dem Ablauf des durch die Satzungsänderung gebildeten Rumpfgeschäftsjahres erfolgt.[4] Auch die steuerliche Anerkennung der Änderung des Geschäftsjahres setzt die Registereintragung vor Ablauf des zu bildenden Rumpfgeschäftsjahres voraus.[5]

Aus § 240 Abs. 2 S. 2 HGB (vgl. → Rn. 2) wird entnommen, dass die normierte **4** Höchstdauer von zwölf Monaten auch die regelmäßige gesetzliche Mindestdauer eines Geschäftsjahres sein soll.[6] Die Einführung eines einzelnen kürzeren Geschäftsjahres (Rumpfgeschäftsjahr) ist bei Vorliegen eines sachlichen Grundes zulässig.[7] Als sachliche Rechtfertigung kommen gesellschaftsrechtliche Veränderungen, Einbringung eines Unternehmens, die Angleichung an das Konzerngeschäftsjahr und die Änderung im Zusammenhang mit der Aufhebung oder Begründung einer Organschaft in Betracht.[8] Auch zwei aufeinander folgende Rumpfgeschäftsjahre sind bei Vorliegen einer sachlichen Begründung ausnahmsweise zulässig.[9]

Die Festlegung des Geschäftsjahres der AG hat Bedeutung für die steuerliche Gewinner- **5** mittlung. Der Gewinn der AG, die nach den Vorschriften des HGB zum Führen von Büchern verpflichtet ist, wird nach dem Wirtschaftsjahr ermittelt, für das regelmäßig Abschlüsse erstellt werden. Entspricht, wie im Regelfall, das Wirtschaftsjahr der AG dem Kalenderjahr, wird der Gewinn nach diesem Zeitraum ermittelt und der Festsetzung der Steuer zugrunde gelegt. Weicht das Wirtschaftsjahr zulässigerweise vom Kalenderjahr ab, gilt der Gewinn der AG in dem Kalenderjahr als bezogen, in dem das vom Kalenderjahr abweichende Wirtschaftsjahr endet, § 7 Abs. 4 S. 2 KStG. Zu Einzelheiten vgl. → § 5 Rn. 9 ff.

---

[2] OLG Schleswig NJW-RR 2000, 1425; GroßkommAktG/*Wiedemann* § 179 Rn. 85; Hüffer/*Koch* AktG § 179 Rn. 39; am Erfordernis der Satzungsänderung zweifelnd KölnKommAktG/*Zöllner* § 179 Rn. 4. Entgegen OLG Stuttgart NJW-RR 1992, 1391 f. kann die Bestimmung des Geschäftsjahres nicht durch die Satzung auf das Vertretungsorgan übertragen werden.

[3] OLG Schleswig NJW-RR 2000, 1425.

[4] LG Mühlhausen DB 1997, 85; FG Nürnberg EFG 1998, 1693 (1694); KölnKommAktG/*Zöllner* § 179 Rn. 207; aA bereits die Anmeldung vor Abschluss des Rumpfgeschäftsjahres sei ausreichend: LG Berlin Rpfleger 1978, 143; Ulmer GmbHG/*Ulmer*/*Casper* § 53 Rn. 125; *Staub*/*Hüffer* HGB § 240 Rn. 44; noch weiter gehend LG Frankfurt a. M. GmbHR 1978, 112 und GmbHR 1979, 208.

[5] BMF-Schreiben vom 18.5.1990, DB 1990, 1164; FG Nürnberg EFG 1998, 1693 (1694).

[6] *Adler*/*Düring*/*Schmaltz* Rechnungslegung HGB § 240 Rn. 69; KölnKommAktG/*Claussen*/*Korth* HGB § 242 Rn. 29; MüKoHGB/*Ballwieser* § 240 Rn. 13; Baumbach/Hopt/*Merkt* HGB § 240 Rn. 6.

[7] *Adler*/*Düring*/*Schmaltz* Rechnungslegung HGB § 240 Rn. 69; *Staub*/*Hüffer* HGB § 240 Rn. 42; KölnKommAktG/*Claussen*/*Korth* HGB § 242 Rn. 29.

[8] *Adler*/*Düring*/*Schmaltz* Rechnungslegung HGB § 240 Rn. 69; Ebenroth/Boujong/Joost/Strohn/*Böcking*/*Gros* HGB § 240 Rn. 24.

[9] *Adler*/*Düring*/*Schmaltz* Rechnungslegung HGB § 240 Rn. 69; KölnKommAktG/*Claussen*/*Korth* HGB § 242 Rn. 29; *Streck*/*Schwedhelm* BB 1988, 679 (mit der Einschränkung, dass das planerische Hintereinanderschalten von zwei Rumpfgeschäftsjahren unzulässig sei); zur steuerlichen Anerkennung BMF-Schreiben vom 18.5.1990, DB 1990, 1164.

II. Bekanntmachungen

6 Das Aktiengesetz sieht in einer Reihe von Fällen die Bekanntmachung bestimmter Tatsachen und Umstände durch die Gesellschaft vor, zB die Bekanntmachung über die Zusammensetzung des Aufsichtsrats nach § 97 Abs. 1 S. 1 AktG, die Bekanntmachung der Einberufung und der Tagesordnung der Hauptversammlung nach §§ 121 Abs. 3 S. 1 und 2, Abs. 4 S. 1 AktG. Daneben kann die Satzung vorsehen, dass bestimmte Tatsachen oder Umstände bekanntzumachen sind. Soweit Gesetz oder Satzung Bekanntmachungen der Gesellschaft in den Gesellschaftsblättern vorschreiben (sog. Pflichtbekanntmachungen), bestimmt § 25 AktG den Bundesanzeiger als Pflicht-Gesellschaftsblatt. Gemeint ist der elektronische Bundesanzeiger, denn eine Druckausgabe existiert nicht mehr. Seine Webadresse lautet www.bundesanzeiger.de. Auf der Website finden sich auch die erforderlichen Kontaktdaten, Vorlaufzeiten für Veröffentlichungen und Allgemeine Geschäftsbedingungen. Satzungsklauseln, die lediglich auf den Bundesanzeiger im Bekanntmachungsblatt verweisen, dürften zwischenzeitlich an die neue Rechtslage angepasst worden sein. Soweit die Anpassung bisher nicht vorgenommen wurde, meinen diese Satzungsklauseln nunmehr den elektronischen Bundesanzeiger und nicht mehr die Druckausgabe.[10] Die Belegfunktion der früheren Druckausgabe wird durch die Beifügung eines Ausdrucks oder die Angabe der Internet-Fundstelle ersetzt.[11]

7 Mit Wirkung vom 31.12.2015 wurde Satz 2 des § 25 AktG aufgehoben.[12] Dieser sah vor, dass in der Satzung andere Blätter oder elektronische Informationsmedien als Gesellschaftsblätter bezeichnet werden können. In der Praxis wurde seinerzeit von dieser Regelungsmöglichkeit kaum Gebrauch gemacht.[13] Hinsichtlich der wenigen Altfälle ist die Übergangsregelung nach § 26h Abs. 3 EGAktG zu beachten. Von den Gesellschaftsblättern iSd § 25 AktG zu unterscheiden sind weitere Publikationsorgane iSd § 23 Abs. 4 AktG. Diese weiteren Publikationsorgane sind nicht für die Pflichtbekanntmachungen maßgeblich, sondern für sonstige freiwillige Bekanntmachungen der Gesellschaft, beispielsweise Quartalsberichte. Für diese Bekanntmachungen ist nach § 23 Abs. 4 AktG in der Satzung eine Form zu bestimmen.

III. Gegenstand des Unternehmens

8 **1. Aktienrechtliche Bedeutung des Unternehmensgegenstandes. a) Gesellschaftszweck, Gesellschaftsgegenstand.** Anders als das GmbHG unterscheidet das AktG nicht zwischen Unternehmensgegenstand und Unternehmenszweck. Trotzdem besteht Einigkeit, dass auch bei der AG der Gegenstand des Unternehmens und der Zweck der Gesellschaft nicht identisch sind.[14] Der Gesellschaftszweck betrifft die von den Aktionären mit der Gesellschaft verfolgten Ziele, bezeichnet also den finalen Sinn der Organisation. In der Regel ist dieser auf Gewinnerzielung gerichtet; die Aktionäre können mit der Gesellschaft aber auch gemeinwirtschaftliche, gemeinnützige oder andere Zwecke verfolgen. Der Unternehmenszweck wird regelmäßig nicht in der Satzung geregelt und erschließt sich daher nur mittelbar aus dem statutarisch geregelten Gegenstand des Unternehmens. Im Zweifel ist der Zweck der Gesellschaft auf das erwerbswirtschaftliche Betreiben des Unternehmensgegenstandes gerichtet und die Gesellschaft soll Gewinne für ihre Aktionäre erwirtschaften.[15] Wegen seiner zentralen Bedeutung kann der Gesellschaftszweck entsprechend § 33

---

[10] Hüffer/Koch AktG § 25 Rn. 3; Groß DB 2003, 867 (868 f.); Ihrig/Wagner BB 2002, 789 (792); Noack BB 2002, 2025 (2026); Grigoleit/Vedder AktG § 25 Rn. 8.
[11] Noack BB 2002, 2025 (2027).
[12] G. v. 22.12.2015, BGBl. I S. 2565 (Aktienrechtsnovelle 2016).
[13] Hüffer/Koch AktG § 25 Rn. 1.
[14] KG NZG 2005, 88 (89); LG Siegen BB 1965, 1422; GroßkommAktG/Röhricht/Schall § 23 Rn. 125; KölnKommAktG/Zöllner § 179 Rn. 112.
[15] GroßkommAktG/Röhricht/Schall § 23 Rn. 127 f.; MüKoAktG/Pentz § 23 Rn. 76; MüKoAktG/Stein § 179 Rn. 130; Wiedemann GesR I S. 336 f.; KölnKommAktG/Zöllner § 179 Rn. 111.

Abs. 1 S. 2 BGB nur mit Zustimmung sämtlicher Aktionäre geändert werden.[16] Eine Änderung des Gesellschaftszwecks tritt auch ein mit Auflösung der Gesellschaft. Er ist dann nicht mehr auf Gewinnerzielung durch Betrieb eines werbenden Unternehmens gerichtet, sondern auf Verwertung des Gesellschaftsvermögens[17] (→ § 66 Rn. 1).

Nach § 23 Abs. 3 Nr. 2 AktG muss der Gegenstand des Unternehmens in der Satzung bestimmt sein. Gegenstand des Unternehmens ist die Tätigkeit, die die Gesellschaft zu treiben beabsichtigt, ist also das Mittel, mit dem der Gesellschaftszweck (vgl. → Rn. 10) erreicht werden soll.[18] Indem das Gesetz vorschreibt, dass namentlich bei Industrie- und Handelsunternehmen die Art der Erzeugnisse und Waren, die hergestellt und gehandelt werden sollen, näher anzugeben sind, macht es deutlich, dass der Unternehmensgegenstand einer hinreichenden Individualisierung bedarf (dazu → Rn. 13 ff.). Für die Verfolgung bestimmter Unternehmensgegenstände beschränkt die Rechtsordnung die Rechtsformwahl und ordnet zB für Versicherungen nach § 8 Abs. 2 VAG, für Unternehmensbeteiligungsgesellschaften nach § 2 Abs. 1 UBGG sowie für externe Kapitalverwaltungsgesellschaften nach § 18 Abs. 1 KAGB und für Investmentaktiengesellschaften nach § 108 Abs. 1 KAGB an, dass die Unternehmensgegenstände ausschließlich oder alternativ in der Rechtsform der Aktiengesellschaft zu betreiben sind.

Das AktG misst der Festlegung eines wirksamen Unternehmensgegenstandes in der Satzung grundlegende Bedeutung zu. Enthält die Satzung keine oder eine nichtige Angabe, so eröffnet dieser Mangel die Möglichkeit einer Klage auf Nichtigerklärung nach § 275 Abs. 1 AktG und der Amtslöschung nach § 397 S. 1 FamFG.

b) Individualisierung. Der Unternehmensgegenstand muss in der Satzung so weitgehend individualisiert sein, dass der Schwerpunkt der Geschäftstätigkeit für die beteiligten Verkehrskreise hinreichend erkennbar wird.[19] Die Bedeutung, die das AktG dem Unternehmensgegenstand beilegt, zeigt sich in der nach § 39 Abs. 1 S. 1 AktG vorgeschriebenen Eintragung in das Handelsregister, dem besonderen Mehrheitserfordernis des § 179 Abs. 2 S. 2 AktG und der Möglichkeit einer Klage auf Nichtigerklärung nach § 275 Abs. 1 S. 1 AktG bei fehlender oder nichtiger Bestimmung des Unternehmensgegenstandes. Ist der Unternehmensgegenstand nicht individualisiert, fordert das Registergericht von Amts wegen die Gesellschaft zur Konkretisierung auf (§ 26 FamFG); erfolgt diese dann nicht, ist die Eintragung nach § 38 Abs. 4 Nr. 1 iVm § 23 Abs. 3 Nr. 2 AktG abzulehnen.

In folgenden Beispielen ist eine hinreichende Individualisierung bejaht worden: „Ingenieurmäßige Planung der haustechnischen Gewerke des Bauvorhabens Klinikum A"[20] und „Betrieb von Gaststätten".[21] Nicht ausreichend sind Angaben wie „Handel mit Waren aller Art" oder „Betrieb eines kaufmännischen Geschäfts".[22] Enthält die Beschreibung des Unternehmensgegenstandes in der Satzung floskelhafte Leerformeln, wie beispielsweise „Die Gesellschaft ist zu allen Geschäften und Rechtshandlungen befugt, die ihrem Zweck dienlich sind", so ist dies grundsätzlich zulässig. Allerdings sind solche inhaltsleeren und nichts sagenden Zusätze nicht eintragungsfähig im Sinne von § 39 Abs. 1 S. 1 AktG.[23]

---

[16] KG NZG 2005, 88 (89); GroßkommAktG/*Röhricht/Schall* § 23 Rn. 126; MüKoAktG/*Stein* § 179 Rn. 132; KölnKommAktG/*Zöllner* § 179 Rn. 113; Hüffer/*Koch* AktG § 23 Rn. 22 und § 179 Rn. 33; Grigoleit/*Ehmann* AktG § 179 Rn. 17; aA *Wiedemann* GesR I S. 337.
[17] BGH ZIP 1988, 229 (231); Hüffer/*Koch* AktG § 262 Rn. 2; Grigoleit/*Servatius* AktG § 262 Rn. 1.
[18] BayObLG NJW 1976, 1694; Hüffer/*Koch* AktG § 23 Rn. 22; abweichend MüKoAktG/*Pentz* § 23 Rn. 76.
[19] BGH BB 1981, 450 (für GmbH); BayObLG DNotZ 1994, 114 (115) (für GmbH); OLG Frankfurt a. M. DB 1987, 38 (für GmbH); siehe zum Präzisierungsgrad GroßkommAktG/*Röhricht/Schall* § 23 Rn. 142 f.
[20] BGH BB 1981, 450.
[21] OLG Frankfurt a. M. WM 1980, 22.
[22] BayObLG NJW-RR 1996, 413 (414); NZG 2003, 482; MüKoAktG/*Pentz* § 23 Rn. 81.
[23] OLG Köln WM 1981, 805; BayObLG DNotZ 1994, 114 (117); LG München I GmbHR 1991, 270 (alle zur GmbH).

13 Die Angabe des Unternehmensgegenstandes in der Satzung verfolgt einen doppelten Zweck:[24] Zum einen bestimmt der Unternehmensgegenstand im Innenverhältnis die Grenzen der Geschäftsführungsbefugnis des Vorstands (§ 82 Abs. 2 AktG), wobei nach neuerer hM die Satzung dem Vorstand enge Vorgaben geben kann, etwa auch solche mit weltanschaulich-politischem Inhalt.[25] Zum anderen unterrichtet er die interessierten Verkehrskreise nach außen über den Tätigkeitsbereich der Gesellschaft. Auf die Vertretungsmacht des Vorstands nach § 82 Abs. 1 AktG hat die Angabe des Unternehmensgegenstands freilich keinen Einfluss (vgl. → § 23 Rn. 2).

14 Soll dem Vorstand die Möglichkeit eingeräumt werden, den Unternehmensgegenstand nicht nur durch eigenes Handeln zu verwirklichen, sondern auch mittelbar durch andere (Beteiligungs-)Unternehmen zu handeln, so ist dies ausdrücklich beim Unternehmensgegenstand anzugeben. Dabei kann die Hauptversammlung auch das „Wie" des mittelbaren Handelns über Beteiligungsgesellschaften regeln.[26] So kann im Unternehmensgegenstand eine 100%ige Beteiligung an einer bestimmten Tochtergesellschaft festgeschrieben werden. Der Vorstand darf dann die Beteiligung an der Tochtergesellschaft oder Teile davon nur nach einer Satzungsänderung veräußern.[27] Eine solch weitgehende Präzisierung des Unternehmensgegenstandes kann in das in § 76 AktG geregelte Recht des Vorstands zur eigenverantwortlichen Leitung der Gesellschaft in unzulässiger Weise eingreifen. Die Grenze der Unzulässigkeit ist aber erst dort erreicht, wo die Regelung des Unternehmensgegenstandes dem Vorstand so ins Einzelne gehende Vorgaben macht, dass der Vorstand bei der Führung der laufenden Geschäfte zum reinen Befehlsempfänger der Aktionäre ohne eigenen bedeutenden unternehmerischen Handlungs- und Entscheidungsspielraum wird.[28] Die Satzung kann ohne Zweifel im Unternehmensgegenstand bestimmte Produktionsmethoden oder bestimmte Märkte vorschreiben und umgekehrt andere Geschäfte oder Herstellungsverfahren ausschließen, auch wenn dies wirtschaftlich unzweckmäßig ist. Zulässig wäre daher eine Formulierung des Unternehmensgegenstandes eines Elektrizitätsunternehmens dahingehend, dass bei der Erzeugung von Strom auf den Einsatz von Kernenergie zu verzichten ist.[29] An den vorgeschriebenen Rahmen ist der Vorstand gebunden und kann auch nicht einwenden, durch den Unternehmensgegenstand sei die Wirtschaftlichkeit gefährdet.[30]

15 Ist die Gesellschaft berechtigt, Aktivitäten auch durch Beteiligungsgesellschaften zu betreiben, so sollte die Satzung der Gesellschaft dies klarstellen und im Unternehmensgegenstand die Tätigkeiten aller Konzernunternehmen umfassen (sog. Spiegelstrichlösung), wobei auch eine Klarstellung erfolgen sollte, ob nur unternehmerische oder auch rein kapitalistische Beteiligungen erlaubt sein sollen.[31] Weder erforderlich noch rechtlich rele-

---

[24] BGH WM 1981, 163 (164); BayObLG NJW-RR 1996, 413; OLG Frankfurt a. M. DB 1987, 38; ausführlich *Tieves*, Der Unternehmensgegenstand der Kapitalgesellschaft, 1998, S. 68 ff.; *Servatius*, Strukturmaßnahmen als Unternehmensleitung, 2004, S. 23 ff.

[25] OLG Stuttgart ZIP 2003, 1981 (1987 f.); GroßkommAktG/*Röhricht/Schall* § 23 Rn. 121; Grigoleit/*Vedder* AktG § 23 Rn. 25; *Schön* ZGR 1996, 429 (441 f.); aA GroßkommAktG/*Habersack/Foerster* § 82 Rn. 26.

[26] *Heinsius* ZGR 1984, 383 (406 ff.); *Werner* ZHR 147 (1983), 428 (450 ff.); Formulierungsvorschlag in: Beck'sches Formularbuch/*Hoffmann-Becking* Form. X.11 § 2 Abs. 2.

[27] OLG Köln AG 2001, 426; *Heinsius* ZGR 1984, 383 (406 ff.); *Werner* ZHR 147 (1983), 428 (450 ff.); *Timm*, Die Aktiengesellschaft als Konzernspitze, 1980, S. 88 ff.

[28] In diesem weiten Sinne wie hier GroßkommAktG/*Röhricht/Schall* § 23 Rn. 120; siehe auch GroßkommAktG/*Kort* § 76 Rn. 45; *Schön* ZGR 1996, 429 (436 ff.); Grigoleit/*Vedder* AktG § 23 Rn. 27.

[29] Vgl. zum Fall HEW *Martens* FS Kellermann, 1991, 271 ff. und gegen ihn *Schön* ZGR 1996, 429 (442); für weitere Beispiele zulässiger Satzungsvorgaben siehe GroßkommAktG/*Röhricht/Schall* § 23 Rn. 121 sowie MüKoAktG/*Spindler* § 82 Rn. 35.

[30] Vgl. GroßkommAktG/*Röhricht/Schall* § 23 Rn. 121; KölnKommAktG/*Mertens/Cahn* § 82 Rn. 22 ff. und *Zöllner* § 179 Rn. 119; *v. Rechenberg*, Die Hauptversammlung als oberstes Organ der Aktiengesellschaft, 1986, S. 78 ff.; *Schön* ZGR 1996, 429 (436 ff.).

[31] Hüffer/*Koch* AktG § 23 Rn. 24a; *Lutter* FS Stimpel, 1985, 825 (847); U. H. *Schneider* BB 1986, 1993 (1995); *Timm* AG 1980, 172 (179).

vant ist hingegen eine Konzernöffnungsklausel „nach oben", die den Eintritt eines herrschenden Gesellschafters in die Gesellschaft gestattet[32]. Eine derartige „Konzerneingangskontrolle" ist dem deutschen Aktienrecht fremd. Konzernierungsvorgänge werden vielmehr abschließend durch das WpÜG sowie durch die Vorschriften der §§ 311 ff. AktG geregelt.

2. Änderung des Unternehmensgegenstandes. a) Änderung des Unternehmensgegenstandes. Die Änderung des Unternehmensgegenstandes erfolgt durch Satzungsänderung nach §§ 179, 181 AktG.[33] Der Beschluss der Hauptversammlung unterliegt nicht der materiellen Beschlusskontrolle.[34] Er bedarf einer Mehrheit von drei Vierteln des bei der Beschlussfassung vertretenen Grundkapitals. Die Satzung kann eine andere, nach § 179 Abs. 2 S. 2 AktG allerdings nur eine größere Kapitalmehrheit bestimmen.

b) Über- und Unterschreitung des Unternehmensgegenstandes. Durch eine Über- oder Unterschreitung des Unternehmensgegenstandes verletzt der Vorstand die ihm nach § 93 Abs. 1 S. 1 AktG obliegende Sorgfaltspflicht.[35] Eine sorgfaltswidrige Überschreitung des Unternehmensgegenstands wurde in jüngerer Zeit insbesondere in einzelnen im Zusammenhang mit der Finanzmarktkrise ergangenen Urteilen angenommen.[36] Im Falle der Unterschreitung ist durch Auslegung der Satzung zu prüfen, ob die Satzung dem Vorstand überhaupt ein zwingendes Handlungsprogramm vorgibt oder ob bestimmte Unternehmensgegenstände lediglich beispielhaft und unverbindlich aufgezählt werden.[37] Eine lediglich vorübergehende Unterschreitung des Unternehmensgegenstandes erfordert noch keine Anpassung des Unternehmensgegenstandes.[38] Erst wenn feststeht, dass die Wiederaufnahme der Geschäftstätigkeit in dem betreffenden Geschäftszweig ausgeschlossen ist, ist die Satzung anzupassen. Dies ist erst dann der Fall, wenn objektiv die Möglichkeit der Wiederaufnahme nicht besteht und subjektiv der Vorstand die Absicht hat, die betreffende Geschäftstätigkeit vollständig aufzugeben.[39]

c) Faktische Änderungen des Unternehmensgegenstandes. Umstritten sind die Rechtsfolgen lediglich faktischer Änderungen des Unternehmensgegenstandes. Eine solche faktische Satzungsänderung liegt etwa vor bei dauernder Aufgabe eines wesentlichen Bereichs der Unternehmenstätigkeit oder dessen rechtlicher Verselbstständigung in einer Tochtergesellschaft unter Beschränkung des eigenen Unternehmensgegenstandes auf reine

---

[32] Zutreffend *Wilsing* FS Marsch-Barner, 2018, 595 ff.; entgegen *Strohn* ZHR 2018, 114 ff.
[33] OLG Hamburg JZ 1981, 231 (232 f.) (Holzmüller; Berufungsinstanz); GroßkommAktG/*Röhricht/Schall* § 23 Rn. 124; KölnKommAktG/*Zöllner* § 179 Rn. 116 ff.; MüKoAktG/*Stein* § 179 Rn. 102.
[34] Vgl. *Henze* FS Boujong, 1996, 233 (249 f.).
[35] MüKoAktG/*Stein* § 179 Rn. 107 f.; Grigoleit/*Ehmann* AktG § 179 Rn. 32; Spindler/Stilz/*Fleischer* § 93 Rn. 21 f.; zur Überschreitung BGH ZIP 2013, 455 – Corealcredit; OLG Düsseldorf ZIP 2010, 28 (30 f.) – IKB; zur Unterschreitung OLG Stuttgart DB 2001, 854; NZG 2003, 778; LG Bonn AG 2001, 367 (370 f.); OLG Köln ZIP 2009, 1469 – Strabag (Unterschreitung verneint; anders noch die Vorinstanz LG Köln AG 2008, 327 (331)).
[36] BGH ZIP 2013, 455 – Corealcredit (Überschreitung des Unternehmensgegenstands „Hypothekenbank" durch bestimmte Zinsderivategeschäfte); OLG Düsseldorf ZIP 2010, 28 – IKB (Überschreitung des Unternehmensgegenstands „Mittelstandsbank" bei 46 % Geschäftsvolumen im Verbriefungssektor); Überschreitung hingegen abgelehnt in OLG Stuttgart ZIP 2010, 2349 – VW/Porsche.
[37] OLG Stuttgart DB 2001, 854 (856); NZG 2003, 778 (783); OLG Köln ZIP 2009, 1469 (1470); Hüffer/*Koch* AktG § 179 Rn. 9a; *Wollburg/Gehling* FS Lieberknecht, 1997, 133 (140 f.); Lutter/*Leinekugel* ZIP 1998, 225 (227 f.).
[38] LG Köln AG 2008, 327 (331) – Strabag.
[39] MüKoAktG/*Stein* § 179 Rn. 108; GroßkommAktG/*Wiedemann* § 179 Rn. 60; *Wollburg/Gehling* FS Lieberknecht, 1997, 133 (140).

Holdingtätigkeit.[40] Wird eine solche faktische Satzungsänderung im Wege der Satzungsdurchbrechung (vgl. → § 40 Rn. 77 f.) mit Zustimmung der Hauptversammlung in einer für die Änderung des Unternehmensgegenstandes erforderlichen Mehrheit vorgenommen, so erlangt die von der Hauptversammlung beschlossene Änderung gem. § 181 Abs. 3 AktG nur dann rechtliche Wirksamkeit, wenn sie in das Handelsregister eingetragen ist.[41]

19 Nimmt der Vorstand – allein oder im Einverständnis mit dem Aufsichtsrat – eine faktische Änderung des Unternehmensgegenstandes vor, so kann dies nicht zur Nichtigkeitsklage nach § 275 AktG und der Amtslöschung nach § 397 FamFG führen. Die bisherige Satzungsregelung bleibt wirksam und für den Vorstand verbindlich. Dies gilt auch dann, wenn der Vorstand die Maßnahme zwar mit Zustimmung der Hauptversammlung vornimmt, etwa weil er die Maßnahme nach Maßgabe des Holzmüller-Urteils[42] der Hauptversammlung nach § 119 Abs. 2 AktG zur Entscheidung vorgelegt hat, in der Hauptversammlung sich aber keine für die Änderung des Unternehmensgegenstandes erforderliche Mehrheit findet. Die unterschiedliche Behandlung im Vergleich zum Fall der vorübergehenden Unterschreitung (vgl. → Rn. 19) rechtfertigt sich daraus, dass die Definition des Unternehmensgegenstandes den Kompetenzbereich zwischen den Aktionären und dem Vorstand abgrenzt und nur durch die Hauptversammlung und nur mit qualifizierter Mehrheit (§ 179 Abs. 2 AktG) geändert werden darf (vgl. → Rn. 18).

20 **3. Steuerliche Bedeutung des Unternehmensgegenstands.** Die satzungsmäßige Festlegung des Unternehmensgegenstands der AG hat keine besondere steuerliche Bedeutung. Die Besteuerung der AG ist von der Festlegung des Unternehmensgegenstands unabhängig. Der Unternehmensgegenstand oder seine Änderung kann jedoch als Sachverhaltselement Berücksichtigung finden. Unternehmen mit einem bestimmten Unternehmensgegenstand können zB als Kreditinstitut und Finanzdienstleistungsinstitut oder als Lebens- oder Krankenversicherungsunternehmen besonderen Vorschriften unterliegen.[43] Ferner kann die tatsächlich ausgeübte Tätigkeit – zB als Holdinggesellschaft – Bedeutung für die Fähigkeit zum Vorsteuerabzug haben.

21 Die nach früherem Recht geforderte Identität des Rechtsträgers und das Unterbleiben eines Branchenwechsels als Voraussetzung für den Verlustabzug ist nach der Neuregelung des Verlustabzugs in § 8c KStG nicht mehr von Bedeutung, da es allein auf einen Anteilserwerb ankommt.[44] Die neu aufgenommene Vorschrift über den fortführungsgebundenen Verlustvortrag in § 8d KStG greift indes ähnliche Überlegungen wieder auf, die die Nutzung des Verlustvortrags zB andersartiger Zweckbestimmung des Geschäftsbetriebs oder bei zusätzlicher Aufnahme eines Geschäftsbetriebs ausschließen, § 8d Abs. 2 S. 2 Nr. 2 und 3 KStG.[45]

22 Sind bei Gesellschaften, die verbundene Unternehmen sind, die jeweiligen unternehmerischen Tätigkeitsbereiche nicht abgegrenzt, besteht die Gefahr der Verschiebung von Erträgen und Aufwendungen zwischen den Gesellschaften. Hierdurch kann es zu verdeckten Gewinnausschüttungen oder verdeckten Einlagen kommen. Zur Prüfung der Abgrenzung der Tätigkeitsbereiche der Gesellschaften voneinander kommt es ua auf die satzungsmäßigen Festlegungen an.

---

[40] KölnKommAktG/*Zöllner* § 179 Rn. 109 f.; *Wollburg/Gehling* FS Lieberknecht, 1997, 133 (136 ff.).

[41] Hüffer/*Koch* AktG § 179 Rn. 8; KölnKommAktG/*Zöllner* § 179 Rn. 98; Grigoleit/*Ehmann* AktG § 179 Rn. 31; aA für punktuelle Satzungsänderungen in der GmbH BGH NJW 1993, 2246 (2247); *Boesebeck* NJW 1960, 2265 (2267) (keine Eintragung erforderlich, wenn diese nur „formalistischen Selbstzweck" hat); *Priester* ZHR 151 (1987), 40 (53 ff.) (keine Eintragung erforderlich bei punktuellen Satzungsänderungen).

[42] BGHZ 83, 122; ausdrücklich bestätigt in BGH ZIP 2004, 993 (998) – Gelatine; vgl. Einzelheiten → § 34 Rn. 35 ff. und 39.

[43] Vgl. zB § 8b Abs. 7 und 8, §§ 20 ff. KStG.

[44] BMF v. 4.7.2008 BStBl. I 2008, 736 Tz. 5 ff.

[45] Dötsch/Pung/Möhlenbrock/*Leibner/Dötsch* KStG § 8d Rn. 61 ff.; vgl. dazu § 50.

§ 10 Zweigniederlassung

Übersicht

	Rn.		Rn.
I. Allgemeines	1–8	III. Zweigniederlassungen von Gesellschaften mit Sitz im Ausland	13–20
1. Übersicht	1–3	1. Allgemeines	13, 14
2. Errichtung und Aufhebung der Zweigniederlassung	4, 5	2. Maßgebliches Recht	15, 16
3. Firma der Zweigniederlassung	6, 7	3. Anmeldung und Bekanntmachung	17, 18
4. Vertretungsberechtigung	8	4. Verfahren des Registergerichts	19
II. Registerrechtliche Behandlung der Zweigniederlassung	9–12	5. Sonstige Anmeldungen	20
1. Eintragung	9–11	IV. Steuerliche Bedeutung einer Zweigniederlassung	21–23
2. Löschung	12		

Schrifttum: *Blasche*, Zweigniederlassungen in- und ausländischer Kapitalgesellschaften, GWR 2012, 169; *Dirksen/Völkers*, Die Firma der Zweigniederlassung in der Satzung von AG und GmbH, BB 1993, 598–600; *Kindler*, Neue Offenlegungspflichten für Zweigniederlassungen ausländischer Kapitalgesellschaften, NJW 1993, 3301–3306; *Belgorodski/Friske*, Über das Ziel hinaus geschossen – die neuen Handelsregisteranforderungen an ausländische Kapitalgesellschaften im Lichte des europäischen Gemeinschaftsrechts, WM 2011, 251; *Noack*, Das EHUG ist beschlossen – elektronische Handels- und Unternehmensregister ab 2007, NZG 2006, 801–806; *Plesse*, Neuregelung des Rechts der Offenlegung von Zweigniederlassungen, DStR 1993, 133–134; *Seibert*, Zur Umsetzung der Zweigniederlassungs-Richtlinie der AG in deutsches Recht, GmbHR 1992, 738–741; *ders.*, Neuordnung des Rechts der Zweigniederlassung im HGB, DB 1993, 1705–1707; *Voigt*, Das Handelsrecht der Zweigniederlassung, 2010.

I. Allgemeines

1. Übersicht. Eine Zweigniederlassung im Rechtsinne ist vorhanden, wenn in räumlicher Trennung von der Hauptniederlassung (Niederlassung am Sitz der Gesellschaft) bestimmte sachliche und persönliche Mittel der AG zwar nicht rechtlich, aber mit der Befugnis zum selbstständigen Abschluss von Geschäften unter Leitung eines damit Beauftragten auf Dauer organisatorisch verselbstständigt sind.[1] Erforderlich für den Begriff der Zweigniederlassung ist weiterhin, dass ihr ein besonderes Geschäftsvermögen zugewiesen ist und ihre Geschäfte durch eine gesonderte Buchführung erfasst werden, wobei gleichgültig ist, ob die Bücher am Ort der Hauptniederlassung oder der Zweigniederlassung geführt werden.[2] Die Leitung der Zweigniederlassung kann einem Vorstandsmitglied, einem Prokuristen oder einem Handlungsbevollmächtigten übertragen werden. Eigene Rechtsfähigkeit kommt der Zweigniederlassung nicht zu, so dass sie trotz der organisatorischen Verselbstständigung Teil des Unternehmens der Aktiengesellschaft ist.

Die **rechtliche Bedeutung** der Zweigniederlassung hängt zusammen mit ihrer organisatorischen Verselbstständigung: Sie kann die **Firma** der AG um Zusätze ergänzen (§ 13 Abs. 1 S. 1 HGB),[3] sie ist in das **Handelsregister** des örtlich für den Sitz der Gesellschaft zuständigen Gerichts einzutragen (§ 13 Abs. 1 S. 2 HGB), und es besteht die Möglichkeit einer auf den Betrieb der Zweigniederlassung beschränkten Erteilung der **Prokura** (§ 50 Abs. 3 HGB). Das Recht der Zweigniederlassung ist für alle Rechtsformen in den §§ 13–13g HGB geregelt, die durch das Gesetz über elektronische Handelsregister und Genossenschaftsregister sowie das Unternehmensregister (EHUG) vom 10.11.2006 (BGBl. I S. 2553) wesentlich geändert worden sind.[4] Dabei enthält § 13 HGB allgemeine

---

[1] Baumbach/Hopt HGB/*Hopt* § 13 Rn. 3 f.; Staub HGB/*Koch* § 13 Rn. 19 ff.
[2] BayObLG DB 1979, 1936; Staub/*Koch* HGB § 13 Rn. 29; Hüffer/*Koch* AktG Anh. § 45 HGB § 13 Rn. 5; aA OLG Dresden NZG 2000, 32 (33); nicht eindeutig BGH NJW 1972, 1859 (1860); 1979, 2245; vgl. ferner OLG München BeckRS 2006, 05478.
[3] Vgl. hierzu BayObLG BB 1992, 944.
[4] Übersicht über das EHUG bei *Noack* NZG 2006, 801.

Fragen der Registerpublizität bei der Errichtung von Zweigniederlassungen inländischer Unternehmen gleich welcher Rechtsform, also einschließlich der AG. In den §§ 13d–g HGB ist die Behandlung von Zweigniederlassungen ausländischer Unternehmen geregelt (dazu vgl. → Rn. 13 ff.). *Sailer-Coceani*

3 Im Verhältnis zur **Hauptniederlassung** muss die Zweigniederlassung nicht etwa die geringere wirtschaftliche Bedeutung haben. Die Hauptniederlassung bestimmt sich bei der AG gemäß § 5 AktG allein nach dem statutarischen Sitz.[5] Es reicht aus, dass am statutarischen Sitz der Gesellschaft lediglich die Verwaltung geführt wird, während die Produktion in einer räumlich getrennten Zweigniederlassung erfolgt. Die räumliche Trennung schließt nicht aus, dass die Zweigniederlassung sich ebenfalls am Sitz der Gesellschaft befindet. Das örtliche Zusammentreffen von Hauptniederlassung und Zweigniederlassung innerhalb derselben Gemeinde ist nicht zu verwechseln mit der räumlichen und organisatorischen Trennung der Zweigniederlassung von der Hauptniederlassung.[6] Die frühere Notwendigkeit, für die Zweigniederlassung ein gesondertes Registerblatt anzulegen (§ 13 Abs. 4 aF HRV) und gesonderte Akten zu führen (§ 8 Abs. 2 aF HRV), ist mit dem EHUG entfallen, da Zweigniederlassungen ohnehin nur noch im Handelsregister der (inländischen) Hauptniederlassung eingetragen werden (§ 13 Abs. 2 HGB) und der Registerinhalt zentral abgerufen werden kann.[7]

4 **2. Errichtung und Aufhebung der Zweigniederlassung.** Die Zweigniederlassung entsteht mit ihrer **Errichtung.** Die Errichtung ist eine Geschäftsführungsmaßnahme, die grundsätzlich in die Kompetenz des Vorstands fällt. Die Zweigniederlassung ist entstanden, wenn dieser Entschluss gefasst worden ist und wenn sie ihren Geschäftsbetrieb aufgenommen hat. Die Eintragung in das Handelsregister hat demgegenüber lediglich deklaratorische Bedeutung.[8] Auch die **Aufhebung**[9] der Zweigniederlassung (§ 13 Abs. 3 HGB) ist ein tatsächlicher Akt und ist nicht abhängig von der Löschung im Handelsregister. Die Zweigniederlassung kann ihrerseits eine Zweigniederlassung errichten („Zweigniederlassung der Zweigniederlassung").[10] Anmeldepflichtig bleibt gemäß § 13 Abs. 1 HGB die AG, handelnd durch ihren Vorstand. Da die Anmeldung beim Gericht des Sitzes der Gesellschaft zu erfolgen hat, handelt es sich registerrechtlich lediglich um eine einfache Zweigniederlassung.

5 Gelegentlich finden sich in **Satzungen** Regelungen, dass Zweigniederlassungen errichtet werden können. Dies ist selbstverständlich und daher überflüssig. Die Satzung kann die Errichtung verbieten.[11] Häufig ist die Errichtung oder Aufhebung einer Zweigniederlassung nach § 111 Abs. 4 S. 2 AktG an die Zustimmung des Aufsichtsrats geknüpft.[12] Das Registergericht prüft in einem solchen Fall bei der Anmeldung einer Zweigniederlassung nicht, ob ein entsprechender Zustimmungsbeschluss des Aufsichtsrats vorliegt. Entscheidend für die Eintragung ist ausschließlich die tatsächliche Errichtung einer Zweigniederlassung und die ordnungsgemäße Anmeldung. Das Gericht trägt die Zweigniederlassung

---

[5] Jedenfalls seit MoMiG, vgl. Staub/*Koch* HGB § 13 Rn. 32 ff.; Hüffer/*Koch* AktG Anh. § 45 HGB § 13 Rn. 4.
[6] MüKoAktG/*Pentz* Anh. § 45 HGB § 13 Rn. 24; Staub HGB/*Koch* § 13 Rn. 27.
[7] MüKoAktG/*Pentz* Anh. § 45 HGB § 13 Rn. 24.
[8] BayObLG WM 1985, 436; KG BB 2003, 2644 (2646); OLG München NZG 2006, 513; OLG Frankfurt a. M. DB 2008, 1488; Baumbach/Hopt/*Hopt* HGB § 13 Rn. 6; MüKoHGB/*Krafka* § 13 Rn. 1.
[9] Zur Verlegung einer Zweigniederlassung vgl. OLG Stuttgart NJW 1964, 112.
[10] Ausführlich *Köbler* BB 1969, 845; vgl. auch Staub/*Koch* HGB § 13 Rn. 24; MüKoAktG/*Pentz* Anh. § 45 HGB § 13 Rn. 37.
[11] BayObLG BB 1992, 944; Hüffer/*Koch* AktG Anh. § 45 HGB § 13 Rn. 7.
[12] Hüffer/*Koch* AktG Anh. § 45 HGB § 13 Rn. 7; kritisch zu dieser weit verbreiteten Praxis *Fonk* ZGR 2006, 841 (851) (Entscheidung über die Errichtung einer Zweigniederlassung „als grundlegend kaum vorstellbar").

nach § 13 Abs. 2 Hs. 2 HGB nur dann nicht ein, wenn die Zweigniederlassung offensichtlich nicht errichtet worden ist.

3. Firma der Zweigniederlassung. Die Zweigniederlassung darf keine völlig andere **6** **Firma** führen als die AG. Jedoch kann sich die Firma der Zweigniederlassung dadurch von der der AG unterscheiden, dass ihr ein Zusatz beigefügt wird, der dann in das Handelsregister einzutragen ist (§ 13 Abs. 2 HGB). Weicht die Firma der Zweigniederlassung von der Firma der Hauptniederlassung ab, so muss dies in die Satzung der AG aufgenommen werden, sofern sie sich nicht nur durch den Zusatz unterscheidet, dass es sich um eine Zweigniederlassung an einem bestimmten Ort handelt.[13] Die Firma der Zweigniederlassung kann aber auch mit der der AG identisch sein. Zu den Grundsätzen der Firmenbildung bei Zweigniederlassungen vgl. → § 7 Rn. 8.

Die AG kann unter der Firma ihrer Zweigniederlassung **klagen** oder **verklagt** werden. **7** Soll sich der Prozess gegen die Zweigniederlassung richten, die eine abweichende Firma führt, so muss diese besondere Firma der Zweigniederlassung auch in der Klageschrift angegeben werden.[14] Ein Bedürfnis, gerade die Zweigniederlassung – genauer: die AG am Ort der Zweigniederlassung – zu verklagen, kann sich daraus ergeben, dass für alle Klagen, die eine Beziehung zu den Geschäften der Zweigniederlassung aufweisen, gemäß § 21 ZPO der besondere Gerichtsstand der Niederlassung gegeben ist.[15] Zudem kann möglicherweise für die von der Zweigniederlassung abgeschlossenen Geschäfte der besondere Gerichtsstand des Erfüllungsortes gemäß § 29 ZPO gegeben sein.

4. Vertretungsberechtigung. Die Vertretungsbefugnis der Vorstandsmitglieder nach § 78 **8** AktG erstreckt sich auch auf die Zweigniederlassung. Die Bestellung eines besonderen Vorstandsmitglieds für die Zweigniederlassung ist nicht zulässig, nur im Innenverhältnis können solche Regelungen getroffen werden. Wohl aber kann einem Prokuristen lediglich **Filialprokura** eingeräumt werden (§ 50 Abs. 3 HGB). Eine solche Beschränkung setzt freilich voraus, dass der Firma der Zweigniederlassung ein Zusatz beigefügt wird, der sie als solche kennzeichnet (§ 50 Abs. 3 S. 2 HGB). Im Gegensatz zum früheren Recht, wonach im Handelsregister der Zweigniederlassung die Filialprokura ohne einen Zusatz einzutragen war, der diese Beschränkung ausdrücklich vermerkt hätte, wird die Filialprokura seit dem EHUG im Handelsregister des Sitzes der Gesellschaft (§ 13 Abs. 1 S. 2 HGB) mit der entsprechenden Beschränkung auf die (jeweilige) Niederlassung eingetragen.[16] Die AG haftet für den Leiter der Zweigniederlassung nach §§ 30, 31 BGB, wenn er tatsächlich für seinen Bereich eine Stellung von vorstandsähnlicher Selbstständigkeit hat.[17]

II. Registerrechtliche Behandlung der Zweigniederlassung

1. Eintragung. Die Errichtung der Zweigniederlassung ist vom Vorstand gemäß § 13 **9** Abs. 1 HGB iVm § 78 AktG beim Gericht des Sitzes der Gesellschaft **anzumelden.** Unechte Gesamtvertretung (→ § 23 Rn. 22 f.) ist ebenso zulässig wie Anmeldung durch einen Bevollmächtigten gemäß § 12 Abs. 1 S. 2 HGB. Die Anmeldung kann vom Gericht gemäß § 14 HGB iVm §§ 388 f. FamFG erzwungen werden. Inhalt der Anmeldung ist nach § 13 Abs. 1 HGB die Tatsache der Errichtung der Zweigniederlassung. In

---

[13] BayObLGZ 1992, 59; Hüffer/*Koch* AktG Anh. § 45 HGB § 13 Rn. 7; MüKoAktG/*Pentz* Anh. § 45 HGB § 13 Rn. 28.
[14] BGHZ 4, 62 (65); Staub/*Koch* HGB § 13 Rn. 80. Wenn eine andere als die im Titel genannte Zweigniederlassung die Zwangsvollstreckung betreibt, bedarf es hierfür keiner Titelumschreibung, vgl. OLG Hamm Rpfleger 2001, 190; LG Aurich AG 1997, 336.
[15] BGHZ 4, 62 (65); BGH NJW 1975, 2142.
[16] Oetker/*Schubert* HGB § 50 Rn. 12; Koller/Kindler/Roth/Morck/*Roth* HGB § 50 Rn. 8; Ebenroth/Boujong/Joost/Strohn/*Weber* HGB § 50 Rn. 6.
[17] BGH NJW 1984, 921; Hüffer/*Koch* AktG Anh. § 45 HGB § 13 Rn. 6; MüKoAktG/*Pentz* Anh. § 45 HGB § 13 Rn. 66.

der Anmeldung sind der Ort, an dem sich die Zweigniederlassung befindet, und der Zusatz, falls der Firma der Zweigniederlassung ein solcher beigefügt wird, zur Eintragung anzugeben. Die Anmeldung der Zweigniederlassung zum Handelsregister ist nach § 12 Abs. 1 S. 1 HGB elektronisch in öffentlich beglaubigter Form einzureichen. Die gleiche Form ist nach § 12 Abs. 1 S. 2 HGB für eine Vollmacht zur Anmeldung erforderlich.

10 Das Registergericht trägt die Zweigniederlassung nach § 13 Abs. 2 HGB auf dem Registerblatt des Sitzes unter Angabe des Ortes der Zweigniederlassung und eines etwaigen Zusatzes ein, es sei denn, die Zweigniederlassung ist offensichtlich nicht errichtet worden. Die Eintragung erfolgt gemäß § 43 Nr. 2b) HRV in Spalte 2 der Abteilung B des Handelsregisters.

11 Das Gericht macht die Eintragung der Zweigniederlassung in das Handelsregister in dem vorgeschriebenen elektronischen Informations- und Kommunikationssystem bekannt (§ 10 S. 1 HGB).[18]

12 **2. Löschung.** Die vorstehenden Ausführungen über die Errichtung gelten gemäß § 13 Abs. 3 HGB entsprechend für die Aufhebung der Zweigniederlassung. Für die Löschung einer Zweigniederlassung werden die gleichen Kosten erhoben wie für die Eintragung.[19]

III. Zweigniederlassungen von Gesellschaften mit Sitz im Ausland

13 **1. Allgemeines.** Die handelsrechtliche Publizität von Zweigniederlassungen ausländischer Unternehmen ist rechtsformübergreifend in den §§ 13d–13g HGB geregelt. Sondervorschriften für ausländische AGs finden sich in §§ 13e und f HGB. Eine AG mit Sitz im Ausland, die im Inland eine Zweigniederlassung betreibt, ist gemäß §§ 13d Abs. 1, 13e Abs. 2 S. 1 HGB von Vorstandsmitgliedern in vertretungsberechtigter Zahl in dem Bezirk, in dem sich die Zweigniederlassung befindet, anzumelden. Eine AG mit Sitz im Ausland ist eine Gesellschaft, deren Rechtsverhältnisse sich nach ausländischem Gesellschaftsrecht bestimmen, deren Gesellschaftsstatut (Personalstatut) sich also nicht nach deutschem Aktienrecht richtet. Die Frage, welches Recht Gesellschaftsstatut ist, beantwortet sich nach internationalem Gesellschaftsrecht.[20] Anknüpfungspunkt für das Gesellschaftsstatut ist danach für Gesellschaften mit Sitz außerhalb der EU, des EWR oder der USA der **tatsächliche („effektive") Sitz** der Verwaltung (Sitztheorie)[21] und für Gesellschaften, die nach den Vorschriften eines Mitgliedsstaats gegründet wurden und innerhalb der EU (vgl. Art. 49, 54 AEUV),[22] des EWR (vgl. Art. 31, 34 EWR)[23] oder der USA (vgl. Art. XXV Abs. 5 S. 2 des Freundschafts-, Handels- und Schiffahrtsvertrages zwischen der Bundesrepublik Deutschland und den Vereinigten Staaten von Amerika)[24] ihren Sitz haben, nach den Vorschriften der Heimatrechtsordnung (Gründungstheorie).[25]

14 Die ausländische Gesellschaft, auf die die Spezialvorschriften der Aktiengesellschaften in §§ 13e, f HGB Anwendung finden, muss die **wesentlichen Merkmale einer deutschen**

---

[18] S. http://www.handelsregisterbekanntmachungen.de; vgl. *Noack* NZG 2006, 801 (802 f.).

[19] BayObLG WM 1985, 435; OLG Düsseldorf NJW-RR 1995, 807.

[20] Vgl. dazu MüKoAktG/*Habersack* Einl. Rn. 75 ff.; MüKoGmbHG/*Weller* Einl. Rn. 314 ff.; Überblick bei Hüffer/*Koch* AktG § 1 Rn. 34 ff.

[21] Vgl. für die AG schweizerischen Rechts BGHZ 178, 192 – Trabrennbahn; für eine in Singapur gegründete Limited vgl. BGH ZIP 2009, 2385.

[22] Vgl. bzgl. Errichtung einer Zweigniederlassung EuGH Slg. 1999, I-1459 – Centros; vgl. weiter EuGH Slg. 2002, I-9919 – Überseering; Slg. 2003, I-10155 – Inspire Art; BGH NZG 2005, 508.

[23] Vgl. dazu BGHZ 164, 148.

[24] BGBl. 1956 II S. 487; Anknüpfung an das Gründungsstatut jedenfalls bei *genuine link*, vgl. BGH NZG 2004, 1001, was schon bei geringfügigen wirtschaftlichen Beziehungen zu den USA gegeben ist, vgl. BGH DStR 2004, 2113 mit Anm. *Goette*.

[25] Vgl. Hüffer/*Koch* AktG Anh. § 45 HGB § 13e Rn. 2 sowie → § 8 Rn. 3.

AG[26] aufweisen,[27] andernfalls gelten die Sonderbestimmungen für Aktiengesellschaften in den §§ 13e, f HGB nicht. Problematisch ist insbesondere die Abgrenzung zur GmbH, da ausländische Rechtsordnungen häufig den Unterschied zwischen einer AG und einer GmbH nicht kennen. Für eine AG sprechen etwa strengere Kontrollvorschriften der Gründung, schärfere Überwachungserfordernisse während des Bestehens und die Leichtigkeit der Übertragung der Anteile. Danach lässt sich die Vergleichbarkeit mit der deutschen AG **beispielsweise** in folgenden Fällen festhalten: Aktiengesellschaft nach österreichischem und schweizerischem Recht, Société Anonyme (S. A.) nach französischem, belgischem und luxemburgischem Recht, die Società per Azioni (S. p. A.) nach italienischem Recht, die Naamloze Vennootschap (N. V.) nach belgischem und niederländischem Recht, die Aktieselskabet (AB) nach dänischem Recht, die Aktiebolag (AB) nach schwedischem Recht, die Sociedad Anònima (SA) nach spanischem Recht sowie die Public Limited Company (plc) nach irischem Recht und dem Recht des Vereinigten Königreichs.[28] Auch die Corporation nach den Rechten der Staaten der USA ist registerrechtlich nach § 13f HGB zu behandeln.[29]

2. Maßgebliches Recht. Die materiell-rechtlichen Rechtsverhältnisse der ausländischen Gesellschaften richten sich grundsätzlich nach ausländischem Gesellschaftsstatut.[30] Die Frage jedoch, ob die Voraussetzungen für die Errichtung einer Zweigniederlassung tatsächlich gegeben sind, ist nach deutschem Recht zu beurteilen. Die Zweigniederlassung hat ebenso wenig wie die Zweigniederlassung einer inländischen AG eigene Rechtsfähigkeit. Im Prozess ist daher immer die ausländische Gesellschaft Partei und nicht die Zweigniederlassung, auch wenn sie unter ihrer von der ausländischen Firma abweichenden Firma der Zweigniederlassung klagt oder verklagt wird. Die ausländische Gesellschaft muss daher auch dann, wenn sie durch ihre inländische Zweigniederlassung klagt, bei Vorliegen der Voraussetzungen der §§ 110 ff. ZPO auf Verlangen Sicherheit leisten.[31] Der Gerichtsstand bestimmt sich bei Passivprozessen nach den §§ 21, 23 ZPO. Besonderheiten gelten für inländische Zweigniederlassungen ausländischer **Kreditinstitute** und **Versicherungen.** Diese werden nach § 53 KWG und §§ 67 ff.[32] VAG aufsichtsrechtlich wie selbstständige juristische Personen behandelt. Dies gilt auch für die Rechnungslegung und Bilanzpublizität nach §§ 340 ff. HGB iVm § 325a HGB. Zweigniederlassungen von Kreditinstituten und Versicherungen begründen hinsichtlich des Mahnverfahrens auch einen allgemeinen inländischen Gerichtsstand iSv §§ 17, 689 Abs. 2 ZPO.[33]

---

[26] Zu den Wesensmerkmalen der deutschen AG MüKoAktG/*Pentz* Anh. § 45 HGB § 13e Rn. 9; ausführlich GroßkommAktG/*Bachmann* § 1 Rn. 11 ff.

[27] Staub/*Hüffer* HGB § 13e Rn. 6 ff. und § 13f Rn. 1.

[28] Für die EU-Staaten vgl. Art. 1 der Richtlinie 2011/35/EU des europäischen Parlaments und des Rates v. 5.4.2011 (Verschmelzungsrichtlinie) ABl. 2011 L 110, S. 1; für die EWR-Staaten vgl. Anhang XXII Nr. 3 zum EWR-Abkommen.

[29] MüKoHGB/*Krafka* § 13e Rn. 6; MüKoAktG/*Pentz* Anh. § 45 HGB § 13e Rn. 13; *Blasche* GWR 2012, 169; die *close corporation* wird dagegen meist einer GmbH vergleichbar sein, vgl. Hüffer/*Koch* AktG Anh. § 45 HGB § 13e Rn. 2; aA Lutter/Hommelhoff/*Bayer* GmbHG Anh. I zu § 4a Rn. 9; differenzierend *Spahlinger/Wegen* Internationales Gesellschaftsrecht Rn. 631; *Bungert*, Die GmbH im US-amerikanischen Recht – Close Corporation, 1993, S. 9 ff.

[30] Vgl. BGH NZG 2005, 508; zur Reichweite des Gesellschaftsstatuts MüKoGmbHG/*Weller* Einl. Rn. 387 f.

[31] OLG Frankfurt a. M. MDR 1973, 232; die Voraussetzungen des § 110 ZPO sind aber nur bei AGs mit Sitz außerhalb der EU bzw. des EWR erfüllt; ferner kann bei US-Corporations mit Zweigniederlassung im Inland wegen § 110 Abs. 2 Nr. 1 ZPO iVm der Protokollnotiz Nr. 6 des Deutsch-Amerikanischen Freundschaftsvertrages keine Sicherheit verlangt werden; vgl. hierzu OLG Frankfurt a. M. NZG 2010, 319.

[32] Ehemals §§ 106 ff. VAG.

[33] Für Versicherungsinstitute BGH NJW 1979, 1785; für Kreditinstitute AG Frankfurt a. M. NJW 1980, 2028.

16 Wer **organschaftliche Vertretungsmacht** für die Zweigniederlassung hat, richtet sich nach dem Gesellschaftsstatut, also nach ausländischem Recht. Eine nach dem maßgeblichen ausländischen Recht zulässige Beschränkung der Vertretungsmacht kann in das inländische Handelsregister eingetragen werden.[34] Nicht eintragungsfähig ist aber beispielsweise bei der englischen plc eine Befreiung von den Beschränkungen des § 181 BGB oder eine gleichartige Umschreibung.[35] Die Vertretungsmacht der für die inländischen Zweigniederlassungen tätigen **Prokuristen** und **Handlungsbevollmächtigten** richtet sich demgegenüber nicht nach dem Gesellschafts-, sondern nach dem **Vollmachtsstatut**. Es gilt also deutsches Recht,[36] so dass auch die Erteilung einer Filialprokura nach § 50 Abs. 3 HGB möglich ist (vgl. dazu → Rn. 8). Das Organmitglied einer ausländischen Aktiengesellschaft kann jedenfalls dann zugleich als ständiger Vertreter der Zweigniederlassung eingetragen werden, wenn die Gesellschaft über mehrere gesetzliche Vertreter verfügt.[37]

17 3. Anmeldung und Bekanntmachung. Der Vorstand der ausländischen Aktiengesellschaft hat die Errichtung einer Zweigniederlassung zur Eintragung in das Handelsregister des Gerichts anzumelden, in dessen Bezirk die Zweigniederlassung besteht (§ 13e Abs. 2 S. 1 HGB iVm § 13d Abs. 1 HGB). Es reicht die Anmeldung durch die Vorstandsmitglieder in vertretungsberechtigter Zahl. Vorstandsmitglied iSv § 13e Abs. 2 S. 1 HGB ist, wer nach dem ausländischen Recht die vergleichbare Stellung einnimmt.[38] Die Anmeldung hat elektronisch in öffentlich beglaubigter Form (§ 12 Abs. 1 S. 1 HGB) in deutscher Sprache zu erfolgen. Voraussetzung für die Verpflichtung zur Anmeldung ist, dass die ausländische AG eine Zweigniederlassung in Deutschland besitzt. Ob eine Zweigniederlassung besteht (vgl. → Rn. 1), richtet sich nach deutschem Recht. Anzumelden ist die Errichtung einer Zweigniederlassung (§ 13e Abs. 2 S. 1 HGB). Bei der Anmeldung ist neben der Anschrift und dem Gegenstand der Zweigniederlassung auch das Bestehen der ausländischen AG nachzuweisen (§ 13e Abs. 2 S. 2 und 3 HGB). Weiterhin sind anzugeben das Register, bei dem die ausländische AG geführt wird und die dortige Registernummer, sofern das ausländische Recht einen Registereintrag vorsieht, die Rechtsform der Gesellschaft und die Personen, die befugt sind, als ständige Vertreter für die Tätigkeit der Zweigniederlassung die Gesellschaft zu vertreten unter Angabe ihrer Befugnisse (§ 13e Abs. 2 S. 5 Nr. 1–3 HGB). Bei diesen Personen handelt es sich, sofern sie nicht Vorstandsmitglieder der ausländischen AG sind, um rechtsgeschäftliche Vertreter,[39] in aller Regel also um Prokuristen. Anzumelden ist jede Änderung dieser Personen oder ihrer Vertretungsbefugnis (§ 13e Abs. 3 HGB). Darüber hinaus ist in der Anmeldung auch das Recht anzugeben, dem die Gesellschaft unterliegt, sofern die Gesellschaft ihren Sitz außerhalb der EU oder des EWR hat (§ 13e Abs. 2 S. 5 Nr. 4 HGB).

18 Der Anmeldung sind als **Anlagen** nach § 13f Abs. 2 S. 1 HGB die Satzung in öffentlich beglaubigter Abschrift und, wenn sie nicht in deutscher Sprache erstellt ist, eine beglaubigte Übersetzung beizufügen. Anzumelden ist weiterhin die Vertretungsbefugnis der Vorstandsmitglieder (§ 13f Abs. 2 S. 2 HGB iVm § 37 Abs. 3 AktG). Die weiteren Einzelheiten des Inhalts der Anmeldung ergeben sich aus § 13f Abs. 2 HGB. Dort wird nunmehr insbesondere auch verwiesen auf § 37 Abs. 2 AktG, so dass für die Vorstandsmitglieder die

---

[34] Vgl. MüKoAktG/*Spindler* § 82 Rn. 24.
[35] Vgl. für die private limited by shares OLG Frankfurt a. M. DB 2008, 1488; OLG München NZG 2005, 850.
[36] BGH NJW 1954, 1561; BGHZ 43, 21 (26); OLG München NZG 2006, 512; MüKoAktG/*Pentz* Anh. § 45 HGB § 13d Rn. 21; die Eintragung im Handelsregister der Zweigniederlassung erfolgt bei ausländischen Unternehmen aber ohne Beschränkungszusatz, weil sich die Publizität des inländischen Handelsregisters ohnehin lediglich auf den Rechtsverkehr mit der Zweigniederlassung bezieht; krit. hierzu *Kühn/Krafka* NZG 2011, 209.
[37] Vgl. OLG Karlsruhe NZG 2012, 553 (554) mwN zur umstrittenen Rechtsfrage.
[38] BayObLG DB 1985, 2670; MüKoAktG/*Pentz* Anh. § 45 HGB § 13e Rn. 17.
[39] MüKoAktG/*Pentz* Anh. § 45 HGB § 13e Rn. 31; *Seibert* DB 1993, 1705 (1706).

Pflicht zur Erklärung über Bestellungshindernisse bei Anmeldung der Zweigniederlassung ebenfalls besteht.[40] Bei Vorliegen von Bestellungsverboten kann die Eintragung der Zweigniederlassung ohne Verstoß gegen Unionsrecht abgelehnt werden.[41]

4. Verfahren des Registergerichts. Das Registergericht hat die Anmeldung in formeller **19** und materieller Hinsicht zu prüfen. Bestehen keine Beanstandungen, trägt das Gericht die Errichtung der Zweigniederlassung ein. Die Eintragung hat auch die Angaben nach § 39 AktG sowie die in § 13e Abs. 2 S. 3–5 HGB vorgeschriebenen Angaben (insbes. Angabe des Heimat-Registers mit dortiger Registernummer sowie die Vertreter der Zweigniederlassung) zu enthalten (§ 13f Abs. 3 HGB). Die gerichtliche Bekanntmachung erfolgt gemäß § 10 HGB in dem vorgeschriebenen elektronischen Informations- und Kommunikationssystem.

5. Sonstige Anmeldungen. Die rechtsgeschäftlichen Vertreter der Zweigniederlassung **20** oder, wenn solche nicht angemeldet sind, die gesetzlichen Vertreter der ausländischen AG haben die Eröffnung eines Insolvenz- oder ähnlichen Verfahrens über das Vermögen der Gesellschaft zur Eintragung in das Handelsregister anzumelden (§ 13e Abs. 4 HGB). Anzumelden sind auch **Satzungsänderungen** der ausländischen Gesellschaft, und zwar vom Vorstand; für die Anmeldung gilt § 181 Abs. 1 und 2 AktG entsprechend (§ 13f Abs. 4 HGB). Sinngemäß gelten weiterhin § 81 Abs. 1 und 2, § 263 S. 1, § 266 Abs. 1 und 2, § 273 Abs. 1 S. 1 AktG (§ 13f Abs. 5 HGB). § 325a HGB regelt die **Bilanzpublizität** der Zweigniederlassung. Eine eigene Rechnungslegung ist nicht vorgesehen, soweit es sich nicht um Zweigniederlassungen von Kreditinstituten iSv § 340 HGB oder von Versicherungsunternehmen iSv § 341 HGB handelt. Es sind jedoch die Unterlagen der Rechnungslegung der Hauptniederlassung der ausländischen AG offenzulegen.[42]

IV. Steuerliche Bedeutung einer Zweigniederlassung

Eine Zweigniederlassung gilt als Betriebsstätte im Sinne von § 12 Nr. 2 AO.[43] Die **21** Eröffnung einer Betriebsstätte, und damit auch einer Zweigniederlassung muss nach § 138 Abs. 1 S. 1 AO der Gemeinde, in der die Betriebsstätte eröffnet wird, mitgeteilt werden; die Gemeinde informiert die nach § 22 Abs. 1 AO zuständige Finanzbehörde.

Die Eröffnung und das Unterhalten einer inländischen Betriebsstätte haben keine körper- **22** schaftssteuerlichen Auswirkungen.[44] Das Unterhalten von Betriebsstätten zur Ausübung des Gewerbes der AG in mehreren inländischen Gemeinden führt für die Gewerbesteuer zur **Zerlegung** des Steuermessbetrags (§ 14 GewStG) in die auf die einzelnen Gemeinden entfallenden Zerlegungsanteile, § 28 Abs. 1 S. 1 GewStG. Dabei ist Maßstab das Verhältnis der Summe der Arbeitslöhne, die in den Betriebsstätten insgesamt an die in allen Betriebsstätten beschäftigten Arbeitnehmer bezahlt werden zu den Arbeitslöhnen, die an die Arbeitnehmer, die in den Betriebsstätten in den einzelnen Gemeinden beschäftigt sind, bezahlt werden (§ 29 Abs. 1 Nr. 1 GewStG).

Ausländische Betriebsstätten inländischer Kapitalgesellschaften (bei ausländischen Kapi- **23** talgesellschaften insbesondere die Hauptniederlassung) bleiben bei der Zerlegung unberücksichtigt; diese unterliegen nicht der Gewerbesteuer (§ 2 Abs. 1 GewStG; R 28.1 Abs. 3 GewStR 2009). Der auf sie entfallende Teil des Gewerbeertrags wird vielmehr bereits bei der Ermittlung der Besteuerungsgrundlage ausgeschieden.[45]

---

[40] Allerdings wird Richtlinienkonformität bestritten, vgl. Hüffer/*Koch* AktG Anh. § 45 HGB § 13f Rn. 2.
[41] BGHZ 172, 200; MüKoAktG/*Ego* B. Europäische Niederlassungsfreiheit Rn. 478.
[42] Einzelheiten bei *Baumbach/Hopt/Merkt* HGB § 325a Rn. 1; MüKoHGB/*Fehrenbacher* § 325a Rn. 14 ff.
[43] Zur Abgrenzung *Klein/Gersch* AO § 12 Rn. 10 ff.
[44] Zur ausländischen Betriebsstätte vgl. § 49 II und § 50 I 5.
[45] BFH BFH/NV 2011, 1354; Blümich/*Hofmeister* EStG, KStG, GewStG GewStG § 28 Rn. 15.

§ 10 23

Eine Zweigniederlassung einer inländischen Kapitalgesellschaft im Ausland begründet – nach Maßgabe des ausländischen Steuerrechts – dort eine Betriebsstätte und damit regelmäßig die (beschränkte) Steuerpflicht der Körperschaft in dem anderen Staat. Nach Maßgabe eines gegebenenfalls anzuwendenden DBA obliegt die Besteuerungshoheit im Regelfall dem Staat der Betriebsstätte; die Besteuerungshoheit des anderen Staates kann ausgeschlossen sein (Freistellungsmethode) oder beschränkt werden (in der Regel bei der Anrechnungsmethode). Im Rahmen der BEPS-Initiative werden Überlegungen angestellt, den Betriebsstättenbegriff zu erweitern, wodurch indes neue Abgrenzungsprobleme entstehen.[46] Zu den Steuerfolgen bei Übertragung von Wirtschaftsgütern einer inländischen in eine ausländische Betriebsstätte vgl. § 50.

---

[46] *Gerlach/Hagemann* FR 2017, 1035.

4. Kapitel. Grundkapital, Aktien und Rechtsstellung der Aktionäre

§ 11 Grundkapital

Übersicht

	Rn.		Rn.
I. Begriffe	1–5	IV. Rechtsfolgen der Unterschreitung des	
II. Haftungsrisiken	6–10	Mindestgrundkapitals	13, 14
III. Zerlegung in Aktien	11, 12		

Schrifttum: *Altmeppen,* Das neue Recht der Gesellschafterdarlehen in der Praxis, NJW 2008, 3601–3607; *Bicker,* Offene Frage der Existenzvernichtungshaftung im Konzern, DZWIR 2007, 284–288; *Bungert,* Vorzeitige Einführung der Stückaktie in der Aktiengesellschaft, NZG 1998, 172–173; *Dahl/Schmitz,* Eigenkapitalersatz nach MoMiG aus insolvenzrechtlicher Sicht, NZG 2009 325–331; *Decher,* Das Konzernrecht des Aktiengesetzes: Bestand und Bewährung, ZHR 171 (2007), 126–145; *Eidenmüller/Engert,* Die angemessene Höhe des Grundkapitals der Aktiengesellschaft, AG 2005, 97–108; *Ekkenga,* Vorzüge und Nachteile der nennwertlosen Aktie, WM 1997, 1645–1650; *Goette,* Erste Entscheidungen des Bundesgerichtshofs zum MoMiG, GWR 2009, 1–2; *Habersack,* Trihotel – Das Ende der Debatte?, ZGR 2008, 533–559; *Henze,* Reichweite und Grenzen des aktienrechtlichen Grundsatzes der Vermögensbindung – Ergänzung durch die Rechtsprechung zum Existenz vernichtenden Eingriff?, AG 2004, 405–415; *Kind,* Insolvenzrechtliche Änderungen durch das MoMiG; NZI 2008, 475–477; *Kölbl,* Die Haftung wegen existenzvernichtenden Eingriffs: gesicherte Erkenntnisse und Entwicklungen seit Trihotel, BB 2009, 1194–1201; *Manz,* Kommentar zu BGH v. 26.1.2009 – II ZR 260/07, BB 2009, 918–922; *Marsch-Barner,* Gesetz über Unternehmensbeteiligungsgesellschaften, ZGR 1990, 294–313; *Merkt,* Kapitalschutz in Europa, ZGR 2004, 305–323; *Poepping,* Die Auswirkungen des MoMiG auf die insolvenzrechtliche Behandlung von Gesellschafterdarlehen ab dem 1.11.2008, BKR 2009, 150–156; *Schürnbrand,* „Verdeckte" und „atypische" Beherrschungsverträge im Aktien- und GmbH-Recht, ZHR 169 (2005), 35–60; *Tröger/Dangelmayer,* Eigenhaftung der Organe für die Veranlassung existenzvernichtender Leitungsmaßnahmen im Konzern, ZGR 2011, 558–588; *Veil,* Gesellschafterhaftung wegen existenzvernichtenden Eingriffs und materieller Unterkapitalisierung, NJW 2008, 3264–3266.

I. Begriffe

Nach § 1 Abs. 2 AktG hat die Aktiengesellschaft ein in Aktien zerlegtes **Grundkapital**. **1** Das Grundkapital muss auf einen Nennbetrag in Euro lauten, der sich auf mindestens 50.000 Euro belaufen muss (§§ 6, 7 AktG). Höhere Mindestziffern sehen spezielle gesetzliche Vorschriften für Gesellschaften vor, die bestimmte Unternehmensgegenstände verfolgen, wie Unternehmensbeteiligungsgesellschaften, Hypothekenbanken, Kapitalanlagegesellschaften, Investmentaktiengesellschaften, Versicherungen und Bausparkassen sowie REIT-Aktiengesellschaften.[1] Die Höhe des Grundkapitals ist nach § 23 Abs. 3 Nr. 3 AktG in der Satzung festzusetzen und kann nur durch Satzungsänderung verändert werden (vgl. → § 57 Rn. 15). Der bilanzrechtliche Begriff „gezeichnetes Kapital" in § 266 Abs. 3 A. I HGB ist für die AG identisch mit dem Begriff Grundkapital.[2]

---

[1] Vgl. dazu im Einzelnen MüKoAktG/*Heider* § 7 Rn. 15–20; GroßkommAktG/*Mock* § 7 Rn. 38 f.; Schmidt/Lutter/*Fleischer* AktG § 7 Rn. 6; Spindler/Stilz/*Drescher* AktG § 7 Rn. 2; speziell zu Unternehmensbeteiligungsgesellschaften *Marsch-Barner* ZGR 1990, 294 und zu Investmentaktiengesellschaften *Fock* BB 2006, 2371 ff. sowie Spindler/Stilz/*Fock* AktG § 1 Rn. 90 ff. Das Nichterreichen der spezialgesetzlich vorgesehenen Mindestbeträge hat lediglich aufsichtsrechtliche Konsequenzen (anders bei der REIT-AG; vgl. §§ 4, 1 Abs. 3 REIT-G).

[2] Vgl. § 152 Abs. 1 S. 1 AktG; Beckscher BilKomm/*Förschle/Hoffmann* HGB § 272 Rn. 10; Baumbach/Hopt HGB/*Merkt* § 272 Rn. 1; Ebenroth/Boujong/Joost/Strohn/*Böcking/Gros* HGB § 272 Rn. 4; MüKoHGB/*Reiner* § 272 Rn. 2.

§ 11 2–5   4. Kapitel. Grundkapital, Aktien und Rechtsstellung der Aktionäre

2   Das Grundkapital soll den Gesellschaftsgläubigern eine gewisse Mindestaussicht auf Befriedigung ihrer Forderungen als Ausgleich für die fehlende persönliche Haftung der Aktionäre (§ 1 Abs. 1 S. 2 AktG) bieten. Durch die Eintragung und Bekanntmachung der Höhe des Grundkapitals (§ 39 Abs. 1 S. 1 AktG, § 10 HGB) sind außenstehende Dritte über den wirtschaftlichen Status einer neugegründeten Aktiengesellschaft informiert, wobei die Aktionäre nach Maßgabe von § 36a AktG freilich nur gewisse Mindesteinlagen schon vor der Eintragung zu erbringen haben (→ § 3 Rn. 27, → § 4 Rn. 44 f.). Die Bedeutung der Angabe des Grundkapitals unterstreicht der Gesetzgeber in § 275 Abs. 1 AktG dadurch, dass es sich bei der fehlenden Angabe des Grundkapitals um den einzigen Nichtigkeitsgrund neben dem Fehlen oder der Unwirksamkeit der Bestimmung über den Unternehmensgegenstand handelt (vgl. → § 6 Rn. 7).

3   Vom Grundkapital zu unterscheiden ist das **Gesellschaftsvermögen**. Es umfasst sämtliche Sachen, Rechte und sonstigen Vermögensgegenstände, die der Gesellschaft gehören. Anders als das Grundkapital ist das Gesellschaftsvermögen laufenden Schwankungen unterworfen. Der vom Aktiengesetz in zahlreichen Vorschriften angestrebte Vermögensschutz der Aktiengesellschaft zugunsten der Gesellschaftsgläubiger,[3] der mit den Begriffen Kapitalaufbringung und Kapitalerhaltung umschrieben wird, umfasst bei der Aktiengesellschaft das gesamte Gesellschaftsvermögen (vgl. → § 16 Rn. 1) und geht daher weiter als bei der GmbH.[4]

4   Vom Grundkapital ist weiterhin das **Eigenkapital**[5] unter bilanzieller Betrachtung zu unterscheiden.[6] Das Eigenkapital ist auf der Passivseite der Bilanz unter dem Gliederungspunkt A auszuweisen, und zwar nach § 266 Abs. 3 A. HGB untergliedert in die Posten gezeichnetes Kapital (Grundkapital), Kapitalrücklage, Gewinnrücklagen (gesetzliche Rücklage, Rücklage für eigene Anteile, satzungsmäßige Rücklage und andere Gewinnrücklagen), Gewinnvortrag/Verlustvortrag und Jahresüberschuss/Jahresfehlbetrag.

5   Die Bestimmung der **Höhe des Grundkapitals** steht – abgesehen von dem gesetzlich vorgesehenen Mindestbetrag in Höhe von 50.000 Euro nach § 7 AktG oder den nach spezialgesetzlichen Vorschriften höheren Mindestbeträgen (vgl. → Rn. 1) – im Belieben der Aktionäre **(Freiheit der Finanzierungsentscheidung)**. Eine dem konkreten Geschäftsumfang und/oder der konkreten Geschäftsart angemessene Eigenkapitalausstattung verlangt das AktG nicht. Für Banken und Versicherungen wird mit erheblichem Aufwand durch staatliche Aufsichtsämter eine angemessene Eigenkapitalausstattung gewährleistet. Aber auch diesem aufwändigen System ist es in der Vergangenheit nicht gelungen, gläubigerschädigende Insolvenzsituationen zu verhindern. Dies zeigte sich zuletzt in der Finanzmarktkrise, die im Jahr 2007 mit dem Zusammenbruch der IKB-Bank begann und in den folgenden Jahren die Insolvenz verschiedener Banken (das bekannteste Beispiel stellte die US-amerikanische Bank Lehman Brothers dar) zur Folge hatte. Der Gesetzgeber ergriff Maßnahmen zur Sicherung der Banken in Form der verschiedenen Finanzmarktstabilisierungsgesetze, durch die für Kreditinstitute in der Krise ua ein Finanzmarktstabilisierungsfonds (SoFFin) eingerichtet, die Möglichkeit zur Abgabe von Garantien oder der Risikoübernahme geschaffen sowie eine Rekapitalisierung bei mangelhafter Eigenkapitalausstattung ermöglicht wurde. Verschärfte Anforderungen an das Eigenkapital wurden durch „Basel III" festgelegt; diese Regelungen wurden 2013 insbesondere durch Änderungen des Kreditwesengesetzes in nationales Recht umgesetzt.[7] Eine staatliche Regulierungsbehörde

---

[3] Vgl. umfassend MüKoAktG/*Heider* § 1 Rn. 93 ff.; siehe auch Spindler/Stilz/*Fock* AktG § 1 Rn. 88 f.

[4] Vgl. BGHZ 90, 381 (386 f.); OLG Frankfurt a. M. AG 1992, 194 (196); Hüffer/*Koch* AktG § 57 Rn. 2; KölnKommAktG/*Drygala* § 57 Rn. 4 f.

[5] Dazu *D. Schneider* DB 1987, 185 ff.

[6] Vgl. Spindler/Stilz/*Fock* AktG § 1 Rn. 87.

[7] Siehe vor allem CRD IV-Umsetzungsgesetz vom 28.8.2013, BGBl. 2013 I S. 3395 ff.; siehe auch zu Basel III Schimansky/Bunte/Lwowski/*Winterfeld/Rümker*, Bankrechts-Handbuch, § 124a Rn. 227 ff.; ausführlich zu den Auswirkungen der Finanzmarktkrise sowie zu den Eigenkapitalvor-

für alle Branchen wäre jedoch per se zum Scheitern verurteilt. Im Übrigen mag zwar die ökonomische Finanztheorie Gesichtspunkte für eine angemessene Eigenkapitalausstattung von Unternehmen herausgearbeitet haben. Auf eine Formel lassen sich diese Gesichtspunkte indes nicht bringen.[8] Am Wirtschaftsleben teilnehmende AGs werden zudem in aller Regel durch die Marktkräfte zu einer angemessenen Eigenkapitalausstattung gezwungen. Kredit wird einer Gesellschaft nur eingeräumt, wenn aus Sicht des Kreditgebers ausreichend Eigenkapital vorhanden ist.[9]

II. Haftungsrisiken

Allein das Mindestgrundkapital, die Kapitalaufbringungs- und Kapitalerhaltungsgrundsätze und die Kräfte des Marktes begründen noch keinen effektiven Gläubigerschutz. Bestehende Lücken werden durch eine Haftung für **Unterkapitalisierung** und durch eine **Existenzvernichtungshaftung** geschlossen.

Bei der Unterkapitalisierungshaftung unterschied man früher zwischen nomineller und materieller Unterkapitalisierung.[10] Die nominelle Unterkapitalisierung gilt mittlerweile als geklärt.[11] Unter dieser Fallgruppe behandelte man Konstellationen, in denen der bestehende Eigenkapitalbedarf der Aktiengesellschaft durch Aktionärsdarlehen gedeckt wurde. Während früher §§ 32a, 32b GmbHG aF und die im GmbH-Recht entwickelten Rechtsprechungsgrundsätzen entsprechend angewendet wurden, sind heute insolvenzrechtliche Regelungen einschlägig.[12] Gesellschafterdarlehen unterstehen rechtsformübergreifend und unmittelbar § 39 Abs. 1 Nr. 5, Abs. 4 und 5, § 135 InsO. Die darlehensgebenden Aktionäre werden danach als nachrangige Insolvenzgläubiger behandelt. Zu dieser insolvenzrechtlichen Lösung passt auch § 57 Abs. 1 S. 4 AktG, der Aktionärsdarlehen von dem Rückgewährverbot nach Satz 1 ausnimmt.

Eine **materielle Unterkapitalisierung** liegt vor, wenn bestehender Eigenkapitalbedarf überhaupt nicht befriedigt wird, die erforderliche Mittelzuführung also weder in Form von Eigen- noch von Fremdkapital erfolgt. Ein Teil der Literatur – primär zur GmbH und zur GmbH & Co. KG, teilweise aber auch zur Aktiengesellschaft – sowie das Bundessozialgericht vertreten die Meinung, dass die Aktionäre zumindest bei offensichtlicher Unterkapitalisierung eine persönliche Ausfallhaftung trifft.[13] Begründet wird dies mit der Funktion des Grundkapitals, einseitige Risikoverlagerungen auf die Gläubiger zu verhindern. Demgegenüber weist die Rechtsprechung des Bundesgerichtshofs[14] zu Recht darauf hin, dass der Gesetzgeber lediglich ein durch Satzung und Handelsregister betragsmäßig genau festgelegtes Grundkapital als Mindesthaftkapital verlangt und nicht eine am jeweilgen Bedarf ausgerichtete, dem jeweiligen Geschäftsumfang wechselnd angepasste Kapitalausstat-

---

schriften bei Banken nach Basel III Hopt/Wohlmannstetter, Handbuch Corporate Governance von Banken, 2011, 2. Teil III; Boos/Fischer/Schulte-Mattler/*Fischer* KWG Einführung Rn. 32 ff., 99 ff.

[8] *Eidenmüller/Engert* AG 2005, 97 (100); *K. Schmidt* JZ 1984, 771 (777).
[9] Ausführlich *Eidenmüller/Engert* AG 2005, 97 (105); vgl. auch *Fleischer* ZIP 1998, 313 ff.; *Merkt* ZGR 2004, 305 (313 ff.).
[10] Siehe zur Unterscheidung noch MüKoAktG/*Heider* § 1 Rn. 76; interessant auch Hüffer/*Koch* AktG § 1 Rn. 19 mit dem Hinweis, dass die Fallgruppen der Unterkapitalisierung ebenso wie andere Fallgruppen des Haftungsdurchgriffs nur selten bei der AG, vielmehr aber bei der GmbH auftreten.
[11] MüKoAktG/*Heider* § 1 Rn. 76.
[12] §§ 32a, 32b GmbHG wurden durch das Gesetz zur Modernisierung des GmbH-Rechts und zur Bekämpfung von Missbräuchen vom 23.10.2008 (BGBl. 2008 I S. 2026 ff.) aufgehoben.
[13] *Wiedemann* GesR I S. 570 ff.; *Ulmer* GmbHR 1984, 256 (261 f.); speziell für die AG Großkomm-AktG/*Bachmann* § 1 Rn. 104 ff.; BSG BB 1996, 2149 (2151); NJW-RR 1997, 94 (95); dagegen ausführlich *Wilhelm*, Rechtsform und Haftung bei der juristischen Person, 1981, S. 308 ff.
[14] BGH NZG 2008, 547 (548–550); BGHZ 76, 326 (334); 68, 312 (319) (jeweils für GmbH); ebenso für die Aktiengesellschaft *Priester* BB 1985, 363 (364) Fn. 3; vgl. auch BGHZ 90, 381 (389); anders jedoch BSG NJW 1984, 2117; einschränkend BSG AG 1995, 280 f.

tung. Die Unternehmensfinanzierung steht im unternehmerischen Ermessen und ist damit einer rechtlichen Kontrolle weitgehend entzogen. Anderenfalls bestünde die Gefahr einer ausufernden Durchbrechung der gesetzlich angeordneten Haftungsbeschränkung. Auch eine Einordnung der materiellen Unterkapitalisierung als besondere Fallgruppe der Existenzvernichtungshaftung (dazu nachstehend → Rn. 9) ist nicht angezeigt.[15] Etwas anderes mag in besonderen Ausnahmefällen gelten. Zu Recht wird hierfür aber in der Literatur einschränkend gefordert, dass ein klarer Fehlgebrauch des unternehmerischen Ermessens durch eine in keinem Verhältnis zum Gegenstand des Unternehmens stehende Kapitalausstattung vorliegen muss, aufgrund dessen eine Krise förmlich „vorprogrammiert" ist.[16]

9 Die zum GmbH-Recht entwickelte **Existenzvernichtungshaftung**[17] geht noch über den bloßen Schutz des Grundkapitals hinaus. Sie greift ein, wenn die Gesellschafter mindestens mit Eventualvorsatz missbräuchliche, zur Insolvenz der Gesellschaft führende oder diese vertiefende kompensationslose Eingriffe in das Gesellschaftsvermögen vornehmen. *Dolus eventualis* liegt nicht nur bei Vermögensentziehungen mit Gläubigerbenachteiligungsabsicht, sondern auch dann vor, wenn der Gesellschafter billigend in Kauf nimmt, dass die Gesellschaft infolge seines Eingriffs dauerhaft in der Erfüllung ihrer Verbindlichkeiten beeinträchtigt ist. Der BGH ordnet diese Haftung seit seiner „Trihotel"-Entscheidung als Fallgruppe der vorsätzlichen sittenwidrigen Schädigung nach § 826 BGB ein, die zu einer Innenhaftung gegenüber der Gesellschaft – nicht aber zu einer Außenhaftung der Gesellschafter gegenüber den Gläubigern – führt.[18] Durch die Rechtsprechung zur Existenzvernichtung ist bei der GmbH die frühere Rechtsprechung zur Haftung analog § 302 AktG aufgrund qualifiziert faktischer Konzernierung[19] überholt. Zu der Frage, ob und inwieweit das Konzept der Existenzvernichtungshaftung in das Aktienrecht zu übernehmen ist und auch dort die früher angenommene Konzernhaftung ersetzt hat, liegt noch keine höchstrichterliche Entscheidung vor. Im Schrifttum herrscht hierüber nach wie vor Uneinigkeit.[20] Zum Teil wird eine Erstreckung der Grundsätze auf die AG wegen der Regelungsunterschiede zwischen AG und GmbH abgelehnt und an der analogen Anwendung des § 302 AktG festgehalten.[21] Eine solche Aufspaltung des Haftungssystems erscheint indes nicht überzeugend. Es ist nicht ersichtlich, warum die rechtsformneutrale Anspruchsgrundlage des § 826 BGB nicht auch für die AG Geltung beanspruchen soll, zumal gerade die AG – anders als die GmbH – mit § 117 AktG das Konzept einer Gesellschafterinnenhaftung für vorsätzliche Schädigungen kennt. Für eine Erstreckung der Existenzvernichtungshaftung auf die AG sprechen ferner Aspekte des Gläubigerschutzes, da das Schutzniveau bei der AG nicht hinter dem der GmbH zurückbleiben kann.[22]

10 Den Gedanken der Existenzvernichtungshaftung greift auch die durch das MoMiG geschaffene Insolvenzverursachungshaftung nach § 92 Abs. 2 S. 3 AktG auf, die im Unterschied zur Existenzvernichtungshaftung auf den Vorstand als Haftungsadressaten abstellt.

---

[15] BGH NZG 2008, 547 (548) – Gamma; mAnm *Veil* NJW 2008, 3264.
[16] MüKoAktG/*Heider* § 1 Rn. 77; Spindler/Stilz/*Fock* AktG § 1 Rn. 61; ausdrücklich offengelassen in BGH NZG 2008, 547 (550).
[17] BGHZ 122, 123 – TBB; BGHZ 149, 10 – Bremer Vulkan; BGHZ 151, 181 – KBV; BGH ZIP 2004, 2138 – Klinik; BGH ZIP 2005, 117 – BMW; BGHZ 173, 246 – Trihotel; BGH NZG 2008, 547 – Gamma; BGH NZG 2009, 545 – Sanitary; detaillierte Darstellung bei *Kölbl* BB 2009, 1194.
[18] BGHZ 173, 246 – Trihotel.
[19] Vgl. früher BGHZ 95, 330 (343) – Autokran; BGHZ 107, 7 – Tiefbau; BGHZ 115, 187 – Video.
[20] Vgl. zum Streitstand MüKoAktG/*Heider* § 1 Rn. 87 u. → § 70 Rn. 142.
[21] *Habersack* in Emmerich/Habersack Konzernrecht § 28 Rn. 5–10; *Habersack* in Emmerich/Habersack Aktien- und GmbH-KonzernR Anh. § 317 Rn. 5a; *Habersack* ZGR 2008, 533 (550–555); Schürnbrand ZHR 169 (2005), 35 (58); *K. Schmidt*, Gesellschaftsrecht, § 31 IV 4.
[22] Hüffer/*Koch* AktG § 1 Rn. 29; KölnKommAktG/*Koppensteiner* Anh. § 318 Rn. 72 ff.; MüKoAktG/*Heider* § 1 Rn. 87; Hölters/*Solveen* AktG § 1 Rn. 19; *Bicker* DZWiR 2007, 284 (285 f.); *Decher* ZHR 171 (2007), 126 (137); *Henze* AG 2004, 405 (415); abwägend *Tröger/Dangelmayer* ZGR 2011, 558 (585 ff.).

Dadurch sollen das Kapitalschutzsystem der AG erweitert und befürchtete Lücken im Bereich des Gläubigerschutzes geschlossen werden.[23]

III. Zerlegung in Aktien

Die Aktiengesellschaft hat nach § 1 Abs. 2 AktG ein in Aktien zerlegtes Grundkapital. **11** Damit ist gemeint, dass jede Aktie einen nach der Gesamtzahl der ausgegebenen Aktien berechneten Bruchteil des Grundkapitals darstellt. Nach § 8 Abs. 1 AktG können die Aktien als **Nennbetragsaktien** oder als **Stückaktien** begründet werden (Einzelheiten → § 13 Rn. 16 ff.). Die Zerlegung des Grundkapitals kann also durch Nennbeträge der Aktien erfolgen oder durch die Zahl der vorhandenen Aktien. Es sind entweder nur Nennbetragsaktien oder nur Stückaktien möglich. Beide Aktienformen können nicht nebeneinander bestehen. Der Mindestnennbetrag der Nennbetragsaktien beträgt nach § 8 Abs. 2 S. 1 AktG einen Euro. Die Gesellschaft kann aber auch höhere Nennbeträge wählen; diese müssen dann auf volle Euro lauten (§ 8 Abs. 2 S. 4 AktG).

Die Satzung der Aktiengesellschaft muss nach § 23 Abs. 3 Nr. 4 AktG die Zerlegung des **12** Grundkapitals entweder in **Nennbetragsaktien** oder in **Stückaktien,** bei Nennbetragsaktien deren Nennbeträge und die Zahl der Aktien jeden Nennbetrags, bei Stückaktien deren Zahl, außerdem, wenn mehrere Aktiengattungen (dazu → 13 Rn. 7 ff.) bestehen, die Gattung der Aktien und die Zahl der Aktien jeder Gattung angeben. Die Satzung muss Angaben über die Gattung der Aktien nur dann enthalten, wenn mehrere Aktiengattungen bestehen. Inhaber- und Namensaktien stellen als solche noch keine verschiedenen Aktiengattungen dar (vgl. → § 13 Rn. 8). Über sie sind aber nach Maßgabe von § 23 Abs. 3 Nr. 5 AktG Angaben in der Satzung zu machen. Der Ausgabebetrag der Aktien, der nach § 9 AktG bei Nennbetragsaktien mindestens der Nennbetrag und bei Stückaktien der auf die einzelne Stückaktie entfallende anteilige Betrag des Grundkapitals sein muss, braucht in der Satzung nicht bestimmt zu werden. Er ist nach § 23 Abs. 2 Nr. 2 AktG in der notariellen Gründungsurkunde anzugeben (vgl. → § 3 Rn. 13).

IV. Rechtsfolgen der Unterschreitung des Mindestgrundkapitals

Wird der Mindestnennbetrag des Grundkapitals in der Satzung unterschritten, hat das **13** Registergericht die Eintragung der Gesellschaft nach § 38 Abs. 1 S. 2 AktG abzulehnen. Wird trotz des Mangels eingetragen, so ist die Gesellschaft wirksam entstanden. Die Voraussetzungen für eine Klage auf Nichtigerklärung nach § 275 Abs. 1 S. 1 AktG liegen nicht vor. Das Registergericht hat die Gesellschaft aber gemäß § 399 Abs. 1 FamFG zu einer entsprechenden Satzungsänderung aufzufordern. Kommt die Gesellschaft dem nicht nach, hat das Registergericht den Mangel der Satzung festzustellen. Mit Rechtskraft der Feststellung ist die Gesellschaft aufgelöst (§ 262 Abs. 1 Nr. 5 AktG, § 399 Abs. 2 FamFG).[24] Wird das Grundkapital im Wege der **Kapitalherabsetzung** unter 50.000 Euro herabgesetzt, so ist der Beschluss der Hauptversammlung nach § 241 Nr. 3 AktG nichtig.[25] Etwas anderes gilt nur im Anwendungsbereich von § 228 AktG (vgl. dazu → § 61 Rn. 33). Danach kann das Grundkapital durch eine Kapitalherabsetzung sogar vollkommen beseitigt werden, wenn gewährleistet ist, dass durch eine gleichzeitig durchgeführte Kapitalerhöhung der nach § 7 AktG erforderliche Mindestnennbetrag wieder erreicht wird.[26]

Die gleichen Rechtsfolgen wie bei der Unterschreitung des Mindestgrundkapitals treten **14** ein, wenn das Grundkapital nicht in Euro angegeben ist. Ist in der Satzung überhaupt kein

---

[23] Begr. RegE-MoMiG, BT-Drs. 16/6140, 52; Hölters/*Müller-Michaels* AktG § 92 Rn. 27; Schmidt/Lutter/*Krieger/Sailer-Coceani* § 92 Rn. 18 ff.
[24] MüKoAktG/*Heider* § 7 Rn. 31; GroßkommAktG/*Mock* § 7 Rn. 55; Spindler/Stilz/*Drescher* AktG § 7 Rn. 3.
[25] GroßkommAktG/*Mock* § 7 Rn. 56; Schmidt/Lutter/*Fleischer* AktG § 7 Rn. 9.
[26] Vgl. BGH WM 1992, 1902 (1911).

Grundkapital angegeben, ist dies ein Nichtigkeitsgrund nach § 275 Abs. 1 S. 1 AktG. Auch nach Ablauf der Klagefrist des § 275 Abs. 3 S. 1 AktG kann die AG dann nach § 397 S. 1 iVm § 395 FamFG von Amts wegen gelöscht werden (§ 275 Abs. 3 S. 2 AktG).

§ 12 Aktie

Übersicht

	Rn.		Rn.
I. Allgemeines	1, 2	a) Begriff	27
II. Aktienurkunde und aktienrechtliche Nebenpapiere	3–31	b) Rechtsnatur	28, 29
1. Aktie	3–18	5. Erneuerungsschein	30, 31
a) Ausgabe von Aktienurkunden	3–7	III. Kraftloserklärung und Umtausch von Aktienurkunden	32–38
b) Inhalt der Aktienurkunde	8–17	1. Allgemeines	32
c) Unteilbarkeit der Aktie	18	2. Gerichtliche Kraftloserklärung	33, 34
2. Globalurkunde	19–23	3. Kraftloserklärung durch die Gesellschaft	35–38
3. Zwischenscheine	24–26		
a) Begriff	24	IV. Börsennotierte Aktiengesellschaft	39
b) Rechtliche Behandlung	25, 26		
4. Gewinnanteilschein	27–29		

Schrifttum: *Blanke,* Private Aktiengesellschaft und Deregulierung des Aktienrechts, BB 1994, 1505–1512; *Böcker,* Die kleine AG als Alternative zur GmbH?, RNotZ 2002, 129–164; *Böning,* Der Besitz des Hinterlegers an Dauerglobalaktien, ZInsO 2008, 873–879; *Bungert/Wettich,* Kleine Aktienrechtsnovelle 2011 – Kritische Würdigung des Referentenentwurfs aus der Sicht der Praxis, ZIP 2011, 160–167; *Diekmann/Nolting,* Aktienrechtsnovelle 2011, NZG 2011, 6–10; *Drinhausen/Keinath,* Referentenentwurf einer „kleinen Aktienrechtsnovelle", BB 2011, 11–17; *Habersack/Mayer,* Globalverbriefte Aktien als Gegenstand sachenrechtlicher Verfügungen?, WM 2000, 1678–1684; *Hoffmann-Becking,* Gesetz zur „kleinen AG" – unwesentliche Randkorrekturen oder grundlegende Reform?, ZIP 1995, 1–10; *Hüffer,* Harmonisierung des aktienrechtlichen Kapitalschutzes, NJW 1979, 1065–1070; *König,* Das Risikobegrenzungsgesetz – offene und gelöste Fragen, BB 2008, 1910–1914; *Leuschner,* Gibt es das Anteilseigentum wirklich?, NJW 2007, 3248–3250; *Mülbert,* Die Aktie zwischen mitgliedschafts- und wertpapierrechtlichen Vorstellungen, FS Nobbe, 2009, S. 691–724; *Müller-Eising,* Aktienrechtsnovelle 2012 – Was bringt sie Neues?, GWR 2012, 77; *Noack,* Neues Recht für Namensaktionäre – Zur Änderung des § 67 AktG durch das Risikobegrenzungsgesetz, NZG 2008, 721–725; *Planck,* Kleine AG als Rechtsform-Alternative zur GmbH, GmbHR 1994, 501–505; *Richter,* Die Verpflichtung des Inferenten zur Übertragung eines Vermögensgegenstandes als Gegenstand der Sacheinlage, ZGR 2009, 721–767; *Schäfer,* Besondere Regelungen für börsennotierte und für nichtbörsennotierte Gesellschaften?, NJW 2008, 2536–2544; *Seibert,* Gesetzentwurf zur Herabsetzung des Mindestnennbetrages der Aktien, AG 1993, 315–318; *Seibert/Böttcher,* Der Regierungsentwurf der Aktienrechtsnovelle 2012, ZIP 2012, 12–17; *Than,* Kapitalmarkt und Globalurkunde, FS Heinsius, 1991, S. 809–840; *Weber-Rey,* Risikobegrenzungsgesetz – Gratwanderung im Dienste der Transparenz, DStR 2008, 1967–1972.

I. Allgemeines

1 Der Begriff Aktie wird im Aktiengesetz in drei verschiedenen Bedeutungen verwendet. In der Regelung des § 1 Abs. 2 AktG, nach der die Aktiengesellschaft ein in Aktien zerlegtes Grundkapital hat, repräsentiert die Aktie einen nach der Gesamtzahl der ausgegebenen Aktien berechneten Bruchteil des Grundkapitals (vgl. → § 11 Rn. 11). Weiterhin versteht man unter Aktie die Gesamtheit der Rechte und Pflichten, die dem einzelnen Aktionär infolge seiner Beteiligung an der Aktiengesellschaft zustehen, also die Mitgliedschaft (dazu im Einzelnen §§ 17, 18). Drittens ist unter Aktie die Urkunde zu verstehen, in der die Mitgliedschaft an der Aktiengesellschaft verbrieft ist (dazu → Rn. 3 ff.).

2 Die Aktie ist verfassungsrechtlich Eigentum im Sinne des Artikels 14 GG. Gegenstand des verfassungsrechtlichen Schutzes ist die Mitgliedschaft als Verwaltungs- und Vermögensrecht. Im Mitbestimmungsurteil bezeichnet das Bundesverfassungsgericht die Aktie als „gesellschaftsrechtlich vermitteltes Eigentum",[1] bei dem der personale Bezug zur Sicherung der persönlichen Freiheit wenig ausgeprägt ist. An seine Stelle trete weitgehend ein sozialer Bezug und eine soziale Funktion. Die Aktie sei daher stärkeren sozialen Bindungen unterworfen als das unmittelbare Sacheigentum, sofern nur „das Zuordnungsverhältnis und die Substanz erhalten bleiben". Daher verstoßen grundsätzlich weder das Mehrheitsprinzip noch die Mitbestimmung gegen Artikel 14 GG.[2] Dementsprechend hat das Bundesverfassungsgericht, das in jüngerer Zeit über die Verfassungsmäßigkeit verschiedener aktien- und umwandlungsrechtlicher Maßnahmen zu entscheiden hatte, die die Rechte von Minderheitsaktionären betrafen, in keinem der Fälle eine Verletzung des Eigentumsgrundrechts festgestellt.[3]

II. Aktienurkunde und aktienrechtliche Nebenpapiere

1. Aktie. a) Ausgabe von Aktienurkunden. Das Aktiengesetz enthält über die Pflicht zur Herstellung und Ausgabe von Aktienurkunden[4] keine ausdrückliche Regelung. Das Gesetz geht zwar an vielen Stellen davon aus, dass in aller Regel Aktienurkunden ausgegeben werden. Die Entstehung der Mitgliedschaft und ihre Übertragung setzen die Ausgabe von Aktienurkunden, wie sich aus § 214 Abs. 4 S. 1 AktG ergibt, jedoch nicht voraus (vgl. → § 14 Rn. 1 f.). Das Mitgliedschaftsrecht entsteht durch die Übernahmeerklärung oder Zeichnung und die Eintragung der Gründung oder der durchgeführten Kapitalerhöhung im Handelsregister. In der Praxis gibt es eine Reihe von Gesellschaften mit einem in der Regel kleinen Aktionärskreis, die keine Aktienurkunden ausgegeben haben.[5] Die Aktie ist, da die Entstehung des Rechts von der wertpapiermäßigen Verbriefung unabhängig ist, lediglich ein deklaratorisches Wertpapier.[6]

Obwohl das AktG keine ausdrückliche Regelung enthält, hat jeder Aktionär einen mitgliedschaftlichen Anspruch auf Verbriefung.[7] Auch die Bestimmungen der §§ 10 Abs. 5, 213 Abs. 2 AktG setzen einen solchen Verbriefungsanspruch voraus.

In der Satzung kann lediglich der Anspruch des Aktionärs auf Verbriefung seines Anteils ausgeschlossen werden (§ 10 Abs. 5 AktG). Die Verbriefung in einer Globalurkunde und deren Hinterlegung sind als Kern des Verbriefungsanspruchs unverzichtbar und können daher nicht durch die Satzung ausgeschlossen werden.[8] Andernfalls wäre die Aktie bloßes „Wertrecht", was der Gesetzgeber nicht gewollt hat.[9] Eine zulässige Einschränkung der

---

[1] BVerfGE 50, 290 (342); ebenso BVerfGE 100, 289 (301 f.) – DAT/Altana; BGH WM 2003, 533 (535) – Macroton, hierzu kritisch *Ekkenga* ZGR 2003, 878 ff. und schon BVerfGE 25, 371 (407) – Rheinstahl und BVerfGE 14, 263 (276) – Feldmühle.

[2] Zu verfassungsrechtlichen Bedenken hinsichtlich einer „starren" Geschlechterquote im Aufsichtsrat siehe jedoch etwa DAV-Stellungnahme 52/2014.

[3] BVerfG NJW 2007, 3265 (Abfindungsanspruch und überdauerndes Spruchverfahren); BVerfG NJW 2007, 3266 (Umtauschverhältnis bei Verschmelzung); BVerfG NJW 2007, 3268 (Verfassungsmäßigkeit des Squeeze-out); Anm. zu allen drei Urteilen *Leuschner* NJW 2007, 3248; BVerfG NJW 2011, 2497 und BVerfG NZG 2011, 235 (beide zum Umtauschverhältnis bei Verschmelzung durch Aufnahme).

[4] Muster für verschiedene Ausgestaltungen der Aktienurkunden enthalten Happ/*Gätsch* Aktienrecht zB Form 4.01 (Inhaberaktie), Form 4.04 (Vorzugsaktie ohne Stimmrecht), Form 4.05 (Namensaktie), Form 4.06 (vinkulierte Namensaktie); Münch. Vertragshandbuch Bd. 1/*Favoccia* Form V.31 (Inhaberaktie Globalurkunde), Form V.32 (Stückaktie Globalurkunde), Form V.34 (Namensaktie Globalurkunde).

[5] Vgl. die Fälle BGH WM 2002, 555 und OLG München AG 2009, 672.

[6] Spindler/Stilz/*Vatter* AktG § 10 Rn. 27 f.

[7] GroßkommAktG/*Mock* § 10 Rn. 56; KölnKommAktG/*Dauner-Lieb* § 10 Rn. 10; Schmidt/Lutter/*Ziemons* AktG § 10 Rn. 37; Spindler/Stilz/*Vatter* AktG § 10 Rn. 29.

[8] OLG München NZG 2005, 756 (757) („Verpflichtung, jedenfalls Globalurkunden zu errichten"); Hüffer/*Koch* AktG § 10 Rn. 12; *Blanke* BB 1994, 1505 (1511); *Planck* GmbHR 1994, 501 (505); *Mülbert* FS Nobbe, 2009, 696 ff.; aA für die kleine AG *Schwennicke* AG 2001, 118 (119 ff.); sinnvoll bspw. im Fall AG Köln WM 1993, 2010.

[9] Hölters/*Solveen* AktG § 10 Rn. 27; MüKoAktG/*Heider* § 10 Rn. 62; abwägend Spindler/Stilz/*Vatter* AktG § 10 Rn. 83; aA Schmidt/Lutter/*Ziemons* AktG § 10 Rn. 39.

Verbriefung liegt beispielsweise vor, wenn die Satzung die Einzelverbriefung von einer Übernahme der Kosten durch den Aktionär abhängig macht oder wenn die Satzung nur die Verbriefung aller Anteile eines Aktionärs in einer Sammelurkunde (Mehrfachurkunde) vorsieht.[10] Kein Verstoß gegen das Gleichbehandlungsgebot des § 53a AktG, sondern eine wegen der von § 10 Abs. 5 AktG bezweckten Kostenentlastung zulässige Regelung liegt vor, wenn die Einzelverbriefung nur bei Aktien mit geringem Nennbetrag ausgeschlossen wird.[11]

6   Der Verbriefungsanspruch kann in den in → Rn. 5 genannten Grenzen auch nachträglich durch Satzungsänderung ausgeschlossen oder eingeschränkt werden. Eine Einzelzustimmung aller betroffenen Aktionäre ist nicht erforderlich, da § 10 Abs. 5 AktG eine Einschränkung nicht erkennen lässt und die spezielle Regelung es ausschließt, auf allgemeine Grundsätze zurückzugreifen.[12]

7   Nach § 10 Abs. 1 S. 1 sind **Namensaktien** der Regelfall. Das gilt erst seit der Aktienrechtsnovelle 2016.[13] Vorher konnten Aktien nach freiem Ermessen der Gesellschaft auf den Inhaber oder den Namen lauten (vgl. § 10 Abs. 1 AktG aF). Diese Regelung wurde von der Financial Action Task Force (FATF) dahingehend beanstandet, dass Inhaberaktien von deutschen nicht börsennotierten Gesellschaften zur Geldwäsche und Terrorismusbekämpfung missbraucht werden könnten.[14] Auf diese Beanstandung hat der deutsche Gesetzgeber reagiert, indem er die Ausgabe von Inhaberaktien an zusätzliche Voraussetzungen geknüpft hat. Gemäß § 10 Abs. 1 S. 2 AktG können Inhaberaktien nun nur noch von börsennotierten Gesellschaften oder wenn der Anspruch auf Einzelverbriefung ausgeschlossen ist und die Sammelurkunde bei einer bestimmten Stelle hinterlegt wird ausgegeben werden. Zu beachten ist die Übergangsregelung in § 26h Abs. 1 EGAktG für Gesellschaften, deren Satzung Inhaberaktien vorsieht und vor dem 31.12.2015 durch notarielle Beurkundung festgestellt wurde.[15]

8   **b) Inhalt der Aktienurkunde. aa) Nennbetrag und Teilleistung.** Die Aktienurkunde muss bei Nennbetragsaktien den Nennbetrag der Aktie und bei Stückaktien die Zahl der Aktien, nicht aber den Ausgabebetrag enthalten. Bei Nebenleistungspflichten gemäß § 55 AktG sind die Verpflichtung und ihr Umfang in die Urkunde aufzunehmen (§ 55 Abs. 1 S. 3 AktG). Bei Ausgabe der Aktien vor der Leistung des Ausgabebetrags ist nach § 10 Abs. 2 S. 2 AktG der Betrag der Teilleistungen auf den Aktien anzugeben;[16] diese Aktien dürfen auch nach der Novellierung des § 10 AktG (dazu bereits → Rn. 7) nur als Namensaktien ausgegeben werden (§ 10 Abs. 2 S. 1 AktG). § 10 Abs. 2 AktG stellt sicher, dass der Gesellschaft nach Maßgabe von § 67 Abs. 1 und 2 AktG stets bekannt ist, wen sie wegen der noch ausstehenden Einlage in Anspruch nehmen kann (siehe zu Namensaktien und den Besonderheiten von § 67 AktG → § 14 Rn. 36 ff.). Sieht die Satzung nur die Ausgabe von Inhaberaktien vor, so muss die Gesellschaft bei Teilleistungen Zwischenscheine ausgeben. Sie kann nicht entgegen der Satzung Namensaktien ausgeben.[17]

---

[10] Hüffer/*Koch* AktG § 10 Rn. 13; Spindler/Stilz/*Vatter* AktG § 10 Rn. 84. Liegt eine statutarische Regelung nicht vor, trägt die Gesellschaft die Kosten des Drucks und der Auslieferung der Einzelurkunden, vgl. AG Köln WM 1993, 2010.

[11] Hüffer/*Koch* AktG § 10 Rn. 12, 14; MüKoAktG/*Heider* § 10 Rn. 62; Schmidt/Lutter/*Ziemons* AktG § 10 Rn. 38; Spindler/Stilz/*Vatter* AktG § 10 Rn. 80/84.

[12] Ebenso Hüffer/*Koch* AktG § 10 Rn. 14 (unter Hinweis auf die ähnlich gelagerte Problematik des § 134 Abs. 1 S. 2 AktG bei nachträglicher Einführung eines Höchststimmrechts); MüKoAktG/*Heider* § 10 Rn. 63.

[13] Gesetz zur Änderung des Aktiengesetzes vom 22.12.2015, BGBl. 2015 I S. 2565 ff.

[14] Vgl. die Regierungsbegründung BT-Drs. 18/4349, 15 f.

[15] Kritisch gegenüber dieser großzügigen Übergangsregelung Hüffer/*Koch* AktG § 10 Rn. 6.

[16] Hiergegen wird in der Praxis gelegentlich verstoßen, vgl. OLG Köln NZG 2001, 615; zu den Folgen eines Verstoßes siehe MüKoAktG/*Heider* § 10 Rn. 59; Spindler/Stilz/*Vatter* AktG § 10 Rn. 76.

[17] Wie hier MüKoAktG/*Heider* § 10 Rn. 52; KölnKommAktG/*Dauner-Lieb* § 10 Rn. 40; Spindler/Stilz/*Vatter* AktG § 10 Rn. 73; aA GroßkommAktG/*Mock* § 10 Rn. 185 mit der Begründung, dass § 10 Abs. 2 S. 1 AktG, der Ausgabe von Namensaktien gestattet, der Satzungsregelung vorgehe.

9 Teileingezahlte Aktien können bei Verpflichtung der Aktionäre zur Erbringung von Bareinlagen (vgl. § 36a Abs. 1 AktG), nicht aber bei der Verpflichtung zur Erbringung von Sacheinlagen (vgl. § 36a Abs. 2 S. 1 AktG iVm § 27 Abs. 1 AktG) in Betracht kommen. Bei Sacheinlagen erfolgt entweder eine vollständige Leistung vor Anmeldung (§ 36a Abs. 2 S. 1 AktG) oder es ist nach § 36a Abs. 2 S. 2 AktG schon die Begründung des schuldrechtlichen Anspruchs auf Übertragung eines Vermögensgegenstands ausreichend, um auch Inhaberaktien ausgeben zu können.[18] Teileingezahlte Aktien finden sich häufig bei Versicherungsaktiengesellschaften.[19] Sie werden dort vom Gesetzgeber ausdrücklich anerkannt, indem er in § 182 Abs. 4 S. 1 AktG bei nur teilweiser Einzahlung auf das bisherige Grundkapital eine Kapitalerhöhung grundsätzlich verbietet, für Versicherungsgesellschaften hiervon aber in § 182 Abs. 4 S. 2 AktG eine Ausnahme macht, wenn ihre Satzung etwas anderes bestimmt.

bb) Ausstellung und Datum. Schon nach allgemeinen Grundsätzen bedarf jede Urkunde **10** eines Hinweises auf den Aussteller. Die Aktie muss daher unter Wiedergabe der Firma angeben, welche Gesellschaft sie ausgestellt hat (§ 4 AktG, § 17 HGB). Damit verbunden muss der Hinweis sein, dass die Urkunde die Verbriefung eines Mitgliedschaftsrechts an der ausstellenden Aktiengesellschaft darstellt. Das Wort „Aktie" muss aber nicht verwendet werden. Bestehen verschiedene Aktiengattungen (vgl. → § 13 Rn. 7 ff.), ist in der Aktienurkunde darauf hinzuweisen, zu welcher Gattung die Aktie gehört. Die Rechte der einzelnen Gattung brauchen indes in der Urkunde nicht im Einzelnen angegeben zu werden. Es ist insoweit ein Hinweis auf die entsprechenden Regelungen in der Satzung ausreichend. Handelt es sich um Namensaktien, so ist der im Zeitpunkt der Ausstellung berechtigte Aktionär namentlich in der Aktie aufzuführen. Ausstellungsort und Ausstellungsdatum sind hingegen nicht zwingend in die Aktienurkunde aufzunehmen. Enthält die Aktie ein Ausstellungsdatum, so kann dies zeitlich vor der Eintragung der Gesellschaft oder der Kapitalerhöhung in das Handelsregister liegen. Nur die Ausgabe der Aktien vor Eintragung ist nach §§ 41 Abs. 4, 191 S. 1 AktG verboten, nicht hingegen die Ausstellung.[20] Die Aktienurkunde kann, wenn dafür im Einzelfall – etwa bei ausländischen Aktionären – ein sachlicher Grund vorliegt, auch in ausländischer Sprache verfasst werden.[21] Die Aktienurkunde hat Zeichen – etwa Buchstaben oder Nummern – zu enthalten, die sie von anderen Aktienurkunden unterscheidet, damit die Aktienurkunden zB im Falle von Rechtsänderungen bei bestimmten Aktien, einer Kraftloserklärung (§§ 72 f. AktG) oder bei einem Umtausch (§ 74 AktG) individualisiert werden können.[22]

Das Mitgliedschaftsrecht an der Aktiengesellschaft entsteht wie die Gesellschaft mit ihrer **11** Eintragung, bei einer Kapitalerhöhung mit der Eintragung ihrer Durchführung in das Handelsregister, unabhängig von der Verbriefung der Mitgliedschaft in einer Urkunde. Die Ausstellung der Urkunde ist eine Maßnahme der Geschäftsführung, für die ausschließlich der Vorstand zuständig ist. Da es sich um eine Maßnahme handelt, die nicht zum Betrieb des Handelsgeschäfts gehört, sondern die internen Verhältnisse der Gesellschaft regelt, sind Prokuristen und Handlungsbevollmächtigte zur Ausstellung von Aktien nur auf Grund

---

[18] AA *Hüffer* NJW 1979, 1065 (1067); ausführlich zu der im Hinblick auf § 36a Abs. 2 AktG umstrittenen Anwendbarkeit von § 10 Abs. 2 AktG auf Sacheinlagen Spindler/Stilz/*Vatter* AktG § 10 Rn. 78; MüKoAktG/*Heider* § 10 Rn. 54; KölnKommAktG/*Dauner-Lieb* § 10 Rn. 41; *Richter* ZGR 2009, 721 (726 ff.).
[19] Vgl. Spindler/Stilz/*Vatter* AktG § 10 Rn. 74; *Zöllner* AG 1985, 19 ff.
[20] MüKoAktG/*Pentz* § 41 Rn. 166; KölnKommAktG/*Arnold* § 41 Rn. 89; Schmidt/Lutter/*Ziemons* AktG § 10 Rn. 25; Spindler/Stilz/*Vatter* AktG § 10 Rn. 32. Einen Fall verbotener Aktienausgabe behandelt BGH WM 1987, 1455.
[21] Vgl. MüKoAktG/*Heider* § 13 Rn. 14; GroßkommAktG/*Mock* § 13 Rn. 18; KölnKommAktG/*Dauner-Lieb* § 13 Rn. 14; Schmidt/Lutter/*Ziemons* AktG § 13 Rn. 14.
[22] MüKoAktG/*Heider* § 13 Rn. 14; GroßkommAktG/*Mock* § 13 Rn. 14; Hüffer/*Koch* AktG § 13 Rn. 4; KölnKommAktG/*Dauner-Lieb* § 13 Rn. 20; Hölters/*Solveen* AktG § 13 Rn. 3.

besonderer Vollmacht befugt.[23] Der Mitwirkung des Aufsichtsrats bei der Ausstellung der Aktienurkunden bedarf es nicht.

12 **cc) Form.** Das Aktiengesetz regelt nicht, auf welche Weise – handschriftlich, maschinenschriftlich oder durch Druck – Aktienurkunden hergestellt werden müssen. Nach § 13 S. 1 AktG muss die Aktienurkunde unterschrieben sein; es genügt eine vervielfältigte Unterschrift, also – wie in § 793 Abs. 2 S. 2 BGB – „eine im Wege der mechanischen Vervielfältigung hergestellte Namensunterschrift".[24] Die Gültigkeit der Unterzeichnung kann nach § 13 S. 2 AktG von der Beachtung einer besonderen Form abhängig gemacht werden. Die Hauptfälle sind die zusätzliche Unterschrift eines sogenannten Kontrollbeamten und/oder des Vorsitzenden des Aufsichtsrats. Diese besonderen Formerfordernisse müssen nach § 13 S. 3 AktG in der Urkunde enthalten sein, sich also unmittelbar aus ihr ergeben. Sie können entweder durch die Satzung bei Gründung oder durch späteren Hauptversammlungsbeschluss vorgegeben werden; Vorstand und/oder Aufsichtsrat sind hierfür nicht zuständig.[25]

13 Für die Zulassung von Aktien zum **Börsenhandel** ist nach § 8 Abs. 1 BörsZulV notwendig, dass die Druckausstattung der Einzelurkunden (zu Globalurkunden vgl. → Rn. 19 ff.) einen ausreichenden Schutz vor Fälschung bietet und eine sichere und leichte Abwicklung des Wertpapierverkehrs ermöglicht. Ergänzend gelten die Gemeinsamen Grundsätze der deutschen Wertpapierbörsen für den Druck von Wertpapieren – Druckrichtlinien – vom 13.10.1991.[26] Eine Einzelverbriefung ist allerdings keine Voraussetzung für die Zulassung von Aktien zum regulierten Markt; die Notwendigkeit einer Verbriefung überhaupt ist strittig.[27]

14 **dd) Mängel.** Da die Aktie ein deklaratorisches Wertpapier ist, beeinträchtigen Mängel der Aktienurkunde in keinem Fall die Existenz der Mitgliedschaft der Aktionäre an der Gesellschaft. Auch bei Nichtbeachtung der in § 13 AktG geregelten Voraussetzungen der Ausstellung stehen den Aktionären die mitgliedschaftlichen Rechte wie Stimmrecht und Dividendenrecht zu. Ebenso bestehen die mit der Mitgliedschaft verbundenen Pflichten wie Einlage- oder Nebenleistungspflicht unabhängig von Mängeln der Aktienurkunde. Aus der Nichtbeachtung folgt aber, dass die Aktionäre ordnungsgemäße Stücke verlangen können, da ihr Anspruch auf Verbriefung ihrer Mitgliedschaft nicht erfüllt ist.[28] Mit den mangelhaften Urkunden ist eine Übertragung der Mitgliedschaft nach wertpapierrechtlichen Grundsätzen (§§ 929 ff. BGB) ausgeschlossen; die Übertragung kann nur nach §§ 413, 398 BGB erfolgen (vgl. hierzu → § 14 Rn. 2 f.). Unwirksam ist die Aktienurkunde auch, wenn die in → Rn. 10 aufgeführten Mindesterfordernisse einer Urkunde nicht eingehalten sind.

15 Das Fehlen der Angabe von Teilleistungen nach § 10 Abs. 2 S. 2 AktG oder ein Verstoß gegen das Gebot der Ausgabe von Namensaktien vor vollständiger Einzahlung nach § 10 Abs. 2 S. 1 AktG haben auf die Wirksamkeit der Aktien hingegen keinerlei

---

[23] MüKoAktG/*Heider* § 13 Rn. 25; GroßkommAktG/*Mock* § 13 Rn. 9.

[24] Vgl. dazu *Staudinger/Marburger* BGB § 793 Rn. 2; GroßkommAktG/*Mock* § 13 Rn. 10; zum Sonderfall der Unterschriften pensionierter oder verstorbener Vorstandsmitglieder *Kümpel* FS Werner, 1984, 449 ff.

[25] MüKoAktG/*Heider* § 13 Rn. 27; GroßkommAktG/*Mock* § 13 Rn. 12; Hüffer/*Koch* AktG § 13 Rn. 7; Spindler/Stilz/*Vatter* AktG § 13 Rn. 10.

[26] Abgedruckt bei *Kümpel/Hammen/Ekkenga*, Kapitalmarktrecht, Loseblattsammlung, Nr. 434; in der jeweils aktuellen Fassung (zzt. Stand 17.4.2000) abrufbar auf der Homepage der Deutschen Börse AG, www.deutsche-boerse.com).

[27] *Mülbert* FS Nobbe, 2009, 704 Fn. 58 mwN; *Groß*, Kapitalmarktrecht, BörsG § 32 Rn. 12; Schwark/Zimmer/*Heidelbach* KMRK BörsG § 32 Rn. 30.

[28] GroßkommAktG/*Mock* § 13 Rn. 15; Hüffer/*Koch* AktG § 13 Rn. 8; Spindler/Stilz/*Vatter* AktG § 13 Rn. 11; MüKoAktG/*Heider* § 13 Rn. 29 ff.; unscharf KölnKommAktG/*Dauner-Lieb* § 13 Rn. 21.

Einfluss.[29] Der gutgläubige Zweiterwerber braucht in diesen Fällen die noch ausstehende Einlage nicht zu leisten.[30] Dafür haften die Mitglieder des Vorstands und unter Umständen auch die des Aufsichtsrats gemäß §§ 93 Abs. 3 Nr. 4, 116 AktG (vgl. zur Vorstandshaftung unten § 26 und zur Haftung des Aufsichtsrates → § 33 Rn. 71 ff.) für den der Gesellschaft daraus entstehenden Schaden. Darüber hinaus liegt eine Ordnungswidrigkeit nach § 405 Abs. 1 Nr. 1 AktG vor. Eine entsprechende Haftung der Verwaltung gilt für das Fehlen der nach § 55 Abs. 1 S. 3 AktG in der Aktie anzugebenden Nebenpflichten;[31] dieser Fall ist nicht durch eine Ordnungswidrigkeit sanktioniert.

16 Besonderheiten gelten bei Verstößen gegen das in § 8 Abs. 2 S. 1 AktG geregelte Verbot, Nennbetragsaktien über einen geringeren Nennbetrag als ein Euro auszugeben. Werden in der Satzung die Nennbeträge unter dem Mindestnennbetrag festgelegt, so muss der Registerrichter die Eintragung nach § 38 Abs. 1 und Abs. 4 Nr. 1 AktG ablehnen. Gleiches gilt bei Gesellschaften mit Stückaktien, wenn auf eine Stückaktie ein geringerer anteiliger Betrag des Grundkapitals als der nach § 8 Abs. 3 S. 3 AktG zulässige Mindestbetrag entfällt. In beiden Fällen ist gesetzlich eine Nichtigkeit der Aktien angeordnet, § 8 Abs. 2 S. 2 und Abs. 3 S. 4 AktG. Vor Eintragung entsteht die Mitgliedschaft an der Gesellschaft nicht, auch nicht an einer Vor-AG (Ausnahme: Anwendung der Grundsätze der faktischen bzw. fehlerhaften Gesellschaft, soweit die AG in Vollzug gesetzt wurde).[32] Wird die Gesellschaft trotz des Verstoßes eingetragen, so kann das Registergericht das Amtsauflösungsverfahren nach § 399 FamFG einleiten. Wird der Mangel trotz Aufforderung nicht durch Satzungsänderung beseitigt, so führt dies nach § 262 Abs. 1 Nr. 5 AktG zur Auflösung der Gesellschaft. Da die Gesellschaft mit der Eintragung entstanden ist, kann sich die Nichtigkeitsanordnung des § 8 Abs. 2 S. 2 und Abs. 3 S. 4 AktG dann nur auf die Aktienurkunde, nicht aber auf das Mitgliedschaftsrecht als solches beziehen.[33] Die Ausgabe von Aktien, die auf einen geringeren als den nach § 8 Abs. 2 S. 1 AktG zulässigen Mindestnennbetrag lauten oder auf die bei einer Gesellschaft mit Stückaktien ein geringerer anteiliger Betrag des Grundkapitals als der nach § 8 Abs. 3 S. 3 AktG zulässige Mindestbetrag entfällt, ist nach § 405 Abs. 1 Nr. 3 AktG eine Ordnungswidrigkeit.

17 Auch bei Nichtbeachtung der Regelung des § 8 Abs. 2 S. 4 AktG, nach der bei Nennbetragsaktien höhere Aktiennennbeträge auf volle Euro lauten müssen, hat der Registerrichter nach § 38 Abs. 1 und Abs. 4 Nr. 1 AktG die Eintragung abzulehnen. Erfolgt die Eintragung trotzdem, so hat die fehlerhafte Bestimmung keine weiteren Auswirkungen, da sich die Nichtigkeitsfolge des § 8 Abs. 2 S. 2 AktG nicht auf § 8 Abs. 2 S. 4 AktG bezieht. Eine Amtsauflösung kommt hier, anders als beim Verstoß gegen § 8 Abs. 2 S. 2 AktG, nicht in Betracht.[34]

18 **c) Unteilbarkeit der Aktie.** Nach § 8 Abs. 5 AktG sind die Aktien – anders als beispielsweise Geschäftsanteile an einer GmbH (§ 46 Nr. 4 GmbHG) – unteilbar. Weder durch Beschluss der Hauptversammlung noch durch rechtsgeschäftliche Verfügung des Aktionärs

---

[29] GroßkommAktG/*Mock* § 10 Rn. 191; MüKoAktG/*Heider* § 10 Rn. 57, 59; KölnKommAktG/*Dauner-Lieb* § 10 Rn. 38; Spindler/Stilz/*Vatter* AktG § 10 Rn. 76.

[30] BGHZ 122, 180 (195); GroßkommAktG/*Mock* § 10 Rn. 193; MüKoAktG/*Heider* § 10 Rn. 59; KölnKommAktG/*Drygala* § 54 Rn. 17; Spindler/Stilz/*Vatter* AktG § 10 Rn. 76; zweifelnd *Zöllner* AG 1985, 19 (29).

[31] MüKoAktG/*Bungeroth* § 55 Rn. 43; Spindler/Stilz/*Cahn/v. Spannenberg* AktG § 55 Rn. 27; KölnKommAktG/*Drygala* § 55 Rn. 50/56 ff.; modifizierend hingegen *Baumbach/Hueck* AktG § 55 Rn. 9; GroßkommAktG/*Henze* § 55 Rn. 24 ff./27.

[32] Vgl. Hüffer/*Koch* AktG § 8 Rn. 7; Schmidt/Lutter/*Ziemons* AktG § 8 Rn. 17; MüKoAktG/*Heider* § 8 Rn. 68; Spindler/Stilz/*Vatter* AktG § 8 Rn. 34; Hölters/*Solveen* AktG § 8 Rn. 19.

[33] KölnKommAktG/*Dauner-Lieb* § 8 Rn. 20; Hüffer/*Koch* AktG § 8 Rn. 9; GroßkommAktG/*Mock* § 8 Rn. 120; MüKoAktG/*Heider* § 8 Rn. 69; Spindler/Stilz/*Vatter* AktG § 8 Rn. 35 mit dem Hinweis, dass die Mitgliedschaft dann mit der Gesellschaft nach beendeter Liquidation erlischt.

[34] Hüffer/*Koch* AktG § 8 Rn. 12; MüKoAktG/*Heider* § 8 Rn. 78; Spindler/Stilz/*Vatter* AktG § 8 Rn. 40.

kann eine Aktie im Wege der Realteilung in mehrere für sich bestehende Mitgliedschaftsrechte aufgespalten werden. Das Teilungsverbot des § 8 Abs. 5 AktG steht einer Neustückelung des Grundkapitals nicht entgegen.[35] Es handelt sich hierbei nämlich nicht um eine Teilung von Aktien, sondern um die Neufestsetzung des Verhältnisses zwischen Aktie und Grundkapital. Hierfür ist ein satzungsändernder Beschluss ausreichend.[36]

19 **2. Globalurkunde.** Unter Global- oder Sammelurkunde versteht man nach der Legaldefinition in § 9a Abs. 1 S. 1 DepotG ein Wertpapier, das mehrere Rechte verbrieft, die jedes für sich in vertretbaren Wertpapieren einer und derselben Art verbrieft sein können.[37] Nach ihrer effektentechnischen Verwendung lassen sich die „technische Globalurkunde" und die „interimistische Globalurkunde" unterscheiden.[38] Von der Globalurkunde zu unterscheiden ist die sog. Mehrfachaktie oder Mehrfachurkunde, bei der es sich im Gegensatz zur Globalaktie um eine börsenmäßig lieferbare Sammelurkunde handelt.[39]

20 **Technische Globalurkunden** ersetzen Einzelurkunden eines Sammelbestands von Wertpapieren, soweit nach den Erfahrungen der Wertpapiersammelbanken Einzelurkunden zur Befriedigung von Auslieferungsverlangen nicht benötigt werden. Bis zu 50% des in Girosammelverwahrung befindlichen Teils einer Wertpapierart nehmen die Wertpapiersammelbanken in Form von technischen Globalurkunden herein, um bei sich Tresorraum und bei den Emittenten Druckkosten zu sparen sowie das Inkasso von Dividenden zu vereinfachen.[40] Technische Globalurkunden sind als solche börsenmäßig nicht lieferbar und brauchen daher nicht den Druck-Richtlinien der Wertpapierbörsen (vgl. → Rn. 13) zu entsprechen.[41] Technische Globalaktien werden üblicherweise auf fälschungssicherem Urkundenpapier maschinengeschrieben hergestellt und tragen – wenn nur wenige ausgestellt werden – die eigenhändigen Unterschriften zweier Vorstandsmitglieder und bei entsprechender Satzungsbestimmung auch die des Aufsichtsratsvorsitzenden. In der Globalaktie ist anzugeben, dass sie eine bestimmte Stückzahl von Aktien verbrieft. Zur eindeutigen Zuordnung der Einzelaktien zur Globalurkunde sind entweder die Stückenummern der Einzelaktien (beispielsweise Nr. 10 001–15 000) oder für sich selbst eine einzelne Stückenummer aufzuweisen, für die dann in einem bei der AG geführten Verzeichnis vermerkt ist, welche Einzelurkunden durch die Globalurkunde ersetzt sind.[42]

21 **Interimistische Globalurkunden** dienen dem Zweck, die amtliche Notierung einer Neuemission schon zu einem Zeitpunkt zu ermöglichen, zu dem Einzelurkunden noch nicht gedruckt und geliefert sind.[43] Bei Kapitalerhöhungen ist es üblich, zunächst die jungen Aktien nur in einer interimistischen Globalurkunde über das gesamte Emissionsvolumen zu verbriefen, sofern die jungen Aktien eine von den alten Aktien abweichende Dividendenberechtigung haben. Eine Börsenzulassung ist möglich, wenn sich der Emittent verpflichtet, die Globalurkunde binnen sechs Monaten durch Einzelurkunden zu ersetzen und er einen entsprechenden Druckauftrag nachweist.[44] Bei gleicher Dividendenberechtigung erübrigt sich dieses Vorgehen, da dann regelmäßig ausreichend „alte" Einzelurkunden

---

[35] Einh. Meinung, vgl. GroßkommAktG/*Mock* § 8 Rn. 197; Hüffer/*Koch* AktG § 8 Rn. 27; *Seibert* AG 1993, 315 (317); *Zöllner* AG 1985, 19 ff.

[36] Hüffer/*Koch* AktG § 8 Rn. 27; *Zöllner* AG 1985, 19 (20).

[37] Muster in Happ/*Gätsch* Aktienrecht Form 4.03.

[38] Ebenroth/Boujong/Joost/Strohn/*Scherer* HGB DepotG § 9a Rn. VI 487.

[39] *Pleyer* FS Werner, 1984, 639 ff.

[40] Ebenroth/Boujong/Joost/Strohn/*Scherer* HGB DepotG § 9a Rn. VI 487; *Heinsius/Horn/Than* DepotG § 9a Rn. 16; Spindler/Stilz/*Vatter* AktG § 10 Rn. 38; *Than* FS Heinsius, 1991, 809 (817).

[41] *Habersack/Mayer* WM 2000, 1678 Fn. 6; *Than* FS Heinsius, 1991, 809 (817).

[42] *Than* FS Heinsius, 1991, 809 (818); MüKoHGB/*Einsele,* Bankvertragsrecht, Depotgeschäft, Rn. 52.

[43] *Heinsius/Horn/Than* DepotG § 9a Rn. 15; MüKoHGB/*Einsele,* Bankvertragsrecht, Depotgeschäft, Rn. 55; vgl. den Sachverhalt BGHZ 122, 180 (192 ff.).

[44] *Than* FS Heinsius, 1991, 809 (818 f.); MüKoHGB/*Einsele,* Bankvertragsrecht, Depotgeschäft, Rn. 55; Schimansky/Bunte/Lwowski/*Klanten,* Bankrechts-Handbuch, § 72 Rn. 61: 4 Monate.

vorhanden sind, so dass die Gesellschaft dann unmittelbar eine oder mehrere technische Globalurkunden herstellt und einliefert.[45] Interimistische Globalurkunden sind börsenmäßig nicht lieferbar und brauchen daher den Druck-Richtlinien der Wertpapierbörsen nicht zu entsprechen.[46]

Dauerglobalurkunden sind dazu bestimmt, auf Dauer eine Mehrzahl vertretbarer Einzelrechte in einer Urkunde zusammengefasst zu repräsentieren.[47] Eine Dauerglobalurkunde liegt vor, wenn die Emissionsbedingungen einen Anspruch auf Lieferung von Einzelurkunden auf Dauer ausschließen und so die Emission für ihre gesamte Laufzeit verbrieft wird, vgl. § 9a Abs. 3 S. 2 DepotG. Auch Dauerglobalurkunden sind nicht zum Umlauf bestimmt, börsenmäßig nicht lieferbar und müssen nicht den Druckrichtlinien der Wertpapierbörsen entsprechen.[48] Durch § 10 Abs. 5 AktG wurde auch die Emission von Aktien in Form von Dauerglobalurkunden ermöglicht; früher war die Form des „Zwangsgiro" unzulässig.[49] Heute ist die globale Aktienverbriefung bei börsennotierten Gesellschaften der Regelfall.[50]   22

Die **Globalaktie** verbrieft nach alledem mehrere rechtlich getrennte Aktienrechte, die jeweils als selbstständige Mitgliedschaftsrechte bestehen bleiben. An der Globalurkunde haben, wenn die Aktienrechte verschiedenen Personen zustehen, die einzelnen Aktionäre Miteigentum zu Bruchteilen. Die Miteigentümer bilden eine Gemeinschaft nach §§ 741 ff. BGB;[51] trotzdem findet § 69 AktG keine Anwendung[52]. Die Ausgabe einer Globalaktie ist auch ohne satzungsmäßige Ermächtigung zulässig;[53] insoweit gelten für ihre Ausgabe die gleichen Regeln wie für die einzelne Aktienurkunde. Jeder Aktionär kann gemäß § 749 Abs. 1 BGB verlangen, dass die Gesellschaft ihm Einzelurkunden über seine Mitgliedschaft ausstellt, sofern dieser Anspruch nicht nach § 10 Abs. 5 AktG ausgeschlossen ist (→ Rn. 5 f.).   23

3. Zwischenscheine. a) Begriff. Nach der Legaldefinition des § 8 Abs. 6 AktG handelt es sich bei Zwischenscheinen (früher: Interimsscheine) um Anteilscheine, die den Aktionären vor der Ausgabe der Aktien erteilt werden.[54] Sie verbriefen in vorläufiger Weise die Mitgliedschaft des Aktionärs.[55] Der Normzweck des § 8 Abs. 6 AktG besteht darin, dem Aktionär bereits in der Zeit nach Eintragung der Gesellschaft bis zur Ausgabe der Aktienurkunden ein Wertpapier über seine Mitgliedschaft zur Verfügung zu stellen. Dieser Zeitraum kann dann sehr groß sein, wenn die Satzung ausschließlich die Ausgabe von Inhaberaktien vorsieht und nicht die gesamte Einlage vor der Eintragung zu erbringen ist. Denn nach § 10 Abs. 2 S. 1 AktG dürfen Inhaberaktien erst nach vollständiger Leistung der Einlage ausgegeben werden (vgl. → Rn. 8). Jedoch dürfte die nunmehr in § 10 Abs. 1 AktG (dazu bereits → Rn. 7) beschränkte Ausgabemöglichkeit von Inhaberaktien dazu führen, dass das Bedürfnis nach Zwischenscheinen im Hinblick auf § 10 Abs. 2 S. 1 AktG   24

---

[45] *Than* FS Heinsius, 1991, 809 (818 f.).
[46] *Than* FS Heinsius, 1991, 809 (820); MüKoHGB/*Einsele,* Bankvertragsrecht, Depotgeschäft, Rn. 55.
[47] *Habersack/Mayer* WM 2000, 1678 f.; *Heinsius/Horn/Than* DepotG § 9a Rn. 17; *Than* FS Heinsius, 1991, 809 (820 f.); Ebenroth/Boujong/Joost/Strohn/*Scherer* HGB DepotG § 9a Rn. VI 487.
[48] MüKoHGB/*Einsele,* Bankvertragsrecht, Depotgeschäft, Rn. 56; Baumbach/Hopt HGB/*Kumpan* DepotG § 9a Rn. 2.
[49] MüKoHGB/*Einsele,* Bankvertragsrecht, Depotgeschäft, Rn. 57; Schimansky/Bunte/Lwowski Seiler/*Geier,* Bankrechts-Handbuch, § 104 Rn. 28 ff.; Spindler/Stilz/*Vatter* AktG § 10 Rn. 39, 41.
[50] Happ/*Gätsch* Aktienrecht 4.03 Rn. 1.2 mwN in Fn. 5.
[51] Dazu und zu den Besitzverhältnissen an Dauerglobalaktien ausführlich *Böning* ZInsO 2008, 873 ff.
[52] GroßkommAktG/*Merkt* § 69 Rn. 16; MüKoAktG/*Bayer* § 69 Rn. 11; Spindler/Stilz/*Cahn* AktG § 69 Rn. 9.
[53] MüKoAktG/*Heider* § 10 Rn. 44; KölnKommAktG/*Dauner-Lieb* § 8 Rn. 51.
[54] Muster in Münch. Vertragshandbuch Bd. 1/*Favoccia* Form. V.38 und Happ/*Gätsch* Aktienrecht Form 4.09.
[55] Schmidt/Lutter/*Ziemons* AktG § 8 Rn. 33; Spindler/Stilz/*Vatter* AktG § 10 Rn. 85.

abnimmt. Die praktische Bedeutung von Zwischenscheinen ist heutzutage ohnehin schon gering gewesen.[56] Das liegt vor allem an der gängigen Globalverbriefung, bei der es keiner Ausgabe von Zwischenscheinen bedarf.[57] Der Betrag der geleisteten Einzahlung braucht – anders als bei Namensaktien – auf dem Zwischenschein nicht angegeben zu werden. Eine solche Angabe kann jedoch erfolgen und wird auch für zweckmäßig erachtet.[58]

25 **b) Rechtliche Behandlung.** Eine zusammenfassende Regelung über Zwischenscheine enthält das Aktiengesetz nicht. Die Grundvorschrift ist § 8 Abs. 6 AktG. Danach gelten die Regelungen des § 8 Abs. 1–5 AktG über Aktien auch für Zwischenscheine. Zwischenscheine können somit als Nennbetragszwischenscheine oder Stückzwischenscheine erteilt werden. Der Nennbetrag eines Nennbetragszwischenscheins darf nach § 8 Abs. 2 S. 1 AktG einen Euro nicht unterschreiten und muss nach § 8 Abs. 2 S. 4 AktG bei höheren Nennbeträgen auf volle Euro lauten. Der Zwischenschein kann auch über mehrere Mitgliedschaftsrechte lauten.[59] Zwischenscheine müssen nach § 10 Abs. 3 AktG stets **auf den Namen** lauten. Zwischenscheine auf den Inhaber sind immer nichtig, unabhängig davon, ob die volle Einlage erbracht wurde (§ 10 Abs. 4 S. 1 AktG). Der Zwischenschein ist ein geborenes **Orderpapier** und kann durch Indossament übertragen werden, § 68 Abs. 4 AktG (vgl. im Einzelnen → § 14 Rn. 6 ff.). Zwischenscheine dürfen erst nach der Eintragung der Gesellschaft in das Handelsregister und bei einer Kapitalerhöhung erst nach Eintragung der Durchführung der Kapitalerhöhung ausgegeben werden (§§ 41 Abs. 4, 191 AktG). Die Ausgabe von Zwischenscheinen vor Eintragung der Aktiengesellschaft oder der Durchführung der Kapitalerhöhung sowie die Ausgabe unter dem Mindestausgabebetrag nach § 8 Abs. 2 S. 1 und Abs. 3 S. 3 AktG stellt nach § 405 Abs. 1 Nr. 2 und 3 AktG eine Ordnungswidrigkeit dar.

26 Die Aktionäre können die Ausstellung von Zwischenscheinen nur auf Grund entsprechender statutarischer Bestimmungen verlangen. Wenn die Satzung einen solchen Anspruch nicht vorsieht, liegt die Entscheidung über die Ausgabe von Zwischenscheinen beim Vorstand.[60] Nach §§ 67 Abs. 7, 68 Abs. 4 AktG gelten für Zwischenscheine im Wesentlichen die Vorschriften über Namensaktien, wobei auch die durch das Risikobegrenzungsgesetz[61] geänderten Vorschriften zu beachten sind (siehe hierzu auch § 14).[62] Zwischenscheine sind daher unter Angabe des Namens, Geburtsdatums und der Adresse des Inhabers in das Aktienregister einzutragen. Nach wie vor zulässig ist die Eintragung von **Legitimationsaktionären,** wobei § 67 Abs. 1 S. 3 AktG die Möglichkeit näherer Satzungsregelungen vorsieht. Der im Aktienregister eingetragene Inhaber des Zwischenscheins gilt im Verhältnis zur Gesellschaft als Aktionär. Nach vollständiger Leistung der Einlage kann der Aktionär gegen Rückgabe der Zwischenscheine die Ausgabe der Aktien verlangen.[63] Ist ein Zwischenschein abhanden gekommen oder vernichtet, so kann die Urkunde im Aufgebotsverfahren nach dem FamFG für kraftlos erklärt werden, § 72 Abs. 1 S. 1 AktG (vgl. dazu → Rn. 33 f.). Die Mitgliedschaft des Aktionärs ist davon selbstverständlich nicht betroffen. Ist ein Zwischenschein so beschädigt oder verunstaltet, dass die Urkunde zum Umlauf nicht mehr geeignet ist, so kann der Aktionär nach Maßgabe von § 74 AktG die Erteilung einer neuen Urkunde verlangen.

---

[56] GroßkommAktG/*Mock* § 8 Rn. 210; Hüffer/*Koch* AktG § 8 Rn. 28.
[57] GroßkommAktG/*Mock* § 8 Rn. 210.
[58] Hüffer/*Koch* AktG § 10 Rn. 10; Spindler/Stilz/*Vatter* AktG § 10 Rn. 88.
[59] MüKoAktG/*Heider* § 8 Rn. 100; GroßkommAktG/*Mock* § 8 Rn. 211.
[60] KölnKommAktG/*Dauner-Lieb* § 8 Rn. 55.
[61] Gesetz zur Begrenzung der mit Finanzinvestitionen verbundenen Risiken vom 12.8.2008, BGBl. 2008 I S. 1666; vgl. *Noack* NZG 2008, 721.
[62] Einen Überblick zum Risikobegrenzungsgesetz geben ua *König* BB 2008, 1910 sowie *Weber-Rey* DStR 2008, 1967.
[63] KölnKommAktG/*Dauner-Lieb* § 8 Rn. 53; GroßkommAktG/*Mock* § 10 Rn. 199; Spindler/Stilz/*Vatter* AktG § 10 Rn. 87; MüKoAktG/*Heider* § 8 Rn. 100.

4. Gewinnanteilschein. a) Begriff. Der **Gewinnanteilschein, Dividendenschein** 27
oder **Coupon** verbrieft das Recht auf konkreten Dividendenbezug.[64] Das Aktiengesetz
enthält keine ausdrückliche Verpflichtung zur Ausstellung von Gewinnanteilscheinen und
erwähnt sie lediglich in §§ 72 Abs. 2 und 75 AktG. Da Aktiengesellschaften in aller Regel
Gewinnanteilscheine ausgeben, soll den Aktionären auf Grund dieser Üblichkeit nach ganz
hM[65] ein Anspruch auf Verbriefung zustehen, sofern die Verbriefung nicht in der Satzung
ausdrücklich ausgeschlossen ist. Dieser gewohnheitsrechtliche Ansatz der hM ist zwar wenig
überzeugend,[66] denn es dürfte bereits an der allgemeinen Rechtsüberzeugung als zweite
zwingende Voraussetzung eines Gewohnheitsrechts fehlen. Doch stellt sich die Frage eines
solchen Anspruchs in der Praxis ohnehin kaum, da gerade bei börsennotierten Gesellschaften dieser regelmäßig in der Satzung ausdrücklich ausgeschlossen wird.[67] Gewinnanteilscheine machen es entbehrlich, bei Bezug der Dividende zur Legitimation die Aktienurkunde selbst vorlegen zu müssen. Zudem erleichtern sie die getrennte Verfügung über
den Dividendenanspruch und schützen den Inhaber, da sie regelmäßig Wertpapiere sind.
Nach den Richtlinien für den Druck von Wertpapieren, aber regelmäßig auch außerhalb
deren Anwendungsbereich, werden den Aktienurkunden („Mantel") die Gewinnanteilscheine als „Bogen" (Gewinnanteilscheinbogen) beigegeben. Die Bogen bestehen regelmäßig (vgl. Ziffer A. I. 4. der Richtlinien für den Druck von Wertpapieren) aus einzeln
abtrennbaren Gewinnanteilscheinen („Kupons") und einem Erneuerungsschein („Talon"),
gegen dessen Einreichung ein neuer Bogen ausgegeben wird. Die Ausgabe neuer Gewinnanteilscheine regelt § 75 AktG (dazu sogleich → Rn. 30). Die Gewinnanteilscheine lauten
regelmäßig – auch wenn die Aktie selbst auf den Namen lautet – auf den Inhaber. Gewinnanteilscheine enthalten keine Fälligkeitstermine, sondern unterscheiden sich nur durch
Nummern. Daher werden sie in der Praxis nicht nur für den Dividendenanspruch, sondern
auch für das Bezugsrecht bei Kapitalerhöhungen und für Nachzahlungen rückständiger
Ausgleichszahlungen (§§ 304, 305 AktG) nach Abschluss eines Spruchstellenverfahrens
nach § 1 Nr. 1 SpruchG verwandt. Erst mit Aufruf der Gesellschaft zur Empfangnahme der
zur Verteilung beschlossenen Dividende gegen einen mit einer bestimmten Nummer versehenen Gewinnanteilschein erfolgt daher die Verkörperung des Zahlungsanspruchs in
dieser Urkunde als Wertpapier. Bis dahin verkörpert der Gewinnanteilschein lediglich die
Anwartschaft auf eine künftige, aufschiebend bedingte Forderung.

b) Rechtsnatur. Der Gewinnanteilschein ist ein regelmäßig (Ausnahme → Rn. 29 aE) auf 28
den Inhaber lautendes aktienrechtliches Nebenpapier. Er ist weder Bestandteil noch Zubehör der Aktienurkunde oder des in ihr verbrieften Mitgliedschaftsrechts.[68] Lautet er auf
den Inhaber, so stellt er ein Wertpapier dar, auf das grundsätzlich die Vorschriften des BGB
über Schuldverschreibungen auf den Inhaber (§§ 793 ff. BGB, mit Ausnahme von § 803
BGB) Anwendung finden.[69] Der Inhaber des Gewinnanteilscheins kann nach § 793 Abs. 1
S. 1 BGB Leistung beanspruchen, sofern nicht die Gesellschaft die Nichtberechtigung
nachweist. Dem Zahlungsanspruch des Inhabers des Gewinnanteilscheins kann die Gesellschaft die Einwendungen des § 796 BGB entgegensetzen, also die Einwendungen, die die
Gültigkeit der Ausstellung des Gewinnanteilscheins betreffen, die sich aus dem Gewinnanteilschein selbst ergeben oder der Gesellschaft unmittelbar gegen den Inhaber des Scheins

---
[64] Muster in Münch. Vertragshandbuch Bd. 1/*Favoccia* Form. V.36 und *Happ/Gätsch* Aktienrecht Form 4.02. Auch → § 46 Rn. 22 ff.
[65] GroßkommAktG/*Henze* § 58 Rn. 105; Hüffer/*Koch* AktG § 58 Rn. 29; Schmidt/Lutter/*Fleischer* AktG § 58 Rn. 51; Spindler/Stilz/*Cahn/v. Spannenberg* AktG § 58 Rn. 99; MüKoAktG/*Bayer* § 58 Rn. 118.
[66] Einen solchen Anspruch ausdrücklich ablehnend KölnKommAktG/*Drygala* § 58 Rn. 149.
[67] So der Hinweis bei Spindler/Stilz/*Cahn/v. Spannenberg* AktG § 58 Rn. 99.
[68] OLG Düsseldorf DB 1991, 1826; KölnKommAktG/*Drygala* § 58 Rn. 148; Schmidt/Lutter/ *Fleischer* AktG § 58 Rn. 53; Spindler/Stilz/*Cahn/v. Spannenberg* AktG § 58 Rn. 101.
[69] Vgl. MüKoAktG/*Bayer* § 58 Rn. 120 f.; KölnKommAktG/*Drygala* § 58 Rn. 147.

zustehen.⁷⁰ Darüber hinaus kann die Gesellschaft dem Inhaber des Gewinnanteilscheins auch alle Einwendungen entgegensetzen, die die Rechtsgültigkeit des Dividendenanspruchs betreffen oder die sich aus dem mitgliedschaftlichen Verhältnis zwischen ihr und dem Aktionär ergeben und die bereits zurzeit der Entstehung des Dividendenanspruchs begründet waren.⁷¹

29 Die **Übertragung** des Gewinnanteilscheins richtet sich wie bei allen Inhaberpapieren nach den §§ 929 ff. BGB, einschließlich der Vorschriften zum gutgläubigen Erwerb. Da die Gewinnanteilscheine weder Zubehör noch Bestandteil der Aktie sind, erfassen dingliche Rechtsgeschäfte über die Aktie nicht auch die Gewinnanteilscheine.⁷² Obligatorische Rechtsgeschäfte sind nach allgemeiner Verkehrssitte im Zweifel als auf die (noch nicht fälligen) Gewinnanteilscheine bezogen auszulegen.⁷³ Nach § 799 Abs. 1 S. 2 BGB können Gewinnanteilscheine im Falle des Verlustes nicht im Aufgebotsverfahren für kraftlos erklärt werden. Dem Inhaber bleibt vielmehr die Möglichkeit, den Verlust des Gewinnanteilscheins der Gesellschaft nach Maßgabe von § 804 BGB anzuzeigen. Wird die Aktienurkunde oder der Zwischenschein im Aufgebotsverfahren für kraftlos erklärt, so erlischt damit nach § 72 Abs. 2 AktG auch der Anspruch aus den noch nicht fälligen Gewinnanteilscheinen, hingegen nicht der mitgliedschaftliche Zahlungsanspruch.⁷⁴ Bereits fällige Gewinnanteilscheine werden davon nicht berührt. Namens-Gewinnanteilscheine kommen in der Praxis wohl nicht vor. Auf sie ist § 72 Abs. 2 AktG nach seinem eindeutigen Wortlaut unanwendbar; sie bleiben gültig. Es besteht jedoch die Möglichkeit eines Vorgehens nach §§ 804 oder 808 Abs. 2 S. 2 BGB.⁷⁵

30 **5. Erneuerungsschein.** Da der „Bogen" regelmäßig nur aus zehn oder zwanzig Gewinnanteilscheinen besteht, enthält er einen sogenannten Erneuerungsschein („Talon"), den das Aktiengesetz in § 75 AktG erwähnt und der den Inhaber zur Entgegennahme eines neuen „Bogens" mit Gewinnanteilscheinen ermächtigt, der seinerseits auch wieder einen Erneuerungsschein enthält.⁷⁶ Erneuerungsscheine lauten in der Regel – auch bei Namensaktien – auf den Inhaber. Bei dem Erneuerungsschein handelt es sich nicht um ein Wertpapier, sondern um ein **einfaches Legitimationspapier**.⁷⁷ Denn der Anspruch auf neue Gewinnanteilscheine ist, wie § 75 AktG zeigt, nicht im Erneuerungsschein, sondern in der Aktie verkörpert. Nach § 75 AktG dürfen neue Erneuerungsscheine nämlich an den Inhaber des Erneuerungsscheins dann nicht ausgegeben werden, wenn der Besitzer der Aktie oder des Zwischenscheins der Ausgabe widerspricht. Sie sind dem Besitzer der Aktie oder des Zwischenscheins auszuhändigen, wenn er die Haupturkunde vorlegt. Der Erneuerungsschein verkörpert also kein selbstständiges Recht. Daraus folgt, dass die Gesellschaft

---

⁷⁰ Einzelheiten bei MüKoAktG/*Bayer* § 58 Rn. 123; Hüffer/*Koch* AktG § 58 Rn. 29; KölnKommAktG/*Drygala* § 58 Rn. 152 ff.
⁷¹ GroßkommAktG/*Henze* § 58 Rn. 112; MüKoAktG/*Bayer* § 58 Rn. 123; KölnKommAktG/*Drygala* § 58 Rn. 155; Schmidt/Lutter/*Fleischer* AktG § 58 Rn. 52.
⁷² MüKoAktG/*Bayer* § 58 Rn. 122; GroßkommAktG/*Henze* § 58 Rn. 111; KölnKommAktG/*Drygala* § 58 Rn. 148; Schmidt/Lutter/*Fleischer* AktG § 58 Rn. 53.
⁷³ GroßkommAktG/*Henze* § 58 Rn. 111; MüKoAktG/*Bayer* § 58 Rn. 122; KölnKommAktG/*Drygala* § 58 Rn. 148; Schmidt/Lutter/*Fleischer* AktG § 58 Rn. 53; Spindler/Stilz/*Cahn*/v. *Spannenberg* AktG § 58 Rn. 101.
⁷⁴ MüKoAktG/*Oechsler* § 72 Rn. 17; Hüffer/*Koch* AktG § 72 Rn. 6; Spindler/Stilz/*Cahn* AktG § 72 Rn. 14; aA KölnKommAktG/*Lutter* § 72 Rn. 13, wonach der Dividendenanspruch erst wieder geltend gemacht werden kann, wenn neue Gewinnanteilscheine ausgestellt wurden.
⁷⁵ MüKoAktG/*Oechsler* § 72 Rn. 19; KölnKommAktG/*Lutter/Drygala* § 72 Rn. 23; siehe auch GroßkommAktG/*Merkt* § 72 Rn. 35, der zusätzlich auf die Möglichkeit eines Aufgebotsverfahrens nach § 365 Abs. 2 S. 1 HGB hinweist.
⁷⁶ Muster bei Happ/*Gätsch* Aktienrecht Form 4.02.
⁷⁷ MüKoAktG/*Bayer* § 58 Rn. 124; KölnKommAktG/*Drygala* § 58 Rn. 159; MüKoBGB/*Habersack* § 805 Rn. 2; Schmidt/Lutter/*Fleischer* AktG § 58 Rn. 54; Spindler/Stilz/*Cahn*/v. *Spannenberg* AktG § 58 Rn. 102.

zur Aushändigung neuer Gewinnanteilscheine an den Inhaber des Erneuerungsscheins nicht verpflichtet ist.[78] Die rechtliche Bedeutung des Erneuerungsscheins liegt allein darin, dass die Gesellschaft durch Aushändigung eines neuen Bogens an den Inhaber des Erneuerungsscheins befreit wird, solange der Aktionär nicht nach § 75 AktG widersprochen hat. Der Erneuerungsschein hat also insoweit Liberationsfunktion.

Da der Erneuerungsschein **kein selbstständiges Recht** verbrieft, kann er nicht selbstständig übertragen werden. Mit Übertragung des Eigentums an der Aktienurkunde geht auch das Eigentum an dem Talon gem. § 952 BGB auf den Erwerber über. Der Anspruch auf Aushändigung neuer Gewinnanteilscheine gehört zum Mitgliedschaftsrecht des Aktionärs und geht mit Übertragung der Aktie auf den Erwerber über.[79] Da Gewinnanteilscheine demgegenüber selbstständig übertragen werden können (vgl. → Rn. 29), kann es zu unterschiedlichen Eigentumsverhältnissen von in einem „Bogen" zusammengefassten Erneuerungsschein und Gewinnanteilscheinen kommen. Dies ist unschädlich, da Erneuerungsschein und Gewinnanteilscheine abtrennbar und unabhängig voneinander verwertbar sind. Der Erneuerungsschein kann nicht im Aufgebotsverfahren nach § 799 BGB für kraftlos erklärt werden; bei seinem Verlust hat der Aktionär das Widerspruchsrecht nach § 75 AktG. Werden Aktienurkunden für kraftlos erklärt, oder verliert der Aktionär seine Mitgliedschaft durch Ausschluss oder Einziehung der Aktie nach § 238 AktG, so erlischt der Erneuerungsschein.[80] 31

III. Kraftloserklärung und Umtausch von Aktienurkunden

1. Allgemeines. Die Vorschriften der §§ 72–74 AktG regeln die Kraftloserklärung und 32 den Umtausch von Aktienurkunden. Das Mitgliedschaftsrecht des Aktionärs wird davon nicht unmittelbar betroffen. Der Entzug der Mitgliedschaft ist nur möglich durch Ausschluss (Kaduzierung) nach § 64 AktG (dazu → § 16 Rn. 13 ff.) und durch Einziehung nach §§ 237 ff. AktG (dazu § 63). Auch die Kraftloserklärung bei Durchführung einer Kapitalherabsetzung nach § 226 AktG geht einher mit einem Verlust von Mitgliedschaftsrechten (dazu → § 61 Rn. 70 ff.). Die gerichtliche Kraftloserklärung ist nach § 72 AktG möglich, wenn Aktienurkunden abhandengekommen oder vernichtet worden sind (dazu → Rn. 33 f.). Die Gesellschaft kann darüber hinaus Aktienurkunden gemäß § 73 AktG für kraftlos erklären, wenn der Inhalt der Urkunde durch eine Veränderung der rechtlichen Verhältnisse unrichtig geworden ist, etwa bei Änderung der Firma; in diesem Fall werden für die kraftlos erklärten, neue Aktienurkunden an die Aktionäre ausgegeben (dazu → Rn. 35 f.). Einzelne Aktionäre können schließlich nach § 74 AktG den Umtausch beschädigter oder verunstalteter Aktienurkunden in neue verlangen. Die Vorschrift hat wenig praktische Bedeutung. Bei börsennotierten Aktien richtet sich die Umlauffähigkeit der Aktienurkunden nach den „Richtlinien für die Lieferbarkeit beschädigter, amtlich notierter Wertpapiere".[81]

2. Gerichtliche Kraftloserklärung. Ist eine Aktienurkunde **abhanden gekommen** 33 **oder vernichtet,** so kann die Urkunde nach § 72 Abs. 1 S. 1 AktG im Aufgebotsverfahren für kraftlos erklärt werden. Die Regelung des § 72 AktG ist zwingend. Die Kraftloserklärung kann daher weder in der Aktienurkunde noch in der Satzung erschwert oder erleichtert oder mit anderen Rechtswirkungen versehen werden.[82] Voraussetzung der Kraftloserklärung ist, dass die Aktienurkunden wirksam ausgegeben worden sind und eine tatsäch-

---

[78] MüKoAktG/*Bayer* § 58 Rn. 124; Hüffer/*Koch* AktG § 58 Rn. 30; KölnKommAktG/*Drygala* § 58 Rn. 160; Spindler/Stilz/*Cahn/v. Spannenberg* AktG § 58 Rn. 102.
[79] MüKoAktG/*Bayer* § 58 Rn. 125.
[80] GroßkommAktG/*Henze* § 58 Rn. 114; KölnKommAktG/*Drygala* § 58 Rn. 161.
[81] Die ab 4.5.1981 geltende Fassung ist abgedruckt bei *Kümpel/Hammen/Ekkenga*, Kapitalmarktrecht, Loseblattsammlung, Nr. 457.
[82] MüKoAktG/*Oechsler* § 72 Rn. 2; Spindler/Stilz/*Cahn* AktG § 72 Rn. 16.

§ 12 34   4. Kapitel. Grundkapital, Aktien und Rechtsstellung der Aktionäre

liche Mitgliedschaft wirksam verkörpern. Weiterhin muss die Aktienurkunde abhanden gekommen oder vernichtet worden sein. Abhanden gekommen ist eine Urkunde, wenn der Inhaber den Besitz derart verloren hat, dass er aus tatsächlichen Gründen nicht mehr auf sie zugreifen kann, wobei eine Unfreiwilligkeit des Besitzverlusts keine Voraussetzung ist.[83] Vernichtung ist anzunehmen, wenn die Urkunde zerstört oder derart beschädigt ist, dass der wesentliche Erklärungsinhalt oder die Unterscheidungsmerkmale nicht mehr zuverlässig feststellbar sind;[84] sonst besteht lediglich ein Anspruch auf Umtausch nach § 74 AktG.

34   Die Kraftloserklärung erfolgt durch gerichtlichen Ausschließungsbeschluss im **Aufgebotsverfahren** nach §§ 433 ff. FamFG. Dort regelt Abschnitt 6 mit den §§ 466 ff. FamFG speziell das Aufgebot zur Kraftloserklärung von Urkunden. Auf Antrag (§ 434 FamFG) des Berechtigten (§ 467 FamFG), der zu begründen (§ 468 FamFG) und zur vollständigen Erkennbarkeit mit den Aktiennummern zu versehen ist,[85] ergeht zunächst ein Aufgebot. Das gerichtliche Aufgebot erfolgt mittels öffentlicher Bekanntmachung nach § 435 FamFG durch Aushang an der Gerichtstafel und regelmäßig einmalige Veröffentlichung im Bundesanzeiger und enthält – unter Androhung der Kraftloserklärung der Urkunde – die Aufforderung an den Inhaber der Aktienurkunde, spätestens bis zum Anmeldezeitpunkt seine Rechte beim Gericht anzumelden und die Urkunde vorzulegen (§§ 433, 469 FamFG). Das Gesetz sieht für die Aufgebotsfrist eine Mindestfrist von sechs Wochen vor (§ 437 FamFG); die Frist soll nach § 476 FamFG zudem höchstens ein Jahr betragen. Antragsberechtigt ist nach § 467 Abs. 1 FamFG bei Inhaberaktien oder solchen Papieren, die durch Indossament übertragen werden können und mit einem Blankoindossament versehen sind, der bisherige Inhaber. Hierbei wird nur auf den unmittelbaren Besitz abgestellt, unabhängig von der wirklichen Rechtsinhaberschaft, so dass auch ein bloßer Verwahrer (anstelle des hinterlegenden Aktionärs) antragsberechtigt ist.[86] Bei anderen Papieren (also Namensaktien oder Zwischenscheinen ohne Blankoindossament) ist derjenige antragsberechtigt, der das Recht aus der Urkunde geltend machen kann (§ 467 Abs. 2 FamFG). Die Berechtigung kann durch die Eintragung in der Aktie oder durch Nachweis für die Abtretungen belegt werden; die Eintragung in das Aktienregister nach § 67 Abs. 2 AktG ist nicht maßgeblich, da es nicht auf das Verhältnis zur AG ankommt.[87] Zuständig für das Aufgebotsverfahren ist – vorbehaltlich einer Zuständigkeitskonzentration nach § 23d GVG, § 466 Abs. 3 FamFG – das Amtsgericht am Erfüllungsort oder, wenn ein solcher Erfüllungsort wie bei Aktien regelmäßig nicht festgelegt ist, das Amtsgericht am Sitz der Gesellschaft (§ 466 FamFG, § 23a Abs. 2 Nr. 7 GVG). Gemäß § 799 Abs. 2 S. 1 BGB iVm § 72 Abs. 1 S. 2 AktG hat die Gesellschaft dem Antragsteller die zur Erwirkung des Aufgebots erforderliche Auskunft zu erteilen und die erforderlichen Zeugnisse auszustellen. Nach erfolglosem Ablauf der Aufgebotsfrist erklärt das Gericht mit Ausschließungsbeschluss nach § 478 FamFG die aufgebotene Aktienurkunde für kraftlos. Die gerichtliche Kraftloserklärung hat zur Folge, dass die Urkunde ihre Wertpapiereigenschaft und ihre Legitimationswirkung verliert und die bisher in der Urkunde verkörperte Aktionärsstellung zu einem unverkörperten Mitgliedschaftsrecht wird, das nur noch gemäß §§ 398, 413 BGB übertragen werden kann.[88] Der erfolgreiche Aufgebotskläger darf nach § 479 Abs. 1 FamFG die

---

[83] MüKoAktG/*Oechsler* § 72 Rn. 4; Hüffer/*Koch* AktG § 72 Rn. 3; KölnKommAktG/*Lutter/Drygala* § 72 Rn. 8; Schmidt/Lutter/*T. Bezzenberger* AktG §§ 72–75 Rn. 3; Spindler/Stilz/*Cahn* AktG § 72 Rn. 4; Keidel/*Giers* FamFG § 466 Rn. 11 mwN; einen unfreiwilligen Verlust setzen voraus Baumbach/*Hueck* AktG § 72 Rn. 4; v. Godin/*Wilhelmi* § 72 Anm. 3.

[84] MüKoAktG/*Oechsler* § 72 Rn. 5; KölnKommAktG/*Lutter/Drygala* § 72 Rn. 7; Schmidt/Lutter/ *T. Bezzenberger* AktG §§ 72–75 Rn. 3.

[85] BGH WM 1989, 1682 (1685).

[86] KölnKommAktG/*Lutter/Drygala* § 72 Rn. 9; Spindler/Stilz/*Cahn* AktG § 72 Rn. 8.

[87] KölnKommAktG/*Lutter/Drygala* § 72 Rn. 10; MüKoAktG/*Oechsler* § 72 Rn. 8; aA Spindler/ Stilz/*Cahn* § 72 Rn. 9.

[88] Hüffer/*Koch* AktG § 72 Rn. 5; MüKoAktG/*Oechsler* § 72 Rn. 13–15; KölnKommAktG/*Lutter/ Drygala* § 72 Rn. 14–16.

Rechte aus der Urkunde geltend machen; die Vorlegung der Aktie wird also durch die Vorlegung des Ausschließungsbeschlusses ersetzt. Nach § 800 BGB iVm § 72 Abs. 1 S. 2 AktG kann der Aufgebotskläger auf seine Kosten von der Gesellschaft die Ausstellung einer neuen Urkunde verlangen. Die §§ 471–474 FamFG enthalten Sonderbestimmungen bezüglich des Anmeldezeitpunktes bei Wertpapieren mit Zins-, Renten- oder Gewinnanteilscheinen. Für solche Scheine ist kein eigenständiges Aufgebotsverfahren möglich (vgl. → Rn. 29). Die Verlängerung der Angebotsfrist soll verhindern, dass eine verfrühte Kraftloserklärung erfolgt, wenn die Scheine üblicherweise erst zu einem bestimmten Zeitpunkt vorgelegt werden.[89] Es wird differenziert zwischen Zins-, Renten- oder Gewinnanteilscheinen für einen Zeitraum von weniger als vier Jahren (§ 471 FamFG), für einen längeren Zeitraum als vier Jahre (§ 472 FamFG), Verlust nur der Mantelurkunde (§ 473 FamFG) und Wertpapieren mit Zins-, Renten- oder Gewinnanteilscheinen, bei denen keine solchen Scheine mehr ausgegeben werden (§ 474 FamFG).

3. Kraftloserklärung durch die Gesellschaft. Ist der Inhalt von Aktienurkunden durch eine Veränderung der rechtlichen Verhältnisse **unrichtig** geworden, so kann die Gesellschaft nach der ebenfalls zwingenden Vorschrift des § 73 AktG die Aktienurkunden oder Zwischenscheine (analoge Anwendung des § 73 AktG),[90] die trotz Aufforderung nicht zur Berichtigung oder zum Umtausch bei ihr eingereicht sind, mit Genehmigung des Gerichts für kraftlos erklären. Nachträgliche Veränderungen der rechtlichen Verhältnisse liegen etwa vor bei der Umwandlung von Nennbetrags- in Stückaktien oder von Stamm- in Vorzugsaktien, bei der Beseitigung von Vorzugsrechten, bei der Aufhebung von Nebenpflichten oder bei der Änderung des in der Urkunde angegebenen Sitzes oder der Firma der Gesellschaft. Beruht die Unrichtigkeit auf einer Änderung des Nennbetrags der Aktien, so können sie nach § 73 Abs. 1 S. 2 AktG nur dann für kraftlos erklärt werden, wenn der Nennbetrag zur Herabsetzung des Grundkapitals herabgesetzt ist. Soweit zur Herabsetzung des Grundkapitals Aktien zusammengelegt werden, gilt nach § 73 Abs. 4 AktG die Spezialregelung in § 226 AktG (dazu → § 61 Rn. 65 ff.).

Bevor das förmliche Verfahren des § 73 AktG von Seiten der Gesellschaft in die Wege geleitet wird, wird sie in aller Regel zunächst versuchen, die Aktionäre dazu zu bewegen, die unrichtig gewordenen Aktienurkunden freiwillig zur Berichtigung oder zum Umtausch einzureichen. Wenn eine solche Aktion nicht genügend erfolgreich war, kann die Gesellschaft nach dem pflichtgemäßen Ermessen des Vorstands entweder auf die Berichtigung oder den Umtausch verzichten oder das formelle Verfahren des § 73 AktG beginnen. Danach hat sie als erstes beim zuständigen Amtsgericht (§ 14 AktG, §§ 375 Nr. 3, 376, 377 FamFG, § 23a Abs. 1 S. 1 Nr. 2, Abs. 2 Nr. 4 GVG) eine Genehmigung einzuholen. Sodann hat die Gesellschaft nach § 73 Abs. 2 AktG iVm § 64 Abs. 2 AktG die Aufforderung, die unrichtig gewordenen Aktien einzureichen, und die Androhung der Kraftloserklärung dreimal nach Maßgabe des § 64 Abs. 2 AktG in den Gesellschaftsblättern bekanntzumachen und dabei auf die Genehmigung des Gerichts hinzuweisen. Unrichtig gewordene Aktienurkunden, die trotzdem nicht für Umtausch oder Berichtigung an die Gesellschaft eingereicht wurden, können dann durch Bekanntmachung in den Gesellschaftsblättern für kraftlos erklärt werden. Dabei sind sie nach § 73 Abs. 2 S. 4 AktG eindeutig zu individualisieren, zB durch Angabe der Stücknummern.[91] Der Vorstand hat auch bei Kraftloserklärung ein Ermessen, muss jedoch die Gleichbehandlung aller Aktionäre nach § 53a AktG beachten und darf die Kraftloserklärung nach Fristablauf nicht zu lange herauszögern (Verwirkung des Rechts jedenfalls nach 12 Monaten).[92]

Die Kraftloserklärung durch die Gesellschaft führt nicht zu den gleichen Wirkungen wie bei der Kraftloserklärung durch das Gericht nach § 72 Abs. 1 AktG (vgl. → Rn. 34).

---

[89] Hahne/Munzig/*Schlögel* FamFG § 471 Rn. 1.
[90] Allg. Meinung, vgl. Hüffer/*Koch* AktG § 73 Rn. 2; Spindler/Stilz/*Cahn* § 73 Rn. 3.
[91] MüKoAktG/*Oechsler* § 73 Rn. 26.
[92] MüKoAktG/*Oechsler* § 73 Rn. 24; KölnKommAktG/*Lutter*/*Drygala* § 72 Rn. 22–23.

Während dort nach § 479 Abs. 1 FamFG der erfolgreiche Aufgebotskläger die Rechte aus der Urkunde geltend machen kann, führt die Kraftloserklärung von Aktien durch die Gesellschaft nach § 73 AktG lediglich zur Unwirksamkeit der für kraftlos erklärten Aktienurkunden, das Mitgliedschaftsrecht bleibt jedoch bestehen.[93] Auch zu den Aktien gehörende Dividenden- und Erneuerungsscheine sind nicht automatisch betroffen. Sie werden weder vom Wortlaut des § 73 AktG (anders als bei § 72 Abs. 2 AktG) erfasst, noch besteht regelmäßig wegen einer Unrichtigkeit der Aktie ein Bedürfnis, solche Scheine zu ersetzen, die selbst nicht unrichtig geworden sind und nicht in die Kraftloserklärung einbezogen wurden.[94] Die Gesellschaft hat nach § 73 Abs. 3 AktG im Rahmen der allgemeinen Satzungsbestimmungen (§ 10 Abs. 5 AktG) eine Pflicht zur Ausgabe neuer Aktienurkunden und die berechtigten Aktionäre einen damit korrespondierenden Anspruch. Die neuen Urkunden sind entweder den Berechtigten auszuhändigen oder gemäß §§ 372 ff. BGB unter Verzicht auf das Recht der Rücknahme zu hinterlegen (§ 73 Abs. 3 S. 1 AktG). Dieser Verzicht führt zugleich nach § 378 BGB zu einer Befreiungswirkung gegenüber dem Aktionär.[95] Die Hinterlegung richtet sich im Einzelnen nach dem Hinterlegungsgesetz des jeweiligen Bundeslandes.[96] Mittlerweile sehen alle Hinterlegungsgesetze auch die Möglichkeit vor, stückelose Wertpapiere zu hinterlegen.[97] Die Aushändigung oder Hinterlegung ist dem Gericht anzuzeigen (§ 73 Abs. 3 S. 2 AktG). Berechtigter der nach § 73 Abs. 3 AktG auszugebenden Aktien ist derjenige, der sich durch Vorlage der für kraftlos erklärten Urkunde oder, soweit er hierzu nicht in der Lage ist, auf andere Weise legitimieren kann.

38 § 73 Abs. 1 und 2 AktG ist gemäß § 248 Abs. 2 UmwG auf den Umtausch der Aktien einer formwechselnden AG gegen Geschäftsanteile einer GmbH entsprechend anzuwenden. Dies muss auch gelten für den Umtausch von Aktien gegen Personengesellschaftsanteile im Rahmen eines Formwechsels einer AG in eine Personengesellschaft; eine § 248 Abs. 2 UmwG entsprechende Norm wurde in den §§ 228 ff. UmwG offenbar übersehen. Der Rechtsgedanke des § 248 Abs. 2 UmwG kann auch übertragen werden auf die Aktien einer durch Mehrheitsbeschluss eingegliederten AG[98] und die gemäß § 327e Abs. 3 S. 1 AktG auf den Hauptaktionär übergehenden Aktien im Rahmen eines Squeeze out, und zwar jeweils nach Hinterlegung der Abfindung wegen Nichteinreichung der Aktien.[99]

IV. Börsennotierte Aktiengesellschaft

39 Nach der Legaldefinition des § 3 Abs. 2 AktG sind AGs **börsennotiert,** deren Aktien zu einem Markt zugelassen sind, der von staatlich anerkannten Stellen geregelt und überwacht wird, regelmäßig stattfindet und für das Publikum mittelbar oder unmittelbar zugänglich ist.

---

[93] BGH WM 1989, 1682 (1685); Hüffer/*Koch* AktG § 73 Rn. 6; Spindler/Stilz/*Cahn* § 73 Rn. 22.
[94] MüKoAktG/*Oechsler* § 73 Rn. 32; Spindler/Stilz/*Cahn* § 73 Rn. 23; wie hier nun auch Hüffer/*Koch* AktG § 73 Rn. 6; aA KölnKommAktG/*Lutter*/*Drygala* § 73 Rn. 27.
[95] KölnKommAktG/*Lutter*/*Drygala* § 73 Rn. 30; Verzicht nicht zwingend aber empfohlen nach MüKoAktG/*Oechsler* § 73 Rn. 39.
[96] Siehe § 13 HintG (Baden-Württemberg); Art. 12 Nr. 2, 17 BayHintG (Bayern); § 13 BerlHintG (Berlin); § 12 BbgHintG (Brandenburg); § 13 HintG (Bremen); § 13 HintG (Hamburg); § 13 HintG (Hessen); § 13 HintG (Mecklenburg-Vorpommern); § 13 NHintG (Niedersachsen); § 13 HintG (Nordrhein-Westfalen); § 13 HintG (Rheinland-Pfalz); § 13 HintG (Saarland); § 13 SächsHintG (Sachsen); § 13 HintG (Sachsen-Anhalt); § 13 HintG (Schleswig-Holstein); § 13 ThürHintG (Thüringen).
[97] Insofern erübrigt sich der Ansatz von Hüffer/*Koch* AktG § 73 Rn. 8, wonach auch ohne gesetzliche Grundlage eine großzügigere Handhabung bei der Hinterlegung stückeloser Aktien angezeigt sei; das Hanseatische Oberlandesgericht hatte noch zur bundesrechtlichen Vorgängerregelung, der Hinterlegungsordnung, entschieden, dass stückelose Wertpapiere von der Hinterlegung ausgeschlossen sind, vgl. OLG Hamburg Rpfleger 2003, 672.
[98] MüKoAktG/*Grunewald* § 320a Rn. 5; aA Hüffer/*Koch* AktG § 320a Rn. 3.
[99] Im Ergebnis auch *König* NZG 2006, 606 (609).

§ 12 Aktie   39   § 12

Die Definition des Marktes ähnelt der des organisierten Marktes in § 2 Abs. 11 WpHG, der allerdings in seinem räumlichen Anwendungsbereich beschränkt ist. Börsennotierte Aktiengesellschaften sind danach solche des **regulierten Marktes** (§§ 32 ff. BörsG), nicht aber des Freiverkehrs gemäß § 48 BörsG. Es muss sich nicht um eine Zulassung im Inland handeln, vergleichbare Notierungen an ausländischen Börsen sind ausreichend.[100] Die Legaldefinition entlastet die Bestimmungen zB der §§ 67 Abs. 6 S. 2; 87 Abs. 1 S. 2; 93 Abs. 6; 100 Abs. 2 S. 1 Nr. 4, 110 Abs. 3 S. 2, 120 Abs. 4 S. 1, 121 Abs. 3 S. 3, Abs. 4a und Abs. 7 S. 4, 122 Abs. 2 S. 3, 123 Abs. 4 S. 1 und 2, Abs. 5, 124 Abs. 1 S. 2, 124a, 125 Abs. 1 S. 3 und 5, 126 Abs. 1 S. 3, 130 Abs. 1 S. 3, Abs. 2 S. 2, Abs. 6, 134 Abs. 1 S. 2 und Abs. 3 S. 3 und 4, 135 Abs. 5 S. 4, 142 Abs. 2 S. 1, 149 Abs. 1, 161 Abs. 1 S. 1, 171 Abs. 2 S. 2, 176 Abs. 1 S. 1, 248a, 328 Abs. 3 und 404 Abs. 1 und 2 AktG sowie des § 285 S. 1 Nr. 9 lit. a Untersatz 5, Nr. 10 Untersatz 1 und Nr. 11b HGB ebenso wie der §§ 286 Abs. 4, 289a Abs. 2 S. 1, 314 Abs. 1 Nr. 6 lit. a Untersatz 5, 315a Abs. 2 S. 1 HGB).[101] Bei all diesen Bestimmungen gelten für börsennotierte Gesellschaften schärfere Regelungen oder werden für nichtbörsennotierte Gesellschaften Spielräume eröffnet. Unabhängig von der Frage nach der Börsennotierung ist oftmals von sog. „kleinen AGs" die Rede, ohne dass dieser Begriff definiert wird.[102]

---

[100] Hüffer/*Koch* AktG § 3 Rn. 6; *Lingemann/Wasmann* BB 1998, 853 (854).
[101] Vgl. zu den gesetzlichen Differenzierungen *Schäfer* NJW 2008, 2536 ff.
[102] Hüffer/*Koch* AktG § 3 Rn. 5; ausführlich *Böcker* RNotZ 2002, 129.

§ 13 Aktienarten, Aktiengattungen

Übersicht

	Rn.		Rn.
I. Aktienarten	1–6	c) Gleichbehandlungsgebot	15
1. Begriff der Aktienarten	1–4	III. Nennbetrags- und Stückaktien	16–19
2. Umwandlung der Aktienart	5, 6	1. Wahlfreiheit	16
II. Aktiengattungen	7–19	2. Nennbetragsaktien	17
1. Begriff der Aktiengattung	7, 8	3. Stückaktien	18, 19
2. Verschiedene Aktiengattungen	9–15		
a) Beispiele	9–11		
b) Festsetzung in der Satzung	12–14		

Schrifttum: *Baums,* Spartenorganisation, „Tracking Stock" und deutsches Aktienrecht, FS Boujong, 1996, S. 19-3; *Brandt,* Transparenz nach RisikobegrenzungsG – und darüber hinaus?, BKR 2008, 441–452; *Cichy/Heins,* Tracking Stocks – Ein Gestaltungsmittel für deutsche Unternehmen (nicht nur) bei Börsengängen, AG 2010, 181–192; *Diekmann/Nolting,* Aktienrechtsnovelle 2011, NZG 2011, 6–10; *Fischer,* Aktienklassen einer Investmentaktiengesellschaft, NZG 2007, 133–135; *Fuchs,* ECLR Tracking Stock – Spartenaktien als Finanzierungsinstrument für deutsche Aktiengesellschaften, ZGR 2003, 167–217; *Gätsch,* Die Neuregelungen des Rechts der Namensaktie durch das Risikobegrenzungsgesetz, FS Beuthien, 2009, S. 133–154; *Grumann/Soehlke,* Namensaktie und Hauptversammlung, DB 2001, 576–580; *Heider,* Einführung der nennwertlosen Aktie in Deutschland anläßlich der Umstellung des Gesellschaftsrechts auf den Euro, AG 1998, 1–10; *Hüffer,* Harmonisierung des aktienrechtlichen Kapitalschutzes, NJW 1979, 1065–1070; *Huep,* Die Renaissance der Namensaktie, WM 2000, 1623–1630; *Ihrig/Streit,* Aktiengesellschaft und Euro, NZG 1998, 201–207; *Kölling,* Namensaktien im Wandel der Zeit – NaStraG, NZG 2000, 631–638; *Noack,* Die Namensaktie – Dornröschen erwacht, DB 1999, 1306–1310; *Noack,* Die Umstellung von Inhaber- auf Namensaktien, FS Bezzenberger, 2000, S. 291–308; *Noack,* Neues Recht für Namensaktionäre – Zur Änderung des § 67 AktG durch das Risikobegrenzungsgesetz, NZG 2008, 721–725; *Schneider,* Die reformierte Namensaktie – Lücken in der Transparenz des Aktienregisters bei Kapuzenaktionären, FS Hopt, 2010, S. 1327–1341; *Sieger/Hasselbach,* „Tracking Stock" im deutschen Aktien- und Kapitalmarktrecht, AG 2001, 391–399.

I. Aktienarten

1. Begriff der Aktienarten. Die Aktienart beschreibt keine mit der Aktie als Mitgliedschaftsrecht verbundenen Rechte und Pflichten, sondern lediglich die wertpapiermäßige Verbriefung als **Inhaber- oder Namensaktie.** Nach § 10 Abs. 1 S. 1 AktG lauten Aktien auf den Namen. Mit der Aktienrechtsnovelle von 2016[1] hat der Gesetzgeber die Namensaktie als Regelfall festgesetzt (vgl. bereits → § 12 Rn. 7). Inhaberaktien können seitdem nur noch ausgegeben werden, wenn entweder die Gesellschaft börsennotiert ist oder der Anspruch auf Einzelverbriefung ausgeschlossen ist und die Sammelurkunde bei einer bestimmten Stelle hinterlegt wird. Diese Neuregelung ist auf eine Beanstandung der Financial Action Task Force (FATF) zurückzuführen. Die FATF sah die Gefahr, dass Inhaberaktien von deutschen nicht börsennotierten Gesellschaften zur Geldwäsche und Terrorismusbekämpfung missbraucht werden könnten.[2] Dementsprechend bezweckt die gesetzliche Neuregelung vor allem, die Transparenz von Beteiligungsstrukturen zu erhöhen.[3] Erfüllt eine Aktiengesellschaft die neuen zusätzlichen Voraussetzungen in § 10 Abs. 1 S. 2 AktG für die Ausgabe von Inhaberaktien, so kann sie frei wählen, ob sie Namensaktien oder Inhaberaktien ausgibt.[4] Dieses Wahlrecht ergibt sich ohne Weiteres aus dem Wortlaut des § 10 Abs. 1 AktG. Offen lassen kann die Gesellschaft ihre Wahl indessen nicht. Sie muss

---

[1] Gesetz zur Änderung des Aktiengesetzes vom 22.12.2015, BGBl. 2015 I S. 2565 ff.
[2] Vgl. die Regierungsbegründung BT-Drs. 18/4349, 15 f.
[3] Siehe erneut die Regierungsbegründung BT-Drs. 18/4349, 15; sehr kritisch zum Sinn und Zweck der Neuregelung *Stöber* DStR 2016, 611 (612 f.).
[4] GroßkommAktG/*Mock* § 10 Rn. 129.

weiterhin nach § 23 Abs. 3 Nr. 5 AktG in der Satzung festlegen, welche Aktienart ausgegeben wird. Vor der Änderung des § 10 Abs. 1 AktG war wohl unstreitig, dass die Bestimmung in der Satzung auch dahin gehen kann, dass ein Teil der Aktien auf den Inhaber, die anderen auf den Namen lauten sollen.[5] Die Zahl der Aktien der einzelnen Arten sollte dann in der Satzung auch nicht zwingend anzugeben sein.[6] An beidem dürfte sich mit der Neufassung des § 10 Abs. 1 AktG nichts geändert haben, denn § 23 Abs. 3 Nr. 5 AktG ist unverändert geblieben.[7] Ist die Gesellschaft also börsennotiert oder wurde der Anspruch auf Einzelverbriefung ausgeschlossen und erfüllt sie damit die Voraussetzungen des § 10 Abs. 1 S. 2 AktG, so kann sie nach freiem Ermessen Namensaktien und/oder Inhaberaktien in der Satzung festsetzen. Insofern hat sich für diese Gesellschaften im Vergleich zur früheren Rechtslage nichts geändert. Für Altgesellschaften, die nunmehr nicht mehr die Voraussetzungen für die Ausgabe von Inhaberaktien erfüllen, ist die Übergangsregelung in § 26h Abs. 1 EGAktG zu beachten. Danach bleibt es für Gesellschaften, deren Satzung Inhaberaktien vorsieht und vor dem 31.12.2015 durch notarielle Beurkundung festgestellt wurde, bei der alten Rechtslage, also bei § 10 Abs. 1 AktG in seiner bis zum 30.12.2015 geltenden Fassung.

Zwingend sind **Namensaktien** weiterhin nach § 10 Abs. 2 S. 1 AktG vorgesehen, **2** wenn die Aktien vor der vollen Leistung des Nennbetrags oder des höheren Ausgabebetrags ausgegeben werden. Schreibt die Satzung nur die Ausgabe von Inhaberaktien vor, so können diese erst nach vollständiger Leistung der Einlageverpflichtung ausgegeben werden. Aus den §§ 55 Abs. 1 S. 1, 68 Abs. 2 AktG ergibt sich, dass Nebenverpflichtungen der Aktionäre nur bei vinkulierten Namensaktien möglich sind (zur Vinkulierung → § 14 Rn. 14 ff.). Gleiches gilt nach § 101 Abs. 2 S. 1 und 2 AktG, wenn den Inhabern bestimmter Aktien ein Entsendungsrecht zum Aufsichtsrat zusteht (dazu → § 30 Rn. 60 ff.) sowie nach § 2 Abs. 1 des Luftverkehrsnachweissicherungsgesetzes (LuftNaSiG) vom 5.6.1997 (BGBl. 1997 I S. 1322) für börsennotierte Luftfahrtunternehmen. Gewerberechtlich sind in der Rechtsform der AG betriebene Wirtschaftsprüfungsgesellschaften und Buchprüfungsgesellschaften (§§ 28 Abs. 5 S. 1 und 2, 130 Abs. 2 WPO), Steuerberatungsgesellschaften (§ 50 Abs. 5 S. 1 und 2 StBerG) sowie Rechtsanwaltsgesellschaften[8] gehalten, ausschließlich vinkulierte Namensaktien auszugeben, deren Übertragung an die Zustimmung der Gesellschaft gebunden sein muss. Namensaktien sind weiter bei Unternehmensaktien von Investmentaktiengesellschaften nach § 109 Abs. 2 S. 3 KABG vorgeschrieben.[9] Da es sich bei diesen Vorschriften nicht um aktienrechtliche Bestimmungen handelt, ist es für die wirksame Entstehung der Gesellschaft und für die wirksame Verbriefung unschädlich, dass gegen sie verstoßen wird. Der Verstoß kann aber gewerberechtliche Konsequenzen nach sich ziehen.[10] Ein Zwang zur Ausgabe von Inhaberaktien besteht nach § 1 Abs. 3 des Überführungsgesetzes in der Fassung von BGBl. 1966 I S. 461 (sog. VW-Gesetz) für die Volkswagenwerk AG.

Die **Namensaktie** fand sich bis zum Ende der 90iger Jahre meist nur bei Gesellschaften **3** mit einem kleinen Aktionärskreis und nahezu ausnahmslos bei Versicherungsgesellschaften (vinkulierte Namensaktien gibt es zB bei Allianz; Münchener Rück).[11] Zwischenzeitlich haben zahlreiche bedeutende AGs von Inhaber- auf Namensaktien umgestellt. Genannt

---

[5] GroßkommAktG/*Röhricht/Schall* § 23 Rn. 159; Spindler/Stilz/*Vatter* AktG § 10 Rn. 12; MüKoAktG/*Pentz* § 23 Rn. 136; KölnKommAktG/*Arnold* § 23 Rn. 118.
[6] GroßkommAktG/*Röhricht/Schall* § 23 Rn. 159; *Hüffer* NJW 1979, 1065 (1066); KölnKommAktG/*Arnold* § 23 Rn. 118; zweifelnd Spindler/Stilz/*Vatter* AktG § 10 Rn. 12.
[7] Wie hier ausdrücklich zur neuen Rechtslage GroßkommAktG/*Mock* § 10 Rn. 129 f.
[8] BGH ZIP 2005, 944 (948).
[9] Zu weiteren Ausnahmen (Architekten- und Ingenieur-AG, private Rundfunkveranstalter) vgl. Spindler/Stilz/*Vatter* AktG § 10 Rn. 23 ff.
[10] MüKoAktG/*Heider* § 10 Rn. 24; Spindler/Stilz/*Vatter* AktG § 10 Rn. 23.
[11] Vgl. *Zöllner* AG 1985, 19 ff.; zur Renaissance der Namensaktie *Noack* DB 1999, 1306 ff.; *Noack* NZG 2008, 721.

seien nur Adidas, BASF, Bayer, Daimler, Deutsche Bank, Deutsche Börse, Deutsche Post, Deutsche Telekom, E.ON, Infineon, K+S, Lufthansa und Siemens. Welche Aktienart gewählt werden soll, war früher vor allem eine Frage der Zweckmäßigkeit. Die neue Regel-Ausnahme-Struktur[12] zugunsten der Namensaktie in § 10 Abs. 1 AktG wird fortan derartige Zweckmäßigkeitserwägungen zumindest bei nicht börsennotierten Gesellschaften überlagern. Inhaber- und Namensaktien unterscheiden sich im Wesentlichen dadurch, dass der Gesellschaft bei Namensaktien die Aktionäre bekannt sind, da sie nach § 67 Abs. 1 AktG in das Aktienregister einzutragen sind (dazu → § 14 Rn. 36 ff.).[13] Grundsätzlich unterscheiden sie sich auch durch die verschiedenen Arten der Übertragbarkeit (dazu → § 14 Rn. 4 f., 6 ff.). Die Attraktivität der Namensaktie für börsennotierte Gesellschaften ist durch die Einbeziehung von (blankoindossierten) Namensaktien in die Girosammelverwahrung (vgl. → § 14 Rn. 8) und die technische Möglichkeit der Führung eines elektronischen Aktienregisters gestiegen und in erster Linie in der gewachsenen Bedeutung der Kontaktpflege zum Aktionär (Investor Relations) und der Erhöhung der Transparenz der Aktionärsstruktur durch Rückgriffsmöglichkeiten auf die im Aktienregister gespeicherten Daten begründet.[14] Registrierte Namensaktien (Registered Shares) sind international weit verbreitet und werden vor allem zur Einführung an Börsen in den USA benötigt. Dort können Inhaberaktien nur mittelbar über sie verbriefende Zertifikate (ADR = American Depositary Receipts) zum Börsenhandel zugelassen werden.

4   Werden von der Gesellschaft Namensaktien ausgegeben, obwohl die Ausgabe von Inhaberaktien in der Satzung vorgesehen ist, und umgekehrt, Inhaberaktien statt der festgesetzten Namensaktien, so ist die Ausgabe aus Gründen der Verkehrssicherheit trotzdem wirksam.[15] Der Vorstand und gegebenenfalls der bei der falschen Aktienausgabe mitwirkende Aufsichtsrat haften jedoch der Gesellschaft nach §§ 93 Abs. 2, 116 AktG; zudem hat jeder Aktionär das Recht, den Umtausch in satzungsgemäße Aktien zu verlangen.[16] Werden demgegenüber nach § 55 Abs. 1 AktG keine vinkulierten Namensaktien ausgegeben, so entstehen zwar die Mitgliedschaftsrechte der Aktionäre, nicht aber die Nebenleistungspflicht.[17] Fehlt es an einer Satzungsbestimmung darüber, ob Inhaber- und/oder Namensaktien auszugeben sind, und wird die Gesellschaft trotzdem in das Handelsregister eingetragen, so ist sie wirksam entstanden und kann aus diesem Grund auch nicht nach § 275 Abs. 1 AktG durch Klage für nichtig erklärt werden. Das Registergericht kann lediglich ein Verfahren nach § 399 FamFG einleiten mit der möglichen Folge der Auflösung nach § 262 Abs. 1 Nr. 5 AktG.

5   **2. Umwandlung der Aktienart.** Nach § 24 AktG aF konnte die Satzung bestimmen, dass auf Verlangen eines Aktionärs seine Inhaberaktie in eine Namensaktie oder seine Namensaktie in eine Inhaberaktie umzuwandeln ist. Durch die Aktienrechtsnovelle 2016[18] wurde diese Regelung ersatzlos aufgehoben. Die Aufhebung ist wegen der Neufassung des

---

[12] So GroßkommAktG/*Mock* § 10 Rn. 131.

[13] Vgl. zur Einführung durch das Risikobegrenzungsgesetz *Brandt* BKR 2008, 441 (450 f.); *Gätsch* FS Beuthien, 2009, 133 (137 ff.).

[14] *Noack* FS Bezzenberger, 2000, 291 (293 ff.); *Grumann/Soehlke* DB 2001, 576 ff.; *Huep* WM 2000, 1623 ff.; *Kölling* NZG 2000, 631 (634 ff.); Spindler/Stilz/*Vatter* AktG § 10 Rn. 11; *Gätsch* FS Beuthien, 2009, 133 ff.; *Schneider* FS Hopt, 2010, 1327 f.

[15] OLG Hamburg AG 1970, 230; GroßkommAktG/*Röhricht/Schall* § 23 Rn. 162; Hüffer/*Koch* AktG § 23 Rn. 30; KölnKommAktG/*Arnold* § 23 Rn. 122; Schmidt/Lutter/*Seibt* AktG § 23 Rn. 49; aA *v. Godin/Wilhelmi* § 24 Anm. 5, der argumentiert, dass im Widerspruch zur Satzung ausgegebene Urkunden ungültig sind, da sie nicht die Rechte verkörpern bzw. den Berechtigten ausweisen und auch keinen Rechtsübergang bewirken können.

[16] Hüffer AktG/*Koch* § 23 Rn. 30; KölnKommAktG/*Arnold* § 23 Rn. 122; Schmidt/Lutter/*Seibt* AktG § 23 Rn. 49.

[17] MüKoAktG/*Bungeroth* § 55 Rn. 11; Hüffer AktG/*Koch* § 55 Rn. 10; Spindler/Stilz/*Cahn/v. Spannenberg* AktG § 55 Rn. 51.

[18] Gesetz zur Änderung des Aktiengesetzes vom 22.12.2015, BGBl. 2015 I S. 2565 ff.

§ 10 Abs. 1 AktG konsequent. Denn einem Umtausch einer Namensaktie in eine Inhaberaktie hätte fortan entgegenstehen stehen können, dass die Gesellschaft wegen der zusätzlichen Voraussetzungen in § 10 Abs. 1 S. 2 AktG gar keine Inhaberaktien ausgeben kann. Auf die Praxis wird sich die Aufhebung von § 24 AktG kaum auswirken, da von einer derartigen Satzungsregelung ohnehin kaum Gebrauch gemacht wurde.[19]

Die Satzungsbestimmung iSd § 23 Abs. 3 Nr. 5 AktG kann grundsätzlich geändert **6** werden. Ein freiwilliger Wechsel von Inhaber- zu Namensaktien ist auch unter dem neuen § 10 Abs. 1 AktG unproblematisch. Zwingend ist ein solcher Wechsel, wenn die Voraussetzungen des § 10 Abs. 1 S. 2 nachträglich wegfallen, namentlich bei einem Delisting, der Aufhebung der Verwahrung der Sammelurkunde oder einer Aufhebung des Ausschlusses des Anspruchs auf Einzelverbriefung.[20] Der umgekehrte Wechsel von Namens- zu Inhaberaktien kann nur erfolgen, wenn die zusätzlichen Voraussetzungen des § 10 Abs. 1 S. 2 AktG vorliegen. Liegen diese Voraussetzungen nicht vor, so ist ein satzungsändernder Beschluss der Hauptversammlung nach § 241 Nr. 3 AktG nichtig.[21] Folglich darf die Satzungsänderung nicht ins Handelsregister eingetragen werden. Wird sie dennoch eingetragen, so ist die Satzungsänderung zunächst wirksam, kann aber vor Eintritt der Heilung (§ 242 Abs. 2 AktG) mit der Nichtigkeitsklage angegriffen werden. Möglich ist auch die Löschung des nichtigen Beschlusses nach § 398 FamFG.

II. Aktiengattungen

1. Begriff der Aktiengattung. Anders als bei der Aktienart, die lediglich die unterschied- **7** liche wertpapiermäßige Verbriefung als Namens- oder Inhaberaktie beschreibt, betrifft die Aktiengattung die Aktie im Sinne der Mitgliedschaft. Definiert wird der Begriff der Aktiengattung in § 11 AktG. Nach seinem Satz 1 können die Aktien verschiedene Rechte gewähren, namentlich bei der Verteilung des Gewinns und des Gesellschaftsvermögens. § 11 S. 2 AktG legt fest, dass Aktien mit gleichen Rechten eine Gattung bilden. Der Begriff der Aktiengattung spielt in zweierlei Hinsicht eine Rolle. Zum einen muss die Satzung nach § 23 Abs. 3 Nr. 4 AktG, falls mehrere Aktiengattungen bestehen, die Gattung der Aktien und die Zahl der Aktien jeder Gattung bestimmen. Zum anderen sieht das Gesetz in den §§ 179 Abs. 3, 182 Abs. 2 und 222 Abs. 2 AktG Sonderbeschlüsse der Aktionäre der einzelnen Aktiengattungen vor (dazu → § 40 Rn. 61 ff.). In der Praxis unterscheidet man häufig zwischen Stammaktien und Vorzugsaktien, denen im Verhältnis zu den Stammaktien in bestimmter Hinsicht Vorzüge eingeräumt sind. Diese Unterscheidung kann aber zu Verwechslungen Anlass geben, insbesondere im Hinblick auf die Vorzugsaktien ohne Stimmrecht gemäß §§ 139 ff. AktG. Verfehlt ist die Gleichsetzung von Stammaktien mit Inhaberaktien; besonders bei Familiengesellschaften sind die (stimmberechtigten) Stammaktien, die den Familienaktionären gehören, häufig Namensaktien, während die Vorzugsaktien (ohne Stimmrecht) als Inhaberaktien über die Börse an familienfremde Dritte veräußert sind.

Keine Aktiengattungen stellen Inhaber- und Namensaktien dar, Namensaktien auch **8** dann nicht, wenn sie vinkuliert sind.[22] Auch die Festsetzung verschiedener Nennbeträge bei Nennbetragsaktien, verschiedener Ausgabebeträge und verschiedener Einlagearten (Bar- oder Sacheinlage) stellt keine Gewährung verschiedener Rechte iSd § 11 AktG dar.[23]

---

[19] So die Regierungsbegründung BT-Drs. 18/4349, 18.
[20] Siehe zu diesen Fallgruppen GroßkommAktG/*Mock* § 10 Rn. 169 f.
[21] So ausdrücklich auch die Regierungsbegründung BT-Drs. 18/4349, 18.
[22] GroßkommAktG/*Mock* § 11 Rn. 67 (anders noch Brändel in der 4. Auflage, Rn. 17); MüKoAktG/*Heider* § 11 Rn. 29 f.; Hüffer/*Koch* AktG § 11 Rn. 7; Spindler/Stilz/*Vatter* AktG § 11 Rn. 18; Schmidt/Lutter/*Ziemons* AktG § 11 Rn. 11.
[23] MüKoAktG/*Heider* § 11 Rn. 31; KölnKommAktG/*Dauner-Lieb* § 11 Rn. 21; GroßkommAktG/*Mock* § 11 Rn. 66; Spindler/Stilz/*Vatter* AktG § 11 Rn. 18; Schmidt/Lutter/*Ziemons* AktG § 11 Rn. 11.

Auch Unterschiede in der Höhe der auf die Aktien geleisteten Einzahlungen stellen keine Gattungsverschiedenheit dar. Durch die Einführung eines Höchststimmrechts (→ § 39 Rn. 14 ff.), die nach § 134 Abs. 1 S. 2 AktG nur bei nichtbörsennotierten Gesellschaften möglich ist, entstehen ebenfalls keine Aktiengattungen.[24] Auch eigene Aktien der Gesellschaft stellen keine Aktiengattung dar.[25] Kraft ausdrücklicher gesetzlicher Regelung in § 101 Abs. 2 S. 3 AktG gelten die Aktien eines Aktionärs, dem ein Entsendungsrecht zum Aufsichtsrat eingeräumt ist, nicht als eine besondere Gattung. Nennbetrags- und Stückaktien stellen schon deswegen keine Aktiengattungen dar, weil jeweils nur die eine oder die andere dieser Aktienformen bei einer Gesellschaft bestehen kann.

9 **2. Verschiedene Aktiengattungen. a) Beispiele.** Eine besondere Aktiengattung stellen stets die **Vorzugsaktien ohne Stimmrecht** dar (dazu → § 39 Rn. 20 ff.). Auch wenn entgegen § 12 Abs. 2 AktG ausnahmsweise **Mehrstimmrechtsaktien** (dazu → § 39 Rn. 12 f.) ausgegeben wurden und gemäß § 5 Abs. 1 EGAktG über den 1.6.2003 hinaus aufrechterhalten bleiben, bilden sie eine Aktiengattung. Vorrechte können nach dem Wortlaut des § 11 AktG insbesondere auch in vermögensrechtlicher Hinsicht eingeräumt werden. So können den Aktionären verschiedene Rechte bei der Verteilung des Liquidationserlöses eingeräumt werden (§ 271 Abs. 2 AktG). Dazu bedarf es einer ausdrücklichen statutarischen Bestimmung, die nicht bereits in einem Dividendenvorzug zu sehen ist.[26] Verschiedene Aktiengattungen entstehen über den Wortlaut des § 11 AktG hinaus nicht nur durch Einräumung besonderer Rechte, sondern auch durch Übernahme besonderer Pflichten. Werden etwa nur einem Teil der Aktionäre **Nebenleistungspflichten** nach § 55 AktG auferlegt, so entstehen verschiedene Aktiengattungen.[27]

10 Eine eigenständige Aktiengattung iSv § 11 S. 2 AktG stellen auch sog. **„Tracking Stocks"** oder „Spartenaktien" dar.[28] Hierbei handelt es sich um Aktien, die Aktionären einer Gesellschaft zwar die üblichen mitgliedschaftlichen Aktionärsrechte an der Gesellschaft, aber keine Beteiligung am Ergebnis des gesamten Unternehmens gewähren. Das Gewinnbezugsrecht der Spartenaktionäre bestimmt sich vielmehr nach dem Ergebnis eines (rechtlich unselbstständigen) Geschäftsbereichs oder einer oder mehrerer (rechtlich selbstständigen) Tochtergesellschaften, also nach dem Ergebnis einer Teileinheit des Unternehmens („Tracked Unit"). Die grundsätzliche rechtliche Zulässigkeit ist heute unbestritten.[29] Ihre Tauglichkeit für die Praxis und ihre Akzeptanz für den Kapitalmarkt haben Tracking Stocks in Deutschland jedoch bisher noch nicht unter Beweis gestellt. Als interessantes **Finanzierungsinstrument** bieten sich Tracking Stocks an, die an das Ergebnis einer besonders ergebnisstarken Tracked Unit anknüpfen. Hierdurch können höhere Ausgabekurse erzielt werden im Vergleich zu Stammaktien, die auf das Ergebnis des gesamten Unternehmens bezogen sind. Die Schaffung der Tracking Stocks kann zB über eine Kapitalerhöhung gegen Einlagen erfolgen.

11 Bei der **Ausstattung der Tracking Stocks**[30] ist ein besonderes Augenmerk auf Dividende, Stimmrecht und Bezugsrecht zu legen. Auf die Tracking Stocks entfällt so viel Dividende aus dem Bilanzgewinn der (Mutter-)Gesellschaft, wie anteilig auf die Betei-

---

[24] KölnKommAktG/*Dauner-Lieb* § 11 Rn. 13; Spindler/Stilz/*Vatter* AktG § 11 Rn. 18.
[25] MüKoAktG/*Heider* § 11 Rn. 33.
[26] MüKoAktG/*Koch* § 271 Rn. 22. Auch → § 67 Rn. 19.
[27] RGZ 80, 95 (97); GroßkommAktG/*Mock* § 11 Rn. 65; KölnKommAktG/*Dauner-Lieb* § 11 Rn. 19.
[28] Hüffer/*Koch* AktG § 11 Rn. 4; *Fuchs* ZGR 2003, 167 (187); *Sieger/Hasselbach* AG 2001, 391 (392); *Cichy/Heins* AG 2010, 181 ff. Zu den Vor- und Nachteilen s. *Baums* (Hrsg.), Bericht der Regierungskommission Corporate Governance, 2001, Rn. 237 f u. *Hoffmann-Becking* in Hommelhoff/Lutter/Schmidt/Schön/Ulmer (Hrsg.), Corporate Governance, 2002, S. 216/232 f.
[29] *Baums* FS Boujong, 1996, 19 (27 ff.); Hüffer/*Koch* AktG § 11 Rn. 4; Spindler/Stilz/*Vatter* AktG § 11 Rn. 9; *Fuchs* ZGR 2003, 167 (169 f.); *Sieger/Hasselbach* AG 2001, 391 (392).
[30] Ausführlich *Fuchs* ZGR 2003, 167 (185 ff.); *Sieger/Hasselbach* AG 2001, 391 (392 ff.).

ligung an der Tracked Unit entfällt. Wenn und soweit die „getrackte" Dividende wegen eines nicht ausreichenden Bilanzgewinns der (Mutter-)AG ausfällt, ist eine Regelung sinnvoll, nach der der ausgefallene Betrag aus dem Bilanzgewinn des Folgejahres nachzuzahlen ist.[31] Das Stimmrecht der Tracking Stocks entspricht grundsätzlich dem der Stammaktien. Künftige Kapitalmaßnahmen bedürfen wegen der Rechtsnatur als besondere Gattung der gesonderten Zustimmung der Tracking Stock-Aktionäre (vgl. §§ 182 Abs. 2, 193 Abs. 1 S. 3, 202 Abs. 2 S. 4, 221 Abs. 1 S. 4, 222 Abs. 2, 229 Abs. 3, 237 Abs. 2 S. 1 AktG). Ein Ausschluss des Stimmrechts nach § 139 Abs. 1 AktG ist bei Kombination mit einem Gewinnvorzug möglich. Bei Kapitalerhöhungen mit Stammaktien haben die Inhaber der Tracking Stocks das gleiche Bezugsrecht wie die Stammaktionäre. Die **Abschaffung der Tracking Stocks**[32] ist außer durch Zwangseinziehung nach § 237 Abs. 1 AktG oder Einziehung nach Rückkauf durch die Gesellschaft durch Umwandlung in Stammaktien denkbar. Sie bedarf gemäß § 179 Abs. 3 AktG der Zustimmung der Tracking Stock-Aktionäre. Diese wird praktisch nur schwer zu erhalten sein, da sie die Aktien gerade wegen ihrer besonderen Ausstattung erworben haben.

b) Festsetzung in der Satzung. Nach § 23 Abs. 3 Nr. 4 AktG muss die Satzung die Gattung der Aktien und die Zahl der Aktien jeder Gattung bestimmen. Ein Beschluss, mit dem unterschiedliche Gattungen erstmals gebildet werden, bedarf keines Sonderbeschlusses nach § 179 Abs. 3 AktG, sondern nur eines Hauptversammlungsbeschlusses mit der erforderlichen Mehrheit.[33] Die Regelung des § 179 Abs. 3 AktG ist nur einschlägig, wenn zum Zeitpunkt des Beschlusses bereits mehrere Aktiengattungen bestehen. Wenn neue Aktiengattungen zusätzlich zu bereits bestehenden unterschiedlichen Aktiengattungen eingeführt werden sollen, ist für die entsprechende Satzungsänderung ein Sonderbeschluss der Aktionäre jeder Gattung erforderlich (vgl. §§ 182 Abs. 2, 193 Abs. 1 S. 3, 202 Abs. 2 S. 4, 221 Abs. 1 S. 4 AktG). Sollen die Aktionäre dabei unterschiedlich behandelt werden, so müssen alle Aktionäre, die einen Vorteil (also weitergehende Rechte im Vergleich zu den bestehenden Aktiengattungen) nicht erhalten sollen, der Satzungsänderung zustimmen; soweit die neue Gattung geringere Rechte gewährt, ist weder ein Sonderbeschluss nach § 179 Abs. 3 AktG noch eine Zustimmung erforderlich.[34] Eine **Beseitigung oder Einschränkung** des Vorrechts bedarf nach § 179 Abs. 3 AktG eines zustimmenden Sonderbeschlusses der betroffenen Aktionäre (dazu → § 40 Rn. 64). Für die Einführung von Nebenverpflichtungen ist nach § 180 Abs. 1 AktG die Zustimmung aller betroffenen Aktionäre erforderlich. Eine Sonderregelung enthält § 141 AktG für die Aufhebung oder Beschränkung des Vorzugs bei Vorzugsaktien ohne Stimmrecht (dazu → § 39 Rn. 30 ff. u. → § 40 Rn. 46).

Entsprechend der Regelung in § 23 Abs. 3 Nr. 4 AktG ist bei einer **Kapitalerhöhung im Zeichnungsschein** gemäß § 185 Abs. 1 S. 1 AktG die Gattung der Aktien anzugeben, wenn mehrere Gattungen ausgegeben werden (→ § 57 Rn. 169). Die Bedeutung, die das Aktiengesetz der Unterscheidung der verschiedenen Aktiengattungen beimisst, kommt weiterhin darin zum Ausdruck, dass nach § 152 Abs. 1 S. 2 AktG in der **Bilanz** der auf jede Aktiengattung entfallende Betrag des Grundkapitals gesondert anzugeben ist und nach § 160 Abs. 1 Nr. 3 AktG im **Anhang** Angaben über die Zahl und bei Nennbetragsaktien über den Nennbetrag der Aktien jeder Gattung zu machen sind, sofern sich diese Angaben nicht aus der Bilanz ergeben (→ § 44 Rn. 25).

In der aktienrechtlichen Literatur wurden früher im Zusammenhang mit den Aktiengattungen die **Sonderrechte** einzelner Aktionäre behandelt, die analog § 35 BGB nur mit

---

[31] *Sieger/Hasselbach* AG 2001, 391 (395).
[32] *Fuchs* ZGR 2003, 167 (209 ff.); *Sieger/Hasselbach* AG 2001, 391 (397 ff.).
[33] Hüffer/*Koch* AktG § 179 Rn. 43; MüKoAktG/*Stein* § 179 Rn. 185; Spindler/Stilz/*Holzborn* AktG § 179 Rn. 182; KölnKommAktG/*Dauner-Lieb* § 11 Rn. 28.
[34] MüKoAktG/*Heider* § 11 Rn. 42 f.; KölnKommAktG/*Zöllner* § 179 Rn. 181 ff.; KölnKommAktG/*Dauner-Lieb* § 11 Rn. 26 ff.; Spindler/Stilz/*Vatter* AktG § 11 Rn. 23 ff.

Zustimmung des Berechtigten entziehbar seien. Heute wird ganz überwiegend davon ausgegangen, dass im Aktienrecht auf diese Begrifflichkeit als Zusammenfassung der Rechte, die die Mehrheit einem einzelnen Aktionär ohne seine Zustimmung nicht entziehen oder beeinträchtigen kann, verzichtet werden sollte.[35] Welche Rechte ohne individuelle Zustimmung des Betroffenen nicht entziehbar sind, regeln das AktG bzw. die Satzung der AG selbst abschließend. Eines Rückgriffs auf § 35 BGB und einer Verwendung des Begriffs Sonderrecht bedarf es daher im Aktienrecht nicht. Ein nach § 26 Abs. 1 AktG in der Satzung anerkannter **Sondervorteil** ist kein mitgliedschaftliches Sonderrecht, sondern ein schuldrechtliches Gläubigerrecht (→ § 3 Rn. 10).

15 **c) Gleichbehandlungsgebot.** Die in § 11 S. 1 AktG vorgesehene Gewährung unterschiedlicher Rechte steht in einem Spannungsfeld zum Gleichbehandlungsgebot des § 53a AktG (dazu → § 17 Rn. 11 ff.). Danach sind Aktionäre unter gleichen Bedingungen auch gleich zu behandeln. Das Gleichbehandlungsgebot verlangt jedoch nicht die uneingeschränkte Gleichbehandlung aller Aktionäre, sondern nur, wenn die Ungleichbehandlung nicht sachlich gerechtfertigt ist. § 11 S. 1 AktG eröffnet aber in Verbindung mit § 23 Abs. 3 Nr. 4 AktG die Möglichkeit, die Aktien durch statutarische Regelungen im gesetzlich vorgesehenen Rahmen mit unterschiedlichen Rechten und Pflichten auszustatten. Das Gleichbehandlungsgebot des § 53a AktG betrifft somit nur das Verhalten der Gesellschaftsorgane unterhalb der Satzungsebene; die unterschiedliche Regelung zu Rechten und Pflichten in der Satzung ist demgegenüber zulässig.[36] Soweit Vorrechte nur für einzelne Aktionäre durch nachträgliche Satzungsänderung geschaffen werden und hierin an sich ein Verstoß gegen den Gleichbehandlungsgrundsatz gesehen werden kann, bedarf die Satzungsänderung zu ihrer Wirksamkeit der Zustimmung der nichtbevorrechtigten Aktionäre (vgl. → Rn. 12), so dass die Ungleichbehandlung auf Grund der Zustimmung der nachteilig betroffenen Aktionäre erlaubt ist.

16 **III. Nennbetrags- und Stückaktien. 1. Wahlfreiheit.** Nach § 8 Abs. 1 AktG können Aktien entweder als **Nennbetragsaktien** oder als Stückaktien begründet werden. Die Aktionäre sind frei in der Wahl, ob sie entweder Nennbetragsaktien oder Stückaktien schaffen. Bei derselben AG können aber nicht beide Aktienformen nebeneinander bestehen; alle Aktien müssen entweder Nennbetragsaktien oder Stückaktien sein. Die beiden Begriffe knüpfen an die Zerlegung des Grundkapitals (§ 1 Abs. 2 AktG) an. Die Zerlegung kann durch Nennbeträge der Aktien erfolgen oder ohne Nennbeträge durch Zerlegung entsprechend der Zahl der vorhandenen Aktien. Letzteres bedingt Anteile gleichen Umfangs. Nicht zugelassen ist die sog. **Quotaktie,** die die Mitgliedschaft des Aktionärs ebenso wie die Stückaktie durch Angabe eines Bruchteils ausdrückt. Quotaktien und Stückaktien unterscheiden sich dadurch, dass sich bei der Quotaktie der Umfang der Beteiligung an der AG unmittelbar aus der Aktie ergibt, während sich bei der Stückaktie der Anteil am Grundkapital nur anhand der aus der Satzung ersichtlichen Zahl sämtlicher ausgegebenen Stückaktien ermitteln lässt.[37]

17 **2. Nennbetragsaktien.** Der Nennbetrag einer Nennbetragsaktie muss auf mindestens einen Euro lauten (§ 8 Abs. 2 S. 1 AktG). Zulässig ist eine Stückelung des Grundkapitals in Aktien unterschiedlicher Nennbeträge (§§ 8 Abs. 2 S. 1 und 4, 23 Abs. 3 Nr. 4 AktG). Aktien über einen geringeren Nennbetrag als ein Euro sind nach § 8 Abs. 2 S. 2 AktG nichtig. Wird die AG trotz eines Verstoßes gegen § 8 Abs. 2 S. 2 AktG eingetragen, so ist

---

[35] MüKoAktG/*Heider* § 11 Rn. 14 ff.; Spindler/Stilz/*Vatter* AktG § 11 Rn. 4 ähnlich auch Hüffer/Koch AktG § 11 Rn. 6; grundlegend schon *Wiedemann* GesR I S. 358 ff.; etwas zurückhaltender, aber im Ergebnis wie hier KölnKommAktG/*Dauner-Lieb* § 11 Rn. 24.

[36] MüKoAktG/*Heider* § 11 Rn. 49; Hüffer/*Koch* AktG § 11 Rn. 2 sowie § 53a Rn. 4 f.; KölnKommAktG/*Drygala* § 53a Rn. 28 ff.; Spindler/Stilz/*Cahn/v. Spannenberg* AktG § 53a Rn. 4, 21 vgl. auch OLG Hamm NZG 2008, 914 (915).

[37] MüKoAktG/*Heider* § 8 Rn. 24 f.; Hüffer/*Koch* AktG § 8 Rn. 2.

die Gesellschaft trotz des Mangels wirksam entstanden.[38] Dies gilt in gleicher Weise für die Mitgliedschaftsrechte der Aktionäre, da eine Gesellschaft ohne Mitglieder nicht bestehen kann. Die Nichtigkeitsfolge des § 8 Abs. 2 S. 2 AktG bezieht sich also nur auf die Aktienurkunden; sie verkörpern also nicht das bestehende Mitgliedschaftsrecht des Aktionärs.[39] Nennbetragsaktien können durch Satzungsänderung auf Stückaktien umgestellt werden. Ein mitgliedschaftliches Recht auf Beibehaltung von Nennbetragsaktien besteht nicht. Die Satzungsänderung bedarf daher weder der Einzelzustimmung der Aktionäre noch eines Sonderbeschlusses nach § 179 Abs. 3 AktG.[40]

3. Stückaktien. Die Stückaktie ist eine Aktie ohne ziffernmäßig festgelegten Nennbetrag. **18** Ihr lässt sich jedoch ein rechnerischer oder fiktiver Nennbetrag zuordnen, der sich aus der Zerlegung des Grundkapitals in die Anzahl der vorhandenen Stückaktien gemäß § 1 Abs. 2 AktG ergibt. Man spricht insoweit auch von **unechten nennwertlosen Aktien**.[41] Die Stückaktie unterscheidet sich von der Nennbetragsaktie (→ Rn. 17) lediglich dadurch, dass sie nicht ausdrücklich auf einen Nennbetrag lautet (verdeckte Nennbetragsaktie).

Der rechnerisch auf jede Stückaktie entfallende anteilige Betrag des Grundkapitals darf **19** wie bei der Nennbetragsaktie einen Euro nicht unterschreiten, § 8 Abs. 3 S. 3 AktG. Bei Unterschreitung des Mindestbetrages gelten die gleichen Rechtsfolgen wie bei Nennbetragsaktien mit einem Nennbetrag unter einem Euro: Die ausgegebenen Aktienurkunden sind gemäß § 8 Abs. 2 S. 2 AktG nichtig (Einzelheiten vgl. → Rn. 17).

§ 14 Verfügungen über die Aktie

Übersicht

	Rn.		Rn.
I. Einleitung	1	d) Ausgestaltung der Vinkulierung	21–23
II. Übertragung der unverkörperten Mitgliedschaft	2, 3	e) Zustimmung der Gesellschaft	24–27
		f) Rechtsfolgen von Zustimmung und Verweigerung	28–34
III. Übertragung von Inhaberaktien	4, 5	g) Umgehungen	35
1. Verkörperung der Mitgliedschaft	4	4. Aktienregister	36–57
2. Übereignung wie bewegliche Sachen	5	a) Allgemeines	36, 37
IV. Übertragung von Namensaktien	6–59	b) Eintragungen in das Aktienregister	38–49
1. Übertragung durch Indossament	6–12	c) Wirkungen der Eintragung im Aktienregister	50–53
a) Namensaktien als Orderpapiere	6	d) Löschung von Eintragungen	54–57
b) Form und Inhalt des Indossaments	7–9	5. Verwendung der Registerdaten	58, 59
c) Legitimationswirkung des Indossaments	10	V. Übertragung von Aktien unter Berücksichtigung der Verwahrung	60–66
d) Gutgläubiger Erwerb	11, 12	1. Übertragung bei Sonderverwahrung	60–62
2. Weitere Übertragungsmöglichkeiten	13	a) Sonderverwahrung	60
3. Vinkulierte Namensaktien	14–35	b) Inhaberaktien	61
a) Grundsatz der freien Übertragbarkeit	14–16	c) Namensaktien	62
b) Einführung und Aufhebung der Vinkulierung	17, 18	2. Übertragung bei Sammelverwahrung	63–66
c) Betroffene Rechtsgeschäfte	19, 20	a) Sammelverwahrung	63, 64

---

[38] Hüffer/Koch AktG § 8 Rn. 7; MüKoAktG/Heider § 8 Rn. 66; Spindler/Stilz/Vatter AktG § 8 Rn. 32; Schmidt/Lutter/Ziemons AktG § 8 Rn. 18; die Gesellschaft kann im Verfahren nach § 399 FamFG aufgelöst werden, dazu → § 12 Rn. 16.

[39] MüKoAktG/Heider § 8 Rn. 69; GroßkommAktG/Mock § 8 Rn. 120; Spindler/Stilz/Vatter AktG § 8 Rn. 34 f.; Schmidt/Lutter/Ziemons AktG § 8 Rn. 16, 18.

[40] Heider AG 1998, 1 (8); Ihrig/Streit NZG 1998, 201 (206); Schmidt/Lutter/Ziemons AktG § 8 Rn. 22.

[41] Siehe zu dem Begriff der unechten nennwertlosen Aktie und dem Unterschied zur echten nennwertlosen Aktie MüKoAktG/Heider § 8 Rn. 20 ff. sowie GroßkommAktG/Mock § 8 Rn. 72 ff.

	Rn.		Rn.
b) Inhaberaktien	65	VIII. Steuerliche Behandlung von Verfügungen über die Aktie	82–106
c) Namensaktien	66		
VI. Legitimationsübertragung	67–69	1. Aktien im Privatvermögen	82–93
VII. Sonstige Verfügungen über die Aktie	70–81	2. Aktien, die als Gegenleistung für eine Sacheinlage gewährt wurden	94–98
1. Nießbrauch	70–74		
a) Bestellung	70	3. Aktien im Betriebsvermögen	99–103
b) Inhalt des Nießbrauchs	71–74	4. Aktien im Betriebsvermögen einer Kapitalgesellschaft	104–106
2. Verpfändung	75–77		
a) Bestellung	75		
b) Inhalt des Pfandrechts	76, 77		
3. Treuhand	78–81		

Schrifttum: *Asmus,* Die vinkulierte Mitgliedschaft, 2001; *Bayer,* Gesellschafterliste und Aktienregister, Liber Amicorum für Martin Winter, 2011, 9–41; *Bayer,* Vorsorge- und präventive Abwehrmaßnahmen gegen feindliche Übernahmen, ZGR 2002, 588–622; *Bayer/P. Scholz,* Der Legitimationsaktionär – Aktuelle Fragen aus der gerichtlichen Praxis, NZG 2013, 721–727; *Berger,* Die Klage auf Zustimmung zur Übertragung vinkulierter Namensaktien, ZHR 157 (1993), 31–47; *ders.,* Verpfändung und Verwertung von Aktien, WM 2009, 577–585; *Binz/G. Mayer,* Anteilsvinkulierung bei Familienunternehmen, NZG 2012, 201–212; *Bogenschütz/Thibo,* Erneute Änderung des § 8b KStG und weiterer Vorschriften betreffend den Eigenhandel von Banken und Finanzdienstleistern, DB 2001, 8; *Bork,* Vinkulierte Namensaktien in Zwangsvollstreckung und Insolvenz des Aktionärs, FS Henckel, 1995, S. 23–39; *Eder,* Die rechtsgeschäftliche Übertragung von Aktien, NZG 2004, 107–114; *Grigoleit/Rachlitz,* Beteiligungstransparenz aufgrund des Aktienregisters, ZHR 174 (2010), 12–60; *Habersack/Mayer,* Globalverbriefte Aktien als Gegenstand sachenrechtlicher Verfügungen?, WM 2000, 1678–1684; *Happ,* Die Legitimationsübertragung im Aktienrecht, FS Rowedder, 1994, S. 119–140; *Heckroth/Schulz,* Das Verhältnis von § 6 AStG zu den Entstrickungsreglungen des EStG und KStG (§ 6 AStG), ISR 2018, 229; *Heinsius/Horn/Than,* Depotgesetz, 1975; *Hirte/Knof,* Das Pfandrecht an globalverbrieften Aktien in der Insolvenz, WM 2008, 7–14 und WM 2008, 49–57; *G. Hoffmann,* Die Verpfändung von Aktien in der Konsortialkreditpraxis, WM 2007, 1547–1554; *Huep,* Die Renaissance der Namensaktie, WM 2000, 1623–1630; *Immenga,* Vertragliche Vinkulierung von Aktien?, AG 1992, 79–83; *ders.,* Mehrheitserfordernis bei einer Abstimmung der Hauptversammlung über die Übertragung vinkulierter Namensaktien, BB 1992, 2446–2449; *Iversen,* Die außerbörsliche Übertragung von Aktien unter Beachtung des sachenrechtlichen Bestimmtheitsgrundsatzes, AG 2008, 736–741; *Kanzler,* Grundfragen der Besteuerung betrieblicher Veräußerungsgewinne, FR 2003, 1; *Kaut,* Übertragungsbeschränkungen im deutschen und US-amerikanischen Gesellschaftsrecht, 2009; *Kindler,* Der Aktionär in der Informationsgesellschaft, NJW 2001, 1678–1691; *Köster,* StSenkG: Befreiung innerkonzernlicher Beteiligungserträge, FR 2000, 1263; *Lütticken,* Die Ermittlung der Beteiligungsquote nach § 17 Abs. 1 EStG bei Kapitalerhöhungen, StB 2002, 122; *Lutter,* Die Rechte und Pflichten des Vorstands bei der Übertragung vinkulierter Namensaktien, AG 1992, 369–375; *Marsch-Barner,* Zur neueren Entwicklung im Recht der Namensaktie, FS Hüffer, 2010, S. 627–645; *Mentz/Fröhling,* Die Formen der rechtsgeschäftlichen Übertragung von Aktien, NZG 2002, 201–210; *Mirow,* Die Übertragung von Aktien im Aktienkaufvertrag – Formulierungshilfen für die Praxis, NZG 2008, 52–56; *Mittermeier,* Beteiligungskontrolle durch Anteilsvinkulierung, 2010; *Mülbert,* Die Aktie zwischen mitgliedschafts- und wertpapierrechtlichen Vorstellungen, FS Nobbe, 2009, S. 691–724; *Noack,* Neues Recht für die Namensaktie, ZIP 1999, 1993–2000; *ders.,* Die Namensaktie – Dornröschen erwacht, DB 1999, 1306–1310; *ders.,* Neues Recht für Namensaktionäre – Zur Änderung des § 67 AktG durch das Risikobegrenzungsgesetz, NZG 2008, 721–725; *Nodoushani,* Rechtsfragen bei der Aktienverpfändung, WM 2007, 289–296; *Schirmer,* Macht § 3 Nr. 40 Buchst. a Satz 2 EStG aus tatsächlichen Verlusten steuerpflichtige Gewinne? FR 2003, 1231; *K. Schmidt,* Aktionärs- und Gesellschafterzuständigkeiten bei der Freigabe vinkulierter Aktien und Geschäftsanteile, FS Beusch, 1993, S. 759–781; *ders.,* Nebenleistungsgesellschaften (§ 55 AktG, § 3 Abs. 2 GmbHG) zwischen Gesellschaftsrecht, Schuldrecht und Kartellrecht – Von der Rübenzucker-AG zum Nebenleistungsnetzwerk, FS Immenga, 2004, S. 705–722; *U. Schneider/Müller-von Pilchau,* Der nicht registrierte Namenaktionär – zum Problem der freien Meldebestände, AG 2007, 181–190; *Schwedhelm,* Unternehmensbesteuerung: Körperschaftsteuerliche Zweifelsfragen, BB 2003, 605; *Steinlein,* Abgeltungsteuer und Kapitalmaßnahmen: Änderungen durch das Jahressteuergesetz 2009, DStR 2009, 509; *M. Strahl,* Die Übertragung stiller Reserven gem. § 6b EStG in der Entwurfsfassung des Unternehmensteuerfortentwicklungsgesetzes, FR 2001, 1154; *Stoppel,* Vinkulierungsklauseln in der Vorgesellschaft und bei Umwandlung, WM 2008, 147–154; *Stupp,* Anforderungen an die Vinkulierungsklausel bei Namensaktien, NZG 2005,

205–207; *Than,* Verhaltenspflichten bei der Ausübung von Aktienstimmrechten durch Bevollmächtigte, ZHR 157 (1993), 125–149; *von Nussbaum,* Zu Nachweisstichtag (record date) und Eintragungssperre bei Namensaktien, NZG 2009, 456–458; *Weißhaupt/Özdemir,* Gutglaubenserwerb von (Inhaber-)Aktien nach Squeeze-out?, ZIP 2007, 2110–2116; *Westermann,* Vinkulierung von GmbH-Geschäftsanteilen und Aktien – Ermessensfreiheit der Zustimmungsentscheidung, FS U. Huber, 2006, S. 997–1017; *Wirth,* Vinkulierte Namensaktien: Ermessen des Vorstandes bei der Zustimmung zur Übertragung, DB 1992, 617–621.

I. Einleitung

Verfügungen sind Rechtsgeschäfte, die unmittelbar darauf gerichtet sind, auf ein bestehendes Recht einzuwirken, es zu verändern, zu übertragen, zu belasten oder aufzuheben. Unter Aktie ist in diesem Zusammenhang die Mitgliedschaft des Aktionärs an der Aktiengesellschaft zu verstehen. Die Modalitäten der Verfügung über die Aktie sind abhängig von ihrer Verbriefung sowie von der Art ihrer Verwahrung. Lässt man die Art der Verwahrung unberücksichtigt, ist für die Form der Verfügung danach zu unterscheiden, ob es sich um **nicht verkörperte (unverbriefte) Mitgliedschaften,** um **Inhaberaktien** oder um **Namensaktien** handelt. Berücksichtigt man demgegenüber die Art der Verwahrung der Aktien, so sind lediglich Inhaber- und Namensaktien betroffen, da unverbriefte Mitgliedschaftsrechte schon der Natur der Sache nach nicht Gegenstand der Verwahrung sein können. Bei den Aktienverfügungen unter Berücksichtigung der Art der Verwahrung sind die **Sonderverwahrung** („Streifbandverwahrung"), die **Sammelverwahrung** und Besonderheiten bei der Verbriefung von Aktien in **Dauerglobalurkunden** zu unterscheiden.

1

II. Übertragung der unverkörperten Mitgliedschaft

Die Entstehung der Mitgliedschaft in einer Aktiengesellschaft setzt, wie sich aus § 214 Abs. 4 AktG ergibt, die Ausgabe von Aktienurkunden nicht voraus (vgl. → § 12 Rn. 3). Solche **unverkörperten Mitgliedschaftsrechte** sind übertragbar. Das AktG enthält in § 41 Abs. 4 S. 1 AktG lediglich ein Verfügungsverbot vor Eintragung der Gesellschaft in das Handelsregister, also hinsichtlich der Mitgliedschaft in der Vorgesellschaft (→ § 3 Rn. 42).[1] Während des Gründungsstadiums kann ein Gesellschafterwechsel nur durch einstimmige Satzungsänderung unter Beachtung der Formvorschrift des § 23 Abs. 1 AktG vollzogen werden. Für die Zeit nach der Eintragung der Gesellschaft gelten für die Übertragung der unverkörperten Mitgliedschaft **kraft Gesetzes,** etwa durch Erbfolge,[2] Spaltung oder Verschmelzung, die allgemeinen Regeln; die **rechtsgeschäftliche** Übertragung erfolgt nach § 413 BGB iVm § 398 BGB durch Abtretung.[3] Die Übertragbarkeit der unverkörperten Mitgliedschaft kann durch die Satzung weder ausgeschlossen noch eingeschränkt werden.[4] Eine Ausnahme in Form der Vinkulierung besteht für unverkörperte Aktien dann, wenn nach § 23 Abs. 3 Nr. 5 AktG die Ausgabe von Namensaktien vorgesehen und die Übertragung der Aktien an die Zustimmung der Aktiengesellschaft gebunden ist. In diesem Fall findet auch bei nicht ausgegebenen Aktienurkunden § 68 Abs. 2 S. 1 AktG Anwendung. Die unverkörperten Mitgliedschaftsrechte sind vinkuliert.[5]

2

Die **Abtretung** ist die einzig mögliche Form der rechtsgeschäftlichen Übertragung von unverkörperten Mitgliedschaften. Sie bedarf an sich keiner besonderen Form. Im Hinblick darauf, dass die Gesellschaft nach §§ 413, 410 BGB dem neuen Aktionär gegenüber zu

3

---

[1] Vgl. MüKoAktG/*Pentz* § 41 Rn. 161; KölnKommAktG/*Arnold* § 41 Rn. 88 ff.
[2] Vgl. Palandt/*Weidlich* BGB § 1922 Rn. 23 und § 2032 Rn. 10.
[3] OLG Celle AG 2005, 438 (439); LG Berlin NJW-RR 1994, 807 (808); MüKoAktG/*Heider* § 10 Rn. 10; KölnKommAktG/*Lutter/Drygala* Anh. § 68 Rn. 2; GroßkommAktG/*Mock* § 10 Rn. 120.
[4] Wie hier GroßkommAktG/*Mock* § 10 Rn. 120; KölnKommAktG/*Lutter/Drygala* Anh. § 68 Rn. 6; ebenso wohl auch Spindler/Stilz/*Vatter* AktG § 10 Rn. 52.
[5] OLG München ZIP 2005, 1070 (1071); OLG Celle AG 2005, 438 (439); KölnKommAktG/*Lutter/Drygala* Anh. § 68 Rn. 6; GroßkommAktG/*Mock* § 10 Rn. 121.

Leistungen nur gegen Aushändigung einer vom bisherigen Aktionär über die Abtretung ausgestellten Urkunde verpflichtet ist, ist die Einhaltung der Schriftform sehr zu empfehlen. Ein gutgläubiger Erwerb unverkörperter Mitgliedschaften ist nach allgemeinen Rechtsscheingrundsätzen nicht möglich.[6]

III. Übertragung von Inhaberaktien

4 1. Verkörperung der Mitgliedschaft. Die Mitgliedschaft an der Gesellschaft entsteht automatisch mit Eintragung der Gesellschaft oder der Durchführung der Kapitalerhöhung. Da vor der Entstehung der Mitgliedschaft Aktien noch nicht ausgegeben werden dürfen (§§ 41 Abs. 4 S. 1, 191 S. 1 AktG), erfolgt die wertpapiermäßige Verbriefung stets nach Entstehung der Mitgliedschaft. Zur wertpapiermäßigen Verbriefung ist nach allgemeinen wertpapierrechtlichen Grundsätzen die **Ausstellung der Aktienurkunde** (dazu vgl. → § 12 Rn. 12 f.) und der Abschluss eines (konkludenten) **Begebungsvertrages** zwischen der Gesellschaft und dem Aktionär mit dem Inhalt, dass die Aktienurkunde die Mitgliedschaft an der Gesellschaft verkörpern soll, erforderlich.[7] Die Ausgabe von Inhaberaktien setzt nach § 10 Abs. 2 S. 1 AktG Volleinzahlung voraus.

5 2. Übereignung wie bewegliche Sachen. Wirksam ausgegebene Inhaberaktien werden durch Übereignung der Urkunde nach Maßgabe der §§ 929 ff. BGB übertragen.[8] Die Übertragung ist daneben auch durch Abtretung der Mitgliedschaft nach §§ 398, 413 BGB (ohne Übergabe der Wertpapierurkunde) möglich.[9] Eine Aufspaltung von Eigentum an der Aktienurkunde und Innehabung der Mitgliedschaft kann wegen § 952 Abs. 2 BGB nicht eintreten, da der Zessionar bei einer Abtretung auf Grund dieser Vorschrift gleichzeitig Eigentum an der Urkunde erwirbt. Wenn der Erwerber bei der Abtretung nicht den Besitz an der Aktienurkunde erhält, besteht freilich die Gefahr, dass der Erwerber sein Recht durch gutgläubigen Erwerb eines Dritten bei einer Übertragung nach §§ 929, 932 ff. BGB verliert. Ein gutgläubiger Erwerb bei einer bloßen Abtretung nach §§ 398, 413 BGB ist wegen des fehlenden Rechtsscheins nicht möglich. Bei der Übertragung nach §§ 929 ff. BGB und dem dann denkbaren gutgläubigen Erwerb ist § 935 Abs. 2 BGB zu berücksichtigen. Demnach ist bei Inhaberaktien ein gutgläubiger Erwerb auch möglich, wenn diese abhanden gekommen sind. § 367 HGB enthält zudem Bestimmungen bezüglich des Vorliegens von gutem Glauben bei Einbeziehung bestimmter Kaufleute. Der Erwerber sollte daher auf die Einräumung des unmittelbaren oder des mittelbaren Besitzes an den Aktienurkunden bestehen, um einen gutgläubigen Erwerb durch Dritte zu verhindern.

IV. Übertragung von Namensaktien

6 1. Übertragung durch Indossament. a) Namensaktien als Orderpapiere. Nach § 68 Abs. 1 S. 1 AktG können Namensaktien durch Indossament übertragen werden. Hierfür ordnet § 68 Abs. 1 S. 2 AktG die sinngemäße Anwendung des Wechselrechts an. Da eine besondere Orderklausel für diese spezifisch wertpapierrechtliche Form der Übertragung nicht erforderlich ist, sind Namensaktien – auch im Falle der Vinkulierung[10] (dazu

---

[6] GroßkommAktG/*Mock* § 10 Rn. 122; KölnKommAktG/*Lutter*/*Drygala* Anh. § 68 Rn. 3; *Eder* NZG 2004, 107 (108).

[7] BGH WM 2013, 1264 Rn. 9; NJW 1973, 282 (283); MüKoAktG/*Arnold* § 214 Rn. 13; Spindler/Stilz/*Rieckers* AktG § 200 Rn. 13; Bamberger/Roth/*Gehrlein* § 793 Rn. 10; KölnKommAktG/ *Lutter*/*Drygala* Anh. § 68 Rn. 9 ff.

[8] OLG Frankfurt a. M. DB 1986, 2277; MüKoAktG/*Heider* § 10 Rn. 41; KölnKommAktG/*Lutter*/ *Drygala* Anh. § 68 Rn. 17; Spindler/Stilz/*Vatter* AktG § 10 Rn. 55.

[9] BGH WM 2013, 1264 Rn. 16 f.; KölnKommAktG/*Lutter*/*Drygala* Anh. § 68 Rn. 17; Spindler/ Stilz/*Vatter* AktG § 10 Rn. 52 f.; *Gätsch* HdB börsennotierte AG § 5 Rn. 78; *Eder* NZG 2004, 107 ff.; *Habersack*/*Mayer* WM 2000, 1678 (1682); Grigoleit/*Grigoleit*/*Rachlitz* AktG § 68 Rn. 31.

[10] KölnKommAktG/*Lutter*/*Drygala* § 68 Rn. 7 f., 27 f.; MüKoAktG/*Bayer* § 68 Rn. 2, 27, 43.

§ 14 Verfügungen über die Aktie　　　　　　　　　　　　7–10　§ 14

→ Rn. 14 ff.) – geborene Orderpapiere und trotz ihrer Bezeichnung keine Namenspapiere (Rektapapiere). Da Art. 11 Abs. 2 WG mangels Verweisung in § 68 Abs. 1 S. 2 AktG keine Anwendung findet, kann die Form der Übertragung durch **Indossament** nicht ausgeschlossen werden.[11] Für die Übertragung durch Indossament genügt nicht das einseitige schriftliche Indossament. Zur Indossierung muss vielmehr noch die **Übertragung des Eigentums** an der indossierten Namensaktie durch Einigung und Übergabe oder Übergabesurrogat gemäß §§ 929 ff. BGB hinzukommen.[12]

b) Form und Inhalt des Indossaments. Nach Art. 13 Abs. 1 WG iVm § 68 Abs. 1 S. 2 **7** AktG muss das Indossament auf die Namensaktie oder auf ein mit ihr verbundenes Blatt (Anhang) gesetzt und vom Indossanten unterschrieben werden. Das Indossament darf keine Bedingung enthalten; eine gleichwohl hinzugefügte Bedingung gilt als nicht geschrieben (Art. 12 Abs. 1 WG iVm § 68 Abs. 1 S. 2 AktG). Ein Teilindossament ist nach Art. 12 Abs. 2 WG iVm § 68 Abs. 1 S. 2 AktG nichtig. Das (Voll-)Indossament, dessen Wortlaut nicht vorgeschrieben ist, muss zum Ausdruck bringen, dass das Mitgliedschaftsrecht künftig einem namentlich benannten Dritten zustehen soll.

Nach Art. 13 Abs. 2 S. 1 WG iVm § 68 Abs. 1 S. 2 AktG braucht das Indossament den **8** Indossatar nicht zu bezeichnen und kann selbst in der bloßen Unterschrift des Indossanten bestehen **(Blankoindossament).** Obwohl § 68 Abs. 1 S. 2 AktG nicht auf Art. 14 WG verweist, stehen dem Erwerber einer blankoindossierten Namensaktie die Möglichkeiten des Art. 14 Abs. 2 WG zur Verfügung. Insbesondere kann er entsprechend Art. 14 Abs. 2 Nr. 3 WG die blankoindossierte Namensaktie weiterübertragen, ohne das Blankoindossament auszufüllen oder ein neues Indossament hinzuzufügen.[13] Die blankoindossierte Namensaktie wird somit ohne zusätzliches Indossament lediglich durch formlose Übereignung der Urkunde übertragen und erlangt dadurch eine der Inhaberaktie angenäherte Umlauffähigkeit.[14] Aufgrund dieser inhaberpapierähnlichen Umlauffähigkeit sind Namensaktien dann, aber auch nur dann, wenn sie mit einem Blankoindossament versehen sind, **börsenfähig**[15] (§ 17 Abs. 1 der Bedingungen für Geschäfte an der Frankfurter Wertpapierbörse[16]) und **sammeldepotfähig**[17] (Abschnitt IX Abs. 1 der Allgemeinen Geschäftsbedingungen der Clearstream Banking AG[18]).

Neben dem Vollindossament und dem Blankoindossament kommen auch die Sonderfor- **9** men des Vollmachts- oder Prokuraindossaments[19] (Art. 18 WG) und des Pfandindossaments (Art. 19 WG[20]) in Betracht.

c) Legitimationswirkung des Indossaments. Nach Art. 16 Abs. 1 WG iVm § 68 **10** Abs. 1 S. 2 AktG gilt als rechtmäßiger Inhaber der Namensaktie, wer sie in Händen hat, sofern er sein Recht durch eine ununterbrochene Reihe von Indossamenten nachweist, und zwar auch dann, wenn das letzte ein Blankoindossament ist. Keine Unterbrechung der Reihe bedeutet es nach Art. 16 Abs. 1 S. 3 WG, wenn sich dazwischen ein Blankoindossament befindet. Art. 16 Abs. 1 WG begründet lediglich eine widerlegliche Vermutung. Es

---

[11] KölnKommAktG/*Lutter/Drygala* § 68 Rn. 8.
[12] MüKoAktG/*Bayer* § 68 Rn. 3; Hüffer/*Koch* AktG § 68 Rn. 4.
[13] MüKoAktG/*Bayer* § 68 Rn. 11 f.; KölnKommAktG/*Lutter/Drygala* § 68 Rn. 15.
[14] LG Mannheim AG 1967, 83 (84); MüKoAktG/*Bayer* § 68 Rn. 12; KölnKommAktG/*Lutter/Drygala* § 68 Rn. 15.
[15] Hüffer/*Koch* AktG § 68 Rn. 5; *Mentz/Fröhling* NZG 2002, 201 (202); MüKoAktG/*Bayer* § 68 Rn. 6.
[16] Abgedruckt bei *Kümpel/Hammen/Ekkenga*, Kapitalmarktrecht, Loseblattsammlung, Nr. 450; aktuelle Version abrufbar unter www.deutsche-boerse.com; Stand: 11.6.2018.
[17] Dazu MüKoHGB/*Einsele*, Bankvertragsrecht, Depotgeschäft Rn. 42 ff.
[18] Abgedruckt bei *Kümpel/Hammen/Ekkenga*, Kapitalmarktrecht, Nr. 380; aktuelle Version abrufbar unter www.clearstream.com, Stand: 25.9.2017.
[19] Dazu vgl. KölnKommAktG/*Lutter/Drygala* § 68 Rn. 29 ff.
[20] Vgl. → Rn. 67 sowie KölnKommAktG/*Lutter/Drygala* § 68 Rn. 41 ff.

bleibt einem Inhaber der Namensaktie unbenommen, sein Recht auf andere Weise nachzuweisen. Ist die Reihe von Indossamenten unterbrochen, können die Lücken durch den Nachweis anderer Erwerbstatbestände (Abtretung, Erbgang, etc) überbrückt werden. Wurden die Lücken so überbrückt, kann sich der Besitzer auf die gesamte Indossamentenkette berufen und muss die weiteren Rechtsübergänge nicht nachweisen. Anderenfalls beschränkt sich die Legitimationskraft der Namensaktie auf die vorhandenen Teile der Reihe.[21]

11 **d) Gutgläubiger Erwerb.** Gutgläubiger Erwerb ist nach Art. 16 Abs. 2 WG iVm § 68 Abs. 1 S. 2 AktG möglich, wenn die Namensaktie „einem früheren Inhaber irgendwie abhanden gekommen ist". Der Begriff des Abhandenkommens umfasst nicht nur den unfreiwilligen Besitzverlust – wie etwa § 935 BGB –, sondern auch Tatbestände, durch die die Urkunde ohne rechtswirksame Übereignung, etwa bei Verfügungen ohne entsprechende Befugnis oder Vertretungsmacht, in fremde Hände gelangt ist.[22] Art. 16 Abs. 2 WG schützt also nicht nur Fälle, in denen der gute Glaube sich auf das Eigentum des Veräußerers bezieht, sondern auch den guten Glauben an die Verfügungsbefugnis, an die Vertretungsbefugnis, an die Identität des Veräußerers mit der durch die Indossantenkette legitimierten Person und an die Echtheit der Indossamente.[23] Der Mangel der Geschäftsfähigkeit kann bei Namensaktien durch gutgläubigen Erwerb nach heute hM[24] wegen der besonderen Schutzbedürftigkeit nicht voll Geschäftsfähiger nicht geheilt werden. Besteht die Mitgliedschaft nicht oder nicht in dem verbrieften Umfang, so kann dieser Mangel durch gutgläubigen Erwerb der Namensaktie ebenfalls nicht geheilt werden.[25] Bei den Fällen des gutgläubigen Erwerbs handelt es sich hinsichtlich der Belastung mit Einlagepflichten (vgl. → § 16 Rn. 4) und mit Nebenleistungspflichten nicht um Rechtsfolgen aus der Übertragung durch Indossament.

12 Art. 16 Abs. 2 WG iVm § 68 Abs. 1 S. 2 AktG verlangt als **objektive Voraussetzung** für den gutgläubigen Erwerb, dass der Inhaber „sein Recht nach den Vorschriften des vorstehenden Absatzes nachweist", also den Nachweis einer nach den Kriterien des Art. 16 Abs. 1 WG lückenlosen Indossantenkette. Für den gutgläubigen Erwerb muss die Indossantenkette förmlich lückenlos und nicht durch andere Erwerbsvorgänge (Abtretung, Erbgang, etc) unterbrochen sein.[26] **Subjektive Voraussetzung** ist nach Art. 16 Abs. 2 WG iVm § 68 Abs. 1 S. 2 AktG wie bei § 932 Abs. 2 BGB, dass der Erwerber die Namensaktie nicht im bösen Glauben erworben hat und ihm beim Erwerb keine grobe Fahrlässigkeit zur Last fällt. Auf blankoindossierte Aktien findet § 367 HGB Anwendung (vgl. → Rn. 5).

13 **2. Weitere Übertragungsmöglichkeiten.** Die Regelung in § 68 Abs. 1 AktG, nach der Namensaktien durch Indossament übertragen werden können, beschränkt nicht, sondern erweitert die Übertragungsmöglichkeiten. Dies wird durch den Wortlaut von § 68 Abs. 1 S. 1 AktG („Namensaktien können **auch** durch Indossament übertragen werden.") bestä-

---

[21] Hüffer/*Koch* AktG § 68 Rn. 8; MüKoAktG/*Bayer* § 68 Rn. 14; KölnKommAktG/*Lutter/Drygala* § 68 Rn. 17.

[22] BGH NJW 1951, 402 (für Scheck); MüKoAktG/*Bayer* § 68 Rn. 16 ff.; KölnKommAktG/*Lutter/Drygala* § 68 Rn. 20 ff.

[23] Vgl. die Nachweise bei GroßkommAktG/*Merkt* § 68 Rn. 81; KölnKommAktG/*Lutter/Drygala* § 68 Rn. 21 ff.; MüKoAktG/*Bayer* § 68 Rn. 16 ff.

[24] GroßkommAktG/*Merkt* § 68 Rn. 87; KölnKommAktG/*Lutter/Drygala* § 68 Rn. 23; MüKoAktG/*Bayer* § 68 Rn. 17 f.; Hüffer/*Koch* AktG § 68 Rn. 8; Grigoleit/*Grigoleit/Rachlitz* AktG § 68 Rn. 8; anders die wohl noch hM im Wechsel- und Scheckrecht, vgl. BGH NJW 1951, 402 (für Scheck); BGH WM 1968, 4 (für Wechsel) und Teile der Literatur etwa Spindler/Stilz/*Cahn* AktG § 68 Rn. 15 mwN.

[25] GroßkommAktG/*Merkt* § 68 Rn. 89; MüKoAktG/*Bayer* § 68 Rn. 19; KölnKommAktG/*Lutter/Drygala* § 68 Rn. 25.

[26] GroßkommAktG/*Merkt* § 68 Rn. 98; MüKoAktG/*Bayer* § 68 Rn. 23 f.; KölnKommAktG/*Lutter/Drygala* § 68 Rn. 21.

tigt. Namensaktien können daher ebenfalls durch Abtretung nach § 413 BGB iVm § 398 BGB übertragen werden.[27] Die Einigung über die Abtretung ist formlos wirksam. Angesichts des Funktionsverlusts des Verkörperungselements im Effektenwesen bedarf es zum Eigentumsübergang nicht der Übergabe der Aktienurkunde oder eines Übergabesurrogats.[28] Das Eigentum an der Urkunde geht vielmehr entsprechend § 952 BGB auf den neuen Inhaber der Mitgliedschaft über.[29] Die Satzung kann die Möglichkeit der Übertragung durch Abtretung nicht ausschließen oder an eine bestimmte Form binden.[30] Namensaktien können zudem nach § 18 Abs. 3 DepotG sowie nach § 24 Abs. 2 DepotG erworben werden.[31] Bei diesen alternativen Übertragungsmöglichkeiten ist kein gutgläubiger Erwerb möglich.[32]

3. Vinkulierte Namensaktien. a) Grundsatz der freien Übertragbarkeit. Da ein Austritt aus der Aktiengesellschaft und eine Kündigung der Mitgliedschaft nicht möglich sind, stellt die Übertragbarkeit der Aktie die einzige Möglichkeit dar, mit der der Aktionär von sich aus seine Mitgliedschaft an der Gesellschaft beenden kann. Im Aktienrecht gilt daher der Grundsatz der freien Übertragbarkeit der Mitgliedschaft.[33] Eine Ausnahme von der freien Übertragbarkeit sieht § 68 Abs. 2 S. 1 AktG vor. Danach kann die Satzung die Übertragbarkeit von Namensaktien – sowie gemäß § 68 Abs. 4 AktG von Zwischenscheinen – an die Zustimmung der Gesellschaft binden (sogenannte **vinkulierte Namensaktien**). Durch die Vinkulierung bleiben die Namensaktien geborene Orderpapiere und können gemäß § 68 Abs. 1 AktG durch Indossament übertragen werden.[34] Die Vinkulierung allein begründet keine besondere Aktiengattung im Sinne von § 11 AktG (vgl. → § 13 Rn. 8).

Weit verbreitet sind vinkulierte Namensaktien in der **Versicherungswirtschaft**[35] und – wegen der ursprünglich für die Rübenzuckerindustrie getroffenen Regelung von Aktien mit Nebenleistungspflichten – in der **Zuckerindustrie**.[36] Die Vinkulierung wird in der Praxis als Instrument zum Schutz vor dem Eindringen Familienfremder in den Aktionärskreis von Familiengesellschaften[37] sowie zur Abwehr von Übernahmen[38] und dem unerwünschten Zustrom ausländischen Kapitals[39] verwendet. Zu Fällen der verpflichtenden Ausgabe von (vinkulierten) Namensaktien vgl. → § 13 Rn. 2.

---

[27] BGH ZIP 2004, 2093 (2094); KG NZG 2003, 226 (227 f.); LG Mannheim AG 1967, 83 (84); Hüffer/*Koch* AktG § 68 Rn. 3; KölnKommAktG/*Lutter/Drygala* § 68 Rn. 34 f.
[28] GroßkommAktG/*Merkt* § 68 Rn. 131; MüKoAktG/*Bayer* § 68 Rn. 30; KölnKommAktG/*Lutter/Drygala* § 68 Rn. 35; nun auch der BGH in BGH WM 2013, 1264 (1266) aA noch bei der älteren Rechtsprechung etwa BGH NJW 1958, 302 (303); KG AG 2003, 568.
[29] GroßkommAktG/*Merkt* § 68 Rn. 132; MüKoAktG/*Bayer* § 68 Rn. 30; KölnKommAktG/*Lutter/Drygala* § 68 Rn. 35.
[30] GroßkommAktG/*Merkt* § 68 Rn. 134; KölnKommAktG/*Lutter/Drygala* § 68 Rn. 36.
[31] MüKoAktG/*Bayer* § 68 Rn. 33; Hüffer/*Koch* AktG § 68 Rn. 3; ausführlich zu diesen beiden Formen des Erwerbs auch GroßkommAktG/*Merkt* § 68 Rn. 119 ff. und 123 ff.
[32] MüKoAktG/*Bayer* § 68 Rn. 33.
[33] BGH ZIP 2004, 2093 (2094); BayObLG ZIP 1989, 638 (640); GroßkommAktG/*Merkt* § 68 Rn. 192; MüKoAktG/*Bayer* § 68 Rn. 34; KölnKommAktG/*Lutter/Drygala* § 68 Rn. 57.
[34] MüKoAktG/*Bayer* § 68 Rn. 43; KölnKommAktG/*Lutter/Drygala* § 68 Rn. 8.
[35] Vgl. dazu die klassischen Fälle der Victoria-Versicherung (RGZ 132, 149 ff.) und der Allianz-Versicherung (wiedergegeben bei *Wiedemann*, Die Übertragung und Vererbung von Mitgliedschaftsrechten bei Handelsgesellschaften, 1965, S. 108 ff.) sowie den Fall Aachener und Münchener/AGF LG Aachen WM 1992, 1485 ff.
[36] Ausführlich *K. Schmidt* FS Immenga, 2004, 705 ff.
[37] Vgl. den Sachverhalt der Entscheidung BGH WM 1987, 174 (175) sowie *Böttcher/Beinert/Hennerkes* DB 1971, 1998 ff.; *Uhlbruck* DB 1967, 1927 ff.
[38] Vgl. den klassischen Fall RGZ 132, 149 ff. – Victoria-Versicherung sowie LG Aachen WM 1992, 1485 ff. – Aachener und Münchener Versicherung; *Bayer* ZGR 2002, 588 (591, 598 ff.).
[39] *Lutter/Schneider* ZGR 1975, 182 ff.; *Schrötter* DB 1977, 2265 ff.

16 Die Übertragbarkeit der Aktie kann über den in § 68 Abs. 2 AktG abgesteckten Rahmen hinaus nicht – auch nicht in der Satzung – mit **dinglicher** Wirkung eingeschränkt werden.[40] Die Satzung kann auch keine Vorkaufsrechte, sonstige Erwerbsrechte und Andienungspflichten anordnen.[41] Dagegen wird es als zulässig angesehen, statutarisch für bestimmte unerwünschte Fälle des Rechtsübergangs (Gesamtrechtsnachfolge, Zwangsvollstreckung oder Insolvenz, vgl. → Rn. 19 f.) die Möglichkeit der Zwangseinziehung nach § 237 AktG vorzusehen (vgl. → § 63 Rn. 8 ff.).[42] Mit **schuldrechtlicher** Wirkung kann sich ein Aktionär weiteren Beschränkungen wie Vorkaufsrechten und sonstigen Erwerbsvorrechten unterwerfen.[43] Schuldrechtliche Vereinbarungen binden freilich lediglich den betroffenen Aktionär und hindern wegen § 137 BGB pflichtwidrige Verfügungen über die Aktien nicht mit dinglicher Wirkung. Eine dingliche Verfestigung lässt sich dadurch erreichen, dass die Aktien in eine besondere Gesellschaft (Mitgliedsgesellschaft) eingebracht werden; die Vinkulierungsklausel gilt jedoch nicht automatisch für die Übertragung einzelner Mitgliedschaftsrechte an der Mitgliedsgesellschaft.[44]

17 **b) Einführung und Aufhebung der Vinkulierung.** Die Vinkulierung muss gemäß § 68 Abs. 2 S. 1 AktG durch die **Satzung** erfolgen. In den Aktienurkunden selbst wird häufig die Vinkulierung erwähnt; rechtlich erforderlich ist dies nicht.[45] In aller Regel wird die Vinkulierung in der ursprünglichen Satzung von den Gründern aufgenommen. Die spätere Aufnahme und die nachträgliche Verschärfung (zB durch Streichung von Zustimmungsgründen) einer Vinkulierung[46] erfordern eine **Satzungsänderung,** die gemäß § 180 Abs. 2 AktG der Zustimmung aller betroffenen Aktionäre bedarf.[47] Hingegen kann die Vinkulierung ohne Zustimmung der betroffenen Aktionäre durch Satzungsänderung wieder aufgehoben oder erleichtert werden, da die betroffenen Aktionäre durch die Aufhebung oder Erleichterung der Vinkulierung nicht belastet werden.[48] Die Vinkulierung kann alle oder nur einen bestimmten Teil der Namensaktien betreffen. Werden die Namensaktien in Inhaberaktien umgewandelt, fällt die Vinkulierung automatisch weg.[49]

18 Sind alle Aktien vinkuliert, erstreckt sich die Vinkulierung auch auf die jungen Aktien aus einer **Kapitalerhöhung,** ohne dass dies im Kapitalerhöhungsbeschluss ausdrücklich erwähnt werden muss oder die Zustimmung nach § 180 Abs. 2 AktG erforderlich wird. Ist hingegen nur ein Teil der Aktien vinkuliert, so bedarf es einer exakten Festlegung, ob und in welchem Umfang vinkulierte Namensaktien ausgegeben werden sollen. Sollen im Rahmen der Kapitalerhöhung Inhaber von nicht vinkulierten Aktien vinkulierte junge Aktien erhalten, so wurde vielfach – wenn nicht das Bezugsrecht ausgeschlossen war – nach § 180 Abs. 2 AktG die Zustimmung der betroffenen Aktionäre zum Kapitalerhöhungsbeschluss für erforderlich gehalten.[50] Die Begründung dafür war, dass das Bezugsrecht nach § 186 Abs. 1 S. 1 AktG sich auf Aktien ohne Vinkulierung beziehe. Demgegenüber erscheint es überzeugender, § 180 Abs. 2 AktG nicht anzuwenden, denn das Bezugsrecht

---

[40] BGH ZIP 2004, 2093 (2094); Spindler/Stilz/*Cahn* AktG § 68 Rn. 37; KölnKommAktG/*Lutter/Drygala* § 68 Rn. 57.
[41] BayObLG ZIP 1989, 638 (640 f.) (für Belegschaftsaktien); MüKoAktG/*Bayer* § 68 Rn. 39.
[42] Hüffer/*Koch* AktG § 237 Rn. 12; Spindler/Stilz/*Marsch-Barner* AktG § 237 Rn. 12.
[43] MüKoAktG/*Bayer* § 68 Rn. 41; *Barthelmess/Braun* AG 2000, 172 ff.; *Immenga* AG 1992, 79 ff.
[44] Hüffer/*Koch* AktG § 68 Rn. 12; *Lutter/Grunewald* AG 1989, 409 ff.
[45] OLG Hamburg AG 1970, 230; Hüffer/*Koch* AktG § 68 Rn. 13; MüKoAktG/*Bayer* § 68 Rn. 45.
[46] Siehe sowohl zur späteren Aufnahme als auch zur nachträglichen Verschärfung GroßkommAktG/*Merkt* § 68 Rn. 254 ff.; MüKoAktG/*Bayer* § 68 Rn. 46.
[47] BGH ZIP 2004, 2093 (2094); MüKoAktG/*Bayer* § 68 Rn. 46.
[48] KölnKommAktG/*Lutter/Drygala* § 68 Rn. 64; GroßkommAktG/*Merkt* § 68 Rn. 265; Spindler/Stilz/*Cahn* AktG § 68 Rn. 40, 45.
[49] OLG Hamburg AG 1970, 230.
[50] So auch noch in der Vorauflage (4. Auflage 2015); ebenso KölnKommAktG/*Zöllner* § 180 Rn. 13; *Lutter/Schneider* ZGR 1975, 182 (185 f.); wohl auch GroßkommAktG/*Wiedemann* § 180 Rn. 16.

kann sich nur auf gleiche Teilhabe an der Kapitalerhöhung beziehen, nicht aber auch auf Aktien ohne Vinkulierung erstrecken (auch → § 57 Rn. 104).[51] Eine andere Frage ist, ob bei Vinkulierung auch die Veräußerung des Bezugsrechts der Zustimmung der Gesellschaft bedarf. Das ist zu bejahen, denn andernfalls müsste die Gesellschaft über diesen Weg unerwünschte Dritte aufnehmen.[52]

c) Betroffene Rechtsgeschäfte. Nach § 68 Abs. 2 S. 1 AktG kann nur die **Übertragung** von Namensaktien an die Zustimmung der Gesellschaft gebunden werden. Das Zustimmungserfordernis umfasst daher nur das dingliche Verfügungsgeschäft, nicht aber das schuldrechtliche Verpflichtungsgeschäft. Nicht an die Zustimmung gebunden ist der Rechtsübergang durch (auch partielle) Gesamtrechtsnachfolge, also insbesondere durch Begründung einer ehelichen Gütergemeinschaft, Verschmelzung, Spaltung, Übernahme nach § 140 Abs. 1 HGB iVm § 738 Abs. 1 BGB und Erbgang.[53] Der Vollzug von Vermächtnissen durch die Erben sowie die Auseinandersetzung von Miterben stellen demgegenüber rechtsgeschäftliche Übertragungen dar, die der Zustimmung der Gesellschaft bedürfen.[54] Auch die Treuhandübertragung wird von der Vinkulierung erfasst.[55] Gleiches gilt wegen der Eintragung des Legitimierten in das Aktienregister auch für die Legitimationsübertragung[56] (dazu → Rn. 67 ff.), obwohl der Legitimierte nicht Aktionär wird. Der Übertragung der vinkulierten Namensaktie gleichzustellen sind Verpfändung und die Bestellung eines Nießbrauchs (→ Rn. 70 ff.).[57]

19

Die **Pfändung** vinkulierter Namensaktien in der Zwangsvollstreckung gegen einen Aktionär ist demgegenüber ohne Zustimmung der Gesellschaft zulässig. Sie erfolgt bei Vorliegen effektiver Stücke gemäß § 808 ZPO.[58] Bei Sammelverwahrung hat der BGH § 886 ZPO analog angewandt[59]. Demgegenüber wird im Schrifttum häufig auf § 857 Abs. 1 ZPO abgestellt.[60] Anders als die Pfändung bedarf die Verwertung nach § 821 ZPO (bei Börsennotierung) oder nach §§ 814 ff., 825 ZPO der Zustimmung der Gesellschaft. Die Zustimmung darf jedoch angesichts des Verwertungsinteresses des Vollstreckungsgläubigers nur aus wichtigem Grund verweigert werden.[61] Dasselbe gilt im Ergebnis für den Fall der **Insolvenz.** Mit der Eröffnung des Insolvenzverfahrens tritt die Beschlagnahmung auch ohne Zustimmung ein. Hingegen bedarf der Insolvenzverwalter für die Veräußerung der Zustimmung der AG, die ebenfalls nur aus wichtigem Grund verweigert

20

---

[51] Wie hier nun auch Hüffer/*Koch* AktG § 180 Rn. 7; MüKoAktG/*Stein* § 180 Rn. 24; ebenso bereits Spindler/Stilz/*Cahn* AktG § 68 Rn. 43; KölnKommAktG/*Lutter/Drygala* § 68 Rn. 62; Schmidt/Lutter/*Bezzenberger* AktG § 68 Rn. 18.

[52] KölnKommAktG/*Ekkenga* § 186 Rn. 22; MüKoAktG/*Schürnbrand* § 186 Rn. 29; Hüffer/*Koch* AktG § 186 Rn. 7; Bürgers/Körber/*Marsch-Barner* AktG § 186 Rn. 6.

[53] MüKoAktG/*Bayer* § 68 Rn. 52.

[54] MüKoAktG/*Bayer* § 68 Rn. 53; Hüffer/*Koch* AktG § 68 Rn. 11; ebenso für vinkulierte GmbH-Geschäftsanteile OLG Düsseldorf ZIP 1987, 227 (231); die Entscheidung ist rechtskräftig, nachdem der BGH die Annahme der Revision abgelehnt hat, vgl. BGH ZIP 1988, 374.

[55] Hüffer/*Koch* AktG § 68 Rn. 11; *Serick* FS Hefermehl, 1976, 427 (440 ff.).

[56] *Serick* FS Hefermehl, 1976, 427 (433 ff.); Hüffer/*Koch* AktG § 68 Rn. 11; *Lutter/Grunewald* AG 1989, 109 (114).

[57] MüKoAktG/*Bayer* § 68 Rn. 56; KölnKommAktG/*Lutter/Drygala* § 68 Rn. 54; *Scharff,* Der Nießbrauch an Aktien im Zivil- und Steuerrecht, 1982, S. 16; Staudinger/*Frank* BGB Anh. §§ 1068, 1069 Rn. 108 ff.

[58] *Bork* FS Henckel, 1995, 23 (28 ff.); MüKoAktG/*Bayer* § 68 Rn. 111; Hüffer/*Koch* AktG § 68 Rn. 11; KölnKommAktG/*Lutter/Drygala* § 68 Rn. 55.

[59] BGH WM 2004, 1747 (1748 f.).

[60] *Kunst,* Zwangsvollstreckung in Wertpapiere, 2004, S. 166 ff.; MüKoHGB/*Einsele,* Bankvertragsrecht, Depotgeschäft Rn. 103; wohl auch Spindler/Stilz/*Cahn* AktG § 68 Rn. 35, der allerdings generell, dh auch bei Einzelverbriefung, auf § 857 abzustellen scheint; aA wohl MüKoAktG/*Bayer* § 68 Rn. 111.

[61] MüKoAktG/*Bayer* § 68 Rn. 112 f.; KölnKommAktG/*Lutter/Drygala* § 68 Rn. 55; *Bork* FS Henckel, 1995, 23 (32 ff.); für freie Verwertung: v. Godin/*Wilhelmi* AktG § 68 Anm. 13.

werden darf.[62] Eine Zustimmung der Gesellschaft ist weiterhin entbehrlich bei Verfügungen des **Alleinaktionärs**, beim zulässigen Erwerb – nicht hingegen bei der Veräußerung – **eigener Aktien** durch die Gesellschaft und bei Verfügungen, an denen alle Aktionäre als Veräußerer oder Erwerber beteiligt sind.[63]

21 d) **Ausgestaltung der Vinkulierung.** Den nach § 68 Abs. 2 AktG zulässigen Rahmen der Bindung muss die Satzung nicht ausschöpfen; sie kann der Vinkulierung einen geringeren als den gesetzlich möglichen Umfang geben. Wird die Vinkulierung demnach auf bestimmte Übertragungen (zB nach persönlichen Kriterien der Aktionäre oder nach Art der Übertragung) beschränkt, sind andere Übertragungen nicht von der Vinkulierung erfasst und damit zustimmungsfrei.[64] Eine Verschärfung ist demgegenüber nicht zulässig, so dass die Satzung nicht etwa schuldrechtliche Verpflichtungsgeschäfte oder Rechtsübergänge durch Gesamtrechtsnachfolge an die Zustimmung der Gesellschaft binden kann. Ebensowenig kann die Übertragung an eine bestimmte Form, wie zB eine Unterschriftsbeglaubigung auf Kosten des Aktionärs, gebunden werden.[65]

22 Es ist unzulässig, in der Satzung Gründe festzulegen, bei deren Vorliegen die Zustimmung stets verweigert werden muss, weil zum einen der Wortlaut des § 68 Abs. 2 S. 4 AktG („darf", nicht: „muss") dagegen spricht und zum anderen die Übertragbarkeit der Aktie beeinträchtigt werden würde.[66] Allerdings darf die Satzung Gründe vorsehen, bei denen die Zustimmung stets erteilt werden muss, denn dies fördert die Übertragbarkeit der Aktie.[67] Dieses Ziel lässt sich auch dadurch erreichen, dass bestimmte Übertragungen von vornherein aus dem Anwendungsbereich der Vinkulierung ausgenommen werden.[68]

23 Nach § 68 Abs. 2 S. 4 AktG kann die Satzung die Gründe bestimmen, aus denen die Zustimmung verweigert werden darf. Werden solche **Verweigerungsgründe** (zB mangelnde Solvenz) in der Satzung festgelegt, so darf die Zustimmung aus anderen Gründen nicht versagt werden, wenn die aufgezählten Gründe bei Auslegung der Satzung als abschließend anzusehen sind.[69] Grundsätzlich gilt bei der Festlegung der Gründe – sofern sich diese im Rahmen der Gesetze, allgemeinen Rechtsgrundsätze sowie guten Sitten halten – Gestaltungsfreiheit; der Satzungsgeber muss sich nicht auf wichtige Gründe beschränken.[70] Als solche Gründe, aus denen die Zustimmung verweigert werden darf, kommen daher in Betracht zB die Nichtzugehörigkeit zu einer bestimmten Familie oder zu dem Kreis der bisherigen Aktionäre, die mangelnde Solvenz des Erwerbers – dies ist insbesondere bei nicht voll eingezahlten Aktien wichtig, wie sie etwa in der Versicherungswirtschaft häufig vorkommen – und die Ausländereigenschaft des Erwerbers, soweit es sich nicht um einen Angehörigen aus den

---

[62] *Bork* FS Henckel, 1995, 23 (38 f.); MüKoAktG/*Bayer* § 68 Rn. 114; KölnKommAktG/*Lutter*/ *Drygala* § 68 Rn. 56; für freie Verwertung demgegenüber *Knur* FS Flume, II, 1978, 173 (182 f.); BGHZ 32, 151 (155) (für GmbH-Anteile).

[63] OLG München ZIP 2005, 1070 (1072); MüKoAktG/*Bayer* § 68 Rn. 115; KölnKommAktG/ *Lutter*/*Drygala* § 68 Rn. 106; *Wiedemann*, Die Übertragung und Vererbung von Mitgliedschaftsrechten bei Handelsgesellschaften, 1965, S. 101 f.; aA *Heller*/*Timm* NZG 2006, 257 ff.

[64] MüKoAktG/*Bayer* § 68 Rn. 58.

[65] BGH ZIP 2004, 2093 (2094); mit Anm. *Stupp* NZG 2005, 205 ff.

[66] *Lieder* ZHR 172 (2008), 306 (321); Spindler/Stilz/*Cahn* AktG § 68 Rn. 53; Schmidt/Lutter/ *Bezzenberger* AktG § 68 Rn. 29; MüKoAktG/*Bayer* § 68 Rn. 62; Hüffer/*Koch* AktG § 68 Rn. 14; Großkomm AktG/*Merkt* § 68 Rn. 394 ff.; aA KölnKommAktG/*Lutter*/*Drygala* § 68 Rn. 70; *Schrötter* DB 1977, 2265 (2268 f.); *Lutter*/*Schneider* ZGR 1975, 182 (185) (Fn. 4); *Behrens* RabelsZ 1976, 233 (247); *Asmus*, Die vinkulierte Mitgliedschaft, 2001, S. 77 f.

[67] MüKoAktG/*Bayer* § 68 Rn. 59; Großkomm AktG/*Merkt* § 68 Rn. 398 ff.; KölnKommAktG/ *Lutter*/*Drygala* § 68 Rn. 69; aA Spindler/Stilz/*Cahn* AktG § 68 Rn. 53.

[68] Spindler/Stilz/*Cahn* AktG § 68 Rn. 37, 53.

[69] MüKoAktG/*Bayer* § 68 Rn. 61; *Lutter* AG 1992, 369 (371); Spindler/Stilz/*Cahn* AktG § 68 Rn. 52; Großkomm AktG/*Merkt* § 68 Rn. 392; enger wohl Schmidt/Lutter/*Bezzenberger* AktG § 68 Rn. 29.

[70] Spindler/Stilz/*Cahn* AktG § 68 Rn. 52; *Schrötter* DB 1977, 2265 (2267).

EU-Staaten handelt.⁷¹ Die Gestaltungsfreiheit des Satzungsgebers ist jedoch in den Fällen eingeschränkt, in denen die Vinkulierung gesetzlich vorgeschrieben ist (dazu → § 13 Rn. 2). Hier darf die Satzung die Gründe für die Verweigerung der Zustimmung nicht in einer Weise regeln, die dem Sinn und Zweck der gesetzlichen Vinkulierung widerspricht.

e) Zustimmung der Gesellschaft. aa) Erklärung von Zustimmung oder Verweigerung. Zustimmung und Verweigerung der Zustimmung sind empfangsbedürftige Willenserklärungen und können nach § 182 Abs. 1 BGB entweder dem Veräußerer oder dem Erwerber gegenüber abgegeben werden.⁷² Für die Abgabe der Erklärung ist stets und zwingend der Vorstand als Vertretungsorgan der Gesellschaft zuständig, der jedoch nach allgemeinen Grundsätzen auch andere Personen zur Abgabe der Erklärung bevollmächtigen kann. Der Aktionär kann die Zustimmung nach Abschluss der zustimmungsbedürftigen Rechtsgeschäfte als Genehmigung gemäß § 184 BGB oder vorher als Einwilligung gemäß § 183 BGB einholen.⁷³ Die Zustimmung bedarf keiner besonderen Form und kann daher auch konkludent zB durch Eintragung des Erwerbers in das Aktienregister oder seine Zulassung zur Hauptversammlung erfolgen.⁷⁴ Die Satzung kann nicht mit Wirkung für den veräußernden Aktionär und den Erwerber die Zustimmung an eine besondere Form binden, da hierin eine über § 68 Abs. 2 AktG hinausgehende Beschränkung zu sehen wäre; die Wirkung entsprechender Regelungen beschränkt sich auf das Innenverhältnis.⁷⁵ Die vorherige Zustimmung kann unter einer auflösenden oder aufschiebenden Bedingung und befristet erteilt werden; bei der nachträglichen Zustimmung wäre hingegen eine auflösende Bedingung aus Gründen der Rechtssicherheit unwirksam.⁷⁶ Die Aktiengesellschaft kann die Zustimmung im Vorhinein auf einen bestimmten Kreis von Verfügungen beziehen. Sie kann aber keine Globalzustimmung zu einem unbestimmten Kreis von Verfügungen erteilen,⁷⁷ wie sie zB für die Börsenzulassung gefordert wird.

bb) Entscheidungszuständigkeit. Nach § 68 Abs. 2 S. 2 AktG wird die Zustimmung stets durch den Vorstand erteilt. Die Satzung kann jedoch bestimmen, dass der Aufsichtsrat⁷⁸ oder die Hauptversammlung mit bindender Wirkung für den Vorstand über die Erteilung der Zustimmung beschließt (§ 68 Abs. 2 S. 3 AktG). Die Hauptversammlung ist nicht zwingend zuständig, wenn die AG durch die Übertragung vom Erwerber abhängig wird.⁷⁹ Einzelnen Aktionären oder Dritten kann die Entscheidung nicht übertragen werden.⁸⁰ Die Satzung kann auch nicht vorsehen, dass zwei oder gar alle drei Organe der Aktiengesellschaft gemeinsam zur Entscheidung zuständig sind.⁸¹ Hierin läge eine über § 68 Abs. 2

---

⁷¹ Einzelheiten bei *Behrens* RabelsZ 1976, 233 (247 f.); MüKoAktG/*Bayer* § 68 Rn. 60; *Lutter/Schneider* ZGR 1975, 182 (185); *Westermann* FS U. Huber, 2006, 997 (1001 ff.); *Lieder* ZHR 172 (2008), 306 (320 f.).
⁷² Unstreitig, KölnKommAktG/*Lutter/Drygala* § 68 Rn. 83 f.; MüKoAktG/*Bayer* § 68 Rn. 84.
⁷³ BGH WM 1987, 174 (175); RGZ 132, 149 (155) – Victoria.
⁷⁴ RGZ 104, 413 (414) (zur GmbH); RG JW 1931, 2097; MüKoAktG/*Bayer* § 68 Rn. 90; KölnKommAktG/*Lutter/Drygala* § 68 Rn. 85.
⁷⁵ Großkomm AktG/*Merkt* § 68 Rn. 462 f.; MüKoAktG/*Bayer* § 68 Rn. 90; KölnKommAktG/*Lutter/Drygala* § 68 Rn. 85; aA zur Parallelvorschrift (§ 15 Abs. 5) im GmbHG Baumbach/Hueck/*Fastrich* GmbHG § 15 Rn. 45; *v. Godin/Wilhelmi* AktG § 68 Rn. 11.
⁷⁶ Im Einzelnen ist hier vieles streitig, wie hier MüKoAktG/*Bayer* § 68 Rn. 86; KölnKommAktG/*Lutter/Drygala* § 68 Rn. 87; aA Spindler/Stilz/*Cahn* AktG § 68 Rn. 62, wonach auch eine auflösend bedingte Genehmigung zulässig ist.
⁷⁷ RGZ 132, 149 (155); KölnKommAktG/*Lutter/Drygala* § 68 Rn. 86.
⁷⁸ So im Fall OLG München ZIP 2005, 1070 ff.
⁷⁹ Zutreffend Hüffer/*Koch* AktG § 68 Rn. 15; aA *K. Schmidt* FS Beusch, 1993, 759 (768 ff.); MüKoAktG/*Bayer* § 68 Rn. 64; GroßkommAktG/*Merkt* § 68 Rn. 366.
⁸⁰ MüKoAktG/*Bayer* § 68 Rn. 65; KölnKommAktG/*Lutter/Drygala* § 68 Rn. 67; *Serick* FS Hefermehl, 1976, 427 (432).
⁸¹ *Luther*, Die genossenschaftliche Aktiengesellschaft, 1978, S. 73 f.; KölnKommAktG/*Lutter/Drygala* § 68 Rn. 67; MüKoAktG/*Bayer* § 68 Rn. 65.

AktG hinausgehende Erschwerung der Übertragbarkeit der Aktie. Die Satzung kann aber für unterschiedliche Verfügungen die Zuständigkeit verschiedener Organe vorsehen[82] und ebenfalls regeln, dass bei Versagung der Zustimmung eines der anderen Organe angerufen werden kann.[83] Die Anrufung einer anderen Stelle als eines Gesellschaftsorgans wie etwa eines besonderen Aktionärsausschusses kann hingegen nicht in der Satzung vorgesehen werden.[84] Bei der Beschlussfassung der Hauptversammlung über die Zustimmung zu einer Aktienübertragung ist der Veräußerer nicht vom Stimmrecht ausgeschlossen.[85]

26 **cc) Entscheidungsfindung.** Bestimmt die Satzung keine Gründe, aus denen die Zustimmung verweigert werden darf, so muss das zuständige Organ nach pflichtgemäßem, durch das Gleichbehandlungsgebot des § 53a AktG **gebundenem Ermessen** entscheiden.[86] Die Ermessensausübung hat sich dabei in erster Linie am Wohl der Gesellschaft zu orientieren;[87] sie darf bei ihrer Entscheidung aber auch die berechtigten Interessen des betroffenen Aktionärs nicht außer Acht lassen.[88] Zugunsten des Aktionärs ist zu berücksichtigen, dass die Vinkulierung nicht zu einer grundsätzlichen Unveräußerbarkeit seiner Aktien auf unabsehbare Zeit führen darf. Ist der Aktionär auf den Erlös aus dem Verkauf seiner Aktien angewiesen und erklären sich außer einem außenstehenden Interessenten andere Aktionäre bereit, die Aktien zu einem bestimmten Kaufpreis zu übernehmen, so darf die Zustimmung zur Veräußerung an den außenstehenden Interessenten mit Rücksicht auf diese Bereitschaft nur dann verweigert werden, wenn der von den anderen Aktionären angebotene Kaufpreis angemessen ist. Als angemessen ist entsprechend §§ 305 Abs. 3 S. 2, 320b Abs. 1 S. 5 AktG regelmäßig der innere Wert der Aktien anzusehen, der sich nach der Vermögens- und Ertragslage der Gesellschaft ergibt.[89] Die Interessen des Erwerbers sind für die Entscheidung des zuständigen Gesellschaftsorgans unbeachtlich; seine Interessen werden, da er bis zur Zustimmung nicht in einem mitgliedschaftlichen Verhältnis zur Gesellschaft steht, nicht geschützt.[90]

27 Der Grundsatz, dass niemand auf Dauer in einer AG festgehalten werden kann, führt in einigen Fällen dazu, dass die Zustimmung nur **aus wichtigem Grund** versagt werden darf, auch wenn generell das Vorliegen eines wichtigen Grundes nicht erforderlich ist. So darf die Zustimmung nur aus wichtigem Grund versagt werden, wenn die Gesellschaft einem veräußerungswilligen Aktionär trotz Vorhandenseins verschiedener Erwerbsinteressenten wiederholt die Zustimmung versagt hat.[91] Bei der Entscheidung über die Erteilung der

---

[82] *Luther* (Fn. 81), S. 74; MüKoAktG/*Bayer* § 68 Rn. 65; GroßkommAktG/*Merkt* § 68 Rn. 346.

[83] Ausführlich zu einem derartigen innergesellschaftlichen „Rechtsmittelzug" GroßkommAktG/ *Merkt* § 68 Rn. 361 ff.; siehe auch MüKoAktG/*Bayer* § 68 Rn. 66; *Wiedemann* (Fn. 63), S. 107.

[84] GroßkommAktG/*Merkt* § 68 Rn. 362; MüKoAktG/*Bayer* § 68 Rn. 66; Spindler/Stilz/*Cahn* AktG § 68 Rn. 47; aA *Wiedemann* (Fn. 63), S. 107; KölnKommAktG/*Lutter*/*Drygala* § 68 Rn. 67.

[85] MüKoAktG/*Bayer* § 68 Rn. 68; KölnKommAktG/*Lutter*/*Drygala* § 68 Rn. 75; aA KölnKomm-AktG/*Zöllner* § 136 Rn. 29. Zu den Mehrheitserfordernissen vgl. *Immenga* BB 1992, 2446 ff.; MüKo-AktG/*Bayer* § 68 Rn. 69.

[86] BGH WM 1987, 174 (175); LG Aachen WM 1992, 1485 (1492); Hüffer/*Koch* AktG § 68 Rn. 15; MüKoAktG/*Bayer* § 68 Rn. 72 ff.; GroßkommAktG/*Merkt* § 68 Rn. 401 ff.; KölnKomm-AktG/*Lutter*/*Drygala* § 68 Rn. 78 f.; *Wirth* DB 1992, 617 (618 ff.); *Lutter* AG 1992, 369 (370 f.).

[87] Zur Interessenabwägung bei Familienunternehmen: *Binz/G. Mayer* NZG 2012, 201 (204), nach ihrer Auffassung ist die Struktur des Familienunternehmens in die Erwägungen miteinzubeziehen.

[88] BGH WM 1987, 174 (175); LG Aachen WM 1992, 1485 (1492); *Wirth* DB 1992, 617 (619); anders *Kossmann* BB 1985, 1364 (1366) (Unternehmensinteresse vorrangig, da Aktionärsinteressen unterschiedlich); siehe auch die ausführliche Darstellung der betroffenen Interessen bei Großkomm-AktG/*Merkt* § 68 Rn. 407 ff.

[89] BGH WM 1987, 174 (175); Grigoleit/*Grigoleit/Rachlitz* AktG § 68 Rn. 24 aE; MüKoAktG/ *Bayer* § 68 Rn. 81 (stellt zudem auch noch auf § 30 Abs. 1 UmwG ab).

[90] LG Aachen WM 1992, 1485 (1492); *Wirth* DB 1992, 617 (619); zweifelnd *Westermann* FS U. Huber, 2006, 997 (1012 f.).

[91] MüKoAktG/*Bayer* § 68 Rn. 81; KölnKommAktG/*Lutter*/*Drygala* § 68 Rn. 82.

Zustimmung ist stets auch das aktienrechtliche **Gleichbehandlungsgebot** des § 53a AktG zu beachten, so dass das zuständige Organ die Zustimmung zur Übertragung nicht verweigern darf, wenn es sie anderen Aktionären in gleicher Lage erteilt hat.[92] Grundsätzlich braucht die Gesellschaft ihre Entscheidung nicht zu **begründen**,[93] auch wenn das zunehmend bestritten[94] wird. Die Satzung kann vorsehen, dass bei einer Verweigerung der Zustimmung die Gründe hierfür nicht mitgeteilt werden.[95] Sind hingegen die Versagungsgründe im Einzelnen in der Satzung festgelegt, muss die Gesellschaft auch die für die Versagung maßgeblichen Gründe mitteilen, um so dem Aktionär eine Überprüfung der Entscheidung zu ermöglichen.[96]

f) Rechtsfolgen von Zustimmung und Verweigerung. Eine ohne Einwilligung der Gesellschaft getroffene Verfügung ist zunächst schwebend unwirksam. Mit Erteilung der Genehmigung wird die Verfügung ex tunc wirksam, mit ihrer Versagung von Anfang an absolut und nicht nur relativ gegenüber der Gesellschaft unwirksam.[97] Ist die Zustimmung einmal versagt worden, kann die angestrebte Übertragung nur durch Neuvornahme der Verfügung und eine neue Zustimmung der Gesellschaft hierzu erreicht werden.[98] Da das Zustimmungserfordernis nur das dingliche Verfügungsgeschäft betrifft, wird das schuldrechtliche **Kausalgeschäft** zwischen Aktionär und Erwerbsinteressenten durch die Verweigerung der Zustimmung grundsätzlich nicht unwirksam, sondern nur dann, wenn es unter einer entsprechenden Bedingung abgeschlossen wurde.[99]

28

aa) Gewährleistungsrechte des Käufers. Wird die Zustimmung verweigert, so ist der Aktionär aus dem Kausalgeschäft verpflichtet, alles in seiner Macht stehende zu tun, um die Zustimmung der Gesellschaft doch noch zu erreichen **(Verschaffungspflicht)**.[100] Wird die Zustimmung verweigert, geht der Anspruch des Käufers auf Erfüllung wegen Unmöglichkeit nach § 275 Abs. 1 BGB unter, ferner hat der Veräußerer gemäß § 326 Abs. 1 BGB keinen Anspruch auf den Kaufpreis.[101] Bereits erbrachte Kaufpreiszahlungen kann der Käufer gemäß §§ 326 Abs. 4, 346 Abs. 1 BGB zurückverlangen.[102]

29

Infolge der Unmöglichkeit kommen **Schadensersatzansprüche** gemäß §§ 437 Nr. 3, 280 Abs. 1, Abs. 3, 283 BGB oder § 311a BGB und/oder ein **Rücktritt** gemäß §§ 437 Nr. 2, 346, 323, 326 Abs. 5 BGB in Betracht.[103] Ob ein Fall der anfänglichen Unmöglichkeit gemäß § 311a BGB oder der nachträglichen Unmöglichkeit gemäß § 283 BGB vor-

30

---

[92] LG Aachen WM 1992, 1485 (1493); KölnKommAktG/*Drygala* § 53a Rn. 42.
[93] Wie hier KölnKommAktG/*Lutter/Drygala* § 68 Rn. 88; Hölters/*Laubert* AktG § 68 Rn. 24; offen gelassen von GroßkommAktG/*Merkt* § 68 Rn. 477 ff.
[94] Spindler/Stilz/*Cahn* AktG § 68 Rn. 65: generelle Begründungspflicht; Schmidt/Lutter/*Bezzenberger* AktG § 68 Rn. 35: auf Nachfrage Begründungspflicht; Bürgers/Körber/*Wieneke* AktG § 68 Rn. 24: in jedem Fall Recht auf Begründung; unklar bei MüKoAktG/*Bayer* § 68 Rn. 92.
[95] LG Aachen WM 1992, 1485 (1492); Hölters/*Laubert* AktG § 68 Rn. 24; wohl auch GroßkommAktG/*Merkt* § 68 Rn. 479 ff.
[96] KölnKommAktG/*Lutter/Drygala* § 68 Rn. 88; GroßkommAktG/*Merkt* § 68 Rn. 479; Hölters/*Laubert* AktG § 68 Rn. 24.
[97] RGZ 132, 149 (157) – Victoria; LG Düsseldorf AG 1989, 332; MüKoAktG/*Bayer* § 68 Rn. 96 ff.; KölnKommAktG/*Lutter/Drygala* § 68 Rn. 93.
[98] Str. für den Fall der rechtswidrigen Versagung der Genehmigung, vgl. MüKoAktG/*Bayer* § 68 Rn. 99; KölnKommAktG/*Lutter/Drygala* § 68 Rn. 93; *K. Schmidt* FS Beusch, 1993, 759 (778 ff.).
[99] RGZ 132, 149 (157) – Victoria; GroßkommAktG/*Merkt* § 68 Rn. 505; KölnKommAktG/*Lutter/Drygala* § 68 Rn. 96.
[100] KölnKommAktG/*Lutter/Drygala* § 68 Rn. 95.
[101] Siehe aber den differenzierenden Ansatz von GroßkommAktG/*Merkt* § 68 Rn. 508: § 275 BGB soll nur dann erfüllt sein, wenn die Übertragung für den Verkäufer „tatsächlich dauerhaft und endgültig subjektiv unmöglich" ist.
[102] Wie hier etwa KölnKommAktG/*Lutter/Drygala* § 68 Rn. 100.
[103] Ausführlich zu den Rechtsfolgen der Verweigerung KölnKommAktG/*Lutter/Drygala* § 68 Rn. 96 ff.

liegt, hängt davon ab, ob vinkulierte oder nicht vinkulierte Aktien verkauft wurden. Wurden übliche Aktien versprochen, sind diese tatsächlich aber vinkuliert, liegt ein Mangel iSv § 435 BGB vor (es gilt dann § 311a BGB).[104] Dieser Anspruch kann bei Kenntnis des Käufers gemäß § 442 Abs. 1 BGB ausgeschlossen sein.

31 Sind dagegen vinkulierte Aktien verkauft worden und wurde die Zustimmung verweigert, hat der Käufer in der Regel mangels Vertretenmüssens des Verkäufers keine Schadensersatzansprüche gemäß § 283 BGB, sondern nur ein Rücktrittsrecht. § 442 BGB schließt die Rechte des Käufers nicht aus, weil er nicht anwendbar ist: So setzt § 442 BGB die Kenntnis eines Mangels voraus, jedoch liegt ein solcher eben nicht in der Vinkulierung, sondern erst in der Verweigerung der Genehmigung, von der die Parteien im Vorhinein nicht ausgingen.[105] Es gibt keinen Grund dafür, den Käufer in seinen Rechten zu beschneiden, nur weil er Kenntnis vom Genehmigungserfordernis hat.[106]

32 Zu berücksichtigen ist bei börsennotierten Gesellschaften § 16 der Geschäftsbedingungen der Frankfurter Börse, wonach die Verweigerung der Zustimmung oder der Umschreibung dem Käufer keinen Anspruch auf Rückzahlung des Kaufpreises oder auf Schadenersatz gibt, es sei denn, dass die Verweigerung auf einem Mangel beruht, der den Indossamenten, der Blankozession oder dem Blankoumschreibungsantrag anhaftet.[107] Nach § 16 S. 2 ist der Erwerber zur Übertragung der Namensaktie an einen Dritten ermächtigt. Die Wirksamkeit dieses Ausschlusses ist indes nicht unumstritten.[108] Sofern man von einer Wirksamkeit ausgeht, nimmt ein Teil der Literatur an, dass der Käufer in diesen Fällen die Aktien mittels der ihm vom Verkäufer erteilten Ermächtigung an einen Dritten veräußern könne.[109] Dies ist allerdings insofern widersprüchlich, als der Erfüllungsanspruch des Käufers gemäß § 275 BGB untergegangen ist und ihm daher eigentlich stattdessen Sekundäransprüche zur Verfügung stehen.[110] Die Wirksamkeit einer solchen Klausel ist daher abzulehnen.

33 **bb) Ansprüche gegen die Gesellschaft.** Hat die Gesellschaft die Zustimmung **pflichtwidrig** verweigert, stehen dem veräußerungswilligen Aktionär und dem Erwerber als (gewillkürtem) Prozessstandschafter ein klagbarer Anspruch auf Erteilung der Zustimmung zu.[111] Eine pflichtwidrige Zustimmungsverweigerung kann zudem dazu führen, dass der Aktionär wegen schuldhafter Verletzung seines aus der Mitgliedschaft fließenden Rechts auf pflichtgemäße Entscheidung **Schadensersatzansprüche** gegen die Gesellschaft hat.[112] Der Vertragspartner hat hingegen nur aus abgetretenem Recht oder ausnahmsweise in den Grenzen des § 826 BGB Anspruch auf Schadensersatz gegen die Gesellschaft.

34 Vinkulierte Namensaktien können grundsätzlich nach den allgemeinen Regeln (vgl. → Rn. 11 f.) gutgläubig erworben werden.[113] Der gute Glaube des Erwerbers ersetzt jedoch nicht die für den Erwerb notwendige Zustimmung der Gesellschaft.

---

[104] Schmidt/Lutter/*Bezzenberger* AktG § 68 Rn. 26.
[105] KölnKommAktG/*Lutter/Drygala* § 68 Rn. 99 f.
[106] KölnKommAktG/*Lutter/Drygala* § 68 Rn. 100; aA MüKoAktG/*Bayer* § 68 Rn. 103; Spindler/Stilz/*Cahn* AktG § 68 Rn. 73; Bürgers/Körber/*Wieneke* AktG § 68 Rn. 23.
[107] Bedingungen für Geschäfte an der Frankfurter Börse, Stand: 11.6.2018, abrufbar unter http://deutsche-boerse.com.
[108] Für Wirksamkeit Geßler/Hefermehl/*Bungeroth* AktG § 68 Rn. 166; wohl auch Schmidt/Lutter/*Bezzenberger* AktG § 68 Rn. 26; dagegen KölnKommAktG/*Lutter/Drygala* § 68 Rn. 103; offen gelassen: GroßkommAktG/*Merkt* § 68 Rn. 509.
[109] Schmidt/Lutter/*Bezzenberger* AktG § 68 Rn. 26; Bürgers/Körber/*Wieneke* AktG § 68 Rn. 23.
[110] MüKoAktG/*Bayer* § 68 Rn. 105; Spindler/Stilz/*Cahn* AktG § 68 Rn. 73.
[111] LG Aachen WM 1992, 1485 (1490); GroßkommAktG/*Merkt* § 68 Rn. 510, 515; MüKoAktG/*Bayer* § 68 Rn. 107 ff., 110; KölnKommAktG/*Lutter/Drygala* § 68 Rn. 91 f.; Spindler/Stilz/*Cahn* AktG § 68 Rn. 74 f.; aA *Berger* ZHR 157 (1993), 31 ff.
[112] MüKoAktG/*Bayer* § 68 Rn. 108.
[113] MüKoAktG/*Bayer* § 68 Rn. 43.

g) Umgehungen. Die statutarisch eingeführte Vinkulierung hat regelmäßig den Zweck, 35
unerwünschte Aktionäre von der Gesellschaft fernzuhalten. Daher können die auch bei
vinkulierten Namensaktien grundsätzlich zulässigen Instrumente der Stimmrechtsvollmacht
(§ 134 Abs. 3 AktG) und des Stimmbindungsvertrages (arg. § 136 Abs. 2 AktG) im Einzelfall als unzulässige Umgehung nach wohl hM schwebend unwirksam sein, wenn die Gesellschaft durch die Stimmrechtsvollmacht oder die Stimmbindung entgegen dem Zweck der
Vinkulierung bei objektiver Betrachtung einem unerwünschten Fremdeinfluss ausgesetzt
wird; es kommt dabei nicht auf eine Umgehungsabsicht an.[114] Entsprechendes gilt auch für
rein schuldrechtliche Treuhandkonstruktionen, die den Aktionär hinsichtlich der Stimmrechtsausübung oder anderer Mitwirkungsrechte dem Willen eines Dritten unterwerfen.[115]
Ist der Aktionär eine Gesellschaft, so stellt der Wechsel der Gesellschafter bei dem Aktionär
grundsätzlich keine Umgehung der Vinkulierung dar.[116] Der Fall ist vielmehr ausdrücklich
durch eine die Vinkulierung ergänzende Change of Control-Klausel mit schuldrechtlicher
Wirkung zu regeln, wonach beim Change of Control die Vinkulierung zu beachten ist.[117]
Eine Umgehung liegt vor, wenn der Unternehmensgegenstand der Aktionärs-Gesellschaft
ausschließlich im Halten der Aktien besteht[118] oder wenn die Aktien zunächst auf eine
100%ige Gesellschaft des Aktionärs und dann deren Anteile auf einen Dritten übertragen
werden (sog. mittelbare Anteilsveräußerung).[119] Ob eine Umgehung zu bejahen ist, ist
letztlich objektiv nach dem Zweck der Vinkulierung zu ermitteln. Dazu kann auf Grundlage der Treuepflicht eine Gesamtabwägung der Interessen des betroffenen Aktionärs und
derjenigen der AG beitragen.[120]

4. Aktienregister. a) Allgemeines. Sobald eine Aktiengesellschaft Namensaktien (oder 36
Zwischenscheine, § 67 Abs. 7 AktG) ausgibt, ist sie verpflichtet, ein **Aktienregister,** in
das nach § 67 Abs. 1 AktG die Namensaktien unter Angabe des Namens, Geburtsdatums
und der Adresse des Inhabers sowie der Stückzahl oder der Aktiennummer und bei Nennbetragsaktien des Betrages einzutragen sind, zu führen und auf dem Laufenden zu halten.[121]
Für die **Einrichtung des Aktienregisters** ist der **Vorstand** in seiner Eigenschaft als
Leitungsorgan zuständig, so dass die Einrichtung der Mitwirkung des gesamten Vorstands
bedarf; ein Tätigwerden von Vorstandsmitgliedern in vertretungsberechtigter Zahl soll
ausdrücklich nicht genügen.[122] Da nach § 67 Abs. 2 S. 1 AktG im Verhältnis zur Gesellschaft nur derjenige als Aktionär gilt, der als solcher im Aktienregister eingetragen ist, ist
der Zweck der Führung eines Aktienregisters darin zu sehen, eine Grundlage zu schaffen,

---

[114] LG Berlin WM 1990, 978 (980); *Asmus,* Die vinkulierte Mitgliedschaft, 2001, S. 184 ff. (zur Stimmrechtsvollmacht) S. 166 ff. (zur Stimmrechtsbindung); *Lutter/Grunewald* AG 1989, 109 (111 ff.); MüKoAktG/*Bayer* § 68 Rn. 118 ff.; KölnKommAktG/*Lutter/Drygala* § 68 Rn. 112 ff., 118; Spindler/Stilz/*Cahn* AktG § 68 Rn. 80; nach aA ist das Umgehungsgeschäft nichtig, vgl. BGH WM 1987, 70 (71); *Sieveking/Technau* AG 1989, 17 (18 f.).
[115] MüKoAktG/*Bayer* § 68 Rn. 117 ff.; KölnKommAktG/*Lutter/Drygala* § 68 Rn. 116; *Lutter/Schneider* ZGR 1975, 182 (186); *Asmus* (Fn. 114), S. 204 ff.
[116] *Lutter/Grunewald* AG 1989, 409 (410); GroßkommAktG/*Merkt* § 68 Rn. 284, 530; MüKoAktG/*Bayer* § 68 Rn. 122; zur GmbH & Co. KG: OLG Karlsruhe BeckRS 2008, 12851; zur GmbH: OLG Naumburg NZG 2004, 775 (779).
[117] OLG Naumburg NZG 2004, 775 (778); *Lutter/Grunewald* AG 1989, 409 (410); MüKoAktG/*Bayer* § 68 Rn. 123; GroßkommAktG/*Merkt* § 68 Rn. 285.
[118] Zur GmbH&Co. KG: OLG Karlsruhe BeckRS 2008, 12851; MüKoAktG/*Bayer* § 68 Rn. 122; *Liebscher* ZIP 2003, 825 (826 f.); *Lutter/Grunewald* AG 1989, 409 (410); aA Spindler/Stilz/*Cahn* AktG § 68 Rn. 79; offen gelassen OLG Naumburg NZG 2004, 775 (779).
[119] Vgl. *Liebscher* ZIP 2003, 825 (826); zurückhaltend *Lutter/Grunewald* AG 1989, 409 (411); offen gelassen OLG Naumburg NZG 2004, 775 (779).
[120] OLG Naumburg NZG 2004, 775 (780).
[121] Zu den hier eingeführten Neuerungen durch das Risikobegrenzungsgesetz (Gesetz zur Begrenzung der mit Finanzinvestitionen verbundenen Risiken vom 12.8.2008, BGBl. 2008 I S. 1666) vgl. *König* BB 2008, 1910 sowie *Weber-Rey* DStR 2008, 1967.
[122] OLG München ZIP 2005, 1070 (1071); *Bayer* Liber Amicorum Martin Winter, 2011, 9 (14).

aus der die Gesellschaft ersehen kann, wer ihr gegenüber zur Ausübung der Mitgliedschaftsrechte berechtigt und zur Erfüllung mitgliedschaftlicher Pflichten verpflichtet ist.[123] Die Aktionäre sind verpflichtet, die für die Eintragung erforderlichen Informationen mitzuteilen (§ 67 Abs. 1 S. 2 AktG) und bei einer Übertragung den Nachweis nach § 67 Abs. 3 AktG zu führen. Mit der Pflicht des Aktionärs korrespondiert ein Anspruch der Gesellschaft auf Mitteilung.[124] Nach wie vor zulässig ist die Eintragung von „Platzhaltern" (§ 67 Abs. 4 S. 5 AktG) sowie **Legitimationsaktionären** (vgl. § 67 Abs. 4 AktG sowie § 129 Abs. 3 AktG, dazu unter → Rn. 67 f.), wobei § 67 Abs. 1 S. 3 AktG es der Gesellschaft ermöglicht, die „grundsätzlich zulässige Eintragung von Legitimationsaktionären" anhand von Satzungsregelungen zu beschränken oder zu untersagen.[125]

37 Das Aktienregister ist **kein Handelsbuch** im Sinne von § 238 HGB und von § 91 Abs. 1 AktG, gehört aber zu den sonst erforderlichen Aufzeichnungen nach § 239 HGB.[126] Es kann deshalb gemäß § 239 Abs. 4 HGB auch als elektronische Datenbank geführt werden.[127] Seine Führung obliegt dem **Vorstand,** der sich bei der Führung der Hilfe von Angestellten oder unternehmensexternen Dritten (zB Banken) bedienen kann. Da das AktG über die Form des Aktienregisters keine Vorschriften enthält, besteht insoweit innerhalb der durch § 239 HGB gesetzten Grenzen Gestaltungsfreiheit.[128] In der Praxis der börsennotierten Gesellschaften wird das Aktienregister von darauf spezialisierten Dienstleistungsunternehmen elektronisch geführt. Diese erhalten ihre Informationen von der Clearstream Banking AG, die als Wertpapiersammelbank die in einer Globalurkunde verbrieften Namensaktien der Gesellschaften verwahrt.[129]

38 b) Eintragungen in das Aktienregister. aa) Inhalt. Nach § 67 Abs. 1 AktG sind Namensaktien unter Angabe des Namens, des Geburtsdatums und der Adresse des Inhabers sowie der Stückzahl oder der Aktiennummer und bei Nennbetragsaktien unter Angabe des Betrages einzutragen; für Zwischenscheine gilt dies gemäß § 67 Abs. 7 AktG sinngemäß. Früher wurde eine Eintragung von ergänzenden Angaben (sog. Kürangaben, zB Staatsangehörigkeit oder Beruf des Aktionärs, Haltefrist der Aktien) vielfach abgelehnt.[130] Demgegenüber wird heute ganz überwiegend davon ausgegangen, dass zusätzliche Informationen nicht schaden, sondern sogar für die Gesellschaft und die Aktionäre hilfreich sind und aus diesem Grund eingetragen werden können.[131] Die Frage, ob solche Eintragungen an der Legitimationswirkung teilnehmen, ist allerdings ungeklärt.[132]

39 Dingliche Belastungen einer Namensaktie wie Nießbrauch und Pfandrecht sind nicht eintragungspflichtig, jedoch als ergänzende Angaben eintragungsfähig. Es ist wohl einhellige Meinung, dass eingetragene dingliche Belastungen der Legitimationswirkung gemäß § 67 Abs. 2 AktG unterliegen.[133]

---

[123] MüKoAktG/*Bayer* § 67 Rn. 1; Schmidt/Lutter/*Bezzenberger* AktG § 67 Rn. 1 f.

[124] KölnKommAktG/*Lutter/Drygala* § 67 Rn. 14.

[125] Begr. RegE BT-Drs. 16/7438, 13 rechte Spalte; KölnKommAktG/*Lutter/Drygala* § 67 Rn. 18.

[126] Hüffer/*Koch* AktG § 67 Rn. 4; Baumbach/Hopt/*Merkt* HGB § 238 Rn. 1; Spindler/Stilz/*Cahn* AktG § 67 Rn. 9.

[127] Schmidt/Lutter/*Bezzenberger* AktG § 67 Rn. 9.

[128] Staub/*Hüffer* HGB § 238 Rn. 33; *Leuering* ZIP 1999, 1745; MüKoAktG/*Bayer* § 67 Rn. 14.

[129] MüKoAktG/*Bayer* § 67 Rn. 13; *Kindler* NJW 2001, 1678 (1679).

[130] Siehe nur KölnKommAktG/*Lutter*, 2. Auflage, § 67 Rn. 9; Geßler/Hefermehl/*Bungeroth* AktG § 67 Rn. 12.

[131] MüKoAktG/*Bayer* § 67 Rn. 33; *Noack* DB 1999, 1306 (1307); KölnKommAktG/*Lutter/Drygala* § 67 Rn. 31; *Bayer* Liber Amicorum Martin Winter, 2011, 9 (17); GroßkommAktG/*Merkt* § 67 Rn. 46; Bürgers/Körber/*Wieneke* AktG § 68 Rn. 11; einschränkend Spindler/Stilz/*Cahn* AktG § 67 Rn. 23, der nur solche ergänzenden Angaben zulassen möchte, die an der Legitimationswirkung teilhaben.

[132] Ausführlich *Bayer* Liber Amicorum Martin Winter, 2011, 9 (17).

[133] MüKoAktG/*Bayer* § 67 Rn. 35; GroßkommAktG/*Merkt* § 67 Rn. 47 ff.; Hüffer/*Koch* AktG § 67 Rn. 9; KölnKommAktG/*Lutter/Drygala* § 67 Rn. 34; Grigoleit/*Grigoleit/Rachlitz* AktG § 67

Auf **Inhaberaktien** finden die Vorschriften über das Aktienregister schon nach dem Wortlaut des § 67 AktG keine Anwendung. Früher wurde vielfach davon ausgegangen, dass auch bei unverkörperten Mitgliedschaftsrechten keine Eintragung ins Aktienregister erfolgt.[134] Das lässt sich seit der Änderung § 67 Abs. 1 S. 1 AktG durch die Aktienrechtsnovelle 2016[135] nicht mehr vertreten. Nun sind Namensaktien „unabhängig von einer Verbriefung" in das Aktienregister einzutragen, um zu verhindern, dass die Transparenzregelung des § 67 AktG in vielen Fällen ins Leere läuft.[136] Aktiengesellschaften führen häufig auch Aufzeichnungen über die Inhaberaktien, die gelegentlich auch als Aktienregister bezeichnet werden. Sie werden dadurch jedoch nicht zum Aktienregister iSd § 67 AktG und haben insbesondere nicht die Legitimationswirkung des § 67 Abs. 2 AktG. Diese Aufzeichnungen können freilich im Einzelfall den Nachweis der Berechtigung des Eingetragenen erleichtern.

bb) Erstmalige Eintragung. Die erstmalige Eintragung veranlasst der Vorstand von sich aus.[137] Seine Pflicht zur Eintragung beginnt mit der Entstehung der Mitgliedschaft. Wegen der Neufassung des § 67 Abs. 1 S. 1 AktG (→ Rn. 40) ist es eindeutig, dass die Eintragungspflicht auch besteht, wenn die entstandene Mitgliedschaft noch nicht verbrieft ist.

cc) Spätere Eintragungen. Spätere Eintragungen betreffen insbesondere den Rechtsübergang von Namensaktien und Zwischenscheinen; diese auf Mitteilung und Nachweis erfolgenden Eintragungen sind in § 67 Abs. 3 AktG geregelt. Rechtsübergang ist dabei nicht nur die rechtsgeschäftliche Übertragung, sondern auch der Rechtsübergang kraft Gesetzes, insbesondere auf Grund von Gesamtrechtsnachfolge. Die Eintragung des Erwerbers im Aktienregister ist für den Rechtsübergang nicht konstitutiv; vielmehr ist der Rechtsübergang Voraussetzung für die Eintragung. Die Bedeutung der Eintragung liegt darin, dass nunmehr dem Erwerber die Legitimationswirkung des § 67 Abs. 2 AktG (vgl. → Rn. 36, 50 ff.) zugutekommt.

Der Rechtsübergang der Namensaktie ist gemäß § 67 Abs. 3 AktG durch **Löschung** des bisherigen Aktionärs (Veräußerer) und **Neueintragung** des Erwerbers im Aktienregister abzubilden. Löschung und Neueintragung erfolgen nur auf **Mitteilung** und **Nachweis**. Die Mitteilung durch den Veräußerer berechtigt die Gesellschaft nur zu dessen Löschung im Aktienregister, nicht hingegen zur Neueintragung des Erwerbers.[138] Der Erwerber darf nur mit seinem Einverständnis eingetragen werden. Macht der Erwerber die Mitteilung des Rechtsübergangs, so muss vor seiner Neueintragung der Rechtsvorgänger im Aktienregister gelöscht werden. In der Veräußerung der Aktie liegt zugleich die Ermächtigung durch den Veräußerer an den Erwerber, die Löschung mitzuteilen.[139] Bei **Girosammelverwahrung** übernimmt die Clearstream Banking AG die technische Durchführung und teilt die Löschung und den Neueintrag der Gesellschaft mit.[140]

Wird der Rechtsübergang nur vom Veräußerer mitgeteilt, so wird, solange keine Mitteilung des Erwerbers erfolgt, lediglich der Veräußerer im Aktienregister gelöscht. Eine Neueintragung des Erwerbers erfolgt nicht. Im Aktienregister ist ein sog. **freier Meldestand** zu vermerken.[141] Hierdurch können sich zB bei nicht voll eingezahlten Aktien

---

Rn. 10; Hölters/*Solveen* AktG § 67 Rn. 8; Spindler/Stilz/*Cahn* AktG § 67 Rn. 23; Bürgers/Körber/*Wieneke* AktG § 67 Rn. 10.

[134] So etwa BGH ZIP 2005, 1070 (1071); KölnKommAktG/*Lutter/Drygala* § 67 Rn. 12.
[135] Gesetz zur Änderung des Aktiengesetzes v. 22.12.2015, BGBl. 2015 I S. 2565 ff.
[136] So die Regierungsbegründung BT-Drs. 18/4349, 20.
[137] Hüffer/*Koch* AktG § 67 Rn. 6.
[138] MüKoAktG/*Bayer* § 67 Rn. 102.
[139] MüKoAktG/*Bayer* § 67 Rn. 103; *Schneider/Müller-von Pilchau* AG 2007, 181 (187).
[140] MüKoAktG/*Bayer* § 67 Rn. 106; *Noack* ZIP 1999, 1993 (1996); *Diekmann* BB 1999, 1985 (1987).
[141] MüKoAktG/*Bayer* § 67 Rn. 109; *Noack* ZIP 1999, 1993 (1996). Ausführlich zum freien Meldebestand *Drygalski* NZG 2004, 893 ff.

Schutzlücken zu Lasten der Gesellschaft ergeben. Bei **Girosammelverwahrung** hat der freie Meldestand in der Vergangenheit teilweise bis zu 20–25 % der Aktionäre betragen.[142] Das AktG geht als Leitbild davon aus, dass alle Aktionäre in das Aktienregister eingetragen und auf diese Weise für die Gesellschaft erreichbar sind. Um den freien Meldestand in vernünftigen Grenzen zu halten, hat der Gesetzgeber in § 67 Abs. 4 S. 5 AktG geregelt, dass das depotführende Kreditinstitut auf Verlangen der Gesellschaft verpflichtet ist, sich gegen Erstattung der notwendigen Kosten durch die Gesellschaft an Stelle des Aktionärs gesondert in das Aktienregister eintragen zu lassen. Wegen der „gesonderten" Eintragung wird das depotführende **Kreditinstitut** nicht Aktionär, sondern nur **Platzhalter**.[143] Trotzdem wird es gemäß § 67 Abs. 2 AktG im Verhältnis zur Gesellschaft als Aktionär angesehen.[144] Nach § 135 Abs. 6 S. 1 AktG (entspricht § 135 Abs. 7 S. 1 AktG aF) darf ein Kreditinstitut das Stimmrecht für Namensaktien, die ihm nicht gehören, als deren Inhaber es aber im Aktienregister eingetragen ist, nur auf Grund einer Ermächtigung ausüben (→ § 37 Rn. 22).

45 Die Eintragung als Platzhalter löst gemäß § 67 Abs. 4 S. 7 AktG keine aufgrund der Vermutung des § 67 Abs. 2 AktG entstehenden Pflichten und auch keine Pflicht nach § 128 AktG aus; zudem führt sie nicht zur Anwendung von satzungsmäßigen Beschränkungen nach § 67 Abs. 1 S. 3 AktG. Der Platzhalter unterliegt nicht der Mitteilungspflicht als Meldepflichtiger nach § 33 Abs. 1 WpHG.[145] Das wurde 2012 vom OLG Köln noch anders gesehen.[146] Der Gesetzgeber hat durch das KleinanlegerschutzG[147] Klarheit geschaffen, indem er die Worte „aus ihm gehörenden Aktien" eingefügt hat. Damit ist der Platzhalter ausdrücklich von der Mitteilungspflicht ausgenommen. Nur ausnahmsweise kann sich eine Mitteilungspflicht des Platzhalters aus § 34 Abs. 1 S. 1 Nr. 6 WpHG ergeben.[148] Der Platzhalter unterliegt auch nicht den Mitteilungspflichten des Art. 17 MMVO[149] sowie der §§ 20, 21 AktG,[150] da mit der Eintragung kein Stimmrechtserwerb einhergeht (vgl. § 135 Abs. 6 S. 1 AktG).

46 Die **Mitteilung** ist an keine Form gebunden und kann bis zur Eintragung zurückgenommen werden. Sie ist eine rechtsgeschäftsähnliche Handlung (umstr.).[151] Der Streit über die Rechtsnatur ist allerdings für die Praxis irrelevant, da die Vorschriften über Willenserklärungen jedenfalls entsprechend anzuwenden sind. Ist die Mitteilung nicht dem Befugten zuzurechnen, weil er geschäftsunfähig oder beschränkt geschäftsfähig ist oder weil ein unbefugter Dritter die Mitteilung abgibt, sind auf Grund dieser Mitteilung erfolgte Löschungen oder Neueintragungen mit ex tunc-Wirkung zu beseitigen und haben keine Wirkung zu Lasten des Befugten. Andere Nichtigkeits- und Anfechtungsgründe können nur mit ex nunc-Wirkung im Löschungsverfahren gemäß § 67 Abs. 5 AktG geltend gemacht werden.

47 Der Mitteilung ist nach § 67 Abs. 3 AktG ein **Nachweis** über den Rechtsübergang beizufügen. Bei einem Übergang außerhalb der Girosammelverwahrung ist der Nachweis bei rechtsgeschäftlicher Übertragung zB durch Vorlage der Aktie mit der Indossantenkette

---

[142] Vgl. Beschlussempfehlung und Bericht des Rechtsausschusses zum Entwurf des UMAG, BT-Drs. 15/5693, 28.
[143] Vgl. MüKoAktG/*Bayer* § 67 Rn. 128.
[144] Vgl. Spindler/Stilz/*Rieckers* AktG § 135 Rn. 99 sowie Hüffer/*Koch* AktG § 135 Rn. 43.
[145] Vorgängerregelung § 21 Abs. 1 WpHG, geändert mWv 3.1.2018.
[146] OLG Köln NZG 2012, 946.
[147] BGBl. 2015 I S. 1114.
[148] So Hüffer/*Koch* AktG § 67 Rn. 15a.
[149] Hüffer/*Koch* AktG § 67 Rn. 21c.
[150] MüKoAktG/*Bayer* § 67 Rn. 128.
[151] Wie hier Hüffer/*Koch* AktG § 67 Rn. 17 und GroßkommAktG/*Merkt* § 67 Rn. 118; aA *Zutt* FS Oppenhoff, 1985, 555 (559) (Willenserklärung, zu § 16 GmbHG), KölnKommAktG/*Lutter*, 2. Auflage, § 68 Rn. 58 (Verfahrenshandlung), BGH NJW 2001, 1647 (Gestaltungsakt, zu § 16 GmbHG).

oder durch schriftliche Abtretungsvereinbarung und bei Gesamtrechtsnachfolge zB durch Erbschein zu erbringen.[152] Befinden sich die Namensaktien demgegenüber in Girosammelverwahrung, so teilt die Clearstream Banking AG der Gesellschaft oder dem von der Gesellschaft beauftragten Dienstleistungsunternehmen die erfolgten Rechtsänderungen mit.[153] Diese nehmen sodann die Löschung und Neueintragung im Aktienregister vor.

Liegen die Voraussetzungen für eine Umschreibung vor, haben sowohl Veräußerer als auch Erwerber einen **Anspruch** gegen die Gesellschaft **auf unverzügliche Vornahme der Eintragung des Rechtsübergangs**.[154] Verweigert oder verzögert die Gesellschaft die Eintragung des mitgeteilten und nachgewiesenen Rechtsübergangs, so haben die Betroffenen im Fall schuldhafter Pflichtverletzung einen Schadensersatzanspruch gegen die Gesellschaft und – bei Vorliegen entsprechender Voraussetzungen – auch gegen die verantwortlichen Vorstandsmitglieder.[155] Keine Pflichtverletzung liegt vor, wenn für einen gewissen Zeitraum vor der Hauptversammlung (sog. „technical record date") Eintragungen in das Aktienregister ausgesetzt werden.[156] Bzgl. der Länge der Frist besteht allerdings Uneinigkeit, zum Teil werden in Hinblick auf § 123 Abs. 2 S. 2 AktG sechs Tage als zulässig angesehen.[157] Andere erachten sieben Tage in Hinblick auf den Rechtsgedanken des § 123 Abs. 2 S. 3 AktG aF als zulässig.[158] Wiederum andere fordern, dass die Aussetzung so kurz wie möglich sein muss und nur für den technisch erforderlichen Zeitraum gerechtfertigt ist.[159] Ein Eintragungsstopp ist bei börsennotierten Gesellschaften gemäß § 121 Abs. 3 S. 3 Nr. 1 AktG bei Einberufung bekanntzumachen.[160]

48

Vor der Eintragung der Löschung oder der Neueintragung erfolgt eine **Prüfung** von Mitteilung und Unterlagen durch die Gesellschaft oder das von ihr beauftragte Dienstleistungsunternehmen. Erfolgt die Rechtsübertragung durch Indossament, ist nach § 68 Abs. 3 AktG die Ordnungsgemäßheit der Reihe der Indossamente, nicht aber die der Unterschriften zu prüfen. Es ist somit eine formale Überprüfung der lückenlosen Indossamentenkette ausreichend. Die Gesellschaft ist aber stets berechtigt und – zB bei Verdacht einer Unterschriftenfälschung – auch verpflichtet, die Unterschriften bzw. den Rechtsübergang zu überprüfen.[161] Bei Girosammelverwahrung erhält die Gesellschaft lediglich eine elektronische Mitteilung im automatisierten Verfahren von der Clearstream Banking AG, so dass lediglich eine Plausibilitätsprüfung verlangt wird.[162]

49

---

[152] Hüffer/Koch AktG § 67 Rn. 18; für Erbschein: OLG Jena AG 2004, 268 (271); für schriftliche Abtretungserklärung vgl. BGH ZIP 2004, 2093 (2094); vgl. auch OLG Brandenburg NZG 2002, 476 (478).
[153] MüKoAktG/Bayer § 67 Rn. 106; Diekmann BB 1999, 1985 (1987); Noack ZIP 1999, 1993 (1996).
[154] Hüffer/Koch AktG § 67 Rn. 20; MüKoAktG/Bayer § 67 Rn. 113.
[155] Hüffer/Koch AktG § 67 Rn. 113; Noack ZIP 1999, 1993 (1997).
[156] BGH NZG 2009, 1270 Rn. 9; OLG Köln NZG 2009, 467; Baums FS Hüffer, 2010, 15 (18); Bayer/Lieder NZG 2009, 1361 (1362 f.); Hüffer/Koch AktG § 67 Rn. 20; MüKoAktG/Bayer § 67 Rn. 115; von Nussbaum NZG 2009, 456 (457).
[157] Bayer/Lieder NZG 2009, 1361 (1362); Hüffer/Koch AktG § 67 Rn. 20; Grigoleit/Rachlitz ZHR 174 (2010), 12 (29) nennen zudem § 123 Abs. 3 S. 3 AktG aF (nun § 123 Abs. 4 S. 2 AktG).
[158] Von Nussbaum NZG 2009, 456 (457); Baums FS Hüffer, 2010, 15 (26); Henssler/Strohn/Lange AktG § 67 Rn. 19; siehe auch RegE UMAG BT-Drs. 15/5092, 14 rechte Spalte, wonach eine Frist von sieben Tagen hM sei und BT-Drs. 14/4051, 11 rechte Spalte, wonach die Frist keinesfalls länger als sieben Tage sein soll.
[159] GroßkommAktG/Merkt § 67 Rn. 129 (nicht länger als 48 Stunden); Grigoleit/Grigoleit/Rachlitz AktG § 67 Rn. 36; sehr streng auch Noack ZIP 1999, 1993 (1997) sowie Huep WM 2000, 1623 (1630) (24 Stunden).
[160] LG Köln NZG 2009, 467 (468); Bayer/Lieder NZG 2009, 1361 (1363); Grigoleit/Grigoleit/Rachlitz AktG § 67 Rn. 37: analoge Anwendung von § 121 Abs. 3 S. 3 Nr. 1 AktG; offenlassend GroßkommAktG/Merkt § 67 Rn. 126; aA Baums FS Hüffer, 2010, 15 (28 ff.); Quass AG 2009, 432 (436 f.).
[161] BGH ZIP 2004, 2093 (2094); MüKoAktG/Bayer § 67 Rn. 111 und § 68 Rn. 28.
[162] MüKoAktG/Bayer § 67 Rn. 112.

50 **c) Wirkungen der Eintragung im Aktienregister.** Nach § 67 Abs. 2 AktG gilt im Verhältnis zur Gesellschaft als Aktionär, wer als solcher im Aktienregister eingetragen ist. Der Eingetragene ist danach von der Gesellschaft in jeder Beziehung als Aktionär zu behandeln, ohne dass es auf die materielle Rechtslage ankommt. Die Aktionärsstellung des Eingetragenen wird im Verhältnis zur Gesellschaft **unwiderleglich vermutet.**[163] Grundlage der unwiderleglichen Vermutung ist der mit der Eintragung im Aktienregister verbundene registerähnliche **Rechtsschein** der Rechtsinhaberschaft des Eingetragenen.[164] Ohne Rücksicht auf die materielle Rechtslage kann die Gesellschaft nach § 67 Abs. 2 AktG den Eingetragenen auf Erfüllung mitgliedschaftlicher Pflichten (zB Leistung auf Neueinlagen, Erfüllung etwaiger Nebenleistungen, etc) in Anspruch nehmen. Auf die Legitimationswirkung der Eintragung kann sich nicht nur die Gesellschaft, sondern auch der Aktionär berufen.[165] Die Gesellschaft ist daher berechtigt und verpflichtet, dem Eingetragenen ohne Rücksicht auf die tatsächliche Rechtslage alle mit der Mitgliedschaft verbundenen Rechte (zB Teilnahme an der Hauptversammlung, Stimmrecht, Auskunftsrecht, Gewinnbezugsrecht, – mittelbares und unmittelbares – Bezugsrecht, Anfechtungsrecht, etc) zu gewähren. Er kann an Strukturmaßnahmen wie Kapitalerhöhungen, Umwandlungen und Verschmelzungen mitwirken. Die hieraus entstehenden neuen Aktien werden dinglich dem materiell Berechtigten zugewiesen. Der AG gegenüber kommt es allerdings allein auf die nach § 67 Abs. 2 AktG fingierte Rechtslage an.[166] Dem Eingetragenen sind gemäß § 125 Abs. 2 AktG auch die Mitteilungen nach § 125 Abs. 1 AktG zu übermitteln. Gewisse Besonderheiten gelten für den Anspruch auf Auszahlung der **Dividende,** da dieser regelmäßig in einem besonderen Gewinnanteilsschein verkörpert ist und damit einer gesonderten von § 67 Abs. 2 AktG unabhängigen Legitimation unterliegt[167] (vgl. → § 12 Rn. 27 ff.). Im Zusammenhang mit der **Ausübung des Stimmrechts** sind die §§ 129 Abs. 3 S. 2, 135 Abs. 2–7 AktG (vgl. → § 39 Rn. 3 f., 38) zu berücksichtigen. Eine Einschränkung der mitgliedschaftlichen Rechte bewirkt § 67 Abs. 2 S. 2 und 3 AktG jedoch – indem ein Stimmrechtsausschluss statuiert wird – für den Fall, dass entweder gegen satzungsmäßige Bestimmungen nach § 67 Abs. 1 S. 3 AktG verstoßen oder einem Auskunftsverlangen der AG nach § 67 Abs. 4 S. 2 oder 3 AktG[168] nicht nachgekommen wird, also eine Verletzung der durch das Risikobegrenzungsgesetz eingeführten Offenlegungspflicht im Hinblick auf Verwahrketten gegeben ist.

51 Die unwiderlegliche Vermutung des § 67 Abs. 2 AktG gilt nicht im Verhältnis des wirklichen Aktionärs zum Eingetragenen. Die Frage, ob der Eingetragene zur Herausgabe des auf Grund seiner Eintragung Erlangten und der Aktionär zur Erstattung der Aufwendungen des Eingetragenen verpflichtet ist, richtet sich nach dem zwischen beiden bestehenden Rechtsverhältnis. Bestehen keine vertraglichen Beziehungen, kommen die gesetzlichen Ansprüche aus Geschäftsführung ohne Auftrag und ungerechtfertigter Bereicherung zur Anwendung.[169] Gegenüber Dritten greift die Legitimationswirkung des § 67 Abs. 2 AktG ebenfalls nicht ein; hier kommt es auf die tatsächliche Rechtslage an. Die Tatsache, dass der Eingetragene nach § 67 Abs. 2 AktG der Gesellschaft gegenüber als Aktionär gilt, hat

---

[163] OLG Frankfurt a. M. ZIP 2006, 1137 (1139); OLG Jena AG 2004, 268 (269); MüKoAktG/*Bayer* § 67 Rn. 51; Hüffer/*Koch* AktG § 67 Rn. 13; *Spindler* ZGR 2000, 420 (423).
[164] Hüffer/*Koch* AktG § 67 Rn. 13; OLG Celle WM 1984, 494 (496); KölnKommAktG/*Lutter*/*Drygala* § 67 Rn. 44 ff.; *Wiedemann* (Fn. 63), S. 133.
[165] OLG Jena AG 2004, 268 (269); OLG Celle WM 1984, 494 (496); LG Köln AG 1981, 81; MüKoAktG/*Bayer* § 67 Rn. 52. Vgl. auch den Sachverhalt OLG Zweibrücken WM 1997, 622 (623). Bei fehlerhafter Aktienübertragung bedarf es wegen § 67 Abs. 2 AktG keines Rückgriffs auf die Lehre von der fehlerhaften Gesellschaft, vgl. BGH WM 1990, 505 (508).
[166] Ausführlich *Schnorbus* ZGR 2004, 126 ff.; *Stein* FS Ulmer, 2003, 643 ff. (für die Parallelvorschrift des § 16 Abs. 1 GmbHG).
[167] Vgl. MüKoAktG/*Bayer* § 67 Rn. 61; *Diekmann* BB 1999, 1985 (1987).
[168] Ausführlich zum Auskunftsanspruch: *Ihrig* FS U. Schneider, 2011, 573 ff.
[169] Hüffer/*Koch* AktG § 67 Rn. 15 aE.

jedoch insofern gewisse Reflexwirkungen, als zB ein Hauptversammlungsbeschluss, bei dem der Eingetragene mitgestimmt hat, nicht mit der Begründung angefochten werden kann, der Eingetragene sei nicht Aktionär. Die unwiderlegliche Vermutung des § 67 Abs. 2 AktG gilt auch für die Antragsberechtigung im Spruchverfahren.[170]

Die Rechtswirkungen des § 67 Abs. 2 AktG setzen eine formal ordnungsgemäße **Eintragung** und eine formal ordnungsgemäße **Mitteilung** des Rechtsübergangs durch einen dazu formal Befugten voraus (dazu → Rn. 36 ff.).[171] Die inhaltliche Unrichtigkeit der Eintragung beseitigt die Ordnungsgemäßheit der Eintragung ebenso wenig wie ein Verstoß der Gesellschaft gegen ihre Sorgfaltspflichten im Rahmen der Prüfung der Mitteilung und des Nachweises. Fehlt es an einer ordnungsgemäßen Mitteilung oder Eintragung, so greifen die Rechtswirkungen des § 67 Abs. 2 AktG nicht ein. War der Rechtsübergang der Aktie unwirksam, so hat dies bei unwirksamer Anmeldung oder Eintragung zur Folge, dass der Veräußerer der Gesellschaft gegenüber nach § 67 Abs. 2 AktG weiterhin als Aktionär gilt. § 67 Abs. 2 AktG normiert einen objektiven Rechtsscheintatbestand.[172] Nach allgemeinen Grundsätzen wird ein Rechtsschein nur dem zugerechnet, der diesen verantwortlich gesetzt hat.[173] An einem zurechenbar gesetzten Rechtsschein fehlt es bei Geschäftsunfähigen und beschränkt Geschäftsfähigen sowie bei Fälschungen der Mitteilung und Handeln eines vollmachtlosen Vertreters.[174] Demgegenüber beseitigt eine Anfechtung der Mitteilung nach §§ 119, 123 BGB nicht die Wirkungen des § 67 Abs. 2 AktG. Der auf Grund einer solchen fehlerhaften Anmeldung in das Aktienbuch Eingetragene kann somit von der Gesellschaft auf Erfüllung aller mitgliedschaftlichen Pflichten in Anspruch genommen werden.[175] **52**

Bei **Gesamtrechtsnachfolge** im Rahmen der Erbfolge gilt die Besonderheit, dass der für den Erblasser durch Eintragung im Aktienregister begründete Rechtsschein auch ohne Umschreibung ohne weiteres für den **Erben** gilt.[176] Nach der Eintragung des Erben in das Aktienregister kann sich dieser der Gesellschaft gegenüber nicht mehr auf die beschränkte Erbenhaftung nach §§ 1975 ff., 2059 ff. BGB berufen.[177] Auch in den anderen Fällen der Gesamtrechtsnachfolge wie zB **Umwandlungen** nach § 1 Abs. 1 UmwG gilt der durch die Eintragung begründete Rechtsschein unmittelbar für und gegen den Gesamtrechtsnachfolger, ohne dass es einer Umschreibung im Aktienbuch bedarf. **53**

d) Löschung von Eintragungen. Ist jemand nach Ansicht der Gesellschaft zu Unrecht als Aktionär in das Aktienregister eingetragen worden, so kann die Gesellschaft die Eintragung nach § 67 Abs. 5 AktG nur löschen, wenn sie vorher die Beteiligten von der beabsichtigten Löschung benachrichtigt und ihnen eine angemessene Frist zur Geltendmachung eines Widerspruchs gesetzt hat. Widerspricht ein Beteiligter innerhalb der Frist, so hat die Löschung zu unterbleiben. Einseitige Löschungen unrichtiger Eintragungen durch die Gesellschaft sind nach § 67 Abs. 5 AktG nicht möglich.[178] Umgekehrt können die Beteiligten auch nicht durch eine übereinstimmende Erklärung von der Gesellschaft verlangen, **54**

---

[170] OLG Frankfurt a. M. NJW-RR 2011, 1411; ZIP 2006, 1137 (1139 f.); LG München I NZG 2010, 559.
[171] Grigoleit/*Grigoleit/Rachlitz* AktG § 67 Rn. 20.
[172] OLG Celle WM 1984, 494 (496); KölnKommAktG/*Lutter/Drygala* § 67 Rn. 44 f.; Grigoleit/ *Grigoleit/Rachlitz* AktG § 67 Rn. 19.
[173] *Canaris*, Die Vertrauenshaftung im deutschen Privatrecht, 1971, S. 467 ff., 517 f.; zu § 67 Abs. 2 AktG ausführlich *Wiedemann* (Fn. 63), S. 137 ff.
[174] Ganz hM, vgl. nur MüKoAktG/*Bayer* § 67 Rn. 85 iVm Rn. 96; GroßkommAktG/*Merkt* § 67 Rn. 89 f.
[175] BGH WM 1990, 505 (508); MüKoAktG/*Bayer* § 67 Rn. 85 iVm Rn. 97.
[176] OLG Jena AG 2004, 268 (270); OLG Brandenburg NZG 2002, 476 (478); KölnKommAktG/ *Lutter/Drygala* § 67 Rn. 71; *Wiedemann* (Fn. 63), S. 236 f.; aA MüKoAktG/*Bayer* § 67 Rn. 79 ff.
[177] Hüffer/*Koch* AktG § 67 Rn. 15; KölnKommAktG/*Lutter/Drygala* § 67 Rn. 55; aA MüKoAktG/*Bayer* § 67 Rn. 82.
[178] OLG Zweibrücken WM 1997, 622 (624).

eine einmal erfolgte richtige Eintragung wieder zu beseitigen. Hier hilft nur eine Rückübertragung. Zu Unrecht in das Aktienregister eingetragen ist sowohl derjenige, dessen Eintragung auf einem nicht ordnungsgemäßen Eintragungsverfahren (vgl. → Rn. 38 ff.) beruht, als auch derjenige, dessen Eintragung im Zeitpunkt ihres Zustandekommens **inhaltlich unrichtig** war.[179] Wird die Eintragung nachträglich durch einen Rechtsübergang unrichtig, so kommt nur eine Löschung und Neueintragung nach § 67 Abs. 3 AktG (vgl. → Rn. 43 ff.), nicht aber eine Löschung nach § 67 Abs. 5 AktG in Betracht.

55 **Beteiligte** im Sinne von § 67 Abs. 5 S. 1 AktG sind der Eingetragene, sein unmittelbarer Vormann und die mittelbaren Vormänner, deren Haftung wegen der Zweijahresfrist nach § 65 Abs. 2 AktG noch nicht erloschen ist. Nießbraucher und sonstige Inhaber beschränkter dinglicher Rechte sind ebenfalls Beteiligte im Sinne von § 67 Abs. 5 S. 1 AktG.[180] Die Löschung darf erst dann erfolgen, wenn die Beteiligten von der beabsichtigten Löschung benachrichtigt sind, ihnen eine angemessene Widerspruchsfrist von mindestens einem Monat gesetzt wurde und nicht einer von ihnen innerhalb der gesetzten Frist widersprochen hat. Benachrichtigung und Widerspruch sind empfangsbedürftige Willenserklärungen und werden daher gemäß § 130 BGB erst mit Zugang wirksam. Der Widerspruch eines Beteiligten kann dadurch beseitigt werden, dass der Widersprechende seinen Widerspruch zurücknimmt. Darauf kann er notfalls von der Gesellschaft und den anderen Beteiligten verklagt werden.

56 Ist die Gesellschaft der Ansicht, jemand ist zu Unrecht im Aktienregister als Aktionär eingetragen, ist sie stets verpflichtet, das Löschungsverfahren nach § 67 Abs. 5 AktG durchzuführen.[181] Jeder von der Eintragung Betroffene hat einen entsprechenden klagbaren Anspruch gegen die Gesellschaft auch dann, wenn die Gesellschaft nicht von der Unrichtigkeit des Aktienregisters überzeugt ist.[182] Die Löschung hat zur Folge, dass der unmittelbare Vormann des Gelöschten nach § 67 Abs. 2 AktG wieder als Aktionär gilt. Die Löschung entfaltet keine Rückwirkung.[183]

57 **Schreibfehler** und andere **offenbare Unrichtigkeiten** kann die Gesellschaft ohne Beachtung des Verfahrens nach § 67 Abs. 5 AktG jederzeit berichtigen, sofern die **Berichtigung** nicht zu einer Löschung des Eingetragenen führt.[184] Bei nicht eintragungspflichtigen, aber eintragungsfähigen Angaben (vgl. → Rn. 38) kann demgegenüber keine verfahrenslose Löschung erfolgen.[185]

58 **5. Verwendung der Registerdaten.** Nach § 67 Abs. 6 S. 1 AktG kann **jeder Aktionär** von der Gesellschaft **Auskunft über seine Daten** verlangen. Man wird davon ausgehen müssen, dass der Aktionär eine schriftliche Auskunft verlangen kann, sofern kein direkter elektronischer Zugriff gewährt wird.[186] Ein Aktionär kann keine Auskunft über die Daten anderer Aktionäre verlangen. Nach § 67 Abs. 6 S. 2 AktG kann die Satzung bei nichtbörsennotierten Gesellschaften das Auskunftsrecht erweitern.[187]

---

[179] Hüffer/*Koch* AktG § 67 Rn. 23; KölnKommAktG/*Lutter/Drygala* § 67 Rn. 127 ff.
[180] Differenzierend MüKoAktG/*Bayer* § 67 Rn. 139; Hüffer/*Koch* AktG § 67 Rn. 24; KölnKommAktG/*Lutter/Drygala* § 67 Rn. 137 sowie Grigoleit/*Grigoleit/Rachlitz* AktG § 67 Rn. 49.
[181] OLG Jena AG 2004, 268 (270); Grigoleit/*Grigoleit/Rachlitz* AktG § 67 Rn. 50; Hüffer/*Koch* AktG § 67 Rn. 27.
[182] Hüffer/*Koch* AktG § 67 Rn. 27; KölnKommAktG/*Lutter/Drygala* § 67 Rn. 145; *Wiedemann* (Fn. 163), S. 142.
[183] OLG Jena AG 2004, 268 (271); Hüffer/*Koch* AktG § 67 Rn. 26; MüKoAktG/*Bayer* § 67 Rn. 149.
[184] MüKoAktG/*Bayer* § 67 Rn. 132; KölnKommAktG/*Lutter/Drygala* § 67 Rn. 131.
[185] Wie hier Hüffer/*Koch* AktG § 67 Rn. 23 und MüKoAktG/*Bayer* § 67 Rn. 133; aA wohl Großkomm AktG/*Merkt* § 67 Rn. 157.
[186] MüKoAktG/*Bayer* § 67 Rn. 163; *Noack* ZIP 1999, 1993 (1999).
[187] Für Satzungsautonomie auch bei börsennotierten Gesellschaften *Happ* FS Bezzenberger, 2000, 111 (128).

Für aktienrechtliche Aufgaben und Zwecke der Investor Relations darf die Gesellschaft **59**
die im Register enthaltenen Daten verwenden, § 67 Abs. 6 S. 3 AktG. Werbung für
Produkte und Dienstleistungen der Gesellschaft gehören nach § 67 Abs. 6 S. 4 AktG nicht
zu den aktienrechtlichen Aufgaben, allerdings ermöglicht § 67 Abs. 6 S. 4 AktG es dem
Unternehmen, die Daten zur Werbung für eigene Produkte im Verhältnis zu den Aktionären zu verwenden, wenn der Aktionär nicht widerspricht.[188] Die RegBegr geht aufgrund
der Beteiligung des Aktionärs am Unternehmen von einem Interesse an den Produkten
und Leistungen aus.[189] Unzulässig ist eine Weitergabe der Daten an Dritte, insbesondere
Adressenhändler.[190]

V. Übertragung von Aktien unter Berücksichtigung der Verwahrung

1. Übertragung bei Sonderverwahrung. a) Sonderverwahrung. Bei der Sonderver- **60**
wahrung ist der Verwahrer (Kreditinstitut) gemäß § 2 S. 1 DepotG verpflichtet, die Aktien
des Hinterlegers (Bankkunde) gesondert von seinen eigenen Beständen und von denen
Dritter in geeigneter Form aufzubewahren.[191] Die Sonderverwahrung ist in der Praxis die
Ausnahme, da sie teuer und kompliziert ist. Zudem darf der Verwahrer Aktien nur dann in
Sonderverwahrung nehmen, wenn es sich um Aktien handelt, die nicht zur Sammelverwahrung durch eine Wertpapiersammelbank zugelassen sind, oder der Hinterleger die
gesonderte Verwahrung verlangt. Gegenstand der Sonderverwahrung können sowohl Inhaber- als auch Namensaktien sein. Bei der Sonderverwahrung bleiben die Eigentumsverhältnisse an den Aktien unverändert; der Aktionär wird allerdings nur mittelbarer
Besitzer seiner Aktien.[192]

b) Inhaberaktien. Sonderverwahrte Inhaberaktien können nach §§ 929 ff. BGB über- **61**
tragen werden. In der Praxis erfolgt die Übertragung in der Regel wohl gemäß § 929 S. 1
BGB durch Einigung von Veräußerer und Erwerber über den Eigentumsübergang.[193]
Daneben muss der Verwahrer (Kreditinstitut) das Besitzmittlungsverhältnis (Depotvertrag)
auf den Erwerber umstellen (§ 931 BGB). Rechtlich zulässig ist auch eine Übertragung
durch Abtretung des Mitgliedschaftsrechts nach §§ 413, 398 BGB.[194] Die Abtretung hat
aber den Nachteil, dass es keinen Redlichkeitsschutz gibt.

c) Namensaktien. Namensaktien müssen nach den dafür vorgesehenen Formen (vgl. **62**
→ Rn. 6 ff.) übertragen werden, in der Regel also durch Indossament. Zu diesem Zweck
muss die Aktie aus der Sonderverwahrung genommen und kann dann vom Erwerber
wieder in die Verwahrung gegeben werden.[195] Blankoindossierte Namensaktien sind demgegenüber den Inhaberaktien angenähert und können wie diese übertragen werden.

2. Übertragung bei Sammelverwahrung. a) Sammelverwahrung. Die Regelform **63**
der Verwahrung von Aktien ist die in § 5 Abs. 1 S. 1 DepotG vorgesehene Sammelverwahrung. Bei ihr werden vertretbare Aktien derselben Art für alle Depotinhaber ungetrennt
in einem einheitlichen Sammelbestand verwahrt. Der einzelne Aktionär verliert das Eigentum an seinen Aktien und wird nach § 6 Abs. 1 DepotG quotaler Miteigentümer der zum
Sammelbestand gehörenden Aktien. Der Sammelbestand kann bei einem Verwahrer (Kre-

---

[188] RegBegr BT-Drs. 14/4051, 12 linke Spalte; Grigoleit/*Grigoleit/Rachlitz* AktG § 67 Rn. 59; Hüffer/*Koch* AktG § 67 Rn. 31.
[189] RegBegr BT-Drs. 14/4051, 12 linke Spalte.
[190] Hüffer/*Koch* AktG § 67 Rn. 31; MüKoAktG/*Bayer* § 67 Rn. 167.
[191] MüKoHGB/*Einsele*, Bankvertragsrecht, Depotgeschäft Rn. 40 f.
[192] OLG Hamm NJW-RR 1990, 708 (709); MüKoHGB/*Einsele*, Bankvertragsrecht, Depotgeschäft Rn. 40; *Mentz/Fröhling* NZG 2002, 201 (203).
[193] BGHZ 92, 280 (288); BGH NJW 1971, 1608 (1609); *Eder* NZG 2004, 107 (109); *Mentz/Fröhling* NZG 2002, 201 (203 f.).
[194] *Eder* NZG 2004, 107 (110).
[195] *Eder* NZG 2004, 107 (110).

ditinstitut) verwahrt werden (sog. **Haussammelverwahrung**).[196] Diese Art der Verwahrung ist nach § 5 Abs. 1 S. 2 DepotG die Ausnahme und bedarf der ausdrücklichen und schriftlichen Ermächtigung des Hinterlegers. Der Regelfall ist die Sammelverwahrung bei einer Wertpapiersammelbank, die sog. **Girosammelverwahrung,**[197] in Deutschland also bei der Clearstream Banking AG. Hinterleger bei der Wertpapiersammelbank sind die jeweiligen Depotbanken, die dort eigene Wertpapierkonten unterhalten. Es liegt eine sog. Drittverwahrung vor (§ 3 DepotG). Bei der Girosammelverwahrung ist der Aktionär Miteigentümer der zum Sammelbestand der Wertpapiersammelbank gehörenden Aktien. Seine Depotbank ist als Zwischenverwahrer mittelbarer Mitbesitzer erster Stufe und der Aktionär mittelbarer Mitbesitzer zweiter Stufe.[198]

64 Gegenstand der Girosammelverwahrung können nach § 5 Abs. 1 DepotG nur **vertretbare Wertpapiere** im Sinne von § 91 BGB sein. Namensaktien sind nur dann sammelverwahrungsfähig, wenn sie mit einem **Blankoindossament** (vgl. → Rn. 8) versehen sind.[199] Auch **vinkulierte Namensaktien** werden auf der Grundlage von Globalurkunden in die Girosammelverwahrung einbezogen.[200] Dies gilt nur solange, wie die Verkehrsfähigkeit der vinkulierten Namensaktie nicht durch Verweigerung der Zustimmung durch die Gesellschaft beeinträchtigt ist.

65 b) **Inhaberaktien.** Die Übereignung von girosammelverwahrten Inhaberaktien erfolgt nach den Vorschriften der §§ 929 ff. BGB. Dabei ist rechtlich danach zu unterscheiden, ob die Eigentumsübertragung außerhalb oder innerhalb des **Effektengiroverkehrs** erfolgt. Beim Effektengiroverkehr werden die Lieferansprüche „stückelos", also durch bloße Buchungen, durch Verschaffung von Miteigentum an dem von der Wertpapiersammelbank verwahrten Sammelbestand erfüllt. Wegen der Einzelheiten ist auf die Spezialliteratur zu verweisen.[201] Besonderheiten gelten für die Eigentumsübertragung bei girosammelverwahrten **Dauerglobalaktien.**[202] Globalverbriefte Aktien bleiben sachenrechtlich Wertpapiere und keine bloßen Wertrechte.[203] Die Übertragung kann nach § 929 S. 1 BGB erfolgen.[204] Dabei wird die Übergabe durch die Begründung anteilsmäßigen Bruchteilseigentums ersetzt und der Wille der Depotbank, für den Erwerber zu besitzen, durch Umschreibung im Verwahrungsbuch (§ 14 DepotG) dokumentiert.[205]

66 c) **Namensaktien.** Sammelverwahrungsfähige Namensaktien (→ Rn. 64) werden in gleicher Weise übertragen wie Inhaberaktien.

---

[196] MüKoHGB/*Einsele,* Bankvertragsrecht, Depotgeschäft Rn. 60 f.; *Mentz/Fröhling* NZG 2002, 201 (204).

[197] BGH WM 1975, 1259 (1261); MüKoHGB/*Einsele,* Bankvertragsrecht, Depotgeschäft Rn. 50; *Mentz/Fröhling* NZG 2002, 201 (204).

[198] BGH WM 1999, 2451 (2455); NJW 1997, 2110; *Habersack/Mayer* WM 2000, 1678 (1679); aA MüKoHGB/*Einsele,* Bankvertragsrecht, Depotgeschäft Rn. 93 (keine Besitzposition des Hinterlegers, also des Aktionärs).

[199] MüKoAktG/*Bayer* § 68 Rn. 6; Hüffer/*Koch* AktG § 68 Rn. 3; MüKoHGB/*Einsele,* Bankvertragsrecht, Depotgeschäft Rn. 44.

[200] MüKoHGB/*Einsele,* Bankvertragsrecht, Depotgeschäft Rn. 45 f.

[201] MüKoHGB/*Einsele,* Bankvertragsrecht, Depotgeschäft Rn. 98 ff.; *Mentz/Fröhling* NGZ 2002, 201 (205 ff.); *Eder* NZG 2004, 107 (111 f.).

[202] *Habersack/Mayer* WM 2000, 1678 (1680 ff.); *Eder* NZG 2004, 107 (113 f.); *Mentz/Fröhling* NZG 2002, 201 (208 ff.); zur Hinerlegung globalverbriefter Aktien BayObLG ZIP 2004, 2285 ff.

[203] BGH WM 2004, 1747 (1748); *Habersack/Mayer* WM 2000, 1678 ff.

[204] BGH WM 2004, 1747 (1748); MüKoHGB/*Einsele,* Bankvertragsrecht, Depotgeschäft Rn. 108 ff.

[205] BGH WM 2004, 1747 (1748).

VI. Legitimationsübertragung

Die **Legitimationsübertragung** ist keine besondere Form der Übertragung von Aktien. Bei ihr wird lediglich die Form der Vollrechtsübertragung dazu benutzt, den Übertragungsempfänger, statt ihn zum Rechtsinhaber zu machen, nach außen hin als Inhaber des Rechts zu legitimieren. Der Legitimationsaktionär ist nicht nur zur Ausübung der Aktionärsrechte berechtigt, sondern auch gegenüber der Gesellschaft dazu verpflichtet.[206] Es handelt sich um einen Unterfall der **Ermächtigungstreuhand**.[207] Danach wird der Legitimationsaktionär entsprechend § 185 BGB treuhänderisch ermächtigt (arg. § 129 Abs. 3 S. 1 AktG), nach Maßgabe der internen Absprachen im eigenen Namen über die Mitgliedschaftsrechte des Aktionärs zu verfügen, insbesondere das Stimmrecht auszuüben (sog. **Fremdbesitz**). Nach überwiegender Ansicht ist für die Legitimationsübertragung die Übertragung des Besitzes an der Aktie auf den Legitimationsaktionär notwendig, welche auch durch Einräumung des mittelbaren Besitzes erfolgen kann.[208] Bei Namensaktien ist Indossament und Übergabe (oder Übergabesurrogat) bzw. Abtretung des verbrieften Rechts gemäß §§ 398, 413 BGB notwendig.[209]

67

Im Unterschied zur treuhänderischen Übertragung der Aktie bleibt der Treugeber (Aktionär) Inhaber der Aktie, so dass er in der Insolvenz des Legitimationsaktionärs ein Aussonderungsrecht hat. Der Legitimationsaktionär wird mangels Übertragung der Aktie selbst nicht Aktionär, aber er gilt nach außen, also auch der Gesellschaft gegenüber als Aktionär.[210] Zwischen Aktionär und Legitimationsaktionär besteht im Innenverhältnis üblicherweise eine schuldrechtliche Vereinbarung, meist in Form eines Geschäftsbesorgungsvertrages iSv § 675 BGB oder eines Auftrags iSv § 662 BGB. Ob die Ermächtigung auch die Berechtigung zur Erhebung einer Anfechtungsklage umfasst, ist durch Auslegung der erteilten Ermächtigung zu ermitteln.[211] Allein die Teilnahme an der Hauptversammlung reicht dazu nicht aus.

68

Die Legitimationsübertragung ist sowohl für Inhaberaktien als auch für Namensaktien zulässig (vgl. § 129 Abs. 3 S. 1 und 2 AktG). Bei Namensaktien ist für die Wirksamkeit der Legitimationsübertragung darüber hinaus die Eintragung ins Aktienregister erforderlich (§ 67 Abs. 2 AktG).[212] Bei einer Vinkulierung bedarf es ferner der Zustimmung der Gesellschaft. Nach § 129 Abs. 3 AktG sind Legitimationsaktionäre im Teilnehmerverzeichnis der Hauptversammlung gesondert mit Betrag und Gattung der Aktien anzugeben (→ § 37 Rn. 24). Kreditinstitute dürfen nach § 135 Abs. 6 AktG als Legitimationsaktionäre von Namensaktien nur auf Grund einer Ermächtigung des materiell Berechtigten (also nicht aufgrund einer Vollmacht, vgl. auch § 67 Abs. 2 AktG) das Stimmrecht ausüben.

69

VII. Sonstige Verfügungen über die Aktie

1. Nießbrauch. a) Bestellung. Nach § 1069 BGB kann die Aktie als Mitgliedschaftsrecht an der Aktiengesellschaft insoweit mit einem Nießbrauch belastet werden, als sie übertragbar ist.[213] Eine Eintragung des Nießbrauchs ist nicht erforderlich, ist aber mög-

70

---

[206] *Bayer* Liber Amicorum Martin Winter, 2011, 9 (19 f.).
[207] BayObLG 1987, 1361 (1363); KölnKommAktG/*Lutter/Drygala* § 68 Rn. 38; MüKoAktG/*Bayer* § 67 Rn. 25.
[208] KG AG 2010, 166 (168); Schmidt/Lutter/*Ziemons* AktG § 129 Rn. 34; MüKoAktG/*Arnold* § 134 Rn. 70.
[209] MüKoAktG/*Arnold* § 134 Rn. 70.
[210] BayObLG WM 1983, 1361 (1367); OLG Stuttgart ZIP 2003, 2024 f.; zur Frage der Mitteilungspflicht des Legitimationsaktionärs gemäß §§ 21 ff. WpHG: OLG Köln WM 2013, 2030 ff.; *S. Richter* WM 2013, 2296 ff.; *Bayer/Scholz* NZG 2013, 721 (724 ff.).
[211] OLG Stuttgart ZIP 2003, 2024; NZG 2001, 854; Hüffer/*Koch* AktG/ § 245 Rn. 11.
[212] *Happ* FS Rowedder, 1994, 119 (127 f.); *Than* ZHR 157 (1993), 125 (132).
[213] *Scharff*, Der Nießbrauch an Aktien im Zivilrecht, 1982 S. 10; *Schön* ZHR 158 (1994), 229 (238); Staudinger/*Frank* BGB Anh. §§ 1068, 1069 Rn. 108; *Teichmann* ZGR 1972, 1 (5).

lich.²¹⁴ Daneben kann gegebenenfalls auch der Nießbrauch an einzelnen Mitgliedschaftsrechten (zB Gewinnstammrecht) bestellt werden; die damit zusammenhängenden Fragen werden hier nicht dargestellt. In Form der unverkörperten Mitgliedschaft (vgl. → Rn. 2 f.) und der Inhaberaktie (vgl. → Rn. 4 f.) ist die Aktie stets und in Form der Namensaktie (vgl. → Rn. 6 ff.) grundsätzlich übertragbar. Eine Ausnahme gilt nur für die vinkulierte Namensaktie (vgl. → Rn. 14 ff.), bei deren Übertragung die Zustimmung der Gesellschaft erforderlich ist. Die Bestellung eines Nießbrauchs hieran ist nach § 68 Abs. 2 S. 1 AktG nur mit Zustimmung der Gesellschaft (vgl. → Rn. 19 ff.) zulässig.²¹⁵ Die Nießbrauchsbestellung erfolgt in der Form wie die Übertragung der Aktie.²¹⁶ Für die Bestellung des Nießbrauchs gelten bei Inhaberaktien § 1081 BGB, bei Namensaktien die §§ 1069, 1070 BGB. Besonderheiten gelten für Inhaberaktien und Namensaktien, die mit Blankoindossamenten versehen sind; zur Bestellung des Nießbrauchs genügt hier anstelle der Übergabe des Papiers die Einräumung des Mitbesitzes gemäß § 1081 Abs. 2 BGB. Da der Inhalt des Nießbrauchs im Einzelnen sehr umstritten ist, ist dringend zu empfehlen, bei der Bestellung des Nießbrauchs eine umfassende Nießbrauchsabrede zu vereinbaren.

71 **b) Inhalt des Nießbrauchs.** Nach §§ 1068 Abs. 2, 1030 BGB hat der Nießbraucher an der Aktie Anspruch auf die Nutzungen (§ 100 BGB), also vor allem auf die Dividende einschließlich der Vorabdividende nach § 60 Abs. 2 AktG als bestimmungsgemäßer Ertrag der Aktie.²¹⁷ Der Nießbraucher ist auch Eigentümer der Gewinnanteilsscheine.²¹⁸ Nicht zu den Nutzungen gehören die Vergütungen für Nebenleistungen nach § 61 AktG und ein Kursgewinn bei Verkauf der Aktie.²¹⁹ Auch die nach § 271 AktG dem Aktionär zustehende **Liquidationsquote** ist nicht Nutzung der Mitgliedschaft, sondern Surrogat. Trotzdem wird sie nicht nach §§ 1074, 1075 BGB automatisch vom Nießbrauch erfasst. Der Nießbraucher hat lediglich entsprechend § 1079 BGB einen Anspruch auf Bestellung des Nießbrauchs am Liquidationsguthaben.²²⁰

72 Auch das – unmittelbare und mittelbare – **Bezugsrecht** nach § 186 AktG steht nicht dem Nießbraucher, sondern dem Aktionär zu (vgl. → § 57 Rn. 99). Der Nießbrauch erstreckt sich auch nicht automatisch auf das Bezugsrecht.²²¹ Der Aktionär ist frei in der Entscheidung, ob er das Bezugsrecht veräußert oder ausübt.²²² Veräußert er das Bezugsrecht, so ist er verpflichtet, dem Nießbraucher entsprechend § 1079 BGB den Nießbrauch am Erlös zu bestellen.²²³ Übt der Aktionär das Bezugsrecht aus, so hat der Nießbraucher Anspruch auf Bestellung eines quotenmäßigen Nießbrauchs an den jungen Aktien. Die

---

²¹⁴ Schmidt/Lutter/*Bezzenberger* AktG § 67 Rn. 14; MüKoHGB/*K. Schmidt* Vor § 230 Rn. 29.
²¹⁵ *Scharff* (Fn. 213), S. 15 ff.; Schlegelberger/*K. Schmidt* HGB Vor § 230 nF Rn. 24; MüKoHGB/ *K. Schmidt* Vor § 230 Rn. 29.
²¹⁶ Ausführlich *Scharff* (Fn. 213), S. 13 ff.; Spindler/Stilz/*Vatter* AktG § 10 Rn. 69; Großkomm-AktG/*Mock* § 10 Rn. 83.
²¹⁷ *Scharff* (Fn. 213), S. 22 ff.; Schlegelberger/*K. Schmidt* HGB Vor § 230 Rn. 25; Staudinger/*Frank* BGB Anh. §§ 1068, 1069 Rn. 110; Teichmann ZGR 1972, 1 (8 ff.); weitergehend neuerdings *Schön* ZHR 158 (1994), 229 (241): der gesamte Anteil am Bilanzgewinn, auch soweit er nach Gesetz, Satzung und/oder Hauptversammlungsbeschluss von der Verteilung an die Aktionäre ausgeschlossen ist, jedenfalls sofern es sich um eine Mehrheitsbeteiligung handelt.
²¹⁸ *Scharff* (Fn. 213), S. 24 ff.; aA *Koch* ZHR 168 (2004), 55 (65 ff.).
²¹⁹ OLG Bremen DB 1970, 1436; *Schön* ZHR 158 (1994), 229 (247).
²²⁰ Palandt/*Herrler* BGB § 1068 Rn. 3; Schlegelberger/*K. Schmidt* HGB Vor § 230 nF Rn. 25; differenzierend *Schön* ZHR 158 (1994), 229 (247).
²²¹ BGHZ 58, 316 (319); OLG Bremen DB 1970, 1436; *Scharff* (Fn. 213), S. 54 f.; Staudinger/*Frank* BGB Anh. §§ 1068, 1069 Rn. 113; aA *Teichmann* ZGR 1972, 1 (19).
²²² MüKoAktG/*Schürnbrand* § 186 Rn. 40; Hüffer/*Koch* AktG § 186 Rn. 10; KölnKommAktG/ *Ekkenga* § 186 Rn. 31; *Scharff* (Fn. 213), S. 52 f.
²²³ *Scharff* (Fn. 213), S. 56; MüKoAktG/*Schürnbrand* § 186 Rn. 41; Hüffer/*Koch* AktG § 186 Rn. 10; für automatische Erstreckung des Nießbrauchs: *Blaurock,* Unterbeteiligung und Treuhand an Gesellschaftsanteilen, S. 144 ff.

§ 14 Verfügungen über die Aktie

Quote ergibt sich aus dem Wertverhältnis zwischen dem Bezugsrecht und dem Gesamtwert der neuen Aktie.[224] Ist das Bezugsrecht wertlos, weil die jungen Aktien zum Börsenkurs ausgegeben werden, so hat der Nießbraucher keinen Anspruch auf Nießbrauchsbestellung.[225] Bei einer **Kapitalerhöhung aus Gesellschaftsmitteln** erstreckt sich der Nießbrauch demgegenüber ipso iure auf neue Aktien aus einer Kapitalerhöhung (→ § 60 Rn. 60).[226]

73 Dem vorstehenden Ergebnis liegt der Gedanke zugrunde, dass einmal mit dem Nießbrauch belastete Substanz auch weiterhin dem Recht des Nießbrauchers auf Ziehung der Nutzungen unterfallen muss. Dieser Grundgedanke ist daher auch bei Kapitalherabsetzung, Verschmelzung und Umwandlung zu beachten.[227] Grundsätzlich wird man bei den vorstehenden Maßnahmen davon auszugehen haben, dass der Aktionär zumindest zu einer erneuten Bestellung an den ihm zugeflossenen Surrogaten seiner Mitgliedschaft verpflichtet ist.[228]

74 Die Befugnis zur Ausübung des **Stimmrechts** verbleibt jedenfalls im Verhältnis zur Gesellschaft auch nach Nießbrauchsbestellung beim Aktionär.[229] Im Innenverhältnis zwischen Aktionär und Nießbraucher muss der Aktionär freilich bei der Stimmabgabe auch das Interesse des Nießbrauchers berücksichtigen.[230] Der Nießbraucher kann auch nicht dadurch Einfluss auf die Beschlüsse der Hauptversammlung nehmen, dass er nach § 245 AktG Hauptversammlungsbeschlüsse anficht. Ein solches Anfechtungsrecht steht ihm nicht zu.[231] Ein eigenes Auskunftsrecht nach § 131 AktG hat der Nießbraucher ebenfalls nicht.[232]

75 **2. Verpfändung**[233]**. a) Bestellung.** Nach § 1274 Abs. 2 BGB kann die Aktie als Mitgliedschaftsrecht an der Aktiengesellschaft insoweit verpfändet werden, als sie übertragbar ist. Die Verpfändung **vinkulierter Namensaktien** ist daher nach § 68 Abs. 2 S. 1 AktG nur mit Zustimmung der Gesellschaft (vgl. → Rn. 24 ff.) zulässig.[234] Eine Verpfändung von Aktien steht mangels Änderung der Vollrechtsinhaberschaft des Aktionärs auch einem Squeeze-Out iSv § 327a Abs. 1 AktG nicht entgegen.[235] Bei Inhaberaktien gelten für die Bestellung des Pfandrechts gemäß § 1293 BGB die Bestimmungen über das Pfandrecht an beweglichen Sachen. Erforderlich ist also nach §§ 1205 f. BGB die Übergabe der Aktienurkunde oder eines der dort genannten Übergabesurrogate.[236] Die Verpfändung von **Namensaktien**[237] setzt nach § 1292 BGB Einigung und Übergabe der mit Hilfe eines

---

[224] MüKoAktG/*Schürnbrand* § 186 Rn. 41; Hüffer/*Koch* AktG § 186 Rn. 10; KölnKommAktG/ *Ekkenga* § 186 Rn. 32.
[225] *Teichmann* ZGR 1972, 1 (18); GroßkommAktG/*Wiedemann* § 186 Rn. 75.
[226] Staudinger/*Frank* BGB Anh. §§ 1068, 1069 Rn. 114; *Teichmann* ZGR 1972, 1 (18).
[227] Vgl. ausführlich *Scharff* (Fn. 213), S. 60 ff.
[228] Ausführlich *Scharff* (Fn. 213), S. 82 ff.
[229] OLG Koblenz NJW 1992, 2163 (2164) (für GmbH-Anteil); Palandt/*Herrler* BGB § 1068 Rn. 3; MüKoAktG/*Heider* § 12 Rn. 7; Schmidt/Lutter/*Ziemons* AktG § 12 Rn. 6; Staudinger/*Frank* BGB Anh. zu §§ 1068, 1069 Rn. 120 f.; *Scharff* (Fn. 213), S. 100 ff.; wohl auch Hüffer/*Koch* AktG § 16 Rn. 7; aA Spindler/Stilz/*Vatter* AktG § 12 Rn. 4 (bei mitgliedschaftsspaltendem Nießbrauch); *Wedemann* NZG 2013, 1281 (1284 ff.); für eine gemeinschaftliche Ausübung: *Schön* ZHR 158 (1994), 229 (251 ff.).
[230] Staudinger/*Frank* BGB Anh. §§ 1068, 1069 Rn. 122.
[231] Staudinger/*Frank* BGB Anh. §§ 1068, 1069 Rn. 123; *Teichmann* ZGR 1972, 1 (12); aA *Scharff* (Fn. 213), S. 111 ff.
[232] Hüffer/*Koch* AktG § 131 Rn. 4; *Teichmann* ZGR 1972, 1 (13).
[233] Zu den Vorteilen einer Aktienverpfändung: *Nodoushani* WM 2007, 289 (290 f.).
[234] KölnKommAktG/*Lutter/Drygala* § 68 Rn. 54; *Kraft/Hönn* in Gesellschaftsanteile als Kreditsicherheit, S. 163/173; *Apfelbaum*, Die Verpfändung der Mitgliedschaft in der Aktiengesellschaft, 2005, S. 33 f.; aA *Liebscher/Lübke* ZIP 2004, 241 (250 f.).
[235] OLG München NZG 2009, 506 (508).
[236] Einzelheiten bei *Kraft/Hönn* in Gesellschaftsanteile als Kreditsicherheit, S. 171 f.
[237] *Apfelbaum*, Die Verpfändung der Mitgliedschaft in der Aktiengesellschaft, 2005, S. 25 f.; KölnKommAktG/*Lutter/Drygala* § 68 Rn. 42 ff.; *Kraft/Hönn* in Gesellschaftsanteile als Kreditsicherheit S. 172 f.

Pfandindossaments im Sinne von Art. 19 WG indossierten Aktie voraus; bei Blankoindossament genügen Einigung und Übergabe. An einer Namensaktie kann aber auch gemäß § 1274 BGB iVm §§ 398, 413 BGB das Pfandrecht durch vertragliche Einigung begründet werden: Hierbei ist ein gutgläubiger Erwerb jedoch nicht möglich. Die Bestellung eines Pfandrechts an einer **unverkörperten Mitgliedschaft** (vgl. → Rn. 2 f.) erfolgt ebenfalls gemäß § 1274 BGB iVm §§ 398, 413 BGB durch formfreie vertragliche Einigung. In allen Fällen der Bestellung durch Abtretung ist eine Benachrichtigung der Gesellschaft von der Verpfändung ratsam, da diese andernfalls gemäß §§ 413, 407 BGB mit befreiender Wirkung an den Aktionär leisten kann.[238] Verpfändungen richten sich heute in überwiegender Zahl nach den Vorschriften des Depotgesetzes und der Allgemeinen Geschäftsbedingungen der Wertpapiersammelbanken. Es wird insofern auf die Spezialliteratur verwiesen.[239]

76 **b) Inhalt des Pfandrechts.** Haben der Aktionär und der Pfandgläubiger ausdrücklich ein Nutzungspfandrecht nach § 1213 BGB vereinbart, ist der Pfandgläubiger – wie beim Nießbrauch – berechtigt, die Nutzungen des Pfandes zu ziehen. Er hat also Anspruch auf die **Dividende**. Bei einem normalen Pfandrecht gehört dem Pfandgläubiger zwar nicht die Dividende, aber sie unterliegt seinem Pfandrecht. Analog § 1289 BGB werden mit der Bestellung des Pfandrechts die künftigen Gewinnansprüche mit verpfändet.[240] Der Aktionär kann aber noch so lange über seine Dividendenansprüche verfügen, wie der Pfandgläubiger der Gesellschaft nicht anzeigt, dass er von seinem Einziehungsrecht (§§ 1281, 1282 BGB) Gebrauch macht. Das Pfandrecht erstreckt sich automatisch auch auf alle **Surrogationsansprüche** sowie den Anspruch auf den **Liquidationserlös,**[241] nicht jedoch auf Vergütungen für Nebenleistungen nach § 61 AktG. Auch sogenannte **Gratisaktien** aus einer Kapitalerhöhung aus Gesellschaftsmitteln unterliegen einem bereits bestehenden Pfandrecht (→ § 60 Rn. 60).[242] Das **Bezugsrecht** nach § 186 AktG steht hingegen ausschließlich dem Aktionär zu. Veräußert er das Bezugsrecht, so ist er verpflichtet, dem Pfandgläubiger ein Pfandrecht am Erlös zu bestellen.[243] Übt der Aktionär das Bezugsrecht aus und erwirbt neue Aktien aus der Kapitalerhöhung, so ist er lediglich verpflichtet, das Pfandrecht verhältnismäßig zu erweitern, nicht aber an den jungen Aktien vollen Umfangs ein Pfandrecht zu bestellen.[244]

77 Dem Pfandgläubiger stehen keine Verwaltungsrechte aus dem belasteten Mitgliedschaftsrecht zu, insbesondere kein Stimmrecht.[245] Der Aktionär kann auch Verfügungen über die belastete Aktie vornehmen, soweit das Pfandrecht dadurch nicht beeinträchtigt wird (§ 1276 BGB). Der Pfandgläubiger hat keine eigene Anfechtungsbefugnis nach § 245 AktG.[246]

78 **3. Treuhand.** Bei der Treuhand wird begrifflich zwischen der fiduziarischen Vollrechtstreuhand, der Ermächtigungstreuhand (vgl. dazu → Rn. 67) und der Vollmachtstreuhand

---

[238] *Wiedemann* (Fn. 63), S. 425.
[239] Vgl. *Apfelbaum,* Die Verpfändung der Mitgliedschaft in der Aktiengesellschaft, 2005, S. 43 ff. und S. 77 ff.
[240] Vgl. *Wiedemann* (Fn. 63), S. 426.
[241] *Kraft/Hönn* in Gesellschaftsanteile als Kreditsicherheit, 1979, S. 178; *Wiedemann* (Fn. 63), S. 427.
[242] *Wiedemann* (Fn. 63), S. 428.
[243] MüKoAktG/*Schürnbrand* § 186 Rn. 42; Hüffer/*Koch* AktG § 186 Rn. 11; KölnKommAktG/*Ekkenga* § 186 Rn. 33; *Kraft/Hönn* in Gesellschaftsanteile als Kreditsicherheit, 1979, S. 176; *Wiedemann* (Fn. 63), S. 428.
[244] Hüffer/*Koch* AktG § 186 Rn. 11; *Wiedemann* (Fn. 63), S. 428; wohl auch MüKoAktG/*Schürnbrand* § 186 Rn. 42; aA *Kraft/Hönn* in Gesellschaftsanteile als Kreditsicherheit, 1979, S. 176.
[245] KölnKommAktG/*Tröger* § 134 Rn. 52; *Kraft/Hönn* in Gesellschaftsanteile als Kreditsicherheit, 1979, S. 179; *Wiedemann* (Fn. 63), S. 428 f.
[246] Hüffer/*Koch* AktG § 245 Rn. 10; *Kraft/Hönn* in Gesellschaftsanteile als Kreditsicherheit, 1979, S. 181.

unterschieden.[247] Hier wird nur die **fiduziarische Vollrechtstreuhand** an Aktien behandelt, die dadurch gekennzeichnet ist, dass ein Aktionär seine Rechte aus der Mitgliedschaft an der Aktiengesellschaft nur unter Beachtung eines mit dem Treugeber geschlossenen schuldrechtlichen Treuhandvertrages ausüben darf. Von den mit der Treuhand verfolgten Zwecken her unterscheidet man die uneigennützige Treuhand (meist: Verwaltungstreuhand) von der eigennützigen Treuhand (meist: Sicherungstreuhand).[248] Die Zulässigkeit der fiduziarischen Vollrechtstreuhand an der Aktie als Mitgliedschaftsrecht ist unbestritten.[249]

Die fiduziarische Vollrechtstreuhand hat ein dingliches und ein schuldrechtliches Element. Dinglich muss der Treuhänder Gesellschafter sein. Das schuldrechtliche Element bestimmt die interne Bindung des Treuhänders gegenüber dem Treugeber und ist meist ein entgeltliches Auftragsverhältnis. Die Treuhand an der Aktie kann dabei auf drei Arten zustandekommen:[250] (1) Der Treugeber (Aktionär) überträgt seine Mitgliedschaft an der Aktiengesellschaft auf den Treuhänder. (2) Ein Aktionär vereinbart mit einem Dritten, er werde künftig als Treuhänder seine Aktien für diesen Dritten als Treugeber halten. (3) Der Treuhänder erwirbt die Aktie im Auftrag und für Rechnung des Treugebers von einem Dritten. Für alle drei Entstehungsarten gelten bei der Aktiengesellschaft im Grundsatz keine Besonderheiten. Die dingliche Übertragung der Aktien vollzieht sich nach den allgemeinen Grundsätzen (vgl. → Rn. 2 ff.).

Die mit der Treuhand zusammenhängenden rechtlichen Probleme resultieren daraus, dass der Treuhänder zum einen Aktionär ist und insoweit in einem mitgliedschaftlichen Verhältnis zur Gesellschaft steht, zum anderen aber durch das schuldrechtliche Verhältnis zum Treugeber verpflichtet ist, dessen Interessen zu wahren. Als Aktionär der Gesellschaft stehen ausschließlich dem **Treuhänder** die Vermögens- und Verwaltungsrechte zu. Er ist somit gegenüber der Gesellschaft Träger des **Stimmrechts,** des **Auskunftsrechts** und des **Anfechtungsrechts.**[251] Schuldrechtlich wird der Treuhänder jedoch meist durch einen Stimmbindungsvertrag an Weisungen des Treugebers gebunden sein, der bei der Aktiengesellschaft grundsätzlich zulässig ist (vgl. → § 39 Rn. 45 ff.).

Im Innenverhältnis zwischen Treuhänder und Treugeber wird sich die Treuhand meist als entgeltliche Geschäftsbesorgung im Sinne von §§ 675, 662 ff. BGB gestalten. Damit einher geht regelmäßig ein **Weisungsrecht** des Treugebers. Die Rechte des Treugebers im Verhältnis zum Treuhänder finden aber ihre Grenzen in den Pflichten des Treuhänders gegenüber der Gesellschaft.[252] Bei der Verwaltungstreuhand hat der Treuhänder gemäß §§ 669, 670 BGB Anspruch auf Vorschuss und Auslagenersatz, so dass er von allen Haftungsrisiken aus seiner Aktionärsstellung freizustellen ist. In der **Zwangsvollstreckung** und in der **Insolvenz** des Treuhänders ist der Treugeber grundsätzlich geschützt. Ihm stehen im Grundsatz im Konkurs des Treuhänders ein Aussonderungsrecht nach § 47 InsO und im Falle der Zwangsvollstreckung die Drittwiderspruchsklage nach § 771 ZPO zur Verfügung.[253]

---

[247] Vgl. nur *Blaurock,* Unterbeteiligung und Treuhand an Gesellschaftsanteilen, 1981, S. 123 ff.; *Beuthien* ZGR 1974, 26 (29).
[248] *Beuthien* ZGR 1974, 26 (29 f.); *Blaurock,* (Fn. 247), S. 68 ff.; Schlegelberger/*K. Schmidt* HGB Vor § 230 nF Rn. 32 ff.; zur Sicherungstreuhand *Kraft/Hönn* in Gesellschaftsanteile als Kreditsicherheit, 1979, S. 163 ff.
[249] Vgl. *Beuthien* ZGR 1974, 26 (78 ff.); Geßler/Hefermehl/*Eckardt* AktG § 12 Rn. 21; Schlegelberger/*K. Schmidt* HGB Vor § 230 nF Rn. 31.
[250] Vgl. *Beuthien* ZGR 1974, 26 (77) iVm S. 38 f.; Schlegelberger/*K. Schmidt* HGB Vor § 230 nF Rn. 43 ff.
[251] Vgl. *Beuthien* ZGR 1974, 26 (78 ff.); Schlegelberger/*K. Schmidt* HGB Vor § 230 nF Rn. 50 ff.; *Blaurock* (Fn. 247), S. 180 ff.
[252] *Blaurock* (Fn. 247), S. 134; Schlegelberger/*K. Schmidt* HGB Vor § 230 nF Rn. 65.
[253] Ausführlich *Beuthien* ZGR 1974, 26 (84) iVm S. 65 ff.; *Blaurock* (Fn. 247), S. 242 ff.; Schlegelberger/*K. Schmidt* HGB Vor § 230 Rn. 71 ff.

VIII. Steuerliche Behandlung von Verfügungen über die Aktie

82 1. Aktien im Privatvermögen. Die ertragsteuerliche Behandlung der entgeltlichen Übertragung von Aktien unterscheidet nach bestimmten Kriterien. Die Übertragung von Aktien durch eine im Inland unbeschränkt steuerpflichtige Person, deren Aktien Privatvermögen sind, ist ertragsteuerlich stets von Bedeutung, **es sei denn,** es handelt sich um Aktien, die vor dem 1.1.2009 erworben worden waren, **außer,** es handelte sich um eine qualifizierte Beteiligung iSv § 17 EStG oder um Aktien, die infolge eines Einbringungsvorgangs entstanden sind.

83 Gewinne aus der Veräußerung von Aktien gehören zu den Einkünften aus Kapitalvermögen nach § 20 Abs. 2 Nr. 1 EStG.[254] Dabei kommt es nicht mehr auf die Dauer der Aktieninhaberschaft an; in Bezug auf Aktien, die sich bereits am 31.12.2008 im Besitz des Aktionärs befunden haben, gelten Übergangsregelungen. Die bisher in § 23 Abs. 1 S. 1 Nr. 2 EStG enthaltenen Regelungen über private Veräußerungsgeschäfte wurden, abgesehen von Übergangsfällen aufgehoben. § 20 Abs. 2 Nr. 1 EStG betrifft Aktien, gleichgültig, ob sie als Wertpapiere verkörpert oder ob sie an einer Börse zum Handel zugelassen sind oder nicht. Als **Anschaffung** gilt jede Erwerbshandlung, wie der Kauf, Tausch, die Entnahme oder der Erwerb als geldwerte Zuwendung als Arbeitslohn.[255] Keine Anschaffung im Sinne dieser Vorschriften ist im privaten Bereich der unentgeltliche Erwerb zB bei Erbfall und Schenkung.[256] Die **Veräußerung** ist die entgeltliche Übertragung des Wirtschaftsguts an einen Dritten mit der Verpflichtung zur Lieferung; § 20 Abs. 2 S. 2 EStG folgt einem weiten Veräußerungsbegriff, der außer Verkauf und Tausch auch die Einlösung, Rückzahlung, Abtretung und die verdeckte Einlage umfasst.[257] Wird, wie gelegentlich, vereinbart, dass Dividenden aus den veräußerten Aktien noch dem Verkäufer zustehen sollen, wird damit im steuerlichen Sinne eine Abrede über den Kaufpreis getroffen, da Dividenden nach § 20 Abs. 5 S. 1 EStG dem wirtschaftlichen Eigentümer der Aktien zustehen, in Verkaufsfällen idR dem Erwerber. Im Ausnahmefall kann in einer solchen Vereinbarung ein zivilrechtlich wirksamer und steuerlich anzuerkennender Vorabgewinnausschüttungsbeschluss zu sehen sein, demzufolge nach der Veräußerer die Dividende bezieht.[258]

84 In die steuerliche Bemessungsgrundlage geht der **Gewinn** oder der **Verlust** ein, der durch das Veräußerungsgeschäft erzielt wurde. Gewinn oder Verlust ergeben sich aus dem Unterschied zwischen den Einnahmen aus der Veräußerung nach Abzug der in unmittelbarem sachlichem Zusammenhang mit dem Veräußerungsgeschäft stehenden Aufwendungen einerseits und den Anschaffungskosten (oder Herstellungskosten) andererseits, § 20 Abs. 4 S. 1 EStG.[259] Eine Veräußerung wird nicht durch die Höhe der Gegenleistung determiniert; es steht dem Steuerpflichtigen frei, wann und mit welchem Betrag er Wertpapiere erwirbt und wieder veräußert. Das stellt keinen Missbrauch von Gestaltungsmöglichkeiten dar.[260]

85 Die Besteuerung des Veräußerungsgewinns erfolgt nach den allgemeinen Regelungen der Besteuerung von Einkünften aus Kapitalvermögen. Es gilt der begünstigte Steuersatz für Kapitaleinkünfte nach § 32d EStG in Höhe von 25 % (zuzüglich Solidaritätszuschlag und gegebenenfalls Kirchensteuer), der im Regelfall im Wege des Steuerabzugs als Abgeltungsteuer im Steuerabzugsverfahren nach §§ 43 ff. EStG erhoben wird, wodurch die Veranlagung für diese Einkünfte gegenstandslos werden sollte. Mit Einführung des beson-

---

[254] Unternehmensteuerreformgesetz v. 14.8.2007 BGBl. 2007 I S. 1912.
[255] *Herzig* DB 1999, 1 ff.
[256] L. Schmidt/*Weber-Grellet* EStG § 23 Rn. 40 ff.
[257] L. Schmidt/*Levedag* EStG § 20 Rn. 146; BMF 18.1.2016, BStBl. I 2016 S. 85 Rn. 59.
[258] BFH BFH/NV 2018, 936.
[259] In Fällen der Veräußerungsfiktion gelten Ersatzwerte, § 20 Abs. 4 S. 2 ff. EStG; vgl. L. Schmidt/ *Levedag* EStG § 20 Rn. 203 ff.
[260] BFH DB 2018, 2278.

deren Steuersatzes wurde für Kapitaleinkünfte die Möglichkeit beseitigt, Werbungskosten, die über den Pauschbetrag hinausgehen, abzuziehen, § 20 Abs. 9 S. 1 EStG.

Die Kapitalerträge bleiben steuerfrei, wenn sie den pauschalen Werbungskostenbetrag (Sparerpauschbetrag) im Veranlagungszeitraum in Höhe von 801 EUR (bei Ehegatten: 1.602 EUR) nicht übersteigen. Weitere Werbungskosten dürfen nicht abgezogen werden.[261] Verluste aus Kapitalvermögen dürfen bis zu deren Höhe mit positiven Einkünften aus Kapitalvermögen verrechnet werden, nicht jedoch mit Einkünften aus anderen Einkunftsarten, § 20 Abs. 9 EStG. Verluste aus Aktiengeschäften dürfen nur mit Gewinnen aus solchen Geschäften verrechnet werden, § 20 Abs. 6 S. 5 EStG.[262] Nicht ausgeglichene Verluste dürfen von Einkünften abgezogen werden, die der Steuerpflichtige in folgenden Veranlagungszeiträumen erzielt, § 20 Abs. 6 S. 3 EStG. Bei girosammelverwahrten Wertpapieren gilt weiterhin die Fiktion, dass die zuerst angeschafften Wertpapiere auch zuerst veräußert werden, § 20 Abs. 4 S. 7 EStG.[263] Einen Sonderfall stellt der Tausch von Aktien, die zum Privatvermögen gehören, dar. Erfolgt auf der Grundlage gesellschaftsrechtlicher Maßnahmen, die von den Unternehmen ausgehen, der Tausch von Aktien gegen Anteile an einer anderen Körperschaft, Vermögensmasse oder Personenvereinigung, treten, abweichend von § 20 Abs. 2 S. 1 EStG und § 13 Abs. 2 UmwStG, die übernommenen Anteile an die Stelle der bisherigen Anteile, § 20 Abs. 4a EStG.[264] Für Altanteile, die vor dem 1.1.2009 erworben worden waren, kommt § 20 Abs. 4a EStG nicht zur Anwendung; bei diesen nicht mehr steuerverstrickten Anteilen bleibt es bei der Steuerfreiheit.[265] Die Steuerfreiheit gilt bei solchen Anteilen auch für Barabfindungen nach einem Aktientausch.[266] Diese Ausnahme geht Tauschvorgängen, gleichgültig, ob sie infolge von umwandlungsrechtlichen Vorschriften bereits steuerneutral sind oder nicht, vor. Sie gilt auch für Maßnahmen nach Maßgabe vergleichbarer Vorschriften in Mitgliedsstaaten der EU oder des EWR. Nach § 20 Abs. 4a S. 3 EStG gilt gleiches auch bei Wandlung oder Umtausch einer Schuldverschreibung in andere Wertpapiere.[267] Ist der Tauschvorgang nicht nach Maßgabe gesetzlicher Vorschriften neutral, ist bei einem Tausch in Sachgüter der gemeine Wert anzusetzen. Entscheidend ist der Wert zum Zeitpunkt der Erfüllung der Gegenleistungspflicht, so dass Wertveränderungen bis dahin auf den Zeitpunkt der Veräußerung zurückwirken.[268]

Bei Aktien, die bereits am 31.12.2008 dem Steuerpflichtigen gehört haben, verbleibt es bei der vor dem UntStRefG geltenden Regelung. Liegt bei solchen Aktien zwischen dem Zeitpunkt der Anschaffung und der Veräußerung ein Zeitraum von mehr als 12 Monaten und ist der Aktionär mit weniger als 1 % an der AG beteiligt, sind die bei einer Veräußerung entstehenden Gewinne oder Verluste einkommensteuerlich unbeachtlich. Verfügt der Aktionär über eine **Beteiligung** an der AG von **mindestens 1 %** oder war er oder ein Rechtsträger bei unentgeltlichem Erwerb während der letzten fünf Jahre mindestens in entsprechendem Umfang an der AG beteiligt, ist der Gewinn aus der Veräußerung von

---

[261] BFH DB 2018, 1442; BStBl. II 2015 S. 387; aM Vorinstanz FG Köln EFG 2013, 1328, das für bestimmte Werbungskosten einen Abzug dennoch zulassen wollte; *Levedag* HFR 2015, 667.
[262] FG Schleswig-Holstein DB-online 1270096.
[263] Mit Wirkung ab VZ 2004 in § 23 EStG aF; vgl. G v. 9.12.2004 BGBl. 2004 I S. 3310; L. Schmidt/*Levedag* EStG § 20 Rn. 205 im Anschluss an BVerfG DStR 1998, 1743.
[264] § 20 Abs. 4a EStG idF d. JStG 2010 v. 8.12.2010, BGBl. 2010 I S. 1768 ist auf Tauschvorgängen in- und ausländischer Gesellschaften anzuwenden; *Steinlein* DStR 2009, 509; Blümich/*Stuhrmann* EStG § 20 Rn. 428 ff.; *Kirchhof/v. Beckerath* EStG § 20 Rn. 160; L. Schmidt/*Levedag* EStG § 20 Rn. 209 f.
[265] BFH BStBl. II 2017 S. 262; BFH/NV 2017, 283; DStR 2017, 1587; *Jachmann-Michel* BB 2018, 854; *Bron* DStR 2017, 762.
[266] BFH NZG 2017, 239; zur Berücksichtigung von Anschaffungskosten FG Münster DStRK 2019, 97 mit Anm *v. Moldenhauer*.
[267] Jetzt auch Anwendung auf Vollrisikozertifikate mit Andienungsrecht; BMF 18.1.2016, BStBl. I 2016 S. 85 Rn. 110.
[268] BFH DStR 2016, 165.

Aktien an der Gesellschaft steuerpflichtig, § 17 Abs. 1 S. 1 EStG; die Besteuerung nach § 17 EStG geht der nach § 20 EStG vor.[269] Ein Anteilserwerb für eine „nur juristische Sekunde" genügt;[270] erwirbt der Gesellschafter einen zunächst qualifizierenden Anteil, dessen Quote infolge einer gleichzeitig erfolgenden inkongruenten Kapitalerhöhung auf unter 1 % abschmilzt, hat der Gesellschafter zunächst kein wirtschaftliches Eigentum an dem qualifizierenden Anteil erworben.[271] Auch die Rückabwicklung eines noch nicht beiderseits vollzogenen Anteilskaufvertrags führt beim Veräußerer nicht zu einer (erneuten) Anschaffung, sondern zum rückwirkenden Wegfall eines bereits entstandenen Veräußerungsgewinns.[272] Das Anteilsvolumen bestimmt sich nach dem Verhältnis der von dem Aktionär gehaltenen Aktien zum gesamten nominellen Grundkapital der Gesellschaft. Für die Berechnung ist es ohne Bedeutung, ob es sich um Stamm- oder Vorzugsanteile handelt.[273] Der Gewinn aus der Veräußerung von Genussrechten, Bezugsrechten und Wandlungs- und Optionsrechten fällt grundsätzlich dann unter § 17 EStG, wenn der Inhaber im Übrigen mit mindestens 1 % an der AG beteiligt ist, bei Genussrechten soll es auf verhältnismäßige Betrachtung ankommen;[274] nach weitergehender Auffassung kommt es darauf an, dass die Beteiligung, gleichgültig ob durch Beteiligungen oder zB Genussrechte vermittelt, die relevante Größenordnung in Bezug auf die Beteiligung an der Substanz erreicht.[275] Die gleiche Rechtsfolge gilt für einen Aktionär, der zwar nicht selbst mit mindestens 1 % beteiligt ist oder war, der die Aktien unentgeltlich von einem Rechtsvorgänger erhalten hat, der selbst, oder bei unentgeltlichem Erwerb durch diesen dessen Rechtsvorgänger zu irgend einem Zeitpunkt innerhalb der letzten fünf Jahre mit mindestens 1 % beteiligt war.

88 Unter der seit 1.1.2009 geltenden Rechtslage hat der BFH seine Rechtsprechung zur steuerlichen Behandlung der Prämien für Aktienoptionen bei deren Verfall angepaßt. Nach seinen Entscheidungen[276], denen sich die Finanzverwaltung angeschlossen hat[277], erzielt der Steuerpflichtige bei Verfall einer Aktienoption negative Einkünfte aus Kapitalvermögen, denen das Werbungskostenabzugsverbot nach § 20 Abs. 9 EStG nicht entgegen steht.

89 Die **Bemessungsgrundlage** für den steuerlich relevanten Gewinn oder Verlust ergibt sich aus dem Unterschied des um die Veräußerungskosten geminderten Veräußerungspreises über die Anschaffungskosten der Aktien, § 17 Abs. 2 S. 1 EStG. Im Falle des unentgeltlichen Erwerbs sind die Anschaffungskosten des Rechtsvorgängers maßgeblich. Der Veräußerungsgewinn ist nach § 3 Nr. 40c EStG nur mit 60 vH steuerpflichtig; damit im Zusammenhang stehende Aufwendungen dürfen nur zu 60 vH abgezogen werden, § 3c Abs. 2 EStG. Das beschränkte Abzugsverbot gilt auch, wenn durch die Veräußerung ein Verlust erzielt wird,[278] nicht aber bei Veräußerung objektiv wertloser Anteile zu einem nur symbolischen Kaufpreis.[279] Der steuerpflichtige Teilbetrag wird durch einen Freibetrag nach § 17 Abs. 3 EStG von bis zu 9.060 EUR[280] gemindert; der Freibetrag kommt entsprechend

---

[269] Zu ernstlichen Zweifeln an der rückwirkenden Geltung der Wesentlichkeitsgrenze iSd § 17 Abs. 1 EStG idF des StEntlG 1999/2000/2002, BFH DStR 2012, 599.
[270] FG Köln DStRE 2010, 1231.
[271] BFH DB 2011, 2295.
[272] BFH DStRK 2017, 209.
[273] L. Schmidt/*Weber-Grellet* EStG § 17 Rn. 37 f.
[274] L. Schmidt/*Weber-Grellet* EStG § 17 Rn. 46; offen in BFH BStBl. II 1975 S. 505, jetzt BFH BStBl. II 2006 S. 746; *Lütticken* StB 2002, 122; aA *Littmann/Rapp* KStG § 17 Rn. 59.
[275] BFH FR 2013, 952; BStBl. II 2008 S. 475; differenz. Kirchhof/*Gosch/Oertel* EStG § 17 Rn. 22.
[276] BFH BStBl. II 2016 S. 456; BStBl. II 2016 S. 459; BStBl. II 2016 S. 462; *Frey/Tomaszowski* BB 2019, 1377.
[277] BMF 16.6.2016, DB 2016, 1471; OFD Nordrhein-Westfalen 28.6.2016, DB 2016, 1849.
[278] BFH DStR 2011, 1413.
[279] BFH DStR 2011, 1411.
[280] § 17 Abs. 3 EStG idF HaushaltsbegleitG 2004 v. 29.12.2003, BGBl. 2003 I S. 3076, bestätigt durch G v. 5.4.2011 BGBl. 2011 I S. 554.

der Quote der Beteiligung zum Ansatz. Der Freibetrag wird anteilig vermindert, wenn der (anteilige) Veräußerungsgewinn einen Betrag von 36.100 EUR[281] übersteigt, § 17 Abs. 3 S. 2 EStG. Der steuerpflichtige Teil des Veräußerungsgewinns unterliegt der Einkommensteuer nach dem regulären Tarif. Ein Veräußerungsverlust kann im Grundsatz mit Einkünften anderer Einkunftsarten verrechnet werden.[282] Einschränkungen gelten nach § 17 Abs. 2 S. 6 EStG bei innerhalb der letzten fünf Jahre unentgeltlich erworbenen Anteilen, wenn (a) der Rechtsvorgänger zum Verlustabzug nicht berechtigt war oder (b) bei entgeltlichem Erwerb, wenn die Beteiligung nicht während der gesamten Zeitdauer eine wesentliche Beteiligung im Sinne von § 17 Abs. 1 EStG war.[283] Diese Regelung gilt als nicht verfassungswidrig.[284]

Nach Maßgabe der Rechtsprechung des BFH führte bisher der Ausfall eines (kapitalersetzenden) Gesellschafterdarlehens zu nachträglichen Anschaffungskosten des Gesellschafters auf seine Beteiligung.[285] Diese Rechtsprechung hat der BFH unter Berücksichtigung der gesellschaftsrechtlichen Veränderungen durch das MoMiG aufgegeben und lässt als nachträgliche Anschaffungskosten nur Aufwendungen zu, die im Sinne von § 255 Abs. 1 S. 2 HGB zu einer offenen oder verdeckten Einlage bei der Gesellschaft führen können. Fremdkapitalhilfen seien jedoch nur im Ausnahmefall mit der Zuführung von Eigenkapital vergleichbar.[286] 90

Der Gewinn gehört zu den **Einkünften aus Gewerbebetrieb.** Bei Veräußerung solcher Anteile, die nicht zu einem Betriebsvermögen gehören, fällt keine Gewerbesteuer an. Gehören die Aktien einem beschränkt steuerpflichtigen Aktionär, ist die Veräußerung nach Maßgabe von § 49 Abs. 1 Nr. 2(e) EStG und evtl. DBA steuerpflichtig, wenn es sich um eine Beteiligung von mindesten 1 % an einer inländischen Kapitalgesellschaft handelt. Die Steuerpflicht wird nach dem Entwurf eines Jahressteuergesetzes 2018 auch auf Beteiligungen an nicht inländischen Kapitalgesellschaften ausgedehnt, wenn 50 % des Wertes der Gesellschaft unmittelbar oder mittelbar auf im Inland belegende Grundstücke entfallen. Gehören die Anteile nicht zu einem inländischen Betriebsvermögen, greift die Fiktion der nichtabziehbaren Betriebsausgaben (Schachtelstrafe) nach § 8b Abs. 3 S. 1 KStG nicht.[287] 91

Keine Verfügung über die Aktie, gleichwohl aber einen steuerlichen Realisierungstatbestand stellt der **Wegzug des Aktionärs** – unter Aufgabe seines Wohnsitzes/gewöhnlichen Aufenthalts in Deutschland – dar. Verfügt der Aktionär über eine Beteiligung im Sinne von § 17 Abs. 1 S. 1 EStG, wird der Aktionär, der zuvor mindestens 10 Jahre unbeschränkt steuerpflichtig gewesen war, von der Wegzugsbesteuerung nach § 6 AStG erfasst. Die Rechtsfolge ist die Fiktion der Veräußerung der Anteile, so dass die Differenz zwischen dem gemeinen Wert und den Anschaffungskosten zu versteuern ist, § 6 Abs. 1 S. 4 AStG.[288] Der EuGH hat die sofortige Versteuerung der stillen Reserven als unzulässige Beschränkung der Niederlassungsfreiheit beurteilt.[289] Bei einem Wegzug in EU-/EWR-Staaten kommt nach § 6 Abs. 5 AStG grundsätzlich eine zinslose Stundung ohne Sicherheitsleistung des geschuldeten Steuerbetrags in Betracht;[290] dies wird im Wesentlichen als 92

---

[281] § 17 Abs. 3 EStG idF HaushaltsbegleitG 2004 v. 29.12.2003, BGBl. 2003 I S. 3076, bestätigt durch G v. 5.4.2011 BGBl. 2011 I S. 554.
[282] L. Schmidt/*Weber-Grellet* EStG § 17 Rn. 197.
[283] BFH BFH/NV 2017, 1168; L. Schmidt/*Weber-Grellet* EStG § 17 Rn. 196 ff.; BMF 3.8.2000, BStBl. I 2000 S. 1199.
[284] BFH BFH/NV 2005, 2202.
[285] BFH BStBl. II 2008 S. 706.
[286] BFH BFH/NV 2017, 1501; Anm. *Fuhrmann* NWB 2017, 4003.
[287] BFH AG 2018, 450.
[288] *Pohl* in Blümich EStG AStG § 6 Rn. 42 ff.; *Ettinger/Beuchert* IWB 2014, 126; *Huber* IWB 2015, 392; *Bron* DStR 2017, 762; *Heckroth*/Schulz ISR 2018, 229; *Klein*/Rippert IWB 2018, 457; keine Berücksichtigung von fiktiven Veräußerungsverlusten, BFH BStBl. II 2017 S. 1194 = NZG 2018, 476; *G. Kraft* IStR 2018, 289; *Linn/Pignot* NWB 2018, 114.
[289] EuGH EuWZ 2017, 180; *Micker/Schwarz* IWB 2017, 344; *Häck* ISR 2018, 189.
[290] Klein/Rippert IWB 2018, 457.

EU-rechtskonform angesehen. Das FG Baden-Württemberg hat jüngst dem EuGH die Frage unterbreitet, ob die sofortige Besteuerung und die Beschränkung der Stundungsregelung mit den Freizügigkeitsabkommen vereinbar ist;[291] der EuGH hat die sofortige Belastung mit Steuern auf latente Wertzuwächse beanstandet.[292]

93 Werden die Aktien einem in- oder ausländischen **Investmentfonds** zugeordnet, gelten steuerliche Besonderheiten. Durch die Änderung des Investmentsteuerrechts in 2018 wurde das bisherige Transparenzprinzip aufgegeben; der Investmentfonds selbst ist nun (gegebenenfalls beschränkt) körperschaft- und gewerbesteuerpflichtig, §§ 6 Abs. 1, 15 InvStG. Die Steuerpflicht erstreckt sich auf die inländischen Beteiligungseinnahmen, zu denen ua Dividendeneinnahmen gehören, idR jedoch nicht Veräußerungsgewinne aus dem Verkauf von Aktien. Der Gewinn aus der Veräußerung von Investmentanteilen gehört hingegen zu den steuerpflichtigen Einnahmen des (inländischen) Anlegers, § 16 Abs. 1 Nr. 3 iVm § 19 InvStG.

94 **2. Aktien, die als Gegenleistung für eine Sacheinlage gewährt wurden.** Bei der Veräußerung von Aktien gelten die allgemeinen Vorschriften. Wurden die veräußerten Aktien als Gegenleistung für eine Sacheinlage eines Betriebs, eines Teilbetriebs oder eines Mitunternehmeranteils gewährt, für die die Sonderregelungen des Umwandlungssteuergesetzes in Anspruch genommen wurden, gelten Besonderheiten; zu den Details vgl. § 5. Wird das eingebrachte Vermögen nach Maßgabe von § 20 Abs. 2 S. 2 UmwStG mit einem unter dem gemeinen Wert liegenden Wert angesetzt, bleiben die in den eingebrachten Wirtschaftsgütern zum Zeitpunkt der Einbringung vorhandenen stillen Reserven auf Antrag zunächst unversteuert. Wird über die gewährten Aktien während eines Zeitraums von 7 Jahren seit der Einbringung in einer Weise verfügt, dass einer der Tatbestände des § 22 Abs. 1 UmwStG ausgelöst wird, wird rückwirkend der aus der Einbringung resultierende Gewinn beim Einbringenden der Besteuerung (Nachversteuerung) unterworfen (Einbringungsgewinn I). Maßgebend für die Bewertung ist der Einbringungsgewinn I als der Betrag, um den der gemeine Wert des eingebrachten Vermögens den Wert, mit dem die aufnehmende Kapitalgesellschaft das eingebrachte Vermögen angesetzt hat.[293] Dieser Gewinn ist im Falle einer schädlichen Verfügung nach § 22 Abs. 1 UmwStG zu versteuern, doch mindert sich der Gewinn für jedes seit der Einbringung abgelaufene Zeitjahr um je ein Siebtel, § 22 Abs. 1 S. 3 UmwStG. Die als Gegenleistung für die Sacheinlage gewährten Aktien unterliegen keinen Besonderheiten mehr; die Besteuerung richtet sich nach den allgemeinen Vorschriften.

95 Im Falle eines Anteilstauschs von Anteilen im Betriebsvermögen gegen Gewährung neuer Anteile der aufnehmenden Gesellschaft gilt § 21 UmwStG. Die übernehmende Gesellschaft hat die erworbenen Anteile im Grundsatz mit dem gemeinen Wert anzusetzen. Verfügt die übernehmende Gesellschaft nach der Einbringung nachweisbar über die Mehrheit der Stimmrechte (qualifizierter Anteilstausch iSv § 21 Abs. 1 S. 2 UmwStG), können die eingebrachten Anteile auf Antrag mit dem Buchwert oder einem höheren Wert angesetzt werden. Bei Gewährung auch von anderen Wirtschaftsgütern als Gegenleistung muss die übernehmende Gesellschaft die erworbenen Anteile mindestens mit dem gemeinen Wert der anderen Wirtschaftsgüter ansetzen. Für den Einbringenden gilt der Wertansatz für die eingebrachten Anteile als Veräußerungspreis, § 21 Abs. 2 S. 1 UmwStG. Für den Privataktionär gilt unabhängig von § 21 Abs. 2 UmwStG § 20 Abs. 4a S. 1 EStG: der Aktientausch ist steuerneutral.[294] Entfällt bei Einbringungen, auf die § 21 UmwStG an-

---

[291] FG Baden-Württemberg IStR 2018, 68 (EuGH v. 26.2.2019 – C-581/17, *Wächtler*); zur Europarechtswidrigkeit von Regelungen zur Wegzugsbesteuerung EuGH EuWZ 2017, 180; zur Zulässigkeit bei Stundungsregelung EuGH DStR 2014, 193.
[292] EuGH DStR 2019, 425; dazu *Kahlenberg* DStRK 2019, 93; *Offerhaus/Greite* NWB 2019, 1672.
[293] Umwandlungssteuererlass 2011 Tz. 22.01 ff. zu Veräußerungen und Ersatztatbeständen.
[294] L. Schmidt/*Levedag* EStG § 20 Rn. 209 ff., 214; *Schmitt/Hörtnagel/Stratz* UmwStG § 21 Rn. 10; Umwandlungssteuererlass 2011 Rn. 21.02.

zuwenden ist, das Besteuerungsrecht der Bundesrepublik Deutschland hinsichtlich des Gewinns der erhaltenen Anteile, ist stets der gemeine Wert anzusetzen; ist das Besteuerungsrecht der Bundesrepublik Deutschland für die erhaltenen Anteile nicht beschränkt oder ausgeschlossen, darf auf Antrag auch der Buchwert oder ein höherer Wert als Veräußerungspreis der eingebrachten und Anschaffungskosten der erhaltenen Anteile angesetzt werden, § 21 Abs. 2 S. 3 UmwStG.[295] In diesen Fällen gilt der Grundsatz der Maßgeblichkeit der Handelsbilanz für die Steuerbilanz nicht.[296]

Anteile, die infolge eines Anteiltauschs nach § 21 UmwStG entstanden sind, unterliegen **96** keinen Besonderheiten; § 22 Abs. 1 UmwStG findet keine Anwendung. Für im Rahmen einer solchen Sacheinlage übertragene Anteile gilt § 22 Abs. 2 UmwStG; Gewinne aus der Veräußerung solcher sind für einen Zeitraum von sieben Jahren (ratierlich abnehmend) nachversteuerungspflichtig, es sei denn, dass beim Einbringenden § 8b Abs. 2 KStG auf einen Veräußerungsgewinn anzuwenden gewesen wäre (Einbringungsgewinn II)[297]. Der Einbringungsgewinn II unterliegt nach Maßgabe von § 7 Abs. 2 GewStG der Gewerbesteuer.[298]

War die Anmeldung der gesellschafts- oder umwandlungsrechtlichen Maßnahme, auf der **97** die Sacheinlage beruht, bis zum 12.12.2006 bewirkt worden, gelten nach § 27 Abs. 2 UmwStG die vor dem Inkrafttreten des SEStEG[299] geltenden Vorschriften. Danach unterlagen Gewinne aus der Veräußerung von Aktien, die infolge einer **Sacheinlage** eines Betriebs, Teilbetriebs, Mitunternehmeranteils (§ 20 Abs. 1 S. 1 UmwStG aF) oder einer mehrheitsvermittelnden Beteiligung an einer anderen Kapitalgesellschaft (§ 20 Abs. 1 S. 2 UmwStG aF) durch den Aktionär geschaffen wurden, als einbringungsgeborene Anteile im Sinne von § 21 UmwStG aF besonderen Regelungen. Einbringungsgeborene Anteile waren Anteile, die der Veräußerer durch eine Sacheinlage unter dem Teilwert erworben hatte, § 21 Abs. 1 S. 1 iVm § 20 Abs. 4 S. 1 UmwStG aF.[300] Waren **Gegenstand der Sacheinlage** Wirtschaftsgüter nach § 20 Abs. 1 S. 1 UmwStG aF,[301] ist der Gewinn aus der Veräußerung der Aktien unabhängig von der Beteiligungsquote und der Haltedauer der Anteile steuerpflichtig. Der Veräußerung der Anteile steht gleich, dass der Aktionär die Versteuerung beantragt, das Besteuerungsrecht der Bundesrepublik Deutschland über die Anteile ausgeschlossen wird oder in Fällen der Herabsetzung des Kapitals, der Auflösung und Abwicklung der AG oder der verdeckten Einlage der Anteile in eine Kapitalgesellschaft, § 21 Abs. 2 UmwStG aF.[302] An die Stelle eines Veräußerungsgewinns tritt der gemeine Wert der Anteile. Der Gewinn aus der Veräußerung dieser Anteile unterliegt den allgemeinen Vorschriften. Bei der Ermittlung des Gewinns bei Veräußerung von Aktien in Girosammelverwahrung ist eine Identifizierung der veräußerten Aktien in besonderen Fällen notwendig, wenn bestimmte Aktien beim Verkauf verwendet werden sollen (hier ehem. einbringungsgeborene Aktien).[303] Die Regelungen des Halbeinkünfteverfahrens, nach denen die Hälfte des Veräußerungsgewinns steuerfrei bleibt, § 3 Nr. 40b EStG aF kommen erst zur Anwendung, wenn seit der Einbringung ein Zeitraum von sieben Jahren verstrichen ist, § 3 Nr. 40 S. 3 iVm S. 4a) EStG aF.

Handelte es sich bei dem Gegenstand der Sacheinlage um (mehrheitsvermittelnde) **98** **Anteile** an einer anderen Kapitalgesellschaft (§ 20 Abs. 1 S. 2 UmwStG aF), die weder unmittelbar noch mittelbar aus einer Sacheinlage, die unter § 20 Abs. 1 S. 1 UmwStG aF

---

[295] *Schmitt/Hörtnagel/Stratz* UmwStG § 21 Rn. 39 ff.
[296] *Dötsch/Pung/Möhlenbrock/Patt* KStG UmwStG § 21 Rn. 46; *Rödder/Herlinghaus/v. Lishaut/Rabback* UmwStG § 21 Rn. 76; *Schmitt/Hörtnagel/Stratz* UmwStG § 21 Rn. 41.
[297] Umwandlungssteuererlass 2011 Tz. 22.12 ff.; *Schmitt/Hörtnagel/Stratz* UmwStG § 22 Rn. 112.
[298] BFH DB 2018, 1568; dazu *Weiss/Brühl* DB 2018, 1548.
[299] SEStEG v. 7.12.2006, BGBl. I S. 2782.
[300] *Schmitt/Hörtnagel/Stratz* UmwStG § 21 Rn. 107 ff.
[301] ZB Betrieb, Teilbetrieb, Anteil aus Mitunternehmerschaft; dazu → § 5 Rn. 26 ff.
[302] UmwSt-E (aF) Tz. 21.06 ff.
[303] BFH DStR 2014, 845.

fiel, hervor gegangen sind, ist auf einen Veräußerungsgewinn § 3 Nr. 40b) iVm S. 4b) EStG aF unabhängig vom Verstreichen einer Wartefrist anzuwenden. Der Veräußerungsgewinn ist zu 40% steuerfrei, der übersteigende Teil unterliegt der Versteuerung nach den allgemeinen Regelungen.

99 **3. Aktien im Betriebsvermögen.** Gehören die (gegebenenfalls sperrfristbehafteten oder einbringungsgeborenen) Aktien zu einem Betriebsvermögen[304] einer **natürlichen Person** oder einer Mitunternehmerschaft,[305] an der natürliche Personen beteiligt sind, gehört ein Veräußerungsgewinn oder -verlust zu den Einkünften aus gewerblicher Tätigkeit.[306] Der Veräußerungsgewinn[307] ist stets steuerpflichtig; auf den Veräußerungsgewinn kommt die 40%ige Steuerbefreiung nach § 3 Nr. 40a) oder b) EStG zur Anwendung. Die Vergünstigungen eines Freibetrags nach § 16 Abs. 4 EStG oder eines besonderen Steuersatzes nach § 34 EStG gelten nicht.

100 Als Bestandteil des laufenden Gewinns unterliegt ein Veräußerungsgewinn entsprechend dem steuerpflichtigen Anteil der **Gewerbesteuer.**[308] Die gewerbesteuerliche Kürzungsvorschrift des § 9 Nr. 2a GewStG gilt nur für Dividendeneinkünfte. Die Gewerbesteuerbelastung wird nach § 35 EStG auf die Einkommensteuerschuld angerechnet. Veräußerungsverluste können nach allgemeinen Vorschriften mit Einkünften anderer Einkunftsarten verrechnet werden. Werden die Aktien durch eine Mitunternehmerschaft gehalten, gelten § 3 Nr. 40 und § 3c Abs. 2 EStG, soweit an der Mitunternehmerschaft unmittelbar oder mittelbar über eine oder mehrere Personengesellschaften beteiligt sind; im Übrigen gilt § 8b KStG; vgl. § 7 S. 4 GewStG.

101 Umfasst die Beteiligung **alle Anteile** an der AG, wird die Veräußerung der Anteile einem Teilbetrieb gleichgestellt, § 16 Abs. 1 S. 1 Nr. 1 EStG. Anders als bei der Veräußerung einer nicht das gesamte Kapital umfassenden Beteiligung kommt hier ein Freibetrag in Höhe von 45.000 EUR[309] zum Ansatz, der sich bei einem Veräußerungsgewinn, der 136.000 EUR[310] übersteigt, anteilig reduziert. Auch für diesen Gewinn gilt § 3 Nr. 40a) oder b) EStG; zur Vermeidung einer Doppelbegünstigung scheidet die Anwendung des begünstigten Steuersatzes nach § 34 Abs. 2 Nr. 1 EStG aus.

102 Für Veräußerungen von Anteilen an einer Kapitalgesellschaft durch Steuerpflichtige, die nicht Körperschaft, Personenvereinigung oder Vermögensmasse sind, kann ein Gewinn bis zu 500.000 EUR als steuerfreie Rücklage im Jahr der Veräußerung oder in den beiden folgenden Wirtschaftsjahren auf die Anschaffungskosten von neu angeschafften Anteilen an einer Kapitalgesellschaft oder abnutzbaren beweglichen Wirtschaftsgütern übertragen werden, § 6b Abs. 10 EStG. Bei der Übertragung auf die Anschaffungskosten von neuen Gebäuden gilt eine Reinvestitionsfrist von vier Jahren. Voraussetzung für die Anwendung von § 6b Abs. 10 EStG ist, dass die veräußerten Anteile mindestens sechs Jahre ununterbrochen zum Anlagevermögen einer Betriebsstätte des Veräußerers gehört haben. Erfolgt die Übertragung auf die Anschaffungskosten von abnutzbaren beweglichen Wirtschaftsgütern oder Gebäuden, bemisst sich der Abzug nach dem nicht nach § 3 Nr. 40 EStG steuerfreien Betrag. Erfolgt keine Reinvestition, ist die Rücklage spätestens zum Ende des

---

[304] Kanzler FR 2003, 1 ff.
[305] Zur Abgrenzung privater Veräußerungsgeschäfte und gewerblichem Wertpapierhandel BFH BStBl. II 1999 S. 488; BFH BStBl. II 2001 S. 706; BFH BStBl. II 2004 S. 408.
[306] UmwSt-Erlass 2011 Tz. 22.07.; Gleiches gilt mit Ausnahme der Gewerbesteuer bei Zugehörigkeit zu einem freiberuflichen und landwirtschaftlichen Betriebsvermögen.
[307] Zur Ermittlung des Veräußerungsgewinns UmwSt-Erlass 2011 Tz. 22.14; Schreiben OFD Düsseldorf 5.6.2003, FR 2003, 739 f.; *Schirmer* FR 2003, 1231.
[308] § 7 GewStG.
[309] § 16 Abs. 4 EStG idF Haushaltsbegleitgesetz 2004 vom 29.12.2003, BGBl. 2003 I S. 3076; inhaltlich bestätigt durch G. v. 5.4.2011 BGBl. 2011 I S. 554.
[310] § 16 Abs. 4 EStG idF Haushaltsbegleitgesetz 2004 vom 19.12.2003, BGBl. 2003 I S. 3076; inhaltlich bestätigt durch G. v. 5.4.2011 BGBl. 2011 I S. 554.

vierten Wirtschaftsjahres gewinnerhöhend aufzulösen; für jedes volle Wirtschaftsjahr des Bestehens der Rücklage ist ein Gewinnaufschlag von 6% vorzunehmen.[311] Infolge der Entscheidung des EuGH zur Europarechtswidrigkeit der bisherigen Regelungen in § 6b EStG[312], wenn sie nur die Reinvestition in zu inländischem Betriebsvermögen gehörendem Anlagevermögen zulassen, wurde eine ergänzende Regelung in § 6b Abs. 2a EStG eingefügt, die der Entscheidung Rechnung trägt.[313]

Waren die Aktien aus einer Einlage oder Kapitalerhöhung gegen Sacheinlagen hervorgegangen und liegen einbringungsgeborene Anteile im Sinne des früheren § 21 Abs. 1 UmwStG aF vor, kann die Anwendung des Teileinkünfteverfahrens nach § 3 Nr. 40 S. 3 und 4 EStG aF bis zum Ablauf von sieben Jahren seit der Einlage aufgeschoben sein. **103**

4. Aktien im Betriebsvermögen einer Kapitalgesellschaft. Gewinne aus der Veräußerung von Aktien, die zum Betriebsvermögen einer Kapitalgesellschaft[314] gehörten, sind nach § 8b Abs. 2 KStG im Grundsatz steuerfrei, doch wird ein Betrag in Höhe von 5% des Veräußerungsgewinns als nicht abzugsfähige Betriebsausgabe als steuerpflichtig behandelt[315]. Die Steuerfreiheit gilt nach § 7 GewStG auch für die Gewerbesteuer.[316] Diese Regelung gilt derzeit unabhängig vom Umfang der Beteiligung. In die parlamentarischen Beratungen zum JStG 2013 wurde der Vorschlag eingebracht, Gewinne bei Aktienveräußerungen, wenn die Beteiligungsquote 10% nicht überstiegen hat, der vollen Besteuerung zu unterwerfen.[317] Dieser Vorschlag wurde bis jetzt nicht umgesetzt; er wurde in 2014 erneut in die parlamentarische Diskussion eingebracht,[318] aber nicht umgesetzt. **104**

Die **Steuerfreiheit** gilt nicht für Gewinne anlässlich der Veräußerung von Anteilen, die nach Maßgabe von § 22 Abs. 1 oder 2 UmwStG der Nachversteuerung des Einbringungsgewinns in der Sperrfrist (Einbringungsgewinn I oder II) oder die nach Maßgabe des früheren UmwStG als einbringungsgeboren gelten, wenn die Veräußerung vor Ablauf einer Frist von sieben Jahren seit der Einbringung erfolgte, außer dass es sich um Anteile handelt, die durch die Einbringung von Anteilen an einer anderen Kapitalgesellschaft stammten, die nicht ihrerseits einbringungsgeboren im Sinne von § 20 Abs. 1 S. 1 oder § 23 Abs. 1–3 UmwStG waren, § 8b Abs. 4 S. 1 und 2 KStG aF.[319] Bei Veräußerungen von Anteilen nach Maßgabe von § 22 UmwStG idF SEStEG unterliegen nicht die erworbenen Anteile, sondern die in den übertragenen Wirtschaftsgütern zum Einbringungszeitpunkt vorhandenen stillen Reserven der Besteuerung, die indes an (schädliche) Verfügungen der erworbenen Anteile geknüpft ist; vgl. dazu → Rn. 90 ff. Ferner findet § 8b Abs. 2 KStG keine Anwendung auf Kreditinstitute und Finanzdienstleistungsinstitute im Sinne von § 1 Abs. 12 KWG, wenn die Aktien dem Handelsbestand zuzurechnen sind, § 8b Abs. 7 S. 1 KStG, ferner für Finanzunternehmen im Sinne des KWG, an denen Kreditinstitute oder Finanzdienstleistungsinstitute unmittelbar oder mittelbar zu mehr als 50% beteiligt sind und die die Beteiligung im Umlaufvermögen auszuweisen haben, § 8b Abs. 7 S. 2 **105**

---

[311] *U. Förster* DStR 2001, 1913 ff.; *M. Strahl* FR 2001, 1154 ff.
[312] EuGH FR 2015, 460; dazu *Kanzler* FR 2015, 460; *Brinkmeier* GmbH-StB 2015, 188.
[313] G v. 2.11.2015 BGBl. 2015 I S. 1834.
[314] Gleiches gilt bei anderen körperschaftsteuerpflichtigen Anteilseignern.
[315] § 8b Abs. 3 KStG idF StVergAbG v. 19.12.2003.
[316] Dötsch/Pung/Möhlenbrock/*Pung* KStG § 8b Rn. 103; *Jacobs,* Unternehmensbesteuerung, 5. Aufl. 2015, S. 470; *Bogenschütz/Tibo* DB 2001, 8 ff.; *Eisolt/Wickinger* BB 2001, 229 ff.; *Hörger/Scheipers* DB 2000, 1988 ff.; *Köster* FR 2000, 1263 ff.
[317] Vgl. § 8b Abs. 4 KStG-E idF JStG 2013 BR-Drs. 302/12.
[318] Prüfbitte, bei Streubesitz Veräußerungsgewinne steuerpflichtig zu machen, vgl. Empfehlungen der Ausschüsse zum Entwurf eines G zur Anpassung der Abgabenordnung an den Zollkodex der Union und zur Änderung weiterer steuerlicher Vorschriften, BR-Drs. 432/1/14.
[319] Eine weitere Gegenausnahme besteht bei Anteilen, die von nicht von § 8b Abs. 2 KStG begünstigten Steuerpflichtigen eingebracht wurden, § 8b Abs. 4 S. 1 Nr. 2 Alternative 2 KStG aF; BMF 28.4.2003 – IV A2 – S. 2750a – 7/03 Rn. 28 ff. BStBl I 2003, 292; Dötsch/Pung/Möhlenbrock/*Pung* KStG § 8b Rn. 155 f.; *Schwedhelm* BB 2003, 605 (608).

KStG.³²⁰ Besonderheiten gelten für Lebens- und Krankenversicherungsunternehmen nach § 8b Abs. 8 KStG idF des G zur Umsetzung der Protokollerklärung vom 22.12.2003; eine Rückausnahme dazu gilt für Dividenden nach Maßgabe der Mutter/Tochterrichtlinie.³²¹

106 Wenn die Steuerfreiheit der Veräußerungsgewinne nicht eingreift, unterliegt ein Gewinn entsprechend den regulären Vorschriften der Körperschaftsteuer und der Gewerbesteuer; § 9 Nr. 2a GewStG gilt nicht.

§ 15 Eigene Aktien

Übersicht

	Rn.
I. Allgemeines	1
II. Übernahme eigener Aktien	2–11
1. Übernahmeverbot	2, 3
a) Geltungsbereich	2
b) Rechtsfolgen eines Verstoßes	3
2. Umgehungsgeschäfte	4–10
a) Übernahme durch abhängiges Unternehmen	4, 5
b) Übernahme für Rechnung der Gesellschaft	6–10
3. Internationales Privatrecht	11
III. Erwerb eigener Aktien	12–59
1. Grundsätzliches Erwerbsverbot	12, 13
2. Ausnahmen vom Erwerbsverbot	14–46
a) Erwerb zur Schadensabwehr (Nr. 1)	15–19
b) Belegschaftsaktien (Nr. 2)	20–24
c) Abfindung von Aktionären (Nr. 3)	25
d) Unentgeltlicher Erwerb; Einkaufskommission (Nr. 4)	26
e) Gesamtrechtsnachfolge (Nr. 5)	27
f) Einziehung (Nr. 6)	28
g) Handelsbestand (Nr. 7)	29
h) Ermächtigungsbeschluss ohne positive gesetzliche Zweckvorgabe (Nr. 8)	30–46
3. Allgemeine Grundsätze für die Ausnahmen vom Erwerbsverbot	47–49
4. Bilanzielle Behandlung	50–52
5. Rechtsfolgen von Verstößen gegen das Erwerbsverbot	53–55
6. Rechte und Pflichten aus eigenen Aktien	56
7. Informations- und Publizitätspflichten	57–59
IV. Erwerb eigener Aktien durch Dritte, Inpfandnahme eigener Aktien, Umgehungsgeschäfte	60–70
1. Erwerb eigener Aktien durch Dritte	60, 61
2. Inpfandnahme eigener Aktien	62
3. Umgehungsgeschäfte	63–69
4. Internationales Privatrecht	70
V. Steuerliche Behandlung eigener Aktien	71–81
1. Steuerfolgen bei der Gesellschaft	71–76
2. Steuerfolgen für die Aktionäre	77–81

Schrifttum: *Aha,* Verbot des Erwerbs eigener Aktien nach den §§ 71 ff. AktG und eigener Genussscheine nach § 10 Abs. 5 S. 5 KWG, AG 1992, 218–227; *Baum,* Rückerwerbsangebote für eigene Aktien – übernahmerechtlicher Handlungsbedarf?, ZHR 167 (2003), 580–610; *Baums/Stöcker,* Rückerwerb eigener Aktien und WpÜG, FS Wiedemann, 2002. S. 703–754; *Bayer/Hoffmann/Weinmann,* Kapitalmarktreaktionen bei Ankündigung des Rückerwerbs eigener Aktien über die Börse, ZGR 2007, 457–479; *Bednarz,* Der Ermächtigungsbeschluß der Hauptversammlung zum Erwerb eigener Aktien, 2006; *Benckendorff,* Erwerb eigener Aktien im deutschen und US-amerikanischen Recht, 1998; *T. Bezzenberger,* Erwerb eigener Aktien durch die AG, 2002; *T. Bezzenberger,* Eigene Aktien und ihr Preis – auch beim Erwerb mit Hilfe von Kaufoptionen, ZHR 180 (2016), 8–44; *Blumenberg/Roßner,* Steuerliche Auswirkungen der durch das BilMoG geplanten Änderungen der Bilanzierung von eigenen Anteilen, GmbHR 2008, 1079–1084; *Bosse,* Handel in eigenen Aktien durch die Aktiengesellschaft, WM 2000, 806–809; *Bosse,* Mitarbeiterbeteiligung und Erwerb eigener Aktien, NZG 2001, 594–598; *Brosius,* Die finanzielle Unterstützung des Erwerbs eigener Aktien, 2009; *Bruckmeier/Zwirner/Künkele,* Die Behandlung eigener Anteile – Das BilMoG kürzt das Steuersubstrat und fördert Investitionen in eigene Aktien, DStR 2010, 1640–1644; *Büscher,* Das neue Recht des Aktienrückkaufs, 2013; *Busch,* Eigene Aktien in der Kapitalerhöhung, AG 2005, 429–436; *Busch,* Eigene Aktien bei der Stimmrechtsmitteilung – Zähler, Nenner, Missstand, AG 2009, 425–431; *Butzke,* Gesetzliche Neuregelungen beim Erwerb eigener Aktien, WM 1995, S. 1389–1392; *Cahn/Ostler,* Eigene Aktien und Wertpapierleihe, AG 2008, 221–242; *Ditz/Tcherveniachki,* Eigene Anteile und Mitarbeiterbeteiligungsmodelle – Bilanzierung nach dem BilMoG und Konsequenzen für das steuerliche Einlagekonto, Ubg 2010, 875–882;

---

³²⁰ Neuregelung durch G v. 20.12.2016 BGBl. 2016 I S. 3000.
³²¹ Angefügt durch G v. 9.12.2004 BGBl. 2004 I S. 3310.

Drygala, Finanzielle Unterstützung des Aktienerwerbs nach der Reform der Kapitalrichtlinie, Der Konzern 2007, 396–406; *Fleischer,* Finanzielle Unterstützung des Aktienerwerbs und Leveraged Buyout, AG 1996, 494–507; *Förster/Schmidtmann,* Steuerliche Gewinnermittlung nach dem BilMoG, BB 2009, 1342; *Förster/van Lieshaut,* Das körperschaftsteuerliche Eigenkapital i. S. d. §§ 27–29 KStG 2001 (Teil 1 und 2), FR 2002, 1205–1217; *Freitag,* „Financial Assistance" durch die AG nach der Reform der Kapitalrichtlinie – (k)ein Freifahrtschein für LBOs?, AG 2007, 157–165; *Früchtl/Fischer,* Erwerb eigener Anteile – Änderungen durch das BilMoG? DStZ 2009, 112–117; *Geber/zur Megede,* Aktienrückkauf – Theorie und Kapitalmarktpraxis unter Beachtung der „Safe-harbor-Verordnung" (EG Nr. 2273/2003), BB 2005, 1861–1865; *Gätsch/Bracht,* Die Behandlung eigener Aktien im Rahmen der Mitteilungs- und Veröffentlichungspflichten nach §§ 21, 22 und 26a WpHG, AG 2011, 813–819; *Grobecker/Michel,* Rückkauf eigener Aktien: Die Grenzen des § 71 Abs. 1 Nr. 8 AktG, DStR 2001, 1757–1764; *Grüger,* Kurspflegemaßnahmen durch den Erwerb eigener Aktien – Verstoß gegen das Verbot der Marktmanipulation?, BKR 2010, 221–232; *Günter,* Das Verhältnis von Handels- und Steuerbilanz nach dem BilMoG, Stbg 2009, 395–404; *Habersack,* Das Andienungs- und Erwerbsrecht bei Erwerb und Veräußerung eigener Anteile, ZIP 2004, 1121–1127; *Habersack.,* Die finanzielle Unerstützung des Aktienerwerbs, FS Röhricht, 2005, S. 155–179; *Herzig/Briesemeister,* Unterschiede zwischen Handels- und Steuerbilanz nach BilMoG – Unvermeidbare Abweichungen und Gestaltungsspielräume, WPg 2010, 63–77; *Hitzer/Simon/Düchting,* Behandlung eigener Aktien der Zielgesellschaft bei öffentlichen Übernahmeangeboten, AG 2012, 237–246; *Hohage,* Erwerb eigener Anteile, Einziehung, Aufstockung und vGA bei der GmbH, DB 2009, 1033–1036; *U. Huber,* Zum Aktienerwerb durch ausländische Tochtergesellschaften, in: FS Duden, 1977, S. 137–171; *Ihrig,* Optionen auf eigene Aktien, FS Ulmer, 2003, S. 829–845; *Johannsen-Roth,* Der Einsatz von Eigenkapitalderivaten beim Erwerb eigener Aktien nach § 71 Abs. 1 Nr. 8 AktG, ZIP 2011, 407–415; *Kallweit/Simons,* Aktienrückkauf zum Zweck der Einziehung und Kapitalherabsetzung, AG 2014, 352–359; *Kessler/Suchan,* Kapitalschutz bei Erwerb eigener Anteile nach BilMoG, FS Hommelhoff, 2012, S. 509–5525; *Kiefner/Seibel,* Reichweite und Grenzen des Wertverwässerungsschutzes nach § 255 Abs. 2 AktG, AG 2016, 301–315; *Kitanoff,* Der Erwerb eigener Aktien, 2009; *Knepper,* Die Belegschaftsaktie in Theorie und Praxis, ZGR 1985, 419–443; *Knott/Jacobsen,* Die Verpflichtung des (Belegschafts-)Aktionärs zur Rückübertragung seiner Aktie, NZG 2014, 372–378; *Kocher,* Sind Ermächtigungen der Hauptversammlung zur Verwendung eigener Aktien analog § 202 I AktG auf fünf Jahre beschränkt?, NZG 2010, 172–174; *Köhler,* Steuerliche Behandlung eigener Anteile, DB 2011, 15–22; *Köstlmeier/Röder,* Kurseffekte von Aktienrückkäufen in Deutschland und die zugrunde liegenden Motive von deren Ankündigung, CF 2019, 10–17; *Kopp/Metzner,* Rechtliche Aspekte der Finanzierung des Rückkaufs von Wandelverschreibungen durch vorherige Kapitalerhöhung oder Emission neuer Wandelschuldverschreibungen, AG 2012, 856–867; *Krause,* Eigene Aktien bei Stimmrechtsmitteilung und Pflichtangebot, AG 2015, 553–559; *Kruchen,* Risikoabsicherung aktienbasierter Vergütungen mit eigenen Aktien, AG 2014, 655–662; *Lechner/Haisch,* Was nun? Erwerb eigener Anteile nach dem BMF-Schreiben vom 10.8.2010, Ubg 2010, 691–698; *Leppert/Stürwald,* Aktienrückkauf und Kursstabilisierung – Die Safe-Harbour-Regelungen der Verordnung (EG) Nr. 2273/2003 und der KuMaKV, ZBB 2004, 302–314; *Leuering,* Der Rückerwerb eigener Aktien im Auktionsverfahren, AG 2007, 435–443; *Leyendecker-Langner,* (Un-)Zulässigkeit von Aktienrückkaufprogrammen bei öffentlichen Übernahmen, BB 2013, 2051–2055; *Lüken,* Der Erwerb eigener Aktien nach §§ 71 ff. AktG – Deregulierungs- und Liberalisierungsbestrebungen im europäischen Gesellschaftsrecht, 2004; *Martens,* Erwerb und Veräußerung eigener Aktien im Börsenhandel, AG 1996, 337–349; *Martens,* Der Erwerb eigener Aktien zum Umtausch im Verschmelzungsverfahren, FS Boujong, 1996, S. 335–347; *Martens,* Eigene Aktien und Stock-Options in der Reform, AG 1997, Sonderheft, S. 83–90; *Mayer,* Steuerliche Behandlung eigener Anteile nach dem BilMoG, Ubg 2008, 779; *v. Meegen/Boßmann,* Steuerliche Vorteile durch Anteilsrückkauf vom ausscheidenden GmbH-Gesellschafter, DStR 2010, 262–264; *Mick,* Aktien- und bilanzsteuerrechtliche Implikationen beim Einsatz von Eigenkapitalderivaten beim Aktienrückkauf, DB 1999, 1201–1206; *Mikus,* Die Bedienung von Aktienoptionen durch eigene Anteile nach der Unternehmenssteuerreform, BB 2002, 178–181; *Möller,* Rückerwerb eigener Aktien, 2005; *Nodoushani,* Financial Assistance und Konzerninnenfinanzierung, Der Konzern 2008, 385–392; *Nuyken,* Finanzielle Unterstützung bei Private-Equity Transaktionen – Fallstudien zu § 71a AktG, ZIP 2004, 1893–1900; *Oechsler,* Das Finanzierungsverbot des § 71a Abs. 1 Satz 1 AktG bei Erwerb eigener Aktien – Schutzzweck und praktische Anwendung, ZIP 2006, 1661–1666; *Oechsler,* Die neue Kapitalgrenze beim Rückerwerb eigener Aktien (§ 72 Abs. 2 Satz 2 AktG) AG 2010, 105–110; *Oechsler,* Die Wertpapierleihe im Anwendungsbereich des § 71 AktG, AG 2010, 526–532; *Ortmann-Babel/Bolik/Gageur,* Ausgewählte steuerliche Chancen und Risiken des BilMoG, DStR 2009, 934–938; *Paefgen,* Eigenkapitalderivate bei Aktienrückkäufen und Managementbeteiligungen, AG 1999, 67–74; *Pickel/Röder*, Die Kurswirkung von Aktienrückkäufen in Deutschland, CF 2015, 421–427; *Pluskat*, Rückerwerb eigener Aktien nach WpÜG – auch offiziell kein Anwendungsfall mehr, NZG 2006, 731–733; *Preusche*, „Altbestand" eigener Aktien und Veräußerungspflichten nach §§ 71 ff. AktG, BB 1982, 1638–1640; *Prinz*, Gedankensplitter zum neuen BilMoG aus der Steuerperspektive, Status:Recht 2009, 126–127; *Reichert/Harbarth*, Veräußerung und Einziehung eigener Aktien, ZIP 2001, 1441–1450; *Rieckers*, Ermächtigung des Vorstands zu Erwerb und Einziehung eigener Aktien, ZIP 2009, 700–706; *Riegger*, Kapitalgesellschaftliche Grenzen der Finanzierung von Unternehmensübernahmen durch Finanzinvestoren, ZGR 2008, 233–249; *Schiffers*, Steuerrechtliche Behandlung des Erwerbs eigener Anteile – Anmerkungen zum BMF-Schreiben vom 27.11.2013, GmbHR 2014, 79–85; *Schmid/Mühlhäuser*, Rechtsfragen des Einsatzes von Aktienderivaten beim Aktienrückkauf, AG 2001, 493–503; *Schmid/Mühlhäuser*, Die Gegenleistung beim Erwerb eigener Aktien mittels Optionen, AG 2004, 342–343; *Schockenhoff/Wagner*, Ad-hoc-Publizität beim Aktienrückkauf, AG 1999, 548–558; *Schroeder*, Finanzielle Unterstützung des Aktienerwerbs, 1995; *Seibert*, Kontrolle und Transparenz im Unternehmensbereich, WM 1997, 1–9; *Seibt/Bremkamp*, Erwerb eigener Aktien und Ad-hoc-Publizitätspflicht, AG 2008, 469–478; *Seidler/Thiere*, Einziehung eigener Aktien nach Erwerb – aktienrechtliche Einordnung, BB 2019, 2058–2062; *Seidler/Thiere*, Erwerb und Einziehung eigener Aktien – bilanzielle Abbildung nach HGB und IFRS, BB 2019, 2091–2095; *Siebert/Ivzhenko-Siebert*, Die Veräußerung eigener Anteile durch eine Kapitalgesellschaft – ein Steuersparmodell? FR 2012, 285–288; *Singhof*, Zur finanziellen Unterstützung des Erwerbs eigener Aktien durch Kreditinstitute, NZG 2002, 745–751; *Singhof/Weber*, Neue Kapitalmarktrechtliche Bedingungen für den Erwerb eigener Aktien, AG 2005, 549–567; *Spickhoff*, Der verbotswidrige Rückerwerb eigener Aktien – Internationales Privatrecht und europäische Rechtsangleichung, BB 1997, 2593–2603; *Stallknecht/Schulze-Uebbing*, Der Rückerwerb eigener Aktien durch nicht börsennotierte Aktiengesellschaften, AG 2010, 657–668; *Thiel*, Die bilanzielle und steuerrechtliche Behandlung eigener Aktien nach der Neuregelung des Aktienerwerbs durch das KaTraG, DB 1998, 1583–1586; *Thiel*, Wirtschaftsgüter ohne Wert: Die eigenen Anteile der Kapitalgesellschaft, FS L. Schmidt, 1993, S. 569–588; *Thömmes*, Steht dem Tochterunternehmen aus dem Besitz von Aktien der Muttergesellschaft eine Dividende zu?, AG 1987, 34–37; *Umnuß/Ehle*, Aktienoptionsprogramme für Arbeitnehmer auf der Basis von § 71 Abs. 1 Nr. 2 AktG, BB 2002, 1042–1045; *Verse*, Auswirkungen der Bilanzrechtsmodernisierung auf den Kapitalschutz, in: VGR, Gesellschaftsrecht in der Diskussion 2009, 2010, S. 67–92; *J. Vetter*, Die Gegenleistung beim Erwerb eigener Aktien mittels Call Optionen, AG 2004, 344–345; *J. Vetter*, Die Gegenleistung für den Erwerb einer Aktie bei Ausübung einer Call Option, AG 2003, 478–483; *Widder/Kocher*, Die Behandlung eigener Aktien im Rahmen der Mitteilungspflichten nach §§ 21 ff. WpHG, AG 2007, 13–19; *Wiederholt*, Rückkauf eigener Aktien (§ 71 AktG) unter Einsatz von Derivaten, 2006; *Wieneke*, Rückerwerb und Wiederveräußerung von Wandelschuldverschreibungen durch die emittierende Gesellschaft, WM 2013, 1540–1550; *Wieneke/Förl*, Die Einziehung eigener Aktien nach § 237 Abs. 3 Nr. 3 AktG – Eine Lockerung des Grundsatzes der Vermögensbindung?, AG 2005, 189–195; *M. Winter*, Gesellschaftsrechtliche Schranken für „Wertgarantien" der AG auf eigene Aktien, FS Röhricht, 2005, S. 709–724; *Zätzsch*, Eingefrorene Aktien in der Rechnungslegung: HGB versus AktG und Europarecht – Auswirkungen im Steuerrecht, FS W. Müller, 2001, S. 773–792; *Zilias/Lanfermann*, Die Neuregelung des Erwerbs und Haltens eigener Aktien, WPg 1980, 61–69, 89–97.

I. Allgemeines

1   Die Regelungen der §§ 56, 71 ff. AktG befassen sich mit eigenen Aktien der Gesellschaft. § 56 AktG verbietet die unmittelbare oder mittelbare Teilnahme der Gesellschaft an der **Übernahme neu ausgegebener Aktien** bei der Gründung und im Rahmen einer Kapitalerhöhung. Damit dient § 56 AktG der Sicherung der realen **Kapitalaufbringung** (dazu → § 16 Rn. 3 ff.). Die §§ 71 ff. AktG betreffen demgegenüber den **derivativen Erwerb** bereits vorhandener Aktien und vergleichbare Vorgänge. Das Verbot des entgeltlichen Erwerbs eigener Aktien ergibt sich bereits unmittelbar aus § 57 Abs. 1 S. 1 AktG.[1] Der Kaufpreis fließt nämlich einem Aktionär zu und erfolgt nicht aus Bilanzgewinn. Daher nimmt § 57 Abs. 1 S. 2 AktG den Erwerb eigener Aktien, soweit er ausnahmsweise nach

---

[1] GroßkommAktG/*Henze* § 57 Rn. 183; GroßkommAktG/*Merkt* § 71 Rn. 3; Hüffer AktG/*Koch* § 71 Rn. 1; MüKoAktG/*Oechsler* § 71 Rn. 66.

§ 71 AktG oder aus sonstigen Gründen[2] gesetzlich zulässig ist, vom Verbot der Einlagenrückgewähr aus. Ein Verstoß gegen das in § 57 Abs. 1 S. 1 AktG geregelte Verbot der Einlagenrückgewähr ist bei einem nach § 71 Abs. 1 AktG an sich erlaubten Erwerb eigener Aktien aber dann gegeben, wenn die Aktien von einem Aktionär (unter Missachtung des Gleichbehandlungsgebots) zu einem überhöhten Preis erworben werden.[3] Die §§ 71 ff. AktG sind somit Teil des aktienrechtlichen Systems der **Kapitalerhaltung**.

II. Übernahme eigener Aktien

1. Übernahmeverbot. a) Geltungsbereich. Nach § 56 Abs. 1 AktG darf die Gesellschaft keine eigenen Aktien zeichnen. Der Begriff „zeichnen" ist weit zu verstehen. Er umfasst die Zeichnung eigener Aktien im Rahmen einer ordentlichen Kapitalerhöhung gegen Einlagen (§ 185 AktG) und im Rahmen eines genehmigten Kapitals (§ 203 Abs. 1 S. 1 AktG iVm § 185 AktG), den Bezug eigener Aktien aus einem bedingten Kapital in Ausübung eines Umtausch- oder Bezugsrechts (§ 198 AktG) sowie (theoretisch) die Übernahme eigener Aktien bei der Gründung (§ 29 AktG).[4] Zulässig ist dagegen der Erwerb eigener Aktien im Rahmen einer Kapitalerhöhung aus Gesellschaftsmitteln (§ 215 Abs. 1 AktG).

b) Rechtsfolgen eines Verstoßes. Eine Zeichnung oder ein Bezug eigener Aktien entgegen § 56 Abs. 1 AktG hat nach § 134 BGB die Nichtigkeit der Zeichnungs- oder Bezugserklärung zur Folge.[5] Das Registergericht muss die Eintragung ablehnen.[6] Wird (fälschlich) eingetragen, wird die Nichtigkeit durch die Eintragung der Durchführung der Kapitalerhöhung oder die Eintragung der Ausgabe der Bezugsaktien geheilt.[7] Da die Gesellschaft die Einlage nicht an sich selbst leisten kann, haften nach § 56 Abs. 4 S. 1 AktG die Vorstandsmitglieder der Gesellschaft als Gesamtschuldner auf die volle Einlage, allerdings nur bei Verschulden.[8] Dabei tragen die Vorstandsmitglieder die Beweislast für fehlendes Verschulden (§ 56 Abs. 4 S. 2 AktG). Neben der Einlagenhaftung kann eine Schadensersatzpflicht der Vorstandsmitglieder nach § 93 Abs. 3 Nr. 3 AktG bestehen (dazu → § 26 Rn. 28 ff.). Aus ausnahmsweise durch Zeichnung wirksam erworbenen eigenen Aktien stehen der Gesellschaft keine Rechte zu (§ 71b AktG). Die Gesellschaft ist zudem analog § 71c Abs. 1 u. 3 AktG verpflichtet, diese Aktien innerhalb eines Jahres zu veräußern und, soweit dies nicht gelungen ist, nach Ablauf der Frist nach § 237 AktG einzuziehen.[9]

---

[2] § 116 KAGB erlaubt für Investmentaktiengesellschaften mit veränderlichem Kapital den Rückerwerb eigener Aktien; vgl. zu § 105 InvG aF *Habersack* FS Lutter, 2000, 1329 ff.; *Hermanns* ZIP 2004, 1297 (1300 f.); *Steck/Schmitz* AG 2004, 658 (661 f.). → § 2 Rn. 13.

[3] OLG Hamburg ZIP 2005, 1074 (1079); GroßkommAktG/*Henze* § 57 Rn. 65, 183; Hüffer AktG/*Koch* § 57 Rn. 12, 20; KölnKommAktG/*Drygala* § 57 Rn. 96; MüKoAktG/*Bayer* § 57 Rn. 75.

[4] GroßkommAktG/*Henze* § 56 Rn. 7; KölnKommAktG/*Drygala* § 56 Rn. 6; MüKoAktG/*Götze* § 56 Rn. 8; K. Schmidt/Lutter/*Fleischer* AktG § 56 Rn. 8; Spindler/Stilz/*Cahn/v. Spannenberg* AktG § 56 Rn. 11.

[5] GroßkommAktG/*Henze* § 56 Rn. 9; MüKoAktG/*Götze* § 56 Rn. 11 f.; KölnKommAktG/*Drygala* § 56 Rn. 9; K. Schmidt/Lutter/*Fleischer* AktG § 56 Rn. 9; Spindler/Stilz/*Cahn/v. Spannenberg* AktG § 56 Rn. 14; *W. Müller* WPg 1978, 565 (569).

[6] Hüffer AktG/*Koch* § 56 Rn. 4.

[7] KölnKommAktG/*Drygala* § 56 Rn. 11 f.; MüKoAktG/*Götze* § 56 Rn. 14 f.; aA für die bedingte Kapitalerhöhung Spindler/Stilz/*Cahn/v. Spannenberg* AktG § 56 Rn. 16: Heilung bereits mit Ausgabe der Aktien.

[8] Dazu ausführlich GroßkommAktG/*Henze* § 56 Rn. 19 ff.; MüKoAktG/*Götze* § 56 Rn. 20. Rechtspolitische Bedenken gegen diese Lösung bei Hüffer AktG/*Koch* § 56 Rn. 5, 17.

[9] GroßkommAktG/*Henze* § 56 Rn. 17; KölnKommAktG/*Drygala* § 56 Rn. 14; MüKoAktG/*Götze* § 56 Rn. 18; K. Schmidt/Lutter/*Fleischer* AktG § 56 Rn. 11; Spindler/Stilz/*Cahn/v. Spannenberg* AktG § 56 Rn. 18.

4 2. Umgehungsgeschäfte. a) Übernahme durch abhängiges Unternehmen. Nach § 56 Abs. 2 S. 1 AktG ist es abhängigen oder in Mehrheitsbesitz stehenden Unternehmen verboten, als Gründer (§ 29 AktG), als Zeichner (§ 185 AktG) oder als Umtausch- oder Bezugsberechtigter bei bedingter Kapitalerhöhung (§ 198 AktG) Aktien der sie beherrschenden Gesellschaft bzw. der Mehrheitsgesellschafterin zu übernehmen. Zulässig ist dagegen wie bei § 56 Abs. 1 AktG (vgl. → Rn. 2) der Erwerb im Rahmen einer Kapitalerhöhung aus Gesellschaftsmitteln.[10] Nach § 56 Abs. 2 S. 2 AktG macht ein Verstoß gegen das Übernahmeverbot die Aktienübernahme **nicht unwirksam.** Trotz der Wirksamkeit ist das Registergericht verpflichtet, die beantragte Eintragung der verbotswidrigen Aktienübernahme abzulehnen.[11] Etwas anderes gilt bei einer bedingten Kapitalerhöhung. Da diese mit der Ausgabe der Bezugsaktien endgültig wirksam wird, kommt der Eintragung in das Handelsregister nur deklaratorische Bedeutung zu (§§ 200, 201 AktG). Sie darf vom Registergericht nicht verweigert werden.[12]

5 Aus den entgegen § 56 Abs. 2 S. 1 AktG verbotswidrig, aber wirksam übernommenen Aktien stehen dem abhängigen oder in Mehrheitsbesitz stehenden Unternehmen **keine Rechte** zu (§§ 71d S. 2 u. 4 AktG iVm § 71b AktG). Eine Ausnahme gilt gemäß § 215 Abs. 1 AktG für die Teilnahme an einer Kapitalerhöhung aus Gesellschaftsmitteln. Dem abhängigen oder in Mehrheitsbesitz stehenden Unternehmen steht bei einer Kapitalerhöhung gegen Einlagen auch das **Bezugsrecht** nach § 186 AktG zu. Das Bezugsrecht darf allerdings nicht ausgeübt, entgegen der hM aber veräußert werden (vgl. → Rn. 56). Nach § 71d S. 2 u. 4 AktG iVm § 71c Abs. 1 u. 3 AktG ist das abhängige oder in Mehrheitsbesitz stehende Unternehmen verpflichtet, die nach § 56 Abs. 2 AktG verbotswidrig erworbenen Aktien innerhalb eines Jahres zu veräußern. Nach Ablauf dieser Frist sind die Aktien nach § 237 AktG einzuziehen. Die nach § 56 Abs. 2 S. 1 AktG verbotswidrige Übernahme von Aktien führt zu einer Haftung der Vorstandsmitglieder des herrschenden Unternehmens auf die volle Einlage nach § 56 Abs. 4 S. 1 AktG; die Haftung entfällt für Vorstandsmitglieder, die sich gemäß § 56 Abs. 4 S. 2 AktG exkulpieren. § 56 Abs. 4 S. 1 AktG gilt nur für die Zeichnung bei einer Kapitalerhöhung; die Zeichnung bei der Gründung ist von der Norm nicht erfasst.[13] – Die AG muss im Anhang nach § 160 Abs. 1 Nr. 1 AktG nähere Angaben über Bestand und Zugang sowie über Verwertung und Erlösverwendung im Hinblick auf die unter Verstoß gegen § 56 Abs. 2 S. 1 AktG erworbenen Aktien machen.[14]

6 b) Übernahme für Rechnung der Gesellschaft. Wer als Gründer (§ 29 AktG), als Zeichner bei einer Kapitalerhöhung gegen Einlagen (§ 185 AktG) oder als Umtausch- oder Bezugsberechtigter (§ 198 AktG) eine Aktie für Rechnung der Gesellschaft oder eines abhängigen oder in Mehrheitsbesitz stehenden Unternehmens übernimmt, kann sich nach § 56 Abs. 3 S. 1 AktG nicht darauf berufen, dass er die Aktie nicht für eigene Rechnung übernommen hat.[15] Die Vorschrift regelt ausschließlich den originären Aktienerwerb; der derivative Erwerb für Rechnung der Gesellschaft oder eines abhängigen oder in Mehrheitsbesitz stehenden Unternehmens ist in § 71d AktG geregelt (dazu → Rn. 60 f.).

---

[10] GroßkommAktG/*Henze* § 56 Rn. 34; Hüffer AktG/*Koch* § 56 Rn. 9; KölnKommAktG/*Drygala* § 56 Rn. 26; MüKoAktG/*Götze* § 56 Rn. 36; K. Schmidt/Lutter/*Fleischer* AktG § 56 Rn. 16; Spindler/Stilz/*Cahn/v. Spannenberg* AktG § 56 Rn. 30.

[11] GroßkommAktG/*Henze* § 56 Rn. 37; MüKoAktG/*Götze* § 56 Rn. 39; KölnKommAktG/*Drygala* § 56 Rn. 28; aA Baumbach/Hueck AktG § 56 Rn. 8.

[12] GroßkommAktG/*Henze* § 56 Rn. 38; MüKoAktG/*Götze* § 56 Rn. 40; KölnKommAktG/*Drygala* § 56 Rn. 29.

[13] GroßkommAktG/*Henze* § 56 Rn. 44; K. Schmidt/Lutter/*Fleischer* AktG § 56 Rn. 29.

[14] Zu den Einzelheiten vgl. KölnKommAktG/*Ekkenga* AktG § 160 Rn. 7 ff.; MüKoAktG/*Kessler* § 160 Rn. 4 ff.

[15] Dazu ausführlich GroßkommAktG/*Henze* § 56 Rn. 47 ff.; KölnKommAktG/*Drygala* § 56 Rn. 39 ff.; MüKoAktG/*Götze* § 56 Rn. 53 ff.; *M. Winter* FS Röhricht, 2005, 709 (713 ff.).

Für Rechnung der Gesellschaft oder eines abhängigen oder in Mehrheitsbesitz stehenden 7
Unternehmens wird gehandelt, wenn der Dritte zwar im eigenen Namen die Aktien übernimmt, das **wirtschaftliche Risiko** der Übernahme aber ganz oder teilweise die Gesellschaft oder das abhängige oder in Mehrheitsbesitz stehende Unternehmen trifft.[16] In erster Linie kommen hier Treuhandverhältnisse in Betracht (vgl. dazu → § 14 Rn. 78 ff.), so dass sich das schuldrechtliche Verhältnis zwischen AG und Drittem regelmäßig nach den Bestimmungen über den Auftrag (§§ 662 ff. BGB), die entgeltliche Geschäftsbesorgung (§ 675 Abs. 1 BGB) oder das Kommissionsgeschäft (§§ 383 ff., 406 HGB) richtet. Auch **Kursgarantien** und ähnliche Risikoübernahmen erfüllen den Tatbestand des § 56 Abs. 3 S. 1 AktG.[17] Dies gilt auch dann, wenn von der AG erst ein von dem Übernehmer erlittener Verlust bei Weiterveräußerung der Aktien auszugleichen ist.[18] § 56 Abs. 3 S. 1 AktG findet auch Anwendung bei Kapitalerhöhungen unter Einschaltung einer Emissionsbank oder eines Emissionskonsortiums, wenn diese das **Platzierungsrisiko** nicht vollständig übernehmen; dies ist der Fall, wenn sich die AG verpflichtet, nicht veräußerte Aktien zurückzunehmen oder einen etwaigen Mindererlös zu erstatten.[19] Auf Vergütungen und Auslagenersatz für Emissionsbanken ist § 56 Abs. 3 S. 1 AktG entgegen der hM auch dann nicht anwendbar, wenn dadurch der AG im Ergebnis weniger als der Ausgabebetrag verbleibt.[20]

Eine von § 56 Abs. 3 S. 1 AktG erfasste Aktienübernahme ist **wirksam**.[21] Anders als 8
§ 56 Abs. 1 u. Abs. 2 S. 1 AktG sieht § 56 Abs. 3 S. 1 AktG kein Verbot der Aktienübernahme vor. Das Registergericht ist daher nicht berechtigt, die Eintragung in das Handelsregister zu verweigern, wenn es von dem Sachverhalt erfährt. Die übernommenen Aktien gewähren dem Übernehmer aber, solange er die Aktien nicht für eigene Rechnung übernommen hat, **keine Rechte** (§ 56 Abs. 3 S. 3 AktG), also insbesondere kein Stimmrecht, kein Teilnahmerecht an der Hauptversammlung und kein Dividendenrecht. Hingegen übernimmt der Übernehmer durch die Aktienübernahme alle mit der Aktie verbundenen Pflichten. Dies folgt aus § 56 Abs. 3 S. 1 AktG („..., kann sich nicht darauf berufen, dass er die Aktie nicht für eigene Rechnung übernommen hat.") und wird für die Einlagepflicht in § 56 Abs. 3 S. 2 AktG noch einmal ausdrücklich betont.

Der das **Innenverhältnis regelnde Vertrag** zwischen AG und Drittem (insbesondere 9
Auftrag, entgeltliche Geschäftsbesorgung, Kommission oder ähnliches Verhältnis, vgl. → Rn. 7) bleibt ebenfalls wirksam; der Dritte kann daraus jedoch keine Rechte gegen die AG herleiten, insbesondere nicht Aufwendungsersatz nach § 670 BGB verlangen.[22] Die Rechte der AG aus dem Vertrag bleiben dagegen bestehen, so dass sie insbesondere bei einer Weiterveräußerung der Aktien den Erlös herausverlangen kann (§ 667 BGB oder § 384 Abs. 2 Hs. 2 HGB).[23]

---

[16] GroßkommAktG/*Henze* § 56 Rn. 53; Hüffer AktG/*Koch* § 56 Rn. 12; MüKoAktG/*Götze* § 56 Rn. 57; K. Schmidt/Lutter/*Fleischer* AktG § 56 Rn. 22.

[17] Ausführlich M. *Winter* FS Röhricht, 2005, 709 (712 ff.); vgl. auch OLG Hamm BeckRS 2007, 17939; Bürgers/Körber/*H. P. Westermann* AktG § 56 Rn. 9; Hüffer AktG/*Koch* § 56 Rn. 12; KölnKommAktG/*Drygala* § 56 Rn. 58.

[18] KölnKommAktG/*Drygala* § 56 Rn. 58; MüKoAktG/*Götze* § 56 Rn. 57.

[19] GroßkommAktG/*Henze* § 56 Rn. 58 ff.; Hüffer AktG/*Koch* § 56 Rn. 13; MüKoAktG/*Götze* § 56 Rn. 59; K. Schmidt/Lutter/*Fleischer* AktG § 56 Rn. 23; Spindler/Stilz/*Cahn/v. Spannenberg* AktG § 56 Rn. 47; differenzierend KölnKommAktG/*Drygala* § 56 Rn. 61 f.

[20] Ebenso KölnKommAktG/*Drygala* § 56 Rn. 63 f.; Spindler/Stilz/*Cahn/v. Spannenberg* AktG § 56 Rn. 48; aA GroßkommAktG/*Henze* § 56 Rn. 62; Hüffer AktG/*Koch* § 56 Rn. 13; MüKoAktG/*Götze* § 56 Rn. 60; wohl auch K. Schmidt/Lutter/*Fleischer* AktG § 56 Rn. 23.

[21] Bürgers/Körber/*H. P. Westermann* AktG § 56 Rn. 9; GroßkommAktG/*Henze* § 56 Rn. 64; Hüffer AktG/*Koch* § 56 Rn. 14; KölnKommAktG/*Drygala* § 56 Rn. 66 ff.; K. Schmidt/Lutter/*Fleischer* AktG § 56 Rn. 24; aA Spindler/Stilz/*Cahn/v. Spannenberg* AktG § 56 Rn. 54 ff.

[22] GroßkommAktG/*Henze* § 56 Rn. 69; Hüffer AktG/*Koch* § 56 Rn. 14; KölnKommAktG/*Drygala* § 56 Rn. 76; K. Schmidt/Lutter/*Fleischer* AktG § 56 Rn. 27.

[23] GroßkommAktG/*Henze* § 56 Rn. 72; Hüffer AktG/*Koch* § 56 Rn. 14; KölnKommAktG/*Drygala* § 56 Rn. 77; K. Schmidt/Lutter/*Fleischer* AktG § 56 Rn. 27.

10 Übernimmt der Aktionär die Aktien **nachträglich auf eigene Rechnung,** stehen ihm die zunächst abgeschnittenen Mitgliedschaftsrechte zu (§ 56 Abs. 3 S. 3 AktG). Hierzu bedarf es zwar keines erneuten Erwerbsvorgangs, aber einer Beendigung des für das Innenverhältnis zwischen AG und Drittem maßgeblichen Vertrags. Dies erfordert regelmäßig einen Aufhebungsvertrag, sofern nicht ausnahmsweise ein außerordentliches Kündigungsrecht besteht.[24]

11 **3. Internationales Privatrecht.** Das Verbot des § 56 Abs. 1 AktG richtet sich nur an Gesellschaften mit deutschem Gesellschaftsstatut.[25] Das Verbot des § 56 Abs. 2 S. 1 AktG findet Anwendung, wenn Aktien einer AG mit deutschem Gesellschaftsstatut übernommen werden; dies gilt auch dann, wenn das abhängige oder in Mehrheitsbesitz stehende Unternehmen nicht deutschem Recht unterliegt.[26] Auf die Übernahme von Aktien einer ausländischen AG findet § 56 Abs. 2 AktG auch dann keine Anwendung, wenn das abhängige oder in Mehrheitsbesitz stehende Unternehmen deutschem Recht unterliegt.[27] § 56 Abs. 3 AktG ist ebenfalls nur dann anwendbar, wenn Aktien einer deutschem Recht unterliegenden AG übernommen werden; dies gilt auch dann, wenn ein ausländischer Aktienübernehmer für Rechnung einer Auslandstochter handelt.[28] Bei Übernahme von Aktien einer ausländischen AG ist § 56 Abs. 3 AktG auch dann nicht anwendbar, wenn der Aktienübernehmer für Rechnung eines abhängigen oder in Mehrheitsbesitz stehenden Unternehmens mit deutschem Gesellschaftsstatut handelt.[29]

III. Erwerb eigener Aktien

12 **1. Grundsätzliches Erwerbsverbot.** Aus § 71 Abs. 1 AktG folgt, dass der **derivative Erwerb eigener Aktien**[30] (zum ausnahmslos verbotenen originären Erwerb durch Übernahme vgl. → Rn. 2 ff.) **grundsätzlich verboten** ist. Zugleich enthält die Norm eine abschließende Aufzählung der Ausnahmen vom Erwerbsverbot (dazu → Rn. 14 ff.). Der Erwerbsbegriff des § 71 Abs. 1 AktG beschränkt sich auf das dingliche Rechtsgeschäft.[31] Erwerb ist daher jedes Rechtsgeschäft, das die Gesellschaft zum Inhaber einer Aktie macht. Erfasst sind auch Wertpapierleihgeschäfte; dies gilt auch dann, wenn sie der Kreditsicherung dienen (insbesondere Pensionsgeschäfte gemäß § 340b HGB).[32] Nicht erfasst ist der Erwerb

---

[24] GroßkommAktG/*Henze* § 56 Rn. 78 ff.; Hüffer AktG/*Koch* § 56 Rn. 16; KölnKommAktG/*Drygala* § 56 Rn. 79; MüKoAktG/*Götze* § 56 Rn. 78 ff.; K. Schmidt/Lutter/*Fleischer* AktG § 56 Rn. 28.
[25] GroßkommAktG/*Henze* § 56 Rn. 101; KölnKommAktG/*Drygala* § 56 Rn. 94; MüKoAktG/*Götze* § 56 Rn. 95.
[26] GroßkommAktG/*Henze* § 56 Rn. 102; KölnKommAktG/*Drygala* § 56 Rn. 94; MüKoAktG/*Götze* § 56 Rn. 96.
[27] GroßkommAktG/*Henze* § 56 Rn. 105 ff.; KölnKommAktG/*Drygala* § 56 Rn. 95; MüKoAktG/*Götze* § 56 Rn. 97.
[28] GroßkommAktG/*Henze* § 56 Rn. 103; KölnKommAktG/*Drygala* § 56 Rn. 95; MüKoAktG/*Götze* § 56 Rn. 98.
[29] GroßkommAktG/*Henze* § 56 Rn. 105 ff.; KölnKommAktG/*Drygala* § 56 Rn. 96; MüKoAktG/*Götze* § 56 Rn. 98.
[30] Zu den verschiedenen von § 71 Abs. 1 AktG erfassten Erwerbsvorgängen vgl. GroßkommAktG/*Merkt* § 71 Rn. 142 ff.; KölnKommAktG/*Lutter/Drygala* § 71 Rn. 32 ff.; MüKoAktG/*Oechsler* § 71 Rn. 74 ff.
[31] GroßkommAktG/*Merkt* § 71 Rn. 143; *Lüken,* Der Erwerb eigener Aktien nach §§ 71 ff. AktG, 2004, S. 165; *Grobecker/Michel* DStR 2001, 1757 (1763); *Johannsen-Roth* ZIP 2011, 407 (409); *Mick* DB 1999, 1201 (1202 f.); *Schmid/Mühlhäuser* AG 2001, 493 (494); aA Hüffer AktG/*Koch* § 71 Rn. 4; KölnKommAktG/*Lutter/Drygala* § 71 Rn. 32; MüKoAktG/*Oechsler* § 71 Rn. 74; Spindler/Stilz/*Cahn* AktG § 71 Rn. 35.
[32] Hüffer AktG/*Koch* § 71 Rn. 4; *Oechsler* AG 2010, 526 f.; aA KölnKommAktG/*Lutter/Drygala* § 71 Rn. 34; *Cahn/Ostler* AG 2008, 221 (227 f.): § 71e AktG analog, wenn Geschäft der Kreditsicherung dient.

einer Call Option ohne Verpflichtung zum Erwerb.³³ § 71 Abs. 1 AktG bezieht sich auf den Erwerb eigener Aktien. Gemeint ist der Erwerb des Mitgliedschaftsrechts, wobei es auf die Verbriefung nicht ankommt.³⁴ Unter das Erwerbsverbot fallen nicht Dividendenscheine und Bezugsrechte sowie Wandelschuldverschreibungen, Gewinnschuldverschreibungen und Genussrechte nach § 221 AktG (dazu → § 64 Rn. 5 ff.).³⁵ Jedoch ist die Gesellschaft nach § 56 Abs. 1 AktG gehindert, das Umtausch- oder Bezugsrecht nach § 198 AktG auszuüben (vgl. → Rn. 2).³⁶ Zulässig ist auch der Erwerb von **Anteilen an Unternehmen, die ihrerseits Aktien der AG halten.** Eine Ausnahme von der grundsätzlichen Zulässigkeit kann im Einzelfall unter Umgehungsgesichtspunkten gerechtfertigt sein, wenn zB das Vermögen des erworbenen Unternehmens ganz oder zu einem wesentlichen Teil aus Aktien der AG besteht.³⁷

Eigene Aktien sind **kein tauglicher Sacheinlagegegenstand;** Gleiches gilt für den Anspruch auf Rückgewähr von darlehensweise an die AG überlassenen eigenen Aktien.³⁸

2. Ausnahmen vom Erwerbsverbot. Nach dem abschließenden Katalog des **§ 71 Abs. 1 AktG** ist der Erwerb eigener Aktien nur zulässig,

Nr. 1 wenn der Erwerb notwendig ist, um einen schweren, unmittelbar bevorstehenden Schaden von der Gesellschaft abzuwenden (dazu → Rn. 15 ff.),

Nr. 2 wenn die Aktien Personen, die im Arbeitsverhältnis zu der Gesellschaft oder einem mit ihr verbundenen Unternehmen stehen oder standen, zum Erwerb angeboten werden sollen (dazu → Rn. 20 ff.),

Nr. 3 wenn der Erwerb geschieht, um Aktionäre nach § 305 Abs. 2 AktG (dazu → § 71 Rn. 120), § 320b AktG (dazu → § 74 Rn. 36) oder nach §§ 29 Abs. 1, 125 S. 1 iVm § 29 Abs. 1, 207 Abs. 1 S. 1 UmwG abzufinden (dazu → Rn. 25),

Nr. 4 wenn der Erwerb unentgeltlich geschieht oder ein Kreditinstitut mit dem Erwerb eine Einkaufskommission ausführt (dazu → Rn. 26),

Nr. 5 durch Gesamtrechtsnachfolge (dazu → Rn. 27),

Nr. 6 auf Grund eines Beschlusses der Hauptversammlung zur Einziehung nach den Vorschriften über die Herabsetzung des Grundkapitals (dazu → Rn. 28 und → § 63 Rn. 1 ff.),

Nr. 7 wenn die Gesellschaft ein Kreditinstitut, Finanzdienstleistungsinstitut oder Finanzunternehmen ist, auf Grund eines Beschlusses der Hauptversammlung zum Zwecke des Wertpapierhandels. Der Beschluss muss bestimmen, dass der Handelsbestand der zu diesem Zweck zu erwerbenden Aktien 5 % des Grundkapitals am Ende jeden Tages nicht übersteigen darf; er muss den niedrigsten und höchsten Gegenwert festlegen. Die Ermächtigung darf höchsten fünf Jahre gelten (dazu → Rn. 29), oder

Nr. 8 auf Grund einer höchstens fünf Jahre geltenden Ermächtigung der Hauptversammlung, die den niedrigsten und höchsten Gegenwert sowie den Anteil am Grundkapital, der 10 % nicht übersteigen darf, festlegt. Als Zweck ist der Handel in eigenen Aktien aus-

---

[33] MüKoAktG/*Oechsler* § 71 Rn. 91; *Grobecker/Michel* DStR 2001, 1757 (1762 f.); *Ihrig* FS Ulmer, 2003, 829 ff.; *Johannsen-Roth* ZIP 2011, 407 (408); *Kruchen* AG 2014, 655 (656); *J. Vetter* AG 2003, 478 (479).

[34] GroßkommAktG/*Merkt* § 71 Rn. 154; Hüffer AktG/*Koch* § 71 Rn. 4; MüKoAktG/*Oechsler* § 71 Rn. 101; Spindler/Stilz/*Cahn* AktG § 71 Rn. 42.

[35] GroßkommAktG/*Merkt* § 71 Rn. 155 f.; Hüffer AktG/*Koch* § 71 Rn. 5; MüKoAktG/*Oechsler* § 71 Rn. 103 f.; KölnKommAktG/*Lutter/Drygala* § 71 Rn. 25; *Kopp/Metzner* AG 2012, 856 (857); *Wieneke* WM 2013, 1540 (1541).

[36] Hüffer AktG/*Koch* § 71 Rn. 5; KölnKommAktG/*Lutter/Drygala* § 71 Rn. 25; K. Schmidt/Lutter/*T. Bezzenberger* AktG § 71 Rn. 9; aA GroßkommAktG/*Merkt* § 71 Rn. 155; MüKoAktG/*Oechsler* § 71 Rn. 102: Ausübung in den Grenzen von § 71 Abs. 1 u. 2 AktG zulässig (teleologische Reduktion von § 56 Abs. 1 AktG).

[37] GroßkommAktG/*Merkt* § 71 Rn. 158; Hüffer AktG/*Koch* § 71 Rn. 5; KölnKommAktG/*Lutter/Drygala* § 71 Rn. 44; MüKoAktG/*Oechsler* § 71 Rn. 104.

[38] BGH ZIP 2011, 2097 (2098 f.) – ISION; *Binder* ZGR 2012, 757 (760 ff.).

geschlossen. § 53a AktG ist auf Erwerb und Veräußerung anzuwenden. Erwerb und Veräußerung über die Börse genügen dem. Eine andere Veräußerung kann die Hauptversammlung beschließen; § 186 Abs. 3, 4 AktG und § 193 Abs. 2 Nr. 4 AktG sind in diesem Fall entsprechend anzuwenden. Die Hauptversammlung kann den Vorstand ermächtigen, die eigenen Aktien ohne weiteren Hauptversammlungsbeschluss einzuziehen (dazu → Rn. 30 ff.).

15 **a) Erwerb zur Schadensabwehr (Nr. 1).** Der Erwerb eigener Aktien muss nach § 71 Abs. 1 Nr. 1 AktG das notwendige – und nicht nur ein geeignetes – Mittel sein, um einen schweren, unmittelbar bevorstehenden Schaden abzuwenden. Der Schaden muss der Gesellschaft selbst drohen. Eine drohende Schädigung nur der Aktionäre reicht nicht aus.[39] Weitere Voraussetzung für eine Kompetenz des Vorstands nach § 71 Abs. 1 Nr. 1 AktG ist, dass sich ein Hauptversammlungsbeschluss über eine Erwerbsermächtigung nach § 71 Abs. 1 Nr. 8 AktG nicht rechtzeitig herbeiführen lässt.[40]

16 Da ein Kursverlust der Aktie in der Regel kein Schaden der Gesellschaft ist, sondern nur zu Vermögenseinbußen bei den Aktionären führt, kann ein Erwerb eigener Aktien zum Zweck **allgemeiner Kurspflege** nicht auf § 71 Abs. 1 Nr. 1 AktG gestützt werden.[41] Auch im Übrigen reichen Einflüsse, die auf die wirtschaftliche Lage der Gesellschaft zurückgehen, und allgemeine Verschlechterungen des Börsenklimas nicht aus. Ein auf § 71 Abs. 1 Nr. 1 AktG gestütztes Eingreifen des Vorstands kann aber ausnahmsweise zulässig sein, wenn Kursverluste nicht durch das allgemeine Marktgeschehen oder die Verhältnisse der Gesellschaft bedingt sind und der Gesellschaft hieraus eine außergewöhnliche Gefahr droht.[42] Dies kann insbesondere dann der Fall sein, wenn die Kursverluste unter Verstoß gegen das Verbot der **Marktmanipulation** (Art. 15 MAR) herbeigeführt wurden; als Beispiel wird häufig ein gezielter Baisseangriff genannt, der die Kreditwürdigkeit der Gesellschaft gefährdet.[43] Dasselbe gilt für gezielte Angriffe auf den Kurs der aufnehmenden Gesellschaft während laufender Verschmelzungsverhandlungen.[44] Entsprechende Verstöße gegen das Verbot der Marktmanipulation sind zwar von der BaFin zu verfolgen. Jedoch dürften die von der BaFin ggf. zu verhängenden Sanktionen für eine Abwehr des der AG drohenden Schadens regelmäßig zu spät kommen.[45] Ausnahmsweise kann in engen Grenzen auch eine Kurspflege (Kursstabilisierung) bei einer Börseneinführung oder **Neuemission** junger Aktien zulässig sein, sofern ansonsten ein Scheitern der Emission droht.[46]

17 Die **Abwehr einer Überfremdung des Aktionärskreises** rechtfertigt den Erwerb eigener Aktien nur in besonders gelagerten Ausnahmefällen, wenn die Übernahme vor-

---

[39] Vgl. BFHE 122, 52 (54) = NJW 1977, 1216; Hüffer AktG/*Koch* § 71 Rn. 7.
[40] OLG Hamburg AG 2010, 502 (505) – ISION.
[41] GroßkommAktG/*Merkt* § 71 Rn. 180; Hüffer AktG/*Koch* § 71 Rn. 10; KölnKommAktG/*Lutter/Drygala* § 71 Rn. 49; MüKoAktG/*Oechsler* § 71 Rn. 136; *Benckendorff*, Erwerb eigener Aktien im deutschen und US-amerikanischen Recht, 1998, S. 216; *Grüger* BKR 2010, 221 (222 ff.); zu großzügig und nicht überzeugend OLG Frankfurt a. M. AG 1992, 194 (196) – Hornblower Fischer; offengelassen von BGH WM 1993, 1787 (1790).
[42] KölnKommAktG/*Lutter/Drygala* § 71 Rn. 51 f.; MüKoAktG/*Oechsler* § 71 Rn. 136 f.; *Benckendorff*, Erwerb eigener Aktien im deutschen und US-amerikanischen Recht, 1998, S. 216 f.
[43] Hüffer AktG/*Koch* § 71 Rn. 9; KölnKommAktG/*Lutter/Drygala* § 71 Rn. 50; MüKoAktG/*Oechsler* § 71 Rn. 137.
[44] GroßkommAktG/*Merkt* § 71 Rn. 181; Hüffer AktG/*Koch* § 71 Rn. 9; MüKoAktG/*Oechsler* § 71 Rn. 137; *Kuhn* NJW 1973, 833 (834).
[45] KölnKommAktG/*Lutter/Drygala* § 71 Rn. 50; vgl. auch HdB börsennotierte AG/*Gätsch* Rn. 50.11.
[46] KölnKommAktG/*Lutter/Drygala* § 71 Rn. 51 ff.; MüKoAktG/*Oechsler* § 71 Rn. 137; K. Schmidt/Lutter/*T. Bezzenberger* AktG § 71 Rn. 31; *Benckendorff*, Erwerb eigener Aktien im deutschen und US-amerikanischen Recht, 1998, S. 217; s. auch OLG Frankfurt a. M. AG 1992, 194 (196) – Hornblower Fischer; restriktiver *Grüger* BKR 2010, 221 (222 ff.).

rangig mit dem Ziel einer rechtswidrigen Schädigung der Gesellschaft erfolgt.[47] Ansonsten kommt die Abwehr feindlicher Übernahmen nur aufgrund einer nach § 71 Abs. 1 Nr. 8 AktG erteilten Ermächtigung in Betracht, sofern neben den allgemeinen Anforderungen des § 93 AktG die zusätzlichen Voraussetzungen des Übernahmerechts erfüllt sind (vgl. § 33 WpÜG).[48]

Schließlich ist auch der Erwerb eigener Aktien zur **Beendigung von Anfechtungsklagen** 18 allenfalls in seltenen Ausnahmefällen gerechtfertigt.[49] Ein solcher Fall kann etwa vorliegen, wenn eine wichtige Maßnahme wie eine Kapitalerhöhung oder eine Verschmelzung durch eine offensichtlich unbegründete Anfechtungsklage verzögert wird und ausnahmsweise auch ein Freigabeverfahren nicht rechtzeitig Abhilfe schaffen kann (vgl. dazu → § 42 Rn. 144 ff.). Allerdings rechtfertigt § 71 Abs. 1 Nr. 1 AktG auch in einem solchen Ausnahmefall nur den Rückerwerb als solchen, nicht dagegen die Zahlung eines überhöhten Preises.[50]

Zur Schadensabwehr dürfen nach § 71 Abs. 2 S. 3 AktG nur **voll eingezahlte** Aktien 19 erworben werden. Nach § 71 Abs. 3 S. 1 AktG hat der Vorstand die nächste Hauptversammlung über die Gründe und den Zweck eines Erwerbs zur Schadensabwehr, über die Zahl der erworbenen Aktien und den auf sie entfallenden Betrag des Grundkapitals, über deren Anteil am Grundkapital sowie über den Gegenwert der Aktien zu **unterrichten.** Entsprechende Angaben sind nach § 160 Abs. 1 Nr. 2 AktG auch im Anhang zu machen.[51]

b) Belegschaftsaktien (Nr. 2). Der Erwerb eigener Aktien zur **Weitergabe** als Beleg- 20 schaftsaktien[52] an Arbeitnehmer der Gesellschaft oder verbundener Unternehmen (§ 15 AktG) war bis zur Einfügung von § 71 Abs. 1 Nr. 8 AktG durch das KonTraG der praktisch bedeutsamste Fall des Ausnahmekatalogs. Arbeitnehmer im Sinne von § 71 Abs. 1 Nr. 2 AktG sind auch leitende Angestellte; Organmitglieder sind nicht erfasst.[53] Durch den Wortlaut von § 71 Abs. 1 Nr. 2 AktG ist klargestellt, dass Belegschaftsaktien auch ausgeschiedenen Arbeitnehmern („standen"), also auch Pensionären und Betriebsrentnern, angeboten werden dürfen. Eine statutarische Verpflichtung zur Rückübertragung von Belegschaftsaktien mit Beendigung des Dienstverhältnisses ist nichtig.[54] Die vertragliche Vereinbarung einer Verfallklausel ist dagegen nicht generell ausgeschlossen.[55] Unzulässig ist aber eine schuldrechtliche Abrede, nach der entgeltlich erworbene Aktien unentgeltlich an die AG zurück zu übertragen sind.[56]

---

[47] Hüffer AktG/*Koch* § 71 Rn. 9; KölnKommAktG/*Lutter/Drygala* § 71 Rn. 54 ff.; *Lutter/Schneider* ZGR 1975, 182 (196); *Benckendorff*, Erwerb eigener Aktien im deutschen und US-amerikanischen Recht, 1998, S. 217 ff.; *T. Bezzenberger*, Erwerb eigener Aktien durch die AG, 2002, Rn. 51; enger MüKoAktG/*Oechsler* § 71 Rn. 126 ff.; *Hitzer/Simon/Düchting* AG 2012, 237 (238); aA noch *Baumbach/Hueck* AktG § 71 Rn. 6; *Kuhn* NJW 1973, 833 (834). Vgl. den bei *Singhof/Weber* AG 2005, 549 (565) Fn. 166 geschilderten Sachverhalt des Aktienrückkaufs durch die ThyssenKrupp AG.

[48] Vgl. MüKoAktG/*Oechsler* § 71 Rn. 124, 322 ff.; *Singhof/Weber* AG 2005, 549 (565 f.); zur Anwendung des WpÜG auf den Aktienrückkauf vgl. → Rn. 43 aE.

[49] GroßkommAktG/*Merkt* § 71 Rn. 175 ff.; MüKoAktG/*Oechsler* § 71 Rn. 140 f.; KölnKommAktG/*Lutter/Drygala* § 71 Rn. 59 ff.; Spindler/Stilz/*Cahn* AktG § 71 Rn. 56; *Benckendorff*, Erwerb eigener Aktien im deutschen und US-amerikanischen Recht, 1998, S. 214; *Lutter* ZGR 1978, 347 (356 ff.); weitergehend wohl *Büscher*, Das neue Recht des Aktienrückkaufs, 2013, S. 78 f.

[50] GroßkommAktG/*Merkt* § 71 Rn. 177; MüKoAktG/*Oechsler* § 71 Rn. 142; *Benckendorff*, Erwerb eigener Aktien im deutschen und US-amerikanischen Recht, 1998, S. 215.

[51] Zu den Einzelheiten vgl. KölnKommAktG/*Ekkenga* AktG § 160 Rn. 13 ff.; MüKoAktG/*Kessler* § 160 Rn. 19 ff.

[52] Vgl. ausführlich *Knepper* ZGR 1985, 419 ff. (auch zu den mit der Ausgabe von Belegschaftsaktien verbundenen steuerrechtlichen Fragen); vgl. auch den Sachverhalt BAG WM 1990, 824 ff.

[53] GroßkommAktG/*Merkt* § 71 Rn. 197 f.; MüKoAktG/*Oechsler* § 71 Rn. 150 f.; *U. H. Schneider* ZIP 1996, 1769 (1772).

[54] BayObLG ZIP 1989, 638 ff.

[55] Vgl. BAG AG 2008, 632 (633 ff.); MüKoAktG/*Oechsler* § 71 Rn. 158; *Knott/Jacobsen* NZG 2014, 372 (375 ff.).

[56] BGH ZIP 2013, 263 (265).

21 Zur Weitergabe als Belegschaftsaktien dürfen nur **voll eingezahlte** Aktien erworben werden (§ 71 Abs. 2 S. 3 AktG). Der Erwerb nach § 71 Abs. 1 Nr. 2 AktG kann grundsätzlich auch dergestalt erfolgen, dass die Gesellschaft zunächst Aktien aus einem genehmigten Kapital unter Ausschluss des Bezugsrechts an eine zwischengeschaltete Emissionsbank ausgibt und die Aktien anschließend von dieser erwirbt (vgl. → § 59 Rn. 83).[57] Dabei ist § 56 Abs. 3 AktG zu beachten (→ Rn. 6 ff.).

22 Ob nach § 71 Abs. 1 Nr. 2 AktG Aktien erworben und den Arbeitnehmern als Belegschaftsaktien angeboten werden sollen, fällt in die **Geschäftsführungskompetenz des Vorstands.** Voraussetzung für die Zulässigkeit des Erwerbs eigener Aktien nach § 71 Abs. 1 Nr. 2 AktG ist ein ernstlicher Wille des Vorstands, die Aktien nach dem Erwerb Arbeitnehmern der Gesellschaft oder verbundener Unternehmen anzubieten. Der Wille kann durch einen entsprechenden Beschluss des Vorstands mit konkreten Erwerbskonditionen für die Arbeitnehmer dokumentiert werden.[58] Eine Mitwirkung des Betriebsrats nach § 87 Abs. 1 BetrVG ist nicht erforderlich.[59]

23 Die zum Zweck des Angebots an die Arbeitnehmer erworbenen Aktien muss die Gesellschaft **innerhalb eines Jahres** nach ihrem Erwerb an die Arbeitnehmer ausgeben (§ 71 Abs. 3 S. 2 AktG). Die Nichteinhaltung der Frist macht den Erwerb nicht nachträglich unzulässig. Auch nach Ablauf der Jahresfrist bleibt die Pflicht zur Ausgabe der erworbenen Aktien an die Arbeitnehmer bestehen.[60] Die Vorstandsmitglieder begehen bei schuldhafter Überschreitung der Jahresfrist eine Pflichtverletzung und können nach § 93 Abs. 2 AktG der Gesellschaft zum Ersatz des daraus entstehenden Schadens verpflichtet sein.[61] Gibt der Vorstand seine Absicht der Weitergabe an Arbeitnehmer auf oder bestehen keine Chancen der Umsetzung des Vorstandsbeschlusses, ist der Vorstand analog § 71c Abs. 1 AktG verpflichtet, die bereits erworbenen Aktien zu veräußern.[62]

24 § 71 Abs. 1 Nr. 2 AktG deckt auch den Erwerb von Aktien zur Unterlegung eines Aktienoptionsprogramms **(Stock Options)** für Arbeitnehmer; der Anwendungsbereich der Vorschrift beschränkt sich nicht auf das Angebot zum Erwerb durch Verkehrsgeschäft.[63] Rein praktisch besteht dabei die Schwierigkeit, dass die erworbenen Aktien nur ein Jahr gehalten werden dürfen (→ Rn. 23). Zudem beschränkt sich der Anwendungsbereich von § 71 Abs. 1 Nr. 2 AktG auf Arbeitnehmer, so dass Bezugsrechte an Vorstandsmitglieder nur auf der Grundlage von § 192 Abs. 2 Nr. 3 AktG oder § 71 Abs. 1 Nr. 8 AktG ausgegeben werden können. – Ausführlich zur Gewährung von Bezugsrechten an Arbeitnehmer und Vorstandsmitglieder vgl. → § 64 Rn. 100 ff.

25 c) Abfindung von Aktionären (Nr. 3). § 71 Abs. 1 Nr. 3 AktG lässt den Erwerb eigener Aktien zu, soweit sie zur Gewährung einer **Abfindung an außenstehende Aktionäre** der abhängigen Gesellschaft eines Beherrschungs- oder Gewinnabführungsver-

---

[57] Hüffer AktG/*Koch* § 202 Rn. 29; KölnKommAktG/*Lutter* § 202 Rn. 30; MüKoAktG/*Bayer* § 202 Rn. 107; Semler/Volhard/Reichert/*Schröer* HV § 25 Rn. 3; *Knepper* ZGR 1985, 419 (434); kritisch Spindler/Stilz/*Cahn* AktG § 71 Rn. 65; *Tollkühn* NZG 2004, 594 (595 ff.).

[58] Hüffer AktG/*Koch* § 71 Rn. 13; MüKoAktG/*Oechsler* § 71 Rn. 155.

[59] Bürgers/Körber/*Wieneke* AktG § 71 Rn. 17; GroßkommAktG/*Merkt* § 71 Rn. 194; Hüffer AktG/*Koch* § 71 Rn. 13; KölnKommAktG/*Lutter/Drygala* § 71 Rn. 70; MüKoAktG/*Oechsler* § 71 Rn. 155; aA Spindler/Stilz/*Cahn* AktG § 71 Rn. 63.

[60] OLG Stuttgart AG 2010, 133 (134 ff.); Hüffer AktG/*Koch* § 71 Rn. 13, 23; KommAktG/*Lutter/Drygala* § 71 Rn. 85; Zilias/Lanfermann WPg 1980, 61 (63).

[61] MüKoAktG/*Oechsler* § 71 Rn. 366; Zilias/Lanfermann WPg 1980, 61 (63).

[62] MüKoAktG/*Oechsler* § 71 Rn. 155, 365; Hüffer AktG/*Koch* § 71 Rn. 13, 23; KölnKommAktG/*Lutter/Drygala* § 71 Rn. 85.

[63] Bürgers/Körber/*Wieneke* AktG § 71 Rn. 19; KölnKommAktG/*Lutter/Drygala* § 71 Rn. 82; MüKoAktG/*Oechsler* § 71 Rn. 147; Spindler/Stilz/*Cahn* AktG § 71 Rn. 64; *Umnuß/Ehle* BB 2002, 1042 (1043); *Wagner* BB 2010, 1739 (1740 f.); aA Hüffer AktG/*Koch* § 71 Rn. 12; K. Schmidt/Lutter/*T. Bezzenberger* AktG § 71 Rn. 35; *Weiß*, Aktienoptionspläne für Führungskräfte, 1999, S. 242 f.; *Hüffer* ZHR 161 (1997), 214 (220 f.).

trags (§ 305 Abs. 2 Nr. 1 oder Nr. 2 AktG) oder an die ausgeschiedenen Aktionäre einer eingegliederten Gesellschaft (§ 320b Abs. 1 AktG) dienen sollen. Als weitere zulässige Erwerbsfälle sind die §§ 29 Abs. 1, 125 S. 1, 207 Abs. 1 S. 1 UmwG vorgesehen, damit die Aktiengesellschaft eigene Aktien von Aktionären erwerben kann, die gegen Barabfindung ausscheiden, weil sie der Verschmelzung (§ 29 Abs. 1 UmwG), der Spaltung (§ 125 S. 1 UmwG iVm § 29 Abs. 1 UmwG) oder dem Formwechsel (§ 207 Abs. 1 S. 1 UmwG) widersprochen haben.[64] Materielle Gründe dafür, dass die Regelung nicht auf andere Sachverhalte erstreckt werden kann, sind nicht ersichtlich.[65] § 71 Abs. 1 Nr. 3 AktG ist daher auf **Konzernverschmelzungen** nach § 62 UmwG entsprechend anwendbar, wenn die übernehmende AG nicht bereits über ausreichend eigene Aktien verfügt, um sie den außenstehenden Aktionären der übertragenden Gesellschaft im Tausch gegen deren Anteile anzubieten.[66] Nach der (umstrittenen)[67] Rechtsprechung des BGH gilt es zudem nicht als Verstoß gegen das Erwerbsverbot, wenn die AG von einem Aktionär wegen vorsätzlicher sittenwidriger Schädigung durch Verletzung kapitalmarktrechtlicher Vorschriften (zB vorsätzlich falsche Ad-hoc-Mitteilung) auf **Schadensersatz in Form der Naturalrestitution** in Anspruch genommen wird und von ihm im Gegenzug die eigenen Aktien übernimmt.[68] Auch diesen Fall wird man § 71 Abs. 1 Nr. 3 AktG zuordnen müssen. Die ernstliche Absicht des Vorstands, die Aktien für einen der vorgenannten Zwecke zu erwerben, ist erforderlich und ausreichend. Für die erforderliche Ernstlichkeit müssen bei Unternehmensverträgen die notwendigen Zustimmungsbeschlüsse der beteiligten Hauptversammlungen gefasst sein, sofern das Beschlussergebnis nicht bereits auf Grund eindeutiger Mehrheitsverhältnisse feststeht.[69]

d) Unentgeltlicher Erwerb; Einkaufskommission (Nr. 4). Nach § 71 Abs. 1 Nr. 4 **26** AktG sind der unentgeltliche Erwerb (Schenkung, Vermächtnis) und der Erwerb durch ein Kreditinstitut (§§ 1 Abs. 1, 2 Abs. 1 KWG) zur Ausführung einer Einkaufskommission vom Erwerbsverbot ausgenommen. Der unentgeltliche Erwerb spielt in der Praxis kaum eine Rolle.[70] Hat die AG ein Wertpapierdarlehen vergeben, ist die Rückgewähr eigener Aktien durch den Darlehensnehmer kein unentgeltlicher Erwerb im Sinne von § 71 Abs. 1 Nr. 4 AktG.[71] Bei Ausführung einer **Einkaufskommission** tritt das Kreditinstitut im eigenen Namen auf (§ 383 Abs. 1 HGB), so dass es zu einem Durchgangserwerb kommt. Nur ein solcher ist von § 71 Abs. 1 Nr. 4 AktG gestattet. Nimmt der Kommittent die Aktien nicht ab, wird der Erwerb durch das Kreditinstitut dadurch nicht nachträglich unzulässig.[72] Es besteht daher keine Veräußerungspflicht nach § 71c Abs. 1 AktG.[73]

---

[64] Einzelheiten bei *Butzke* WM 1995, 1389 (1390); *Grunewald* FS Boujong, 1996, 175 ff.; *Martens* FS Boujong, 1996, 335 ff.
[65] Vgl. Hüffer AktG/*Koch* § 71 Rn. 15; ebenso MüKoAktG/*Oechsler* § 71 Rn. 169; *Martens* FS Boujong, 1996, 335 (339 ff.); *Martens* AG 1997, Sonderheft S. 83 (84). Vgl. ausführlich *DAV-Handelsrechtsausschuss* NZG 2000, 802 (805 f.) und *Hoffmann-Becking* in Hommelhoff, Lutter ua, Corporate Governance, Gemeinschaftssymposion der Zeitschriften ZHR und ZGR, 2002, S. 215 (225 f.).
[66] KölnKommAktG/*Lutter/Drygala* § 71 Rn. 94; MüKoAktG/*Oechsler* § 71 Rn. 170; K. Schmidt/Lutter/*T. Bezzenberger* AktG § 71 Rn. 42; Spindler/Stilz/*Cahn* AktG § 71 Rn. 72.
[67] Kritisch etwa KölnKommAktG/*Lutter/Drygala* § 71 Rn. 98 ff.
[68] BGH ZIP 2005, 1270 (1273) – EM.TV; BGH NZG 2008, 386 (387) – ComROAD VIII; ebenso OLG Frankfurt a. M. AG 2006, 584 (586); zu §§ 37b, 37c WpHG vgl. jetzt auch BGHZ 192, 90 (109 ff.) = NZG 2012, 263 (267 ff.) – IKB.
[69] Hüffer AktG/*Koch* § 71 Rn. 14; KölnKommAktG/*Lutter/Drygala* § 71 Rn. 105; aA MüKoAktG/*Oechsler* § 71 Rn. 176; abweichend auch Spindler/Stilz/*Cahn* AktG § 71 Rn. 74, der darauf abstellen will, ob die Maßnahme bereits öffentlich bekannt ist.
[70] Vgl. Hüffer AktG/*Koch* § 71 Rn. 16.
[71] KölnKommAktG/*Lutter/Drygala* § 71 Rn. 34; *Oechsler* AG 2010, 526 (531); aA *Cahn/Ostler* AG 2008, 221 (240).
[72] Hüffer AktG/*Koch* § 71 Rn. 17; KölnKommAktG/*Lutter/Drygala* § 71 Rn. 222.
[73] KölnKommAktG/*Lutter/Drygala* § 71 Rn. 222; Spindler/Stilz/*Cahn* AktG § 71 Rn. 78; aA GroßkommAktG/*Merkt* § 71 Rn. 230; MüKoAktG/*Oechsler* § 71 Rn. 182: § 71c Abs. 1 AktG analog.

27 **e) Gesamtrechtsnachfolge (Nr. 5).** Zulässig ist gemäß § 71 Abs. 1 Nr. 5 AktG auch der Erwerb durch Gesamtrechtsnachfolge. Erfasst sind Erbschaft (§ 1922 BGB), Verschmelzung (§ 20 Abs. 1 Nr. 1 UmwG) und Anwachsung.[74] Ebenfalls anwendbar ist § 71 Abs. 1 Nr. 4 AktG auf die partielle Gesamtrechtsnachfolge bei der Spaltung (§ 131 Abs. 1 Nr. 1 UmwG).[75]

28 **f) Einziehung (Nr. 6).** § 71 Abs. 1 Nr. 6 AktG erlaubt den Erwerb eigener Aktien zur Einziehung. Gemeint ist die Einziehung im Sinne von § 237 Abs. 1 S. 1 Alt. 2 AktG. Anders als bei einer Einziehungsermächtigung nach § 71 Abs. 1 Nr. 8 S. 6 AktG (dazu → Rn. 45) ist nach § 71 Abs. 1 Nr. 6 AktG ein vorausgehender Kapitalherabsetzungs- und Einziehungsbeschluss nach § 237 AktG erforderlich. Die Einziehung kann nach den Regeln der ordentlichen Kapitalherabsetzung (§ 237 Abs. 2 S. 1 iVm §§ 222 ff. AktG) oder im vereinfachten Verfahren (§ 237 Abs. 3 AktG) erfolgen. Über den Verweis in § 237 Abs. 2 S. 3 AktG wird die sechsmonatige Zahlungssperre des § 225 Abs. 2 AktG auf die Zahlung des Entgelts für den Erwerb der eigenen Aktien ausgedehnt.[76] Bei Stückaktien ist auch eine Einziehung ohne Kapitalherabsetzung nach § 237 Abs. 3 Nr. 3 AktG möglich. In diesem Fall findet § 225 Abs. 2 AktG keine Anwendung (vgl. § 237 Abs. 3 AktG).

29 **g) Handelsbestand (Nr. 7).** Nach § 71 Abs. 1 Nr. 7 AktG darf eine Aktiengesellschaft auch dann eigene Aktien erwerben, wenn sie **Kreditinstitut** (§§ 1 Abs. 1, 2 Abs. 1 KWG), **Finanzdienstleistungsinstitut** (§§ 1 Abs. 1a, 2 Abs. 4 KWG) oder **Finanzunternehmen** (§ 1 Abs. 3 KWG) ist, sich auf einen Beschluss der Hauptversammlung stützen kann und mit dem Erwerb den **Wertpapierhandel** bezweckt. Der Beschluss der Hauptversammlung bedarf – soweit die Satzung nichts Abweichendes bestimmt – nach § 133 Abs. 1 AktG der einfachen Stimmenmehrheit. Er muss den Erwerbszweck (Formulierung „zum Zwecke des Wertpapierhandels" genügt) und die Dauer der Ermächtigung (höchstens fünf Jahre) bestimmen und weiterhin angeben, dass dieser Bestand 5 % des Grundkapitals am Ende eines jeden Tages nicht übersteigen darf und zu welchem niedrigsten und höchsten Gegenwert die Aktien erworben bzw. veräußert werden dürfen. Die Grenze von 5 % ist nur **am Ende eines jeden Tages** und damit jeweils um 24.00 Uhr deutscher Zeit einzuhalten, während im Laufe des Tages – unter Beachtung der 10 %-Grenze des § 71 Abs. 2 S. 1 AktG – auch höhere Bestände zulässig sind.[77] Umgekehrt darf die 5 %-Grenze des § 71 Abs. 1 Nr. 7 AktG nur ausgenutzt werden, soweit die 10 %-Grenze des § 71 Abs. 2 S. 1 AktG nicht überschritten wird. Für die Berechnung der 5 %-Grenze ist nicht auf das Grundkapital im Zeitpunkt der Beschlussfassung, sondern auf das am Ende des betreffenden Tages vorhandene Grundkapital abzustellen.[78] Die Hauptversammlung kann in ihrem Beschluss auch eine niedrigere Grenze als 5 % oder eine feste Zahl bestimmen.[79]

30 **h) Ermächtigungsbeschluss ohne positive gesetzliche Zweckvorgabe (Nr. 8).** Durch die Einfügung von § 71 Abs. 1 Nr. 8 AktG durch das KonTraG vom 27.4.1998 ist das grundsätzliche Verbot des Rückerwerbs eigener Aktien durch den Gesetzgeber erheblich relativiert worden. Der in Nr. 8 geregelte Tatbestand unterscheidet sich von den Ausnahmetatbeständen der Nr. 1–7 dadurch, dass er weder branchenbezogen ist noch einen

---

[74] Bürgers/Körber/*Wieneke* AktG § 71 Rn. 26; Hüffer AktG/*Koch* § 71 Rn. 18; KölnKomm-AktG/*Lutter/Drygala* § 71 Rn. 230.
[75] GroßkommAktG/*Merkt* § 71 Rn. 233; aA wohl Spindler/Stilz/*Cahn* AktG § 71 Rn. 80.
[76] S. dazu *Seidler/Thiere* BB 2019, 2058 (2060 f.).
[77] GroßkommAktG/*Merkt* § 71 Rn. 247; KölnKommAktG/*Lutter/Drygala* § 71 Rn. 114; *Butzke* WM 1995, 1389 (1391).
[78] GroßkommAktG/*Merkt* § 71 Rn. 248; Hüffer AktG/*Koch* § 71 Rn. 19b; KölnKommAktG/*Lutter/Drygala* § 71 Rn. 113; MüKoAktG/*Oechsler* § 71 Rn. 200.
[79] GroßkommAktG/*Merkt* § 71 Rn. 249; KölnKommAktG/*Lutter/Drygala* § 71 Rn. 113; MüKo-AktG/*Oechsler* § 71 Rn. 200.

bestimmten Erwerbszweck vorgibt. Der Erwerb eigener Aktien nach Nr. 8 bedarf eines **Ermächtigungsbeschlusses durch die Hauptversammlung.** Die einfache Stimmenmehrheit nach § 133 Abs. 1 AktG ist ausreichend.

Der Beschluss muss den in Nr. 8 Satz 1 bestimmten **Mindestinhalt** haben. Danach darf **31** die Ermächtigung **höchstens fünf Jahre** gelten. Das Ende der Frist ist konkret anzugeben. Weiterhin ist der **niedrigste und höchste Gegenwert** festzulegen. Die Festlegung muss nicht betragsmäßig erfolgen. Der Gegenwert kann auch durch eine relative Anbindung an den Börsenkurs im Zeitpunkt des Erwerbs festgelegt werden.[80] In der Praxis lassen die Ermächtigungen für den Erwerb über die Börse zumeist Über- und Unterschreitungen des Börsenkurses um 5 % oder 10 % zu, wobei häufig (aber nicht zwingend) auf den Durchschnittskurs über einen Zeitraum von drei oder fünf Börsenhandelstagen abgestellt wird.[81] Mit der (bislang nur vereinzelt vorliegenden) Rechtsprechung sind jedenfalls Abweichungen um 5 % bis 10 % als zulässig anzusehen.[82] Innerhalb dieses Rahmens muss der Rückkauf dann aber jeweils zum laufenden Börsenpreis durchgeführt werden.[83] Auch für den Erwerb im Wege des öffentlichen Kaufangebots ist bei börsennotierten Gesellschaften jedenfalls ein Preisrahmen von 10 % über oder unter dem Börsenkurs zulässig.[84] Hier kann sich aber auch ein höherer Preisrahmen anbieten. In der Literatur wird daher zutreffend auch eine Preisgrenze von 20–30 % noch als üblich und zulässig angesehen.[85] Selbst ein darüber noch hinausgehender Preisrahmen sollte bei strikter Wahrung des Gleichbehandlungsgrundsatzes unbedenklich sein.[86] Bei nicht börsennotierten Gesellschaften kann für den Höchst- und den Mindestpreis für öffentliche Kaufangebote an eine (noch durchzuführende) Unternehmensbewertung angeknüpft werden.[87] Die Hauptversammlung kann den Vorstand ermächtigen, bei der Preisfestsetzung über den im Wege einer Unternehmensbewertung ermittelten Wert der Aktien hinauszugehen. Hierfür gelten dieselben Grundsätze wie für die Überschreitung des Börsenkurses bei öffentlichen Rückkaufangeboten börsennotierter Gesellschaften.[88] Erfolgt der Erwerb durch Ausübung von Kaufoptionen **(Call Options),** ermittelt sich der Gegenwert aus der Addition des Basispreises/Ausübungspreises (Strike Price) und des Optionswerts (Differenz zwischen Basispreis und tatsächlichem Kurs) im Zeitpunkt ihrer Ausübung.[89] Der Ermächtigungsbeschluss der Hauptversammlung kann als

---

[80] OLG Hamburg ZIP 2005, 1074 (1078); LG Berlin NZG 2000, 944 (945); Begr. RegE, BT-Drs. 13/9712, 13; GroßkommAktG/*Merkt* § 71 Rn. 265; Hüffer AktG/*Koch* § 71 Rn. 19e; KölnKomm-AktG/*Lutter/Drygala* § 71 Rn. 127; MüKoAktG/*Oechsler* § 71 Rn. 213.

[81] Vgl. die empirische Studie des *DAI, Der Erwerb eigener Aktien in Deutschland,* 1999, S. 11; s. auch GroßkommAktG/*Merkt* § 71 Rn. 251; MüKoAktG/*Oechsler* § 71 Rn. 215; zur Festlegung des Gegenwerts bei nichtbörsennotierten Gesellschaften s. *Stallknecht/Schulze-Uebbing* AG 2010, 657 (658 ff.).

[82] Vgl. OLG Hamburg ZIP 2005, 1074 (1079) (Preisrahmen von 5 % über oder unter Börsenkurs der letzten 10 Börsenhandelstage); LG Berlin NZG 2000, 944 (945) (Preisrahmen von 10 % über oder unter Börsenkurs der letzten 10 Börsentage); KölnKommAktG/*Lutter/Drygala* § 71 Rn. 132 (Schwankungsbreite von 5 % über dem aktuellen Börsenkurs stets vertretbar).

[83] Ausführlich *T. Bezzenberger* ZHR 180 (2016), 8 (14 ff.).

[84] Vgl. OLG Hamburg ZIP 2005, 1074 (1079) (Preisrahmen von 10 % über oder unter Börsenkurs der letzten 5 Börsenhandelstage).

[85] Vgl. MüKoAktG/*Oechsler* § 71 Rn. 215 unter Berufung auf *DAI, Der Erwerb eigener Aktien in Deutschland,* 1999, S. 12; wohl auch GroßkommAktG/*Merkt* § 71 Rn. 252; gegen eine Differenzierung nach Erwerbsarten KölnKommAktG/*Lutter/Drygala* § 71 Rn. 132.

[86] Gegen jede Preisobergrenze (abgesehen von der Schranke des § 72 Abs. 2 S. 2 AktG) *T. Bezzenberger* ZHR 180 (2016), 8 (21 ff.).

[87] *T. Bezzenberger* ZHR 180 (2016), 8 (23 f.); s. auch *Stallknecht/Schulze-Uebbing* AG 2010, 657 (659 f.).

[88] Vgl. *T. Bezzenberger* ZHR 180 (2016), 8 (24); restriktiver wohl *Stallknecht/Schulze-Uebbing* AG 2010, 657 (660 ff.).

[89] Spindler/Stilz/*Cahn* AktG § 71 Rn. 190 f.; *Butzke* WM 1995, 1389 (1392); *Johannsen-Roth* ZIP 2011, 407 (413); *J. Vetter* AG 2004, 344 f.; *J. Vetter* AG 2003, 478 (479); aA GroßkommAktG/*Merkt* § 71 Rn. 250; MüKoAktG/*Oechsler* § 71 Rn. 216; *T. Bezzenberger* ZHR 180 (2016), 8 (33 ff.);

alternative Berechnungsweise die Addition von Optionsprämie und Basispreis vorsehen.[90] Für die **Veräußerung** der eigenen Aktien muss der Ermächtigungsbeschluss **keinen Mindestpreis** festlegen; insbesondere muss der Begriff „wesentlich" im Sinne von § 186 Abs. 3 S. 4 AktG nicht näher präzisiert werden.[91]

32 Das Erwerbsvolumen darf auf **höchstens 10 % des Grundkapitals** festgesetzt werden. Bezugsgröße ist entgegen der wohl hM das im Zeitpunkt des Erwerbs bestehende Grundkapital; seit dem Ermächtigungsbeschluss wirksam gewordene Kapitalerhöhungen oder -herabsetzungen sind daher zu berücksichtigen.[92] Die Volumengrenze darf innerhalb des Ermächtigungszeitraums **nur einmal ausgenutzt** werden; zwischenzeitliche Einziehungen oder Veräußerungen führen daher nicht zu einer erneuten Ermächtigung.[93] Die 10 %-Grenze gilt auch bei mehreren parallelen Ermächtigungen, so dass diese insgesamt auf ein maximales Erwerbsvolumen von 10 % begrenzt sind.[94]

33 Über die oben (→ Rn. 31 f.) dargelegten gesetzlichen Vorgaben hinaus braucht der Ermächtigungsbeschluss der Hauptversammlung keine Vorgaben zu enthalten. Insbesondere ist eine **Zweckangabe** durch die Hauptversammlung zwar möglich, aber rechtlich grundsätzlich **nicht erforderlich**.[95] Eine Ausnahme gilt gemäß § 71 Abs. 1 Nr. 8 S. 5 iVm § 193 Abs. 2 Nr. 4 AktG, wenn der Rückerwerb der Unterlegung eines **Aktienoptionsprogramms** dienen soll; hier sind bereits im Ermächtigungsbeschluss die Aufteilung der Bezugsrechte auf Mitglieder der Geschäftsführungen und Arbeitnehmer, die Erfolgsziele, Erwerbs- und Ausübungszeiträume und die Wartezeit für die erstmalige Ausübung festzusetzen. Hat die Hauptversammlung in der Ermächtigung bestimmte Erwerbszwecke festgelegt, darf der Vorstand nicht für andere Zwecke erwerben.

34 Nach Nr. 8 Satz 2 kann in der Ermächtigung **jeder Zweck mit Ausnahme des Handels in eigenen Aktien** vorgesehen werden. Hierdurch soll die Spekulation des Vorstands in eigenen Aktien unterbunden werden. Ein unzulässiger Handel in eigenen Aktien im Sinne von Nr. 8 Satz 2 liegt vor, wenn An- und Verkauf primär der Gewinnerzielung dienen, was durch ein fortlaufendes Geschäft in eigenen Aktien indiziert wird.[96] Im Rahmen der Zweckbestimmung durch die Hauptversammlung sowie bei Fehlen einer Zweckangabe ist die Zweckbestimmung Aufgabe des Vorstands. Dass im Zeitpunkt der Beschlussfassung noch kein nach der Zweckangabe zulässiger Zweck ersichtlich ist, macht den Hauptversammlungsbeschluss nicht anfechtbar.[97] Missachtet der Vorstand eine in der

---

Kruchen AG 2014, 655 (657 f.); *Schmid/Mühlhäuser* AG 2004, 342 f.; *Schmid/Mühlhäuser* AG 2001, 493 (497 f.): Addition von Optionsprämie und Basispreis; wiederum aA *Wiederholt*, Rückkauf eigener Aktien (§ 71 AktG) unter Einsatz von Derivaten, 2006, S. 124 f.: Aktienkurs im Zeitpunkt des Derivateerwerbs.

[90] Bürgers/Körber/*Wieneke* AktG § 71 Rn. 32.
[91] LG München I AG 2009, 213 (214); 2009, 296 (299).
[92] Ebenso GroßkommAktG/*Merkt* § 71 Rn. 267; KölnKommAktG/*Lutter/Drygala* § 71 Rn. 134; *Büscher*, Das neue Recht des Aktienrückkaufs, 2013, S. 101 f.; aA MüKoAktG/*Oechsler* § 71 Rn. 220; K. Schmidt/Lutter/*T. Bezzenberger* AktG § 71 Rn. 21; Spindler/Stilz/*Cahn* AktG § 71 Rn. 103.
[93] GroßkommAktG/*Merkt* § 71 Rn. 266; MüKoAktG/*Oechsler* § 71 Rn. 221; aA *Bosse* WM 2000, 806 (807 f.).
[94] KölnKommAktG/*Lutter/Drygala* § 71 Rn. 135; MüKoAktG/*Oechsler* § 71 Rn. 221; Spindler/Stilz/*Cahn* AktG § 71 Rn. 101.
[95] OLG Hamburg ZIP 2005, 1074 (1079); LG Berlin NZG 2000, 944 (945); GroßkommAktG/*Merkt* § 71 Rn. 268; Hüffer AktG/*Koch* § 71 Rn. 19f; MüKoAktG/*Oechsler* § 71 Rn. 222 f.; Spindler/Stilz/*Cahn* AktG § 71 Rn. 93; *Bednarz*, Der Ermächtigungsbeschluß der Hauptversammlung zum Erwerb eigener Aktien, 2006, S. 131 ff.; *Büscher*, Das neue Recht des Aktienrückkaufs, 2013, S. 102 f.; aA *Bosse* NZG 2000, 923 f.; *Saria* NZG 2000, 458 (462); offen OLG München ZIP 2002, 1353 (1354).
[96] Bürgers/Körber/*Wieneke* AktG § 71 Rn. 35; Hüffer AktG/*Koch* § 71 Rn. 19i.
[97] Hüffer AktG/*Koch* § 71 Rn. 19f; Spindler/Stilz/*Cahn* AktG § 71 Rn. 94; aA OLG München ZIP 2002, 1353 (1354); GroßkommAktG/*Merkt* § 71 Rn. 268; für Nichtigkeit MüKoAktG/*Oechsler* § 71 Rn. 207.

Ermächtigung enthaltene Zweckangabe, verstößt er gegen § 57 Abs. 1 S. 1 AktG (mit der Rechtsfolge des § 71 Abs. 4 AktG, dazu → Rn. 53).

Ein Rückerwerb zur **Abwehr eines Übernahmeversuchs** kann mit Zustimmung des 35 Aufsichtsrats auch dann auf eine Ermächtigung nach § 71 Abs. 1 Nr. 8 AktG gestützt werden, wenn der Ermächtigungsbeschluss keine entsprechende Zweckangabe enthält.[98] Ohne Zustimmung des Aufsichtsrats kommt ein Einsatz zur Übernahmeabwehr dagegen nur dann in Betracht, wenn der Ermächtigungsbeschluss den Anforderungen des § 33 Abs. 2 S. 1 WpÜG genügt oder neben dem Beschluss nach § 71 Abs. 1 Nr. 8 AktG ein Beschluss nach § 33 Abs. 2 S. 1 WpÜG gefasst wird.[99]

Wie beim genehmigten Kapital kann der Ermächtigungsbeschluss vorsehen, dass der 36 Vorstand bei der Ausübung der Ermächtigung an die **Zustimmung des Aufsichtsrats** gebunden ist.[100] Missachtet der Vorstand ein solches Zustimmungserfordernis, beschränken sich die Rechtsfolgen auf das Innenverhältnis.[101] Neben einer Zweckangabe kommen als weitere optionale Inhalte des Ermächtigungsbeschlusses insbesondere **Vorgaben für das Erwerbs- und das Veräußerungsverfahren** in Betracht.[102]

Der **Erwerb** und die **Veräußerung** von eigenen Aktien sind in § 71 Abs. 1 Nr. 8 S. 3 37 AktG näher geregelt. Danach ist der **Gleichbehandlungsgrundsatz** des § 53a AktG auf Erwerb und Veräußerung anzuwenden. Nach § 71 Abs. 1 Nr. 8 S. 4 AktG genügt eine Abwicklung des Erwerbs eigener Aktien und ihrer späteren Veräußerung **über die Börse** dem Gleichbehandlungsgrundsatz. Börse im Sinne von § 71 Abs. 1 Nr. 8 S. 4 AktG umfasst alle Marktsegmente im In- und Ausland, nicht aber den Freiverkehr.[103] Findet **kein Börsenhandel** in den Aktien der Gesellschaft statt, sind der Erwerb und die spätere Veräußerung allen Aktionären anzubieten (zur Veräußerung → Rn. 44). Auch bei börsennotierten Gesellschaften kann als Alternative zu einem Erwerb über die Börse ein **öffentliches Rückkaufangebot** oder eine öffentliche Aufforderung zur Abgabe von Verkaufsangeboten erfolgen. Dabei ist der Gleichbehandlungsgrundsatz gewahrt, wenn alle Aktionäre quotal nach der Höhe ihrer Beteiligung berücksichtigt werden.[104] Entgegen verbreiteter Ansicht kann hieraus nicht gefolgert werden, dass den Aktionären im Fall eines öffentlichen Rückkaufangebots bzw. einer öffentlichen Aufforderung zur Abgabe von Verkaufsangeboten stets ein mitgliedschaftliches **Andienungsrecht** („umgekehrtes Bezugsrecht") zusteht.[105] Die gleichberechtigte Möglichkeit, an einem Aktienrückkauf teilzuneh-

---

[98] Assmann/Pötzsch/U. H. Schneider WpÜG/*Krause/Pötzsch/Stephan* § 33 Rn. 138 ff.; MüKo-AktG/*Schlitt/Ries* WpÜG § 33 Rn. 171; Schwark/Zimmer/*Noack/Zetzsche* KMRK WpÜG § 33 Rn. 22; *Hitzer/Simon/Düchting* AG 2012, 237 (241); *Krause* BB 2002, 1053 ff.; *Leyendecker-Langner* BB 2013, 2051 (2052); *M. Winter/Harbarth* ZIP 2002, 1 (9); aA Grigoleit/*Grigoleit/Rachlitz* AktG § 71 Rn. 52; KölnKommAktG/*Lutter/Drygala* § 71 Rn. 148; KölnKommWpÜG/*Hirte* § 33 Rn. 92, 101; Steinmeyer/Häger WpÜG/*Steinmeyer* § 33 Rn. 27; *Bayer* ZGR 2002, 598 (612 f.); *Hirte* ZGR 2002, 623 (647 f.).

[99] GroßkommAktG/*Merkt* § 71 Rn. 311 f.; KölnKommAktG/*Lutter/Drygala* § 71 Rn. 147, 149; MüKoAktG/*Oechsler* § 71 Rn. 324 ff.

[100] Bürgers/Körber/*Wieneke* AktG § 71 Rn. 34; GroßkommAktG/*Merkt* § 71 Rn. 271; Hölters/*Solveen* AktG § 71 Rn. 20; Hüffer AktG/*Koch* § 71 Rn. 19f; KölnKommAktG/*Lutter/Drygala* § 71 Rn. 139; MüKoAktG/*Oechsler* § 71 Rn. 223; *Möller* Rn. 90 f.; *Rieckers* ZIP 2009, 700 f.; aA Spindler/Stilz/*Cahn* AktG § 71 Rn. 98; *Bergau* AG 2006, 769 (770 ff.); *Kiem* ZIP 2000, 209 (211 f.); *v. Aerssen* WM 2000, 391 (394).

[101] GroßkommAktG/*Merkt* § 71 Rn. 272; Hüffer AktG/*Koch* § 71 Rn. 19f; KölnKommAktG/*Lutter/Drygala* § 71 Rn. 139; MüKoAktG/*Oechsler* § 71 Rn. 223; aA *Möller* Rn. 380.

[102] Vgl. GroßkommAktG/*Merkt* § 71 Rn. 271; MüKoAktG/*Oechsler* § 71 Rn. 225 f.

[103] KölnKommAktG/*Lutter/Drygala* § 71 Rn. 161; aA MüKoAktG/*Oechsler* § 71 Rn. 273; Spindler/Stilz/*Cahn* AktG § 71 Rn. 119: auch Freiverkehr.

[104] Begr. RegE, BT-Drs. 13/9712, 13 f.

[105] Wie hier Bürgers/Körber/*Wieneke* AktG § 71 Rn. 38; K. Schmidt/Lutter/*T. Bezzenberger* AktG § 71 Rn. 69; Spindler/Stilz/*Cahn* AktG § 71 Rn. 121; Wachter/*Servatius* AktG § 71 Rn. 37; *Benckendorff*, Erwerb eigener Aktien im deutschen und US-amerikanischen Recht, 1998, S. 242 ff.; *Lüken*, Der Erwerb eigener Aktien nach §§ 71 ff. AktG, 2004, S. 153 ff.; *Johannsen-Roth* ZIP 2011, 407 (412); aA

men, ist zur Wahrung des Gleichbehandlungsgrundsatzes ausreichend. Das Erwerbsverfahren kann als Tender Offer (Festpreisangebot) oder als Dutch Auction (Preisspannenangebot) ausgestaltet werden.[106] Um dem Gleichbehandlungsgrundsatz zu genügen, müssen bei beiden Verfahren gewisse Mindeststandards eingehalten werden.[107] Auch wenn man mit der hier vertretenen Ansicht ein mitgliedschaftliches Andienungsrecht verneint, kann die Gesellschaft an die Aktionäre im Verhältnis ihrer Beteiligungsquoten übertragbare Andienungsrechte (**Transferable Put Rights**) ausgeben; der Erwerb eigener Aktien aufgrund der Ausübung derartiger Andienungsrechte ist mit dem Gleichbehandlungsgrundsatz vereinbar.[108] Problematisch im Hinblick auf den Gleichbehandlungsgrundsatz ist der Paketkauf von einzelnen Aktionären (**Negotiated Repurchase**), wobei auch hier im Einzelfall ein sachlicher Grund vorliegen kann, der eine solche Ungleichbehandlung rechtfertigt.[109]

38 Bestehen **mehrere Aktiengattungen,** muss der Erwerb nicht gleichmäßig auf Aktien aller Gattungen erstreckt werden, sofern ein sachlicher Grund für die Ungleichbehandlung besteht (zB Beseitigung einer Gattung).[110] Auch kann die Ermächtigung von vornherein auf eine Gattung beschränkt sein; hier ist für die Beschränkung aber ebenfalls ein sachlicher Grund erforderlich, damit der Ermächtigungsbeschluss dem Gleichbehandlungsgrundsatz genügt.[111]

39 Bei dem Erwerb und der Veräußerung eigener Aktien hat der Vorstand einer börsennotierten AG eine Reihe **kapitalmarktrechtlicher Vorgaben** zu beachten.[112] Insbesondere hat er die Bestimmungen der Art. 14, 15 und 17 MAR zu beachten. Die Erteilung einer Erwerbsermächtigung durch die Hauptversammlung und die Vorstufen zu einem solchen Beschluss sind angesichts des Routinecharakters grundsätzlich noch keine **Insiderinformationen** im Sinne von Art. 7 MAR. Etwas anderes gilt regelmäßig für die Entscheidung des Vorstands zur Ausnutzung einer solchen Ermächtigung,[113] sofern es nicht ausnahmsweise an einer Kursrelevanz fehlt (zB aufgrund des geringen Umfangs des Rückkaufs). Verwaltungsmitglieder und sonstige Dritte dürfen daher nicht unter Verwendung dieser Information Aktien erwerben (Art. 14 lit. a iVm Art. 8 MAR). Für die Gesellschaft selbst handelt es sich dagegen um die Umsetzung eines eigenen Entschlusses, so dass der Erwerb eigener Aktien nach der Ausnahmeregelung des Art. 9 Abs. 5 MAR nicht gegen das Verbot von Insidergeschäften verstößt; ein Verstoß kommt daher nur dann in Betracht, wenn der Rückerwerb in Kenntnis einer anderen Insiderinformation erfolgt.[114] Da die Entscheidung

---

OLG Hamburg ZIP 2005, 1074 (1079); GroßkommAktG/*Merkt* § 71 Rn. 68; Hüffer AktG/*Koch* § 71 Rn. 19k; *Habersack* ZIP 2004, 1121 (1123 ff.); *Paefgen* AG 1999, 67 (68 f.).

[106] Zu den Einzelheiten vgl. KölnKommAktG/*Lutter/Drygala* § 71 Rn. 162; Spindler/Stilz/*Cahn* AktG § 71 Rn. 123 f.; *Kitanoff*, Der Erwerb eigener Aktien, 2009, S. 143 ff.; *Leuering* AG 2007, 435 ff.; kritisch zur Dutch Auction MüKoAktG/*Oechsler* § 71 Rn. 255.

[107] Ausführlich dazu KölnKommAktG/*Lutter/Drygala* § 71 Rn. 163 ff.

[108] KölnKommAktG/*Lutter/Drygala* § 71 Rn. 166; K. Schmidt/Lutter/*T. Bezzenberger* AktG § 71 Rn. 68 f.; Spindler/Stilz/*Cahn* AktG § 71 Rn. 125; *Kitanoff*, Der Erwerb eigener Aktien, 2009, S. 145 f.; *Lüken*, Der Erwerb eigener Aktien nach §§ 71 ff. AktG, 2004, S. 166 f.

[109] KölnKommAktG/*Lutter/Drygala* § 71 Rn. 173; MüKoAktG/*Oechsler* § 71 Rn. 262 ff.; K. Schmidt/Lutter/*T. Bezzenberger* AktG § 71 Rn. 70; *U. Huber* FS Kropff, 1997, 101 (116); für generelle Unzulässigkeit O. *Peltzer* WM 1998, 322 (329).

[110] Bürgers/Körber/*Wieneke* AktG § 71 Rn. 36; Spindler/Stilz/*Cahn* AktG § 71 Rn. 128.

[111] Spindler/Stilz/*Cahn* AktG § 71 Rn. 128.

[112] Vgl. ausführlich *Singhof/Weber* AG 2005, 549 ff.

[113] Klöhn/*Klöhn*, MAR, 2018, Art. 7 Rn. 400 f.; vgl. zu § 14 WpHG aF auch *BaFin*, Emittentenleitfaden (Stand: 15.7.2005), S. 40; Spindler/Stilz/*Cahn* AktG § 71 Rn. 160; *Büscher*, Das neue Recht des Aktienrückkaufs, 2013, S. 327 f.; *Rieckers* ZIP 2009, 700 (703 f.); zu Kapitalmarktreaktionen bei Ankündigung eines Aktienrückkaufs s. die empirischen Studien von *Bayer/Hoffmann/Weinmann* ZGR 2007, 457 ff.; *Köstlmeier/Röder* CF 2019, 10 ff. und *Pickel/Röder* CF 2015, 421 ff.

[114] Klöhn/*Klöhn*, MAR, 2018, Art. 8 Rn. 203, Art. 9 Rn. 129 ff.; vgl. zu § 14 WpHG aF auch *BaFin*, Emittentenleitfaden (Stand: 15.7.2005), S. 40; Spindler/Stilz/*Cahn* AktG § 71 Rn. 160; *Büscher*, Das neue Recht des Aktienrückkaufs, 2013, S. 336; *Rieckers* ZIP 2009, 700 (703).

des Vorstands zur Ausnutzung einer Erwerbsermächtigung regelmäßig eine Insiderinformation darstellt, besteht eine Pflicht zur Veröffentlichung einer **Ad-hoc-Mitteilung** nach Art. 17 Abs. 1 MAR.[115] Ist für den Rückerwerb die Zustimmung des Aufsichtsrats erforderlich (vgl. → Rn. 36), kommt regelmäßig eine Selbstbefreiung nach Art. 17 Abs. 4 MAR bis zur Entscheidung durch den Aufsichtsrat in Betracht.[116] Der Aktienrückkauf und die Veräußerung der eigenen Aktien dürfen zudem nicht gegen das **Verbot der Marktmanipulation** (Art. 15 MAR) verstoßen.

Eine Bereichsausnahme **(Safe Harbour)** von dem Verbot von Insidergeschäften (Art. 14 MAR) und dem Verbot der Marktmanipulation (Art. 15 MAR) regelt Art. 5 MAR. Danach gelten diese Verbote nicht für den Handel[117] mit eigenen Aktien im Rahmen von Rückkaufprogrammen,[118] die den Voraussetzungen von Art. 5 Abs. 1–3 MAR entsprechen. Ergänzend sieht die delegierte VO (EU) 2016/1052 technische Regulierungsstandards vor. Die Bereichsausnahme des Art. 5 MAR ist nur dann anwendbar, wenn der Emittent die Aktien auf einem Handelsplatz kauft, auf dem sie zum Handel zugelassen sind oder gehandelt werden (Art. 3 Abs. 1 lit. a delegierte VO (EU) 2016/1052). Darüber hinaus muss das Rückkaufprogramm ausschließlich einem der in Art. 5 Abs. 2 MAR genannten **Erwerbszwecke** dienen (Reduzierung des Kapitals des Emittenten; Erfüllung der aus einem Schuldtitel entstehenden Verpflichtungen, die in Beteiligungskapital umgewandelt werden können; Erfüllung der aus einem Belegschaftsaktienprogramm oder anderen Formen der Zuteilung von Aktien an Mitarbeiter oder Angehörige der Verwaltungs-, Leitungs- oder Aufsichtsorgane des Emittenten oder einem verbundenen Unternehmen entstehenden Verpflichtungen). Die Aufzählung der zulässigen Zwecke ist abschließend.[119] Das Rückkaufprogramm darf weder anderen Zwecken dienen noch mit anderen Zwecken verbunden werden. Zudem muss es auch in Verfolgung des in Art. 5 Abs. 2 MAR genannten Zwecks durchgeführt werden (vgl. Art. 5 Abs. 1 lit. d MAR).[120]

Die **Einzelheiten des Programms** müssen vor Beginn des Handels vollständig **offengelegt** werden (Art. 5 Abs. 1 lit. a MAR).[121] Für die Art und Weise der Veröffentlichung gelten dieselben Anforderungen wie für die Veröffentlichung von Ad-hoc-Mitteilungen.[122] Weitere Voraussetzung ist, dass **Abschlüsse** der zuständigen Behörde des Handelsplatzes gemeldet und anschließend **öffentlich bekanntgegeben** werden (Art. 5 Abs. 1 lit. b MAR). Zu melden ist jedes mit dem Rückkaufprogramm zusammenhängende Geschäft, einschließlich der in Art. 25 Abs. 1 und 2, Art. 26 Abs. 1, 2 und 3 VO (EU) 600/2014 (MiFIR) genannten Informationen (Art. 5 Abs. 3 MAR). Hierzu zählen insbesondere die Zahl der erworbenen oder veräußerten Aktien, Volumen, Datum und Zeitpunkt des Abschlusses, der Kurs und Angaben zur Identifizierung der Kunden, in deren Namen die Wertpapierfirma das Geschäft abgeschlossen hat (vgl. Art. 26 Abs. 3 S. 1 MiFIR). Für die Art und Weise der Veröffentlichung gelten wiederum dieselben Anforderungen wie für die Veröffentlichung von Ad-hoc-Mitteilungen.[123] Weiterhin müssen in Bezug auf Kurs und

---

[115] Klöhn/*Klöhn*, MAR, 2018, Art. 17 Rn. 415 iVm Art. 7 Rn. 398 ff.; vgl. zu § 15 WpHG aF auch *BaFin*, Emittentenleitfaden (Stand: 28.4.2009), S. 53; Spindler/Stilz/*Cahn* AktG § 71 Rn. 163; *Rieckers* ZIP 2009, 700 (703 f.); *Schockenhoff/Wagner* AG 1999, 548 (555 f.); *Seibt/Bremkamp* AG 2008, 469 (471 ff.).

[116] Vgl. zu § 15 WpHG aF *BaFin*, Emittentenleitfaden (Stand: 28.4.2009), S. 54 f.; Spindler/Stilz/*Cahn* AktG § 71 Rn. 163; *Rieckers* ZIP 2009, 700 (704); *Seibt/Bremkamp* AG 2008, 469 (473 ff.).

[117] Gemeint ist ausschließlich der Erwerb, s. Klöhn/*Klöhn*, MAR, 2018, Art. 5 Rn. 26 mwN.

[118] Zur Definition s. Art. 3 Abs. 1 Nr. 17 MAR.

[119] Klöhn/*Klöhn*, MAR, 2018, Art. 5 Rn. 31.

[120] Klöhn/*Klöhn*, MAR, 2018, Art. 5 Rn. 35, 61.

[121] Zu den Einzelheiten des Programms iSv Art. 5 Abs. 1 lit. a MAR s. Art. 2 Abs. 1 delegierte VO (EU) 2016/1052.

[122] Vgl. Art. 1 lit. b delegierte VO (EU) 2016/1052; s. auch Klöhn/*Klöhn*, MAR, 2018, Art. 5 Rn. 41 f.

[123] Vgl. Art. 1 lit. b delegierte VO (EU) 2016/1052; s. auch Klöhn/*Klöhn*, MAR, 2018, Art. 5 Rn. 50 iVm Rn. 41 f.

Volumen angemessene Grenzen eingehalten werden (Art. 5 Abs. 1 lit. c MAR). Die **Kursgrenze** konkretisiert Art. 3 Abs. 2 delegierte VO (EU) 2016/1052 dahingehend, dass Aktien nicht zu einem Kurs erworben werden dürfen, der über dem des letzten unabhängig getätigten Abschlusses oder (sollte dieser höher sein) über dem des derzeit höchsten unabhängigen Angebots auf dem Handelsplatz, auf dem der Kauf stattfindet, liegt (auch wenn die Aktien auf unterschiedlichen Handelsplätzen gehandelt werden). Nach der in Art. 3 Abs. 3 delegierte VO (EU) 2016/1052 bestimmten **Volumengrenze** darf der Emittent an einem Handelstag nicht mehr als 25 % des durchschnittlichen täglichen Aktienumsatzes auf dem Handelsplatz, auf dem der Kauf erfolgt, erwerben.

42 **Weitere Handelsbeschränkungen** regelt Art. 4 delegierte VO (EU) 2016/1052. Danach darf der Emittent während der Dauer des Rückkaufprogramms weder eigene Aktien verkaufen noch während geschlossener Zeiträume iSv Art. 19 Abs. 11 MAR oder während des Aufschubs der Bekanntgabe von Insiderinformationen handeln (Art. 4 Abs. 1 delegierte VO (EU) 2016/1052). Diese Beschränkungen gelten nicht für programmierte Rückkaufprogramme[124] und Rückkaufprogramme, die durchgeführt werden unter Führung eines Wertpapierhauses oder Kreditinstituts, das seine Entscheidungen über den Erwerbszeitpunkt unabhängig von dem Emittenten trifft (Art. 4 Abs. 2 delegierte VO (EU) 2016/1052).

43 Werden die Vorgaben des Art. 5 MAR eingehalten, verstoßen die durchgeführten Maßnahmen in keinem Fall gegen Art. 14 oder Art. 15 MAR.[125] Art. 5 MAR stellt jedoch keine abschließende Regelung dar. Liegen die Voraussetzungen der Bereichsausnahme nicht vor, liegt daher nicht automatisch ein verbotenes Insidergeschäft oder eine verbotene Marktmanipulation vor. Vielmehr sind die Geschäfte an den allgemeinen Grundsätzen zu Art. 14 und Art. 15 MAR zu messen.[126] – Das **WpÜG** ist auf öffentliche Angebote zum Rückkauf eigener Aktien nicht anwendbar.[127] Die BaFin hat ihre entgegenstehende Verwaltungspraxis bereits im Jahr 2006 aufgegeben.[128]

44 Auch bei der **Wiederveräußerung** eigener Aktien ist der Gleichbehandlungsgrundsatz zu beachten, wofür eine Veräußerung über die Börse genügt (§ 71 Abs. 1 Nr. 8 S. 3 u. 4 AktG, bereits → Rn. 37). Erfolgt die Veräußerung nicht über die Börse, besteht für die Aktionäre ein **Bezugsrecht** (Erwerbsrecht).[129] Gemäß § 71 Abs. 1 Nr. 8 S. 5 AktG muss eine „andere Veräußerung", also eine Veräußerung die nicht über die Börse erfolgt und bei der das Bezugsrecht der Aktionäre nicht gewahrt ist, den Regelungen über den Bezugsrechtsausschluss gemäß **§ 186 Abs. 3 u. 4 AktG** entsprechen (dazu → § 57 Rn. 114 ff.).[130] Da der Umfang des Erwerbs und damit die Veräußerung eigener Aktien auf 10 % des

---

[124] Zur Definition s. Art. 1 lit. a delegierte VO (EU) 2016/1052.
[125] Klöhn/*Klöhn*, MAR, 2018, Art. 5 Rn. 2.
[126] Klöhn/*Klöhn*, MAR, 2018, Art. 5 Rn. 8; Meyer/Veil/Rönnau/*Haupt*, HdB MarktmissbrauchsR, 2018, § 17 Rn. 3.
[127] Bürgers/Körber/*Wieneke* AktG § 71 Rn. 39; Hüffer AktG/*Koch* § 71 Rn. 19k; KölnKommAktG/*Lutter/Drygala* § 71 Rn. 268 ff.; K. Schmidt/Lutter/*T. Bezzenberger* AktG § 71 Rn. 67; Spindler/Stilz/*Cahn* AktG § 71 Rn. 159; *Baum* ZHR 167 (2003), 580 (606 ff.); *Berrar/Schnorbus* ZGR 2003, 59 (84 ff.); *Rieckers* ZIP 2009, 700 (702); aA MüKoAktG/*Oechsler* § 71 Rn. 247 ff.; *Fleischer/Körber* BB 2001, 2589 (2592 f.); *Hopt* ZHR 166 (2002), 383 (393); *Paefgen* ZIP 2002, 1509 ff.; für analoge Anwendung einzelner Vorschriften des WpÜG *Baums/Stöcker* FS Wiedemann, 2002, 703 (716 ff.); s. auch *Büscher*, Das neue Recht des Aktienrückkaufs, 2013, S. 344 ff.
[128] *BaFin*, Auslegungsentscheidung v. 9.8.2006: Rückerwerb eigener Aktien nach dem WpÜG; s. dazu *Pluskat* NZG 2006, 731 ff.
[129] GroßkommAktG/*Merkt* § 71 Rn. 286; Hüffer AktG/*Koch* § 71 Rn. 19m; KölnKommAktG/*Lutter/Drygala* § 71 Rn. 177; MüKoAktG/*Oechsler* § 71 Rn. 267; Spindler/Stilz/*Cahn* AktG § 71 Rn. 130 ff.; aA *Benckendorff*, Erwerb eigener Aktien im deutschen und US-amerikanischen Recht, 1998, S. 280 ff.; *Lüken*, Der Erwerb eigener Aktien nach §§ 71 ff. AktG, 2004, S. 205 f.
[130] Dies gilt auch dann, wenn die eigenen Aktien ausschließlich an Dritte, die bislang nicht Aktionäre waren, ausgegeben werden, s. OLG Stuttgart BeckRS 2018, 35625 Rn. 258 (in WM 2019, 366 nicht mit abgedruckt).

Grundkapitals beschränkt ist, handelt es sich bei börsennotierten Gesellschaften regelmäßig um einen vereinfachten Bezugsrechtsausschluss nach § 186 Abs. 3 S. 4 AktG, sofern der Preis den Börsenkurs nicht wesentlich unterschreitet. Besondere materielle Voraussetzungen für den Bezugsrechtsausschluss sind dann nicht zu beachten.[131] Handelt es sich um einen vereinfachten Bezugsrechtsausschluss, sind auch die Berichtspflichten des Vorstands nur in diesem Rahmen zu erfüllen. Für die Berechnung der 10%-Grenze ist das Grundkapital zur Zeit der Veräußerung maßgeblich.[132] Die 10%-Grenze darf während der Laufzeit der Ermächtigung nur einmal ausgenutzt werden.[133] Dabei sind nach wohl hM Aktien sowie Wandlungs- und Optionsrechte anzurechnen, die in unmittelbarer oder entsprechender Anwendung von § 186 Abs. 3 S. 4 AktG ausgegeben werden.[134] Außerhalb der Fälle eines vereinfachten Bezugsrechtsausschlusses nach § 186 Abs. 3 S. 4 AktG ist auch die Wertung des **§ 255 Abs. 2 AktG** zu beachten, wonach die Gegenleistung für die Aktien nicht unangemessen niedrig sein darf.[135] § 71 Abs. 1 Nr. 8 S. 5 AktG verweist zudem auf die entsprechende Geltung des **§ 193 Abs. 2 Nr. 4 AktG**. Hierdurch wird sichergestellt, dass die Bedienung von bestehenden Aktienoptionen aus eigenen Aktien nicht die Anforderungen leerlaufen lässt, die bei Begründung von Bezugsrechten im Zusammenhang mit bedingtem Kapital gelten. Zugleich folgt daraus, dass Optionsrechte auf eigene Aktien bedient werden dürfen, sofern der Ermächtigungsbeschluss dies abdeckt. § 186 Abs. 3, 4 AktG und § 193 Abs. 2 Nr. 4 AktG gelten alternativ.[136]

Nach § 71 Abs. 1 Nr. 8 S. 6 AktG kann der Vorstand von der Hauptversammlung **45** ermächtigt werden, die erworbenen eigenen Aktien einzuziehen, ohne dass ein weiterer Hauptversammlungsbeschluss nach § 222 iVm § 237 Abs. 2 S. 1 AktG oder § 237 Abs. 4 S. 1 AktG erforderlich wäre. Die **Einziehungsermächtigung** muss **nicht zusammen mit der Erwerbsermächtigung** erteilt werden, sondern kann dieser auch nachfolgen.[137] Sofern der Ermächtigungsbeschluss hierzu keine Vorgaben macht, entscheidet der Vorstand nach pflichtgemäßem Ermessen, ob er von der Einziehungsermächtigung Gebrauch macht.[138] Entnimmt man § 71 Abs. 2 S. 2 AktG eine Ausschüttungssperre (vgl. → Rn. 50), müssen für die Einziehung nicht zwingend die Voraussetzungen des § 237 Abs. 3 AktG vorliegen.[139] Entgegen teilweise vertretener Ansicht müssen bei der Einziehung ohne

---

[131] OLG Hamburg ZIP 2005, 1074 (1080). Einzelheiten zur entspr. Anwendung des § 186 Abs. 3 S. 4 AktG bei *Bednarz*, Der Ermächtigungsbeschluß der Hauptversammlung zum Erwerb eigener Aktien, 2006, S. 206 f. und *Reichert/Harbarth* ZIP 2001, 1441 (1442 ff.).

[132] Spindler/Stilz/*Cahn* AktG § 71 Rn. 137; *Lüken*, Der Erwerb eigener Aktien nach §§ 71 ff. AktG, 2004, S. 198 f.; *Reichert/Harbarth* ZIP 2001, 1441 (1443); aA MüKoAktG/*Oechsler* § 71 Rn. 276.

[133] MüKoAktG/*Oechsler* § 71 Rn. 278.

[134] Bürgers/Körber/*Wieneke* AktG § 71 Rn. 41; Spindler/Stilz/*Cahn* AktG § 71 Rn. 143; *Reichert/Harbarth* ZIP 2001, 1441 (1443 f.); wohl auch Begr. RegE, BT-Drs. 13/9712, 14; grundsätzlich auch KölnKommAktG/*Lutter/Drygala* § 71 Rn. 183, die aber eine jährliche Ausnutzung der 10%-Grenze zulassen wollen; aA MüKoAktG/*Oechsler* § 71 Rn. 277.

[135] OLG Stuttgart BeckRS 2018, 35625 Rn. 310 ff. (in WM 2019, 366 nicht mit abgedruckt); s. auch MüKoAktG/*Oechsler* § 71 Rn. 267; K. Schmidt/Lutter/*T. Bezzenberger* AktG § 71 Rn. 81; *Kiefner/Seibel* AG 2016, 301 (305).

[136] Bürgers/Körber/*Wieneke* AktG § 71 Rn. 42; Hüffer AktG/*Koch* § 71 Rn. 19j; *Weiß*, Aktienoptionspläne für Führungskräfte, 1999, S. 251 f.; *Bosse* NZG 2001, 594 (597); *Weiß* WM 1999, 353 (361 f.); offen LG Berlin AG 2000, 328 (329) – Bankgesellschaft Berlin; aA OLG Schleswig AG 2003, 102 (103 f.) – MobilCom; GroßkommAktG/*Merkt* § 71 Rn. 289; MüKoAktG/*Oechsler* § 71 Rn. 281; K. Schmidt/Lutter/*T. Bezzenberger* AktG § 71 Rn. 85; Spindler/Stilz/*Cahn* AktG § 71 Rn. 139.

[137] GroßkommAktG/*Merkt* § 71 Rn. 299; Spindler/Stilz/*Cahn* AktG § 71 Rn. 145; *Rieckers* ZIP 2009, 700 (701); aA KölnKommAktG/*Lutter/Drygala* § 71 Rn. 197; MüKoAktG/*Oechsler* § 71 Rn. 309.

[138] Hüffer AktG/*Koch* § 71 Rn. 19n; *Rieckers* ZIP 2009, 700 (705).

[139] OLG München ZIP 2012, 1075 (1076); Bürgers/Körber/*Wieneke* AktG § 71 Rn. 44; GroßkommAktG/*Merkt* § 71 Rn. 300; Spindler/Stilz/*Cahn* AktG § 71 Rn. 149; *Wachter* EWiR 2012, 543

Kapitalherabsetzung nach § 71 Abs. 1 Nr. 8 S. 6 iVm § 237 Abs. 3 Nr. 3 AktG nicht zugleich auch die Voraussetzungen von § 237 Abs. 3 Nr. 1 oder 2 AktG erfüllt sein.[140]

46 Anders als die Erwerbsermächtigung, die gemäß § 71 Abs. 1 Nr. 8 S. 1 AktG höchstens für fünf Jahre erteilt werden kann, ist die Einziehungsermächtigung **nicht fristgebunden**.[141] Entsprechend § 71 Abs. 1 Nr. 8 S. 6 AktG kann die Hauptversammlung den Vorstand auch zur Einziehung von Aktien ermächtigen, die auf der Grundlage von § 71 Abs. 1 Nr. 1–5 oder 7 AktG erworben wurden.[142] Die sechsmonatige Zahlungssperre gemäß § 237 Abs. 2 S. 3 iVm § 225 Abs. 2 AktG findet weder auf den Erwerb nach § 71 Abs. 1 Nr. 1–5 oder 7 AktG noch auf den Erwerb nach § 71 Abs. 1 Nr. 8 Anwendung, sondern beschränkt sich auf den Erwerbstatbestand nach § 71 Abs. 1 Nr. 6 AktG.[143] Die Einziehungsermächtigung kann sich auch auf Aktien beziehen, die aufgrund einer bereits ausgelaufenen oder aufgehobenen Erwerbsermächtigung erworben wurden. Dies gilt auch dann, wenn die Einziehungsermächtigung erst nach Erteilung der entsprechenden Erwerbsermächtigung beschlossen wird (etwa indem sie eine zunächst zusammen mit der Erwerbsermächtigung erteilte Einziehungsermächtigung ersetzt).[144] Erkennt man die Möglichkeit an, dass sich eine Einziehungsermächtigung auch auf Aktien bezieht, die aufgrund einer Altermächtigung erworben wurden, ist es konsequent, die für den Erwerb geltende 10 %-Grenze des § 71 Abs. 1 Nr. 8 S. 1 AktG auf die Einziehungsermächtigung nicht anzuwenden.[145]

47 **3. Allgemeine Grundsätze für die Ausnahmen vom Erwerbsverbot.** Auf die zu den Zwecken nach § 71 Abs. 1 **Nr. 1–3, 7 und 8** AktG erworbenen Aktien darf zusammen mit anderen Aktien der Gesellschaft, welche die Gesellschaft bereits erworben hat und noch besitzt, nicht mehr als **10 % des Grundkapitals** entfallen (§ 71 Abs. 2 S. 1 AktG). Bezugsgröße ist das gezeichnete Kapital im Sinne von §§ 266 Abs. 3 A.I, 272 Abs. 1 HGB; Kapitalerhöhungen (auch aus genehmigtem oder bedingtem Kapital) und Kapitalherabsetzungen sind erst mit ihrem Wirksamwerden zu berücksichtigen.[146] Maßgeblicher Zeitpunkt für die Beurteilung der 10 %-Grenze ist der Abschluss des schuldrechtlichen Geschäfts.[147]

48 Der Erwerb nach § 71 Abs. 1 Nr. 1–3, 7 und 8 AktG ist weiterhin nur zulässig, wenn die Gesellschaft im Zeitpunkt des Erwerbs eine **Rücklage** in Höhe der Aufwendungen für den

---

(544); *Wahl* GWR 2012, 396; zur Rechtslage vor Inkrafttreten des BilMoG s. auch MüKoAktG/ *Oechsler* § 71 Rn. 312; *Rieckers* ZIP 2009, 700 (705); aA *Seidler/Thiere* BB 2019, 2058 (2062).

[140] *Rieckers* ZIP 2009, 700 (705); s. auch *Büscher,* Das neue Recht des Aktienrückkaufs, 2013, S. 316; aA Spindler/Stilz/*Cahn* AktG § 71 Rn. 149; *Seidler/Thiere* BB 2019, 2058 (2062); *Wieneke/Förl* AG 2005, 189 (195).

[141] GroßkommAktG/*Merkt* § 71 Rn. 299; K. Schmidt/Lutter/*T. Bezzenberger* AktG § 71 Rn. 28; *Kallweit/Simons* AG 2014, 352 (356); *Kocher* NZG 2010, 172 (173 f.); *Rieckers* ZIP 2009, 700 (701); aA Grigoleit/*Grigoleit/Rachlitz* AktG § 71 Rn. 64; Hüffer AktG/*Koch* § 71 Rn. 19n; KölnKommAktG/ *Lutter/Drygala* § 71 Rn. 198; MüKoAktG/*Oechsler* § 71 Rn. 311; *Büscher,* Das neue Recht des Aktienrückkaufs, 2013, S. 312: fünf Jahre analog § 202 Abs. 1 AktG.

[142] K. Schmidt/Lutter/*T. Bezzenberger* AktG § 71 Rn. 27; offen Hüffer AktG/*Koch* § 71 Rn. 19n; *Reichert/Harbarth* ZIP 2001, 1441 (1450); aA KölnKommAktG/*Lutter/Drygala* § 71 Rn. 197; MüKoAktG/*Oechsler* § 71 Rn. 307.

[143] Vgl. *Seidler/Thiere* BB 2019, 2058 (2059).

[144] *Rieckers* ZIP 2009, 700 (701).

[145] Anders noch *Rieckers* ZIP 2009, 700 (701); aA auch GroßkommAktG/*Merkt* § 71 Rn. 298; MüKoAktG/*Oechsler* § 71 Rn. 310; Spindler/Stilz/*Cahn* AktG § 71 Rn. 146; für 50 %-Grenze analog § 202 Abs. 3 S. 1 AktG *Büscher,* Das neue Recht des Aktienrückkaufs, 2013, S. 312.

[146] Spindler/Stilz/*Cahn* AktG § 71 Rn. 220.

[147] MüKoAktG/*Oechsler* § 71 Rn. 338; Spindler/Stilz/*Cahn* AktG § 71 Rn. 221; aA Grigoleit/ *Grigoleit/Rachlitz* AktG § 71 Rn. 65; KölnKommAktG/*Lutter/Drygala* § 71 Rn. 246, die auch eine bis zur Erfüllung eintretende Überschreitung als unzulässig ansehen; wiederum aA GroßkommAktG/ *Merkt* § 71 Rn. 364 f., der auf den Zeitpunkt abstellt, zu dem die Durchführung des Erwerbs nach der Vorstellung der Vertragsparteien vorgesehen ist.

Erwerb bilden könnte, ohne das Grundkapital oder eine nach Gesetz oder Satzung zu bildende Rücklage zu mindern, die nicht zu Zahlungen an die Aktionäre verwandt werden darf (§ 71 Abs. 2 S. 2 AktG).[148] Da seit der Änderung von § 71 Abs. 2 S. 2 AktG durch das BilMoG eine Rücklage für eigene Anteile nicht mehr zu bilden ist (vgl. → Rn. 50), handelt es sich um eine rein hypothetische Betrachtung. Entscheidend ist allein die Möglichkeit der Rücklagenbildung im Erwerbszeitpunkt.[149] Dies setzt einen fiktiven Zwischenabschluss auf den Stichtag des Erwerbs voraus.[150]

Die Ausnahmen vom Erwerbsverbot nach § 71 Abs. 1 **Nr. 4–6** AktG sind den vorgenannten Beschränkungen nicht unterworfen. Trotzdem darf auch in diesen Fällen auf Dauer die 10%-Grenze nicht überschritten werden. Denn nach § 71c Abs. 2 AktG muss die Gesellschaft den Teil der Aktien, den sie nach § 71 Abs. 1 AktG in zulässiger Weise erworben hat und noch besitzt, soweit er 10% des Grundkapitals übersteigt, innerhalb von drei Jahren nach dem Erwerb der Aktien veräußern. Darüber hinaus wirkt sich begrenzend aus, dass auf die für den Erwerb eigener Aktien nach § 71 Abs. 1 Nr. 1–3, 7 und 8 AktG geltende 10%-Grenze die nach § 71 Abs. 1 Nr. 4–6 AktG erworbenen Aktien anzurechnen sind.[151] In den Fällen des § 71 Abs. 1 **Nr. 1, 2, 4, 7 und 8** AktG muss es sich um **voll eingezahlte Aktien** handeln (§ 71 Abs. 2 S. 3 AktG). **49**

4. Bilanzielle Behandlung. Als Folge der Bilanzrechtsreform durch das BilMoG vom 25.5.2009 sind eigene Aktien für nach Ablauf des 31.12.2009 beginnende Geschäftsjahre in der Bilanz nicht mehr zu aktivieren. Vielmehr ist gemäß § 272 Abs. 1a S. 1 HGB unabhängig vom Erwerbszweck der Nennbetrag oder (bei Stückaktien) der rechnerische Wert der erworbenen eigenen Anteile in der Vorspalte offen **vom Posten „Gezeichnetes Kapital" abzusetzen.** Der Unterschiedsbetrag zwischen dem Nennbetrag oder dem rechnerischen Wert und den Anschaffungskosten ist mit den frei verfügbaren Rücklagen zu verrechnen (§ 272 Abs. 1a S. 2 HGB). Dies gilt nach dem eindeutigen Wortlaut von § 272 Abs. 1a S. 2 HGB auch bei einem Erwerb unter pari; auch in diesem Fall ist der Unterschiedsbetrag nicht in eine gebundene Rücklage einzustellen.[152] Für den nicht gemäß § 272 Abs. 1a S. 2 HGB verrechneten Nennbetrag bzw. rechnerischen Wert der eigenen Aktien ergibt sich aus § 71 Abs. 2 S. 2 AktG eine **Ausschüttungssperre**.[153] Daraus folgt entgegen teilweise vertretener Ansicht aber nicht, dass ein entsprechender Betrag in eine eigene, zweckgebundene Gewinnrücklage[154] oder analog § 237 Abs. 5 AktG in die Kapitalrücklage[155] einzustellen wäre.[156] Eine Abbildung der Ausschüttungssperre im Anhang erscheint ausreichend.[157] Aufwendungen, die Anschaffungsnebenkosten sind, sind Aufwand des Geschäftsjahrs (§ 272 Abs. 1a S. 3 HGB). Die Bilanzierung seit der Bilanzrechtsreform entspricht der zuvor für den Rückerwerb zur Einziehung geltenden Regelung. Wie schon die **50**

---

[148] Ausführlich dazu *Oechsler* AG 2010, 105 ff.; s. auch Spindler/Stilz/*Cahn* AktG § 71 Rn. 222 ff.
[149] *Rieckers* ZIP 2009, 700 (703).
[150] OLG Stuttgart WM 2010, 120 (122); Hüffer AktG/*Koch* § 71 Rn. 21a.
[151] KölnKommAktG/*Lutter/Drygala* § 71 Rn. 204; MüKoAktG/*Oechsler* § 71 Rn. 339; *Zilias/Lanfermann* WPg 1980, 61 (64).
[152] KölnKommRLR/*Mock* § 272 Rn. 85; *Büscher*, Das neue Recht des Aktienrückkaufs, 2013, S. 371 f.; aA Spindler/Stilz/*Cahn* AktG § 71 Rn. 239; *Kropff* ZIP 2009, 1137 (1141 f.).
[153] MüKoHGB/*Reiner* § 272 Rn. 34; *Kessler/Suchan* FS Hommelhoff, 2012, 509 (523 f.); *Oechsler* AG 2010, 105 (109 f.); *Verse* in VGR, Gesellschaftsrecht in der Diskussion 2009, 2010, S. 67/84 ff.; aA *Kropff* ZIP 2009, 1137 (1140 f.); *Seidler/Thiere* BB 2019, 2091.
[154] So Bürgers/Körber/*Wieneke* AktG § 71 Rn. 56; *Oechsler* AG 2010, 105 (109 f.).
[155] So Beck'scher BilKomm./*Winkeljohann/Hoffmann* § 272 Rn. 134; Grigoleit/*Grigoleit/Rachlitz* AktG § 71 Rn. 15; K. Schmidt/Lutter/*T. Bezzenberger* AktG § 71 Rn. 60; s. auch *Büscher*, Das neue Recht des Aktienrückkaufs, 2013, S. 380 ff.
[156] Wie hier MüKoHGB/*Reiner* § 272 Rn. 34; *Kessler/Suchan* FS Hommelhoff, 2012, 509 (523 f.); *Verse* in VGR, Gesellschaftsrecht in der Diskussion 2009, 2010, S. 67/84 ff.
[157] *Kessler/Suchan* FS Hommelhoff, 2012, 509 (524); *Verse* in VGR, Gesellschaftsrecht in der Diskussion 2009, 2010, S. 67/86.

bisherige Regelung, geht auch die Neuregelung nicht auf den Spezialfall des Rückerwerbs zur **Einziehung ohne Kapitalherabsetzung** (§ 237 Abs. 3 Nr. 3 AktG) ein. Da es hier nicht zu einer Änderung des Grundkapitals kommt, passt der Vorspaltenausweis nicht. Daher ist in einem solchen Fall der gesamte Kaufpreis (ohne Anschaffungsnebenkosten) mit den frei verfügbaren Rücklagen zu verrechnen.[158]

51 Die Wiederveräußerung eigener Aktien regelt § 272 Abs. 1b HGB. Danach entfällt nach der Veräußerung der Vorspaltenausweis (§ 272 Abs. 1b S. 1 HGB). Ein den Nennbetrag oder den rechnerischen Wert übersteigender Differenzbetrag aus dem Veräußerungserlös ist bis zur Höhe des mit den frei verfügbaren Rücklagen verrechneten Betrages in die jeweiligen Rücklagen einzustellen (§ 272 Abs. 1b S. 2 HGB). Wurden bei dem Erwerb unterschiedliche Rücklagen verrechnet und reicht der Differenzbetrag bei der Veräußerung nicht zur vollständigen Auffüllung dieser Rücklagen aus, besteht ein Wahlrecht des Vorstands, welche von mehreren frei verfügbaren Rücklagen aufzufüllen ist.[159] Ein darüber hinausgehender Differenzbetrag ist in die Kapitalrücklage gemäß § 272 Abs. 2 Nr. 1 HGB einzustellen (§ 272 Abs. 1b S. 3 HGB). Die Nebenkosten der Veräußerung sind Aufwand des Geschäftsjahrs (§ 272 Abs. 1b S. 4 HGB).

52 Im **Anhang** sind nach § 160 Abs. 1 Nr. 2 AktG Angaben über den Bestand, den Erwerb und die Veräußerung eigener Aktien zu machen.[160]

53 **5. Rechtsfolgen von Verstößen gegen das Erwerbsverbot.** Nach § 71 Abs. 4 S. 2 AktG ist ein **schuldrechtliches Geschäft** über den Erwerb eigener Aktien **nichtig,** soweit der Erwerb gegen § 71 Abs. 1 oder 2 AktG verstößt. Eine Ausnahme gilt gemäß §§ 29 Abs. 1 S. 1 Hs. 2, 125 S. 1, 207 Abs. 1 S. 1 Hs. 2 UmwG für den Erwerb eigener Aktien von Aktionären, die bei einer Verschmelzung, Spaltung oder einem Formwechsel gegen Barabfindung ausscheiden. Hier ist das schuldrechtliche Geschäft somit auch dann nicht unwirksam, wenn die 10 %-Grenze gemäß § 71 Abs. 2 S. 1 AktG überschritten wird oder die (hypothetische) Rücklagenbildung gemäß § 71 Abs. 2 S. 2 AktG nicht möglich ist. Maßgeblicher Zeitpunkt für die Beurteilung, ob der Erwerb gegen § 71 Abs. 1 oder 2 AktG verstößt, ist der Abschluss des schuldrechtlichen Geschäfts (vgl. → Rn. 47). Das **dingliche Geschäft** ist nach § 71 Abs. 4 S. 1 AktG wegen eines Verstoßes gegen § 71 Abs. 1 oder 2 AktG **nicht unwirksam.** Dies gilt auch für den Erwerb nicht voll eingezahlter Aktien. Die Nichtigkeit kann sich hier aber im Einzelfall aus den allgemeinen bürgerlich-rechtlichen Vorschriften (Sittenwidrigkeit, Missbrauch der Vertretungsmacht, Geschäftsunfähigkeit, etc) oder aus einer Verknüpfung des schuldrechtlichen Kausalgeschäfts mit dem dinglichen Vollzug durch eine Bedingung ergeben.[161] Die Annahme einer (stillschweigenden) Bedingung aufgrund des besonderen Charakters des Geschäfts scheidet dagegen im Hinblick auf die gesetzgeberische Wertung in § 71 Abs. 4 S. 1 AktG regelmäßig aus.[162]

54 Unter Verstoß gegen das Erwerbsverbot erworbene Aktien hat die Gesellschaft nach § 71c Abs. 1 AktG innerhalb eines Jahres nach ihrem Erwerb (Fristberechnung: §§ 187 Abs. 1, 188 Abs. 2 BGB) wieder zu **veräußern.**[163] Da das schuldrechtliche Geschäft nichtig ist und die Gesellschaft in aller Regel verpflichtet sein wird, die Aktien nach Bereicherungsgrundsätzen (§§ 812 ff. BGB) zurück zu gewähren, wird die Wiederveräußerung in erster Linie an den Veräußerer erfolgen.[164] Hat die Gesellschaft einen nach

---

[158] *Rieckers* ZIP 2009, 700 (702 f.); aA *Seidler/Thiere* BB 2019, 2091 (2093).
[159] MüKoHGB/*Reiner* § 272 Rn. 37; Spindler/Stilz/*Cahn* AktG § 71 Rn. 241.
[160] Zu den Einzelheiten vgl. KölnKommAktG/*Ekkenga* AktG § 160 Rn. 13 ff.; MüKoAktG/*Kessler* AktG § 160 Rn. 19 ff.
[161] GroßkommAktG/*Merkt* § 71 Rn. 361; KölnKommAktG/*Lutter/Drygala* § 71 Rn. 247.
[162] GroßkommAktG/*Merkt* § 71 Rn. 361; MüKoAktG/*Oechsler* § 71 Rn. 369; aA KölnKommAktG/*Lutter/Drygala* § 71 Rn. 247, die als Beispiel Report- oder Depotgeschäfte nennen.
[163] Zu den Einzelheiten des Veräußerungsverfahrens vgl. KölnKommAktG/*Lutter/Drygala* § 71c Rn. 23 ff.; MüKoAktG/*Oechsler* § 71c Rn. 11 ff.; *Preusche* BB 1982, 1638 (1640).
[164] KölnKommAktG/*Lutter/Drygala* § 71c Rn. 31; MüKoAktG/*Oechsler* § 71c Rn. 16.

§ 71 Abs. 4 S. 2 AktG nichtigen Kaufvertrag erfüllt, liegt in der Zahlung des Kaufpreises eine gegen § 57 Abs. 1 S. 1 AktG verstoßende **verbotene Einlagerückgewähr,** die nach § 62 Abs. 1 AktG (vgl. → § 16 Rn. 57 ff.) zurück zu gewähren ist. Die beiden Rückgewähransprüche sind nicht durch ein Zurückbehaltungsrecht miteinander verknüpft.[165] Werden die eigenen Aktien nicht innerhalb der Jahresfrist veräußert, ist die Gesellschaft nach § 71c Abs. 3 AktG verpflichtet, sie nach § 237 AktG **einzuziehen.** Eine Vorbereitung des Einziehungsbeschlusses für die nächste ordentliche Hauptversammlung ist ausreichend.[166] Trotz Einziehungspflicht ist der Vorstand bis zur Fassung eines Einziehungsbeschlusses durch die Hauptversammlung weiterhin zur Veräußerung der Aktien berechtigt.[167] Scheitert die Einziehung (etwa weil in der Hauptversammlung die erforderliche Mehrheit nicht zustande kommt), ist der Vorstand zur unverzüglichen Veräußerung verpflichtet.[168]

Erwirbt die Gesellschaft unter Verstoß gegen § 71 AktG eigene Aktien, sind die 55 Vorstandsmitglieder nach § 93 Abs. 3 Nr. 3 AktG der Gesellschaft zum **Ersatz des daraus entstehenden Schadens** verpflichtet (vgl. → § 26 Rn. 28 ff.).[169] Aktionäre haben bei einem unzulässigen Angebot auf Erwerb eigener Aktien keinen Unterlassungsanspruch.[170] Nach § 405 Abs. 1 Nr. 4 lit. a AktG handelt **ordnungswidrig,** wer als Mitglied des Vorstands entgegen § 71 Abs. 1 Nr. 1–4 (also nicht Nr. 5–8) oder Abs. 2 AktG eigene Aktien der Gesellschaft erwirbt. Das Gleiche gilt nach § 405 Abs. 1 Nr. 4 lit. b u. c AktG für Vorstandsmitglieder, die nach § 71c Abs. 1 u. 2 AktG zu veräußernde Aktien nicht anbieten oder die zur Vorbereitung der Beschlussfassung über die Einziehung eigener Aktien nach § 71c Abs. 3 AktG erforderlichen Maßnahmen nicht treffen. Außerdem können die Vorstandsmitglieder vom Registergericht durch Festsetzung von **Zwangsgeld** nach § 407 Abs. 1 AktG angehalten werden, ihren Verpflichtungen aus § 71c AktG, also Veräußerung oder Einziehung, nachzukommen. Daneben kann bei Verstößen gegen § 71c AktG eine Schadensersatzpflicht nach § 93 Abs. 2 AktG bestehen.

6. Rechte und Pflichten aus eigenen Aktien. Aus den zulässig oder verbotswidrig, aber 56 wirksam erworbenen eigenen Aktien stehen der Gesellschaft gemäß § 71b AktG **keine Rechte** zu. Die Vorschrift bezweckt, die aus eigenen Aktien resultierenden Mitgliedschaftsrechte zu **neutralisieren.**[171] Der Gesellschaft stehen also keine Verwaltungsrechte (Stimmrecht, Anfechtungsrecht, etc) und Vermögensrechte (Dividendenrecht, Liquidationsquote, etc) zu. Nur an einer Kapitalerhöhung aus Gesellschaftsmitteln nehmen auch eigene Aktien teil (§ 215 Abs. 1 AktG). Im Übrigen soll der Gesellschaft nach hM weder ein unmittelbares noch ein mittelbares Bezugsrecht zustehen.[172] Allerdings lässt sich die Verwertung von **Bezugsrechten** bzw. der auf eigene Aktien entfallenden jungen Aktien durch die Gesellschaft durchaus mit dem Normzweck des § 71b AktG vereinbaren; sie harmoniert auch mit der Regelung des § 215 Abs. 1 AktG.[173] Demgegenüber kann die Gesellschaft über ihr Dividendenrecht auch nicht durch Veräußerung von Dividenden-

---

[165] GroßkommAktG/*Merkt* § 71c Rn. 31; Hüffer AktG/*Koch* § 71 Rn. 24; KölnKommAktG/ *Lutter/Drygala* § 71 Rn. 252; aA noch *Hüffer* NJW 1979, 1065 (1069).
[166] GroßkommAktG/*Merkt* § 71c Rn. 47; Hüffer AktG/*Koch* § 71c Rn. 8; KölnKommAktG/ *Lutter/Drygala* § 71c Rn. 45; MüKoAktG/*Oechsler* § 71c Rn. 22.
[167] GroßkommAktG/*Merkt* § 71c Rn. 48; Hüffer AktG/*Koch* § 71c Rn. 8; KölnKommAktG/ *Lutter/Drygala* § 71c Rn. 51 f.; MüKoAktG/*Oechsler* § 71c Rn. 23.
[168] Hüffer AktG/*Koch* § 71c Rn. 8; KölnKommAktG/*Lutter/Drygala* § 71c Rn. 47.
[169] Vgl. OLG Stuttgart AG 2010, 133 (134 ff.).
[170] LG Memmingen BeckRS 2010, 22171; *Lorenz* GWR 2010, 455.
[171] GroßkommAktG/*Merkt* § 71b Rn. 2; Hüffer AktG/*Koch* § 71b Rn. 1; *Busch* AG 2005, 429 (434 f.).
[172] OLG Oldenburg WM 1995, 924 (926); Hüffer AktG/*Koch* § 71b Rn. 5; KölnKommAktG/ *Lutter/Drygala* § 71b Rn. 15 f.; MüKoAktG/*Oechsler* § 71b Rn. 12.
[173] Ausführlich *Busch* AG 2005, 429 (434 ff.).

scheinen verfügen.[174] Die Rechte aus eigenen Aktien kommen nicht in Fortfall, sondern ruhen bis zum Erwerb der Aktien durch einen Dritten, soweit sie nicht in der Zwischenzeit fällig geworden und deshalb durch Konfusion untergegangen sind.[175] Gleiches gilt, obwohl in § 71b AktG nicht gesondert angegeben, auch für die Pflichten aus den eigenen Aktien, sofern nicht ein Dritter im Sinne von § 71d S. 1 u. 2 AktG die Aktien hält. Auch diese ruhen zunächst und leben erst dann wieder auf, wenn die Aktien von einem Dritten erworben werden, soweit sie nicht bereits durch Konfusion untergegangen sind.[176]

57 **7. Informations- und Publizitätspflichten.** In den Fällen von Nr. 1 (Schadensabwehr) und Nr. 8 (Ermächtigungsbeschluss), die nicht an eine positive gesetzliche Zweckvorgabe gebunden sind, ist der Vorstand nach § 71 Abs. 3 S. 1 AktG verpflichtet, die **nächste Hauptversammlung** über die Gründe und den Zweck des Erwerbs, über die Zahl der erworbenen Aktien und den auf sie entfallenden Betrag des Grundkapitals, über deren Anteil am Grundkapital sowie über den Gegenwert der Aktien zu **unterrichten**. Insbesondere in den Fällen von Nr. 1 muss die Information so detailliert sein, dass die Aktionäre anhand der vorgetragenen Fakten nachprüfen und selbstständig beurteilen können, ob der Erwerb die gesetzlichen Voraussetzungen erfüllt und damit als zulässig angesehen werden kann.[177] Nimmt die nächste Hauptversammlung den Anhang entgegen, kann eine gesonderte Unterrichtung entfallen, sofern die Angaben gemäß § 160 Abs. 1 Nr. 2 AktG demselben Detaillierungsgrad entsprechen wie die geschuldete Information.[178]

58 Eine Mitteilung an die **BaFin** über eine gemäß § 71 Abs. 1 Nr. 8 AktG von der Hauptversammlung beschlossene Ermächtigung ist seit der Streichung von § 71 Abs. 3 S. 3 AktG durch das ARUG (BGBl. 2009 I S. 2479) nicht mehr erforderlich. Gemäß **§ 49 Abs. 1 S. 1 Nr. 2 WpHG** muss jedoch ein Emittent von zugelassenen Aktien, für den die Bundesrepublik Deutschland der Herkunftsstaat ist (vgl. § 2 Abs. 13 WpHG), Mitteilungen über die Vereinbarung oder Ausübung von Umtausch-, Bezugs-, Einziehungs- oder Zeichnungsrechten sowie die Beschlussfassung über diese Rechte unverzüglich im **Bundesanzeiger** veröffentlichen. Zu der Vorgängernorm (§ 30b Abs. 1 Nr. 2 WpHG aF) vertrat die BaFin noch die Auffassung, dass bereits eine von der Hauptversammlung erteilte Ermächtigung zum Bezugsrechtsausschluss oder zur Einziehung eine Veröffentlichungspflicht auslöst.[179] Von dieser Verwaltungspraxis ist die BaFin jedoch im Anschluss an die Änderung der Norm durch das Transparenzrichtlinie-Änderungsrichtlinie-Umsetzungsgesetz (BGBl. 2015 I S. 2029) und das 1. FiMaNoG (BGBl. 2016 I S. 1514) abgerückt. Nunmehr geht die BaFin davon aus, dass eine Veröffentlichungspflicht grundsätzlich erst dann ausgelöst wird, wenn die Aktionäre tatsächlich in ihren Rechten betroffen sind. Von der Hauptversammlung erteilte Ermächtigungen lösen daher grundsätzlich noch keine Veröffentlichungspflicht aus. Anknüpfungspunkt ist vielmehr erst die tatsächliche **Ausnutzung der Ermächtigung** durch die Verwaltung.[180] Dementsprechend löst auch im Fall einer von der Hauptversammlung erteilten **Einziehungsermächtigung** erst die Ausnutzung der Ermächtigung die Veröffentlichungspflicht gemäß § 49 Abs. 1 S. 1 Nr. 2 WpHG

---

[174] GroßkommAktG/*Merkt* § 71b Rn. 20; KölnKommAktG/*Lutter/Drygala* § 71b Rn. 13; MüKoAktG/*Oechsler* § 71b Rn. 11.

[175] KölnKommAktG/*Lutter/Drygala* § 71b Rn. 17 f.; MüKoAktG/*Oechsler* § 71b Rn. 17.

[176] Hüffer AktG/*Koch* § 71b Rn. 6; KölnKommAktG/*Lutter/Drygala* § 71b Rn. 26; MüKoAktG/*Oechsler* § 71b Rn. 15.

[177] BGHZ 101, 1 (17) = NJW 1987, 3186 (3190); MüKoAktG/*Oechsler* § 71 Rn. 361; Spindler/Stilz/*Cahn* AktG § 71 Rn. 228.

[178] GroßkommAktG/*Merkt* § 71 Rn. 351; MüKoAktG/*Oechsler* § 71 Rn. 331.

[179] Diese Verwaltungspraxis war zweifelhaft, da § 30 Abs. 1 S. 1 Nr. 2 WpHG aF vor der Änderung durch das Transparenzrichtlinie-Änderungsrichtlinie-Umsetzungsgesetz nur von der „Vereinbarung oder Ausübung von Umtausch-, Bezugs-, Einziehungs- und Zeichnungsrechten" sprach, vgl. Vorauflage.

[180] *BaFin*, Emittentenleitfaden, Modul B (Stand: 30.10.2018), S. 57.

aus.[181] Eine Ausnahme macht die BaFin aber für eine **Ermächtigung zur Veräußerung eigener Aktien unter Ausschluss des Bezugsrechts** (Veräußerung ohne Einhaltung des Gleichbehandlungsgrundsatzes). Hier soll die Veröffentlichungspflicht bereits im Zeitpunkt der **Beschlussfassung der Hauptversammlung** über die erlaubten Verwendungszwecke entstehen, wenn diese wie ein Bezugsrechtsausschluss wirkt.[182] Hierdurch wird vermieden, dass eine Vielzahl von Mitteilungen erforderlich ist, wenn die Ermächtigung ratierlich ausgenutzt wird (etwa bei der Aktienausgabe im Rahmen von Mitarbeiterbeteiligungsprogrammen).

Nach **§ 40 Abs. 1 S. 2 WpHG** müssen Inlandsemittenten (§ 2 Abs. 14 WpHG) eine europaweite Bekanntmachung vornehmen, wenn der Erwerb eigener Aktien die Schwellen von 3% (nur für Emittenten mit Herkunftsstaat Deutschland im Sinne von § 2 Abs. 13 WpHG), 5% oder 10% erreicht, überschreitet oder unterschreitet. Dagegen führt der Erwerb eigener Aktien nicht zu einer Abnahme von Stimmrechten im Sinne von § 41 Abs. 1 S. 1 WpHG, da es hierfür unabhängig von der konkreten Ausübbarkeit auf das abstrakte Bestehen der Stimmrechte ankommt.[183] Eine Mitteilungspflicht des Emittenten nach § 33 Abs. 1 WpHG besteht daneben nicht, wenn dieser selbst eigene Aktien erwirbt.[184] Bei der Berechnung des Stimmrechtsanteils des Mutterunternehmens (bei der Zurechnung von Stimmrechten gemäß § 34 Abs. 1 S. 1 Nr. 1 WpHG) bleiben eigene Aktien des Emittenten unberücksichtigt.[185] Die BaFin hat ihre entgegenstehende Verwaltungspraxis bereits Ende 2014 aufgegeben.[186] Zur Ad-hoc-Publizität → Rn. 39. **59**

IV. Erwerb eigener Aktien durch Dritte, Inpfandnahme eigener Aktien, Umgehungsgeschäfte

1. Erwerb eigener Aktien durch Dritte. Die Vorschrift des § 71d AktG erstreckt die Regelungen über den Erwerb und das Halten eigener Aktien auf von der Gesellschaft **abhängige und in ihrem Mehrheitsbesitz stehende Unternehmen** sowie auf **Dritte**, die Aktien der Gesellschaft im eigenen Namen, aber **für Rechnung** der Gesellschaft oder eines abhängigen oder in Mehrheitsbesitz stehenden Unternehmens erwerben. In diesen Fällen sind der Erwerb und das Halten von Aktien der Gesellschaft nach § 71d S. 1 u. 2 AktG nur dann zulässig, wenn die Gesellschaft selbst die Aktien nach § 71 Abs. 1 Nr. 1–5, 7 und 8 und Abs. 2 AktG hätte erwerben dürfen. Nach § 71d S. 3 AktG wird fingiert, dass diese Aktien für die Zwecke der Ermittlung der 10%-Grenze in § 71 Abs. 2 S. 1 AktG und § 71c Abs. 2 AktG als Aktien der Gesellschaft gelten. Nach § 71d S. 4 AktG gelten § 71 Abs. 3 u. 4 AktG und die §§ 71a–71c AktG sinngemäß.[187] Die Gesellschaft hat also, obwohl ein abhängiges oder in Mehrheitsbesitz stehendes Unternehmen oder ein sonstiger Dritter die Aktien erworben hat, entsprechend § 71 Abs. 3 S. 1 AktG bei Erwerb der Aktien zur Schadensabwehr die nächste Hauptversammlung über den Erwerb zu informie- **60**

---

[181] *BaFin,* Emittentenleitfaden, Modul B (Stand: 30.10.2018), S. 59.
[182] *BaFin,* Emittentenleitfaden, Modul B (Stand: 30.10.2018), S. 59.
[183] *Büscher,* Das neue Recht des Aktienrückkaufs, 2013, S. 329; *Rieckers* ZIP 2009, 700 (705).
[184] *BaFin,* Emittentenleitfaden, Modul B (Stand: 30.10.2018), S. 51; *Büscher,* Das neue Recht des Aktienrückkaufs, 2013, S. 330 f.; *Busch* AG 2009, 425 (430).
[185] *Bedkowski* BB 2009, 394 f.; *Busch* AG 2009, 425 (427 ff.); *Gätsch/Bracht* AG 2011, 813 (815 ff.); *Schnabel/Korff* ZBB 2007, 179 (180); *Widder/Kocher* AG 2007, 13 (15 ff.); aA MüKoAktG/*Oechsler* § 71b Rn. 19; *Benckendorff,* Erwerb eigener Aktien im deutschen und US-amerikanischen Recht, 1998, S. 291; *Burgard* BB 1995, 2069 (2070 f.).
[186] *BaFin* BaFin Journal, Dezember 2014, S. 5; zust. *Krause* AG 2015, 553 ff.; ebenso bereits *Bedkowski* BB 2009, 394 f.; *Busch* AG 2009, 425 (427 ff.); *Gätsch/Bracht* AG 2011, 813 (815 ff.); *Schnabel/Korff* ZBB 2007, 179 (180); *Widder/Kocher* AG 2007, 13 (15 ff.); aA *Benckendorff,* Erwerb eigener Aktien im deutschen und US-amerikanischen Recht, 1998, S. 291; *Burgard* BB 1995, 2069 (2070 f.).
[187] Dazu ausführlich KölnKommAktG/*Lutter/Drygala* § 71d Rn. 47 ff.; MüKoAktG/*Oechsler* § 71d Rn. 51 ff.; vgl. den Sachverhalt LG Göttingen WM 1992, 1373.

ren (vgl. → Rn. 19) und entsprechend § 71 Abs. 3 S. 2 AktG bei Erwerb zum Zwecke der Weiterleitung an Arbeitnehmer die Aktien innerhalb eines Jahres nach ihrem Erwerb an die Arbeitnehmer auszugeben (vgl. → Rn. 23).

61 Aus den Aktien stehen den abhängigen oder in Mehrheitsbesitz stehenden Unternehmen oder den anderen Dritten entsprechend § 71b AktG **keine Rechte** zu. Dies gilt uneingeschränkt für die Verwaltungsrechte, insbesondere das Stimmrecht. Im Hinblick auf das Recht auf Dividende bietet sich dagegen eine teleologische Reduktion des Verweises auf § 71b AktG an.[188] § 71d S. 4 iVm § 71b AktG gilt nicht nur für den derivativen, sondern auch für den (gegen § 56 Abs. 2 S. 1 AktG verstoßenden) **originären Erwerb** durch ein abhängiges oder in Mehrheitsbesitz stehendes Unternehmen.[189] Da auch § 71c AktG sinngemäß gilt, sind die Aktien der Gesellschaft durch diese – und nicht durch das abhängige oder in Mehrheitsbesitz stehende Unternehmen oder den sonstigen Dritten –[190] unter den Voraussetzungen des § 71c AktG zu veräußern oder nach § 237 AktG einzuziehen. Für den Beginn der Fristen des § 71c AktG ist hierbei der Zeitpunkt des Erwerbs der Aktien durch das abhängige oder in Mehrheitsbesitz stehende Unternehmen oder den sonstigen Dritten maßgebend.[191] Nach § 71d S. 5 u. 6 AktG hat das abhängige oder in Mehrheitsbesitz stehende Unternehmen oder der Dritte der Gesellschaft auf ihr Verlangen das Eigentum an den Aktien (genauer: die Mitgliedschaft) zu verschaffen und hat dafür Anspruch auf Erstattung des Gegenwerts der Aktien.[192]

62 **2. Inpfandnahme eigener Aktien.** In § 71e AktG wird die Inpfandnahme eigener Aktien dem Erwerb eigener Aktien weitgehend gleichgestellt.[193] Die Gesellschaft darf eigene Aktien somit nur dann in Pfand nehmen, wenn die Voraussetzungen von § 71 Abs. 1 u. 2 AktG (einschließlich der Kapitalgrenze gemäß § 71 Abs. 2 S. 2 AktG)[194] erfüllt sind.[195] Wie bei dem Erwerb eigener Aktien, ist auch bei der Inpfandnahme eigener Aktien in der Bilanz keine entsprechende Rücklage zu bilden.[196] § 71e AktG gilt nur für **rechtsgeschäftlich bestellte Pfandrechte,** nicht für gesetzliche Pfandrechte und ein Pfändungspfandrecht.[197] Eine Ausnahme von dem Verbot gilt nach § 71e Abs. 1 S. 2 AktG für das Pfandrecht von Kreditinstituten (§§ 1 Abs. 1, 2 Abs. 1 KWG) und Finanzdienstleistungsinstituten (§§ 1 Abs. 1a, 2 Abs. 6 KWG) an eigenen Aktien. Im Rahmen des laufenden Geschäfts dürfen diese bis zur 10%-Grenze des § 71 Abs. 2 S. 1 AktG eigene Anteile als Pfand nehmen. Ein schuldrechtliches Geschäft über die Inpfandnahme eigener Aktien ist nichtig, soweit der Erwerb gegen § 71e Abs. 1 AktG verstößt (§ 71e Abs. 2 S. 2 AktG). Anders als nach § 71 Abs. 4 S. 1 AktG ist die verbotswidrige Inpfandnahme eigener Aktien

---

[188] MüKoAktG/*Oechsler* § 71d Rn. 58; Spindler/Stilz/*Cahn* AktG § 71d Rn. 54; aA GroßkommAktG/*Merkt* § 71d Rn. 73; KölnKommAktG/*Lutter/Drygala* § 71d Rn. 55; wohl auch *Thömmes* AG 1987, 34 (36 f.).

[189] GroßkommAktG/*Merkt* § 71d Rn. 73; KölnKommAktG/*Lutter/Drygala* § 71d Rn. 57 ff.; MüKoAktG/*Oechsler* § 71d Rn. 59.

[190] MüKoAktG/*Oechsler* § 71d Rn. 60 ff.; *W. Müller* WPg 1978, 565 (572); *Preusche* BB 1982, 1638 (1640); *Zilias/Lanfermann* WPg 1980, 61 (66).

[191] *Zilias/Lanfermann* WPg 1980, 61 (66).

[192] Vgl. zu den Einzelheiten MüKoAktG/*Oechsler* § 71d Rn. 63 ff. und 69; *Zilias/Lanfermann* WPg 1980, 61 (66 f.).

[193] Vgl. ausführlich MüKoAktG/*Oechsler* § 71e Rn. 13 ff.

[194] Dabei ist nach zutreffender hM auf den Wert des Pfandrechts abzustellen, s. etwa Hüffer AktG/*Koch* § 71e Rn. 4; Spindler/Stilz/*Cahn* AktG § 71e Rn. 12, jeweils mwN auch zur Gegenansicht, die auf den Verkehrswert der Aktien (begrenzt durch die Höhe der gesicherten Forderung) abstellen will.

[195] Hüffer AktG/*Koch* § 71e Rn. 3 f.

[196] GroßkommAktG/*Merkt* § 71e Rn. 20; Hüffer AktG/*Koch* § 71e Rn. 4; MüKoAktG/*Oechsler* § 71e Rn. 19; aA Grigoleit/*Grigoleit/Rachlitz* AktG § 71e Rn. 4; K. Schmidt/Lutter/*T. Bezzenberger* AktG § 71e Rn. 5.

[197] Hüffer AktG/*Koch* § 71e Rn. 2; MüKoAktG/*Oechsler* § 71e Rn. 5.

auch dinglich unwirksam, wenn auf diese Aktien der Nennbetrag oder der höhere Ausgabebetrag noch nicht gezahlt ist (§ 71e Abs. 2 S. 1 AktG).

3. Umgehungsgeschäfte. Die Vorschrift des § 71a AktG soll nach ihrer Überschrift das in § 71 AktG enthaltene grundsätzliche Verbot des Erwerbs eigener Aktien gegen Umgehungen absichern. Dieser Normzweck entspricht dem traditionellen Verständnis.[198] In jüngerer Zeit wird § 71a Abs. 1 AktG demgegenüber vielfach (primär) als eigenständige Kapitalschutznorm angesehen.[199] Ein weiteres Regelungsziel wird in der Verhinderung von Unternehmensübernahmen unter Verwendung des Vermögens der Zielgesellschaft gesehen.[200] Daneben wird teilweise die Verhinderung einer unzulässigen Einflussnahme auf die Zusammensetzung des Aktionärskreises genannt.[201] Unzulässig sind nach § 71a Abs. 1 S. 1 AktG die Gewährung eines Vorschusses oder eines Darlehens oder die Leistung einer Sicherheit durch die Gesellschaft an einen anderen zum Zwecke des Erwerbs von Aktien dieser Gesellschaft.[202] Dabei kommt es nicht darauf an, ob der Erwerb durch die Gesellschaft selbst nach § 71 Abs. 1 u. 2 AktG zulässig wäre.[203] Verstöße gegen das Verbot der finanziellen Unterstützung gemäß § 71a Abs. 1 S. 1 AktG führen zur **Nichtigkeit nur des schuldrechtlichen Geschäfts,** nicht aber des dinglichen Erfüllungsgeschäfts.[204]

§ 71a Abs. 1 S. 1 AktG erfasst nach verbreiteter Ansicht nur die **finanzielle Unterstützung des derivativen Erwerbs.**[205] Dies dürfte seit der 2006 erfolgten Änderung von Art. 23 Abs. 1 der ursprünglichen Kapitalrichtlinie[206] (nunmehr Art. 64 Abs. 5 Gesellschaftsrechts-RL)[207] nicht mehr uneingeschränkt vertretbar sein. Art. 64 Abs. 5 Gesellschaftsrechts-RL erwähnt neben dem (derivativen) Erwerb ausdrücklich auch die Zeichnung im Rahmen einer Kapitalerhöhung. Dies spricht für eine europarechtskonforme Auslegung von § 71a Abs. 1 S. 1 AktG die grundsätzlich auch den originären Erwerb erfasst. Da Art. 64 Gesellschaftsrechts-RL aber gerade auf den Erwerb eigener Aktien durch einen „Dritten" abstellt, bietet sich eine einschränkende Auslegung dahingehend an, dass weder Fälle der Gründung noch Fälle der verhältniswahrenden Kapitalerhöhung in den Anwendungsbereich des Verbots der finanziellen Unterstützung fallen.[208]

---

[198] Vgl. KölnKommAktG/*Lutter/Drygala* § 71a Rn. 6 f.; *Lutter/Wahlers* AG 1989, 1 (9).
[199] Hüffer AktG/*Koch* § 71a Rn. 1, Spindler/Stilz/*Cahn* AktG § 71a Rn. 8 f.; *Nodoushani* NZG 2008, 291 (292); *Riegger* ZGR 2008, 233 (240).
[200] KölnKommAktG/*Lutter/Drygala* § 71a Rn. 9 ff.; Spindler/Stilz/*Cahn* AktG § 71a Rn. 9.
[201] KölnKommAktG/*Lutter/Drygala* § 71a Rn. 8; s. auch *Freitag* AG 2007, 157 (163); gegen eine eigenständige Bedeutung Spindler/Stilz/*Cahn* AktG § 71a Rn. 10.
[202] Vgl. dazu OLG Frankfurt a. M. NZG 2004, 419.
[203] Hüffer AktG/*Koch* § 71a Rn. 1; Spindler/Stilz/*Cahn* AktG § 71a Rn. 8, 61; aA *Habersack* FS Röhricht, 2005, 155 (167 ff.).
[204] Hüffer AktG/*Koch* § 71a Rn. 4; MüKoAktG/*Oechsler* § 71a Rn. 49.
[205] GroßkommAktG/*Merkt* § 71a Rn. 44; KölnKommAktG/*Lutter/Drygala* § 71a Rn. 21; MüKoAktG/*Oechsler* § 71a Rn. 21; *Schroeder,* Finanzielle Unterstützung des Aktienerwerbs, 1995, S. 152 ff.; offen BGHZ 213, 224 (237) = NZG 2017, 344 (347); aA Grigoleit/*Grigoleit/Rachlitz* AktG § 71a Rn. 2, 20; Hüffer AktG/*Koch* § 71a Rn. 1; Spindler/Stilz/*Cahn* AktG § 71a Rn. 16; *Habersack* AG 2009, 557 (561 ff.).
[206] Zweite Richtlinie des Rates v. 13.12.1976 zur Koordinierung der Schutzbestimmungen, die in den Mitgliedstaaten den Gesellschaften im Sinne des Artikels 58 Absatz 2 des Vertrages im Interesse der Gesellschafter sowie Dritter für die Gründung der Aktiengesellschaft sowie für die Erhaltung und Änderung ihres Kapitals vorgeschrieben sind, um diese Bestimmungen gleichwertig zu gestalten, ABl. 1977 L 26, S. 1; geändert durch Richtlinie 2006/68/EG des Europäischen Parlaments und des Rates v. 6.9.2006 zur Änderung der Richtlinie 77/91/EWG des Rates in Bezug auf die Gründung von Aktiengesellschaften und die Erhaltung und Änderung ihres Kapitals, ABl. 2006 L 264, S. 32.
[207] Richtlinie (EU) 2017/1132 des Europäischen Parlaments und des Rates v. 14.6.2017 über bestimmte Aspekte des Gesellschaftsrechts, ABl. 2017 L 169, S. 46.
[208] Spindler/Stilz/*Herrler* AktG § 27 Rn. 298 f.; *Herrler/Reymann* DNotZ 2009, 914 (928 ff.); s. auch Begr. Beschlussempfehlung des Rechtsausschusses, BT-Drs. 16/13098, 38; für Ausnahme des originären Erwerbs bei der Gründung auch KölnKommAktG/*A. Arnold* § 27 Rn. 136; aA Grigoleit/*Grigo-*

65 Die Gewährung eines **Vorschusses** setzt eine vorfällige Leistung der AG auf eine anderweitig bestehende Verbindlichkeit voraus.[209] **Darlehen** im Sinne von § 71a Abs. 1 S. 1 AktG erfasst neben den Fällen der §§ 488, 607 BGB jede vergleichbare Kreditgewährung (zB Einräumung eines Zahlungsziels).[210] Der Begriff der Leistung einer **Sicherheit** in § 71a Abs. 1 S. 1 AktG ist weit auszulegen.[211] Dabei spielt es keine Rolle, welche Mittel die Gesellschaft zur Sicherung einsetzt (Real- oder Personalsicherheiten).[212] Nicht erfasst ist die Vereinbarung einer Kursgarantie gegenüber einem Aktionär, sofern der Spekulationszweck im Vordergrund steht.[213] Ebenfalls nicht erfasst ist die Begebung einer Put Option durch die Gesellschaft.[214] Bei den in § 71a Abs. 1 S. 1 AktG genannten Fällen handelt es sich um nicht abschließende **Regelbeispiele**.[215] Das Verbot ist auf alle Vermögensverlagerungen zu erstrecken, die einen den ausdrücklich genannten Regelbeispielen vergleichbaren Finanzierungseffekt haben. Nicht erfasst sind Austauschverträge, die einem Drittvergleich standhalten.[216] Das verbotene Rechtsgeschäft muss auf die Finanzierung des Erwerbs von Aktien der finanzierenden AG gerichtet sein.[217] Regelmäßig nicht von § 71a Abs. 1 S. 1 AktG erfasst sind daher **Break-Fee-Vereinbarungen,** die eine angemessene Kostenerstattung durch die Gesellschaft für den Fall des Scheiterns eines Übernahmeangebots vorsehen.[218]

66 **Ausnahmen** bestehen nach § 71a Abs. 1 S. 2 AktG für Rechtsgeschäfte im Rahmen der **laufenden Geschäfte von Kreditinstituten** (§§ 1 Abs. 1, 2 Abs. 1 KWG) und Finanzdienstleistungsinstituten (§§ 1 Abs. 1a, 2 Abs. 6 KWG)[219] sowie für die Gewährung eines Vorschusses oder eines Darlehens oder für die Leistung einer Sicherheit im Zusammenhang mit dem **Erwerb von Belegschaftsaktien** durch Arbeitnehmer. Der erforderliche Zusammenhang der Besicherung mit dem Erwerb besteht, wenn die Leistung der Gesellschaft objektiv dem Aktienerwerb dient, die Parteien des Finanzierungsgeschäfts dies wissen und die Zweckverknüpfung rechtsgeschäftlich zum Inhalt ihrer Vereinbarung machen.[220] Nicht ausreichend ist, dass mit der Besicherung ein zahlungsschwacher Aktionär unterstützt wird, der ansonsten seine Anteile verkaufen müsste.[221] Auch in den Fällen des § 71a Abs. 1 S. 2

---

leit/Rachlitz AktG § 71a Rn. 2, 20; Spindler/Stilz/*Cahn* AktG § 71a Rn. 16; *Habersack* AG 2009, 557 (561 ff.), die § 71a Abs. 1 S. 1 AktG generell auch auf den originären Erwerb erstrecken wollen.

[209] MüKoAktG/*Oechsler* § 71a Rn. 22; Spindler/Stilz/*Cahn* AktG § 71a Rn. 24.
[210] Hüffer AktG/*Koch* § 71a Rn. 2; Spindler/Stilz/*Cahn* AktG § 71a Rn. 25.
[211] Ausführlich *Schroeder,* Finanzielle Unterstützung des Aktienerwerbs, 1995, S. 159 ff.; s. auch KölnKommAktG/*Lutter/Drygala* § 71a Rn. 28 f.; MüKoAktG/*Oechsler* § 71a Rn. 24.
[212] Hüffer AktG/*Koch* § 71a Rn. 2; MüKoAktG/*Oechsler* § 71a Rn. 24.
[213] MüKoAktG/*Oechsler* § 71a Rn. 32; Spindler/Stilz/*Cahn* AktG § 71a Rn. 40; aA LG Göttingen WM 1992, 1373 (1375); K. Schmidt/Lutter/*T. Bezzenberger* AktG § 71a Rn. 12; Wachter/*Servatius* AktG § 71a Rn. 11.
[214] Spindler/Stilz/*Cahn* AktG § 71a Rn. 40; *Ihrig* FS Ulmer, 2003, 829 (842); *Johannsen-Roth* ZIP 2011, 407 (410); aA Wachter/*Servatius* AktG § 71a Rn. 11.
[215] Hüffer AktG/*Koch* § 71a Rn. 2; MüKoAktG/*Oechsler* § 71 Rn. 25; Spindler/Stilz/*Cahn* AktG § 71a Rn. 29; *Schroeder,* Finanzielle Unterstützung des Aktienerwerbs, 1995, S. 171 ff.; *Singhof* NZG 2002, 745 (746).
[216] Spindler/Stilz/*Cahn* AktG § 71a Rn. 30; vgl. auch MüKoAktG/*Oechsler* § 71a Rn. 26.
[217] Spindler/Stilz/*Cahn* AktG § 71a Rn. 31.
[218] Grigoleit/Grigoleit/*Rachlitz* AktG § 71a Rn. 15; Hüffer AktG/*Koch* § 71a Rn. 3; K. Schmidt/Lutter/*T. Bezzenberger* AktG § 71a Rn. 13; Spindler/Stilz/*Cahn* AktG § 71a Rn. 43; *Fleischer* AG 2009, 345 (353 f.); *Fleischer* ZHR 172 (2008), 538 (566 f.); differenzierend KölnKommAktG/*Lutter/Drygala* § 71a Rn. 34; *Drygala* WM 2004, 1457 (1461); aA MüKoAktG/*Oechsler* § 71a Rn. 37; Wachter/*Servatius* AktG § 71a Rn. 11; *Oechsler* ZIP 2006, 1661 (1663).
[219] Dazu *Singhof* NZG 2002, 745 (746 ff.).
[220] BGHZ 213, 224 (235) = NZG 2017, 344 (347); Hüffer AktG/*Koch* § 71a Rn. 5; *Merkt* BB 2017, 1102 (1103).
[221] BGHZ 213, 224 (236 f.) = NZG 2017, 344 (347); *Brosius,* Die finanzielle Unterstützung des Erwerbs eigener Aktien, 2009, S. 91; *Merkt* BB 2017, 1102 (1103); aA wohl KölnKommAktG/*Lutter/Drygala* § 71a Rn. 41.

AktG sind die Rechtsgeschäfte nichtig, wenn die Gesellschaft im Zeitpunkt des Erwerbs eine Rücklage in Höhe der Aufwendungen für den Erwerb nicht bilden könnte, ohne das Grundkapital oder eine nach Gesetz oder Satzung zu bildende Rücklage zu mindern, die nicht zur Zahlung an die Aktionäre verwandt werden darf (§ 71a Abs. 1 S. 2 Hs. 2 AktG). Eine weitere Ausnahme gilt gemäß § 71a Abs. 1 S. 3 AktG für Rechtsgeschäfte bei Bestehen eines **Beherrschungs- oder Gewinnabführungsvertrags.** Das Bestehen des Vertrags ist ausreichend; auf die Rechtmäßigkeit einer Weisung nach § 308 Abs. 1 AktG kommt es nicht an.[222] Im **faktischen Konzern** wird das Verbot des § 71a Abs. 1 S. 1 AktG jedenfalls bei rechtzeitigem Nachteilsausgleich durch die spezielleren §§ 311 ff. AktG verdrängt.[223]

Die von § 71a Abs. 1 S. 1 AktG erfassten Fälle erfüllen häufig zugleich den Tatbestand des **§ 57 AktG** (dazu → § 16 Rn. 58 ff.). Es besteht jedoch keine vollständige Überschneidung, da § 71a Abs. 1 S. 1 AktG den Kreis der verbotenen Vermögensverlagerungen auf von § 57 AktG – jedenfalls seit der vom Gesetzgeber mit dem MoMiG vom 23.10.2008 verordneten Rückkehr zur bilanziellen Betrachtungsweise – nicht erfasste bilanziell neutrale Finanzierungsgeschäfte erstreckt.[224] Im Gegensatz zu § 57 AktG enthält § 71a Abs. 1 S. 1 AktG auch keine Einschränkung im Hinblick auf den Empfänger der Leistung.[225] Sind sowohl § 71a Abs. 1 S. 1 AktG als auch § 57 Abs. 1 S. 1 AktG einschlägig, finden sie nebeneinander Anwendung.[226] Soweit in § 71a Abs. 1 S. 2 AktG Ausnahmefälle zugelassen werden, gehen diese Sonderregelungen auch dem Verbot der Einlagenrückgewähr in § 57 Abs. 1 S. 1 AktG vor. 67

Eine besondere praktische Relevanz hat die Diskussion um die Anwendung des § 71a Abs. 1 S. 1 AktG im Zusammenhang mit **Finanzierungsmodellen** im Rahmen von **Private-Equity-Transaktionen.**[227] Als Grundsatz ist dabei zu beachten, dass jede finanzielle Hilfestellung durch die Zielgesellschaft an den Erwerber vor dem Erwerb einen Anwendungsfall des § 71a Abs. 1 S. 1 AktG darstellt und zudem gegen § 57 Abs. 1 S. 1 AktG verstoßen kann. Beim sog. **Leveraged Buyout** (LBO) handelt es sich um einen fremdfinanzierten Unternehmenskauf, bei dem das Vermögen der Zielgesellschaft zur Finanzierung der Übernahme oder zu deren Besicherung eingesetzt wird.[228] Die Gewährung einer solchen Sicherheit verstößt gegen § 71a Abs. 1 S. 1 AktG sowie ggf. gegen § 57 Abs. 1 S. 1 AktG (wenn der besicherte Anspruch bilanziell nicht werthaltig ist), und zwar gleichgültig ob die Einräumung der Sicherheit vor oder nach dem Erwerb erfolgt.[229] Dies gilt auch bei Zwischenschaltung Dritter, also zB bei Stellung der Sicherheit durch einen Dritten, der seinerseits von der Zielgesellschaft eine Sicherheit erhält. Kein Fall des § 71a Abs. 1 S. 1 AktG – sowie des § 57 Abs. 1 S. 1 AktG – ist demgegenüber der sog. **Merger Buyout,** bei dem die Zielgesellschaft nach vollzogenem Erwerb auf die (mit dem Bank- 68

---

[222] Hüffer AktG/*Koch* § 71a Rn. 6a.
[223] GroßkommAktG/*Merkt* § 71a Rn. 21 f.; *Fleischer* AG 1996, 494 (507); *Schroeder,* Finanzielle Unterstützung des Aktienerwerbs, 1995, S. 276 ff.; *Habersack* in Emmerich/Habersack AG/GmbHKonzernR § 311 Rn. 82; *Riegger* ZGR 2008, 233 (240); *Seibt* ZHR 171 (2007), 282 (306); aA Hüffer AktG/*Koch* § 71a Rn. 6a; K. Schmidt/Lutter/*T. Bezzenberger* AktG § 71a Rn. 18; Spindler/Stilz/ *Cahn* AktG § 71a Rn. 22; *Drygala* Der Konzern 2008, 396 (398); *Nodoushani* Der Konzern 2008, 385 (387 f.).
[224] KölnKommAktG/*Lutter/Drygala* § 71a Rn. 19 f.; Spindler/Stilz/*Cahn* AktG § 71a Rn. 11; *Drygala* Der Konzern 2008, 396 (398 f.); aA noch *Habersack* FS Röhricht, 2005, 155 (166); s. auch *Freitag* AG 2007, 157 (163 f.).
[225] Spindler/Stilz/*Cahn* AktG § 71a Rn. 11.
[226] Spindler/Stilz/*Cahn* AktG § 71a Rn. 11; s. auch BGH ZIP 2008, 118 (119).
[227] Vgl. MüKoAktG/*Oechsler* § 71a Rn. 41 ff.; *Fleischer* AG 1996, 494 ff.; *Nuyken* ZIP 2004, 1893 ff.
[228] Vgl. MüKoAktG/*Oechsler* § 71a Rn. 2.
[229] *Fleischer* AG 1996, 494 ff.; *Lutter/Wahlers* AG 1989, 1 (9 f.); *Nuyken* ZIP 2004, 1893 (1895); *Riegger* ZGR 2008, 233 (236 f.); s. auch *Freitag* AG 2007, 157 (158).

§ 15   69, 70   4. Kapitel. Grundkapital, Aktien und Rechtsstellung der Aktionäre

darlehen belastete) Erwerbsgesellschaft verschmolzen wird.[230] Gleiches gilt für den umgekehrten Fall einer Verschmelzung der Erwerbsgesellschaft auf die Zielgesellschaft.[231] Wie die Verschmelzung ist auch der Vermögensübergang im Wege der Anwachsung zu behandeln.[232] Die Rückzahlung des Bankdarlehens aus dem (früheren) Vermögen der Zielgesellschaft ist in diesen Fällen zulässig. Ermöglicht die AG einen Anteilserwerb, indem sie einer **Schuldübernahme** (§ 415 Abs. 1 S. 1 BGB) durch den Erwerber zustimmt, steht § 71a Abs. 1 S. 1 AktG nur dann entgegen, wenn der Erwerber über eine erheblich schlechtere Bonität als der Veräußerer verfügt und sich dadurch die Werthaltigkeit der Forderung verschlechtert.[233]

69   Nach § 71a Abs. 2 AktG ist weiterhin nichtig ein Rechtsgeschäft der Gesellschaft mit einem anderen, nach dem dieser berechtigt oder verpflichtet sein soll, Aktien der Gesellschaft für Rechnung der Gesellschaft oder eines abhängigen oder in ihrem Mehrheitsbesitz stehenden Unternehmens zu erwerben, soweit der Erwerb durch die Gesellschaft nach § 71 Abs. 1 oder 2 AktG verstoßen würde (dazu → Rn. 12 ff.).

70   **4. Internationales Privatrecht.** Die Vorschriften der §§ 71a, 71d, 71e AktG werfen eine Reihe international-privatrechtlicher Fragen auf. Das Verbot der finanziellen Unterstützung gemäß § 71a Abs. 1 S. 1 AktG knüpft nicht an das Vertragsstatut, sondern an das **Gesellschaftsstatut** an.[234] Gleiches gilt für § 71a Abs. 2 AktG.[235] Entscheidend ist also jeweils, ob die AG, auf deren Aktien sich der Erwerb bezieht, deutschem Recht unterliegt. Im Rahmen von § 71d S. 2 AktG kommt es auf das Gesellschaftsstatut der Muttergesellschaft an. Unterliegt die Muttergesellschaft deutschem Recht, erfolgt eine Zurechnung des Erwerbs somit auch dann, wenn er durch eine ausländische Tochtergesellschaft erfolgt.[236] Die ausländische Tochter ist in diesem Fall auch gemäß § 71d S. 5 AktG zur Eigentumsverschaffung verpflichtet.[237] Der Erwerb von Aktien einer ausländischen AG ist dagegen auch dann nicht von § 71d S. 2 AktG erfasst, wenn er durch ein abhängiges oder in Mehrheitsbesitz stehendes Unternehmen mit deutschem Gesellschaftsstatut erfolgt.[238] Für

---

[230] LG Düsseldorf ZIP 2006, 516 (520) – Babcock Borsig/HDW; GroßkommAktG/*Merkt* § 71a Rn. 24; Hölters/*Solveen* AktG § 71a Rn. 5; Hüffer AktG/*Koch* § 71a Rn. 3; KölnKommAktG/ *Lutter/Drygala* § 71a Rn. 38; K. Schmidt/Lutter/*T. Bezzenberger* AktG § 71a Rn. 19; *Drygala* Der Konzern 2008, 396 (400); *Eidenmüller* ZHR 171 (2007), 643 (662); *Fleischer* AG 1996, 494 (505); *Nuyken* ZIP 2004, 1893 (1898); aA *Kerber* NZG 2006, 50 (52 f.); *Kerber* DB 2004, 1027 (1028 f.); kritisch auch *Nodoushani* Der Konzern 2008, 385 (391).

[231] Hölters/*Solveen* AktG § 71a Rn. 5; MüKoAktG/*Oechsler* § 71a Rn. 34; *Eidenmüller* ZHR 171 (2007), 643 (662); *Freitag* AG 2007, 157 (159); *Habersack* FS Röhricht, 2005, 155 (174); *Nuyken* ZIP 2004, 1893 (1898 f.); aA K. Schmidt/Lutter/*T. Bezzenberger* AktG § 71a Rn. 19a; *Kerber* NZG 2006, 50 (52 f.); *Kerber* DB 2004, 1027 (1028 f.).

[232] LG Düsseldorf ZIP 2006, 516 (520 f.) – Babcock Borsig/HDW; *Habersack* FS Röhricht, 2005, 155 (174 ff.); aA *Kerber* ZIP 2006, 522 (524 f.); *Kerber* NZG 2006, 50 (52 f.); *Kerber* DB 2004, 1027 (1028 f.).

[233] Grigoleit/*Grigoleit/Rachlitz* AktG § 71a Rn. 14; Spindler/Stilz/*Cahn* AktG § 71a Rn. 48; *Habersack* FS Röhricht, 2005, 155 (172 f.); weitergehend LG Düsseldorf ZIP 2006, 516 (518 ff.) – Babcock Borsig/HDW; *Nuyken* ZIP 2004, 1893 (1896 f.); aA MüKoAktG/*Oechsler* § 71a Rn. 36; K. Schmidt/Lutter/*T. Bezzenberger* AktG § 71a Rn. 12; *Kitanoff*, Der Erwerb eigener Aktien, 2009, S. 136 f.; *Oechsler* ZIP 2006, 1661 (1665): unzulässige finanzielle Unterstützung unabhängig von der Bonität.

[234] MüKoAktG/*Oechsler* § 71 Rn. 60; s. auch *Spickhoff* BB 1997, 2593 (2594); aA GroßkommAktG/*Merkt* § 71 Rn. 400.

[235] MüKoAktG/*Oechsler* § 71 Rn. 61; aA GroßkommAktG/*Merkt* § 71 Rn. 400.

[236] GroßkommAktG/*Merkt* § 71 Rn. 407; KölnKommAktG/*Lutter/Drygala* § 71d Rn. 136 ff.; *Koppensteiner*, Internationale Unternehmen im deutschen Gesellschaftsrecht, 1971, S. 151 f.; MüKoAktG/ *Oechsler* § 71 Rn. 64; *Benckendorff*, Erwerb eigener Aktien im deutschen und US-amerikanischen Recht, 1998, S. 277 f.; aA *U. Huber* FS Duden, 1977, 137 (148 ff.); *Wiedemann* GesR I S. 817 f.

[237] Heidel/*Block* AktienR AktG § 71d Rn. 69; KölnKommAktG/*Lutter/Drygala* § 71d Rn. 141.

[238] GroßkommAktG/*Merkt* § 71 Rn. 407; MüKoAktG/*Oechsler* § 71 Rn. 64; *Benckendorff*, Erwerb eigener Aktien im deutschen und US-amerikanischen Recht, 1998, S. 278; teilweise aA KölnKomm-

die Nichtigkeitsfolge des § 71e Abs. 2 S. 2 AktG ist – wie bei § 71a Abs. 1 S. 1 AktG – nicht das Vertragsstatut, sondern das Gesellschaftsstatut maßgeblich.[239]

V. Steuerliche Behandlung eigener Aktien

1. Steuerfolgen bei der Gesellschaft. Die steuerliche Behandlung des Erwerbs eigener Aktien war zwischenzeitlich unklar gewesen. Aus Sicht der AG war nach der Rechtslage vor BilMoG zu unterscheiden, ob der **Erwerb der Aktien** zu einem aktivierbaren Wirtschaftsgut führte und somit ein Anschaffungsvorgang vorlag oder nicht.[240]

Bei Veräußerung eigener Aktien, die die Gesellschaft aktiviert hatte, galt nach der bis zum BilMoG geltenden Auffassung ein bei der AG entstehender Gewinn und Verlust nach § 8b Abs. 2 KStG im Ergebnis als zu 95 % steuerfrei;[241] unklar waren die steuerlichen Folgen der **Veräußerung** ursprünglich zum Zweck der Einziehung erworbener Aktien. Nach Auffassung des BMF[242] sollte der Verkauf der Aktien wie eine Kapitalerhöhung behandelt werden.

Die Diskussion um die Behandlung eigener Aktien wurde durch das BilMoG[243] wieder eröffnet. Die Finanzverwaltung hat zunächst den Erlass zur Behandlung eigener Aktien vom 2.12.1998 für alle Fälle ab Einführung des Halbeinkünfteverfahrens rückwirkend aufgehoben.[244] Seit BilMoG wird bei Erwerb eigener Aktien nach § 272 Abs. 1a HGB ähnlich einer Kapitalherabsetzung[245] der Nennbetrag oder der rechnerische Wert von erworbenen eigenen Aktien offen vom Posten „Gezeichnetes Kapital" abgesetzt; der Unterschiedsbetrag zwischen diesen Beträgen und den Anschaffungskosten ist mit den frei verfügbaren Rücklagen zu verrechnen. Damit ist die Differenzierung zwischen zur Einziehung bestimmten und zu anderen Erwerbszwecken übernommenen eigenen Aktien entfallen.[246] Für den Verkaufsfall eigener Aktien ist nach § 272 Abs. 1b HGB zu verfahren: Der auf den Nennbetrag oder den rechnerischen Wert entfallende Kaufpreis ist mit dem Sonderausweis beim „Gezeichneten Kapital" zu verrechnen, ein darüberhinausgehender Verkaufspreis in die Kapitalrücklage nach § 272 Abs. 2 Nr. 1 HGB einzustellen.[247] In der Handelsbilanz führen der Erwerb und die Veräußerung eigener Anteile nicht mehr zur Berührung der Gewinn- und Verlustrechnung.[248]

Die steuerliche Behandlung eigener Aktien nach BilMoG ist seit dem Erlass des BMF vom 27.11.2013 jetzt weitestgehend geklärt.[249] Die Streitfrage, ob es für die steuerliche Behandlung trotz der Änderungen des BilMoG dabei bleibt, dass ein Anschaffungsgeschäft von Aktien jedenfalls dann vorliegt, wenn diese nicht zur Einziehung bestimmt sind[250] oder ob der Grundsatz der Maßgeblichkeit gilt, der die handelsrechtliche Betrachtung auf das Steuerrecht überträgt, dass nach § 5 Abs. 1 EStG iVm § 272 Abs. 1a HGB kein aktivie-

---

AktG/*Lutter*/*Drygala* § 71d Rn. 144, wenn die Tochtergesellschaft eine deutsche AG ist und das Recht der Mutter keinen Schutz vorsieht.

[239] MüKoAktG/*Oechsler* § 71 Rn. 65; aA GroßkommAktG/*Merkt* § 71 Rn. 412.
[240] Zum damaligen Recht: BMF 2.12.1998, BStBl. I 1998 S. 1509; mittlerweile aufgehoben durch BMF 10.8.2010, FR 2010, 859.
[241] Zum damaligen Recht: BMF 28.4.2003, BStBl. I 2003 S. 292 Rn. 13; Dötsch/Pung/Möhlenbrock/*Pung* KStG § 8b Rn. 121; *Eschbach* DB 2003, 161 (164); *Mikus* BB 2002, 178; *Seibt* DStR 2000, 2061 (2069); *Urban* DStR 2001, 1059; dazu FG Rheinland-Pfalz DStRE 2005, 205; dazu BFH DB 2005, 1087 (1088).
[242] BMF 2.12.1988, BStBl. I 1998 S. 1509 Rn. 27.
[243] BilMoG v. 25.5.2009, BGBl. 2009 I S. 1102.
[244] BMF-Schreiben v. 10.8.2010, DB 2010, 1794; zur Rückwirkung *Köhler* DB 2011, 15.
[245] FG Rheinland-Pfalz DStRK 2017, 184 (Rev. eingel. Az. BFH IX R 7/17).
[246] Beck-BilKomm/*Störk*/*Kliem*/*Meyer* HGB § 272 Rn. 130 ff.; *Früchtl*/*Fischer* DStZ 2009, 112.
[247] Beck-BilKomm/*Störk*/*Kliem*/*Meyer* HGB § 272 Rn. 141 ff.
[248] *Blumenberg*/*Roßner* GmbHR 2008, 1079 (1082); *Köhler* DB 2011, 15 (16).
[249] BMF 27.11.2013, BStBl. I 2013 S. 1615; *Ott* StBg 2017, 340.
[250] *Gosch*/*Roser* KStG § 8 Rn. 86a.

§ 15   75   4. Kapitel. Grundkapital, Aktien und Rechtsstellung der Aktionäre

rungsfähiges Wirtschaftsgut erworben wird,[251] hat sich erledigt. Die steuerliche Behandlung folgt im Ansatz der wirtschaftlichen Betrachtungsweise des Handelsrechts und behandelt den Erwerb wie eine Kapitalherabsetzung und der Veräußerung wie eine Kapitalerhöhung.[252] In dieser Richtung hatte sich die Literatur ausgesprochen, dass der handelsrechtlichen Betrachtung, den Erwerb eigener Anteile – abgesehen von Nebenkosten – ausschließlich auf der Eigenkapitalebene zu betrachten ist.[253] Für die steuerliche Beurteilung ergibt sich als zweite Problemebene, wie die mit dem Erwerb eigener Aktien einhergehenden Veränderungen des Eigenkapitals abzubilden sind. Hier erweist sich, dass die handelsrechtliche Betrachtung mit den steuerlichen Regelungen insbesondere über das Einlagenkonto, § 27 Abs. 1 KStG, nicht abgestimmt sind. Für eine Kapitalherabsetzung naheliegend ist die Verrechnung des auf das Nennkapital entfallenden Teils des Erwerbspreises mit dem Nennkapital, § 28 Abs. 2 KStG entsprechend.[254] Der nicht das Nennkapital oder den rechnerischen Wert betreffende Kaufpreisteil wird mit dem sonstigen Eigenkapital verrechnet und erst danach mit dem steuerlichen Eigenkapitalkonto nach § 27 Abs. 1 S. 3 KStG,[255] auch wenn die handelsrechtliche Verrechnung mit „freien Rücklagen" in § 272 Abs. 1a HGB keineswegs allein die Verwendung von typischerweise aus Einlagen herrührenden Beträge des steuerlichen Einlagekontos iSv § 27 Abs. 1 S. 1 und 2 KStG impliziert, sondern Teile der Gewinn- und/oder Kapitalrücklage iSv § 272 Abs. 2 und 3 HGB umfassen kann.[256] Auf der anderen Seite aber passt die Auskehrung freier Rücklagen nicht zur Terminologie und dem Begriffsverständnis in § 27 Abs. 1 S. 3 KStG der „Leistungen" der Kapitalgesellschaft an den Gesellschafter, also einseitige, dividendengleiche Zuwendungen voraussetzt und deswegen im Falle des entgeltlichen Aktienerwerbs nicht passt.[257] Nach dem BMF-Schreiben stellen Leistungen über den Nennbetrag hinaus eine Leistung der Gesellschaft an den veräußernden Anteilseigner dar, die zu einer Minderung des steuerlichen Einlagekontos führt, soweit sie den maßgeblichen Gewinn übersteigt. Kapitalertragsteuer ist gleichwohl auch auf den Teil der Leistung, der das steuerliche Einlagekonto nicht mindert, nicht einzubehalten, da es sich um einen Veräußerungsvorgang handelt. Die Zahlung eines überhöhten Kaufpreises kann eine verdeckte Gewinnausschüttung darstellen.[258] Werden die Aktien eingezogen, ergeben sich keine weitergehenden steuerlichen Folgen. Angemessene Aufwendungen im Zusammenhang mit Erwerb und Veräußerung sind als Betriebsausgabe abziehbar.[259]

75 Werden eigene Aktien durch die Gesellschaft veräußert, liegt nach § 272 Abs. 1b HGB ein Vorgang vor, der wie eine Einlage bei einer Kapitalerhöhung behandelt wird. Soweit der Kaufpreis auf das Nennkapital entfällt, wird das Nennkapital wieder erhöht. Der nicht auf den Nennbetrag oder rechnerischen Wert der verkauften Aktien entfallende Verkaufspreis wird in die Kapitalrücklage nach § 272 Abs. 2 Nr. 1 HGB eingestellt.

---

[251] *Mayer* Ubg 2008, 779 (782); *Köhler* DB 2011, 15 (19) mit Verweis auf BFH BStBl. II 1998 S. 781.
[252] BMF 27.11.2013, BStBl. I 2013 S. 1615 Rn. 8; Dötsch/Pung/Möhlenbrock/*Klingebiel* KStG § 8 Abs. 1 Rn. 103 sowie Anh. zu § 8 Abs. 3 Rn. 5.
[253] Für eine Gleichbehandlung zB Erle/Sauter/*Gröhl/Adrian* KStR § 8b Rn. 109; *Bruckmeister/Zwirner/Künkel* DStR 2010, 1640 (1642); *Ditz/Tcherveniachki* Ubg 2010, 875 (877); *Förster/Schmidtmann* BB 2009, 1342 (1344); *Günter* Stbg 2009, 395 (399); *Herzig/Briesemeister* WPg 2010, 63 (64); *Lechner/Haisch* Ubg 2010, 691 (693); *Mayer* Ubg 2008, 779 (783); *Meegen/Boßmann* DStR 2010, 262 (264); *Ortmann-Babel/Bolik/Gageur* DStR 2009, 934 (936); offen *Prinz* Status-Recht 2009, 126 (127); *Schiffers* GmbH-Hb 2009, 166 (172).
[254] Dötsch/Pung/Möhlenbrock/*Dötsch* KStG § 28 Rn. 105.
[255] BMF 27.11.2013, BStBl. I 2013 S. 1615 Rn. 9; Dötsch/Pung/Möhlenbrock/*Dötsch* KStG § 28 Rn. 105; Dötsch/Pung/Möhlenbrock/*Klingebiel* KStG § 8 Abs. 1 Rn. 107; *Köhler* DB 2011, 15 (19); aA *Lechner/Haisch* Ubg 2010, 691; *Mayer* Ubg 2008, 779 (784 f.).
[256] *Köhler* DB 2011, 15 (19).
[257] *Köhler* DB 2011, 15 (19 f.); *Mayer* Ubg 2008, 779 (784 f.).
[258] Dötsch/Pung/Möhlenbrock/*Klingebiel* KStG § 8 Abs. 1 Rn. 109.
[259] AA FG Münster DStRE 2018, 385 (rkr.): außerbilanzielle Hinzurechnung.

Dies führt auch steuerlich bei der Gesellschaft zu einer Einlage, die mangels Sondervorschriften als Einlage iSv § 27 Abs. 1 KStG zu buchen ist und das steuerliche Einlagenkonto erhöht;[260] es liegt keine Veräußerung vor. Diese Beurteilung zeigt eine Diskrepanz der Behandlung von Erwerb und Veräußerung eigener Anteile.[261] Nach dieser Auffassung kann die Veräußerung der eigenen Aktien nicht zu einem Gewinn führen, sondern zu einer Erhöhung des Einlagekontos.[262] Ein zu niedriger Kaufpreis kann zu einer verdeckten Gewinnausschüttung führen.[263] Für die handelsrechtliche Einstellung des Veräußerungserlöses in die Rücklage ergibt sich dann die Frage, ob die steuerliche Belastung abgezogen werden muss.[264] Nach dem BMF-Schreiben v. 27.11.2013 dürfen die angemessenen Aufwendungen, die im Zusammenhang mit der Erwerb und der Veräußerung eigner Anteile stehen, als Betriebsausgaben abgezogen werden.[265]

Die Einziehung von der Kapitalgesellschaft erworbener eigener Aktien hat steuerlich keine Konsequenzen, wenn der Erwerb wie eine Herabsetzung des Nennkapitals behandelt worden war.[266]

2. Steuerfolgen für die Aktionäre. Die geänderte steuerliche Behandlung des Erwerbs eigener Aktien bei der AG führt dazu, dass zwischen der Behandlung dort und beim Aktionär keine Kongruenz besteht. Die entgeltliche Übertragung von Aktien zum Erwerb durch die Gesellschaft als eigene Aktien stellt weiterhin für den einzelnen Aktionär ein Veräußerungsgeschäft dar.[267] Die Versteuerung eines Gewinns oder Verlusts durch den Aktionär unterliegt den allgemeinen Vorschriften, die auf die Gewinne aus der Veräußerung von Anteilen an Kapitalgesellschaften zur Anwendung kommen, wie zB § 20 Abs. 2 Nr. 1 EStG bei Anteilen des Privatvermögens, § 17 Abs. 1 EStG und § 8b Abs. 2 KStG bei Anteilen von Körperschaften.[268] Bereits nach der bisherigen bilanziellen Behandlung bei der AG galt dies, unabhängig davon, ob die Anteile aktiviert werden dürfen oder zur Einziehung erworben wurden.[269] Dieser Auffassung folgt das BMF-Schreiben v. 27.11.2013 und behandelt das **Veräußerungsgeschäft** nach allgemeinen Grundsätzen (Rn. 20). Werden die Aktien im Depot eines inländischen Kreditinstituts oder einer inländischen Finanzdienstleistungsinstituts verwaltet oder verwahrt (§ 43 Abs. 1 S. 1 Nr. 7 Buchst. b EStG) oder wird die Veräußerung durch inländische Kreditinstitute durchgeführt, haben diese Unternehmen als auszahlende Stelle Kapitalertragsteuer auf den Veräußerungsgewinn einzubehalten, § 44 Abs. 1 S. 3, 4 EStG,[270] wenn die Kapitalerträge nicht Betriebseinnahmen eines inländischen Betriebs sind, § 43 Abs. 2 S. 3 Nr. 2 EStG.

Damit hat sich die zwischenzeitliche Diskussion darüber erledigt, ob Einkünfte aus der Rückzahlung von Eigenkapital beim Aktionär zu den Einkünften aus Kapitalvermögen

---

[260] BMF 27.11.2013, BStBl. I 2013 S. 1615 Rn. 13 f.; *Blumenberg/Lechner* DB 2014, 141; *Köhler* DB 2011, 15 (20); *Mayer/Wagner* DStR 2014, 571; *Schiffers* GmbHR 2014, 80.

[261] Dötsch/Pung/Möhlenbrock/*Dötsch* KStG § 28 Rn. 111; *Blumenberg/Lechner* DB 2014, 141; *Köhler* DB 2011, 15 (20).

[262] Dötsch/Pung/Möhlenbrock/*Dötsch* KStG § 28 Rn. 111; *Hohage* DB 2009, 1033 (1035); *Siebert/Ivzhenko-Siebert* FR 2012, 285 zur Anwendung von §§ 8b Abs. 2 und 3 S. 3 KStG.

[263] BMF 27.11.2013, BStBl. I 2013 S. 1615 Rn. 15; Dötsch/Pung/Möhlenbrock/*Klingebiel* KStG § 8 Abs. 1 Rn. 142.

[264] *Lechner/Haisch* Ubg 2010, 691 (694 f.).

[265] AA FG Münster DStRE 2018, 385 (rkr.).

[266] BMF 27.11.2013, BStBl. I 2013 S. 1615 Rn. 16; Dötsch/Pung/Möhlenbrock/*Dötsch* KStG § 28 Rn. 115.

[267] BMF 27.11.2013, BStBl. I 2013 S. 1615 Rn. 20.

[268] BFH BFH/NV 2018, 576; Vorinstanz FG Rheinland-Pfalz EFG 2017, 724 mAnm *Weiss* DStRK 2017, 184; Dötsch/Pung/Möhlenbrock/*Klingebiel* KStG § 8 Abs. 1 Rn. 121 sowie Anh. zu § 8 Abs. 3 Rn. 11; Herrmann/Heuer/Raupach/*Schmidt* EStG § 17 Rn. 91; Littmann/Bitz/Pust/*Karrenbrock* EStG § 17 Rn. 146; L. Schmidt/*Weber-Grellet* EStG § 17 Rn. 102 f.

[269] BMF 2.12.1998, DB 1998, 2567 Rn. 19 und 24.

[270] BMF 27.11.2013, BStBl. I 2013 S. 1615 Rn. 21.

nach § 20 Abs. 1 S. 1 Nr. 1 oder 2 EStG gehören, soweit die Beträge weder in der Rückzahlung von Nennkapital bestehen noch aus Beträgen stammen, für die Beträge aus dem steuerlichen Einlagekonto der Kapitalgesellschaft nach § 27 KStG als verwendet gelten, § 20 Abs. 1 Nr. 1 S. 3 EStG.[271] Für den Aktionär stellt der Verkauf von Aktien an die Gesellschaft ein Veräußerungsgeschäft dar, welches unberührt davon bleibt, wie der Vorgang bei der Gesellschaft bilanziell behandelt wird. Für den Aktionär bleibt es dabei, dass er eine Einkunftsquelle veräußert (oder erwirbt).[272] Nach dem Systemwechsel hinsichtlich der Besteuerung von Veräußerungsgewinnen nach § 20 Abs. 2 Nr. 1 EStG besteht in der steuerlichen Behandlung des inländischen Aktionärs kein Unterschied.

79 Handelt es sich bei dem Anteil um eine im Privatvermögen gehaltene **Beteiligung von mindestens 1%** im Sinne von § 17 Abs. 1 S. 1 EStG, unterliegt der Verkauf als Veräußerung der Besteuerung nach § 17 Abs. 1 EStG; auch wenn die Gesellschaft den Vorgang wie eine Kapitalherabsetzung behandelt, kommt § 17 Abs. 4 EStG nicht zur Anwendung.[273]

80 Gehört der Anteil zu einem **Betriebsvermögen,** unterliegt der Gewinn aus der Veräußerung der Gewerbesteuer, eine Kürzung nach § 9 GewStG kommt nicht in Betracht. Bei Steuerpflichtigen, die der Einkommensteuer unterliegen, wird die **Gewerbesteuer** nach Maßgabe von § 35 EStG auf die Einkommensteuer angerechnet.

81 Entfallen derartige Gewinnanteile auf eine **Körperschaft,** ist der Gewinn nach § 8b Abs. 2 KStG steuerbefreit, doch gelten 5% des Veräußerungsgewinns als nicht abzugsfähige Betriebsausgaben, § 8b Abs. 3 KStG.[274]

§ 16 Kapitalaufbringung und Kapitalerhaltung

Übersicht

	Rn.		Rn.
I. Allgemeines	1, 2	e) Ausnahmen vom Befreiungsverbot	33
II. Einlagepflichten der Aktionäre	3–53	5. Verdeckte Sacheinlagen	34–48
1. Einlagepflicht	3, 4	a) Allgemeines	34–36
2. Erfüllung der Einlagepflicht	5–12	b) Tatbestand	37–42
a) Allgemeines	5	c) Rechtsfolgen	43–46
b) Leistung zur endgültigen freien Verfügung des Vorstands	6, 7	d) Heilung	47
		e) Verhältnis zur Nachgründung	48
c) Aufrechnung, Leistung an Dritte	8	6. Hin- und Herzahlen	49–53
d) Einforderung der Einlagen, Fälligkeit	9–12	a) Allgemeines	49
		b) Voraussetzungen	50, 51
3. Rechtsfolgen nicht rechtzeitiger Zahlung	13–25	c) Rechtsfolgen	52
		d) Her- und Hinzahlen	53
a) Zinsen, Schadensersatz, Vertragsstrafe	13	III. Sonstige Leistungspflichten der Aktionäre	54–57
b) Ausschluss säumiger Aktionäre	14–21	1. Nebenleistungspflichten	54–56
c) Zahlungspflicht der Vormänner	22–25	2. Schuldrechtliche Verpflichtungen	57
4. Verbot der Befreiung der Aktionäre von Leistungspflichten	26–33	IV. Verbot der Einlagenrückgewähr	58–103
		1. Umfang des Verbots	58
a) Umfang des Verbots und Rechtsfolge von Verstößen	26	2. Art und Weise des Verstoßes gegen die Vermögensbindung	59–68
b) Befreiungsverbot	27, 28	a) Offene Verstöße	59
c) Aufrechnungsverbot	29–31	b) Verdeckte Verstöße	60
d) Sonstige Beschränkungen	32	c) Einzelfälle	61–68

---

[271] BMF 28.4.2003, BStBl. I 2003 S. 292 Rn. 7.
[272] *Köhler* DB 2011, 15 (16 f.); *Mayer* Ubg 2008, 779 (782).
[273] FG Rheinland-Pfalz 7.9.2016, EFG 2017, 724; *Herrmann/Heuer/Raupach/Schmidt* EStG § 17 Rn. 91; *Littmann/Bitz/Pust/Karrenbrock* EStG § 17 Rn. 146; *L. Schmidt/Weber-Grellet* EStG § 17 Rn. 102; *Blumenberg/Lechner* DB 2014, 141; *Roser* GmbH-StB 2014, 55.
[274] G zur Umsetzung der Protokollerklärung v. 22.12.2003, BGBl. 2003 I S. 2840.

	Rn.		Rn.
3. Leistungen durch und an Dritte	69–73	a) Ausgangslage	88
a) Gesetzliche Ausgangslage	69	b) Insolvenzrechtliche Lösung	89–96
b) Leistungen der AG durch Dritte	70	6. Finanzplankredite	97–99
c) Leistungen der AG an Dritte	71–73	7. Zinsverbot	100
4. Ausnahmen vom Verbot der Einlagenrückgewähr	74–87	8. Rechtsfolgen von Verstößen	101–103
a) Erwerb eigener Aktien	74	a) Rückgewähransprüche	101
b) Kapitalherabsetzung	75	b) Auswirkungen auf Hauptversammlungsbeschlüsse	102
c) Konzernrecht	76–78	c) Schadensersatzansprüche	103
d) Vollwertiger Gegenleistungs- oder Rückgewähranspruch	79–86	V. Haftung beim Empfang verbotener Leistungen	104–107
e) Kapitalmarktrechtliche Ansprüche von Aktionären	87		
5. Rückgewähr von Aktionärsdarlehen	88–96		

Schrifttum: *Altmeppen,* Zur Haftung der Organwalter einer AG bei untauglicher Sacheinlage, FS Hoffmann-Becking, 2013, S. 1–11; *Altmeppen,* „Upstream-loans", Cash Pooling und Kapitalerhaltung nach neuem Recht, ZIP 2009, 49–56; *Altmeppen,* Das neue Recht der Gesellschafterdarlehen in der Praxis, NJW 2008, 3601–3607; *Altmeppen,* Wie lange gilt das alte Kapitalersatzrecht?, ZIP 2011, 641–649; *Altmeppen,* Zur Insolvenzanfechtung einer Gesellschaftersicherheit bei Doppelsicherung, ZIP 2011, 741–749; *Altmeppen,* Cash Pooling und Kapitalerhaltung im faktischen Konzern, NZG 2010, 401–407; *Altmeppen,* Cash Pooling und Kapitalaufbringung, NZG 2010, 441–446; *Altmeppen,* Ist das besicherte Gesellschafterdarlehen im Insolvenzverfahren der Gesellschaft subordiniert oder privilegiert?, ZIP 2013, 1745–1752; *Altmeppen,* Aufsteigende Sicherheiten im Konzern, ZIP 2017, 1977–1982; *Altmeppen,* Die verworrene Rechtslage der verdeckten Sacheinlage und ihre Folgen, FS Seibert, 2019, S. 1–11; *Altmeppen,* Ratio Legis des Rechts der Gesellschafterdarlehen am Beispiel der Sicherheiten, ZIP 2019, 1985–1992; *M. Arnold/Aubel,* Einlagenrückgewähr, Prospekthaftung und Konzernrecht bei öffentlichen Angeboten von Aktien, ZGR 2012, 113–155; *Arbeitskreis zum „Deutsche Telekom III-Urteil" des BGH,* Thesen zum Umgang mit dem „Deutsche Telekom III-Urteil" des BGH vom 31.5.2011, NJW 2011 S. 2719 bei künftigen Börsengängen, CFL 2011, 377–380; *Avvento,* Das Gebot der Vollwertigkeit im GmbH- und Aktienrecht, 2015; *Azara,* Das Eigenkapitalersatzrecht der GmbH nach dem Gesetz zur Modernisierung des GmbH-Rechts und zur Bekämpfung von Missbräuchen (MoMiG), 2010; *Azara,* Die neue BGH-Rechtsprechung zur Abtretung von Gesellschafterdarlehensforderungen und ihre praktischen Auswirkungen, DStR 2013, 2280–2287; *Ballerstedt,* Kapital, Gewinn und Ausschüttung bei Kapitalgesellschaften, 1949; *Bartsch/Weber,* Doppelbesicherung durch Gesellschafts- und Gesellschaftersicherheiten nach dem MoMiG: Hat der Gesellschaftsgläubiger weiterhin ein Wahlrecht?, DStR 2008, 1884–1885; *Bayer,* Zentrale Konzernfinanzierung, Cash Management und Kapitalerhaltung, FS Lutter, 2000, S. 1011–1032; *Bayer/Graff,* Das neue Eigenkapitalersatzrecht nach dem MoMiG, DStR 2006, 1654–1659; *Bayer/Lieder,* Einbringung von Dienstleistungen in die AG, NZG 2010, 86–93; *Bayer/Lieder,* Darlehen der GmbH an Gesellschafter und Sicherheiten aus dem GmbH-Vermögen für Gesellschafterverbindlichkeiten, ZGR 2005, 133–153; *Bayer/Lieder,* Moderne Kapitalaufbringung nach ARUG, GWR 2010, 3–6; *Bayer/J. Schmidt,* Die Reform der Kapitalaufbringung bei der Aktiengesellschaft durch das ARUG, ZGR 2009, 805–846; *Bayer/Scholz,* Wirksamkeit von Verpflichtungs- und Erfüllungsgeschäft bei verbotener Einlagenrückgewähr, AG 2013, 426–429; *Becker,* Totgesagte leben länger – Limitation Language bei Upstream-Besicherungen nach dem Urteil des II. Zivilsenats des BGH vom 21.3.2017, ZIP 2017, 1599–1609; *Benecke,* Die Prinzipien der Kapitalaufbringung und ihre Umgehung – Rechtsentwicklung und Perspektiven, ZIP 2010, 105–110; *Benz,* Verdeckte Sacheinlage und Einlagenrückzahlung im reformierten GmbH-Recht (MoMiG), 2010; *T. Bezzenberger,* Das Kapital der Aktiengesellschaft, 2005; *T. Bezzenberger/G. Bezzenberger,* Kapitalaufbringung und verdeckte Sacheinlagen bei der Aktienplatzierung durch Emissionsbanken, FS Hopt, Bd. 1, 2010, S. 391–412; *Binder,* Mittelbare Einbringung eigener Aktien als Sacheinlage und Informationsgrundlagen von Finanzierungsentscheidungen in Vorstand und Aufsichtsrat, ZGR 2012, 757–775; *Bitter,* Die typische und atypische stille Gesellschaft im Recht der Gesellschafterdarlehen, ZIP 2019, 146–158; *Bitter,* Sicherheiten für Gesellschafterdarlehen: ein spät entdeckter Zankapfel der Gesellschafts- und Insolvenzrechtler, ZIP 2013, 1998–2001; *Bitter,* Rechtsperson und Kapitalerhaltung, ZHR 168 (2004), 302–351; *Bitter,* Anfechtbarkeit ursprünglicher Sicherheiten für Gesellschafterdarlehen: Es lebe die Betriebsaufspaltung!, ZIP 2019, 737; *Bitter/Laspeyres,* Kurzfristige Waren- und Geldkredite im Recht der Gesellschafterdarlehen, ZInsO 2013, 2289–2296; *Blasche/König,* Up-

§ 16   81   4. Kapitel. Grundkapital, Aktien und Rechtsstellung der Aktionäre

stream-Darlehen vor dem Hintergrund des neuen § 30 Abs. 1 GmbHG, GmbHR 2009, 897–902; *Blöse,* Das reformierte Recht der Gesellschafterleistungen, GmbHR 2018, 1151–1156; *Böcker,* Rechtsfortbildung durch den II. Zivilsenat des BGH zu §§ 30, 31 GmbHG, DZWiR 2018, 101–117; *Böffel,* Russisch Roulette im Aktienrecht – die Erschwernisse von Kapitalmaßnahmen im physischen Cash Pool, ZIP 2018, 1011–1119; *Bommert,* Verdeckte Vermögensverlagerungen im Aktienrecht, 1989; *Bork,* Abschaffung des Eigenkapitalersatzrechts zugunsten des Insolvenzrechts?, ZGR 2007, 250–270; *Bormann,* Die Kapitalaufbringung nach dem Regierungsentwurf des MoMiG, GmbHR 2007, 897–904; *Bormann/Urlichs,* Kapitalaufbringung und Kapitalerhaltung nach MoMiG, GmbHR-Sonderheft 2008, 37–51; *Brandner,* Verdeckte Sacheinlage: eine Aufgabe für den Gesetzgeber?, FS Boujong, 1996, S. 37–46; *Brinkmann* ZGR 2017, 708–730; *Brocker/Rockstroh,* Upstream-Darlehen und Cash-Pooling in der GmbH nach der Rückkehr zur bilanziellen Betrachtungsweise, BB 2009, 730–733; *Buddemeier,* Verfügungen über Einlageforderungen in der Krise der Kapitalgesellschaft, 2017; *Büchel,* Kapitalaufbringung, insbesondere Regelung der verdeckten Sacheinlage nach dem Regierungsentwurf des MoMiG, GmbHR 2007, 1065–1071; *Büscher,* Ablösung der Rechtsprechungsregeln zum Eigenkapitalersatz durch die Insolvenzanfechtung, GmbHR 2009, 800–803; *Buschmann,* Finanzplankredit nach MoMiG, NZG 2009, 91–93; *Cahn,* Kredite an Gesellschafter, Der Konzern 2009, 67–80; *Canaris,* Die Rückgewähr von Gesellschaftereinlagen durch Zuwendungen an Dritte, FS R. Fischer, 1979, S. 31 ff.; *Cavin,* Kapitalaufbringung in GmbH und AG, 2012; *Cavin,* Mischeinlagen: Umfang der Geldeinzahlung vor der Anmeldung, NZG 2016, 734–738; *Clemens,* Das neue Recht der Gesellschafterfremdfinanzierung nach dem MoMiG, 2012; *Commandeur/Hübler* NZG 2018, 97–99; *Dahl/Schmitz,* Eigenkapitalersatz nach dem MoMiG aus insolvenzrechtlicher Sicht, NZG 2009, 325–331; *Dauner-Lieb,* Die Auswirkungen des MoMiG auf die Behandlung verdeckter Sacheinlagen im Aktienrecht, AG 2009, 217–227; *Dittmer,* Finanzplankredite zugunsten der GmbH post MoMiG – Bestehen noch immer Grenzen der Aufhebbarkeit?, DZWiR 2014, 151–158; *Drygala,* Stammkapital heute – Zum veränderten Verständnis vom System des festen Kapitals und seinen Konsequenzen, ZGR 2006, 587–637; *Drygala/Kremer,* Alles muss man dem Mai – Zur Neuregelung der Kapitalerhaltungsvorschriften im Regierungsentwurf des MoMiG, ZIP 2007, 1289–1296; *Ehmann/Walden,* Rückforderung von zum Abkauf von Anfechtungsklagen geleisteten Zahlungen, NZG 2013, 806–809; *Einsele,* Verdeckte Sacheinlage, Grundsatz der Kapitalaufbringung und Kapitalerhaltung, NJW 1996, 2681–2689; *Ekkenga,* Vom Umgang mit überwertigen Sacheinlagen im Allgemeinen und mit gemischten (verdeckten) Sacheinlagen im Besonderen, ZIP 2013, 541–550; *Engert,* Eigenkapitalersatzrecht nach dem MoMiG, 2010; *Engert,* Drohende Subordination als Schranke einer Unternehmenskontrolle durch Kreditgeber, ZGR 2012, 835–874; *Eusani,* Darlehensverzinsung und Kapitalerhaltung beim Cash Pooling nach dem MoMiG, GmbHR 2009, 795–800; *Fleischer,* Zweifelsfragen der verdeckten Gewinnausschüttung im Aktienrecht, WM 2007, 909–917; *Fleischer,* Umplatzierung von Aktien durch öffentliches Angebot (Secondary Public Offering) und verdeckte Einlagenrückgewähr nach § 57 Abs. 1 AktG, ZIP 2007, 1969–1977; *Fleischer,* Zulässigkeit und Grenzen von Break-Fee-Vereinbarungen im Aktien- und Kapitalmarktrecht, AG 2009, 345–356; *Fleischer/Thaten,* Einlagenrückgewähr und Übernahme des Prospekthaftungsrisikos durch die Gesellschaft bei der Platzierung von Aktien, ZIP 2011, 1081–1085; *Freitag,* Finanzverfassung und Finanzierung von GmbH und AG nach dem Regierungsentwurf des MoMiG, WM 2007, 1681–1685; *Freitag,* Die neue BGH-Rechtsprechung zur kapitalerhaltungsrechtlichen Zulässigkeit der Stellung von *Upstream*-Sicherheiten und ihre Auswirkungen auf die Finanzierungspraxis, WM 2017, 1633–1636; *Frese,* Kredite und verdeckte Sacheinlage – Zur Sondersituation von Emissionsbanken, AG 2001, 15–25; *Frey,* Einlagen in Kapitalgesellschaften, 1990, *Frey,* Das IBH-Urteil, ZIP 1990, 288–294; *I. Fuchs,* Die Neuregelung zur verdeckten Sacheinlage durch das MoMiG und ihre Rückwirkung, BB 2009, 170–176; *Gehle,* Aufsteigendes Darlehen einer Aktiengesellschaft, DB 2010, 1051–1053; *Gehrlein,* Die Behandlung von Gesellschafterdarlehen durch das MoMiG, BB 2008, 846–854; *Gehrlein,* Der aktuelle Stand des neuen GmbH-Rechts, Der Konzern 2007, 771–796; *Gehrlein,* Das Eigenkapitalersatzrecht im Wandel seiner gesetzlichen Kodifikationen, BB 2011, 3–11; *Geßler,* Zur handelsrechtlichen verdeckten Gewinnausschüttung, FS R. Fischer, 1979, S. 131–148; *Gerlach,* Die gemischte Sacheinlage, 2016; *Giedinghagen/Lakenberg,* Kapitalaufbringung durch Dienstleistungen?, 201–206; *Gottschalk,* „Update" zur Sacheinlage: Einordnung der aktuellen BGH-Rechtsprechung in das aktienrechtliche System der Kapitalaufbringung, GWR 2012, 121–124; *Greven,* Der Umgang mit Gesellschafterdarlehen bei M&A-Transaktionen, BB 2014, 2309–2317; *Groß,* Die Lehre von der verdeckten Sacheinlage, AG 1991, 217–226; *Groß,* Verdeckte Sacheinlage, Vorfinanzierung und Emissionskonsortium, AG 1993, 108–118; *Gruchinske,* Haftung für Schulden des nahen Angehörigen?, GmbHR 2012, 551–558; *Grürmann,* Die verdeckte Sacheinlage im Kapitalaufbringungsrecht der Aktiengesellschaft, 2017; *Grunewald,* Rechtsfolgen verdeckter Sacheinlagen, FS Rowedder, 1994,

S. 111–118; *Gutmann/Nawroth*, Der zeitliche Anwendungsbereich des MoMiG aus insolvenzrechtlicher Sicht – oder das Ende von Ansprüchen aus Eigenkapitalersatzrecht?, ZInsO 2009, 174–178; *Haas*, Das neue Kapitalersatzrecht nach dem RegE-MoMiG, ZInsO 2007, 617–629; *Haas*, Eigenkapitalersatzrecht und Übergangsrecht, DStR 2009, 976–979; *Haas*, Adressatenkreis und Rechtsnachfolge bei subordinierten Gesellschafterdarlehen, NZG 2013, 1241–1246; *Haas/Vogel*, Die Verfassungsmäßigkeit der in § 3 IV EGGmbHG angeordneten Rückwirkung des § 19 IV GmbHG, NZG 2010, 1081–1086; *Habersack*, Eigenkapitalersatz im Gesellschaftsrecht, ZHR 162 (1998), 201–222; *Habersack*, Dienst- und Werkleistungen des Gesellschafters und das Verbot der verdeckten Sacheinlage und des Hin- und Herzahlens, FS Priester, 2007, S. 157–173; *Habersack*, Gesellschafterdarlehen nach MoMiG: Anwendungsbereich, Tatbestand und Rechtsfolgen der Neuregelung, ZIP 2007, 2145–2153; *Habersack*, Die Erstreckung des Rechts der Gesellschafterdarlehen auf Dritte insbesondere im Unternehmensverbund, ZIP 2008, 2385–2392; *Habersack*, Verdeckte Sacheinlage und Hin- und Herzahlen nach dem ARUG – gemeinschaftsrechtlich betrachtet, AG 2009, 557–563; *Habersack*, Aufsteigende Kredite nach MoMiG, FS Schaumburg, 2009, S. 1291–1305; *Habersack*, Die Umplatzierung von Aktien und das Verbot der Einlagenrückgewähr, FS Hommelhoff, 2012, S. 303–321; *Habersack*, Elf Jahre neues Recht der Gesellschafterdarlehen: Zwischenevaluation und Verprobung am Beispiel der Wandelanleihe, FS Seibert, 2019, S. 257–272; *Habersack/Schürnbrand*, Cash Management und Sicherheitenbestellung bei AG und GmbH im Lichte des richterrechtlichen Verbots der Kreditvergabe an Gesellschafter, NZG 2004, 689–696; *Habetha*, Verdeckte Sacheinlage, endgültig freie Verfügung, Drittzurechnung und „Heilung" nach fehlgeschlagenen Bareinzahlungen im GmbH-Recht, ZGR 1998, 305–333; *Heckschen*, Gründungserleichterungen nach dem MoMiG – Zweifelsfragen in der Praxis, DStR 2009, 166–174; *Heckschen/Kreusslein*, Gesellschafterdarlehen und -sicherheiten in der Krise, RNotZ 2016, 351–367; *Heerma/Bergmann*, Sicherheitenbestellung an Dritte für Verbindlichkeiten des Gesellschafters als verbotene Auszahlung i. S. d. § 30 Abs. 1 GmbHG, ZIP 2017, 1261–1264; *Heinemann*, Verdeckte Sacheinlagen im Recht der Kapitalgesellschaften, 2014; *Heinze*, Verdeckte Sacheinlagen und verdeckte Finanzierungen nach dem MoMiG, GmbHR 2008, 1065–1074; *Hentzen*, Konzerninnenfinanzierung nach BGHZ 157, 72, ZGR 2005, 480–527; *Hentzen/Schwandtner*, Für eine Vereinfachung des Rechts der Kapitalaufbringung!, ZGR 2009, 1007–1029; *Henze*, Zur Problematik der verdeckten (verschleierten) Sacheinlage im Aktien- und GmbH-Recht, ZHR 154 (1990), 105–127; *Henze*, Reichweite und Grenzen des aktienrechtlichen Grundsatzes der Vermögensbindung – Ergänzung durch die Rechtsprechung zum Existenz vernichtenden Eingriff?, AG 2004, 405–415; *Henze*, Vermögensbindungsprinzip und Anlegerschutz, NZG 2005, 115–121; *Henze*, Konzernfinanzierung und Besicherung, WM 2005, 717–727; *Herrler*, Erfüllung der Einlageschuld und entgeltliche Dienstleistungen durch Aktionäre, NZG 2010, 407–410; *Herrler*, Kapitalaufbringung nach dem MoMiG, DB 2008, 2347–2352; *Hirte*, Neuregelungen mit Bezug zum gesellschaftsrechtlichen Gläubigerschutz und im Insolvenzrecht durch das Gesetz zur Modernisierung des GmbH-Rechts und zur Bekämpfung von Missbräuchen (MoMiG), ZInsO 2008, 689–702; *Hirte/Knof*, Das „neue" Sanierungsprivileg nach § 39 Abs. 4 Satz 2 InsO, WM 2009, 1961–1971; *Hirte/Knof/Mock*, Ein Abschied auf Raten? – Zum zeitlichen Anwendungsbereich des alten und neuen Rechts der Gesellschafterdarlehen, NZG 2009, 48–50; *Hölzle*, Gesellschafterfremdfinanzierung und Kapitalerhaltung im Regierungsentwurf des MoMiG, GmbHR 2007, 729–736; *Hofmeister*, Entgeltliche Dienstvereinbarungen und Kapitalaufbringung bei Gründung der AG, AG 2010, 261–272; *Holthaus*, Gewährleistung und Vermögensbindung bei der AG, 2017; *Holzer*, Insolvenzrechtliche Überleitungsvorschriften des MoMiG in der Praxis, ZIP 2009, 206–208; *Hommelhoff/Kleindiek*, Schuldrechtliche Verwendungspflichten und „freie Verfügung" bei der Barkapitalerhöhung, ZIP 1987, 477–491; *Huber*, Finanzierungsfolgenverantwortung de lege lata und de lege ferenda, FS Priester, 2007, S. 259–283; *Huber/Habersack*, GmbH-Reform: Zwölf Thesen zu einer möglichen Reform des Rechts der kapitalsetzenden Gesellschafterdarlehen, BB 2006, 1–6; *Hüffer*, Probleme des Cash Managements im faktischen Aktienkonzern, AG 2004, 416–422; *Hülsmann*, Kapitalaufbringung in der GmbH im Spiegel aktueller BGH-Rechtsprechung, GmbHR 2019, 377–381; *Ihrig*, Die endgültige freie Verfügung über die Einlage von Kapitalgesellschaften, 1991; *Joost*, Grundlagen und Rechtsfolgen der Kapitalerhaltungsregeln im Aktienrecht, ZHR 149 (1985), 419–443; *Joost*, Verdeckte Sacheinlagen, ZIP 1990, 549–566; *Junker*, Das eigenkapitalersetzende Aktionärsdarlehen, ZHR 156 (1992), 394–412; *Kammeter/Geißelmeier*, Der Rangrücktritt – Bestandsaufnahme und Auswirkungen des MoMiG im Handelsbilanz- und Steuerrecht, NZI 2007, 214–220; *Kersting*, Dienstabreden über die Erbringung entgeltlicher Dienstleistungen durch einen Inferenten im GmbH-Recht, FS Hopt, Bd. 1, 2007, S. 919–939; *Kebekus/Zenker*, Verstrickung adieu – Auswirkungen von Beteiligungswechseln und Zessionen auf Nachrang und Anfechtbarkeit von „Gesellschafterdarlehen",FS Wellensiek, S. 475–493; *Kiefner/Bochum*, Aufsteigende Sicherheiten bei GmbH und AG im Lichte der neuen Rechtsprechung des BGH zur Kapitalerhaltung, NZG 2017, 1292–1303; *Kiefner/Theusinger,* Aufsteigende Darlehen und Sicherheitenbegebung im Aktienrecht nach dem MoMiG, NZG 2008, 801–806; *Kindler,* Verdeckte Sacheinlage und Kapitalschutzrichtlinie – Zur Umwandlung von Geldkrediten in Nennkapital der AG, FS Boujong, 1996, S. 299–318; *Klein,* Die kapitalerhaltungsrechtliche Zulässigkeit konzerninterner Darlehen und ihre Auswirkung auf die Geschäftsführung im abhängigen GmbH-Konzernunternehmen, 2019; *Klein,* Zur Sacheinlagefähigkeit von Anteilen an in Mehrheitsbesitz Gesellschaft stehenden oder sonst von ihr abhängigen Unternehmen, GmbHR 2016, 461–462; *Kleindiek,* Verdeckte (gemischte) Sacheinlage nach MoMiG: Rückwirkende Neuregelung und Wertanrechnung, ZGR 2011, 334–351; *Kleindiek,* Kapitalaufbringung und Kapitalerhaltung nach MoMiG und ARUG: Zur Abgrenzung des Anwendungsbereichs der neuen Vorschriften, FS Hopt, Bd. 1, 2010, S. 941–957; *Kleindiek,* Modalitäten ordnungsgemäßer Bareinlageleistung bei Gründung einer Aktiengesellschaft, FS H. P. Westermann, 2008, S. 1073–1086; *Kleindiek,* Das reformierte Recht der Gesellschafterdarlehen – Eine Zwischenbilanz, ZGR 2017, 731–758; *Klinck,* Anfechtbarkeit von Gesellschafterdarlehen in der Doppelinsolvenz von Gesellschaft und Gesellschafter, DB 2019, 2729–2735; *Koch,* Die verdeckte gemischte Sacheinlage im Spannungsfeld zwischen Kapitalaufbringung und Kapitalerhaltung, ZHR 175 (2011), 55–82; *Kollmorgen/Santelmann/Weiß,* Upstream-Besicherung und Limitation Language nach Inkrafttreten des MoMiG, BB 2009, 1818–1822; *Krämer/Gillessen/Kiefner,* Das „Telekom III"-Urteil des BGH – Risikozuweisungen an der Schnittstelle von Aktien- und Kapitalmarktrecht, CFL 2011, 328–345; *Kramer,* Kapitalerhaltung und aufsteigende Sicherheiten im reformierten Kapitalschutzrecht, 2017; *Krebs/Wagner,* Der Leistungszeitpunkt von Sacheinlagen nach § 36a Abs. 2 AktG, AG 1998, 467–473; *Krieger,* Zur Heilung verdeckter Sacheinlagen in der GmbH, ZGR 1996, 674–692; *Kort,* Anlegerschutz und Kapitalerhaltungsgrundsatz, NZG 2005, 708–710; *Krolop,* Zur Anwendung der MoMiG-Regelungen zu Gesellschafterdarlehen auf gesellschaftsfremde Dritte, GmbHR 2009, 397–405; *Kuntz,* Sicherheiten für Gesellschafterverbindlichkeiten und die Kapitalerhaltung in GmbH und AG, ZGR 2017, 917–954; *Langenbucher,* Kapitalerhaltung und Kapitalmarkthaftung, ZIP 2005, 239–245; *Lauster,* Behandlung von Gesellschafterdarlehen im Rahmen von M&A-Transaktionen im Lichte der jüngsten Rechtsprechung des Bundesgerichtshofs, WM 2013, 2155–2160; *Lieder,* Kapitalaufbringung im Cash Pool nach neuem Recht, GmbHR 2009, 1177–1185; *Leuschner,* Prospekthaftung und Innenregress, NJW 2011, 3275–3277; *Lieder,* 10 Jahre Kapitalschutz nach dem MoMiG, GmbHR 2018, 1116–1129; *Lorenz,* Die Auswirkungen des MoMiG auf vor dem 1.11.2008 entstandene Ansprüche nach §§ 30, 31 GmbHG (analog), GmbHR 2009, 135–137; *Lubberich* DNotZ 2018, 811–818; *Lüneborg,* Das neue Recht der Gesellschafterdarlehen, 2010; *Lutter,* Kapital, Sicherung der Kapitalaufbringung und Kapitalerhaltung in den Aktien- und GmbH-Rechten der EWG, 1964; *Lutter,* Verdeckte Leistungen und Kapitalschutz, FS Stiefel, 1987, S. 505–533; *Lutter/Gehling,* Verdeckte Sacheinlagen – Zur Entwicklung der Lehre und zu den europäischen Aspekten, WM 1989, 1445–1460; *Lutter/Zöllner,* Ausschüttungs-Rückhol-Verfahren und Sachkapitalerhöhung, ZGR 1996, 164–188; *Maaß/Troidl,* Haftung des Großaktionärs bei Einlagenrückgewähr – Folgen aus dem Telekom-KfW-Urteil, BB 2011, 2563–2569; *Maier-Reimer,* Die verdeckte gemischte und die verdeckt gemischte Sacheinlage, FS Hoffmann-Becking, 2013, S. 755–776; *Maier-Reimer/Wenzel,* Kapitalaufbringung in der GmbH nach dem MoMiG, ZIP 2008, 1449–1455; *Markwardt,* Kapitalaufbringung nach dem MoMiG, BB 2008, 2414–2422; *Mayer,* Der Leistungszeitpunkt bei Sacheinlageleistungen im Aktienrecht, ZHR 154 (1990), 535–544; *Merkner/Schmidt-Bendun,* Haftung von Rechtsanwälten und Steuerberatern nach Empfehlung einer (gemischten) verdeckten Sacheinlage, NZG 2009, 1054–1059; *Merkner/Schmidt-Bendun,* Verdeckte Sacheinlage und/oder unzulässiges Hin- und Herzahlen? – Cash-Pooling in der Rechtsprechung des BGH nach Inkrafttreten des MoMiG, NJW 2009, 3072–3074; *K. Mertens,* Aufteilung von Kosten gemischter Aktienplatzierungen zwischen Gesellschaft und Aktionären, AG 2015, 881–891; *Mikolajczak,* Die Haftung des Gesellschafters für doppelbesicherte Darlehen – Was folgt aus dem Nachrang des Freistellungsanspruchs?, ZIP 2011, 1285–1292; *Möller,* Änderungen des Aktienrechts durch das MoMiG, Der Konzern 2008, 1–9; *Möllers,* Das Verhältnis der Haftung wegen sittenwidriger Schädigung zum gesellschaftsrechtlichen Kapitalerhaltungsgrundsatz – EM.TV und Comroad, BB 2005, 1637–1642; *Mülbert,* Neuordnung des Kapitalrechts, WM 2006, 1977–1985; *Mülbert/Leuschner,* Aufsteigende Darlehen im Kapitalerhaltungs- und Konzernrecht – Gesetzgeber und BGH haben gesprochen, NZG 2009, 281–288; *Mülbert/Sajnovits,* Konzerninterne (Upstream-)Darlehen als unternehmerische Risikoentscheidung, WM 2015, 2345–2359; *Mülbert/A. Wilhelm,* Haftungsübernahme als Einlagenrückgewähr – Überlegungen zu § 57 AktG im Nachgang zu Telekom III, FS Hommelhoff, 2012, S. 747–776; *G. Müller,* Zur Umwandlung von Geldkrediten in Grundkapital fallierender Gesellschaften, ZGR 1995, 327–340; *Mylich,* Kreditsicherheiten für Gesellschafterdarlehen – Stand der Dinge und offene Fragen, ZIP 2013, 2444–2451; *Mylich,* Kreditsicherheiten für gesell-

§ 16 Kapitalaufbringung und Kapitalerhaltung 81 § 16

schafterdarlehen – Perspektiven und offene Fragen trotz und wegen der zwingenden Anwendung von § 135 Abs. 1 Nr. 1 InsO ZIP 2019,2233-2342; *Nodoushani,* Verbotene Einlagenrückgewähr und bilanzielle Betrachtungsweise, ZIP 2012, 97–106; *Nolting,* Die faktisch abhängige GmbH im konzernweiten Cash Poolig, 2017; *Nordholtz/Hupka,* Die Kapitalerhaltung nach §§ 30 f. GmbHG bei dinglichen Upstream-Sicherheiten, DStR 2017, 1999–2005; *Orlikowski-Wolf,* Auswirkungen der Abschaffung des Eigenkapitalersatzrechts, Übergangsregelungen und Abgrenzung zu Finanzplankrediten, GmbHR 2009, 902–909; *Pentz,* Zum neuen Recht der Gesellschafterdarlehen, FS Hüffer, 2010, S. 747–774; *Pentz,* Die Anrechnung bei der verdeckten (gemischten) Sacheinlage, GmbHR 2010, 673–684; *Pentz,* Die verdeckte Sacheinlage im GmbH-Recht nach dem MoMiG, FS K. Schmidt, 2009, S. 1265–1286; *Pentz,* Verdeckte Sacheinlagen nach dem MoMiG und prozessuale Folgen des Übergangsrechts, GmbHR 2009, 126–132; *Pentz,* Die Bedeutung der Sacheinlagefähigkeit für die verdeckte Sacheinlage und den Kapitalersatz sowie erste höchstrichterliche Aussagen zum Hin- und Herzahlen nach MoMiG, GmbHR 2009, 505–512; *Pentz,* Neues zur verdeckten Sacheinlage, ZIP 2003, 2093–2102; *Pentz,* Abgetretene Forderungen aus Gesellschafterdarlehen und Zurechnung in der Insolvenz, GmbHR 2013, 393–404; *Pentz,* Differenzhaftung und verdeckte Mischeinlage/verdeckte gemischte Sacheinlage, FS Bergmann, 2018, S. 541–563; *Pluskat/Marquardt,* Keine verdeckte Sacheinlage bei der Erbringung von entgeltlichen Dienstleistungen durch Gesellschafter nach Bareinlageleistung, NJW 2009, 2353–2355; *Poepping,* Die Auswirkungen des MoMiG auf die insolvenzrechtliche Behandlung von Gesellschafterdarlehen ab dem 1.11.2008, BKR 2009, 150–156; *Porzelt,* Die Überbewertung der Sacheinlagen und die Rechtsfolgen für die Gesellschafter, GmbHR 2018, 1251–1256; *Preuß,* Die Folgen insolvenzrechtlicher „Verstrickung" von Gesellschafterdarlehen bei Abtretung des Darlehensrückzahlungsanspruchs an einen außenstehenden Dritten, ZIP 2013, 1145–1153; *Priester,* Gläubigerbefriedigung – Bar- oder Sacheinlage?, BB 1987, 208 ff.; *Priester,* Verdeckte Sacheinlagen: Tatbestand, Rechtsfolgen, Heilungsmöglichkeiten, DStR 1990, 770–776; *Priester,* Vergleich über Einlageforderungen – Zustimmungserfordernis der Hauptversammlung, AG 2012, 525–529; *Rasner,* Verdeckte Sacheinlage und ihre Heilung, NJW 1993, 186–187; *Reinhard/Schützler,* Anfechtungsrisiko für den Unternehmensverkäufer aus der Veräußerung von Gesellschafterdarlehen?, ZIP 2013, 1898–1904; *Rellermeyer/Gröblinghoff,* Keine Ewigkeitsgarantie der Rechtsprechungsregeln zum Eigenkapitalersatz, ZIP 2009, 1933–1939; *Riedemann/Wollring,* Anfechtung der Besicherung eigenkapitalersetzender Anleihen, DZWiR 2019, 564-572; *Rosengarten,* Die Rechtsfolgen eines „verdeckten" Verstoßes gegen § 57 AktG: Endgültiger Abschied von der Nichtigkeit, ZHR 168 (2004), 708–725; *J. Roth,* Reform des Kapitalersatzrechts durch das MoMiG – Der Verzicht auf das Krisenkriterium und seine Folgen, GmbHR 2008, 1184–1192; *Rothley/Weinberger,* Die Anforderungen an Vollwertigkeit und Deckung nach § 30 I 2 GmbHG und § 57 I 3 AktG, NZG 2010, 1001–1006; *Rümker,* Formen kapitalersetzender Gesellschafterdarlehen in der Bankpraxis, FS Stimpel, 1985, S. 673–704; *Sammet,* Die notwendige Einlageleistung auf eine „Mischeinlage", NZG 2016, 344–345; *Schäfer,* Prospekthaftung bei öffentlicher Umplatzierung von Aktien – Zur richtigen Verteilung der Risiken, ZIP 2010, 1877–1884; *Schäfer,* Einlagenrückgewähr und Risikoübernahme im faktischen AG-Konzern – was folgt aus der Telekom-Entscheidung des BGH?, FS Hoffmann-Becking, 2013, S. 997–1008; *Schäfer,* Zur Einbeziehung des Agios in die aktienrechtliche Kapitalaufbringung – Konsequenzen aus der „Babcock"-Entscheidung des BGH, FS Stilz, 2014, S. 525–536; *Schall,* Kapitalgesellschaftsrechtlicher Gläubigerschutz, 2009; *Schall,* Kapitalaufbringung nach dem MoMiG, ZGR 2009, 126–155; *Schaumann,* Reform des Eigenkapitalersatzrechts im System der Gesellschafterhaftung, 2009; *Sernetz,* Anrechnung und Bereicherung bei der verdeckten Sacheinlage, ZIP 2010, 2173–2182; *Schiessl/Rosengarten,* Heilung einer verdeckten Sacheinlage im GmbH-Recht, GmbHR 1997, 772–778; *K. Schmidt,* Barkapitalaufbringung und „freie Verfügung" bei der Aktiengesellschaft und der GmbH, AG 1986, 106–116; *K. Schmidt,* Eigenkapitalersatz, oder: Gesetzesrecht versus Rechtsprechungsrecht?, ZIP 2006, 1925–1934; *K. Schmidt,* Gesellschafterbesicherte Drittkredite nach neuem Recht, BB 2008, 1966–1972; *K. Schmidt,* Normzwecke und Zurechnungsfragen im Recht der Gesellschafter-Fremdfinanzierung, GmbHR 2009, 1009–1019; *K. Schmidt,* Gesellschafterdarlehen im GmbH- und Insolvenzrecht nach der MoMiG-Reform – eine alternative Sicht, Beilage ZIP 39/2010, 15–25; *K. Schmidt,* Aktionärskredite vor und nach MoMiG – Versuch eines kasuistischen Testlaufs im Laboratorium der Rechtspolitik, FS Hüffer, 2010, S. 885–903; *Schmolke,* Kapitalerhaltung in der GmbH nach dem MoMiG, 2009; *Schniepp/Hensel,* Gesellschafterdarlehen – gesamtschuldnerische Haftung von Zedent und Zessionar in M&A-Transaktionen?, BB 2015, 777–782; *Schniepp/Hensel,* Gesellschafterdarlehen in Unternehmenstransaktionen: Auswirkungen der jüngeren BGH-Rechtsprechung auf die M&A-Praxis, DB 2015, 479–482; *Schockenhoff/Nußbaum,* Kostenlose Serviceleistungen der Aktiengesellschaft an einzelne Aktionöre, AG2019, 321–329; *Schön,* Vermögensbindung und Kapitalschutz in der AG – Versuch einer

Differenzierung, FS Röhricht, 2005, S. 559–570; *Schulze de la Cruz,* Der neue Normzweck des Rechts der Gesellschafterdarlehen und seine Auswirkungen auf den persönlichen Anwendungsbereich, 2015; *Seché/Theusinger,* Upstream-Sicherheiten und Kapitalerhaltung – Neues vom BGH, BB 2017, 1550–1554; *Seibold/Waßmuth,* Offene Rechtsfragen im Zusammenhang mit Gesellschafterdarlehen, GmbHR 2016, 961–966; *Spliedt,* MoMiG in der Insolvenz – ein Sanierungsversuch, ZIP 2009, 149–161; *Stiller/Redeker,* Aktuelle Rechtsfragen der verdeckten gemischten Sacheinlage, ZIP 2010, 865–871; *Strohn,* Cash-Pooling – verbotene und unwirksame Zahlungen, DB 2014, 1535–1541; *Thiessen,* Gesellschafterfremdfinanzierung nach dem MoMiG, ZGR 2015, 396–445; *Thole,* Neues zur Doppelbesicherung und § 135 Abs. 2 InsO, ZIP 2017, 1742–1748; *Thole,* Nachrang und Anfechtung bei Gesellschafterdarlehen – zwei Seiten derselben Medaille?, ZHR 176 (2012), 513–546; *Thümmel/ Burkhardt,* Neue Haftungsrisiken für Vorstände und Aufsichtsräte aus § 57 Abs. 1 AktG und § 92 Abs. 2 Satz 3 AktG in der Neufassung des MoMiG (§ 57 Abs. 1 AktG, § 92 Abs. 2 Satz 3 AktG), AG 2009, 885–894; *Tillmann,* Upstream-Sicherheiten der GmbH im Lichte der Kapitalerhaltung – Ausblick auf das MoMiG, NZG 2008, 401–405; *Traugott/Groß,* Leistungsbeziehungen zwischen Aktionär und Aktiengesellschaft: Wie lässt sich das Risiko einer verdeckten Sacheinlage verringern?, BB 2003, 481–489; *Ulbrich,* Die Abschaffung des Eigenkapitalersatzrechts der GmbH, 2011; *Ulmer,* Verdeckte Sacheinlagen im Aktien- und GmbH-Recht, ZHR 154 (1990), 128–144; *Ulmer,* Die „Anrechnung" (MoMiG) des Wertes verdeckter Sacheinlagen auf die Bareinlageforderung der GmbH – ein neues Erfüllungssurrogat?, ZIP 2009, 293–302; *Veil,* Eigenkapitalersetzende Aktionärsdarlehen, ZGR 2000, 223–257; *Verse,* (Gemischte) Sacheinlagen, Differenzhaftung und Vergleich über Einlageforderungen, ZGR 2012, 875–899; *Verse,* Aufsteigende Sicherheiten und Kapitalerhaltung, GmbHR 2018, 113–123; *von Woedtke,* Behandlung von Gesellschafterdarlehen im Rahmen von M&A-Transaktionen im Lichte der aktuellen Rechtsprechung, GmbHR 2014, 1018–1023; *Wachter,* Dienstleistungen und Kapitalaufbringung, NJW 2010, 1715–1718; *Wackerbarth,* Prospektveranlassung durch Altaktionäre und Einlagenrückgewähr, WM 2011, 193–204; *Wälzholz,* Die insolvenzrechtliche Behandlung haftungsbeschränkter Gesellschaften nach der Reform durch das MoMiG, DStR 2007, 1914–1921; *Wand/Tillmann/Heckenthaler,* Aufsteigende Darlehen und Sicherheiten bei Aktiengesellschaften nach dem MoMiG und der MPS-Entscheidung des BGH, AG 2009, 148–161; *Wedemann,* Die Übergangsbestimmungen des MoMiG – was müssen bestehende GmbHs beachten?, GmbHR 2008, 1131–1135; *Weng,* Aktienrechtliche Differenzhaftung bei Sacheinlagen, DStR 2012, 862–865; *Westermann/Paefgen,* Kritische Überlegungen zum Telekom III-Urteil des BGH und seinen Folgen, FS Hoffmann-Becking, 2013, S. 1363–1386; *Wicke,* Einführung in das Recht der Hauptversammlung, das Recht der Sacheinlagen und das Freigabeverfahren nach dem ARUG, 2009; *Wicke,* Eilige Kapitalerhöhungen, DStR 2016, 1115–1119; *Wiedemann,* Die Erfüllung der Geldeinlagepflicht bei Kapitalerhöhungen im Aktienrecht, ZIP 1991, 1257–1269; *Wieneke,* Die Differenzhaftung des Inferenten und die Zulässigkeit eines Vergleichs über ihre Höhe, NZG 2012, 136–139; *J. Wilhelm,* Kapitalaufbringung und Handlungsfreiheit der Gesellschaft nach Aktien- und GmbH-Recht, ZHR 152 (1988), 333–370; *A. Wilhelm,* Unternehmensfremdfinanzierung am Kapitalmarkt und das Recht der Gesellschafterdarlehen, ZHR 180 (2016), 776–807; *Wilhelmi,* Upstream-Darlehen nach dem MoMiG, WM 2009, 1917–1923; *Wink,* Übernahme des Prospekthaftungsrisikos durch die Gesellschaft bei der Umplatzierung von Aktien und Verbot der Einlagenrückgewähr nach § 57 AktG, AG 2011, 569–580; *M. Winter,* Die Rechtsfolgen der „verdeckten" Sacheinlage – Versuch einer Neubestimmung, FS Priester, 2007, S. 867–878; *Mi. Winter,* Upstream-Finanzierung nach dem MoMiG-Regierungsentwurf – Rückkehr zum bilanziellen Denken, DStR 2007, 1484–1491; *Wirsch,* Kapitalaufbringung und Cash Pooling in der GmbH, 2009; *Wirsch,* Die Vollwertigkeit des Rückgewähranspruchs – Kapitalerhaltung und Kapitalaufbringung im Cash Pool, Der Konzern 2009, 443–451; *Witt,* Rechtsfolgen eines Verstoßes gegen § 57 AktG, ZGR 2013, 668–685; *Wittig,* Das Sanierungsprivileg für Gesellschafterdarlehen im neuen § 39 Abs. 4 Satz 2 InsO, FS K. Schmidt, 2009, S. 1743–1760; *Ziemons,* Die Übernahme von Transaktionskosten und Prospektrisiken durch die Aktiengesellschaft nach der BGH-Entscheidung „Dritter Börsengang" der Telekom, GWR 2011, 404–406.

I. Allgemeines

1   Der Schutz des Vermögens der Aktiengesellschaft wird durch strenge Vorschriften über die Kapitalaufbringung und -erhaltung gewährleistet. Das Kapitalaufbringungsrecht ist geprägt durch den **Grundsatz der realen Kapitalaufbringung,** der eine tatsächliche und endgültige Aufbringung des satzungsmäßigen Grundkapitals sicherstellen soll.[1] Die **Kapi-**

---

[1] GroßkommAktG/*Schall* § 27 Rn. 2 f.; MüKoAktG/*Pentz* § 27 Rn. 5.

talaufbringung erfolgt nach §§ 27, 36a, 54 AktG durch **Bareinlagen** oder **Sacheinlagen** (vgl. dazu §§ 3, 4). Der Sicherung der realen Kapitalaufbringung dienen in erster Linie die §§ 54, 56, 63–66 AktG (dazu → Rn. 3 ff.).[2] Diese werden flankiert durch das Verbot der Unterpariemission (§ 9 Abs. 1 AktG), die Publizität von Sondervorteilen, Gründungsaufwand, Sacheinlagen und Sachübernahmen (§§ 26, 27 AktG), die Gründungsprüfung (§§ 32 Abs. 2, 33 Abs. 2 Nr. 4, 34 AktG), die – auch präventiv wirkende – Gründerhaftung (§§ 46–51 AktG) und das Nachgründungserfordernis (§ 52 AktG).[3] Der **Kapitalerhaltung** dient primär die Vorschrift des § 57 Abs. 1 S. 1 AktG, nach der den Aktionären die Einlagen nicht zurückgewährt werden dürfen (dazu → Rn. 58 ff.). Das Verbot der Einlagenrückgewähr ist über den eigentlichen Wortlaut des § 57 Abs. 1 S. 1 AktG hinaus weit aufzufassen: Nicht nur das Grundkapital oder die erbrachten Einlagen, sondern das **gesamte Vermögen** der AG unterliegt der Bindung des § 57 Abs. 1 S. 1 AktG.[4] Dies wird durch die Vorschrift des § 57 Abs. 3 AktG bestätigt, nach der vor Auflösung der Gesellschaft unter die Aktionäre nur der Bilanzgewinn verteilt werden darf.[5] Danach gilt folgender Grundsatz: Verbotene Einlagenrückgewähr ist jede aus dem Vermögen der AG an einen Aktionär erbrachte Leistung, sofern nicht ein neutrales Drittgeschäft oder eine nach § 57 Abs. 3 AktG zulässige Gewinnausschüttung vorliegt oder die Leistung ausnahmsweise gesetzlich zugelassen ist (→ Rn. 58; zu Ausnahmen → Rn. 74 ff.). Das Verbot der Einlagenrückgewähr wird ergänzt durch die Rückerstattungspflicht gemäß § 62 AktG (Haftung der Aktionäre beim Empfang verbotener Leistungen; dazu → Rn. 104 ff.) und die §§ 71–71e AktG (Verbot des Erwerbs eigener Aktien; dazu § 15).

Neben den gesetzlichen Regelungen zur Kapitalaufbringung und Kapitalerhaltung besteht eine Reihe von aktienrechtlichen Vorschriften zum Schutz des Vermögens der Gesellschaft. Zu ihnen gehört etwa § 117 Abs. 1 S. 1 AktG, wonach zum Schadensersatz verpflichtet ist, wer vorsätzlich unter Benutzung seines Einflusses auf die Gesellschaft ein Mitglied des Vorstands oder des Aufsichtsrats, einen Prokuristen oder einen Handlungsbevollmächtigten dazu bestimmt, zum Schaden der Gesellschaft zu handeln (dazu § 27). Dem **Vermögensschutz** der Aktiengesellschaft dienen weiterhin die Vorschriften über Kreditgewährung an Vorstands- und Aufsichtsratsmitglieder (§§ 89, 115 AktG; dazu → § 21 Rn. 151 ff. und → § 33 Rn. 56) sowie die Vorschriften des § 302 AktG (dazu → § 71 Rn. 64 ff.) und der §§ 311 ff. AktG (dazu → § 70 Rn. 65 ff.). Ist das Vermögen der Aktiengesellschaft durch Verluste so weit aufgezehrt, dass die Hälfte des Grundkapitals verloren ist, ist der Vorstand nach § 92 Abs. 1 AktG verpflichtet, unverzüglich die Hauptversammlung einzuberufen und ihr dies anzuzeigen (dazu → § 25 Rn. 99 ff.). 2

II. Einlagepflichten der Aktionäre

1. Einlagepflicht. Das Grundkapital der AG kann durch Bareinlage, Sacheinlage oder eine Kombination aus Bar- und Sacheinlage (Mischeinlage)[6] aufgebracht werden (vgl. 3

---

[2] Vgl. LG Mainz ZIP 1986, 1323 (1325 f.) – IBH-Holding; LG Mainz WM 1987, 314 (315) – IBH-Holding.
[3] Hüffer AktG/*Koch* § 1 Rn. 11; K. Schmidt/Lutter/*Lutter* AktG § 1 Rn. 27.
[4] BGHZ 90, 381 (386) = NJW 1984, 1893 (1894) – BuM/WestLB; Grigoleit/*Grigoleit/Rachlitz* AktG § 57 Rn. 1; GroßkommAktG/*Henze* § 57 Rn. 8 ff.; MüKoAktG/*Bayer* § 57 Rn. 8 ff.; K. Schmidt/Lutter/*Fleischer* AktG § 57 Rn. 8; Spindler/Stilz/*Cahn/v. Spannenberg* AktG § 57 Rn. 14; *Wiedemann* GesR I S. 561 f.
[5] Zweifelnd *Henze* AG 2004, 405 (409 f.); *Henze* NZG 2005, 115 (120 f.); *Henze* WM 2005, 717 (720 f.), der infrage stellt, ob auch der das Grundkapital und die gesetzlichen Rücklagen (§ 150 AktG) übersteigende Teil des Vermögens derselben strengen Bindung unterliegt wie das durch Grundkapital und gesetzliche Rücklagen gebundene Vermögen; s. auch *Altmeppen* ZIP 2006, 1025 (1031 f.); *Schön* FS Röhricht, 2005, 559 (562 ff.); ähnlich bereits *Zöllner/M. Winter* ZHR 158 (1994), 59 (77 f.); für Einschränkungen bei nicht gebundenen Rücklagen auch KölnKommAktG/*Drygala* § 57 Rn. 19, der Leistungen zu Lasten der Vermögensbestandteile, die in Bilanzgewinn umgewandelt werden können, mit Zustimmung aller Aktionäre als zulässig ansieht.
[6] Vgl. zur Mischeinlage OLG Celle NZG 2016, 300 (zur GmbH).

§ 3 Rn. 2). Von der Mischeinlage ist die gemischte Sacheinlage abzugrenzen, bei der eine Kombination von Sacheinlage und Sachübernahme vorliegt (vgl. → § 4 Rn. 4).[7] Die Einlagepflicht entsteht mit der Übernahme von Aktien bei der Gründung, mit der Annahme der Zeichnungserklärung durch die Gesellschaft bei einer Kapitalerhöhung (vgl. → § 57 Rn. 174) oder mit dem derivativen Erwerb einer nicht volleingezahlten Aktie. Die Pflicht zur Erbringung einer Sacheinlage geht nicht auf den Erwerber über. Sie trifft stets nur den Aktionär, der sich zu ihrer Erbringung verpflichtet hat, oder seinen Gesamtrechtsnachfolger.[8] Veräußert der Aktionär seine Aktie vor Erbringung der Sacheinlage (§ 36a Abs. 2 AktG), bleibt er weiterhin zur Erbringung der Sacheinlage verpflichtet.[9] Auf den Erwerber geht jedoch grundsätzlich die Verpflichtung des Aktionärs über, gegebenenfalls Geld zu leisten, wenn die Sacheinlage nicht erlangt werden kann.[10]

4 Die Einlagepflicht kann durch **gutgläubig lastenfreien Erwerb** von Aktien untergehen. Hat die Gesellschaft entgegen dem Verbot des § 10 Abs. 2 AktG vor der vollen Leistung des Ausgabebetrags **Inhaberaktien** ausgegeben (vgl. → § 12 Rn. 7 und → § 13 Rn. 2), schuldet der gutgläubige Erwerber die noch ausstehende Einlage nicht.[11] Dies gilt nicht nur bei Einzelverbriefung, sondern auch bei Verbriefung der Aktien in einer Globalurkunde.[12] Auch bei dem Erwerb von **Namensaktien** ist ein gutgläubig lastenfreier Erwerb möglich, wenn entgegen § 10 Abs. 2 S. 2 AktG keine oder zu hohe Teilleistungen in der Urkunde angegeben sind.[13] Gutglaubensschutz genießt nur, wer die Aktie derivativ aufgrund eines Rechtsgeschäfts erwirbt. Gutgläubig erwerben kann daher nicht der Gründer oder Zeichner, da er die Aktie originär und nicht derivativ erwirbt.[14] Als originärer Erwerber gilt auch ein bezugsberechtigter Altaktionär im Rahmen der Ausübung eines mittelbaren Bezugsrechts nach § 186 Abs. 5 AktG, obwohl er rechtstechnisch die Aktie derivativ vom Kreditinstitut erwirbt.[15] Auch bei Übergang von Aktien im Wege der Gesamtrechtsnachfolge ist ein gutgläubig lastenfreier Erwerb ausgeschlossen.[16] Als **gutgläubig** ist entsprechend § 932 Abs. 2 BGB der Erwerber anzusehen, der die noch offene Einlageverpflichtung ohne grobe Fahrlässigkeit

---

[7] Ausführlich zur gemischten Sacheinlage jüngst *Gerlach,* Die gemischte Sacheinlage, 2016, passim.

[8] GroßkommAktG/*Henze* § 54 Rn. 31 und 34; KölnKommAktG/*Drygala* § 54 Rn. 9; MüKoAktG/*Götze* § 54 Rn. 14; Spindler/Stilz/*Cahn/v. Spannenberg* AktG § 54 Rn. 14; offen OLG Dresden AG 2004, 611 (614).

[9] GroßkommAktG/*Henze* § 54 Rn. 31; Hüffer AktG/*Koch* § 54 Rn. 4; MüKoAktG/*Götze* § 54 Rn. 14.

[10] GroßkommAktG/*Henze* § 54 Rn. 32; Hüffer AktG/*Koch* § 54 Rn. 4; KölnKommAktG/*Drygala* § 54 Rn. 12; MüKoAktG/*Götze* § 54 Rn. 14; K. Schmidt/Lutter/*Fleischer* AktG § 54 Rn. 13.

[11] RGZ 144, 138 (145); BGHZ 122, 181 (196 f.) = NJW 1993, 1983 (1987); OLG Köln AG 2002, 92 (93); OLG Düsseldorf ZIP 1991, 161 (168); Bürgers/Körber/*H. P. Westermann* AktG § 54 Rn. 5; GroßkommAktG/*Henze* § 54 Rn. 19 ff. und 33; KölnKommAktG/*Drygala* § 54 Rn. 17; MüKoAktG/*Götze* § 54 Rn. 14 ff.; K. Schmidt/Lutter/*Fleischer* AktG § 54 Rn. 11; Spindler/Stilz/*Cahn/v. Spannenberg* AktG § 54 Rn. 15.

[12] BGHZ 122, 181 (196 f.) = NJW 1993, 1983 (1987); KölnKommAktG/*Drygala* § 54 Rn. 17; MüKoAktG/*Götze* § 54 Rn. 15; Spindler/Stilz/*Cahn/v. Spannenberg* AktG § 54 Rn. 15.

[13] Bürgers/Körber/*H. P. Westermann* AktG § 54 Rn. 5; GroßkommAktG/*Henze* § 54 Rn. 19 ff. und 33; KölnKommAktG/*Drygala* § 54 Rn. 5; MüKoAktG/*Götze* § 54 Rn. 16; K. Schmidt/Lutter/*Fleischer* AktG § 54 Rn. 11; Spindler/Stilz/*Cahn/v. Spannenberg* AktG § 54 Rn. 15.

[14] Bürgers/Körber/*H. P. Westermann* AktG § 54 Rn. 5; KölnKommAktG/*Drygala* § 54 Rn. 14; K. Schmidt/Lutter/*Fleischer* AktG § 54 Rn. 11.

[15] BGHZ 122, 181 (198 ff.) = NJW 1993, 1983 (1987 f.); GroßkommAktG/*Henze* § 54 Rn. 21; Hölters/*Laubert* AktG § 54 Rn. 4; KölnKommAktG/*Drygala* § 54 Rn. 15; MüKoAktG/*Götze* § 54 Rn. 15; Spindler/Stilz/*Cahn/v. Spannenberg* AktG § 54 Rn. 15.

[16] Bürgers/Körber/*H. P. Westermann* AktG § 54 Rn. 5; GroßkommAktG/*Henze* § 54 Rn. 21; KölnKommAktG/*Drygala* § 54 Rn. 17; K. Schmidt/Lutter/*Fleischer* AktG § 54 Rn. 11; Spindler/Stilz/*Cahn/v. Spannenberg* AktG § 54 Rn. 15.

§ 16 Kapitalaufbringung und Kapitalerhaltung

nicht kennt.¹⁷ Geht danach die offene Einlageverpflichtung nicht auf den gutgläubigen Erwerber über, bleibt der bisherige Aktionär zur Leistung der vollen Einlage und nicht nur in subsidiärer Haftung nach § 65 AktG verpflichtet.¹⁸ Veräußert der gutgläubige Erwerber die Aktie an einen Dritten weiter, erwirbt der Dritte unabhängig von seiner Gutgläubigkeit lastenfrei.¹⁹ Der gute Glaube an die inhaltliche Richtigkeit von Zwischenscheinen nach § 10 Abs. 3 AktG wird nicht geschützt.²⁰

2. Erfüllung der Einlagepflicht. a) Allgemeines. Die Art und Weise sowie der Zeitpunkt der Erfüllung einer **Sacheinlagepflicht** richten sich nach den §§ 36a Abs. 2, 188 Abs. 2 S. 1 AktG (dazu → § 4 Rn. 1 ff. und → § 57 Rn. 41 ff.). Die Erfüllung von **Bareinlagepflichten** richtet sich nach den §§ 54 Abs. 2 und 3, 63–66 AktG sowie ergänzend nach den §§ 36 Abs. 2, 36a Abs. 1, 188 Abs. 2 AktG (zu Voreinzahlungen auf eine künftige Bareinlagepflicht bei Barkapitalerhöhungen → § 57 Rn. 184 f.). Danach sind bestimmte **Mindestbeträge** der Bareinlage bereits vor der Eintragung der Gesellschaft oder der Durchführung der Kapitalerhöhung zu zahlen (vgl. → § 3 Rn. 15 und → § 57 Rn. 182 ff.). Zu diesen Vorschriften über die Erfüllung der Bareinlagepflichten **vor Eintragung** der Gesellschaft gehört systematisch auch § 54 Abs. 3 AktG. Dort ist bestimmt, in welcher Weise und an wen der „vor der Anmeldung der Gesellschaft eingeforderte Betrag" gezahlt werden muss. Nach § 54 Abs. 3 S. 1 AktG kann die Leistung der Bareinlage nur durch Barzahlung in gesetzlichen Zahlungsmitteln oder Gutschrift auf ein Konto der Vorgesellschaft oder des Vorstands bei einem Kreditinstitut oder einem nach § 53 Abs. 1 S. 1 oder § 53b Abs. 1 S. 1 oder Abs. 7 KWG tätigen Unternehmen erfolgen. Bei den nach § 53 Abs. 1 S. 1 oder § 53b Abs. 1 S. 1 oder Abs. 7 KWG tätigen Unternehmen handelt es sich um Zweigstellen ausländischer Unternehmen sowie um CRR-Kreditinstitute oder Wertpapierhandelsunternehmen bzw. bestimmte Kredit- und Finanzdienstleistungsinstitute, Zahlungsdienstleister und Finanzunternehmen mit Sitz in einem anderen EWR-Staat, die über eine inländische Zweigniederlassung oder im Wege des grenzüberschreitenden Dienstleistungsverkehrs tätig werden. In letzterem Fall kann die Einlage schuldbefreiend auf ein Auslandskonto gezahlt werden, wobei die Kontogutschrift in der entsprechenden Auslandswährung erfolgen kann.²¹ Zur Vermeidung einer Diskriminierung wird man auch bei Zahlung auf ein inländisches Konto eine Gutschrift in der Währung eines anderen EWR-Staats zulassen müssen.²² Ist ein Kreditinstitut selbst Aktionär, kann es die Einlage auf ein bei ihm geführtes Konto leisten, sofern der Vorstand über den Betrag endgültig frei verfügen kann (dazu → Rn. 6).²³ Abweichend zu § 362 Abs. 2 BGB kann die Mindest-

---

¹⁷ OLG Köln AG 2002, 92 (93); GroßkommAktG/*Henze* § 54 Rn. 25; KölnKommAktG/*Drygala* § 54 Rn. 19; MüKoAktG/*Götze* § 54 Rn. 18; K. Schmidt/Lutter/*Fleischer* AktG § 54 Rn. 11; Spindler/Stilz/*Cahn/v. Spannenberg* AktG § 54 Rn. 16.
¹⁸ RGZ 144, 138 (145); OLG Düsseldorf ZIP 1991, 161 (168); GroßkommAktG/*Henze* § 54 Rn. 24; KölnKommAktG/*Drygala* § 54 Rn. 20; MüKoAktG/*Götze* § 54 Rn. 19.
¹⁹ GroßkommAktG/*Henze* § 54 Rn. 24; KölnKommAktG/*Drygala* § 54 Rn. 20; MüKoAktG/*Götze* § 54 Rn. 20.
²⁰ KG JW 1927, 2434 (2435); GroßkommAktG/*Henze* § 54 Rn. 30; KölnKommAktG/*Drygala* § 54 Rn. 21; MüKoAktG/*Götze* § 54 Rn. 17; K. Schmidt/Lutter/*Fleischer* AktG § 54 Rn. 12.
²¹ Grigoleit/*Grigoleit/Rachlitz* AktG § 54 Rn. 13; Hölters/*Laubert* AktG § 54 Rn. 12 f.; Hüffer AktG/*Koch* § 54 Rn. 16; KölnKommAktG/*Drygala* § 54 Rn. 74; MüKoAktG/*Götze* § 54 Rn. 66; K. Schmidt/Lutter/*Fleischer* AktG § 54 Rn. 31.
²² GroßkommAktG/*Henze* § 54 Rn. 87; Hüffer AktG/*Koch* § 54 Rn. 16; K. Schmidt/Lutter/*Fleischer* AktG § 54 Rn. 31; s. auch Hölters/*Laubert* AktG § 54 Rn. 13; aA Grigoleit/*Grigoleit/Rachlitz* AktG § 54 Rn. 13; MüKoAktG/*Götze* § 54 Rn. 66.
²³ GroßkommAktG/*Henze* § 54 Rn. 95 f. und 113; GroßkommAktG/*Schall* 36 Rn. 197; Hölters/*Laubert* AktG § 54 Rn. 14; Hüffer AktG/*Koch* § 54 Rn. 17; KölnKommAktG/*Drygala* § 54 Rn. 77 ff.; MüKoAktG/*Götze* § 54 Rn. 64 f.; K. Schmidt/Lutter/*Fleischer* AktG § 54 Rn. 32; Spindler/Stilz/*Cahn/v. Spannenberg* AktG § 54 Rn. 63 ff.; *Heinsius* FS Fleck, 1988, 89 (102 ff.); grundsätzlich auch Grigoleit/*Grigoleit/Rachlitz* AktG § 54 Rn. 14, die aber zusätzlich § 27 Abs. 4 AktG unmittelbar

einlage nach § 36a Abs. 1 AktG nicht auf andere Weise schuldbefreiend geleistet werden. Daher wirkt eine Direktzahlung an einen Gesellschaftsgläubiger, selbst wenn sie mit Einverständnis des Vorstands erfolgt, nicht schuldbefreiend.[24]

6 b) Leistung zur endgültigen freien Verfügung des Vorstands. Die Erfüllung der Bareinlagepflicht setzt nach § 36 Abs. 2 S. 1 AktG voraus, dass der eingezahlte Betrag **endgültig zur freien Verfügung** des Vorstands steht. § 54 Abs. 3 S. 1 AktG verlangt für die Erfüllung der Einlagepflicht ebenfalls eine Leistung zur freien Verfügung des Vorstands, wobei hier anders als in § 36 Abs. 2 S. 1 AktG nicht ausdrücklich auf die Endgültigkeit der freien Verfügung abgestellt wird. Die unterschiedliche Formulierung erklärt sich aus dem unterschiedlichen Bezugspunkt der freien Verfügung: Während es bei § 36 Abs. 2 AktG auf den Zeitpunkt der Anmeldung zum Handelsregister ankommt, ist im Rahmen von § 54 Abs. 3 S. 1 AktG nur entscheidend, dass die Leistung überhaupt einmal zur freien Verfügung des Vorstands gestanden hat.[25] Eine Leistung zur endgültigen freien Verfügung des Vorstands liegt – außerhalb von § 27 Abs. 4 AktG (dazu → Rn. 49 ff.) – vor, wenn die Einlage der Gesellschaft endgültig und ohne Beschränkungen und Vorbehalte sowie frei von Risiken durch den Einleger zugeflossen ist, der Vorstand also rechtlich und tatsächlich in der Lage ist, nach eigenem pflichtgemäßen Ermessen, unter Berücksichtigung seiner Verantwortung für die Gesellschaft, über die Einlage im Gesellschaftsinteresse zu verfügen.[26] Diese Voraussetzung ist auch bei Einzahlung auf ein Notaranderkonto erfüllt, sofern der Vorstand nach dem Inhalt des Treuhandauftrags allein über den eingezahlten Betrag verfügen kann.[27] Fehlt es an dieser Voraussetzung, tilgt der Inferent aber mit der von dem Treuhänder vorgenommenen Auskehrung des Bareinlagebetrags an die AG die offene Einlageschuld.[28] Bei der Einlageleistung auf ein **Bankkonto** kommt es darauf an, ob der Vorstand über die Bareinlage tatsächlich verfügen kann. Daran fehlt es sowohl bei

---

anwenden wollen; aA MüKoAktG/*Pentz* § 36 Rn. 69; *Frey*, Einlagen in Kapitalgesellschaften, 1989, S. 184 ff.; *Ihrig*, Die endgültig freie Verfügung über die Einlage von Kapitalgesellschaftern, 1990, S. 268 ff.; *Wiedemann* ZIP 1991, 1257 (1264 f.).

[24] BGHZ 150, 197 (200) = NZG 2002, 522 (524) (zur GmbH); BGHZ 119, 177 (188 f.) = NJW 1992, 3300 (3302); BGH ZIP 1986, 161 (162); OLG Naumburg NZG 2000, 152 (153) (beide zur GmbH); Grigoleit/*Grigoleit/Rachlitz* AktG § 54 Rn. 15; GroßkommAktG/*Henze* § 54 Rn. 98; MüKoAktG/*Götze* § 54 Rn. 52; K. Schmidt/Lutter/*Fleischer* AktG § 54 Rn. 27; *Hüffer* ZGR 1993, 474 (476 ff.); aA MüKoAktG/*Bayer* § 66 Rn. 87; *Ihrig*, Die endgültig freie Verfügung über die Einlage von Kapitalgesellschaftern, 1991, S. 295 ff.; *Ulmer* GmbHR 1993, 189 (192 f.) (zur GmbH).

[25] KölnKommAktG/*Drygala* § 54 Rn. 80 f.; MüKoAktG/*Götze* § 54 Rn. 68.

[26] BGHZ 125, 141 (151) = NJW 1994, 1477 (1479); BGHZ 113, 335 (347 ff.) = NJW 1991, 1754 (1756 f.) (beide zur GmbH); OLG Frankfurt a. M. AG 1991, 402 (403); OLG Koblenz AG 1987, 88 (89); BayObLG WM 1988, 622 (623); OLG München ZIP 2007, 126 (128) – Kirch Media (zur KGaA); Bürgers/Körber/*Lohse* AktG § 36 Rn. 6; GroßkommAktG/*Henze* § 54 Rn. 107; GroßkommAktG/*Röhricht* § 36 Rn. 56; Hüffer AktG/*Koch* § 36 Rn. 7; KölnKommAktG/*A. Arnold* § 36 Rn. 30; MüKoAktG/*Pentz* § 36 Rn. 48; K. Schmidt/Lutter/*Kleindiek* AktG § 36 Rn. 20; Spindler/Stilz/*Döbereiner* AktG § 36 Rn. 19; Hommelhoff/*Kleindiek* ZIP 1987, 477 (484 f.); *K. Schmidt* AG 1986, 106 (109); vgl. auch OLG München ZIP 2016, 2361 (2362) (zur GmbH): keine Erfüllung der Einlageschuld durch Zahlung von Bargeld an Geschäftsführer in desolater finanzieller Lage; allein darauf abstellend, ob der Aktionär seinen Risikobeitrag wirksam und endgültig erbracht hat, KölnKommAktG/*Drygala* § 54 Rn. 89; *Drygala* ZGR 2006, 587 (595 ff. und 603).

[27] Grigoleit/*Vedder* AktG § 36 Rn. 11; GroßkommAktG/*Schall* § 36 Rn. 201; KölnKommAktG/*A. Arnold* § 36 Rn. 34; K. Schmidt/Lutter/*Kleindiek* AktG § 36 Rn. 22; Spindler/Stilz/*Döbereiner* AktG § 36 Rn. 21; *Kleindiek* FS H. P. Westermann, 2008, 1073 (1077); *Lutter* FS Heinsius, 1991, 497 (517 ff.); vgl. auch BGHZ 165, 352 (355 f.) = NZG 2006, 227 (228) (zur GmbH): keine Erfüllungswirkung für die Einlageschuld, wenn Einlagebetrag dem Zugriff des Inferenten ausgesetzt bleibt; aA MüKoAktG/*Pentz* § 36 Rn. 50, der bei Zahlung an einen Treuhänder stets eine Leistung zur endgültigen freien Verfügung verneint.

[28] BGHZ 165, 352 (356 ff.) = NZG 2006, 227 (228 f.).

fehlender Bonität des kontoführenden Kreditinstituts[29] als auch bei Einzahlung auf ein gesperrtes[30] oder ein gepfändetes Konto.[31] Erfolgt die Einlageleistung auf ein **debitorisches Bankkonto** und wird mit dem Einlagebetrag ein Debetsaldo zurückgeführt, der sich innerhalb eines der Gesellschaft eingeräumten Kreditrahmens bewegt, ist die freie Verfügung des Vorstands nicht ausgeschlossen, da der Gesellschaft aufgrund des Kreditrahmens weiterhin Liquidität in Höhe des Einlagebetrags zur Verfügung steht.[32] Dem wird der Fall gleichgestellt, dass die Zahlung des Aktionärs dazu führt, dass das Kreditinstitut der Gesellschaft auf einem anderen Konto einen Kredit in mindestens gleicher Höhe zur Verfügung stellt.[33] Dagegen fehlt es bei der Einlageleistung auf ein debitorisches Bankkonto an der freien Verfügung des Vorstands, wenn die Bank den Betrag sofort mit einem Debetsaldo verrechnet und wegen Fehlens oder Überschreitens einer Kreditlinie eine Verfügung zu Lasten des Kontos in Höhe des eingezahlten Betrags nicht möglich ist.[34] Wird nicht auf ein Kontokorrentkonto, sondern auf ein Kreditkonto gezahlt, führt dies ebenfalls nicht zu einer Befreiung von der Einlageschuld, da mit der Zahlung nur die Forderung eines Gesellschaftsgläubigers getilgt wird.[35] Eine Leistung zur freien Verfügung des Vorstands liegt weiterhin nicht vor, wenn der Einlagebetrag unmittelbar oder mittelbar (zB als Darlehen) wieder an den Einleger zurückfließen soll und kein privilegiertes Hin- und Herzahlen gemäß § 27 Abs. 4 AktG (dazu → Rn. 49 ff.) vorliegt.[36] Diese Grundsätze gelten auch bei Einzahlung auf ein in den **Cash Pool** einbezogenes Konto, so dass auch hier für die freie Verfügung des Vorstands die Voraussetzungen des § 27 Abs. 4 AktG erfüllt

---

[29] GroßkommAktG/*Röhricht* § 36 Rn. 193; KölnKommAktG/*A. Arnold* § 36 Rn. 43; MüKoAktG/*Pentz* § 36 Rn. 68.

[30] BGH WM 1962, 644 f. (zur GmbH); GroßkommAktG/*Schall* § 36 Rn. 123 f., 193 ff.; Hüffer AktG/*Koch* § 36 Rn. 8; KölnKommAktG/*A. Arnold* § 36 Rn. 43; MüKoAktG/*Pentz* § 36 Rn. 68; K. Schmidt/Lutter/*Kleindiek* AktG § 36 Rn. 22; Spindler/Stilz/*Döbereiner* AktG § 36 Rn. 20; *Kleindiek* FS H. P. Westermann, 2008, 1073 (1076); K. Schmidt AG 1986, 106 (109); dies soll auch bei nur faktischer Bindung gelten, s. OLG Hamburg AG 1980, 275 (277).

[31] LG Flensburg GmbHR 1998, 739 (zur GmbH); GroßkommAktG/*Schall* § 36 Rn. 123 f., 193 ff.; Hüffer AktG/*Koch* § 36 Rn. 8; KölnKommAktG/*A. Arnold* § 36 Rn. 43; MüKoAktG/*Pentz* § 36 Rn. 68; K. Schmidt/Lutter/*Kleindiek* AktG § 36 Rn. 22; Spindler/Stilz/*Döbereiner* AktG § 36 Rn. 20; *Kleindiek* FS H. P. Westermann, 2008, 1073 (1076 f.).

[32] BGH NZG 2011, 667 (668); ZIP 2005, 121 (122); 2002, 799 (800) (insoweit in BGHZ 150, 197 nicht mit abgedruckt); BGH ZIP 1996, 1466 (1467); 1991, 445; 1990, 1400 (1401); BayObLG NZG 1998, 680; OLG Frankfurt a. M. WM 1984, 1448 f. (alle zur GmbH); GroßkommAktG/*Henze* § 54 Rn. 112; GroßkommAktG/*Schall* § 36 Rn. 193; Hüffer AktG/*Koch* § 36 Rn. 8; KölnKommAktG/*A. Arnold* § 36 Rn. 44; MüKoAktG/*Pentz* § 36 Rn. 68; *Kleindiek* FS H. P. Westermann, 2008, 1073 (1077); vgl. auch OLG Köln AG 2002, 92 (93) (Zahlung auf Kapitalerhöhungskonto der Gesellschaft und anschließende Überweisung durch Vorstand auf das laufende – debitorische – Konto).

[33] BGH ZIP 2002, 799 (800) (insoweit in BGHZ 150, 197 nicht mit abgedruckt; zur GmbH).

[34] BGHZ 119, 177 (189 ff.) = NJW 1992, 3300 (3301 ff.); BGH ZIP 1990, 1400 (1401) (zur GmbH); GroßkommAktG/*Henze* § 54 Rn. 112; GroßkommAktG/*Schall* § 36 Rn. 194 f.; Hüffer AktG/*Koch* § 36 Rn. 8; MüKoAktG/*Pentz* § 36 Rn. 68; K. Schmidt/Lutter/*Kleindiek* AktG § 36 Rn. 22; aA KölnKommAktG/*Drygala* § 54 Rn. 90; *Wiedemann* ZIP 1991, 1257 (1264).

[35] BGHZ 119, 177 (189 f.) = NJW 1992, 3300 (3303); OLG Hamm GmbHR 1985, 326 (327) (zur GmbH); Hüffer AktG/*Koch* § 36 Rn. 8; teilweise aA GroßkommAktG/*Schall* § 36 Rn. 196; KölnKommAktG/*A. Arnold* § 36 Rn. 44, die eine wirksame Einlageleistung annehmen, wenn der Vorstand den Inferenten zur Leistung auf das betreffende Konto angewiesen hat.

[36] BGHZ 165, 113 (116) = NZG 2006, 24; BGHZ 153, 107 (109 f.) = NZG 2003, 168 (169) (zur GmbH); BGHZ 122, 180 (184 f.) = NJW 1993, 1983 (1984 f.); BGHZ 113, 335 (348 ff.) = NJW 1991, 1754 (1756 f.) (zur GmbH); BGH ZIP 2004, 1046 (1047) (zur GmbH); BGH ZIP 2001, 1997 (1998) (zur GmbH); Bürgers/Körber/*Lohse* AktG § 36 Rn. 7 Grigoleit/*Vedder* AktG § 36 Rn. 11; GroßkommAktG/*Schall* § 36 Rn. 147 ff.; Hüffer AktG/*Koch* § 36 Rn. 8; MüKoAktG/*Pentz* § 36 Rn. 54, 56 und 59 ff.; Spindler/Stilz/*Döbereiner* AktG § 36 Rn. 20; *Assman/Sethe* ZHR 158 (1994), 646 (658 ff.); aA K. Schmidt/Lutter/*Kleindiek* AktG § 36 Rn. 26, der diesen Fall dem Bereich der Mittelverwendung zuordnen will; s. auch *Hommelhoff/Kleindiek* ZIP 1987, 477 (488 ff.).

§ 16 7   4. Kapitel. Grundkapital, Aktien und Rechtsstellung der Aktionäre

sein müssen.[37] Ist ein Kreditinstitut Einlageschuldner und erfolgt die Einlageleistung auf ein bei ihm geführtes Konto (vgl. → Rn. 5), setzt die endgültige freie Verfügung des Vorstands voraus, dass ein Zugriff des Kreditinstituts auf den gutgeschriebenen Betrag durch die vertragliche Ausgestaltung des Kontos ausgeschlossen ist.[38] Eine freie Verfügung ist schließlich auch dann nicht gegeben, wenn die Gesellschaft dem Einleger ein Darlehen gewährt oder sich für ein solches Darlehen verbürgt und der Einleger die Einlageschuld mit diesen Darlehensmitteln begleicht.[39]

7   Noch nicht endgültig geklärt ist, inwieweit mit dem Einleger getroffene **Abreden über die künftige Verwendung** der Einlage einer endgültigen freien Verfügung des Vorstands entgegenstehen. Das Gebot der endgültigen freien Verfügung soll den effektiven und endgültigen Mittelzufluss, nicht aber die endgültige freie Mittelverwendung durch den Vorstand sichern.[40] Dies spricht dafür, dass Verwendungsabreden nicht generell unzulässig sind. Für die Zulässigkeit einer Verwendungsabrede ist nach hM aber jedenfalls erforderlich, dass ihr Zweck nicht auf eine unmittelbare oder mittelbare Rückgewähr der eingezahlten Mittel an den Einleger gerichtet ist, so dass die Vereinbarung weder auf ein – nicht gemäß § 27 Abs. 4 AktG privilegiertes – Hin- und Herzahlen noch auf einen als verdeckte Sacheinlage zu qualifizierenden Erwerb von Vermögensgegenständen von dem Inferenten zielen darf.[41] Erfüllt eine Verwendungsabrede diese Voraussetzung, ist sie zumindest dann zulässig, wenn es sich um eine reine Absichtserklärung handelt und der Vorstand hiervon ohne weiteres abweichen kann.[42] Darüber hinaus sollte es auch ausreichen, wenn der Vorstand trotz einer grundsätzlich bindenden Abrede jedenfalls faktisch frei ist, sich hinsichtlich der Verwendung der Mittel ggf. noch anders zu entscheiden.[43] Nach diesen Grundsätzen liegt eine die freie Verfügung ausschließende Vereinbarung etwa dann vor, wenn der Vorstand

---

[37] Vgl. Grigoleit/*Vedder* AktG § 36 Rn. 11; Hölters/*Solveen* AktG § 36 Rn. 16; Spindler/Stilz/*Döbereiner* AktG § 36 Rn. 21; *Strohn* DB 2014, 1535 (1536 ff.); zur Abgrenzung zwischen verdeckter Sacheinlage und Hin- und Herzahlen bei Einzahlung auf ein in den Cash Pool einbezogenes Konto → Rn. 50.

[38] Grigoleit/*Grigoleit/Rachlitz* AktG § 54 Rn. 14; GroßkommAktG/*Henze* § 54 Rn. 113; Hölters/*Laubert* AktG § 54 Rn. 14; Hüffer AktG/*Koch* § 54 Rn. 18; KölnKommAktG/*A. Arnold* § 36 Rn. 45; KölnKommAktG/*Drygala* § 54 Rn. 79; K. Schmidt/Lutter/*Fleischer* AktG § 54 Rn. 32.

[39] RGZ 47, 180 (185 f.); BGHZ 28, 77 (78) = NJW 1958, 1351 (beide zur GmbH); OLG Frankfurt a. M. AG 1991, 402 (404); Bürgers/Körber/*Lohse* AktG § 36 Rn. 7; Grigoleit/*Vedder* AktG § 36 Rn. 11; Hüffer AktG/*Koch* § 36 Rn. 8; MüKoAktG/*Pentz* § 36 Rn. 57; K. Schmidt/Lutter/*Kleindiek* AktG § 36 Rn. 21.

[40] *Hommelhoff/Kleindieck* ZIP 1987, 477 (488); *Kleindiek* FS H. P. Westermann, 2008, 1073 (1078 f.); *K. Schmidt* AG 1986, 106 (111).

[41] BGHZ 185, 44 (49) = NZG 2010, 702 (704) – AdCoCom; BGHZ 171, 113 (117 ff.) = NZG 2007, 300 (301 f.) (beide zur GmbH); BGHZ 165, 113 (116) = NZG 2006, 24 f.; BGHZ 122, 180 (184 f.) = NJW 1993, 1983 (1984 f.); BGHZ 113, 335 (347 ff.) = NJW 1991, 1754 (1756 f.); BGH NZG 2011, 667 (668) (zur GmbH); BGH ZIP 2001, 1997 (1998) (zur GmbH); BGH ZIP 1990, 1400 (zur GmbH); OLG München ZIP 2007, 126 (128) – Kirch Media (zur KGaA); OLG Koblenz AG 1987, 88 (89) – IBH; Bürgers/Körber/*Lohse* AktG § 36 Rn. 8 ff.; Grigoleit/*Vedder* AktG § 36 Rn. 11; GroßkommAktG/*Schall* § 36 Rn. 61 ff., 176 ff., 81 f.; Hölters/*Solveen* AktG § 36 Rn. 16; Hüffer AktG/*Koch* § 36 Rn. 9; KölnKommAktG/*A. Arnold* § 36 Rn. 38; MüKoAktG/*Pentz* § 36 Rn. 52 f.; Spindler/Stilz/*Döbereiner* AktG § 36 Rn. 21; *Ihrig*, Die endgültige freie Verfügung, 1991, S. 191 ff., 218 ff.; aA K. Schmidt/Lutter/*Kleindiek* AktG § 36 Rn. 26; *Cavin*, Kapitalaufbringung in GmbH und AG, 2012, S. 472 ff.; *Hommelhoff/Kleindiek* ZIP 1987, 477 (486 f.); *Kleindiek* FS H. P. Westermann, 2008, 1073 (1078 f.); *K. Schmidt* AG 1986, 106 (109 ff.); *J. Wilhelm* ZHR 152 (1988), 333 (367 f.), nach deren Ansicht das Erfordernis der Mittelaufbringung selbst bei Absprachen über die Rückgewähr an den Inferenten erfüllt ist, sofern keine bloße Scheinzahlung vorliegt.

[42] Hölters/*Solveen* AktG § 36 Rn. 16; Spindler/Stilz/*Döbereiner* AktG § 36 Rn. 21; vgl. auch BGHZ 184, 158 (167) = NZG 2010, 343 (345) – EUROBIKE; BGHZ 180, 38 (46 f.) = NZG 2009, 463 (465) – Qivive (zur GmbH): Erfordernis der endgültigen freien Verfügung nicht berührt, soweit der Inferent die Einlagemittel nicht für seine Zwecke „reserviert".

[43] Grigoleit/*Vedder* AktG § 36 Rn. 11; MüKoAktG/*Pentz* § 36 Rn. 53.

§ 16 Kapitalaufbringung und Kapitalerhaltung

der Tochter-AG die von der Muttergesellschaft erhaltene Einlage sogleich als Darlehen zurückgewährt, ohne dass die Voraussetzungen des § 27 Abs. 4 AktG erfüllt sind (bereits → Rn. 6).[44] Mit der späteren Zahlung auf die vermeintliche „Darlehensschuld" erfüllt der Inferent dann aber die offene Einlageverbindlichkeit.[45] Dagegen steht es einer Leistung zur freien Verfügung des Vorstands nicht entgegen, wenn der Inferent im zeitlichen Zusammenhang mit der Einlageleistung für die AG entgeltliche Dienstleistungen erbringt, sofern er die Einlage nicht für die Vergütung der Dienstleistungen „reserviert" hat.[46] Voraussetzung ist aber, dass tatsächlich erbrachte Leistungen vergütet werden, die Vergütung marktüblich ist und die Leistungen nicht objektiv wertlos und für die AG unbrauchbar sind.[47] Insgesamt lässt sich die Frage, ob die vereinbarte Mittelverwendung zulässig ist oder eine die freie Verfügung des Vorstands ausschließende Abrede vorliegt, nur nach den Umständen des jeweiligen Einzelfalls beantworten. Schwierigkeiten bereiten dabei vor allem die zahlreichen Überschneidungen mit den Grundsätzen der verdeckten Sacheinlage (vgl. → Rn. 34 ff.). Im Zweifel empfiehlt es sich, vorsorglich davon auszugehen, dass eine Verwendungsabrede die erforderliche freie Verfügung beeinträchtigt.[48]

c) **Aufrechnung, Leistung an Dritte.** Nach § 66 Abs. 1 S. 2 AktG ist eine **Aufrechnung** des Aktionärs gegen die Einlageforderung der Gesellschaft nicht zulässig (dazu → Rn. 29 ff.). Auch die Gesellschaft kann nicht uneingeschränkt die Aufrechnung erklären. Insbesondere scheidet eine Aufrechnung im Hinblick auf Zahlungen aus, die vor der Anmeldung geleistet sein müssen (§§ 36 Abs. 2, 36a, 188 Abs. 2, 203 Abs. 1 AktG).[49] Außerhalb dieses Bereichs kann die Gesellschaft nach hM die Aufrechnung erklären oder einen Aufrechnungsvertrag mit dem Aktionär schließen, wenn dessen Forderung vollwertig, fällig und liquide ist.[50] Unzulässig ist eine von der Gesellschaft erklärte Aufrechnung aber dann, wenn sie zu einer Umgehung der Sacheinlagevorschriften führt (verdeckte Sacheinlage).[51] Dies ist stets der Fall, wenn die Gegenforderung bei Begründung der Einlageforderung bereits bestand (Altforderung).[52] Erklärt die Gesellschaft dennoch die

---

[44] Vgl. BGHZ 153, 107 (110) = NZG 2003, 168 (169) (zur GmbH); BGH ZIP 2006, 1633 (1634) (zur GmbH); Hüffer AktG/*Koch* § 36 Rn. 9.
[45] BGHZ 165, 113 (117) = NZG 2006, 24 (25).
[46] BGHZ 184, 158 (167) = NZG 2010, 343 (345) – EUROBIKE; BGHZ 180, 38 (41 ff.) = NZG 2009, 463 (465) – Qivive (zur GmbH); s. auch Bürgers/Körber/*Lohse* AktG § 36 Rn. 8; K. Schmidt/Lutter/*Kleindiek* AktG § 36 Rn. 26.
[47] BGHZ 184, 158 (162 ff.) = NZG 2010, 343 (344 ff.) – EUROBIKE; *Lieder* EWiR 2010, 169 (170); s. auch *Bayer/Lieder* NZG 2010, 86 (88 f.): Leistungsgebot zur endgültig freien Verfügung bei marktüblicher Vergütung teleologisch zu reduzieren.
[48] Hüffer AktG/*Koch* § 36 Rn. 9; zustimmend Bürgers/Körber/*Lohse* AktG § 36 Rn. 8; tendenziell auch *Ihrig*, Die endgültige freie Verfügung über die Einlage von Kapitalgesellschaftern, 1991, S. 200 ff., 218 ff.
[49] RGZ 94, 61 (62 f.); GroßkommAktG/*Gehrlein* § 66 Rn. 35; Hölters/*Laubert* AktG § 66 Rn. 8; Hüffer AktG/*Koch* § 66 Rn. 6; MüKoAktG/*Bayer* § 66 Rn. 49; K. Schmidt/Lutter/*Fleischer* AktG § 66 Rn. 9.
[50] RGZ 134, 262 (268 f.); 94, 61 (63); 18, 1 (5); BGHZ 191, 364 (380) = NZG 2012, 69 (74) – Babcock Borsig; zur GmbH auch RGZ 54, 389 (391 f.); BGHZ 125, 141 (143) = NZG 2012, 69 (74); BGHZ 90, 370 (373) = NJW 1984, 1891; BGHZ 15, 52 (57) = NJW 1954, 1842 (1843 f.); OLG Stuttgart NJW 1987, 1032; BayObLG DB 1985, 107; ebenso etwa Bürgers/Körber/*H. P. Westermann* AktG § 66 Rn. 7; Grigoleit/*Grigoleit/Rachlitz* AktG § 66 Rn. 8; GroßkommAktG/*Gehrlein* § 66 Rn. 35 ff.; Hölters/*Laubert* AktG § 66 Rn. 8 f.; Hüffer AktG/*Koch* § 66 Rn. 6 f.; MüKoAktG/*Bayer* § 66 Rn. 50; K. Schmidt/Lutter/*Fleischer* AktG § 66 Rn. 9 ff.; *Verse* ZGR 2012, 875 (891); weitergehend Spindler/Stilz/*Cahn* AktG § 66 Rn. 31: kein Aufrechnungsverbot, wenn lediglich der Anspruch des Aktionärs wegen der finanziellen Situation der AG gefährdet erscheint; gegen das Vollwertigkeitsgebot *Buddemeier*, Verfügungen über Einlageforderungen in der Krise der Kapitalgesellschaft, 2017, S. 138 ff.
[51] MüKoAktG/*Bayer* § 66 Rn. 51.
[52] MüKoAktG/*Bayer* § 66 Rn. 51.

Aufrechnung gegen eine Altforderung oder gegen eine Neuforderung, die nicht vollwertig, fällig und liquide ist, führt dies gleichwohl zur (anteiligen) Tilgung der Einlageschuld entsprechend § 27 Abs. 3 AktG.[53] Ein Aktionär wird gemäß § 362 Abs. 2 BGB auch dann von seiner Einlageschuld befreit, wenn er auf Veranlassung der Gesellschaft einen Gesellschaftsgläubiger befriedigt, dessen Forderung vollwertig, fällig und liquide ist.[54] Auch diese Möglichkeit besteht aber nur im Hinblick auf den die **gesetzliche Mindesteinzahlung** nach § 36a Abs. 1 AktG übersteigenden Teil der Bareinlage. Die gesetzliche Mindesteinzahlung nach § 36a Abs. 1 AktG kann nicht durch Gläubigerbefriedigung wirksam erbracht werden, weil bei einer Erfüllung nach § 362 Abs. 2 BGB der zu leistende Mindestbetrag nicht gemäß § 54 Abs. 3 AktG zur freien Verfügung des Vorstands steht (schon → Rn. 5).[55]

9 **d) Einforderung der Einlagen, Fälligkeit.** Nach §§ 36 Abs. 2, 36a Abs. 1, 188 Abs. 2 AktG sind **Bareinlagen vor Anmeldung** der Gesellschaft oder einer Kapitalerhöhung gegen Einlagen mindestens in Höhe von einem Viertel des geringsten Ausgabebetrags zu leisten. Sind die Aktien für einen höheren als den geringsten Ausgabebetrag ausgegeben, so ist auch der gesamte Mehrbetrag (Agio oder Aufgeld) einzuzahlen. **Fällig** sind diese Beträge nach § 54 Abs. 3 S. 1 AktG erst nach Einforderung durch die Gesellschaft. Zahlungen, die ohne Einforderung geleistet werden, führen ebenso wie freiwillige **Mehrleistungen** der Aktionäre zum Erlöschen der Einlageschuld, wenn die Gründer der Aufnahme des Geschäftsbetriebs vor Eintragung der Gesellschaft zugestimmt haben.[56] Dem Schutz der Erhaltung des Grundkapitals zum Zeitpunkt der Eintragung dient das Einstehenmüssen der Aktionäre nach der vom BGH entwickelten **Unterbilanzhaftung** („Vorbelastungshaftung"; dazu → § 3 Rn. 44).[57] Zuständig für die Einforderung der gesetzlich vorgeschriebenen Mindesteinzahlung vor Eintragung der Gesellschaft ist ausschließlich der Vorstand (vgl. auch → § 3 Rn. 16).[58] Dies gilt auch dann, wenn die Gründer in der Gründungsurkunde über die gesetzlichen Mindestbeträge hinaus höhere Voreinzahlungen festgelegt haben. Haben die Gründer eine solche Regelung nicht getroffen, kann der Vorstand vor Eintragung der Gesellschaft über die gesetzlichen Mindestbeträge hinaus aus eigener Kom-

---

[53] KölnKommAktG/*Drygala* § 66 Rn. 23 f.; *Schäfer* FS Stilz, 2014, 525 (531 f.); *Verse* ZGR 2012, 875 (892 f.); nur bei Vorliegen einer Aufrechnungsvereinbarung MüKoAktG/*Bayer* § 66 Rn. 62 f.

[54] BGH ZIP 1986, 161 (162); OLG Naumburg NZG 2000, 152 (153 f.); OLG Köln ZIP 1984, 176 (178) (jeweils zur GmbH); Bürgers/Körber/*H. P. Westermann* AktG § 66 Rn. 13; GroßkommAktG/ *Gehrlein* § 66 Rn. 66; MüKoAktG/*Bayer* § 66 Rn. 19 und 87 ff.; K. Schmidt/Lutter/*Fleischer* AktG § 66 Rn. 24; s. auch BGH NZG 2011, 667 (668) (zur GmbH); teilweise aA KölnKommAktG/*Drygala* § 66 Rn. 53, der auf das Vollwertigkeitserfordernis verzichten will.

[55] BGHZ 119, 177 (188 f.) = NJW 1992, 3300 (3302 f.); zur GmbH auch BGHZ 150, 197 (200) = NZG 2002, 522 (523 f.); BGH ZIP 1986, 161 (162); OLG Naumburg NZG 2000, 152 (153); ebenso etwa Bürgers/Körber/*H. P. Westermann* AktG § 66 Rn. 13; aA MüKoAktG/*Bayer* § 66 Rn. 91; *Ihrig*, Die endgültig freie Verfügung über die Einlage von Kapitalgesellschaftern, 1991, S. 295 ff.; *Ulmer* GmbHR 1993, 189 (192 f.) (zur GmbH).

[56] BGHZ 105, 300 (303) = NJW 1989, 710 (zur GmbH); GroßkommAktG/*Henze* § 54 Rn. 119 ff.; GroßkommAktG/*Schall* § 36 Rn. 106; Hüffer AktG/*Koch* § 36a Rn. 3; weitergehend KölnKommAktG/*A. Arnold* § 36 Rn. 25, MüKoAktG/*Pentz* § 36 Rn. 73: Zustimmung zur Geschäftsaufnahme nicht erforderlich; aA MüKoAktG/*Götze* § 54 Rn. 73 ff.: Tilgung der Einlageschuld nur bei Zustimmung des Vorstands; wiederum aA Spindler/Stilz/*Cahn*/v. *Spannenberg* AktG § 54 Rn. 49 f.: Tilgung der Einlageschuld nur bei Zustimmung der Gründer (wofür die Zustimmung zur Geschäftsaufnahme nicht ausreichen soll); die Zustimmung des Vorstands und der Gründer verlangt KölnKommAktG/*Drygala* § 54 Rn. 95.

[57] Zur Geltung der Unterbilanzhaftung im Aktienrecht vgl. Hüffer AktG/*Koch* § 41 Rn. 8 f.; KölnKommAktG/*M. Arnold* § 41 Rn. 48 f.; MüKoAktG/*Pentz* § 41 Rn. 113 f.; Spindler/Stilz/*Heidinger* AktG § 41 Rn. 77 ff.; offen gelassen von BGHZ 119, 177 (186) = NJW 1992, 3300 (3302).

[58] GroßkommAktG/*Schall* § 36 Rn. 111; KölnKommAktG/*A. Arnold* § 36 Rn. 23; MüKoAktG/ *Götze* § 54 Rn. 49; Spindler/Stilz/*Cahn*/v. *Spannenberg* AktG § 54 Rn. 46.

petenz keine höheren Voreinzahlungen fordern. Dies fällt ausschließlich in die Entscheidungskompetenz der Gründer.[59]

In Bezug auf die Leistung von **Sacheinlagen** ist die gesetzliche Regelung unklar. Nach § 36 Abs. 2 S. 1 AktG sind Sacheinlagen vollständig zu leisten. Im Grundsatz sind daher Sacheinlagen bereits vor der Anmeldung vollständig zu erbringen. Für den Fall, dass die Sacheinlage in der Verpflichtung zur Übertragung eines Vermögensgegenstands auf die Gesellschaft besteht, sieht § 36 Abs. 2 S. 2 AktG jedoch vor, dass die Leistung innerhalb von fünf Jahren nach der Eintragung der Gesellschaft in das Handelsregister zu bewirken sein muss. Die zutreffende hM schließt hieraus, dass dem Gründer entweder im Gründungsprotokoll oder im Einbringungsvertrag für die dingliche Übertragung eine Frist von bis zu fünf Jahren nach Eintragung der Gesellschaft eingeräumt werden kann (→ § 4 Rn. 44).[60] Da Sacheinlagen regelmäßig in der Verpflichtung zur Übertragung eines Vermögensgegenstands bestehen, ist die in Satz 2 vorgesehene Ausnahme praktisch die Regel, während sich der Anwendungsbereich von Satz 1 im Wesentlichen auf Fälle der Gebrauchs- oder Nutzungsüberlassungen beschränkt.[61] Der Wert der Sacheinlage muss gemäß § 36 Abs. 2 S. 3 AktG dem geringsten Ausgabebetrag und bei Ausgabe der Aktien für einen höheren Betrag auch dem Mehrbetrag entsprechen. Eine Überbewertung der Sacheinlage führt grundsätzlich zur Ablehnung der Eintragung nach § 38 Abs. 2 S. 2 AktG. Auch wenn § 38 Abs. 2 S. 2 AktG nur den geringsten Ausgabebetrag erwähnt, hat das Registergericht die Eintragung auch dann zu verweigern, wenn ein Agio festgesetzt wurde und der Wert der Sacheinlage dieses nicht abdeckt.[62] In diesem Fall kann aber die Eintragungsfähigkeit dadurch hergestellt werden, dass die Einlage durch Geldleistung aufgefüllt wird.[63]

Mischeinlagen sind nach hM hinsichtlich beider Leistungen getrennt zu behandeln, so dass für den Bareinlageanteil die §§ 36 Abs. 2, 36a Abs. 1 AktG gelten, während für den Sacheinlageanteil § 36a Abs. 2 AktG gilt.[64] Auf den Bareinlageteil ist nach hM auch dann mindestens ein Viertel des geringsten Ausgabebetrags zu leisten, wenn die Sacheinlage vor der Anmeldung vollständig geleistet wird.[65] Ein etwaiges in bar zu leistendes Aufgeld ist stets in voller Höhe zu leisten.[66]

---

[59] GroßkommAktG/*Henze* § 54 Rn. 117; aA KölnKommAktG/*A. Arnold* § 36 Rn. 24; MüKoAktG/*Pentz* § 36 Rn. 50: Kompetenz des Vorstands; teilweise aA auch Spindler/Stilz/*Cahn/v. Spannenberg* AktG § 54 Rn. 47: Kompetenz des Vorstands, sofern die Gründer der Geschäftsaufnahme der Vor-AG zugestimmt haben.

[60] Grigoleit/*Vedder* AktG § 36a Rn. 4; GroßkommAktG/*Röhricht/Schall* § 36a Rn. 6 ff.; Hölters/*Solveen* AktG § 36a Rn. 5; Hüffer AktG/*Koch* § 36a Rn. 4; KölnKommAktG/*A. Arnold* § 36a Rn. 11 ff.; MüKoAktG/*Pentz* § 36a Rn. 13 ff.; K. Schmidt/Lutter/*Kleindiek* AktG § 36a Rn. 5; *Krebs/Wagner* AG 1998, 467 ff.; aA Spindler/Stilz/*Döbereiner* AktG § 36a Rn. 10; *Mayer* ZHR 154 (1990), 535 (541 ff.): genereller Vorrang von Satz 1 vor Satz 2 und Beschränkung von Satz 2 auf die Einbringung von Forderungen gegen Dritte.

[61] Hüffer AktG/*Koch* § 36a Rn. 4.

[62] Hüffer AktG/*Koch* § 38 Rn. 9; Spindler/Stilz/*Döbereiner* AktG § 38 Rn. 9; *Verse* ZGR 2012, 857 (880 f.).

[63] Hüffer AktG/*Koch* § 27 Rn. 21; vgl. zur GmbH auch OLG Naumburg GmbHR 2018, 1068 (1069); *Porzelt* GmbHR 2018, 1251 (1255).

[64] Grigoleit/*Vedder* AktG § 36 Rn. 15; GroßkommAktG/*Schall* § 36 Rn. 209; Hüffer AktG/*Koch* § 36 Rn. 12; MüKoAktG/*Pentz* § 36 Rn. 83; K. Schmidt/Lutter/*Kleindiek* AktG § 36 Rn. 37; Spindler/Stilz/*Döbereiner* AktG § 36a Rn. 15.

[65] OLG Celle NZG 2016, 300 (zur GmbH); zustimmend *Reichard* GWR 2016, 76; *Sammet* NZG 2016, 344 f.; *Wachter* GmbHR 2016, 289 (290); s. auch Grigoleit/*Vedder* AktG § 36 Rn. 15; GroßkommAktG/*Schall* § 36 Rn. 209; MüKoAktG/*Pentz* § 36 Rn. 84; K. Schmidt/Lutter/*Kleindiek* AktG § 36 Rn. 37; Spindler/Stilz/*Döbereiner* AktG § 36a Rn. 16; vgl. auch bereits RGSt 48, 153 (160) (zur GmbH); aA *Cavin* NZG 2016, 734 ff.

[66] Grigoleit/*Vedder* AktG § 36 Rn. 15; GroßkommAktG/*Schall* § 36 Rn. 209; MüKoAktG/*Pentz* § 36 Rn. 84; K. Schmidt/Lutter/*Kleindiek* AktG § 36 Rn. 37; Spindler/Stilz/*Döbereiner* AktG § 36a Rn. 17.

11 § 63 Abs. 1 AktG regelt die Fälligkeit noch ausstehender, nicht bereits vor der Anmeldung zu leistender **Bareinlagen nach Eintragung** der Gesellschaft und kann daher grundsätzlich nur auf höchstens drei Viertel des geringsten Ausgabebetrags gehen. Wurde die Mindesteinzahlungspflicht jedoch verletzt, findet § 63 Abs. 1 AktG nach Eintragung der Gesellschaft auch insoweit Anwendung und umfasst auch ein pflichtwidrig nicht gezahltes Aufgeld.[67] Fällig wird die ausstehende Einlage gemäß § 63 Abs. 1 S. 1 AktG **nach Aufforderung** durch den **Vorstand** (s. dazu noch → Rn. 12).[68] Die Zahlungsaufforderung steht im pflichtgemäßen Ermessen des Vorstands. Der Vorstand hat dabei das Gleichbehandlungsgebot nach § 53a AktG (dazu → § 17 Rn. 11 ff.) zu beachten und kann nach § 111 Abs. 4 S. 1 AktG an die Zustimmung des Aufsichtsrats gebunden werden.[69] Darüber hinaus kann weder durch die Satzung noch durch Beschluss der Hauptversammlung in die Entscheidungsbefugnis des Vorstands eingegriffen werden.[70]

12 Die Zahlungsaufforderung des Vorstands muss unzweideutig den **Betrag** erkennen lassen, der eingefordert wird. Dabei muss nicht die gesamte noch ausstehende Einlage eingefordert werden. Auch die Einforderung von Teilbeträgen ist zulässig, sofern dies in der Aufforderung hinreichend deutlich zum Ausdruck kommt.[71] Ferner sind die Adressaten (Einlageschuldner) in der Aufforderung genau zu bezeichnen (zB alle im Aktienregister eingetragenen Aktionäre).[72] Da die Aktionäre, die den eingeforderten Betrag nicht rechtzeitig einzahlen, diesen nach § 63 Abs. 2 S. 1 AktG vom Eintritt der Fälligkeit an mit 5 % p. a. zu verzinsen haben, muss in der Zahlungsaufforderung ein fester Zahlungstermin bzw. eine **Zahlungsfrist** bestimmt werden. Diese Frist muss so festgelegt werden, dass den Aktionären angemessene Zeit verbleibt, sich die erforderlichen Mittel zu beschaffen.[73] Soweit die Satzung nichts anderes bestimmt, ist die Zahlungsaufforderung in den Gesellschaftsblättern (Bundesanzeiger, § 25 AktG) **bekanntzumachen** (§ 63 Abs. 1 S. 2 AktG). Mit der Bekanntmachung der Zahlungsaufforderung ist der eingeforderte Betrag erfüllbar.[74] Die Fälligkeit tritt dagegen erst mit Ablauf des letzten Tags der in der Aufforderung bekanntgemachten Zahlungsfrist ein.[75] Ohne Aufforderung durch den Vorstand kann die Einlageforderung nicht fällig werden, soweit die Fälligkeit nicht bereits gemäß §§ 36 Abs. 2, 36a Abs. 1 AktG durch Einforderung vor

---

[67] BGHZ 110, 47 (76) = NJW 1990, 982 (988) – IBH/Lemmerz; GroßkommAktG/*Gehrlein* § 63 Rn. 4; Hüffer AktG/*Koch* § 63 Rn. 2; KölnKommAktG/*Drygala* § 63 Rn. 4; MüKoAktG/*Bayer* § 63 Rn. 6; K. Schmidt/Lutter/*Fleischer* AktG § 63 Rn. 5; Spindler/Stilz/*Cahn* AktG § 63 Rn. 5.

[68] BGHZ 110, 47 (76) = NJW 1990, 982 (988) – IBH/Lemmerz; MüKoAktG/*Bayer* § 63 Rn. 38; Spindler/Stilz/*Cahn* AktG § 63 Rn. 18.

[69] GroßkommAktG/*Gehrlein* § 63 Rn. 22; Hüffer AktG/*Koch* § 63 Rn. 5; KölnKommAktG/*Drygala* § 63 Rn. 15; MüKoAktG/*Bayer* § 63 Rn. 26; K. Schmidt/Lutter/*Fleischer* AktG § 63 Rn. 12; Spindler/Stilz/*Cahn* AktG § 63 Rn. 11.

[70] GroßkommAktG/*Gehrlein* § 63 Rn. 23; Hüffer AktG/*Koch* § 63 Rn. 5; KölnKommAktG/*Drygala* § 63 Rn. 15; MüKoAktG/*Bayer* § 63 Rn. 28; K. Schmidt/Lutter/*Fleischer* AktG § 63 Rn. 13; Spindler/Stilz/*Cahn* AktG § 63 Rn. 12.

[71] GroßkommAktG/*Gehrlein* § 63 Rn. 18; MüKoAktG/*Bayer* § 63 Rn. 32; K. Schmidt/Lutter/*Fleischer* AktG § 63 Rn. 16; Spindler/Stilz/*Cahn* AktG § 63 Rn. 13.

[72] GroßkommAktG/*Gehrlein* § 63 Rn. 19; MüKoAktG/*Bayer* § 63 Rn. 33; K. Schmidt/Lutter/*Fleischer* AktG § 63 Rn. 17; Spindler/Stilz/*Cahn* AktG § 63 Rn. 14.

[73] GroßkommAktG/*Gehrlein* § 63 Rn. 20; KölnKommAktG/*Drygala* § 63 Rn. 19; MüKoAktG/*Bayer* § 63 Rn. 32; K. Schmidt/Lutter/*Fleischer* AktG § 63 Rn. 17; Spindler/Stilz/*Cahn* AktG § 63 Rn. 14.

[74] GroßkommAktG/*Gehrlein* § 63 Rn. 29 f.; KölnKommAktG/*Drygala* § 63 Rn. 21 f.; MüKoAktG/*Bayer* § 63 Rn. 37; K. Schmidt/Lutter/*Fleischer* AktG § 63 Rn. 20; Spindler/Stilz/*Cahn* AktG § 63 Rn. 17.

[75] Bürgers/Körber/*H. P. Westermann* AktG § 63 Rn. 4; GroßkommAktG/*Gehrlein* § 63 Rn. 30; KölnKommAktG/*Drygala* § 63 Rn. 22; MüKoAktG/*Bayer* § 63 Rn. 40; K. Schmidt/Lutter/*Fleischer* AktG § 63 Rn. 21; Spindler/Stilz/*Cahn* AktG § 63 Rn. 18.

§ 16 Kapitalaufbringung und Kapitalerhaltung

der Anmeldung der Gesellschaft begründet war.[76] Zahlt ein Aktionär nicht fristgerecht innerhalb der bekanntgemachten Zahlungsfrist, gerät er allein aufgrund der Bekanntmachung nicht gemäß § 286 Abs. 1 S. 1 BGB in Schuldnerverzug, da diese erst die Fälligkeit begründet. Es bedarf daher grundsätzlich einer zusätzlichen individuellen Mahnung oder der Erhebung einer Zahlungsklage durch die Gesellschaft.[77] Die in der Aufforderung enthaltene Zahlungsfrist ist aber eine Zeitbestimmung iSd § 286 Abs. 2 Nr. 1 BGB, sofern das Ende der Zahlungsfrist kalendermäßig bestimmt und die Zahlungsaufforderung dem Aktionär individuell zugegangen ist.[78] Gleiches muss gelten, wenn ihn die öffentliche Bekanntmachung des Vorstands nachweislich erreicht hat.[79] Ist dem Aktionär die Aufforderung individuell zugegangen, kommt er gemäß § 286 Abs. 3 S. 1 BGB auch mit Ablauf von 30 Tagen nach Fälligkeit und Zugang der Aufforderung in Verzug.[80] – Nach § 54 Abs. 4 S. 1 AktG **verjährt** die Einlageforderung in zehn Jahren von ihrer Entstehung an. Die Verjährungsfrist beginnt mit der Fälligkeit (vgl. → Rn. 9) der Einlageforderung.[81]

3. Rechtsfolgen nicht rechtzeitiger Zahlung. a) Zinsen, Schadensersatz, Vertragsstrafe. Aktionäre, die den eingeforderten Betrag nicht rechtzeitig einzahlen, haben ihn nach § 63 Abs. 2 S. 1 AktG vom Eintritt der Fälligkeit an mit 5 % p. a. zu verzinsen. Nach § 63 Abs. 2 S. 2 AktG ist die Geltendmachung eines weiteren Schadens der Gesellschaft nicht ausgeschlossen. § 63 Abs. 2 S. 2 AktG gewährt nicht selbst einen Schadensersatzanspruch; dieser richtet sich vielmehr nach den allgemeinen Regeln des bürgerlichen Rechts. In erster Linie wird es sich um einen Schadensersatzanspruch nach §§ 280 Abs. 1 und 2, 286 BGB handeln, der Verzug voraussetzt (vgl. → Rn. 12). Darüber hinaus kann die Satzung nach § 63 Abs. 3 AktG für den Fall nicht rechtzeitiger Einzahlung Vertragsstrafen festsetzen. Es gelten die allgemeinen Vorschriften der §§ 339 ff. BGB, § 348 HGB, soweit sie zur Folge haben, dass die verwirkte Vertragsstrafe neben den Erfüllungsanspruch und nicht wie nach § 340 Abs. 1 BGB an die Stelle des Erfüllungsanspruchs tritt.[82] Die Einführung einer Vertragsstrafe durch Satzungsänderung bedarf, sofern sie nicht nur künftige Kapitalerhöhungen erfasst, der Zustimmung aller betroffenen Aktionäre. Als Gegenstand der Vertragsstrafe kann eine Geldzahlung oder – wegen § 60 Abs. 3 AktG – eine Kürzung oder Streichung des Gewinnbezugsrechts festgesetzt werden.[83] Darüber hinaus darf die Vertragsstrafe nicht zu einer

---

[76] Grigoleit/*Grigoleit/Rachlitz* AktG § 63 Rn. 14; GroßkommAktG/*Gehrlein* § 63 Rn. 30; Hüffer AktG/*Koch* § 63 Rn. 7; Spindler/Stilz/*Cahn* AktG § 63 Rn. 18; *Brandes* WM 1994, 2177 (2180 f.); wohl auch BGHZ 110, 47 (75 f.) = NJW 1990, 982 (988 f.) – IBH/*Lemmerz*.
[77] BGHZ 122, 180 (203) = NJW 1993, 1983/1988 f.; OLG Düsseldorf ZIP 1990, 161 (169).
[78] BGHZ 110, 47 (76 f.) = NJW 1990, 982 (988 f.) – IBH/*Lemmerz*; Grigoleit/*Grigoleit/Rachlitz* AktG § 63 Rn. 15; Hüffer AktG/*Koch* § 63 Rn. 8; KölnKommAktG/*Drygala* § 63 Rn. 30; MüKoAktG/*Bayer* § 63 Rn. 42 f.; Spindler/Stilz/*Cahn* AktG § 63 Rn. 21; wohl auch Bürgers/Körber/ *H. P. Westermann* AktG § 63 Rn. 11.
[79] GroßkommAktG/*Gehrlein* § 63 Rn. 32; MüKoAktG/*Bayer* § 63 Rn. 43.
[80] GroßkommAktG/*Gehrlein* § 63 Rn. 32; KölnKommAktG/*Drygala* § 63 Rn. 31; MüKoAktG/ *Bayer* § 63 Rn. 42 f.
[81] Hölters/*Laubert* AktG § 54 Rn. 18; KölnKommAktG/*Drygala* § 54 Rn. 101; MüKoAktG/*Götze* § 54 Rn. 87; Spindler/Stilz/*Cahn/v. Spannenberg* AktG § 54 Rn. 83; *Thiessen* ZHR 168 (2004), 503 (519 f.); aA wohl K. Schmidt/Lutter/*Fleischer* AktG § 54 Rn. 36: bereits mit der Aufforderung des Vorstands; für Einlageansprüche aus der Zeit vor dem 1.1.2002 bzw. 15.12.2004 vgl. OLG Düsseldorf ZIP 2006, 1141; *Benecke/Geldsetzer* NZG 2006, 7 ff.
[82] Grigoleit/*Grigoleit/Rachlitz* AktG § 63 Rn. 16; GroßkommAktG/*Gehrlein* § 63 Rn. 43; KölnKommAktG/*Drygala* § 63 Rn. 32; MüKoAktG/*Bayer* § 63 Rn. 52 f.; Spindler/Stilz/*Cahn* AktG § 63 Rn. 22.
[83] Bürgers/Körber/*H. P. Westermann* AktG § 63 Rn. 12; Grigoleit/*Grigoleit/Rachlitz* AktG § 63 Rn. 16; GroßkommAktG/*Gehrlein* § 63 Rn. 46; Hüffer AktG/*Koch* § 63 Rn. 9; KölnKommAktG/ *Drygala* § 63 Rn. 34; MüKoAktG/*Bayer* § 63 Rn. 56; K. Schmidt/Lutter/*Fleischer* AktG § 63 Rn. 25; Spindler/Stilz/*Cahn* AktG § 63 Rn. 24.

§ 16   14, 15   4. Kapitel. Grundkapital, Aktien und Rechtsstellung der Aktionäre

Beschränkung der Mitgliedschaftsrechte des Aktionärs führen.[84] Insbesondere ist wegen des Vorrangs von § 64 AktG ein Entzug der Mitgliedschaft als Vertragsstrafe ausgeschlossen.[85]

14 **b) Ausschluss säumiger Aktionäre. aa) Voraussetzungen.** Als weitere Rechtsfolge der nicht rechtzeitigen Zahlung trotz entsprechender Aufforderung des Vorstands sieht § 64 AktG einen entschädigungslosen Ausschluss des säumigen Aktionärs vor (sog. **Kaduzierung**). Diese nur für Bareinlageforderungen geltende Regelung ist zwingend und kann durch die Satzung weder verschärft noch gemildert werden. Die Vorschrift findet Anwendung unabhängig davon, ob die Mitgliedschaft des säumigen Aktionärs in einer Namensaktie oder entgegen § 10 Abs. 2 S. 1 AktG gesetzwidrig in einer Inhaberaktie verkörpert ist.[86] Auch hinsichtlich unverbriefter Mitgliedschaften kann eine Kaduzierung erfolgen.[87] Gleiches gilt, wenn entgegen § 67 Abs. 1 S. 1 AktG trotz Ausgabe von Namensaktien kein Aktienregister angelegt wird.[88] Die Kaduzierung ist nur möglich für rückständige Bareinlageforderungen und nicht für rückständige Sacheinlagen oder sonstige Leistungen wie Zinsen, Vertragsstrafen und Nebenleistungen.[89] § 64 AktG ist auch dann anzuwenden, wenn an die Stelle einer Sacheinlagepflicht eine Bareinlagepflicht getreten ist oder eine Sacheinlagepflicht infolge von Leistungsstörungen in eine Bareinlagepflicht übergegangen ist. Bei Mischeinlagen (vgl. → § 3 Rn. 2) ist eine Kaduzierung nur wegen Säumnis bei der Bareinlage zulässig; der ausgeschlossene Aktionär verliert nach § 64 Abs. 3 S. 1 AktG allerdings auch die etwa bereits erbrachte Sacheinlage.[90] Eine Kaduzierung scheidet aus, wenn die Einlageforderung wirksam abgetreten wurde.[91] Etwas anderes gilt bei Verpfändung oder Pfändung der Einlageforderung (auch bei Überweisung zur Einziehung, nicht dagegen bei Überweisung an Zahlungs statt).[92]

15 **bb) Ausschlussverfahren.** Die Einleitung und Durchführung des Ausschlussverfahrens steht im **pflichtgemäßen Ermessen** des Vorstands; die Satzung kann die Zustimmung des Aufsichtsrats vorsehen.[93] Bei Einleitung und Durchführung des Ausschlussverfahrens

---

[84] Grigoleit/*Grigoleit/Rachlitz* AktG § 63 Rn. 16; GroßkommAktG/*Gehrlein* § 63 Rn. 46; Hüffer AktG/*Koch* § 63 Rn. 9; Spindler/Stilz/*Cahn* AktG § 63 Rn. 24.
[85] Grigoleit/*Grigoleit/Rachlitz* AktG § 63 Rn. 16; GroßkommAktG/*Gehrlein* § 63 Rn. 46; Hölters/*Laubert* AktG § 63 Rn. 14; Hüffer AktG/*Koch* § 63 Rn. 9; KölnKommAktG/*Drygala* § 63 Rn. 34; MüKoAktG/*Bayer* § 64 Rn. 56; K. Schmidt/Lutter/*Fleischer* AktG § 63 Rn. 25; Spindler/Stilz/*Cahn* AktG § 63 Rn. 24.
[86] GroßkommAktG/*Gehrlein* § 64 Rn. 16, § 65 Rn. 17; Hüffer AktG/*Koch* § 64 Rn. 3, § 65 Rn. 2; KölnKommAktG/*Drygala* § 64 Rn. 17, § 65 Rn. 15; MüKoAktG/*Bayer* § 64 Rn. 15, § 65 Rn. 24; K. Schmidt/Lutter/*Fleischer* AktG § 64 Rn. 11, § 65 Rn. 9; Spindler/Stilz/*Cahn* AktG § 64 Rn. 15; aA für Inhaberaktien *Baumbach/Hueck* AktG § 64 Rn. 2.
[87] GroßkommAktG/*Gehrlein* § 65 Rn. 16; Hüffer AktG/*Koch* § 65 Rn. 2; KölnKommAktG/*Drygala* § 64 Rn. 32, § 65 Rn. 14; MüKoAktG/*Bayer* § 65 Rn. 23; K. Schmidt/Lutter/*Fleischer* AktG § 65 Rn. 9; s. auch KG JW 1927, 2434/2435 f. (zu § 219 HGB aF); offen BGH AG 2002, 618 (619).
[88] Hüffer AktG/*Koch* § 65 Rn. 2; MüKoAktG/*Bayer* § 65 Rn. 24.
[89] BGHZ 122, 180 (202 f.) = NJW 1993, 1983 (1989); ZIP 1993, 667 (674); GroßkommAktG/*Gehrlein* § 64 Rn. 10 f.; KölnKommAktG/*Drygala* § 64 Rn. 14; MüKoAktG/*Bayer* § 64 Rn. 10 ff.; K. Schmidt/Lutter/*Fleischer* AktG § 64 Rn. 7, 9; Spindler/Stilz/*Cahn* AktG § 64 Rn. 7, 9.
[90] Bürgers/Körber/*H. P. Westermann* AktG § 64 Rn. 3; GroßkommAktG/*Gehrlein* § 64 Rn. 11; Hölters/*Laubert* AktG § 64 Rn. 4; KölnKommAktG/*Drygala* § 64 Rn. 15; MüKoAktG/*Bayer* § 64 Rn. 13; K. Schmidt/Lutter/*Fleischer* AktG § 64 Rn. 10; Spindler/Stilz/*Cahn* AktG § 64 Rn. 8.
[91] GroßkommAktG/*Gehrlein* § 64 Rn. 13; Hüffer AktG/*Koch* § 64 Rn. 3; KölnKommAktG/*Drygala* § 64 Rn. 18; MüKoAktG/*Bayer* § 64 Rn. 23; K. Schmidt/Lutter/*Fleischer* AktG § 64 Rn. 12; Spindler/Stilz/*Cahn* AktG § 64 Rn. 16.
[92] GroßkommAktG/*Gehrlein* § 64 Rn. 13; Hüffer AktG/*Koch* § 64 Rn. 3; KölnKommAktG/*Drygala* § 64 Rn. 19; K. Schmidt/Lutter/*Fleischer* AktG § 64 Rn. 12; Spindler/Stilz/*Cahn* AktG § 64 Rn. 17; für Pfändung auch MüKoAktG/*Bayer* § 64 Rn. 25 f. (zweifelnd aber in Rn. 24 bzgl. Verpfändung); vgl. zur GmbH auch OLG Celle GmbHR 1994, 801 (802) (Pfändung und Überweisung zur Einziehung).
[93] Hölters/*Laubert* AktG § 64 Rn. 6; K. Schmidt/Lutter/*Fleischer* AktG § 64 Rn. 14; s. auch MüKoAktG/*Bayer* § 64 Rn. 27.

ist der Vorstand an das Gleichbehandlungsgebot des § 53a AktG gebunden, wobei sachlich gerechtfertigte Differenzierungen zulässig sind.[94] Das Verfahren beginnt nach § 64 Abs. 1 S. 1 AktG damit, dass die Gesellschaft den Aktionären, die den nach § 63 Abs. 1 AktG eingeforderten Betrag (vgl. → Rn. 12) nicht rechtzeitig einzahlen, eine Nachfrist mit der Androhung setzt, dass sie nach Fristablauf ihrer Aktien und der geleisteten Einzahlungen für verlustig erklärt werden. Die Nachfrist muss bei öffentlicher Bekanntmachung nach § 64 Abs. 2 S. 1 AktG dreimal in den Gesellschaftsblättern (Bundesanzeiger, § 25 AktG) bekanntgemacht werden. Die erste Bekanntmachung muss mindestens drei Monate, die letzte mindestens einen Monat vor Fristablauf ergehen (§ 64 Abs. 2 S. 2 AktG), so dass die Nachfrist mindestens drei Monate beträgt. Zwischen den einzelnen Bekanntmachungen muss ein Zeitraum von mindestens drei Wochen liegen (§ 64 Abs. 2 S. 3 AktG). Bei vinkulierten Namensaktien kann nach § 64 Abs. 2 S. 4 Hs. 1 AktG die Gesellschaft anstelle der öffentlichen Bekanntmachungen eine einmalige Einzelaufforderung an die säumigen Aktionäre richten. Dabei muss eine Nachfrist gewährt werden, die mindestens einen Monat seit dem Empfang der Aufforderung beträgt (§ 64 Abs. 2 S. 4 Hs. 2 AktG).

Die Nachfrist kann wirksam **erst nach Fälligkeit der eingeforderten Einlage** (vgl. → Rn. 12) gesetzt werden. Eine Verbindung der Nachfristsetzung mit der Zahlungsaufforderung nach § 63 Abs. 1 AktG ist nicht möglich.[95] Mit der Nachfristsetzung muss in allen Fällen die **Androhung des Ausschlusses** verbunden werden. Dabei muss unmissverständlich zum Ausdruck gebracht werden, dass die betroffenen Aktionäre nach fruchtlosem Fristablauf ihrer Mitgliedschaftsrechte und der geleisteten Einzahlungen für verlustig erklärt werden.[96] Es ist zu empfehlen, sich eng an den Wortlaut des § 64 Abs. 1 AktG zu halten, da allgemein gehaltene Hinweise nicht genügen. Die von der Kaduzierung bedrohten Aktionäre sind in der Androhung zu individualisieren (insbesondere durch Angabe der Serie und Nummer der Aktien nebst Zahlungsrückstand).[97]

Aktionäre, die den eingeforderten Betrag trotz wirksamer Nachfristsetzung nicht zahlen, werden durch Bekanntmachung in den Gesellschaftsblättern (Bundesanzeiger, § 25 AktG) ihrer Mitgliedschaftsrechte und der geleisteten Einzahlungen zugunsten der Gesellschaft **für verlustig erklärt** (§ 64 Abs. 3 S. 1 AktG). Eine lediglich privatschriftliche Mitteilung an den säumigen Aktionär ist (auch bei vinkulierten Namensaktien) wirkungslos.[98] In der Bekanntmachung sind die für verlustig erklärten Aktien durch Angabe ihrer Unterscheidungsmerkmale (insbesondere Serie und Nummer) zu individualisieren (§ 64 Abs. 3 S. 2 AktG).[99] Ob die Gesellschaft den Ausschluss erklärt, liegt im pflichtgemäßen Ermessen des Vorstands, der – wie stets – nach § 53a AktG den Gleichbehandlungsgrundsatz zu beachten hat. Die Gesellschaft ist nicht verpflichtet, den Ausschluss unverzüglich nach Ablauf der

---

[94] Vgl. GroßkommAktG/*Gehrlein* § 64 Rn. 23 f.; Hüffer AktG/*Koch* § 64 Rn. 2; KölnKomm-AktG/*Drygala* § 64 Rn. 6 ff.; MüKoAktG/*Bayer* § 64 Rn. 34 ff.; Spindler/Stilz/*Cahn* AktG § 64 Rn. 21.
[95] OLG München GmbHR 1985, 56 f. (zur GmbH); GroßkommAktG/*Gehrlein* § 64 Rn. 26; Hüffer AktG/*Koch* § 64 Rn. 4; KölnKommAktG/*Drygala* § 64 Rn. 22; MüKoAktG/*Bayer* § 64 Rn. 39; K. Schmidt/Lutter/*Fleischer* AktG § 64 Rn. 18; Spindler/Stilz/*Cahn* AktG § 64 Rn. 22.
[96] Bürgers/Körber/*H. P. Westermann* AktG § 64 Rn. 6; GroßkommAktG/*Gehrlein* § 64 Rn. 28; KölnKommAktG/*Drygala* § 64 Rn. 25; MüKoAktG/*Bayer* § 64 Rn. 41; K. Schmidt/Lutter/*Fleischer* AktG § 64 Rn. 21; Spindler/Stilz/*Cahn* AktG § 64 Rn. 25.
[97] Grigoleit/*Grigoleit/Rachlitz* AktG § 64 Rn. 4; GroßkommAktG/*Gehrlein* § 64 Rn. 29; Hüffer AktG/*Koch* § 64 Rn. 5; MüKoAktG/*Bayer* § 64 Rn. 42; K. Schmidt/Lutter/*Fleischer* AktG § 64 Rn. 20.
[98] BGH AG 2002, 618 (619); s. auch GroßkommAktG/*Gehrlein* § 64 Rn. 36; MüKoAktG/*Bayer* § 64 Rn. 51; Spindler/Stilz/*Cahn* AktG § 64 Rn. 33.
[99] Vgl. GroßkommAktG/*Gehrlein* § 64 Rn. 35; Hölters/*Laubert* AktG § 64 Rn. 11; Hüffer AktG/*Koch* § 64 Rn. 6; KölnKommAktG/*Drygala* § 64 Rn. 34; MüKoAktG/*Bayer* § 64 Rn. 52; Spindler/Stilz/*Cahn* AktG § 64 Rn. 32.

§ 16   18   4. Kapitel. Grundkapital, Aktien und Rechtsstellung der Aktionäre

Nachfrist durchzuführen.[100] Nach dem allgemeinen Rechtsgedanken der Verwirkung muss der Ausschluss jedoch in angemessener Zeit erfolgen; sonst muss das Ausschlussverfahren erneut in Gang gesetzt werden.[101] Wirksam wird der Ausschluss mit der Bekanntmachung der Ausschlusserklärung in den Gesellschaftsblättern. Hierfür ist allein die Bekanntmachung im Bundesanzeiger entscheidend (§ 25 AktG).

18 cc) Wirkungen des Ausschlusses. Die Wirkungen des Ausschlusses treffen diejenigen, die im Zeitpunkt des Wirksamwerdens der Ausschlusserklärung (vgl. → Rn. 17) Inhaber der betroffenen Aktien sind. Nach § 64 Abs. 3 S. 1 AktG werden die Aktionäre „ihrer Aktien und der geleisteten Einzahlungen zugunsten der Gesellschaft für verlustig erklärt", dh sie verlieren entschädigungslos ihre Mitgliedschaft.[102] Damit enden sämtliche mit der Mitgliedschaft verbundenen Rechte und Pflichten mit Ausnahme der subsidiären Ausfallhaftung nach § 64 Abs. 4 S. 2 AktG. Durch die Kaduzierung unberührt bleibt aber ein bereits fälliger Dividendenanspruch, der auf einen vor dem Ausschluss gefassten Gewinnverwendungsbeschluss zurückgeht.[103] Auch Drittgläubigeransprüche des ausgeschlossenen Aktionärs bleiben unberührt.[104] Ebenso haftet der ausgeschlossene Aktionär weiter für alle im Zeitpunkt des Ausschlusses bereits entstandenen Zahlungspflichten; dies gilt insbesondere für bereits entstandene Ansprüche auf Verzugszinsen, Schadensersatz oder Vertragsstrafe nach § 63 AktG (auch → Rn. 20).[105] **Inhaberin** der kaduzierten Mitgliedschaften wird die AG.[106] Sie ist aber verpflichtet, die Mitgliedschaften nach Maßgabe von § 65 AktG (vgl. → Rn. 22 ff.) zu verwerten. Bis zur Verwertung gelten die durch § 65 AktG modifizierten Regelungen über eigene Aktien (dazu § 15).[107] Die kaduzierten Aktien sind gemäß § 160 Abs. 1 Nr. 2 AktG im Anhang auszuweisen.[108] Die Aktienurkunde repräsentiert die Mitgliedschaft mit Wirksamwerden der Kaduzierung nicht mehr und verliert daher ihre Wertpapiereigenschaft.[109] Verfügungen des Ausgeschlossenen über die Mitgliedschaft sind – auch wenn die Aktien entgegen § 10 Abs. 2 AktG als Inhaberaktien ausgestaltet waren –

---

[100] GroßkommAktG/*Gehrlein* § 64 Rn. 34; MüKoAktG/*Bayer* § 64 Rn. 49; s. auch Spindler/Stilz/*Cahn* AktG § 64 Rn. 29.

[101] GroßkommAktG/*Gehrlein* § 64 Rn. 34; MüKoAktG/*Bayer* § 64 Rn. 50; K. Schmidt/Lutter/*Fleischer* AktG § 64 Rn. 24; Spindler/Stilz/*Cahn* AktG § 64 Rn. 31.

[102] Vgl. GroßkommAktG/*Gehrlein* § 64 Rn. 40 f.; Hüffer AktG/*Koch* § 64 Rn. 7; KölnKommAktG/*Drygala* § 64 Rn. 35 f.; MüKoAktG/*Bayer* § 64 Rn. 58; Spindler/Stilz/*Cahn* AktG § 64 Rn. 34.

[103] Grigoleit/*Grigoleit/Rachlitz* AktG § 64 Rn. 7; GroßkommAktG/*Gehrlein* § 64 Rn. 42; Hölters *Laubert* AktG § 64 Rn. 12; MüKoAktG/*Bayer* § 64 Rn. 62; K. Schmidt/Lutter/*Fleischer* AktG § 64 Rn. 30; Spindler/Stilz/*Cahn* AktG § 64 Rn. 37; vgl. zur GmbH auch OLG Hamm GmbHR 1989, 126.

[104] Grigoleit/*Grigoleit/Rachlitz* AktG § 64 Rn. 7; MüKoAktG/*Bayer* § 64 Rn. 62; K. Schmidt/Lutter/*Fleischer* AktG § 64 Rn. 30.

[105] GroßkommAktG/*Gehrlein* § 64 Rn. 43; Hölters/*Laubert* AktG § 64 Rn. 13; KölnKommAktG/*Drygala* § 64 Rn. 40; MüKoAktG/*Bayer* § 64 Rn. 63; K. Schmidt/Lutter/*Fleischer* AktG § 64 Rn. 31; Spindler/Stilz/*Cahn* AktG § 64 Rn. 38.

[106] Grigoleit/*Grigoleit/Rachlitz* AktG § 64 Rn. 8; GroßkommAktG/*Gehrlein* § 64 Rn. 46; Hölters/*Laubert* AktG § 64 Rn. 16; Hüffer AktG/*Koch* § 64 Rn. 8; KölnKommAktG/*Drygala* § 64 Rn. 35, 42 f.; MüKoAktG/*Bayer* § 64 Rn. 70; K. Schmidt/Lutter/*Fleischer* AktG § 64 Rn. 36; Spindler/Stilz/*Cahn* AktG § 64 Rn. 34, 42; aA noch Geßler/Hefermehl/*Hefermehl/Bungeroth* AktG § 64 Rn. 49; v. Godin/*Wilhelmi* AktG § 64 Anm. 8: Mitgliedschaft besteht als subjektloses Recht weiter; ebenso zur GmbH RGZ 98, 276 (278); BGHZ 42, 89 (92) = NJW 1964, 1954.

[107] Vgl. Grigoleit/*Grigoleit/Rachlitz* AktG § 64 Rn. 8; Hüffer AktG/*Koch* § 64 Rn. 8; Spindler/Stilz/*Cahn* AktG § 64 Rn. 43.

[108] Hüffer AktG/*Koch* § 64 Rn. 8; K. Schmidt/Lutter/*Fleischer* AktG § 64 Rn. 37; Spindler/Stilz/*Cahn* AktG § 64 Rn. 43.

[109] Hölters/*Laubert* AktG § 64 Rn. 17; Hüffer AktG/*Koch* § 64 Rn. 7; KölnKommAktG/*Drygala* § 64 Rn. 45; MüKoAktG/*Bayer* § 64 Rn. 72; K. Schmidt/Lutter/*Fleischer* AktG § 64 Rn. 38; Spindler/Stilz/*Cahn* AktG § 64 Rn. 45; aA Baumbach/*Hueck* AktG § 64 Rn. 8.

unwirksam; ein gutgläubiger Erwerb ist ausgeschlossen.[110] Rechte Dritter an den Aktien (zB Nießbrauch, Pfandrecht) gehen kraft Gesetzes unter.[111] Auch die aktienrechtlichen Nebenpapiere wie Gewinnanteils- und Erneuerungsscheine (vgl. → § 12 Rn. 27 ff.) werden mit der Ausschlusserklärung kraftlos. Ein gutgläubiger Erwerb ist auch bei ihnen ausgeschlossen.

Nach § 64 Abs. 4 S. 1 Hs. 1 AktG muss die Gesellschaft anstelle der alten Aktien- **19** urkunden **neue Urkunden** ausgeben, die entweder dem zahlenden Vormann (§ 65 Abs. 1 S. 4 AktG) oder dem sonstigen Erwerber (§ 65 Abs. 3 AktG) ausgehändigt werden. Auf ihnen sind nach § 10 Abs. 2 S. 2 AktG die geleisteten Teilzahlungen und nach § 64 Abs. 4 S. 1 Hs. 2 AktG der eingeforderte Betrag, soweit er bis zur Kaduzierung nicht gezahlt wurde, anzugeben.[112] Waren für die kaduzierten Mitgliedschaften keine Aktienurkunden ausgegeben, findet § 64 Abs. 4 S. 1 AktG keine Anwendung.[113] Neu ausgegebene Aktienurkunden können dieselben Nummern und sonstigen Unterscheidungsmerkmale aufweisen, sofern sich aus ihnen eindeutig ergibt, dass sie an die Stelle der alten Urkunden getreten sind.[114] Es sind neben den neuen Aktienurkunden auch neue Gewinnanteils- und Erneuerungsscheine auszugeben.

Der ausgeschlossene Aktionär haftet nach § 64 Abs. 4 S. 2 AktG für den Ausfall der **20** Gesellschaft. Ob ein Ausfall entsteht, lässt sich erst nach Durchführung des Rückgriffs gemäß § 65 AktG beantworten. Die **subsidiäre Ausfallhaftung** nach § 64 Abs. 4 S. 2 AktG betrifft nur die anderweitig nicht zu erlangenden Einlagebeträge, nicht aber Nebenansprüche wie Verzugszinsen, Schadensersatz oder Vertragsstrafe nach § 63 AktG.[115] Für diese Ansprüche haftet der ausgeschlossene Aktionär uneingeschränkt weiter (bereits → Rn. 18). Von der Ausfallhaftung kann der ausgeschlossene Aktionär nicht befreit werden (§ 66 Abs. 2 AktG). Zahlt der ausgeschlossene Aktionär nachträglich die gesamte ausstehende Einlage ein, ist die Gesellschaft weder verpflichtet noch berechtigt, die kaduzierte Mitgliedschaft auf den Ausgeschlossenen zu übertragen. Der Ausgeschlossene kann die Mitgliedschaft nur im Rahmen der Verwertung nach § 65 Abs. 3 AktG wieder von der Gesellschaft erwerben.[116]

dd) Fehlerhafter Ausschluss. Mängel des Kadzierungsverfahrens führen zur **Nichtigkeit** **21** des Ausschlusses.[117] Eine Heilung scheidet grundsätzlich aus.[118] Bei Verfahrensfehlern reicht aber die ordnungsgemäße Wiederholung des mangelhaften Verfahrensschritts und der

---

[110] Grigoleit/*Grigoleit/Rachlitz* AktG § 64 Rn. 7; GroßkommAktG/*Gehrlein* § 64 Rn. 47; Hüffer AktG/*Koch* § 64 Rn. 7; KölnKommAktG/*Drygala* § 64 Rn. 41; MüKoAktG/*Bayer* § 64 Rn. 73; Spindler/Stilz/*Cahn* AktG § 64 Rn. 44.
[111] GroßkommAktG/*Gehrlein* § 64 Rn. 44; Hölters/*Laubert* AktG § 64 Rn. 15; MüKoAktG/*Bayer* § 64 Rn. 64; K. Schmidt/Lutter/*Fleischer* AktG § 64 Rn. 33; Spindler/Stilz/*Cahn* AktG § 64 Rn. 40.
[112] Grigoleit/*Grigoleit/Rachlitz* AktG § 64 Rn. 9; GroßkommAktG/*Gehrlein* § 64 Rn. 52; Hüffer AktG/*Koch* § 64 Rn. 9; MüKoAktG/*Bayer* § 64 Rn. 77 ff.; K. Schmidt/Lutter/*Fleischer* AktG § 64 Rn. 40; Spindler/Stilz/*Cahn* AktG § 64 Rn. 47.
[113] GroßkommAktG/*Gehrlein* § 64 Rn. 51; Hüffer AktG/*Koch* § 64 Rn. 9; KölnKommAktG/*Drygala* § 64 Rn. 47; K. Schmidt/Lutter/*Fleischer* AktG § 64 Rn. 39; Spindler/Stilz/*Cahn* AktG § 64 Rn. 46.
[114] GroßkommAktG/*Gehrlein* § 64 Rn. 53; Spindler/Stilz/*Cahn* AktG § 64 Rn. 48.
[115] Grigoleit/*Grigoleit/Rachlitz* AktG § 64 Rn. 10; GroßkommAktG/*Gehrlein* § 64 Rn. 54 f.; Hölters/*Laubert* AktG § 64 Rn. 18; KölnKommAktG/*Drygala* § 64 Rn. 50 f.; MüKoAktG/*Bayer* § 64 Rn. 83; K. Schmidt/Lutter/*Fleischer* AktG § 64 Rn. 41; Spindler/Stilz/*Cahn* AktG § 64 Rn. 50.
[116] GroßkommAktG/*Gehrlein* § 64 Rn. 48; Hölters/*Laubert* AktG § 64 Rn. 18; KölnKommAktG/*Drygala* § 64 Rn. 44; MüKoAktG/*Bayer* § 65 Rn. 89; K. Schmidt/Lutter/*Fleischer* AktG § 64 Rn. 34; Spindler/Stilz/*Cahn* AktG § 64 Rn. 39, 52.
[117] GroßkommAktG/*Gehrlein* § 64 Rn. 61; Hölters/*Laubert* AktG § 64 Rn. 19; KölnKommAktG/*Drygala* § 64 Rn. 58; MüKoAktG/*Bayer* § 64 Rn. 90; K. Schmidt/Lutter/*Fleischer* AktG § 64 Rn. 42; Spindler/Stilz/*Cahn* AktG § 64 Rn. 53.
[118] GroßkommAktG/*Gehrlein* § 64 Rn. 61; MüKoAktG/*Bayer* § 64 Rn. 90; K. Schmidt/Lutter/*Fleischer* AktG § 64 Rn. 42; Spindler/Stilz/*Cahn* AktG § 64 Rn. 53.

nachfolgenden Verfahrensschritte, um das Kaduzierungsverfahren (mit Wirkung ex nunc) wieder in Gang zu setzen.[119] Der fehlerhaft ausgeschlossene Aktionär ist nach wie vor Mitglied der AG mit allen Rechten und Pflichten. Von dem Aktionär vorgenommene Verfügungen über sein Mitgliedschaftsrecht sind wirksam.[120] Verfügungen der AG sind dagegen unwirksam. Ein gutgläubiger Erwerb ist nicht möglich.[121] Von der AG neu ausgegebene Aktien haben keine Rechtswirkung (rechtliches Nullum).[122] Im Streitfall steht dem Aktionär die Möglichkeit offen, Feststellungsklage (§ 256 ZPO) hinsichtlich des Fortbestehens seiner Mitgliedschaft zu erheben.[123]

22 c) Zahlungspflicht der Vormänner. § 65 AktG regelt den Regress gegen die Vormänner des ausgeschlossenen Aktionärs. Voraussetzung für einen solchen Regress ist stets, dass eine wirksame Kaduzierung erfolgt ist.[124] Nach § 65 Abs. 1 S. 1 AktG sind alle im Aktienregister eingetragenen Vormänner des ausgeschlossenen Aktionärs der Gesellschaft zur Zahlung des rückständigen Betrags verpflichtet. Eine Ausnahme vom Eintragungserfordernis gilt bei unverbrieften Mitgliedschaften, bei Fehlen eines Aktienregisters trotz Ausgabe von Namensaktien und bei rechtswidriger Ausgabe nicht voll eingezahlter Inhaberaktien (→ Rn. 14). Der unmittelbare Vormann des ausgeschlossenen Aktionärs haftet allein auf Grund der wirksamen Kaduzierung.[125] Die weiteren im Aktienregister eingetragenen Vormänner haften demgegenüber auf den rückständigen Betrag nur, soweit dieser von ihren Nachmännern nicht zu erlangen ist (sog. Staffel- oder Stufenregress).[126] Erwirbt die AG selbst nicht voll eingezahlte Aktien, wird dadurch entgegen früher verbreiteter Ansicht[127] der Rückgriff auf die weiteren Vormänner nicht gesperrt.[128] Der von der Gesellschaft zu erbringende Nachweis, dass von den Nachmännern nichts zu erlangen ist, wird durch die Vermutung in § 65 Abs. 1 S. 3 AktG erleichtert. Danach wird vermutet, dass von einem Nachmann keine Zahlung zu erlangen ist, wenn die Gesellschaft ihn zur Zahlung aufgefor-

---

[119] GroßkommAktG/*Gehrlein* § 64 Rn. 51; MüKoAktG/*Bayer* § 64 Rn. 90; strenger offenbar Spindler/Stilz/*Cahn* AktG § 64 Rn. 53: grundsätzlich Neuvornahme aller Verfahrensvorschritte erforderlich, sofern der Fehler nicht nur in der Ausschließungserklärung liegt; so wohl auch KölnKommAktG/*Drygala* § 64 Rn. 58.
[120] GroßkommAktG/*Gehrlein* § 64 Rn. 62; Hölters/*Laubert* AktG § 64 Rn. 19; KölnKommAktG/ *Drygala* § 64 Rn. 59; MüKoAktG/*Bayer* § 64 Rn. 91; Spindler/Stilz/*Cahn* AktG § 64 Rn. 55.
[121] GroßkommAktG/*Gehrlein* § 64 Rn. 65; Hölters/*Laubert* AktG § 64 Rn. 19; KölnKommAktG/ *Drygala* § 64 Rn. 60; MüKoAktG/*Bayer* § 64 Rn. 92; K. Schmidt/Lutter/*Fleischer* AktG § 64 Rn. 42; Spindler/Stilz/*Cahn* AktG § 64 Rn. 54; aA RGZ 27, 50 (53).
[122] GroßkommAktG/*Gehrlein* § 64 Rn. 65; Hölters/*Laubert* AktG § 64 Rn. 19; KölnKommAktG/ *Drygala* § 64 Rn. 60; MüKoAktG/*Bayer* § 64 Rn. 92; K. Schmidt/Lutter/*Fleischer* AktG § 64 Rn. 42; Spindler/Stilz/*Cahn* AktG § 64 Rn. 55.
[123] GroßkommAktG/*Gehrlein* § 64 Rn. 64; Hölters/*Laubert* AktG § 64 Rn. 19; MüKoAktG/*Bayer* § 64 Rn. 91; K. Schmidt/Lutter/*Fleischer* AktG § 64 Rn. 42; Spindler/Stilz/*Cahn* AktG § 64 Rn. 56.
[124] BGH AG 2002, 618 (619); Bürgers/Körber/*H. P. Westermann* AktG § 65 Rn. 3; GroßkommAktG/*Gehrlein* § 65 Rn. 9; Hüffer AktG/*Koch* § 65 Rn. 3; KölnKommAktG/*Drygala* § 65 Rn. 10; MüKoAktG/*Bayer* § 65 Rn. 12 ff.; K. Schmidt/Lutter/*Fleischer* AktG § 65 Rn. 5; Spindler/Stilz/ *Cahn* AktG § 65 Rn. 5; zur GmbH auch RGZ 86, 419 (420).
[125] Vgl. RGZ 85, 237 (241); OLG Köln WM 1987, 537 (538) (beide zur GmbH); Hüffer AktG/ *Koch* § 65 Rn. 4; K. Schmidt/Lutter/*Fleischer* AktG § 65 Rn. 11.
[126] Vgl. GroßkommAktG/*Gehrlein* § 65 Rn. 20 ff.; Hüffer AktG/*Koch* § 65 Rn. 4; KölnKommAktG/*Drygala* § 65 Rn. 16f; MüKoAktG/*Bayer* § 65 Rn. 25 ff.; K. Schmidt/Lutter/*Fleischer* AktG § 65 Rn. 10 ff.
[127] S. etwa RGZ 98, 276 (278); Geßler/Hefermehl/*Hefermehl*/*Bungeroth* AktG § 65 Rn. 89; ebenso noch Hölters/*Laubert,* AktG, 1. Aufl. 2011, § 65 Rn. 3; Hüffer AktG/*Koch*, 11. Aufl. 2014, § 65 Rn. 4: durch Erwerb der Aktien trete Konfusion ein, wodurch die Haftung aller weiteren Vormänner erlösche.
[128] Bürgers/Körber/*H. P. Westermann* AktG § 65 Rn. 3; GroßkommAktG/*Gehrlein* § 64 Rn. 74; Hüffer AktG/*Koch* § 65 Rn. 4; KölnKommAktG/*Drygala* § 65 Rn. 17; MüKoAktG/*Bayer* § 65 Rn. 20; K. Schmidt/Lutter/*Fleischer* AktG § 65 Rn. 7; Spindler/Stilz/*Cahn* AktG § 65 Rn. 14.

dert hat, sie dessen Vormann darüber nach § 65 Abs. 1 S. 2 AktG benachrichtigt hat und die Zahlung des Nachmanns nicht innerhalb eines Monats seit der an ihn ergangenen Zahlungsaufforderung und der Benachrichtigung des Vormanns eingegangen ist. Die Darlegungs- und Beweislast für sämtliche Vermutungstatsachen trifft die Gesellschaft.[129] Die Vermutung ist widerleglich und kann von dem in Anspruch genommenen Vormann sowohl für seinen unmittelbaren wie für einen beliebigen mittelbaren Nachmann widerlegt werden.[130] Die AG kann den Nachweis, dass von keinem Nachmann des in Anspruch genommenen Vormanns Zahlung zu erlangen ist, auch mit anderen zulässigen Beweismitteln führen.[131] Von einer Zahlungsaufforderung an einen früheren Aktionär hat die Gesellschaft nach § 65 Abs. 1 S. 2 AktG dessen unmittelbaren Vormann zu benachrichtigen. Die Benachrichtigung ist nicht Vorraussetzung für die Haftung.[132] Sie soll den Vormann nur in die Lage versetzen, seinen Nachmann auf Zahlung zu drängen.

Gegen **Zahlung des rückständigen** Betrags erlangt der Vormann kraft Gesetzes die Mitgliedschaft des ausgeschlossenen Aktionärs.[133] Damit hat er Anspruch auf die über die Mitgliedschaft nach § 64 Abs. 4 S. 1 Hs. 1 AktG neu auszustellende Aktienurkunde (§ 65 Abs. 1 S. 4 AktG) einschließlich der entsprechenden Nebenpapiere. Der Begriff der Zahlung ist weit zu verstehen und umfasst sowohl die Beitreibung im Wege der Zwangsvollstreckung als auch die Zahlung durch Dritte für den in Anspruch Genommenen (§ 267 BGB).[134] Durch eine Teilzahlung wird die Mitgliedschaft nicht – auch nicht teilweise – erworben.[135] Der gezahlte Teilbetrag kommt jedoch den Vormännern des Zahlenden zugute. Der zahlende Regressschuldner erlangt die Mitgliedschaft mit Wirkung ex nunc zum Zeitpunkt der Zahlung.[136] Zwischen Kaduzierung und Rechtserwerb beschlossene Dividenden stehen dem zahlenden Regressschuldner daher nicht zu.[137] An beschlossene Satzungsänderungen ist er gebunden.[138]

Jeder Vormann ist nach § 65 Abs. 2 S. 1 AktG nur zur Zahlung der Beträge verpflichtet, die **innerhalb von zwei Jahren** seit der Anmeldung der Übertragung der Aktie im Aktienregister eingefordert werden. Daher haftet der Erwerber für alle Beträge, die bei Übertragung durch seinen Vormann bereits fällig waren, ohne die zeitliche Grenze des § 65 Abs. 2 S. 1 AktG. Von dieser Befristung ist die Verjährung der Zahlungspflicht der Vormänner zu unterscheiden. Diese unterliegt der dreijährigen Regelverjährung des § 195 BGB.[139]

---

[129] MüKoAktG/*Bayer* § 65 Rn. 30; K. Schmidt/Lutter/*Fleischer* AktG § 65 Rn. 13.
[130] GroßkommAktG/*Gehrlein* § 65 Rn. 27; KölnKommAktG/*Drygala* § 65 Rn. 19; MüKoAktG/ *Bayer* § 65 Rn. 31; K. Schmidt/Lutter/*Fleischer* AktG § 65 Rn. 13.
[131] Grigoleit/*Grigoleit/Rachlitz* AktG § 65 Rn. 4; GroßkommAktG/*Gehrlein* § 65 Rn. 24.
[132] Grigoleit/*Grigoleit/Rachlitz* AktG § 65 Rn. 4; GroßkommAktG/*Gehrlein* § 65 Rn. 30; Hölters/ *Laubert* AktG § 65 Rn. 3; Hüffer AktG/*Koch* § 65 Rn. 3; KölnKommAktG/*Drygala* § 65 Rn. 22; MüKoAktG/*Bayer* § 65 Rn. 33; K. Schmidt/Lutter/*Fleischer* AktG § 65 Rn. 14.
[133] Grigoleit/*Grigoleit/Rachlitz* AktG § 65 Rn. 6; GroßkommAktG/*Gehrlein* § 65 Rn. 39 ff.; Hölters/*Laubert* AktG § 65 Rn. 6; Hüffer AktG/*Koch* § 65 Rn. 6; KölnKommAktG/*Drygala* § 65 Rn. 25 ff.; MüKoAktG/*Bayer* § 65 Rn. 51; K. Schmidt/Lutter/*Fleischer* AktG § 65 Rn. 18; Spindler/ Stilz/*Cahn* AktG § 65 Rn. 32.
[134] Bürgers/Körber/*H. P. Westermann* AktG § 65 Rn. 10; Grigoleit/*Grigoleit/Rachlitz* AktG § 65 Rn. 6; GroßkommAktG/*Gehrlein* § 65 Rn. 42 ff.; MüKoAktG/*Bayer* § 65 Rn. 55 ff.; Spindler/Stilz/ *Cahn* AktG § 65 Rn. 28 ff.
[135] Bürgers/Körber/*H. P. Westermann* AktG § 65 Rn. 10; GroßkommAktG/*Gehrlein* § 65 Rn. 43; MüKoAktG/*Bayer* § 65 Rn. 56.
[136] MüKoAktG/*Bayer* § 65 Rn. 51; Spindler/Stilz/*Cahn* AktG § 65 Rn. 32.
[137] GroßkommAktG/*Gehrlein* § 65 Rn. 46; MüKoAktG/*Bayer* § 65 Rn. 53.
[138] GroßkommAktG/*Gehrlein* § 65 Rn. 46; MüKoAktG/*Bayer* § 65 Rn. 53.
[139] Bürgers/Körber/*H. P. Westermann* AktG § 65 Rn. 8; Grigoleit/*Grigoleit/Rachlitz* AktG § 65 Rn. 5; Hüffer AktG/*Koch* § 65 Rn. 7; KölnKommAktG/*Drygala* § 65 Rn. 34; K. Schmidt/Lutter/ *Fleischer* AktG § 65 Rn. 25; Spindler/Stilz/*Cahn* AktG § 65 Rn. 48; *Schockenhoff/Fiege* ZIP 2002, 917

25 Kann die Gesellschaft den rückständigen Betrag weder von dem ausgeschlossenen Aktionär noch von seinen Vormännern erlangen, hat sie die Aktie im eigenen Namen und für eigene Rechnung unverzüglich zu **verkaufen** (§ 65 Abs. 3 S. 1 AktG). Der Erwerber der Aktie erwirbt diese nicht wie der Regressschuldner kraft Gesetzes, sondern durch Rechtsgeschäft und wird Rechtsnachfolger der Gesellschaft. Hat die Aktie einen Börsenpreis, ist sie von der Gesellschaft zum Börsenpreis zu verkaufen. Bei Fehlen eines Börsenpreises hat der Verkauf der kaduzierten Aktie durch öffentliche Versteigerung zu erfolgen. Die Einzelheiten der öffentlichen Versteigerung ergeben sich aus den §§ 65 Abs. 3 S. 2, 3 AktG und § 383 Abs. 3 BGB. Der Erwerber der kaduzierten Aktie erwirbt diese unabhängig von der Höhe des Kaufpreises so, als sei der rückständige Betrag, dessentwegen die Kaduzierung erfolgte, in voller Höhe gezahlt worden.[140] Er haftet daher nicht für die rückständige Einlageschuld. Künftig fällig werdende Einlageschulden muss der Erwerber dagegen begleichen.[141] Mit der Zahlung des Kaufpreises erlischt die Regressschuld der Vormänner auch dann, wenn der Kaufpreis hinter der rückständigen Einlage zurückbleibt.[142] Der ausgeschlossene Aktionär haftet dagegen für die Differenz.[143] Da der Kaufpreis funktional an die Stelle der rückständigen Einlage tritt, gelten für ihn die Verbote des § 66 AktG entsprechend und kann wegen der Kaufpreiszahlung ebenfalls kaduziert werden.[144] Ist eine kaduzierte Aktie unverkäuflich, verfestigt sich der vorläufige Erwerb und die AG wird endgültig Eigentümer.[145] Die Ausfallhaftung des ausgeschlossenen Aktionärs und die Regresshaftung der Vormänner werden hierdurch nicht berührt.[146]

26 **4. Verbot der Befreiung der Aktionäre von Leistungspflichten. a) Umfang des Verbots und Rechtsfolge von Verstößen.** § 66 AktG ist eine für die Sicherung der realen Kapitalaufbringung im Aktienrecht zentrale Vorschrift. Die Norm verbietet in Abs. 1 die Befreiung der Aktionäre und ihrer Vormänner von den Zahlungspflichten nach den §§ 54, 65 AktG und die Aufrechnung gegen eine Forderung der Gesellschaft nach den §§ 54, 65 AktG. § 66 Abs. 1 AktG erfasst alle Einlagepflichten (Bareinlagen einschließlich eines etwaigen Aufgelds und Sacheinlagen) aus der Gründung und aus späteren Kapitalerhöhungen.[147] Nicht unter § 66 Abs. 1 AktG fallen hingegen Nebenleistungspflichten nach § 55 AktG und

---

(921); *Thiessen* ZHR 168 (2004), 503 (522); aA MüKoAktG/*Bayer* § 65 Rn. 49, der die zehnjährige Verjährungsfrist gemäß § 54 Abs. 4 S. 1 AktG anwenden will.

[140] GroßkommAktG/*Gehrlein* § 65 Rn. 70; Hüffer AktG/*Koch* § 65 Rn. 10; KölnKommAktG/*Drygala* § 65 Rn. 46; MüKoAktG/*Bayer* § 65 Rn. 94; K. Schmidt/Lutter/*Fleischer* AktG § 65 Rn. 34; Spindler/Stilz/*Cahn* AktG § 65 Rn. 63.

[141] GroßkommAktG/*Gehrlein* § 65 Rn. 70; Hüffer AktG/*Koch* § 65 Rn. 10; KölnKommAktG/*Drygala* § 65 Rn. 46; MüKoAktG/*Bayer* § 65 Rn. 94; K. Schmidt/Lutter/*Fleischer* AktG § 65 Rn. 34; Spindler/Stilz/*Cahn* AktG § 65 Rn. 63.

[142] GroßkommAktG/*Gehrlein* § 65 Rn. 67; Hölters/*Laubert* AktG § 65 Rn. 10; Hüffer AktG/*Koch* § 65 Rn. 10; KölnKommAktG/*Drygala* § 65 Rn. 57; MüKoAktG/*Bayer* § 65 Rn. 90; K. Schmidt/Lutter/*Fleischer* AktG § 65 Rn. 36; Spindler/Stilz/*Cahn* AktG § 65 Rn. 59; aA Grigoleit/*Grigoleit/Rachlitz* AktG § 65 Rn. 9.

[143] Grigoleit/*Grigoleit/Rachlitz* AktG § 65 Rn. 9; GroßkommAktG/*Gehrlein* § 65 Rn. 68; Hölters/*Laubert* AktG § 65 Rn. 11; Hüffer AktG/*Koch* § 65 Rn. 10; KölnKommAktG/*Drygala* § 65 Rn. 57; MüKoAktG/*Bayer* § 65 Rn. 91; K. Schmidt/Lutter/*Fleischer* AktG § 65 Rn. 37; Spindler/Stilz/*Cahn* AktG § 65 Rn. 60.

[144] BGHZ 42, 89 (93) = NJW 1964, 1954 (1955) (zur GmbH); Hüffer AktG/*Koch* § 65 Rn. 10; GroßkommAktG/*Gehrlein* § 65 Rn. 66; MüKoAktG/*Bayer* § 65 Rn. 96; K. Schmidt/Lutter/*Fleischer* AktG § 65 Rn. 35; aA Geßler/Hefermehl/*Hefermehl/Bungeroth* AktG § 65 Rn. 80.

[145] Hüffer AktG/*Koch* § 65 Rn. 10; KölnKommAktG/*Drygala* § 65 Rn. 59; MüKoAktG/*Bayer* § 65 Rn. 97; K. Schmidt/Lutter/*Fleischer* AktG § 65 Rn. 39.

[146] Hüffer AktG/*Koch* § 65 Rn. 10; MüKoAktG/*Bayer* § 65 Rn. 98; K. Schmidt/Lutter/*Fleischer* AktG § 65 Rn. 39.

[147] GroßkommAktG/*Gehrlein* § 66 Rn. 3; KölnKommAktG/*Drygala* § 66 Rn. 4; MüKoAktG/*Bayer* § 66 Rn. 7; K. Schmidt/Lutter/*Fleischer* AktG § 66 Rn. 3; Spindler/Stilz/*Cahn* AktG § 66 Rn. 3.

§ 16 Kapitalaufbringung und Kapitalerhaltung

Nebenpflichten (Zinsen, Schadensersatz, Vertragsstrafen) säumiger Aktionäre nach § 63 Abs. 2 und 3 AktG.[148] Anwendung findet § 66 AktG nach seinem Abs. 2 weiterhin auf die Verpflichtung des Aktionärs zur Rückgewähr von entgegen den Vorschriften des Aktiengesetzes erlangten Leistungen der Gesellschaft (dazu → Rn. 104 ff.), auf die Ausfallhaftung des ausgeschlossenen Aktionärs nach § 64 Abs. 4 S. 2 AktG (dazu → Rn. 20) und auf eine etwaige Schadensersatzpflicht des Aktionärs wegen nicht gehöriger Leistung einer Sacheinlage.[149] Das in § 66 AktG geregelte Verbot der Befreiung der Aktionäre von ihren Leistungspflichten ist zwingend und kann weder durch die Satzung noch durch Vereinbarung zwischen der Gesellschaft und einem Aktionär abgeändert werden. Jeder Verstoß gegen das Befreiungsverbot führt gemäß § 134 BGB zur Nichtigkeit des auf eine Schuldbefreiung gerichteten Rechtsgeschäfts.[150] Dies gilt sowohl für schuldrechtliche Vereinbarungen als auch für gegen § 66 AktG verstoßende Verfügungen.[151] Ein gegen § 66 AktG verstoßender Hauptversammlungsbeschluss ist gemäß § 241 Nr. 3 AktG nichtig.[152]

b) Befreiungsverbot. Der Begriff der „Befreiung" iSv § 66 Abs. 1 S. 1 AktG ist weit auszulegen. Das Befreiungsverbot umfasst alle Rechtsgeschäfte, die im Fall ihrer Wirksamkeit dazu führen würden, dass die geschützten Ansprüche der Gesellschaft aufgehoben oder nach Grund, Höhe, Inhalt oder Leistungszeitpunkt beeinträchtigt würden.[153] Unzulässig ist daher außer einem förmlichen Erlassvertrag nach § 397 Abs. 1 BGB auch jede andere Vereinbarung, die mit formal anderen Mitteln wirtschaftlich zu demselben Ergebnis führt, zB ein negatives Schuldanerkenntnis nach § 397 Abs. 2 BGB oder eine befreiende Schuldübernahme durch einen Dritten nach §§ 414, 415 BGB.[154] Unter das Befreiungsverbot fällt weiterhin die Annahme einer unzulänglichen Leistung als Erfüllung, also insbesondere eine mangelhafte Sacheinlage.[155] Weiterhin ist eine Leistung des Aktionärs aus einem von der Gesellschaft oder einem Dritten unter Mithaftung oder Sicherheitenbestellung durch die Gesellschaft aufgenommenen Darlehen eine unzulässige Befreiung von der Leistungspflicht,[156] sofern nicht die Voraussetzungen des § 27 Abs. 4 AktG erfüllt sind.[157] Einlageleistungen unter Vereinbarung einer

---

[148] GroßkommAktG/*Gehrlein* § 66 Rn. 6; KölnKommAktG/*Drygala* § 66 Rn. 4; MüKoAktG/*Bayer* § 66 Rn. 9; Spindler/Stilz/*Cahn* AktG § 66 Rn. 3.
[149] Zu Letzterem s. GroßkommAktG/*Gehrlein* § 66 Rn. 4 f.; MüKoAktG/*Bayer* § 66 Rn. 76 f.; Spindler/Stilz/*Cahn* AktG § 66 Rn. 6.
[150] Grigoleit/*Grigoleit/Rachlitz* AktG § 66 Rn. 15; GroßkommAktG/*Gehrlein* § 66 Rn. 81; Hölters/*Laubert* AktG § 66 Rn. 18; Hüffer AktG/*Koch* § 66 Rn. 14; KölnKommAktG/*Drygala* § 66 Rn. 62; MüKoAktG/*Bayer* § 66 Rn. 104; K. Schmidt/Lutter/*Fleischer* AktG § 66 Rn. 29; Spindler/Stilz/*Cahn* AktG § 66 Rn. 50.
[151] RGZ 124, 380 (383); Grigoleit/*Grigoleit/Rachlitz* AktG § 66 Rn. 15; GroßkommAktG/*Gehrlein* § 66 Rn. 81; Hölters/*Laubert* AktG § 66 Rn. 18; KölnKommAktG/*Drygala* § 66 Rn. 62; MüKoAktG/*Bayer* § 66 Rn. 104; K. Schmidt/Lutter/*Fleischer* AktG § 66 Rn. 29.
[152] Grigoleit/*Grigoleit/Rachlitz* AktG § 66 Rn. 15; GroßkommAktG/*Gehrlein* § 66 Rn. 81; KölnKommAktG/*Drygala* § 66 Rn. 62; K. Schmidt/Lutter/*Fleischer* AktG § 66 Rn. 29; Spindler/Stilz/*Cahn* AktG § 66 Rn. 50.
[153] GroßkommAktG/*Gehrlein* § 66 Rn. 10; Hüffer AktG/*Koch* § 66 Rn. 3; KölnKommAktG/*Drygala* § 66 Rn. 7; MüKoAktG/*Bayer* § 66 Rn. 12; K. Schmidt/Lutter/*Fleischer* AktG § 66 Rn. 4; ähnlich OLG Köln ZIP 1989, 174 (176) (zur GmbH).
[154] RGZ 144, 138 (148); Grigoleit/*Grigoleit/Rachlitz* AktG § 66 Rn. 3; GroßkommAktG/*Gehrlein* § 66 Rn. 11; Hölters/*Laubert* AktG § 66 Rn. 5; Hüffer AktG/*Koch* § 66 Rn. 4; KölnKommAktG/*Drygala* § 66 Rn. 8; MüKoAktG/*Bayer* § 66 Rn. 13; K. Schmidt/Lutter/*Fleischer* AktG § 66 Rn. 5; Spindler/Stilz/*Cahn* AktG § 66 Rn. 8.
[155] Bürgers/Körber/*H. P. Westermann* AktG § 66 Rn. 3; Hüffer AktG/*Koch* § 66 Rn. 4; K. Schmidt/Lutter/*Fleischer* AktG § 66 Rn. 5.
[156] BGHZ 28, 77 (78) = NJW 1958, 1351; OLG Köln ZIP 1984, 176 (177 f.); LG Essen ZIP 1980, 194 (jeweils zu § 19 Abs. 2 GmbHG); GroßkommAktG/*Gehrlein* § 66 Rn. 13; Hölters/*Laubert* AktG § 66 Rn. 5; Hüffer AktG/*Koch* § 66 Rn. 4; MüKoAktG/*Bayer* § 66 Rn. 14 f.; Spindler/Stilz/*Cahn* AktG § 66 Rn. 12.
[157] Vgl. KölnKommAktG/*Drygala* § 66 Rn. 7.

Bedingung oder eines sonstigen Vorbehalts sind ebenfalls unzulässig; die entsprechende Beschränkung ist unwirksam. Eine unzulässige Befreiung liegt weiterhin in jeder Abschwächung des Einlageanspruchs, insbesondere durch Forderungsauswechslung oder Novation.[158]

28 Ein **Vergleich** (§ 779 BGB) über die in § 66 AktG genannten Forderungen ist nicht generell unzulässig. Da ein Vergleich aber nicht zu einer Umgehung des Befreiungsverbots führen darf, ist er nur dann zulässig, wenn über eine unter § 66 AktG fallende Forderung eine erhebliche rechtliche oder tatsächliche Unsicherheit (zB Mängel bei Sacheinlagen) besteht, so dass eine vergleichsweise Einigung sachlich geboten erscheint.[159] Ist diese Voraussetzung erfüllt, bedarf der Vergleich nicht der Zustimmung der Hauptversammlung.[160] Ein Vergleich wegen unsicherer Verwirklichung der Einlageforderung gemäß § 779 Abs. 2 BGB ist grundsätzlich unzulässig. Etwas anderes gilt nur dann, wenn absehbar ist, dass das Kaduzierungsverfahren (§§ 64, 65 AktG) keine bessere Befriedigungsmöglichkeit bietet.[161] Nur unter dieser Voraussetzung ist auch eine (teilweise) Befreiung von der Einlageschuld im Rahmen eines **Insolvenzplans** zulässig.[162] Stets unzulässig ist dagegen die **Stundung** einer der in § 66 AktG genannten Forderungen, da es sich hierbei um eine Befreiung auf Zeit handeln würde.[163] Auch der Annahme einer **Leistung an Erfüllungs statt** nach § 364 Abs. 1 BGB steht das Befreiungsverbot grundsätzlich entgegen.[164] Demgegenüber ist für unter § 66 AktG fallende Geldforderungen eine Leistung erfüllungshalber nach § 364 Abs. 2 BGB grundsätzlich zulässig, da hier Erfüllung erst mit Zuflus des geschuldeten Gegenstands eintritt.[165] Zulässig ist auch eine Hinterlegung nach § 372 BGB.[166]

---

[158] Grigoleit/*Grigoleit/Rachlitz* AktG § 66 Rn. 3; Hölters/*Laubert* AktG § 66 Rn. 5; Hüffer AktG/*Koch* § 66 Rn. 4; KölnKommAktG/*Drygala* § 66 Rn. 9; MüKoAktG/*Bayer* § 66 Rn. 18; K. Schmidt/Lutter/*Fleischer* AktG § 66 Rn. 5; Spindler/Stilz/*Cahn* AktG § 66 Rn. 10.

[159] BGHZ 191, 364 (374) = NZG 2012, 69 (72) – Babcock Borsig; OLG Frankfurt a. M. AG 2010, 793 (795) – Babcock Borsig; BayObLG DB 1985, 107 (zur GmbH); Grigoleit/*Grigoleit/Rachlitz* AktG § 66 Rn. 5; GroßkommAktG/*Gehrlein* § 66 Rn. 22; KölnKommAktG/*Drygala* § 66 Rn. 14; MüKoAktG/*Bayer* § 66 Rn. 29; K. Schmidt/Lutter/*Fleischer* AktG § 66 Rn. 5a; Spindler/Stilz/*Cahn* AktG § 66 Rn. 16; *N. Krause* BB 2012, 411; *Priester* AG 2012, 525 (526); *Verse* ZGR 2012, 875 (886 f.); *Vosberg/Klawa* EWiR 2012, 129 (130); *Weng* DStR 2012, 862 (864); *Wieneke* NZG 2012, 136 (138).

[160] BGHZ 191, 364 (375) = NZG 2012, 69 (72 f.) – Babcock Borsig; OLG Frankfurt a. M. AG 2010, 793 (795 f.) – Babcock Borsig; Grigoleit/*Grigoleit/Rachlitz* AktG § 66 Rn. 5; *N. Krause* BB 2012, 411; *Verse* ZGR 2012, 875 (887 ff.); *Vosberg/Klawa* EWiR 2012, 129 (130); *Weng* DStR 2012, 862 (864); *Wieneke* NZG 2012, 136 (138); aA Spindler/Stilz/*Cahn* AktG § 66 Rn. 16; *Cahn*, Vergleichsverbote im Gesellschaftsrecht, 1996, S. 28 ff.; *Priester* AG 2012, 525 (526 ff.): Zustimmung der Hauptversammlung analog §§ 50 S. 1, 93 Abs. 4 S. 3, 117 Abs. 4 AktG erforderlich.

[161] Grigoleit/*Grigoleit/Rachlitz* AktG § 66 Rn. 5; für generelle Unzulässigkeit wohl Hölters/*Laubert* AktG § 66 Rn. 5; MüKoAktG/*Bayer* § 66 Rn. 31.

[162] Grigoleit/*Grigoleit/Rachlitz* AktG § 66 Rn. 5; wohl auch Bürgers/Körber/*H. P. Westermann* AktG § 66 Rn. 4; weitergehend GroßkommAktG/*Gehrlein* § 66 Rn. 23; Spindler/Stilz/*Cahn* AktG § 66 Rn. 17, die eine Beteiligung der AG an einem Insolvenzplan offenbar ohne Einschränkung zulassen wollen, wenn es sich bei dem Einlageschuldner nicht um den ersten Aktionär handelt; für generelle Unzulässigkeit dagegen wohl Hölters/*Laubert* AktG § 66 Rn. 5; KölnKommAktG/*Drygala* § 66 Rn. 16; MüKoAktG/*Bayer* § 66 Rn. 36.

[163] GroßkommAktG/*Gehrlein* § 66 Rn. 20; Hüffer AktG/*Koch* § 66 Rn. 4; KölnKommAktG/*Drygala* § 66 Rn. 12; MüKoAktG/*Bayer* § 66 Rn. 27; grundsätzlich auch Spindler/Stilz/*Cahn* AktG § 66 Rn. 9, sofern nicht sachliche Gründe vorliegen, die eine (entgeltliche) Stundung gegenüber bestimmten Aktionären im Interesse der AG rechtfertigen.

[164] GroßkommAktG/*Gehrlein* § 66 Rn. 17; Hüffer AktG/*Koch* § 66 Rn. 4; KölnKommAktG/*Drygala* § 66 Rn. 10; MüKoAktG/*Bayer* § 66 Rn. 19; Spindler/Stilz/*Cahn* AktG § 66 Rn. 11.

[165] GroßkommAktG/*Gehrlein* § 66 Rn. 19; Hüffer AktG/*Koch* § 66 Rn. 4; KölnKommAktG/*Drygala* § 66 Rn. 11; MüKoAktG/*Bayer* § 66 Rn. 26; K. Schmidt/Lutter/*Fleischer* AktG § 66 Rn. 6; Spindler/Stilz/*Cahn* AktG § 66 Rn. 11.

[166] GroßkommAktG/*Gehrlein* § 66 Rn. 21; Hüffer AktG/*Koch* § 66 Rn. 4; KölnKommAktG/*Drygala* § 66 Rn. 13; MüKoAktG/*Bayer* § 66 Rn. 28; K. Schmidt/Lutter/*Fleischer* AktG § 66 Rn. 6; Spindler/Stilz/*Cahn* AktG § 66 Rn. 15.

§ 16 Kapitalaufbringung und Kapitalerhaltung   29–31 § 16

c) Aufrechnungsverbot. Das Aufrechnungsverbot des § 66 Abs. 1 S. 2 AktG verbietet 29
die Aufrechnung durch den Aktionär gegen eine der in § 66 AktG genannten Forderungen
der Gesellschaft nach den §§ 54, 65 AktG. Dem Aktionär ist daher die Aufrechnung
ausnahmslos untersagt. Möglich ist aber die Vereinbarung einer aufrechnungsweise zu
erbringenden **Sacheinlage** unter Beachtung der hierfür geltenden Regelungen, so dass auf
diese Weise die Forderung des Einlagepflichtigen im Wege der Aufrechnung gegen die
Einlageforderung eingebracht werden kann.[167] Bei einer verdeckten Sacheinlage erfolgt
eine Anrechnung gemäß § 27 Abs. 3 AktG (dazu → Rn. 45 f.).[168]

Das Aufrechnungsverbot des § 66 Abs. 1 S. 2 AktG erstreckt sich nach seinem Wortlaut 30
nicht auf die Gesellschaft, so dass diese grundsätzlich berechtigt ist, gegen eine durch § 66
AktG geschützte Forderung die Aufrechnung zu erklären. Die Zulässigkeit der **Aufrechnung**
durch die Gesellschaft setzt voraus, dass die Gesellschaft durch die Aufrechnung den
vollen Wert der geschuldeten Einlage in gleicher Weise erhält, als hätte der Aktionär tatsächlich
geleistet. Die Forderung des Aktionärs, gegen die aufgerechnet wird, muss somit
vollwertig, fällig und liquide sein.[169] Das Aufrechnungsverbot darf im Ergebnis nicht zu
einer Schlechterstellung der AG führen. Es gilt daher nicht, wenn sich die strengen Voraussetzungen
für eine ausnahmsweise zulässige Aufrechnung zweckwidrig zum Nachteil des
Gesellschaftsvermögens auswirken würden.[170] Aus diesem Grund darf die Gesellschaft auch
dann aufrechnen, wenn die Einlageverpflichtung infolge schlechter wirtschaftlicher Lage
des Schuldners gefährdet ist und die Gesellschaft bei Bezahlung ihrer Schuld schlechter
stehen würde als durch die Aufrechnung.[171] Dies kann insbesondere dann der Fall sein,
wenn keine Rückgriffsschuldner nach § 65 Abs. 1 AktG vorhanden sind und eine Verwertung
nach § 65 Abs. 3 AktG wenig Ertrag verspricht.[172] Die **Darlegungs- und
Beweislast** für die Aufrechnungsvoraussetzungen trägt der Aktionär als Einlageschuldner.[173]

Die gesetzliche Mindesteinzahlung nach § 36a Abs. 1 AktG kann in keinem Fall durch 31
Aufrechnung wirksam erbracht werden, weil bei einer Aufrechnung der zu leistende
Mindestbetrag nicht gemäß § 54 Abs. 3 AktG zur freien Verfügung des Vorstands steht

---

[167] Vgl. Bürgers/Körber/*H. P. Westermann* AktG § 66 Rn. 6.
[168] K. Schmidt/Lutter/*Fleischer* AktG § 66 Rn. 8; s. auch Grigoleit/*Grigoleit/Rachlitz* AktG § 66 Rn. 6.
[169] RGZ 134, 262 (268 f.); 94, 61 (63) RGZ 18, 1 (5); RG JW 1931, 2097 (2098); BGHZ 191, 364
(380) = NZG 2012, 69 (74 f.) – Babcock Borsig; zur GmbH auch RGZ 134, 262 (268 f.); 54, 389
(391 f.); RG JW 1938, 1400 f.; BGHZ 125, 141 (143) = NJW 1994, 1477 f.; BGHZ 90, 370 (373) =
NJW 1984, 1891; BGHZ 15, 52 (57) = NJW 1954, 1842 (1843 f.); BGH ZIP 1992, 992 (995); OLG
Stuttgart NJW 1987, 1032; BayObLG DB 1985, 107; ebenso etwa Bürgers/Körber/*H. P. Westermann*
AktG § 66 Rn. 7; Grigoleit/*Grigoleit/Rachlitz* AktG § 66 Rn. 8; GroßkommAktG/*Gehrlein* § 66
Rn. 35 ff.; Hölters/*Laubert* AktG § 66 Rn. 8; Hüffer AktG/*Koch* § 66 Rn. 6 f.; KölnKommAktG/
Drygala § 66 Rn. 22 ff.; MüKoAktG/*Bayer* § 66 Rn. 49 ff.; K. Schmidt/Lutter/*Fleischer* AktG § 66
Rn. 9 ff.; aA Spindler/Stilz/*Cahn* AktG § 66 Rn. 31: kein Aufrechnungsverbot, wenn der Anspruch
des Aktionärs wegen der finanziellen Situation der AG gefährdet erscheint.
[170] Grigoleit/*Grigoleit/Rachlitz* AktG § 66 Rn. 9; GroßkommAktG/*Gehrlein* § 66 Rn. 41; Hüffer
AktG/*Koch* § 66 Rn. 6; K. Schmidt/Lutter/*Fleischer* AktG § 66 Rn. 13.
[171] BGHZ 191, 364 (381) = NZG 2012, 69 (74) – Babcock Borsig; BGHZ 15, 52 (57 f.) = NJW
1954, 1842 (1843 f.); OLG Stuttgart NJW 1987, 1032 (beide zur GmbH); Hölters/*Laubert* AktG § 66
Rn. 8; Hüffer AktG/*Koch* § 66 Rn. 6; MüKoAktG/*Bayer* § 66 Rn. 68; K. Schmidt/Lutter/*Fleischer*
AktG § 66 Rn. 13.
[172] BGHZ 191, 364 (381) = NZG 2012, 69 (74) – Babcock Borsig; GroßkommAktG/*Gehrlein* § 66
Rn. 41; Hölters/*Laubert* AktG § 66 Rn. 8; K. Schmidt/Lutter/*Fleischer* AktG § 66 Rn. 13.
[173] RG JW 1931, 2097 (2098); zur GmbH auch RG JW 1938, 1400 (1401); BGHZ 153, 107 (113)
= NZG 2003, 168 (170); BGH ZIP 1992, 992 (995); OLG Stuttgart NJW 1987, 1032; ebenso
Hölters/*Laubert* AktG § 66 Rn. 8; MüKoAktG/*Bayer* § 66 Rn. 65; K. Schmidt/Lutter/*Fleischer*
§ 66 Rn. 9; *Priester* BB 1987, 208 (212) (zur GmbH); aA Bürgers/Körber/*H. P. Westermann* AktG § 66
Rn. 7; Grigoleit/*Grigoleit/Rachlitz* AktG § 66 Rn. 10; GroßkommAktG/*Gehrlein* § 66 Rn. 42; KölnKommAktG/*Drygala* § 66 Rn. 36; Spindler/Stilz/*Cahn* AktG § 66 Rn. 29: AG trägt Beweislast für
mangelnde Vollwertigkeit ihrer Verbindlichkeit, wenn sie nachträglich die Unwirksamkeit der Aufrechnung rügt; vgl. auch OLG Hamburg AG 2007, 500 (502) (zur Abtretung).

(dazu → Rn. 6).[174] Soweit die Gesellschaft zur Aufrechnung befugt ist, kann sie die Aufrechnung auch durch **vertragliche Vereinbarung** mit dem Aktionär durchführen.[175] Auch in diesem Fall trägt der Aktionär die Darlegungs- und Beweislast für die Aufrechnungsvoraussetzungen.[176] Die vertragliche Einbeziehung der Einlageforderung in ein **Kontokorrent** ist grundsätzlich unzulässig.[177] Wird die Forderung trotzdem eingestellt, gelten für den Rechnungsabschluss und seine Rechtswirkungen die vorstehend für die Aufrechnung genannten Grundsätze entsprechend.[178] Für die Zulässigkeit der Verrechnung ist dabei nicht erforderlich, dass das Kontokorrent mit einem Saldo zugunsten des Aktionärs abschließt.[179] Fehlt es an der Vollwertigkeit, gelten die Grundsätze der verdeckten Sacheinlage (§ 27 Abs. 3 AktG).[180] Dem Aktionär als Einlageschuldner steht grundsätzlich auch **kein Zurückbehaltungsrecht** zu.[181] Ausnahmen sind anerkannt für den Anspruch auf Aushändigung einer Aktienurkunde gemäß § 65 Abs. 1 S. 4 AktG.[182] Weiterhin ist bei Sacheinlagen ein Zurückbehaltungsrecht anerkannt wegen Forderungen, die sich auf den Gegenstand der geschuldeten Sacheinlage beziehen.[183]

32 d) Sonstige Beschränkungen. Die der Gesellschaft geschuldete Leistung kann in den Fällen des § 66 AktG schuldbefreiend an einen Dritten nur dann geleistet werden, wenn der Gesellschaft dadurch der volle Wert der Einlage in gleicher Weise zufließt, als wäre die Leistung tatsächlich unmittelbar an die Gesellschaft erbracht worden. Wird durch die Leistung an einen Dritten eine diesem gegen die AG zustehende Forderung getilgt, muss die getilgte Forderung vollwertig, fällig und liquide sein (bereits → Rn. 8).[184] Entsprechendes gilt auch für die Abtretung, die wie die Aufrechnung grundsätzlich nur dann zulässig ist, wenn die Gesellschaft im Gegenzug ein vollwertiges Entgelt erhält.[185] Anders als eine

---

[174] RGZ 94, 61 (62 f.); BGH ZIP 1986, 161 (162) (zur GmbH); GroßkommAktG/*Gehrlein* § 66 Rn. 35; Hölters/*Laubert* AktG § 66 Rn. 8; Hüffer AktG/*Koch* § 66 Rn. 6; MüKoAktG/*Bayer* § 66 Rn. 44; K. Schmidt/Lutter/*Fleischer* AktG § 66 Rn. 9.
[175] RGZ 54, 389 (391 f.) (zur GmbH); BGHZ 191, 364 (380) = NZG 2012, 69 (74) – Babcock Borsig; GroßkommAktG/*Gehrlein* § 66 Rn. 43, 45; Hölters/*Laubert* AktG § 66 Rn. 9; MüKoAktG/*Bayer* § 66 Rn. 68; K. Schmidt/Lutter/*Fleischer* AktG § 66 Rn. 14.
[176] BGHZ 191, 364 (383) = NZG 2012, 69 (75) – Babcock Borsig; GroßkommAktG/*Gehrlein* § 66 Rn. 43; Hölters/*Laubert* AktG § 66 Rn. 9; MüKoAktG/*Bayer* § 66 Rn. 69; aA Spindler/Stilz/*Cahn* AktG § 66 Rn. 33.
[177] RG JW 1930, 2685 (2687) (zur eG); OLG Colmar OLGE 14, 364 f. (zur GmbH); Bürgers/Körber/*H. P. Westermann* AktG § 66 Rn. 8; GroßkommAktG/*Gehrlein* § 66 Rn. 46 f.; Hölters/*Laubert* AktG § 66 Rn. 10; K. Schmidt/Lutter/*Fleischer* AktG § 66 Rn. 15; Spindler/Stilz/*Cahn* AktG § 66 Rn. 35; zwischen Alt- und Neuforderungen differenzierend MüKoAktG/*Bayer* § 66 Rn. 71.
[178] Bürgers/Körber/*H. P. Westermann* AktG § 66 Rn. 8; GroßkommAktG/*Gehrlein* § 66 Rn. 48; KölnKommAktG/*Drygala* § 66 Rn. 38; aA Hölters/*Laubert* AktG § 66 Rn. 10; MüKoAktG/*Bayer* § 66 Rn. 71; K. Schmidt/Lutter/*Fleischer* AktG § 66 Rn. 16: Verrechnung stets unwirksam; so wohl auch Spindler/Stilz/*Cahn* AktG § 66 Rn. 35.
[179] KölnKommAktG/*Drygala* § 66 Rn. 38; aA Bürgers/Körber/*H. P. Westermann* AktG § 66 Rn. 8; GroßkommAktG/*Gehrlein* § 66 Rn. 48.
[180] KölnKommAktG/*Drygala* § 66 Rn. 38.
[181] KölnKommAktG/*Drygala* § 66 Rn. 39; MüKoAktG/*Bayer* § 66 Rn. 72; K. Schmidt/Lutter/*Fleischer* AktG § 66 Rn. 17.
[182] GroßkommAktG/*Gehrlein* § 66 Rn. 51; KölnKommAktG/*Drygala* § 66 Rn. 39; K. Schmidt/Lutter/*Fleischer* AktG § 66 Rn. 17; Spindler/Stilz/*Cahn* AktG § 66 Rn. 36.
[183] GroßkommAktG/*Gehrlein* § 66 Rn. 51; KölnKommAktG/*Drygala* § 66 Rn. 39; MüKoAktG/*Bayer* § 66 Rn. 73; wohl auch K. Schmidt/Lutter/*Fleischer* AktG § 66 Rn. 17; Spindler/Stilz/*Cahn* AktG § 66 Rn. 36.
[184] BGH ZIP 1986, 161 (162); OLG Köln ZIP 1984, 176 (178) (jeweils zur GmbH); Bürgers/Körber/*H. P. Westermann* AktG § 66 Rn. 13; GroßkommAktG/*Gehrlein* § 66 Rn. 66; MüKoAktG/*Bayer* § 66 Rn. 24 und 89 ff.; K. Schmidt/Lutter/*Fleischer* AktG § 66 Rn. 24; teilweise aA KölnKommAktG/*Drygala* § 66 Rn. 53, der auf das Vollwertigkeitserfordernis verzichten will.
[185] Vgl. RGZ 124, 380 (382 f.); 102, 385 f.; BGHZ 69, 274 (282) = NJW 1978, 160 (162); BGHZ 53, 71 (72 f.) = NJW 1970, 469 (470 f.) (beide zur GmbH); Bürgers/Körber/*H. P. Westermann* AktG

§ 16 Kapitalaufbringung und Kapitalerhaltung

Aufrechnung ist eine Abtretung unter dieser Voraussetzung aber auch hinsichtlich der Mindesteinlageforderung zulässig.[186] Eine Ausnahme von dem Vollwertigkeitsgebot besteht wie bei der Aufrechnung dann, wenn die Einlageforderung selbst nicht vollwertig ist und auch eine Kaduzierung mit anschließender Verwertung kein besseres Ergebnis verspricht (vgl. → Rn. 30).[187] Dieselben Grundsätze wie für die Abtretung gelten auch für die Verpfändung und die Pfändung von Einlageforderungen.[188]

e) Ausnahmen vom Befreiungsverbot. Nach § 66 Abs. 3 AktG bildet die Kapitalherabsetzung, und zwar die ordentliche Kapitalherabsetzung und die Herabsetzung durch Einziehung (vgl. §§ 225 Abs. 2 S. 2, 237 Abs. 2 S. 3 AktG), nicht aber die vereinfachte Kapitalherabsetzung (vgl. § 230 Abs. 1 S. 1 AktG),[189] eine Ausnahme vom Befreiungsverbot des § 66 Abs. 1 AktG. Im Zusammenhang mit einer ordentlichen Kapitalherabsetzung erfolgt eine Befreiung der Aktionäre von der Leistungspflicht nur dann, wenn die Leistungsbefreiung als Zweck der Kapitalherabsetzung im Herabsetzungsbeschluss ausdrücklich angegeben wurde (dazu → § 61 Rn. 29). Als Obergrenze der Leistungsbefreiung bei der ordentlichen Kapitalherabsetzung schreibt § 66 Abs. 3 AktG den Herabsetzungsbetrag fest. Eine Kapitalherabsetzung durch Einziehung von Aktien führt, da durch die Einziehung die Mitgliedschaft der betroffenen Aktionäre untergeht, stets zu einer Leistungsbefreiung. Die Obergrenze gemäß § 66 Abs. 3 AktG aE gilt hierfür nicht (auch nicht entsprechend).[190] Der Gläubigerschutz wird hier durch die Bestimmungen der §§ 237 Abs. 2 S. 3, 225 Abs. 2 S. 2 AktG gewährleistet (dazu → § 61 Rn. 57 ff.). – Zu einer Befreiung von den Leistungspflichten führt weiterhin die Kaduzierung (vgl. → Rn. 14 ff.). Auch der Erwerb eigener Aktien durch die Gesellschaft kann zu einer Befreiung von den Leistungspflichten führen.

5. Verdeckte Sacheinlagen. a) Allgemeines. § 27 Abs. 3 AktG enthält Sonderregelungen zur Behandlung verdeckter Sacheinlagen. Ausgangspunkt der besonderen Behandlung ist die gesetzliche Unterscheidung zwischen Bar- und Sacheinlagen. Bei der Bareinlage ist die Überprüfung der Vollwertigkeit der geleisteten Einlage angesichts der bei der Zeichnung betragsmäßig feststehenden Einlagenhöhe unproblematisch. Die Sacheinlage birgt hingegen unter dem Gesichtspunkt der realen Kapitalaufbringung das Risiko fehlender Vollwertigkeit. Das Aktiengesetz versucht, diesem Risiko durch Publizität und Registerkontrolle der Sacheinlage zu begegnen. Sachgründung und Sachkapitalerhöhung sind dadurch zeit- und kostenaufwendig. In der Praxis kann dieser gegenüber der Bargründung oder Barkapitalerhöhung erheblich höhere Aufwand ein Anreiz sein, der Gesellschaft pro forma eine Bareinlage, wirtschaftlich aber eine Sacheinlage zukommen zu lassen. Der Gesellschaft fließt also Geld in Form der Bareinlage zu, das von der Gesellschaft in eine – wirtschaftlich gewollte – Sacheinlage „umgetauscht" wird. Plastisch wird

---

§ 66 Rn. 11; Grigoleit/*Grigoleit/Rachlitz* AktG § 66 Rn. 12 f.; GroßkommAktG/*Gehrlein* § 66 Rn. 62 ff.; MüKoAktG/*Bayer* § 66 Rn. 83 ff.; teilweise aA KölnKommAktG/*Drygala* § 66 Rn. 53, der auf das Vollwertigkeitserfordernis verzichten will.

[186] KölnKommAktG/*Drygala* § 66 Rn. 46; MüKoAktG/*Bayer* § 66 Rn. 820; aA Grigoleit/*Grigoleit/Rachlitz* AktG § 66 Rn. 13; Spindler/Stilz/*Cahn* AktG § 66 Rn. 43.

[187] Bürgers/Körber/*H. P. Westermann* AktG § 66 Rn. 12; Grigoleit/*Grigoleit/Rachlitz* AktG § 66 Rn. 13; GroßkommAktG/*Gehrlein* § 66 Rn. 63; MüKoAktG/*Bayer* § 66 Rn. 86.

[188] Ausführlich dazu GroßkommAktG/*Gehrlein* § 66 Rn. 71 f.; MüKoAktG/*Bayer* § 66 Rn. 96 ff.; s. auch Bürgers/Körber/*H. P. Westermann* AktG § 66 Rn. 11 f.; Grigoleit/*Grigoleit/Rachlitz* AktG § 66 Rn. 12 f.; Spindler/Stilz/*Cahn* AktG § 66 Rn. 45; teilweise aA KölnKommAktG/*Drygala* § 66 Rn. 55 f., der auch hier auf das Vollwertigkeitsgebot verzichten will.

[189] Vgl. GroßkommAktG/*Gehrlein* § 66 Rn. 28; Hüffer AktG/*Koch* § 66 Rn. 11; KölnKommAktG/*Drygala* § 66 Rn. 69; MüKoAktG/*Bayer* § 66 Rn. 39; Spindler/Stilz/*Cahn* AktG § 66 Rn. 46.

[190] GroßkommAktG/*Gehrlein* § 66 Rn. 32; Hüffer AktG/*Koch* § 66 Rn. 11; KölnKommAktG/*Drygala* § 66 Rn. 67; MüKoAktG/*Bayer* § 66 Rn. 42; Spindler/Stilz/*Cahn* AktG § 66 Rn. 48.

der Sachverhalt in dem bekannten Fall IBH/Lemmerz.[191] Dort zeichnete ein Aktionär, der zugleich Lieferant der Gesellschaft war, eine Barkapitalerhöhung. Mit der geleisteten Bareinlage wurde sodann nur eine Woche nach der Einzahlung ein überfälliger Lieferantenkredit des Aktionärs zurückgeführt. Wirtschaftlich stellte sich der Sachverhalt als Einbringung der Kreditforderung des Aktionärs in die Gesellschaft dar, also als Fall der Sacheinlage.

35 Die Aufteilung der wirtschaftlich gewollten Sacheinlage in eine Bareinlage und ein Austauschgeschäft bzw. eine Forderungstilgung steht im Widerspruch zu dem Zweck der gesetzlichen Sacheinlagevorschriften und stellt damit eine **unzulässige Umgehung** dieser Vorschriften dar.[192] Als Reaktion auf derartige Umgehungsversuche wurden von Rechtsprechung und Literatur die Grundsätze der verdeckten Sacheinlage entwickelt, wobei sich die Entwicklung insbesondere zur GmbH vollzog. Aufgrund der vergleichbaren Interessenlage sind die zur GmbH ergangenen Gerichtsentscheidungen und Literaturstellungnahmen aber auf die AG übertragbar.[193] Nach ständiger Rechtsprechung handelt es sich um eine verdeckte Sacheinlage, wenn die gesetzlichen Regeln für Sacheinlagen dadurch umgangen wurden, dass zwar eine **Bareinlage vereinbart,** die Gesellschaft von dem Einleger aber **bei wirtschaftlicher Betrachtung** aufgrund einer im Zusammenhang mit der Übernahme der Bareinlage getroffenen **Abrede** einen **Sachwert** erhalten sollte.[194] Die Rechtsfolge der verdeckten Sacheinlage wurde von der früheren Rechtsprechung darin gesehen, dass die Bareinlage nicht wirksam erbracht wurde und auch das mit der Gesellschaft geschlossene Austauschgeschäft sowie alle Rechtshandlungen zu seiner Ausführung unwirksam waren. Der Aktionär musste daher seine Bareinlage erneut leisten und hatte gegen die Gesellschaft nur einen Bereicherungsanspruch gemäß § 812 Abs. 1 S. 2 BGB.[195] Eine Aufrechnung mit diesem Bereicherungsanspruch gegen die Einlagepflicht scheiterte an § 66 Abs. 1 S. 2 AktG.[196] Aus der Unwirksamkeit des Austauschgeschäfts und der Rechtshandlungen zu seiner Ausführung resultierte ein Bereicherungsanspruch der Gesellschaft gemäß § 812 Abs. 1 S. 1 Alt. 1 BGB im Hinblick auf die von ihr erbrachten Erfüllungsleistungen. Auf die beiderseitigen Bereicherungsansprüche wendete die Rechtsprechung die Saldotheorie an.[197] Der Aktionär hatte daneben einen Anspruch aus § 985 BGB auf Herausgabe der von ihm nicht wirksam übereigneten Sache.

---

[191] BGHZ 110, 47 = NJW 1990, 982 = ZIP 1990, 156 mAnm *Lutter* EWiR 1990, 223 – IBH/Lemmerz.

[192] Vgl. etwa BGHZ 132, 133 (135) = NJW 1996, 1286 (1287) (zur GmbH); BGHZ 118, 83 (93 ff.) = NJW 1992, 2222 (2224 ff.) – BuM; BGHZ 110, 47 (63 f.) = NJW 1990, 983 ff. – IBH/Lemmerz; GroßkommAktG/*Schall* § 27 Rn. 276 f.; Hüffer AktG/*Koch* § 27 Rn. 26; KölnKommAktG/*A. Arnold* § 27 Rn. 77 ff.; MüKoAktG/*Pentz* § 27 Rn. 77; Spindler/Stilz/*Katzenstein* AktG § 27 Rn. 104; *Lutter* FS Stiefel, 1987, 505 (511 ff.).

[193] Vgl. Hölters/*Solveen* AktG § 27 Rn. 26; Spindler/Stilz/*Katzenstein* AktG § 27 Rn. 103.

[194] BGHZ 185, 44 (48) = NZG 2010, 702 (703) – AdCoCom (zur GmbH); BGHZ 184, 158 (163) = NZG 2010, 343 (344) – EUROBIKE; BGHZ 182, 103 (107) = NZG 2009, 944 (945) – Cash Pool II (zur GmbH); BGHZ 180, 38 (41) = NZG 2009, 463 – Qivive (zur GmbH); BGHZ 175, 265 (270) = NZG 2008, 425 (426) – Rheinmöve; BGHZ 173, 145 (152) = NZG 2007, 754 (756) – Lurgi I; BGHZ 170, 47 (51) = NZG 2007, 144 (145); BGHZ 166, 8 (11) = NZG 2006, 344 (345) – Cash Pool I (zur GmbH); BGHZ 165, 113 (116 f.) = NZG 2006, 24 f.; BGHZ 155, 329 (334) = NZG 2003, 867 (869) (zur GmbH); BGH ZIP 2009, 1427 (1428) (zur GmbH); BGH ZIP 2008, 643 (644) (zur GmbH); BGH ZIP 2007, 178 (179).

[195] S. etwa BGHZ 110, 47 (79) = NJW 1990, 982 (989) – IBH/Lemmerz; BGH ZIP 1998, 780 (781 ff.) (zur GmbH); zu Schadensersatzansprüchen des Inferenten gegen seine Berater wegen einer Fehlberatung über die Risiken einer verdeckten Sacheinlage vgl. BGH ZIP 2009, 1427 ff. (zur GmbH); s. dazu auch *Merkner/Schmidt-Bendun* NZG 2009, 1054 (1057 ff.).

[196] Vgl. KölnKommAktG/*A. Arnold* § 27 Rn. 78.

[197] S. zuletzt BGHZ 175, 265 (273) = NZG 2008, 425 (427) – Rheinmöve; BGHZ 173, 145 (155 f.) = NZG 2007, 754 – Lurgi I; BGH ZIP 2009, 1155 (1157) – Lurgi II.

Die von der früheren Rechtsprechung angenommenen Rechtsfolgen der verdeckten **36** Sacheinlage wurden vielfach als zu hart empfunden.[198] Der Gesetzgeber hat auf diese Kritik zunächst für die GmbH reagiert, indem er durch Art. 1 Nr. 17 **MoMiG** den bisherigen § 19 Abs. 4 GmbHG neu gefasst und die Rechtsfolgen der verdeckten Sacheinlage durch Einführung einer Anrechnungslösung erheblich entschärft hat. Durch Art. 1 Nr. 1 **ARUG** wurde diese Anrechnungslösung dann weitgehend unverändert in § 27 Abs. 3 AktG übernommen. Der neue § 27 Abs. 3 AktG ist zum 1.9.2009 in Kraft getreten. Der Gesetzgeber hat in § 20 Abs. 7 S. 1 EGAktG (in Anlehnung an § 3 Abs. 4 S. 1 EGGmbHG) festgelegt, dass die Neuregelung auch für Einlagenleistungen gelten soll, die vor diesem Zeitpunkt bewirkt worden sind, soweit sie nach der alten Rechtslage wegen der Vereinbarung einer Einlagenrückgewähr oder wegen einer verdeckten Sacheinlage keine Erfüllung der Einlagenverpflichtung bewirkt haben.[199] Eine Ausnahme besteht, soweit über die aus der Unwirksamkeit folgenden Ansprüche zwischen der AG und dem Aktionär bereits vor dem 1.9.2009 ein rechtskräftiges Urteil ergangen oder eine wirksame Vereinbarung getroffen worden ist (§ 20 Abs. 7 S. 2 EGAktG). Die Neuregelung der verdeckten Sacheinlage in § 27 Abs. 3 AktG ist **europarechtskonform** und verstößt insbesondere nicht gegen die Gesellschaftsrechts-RL bzw. die vormalige Kapitalrichtlinie (RL 2012/30/EU).[200]

b) Tatbestand. aa) Objektive Voraussetzungen. Nach der Legaldefinition in § 27 **37** Abs. 3 S. 1 AktG liegt eine verdeckte Sacheinlage vor, wenn eine Geldeinlage eines Aktionärs bei wirtschaftlicher Betrachtung und aufgrund einer im Zusammenhang mit der Übernahme der Geldeinlage getroffenen Abrede vollständig oder teilweise als Sacheinlage zu bewerten ist. Diese Formulierung weicht von der bisherigen Definition der Rechtsprechung ab, wonach eine verdeckte Sacheinlage vorliegt, wenn die gesetzlichen Regeln für Sacheinlagen dadurch umgangen wurden, dass zwar eine Bareinlage vereinbart, die Gesellschaft von dem Inferenten aber bei wirtschaftlicher Betrachtung aufgrund einer im Zusammenhang mit der Übernahme der Bareinlage getroffenen Abrede einen Sachwert erhalten sollte (→ Rn. 35). Allerdings wollte der Gesetzgeber in § 27 Abs. 3 S. 1 AktG nur die bisherige Rechtsprechung zum Tatbestand der verdeckten Sacheinlage kodifizieren, ohne hiervon inhaltlich abzuweichen.[201] Es ist daher davon auszugehen, dass die von der Rechtsprechung unter der alten Rechtslage herausgearbeiteten Kriterien nach wie vor Gültigkeit beanspruchen.[202] Entgegen der missverständlichen Formulierung in § 27 Abs. 3

---

[198] Vgl. etwa *Brandner* FS Boujong, 1996, 37 (42): „Rechtsfolgenkatastrophe"; *Lutter* FS Stiefel, 1987, 505 (517): Rechtsfolgen „ganz und gar katastrophal"; s. auch *Einsele* NJW 1996, 2681 (2683 ff.); *Grunewald* FS Rowedder, 1994, 111 (114 ff.); *Heidenhain* GmbHR 2006, 455 (457 f.); *Mülbert* WM 2006, 1977 (1985); *M. Winter* FS Priester, 2007, 867 ff.

[199] Zur Verfassungsmäßigkeit s. BGHZ 185, 44 (51 f.) = NZG 2010, 702 (705 ff.) – AdCoCom; OLG Köln GmbHR 2010, 1213 (1215 f.) (beide zu § 3 Abs. 4 EGGmbHG); Bürgers/Körber/*Lohse* AktG § 27 Rn. 29; Grigoleit/*Vedder* AktG § 27 Rn. 40; Hüffer AktG/*Koch* § 27 Rn. 23; KölnKommAktG/*A. Arnold* § 27 Rn. 85; K. Schmidt/Lutter/*Bayer* AktG § 27 Rn. 124; zu § 3 Abs. 4 EGGmbHG auch *I. Fuchs* BB 2009, 170 (174 f.); *Haas/Vogel* NZG 2010, 1081 (1083 ff.); zweifelnd Hölters/*Solveen* AktG § 27 Rn. 39; *Andrianesis* WM 2011, 968 (971 f.); *Habersack* AG 2009, 557 (558); zweifelnd zu § 3 Abs. 4 EGGmbHG auch *Bormann* GmbHR 2007, 897 (900 f.); *Heinze* GmbHR 2008, 1065 (1073); *Pentz* GmbHR 2010, 673 (676 f.); *Pentz* GmbHR 2009, 505 (506 f.); s. auch *Pentz* GmbHR 2009, 126 (130).

[200] Bürgers/Körber/*Lohse* AktG § 27 Rn. 28; Grigoleit/*Vedder* AktG § 27 Rn. 40; Hölters/*Solveen* AktG § 27 Rn. 40; Hüffer AktG/*Koch* § 27 Rn. 25; KölnKommAktG/*A. Arnold* § 27 Rn. 86 ff.; K. Schmidt/Lutter/*Bayer* AktG § 27 Rn. 58; Spindler/Stilz/*Katzenstein* AktG § 27 Rn. 106; *Grürmann*, Die verdeckte Sacheinlage im Kapitalaufbringungsrecht der Aktiengesellschaft, 2017, S. 65 f.; *Bayer/J. Schmidt* ZGR 2009, 805 (831 ff.); *Habersack* AG 2009, 557 (559 f.); *Herrler/Reymann* DNotZ 2009, 914 (919 f.); aA *Andrianesis* WM 2011, 968 (973).

[201] Vgl. Begr. Beschlussempfehlung des Rechtsausschusses, BT-Drs. 16/13098, 36; zu § 19 Abs. 4 GmbHG s. Begr. RegE MoMiG, BT-Drs. 16/6140, 40.

[202] Bürgers/Körber/*Lohse* AktG § 27 Rn. 30; Grigoleit/*Vedder* AktG § 27 Rn. 41; Hölters/*Solveen* AktG § 27 Rn. 30; Hüffer AktG/*Koch* § 27 Rn. 26; KölnKommAktG/*A. Arnold* § 27 Rn. 89;

S. 1 AktG geht es somit nicht darum, ob eine Geldeinlage als Sacheinlage zu bewerten ist. Entscheidend ist vielmehr, ob **bei wirtschaftlicher Betrachtung eine Umgehung der Sacheinlagevorschriften** vorliegt, indem ein einheitlicher Sacheinlagevorgang in die (scheinbare) Leistung einer Bareinlage und einen Mittelrückfluss an den Inferenten infolge eines Kompensationsgeschäfts aufgespalten wird.[203] Dabei macht es keinen Unterschied, ob das für die einzubringenden Gegenstände vereinbarte Entgelt entgegen § 66 Abs. 1 S. 2 AktG mit dem als Bareinlage einzuzahlenden Betrag verrechnet wird, ob die Gesellschaft die übernommenen Sachgüter zunächst bezahlt und der veräußernde Inferent sodann mit dem Erlös seine Bareinlageschuld begleicht oder ob die Gesellschaft eine schon erbrachte Bareinlage abredegemäß alsbald wieder zur Vergütung einer Sachleistung zurückzahlt.[204] Der objektive Tatbestand der verdeckten Sacheinlage ist erfüllt, wenn die Geldeinlage des Inferenten durch eine gegenläufige Pflicht der Gesellschaft, an den Inferenten eine Vergütung für einen sacheinlagefähigen Gegenstand zu leisten, neutralisiert wird.[205] Erforderlich ist somit stets ein unmittelbarer oder mittelbarer Einlagenrückfluss an den Inferenten (dazu → Rn. 39) als Vergütung für eine von ihm erbrachte oder absprachegemäß zu erbringende – sacheinlagefähige – Leistung.[206] Bei nicht sacheinlagefähigen Leistungen kann keine verdeckte Sacheinlage vorliegen (dazu → Rn. 40).

38 In der Praxis kommen verdeckte Sacheinlagen insbesondere in zwei Konstellationen vor:[207] (1) **Vergütung von Leistungen eines Aktionärs** durch die AG im Rahmen eines gründungsnahen Verkehrsgeschäfts;[208] (2) **Tilgung von Forderungen eines Aktionärs** (insbesondere Darlehensforderungen) durch die AG aus Mitteln, die ihr als (scheinbare) Bareinlageleistung von dem Aktionär zugeflossen sind.[209]

39 Bei dem für eine verdeckte Sacheinlage erforderlichen **Mittelrückfluss** kommt es nicht darauf an, ob die an den Aktionär zurückfließenden Mittel gegenständlich mit den geleisteten Mitteln identisch sind.[210] Die Geldleistung des Aktionärs und die von der AG geleistete Vergütung müssen auch nicht betragsmäßig übereinstimmen.[211] Übersteigt die

---

Spindler/Stilz/*Katzenstein* AktG § 27 Rn. 131; *Hülsmann* GmbHR 2019, 377 (378) (zu § 19 Abs. 4 GmbHG); *Pentz* FS K. Schmidt, 2009, 1265 (1273 f.).

[203] BGHZ 170, 47 (51 f.) = NZG 2007, 144 (145); OLG Dresden NZG 2017, 985 (987); Hüffer AktG/*Koch* § 27 Rn. 26.

[204] BGHZ 170, 47 (51 f.) = NZG 2007, 144 (145); vgl. auch (jeweils zur GmbH) BGHZ 113, 335 (344 f.) = NJW 1991, 1754 (1756); BGH ZIP 2016, 615 (617); NZG 1998, 428 (429).

[205] OLG Dresden NZG 2017, 985 (987); Grigoleit/*Vedder* AktG § 27 Rn. 42; Spindler/Stilz/ *Katzenstein* AktG § 27 Rn. 132; *Grürmann*, Die verdeckte Sacheinlage im Kapitalaufbringungsrecht der Aktiengesellschaft, 2017, S. 67 ff.

[206] BGHZ 171, 113 (115 f.) = NZG 2007, 300 (301) (zur GmbH).

[207] Vgl. Bürgers/Körber/*Lohse* AktG § 27 Rn. 25; Grigoleit/*Vedder* AktG § 27 Rn. 47; Hölters/ s*Solveen* AktG § 27 Rn. 30; Hüffer AktG/*Koch* § 27 Rn. 27; Spindler/Stilz/*Katzenstein* AktG § 27 Rn. 109 f.

[208] Vgl. BGHZ 170, 47 (57 ff.) = NZG 2007, 144 (146 f.); BGH ZIP 2008, 643 (644) (zur GmbH); Spindler/Stilz/*Katzenstein* AktG § 27 Rn. 133 ff.

[209] Vgl. BGHZ 166, 8 (12 f.) = NZG 2006, 344 (345 f.) – Cash Pool I; BGHZ 152, 37 (42 f.) = NZG 2002, 1172 (1174 f.); BGHZ 125, 141 (149 f.) = NJW 1994, 1477 ff. (jeweils zur GmbH); BGHZ 118, 83 (93 f.) = NJW 1992, 2222 (2224 f.) – BuM; BGHZ 113, 335 (339 ff.) = NJW 1991, 1754 (1755 f.) (zur GmbH); BGHZ 110, 47 (60 f.) = NJW 1990, 982 (985 f.) – IBH/Lemmerz; BGH ZIP 2016, 615 (617); 2012, 1857 (1859 f.) (beide zur GmbH); Hüffer AktG/*Koch* § 27 Rn. 27, 17; *Henze* ZHR 154 (1990), 105 (119 ff.); *Ulmer* ZHR 154 (1990), 128 (138 f.); *J. Vetter/Schwandtner* Der Konzern 2006, 407 (410).

[210] BGHZ 175, 265 (272) = NZG 2008, 425 (427) – Rheinmöve; BGH ZIP 2009, 1155 (1156) – Lurgi II; Grigoleit/*Vedder* AktG § 27 Rn. 44; Hölters/*Solveen* AktG § 27 Rn. 36a; Hüffer AktG/*Koch* § 27 Rn. 28; MüKoAktG/*Pentz* § 27 Rn. 92; Spindler/Stilz/*Katzenstein* AktG § 27 Rn. 136 f.; *Grürmann*, Die verdeckte Sacheinlage im Kapitalaufbringungsrecht der Aktiengesellschaft, 2017, S. 82.

[211] Grigoleit/*Vedder* AktG § 27 Rn. 44; Spindler/Stilz/*Katzenstein* AktG § 27 Rn. 139; *Grürmann*, Die verdeckte Sacheinlage im Kapitalaufbringungsrecht der Aktiengesellschaft, 2017, S. 82.

§ 16 Kapitalaufbringung und Kapitalerhaltung

Geldleistung des Aktionärs die von der AG geleistete Vergütung liegt eine **verdeckte Mischeinlage** vor. Im umgekehrten Fall handelt es sich um eine **verdeckte gemischte Sacheinlage**.[212] Kein zwingendes Merkmal des objektiven Tatbestands einer verdeckten Sacheinlage ist ein **enger zeitlicher und sachlicher Zusammenhang** des Mittelrückflusses mit einer Geldeinlage.[213] Ein solcher enger zeitlicher und sachlicher Zusammenhang begründet vielmehr nur eine tatsächliche Vermutung, dass die gemäß § 27 Abs. 3 S. 1 AktG erforderliche Abrede vorliegt (dazu → Rn. 41). Für die Annahme einer verdeckten Sacheinlage ist nicht zwingend erforderlich, dass der Mittelrückfluss unmittelbar an den Aktionär erfolgt. Solange die eingezahlten Mittel wirtschaftlich der AG wieder entzogen werden und an den Inferenten zurückfließen, ist unerheblich, ob auf Seiten der AG oder des Inferenten ein **Dritter** zwischengeschaltet ist.[214] In welchen Fällen die Leistung an einen Dritten dem Inferenten zugerechnet werden muss, ist aber mitunter schwer abzugrenzen. Erforderlich ist, dass der Inferent durch die Leistung an den Dritten **in gleicher Weise begünstigt** wird wie bei einer Leistung an ihn selbst.[215] Dies ist insbesondere der Fall, wenn der Dritte für Rechnung des Inferenten handelt (etwa in Treuhandkonstellationen).[216] Gleiches gilt bei Leistung an ein von dem Inferenten beherrschtes Unternehmen.[217] Nicht ausreichend ist es dagegen, wenn die von einem Konzernunternehmen auf das erhöhte Kapital einer Tochtergesellschaft geleistete Bareinlage absprachegemäß zum Erwerb des Unternehmens einer Schwestergesellschaft verwendet wird, an welcher der Inferent weder unmittelbar noch mittelbar beteiligt ist.[218] Ebenfalls nicht ausreichend ist ein bloßes Verwandschaftsverhältnis zwischen dem Dritten und dem Inferenten.[219] Es kann aber ein Indiz für eine vergleichbare mittelbare Begünstigung des Inferenten sein.[220]

---

[212] Vgl. BGHZ 175, 265 (272 f.) = NZG 2008, 425 (427) – Rheinmöve; BGHZ 173, 145 (152 f.) = NZG 2007, 754 (756) – Lurgi I; BGHZ 170, 47 (54 f.) = NZG 2007, 144 (145 f.) – Warenlager; der BGH verlangt für das Vorliegen einer gemischten Sacheinlage eine kraft Parteivereinbarung unteilbare Leistung; ebenso etwa *Strohn* DB 2012, 1137 (1140); s. auch *Grürmann*, Die verdeckte Sacheinlage im Kapitalaufbringungsrecht der Aktiengesellschaft, 2017, S. 112 ff.; gegen ein solches Tatbestandsmermal bei der verdeckten gemischten Sacheinlage etwa *Gerlach*, Die gemischte Sacheinlage, 2016, S. 156 ff.; *Ekkenga* ZIP 2013, 541 (548 f.).

[213] BGHZ 175, 265 (271 f.) = NZG 2008, 425 (426 f.) – Rheinmöve; BGHZ 132, 133 (138 f.) = NJW 1996, 1286 (1288) (zur GmbH); BGH ZIP 2016, 615 (617) (zur GmbH); Grigoleit/*Vedder* AktG § 27 Rn. 48; Spindler/Stilz/*Katzenstein* AktG § 27 Rn. 158 f.; *Grürmann*, Die verdeckte Sacheinlage im Kapitalaufbringungsrecht der Aktiengesellschaft, 2017, S. 87 f.; ebenso jetzt Hüffer AktG/*Koch* § 27 Rn. 32; aA zu der Rechtslage vor Inkrafttreten des ARUG *Lutter* FS Stiefel, 1987, 510 (514 f.); *Lutter/Gehling* WM 1989, 1445 (1446 f.).

[214] Bürgers/Körber/*Lohse* AktG § 27 Rn. 33; Grigoleit/*Vedder* AktG § 27 Rn. 49; Hölters/*Solveen* AktG § 27 Rn. 35; KölnKommAktG/*A. Arnold* § 27 Rn. 101; MüKoAktG/*Pentz* § 27 Rn. 200; K. Schmidt/Lutter/*Bayer* AktG § 27 Rn. 70; Spindler/Stilz/*Katzenstein* AktG § 27 Rn. 162; s. auch OLG Dresden NZG 2017, 985 (988).

[215] BGHZ 184, 158 (163) = NZG 2010, 343 (344) – EUROBIKE; zur GmbH auch BGHZ 171, 113 (116) = NZG 2007, 300 (301) (zur GmbH); BGHZ 166, 8 (15) = NZG 2006, 344 (346) – Cash Pool I; *Habetha* ZGR 1998, 305 (320 f.); s. auch BGH NZG 2011, 667 (668) (zur GmbH).

[216] Grigoleit/*Vedder* AktG § 27 Rn. 49; Hüffer AktG/*Koch* § 27 Rn. 31; KölnKommAktG/*A. Arnold* § 27 Rn. 101; K. Schmidt/Lutter/*Bayer* AktG § 27 Rn. 70; Spindler/Stilz/*Katzenstein* AktG § 27 Rn. 163.

[217] BGHZ 184, 158 (163) = NZG 2010, 343 (344) – EUROBIKE; zur GmbH auch BGHZ 171, 113 (116) = NZG 2007, 300 (301); BGHZ 166, 8 (15) = NZG 2006, 344 (346) – Cash Pool I; BGHZ 153, 107 (111) = NZG 2003, 168 (169); ebenso Hölters/*Solveen* AktG § 27 Rn. 35; Hüffer AktG/*Koch* § 27 Rn. 31; KölnKommAktG/*A. Arnold* § 27 Rn. 101; MüKoAktG/*Pentz* § 27 Rn. 205; Spindler/Stilz/*Katzenstein* AktG § 27 Rn. 163.

[218] BGHZ 171, 113 (117 ff.) = NZG 2007, 300 (301 f.) (zur GmbH); KölnKommAktG/*A. Arnold* § 27 Rn. 101; MüKoAktG/*Pentz* § 27 Rn. 205; wohl auch Hölters/*Solveen* AktG § 27 Rn. 35; K. Schmidt/Lutter/*Bayer* AktG § 27 Rn. 71.

[219] Vgl. BGHZ 113, 335 (345 f.) = NJW 1991, 1754 (1757); BGH NZG 2011, 667 (668) (zur GmbH); OLG Dresden GmbHR 1997, 946 (948) (beide zur GmbH); Grigoleit/*Vedder* AktG § 27

40 Gegenstand einer verdeckten Sacheinlage kann nur eine **sacheinlagefähige Leistung** sein (bereits → Rn. 37).[221] Während Anteile an einem im Mehrheitsbesitz der Gesellschaft stehenden Unternehmen grundsätzlich sacheinlagefähig sind,[222] fehlt es an der Sacheinlagefähigkeit bei **eigenen Aktien,** so dass diese auch nicht Gegenstand einer verdeckten Sacheinlage sein können.[223] Mangels Sacheinlagefähigkeit leistet der Inferent auch dann keine verdeckte Sacheinlage, wenn mit seiner Bareinlage ein Darlehen abgelöst wird, für das er sich verbürgt hat.[224] An der Sacheinlagefähigkeit fehlt es zudem bei **Dienstleistungen.**[225] Dies gilt nicht nur im Hinblick auf den Anspruch der AG auf Erbringung künftiger Dienstleistungen, sondern auch im Hinblick auf die (künftige) Entgeltforderung des Inferenten gegen die AG.[226] Auch sonstige schuldrechtliche Ansprüche der AG gegen den Inferenten scheiden mangels Sacheinlagefähigkeit als Gegenstand einer verdeckten Sacheinlage aus.[227] Demgegenüber können Forderungen des Inferenten gegen die AG Gegenstand einer verdeckten Sacheinlage sein (typischer Fall der verdeckten Sacheinlage; bereits → Rn. 38).[228] Diesbezüglich wird üblicherweise zwischen Alt- und Neuforderungen differenziert und eine verdeckte Sacheinlage grundsätzlich nur dann angenommen, wenn es sich bei der Forderung des Aktionärs um eine **Altforderung** handelte, die bei Begründung der Einlageverbindlichkeit schon bestand. Dabei macht es für das Vorliegen einer verdeckten Sacheinlage keinen Unterschied, ob zuerst die geschuldete Bareinlage ein- und sodann zur Tilgung der Aktionärsforderung zurückgezahlt wird oder in umgekehrter Reihenfolge

---

Rn. 49; KölnKommAktG/*A. Arnold* § 27 Rn. 101; MüKoAktG/*Pentz* § 27 Rn. 203; Spindler/Stilz/ *Katzenstein* AktG § 27 Rn. 163.
[220] KölnKommAktG/*A. Arnold* § 27 Rn. 101; MüKoAktG/*Pentz* § 27 Rn. 203; *Grürmann,* Die verdeckte Sacheinlage im Kapitalaufbringungsrecht der Aktiengesellschaft, 2017, S. 86.
[221] BGHZ 184, 158 (163) = NZG 2010, 343 (344) – EUROBIKE; BGHZ 180, 38 (42) = NZG 2009, 463 f. – Qivive (zur GmbH); BGHZ 165, 352 (356) = NZG 2006, 227 (228) (zur GmbH); BGHZ 165, 113 (116 f.) = NZG 2006, 24 f.; BGH NZG 2011, 667 (668) (zur GmbH); Grigoleit/ *Vedder* AktG § 27 Rn. 43; Hölters/*Solveen* AktG § 27 Rn. 34; Hüffer AktG/*Koch* § 27 Rn. 29; KölnKommAktG/*A. Arnold* § 27 Rn. 92; K. Schmidt/Lutter/*Bayer* AktG § 27 Rn. 59; *Grürmann,* Die verdeckte Sacheinlage im Kapitalaufbringungsrecht der Aktiengesellschaft, 2017, S. 76 ff.; *Bayer/ Lieder* NZG 2010, 86 (87); *Binder* ZGR 2012, 757 (766); iE auch MüKoAktG/*Pentz* § 27 Rn. 96 f.; aA noch OLG Düsseldorf BB 2009, 180 (181 ff.) – EUROBIKE; vgl. auch BGH NJW 1979, 216.
[222] OLG Jena NZG 2018, 1391 (1392); Baumbach/Hueck GmbHG/*Servatius* § 56 Rn. 7; MüKoGmbHG/*Lieder* § 56 Rn. 16a; *Klein* GmbHR 2016, 461 f.; aA Baumbach/Hueck GmbHG/*Zöllner/Fastrich,* 21. Aufl. 2017, § 56 Rn. 7 (jeweils zur GmbH).
[223] BGH NZG 2011, 1271 (1272) – ISION; *Altmeppen* FS Hoffmann-Becking, 2013, 1 (4 f.); *Binder* ZGR 2012, 757 (765 ff.); *Fedtke* BB 2011, 2963 (2964); *Gottschalk* GWR 2012, 121 f.; *E. Vetter* EWiR 2011, 793 (794); wohl auch Bürgers/Körber/*Lohse* AktG § 27 Rn. 32a.
[224] BGH NZG 2011, 667 (668) (zur GmbH); vgl. auch BGH ZIP 2002, 799 (801) (insoweit in BGHZ 150, 197 nicht mit abgedruckt; zur GmbH); offen noch BGH ZIP 1990, 1400 (1401) (zur GmbH); wohl auch Bürgers/Körber/*Lohse* AktG § 27 Rn. 32a.
[225] BGHZ 184, 158 (163 ff.) = NZG 2010, 343 (344 f.) – EUROBIKE; BGHZ 180, 38 (42) = NZG 2009, 463 (464) – Qivive (zur GmbH); Hüffer AktG/*Koch* § 27 Rn. 29; Spindler/Stilz/*Katzenstein* AktG § 27 Rn. 148; Bayer/Lieder NZG 2010, 86 (87 ff.); *Benecke* ZIP 2010, 105 (107 f.); *Drygala* JZ 2011, 53 (54); *Giedinghagen/Lakenberg* NZG 2009, 201 (203 f.); *Habersack* FS Priester, 2007, 157 (164 ff.); *Hentzen/Schwandtner* ZGR 2009, 1007 (1013); *Herrler* NZG 2010, 407 (408); *Hofmeister* AG 2010, 261 (263); *Kersting* FS Hopt, 2010, 919 (923 f.); *Pluskat/Marquardt* NJW 2009, 2353 (2354); *Wachter* NJW 2010, 1715 (1716).
[226] Spindler/Stilz/*Katzenstein* AktG § 27 Rn. 148; aA im Hinblick auf die Entgeltforderung BGH NJW 1979, 216.
[227] BGHZ 180, 38 (42) = NZG 2009, 463 (464) – Qivive (zur GmbH); BGHZ 165, 113 (116 f.) = NZG 2006, 24 f.; Grigoleit/*Vedder* AktG § 27 Rn. 43; Spindler/Stilz/*Katzenstein* AktG § 27 Rn. 152; wohl auch Bürgers/Körber/*Lohse* AktG § 27 Rn. 32a.
[228] S. etwa BGHZ 165, 113 (116 f.) = NZG 2006, 24 f.; Bürgers/Körber/*Lohse* AktG § 27 Rn. 31; KölnKommAktG/*A. Arnold* § 27 Rn. 100; K. Schmidt/Lutter/*Bayer* AktG § 27 Rn. 67; Spindler/ Stilz/*Katzenstein* AktG § 27 Rn. 151.

zunächst die Aktionärsforderung getilgt und der erhaltene Betrag sodann ganz oder teilweise als Bareinlage eingezahlt wird.[229] Bei **Neuforderungen** sollen die Grundsätze der verdeckten Sacheinlage nur dann zur Anwendung kommen, wenn die Entstehung der Forderung bei Begründung der Einlageforderung bereits absehbar war und schon zu diesem Zeitpunkt eine Vorabsprache im Hinblick auf die verdeckte Forderungseinbringung getroffen wurde.[230] Hinsichtlich der erforderlichen Vorabsprache ist die Unterscheidung zwischen Alt- und Neufoderungen obsolet. § 27 Abs. 3 S. 1 AktG stellt klar, dass eine Abrede stets erforderlich ist (dazu → Rn. 41), so dass auch bei Altforderungen eine verdeckte Einbringung im Zeitpunkt der Begründung der Einlagepflicht abgesprochen worden sein muss.[231] Bei Neuforderungen ist jedoch zu berücksichtigen, dass diese als bloße künftige Forderungen keine tauglichen Sacheinlagegegenstände sind.[232] Gleichwohl sollten auch in diesem Fall die Grundsätze der verdeckten Sacheinlage anwendbar sein, wenn die Entstehung der Forderung bereits hinreichend konkret absehbar ist. Die Unmöglichkeit einer offenen Sacheinlage folgt hier nicht aus der Natur des Einlagegegenstands, sondern nur aus der zeitlichen Abfolge von Kapitalaufbringungsvorgang und Forderungsbegründung.[233] **Aufschiebend bedingte Forderungen** sind nach Ansicht des BGH jedenfalls solange, wie die Bedingung nicht eingetreten ist und der Bedingungseintritt auch nicht überwiegend wahrscheinlich ist, keine tauglichen Sacheinlagegegenstände, weil ihre Entstehung ungewiss ist und dem Anspruch kein wirtschaftlicher Wert zukommt.[234] Derartige Forderungen können daher grundsätzlich nicht Gegenstand einer verdeckten Sacheinlage sein.

bb) Subjektive Voraussetzungen. § 27 Abs. 3 S. 1 AktG stellt klar, dass für die Annahme einer verdeckten Sacheinlage eine **Abrede** erforderlich ist. Dies entspricht der ganz herrschenden Meinung vor Inkrafttreten des ARUG.[235] Die Abrede muss darauf zielen, dass der Gesellschaft im wirtschaftlichen Ergebnis statt der formal geschuldeten Bareinlage ein Sachwert zufließen soll.[236] Die Notwendigkeit einer solchen Zweckabrede („Umgehungsabrede") ist das Element, das die verbotene verdeckte Sacheinlage von der zulässigen Mittelverwendung (dazu → Rn. 7) abgrenzt. Eine Umgehungsabsicht ist dagegen nicht

41

---

[229] BGHZ 113, 335 (344 f.) = NJW 1991, 1754 (1756); BGH ZIP 2016, 615 (617) (beide zur GmbH); zustimmend *Hülsmann* GmbHR 2019, 377 (378); *Illhardt* GmbHR 2016, 482 (483 f.); *Lieder* GmbHR 2018, 1116 (1121); *Lubberich* DNotZ 2018, 811 (815 f.); *Schirmer* WuB 2017, 76 (80); *Seulen/Scharf* DB 2016, 1126 f.; *Wenzel* EWiR 2016, 427 (428); *Wicke* DStR 2016, 1115 (1118) (jeweils zur GmbH); s. auch BGHZ 170, 47 (51 f.) = NZG 2007, 144 (145); OLG Dresden NZG 2017, 985 (987 f.).
[230] S. etwa BGHZ 184, 158 (165) = NZG 2010, 343 (345) – EUROBIKE; BGHZ 182, 103 (107) = NZG 2009, 944 (945) – Cash-Pool II; BGHZ 152, 37 (43) = NZG 2002, 1172 (1174) (beide zur GmbH); OLG Dresden NZG 2017, 985 (987 f.); s. auch KölnKommAktG/*A. Arnold* § 27 Rn. 100; K. Schmidt/Lutter/*Bayer* AktG § 27 Rn. 63; aA GroßkommAktG/*Röhricht*, 4. Aufl. 1996, § 27 Rn. 213, der Neuforderungen offenbar auch bei Vorliegen einer Vorabsprache nicht als tauglichen Gegenstand einer verdeckten Sacheinlage ansehen wollte.
[231] Spindler/Stilz/*Katzenstein* AktG § 27 Rn. 151; s. auch *Grürmann*, Die verdeckte Sacheinlage im Kapitalaufbringungsrecht der Aktiengesellschaft, 2017, S. 79 f.
[232] MüKoAktG/*Pentz* § 27 Rn. 199; s. auch Spindler/Stilz/*Katzenstein* AktG § 27 Rn. 151.
[233] Spindler/Stilz/*Katzenstein* AktG § 27 Rn. 151; *Grürmann*, Die verdeckte Sacheinlage im Kapitalaufbringungsrecht der Aktiengesellschaft, 2017, S. 79 f.; für entsprechende Anwendung von § 27 Abs. 3 AktG MüKoAktG/*Pentz* § 27 Rn. 199.
[234] BGH NZG 2011, 667 (668) (zur GmbH); ebenso Hüffer AktG/*Koch* § 27 Rn. 29.
[235] S. etwa BGHZ 155, 329 (334) = NZG 2003, 867 (869); BGHZ 135, 381 (383) = NJW 1997, 2516; BGHZ 132, 141 (145) = NJW 1996, 1473 (1474 f.) (jeweils zur GmbH); GroßkommAktG/*Röhricht*, 4. Aufl. 1996, § 27 Rn. 192; MüKoAktG/*Pentz*, 3. Aufl. 2008, § 27 Rn. 94; *Kindler* FS Boujong, 1996, 299 (311 ff.); offen noch BGHZ 113, 335 (344 f.) = NJW 1991, 1754 (1756); BGHZ 110, 47 (65) = NJW 1990, 982 (986) – IBH/Lemmerz; für rein objektives Verständnis dagegen *Lutter* FS Stiefel, 1987, 510 (514 f.); *Lutter/Gehling* WM 1989, 1445 (1446 f.).
[236] Bürgers/Körber/*Lohse* AktG § 27 Rn. 34; Hölters/*Solveen* AktG § 27 Rn. 37; KölnKommAktG/*A. Arnold* § 27 Rn. 94; Spindler/Stilz/*Katzenstein* AktG § 27 Rn. 167.

erforderlich.[237] **Parteien** der Zweckabrede sind bei Gründung der AG der Inferent und seine Mitgründer oder der Inferent und die durch den Vorstand vertretene Vorgesellschaft.[238] Bei der Kapitalerhöhung kann die Zweckabrede ebenfalls sowohl zwischen dem Inferenten und der durch den Vorstand vertretenen AG (Regelfall) als auch zwischen dem Inferenten und seinen Mitaktionären getroffen werden.[239] Bei der Einmanngesellschaft genügt auch eine „Insichabrede", also ein entsprechendes Vorhaben des Alleinaktionärs.[240] Maßgeblicher **Zeitpunkt** für die Zweckabrede ist grundsätzlich die Begründung der Einlagepflicht.[241] Wird die Abrede erst nach Begründung (aber vor Erfüllung) der Einlagepflicht getroffen, ist § 27 Abs. 3 AktG entsprechend anwendbar.[242] Für das Bestehen einer Zweckabrede ist nach allgemeinen Grundsätzen die AG darlegungs- und beweispflichtig.[243] Liegt ein enger sachlicher und zeitlicher Zusammenhang zwischen der Begründung der Einlagepflicht oder der Leistung der Einlage und der Erfüllung des zwischen Inferent und AG vereinbarten weiteren Rechtsgeschäfts vor, begründet dies aber eine tatsächliche **Vermutung** für das Vorliegen einer derartigen Abrede.[244] Der Gesetzgeber hat bewusst darauf verzichtet, den zeitlichen Zusammenhang näher zu konkretisieren.[245] Ein enger **zeitlicher Zusammenhang** kann aber regelmäßig dann angenommen werden, wenn zwischen Erbringung der Einlageleistung und Rückfluss an den Inferenten ein Zeitraum von **weniger als sechs Monaten** liegt.[246] Eine Abrede wird jedenfalls dann nicht mehr vermutet,

---

[237] Vgl. BGHZ 132, 133 (139) = NJW 1996, 1286 (1287 f.) (zur GmbH); BGHZ 110, 47 (64) = NJW 1990, 982 (985 f.) – IBH/Lemmerz; OLG Dresden NZG 2017, 985 (988); Grigoleit/*Vedder* AktG § 27 Rn. 53; GroßkommAktG/*Schall* § 27 Rn. 291, 300; KölnKommAktG/*A. Arnold* § 27 Rn. 94; MüKoAktG/*Pentz* § 27 Rn. 101; K. Schmidt/Lutter/*Bayer* AktG § 27 Rn. 63; anders wohl noch BGHZ 28, 314 (319) = NJW 1959, 383 (384) (zur GmbH).

[238] Grigoleit/*Vedder* AktG § 27 Rn. 54; wohl auch Spindler/Stilz/*Katzenstein* AktG § 27 Rn. 168; aA K. Schmidt/Lutter/*Bayer* AktG § 27 Rn. 63: stets zwischen den Gründern; so wohl auch Hölters/*Solveen* AktG § 27 Rn. 37; KölnKommAktG/*A. Arnold* § 27 Rn. 93.

[239] BGHZ 132, 133 (139) = NJW 1996, 1286 (1288) (zur GmbH); OLG Dresden NZG 2017, 985 (988); wohl auch Grigoleit/*Vedder* AktG § 27 Rn. 54; Hölters/*Solveen* AktG § 27 Rn. 37; Spindler/Stilz/*Katzenstein* AktG § 27 Rn. 168; aA *Grürmann*, Die verdeckte Sacheinlage im Kapitalaufbringungsrecht der Aktiengesellschaft, 2017, S. 94: nur zwischen Inferent und Vorstand.

[240] BGHZ 185, 44 (49 f.) = NZG 2010, 702 (704) – AdCoCom; BGH ZIP 2008, 643 (644) (beide zur GmbH); Hölters/*Solveen* AktG § 27 Rn. 37; KölnKommAktG/*A. Arnold* § 27 Rn. 93; MüKoAktG/*Pentz* § 27 Rn. 101; K. Schmidt/Lutter/*Bayer* AktG § 27 Rn. 65; s. auch OLG Düsseldorf GmbHR 1996, 855 (857) (zur GmbH), das eine solche „Insichabrede" auch bei dem geschäftsführenden Gesellschafter einer Mehrpersonen-GmbH für möglich hält.

[241] Grigoleit/*Vedder* AktG § 27 Rn. 53; Hölters/*Solveen* AktG § 27 Rn. 37; MüKoAktG/*Pentz* § 27 Rn. 102; K. Schmidt/Lutter/*Bayer* AktG § 27 Rn. 63 f.; Spindler/Stilz/*Katzenstein* AktG § 27 Rn. 169; *Grürmann*, Die verdeckte Sacheinlage im Kapitalaufbringungsrecht der Aktiengesellschaft, 2017, S. 92 f.

[242] K. Schmidt/Lutter/*Bayer* AktG § 27 Rn. 64; zur alten Rechtslage auch *Ulmer* ZHR 154 (1990), 128 (140 f.); für direkte Anwendung von § 27 Abs. 3 AktG wohl KölnKommAktG/*A. Arnold* § 27 Rn. 95; offen im Hinblick auf analoge oder direkte Anwendung Grigoleit/*Vedder* AktG § 27 Rn. 54.

[243] OLG Dresden NZG 2017, 985 (988); Hüffer AktG/*Koch* § 27 Rn. 34.

[244] BGHZ 175, 265 (271 f.) = NZG 2008, 425 (426 f.) – Rheinmöve; zur GmbH auch BGHZ 166, 8 (13) = NZG 2006, 344 (345) – Cash Pool I; BGHZ 152, 37 (45) = NZG 2002, 1172 (1174 f.); BGHZ 132, 133 (139) = NJW 1996, 1286 (1288); BGHZ 125, 141 (143 f.) = NJW 1994, 1477; BGH ZIP 2012, 1857 (1859); OLG Dresden NZG 2017, 985 (989); ebenso Bürgers/Körber/*Lohse* § 27 Rn. 34; GroßkommAktG/*Schall* § 27 Rn. 299; Hölters/*Solveen* AktG § 27 Rn. 37; Hüffer AktG/*Koch* § 27 Rn. 34; KölnKommAktG/*A. Arnold* § 27 Rn. 96; MüKoAktG/*Pentz* § 27 Rn. 106; K. Schmidt/Lutter/*Bayer* AktG § 27 Rn. 66; Spindler/Stilz/*Katzenstein* AktG § 27 Rn. 170; *Henze* ZHR 154 (1990), 105 (114); für die Annahme eines Anscheinsbeweises *Heinemann*, Verdeckte Sacheinlagen im Recht der Kapitalgesellschaften, 2014, S. 97 ff.

[245] Vgl. Begr. RegE MoMiG, BT-Drs. 16/6140, 41.

[246] OLG Dresden NZG 2017, 985 (989); OLG Köln ZIP 1999, 399 (400) (zur GmbH); GroßkommAktG/*Schall* § 27 Rn. 299; Hüffer AktG/*Koch* § 27 Rn. 34; KölnKommAktG/*A. Arnold* § 27 Rn. 96; MüKoAktG/*Pentz* § 27 Rn. 106; Spindler/Stilz/*Katzenstein* AktG § 27 Rn. 171; *Grürmann*, Die verdeckte Sacheinlage im Kapitalaufbringungsrecht der Aktiengesellschaft, 2017, S. 99; *Pentz* ZIP

§ 16 Kapitalaufbringung und Kapitalerhaltung

wenn bereits acht Monate verstrichen sind.[247] Indizien für einen **sachlichen Zusammenhang** können sein, dass es sich bei dem Gegenstand um eine unvertretbare Sache handelt, dass der Gegenstand wertmäßig (annähernd) der Höhe der Bareinlage entspricht oder dass der Gegenstand bereits bei Begründung der Bareinlagepflicht Bestandteil des Vermögens des Inferenten war.[248] Liegt ein enger sachlicher und zeitlicher Zusammenhang vor, führt dies nur zu einer Beweislastumkehr; die Vermutung einer Zweckabrede ist widerlegbar.[249] Greift die Vermutung nicht ein, kann die Zweckabrede auch auf andere Weise nachgewiesen werden.[250]

cc) **Ausnahmen.** Eine Ausnahme von den Grundsätzen der verdeckten Sacheinlage besteht für Kreditinstitute, die bei der Vermittlung des Bezugsrechts nach § 186 Abs. 5 AktG nur als fremdnützige Treuhänder tätig werden. Hier liegt mangels eines wirtschaftlichen Eigeninteresses keine verdeckte Sacheinlage vor. Eine Stellung als fremdnütziger Treuhänder ist jedenfalls dann zu bejahen, wenn alle Bezugsrechte ausgeübt werden, der Bank keine Spitzen verbleiben und sie für ihre Dienstleistung eine angemessene Vergütung erhält.[251] Üben nicht alle Aktionäre ihr Bezugsrecht aus oder gelingt die Verwertung von Spitzen nicht vollständig, kann der Bank dennoch die Stellung eines fremdnützigen Treuhänders zukommen, wenn im Zeitpunkt der Zeichnung die rasche Platzierung unproblematisch erschien, diese jedoch infolge unvorhersehbarer Entwicklungen am Kapitalmarkt scheitert und die Bank weiterhin um die Unterbringung der Aktien bemüht ist.[252] Voraussetzung für die Stellung eines fremdnützigen Treuhänders ist aber stets, dass die Bank aus den übernommenen Aktien keine Rechte wahrnimmt und die Aktien auch nicht durch Selbsteintritt erwirbt.[253] Eine weitere Ausnahme von den Grundsätzen der verdeckten Sacheinlage hat der BGH für eine Kapitalerhöhung im Wege des sog. **„Schütt-aus-hol-zurück"-Verfahrens** anerkannt, sofern gegenüber dem Registergericht offengelegt wird, dass die Leistung der Einlage auf diese Weise durchgeführt werden soll, und die Grundsätze der Kapitalerhöhung aus Gesellschaftsmitteln (§§ 207 ff. AktG) beachtet werden.[254] Keine echte Ausnahme besteht entgegen teilweise vertretener Ansicht[255] bei **gewöhnlichen**

42

42

2003, 2093 (2095); vgl. auch *Lutter* FS Stiefel, 1987, 510 (514); *Lutter/Gehling* WM 1989, 1445 (1447); offen BGHZ 152, 37 (45) = NZG 2002, 1172 (1174 f.) (zur GmbH).

[247] BGHZ 152, 37 (45) = NZG 2002, 1172 (1175) (zur GmbH); *Lieder* GmbHR 2018, 1116 (1121) (zur GmbH).

[248] OLG Dresden NZG 2017, 985 (989); Bürgers/Körber/*Lohse* AktG § 27 Rn. 34; KölnKomm-AktG/*A. Arnold* § 27 Rn. 96; MüKoAktG/*Pentz* § 27 Rn. 106.

[249] GroßkommAktG/*Schall* § 27 Rn. 389; Hölters/*Solveen* AktG § 27 Rn. 37; KölnKommAktG/*A. Arnold* § 27 Rn. 96; K. Schmidt/Lutter/*Bayer* AktG § 27 Rn. 66; Spindler/Stilz/*Katzenstein* AktG § 27 Rn. 172.

[250] Hölters/*Solveen* AktG § 27 Rn. 37; Spindler/Stilz/*Katzenstein* AktG § 27 Rn. 172; vgl. auch BGHZ 132, 141 (146 f.) = NJW 1996, 1473 (1474 f.); BGH ZIP 2007, 178 (180).

[251] BGHZ 118, 83 (96 f.) = NJW 1992, 2222 (2225 f.) – BuM; BGH ZIP 1995, 1177 (1178) – BuM II; Grigoleit/*Vedder* AktG § 27 Rn. 50; Spindler/Stilz/*Katzenstein* AktG § 27 Rn. 165; *T. Bezzenberger*/*G. Bezzenberger* FS Hopt, Bd. 1, 2010, 390 (408 ff.); *Frese* AG 2001, 15 (20); *Groß* AG 1993, 108 (115 f.); *Groß* AG 1991, 217 (225 f.); *Siebert* NZG 2006, 366 ff.; vgl. auch BGHZ 122, 180 (186) = NJW 1993, 1983 (1987 f.).

[252] BGHZ 118, 83 (98) = NJW 1992, 2222 (2226) – BuM.

[253] BGHZ 118, 83 (99) = NJW 1992, 2222 (2226) – BuM; Grigoleit/*Vedder* AktG § 27 Rn. 50; Spindler/Stilz/*Katzenstein* AktG § 27 Rn. 165.

[254] BGHZ 135, 381 (384 ff.) = NJW 1997, 2516 f.; s. auch BGHZ 152, 37 (42 f.) = NZG 2002, 1172 (1174) (beide zur GmbH); ebenso Bürgers/Körber/*Lohse* AktG § 27 Rn. 31; Grigoleit/*Vedder* AktG § 27 Rn. 51; KölnKommAktG/*A. Arnold* § 27 Rn. 99; MüKoAktG/*Pentz* § 27 Rn. 198; Spindler/Stilz/*Katzenstein* AktG § 27 Rn. 153 ff.; ähnlich schon *Brandner* FS Boujong, 1996, 37 (40); GroßkommAktG/*Schall* § 27 Rn. 315; vgl. auch GroßkommAktG/*Wiedemann* § 183 Rn. 112.

[255] OLG Hamm AG 2005, 444 (445); *T. Bezzenberger* JZ 2007, 948 f.; *Henze* ZHR 154 (1990), 105 (112 f.); *Ulmer* ZHR 154 (1990), 128 (142).

Umsatzgeschäften, die zum laufenden Geschäftsbetrieb der Gesellschaft zählen.[256] Bei derartigen Geschäften greift lediglich nicht die Vermutung einer Zweckabrede bei Vorliegen eines engen sachlichen und zeitlichen Zusammenhangs zwischen der Begründung der Einlagepflicht oder der Leistung der Einlage und der Erfüllung des zwischen Inferent und AG vereinbarten weiteren Rechtsgeschäfts (dazu → Rn. 41).[257]

43 **c) Rechtsfolgen. aa) Keine Befreiung.** Gemäß § 27 Abs. 3 S. 1 AktG wird der Aktionär bei Vorliegen einer verdeckten Sacheinlage nicht von seiner Bareinlagepflicht befreit. Der Zahlung des Inferenten auf die Bareinlagepflicht kommt somit **keine Erfüllungswirkung** zu. Der eingezahlte Betrag steht dem Vorstand daher nicht iSv § 36 Abs. 2 AktG zur endgültig freien Verfügung, so dass der Vorstand die Erklärung gemäß § 37 Abs. 1 S. 1 AktG nicht abgeben darf.[258] Gibt er die Erklärung dennoch ab, kann er sich gemäß § 399 Abs. 1 Nr. 1 AktG strafbar machen. Zivilrechtlich greift die Haftung gemäß §§ 46 ff. AktG ein. Das Registergericht muss die Eintragung bei Vorliegen einer verdeckten Sacheinlage gemäß § 38 Abs. 1 S. 2 AktG ablehnen.[259] Wird die Gesellschaft dennoch eingetragen, ist sie wirksam entstanden.[260] Das Stimmrecht des Inferenten ist gemäß § 134 Abs. 2 AktG grundsätzlich bis zur vollständigen Einlageleistung bzw. Wertanrechnung gemäß § 27 Abs. 3 S. 3 AktG (dazu → Rn. 45 f.) gehemmt.[261] Um Streit über geringfügige Fehlbewertungen des verdeckt eingelegten Vermögensgegenstands zu vermeiden,[262] tritt nach der Wertanrechnung eine Hemmung aber nur dann ein, wenn ein offensichtlicher Wertunterschied zwischen dem Wert des verdeckt eingelegten Vermögensgegenstands und der Bareinlagepflicht besteht (§ 134 Abs. 2 S. 2 AktG). Die Nichterfüllung der Einlagepflicht kann sich – sofern nach der Anrechnung eine Differenz verbleibt – gemäß § 60 Abs. 2 AktG auch auf die Gewinnverteilung auswirken.[263] Bei einer **verdeckten Mischeinlage** (vgl. → Rn. 39) greift die Rechtsfolge des § 27 Abs. 3 S. 1 AktG nur insoweit, als die Bareinlage an den Inferenten zurückgeflossen ist.[264]

44 **bb) Wirksamkeit der Rechtshandlungen.** In Abweichung von der Rechtslage vor Inkrafttreten des ARUG (dazu → Rn. 35) ordnet § 27 Abs. 3 S. 2 AktG nunmehr an, dass die Verträge über das Sachgeschäft (§ 27 Abs. 3 S. 2 AktG spricht von „Sacheinlage") und

---

[256] Vgl. BGHZ 170, 47 (57) = NZG 2007, 144 (146 f.); Grigoleit/*Vedder* AktG § 27 Rn. 52; Hölters/*Solveen* AktG § 27 Rn. 33; K. Schmidt/Lutter/*Bayer* AktG § 27 Rn. 66; Spindler/Stilz/ *Katzenstein* AktG § 27 Rn. 173; *Grürmann*, Die verdeckte Sacheinlage im Kapitalaufbringungsrecht der Aktiengesellschaft, 2017, S. 89 f.; offen BGHZ 180, 38 (44) = NZG 2009, 463 (464) – Qivive (zur GmbH).

[257] Grigoleit/*Vedder* AktG § 27 Rn. 52; GroßkommAktG/*Schall* § 27 Rn. 333; Hölters/*Solveen* AktG § 27 Rn. 37; MüKoAktG/*Pentz* § 27 Rn. 107; K. Schmidt/Lutter/*Bayer* AktG § 27 Rn. 66; Spindler/Stilz/*Katzenstein* AktG § 27 Rn. 173; *Grürmann*, Die verdeckte Sacheinlage im Kapitalaufbringungsrecht der Aktiengesellschaft, 2017, S. 89 f.; *Traugott/Groß* BB 2003, 481 (483); aA *Cavin*, Kapitalaufbringung in GmbH und AG, 2012, S. 546 ff.; für die Gründung wohl auch KölnKommAktG/*A. Arnold* § 27 Rn. 97.

[258] Bürgers/Körber/*Lohse* AktG § 27 Rn. 37; Grigoleit/*Vedder* AktG § 27 Rn. 56; Hüffer AktG/ *Koch* § 27 Rn. 36, 40; KölnKommAktG/*A. Arnold* § 27 Rn. 103; K. Schmidt/Lutter/*Bayer* AktG § 27 Rn. 74, 82; Spindler/Stilz/*Katzenstein* AktG § 27 Rn. 175; aA *Altmeppen* NZG 2010, 441 (442).

[259] Begr. Beschlussempfehlung des Rechtsausschusses, BT-Drs. 16/13098, 36; Bürgers/Körber/ *Lohse* AktG § 27 Rn. 37; Grigoleit/*Vedder* AktG § 27 Rn. 56; KölnKommAktG/*A. Arnold* § 27 Rn. 103; K. Schmidt/Lutter/*Bayer* AktG § 27 Rn. 82; Spindler/Stilz/*Katzenstein* AktG § 27 Rn. 175.

[260] KölnKommAktG/*A. Arnold* § 27 Rn. 104.

[261] Grigoleit/*Vedder* AktG § 27 Rn. 56; Spindler/Stilz/*Katzenstein* AktG § 27 Rn. 201.

[262] Vgl. Begr. Beschlussempfehlung des Rechtsausschusses, BT-Drs. 16/13098, 39.

[263] Vgl. Grigoleit/*Vedder* AktG § 27 Rn. 56; Spindler/Stilz/*Katzenstein* AktG § 27 Rn. 201.

[264] Grigoleit/*Vedder* AktG § 27 Rn. 57; K. Schmidt/Lutter/*Bayer* AktG § 27 Rn. 88; Spindler/ Stilz/*Katzenstein* AktG § 27 Rn. 193; *Benz* Verdeckte Sacheinlage und Einlagenrückzahlung im reformierten GmbH-Recht (MoMiG), 2010, S. 173 ff. (zur GmbH).

die Rechtshandlungen zu seiner Ausführung nicht unwirksam sind. Sofern kein sonstiger Nichtigkeitsgrund vorliegt, ist die dingliche Übertragung des Vermögensgegenstands daher trotz Erfüllungsuntauglichkeit hinsichtlich der Einlagepflicht wirksam. Auch das zugrunde liegende schuldrechtliche Geschäft ist wirksam, so dass kein Bereicherungsanspruch des Inferenten gemäß § 812 Abs. 1 S. 1 Alt. 1 BGB besteht. Dies erklärt sich daraus, dass der Wert des verdeckt eingebrachten Vermögensgegenstands gemäß § 27 Abs. 3 S. 3 AktG auf die fortbestehende Geldeinlagepflicht angerechnet wird (dazu → Rn. 45 f.).[265]

cc) Anrechnung. Kernstück der Neuregelung der Rechtsfolgen der verdeckten Sacheinlage durch das ARUG ist die in § 27 Abs. 3 S. 3 AktG vorgesehene Anrechnungslösung.[266] Danach wird der Wert des verdeckt eingebrachten Vermögensgegenstands auf die fortbestehende Geldeinlagepflicht des Inferenten angerechnet.[267] Die Geldeinlagepflicht umfasst den gesamten Ausgabebetrag einschließlich eines etwaigen Aufgelds.[268] Nach der Anrechnung beschränkt sich die Einlageschuld des Inferenten auf die noch verbleibende Differenz. Bei Vorliegen einer **verdeckten gemischten Sacheinlage** (vgl. → Rn. 39) besteht die Besonderheit, dass sich die Bareinlagepflicht und die Gegenleistung der Gesellschaft der Höhe nach nicht decken, sondern letztere die Bareinlagepflicht übersteigt. Hier ist vor der Anrechnung der von der Gesellschaft aus dem Gesellschaftsvermögen über den Nominalbetrag (bzw. Ausgabebetrag) der Bareinlage hinaus aufgewandte Teil der Gegenleistung von dem Wert des verdeckt eingebrachten Vermögensgegenstands abzuziehen.[269] Hat der Inferent weniger als den Nominalbetrag eingezahlt, ist bei der Berechnung auf den tatsächlich eingezahlten Betrag abzustellen.[270] Bleibt der Wert des Vermögensgegenstands hinter der von der Gesellschaft hierfür erbrachten zusätzlichen Gegenleistung zurück, scheidet eine Anrechnung auf die Bareinlagepflicht aus.[271] Der BGH will bei der GmbH die §§ 30, 31 GmbH anwenden (übertragen auf die AG also § 57 AktG), soweit der über den Nominalbetrag der Bareinlage hinaus aufgewandte Teil der Gegenleistung den Wert des verdeckt eingebrachten Vermögensgegenstands übersteigt.[272] Mit der herrschenden

---

[265] Vgl. Bürgers/Körber/*Lohse* AktG § 27 Rn. 37; Hüffer AktG/*Koch* § 27 Rn. 37; K. Schmidt/Lutter/*Bayer* AktG § 27 Rn. 75; Spindler/Stilz/*Katzenstein* AktG § 27 Rn. 181 ff.

[266] Eine Anrechnungslösung war zuvor vielfach gefordert worden, s. etwa *DAV-Handelsrechtsausschuss* NZG 2007, 211 (221 ff.); *Brandner* FS Boujong, 1996, 37 (44 ff.); *Krieger* ZGR 1996, 674 (691 f.); kritisch zur Ausgestaltung der Anrechnungslösung aber Hüffer AktG/*Koch* § 27 Rn. 38; KölnKomm-AktG/*A. Arnold* § 27 Rn. 84; K. Schmidt/Lutter/*Bayer* AktG § 27 Rn. 54; *Altmeppen* FS Seibert, 2019, 1 (2 ff.); *Bayer/Lieder* GWR 2010, 3 (6); *Bayer/J. Schmidt* ZGR 2009, 805 (833).

[267] Zur dogmatischen Einordnung s. KölnKommAktG/*A. Arnold* § 27 Rn. 105 ff.; *Ulmer* ZIP 2009, 293 (294 ff.).

[268] Hüffer AktG/*Koch* § 27 Rn. 40; *Koch* ZHR 175 (2011), 55 (64).

[269] BGHZ 185, 44 (63 f.) = NZG 2010, 702 (708) – AdCoCom (zur GmbH); ebenso (teilweise mit Unterschieden in der Berechnungsweise) Hüffer AktG/*Koch* § 27 Rn. 41; KölnKommAktG/*A. Arnold* § 27 Rn. 115; MüKoAktG/*Pentz* § 27 Rn. 133; K. Schmidt/Lutter/*Bayer* AktG § 27 Rn. 81; Spindler/Stilz/*Katzenstein* AktG § 27 Rn. 195; *Grürmann*, Die verdeckte Sacheinlage im Kapitalaufbringungsrecht der Aktiengesellschaft, 2017, S. 197 f.; *Koch* ZHR 175 (2011), 55 (65 ff.); zur GmbH auch *Benz* Verdeckte Sacheinlage und Einlagenrückzahlung im reformierten GmbH-Recht (MoMiG), 2010, S. 176 ff.; *Dauner-Lieb* AG 2009, 217 (223 f.); *Kleindiek* ZGR 2011, 334 (344 ff.); *Lieder* GmbHR 2018, 1116 (1123); *Merkner/Schmidt-Bendun* NZG 2009, 1054 (1056 f.); *H.-F. Müller* NZG 2011, 761 (763); *Pentz* FS Bergmann, 2018, 541 (556); *Pentz* GmbHR 2010, 673 (677 ff.); *Sernetz* ZIP 2010, 2173 (2180 f.); *Stiller/Redeker* ZIP 2010, 865 (866 ff.).

[270] *Maier-Reimer* FS Hoffmann-Becking, 2013, 755 (766 f.); ebenso *Gerlach*, Die gemischte Sacheinlage, 2016, S. 166 f.

[271] Bürgers/Körber/*Lohse* AktG § 27 Rn. 42; KölnKommAktG/*A. Arnold* § 27 Rn. 114; MüKoAktG/*Pentz* § 27 Rn. 138; K. Schmidt/Lutter/*Bayer* AktG § 27 Rn. 85; Spindler/Stilz/*Katzenstein* AktG § 27 Rn. 198.

[272] BGHZ 185, 44 (61 f.) = NZG 2010, 702 (708) – AdCoCom; zustimmend MüKoAktG/*Pentz* § 27 Rn. 138; *Pentz* FS Bergmann, 2018, 541 (558 ff.).

Literaturansicht[273] erscheint es jedoch vorzugswürdig, auch hier von einer allgemeinen Differenzhaftung des Inferenten auszugehen. Bei **Teileinzahlungen** kann der Wert des verdeckt eingebrachten Vermögensgegenstands maximal in Höhe des eingezahlten Betrags auf die fortbestehende Bareinlagepflicht angerechnet werden.[274] Bleibt der Wert des Vermögensgegenstands hinter der zusätzlichen Gegenleistung der Gesellschaft zurück und übersteigt der Fehlbetrag die vom Inferenten geleistete Teileinzahlung, haftet der Inferent auch für diese Differenz.[275]

46 Maßgeblicher **Bewertungsstichtag** für die Berechnung des anzurechnenden Werts ist gemäß § 27 Abs. 3 S. 3 AktG der Zeitpunkt der Anmeldung der Gesellschaft zur Eintragung in das Handelsregister oder, falls die Überlassung später erfolgt, der Zeitpunkt der Überlassung des Vermögensgegenstands an die AG. Im ersten Fall ist der Zugang der Anmeldung bei dem Registergericht maßgeblich, während es im zweiten Fall auf den dinglichen Rechtsübergang ankommt.[276] Die Bewertung richtet sich nach denselben Grundsätzen wie bei einer offenen Sacheinlage.[277] Von dem maßgeblichen Bewertungsstichtag ist der **Anrechnungszeitpunkt** zu unterscheiden. Hierzu sieht § 27 Abs. 3 S. 4 AktG vor, dass die Anrechnung nicht vor der Eintragung der Gesellschaft im Handelsregister erfolgt. Die **Darlegungs- und Beweislast** für den anzurechnenden Wert des verdeckt eingebrachten Vermögensgegenstands trägt gemäß § 27 Abs. 3 S. 5 AktG der Inferent.[278]

47 **d) Heilung.** Eine Heilung der verdeckten Sacheinlage kann **vor der Eintragung** der Gesellschaft in das Handelsregister durch Satzungsänderung, also die nachträgliche Aufnahme der nach § 27 Abs. 1 AktG erforderlichen Festsetzung, geheilt werden.[279] Dies entspricht der bisherigen Rechtslage vor Inkrafttreten des ARUG.[280] Für die Zeit **nach Eintragung in das Handelsregister** hat der BGH für die GmbH entschieden, dass zur Heilung einer verdeckten Sacheinlage die festgesetzte Bareinlage durch satzungsändernden Mehrheitsbeschluss der Gesellschafter im Wege der Änderung der Einlagendeckung in eine Sacheinlage umgewandelt werden könne, sofern die ursprünglich unterbliebene Werthaltigkeitsprüfung nachgeholt werde.[281] Vor Inkrafttreten des ARUG ließ sich diese Möglichkeit nicht auf die AG übertragen, da nach den zwingenden gesetzlichen Bestimmungen der §§ 27 Abs. 4, 183 Abs. 2 S. 4 AktG aF die Unwirksamkeit einer Sacheinlage nicht durch Satzungsänderung geheilt werden konnte.[282] Diese Restriktion ist durch die Aufhebung der

---

[273] Bürgers/Körber/*Lohse* AktG § 27 Rn. 41; Grigoleit/*Vedder* AktG § 27 Rn. 62; Hüffer AktG/*Koch* § 27 Rn. 41; KölnKommAktG/*A. Arnold* § 27 Rn. 115; K. Schmidt/Lutter/*Bayer* AktG § 27 Rn. 87; Spindler/Stilz/*Katzenstein* AktG § 27 Rn. 196; *Gerlach*, Die gemischte Sacheinlage, 2016, S. 171 f.; *H.-F. Müller* NZG 2011, 761 (763 f.); wohl auch *Maier-Reimer* FS Hoffmann-Becking, 2013, 755 (766); zur GmbH auch *Lieder* GmbHR 2018, 1116 (1123).
[274] Bürgers/Körber/*Lohse* AktG § 27 Rn. 42; Grigoleit/*Vedder* AktG § 27 Rn. 62; KölnKommAktG/*A. Arnold* § 27 Rn. 113; Spindler/Stilz/*Katzenstein* AktG § 27 Rn. 197; aA *Pentz* FS K. Schmidt, 2009, 1265 (1279 f.).
[275] KölnKommAktG/*A. Arnold* § 27 Rn. 114; K. Schmidt/Lutter/*Bayer* AktG § 27 Rn. 85; Spindler/Stilz/*Katzenstein* AktG § 27 Rn. 198.
[276] Spindler/Stilz/*Katzenstein* AktG § 27 Rn. 186.
[277] Grigoleit/*Vedder* AktG § 27 Rn. 61; Hölters/*Solveen* AktG § 27 Rn. 38a; Spindler/Stilz/*Katzenstein* AktG § 27 Rn. 187.
[278] Zur Beweissicherung s. Grigoleit/*Vedder* AktG § 27 Rn. 61; K. Schmidt/Lutter/*Bayer* AktG § 27 Rn. 73; Spindler/Stilz/*Katzenstein* AktG § 27 Rn. 190 ff.; *Grürmann*, Die verdeckte Sacheinlage im Kapitalaufbringungsrecht der Aktiengesellschaft, 2017, S. 190 f.
[279] Hüffer AktG/*Koch* § 27 Rn. 45; kritisch zur Heilung *Altmeppen* FS Seibert, 2019, 1 (8 ff.).
[280] Vgl. *Lutter*/*Gehling* WM 1989, 1445 (1454); *Pentz* ZIP 2003, 2093 (2101).
[281] BGHZ 132, 141 (150 ff.) = NJW 1996, 1473 (1476 f.); BGH ZIP 2003, 1540 (1542 f.) (beide zur GmbH).
[282] Vgl. GroßkommAktG/*Schall* § 27 Rn. 337; *Krieger* ZGR 1996, 674 (691); aA GroßkommAktG/*Röhricht*, 4. Aufl. 1996, § 27 Rn. 219.

entsprechenden Bestimmungen entfallen, so dass die vom BGH für die GmbH entwickelte Lösung nunmehr auch auf die AG übertragbar ist.[283] Rechtsfolge einer Heilung ist, dass die Einlagepflicht mit der Sachleistung erfüllt wird. Die Beweislastregel des § 27 Abs. 3 S. 4 AktG ist nach der Heilung nicht mehr anwendbar, so dass die Darlegungs- und Beweislast für eine Überbewertung der Sacheinlage bei der Gesellschaft liegt.[284]

e) **Verhältnis zur Nachgründung.** Die Regelung der verdeckten Sacheinlage gemäß § 27 Abs. 3 AktG und das Nachgründungsrecht gemäß § 52 AktG stehen selbständig nebeneinander.[285] Liegt ein Nachgründungsgeschäft iSv § 52 Abs. 1 AktG vor, lässt sich daraus nicht zwingend auf das Vorliegen einer verdeckten Sacheinlage schließen. So können etwa Dienstleistungen in den Anwendungsbereich von § 52 Abs. 1 AktG fallen, mangels Sacheinlagefähigkeit aber nicht Gegenstand einer verdeckten Sacheinlage sein (→ Rn. 40).[286] Ist sowohl der Tatbestand der Nachgründung als auch der Tatbestand einer verdeckten Sacheinlage erfüllt, verdrängt die Unwirksamkeitsfolge des § 52 Abs. 1 AktG die Rechtsfolgen des § 27 Abs. 3 AktG, so dass keine Anrechnung erfolgt.[287]

6. Hin- und Herzahlen. a) Allgemeines. Von der verdeckten Sacheinlage (dazu → Rn. 34 ff.) ist das sog. Hin- und Herzahlen abzugrenzen. Dabei handelt es sich um Fälle, in denen zwar keine verdeckte Sacheinlage vorliegt, die Einlage aber dennoch aufgrund vorheriger Vereinbarung wieder an den Inferenten zurückfließt, so dass es an einer endgültig freien Verfügung des Vorstands iSv § 36 Abs. 2 S. 1 AktG fehlt. Das Hin- und Herzahlen wurde zunächst als Unterfall der verdeckten Sacheinlage angesehen, entwickelte sich aber im Laufe der Zeit als eigenständiger Fall einer gescheiterten Einlageleistung.[288] Anders als bei der verdeckten Sacheinlage wird beim Hin- und Herzahlen im wirtschaftlichen Ergebnis keine Sacheinlage erbracht, sondern nur ein **Anspruch durch einen anderen Anspruch ersetzt**.[289] Durch Art. 1 Nr. 1 ARUG hat der Gesetzgeber das Hin- und Herzahlen gesetzlich geregelt, indem er in § 27 Abs. 4 AktG eine entsprechende Vorschrift aufgenommen hat.[290] § 27 Abs. 4 AktG überträgt die zuvor durch das MoMiG in § 19 Abs. 5 GmbHG eingefügte Regelung im Wesentlichen unverändert in das Aktienrecht.[291] Vor der Neuregelung durch das ARUG hatte ein Hin- und Herzahlen zur Folge, dass die Einlageforderung mangels endgültig freier Verfügung des Vorstands nicht getilgt wurde und die Vereinbarung über die Rückgewähr der Einlagemittel (idR ein Darlehensvertrag) unwirksam war. Zahlte der Inferent jedoch auf die vermeintliche Verbindlichkeit, wurde hierdurch die Einlageforderung grundsätzlich auch bei anders lautender Tilgungsbestim-

---

[283] Grigoleit/*Vedder* AktG § 27 Rn. 22, 66; Hölters/*Solveen* AktG § 27 Rn. 42; Hüffer AktG/*Koch* § 27 Rn. 46; KölnKommAktG/*A. Arnold* § 27 Rn. 122; K. Schmidt/Lutter/*Bayer* AktG § 27 Rn. 89 ff.; Spindler/Stilz/*Katzenstein* AktG § 27 Rn. 203 ff.; *Herrler/Reymann* DNotZ 2009, 914 (922); kritisch *Grürmann*, Die verdeckte Sacheinlage im Kapitalaufbringungsrecht der Aktiengesellschaft, 2017, S. 101 ff.
[284] Hölters/*Solveen* AktG § 27 Rn. 42; Hüffer AktG/*Koch* § 27 Rn. 45; KölnKommAktG/*A. Arnold* § 27 Rn. 123; *Herrler/Reymann* DNotZ 2009, 914 (922).
[285] Hölters/*Solveen* AktG § 27 Rn. 41; K. Schmidt/Lutter/*Bayer* AktG § 52 Rn. 52; Spindler/Stilz/*Katzenstein* AktG § 27 Rn. 114; *Grürmann*, Die verdeckte Sacheinlage im Kapitalaufbringungsrecht der Aktiengesellschaft, 2017, S. 141 ff.; *Lieder* ZIP 2010, 964 (968).
[286] Vgl. K. Schmidt/Lutter/*Bayer* AktG § 52 Rn. 52.
[287] Hölters/*Solveen* AktG § 27 Rn. 41; K. Schmidt/Lutter/*Bayer* AktG § 52 Rn. 53; Spindler/Stilz/*Katzenstein* AktG § 27 Rn. 115; *Grürmann*, Die verdeckte Sacheinlage im Kapitalaufbringungsrecht der Aktiengesellschaft, 2017, S. 142 f.; *Lieder* ZIP 2010, 964 (969 f.).
[288] Vgl. Hüffer AktG/*Koch* § 27 Rn. 47 mwN.
[289] Vgl. *Grürmann*, Die verdeckte Sacheinlage im Kapitalaufbringungsrecht der Aktiengesellschaft, 2017, S. 137.
[290] Kritisch zur Neuregelung Hüffer AktG/*Koch* § 27 Rn. 47; K. Schmidt/Lutter/*Bayer* AktG § 27 Rn. 97; *Altmeppen* NZG 2010, 441 (442 f.); *Bayer/J. Schmidt* ZGR 2009, 805 (841 f.); *Habersack* AG 2009, 557 (560 ff.).
[291] Vgl. Begr. Beschlussempfehlung des Rechtsausschusses, BT-Drs. 16/13098, 37.

mung („Darlehen") erfüllt.[292] In Abweichung hiervon sieht die Neuregelung in § 27 Abs. 4 AktG nunmehr vor, dass der Inferent unter bestimmten Voraussetzungen (insbesondere vollwertiger, fälliger und liquider Rückgewähranspruch) auch im Fall eines Hin- und Herzahlens von seiner Einlageschuld befreit wird. Anders als gemäß § 27 Abs. 3 S. 1 AktG bei der verdeckten Sacheinlage hat die Einlageleistung hier also Erfüllungswirkung.[293] Der Gesetzgeber will mit der Neuregelung insbesondere Konstellationen privilegieren, in denen die Einlageleistung im Rahmen eines Cash Pools an den Inferenten zurückfließt.[294] Hierdurch soll auch eine Harmonisierung mit dem bereits durch das MoMiG eingefügten § 57 Abs. 1 S. 3 AktG (dazu → Rn. 79 ff.) und dem damit angestrebten Übergang zu einer bilanziellen Betrachtungsweise erreicht werden.[295] Wird zum Zwecke der Heilung eines vor Inkrafttreten des ARUG erfolgten (unwirksamen) Hin- und Herzahlens die Einlage unter Beachtung der Voraussetzungen des § 27 Abs. 4 AktG erneut geleistet, stellt dieser Umstand keine eintragungsfähige Tatsache dar.[296]

50 **b) Voraussetzungen.** § 27 Abs. 4 S. 1 AktG setzt voraus, dass vor der Einlageleistung eine **Leistung an den Aktionär vereinbart** worden ist, die **wirtschaftlich einer Rückzahlung der Einlage** entspricht und die **nicht als verdeckte Sacheinlage** iSv § 27 Abs. 3 AktG zu beurteilen ist. Hiermit knüpft der Gesetzgeber an die bisherige Rechtsprechung zum Tatbestand eines Hin- und Herzahlens an.[297] Die erforderliche **Vereinbarung** entspricht der Abrede iSv § 27 Abs. 3 S. 1 AktG. Ebenso wie dort, wird auch im Rahmen von § 27 Abs. 4 S. 1 AktG eine Vereinbarung bei einem engen sachlichen und zeitlichen Zusammenhang widerleglich vermutet.[298] § 27 Abs. 4 S. 1 AktG stellt ausdrücklich darauf ab, dass die Leistung an den Aktionär vor der Einlageleistung vereinbart sein muss. Bei einer nachträglichen Abrede kommt allenfalls ein Verstoß gegen § 57 AktG in Betracht.[299] Da eine wirtschaftliche Betrachtung anzustellen ist, kommt es für die Annahme eines Hin- und Herzahlens nicht auf die Nämlichkeit der Mittel oder auf eine betragsmäßige Übereinstimmung der hin- und herfließenden Zahlungen an.[300] Die Regelung in § 27 Abs. 4 S. 1 AktG ist ausdrücklich subsidiär gegenüber der Regelung der verdeckten Sacheinlage in § 27 Abs. 3 AktG. § 27 Abs. 4 S. 1 AktG betrifft daher nicht alle Fälle gegenläufiger Zahlungen, sondern nur solche, bei denen die Gesellschaft mit der Rücküberweisung einen – dazu noch vollwertigen und liquiden – Anspruch gegen den Gesellschafter erwirbt.[301] Der in § 27 Abs. 4 S. 1 AktG angeordnete **Vorrang von § 27 Abs. 3**

---

[292] BGHZ 165, 352 (355 f.) = NZG 2006, 227 (228 f.) (zur GmbH); BGHZ 165, 113 (117 f.) = NZG 2006, 24 (25).
[293] Zur Vereinbarkeit mit der Gesellschaftsrechts-RL (zuvor Kapitalrichtlinie) s. KölnKommAktG/ *A. Arnold* § 27 Rn. 133 ff.; *K. Schmidt/Lutter/Bayer* AktG § 27 Rn. 99 ff.; Spindler/Stilz/*Herrler* AktG § 27 Rn. 288 ff.; *Bayer/J. Schmidt* ZGR 2009, 805 (838 f.); Bürgers/Körber/*Lohse* AktG § 27 Rn. 47 f.; *Habersack* AG 2009, 557 (560 ff.).
[294] Vgl. Begr. Beschlussempfehlung des Rechtsausschusses, BT-Drs. 16/13098, 37.
[295] Begr. Beschlussempfehlung des Rechtsausschusses, BT-Drs. 16/13098, 37.
[296] OLG München ZIP 2012, 2149 (zu § 19 Abs. 5 GmbHG).
[297] Vgl. etwa BGHZ 165, 113 (116 f.) = NZG 2006, 24 f.; BGH ZIP 2001, 1997 (1998) (zur GmbH).
[298] Bürgers/Körber/*Lohse* AktG § 27 Rn. 50a; Grigoleit/*Vedder* AktG § 27 Rn. 68; Hölters/*Solveen* AktG § 27 Rn. 47; KölnKommAktG/*A. Arnold* § 27 Rn. 137; K. Schmidt/Lutter/*Bayer* AktG § 27 Rn. 106; Spindler/Stilz/*Herrler* AktG § 27 Rn. 225; *Herrler/Reymann* DNotZ 2009, 914 (924); vor Inkrafttreten des § 27 Abs. 4 AktG auch BGHZ 153, 107 (109) = NZG 2003, 168 (169); BGH ZIP 2008, 1281 f. (zur GmbH).
[299] Grigoleit/*Vedder* AktG § 27 Rn. 68; Hölters/*Solveen* AktG § 27 Rn. 47; Hüffer AktG/*Koch* § 27 Rn. 49; K. Schmidt/Lutter/*Bayer* AktG § 27 Rn. 106; Spindler/Stilz/*Herrler* AktG § 27 Rn. 224; *Herrler/Reymann* DNotZ 2009, 914 (924); aA KölnKommAktG/*A. Arnold* § 27 Rn. 138, der § 27 Abs. 4 AktG auch bei einer nachträglichen Vereinbarung anwenden will.
[300] Grigoleit/*Vedder* AktG § 27 Rn. 67; Spindler/Stilz/*Herrler* AktG § 27 Rn. 226.
[301] BGH NZG 2012, 1067 (1069); *Wicke* DStR 2016, 1115 (1118).

§ 16 Kapitalaufbringung und Kapitalerhaltung

AktG kann Bedeutung erlangen, wenn die Einlageleistung im Rahmen eines Cash Pools an den Inferenten zurückfließt. Nach der Rechtsprechung des BGH ist danach zu differenzieren, ob das Cash-Pool-Konto einen positiven Saldo zugunsten der Gesellschaft (dann Hin- und Herzahlen) oder einen negativen Saldo zulasten der Gesellschaft (dann verdeckte Sacheinlage) ausweist.[302] Übersteigt die Zahlung des Inferenten einen zulasten der Gesellschaft bestehenden negativen Saldo, ist der Vorgang teilweise als verdeckte Sacheinlage und teilweise als Hin- und Herzahlen zu beurteilen.[303]

Sind die Anforderungen an den Tatbestand eines Hin- und Herzahlens erfüllt, ist gemäß § 27 Abs. 4 S. 1 AktG für eine Befreiung von der Einlagepflicht weiter erforderlich, dass die Leistung durch einen **vollwertigen, fälligen und liquiden Rückgewähranspruch** gedeckt ist. Voraussetzung ist somit zunächst, dass ein Rückgewähranspruch wirksam zustande kommt. An einem wirksamen Rückgewähranspruch kann es insbesondere dann fehlen, wenn ein Verstoß gegen das Verbot der finanziellen Unterstützung *(financial assistance)* gemäß **§ 71a AktG** vorliegt. Die Neuregelung des Hin- und Herzahlens in § 27 Abs. 4 AktG lässt den auf Art. 64 Gesellschaftsrechts-RL (vormals Art. 25 Kapitalrichtlinie, RL 2012/30/EU) beruhenden § 71a AktG unberührt.[304] Liegt eine verbotene finanzielle Unterstützung vor, tritt somit keine Erfüllungswirkung nach § 27 Abs. 4 S. 1 AktG ein. Gemäß § 71a Abs. 1 S. 1 AktG ist ein Rechtsgeschäft, das die Gewährung eines Vorschusses oder eines Darlehens oder die Leistung einer Sicherheit durch die Gesellschaft an einen anderen zum Zweck des Erwerbs von Aktien dieser Gesellschaft zum Gegenstand hat, nichtig. § 71a AktG erfasst eine Darlehensgewährung auch dann, wenn der Rückgewähranspruch iSv § 27 Abs. 4 S. 1 AktG jederzeit fällig ist oder seitens der AG durch fristlose Kündigung fällig gestellt werden kann.[305] Da Art. 64 Abs. 5 Gesellschaftsrechts-RL neben dem (derivativen) Erwerb ausdrücklich auch die Zeichnung im Rahmen einer Kapitalerhöhung erwähnt, dürfte sich der originären Erwerb nicht generell von § 71a Abs. 1 S. 1 AktG ausnehmen lassen (→ § 15 Rn. 64).[306] Damit für § 27 Abs. 4 AktG überhaupt noch ein Anwendungsbereich verbleibt, bietet sich gleichwohl eine restriktive Auslegung der Norm an. Der originäre Erwerb sollte dann von § 71a Abs. 1 S. 1 AktG ausgenommen sein und dementsprechend die Entstehung eines wirksamen Rückgewähranspruchs nicht hindern, wenn die finanzielle Unterstützung nicht zu einer Änderung der Herrschaftsverhältnisse führt.[307] Das Verbot der finanziellen Unterstützung erfasst daher nicht den originären

---

[302] BGHZ 182, 103 (107) = NZG 2009, 944 (945) – Cash Pool II (zur GmbH); ebenso Grigoleit/*Vedder* AktG § 27 Rn. 78; Hölters/*Solveen* AktG § 27 Rn. 53; K. Schmidt/Lutter/*Bayer* AktG § 27 Rn. 118 f.; Spindler/Stilz/*Herrler* AktG § 27 Rn. 308 f.; *Benecke* ZIP 2010, 105 (110); *Strohn* DB 2014, 1535 (1536 ff.); zur GmbH auch *Lieder* GmbHR 2018, 1116 (1125); *Lieder* GmbHR 2009, 1177 (1180 f.); *Maier-Reimer/Wenzel* ZIP 2008, 1449 (1454); *Merkner/Schmidt-Benduhn* NJW 2009, 3072 (3073 f.); kritisch zu dieser Konsequenz der Neuregelung in § 27 Abs. 3 und 4 AktG etwa *Grürmann,* Die verdeckte Sacheinlage im Kapitalaufbringungsrecht der Aktiengesellschaft, 2017, S. 129 f.; *Altmeppen* NZG 2010, 441 (443); *Böffel* ZIP 2018, 1011 (1015 f.); *Hentzen/Schwandtner* ZGR 2009, 1007 (1023 ff.).

[303] BGHZ 182, 103 (108) = NZG 2009, 944 (945) – Cash Pool II (zur GmbH); Hölters/*Solveen* AktG § 27 Rn. 53; K. Schmidt/Lutter/*Bayer* AktG § 27 Rn. 121; Spindler/Stilz/*Herrler* AktG § 27 Rn. 311.

[304] Begr. Beschlussempfehlung des Rechtsausschusses, BT-Drs. 16/13098, 38; Bürgers/Körber/*Lohse* AktG § 27 Rn. 47; Grigoleit/*Vedder* AktG § 27 Rn. 75; Hölters/*Solveen* AktG § 27 Rn. 54; Hüffer AktG/*Koch* § 27 Rn. 53; Spindler/Stilz/*Herrler* AktG § 27 Rn. 293; *Böffel* ZIP 2018, 1011/1013 f.; *Habersack* AG 2009, 557 (562); *Herrler/Reymann* DNotZ 2009, 914 (927).

[305] Bürgers/Körber/*Lohse* AktG § 27 Rn. 47; Grigoleit/*Vedder* AktG § 27 Rn. 76; Hölters/*Solveen* AktG § 27 Rn. 54; Spindler/Stilz/*Herrler* AktG § 27 Rn. 294; *Habersack* AG 2009, 557 (563); *Herrler/Reymann* DNotZ 2009, 914 (928); zweifelnd Begr. Beschlussempfehlung des Rechtsausschusses, BT-Drs. 16/13098, 38.

[306] Dafür aber GroßkommAktG/*Merkt* § 71a Rn. 43; KölnKommAktG/*Lutter/Drygala* § 71a Rn. 21; MüKoAktG/*Oechsler* § 71a Rn. 20; *Schroeder,* Finanzielle Unterstützung des Aktienerwerbs, 1995, S. 152 ff.

[307] Hölters/*Solveen* AktG § 27 Rn. 54a; Hüffer AktG/*Koch* § 27 Rn. 53; Spindler/Stilz/*Herrler* AktG § 27 Rn. 299; *Böffel* ZIP 2018, 1011/1013 f.; *Herrler/Reymann* DNotZ 2009, 914 (929).

Aktienerwerb bei der Gründung und im Rahmen von verhältniswahrenden Kapitalerhöhungen.[308] **Vollwertig** ist der Rückgewähranspruch, wenn er bilanziell in voller Höhe aktiviert werden kann und nach den Vermögensverhältnissen des Inferenten damit zu rechnen ist, dass dieser bei Fälligkeit zu einer vollständigen Erfüllung der Rückzahlungspflicht imstande ist.[309] Maßgeblicher Beurteilungszeitpunkt ist der Zeitpunkt der Rückgewähr an den Inferenten.[310] Eine Besicherung des Rückgewähranspruchs ist nicht erforderlich.[311] Dagegen setzt die Vollwertigkeit nach wohl hM eine angemessene Verzinsung des Rückgewähranspruchs voraus.[312] Gegen die Abzinsung einer unverzinslichen Rückzahlungsforderung spricht jedoch das Erfordernis der jederzeitigen Abrufbarkeit.[313] § 27 Abs. 4 S. 1 AktG setzt für die Befreiung des Inferenten von der Einlagepflicht voraus, dass der Rückgewähranspruch jederzeit **fällig** ist oder durch fristlose Kündigung durch die Gesellschaft fällig gestellt werden kann. Zudem muss der Anspruch auch in dem Sinne **liquide** sein, dass er nach Grund und Höhe unstreitig ist und ihm keine Einwendungen und Einreden entgegenstehen, die seine Durchsetzbarkeit hindern.[314] Das Erfordernis der Fälligkeit und Liquidität ist im Zusammenhang mit dem Vollwertigkeitsgebot zu sehen und soll die Gesellschaft vor einer nachträglichen Verschlechterung der Bonität des Schuldners schützen.[315] Die Frage, ob der Rückgewähranspruch vollwertig, fällig und liquide ist, beurteilt sich nach objektiven Maßstäben.[316] Die **Darlegungs- und Beweislast** trägt der Inferent.[317] § 27 Abs. 4 S. 2 AktG schreibt ferner die **Offenlegung** der Leistung oder der

---

[308] Hölters/*Solveen* AktG § 27 Rn. 54a; Hüffer AktG/*Koch* § 27 Rn. 53; Spindler/Stilz/*Herrler* AktG § 27 Rn. 299; *Herrler/Reymann* DNotZ 2009, 914 (929); *Böffel* ZIP 2018, 1011/1013 f.; s. auch Begr. Beschlussempfehlung des Rechtsausschusses, BT-Drs. 16/13098, 38; für Ausnahme des originären Erwerbs bei der Gründung auch KölnKommAktG/*A. Arnold* § 27 Rn. 136; aA Grigoleit/*Grigoleit/Rachlitz* AktG § 71a Rn. 2, 20; Spindler/Stilz/*Cahn* AktG § 71a Rn. 16; *Habersack* AG 2009, 557 (561 ff.), die § 71a Abs. 1 S. 1 AktG generell auch auf den originären Erwerb erstrecken wollen.

[309] Grigoleit/*Vedder* AktG § 27 Rn. 76; Hüffer AktG/*Koch* § 27 Rn. 50; KölnKommAktG/*A. Arnold* § 27 Rn. 142; K. Schmidt/Lutter/*Bayer* AktG § 27 Rn. 109; Spindler/Stilz/*Herrler* AktG § 27 Rn. 243; weitergehend (zu § 19 Abs. 5 GmbHG) *Schall* ZGR 2009, 126 (142 f.), der auf eine Solvenzprognose verzichten will („formelle" Vollwertigkeit).

[310] KölnKommAktG/*A. Arnold* § 27 Rn. 142; K. Schmidt/Lutter/*Bayer* AktG § 27 Rn. 109; ähnlich Hölters/*Solveen* AktG § 27 Rn. 48; zu § 19 Abs. 5 GmbHG auch *Bormann* GmbHR 2007, 897 (902); *Gehrlein* Der Konzern 2007, 771 (782) (zur GmbH); *Herrler* DB 2008, 2347 (2349); aA Grigoleit/*Vedder* AktG § 27 Rn. 76: Eingang der Handelsregisteranmeldung.

[311] Grigoleit/*Vedder* AktG § 27 Rn. 76; Hölters/*Solveen* AktG § 27 Rn. 48; KölnKommAktG/*A. Arnold* § 27 Rn. 143; Spindler/Stilz/*Herrler* AktG § 27 Rn. 244.

[312] Bürgers/Körber/*Lohse* AktG § 27 Rn. 54; Hölters/*Solveen* AktG § 27 Rn. 48; KölnKommAktG/*A. Arnold* § 27 Rn. 143; K. Schmidt/Lutter/*Bayer* AktG § 27 Rn. 109; Spindler/Stilz/*Herrler* AktG § 27 Rn. 246; zu § 19 Abs. 5 GmbHG auch *Benz*, Verdeckte Sacheinlage und Einlagenrückzahlung im reformierten GmbH-Recht (MoMiG), 2010, S. 346 ff.; *Heinze* GmbHR 2008, 1065 (1071); wohl auch *Heckschen* DStR 2009, 166 (173); aA Grigoleit/*Vedder* AktG § 27 Rn. 76; *Schall* ZGR 2009, 126 (141) Fn. 56.

[313] Vgl. Grigoleit/*Vedder* AktG § 27 Rn. 76.

[314] KölnKommAktG/*A. Arnold* § 27 Rn. 145; K. Schmidt/Lutter/*Bayer* AktG § 27 Rn. 110; Spindler/Stilz/*Herrler* AktG § 27 Rn. 251; zu § 19 Abs. 5 GmbHG auch *Lieder* GmbHR 2009, 1177 (1183).

[315] Vgl. zu § 19 Abs. 5 GmbHG Begr. Beschlussempfehlung des Rechtsausschusses, BT-Drs. 16/9737, 56.

[316] K. Schmidt/Lutter/*Bayer* AktG § 27 Rn. 111; zu § 19 Abs. 5 GmbHG auch *Lieder* GmbHR 2009, 1177 (1183).

[317] Bürgers/Körber/*Lohse* AktG § 27 Rn. 54; Hölters/*Solveen* AktG § 27 Rn. 50; KölnKommAktG/*A. Arnold* § 27 Rn. 146; K. Schmidt/Lutter/*Bayer* AktG § 27 Rn. 111; Spindler/Stilz/*Herrler* AktG § 27 Rn. 252; *Herrler/Reymann* DNotZ 2009, 914 (925); zu § 19 Abs. 5 GmbHG auch *Gehrlein* Der Konzern 2007, 771 (781); *Lieder* GmbHR 2009, 1177 (1183); *Markwardt* BB 2008, 2414 (2419); aA *Büchel* GmbHR 2007, 1065 (1067 f.); *Tebben* RNotZ 2008, 441 (461) (beide zu § 19 Abs. 5 GmbHG).

§ 16 Kapitalaufbringung und Kapitalerhaltung

Vereinbarung einer solchen Leistung in der Anmeldung nach § 37 AktG vor. Nach Ansicht des BGH ist die Offenlegung in der Anmeldung Voraussetzung für den Eintritt der Erfüllungswirkung.[318] Überzeugend ist dies nicht, da § 27 Abs. 4 S. 1 AktG für den Eintritt der Erfüllungswirkung allein auf die Vollwertigkeit und Fälligkeit des Rückgewähranspruchs abstellt und die Anmeldung in § 27 Abs. 4 S. 2 AktG als eigenständige (durch § 399 Abs. 1 Nr. 4 AktG hinreichend sanktionierte) Pflicht angeordnet wird.[319] Folgt man gleichwohl der Ansicht des BGH, kann die Offenlegung nur nachgeholt werden, solange das Registergericht sie bei seiner Eintragungsentscheidung noch berücksichtigen kann.[320] Nach wohl überwiegender Auffassung kann das Registergericht Nachweise für die Angaben zu Vollwertigkeit, Fälligkeit und Liquidität des Rückgewähranspruchs verlangen.[321]

c) Rechtsfolgen. Als Rechtsfolge ordnet § 27 Abs. 4 S. 1 AktG die **Erfüllungswirkung** 52 der Einlageleistung an. Es handelt sich um eine Ausnahme von den §§ 36 Abs. 2, 188 Abs. 2 S. 1 AktG, wonach der als Einlage eingeforderte Betrag grundsätzlich zur endgültig freien Verfügung des Vorstands stehen muss. Im Ergebnis bewirkt § 27 Abs. 4 S. 1 AktG einen Forderungsaustausch, bei dem der Rückgewähranspruch an die Stelle der Einlageforderung tritt.[322] Umstritten ist, ob die Erfüllungswirkung auch in Höhe der Mindesteinlage (§ 36a Abs. 1 AktG) eintritt. Nach teilweise vertretener Ansicht ist § 27 Abs. 4 S. 1 AktG im Hinblick auf Art. 48 Abs. 1 Gesellschaftsrechts-RL (vormals Art. 9 Abs. 1 Kapitalrichtlinie, RL 2012/30/EU) einschränkend auszulegen. Danach soll § 36a Abs. 1 AktG zumindest im Hinblick auf die Leistung eines Viertels des geringsten Ausgabebetrags auch im Rahmen eines Hin- und Herzahlens anzuwenden sein, so dass dieser Betrag nach Maßgabe der §§ 36 Abs. 2, 54 Abs. 3 AktG zu leisten sei.[323] Ob Entsprechendes für die in § 36a Abs. 1 AktG gleichfalls vorgesehene Leistung eines Agios zu gelten habe, sei dagegen eine Frage des nationalen Rechts.[324] Die Gegenansicht räumt der Regelung in § 27 Abs. 4 S. 1 AktG nicht nur hinsichtlich des Agios, sondern auch hinsichtlich der Leistung eines Viertels des geringsten Ausgabebetrags den Vorrang ein.[325] Diese Ansicht erscheint vorzugswürdig. Art. 48 Abs. 1 Gesellschaftsrechts-RL verlangt zwar, dass die Einlagen auf ausgegebene Aktien in Höhe von mindestens 25 % des Nennbetrags bzw. des rechnerischen Werts

---

[318] BGHZ 180, 38 (46) = NZG 2009, 463 (465) – Qivive; bestätigt durch BGHZ 182, 103 (111) = NZG 2009, 944 (946) – Cash Pool II (jeweils zu § 19 Abs. 5 GmbHG); ebenso OLG Stuttgart ZIP 2011, 1959 (1960); OLG Dresden NZG 2017, 985 (986); Hüffer AktG/*Koch* § 27 Rn. 50; KölnKommAktG/*A. Arnold* § 27 Rn. 147; *Wicke,* Einführung in das Recht der Hauptversammlung, das Recht der Sacheinlagen und das Freigabeverfahren nach dem ARUG, 2009, S. 54, 59 f.; *Herrler/Reymann* DNotZ 2009, 914 (924 f.); aA Grigoleit/*Vedder* AktG § 27 Rn. 79; Spindler/Stilz/*Herrler* AktG § 27 Rn. 256; kritisch auch K. Schmidt/Lutter/*Bayer* AktG § 27 Rn. 114.

[319] Vgl. Grigoleit/*Vedder* AktG § 27 Rn. 79; Spindler/Stilz/*Herrler* AktG § 27 Rn. 256; zu § 19 Abs. 5 GmbHG s. auch Lutter/Hommelhoff/*Bayer* GmbHG § 19 Rn. 122; *Avvento* BB 2010, 202 (203); *Lieder* GmbHR 2009, 1177 (1179); *Roth* NJW 2009, 3397 (3398); s. auch *Lieder* GmbHR 2018, 1116 (1124 f.).

[320] Grigoleit/*Vedder* AktG § 27 Rn. 80; s. auch OLG Stuttgart ZIP 2011, 1959 (1960).

[321] OLG München ZIP 2011, 567 (568); OLG Schleswig GmbHR 2012, 908 (910) (beide zu § 19 Abs. 5 GmbHG); Bürgers/Körber/*Lohse* AktG § 27 Rn. 56; KölnKommAktG/*A. Arnold* § 27 Rn. 147; K. Schmidt/Lutter/*Bayer* AktG § 27 Rn. 107; Spindler/Stilz/*Herrler* AktG § 27 Rn. 259 ff.; *Herrler* DStR 2011, 2255 (2260 f.); *Herrler/Reymann* DNotZ 2009, 914 (925); zu § 19 Abs. 5 GmbHG auch *Herrler* DB 2008, 2347 (2349); aA zu § 19 Abs. 5 GmbHG *Kilian* notar 2011, 340 f.; *Schall* ZGR 2009, 126 (143); *Wachter* GmbHR 2011, 423 (424 f.).

[322] Hüffer AktG/*Koch* § 27 Rn. 52.

[323] So insbesondere *Habersack* AG 2009, 557 (561); zustimmend Bürgers/Körber/*Lohse* AktG § 27 Rn. 56; wohl auch Hüffer AktG/*Koch* § 27 Rn. 47, 52; KölnKommAktG/*A. Arnold* § 27 Rn. 133; s. auch K. Schmidt/Lutter/*Bayer* AktG § 27 Rn. 101: Anwendung von § 36a Abs. 1 AktG neben § 27 Abs. 4 S. 1 AktG bis zu einer rechtsverbindlichen Klärung zur Vermeidung einer Richtlinienwidrigkeit des deutschen Rechts zu empfehlen; offen Grigoleit/*Vedder* AktG § 27 Rn. 81.

[324] *Habersack* AG 2009, 557 (561).

[325] Spindler/Stilz/*Herrler* AktG § 27 Rn. 288 ff.

geleistet werden, trifft jedoch keine Regelung zu Verwendungsabsprachen mit dem Inferenten. Es spricht daher einiges dafür, dass die in § 27 Abs. 4 S. 1 AktG angelegte bilanzielle Betrachtung mit den Vorgaben von Art. 48 Abs. 1 Gesellschaftsrechts-RL vereinbar ist.[326]

53 **d) Her- und Hinzahlen.** § 27 Abs. 4 S. 1 AktG erfasst nach seinem Wortlaut nur das Hin- und Herzahlen, also den Fall, dass der Inferent zunächst die Bareinlage leistet und anschließend eine Rückzahlung erfolgt. Der umgekehrte Fall eines Her- und Hinzahlens, bei dem die Mittel zur Leistung der Bareinlage dem Inferenten von der AG vor der Einlageleistung zur Verfügung gestellt werden, ist wirtschaftlich vergleichbar. Da ein Grund für eine Ungleichbehandlung nicht ersichtlich ist, ist § 27 Abs. 4 AktG auf diese Konstellation entsprechend anwendbar.[327] Unabhängig von der Regelung des § 27 Abs. 4 AktG handelt es sich nicht um ein unzulässiges Her- und Hinzahlen, wenn eine tatsächlich erbrachte Leistung entgolten wird, die dafür gezahlte Vergütung einem Drittvergleich standhält und die objektiv werthaltige Leistung nicht aus Sicht der Gesellschaft unbrauchbar und damit wertlos ist.[328]

III. Sonstige Leistungspflichten der Aktionäre

54 **1. Nebenleistungspflichten.** Nach § 55 Abs. 1 S. 1 AktG können die Aktionäre in der Satzung neben der Einlagepflicht als Hauptpflicht (§ 54 Abs. 1 AktG) auch die Verpflichtung zur Erbringung wiederkehrender, nicht in Geld bestehender Leistungen übernehmen (sog. **Nebenleistungspflichten**). Die Nebenleistung kann nach § 55 Abs. 1 S. 2 AktG entgeltlich oder unentgeltlich zu erbringen sein. Voraussetzung für die Festsetzung von Nebenleistungen ist gemäß § 55 Abs. 1 S. 1 AktG, dass die Übertragung der Aktien an die Zustimmung der Gesellschaft gebunden ist. Aktienrechtliche Nebenleistungspflichten können daher nur mit **vinkulierten Namensaktien** iSv § 68 Abs. 2 AktG (dazu → § 14 Rn. 14 ff.) verbunden werden. Die Nebenleistungspflichten müssen nach § 55 Abs. 1 S. 1 AktG in der **Satzung** festgesetzt werden. Erforderlich ist eine Regelung von Inhalt und Umfang der Nebenleistungen, wobei die Festsetzung eines Rahmens genügt und die nähere Bestimmung gemäß §§ 315 ff. BGB dem billigen Ermessen des Vorstands, eines anderen Gesellschaftsorgans oder eines Dritten überlassen werden kann.[329] Dem Erfordernis des § 55 Abs. 1 S. 2 AktG ist bereits dadurch genügt, dass die Entgeltlichkeit oder Unentgeltlichkeit der Leistung festgesetzt wird. Die Satzung muss nicht die Höhe eines etwaigen Entgelts bestimmen, sondern kann auch insoweit die Bestimmung dem billigen Ermessen des Vorstands, eines anderen Gesellschaftsorgans oder eines Dritten überlassen.[330] Nebenleistungspflichten können auch nur mit einem Teil der Aktien verbunden werden, so dass sie nicht allen Aktionären obliegen. Die Aktien mit Nebenleistungspflichten bilden dann eine besondere Aktiengattung (vgl. → § 13

---

[326] Ausführlich Spindler/Stilz/*Herrler* AktG § 27 Rn. 288 ff.; vgl. auch K. Schmidt/Lutter/*Bayer* AktG § 27 Rn. 101.
[327] BGHZ 184, 158 (167) = NZG 2010, 343 (345) – EUROBIKE; Grigoleit/*Vedder* AktG § 27 Rn. 71; K. Schmidt/Lutter/*Bayer* AktG § 27 Rn. 117; Spindler/Stilz/*Herrler* AktG § 27 Rn. 229; *Herrler/Reymann* DNotZ 2009, 914 (923) Fn. 47; für unmittelbare Anwendung offenbar Hölters/ *Solveen* AktG § 27 Rn. 46.
[328] BGHZ 184, 158 (167) = NZG 2010, 343 (345 f.) – EUROBIKE; *Lieder* EWiR 2010, 169 (170); K. Schmidt/Lutter/*Bayer* AktG § 27 Rn. 117.
[329] RGZ 136, 313 (318) (zu § 212 HGB aF); Grigoleit/*Grigoleit/Rachlitz* AktG § 55 Rn. 2; GroßkommAktG/*Henze* § 55 Rn. 7 ff.; MüKoAktG/*Götze* § 55 Rn. 5; K. Schmidt/Lutter/*Fleischer* AktG § 55 Rn. 8; Spindler/Stilz/*Cahn/v. Spannenberg* AktG § 55 Rn. 18 f.
[330] Bürgers/Körber/*H. P. Westermann* AktG § 55 Rn. 4; GroßkommAktG/*Henze* § 55 Rn. 12; Hölters/*Laubert* AktG § 55 Rn. 5; KölnKommAktG/*Drygala* AktG § 55 Rn. 21; MüKoAktG/*Götze* § 55 Rn. 7; K. Schmidt/Lutter/*Fleischer* AktG § 55 Rn. 18; Spindler/Stilz/*Cahn/v. Spannenberg* AktG § 55 Rn. 13.

Rn. 9).³³¹ Für die nachträgliche Einführung oder Verschärfung von Nebenleistungspflichten durch **Satzungsänderung** bedarf der hierzu erforderliche Hauptversammlungsbeschluss gemäß § 180 Abs. 1 AktG der Zustimmung aller betroffenen Aktionäre.³³² Die Nebenleistungspflichten und der Umfang der Leistungen sind nach § 55 Abs. 1 S. 3 AktG **in den Aktien und Zwischenscheinen anzugeben.** Nicht erforderlich ist dagegen die Angabe, ob sie entgeltlich oder unentgeltlich zu erbringen sind.³³³ **Fehlt** es an einer statutarischen Festsetzung der nach § 55 Abs. 1 S. 1 und 2 AktG erforderlichen Regelungen, entsteht die Mitgliedschaft ohne Nebenleistungspflicht.³³⁴ Gleiches gilt, wenn es sich bei den Aktien der Gesellschaft nicht um vinkulierte Namensaktien iSv § 68 Abs. 2 AktG handelt.³³⁵ Das Fehlen der nach § 55 Abs. 1 S. 3 AktG erforderlichen Angaben auf den Aktien und Zwischenscheinen hat dagegen auf die Wirksamkeit der Urkunden und der Nebenleistungspflichten keine Auswirkungen.³³⁶

Die Nebenleistungspflichten können nach § 55 Abs. 1 S. 1 AktG nur auf wiederkehrende, nicht in Geld bestehende Leistungen gerichtet sein. Mit dem Erfordernis einer **nicht in Geld bestehenden Leistung,** sind nicht nur unmittelbare, sondern auch alle mittelbaren Zahlungspflichten ausgeschlossen.³³⁷ Unzulässig wäre daher etwa auch eine Pflicht, bestimmte Waren oder Dienstleistungen gegen Entgelt von der Gesellschaft zu beziehen. Gegenstand von Nebenleistungspflichten können nach § 55 Abs. 1 S. 1 AktG nur **wiederkehrende Leistungen** sein, also nicht einmalige Einlagepflichten oder Dauerleistungen – etwa ein Wettbewerbsverbot oder die Übernahme eines Amts oder einer Mitgliedschaft.³³⁸ Dagegen ist weder die Regelmäßigkeit noch ein gleich bleibender Umfang der Leistungen erforderlich.³³⁹ Eine wiederkehrende Leistung kann auch eine Unterlassungspflicht sein, die sich immer nur bei bestimmten, wiederholt auftretenden Anlässen aktualisiert.³⁴⁰ Die Nebenleistungspflicht kann nach § 55 Abs. 1 S. 2 AktG –

---

³³¹ Bürgers/Körber/*H. P. Westermann* AktG § 55 Rn. 3; Hölters/*Laubert* AktG § 55 Rn. 3; KölnKommAktG/*Drygala* § 55 Rn. 8; MüKoAktG/*Götze* § 55 Rn. 13; K. Schmidt/Lutter/*Fleischer* AktG § 55 Rn. 15; Spindler/Stilz/*Cahn/v. Spannenberg* AktG § 55 Rn. 17.

³³² RGZ 136, 313 (317); 121, 238 (241 f.); 91, 166 (169) (jeweils zu § 212 HGB aF); Bürgers/Körber/*H. P. Westermann* AktG § 55 Rn. 3; GroßkommAktG/*Henze* § 55 Rn. 28; KölnKommAktG/*Drygala* § 55 Rn. 46; MüKoAktG/*Götze* § 55 Rn. 8; K. Schmidt/Lutter/*Fleischer* AktG § 55 Rn. 9; Spindler/Stilz/*Cahn/v. Spannenberg* AktG § 55 Rn. 20 ff.

³³³ GroßkommAktG/*Henze* § 55 Rn. 22; Hölters/*Laubert* AktG § 55 Rn. 6; MüKoAktG/*Götze* § 55 Rn. 10; K. Schmidt/Lutter/*Fleischer* AktG § 55 Rn. 19.

³³⁴ GroßkommAktG/*Henze* § 55 Rn. 62; Hüffer AktG/*Koch* § 55 Rn. 10; KölnKommAktG/*Drygala* § 55 Rn. 49; MüKoAktG/*Götze* § 55 Rn. 11; K. Schmidt/Lutter/*Fleischer* AktG § 55 Rn. 37; Spindler/Stilz/*Cahn/v. Spannenberg* AktG § 55 Rn. 51; vgl. zur GmbH auch RGZ 83, 216 (219 f.); 79, 332 (335 f.).

³³⁵ Bürgers/Körber/*H. P. Westermann* AktG § 55 Rn. 7; MüKoAktG/*Götze* § 55 Rn. 11; Spindler/Stilz/*Cahn/v. Spannenberg* AktG § 55 Rn. 51.

³³⁶ RGZ 82, 72 (73) (zu § 212 HGB aF); GroßkommAktG/*Henze* § 55 Rn. 63; Hüffer AktG/*Koch* § 55 Rn. 10; KölnKommAktG/*Drygala* § 55 Rn. 50; MüKoAktG/*Götze* § 55 Rn. 12; K. Schmidt/Lutter/*Fleischer* AktG § 55 Rn. 37; Spindler/Stilz/*Cahn/v. Spannenberg* AktG § 55 Rn. 53.

³³⁷ GroßkommAktG/*Henze* § 55 Rn. 20; KölnKommAktG/*Drygala* § 55 Rn. 13; MüKoAktG/*Götze* § 55 Rn. 15; K. Schmidt/Lutter/*Fleischer* AktG § 55 Rn. 14; Spindler/Stilz/*Cahn/v. Spannenberg* AktG § 55 Rn. 8.

³³⁸ Bürgers/Körber/*H. P. Westermann* AktG § 55 Rn. 6; GroßkommAktG/*Henze* § 55 Rn. 17; Hüffer AktG/*Koch* § 55 Rn. 4; KölnKommAktG/*Drygala* § 55 Rn. 11; MüKoAktG/*Götze* § 55 Rn. 16; K. Schmidt/Lutter/*Fleischer* AktG § 55 Rn. 13; Spindler/Stilz/*Cahn/v. Spannenberg* AktG § 55 Rn. 6; zur Statuierung einer Veräußerungspflicht bei Überschreiten einer bestimmten Beteiligungsschwelle als Nebenleistungspflicht iSv § 55 AktG s. *Wieneke/Fett* NZG 2007, 774 (777 f.).

³³⁹ GroßkommAktG/*Henze* § 55 Rn. 18; KölnKommAktG/*Drygala* § 55 Rn. 11; MüKoAktG/*Götze* § 55 Rn. 16.

³⁴⁰ GroßkommAktG/*Henze* § 55 Rn. 19; KölnKommAktG/*Drygala* § 55 Rn. 12; MüKoAktG/*Götze* § 55 Rn. 17; K. Schmidt/Lutter/*Fleischer* AktG § 55 Rn. 13; Spindler/Stilz/*Cahn/v. Spannenberg* AktG § 55 Rn. 7.

ganz oder teilweise³⁴¹ – **entgeltlich oder unentgeltlich** zu erbringen sein. Ist die Leistung entgeltlich, braucht die Satzung keine Bestimmung über die Höhe zu enthalten (→ Rn. 54). Die Zahlung des Entgelts für eine Nebenleistung ist keine Gewinnverteilung und hängt daher gemäß § 61 AktG nicht davon ab, ob ein Bilanzgewinn ausgewiesen wird. Nach § 61 AktG darf die Gesellschaft aber nicht mehr als Gegenleistung zahlen, als dem Wert der von dem Aktionär erbrachten Leistungen entspricht; dies ist der Marktpreis im Zeitpunkt der Leistungserbringung.³⁴² Eine § 61 AktG übersteigende Vergütung stellt eine verbotene Einlagenrückgewähr (dazu → Rn. 58 ff.) dar.

56 Die Nebenleistungspflicht ist eine mitgliedschaftliche Pflicht und geht daher mit der Aktie auf den **Rechtsnachfolger** über. Enthält die Aktie oder der Zwischenschein entgegen § 55 Abs. 1 S. 3 AktG keine, unvollständige oder unrichtige Angaben über die Nebenleistungspflicht, beeinträchtigt dies grundsätzlich nicht die Wirksamkeit der Verpflichtung des ersten Nehmers der Aktie. Wird die Aktie aber an einen Dritten veräußert und ist dieser hinsichtlich des Nichtbestehens von Nebenleistungspflichten gutgläubig, geht die Verpflichtung nur insoweit auf den Erwerber über, wie sie sich aus der Aktienurkunde ergibt (gutgläubig lastenfreier Erwerb).³⁴³ Da die Nebenleistungspflicht an die Mitgliedschaft gebunden ist, bleibt der Veräußerer auch bei einem gutgläubig lastenfreien Erwerb nicht zur Erbringung der Nebenleistungen verpflichtet.³⁴⁴ In diesem Fall erlischt die Nebenleistungspflicht und die Aktie verliert ihren Charakter als Nebenleistungsaktie.³⁴⁵

57 **2. Schuldrechtliche Verpflichtungen.** Die Aktionäre können unabhängig von ihren mitgliedschaftlichen Beziehungen durch Vereinbarung mit der AG oder untereinander schuldrechtliche Verpflichtungen beliebigen Inhalts begründen. Insbesondere können – soweit es sich nicht um Sachübernahmen nach § 27 AktG handelt – Pflichten der Aktionäre gegenüber der AG – auch in Form zusätzlicher Zahlungen an die Gesellschaft – durch formlose schuldrechtliche Vereinbarungen zwischen einzelnen oder allen Aktionären nach § 328 BGB begründet werden.³⁴⁶ Die Vereinbarungen können auch in die Satzungsurkunde aufgenommen werden³⁴⁷ (→ § 6 Rn. 1 f.). Hierbei sollte aber deutlich gemacht werden, ob es sich um mitgliedschaftliche oder nur rein schuldrechtliche Ver-

---

³⁴¹ GroßkommAktG/*Henze* § 55 Rn. 11; KölnKommAktG/*Drygala* § 55 Rn. 19; MüKoAktG/*Götze* § 55 Rn. 18; K. Schmidt/Lutter/*Fleischer* AktG § 55 Rn. 18; Spindler/Stilz/*Cahn/v. Spannenberg* AktG § 55 Rn. 10.

³⁴² GroßkommAktG/*Henze* § 61 Rn. 12; Hölters/*Laubert* AktG § 61 Rn. 4; Hüffer AktG/*Koch* § 61 Rn. 2; KölnKommAktG/*Drygala* § 61 Rn. 6; MüKoAktG/*Bayer* § 61 Rn. 5; K. Schmidt/Lutter/*Fleischer* AktG § 61 Rn. 6; Spindler/Stilz/*Cahn* AktG § 61 Rn. 7.

³⁴³ RGZ 82, 72 (73) (zu § 212 HGB aF); Grigoleit/*Grigoleit/Rachlitz* AktG § 55 Rn. 3; GroßkommAktG/*Henze* § 55 Rn. 24 ff.; Hölters/*Laubert* AktG § 55 Rn. 8; Hüffer AktG/*Koch* § 55 Rn. 10; KölnKommAktG/*Drygala* § 55 Rn. 56; MüKoAktG/*Götze* § 55 Rn. 42; K. Schmidt/Lutter/*Fleischer* AktG § 55 Rn. 26; Spindler/Stilz/*Cahn/v. Spannenberg* AktG § 55 Rn. 24.

³⁴⁴ Grigoleit/*Grigoleit/Rachlitz* AktG § 55 Rn. 3; KölnKommAktG/*Drygala* § 55 Rn. 56; MüKoAktG/*Götze* § 55 Rn. 43; K. Schmidt/Lutter/*Fleischer* AktG § 55 Rn. 26; Spindler/Stilz/*Cahn/v. Spannenberg* AktG § 55 Rn. 26; aA *v. Godin/Wilhelmi* AktG § 55 Anm. 13.

³⁴⁵ Grigoleit/*Grigoleit/Rachlitz* AktG § 55 Rn. 3; MüKoAktG/*Götze* § 55 Rn. 44; K. Schmidt/Lutter/*Fleischer* AktG § 55 Rn. 26; Spindler/Stilz/*Cahn/v. Spannenberg* AktG § 55 Rn. 26; aA KölnKommAktG/*Drygala* § 55 Rn. 56.

³⁴⁶ RGZ 84, 328 (330 ff.); 83, 216 (218 f.) (zur GmbH); RGZ 79, 332 (335); BayObLG NZG 2002, 583 f.; OLG München ZIP 2007, 126 (129) – Kirch Media; LG Mainz ZIP 1986, 1323 (1328); Grigoleit/*Grigoleit/Rachlitz* AktG § 54 Rn. 6; GroßkommAktG/*Henze* § 54 Rn. 53 ff.; Hölters/*Laubert* AktG § 54 Rn. 7; Hüffer AktG/*Koch* § 54 Rn. 7; KölnKommAktG/*Drygala* § 54 Rn. 31 ff.; MüKoAktG/*Götze* § 54 Rn. 31 ff.; K. Schmidt/Lutter/*Fleischer* AktG § 54 Rn. 17; Spindler/Stilz/*Cahn/v. Spannenberg* AktG § 54 Rn. 29.

³⁴⁷ GroßkommAktG/*Henze* § 54 Rn. 54; Hüffer AktG/*Koch* § 54 Rn. 7; KölnKommAktG/*Drygala* § 54 Rn. 33; MüKoAktG/*Götze* § 54 Rn. 35; K. Schmidt/Lutter/*Fleischer* AktG § 54 Rn. 18; Spindler/Stilz/*Cahn/v. Spannenberg* AktG § 54 Rn. 29; *Priester* DB 1979, 681.

§ 16 Kapitalaufbringung und Kapitalerhaltung

pflichtungen handelt. Im Zweifel sind sie als mitgliedschaftlich gewollt anzusehen, sofern eine mitgliedschaftliche Ausgestaltung nach dem Inhalt der Verpflichtung grundsätzlich zulässig ist.[348] Für den Übergang schuldrechtlicher Verpflichtungen auf den Erwerber im Fall einer Veräußerung der Aktien ist eine privative Schuldübernahme nach §§ 414, 415 BGB erforderlich, die auch konkludent erfolgen kann.[349] Hierzu ist es noch nicht ausreichend, dass der Erwerber von ihrem Bestehen Kenntnis hat oder sie in die Satzung aufgenommen wurden.[350] Bei vinkulierten Namensaktien kann die Zustimmung der Gesellschaft zur Übertragung der Aktie von der Schuldübernahme abhängig gemacht werden (vgl. § 68 Abs. 2 S. 4 AktG).[351]

IV. Verbot der Einlagenrückgewähr

1. Umfang des Verbots. Nach § 57 Abs. 1 S. 1 AktG dürfen den Aktionären die Einlagen nicht zurückgewährt werden. Das Verbot des § 57 Abs. 1 S. 1 AktG ist zwingend und kann weder durch vertragliche Vereinbarung noch durch Satzungsbestimmung abbedungen oder eingeschränkt werden. Verboten ist nicht nur die Rückgewähr als solche, sondern schon jede Verpflichtung der AG zur Einlagenrückgewähr.[352] Entgegen dem missverständlichen Wortlaut von § 57 Abs. 1 S. 1 AktG erstreckt sich das Rückgewährverbot nicht nur auf die geleisteten Einlagen iSv § 54 Abs. 1 AktG, sondern – wie sich insbesondere aus § 57 Abs. 3 AktG ergibt – auf das **gesamte Vermögen** der AG. Es kommt daher nicht darauf an, ob die Zuwendung mit dem ursprünglichen Einlagegegenstand identisch ist. Maßgeblich ist vielmehr, ob eine **wertmäßige Beeinträchtigung** des Gesellschaftsvermögens durch Leistung an einen Aktionär erfolgt.[353] Daher ist jede Leistung der AG an einen Aktionär – auch an den Alleinaktionär[354] – nach § 57 Abs. 1 S. 1 AktG unzulässig, soweit es sich nicht um die ordnungsgemäße Verteilung des Bilanzgewinns (vgl. § 57 Abs. 3 AktG) oder eines Gewinnabschlags nach § 59 AktG handelt oder die Leistung aufgrund einer speziellen gesetzlichen Regelung zugelassen ist (zu den Ausnahmen vgl. → Rn. 74 ff.).[355]

58

---

[348] KölnKommAktG/*Drygala* § 54 Rn. 35; MüKoAktG/*Götze* § 54 Rn. 37; *Priester* DB 1979, 681 (684); wohl auch Bürgers/Körber/*H. P. Westermann* AktG § 54 Rn. 9; K. Schmidt/Lutter/*Fleischer* AktG § 54 Rn. 18.

[349] GroßkommAktG/*Henze* § 54 Rn. 69; KölnKommAktG/*Drygala* § 54 Rn. 41; MüKoAktG/ *Götze* § 54 Rn. 43; K. Schmidt/Lutter/*Fleischer* AktG § 54 Rn. 21; Spindler/Stilz/*Cahn/v. Spannenberg* AktG § 54 Rn. 38 f.

[350] GroßkommAktG/*Henze* § 54 Rn. 72; MüKoAktG/*Götze* § 54 Rn. 43; K. Schmidt/Lutter/ *Fleischer* AktG § 54 Rn. 21; Spindler/Stilz/*Cahn/v. Spannenberg* AktG § 54 Rn. 39; *Priester* DB 1979, 681 (686); grundsätzlich auch KölnKommAktG/*Drygala* § 54 Rn. 42 f., der potentielles Erklärungsbewusstsein für die Übernahme der Verpflichtung aber bereits dann annehmen will, wenn der Erwerber ihre Existenz und den Übertragungswillen des Veräußerers erkennen konnte und die Verpflichtung vom Veräußerer im Anschluss an die Veräußerung nicht mehr oder nicht mehr sinnvoll erfüllt werden kann.

[351] BayObLG DB 1989, 214 (217); GroßkommAktG/*Henze* § 54 Rn. 70; KölnKommAktG/*Drygala* § 54 Rn. 45; MüKoAktG/*Götze* § 54 Rn. 43; Spindler/Stilz/*Cahn/v. Spannenberg* AktG § 54 Rn. 38.

[352] RGZ 149, 385 (400); Grigoleit/*Grigoleit/Rachlitz* AktG § 57 Rn. 9; GroßkommAktG/*Henze* § 57 Rn. 12; MüKoAktG/*Bayer* § 57 Rn. 12.

[353] OLG Frankfurt a. M. AG 1996, 324 (325) – Küppersbusch/AEG; OLG Frankfurt a. M. AG 1992, 194 (196) – Hornblower Fischer; Hüffer AktG/*Koch* § 57 Rn. 2; KölnKommAktG/*Drygala* § 57 Rn. 16 ff.; MüKoAktG/*Bayer* § 57 Rn. 10 f.; K. Schmidt/Lutter/*Fleischer* AktG § 57 Rn. 9.

[354] BGH WM 1957, 61 (62); *Horn* ZIP 1987, 1225 (1227); für eine Ausnahme hinsichtlich der nicht gebundenen Rücklagen KölnKommAktG/*Drygala* § 57 Rn. 19.

[355] BGHZ 190, 7 (12) = NZG 2011, 829 (830) – Deutsche Telekom III; BGH NZG 2017, 344 (345); ZIP 2008, 118 (119); 1992, 1081 – AMB/BfG; OLG Frankfurt a. M. AG 1996, 324 (325) – Küppersbusch/AEG; OLG Frankfurt a. M. AG 1995, 324 (325); OLG Hamburg AG 2010, 502 (504); 1980, 275 (278); OLG Koblenz AG 1977, 231; Bürgers/Körber/*H. P. Westermann* AktG § 57 Rn. 5; Grigoleit/*Grigoleit/Rachlitz* AktG § 57 Rn. 1; GroßkommAktG/*Henze* § 57 Rn. 9; Hüffer AktG/

Aus diesem Grund sollte nicht von einem „Verbot der Einlagenrückgewähr", sondern von dem **„Grundsatz der umfassenden Vermögensbindung"** gesprochen werden.[356] Für die Frage, ob eine Leistung an den Aktionär vorliegt, stellt der BGH eine wirtschaftliche Betrachtung an und prüft, ob die Zuwendung dem Aktionär nach dem **Veranlasserprinzip** wirtschaftlich zuzuordnen ist.[357] Dabei kann es sich sowohl um eine Verschiebung positiven als auch um eine Verlagerung negativen Vermögens handeln.[358] Die strafrechtliche Beurteilung des Handelns des Vorstands spielt dabei keine Rolle.[359]

59 **2. Art und Weise des Verstoßes gegen die Vermögensbindung. a) Offene Verstöße.** Eine nach § 57 Abs. 1 S. 1 AktG verbotene Einlagenrückgewähr kann offen oder verdeckt erfolgen. Einseitige Leistungen der Gesellschaft an einen Aktionär stellen eine **offene Rückgewähr** von Vermögen der Gesellschaft dar. Solche offensichtlichen Verstöße gegen § 57 Abs. 1 S. 1 AktG sind selten. Beispiele sind etwa Dividendenzahlungen ohne oder auf Grund eines nichtigen Gewinnverwendungsbeschlusses (vgl. § 62 Abs. 1 S. 2 AktG)[360] oder auf Aktien, aus denen die Rechte nicht bestehen oder ruhen (vgl. §§ 20 Abs. 7, 21 Abs. 4, 71b, 71d S. 4, 328 Abs. 1 AktG, § 44 WpHG, § 59 WpÜG),[361] nicht von § 59 AktG gedeckte Abschlagzahlungen auf den Bilanzgewinn,[362] Kapitalrückzahlungen ohne oder auf Grund eines nichtigen Kapitalherabsetzungsbeschlusses oder unter Verstoß gegen § 225 Abs. 2 AktG,[363] „Handgelder" (Präsenzboni) für das Erscheinen in der Hauptversammlung,[364] Treueprämien für eine bestimmte Mitgliedschaftsdauer,[365] die Erstattung eigenen Aufwands von Aktionären (zB Übernahme von Reisekosten, Verwaltungsgebühren oder Beraterkosten)[366] sowie der (offene) Abkauf von Anfechtungsklagen.[367]

60 **b) Verdeckte Verstöße.** Rechtsgeschäfte zwischen der AG und einem Aktionär sind grundsätzlich zulässig, soweit es sich um marktübliche Geschäfte handelt, die zu drittvergleichsfähigen Konditionen geschlossen werden **(Drittgeschäfte)**.[368] Dies ist unproblema-

---

Koch § 57 Rn. 2; MüKoAktG/*Bayer* § 57 Rn. 8; K. Schmidt/Lutter/*Fleischer* AktG § 57 Rn. 9; Spindler/Stilz/*Cahn/v. Spannenberg* AktG § 57 Rn. 14; zu §§ 213, 215 HGB aF vgl. bereits RGZ 149, 385 (400); 107, 161 (168); 77, 11 (13).
[356] Ebenso MüKoAktG/*Bayer* § 57 Rn. 11.
[357] BGHZ 190, 7 (13) = NZG 2011, 829 (831) – Deutsche Telekom III.
[358] Hüffer AktG/*Koch* § 57 Rn. 2.
[359] Vgl. OLG Hamm DB 2017, 2149 (2150) (zur GmbH).
[360] Grigoleit/*Grigoleit/Rachlitz* AktG § 57 Rn. 10; GroßkommAktG/*Henze* § 57 Rn. 26; Hölters/*Laubert* AktG § 57 Rn. 6; KölnKommAktG/*Drygala* § 57 Rn. 34; K. Schmidt/Lutter/*Fleischer* AktG § 57 Rn. 10.
[361] Grigoleit/*Grigoleit/Rachlitz* AktG § 57 Rn. 10; GroßkommAktG/*Henze* § 57 Rn. 30.
[362] RGZ 107, 161 (168) (zu §§ 213, 215 HGB aF); Grigoleit/*Grigoleit/Rachlitz* AktG § 57 Rn. 10; GroßkommAktG/*Henze* § 57 Rn. 28; Hölters/*Laubert* AktG § 57 Rn. 6; Hüffer AktG/*Koch* § 57 Rn. 7; K. Schmidt/Lutter/*Fleischer* AktG § 57 Rn. 10.
[363] GroßkommAktG/*Henze* § 57 Rn. 32; Hölters/*Laubert* AktG § 57 Rn. 6; K. Schmidt/Lutter/*Fleischer* AktG § 57 Rn. 10.
[364] Grigoleit/*Grigoleit/Rachlitz* AktG § 57 Rn. 10; K. Schmidt/Lutter/*Fleischer* AktG § 57 Rn. 10; *Fleischer* WM 2007, 909 (913); *Klühs* ZIP 2006, 107 (110 f.); *Schockenhoff/Nußbaum* AG 2019, 321 (326); *E. Vetter* AG 2006, 32 (34); aA wohl KölnKommAktG/*Drygala* § 57 Rn. 35 (anders aber Rn. 60); vgl. auch *Singhof* NZG 1998, 670 (674) (für die Beauftragung eines „Treuhänders" durch die AG zwecks kostenloser Stimmrechtsvertretung für einzelne Aktionäre).
[365] Grigoleit/*Grigoleit/Rachlitz* AktG § 57 Rn. 10; GroßkommAktG/*Henze* § 57 Rn. 34; Hüffer AktG/*Koch* § 57 Rn. 7; KölnKommAktG/*Drygala* § 57 Rn. 35; K. Schmidt/Lutter/*Fleischer* AktG § 57 Rn. 10.
[366] *Schockenhoff/Nußbaum* AG 2019, 321 (325 ff.).
[367] BGH AG 1992, 317; Grigoleit/*Grigoleit/Rachlitz* AktG § 57 Rn. 10; Hölters/*Laubert* AktG § 57 Rn. 6; Hüffer AktG/*Koch* § 57 Rn. 7.
[368] KG AG 2000, 183; OLG Koblenz AG 1977, 231; GroßkommAktG/*Henze* § 57 Rn. 35; Hüffer AktG/*Koch* § 57 Rn. 8; KölnKommAktG/*Drygala* § 57 Rn. 41; MüKoAktG/*Bayer* § 57 Rn. 48;

tisch im Bereich der Massengeschäfte (normale Umsatzgeschäfte), weil diese Geschäfte nicht von der mitgliedschaftlichen Beziehung beeinflusst werden. Riskanter für die Gesellschaft sind demgegenüber sonstige Umsatzgeschäfte mit einem Aktionär. Bei ihnen liegt ein Verstoß gegen § 57 Abs. 1 S. 1 AktG dann vor, wenn im Rahmen einer wirtschaftlichen Gesamtschau die beiderseits erbrachten Leistungen zu Lasten der Gesellschaft nicht äquivalent sind, wenn also ein **objektives Missverhältnis zum Nachteil der AG** besteht.[369] Besteht ein Marktpreis, bildet dieser regelmäßig die Obergrenze für Erwerbsgeschäfte der Gesellschaft.[370] Bei Veräußerungsgeschäften der Gesellschaft besteht ein gewisser Spielraum, so dass etwa Preisnachlässe zulässig sind, soweit sie sich im Rahmen der gewöhnlichen Absatz- und Preispolitik halten (insbesondere also, wenn sie auch Dritten gewährt werden).[371] Steht ein **Marktpreis** als Vergleichsmaßstab nicht zur Verfügung, liegt ein objektives Missverhältnis vor, wenn ein gewissenhaft nach kaufmännischen Grundsätzen handelnder Geschäftsleiter das Geschäft unter sonst gleichen Umständen mit einem Dritten nicht abgeschlossen hätte.[372] Bei einem Unternehmenskauf oder -verkauf sind die allgemein anerkannten Grundsätze ordnungsgemäßer Unternehmensbewertung (Ertragswertmethode oder anderes anerkanntes betriebswirtschaftliches Bewertungsverfahren) Maßstab für die Angemessenheit des Kaufpreises.[373] Nach dem Schutzzweck des § 57 Abs. 1 AktG ist für die Feststellung einer verbotenen Einlagenrückgewähr ausschließlich von einem **objektiv-normativen Maßstab** auszugehen. Subjektive Voraussetzungen wie das Bewusstsein, die Leistung dem Aktionär gerade wegen seiner Mitgliedschaft zuzuwenden (causa societatis), sind nach heute hM[374] nicht erforderlich. Eine Ausnahme von der Zulässigkeit von Drittgeschäften besteht im Fall der **verdeckten Sacheinlage,** weil bei ihr ein Rechtsgeschäft zu marktüblichen Bedingungen zur Umgehung der Sacheinlagevorschriften führt (vgl. → Rn. 34 ff.).

K. Schmidt/Lutter/*Fleischer* AktG § 57 Rn. 12; vgl. auch BGH WM 1955, 1250 (1251) (zu § 213 HGB aF); ebenso für die GmbH BGH NJW 1987, 1194 (1195); OLG Hamburg ZIP 2005, 1968 (1969); OLG Dresden GmbHR 2002, 1245 (1246).
[369] OLG Koblenz AG 2007, 408 (409); KG AG 2000, 183; OLG Frankfurt a. M. AG 1992, 194 (196) – Hornblower Fischer; OLG Koblenz AG 1977, 231; LG München AG 2004, 159 (160 f.); GroßkommAktG/*Henze* § 57 Rn. 40; Hölters/*Laubert* AktG § 57 Rn. 7; Hüffer AktG/*Koch* § 57 Rn. 8; MüKoAktG/*Bayer* § 57 Rn. 56; K. Schmidt/Lutter/*Fleischer* AktG § 57 Rn. 12; ebenso zu § 30 GmbHG BGH ZIP 1996, 68; OLG Hamburg ZIP 2005, 1968 (1969).
[370] Grigoleit/*Grigoleit/Rachlitz* AktG § 57 Rn. 13; GroßkommAktG/*Henze* § 57 Rn. 41; Hölters/ *Laubert* AktG § 57 Rn. 7; KölnKommAktG/*Drygala* § 57 Rn. 61; MüKoAktG/*Bayer* § 57 Rn. 58; K. Schmidt/Lutter/*Fleischer* AktG § 57 Rn. 13; Spindler/Stilz/*Cahn/v. Spannenberg* AktG § 57 Rn. 21.
[371] KölnKommAktG/*Drygala* § 57 Rn. 61; K. Schmidt/Lutter/*Fleischer* AktG § 57 Rn. 13; Spindler/Stilz/*Cahn/v. Spannenberg* AktG § 57 Rn. 21; teilweise abweichend GroßkommAktG/*Henze* § 57 Rn. 41; Hölters/*Laubert* AktG § 57 Rn. 7, die eine Rechtfertigung aus betrieblichen Gründe verlangen.
[372] So die ständige Formel der Rspr., vgl. etwa BGH NJW 1987, 1194 (1195) (zur GmbH); OLG Köln AG 2009, 584 (587) – Deutsche Telekom III; OLG Koblenz AG 2007, 408 (409); KG NZG 1999, 311 (312); s. auch Grigoleit/*Grigoleit/Rachlitz* AktG § 57 Rn. 11; Hölters/*Laubert* AktG § 57 Rn. 7; MüKoAktG/*Bayer* § 57 Rn. 50; K. Schmidt/Lutter/*Fleischer* AktG § 57 Rn. 12; Spindler/ Stilz/*Cahn/v. Spannenberg* AktG § 57 Rn. 19.
[373] LG München I AG 2004, 159 (160 f.); Hüffer AktG/*Koch* § 57 Rn. 10; KölnKommAktG/ *Drygala* § 57 Rn. 64; MüKoAktG/*Bayer* § 57 Rn. 60.
[374] BGH NJW 1996, 589 (590); 1987, 1194 (1195) (jeweils zur GmbH); GroßkommAktG/*Henze* § 57 Rn. 47; Heidel/*Drinhausen* AktG § 57 Rn. 9; Hölters/*Laubert* AktG § 57 Rn. 9; Hüffer AktG/ *Koch* § 57 Rn. 11; MüKoAktG/*Bayer* § 57 Rn. 65; s. auch Geßler FS R. Fischer, 1979, 131 (135 f.); aA KölnKommAktG/*Drygala* § 57 Rn. 89 ff.; Spindler/Stilz/*Cahn/v. Spannenberg* AktG § 57 Rn. 24 ff.; *T. Bezzenberger,* Das Kapital der Aktiengesellschaft, 2005, S. 232 ff.; *J.* Wilhelm FS Flume, Bd. II, 1978, 337 (378 ff.).

61 c) Einzelfälle. aa) Dividendenzahlung. Eine Dividendenzahlung verstößt gegen das Verbot der Einlagenrückgewähr gemäß § 57 Abs. 1 S. 1 AktG, wenn der Zahlung kein wirksamer Gewinnverwendungsbeschluss zugrunde liegt (bereits → Rn. 59). Dies ist sowohl bei einem gänzlich fehlenden als auch bei einem von Beginn an nichtigen (etwa wegen Nichtigkeit des zugrundeliegenden Jahresabschlusses, § 253 Abs. 1 S. 1 AktG) oder bei einem auf eine Anfechtungsklage hin für nichtig erklärten Gewinnverwendungsbeschluss der Fall.[375] An einem wirksamen Gewinnverwendungsbeschluss fehlt es auch dann, wenn der Hauptversammlungsbeschluss nicht dem durch § 60 AktG festgelegten Gewinnverteilungsschlüssel entspricht.[376] Auch in diesem Fall verstößt die Dividendenzahlung daher gegen § 57 Abs. 1 S. 1 AktG.[377] Gleiches gilt, wenn ein Gewinnverwendungsbeschluss gefasst wird, obwohl der Jahresabschluss keinen entsprechenden Bilanzgewinn ausweist.[378] Wird ein anfechtbarer Gewinnverwendungsbeschluss nicht angefochten, wird er bestandskräftig, so dass er Grundlage der Dividendenzahlung sein kann.[379] Dagegen liegt ein Verstoß gegen § 57 Abs. 1 S. 1 AktG vor, wenn eine Dividendenzahlung auf Aktien erfolgt, die einem (vorübergehenden) Rechtsverlust (vgl. §§ 20 Abs. 7, 21 Abs. 4, 71b, 71d S. 4, 328 Abs. 1 AktG, § 44 WpHG, § 59 WpÜG) unterliegen (bereits → Rn. 59).[380]

62 bb) Erwerb eigener Aktien. Aus § 57 Abs. 1 S. 2 AktG folgt, dass ein nicht von den §§ 71 ff. AktG gedeckter Erwerb eigener Aktien eine verbotene Einlagenrückgewähr darstellt (vgl. → § 15 Rn. 1). Bei einem nach den §§ 71 ff. AktG grundsätzlich zulässigen Erwerb liegt eine verdeckte Rückgewähr vor, wenn die AG die Aktien von einem Aktionär (unter Missachtung des Gleichbehandlungsgebots) zu einem überhöhten Preis erwirbt (auch → Rn. 74 und → § 15 Rn. 1).[381] Maßstab für die Angemessenheit des Kaufpreises ist bei börsennotierten Gesellschaften der Börsenkurs.[382]

63 cc) Austauschverträge. Typische Fälle einer verdeckten Einlagenrückgewähr sind Austauschverträge, bei denen die AG einen Gegenstand von dem Aktionär zu einem überhöhten, nicht marktgerechten Preis erwirbt oder einen Gegenstand an den Aktionär „zu günstig" (unter Marktwert) veräußert. Eine verdeckte Einlagenrückgewähr wurde von der Rechtsprechung etwa angenommen bei der unter Wert erfolgenden Veräußerung eines Geschäftsbereichs an den Mehrheitsaktionär,[383] bei der Überlassung von Warenzeichen an den ausscheidenden Hauptaktionär ohne adäquate Gegenleistung,[384] bei der Übernahme von Bauleistungen für einen Aktionär zu ersichtlich nicht kostendeckenden Preisen[385] und

---

[375] GroßkommAktG/*Henze* § 57 Rn. 26; MüKoAktG/*Bayer* § 57 Rn. 68 f.; Spindler/Stilz/*Cahn*/*v. Spannenberg* AktG § 57 Rn. 30.

[376] Zur Nichtigkeit entsprechender Beschlüsse s. Hüffer AktG/*Koch* § 60 Rn. 6; für Wirkungslosigkeit kompetenzüberschreitender Beschlüsse dagegen *Baumbach*/*Hueck* AktG § 119 Rn. 10; offen hinsichtlich Nichtigkeit oder Wirkungslosigkeit GroßkommAktG/*Henze* § 60 Rn. 33; KölnKommAktG/*Drygala* § 60 Rn. 70; MüKoAktG/*Bayer* § 60 Rn. 33.

[377] GroßkommAktG/*Henze* § 57 Rn. 29; MüKoAktG/*Bayer* § 57 Rn. 70; Spindler/Stilz/*Cahn*/*v. Spannenberg* AktG § 54 Rn. 31.

[378] GroßkommAktG/*Henze* § 57 Rn. 27.

[379] GroßkommAktG/*Henze* § 57 Rn. 26; MüKoAktG/*Bayer* § 57 Rn. 69.

[380] Grigoleit/*Grigoleit*/*Rachlitz* AktG § 57 Rn. 10; GroßkommAktG/*Henze* § 57 Rn. 30; MüKoAktG/*Bayer* § 57 Rn. 71; Spindler/Stilz/*Cahn*/*v. Spannenberg* AktG § 54 Rn. 30.

[381] GroßkommAktG/*Henze* § 57 Rn. 65, 183; Hölters/*Laubert* AktG § 57 Rn. 10, 14; Hüffer AktG/*Koch* § 57 Rn. 12, 20; KölnKommAktG/*Drygala* § 57 Rn. 96; MüKoAktG/*Bayer* § 57 Rn. 75, 130; K. Schmidt/Lutter/*Fleischer* AktG § 57 Rn. 34; Spindler/Stilz/*Cahn*/*v. Spannenberg* AktG § 57 Rn. 42, 132; *Lutter* ZGR 1978, 347 (356); aA *T. Bezzenberger*, Erwerb eigener Aktien durch die AG, 2002, Rn. 67.

[382] GroßkommAktG/*Henze* § 57 Rn. 65; MüKoAktG/*Bayer* § 57 Rn. 75.

[383] BGH ZIP 2012, 1753 (1754) – HVB/UniCredit; vgl. zur GmbH auch OLG Karlsruhe WM 1984, 656 (658 f.) (Veräußerung von Beteiligungen an einen Aktionär deutlich unter Wert).

[384] OLG Frankfurt a. M. AG 1996, 324 (325 ff.) – Küppersbusch/AEG.

[385] BGH WM 1987, 348 f. (zur GmbH).

bei der Anweisung an einen Aktionär, seine Schuld gegenüber der AG durch Leistung an einen Dritten zu tilgen, obwohl die AG dem Dritten nichts schuldet.[386] Erwirbt die AG im Rahmen eines Austauschvertrags einen Zahlungsanspruch gegen einen Aktionär, müssen zwei Voraussetzungen erfüllt sein, damit kein Verstoß gegen § 57 Abs. 1 S. 1 AktG vorliegt: Zum einen muss der Zahlungsanspruch der AG vollwertig sein, zum anderen muss er den geleisteten Gegenstand wertmäßig nach Marktwerten – nicht nach Abschreibungswerten – decken (sog. Deckungsgebot).[387] Dies folgt unmittelbar aus dem durch das MoMiG eingefügten § 57 Abs. 1 S. 3 AktG, wonach das Verbot der Einlagenrückgewähr nicht bei Leistungen gilt, die durch einen vollwertigen Gegenleistungsanspruch gegen den Aktionär gedeckt sind (dazu → Rn. 79 f.). Der von der Rechtsprechung bei Austauschverträgen traditionell angestellte Drittvergleich (dazu → Rn. 60) geht in dem Deckungsgebot auf.[388]

dd) Darlehensgewährung. Die Darlehensgewährung an einen Aktionär ist gemäß § 57 Abs. 1 S. 3 AktG keine verbotene Einlagenrückgewähr, wenn der **Rückgewähranspruch vollwertig** ist. Der durch das MoMiG eingefügte § 57 Abs. 1 S. 3 AktG stellt klar, dass eine bilanzielle Betrachtung anzustellen ist (dazu → Rn. 79, 81 ff.). Im Umkehrschluss folgt aus § 57 Abs. 1 S. 3 AktG, dass eine verbotene Einlagenrückgewähr vorliegt, wenn der Rückgewähranspruch nicht vollwertig ist. Dies ist der Fall, wenn seine **Einbringlichkeit zweifelhaft** ist, was sich nach der Bonität des Aktionärs richtet.[389] Ein Verstoß gegen § 57 Abs. 1 S. 1 AktG kann ferner dann vorliegen, wenn der Aktionär **keine marktüblichen Zinsen** bzw. – bei Fehlen eines relevanten Vergleichsmarkts – keine risikoadäquaten Zinsen zahlt.[390] Unschädlich ist eine mangelnde Verzinsung bei kurzer Restlaufzeit des Darlehens, wobei die Grenze überwiegend bei einem Jahr gezogen wird (→ Rn. 83). Aus dem **Fehlen banküblicher Sicherheiten** lässt sich nicht zwingend auf einen Verstoß gegen § 57 Abs. 1 S. 1 AktG schließen (→ Rn. 81).

ee) Kursgarantie, Wiederkaufspflicht. Eine Kursgarantie, bei der sich die AG gegenüber einem Aktionär verpflichtet, ihm bei ungünstiger Kursentwicklung die Kursdifferenz zu erstatten, verstößt regelmäßig gegen § 57 Abs. 1 S. 1 AktG.[391] Ebenfalls gemäß § 57 Abs. 1 S. 1 AktG unzulässig ist eine Wiederkaufspflicht, wonach die AG verpflichtet ist, die Aktien eines Aktionär auf dessen Verlangen zu einem bestimmten Preis zurückzuerwerben.[392] Da der Aktionär von einem solchen Anspruch regelmäßig nur bei negativer Kursentwicklung Gebrauch machen wird, entspricht eine solche Wiederkaufspflicht in ihren Wirkungen einer Kursgarantie. Auch die Übernahme einer sonstigen Gewährleistung im Zusammenhang mit dem Aktienerwerb ist mit § 57 Abs. 1 S. 1 AktG nicht vereinbar.[393]

---

[386] RGZ 107, 161 (167).
[387] Vgl. Begr. RegE, BT-Drs. 16/6140, 41, 52; K. Schmidt/Lutter/*Fleischer* AktG § 57 Rn. 41 ff.
[388] K. Schmidt/Lutter/*Fleischer* AktG § 57 Rn. 44.
[389] Bürgers/Körber/*H. P. Westermann* AktG § 57 Rn. 16; Grigoleit/*Grigoleit/Rachlitz* AktG § 57 Rn. 40; MüKoAktG/*Bayer* § 57 Rn. 160; K. Schmidt/Lutter/*Fleischer* AktG § 57 Rn. 47; Spindler/Stilz/*Cahn/v. Spannenberg* AktG § 57 Rn. 33; aus der Zeit vor Inkrafttreten des MoMiG auch GroßkommAktG/*Henze* § 57 Rn. 49; *Bayer* FS Lutter, 2000, 1011 (1017 ff.); aA *Rothley/Weinberger* NZG 2010, 1001 (1005): Beurteilung allein nach §§ 76, 93 AktG.
[390] Grigoleit/*Grigoleit/Rachlitz* AktG § 57 Rn. 41; Hölters/*Laubert* AktG § 57 Rn. 21; Hüffer AktG/*Koch* § 57 Rn. 26; KölnKommAktG/*Drygala* § 57 Rn. 71; Spindler/Stilz/*Cahn/v. Spannenberg* AktG § 57 Rn. 33; *Kiefner/Theusinger* NZG 2008, 801 (804); *Mülbert/Leuschner* NZG 2009, 281 (282 f.); zur GmbH auch *Gehrlein* Der Konzern 2007, 771 (785).
[391] Bürgers/Körber/*H. P. Westermann* AktG § 57 Rn. 21; Hölters/*Laubert* AktG § 57 Rn. 10; MüKoAktG/*Bayer* § 57 Rn. 78; K. Schmidt/Lutter/*Fleischer* AktG § 57 Rn. 22; *Schmid/Mühlhäuser* AG 2001, 493 (496); s. auch BFH WM 1985, 537 (539).
[392] Hölters/*Laubert* AktG § 57 Rn. 10; MüKoAktG/*Bayer* § 57 Rn. 78; K. Schmidt/Lutter/*Fleischer* AktG § 57 Rn. 22; aA *Schmid/Mühlhäuser* AG 2001, 493 (496); Spindler/Stilz/*Cahn/v. Spannenberg* AktG § 57 Rn. 44.
[393] Vgl. *Holthaus*, Gewährleistung und Vermögensbindung bei der AG, 2017, S. 125 ff.

66 ff) Haftungsfreistellung bei der Aktienplatzierung. Hinsichtlich einer Haftungsfreistellung bei der Aktienplatzierung ist zwischen der Platzierung neuer Aktien und der Umplatzierung bestehender Aktien zu unterscheiden. Die bei der **Platzierung neuer Aktien** von der Gesellschaft üblicherweise übernommene Freistellung der Emissionsbanken von der Prospekthaftung stellt diesen gegenüber jedenfalls dann keine verdeckte Einlagenrückgewähr dar, wenn die Gesellschaft die Unrichtigkeit des Prospekts zu vertreten hat.[394] Bei der **Umplatzierung von Aktien** ist zu differenzieren: Eine gegenüber der Emissionsbank übernommene Haftungsfreistellung stellt gegenüber dieser auch dann keine verbotene Einlagenrückgewähr dar, wenn die Emissionsbank die Aktien vorübergehend zum Zwecke der Platzierung erwirbt.[395] Demgegenüber hat der BGH in seinem Urteil zum dritten Börsengang der Deutsche Telekom AG entschieden, dass bei der Platzierung von Altaktien an der Börse mit der Übernahme des Prospekthaftungsrisikos durch die Gesellschaft entgegen § 57 Abs. 1 S. 1 AktG Einlagen an den betreffenden Altaktionär zurückgewährt werden, wenn dieser die Gesellschaft nicht von der Prospekthaftung freistellt.[396] Die Frage, ob eine Leistung an den Aktionär vorliegt, beurteilt der BGH danach, ob die Übernahme des Prospekthaftungsrisikos dem Aktionär nach dem „**Veranlasserprinzip**" wirtschaftlich zuzurechnen ist.[397] Ein Eigeninteresse der Gesellschaft an der Platzierung der Altaktien oder nicht bezifferbare Vorteile stellen aus Sicht des BGH nach der maßgeblichen bilanziellen Betrachtungsweise keine ausreichende Kompensation für die Übernahme des Haftungsrisikos dar.[398] Der BGH verlangt vielmehr konkrete, bilanziell messbare Vorteile.[399] Die Beschränkung auf bilanziell messbare Vorteile überzeugt nicht. Entgegen der Auffassung des BGH ist sie keine zwingende Folge der in § 57 Abs. 1 S. 3 AktG zum Ausdruck kommenden bilanziellen Betrachtungsweise, zumal der BGH auch bei der Bestimmung der an den Aktionär erfolgenden Leistung nicht auf

---

[394] GroßkommAktG/*Henze* § 57 Rn. 55; MüKoAktG/*Bayer* § 57 Rn. 82; K. Schmidt/Lutter/ *Fleischer* AktG § 57 Rn. 24; Spindler/Stilz/*Cahn/v. Spannenberg* AktG § 57 Rn. 40; *Fleischer* ZIP 2007, 1969 (1972 f.); *Technau* AG 1998, 445 (456); *Westermann/Paefgen* FS Hoffmann-Becking, 2013, 1363 (1381); *Wink* AG 2011, 569 (579).

[395] MüKoAktG/*Bayer* § 57 Rn. 83 ff.; Handbuch börsennotierte AG/*Meyer* § 8 Rn. 155; *Fleischer* ZIP 2007, 1969 (1973); *Wink* AG 2011, 569 (579).

[396] BGHZ 190, 7 (12 ff.) = NZG 2011, 829 (830) – Deutsche Telekom III; zustimmend *Hoffmann-Theinert/Dembski* EWiR 2011, 517 (518); *Leuschner* NJW 2011, 3275 f.; *Podewils* DStR 2011, 1531; *Schäfer* FS Hoffmann-Becking, 2013, 997 (999 ff.); *Stöber* WuB II A. § 57 AktG 1.11; *Ziemons* GWR 2011, 404 (405); wohl auch *Wink* AG 2011, 569 (573 ff.); ebenso bereits LG Bonn ZIP 2007, 1267 (1268 ff.) – Deutsche Telekom III; aA *Mülbert/A. Wilhelm* FS Hommelhoff, 2012, 747 (773 ff.); *Westermann/Paefgen* FS Hoffmann-Becking, 2013, 1363 (1373 ff.); s. auch *Wackerbarth* LMK 2011, 321437; zuvor bereits *Schlitt* CFL 2010, 304 (309); *Wackerbarth* WM 2011, 193 (199 ff.); anders auch noch die Vorinstanz OLG Köln ZIP 2009, 1276 (1283 f.) – Deutsche Telekom III.

[397] BGHZ 190, 7 (13) = NZG 2011, 829 (831) – Deutsche Telekom III, unter Bezugnahme auf *Schäfer* ZIP 2010, 1877 (1880) und *Fleischer* ZIP 2007, 1969 (1973); zustimmend *Krämer/Gillessen/ Kiefner* CFL 2011, 328 (331 f.); *Mülbert/A. Wilhelm* FS Hommelhoff, 2012, 747 (752 ff.); *Schäfer* FS Hoffmann-Becking, 2013, 997 (999 f.); s. auch *Leuschner* NJW 2011, 3275; allgemein auch Hüffer AktG/*Koch* § 57 Rn. 2; aA *Wackerbarth* WM 2011, 193 (202).

[398] BGHZ 190, 7 (16 ff.) = NZG 2011, 829 (832) – Deutsche Telekom III; zustimmend MüKoAktG/*Bayer*, 3. Aufl. 2008, § 57 Rn. 83 aA noch OLG Köln ZIP 2009, 1276 (1283 f.) – Deutsche Telekom III; *Hoffmann-Becking* FS Lieberknecht, 1997, 25 (37); *Schlitt* CFL 2010, 304 (309 f.).

[399] BGHZ 190, 7 (17) = NZG 2011, 829 (832) – Deutsche Telekom III; zustimmend *Hoffmann-Theinert/Dembski* EWiR 2011, 517 (518); *Podewils* DStR 2011, 1531; *Stöber* WuB II A. § 57 AktG 1.11; *Ziemons* GWR 2011, 404 (405); kritisch Bürgers/Körber/*H. P. Westermann* AktG § 57 Rn. 19a; Arbeitskreis zum „Deutsche Telekom III-Urteil" des BGH CFL 2011, 377 (378); *M. Arnold/Aubel* ZGR 2012, 113 (131 ff.); *Fleischer/Thaten* NZG 2011, 1081 (1082); *Habersack* FS Hommelhoff, 2012, 303 (310 ff.); *Maaß/Troidl* BB 2011, 2563/2565; *Nodoushani* ZIP 2012, 97 (103 ff.); *Westermann/Paefgen* FS Hoffmann-Becking, 2013, 1363 (1368 f.).

die bilanzielle Messbarkeit abstellt.[400] Davon abgesehen sind auch die vom BGH als ausreichende Kompensation angesehenen Freistellungsansprüche erst dann aktivierbar, wenn die betreffende Verbindlichkeit entstanden und der Höhe nach bezifferbar ist.[401] Auch wenn der BGH von „bilanziell messbaren" Vorteilen spricht, scheint es ihm daher nicht auf die Aktivierbarkeit anzukommen.[402] Insgesamt wäre es vorzugswürdig gewesen, wenn der BGH auch ein sonstiges Eigeninteresse der Gesellschaft (zB Verbreiterung des Streubesitzes) berücksichtigt hätte.[403] Jedenfalls aber sollten konkrete und bezifferbare Vorteile unabhängig von der Aktivierungsfähigkeit ausreichen.[404] Die Deutsche Telekom III-Entscheidung betraf eine reine Umplatzierung von Aktien. Noch unklar ist, wie sich die vom BGH aufgestellten Grundsätze auf **gemischte Platzierungen** aus jungen und alten Aktien anwenden lassen. Vorzugswürdig erscheint die Ansicht, die das Risiko bei gemischten Platzierungen nach dem kapitalerhaltungsrechtlichen „Veranlasserprinzip" insgesamt der einen oder anderen Seite zuschlagen will.[405] Dabei kann eine Veranlassung durch die Gesellschaft widerlegbar vermutet werden, wenn der Anteil an jungen Aktien den Anteil an alten Aktien überwiegt (und umgekehrt).[406]

gg) Break-Fee-Vereinbarungen. Vereinbarungen, wonach sich die Gesellschaft verpflichtet, für den Fall des Scheiterns einer auf den Erwerb ihrer Aktien gerichteten Übernahme oder sonstigen M&A-Transaktion dem Bieter einen bestimmten Geldbetrag zu zahlen (sog. Break-Fee-Vereinbarungen), sind nach herrschender Ansicht am Verbot der Einlagenrückgewähr zu messen.[407] Da auch Leistungen an einen künftigen Aktionär von § 57 Abs. 1 S. 1 AktG erfasst sein können (→ Rn. 71), soll dies auch dann gelten, wenn der Bieter noch keine Aktien der Gesellschaft hält.[408] Jedenfalls in diesem Fall erscheint die Anwendbarkeit von § 57 Abs. 1 S. 1 AktG zweifelhaft, da die Zahlungsverpflichtung gerade

67

---

[400] Grigoleit/Grigoleit/Rachlitz AktG § 57 Rn. 7; *Arbeitskreis zum „Deutsche Telekom III-Urteil" des BGH* CFL 2011, 377 (378); *M. Arnold/Aubel* ZGR 2012, 113 (131 ff.); *Fleischer/Thaten* NZG 2011, 1081 (1082); *Nodoushani* ZIP 2012, 97 (103 ff.).

[401] Vgl. *Arbeitskreis zum „Deutsche Telekom III-Urteil" des BGH* CFL 2011, 377 (378); *M. Arnold/Aubel* ZGR 2012, 113 (132 f.); *Fleischer/Thaten* NZG 2011, 1081 (1082); *Nodoushani* ZIP 2012, 97 (105).

[402] Vgl. Heidel/Drinhausen AktG § 57 Rn. 8, der auf eine entsprechende Äußerung des ehemaligen Vorsitzenden des II. Zivilsenats des BGH verweist.

[403] So die bislang herrschende Ansicht, s. etwa OLG Köln ZIP 2009, 1276 (1283 f.) – Deutsche Telekom III; Spindler/Stilz/*Cahn/v. Spannenberg* AktG § 57 Rn. 40; *Hoffmann-Becking* FS Lieberknecht, 1997, 25 (37); *Schlitt* CFL 2010, 304 (310); vgl. auch GroßkommAktG/*Henze* § 57 Rn. 56.

[404] K. Schmidt/Lutter/*Fleischer* AktG § 57 Rn. 26; Heidel/Drinhausen AktG § 57 Rn. 8; *Fleischer* AG 2007, 1969 (1975); *Fleischer/Thaten* NZG 2011, 1081 (1082 f.); *Schäfer* FS Hoffmann-Becking, 2013, 997 (1001 f.); *Westermann/Paefgen* FS Hoffmann-Becking, 2013, 1363 (1368 f.); s. auch *Krämer/Gillessen/Kiefner* CFL 2011, 328 (330 f.).

[405] So der *Arbeitskreis zum „Deutsche Telekom III-Urteil" des BGH* CFL 2011, 377 (378 f.); ebenso *Schäfer* FS Hoffmann-Becking, 2013, 997 (1005 f.); wohl auch *Mülbert/A. Wilhelm* FS Hommelhoff, 2012, 747 (767 ff.); für Aufteilung pro rata dagegen Hüffer AktG/*Koch* § 57 Rn. 16; *M. Arnold/Aubel* ZGR 2012, 131 (144 f.); *Fleischer/Thaten* NZG 2011, 1081 (1084); *Habersack* FS Hommelhoff, 2012, 303 (312); *Nodoushani* ZIP 2012, 97 (101); wohl auch *Wink* AG 2011, 569 (578 f.); mit Einschränkungen auch *Krämer/Gillessen/Kiefner* CFL 2011, 328 (335 ff.); eine verbotene Einlagenrückgewähr bei der gemischten Platzierung generell verneinend *Westermann/Paefgen* FS Hoffmann-Becking, 2013, 1363 (1379 f.); in diese Richtung auch *K. Mertens* AG 2015, 881 (882 ff.), der eine verbotene Einlagenrückgewähr verneint, wenn die Gesellschaft ihr eigenes, nach ihrer Finanzierungs- und Unternehmensplanung entwickeltes Emissionskonzept verfolgt.

[406] *Arbeitskreis zum „Deutsche Telekom III-Urteil" des BGH* CFL 2011, 377 (378 f.); *Schäfer* FS Hoffmann-Becking, 2013, 997 (1006); nicht nachvollziehbar *K. Mertens* AG 2015, 881 (882) Fn. 4, dem eine solche Betrachtung „kaum rational erscheint".

[407] S. etwa K. Schmidt/Lutter/*Fleischer* AktG § 57 Rn. 28; aA Grigoleit/*Grigoleit/Rachlitz* AktG § 71a Rn. 15.

[408] K. Schmidt/Lutter/*Fleischer* AktG § 57 Rn. 28.

dann eingreift, wenn der Begünstigte nicht Aktionär wird.[409] Hält man § 57 Abs. 1 S. 1 AktG gleichwohl für anwendbar, verstoßen Break-Fee-Vereinbarungen nach bislang wohl allgemeiner Ansicht zumindest dann nicht gegen § 57 Abs. 1 S. 1 AktG, wenn ihr Abschluss dem wohlverstandenen Interesse der Gesellschaft entspricht und sie inhaltlich nicht über eine angemessene Kostenerstattung hinausgehen.[410] Bislang ungeklärt ist, wie sich die Deutsche Telekom III-Entscheidung des BGH (→ Rn. 66) auf diese Beurteilung auswirkt. Fraglich ist insbesondere, ob auch hier nur konkrete, bilanziell meßbare Vorteile in die Betrachtung einzubeziehen sind.[411] Um die maßgebliche bilanzielle Betrachtungsweise nicht überzustrapazieren, sollte auch ein nicht bilanziell meßbares Gesellschaftsinteresse ausreichen (jedenfalls dann, wenn sich die Vorteile aus der Transaktion beziffern lassen).

68 hh) Abkauf von Anfechtungsklagen. Auch der Abkauf von Anfechtungsklagen kann sich als eine nach § 57 Abs. 1 S. 1 AktG verbotene Einlagenrückgewähr darstellen.[412] In welcher Form die Leistungen an die Anfechtungskläger deklariert werden (Übernahme der Verfahrenskosten, Beraterhonorare, etc), spielt dabei keine Rolle.[413] Bei nicht eindeutiger Rechtslage ist jedoch ein Vergleich zulässig, insbesondere wenn er unter Mitwirkung und auf Vorschlag des Prozessgerichts geschlossen wird.[414]

69 3. Leistungen durch und an Dritte. a) Gesetzliche Ausgangslage. § 57 Abs. 1 S. 1 AktG spricht ausdrücklich davon, dass „Aktionären" die Einlagen nicht zurückgewährt werden dürfen. Wie sich aus dem Wortlaut von § 62 Abs. 1 S. 1 AktG ergibt, regelt das Verbot auch nur Leistungen der AG. Der Normzweck des § 57 Abs. 1 S. 1 AktG, durch den die Vermögensbindung der Gesellschaft gesichert werden soll (vgl. → Rn. 58), gebietet es aber, auch Umgehungen des Verbots der Vermögensschmälerung zu verhindern. Daher sind sämtliche Konstellationen unter Einschaltung Dritter als Leistende oder Empfänger, die im wirtschaftlichen Ergebnis als eine nach § 57 Abs. 1 S. 1 AktG verbotene Vermögensschmälerung zu beurteilen sind, vom Anwendungsbereich des § 57 Abs. 1 S. 1 AktG erfasst.[415] Dies gilt auch dann, wenn sowohl auf Seiten der AG als auch auf Seiten des Aktionärs ein Dritter auftritt (Leistung unter Dritten).[416]

70 b) Leistungen der AG durch Dritte. Einer Leistung durch die AG gleichzustellen ist die Zuwendung eines Vermögenswerts an einen Aktionär **auf Rechnung der Gesellschaft**.[417] Nach dem Rechtsgedanken der §§ 56 Abs. 2, 71d AktG steht zudem die Leistung eines

---

[409] Vgl. Grigoleit/*Grigoleit/Rachlitz* AktG § 71a Rn. 15.

[410] K. Schmidt/Lutter/*Fleischer* AktG § 57 Rn. 28; *Banerjea* DB 2003, 1489 (1493); *Fleischer* AG 2009, 345 (351 f.).

[411] Für die Übertragung dieser Grundsätze jedenfalls dann, wenn der Begünstigte bereits Aktionär ist, *Nodoushani* ZIP 2012, 97 (99); *Ziemons* GWR 2011, 404 (406).

[412] BGH ZIP 1992, 1081 – AMB/BfG; Bürgers/Körber/*H. P. Westermann* AktG § 57 Rn. 18; Hölters/*Laubert* AktG § 57 Rn. 10; GroßkommAktG/*Henze* § 57 Rn. 70 f.; MüKoAktG/*Bayer* § 57 Rn. 80; K. Schmidt/Lutter/*Fleischer* AktG § 57 Rn. 23; Spindler/Stilz/*Cahn/v. Spannenberg* AktG § 57 Rn. 45; *Ehmann/Walden* NZG 2013, 806 (807 f.).

[413] Hölters/*Laubert* AktG § 57 Rn. 10; MüKoAktG/*Bayer* § 57 Rn. 80; K. Schmidt/Lutter/*Fleischer* AktG § 57 Rn. 23; *Ehmann/Walden* NZG 2013, 806 (807 f.).

[414] Hölters/*Laubert* AktG § 57 Rn. 10; MüKoAktG/*Bayer* § 57 Rn. 80 Fn. 214; *Boujong* FS Kellermann, 1991, 1 (11); aA GroßkommAktG/*Henze* § 57 Rn. 71; wohl auch *Ehmann/Walden* NZG 2013, 806 (807 f.).

[415] BGH WM 1957, 61 (zur Vorgängernorm des § 52 AktG 1937); OLG Hamburg AG 1980, 275 (278); GroßkommAktG/*Henze* § 57 Rn. 73; KölnKommAktG/*Drygala* § 57 Rn. 118 ff.; *Canaris* FS Rob. Fischer, 1979, 31 (35 f.).

[416] Grigoleit/*Grigoleit/Rachlitz* AktG § 57 Rn. 26; K. Schmidt/Lutter/*Fleischer* AktG § 57 Rn. 32.

[417] OLG Hamburg AG 1980, 275 (278); Grigoleit/*Grigoleit/Rachlitz* AktG § 57 Rn. 27; GroßkommAktG/*Henze* § 57 Rn. 75; Hölters/*Laubert* AktG § 57 Rn. 12; Hüffer AktG/*Koch* § 57 Rn. 17; KölnKommAktG/*Drygala* § 57 Rn. 120; MüKoAktG/*Bayer* § 57 Rn. 104; K. Schmidt/Lutter/*Fleischer* AktG § 57 Rn. 30; Spindler/Stilz/*Cahn/v. Spannenberg* AktG § 57 Rn. 58.

§ 16 Kapitalaufbringung und Kapitalerhaltung   71, 72   § 16

zwar auf eigene Rechnung handelnden, aber von der AG (mittelbar oder unmittelbar) abhängigen (§ 17 AktG) oder in ihrem Mehrheitsbesitz (§ 16 AktG) stehenden Unternehmens einer Leistung durch die AG gleich.[418]

c) Leistungen der AG an Dritte. aa) Leistungen an einen früheren oder künftigen **Aktionär.** Zuwendungen der AG an einen **früheren Aktionär** fallen unter das Verbot des § 57 Abs. 1 S. 1 AktG, wenn sie ihm zu einer Zeit zugesagt wurden, als er noch Aktionär war.[419] Aber auch ohne eine solche frühere Zusage können Leistungen an einen früheren Aktionär dann eine verbotene Vermögenszuwendung sein, wenn sie mit Rücksicht auf diese Aktionärseigenschaft gewährt worden sind.[420] Dies wird vermutet, wenn ein enger sachlicher und zeitlicher Zusammenhang zwischen Leistung und Aktionärsstellung besteht.[421] Diese Grundsätze gelten ebenfalls für Dritte, die erst **künftig Aktionäre** werden. Auch hier verstößt eine Zuwendung gegen § 57 Abs. 1 S. 1 AktG, wenn die Leistung mit Rücksicht auf die künftige Aktionärseigenschaft erfolgt.[422] Es greift wiederum eine entsprechende Vermutung, wenn zwischen der verbotswidrigen Leistung und dem Erwerb der Aktien ein enger sachlicher und zeitlicher Zusammenhang besteht.[423] 71

bb) Leistungen an einen faktischen Aktionär. § 57 Abs. 1 S. 1 AktG erfasst auch Leistungen der AG an einen Dritten, der – wirtschaftlich betrachtet – eine Aktionärsposition bekleidet und als Treugeber die Aktien durch einen anderen halten lässt („faktischer Aktionär").[424] Gleiches gilt bei Leistungen an den Alleingesellschafter einer an der AG beteiligten Gesellschaft.[425] Auch Leistungen an den Nießbraucher sind als Leistungen 72

---

[418] Grigoleit/Grigoleit/Rachlitz AktG § 57 Rn. 27; GroßkommAktG/Henze § 57 Rn. 76; Hölters/Laubert AktG § 57 Rn. 12; Hüffer AktG/Koch § 57 Rn. 17; K. Schmidt/Lutter/Fleischer AktG § 57 Rn. 30; Spindler/Stilz/Cahn/v. Spannenberg AktG § 57 Rn. 59, 60; einschränkend bei Abhängigkeit ohne Mehrheitsbeteiligung oder Beherrschungsvertrag GroßkommAktG/Henze § 57 Rn. 78; MüKoAktG/Bayer § 57 Rn. 105 f.: erst ab Beteiligung von mindestens 10 %; weitergehend KölnKommAktG/Drygala § 57 Rn. 121: erst ab Beteiligung von mindestens 25 %.

[419] OLG Frankfurt a. M. AG 1996, 324 (325); OLG Hamburg AG 1980, 272 (278 f.); GroßkommAktG/Henze § 57 Rn. 80; Hölters/Laubert AktG § 57 Rn. 13; Hüffer AktG/Koch § 57 Rn. 18; K. Schmidt/Lutter/Fleischer AktG § 57 Rn. 33; Spindler/Stilz/Cahn/v. Spannenberg AktG § 57 Rn. 55; Canaris FS Rob. Fischer, 1979, 31 (32).

[420] Grigoleit/Grigoleit/Rachlitz AktG § 57 Rn. 28; GroßkommAktG/Henze § 57 Rn. 80; Hüffer AktG/Koch § 57 Rn. 18; KölnKommAktG/Drygala § 57 Rn. 119; MüKoAktG/Bayer § 57 Rn. 113.

[421] MüKoAktG/Bayer § 57 Rn. 113; wohl auch Grigoleit/Grigoleit/Rachlitz AktG § 57 Rn. 28; aA KölnKommAktG/Drygala § 57 Rn. 119; Spindler/Stilz/Cahn/v. Spannenberg AktG § 57 Rn. 55: positive Feststellung erforderlich; wiederum anders GroßkommAktG/Henze § 57 Rn. 80; Hölters/Laubert AktG § 57 Rn. 13, die in dem sachlichen und zeitlichen Zusammenhang offenbar ein objektives Tatbestandsmerkmal sehen.

[422] BGH AG 2008, 120 (121); GroßkommAktG/Henze § 57 Rn. 80; Hölters/Laubert AktG § 57 Rn. 13; Hüffer AktG/Koch § 57 Rn. 18; KölnKommAktG/Drygala § 57 Rn. 119; MüKoAktG/Bayer § 57 Rn. 113; Spindler/Stilz/Cahn/v. Spannenberg AktG § 57 Rn. 54.

[423] KölnKommAktG/Drygala § 57 Rn. 119; MüKoAktG/Bayer § 57 Rn. 113; Spindler/Stilz/Cahn/v. Spannenberg AktG § 57 Rn. 54; wohl auch Grigoleit/Grigoleit/Rachlitz AktG § 57 Rn. 28; anders wohl BGH AG 2008, 120 (121); GroßkommAktG/Henze § 57 Rn. 80; Hölters/Laubert AktG § 57 Rn. 13, die in dem sachlichen und zeitlichen Zusammenhang offenbar ein objektives Tatbestandsmerkmal sehen.

[424] BGHZ 31, 258 (266) = NJW 1960, 285 (286); BGHZ 107, 7 (12) = NJW 1989, 1800 (1801) – Tiefbau (beide zur GmbH); BGH AG 2008, 120 (121); Bürgers/Körber/H. P. Westermann AktG § 57 Rn. 10; Grigoleit/Grigoleit/Rachlitz AktG § 57 Rn. 29; MüKoAktG/Bayer § 57 Rn. 115 f.; K. Schmidt/Lutter/Fleischer AktG § 57 Rn. 31; Spindler/Stilz/Cahn/v. Spannenberg AktG § 57 Rn. 68.

[425] OLG Hamm ZIP 1995, 1263 (1270); GroßkommAktG/Henze § 57 Rn. 82; MüKoAktG/Bayer § 57 Rn. 116; aA Spindler/Stilz/Cahn/v. Spannenberg AktG § 57 Rn. 68: nur wenn Vermutung nicht widerlegt wird, dass Zuwendung causa societas erfolgte.

an den faktischen Aktionär von § 57 Abs. 1 S. 1 AktG erfasst.[426] Nicht erfasst sind dagegen Leistungen an einen Pfandgläubiger.[427]

73 cc) Dem Aktionär zurechenbare Leistungen an einen Dritten. Leistungen an Dritte sind darüber hinaus dann wie Leistungen an den Aktionär zu behandeln, wenn der Leistungsempfang dem Aktionär zuzurechnen ist. Dies ist insbesondere der Fall, wenn die Leistung **von dem Aktionär veranlasst** wurde.[428] Zwingende Voraussetzung ist eine Veranlassung durch den Aktionär jedoch nicht. In Rechtsprechung und Literatur haben sich bestimmte **Fallgruppen** herausgebildet, in denen auch ohne Veranlassung durch den Aktionär regelmäßig eine Zurechnung erfolgt.[429] Hierzu zählen insbesondere Leistungen für Rechnung des Aktionärs[430] und Leistungen an mit dem Aktionär verbundene Unternehmen (auch bei bloßer Mehrheitsbeteiligung ohne Beherrschungsvertrag).[431] Gleiches sollte nach früher hM für Leistungen an Ehegatten und (minderjährige) Kinder des Aktionärs gelten.[432] Der BGH hat jedoch bereits 2011 für die verdeckte Sacheinlage entschieden, dass allein ein solches Näheverhältnis nicht genügt.[433] Es liegt nahe, dies auf § 57 Abs. 1 S. 1 AktG zu übertragen.[434] Erforderlich ist daher, dass die Leistung von dem Aktionär veranlasst wurde oder der Aktionär einen konkreten wirtschaftlichen Vorteil erlangt.[435]

74 4. Ausnahmen vom Verbot der Einlagenrückgewähr. a) Erwerb eigener Aktien. Der entgeltliche Erwerb eigener Aktien stellt grundsätzlich einen Fall der verbotenen Einlagenrückgewähr dar. Durch § 57 Abs. 1 S. 2 AktG wird aber die Zahlung des Erwerbspreises bei einem zulässigen Erwerb eigener Aktien (dazu → § 15 Rn. 14 ff.) von dem Verbot des § 57 Abs. 1 S. 1 AktG freigestellt. Da auch eine Leistung durch ein von der AG abhängiges oder in Mehrheitsbesitz stehendes Unternehmen an einen Aktionär eine verbotene Einlagenrückgewähr darstellen kann (vgl. → Rn. 70), verstößt ein von § 71d S. 2

---

[426] Grigoleit/Grigoleit/Rachlitz AktG § 57 Rn. 29; MüKoAktG/Bayer § 57 Rn. 116; grundsätzlich auch Spindler/Stilz/Cahn/v. Spannenberg AktG § 57 Rn. 71.

[427] Grigoleit/Grigoleit/Rachlitz AktG § 57 Rn. 29; MüKoAktG/Bayer § 57 Rn. 117, jeweils mit einer Ausnahme für atypische Gestaltungen; gegen eine solche Ausnahme Spindler/Stilz/Cahn/ v. Spannenberg AktG § 57 Rn. 70.

[428] OLG Düsseldorf GmbHR 2017, 239 (241) (zur GmbH); Grigoleit/Grigoleit/Rachlitz AktG § 57 Rn. 32; GroßkommAktG/Henze § 57 Rn. 88 f.; Hölters/Laubert AktG § 57 Rn. 13; Hüffer AktG/ Koch § 57 Rn. 19; MüKoAktG/Bayer § 57 Rn. 120; Spindler/Stilz/Cahn/v. Spannenberg AktG § 57 Rn. 73; Bormann GmbHR 2017, 244 (245) (zur GmbH).

[429] Ausführliche Zusammenstellung bei GroßkommAktG/Henze § 57 Rn. 85 ff.; MüKoAktG/Bayer § 57 Rn. 121 ff.; Spindler/Stilz/Cahn/v. Spannenberg AktG § 57 Rn. 72 ff.

[430] BGHZ 81, 365 (368) = NJW 1982, 386 (387) (zur GmbH); OLG Hamburg AG 1980, 275 (278); LG Düsseldorf AG 1979, 290 (291) – Augsburger Kammgarn-Spinnerei AG; Grigoleit/Grigoleit/Rachlitz AktG § 57 Rn. 32; GroßkommAktG/Henze § 57 Rn. 86 f.; Hüffer AktG/Koch § 57 Rn. 19; KölnKommAktG/Drygala § 57 Rn. 124; MüKoAktG/Bayer § 57 Rn. 121; K. Schmidt/ Lutter/Fleischer AktG § 57 Rn. 31; Spindler/Stilz/Cahn/v. Spannenberg AktG § 57 Rn. 75.

[431] BGHZ 81, 365 (368) = NJW 1982, 386 (387); BGHZ 81, 311 (315 f.) = NJW 1982, 383 (384 ff.); BGH ZIP 1999, 1314 (1315); OLG Düsseldorf GmbHR 2017, 239 (241) (jeweils zur GmbH); LG München I DB 2004, 923; Bürgers/Körber/H. P. Westermann AktG § 57 Rn. 12 f.; Grigoleit/Grigoleit/Rachlitz AktG § 57 Rn. 32; GroßkommAktG/Henze § 57 Rn. 92 f.; KölnKommAktG/Drygala § 57 Rn. 124; MüKoAktG/Bayer § 57 Rn. 126 ff.; K. Schmidt/Lutter/Fleischer AktG § 57 Rn. 31; aA bei bloßer Mehrheitsbeteiligung Geßler/Hefermehl/Hefermehl/Bungeroth AktG § 57 Rn. 30.

[432] BGHZ 81, 365 (368 f.) = NJW 1982, 386 (387) (zur GmbH); Grigoleit/Grigoleit/Rachlitz AktG § 57 Rn. 32; GroßkommAktG/Henze § 57 Rn. 90; Hüffer AktG/Koch, 11. Aufl. 2014, § 57 Rn. 19; MüKoAktG/Bayer, 3. Aufl. 2008, § 57 Rn. 69; Canaris FS Rob. Fischer, 1979, 31 (38 f.); aA Spindler/Stilz/Cahn/v. Spannenberg AktG § 57 Rn. 76: bloße Vermutung.

[433] BGH NZG 2011, 667 (668) (zur GmbH).

[434] Ebenso Hüffer AktG/Koch § 57 Rn. 19; MüKoAktG/Bayer § 57 Rn. 125; vgl. zur GmbH auch Gruchinske GmbHR 2012, 551 (553 f.).

[435] Hüffer AktG/Koch § 57 Rn. 19.

§ 16 Kapitalaufbringung und Kapitalerhaltung

AktG nicht gedeckter Erwerb von Aktien der Muttergesellschaft durch ein solches Unternehmen gegen § 57 Abs. 1 S. 1 AktG. Da § 57 Abs. 1 S. 2 AktG einen zulässigen Erwerb eigener Aktien voraussetzt, greift die Ausnahme nicht ein, wenn die AG die Aktien von einem Aktionär (unter Missachtung des Gleichbehandlungsgebots) zu einem überhöhten Preis erwirbt (bereits → Rn. 62). Die Zahlung eines – gemessen am Marktpreis – überhöhten Erwerbspreises mit Rücksicht auf die Aktionärstellung des Veräußerers ist daher ungeachtet der Erlaubnistatbestände der §§ 71 ff. AktG eine verbotene Einlagenrückgewähr (sofern die Zahlung unter Missachtung des Gleichbehandlungsgebots erfolgt).[436]

b) Kapitalherabsetzung. Eine Durchbrechung des Verbots der Einlagenrückgewähr liegt 75 auch in der Ausschüttung eines Teils des Gesellschaftsvermögens im Rahmen der ordentlichen Kapitalherabsetzung nach Maßgabe der §§ 222 Abs. 3, 225 AktG.[437] Entsprechendes gilt gemäß § 237 Abs. 2 S. 3 AktG im Rahmen einer Kapitalherabsetzung durch Einziehung von Aktien. Im Rahmen der vereinfachten Kapitalherabsetzung sind hingegen Zahlungen an die Aktionäre nach § 230 S. 1 AktG unzulässig.[438] Hier findet das Verbot des § 57 Abs. 1 S. 1 AktG uneingeschränkt Anwendung. Erfolgt die Kapitalherabsetzung durch Einziehung von Aktien, liegt bei Einhaltung des in den §§ 237 ff. AktG vorgesehenen Verfahrens kein Verstoß gegen § 57 Abs. 1 S. 1 AktG vor, sofern kein überhöhtes Einziehungsentgelt gezahlt wird.[439]

c) Konzernrecht. aa) Vertragskonzern. Nach § 57 Abs. 1 S. 3 AktG gilt das Verbot 76 der Einlagenrückgewähr nicht für Leistungen, die bei Bestehen eines Beherrschungs- oder Gewinnabführungsvertrags erfolgen. Diese Regelung wird ergänzt durch § 291 Abs. 3 AktG, der ebenfalls anordnet, dass Leistungen der Gesellschaft bei Bestehen eines Beherrschungs- oder Gewinnabführungsvertrags nicht als Verstoß gegen §§ 57, 58 und 60 AktG gelten (→ § 71 Rn. 1). Die Regelung in § 291 Abs. 3 AktG wurde parallel zu der Einfügung von § 57 Abs. 1 S. 3 AktG durch das MoMiG angepasst.[440] Nach der zuvor geltenden Regelung waren nur Leistungen „auf Grund" eines Beherrschungs- oder Gewinnabführungsvertrags privilegiert. Durch die neue Formulierung ist klargestellt, dass es für die Privilegierung nicht darauf ankommt, ob die Leistung bei Bestehen eines **Beherrschungsvertrags** auf einer (rechtmäßigen) Weisung des herrschenden Unternehmens beruht.[441] Bei einem **Gewinnabführungsvertrag** kommt es nicht darauf an, ob die Leistung in der Abführung des Gewinns besteht oder sich in den Grenzen des § 301 AktG hält.[442] Ebenfalls nicht erforderlich ist, dass es sich um eine Leistung zwischen den Vertragspartnern des Beherrschungs- oder Gewinnabführungsvertrags handelt. Eine entsprechende Einschränkung, die noch in dem Regierungsentwurf des MoMiG enthalten war,[443] wurde

---

[436] GroßkommAktG/*Henze* § 57 Rn. 65, 183; Hölters/*Laubert* AktG § 57 Rn. 10, 14; Hüffer AktG/*Koch* § 57 Rn. 12, 20; KölnKommAktG/*Drygala* § 57 Rn. 96; MüKoAktG/*Bayer* § 57 Rn. 75, 130; K. Schmidt/Lutter/*Fleischer* AktG § 57 Rn. 34; Spindler/Stilz/*Cahn/v. Spannenberg* AktG § 57 Rn. 42, 132; *T. Bezzenberger*, Erwerb eigener Aktien durch die AG, 2002, Rn. 67; *Lutter* ZGR 1978, 347 (356).
[437] GroßkommAktG/*Henze* § 57 Rn. 185; Hüffer AktG/*Koch* § 57 Rn. 4; KölnKommAktG/*Drygala* § 57 Rn. 117; MüKoAktG/*Bayer* § 57 Rn. 132; K. Schmidt/Lutter/*Fleischer* AktG § 57 Rn. 65; Spindler/Stilz/*Cahn/v. Spannenberg* AktG § 57 Rn. 134.
[438] KölnKommAktG/*Drygala* § 57 Rn. 117; MüKoAktG/*Bayer* § 57 Rn. 132.
[439] MüKoAktG/*Bayer* § 57 Rn. 133.
[440] Die Anpassung beruht auf einem Vorschlag des Rechtsausschusses, vgl. Bericht und Beschlussempfehlung des Rechtsausschusses, BT-Drs. 16/9737, 24.
[441] Grigoleit/*Grigoleit/Rachlitz* AktG § 57 Rn. 4; Hölters/*Laubert* AktG § 57 Rn. 15; Hüffer AktG/*Koch* § 57 Rn. 21; KölnKommAktG/*Drygala* § 57 Rn. 98; K. Schmidt/Lutter/*Fleischer* AktG § 57 Rn. 35; Spindler/Stilz/*Cahn/v. Spannenberg* AktG § 57 Rn. 136; anders noch zur alten Rechtslage GroßkommAktG/*Henze* § 57 Rn. 189 f.; MüKoAktG/*Bayer* § 57 Rn. 135.
[442] Hüffer AktG/*Koch* § 57 Rn. 21; K. Schmidt/Lutter/*Fleischer* AktG § 57 Rn. 35; anders noch zur alten Rechtslage GroßkommAktG/*Henze* § 57 Rn. 188; MüKoAktG/*Bayer* § 57 Rn. 135.
[443] Vgl. RegE, BT-Drs. 16/6140, 13.

§ 16   77, 78   4. Kapitel. Grundkapital, Aktien und Rechtsstellung der Aktionäre

in die endgültige Gesetzesfassung nicht übernommen. Das herrschende Unternehmen darf daher auch **Leistungen an Dritte** (etwa andere Konzernunternehmen) veranlassen, ohne dass ein Verstoß gegen § 57 Abs. 1 S. 1 AktG vorliegt.[444] Die Privilegierung gemäß §§ 57 Abs. 1 S. 3, 291 Abs. 3 AktG hängt entgegen der wohl hM nicht davon ab, dass der Verlustausgleichsanspruch vollwertig ist.[445] Eine Grenze besteht nur im Hinblick auf das Verbot existenzgefährdender Weisungen (vgl. § 92 Abs. 2 S. 3 AktG).[446] Da sich die Ausnahme von dem Verbot der Einlagenrückgewähr aufgrund der bei Bestehen eines Beherrschungs- oder Gewinnabführungsvertrags geltenden Verlustausgleichspflicht (§ 302 AktG) rechtfertigt, ist sie auf andere Unternehmensverträge iSv § 292 AktG, bei denen keine Verlustausgleichspflicht besteht, nicht anwendbar.[447]

77 **bb) Eingliederung.** Für eingegliederte Gesellschaften ist das Verbot der Einlagenrückgewähr durch § 323 Abs. 2 AktG in vollem Umfang ausgeschlossen (→ § 74 Rn. 55). Ebenso wie bei Bestehen eines Beherrschungs- oder Gewinnabführungsvertrags (vgl. → Rn. 76) sind auch solche Vermögensverschiebungen zulässig, die nicht auf der Eingliederung beruhen. Auch hier sind aber existenzgefährdende Weisungen unzulässig.[448] Ein Unterschied zu §§ 57 Abs. 1 S. 3, 291 Abs. 3 AktG besteht darin, dass § 323 Abs. 2 AktG nach seinem Wortlaut nur Leistungen der eingegliederten Gesellschaft an die Hauptgesellschaft privilegiert. Leistungen an Dritte sind daher nicht erfasst,[449] sofern sie nicht zugleich eine Leistung an die Hauptgesellschaft darstellen.

78 **cc) Faktischer Konzern.** Veranlasst das herrschende Unternehmen im faktischen Konzern eine abhängige AG, ein für sie nachteiliges Rechtsgeschäft vorzunehmen oder Maßnahmen zu ihrem Nachteil zu treffen oder zu unterlassen, ist darin an sich regelmäßig – solange der Nachteil nicht ausgeglichen ist – eine nach § 57 Abs. 1 S. 1 AktG verbotene Einlagenrückgewähr zu sehen.[450] Im Anwendungsbereich der §§ 311, 317 AktG findet § 57 Abs. 1 S. 1 AktG jedoch keine Anwendung, sofern das nachteilige Rechtsgeschäft oder die nachteilige Maßnahme von dem herrschenden Unternehmen rechtzeitig ausgeglichen wird. § 311 AktG ist somit lex specialis gegenüber § 57 Abs. 1 S. 1 AktG (→ § 70 Rn. 74).[451]

---

[444] Hölters/*Laubert* AktG § 57 Rn. 15; Hüffer AktG/*Koch* § 57 Rn. 21; K. Schmidt/Lutter/*Fleischer* AktG § 57 Rn. 35; Spindler/Stilz/*Cahn/v. Spannenberg* AktG § 57 Rn. 136.
[445] MüKoAktG/*Bayer* § 57 Rn. 137; K. Schmidt/Lutter/*Fleischer* AktG § 57 Rn. 37; Spindler/Stilz/*Cahn/v. Spannenberg* AktG § 57 Rn. 136; zu § 30 GmbHG auch Lutter/Hommelhoff/*Hommelhoff* GmbHG § 30 Rn. 48; Michalski/Heidinger/Leible/J. Schmidt/*Heidinger* GmbHG § 30 Rn. 213 f.; MüKoGmbHG/*Ekkenga* § 30 Rn. 270; aA Bürgers/Körber/*H. P. Westermann* AktG § 57 Rn. 39; Hüffer AktG/*Koch* § 57 Rn. 21; *Altmeppen* ZIP 2009, 49 (55 f.); *Blasche/König* GmbHR 2009, 897 (902) (zur GmbH); *Bormann/Urlichs* GmbHR-Sonderheft 2008, 37 (47 f.); *Mülbert/Leuschner* NZG 2009, 281 (287); *Wand/Tillmann/Heckenthaler* AG 2009, 148 (154); s. auch Grigoleit/*Grigoleit/Rachlitz* AktG § 57 Rn. 4: Privilegierung nicht anwendbar, wenn Verlustausgleichsanspruch „nicht realisierbar" ist; ähnlich KölnKommAktG/*Drygala* § 57 Rn. 100.
[446] K. Schmidt/Lutter/*Fleischer* AktG § 57 Rn. 37.
[447] KölnKommAktG/*Drygala* § 57 Rn. 99; K. Schmidt/Lutter/*Fleischer* AktG § 57 Rn. 36; Spindler/Stilz/*Cahn/v. Spannenberg* AktG § 57 Rn. 136.
[448] Grigoleit/*Grigoleit/Rachlitz* AktG § 323 Rn. 4; s. auch Hüffer AktG/*Koch* § 323 Rn. 3; MüKoAktG/*Bayer* § 57 Rn. 143; Spindler/Stilz/*Singhof* AktG § 323 Rn. 2; weitergehend Bürgers/Körber/*Fett* AktG § 323 Rn. 1: existenzgefährdende Weisungen in den Grenzen des § 92 Abs. 2 S. 3 AktG zulässig; aA noch die hM vor Inkrafttreten von § 92 Abs. 2 S. 3 AktG, s. etwa GroßkommAktG/*Henze* § 57 Rn. 193; KölnKommAktG/*Koppensteiner* § 323 Rn. 4; aA auch nach Inkrafttreten von § 92 Abs. 2 S. 3 AktG noch *Habersack* in Emmerich/Habersack Aktien- und GmbH-Konzernrecht § 323 Rn. 2; MüKoAktG/*Grunewald* § 323 Rn. 3.
[449] K. Schmidt/Lutter/*Ziemons* AktG § 323 Rn. 21.
[450] BGHZ 141, 80 (87) = NJW 1999, 1706 (1708); OLG München ZIP 2005, 405; OLG Frankfurt a. M. AG 1996, 324 (327); OLG Hamm ZIP 1995, 1263 (1271); GroßkommAktG/*Henze* § 57 Rn. 196.
[451] BGHZ 190, 7 (24 f.) = NZG 2011, 829 (834) – Deutsche Telekom III; BGHZ 179, 71 (76 f.) = NZG 2009, 107 (108) – MPS; OLG Frankfurt a. M. AG 1996, 324 (327); OLG Stuttgart AG 1994,

d) Vollwertiger Gegenleistungs- oder Rückgewähranspruch. aa) Allgemeines. Der 79
durch das MoMiG eingefügte § 57 Abs. 1 S. 3 AktG statuiert eine Ausnahme von dem
Verbot der Einlagenrückgewähr außer für Leistungen bei Bestehen eines Beherrschungs-
und Gewinnabführungsvertrags auch für Leistungen, die durch einen vollwertigen Gegen-
leistungs- oder Rückgewähranspruch gegen den Aktionär gedeckt sind. Eine entsprechende Regelung ist in § 30 Abs. 1 S. 2 GmbHG vorgesehen. Die Regelung stellt eine
Reaktion auf das sog. **November-Urteil** des BGH dar.[452] In dem zu § 30 GmbHG
ergangenen Urteil vom 24.11.2003 hatte der BGH entschieden, dass Kreditgewährungen
an Gesellschafter zu Lasten des gebundenen Vermögens auch dann grundsätzlich als verbotene Einlagenrückgewähr anzusehen sind, wenn der Rückzahlungsanspruch gegen den
Gesellschafter angemessen verzinst und vollwertig ist.[453] Zur Begründung hatte der BGH
ausgeführt, dass sich Vermögensschutz nicht in der Garantie einer bilanzmäßigen Rech-
nungsziffer erschöpfe, sondern die Erhaltung einer die Stammkapitalziffer deckenden Haf-
tungsmasse gebiete.[454] Eine Ausnahme hatte der BGH allenfalls für den Fall erwogen, dass
die Darlehensvergabe im Interesse der Gesellschaft liegt, die Darlehensbedingungen einem
Drittvergleich standhalten und die Kreditwürdigkeit des Gesellschafters selbst bei Anlegung
strengster Maßstäbe außerhalb jedes vernünftigen Zweifels steht oder die Rückzahlung des
Darlehens durch werthaltige Sicherheiten voll gewährleistet ist.[455] Auch wenn das Novem-
ber-Urteil zu § 30 GmbHG ergangen ist, ließen sich die tragenden Erwägungen auf § 57
AktG übertragen.[456] Die restriktive Haltung des BGH hat in der Praxis zu erheblicher
Verunsicherung geführt, insbesondere im Hinblick auf die in Konzernen üblichen Cash-
Pool-Gestaltungen. Um Darlehen an Gesellschafter *(upstream loans)* und insbesondere das
Cash Pooling weiter zu ermöglichen, hat der Gesetzgeber dem November-Urteil mit der
Einfügung von § 30 Abs. 1 S. 2 GmbHG und § 57 Abs. 1 S. 3 AktG den Boden entzogen.
Die Gesetzesbegründung des MoMiG spricht ausdrücklich von einer Rückkehr zur bilan-
ziellen Betrachtungsweise.[457] Obwohl der Gesetzgeber primär Cash-Pool-Gestaltungen vor
Augen hatte, beschränkt sich die Neuregelung nicht auf Darlehensrückgewähransprüche.
Indem § 57 Abs. 1 S. 3 AktG alternativ einen vollwertigen Gegenleistungsanspruch nennt,
wird deutlich, dass die bilanzielle Betrachtungsweise auch für Austauschverträge gelten soll,
soweit die AG einen Zahlungsanspruch gegen den Aktionär erwirbt. Auch hier hatte der
Gesetzgeber primär konzerninterne Leistungsbeziehungen vor Augen.[458] Eine entsprechende Beschränkung sieht § 57 Abs. 1 S. 3 AktG allerdings nicht vor, so dass die Regelung
auch außerhalb von Konzernbeziehungen anwendbar ist. Der BGH hat die Rückkehr zur
bilanziellen Betrachtungsweise in seinem **MPS-Urteil** vom 1.12.2008 nachvollzogen und
seine entgegenstehende Auffassung aus dem November-Urteil – auch für Altfälle – ausdrücklich aufgegeben.[459]

---

411 (412); LG München I AG 2010, 173 (175) – HVB/UniCredit; LG Düsseldorf AG 1979, 290
(291 f.); Grigoleit/*Grigoleit/Rachlitz* AktG § 57 Rn. 5; GroßkommAktG/*Henze* § 57 Rn. 194; Hüffer
AktG/*Koch* § 311 Rn. 49; KölnKommAktG/*Drygala* § 57 Rn. 105 ff.; *Bayer/Lieder* ZGR 2005, 133
(147 f.); *Schäfer* FS Hoffmann-Becking, 2013, 997 (1003 f.); grundsätzlich auch MüKoAktG/*Bayer* § 57
Rn. 144 ff.; aA Spindler/Stilz/*Cahn/v. Spannenberg* AktG § 57 Rn. 137; *Strohn*, Die Verfassung der
Aktiengesellschaft im faktischen Konzern, 1977, S. 152 ff.; *Geßler* FS R. Fischer, 1979, 131 (138).
[452] Vgl. Begr. RegE, BT-Drs. 16/6140, 41, 52.
[453] BGHZ 157, 72 (75 ff.) = NZG 2004, 233 (234 f.) – November-Urteil.
[454] BGHZ 157, 72 (75) = NZG 2004, 233 (234) – November-Urteil.
[455] BGHZ 157, 72 (77) = NZG 2004, 233 (235) – November-Urteil.
[456] Vgl. OLG Jena ZIP 2007, 1314 (1315 f.) – MPS; *Bayer/Lieder* ZGR 2005, 133 (146 f.);
Habersack/*Schürnbrand* NZG 2004, 689 (690).
[457] Begr. RegE, BT-Drs. 16/6140, 41.
[458] Vgl. Begr. RegE, BT-Drs. 16/6140, 41.
[459] BGHZ 179, 71 (76 ff.) = NZG 2009, 107 (108) – MPS.

80 bb) Austauschverträge. Die Nichtanwendung des Verbots der Einlagenrückgewähr auf Austauschverträge setzt gemäß § 57 Abs. 1 S. 3 AktG zunächst voraus, dass die Leistung der AG durch einen **vollwertigen Gegenleistungsanspruch** gegen den Aktionär gedeckt ist. Die Vollwertigkeit ist anhand der allgemeinen Bilanzierungsgrundsätze zu ermitteln.[460] Bei der Beurteilung hat der Vorstand einen gewissen kaufmännischen Beurteilungsspielraum.[461] Die Gesetzesbegründung stellt klar, dass die Durchsetzbarkeit Teil der Definition der Vollwertigkeit ist.[462] Weitere Voraussetzung neben dem Vollwertigkeitserfordernis ist das sog. **Deckungsgebot.** Danach muss der Zahlungsanspruch der AG den von dem Aktionär geleisteten Gegenstand wertmäßig nach Marktwerten – nicht nach Abschreibungswerten – decken (bereits → Rn. 63).[463] Eine Stütze im Gesetzeswortlaut findet dies darin, dass die Leistung gemäß § 57 Abs. 1 S. 3 AktG durch einen vollwertigen Gegenleistungsanspruch gegen den Aktionär „gedeckt" sein muss.[464] Auch bei Bestehen eines vollwertigen Gegenleistungsanspruchs ist daher etwa eine bilanzneutrale Auskehr stiller Reserven an einen Aktionär unzulässig.[465] Der bei der Prüfung einer verdeckten Sacheinlage grundsätzlich anzustellende Drittvergleich (dazu → Rn. 60) hat neben dem Deckungsgebot keine eigenständige Bedeutung. Da sich die maßgeblichen Kriterien überschneiden, geht er vielmehr in dem Deckungsgebot auf (bereits → Rn. 63).[466] Die Darlegungs- und Beweislast dafür, dass die Gegenleistung durch einen vollwertigen Gegenleistungsanspruch gedeckt ist, trägt der Aktionär.[467]

81 cc) Darlehensgewährung. Gewährt die AG einem Aktionär ein Darlehen oder eine andere Leistung mit Kreditcharakter,[468] ist das Verbot der Einlagenrückgewähr gemäß § 57 Abs. 1 S. 3 AktG nicht anwendbar, wenn der **Rückgewähranspruch gegen den Aktionär vollwertig** ist. Einer zusätzlichen betrieblichen Rechtfertigung bedarf es neben der Vollwertigkeit nicht.[469] Die Vollwertigkeit ist wie bei dem Gegenleistungsanspruch im Rahmen von Austauschverträgen (vgl. → Rn. 80) anhand der allgemeinen Bilanzierungsgrundsätze zu ermitteln.[470] Dabei ist primär die Durchsetzbarkeit des Rückgewähranspruchs von Bedeutung.[471] Die Durchsetzbarkeit beurteilt sich nach der Bonität des Aktionärs und damit nach dessen Vermögens- und Ertragslage.[472] Ist der Rückgewähranspruch unbesichert, fehlt es an der Vollwertigkeit, wenn ein konkretes Ausfallrisiko besteht.[473] Eine an Sicherheit

---

[460] MüKoAktG/*Bayer* § 57 Rn. 153; K. Schmidt/Lutter/*Fleischer* AktG § 57 Rn. 42; *Rothley/Weinberger* NZG 2010, 1001 (1003).
[461] K. Schmidt/Lutter/*Fleischer* AktG § 57 Rn. 42.
[462] Begr. RegE, BT-Drs. 16/6140, 41.
[463] Begr. RegE, BT-Drs. 16/6140, 41, 52; s. auch Hölters/*Laubert* AktG § 57 Rn. 19; K. Schmidt/Lutter/*Fleischer* AktG § 57 Rn. 43; *Thümmel/Burkhardt* AG 2009, 885 (889).
[464] Vgl. K. Schmidt/Lutter/*Fleischer* AktG § 57 Rn. 43.
[465] Hölters/*Laubert* AktG § 57 Rn. 19; K. Schmidt/Lutter/*Fleischer* AktG § 57 Rn. 43; *Drygala/Kremer* ZIP 2007, 1289 (1293 f.); *Gehrlein* Der Konzern 2007, 771 (786) (zur GmbH).
[466] K. Schmidt/Lutter/*Fleischer* AktG § 57 Rn. 44; vgl. auch *Mi. Winter* DStR 2007, 1484 (1487); aA KölnKommAktG/*Drygala* § 57 Rn. 115: parallele Anwendung der Regel über den Drittvergleich weder erforderlich noch zulässig.
[467] MüKoAktG/*Bayer* § 57 Rn. 198; K. Schmidt/Lutter/*Fleischer* AktG § 57 Rn. 45; *Altmeppen* NZG 2010, 401 (403).
[468] Vgl. Begr. RegE, BT-Drs. 16/6140, 41.
[469] So aber Wachter/*Servatius* AktG § 57 Rn. 20.
[470] MüKoAktG/*Bayer* § 57 Rn. 159; K. Schmidt/Lutter/*Fleischer* AktG § 57 Rn. 46; *Mülbert/Sajnovits* WM 2015, 2345 (2346).
[471] K. Schmidt/Lutter/*Fleischer* AktG § 57 Rn. 47; *Drygala/Kremer* ZIP 2007, 1289 (1293); *Kiefner/Theusinger* NZG 2008, 801 (804); *Mülbert/Sajnovits* WM 2015, 2345 (2347); *Wand/Tillmann/Heckenthaler* AG 2009, 148 (151 f.).
[472] Hüffer AktG/*Koch* § 57 Rn. 25; MüKoAktG/*Bayer* § 57 Rn. 160; vgl. zu § 311 AktG auch BGHZ 179, 71 (79 f.) = NZG 2009, 107 (109) – MPS.
[473] MüKoAktG/*Bayer* § 57 Rn. 160; K. Schmidt/Lutter/*Fleischer* AktG § 57 Rn. 47; *Mülbert/Sajnovits* WM 2015, 2345 (2347).

§ 16 Kapitalaufbringung und Kapitalerhaltung

grenzende Wahrscheinlichkeit der Darlehensrückzahlung ist allerdings nicht erforderlich.[474] Insbesondere kann nicht mehr verlangt werden, dass die Kreditwürdigkeit des Aktionärs auch bei Anlegung strengster Maßstäbe außerhalb jedes vernünftigen Zweifels sein muss.[475] Auch ein Investment-Grade-Rating des Aktionärs wird man nicht verlangen können.[476] Bestehen Zweifel an der Bonität des Schuldners, kann der Rückgewähranspruch gleichwohl vollwertig sein, wenn er angemessen **besichert** ist (insbesondere mit banküblichen Sicherheiten). Die Besicherung ist aber keine zwingende Voraussetzung der Vollwertigkeit (bereits → Rn. 64).[477] Ein etwaiges **Klumpenrisiko** ist bei der Beurteilung der Vollwertigkeit außer acht zu lassen.[478] Die Vollwertigkeit ist bei Bestehen eines Klumpenrisikos auch nicht davon abhängig, dass ein Kontroll- und Frühwarnsystem zur rechtzeitigen Erkennung von Bonitätsverschlechterungen eingerichtet wird.[479] Dies ist vielmehr eine Frage der allgemeinen Sorgfaltspflicht des Vorstands.

82 Maßgeblicher **Zeitpunkt** für die Beurteilung der Vollwertigkeit ist die Leistungserbringung durch die AG, also die **Valutierung des Darlehens.**[480] Spätere, nicht vorhersehbare negative Entwicklungen der Forderung gegen den Aktionär und bilanzielle Abwertungen führen daher nicht nachträglich zu einer verbotenen Einlagenrückgewähr.[481] Allerdings kann eine verbotene Einlagenrückgewähr vorliegen, wenn ein bestehendes Darlehen verlängert wird und der ursprünglich vollwertige Rückgewähranspruch zu diesem Zeitpunkt nicht mehr vollwertig ist.[482]

83 Weitgehend anerkannt ist, dass bei längerfristigen Krediten eine verbotene Einlagenrückgewähr vorliegen kann, wenn der Rückgewähranspruch nicht **angemessen (marktüblich) verzinst** ist (bereits → Rn. 64).[483] Nur bei kurzfristigen Darlehen kann auf eine

---

[474] Grigoleit/*Grigoleit/Rachlitz* AktG § 57 Rn. 40; K. Schmidt/Lutter/*Fleischer* AktG § 57 Rn. 47; vgl. zu § 311 AktG auch BGHZ 179, 71 (78) = NZG 2009, 107 (108) – MPS.

[475] Ebenso jetzt Hüffer AktG/*Koch* § 57 Rn. 25.

[476] K. Schmidt/Lutter/*Fleischer* AktG § 57 Rn. 47; *Wand/Tillmann/Heckenthaler* AG 2009, 148 (152); für Indizwirkung von Ratings *Cahn* Der Konzern 2009, 67 (74 ff.); s. auch *Nolting*, Die faktisch abhängige GmbH im konzernweiten Cash Poolig, 2017, S. 110 ff. (zur GmbH).

[477] Hölters/*Laubert* AktG § 57 Rn. 21; Hüffer AktG/*Koch* § 57 Rn. 25; KölnKommAktG/*Drygala* § 57 Rn. 69; MüKoAktG/*Bayer* § 57 Rn. 164; K. Schmidt/Lutter/*Fleischer* AktG § 57 Rn. 48; Spindler/Stilz/*Cahn/v. Spannenberg* AktG § 57 Rn. 34; *Avvento*, Das Gebot der Vollwertigkeit in GmbH- und Aktienrecht, 2015, S. 246 ff.; *Wirsch*, Kapitalaufbringung und Cash Pooling in der GmbH, 2009, S. 217; *Drygala/Kremer* ZIP 2007, 1289 (1293); *Kiefner/Theusinger* NZG 2008, 801 (804); *Mülbert/Sajnovits* WM 2015, 2345 (2348 f.); anders vor Inkrafttreten des MoMiG grundsätzlich OLG Hamm ZIP 1995, 1263 (1270); LG Dortmund AG 2002, 97 (98 f.); GroßkommAktG/*Henze* § 57 Rn. 49; *Hüffer* AG 2004, 416 (417 f.); vgl. zu § 30 GmbHG auch BGHZ 157, 72 (75 ff.) = NZG 2004, 233 (234) – November-Urteil.

[478] KölnKommAktG/*Drygala* § 57 Rn. 69 f.; MüKoAktG/*Bayer* § 57 Rn. 166; K. Schmidt/Lutter/*Fleischer* AktG § 57 Rn. 49; *Nolting*, Die faktisch abhängige GmbH im konzernweiten Cash Poolig, 2017, S. 117 ff. (zur GmbH); *Mülbert/Sajnovits* WM 2015, 2345 (2349); aA wohl *Hentzen* ZGR 2005, 480 (504 f.).

[479] Bürgers/Körber/*H. P. Westermann* AktG § 57 Rn. 17; KölnKommAktG/*Drygala* § 57 Rn. 70; K. Schmidt/Lutter/*Fleischer* AktG § 57 Rn. 49; *Mülbert/Sajnovits* WM 2015, 2345 (2349); aA Lutter/Hommelhoff/*Hommelhoff* GmbHG § 30 Rn. 31, 40 ff. (zur GmbH); *Hommelhoff* ZHR 173 (2009), 255 (274 f.) (zur SPE).

[480] Heidel/*Drinhausen* AktG § 57 Rn. 21; Hüffer AktG/*Koch* § 57 Rn. 25; KölnKommAktG/*Drygala* § 57 Rn. 74; *Avvento*, Das Gebot der Vollwertigkeit im GmbH- und Aktienrecht, 2015, S. 238 f.; *Habersack* FS Schaumburg, 2009, 1291 (1302); *Mülbert/Sajnovits* WM 2015, 2345 (2347); *Thümmel/Burkhardt* AG 2009, 885 (888); *Wirsch* Der Konzern 2009, 443 (450).

[481] Begr. RegE, BT-Drs. 16/6140, 41.

[482] K. Schmidt/Lutter/*Fleischer* AktG § 57 Rn. 57; *Drygala/Kremer* ZIP 2007, 1289 (1293); *Wirsch* Der Konzern 2009, 443 (450); weitergehend *Wilhelmi* WM 2009, 1917 (1920), der bereits ein Stehenlassen des Darlehens trotz Wegfalls der Voraussetzungen des § 57 Abs. 1 S. 3 AktG ausreichen lassen will.

[483] Anders aber *Rothley/Weinberger* NZG 2010, 1001 (1005), nach denen das Fehlen einer angemessenen Verzinsung allein eine Frage des § 93 AktG ist; s. auch *Klein*, Die kapitalerhaltungsrechtliche

Verzinsung verzichtet werden,[484] wobei die Grenze für die Kurzfristigkeit überwiegend bei einem Jahr gezogen wird.[485] Umstritten ist, ob das Erfordernis einer angemessenen Verzinsung Teil der Vollwertigkeit ist oder sich aus dem Deckungsgebot (dazu → Rn. 80) ableiten lässt.[486] Verneint man die Vollwertigkeit, müsste die Auszahlung konsequenterweise insgesamt als unzulässig angesehen werden.[487] Demgegenüber soll es die Anknüpfung an das Deckungsgebot erlauben, eine verbotene Einlagenrückgewähr nur in Höhe des Zinsverzichts anzunehmen.[488] Allerdings wollen auch die Vertreter der Ansicht, die bei Fehlen einer angemessenen Verzinsung die Vollwertigkeit verneint, die Rechtsfolgen auf einen Wertersatz in Höhe des Zinsnachteils begrenzen.[489] Im Ergebnis dürfte der unterschiedlichen Verortung des Verzinsungserfordernisses damit keine größere praktische Bedeutung zukommen.[490] Vorzugswürdig erscheint es, Rückgewähranspruch und Gegenleistung getrennt zu betrachten und den Zinsverzicht als sukzessive, eigenständige Ausschüttung zu behandeln, welche die Vollwertigkeit und Deckung des Rückgewähranspruchs selbst unberührt lässt.[491] Im Ergebnis bedeutet dies, dass § 57 Abs. 1 S. 3 AktG bei Darlehen der Gesellschaft an ihre Aktionäre entgegen dem Wortlaut („oder") zusätzlich zur Deckung durch einen vollwertigen Rückgewähranspruch einen vollwertigen Gegenleistungsanspruch in Form einer angemessenen Verzinsung erfordert.[492]

Zulässigkeit konzerninterner Darlehen und ihre Auswirkung auf die Geschäftsführung im abhängigen GmbH-Konzernunternehmen, 2019, S. 160 ff., 243 ff.

[484] Hölters/*Laubert* AktG § 57 Rn. 21; Hüffer AktG/*Koch* § 57 Rn. 26; KölnKommAktG/*Drygala* § 57 Rn. 71; K. Schmidt/Lutter/*Fleischer* AktG § 57 Rn. 52; *Drygala/Kremer* ZIP 2007, 1289 (1293); *Kiefner/Theusinger* NZG 2008, 801 (804); *Wand/Tillmann/Heckenthaler* AG 2009, 148 (152); zur GmbH auch *Gehrlein* Der Konzern 2007, 771 (785); beschränkt auf kurzfristige Darlehen im Cash Pool *Altmeppen* ZIP 2009, 49 (52); für ein generelles Verzinsungserfordernis dagegen *Wirsch*, Kapitalaufbringung und Cash Pooling in der GmbH, 2009, S. 221; *Blasche/König* GmbHR 2009, 897 (899 f.); *Eusani* GmbHR 2009, 795 (796 ff.); *Mülbert/Leuschner* NZG 2009, 281 (282 f.); *Mülbert/Sajnovits* WM 2015, 2345 (2350); *Thümmel/Burkhardt* AG 2009, 885 (888 f.); *Wirsch* Der Konzern 2009, 443 (449).

[485] KölnKommAktG/*Drygala* § 57 Rn. 71; K. Schmidt/Lutter/*Fleischer* AktG § 57 Rn. 52; *Brocker/Rockstroh* BB 2009, 730 (732); *Drygala/Kremer* ZIP 2007, 1289 (1293); *Kiefner/Theusinger* NZG 2008, 801 (804); *Wand/Tillmann/Heckenthaler* AG 2009, 148 (152).

[486] Für Verankerung bei der Vollwertigkeit etwa Bürgers/Körber/*H. P. Westermann* AktG § 57 Rn. 16; Hölters/*Laubert* AktG § 57 Rn. 21; KölnKommAktG/*Drygala* § 57 Rn. 71; MüKoAktG/*Bayer* § 57 Rn. 168; K. Schmidt/Lutter/*Fleischer* AktG § 57 Rn. 52; grundsätzlich auch *Thümmel/Burkhardt* AG 2009, 885 (888 f.); *Wirsch* Der Konzern 2009, 443 (449 f.), die aber bei kurzfristige un- oder unterverzinsten Darlehen einen Verstoß gegen das Deckungsgebot annehmen; für Anknüpfung an das Deckungsgebot etwa *Kiefner/Theusinger* NZG 2008, 801 (804) (zur GmbH); *Mülbert/Leuschner* NZG 2009, 281 (283 f.); iE ähnlich Grigoleit/*Grigoleit/Rachlitz* AktG § 57 Rn. 41; Spindler/Stilz/*Cahn/v. Spannenberg* AktG § 57 Rn. 140; *Avvento*, Das Gebot der Vollwertigkeit im GmbH- und Aktienrecht, 2015, S. 245 f.; *Cahn* Der Konzern 2009, 67 (71 f.).

[487] So ausdrücklich KölnKommAktG/*Drygala* § 57 Rn. 71.

[488] S. etwa *Kiefner/Theusinger* NZG 2008, 801 (804) (zur GmbH); vgl. auch Grigoleit/*Grigoleit/Rachlitz* AktG § 57 Rn. 41; Spindler/Stilz/*Cahn/v. Spannenberg* AktG § 57 Rn. 140; *Cahn* Der Konzern 2009, 67 (71); *Mülbert/Leuschner* NZG 2009, 281 (283 f.); *Mülbert/Sajnovits* WM 2015, 2345 (2350 f.).

[489] S. etwa Bürgers/Körber/*H. P. Westermann* AktG § 57 Rn. 16; KölnKommAktG/*Drygala* § 57 Rn. 73; MüKoAktG/*Bayer* § 57 Rn. 173; aA wohl Hölters/*Laubert* AktG § 57 Rn. 21.

[490] So auch Hüffer AktG/*Koch* § 57 Rn. 26; KölnKommAktG/*Drygala* § 57 Rn. 73.

[491] Grigoleit/*Grigoleit/Rachlitz* AktG § 57 Rn. 41; Spindler/Stilz/*Cahn/v. Spannenberg* AktG § 57 Rn. 140; *Avvento*, Das Gebot der Vollwertigkeit im GmbH- und Aktienrecht, 2015, S. 246; s. auch *Cahn* Der Konzern 2009, 67 (71 f.).

[492] Spindler/Stilz/*Cahn/v. Spannenberg* AktG § 57 Rn. 140; s. auch *Avvento*, Das Gebot der Vollwertigkeit im GmbH- und Aktienrecht, 2015, S. 239 ff.; zu § 30 Abs. 1 S. 2 GmbHG auch *Winter* DStR 2007, 1484 (1487); aA *Klein*, Die kapitalerhaltungsrechtliche Zulässigkeit konzerninterner Darlehen und ihre Auswirkung auf die Geschäftsführung im abhängigen GmbH-Konzernunternehmen, 2019, S. 161 ff.

§ 16 Kapitalaufbringung und Kapitalerhaltung 84, 85 § 16

dd) Cash Pooling. Die zur Darlehensgewährung geschilderten Grundsätze (→ Rn. 81 ff.) 84
gelten grundsätzlich auch für das Cash Pooling, so dass es auch hier auf die **Vollwertigkeit
des Rückgewähranspruchs** ankommt. Dabei hängt die Privilegierung des § 57 Abs. 1
S. 3 AktG nicht von einer Verzinsung des Rückgewähranspruchs ab, sofern die gewährten
Darlehen – wie üblich – kurzfristig sind.[493] Eine Besicherung ist auch hier nur erforderlich,
wenn Zweifel an der Bonität des Schuldners bestehen. Angesichts der vom Gesetzgeber
intendierten Privilegierung von Cash-Pool-Gestaltungen (→ Rn. 79) erscheint es aber
gerechtfertigt, hierbei einen gegenüber den allgemeinen Regeln gelockerten Maßstab
anzulegen.[494] Im Hinblick auf die Anwendbarkeit des Verbots der Einlagenrückgewähr ist
allerdings zu berücksichtigen, dass das Cash Pooling gerade ein Instrument der Konzernfinanzierung ist. Dementsprechend wird § 57 Abs. 1 S. 1 AktG regelmäßig **durch den
spezielleren § 311 AktG verdrängt** (dazu → Rn. 78). Auch hier setzt das Nichtvorliegen
eines Nachteils iSv § 311 Abs. 1 AktG aber zumindest die Vollwertigkeit des Rückgewähranspruchs voraus. Grundsätzlich ist die Vollwertigkeit bei jeder einzelnen Ausleihung neu
zu beurteilen.[495] Besteht aber für das Cash Pooling – wie üblich – ein Rahmenvertrag, lässt
sich auf diesen abstellen, so dass es ausreichen sollte, wenn der zu erwartende Höchstbetrag
der Darlehensgewährung durch einen vollwertigen Gegenanspruch gedeckt ist.[496] Die
Einführung eines Kontroll- und Frühwarnsystems zur rechtzeitigen Erkennung von Bonitätsverschlechterungen ist für die Vollwertigkeit nicht erforderlich (bereits → Rn. 81).[497]
Eine entsprechende Pflicht kann sich für den Vorstand aber aus § 93 AktG ergeben.

ee) Bestellung von Sicherheiten. Auch die Bestellung – und nicht erst die Verwertung – 85
von Sicherheiten durch die Gesellschaft für Verbindlichkeiten eines Aktionärs kann eine
verbotene Einlagenrückgewähr darstellen.[498] Dabei ist der dem Aktionär zugewandte Vermögensvorteil in der Besicherung zu sehen.[499] Allerdings besteht weitgehend Einigkeit, dass
die Privilegierung des § 57 Abs. 1 S. 3 AktG auch auf die Sicherheitenbestellung anwendbar ist.[500] Es liegt daher keine verbotene Einlagenrückgewähr vor, wenn die Leistung der
Gesellschaft durch einen **vollwertigen Gegenleistungs- oder Rückgewähranspruch**

---

[493] Vgl. Grigoleit/*Grigoleit/Rachlitz* AktG § 57 Rn. 22; Hüffer AktG/*Koch* § 57 Rn. 26; *Brocker/
Rockstroh* BB 2009, 730 (732); *Drygala//Kremer* ZIP 2007, 1289 (1293); *Kiefner/Theusinger* NZG 2008,
802 (804); aA *Nolting*, Die faktisch abhängige GmbH im konzernweiten Cash Poolig, 2017, S. 137 ff.
(zur GmbH); *Wirsch* Der Konzern 2009, 443 (449).
[494] Grigoleit/*Grigoleit/Rachlitz* AktG § 57 Rn. 64.
[495] Grigoleit/*Grigoleit/Rachlitz* AktG § 57 Rn. 65; K. Schmidt/Lutter/*Fleischer* AktG § 57 Rn. 58;
Nolting, Die faktisch abhängige GmbH im konzernweiten Cash Poolig, 2017, S. 102 (zur GmbH);
Strohn DB 2014, 1535 (1539); *Wirsch* Der Konzern 2009, 443 (447).
[496] KölnKommAktG/*Drygala* § 57 Rn. 85; vgl. zu § 30 GmbHG auch Lutter/Hommelhoff/*Hommelhoff* GmbHG § 30 Rn. 38; aA MüKoGmbHG/*Ekkenga* § 30 Rn. 187; Roth/Altmeppen/*Altmeppen* GmbHG § 30 Rn. 112; *Nolting*, Die faktisch abhängige GmbH im konzernweiten Cash Poolig,
2017, S. 105 ff.; *Strohn* DB 2014, 1535 (1539); der Gegenansicht ist zuzugeben, dass es für die
Annahme einer verbotenen Einlagenrückgewähr regelmäßig nicht auf die Begründung der Verbindlichkeit, sondern auf die effektive Auszahlung ankommt, vgl. BGHZ 173, 1 (10 f.) = NZG 2007, 704
(706 f.) (zu § 30 Abs. 1 GmbHG).
[497] Bürgers/Körber/*H. P. Westermann* AktG § 57 Rn. 17; KölnKommAktG/*Drygala* § 57 Rn. 70;
K. Schmidt/Lutter/*Fleischer* AktG § 57 Rn. 49; *Nolting*, Die faktisch abhängige GmbH im konzernweiten Cash Poolig, 2017, S. 156 ff. (zur GmbH); *Mülbert/Leuschner* NZG 2009, 281 (283); aA Lutter/
Hommelhoff/*Hommelhoff* GmbHG § 30 Rn. 31 (zur GmbH); *Hommelhoff* ZHR 173 (2009), 255
(274 f.) (zur SPE).
[498] BGHZ 213, 224 (229 ff.) = NZG 2017, 344 (345); BGHZ 214, 258 (262 ff.) = NZG 2017, 658
(659 f.) (zur GmbH); OLG Hamburg AG 1980, 275 (278); GroßkommAktG/*Henze* § 57 Rn. 51;
Hüffer AktG/*Koch* § 57 Rn. 12a; MüKoAktG/*Bayer* § 57 Rn. 187; vgl. auch BGHZ 190, 7 (12 ff.) =
NZG 2011, 829 (830 ff.). – Deutsche Telekom III.
[499] BGHZ 213, 224 (230) = NZG 2017, 344 (345); vgl. auch BGHZ 190, 7 (12 f.) = NZG 2011,
829 (830 f.) – Deutsche Telekom III.
[500] Vgl. Hüffer AktG/*Koch* § 57 Rn. 27 mwN.

gegen den Aktionär gedeckt ist. Besichert die Gesellschaft den Rückzahlungsanspruch aus einem von dem Sicherungsnehmer an den Aktionär ausgereichten Darlehen, besteht der Rückgewähranspruch in dem **Freistellungsanspruch** gegen den begünstigten Aktionär (Anspruch, dass der Aktionär die Gesellschaft bei Fälligkeit des Darlehens von der Inanspruchnahme der Sicherheit feistellt), der sich bei Verwertung der Sicherheit in einen **Rückgriffsanspruch** wandelt.[501] Der Freistellungs- bzw. Rückgriffsanspruch ist als Gegenleistungs- oder Rückgewähranspruch iSv § 57 Abs. 1 S. 3 AktG **vollwertig,** wenn der **Ausfall des Darlehensrückzahlungsanspruchs unwahrscheinlich** ist.[502] Ist aus ex-ante-Sicht nicht mit einer Inanspruchnahme der Sicherheit zu rechnen, ist der Vorgang bilanzneutral, so dass keine verbotene Einlagenrückgewähr vorliegt.[503] Die Vollwertigkeit beurteilt sich somit im Ausgangspunkt nach der Bonität des Aktionärs.[504] Dabei ist grundsätzlich nicht auf Zerschlagungswerte, sondern auf Marktwerte abzustellen.[505] Maßgeblich für die Prüfung der Vollwertigkeit ist der **Zeitpunkt der Sicherheitenbestellung,** so dass eine anschließende negative Entwicklung nicht zu einer verbotenen Auszahlung führt und die Vollwertigkeit auch nicht rückwirkend wieder entfallen lässt.[506] Dies gilt sowohl für dingliche Sicherheiten **(Realsicherheiten)** als auch für schuldrechtliche Sicherheiten **(Personalsicherheiten).**[507] Eine Ausnahme gilt nur, wenn der Aktionär selbst Nehmer

---

[501] BGHZ 213, 224 (231) = NZG 2017, 344 (345); BGHZ 214, 258 (264) = NZG 2017, 658 (660) (zur GmbH); vgl. auch BGHZ 190, 7 (16 ff.) = NZG 2011, 829 (832) – Deutsche Telekom III.

[502] BGHZ 213, 224 (232 ff.) = NZG 2017, 344 (346); BGHZ 214, 258 (264) = NZG 2017, 658 (660) (zur GmbH); Spindler/Stilz/*Cahn/v. Spannenberg* AktG § 57 Rn. 39; *Becker* ZIP 2017, 1599 (1602 ff.) (zur GmbH); *Kiefner/Bochum* NZG 2017, 1292 (1295); *Kuntz* ZGR 2017, 917 (929 ff.); *Längsfeld* WuB 2017, 325 (328); *Längsfeld* WuB 2017, 454 (456) (zur GmbH); *Lieder* GmbHR 2018, 1116 (1128) (zur GmbH); *Merkt* BB 2017, 1102 (1103); *Nordholtz/Hupka* DStR 2017, 1999 (2002 ff.) (zur GmbH); *Seibt* EWiR 2017, 229 (230); *Verse* GmbHR 2018, 113 (117 f.) (zur GmbH).

[503] BGHZ 213, 224 (232) = NZG 2017, 344 (346); BGHZ 214, 258 (264 f.) = NZG 2017, 658 (660) (zur GmbH); Grigoleit/*Grigoleit/Rachlitz* AktG § 57 Rn. 44; *Drygala/Kremer* ZIP 2007, 1289 (1295); *Kiefner/Theusinger* NZG 2008, 801 (805); *Seibt* EWiR 2017, 229 (230); aA Hölters/*Laubert* AktG § 57 Rn. 23, der auch in diesem Fall zusätzlich prüfen will, ob ein vollwertiger Rückgriffsanspruch vorliegt; iE dürfte diese Ansicht nicht abweichen, da der Rückgriffsanspruch regelmäßig vollwertig sein wird, wenn im Zeitpunkt der Sicherheitenbestellung ein Ausfall des Darlehensrückzahlungsanspruchs unwahrscheinlich ist, vgl. K. Schmidt/Lutter/*Fleischer* AktG § 57 Rn. 59.

[504] BGHZ 213, 224 (232) = NZG 2017, 344 (346); MüKoAktG/*Bayer* § 57 Rn. 191; K. Schmidt/Lutter/*Fleischer* AktG § 57 Rn. 60; *Etzbach/Janning* DB 2017, 1133 (1134); *Kiefner/Theusinger* NZG 2008, 801 (805).

[505] MüKoAktG/*Bayer* § 57 Rn. 190; K. Schmidt/Lutter/*Fleischer* AktG § 57 Rn. 60; *Kiefner/Theusinger* NZG 2008, 801 (805).

[506] BGHZ 213, 224 (230 ff.) = NZG 2017, 344 (345 f.); BGHZ 214, 258 (262 ff.) = NZG 2017, 658 (659 ff.) (zur GmbH); Hölters/*Laubert* AktG § 57 Rn. 23; MüKoAktG/*Bayer* § 57 Rn. 188; Spindler/Stilz/*Cahn/v. Spannenberg* AktG § 57 Rn. 39; *Kramer,* Kapitalerhaltung und aufsteigende Sicherheiten im reformierten Kapitalschutzrecht, 2017, S. 39 ff. (zur GmbH); *Bormann* GmbHR 2017, 646 (647) (zur GmbH); *Freitag* WM 2017, 1633 f. (zur GmbH); *Gehrlein* Der Konzern 2007, 771 (785) (zur GmbH); *Heerma/Bergmann* ZIP 2017, 1261 (1262) (zur GmbH); *Kiefner/Bochum* NZG 2017, 1292 (1295); *Kiefner/Theusinger* NZG 2008, 801 (805); *Kuntz* ZGR 2017, 917 (922 ff.); *Nordholtz/Hupka* DStR 2017, 1999 (2001 f.) (zur GmbH); *Seché/Theusinger* BB 2017, 1550 (1553 f.) (zur GmbH); *Seibt* EWiR 2017, 229 (230); *Wand/Tillmann/Heckenthaler* AG 2009, 148 (152); s. auch K. Schmidt/Lutter/*Fleischer* AktG § 57 Rn. 61; *K. Schmidt* EWiR 2017, 585 (586) (zur GmbH) aA *Böcker* DZWiR 2018, 101 (106 ff.); *Kollmorgen/Santelmann/Weiß* BB 2009, 1818 (1819) (jeweils zur GmbH): Eintritt der bilanziellen Rückstellungspflicht; *Tillmann* NZG 2008, 401 (404) (zur GmbH): Zeitpunkt der Inanspruchnahme der Sicherheit.

[507] Spindler/Stilz/*Cahn/v. Spannenberg* AktG § 57 Rn. 39; *Kramer,* Kapitalerhaltung und aufsteigende Sicherheiten im reformierten Kapitalschutzrecht, 2017, S. 44 f. (zur GmbH); *Kiefner/Bochum* NZG 2017, 1292 (1296 f.); *Lieder* GmbHR 2018, 1116 (1128) (zur GmbH); *Nordholtz/Hupka* DStR 2017, 1999 (2001) (zur GmbH); *Verse* GmbHR 2018, 113 (116) (zur GmbH); für dingliche Sicherheiten jetzt auch BGHZ 213, 224 (230 ff.) = NZG 2017, 344 (345 f.); BGHZ 214, 258 (262 ff.) = NZG 2017, 658 (659 ff.) (zur GmbH); anders für schuldrechtliche Sicherheiten noch BGHZ 173, 1 (10 f.) = NZG

einer schuldrechtlichen Sicherheit ist. In disem Fall liegt eine Leistung der Gesellschaft erst mit der Verwertung der Sicherheit vor, da die Gesellschaft die Inanspruchnahme unter Berufung auf § 57 Abs. 1 S. 1 AktG verweigern kann, wenn Sie zu diesem Zeitpunkt keinen vollwertigen Rückgriffsanspruch gegen den Aktionär hat.[508] Ist der Sicherheitenbestellung eine rechtsverbindliche Zusage der Sicherheit gegenüber dem Sicherungsnehmer vorgelagert, ist auf den Zeitpunkt der Zusage abzustellen, da die Gesellschaft die Erfüllung gegenüber einem Dritten nicht unter Berufung auf § 57 Abs. 1 S. 1 AktG verweigern kann.[509] Fehlt es an einer hinreichenden Bonität des Aktionärs, so dass dieser voraussichtlich nicht zu einer Darlehensrückzahlung in der Lage sein wird, ist regelmäßig auch der Rückgewähranspruch gegen den Aktionär nicht vollwertig.[510] In diesem Fall ist in einem zweiten Schritt zu prüfen, ob der Aktionär (oder ein Dritter) eine **werthaltige, der Sicherheit der Gesellschaft vorgehende Sicherheit** bestellt hat, deren Verwertung den Darlehensrückzahlungsanspruch abdeckt. Ist dies der Fall, scheidet eine verbotene Einlagenrückgewähr aus.[511] Eine Besicherung des Rückgewähranspruchs ist aber keine zwingende Voraussetzung.[512] Ist im Zeitpunkt der Sicherheitenbestellung ein Ausfall des Darlehensrückzahlungsanspruchs unwahrscheinlich, bleibt der Vorstand aufgrund seiner allgemeinen Sorgfaltspflicht gleichwohl verpflichtet, die **Vermögensverhältnisse des Aktionärs zu beobachten** und bei einer sich nach der Sicherheitenbestellung andeutenden Bonitätsverschlechterung Sicherheiten anzufordern oder den Freistellungsanspruch durchzusetzen.[513] Anders als der Verzicht auf einen Freistellungsanspruch oder einen Anspruch auf Sicherheitsleistung stellt jedoch das bloße Unterlassen, derartige Ansprüche gegen den Aktionär geltend zu machen, keine nach § 57 Abs. 1 S. 1 AktG verbotene Einlagenrückgewähr dar.[514]

Die Vollwertigkeit des Freistellungsanspruchs setzt nicht voraus, dass eine angemessene Vergütung in Form einer **Avalprovision** geleistet wird.[515] Es bietet sich eine Gleichbehandlung mit der Darlehensgewährung an, wo das Fehlen einer angemessenen Verzinung nach vorzugswürdiger Ansicht die Vollwertigkeit des Rückgewähranspruchs unberührt lässt (→ Rn. 83). Der Verzicht auf eine angemessene Avalprovision kann vielmehr als solcher

86

2007, 704 (706 f.); BGH ZIP 1989, 93 (95) (jeweils zur GmbH); s. jetzt aber BGHZ 190, 7 (12 ff.) = NZG 2011, 829 (830 ff.) – Deutsche Telekom III, wo der BGH bereits in der Übernahme der Prospekthaftung eine Leistung iSv § 57 Abs. 1 S. 1 AktG sieht; vgl. auch OLG Frankfurt a. M. NZI 2014, 363 (365) (zur Vollwertigkeit eines Verlustausgleichsanspruchs unter einem Beherrschungs- und Gewinnabführungsvertrag).

[508] K. Schmidt/Lutter/*Fleischer* AktG § 57 Rn. 61; zur GmbH auch *Schall*, Kapitalgesellschaftsrechtlicher Gläubigerschutz, 2009, S. 161 Fn. 324; *Schmolke*, Kapitalerhaltung in der GmbH nach dem MoMiG, 2009, § 30 Rn. 106 f.; *Verse* GmbHR 2018, 113 (116).

[509] *Altmeppen* ZIP 2017, 1977 (1979); zur GmbH auch Lutter/Hommelhoff/*Hommelhoff* GmbHG § 30 Rn. 8, 35; *Kramer*, Kapitalerhaltung und aufsteigende Sicherheiten im reformierten Kapitalschutzrecht, 2017, S. 60 f.; *Lieder* GmbHR 2018, 1116 (1128); *Verse* GmbHR 2018, 113 (116 f.); aA *Kuntz* ZGR 2017, 917 (922).

[510] Vgl. K. Schmidt/Lutter/*Fleischer* AktG § 57 Rn. 59; *Spliedt* ZIP 2009, 149 (152); *Wand/Tillmann/Heckenthaler* AG 2009, 148 (152).

[511] BGHZ 213, 224 (232 f.) = NZG 2017, 344 (346).

[512] K. Schmidt/Lutter/*Fleischer* AktG § 57 Rn. 60; *Kiefner/Theusinger* NZG 2008, 801 (805); aA wohl *Hirte* ZInsO 2008, 689 (692); *Hölzle* GmbHR 2007, 729 (734).

[513] BGHZ 214, 258 (266) = NZG 2017, 658 (661) (zur GmbH); *Heerma/Bergmann* ZIP 2017, 1261 (1263) (zur GmbH); *Kiefner/Bochum* NZG 2017, 1292 (1301 f.); *Kuntz* ZGR 2017, 917 (947 ff.); *Verse* GmbHR 2018, 113 (121) (zur GmbH); weitergehend *Altmeppen* ZIP 2017, 1977 (1980): Besicherung eines Kredits zugunsten eines Gesellschafters auf Kosten des gebundenen Vermögens der Kapitalgesellschaft mit Sorgfalt eines ordentlichen Geschäftsleiters in aller Regel nicht vereinbar.

[514] BGHZ 214, 258 (266 f.) = NZG 2017, 658 (661) (zur GmbH); *Seché/Theusinger* BB 2017, 1550 (1554) (zur GmbH); aA *Kramer*, Kapitalerhaltung und aufsteigende Sicherheiten im reformierten Kapitalschutzrecht, 2017, S. 68 ff. (zur GmbH).

[515] *Verse* GmbHR 2018, 113 (118 f.) mwN (zur GmbH); aA wohl *Bormann/Urlichs* GmbHR-Sonderheft 2008, 37 (48) (zur GmbH).

eine verbotene Einlagenrückgewähr darstellen.[516] Fraglich ist, ob eine verbotene Einlagenrückgewähr auch dann ausscheidet, wenn zwar ein konkretes Ausfallrisiko des Aktionärs besteht, der Gesellschaft aber ein vollwertiger Vergütungsanspruch (Avalprovision) zusteht.[517] Der Wortlaut von § 57 Abs. 1 S. 3 AktG scheint dies nahezulegen, da er alternativ auf einen „vollwertigen Gegenleistungs- oder Rückgewähranspruch" abstellt. Wie bei der Darlehensgewährung (→ Rn. 83) wird man aber auch bei der Sicherheitenbestellung kumulativ einen vollwertigen Rückgewähranspruch (Freistellungsanspruch) und einen vollwertigen Gegenleistungsanspruch verlangen müssen.[518]

87 e) Kapitalmarktrechtliche Ansprüche von Aktionären. Das Verbot der Einlagenrückgewähr kann mit kapitalmarktrechtlichen Informationshaftungsansprüchen von Aktionären gegen die AG aus §§ 33 ff. WpPG, §§ 97, 98 WpHG, § 826 BGB oder § 823 Abs. 2 BGB iVm § 400 AktG kollidieren. Die früher ganz hM[519] vertrat einen differenzierenden Ansatz: Aktionäre, die ihre Aktien originär durch Zeichnung erworben haben, sollten nach dem Grundsatz der Kapitalerhaltung sowohl mit allgemeinen bürgerlich-rechtlichen Ansprüchen gegen den Emittenten als auch mit spezialgesetzlichen Prospekthaftungsansprüchen ausgeschlossen sein. Demgegenüber sollte der Emittent dem Aktionär haften, wenn der Aktienerwerb auf einem derivativen Umsatzgeschäft beruhte. Demgegenüber hat der Gesetzgeber erstmals in der Begründung zum Dritten FinanzmarktförderungsG (zu § 45 BörsG aF) ausgeführt, dass der Schadensersatzanspruch gegen die AG wegen eines unrichtigen Börsenprospekts eine abschließende Spezialregelung sei, die den allgemeinen Grundsätzen wie dem Verbot der Einlagenrückgewähr nach § 57 Abs. 1 S. 1 AktG und den Regeln über den Erwerb eigener Aktien nach §§ 71 ff. AktG vorgehe.[520] Der BGH[521] hat in der EM.TV-Entscheidung dahinstehen lassen, ob der Differenzierung der früher hM zu folgen ist, jedoch angesichts der eindeutig auf eine uneingeschränkte Haftung der AG weisenden Äußerungen des Gesetzgebers zu den kapitalmarktrechtlichen Vorschriften (zum Primärmarkt §§ 44 f., 47 Abs. 2 BörsG aF und zum Sekundärmarkt §§ 15 Abs. 6 S. 2, 37b, 37c WpHG aF; s. nunmehr §§ 97, 98 WpHG) klare Bedenken angemeldet.[522] Jedenfalls müsse, worüber er im konkreten Fall zu entscheiden hatte, der Kapitalschutzgedanke des § 57 AktG bei kapitalmarktbezogenen sittenwidrigen Beeinträchtigungen der Willensfreiheit des Kapitalanlegers hinter die daraus gegen die Gesellschaft resultierenden Schadensersatzansprüche zurücktreten.[523] Es bestehe auch kein Anlass, diese Haftung auf einen das Grundkapital und die gesetzliche Rücklage übersteigenden Betrag (sog. freies Vermögen) zu beschränken.[524] Man

---

[516] *Verse* GmbHR 2018, 113 (119) (zur GmbH).

[517] So Grigoleit/*Grigoleit/Rachlitz* AktG § 57 Rn. 44; Hüffer AktG/*Koch* § 57 Rn. 27; aA wohl *Verse* GmbHR 2018, 113 (118 f.); aus der Zeit vor Inkrafttreten des MoMiG auch *Mülbert* ZGR 1995, 578 (590); *Schön* ZHR 159 (1995), 351 (367).

[518] Auch der BGH scheint stets einen vollwertigen Freistellunganspruch zu verlangen, vgl. BGHZ 190, 7 (16 f.) = NZG 2011, 829 (832) – Deutsche Telekom III, wo der BGH grundsätzlich eine Freistellungsvereinbarung als adäquate Gegenleistung für die Übernahme des Prospekthaftungsrisikos durch die Gesellschaft genügen lässt; in seinen Urteilen vom 10.1.2017 und vom 21.3.2017 zur Besicherung von Gesellschafterverbindlichkeiten (BGHZ 213, 224 = NZG 2017, 344 und BGHZ 214, 258 = NZG 2017, 658) verlangt der BGH einen vollwertigen Freistellungs- bzw. Rückgriffsanspruch, ohne auf das Erfordernis einer Avalprovision einzugehen.

[519] RGZ 88, 271 (272 f.); 71, 97 (98 ff.); OLG Frankfurt a. M. ZIP 1999, 1005 (1007 f.); GroßkommAktG/*Henze* § 57 Rn. 18 ff.; *Henze* NZG 2005, 115 (120 f.); gegen diese Differenzierung MüKoAktG/*Bayer* § 57 Rn. 32 f.; *Langenbucher* ZIP 2005, 239 (242 f.).

[520] Begr. RegE BT-Drs. 13/8933, 78.

[521] BGH ZIP 2005, 1270 (1272 f.) – EM. TV.

[522] BGH ZIP 2005, 1270 (1272 f.) – EM. TV.

[523] BGH ZIP 2005, 1270 (1272 f.) – EM.TV; bestätigt von BGH NZG 2008, 386 (387) – ComROAD VIII.

[524] BGH ZIP 2005, 1270 (1273) – EM.TV; zustimmend Hüffer AktG/*Koch* § 57 Rn. 5; MüKoAktG/*Bayer* § 57 Rn. 43; aA GroßkommAktG/*Henze* § 57 Rn. 23; *Henze* FS Schwark, 2009, 425 (427 ff.); *Henze* NZG 2005, 115 (120 f.); *Schön* FS Röhricht, 2005, 559 (567 f.).

wird daher davon ausgehen müssen, dass die **kapitalmarktrechtliche Informationshaftung** in ihrem Anwendungsbereich § 57 Abs. 1 S. 1 AktG verdrängt.[525] Auch wenn der BGH diese Frage letztlich offen gelassen hat, ist dabei entgegen der früher hM nicht zwischen derivativem und originärem Erwerb zu differenzieren.[526] Der EuGH hat klargestellt, dass die Vorschriften der Kapitalrichtlinie (RL 2012/30/EU, jetzt Gesellschaftsrechts-RL) einer nationalen Regelung, die in Umsetzung der Prospektrichtlinie, der Transparenzrichtlinie und der Marktmissbrauchsrichtlinie eine Haftung der AG gegenüber einem Erwerber ihrer Aktien wegen der Verletzung von Informationspflichten vorsieht, nicht entgegenstehen.[527]

5. Rückgewähr von Aktionärsdarlehen. a) Ausgangslage. Gemäß § 57 Abs. 1 S. 4 AktG ist das Verbot der Einlagenrückgewähr nicht anzuwenden auf die Rückgewähr eines Aktionärsdarlehens und Leistungen auf Forderungen aus Rechtshandlungen, die einem Aktionärsdarlehen wirtschaftlich entsprechen. Mit dieser durch das MoMiG eingeführten Vorschrift wollte der Gesetzgeber die Anwendung der sog. **Rechtsprechungsregeln zu eigenkapitalersetzenden Gesellschafterdarlehen ausschließen.**[528] Die Figur des eigenkapitalersetzenden Gesellschafterdarlehens wurde primär zur GmbH entwickelt. Sie war namentlich in den §§ 32a, 32b GmbHG aF geregelt. Ergänzend galten die Rechtsprechungsregeln des BGH, nach denen eigenkapitalersetzende Gesellschafterdarlehen wie echtes Eigenkapital den Kapitalerhaltungsvorschriften der §§ 30, 31 GmbH unterstellt werden sollten.[529] Dahinter stand der Gedanke, dass die grundsätzliche Ausgangslage, wonach die Gesellschafter autonom über die Eigen- oder Fremdfinanzierung ihres Unternehmens entscheiden, mit Eintritt der Krise (Kreditunwürdigkeit, dh wenn die Gesellschaft von dritter Seite zu marktüblichen Bedingungen keinen Kredit mehr erhalten hätte) nicht mehr unverändert fortbesteht. Finanzierten die Gesellschafter ihr Unternehmen nach Eintritt der Krise durch Gesellschafterdarlehen oder ihnen gleichstehende Finanzierungshilfen (zB Bürgschaft, Gebrauchsüberlassung), sollte daher das von ihnen zur Verfügung gestellte Fremdkapital wie Eigenkapital behandelt werden. Nach der Rechtsprechung des BGH[530] waren die von ihm zum GmbH-Recht entwickelten Rechtsprechungsregeln auf die AG sinngemäß anzuwenden, wenn der Darlehensgeber an ihr als Aktionär unternehmerisch beteiligt war. Eine solche unternehmerische Beteiligung setzte idR einen Aktienbesitz von mehr als 25% des Grundkapitals

---

[525] S. außer BGH ZIP 2005, 1270 (1273) – EM.TV und BGH NZG 2008, 386 (387) – ComROAD VIII auch OLG Stuttgart AG 2008, 748 (749); OLG München ZIP 2005, 901 (903 f.) – Comroad; OLG Frankfurt a. M. AG 2006, 584 (586); ZIP 2005, 710 (713) – Comroad; Grigoleit/*Grigoleit/Rachlitz* AktG § 57 Rn. 6; Heidel/*Drinhausen* AktG § 57 Rn. 14; Hölters/*Laubert* AktG § 57 Rn. 3; Hüffer AktG/*Koch* § 57 Rn. 5; MüKoAktG/*Bayer* § 57 Rn. 29 ff.; K. Schmidt/Lutter/*Fleischer* AktG § 57 Rn. 66 f.; *Groß* WM 2002, 477 (481); *Kort* NZG 2005, 708 (709); *Möllers* BB 2005, 1637 (1639 ff.); wohl auch Spindler/Stilz/*Cahn/v. Spannenberg* AktG § 57 Rn. 48; grundsätzlich auch *Baums* ZHR 167 (2003), 139 (165 ff.); KölnKommAktG/*Drygala* § 57 Rn. 33; *Langenbucher* ZIP 2005, 239 (244 f.), die aber in der Insolvenz der Gesellschaft die Anleger nach § 39 Abs. 1 InsO zurücktreten lassen wollen; kritisch *C. Schäfer* NZG 2005, 985 (989 f.).
[526] Ebenso die heute hM, s. etwa Grigoleit/*Grigoleit/Rachlitz* AktG § 57 Rn. 6; Hölters/*Laubert* AktG § 57 Rn. 3; Hüffer AktG/*Koch* § 57 Rn. 5; MüKoAktG/*Bayer* § 57 Rn. 32; K. Schmidt/Lutter/*Fleischer* AktG § 57 Rn. 66 f.
[527] EuGH ZIP 2014, 121 (122 ff.) – Hirmann.
[528] Vgl. Begr. RegE, BT-Drs. 16/6140, 52 iVm 42.
[529] Grundlegend BGHZ 31, 258 (268 ff.) = NJW 1960, 285 (287 f.); danach BGHZ 67, 171 (174 f.) = NJW 1977, 104 (105); BGHZ 75, 334 (336 f. und 339) = NJW 1980, 592 f.; BGHZ 76, 326 (329) = NJW 1980, 1524 ff.; zusammenfassend BGHZ 90, 381 (388 f.) = NJW 1984, 1893 (1894 ff.) – BuM/WestLB.
[530] BGHZ 90, 381 (387) = NJW 1984, 1893 (1895 f.) – BuM/WestLB; BGH WM 2005, 1461; zustimmend etwa GroßkommAktG/*Henze* § 57 Rn. 106; MüKoAktG/*Bayer* § 57 Rn. 248; *Habersack* ZHR 162 (1998), 201 (215 ff.); *Hommelhoff/Freytag* DStR 1996, 1409 f.; *Veil* ZGR 2000, 223 (228 ff.).

voraus.⁵³¹ Ausnahmsweise sollte auch ein unterhalb dieser Sperrminorität liegender, aber nicht unbeträchtlicher Aktienbesitz die Annahme einer unternehmerischen Beteiligung als Grundlage für eine Finanzierungsfolgenverantwortung des Aktionärs dann rechtfertigen, wenn der Aktienbesitz ihm in Verbindung mit weiteren Umständen Einfluss auf die Unternehmensleitung sicherte und er ein entsprechendes unternehmerisches Interesse erkennen ließ.⁵³² Dies war stets unter Berücksichtigung aller Umstände des jeweiligen Einzelfalls zu beurteilen.⁵³³ Ein Vorstands- oder Aufsichtsratsmandat in der AG reichte nach Ansicht des BGH für die Annahme eines hinreichenden Einflusses nicht aus.⁵³⁴ Lagen die Voraussetzungen für ein eigenkapitalersetzendes Aktionärsdarlehen vor, wurde das von dem Aktionär der AG in der Krise zur Verfügung gestellte Fremdkapital der strengen Vermögensbindung des § 57 Abs. 1 S. 1 AktG unterstellt.⁵³⁵ Die §§ 32a, 32b GmbHG aF (sog. „Novellenregelungen") wurden demgegenüber von der wohl hM nicht entsprechend auf die AG angewandt.⁵³⁶

89 b) Insolvenzrechtliche Lösung. aa) Allgemeines. Mit dem MoMiG hat der Gesetzgeber durch die Einfügung von § 30 Abs. 1 S. 3 GmbHG und § 57 Abs. 1 S. 4 AktG sowie die parallele Aufhebung der §§ 32a, 32b GmbHG aF das bisherige Eigenkapitalersatzrecht abgeschafft. Stattdessen hat er sich für eine rechtsformübergreifende insolvenzrechtliche Lösung entschieden (vgl. §§ 19 Abs. 2 S. 2, 39 Abs. 1 Nr. 5, Abs. 4 und 5, 44a, 135, 143 Abs. 3 InsO, §§ 6, 6a AnfG), die an die bislang nur für die GmbH geltenden Novellenregelungen anknüpft.⁵³⁷ Hierdurch wollte er die Rechtslage einfacher und übersichtlicher gestalten.⁵³⁸ Nach der Übergangsregelung des Art. 103d S. 1 EGInsO sind auf

---

⁵³¹ BGHZ 90, 381 (390 f.) = NJW 1984, 1893 (1895) – BuM/WestLB; BGH WM 2005, 1461; zustimmend etwa GroßkommAktG/*Henze* § 57 Rn. 122; *Habersack* ZHR 162 (1998), 201 (217); *Rümker* FS Stimpel, 1985, 673 (677 f.).

⁵³² BGHZ 90, 381 (391 ff.) = NJW 1984, 1893 (1896) – BuM/WestLB; BGH WM 2005, 1461 (1462); s. auch BGH AG 2010, 594.

⁵³³ BGH AG 2010, 594.

⁵³⁴ BGH WM 2005, 1461 (1462); aA *Habersack* ZHR 162 (1998), 201 (220); *Junker* ZHR 156 (1992), 394 (404); MüKoAktG/*Bayer* § 57 Rn. 255, die hierin ein Indiz für einen hinreichenden Einfluss sehen.

⁵³⁵ Zu den Rechtsfolgen s. 3. Aufl. 2007, → § 16 Rn. 52.

⁵³⁶ So ist wohl BGH WM 2005, 1461 zu verstehen; ebenso GroßkommAktG/*Henze* § 57 Rn. 262; aA Grigoleit/*Grigoleit/Rachlitz* AktG § 57 Rn. 48; MüKoAktG/*Bayer* § 57 Rn. 283; *Veil* ZGR 2000, 223 (251 ff.).

⁵³⁷ S. dazu etwa *Azara* Das Eigenkapitalersatzrecht der GmbH nach dem Gesetz zur Modernisierung des GmbH-Rechts und zur Bekämpfung von Missbräuchen (MoMiG), 2010, S. 221 ff.; *Engert*, Eigenkapitalersatzrecht nach dem MoMiG, 2010, S. 113 ff.; *Ulbrich*, Die Abschaffung des Eigenkapitalersatzrechts der GmbH, 2011, S. 104 ff.; *Altmeppen* NJW 2008, 3601 (3602 ff.); *Bayer/Graff* DStR 2006, 1654 (1655 ff.); *Blöse* GmbHR 2018, 1151 ff.; *Bork* ZGR 2007, 250 (252 ff.); *Dahl/Schmitz* NZG 2009, 325 ff.; *Freitag* WM 2007, 1681 ff.; *Gehrlein* BB 2008, 846 (848 ff.); *Gehrlein* BB 2011, 3 (5 ff.); *Haas* ZInsO 2007, 617 ff.; *Habersack* ZIP 2007, 2145 ff.; *Hirte* ZInsO 2008, 689 (692 ff.); *Kleindiek* ZGR 2017, 731 ff.; *Möller* Der Konzern 2008, 1 (5 f.); *Poepping* BKR 2009, 150 ff.; *K. Schmidt* ZIP 2006, 1925 (1927 ff.); *Thiessen* ZGR 2015, 396 ff.; vgl. auch die zwölf Thesen zur Reform des Rechts der kapitalsetzenden Gesellschafterdarlehen von *Huber/Habersack* BB 2006, 1 ff.

⁵³⁸ Begr. RegE, BT-Drs. 16/6140, 42; die dogmatischen Grundlagen der Neuregelung sind umstritten; für Anknüpfung an das Prinzip der Haftungsbeschränkung *Habersack* ZIP 2007, 2145 (2146 f.); *Habersack* ZIP 2008, 2385 (2387); *Habersack* FS Seibert, 2019, 257 (265 ff.); *Huber* FS Priester, 2007, 259 (271 ff.); ebenso *Schulze de la Cruz*, Der neue Normzweck des Rechts der Gesellschafterdarlehen und seine Auswirkungen auf den persönlichen Anwendungsbereich, 2015, S. 187 ff.; *Gehrlein* BB 2011, 3 (7 f.); auf die Korrektur des gestörten Risikogleichgewichts abstellend *Kleindiek* ZGR 2017, 731 (742 f.); ähnlich *Clemens*, Das neue Recht der Gesellschafterfremdfinanzierung nach dem MoMiG, 2012, S. 136 ff.; *Schaumann*, Reform des Eigenkapitalersatzrechts im System der Gesellschafterhaftung, 2009, S. 182 ff.; *Ulbrich*, Die Abschaffung des Eigenkapitaleratzrechts der GmbH, 2011, S. 155 ff.; *Bitter/Laspeyres* ZInsO 2013, 2289 (2292 f.); *Brinkmann* ZGR 2017, 708 (709 f.); *Engert* ZGR 2012, 835 (849 ff.); *Krolop* GmbHR 2009, 397 (398 ff.); für Anknüpfung weiterhin an den Gedanken der

§ 16 Kapitalaufbringung und Kapitalerhaltung

Insolvenzverfahren, die vor dem Inkrafttreten des MoMiG am 1.11.2008 eröffnet worden sind, die bis dahin geltenden gesetzlichen Vorschriften weiter anzuwenden. Hierzu zählen auch die Rechtsprechungsregeln.[539] Nach hM, der sich nunmehr auch der BGH angeschlossen hat, sind die Rechtsprechungsregeln darüber hinaus auch dann noch anwendbar, wenn zwar das Insolvenzverfahren erst nach Inkrafttreten des MoMiG eröffnet wurde, die maßgebliche Rechtshandlung (zB Darlehensrückzahlung) aber bereits vor dem 1.11.2008 vorgenommen worden ist.[540] Ein nach neuem Recht bestehender Nachrang (→ Rn. 90) gilt nach der Rechtsprechung des BGH auch für bereits vor Inkrafttreten der Neuregelung gewährte Darlehen.[541]

bb) Nachrang. Nach der Neuregelung sind gemäß § 39 Abs. 1 Nr. 5 iVm Abs. 4 S. 1 InsO Forderungen auf Rückgewähr eines Aktionärsdarlehens oder Forderungen aus Rechtshandlungen, die einem solchen Darlehen wirtschaftlich entsprechen (zB Stundung,[542] Erbringung der Einlage eines stillen Gesellschafters,[543] nicht aber Nutzungsüberlassung[544]), **in der Insolvenz nachrangig** zu berichten. Ergänzend sieht § 44a InsO für 90

Finanzierungsfolgenverantwortung dagegen *Altmeppen* NJW 2008, 3601 (3602 f.); *Bork* ZGR 2007, 250 (257 f.); ähnlich *Pentz* FS Hüffer, 2010, 747 (757 ff.); s. auch *K. Schmidt* GmbHR 2009, 1009 ff.; *K. Schmidt* Beilage ZIP 39/2010, 15 (17 ff.); *Thiessen* ZGR 2015, 396 (410 f.); *A. Wilhelm* ZHR 180 (2016), 776 (784 f.); begrenzt auf den Nachrang auch *Thole* ZHR 176 (2012), 513 (526 ff.); vgl. zudem BGHZ 196, 220 (226) = NZG 2013, 469 (471): das durch das MoMiG umgestaltete Recht „harmoniere" mit der Legitimationsgrundlage des früheren Rechts im Sinne einer Finanzierungsfolgenverantwortung; deutlich jetzt auch BGH NZG 2019, 1026 (1028); 2019, 624 (629): die Finanzierungsfolgenverantwortung des Gesellschafters sei bei der Auslegung von § 135 Abs. 1 InsO „weiterhin beachtlich"; s. aber auch BGH ZIP 2013, 734 (735): Anfechtung beschränke sich nicht mehr auf Fälle, in denen die Befriedigung der Gesellschafter ihrer Finanzierungsfolgenverantwortung widersprach; ausdrücklich für ein vom Eigenkapitalersatzrecht gelöstes Verständnis BGHZ 204, 83 (108) = NZG 2015, 440 (447).
[539] Vgl. zur GmbH BGHZ 179, 249 (257 f.) = NZG 2009, 422 (424 f.) – Gut Buschow; OLG Köln ZIP 2009, 315; *Altmeppen* ZIP 2011, 641 (642 f.); *Büscher* GmbHR 2009, 800 (801); *Gutmann/Nawroth* ZInsO 2009, 174 (175); *Haas* DStR 2009, 976 (978 f.); *Orlikowski-Wolf* GmbHR 2009, 902 (904); *Rellermeyer/Gröblinghoff* ZIP 2009, 1933 (1934); *Thiessen* ZGR 2015, 396 (413); speziell zur AG auch Bürgers/Körber/*H. P. Westermann* AktG § 57 Rn. 29; Grigoleit/*Grigoleit/Rachlitz* AktG § 57 Rn. 50; Hölters/*Laubert* AktG § 57 Rn. 46; Hüffer AktG/*Koch* § 57 Rn. 28.
[540] Vgl. zur GmbH BGH ZIP 2020, 280 (282 f.); OLG Jena ZIP 2009, 2098 (2099 f.); OLG München ZIP 2011, 225 (226); Lutter/Hommelhoff/*Kleindiek* GmbHG Anh. zu § 64 Rn. 174; *Blöse* GmbHR 2009, 430 (431); *Dahl/Schmitz* NZG 2009, 325 (331); *Felke* GmbHR 2009, 260; *Gutmann/Nawroth* ZInsO 2009, 174 (177 f.); *Kleindiek* FS Hopt, Bd. 1, 2010, 941 (946 ff.); *Lorenz* GmbHR 2009, 135 (136 f.); Scholz/*K. Schmidt* GmbHG §§ 32a/b aF Rn. 13; *Wedemann* GmbHR 2008, 1131 (1134 f.); s. auch *Orlikowski-Wolf* GmbHR 2009, 902 (906 f.); speziell zur AG auch Bürgers/Körber/*H. P. Westermann* AktG § 57 Rn. 29; Hölters/*Laubert* AktG § 57 Rn. 46; aA Grigoleit/*Grigoleit/Rachlitz* AktG § 57 Rn. 50; zur GmbH auch *Altmeppen* ZIP 2011, 641 (645 ff.); *Büscher* GmbHR 2009, 800 (801 f.); *Haas* DStR 2009, 976 (978 f.); *Hirte/Knof/Mock* NZG 2009, 48 (49); *Holzer* ZIP 2009, 206 (207); *Rellermeyer/Gröblinghoff* ZIP 2009, 1933 (1936 f.); *Thiessen* ZGR 2015, 396 (413 f.).
[541] BGHZ 188, 363 (365 f.) = NZG 2011, 477 (zur GmbH & Co. KG); BGHZ 212, 272 (275 f.) = NZG 2017, 66 (zur GmbH).
[542] Graf-Schlicker/*Neußner* InsO § 39 Rn. 41; MüKoInsO/*Ehricke/Behme* § 39 Rn. 73; Uhlenbruck/*Hirte* InsO § 39 Rn. 38; ebenso jetzt BGH NZG 2019, 1192 (1193 f.), der bei einer aus einem üblichen Austauschgeschäft herrührenden Forderung eine darlehensgleiche Forderung aber erst ab einer rechtsgeschäftlichen oder faktischen Stundung zugunsten der Gesellschaft über einen Zeitraum von mehr als drei Monaten annehmen will; kritisch insoweit *Bitter* WuB 2019, 617 (620 f.).
[543] BGH NZG 2018, 109 (110); vgl. auch BGH NZG 2012, 1103 ff.; *Bitter* ZIP 2019, 146 (147 f.).
[544] BGHZ 204, 83 (94 ff.) = NZG 2015, 440 (442 ff.); der Figur der eigenkapitalersetzenden Nutzungsüberlassung wurde durch das MoMiG die Grundlage entzogen; s. jetzt aber § 135 Abs. 3 S. 1 InsO, wonach der Aussonderungsanspruch während der Dauer des Insolvenzverfahrens, höchstens aber für eine Zeit von einem Jahr ab der Eröffnung des Insolvenzverfahrens nicht geltend gemacht werden kann, wenn dem Schuldner von einem Gesellschafter ein Gegenstand zum Gebrauch oder zur Aus-

gesicherte Darlehen vor, dass ein Gläubiger in dem Insolvenzverfahren über das Vermögen einer Gesellschaft nach Maßgabe des § 39 Abs. 1 Nr. 5 InsO für eine Forderung auf Rückgewähr eines Darlehens oder für eine gleichgestellte Forderung, für die ein Gesellschafter eine Sicherheit bestellt oder für die er sich verbürgt hat, nur anteilsmäßige Befriedigung aus der Insolvenzmasse verlangen kann, soweit er bei der Inanspruchnahme der Sicherheit oder des Bürgen ausgefallen ist.[545] § 44a InsO regelt aber nur das Verhältnis der Aktionärssicherheit zur Hauptschuld. Bei der parallelen Besicherung eines der AG gewährten Drittdarlehens durch einen Aktionär und die AG **(Doppelsicherung)** steht es dem Darlehensgeber daher frei, welche Sicherheit er in Anspruch nimmt.[546] Wird die am Gesellschaftsvermögen und am Vermögen eines Aktionärs gesicherte Forderung eines Darlehensgläubigers nach der Eröffnung des Insolvenzverfahrens über das Vermögen der Gesellschaft durch Verwertung der Gesellschaftssicherheit befriedigt, ist der Aktionär zur Erstattung des an den Gläubiger ausgekehrten Betrags zur Insolvenzmasse verpflichtet.[547]

91 Die Nachrangigkeit gemäß § 39 Abs. 1 Nr. 5 InsO gilt grundsätzlich für sämtliche Aktionärsdarlehen. Allerdings enthält § 39 Abs. 4 S. 2 InsO ein **Sanierungsprivileg:**[548] Erwirbt ein Gläubiger bei drohender oder eingetretener Zahlungsunfähigkeit der Gesellschaft oder bei Überschuldung Anteile zum Zwecke ihrer Sanierung, führt dies bis zur nachhaltigen Sanierung nicht zur Anwendung von § 39 Abs. 1 Nr. 5 InsO auf seine Forderungen aus bestehenden oder neu gewährten Darlehen oder auf Forderungen aus Rechtshandlungen, die einem solchen Darlehen wirtschaftlich entsprechen. Eine weitere Ausnahme ist das in § 39 Abs. 5 InsO enthaltene **Kleinbeteiligtenprivileg.**[549] Danach gilt § 39 Abs. 1 Nr. 5 InsO nicht für den nicht geschäftsführenden Gesellschafter, der mit 10 % oder weniger am Haftkapital beteiligt ist.[550] Der Gesetzgeber des MoMiG hat somit nicht die zuvor von der Rechtsprechung speziell für die AG herausgearbeitete Beteiligungsschwelle von 25 % übernommen, sondern sich generell an § 32a Abs. 3 S. 2 GmbHG aF orientiert.[551] Das Kleinbeteiligtenprivileg kommt nach vorzugswürdiger Ansicht auch dann zur Anwendung, wenn ein Aktionär außerhalb der Jahresfrist des § 135 Abs. 1 Nr. 2 InsO sein Vorstandsmandat aufgegeben bzw. seine Beteiligung am Grundkapital der AG auf 10 % oder weniger reduziert hat.[552]

92 Der **persönliche Anwendungsbereich** der Nachrangregelung beschränkt sich grundsätzlich auf Aktionäre, die mit mehr als 10 % am Grundkapital der AG beteiligt sind oder dem Vorstand angehören (vgl. § 39 Abs. 5 InsO). Ausreichend ist eine mittelbare Beteiligung an der Schuldnerin, die über eine beherrschte Zwischenholding gehalten

---

übung überlassen wurde und der Gegenstand für die Fortführung des Unternehmens des Schuldners von erheblicher Bedeutung ist.

[545] Ausführlich zur Behandlung gesellschafterbesicherter Drittkredite *K. Schmidt* BB 2008, 1966 (1968 ff.).

[546] BGHZ 192, 9 (14 f.) = NZG 2012, 35 (37) (zur GmbH); OLG Stuttgart BB 2012, 3161 (3163); *Grigoleit/Grigoleit/Rachlitz* AktG § 57 Rn. 57; *Altmeppen* ZIP 2011, 741 (744 f.); *Bartsch/Weber* DStR 2008, 1884 f.; *Kleindiek* ZGR 2017, 731 (753 f.); *Mikolajczak* ZIP 2011, 1285 (1286); aA *Lenger* NZI 2011, 253; *Thiessen* ZGR 2015, 396 (422 ff.); s. auch *K. Schmidt* BB 2008, 1966 (1970).

[547] BGHZ 192, 9 (15 ff.) = NZG 2012, 35 (37 f.) (zur GmbH).

[548] Ausführlich dazu *Hirte/Knof* WM 2009, 1961 ff.; s. auch *Altmeppen* NJW 2008, 3601 (3605 f.); *Bork* ZGR 2007, 250 (258 f.); *Gehrlein* BB 2008, 846 (851); *Poepping* BKR 2009, 150 (155); *J. Roth* GmbHR 2008, 1184 (1188); *Wittig* FS K. Schmidt, 2009, 1743 (1748 ff.).

[549] Ausführlich dazu *K. Schmidt* FS Hüffer, 2010, 885 (897 ff.); s. auch *Altmeppen* NJW 2008, 3601 (3604 f.); *Bork* ZGR 2007, 250 (259 f.); *Gehrlein* BB 2008, 846 (851 f.); *Poepping* BKR 2009, 150 (155); *J. Roth* GmbHR 2008, 1184 (1188 f.).

[550] Zu Zurechnungsfragen s. *K. Schmidt* FS Hüffer, 2010, 885 (901 ff.).

[551] Vgl. *K. Schmidt/Lutter/Fleischer* AktG § 57 Rn. 63.

[552] *Graf-Schlicker/Neußner* InsO § 39 Rn. 36; *MüKoInsO/Gehrlein* § 135 Rn. 31; *Spindler/Stilz/Cahn/v. Spannenberg* AktG § 57 Rn. 125; *Seibold/Waßmuth* GmbHR 2016, 961 (964); aA *Uhlenbruck/Hirte* InsO § 39 Rn. 73; *Dahl/Schmitz* NZG 2009, 325 (326).

wird.[553] Die mittelbare Beteiligung muss lediglich die 10%-Grenze des § 39 Abs. 5 InsO überschreiten. Eine maßgebliche Beteiligung an der Schuldnerin oder deren Beherrschung ist nicht erforderlich.[554] Für Vorstandsmitglieder verlangt § 39 Abs. 5 InsO keine Mindestbeteiligung, so dass bereits der Besitz einer Aktie zur Anwendung der Regeln über Aktionärsdarlehen führt.[555] Auch der Darlehensrückzahlungsanspruch eines **ausgeschiedenen Aktionärs** ist im Insolvenzverfahren als nachrangig zu behandeln, wenn der Aktionär im letzten Jahr vor dem Eröffnungsantrag oder nach diesem Antrag ausgeschieden ist.[556] Wird die Darlehensforderung innerhalb eines Jahres vor Stellung des Eröffnungsantrags an einen Nichtgesellschafter abgetreten, bleibt der gemäß § 39 Abs. 1 Nr. 5 InsO angeordnete Nachrang erhalten.[557] Darlehen und wirtschaftlich entsprechende Rechtshandlungen **Dritter** sind erfasst, wenn die Leistung bei wirtschaftlicher Betrachtung einem Aktionär zuzurechnen ist.[558]

cc) **Anfechtung.** Neben der Nachrangigkeit sind die **Anfechtungsregeln des § 135 InsO** zu beachten.[559] Gemäß § 135 Abs. 1 Nr. 1 InsO ist eine Rechtshandlung anfechtbar, die für die Forderung eines Gesellschafters auf Rückgewähr eines Darlehens iSd § 39 Abs. 1 Nr. 5 InsO oder für eine gleichgestellte Forderung **Sicherung** gewährt hat, wenn die Handlung in den letzten zehn Jahren vor dem Antrag auf Eröffnung des Insolvenz-

93

---

[553] OLG Hamm NZG 2017, 824 (zur GmbH); Spindler/Stilz/*Cahn/v. Spannenberg* AktG § 57 Rn. 122.
[554] OLG Hamm NZG 2017, 824 f. (zur GmbH); Spindler/Stilz/*Cahn/v. Spannenberg* AktG § 57 Rn. 122.
[555] Vgl. Spindler/Stilz/*Cahn/v. Spannenberg* AktG § 57 Rn. 122.
[556] BGHZ 196, 220 (228 f.) = NZG 2013, 469 (471 f.); BGH NZG 2015, 924; 2012, 192 (196) (jeweils zur GmbH); Spindler/Stilz/*Cahn/v. Spannenberg* AktG § 57 Rn. 125; zur GmbH auch Baumbach/Hueck GmbHG/*Haas* § 64 Anh. Rn. 45; Lutter/Hommelhoff/*Kleindiek* GmbHG Anh. zu § 64 Rn. 142; Scholz/*Bitter* GmbHG Anh. § 64 Rn. 57; *Gehrlein* BB 2008, 846 (850); *Haas* ZInsO 2007, 617 (626); *Kleindiek* ZGR 2017, 731 (748); auf die Tilgung innerhalb der Frist des § 135 InsO abstellend *Altmeppen* NJW 2008, 3601 (3603); weitergehend KölnKommAktG/*Drygala* § 57 Rn. 159, der auch vor Beginn der Jahresfrist ausgeschiedene Gesellschafter erfassen will, wenn sie weiterhin Darlehensgeber geblieben sind.
[557] BGHZ 196, 220 (228 f.) = NZG 2013, 469 (471 f.); OLG Stuttgart ZIP 2012, 879 (880 f.) (jeweils zur GmbH & Co. KG); Spindler/Stilz/*Cahn/v. Spannenberg* AktG § 57 Rn. 124; *Altmeppen* NJW 2008, 3601 (3603 f.); *Dahl/Schmitz* NZG 2009, 325 (326); *Gehrlein* BB 2008, 846 (850); *Habersack* ZIP 2007, 2145 (2149); *Pentz* GmbHR 2013, 393 (401); grundsätzlich auch *Preuß* ZIP 2013, 1145 (1149); iE auch Baumbach/Hueck GmbHG/*Haas* § 64 Anh. Rn. 46 f.
[558] BGH ZIP 2011, 575 (zur GmbH); Hölters/*Laubert* AktG § 57 Rn. 44; KölnKommAktG/*Drygala* § 57 Rn. 162 ff.; MüKoAktG/*Bayer* § 57 Rn. 314; *Gehle* DB 2010, 1051 (1052); *Kleindiek* ZGR 2017, 731 (751); *Thiessen* ZGR 2015, 396 (415 ff.); wohl auch Grigoleit/*Grigoleit/Rachlitz* AktG § 57 Rn. 52 f.; zur GmbH auch *Altmeppen* in Roth/Altmeppen GmbHG Anh. § 30 Rn. 34; Baumbach/Hueck GmbHG/*Haas* § 64 Anh. Rn. 40 ff.; Lutter/Hommelhoff/*Kleindiek* GmbHG Anh. zu § 64 Rn. 138 ff.; Michalski/Heidinger/Leible/J. Schmidt/*Dahl/Linnenbrink* GmbHG System. Darst. 6 Rn. 65; Scholz/*Bitter* GmbHG Anh. § 64 Rn. 180 ff.; *Lüneborg*, Das neue Recht der Gesellschafterdarlehen, 2010, S. 90 f.; *Bork* ZGR 2007, 250 (254 f.); *Gehrlein* BB 2008, 846 (850); *Gehrlein* BB 2011, 3 (6); *K. Schmidt* GmbHR 2009, 1009 (1018 f.); *K. Schmidt* Beilage ZIP 39/2010, 15 (21 f.); vgl. auch Begr. RegE, BT-Drs. 16/6140, 56; zurückhaltend *Habersack* ZIP 2007, 2145 (2148 f.); *Habersack* ZIP 2008, 2385 (2389 ff.); *Huber* FS Priester, 2007, 259 (279 ff.); für Beschränkung auf Fälle, in denen der Dritte wie ein Gesellschafter an den Chancen und Risiken beteiligt ist, Spindler/Stilz/*Cahn/v. Spannenberg* AktG § 57 Rn. 123; zur GmbH auch *Krolop* GmbHR 2009, 397 (401 ff.); gegen jede Einbeziehung Dritter *Kammeter/Geißelmeier* NZI 2007, 214 (218); *Wälzholz* DStR 2007, 1914 (1918) (jeweils zur GmbH).
[559] Nach der Übergangsregelung des Art. 103d S. 2 EGInsO sind auf vor dem 1.11.2008 vorgenommene Rechtshandlungen in nach dem 1.11.2008 eröffneten Insolvenzverfahren die bis dahin geltenden Vorschriften der InsO über die Anfechtung von Rechtshandlungen anzuwenden, soweit die Rechtshandlungen nach dem bisherigen Recht der Anfechtung entzogen oder in geringerem Umfang unterworfen sind.

verfahrens (§ 13 InsO) oder nach diesem Antrag vorgenommen worden ist. Gleiches gilt gemäß § 135 Abs. 1 Nr. 2 InsO für eine Rechtshandlung, die für eine solche Forderung **Befriedigung** gewährt hat, wenn die Handlung im letzten Jahr vor dem Eröffnungsantrag oder nach diesem Antrag vorgenommen worden ist.[560] Auf das nach altem Recht bestehende Erfordernis einer „Gesellschaftskrise" kommt es dabei nicht mehr an.[561] § 135 Abs. 1 Nr. 1 und Nr. 2 InsO stehen nach Ansicht des BGH eigenständig nebeneinander, so dass die (unanfechtbare) Verwertung einer anfechtbar gewährten Sicherheit außerhalb der Jahresfrist des § 135 Abs. 1 Nr. 2 InsO keine Sperrwirkung für § 135 Abs. 1 Nr. 1 InsO entfaltet.[562] Das **Bargeschäftsprivileg** gemäß § 142 InsO findet im Rahmen des § 135 Abs. 1 Nr. 1 InsO keine Anwendung und gilt dementsprechend nicht bei der Anfechtung der Besicherung eines Gesellschafterdarlehens.[563] § 135 Abs. 2 Hs. 1 InsO erstreckt die Anfechtung auch auf Rechtshandlungen, mit denen eine Gesellschaft einem Dritten für eine Forderung auf Rückgewähr eines Darlehens innerhalb der in § 135 Abs. 1 Nr. 2 InsO genannten Fristen Befriedigung gewährt hat, wenn ein Gesellschafter für die Forderung eine Sicherheit bestellt hatte oder als Bürge haftete. Nach § 135 Abs. 2 Hs. 2 InsO gilt dies sinngemäß für Leistungen auf Forderungen, die einem Darlehen wirtschaftlich entsprechen. Im Fall der Anfechtung nach § 135 Abs. 2 InsO hat der Gesellschafter, der die Sicherheit bestellt hatte oder als Bürge haftete, die dem Dritten gewährte Leistung zur Insolvenzmasse zu erstatten (§ 143 Abs. 3 S. 1 InsO).[564] § 135 InsO wird durch die §§ 6, 6a AnfG flankiert, welche die **Anfechtung außerhalb des Insolvenzverfahrens** regeln.

94 Für die Anwendbarkeit der Anfechtungsregeln ist entscheidend, ob der Gläubiger innerhalb der nach § 135 InsO bzw. § 6 AnfG relevanten Fristen **Aktionär** war.[565] Es kommt nicht darauf an, ob die Aktionärsstellung bereits im Zeitpunkt der Darlehensgewährung bestanden hat.[566] Ebenso wie im Rahmen von § 39 Abs. 1 Nr. 5 InsO ist auch für die Anwendbarkeit der Anfechtungsregeln eine mittelbare Beteiligung an der Schuldnerin über

---

[560] Zur Anwendung auf die Rückzahlung von Darlehen im Cash Pool s. Spindler/Stilz/*Cahn/ v. Spannenberg* AktG § 57 Rn. 128 f.; *Brinkmann* ZGR 2017, 708 (710 ff.); *Thiessen* ZGR 2015, 396 (437 f.); zum Kontokorrent und zu kontokorrentähnlichen Gesellschafterdarlehensverhältnissen s. BGHZ 198, 77 Rn. 32 ff. = NZG 2013, 1033 (1036 f.); BGH NZG 2019, 1026 (1029 ff.); ZIP 2013, 734 (736 f.) (zur GmbH).

[561] BGHZ 196, 220 (223) = NZG 2013, 469 (470); BGH NZG 2015, 924 f.

[562] BGHZ 198, 64 (66 ff.) = NZG 2013, 1036 (1037 f.) (zur GmbH); zustimmend *Bork* EWiR 2013, 521 (522); *Bormann/Niederau* GmbHR 2013, 984 (985); *Commandeur/Utsch* NZG 2013, 1380 (1381); *Hölzle* ZIP 2013, 1992 (1993 ff.); *Plathner/Luttmann* ZinsO 2013, 1630 (1631 f.); *Thole* NZI 2013, 745 (746); wohl auch *Mylich* ZIP 2013, 2444 (2446); aA *Bitter* ZIP 2013, 1583 ff.; *Kleindiek* ZGR 2017, 731 (751 ff.); *Thiessen* ZGR 2015, 396 (434 f.); s. auch *Bitter* ZIP 2013, 1998 ff.; bereits das Vorliegen der Voraussetzungen von § 135 Abs. 1 Nr. 1 InsO verneinend *Altmeppen* ZIP 2013, 1745 (1746 ff.); *Altmeppen* ZIP 2019, 1985 (1990 f.); anders auch die zuvor wohl einhellige Ansicht im Schrifttum (vgl. die Nachweise in BGHZ 198, 64 Rn. 11 = NZG 2013, 1036 (1037)).

[563] BGH NZG 2019, 624 (628 f.); zustimmend *Bangha-Szabo* NZI 2019, 472 f.; s. auch *Bork* EWiR 2019, 241 (242); *Riedemann/Wollring* DZWiR 2019, 564 (572); kritisch *Bitter* ZIP 2019, 737 ff.; *Mylich* ZIP 2019, 2233 f.

[564] Dies gilt auch bei Doppelbesicherung durch die Gesellschaft und den Aktionär, vgl. BGHZ 215, 262 (269 f.) = NZG 2017, 1111 (1112 f.) (zur GmbH & Co. KG); s. dazu *Blöse* GmbHR 2017, 1030 ff.; *Commandeur/Hübler* NZG 2018, 97 f.; *K. Schmidt* EWiR 2017, 565 f.; *Spatz* DZWiR 2018, 43 f.; *Undritz* BB 2017, 2129; *Thole* ZIP 2017, 1742 ff.; *Weber* WuB 2018, 37 (38).

[565] Hölters/*Laubert* AktG § 57 Rn. 43; Spindler/Stilz/*Cahn/v. Spannenberg* AktG § 57 Rn. 125; Wachter/*Servatius* AktG Anhang zu § 57 Rn. 10; zur GmbH auch Baumbach/Hueck GmbHG/*Haas* § 64 Anh. Rn. 43; Lutter/Hommelhoff/*Kleindiek* GmbHG Anh. zu § 64 Rn. 136; Scholz/*Bitter* GmbHG Anh. § 64 Rn. 66; aA KölnKommAktG/*Drygala* § 57 Rn. 159, der auch vor Beginn der Jahresfrist ausgeschiedene Gesellschafter erfassen will, wenn sie weiterhin Darlehensgeber geblieben sind.

[566] BGHZ 200, 210 (216) = ZIP 2014, 584 (586) (zur GmbH); Spindler/Stilz/*Cahn/v. Spannenberg* AktG § 57 Rn. 122.

§ 16 Kapitalaufbringung und Kapitalerhaltung

eine beherrschte Zwischenholding ausreichend.[567] Zudem sind auch hier Darlehen und wirtschaftlich entsprechende Rechtshandlungen **Dritter** erfasst, wenn die Leistung bei wirtschaftlicher Betrachtung einem Aktionär zuzurechnen ist (vgl. → Rn. 92 aE). Dies kann insbesondere bei Darlehen verbundener Unternehmen der Fall sein.[568] Auch eine Beteiligung iHv 50 % an dem Darlehensgeber kann ausreichen, wenn der Gesellschafter zugleich alleinvertretungsberechtigter Geschäftsführer des Darlehensgebers ist.[569] Tritt ein Aktionär seine gegen die Gesellschaft gerichtete Darlehensforderung innerhalb der Jahresfrist des § 135 Abs. 1 Nr. 2 InsO ab und tilgt die Gesellschaft anschließend die Verbindlichkeit gegenüber dem Zessionar, unterliegt nach einer Entscheidung des BGH aus dem Jahr 2013 ab Verfahrenseröffnung **neben dem Zessionar auch der Zedent** der Anfechtung.[570] Die zur GmbH ergangene Entscheidung betraf die isolierte Abtretung einer Darlehensforderung und wurde vom BGH maßgeblich mit der Finanzierungsfolgenverantwortung des Gesellschafters und der Gefahr einer missbräuchlichen Umgehung des Anfechtungsrechts begründet.[571] Auf die in der M&A-Praxis verbreitete Konstellation, in der die **Darlehensforderung gemeinsam mit der Gesellschafterstellung auf den Erwerber übertragen** wird, sind die Ausführungen des BGH nicht ohne weiteres übertragbar, da hier im Regelfall nicht der vom BGH befürchtete Missbrauch droht und den ausgeschiedenen Gesellschafter auch keine Finanzierungsfolgenverantwortung mehr treffen kann.[572] Eine Ausnahme wäre allenfalls dann denkbar, wenn von vornherein eine Rückzahlung des Darlehens unmittelbar nach Vollzug der Transaktion von den Parteien beabsichtigt oder eine entsprechende Absicht des Erwerbers für den Veräußerer zumindest erkennbar war. Solange sich der BGH zur Behandlung der gemeinsamen Übertragung von Darlehensforderung und Gesellschafterstellung nicht geäußert hat, empfiehlt es sich, dem Anfechtungsrisiko durch eine entsprechende Gestaltung des Unternehmenskaufvertrags Rechnung zu tragen.[573] Werden **allein die Anteile übertragen,** unterliegt der frühere Aktionär weiterhin dem Nachrang und ggf. der Anfechtung, wenn die Übertragung innerhalb der Jahresfrist des § 135 Abs. 1 Nr. 2 InsO erfolgte (→ Rn. 92).

---

[567] OLG Hamm NZG 2017, 824 (zur GmbH); Spindler/Stilz/*Cahn*/*v. Spannenberg* AktG § 57 Rn. 122.
[568] BGHZ 196, 220 (225 ff.) = NZG 2013, 469 (470 f.) (zur GmbH & Co. KG).
[569] BGHZ 198, 64 (72 ff.) = NZG 2013, 1036 (1039) (zur GmbH).
[570] BGHZ 196, 220 (230 ff.) = NZG 2013, 469 (472 f.) (zur GmbH & Co. KG); zustimmend *Bork* EWiR 2013, 217 (218); *Commandeur/Utsch* NZG 2013, 575 (576); *Kleindiek* ZGR 2017, 731 (745 ff.); *A. Wilhelm* ZHR 180 (2016), 776 (794 ff.); *M. Wilhelm* BB 2013, 1107; s. auch *Preuß* ZIP 2013, 1145 (1151 f.); kritisch *Greven* BB 2014, 2309 (2311); für Anfechtungshaftung nur des Zessionars (außer bei Kollusion) *Lauster* WM 2013, 2155 (2156 f.); *Pentz* GmbHR 2013, 393 (402 f.); *Reinhard/Schützler* ZIP 2013, 1898 (1899 f.); *Schniepp/Hensel* BB 2015, 777 (779 f.); s. auch *v. Woedtke* GmbHR 2014, 1018 (1020); gegen Anfechtungshaftung des Zessionars Spindler/Stilz/*Cahn*/*v. Spannenberg* AktG § 57 Rn. 124; *Haas* NZG 2013, 1241 (1244 ff.); *Kebekus/Zenker* FS Wellensiek, 2012, 475 (481 ff.); s. auch *Heckschen/Kreusslein* RNotZ 2016, 351 (353); *Jungclaus* NZI 2013, 311 (312); *Thole* ZHR 176 (2012), 513 (533 f.).
[571] BGHZ 196, 220 (231 f.) = NZG 2013, 469 (472 f.) (zur GmbH & Co. KG), wobei der BGH im konkreten Fall von einem kollusiven Zusammenwirken der Parteien auszugehen scheint, ohne ein solches aber ausdrücklich zur Voraussetzung für die von ihm angenommenen Rechtsfolgen zu machen; welche Anforderungen konkret an das Zusammenwirken von Zedent und Zessionar gestellt werden müssen, bleibt unklar, vgl. *Azara* DStR 2013, 2280 (2284 f.).
[572] Vgl. *Greven* BB 2014, 2309 (2311); *Lauster* WM 2013, 2155 (2158); *Reinhard/Schützler* ZIP 2013, 1898 (1900 f.); *Schniepp/Hensel* BB 2015, 777 (780 f.); *v. Woedtke* GmbHR 2014, 1018 (1020 f.); für Gleichbehandlung aber *Kleindiek* ZGR 2017, 731 (749 f.).
[573] Vgl. *Azara* DStR 2013, 2280 (2287 f.); zu möglichen Vertragsgestaltungen und Alternativen zur Übertragung der Darlehensforderung s. *Greven* BB 2014, 2309 (2313 ff.); *Lauster* WM 2013, 2155 (2159 f.); *Reinhard/Schützler* ZIP 2013, 1898 (1901 f.); *Schniepp/Hensel* BB 2015, 777 (781 f.); *Schniepp/Hensel* DB 2015, 479 ff.; *v. Woedtke* GmbHR 2014, 1018 (1021 ff.).

95 Ist im Fall der **Doppelinsolvenz** von Gesellschaft und Aktionär die der Rückzahlung vorausgehende Darlehensgewährung ihrerseits anfechtbar, stellt die **anfechtbare Hingabe des Gesellschafterdarlehens eine Einrede** gegen den Anfechtungsanspruch aufgrund der Befriedigung des Anspruchs auf Rückgewähr dieses Darlehens dar.[574] Allerdings kann in der Insolvenz des Aktionärs die Auszahlung eines Gesellschafterdarlehens an die Gesellschaft **nicht als unentgeltliche Leistung des Aktionärs iSv § 134 Abs. 1 InsO angefochten** werden. Dementsprechend kann im Fall der Doppelinsolvenz von Aktionär und Gesellschaft der Insolvenzverwalter über das Vermögen des darlehensgebenden Aktionärs dem Nachrangeinwand des Insolvenzverwalters über das Vermögen der Gesellschaft auch nicht den Gegeneinwand gemäß § 146 Abs. 2 InsO, die Gewährung des Gesellschafterdarlehens sei als unentgeltliche Leistung anfechtbar, entgegenhalten.[575]

96 Die Anfechtungsregeln werden ergänzt durch den ebenfalls durch das MoMiG eingefügten **§ 92 Abs. 2 S. 3 AktG.** Danach darf der Vorstand keine Zahlungen an Aktionäre leisten, soweit diese zur Zahlungsunfähigkeit der Gesellschaft führen mussten.[576] Eine Entlastungsmöglichkeit besteht nur für den Fall, dass dies auch bei Beachtung der in § 93 Abs. 1 S. 1 AktG bezeichneten Sorgfalt nicht erkennbar war (§ 92 Abs. 2 S. 3 AktG aE). Eine Pflicht zur Zuführung zusätzlicher Mittel besteht grundsätzlich nicht (zu möglichen Ausnahmen bei Finanzplanabreden → Rn. 97 ff.).[577]

97 6. Finanzplankredite. Bei Finanzplankrediten stellen die Aktionäre der AG ergänzend zum Eigenkapital oder zur Vermeidung von Liquiditätsengpässen nach einem Finanzierungsplan notwendige Mittel als Darlehen oder zur Besicherung von Fremdverbindlichkeiten zur Verfügung.[578] Es handelt sich um **schuldrechtliche Finanzierungsversprechen** der Aktionäre, denen kraft Vereinbarung **einlagegleicher Charakter** zukommt.[579] Die Finanzplanabrede kann Bestandteil der Satzung, Gegenstand eines Gesellschafterbeschlusses oder Gegenstand einer ausdrücklich oder konkludent vereinbarten schuldrechtlichen Nebenabrede zur Satzung sein.[580] Ob eine Finanzplanabrede vorliegt und die Gesellschafter somit der Gesellschaft einlageähnliche Mittel zur Verfügung stellen wollen, ist anhand einer Gesamtwürdigung der getroffenen Vereinbarung zu beurteilen.[581] Diese Gesamtwürdigung muss ergeben, dass die Parteien das außerordentliche Kündigungsrecht des § 490 Abs. 1 BGB (wesentliche Verschlechterung der Vermögensverhältnisse) ausschließen wollten und der Gesellschafter auch in der Krise verpflichtet bleiben soll, sein Finanzierungsversprechen zu erfüllen.[582]

98 Vor der Abschaffung des bisherigen Eigenkapitalersatzrechts durch das MoMiG (vgl. → Rn. 88 f.) wurden auf erbrachte Finanzplankredite die Grundsätze über eigenkapitalersetzende Gesellschafterdarlehen angewendet, so dass ein erbrachter Finanzplankredit als gewillkürtes Haftkapital in der Krise nur unter Beachtung dieser Grundsätze zurückgezahlt

---

[574] BGH NZG 2019, 1026 (1031 f.); s. dazu *Klinck* DB 2019, 2729 ff.

[575] BGHZ 212, 272 (276 ff.) = NZG 2017, 66 (67 f.) (zur GmbH); s. auch BGH NZG 2019, 1026 (1032); zustimmend *Bangha-Szabo* NZI 2017, 27; *Huber* EWiR 2017, 17 (18); *Kleindiek* ZGR 2017, 731 (756 f.); *Thole* WuB 2017, 216 (218).

[576] Vgl. zu dem parallelen § 64 S. 3 GmbHG Begr. RegE, BT-Drs. 16/6140, 42.

[577] Grigoleit/*Grigoleit/Rachlitz* AktG § 57 Rn. 54.

[578] Vgl. zur GmbH Baumbach/Hueck GmbHG/*Haas* § 64 Anh. Rn. 31.

[579] BGHZ 142, 116 (122 f.) = NZG 1999, 880 (881 ff.) (zur GmbH); Grigoleit/*Grigoleit/Rachlitz* AktG § 57 Rn. 62; GroßkommAktG/*Henze* § 54 Rn. 57; MüKoAktG/*Bayer* § 57 Rn. 343.

[580] GroßkommAktG/*Henze* § 54 Rn. 54 f.; *Habersack* ZGR 2000, 384 (411); *K. Schmidt* ZIP 1999, 1241 (1249).

[581] BGHZ 104, 33 (40 f.) = NJW 1988, 1841 (1843) (zur GmbH & Co. KG); *Habersack* ZGR 2000, 384 (413).

[582] BGHZ 142, 116 (122 f.) = NZG 1999, 880 (882) (zur GmbH); Grigoleit/*Grigoleit/Rachlitz* AktG § 57 Rn. 62; Hölters/*Laubert* AktG § 57 Rn. 45; KölnKommAktG/*Drygala* § 54 Rn. 52; *Habersack* ZGR 2000, 384 (413); *K. Schmidt* ZIP 1999, 1241 (1247).

werden durfte.[583] Trotz ihres nichtkorporativen Charakters unterlagen Finanzplankredite daher als gewillkürtes Haftkapital entsprechend §§ 57, 62 AktG den **Grundsätzen der aktienrechtlichen Vermögensbindung**.[584] Nach teilweise vertretener Ansicht soll die Privilegierung des § 57 Abs. 1 S. 4 AktG auf die Rückzahlung erbrachter Finanzplankredite nicht anwendbar sein, womit diese auch nach Abschaffung des bisherigen Eigenkapitalersatzrechts der strengen Vermögensbindung des § 57 Abs. 1 S. 1 AktG unterliegen würden.[585] Dies erscheint zweifelhaft. Unterliegt der Rückzahlungsanspruch vertraglichen Beschränkungen, bedarf es keiner zusätzlichen gesellschaftsrechtlichen Absicherung. Erfolgt eine Rückzahlung im letzten Jahr vor dem Eröffnungsantrag (§ 13 InsO), besteht zudem der insolvenzrechtliche Schutz über die Anfechtbarkeit gemäß § 135 Abs. 1 Nr. 2 InsO. Ein hinreichender Grund für eine teleologische Reduktion von § 57 Abs. 1 S. 4 AktG ist daher nicht ersichtlich, so dass erbrachte Finanzplankredite im Hinblick auf das Verbot der Einlagenrückgewähr genauso behandelt werden sollten, wie alle sonstigen Aktionärsdarlehen.

Eine andere Frage ist, ob die in einem Finanzplankredit enthaltene Darlehenszusage nach **99** Eintritt der Krise noch aufgehoben werden kann. Wie jede schuldrechtliche Vereinbarung kann das Finanzierungsversprechen grundsätzlich jederzeit einvernehmlich aufgehoben werden. Nach der Rechtsprechung des BGH aus der Zeit vor Inkrafttreten des MoMiG tritt nach Eintritt der Krise aber eine **Sperrwirkung** ein, die nicht auf einer Anwendung der Eigenkapitalersatzregeln beruht, sondern auf einer entsprechenden Heranziehung der gesetzlichen Regeln für die Befreiung von der Einlagepflicht (§ 19 Abs. 2 GmbHG bzw. § 66 Abs. 1 AktG).[586] Der BGH hat in einer neueren Entscheidung offen gelassen, ob dies auch nach Inkrafttreten des MoMiG noch gilt.[587] Die wohl hM spricht sich indessen für eine Fortgeltung der vom BGH entwickelten Grundsätze aus.[588] Auch dies erscheint zweifelhaft. Die Beschränkung der Aufhebbarkeit beruht zwar nicht auf den Eigenkapitalersatzregeln, so dass die Abschaffung des bisherigen Eigenkapitalersatzrechts durch das MoMiG nicht zwingend gegen eine Fortgeltung der vom BGH entwickelten Grundsätze spricht. Die Neukonzeption des Gesetzgebers hin zu einer insolvenzrechtlichen Lösung spricht aber auch hier gegen eine Regelungslücke, die durch eine entsprechende Heranziehung des Kapitalaufbringungsrechts geschlossen werden könnte. Im Hinblick auf die Vertragsänderung oder Aufhebung kann ggf. eine Anfechtung gemäß § 134 InsO in Betracht kommen.[589] Mit Eröffnung des Insolvenzverfahrens ist zudem der Übergang der Verfügungsbefugnis auf den Insolvenzverwalter (§ 80 Abs. 1 InsO) zu beachten.[590]

7. Zinsverbot. Nach § 57 Abs. 2 AktG dürfen den Aktionären Zinsen weder zugesagt **100** noch ausgezahlt werden. Das Zinsverbot hat keine eigenständige Bedeutung, sondern konkretisiert und betont für einen Spezialfall das allgemeine Verbot aus § 57 Abs. 1 S. 1 AktG. Da sich das Zinsverbot nur an die AG, nicht aber an Dritte richtet, sind **Dritte** – in

---

[583] Vgl. BGHZ 142, 116 (119) = NZG 1999, 880 (881) (zur GmbH); GroßkommAktG/*Henze* § 57 Rn. 161; MüKoAktG/*Bayer* § 57 Rn. 345 ff.
[584] GroßkommAktG/*Henze* § 57 Rn. 159; MüKoAktG/*Bayer* § 57 Rn. 345.
[585] MüKoAktG/*Bayer* § 57 Rn. 348; K. Schmidt/Lutter/*Fleischer* AktG § 57 Rn. 64; zu § 30 GmbHG auch *Bormann/Urlichs* GmbHR-Sonderheft 2008, 37 (50); aA zu § 30 GmbHG Baumbach/Hueck GmbHG/*Haas* § 64 Anh. Rn. 31; *Schall*, Kapitalgesellschaftsrechtlicher Gläubigerschutz, 2009, S. 176; *Buschmann* NZG 2009, 91 (93).
[586] BGHZ 142, 116 (121) = NZG 1999, 880 (882) (zur GmbH); ebenso etwa GroßkommAktG/*Henze* § 54 Rn. 59; *Habersack* ZGR 2000, 384 (414 f.); aA MüKoAktG/*Bayer* § 57 Rn. 344, 346.
[587] BGHZ 187, 69 (77)= NZG 2010, 1267 (1269 f.) – STAR 21 (zur GmbH).
[588] S. etwa Baumbach/Hueck GmbHG/*Haas* § 64 Anh. Rn. 32; *Bormann/Urlichs* GmbHR-Sonderheft 2008, 37 (50); *Buschmann* NZG 2009, 91 ff.; *Habersack* ZIP 2007, 2145 (2152 f.); offen BGHZ 187, 69 (77 f.) = NZG 2010, 1267 (1269 f.) – STAR 21; aA Grigoleit/*Grigoleit/Rachlitz* AktG § 57 Rn. 62; MüKoAktG/*Bayer* § 57 Rn. 348; zur GmbHG auch *Dittmer* DZWiR 2014, 151 (153 ff.).
[589] Grigoleit/*Grigoleit/Rachlitz* AktG § 57 Rn. 62; KölnKommAktG/*Drygala* § 54 Rn. 55.
[590] Grigoleit/*Grigoleit/Rachlitz* AktG § 57 Rn. 62.

den in → Rn. 70 genannten Grenzen – berechtigt, den Aktionären auf eigene Rechnung eine feste Verzinsung ihrer Einlage zu gewähren oder ihnen eine bestimmte Dividende zu garantieren.[591] In den Fällen des § 304 AktG besteht sogar eine entsprechende gesetzliche Verpflichtung des aus einem Beherrschungs- oder Gewinnabführungsvertrag Berechtigten (vgl. → § 71 Rn. 78 ff.). Die Zinsen oder garantierten Dividenden kann der Dritte entweder unmittelbar gegenüber den begünstigten Aktionären oder in einem Vertrag mit der AG übernehmen.[592] Inhaltlich ist danach zu unterscheiden, ob der Garant eine Garantie zugunsten der Gesellschaft (sog. Rentabilitätsgarantie) oder zugunsten der Aktionäre (sog. Rentengarantie) übernommen hat. Eine Rentengarantie kann so ausgestaltet sein, dass sich der Garant zu Rentenleistungen an die AG verpflichtet und diese gegenüber dem Garanten eine Pflicht zur Weiterleitung an die Aktionäre übernimmt. Möglich ist aber auch, dass den Aktionären ein direkter Anspruch gegen den Garanten eingeräumt wird (Vertrag zugunsten Dritter).[593] Sofern der Vertrag keine abweichende Regelung enthält, ist davon auszugehen, dass die jeweiligen Aktionäre berechtigt sein sollen, unabhängig davon, ob sie ihre Aktien bei Vertragsschluss bereits erworben hatten.[594] Übernimmt der Garant eine Rentengarantie, ist er nicht zum Ausgleich von Verlusten der AG verpflichtet.[595] Dagegen verspricht der Garant bei Übernahme einer Rentabilitätsgarantie, der AG so viel Kapital zur Verfügung zu stellen, dass sich ein jährlicher Bilanzgewinn in einer bestimmten Höhe ergibt.[596] Die Aktionäre haben hier keinen direkten Anspruch gegen den Garanten. Sie haben grundsätzlich auch gegen die AG keinen Anspruch auf Ausschüttung, so dass in den Grenzen der §§ 58, 254 AktG frei über die Verteilung des Bilanzgewinns entschieden werden kann.[597] Im Zweifel ist davon auszugehen, dass der Garant nur eine Rentengarantie übernehmen wollte.[598]

101 8. Rechtsfolgen von Verstößen. a) Rückgewähransprüche. Nach früher hM sollte bei Verstößen gegen das Verbot der Einlagenrückgewähr grundsätzlich sowohl das zwischen AG und Aktionär geschlossene Verpflichtungsgeschäft als auch das Erfüllungsgeschäft gemäß § 134 BGB nichtig sein.[599] Dies sollte sowohl für die offene als auch für die verdeckte Einlagenrückgewähr gelten.[600] Gegen diese Ansicht sprach, dass sie zu Konkurrenzproblemen mit der in das AktG 1965 neu aufgenommenen Rückgewährpflicht gemäß § 62 AktG führte. Zudem berücksichtigte sie nicht hinreichend, dass § 57 AktG nicht die gegenständliche Zusammensetzung des Gesellschaftsvermögens, sondern die wertmäßige Erhaltung des Kapitals bezweckt, wie es nunmehr auch der Gesetzgeber des MoMiG durch Einfügung von § 57 Abs. 1 S. 3 AktG klargestellt hat. Die heute hM geht daher zutreffend davon aus, dass § 62 AktG eine abschließende Spezialregelung darstellt und bei Verstößen

---

[591] GroßkommAktG/*Henze* § 57 Rn. 168 ff.; Hölters/*Laubert* AktG § 57 Rn. 26; MüKoAktG/*Bayer* § 57 Rn. 209; Spindler/Stilz/*Cahn/v. Spannenberg* AktG § 57 Rn. 84.
[592] MüKoAktG/*Bayer* § 57 Rn. 210 f.
[593] GroßkommAktG/*Henze* § 57 Rn. 171; MüKoAktG/*Bayer* § 57 Rn. 211.
[594] GroßkommAktG/*Henze* § 57 Rn. 172.
[595] GroßkommAktG/*Henze* § 57 Rn. 170; MüKoAktG/*Bayer* § 57 Rn. 213.
[596] GroßkommAktG/*Henze* § 57 Rn. 175; MüKoAktG/*Bayer* § 57 Rn. 215.
[597] MüKoAktG/*Bayer* § 57 Rn. 215.
[598] GroßkommAktG/*Henze* § 57 Rn. 176; MüKoAktG/*Bayer* § 57 Rn. 216.
[599] RGZ 107, 161 (166 ff.) (zu §§ 213, 215 HGB aF); OLG Hamburg AG 1980, 275 (279); OLG München AG 1980, 272 (273); OLG Koblenz AG 1977, 231 (232); GroßkommAktG/*Henze* § 57 Rn. 200 ff.; Hüffer AktG/*Koch* § 57 Rn. 32; jedenfalls für Nichtigkeit des Verpflichtungsgeschäfts auch RGZ 149, 385 (400); 121, 99 (106); 77, 71 (72 f.) (zu §§ 213, 215 HGB aF); OLG Düsseldorf AG 1980, 273 f. – Augsburger Kammgarn-Spinnerei AG; differenzierend *Joost* ZHR 149 (1985), 419 (434 ff.): Nichtigkeit nur bei rein rechnerischer Wertverschiebung.
[600] GroßkommAktG/*Henze* § 57 Rn. 201 ff. und 206 ff.; aA für verdeckte Einlagenrückgewähr *Ballerstedt*, Kapital, Gewinn und Ausschüttung bei Kapitalgesellschaften, 1949, S. 128 ff.; für Wirksamkeit des Erfüllungsgeschäfts bei verdeckter Einlagenrückgewähr *Flume* ZHR 144 (1980), 18 (23 ff.); *Geßler* FS R. Fischer, 1979, 131 (140 ff.).

gegen das Verbot der Einlagenrückgewähr **weder das Verpflichtungsgeschäft noch das Erfüllungsgeschäft nichtig** ist.[601] Dieser Ansicht hat sich auch der BGH angeschlossen.[602] Eine Rückabwicklung kann daher ausschließlich nach § 62 AktG erfolgen (dazu → Rn. 104 ff.). Diese Grundsätze gelten auch bei gegen § 57 Abs. 1 S. 1 AktG verstoßenden **Leistungen durch Dritte** auf Rechnung der Gesellschaft (dazu → Rn. 70). Dem Dritten ist in diesem Fall jedoch ein Aufwendungsersatzanspruch nach § 670 BGB gegen die AG zu versagen.[603] Verstößt ein zwischen der AG und einem Aktionär geschlossenes Rechtsgeschäft gegen § 57 Abs. 1 S. 1 AktG, ist die AG ungeachtet der Wirksamkeit des Verpflichtungsgeschäfts berechtigt und verpflichtet die Erfüllung zu verweigern **(Leistungsverweigerungsrecht und Leistungsverbot).**[604]

b) Auswirkungen auf Hauptversammlungsbeschlüsse. Für Hauptversammlungsbeschlüsse gelten die Sonderregelungen der §§ 241 ff. AktG. Ein gegen § 57 AktG verstoßender Hauptversammlungsbeschluss ist in aller Regel nach § 241 Nr. 3 AktG **nichtig**.[605] Bereits in der ursprünglichen Satzung befindliche Bestimmungen, die gegen § 57 AktG verstoßen, sind ebenfalls nichtig.[606] Dies ergibt sich aus § 241 Nr. 3 AktG (vgl. → § 6 Rn. 12).

c) Schadensersatzansprüche. Nimmt die AG gegen das Verbot der Einlagenrückgewähr verstoßende Rechtsgeschäfte vor, können sich die handelnden **Vorstandsmitglieder** nach § 93 Abs. 3 Nr. 1 und 2 AktG (dazu → § 26 Rn. 28 ff.) schadensersatzpflichtig machen.[607] Eine entsprechende Schadensersatzpflicht trifft nach § 116 AktG auch Aufsichtsratsmitglieder, wenn sie die verbotene Einlagenrückgewähr bei gebotener Sorgfalt hätten erkennen können.[608] Häufig werden Verstöße gegen § 57 AktG darauf beruhen, dass die Gesellschaft einem einflussreichen **Aktionär** Vorteile gewährt. Beruht die verbotene

---

[601] Grigoleit/*Grigoleit/Rachlitz* AktG § 57 Rn. 20 ff.; Hölters/*Laubert* AktG § 57 Rn. 28; KölnKommAktG/*Drygala* § 57 Rn. 133 ff.; MüKoAktG/*Bayer* § 57 Rn. 235 ff.; K. Schmidt/Lutter/*Fleischer* AktG § 57 Rn. 74; *Heinemann*, Verdeckte Sacheinlagen im Recht der Kapitalgesellschaften, 2014, S. 105 f.; *Bayer/Scholz* AG 2013, 426; *Bitter* ZHR 168 (2004), 302 (342 ff.); *Rosengarten* ZHR 168 (2004), 708 ff.; *Witt* ZGR 2013, 668 (671 ff.); s. auch *J. Wilhelm* FS Flume, Bd. II, 1978, 337 (383 ff.); für Einzelfallbetrachtung Spindler/Stilz/*Cahn/v. Spannenberg* AktG § 57 Rn. 97 f.

[602] BGHZ 196, 312 (315 ff.) = NZG 2013, 496 (497 f.); ebenso bereits die Vorinstanz OLG München ZIP 2012, 1024 (1026 f.).

[603] GroßkommAktG/*Henze* § 57 Rn. 212; Hölters/*Laubert* AktG § 57 Rn. 28; Hüffer AktG/*Koch* § 57 Rn. 33.

[604] Grigoleit/*Grigoleit/Rachlitz* AktG § 57 Rn. 23; Hölters/*Laubert* AktG § 57 Rn. 28; KölnKommAktG/*Drygala* § 57 Rn. 136; MüKoAktG/*Bayer* § 57 Rn. 224; K. Schmidt/Lutter/*Fleischer* AktG § 57 Rn. 75; *Flume* ZHR 144 (1980), 18 (23); vgl. auch GroßkommAktG/*Henze* § 57 Rn. 206; Spindler/Stilz/*Cahn/v. Spannenberg* AktG § 57 Rn. 86; für Erlöschen der Primärleistungspflichten *Bayer/Scholz* AG 2013, 426 (427).

[605] BGH ZIP 2012, 1753 (1754 f.) – HVB/UniCredit; Bürgers/Körber/*Göz* § 241 Rn. 16; Grigoleit/*Ehmann* AktG § 241 Rn. 16; GroßkommAktG/*Henze* § 57 Rn. 202; Hölters/*Englisch* AktG § 241 Rn. 61; Hüffer AktG/*Koch* § 241 Rn. 18; MüKoAktG/*Hüffer/Schäfer* § 241 Rn. 55; K. Schmidt/Lutter/*Schwab* AktG § 241 Rn. 27; Spindler/Stilz/*Drescher* AktG § 241 Rn. 184; *Joost* ZHR 149 (1985), 419 (435).

[606] GroßkommAktG/*Henze* § 57 Rn. 202.

[607] Vgl. OLG Hamm ZIP 1995, 1263 (1265 ff.) – Harpener/Omni I; Grigoleit/*Grigoleit/Rachlitz* AktG § 57 Rn. 25; GroßkommAktG/*Henze* § 57 Rn. 226; Hölters/*Laubert* AktG § 57 Rn. 29; Hüffer AktG/*Koch* § 57 Rn. 32; KölnKommAktG/*Drygala* § 57 Rn. 137; MüKoAktG/*Bayer* § 57 Rn. 239; K. Schmidt/Lutter/*Fleischer* AktG § 57 Rn. 76; Spindler/Stilz/*Cahn/v. Spannenberg* AktG § 57 Rn. 100.

[608] Vgl. OLG Frankfurt a. M. OLGR Frankfurt 2004, 169 (172 ff.); LG Dortmund AG 2002, 97 (98 f.) – Harpener/Omni II; Grigoleit/*Grigoleit/Rachlitz* AktG § 57 Rn. 25; GroßkommAktG/*Henze* § 57 Rn. 226; Hölters/*Laubert* AktG § 57 Rn. 29; Hüffer AktG/*Koch* § 57 Rn. 32; KölnKommAktG/*Drygala* § 57 Rn. 138; MüKoAktG/*Bayer* § 57 Rn. 239; K. Schmidt/Lutter/*Fleischer* AktG § 57 Rn. 76; Spindler/Stilz/*Cahn/v. Spannenberg* AktG § 57 Rn. 100.

Einlagenrückgewähr darauf, dass der Aktionär unter Benutzung seines Einflusses auf die Gesellschaft ein Mitglied des Vorstands oder des Aufsichtsrats, einen Prokuristen oder einen Handlungsbevollmächtigten zu der verbotenen Leistung bestimmt, ist er auch nach § 117 AktG der Gesellschaft und eventuell auch den Mitaktionären zum Schadensersatz verpflichtet (dazu → § 27 Rn. 2 ff.).[609]

V. Haftung beim Empfang verbotener Leistungen

104 Nach § 62 Abs. 1 S. 1 AktG haben die Aktionäre der Gesellschaft Leistungen, die sie entgegen den Vorschriften des Aktiengesetzes von ihr empfangen haben, zurückzugewähren. Entgegen den Vorschriften des Aktiengesetzes empfangen sind insbesondere solche Leistungen, die eine nach § 57 AktG unzulässige Einlagenrückgewähr darstellen. Für Leistungen der AG, die vom Aktionär als **Gewinnanteile** bezogen werden, besteht die Rückgewährpflicht nur, wenn der Aktionär im Zeitpunkt des Empfangs der Leistung wusste oder infolge von Fahrlässigkeit nicht wusste, dass er zum Bezug nicht berechtigt war (§ 62 Abs. 1 S. 2 AktG). Unter Gewinnanteilen sind Dividenden auf Grund eines Gewinnverwendungsbeschlusses nach § 174 AktG und Abschlagszahlungen nach § 59 AktG zu verstehen.[610] § 62 Abs. 1 S. 2 AktG gilt demnach bei Dividendenzahlungen aufgrund eines nichtigen Gewinnverwendungsbeschlusses, bei Überzahlungen an einzelne Aktionäre unter Verstoß gegen den gesetzlichen oder satzungsmäßigen Gewinnverteilungsschlüssel, bei Dividendenzahlungen an Aktionäre, deren Rechte nicht bestehen oder ruhen (vgl. §§ 20 Abs. 7, 21 Abs. 4, 71b, 71d S. 4, 328 Abs. 1 AktG, § 44 WpHG, § 59 WpÜG) sowie bei Abschlagszahlungen unter Verstoß gegen § 59 AktG.[611] Die **Beweislast** für das Vorliegen der Voraussetzungen des § 62 Abs. 1 S. 2 AktG trägt hinsichtlich der Tatsache, dass es sich bei der bezogenen Leistung um einen Gewinnanteil handelt, der Aktionär und hinsichtlich der Kenntnis oder fahrlässigen Unkenntnis des Fehlens seiner Bezugsberechtigung die AG.[612]

105 **Schuldner** des Rückgewähranspruchs ist der **Aktionär,** der eine gesetzwidrige Leistung empfangen hat. Gegen Dritte richtet sich der gesellschaftsrechtliche Rückforderungsanspruch aus § 62 AktG grundsätzlich nicht.[613] Sind Dritte Rechtsnachfolger eines Aktionärs, ist zu unterscheiden: Gesamtrechtsnachfolger treten in die Rechts- und Pflichtenstellung des Rechtsvorgängers ein und haften daher auch nach § 62 AktG. Einzelrechtsnachfolger können demgegenüber nicht nach § 62 AktG in Anspruch genommen werden.[614] Hiervon zu unterscheiden ist die Haftung Dritter nach § 62 AktG,

---

[609] Vgl. Grigoleit/*Grigoleit/Rachlitz* AktG § 57 Rn. 25; GroßkommAktG/*Henze* § 57 Rn. 227; Hölters/*Laubert* AktG § 57 Rn. 29; Hüffer AktG/*Koch* § 57 Rn. 32; MüKoAktG/*Bayer* § 57 Rn. 241; K. Schmidt/Lutter/*Fleischer* AktG § 57 Rn. 76; Spindler/Stilz/*Cahn/v. Spannenberg* AktG § 57 Rn. 101.

[610] GroßkommAktG/*Henze* § 62 Rn. 65; Hölters/*Laubert* AktG § 62 Rn. 13; Hüffer AktG/*Koch* § 62 Rn. 13; KölnKommAktG/*Drygala* § 62 Rn. 79; MüKoAktG/*Bayer* § 62 Rn. 66; K. Schmidt/Lutter/*Fleischer* AktG § 62 Rn. 22; Spindler/Stilz/*Cahn* AktG § 62 Rn. 26.

[611] Grigoleit/*Grigoleit/Rachlitz* AktG § 62 Rn. 4; GroßkommAktG/*Henze* § 62 Rn. 17; vgl. auch MüKoAktG/*Bayer* § 62 Rn. 36 ff.

[612] Grigoleit/*Grigoleit/Rachlitz* AktG § 62 Rn. 5; GroßkommAktG/*Henze* § 62 Rn. 97 f.; Hölters/*Laubert* AktG § 62 Rn. 15; Hüffer AktG/*Koch* § 62 Rn. 14; KölnKommAktG/*Drygala* § 62 Rn. 86; MüKoAktG/*Bayer* § 62 Rn. 76; K. Schmidt/Lutter/*Fleischer* AktG § 62 Rn. 25; Spindler/Stilz/*Cahn* AktG § 62 Rn. 28.

[613] BGH AG 1981, 227; KG NZG 1999, 161; OLG Düsseldorf AG 1980, 273 (274); Hölters/*Laubert* AktG § 62 Rn. 5; GroßkommAktG/*Henze* § 62 Rn. 25; Hüffer AktG/*Koch* § 62 Rn. 5; KölnKommAktG/*Drygala* § 62 Rn. 23; MüKoAktG/*Bayer* § 62 Rn. 12; K. Schmidt/Lutter/*Fleischer* AktG § 62 Rn. 15; Spindler/Stilz/*Cahn* AktG § 62 Rn. 14.

[614] Bürgers/Körber/*H. P. Westermann* AktG § 62 Rn. 5; Grigoleit/*Grigoleit/Rachlitz* AktG § 62 Rn. 3; GroßkommAktG/*Henze* § 62 Rn. 38; Hölters/*Laubert* AktG § 62 Rn. 8; Hüffer AktG/*Koch* § 62 Rn. 4; KölnKommAktG/*Drygala* § 62 Rn. 39; MüKoAktG/*Bayer* § 62 Rn. 26; K. Schmidt/

§ 16 Kapitalaufbringung und Kapitalerhaltung

die von der AG Leistungen erhalten haben, die gemäß § 57 AktG als verbotene Einlagenrückgewähr zu qualifizieren sind. Ein Anspruch aus § 62 AktG ist zu bejahen, wenn der Dritte dem Aktionär gleichzustellen ist. Dies ist der Fall bei Leistungen an einen Dritten im Hinblick auf dessen frühere oder künftige Aktionärsstellung (vgl. → Rn. 71) und bei Leistungen an einen faktischen Aktionär, wenn etwa der Aktionär die Aktien nur als Strohmann des Dritten hält (vgl. → Rn. 72), bei Leistungen an den Vertreter eines Aktionärs oder bei Leistungen an ein mit dem Aktionär verbundenes Unternehmen (vgl. → Rn. 73).[615]

106 Nach hM geht der gesellschaftsrechtliche Rückgewähranspruch aus § 62 AktG auf **Rückgewähr der gesetzwidrig empfangenen Leistung**.[616] Nur wenn die Leistung ihrer Natur nach – wie zB bei Dienstleistungen oder Nutzungsüberlassungen – nicht zurückgewährt werden kann, soll sich der Anspruch entsprechend § 346 Abs. 2 BGB auf den Wert der empfangenen Leistung richten.[617] Demgegenüber nimmt die im Vordringen befindliche Gegenansicht an, dass generell nur **Wertersatz** geschuldet wird.[618] Hierfür spricht, dass § 57 AktG nicht die gegenständliche Zusammensetzung des Gesellschaftsvermögens, sondern die wertmäßige Erhaltung des Kapitals bezweckt.[619] Besteht die gegen § 57 Abs. 1 S. 1 AktG verstoßende Leistung in einer **Risikoübernahme** durch die Gesellschaft, gewährt § 62 Abs. 1 S. 1 AktG nach Ansicht des BGH einen **Freistellungsanspruch** gegen den Aktionär (der sich bei Leistung der Gesellschaft im Fall der Realisierung des Risikos gemäß §§ 280, 281 BGB in einen Schadensersatzanspruch umwandelt).[620] Ein **Mitverschulden** der Gesellschaft ist im Rahmen der §§ 57, 62 AktG unbeachtlich, so dass es der Gesellschaft vom Aktionär nicht gemäß § 254 BGB anspruchsmindernd entgegengehalten werden kann.[621] Da nach zutreffender Ansicht das Verpflichtungs- und das Erfüllungsgeschäft auch bei Vorliegen einer verbotenen Einlagenrückgewähr wirksam bleiben (→ Rn. 101), bestehen neben dem gesellschaftsrechtlichen Rückgewähranspruch aus § 62 Abs. 1 S. 1 AktG regelmäßig weder bereicherungsrechtliche Rückgewähransprüche nach §§ 812 ff. BGB noch dingliche An-

---

Lutter/*Fleischer* AktG § 62 Rn. 12; Spindler/Stilz/*Cahn* AktG § 62 Rn. 8; aA für bösgläubigen Erwerber *Wiesner* FS Th. Raiser, 2005, 471 (474 ff.), der auf die systematische Identität des Einlageanspruchs nach § 54 Abs. 1 AktG mit der „Wiedereinlagepflicht" nach § 62 Abs. 1 S. 1 AktG verweist.

[615] Vgl. GroßkommAktG/*Henze* § 62 Rn. 22 ff.; KölnKommAktG/*Drygala* § 62 Rn. 33 ff.; MüKoAktG/*Bayer* § 62 Rn. 14 ff.; K. Schmidt/Lutter/*Fleischer* AktG § 62 Rn. 14; Spindler/Stilz/*Cahn* AktG § 62 Rn. 14 ff.; *Canaris* FS R. Fischer, 1979, 31 (40 f.).

[616] BGHZ 196, 312 (317 f.) = NZG 2013, 496 (497 f.); GroßkommAktG/*Henze* § 62 Rn. 39; Heidel/*Drinhausen* AktG § 62 Rn. 14; Hüffer AktG/*Koch* § 62 Rn. 9; *Witt* ZGR 2013, 668 (674 ff.); vgl. zu § 31 Abs. 1 GmbHG auch BGHZ 176, 62 (64 f.) = NZG 2008, 467 (468).

[617] GroßkommAktG/*Henze* § 62 Rn. 41; Hüffer AktG/*Koch* § 62 Rn. 9, 11.

[618] Grigoleit/*Grigoleit/Rachlitz* AktG § 62 Rn. 3; KölnKommAktG/*Drygala* § 62 Rn. 62; K. Schmidt/Lutter/*Fleischer* AktG § 62 Rn. 18; *Flume* ZHR 144 (1980), 18 (23 ff.); s. auch *Joost* ZHR 149 (1985), 419 (420); auf die Umstände des Einzelfalls abstellend Bürgers/Körber/*H. P. Westermann* AktG § 62 Rn. 7; Spindler/Stilz/*Cahn* AktG § 62 Rn. 22; differenzierend Hölters/*Laubert* AktG § 62 Rn. 11; MüKoAktG/*Bayer* § 62 Rn. 53 ff., die der Gesellschaft und dem Rückgewährpflichtigen primär die Möglichkeit einräumen wollen, ein verbotswidriges Rechtsgeschäft an marktübliche Konditionen anzupassen.

[619] Vgl. KölnKommAktG/*Drygala* § 62 Rn. 61; K. Schmidt/Lutter/*Fleischer* AktG § 62 Rn. 18.

[620] BGHZ 190, 7 (25) = NZG 2011, 829 (834) – Deutsche Telekom III; zustimmend *Schäfer* FS Hoffmann-Becking, 2013, 997 (1002); aA *Leuschner* NJW 2011, 3275 (3276).

[621] BGHZ 190, 7 (15 f.) = NZG 2011, 829 (831) – Deutsche Telekom III; zustimmend *Schäfer* FS Hoffmann-Becking, 2013, 997 (1002 f.); s. auch *Leuschner* NJW 2011, 3275 (3276); ebenso bereits *Schäfer* ZIP 2010, 1877 (1882 f.); vgl. auch GroßkommAktG/*Henze* § 62 Rn. 11, 51; KölnKommAktG/*Drygala* § 62 Rn. 16, 73; aA *Westermann/Paefgen* FS Hoffmann-Becking, 2013, 1363 (1377); teilweise anders auch *M. Arnold/Aubel* ZGR 2012, 113 (134 f.), sofern bei Übernahme abstrakter Risiken die Gesellschaftsorgane maßgeblichen Einfluss auf deren Realisierung haben.

sprüche nach §§ 985 ff. BGB.⁶²² Dagegen bleiben Schadensersatzansprüche nach §§ 823 ff. BGB und § 117 AktG von § 62 AktG unberührt.⁶²³ Jedoch besteht bei Vorliegen der Voraussetzungen des § 62 Abs. 1 S. 2 AktG (vgl. → Rn. 104) eine Verpflichtung zur Rückgewähr der empfangenen Gewinnanteile auch nicht auf Grund der §§ 823 ff. BGB, § 117 AktG.⁶²⁴ – Nach § 62 Abs. 3 S. 1 AktG **verjähren** die Rückgewähransprüche aus § 62 AktG in zehn Jahren seit dem Empfang der Leistung. Bei der Bestellung von Sicherheiten (→ Rn. 85) ist für den Verjährungsbeginn nicht die Verwertung, sondern bereits die Bestellung der Sicherheit maßgeblich.⁶²⁵

107 Die Geltendmachung des Rückgewähranspruchs obliegt dem **Vorstand** der Gesellschaft.⁶²⁶ Der Anspruch ist nach § 66 Abs. 2 AktG wie eine Einlageschuld zu behandeln. Die Problematik liegt jedoch darin, dass der Vorstand, der bei der verbotswidrigen Leistung mitgewirkt hat, regelmäßig keinen Anreiz hat, den Rückgewähranspruch geltend zu machen. Hier bleibt es bei der Möglichkeit der Aktionärsminderheit, nach § 142 Abs. 2 AktG eine Sonderprüfung zu erzwingen und ggf. gemäß § 148 AktG für die Gesellschaft Schadensersatzansprüche gegen den Vorstand geltend zu machen. Nach § 62 Abs. 2 S. 1 AktG kann der Rückgewähranspruch der Gesellschaft ausnahmsweise auch von den **Gesellschaftsgläubigern** im Wege der Prozessstandschaft im eigenen Namen geltend gemacht werden, soweit sie von der Gesellschaft keine Befriedigung erlangen können. Die Gesellschaftsgläubiger können dabei nicht Leistung an sich, sondern nur **Leistung an die Gesellschaft** verlangen.⁶²⁷ Da die Gesellschaftsgläubiger den Rückgewähranspruch der Gesellschaft nur dann geltend machen können, wenn sie von der Gesellschaft keine Befriedigung erlangen können, kommt § 62 Abs. 2 S. 1 AktG regelmäßig praktische Bedeutung nur im Insolvenzfall zu. Nach § 62 Abs. 2 S. 2 AktG verdrängt dann aber regelmäßig der Insolvenzverwalter die Gesellschaftsgläubiger aus ihrer Stellung als Prozessstandschafter. Die Befugnis der Gesellschaftsgläubiger zur Geltendmachung des Rückgewähranspruchs hat also praktische Relevanz nur dann, wenn kein Insolvenzverfahren eröffnet wird oder der Insolvenzverwalter den Anspruch freigibt.

§ 17 Mitgliedschaft des Aktionärs

Übersicht

	Rn.		Rn.
I. Mitgliedschaft und Mitgliedschaftsrechte	1–10	2. Erwerb und Verlust der Mitgliedschaft	2
1. Überblick	1	3. Mitgliedschaftsrechte	3–8
		4. Abspaltungsverbot	9, 10

---

⁶²² Auf die Frage, ob § 62 Abs. 1 S. 1 AktG die allgemeinen bereicherungsrechtlichen Rückgewähransprüche nach §§ 812 ff. BGB verdrängt, kommt es daher nicht mehr an; für eine solche Verdrängung etwa KG NZG 1999, 161; Grigoleit/*Grigoleit/Rachlitz* AktG § 62 Rn. 1; GroßkommAktG/*Henze* § 62 Rn. 59; KölnKommAktG/*Drygala* § 62 Rn. 74; K. Schmidt/Lutter/*Fleischer* AktG § 62 Rn. 20; *Flume* ZHR 144 (1980), 18 (27); aA *Bommert*, Verdeckte Vermögensverlagerungen im Aktienrecht, 1989, S. 100 ff.

⁶²³ GroßkommAktG/*Henze* § 62 Rn. 63; Hüffer AktG/*Koch* § 62 Rn. 12; K. Schmidt/Lutter/ *Fleischer* AktG § 62 Rn. 20; *Horn* ZIP 1987, 1225 (1228).

⁶²⁴ *Joost* ZHR 149 (1985), 419 (426).

⁶²⁵ Vgl. zu § 31 Abs. 5 S. 2 GmbHG BGH NZG 2017, 658 (661).

⁶²⁶ Grigoleit/*Grigoleit/Rachlitz* AktG § 62 Rn. 3; Hölters/*Laubert* AktG § 62 Rn. 17; Hüffer AktG/*Koch* § 62 Rn. 15; KölnKommAktG/*Drygala* § 62 Rn. 94; MüKoAktG/*Bayer* § 62 Rn. 118; K. Schmidt/Lutter/*Fleischer* AktG § 62 Rn. 19.

⁶²⁷ GroßkommAktG/*Henze* § 62 Rn. 108; Hölters/*Laubert* AktG § 62 Rn. 17; Hüffer AktG/*Koch* § 62 Rn. 16; KölnKommAktG/*Drygala* § 62 Rn. 109; MüKoAktG/*Bayer* § 62 Rn. 88 ff.; K. Schmidt/Lutter/*Fleischer* AktG § 62 Rn. 28; wohl auch Bürgers/Körber/*H. P. Westermann* AktG § 62 Rn. 11; aA Grigoleit/*Grigoleit/Rachlitz* AktG § 62 Rn. 7; Spindler/Stilz/*Cahn* AktG § 62 Rn. 7, 31; Wachter/*Servatius* AktG § 62 Rn. 11.

	Rn.		Rn.
II. Gleichbehandlungsgrundsatz	11–18	b) Treuepflicht gegenüber den Mitaktionären	27–29
1. Inhalt	11–17	c) Treuepflicht der AG gegenüber den Aktionären	30
2. Rechtsfolgen	18		
III. Treuepflicht	19–32	3. Rechtsfolgen	31, 32
1. Rechtsgrund, Adressaten und Inhalt	19–23		
2. Anwendungsbereich	24–30		
a) Treuepflicht gegenüber der AG	24–26		

Schrifttum: *Bungert,* Die Treuepflicht des Minderheitsaktionärs, DB 1995, 1749–1756; *Decher,* Von der Kontrolle des Bezugsrechtsausschlusses nach Kali+Salz zur (eingeschränkten) Kontrolle nach allgemeinen Schranken?, ZGR 2019, 1122-1170; *Dreher,* Treuepflichten zwischen Aktionären und Verhaltenspflichten bei der Stimmrechtsbündelung, ZHR 157 (1993), 150–171; *Fillmann,* Treuepflichten der Aktionäre, 1991; *Flume,* Die Rechtsprechung des II. Zivilsenats des BGH zur Treuepflicht des GmbH-Gesellschafters und des Aktionärs, ZIP 1996, 161–167; *Goslar/v. d. Linden,* Grenzen des Rechtsmissbrauchseinwands gegen Gestaltungen beim aktienrechtlichen Squeeze out, BB 2009, 1986–1994; *Guntz,* Treubindungen von Minderheitsaktionären, 1997; *Habersack,* Die Mitgliedschaft – subjektives und „sonstiges" Recht, 1996; *Habersack/Tröger,* „Ihr naht Euch wieder, schwankende Gestalten ..." – Zur Frage eines europarechtlichen Gleichbehandlungsgebots beim Anteilshandel, NZG 2010, 1–7; *Häfele,* Die Treuepflicht der Aktionäre bei der vorinsolvenzlichen Sanierung durch einen Debt Equity Swap, 2013; *Henn,* Die Gleichbehandlung der Aktionäre in Theorie und Praxis, AG 1985, 240–248; *Hennrichs,* Treupflichten im Aktienrecht, AcP 195 (1995), 221–272; *Henze,* Die Treupflicht im Aktienrecht BB 1996, 489–499; *Hennrichs,* Treupflichten der Gesellschafter im Kapitalgesellschaftsrecht, ZHR 162 (1998), 186–196; *Hennrichs,* Gesellschafterbeschlüsse über Geschäftsführungsmaßnahmen und Treupflicht, NZG 2015, 41–43; *Hüffer,* Zur gesellschaftsrechtlichen Treupflicht als richterrechtlicher Generalklausel, FS Steindorff, 1990, S. 59–78; *Joussen,* Die Treuepflicht des Aktionärs bei feindlichen Übernahmen, BB 1992, 1075–1081; *Kindler,* Die Treupflichtklausel in der Satzung der Aktiengesellschaft, FS Spiegelberger, 2009, S. 778–790; *Klaaßen-Kaiser/Heneweer,* Kapitalerhöhung aus genehmigtem Kapital bei vereinfachtem Bezugsrechtsausschluss – Klagefrist und Beachtung des Gleichbehandlungsgebots aus § 53a AktG, NZG 2019, 417–420; *Kocher/Eisermann,* Der Gleichbehandlungsgrundsatz als Maßstab in Übernahmesituationen nicht börsennotierter Aktiengesellschaften?, DB 2008, 225–227; *Koppensteiner,* Treuwidrige Stimmabgabe bei Kapitalgesellschaften, ZIP 1994, 1325–1330; *Kort,* Zur Treuepflicht des Aktionärs, ZIP 1990, 294–297; *Lutter,* Das Girmes-Urteil, JZ 1995, 1053–1056; *Lutter,* Die Treuepflicht des Aktionärs, ZHR 153 (1989), 446–471; *Lutter,* Theorie der Mitgliedschaft, AcP 180 (1980), 84–159; *Marsch-Barner,* Treuepflichten zwischen Aktionären und Verhaltenspflichten bei der Stimmrechtsbündelung, ZHR 157 (1993), 172–195; *Merkt,* Anmerkungen zur Treuepflicht des Kleinaktionärs, FS Bergmann, 2018, S. 509–528; *Nehls,* Die gesellschaftsrechtliche Treuepflicht im Aktienrecht, 1993; *Paefgen,* „Media-Saturn": Beschlussfreiheit, unternehmerisches Ermessen, Gesellschaftsinteresse und Treubindung, ZIP 2016, 2293–2300; *Reichert,* Die Treuebindung der Aktionärsmehrheit in Sanierungsfällen, NZG 2018, 134–142; *Rieder,* (Kein) Rechtsmissbrauch beim Squeeze-out, ZGR 2009, 989–1006; *Roschmann/Frey,* Treupflicht des Gesellschafters, WiB 1996, 881–885 und 925–929; *Schäfer,* „Girmes" wiedergelesen: Zur Treuepflicht des Aktionärs im Sanierungsfall, FS Hommelhoff, 2012, S. 939–959; *St. Schneider,* Gesellschafter-Stimmpflichten bei Sanierungen, 2014; *Seibt,* Sanierungsgesellschaftsrecht: Mitgliedschaftliche Treuepflicht und Grenzen der Stimmrechtsausübung in der Aktiengesellschaft, ZIP 2014, 1909–1916; *Timm,* Treuepflichten im Aktienrecht, WM 1991, 481–494; *Thole,* Treuepflicht-Torpedo? Die gesellschaftsrechtliche Treuepflicht im Insolvenzverfahren, ZIP 2013, 1937–1945; *Tröger,* Treupflicht im Konzernrecht, 2000; *Verse,* Der Gleichbehandlungsgrundsatz im Recht der Kapitalgesellschaften, 2006; *Verse,* Aktienrechtliche Entsendungsrechte am Maßstab des Gleichbehandlungsgrundsatzes und der Kapitalverkehrsfreiheit, ZIP 2008, 1754–1761; *Voges,* Zum Grundsatz der Gleichbehandlung im Aktienrecht, AG 1975, 197–201; *Wandrey,* Materielle Beschlusskontrolle im Aktienrecht, 2012; *Wastl,* Directors' Dealings und aktienrechtliche Treuepflicht, NZG 2005, 17–21; *Weber,* Vormitgliedschaftliche Treubindungen, 1999; *Werner,* Zur Treupflicht des Kleinaktionärs, FS Semler, 1993, S. 419–437; *Wiedemann,* Zu den Treupflichten im Gesellschaftsrecht, FS Heinsius, 1991, S. 949–966; *Wiedemann,* Treubindungen und Sachlichkeitsgebot, WM 2009, 1–9; *M. Winter,* Mitgliedschaftliche Treubindungen im GmbH-Recht, 1988; *Wirth/Arnold,* Umwandlung von Vorzugsaktien in Stammaktien, ZGR 2002, 859–897; *Ziemons/Jaeger,* Treupflichten bei der Veräußerung einer Beteiligung an einer Aktiengesellschaft, AG 1996, 358–366; *Zöllner,* Die Schranken mitgliedschaftlicher Stimmrechtsmacht bei den privatrechtlichen Personenverbänden, 1963; *Zwissler,* Treuegebot – Treuepflicht – Treuebindung, 2002.

I. Mitgliedschaft und Mitgliedschaftsrechte

1 1. Überblick. Die in der **Aktie** (vgl. → § 12 Rn. 1) verkörperte **Mitgliedschaft** des Aktionärs umfasst die Summe aller Rechte, die dem Aktionär als Mitglied der AG zustehen, und alle Pflichten, die er in dieser Eigenschaft zu erfüllen hat.[1] Ein Aktionär kann unabhängig von seinen mitgliedschaftlichen Beziehungen wie jeder Nichtaktionär auch in rein schuldrechtliche Rechtsbeziehungen zur AG treten. Für diese Rechtsbeziehungen gelten grundsätzlich die allgemeinen Vorschriften des bürgerlichen Rechts, die allerdings von aktienrechtlichen Regelungen überlagert oder verdrängt werden können. Bei schuldrechtlichen Geschäften zwischen AG und Aktionär ist beispielsweise darauf zu achten, dass Leistungen an den Aktionär nicht eine nach § 57 AktG verbotene Einlagenrückgewähr darstellen (dazu → § 16 Rn. 58 ff.). Bei Krediten und Finanzierungszusagen, die der AG vom Aktionär gewährt werden, ist die insolvenzrechtliche Überlagerung zu beachten (→ § 16 Rn. 89 ff.). Aus Mitgliedschaftsrechten können sich schuldrechtliche Ansprüche (sog. **Gläubigerrechte**) entwickeln. Hauptbeispiel ist der Dividendenanspruch nach dem Gewinnverwendungsbeschluss der Hauptversammlung (→ § 47 Rn. 26 ff.). Hat die Hauptversammlung über die Gewinnverwendung Beschluss gefasst, wandelt sich die aus der Mitgliedschaft resultierende generelle Gewinnberechtigung in einen konkreten Gewinnauszahlungsanspruch um, der vom Aktionär isoliert abgetreten werden kann.[2] Über seine Gläubigerrechte kann der Aktionär frei verfügen, sie also übertragen oder verpfänden.[3] Ein späterer Verlust der Mitgliedschaft (vgl. → Rn. 2) lässt den Bestand des Gläubigerrechts, wenn es erst einmal entstanden ist, unberührt.

2 2. Erwerb und Verlust der Mitgliedschaft. Der Erwerb der Mitgliedschaft in der AG erfolgt durch Übernahme von Aktien im Zuge der Gründung oder im Zuge einer Kapitalerhöhung **(originärer Erwerb)** oder durch Rechtsnachfolge in die Mitgliedschaft eines Aktionärs **(derivativer Erwerb,** dazu § 14). Der Aktionär **verliert** seine Mitgliedschaft durch Vollbeendigung der Gesellschaft im Zuge der Auflösung (§§ 262 ff. AktG), durch Einziehung gemäß §§ 237 ff. AktG, durch Ausschluss im Fall der Säumnis gemäß § 64 AktG (dazu → § 16 Rn. 14 ff.) oder durch rechtsgeschäftlichen oder gesetzlichen Übergang der Aktie auf einen Dritten. Fälle des gesetzlichen Übergangs der Mitgliedschaft auf den Hauptaktionär regeln § 327e Abs. 3 S. 1 AktG (ggf. iVm § 62 Abs. 5 UmwG) und § 39b Abs. 5 S. 3 WpÜG (→ § 75 Rn. 92). Grundsätzlich beginnen die einzelnen mitgliedschaftlichen Rechte und Pflichten mit dem Erwerb der Mitgliedschaft und enden mit ihrem Verlust. Auch nach Beendigung der Aktionärsstellung kann einen Aktionär als Nachwirkung der Einlagepflicht noch die Ausfallhaftung nach § 64 Abs. 4 S. 2 AktG (dazu → § 16 Rn. 20) oder eine Haftung als Vormann nach § 65 AktG (dazu → § 16 Rn. 22 ff.) treffen. Der Aktionär, der eine Sacheinlagepflicht übernommen hat, wird auch nach Beendigung seiner Mitgliedschaft durch Übergang der Aktie auf einen Dritten nicht von der Verpflichtung zur Erbringung der Sacheinlage befreit.[4]

3 3. Mitgliedschaftsrechte. Die Mitgliedschaftsrechte werden systematisch unterteilt in Vermögensrechte und Verwaltungsrechte. Zu den **Verwaltungsrechten** gehören insbeson-

---

[1] Vgl. GroßkommAktG/*Mock* § 11 Rn. 25 ff.; MüKoAktG/*Götze* Vor § 53a Rn. 5 ff.; *Flume,* Die juristische Person, 1983, S. 258 ff.; *Henze* BB 1996, 489 (492 f.); allgemein *Habersack,* Die Mitgliedschaft – subjektives und „sonstiges" Recht, 1996, S. 98 ff.; *Wiedemann,* Die Übertragung und Vererbung von Mitgliedschaftsrechten bei Handelsgesellschaften, 1965, S. 23 ff.; *Hadding* FS Reinhardt, 1972, 249 (262).

[2] Dazu → Rn. 9; vgl. auch OLG Frankfurt a. M. DB 1986, 2277 (für einen Schadensersatzanspruch des Aktionärs).

[3] GroßkommAktG/*Mock* § 11 Rn. 57; MüKoAktG/*Heider* § 8 Rn. 90; *Wiedemann,* Die Übertragung und Vererbung von Mitgliedschaftsrechten bei Handelsgesellschaften, 1965, S. 292 ff.

[4] GroßkommAktG/*Henze* § 54 Rn. 31; Hüffer AktG/*Koch* § 54 Rn. 4; KölnKommAktG/*Drygala* § 54 Rn. 11; MüKoAktG/*Götze* § 54 Rn. 4; Spindler/Stilz/*Cahn*/v. *Spannenberg* AktG § 54 Rn. 14.

§ 17 Mitgliedschaft des Aktionärs   4–6 § 17

dere das Recht auf Teilnahme an der Hauptversammlung gemäß § 118 Abs. 1 AktG (dazu → § 37 Rn. 8 ff.), das Auskunftsrecht gemäß § 131 AktG (dazu § 38), das Stimmrecht gemäß §§ 133 ff. AktG (dazu § 39) und das Recht auf Erhebung einer Anfechtungsklage gemäß § 245 Nr. 1–3 AktG (dazu → § 42 Rn. 82 ff.). Daneben hat der BGH eine allgemeine Aktionärsklage gegen kompetenzüberschreitende Maßnahmen der Verwaltung der AG anerkannt, die von jedem Aktionär gegen die Gesellschaft erhoben werden kann (dazu → § 18 Rn. 8 ff.). Die Verwaltungsrechte stehen grundsätzlich allen Aktionären gleichmäßig zu; nur das Stimmrecht richtet sich regelmäßig nach dem Umfang der kapitalmäßigen Beteiligung (vgl. § 134 Abs. 1 S. 1 AktG). Neben diesen Verwaltungsrechten besteht eine Reihe von Minderheitenrechten, die der einzelne Aktionär oder mehrere Aktionäre gemeinsam geltend machen können, wenn sie bestimmte Voraussetzungen, insbesondere eine bestimmte Beteiligungshöhe, erreichen (dazu → § 18 Rn. 2).

Vermögensrechte der Aktionäre sind insbesondere der Anspruch auf den Bilanzgewinn 4 gemäß § 58 Abs. 4 S. 1 AktG (dazu → § 47 Rn. 26 ff.), der Anspruch auf Vergütung von Nebenleistungen gemäß §§ 55, 61 AktG (dazu → § 16 Rn. 54 ff.), das Bezugsrecht bei Kapitalerhöhungen gemäß § 186 Abs. 1 S. 1 AktG (dazu → § 57 Rn. 94 ff.), der Anspruch auf den Liquidationserlös gemäß § 271 AktG (dazu → § 67 Rn. 19 f.) sowie die Ansprüche auf Abfindung und Ausgleich gemäß §§ 304, 305 AktG (dazu → § 71 Rn. 78, 111 ff.) und auf Barabfindung gemäß §§ 327a, 327b AktG, § 39a Abs. 1 S. 1, Abs. 3 WpÜG (dazu → § 75 Rn. 96 ff.) und §§ 29 f., 207 f. UmwG. Der Umfang der Vermögensrechte richtet sich regelmäßig nach dem Ausmaß der Kapitalbeteiligung des Aktionärs (vgl. §§ 60 Abs. 1, 186 Abs. 1 S. 1, 271 Abs. 2 AktG).

Die Mitgliedschaftsrechte werden weiterhin unterteilt in **eigennützige** und **uneigen-** 5 **nützige** (gesellschaftsbezogene) Rechte.[5] Mit der Wahrnehmung eigennütziger Mitgliedschaftsrechte verfolgt der Aktionär in der Gesellschaft seine eigenen Interessen. Zu ihnen werden die Vermögensrechte, die individuellen Kontrollrechte wie das Auskunftsrecht und das Anfechtungsrecht sowie das Teilnahmerecht an der Hauptversammlung einschließlich des Rederechts gerechnet.[6] Bei der Ausübung eigennütziger Rechte hat der Aktionär die Schranken einzuhalten, die sich aus dem Verbot einer willkürlichen und unverhältnismäßigen Rechtsausübung ergeben. Bei der Ausübung uneigennütziger Rechte gebührt dagegen dem Gesellschaftsinteresse Vorrang vor dem Individualinteresse des Aktionärs (dazu → Rn. 21 ff.). Zu den uneigennützigen Mitgliedschaftsrechten sind die organschaftlichen Befugnisse des Aktionärs zu rechnen (beispielsweise im Rahmen von Zustimmungsbeschlüssen nach § 119 Abs. 2 AktG).[7]

Zu den uneigennützigen Mitgliedschaftsrechten wird gelegentlich pauschal das **Stimm-** 6 **recht** des Aktionärs gerechnet.[8] Das Stimmrecht kann jedoch nicht allein deshalb stets als uneigennütziges Recht angesehen werden, weil es formal der Willensbildung in der Hauptversammlung als Gesellschaftsorgan dient. Vielmehr wird man nach dem jeweiligen Beschlussgegenstand differenzieren müssen.[9] Die Stimmrechtsausübung im Rahmen des Gewinnverwendungsbeschlusses ist daher eigennützige Rechtsausübung, während sich etwa die Stimmrechtsausübung im Rahmen eines Zustimmungsbeschlusses gemäß § 119 Abs. 2 AktG oder im Rahmen eines „Holzmüller/Gelatine"-Beschlusses am Gesellschaftsinteresse orientieren muss, da das Stimmrecht insoweit gesellschaftsbezogen ist.

---

[5] GroßkommAktG/*Henze/Notz* Anh. § 53a Rn. 53; Hüffer AktG/*Koch* § 53a Rn. 16 f.; Spindler/Stilz/*Cahn/v. Spannenberg* AktG § 53a Rn. 51 f.; *Henze* BB 1996, 489 (492); rechtsformübergreifend ausführlich: *M. Winter*, Mitgliedschaftliche Treuebindungen im GmbH-Recht, 1988, S. 19 ff., 95 ff., 121 ff.; *Zöllner*, Die Schranken mitgliedschaftlicher Stimmrechtsmacht bei den privatrechtlichen Personenverbänden, 1963, S. 344 ff.
[6] Spindler/Stilz/*Cahn/v. Spannenberg* AktG § 53a Rn. 52; *Henze* BB 1996, 489 (492).
[7] *Henze* BB 1996, 489 (492).
[8] Hüffer AktG/*Koch* § 53a Rn. 17; vgl. auch OLG Stuttgart ZIP 2004, 1145 (1150).
[9] GroßkommAktG/*Henze/Notz* Anh. § 53a Rn. 54; Spindler/Stilz/*Cahn/v. Spannenberg* AktG § 53a Rn. 52; *Henze* BB 1996, 489 (492 f.); *Lutter* ZHR 153 (1989), 446 (455).

7 Neben den allgemeinen Mitgliedschaftsrechten, die grundsätzlich jedem Aktionär zustehen, können einzelnen Aktionären oder einer Gruppe von Aktionären durch die Satzung besondere Rechte eingeräumt werden. Diese werden teilweise als **Sonderrechte** bezeichnet.[10] Der Begriff „Sonderrechte" führt allerdings im Aktienrecht nicht weiter.[11] Die Frage, ob ein Mitgliedschaftsrecht nur mit Zustimmung des betroffenen Aktionärs entzogen werden kann, ist nach der gesetzlichen und insbesondere satzungsmäßigen Ausgestaltung des Rechts zu beantworten.[12] Eines Rückgriffs auf § 35 BGB bedarf es hierzu nicht.[13]

8 Mit der Mitgliedschaft sind nicht nur Rechte, sondern auch **Pflichten** verbunden (vgl. → Rn. 1). Die vermögensrechtliche Hauptpflicht des Aktionärs ist seine Verpflichtung zur Leistung der Einlage, die gemäß §§ 27, 36a AktG Bareinlage oder Sacheinlage sein kann (dazu → § 3 Rn. 2 und → § 16 Rn. 5). Nachschusspflichten gibt es bei der AG nicht. Die Satzung kann Aktionären jedoch nach § 55 AktG die Verpflichtung auferlegen, neben den Einlagen wiederkehrende, nicht in Geld bestehende Leistungen (Nebenleistungen, dazu → § 16 Rn. 54 ff.) zu erbringen. Neben diesen statutarischen Pflichten obliegen den Aktionären kraft Gesetzes auch Treuepflichten gegenüber der Gesellschaft sowie gegenüber den anderen Aktionären (dazu → Rn. 19 ff.).

9 4. Abspaltungsverbot. Die dem Aktionär zustehenden Mitgliedschaftsrechte und -pflichten sind Teil einer einheitlichen Mitgliedschaft und können von dieser nicht abgespalten und isoliert übertragen werden **(Abspaltungsverbot).**[14] Das in § 717 S. 1 BGB seinen Ausdruck findende Abspaltungsverbot gilt sowohl für die Verwaltungsrechte als auch für die Vermögensrechte. Eine besondere Bedeutung hat das Abspaltungsverbot seit jeher beim **Stimmrecht.**[15] Auch die mitgliedschaftliche **Gewinnberechtigung** kann nur durch Übertragung der Mitgliedschaft übertragen werden, nicht aber isoliert von ihr.[16] Erst wenn sich das mitgliedschaftliche Recht auf Gewinnbeteiligung durch den Gewinnverwendungsbeschluss der Hauptversammlung in einen konkreten Anspruch auf Gewinnauszahlung umgewandelt hat, löst es sich von der Mitgliedschaft und stellt ein selbständiges von der Mitgliedschaft unabhängiges Gläubigerrecht dar (vgl. → Rn. 1).[17] Über dieses Gläubigerrecht kann nach allgemeinen bürgerlich-rechtlichen Vorschriften verfügt werden; es kann bereits vor seiner Entstehung wie jeder andere künftige und aufschiebend bedingte An-

---

[10] S. etwa KölnKommAktG/*Dauner-Lieb* § 11 Rn. 24.
[11] Hüffer AktG/*Koch* § 11 Rn. 6; MüKoAktG/*Heider* § 11 Rn. 14 ff.; *Wiedemann* GesR I S. 358 ff.; zurückhaltender KölnKommAktG/*Dauner-Lieb* § 11 Rn. 24.
[12] MüKoAktG/*Heider* § 11 Rn. 15.
[13] Gegen die analoge Anwendbarkeit von § 35 BGB auch GroßkommAktG/*Mock* § 11 Rn. 18; MüKoAktG/*Heider* § 11 Rn. 15; s. auch Spindler/Stilz/*Vatter* AktG § 11 Rn. 4: „im wesentlichen nicht anwendbar".
[14] RGZ 132, 149 (159); BGHZ 3, 354 (357) = NJW 1952, 178 (179) (zur OHG); BGHZ 43, 261 (267) = NJW 1965, 1378 f. (zur GmbH); BGHZ 129, 136 (148 f.) = NJW 1995, 1739 (1742) – Girmes; BGH WM 1987, 70 (71); OLG Koblenz NJW 1992, 2163 (2164) (zur GmbH); OLG Frankfurt a. M. DB 1986, 2277; *Fleck* FS R. Fischer, 1979, 107 ff.; GroßkommAktG/*Henze/Notz* Vor §§ 53a–75 Rn. 15; Hüffer AktG/*Koch* § 8 Rn. 26; MüKoAktG/*Heider* § 11 Rn. 8; Spindler/Stilz/ *Vatter* AktG § 8 Rn. 50; *Habersack,* Die Mitgliedschaft – subjektives und „sonstiges" Recht, 1996, S. 78 ff.
[15] Vgl. RGZ 132, 149 (159); BGHZ 129, 136 (148) = NJW 1995, 1739 (1742) – Girmes; BGH WM 1987, 70 (71); OLG Koblenz NJW 1992, 2163 (2164) (zur GmbH); Spindler/Stilz/*Vatter* AktG § 8 Rn. 50.
[16] RGZ 98, 318 (320) (zur GmbH); BGHZ 139, 299 (302 f.) = NZG 1998, 985 (986) (zur GmbH); OLG München ZIP 2014, 1980 (1981 f.); GroßkommAktG/*Henze* § 58 Rn. 88; Hüffer AktG/*Koch* § 58 Rn. 26; MüKoAktG/*Bayer* § 58 Rn. 101.
[17] RGZ 98, 318 (320) (zur GmbH); BGHZ 139, 299 (302 f.) = NZG 1998, 985 (986) (zur GmbH); OLG München ZIP 2014, 1980 (1982); GroßkommAktG/*Henze* § 58 Rn. 94; Hüffer AktG/*Koch* § 58 Rn. 28; KölnKommAktG/*Drygala* § 58 Rn. 135; MüKoAktG/*Bayer* § 58 Rn. 106; MüKoAktG/*Heider* § 8 Rn. 90.

spruch abgetreten werden und entsteht dann ohne Durchgangserwerb beim veräußernden Aktionär unmittelbar in der Person des Erwerbers.[18]

Der Grund für das Abspaltungsverbot liegt letztlich darin, dass das Mitgliedschaftsrecht ein subjektives Herrschaftsrecht ist, das ebenso nicht weiter aufgegliedert werden kann wie das Eigentum oder andere absolute Rechte;[19] die hieraus folgenden Befugnisse können nicht beliebig aufgespalten und auf verschiedene Rechtsträger verteilt werden. Rechtlich zulässig bleibt es aber, einen Dritten zur Ausübung der einzelnen Mitgliedschaftsrechte zu bevollmächtigen oder zu ermächtigen. So sieht das Gesetz für das Stimmrecht in § 134 Abs. 3 S. 1 AktG die Bevollmächtigung vor (dazu → § 37 Rn. 14 ff.) und erkennt in § 129 Abs. 3 AktG die Legitimationsübertragung an (dazu → § 14 Rn. 67 ff.). Auch Stimmbindungsverträge (dazu → § 39 Rn. 45 ff.) sind grundsätzlich zulässig. Mit diesen Instrumenten lassen sich (mit schuldrechtlicher Wirkung) einer Übertragung vergleichbare Ergebnisse erzielen. Praktische Bedeutung kommt ihnen beispielsweise bei vinkulierten Namensaktien zu (vgl. → § 14 Rn. 14 ff.). Die Überlassung der Mitgliedschaftsrechte an einen Dritten zur Ausübung darf aber nicht in ihrer rechtlichen Wirkung einer Übertragung einzelner Mitgliedschaftsrechte gleichkommen. Entsprechende **Umgehungen** sind ebenfalls vom Abspaltungsverbot erfasst.[20] Daher ist etwa eine unwiderrufliche verdrängende Stimmrechtsvollmacht wegen Verstoßes gegen das Abspaltungsverbot nichtig.[21] Das Abspaltungsverbot gilt auch bei treuhänderischer Übertragung der Mitgliedschaft (vgl. dazu → § 14 Rn. 78 ff.) und bei Einräumung von beschränkten dinglichen Rechten an der Aktie. Bei treuhänderischer Übertragung ist der Treuhänder der Gesellschaft gegenüber umfassend legitimiert.[22] Bei Bestehen eines Pfandrechts ist weiterhin allein der Aktionär zur Stimmrechtsausübung berechtigt.[23] Gleiches gilt nach zutreffender hM bei Bestehen eines Nießbrauchs.[24]

II. Gleichbehandlungsgrundsatz

1. Inhalt. Nach § 53a AktG sind Aktionäre unter gleichen Voraussetzungen gleich zu behandeln. Die Vorschrift wurde erst nachträglich in Umsetzung von Art. 42 der ursprünglichen Kapitalrichtlinie[25] (nunmehr Art. 85 Gesellschaftsrechts-RL)[26] in das AktG eingefügt.

---

[18] KölnKommAktG/*Drygala* § 58 Rn. 135; MüKoAktG/*Bayer* § 58 Rn. 106.
[19] Vgl. BGHZ 3, 354 (357) = NJW 1952, 178 (179) (zur OHG); MüKoBGB/*Schäfer* § 717 Rn. 7.
[20] GroßkommAktG/*Henze*/*Notz* Vor §§ 53a–75 Rn. 16.
[21] BGHZ 3, 354 (358) = NJW 1952, 178 (179 f.) (zur OHG); BGH WM 1987, 70 (71); 1976, 1247 (zur GmbH); BGH WM 1970, 157 (zur OHG); GroßkommAktG/*Grundmann* § 134 Rn. 99; Hüffer AktG/*Koch* § 134 Rn. 21; Spindler/Stilz/*Rieckers* AktG § 134 Rn. 49; *Reichert*/*Harbarth* AG 2001, 447 (450 f.).
[22] GroßkommAktG/*Grundmann* § 134 Rn. 85; K. Schmidt/Lutter/*Spindler* AktG § 134 Rn. 7; Spindler/Stilz/*Rieckers* AktG § 134 Rn. 39.
[23] GroßkommAktG/*Grundmann* § 134 Rn. 80; K. Schmidt/Lutter/*Spindler* AktG § 134 Rn. 7; Spindler/Stilz/*Rieckers* AktG § 134 Rn. 40.
[24] GroßkommAktG/*Grundmann* § 134 Rn. 81; K. Schmidt/Lutter/*Spindler* AktG § 134 Rn. 8; Spindler/Stilz/*Rieckers* AktG § 134 Rn. 41; *Teichmann* ZGR 1972, 1 (9 ff.); *Teichmann* ZGR 1973, 24 (30 ff.); iE auch KölnKommAktG/*Tröger* § 134 Rn. 53 ff.; aA Baumbach/Hueck AktG § 134 Rn. 4; *Schön* ZHR 158 (1994), 229 (261 f.): Aktionäre und Nießbrauchsberechtigter gemeinsam; wiederum aA *v. Godin*/*Wilhelmi* AktG § 134 Anm. 4: nur Nießbrauchsberechtigter; so wohl auch GroßkommAktG/*Henze*/*Notz* Vor §§ 53a–75 Rn. 18, die hierin allerdings keine Durchbrechung des Abspaltungsverbots sehen.
[25] Zweite Richtlinie 77/91/EWG des Rates v. 13.12.1976 zur Koordinierung der Schutzbestimmungen, die in den Mitgliedstaaten den Gesellschaften im Sinne des Artikels 58 Absatz 2 des Vertrages im Interesse der Gesellschafter sowie Dritter für die Gründung der Aktiengesellschaft sowie für die Erhaltung und Änderung ihres Kapitals vorgeschrieben sind, um diese Bestimmungen gleichwertig zu gestalten, ABl. 1977 L 26, S. 1.
[26] Richtlinie (EU) 2017/1132 des Europäischen Parlaments und des Rates v. 14.6.2017 über bestimmte Aspekte des Gesellschaftsrechts, ABl. 2017 L 169, S. 46.

§ 17 4. Kapitel. Grundkapital, Aktien und Rechtsstellung der Aktionäre

Mit der Kodifizierung des auch zuvor schon geltenden Grundsatzes[27] sollte das bis dahin geltende Recht sachlich nicht geändert werden.[28] Das aktienrechtliche Gleichbehandlungsgebot richtet sich an die AG; die Aktionäre untereinander sind grundsätzlich nicht zur Gleichbehandlung verpflichtet.[29] **Begünstigte** des Gleichbehandlungsgebots sind allein die Aktionäre. Dritte können sich nicht auf § 53a AktG berufen. Dies gilt auch für die Inhaber von Wandelschuldverschreibungen oder Genussrechten.[30] **Spezielle Ausprägungen** des Gleichbehandlungsgebots finden sich etwa in §§ 12, 60, 71 Abs. 1 Nr. 8 S. 3–5, 131 Abs. 4 S. 1, 134 Abs. 1 S. 1 und Abs. 2, 186, 212, 216 Abs. 1, 243 Abs. 2 und 271 Abs. 2 AktG. Ein spezielles kapitalmarktrechtliches Gleichbehandlungsgebot, das sich teilweise mit § 53a AktG überschneidet,[31] enthält § 48 Abs. 1 Nr. 1 WpHG, wonach Emittenten mit Herkunftsstaat Deutschland (§ 2 Abs. 13 WpHG) sicherstellen müssen, dass die Inhaber der zugelassenen Wertpapiere unter gleichen Voraussetzungen gleich behandelt werden. Abzugrenzen von § 53a AktG ist der übernahmerechtliche Gleichbehandlungsgrundsatz gemäß § 3 Abs. 1 WpÜG, der sich ausschließlich an den Bieter richtet.[32] Das Benachteiligungsverbot des AGG findet neben § 53a AktG auf die Beziehungen der AG zu ihren Aktionären keine Anwendung und gilt auch nicht für das Verhältnis der Aktionäre untereinander.[33] Für das **Gemeinschaftsrecht** erkennt der EuGH zwar die Geltung des allgemeinen Gleichbehandlungsgrundsatzes auch im Bereich des Gesellschaftsrechts an, will hieraus aber keine detaillierten Rechtssätze ableiten, da dies dem abgeleiteten Gemeinschaftsrecht vorbehalten sei.[34]

12 Das Gleichbehandlungsgebot des § 53a AktG ist **zwingender Natur** und kann als solches durch die Satzung nicht abbedungen werden.[35] Die Satzung kann jedoch Aktien mit unterschiedlichen Rechten und Pflichten ausstatten und auch den Maßstab der Gleichbehandlung ändern (dazu → Rn. 13).[36] Der einzelne Aktionär kann gegenüber der Gesellschaft für eine konkrete Situation – nicht aber pauschal – auf eine Gleichbehandlung **verzichten**.[37] Ein Verzicht kann auch konkludent erfolgen, etwa durch positive Stimmabgabe zu einem den Aktionär benachteiligenden Hauptversammlungsbeschluss.[38] Ein Ver-

---

[27] Vgl. RGZ 41, 97 (99); BGHZ 33, 175 (186 ff.) = NJW 1962, 26 (27) – Minimax II; *Voges* AG 1975, 197 ff.
[28] BGH WM 1992, 2098 (2101 f.); LG Köln AG 1981, 81 (82); GroßkommAktG/*Henze/Notz* § 53a Rn. 3; MüKoAktG/*Götze* § 53a Rn. 2; der Gleichbehandlungsgrundsatz ist ein für alle privatrechtlichen Personenverbände geltendes allgemeines Prinzip, vgl. K. Schmidt/Lutter/*Fleischer* AktG § 53a Rn. 7.
[29] OLG Celle AG 1974, 83 (84); Grigoleit/*Grigoleit/Rachlitz* AktG § 53a Rn. 10; GroßkommAktG/*Henze/Notz* § 53a Rn. 30; Hüffer AktG/*Koch* § 53a Rn. 4; KölnKommAktG/*Drygala* § 53a Rn. 5 f., 78; MüKoAktG/*Götze* § 53a Rn. 5; K. Schmidt/Lutter/*Fleischer* AktG § 53a Rn. 15 f.
[30] KölnKommAktG/*Drygala* § 53a Rn. 8; K. Schmidt/Lutter/*Fleischer* AktG § 53a Rn. 17.
[31] Vgl. Assmann/U. H. Schneider WpHG/*Mülbert* § 30a Rn. 7.
[32] Vgl. Assmann/Pötzsch/U. H. Schneider WpÜG/*Stephan* § 3 Rn. 8.
[33] Hüffer AktG/*Koch* § 53a Rn. 1a; s. auch *Wank* FS Hüffer, 2010, 1051 (1065).
[34] EuGH Slg. 2009, I-9823 (9825) = AG 2009, 821 (822 ff.) – Audiolux: kein allgemeiner europarechtlicher Grundsatz, wonach der Hauptaktionär verpflichtet wäre, allen Minderheitsaktionären ihre Aktien zu denselben Bedingungen abzukaufen, die bei dem Erwerb oder der Aufstockung einer die Kontrolle vermittelnden Beteiligung vereinbart wurden; s. dazu *Habersack/Tröger* NZG 2010, 1; *Klöhn* LMK 2009, 294692; *Wilsing/Paul* EWiR 2009, 755.
[35] OLG Hamm NZG 2008, 914 (915); Grigoleit/*Grigoleit/Rachlitz* AktG § 53a Rn. 4; GroßkommAktG/*Henze/Notz* § 53a Rn. 20; Hüffer AktG/*Koch* § 53a Rn. 5; KölnKommAktG/*Drygala* § 53a Rn. 28; MüKoAktG/*Götze* § 53a Rn. 17; K. Schmidt/Lutter/*Fleischer* AktG § 53a Rn. 32; Spindler/Stilz/*Cahn/v. Spannenberg* AktG § 53a Rn. 22, 28.
[36] OLG Hamm NZG 2008, 914 (915) – ThyssenKrupp; Hüffer AktG/*Koch* § 53a Rn. 5.
[37] GroßkommAktG/*Henze/Notz* § 53a Rn. 93 ff.; Hüffer AktG/*Koch* § 53a Rn. 5; KölnKommAktG/*Drygala* § 53a Rn. 33 f.; MüKoAktG/*Götze* § 53a Rn. 19; K. Schmidt/Lutter/*Fleischer* AktG § 53a Rn. 37 f.
[38] GroßkommAktG/*Henze/Notz* § 53a Rn. 96; Hüffer AktG/*Koch* § 53a Rn. 5; KölnKommAktG/*Drygala* § 53a Rn. 34; MüKoAktG/*Götze* § 53a Rn. 20; K. Schmidt/Lutter/*Fleischer* AktG § 53a Rn. 37; Spindler/Stilz/*Cahn/v. Spannenberg* AktG § 53a Rn. 28.

stoß gegen das Gleichbehandlungsgebot des § 53a AktG liegt vor, wenn (1.) Aktionäre ungleich behandelt werden und (2.) die in der ungleichen Behandlung liegende Differenzierung nicht durch die tatsächlichen oder rechtlichen Verhältnisse gerechtfertigt ist (dazu → Rn. 15 f.).[39] Im Rechtsstreit ist das Vorliegen einer ungleichen Behandlung von dem Aktionär und die sachliche Rechtfertigung der Differenzierung von der Gesellschaft darzulegen und zu beweisen.[40]

Maßstab dafür, ob ein Aktionär durch eine Maßnahme ungleich behandelt wird, ist bei den sogenannten **Hauptrechten** (zB Stimmrecht, Gewinnbezugsrecht, Bezugsrecht bei Kapitalerhöhung) grundsätzlich die Kapitalbeteiligung.[41] Für die Ausübung von **Hilfsrechten** (zB Auskunftsrecht, Redezeit in der Hauptversammlung) ist hingegen grundsätzlich eine Gleichbehandlung nach Köpfen erforderlich.[42] Bestehen **mehrere Aktiengattungen**, soll das Gleichbehandlungsgebot nach teilweise anzutreffender Formulierung nur innerhalb einer Gattung gelten.[43] Diese Formulierung ist jedoch ungenau. Die Geltung des Gleichbehandlungsgebots ist nur dahingehend eingeschränkt, dass eine unterschiedliche Behandlung hinsichtlich der Merkmale, aus denen sich die Verschiedenheit der Gattungen ergibt, zulässig ist.[44] Soweit gemeinsame Merkmale der verschiedenen Gattungen betroffen sind, gilt das Gleichbehandlungsgebot gegenüber den Aktionären verschiedener Gattungen uneingeschränkt.[45]

Die Feststellung einer Ungleichbehandlung richtet sich nach **objektiven Kriterien**.[46] Dabei lässt sich zwischen formaler und materieller Ungleichbehandlung differenzieren. Bei einer **formalen Ungleichbehandlung** werden verschiedene Aktionäre schon äußerlich ungleich behandelt.[47] Dagegen liegt eine **materielle Ungleichbehandlung** vor, wenn die Aktionäre zwar formal gleich behandelt werden, die Maßnahme einzelne Aktionäre aber schwerer trifft als andere.[48] Voraussetzung ist aber, dass die materielle Ungleichbehandlung in der Mitgliedschaft begründet ist.[49] Das Gleichbehandlungsgebot des § 53a AktG ist daher nicht berührt, wenn einzelne Aktionäre aufgrund privater Umstände von einer Maßnahme ungleich schwerer betroffen sind als andere Aktionäre.[50]

---

[39] OLG Celle AG 2003, 505 (507); OLG Köln ZIP 2001, 2049 (2051); ausführlich zur zulässigen Ungleichbehandlung GroßkommAktG/*Henze/Notz* § 53a Rn. 68 ff.

[40] BGH NZG 2018, 1019 (1022); Grigoleit/*Grigoleit/Rachlitz* AktG § 53a Rn. 18; GroßkommAktG/*Henze/Notz* § 53a Rn. 155; Hüffer AktG/*Koch* § 53a Rn. 8; KölnKommAktG/*Drygala* § 53a Rn. 47; K. Schmidt/Lutter/*Fleischer* AktG § 53a Rn. 34; *Hüffer* FS Fleck, 1988, 151 (154 ff.).

[41] BGHZ 70, 117 (121) = NJW 1978, 540 (541) – Mannesmann; GroßkommAktG/*Henze/Notz* § 53a Rn. 50 f.; Hüffer AktG/*Koch* § 53a Rn. 6; KölnKommAktG/*Drygala* § 53a Rn. 24; MüKoAktG/*Götze* § 53a Rn. 11 f.; K. Schmidt/Lutter/*Fleischer* AktG § 53a Rn. 25.

[42] GroßkommAktG/*Henze/Notz* § 53a Rn. 52 f.; Hüffer AktG/*Koch* § 53a Rn. 7; KölnKommAktG/*Drygala* § 53a Rn. 26 f.; MüKoAktG/*Götze* § 53a Rn. 13; K. Schmidt/Lutter/*Fleischer* AktG § 53a Rn. 26.

[43] OLG Düsseldorf BB 1973, 910 (912); KölnKommAktG/*Drygala* § 53a Rn. 29.

[44] Spindler/Stilz/*Cahn/v. Spannenberg* AktG § 53a Rn. 21; *Verse*, Der Gleichbehandlungsgrundsatz im Recht der Kapitalgesellschaften, 2006, S. 208.

[45] Spindler/Stilz/*Cahn/v. Spannenberg* AktG § 53a Rn. 22; *Verse*, Der Gleichbehandlungsgrundsatz im Recht der Kapitalgesellschaften, 2006, S. 208.

[46] Grigoleit/*Grigoleit/Rachlitz* AktG § 53a Rn. 11; KölnKommAktG/*Drygala* § 53a Rn. 12; K. Schmidt/Lutter/*Fleischer* AktG § 53a Rn. 27.

[47] GroßkommAktG/*Henze/Notz* § 53a Rn. 63; Hüffer AktG/*Koch* § 53a Rn. 9; KölnKommAktG/*Drygala* § 53a Rn. 12; K. Schmidt/Lutter/*Fleischer* AktG § 53a Rn. 28; Spindler/Stilz/*Cahn/v. Spannenberg* AktG § 53a Rn. 24.

[48] GroßkommAktG/*Henze/Notz* § 53a Rn. 64; Hüffer AktG/*Koch* § 53a Rn. 9; KölnKommAktG/*Drygala* § 53a Rn. 12; K. Schmidt/Lutter/*Fleischer* AktG § 53a Rn. 29; Spindler/Stilz/*Cahn/v. Spannenberg* AktG § 53a Rn. 25.

[49] Generell gegen die Anwendung von § 53a AktG auf materielle Ungleichbehandlungen Grigoleit/*Grigoleit/Rachlitz* AktG § 53a Rn. 13 f.; *Wandrey*, Materielle Beschlusskontrolle im Aktienrecht, 2012, S. 127 ff., die diese Fälle allein über die Treuepflicht lösen wollen.

[50] GroßkommAktG/*Henze/Notz* § 53a Rn. 67; K. Schmidt/Lutter/*Fleischer* AktG § 53a Rn. 30.

15 Liegt nach diesen Maßstäben eine Ungleichbehandlung vor, verstößt die betreffende Maßnahme dennoch nicht gegen das Gleichbehandlungsgebot des § 53a AktG, wenn die Differenzierung **sachlich gerechtfertigt** ist und nicht den Charakter von Willkür trägt.[51] Das Aktiengesetz lässt Abweichungen vom Gleichbehandlungsgebot ausdrücklich zu, indem es in §§ 11, 12 Abs. 1 AktG die Ausstattung der Aktien mit unterschiedlichen Rechten gestattet (dazu → § 13 Rn. 7 ff.), in § 60 Abs. 3 AktG eine andere Art der Gewinnverteilung und damit eine Änderung des Gleichbehandlungsmaßstabs zulässt (dazu → § 47 Rn. 24 f.) und in § 134 Abs. 1 S. 2–6 AktG für nicht börsennotierte Gesellschaften die Einführung eines Höchststimmrechts erlaubt (dazu → § 39 Rn. 14 ff.).[52] Eine Reihe von Abweichungen vom Gleichbehandlungsgebot sehen weiterhin das Konzernrecht[53] sowie die Sondervorschriften für Beteiligungen der öffentlichen Hand (§ 394 AktG und §§ 53, 54 HGrG) vor.[54]

16 Die gesetzlichen Ausnahmen zeigen, dass auch ohne Aufgabe des Gleichbehandlungsgrundsatzes Raum für eine **sachgerechte Differenzierung** unter den Aktionären besteht. Eine an die Aktionäre gerichtete und für einen Teil von ihnen mit unterschiedlicher Wirkung ausgestattete Maßnahme darf jedoch in keinem Fall den Charakter von Willkür tragen. Nach seinem Wortlaut „unter gleichen Voraussetzungen" verbietet § 53a AktG allein eine willkürliche Diskriminierung von Aktionären und steht einer sachlich gerechtfertigten Differenzierung nicht entgegen.[55] Dies gilt sowohl für Ungleichbehandlungen durch Hauptversammlungsbeschlüsse als auch für Ungleichbehandlungen durch Maßnahmen der Verwaltung. Die **nachträgliche Einführung eines Höchststimmrechts** gemäß § 134 Abs. 1 S. 2–6 AktG (dazu → § 39 Rn. 14 ff.) verstößt nicht gegen § 53a AktG. Dies gilt auch dann, wenn im Zeitpunkt der Einführung bereits Aktionäre mit einer über dem Höchstbetrag liegenden Quote beteiligt sind.[56] Die hierin liegende materielle Ungleichbehandlung ist in § 134 Abs. 1 S. 2 AktG angelegt und Ausdruck einer gesetzgeberischen Wertung, hinter die der allgemeine Grundsatz des § 53a AktG zurücktreten muss.[57] Auch die **Umwandlung von Vorzugs- in Stammaktien** ist regelmäßig ohne Verstoß gegen § 53a AktG möglich.[58] Zum einen gilt das Gleichbehandlungsgebot im Hinblick auf die gattungsbegründenden Merkmale nur innerhalb der betreffenden Gattung (dazu → Rn. 13), zum anderen sieht § 141 AktG die nachträgliche Aufhebung des Vorzugs ausdrücklich vor. Den Schutz der Vorzugsaktionäre hat der Gesetzgeber über das Sonderbeschlusserfordernis gemäß § 141 Abs. 1 und 3 AktG realisiert. Die Stammaktionäre sind durch § 179 Abs. 1 und 3 AktG geschützt. Für eine Anwendung von § 53a AktG ist daneben grundsätzlich kein Raum. Nach einer Entscheidung des OLG Köln soll der Gleichbehandlungsgrundsatz

---

[51] BGHZ 33, 175 (186) = NJW 1961, 26 (27); BGHZ 71, 40 (44) = NJW 1978, 1316 (1317) – Kali + Salz; BGHZ 120, 141 (150) = NJW 1993, 400 (402) – Bremer Bankverein; NZG 2018, 1019 (1022); OLG Köln ZIP 2001, 2049 (2051); KölnKommAktG/*Drygala* § 53a Rn. 16; MüKoAktG/*Götze* § 53a Rn. 14; K. Schmidt/Lutter/*Fleischer* AktG § 53a Rn. 34.

[52] Weitere Regelungen sind behandelt bei GroßkommAktG/*Henze/Notz* § 53a Rn. 54 ff.; *Henn* AG 1985, 240 (243 ff.).

[53] Vgl. KölnKommAktG/*Drygala* § 53a Rn. 48 ff.; MüKoAktG/*Götze* § 53a Rn. 26 f.

[54] Vgl. GroßkommAktG/*Henze/Notz* § 53a Rn. 46 ff.; KölnKommAktG/*Drygala* § 53a Rn. 77; MüKoAktG/*Götze* § 53a Rn. 28.

[55] BGHZ 120, 141 (150) = NJW 1993, 400 (402) – Bremer Bankverein; OLG Celle AG 2003, 505 (507); OLG Köln ZIP 2001, 2049 (2051); GroßkommAktG/*Henze/Notz* § 53a Rn. 69; KölnKommAktG/*Drygala* § 53a Rn. 14; MüKoAktG/*Götze* § 53a Rn. 14 ff.

[56] BGHZ 70, 117 (120 ff.) = NJW 1978, 540 (541 f.) – Mannesmann; OLG Düsseldorf AG 1976, 215 ff.; OLG Celle AG 1993, 178 (180); Hüffer/*Koch* § 53a Rn. 11; MüKoAktG/*Götze* § 53a Rn. 24; Spindler/Stilz/*Rieckers* AktG § 134 Rn. 12; aA GroßkommAktG/*Henze/Notz* § 53a Rn. 66; KölnKommAktG/*Drygala* § 53a Rn. 56; KölnKommAktG/*Tröger* § 134 Rn. 123; Spindler/Stilz/*Cahn/v. Spannenberg* AktG § 53a Rn. 26; *Immenga* BB 1975, 1042 (1043 f.).

[57] Hüffer AktG/*Koch* § 53a Rn. 11; MüKoAktG/*Götze* § 53a Rn. 24; Spindler/Stilz/*Rieckers* AktG § 134 Rn. 12.

[58] KölnKommAktG/*Drygala* § 53a Rn. 79; *Wirth/Arnold* ZGR 2002, 859 (881 ff.).

§ 17 Mitgliedschaft des Aktionärs

allerdings dann berührt sein, wenn die Aufhebung des Vorzugs die Inhaber einer Gattung wirtschaftlich begünstigt (insbesondere weil die Aktien dieser Gattung vor der Umwandlung an der Börse niedriger bewertet wurden) und dadurch die Inhaber einer anderen Gattung benachteiligt.[59] Selbst wenn man dem folgt, würde es für eine sachliche Rechtfertigung der Ungleichbehandlung aber bereits ausreichen, dass die Nachteile für die Aktionäre der benachteiligten Gattung durch nachvollziehbare Gesichtspunkte des Gesellschaftsinteresses aufgewogen werden.[60] Kein Verstoß gegen § 53a AktG ist zudem in der nachträglichen Einführung von **Entsendungsrechten** gemäß § 101 Abs. 2 AktG zu sehen.[61] Die gesetzliche Zulassung von Entsendungsrechten stellt eine abschließende gesetzgeberische Wertung dar, die § 53a AktG verdrängt.[62] Ein Ausschluss der Kleinaktionäre vom **Bezug von Genussrechten** ist ebenfalls nicht willkürlich und verstößt nicht gegen § 53a AktG, wenn die Genussrechte wegen der Ertragsschwäche der Gesellschaft als Kapitalanlage uninteressant sind.[63] Dagegen können Verwaltungsbeschlüsse über eine **Kapitalerhöhung unter Bezugsrechtsausschluss** nach den Umständen des Einzelfalls gegen das Gleichbehandlungsgebot verstoßen, wenn sie die Zuteilung der neuen Aktien an einen Altaktionär vorgeben oder in die Wege leiten.[64] Der BGH wendet § 53a AktG neben § 186 Abs. 3 S. 4 AktG an, so dass eine unzulässige Ungleichbehandlung nicht bereits durch das Vorliegen der Voraussetzungen für einen vereinfachten Bezugsrechtsausschluss ausgeschlossen wird.[65]

Ein Verstoß gegen § 53a AktG liegt auch dann nicht vor, wenn in der **Hauptversammlung** einige **Redner** geringfügig länger sprechen dürfen als andere.[66] Auch der Umstand, dass einigen Aktionären nach Schließung der Rednerliste nicht zum zweiten Mal das Wort erteilt wird, stellt keinen Verstoß gegen § 53a AktG dar.[67] Im Übrigen kann eine ungleiche Zumessung von Redezeit durch den Versammlungsleiter allenfalls dann eine Anfechtbarkeit (dazu → Rn. 18) der in der Hauptversammlung gefassten Beschlüsse begründen, wenn dadurch rechtzeitige Wortmeldungen wegen Debattenschlusses nicht mehr berücksichtigt werden konnten.[68] Kommen in der Hauptversammlung nicht alle Aktionäre, die vor Schließung der Rednerliste eine Wortmeldung abgegeben haben, zu Wort, ist die hierin zu sehende Ungleichbehandlung aber sachlich gerechtfertigt, wenn sich die Hauptversammlung anderenfalls trotz angemessener Redezeitbeschränkung nicht in angemessener Zeit (jedenfalls vor 24 Uhr) beenden ließe.[69]

17

---

[59] OLG Köln ZIP 2001, 2049 (2051) – Metro.
[60] OLG Köln ZIP 2001, 2049 (2051 f.) – Metro; zustimmend GroßkommAktG/*Henze/Notz* § 53a Rn. 77; Hüffer AktG/*Koch* § 53a Rn. 10; KölnKommAktG/*Drygala* § 53a Rn. 79; iE auch *Wirth/Arnold* ZGR 2002, 859 (881 ff.); vgl. auch OLG Celle AG 2003, 505 (507).
[61] OLG Hamm NZG 2008, 914 (915) – ThyssenKrupp; KölnKommAktG/*Drygala* § 53a Rn. 57; *Verse* ZIP 2008, 1754 (1755 ff.).
[62] KölnKommAktG/*Drygala* § 53a Rn. 57; weitergehend OLG Hamm NZG 2008, 914 (915) – ThyssenKrupp, nach dessen Ansicht das Gleichbehandlungsgebot nur das Verhalten der Gesellschaftsorgane insbesondere der Hauptversammlungsmehrheit unterhalb der Satzungsebene betrifft.
[63] BGHZ 120, 141 (150 f.) = NJW 1993, 400 (402 f.) – Bremer Bankverein; Hüffer AktG/*Koch* § 53a Rn. 10; KölnKommAktG/*Drygala* § 53a Rn. 80; *Lutter* ZGR 1993, 291 (309 f.).
[64] Vgl. BGH NZG 2018, 1019 (1021 ff.).
[65] BGH NZG 2018, 1019 (1022); s. dazu *Berjasevic/Janning* DB 2019, 358 f.; *Decher* ZGR 2019, 1122 ff.; *Klaaßen-Kaiser/Heneweer* NZG 2019, 417 (419 ff.); *Oppenhoff* NJW 2018, 2801 f.; *Rahlmeyer* GWR 2018, 394; *Schilha/Guntermann* AG 2018, 883 ff.; *Seibt* EWiR 2018, 549 f.
[66] So zumindest für geringfügige Abweichungen „im Sekundenbereich" OLG Frankfurt a. M. BB 2012, 2327 (2328) – Deutsche Bank; eine generelle Beschränkung auf den Sekundenbereich dürfte deutlich zu eng sein.
[67] OLG Frankfurt a. M. 5.7.2011 – 5 U 104/10, juris Rn. 122 – Deutsche Bank (insoweit in NZG 2011, 1029 nicht mit abgedruckt).
[68] OLG Frankfurt a. M. BB 2012, 2327 (2328) – Deutsche Bank; LG München I AG 2000, 139; Hüffer AktG/*Koch* § 243 Rn. 16.
[69] Semler/Volhard/Reichert HV-HdB/*Gehling* § 9 Rn. 170 ff.; anders wohl LG Frankfurt a. M. AG 2013, 178 – Deutsche Bank.

Eine willkürliche Ungleichbehandlung liegt ebenfalls nicht vor, wenn der Vorstand zur Verhinderung einer Sperrminorität die nach § 68 Abs. 2 AktG erforderliche Zustimmung zur Übertragung vinkulierter Namensaktien verweigert, obwohl er in der Vergangenheit in anderen Fällen die Zustimmung regelmäßig erteilt hat, sofern es dort nicht um das Entstehen einer Sperrminorität ging.[70] Gestattet der Vorstand einem Erwerbsinteressenten die Durchführung einer **Due Diligence,** können sich weitere Erwerbsinteressenten auch dann nicht auf § 53a AktG berufen, wenn sie bereits Aktionär der Gesellschaft sind. Durch die Entscheidung über die Zulassung der Due Diligence sind sie nicht in ihren mitgliedschaftlichen Belangen berührt.[71] Dagegen kann sich umgekehrt ein Aktionär, der seine Anteile veräußern möchte, grundsätzlich auf das Gleichbehandlungsgebot berufen, wenn in einem früheren Fall die Durchführung einer Due Diligence zugelassen wurde.[72] Für die sachliche Rechtfertigung einer Ungleichbehandlung kommen hier insbesondere in der Person des Erwerbers liegende Gründe in Betracht (zB Eigenschaft als Wettbewerber).[73] Unterstützt der Vorstand einer nicht börsennotierten AG das Übernahmeangebot eines Aktionärs, ist dies am Maßstab des § 93 Abs. 1 AktG zu messen. Konkurrierende Bieter können sich unabhängig von ihrer Aktionärsstellung nicht auf § 53a AktG berufen.[74]

18 **2. Rechtsfolgen. Hauptversammlungsbeschlüsse,** die gegen das Gleichbehandlungsgebot verstoßen, sind grundsätzlich nicht unwirksam oder nichtig, sondern nur **anfechtbar.**[75] Die Nichtigkeit kommt nur in Ausnahmefällen in Betracht, insbesondere dann, wenn ein Beschluss die generelle Außerkraftsetzung des Gleichbehandlungsgrundsatzes bezweckt.[76] Dagegen sind **Beschlüsse des Aufsichtsrats,** die gegen § 53a AktG verstoßen, regelmäßig nichtig.[77] Sonstige gleichbehandlungswidrige **Verwaltungsmaßnahmen** sind nicht zwingend nichtig. Abhängig von den Umständen des Einzelfalls können sie Leistungsverweigerungsrechte (bei ungleichen Belastungen) oder Ansprüche auf aktive Gleichbehandlung (bei ungleichen Zuwendungen) auslösen.[78] Ein Leistungsverweigerungsrecht des betroffenen Aktionärs kann etwa bei der gleichbehandlungswidrigen Einforderung von Einlagen bestehen.[79] Ein Anspruch auf aktive Gleichbehandlung kann im Hinblick auf die Zustimmung zur Übertragung vinkulierter Namensaktien (§ 68 Abs. 2 AktG) bestehen, wenn anderen Aktionären eine solche Zustimmung erteilt wurde (aber → Rn. 17).[80] Eine pflichtwidrige Gleichbehandlung kann nicht verlangt werden (kein

---

[70] LG Aachen WM 1992, 1485 (1493 f.) – AMB; GroßkommAktG/*Henze/Notz* § 53a Rn. 76; Hüffer AktG/*Koch* § 53a Rn. 10; *Lutter* AG 1992, 369 (374 f.).

[71] Grigoleit/*Grigoleit/Rachlitz* AktG § 53a Rn. 9; KölnKommAktG/*Drygala* § 53a Rn. 72; s. auch *Drygala* WM 2004, 1457 (1458 f.).

[72] KölnKommAktG/*Drygala* § 53a Rn. 73; aA Grigoleit/*Grigoleit/Rachlitz* AktG § 53a Rn. 9.

[73] KölnKommAktG/*Drygala* § 53a Rn. 73.

[74] *Kocher/Eisermann* DB 2008, 225 (226 f.); iE auch OLG Celle NZG 2006, 791 f., das aber die Unterstützung eines Angebots offenbar generell als unzulässig ansieht.

[75] RGZ 118, 67 (72); BGH WM 1960, 1007 (1009); LG Köln AG 1981, 81 (82); Grigoleit/ Grigoleit/*Rachlitz* AktG § 53a Rn. 19; GroßkommAktG/*Henze/Notz* § 53a Rn. 110 f.; KölnKommAktG/*Drygala* § 53a Rn. 37; MüKoAktG/*Götze* § 53a Rn. 29; K. Schmidt/Lutter/*Fleischer* AktG § 53a Rn. 39; Spindler/Stilz/*Cahn/v. Spannenberg* AktG § 53a Rn. 32.

[76] KölnKommAktG/*Drygala* § 53a Rn. 38; K. Schmidt/Lutter/*Fleischer* AktG § 53a Rn. 39; Spindler/Stilz/*Cahn/v. Spannenberg* AktG § 53a Rn. 32.

[77] GroßkommAktG/*Henze/Notz* § 53a Rn. 121; MüKoAktG/*Götze* § 53a Rn. 31.

[78] Hüffer AktG/*Koch* § 53a Rn. 12; KölnKommAktG/*Drygala* § 53a Rn. 39 ff.; K. Schmidt/Lutter/*Fleischer* AktG § 53a Rn. 40; ausführlich *Verse,* Der Gleichbehandlungsgrundsatz im Recht der Kapitalgesellschaften, 2006, S. 379 ff.

[79] GroßkommAktG/*Henze/Notz* § 53a Rn. 122, 151; Hüffer AktG/*Koch* § 53a Rn. 12; KölnKommAktG/*Drygala* § 53a Rn. 40; K. Schmidt/Lutter/*Fleischer* AktG § 53a Rn. 40.

[80] GroßkommAktG/*Henze/Notz* § 53a Rn. 123; Hüffer AktG/*Koch* § 53a Rn. 12; KölnKommAktG/*Drygala* § 53a Rn. 42; K. Schmidt/Lutter/*Fleischer* AktG § 53a Rn. 40.

§ 17 Mitgliedschaft des Aktionärs 19 § 17

Anspruch auf „Gleichbehandlung im Unrecht").[81] Schadensersatzansprüche aus § 823 Abs. 1 BGB oder aus § 823 Abs. 2 BGB iVm § 53a AktG bestehen nicht.[82] In Ausnahmefällen sind Schadensersatzansprüche aus § 826 BGB oder § 117 AktG denkbar.[83]

III. Treuepflicht

1. Rechtsgrund, Adressaten und Inhalt. Das Gleichbehandlungsgebot des § 53a AktG 19 wird ergänzt durch die mitgliedschaftliche Treuepflicht.[84] Das Bestehen einer mitgliedschaftlichen Treuepflicht ist heute auch für das Aktienrecht anerkannt.[85] Die Anerkennung einer Treuepflicht des Aktionärs gegenüber der Gesellschaft geht bereits auf das Reichsgericht zurück.[86] Der BGH hat dies in ständiger Rechtsprechung übernommen.[87] Spiegelbildlich hat er auch eine Treuepflicht der AG gegenüber den Aktionären anerkannt.[88] Ebenfalls anerkannt ist heute das Bestehen einer Treuepflicht der Aktionäre untereinander. Der BGH hat dies zunächst für Mehrheitsaktionäre,[89] später auch für Minderheitsaktionäre entschieden.[90] Die **Rechtsgrundlage** der mitgliedschaftlichen Treuepflicht ist nach wie vor umstritten.[91] Vorzugswürdig erscheint eine Einordnung als **richterrechtliche Generalklausel,** die sich aus verschiedenen Einzelnormen ableiten lässt.[92] Ob die Treuepflicht hinsichtlich ihrer grundsätzlichen Geltung im Aktienrecht bereits den Rang von Gewohn-

---

[81] BGH ZIP 2008, 218 (219); Grigoleit/*Grigoleit/Rachlitz* AktG § 53a Rn. 20; KölnKommAktG/ *Drygala* § 53a Rn. 44; K. Schmidt/Lutter/*Fleischer* AktG § 53a Rn. 40; Spindler/Stilz/*Cahn/v. Spannenberg* AktG § 53a Rn. 35; vgl. auch OLG Celle NZG 2006, 791 (792).
[82] GroßkommAktG/*Henze/Notz* § 53a Rn. 152; Hüffer AktG/*Koch* § 53a Rn. 12; KölnKommAktG/*Drygala* § 53a Rn. 46; K. Schmidt/Lutter/*Fleischer* AktG § 53a Rn. 41; aA zu § 823 Abs. 2 BGB iVm § 53a AktG MüKoAktG/*Götze* § 53a Rn. 39; *Henn* AG 1985, 240 (248).
[83] GroßkommAktG/*Henze/Notz* § 53a Rn. 152; KölnKommAktG/*Drygala* § 53a Rn. 46; K. Schmidt/Lutter/*Fleischer* AktG § 53a Rn. 41.
[84] Zum Verhältnis des Gleichbehandlungsgebots zur Treuepflicht s. K. Schmidt/Lutter/*Fleischer* AktG § 53a Rn. 12 mwN.
[85] Ausführliche Nachweise über das monographische Schrifttum bei GroßkommAktG/*Henze/Notz* Anh. § 53a Rn. 6 Fn. 27.
[86] RGZ 146, 385 (395 ff.).
[87] S. etwa BGHZ 14, 25 (38) (insoweit in NJW 1954, 1401 nicht mit abgedruckt); BGHZ 129, 136 (142) = NJW 1995, 1739 (1740 f.) – Girmes; ebenso etwa KG ZIP 2003, 1042 (1046) – Ampere AG/ Stadtwerke Hannover; OLG Stuttgart ZIP 2004, 1145 (1150); OLG Stuttgart ZIP 2003, 2024 (2027); GroßkommAktG/*Henze/Notz* Anh. § 53a Rn. 27; Hüffer AktG/*Koch* § 53a Rn. 14, 19; MüKoAktG/*Götze* Vor § 53a Rn. 20; *Hennrichs* AcP 195 (1995), 221 (225 ff.); *Kindler* FS Spiegelberger, 2009, 778 (780 f.); *Lutter* ZHR 153 (1989), 446 (452 f.).
[88] BGHZ 127, 107 (111) = NJW 1994, 3094 (3095) – BMW; ebenso GroßkommAktG/*Henze/ Notz* Anh. § 53a Rn. 4, 27, 87; MüKoAktG/*Götze* Vor § 53a Rn. 20; *Kindler* FS Spiegelberger, 2009, 778 (780 f.).
[89] Grundlegend BGHZ 103, 184 (194 f.) = NJW 1988, 1579 (1581 f.) – Linotype in Abkehr von BGH AG 1976, 218 (219) – Audi/NSU; bestätigt in BGHZ 142, 167 (169 f.) = NZG 1999, 1158 f. – Hilgers; BGHZ 153, 32 (43 f.) = NZG 2003, 216 (219) – HypoVereinsbank; BGHZ 153, 47 (51) = NZG 2003, 280 (281) – Macrotron; BGH ZIP 1992, 1464 (1470 f.) – IBH/Scheich Kamel; zustimmend etwa GroßkommAktG/*Henze/Notz* Anh. § 53 Rn. 63 ff.; Hüffer AktG/*Koch* § 53a Rn. 21; KölnKommAktG/*Drygala* § 53a Rn. 92; MüKoAktG/*Götze* Vor § 53a Rn. 32; *Dreher* ZHR 157 (1993), 150 (151 ff.); *Henze* BB 1996, 489 (490); *Kindler* FS Spiegelberger, 2009, 778 (780 f.); *Lutter* ZHR 153 (1989), 446 (453 ff.).
[90] BGHZ 129, 136 (142 ff.) = NJW 1995, 1739 (1740 ff.) – Girmes; zustimmend etwa GroßkommAktG/*Henze/Notz* Anh. § 53 Rn. 71 ff.; Hüffer AktG/*Koch* § 53a Rn. 21; KölnKommAktG/*Drygala* § 53a Rn. 94; MüKoAktG/*Götze* Vor § 53a Rn. 32; *Bungert* DB 1995, 1749 ff.; *Henze* BB 1996, 489 (490); *Kindler* FS Spiegelberger, 2009, 778 (780 f.); *Lutter* JZ 1995, 1053 ff.
[91] Vgl. die Nachweise bei GroßkommAktG/*Henze/Notz* § 53a Rn. 14 ff.
[92] GroßkommAktG/*Henze/Notz* Anh. § 53 Rn. 19; Hüffer AktG/*Koch* § 53a Rn. 15; KölnKommAktG/*Drygala* § 53a Rn. 82; MüKoAktG/*Götze* Vor § 53a Rn. 22; *Hüffer* FS Steindorff, 1990, 59 (68 ff.); vgl. zum Personengesellschaftsrecht GroßkommHGB/*Schäfer* § 105 Rn. 228.

heitsrecht erreicht hat,[93] kann dahinstehen. Konkreter Anknüpfungspunkt für die Treuepflicht im Verhältnis der Aktionäre zur AG ist die aus dem von den Gründern geschlossenen Organisationsvertrag hervorgegangene Satzung.[94] Auch die Treuepflicht der Aktionäre untereinander beruht nach vorzugswürdiger Ansicht auf der Satzung.[95]

20 Da die Treuepflicht ihren Entstehungsgrund im mitgliedschaftlichen Verhältnis hat (vgl. → Rn. 19), bestehen Treuebindungen grundsätzlich nur in dem von der Satzung erfassten und vom Unternehmensgegenstand und Gesellschaftszweck umschriebenen Bereich.[96] Die Treuepflicht gilt bereits mit der Übernahme der Aktien im Rahmen der **Gründung**, auch wenn die Gesellschaft zu diesem Zeitpunkt mangels Eintragung erst als Vorgesellschaft existiert.[97] Sie entfaltet ihre Wirkung auch noch im Stadium der **Liquidation**.[98] Wird das Insolvenzverfahren eröffnet, ist das Verfahren insgesamt nach den Vorschriften der InsO abzuwickeln.[99] Daher lässt sich nicht unter Berufung auf die gesellschaftsrechtliche Treuepflicht ein bestimmtes Stimmverhalten in Bezug auf einen Insolvenzplan erzwingen.[100] In persönlicher Hinsicht richtet sich die Treuepflicht nur an die Gesellschaft und ihre Aktionäre. Sie bindet nicht nur die **Aktionäre gegenüber der Gesellschaft** und die **Gesellschaft gegenüber den Aktionären,** sondern auch die **Aktionäre untereinander** (vgl. → Rn. 19). Die Treuepflicht erstreckt sich grundsätzlich nicht auf mittelbare Gesellschafter.[101] Auch die teilweise befürwortete Anerkennung einer vormitgliedschaftlichen Treubindung[102] ist abzulehnen.[103] **Außenstehende Dritte** unterliegen ebenfalls **nicht** den Bindungen aus der mitgliedschaftlichen Treuepflicht; dies gilt auch dann, wenn sie als

---

[93] So für das Personengesellschaftsrecht GroßkommHGB/*Schäfer* § 105 Rn. 228.
[94] GroßkommAktG/*Henze/Notz* Anh. § 53 Rn. 20; Hüffer AktG/*Koch* § 53a Rn. 15; *Hennrichs* AcP 195 (1995), 221 (234 f.); *Henze* BB 1996, 489 (492); *Hüffer* FS Steindorff, 1990, 59 (65 f.); *Kindler* FS Spiegelberger, 2009, 778 (779 f.); vgl. zur GmbH auch *M. Winter,* Mitgliedschaftliche Treuebindungen im GmbH-Recht, 1988, S. 63 ff.
[95] Grigoleit/*Grigoleit* AktG § 1 Rn. 52; GroßkommAktG/*Henze/Notz* Anh. § 53a Rn. 21; Hüffer AktG/*Koch* § 53a Rn. 15; *Henze* BB 1996, 489 (492); *Hüffer* FS Steindorff, 1990, 59 (66 ff.); s. auch BGHZ 129, 136 (148) = NJW 1995, 1739 (1742) – Girmes: Treuepflicht ist Ausfluss der mitgliedschaftlichen Beteiligung; kritisch Spindler/Stilz/*Cahn/v. Spannenberg* AktG § 53a Rn. 39; aA *Fillmann*, Treuepflichten der Aktionäre, 1991, S. 89 ff.: Sonderverbindung aufgrund qualifizierten Kontakts; ähnlich *Dreher* ZHR 157 (1993), 150 (153): durch Mitgliedschaft begründetes Sonderrechtsverhältnis; vgl. auch *Nehls*, Die gesellschaftsrechtliche Treuepflicht im Aktienrecht, 1993, S. 62 ff.: Parallele zum Vertrag mit Schutzwirkungen für Dritte; vgl. zur GmbH auch *M. Winter,* Mitgliedschaftliche Treuebindungen im GmbH-Recht, 1988, S. 67 ff.: gesetzliches Schuldverhältnis.
[96] GroßkommAktG/*Henze/Notz* Anh. § 53a Rn. 25; MüKoAktG/*Götze* Vor § 53a Rn. 27, 57; K. Schmidt/Lutter/*Fleischer* AktG § 53a Rn. 52; *Brandes* WM 1994, 2177 (2181); vgl. auch Hüffer AktG/*Koch* § 53a Rn. 16 f.
[97] Grigoleit/*Grigoleit* AktG § 1 Rn. 45; GroßkommAktG/*Henze/Notz* Anh. § 53a Rn. 26.
[98] Grigoleit/*Grigoleit* AktG § 1 Rn. 45; GroßkommAktG/*Henze/Notz* Anh. § 53a Rn. 26; K. Schmidt/Lutter/*Fleischer* AktG § 53a Rn. 53; vgl. auch OLG Düsseldorf NJW-RR 1995, 420 (422 f.) (zur GmbH); BGH GmbHR 1971, 112 (113) (zur KG).
[99] OLG Frankfurt a. M. ZIP 2013, 2018 (2019) – Suhrkamp.
[100] OLG Frankfurt a. M. ZIP 2013, 2018 (2020) – Suhrkamp (zur GmbH & Co. KG); anders noch die Vorinstanz LG Frankfurt a. M. ZIP 2013, 1831 ff.; kritisch dazu *Hölzle* EWiR 2013, 589 (590); *Thole* ZIP 2013, 1937 (1939 ff.).
[101] Grigoleit/*Grigoleit* AktG § 1 Rn. 49; aA GroßkommAktG/*Henze/Notz* Anh. § 53a Rn. 32 ff.; K. Schmidt/Lutter/*Fleischer* AktG § 53a Rn. 51; Spindler/Stilz/*Cahn/v. Spannenberg* AktG § 53a Rn. 47; zurückhaltend Hüffer AktG/*Koch* § 53a Rn. 18; vgl. auch *Tröger*, Treupflicht im Konzernrecht, 2000, S. 52 ff.: Treuebindung kraft Leitungsmacht.
[102] So insbesondere *Weber*, Vormitgliedschaftliche Treuebindungen, 1999, S. 178 ff., 239 ff.; ebenso *K. Schmidt* GesR § 20 VI 1b, S. 588 f.; sympathisierend auch GroßkommAktG/*Henze/Notz* Anh. § 53a Rn. 41.
[103] So auch KölnKommAktG/*Drygala* § 53a Rn. 84; MüKoAktG/*Götze* Vor § 53a Rn. 36; Spindler/Stilz/*Cahn/v. Spannenberg* AktG § 53a Rn. 47; kritisch auch K. Schmidt/Lutter/*Fleischer* AktG § 53a Rn. 53; *Fleischer* NZG 2000, 561 (563 ff.); s. auch *Joussen* BB 1992, 1075 (1079).

Stimmrechtsvertreter auftreten.[104] Der Stimmrechtsvertreter haftet bei einer treuwidrigen Stimmrechtsausübung aber analog § 179 Abs. 1 BGB, wenn er den Namen des Vollmachtgebers nicht nennt.[105] Das Abstimmungsverhalten des Stimmrechtsvertreters ist dem bevollmächtigenden Aktionär nach § 278 BGB zuzurechnen.[106] – Der **Alleinaktionär** unterliegt keiner Treuepflicht gegenüber der Gesellschaft.[107]

Die Treuepflicht wirkt in erster Linie als rechtsbegrenzende Rücksichtnahmepflicht **(Schrankenfunktion).** In gesellschaftlichen Angelegenheiten ist auf die Interessen der Gesellschaft und die gesellschaftsbezogenen Interessen der Mitaktionäre angemessen Rücksicht zu nehmen.[108] Die rechtsbegrenzende Wirkung der Treuepflicht gilt grundsätzlich auch in Bezug auf Rechtspositionen, die auf EU-Richtlinien beruhen, wobei aber deren Regelungsanliegen zu berücksichtigen ist.[109] Darüber hinaus kann die Treuepflicht auch als positive Förderpflicht wirken **(Ergänzungsfunktion).** Da das Aktiengesetz die Pflichten des Aktionärs auf die Einlageleistung (§ 54 AktG) und die Erbringung satzungsmäßiger Nebenleistungen (§ 55 AktG) begrenzt und eine gesetzliche Mitwirkungspflicht nur im Hinblick auf die Mitteilungen nach § 20 AktG vorsieht, ist bei der Annahme einer positiven Förderpflicht aber Zurückhaltung geboten.[110] 21

Zur Konkretisierung des Inhalts der Treuepflicht wird üblicherweise zwischen **eigennützigen und uneigennützigen** (gesellschaftsbezogenen) Mitgliedschaftsrechten der Aktionäre unterschieden (dazu → Rn. 5).[111] Danach hat die Treuepflicht bei der Ausübung eigennütziger Mitgliedschaftsrechte in erster Linie eine rechtsbegrenzende Schrankenfunktion: Jeder Aktionär hat die Schranken zu beachten, die sich aus dem Verbot willkürlicher oder unverhältnismäßiger Rechtsausübung ergeben.[112] Innerhalb dieser Schranken darf der Aktionär die Rechtsausübung an seinen Eigeninteressen orientieren und muss seine Interessen nicht dem Gesellschaftsinteresse unterordnen. Bei der Ausübung uneigennütziger (gesellschaftsbezogener) Mitgliedschaftsrechte gebührt demgegenüber dem Gesellschaftsinteresse Vorrang vor dem Individualinteresse des Aktionärs. Die Aktionäre sind in diesem Fall verpflichtet, alle Handlungen zu unterlassen, die dem Gesellschaftszweck zuwiderlaufen.[113] In Ausnahmefällen kann zudem eine Pflicht bestehen, diejenigen Handlungen vorzunehmen, die der Förderung des Gesellschaftszwecks 22

---

[104] BGHZ 129, 136 (148 f.) = NJW 1995, 1739 (1742) – Girmes; GroßkommAktG/*Henze/Notz* Anh. § 53a Rn. 31; Hüffer AktG/*Koch* § 53a Rn. 23; *Bungert* DB 1995, 1749 (1753); *Dreher* ZHR 157 (1993), 150 (165 ff.); *Henssler* DZWiR 1995, 430 (432 f.); aA *Marsch-Barner* ZHR 157 (1993), 172 (184 f.); *Timm* WM 1991, 481 (489).

[105] BGHZ 129, 136 (149 ff.) = NJW 1995, 1739 (1742 ff.) – Girmes; zustimmend *Henssler* DZWiR 1995, 430 (435); kritisch Hüffer AktG/*Koch* § 53a Rn. 23.

[106] Grigoleit/*Grigoleit* AktG § 1 Rn. 48 (sofern Abstimmungsverhalten an internen Vorgaben ausgerichtet wird); ähnlich BGHZ 129, 136 (151) = NJW 1995, 1739 (1743) – Girmes: Rechtsgedanken der §§ 166, 278 BGB; abweichend Hüffer AktG/*Koch* § 53a Rn. 23; K. Schmidt/Lutter/*Fleischer* AktG § 53a Rn. 51: Auswahlverschulden des Aktionärs.

[107] GroßkommAktG/*Ehricke* § 42 Rn. 40 ff.; GroßkommAktG/*Henze/Notz* Anh. § 53a Rn. 42 ff.; Hölters/*Laubert* AktG § 53a Rn. 15; KölnKommAktG/*Drygala* § 53a Rn. 89; K. Schmidt/Lutter/ *Fleischer* AktG § 53a Rn. 51.

[108] GroßkommAktG/*Henze/Notz* Anh. § 53a Rn. 52; MüKoAktG/*Götze* Vor § 53a Rn. 42; K. Schmidt/Lutter/*Fleischer* AktG § 53a Rn. 54.

[109] Grigoleit/*Grigoleit* AktG § 1 Rn. 46; Hüffer AktG/*Koch* § 53a Rn. 14; K. Schmidt/Lutter/ *Fleischer* AktG § 53a Rn. 43; vgl. auch EuGH Slg. 2000, I-1723 (1733 ff.) = NZG 2000, 534 (535 f.).

[110] MüKoAktG/*Götze* Vor § 53a Rn. 48; K. Schmidt/Lutter/*Fleischer* AktG § 53a Rn. 55.

[111] GroßkommAktG/*Henze/Notz* Anh. § 53a Rn. 53; *Henze* BB 1996, 489 (492 ff.); KölnKommAktG/*Drygala* § 53a Rn. 97; kritisch K. Schmidt/Lutter/*Fleischer* AktG § 53a Rn. 55.

[112] GroßkommAktG/*Henze/Notz* Anh. § 53a Rn. 55; *Henze* BB 1996, 489 (494); Hüffer AktG/ *Koch* § 53a Rn. 16; vgl. zur oHG auch GroßkommHGB/*Schäfer* § 105 Rn. 232, 235 f.

[113] *Henze* BB 1996, 489 (494); Hüffer AktG/*Koch* § 53a Rn. 17; *Lutter* AcP 1980, 85 (110 ff.); vgl. zur oHG auch GroßkommHGB/*Schäfer* HGB § 105 Rn. 232, 234.

dienen.[114] Die Treuepflicht kann hier also nicht nur Unterlassungs-, sondern ausnahmsweise auch Handlungspflichten begründen (insbesondere in Form positiver Stimmpflichten). Eine Pflicht zur Abstimmung in einem bestimmten Sinn besteht aber nur dann, wenn die zu beschließende Maßnahme zur Erhaltung wesentlicher Werte oder zur Vermeidung erheblicher Verluste objektiv unabweisbar erforderlich und den Aktionären unter Berücksichtigung ihrer eigenen schutzwürdigen Belange zumutbar ist; der Gesellschaftszweck und das Interesse der Gesellschaft müssen gerade diese Maßnahme zwingend gebieten und der Aktionär seine Zustimmung ohne vertretbaren Grund verweigern.[115] Dass eine Maßnahme im Interesse der Gesellschaft liegt, die Zwecke der Gesellschaft fördert und die Zustimmung dem Gesellschafter zumutbar ist, reicht zur Begründung einer positiven Stimmpflicht nicht aus.[116] Diese Maßstäbe gelten nicht nur für Satzungsänderungen, sondern insbesondere auch für die Zustimmung zu Geschäftsführungsmaßnahmen gemäß § 119 Abs. 2 AktG oder nach den „Holzmüller/Gelatine"-Grundsätzen.[117] Bei der Konkretisierung des Inhalts der Treuepflicht ist zu berücksichtigen, dass die Abgrenzung zwischen eigennützigen und uneigennützigen Mitgliedschaftsrechten nicht immer trennscharf möglich ist.[118] Es sind daher stets alle Umstände des Einzelfalls in die Betrachtung einzubeziehen.

23 Bei der Treuebindung geht es in erster Linie um die Kontrolle von Einwirkungsmöglichkeiten der Aktionäre bei Ausübung ihrer Mitgliedschaftsrechte auf die Gesellschaft oder auf gesellschaftsbezogene Rechte der Mitaktionäre. Typischerweise wurde die Treuepflicht zunächst dazu verwendet, den Konflikt des **Mehrheitsaktionärs** bei der Durchsetzung eigener Interessen gegenüber der Minderheit zu bewältigen (vgl. auch § 243 Abs. 2 AktG). Auch eine Zufallsmehrheit kann besonderen Treuebindungen unterliegen.[119] Gleiches gilt für Minderheitsaktionäre (→ Rn. 19, 29). Hier kommt die Schrankenfunktion der Treuepflicht insbesondere dann zum Tragen, wenn sie über eine Sperrminorität verfügen. Auch der Kleinaktionär unterliegt beispielsweise mit seinem Teilnahmerecht an der Hauptversammlung, seinem Auskunftsrecht und seinem Rederecht den Grenzen der Treuepflicht.[120] Institutionell verfestigte Ausprägung der Treuepflicht ist die vom BGH in Sachen Kali+Salz begründete und seitdem ständig fortentwickelte Rechtsprechung zur materiellen Beschlusskontrolle.[121]

---

[114] BGHZ 129, 136 (151) = NJW 1995, 1739 (1743) – Girmes; GroßkommAktG/*Henze/Notz* Anh. § 53a Rn. 81 f.; KölnKommAktG/*Drygala* § 53a Rn. 122; MüKoAktG/*Götze* Vor § 53a Rn. 48; K Schmidt/Lutter/*Fleischer* AktG § 53a Rn. 55.

[115] Vgl. zur GmbH BGH NZG 2016, 781 (782) – Media-Saturn; s. dazu *Hippeli* WuB 2016, 547 ff.; *Königshausen* BB 2016, 1550; *Paefgen* ZIP 2016, 2293 ff.; *Schmitz-Herscheidt* GmbHR 2016, 761 ff.; *Seibt* EWiR 2016, 395 f.; *Wicke* NJW 2016, 2741; s. auch BGHZ 98, 276 (279 f.) = NJW 1987, 189 (190); OLG München NZG 2016, 1149.

[116] Vgl. zur GmbH BGH NZG 2016, 781 (782) – Media-Saturn; ebenso jetzt OLG München NZG 2016, 1149; anders noch OLG München NZG 2015, 66 (67) – Media-Saturn; s. dazu *Beck* EWiR 2017, 171; *Hennrichs* NZG 2015, 41 ff.

[117] Vgl. zur GmbH BGH NZG 2016, 781 (782) – Media-Saturn.

[118] Vgl. K. Schmidt/Lutter/*Fleischer* AktG § 53a Rn. 55.

[119] Hüffer AktG/*Koch* § 53a Rn. 21; K. Schmidt/Lutter/*Fleischer* AktG § 53a Rn. 50; *Hüffer* FS Heinsius, 1991, 337 (350); s. auch BGHZ 129, 136 (144) = NJW 1995, 1739 (1741) – Girmes; aA *Marsch-Barner* ZHR 157 (1993), 172 (183).

[120] BGHZ 129, 136 (144) = NJW 1995, 1739 (1741) – Girmes; GroßkommAktG/*Henze/Notz* Anh. § 53a Rn. 71, 76 f.; *Henze* BB 1996, 489 (495); *Werner* FS Semler, 1993, 419 (424 f.).

[121] Grundlegend BGHZ 71, 40 (46) = NJW 1978, 1316 (1317) – Kali+Salz; bestätigt und fortentwickelt in BGHZ 83, 122 (143 f.) = NJW 1982, 1703 (1708) – Holzmüller; BGHZ 83, 319 (320 f.) = NJW 1982, 2444 f. – Holzmann; BGHZ 120, 141 (145 ff.) = NJW 1993, 400 (401 f.) – Bremer Bankverein; BGHZ 125, 239 (241) = NJW 1994, 1410 (1411) – Deutsche Bank; BGHZ 136, 133 (135) = NJW 1997, 2815 – Siemens/Nold; s. auch Grigoleit/*Grigoleit* AktG § 1 Rn. 59; GroßkommAktG/*Henze/Notz* Anh. § 53a Rn. 23; Hüffer AktG/*Koch* § 53a Rn. 21; *Zwissler*, Treuegebot – Treuepflicht – Treuebindung, 2002, S. 138 ff.; *Decher* ZGR 2019, 1122 (1130 ff.); *Henze* ZHR 162

2. Anwendungsbereich. a) Treuepflicht gegenüber der AG. Den Schwerpunkt für 24
das Eingreifen der Treuepflicht bildet das Verhältnis des Aktionärs zur Gesellschaft. Insbesondere bei der **Wahrnehmung uneigennütziger** (gesellschaftsbezogener) **Mitgliedschaftsrechte** kommt die Treuebindung des Aktionärs gegenüber der AG zum Tragen.
Das durch Gesellschaftszweck und Unternehmensziel definierte Interesse der Gesellschaft
hat hierbei absoluten Vorrang (bereits → Rn. 20).[122] Als Beispiele sind Beschlussfassungen
über Geschäftsführungsangelegenheiten auf Verlangen des Vorstands nach § 119 Abs. 2
AktG oder über den Entzug des Vertrauens für ein Vorstandsmitglied nach § 84 Abs. 3 S. 2
AktG zu nennen. Bei der Ausübung seiner Mitgliedschaftsrechte ist dem Aktionär jedoch
ein Ermessensspielraum zuzubilligen;[123] innerhalb dieses Ermessensspielraums kann rechtlich gesehen sowohl eine positive wie eine negative Stimmabgabe möglich sein. Verstößt
eine negative Stimmabgabe gegen die Treuepflicht, reicht es regelmäßig aus, wenn sich der
Aktionär bei der Abstimmung enthält.[124] Eine Pflicht zur positiven Stimmabgabe kann sich
aus der Treuepflicht nur dann ergeben, wenn das Abstimmungsermessen der Aktionäre
ausnahmsweise auf Null reduziert ist.[125] Denkbar ist eine positive Mitwirkungspflicht etwa
im Hinblick auf die Heilung von Gründungs- oder Satzungsmängeln.[126] Gleiches gilt für
die Heilung verdeckter Sacheinlagen, sofern das Umgehungsgeschäft heilungsfähig ist und
der beantragte Heilungsbeschluss in seiner konkreten Ausgestaltung auch zu einem „sicheren" Heilungserfolg führt.[127] Eine treuwidrige Stimmrechtsausübung kann etwa bei der
Wahl eines Prüfers vorliegen, bei dem erkennbar die Besorgnis der Befangenheit besteht.[128]
Verstößt ein Aktionär bei der Stimmrechtsausübung gegen die Treuepflicht, was in aller
Regel nur bei Mehrheitsaktionären relevant wird, ausnahmsweise auch bei Inhabern von
Sperrminoritäten oder sogar einzelnen Aktionären, wenn die Wirksamkeit einer Maßnahme von ihrer Zustimmung abhängt, ist der Beschluss anfechtbar (dazu → Rn. 31). Eine
Schadensersatzhaftung trifft den treuwidrig abstimmenden Aktionär nur bei vorsätzlicher
Pflichtverletzung (→ Rn. 32).[129]

Von geringerer Bedeutung ist die Treuepflicht regelmäßig bei der Ausübung **eigennütziger Mitgliedschaftsrechte**. Ein Verstoß gegen die Treuepflicht liegt dort grundsätzlich erst 25
in der illoyalen, grob eigennützigen, übermäßigen oder widersprüchlichen Ausübung von
Mitgliedschaftsrechten.[130] Dies kann bei einem Antrag auf Ergänzung der Tagesordnung
gemäß § 122 Abs. 2 AktG der Fall sein, wenn damit (mittelbar) die Einsetzung eines neuen

---

(1998), 186 (193 ff.); teilweise weitergehend *Wiedemann* FS Heinsius, 1991, 949 (960 ff.); *Wiedemann*
WM 2009, 1 (7 ff.).

[122] Hüffer AktG/*Koch* § 53a Rn. 16; *Henze* BB 1996, 489 (493); vgl. zur oHG auch GroßkommHGB/*Schäfer* § 105 Rn. 234.

[123] OLG Stuttgart ZIP 2003, 2024 (2027); MüKoAktG/*Götze* Vor § 53a Rn. 45; *Lutter* JZ 1995, 1053 (1055); *Zöllner* AG 2000, 145 (153).

[124] GroßkommAktG/*Henze/Notz* Anh. § 53a Rn. 82.

[125] OLG Stuttgart ZIP 2003, 2024 (2027); GroßkommAktG/*Henze/Notz* Anh. § 53a Rn. 82; vgl. zur GmbH auch BGH NZG 2016, 781 (782) – Media-Saturn.

[126] GroßkommAktG/*Henze/Notz* Anh. § 53a Rn. 59; KölnKommAktG/*Drygala* § 53a Rn. 123; K. Schmidt/Lutter/*Fleischer* AktG § 53a Rn. 58.

[127] GroßkommAktG/*Henze/Notz* Anh. § 53a Rn. 86; KölnKommAktG/*Drygala* § 53a Rn. 124 f.; K. Schmidt/Lutter/*Fleischer* AktG § 53a Rn. 58; vgl. zur GmbH auch BGHZ 155, 329 (333 f.) = NZG 2003, 867 (869).

[128] BGHZ 153, 32 (43 f.) = NZG 2003, 216 (219) – HypoVereinsbank; K. Schmidt/Lutter/*Fleischer* AktG § 53a Rn. 56.

[129] BGHZ 129, 136 (162 ff.) = NJW 1995, 1739 (1746) – Girmes; GroßkommAktG/*Henze/Notz* Anh. § 53a Rn. 147; Hüffer AktG/*Koch* § 53a Rn. 28; MüKoAktG/*Götze* Vor § 53a Rn. 68; K. Schmidt/Lutter/*Fleischer* AktG § 53a Rn. 70; *Grunewald* FS Kropff, 1997, 89 (98); *Lutter* JZ 1995, 1053 (1055).

[130] Vgl. Hüffer AktG/*Koch* § 53a Rn. 17; *Henze* BB 1996, 489 (494); vgl. zur oHG auch GroßkommHGB/*Schäfer* § 105 Rn. 235.

Vorstands bezweckt ist, damit dieser eine von dem amtierenden Vorstand abgelehnte, die Gesellschaft mit überwiegender Wahrscheinlichkeit schädigende Geschäftsführungsmaßnahme durchführt.[131] Ein Verstoß gegen die Treuepflicht kann zudem vorliegen bei einer übermäßigen Ausübung des Auskunftsrechts in der Hauptversammlung durch Stellung einer nicht in angemessener Zeit zu beantwortenden Zahl von Fragen oder von Fragen, deren Beantwortung die Hauptversammlung für längere Zeit blockieren würde (dazu → § 38 Rn. 34).[132] Gleiches gilt bei übermäßiger Ausübung des Rederechts in der Hauptversammlung (sog. Filibustering).[133] In diesen Fällen hat die Treuepflicht in erster Linie Schrankenfunktion.

26 Nach vielfach vertretener Ansicht soll sich aus der Treuepflicht der Aktionäre gegenüber der AG im Bereich des satzungsmäßigen Unternehmensgegenstands auch ein **Wettbewerbsverbot** des Mehrheitsaktionärs oder eines sonst herrschenden Aktionärs ableiten lassen.[134] Dies überzeugt nicht, da der Gesetzgeber den Schutz der abhängigen AG vor einer Einflussnahme des herrschenden Aktionärs – anders als für die GmbH – in §§ 311 ff. AktG ausdrücklich geregelt hat.[135] Bei börsennotierten Gesellschaften besteht zudem der Schutz durch das Pflichtangebotserfordernis gemäß § 35 WpÜG, so dass hier erst recht kein Bedarf für ein treuepflichtgestütztes Wettbewerbsverbot besteht.[136]

27 **b) Treuepflicht gegenüber den Mitaktionären.** Die **Treuepflicht** gegenüber den Mitaktionären ist das Korrelat der Möglichkeit eines jeden Aktionärs, bei Ausübung seiner Mitgliedschaftsrechte die **gesellschaftsbezogenen** Interessen der Mitaktionäre zu beeinträchtigen.[137] Soweit es um private Interessen von Mitaktionären geht, ist für die Treuepflicht im Grundsatz kein Raum. Die sich aus der Treuepflicht ergebende Verpflichtung, die gesellschaftsbezogenen Interessen der Mitaktionäre zu wahren, verlangt eine Rücksichtnahme auf die Belange der Mitaktionäre bei der Verfolgung eigener Interessen. Auch im Verhältnis zu ihren Mitaktionären sind Aktionäre gehalten, deren willkürliche Schädigung zu unterlassen und bei der Rechtsausübung das schonendste Mittel zu wählen.[138] Dies gilt sowohl für Mehrheits- als auch für Minderheitsaktionäre (vgl. → Rn. 23).

---

[131] KG ZIP 2003, 1042 (1046 ff.) – Ampere AG/Stadtwerke Hannover; K. Schmidt/Lutter/*Fleischer* AktG § 53a Rn. 55.
[132] Vgl. OLG Frankfurt a. M. AG 1984, 25: 25.000 Einzelangaben; GroßkommAktG/*Decher* § 131 Rn. 283; Hüffer AktG/*Koch* § 131 Rn. 68; Spindler/Stilz/*Siems* AktG § 131 Rn. 60; grundsätzlich auch LG München I WM 2010, 1699 (1702).
[133] BGHZ 129, 136 (144) = NJW 1995, 1739 (1741) – Girmes; *Henze* BB 1996, 489 (495).
[134] GroßkommAktG/*Henze*/*Notz* Anh. § 53a Rn. 78; *J. Schneider,* Wettbewerbsverbot für Aktionäre, 2008, S. 85 ff.; *Armbrüster* ZIP 1997, 1269 (1271); *Burgard* FS Lutter, 2000, 1033 (1041 ff.); *Henze* BB 1996, 489 (497 f.); *Henze* FS Hüffer, 2010, 308 (313 ff.); für nicht börsennotierte AG auch *Habersack* in Emmerich/Habersack, Aktien- und GmbH-Konzernrecht, Vor § 311 Rn. 7; KölnKommAktG/*Drygala* § 53a Rn. 117; für personalistische AG auch *Binnewies,* Die Konzerneingangskontrolle in der abhängigen Gesellschaft, 1995, S. 344 ff.; *Friedewald,* Die personalistische Aktiengesellschaft, 1991, S. 140 ff.; *Liebscher,* Konzernbildungskontrolle, 1995, S. 388 f.; *Verse* in Bayer/Habersack, Aktienrecht im Wandel, 2007, Bd. 2, Kap. 13 Rn. 47.
[135] Gegen ein Wettbewerbsverbot des Mehrheitsaktionärs auch Grigoleit/*Grigoleit* AktG § 1 Rn. 83; Hüffer AktG/*Koch* § 53a Rn. 25; MüKoAktG/*Altmeppen* Vor § 311 Rn. 51 ff.; K. Schmidt/Lutter/ *J. Vetter* AktG § 311 Rn. 137; Spindler/Stilz/*Müller* AktG Vor § 311 Rn. 44; *Tröger,* Treupflicht im Konzernrecht, 2000, S. 241 ff.; *U. H. Schneider* BB 1995, 365 (367); jedenfalls für den Fall, dass die Konkurrenzsituation schon vor dem Erwerb der Mehrheitsbeteiligung bestanden hat, auch BGH ZIP 2008, 1872 (1874) – Züblin.
[136] Ablehnend für die börsennotierte AG auch *Habersack* in Emmerich/Habersack, Aktien- und GmbH-Konzernrecht, Vor § 311 Rn. 7; KölnKommAktG/*Drygala* § 53a Rn. 117; *Verse* in Bayer/ Habersack, Aktienrecht im Wandel, 2007, Bd. 2, Kap. 13 Rn. 47.
[137] BGHZ 129, 136 (143 f.) = NJW 1995, 1739 (1741) – Girmes; BGHZ 103, 184 (194 f.) = NJW 1988, 1579 (1581 f.) – Linotype; ebenso schon zur GmbH BGHZ 65, 15 (18 f.) – ITT vgl. auch GroßkommAktG/*Henze*/*Notz* Anh. § 53a Rn. 8; *Hennrichs* AcP 195 (1995), 221 (242 ff.).
[138] BGHZ 129, 136 (152) = NJW 1995, 1739 (1743) – Girmes; vgl. zur oHG auch Großkomm-HGB/*Schäfer* § 105 Rn. 236.

Der **Mehrheitsaktionär** handelt treuwidrig, wenn er seine Mehrheitsmacht zur Schädi- 28
gung der Mitgesellschafter oder für ungerechtfertigte Sondervorteile einsetzt.[139] So verletzt er
etwa seine Pflicht zur Rücksichtnahme auf die gesellschaftsbezogenen Interessen der Minderheitsaktionäre, wenn er schon vor Auflösung der Gesellschaft mit dem Vorstand eine Vereinbarung über die Verwertung des wertvollsten Teils des Vermögens trifft.[140] Eine Treuepflichtverletzung kann auch darin zu sehen sein, dass der Mehrheitsaktionär gegen den Willen
der Minderheit und ohne sachlichen Grund den Abschlussprüfer auswechselt.[141] Gleiches gilt
für den Beschluss einer Ausgliederung wesentlicher Geschäftsbereiche auf eine gemeinnützige KGaA, durch die der Anteil der übrigen Aktionäre an der Entwicklung des Ertragswerts
entfällt.[142] Nicht vereinbar mit der Treuepflicht der Mehrheit gegenüber der Minderheit ist
nach ständiger Rechtsprechung des BGH zudem die **Entlastung** der Mitglieder des Vorstands oder des Aufsichtsrats, wenn Gegenstand der Entlastung ein Verhalten ist, dass eindeutig
einen schwerwiegenden Gesetzes- oder Satzungsverstoß darstellt.[143] Wird das Grundkapital
im Anschluss an die Herabsetzung auf Null erhöht, gebietet die Treuepflicht dem Mehrheitsaktionär, möglichst vielen Aktionären den Verbleib in der Gesellschaft zu eröffnen. Daraus
kann sich die Pflicht ergeben, das Entstehen unverhältnismäßig hoher Spitzen zu vermeiden,
indem der Nennwert der neuen Aktien auf den gesetzlichen Mindestbetrag festgelegt wird.[144]
Dagegen ist ein Großaktionär aufgrund seiner Treuebindungen gegenüber den Mitaktionären
nicht verpflichtet, seine Anteile bei einem Ausstieg aus der Gesellschaft kursschonend zu
veräußern.[145] Nicht treuwidrig ist auch der Beschluss einer übertragenden Auflösung[146] oder
eines Formwechsel in die GmbH & Co. KG unter Bestellung einer Tochtergesellschaft der
Mehrheitsaktionärin zur Komplementärin.[147] Gleiches gilt für die Herbeiführung eines
Squeeze-out,[148] die auch dann nicht treuwidrig ist, wenn der Hauptaktionär die erforderliche
95 %-Schwelle nur mittels eines Wertpapierdarlehens überschreitet.[149] Ebenfalls nicht treuwidrig ist die fortgesetzte Ausschüttung der **Mindestdividende** gemäß § 254 AktG; dies gilt
unabhängig davon, ob eine Thesaurierung wirtschaftlich erforderlich ist.[150]

Minderheitsaktionäre können aufgrund ihrer Pflicht zur Rücksichtnahme auf die 29
gesellschaftsbezogenen Interessen der Mitaktionäre insbesondere verpflichtet sein, bestimmte Maßnahmen nicht mittels einer ihnen zustehenden Sperrminorität zu blockieren.[151] Dass

---

[139] Vgl. zur GmbH BGH NZG 2016, 781 (783) – Media-Saturn.
[140] BGHZ 103, 184 (194 f.) = NJW 1988, 1579 (1581 f.) – Linotype; dazu *Lutter* ZHR 153 (1989), 446 ff.; *Wiedemann* JZ 1989, 443 ff.
[141] BGH AG 1992, 58 (59); KölnKommAktG/*Drygala* § 53a Rn. 104; K. Schmidt/Lutter/*Fleischer* AktG § 53a Rn. 56.
[142] KG NZG 2010, 462 f.; KölnKommAktG/*Drygala* § 53a Rn. 106.
[143] Grundlegend BGHZ 153, 47 (51) = NZG 2003, 280 (281) – Macrotron; bestätigt in BGHZ 160, 385 (388) = NZG 2005, 77 (78) – ThyssenKrupp; BGHZ 182, 272 (281) = NZG 2009, 1270 (1272) – Umschreibungsstopp; BGHZ 194, 14 (17) = NZG 2012, 1064 – Fresenius; BGH NZG 2012, 347 – Commerzbank/Dresdner Bank; BGH NZG 2013, 783; ebenso etwa KölnKommAktG/*Drygala* § 53a Rn. 102; K. Schmidt/Lutter/*Fleischer* AktG § 53a Rn. 56.
[144] BGHZ 142, 167 (169 ff.) = NZG 1999, 1158 f. – Hilgers; KölnKommAktG/*Drygala* § 53a Rn. 105; K. Schmidt/Lutter/*Fleischer* AktG § 53a Rn. 56.
[145] GroßkommAktG/*Henze/Notz* Anh. § 53a Rn. 122; MüKoAktG/*Götze* Vor § 53a Rn. 65; aA *Wastl* NZG 2005, 17 (21); *Ziemons/Jaeger* AG 1996, 358 (362 ff.).
[146] OLG Stuttgart ZIP 1995, 1515 (1519 f.) – MotoMeter; KölnKommAktG/*Drygala* § 53a Rn. 112.
[147] BGH AG 2005, 613 f.; KölnKommAktG/*Drygala* § 53a Rn. 115.
[148] OLG Düsseldorf NZG 2004, 328 (331); OLG Köln ZIP 2004, 760 (762).
[149] BGHZ 180, 154 (160 ff.) = NZG 2009, 585 (586 ff.) – Wertpapierdarlehen; KölnKommAktG/*Drygala* § 53a Rn. 113; *Goslar/v. d. Linden* BB 2009, 1986 (1989 f.); *Hasselbach/Hoffmann* WuB II A § 327a AktG 3.09; *Rieder* ZGR 2009, 989 (992 ff.); *Ruoff/Marhewka* BB 2009, 1321 f.; teilweise einschränkend *Grunewald* EWiR 2009, 327 (328).
[150] KölnKommAktG/*Drygala* § 53a Rn. 116; *Baums* FS K. Schmidt, 2009, 57 (79 ff.).
[151] Grundlegend BGHZ 129, 136 (142 ff.) = NJW 1995, 1739 (1740 ff.) – Girmes; ausführlich zur Treuepflicht von Minderheitsaktionären jüngst *Merkt* FS Bergmann, 2018, 509 ff.

eine Maßnahme im Interesse der Gesellschaft liegt, die Zwecke der Gesellschaft fördert und die Zustimmung dem Gesellschafter zumutbar ist, reicht nicht aus, um eine Zustimmungspflicht oder die Unwirksamkeit einer entgegenstehenden Stimmabgabe zu begründen.[152] Vielmehr muss nur dann in einem bestimmten Sinn abgestimmt werden, wenn die betreffende Maßnahme zur Erhaltung wesentlicher Werte oder zur Vermeidung erheblicher Verluste objektiv unabweisbar erforderlich ist und den Aktionären unter Berücksichtigung ihrer eigenen schutzwürdigen Belange zumutbar ist. Der Gesellschaftszweck und das Interesse der Gesellschaft müssen gerade die in Rede stehende Maßnahme zwingend gebieten und der Aktionär seine Zustimmung ohne vertretbaren Grund verweigern.[153] Bei **Sanierungsbedürftigkeit** der Gesellschaft verbietet es die Treuepflicht der Minderheitsaktionäre nach der Girmes-Entscheidung des BGH, eine sinnvolle und mehrheitlich angestrebte Sanierung aus eigennützigen Gründen zu verhindern.[154] Richtigerweise sollte die Unterstützung durch die Mehrheit jedoch keine Voraussetzung der Mitwirkungspflicht sein.[155] Ähnliche Grundsätze wie in den Fällen der Sanierungsbedürftigkeit gelten für aus sonstigen Gründen erforderliche Kapitalmaßnahmen.[156] Aus der Treuepflicht folgt jedoch keine Pflicht, einem Beschluss über eine Kapitalherabsetzung und eine anschließende Kapitalerhöhung zuzustimmen oder sich diesbezüglich der Stimme zu enthalten, wenn es an einem nachhaltigen Sanierungskonzept fehlt.[157] Dagegen kommt eine Verletzung der Treuepflicht insbesondere dann in Betracht, wenn ein Aktionär sein Stimmrecht ausübt, um damit ausschließlich eigennützige Zwecke zu verfolgen (etwa indem er seine Blockademacht nutzt, um seinen Lästigkeitswert in die Höhe zu treiben und eine Abfindung zu erstreiten).[158] Treuwidrig kann auch die „handstreichartige" Abhaltung einer Universalversammlung (§ 121 Abs. 6 AktG) sein, wenn hierdurch der temporäre Rechtsverlust eines Mitaktionärs (insbesondere nach § 20 Abs. 7 AktG, § 44 WpHG oder § 59 WpÜG) ausgenutzt werden soll.[159]

30 **c) Treuepflicht der AG gegenüber den Aktionären.** Die AG ist verpflichtet, dem einzelnen Aktionär die ungehinderte und sachgemäße Wahrnehmung seiner Mitgliedschaftsrechte zu ermöglichen.[160] Daraus folgen insbesondere Unterstützungspflichten. So ist etwa die AG grundsätzlich zur Übermittlung erforderlicher Steuerbescheinigungen verpflichtet.[161] Wird auf Veranlassung der Verwaltung der Verlauf der Hauptversammlung

---

[152] NZG 2016, 781 (782) – Media-Saturn (zur GmbH).

[153] NZG 2016, 781 (782) – Media-Saturn (zur GmbH); s. auch BGHZ 98, 276 (279 f.) = NJW 1987, 189 (190) (zur GmbH); *Merkt* FS Bergmann, 2018, 527.

[154] BGHZ 129, 136 (152) = NJW 1995, 1739 (1743) – Girmes; ebenso OLG München ZIP 2014, 472 (474) – 7days music entertainment AG; GroßkommAktG/*Henze/Notz* Anh. § 53a Rn. 111; KölnKommAktG/*Drygala* § 53a Rn. 119; MüKoAktG/*Oechsler* § 222 Rn. 27; K. Schmidt/Lutter/ *Fleischer* AktG § 53a Rn. 57; *Häfele*, Die Treuepflicht der Aktionäre bei der vorinsolvenzlichen Sanierung durch einen Debt Equity Swap, 2013, S. 101 ff.; *Dreher* ZHR 157 (1993), 170 (180 f.); *Hennrichs* AcP 196 (1996), 221 (255 ff.); vgl. auch MüKoAktG/*Götze* Vor § 53a Rn. 63; *St. Schneider*, Gesellschafter-Stimmpflichten bei Sanierungen, 2014, S. 218 ff.

[155] Ausführlich jüngst *Reichert* NZG 2018, 134 (136 ff.); s. auch MüKoAktG/*Schürnbrand* § 182 Rn. 12; *Schäfer* FS Hommelhoff, 2012, 939 (952 ff.); *Seibt* ZIP 2014, 1909 (1914).

[156] KölnKommAktG/*Drygala* § 53a Rn. 119; vgl. auch BGHZ 98, 276 (278 ff.) = NJW 1987, 189 (190 f.) (zur GmbH).

[157] OLG München ZIP 2014, 472 (474 f.) – 7days music entertainment AG; zustimmend *Wardenbach* GER 2014, 106; *Wilsing/Meyer* EWiR 2014, 311 (312); ausführlich *Seibt* ZIP 2014, 1909 (1912 ff.).

[158] Vgl. BGH NZG 2016, 781 (783) – Media-Saturn (zur GmbH).

[159] BGH ZIP 2009, 1317 (1318); KölnKommAktG/*Drygala* § 53a Rn. 108; vgl. zur treuwidrigen Einberufung und Durchführung der Gesellschafterversammlung der Komplementär-GmbH einer GmbH & Co KG auch OLG Hamm NZG 2018, 868 (869).

[160] BGHZ 127, 107 (111) = NJW 1994, 3094 (3095) – BMW; GroßkommAktG/*Henze/Notz* Anh. § 53a Rn. 87; KölnKommAktG/*Drygala* § 53a Rn. 91; MüKoAktG/*Götze* Vor § 53a Rn. 33.

[161] GroßkommAktG/*Henze/Notz* Anh. § 53a Rn. 89; K. Schmidt/Lutter/*Fleischer* AktG § 53a Rn. 59; zur GmbH auch BGH ZIP 1991, 1584 (1585 f.).

§ 17 Mitgliedschaft des Aktionärs   31, 32 § 17

durch ein stenografisches Wortprotokoll oder eine Tonbandaufnahme aufgezeichnet, kann die AG verpflichtet sein, einem Aktionär gegen Kostenerstattung eine Abschrift der Teile des Protokolls bzw. der Aufzeichnung zu erteilen, die seine eigenen Fragen und Redebeiträge sowie die von den Mitgliedern des Vorstands darauf erteilten Antworten und dazu abgegebenen Stellungnahmen umfasst (→ § 37 Rn. 56, → § 41 Rn. 4).[162] In Ausnahmefällen kann die AG auch verpflichtet sein, gemäß § 68 Abs. 2 AktG der Übertragung vinkulierter Aktien zuzustimmen.[163] Hier wird es aber regelmäßig an der für eine solche Zustimmungspflicht erforderlichen Ermessensreduzierung auf Null fehlen.[164]

3. Rechtsfolgen. Überschreitet ein Aktionär bei der Ausübung eigennütziger Rechte die 31 ihm durch die Treuepflicht gesetzten Schranken, besteht die Rechtsfolge primär in der **Unbeachtlichkeit seiner Rechtsausübung**.[165] Eine treuwidrige Stimmrechtsausübung führt zur Nichtigkeit der betreffenden Stimmen.[166] Der Versammlungsleiter darf treuwidrig abgegebene Stimmen nicht mitzählen.[167] Werden treuwidrig abgegebene Stimmen zu Unrecht mitgezählt, führt dies zur Anfechtbarkeit des Hauptversammlungsbeschlusses, sofern die betreffenden Stimmen für sein Zustandekommen kausal waren. Soweit unter Verstoß gegen die Treuepflicht zustande gekommene Hauptversammlungsbeschlüsse inhaltlich rechtswidrig sind, führt dies zur **Anfechtbarkeit** nach § 243 Abs. 1 AktG.[168] Stellt die negative Stimmabgabe – beispielsweise in Sanierungsfällen – eine Treuepflichtverletzung dar, ist der Aktionär nur dann zu einer **positiven Stimmabgabe** verpflichtet, wenn die Maßnahme ohne seine Stimme nicht durchgeführt werden kann; in aller Regel ist daher eine Stimmenthaltung ausreichend.[169]

Treuepflichtverstöße gegenüber der AG oder den Mitaktionären können zu einer **Scha-** 32 **densersatzpflicht** des Aktionärs führen, soweit er sie zu vertreten hat (§ 280 Abs. 1 BGB). Bei treuwidriger Stimmrechtsausübung ist eine vorsätzliche Pflichtverletzung erforderlich (→ Rn. 24). Liegt der Treuepflichtverstoß nicht in einer Stimmrechtsausübung, soll nach teilweise vertretener Ansicht eine Schadensersatzpflicht ebenfalls nur bei vorsätzlichem Handeln in Betracht kommen.[170] Eine solche Beschränkung erscheint als zu weitgehend. In bestimmten Fällen, etwa bei treuwidrigen Anfechtungsklagen oder Sonderprüfungsanträ-

---

[162] BGHZ 127, 107 (111 ff.) = NJW 1994, 3094 (3095 ff.) – BMW; KölnKommAktG/*Drygala* § 53a Rn. 91; K. Schmidt/Lutter/*Fleischer* AktG § 53a Rn. 59.

[163] BGH ZIP 1987, 291 (292); LG Aachen AG 1992, 410 (411 f.) – AGF/AMB; KölnKommAktG/ *Drygala* § 53a Rn. 91.

[164] Vgl. K. Schmidt/Lutter/*Fleischer* AktG § 53a Rn. 59; s. auch GroßkommAktG/*Henze/Notz* Anh. § 53a Rn. 90.

[165] GroßkommAktG/*Henze/Notz* Anh. § 53a Rn. 128; Hüffer AktG/*Koch* § 53a Rn. 27; *St. Schneider*, Gesellschafter-Stimmpflichten bei Sanierungen, 2014, S. 238 ff.; vgl. zur oHG auch GroßkommHGB/*Schäfer* § 105 Rn. 243.

[166] Grigoleit/*Grigoleit* AktG § 1 Rn. 75; GroßkommAktG/*Henze/Notz* Anh. § 53a Rn. 128; Hüffer AktG/*Koch* § 53a Rn. 30; MüKoAktG/*Götze* Vor § 53a Rn. 72; K. Schmidt/Lutter/*Fleischer* AktG § 53a Rn. 63; zur GmbH auch BGH ZIP 1993, 1228 (1230); 1991, 23 (24); 1988, 22 (24); OLG Stuttgart AG 2000, 369 (371) – DASA/Dornier; aA *Guntz*, Treubindungen von Minderheitsaktionären, 1997, S. 137 f.; *Koppensteiner* ZIP 1994, 1325 (1326 ff.).

[167] BGH ZIP 1993, 1228 (1230); OLG Stuttgart AG 2000, 369 (371) – DASA/Dornier (jeweils für GmbH); GroßkommAktG/*Henze/Notz* Anh. § 53a Rn. 128; GroßkommAktG/*K. Schmidt* § 243 Rn. 47; *Seibt* ZIP 2014, 1909 (1915); beschränkt auf offenkundige Treuepflichtverstöße auch Hüffer AktG/*Koch* § 130 Rn. 22; K. Schmidt/Lutter/*Fleischer* AktG § 53a Rn. 63; aA *Guntz*, Treubindungen von Minderheitsaktionären, 1997, S. 137 f.; *Marsch-Barner* ZHR 157 (1993), 172 (189).

[168] GroßkommAktG/*Henze/Notz* Anh. § 53a Rn. 135; Hüffer AktG/*Koch* § 53a Rn. 29; teilweise aA Grigoleit/*Grigoleit* AktG § 1 Rn. 75, der zwischen individueller und sozialer Treuepflicht differenziert und bei Verstößen gegen letztere stets Nichtigkeit annimmt.

[169] BGHZ 129, 136 (152 f.) = NJW 1995, 1739 (1743) – Girmes; *Henze* BB 1996, 489 (493); s. auch *Kort* ZIP 1990, 294 (297).

[170] GroßkommAktG/*Henze/Notz* Anh. § 53a Rn. 149; GroßkommAktG/*Kort* § 117 Rn. 93; *Grunewald* FS Kropff, 1997, 89 (99); offen gelassen von BGHZ 129, 136 (162) = NJW 1995, 1739 (1746)

gen gemäß § 142 Abs. 2 AktG, bietet sich eine Erstreckung auf grob fahrlässige Pflichtverletzungen an.[171] Eine Schadensersatzpflicht gegenüber Mitaktionären setzt voraus, dass diese einen individuellen Schaden und nicht nur einen bloßen Reflexschaden in Form einer Wertminderung ihrer Anteile erlitten haben.[172] Die Schutzwirkung der Treuepflicht gegenüber Mitaktionären beschränkt sich zudem auf den Schutz ihrer gesellschaftsbezogenen Interessen. Der Schaden muss daher den mitgliedschaftlichen Bereich betreffen (→ Rn. 20). Eine Schadensersatzpflicht bei Verleitung zu einer Fehlinvestition durch Zeichnung junger Aktien aus einer Kapitalerhöhung unter dem Gesichtspunkt der Treuepflichtverletzung scheidet daher aus.[173]

§ 18 Klagerechte der Aktionäre

Übersicht

	Rn.		Rn.
I. Überblick	1	1. Terminologie	5
II. Klage- und Antragsrechte nach dem Aktiengesetz	2–4	2. Aktionärsklage	6, 7
		3. Abwehrklage	8–12
1. Individualrechte	2, 3	IV. Schutz der Mitgliedschaft	13
2. Minderheitenrechte	4		
III. Aktionärsklage	5–12		

Schrifttum: *Adolff,* Zur Reichweite des verbandsrechtlichen Abwehranspruchs des Aktionärs gegen rechtswidriges Verwaltungshandeln, ZHR 169 (2005), 310–328; *Bartels,* Die allgemeine Feststellungsklage im Kreis der verbandsinternen Aktionärsklagen, ZGR 2008, 723–773; *Bayer,* Aktionärsklagen de lege lata und de lege ferenda, NJW 2000, 2609–2619; *Behr,* Die actio pro socio in der Aktiengesellschaft, 2010; *Brondics,* Die Aktionärsklage, 1988; *Bungert,* Ausnutzung eines genehmigten Kapitals mit Bezugsrechtsausschluss – Anmerkung zu den BGH-Urteilen Mangusta/Commerzbank I und II, BB 2005, 2757–2759; *Busch,* Mangusta/Commerzbank – Rechtsschutz nach Ausnutzung eines genehmigten Kapitals, NZG 2006, 81–88; *Drinkuth,* Rechtsschutz beim genehmigten Kapital, AG 2006, 142–147; *Brondics,* Die Aktionärsklage, 1988; *v. Gerkan,* Die Gesellschafterklage, ZGR 1988, 441 ff.; *Großfeld/Brondics,* Die Aktionärsklage – nun auch im deutschen Recht, JZ 1982, 589–592; *Habersack,* Die Mitgliedschaft – subjektives und „sonstiges" Recht, 1996; *Habersack,* Die Aktionärsklage – Grundlagen, Grenzen und Anwendungsfälle, DStR 1998, 533–537; *Hoffmann-Becking,* Grenzenlose Abwehrklagen für Aktionäre, ZHR 167 (2003), 357–364; *Klaaßen-Kaiser/Heneweer,* Kapitalerhöhung aus genehmigtem Kapital bei vereinfachtem Bezugsrechtsausschluss – Klagefrist und Beachtung des Gleichbehandlungsgebots aus § 53a AktG, NZG 2019, 417–420; *Knobbe-Keuk,* Das Klagerecht des Gesellschafters einer Kapitalgesellschaft wegen gesetzes- und satzungswidriger Maßnahmen der Geschäftsführung, FS Ballerstedt 1975, S. 239–255; *Kocher/v. Falkenhausen,* Aktuelles und Ungeklärtes zur Kapitalerhöhung mit vereinfachtem Bezugsrechtsausschluss nach § 186 Abs. 3 Satz 4 AktG, ZIP 2018, 1949–1955; *Köster,* Vorbeugender und vorläufiger Rechtsschutz im Rahmen des genehmigten Kapitals bei der Aktiengesellschaft, 2019; *Krämer/Kiefner,* Präventiver Rechtsschutz und Flexibilität beim genehmigten Kapital, ZIP 2006, 301–310; *Krieger,* Aktionärsklage zur Kontrolle des Vorstands- und Aufsichtsratshandelns, ZHR 163 (1999), 343–363; *Kubis,* Information und Rechtsschutz der Aktionäre beim genehmigten Kapital, DStR 2006, 188–193; *Lutter,* Aktionärs-Klagerechte, JZ 2000, 837–842; *Markwardt,* „Holzmüller" im vorläufigen Rechtsschutz, WM 2004, 211–219; *Paefgen,* Unternehmerische Entscheidung und Rechtsbindung der Organe in der AG, 2002; *Paefgen,* Dogmatische Grundlagen, Anwendungsbereich und Formulierung einer Business Judgement Rule im künftigen UMAG, AG 2004, 245–261; *Paefgen,* „Holzmüller" und der Rechtsschutz des Aktionärs gegen Verwaltungshandeln im Rechtsvergleich, ZHR 172 (2008), 42–80; *Paschos,* Berichtspflichten und Rechtsschutz bei der Ausübung eines genehmigten Kapitals, DB 2005, 2731–2732; *Th. Raiser,* Das Recht der

---

– Girmes; *Lutter* JZ 1995, 1053 (1055); aA Grigoleit/*Grigoleit* AktG § 1 Rn. 77 f.; *Wastl* NZG 2005, 17 (21) Fn. 32.
[171] MüKoAktG/*Götze* Vor § 53a Rn. 69 (für treuwidrige Anfechtungsklagen).
[172] GroßkommAktG/*Henze/Notz* Anh. § 53a Rn. 145.
[173] BGH ZIP 1992, 1464 (1470 f.) – IBH/Scheich Kamel; GroßkommAktG/*Henze/Notz* Anh. § 53a Rn. 145; Hüffer AktG/*Koch* § 53a Rn. 29.

Gesellschafterklagen, ZHR 153 (1989), 1–34; *Schlitt/Seiler*, Einstweiliger Rechtsschutz im Recht der börsennotierten Aktiengesellschaft, ZHR 166 (2002), 544–545; *Scholz*, Vereinfachter Bezugsrechtsausschluss und Gleichbehandlungsgrundsatz bei Kapitalerhöhung aus genehmigtem Kapital, DB 2018, 2352–2359; *Schürnbrand*, Bestands- und Rechtsschutz beim genehmigten Kapital, ZHR 171 (2007), 731–746; *Schulz-Gardyan*, Die sogenannte Aktionärsklage, 1991; *Schwab*, Das Prozessrecht gesellschaftsinterner Streitigkeiten, 2005; *Spindler*, Haftung und Aktionärsklage nach dem neuen UMAG, NZG 2005, 865–872; *Ulmer*, Die Aktionärsklage als Instrument zur Kontrolle des Vorstands- und Aufsichtsratshandelns, ZHR 163 (1999) 290–342; *Waclawik*, Die Aktionärskontrolle des Verwaltungshandelns bei Ausnutzung des genehmigten Kapitals der Aktiengesellschaft, ZIP 2006, 397–406; *Wellkamp*, Die Gesellschafterklage im Spannungsfeld von Unternehmensführung und Mitgliedsrechten, DZWiR 1994, 221–227; *Wiedemann*, Organverantwortung und Gesellschafterklagen in der Aktiengesellschaft, 1989; *Wilsing*, Berichtspflichten des Vorstands und Rechtsschutz der Aktionäre bei der Ausübung der Ermächtigung zum Bezugsrechtsausschluss im Rahmen eines genehmigten Kapitals, ZGR 2006, 722–747; *Zöllner*, Die sogenannten Gesellschafterklagen im Kapitalgesellschaftsrecht, ZGR 1988, 392–440.

I. Überblick

Aus der Mitgliedschaft in der AG ergeben sich unmittelbar die aktienrechtlichen Mitgliedschaftsrechte des Aktionärs (→ § 17 Rn. 3 ff.). Ihre – notfalls klageweise – Durchsetzung gegenüber der Gesellschaft ist im AktG nur insoweit umfassend geregelt, als es um die **Individualrechte** des Aktionärs geht. Die Geltendmachung einiger Rechte, wie zB des Rechts auf Einberufung der Hauptversammlung gemäß § 122 Abs. 1 AktG, macht das Gesetz von einem bestimmten Quorum und ggf. weiteren Voraussetzungen abhängig **(Minderheitenrechte)**. Im Zusammenhang mit den Klagerechten der Aktionäre wird häufig der Begriff der **Aktionärsklage** (→ Rn. 5) verwendet. Hinter diesem Begriff verbergen sich zwei völlig unterschiedliche Instrumente. Zum einen wird der Begriff der Aktionärsklage für die Fälle einer gesetzlich geregelten **Prozessstandschaft** verwendet, in denen der Aktionär Ansprüche der Gesellschaft im eigenen Namen, aber auf Leistung an die Gesellschaft geltend macht. Beispiele sind die durch das UMAG in § 148 AktG aufgenommene Möglichkeit der Geltendmachung von Organhaftungsansprüchen durch Aktionäre sowie die konzernrechtliche Möglichkeit der Geltendmachung von Schadensersatzansprüchen wegen schädigender Einflussnahme durch das herrschende Unternehmen nach §§ 309 Abs. 4, 317 Abs. 4 AktG. Zum anderen findet der Begriff der Aktionärsklage Verwendung für die vom BGH erstmals im Holzmüller-Urteil[1] zugelassene Klage des einzelnen Aktionärs auf **Abwehr rechtswidrigen Verwaltungshandelns** (→ Rn. 8 ff.).

II. Klage- und Antragsrechte nach dem Aktiengesetz

1. Individualrechte. Das AktG weist dem einzelnen Aktionär unabhängig von der Höhe seiner Beteiligung eine Reihe von Klagebefugnissen und Antragsrechten zu, die über das ganze AktG verstreut sind. Von besonderer Bedeutung sind die Antragsrechte auf gerichtliche Entscheidung über die Zusammensetzung des Aufsichtsrats nach § 98 Abs. 2 Nr. 3 AktG (dazu → § 28 Rn. 67 f.), auf gerichtliche Bestellung eines Aufsichtsratsmitglieds nach § 104 Abs. 1 S. 1 AktG (dazu → § 30 Rn. 72 ff.), auf gerichtliche Entscheidung über das Auskunftsrecht in der Hauptversammlung nach §§ 132 Abs. 2, 131, 326 AktG (dazu → § 38 Rn. 58 ff.) sowie auf gerichtliche Entscheidung über angemessenen Ausgleich und Abfindung für außenstehende Aktionäre bei Beherrschungs- und Gewinnabführungsverträgen nach §§ 304 Abs. 3 S. 3, 305 Abs. 5 S. 2 und 3 AktG, § 3 Nr. 1 SpruchG (dazu → § 71 Rn. 142 ff.), über angemessene Abfindung von ausgeschiedenen Aktionären bei der Eingliederung nach § 320b Abs. 2 S. 2 und 3 AktG, § 3 Nr. 2

---

[1] BGHZ 83, 122 (133 ff.) = NJW 1982, 1703 (1706) – Holzmüller; ebenso später BGHZ 106, 54 (64) = NJW 1989, 979 (982) – Opel; BGHZ 136, 133 (140 f.) = NJW 1997, 2815 (2816) – Siemens/Nold; BGHZ 164, 249 (254) = NZG 2006, 20 (22) – Mangusta/Commerzbank II.

§ 18 3–6 4. Kapitel. Grundkapital, Aktien und Rechtsstellung der Aktionäre

SpruchG und über angemessene Barabfindung von Minderheitsaktionären bei einem Squeeze-out nach § 327f S. 2 und 3 AktG, § 3 Nr. 2 SpruchG (dazu → § 75 Rn. 111 f.). Daneben hat jeder Aktionär das Recht, gegen Beschlüsse der Hauptversammlung eine Anfechtungsklage nach §§ 243, 245 AktG (dazu → § 42 Rn. 82 ff.) oder eine Nichtigkeitsklage nach §§ 241, 249 AktG (dazu → § 42 Rn. 135 ff.) zu erheben. Ferner steht ihm das Recht auf Erhebung einer Klage auf Nichtigerklärung der Gesellschaft nach § 275 Abs. 1 S. 1 AktG zu.

3 Im **faktischen Konzern** steht jedem Aktionär der abhängigen AG gemäß § 315 S. 1 AktG (dazu → § 70 Rn. 123) ein (an enge Voraussetzungen geknüpftes) Antragsrecht auf Bestellung von Sonderprüfern zu, während es für die allgemeine Sonderprüfung des Antrags einer Minderheit von Aktionären bedarf, deren Anteile zusammen 1 % des Grundkapitals oder den anteiligen Betrag von 100.000 Euro erreichen (§ 142 Abs. 2 S. 1 AktG).

4 **2. Minderheitenrechte.** Neben den vorstehenden Rechten, die jedem Aktionär unabhängig von der Höhe seiner Beteiligung zustehen, statuiert das AktG eine Reihe von gesetzlichen Minderheitenrechten, die an unterschiedliche Voraussetzungen anknüpfen. Bei den Minderheitenrechten stehen die Möglichkeit der Bestellung von Sonderprüfern gemäß § 142 Abs. 2 AktG (dazu → § 43 Rn. 13 ff.) und § 315 S. 2 AktG (dazu → § 70 Rn. 124) sowie das Recht auf Einberufung der Hauptversammlung gemäß § 122 Abs. 1 AktG (dazu → § 36 Rn. 17 ff.) und das Recht auf Ergänzung der Tagesordnung gemäß § 122 Abs. 2 AktG (dazu → § 36 Rn. 59 ff) im Vordergrund.

III. Aktionärsklage

5 **1. Terminologie.** Der Begriff der Aktionärsklage wird in einem doppelten Sinn verwendet.[2] Seit der Neufassung des § 147 Abs. 2 AktG und der Einfügung von § 148 AktG durch das UMAG wird unter Aktionärsklage die vom Aktionär im eigenen Namen erhobene Organhaftungsklage auf Leistung an die Gesellschaft verstanden, also die Geltendmachung des der Gesellschaft zustehenden Organhaftungsanspruchs durch einen Aktionär im Wege der gesetzlichen Prozessstandschaft. Für diesen und für vergleichbare Fälle sollte auch weiterhin der Terminus **Aktionärsklage** beibehalten werden. Als Aktionärsklage wird zudem die Klage des Aktionärs auf Abwehr rechtswidriger Eingriffe der Verwaltung in die Kompetenzen der Hauptversammlung bezeichnet. Hierfür sollte der Begriff der **Abwehrklage** verwendet werden.[3]

6 **2. Aktionärsklage.** Neben die **Geltendmachung von Organhaftungsansprüchen** aufgrund eines Beschlusses der Hauptversammlung nach **§ 147 AktG** ist durch das UMAG die Aktionärsklage nach **§ 148 AktG** getreten (dazu → § 43 Rn. 51 ff.). Danach können Aktionäre, deren Anteile 1 % des Grundkapitals oder einen anteiligen Betrag von 100.000 Euro erreichen, bei dem für die Gesellschaft zuständigen Landgericht die Zulassung beantragen, im eigenen Namen Organhaftungsansprüche geltend zu machen.[4] Nach §§ 309 Abs. 4, 317 Abs. 4 AktG kann zudem jeder Aktionär Ersatzansprüche der Gesellschaft wegen **pflichtwidriger Weisungen durch die gesetzlichen Vertreter des herrschenden Unternehmens** (§ 309 Abs. 2 AktG) und wegen **fehlenden Ausgleichs nachteiliger Maßnahmen,** die durch das herrschende Unternehmen veranlasst worden sind (§ 317 Abs. 1 und 3 AktG), geltend machen.[5] In diesen Fällen macht der Aktionär jeweils im Wege der gesetzlichen Prozessstandschaft Ansprüche der Gesellschaft im eigenen

---

[2] Vgl. *Krieger* ZHR 163 (1999), 343 ff., der allerdings auch noch die Anfechtungsklage hierzu rechnet.
[3] Vgl. *Hoffmann-Becking* ZHR 167 (2003), 357 ff.
[4] Einzelheiten → § 43 Rn. 51 ff. sowie *Spindler* NZG 2005, 865 ff.; grundlegend *Ulmer* ZHR 163 (1999), 290 ff.
[5] Einzelheiten → § 70 Rn. 129 ff. und → § 71 Rn. 164 ff.

Namen, aber auf Leistung an die Gesellschaft geltend. Die hM in der Literatur[6] ging vor Inkrafttreten des UMAG davon aus, dass ein einzelner Aktionär analog §§ 309 Abs. 4, 317 Ab. 4 AktG ausnahmsweise auch einen Anspruch der Gesellschaft aus § 117 AktG im Wege der Aktionärsklage geltend machen kann, wenn sich der Anspruch allein oder zumindest auch gegen ein herrschendes Unternehmen richtet. Nach der nunmehr ausdrücklich in § 148 AktG geregelten Möglichkeit der Aktionärsklage, die auch Ansprüche aus § 117 AktG erfasst, erscheint eine solche Analogie nicht mehr zulässig,[7] zumal der Gesetzgeber mit dem UMAG durch Streichung von § 117 Abs. 7 Nr. 1 AktG aF auch im Rahmen des § 117 AktG aktiv geworden ist, für eine Aktionärsklage nach dem Vorbild der §§ 309 Abs. 4, 317 Ab. 4 AktG aber offenbar keinen Raum gesehen hat.

Die Verfolgung mitgliedschaftlicher Ansprüche der Gesellschaft gegen Aktionäre obliegt nach der Kompetenzverteilung in der AG gemäß § 78 AktG dem Vorstand als zuständigem Organ. Für die GmbH ist anerkannt, dass subsidiär auch einzelne Gesellschafter im eigenen Namen Klage gegen Mitgesellschafter auf Leistung an die Gesellschaft erheben können (actio pro socio).[8] Hierbei handelt es sich nicht um eine Klage aus eigenem Recht des Gesellschafters; vielmehr macht der Gesellschafter wie bei § 148 AktG einen Anspruch der Gesellschaft im Wege der **gesetzlichen Prozessstandschaft** geltend. Auf die AG lässt sich diese Auffassung wegen der eindeutigen Entscheidung des Gesetzgebers für die Geltendmachung von Ansprüchen aus der Mitgliedschaft durch den Vorstand nicht übertragen.[9] Eine Aktionärsklage kommt in diesen Fällen bei der AG auch dann nicht in Betracht, wenn die Entscheidung des Vorstands über die Nichtgeltendmachung von Ansprüchen gegen die Treuepflicht oder den Gleichbehandlungsgrundsatz verstößt.

3. Abwehrklage. Mit der **Abwehrklage** macht der Aktionär – anders als mit der Aktionärsklage – keinen Anspruch der Gesellschaft, sondern einen eigenen Anspruch aus seinem Mitgliedschaftsrecht gegenüber der Gesellschaft geltend. Nach § 118 Abs. 1 AktG übt der Aktionär seine Mitgliedschaftsrechte grundsätzlich in der Hauptversammlung als Willensbildungsorgan der AG aus. Auf der Grundlage seines Teilnahme-, Stimm- und Auskunftsrechts wirkt er an den der Hauptversammlung zugewiesenen Kernkompetenzen der Festlegung der Verfassung der AG mit.[10] Mit der Anfechtungs- und Nichtigkeitsklage (dazu § 42) steht jedem Aktionär die Befugnis zu, die Wirksamkeit von Beschlüssen der Hauptversammlung überprüfen zu lassen. Dabei ist nicht erforderlich, dass der klagende Aktionär in seinen Rechten verletzt ist. Seine Klagebefugnis dient der objektiven Kontrolle des gesetzes- und satzungskonformen Verhaltens der Hauptversammlung, an deren Willensbildung er selbst teilnimmt. Ihren Zweck kann die objektive Wächterrolle des Aktionärs im Hinblick auf die Beschlüsse der Hauptversammlung aber nur dann erfüllen, wenn die Verwaltungsorgane die Kompetenzen der Hauptversammlung respektieren und sie mit allen Maßnahmen befassen, die nach Gesetz oder Satzung ihrer Zustimmung bedürfen. Verletzen die Verwaltungsorgane die Kompetenzen der Hauptversammlung indem sie ihr grundlegende Strukturentscheidungen als zustimmungspflichtige Maßnahmen nicht zur Entscheidung vorlegen, können die Aktionäre der ihnen vom AktG zugedachten Wächterrolle nicht

---

[6] GroßkommAktG/*Kort* § 117 Rn. 168; *Wiedemann*, Organverantwortung und Gesellschaftsklagen in der Aktiengesellschaft, 1989, S. 50; *Wälde* DB 1972, 2289 (2291); auch nach Inkrafttreten des UMAG noch KölnKommAktG/*Mertens/Cahn* § 117 Rn. 38.

[7] Ebenso MüKoAktG/*Spindler* § 117 Rn. 48; K. Schmidt/Lutter/*Hommelhoff/Witt* AktG § 117 Rn. 21 Fn. 65; s. auch Hölters/*Leuering/Goertz* AktG § 117 Rn. 15; Spindler/Stilz/*Schall* AktG § 117 Rn. 31.

[8] BGH GmbHR 1990, 343 (344); WM 1982, 928; OLG Düsseldorf ZIP 1994, 619 (621); Baumbach/Hueck GmbHG/*Fastrich* § 13 Rn. 36 ff.; Lutter/Hommelhoff/*Bayer* § 13 Rn. 51 ff.; Michalski/Heidinger/Leible/J. Schmidt/*Ebbing* § 14 Rn. 98 ff.; MünHdb. GesR III/*Böhm* § 31 Rn. 28; *v. Gerkan* ZGR 1988, 441 (446 ff.).

[9] *Wiedemann*, Organverantwortung und Gesellschafterklagen in der Aktiengesellschaft, 1989, S. 48; *Th. Raiser* ZHR 153 (1989), 1 (24 f.); *Zöllner* ZGR 1988, 393 (401 f.).

[10] Vgl. BGHZ 159, 30 (43 f.) = NZG 2004, 571 (574) – Gelatine.

gerecht werden. Um diese Schutzlücke zu schließen, hat der BGH in der Holzmüller-Entscheidung[11] die Klagebefugnis des Aktionärs zu einer **Leistungs- oder Unterlassungsklage** damit begründet, dass er „durch eine unzulässige **Ausschaltung der Hauptversammlung in seiner eigenen Mitgliedsstellung betroffen**" sei. Damit postuliert der BGH einen **verbandsrechtlichen Abwehranspruch,** der unabhängig von einem Verschulden der handelnden Verwaltungsorgane entsteht. Er richtet sich auf Unterlassung und nach Vollzug der rechtswidrig vorgenommenen Maßnahme auf Rückgängigmachung (Wiederherstellung), sofern die gebotene Zustimmung der Hauptversammlung nicht nachgeholt wird.[12] Der Unterlassungsanspruch kann auch im Wege einer **einstweiligen Verfügung** geltend gemacht werden.[13]

9 Im Anschluss an die Holzmüller-Entscheidung hat der BGH den verbandsrechtlichen Abwehranspruch in der Siemens/Nold-Entscheidung auf die **rechtswidrige Ausnutzung einer Ermächtigung zum Bezugsrechtsausschluss** beim genehmigten Kapital erstreckt.[14] In der Mangusta/Commerzbank II-Entscheidung hat er dann klargestellt, dass der in seinen Mitgliedschaftsrechten beeinträchtigte Aktionär pflichtwidriges, kompetenzüberschreitendes Handeln der Verwaltungsorgane bei der Ausnutzung eines genehmigten Kapitals auch zum Gegenstand einer gegen die Gesellschaft gerichteten allgemeinen **Feststellungsklage gemäß § 256 ZPO** machen kann.[15] Zugleich hat er entschieden, dass eine Verletzung des Bezugsrechts der Aktionäre die Wirksamkeit der durchgeführten und eingetragenen Kapitalerhöhung und der damit entstandenen neuen Mitgliedschaftsrechte nicht berührt.[16] Dennoch soll auch nach Wirksamwerden der Kapitalerhöhung noch ein legitimes Rechtsschutzinteresse für eine Feststellungsklage bestehen.[17] Dies erscheint zweifelhaft, da der BGH damit eine im Zivilprozessrecht nicht vorgesehene Fortsetzungsfeststellungsklage schafft.[18] Zudem soll hier nach Ansicht des BGH der allgemeine zivilprozessuale Grundsatz der Subsidiarität der Feststellungsklage gegenüber der Leistungsklage keine Anwendung finden.[19] Auch dies überzeugt nicht. Es ist nicht ersichtlich, warum den

---

[11] BGHZ 83, 122 (135) = NJW 1982, 1703 (1706) – Holzmüller; zustimmend die hM, vgl. nur GroßkommAktG/*Hopt* § 93 Rn. 458; Hölters/*Hölters* AktG § 93 Rn. 383; *Bayer* NJW 2000, 2609; *Habersack* DStR 1998, 553. Dazu eingehend → § 35 Rn. 52 ff.

[12] BGHZ 83, 112 (135) = NJW 1982, 1703 (1706) – Holzmüller; *Bayer* NJW 2000, 2609 (2612); ablehnend *Schulz-Gardyan,* Die sogenannte Aktionärsklage, 1991, S. 104 ff.

[13] LG Duisburg NZG 2002, 643 f. – Babcock Borsig; K. Schmidt/Lutter/*Spindler* AktG § 119 Rn. 48; *Drinkuth* AG 2006, 142 (143 f.); *Krämer/Kiefner* ZIP 2006, 301 (307 ff.); *Markwardt* WM 2004, 211 (212 ff.); *Schlitt/Seiler* ZHR 166 (2002), 544 (576).

[14] BGHZ 136, 133 (140 f.) = NJW 1997, 2815 (2816) – Siemens/Nold; bestätigt durch BGHZ 164, 249 (254 ff.) = NZG 2006, 20 (22 f.) – Mangusta/Commerzbank II.

[15] BGHZ 164, 249 (254 ff.) = NZG 2006, 20 (22 f.) – Mangusta/Commerzbank II; ebenso etwa NZG 2018, 1019; OLG Frankfurt a. M. AG 2011, 631 (633) – Kirch/Deutsche Bank; Grigoleit/Rieder/*Holzmann* AktG § 203 Rn. 34; Hüffer AktG/*Koch* § 203 Rn. 37; *Bartels* ZGR 2008, 723 (736 ff.); *Hirte* EWiR 2006, 65 (66); *Kocher/v. Falkenhausen* ZIP 2018, 1949 (1954); *Lutter* JZ 2007, 371 f.; kritisch *Bungert* BB 2005, 2757 (2758 f.); *Nietsch* WuB II A. § 202 AktG 1.06; *Paschos* DB 2005, 2731 f.; *Scholz* DB 2018, 2352 f.; *Waclawik* ZIP 2006, 397 (402 ff.); vgl. zur KGaA OLG Stuttgart ZIP 2003, 1981 (1985 f.) – eff-eff Fritz Fuss GmbH & Co. KGaA; s. auch LG München I ZIP 2019, 266 (268) – Linde: Feststellungsklage bei vermeintlicher Verletzung einer ungeschriebenen Hauptversammlungszuständigkeit.

[16] BGHZ 164, 249 (257) = NZG 2006, 20 (23) – Mangusta/Commerzbank II; bestätigt durch BGH NZG 2018, 1019.

[17] BGHZ 164, 249 (257) = NZG 2006, 20 (23) – Mangusta/Commerzbank II; ebenso jetzt NZG 2018, 1019.

[18] Vgl. *Nietsch* WuB II A. § 202 AktG 1.06; kritisch auch *Bungert* BB 2005, 2757 (2758). Nicht überzeugend *Drinkuth* AG 2006, 142 (146), der allein daraus, dass die Fortsetzungsfeststellungsklage im Verwaltungsprozessrecht anerkannt ist, eine Übertragung in das Zivilprozessrecht ableiten will.

[19] BGHZ 164, 249 (259) = NZG 2006, 20 (23) – Mangusta/Commerzbank II; kritisch *Busch* NZG 2006, 81 (85).

Aktionären eine Leistungsklage nicht zumutbar sein sollte, sofern Schadensersatzansprüche in Betracht kommen.[20]

Die Reichweite des verbandsrechtlichen Abwehranspruchs ist in der aktienrechtlichen Literatur nach wie vor umstritten. Während nach vielfach vertretener Ansicht ein Schutz nur gegen Maßnahmen der Verwaltungsorgane besteht, die gegen die aktienrechtliche Kompetenzordnung verstoßen und damit das dem Aktionär über die Zuständigkeit der Hauptversammlung vermittelte Recht auf Entscheidungsteilhabe beeinträchtigen,[21] will eine vereinzelt gebliebene Gegenansicht eine Universalkontrolle zulassen und einen umfassenden Abwehranspruch gegen jedes gesetz- oder satzungswidrige Handeln der Verwaltungsorgane gewähren.[22] Eine vermittelnde Ansicht sieht zwar die Beschränkung auf eine Kompetenzkontrolle als zu eng an, verlangt aber stets die Verletzung eines konkreten subjektiven Rechts (zB Stimmrecht, Recht auf Dividende, Bezugsrecht, auf Mitwirkung in der Hauptversammlung bezogene Verwaltungsrechte).[23] Angesichts dieser Meinungsvielfalt kann es nicht verwundern, dass sich in jüngerer Vergangenheit vermehrt Anträge auf Erlass einstweiliger Verfügungen und Abwehrklagen von Aktionären beobachten ließen, die mit einem vermeintlich pflichtwidrigen Handeln der Verwaltungsorgane und einem daraus resultierenden Eingriff in die Mitgliedschaftsrechte des klagenden Aktionärs begründet wurden.[24] Zutreffend kann nach der gesetzlichen Kompetenzordnung der AG nur die Auffassung sein, die im Anschluss an die Holzmüller-Entscheidung des BGH den mitgliedschaftlichen Abwehranspruch des Aktionärs mit der **Missachtung der Hauptversammlungskompetenz** begründet. Die abweichenden Auffassungen verwischen die gesetzliche Zuständigkeitsverteilung zwischen den Organen, nach der primär der Aufsichtsrat für die Überwachung der Geschäftsleitung zuständig ist. Auch bei einer Beschränkung auf Verstöße gegen die aktienrechtliche Kompetenzordnung wird zB das Bezugsrecht der Aktionäre bei Ausnutzung eines genehmigten Kapitals hinreichend geschützt. Überschreiten die Verwaltungsorgane bei der Ausnutzung eines genehmigten Kapitals die bestehende

---

[20] So auch *Busch* NZG 2006, 81 (85); s. auch *Schürnbrand* ZHR 171 (2007), 731 (736); *Wilsing* ZGR 2006, 722 (743 f.).

[21] GroßkommAktG/*Hopt/Roth* § 93 Rn. 611 f.; *Köster*, Vorbeugender und vorläufiger Rechtsschutz im Rahmen des genehmigten Kapitals bei der Aktiengesellschaft, 2019, S. 248 ff.; *Schwab*, Das Prozessrecht gesellschaftsinterner Streitigkeiten, 2005, S. 5 ff.; *Adolff* ZHR 169 (2005), 310 (319 ff.); *Lutter* JZ 2000, 837 (841); *Schiessl* AG 1999, 442 (449); wohl auch *Behr*, Die actio pro socio in der Aktiengesellschaft, 2010, S. 112 ff.; *Busch* NZG 2006, 81 (83 f.); für die Leistungsklage auch *Bartels* ZGR 2008, 723 (764); iE auch *Knobbe-Keuk* FS Ballerstedt, 1975, 239 (251 ff.), die zwar einen Anspruch auf gesetzes- und satzungsmäße Betätigung der Gesellschaft bejaht, dem Aktionär jedoch die Klagemöglichkeit gegen reine Geschäftsführungsmaßnahmen versagen will.

[22] *Paefgen*, Unternehmerische Entscheidungen und Rechtsbindung der Organe in der AG, 2002, S. 188 ff., 314 f.; *Paefgen* ZHR 172 (2008), 42 (75 ff.); *Paefgen* AG 2004, 245 (250 f.).

[23] *Bayer* NJW 2000, 2609 (2611); *Habersack* DStR 1998, 533 (537); *Hoffmann-Becking* ZHR 167 (2003), 357 (363 f.); *Krämer/Kiefner* ZIP 2006, 301 (304); *Kubis* DStR 2006, 188 (191); *Schürnbrand* ZHR 171 (2007), 731 (735 f.); grundsätzlich auch *Krieger* ZHR 163 (1999), 343 (355 ff.); wohl auch *Brondics*, Die Aktionärsklage, 1988, S. 79 ff. (Anspruch auf Abwehr und Beseitigung unrechtmäßiger Eingriffe in die Mitgliedschaft als subjektives Recht); *Wilsing* ZGR 2006, 722 (738 ff.); für die Feststellungsklage auch *Bartels* ZGR 2008, 723 (745 f./769 f.).

[24] Vgl. OLG Köln ZIP 2009, 1469 und LG Köln AG 2008, 327 – Strabag – Verkauf einer Sparte; OLG Hamm AG 2008, 421 – Karstadt/Neckermann – Fusion oder Börsengang von Geschäftsbereichen und Veräußerung von Vermögensgegenständen; LG München I ZIP 2019, 266 – Linde – Abschluss eines BCA; LG Hanau ZIP 2007, 633 – Drillisch – Erwerb von Anteilen an einem anderen Unternehmen; LG Duisburg NZG 2002, 643 – Babcock Borsig – Veräußerung einer Beteiligung; OLG Frankfurt a. M. WM 2001, 206 und LG Frankfurt a. M. WM 2000, 2159 – Commerzbank – Ausnutzung genehmigten Kapitals; LG Frankfurt a. M. AG 2001, 491 – AGIV – angeblich falsche Berechnung der Aufsichtsratsvergütung; weitere Beispiele bei *Hoffmann-Becking* ZHR 167 (2003), 357 (358) und *Markwardt* WM 2004, 211 ff. Vgl. auch LG Düsseldorf AG 2006, 892 (893) – Klage eines Aktionärs auf Unterlassung der Abberufung eines Vorstandsmitglieds durch den Aufsichtsrat.

Ermächtigungsgrundlage, liegt ein Eingriff in den Kompetenzbereich der Hauptversammlung vor, der jeden Aktionär zur Abwehrklage berechtigt.[25]

11 Die Abwehrklage ist **ohne „unangemessene Verzögerung"** zu erheben. Dies gilt nicht nur für die Leistungs- und Unterlassungsklage (→ Rn. 8),[26] sondern auch für die allgemeine Feststellungsklage gemäß § 256 ZPO (→ Rn. 9).[27] Ob eine unangemessene Verzögerung vorliegt, ist nach der Rechtsprechung des BGH jeweils anhand der Umstände des Einzelfalls unter Abwägung der beiderseitigen Interessen zu beurteilen.[28] Dabei soll der für die Beurteilung der Rechtzeitigkeit zu berücksichtigende Zeitraum beginnen, wenn der Aktionär den Beschluss des Vorstands oder Aufsichtsrats sowie die eine Nichtigkeit aus seiner Sicht nahelegenden Umstände kennt oder kennen muss.[29] Dies ist bei Ausnutzung einer Ermächtigung zum Bezugsrechtsausschluss spätestens mit der Nachberichterstattung in der nächsten ordentlichen Hauptversammlung der Fall. Allerdings weist der BGH darauf hin, dass dem Aktionär eine Klageerhebung nicht zumutbar sei, solange er nicht ausreichend Zeit hatte, schwierige tatsächliche Fragen zu klären oder klären zu lassen, auf die es für die Beurteilung der Erfolgsaussicht der Klage ankommt.[30]

12 In der Literatur war bislang umstritten, ob die Abwehrklage an eine bestimmte Frist gebunden ist, insbesondere ob die **Monatsfrist des § 246 Abs. 1 AktG** entsprechende Anwendung findet.[31] Der BGH hat nunmehr entschieden, dass die Klage eines Aktionärs auf Feststellung der Nichtigkeit eines Verwaltungsbeschlusses zur Ausübung der Ermächtigung zu einer Kapitalerhöhung unter Bezugsrechtsausschluss jedenfalls bis zur Nachberichterstattung in der nachfolgenden Hauptversammlung nicht der Monatsfrist entsprechend § 246 Abs. 1 AktG unterliegt.[32] Zumindest ab der Nachberichterstattung bietet sich jedoch eine Anlehnung an die Monatsfrist des § 246 Abs. 1 AktG an.[33] Die zur Feststellungsklage formulierten Grundsätze hat der BGH im Anschluss auch auf die Unterlassungsklage übertragen. Auch hier wird man daher nicht von einer starren Anwendung der Monatsfrist des § 246 Abs. 1 AktG ausgehen können. Der BGH hat jedoch betont, dass der Unterlassungsanspruch innerhalb einer Frist klageweise geltend zu machen sei, die zu der Monatsfrist des § 246 AktG nicht außer Verhältnis stehe,[34] so dass die Monatsfrist zumindest eine Orientierungshilfe bietet. Die Abwehrklage steht zudem unter dem Vorbehalt, dass sie „nicht missbräuchlich unter Verletzung der Rücksichtnahme ausgeübt werden darf, die der Ak-

---

[25] Zutreffend *Adolff* ZHR 169 (2005), 310 (324 f.); *Busch* NZG 2006, 81 (83 f.); ebenso *Lutter* JZ 2000, 837 (841); im Ergebnis auch BGHZ 136, 133 (140 f.) = NJW 1997, 2815 (2816) – Siemens/Nold; BGHZ 164, 249 (254 ff.) = NZG 2006, 20 (22 f.) – Mangusta/Commerzbank II.
[26] So für die Klage auf Wiederherstellung bereits BGHZ 83, 122 (135 f.) = NJW 1982, 1706 – Holzmüller; für die Unterlassungsklage jetzt auch BGH NZG 2019, 937 (938); zustimmend *Berjasevic* DB 2019, 2232; *Priester* EWiR 2019, 487 (488); *Wentz* WuB 2019, 499 (501 ff.).
[27] BGHZ 164, 249 (259) = NZG 2006, 20 (23) – Mangusta/Commerzbank II; BGH NZG 2018, 1019 (1020 f.).
[28] BGH NZG 2019, 937 f.; BGH NZG 2018, 1019 (1020 f.).
[29] BGH NZG 2019, 937 (938); 2018, 1019 (1020).
[30] BGH NZG 2019, 937 f.; 2018, 1019 (1020).
[31] Dafür etwa *Flume*, Die juristische Person, 1983, S. 311 f.; *Drinkuth* AG 2006, 142 (147); *Großfeld/Brondics* JZ 1982, 589 (590 f.); *Kubis* DStR 2006, 188 (192); *Waclawik* ZIP 2006, 397 (405); *Wilsing* ZGR 2006, 722 (744 f.); dagegen *Bartels* ZGR 2008, 723 (749); *Brandes* WM 1984, 289 (294); *Rehbinder* ZGR 1983, 92 (107); zumindest in der Orientierung an der Monatsfrist des § 246 Abs. 1 AktG Hüffer AktG/*Koch* § 203 Rn. 39; MüKoAktG/*Kubis* § 119 Rn. 103; Spindler/Stilz/*Casper* AktG Vor § 241 Rn. 27; HdB börsennotierte AG/*Mimberg* Rn. 39.14; *Köster*, Vorbeugender und vorläufiger Rechtsschutz im Rahmen des genehmigten Kapitals bei der Aktiengesellschaft, 2019, S. 425 f.
[32] BGH NZG 2018, 1019 (1020).
[33] *Fleischer* DB 2013, 217 (222); *Klaaßen-Kaiser/Heneweer* NZG 2019, 417 (419); *Oppenhoff* NJW 2018, 2801; *Scholz* DB 2018, 2352 (2354); offen NZG 2018, 1019 (1020).
[34] BGH NZG 2019, 937 (938); s. dazu *Berjasevic* DB 2019, 2232; *Möller/Heiser* GWR 2019, 345; *Priester* EWiR 2019, 487 f.; *Wentz* WuB 2019, 501 ff.

tionär seinerseits der Gesellschaft schuldet".[35] Die Abwehrklage ist gegenüber anderen aktienrechtlichen Rechtsbehelfen des Aktionärs **subsidiär** und damit nur dann zulässig, wenn zur Wahrung der Rechte des klagenden Aktionärs geeignete andere aktienrechtliche Rechtsbehelfe nicht zur Verfügung stehen oder nur auf schwierigen Umwegen zum Ziel führen.[36] Um die Klage nicht schon am hohen Prozesskostenrisiko des klagenden Aktionärs scheitern zu lassen, wird in der Literatur vorgeschlagen, die Streitwertbegrenzungsregelung des § 247 AktG (in der Regel nicht mehr als 500.000 Euro) analog auf die Abwehrklage anzuwenden.[37]

IV. Schutz der Mitgliedschaft

Nicht zu verwechseln mit der Aktionärsklage und der Abwehrklage, also dem Schutz der Mitgliedschaft des Aktionärs im Innenverhältnis, ist der Eingriff in das Mitgliedschaftsrecht durch Dritte, also der **Schutz der Mitgliedschaft** im Außenverhältnis. Die Mitgliedschaft wird nach hM als solche den absolut geschützten Rechten des § 823 Abs. 1 BGB zugerechnet.[38] Greift ein Dritter in die Mitgliedschaft ein oder droht er einzugreifen, kann sich der Aktionär vor allem mit der Feststellungs- oder Unterlassungsklage gemäß §§ 823 Abs. 1, 1004 BGB schützen. Der deliktische Schutz der Mitgliedschaft soll nach teilweise vertretener Ansicht auch im Verhältnis der Aktionäre untereinander[39] und zu den Organen der Gesellschaft eingreifen.[40] Dies soll insbesondere bei Verletzung der Gleichbehandlungspflicht sowie bei „Minderungen des Einflusses der Mitgliedschaftsposition durch gesetzes- oder satzungswidrige Nichtachtung oder Durchkreuzung der aus ihr folgenden Entscheidungsbefugnisse" gelten.[41] Dem ist nicht zu folgen.[42] Pflichtwidriges Handeln der Verwaltungsorgane oder der Mitaktionäre greift nicht in das Mitgliedschaftsrecht selbst ein, sondern beeinträchtigt nur das dahinterstehende Vermögen. Die Anwendung von § 823 Abs. 1 BGB setzt einen „Außenangriff" auf das Mitgliedschaftsrecht voraus. Pflichtwidriges

---

[35] BGHZ 83, 122 (135 f.) = NJW 1982, 1703 (1706) – Holzmüller; s. auch BGH NZG 2019, 937 (938); 2018, 1019 (1021).

[36] BGHZ 83, 122 (134 f.) = NJW 1982, 1703 (1706) – Holzmüller; *Bayer* NJW 2000, 2609 (2612); *Knobbe-Keuk* FS Ballerstedt, 1975, 239 (251 ff.).

[37] *Knobbe-Keuk* FS Ballerstedt, 1975, 239 (254); zustimmend MüKoAktG/*Kubis* § 119 Rn. 103; *Köster*, Vorbeugender und vorläufiger Rechtsschutz im Rahmen des genehmigten Kapitals bei der Aktiengesellschaft, 2019, S. 398 f.; *Großfeld* JZ 1981, 234 (235); *Kubis* DStR 2006, 188 (192); aA *Drinkuth* AG 2006, 142 (143, 147); *Krieger* ZHR 163 (1999), 343 (355) (Interesse des Klägers, was angesichts des meist geringen Aktienbesitzes nur zu niedrigen Streitwerten führt).

[38] RGZ 158, 248 (255); MüKoBGB/*Wagner* § 823 Rn. 306; ausführlich *Habersack*, Die Mitgliedschaft – subjektives und „sonstiges" Recht, 1996, S. 117 ff., 297 ff.; für den Verein auch BGHZ 110, 323 (334 f.) = NJW 1990, 2877 (2879 f.) – Schärenkreuzer; offen OLG Stuttgart ZIP 2006, 511 (515) – EM.TV; aA *Schwab*, Das Prozeßrecht gesellschaftsinterner Streitigkeiten, 2005, S. 19 ff.; *Hadding* FS Kellermann, 1991, 91 (104 ff.).

[39] Vgl. für die GmbH *Mertens* FS Rob. Fischer, 1979, 461 ff.; für den Verein auch BGHZ 110, 323 (334 f.) = NJW 1990, 2877 (2879 f.) – Schärenkreuzer; aA *Wiedemann*, Die Übertragung und Vererbung von Mitgliedschaftsrechten bei Handelsgesellschaften, 1965, S. 39.

[40] KölnKommAktG/*Mertens/Cahn* § 93 Rn. 210; Spindler/Stilz/*Casper* AktG Vor § 241 Rn. 18; *Bayer* NJW 2000, 2609 (2611 f.); *Habersack*, Die Mitgliedschaft – subjektives und „sonstiges" Recht, 1996, S. 171 ff.; *Habersack* DStR 1998, 533 (534); ebenso für die GmbH Michalski/*Haas/Ziemons* GmbHG § 43 Rn. 577 f.; *Mertens* FS Rob. Fischer, 1979, 461 (468 ff.); für den Verein auch BGHZ 110, 323 (334 f.) = NJW 1990, 2877 (2879 f.) – Schärenkreuzer.

[41] KölnKommAktG/*Mertens/Cahn* § 93 Rn. 210; s. auch Heidel/*U. Schmidt* AktG § 93 Rn. 164; *Mertens* FS Rob. Fischer, 1979, 461 (471 f.).

[42] Ebenso GroßkommAktG/*Hopt* § 93 Rn. 473; MüKoAktG/*Spindler* § 93 Rn. 307; MüKoBGB/ *Wagner* § 823 Rn. 308; K. Schmidt/Lutter/*Krieger/Sailer* AktG § 93 Rn. 79; *Hopt* FS Mestmäcker, 1996, 909 (924 f.); für die GmbH auch Baumbach/Hueck GmbHG/*Zöllner/Noack* § 43 Rn. 65; Lutter/Hommelhoff/*Kleindiek* GmbHG § 43 Rn. 49; Scholz/*U. H. Schneider* GmbHG § 43 Rn. 305 f.; Ulmer/Habersack/Löbbe GmbHG/*Paefgen* § 43 Rn. 179.

§ 18   13   4. Kapitel. Grundkapital, Aktien und Rechtsstellung der Aktionäre

Handeln der Verwaltungsorgane, insbesondere der Vorstandsmitglieder, stellt demgegenüber eine innergesellschaftliche Verletzung von organschaftlichen und dienstvertraglichen Pflichten dar. Hierfür ist von einem Vorrang des aktienrechtlichen Rechtsschutzsystems auszugehen, das nur in eng begrenzten Ausnahmefällen Direktansprüche von Aktionären vorsieht (dazu → § 26 Rn. 54 ff.).

5. Kapitel. Vorstand

§ 19 Vorstand als Leitungsorgan der Gesellschaft

Übersicht

	Rn.		Rn.
I. Verhältnis zu den anderen Organen	1–12	3. Leitung im Unternehmensverbund	38–45
1. Dreigliedrige Organisation der Aktiengesellschaft	1–10	a) Konzernverantwortung	38–41
a) Verwaltung	2–5	b) Leitungspflichten des Vorstands einer abhängigen Aktiengesellschaft	42
b) Hauptversammlung	6–10	c) Vorstands-Doppelmandate	43–45
2. Weitere Organe	11, 12	III. Vorstand als notwendiges Organ	46–53
II. Eigenverantwortliche Leitung durch den Vorstand	13–45	1. Erforderlichkeit eines Vorstands	46–48
1. Leitung der Gesellschaft	13–29	2. Bezeichnung	49
a) Leitung durch Vorstand	14, 15	3. Zahl der Vorstandsmitglieder	50–53
b) Leitung und Geschäftsführung	16	IV. Vorstand als Arbeitgeber und Unternehmer	54, 55
c) Gegenstand der Leitung	17	V. Zielgrößen für den Frauenanteil in Führungsebenen (§ 76 Abs. 4 AktG)	56–65
d) Umfang der Leitung	18–20	1. Allgemeines	56, 57
e) Zielvorgaben für die Leitung	21–25	2. Anwendungsbereich	58
f) Soziale Verantwortung von Unternehmen – Corporate Social Responsibility (CSR)	26–29	3. Betroffene Führungsebenen	59
2. Eigenverantwortlichkeit	30–37	4. Festlegung der Zielgrößen und Verschlechterungsverbot	60–62
a) Autonomie des Vorstands	31, 32	5. Fristsetzung und Veröffentlichung	63, 64
b) Gesamtverantwortung und horizontale Delegation	33	6. Rechtsfolgen	65
c) Vertikale Delegation; Delegation an Dritte (Outsourcing)	34–36		
d) Fremdeinfluss	37		

Schrifttum: *Böckli,* Verwaltungsrat oder Aufsichtsrat, FS Reist, 1992, S. 337–362; *Cahn,* Gesellschaftsinterne Informationspflichten bei Zusammenschluss- und Akquisitionsvorhaben, AG 2014, 525–534; *Diekmann/Fleischmann,* Umgang mit Interessenkonflikten in Aufsichtsrat und Vorstand der Aktiengesellschaft, AG 2013, 141–150; *Empt,* Corporate Social Responsibility, 2004; *Feldhaus,* Der Verkauf von Unternehmensteilen einer Aktiengesellschaft und die Notwendigkeit einer außerordentlichen Hauptversammlung, BB 2009, 562–569; *Fleischer,* Ungeschriebene Hauptversammlungskompetenzen im Aktienrecht: Von „Holzmüller" zu „Gelatine", NJW 2004, 2335–2339; *ders.,* Zur Unveräußerlichkeit der Leitungsmacht im deutschen, englischen und US-amerikanischen Aktienrecht, FS Schwark, 2009, S. 137–155; *ders.,* Corporate Social Responsibility – Vermessung eines Forschungsfeldes aus rechtlicher Sicht, AG 2017, 509–525; *ders.,* Vorstandsverantwortlichkeit in Spartenorganisation und virtueller Holding, BB 2017, 2499–2506; *Fonk,* Zur Vertragsgestaltung bei Vorstandsdoppelmandaten, NZG 2010, 368–374; *Fromholzer/Simons,* Die Festlegung von Zielgrößen für den Frauenanteil in Aufsichtsrat, Geschäftsleitung und Führungspositionen, AG 2015, 457–467; *Goette,* Leitung, Aufsicht, Haftung – zur Rolle der Rechtsprechung bei der Sicherung einer modernen Unternehmensführung, FS 50 Jahre BGH, 2000, S. 123–142; *ders.,* Gesellschaftsrechtliche Grundfragen im Spiegel der Rechtsprechung, ZGR 2008, 436–453; *Hahn,* Die Parteispende der Aktiengesellschaft, AG 2018, 472–480; *Hastenrath,* Möglichkeiten und Grenzen der Pflichtendelegation an den (Chief) Compliance Officer, CB 2016, 6–10; *Hennrichs,* Die Grundkonzeption der CSR-Berichterstattung und ausgewählte Problemfelder, ZGR 2018, 206–230; *Henze,* Leitungsverantwortung des Vorstands – Überwachungspflicht des Aufsichtsrats, BB 2000, 209–216; *Heß,* Investorenvereinbarungen: eine Untersuchung der aktien- und übernahmerechtlichen Zulässigkeit und Schranken von Vereinbarungen zwischen Investor und Aktiengesellschaft, 2014; *Hoffmann,* Grenzen der Einflussnahme auf Unternehmensleitungsentscheidungen durch Kreditgläubiger, WM 2012, 10–19; *Hoffmann-Becking,* Vorstands-Doppelmandate im Konzern, ZHR 150 (1986), 570–584; *Hommelhoff,* Aktuelle Impulse aus dem europäischen Unternehmensrecht: Eine Herausforderung für Deutschland, NZG 2015, 1329–1336; *ders.,* CSR-Vorstands- und -Aufsichtsratspflichten, NZG 2017, 1361–1366; *Hopt,* Übernahmen, Geheimhaltung und Interessenkonflikte: Probleme für Vorstände, Aufsichtsräte und Banken, ZGR 2002, 333–376; *Kajüter*, Nichtfinanzielle Berichterstattung nach dem CSR-Richtlinie-Umsetzungsgesetz, DB 2017, 617–624; *Kallmeyer*, Pflichten des Vorstands zur Unternehmensplanung, ZGR 1993, 104–113; *Kiefner*, Investorenvereinbarungen zwischen Aktien- und Vertragsrecht – Zur Stellung des Eigenkapitalinvestors als hybridem Wesen, ZHR 178 (2014), 547–602; *Kling*, Der besondere Vertreter im Aktienrecht, ZGR 2009, 190–230; *Koch*, Der Vorstand im Kompetenzgefüge der Aktiengesellschaft, 50 Jahre Aktiengesetz, 2016, S. 65–102; *Kort*, Vorstandshandeln im Spannungsverhältnis zwischen Unternehmensinteresse und Aktionärsinteressen, AG 2012, 605–610; *ders.*, Kontinuität und Wandel im Vorstands- und Aufsichtsratsrecht, BOARD 2015, 239–244; *Lieder*, Der Aufsichtsrat im Wandel der Zeit, 2006; *Lutter*, Unternehmensplanung und Aufsichtsrat, AG 1991, 249–255; *ders.*, Professionalisierung des Aufsichtsrats, DB 2009, 775–779; *ders.*, Konzernphilosophie vs. konzernweite Compliance und konzernweites Risikomanagement, FS Goette, 2011, S. 289–298; *Mock*, Berichterstattung über Corporate Social Responsibility nach dem CSR-Richtlinie-Umsetzungsgesetz, ZIP 2017, 1195–1203; *Mülbert*, Soziale Verantwortung von Unternehmen im Gesellschaftsrecht, AG 2009, 766–774; *Paschos*, Die Zulässigkeit von Vereinbarungen über künftige Leitungsmaßnahmen des Vorstands, NZG 2012, 1142–1144; *Priester*, Unterschreitung des satzungsmäßigen Unternehmensgegenstandes im Aktienrecht, ZGR 2017, 474–484; *Rehbinder*, Unternehmenspublizität im Zeichen sozialer Verantwortung der Unternehmen, FS Baums, 2017, S. 959–974; *Schiessl*, Leitungs- und Kontrollstrukturen im internationalen Wettbewerb, ZHR 167 (2003), 235–256; *Schön*, Der Zweck der Aktiengesellschaft – geprägt durch europäisches Gesellschaftsrecht?, ZHR 180 (2016), 279–288; *Seibert*, Frauenförderung durch Gesellschaftsrecht – Die Entstehung des Frauenfördergesetzes, NZG 2016, 16–20; *Seibt*, Dekonstruktion des Delegationsverbots bei der Unternehmensleitung, FS K. Schmidt, 2009, S. 1463–1487; *Seulen/Krebs*, Zur Unwirksamkeit einer die Leitungsmacht des Vorstands beschränkenden Vereinbarung, DB 2019, 1199–1200; *Seyfarth*, Vorstandsrecht, 2016; *Thüsing/Fütterer*, Führungsebene im Sinne des § 76 IV AktG, NZG 2015, 778–782; *Teichmann/Rüb*, Die gesetzliche Geschlechterquote in der Privatwirtschaft, BB 2015, 898–906; *Ulmer*, Aktienrecht im Wandel, AcP 202 (2002), 143–178; *Uwer*, Outsourcing digitaler Funktionen, ZHR 183 (2019), 154–168; *J. Vetter*, Geschäftsleiterpflicht zwischen Legalität und Legitimität, ZGR 2018, 338–378; *H. P. Westermann*, Der besondere Vertreter im Aktienrecht, AG 2009, 237–247; *Wiedemann*, Verantwortung in der Gesellschaft – Gedanken zur Haftung der Geschäftsleiter und der Gesellschafter in der Kapitalgesellschaft, ZGR 2011, 183–217.

I. Verhältnis zu den anderen Organen

1 **1. Dreigliedrige Organisation der Aktiengesellschaft.** Das Aktiengesetz geht von einer dreigliedrigen Organisation aus: Vorstand, Aufsichtsrat und Hauptversammlung. Dem **Vorstand** ist die eigenverantwortliche Leitung (§ 76 Abs. 1 AktG) und die Geschäftsführung (§ 77 AktG) zugewiesen. Außerdem vertritt er die Gesellschaft gegenüber Dritten (§ 78 AktG). Der **Aufsichtsrat** berät und überwacht den Vorstand (§ 111 AktG). Er bestellt die Mitglieder des Vorstands, beruft sie ab (§ 84 AktG) und vertritt die Gesellschaft gegenüber Vorstandsmitgliedern (§ 112 AktG). Die **Hauptversammlung** entscheidet über grundlegende Struktur- und Organisationsfragen der Gesellschaft sowie über eine Reihe jährlich wiederkehrender Beschlussgegenstände. Vorstand und Aufsichtsrat werden zusammen als die **Verwaltung** der Aktiengesellschaft bezeichnet. Trotz der zusammenfassenden Bezeichnung als Verwaltung bleiben Vorstand und Aufsichtsrat eigenständige Organe, die in ihrem jeweiligen Kompetenzbereich autonom entscheiden.

2 **a) Verwaltung.** Die Aktiengesellschaft folgt dem dualistischen Führungssystem: Zwischen dem Vorstand als Leitungsorgan und dem Aufsichtsrat als Aufsichtsorgan besteht eine strikte personelle (§ 105 AktG) und im Wesentlichen auch sachliche (§ 111 Abs. 4 S. 1 AktG) Trennung **(Trennungsprinzip)**. Diese Struktur hat sich insbesondere für die Verwaltung von Großunternehmen mit zahlreichen Gesellschaftern bewährt.[1] Der konzeptionelle Vorteil des Trennungssystems liegt in der klaren personellen Aufteilung sowie in der ausschließ-

---

[1] *Arnold*, Handbuch börsennotierte AG, 4. Aufl. 2018, § 19.4; *Forstmoser* ZGR 2003, 688 (689); *Scheffler* ZGR 1993, 63 (65); *Schiessl* ZHR 167 (2003), 235 (237 ff.); *Lutter* ZHR 145 (1981), 224 (225).

lichen Zuweisung der laufenden Geschäftsführung an den Vorstand und deren Überwachung an den Aufsichtsrat.[2]

In der Praxis erweisen sich die gegenüber dem Vorstand geringere Sachnähe und das geringere Informationsniveau des Aufsichtsrats sowie seine fehlende Einbindung in den laufenden Entscheidungsprozess des Managements als Nachteile des dualistischen Systems.[3] Allerdings hat es in diesen Bereichen in den vergangenen Jahren eine Entwicklung hin zu einer intensiveren Aufsichtsratstätigkeit und einer stärkeren Einbindung des Aufsichtsrats gegeben.[4] Entsprechend sind die Anforderungen an die Aufsichtsratsmitglieder gestiegen, ebenso ihre individuelle Verantwortlichkeit. Tendenziell hat sich somit das deutsche Trennungssystem in Richtung eines monistischen Systems bewegt.

Umgekehrt sind auch in Jurisdiktionen, in denen das System der Einheit von Leitungs- und Kontrollorgan (monistisches System) besteht, die materiellen Aufgaben von Geschäftsleitung und Kontrolle dem Grunde nach unterschieden. Insbesondere in der Rechtswirklichkeit von Großunternehmen hat sich das monistische System zu einem faktischen Trennungssystem hin bewegt.[5] So übernehmen im angelsächsischen **Boardsystem** und im romanischen Verwaltungsratssystem das Board of Directors oder der Verwaltungsrat nicht die laufende Geschäftsführung, sondern nur die Unternehmensoberleitung. Die laufende Geschäftsführung nehmen angestellte Manager (Executives, Officers) oder die Mitglieder eines Geschäftsleitungsausschusses (Executive Directors) wahr. Die Kontrolle der Geschäftsführung wird faktisch häufig nicht durch das Board of Directors ausgeübt, sondern durch Ausschüsse (zB Executive Committee, Audit Committee, Remuneration/Compensation Committee, Nomination Committee, Risk Committee, Strategic Committee, Financial Committee),[6] in denen die Executives und Officers, auch wenn sie dem Board angehören, regelmäßig weder Sitz noch Stimme haben. In der Praxis lässt sich somit eine gewisse Konvergenz des dualistischen und des monistischen Führungssystems von Aktiengesellschaften feststellen.[7] Weiterhin zeigt die Praxis, dass beide Systeme sich grundsätzlich bewähren.

Dazu passt, dass in der Europäischen Gesellschaft (SE) beide Systeme nach Art. 38 lit. b SE-VO als gleichwertig angesehen werden. In der Satzung der SE kann zwischen dem monistischen und dem dualistischen System frei gewählt werden (näher → § 85 Rn. 1). Auch für die Aktiengesellschaft wird diskutiert, die monistische Organisationsverfassung zuzulassen.[8] Frü-

---

[2] Ebenso GroßkommAktG/*Kort* Vor § 76 Rn. 3; die Funktion von Kontrolle und Trennung betonend OLG Frankfurt a. M. ZIP 1981, 988 (989); OLG Stuttgart DB 1979, 884 (885); *Cahn* AG 2014, 525 (527); *Goette* FS 50 Jahre BGH, 2000, 123 (125 ff.).

[3] Zu den Mängeln des monistischen und des dualistischen Systems *Lieder*, Der Aufsichtsrat im Wandel der Zeit, 2006, S. 636 ff.; *Schiessl* ZHR 167 (2003), 235 (241 ff.).

[4] *Koch* in Fleischer/Koch/Kropff/Lutter, 50 Jahre AktG, 2016, S. 65, 76 ff.; *Lutter/Krieger/Verse*, Rechte und Pflichten des Aufsichtsrats, 6. Aufl. 2014, Rn. 47 ff.; *Bachmann* FS Hopt, 2010, Bd. I, 337 ff.; *Lutter* BB 2009, 775 ff.

[5] GroßkommAktG/*Kort* Vor § 76 Rn. 2; *Davies/Hopt/Nowak/van Solinge*, Corporate Boards in Law and Practice, 2013, S. 3, 11 ff.; *Forstmoser* ZGR 2003, 688 (689); *Böckli* FS Reist, 1992, 337 (346 ff.); *Conard* ZGR 1987, 180 ff.; *Windbichler* ZGR 1985, 50 ff.; ausführlich zu einem Vergleich beider Systeme *Schiessl* ZHR 167 (2003) 235 ff. sowie die Beiträge von *Merkt, Menjucq* und *Forstmoser* in ZGR 2003, 650 ff., 679 ff. und 688 ff.

[6] GroßkommAktG/*Kort* Vor § 76 Rn. 2 sowie § 76 Rn. 26; *Davies/Hopt/Nowak/van Solinge*, Corporate Boards in Law and Practice, 2013, S. 3, 25; *Merkt*, US-amerikanisches Gesellschaftsrecht, 2013, Rn. 640 f.; *Böckli* FS Reist, 1992, 337 (353 ff.); *Kleindiek* in Reformbedarf im Aktienrecht, 1994, S. 57, 62; *Windbichler* ZGR 1985, 50 (59 ff.); *Lück/van Hall* DB 1984, 1941 ff.; *Goerdeler* ZGR 1987, 218 ff.

[7] GroßkommAktG/*Kort* Vor § 76 Rn. 2; *Lutter/Bayer/J. Schmidt*, Europäisches Unternehmens- und Kapitalmarktrecht, 2017, 13.24; *Lieder*, Der Aufsichtsrat im Wandel der Zeit, 2006, S. 641 f.; *Börsig-Löbbe* FS Hoffmann-Becking, 2013, 125 (131 ff.); *Cromme* FS Hoffmann-Becking, 2013, 283; *Kort* BOARD 2015, 239 f.; *Leyens* RabelsZ 67 (2003), 57 (95).

[8] Für eine Systemöffnung *Bayer*, Empfehlen sich besondere Regeln für börsennotierte und für geschlossene Gesellschaften?, Gutachten E zum 67. DJT, 2008, S. E112 f.; *Habersack*, Staatliche und halbstaatliche Eingriffe in die Unternehmensführung, Gutachten E zum 69. DJT, 2012, S. E71; *Lutter/*

here Vorschläge der EU-Kommission,⁹ eine solche Wahlmöglichkeit zumindest für börsennotierte Unternehmen zu etablieren, sind nicht weiter verfolgt worden.¹⁰ Ende 2012 betonte die EU-Kommission, die Koexistenz beider Systeme anzuerkennen und Strukturen nicht zu ändern oder in Frage zu stellen.¹¹

6 b) Hauptversammlung. Die Hauptversammlung als drittes Organ der Aktiengesellschaft ist unter anderem zuständig für die Bestellung der Aufsichtsratsmitglieder der Aktionäre (Anteilseigner), die Entlastung der Vorstands- und Aufsichtsratsmitglieder, die Wahl des Abschlussprüfers sowie die Beschlussfassung über die Verwendung des Bilanzgewinns. Daneben bestimmt die Hauptversammlung im Rahmen der ihr zustehenden Satzungsgewalt wesentliche Eckpunkte des wirtschaftlichen und rechtlichen Aufbaus der Gesellschaft, zB den Unternehmensgegenstand und die Kapitalausstattung. Sie beschließt ferner über den Abschluss von Unternehmensverträgen, über Maßnahmen nach dem Umwandlungsgesetz (insbesondere Verschmelzung, Spaltung, Formwechsel) sowie über die Auflösung der Gesellschaft. Schließlich steht der Hauptversammlung bei Differenzen zwischen Vorstand und Aufsichtsrat nach Maßgabe von § 111 Abs. 4 S. 3–5 AktG und § 173 Abs. 1 AktG ein Letztentscheidungsrecht zu. Durch dieses Letztentscheidungsrecht wird die Hauptversammlung aber nicht zum obersten Organ der Aktiengesellschaft, ist also Vorstand und Aufsichtsrat nicht übergeordnet.¹² Zu den Zuständigkeiten der Hauptversammlung näher → § 35 Rn. 11 ff.

7 Auf Verlangen der Hauptversammlung ist der Vorstand gemäß § 83 Abs. 1 AktG verpflichtet, Maßnahmen, die in die Zuständigkeit der Hauptversammlung fallen, sowie Verträge, die nur mit Zustimmung der Hauptversammlung wirksam werden, vorzubereiten (Einzelheiten → § 25 Rn. 90 ff.). Die von der Hauptversammlung im Rahmen ihrer Zuständigkeit beschlossenen Maßnahmen hat der Vorstand gemäß § 83 Abs. 2 AktG auszuführen. Hauptanwendungsfälle sind Dividendenausschüttungen aufgrund von Beschlüssen über die Gewinnverwendung (§ 58 Abs. 4 AktG), Anmeldungen zum Handelsregister bei Satzungsänderungen (§ 181 AktG) und Kapitalerhöhungen (§ 184 AktG) sowie der Abschluss von Unternehmensverträgen (§ 294 Abs. 1 AktG).¹³

8 Zur Entscheidung über Fragen der **Geschäftsführung** ist die Hauptversammlung gemäß § 119 Abs. 2 AktG nur berufen, wenn der Vorstand dies verlangt (näher → § 35 Rn. 16 ff.). Stellt der Vorstand ein solches Verlangen, so hat er den Aktionären rechtzeitig die zu einer sachgerechten Entscheidung erforderlichen Informationen zu erteilen.¹⁴ Soll die Hauptversammlung über einen Vertrag beschließen, ist dessen wesentlicher Inhalt analog § 124 Abs. 2 S. 3 AktG bekannt zu machen.¹⁵ Entscheidet die Hauptversammlung, die ihr vorgelegte Geschäftsführungsmaßnahme durchzuführen, ist der Vorstand nach § 83 Abs. 2 AktG zur Ausführung verpflichtet.¹⁶ Die Verantwortung für die Maßnahme trifft dann nach § 93 Abs. 4 S. 1 AktG nicht den Vorstand (näher → § 26 Rn. 31).

Bayer/J. Schmidt, Europäisches Unternehmens- und Kapitalmarktrecht, 2017, Rn. 13.30; Hüffer/Koch AktG § 76 Rn. 4; Spindler/Stilz AktG/Fleischer § 76 Rn. 3; Reichert AG 2016, 677 (680 f.).

[9] Modernisierung des Gesellschaftsrechts und Verbesserung der Corporate Governance in der Europäischen Union – Aktionsplan, KOM(2003) 284 endg. Näher dazu Habersack NZG 2004, 1 (6 f.).

[10] Die Entwicklung nachzeichnend Marsch-Barner, Handbuch börsennotierte AG, 4. Aufl. 2018, § 2.21 ff.

[11] Aktionsplan: Europäisches Gesellschaftsrecht und Corporate Governance – ein moderner Rechtsrahmen für engagiertere Aktionäre und besser überlebensfähige Unternehmen COM(2012) 740 final, Nr. 2.1. Zu den nachteiligen Auswirkungen von europäischen Rechtssetzungsakten, die sich maßgeblich am monistischen System orientieren, auf das deutsche Leitungssystem Hommelhoff NZG 2015, 1329 ff.

[12] BVerfG NJW 2000, 349 (350); Hüffer/Koch AktG § 118 Rn. 4; Roth ZIP 2003, 369 (373 ff.).

[13] Hüffer/Koch AktG § 83 Rn. 5; Spindler/Stilz AktG/Fleischer § 83 Rn. 7.

[14] BGHZ 146, 288 (294).

[15] BGHZ 146, 288 (294).

[16] Hüffer/Koch AktG § 119 Rn. 15; KölnKommAktG/Mertens/Cahn § 83 Rn. 9.

§ 19 Vorstand als Leitungsorgan der Gesellschaft   9–11 § 19

Durch ihre Satzungsgewalt, insbesondere durch die statutarische Festlegung des **Unternehmensgegenstands,** kommt der Hauptversammlung zwar ein mittelbarer Einfluss auf die Geschäftsführung zu.[17] Denn der Vorstand ist grundsätzlich verpflichtet, den in der Satzung bestimmten Unternehmensgegenstand zu beachten (näher → § 9 Rn. 19 f.).[18] Dieser Einfluss geht aber nicht so weit, dass die Hauptversammlung dem Vorstand im Rahmen des Unternehmensgegenstands vorschreiben könnte, wie er die Geschäfte der Gesellschaft zu führen hat, wobei die exakte Trennlinie häufig schwer zu ziehen ist.[19]   9

In der berühmten *Holzmüller*-Entscheidung[20] hat der BGH den Vorstand ausnahmsweise als verpflichtet angesehen, die Hauptversammlung gemäß § 119 Abs. 2 AktG anzurufen, wenn grundlegende Entscheidungen von solcher Bedeutung für die Rechte und Interessen der Aktionäre zu treffen sind, dass der Vorstand „vernünftigerweise nicht annehmen kann, er dürfe sie in ausschließlich eigener Verantwortung treffen". Diese Schrumpfung des in § 119 Abs. 2 AktG vorgesehenen Ermessens hat der BGH in offener Rechtsfortbildung in den *Gelatine*-Entscheidungen[21] dahingehend modifiziert, dass für bestimmte „satzungsnahe" Sachverhalte eine auf das Innenverhältnis beschränkte Sonderzuständigkeit der Hauptversammlung besteht (ausführlich → § 35 Rn. 51 ff.). Über das **Listing** oder **Delisting** einer Aktie darf die Verwaltung in eigener Autonomie entscheiden. Insbesondere bedarf ein Delisting entgegen der früheren Macroton-Rechtsprechung des BGH seit der Frosta-Entscheidung keiner Zustimmung der Hauptversammlung mehr (näher → § 35 Rn. 66 ff.).[22] Der Aktionärsschutz beim Delisting erfolgt kapitalmarktrechtlich durch die Vorgaben des § 39 Abs. 2 BörsG.   10

2. Weitere Organe. Vorstand, Aufsichtsrat und Hauptversammlung sind vom AktG zwingend als Organe der Gesellschaft vorgeschrieben. **Kein Organ** der Gesellschaft ist der **Abschlussprüfer.**[23] Organ ist jede Person oder Personenmehrheit, die nach der Verfassung einer juristischen Person deren Handlungsfähigkeit begründet.[24] Lediglich die Jahresabschlüsse und Lageberichte großer und mittelgroßer Kapitalgesellschaften sind nach § 316 Abs. 1 S. 1 HGB von einem Abschlussprüfer zu prüfen. Die Handlungsfähigkeit einer Aktiengesellschaft ist nicht vom Abschlussprüfer abhängig. Bei ihm handelt es sich vielmehr um eine außenstehende Kontrollinstanz, die ihre Aufgaben im öffentlichen Interesse erfüllt.[25] Das gilt auch für die **Prüfstelle nach § 342b HGB** (sog. Bilanzpolizei), deren Aufgaben von der Deutschen Prüfstelle für Rechnungslegung (Deutsche Prüfstelle für Rechnungslegung DPR e.V.) wahrgenommen werden. Gesellschaftsorgan ist demgegenüber der **besondere Vertreter nach § 147 Abs. 2 AktG,** da er im Rahmen seines   11

---

[17] Schmidt/Lutter/*Seibt* AktG § 76 Rn. 22.
[18] Siehe auch BGH ZIP 2013, 455 – Corealcredit; OLG Düsseldorf ZIP 2010, 28 (30 f.) – IKB; OLG Köln ZIP 2009, 1469 – Strabag; OLG Stuttgart AG 2006, 727 (728) – DaimlerChrysler; Schmidt/Lutter/*Seibt* AktG § 23 Rn. 38a; *Feldhaus* BB 2009, 562 (565); *Goette* ZGR 2008, 436 (447); *Priester* ZGR 2017, 474 (476 ff.); *Wollburg/Gehling* FS Lieberknecht, 1997, 133 (141).
[19] OLG Stuttgart AG 2006, 727 (728) – DaimlerChrysler.
[20] BGHZ 83, 122 (131) – Holzmüller.
[21] BGH NZG 2004, 575 ff. – Gelatine I und BGHZ 159, 30 ff. – Gelatine II.
[22] BGH WM 2013, 2213 Rn. 7 – Frosta unter ausdrücklicher Aufgabe von BGHZ 153, 47 (53 ff.) – Macrotron; offen gelassen von BVerfG WM 2012, 1378.
[23] OLG Düsseldorf AG 2006, 754; GroßkommAktG/*Kort* § 76 Rn. 10.
[24] *Kling* ZGR 2009, 190 (210 f.); *Schürnbrand,* Organschaft im Recht der privaten Verbände, 2007, S. 37, 48 f.
[25] BayObLG WM 1987, 1365; Baumbach/Hopt HGB/*Hopt/Merkt* § 318 Rn. 2; MünchkommHGB/*Ebke* § 316 Rn. 33; *Lutter,* Information und Vertraulichkeit im Aufsichtsrat, 3. Aufl. 2006, Rn. 323; *Schulze-Osterloh* BB 1980, 1403 (1405); *Simitis* FS Reinhardt, 1973, 329 (333); *Hopt* ZGR 2015, 186 (201); aA BGHZ 16, 17 (25); 76, 338 (342) – Stellung wie ein Gesellschaftsorgan.

gesellschaftsinternen Zuständigkeitsbereichs Vorstand und Aufsichtsrat als für die Geltendmachung von Ersatzansprüchen zuständige Organe verdrängt (näher → § 43 Rn. 44).[26]

12 Sämtliche organschaftliche Funktionen der Aktiengesellschaft sind grundsätzlich auf die drei Organe Vorstand, Aufsichtsrat und Hauptversammlung aufgeteilt. Die **Einrichtung weiterer Gremien** muss diesem Grundsatz nach § 23 Abs. 5 AktG Rechnung tragen. Zusätzlich geschaffene Gremien können die gesetzliche Zuständigkeitsverteilung und Organstruktur daher nicht verändern.[27] Werden durch die Satzung weitere Gremien geschaffen, bleiben für diese im Wesentlichen Beratungsfunktionen gegenüber den gesetzlich vorgesehenen Organen, in erster Linie gegenüber dem Vorstand (dazu auch → § 29 Rn. 23 ff.).[28] Die Zuweisung von Rechten, insbesondere von Auskunfts- und Anhörungsrechten, darf nicht zur Folge haben, dass das zusätzliche Gremium zu einer Art Neben- oder Obergeschäftsführungsorgan oder zu einem Überwachungsorgan wird.[29] Wegen § 23 Abs. 5 AktG kann auch nicht entsprechend § 30 BGB vorgesehen werden, dass für bestimmte Aufgaben **besondere Vertreter** neben dem Vorstand bestellt werden.[30]

II. Eigenverantwortliche Leitung durch den Vorstand

13 **1. Leitung der Gesellschaft.** Nach § 76 Abs. 1 AktG hat der Vorstand die **Gesellschaft** unter **eigener Verantwortung** zu **leiten**. Diese Verpflichtung greift Grundsatz 1 Satz 1 DCGK in etwas abweichender Formulierung auf. Ist die Gesellschaft **herrschendes Unternehmen** (§ 17 AktG) oder **Konzernobergesellschaft** (§ 18 AktG), bezieht sich die Leitungsaufgabe auch auf die abhängigen oder Konzernunternehmen (näher → Rn. 38 ff.). Durch die eigenverantwortliche Leitungsmacht des Vorstands unterscheidet sich die Organisation der Aktiengesellschaft grundsätzlich von anderen Rechtsformen, insbesondere von der GmbH.

14 **a) Leitung durch Vorstand.** Der Begriff der Leitung wird im AktG nicht definiert. Er ist zu unterscheiden vom Begriff der Geschäftsführung im Sinne von § 77 AktG und umfasst einen herausgehobenen Teilbereich der Geschäftsführung (Führungs- oder Unternehmerfunktion).[31] § 76 Abs. 1 AktG berechtigt den Vorstand nicht nur zur Leitung, sondern verpflichtet ihn auch dazu („hat zu leiten"). Hierin liegt eine exklusive und nach § 23 Abs. 5 AktG zwingende Zuweisung der Leitungskompetenz und -aufgabe an den Vorstand und dadurch auch eine Abgrenzung zu Aufsichtsrat und Hauptversammlung.[32]

---

[26] BGH AG 2013, 634; 2011, 875 (876) – Unicredit; Hüffer/*Koch* AktG § 147 Rn. 13; Schmidt/Lutter/*Spindler* AktG § 147 Rn. 22 f.; *Kling* ZGR 2009, 190 (209 ff.); wohl auch BGH NJW 1981, 1097 (1098) (ausdrücklich: „gesetzlicher Vertreter"); LG München I ZIP 2007, 1809 (1812); *Mock* ZHR 178 (2014), 485 (487 f.); offen gelassen OLG München BB 2010, 2770; NZG 2009, 305; *H. P. Westermann* AG 2009, 237 (246 f.); aA *Wirth/Pospiech* DB 2008, 2471 (2474). Ausführlich *Humrich*, Der besondere Vertreter im Aktienrecht, 2013, S. 112 ff.

[27] Hüffer/*Koch* AktG § 23 Rn. 38; GroßkommAktG/*Kort* Vor § 76 Rn. 18.

[28] KölnKommAktG/*Mertens/Cahn* Vor § 76 Rn. 18; ausführlich *Voormann*, Der Beirat im Gesellschaftsrecht, 2. Aufl. 1990, S. 24 f., 61 ff.

[29] GroßkommAktG/*Kort* Vor § 76 Rn. 18; *Hommelhoff/Timm* AG 1976, 330 f.; *Immenga* ZGR 1977, 249 (266 f.); *Lippert* JuS 1978, 90 (92); *Voormann*, Der Beirat im Gesellschaftsrecht, 2. Aufl. 1990, S. 24 f., 61 ff.; aA LG Köln AG 1976, 329 (330).

[30] KölnKommAktG/*Mertens/Cahn* Vor § 76 Rn. 17 und § 76 Rn. 87; MünchkommBGB/*Reuter* § 30 Rn. 9; Palandt BGB/*Ellenberger* § 30 Rn. 2; MüKoAktG/*Spindler* § 78 Rn. 25.

[31] Hüffer/*Koch* AktG § 76 Rn. 8; Spindler/Stilz AktG/*Fleischer* § 76 Rn. 7, 14; MüKoAktG/*Spindler* § 76 Rn. 15 ff.; *Fleischer* ZIP 2003, 1 (3); *Goette* FS 50 Jahre BGH, 2000, 123 (125 ff.).

[32] BGHZ 171, 113 Rn. 11; BGH NZG 2018, 629 Rn. 17; 2008, 507 Rn. 13; OLG Frankfurt a. M. ZIP 2011, 2008 (2009); OLG Stuttgart AG 2006, 727 (728) – DaimlerChrysler; GroßkommAktG/*Kort* § 76 Rn. 2; Hüffer/*Koch* AktG § 76 Rn. 2; *Goette* FS 50 Jahre BGH, 2000, 123 (125 ff.).

Entgegen Ansätzen in der Literatur[33] hat die exklusive Zuordnung der Leitung an den 15 Vorstand in § 76 Abs. 1 AktG zur Folge, dass der Aufsichtsrat nicht Co-Leitungsorgan sein kann. An diesem Grundsatz haben auch Gesetzgebungsakte, die dem Aufsichtsrat zusätzliche Aufgaben zugewiesen haben (insbesondere KonTraG, TransPuG), nichts geändert, da sie primär eine verbesserte Zusammenarbeit zwischen Vorstand und Aufsichtsrat bezwecken.[34] Allerdings wirkt der Aufsichtsrat an Leitungsentscheidungen im Rahmen der präventiven Kontrolle nach § 111 Abs. 4 S. 2 AktG mit. Auch ist er aufgrund der Berichtspflichten aus § 90 AktG (→ § 25 Rn. 64 ff.) bereits im Vorfeld über alle wesentlichen Gegenstände zu informieren und erhält dadurch die Möglichkeit der präventiven Überwachung der Geschäftsführung, die durch Meinungsaustausch mit dem Vorstand auszuüben ist (dazu → § 29 Rn. 46 ff.). Ferner kann der Aufsichtsrat Initiativen in Bezug auf Leitungsaufgaben unternehmen. Insoweit kann man durchaus davon sprechen, dass der Aufsichtsrat an der Leitungsaufgabe teilhat.[35] Der Aufsichtsrat wird dadurch aber nicht zum „mitunternehmerischen Organ" oder zur „Oberleitung" der Gesellschaft. Kommt es zu einem Kompetenzkonflikt mit dem Vorstand, muss der Aufsichtsrat beachten, dass er nicht seine Zielvorstellungen an die Stelle der Vorstellungen des Vorstands setzen darf.[36]

b) Leitung und Geschäftsführung. Der Begriff der **Leitung** ist von dem der **Ge-** 16 **schäftsführung,** die dem Vorstand nach § 77 Abs. 1 AktG zusteht, zu unterscheiden. Der Begriff der Geschäftsführung geht weiter und umfasst jede tatsächliche und rechtsgeschäftliche Tätigkeit für die Gesellschaft. Bei der Leitung geht es nur um einen herausgehobenen Teilbereich der Geschäftsführung, nämlich um die Führungs- oder Unternehmerfunktion des Vorstands.[37] Die Unterscheidung zwischen Leitung und Geschäftsführung hat unter anderem Bedeutung bei der horizontalen und vertikalen Delegation von Aufgaben: Leitungsentscheidungen obliegen dem Vorstand als Organ und können, anders als sonstige Geschäftsführungstätigkeiten, nicht auf einzelne Vorstandsmitglieder, nachgelagerte Führungsebenen oder Dritte (zB unternehmensexterne Sachverständige) delegiert werden (näher → Rn 33 ff. → § 22 Rn. 25). Dies schließt die Delegation von Vorbereitungstätigkeiten und Hilfsaufgaben nicht aus, solange sichergestellt ist, dass die Letztentscheidungskompetenz beim Vorstand liegt.[38]

c) Gegenstand der Leitung. Entgegen dem Wortlaut des Gesetzes ist nicht „die Gesell- 17 schaft" als Rechtsträger Gegenstand der Leitung. Vielmehr bezieht sich der Leitungsauftrag auf das von der Gesellschaft getragene Unternehmen. Ist die Gesellschaft **herrschendes Unternehmen** oder **Konzernobergesellschaft,** bezieht sich die Leitungspflicht des Vorstands auch auf die weiteren Gruppenunternehmen (näher → Rn. 38 ff.).[39]

---

[33] *Lutter/Krieger/Verse,* Rechte und Pflichten des Aufsichtsrats, 6. Aufl. 2014, Rn. 58; *Lutter* DB 2009, 775 ff.
[34] Ebenso GroßkommAktG/*Kort* § 76 Rn. 22; Spindler/Stilz AktG/*Fleischer* § 76 Rn. 4; *Hoffmann-Becking* ZGR 1998, 497 (510 f.); *M. Winter* FS Hüffer, 2010, 1103 (1107 f.); aA *Lutter/Krieger/Verse,* Rechte und Pflichten des Aufsichtsrats, 6. Aufl. 2014, Rn. 58, die den Aufsichtsrat als „mitunternehmerisches Organ" einordnen.
[35] BGHZ 114, 127 (130); GroßkommAktG/*Hopt/Roth* § 111 Rn. 82; Hüffer/*Koch* AktG § 111 Rn. 13; KölnKommAktG/*Mertens/Cahn* § 111 Rn. 26; *Goette* FS 50 Jahre BGH, 2000, 123 (128).
[36] BGH NZG 2008, 507 Rn. 13; *Goette* FS 50 Jahre BGH, 2000, 123 (128 f.).
[37] Hüffer/*Koch* AktG § 76 Rn. 8; MüKoAktG/*Spindler* § 76 Rn. 17; *Emde* FS U. H. Schneider, 2011, 295 (299 f.); *Henze* BB 2000, 209; *Fleischer* ZIP 2003, 1 (3); *Schwark* ZHR 142 (1978), 203 (215); aA *Semler,* Leitung und Überwachung der Aktiengesellschaft, 2. Aufl. 1996, Rn. 6 (für Synonymität beider Begriffe).
[38] MüKoAktG/*Spindler* § 76 Rn. 18; *Hastenrath* CB 2016, 6 (9); *Henze* BB 2000, 209; *Stein* ZGR 1988, 163 (168); *Semler,* Leitung und Überwachung der Aktiengesellschaft, 2. Aufl. 1996, S. 17 ff.; aA Schmidt/Lutter/*Seibt* AktG § 76 Rn. 8; *Seibt* FS K. Schmidt, 2009, 1463 ff; kritisch auch Hüffer/*Koch* AktG § 76 Rn. 8.
[39] GroßkommAktG/*Kort* § 76 Rn. 40a; Hüffer/*Koch* AktG § 76 Rn. 10; MüKoAktG/*Spindler* § 76 Rn. 46; Spindler/Stilz AktG/*Fleischer* § 76 Rn. 84, 91 ff.; *Seyfarth,* Vorstandsrecht, § 1 Rn. 8.

18 d) Umfang der Leitung. Die Leitung des Unternehmens umfasst eine Vielzahl von Entscheidungen. Eine allgemeingültige Definition von Leitung gibt es nicht, vielmehr erfolgt die Begriffskonturierung durch typologische Zuordnung.[40] Wichtige Anhaltspunkte bieten betriebswirtschaftliche Erkenntnisse. Demnach lassen sich die Leitungsentscheidungen grob in zwei Kategorien einteilen: Zum einen obliegt es dem Vorstand, die **Unternehmenspolitik (strategische Ausrichtung des Unternehmens)** im Rahmen der statutarischen Vorgaben in eigener Verantwortung zu definieren oder – anders formuliert – Ziel und Zweck der Gesellschaft eigenverantwortlich zu verwirklichen.[41] Zum anderen hat er die für die Unternehmenszielverwirklichung erforderlichen **Führungsentscheidungen** wie **Unternehmensorganisation, -planung, -koordinierung und -kontrolle** zu treffen und die **Besetzung der nachgeordneten Führungspositionen** vorzunehmen (dazu auch → § 22 Rn. 25).[42]

19 Im Rahmen der dem Vorstand obliegenden Steuerungsverantwortung können Führungsentscheidungen bedeutende Verwaltungsaufgaben entlang der Wertschöpfungskette des Unternehmens umfassen. Von wesentlicher Bedeutung sind ferner die Finanzierung sowie die Informationsverantwortung (einschließlich Informationstechnologie und Datenschutz), außerdem Bereiche der Kommunikations- und Reputationsverantwortung.[43] Zur Unternehmensleitung und nicht zur Geschäftsführung gehören aus rechtlicher Sicht auch die dem Vorstand durch das AktG ausdrücklich zugewiesenen Einzelaufgaben (sog. Pflichtaufgaben, siehe zB §§ 76 Abs. 4 (näher → Rn. 56 ff.), 83, 90, 91, 92, 121 Abs. 2, 124 Abs. 3 S. 1, 170 AktG, § 15 Abs. 1 InsO),[44] wozu auch die in § 91 Abs. 2 AktG geregelte Pflicht gehört, ein sogenanntes Frühwarnsystem einzurichten (näher → § 22 Rn. 25, → § 25 Rn. 13 ff.). Generell hat der Vorstand für eine Organisation zu sorgen, die ihm die zur Wahrnehmung seiner Pflichten erforderliche Übersicht über die wirtschaftliche Situation der Gesellschaft ermöglicht,[45] und ein geeignetes **Controllingsystem** einzuführen (näher → § 25 Rn. 6 ff.). Von erheblicher praktischer Bedeutung ist schließlich die Pflicht des Vorstands, für die Einhaltung der für das Unternehmen geltenden Gesetze und Regeln zu sorgen (**Compliance,** siehe auch Grundsatz 5 DCGK; näher → § 25 Rn. 16 ff.).

20 Die autonome Leitungsmacht des Vorstands ist dadurch abgesichert, dass seine Mitglieder nur bei Vorliegen eines wichtigen Grundes vorzeitig abberufen werden können (§ 84 Abs. 3 S. 1 AktG). Darüber hinaus können dem **Aufsichtsrat** nach § 111 Abs. 4 S. 1 AktG Geschäftsführungsmaßnahmen nicht übertragen werden. Der Aufsichtsrat ist deshalb beispielsweise nicht befugt, Meinungsverschiedenheiten der Vorstandsmitglieder in Geschäftsführungsfragen zu entscheiden.[46] Weiterhin kann der Aufsichtsrat die autonome Leitungskompetenz des Vorstands weder über einen Zustimmungskatalog noch dadurch für sich in Anspruch nehmen, dass er dem Vorstand bei der Bestellung oder im Anstellungsvertrag geschäftspolitische Vorgaben macht.[47] In Ausnahmefällen können unüberbrückbare

---

[40] MüKoAktG/*Spindler* § 76 Rn. 15; Spindler/Stilz AktG/*Fleischer* § 76 Rn. 18; auch Hüffer/*Koch* AktG § 76 Rn. 9, der die Notwendigkeit einer normativen Orientierung der typologischen Betrachtung hervorhebt.

[41] BGH NZG 2008, 507 Rn. 13 – („Geschäftspolitik"); MüKoAktG/*Spindler* § 76 Rn. 16; GroßkommAktG/*Kort* § 76 Rn. 36a; *Henze* BB 2000, 209 (210); *Semler,* Leitung und Überwachung der Aktiengesellschaft, 2. Aufl. 1996, S. 13 ff.

[42] Ähnlich GroßkommAktG/*Kort* § 76 Rn. 36; Hüffer/*Koch* AktG § 76 Rn. 9; KölnKommAktG/ *Mertens/Cahn* § 76 Rn. 45; MüKoAktG/*Spindler* § 76 Rn. 15; *Henze* BB 2000, 209 (210). Andere (funktionsbezogene) Einteilung bei Spindler/Stilz AktG/*Fleischer* § 76 Rn. 18; *Seyfarth,* Vorstandsrecht, § 8 Rn. 6 ff.

[43] Näher *Seyfarth,* Vorstandsrecht, § 8 Rn. 10 ff.

[44] BGHZ 149, 158 (160); GroßkommAktG/*Kort* § 76 Rn. 35; Hüffer/*Koch* AktG § 76 Rn. 9, § 77 Rn. 17 f.; *Wiedemann* ZGR 2011, 183 (197 f.).

[45] BGH NJW-RR 2012, 1122 Rn. 13; 1995, 669.

[46] OLG Hamm DB 2012, 1975 (1977).

[47] OLG Frankfurt a. M. BB 2011, 2498 (Zustimmungskatalog im Anstellungsvertrag); OLG Stuttgart DB 1979, 985; KölnKommAktG/*Mertens/Cahn* § 76 Rn. 45. Für ein Heraustreten des Aufsichtsrats aus der Überwachungsrolle in Krisenzeiten demgegenüber *Servatius* AG 1995, 223 (224).

Meinungsverschiedenheiten zwischen Aufsichtsrat und Vorstandsmitglied über die strategische Ausrichtung der Gesellschaft oder grundlegende Fragen der Geschäftspolitik aber ein wichtiger Grund zur Abberufung nach § 84 Abs. 3 S. 1 AktG sein (näher → § 20 Rn. 57).[48] Die **Hauptversammlung** kann über die in die Kompetenz des Vorstands fallenden Geschäftsführungsmaßnahmen nach § 119 Abs. 2 AktG nur auf Antrag des Vorstands entscheiden.

e) Zielvorgaben für die Leitung. Abstrakte Zielvorgabe für jede unternehmerische Entscheidung des Vorstands ist das **Wohl der Gesellschaft** (dazu → § 25 Rn. 38). Die Konkretisierung dieser Zielvorgabe gehört zu den aktienrechtlichen Grundproblemen und ist seit Jahrzehnten Gegenstand der Diskussion.[49] Nach hM liegt dem Aktiengesetz eine interessenplurale Zielkonzeption zugrunde, die häufig mit dem Begriff des **Unternehmensinteresses** beschrieben wird.[50] Als maßgebliche Interessen werden traditionell die der Aktionäre (Kapital) sowie – teils unter Rückgriff auf § 70 AktG 1937 – der Arbeitnehmer (Arbeit) und der Öffentlichkeit (Gemeinwohl) in den Mittelpunkt gestellt.[51] Zwischen diesen Interessen soll der Vorstand im Sinne einer praktischen Konkordanz vermitteln, wobei die Pflicht des Vorstands, für Bestand und Rentabilität des Unternehmens Sorge zu tragen, als Mindestziel anerkannt ist.[52] Der BGH verwendet in seinen Entscheidungen als Zielvorgabe des Vorstandshandelns entweder das Gesellschafts- oder das Unternehmensinteresse,[53] ohne dieses allerdings näher zu konkretisieren. Wahrscheinlich geht der BGH, wenn die Interpretation des früheren Mitglieds des II. Zivilsenats *Henze*[54] zutreffend ist, ebenfalls von einer Vielzahl zu beachtender gleichberechtigter Interessenträger (Aktionäre, Arbeitnehmer, Gesellschaftsgläubiger und Öffentlichkeit) aus.

Häufig kreist die Diskussion[55] um die Zielbestimmung des Vorstandshandelns zwischen den Begriffen **Shareholder Value** und **Stakeholder Value.** Das Shareholder Value-Konzept soll dazu dienen, den Vorstand bei seinen Entscheidungen auf das Ziel vorrangiger Ertragssteigerung festzulegen, um dadurch den Unternehmenswert und damit das Vermögen der Aktionäre zu steigern. Das Stakeholder Value-Konzept soll den Vorstand demgegenüber anhalten, alle im Unternehmen vorhandenen Interessengruppen, also neben den Aktionären die Fremdkapitalgeber, Arbeitnehmer, Kunden, Lieferanten und die allgemeine Öffentlichkeit bei unternehmerischen Entscheidungen zu berücksichtigen.

Nach geltendem Aktienrecht handelt der Vorstand nicht pflichtwidrig, wenn er bei seinen Entscheidungen dem Shareholder Value-Konzept – verstanden als langfristige Wertsteigerung für die Aktionäre – angemessen Rechnung trägt.[56] Der Gesetzgeber hat die Einführung der erleichterten Möglichkeit zum Erwerb eigener Aktien in § 71 Abs. 1 Nr. 8

---

[48] AA Vorauflage. → Rn. 19.
[49] Knapper Überblick zur Entwicklung der Diskussion bei Spindler/Stilz AktG/*Fleischer* § 76 Rn. 21 ff.
[50] Hüffer/*Koch* AktG § 76 Rn. 36; *Goette* FS 50 Jahre BGH, 2000, 123 (127). Überblick zu anderen Begriffsverständnissen des Unternehmensinteresses bei MüKoAktG/*Spindler* § 76 Rn. 67.
[51] Hüffer/*Koch* AktG § 76 Rn. 28, 30 ff.; KölnKommAktG/*Mertens/Cahn* § 76 Rn. 15; MüKoAktG/*Spindler* § 76 Rn. 66.
[52] OLG Frankfurt a. M. ZIP 2011, 2008 (2010); OLG Hamm AG 1995, 512 (514); Hüffer/*Koch* AktG § 76 Rn. 33 f.; KölnKommAktG/*Mertens/Cahn* § 76 Rn. 21; *Hopt* ZGR 2002, 333 (360).
[53] BGHZ 64, 325 (331) – Bayer (Unternehmensinteresse); BGHZ 71, 40 (44) – Kali und Salz; 83, 319 (321) – Holzmüller; 125, 239 (243) – Deutsche Bank (jeweils Gesellschaftsinteresse); BGHZ 136, 133 (139) – Siemens/Nold (Gesellschaftsinteresse aus unternehmerischer Sicht); ähnlich die Strafsenate, zB BGH NJW 2006, 522 (524) – Mannesmann (Unternehmensinteresse).
[54] *Henze* BB 2000, 209 (212).
[55] MüKoAktG/*Spindler* § 76 Rn. 75 ff.; ausführlich Spindler/Stilz AktG/*Fleischer* § 76 Rn. 29 ff.; *Ihrig/Schäfer*, Rechte und Pflichten des Vorstands, 2014, § 1 Rn. 8 ff.; *Seyfarth*, Vorstandsrecht, § 1 Rn. 16 und § 8 Rn. 17; *Kort* AG 2012, 605 ff.; *Ulmer* AcP 202 (2002), 143 (155 ff.).
[56] OLG Frankfurt a. M. AG 2011, 918 Rn. 23; Hüffer/*Koch* AktG § 76 Rn. 33; Spindler/Stilz AktG/*Fleischer* § 76 Rn. 36; *Ulmer* AcP 202 (2002), 143 (159 f.).

AktG sowie der Einräumung von Aktienoptionen für Führungskräfte in § 192 Abs. 2 Nr. 3 AktG selbst mit dem Konzept wertorientierter Unternehmensführung begründet.[57] Offen ist, ob den Interessen der Aktionäre stets der Vorrang vor den Interessen der anderen Gruppen einzuräumen ist.[58] Aktienrechtlich lässt sich dies – mit Ausnahme der Fokussierung ausschließlich auf Aktionärsinteressen in den §§ 71 Abs. 1 Nr. 8, 192 Abs. 2 Nr. 3 AktG – nicht begründen. Vielmehr steht die Berücksichtigung anderer Stakeholder-Interessen angesichts der weiten Fassung von §§ 76, 93 Abs. 1 AktG nicht entgegen,[59] jedenfalls solange der Vorstand für den Bestand des Unternehmens und die nachhaltige Steigerung seiner Ertrags- und Wettbewerbsfähigkeit Sorge trägt.

24 Die Offenheit des geltenden Aktienrechts für Entscheidungen des Vorstands auf der Bandbreite zwischen Shareholder und Stakeholder Value hat den großen Vorteil der Flexibilität der Rechtsform der Aktiengesellschaft. Sie lässt zugleich Spielraum für Satzungsregeln, die die Ausrichtung des Vorstandshandelns im aktienrechtlich zulässigen Rahmen sicherstellen.[60] Es bestehen keine rechtlichen Bedenken, diesen Spielraum auch für mitbestimmte Aktiengesellschaften auszunutzen.[61]

25 Der **Deutsche Corporate Governance Kodex** enthält in der Präambel (Abs. 1 Sätze 3 und 4) unter Berufung auf die Prinzipien der sozialen Marktwirtschaft ein Bekenntnis zum Stakeholder Value-Konzept, zum Ziel einer nachhaltigen Wertschöpfung und – seit 2017 – zum Leitbild des ehrbaren Kaufmanns. Im Einzelnen heißt es dort: *„Der Kodex verdeutlicht die Verpflichtung von Vorstand und Aufsichtsrat, im Einklang mit den Prinzipien der sozialen Marktwirtschaft unter Berücksichtigung der Belange der Aktionäre, der Belegschaft und der sonstigen dem Unternehmen verbundenen Gruppen (Stakeholder) für den Bestand des Unternehmens und seine nachhaltige Wertschöpfung zu sorgen (Unternehmensinteresse). Diese Prinzipien verlangen nicht nur Legalität, sondern auch ethisch fundiertes, eigenverantwortliches Verhalten (Leitbild des Ehrbaren Kaufmanns).“* Diese Bestimmungen sind kritisch zu bewerten: Mit dem klaren Bekenntnis zum Stakeholder Value-Konzept bezieht die Kommission Stellung in einer seit Jahrzehnten andauernden aktienrechtlichen Diskussion, was nicht ihre Aufgabe ist (näher → § 34 Rn. 14). Mit der Orientierung am Leitbild des Ehrbaren Kaufmanns verwischt sie die Grenze zwischen rechtlich verbindlichen Handlungspflichten der Verwaltung und ethisch-moralischen Kategorien, die das geltende Recht nicht überlagern sollten.[62] Ein praktischer Nutzen ergibt sich aus der Vorgabe ohnehin nicht.

26 **f) Soziale Verantwortung von Unternehmen – Corporate Social Responsibility (CSR).** In den letzten Jahren hat die „Verantwortung von Unternehmen für ihre Auswirkungen auf die Gesellschaft" – so die Definition von Corporate Social Responsibility (CSR) durch die Europäische Kommission[63] – als Leitungsaufgabe des Vorstands erheblich an Bedeutung gewonnen. Konkrete rechtliche Vorgaben für CSR bestehen nach § 289b HGB nur für kapitalmarktorientierte Gesellschaften im Sinne von § 264d HGB, die gleichzeitig große Kapitalgesellschaften (§ 267 Abs. 3 HGB) sind und mehr als 500 Arbeitnehmer

---

[57] BegrRegE BT-Drs. 13/9712, 13 und 23.

[58] Dafür Schmidt/Lutter/*Seibt* AktG § 76 Rn. 23; *Empt,* Corporate Social Responsibility, 2004, S. 199 f.; *Wiedemann,* GesR Bd. I, S. 338 f.; *Zöllner* AG 2003, 2 (7 f.); tendenziell auch Bürgers/Körber AktG/*Bürgers* § 76 Rn. 13; Spindler/Stilz AktG/*Fleischer* § 76 Rn. 37; *R. H. Schmidt/Spindler* FS Kübler, 1997, 515 (516) (moderates shareholder value-Konzept); aA GroßkommAktG/*Kort* § 76 Rn. 68 ff.; Hüffer/*Koch* AktG § 76 Rn 33; KölnKommAktG/*Mertens/Cahn* § 76 Rn. 21.

[59] OLG Frankfurt a. M. AG 2011, 918 Rn. 23; *Goette* FS 50 Jahre BGH, 2000, 123 (127); *Ihrig/ Schäfer,* Rechte und Pflichten des Vorstands, 2014, § 1 Rn. 10; *Kort* AG 2012, 605 (607 f.); *Ulmer* AcP 202 (2002), 143 (159 f.).

[60] Hierzu Spindler/Stilz AktG/*Fleischer* § 76 Rn. 39; *Schön* ZGR 1996, 429 (436 ff.); *Tieves,* Der Unternehmensgegenstand der Kapitalgesellschaft, 1998, S. 40 ff.

[61] Spindler/Stilz AktG/*Fleischer* § 76 Rn. 39; aA *Ulmer* AcP 202 (2002), 143 (159 f.).

[62] DAV-Handelsrechtsausschuss NZG 2017, 57.

[63] Europäische Kommission, Eine neue EU-Strategie (2011-14) für die soziale Verantwortung der Unternehmen (CSR), KOM(2011) 681 endg., S. 7.

beschäftigen. Die betroffenen Gesellschaften müssen ihren Lagebericht (§§ 289b, 289c HGB) oder Konzernlagegericht (§§ 315b, 315c HGB) um eine nichtfinanzielle Erklärung erweitern, darin ihr Geschäftsmodell kurz beschreiben und mindestens Stellung zu den Aspekten Umweltbelange, Arbeitnehmerbelange, Sozialbelange, Achtung der Menschenrechte sowie Bekämpfung von Korruption und Bestechung nehmen (näher → § 44 Rn. 16 ff.). Mit den genannten Bestimmungen und den flankierenden Regelungen in §§ 289d, 289e HGB hat der deutsche Gesetzgeber die **CSR-Richtlinie** von 2014 umgesetzt. Eine Änderung der materiellen Zielvorgaben für die Unternehmensleitung ist damit nicht verbunden.[64] Allerdings folgt aus der Berichtspflicht für den Vorstand die Leitungsaufgabe, sich mit den genannten Belangen zu befassen und eine Strategie dafür zu entwickeln.[65] Nach der in der Gesetzesbegründung angegebenen Schätzung fallen in Deutschland unmittelbar ca. 550 Unternehmen unter die Regelung.[66]

aa) Spenden, Sponsoring. Aktienrechtlich ist der Vorstand grundsätzlich befugt, in Form von Spenden oder Sponsoring Zuwendungen zur **Förderung von Kunst, Wissenschaft, sozialen Einrichtungen und Sport** zu leisten.[67] Auch der BGH (Strafsenat) erkennt dem Vorstand einen breiten Ermessensspielraum in der Frage zu, ob und in welcher Höhe er unentgeltliche Zuwendungen für kulturelle, wissenschaftliche, soziale und auch politische Zwecke vornimmt.[68] Eine wesentliche Grenze findet der Ermessensspielraum des Vorstands im Angemessenheitsgebot: Die Zuwendungen müssen sich insgesamt im Rahmen dessen halten, was nach Größenordnung und finanzieller Situation des Unternehmens als angemessen angesehen werden kann.[69] Weiterhin ist zu verlangen, dass die Aufwendungen jedenfalls indirekt den erwerbswirtschaftlichen Zielen der Gesellschaft dienen, was die Förderung der Reputation oder der sozialen Akzeptanz einschließt.[70] In der Regel ist es daher erforderlich, dass die Unterstützung durch die Gesellschaft nach außen erkennbar ist.[71] Für die Praxis ist größte Zurückhaltung anzuraten, wenn sich die Aktivitäten des Unternehmens und die persönlichen Präferenzen des Vorstandsmitglieds vermengen,[72] auch wenn rechtlich ein großzügigerer Maßstab gilt und es zB für zulässig gehalten wird, wenn ein Vorstandsmitglied den konkreten Zuwendungsempfänger aus mehreren gleich geeigneten Kandidaten nach persönlichen Präferenzen auswählt.[73] Im Zweifel sollte – wie in anderen Fällen eines Interessenkonflikts – auch bei an sich bestehender Ressortzuständigkeit

---

[64] Hüffer/Koch AktG § 76 Rn. 35a; Spindler/Stilz AktG/Fleischer § 76 Rn. 42c; Rehbinder FS Baums, 2017, 959 (960); Fleischer AG 2017, 509 (522); Mock ZIP 2017, 1195 (1196); Schön ZHR 180 (2016), 279 (285 ff.); aA Hommelhoff FS v. Hoyningen-Huene, 2014, 137 (140); Hommelhoff NZG 2015, 1329 (1330).

[65] MüKoAktG/Spindler § 76 Rn. 101; Spindler/Stilz AktG/Fleischer § 76 Rn. 42b; Fleischer AG 2017, 509 (522); Hecker/Bröcker AG 2017, 761 (765); Hommelhoff NZG 2017, 1361 (1362).

[66] BT-Drs. 18/9982, 41; Hennrichs ZGR 2018, 206 (209 f.); Kajüter DB 2017, 617.

[67] GroßkommAktG/Kort § 76 Rn. 106 ff.; Hüffer/Koch AktG § 76 Rn. 35 ff.; Ihrig/Schäfer, Rechte und Pflichten des Vorstands, 2014, § 1 Rn. 11; Fleischer AG 2001, 171 ff.

[68] BGHSt 47, 187 (192 ff.) – Südwestdeutsche Verkehrs AG/SSV Reutlingen (zu § 266 StGB).

[69] BGHSt 47, 187 (197) – Südwestdeutsche Verkehrs AG/SSV Reutlingen; LG Essen BeckRS 2014, 22313 unter VI.2. – Arcandor AG; Hüffer/Koch AktG § 76 Rn. 35a; KölnKommAktG/Mertens/Cahn § 76 Rn. 35; Spindler/Stilz AktG/Fleischer § 76 Rn. 47.

[70] GroßkommAktG/Kort § 76 Rn. 99; MüKoAktG/Spindler § 76 Rn. 106; Spindler/Stilz AktG/Fleischer § 76 Rn. 45; Seyfarth, Vorstandsrecht, § 8 Rn. 19 f.; Empt, Corporate Social Responsibility, 2004, S. 195 ff.; enger Mülbert AG 2009, 766 (772 f.) (positive quantitative Auswirkung auf das Unternehmenswert erforderlich). AA (keine ökonomische Rechtsfertigung erforderlich) Voraufl. → Rn. 26; Müller-Michaels/Ringel AG 2011, 101 ff.; J. Vetter ZGR 2018, 338 (344 ff.); Simons ZGR 2018, 316 (329 ff.).

[71] LG Essen BeckRS 2014, 22313 – Arcandor AG; Hüffer/Koch AktG § 76 Rn. 35b; aA GroßkommAktG/Kort § 76 Rn. 107.

[72] Ebenso Seyfarth, Vorstandsrecht, § 8 Rn. 21.

[73] GroßkommAktG/Kort § 76 Rn. 98; KölnKommAktG/Mertens/Cahn § 76 Rn. 36; Spindler/Stilz AktG/Fleischer § 76 Rn. 48; Empt, Corporate Social Responsibility, 2004, S. 210 f.

eine Entscheidung des Gesamtvorstands eingeholt werden.[74] Unzulässig sind Zuwendungen, aus denen sich für einzelne Vorstandsmitglieder wesentliche materielle oder immaterielle Vorteile ergeben.[75] Wesentliche Pflichtverstöße können nach der Rechtsprechung eine **Strafbarkeit nach § 266 StGB** begründen.[76]

28 **bb) Parteispenden.** Nach den vorstehenden Kriterien sind grundsätzlich auch Parteispenden zulässig,[77] die allerdings in jedem Einzelfall einer besonders kritischen Prüfung zu unterziehen sind. In seiner Ermessensentscheidung hat der Vorstand dabei die besondere Konflikträchtigkeit von Parteispenden und die damit verbundenen Reputationsrisiken für die Gesellschaft angemessen zu berücksichtigen.[78]

29 **cc) Schmiergeldzahlungen.** Erwartet der Vorstand vom Zuwendungsempfänger für die „Spende" eine konkrete Gegenleistung, so liegt in aller Regel eine strafbare und damit pflichtwidrige Schmiergeld- oder Bestechungszahlung vor.[79] Das gilt auch dann, wenn es sich bei dem Zuwendungsempfänger um einen ausländischen Amtsträger oder eine ausländische Privatperson (§ 299 Abs. 1, 2 StGB) handelt.[80] Teilweise wird zur Rechtfertigung darauf verwiesen, dass auf bestimmten Auslandsmärkten geschäftliche Erfolge nur mit Hilfe von Schmiergeldzahlungen erzielt werden können; strafrechtlich findet dies jedoch nach hM[81] keine Anerkennung als Rechtfertigungsgrund. Strafrechtlich unzulässige Zahlungen stellen auch gesellschaftsrechtlich eine Pflichtverletzung des handelnden Vorstandsmitglieds im Verhältnis zur Gesellschaft dar. Die Vorstandsmitglieder sind darüber hinaus verpflichtet, Schmiergeldzahlungen von Mitarbeitern durch geeignete Compliance-Maßnahmen zu verhindern (näher → § 25 Rn. 16 ff.).[82]

30 **2. Eigenverantwortlichkeit.** Die Leitung der Gesellschaft erfolgt nach § 76 Abs. 1 AktG unter eigener Verantwortung des Vorstands. Die dafür erforderliche Selbständigkeit des

---

[74] BGHSt 47, 187 (196) – Südwestdeutsche Verkehrs AG/SSV Reutlingen; LG Essen BeckRS 2014, 22313 unter VI.3. – Arcandor AG; Hüffer/*Koch* AktG § 76 Rn. 35b; MüKoAktG/*Spindler* § 76 Rn. 108; Spindler/Stilz AktG/*Fleischer* § 76 Rn. 48.

[75] Ähnlich Hüffer/*Koch* AktG § 76 Rn. 35b; MüKoAktG/*Spindler* § 76 Rn. 101; KölnKommAktG/*Mertens/Cahn* § 76 Rn. 35; Spindler/Stilz AktG/*Fleischer* § 76 Rn. 48; *Seyfarth*, Vorstandsrecht, § 8 Rn. 21.

[76] BGHSt 47, 187 (197) – Südwestdeutsche Verkehrs AG/SSV Reutlingen, 1. Strafsenat; generell zur Untreuestrafbarkeit von Vorstandsmitgliedern BGH NStZ 2006, 221 (222) (1. Strafsenat) sowie insbesondere BGH NStZ 2017, 227 (230 ff.) – HSH Nordbank, 5. Strafsenat: Jeder Verstoß gegen die in § 93 Abs. 1 AktG normierten äußersten Grenzen des unternehmerischen Ermessens stellt eine schwere Pflichtverletzung iSd § 266 StGB dar, ein Verstoß gegen die Business Judgment Rule (§ 93 Abs. 1 S. 2 AktG) indiziere eine Pflichtverletzung iSd § 266 StGB. Zur erforderlich restriktiven Auslegung von § 266 StGB und Begrenzung auf „klare und deutliche (evidente)" Fälle pflichtwidrigen Handelns BVerfGE 126, 170 (202, 210); BGH AG 2010, 874 Rn. 38 – Siemens AG/AUB, 1. Strafsenat zu § 119 Abs. 1 Nr. 1 BetrVG; auch → § 25 Rn. 3.

[77] GroßkommAktG/*Kort* § 76 Rn. 110 ff.; Spindler/Stilz AktG/*Fleischer* § 76 Rn. 50; *Fleischer* AG 2001, 171 (179); inzident auch BGHSt 47, 187 (193 und 195); Überblick bei *Bayer/Hoffmann* AG 2014, R371.

[78] GroßkommAktG/*Kort* § 76 Rn. 111; KölnKommAktG/*Mertens/Cahn* § 76 Rn. 41 („Zurückhaltungsgebot"); Spindler/Stilz AktG/*Fleischer* § 76 Rn. 51; *Hahn* AG 2018, 472 (478 ff.).

[79] BVerfG NJW 2010, 3209 – Siemens; BGH NJW 2009, 89 – Siemens; Spindler/Stilz AktG/*Fleischer* § 76 Rn. 52; *Fleischer* ZIP 2005, 141 (148 ff.); *Berg* AG 2007, 271 (273 f.); *Bittmann* ZGR 2009, 931 (959 ff.).

[80] *Brooks* FS Peltzer, 2001, 27 ff.; *Kiesel* DStR 2000, 949 ff.

[81] *Fischer* StGB § 299 Rn. 43; ebenso aus aktienrechtlicher Sicht *Thole* ZHR 173 (2009), 504 (512 ff.).

[82] LG München I NZG 2014, 345 (346 f.) – Siemens/Neubürger; *Fleischer* NZG 2014, 321 (322 ff.); *Fleischer* BB 2008, 1070 (1072); *Thole* ZHR 173 (2009), 504 (510); *Berg* AG 2007, 271 (274 ff.); differenzierend *Wiedemann* ZGR 2011, 183 (199 f.).

Vorstands wird durch die zwingende Kompetenzverteilung zwischen den Organen der Aktiengesellschaft gewährleistet.

a) Autonomie des Vorstands. Der Vorstand handelt autonom. Außerhalb der Anwendungsbereiche von § 83 AktG (dazu → § 25 Rn. 90 ff.) sowie von §§ 308, 323 AktG ist der Vorstand an Weisungen anderer Organe oder eines (Groß-)Aktionärs nicht gebunden **(Weisungsfreiheit).**[83] Auch besteht weder ein auftragsähnliches Verhältnis,[84] noch eine verbindliche „Loyalitätspflicht" des Vorstands gegenüber der Hauptversammlung, einzelnen (Groß-)Aktionären oder gegenüber dem Aufsichtsrat. Wünsche der Aktionäre oder des Aufsichtsrats sind nur ein Element in der Entscheidungsfindung des Vorstands. Der Vorstand kann alle im Unternehmen zusammentreffenden Interessen, also insbesondere die der Aktionäre, der Arbeitnehmer und der Öffentlichkeit, in der Weise berücksichtigen, wie er sie selbst nach pflichtgemäßem Ermessen versteht, solange er dem Mindestziel Rechnung trägt, für Bestand und Rentabilität des Unternehmens Sorge zu tragen. Der Vorstand ist also berechtigt, die verschiedenen Interessen im Sinne der aus dem Verfassungsrecht bekannten praktischen Konkordanz gegeneinander abzuwägen und danach seine unternehmerische Entscheidung zu treffen (näher → Rn. 21 ff.). 31

Insbesondere können dem **Aufsichtsrat** nach § 111 Abs. 4 S. 1 AktG Maßnahmen der Geschäftsführung nicht übertragen werden. Er ist lediglich befugt, im Rahmen der ihm im Verhältnis zum Vorstand vom Gesetz eingeräumten Rechte und Pflichten in die Leitungsautonomie des Vorstands einzugreifen, vor allem im Rahmen der Überwachungsaufgabe (§ 111 Abs. 1 AktG) und durch Zustimmungsvorbehalte (§ 111 Abs. 4 S. 2 AktG). Diese Mitverwaltungsrechte und -pflichten des Aufsichtsrats lassen sich als Teilhabe an der Leitungsaufgabe des Vorstands bezeichnen (näher → Rn. 15).[85] Trotz dieser Umschreibung lassen Zustimmungsvorbehalt und präventive Kontrolle des Aufsichtsrats die Leitungsautonomie und das Leitungsmonopol sowie die Geschäftsführungsinitiative des Vorstands unberührt.[86] Daher wäre es pflichtwidrig, wenn der Aufsichtsrat einen Zustimmungskatalog festlegt, der sich auf Maßnahmen des gewöhnlichen Geschäftsbetriebs erstreckt (näher → § 29 Rn. 56).[87] 32

b) Gesamtverantwortung und horizontale Delegation. Die dem Vorstand zugewiesenen Leitungsaufgaben hat er zwingend als Gesamtorgan wahrzunehmen. Eine **Aufgabenverteilung innerhalb des Vorstands** auf einzelne Vorstandsmitglieder, insbesondere den Vorstandsvorsitzenden oder bei Spartenorganisation den Spartenleiter, oder auf eine Gruppe von Vorstandsmitgliedern (Steering Committee) ist bei Leitungsaufgaben nach dem Prinzip der **Gesamtverantwortung** im Grundsatz unzulässig (dazu auch → § 22 Rn. 25).[88] Auch soweit dem Vorstand durch das AktG bestimmte Einzelaufgaben ausdrücklich zugewiesen sind, handelt es sich zwingend um Rechte und Pflichten des Gesamtvorstands (siehe zu diesen sog. Pflichtaufgaben auch → Rn. 19).[89] Dieser Grundsatz wird nicht durch die in § 77 Abs. 1 S. 2 AktG eröffnete Möglichkeit der Verlagerung von Zuständigkeiten auf einzelne Vorstandsmitglieder außer Kraft gesetzt.[90] Die Grenze des Zulässigen kann insbesondere bei einer **Spartenorganisation** (divisionale Organisation, dazu → § 22 Rn. 19) 33

---

[83] BGH NZG 2008, 507 (508); ZIP 2007, 528 (529); OLG Frankfurt a. M. BB 2011, 2498; Hüffer/ Koch AktG § 76 Rn. 25 f.
[84] BGH NJW 1967, 1462 (1463); GroßkommAktG/Kort § 76 Rn. 42.
[85] BGHZ 114, 127 (130); MüKoAktG/Habersack § 111 Rn. 12 f.
[86] OLG Frankfurt a. M. BB 2011, 2498; GroßkommAktG/Kort § 76 Rn. 43; Spindler/Stilz AktG/ Fleischer § 76 Rn. 58; Habersack FS Hüffer, 2010, 259 (264 f.); M. Winter FS Hüffer, 2010, 1103 (1116); aA wohl Lutter DB 2009, 775 ff.
[87] GroßkommAktG/Hopt/M. Roth § 111 Rn. 639; Lutter/Krieger/Verse, Rechte und Pflichten des Aufsichtsrats, 6. Aufl. 2014, Rn. 118, 121; Habersack FS Hüffer, 2010, 259 (264).
[88] Hüffer/Koch AktG § 77 Rn. 18; Spindler/Stilz AktG/Fleischer § 76 Rn. 62.
[89] BGHZ 149, 158 (160); Hüffer/Koch AktG § 77 Rn. 17 f.
[90] Hüffer/Koch AktG § 77 Rn. 18; Spindler/Stilz AktG/Fleischer § 76 Rn. 63.

überschritten werden, wenn die einzelne Sparte wie ein selbständiges Unternehmen agiert und insofern über eine hohe Entscheidungsautonomie verfügt. Hier ist besonders darauf zu achten, dass echte Leitungsentscheidungen des Unternehmens nicht vom Spartenvorstand, sondern vom Gesamtvorstand des Unternehmens getroffen werden.[91] Dies gilt in gleicher Weise für die sog. **virtuelle Holding** (→ § 22 Rn. 21), bei der unternehmerische Leitungstätigkeit nicht auf Bereichsvorstände delegiert werden darf.[92] Näher zur Geschäftsverteilung → § 22 Rn. 17 ff.

34 **c) Vertikale Delegation; Delegation an Dritte (Outsourcing).** Der Vorstand entäußert sich seiner Leitungsmacht nicht dadurch, dass er Leitungsentscheidungen von **unternehmensinternen Dritten** vorbereiten oder ausführen lässt, die seiner **arbeitsrechtlichen Direktionsbefugnis** unterliegen. Die Leitungsentscheidung selbst muss aber stets der Vorstand treffen. Schwieriger ist die Abgrenzung beim **Outsourcing,** also bei der Aufgabenübertragung auf **gesellschaftsfremde Dritte,** zu denen im Grundsatz auch sog. Shared Service-Gesellschaften gehören, die für Konzerngesellschaften zentral Dienstleistungen erbringen.[93] Musterfall war bereits ursprünglich die Auslagerung der elektronischen Datenverarbeitung auf ein Konzernunternehmen.[94] Mehr denn je spielt heute das Outsourcing von Informationstechnologie und digitalen Funktionen und Prozessen in der Praxis eine ganz erhebliche Rolle und ist unter Risiko- und Datenschutzgesichtspunkten – auch im Konzern – besonders abzusichern.[95] Weitere Fälle, die Gegenstand von Gerichtsentscheidungen waren, betreffen zB die Auslagerung des Verwaltungs- und Rechnungswesens sowie der Rechtsabteilung, aber auch der Maschinen-Logistik von Bauunternehmen.[96] Hier nicht gemeint sind umfassende Verlagerungen im Rahmen von Unternehmens-, Betriebsführungs- und Managementverträgen (dazu → § 73 Rn. 24 ff., 48 ff.).

35 Aufgabenübertragungen auf Dritte dürfen die dem Gesamtvorstand zwingend zugewiesene Führungsverantwortung nicht beeinträchtigen. Von vornherein unzulässig ist daher – neben der Auslagerung der eigentlichen Führungsfunktion – die Übertragung von Hilfsfunktionen, die für die Wahrnehmung der Führungsfunktion unabdingbar sind.[97] Umgekehrt sind Auslagerungen unwesentlicher Hilfsfunktionen (in aller Regel zB die Gebäudereinigung) unproblematisch.[98] Im Übrigen sind Auslagerungen, auch wenn sie im Kernbereich des Unternehmens erfolgen oder wesentliche Funktionen betreffen, unter folgenden Voraussetzungen zulässig:

36 (1) Der Vorstand hat bei der **Auswahl und Einweisung** des Dienstleisters dafür zu sorgen, dass eine sachgerechte Aufgabenwahrnehmung in gleicher Weise gewährleistet ist wie bei unternehmensinterner Delegation.[99] (2) Er muss das fehlende arbeitsrechtliche

---

[91] GroßkommAktG/*Kort* § 76 Rn. 194 f.; Spindler/Stilz AktG/*Fleischer* § 76 Rn. 64; *Seyfarth,* Vorstandsrecht, § 9 Rn. 3; *Fleischer* BB 2017, 2499 (2502); *Hoffmann-Becking* ZGR 1998, 497 (498). Grundlegend *Schwark* ZHR 142 (1978), 203 (214 ff.).

[92] *Fleischer* BB 2017, 2499 (2504); *Ihrig/Schäfer,* Rechte und Pflichten des Vorstands, 2014, § 1 Rn. 17 f.; *Schwark* FS Ulmer, 2003, 605 (613 ff.).

[93] Siehe zB die Entscheidungen aus dem Komplex STRABAG/Züblin, BGH ZIP 2008, 1872 – Züblin; OLG Stuttgart ZIP 2007, 1210 – Züblin; OLG Köln ZIP 2009, 1469 – STRABAG.

[94] LG Darmstadt ZIP 1986, 1389 (1391 f.) – Opel/EDS; in den weiteren Instanzen OLG Frankfurt a. M. DB 1988, 435 und BGHZ 106, 54 ist die Frage aus Rechtsgründen nicht entschieden worden; zur Entscheidung des LG Darmstadt *Stein* ZGR 1988, 163 ff.

[95] Näher *Uwer* ZHR 183 (2019), 154 (157 ff.).

[96] OLG Köln ZIP 2009, 1469 – STRABAG; OLG Stuttgart ZIP 2007, 1210 – Züblin.

[97] Krieger/Schneider Managerhaftung-HdB/*E. Vetter* Rn. 22.84; siehe auch OLG Köln ZIP 2009, 1469 (1475) – STRABAG.

[98] GroßkommAktG/*Kort* § 76 Rn. 50; Spindler/Stilz AktG/*Fleischer* § 76 Rn. 66; *Ihrig/Schäfer,* Rechte und Pflichten des Vorstands, 2014, § 1 Rn. 22.

[99] MüKoAktG/*Spindler* § 76 Rn. 18; Spindler/Stilz AktG/*Fleischer* § 76 Rn. 66; Krieger/Schneider Managerhaftung-HdB/*E. Vetter* Rn. 22.85; *Fleischer* ZIP 2003, 1 (10); *Henze* BB 2000, 209 (210); *Stein* ZGR 1988, 163 (171).

§ 19 Vorstand als Leitungsorgan der Gesellschaft

Weisungsrecht durch eine schuldrechtliche Vereinbarung ersetzen, die es ihm – namentlich durch Einräumung von **Informations-, Kontroll- und Prüfungsrechten** – ermöglicht, die ordnungsgemäße Erledigung der ausgelagerten Aufgaben jederzeit zu kontrollieren.[100] Handelt es sich bei dem Dienstleister um ein verbundenes Unternehmen, ist eine schuldrechtliche Vereinbarung entbehrlich, wenn im Einzelfall hinreichende gesellschaftsrechtliche Einwirkungsmöglichkeiten bestehen. (3) Das **Letztentscheidungsrecht** des Vorstands muss gewährleistet[101] und ein **kurzfristiges Eingreifen** jederzeit möglich sein.[102] Das kann es im Einzelfall erforderlich machen, **personelle Restkompetenzen** und **Know-how** im **eigenen Unternehmen** vorzuhalten, um eine existentielle Abhängigkeit zu vermeiden.[103] (4) Der Vorstand muss auf angemessene Regelungen zum **Exit-Management** achten.[104] Beispielsweise wird die Gesellschaft im Fall einer Rückübertragung der ausgelagerten Funktionen häufig Unterstützungsleistungen durch den Dienstleister benötigen. Hingegen ist eine jederzeitige Kündigungsmöglichkeit für die Gesellschaft keine generelle Voraussetzung für ein zulässiges Outsourcing.[105]

d) Fremdeinfluss. Aus § 76 Abs. 1 AktG folgt nicht nur das Recht des Vorstands zur eigenverantwortlichen Leitung der Gesellschaft, vielmehr ist der Vorstand dazu auch verpflichtet („hat zu leiten"). Bindungen der Gesellschaft gegenüber Dritten, die die Autonomie des Vorstands einschränken, können daher unzulässig sein. Prüfungsmaßstab war in der Vergangenheit primär § 76 Abs. 1 AktG in Form des **Grundsatzes der Unveräußerlichkeit der Leitung**[106] und des **Verbots der Vorwegbindung** in Leitungsangelegenheiten,[107] ohne dass insoweit subsumtionsfähige Formeln entwickelt werden konnten.[108] Der BGH hat offengelassen, ob § 76 Abs. 1 AktG ein Grundsatz der Unveräußerlichkeit der Leitungsmacht zu entnehmen ist und wie er gegebenenfalls zu beschränken ist.[109] Die neuere Tendenz im Schrifttum geht zu Recht dahin, stärker zwischen kompetenz- und haftungs-

37

---

[100] GroßkommAktG/*Kort* § 76 Rn. 50; MüKoAktG/*Spindler* § 76 Rn. 18; Spindler/Stilz AktG/*Fleischer* § 76 Rn. 66; *Ihrig/Schäfer*, Rechte und Pflichten des Vorstands, 2014, § 1 Rn. 22; Krieger/Schneider Managerhaftung-HdB/*E. Vetter* Rn. 22.85; *Fleischer* ZIP 2003, 1 (10); ähnlich *Semler*, Leitung und Überwachung der Aktiengesellschaft, 2. Aufl., 1996, Rn. 24 mit Fn. 45; *Stein* ZGR 1988, 163 (171).
[101] Krieger/Schneider Managerhaftung-HdB/*E. Vetter* Rn. 22.85; vgl. auch LG Darmstadt ZIP 1986, 1389 (1392) – Opel/EDS.
[102] MüKoAktG/*Spindler* § 76 Rn. 18.
[103] Strenger Krieger/Schneider Managerhaftung-HdB/*E. Vetter* Rn. 22.85 (stets erforderlich); ähnlich *Stein* ZGR 1988, 163 (173); aA wohl Spindler/Stilz AktG/*Fleischer* § 76 Rn. 66, *Fleischer* ZIP 2003, 1 (10).
[104] Näher BeckM&A-HdB/*van de Sande/Asendorf* § 72 Rn. 44 ff.
[105] So implizit auch LG Darmstadt ZIP 1986, 1389 (1392) – Opel/EDS, das die im konkreten Fall vorgesehene 12-monatige Kündigungsfrist zum Ende eines jeden Jahres nicht beanstandet hat; Sachverhaltsdarstellung dazu in OLG Frankfurt a. M. 22.1.1988 – 24 U 217/86, juris Rn. 16. AA wohl MüKoAktG/*Spindler* § 76 Rn. 18 (im Notfall jederzeitige Kündigungsmöglichkeit erforderlich). *Dreher* FS Hopt, 2010, 517 (530), spricht nur generell von „Kündigungsmöglichkeiten", Krieger/Schneider Managerhaftung-HdB/*E. Vetter* Rn. 22.85 davon, dass der Vorstand im Notfall über eine Kündigung entscheiden können soll.
[106] Pointiert *Lutter* FS Fleck, 1988, 169 (184 f.) (Verzicht auf Leitungsrecht aus § 76 AktG sei „a priori unverbindlich"); zum Grundsatz der Unveräußerlichkeit der Leitung zB MüKoAktG/*Spindler* § 76 Rn. 28; *Seyfarth*, Vorstandsrecht, § 1 Rn. 14.
[107] Voraufl. → Rn. 34; GroßkommAktG/*Kort* § 76 Rn. 197; *Otto* NZG 2013, 930 (934 f.); zu diesem Prinzip auch Hüffer/*Koch* AktG § 76 Rn. 27, 41; Spindler/Stilz AktG/*Fleischer* § 76 Rn. 68; sehr kritisch KölnKommAktG/*Mertens/Cahn* § 76 Rn. 49 ff.
[108] Spindler/Stilz AktG/*Fleischer* § 76 Rn. 68; *Fleischer* FS Schwark, 2009, 137 (149); *Koch* in Fleischer/Koch/Kropff/Lutter, 50 Jahre AktG, 2016, S. 65, 94.
[109] BGH NZG 2017, 1219 Rn. 39. Im selben Fall hat das OLG Brandenburg (BeckRS 2018, 35276 Rn. 75 ff., nicht rechtskräftig) nach Zurückverweisung der Sache durch den BGH den Grundsatz der Unveräußerlichkeit angewendet und unter strikter Ablehnung der Möglichkeit *persönlicher* Vorwegbin-

rechtlichen Kontrollmechanismen zu unterscheiden:[110] Die relativ starren Prinzipien der Unveräußerlichkeit und des Verbots der Vorwegbindung sollten auf den Kernbereich der Leitung beschränkt oder jedenfalls in bestimmten Fallgruppen zum Teil deutlich „aufgelockert" werden.[111] Im Übrigen ist das Handeln des Vorstands am Maßstab des § 93 Abs. 1 AktG zu messen, so dass auch das Interesse der Gesellschaft an der Gegenleistung berücksichtigt werden kann und Verstöße grundsätzlich nicht zur Unwirksamkeit im Außenverhältnis, sondern zur Innenhaftung führen.[112] Sofern die Grenzen des § 93 Abs. 1 S. 2 AktG eingehalten sind, können im Rahmen der vorzunehmenden Einzelfallabwägung auch Gestaltungen namentlich in **Zusammenschlussverträgen (Business Combination Agreements), Investorenvereinbarungen** und **Finanzierungsverträgen mit Covenants** zulässig sein, die in der Vergangenheit zum Teil als unzulässig angesehen wurden.[113] Beispiele aus der Transaktionspraxis betreffen **Break Fees** und sonstige Maßnahmen der **Deal Protection,** zum Beispiel **No Shop-/No Talk-Klauseln** oder begrenzte **Verzichte auf die Durchführung von Kapitalmaßnahmen.**[114] Bereits bisher wurden Dauerbindungen als Folge langfristiger **Bezugs- oder Lieferverträge** in der Regel als zulässig erachtet.[115]

38 **3. Leitung im Unternehmensverbund. a) Konzernverantwortung.** Ist die Gesellschaft herrschendes Unternehmen (§ 17 Abs. 1 AktG) oder Obergesellschaft eines Unterordnungskonzerns (§ 18 Abs. 1 AktG), erstreckt sich die Leitungspflicht des Vorstands aus § 76 Abs. 1 AktG auch auf die abhängigen oder Konzernunternehmen.[116] Davon geht auch Grundsatz 1 DCGK aus. Dies hat allerdings nicht zur Folge, dass der Vorstand einer herrschenden Gesellschaft verpflichtet ist, die abhängigen Unternehmen unter einheitlicher Leitung zusammenzufassen und als Einheit zu führen (keine Pflicht zur Konzernierung),[117] und auch bei bereits bestehender Konzernierung gibt es keine Verpflichtung zur zentralen Konzernleitung.[118] Dem Vorstand eines herrschenden Unternehmens oder einer Konzernobergesellschaft (im Folgenden zusammen „Konzernvorstand") steht vielmehr bei der Ausübung seiner Leitung in der Unternehmensgruppe ein weiter Ermessensspielraum zu.[119] Es

---

dungen des Vorstands einen Verstoß gegen § 76 Abs. 1 AktG angenommen; zu der Entscheidung *Seulen/Krebs* DB 2019, 1199 f; *Wettich* GWR 2019, 346.

[110] Grundlegend *Fleischer* FS Schwark, 2009, 137 (155).

[111] Näher mit zT deutlichen Unterschieden Hüffer/*Koch* AktG § 76 Rn. 41a; KölnKommAktG/ *Mertens/Cahn* § 76 Rn. 49 ff.; Schmidt/Lutter/*Seibt* AktG § 76 Rn. 21; Spindler/Stilz AktG/*Fleischer* § 76 Rn. 69 ff.; *Heß,* Investorenvereinbarungen, 2014, S. 178 ff.; *Kiefner* ZHR 178 (2014), 547 (576 ff.).

[112] Hüffer/*Koch* AktG § 76 Rn. 41a; *Koch* in Fleischer/Koch/Kropff/Lutter, 50 Jahre AktG, 2016, S. 65, 99.

[113] In diese Richtung auch Hüffer/*Koch* AktG § 76 Rn. 41 ff.; Schmidt/Lutter/*Seibt* AktG § 76 Rn. 21; Spindler/Stilz AktG/*Fleischer* § 76 Rn. 69 ff.

[114] Gegen die Zulässigkeit eines Verzichts auf die Durchführung von Kapitalmaßnahmen LG München I (NZG 2012, 1152 (1153 f.)) und OLG München (NZG 2013, 459 (462)) im allerdings weitgehenden Fall „W. E. T./Amerigon", der in die Kategorie *bad cases make bad law* fällt. Gegen Verzichtsmöglichkeit auch → § 57 Rn. 14 *(Scholz).*

[115] GroßkommAktG/*Kort* § 76 Rn. 197; KölnKommAktG/*Mertens/Cahn* § 76 Rn. 45; Spindler/ Stilz AktG/*Fleischer* § 76 Rn. 75.

[116] GroßkommAktG/*Kort* § 76 Rn. 40a; Hüffer/*Koch* AktG § 76 Rn. 10; KölnKommAktG/*Mertens/Cahn* § 76 Rn. 65; MüKoAktG/*Spindler* § 76 Rn. 46; Spindler/Stilz AktG/*Fleischer* § 76 Rn. 84, 91 ff.; *Seyfarth,* Vorstandsrecht, § 1 Rn. 8. Auch → § 70 Rn. 27 *(Krieger).*

[117] Für eine solche Konzernleitungspflicht im engeren Sinne aber *Hommelhoff,* Die Konzernleitungspflicht, 1982, 43 ff., 165 ff.

[118] Hüffer/*Koch* AktG § 76 Rn. 47; KölnKommAktG/*Mertens/Cahn* § 76 Rn. 65; Schmidt/Lutter/*Seibt* AktG § 76 Rn. 27; Spindler/Stilz AktG/*Fleischer* § 76 Rn. 91.

[119] Zutreffend spricht *Fleischer* (Spindler/Stilz AktG/*Fleischer* § 76 Rn. 88) daher von einer „konzernorganisationsrechtlichen Business Judgment Rule"; auch MüKoAktG/*Spindler* § 76 Rn. 50.

gehört daher zu den unternehmerischen Entscheidungen des Konzernvorstands nach § 93 Abs. 1 S. 2 AktG, ob er seine Steuerungs- und Überwachungsaufgabe eher zentral oder dezentral ausübt.[120] Das gilt beispielsweise auch für die Frage, ob der Konzernvorstand für die Unternehmensgruppe eine divisionale, eine funktionale oder eine andere Organisationsstruktur wählt.

Die materiellen Leitungsaufgaben des Konzernvorstands entsprechen im Grundsatz denen des Vorstands eines Einzelunternehmens (näher → Rn. 18 f.).[121] Sie betreffen also – im Rahmen der jeweils konkret bestehenden konzernrechtlichen Einflussnahmemöglichkeiten – die Festlegung der **Unternehmenspolitik (Konzernstrategie)** und die für die Zielverwirklichung erforderlichen Führungsentscheidungen wie **Konzernorganisation, -planung, -koordinierung und -kontrolle** sowie die **Besetzung der Führungspositionen.** Wie bei einem Einzelunternehmen (dazu → § 25 Rn. 6 ff.) ist der Konzernvorstand verpflichtet, im Rahmen seiner Einflussmöglichkeiten ein **konzernweites Controllingsystem**[122] und ein **konzernweites Compliancesystem**[123] einzurichten. Auch die in § 91 Abs. 2 AktG geregelte Pflicht zur Einrichtung eines Risikofrüherkennungssystems bedarf konzerndimensionaler Anwendung.[124]

Der Konzernvorstand hat zur Wahrnehmung der Konzernkontrolle (→ Rn. 39) von seinen **Informationsrechten** Gebrauch zu machen. Ist er verpflichtet, einen **Konzernabschluss** und einen **Konzernlagebericht** aufzustellen (§ 290 HGB), haben die einzubeziehenden Tochterunternehmen daran nach Maßgabe von § 294 Abs. 3 HGB mitzuwirken und die in § 294 Abs. 3 S. 1 HGB genannten Unterlagen (zB Jahresabschluss, Lagebericht, gesonderter nichtfinanzieller Bericht, Prüfungsbericht) beim Mutterunternehmen einzureichen. Weiterhin kann das Mutterunternehmen von den Tochterunternehmen nach § 294 Abs. 3 S. 2 HGB alle Aufklärungen und Nachweise verlangen, die zur Aufstellung des Konzernabschlusses, des Konzernlageberichts und des gesonderten nichtfinanziellen Konzernberichts erforderlich sind. Dies gilt auch, wenn das Mutterunternehmen seinen Konzernabschluss und -lagebericht nicht nach HGB, sondern nach IAS/IFRS aufzustellen hat oder aufstellt, § 315e Abs. 1, 3 HGB.

Aus der Anerkennung des faktischen Konzerns in den §§ 311 ff. AktG folgt das **Recht des Vorstands der abhängigen Gesellschaft,** dem Konzernvorstand auch über den Umfang des § 294 Abs. 3 HGB hinaus Informationen über die Gesellschaft zu erteilen, selbst wenn die Weitergabe an Dritte wegen der Verschwiegenheitspflicht des § 93 Abs. 1 S. 3 AktG verboten ist.[125] Das gilt sowohl für den Fall der Konzernierung (§ 18 Abs. 1 AktG), dh ausgeübter Leitungsmacht, als auch für bloße Abhängigkeit (§ 17 Abs. 1 AktG), da die §§ 311 ff. AktG beides umfassen. Eine erfolgte Informationserteilung an das herrschende Unternehmen hat nicht zur Folge, dass gemäß § 131 Abs. 4 AktG auf Verlangen auch die anderen Aktionäre entsprechend informiert werden. Das ist für den Fall der (vertraglich oder faktisch) konzernleitenden Obergesellschaft (§ 18 Abs. 1 AktG) heute weitgehend anerkannt, weil die Information wegen der konzernleitenden Funktion und nicht aufgrund der reinen Aktionärseigenschaft erteilt wird.[126] Da sich der Anwendungs-

---

[120] Hüffer/Koch AktG § 76 Rn. 47; Spindler/Stilz AktG/Fleischer § 76 Rn. 88; Ihrig/Schäfer, Rechte und Pflichten des Vorstands, 2014, § 32 Rn. 1268; Raiser/Veil KapGesR § 14 Rn. 91; Seyfarth, Vorstandsrecht, § 8 Rn. 24.
[121] MüKoAktG/Spindler § 76 Rn. 50.
[122] Spindler/Stilz AktG/Fleischer § 76 Rn. 95 f.; Seyfarth, Vorstandsrecht, § 8 Rn. 26; Hüffer FS Happ, 2006, 93 (101 ff.); Lutter FS Goette, 2011, 289 ff.; Götz ZGR 1998, 524 (537).
[123] Näher Hüffer/Koch AktG § 76 Rn. 20 ff.; siehe auch Grundsatz 5 DCGK.
[124] Siehe Regierungsbegründung zum KonTraG, BT-Drs. 13/9712, 15. Konkretisierung bei Lutter FS Goette, 2011, 289 (295 ff.).
[125] Hüffer/Koch AktG § 311 Rn. 36a; vertiefend → § 70 Rn. 28.
[126] LG München I Der Konzern 2007, 448 (455); LG Saarbrücken AG 2006, 89 (90) (für Hauptaktionär im Hinblick auf § 327b Abs. 1 AktG); Hüffer/Koch AktG § 131 Rn. 72; MüKoAktG/Kubis § 131 Rn. 72, 158; Spindler/Stilz AktG/Siems § 131 Rn. 77; Schmidt/Lutter/Spindler AktG § 131

bereich der §§ 311 ff. AktG aber auch auf die bloße Abhängigkeit erstreckt und bereits dadurch eine Sonderrechtsbeziehung zwischen dem herrschenden und dem abhängigen Unternehmen besteht, sprechen ferner die besseren Gründe dafür, die Ausnahme von § 131 Abs. 4 AktG nicht nur bei ausgeübter Leitungsmacht, sondern auch im Fall bloßer Abhängigkeit anzuerkennen (dazu auch → § 38 Rn. 57).[127] Das **Leitungsorgan des abhängigen Unternehmens ist grundsätzlich nicht verpflichtet,** vom Konzernvorstand erbetene Informationen zu erteilen, die über den Umfang von § 294 Abs. 3 HGB hinausgehen.[128] Beim Informationsaustausch sind stets die datenschutzrechtlichen Schranken einzuhalten, denn das Datenschutzrecht kennt kein Konzernprivileg.

42 **b) Leitungspflichten des Vorstands einer abhängigen Aktiengesellschaft.** Für den **Vorstand eines abhängigen Unternehmens** ist zu unterscheiden: Im Vertrags- oder Eingliederungskonzern gilt § 76 Abs. 1 AktG nicht, soweit der Vorstand des herrschenden Unternehmen von seinem Weisungsrecht nach §§ 308, 323 AktG Gebrauch macht.[129] Demgegenüber verbleibt es bei faktisch konzernierten oder bloß abhängigen Gesellschaften bei der eigenverantwortlichen Leitungsmacht ihres Vorstands gemäß § 76 Abs. 1 AktG. Weisungen des herrschenden Unternehmens braucht der Vorstand nicht zu befolgen, darf es aber im Rahmen seines pflichtgemäßen Ermessens.[130] Sein Entscheidungsmaßstab ist dabei ausschließlich das Interesse der abhängigen Gesellschaft.[131] Ist die Weisung nachteilig, darf er sie nur befolgen, wenn er mit einem Einzelausgleich rechnen kann.

43 **c) Vorstands-Doppelmandate.** Ist ein Vorstandsmitglied zugleich Mitglied des Vorstands einer anderen Gesellschaft, liegt ein Vorstands-Doppelmandat vor. Solche Doppelmandate lässt § 88 Abs. 1 S. 2 AktG ausdrücklich zu, sofern die Aufsichtsräte beider Gesellschaften der Doppeltätigkeit zustimmen.[132] Weitere Voraussetzungen bestehen nicht, insbesondere gibt es bei reinen Vorstands-Doppelmandaten keine Inkompatibilitätsvorschriften vergleichbar § 100 Abs. 2 AktG. Doppelmandate, die konzernfremde Gesellschaften betreffen, werfen regelmäßig keine besonderen rechtlichen Probleme auf, sofern die erforderlichen Zustimmungen vorliegen.[133] Schwieriger sind hingegen die in der Praxis weitaus häufigeren Fälle von Vorstands-Doppelmandaten im (faktischen) Konzern. Diese finden sich insbesondere in divisional gegliederten Unternehmensgruppen sowie in Holdingkonzernen, bei denen Vorstände der Tochtergesellschaften zugleich Vorstände der Muttergesellschaft sind. Sie kommen aber auch in Stammhauskonzernen vor, namentlich wenn diese über besonders bedeutende Tochtergesellschaften verfügen, außerdem als Integrationsmaßnahme nach Zukäufen und Übernahmen.[134] In der Praxis sind Vorstands-Doppelmandate ein beliebtes

---

Rn. 100; *Habersack/Verse* AG 2003, 300 (307); aA LG Frankfurt a. M. AG 2007, 48 (50) – Celanese, das verlangt, dass die konkrete Information der Ausübung der Leitungsmacht dienen soll.

[127] Ebenso Hüffer/*Koch* AktG § 131 Rn. 72; Emmerich/Habersack, Konzernrecht/*Habersack* § 312 Rn. 5 (unter Aufgabe von *Habersack/Verse* AG 2003, 300 (307)); GroßkommAktG/*Decher* § 131 Rn. 49. AA Voraufl. → Rn. 40 und die (noch) hM, BayObLGZ 2002, 227 (229); MüKoAktG/*Kubis* § 131 Rn. 165; Schmidt/Lutter/*Spindler* AktG § 131 Rn. 101; Spindler/Stilz AktG/*Siems* § 131 Rn. 78; *Habersack/Verse* AG 2003, 300 (307).

[128] Näher → § 70 Rn. 28.

[129] Emmerich/Habersack, Konzernrecht/*Emmerich* AktG § 308 Rn. 49; Hüffer/*Koch* § 76 Rn. 51; MüKoAktG/*Spindler* § 76 Rn. 42.

[130] OLG Celle AG 2008, 711 (712); Hüffer/*Koch* AktG § 76 Rn. 52; GroßkommAktG/*Kort* § 76 Rn. 189; Spindler/Stilz AktG/*Fleischer* § 76 Rn. 102; MüKoAktG/*Spindler* § 76 Rn. 44.

[131] KölnKommAktG/*Mertens/Cahn* § 76 Rn. 67; Spindler/Stilz AktG/*Fleischer* § 76 Rn. 102.

[132] BGHZ 180, 105 Rn. 14 – Gruner + Jahr; Hüffer/*Koch* AktG § 76 Rn. 54; Schmidt/Lutter/ *Seibt* AktG § 76 Rn. 30; Spindler/Stilz AktG/*Fleischer* § 76 Rn. 106; *Seyfarth*, Vorstandsrecht, § 7 Rn. 3.

[133] *Seyfarth*, Vorstandsrecht, § 7 Rn. 1.

[134] Hüffer/*Koch* AktG § 76 Rn. 53; GroßkommAktG/*Kort* § 76 Rn. 219 f.; Spindler/Stilz AktG/ *Fleischer* § 76 Rn. 105; *Seyfarth*, Vorstandsrecht, § 7 Rn. 1.

Mittel der Konzernführung. Allerdings führen sie dort früher oder später fast zwangsläufig zu Interessen- und Pflichtenkollisionen für den „Doppelbändermann", da dieser einer Interessenbindung gegenüber beiden Gesellschaften unterliegt.[135]

Trotz dieses Konfliktpotentials ist anerkannt, dass die grundsätzliche Zulässigkeit von Vorstands-Doppelmandaten auch im Aktienkonzern allein von den erforderlichen Zustimmungen nach § 88 Abs. 1 S. 2 AktG abhängt.[136] Die bestehenden Konflikte können nicht etwa dadurch aufgelöst werden, dass sich das Interesse des herrschenden Unternehmens auch auf Ebene des abhängigen Unternehmens durchsetzt (kein „Freibrief" zugunsten der Obergesellschaft).[137] Vielmehr hat der Doppelmandatsträger bei seinen Entscheidungen stets die Interessen des jeweiligen Pflichtenkreises wahrzunehmen,[138] und eine Pflichtverletzung gegenüber der Gesellschaft, für die der Vorstand handelt, kann nicht durch seine Pflichtenlage bei der anderen Gesellschaft gerechtfertigt werden.[139]

Ist eine Pflichtenkollision nicht zu vermeiden, ist der Umgang damit trotz der allgemeinen Anerkennung von Vorstands-Doppelmandaten in Konzernkonstellationen bislang nicht befriedigend gelöst.[140] In einigen Fällen wird man ein Stimmverbot analog § 136 Abs. 1 AktG anzunehmen haben, beispielsweise grundsätzlich dann, wenn es um die Beschlussfassung im Vorstand der Muttergesellschaft über die Entlastung des Doppelvorstands in der Hauptversammlung der Tochter geht.[141] Ansätze, dass der Doppelvorstand bei der Muttergesellschaft in größerem Umfang einem gesetzlichen Stimmverbot analog § 34 BGB unterworfen ist,[142] haben sich hingegen zu Recht nicht durchgesetzt. Gegen diese Lösung bestehen schon wegen der Gesamtverantwortung aller Vorstandsmitglieder (dazu → Rn. 33, → § 22 Rn. 25) Bedenken. Darüber hinaus könnte ein Stimmverbot allenfalls einen Teil der möglichen Interessenkollisionen erfassen, da sich die Einflussnahme der Doppelvorstände nicht auf die Stimmrechtsausübung beschränkt, sondern ihre Pflicht zur Geschäftsführung im Interesse der Gesellschaft insgesamt betroffen ist.[143] Aus dem gleichen Grund ist auch die in der Praxis häufiger verwendete Möglichkeit der (freiwilligen) Stimmenthaltung kein Allheilmittel.[144] In den – eher seltenen – Fällen andauernder und gravierender Interes-

---

[135] Beispiele bei *Seyfarth*, Vorstandsrecht, § 7 Rn. 6.
[136] BGHZ 180, 105 Rn. 14f. – Gruner + Jahr; Hüffer/*Koch* AktG § 76 Rn. 53 f.; Schmidt/Lutter/ *Seibt* AktG § 76 Rn. 30; Spindler/Stilz AktG/*Fleischer* § 76 Rn. 106; *Seyfarth*, Vorstandsrecht, § 7 Rn. 3.
[137] BGHZ 180, 105 Rn. 14 f. – Gruner + Jahr.
[138] BGHZ 180, 105 Rn. 16 – Gruner + Jahr unter ausdrücklicher Inbezugnahme der zum Aufsichtsrat unverbundener Gesellschaften ergangenen Entscheidung BGH NJW 1980, 1629 (1630) – Schaffgotsch; OLG Düsseldorf BeckRS 2018, 26389 Rn. 64 (zur GmbH); Spindler/Stilz AktG/ *Fleischer* § 76 Rn. 107; *Seyfarth*, Vorstandsrecht, § 7 Rn. 7; siehe auch BGHZ 36, 296 (306 f.) – HEW.
[139] GroßkommAktG/*Kort* § 76 Rn. 223; Spindler/Stilz AktG/*Fleischer* § 76 Rn. 107; *Seyfarth*, Vorstandsrecht, § 7 Rn. 7; *Hoffmann-Becking* ZHR 150 (1986), 570 (576).
[140] *Seyfarth*, Vorstandsrecht, § 7 Rn. 7; Hüffer/*Koch* AktG § 76 Rn. 54.
[141] GroßkommAktG/*Kort* § 76 Rn. 228; KölnKommAktG/*Mertens/Cahn* § 77 Rn. 41; MüKo-AktG/*Spindler* § 76 Rn. 56; Spindler/Stilz AktG/*Fleischer* § 76 Rn. 109; *Seyfarth*, Vorstandsrecht, § 7 Rn. 21; siehe auch LG Köln DB 1998, 614 (das ein Stimmverbot für den Fall eines maßgeblichen Einflusses auf die Willensbildung annimmt, aber offenlässt, ob ein Stimmverbot auch gilt, wenn ein solcher Einfluss nicht vorliegt); ferner OLG Karlsruhe AG 2001, 93 (94) (betroffenes Vorstandsmitglied enthält sich bei der Beschlussfassung im zweigliedrigen Vorstand der Muttergesellschaft).
[142] *Hoffmann-Becking* ZHR 150 (1986), 570 (579 ff.); *U. H. Schneider* ZHR 150 (1986), 609 (623 ff.) (zu § 47 Abs. 4 im GmbH-Konzern); Schmidt/Lutter/*Seibt* AktG § 76 Rn. 30 (der allerdings offenlässt, bei welcher Gesellschaft das Stimmverbot besteht); ablehnend GroßkommAktG/*Kort* § 76 Rn. 224 ff.; Hüffer/*Koch* AktG § 76 Rn. 54; KölnKommAktG/*Mertens/Cahn* § 77 Rn. 39; MüKo-AktG/*Spindler* § 76 Rn. 55; Spindler/Stilz AktG/*Fleischer* § 76 Rn. 108.
[143] GroßkommAktG/*Kort* § 76 Rn. 224 ff.; *S. Schneider* NZG 2009, 1413 ff.
[144] Zur grundsätzlichen Zulässigkeit der Stimmenthaltung in diesen Fällen GroßkommAktG/*Kort* § 76 Rn. 229; KölnKommAktG/*Mertens/Cahn* § 77 Rn. 41 (die in Ausnahmefällen sogar von einer Pflicht zur Stimmenthaltung ausgehen); Spindler/Stilz AktG/*Fleischer* § 76 Rn. 110. Kritisch zur Stimmenthaltung *Seyfarth*, Vorstandsrecht, § 7 Rn. 12.

senkonflikte wird es sich nicht vermeiden lassen, dass das Vorstandsmitglied eines der beiden Ämter beendet oder vom Aufsichtsrat abberufen wird.[145] Zu anstellungsvertraglichen Aspekten von Doppelvorständen → § 21 Rn. 4 f.

III. Vorstand als notwendiges Organ

46 **1. Erforderlichkeit eines Vorstands.** Die Gesellschaft muss – auch wenn dies im AktG nicht wie in § 6 Abs. 1 GmbHG ausdrücklich geregelt ist – einen Vorstand haben. Das Fehlen eines Vorstands bildet nach § 38 Abs. 1 AktG ein **Eintragungshindernis** bei Gründung der Gesellschaft, da die Anmeldung der Gesellschaft zum Handelsregister unter anderem von sämtlichen Vorstandsmitgliedern zu bewirken ist (§ 36 Abs. 1 AktG). Ist die Gesellschaft gleichwohl eingetragen worden, so entsteht die Aktiengesellschaft trotz dieses Mangels.[146] Die Möglichkeit einer Klage auf Nichtigerklärung nach § 275 Abs. 1 AktG oder der Amtslöschung (§ 397 FamFG) oder Auflösung (§ 399 FamFG) besteht nicht. Fallen Vorstandsmitglieder zwischen Anmeldung und Eintragung weg, so bleibt die Anmeldung analog § 130 Abs. 2 BGB wirksam.[147]

47 Die im Rahmen der Gründung bestellten Vorstandsmitglieder sind bereits zur Leitung und Geschäftsführung der **Vorgesellschaft** (dazu → § 3 Rn. 37 ff.) berechtigt und verpflichtet (näher, auch zur Vertretungsbefugnis, → § 3 Rn. 43 ff.). Ein Handeln der Vorstandsmitglieder im Namen der Vorgesellschaft hat die Handelndenhaftung nach § 41 Abs. 1 S. 2 AktG zur Folge. Die praktische Bedeutung dieser Haftung ist gering, denn sie erlischt mit Eintragung der Aktiengesellschaft in das Handelsregister.[148]

48 Fallen die Vorstandsmitglieder nach Eintragung der Gesellschaft weg, so wirkt sich das auf den Bestand der Gesellschaft nicht aus. Allenfalls führt dies zur Handlungsunfähigkeit der Gesellschaft.[149] Doch ist der Aufsichtsrat verpflichtet, unverzüglich neue Vorstandsmitglieder zu bestellen. Jeder, der ein schutzwürdiges Interesse an der sofortigen Bestellung eines fehlenden Vorstandsmitglieds hat, kann nach § 85 Abs. 1 AktG auch die gerichtliche Bestellung beantragen (dazu → § 20 Rn. 30 ff.).

49 **2. Bezeichnung.** Die Bezeichnung „Vorstand" für das Leitungsorgan der Aktiengesellschaft ist für die Satzung, die Angabe auf den Geschäftsbriefen nach § 80 Abs. 1 S. 1 AktG und für die Eintragung in das Handelsregister zwingend. Werden in diesem Zusammenhang Bezeichnungen wie Board of Directors oder Direktorium verwendet, muss durch einen ausdrücklichen Zusatz klargestellt werden, dass es sich um einen Vorstand handelt.[150] Im allgemeinen geschäftlichen Verkehr können solche Bezeichnungen verwendet werden, wenn durch sie keine Irreführung des Rechtsverkehrs eintritt.[151] Bei einer Bezeichnung des Vorstands als Board of Directors oder Geschäftsleitung (und des einzelnen Mitglieds als Director, Managing Director oder Mitglied der Geschäftsleitung) ist eine solche Irreführung nicht zu befürchten; das gleiche gilt bei der heute allerdings nicht mehr besonders verbreiteten Bezeichnung als Direktorium (bzw. Direktor). Hingegen ist die Bezeichnung als Verwaltungsrat aufgrund der entsprechenden Bezeichnung des (nicht vertretungsbefugten) Organs in der monistischen SE irreführend

---

[145] MüKoAktG/*Spindler* § 76 Rn. 57; Spindler/Stilz AktG/*Fleischer* § 76 Rn. 110; *Seyfarth*, Vorstandsrecht, § 7 Rn. 14; *Hoffmann-Becking* ZHR 150 (1986), 570 (577); *Diekmann/Fleischmann* AG 2013, 141 (149).
[146] GroßkommAktG/*Röhricht/Schall* § 37 Rn. 62.
[147] KölnKommAktG/*Mertens/Cahn* § 76 Rn. 58.
[148] BGHZ 80, 182 (183 f.); 76, 320 (323); 70, 132 (139 ff.); Hüffer/*Koch* AktG § 41 Rn. 25.
[149] KölnKommAktG/*Mertens/Cahn* § 76 Rn. 59; GroßkommAktG/*Kort* § 76 Rn. 18; Hüffer/*Koch* AktG § 76 Rn. 6.
[150] GroßkommAktG/*Kort* § 76 Rn. 13; Schmidt/Lutter/*Seibt* AktG § 76 Rn. 4; strenger Hüffer/*Koch* AktG § 76 Rn. 6; wohl auch MüKoAktG/*Spindler* § 76 Rn. 8.
[151] GroßkommAktG/*Kort* § 76 Rn. 13; Schmidt/Lutter/*Seibt* AktG § 76 Rn. 4; strenger Hüffer/*Koch* AktG § 76 Rn. 6.

und daher unzulässig. Unternehmensintern gelten großzügigere Maßstäbe als im allgemeinen geschäftlichen Verkehr, denn eine Irreführung ist hier regelmäßig nicht zu befürchten.[152] Besteht die **(Gesamt-)Geschäftsleitung** eines Unternehmens aus Vorstandsmitgliedern und einigen leitenden Angestellten, so können die Mitglieder der Geschäftsleitung auf den Geschäftsbriefen als solche bezeichnet werden. Die Vorstandsmitglieder müssen dann aber, zB durch einen Zusatz, als solche besonders hervorgehoben werden.[153]

3. Zahl der Vorstandsmitglieder. Nach § 23 Abs. 3 Nr. 6 AktG muss die **Satzung** die Zahl der Mitglieder des Vorstands oder die Regeln, nach denen diese Zahl festgelegt wird, bestimmen. Nach dem AktG besteht kein gesetzlicher Zwang für eine bestimmte personelle Größe des Vorstands. § 76 Abs. 2 S. 1 AktG regelt lediglich, dass der Vorstand aus einer oder mehreren Personen bestehen kann. In der Satzung kann entweder eine feste Zahl oder eine Mindest- oder Höchstzahl genannt werden.[154] Die Bestimmung einer festen Zahl von Vorstandsmitgliedern in der Satzung empfiehlt sich regelmäßig nicht, weil jede Änderung der Zahl der Vorstandsmitglieder eine Satzungsänderung erforderlich macht. Ist lediglich eine Höchst- oder Mindestzahl in der Satzung bestimmt, so ist in der Satzung zusätzlich die „Regel" (§ 23 Abs. 3 Nr. 6 AktG) anzugeben, nach der die konkrete Zahl festgelegt wird. Dazu genügt die Bestimmung, dass die Zahl vom Aufsichtsrat festgelegt wird.[155] Der Aufsichtsrat entscheidet – auch bei mitbestimmten Gesellschaften – mit einfacher Mehrheit.[156] Bei seiner Entscheidung hat er im Rahmen pflichtgemäßen Ermessens unter Abwägung von Größe, Struktur und Branche als Ziel eine vernünftige Effizienz in der Arbeit des Vorstands anzustreben.[157] Die Satzung kann auch vorsehen, dass die Hauptversammlung die Zahl der Vorstandsmitglieder bestimmt.

Bei Gesellschaften mit einem Grundkapital von mehr als 3.000.000 Euro hat der Vorstand gemäß § 76 Abs. 2 S. 2 AktG aus mindestens **zwei Mitgliedern** zu bestehen, sofern nicht die Satzung etwas anderes bestimmt. Für eine abweichende Satzungsklausel ist die Formulierung ausreichend, dass der Vorstand aus einer oder mehreren Personen bestehen kann und die Zahl der Vorstandsmitglieder vom Aufsichtsrat oder der Hauptversammlung (dazu → Rn. 50) bestimmt wird.[158] Zwingend sind – wie durch die Verweisung in § 76 Abs. 2 S. 3 AktG unterstrichen wird – die Vorschriften des § 33 Abs. 1 S. 1 MitbestG, des § 13 MontanMitbestG, und des § 13 MontanMitbestErgG über den Arbeitsdirektor. Aus ihnen folgt, dass der Vorstand paritätisch mitbestimmter Gesellschaften mindestens aus zwei Mitgliedern, darunter einem **Arbeitsdirektor,** zu bestehen hat (dazu → § 24 Rn. 8).[159] Entgegenstehende Satzungsbestimmungen sind nach § 241 Nr. 3 AktG nichtig oder nach Maßgabe von § 37 Abs. 1 S. 1 MitbestG außer Kraft gesetzt.

Hat eine Gesellschaft weniger Vorstandsmitglieder als nach Gesetz oder Satzung vorgesehen **(Unterbesetzung),** so ist der Aufsichtsrat verpflichtet, fehlende Mitglieder unverzüglich zu bestellen. Bei einer Unterbesetzung bleibt der Vorstand nach außen **handlungsfähig,** wenn Handeln von Vorstandsmitgliedern in vertretungsberechtigter Zahl genügt

---

[152] Großzügiger insoweit auch Hüffer/*Koch* AktG § 76 Rn. 6.
[153] GroßkommAktG/*Kort* § 76 Rn. 13; HdB Vorstandsrecht/*Kort* § 2 Rn. 3.
[154] GroßkommAktG/*Kort* § 76 Rn. 237; MüKoAktG/*Spindler* § 76 Rn. 116.
[155] BGH WM 2002, 287 (288); LG Köln DB 1998, 1855; Hüffer/*Koch* AktG § 23 Rn. 31.
[156] GroßkommAktG/*Kort* § 76 Rn. 238; Spindler/Stilz AktG/*Fleischer* § 76 Rn. 111.
[157] GroßkommAktG/*Kort* § 76 Rn. 239; MüKoAktG/*Spindler* § 76 Rn. 116; Schmidt/Lutter/*Seibt* AktG § 76 Rn. 31.
[158] Für den Aufsichtsrat BGH WM 2002, 287 (288); Hüffer/*Koch* AktG § 76 Rn. 55; GroßkommAktG/*Kort* § 76 Rn. 244 f.; Bedenken bei GroßkommAktG/*Röhricht/Schall* § 23 Rn. 23 Rn. 166; *Schäfer* ZGR 2003, 147 (160 f.).
[159] Habersack/Henssler MitbestR/*Habersack* § 30 Rn. 6; KölnKommAktG/*Mertens/Cahn* § 76 Rn. 108; aA *Henssler* FS Säcker, 2011, 365 (367 ff.).

und diese Zahl vorhanden ist.[160] Für Maßnahmen, die kraft Gesetzes dem Gesamtvorstand obliegen, wie etwa die Einberufung der Hauptversammlung nach § 121 Abs. 2 AktG, die Beschlussfassung über Vorschläge nach § 124 Abs. 3 S. 1 AktG[161] oder die Aufstellung des Jahresabschlusses (§ 264 Abs. 1 HGB),[162] ist die Soll-Besetzung demgegenüber Voraussetzung für die Handlungsfähigkeit.[163] Eine Ausnahme davon wird man allerdings bei im öffentlichen Interesse liegenden Anträgen (namentlich § 92 AktG) anzuerkennen haben. Der Aufsichtsrat ist stets verpflichtet, die nach Gesetz und Satzung erforderliche Zahl von Vorstandsmitgliedern zu bestellen. In dringenden Fällen kann auf Antrag eines Beteiligten, dh eines jeden, der an der sofortigen Bestellung eines fehlenden Vorstandsmitglieds ein schutzwürdiges Interesse hat, vom zuständigen Amtsgericht ein fehlendes Mitglied gemäß § 85 AktG bestellt werden (näher → § 20 Rn. 30 ff.).

53 Bestellt der Aufsichtsrat mehr Vorstandsmitglieder, als die Satzung zulässt (**Überbesetzung**), so ist der Beschluss über die Bestellung der überzähligen Vorstandsmitglieder aus Gründen des Verkehrsschutzes dennoch wirksam.[164] Das Überschreiten der statutarisch festgelegten Höchstzahl begründet aber regelmäßig das Recht und gegebenenfalls die Pflicht des Aufsichtsrats, das oder die überzähligen Vorstandsmitglieder aus wichtigem Grund abzuberufen. Rechtshandlungen des überbesetzten Vorstands sind hingegen wirksam.[165]

IV. Vorstand als Arbeitgeber und Unternehmer

54 Arbeitgeber im individual- und kollektivarbeitsrechtlichen Sinn ist die Aktiengesellschaft als juristische Person; sie ist ebenfalls Unternehmer im Sinne der §§ 106–113 BetrVG. Die Vorstandsmitglieder sind nach § 78 AktG zur gesetzlichen Vertretung der Aktiengesellschaft berufen und üben daher die Funktion des Arbeitgebers und des Unternehmers aus.[166] Sie haben die Stellung des konkreten Prinzipals.[167] Der Vorstand kann sich durch andere Personen vertreten lassen, etwa durch einen leitenden Angestellten als Leiter HR. Gewisse Einschränkungen der Delegationsbefugnis gelten für die Teilnahme an der Betriebsversammlung und an Sitzungen des Wirtschaftsausschusses. Nach den Bestimmungen der §§ 43 Abs. 2, 108 Abs. 2 BetrVG hat „der Arbeitgeber oder sein Vertreter" teilzunehmen bzw. Bericht zu erstatten. Als Vertreter des Arbeitgebers kommen solche Personen in Frage, die den Arbeitgeber (Unternehmer) entweder generell oder mindestens in dem in Betracht kommenden Bereich allgemein und verbindlich vertreten, also bei der Aktiengesellschaft

---

[160] LG Berlin AG 1991, 244 (245); KölnKommAktG/*Mertens*/*Cahn* § 110 Rn. 95. Auch → § 23 Rn. 15: Wenn die Satzung mindestens zwei Mitglieder vorschreibt, müssen zwei im Amt sein, um Vertretung zu ermöglichen.

[161] BGHZ 149, 158 (160 ff.) – Sachsenmilch III; KG AG 2011, 299 (301); OLG Dresden AG 2000, 43 (44) – Sachsenmilch II.

[162] KG AG 2011, 299 (301); Schmidt/Lutter/*Schwab* AktG § 256 Rn. 30; Spindler/Stilz AktG/ *Rölicke* § 256 Rn. 48; aA GroßkommAktG/*Bezzenberger* § 256 Rn. 176 f. Die unwirksame Aufstellung hat dann die Nichtigkeit der Feststellung (§§ 170 Abs. 1, § 172 AktG) zur Folge.

[163] BGHZ 149, 158 (160 ff.) – Sachsenmilch III; KG AG 2011, 299 (301); OLG Dresden AG 2000, 43 (44) – Sachsenmilch II; aA GroßkommAktG/*Kort* § 76 Rn. 242; *Götz* ZIP 2002, 1745 (1750); differenzierend Hüffer/*Koch* AktG § 76 Rn. 56; Spindler/Stilz AktG/*Fleischer* § 76 Rn. 117.

[164] GroßkommAktG/*Kort* § 76 Rn. 240; Hüffer/*Koch* AktG § 76 Rn. 56; KölnKommAktG/*Mertens*/*Cahn* § 76 Rn. 109; Schmidt/Lutter/*Seibt* AktG § 76 Rn. 33.

[165] GroßkommAktG/*Kort* § 76 Rn. 240; Spindler/Stilz AktG/*Fleischer* § 76 Rn. 114.

[166] BGH WM 2003, 551 (553); NJW-RR 2002, 173 f.; BGHZ 36, 142; BGH DB 1996, 2483; OLG Hamm GmbHR 2010, 477 (481) (für GmbH-Geschäftsführer); Hüffer/*Koch* AktG § 84 Rn. 14; KölnKommAktG/*Mertens*/*Cahn* § 84 Rn. 36.

[167] BGH WM 2003, 551 (553); OLG Frankfurt a. M. DB 1973, 139; so auch BGHZ 91, 1 ff. (zum Geschäftsführer einer GmbH).

§ 19 Vorstand als Leitungsorgan der Gesellschaft 55–58 § 19

die Vorstandsmitglieder oder solche Prokuristen, die in der Betriebshierarchie die Funktion des Arbeitgebers (Unternehmers) ausüben.[168]

Da die Vorstandsmitglieder für die Aktiengesellschaft die **Arbeitgeberfunktion** ausüben, 55 können sie bei den Arbeits- und Sozialgerichten zu ehrenamtlichen Richtern aus Kreisen der Arbeitgeber berufen werden (§ 22 Abs. 2 Nr. 1 ArbGG; §§ 16 Abs. 4 Nr. 2, 47 Abs. 2 SGG). Zur Anwendung arbeitsrechtlicher Vorschriften und von Grundsätzen zum Schutze von Arbeitnehmern auf Vorstandsmitglieder → § 21 Rn. 7 ff.

V. Zielgrößen für den Frauenanteil in Führungsebenen (§ 76 Abs. 4 AktG)

1. Allgemeines. Nach § 76 Abs. 4 AktG legt der Vorstand börsennotierter oder der Mit- 56 bestimmung unterliegender Gesellschaften Zielgrößen für den Frauenanteil in den beiden Führungsebenen unterhalb des Vorstands fest. Die Regelung wurde – wie die parallele Vorschrift in § 111 Abs. 5 AktG zu Zielgrößen für den Frauenanteil im Aufsichtsrat und im Vorstand (dazu → § 30 Rn. 42 f.) sowie die verbindliche Geschlechterquote im Aufsichtsrat in § 96 Abs. 2 AktG (dazu → § 30 Rn. 31 ff.) – im Zuge des Gesetzes für die gleichberechtigte Teilhabe von Frauen und Männern an Führungspositionen in der Privatwirtschaft und im öffentlichen Dienst in das AktG eingeführt.[169] Der DCGK greift die Bestimmung des § 76 Abs. 4 AktG in Grundsatz 3 auf und empfiehlt darüber hinaus, dass der Vorstand bei der Besetzung von Führungsfunktionen im Unternehmen auf Diversität achten soll (Empfehlung A.1).

Ausweislich der Regierungsbegründung beabsichtigt § 76 Abs. 4 AktG, die Unterre- 57 präsentation von Frauen in Spitzenpositionen mittelfristig zu beseitigen. Die Anzahl hochqualifizierter Frauen mit Erfahrung im operativen Geschäft soll vergrößert werden, bis letztlich eine paritätische Besetzung besteht.[170] Vor diesem Hintergrund ist die Regelung **nicht geschlechtsneutral** formuliert: Sie verlangt – anders als § 96 Abs. 2 AktG – eine Zielgröße ausdrücklich nur für den Frauenanteil. Verfassungsrechtlichen Bedenken begegnet dies insbesondere im Hinblick auf Art. 3 Abs. 2 GG.[171] Die Formulierung führt dazu, dass selbst bei einer Überzahl an Frauen in den Führungsebenen eine Zielgröße für den Frauenanteil festzusetzen ist.[172]

2. Anwendungsbereich. § 76 Abs. 4 AktG gilt für **börsennotierte** (§ 3 Abs. 2 AktG) 58 **oder der Mitbestimmung unterliegende** Gesellschaften. Anders als bei § 96 Abs. 2 AktG müssen beide Kriterien nicht kumulativ vorliegen.[173] Als mitbestimmt gelten nicht nur Aktiengesellschaften, die dem MitbestG, MontanMitbestG und dem MontanMitbestErgG unterliegen. Vielmehr sind auch drittelparitätisch mitbestimmte Gesellschaften erfasst (Umkehrschluss aus § 96 Abs. 2 S. 1 AktG).[174] Zur Vermeidung von Rechtsunsicherheit ist dabei nur entscheidend, ob der Aufsichtsrat tatsächlich einer unter-

---

[168] *Richardi* BetrVG § 43 Rn. 18 und § 108 Rn. 14; zur Bestrafung von Vorstandsmitgliedern bei Verletzung der dem Unternehmer nach § 108 BetrVG obliegenden Mitteilungspflichten OLG Hamburg NZA 1985, 568.

[169] BGBl. 2015 I S. 642; in Kraft getreten am 1.5.2015.

[170] BegrRegE BT-Drs. 18/3784, 119; zu den rechtspolitischen Zielen und zum Gesetzgebungsverfahren näher *Seibert* NZG 2016, 16 ff.

[171] Von der Verfassungswidrigkeit der nicht geschlechtsneutralen Formulierung ausgehend *Habersack/Kersten* BB 2014, 2819 (2828) unter Verweis auf BAGE 114, 119 (133); kritisch auch GroßkommAktG/*Kort* § 76 Rn. 442; Spindler/Stilz AktG/*Fleischer* § 76 Rn. 141; *Fromholzer/Simons* AG 2015, 457 (461); DAV NZG 2014, 1214 (1223).

[172] *Seyfarth*, Vorstandsrecht, § 3 Rn. 24 (zu § 111 Abs. 5 AktG); *Fromholzer/Simons* AG 2015, 457 (461); *Herb* DB 2015, 964 (968); *Wasmann/Rothenburg* DB 2015, 291 (293).

[173] GroßkommAktG/*Kort* § 76 Rn. 320; Hüffer/*Koch* AktG § 76 Rn. 67; Spindler/Stilz AktG/*Fleischer* § 76 Rn. 142; *Teichmann/Rüb* BB 2015, 898 (901).

[174] Hölters AktG/*Weber* § 76 Rn. 83; Hüffer/*Koch* AktG § 76 Rn. 67; Spindler/Stilz AktG/*Fleischer* § 76 Rn. 142; *Seyfarth*, Vorstandsrecht, § 3 Rn. 24 (zu § 111 Abs. 5 AktG).

nehmerischen Mitbestimmung unterliegt; auf den Soll-Zustand kommt es nicht an.[175] Unterwirft eine Gesellschaft sich aufgrund privatautonomer Vereinbarung freiwillig der Mitbestimmung, löst dies keine Verpflichtung zur Zielgrößenfestlegung aus.[176] Gleiches gilt bei lediglich betrieblicher Mitbestimmung.[177]

59 **3. Betroffene Führungsebenen.** Die nach § 76 Abs. 4 S. 1 AktG betroffenen Führungsebenen bestimmen sich nicht nach betriebswirtschaftlichen Lehren, sondern nach den **tatsächlich im Unternehmen eingerichteten Hierarchieebenen**.[178] Nach der Begründung des Regierungsentwurfs sind darunter organisatorische Einheiten zu verstehen, die zueinander gleichberechtigt, aber einer gemeinsamen Führung untergeordnet sind. Gemeint sind jeweils nur die beiden unmittelbar dem Vorstand nachgeordneten Ebenen. Bei flacher Hierarchie mit lediglich einer Führungsebene bezieht sich die Pflicht zur Zielgrößenfestlegung nur auf diese;[179] gibt es unterhalb des Vorstands nur Mitarbeiter ohne Führungsfunktion (zB in einer Holding), ist keine Zielgröße festzulegen.[180] Die Ermittlung erfolgt gesellschafts-, nicht konzernbezogen.[181] Es sind grundsätzlich nur die Mitarbeiter einzubeziehen, die bei der börsennotierten oder mitbestimmten Gesellschaft selbst, einschließlich im Ausland,[182] angestellt sind. Dem Vorstand kommt bei der Ermittlung und Festlegung der Führungsebenen ein weiter Beurteilungsspielraum zu.[183]

60 **4. Festlegung der Zielgrößen und Verschlechterungsverbot.** Bei der Festlegung der Zielgrößen handelt es sich um eine nicht delegierbare **Leitungsentscheidung** des Gesamtvorstands, die durch Beschluss erfolgt und auf die § 93 Abs. 1 S. 2 AktG Anwendung findet.[184] Die Zielgrößenfestlegung setzt implizit die exakte Bestimmung des vorhandenen Frauenanteils voraus.[185] Überwiegend wird davon ausgegangen, dass es sich bei der Festlegung um eine Maßnahme der **Personalplanung** iSd § 92 Abs. 3 BetrVG handelt, so dass der Vorstand zur vorherigen Information des Betriebsrates verpflichtet ist.[186] Da regelmäßig leitende Angestellte betroffen sind, ist – gegebenenfalls zusätzlich zum Betriebsrat –

---

[175] GroßkommAktG/*Kort* § 76 Rn. 323; Hüffer/*Koch* AktG § 76 Rn. 67; Schmidt/Lutter/*Seibt* AktG § 76 Rn. 45; MüKoAktG/*Spindler* § 76 Rn. 147; Spindler/Stilz AktG/*Fleischer* § 76 Rn. 142; Fromholzer/*Simons* AG 2015, 457 (458); aA *Schüppen/Walz* WPg 2015, 1155 (1157); Lutter/Hommelhoff GmbHG/*Hommelhoff* § 36 Rn. 2 (zur GmbH).
[176] GroßkommAktG/*Kort* § 76 Rn. 326; Hölters AktG/*Weber* § 76 Rn. 83; Schmidt/Lutter/*Seibt* AktG § 76 Rn. 45; Fromholzer/*Simons* AG 2015, 457 (458).
[177] GroßkommAktG/*Kort* § 76 Rn. 327; Hüffer/*Koch* AktG § 76 Rn. 67; Schmidt/Lutter/*Seibt* AktG § 76 Rn. 45; Spindler/Stilz AktG/*Fleischer* § 76 Rn. 142; DAV NZG 2014, 1214 (1223).
[178] BegrRegE BT-Drs. 18/3784, 119; GroßkommAktG/*Kort* § 76 Rn. 336; Hüffer/*Koch* AktG § 76 Rn. 68; kritisch Schmidt/Lutter/*Seibt* AktG § 76 Rn. 46.
[179] BegrRegE BT-Drs. 18/3784, 119; GroßkommAktG/*Kort* § 76 Rn. 346; Spindler/Stilz AktG/*Fleischer* § 76 Rn. 144.
[180] Hüffer/*Koch* AktG § 76 Rn. 67; *Wasmann/Rothenburg* DB 2015, 291 (294).
[181] Hölters AktG/*Weber* § 76 Rn. 85; Schmidt/Lutter/*Seibt* AktG § 76 Rn. 46; Spindler/Stilz AktG/*Fleischer* § 76 Rn. 145.
[182] Ebenso Hölters AktG/*Weber* § 76 Rn. 85; Hüffer/*Koch* AktG § 76 Rn. 68; aA (Nichtberücksichtigung von Führungskräften im Ausland) *Thüsing/Fütterer* NZG 2015, 778 (780 ff.); *Hohenstatt/Willemsen/Naber* ZIP 2014, 2220 (2225); für Wahlrecht *Herb* DB 2015, 964 (969).
[183] GroßkommAktG/*Kort* § 76 Rn. 338; Hüffer/*Koch* AktG § 76 Rn. 68; Schmidt/Lutter/*Seibt* AktG § 76 Rn. 46; Fromholzer/*Simons* AG 2015, 457 (462 f.).
[184] GroßkommAktG/*Kort* § 76 Rn. 354; Schmidt/Lutter/*Seibt* AktG § 76 Rn. 47; Spindler/Stilz AktG/*Fleischer* § 76 Rn. 146; Fromholzer/*Simons* AG 2015, 457 (458).
[185] BegrRegE BT-Drs. 18/3784, 119; Hölters AktG/*Weber* § 76 Rn. 87; MüKoAktG/*Spindler* § 76 Rn. 150; Spindler/Stilz AktG/*Fleischer* § 76 Rn. 146.
[186] GroßkommAktG/*Kort* § 76 Rn. 391; Hüffer/*Koch* AktG § 76 Rn. 70; Schmidt/Lutter/*Seibt* AktG § 76 Rn. 47; ablehnend *Röder/Arnold* NZA 2015, 1281 (1287); Hölters AktG/*Weber* § 76 Rn. 84, der aber eine Unterrichtung des Betriebsrats empfiehlt.

der Sprecherausschuss (oder Gesamtsprecherausschuss, Unternehmenssprecherausschuss) mit der Angelegenheit zu befassen, sofern es ihn gibt.[187]

Zielgrößen werden typischerweise in Prozentsätzen angegeben, was allerdings nicht **61** zwingend ist, solange die Anzahl numerisch klar bestimmbar ist.[188] Die Angabe in Vollzeitkräften oder Kopfzahlen ist daher ebenfalls möglich.[189] Rein abstrakte oder unbestimmte Angaben („angemessen", „durchschnittlich") genügen den Anforderungen nicht.[190] Der Vorstand kann für beide nachgeordneten Führungsebenen eine einheitliche Zielgröße, aber auch unterschiedliche Zielgrößen festlegen.[191]

Auch wenn das Gesetz bewusst auf Mindestzielgrößen verzichtet, sieht § 76 Abs. 4 **62** S. 2 AktG ein **Verschlechterungsverbot** vor: Liegt der vorhandene Frauenanteil unter 30 Prozent, so darf dieser Wert bei der Festlegung der Zielgrößen nicht unterschritten werden. Ein Verbesserungsgebot geht damit nicht einher, so dass bei einem Frauenanteil von 0 Prozent grundsätzlich auch eine **Zielgröße von Null** festgesetzt werden darf.[192] In solchen Fällen ist allerdings besonders sorgfältig zu prüfen, ob die Grenzen des unternehmerischen Ermessens des Vorstands mit der Zielgrößenfestlegung gewahrt sind; regelmäßig wird das nicht der Fall sein. Im Rahmen von § 76 Abs. 4 AktG kommen Zielgrößen von Null in der Praxis – anders als bei der Parallelvorschrift für den Vorstand in § 111 Abs. 5 AktG – seltener vor.[193] Das Verschlechterungsverbot gilt ausweislich der Gesetzesmaterialien nicht, wenn bereits ein Frauenanteil von 30 Prozent oder mehr erreicht worden ist. Eine Unterschreitung bei der Zielgrößenangabe ist dann so lange möglich, bis der tatsächliche Frauenanteil wieder unter 30 Prozent gesunken ist.[194] Der Vorstand darf die Zielgrößen vor Ablauf der festgelegten Fristen ändern, wenn er dabei wiederum dem Verschlechterungsverbot Rechnung trägt (in Bezug auf den vorhandenen Frauenanteil, nicht in Bezug auf die vorherige Zielbestimmung).[195]

5. Fristsetzung und Veröffentlichung. § 76 Abs. 4 S. 3 AktG verpflichtet die Gesell- **63** schaften zur Festlegung von Fristen zur Erreichung der Zielgrößen. Nach Satz 4 dürfen diese jeweils nicht länger als fünf Jahre sein. Dabei steht es dem Vorstand offen, Zwischengrößen festzulegen,[196] wobei üblicherweise Endgrößen bestimmt werden.

Nach § 289f Abs. 2 Nr. 4 HGB sind für börsennotierte Aktiengesellschaften iSd § 289f **64** Abs. 1 S. 1 HGB die Zielgrößenfestlegungen iSd § 76 Abs. 4 AktG jährlich in der Erklä-

---

[187] ErfK/*Oetker* SprAuG § 25 Rn. 2; GroßkommAktG/*Kort* § 76 Rn. 394; MüKoAktG/*Spindler* § 76 Rn. 154; Schmidt/Lutter/*Seibt* AktG § 76 Rn. 47; *Löwisch* BB 2015, 1909 (1911).
[188] BegrRegE BT-Drs. 18/3784, 90, 119; Hüffer/*Koch* AktG § 76 Rn. 69; MüKoAktG/*Spindler* § 76 Rn. 151; Spindler/Stilz AktG/*Fleischer* § 76 Rn. 146; *Junker/Schmidt-Pfitzner* NZG 2015, 929 (936).
[189] GroßkommAktG/*Kort* § 76 Rn. 349; Hüffer/*Koch* AktG § 76 Rn. 69; Schmidt/Lutter/*Seibt* AktG § 76 Rn. 47.
[190] GroßkommAktG/*Kort* § 76 Rn. 352; Hüffer/*Koch* AktG § 76 Rn. 69; *Schulz/Ruf* BB 2015, 1155 (1161); *Jung* DStR 2014, 960 (964).
[191] GroßkommAktG/*Kort* § 76 Rn. 355; Hölters AktG/*Weber* § 76 Rn. 87; Schmidt/Lutter/*Seibt* AktG § 76 Rn. 47; aA *Herb* DB 2015, 964 (968); *Schulz/Ruf* BB 2015, 1155 (1161).
[192] Hüffer/*Koch* AktG § 76 Rn. 69; Spindler/Stilz AktG/*Fleischer* § 76 Rn. 146; *Fromholzer/Simons* AG 2015, 457 (461); wohl auch GroßkommAktG/*Kort* § 76 Rn. 361; differenzierend *Weller/Benz* AG 2015, 467 (471) (für Vorstand); aA *Teichmann/Rüb* BB 2015, 898 (902 f.); auch wohl MHLS/*Giedinghagen* § 36 Rn. 13 (zur GmbH).
[193] BT-Drs. 18/11500, 28; BT-Drs. 18/13333, 38; GroßkommAktG/*Kort* § 76 Rn. 364; Hüffer/*Koch* AktG § 76 Rn. 69; MüKoAktG/*Spindler* § 76 Rn. 153.
[194] BegrRegE BT-Drs. 18/3784, 119; Hüffer/*Koch* AktG § 76 Rn. 69; Hölters AktG/*Weber* § 76 Rn. 87; Schmidt/Lutter/*Seibt* AktG § 76 Rn. 47; Spindler/Stilz AktG/*Fleischer* § 76 Rn. 146; *Fromholzer/Simons* AG 2015, 457 (460); aA MHdB GesR III/*Lenz* § 47a Rn. 12 (zur GmbH); *Seyfarth*, Vorstandsrecht, § 3 Rn. 26 (zu § 111 Abs. 5 AktG).
[195] Hölters AktG/*Weber* § 76 Rn. 87; *Fromholzer/Simons* AG 2015, 457 (464); siehe auch GroßkommAktG/*Kort* § 76 Rn. 375.
[196] Hölters AktG/*Weber* § 76 Rn. 88; Schmidt/Lutter/*Seibt* AktG § 76 Rn. 48.

rung zur Unternehmensführung aufzuführen. Nach Ablauf der selbst gesetzten Frist ist auch eine Angabe dazu erforderlich, ob die festgelegten Zielgrößen während des Bezugszeitraums erreicht worden sind. Bei Nichterreichen bedarf es einer Begründung („comply or explain"). Nicht erforderlich ist hingegen eine gesonderte Begründung der gesetzten Ziele.[197] Verfügt eine Gesellschaft über nur eine oder keine Führungsebene unterhalb des Vorstands, so ist auch dies in der Erklärung anzugeben.[198] Die Veröffentlichungspflicht von nicht börsennotierten Aktiengesellschaften oder von Aktiengesellschaften, die keinen Lagebericht veröffentlichen, regelt § 289f Abs. 4 HGB.[199]

65 6. Rechtsfolgen. Die Verfehlung der Zielgrößen zieht keine gesetzlichen Sanktionen nach sich. Der Gesetzgeber hat bewusst darauf verzichtet, um einer von vornherein zurückhaltenden Zielgrößenfestlegung vorzubeugen.[200] Die bloße Zielverfehlung begründet keine Ersatzpflicht nach § 93 Abs. 2 AktG; allenfalls sind unterlassene oder fehlerhafte Festlegungen als Pflichtverletzung aufzufassen. Der Anreiz zur Befolgung liegt somit allein in der Vermeidung negativer Öffentlichkeitswirkung.[201] Die Berichts- und Veröffentlichungspflichten sollen Druck auf die Gesellschaften ausüben, den selbstgesteckten Zielen hinsichtlich der Frauenförderung nachzukommen.[202] Bei Nichtbefolgung der Berichtspflichten nach § 289f HGB greift das Straf- und Bußgeldregime der §§ 331 ff. HGB.[203]

§ 20 Bestellung und Abberufung der Vorstandsmitglieder

Übersicht

	Rn.		Rn.
I. Eignungsvoraussetzungen	1–12	V. Fehlerhafte und faktische Vorstandsverhältnisse	40–44
1. Gesetzliche Eignungsvoraussetzungen	1–5	1. Fehlerhafte Vorstandsverhältnisse	40–42
2. Statutarische Eignungsvoraussetzungen	6, 7	2. Faktische Vorstandsverhältnisse	43, 44
		VI. Widerruf der Bestellung	45–66
3. Rechtsfolgen bei Fehlen oder Wegfall von Eignungsvoraussetzungen	8, 9	1. Allgemeines	45–48
4. Vorstands-Doppelmandate	10	2. Wichtiger Grund	49–61
		a) Allgemeines	49–52
5. Zielgrößen für den Frauenanteil im Vorstand; Diversität	11, 12	b) Gesetzliche Beispiele	53–59
		c) Weitere Kasuistik	60, 61
II. Bestellung und Anstellungsverhältnis	13–18	3. Pflicht zum Widerruf	62
III. Bestellungskompetenz	19–35	4. Wirksamwerden des Widerrufs	63
1. Bestellung durch den Aufsichtsrat	19–29	5. Rechtsschutz des abberufenen Vorstandsmitglieds	64–66
a) Allgemeines	19, 20	VII. Sonstige Beendigungsgründe	67–72
b) Bestellungsbeschluss	21–25	1. Amtsniederlegung	67, 68
c) Wiederbestellung	26–29	2. Einvernehmliche Beendigung der Bestellung	69
2. Bestellung durch das Gericht	30–35		
IV. Dauer der Bestellung	36–39	3. Weitere Beendigungsgründe	70–72

---

[197] GroßkommAktG/*Kort* § 76 Rn. 400; *Seyfarth*, Vorstandsrecht, § 3 Rn. 29 (zu § 111 Abs. 5 AktG).
[198] GroßkommAktG/*Kort* § 76 Rn. 400; Hölters AktG/*Weber* § 76 Rn. 89; Hüffer/*Koch* AktG § 76 Rn. 71; MüKoAktG/*Spindler* § 76 Rn. 157.
[199] Näher GroßkommAktG/*Kort* § 76 Rn. 409 ff.; Hüffer/*Koch* AktG § 76 Rn. 71; MüKoAktG/*Spindler* § 76 Rn. 157.
[200] Bürgers/Körber AktG/*Bürgers* § 76 Rn. 45; GroßkommAktG/*Kort* § 76 Rn. 430; Hölters AktG/*Weber* § 76 Rn. 91; Hüffer/*Koch* AktG § 76 Rn. 72.
[201] GroßkommAktG/*Kort* § 76 Rn. 431; Hüffer/*Koch* AktG § 76 Rn. 72; Schmidt/Lutter/*Seibt* AktG § 76 Rn. 50; MüKoAktG/*Spindler* § 76 Rn. 158.
[202] GroßkommAktG/*Kort* § 76 Rn. 431; Spindler/Stilz AktG/*Fleischer* § 76 Rn. 150; *Seyfarth*, Vorstandsrecht, § 3 Rn. 29; *Stüber* DStR 2015, 947 (954).
[203] BegrRegE BT-Drs. 18/3784, 132; Hölters AktG/*Weber* § 76 Rn. 91; Spindler/Stilz AktG/*Fleischer* § 76 Rn. 150.

§ 20 Bestellung und Abberufung der Vorstandsmitglieder

Rn.		Rn.
VIII. Suspendierung 73–78	3. Einvernehmliche Freistellung	78
1. Einseitige Suspendierung 74–76	IX. Anmeldung der Vorstandsmitglieder	79–82
2. Einvernehmliche Suspendierung .. 77		

Schrifttum: *Aschenbeck,* Personenidentität bei Vorständen in Konzerngesellschaften, NZG 2000, 1015 ff.; *Bauer/Krieger,* Formale Fehler bei Abberufung und Kündigung vertretungsberechtigter Organmitglieder, ZIP 2004, 1247–1251; *Baums,* Der Geschäftsleitervertrag, 1987; *Bayer/Lieder,* Die Lehre vom fehlerhaften Bestellungsverhältnis, NZG 2012, 1–10; *Beiner/Braun,* Der Vorstandsvertrag, 2. Aufl. 2014; *Behme/Zickgraf,* Rechtspflichten des Aufsichtsrats bei der Auswahl geeigneter Mitglieder von Vorstand und Aufsichtsrat, AG 2015, 841–857; *Brandner,* Zur gerichtlichen Vertretung der Gesellschaft gegenüber ausgeschiedenen Vorstandsmitgliedern/Geschäftsführern, FS Quack, 1991, S. 201–209; *Dörnwächter,* Die Suspendierung von Vorstandsmitgliedern, NZG 2018, 54–59; *Fastrich,* Zur vorzeitigen Neubestellung von Vorstandsmitgliedern vor dem Hintergrund der 5-Jahres-Frist des § 84 Abs. 1 Satz 3 AktG, FS Buchner, 2009, S. 209–218; *Fleischer,* Vorzeitige Wiederbestellung von Vorstandsmitgliedern: Zulässige Gestaltungsmöglichkeit oder unzulässige Umgehung des § 84 Abs. 1 Satz 3 AktG, DB 2011, 861–865; *ders.,* Organpublizität im Aktien-, Bilanz- und Kapitalmarktrecht, NZG 2006, 561–569; *ders.,* Zur aktienrechtlichen Verantwortlichkeit faktischer Organe, AG 2004, 517–528; *ders../Schmolke,* Faktische Geschäftsführung in der Sanierungssituation, WM 2012, 1009–1016; *Hoffmann-Becking,* Zum einvernehmlichen Ausscheiden von Vorstandsmitgliedern, FS Stimpel, 1985, S. 589–602; *ders.,* Abfindungsleistungen an ausscheidende Vorstandsmitglieder, ZIP 2007, 2101–2110; *Hüffer,* Der korporationsrechtliche Charakter von Rechtsgeschäften, FS Heinsius, 1991, S. 337–356; *Janzen,* Vorzeitige Beendigung von Vorstandsamt und -vertrag, NZG 2003, 468–475; *Klöckner,* Die Aktiengesellschaft in der Insolvenz – Bestellung und Abberufung des Vorstands, AG 2010, 780–783; *Krieger,* Personalentscheidungen des Aufsichtsrats, 1981; *Langenbucher,* Frauenquote und Gesellschaftsrecht, JZ 2011, 1038–1046; *Meyer-Landrut,* Zur Suspendierung eines Vorstandsmitglieds einer Aktiengesellschaft, FS Robert Fischer, 1979, S. 477–486; *Mielke,* Die Abberufung von Vorstandsmitgliedern wegen Vertrauensentzuges durch die Hauptversammlung – beweis- und verfahrensrechtliche Fragen, BB 2014, 1035–1038; *Paschos/von der Linden,* Vorzeitige Wiederbestellung von Vorstandsmitgliedern, AG 2012, 736–740; *Rahlmeyer,* Die vorzeitige Verlängerung der (Erst-)Bestellung eines Vorstandsmitglieds, NZG 2018, 1408–1410; *K. Schmidt,* Bestellung und Abberufung des Vorstands in der Insolvenz einer Aktiengesellschaft, AG 2011, 1–5; *Schmolke,* Die Abberufung des Vorstandsmitglieds auf Verdacht, AG 2014, 377–387; *Schubert/Jacobsen,* Personelle Vielfalt als Element guter Unternehmensführung – die Empfehlung des Corporate Governance Kodex und die Rechtsfolgen ihrer unzureichenden Berücksichtigung, WM 2011, 726–734; *Seyfarth,* Vorstandsrecht, 2016; *Stein,* Das faktische Organ, 1984; *Strohn,* Faktische Organe – Rechte, Pflichten, Haftung, DB 2011, 158–167; *Tschöpe/Wortmann,* Der wichtige Grund bei Abberufungen und außerordentlichen Kündigungen von geschäftsführenden Organvertretern, NZG 2009, 161–168; *Wilske/Arnold/Grillisch,* Streitbeilegungsklauseln in Vorstands- und Geschäftsführerverträgen – Vorzüge und Gestaltungsmöglichkeiten, ZIP 2009, 2425–2430.

I. Eignungsvoraussetzungen

1. Gesetzliche Eignungsvoraussetzungen. Nach § 76 Abs. 3 S. 1 AktG kann Vorstandsmitglied nur eine **natürliche und unbeschränkt geschäftsfähige Person** sein. Nach dem Wortlaut der Vorschrift sind somit – anders als nach § 265 Abs. 2 S. 3 AktG für die Abwickler – juristische Personen und Personengesellschaften als Vorstandsmitglieder ausgeschlossen. Die natürliche Person darf nach § 76 Abs. 3 S. 2 Nr. 1 AktG nicht einem Einwilligungsvorbehalt (§ 1903 BGB) unterliegen. Die **Staatsangehörigkeit**, der **Wohnsitz** oder die **Eigenschaft, Aktionär der Gesellschaft** zu sein, ist keine zwingende Eignungsvoraussetzung. Auch **Ausländer** oder **Staatenlose** können zum Vorstandsmitglied einer inländischen Aktiengesellschaft bestellt werden. Seitdem durch die Neufassung von § 5 AktG durch das MoMiG[1] klargestellt ist, dass eine Aktiengesellschaft ihren Verwaltungssitz im Ausland haben kann, wird in der Rechtsprechung auch nicht mehr

---

[1] Gesetz zur Modernisierung des GmbH-Rechts und zur Bekämpfung von Missbräuchen vom 23.10.2008 (BGBl. 2008 I S. 2026).

gefordert, dass das Vorstandsmitglied die Möglichkeit haben muss, jederzeit legal in die Bundesrepublik Deutschland einzureisen.² Der Vorstand kann – anders als etwa in der Schweiz – auch ausschließlich aus Ausländern bestehen.

2   Vorstandsmitglied kann nach § 76 Abs. 3 S. 2 Nr. 2 AktG nicht sein, wer nicht aufgrund eines gerichtlichen Urteils oder einer vollziehbaren Entscheidung einer Verwaltungsbehörde einen Berufszweig, ein Gewerbe oder einen Gewerbezweig nicht ausüben darf, sofern der Unternehmensgegenstand der Gesellschaft ganz oder teilweise mit dem Gegenstand des Verbots übereinstimmt.³ Gleiches gilt für Personen, die wegen bestimmter Straftaten im In- oder Ausland verurteilt worden sind. Die inländischen Straftaten, die die Bestellung zum Vorstandsmitglied ausschließen, sind in § 76 Abs. 3 S. 2 Nr. 3 lit. a–e AktG abschließend aufgezählt. Der Ausschluss gilt für die Dauer von fünf Jahren seit der Rechtskraft des Urteils. Bei der Berechnung wird die Zeit nicht eingerechnet, die der Täter auf behördliche Anordnung in einer Anstalt verwahrt worden ist. Der in § 76 Abs. 3 S. 2 Nr. 3 lit. e AktG enthaltene Verweis auf die §§ 265b–266a StGB ist nicht dynamisch zu verstehen, so dass er sich nicht auf die 2017 durch das 51. Strafrechtsänderungsgesetz⁴ neu aufgenommenen Tatbestände des Sportwettbetrugs und der Manipulation von berufssportlichen Wettbewerben (§§ 265c–265e StGB) bezieht. Da die Frage in OLG-Rechtsprechung und Literatur jedoch umstritten ist,⁵ sollte die entsprechende Versicherung bis zu einer weiteren Klärung vorsorglich auch diese Tatbestände umfassen. Auch die Teilnahme als Anstifter oder Gehilfe an einer Katalogstraftat führt zur Inhabilität.

3   Ausgeschlossen vom Vorstandsamt sind nach § 105 Abs. 1 AktG weiterhin **Aufsichtsratsmitglieder.** Nur unter den besonderen Voraussetzungen des § 105 Abs. 2 AktG kann ein Aufsichtsratsmitglied für die Dauer von höchstens einem Jahr zum Stellvertreter eines fehlenden oder sonst verhinderten Vorstandsmitglieds bestellt werden (näher → § 24 Rn. 24 ff., → § 29 Rn. 14).

4   Kraft Verfassungsrechts sind der **Bundespräsident** und die Mitglieder der **Bundesregierung** als Vorstandsmitglieder von auf Erwerb gerichteten Unternehmen ausgeschlossen (Art. 55 Abs. 2, Art. 66 GG).⁶ Entsprechendes gilt nach Maßgabe der Länderverfassungen für die Mitglieder der meisten Landesregierungen.⁷ **Beamte** benötigen eine Genehmigung, um sich zum Vorstandsmitglied bestellen zu lassen (§§ 99, 100 BBG und die entsprechenden Bestimmungen der Landesbeamtengesetze).

5   Eine gesetzliche **Altersgrenze** für Vorstandsmitglieder besteht nicht. Nach Empfehlung B.5 DCGK soll allerdings für Gesellschaften, die börsennotiert oder iSd § 161 Abs. 1 S. 2 AktG kapitalmarktorientiert sind, eine Altersgrenze festgelegt und in der Erklärung zur Unternehmensführung angegeben werden (näher, auch zur Vereinbarkeit solcher Altersgrenzen mit dem Allgemeinen Gleichbehandlungsgesetz → § 21 Rn. 17).

6   **2. Statutarische Eignungsvoraussetzungen.** Ob über die gesetzlichen Eignungsvoraussetzungen hinaus in der Satzung zusätzliche Qualifikationsmerkmale vorgesehen werden

---

² OLG München BB 2010, 268 f.; OLG Zweibrücken GmbHR 2010, 1260; OLG Düsseldorf NZG 2009, 678 (jew. mN zur früher gegenteiligen hM); *Heßeler* GmbHR 2009, 759 ff.

³ Dazu der Sachverhalt in KG NZG 2012, 430.

⁴ Einundfünfzigstes Gesetz zur Änderung des Strafgesetzbuches – Strafbarkeit von Sportwettbetrug und der Manipulation von berufssportlichen Wettbewerben vom 11.4.2017 (BGBl. 2017 I S. 815).

⁵ Wie hier OLG Hamm NZG 2019, 29 (30 f.) (zu § 6 Abs. 2 S. 2 Nr. 3 lit. e GmbHG); MHdB GesR III/*Freitag* § 6 Rn. 24; *Knaier/Pfleger* Rpfleger 2018, 357 (359 ff.); *Knaier* DNotZ 2018, 540 (542 ff.); *Wachter* GmbHR 2018, 310 (312) (jeweils zur GmbH); aA KG NZG 2019, 1260; OLG Oldenburg NZG 2018, 264 (265) (jeweils zu § 6 Abs. 2 S. 2 Nr. 3 lit. e GmbHG); Scholz GmbHG/*U. H. Schneider/S. H. Schneider* § 6 Rn. 35a (zur GmbH); offen Hüffer/*Koch* AktG § 76 Rn. 62.

⁶ BGH NZG 2020, 145 (146 f.) zu § 6 Abs. 2 S. 2 Nr. 3 GmbHG. GroßkommAktG/*Kort* § 76 Rn. 264; KölnKommAktG/*Mertens/Cahn* § 76 Rn. 125; *Tsatsos* VerwArch 58 (1967), 360 ff.

⁷ Bei Mitgliedern der Landesregierung besteht zum Teil die Möglichkeit, ein Vorstandsamt anzunehmen, wenn dies besonders genehmigt wird, siehe zB Art. 64 Abs. 3 LVerf NRW. Zur Unvereinbarkeit von Landtagsmandat und Vorstandsamt BVerfG NJW 1999, 1095.

dürfen, ist umstritten. Jedenfalls kann die Satzung keine verbindlichen Weisungsrechte, Vorschlagsrechte oder Zustimmungsvorbehalte anderer Organe oder unternehmensexterner Dritter statuieren, die in die Kompetenz des Aufsichtsrats zur Personalauswahl eingreifen.[8] **Unverbindliche** Vorschlagsrechte sind hingegen zulässig. Die Satzung kann auch **persönliche und sachliche Eignungsvoraussetzungen** für die Vorstandsmitglieder aufstellen.[9] Das Auswahlermessen des Aufsichtsrats muss aber in weitem Umfang erhalten bleiben. Zulässig sind daher nur solche personen- und sachbezogenen Qualifikationsmerkmale, die nicht ihrer Art nach oder durch Kumulation von Kriterien das Auswahlermessen des Aufsichtsrats unverhältnismäßig einengen.[10] Nach hM können auch in **mitbestimmten** Gesellschaften statutarische Eignungsvoraussetzungen aufgestellt werden.[11] Zusätzlich ist dann allerdings darauf zu achten, dass die Eignungsvoraussetzungen die Mitbestimmungsrechte der Arbeitnehmervertreter nicht schmälern.

Als **statutarische Eignungsvoraussetzungen** sind insbesondere solche Voraussetzungen zulässig, die im Hinblick auf den Gesellschaftszweck, die Unternehmensart und -größe sowie die Ressortaufgaben der Vorstandsmitglieder sinnvoll sind. Dazu gehören etwa die für das jeweilige Ressort objektiv notwendige Fachausbildung oder Zuverlässigkeit sowie gegebenenfalls Auslandserfahrung.[12] Umstritten ist, ob im Einzelfall – etwa bei abhängigen Konzerngesellschaften – „Laufbahnvorschriften" sachbezogen sein können, die auf (zeitlich begrenzte) Erfahrungen im Konzernbereich abstellen.[13] In Familiengesellschaften ist es jedenfalls zulässig, auf die Familienzugehörigkeit oder Aktionärseigenschaft abzustellen, wenn diese Kriterien bei gleichwertigen Bewerbern den Ausschlag geben sollen.[14]

3. Rechtsfolgen bei Fehlen oder Wegfall von Eignungsvoraussetzungen. Der Beschluss über die Bestellung einer Person, die die **gesetzlichen** Eignungsvoraussetzungen nicht erfüllt, ist nach § 134 BGB nichtig.[15] Fällt die gesetzliche Eignungsvoraussetzung erst nachträglich weg, so wird die Bestellung mit dem Wegfall der gesetzlichen Eignungsvoraussetzung unwirksam.[16] Zu den Folgen der unwirksamen Bestellung → Rn. 40 ff. Auch die Bestellung eines Aufsichtsratsmitglieds zum Mitglied des Vorstands ist nach § 105 Abs. 1 AktG, § 134 BGB nichtig. Das Aufsichtsratsmitglied wird nicht Mitglied des Vorstands, sondern bleibt Aufsichtsratsmitglied, wenn das Aufsichtsratsamt nicht wirksam beendet wird.[17] Häufig liegt in der Übernahme des Vorstandsamts jedoch die Niederlegung des Aufsichtsratsmandats.[18]

---

[8] GroßkommAktG/*Kort* § 76 Rn. 222 ff.; Habersack/Henssler MitbestR/*Habersack* § 31 Rn. 16; *Krieger,* Personalentscheidungen des Aufsichtsrats, 1981, S. 12 f.

[9] HM, GroßkommAktG/*Kort* § 76 Rn. 274; Hüffer/*Koch* AktG § 76 Rn. 60; MüKoAktG/*Spindler* § 84 Rn. 28; Spindler/Stilz AktG/*Fleischer* § 76 Rn. 127; aA KölnKommAktG/*Mertens/Cahn* § 76 Rn. 116; *Hommelhoff* BB 1977, 324 ff.; *Krieger,* Personalentscheidungen des Aufsichtsrats, 1981, S. 13 ff.; *Behme/Zickgraf* AG 2015, 846 f.

[10] GroßkommAktG/*Kort* § 76 Rn. 274; Hüffer/*Koch* AktG § 76 Rn. 60; KölnKommAktG/*Mertens/Cahn* § 76 Rn. 116.

[11] Habersack/Henssler MitbestR/*Habersack* MitbestG § 31 Rn. 13; Hüffer/*Koch* AktG § 76 Rn. 60; aA *Säcker* DB 1977, 1792 f.; ausführliche Darstellung bei GroßkommAktG/*Kort* § 76 Rn. 274.

[12] Habersack/Henssler MitbestR/*Habersack* MitbestG § 31 Rn. 15; MüKoAktG/*Spindler* § 84 Rn. 30.

[13] Bejahend Habersack/Henssler MitbestR/*Habersack* MitbestG § 31 Rn. 15; *Martens* AG 1976, 120; aA KölnKommAktG/*Mertens/Cahn* § 76 Rn. 116.

[14] *Ballerstedt* ZGR 1977, 133 (156); Habersack/Henssler MitbestR/*Habersack* MitbestG § 31 Rn. 15; GroßkommAktG/*Kort* § 76 Rn. 273; Spindler/Stilz AktG/*Fleischer* § 76 Rn. 128.

[15] KG NZG 2012, 430; BayObLG BB 1991, 1729 (1730); GroßkommAktG/*Kort* § 76 Rn. 265; KölnKommAktG/*Mertens/Cahn* § 76 Rn. 115. Zur Prüfungsbefugnis des Registergerichts BGH NZG 2017, 1226 Rn. 11.

[16] OLG Hamm ZIP 2011, 527; Hüffer/*Koch* AktG § 76 Rn. 62; zur Geschäftsunfähigkeit BGHZ 115, 78 (80).

[17] GroßkommAktG/*Hopt/Roth* § 105 Rn. 21; MüKoAktG/*Habersack* § 105 Rn. 20; Hüffer/*Koch* AktG § 105 Rn. 6; sowie → § 30 Rn. 9.

[18] KölnKommAktG/*Mertens/Cahn* § 105 Rn. 9; MüKoAktG/*Habersack* § 105 Rn. 20.

9 Soweit bei der Bestellung von Vorstandsmitgliedern zulässige **statutarische** Eignungsvoraussetzungen nicht beachtet sind, führt dies nicht zur Nichtigkeit des Aufsichtsratsbeschlusses, begründet aber das Recht und gegebenenfalls die Pflicht des Aufsichtsrats, die Bestellung aus wichtigem Grund nach § 84 Abs. 3 S. 1 AktG zu widerrufen.[19] Der Widerruf hat – wie stets – ex nunc-Wirkung.

10 **4. Vorstands-Doppelmandate.** Dem Aktiengesetz ist ein Verbot von Vorstands-Doppelmandaten, also der Tätigkeit in zwei Vorständen verschiedener Aktiengesellschaften, nicht zu entnehmen.[20] **Voraussetzung** für eine Doppeltätigkeit ist, dass die Aufsichtsräte beider Aktiengesellschaften gemäß § 88 Abs. 1 S. 2 AktG zustimmen. Dies gilt – trotz naheliegender Interessenkonflikte – auch für Vorstandsmandate in Konzerngesellschaften.[21] Näher zu Vorstands-Doppelmandaten → § 19 Rn. 43 ff. und zu anstellungsvertraglichen Aspekten → § 21 Rn. 4 f.

11 **5. Zielgrößen für den Frauenanteil im Vorstand; Diversität.** Nach § 111 Abs. 5 S. 1 AktG legt der Aufsichtsrat von Aktiengesellschaften, die börsennotiert (§ 3 Abs. 2 AktG) sind oder der Mitbestimmung unterliegen, für den **Frauenanteil** im Vorstand **Zielgrößen** fest. § 111 Abs. 5 S. 1–4 AktG enthält Parallelvorschriften zu § 76 Abs. 4 AktG, wonach der Vorstand Zielgrößen für den Frauenanteil in den beiden Führungsebenen unterhalb des Vorstands festzulegen hat. Die Ausführungen zu § 76 Abs. 4 AktG (→ § 19 Rn. 56 ff.) gelten inhaltlich entsprechend für § 111 Abs. 5 S. 1–4 AktG.

12 Bei der Zusammensetzung des Vorstands soll der Aufsichtsrat nach Empfehlung B.1 DCGK auf die **Diversität** achten. Ferner müssen börsennotierte Aktiengesellschaften iSd § 289f Abs. 1 S. 1 HGB, sofern sie große Kapitalgesellschaften (§ 267 HGB) sind, in ihre Erklärung zur Unternehmensführung eine Beschreibung des Diversitätskonzepts aufnehmen, das für die Zusammensetzung des Vorstands im Hinblick auf Aspekte wie Alter, Geschlecht, Bildungs- oder Berufshintergrund verfolgt wird, § 289f Abs. 2 Nr. 6 HGB. Aufzunehmen sind auch die Ziele dieses Diversitätskonzepts, die Art und Weise seiner Umsetzung und die im Geschäftsjahr erreichten Ergebnisse.

II. Bestellung und Anstellungsverhältnis

13 Vorstandsmitglieder stehen zur Aktiengesellschaft in organisationsrechtlichen (korporationsrechtlichen) und schuldrechtlichen Beziehungen. Die schuldrechtlichen Beziehungen werden durch den Anstellungsvertrag zwischen der Gesellschaft und dem Vorstandsmitglied geregelt. Die organschaftliche Stellung als Vorstandsmitglied hingegen wird durch den Akt der Bestellung begründet. Organ- und Anstellungsverhältnis sind in ihrem Bestand voneinander unabhängig **(Trennungsgrundsatz).**[22] Daraus folgt, dass beide Rechtsverhältnisse nach den jeweils dafür geltenden Vorschriften begründet und beendet werden. Ein isolierter Widerruf der Bestellung nach § 84 Abs. 3 S. 1–4 AktG beendet nur die Organstellung und lässt den Anstellungsvertrag unberührt. Für die Ansprüche aus dem Anstellungsvertrag gelten nach § 84 Abs. 3 S. 5 AktG die allgemeinen Vorschriften.

---

[19] Habersack/Henssler MitbestR/*Habersack* MitbestG § 31 Rn. 44; GroßkommAktG/*Kort* § 76 Rn. 277; *Beiner/Braun,* Der Vorstandsvertrag, 2014, Rn. 90.

[20] BGHZ 180, 105 Rn. 14 – Gruner + Jahr; *Hoffmann-Becking* ZHR 150 (1986), 570 (574); *Huber* ZHR 152 (1988), 123 (130); Hüffer/*Koch* AktG § 76 Rn. 54; KölnKommAktG/*Mertens/Cahn* § 76 Rn. 70; *Semler* FS Stiefel, 1987, 719 (734).

[21] BGHZ 180, 105 Rn. 15 – Gruner + Jahr.

[22] BGH WM 2011, 38 Rn. 7 ff.; 2010, 1321 Rn. 9; OLG Karlsruhe WM 2011, 1856 (1859); OLG Frankfurt a. M. AG 2011, 790 (791). Die früher zum Teil vertretene sogenannte Einheitstheorie (*Baums,* Der Geschäftsleitervertrag, 1987, S. 451; *Reuter* FS Zöllner, 1998, 487 ff.), nach der die zwischen Vorstandsmitglied und Aktiengesellschaft bestehenden rechtlichen Beziehungen auf einem einheitlichen Rechtsverhältnis beruhen, ist überholt.

Die **Bestellung** zum Vorstandsmitglied setzt neben dem gemäß § 130 BGB zugangs- **14** bedürftigen[23] Bestellungsbeschluss des Aufsichtsrats die – wiederum beim Aufsichtsrat grundsätzlich zugangsbedürftige – Annahme des Amts durch den Bestellten voraus.[24] Die Annahme kann vor oder nach dem Bestellungsbeschluss erklärt werden. Die Bestellung beinhaltet nicht gleichzeitig die Zuweisung eines bestimmten Tätigkeitsbereichs; dies ist Aufgabe der Geschäftsordnung.[25] Eine Ausnahme gilt für den Arbeitsdirektor in mitbestimmten Gesellschaften.[26] Mit der wirksamen Organbestellung erlangt das Vorstandsmitglied die organschaftliche Vertretungsmacht.[27] Zugleich werden die organschaftlichen Rechte und Pflichten einschließlich des Rechts und der Pflicht zur Besorgung der Angelegenheiten der Gesellschaft mit der Sorgfalt eines ordentlichen Geschäftsführers[28] begründet.[29] Die Pflichtenstellung umfasst die Wahrnehmung öffentlicher Pflichten, wie sie zB in den §§ 80, 91 AktG und § 15a InsO niedergelegt sind.[30] Darüber hinaus ist ein Vorstandsmitglied mit seiner Bestellung an das Legalitätsprinzip (dazu → § 25 Rn. 31 ff.) gebunden und unterliegt damit der Verpflichtung, dafür Sorge zu tragen, dass sich die Gesellschaft nach außen rechtmäßig verhält und die ihr auferlegten öffentlich-rechtlichen Pflichten erfüllt.[31] Kraft ihrer Bestellung unterliegen Vorstandsmitglieder einer besonderen organschaftlichen Treuebindung, die unter anderem in dem Gebot, eigene Interessen hinter die Gesellschaftsinteressen zurückzustellen (dazu → § 25 Rn. 38 f.) und in dem Wettbewerbsverbot nach § 88 AktG (dazu → § 21 Rn. 116 ff.) ihren Ausdruck findet.[32]

Die Rechtsbeziehungen zwischen Gesellschaft und Vorstandsmitglied werden durch die **15** Organstellung nicht umfassend geregelt. So bestimmt die Organstellung nichts über die Gegenleistung der Gesellschaft, insbesondere über Vergütung und Versorgung, oder den spezifischen Umfang der Leistungspflichten des Vorstandsmitglieds. Neben die Bestellung tritt daher im Normalfall der Abschluss eines **Anstellungsvertrags**[33] (§§ 611, 675 BGB) zwischen dem Vorstandsmitglied und der Gesellschaft. Der Anstellungsvertrag ist nachrangig zum Organverhältnis und regelt die Rechtsbeziehungen zwischen Vorstandsmitglied und Gesellschaft, die nicht bereits durch die organschaftliche Stellung des Vorstandsmitglieds vorgegeben sind.[34] Der Anstellungsvertrag dient unter anderem dem **Individualschutz** des Vorstandsmitglieds und sichert seine Unabhängigkeit. Bei der Prüfung eines wichtigen Kündigungsgrunds nach § 626 BGB sind daher die Individualinteressen des betroffenen Vorstandsmitglieds zu berücksichtigen. Bei der Prüfung, ob ein wichtiger Grund zur Beendigung der Bestellung vorliegt, ist umstritten, ob es ausschließlich auf die objektiven Interessen der Gesellschaft oder auch auf die Individualinteressen des Vorstandsmitglieds ankommt (näher → Rn. 50). Alle Gründe für eine außerordentliche Kündigung

---

[23] OLG Karlsruhe AG 2014, 127 (128); OLG Dresden AG 2000, 43 (44); GroßkommAktG/*Hopt/ Roth* § 108 Rn. 70.
[24] OLG Nürnberg NZG 2014, 222 (225); Hüffer/*Koch* AktG § 84 Rn. 3; siehe auch KölnKommAktG/*Mertens/Cahn* § 84 Rn. 2; *Krieger*, Personalentscheidungen des Aufsichtsrats, 1981, S. 8 f.
[25] Hüffer/*Koch* AktG § 84 Rn. 3; KölnKommAktG/*Mertens/Cahn* § 84 Rn. 3; *Mertens* ZGR 1983, 189 (196 f.); aA *Krieger*, Personalentscheidungen des Aufsichtsrats, 1981, S. 193 ff.
[26] Vertiefend dazu → § 24 Rn. 11.
[27] BGHZ 64, 72 (75); 78, 82 (86 f.); GroßkommAktG/*Kort* § 84 Rn. 75.
[28] BGHZ 78, 82 (87); OLG Frankfurt a. M. AG 2011, 462 (463).
[29] HM; OLG Frankfurt a. M. AG 2011, 462 (463); GroßkommAktG/*Kort* § 84 Rn. 74 ff.; *Baums*, Der Geschäftsleitervertrag, 1987, S. 37 ff.; *Krieger*, Personalentscheidungen des Aufsichtsrats, 1981, S. 3 ff.
[30] MüKoAktG/*Spindler* § 84 Rn. 9; *Fleck* ZHR 149 (1985), 387 (393 ff.) (für GmbH) sowie unten § 25.
[31] BGH DB 1996, 2483 f. (zum Geschäftsführer einer GmbH).
[32] OLG Frankfurt a. M. AG 2011, 462 (463); Hüffer/*Koch* AktG § 84 Rn. 10 und § 88 Rn. 1.
[33] Zur Funktion des Anstellungsvertrages BGH WM 2010, 1321 Rn. 7–9; GroßkommAktG/*Kort* § 84 Rn. 19; MüKoAktG/*Spindler* § 84 Rn. 59; *Fleck* ZHR 149 (1985), 387 (397 ff.); *Krieger*, Personalentscheidungen des Aufsichtsrats, 1981, S. 163 ff.
[34] BGH WM 2010, 1321 Rn. 7.

des Anstellungsverhältnisses sind auch für eine Abberufung aus wichtigem Grund ausreichend.[35] Umgekehrt ist ein wichtiger Grund für die Abberufung nicht notwendig ein wichtiger Grund für die Kündigung des Anstellungsverhältnisses.[36]

16 Trotz der Trennung von Bestellung und Anstellung, von der § 84 AktG ausgeht, bestehen zwischen beiden **tatsächliche und rechtliche Zusammenhänge**.[37] Bestellung und Anstellungsvertrag müssen aufeinander abgestimmt und in Beziehung zueinander gesetzt werden.[38] Das Anstellungsverhältnis ist gegenüber dem durch die Bestellung begründeten Organverhältnis nachrangig[39] und ergänzt die organschaftliche Rechts- und Pflichtenstellung des Vorstandsmitglieds. Die Rechte des Vorstandsmitglieds aus dem Anstellungsverhältnis können Geltung nur beanspruchen, soweit ihre Wahrnehmung nicht mit dem gesetzlich oder statutarisch ausgestalteten Organverhältnis in Konflikt gerät.[40] Wegen der zwingenden zeitlichen Befristung einer Vorstandsbestellung nach § 84 Abs. 1 S. 1 und 2 AktG kann daher im Anstellungsvertrag zB nicht die Geltung des Kündigungsschutzgesetzes vereinbart werden und steht einem Vorstandsmitglied aus dem Vorstandsanstellungsvertrag grundsätzlich kein Anspruch auf Weiterbeschäftigung nach Ablauf der Bestellung zu (näher → § 21 Rn. 30 ff.).[41] Das Vorstandsmitglied wird regelmäßig das Amt nur wegen der anstellungsvertraglichen Ansprüche übernehmen. Trotzdem sind Anstellung und Bestellung nicht Teile eines einheitlichen Rechtsgeschäfts, auf das § 139 BGB anwendbar wäre. Ist die Bestellung wirksam widerrufen, so kann das Vorstandsmitglied aufgrund des Anstellungsvertrags trotzdem zur Tätigkeit für die Gesellschaft verpflichtet sein (näher → § 21 Rn. 31). Umgekehrt ist grundsätzlich auch die Organstellung dann wirksam, wenn der Anstellungsvertrag unwirksam ist oder nicht wirksam abgeschlossen wurde.[42] Eine wirksame Kündigung des Anstellungsvertrags führt daher nicht automatisch zum Erlöschen der Organstellung. Sie entzieht ihr allerdings in aller Regel den Boden, weil ein Vorstandsmitglied nicht ohne Vertragsgrundlage weiterarbeiten,[43] sondern sein Amt niederlegen wird. In diesen Ausnahmefällen wird man im Wege der Auslegung festzustellen haben, ob nicht mit der Kündigung des Anstellungsvertrags, falls sie durch das Plenum des Aufsichtsrats beschlossen wurde, zugleich ein Widerruf der Bestellung verbunden war.

17 Bestellung und Anstellung können gleichzeitig vom Aufsichtsrat beschlossen und vom Vorstandsmitglied angenommen werden. Die bloße Bestellung ist ohne besondere Anhaltspunkte noch nicht das Angebot zum Abschluss eines Anstellungsvertrags.[44] Häufig wird der Abschluss des Anstellungsvertrags der Bestellung **nachfolgen.** In diesen Fällen ist die Gesellschaft verpflichtet, auf den Abschluss eines Anstellungsvertrags zu angemessenen Konditionen hinzuwirken. In aller Regel wird der Bestellte zuvor die materiellen Bedingungen – wenn auch rechtlich nicht bindend – mit dem Aufsichtsratsvorsitzenden, dem Präsidium oder dem Personalausschuss abgestimmt haben. Kommt der Anstellungsvertrag

---

[35] OLG Schleswig AG 2001, 651 (654); OLG Düsseldorf WM 1992, 14 (19); KölnKommAktG/*Mertens/Cahn* § 84 Rn. 121; Semler/v. Schenck AR-HdB/*Fonk* § 9 Rn. 34. Zur ggf. abweichenden Situation bei Änderungskündigungen HdB Vorstandsrecht/*Thüsing* § 4 Rn. 24.
[36] BGH NJW-RR 1996, 156 (für Geschäftsführer einer GmbH); BGH NJW 1989, 2683 (2684); KölnKommAktG/*Mertens/Cahn* § 84 Rn. 154.
[37] BGHZ 89, 48 (52); 79, 38 (41).
[38] Spindler/Stilz AktG/*Fleischer* § 84 Rn. 8.
[39] BGH NJW 1989, 2683; *Goette* FS Wiedemann, 2002, 873 (874); *Goette* FS U. H. Schneider, 2011, 353 (355).
[40] BGH WM 2010, 1321 Rn. 7; *Goette* FS U. H. Schneider, 2011, 353 (361); *Mülbert* FS Goette, 2011, 333 (339).
[41] BGH WM 2011, 38 (39) (für GmbH-Geschäftsführer); *Goette* FS U. H. Schneider, 2011, 353 (358 f.).
[42] OLG Frankfurt a. M. AG 2011, 790 (791); OLG Schleswig AG 2001, 651 (654).
[43] BGHZ 89, 48 (52); 79, 38 (41 f.); BGH LM AktG 1937 § 75 Nr. 5; *Fleck* ZHR 149 (1985), 387 (390).
[44] OLG Frankfurt a. M. AG 2011, 790 (791); OLG Schleswig AG 2001, 651 (654).

nicht binnen angemessener Frist zum Abschluss, so hat das wirksam bestellte Vorstandsmitglied das Recht zur Amtsniederlegung. Der Abschluss des Anstellungsvertrags kann auch der Bestellung vorangehen. Hat der Aufsichtsrat die Kompetenz zum Abschluss des Anstellungsvertrags auf einen Ausschuss übertragen, so muss der Anstellungsvertrag allerdings unter der aufschiebenden Bedingung der nachfolgenden Bestellung stehen.[45] Der Ausschuss darf nämlich durch den vorangehenden Abschluss des Anstellungsvertrags nicht der Bestellungsentscheidung des Aufsichtsratsplenums, die nach § 107 Abs. 3 S. 4 AktG nicht einem Ausschuss überwiesen werden kann, vorgreifen (dazu auch → § 32 Rn. 8).[46]

Die Bestellung kann **aufschiebend bedingt** erfolgen oder einen fest bestimmten zukünftigen Zeitpunkt, der analog § 84 Abs. 1 S. 3 AktG nicht später als ein Jahr nach der Bestellung liegen darf, bestimmen.[47] Ist ein Vorstandsmitglied erst für einen bestimmten zukünftigen Termin bestellt, so kann die Bestellung sofort oder später gemäß § 81 AktG zum Handelsregister angemeldet werden. Erfolgt die Anmeldung vor dem vorgesehenen Zeitpunkt, so ist der zukünftige Termin entsprechend bei der Eintragung im Handelsregister zu vermerken.[48] Die Bestellung kann im Hinblick auf das Erfordernis eines wichtigen Grundes für den Widerruf der Bestellung nach § 84 Abs. 3 AktG nicht unter einer **auflösenden Bedingung** erfolgen.[49] Nach § 84 Abs. 1 S. 3 AktG darf frühestens ein Jahr vor Ablauf der bisherigen Amtszeit über eine **Wiederbestellung** entschieden werden (zu früherer Wiederbestellung → Rn. 28 f.). Die Jahresfrist ist eine Höchstfrist und verlängert sich nicht etwa dadurch, dass die erneute Bestellung für einen kürzeren Zeitraum als fünf Jahre erfolgt. **18**

III. Bestellungskompetenz

1. Bestellung durch den Aufsichtsrat. a) Allgemeines. Nach § 84 Abs. 1 S. 1 AktG ist die **Bestellungskompetenz** dem **Aufsichtsrat** zwingend und ausschließlich zugewiesen.[50] Die Entscheidung über die Bestellung muss das Aufsichtsratsplenum treffen; nach § 107 Abs. 3 S. 4 AktG kann die Entscheidung nicht einem Ausschuss überwiesen werden. Das Präsidium, der Personalausschuss oder ein einzelnes Aufsichtsratsmitglied – meist der Aufsichtsratsvorsitzende – werden in aller Regel aber die Bestellung vorbereiten. Die Bestellungskompetenz des Aufsichtsratsplenums umfasst nicht nur das Recht, sondern auch die Pflicht, die nach Gesetz oder Satzung erforderliche Zahl von Vorstandsmitgliedern zu ernennen (näher → § 19 Rn. 48, 50 ff.). **19**

Die Kompetenz zur Bestellung und Abberufung der Vorstandsmitglieder nach § 84 AktG verbleibt auch im **Insolvenzverfahren** beim Aufsichtsrat.[51] Zwar führt die Eröffnung des Insolvenzverfahrens nach § 262 Abs. 1 Nr. 3 AktG zur Auflösung der Gesellschaft. Die Vorschriften der §§ 265–274 AktG finden nach der Auflösung aber nur dann Anwendung, wenn über das Vermögen der Gesellschaft nicht das Insolvenzverfahren eröffnet worden ist, § 264 Abs. 1 AktG. **20**

---

[45] *Krieger,* Personalentscheidungen des Aufsichtsrats, 1981, S. 170; *Hoffmann-Becking* FS Stimpel, 1985, 589 (596 f.).
[46] BGH ZIP 1989, 1190 (1191); BGHZ 89, 48 (56); 79, 38 (42); Hüffer/*Koch* AktG § 107 Rn. 27; KölnKommAktG/*Mertens/Cahn* § 84 Rn. 11.
[47] MüKoAktG/*Spindler* § 84 Rn. 42; KölnKommAktG/*Mertens/Cahn* § 84 Rn. 14; Semler/v. Schenck AR-HdB/*Fonk* § 9 Rn. 34.
[48] GroßkommAktG/*Kort* § 84 Rn. 60; MüKoAktG/*Spindler* § 84 Rn. 42.
[49] MüKoAktG/*Spindler* § 84 Rn. 125; KölnKommAktG/*Mertens/Cahn* § 84 Rn. 25; zu Recht anders für Geschäftsführer einer GmbH BGH WM 2005, 2394 (2395).
[50] BGHZ 113, 237 (241); BGH ZIP 2009, 1058 (1059); OLG Düsseldorf AG 1979, 317; MüKoAktG/*Spindler* § 84 Rn. 12; KölnKommAktG/*Mertens/Cahn* § 84 Rn. 7.
[51] BayObLG NJW-RR 1988, 929 (931); OLG Nürnberg AG 1991, 446 (447); Hüffer/*Koch* AktG § 84 Rn. 5; MüKoAktG/*Spindler* § 84 Rn. 13; *K. Schmidt* AG 2011, 1 (4); aA *Klöckner* AG 2010, 780 (783) (für Zuständigkeit der Hauptversammlung analog § 264 Abs. 3 AktG).

21 b) Bestellungsbeschluss. Für den Bestellungsbeschluss gelten die allgemeinen Regeln über die Beschlussfassung des Aufsichtsrats nach § 108 AktG (näher → § 31 Rn. 65 ff.). Die erforderliche Willensbildung des Aufsichtsrats erfolgt somit durch ausdrücklichen Beschluss nach § 108 Abs. 1 AktG. Der Aufsichtsrat entscheidet, soweit nicht § 31 MitbestG oder die Regeln der Montanmitbestimmung eingreifen, mit einfacher Mehrheit. Die Satzung kann eine qualifizierte Mehrheit nicht vorschreiben;[52] sie kann auch keinen Zustimmungsvorbehalt zugunsten der Hauptversammlung vorsehen. Unverbindliche Vorschläge können von jedermann vorgebracht werden, auch vom amtierenden Vorstand. Unzulässig ist hingegen eine Ermächtigung des Vorstands zur Kooptation neuer Mitglieder.[53] Der DCGK empfiehlt in Empfehlung B.2, dass der Aufsichtsrat gemeinsam mit dem Vorstand für eine langfristige Nachfolgeplanung sorgen und die Vorgehensweise in der Erklärung zur Unternehmensführung (§ 289f HGB) beschrieben werden soll.

22 Nach früher herrschender und auch heute noch verbreitet vertretener Ansicht[54] kann ein Aufsichtsratsmitglied bei seiner Bestellung zum Vorstandsmitglied mitstimmen, da das Aktiengesetz einen entsprechenden **Stimmrechtsausschluss** nicht kennt. Zunehmend wird jedoch aus § 34 BGB analog oder dem Selbstkontrahierungsverbot des § 181 BGB geschlossen, dass ein Aufsichtsratsmitglied bei der Beschlussfassung über seine Bestellung vom Stimmrecht ausgeschlossen ist (anders als zB bei der eigenen Wahl zum Aufsichtsratsvorsitzenden als Akt der körperschaftlichen Willensbildung).[55] Dieser Auffassung ist wegen der in der Person des Aufsichtsratsmitglieds bestehenden Interessenkollision und der Tatsache zuzustimmen, dass es sich bei der Bestellung um ein Rechtsgeschäft handelt, wenngleich mit körperschaftlichem Charakter. Bei der Bestellung eines Aufsichtsratsmitglieds zum Mitglied des Vorstands ist § 105 Abs. 1 AktG zu beachten (→ Rn. 3 und 8).

23 Besonderheiten sind bei der Bestellung von Vorstandsmitgliedern in Gesellschaften zu beachten, die dem **Mitbestimmungsgesetz** unterliegen (dazu generell → § 31 Rn. 71 ff.). Die Vorschrift des § 31 Abs. 2–4 MitbestG sieht für die Bestellung ein unter Umständen mehrstufiges Wahlverfahren vor.[56] Im ersten Wahlgang ist für die Bestellung eine Mehrheit von ²/₃ der vorhandenen Mitglieder des Aufsichtsrats erforderlich; vakante Aufsichtsratssitze zählen nicht mit. Wird im ersten Wahlgang die ²/₃-Mehrheit nicht erreicht, so hat der nach § 27 Abs. 3 MitbestG zu bildende ständige Vermittlungsausschuss innerhalb eines Monats nach der Abstimmung einen Kandidaten vorzuschlagen; dieser Vorschlag schließt andere Vorschläge nicht aus. Nach Ablauf der Monatsfrist kann der Aufsichtsrat den zweiten Wahlgang durchführen, sofern ein Wahlvorschlag vorliegt. Auf das Vermittlungsverfahren kann der Aufsichtsrat nicht von vornherein verzichten. Der zweite Wahlgang hängt allerdings nicht davon ab, dass der Ausschuss innerhalb der Monatsfrist einen Beschluss fasst. Er kann sogar erfolgen, wenn der Vermittlungsausschuss innerhalb der Frist überhaupt nicht tätig wird. Das Mitbestimmungsgesetz sieht in § 31 Abs. 3 S. 1, zweiter Halbsatz ausdrücklich vor, dass auch Vorschläge von anderer Seite im zweiten Wahlgang zur Abstimmung gestellt werden können. Im zweiten Wahlgang genügt die einfache Mehrheit der vor-

---

[52] Bürgers/Körber AktG/*Bürgers* § 84 Rn. 5; Schmidt/Lutter/*Seibt* AktG § 84 Rn. 10; Spindler/Stilz AktG/*Fleischer* § 84 Rn. 11; aA *Jürgenmeyer* ZGR 2007, 112 (122).

[53] MüKoAktG/*Spindler* § 84 Rn. 14; GroßkommAktG/*Kort* § 84 Rn. 28; Spindler/Stilz AktG/ *Fleischer* § 84 Rn. 9.

[54] Bürgers/Körber AktG/*Israel* § 108 Rn. 11; Heidel AktR/*Oltmanns* AktG § 84 Rn. 4; KölnKommAktG/*Mertens/Cahn* § 108 Rn. 67; *Lutter/Krieger/Verse*, Rechte und Pflichten des Aufsichtsrats, 6. Aufl. 2014, Rn. 347; *U. Hübner*, Interessenkollision und Vertretungsmacht, 1977, S. 288 f.; *Matthießen*, Stimmrecht und Interessenkollision im Aufsichtsrat, 1989, S. 230 ff., 238 ff. Auch → § 31 Rn. 70.

[55] Im Anschluss an *Ulmer* NJW 1982, 2288 ff.: Habersack/Henssler MitbestR/*Habersack* MitbestG § 31 Rn. 18a; Bürgers/Körber AktG/*Bürgers* § 84 Rn. 5; GroßkommAktG/*Kort* § 84 Rn. 35; Hüffer/*Koch* AktG § 108 Rn. 9; MüKoAktG/*Spindler* § 84 Rn. 21; *Giesen*, Organhandeln und Interessenkonflikt, 1984, S. 119; *Hüffer* FS Heinsius, 1991, 337 (341 ff.).

[56] Siehe dazu im Einzelnen die Kommentare zum MitbestG sowie ausführlich *Krieger*, Personalentscheidungen des Aufsichtsrats, 1981, S. 97 ff.

handenen Aufsichtsratsmitglieder. Wird diese Mehrheit nicht erreicht, so hat im dritten Wahlgang, in dem wiederum die einfache Mehrheit sämtlicher vorhandener Aufsichtsratsmitglieder ausreicht, der Aufsichtsratsvorsitzende – nicht aber bei dessen Verhinderung sein Stellvertreter – zwei Stimmen (§ 31 Abs. 4 MitbestG).

Die Monatsfrist des § 31 Abs. 3 S. 1 MitbestG kann in der Praxis zu einer für die **24** Gesellschaft schädlichen Verzögerung der Bestellung führen. Die Frist hat freilich nur dann eine Sperrwirkung, wenn der Vermittlungsausschuss untätig bleibt. Hat er vor Ablauf der Monatsfrist einen Beschluss gefasst, so kann das Bestellungsverfahren im Plenum sofort fortgesetzt werden. Erkennt der Ausschuss, dass er einen Vermittlungsvorschlag nicht zustande bringt, so kann er einen entsprechenden Beschluss fassen. Auch in diesem Fall kann das Bestellungsverfahren sofort fortgesetzt werden.[57]

Das Aktiengesetz schreibt keine bestimmte **Form der Bestellung** vor. Die Satzung kann **25** sie zwar vorsehen, etwa notarielle Beurkundung des Bestellungsbeschlusses und der Annahmeerklärung. Die Einhaltung einer entsprechenden statutarischen Regelung ist aber nicht Gültigkeitsvoraussetzung der Bestellung.[58]

c) **Wiederbestellung.** Für die Wiederbestellung gelten grundsätzlich die gleichen Ge- **26** sichtspunkte wie für die erstmalige Bestellung. Eine wiederholte Bestellung oder eine Verlängerung der Amtszeit, jeweils für höchstens fünf Jahre (§ 84 Abs. 1 S. 2 AktG), ist zulässig. Sie bedarf eines **ausdrücklichen Beschlusses** des Aufsichtsrats, der nach § 84 Abs. 1 S. 3 AktG frühestens ein Jahr vor Ablauf der bisherigen Amtszeit gefasst werden kann. Ebenso wie bei der ersten Bestellung eines Vorstandsmitglieds soll der zum Zeitpunkt der Wiederbestellungsentscheidung im Amt befindliche Aufsichtsrat in seiner Entschließung frei sein, ob er das Vorstandsmitglied wiederbestellt oder die Amtszeit verlängert.[59] Daher dürfen einem Vorstandsmitglied für die Zeit nach dem Ablauf der Bestellungsperiode keine unangemessenen Leistungen versprochen werden. Eine solche Unangemessenheit liegt etwa vor, wenn dem Vorstandsmitglied im Anstellungsvertrag in Form von Ruhe- oder Übergangsgeldern Leistungen versprochen werden, die der Vergütung während der aktiven Tätigkeit in etwa entsprechen.[60] Die Zusage eines angemessenen und üblichen Ruhe- oder Übergangsgeldes ist aber schon bei erstmaliger Bestellung zulässig.[61]

Unzulässig und nach § 134 BGB nichtig sind alle dienstvertraglichen Regelungen, die auf **27** den Aufsichtsrat faktisch Druck ausüben, eine Vorstandsbestellung über die in § 84 Abs. 1 AktG vorgesehene zeitliche Begrenzung hinaus zu verlängern.[62] Darunter fällt zB grundsätzlich eine Regelung im Anstellungsvertrag, dass der Vertrag nach Beendigung der Vorstandstätigkeit als Arbeits- oder Beratervertrag im Wesentlichen inhaltsgleich weiter gelten soll.[63] Dies schließt es allerdings nicht aus, dass im Vorstandsvertrag bereits der Abschluss eines Arbeits- oder Beratervertrags vereinbart wird, wenn dies für das Unternehmen sinnvoll und die Vergütung angemessen ist.[64] Ebenso kann ein bestehendes Arbeitsverhältnis für die Zeit der Vorstandsbestellung ruhend gestellt werden, wenn die Weiterbeschäftigung des Vorstandsmitglieds nach Beendigung seiner Vorstandstätigkeit für das Unternehmen sinnvoll erscheint.[65] In jedem Einzelfall ist zu prüfen, ob eine objektive Umgehung des § 84 Abs. 1

---

[57] Habersack/Henssler MitbestR/*Habersack* MitbestG § 31 Rn. 20; HdB Vorstandsrecht/*Thüsing* § 4 Rn. 24; aA *Krieger,* Personalentscheidungen des Aufsichtsrats, 1981, S. 102.
[58] KölnKommAktG/*Mertens/Cahn* § 84 Rn. 29; Spindler/Stilz AktG/*Fleischer* § 84 Rn. 11.
[59] BGHZ 41, 282 (290); GroßkommAktG/*Kort* § 84 Rn. 110f.
[60] BGHZ 8, 348 (360); BAG AG 2009, 827 (829); *Goette* FS U. H. Schneider, 2011, 353 (361).
[61] BGHZ 8, 348 (360); BGH NJW 1957, 1278; ferner BAG AG 2009, 827 (829).
[62] BAG AG 2009, 827 (829); GroßkommAktG/*Kort* § 84 Rn. 110; *Goette* FS U. H. Schneider, 2011, 353 (359).
[63] BAG AG 2009, 827 (829); Hüffer/*Koch* AktG § 84 Rn. 20; MüKoAktG/*Spindler* § 84 Rn. 88.
[64] BAG AG 2009, 827 (829); OLG Nürnberg AG 1991, 446 (447); Hüffer/*Koch* AktG § 84 Rn. 20; Spindler/Stilz AktG/*Fleischer* § 84 Rn. 16; MüKoAktG/*Spindler* § 84 Rn. 88; *Henssler* RdA 1992, 289 (293).
[65] BAG AG 2009, 827 (829); *Kauffmann-Lauven* NZA 2000, 799.

S. 5 AktG vorliegt oder ob es einen die konkrete Gestaltung rechtfertigenden Grund gibt.[66] Die bloße Fortsetzung der Vorstandtätigkeit über das Ende der Bestellung hinaus mit Wissen des Aufsichtsrats führt nicht zu einer Wiederbestellung oder Verlängerung der Bestellung. § 625 BGB findet auf die Bestellung keine Anwendung.[67]

28 Eine wiederholte Bestellung oder Verlängerung der Amtszeit darf nach § 84 Abs. 1 S. 3 AktG frühestens ein Jahr vor Ablauf der bisherigen Amtszeit beschlossen werden. In der Praxis stellt sich häufig das Bedürfnis einer **vorzeitigen Wiederbestellung,** beispielsweise um ein Vorstandsmitglied zu halten oder bei seiner Beförderung zum Vorstandsvorsitzenden. Die vorzeitige Wiederbestellung erfolgt in diesen Fällen in der Weise, dass die laufende Bestellung früher als ein Jahr vor dem Ablauf einvernehmlich aufgehoben und eine Wiederbestellung auf – in aller Regel – fünf Jahre vorgenommen wird. Zum Teil wird davon ausgegangen, dass eine auf diese Weise vorgenommene vorzeitige Wiederbestellung eine unzulässige Umgehung des § 84 Abs. 1 S. 3 AktG darstellt und nach § 134 BGB nichtig ist.[68] Nach dem BGH und der mittlerweile hM im Schrifttum ist demgegenüber die vorzeitige Wiederbestellung aktienrechtlich grundsätzlich zulässig.[69] Ungeachtet der durch den BGH geklärten Rechtslage soll nach Empfehlung B.4 DCGK bei nichtbörsennotierten oder iSd § 161 Abs. 1 S. 2 AktG kapitalmarktorientierten Aktiengesellschaften eine vorzeitige Wiederbestellung nur bei Vorliegen besonderer Umstände erfolgen. Solche Umstände werden zB häufig bei der Ernennung zum Vorstandsvorsitzenden oder der Zuweisung eines neuen Ressorts anzunehmen sein, man wird sie darüber hinaus aber auch in allen (sonstigen) Fällen annehmen können, in denen die vorzeitige Wiederbestellung nach pflichtgemäßem Ermessen des Aufsichtsrats im Interesse der Gesellschaft liegt.[70]

29 Der Vorwurf der Umgehung des § 84 Abs. 1 S. 3 AktG setzt voraus, dass die vorzeitige Wiederbestellung, die im Einklang mit dem Wortlaut dieser Norm erfolgt, gegen ihren Zweck verstößt. Der Normzweck des § 84 Abs. 1 S. 3 AktG liegt aber lediglich in der Verhinderung einer über die zeitliche Höchstgrenze von 6 Jahren (5 Jahre Amtszeit zuzüglich Jahresfrist des § 84 Abs. 1 S. 3 AktG) hinausgehenden Bindung der Gesellschaft an die Vorstandsmitglieder.[71] Bei der vorzeitigen Wiederbestellung tritt eine solche Bindung zu keinem Zeitpunkt ein. Daher muss bei einer vorzeitigen Wiederbestellung die neue Amtszeit auch nicht sofort beginnen. Vielmehr kann die Wirksamkeit der einvernehmlichen Aufhebung der laufenden Bestellung und der vorzeitigen Wiederbestellung im Hinblick auf § 84 Abs. 1 S. 3 AktG bis zu einem Jahr hinausgeschoben werden.[72] Allerdings ist im Einzelfall zu prüfen, ob nach den konkreten Umständen nicht ausnahmsweise ein Fall des Missbrauchs vorliegt.[73] Dies liegt nahe, wenn routinemäßig jährlich vorzeitige Wiederbestellungen erfolgen.[74]

---

[66] BAG AG 2009, 827 (829); Hüffer/*Koch* AktG § 84 Rn. 20; *Goette* FS U. H. Schneider, 2011, 353 (358 f.).

[67] KölnKommAktG/*Mertens*/*Cahn* § 84 Rn. 19.

[68] OLG Zweibrücken NZG 2011, 433 (vom BGH aufgehoben, WM 2012, 1724); AG Duisburg NZI 2008, 622; GroßkommAktG/*Kort* § 84 Rn. 114.

[69] BGH WM 2012, 1724; LG Frankenthal BB 2010, 1626 (Vorinstanz von OLG Zweibrücken NZG 2011, 433); MüKoAktG/*Spindler* § 84 Rn. 52; Hüffer/*Koch* AktG § 84 Rn. 8; Schmidt/Lutter/Seibt AktG § 84 Rn. 16; Spindler/Stilz AktG/*Fleischer* § 84 Rn. 19; *Fastrich* FS Buchner, 2009, 209 (213); *Fleischer* DB 2011, 861 (864); *Lutter/Krieger/Verse,* Rechte und Pflichten des Aufsichtsrats, 6. Aufl. 2014, Rn. 357 f., *Paschos/von der Linden* AG 2012, 736 ff.

[70] *Seyfarth,* Vorstandsrecht, § 3 Rn. 74.

[71] Ausführlich BGH WM 2012, 1724 Rn. 25; *Fleischer* DB 2011, 861 (862 f.).

[72] *Lutter/Krieger/Verse,* Rechte und Pflichten des Aufsichtsrats, 6. Aufl. 2014, Rn. 357; *Krieger,* Personalentscheidungen des Aufsichtsrats, 1981, S. 127; *Hölters/Weber* AG 2005, 629 (632); aA *Willemer* AG 1977, 130 (132) (neue Amtszeit muss sofort beginnen).

[73] BGH WM 2012, 1724 Rn. 31; Spindler/Stilz AktG/*Fleischer* § 84 Rn. 19; *Fleischer* DB 2011, 861 (864); *Fastrich* FS Buchner, 2009, 209 (217 f.); Hüffer/*Koch* AktG § 84 Rn. 8.

[74] KölnKommAktG/*Mertens*/*Cahn* § 84 Rn. 23; Spindler/Stilz AktG/*Fleischer* § 84 Rn. 19; Grigoleit/*Vedder* AktG § 84 Rn. 11; aA MüKoAktG/*Spindler* § 84 Rn. 52.

2. Bestellung durch das Gericht. Fehlt ein erforderliches Vorstandsmitglied, so hat nach § 85 Abs. 1 AktG in dringenden Fällen das Amtsgericht des Sitzes der Gesellschaft (§ 14 AktG, § 377 Abs. 1 FamFG) auf Antrag das Mitglied zu bestellen. Ein Vorstandsmitglied fehlt bei Ausscheiden durch Abberufung, Nichtigkeit der Bestellung, Niederlegung oder Tod sowie bei Nichtvorhandensein der nach Gesetz (§ 76 Abs. 2 S. 2 AktG) oder Satzung erforderlichen Zahl von Vorstandsmitgliedern oder des nach § 76 Abs. 2 S. 3 AktG erforderlichen Arbeitsdirektors (zB nach § 33 MitbestG).[75] Im Hinblick auf die Unterscheidung von fehlenden und verhinderten Vorstandsmitgliedern in § 105 Abs. 2 S. 1 AktG (dazu → § 24 Rn. 24 und → § 29 Rn. 14) stellt die bloße – auch langfristige – **Verhinderung** zB wegen Krankheit nach einhelliger Meinung kein **Fehlen eines Vorstandsmitglieds** dar.[76] 30

Das fehlende Vorstandsmitglied muss zudem **erforderlich** sein. Erforderlichkeit liegt insbesondere dann vor, wenn eine wirksame Vertretung der Gesellschaft nicht möglich ist.[77] Erforderlichkeit kann sich aber auch für Geschäftsführungsmaßnahmen ergeben.[78] Dies ist deswegen von großer Bedeutung, weil dem Gesamtvorstand zugewiesene Aufgaben, zB die Beschlussfassung über Vorschläge nach § 124 Abs. 3 S. 1 AktG, nicht von einem entgegen § 76 Abs. 2 S. 2 AktG unvollständig besetzten Vorstand erfüllt werden können (→ § 19 Rn. 52). 31

Ein **dringender Fall** für eine gerichtliche Notbestellung liegt vor, wenn der Aufsichtsrat selbst nicht eingreift oder eingreifen kann, um den fehlerhaften Zustand zu beheben, und ohne alsbaldige Notbestellung zu befürchten ist, dass sich erhebliche Gefahren für die Gesellschaft, die Aktionäre, die Arbeitnehmer, Gläubiger oder sonstige betroffene Dritte ergeben oder dass eine alsbald erforderliche Handlung nicht vorgenommen werden kann.[79] Die gerichtliche Bestellung kommt bei Untätigkeit des Aufsichtsrats erst in Betracht, wenn sich Initiativen zum Tätigwerden als erfolglos erwiesen haben.[80] Die in der gerichtlichen Praxis häufigsten Fälle betrafen früher die nach dem Krieg entstandenen **Spalt- oder Restgesellschaften.** Darunter werden üblicherweise Gesellschaften verstanden, die in ihrem ausländischen Sitzstaat enteignet (Spaltgesellschaft) oder enteignet und aufgelöst (Restgesellschaft) wurden, wegen verbleibenden inländischen Vermögens aber in Deutschland als eigenständige juristische Person anerkannt werden.[81] Bei ihnen muss zur Einberufung einer Hauptversammlung ein Notvorstand bestellt werden.[82] Das Fehlen eines **Arbeitsdirektors** in mitbestimmten Gesellschaften ist stets als dringender Fall im Sinne von § 85 Abs. 1 S. 1 AktG anzusehen.[83] Besteht eine Prozesspflegschaft (§ 57 ZPO), fehlt die Dringlichkeit, soweit die Befugnisse des Pflegers reichen. Die bloße Möglichkeit einer Pflegerbestellung schließt die Dringlichkeit einer Ersatzbestellung hingegen nicht aus.[84] 32

---

[75] Hüffer/*Koch* AktG § 85 Rn. 2; KölnKommAktG/*Mertens/Cahn* § 85 Rn. 2; Spindler/Stilz AktG/*Fleischer* § 85 Rn. 5. Siehe dazu auch den Sachverhalt von OLG Frankfurt a. M. AG 2008, 419: Widerruf der Bestellung und Amtsniederlegung.

[76] Bürgers/Körber AktG/*Bürgers* § 85 Rn. 2; Hüffer/*Koch* AktG § 85 Rn. 2; Schmidt/Lutter/*Seibt* AktG § 85 Rn. 2.

[77] Hüffer/*Koch* AktG § 85 Rn. 2; KölnKommAktG/*Mertens/Cahn* § 85 Rn. 3.

[78] KölnKommAktG/*Mertens/Cahn* § 84 Rn. 3; GroßkommAktG/*Kort* § 85 Rn. 20; MüKoAktG/*Spindler* § 85 Rn. 5 f.

[79] OLG Zweibrücken NZG 2012, 424.

[80] OLG Zweibrücken NZG 2012, 424 (425); 2011, 1277.

[81] BGHZ 33, 195 (197 ff.) (auch zur Unterscheidung zwischen Spalt- und Restgesellschaft); BGH ZIP 1989, 1546 (1547); BayObLGZ 1985, 208 (210); Hüffer/*Koch* AktG § 14 Rn. 4; MüKoAktG/ *Heider* § 14 Rn. 13.

[82] Spindler/Stilz AktG/*Fleischer* § 85 Rn. 7; Hüffer/*Koch* AktG § 85 Rn. 3; KölnKommAktG/ *Mertens/Cahn* § 85 Rn. 4. Siehe auch BGH NZG 2007, 429; OLG Karlsruhe NZG 2014, 667.

[83] Spindler/Stilz AktG/*Fleischer* § 85 Rn. 7; KölnKommAktG/*Mertens/Cahn* § 85 Rn. 4; differenzierend GroßkommAktG/*Kort* § 85 Rn. 28; MüKoAktG/*Spindler* § 85 Rn. 7.

[84] OLG Celle NJW 1965, 504 (505) (Prozesspflegschaft); KG NZG 2007, 475 (476) (Abwesenheitspflegschaft); KG AG 2005, 846 (Abwesenheitspflegschaft); Hüffer/*Koch* AktG § 85 Rn. 3; KölnKommAktG/*Mertens/Cahn* § 85 Rn. 6; Spindler/Stilz AktG/*Fleischer* § 85 Rn. 7.

Eine Ersatzbestellung kommt solange nicht in Betracht, wie die Bestellung der Vorstandsmitglieder deswegen zweifelhaft ist, weil sie mit einer Klage angegriffen wird, über die noch nicht rechtskräftig entschieden wurde.[85]

33 **Antragsberechtigt** sind alle Beteiligten, dh neben Vorstands- und Aufsichtsratsmitgliedern auch Aktionäre und Dritte, die ein schutzwürdiges Interesse an der Bestellung haben, weil ihnen durch die Vakanz ein Nachteil droht.[86] Bei Fehlen des Arbeitsdirektors ist auch der Betriebsrat antragsberechtigt.[87] Über den beim Amtsgericht des Sitzes der Gesellschaft schriftlich oder gemäß § 25 Abs. 1 FamFG zu Protokoll der Geschäftsstelle abzugebenden Antrag entscheidet der Richter (§ 17 Nr. 2a RPflG). Die Bestellung erfolgt nach Anhörung des Aufsichtsrats und etwa vorhandener Vorstandsmitglieder[88] durch Beschluss, der nach § 40 Abs. 1 FamFG mit der Bekanntmachung an denjenigen wirksam wird, für den er seinem wesentlichen Inhalt nach bestimmt ist. Das ist das vom Gericht bestellte Vorstandsmitglied, wenn es der Bestellung zustimmt.[89] Das bestellte Vorstandsmitglied ist nach § 81 Abs. 1 AktG zur Eintragung in das Handelsregister anzumelden. Durch den Bestellungsbeschluss kann das Gericht die Geschäftsführungsbefugnis des Notvorstands, nicht aber die Vertretungsmacht beschränken.[90]

34 Das Amt des gerichtlich bestellten Vorstandsmitglieds **erlischt** nach § 85 Abs. 2 AktG in jedem Fall, sobald der Mangel behoben ist, also der Aufsichtsrat das fehlende Vorstandsmitglied bestellt. Der Aufsichtsrat kann das gerichtlich bestellte Vorstandsmitglied nicht nach § 84 Abs. 3 S. 1 AktG abberufen. Ein Widerruf der gerichtlichen Bestellung hat vielmehr durch das Gericht zu erfolgen.[91] Ein wichtiger Grund im Sinne von § 84 Abs. 3 AktG ist hierzu nicht erforderlich. Der Aufsichtsrat kann die Amtszeit des gerichtlich bestellten Vorstandsmitglieds aber dadurch beenden, dass er nach § 84 Abs. 1 AktG das fehlende Vorstandsmitglied bestellt.

35 Durch die gerichtliche Bestellung tritt das Vorstandsmitglied nur in organisationsrechtliche Beziehungen zur Gesellschaft. Ein schuldrechtlicher Anstellungsvertrag wird nicht begründet. Daher gewährt § 85 Abs. 3 S. 1 AktG dem gerichtlich bestellten Vorstandsmitglied einen gesetzlichen Anspruch auf Ersatz angemessener barer Auslagen und auf Vergütung für seine Tätigkeit. Über die Höhe der Auslagen und der Tätigkeitsvergütung haben sich das gerichtlich bestellte Vorstandsmitglied und die Gesellschaft zu einigen. Kommt eine Einigung nicht zustande, setzt das Gericht die Auslagen und die Vergütung fest (§ 85 Abs. 3 S. 2 AktG). Die rechtskräftige Festsetzung der Auslagen und der Vergütung ist ein Vollstreckungstitel, aus dem die Zwangsvollstreckung nach der ZPO stattfindet.

IV. Dauer der Bestellung

36 Der Aufsichtsrat kann die Vorstandsmitglieder nach § 84 Abs. 1 S. 1 und 2 AktG auf **höchstens fünf Jahre** bestellen. Die **Höchstdauer** wird vom Beginn der Amtszeit an gerechnet. Eine vom Aufsichtsrat für längere Zeit ausgesprochene Bestellung wird nach Ablauf von fünf Jahren unwirksam.[92] Ist die Bestellung überhaupt nicht befristet, so ist sie im Wege der Auslegung im Zweifel als eine Bestellung auf fünf Jahre anzusehen.[93] Nach

---

[85] OLG Frankfurt a. M. AG 2008, 419 (421).
[86] KölnKommAktG/*Mertens/Cahn* § 85 Rn. 7.
[87] MüKoAktG/*Spindler* § 85 Rn. 9.
[88] OLG Frankfurt a. M. AG 2008, 419 (420).
[89] GroßkommAktG/*Kort* § 85 Rn. 58; MüKoAktG/*Spindler* § 85 Rn. 17.
[90] BayObLG ZIP 1986, 93 (95); LG Berlin AG 1986, 52 (53 f.); Hüffer/*Koch* AktG § 85 Rn. 5; KölnKommAktG/*Mertens/Cahn* § 85 Rn. 15.
[91] GroßkommAktG/*Kort* § 85 Rn. 76; MüKoAktG/*Spindler* § 85 Rn. 22; Spindler/Stilz AktG/*Fleischer* § 85 Rn. 16.
[92] BGHZ 10, 187 (195); BGH WM 1962, 109; 1957, 846 f.; Lutter/*Krieger/Verse*, Rechte und Pflichten des Aufsichtsrats, 6. Aufl. 2014, Rn. 354; GroßkommAktG/*Kort* § 84 Rn. 62.
[93] OLG Stuttgart AG 2013, 599 (600); Hüffer/*Koch* AktG § 84 Rn. 7; Spindler/Stilz AktG/*Fleischer* § 84 Rn. 13.

Empfehlung B.3 DCGK soll die Erstbestellung von Vorstandsmitgliedern für längstens drei Jahre erfolgen. Dem ist im Hinblick auf die größere Unsicherheit bei Erstbestellungen im Grundsatz. In der Praxis hat sich bei börsennotierten Gesellschaften eine Erstbestellung für drei Jahre durchgesetzt.[94] Wiederbestellungen erfolgen dann häufig für die Dauer von fünf Jahren.[95]

Eine **Mindestdauer** ist gesetzlich **nicht** festgelegt. Jedoch verletzt der Aufsichtsrat regelmäßig seine Pflicht, wenn er die Dauer der Bestellung zu kurz wählt.[96] Denn für eine vernünftige Leitung der Gesellschaft ist eine gewisse Mindestdauer unerlässlich. Der Vorstand gerät leicht in eine Abhängigkeit vom Aufsichtsrat, wenn er sich bereits nach kurzer Dauer zur Wiederwahl stellen muss. Dies ist mit der durch § 84 Abs. 3 S. 1 AktG geschützten Eigenverantwortlichkeit des Vorstands unvereinbar und widerspricht dem Grundsatz, dass das Vorstandsamt kurzfristig nur aus wichtigem Grund beendet werden kann.[97] Als Richtwert für die Mindestdauer der Bestellung wird – jenseits von Überbrückungsfällen und weiteren Sonderkonstellationen – ganz überwiegend ein Jahr angegeben.[98] Eine zu kurze Bestellung ist weder unwirksam, noch verlängert sie sich auf einen angemessenen Zeitraum oder gar auf fünf Jahre.[99] Die Satzung kann dem Aufsichtsrat nicht vorschreiben, dass die Vorstandsmitglieder auf eine bestimmte (Mindest- oder Höchst-)Zeit zu bestellen sind.

Eine **automatische Verlängerung** der Amtszeit über die gesetzliche Höchstdauer von fünf Jahren ist **nicht** zulässig. Der Aufsichtsrat muss vielmehr ausdrücklich eine Wiederbestellung oder Verlängerung der Amtszeit beschließen. Der Beschluss kann nach § 84 Abs. 1 S. 3 AktG höchstens ein Jahr vor Ablauf der Amtszeit gefasst werden; eine frühere Beschlussfassung ist nichtig. Möglich ist es, dass der Aufsichtsrat die bisherige Bestellung unter gleichzeitiger Wiederbestellung, zB auf fünf Jahre, aufhebt (**vorzeitige Wiederbestellung,** dazu → Rn. 28 f.).

Im Rahmen der Fünfjahresfrist sind nach § 84 Abs. 1 S. 4 AktG auch automatisch wirkende **Verlängerungsklauseln** zulässig,[100] beispielsweise in der Weise, dass sich die Bestellung für zunächst drei Jahre um zwei Jahre verlängert, wenn sie nicht vom Aufsichtsrat sechs Monate vor Ablauf der ersten Amtsperiode widerrufen wird. Für den Widerruf der Verlängerung bedarf es keines wichtigen Grundes.[101] Auf der Grundlage von § 84 Abs. 1 S. 4 AktG finden sich in der Praxis Gestaltungen, bei denen ein Vorstandsmitglied zB für ein Jahr bestellt wird mit der Maßgabe, dass sich die Bestellung jeweils um ein Jahr verlängert, sofern nicht der Aufsichtsrat oder das Vorstandsmitglied der Verlängerung widerspricht.[102] Praktisch relevant wird diese Gestaltung insbesondere bei Wiederbestellungen jenseits des 60. Lebensjahres und bei Aktiengesellschaften mit einem ausländischen Großaktionär, nach dessen Heimatrecht einjährige Vorstandsbestellungen üblich oder sogar rechtlich geboten sind. Insgesamt darf die Amtszeit durch Verlängerungsklauseln nicht mehr als fünf Jahre betragen. Der Aufsichtsrat kann einem Vorstandsmitglied die Wiederwahl

---

[94] So auch *Seyfarth,* Vorstandsrecht, § 3 Rn. 67.
[95] Zur vorzeitigen Verlängerung der Erstbestellung *Rahlmeyer* NZG 2018, 1408 ff.
[96] OLG München WM 2017, 1415 (1417); OLG Karlsruhe AG 1973, 310 (311); GroßkommAktG/*Kort* § 84 Rn. 66.
[97] GroßkommAktG/*Kort* § 84 Rn. 65; MüKoAktG/*Spindler* § 84 Rn. 45.
[98] GroßkommAktG/*Kort* § 84 Rn. 66; Hüffer/*Koch* AktG § 84 Rn. 7; MüKoAktG/*Spindler* § 84 Rn. 45; Spindler/Stilz/*Fleischer* § 84 Rn. 12; aA *Lutter/Krieger/Verse,* Rechte und Pflichten des Aufsichtsrats, 6. Aufl. 2014, Rn. 355; *Krieger,* Personalentscheidungen des Aufsichtsrats, 1981, S. 118 f. (Regelamtszeit von fünf Jahren); *Seyfarth,* Vorstandsrecht, § 3 Rn. 66 f. (keine Mindestdauer).
[99] OLG München WM 2017, 1415 (1417); Hüffer/*Koch* AktG § 84 Rn. 7; Spindler/Stilz AktG/ *Fleischer* § 84 Rn. 12.
[100] BGH WM 1980, 1139 (1140); GroßkommAktG/*Kort* § 84 Rn. 108 f.; *Beiner/Braun,* Der Vorstandsvertrag, 2014, Rn. 125.
[101] KölnKommAktG/*Mertens/Cahn* § 84 Rn. 19.
[102] Semler/v. Schenck AR-HdB/*Fonk* § 10 Rn. 39; KölnKommAktG/*Mertens/Cahn* § 84 Rn. 26.

über den Zeitraum von fünf Jahren hinaus auch nicht bindend zusagen, weil sonst die freie Entschließung des Aufsichtsrats zur Wiederbestellung beseitigt wäre. Im Rahmen der Fünfjahresfrist sind solche Zusagen indes bindend,[103] da der Aufsichtsrat das Vorstandsmitglied auch gleich auf fünf Jahre hätte bestellen können.

V. Fehlerhafte und faktische Vorstandsverhältnisse

40 **1. Fehlerhafte Vorstandsverhältnisse.** Von einem fehlerhaften Vorstandsverhältnis oder von einem fehlerhaft bestellten Vorstandsmitglied wird gesprochen, wenn ein Vorstandsmitglied vom Aufsichtsrat bestellt worden ist, die Bestellung aber an einem Wirksamkeitsmangel leidet.[104] Als Fehlerquelle kommt insbesondere in Betracht, dass der Bestellungsbeschluss des Aufsichtsrats wegen fehlerhafter Einberufung nichtig ist.[105] Soll in der Aufsichtsratssitzung ein Vorstandsmitglied bestellt werden, ist dies in der Einladung hinreichend deutlich anzugeben. Die bloße Verwendung der Bezeichnung „Vorstandsangelegenheiten" wird dafür verbreitet als unzureichend angesehen,[106] was für besonders vertrauliche Vorstandsbestellungen nicht überzeugt.[107] Keine Nichtigkeit tritt ein, wenn in der fehlerhaft einberufenen Aufsichtsratssitzung alle Mitglieder erscheinen und – ohne dass ein Mitglied der Beschlussfassung widerspricht – abstimmen.[108] Als weitere Fehlergründe für die Vorstandsbestellung kommen in Betracht, dass die Bestellung oder Wiederbestellung nicht durch den Gesamtaufsichtsrat erfolgt oder gesetzliche Eignungsvoraussetzungen (→ Rn. 8) nicht erfüllt sind oder später wegfallen. Im Ergebnis ist unstreitig, dass die als Vorstandsmitglieder Handelnden trotz der fehlerhaften Bestellung die **gesetzlichen Pflichten eines ordnungsgemäß bestellten Vorstandsmitglieds** treffen.[109]

41 Gestützt wird dies darauf, dass die fehlerhafte Bestellung für die Zeit bis zur Geltendmachung des Mangels nach den für fehlerhafte Personengesellschaften maßgebenden Grundsätzen als wirksam zu behandeln ist (**„Lehre von der fehlerhaften Organstellung")**.[110] Die Handlungen des fehlerhaft bestellten Vorstandsmitglieds sind danach im Innen- und Außenverhältnis

---

[103] MüKoAktG/*Spindler* § 84 Rn. 47; aA GroßkommAktG/*Kort* § 84 Rn. 111; KölnKommAktG/ *Mertens/Cahn* § 84 Rn. 20.

[104] KölnKommAktG/*Mertens/Cahn* § 84 Rn. 30 ff.; Hüffer/*Koch* AktG § 84 Rn. 12 f.; *Fleischer* AG 2004, 517; *Strohn* DB 2011, 158 f.; grundsätzlich zur Lehre vom fehlerhaften Bestellungsverhältnis *Bayer/Lieder* NZG 2012, 1 ff.

[105] BGH WM 2000, 1543 (1544) (für Kündigung des Anstellungsvertrags); ebenso für Abberufung von Geschäftsführern BGH WM 1962, 202; OLG München BB 1978, 471. Hüffer/*Koch* AktG § 108 Rn. 4 beklagt zu Recht, dass es ausgerechnet bei Bestellung und Abberufung von Vorstandsmitgliedern immer wieder zu Fehlern kommt.

[106] MüKoAktG/*Habersack* § 110 Rn. 19; Semler/v. Schenck Aufsichtsrat/*Gittermann* AktG § 110 Rn. 26; Spindler/Stilz AktG/*Spindler* § 110 Rn. 19; restriktiv auch die Rechtsprechung zu allerdings abweichenden Konstellationen: BGH WM 2000, 1543 (1544); OLG Naumburg NZG 2001, 901 (902) (jeweils zur Abberufung eines Vorstandsmitglieds einer Sparkasse durch den Verwaltungsrat); OLG Naumburg NZG 1999, 317 (318) (Abberufung des Geschäftsführers durch einen fakultativen Aufsichtsrat); OLG Stuttgart DB 2003, 932 f. (Abberufung des Vorstandsmitglieds einer Genossenschaft); OLG Stuttgart BB 1985, 879 (880) (Abberufung des Geschäftsführers durch den Aufsichtsrat einer paritätisch mitbestimmten GmbH).

[107] Abwägung des Informationsinteresses des Aufsichtsratsmitglieds mit dem Schutz-/Geheimhaltungsinteresse der Gesellschaft auch bei Hölters AktG/*Hambloch-Gesinn/Gesinn* § 110 Rn. 14; KölnKommAktG/*Mertens/Cahn* § 110 Rn. 4; großzügig auch Hüffer/*Koch* AktG § 110 Rn. 4 (Zulässigkeit, sofern keine gezielte Irreführung); auch → § 31 Rn. 42.

[108] OLG München WM 2017, 1415 (1417); Hüffer/*Koch* AktG § 110 Rn. 5; MüKoAktG/*Habersack* § 110 Rn. 21.

[109] GroßkommAktG/*Hopt/Roth* § 93 Rn. 44; Hüffer/*Koch* AktG § 84 Rn. 12; KölnKommAktG/ *Mertens/Cahn* § 84 Rn. 30; *Bayer/Lieder* NZG 2012, 1 (5).

[110] So die Terminologie von BGH AG 2011, 875 – Unicredit/HVB; ebenso schon OLG München WM 2011, 40. Ausführlich *Bayer/Lieder* NZG 2012, 1 (2); *Strohn* DB 2011, 158 f.; so auch *Baums*, Der Geschäftsleitervertrag, 1987, S. 158 ff.; Hüffer/*Koch* AktG § 84 Rn. 12 f.; KölnKommAktG/*Mertens*/

rechtlich in gleicher Weise zu beurteilen wie die eines fehlerfrei bestellten. Eines Rückgriffs auf § 15 HGB oder die allgemeinen Rechtsscheingrundsätze bedarf es insoweit nicht.[111]

Voraussetzung für die Anwendung der Lehre von der fehlerhaften Organstellung ist, dass das fehlerhaft bestellte Vorstandsmitglied durch einen – wenn auch fehlerhaften – Bestellungstatbestand gewählt worden ist und die Bestellung angenommen hat.[112] Es muss auch tatsächlich für die Gesellschaft tätig geworden sein, das Organverhältnis muss also in Vollzug gesetzt worden sein.[113] Die Nichtigkeitsgründe, die nach allgemeinen rechtsgeschäftlichen Grundsätzen zur ex tunc-Nichtigkeit des Bestellungsaktes führen müssten, sind auf korporative Rechtsgeschäfte nach Vollzug nur modifiziert anwendbar und machen das Bestellungsverhältnis nur ex nunc vernichtbar. Sie stellen einen wichtigen Grund zur Abberufung nach § 84 Abs. 3 AktG dar. Das betroffene Vorstandsmitglied ist aber auch berechtigt, sein Mandat niederzulegen.[114] Die Anerkennung der fehlerhaften Organstellung darf im Einzelfall nicht gegen höherrangige Schutzinteressen Einzelner oder der Allgemeinheit verstoßen.[115] Sie entsteht nicht, wenn das vermeintliche Vorstandsmitglied kraft Gesetzes nicht vorstandsfähig ist.[116] **42**

2. Faktische Vorstandsverhältnisse. Die mit der Organstellung als Vorstandsmitglied verbundenen gesetzlichen Pflichten treffen auch **faktische Vorstandsmitglieder**. Der Rechtsfigur des faktischen Vorstandsmitglieds liegt der Gedanke zugrunde, dass derjenige der – ohne dazu berufen zu sein – wie ein Vorstandsmitglied handelt, auch die Verantwortung eines Vorstandsmitglieds tragen und wie ein solches haften muss.[117] Es geht also letztlich um eine Wertung auf der Grundlage des Schutzzwecks der in Frage kommenden Haftungsnorm, so dass unterschiedliche Voraussetzungen an den Begriff des faktischen Vorstandsmitglieds gestellt werden.[118] Für die zivilrechtliche Haftung und die Strafbarkeit bei Insolvenzverschleppung und damit für die Verpflichtung zur Stellung eines Insolvenzantrags bei Vorliegen der Voraussetzungen des § 15a InsO ist seit langem anerkannt, dass sie auch denjenigen trifft, der rein tatsächlich, ohne zum Vorstandsmitglied bestellt worden zu sein, die organschaftlichen Befugnisse tatsächlich ausübt.[119] Hieran anknüpfend hat der BGH, ohne sich grundsätzlich festzulegen, die Weichen dahin gestellt, dass eine Person, die sich faktisch wie ein Vorstand verhält, auch wie ein solcher haftet, also nach § 93 Abs. 2 AktG.[120] **43**

Cahn § 84 Rn. 30; *Stein*, Das faktische Organ, 1984, S. 97 ff. und 119 ff.; *Schäfer*, Die Lehre vom fehlerhaften Verband, 2002, S. 473 ff.

[111] GroßkommAktG/*Kort* § 84 Rn. 93; *Bayer/Lieder* NZG 2012, 1 (5); *Hüffer/Koch* AktG § 84 Rn. 13; aA MüKoAktG/*Spindler* § 84 Rn. 242; Schmidt/Lutter/*Seibt* AktG § 84 Rn. 21.

[112] *Baums*, Der Geschäftsleitervertrag, 1987, S. 158; *Beiner/Braun*, Der Vorstandsvertrag, 2014, Rn. 127; KölnKommAktG/*Mertens/Cahn* § 84 Rn. 30; *Stein*, Das faktische Organ, 1984, S. 122; *Bayer/Lieder* NZG 2012, 1 (3).

[113] BGHZ 129, 30 (32); *Bayer/Lieder* NZG 2012, 1 (3); *Strohn* DB 2011, 158 (159); GroßkommAktG/*Kort* § 84 Rn. 86; *Baums*, Der Geschäftsleitervertrag, 1987, S. 161 f.; verneinend *Stein*, Das faktische Organ, 1984, S. 124.

[114] GroßkommAktG/*Kort* § 84 Rn. 99; MüKoAktG/*Spindler* § 84 Rn. 249; Spindler/Stilz AktG/*Fleischer* § 84 Rn. 21; *Bayer/Lieder* NZG 2012, 1 (5).

[115] GroßkommAktG/*Hopt/Roth* § 93 Rn. 358 ff.; *Bayer/Lieder* NZG 2012, 1 (4); *Stein*, Das faktische Organ, 1984, S. 139 ff.

[116] GroßkommAktG/*Kort* § 84 Rn. 89 f.; *Hüffer/Koch* AktG § 84 Rn. 32; Spindler/Stilz AktG/*Fleischer* § 84 Rn. 20.

[117] BGHZ 104, 44 (47); *Strohn* DB 2011, 158 (160).

[118] Ausführlich zu der Entwicklung der Rspr. des BGH *Strohn* DB 2011, 158 (160 ff.).

[119] BGHZ 75, 96 (106 f.) – Herstatt (unter Hinweis auf BGHSt 21, 101). Ebenso BGHZ 104, 44 (46); OLG München WM 2011, 40 (42); OLG Düsseldorf NZG 2000, 312 (313); KölnKommAktG/*Mertens/Cahn* § 84 Rn. 33 und § 93 Rn. 42 ff.; GroßkommAktG/*Kort* § 84 Rn. 84; *Fleischer/Schmolke* WM 2012, 1009 ff.

[120] BGHZ 150, 61 (69); ebenso GroßkommAktG/*Hopt/Roth* § 93 Rn. 362 ff.; KölnKommAktG/*Mertens/Cahn* § 93 Rn. 42 ff.; *Fleischer* AG 2004, 517 (528); *Stein*, Das faktische Organ, 1984, S. 136 ff.

44 **Faktisches Vorstandsmitglied** ist derjenige, der die Funktion eines Vorstands in organtypischer Weise tatsächlich wahrnimmt, wobei es auf die Billigung durch den Aufsichtsrat als Bestellungsorgan nicht ankommt.[121] Wann dies der Fall ist, ist aufgrund einer materiellen Betrachtung anhand einer Gesamtschau aller Einzelumstände festzustellen.[122] Wesentliche Voraussetzung ist, dass der Betreffende in maßgeblichem Umfang Vorstandsfunktionen übernimmt, auch wenn daneben eine laufende Geschäftsführung durch die hierzu berufenen Vorstandsmitglieder erfolgt.[123] Hierzu gehört in aller Regel, dass der Betreffende auch nach außen als Vorstandsmitglied in Erscheinung tritt.[124] Es reicht aber nicht, dass sich der Handelnde als Vorstandsmitglied geriert. Vielmehr erfordert eine faktische Vorstandsstellung den Nachweis, dass der Betreffende die Geschicke der Gesellschaft durch eigenes Handeln im Außenverhältnis, das die Tätigkeit des rechtlichen Organs Vorstand nachhaltig prägt, maßgeblich in die Hand genommen hat.[125] Erfolgt diese Einflussnahme durch das herrschende Unternehmen oder unter Verwendung eines Einflusses auf die Gesellschaft, ist zu prüfen, ob angesichts des Schutzes der §§ 117, 311 ff. AktG überhaupt ein Bedürfnis nach zusätzlicher Haftung aus der Figur des faktischen Vorstandsmitglieds besteht.[126]

VI. Widerruf der Bestellung

45 **1. Allgemeines.** Die Bestellung zum Vorstandsmitglied kann nach § 84 Abs. 3 S. 1 AktG widerrufen werden, wenn ein **wichtiger Grund** vorliegt. Der **Widerruf der Bestellung**, auch **Abberufung** genannt, ist das Gegenstück der Bestellung zum Vorstandsmitglied und beendet somit die organisationsrechtliche Stellung als Mitglied des Vorstands.[127] Nach der Trennungstheorie (→ Rn. 13) bleibt der Anstellungsvertrag vom Widerruf der Bestellung unberührt. Im Wege der Auslegung ist stets zu prüfen, ob nicht mit dem Widerruf der Bestellung schlüssig zugleich die Kündigung des Anstellungsvertrags erklärt wird. Dies dürfte häufig der Fall sein, da der isolierte Fortbestand des Anstellungsvertrags nur in Ausnahmefällen sinnvoll ist.[128] Zum Teil enthält der Anstellungsvertrag eine auflösende Bedingung, nach deren Inhalt die Beendigung des Anstellungsvertrags an den Widerruf der Bestellung gekoppelt ist (**Koppelungsklausel**, näher → § 21 Rn. 29).

46 Die **Zuständigkeit** für den Widerruf liegt nach § 84 Abs. 3 S. 1 AktG beim Aufsichtsrat, und zwar wegen § 107 Abs. 3 S. 4 AktG beim Gesamtaufsichtsrat. Der Aufsichtsrat entscheidet nach § 108 Abs. 1 AktG durch Beschluss.[129] In mitbestimmten Gesellschaften ist nach § 31 Abs. 5 MitbestG das mehrstufige Verfahren des § 31 MitbestG zu beachten. Im Hinblick auf die Monatsfrist des § 31 Abs. 3 S. 1 MitbestG geht die hM davon aus, dass die zweiwöchige Ausschlussfrist des § 626 Abs. 2 BGB zur Kündigung des Anstellungsvertrags aus wichtigem Grund solange gehemmt ist, bis das Verfahren über den Widerruf beendet ist.[130]

---

[121] *Baums,* Der Geschäftsleitervertrag, 1987, S. 158; *Fleischer* AG 2004, 517 (524); *Stein* ZHR 148 (1984), 207 (216); aA GroßkommAktG/*Hopt*/*Roth* § 93 Rn. 50.
[122] BGHZ 104, 44 (48); OLG München WM 2011, 40 (42); *Strohn* DB 2011, 158 (160 ff.); *Fleischer* AG 2004, 517 (524).
[123] BGHZ 104, 44 (48); GroßkommAktG/*Hopt*/*Roth* § 93 Rn. 364 f.; *Fleischer* AG 2004, 517 (525).
[124] BGHZ 150, 61 (70).
[125] BGH DB 2008, 1202 (1203); OLG München WM 2011, 40 (42); *Strohn* DB 2011, 158 (160 ff.).
[126] *Strohn* DB 2011, 158 (162); *Stein,* Das faktische Organ, 1984, S. 166 f.
[127] Hüffer/*Koch* AktG § 84 Rn. 32; Bürgers/Körber AktG/*Bürgers* § 84 Rn. 24; KölnKommAktG/Mertens/Cahn § 84 Rn. 106.
[128] BGHZ 12, 337 (340); BGH WM 1973, 639; GroßkommAktG/*Kort* § 84 Rn. 480; KölnKommAktG/*Mertens*/*Cahn* § 84 Rn. 106; Spindler/Stilz AktG/*Fleischer* § 84 Rn. 92.
[129] BGH WM 2013, 467 Rn. 11; 2009, 702 Rn. 12; Grigoleit/*Grigoleit*/*Tomasic* AktG § 112 Rn. 9 f.; Spindler/Stilz AktG/*Spindler* § 112 Rn. 33.
[130] Hüffer/*Koch* AktG § 84 Rn. 33; MüKoAktG/*Spindler* § 84 Rn. 124; Bürgers/Körber AktG/*Bürgers* § 84 Rn. 26; Spindler/Stilz AktG/*Fleischer* § 84 Rn. 96; aA KölnKommAktG/*Mertens*/*Cahn* § 84 Rn. 174.

47 Mit der **Abberufung** enden die organschaftliche Stellung des Vorstandsmitglieds und die damit verbundenen Kompetenzen. Die Abberufung wird erst mit Zugang der Widerrufserklärung beim Vorstandsmitglied wirksam, näher → Rn. 63. Der **Anstellungsvertrag** bleibt nach § 84 Abs. 3 S. 5 AktG von einer **isolierten Abberufung** unberührt. Es entfallen dann lediglich jene Bestimmungen, die – wie die gelegentlich anzutreffende Vertretungsregelung im Anstellungsvertrag – sinngemäß die Organstellung voraussetzen.[131] Der isolierte Widerruf der Bestellung, auch wegen Vertrauensentzugs, stellt kein vertragswidriges Verhalten der Gesellschaft iSd § 628 Abs. 2 BGB dar[132] und berechtigt das Vorstandsmitglied nicht seinerseits zur Kündigung des Anstellungsvertrags aus wichtigem Grund. Der Anstellungsvertrag kann sich als nach der Abberufung in ein „gewöhnliches Anstellungsverhältnis" umwandeln, für dessen Kündigung nicht mehr der Aufsichtsrat, sondern der Vorstand zuständig ist (näher → § 21 Rn. 30 f.).

48 Der Widerruf der Bestellung ist – anders als die Kündigung des Anstellungsvertrags nach § 626 Abs. 2 BGB – nicht an eine Frist gebunden. Nach allgemeinen Grundsätzen kann aber **Verwirkung des wichtigen Grundes** eintreten, wenn das Vorstandsmitglied auf Grund der Untätigkeit des Aufsichtsrats davon ausgehen darf, er wolle auf die fraglichen Umstände nicht mehr zurückgreifen.[133] Dem Aufsichtsrat bleibt es aber in der Regel unbenommen, zunächst den Versuch einer einvernehmlichen Regelung zu unternehmen.

49 2. **Wichtiger Grund. a) Allgemeines.** Materielle Voraussetzung für den Widerruf der Bestellung ist das **Vorliegen eines wichtigen Grundes**. Das Erfordernis des wichtigen Grundes sichert die eigenverantwortliche Leitungsmacht des Vorstands. Es ist daher zwingend und kann weder in der Satzung noch durch Bestellungsbeschluss oder Anstellungsvertrag ausgeschlossen oder geändert werden.[134] Ein wichtiger Grund liegt vor, wenn der Gesellschaft die weitere Ausübung der Organfunktion durch das Vorstandsmitglied bis zum Ablauf seiner Amtszeit nicht zuzumuten ist.[135] Dabei kommt es nicht darauf an, ob der wichtige Grund in der Person des Vorstandsmitglieds liegt oder auf anderen Sachverhalten beruht.[136] Als Beispiele eines wichtigen Grundes nennt § 84 Abs. 3 S. 2 AktG grobe Pflichtverletzung, Unfähigkeit zur ordnungsgemäßen Geschäftsführung und Vertrauensentzug durch die Hauptversammlung, es sei denn, das Vertrauen wurde aus offenbar unsachlichen Gründen entzogen. Der Vertrauensentzug durch die Hauptversammlung stellt auch in mitbestimmten Gesellschaften einen wichtigen Grund zur Abberufung dar.[137]

50 Bei der Prüfung der Frage, ob der Gesellschaft die Fortdauer der Amtszeit eines Vorstandsmitglieds bis zu ihrem Ablauf zumutbar ist, kommt es jeweils auf die besonderen Umstände des Einzelfalls an. Welche Gesichtspunkte im Rahmen der Zumutbarkeit zu berücksichtigen sind, ist umstritten. Nach hM sind insoweit die Interessen der Gesellschaft und des betroffe-

---

[131] KölnKommAktG/*Mertens/Cahn* § 84 Rn. 107.
[132] BGH NJW 2003, 351 (für GmbH-Geschäftsführer), aA KölnKommAktG/*Mertens/Cahn* § 84 Rn. 107.
[133] BGH NJW-RR 1993, 1253 (1254) (für GmbH-Geschäftsführer); OLG Frankfurt a. M. NZG 2015, 514 (515); OLG Stuttgart AG 2003, 211 (213); KölnKommAktG/*Mertens/Cahn* § 84 Rn. 113; Spindler/Stilz AktG/*Fleischer* § 84 Rn. 98.
[134] BGHZ 8, 348 (360 f.); Bürgers/Körber AktG/*Bürgers* § 84 Rn. 27; KölnKommAktG/*Mertens/Cahn* § 84 Rn. 120. Das Erfordernis des wichtigen Grundes darf nach OLG Karlsruhe BB 1973, 1088 auch nicht durch Kündigungsklauseln im Anstellungsvertrag umgangen werden.
[135] BGH WM 2007, 164 Rn. 2; NJW-RR 1988, 352 (353); OLG Stuttgart AG 2013, 599 Rn. 88; OLG Hamm AG 2010, 789 (791); OLG Stuttgart AG 2003, 211 (212); LG Duisburg Der Konzern 2014, 40 (46); Hüffer/*Koch* AktG § 84 Rn. 34; KölnKommAktG/*Mertens/Cahn* § 84 Rn. 121; MüKoAktG/*Spindler* § 84 Rn. 131.
[136] OLG München AG 2006, 337 (339); Hüffer/*Koch* AktG § 84 Rn. 35; KölnKommAktG/*Mertens/Cahn* § 84 Rn. 121; MüKoAktG/*Spindler* § 84 Rn. 132.
[137] Habersack/Henssler MitbestR/*Habersack* MitbestG § 31 Rn. 30; *Krieger*, Personalentscheidungen des Aufsichtsrats, 1981, S. 130 f.; KölnKommAktG/*Mertens/Cahn* § 84 Rn. 127; aA Reich/*Lewerenz* AuR 1976, 261 (270 f.).

nen Vorstandsmitglieds gegeneinander abzuwägen.[138] Danach fließen auch die individuellen Interessen des Betroffenen, zB die sozialen Folgen einer vorzeitigen Abberufung, sein Lebensalter und die damit verbundene Möglichkeit einer anderweitigen beruflichen Existenz sowie seine besonderen Verdienste für das Unternehmen in die Interessenabwägung ein. Demgegenüber berücksichtigt eine im Vordringen befindliche Auffassung für die Frage der Zumutbarkeit der Fortdauer der Amtszeit bis zu ihrem Ablauf ausschließlich die Interessen der Gesellschaft.[139] Für diese Auffassung sprechen die besseren Argumente:[140] Nach § 84 Abs. 3 S. 5 AktG werden die Interessen des betroffenen Vorstandsmitglieds bei der Frage der Fortdauer des Anstellungsverhältnisses berücksichtigt. Zudem beziehen sich die in § 84 Abs. 3 S. 2 AktG beispielhaft aufgeführten Fälle eines wichtigen Grundes zur Abberufung ausschließlich auf die Interessen der Gesellschaft. Auch ist zu berücksichtigen, dass der wichtige Grund für die Abberufung die Unabhängigkeit des Vorstands, nicht aber das einzelne Vorstandsmitglied persönlich schützen soll. Schließlich zeigt die Rechtslage im GmbH-Recht, dass dort gemäß § 38 Abs. 1 GmbHG „unbeschadet der Entschädigungsansprüche aus bestehenden Verträgen" die jederzeitige Abberufung zulässig ist. Die individuellen Interessen des betroffenen Geschäftsführers werden danach im Rahmen des Anstellungsvertrags und nicht bei der Frage der Fortdauer der Bestellung berücksichtigt.

51 **Verschulden** und **Pflichtverletzung** des Vorstandsmitglieds sind für das Vorliegen eines wichtigen Grundes nicht erforderlich.[141] Bei der Frage der Zumutbarkeit eines weiteren Verbleibens des Vorstandsmitglieds für die Gesellschaft ist die Restlaufzeit der Bestellung zu berücksichtigen. Endet die Bestellung in Kürze, so ist der Gesellschaft ein weiteres Verbleiben des Vorstandsmitglieds eher zuzumuten.[142] Keine Rolle kann es demgegenüber spielen, dass die Abberufung für das betroffene Vorstandsmitglied diffamierenden, herabsetzenden oder hindernden Charakter hat.[143] Ist das weitere Verbleiben eines Vorstandsmitglieds für die Gesellschaft unzumutbar, so kann eine Abberufung nicht deshalb unzulässig sein, weil das Vorstandsmitglied aufgrund des Widerrufs in den Verdacht der Unfähigkeit oder Ungeeignetheit gerät.[144]

---

[138] BGH WM 1962, 811 f.; KG AG 2007, 745 (746); OLG Frankfurt a. M. NZG 2015, 514 (515) – Commerzbank; OLG Stuttgart AG 2013, 599 Rn. 89; 2003, 211 (212); für Abberufung aus wichtigem Grund nach § 38 Abs. 2 GmbHG auch OLG Hamburg ZIP 1991, 1430 (1432); OLG Stuttgart NJW-RR 1995, 295 (296); Bürgers/Körber AktG/*Bürgers* § 84 Rn. 28; GroßkommAktG/*Kort* § 84 Rn. 140; Henssler/Strohn/*Dauner-Lieb* AktG § 84 Rn. 31: Hüffer/*Koch* AktG § 84 Rn. 34; KölnKommAktG/*Mertens/Cahn* § 84 Rn. 122; *Ihrig/Schäfer,* Rechte und Pflichten des Vorstands, 2014, Rn. 132; MHdB GesR VII/*Koch* § 30 Rn. 103; *Tschöpe/Wortmann* NZG 2009, 161 (162) (die zum Teil zugestehen, dass den Interessen der Gesellschaft größeres Gewicht zukommt als dem Amtserhaltungsinteresse des Vorstandsmitglieds). Letztlich unergiebig ist die von der hM häufig zitierte Entscheidung BGH NZG 2007, 189 Rn. 2.
[139] MüKoAktG/*Spindler* § 84 Rn. 131; Schmidt/Lutter/*Seibt* AktG § 84 Rn. 49; Spindler/Stilz AktG/*Fleischer* § 84 Rn. 102; *Lutter/Krieger/Verse,* Rechte und Pflichten des Aufsichtsrats, 6. Aufl. 2014, Rn. 365; *Seyfarth,* Vorstandsrecht, § 19 Rn. 15 f.; *Schockenhoff* ZIP 2017, 1785 (1787); *Schmolke* AG 2014, 377 (383); *Hoffmann-Becking* ZIP 2007, 2101 (2102).
[140] Ausführlich *Fleischer* AG 2006, 429 (439); *Schmolke* AG 2014, 377 (383 f.).
[141] BGH ZIP 1992, 760 (761); AG 1975, 242 (244); OLG München ZIP 2017, 1808 (1809) (für GmbH-Geschäftsführer); OLG Stuttgart AG 2013, 599 Rn. 90; 2003, 211 (212); Bürgers/Körber AktG/*Bürgers* § 84 Rn. 28; Hüffer/*Koch* AktG § 84 Rn. 35; MüKoAktG/*Spindler* § 84 Rn. 132; Semler/v. Schenck AR-HdB/*Fonk* § 10 Rn. 301.
[142] BGHZ 20, 238 (249) (zur Kündigung des Anstellungsvertrags); BGH WM 1968, 1347 (zur Abberufung eines GmbH-Geschäftsführers aus wichtigem Grund (§ 38 Abs. 2 GmbHG)); BGH WM 1962, 811 (812); OLG Stuttgart AG 2013, 599 Rn. 89; MüKoAktG/*Spindler* § 84 Rn. 131; *Tschöpe/Wortmann* NZG 2009, 161 (162).
[143] *Seyfarth,* Vorstandsrecht, § 19 Rn. 16; Spindler/Stilz AktG/*Fleischer* § 84 Rn. 100; aA BGH WM 1962, 811 (812) für einen besonderen Sachverhalt.
[144] Semler/v. Schenck AR-HdB/*Fonk* § 10 Rn. 301; *Säcker* FS G. Müller, 1981, 745 (750 f.); aA Hölters AktG/*Weber* § 84 Rn. 71; *Tschöpe/Wortmann* NZG 2009, 161 (162).

Die Voraussetzungen für einen wichtigen Grund zur Kündigung des Anstellungsvertrags 52
nach § 626 Abs. 1 BGB sind enger gezogen als die Gründe, die den Widerruf der Organstellung rechtfertigen. Gründe zur Kündigung des Anstellungsvertrags nach § 626 Abs. 1 BGB sind somit erst recht für eine Abberufung nach § 84 Abs. 3 AktG ausreichend.[145] Dagegen ist umgekehrt ein wichtiger Grund für die Abberufung nicht automatisch ein wichtiger Grund für die Kündigung des Anstellungsvertrags.[146] Bei der Frage, ob ein wichtiger Grund zum Widerruf der Bestellung vorliegt, hat der Aufsichtsrat **keinen Beurteilungsspielraum**.[147] Bei einer gerichtlichen Überprüfung des Abberufungsbeschlusses prüft somit das Gericht vollumfänglich, ob ein wichtiger Grund vorlag. Davon zu unterscheiden ist die Frage, ob der Aufsichtsrat bei Vorliegen eines wichtigen Grundes auch zur Abberufung verpflichtet ist (näher → Rn. 62).

b) Gesetzliche Beispiele. Nach § 84 Abs. 3 S. 2 AktG liegt ein wichtiger Grund 53
namentlich vor bei grober Pflichtverletzung, Unfähigkeit zur ordnungsmäßigen Geschäftsführung und Vertrauensentzug durch die Hauptversammlung, es sei denn, das Vertrauen wurde aus offenbar unsachlichen Gründen entzogen. Bei diesen drei Fallgruppen handelt es sich um eine nicht abschließende Aufzählung („namentlich"). Zum Vorliegen eines wichtigen Grundes besteht eine umfangreiche Kasuistik. Ob ein wichtiger Grund vorliegt, ist aber in jedem Einzelfall zu prüfen. Die nachfolgend aufgeführten Beispiele stehen daher unter dem Vorbehalt einer abweichenden Einzelfallprüfung.

Die zahlenmäßig bedeutendste Fallgruppe stellt die **grobe Pflichtverletzung** dar. 54
Hierzu gehört die schwerwiegende Verletzung von gesetzlichen oder Organpflichten, zB die Verletzung von Buchführungspflichten,[148] insbesondere die fehlende oder fehlerhafte Einreichung des Jahresabschlusses,[149] die unterlassene Einführung eines Risikokontrollsystems[150] oder Compliancesystems,[151] die Gewährung oder Entgegennahme von Schmiergeldern,[152] die Aneignung von Gesellschaftsvermögen,[153] private Anschaffungen auf Kosten der Gesellschaft,[154] die Beteiligung an Verstößen gegen das Kartellrecht[155] sowie die Beteiligung an oder der starke Verdacht der Beteiligung an strafbaren Handlungen[156] einschließlich Insidergeschäften.[157] Pflichtverletzungen gegenüber anderen Gesellschaftsorganen oder Vorstandmitgliedern können ebenfalls eine grobe Pflichtverletzung darstellen,[158] zB die vorsätzliche Täuschung der Vorstandskollegen,[159] dauernde Übergriffe in die Zuständigkeitsbereiche anderer Vorstandsmitglieder[160] sowie tätliche

---

[145] BGH NJW-RR 1996, 156; OLG Schleswig AG 2001, 651 (654); KölnKommAktG/*Mertens/Cahn* § 84 Rn. 121.
[146] BGH NJW 1989, 2683 (2684); LG Stuttgart AG 2003, 53 f.
[147] OLG Frankfurt a. M. NZG 2015, 514 Rn. 18; MüKoAktG/*Spindler* § 84 Rn. 130; Bürgers/Körber AktG/*Bürgers* § 84 Rn. 27; KölnKommAktG/*Mertens/Cahn* § 84 Rn. 122; aA *Krieger*, Personalentscheidungen des Aufsichtsrats, 1981, S. 138 ff.
[148] BGH WM 2009, 551; 1985, 567.
[149] BGH WM 2009, 551; OLG Hamm GmbHR 1992, 805 (806).
[150] LG Berlin AG 2002, 682 (683 f.) (aus formalen Gründen aufgehoben durch KG AG 2005, 205), dazu *Preußner/Zimmermann* AG 2002, 657 ff.; KölnKommAktG/*Mertens/Cahn* § 91 Rn. 27; MüKoAktG/*Spindler* § 91 Rn. 75; Spindler/Stilz AktG/*Fleischer* § 91 Rn. 46.
[151] *Schaefer/Baumann* NJW 2011, 3601 (3604 f.).
[152] OLG München NZG 2007, 361; KG AG 2007, 745 (747).
[153] BGH WM 1980, 29 f.; OLG Stuttgart AG 2003, 211 (213).
[154] LG München I AG 2015, 717 (718 f.).
[155] *Fleischer* BB 2008, 1070 (1074); *Säcker* WuW 2009, 362 (371).
[156] BGH WM 1967, 251; zur Verdachtsabberufung ausführlich *Schmolke* AG 2014, 377 ff.
[157] KG AG 2007, 745 (746).
[158] OLG Stuttgart AG 2013, 599 Rn. 90.
[159] BGH AG 1998, 519.
[160] Spindler/Stilz AktG/*Fleischer* § 84 Rn. 104.

oder verbale Angriffe gegen Vorstandskollegen oder Mitglieder anderer Gesellschaftsorgane.[161] Gleich zu bewerten sind die Missachtung von im Innenverhältnis zu beteiligenden Gremien oder zu beachtender Schranken,[162] insbesondere die Nichtbeachtung von Zustimmungsvorbehalten des Aufsichtsrats nach § 111 Abs. 4 AktG[163] sowie Verstöße gegen das Gebot der unbedingten Offenheit gegenüber dem Aufsichtsrat.[164]

55 Da nur grobe Pflichtverletzungen zur Abberufung aus wichtigem Grund berechtigen, sind weniger einschneidende Verletzungen von (Neben-)Pflichten nicht ausreichend, zB die unterlassene Einholung der Zustimmung zu einer Aufsichtsratstätigkeit für ein mit der Gesellschaft nicht konkurrierendes Unternehmen, die mit keinem erheblichen Zeitaufwand verbunden ist.[165] Solche Sachverhalte können aber ein Indiz für die Unfähigkeit zur ordnungsgemäßen Geschäftsführung sein, die in § 84 Abs. 3 S. 2 AktG ebenfalls als Beispiel für einen wichtigen Grund zur Abberufung aufgezählt ist.

56 Als weiteres Beispiel für einen wichtigen Grund zum Widerruf der Bestellung nennt § 84 Abs. 3 S. 2 AktG die **Unfähigkeit zur ordnungsmäßigen Geschäftsführung**. Unter diese Fallgruppe fallen alle Gründe, die ihre Ursache in der Person des Vorstandsmitglieds haben.[166] Beispiele hierfür sind die fachliche Unzulänglichkeit, zB das Fehlen der erforderlichen Kenntnisse[167] oder mangelnde Erfahrung in einer besonderen Situation des Unternehmens, namentlich in der Krise.[168] Weiterhin fallen unter diese Fallgruppe Defizite im persönlichen Bereich, zB eine private Insolvenz,[169] Straftaten im privaten Bereich, soweit hierdurch das Ansehen der Gesellschaft Schaden nehmen kann oder diese Fälle allgemein auf die Unzuverlässigkeit des Vorstandsmitglieds schließen lassen.[170] Hierher gehören auch eine langdauernde Erkrankung[171] und eine suchtartige Alkohol-, Drogen- oder Medikamentenabhängigkeit[172] sowie der Wegfall von statutarischen Eignungsvoraussetzungen.[173]

57 Unfähigkeit zur ordnungsgemäßen Geschäftsführung wird auch bejaht bei dauerhaftem Unfrieden oder einem **unheilbaren Zerwürfnis zwischen Vorstandsmitgliedern** mit der Folge, dass eine konstruktive Zusammenarbeit zwischen ihnen nicht mehr möglich ist.[174] In diesem Fall kann der Aufsichtsrat jedes der beteiligten Vorstandsmitglieder jedenfalls dann abberufen, wenn es durch sein – nicht notwendig schuldhaftes – Verhalten zu

---

[161] BGH NZG 2000, 546.
[162] OLG München AG 2005, 776 (777).
[163] BGH AG 1998, 519 f.; OLG München AG 2005, 776; OLG Stuttgart AG 2013, 599 Rn. 90; LG Duisburg Der Konzern 2014, 40 (47).
[164] BGHZ 20, 239 (246); OLG München AG 2012, 753 (755); OLG Stuttgart AG 2013, 599 Rn. 90; Spindler/Stilz AktG/*Fleischer* § 84 Rn. 104; MüKoAktG/*Spindler* § 84 Rn. 134.
[165] KG BeckRS 2007, 12065 unter II.2.a.; *Tschöpe/Wortmann* NZG 2009, 161 (164).
[166] KölnKommAktG/*Mertens/Cahn* § 84 Rn. 126; Spindler/Stilz AktG/*Fleischer* § 84 Rn. 106; *Tschöpe/Wortmann* NZG 2009, 161 (164 f.).
[167] OLG Stuttgart AG 2003, 211; OLG Naumburg NZG 2001, 901 (903).
[168] OLG München NZG 2006, 313; Schmidt/Lutter/*Drygala* AktG § 111 Rn. 25 f.
[169] BGH WM 1960, 289 (291); OLG Hamburg BB 1954, 978.
[170] Ähnlich GroßkommAktG/*Kort* § 84 Rn. 156; Spindler/Stilz AktG/*Fleischer* § 84 Rn. 105; *Seyfarth*, Vorstandsrecht, § 19 Rn. 30; *Fleischer* AG 2006, 429 (440), die zT eine Einordnung als grobe Pflichtverletzung vornehmen. Weitergehend wohl Hüffer/*Koch* AktG § 84 Rn. 36; MüKoAktG/*Spindler* § 84 Rn. 134.
[171] Hüffer/*Koch* AktG § 84 Rn. 36; KölnKommAktG/*Mertens/Cahn* § 84 Rn. 160; *Bayer* FS Hommelhoff, 2012, 87 (93 f.); *Fleischer* NZG 2010, 561 (565 f.).
[172] KölnKommAktG/*Mertens/Cahn* § 93 Rn. 96; Spindler/Stilz AktG/*Fleischer* § 93 Rn. 106; *Fleischer* NZG 2010, 561 (562 und 565 f.).
[173] Spindler/Stilz AktG/*Fleischer* § 84 Rn. 106; MüKoAktG/*Spindler* § 84 Rn. 135; aA KölnKommAktG/*Mertens/Cahn* § 84 Rn. 126 aE.
[174] BGH WM 2009, 551 (552) (GmbH-Geschäftsführer); BGH WM 1998, 1779 (1781); OLG München AG 2016, 592 (593 f.); OLG München DB 2010, 2162 (2164) (GmbH-Geschäftsführer); *Seyfarth*, Vorstandsrecht, § 19 Rn. 44.

dem Zerwürfnis beigetragen hat.[175] Nicht erforderlich ist, dass der Verursachungsanteil des Abzuberufenden größer ist als derjenige des oder der anderen Vorstandsmitglieder.[176] In Ausnahmefällen können auch **unüberbrückbare Meinungsverschiedenheiten zwischen Aufsichtsrat und Vorstandsmitglied** über die strategische Ausrichtung der Gesellschaft oder grundlegende Fragen der Geschäftspolitik ein wichtiger Grund zur Abberufung sein.[177] In diesem Bereich ist allerdings vor dem Hintergrund der Leitungsautonomie des Vorstands (→ § 19 Rn. 20) besondere Zurückhaltung geboten. Auch eine **Änderung der Vorstandsstruktur** und die Verkleinerung der **Personalstärke** des Vorstands können einen wichtigen Grund zur Abberufung darstellen, sofern die Maßnahmen von sachlichen Erwägungen getragen sind und die Fortsetzung des Organverhältnisses bis zum Ende der Amtszeit für die Gesellschaft unzumutbar ist.[178]

Als weiteres Beispiel eines wichtigen Grundes zur Abberufung nennt § 84 Abs. 3 S. 2 AktG den **Vertrauensentzug durch die Hauptversammlung,** es sei denn, dass das Vertrauen aus offenbar unsachlichen Gründen entzogen worden ist. Mit dieser Variante knüpft das AktG an die Tatsache an, dass die Vorstandsmitglieder wirtschaftlich gesehen Treuhänder des Vermögens der Aktionäre und damit bei der Amtsführung auf deren Vertrauen angewiesen sind.[179] Der Vertrauensentzug bedarf eines Beschlusses der Hauptversammlung.[180] Ein Entzug des Vertrauens durch einen Mehrheitsaktionär oder durch den Aufsichtsrat reicht nicht aus.[181] Auch die Versagung der Entlastung für ein Vorstandsmitglied durch die Hauptversammlung ist nicht als Vertrauensentzug iSd § 84 Abs. 3 S. 2 AktG anzusehen:[182] Jene ist vergangenheitsbezogen, dieser zukunftsbezogen.

Der Vertrauensentzug durch die Hauptversammlung bedarf keiner sachlichen Rechtfertigung und muss nicht konkret begründet werden.[183] Dass die Hauptversammlung das

---

[175] BGH WM 1992, 731 (GmbH-Geschäftsführer); MüKoAktG/*Spindler* § 84 Rn. 135; *Seyfarth,* Vorstandsrecht, § 19 Rn. 44.

[176] BGH WM 2009, 551 (552) (GmbH-Geschäftsführer); BGH WM 1998, 1779 (1781); OLG München DB 2010, 2162 (2164) (GmbH-Geschäftsführer); *Seyfarth,* Vorstandsrecht, § 19 Rn. 44.

[177] GroßkommAktG/*Kort* § 84 Rn. 176; KölnKommAktG/*Mertens/Cahn* § 84 Rn. 96; MüKoAktG/ *Spindler* § 84 Rn. 135; Spindler/Stilz AktG/*Fleischer* § 84 Rn. 107; *Lutter/Krieger/Verse,* Rechte und Pflichten des Aufsichtsrats, 6. Aufl. 2014, Rn. 365; *Seyfarth,* Vorstandsrecht, § 19 ;Rn. 44. AA, soweit sich Vorstand im Rahmen seines Leitungsermessens hält, Voraufl. → Rn. 56; Hüffer/*Koch* AktG § 84 Rn. 36; *Goette* FS 50 Jahre BGH, 2000, 123 (128 f.); zurückhaltend auch OLG Hamm AG 1991, 399 (400 f.).

[178] Siehe mit Unterschieden im Einzelnen OLG Frankfurt a. M. NZG 2015, 514 Rn. 20 – Commerzbank; LG Frankfurt a. M. NZG 2014, 706 (707) – Commerzbank, die im Streitfall keinen wichtigen Grund angenommen haben; GroßkommAktG/*Kort* § 84 Rn. 175a; Hüffer/*Koch* AktG § 84 Rn. 35; Spindler/Stilz AktG/*Fleischer* § 84 Rn. 113a; *Lutter/Krieger/Verse,* Rechte und Pflichten des Aufsichtsrats, 6. Aufl. 2014, Rn. 365; *Habersack* DB 2015, 787 (789).

[179] BGHZ 13, 188 (192); BGH AG 1975, 242; LG Darmstadt AG 1987, 318 (320); Spindler/Stilz AktG/*Fleischer* § 84 Rn. 112.

[180] BGH WM 1962, 811; Hüffer/*Koch* AktG § 84 Rn. 38; KölnKommAktG/*Mertens/Cahn* § 84 Rn. 128.

[181] BGH WM 1962, 811 (812) (Vertrauensentzug durch Mehrheitsaktionär); KölnKommAktG/ *Mertens/Cahn* § 84 Rn. 128; MüKoAktG/*Spindler* § 84 Rn. 141; *Fleischer* AG 2006, 429 (441); aA für Vertrauensentzug durch Aufsichtsrat OLG München AG 1986, 234 (235).

[182] LG München I AG 2005, 701 (702); Bürgers/Körber AktG/*Bürgers* § 84 Rn. 32; Spindler/Stilz AktG/*Fleischer* § 84 Rn. 111; *Seyfarth,* Vorstandsrecht, § 19 Rn. 44; aA (Entlastungsverweigerung kann, muss aber keinen Vertrauensentzug darstellen) Hüffer/*Koch* AktG § 84 Rn. 38; KölnKomm-AktG/*Mertens/Cahn* § 84 Rn. 127; MüKoAktG/*Spindler* § 84 Rn. 141; wohl auch KG AG 2007, 745 (746); zurückhaltend zu dieser Auffassung GroßkommAktG/*Kort* § 84 Rn. 165 (in der Regel gesonderter Beschluss erforderlich); *Lutter/Krieger/Verse,* Rechte und Pflichten des Aufsichtsrats, 6. Aufl. 2014, Rn. 366 (mag in der Theorie zutreffen, wird aber allenfalls in seltenen Ausnahmefällen praktisch werden). Für Gleichsetzung von Nichtentlastung und Vertrauensentzug offenbar Heidel AktR/*Oltmanns* AktG § 84 Rn. 24.

[183] BGH NZG 2017, 261 (263); OLG Hamm AG 2010, 789 (792); Hüffer/*Koch* AktG § 84 Rn. 37; MüKoAktG/*Spindler* § 84 Rn. 140.

Vertrauen in das Vorstandsmitglied verloren hat, ist mit der Protokollierung des Hauptversammlungsbeschlusses dokumentiert.[184] Der Beschluss ist nur unbeachtlich, wenn das Vertrauen aus offenbar unsachlichen Gründen entzogen worden ist. Unsachlichkeit liegt vor, wenn ein Vertrauensentzug nur als Vorwand dient, willkürlich oder wegen des damit verfolgten Zwecks missbräuchlich ist, insbesondere gegen Treu und Glauben verstößt.[185] Nicht unsachlich ist es, wenn die Hauptversammlung das Vertrauen aus den gleichen Gründen, auf Grund derer der Aufsichtsrat zuvor schon einen Widerruf beschlossen hatte, nur deswegen entzieht, weil die Sorge besteht, die Gründe des Aufsichtsrats könnten als wichtiger Grund nicht ausreichen.[186] Unsachlich ist es daher auch nicht, wenn die Hauptversammlung das Vertrauen wegen unterschiedlicher Auffassung in strategischen, geschäftspolitischen oder Geschäftsführungsfragen entzieht.[187] Spielen mehrere Gründe in dem Antrag auf Vertrauensentzug eine Rolle und sind sachliche darunter, ist nur auf diese abzustellen.[188]

60 **c) Weitere Kasuistik.** Ein wichtiger Grund zur Abberufung liegt nach § 84 Abs. 3 S. 2 AktG „namentlich" bei den aufgeführten Beispielsfällen vor. Daneben kann ein wichtiger Grund bei Sachverhalten gegeben sein, die in ihrem Gewicht den Beispielsfällen entsprechen.[189] Bei aufsichtspflichtigen Gesellschaften wie Kreditinstituten und Versicherungsunternehmen liegt ein der Unfähigkeit zur ordnungsgemäßen Geschäftsführung vergleichbarer Sachverhalt vor, wenn die Aufsichtsbehörde nach § 36 KWG oder § 303 Abs. 2 VAG die Abberufung verlangt.[190] Hiervon zu unterscheiden sind die Sachverhalte, in denen gesellschaftsfremde Dritte vom Aufsichtsrat die Abberufung verlangen, ohne hierzu – anders als zB die BaFin – rechtlich berechtigt zu sein. Es entspricht ganz hM, dass ein solches Abberufungsverlangen Dritter einen wichtigen Grund im Sinne von § 84 Abs. 3 S. 1 AktG bilden kann.[191] In jedem konkreten Einzelfall ist jedoch zu prüfen, ob ein wichtiger Grund zur Abberufung vorliegt, ob also die Fortsetzung des Vorstandsamts bis zum Ende der Amtszeit für die Gesellschaft unzumutbar ist. Nach Auffassung des BGH ist die Forderung der Hausbank, ein bestimmtes Vorstandsmitglied abzuberufen, anderenfalls eine für die Gesellschaft lebenswichtige Kreditlinie nicht verlängert werde, jedenfalls bei ansonsten bestehender Insolvenzreife ein wichtiger Grund für eine Abberufung im Sinne von § 84 Abs. 3 S. 1 AktG.[192]

61 Angesichts des Normzwecks von § 84 Abs. 3 S. 1 AktG, die eigenverantwortliche Leitungsmacht des Vorstands zu schützen, und angesichts des Schutzes der Verbandssouveränität der Gesellschaft vor Einflüssen gesellschaftsfremder Dritter dürfte ein Abberufungsverlangen Dritter nur bei Existenzgefährdung der Gesellschaft oder bei einem unmittelbar bevorstehenden schweren Schaden für die Gesellschaft einen wichtigen Grund zur Abberu-

---

[184] BGH NZG 2017, 261 (263).
[185] BGHZ 13, 188 (193); BGH NZG 2017, 261 (263); WM 1975, 787 (789); OLG Hamm AG 2010, 789 (792); MüKoAktG/Spindler § 84 Rn. 142. Zur Beweislastverteilung und anderen Einzelfragen *Mielke* BB 2014, 1035 ff. Für weite Auslegung des Ausschlusstatbestands hingegen Grigoleit/Vedder AktG § 84 Rn. 33 ff.
[186] OLG Hamm AG 2010, 789 (792); aA KölnKommAktG/*Mertens/Cahn* § 84 Rn. 127.
[187] BGH NJW 1975, 1657; OLG Hamm AG 2010, 789 (793); Bürgers/Körber AktG/*Bürgers* § 84 Rn. 32; Hüffer/*Koch* AktG § 84 Rn. 37.
[188] OLG Hamm AG 2010, 789 (792).
[189] Spindler/Stilz AktG/*Fleischer* § 84 Rn. 113; *Fleischer* AG 2006, 429 (442).
[190] BGH WM 1965, 973; OLG Stuttgart AG 2003, 211 (212 f.); VG Frankfurt a. M. WM 2004, 2157; gegen die Entscheidung des VG Frankfurt a. M. im konkreten Fall zutr. *Habersack* WM 2005, 2360 ff.; MüKoAktG/*Spindler* § 84 Rn. 139.
[191] BGH WM 2007, 164 Rn. 5; OLG München AG 2006, 1507 (1514); GroßkommAktG/*Kort* § 84 Rn. 172c; KölnKommAktG/*Mertens/Cahn* § 84 Rn. 131; Spindler/Stilz AktG/*Fleischer* § 84 Rn. 114 ff.
[192] BGH WM 2007, 164 Rn. 5; OLG München AG 2006, 1507 (1514); Hüffer/*Koch* AktG § 84 Rn. 35; Spindler/Stilz AktG/*Fleischer* § 84 Rn. 124; MüKoAktG/*Spindler* § 84 Rn. 139.

fung darstellen.¹⁹³ Nach diesem Grundsatz kann ausnahmsweise auch ein Abberufungsverlangen der Belegschaft¹⁹⁴ einen wichtigen Grund darstellen, wenn zuvor Vorstand und Aufsichtsrat alles Zumutbare versucht haben, die Arbeitnehmer von ihrem Verlangen abzubringen, und durch die angedrohten Maßnahmen schwere wirtschaftliche Schäden für die Gesellschaft drohen.¹⁹⁵ Nach den gleichen Kriterien sind Abberufungsverlangen von Kunden und Lieferanten der Gesellschaft, von Politikern und Vertretern gesellschaftlicher Gruppen sowie von Ratingagenturen und Finanzanalysten zu beurteilen.¹⁹⁶ Kein wichtiger Grund liegt indes bei einem Abberufungsverlangen von Aktionären vor. Diese müssen angesichts der Regelung in § 84 Abs. 3 S. 2 AktG den Weg über einen Vertrauensentzug durch die Hauptversammlung einschlagen.¹⁹⁷

3. Pflicht zum Widerruf. Liegt ein wichtiger Grund zur Abberufung vor, so „kann" der **62** Aufsichtsrat die Bestellung zum Vorstandsmitglied nach § 84 Abs. 3 S. 1 AktG widerrufen. Eine automatische Pflicht zur Abberufung löst das Vorliegen eines wichtigen Grundes nicht aus.¹⁹⁸ Dafür spricht neben dem Wortlaut von § 84 Abs. 3 S. 1 AktG der Umstand, dass es Situationen gibt, in denen trotz Vorliegens der Widerrufsvoraussetzungen eine Abberufung nicht im Interesse der Gesellschaft ist. Bei der Entscheidung hat der Aufsichtsrat vielmehr **Ermessen** und muss die Vor- und Nachteile der Abberufung für das Unternehmen abwägen. Im Einzelfall kann eine **Ermessensreduzierung auf Null** vorliegen.¹⁹⁹ In der Praxis sind solche Fälle nicht selten anzutreffen, zB bei evidenter grober Pflichtverletzung oder evidenter Unfähigkeit zur ordnungsmäßigen Geschäftsführung.

4. Wirksamwerden des Widerrufs. Die Abberufung ist eine empfangsbedürftige Willenserklärung.²⁰⁰ Der Aufsichtsrat kann ein Mitglied, regelmäßig den Vorsitzenden, ermächtigen, die Erklärung als Erklärungsvertreter für die Gesellschaft abzugeben (näher → § 31 Rn. 101 ff.). Ebenfalls möglich, in der Praxis aber selten empfehlenswert, ist es, dass ein Mitglied des Vorstands dem betroffenen Vorstandsmitglied die Widerrufserklärung des Aufsichtsrats als Erklärungsbote übermittelt.²⁰¹ Die Ermächtigung zur Abgabe der Widerrufserklärung kann sich aus der Satzung, der Geschäftsordnung des Aufsichtsrats oder einem Aufsichtsratsbeschluss ergeben. Auf den Nachweis der Ermächtigung findet nach wohl hM § 174 BGB entsprechende Anwendung.²⁰² Für den Nachweis ist die Übergabe des Originals des Aufsichtsratsprotokolls oder des von allen Aufsichtsratsmitgliedern unterschriebe-

---

¹⁹³ Spindler/Stilz AktG/*Fleischer* § 84 Rn. 115 f. (sowie ausführlich zu den einzelnen Fallgruppen in Rn. 117 ff.); MüKoAktG/*Spindler* § 84 Rn. 139. Weitergehend wohl *Seyfarth*, Vorstandsrecht, § 19 Rn. 31 mit Fn. 75.
¹⁹⁴ Dazu der Sachverhalt von BGH WM 1998, 1779 (Abberufungsverlangen durch Betriebsrat).
¹⁹⁵ BGHZ 34, 392 (401 f.); LG Köln AG 2004, 570; GroßkommAktG/*Kort* § 84 Rn. 173; KölnKommAktG/*Mertens/Cahn* § 84 Rn. 131; *Tschöpe/Wortmann* NZG 2009, 161 (165).
¹⁹⁶ Ausführlich Spindler/Stilz AktG/*Fleischer* § 84 Rn. 121–123.
¹⁹⁷ BGH WM 1962, 811 (812); KölnKommAktG/*Mertens/Cahn* § 84 Rn. 128; MüKoAktG/*Spindler* § 84 Rn. 141; *Fleischer* AG 2006, 429 (441).
¹⁹⁸ öOGH AG 1999, 140 (141); OLG Stuttgart NZG 2002, 971 (972); GroßkommAktG/*Kort* § 84 Rn. 146; KölnKommAktG/*Mertens/Cahn* § 84 Rn. 122 und 129; MüKoAktG/*Spindler* § 84 Rn. 130; *Beiner/Braun*, Der Vorstandsvertrag, 2014, Rn. 166; *Seyfarth*, Vorstandsrecht, § 19 Rn. 44; aA Voraufl. → Rn. 61; Habersack/Henssler MitbestR/*Habersack* MitbestG § 31 Rn. 32; *Schaefer/Missling* NZG 1998, 441 (445); *Janzen* NZG 2003, 468 (471).
¹⁹⁹ GroßkommAktG/*Kort* § 84 Rn. 147; *Seyfarth*, Vorstandsrecht, § 19 Rn. 44.
²⁰⁰ Hüffer/*Koch* AktG § 84 Rn. 33; unscharf daher BayObLG ZIP 1986, 93 (94) (Wirkungen der Abberufung treten mit der Bekanntgabe ein).
²⁰¹ BGHZ 12, 327 (333 ff.); Hüffer/*Koch* AktG § 84 Rn. 33.
²⁰² OLG Düsseldorf AG 2004, 321 (323); Heidel AktR/*Oltmanns* AktG § 84 Rn. 19; MüKoAktG/*Spindler* § 84 Rn. 126; Palandt BGB/*Ellenberger* § 174 Rn. 4; *Beiner/Braun*, Der Vorstandsvertrag, 2014, Rn. 142; *Bauer/Krieger* ZIP 2004, 1247 (1248); *Leuering* NZG 2004, 120 ff.; aA KölnKommAktG/*Mertens/Cahn* § 84 Rn. 111; *Bednarz* NZG 2005, 418 (425); wohl auch GroßkommAktG/*Kort* § 84 Rn. 540.

nen Ermächtigungsbeschlusses erforderlich.[203] Bei Regelung der Ermächtigung in Satzung oder Geschäftsordnung bedarf es keines Nachweises.[204] Mit Zugang des Widerrufs der Bestellung verliert das Vorstandsmitglied sein Amt, sofern der Beschluss oder die Abberufungserklärung nicht nichtig ist. Die Vorschrift des § 84 Abs. 3 S. 4 AktG, wonach der Widerruf wirksam ist, bis seine Unwirksamkeit rechtskräftig festgestellt ist, bezieht sich nur auf den Fall, dass ein wichtiger Grund für den Widerruf fehlt.[205] Ein lediglich vom Aufsichtsratsvorsitzenden ohne Plenumsbeschluss ausgesprochener Widerruf ist daher ebenso unwirksam[206] wie Beschlüsse, die trotz Nichtladung von Aufsichtsratsmitgliedern und unter grober Verletzung der Informationsrechte der Aufsichtsratsmitglieder der Arbeitnehmer zustande gekommen sind (dazu → § 31 Rn. 117).[207] Bei einer Abberufung hat das Vorstandsmitglied entsprechend § 626 Abs. 2 S. 3 BGB Anspruch auf Mitteilung des wichtigen Grundes.[208]

64 5. Rechtsschutz des abberufenen Vorstandsmitglieds. Liegt ein wichtiger Grund für die Abberufung nicht vor, so kann das abberufene Vorstandsmitglied vor dem zuständigen Landgericht darauf klagen, dass die Abberufung für unwirksam erklärt wird. Die Klage ist mit Rücksicht darauf **Gestaltungsklage,**[209] dass nach § 84 Abs. 3 S. 4 AktG der Widerruf wirksam ist, bis seine Unwirksamkeit rechtskräftig festgestellt ist. Mit rechtskräftiger Feststellung wird das abberufene Vorstandsmitglied mit ex nunc-Wirkung wieder Vorstandsmitglied. Der Klage ist auch dann stattzugeben, wenn das Gericht zwar das Vorliegen eines wichtigen Grundes bejaht, der Abberufungsbeschluss des Aufsichtsrats aber die Wirksamkeit des Beschlusses beeinträchtigende Mängel aufweist.[210] In diesem Fall handelt es sich wegen des Nichteingreifens von § 84 Abs. 3 S. 4 AktG der Sache nach um eine **Feststellungsklage.**[211] Liegt kein wirksamer Abberufungsbeschluss vor, wird die Unwirksamkeit ex tunc festgestellt. Der Aufsichtsrat kann den Rechtsstreit im letzten Fall dadurch zur Erledigung bringen, dass er die Beschlussmängel analog § 244 AktG durch einen bestätigenden Beschluss beseitigt.[212] Die Gesellschaft wird in dem Rechtsstreit um die Wirksamkeit der Abberufung gemäß § 112 AktG vom Aufsichtsrat vertreten;[213] eine Vertretung

---

[203] Spindler/Stilz AktG/*Fleischer* § 84 Rn. 97; *Beiner/Braun,* Der Vorstandsvertrag, 2014, Rn. 142, Rn. 704; *Bauer/Krieger* ZIP 2004, 1247 (1248); *Schockenhoff/Topf* DB 2005, 539 (543 f.).

[204] OLG Frankfurt a. M. NZG 2015, 514 Rn. 12 f. – Commerzbank; OLG Düsseldorf AG 2012, 511; 2004, 321 (324); Spindler/Stilz AktG/*Fleischer* § 84 Rn. 97; *Bauer/Krieger* ZIP 2004, 1247 (1248); *Schockenhoff/Topf* DB 2005, 539 (541); so auch KölnKommAktG/*Mertens/Cahn* § 84 Rn. 111, die allerdings die analoge Anwendung von § 174 BGB ablehnen.

[205] OLG Köln NZG 2008, 635; OLG Stuttgart ZIP 1985, 539 (540); LG Berlin WM 1991, 809; Spindler/Stilz AktG/*Fleischer* § 84 Rn. 129.

[206] OLG Stuttgart AG 2003, 211 (212); LG München I EWiR § 84 AktG 2/85, 833 mAnm *Wiesner.*

[207] OLG Köln NZG 2008, 635; OLG Stuttgart ZIP 1985, 539 (540) = EWiR § 84 AktG 1/85, 241 mAnm *Wiesner.*

[208] KölnKommAktG/*Mertens/Cahn* § 84 Rn. 106 und 112; Spindler/Stilz AktG/*Fleischer* § 84 Rn. 125.

[209] OLG Stuttgart AG 2013, 599 Rn. 17; OLG Hamm AG 2010, 789 Rn. 35; OLG Stuttgart AG 2003, 211 (212); KG AG 1984, 24 (25); MüKoAktG/*Spindler* § 84 Rn. 146b; KölnKommAktG/*Mertens/Cahn* § 84 Rn. 135.

[210] BGH WM 2013, 467 Rn. 13; OLG Köln NZG 2008, 635 (Widerruf der Bestellung durch nicht wirksam bestellte Aufsichtsratsmitglieder); Bürgers/Körber AktG/*Bürgers* § 84 Rn. 33; Hüffer/*Koch* AktG § 84 Rn. 42.

[211] BGH WM 2013, 467 Rn. 13; 2012, 1750 Rn. 10; BGHZ 135, 244 (247); OLG Stuttgart AG 2003, 211 (212); Hüffer/*Koch* AktG § 84 Rn. 42; KölnKommAktG/*Mertens/Cahn* § 84 Rn. 136; *Tschöpe/Wortmann* NZG 2009, 161 (167).

[212] OLG Stuttgart AG 2003, 211 (212); Hüffer/*Koch* AktG § 84 Rn. 42; KölnKommAktG/*Mertens/Cahn* § 84 Rn. 136.

[213] BGH WM 2013, 467 Rn. 10; 2009, 702 Rn. 7; 1984, 532; AG 1982, 18; OLG Stuttgart AG 2013, 599, 600 f.; Hüffer/*Koch* AktG § 84 Rn. 41; MüKoAktG/*Spindler* § 84 Rn. 146b.

§ 20 Bestellung und Abberufung der Vorstandsmitglieder   65, 66   § 20

durch den Vorstand macht die Klage unzulässig.[214] Die Vereinbarung eines Schiedsgerichts für Rechtsstreitigkeiten über die Wirksamkeit der Abberufung ist nach wohl noch hM nicht möglich.[215] Die dafür vorgebrachten Argumente, es handele sich nicht um eine vermögensrechtliche Streitigkeit im Sinne von § 1030 Abs. 1 ZPO[216] oder es werde ein unzulässiges viertes Gesellschaftsorgan institutionalisiert,[217] sind inhaltlich allerdings wenig überzeugend. Die besseren Gründe sprechen vielmehr dafür, die Schiedsfähigkeit auch von Streitigkeiten über die Wirksamkeit des Widerrufs der Bestellung anzuerkennen, und zwar sowohl kraft individualvertraglich geschlossener Schiedsvereinbarung als auch durch statutarische Schiedsabrede.[218]

Gegen den Abberufungsbeschluss kann das betroffene Vorstandsmitglied unter Umständen auch mit einer **einstweiligen Verfügung** vorgehen.[219] Ein Verfügungsgrund nach §§ 935, 940 ZPO liegt in einem solchen Fall stets vor, da die Überprüfung des Abberufungsbeschlusses in einem ordentlichen Verfahren – möglicherweise durch drei Instanzen – für das Vorstandsmitglied nicht zumutbar ist.[220] Die Vorschrift des § 84 Abs. 3 S. 4 AktG steht einem Verfügungsantrag aber dann entgegen, wenn sich das Vorstandsmitglied im Verfügungsverfahren ausschließlich gegen das Vorliegen eines wichtigen Grundes wehrt. Eine einstweilige Verfügung ist hingegen zulässig, wenn es überhaupt an einem Aufsichtsratsbeschluss fehlt[221] oder der Beschluss beispielsweise aufgrund fehlerhafter Einladung zur Aufsichtsratssitzung (→ Rn. 40) wegen Verstoßes gegen formelle Voraussetzungen unwirksam ist (näher → § 31 Rn. 117).[222]   65

In dem Rechtsstreit um die Wirksamkeit des Widerrufs der Bestellung können Gründe berücksichtigt werden, auf die die Abberufung zunächst nicht gestützt worden ist, sofern es dem Vorstandsmitglied um seine Wiedereinsetzung im Wege der Gestaltungsklage geht. Gründe, die bei der Abberufung bereits vorhanden waren, kann die Gesellschaft nach einem entsprechenden ausdrücklichen Beschluss des Aufsichtsrates ohne weiteres nachschieben.[223] Waren diese Gründe dem Aufsichtsrat allerdings bereits bei der Abberufung bekannt, ohne dass er sich darauf gestützt hat, so ist ihre Geltendmachung verwirkt.[224] Bei neu eingetretenen Gründen sind dagegen ein erneuter Aufsichtsratsbeschluss und ein erneuter Ausspruch der Abberufung erforderlich.[225] Das Revisionsgericht prüft im Rechtsstreit lediglich, ob der Tatrichter aus dem festgestellten Sachverhalt ohne Rechtsirrtum schließen konnte,   66

---

[214] BGH WM 2009, 702 (703); AG 1991, 269; WM 1990, 630; *Brandner* FS Quack, 1991, 201 ff.
[215] GroßkommAktG/*Kort* § 84 Rn. 589; Schmidt/Lutter/*Seibt* AktG § 84 Rn. 53; *Seyfarth*, Vorstandsrecht, § 19 Rn. 61; *Hommelhoff* ZHR 143 (1979), 288 (312f.); aA *Beiner/Braun*, Der Vorstandsvertrag, 2014, Rn. 170, 677 ff.; *Habersack/Wasserbäch* AG 2016, 2 (10 f.); *Wilske/Arnold/Grillitsch* ZIP 2009, 2425 (2428); wohl auch MüKoAktG/*Spindler* § 84 Rn. 146a; zur Einstufung von Vorstandsmitgliedern als Verbraucher OLG Hamm AG 2007, 910 (911); MüKoAktG/*Spindler* § 84 Rn. 146a.
[216] *Seyfarth*, Vorstandsrecht, § 19 Rn. 61.
[217] *Hommelhoff* ZHR 143 (1979), 288 (312f.) für ständiges Schiedsgericht in der Satzung.
[218] Näher *Habersack/Wasserbäch* AG 2016, 2 (10f.); in diese Richtung auch Hüffer/*Koch* AktG § 84 Rn. 41.
[219] OLG Köln NZG 2008, 635; Schmidt/Lutter/*Seibt* AktG § 84 Rn. 54. Zur einstweiligen Verfügung im Vorfeld des Aufsichtsratsbeschlusses OLG München Der Konzern 2014, 39 f.
[220] OLG Stuttgart ZIP 1985, 539 (540) = EWiR § 84 AktG 1/85, 241 mAnm *Wiesner*; Hüffer/*Koch* AktG § 84 Rn. 42; Spindler/Stilz AktG/*Fleischer* § 84 Rn. 130.
[221] OLG Köln NZG 2008, 635; LG München I EWiR § 84 AktG 2/85, 833 mAnm *Wiesner*; Hüffer/*Koch* AktG § 84 Rn. 42.
[222] OLG Stuttgart ZIP 1985, 539 (540); MüKoAktG/*Spindler* § 84 Rn. 145; weitergehend *Heidel* AG 2013, R 341, 342; *Vollmer* GmbHR 1984, 5 (10f.); OLG Stuttgart EWiR § 84 AktG 1/85, 241 mAnm *Wiesner*.
[223] OLG Stuttgart AG 2013, 599 Rn. 38; OLG Hamm AG 2010, 789 Rn. 51.
[224] BGHZ 13, 188 (194f.); OLG Stuttgart AG 2013, 599 Rn. 38; Hüffer/*Koch* AktG § 84 Rn. 42; MüKoAktG/Spindler § 84 Rn. 148; großzügiger KölnKommAktG/*Mertens/Cahn* § 84 Rn. 140.
[225] BGH WM 1966, 968 (970); Bürgers/Körber AktG/*Bürgers* § 84 Rn. 34; Hüffer/*Koch* AktG § 84 Rn. 42.

dass ein wichtiger Grund vorhanden war. Für eine abweichende Würdigung des Sachverhalts ist kein Raum.[226] Bei einer Abberufung wegen Vertrauensentzugs durch die Hauptversammlung trifft das abberufene Vorstandsmitglied im Prozess die Beweislast dafür, dass der Vertrauensentzug aus offenbar unsachlichen Gründen erfolgt ist.[227]

VII. Sonstige Beendigungsgründe

67 **1. Amtsniederlegung.** Die **Amtsniederlegung** ist die vom Vorstandsmitglied gegenüber der Gesellschaft erklärte Kündigung des Vorstandsamts. Es handelt sich um eine einseitige, empfangsbedürftige und formlose Willenserklärung,[228] die gemäß § 112 AktG gegenüber dem Aufsichtsrat abzugeben ist. Nach der ausdrücklichen gesetzlichen Regelung in §§ 112 S. 2, 78 Abs. 2 S. 2 AktG genügt die Abgabe der Niederlegungserklärung gegenüber einem Aufsichtsratsmitglied. Der gleichzeitigen Kündigung des Anstellungsvertrags bedarf es für die Wirksamkeit der Amtsniederlegung nicht.[229] Die Amtsniederlegung kann aufschiebend bedingt durch die Eintragung im Handelsregister erklärt werden.[230] Ohne entsprechende Bedingung ist das betreffende Vorstandsmitglied nicht mehr befugt, die Niederlegung zur Eintragung im Handelsregister anzumelden.[231]

68 Die Amtsniederlegung erfordert keinen wichtigen Grund, und das Vorstandsmitglied muss sich auf einen solchen auch nicht berufen.[232] Im Einzelfall kann die Amtsniederlegung rechtsmissbräuchlich und damit unwirksam sein. Das ist namentlich der Fall, wenn die Niederlegung zur Unzeit erfolgt, zB weil die Gesellschaft mit der Niederlegung, insbesondere in einer Unternehmenskrise, handlungsunfähig wird.[233] Allerdings dürfte ein Rechtsmissbrauch im Hinblick auf den personenverschiedenen Aufsichtsrat und die prinzipielle Möglichkeit, einen Notvorstand zu bestellen, nur in seltenen Ausnahmefällen zu bejahen sein.[234]

69 **2. Einvernehmliche Beendigung der Bestellung.** Keines wichtigen Grundes bedarf es für die jederzeit zulässige einvernehmliche Aufhebung der Bestellung.[235] Die Entscheidung des Aufsichtsrats erfolgt durch Beschluss (§ 108 AktG) des Aufsichtsratsplenums (Rechtsgedanke des § 107 Abs. 3 S. 4 AktG). In mitbestimmten Gesellschaften ist das dreistufige Verfahrens nach § 31 MitbestG einzuhalten.[236] Die Aufsichtsratsmitglieder haben nach pflichtgemäßem Ermessen zu entscheiden und insbesondere zu prüfen, ob die Gesellschaft

---

[226] BGH WM 1962, 201 f.; MüKoAktG/*Spindler* § 84 Rn. 150; KölnKommAktG/*Mertens/Cahn* § 84 Rn. 144.

[227] BGH NZG 2017, 261 (262); AG 1975, 242 (244); öOGH NZG 1998, 729 (730); OLG Hamm AG 2010, 789 (792).

[228] BGH NJW-RR 2011, 1184 (1185); BGHZ 121, 257 (261 f.); Hüffer/*Koch* AktG § 84 Rn. 44; MüKoAktG/*Spindler* § 84 Rn. 160; Spindler/Stilz AktG/*Fleischer* § 84 Rn. 141.

[229] Hüffer/*Koch* AktG § 84 Rn. 45; *Hoffmann-Becking* ZIP 2007, 2101 (2102).

[230] BGH NJW-RR 2011, 1184 (1185); OLG Zweibrücken GmbHR 1999, 479 (jeweils für GmbH-Geschäftsführer).

[231] OLG Bamberg NZG 2012, 1106 (für GmbH-Geschäftsführer); Spindler/Stilz AktG/*Fleischer* § 84 Rn. 141.

[232] BGHZ 121, 257 (261 f.); BGH NJW-RR 2011, 1184 Rn. 8 (jeweils für GmbH-Geschäftsführer); MüKoAktG/*Spindler* § 84 Rn. 160; Spindler/Stilz AktG/*Fleischer* § 84 Rn. 142; *Hoffmann-Becking* ZIP 2007, 2101 (2102). AA Großkomm AktG/*Kort* § 84 Rn. 224.

[233] OLG Köln NZG 2008, 340 (342); BayObLG NZG 1999, 1003 (jeweils für GmbH-Geschäftsführer); MüKoAktG/*Spindler* § 84 Rn. 160. Offengelassen von BGHZ 121, 257 (262) (für GmbH-Geschäftsführer).

[234] Näher MüKoAktG/*Spindler* § 84 Rn. 160; Spindler/Stilz AktG/*Fleischer* § 84 Rn. 143.

[235] OLG Karlsruhe WM 1996, 161 (167); MüKoAktG/*Spindler* § 84 Rn. 162; Hüffer/*Koch* AktG § 84 Rn. 47; *Krieger*, Personalentscheidungen des Aufsichtsrats, 1981, S. 147; *Hoffmann-Becking* ZIP 2007, 2101 (2102).

[236] MüKoAktG/*Spindler* § 84 Rn. 162; Spindler/Stilz AktG/*Fleischer* § 84 Rn. 144; *Krieger*, Personalentscheidungen des Aufsichtsrats, 1981, S. 148. Zum einvernehmlichen Ausscheiden *Bauer* DB 1992, 1413 ff.; *Hoffmann-Becking* FS Stimpel, 1985, 589 ff.

in ihrer konkreten Situation auf das betreffende Vorstandsmitglied verzichten kann oder ob ein geeigneter Nachfolger zur Verfügung steht.

3. Weitere Beendigungsgründe. Von hoher praktischer Bedeutung ist die Beendigung des Vorstandsamts durch **Befristung**. Nach § 84 Abs. 1 S. 1 AktG können Vorstandsmitglieder auf höchstens fünf Jahre bestellt werden. Kommt es nicht zu einer Wiederbestellung, endet das Vorstandsamt nach Ablauf der Frist automatisch. Dies gilt auch dann, wenn das Vorstandsmitglied – gesetzeswidrig – für längere Zeit als fünf Jahre oder ohne jede zeitliche Befristung bestellt worden ist (→ Rn. 36). Die Bestellung kann auch für einen kürzeren Zeitraum erfolgen; sie endet dann ebenfalls automatisch mit Ablauf der Frist. 70

Weitere **Beendigungsgründe** sind: 71
– der Tod des Vorstandsmitglieds;
– der Verlust der unbeschränkten Geschäftsfähigkeit (§ 76 Abs. 3 S. 1 AktG);[237]
– der Formwechsel der Aktiengesellschaft, der die Stellung als Vorstandsmitglied mit seinem Wirksamwerden beendet;[238]
– die Verschmelzung für die Mitglieder des Vorstand oder der Vorstände der übertragenden Aktiengesellschaft(en);[239]
– das Erlöschen der Gesellschaft nach Abwicklung (§ 273 Abs. 1 S. 2 AktG) oder im Fall der Amtslöschung der Aktiengesellschaft wegen Vermögenslosigkeit nach § 394 FamFG oder wegen Vorliegens der Voraussetzungen für die Erhebung von Nichtigkeitsklagen nach § 397 FamFG iVm § 241 AktG.

Keine Beendigungsgründe sind: 72
– die Beendigung des Anstellungsvertrags;
– die Auflösung der Gesellschaft nach § 262 AktG oder die durch Nichtigkeitsklage nach § 275 AktG herbeigeführte Nichtigkeit. Diese haben regelmäßig nicht die Beendigung, sondern eine Veränderung der Organstellung zur Folge, da nach § 265 Abs. 1 AktG die Vorstandsmitglieder die Abwicklung als Abwickler besorgen. Abweichendes gilt, wenn die Satzung oder ein Beschluss der Hauptversammlung andere Personen als Abwickler bestellt (§ 265 Abs. 2 S. 1 AktG, dazu → § 67 Rn. 5);
– im Insolvenzverfahren der Aktiengesellschaft bleiben die Vorstandsmitglieder – mit erheblich eingeschränkten Befugnissen – ebenfalls im Amt.[240]

VIII. Suspendierung

Ob der Aufsichtsrat im Einzelfall als gegenüber der Abberufung weniger einschneidende Maßnahme ein Vorstandsmitglied vorläufig seiner Amtsführung entheben (suspendieren) kann, wird nicht einheitlich beantwortet. Unklarheit besteht zunächst über den Begriff der Suspendierung. Unterschieden werden die Fälle der einseitigen Suspendierung durch die Gesellschaft, der einvernehmlichen Suspendierung sowie der einvernehmlichen Freistellung oder Dienstbefreiung. 73

1. Einseitige Suspendierung. Die Zulässigkeit, die Voraussetzungen und die Rechtsfolgen einer einseitigen Suspendierung durch die Gesellschaft werden in Rechtsprechung und Literatur unterschiedlich beurteilt. Zum Teil wird vertreten, die Suspendierung sei rechtlich 74

---

[237] BGH DB 1991, 1823 (zu § 6 Abs. 2 S. 1 GmbHG); OLG München JZ 1990, 1029 (zu § 76 Abs. 3 S. 1 AktG).
[238] BGH ZIP 2007, 910 Rn. 6; Kallmeyer UmwG/*Meister/Klöcker/Berger* § 202 Rn. 24; Lutter UmwG/*Hoger* § 202 Rn. 40.
[239] BGH Der Konzern 2013, 457 Rn. 3; ZIP 2000, 508 (510); GroßkommAktG/*Kort* § 84 Rn. 265 f.; *Hoffmann-Becking* FS Ulmer, 2003, 243 f.
[240] BVerwG AG 2005, 579 (581); BGH WM 1993, 120 (121 f.); BayObLG AG 1988, 301 (303 f.); Hüffer/*Koch* AktG § 264 Rn. 8; KölnKommAktG/*Mertens/Cahn* § 84 Rn. 145; MüKoAktG/*Spindler* § 84 Rn. 211 und 235.

ein – wenn auch befristeter – Widerruf aus wichtigem Grund, für dessen Wirksamkeit das Verfahren und die Voraussetzungen des § 84 Abs. 3 AktG zu beachten sind.[241] In dieser Form hat die Suspendierung neben dem eigentlichen Widerruf der Bestellung keine eigenständige rechtliche Bedeutung. Nach einer zweiten Auffassung bleibt das Vorstandsmitglied bei einer Suspendierung zwar im Amt, wird aber vorübergehend der Amtsführung enthoben (Wirkung nur im Innenverhältnis).[242] Auch nach dieser Ansicht müssen für die Suspendierung das Verfahren und die Voraussetzungen des § 84 Abs. 3 AktG eingehalten werden. Dann ist die Suspendierung zwar rechtlich ein eigenständiges Institut, dürfte aber praktisch keinen rechten Anwendungsbereich haben, weil der Aufsichtsrat die Bestellung auch gleich widerrufen könnte. Ein praktisches Bedürfnis für eine Suspendierung liegt aber vor, wenn lediglich der begründete Verdacht für das Vorliegen eines wichtigen Grundes besteht. In einer solchen Konstellation wird man eine Suspendierung dann als zulässig ansehen müssen, wenn der Sachverhalt zwar einen Widerruf der Bestellung aus wichtigem Grund nach § 84 Abs. 3 S. 1 AktG mangels hinreichender Aufklärung noch nicht rechtfertigt, aber für die Gesellschaft wegen des hinreichenden Verdachts auf Vorliegen eines wichtigen Grundes für eine Abberufung ein **billigenswerter Grund** für die Suspendierung vorliegt.[243] An den billigenswerten Grund sind angesichts des mit § 84 Abs. 3 S. 1 AktG verfolgten Zwecks, die autonome Leitungsbefugnis des Vorstands zu schützen, hohe Anforderungen zu stellen.

75   Die Suspendierung hat zur **Folge,** dass das Vorstandsmitglied einschließlich der damit verbundenen Pflichten **formal im Amt bleibt,** die ihm zustehende Vertretungsmacht und die sonstigen mit dem Amt verbundenen **Organrechte** jedoch **zeitweise nicht mehr ausüben darf** und von seinen Organrechten und -pflichten befreit ist.[244] Es bleibt während der Suspendierung auch als Vorstandsmitglied im Handelsregister eingetragen und ist auf den Geschäftsbriefen der Gesellschaft (§ 80 Abs. 1 S. 1 AktG) und im Anhang des Jahresabschlusses (§ 285 Nr. 10 HGB) zu nennen. Die Suspendierung ist ihrer Natur nach eine lediglich vorläufige Maßnahme und nur in den Grenzen zeitlicher Angemessenheit und Erforderlichkeit zulässig. Es hängt vom Einzelfall ab, wo ihre Grenzen liegen. Die Suspendierung ist aus Gründen der Rechtssicherheit befristet auszusprechen; beträgt ihre Dauer mehr als einen Monat, dürfte sie nur in Ausnahmefällen zulässig sein.[245] Wird die zeitliche Grenze überschritten, ist die Suspendierung unwirksam und das suspendierte Vorstandsmitglied bleibt ohne Einschränkungen im Amt. Eine „Suspendierung" bis zum Ablauf der Amtszeit ist rechtlich ein Widerruf der Bestellung.

76   Die Entscheidung über die Suspendierung obliegt dem **Aufsichtsratsplenum.** Sie kann entsprechend § 107 Abs. 3 S. 4 AktG nicht einem Ausschuss übertragen werden.[246] In mitbestimmten Gesellschaften ist entsprechend § 31 Abs. 5 MitbestG das dreistufige Kompromissverfahren einzuhalten.[247]

---

[241] LG München I AG 1986, 142; MüKoAktG/*Spindler* § 84 Rn. 157 f.

[242] OLG München AG 1986, 234 (235); KG AG 1984, 24; Schmidt/Lutter/*Seibt* AktG § 84 Rn. 59; *Krieger,* Personalentscheidungen des Aufsichtsrats, 1981, S. 149 ff.

[243] Semler/v. Schenck AR-HdB/*Fonk* § 10 Rn. 297; *Meyer-Landrut* FS R. Fischer, 1979, 477 ff.; GroßkommAktG/*Kort* § 84 Rn. 238; *Dörrwächter* NZG 2018, 54 (57). Generell kritisch zur Zulässigkeit einseitiger Suspendierungen Hüffer/*Koch* AktG § 84 Rn. 43.

[244] OLG München AG 1986, 234 (235); KölnKommAktG/*Mertens/Cahn* § 84 Rn. 192; Semler/v. Schenck AR-HdB/*Fonk* § 10 Rn. 298; GroßkommAktG/*Kort* § 84 Rn. 250 ff.; Spindler/Stilz AktG/*Fleischer* § 84 Rn. 139.

[245] Spindler/Stilz AktG/*Fleischer* § 84 Rn. 137; *Lutter/Krieger/Verse,* Rechte und Pflichten des Aufsichtsrats, 6. Aufl. 2014, Rn. 378; *Krieger,* Personalentscheidungen des Aufsichtsrats, 1981, S. 153; *Dorrwächter* NZG 2018, 54 (59); zu wenig flexibel KölnKommAktG/*Mertens/Cahn* § 84 Rn. 192; GroßkommAktG/*Kort* § 84 Rn. 244 (Suspendierung endet nach Ablauf eines Monats).

[246] KölnKommAktG/*Mertens/Cahn* § 84 Rn. 194; Spindler/Stilz AktG/*Fleischer* § 84 Rn. 138; *Meyer-Landrut* FS R. Fischer, 1979, 477 (481).

[247] KölnKommAktG/*Mertens/Cahn* § 84 Rn. 194; Spindler/Stilz AktG/*Fleischer* § 84 Rn. 138; *Krieger,* Personalentscheidungen des Aufsichtsrats, 1981, S. 158.

2. Einvernehmliche Suspendierung.
Liegen die in → Rn. 74 dargelegten Voraussetzungen für eine einseitige Suspendierung vor, ist stets auch eine einvernehmliche Suspendierung möglich.[248] Auch hierzu bedarf es einer Entscheidung des Aufsichtsratsplenums (dazu → Rn. 69) und bei mitbestimmten Gesellschaften der Einhaltung des § 31 MitbestG.[249] Auch die einvernehmliche Suspendierung ist nur in den in → Rn. 75 dargelegten zeitlichen Grenzen zulässig.

3. Einvernehmliche Freistellung.
Ist ein Vorstandsmitglied aus triftigen Gründen – beispielsweise wegen einer Erkrankung oder wegen eines umfangreichen Strafverfahrens – für längere Zeit gehindert, der Gesellschaft seine Arbeitskraft im geschuldeten Umfang zur Verfügung zu stellen, kommt eine **einvernehmliche Freistellung** oder **Dienstbefreiung** in Betracht.[250] Die einvernehmliche Freistellung ist kein Unterfall der einvernehmlichen Suspendierung, da die Freistellung auf einen längeren Zeitraum gerichtet ist. Mit ihr soll das Vorstandsmitglied von seiner Tätigkeitspflicht entbunden werden, ohne zugleich seine Rechte und Pflichten aus dem Vorstandsamt zu verlieren.[251] Voraussetzung ist, dass das Vorstandsmitglied aus zwingenden Gründen für einen längeren Zeitraum gehindert ist, seine Arbeitskraft im geschuldeten Umfang zur Verfügung zu stellen, sein Verbleib als Vorstandsmitglied aber im Interesse des Unternehmens liegt.[252] Dies setzt voraus, dass es in der Lage ist, an der Gesamtverantwortung des Vorstands teilzunehmen.[253]

IX. Anmeldung der Vorstandsmitglieder

Nach § 39 Abs. 1 S. 1 AktG sind bei Eintragung der Aktiengesellschaft unter anderem die Vorstandsmitglieder anzugeben. Sie werden – unter besonderer Bezeichnung des Vorsitzenden – gemäß § 43 Nr. 4 lit. b HRV mit Vornamen, Familiennamen, Geburtsdatum und Wohnort eingetragen. § 81 AktG trägt dafür Sorge, dass die Eintragungen im Interesse des Rechtsverkehrs auf aktuellem Stand gehalten werden. Die Vorschrift verpflichtet den Vorstand, jede Änderung des Vorstands (und der Vertretungsbefugnis eines Vorstandsmitglieds) zur Eintragung in das Handelsregister anzumelden. Nach § 81 Abs. 3 AktG haben neue Vorstandsmitglieder in der Anmeldung zu versichern, dass keine Umstände vorliegen, die ihrer Bestellung nach § 76 Abs. 3 S. 2 Nr. 2 und 3 sowie S. 3 AktG entgegenstehen (dazu → Rn. 2), und dass sie über die unbeschränkte Auskunftspflicht gegenüber dem Gericht belehrt worden sind. § 37 Abs. 2 S. 2 AktG ist anzuwenden. Sind mehrere neue Vorstandsmitglieder bestellt worden, sollte vorsorglich eine Formulierung gewählt werden, aus der eindeutig erkennbar ist, dass jedes Mitglied die Versicherung einzeln für sich selbst abgibt.[254] Eine Versicherung, die die Bestellungshindernisse nur pauschal durch Bezugnahme auf § 76 Abs. 3 S. 2 Nr. 2 und 3 sowie S. 3 AktG verneint, genügt nicht.[255] Für die

---

[248] Hüffer/*Koch* AktG § 84 Rn. 43 iVm Rn. 47; KölnKommAktG/*Mertens/Cahn* § 84 Rn. 196; aA *Meyer-Landrut* FS R. Fischer, 1979, 477 (484).

[249] KölnKommAktG/*Mertens/Cahn* § 84 Rn. 197; Spindler/Stilz AktG/*Fleischer* § 84 Rn. 140; *Krieger,* Personalentscheidungen des Aufsichtsrats, 1981, S. 158 ff.

[250] KölnKommAktG/*Mertens/Cahn* § 84 Rn. 197; Schmidt/Lutter/*Seibt* AktG § 84 Rn. 59a; Spindler/Stilz AktG/*Fleischer* § 84 Rn. 140; *Beiner/Braun,* Der Vorstandsvertrag, 2014, Rn. 181; *Fleischer* NZG 2010, 561 (566).

[251] KölnKommAktG/*Mertens/Cahn* § 84 Rn. 197; Spindler/Stilz AktG/*Fleischer* § 84 Rn. 140; *Lutter/Krieger/Verse,* Rechte und Pflichten des Aufsichtsrats, 6. Aufl. 2014, Rn. 382; *Fleischer* NZG 2010, 561 (566).

[252] KölnKommAktG/*Mertens/Cahn* § 84 Rn. 197; Spindler/Stilz AktG/*Fleischer* § 84 Rn. 140; *Beiner/Braun,* Der Vorstandsvertrag, 2014, Rn. 181; *Fleischer* NZG 2010, 561 (566).

[253] KölnKommAktG/*Mertens/Cahn* § 84 Rn. 197; GroßkommAktG/*Kort* § 84 Rn. 258; Schmidt/Lutter/*Seibt* AktG § 84 Rn. 59a; *Lutter/Krieger/Verse,* Rechte und Pflichten des Aufsichtsrats, 6. Aufl. 2014, Rn. 382; *Seyfarth,* Vorstandsrecht, § 19 Rn. 86; *Fleischer* NZG 2010, 561 (566).

[254] Nicht hinreichend ist laut OLG Frankfurt a. M. NZG 2016, 918 (919) (für GmbH-Geschäftsführer) die Formulierung „Wir versichern…".

[255] OLG München DB 2009, 1180 (1181); OLG Frankfurt a. M. GWR 2011, 523.

gemäß § 76 Abs. 3 S. 3 AktG abzugebende Erklärung müssen aber nicht alle Straftatbestände, die ein Bestellungshindernis bilden können, im Einzelnen aufgeführt werden. Es reicht die pauschale Versicherung des Vorstandsmitglieds, es sei „noch nie, weder im Inland noch im Ausland, wegen einer Straftat verurteilt worden".[256] Eine Versicherung, die darauf abstellt, dass in den letzten fünf Jahren keine Verurteilung erfolgte, ist unzureichend, weil es auf die Rechtskraft des Urteils ankommt.[257] Im Hinblick auf die Strafvorschrift des § 399 Abs. 1 Nr. 6 AktG ist die Versicherung **höchstpersönlich** abzugeben.[258]

80   Anmeldepflichtig ist jede Bestellung eines **neuen** Vorstandsmitglieds einschließlich der stellvertretenden (§ 94 AktG) und der gerichtlich bestellten (§ 85 AktG) Vorstandsmitglieder, allerdings nicht eine kontinuitätswahrende Wiederbestellung (Verlängerung). Bei Bestellung auf einen **zukünftigen** Zeitpunkt kann die Bestellung sofort oder nach dem vorgesehenen Zeitpunkt angemeldet und eingetragen werden. Anzumelden ist ferner jede Beendigung des Vorstandsamts unabhängig von der Ursache, und zwar auch dann, wenn die Bestellung ursprünglich nicht eingetragen wurde.[259] Anmeldepflichtig ist auch die Änderung des Namens eines Vorstandsmitglieds einschließlich des einen Namensbestandteil bildenden Titels. Obschon kein Namensbestandteil, kann ein Doktortitel kraft Gewohnheitsrechts auf Verlangen eingetragen werden.[260] Nicht anmeldepflichtig ist die Änderung des Wohnorts oder die Ernennung zum Vorsitzenden des Vorstands nach § 84 Abs. 2 AktG oder der Widerruf dieser Ernennung.[261] Diese Tatsachen sind aber anmeldefähig, da sie, wenn sie angemeldet werden, nach § 43 Nr. 4 HRV in das Handelsregister einzutragen sind. Eine Eintragung der Änderung des Wohnorts wird sich in der Praxis häufig empfehlen, um von der Fiktionswirkung des § 20 Abs. 2 S. 1 GwG zu profitieren und eine gesonderte Eintragung im Transparenzregister zu vermeiden.

81   Anmeldepflichtig ist der **Vorstand;** er muss in vertretungsberechtigter Zahl anmelden. Es genügt auch unechte Gesamtvertretung (§ 78 Abs. 3 S. 1 AktG). Der gesetzliche Umfang von Prokura und Handlungsvollmacht reicht für die Anmeldung hingegen nicht aus.[262] Neue Vorstandsmitglieder sind bereits zur Anmeldung berechtigt und verpflichtet, ausgeschiedene hingegen nicht mehr.[263] Das ausgeschiedene Vorstandsmitglied hat regelmäßig ein Interesse daran, dass das Ausscheiden zum Handelsregister angemeldet wird. Es kann beim Handelsregister anregen, dass der Vorstand durch Zwangsgelder nach § 14 HGB angehalten wird, seiner gesetzlichen Anmeldepflicht nachzukommen. Darüber hinaus hat der Ausgeschiedene einen klagbaren Anspruch gegen die Gesellschaft auf Anmeldung seines Ausscheidens. Das Ausscheiden kann aber – insbesondere bei einvernehmlicher Beendigung – auch in der Weise beschlossen werden, dass das Amt erst mit der Eintragung endet. Dann ist das ausgeschiedene Vorstandsmitglied noch selbst zur Anmeldung befugt.[264]

82   Die Anmeldung ist nach § 12 Abs. 1 S. 1 HGB elektronisch in öffentlich beglaubigter **Form** einzureichen. Diese Form gilt nach § 12 Abs. 1 S. 2 HGB auch für die Vollmacht zur Anmeldung durch Vertreter. Der Anmeldung sind nach § 81 Abs. 2 AktG die Urkunden über die Änderung oder öffentlich beglaubigte Abschriften bei-

---

[256] BGH NZG 2010, 829, (830); *Tebben* RNotZ 2008, 441 (449).
[257] BGH NZG 2011, 871 (872).
[258] GroßkommAktG/*Habersack/Foerster* § 81 Rn. 12; KölnKommAktG/*Mertens/Cahn* § 81 Rn. 17; MüKoAktG/*Spindler* § 81 Rn. 22.
[259] BayObLG BB 1991, 1729 (1730); GroßkommAktG/*Habersack/Foerster* § 81 Rn. 5; Spindler/Stilz AktG/*Fleischer* § 81 Rn. 5; Hüffer/*Koch* AktG § 81 Rn. 2.
[260] BGH NZG 2017, 734 (735 f.) (zur Partnerschaftsgesellschaft); Hüffer/*Koch* AktG § 81 Rn. 3.
[261] HM, GroßkommAktG/*Habersack/Foerster* § 81 Rn. 6; KölnKommAktG/*Mertens/Cahn* § 81 Rn. 6; *Fleischer* NZG 2006, 561 (562).
[262] OLG Düsseldorf BB 2012, 909 f. (für GmbH-Geschäftsführer).
[263] BayObLGZ 1981, 227 (230); Hüffer/*Koch* AktG § 81 Rn. 5; MüKoAktG/*Spindler* § 81 Rn. 13; aA GroßkommAktG/*Habersack/Foerster* § 81 Rn. 9.
[264] LG Frankenthal AG 2003, 460 (461); OLG Frankfurt a. M. BB 1983, 1561 (für GmbH) MüKoAktG/*Spindler* § 81 Rn. 13; KölnKommAktG/*Mertens/Cahn* § 81 Rn. 10.

zufügen.²⁶⁵ Die Eintragung der anmeldepflichtigen Tatsachen hat keine konstitutive Bedeutung für die durch sie bekundeten Vorgänge. Die Unterlassung der Eintragung hat aber materielle Wirkung im Rahmen von § 15 Abs. 1 HGB, die positive Eintragung richtiger Tatsachen im Rahmen von § 15 Abs. 2 HGB und die unrichtige Eintragung im Rahmen von § 15 Abs. 3 HGB und allgemeiner Rechtsscheingrundsätze. Das Registergericht kann die Anmeldung mittels Zwangsgeld nach § 14 HGB iVm §§ 388 f. FamFG – nicht aber nach § 407 AktG – erzwingen.²⁶⁶ Gegenüber einer Amtslöschung der Eintragung nach § 395 FamFG ist der Registerzwang nach § 14 HGB iVm §§ 388 f. FamFG nach der Rechtsprechung grundsätzlich vorrangig.²⁶⁷

§ 21 Anstellungsverhältnis der Vorstandsmitglieder

Übersicht

	Rn.		Rn.
I. Rechtsnatur	1–20	d) Mehrjährige Bemessungsgrundlage und Begrenzung variabler Vergütungsbestandteile	50–52
1. Schuldrechtlicher Charakter des Anstellungsverhältnisses	1–6		
a) Anstellungsvertrag als Dienstvertrag	1	4. Festsetzung der Vorstandsbezüge	53
b) Anstellungsvertrag und Vorstandsamt	2	5. Vergütungssystem, Vergütungsfestsetzung und Vergütungsbericht bei börsennotierten Gesellschaften	54–64
c) Anstellungsvertrag mit Dritten	3–6	a) Vergütungssystem	54–59
2. Geltung arbeitsrechtlicher Vorschriften	7–14	b) Vergütungsfestsetzung	60–63
a) Grundsatz	7–9	c) Vergütungsbericht	64
b) Einzelfälle	10–14	6. Sondervorschriften für Finanzinstitute und Versicherungsunternehmen	65
3. Recht der Allgemeinen Geschäftsbedingungen	15	7. Einzelne variable Vergütungsbestandteile	66–75
4. Allgemeines Gleichbehandlungsgesetz	16, 17	a) Tantiemen, Boni und Zielvereinbarungen	66–68
5. Gegenseitige Treuepflicht	18, 19	b) Ermessenstantiemen und nachträgliche Anerkennungsprämien	69
6. Sozialversicherungsrecht	20	c) Aktienoptionen	70–73
II. Abschluss des Anstellungsvertrags	21–34	d) Clawbacks	74, 75
1. Zuständigkeit des Aufsichtsrats	21–23	8. Abfindungen	76–80
2. Form und Dauer des Anstellungsvertrags	24–29	a) Ablösende und zusätzliche Abfindungen	76–78
a) Form	24	b) Change of Control-Klauseln	79, 80
b) Dauer	25, 26	9. Herabsetzung der Bezüge	81–87
c) Verlängerungen	27, 28	10. Heraufsetzung der Bezüge	88
d) Koppelungsklauseln	29	11. Leistungsstörungen und Verjährung	89–91
3. Umwandlung in ein „gewöhnliches" Anstellungsverhältnis	30–32	IV. Sonstige Rechte des Vorstandsmitglieds aus dem Anstellungsvertrag	92–114
4. Fehlerhafter Anstellungsvertrag	33, 34	1. Ruhegehalt	92–110
III. Bezüge des Vorstandsmitglieder	35–91	a) Versorgungszusage	95
1. Allgemeines	35–37	b) Geltung des BetrAVG	96–98
2. Vergütungsbestandteile und Fürsorgeaufwendungen	38, 39	c) Berechnungsgrundlage	99–101
3. Angemessenheit der Bezüge	40–52	d) Wertsicherung	102–104
a) Rechtswirkungen des Angemessenheitsgebots	40	e) Ausschluss, Verlust oder Minderung von Ruhegeldansprüchen	105, 106
b) Kriterien der Angemessenheit	41–46	f) Insolvenzsicherung	107–109
c) Ausrichtung auf die nachhaltige und langfristige Entwicklung der Gesellschaft	47–49	g) Hinterbliebenenversorgung	110

---

²⁶⁵ Zu Einzelheiten KölnKommAktG/*Mertens/Cahn* § 81 Rn. 12.
²⁶⁶ Hüffer/*Koch* AktG § 81 Rn. 9; GroßkommAktG/*Habersack/Foerster* § 81 Rn. 11.
²⁶⁷ Für Amtsniederlegung eines GmbH-Geschäftsführers OLG Düsseldorf NZG 2019, 546 (547 f.). Zur Konkurrenz zwischen Amtslöschungsverfahren und freiwilliger Anmeldung bei inhabil gewordenen Geschäftsführern *Schulte* NZG 2019, 646 (650)..

	Rn.		Rn.
2. Auslagenersatz	111, 112	e) Kündigung vor Amtsbeginn	143
3. Urlaub	113	f) Kündigung in der Insolvenz	144, 145
4. Zeugnis	114	g) Rechtsschutz des Vorstandsmitglieds	146
V. Pflichten des Vorstandsmitglieds aus dem Anstellungsvertrag	115–125	2. Kündigung des Anstellungsvertrags durch das Vorstandsmitglied	147
1. Allgemeines	115	3. Einvernehmliche Beendigung des Anstellungsvertrags	148
2. Wettbewerbsverbot	116–124	4. Weitere Beendigungsgründe	149, 150
a) Gesetzliches Wettbewerbsverbot	116–120	VII. Kreditgewährung an Vorstandsmitglieder	151–156
b) Vertragliches Wettbewerbsverbot	121–124	1. Allgemeines	151, 152
3. Auskunfts- und Herausgabepflicht	125	2. Kreditbegriff	153
VI. Ende des Anstellungsvertrags	126–150	3. Mitwirkung des Aufsichtsrats	154, 155
1. Kündigung des Anstellungsvertrags durch die Gesellschaft	126–146	4. Rechtsfolge bei Verstößen	156
a) Verhältnis zum Widerruf der Bestellung	126, 127	VIII. Offenlegung von Vorstandsbezügen	157–162
b) Zuständigkeit	128, 129	1. Offenlegung nach HGB	157
c) Kündigung aus wichtigem Grund	130–141	2. Vergütungsbericht bei börsennotierten Aktiengesellschaften	158–162
d) Ordentliche Kündigung	142	IX. Steuerliche Behandlung der Bezüge	163–171

Schrifttum: *Anzinger*, Vorstands- und Aufsichtsratsvergütung: Kompetenzverteilung und Offenlegung nach der zweiten Aktionärsrechterichtlinie, ZGR 2019, 39-96; *Arnold/Romero*, Fremdgeschäftsführer als Arbeitnehmer im Sinne des AGG, NZG 2019, 930-933; *Bachmann/Pauschinger*, Die Neuregelung der Vorstands- und Aufsichtsratsvergütung durch das ARUG II, ZIP 2019, 1–10; *Bauer/Arnold*, Festsetzung und Herabsetzung der Vorstandsvergütung nach dem VorstAG, AG 2009, 717–731; *dies.*, Altersdiskriminierung von Organmitgliedern, ZIP 2012, 597–605; *dies.*, AGG und Organmitglieder – Klares und Unklares vom BGH, NZG 2012, 921–926; *dies.*, AGG-Probleme bei vertretungsberechtigten Organmitgliedern, ZIP 2008, 993-1003; *dies.*, AGB-Kontrolle von Vorstandsverträgen, ZIP 2006, 2337-2345; *Bauer/Diller*, Karenzentschädigung und bedingte Wettbewerbsverbote bei Organmitgliedern, BB 1995, 1134–1141; *Baums*, Der Geschäftsleitervertrag, 1987; *ders.*, Die Auswirkung der Verschmelzung von Kapitalgesellschaften auf die Anstellungsverträge der Geschäftsleiter, ZHR 156 (1992), 248–255; *ders.*, Aktienoptionen für Vorstandsmitglieder, FS Claussen, 1997, S. 3–48; *ders.*, Anerkennungsprämien für Vorstandsmitglieder, FS Huber, 2006, S. 655–675; *Bayer*, Erkrankung von Vorstandsmitgliedern, FS Hommelhoff, 2012, S. 87–97; *Beiner/Braun*, Der Vorstandsvertrag, 2. Aufl., 2014; *Binz/Sorg*, Erfolgsabhängige Vergütungen von Vorstandsmitgliedern einer Aktiengesellschaft auf dem Prüfstand, BB 2002, 1273–1278; *Bork*, Change of Control-Klauseln in Anstellungsverträgen von Vorstandsmitgliedern, 2009; *Breinersdorfer*, Praktische Aspekte des neuen Mitarbeiterkapitalbeteiligungsgesetzes, DStR 2009, 453–458; *Bungert/Wansleben*, Umsetzung der überarbeiteten Aktionärsrechterichtlinie in das deutsche Recht: Say on Pay und Related Party Transactions, DB 2017, 1190-1200; *Bursee/Schawilye*, Neue Regularien zur Vorstandsvergütung – Ein Zwischenbericht zum ARUG II und DCGK, BOARD 2019, 101–105; *Cahn*, Vorstandsvergütung als Gegenstand rechtlicher Regelung, FS Hopt, 2010, Bd. I, S. 431–455; *Diller*, Nachträgliche Herabsetzung von Vorstandsvergütungen und -ruhegeldern nach dem VorstAG, NZG 2009, 1006–1009; *Dauner-Lieb*, Die Verrechtlichung durch das VorstAG als Herausforderung für den Aufsichtsrat, Der Konzern 2009, 583-593; *Diekmann*, „Say on Pay" – Wesentliche Änderungen bei der Vergütung von Vorständen und Aufsichtsräten aufgrund der geänderten Aktionärsrechterichtlinie, WM 2018, 796-800; *Dittrich*, Die Untreuestrafbarkeit von Aufsichtsratsmitgliedern bei der Festsetzung überhöhter Vorstandsvergütungen, 2006; *Dreher*, Change of control-Klauseln bei Aktiengesellschaften, AG 2002, 214–223; *ders.*, Die Besteuerung der Prämienleistungen bei gesellschaftsfinanzierten Directors and Officers-Versicherungen, DB 2001, 996–1000; *Eisolt/Wickinger*, Mitarbeiterbeteiligungen: Endbesteuerung auch im Fall von Wandelschuldverschreibungen? BB 2001, 122–127; *Engers*, Zur steuerlichen Anerkennung von Umsatztantiemen, DB 2003, 116–119; *Fastrich*, Golden Parachutes und sonstige Landehilfen, FS Heldrich, 2005, S. 143-164; *C. Fischer*, Zur Bedrohung aktienbasierter Vergütungsmodelle für Aufsichtsräte mit rückerworbenen Aktien, ZIP 2003, 282-283; *U. Fischer*, Die Fremdgeschäftsführerin und andere Organvertreter auf dem Weg zur Arbeitnehmereigenschaft, NJW 2011, 2329-2332; *Fleck*, Das Organmitglied – Unternehmer oder Arbeitnehmer?, FS Hilger und Stumpf, 1983, S. 197–226; *Fleischer*, Wettbewerbs- und Betätigungsverbote für Vorstandsmitglieder im Aktienrecht AG 2005, 336–348; *ders.*, Das Gesetz zur An-

§ 21 Anstellungsverhältnis der Vorstandsmitglieder

gemessenheit der Vorstandsvergütung (VorstAG), NZG 2009, 801–806; *Florstedt,* Die wesentlichen Änderungen des ARUG II nach den Empfehlungen des Rechtsausschusses, ZIP 2020, 1–9; *Fonk,* Die betriebliche Altersversorgung für Vorstandsmitglieder von Aktiengesellschaften, FS Semler, 1993, S. 139–163; *ders.,* Rechtsfragen nach der Abberufung von Vorstandsmitgliedern und Geschäftsführern, NZG 1998, 408–413; *ders.,* Die Zulässigkeit von Vorstandsbezügen dem Grunde nach – aktienrechtliche Anmerkungen zum Urteil des LG Düsseldorf, NZG 2004, 1057 – Mannesmann, NZG 2005, 248-254; *ders.,* Altersversorgung von Organmitgliedern im Umbruch, ZGR 2009, 413–446; *ders.,* Zur Vertragsgestaltung bei Vorstandsdoppelmandaten, NZG 2010, 368–374; *ders.,* Vergütungsrelevante Zielvereinbarungen und -vorgaben versus Leitungsbefugnis des Vorstands, NZG 2011, 321–327; *Gaul,* Das Vergütungsvotum der Hauptversammlung nach § 120 Abs. 4 AktG im Lichte der Reform der Aktionärsrechte-Richtlinie, AG 2017, 178–187; *Goette,* Der Geschäftsführerdienstvertrag zwischen Gesellschafts- und Arbeitsrecht in der Rechtsprechung des Bundesgerichtshofs, FS Wiedemann, 2002, S. 873–888; *ders.,* Zur individualvertraglich vereinbarten entsprechenden Anwendbarkeit des Kündigungsschutzgesetzes in organschaftlichen Anstellungsverträgen, FS U. H. Schneider, 2011, S. 353–361; *Grambow,* Sozialversicherungspflicht von Vorständen der AG und geschäftsführenden Direktoren der SE, AG 2010, 477–482; *Greger,* Der Vergütungsanspruch des abberufenen Geschäftsführers, FS Boujong, 1996, S. 145–157; *Grimm,* Sozialversicherungspflicht des GmbH-Geschäftsführers und AG-Vorstands?, DB 2012, 175–179; *Habersack,* Vorstands- und Aufsichtsratsvergütung – Grundsatz- und Anwendungsfragen im Lichte der Aktionärsrechterichtlinie, NZG 2018, 127–134; *Henssler,* Das Anstellungsverhältnis der Organmitglieder, RdA 1992, 289–302; *Herzig,* Steuerliche und bilanzielle Probleme bei Stock Options und Stock Appreciation Rights, DB 1999, 1–12; *Hoffmann-Becking,* Zum einvernehmlichen Ausscheiden von Vorstandsmitgliedern, FS Stimpel, 1985, S. 589–602; *ders.,* Nachvertragliche Wettbewerbsverbote für Vorstandsmitglieder und Geschäftsführer, FS Quack, 1991, S. 273–286; *ders.,* Rechtliche Anmerkungen zur Vorstands- und Aufsichtsratsvergütung, ZHR 169 (2005), 155–180; *ders.,* Gestaltungsmöglichkeiten bei Anreizsystemen, NZG 1999, 797–804; *ders.,* Vorstandsvergütung nach Mannesmann, NZG 2006, 127–132; *ders.,* Abfindungsleistungen an ausscheidende Vorstandsmitglieder, ZIP 2007, 2101–2110; *ders.,* Drittanstellung von Vorstandsmitgliedern der AG, FS Marsch-Barner, 2018, S. 253–259; *ders./Krieger,* Leitfaden zur Anwendung des Gesetzes zur Angemessenheit der Vorstandsvergütung (VorstAG), NZG 2009, Beilage zu Heft 27; *Hohaus/Weber,* Die Angemessenheit der Vorstandsvergütung gem. § 87 AktG nach dem VorstAG, DB 2009, 1515–1520; *Hohenstatt,* Das Gesetz zur Angemessenheit der Vorstandsvergütung und zum Aufsichtsrat, ZIP 2009, 1349-1358; *ders./Kuhnke,* Vergütungsstruktur und variable Vergütungsmodelle für Vorstandsmitglieder nach dem VorstAG, ZIP 2009, 1981–1989; *ders./Seibt,* DCGK-Reform 2019: Neue Leitplanken für die Gestaltung unternehmenswohlfördernder Vorstandsvergütung?, ZIP 2019, 11–20; *Hopt/Leyens,* Der Deutsche Corporate Governance Kodex 2020, ZGR 2019, 929–995; *Hüffer,* Aktienbezugsrechte als Bestandteil der Vergütung von Vorstandsmitgliedern und Mitarbeitern – gesellschaftsrechtliche Analyse, ZHR 161 (1997), 214-245; *ders.,* Unangemessenheit der Vorstandsvergütung als Haftungsrisiko von Aufsichtsratsmitgliedern, FS Hoffmann-Becking, 2013, S. 589–601; *Ihrig/Wandt/Wittgens,* Die angemessene Vorstandsvergütung drei Jahre nach Inkrafttreten des VorstAG, Beil. ZIP 40/2012; *Jaeger,* Die Zuständigkeit des ArbG und Geltung des Kündigungsschutzes für Geschäftsführer, NZA 1998, 961-967; *Jickeli,* Die Überprüfung von Vorstandsbezügen auf ihre Angemessenheit, FS Säcker, 2011, S. 381–392; *Jooß,* Die Drittanstellung des Vorstandsmitglieds einer Aktiengesellschaft, 2010; *ders.,* Die Drittanstellung des Vorstandsmitglieds einer AG, NZG 2011, 1130–1133; *Kalb/Fröhlich,* Die Drittvergütung von Vorständen, NZG 2014, 167–170; *Kessler/Strnad,* Der Besteuerungszeitpunkt bei Stock Options – nächste Runde, BB 2000, 641; *dies.,* BFH festigt Rechtsprechung zur Besteuerung von Stock Options, StuB 2001, 652; *Kling,* Die Angemessenheit der Vorstandsvergütung gemäß § 87 AktG n. F., DZWIR 2010, 221–232; *Klöhn,* Die Herabsetzung der Vorstandsvergütung gem. § 87 Abs. 2 AktG in der börsennotierten Aktiengesellschaft, ZGR 2012, 1–34; *Köhler,* Fehlerhafte Vorstandsverträge, NZG 2008, 161–166; *Krieger/S.H. Schneider,* Beschaffung von restricted shares zur Vergütung von Führungskräften, FS Hellwig, 2010, S. 181-204; *Kruse/Stenslik,* Mutterschutz für die Organe von Gesellschaften, NZA 2013, 596-601; *Krieger,* Personalentscheidungen des Aufsichtsrats, 1981; *ders.,* Interim Manager im Vorstand der AG, FS Hoffmann-Becking, 2013, S. 711–732; *Kühnberger/Kessler,* Stock Options incentives – betriebswirtschaftliche und rechtliche Probleme eines anreizkompatiblen Vergütungssystems, AG 1999, 453-464; *Küppers/Dettmeier,* D&O-Versicherung: Steuerliche Implikationen für versicherte Personen? DStR 2002, 199; *Lampe/Strnad,* Stock Options: Besteuerung, Glattstellung und „gehedgter Arbeitslohn", DStR 2000, 1117; *Langenbucher,* Zur rechtlichen Konkretisierung angemessener Vorstandsbezüge – Kapitalmarktrecht oder Verbandsrecht?, FS U. H. Schneider, 2011, S. 751–762; *Leopold,* Wandelungsgewinne als Einkünfte aus nichtselbständiger Arbeit bei Wandelschuldverschreibungen an Arbeitnehmer, FR 2000, 1332; *Liebers/Hoefs,* Anerkennungs- und Abfindungszahlungen an ausscheidende Vorstandsmitglieder, ZIP 2004, 97-103; *Löbbe/Fischbach,* Die Neuregelungen des ARUG II zur Vergütung von Vorstand und Aufsichtsrat börsennotierter Aktiengesellschaften, AG 2019, 373–385; *Loritz/Wagner,* Haftung von Vorständen und Aufsichtsräten: D&O-Versicherungen und steuerliche Fragen, DStR 2012, 2205-2212; *Löw,* AGB-Kontrolle von Vorstandsverträgen, AG 2018, 837–840; *Lutter,* Anwendbarkeit der Altersbestimmungen des AGG auf Organpersonen, BB, 2007, 725-731; *ders.,* Aktienrechtliche Aspekte der angemessenen Vorstandsvergütung, ZIP 2006, 733–737; *Martens,* Die außerordentliche Beendigung von Organ- und Anstellungsverhältnis, FS Werner, 1984, S. 495–519; *ders.,* Die Vorstandsvergütung auf dem Prüfstand, ZHR 169 (2005), 124–154; *Merkelbach,* Neue Vergütungsregeln für Banken – Institutsvergütungsverordnung 2.0, WM 2014, 1990–1997; *Mertens,* Vorstandsvergütung in börsennotierten Aktiengesellschaften, AG 2011, 57–63; *Meyer/Ludwig,* Aktienoptionen für Aufsichtsräte ade?, ZIP 2004, 940-945; *Mülbert,* Verbraucher kraft Organmitgliedschaft?, FS Goette, 2011, S. 333–344; *Mujkanovic,* Berichterstattung über die Vergütung von Organmitgliedern nach dem überarbeiteten DRS 17, WPg 2011, 995–1002; *Mutter/Mikus,* Das „Stuttgarter Modell": Steueroptimierte Stock Option Programme ohne Beschluss der Hauptversammlung, ZIP 2001, 1949-1951; *Needham/Mack/Müller,* Vorstandsvergütung im Wandel, DB 2019, 1972–1977; *Niermann,* Steuerliche Förderung von Mitarbeiterbeteiligungen durch das neue Mitarbeiterkapitalbeteiligungsgesetz, DB 2009, 473; *Poelzig,* Rückforderung der variablen Vorstandsvergütung (Clawback) in börsennotierten Gesellschaften, NZG 2020, 41–50; *Poguntke,* Anerkennungsprämien und Untreuestrafbarkeit im Recht der Vorstandsvergütung, ZIP 2011, 893-901; *Portner,* Besteuerung von Stock Options – Zeitpunkt der Bewertung des Sachbezugs, DB 2002, 235; *ders./Bödefeld,* Besteuerung von Arbeitnehmer-Aktien-Optionen, DStR 1995, 629; *Noack,* Haftungsfragen bei Vorstandsdoppelmandaten im Konzern, FS Hoffmann-Becking, 2013, S. 847–859; *Orth/Oser/Philippsen/Sultana,* ARUG II: Zum neuen aktienrechtlichen Vergütungsbericht und sonstigen Änderungen im HGB, DB 2019, 2814–2821; *Raitzsch,* Keine Praxis ohne Theorie – Die Claw-Back-Klausel als Element nachhaltiger Vorstandsvergütung, ZIP 2019, 104–109; *ders.,* Das Herabsetzungsrecht gem. § 87 II AktG, NZG 2019, 495–500; *Rehbinder,* Rechtliche Schranken der Erstattung von Bußgeldern an Organmitglieder und Angestellte, ZHR 148 (1984) S. 555–578; *Rieckers,* Der Regierungsentwurf des ARUG II – Neuerungen gegenüber dem Referentenentwurf und Auswirkungen auf die Arbeit des Aufsichtsrats, BOARD 2019, 97–101; *Rimmelspacher/Kaspar,* Vergütungsbericht: Neue Anforderungen nach dem Deutschen Corporate Governance Kodex, DB 2013, 2785–2792; *Rönnau/Hohn,* Die Festsetzung (zu) hoher Vorstandsvergütungen durch den Aufsichtsrat – ein Fall für den Staatsanwalt?, NStZ 2004, 113-123; *M. Roth,* Private Altersvorsorge als Aspekt der Corporate Governance, ZGR 2011, 516–557; *Sagan/Hübner,* Die Sozialversicherungspflicht von Vorstandsmitgliedern in- und ausländischer Aktiengesellschaften, AG 2011, 852-862; *Säcker,* Rechtsprobleme beim Widerruf der Bestellung von Organmitgliedern und Ansprüche aus fehlerhaften Anstellungsverhältnissen, FS G. Müller, 1981, S. 745–763; *Schäfer,* Die Binnenhaftung von Vorstand und Aufsichtsrat nach der Renovierung durch das UMAG, ZIP 2005, 1253-1259; *Schick,* Übernahme und Erstattung von Rechtsverteidigungs- und Verfahrenskosten durch eine Aktiengesellschaft im Zusammenhang mit Straf- und Ordnungswidrigkeitenverfahren gegen Organmitglieder, ZWH 2012, 433–441; *Schnorbus/Klormann,* Erkrankung eines Vorstandsmitglieds, WM 2018, 1069–1078, 1113–1122; *Schockenhoff/Nußbaum,* Claw-Back-Klauseln in Vorstandsverträgen, AG 2018, 813–822; *Schwark,* Zur Angemessenheit der Vorstandsvergütung, FS Th. Raiser, 2005, S. 377–398; *Seibert,* Das VorstAG – Regelungen zur Angemessenheit der Vorstandsvergütung und zum Aufsichtsrat, WM 2009, 1498–1493; *Seyfarth,* Clawback – Vereinbarungen in Vorstandsverträgen, WM 2019, 521–528, 569–577; *ders.,* Vorstandsrecht, 2016; *Spindler,* Konzernbezogene Anstellungsverträge und Vergütungen von Organmitgliedern, FS Karsten Schmidt, 2009, S. 1529–1550; *ders.,* Vorstandsgehälter auf dem Prüfstand – das Gesetz zur Angemessenheit der Vorstandsvergütung (VorstAG), NJOZ 2009, 3282–3291; *ders.,* Prämien und Leistungen an Vorstandsmitglieder bei Unternehmenstransaktionen, 2010, S. 1407-1430; *Steinbeck/Menke,* Kündigungsklauseln in Vorstandsanstellungsverträgen, DStR 2003, 940–943; *Suchan/Winter,* Rechtliche und betriebswirtschaftliche Überlegungen zur Festsetzung angemessener Vorstandsbezüge nach Inkrafttreten des VorstAG, DB 2009, 2531-2539; *Theobald,* Drittanstellung von Vorstandsmitgliedern in der Aktiengesellschaft, FS Th. Raiser, 2005, S. 421–437; *Thüsing,* Auf der Suche nach dem iustum pretium der Vorstandstätigkeit – Überlegungen zur Angemessenheit im Sinne des § 87 Abs. 1 Satz 1 AktG, ZGR 2003, 457–507; *ders.,* Nachorganschaftliche Wettbewerbsverbote bei Vorständen und Geschäftsführern, NZG 2004, 9–15; *ders.,* Das Gesetz zur Angemessenheit der Vorstandsvergütung, AG 2009, 517–529; *ders./Stiebert,* Altersgrenzen bei Organmitgliedern, NZG 2011, 641-646; *Uffmann,* Interim Management in Zeiten nachhaltiger Unternehmensführung?, ZGR 2013, 273–315; *Velte,* Ausweis und Prüfung des neuen Vergütungsberichts nach § 162 AktG-E – Plädoyer für eine Einbettung in die Erklärung zur Unternehmensführung und eine materielle Einbeziehung in die externe Abschlussprüfung, NZG 2019, 335-338; *ders.,* „Nachhaltige und langfristige" Vorstandsvergütung nach dem ARUG II, NZG 2020, 12–15; *E. Vetter,* Drittanstellung von Vorstandsmitgliedern und aktienrechtliche Kompetenzordnung, FS Hoffmann-Becking, 2013, S. 1297–1316; *Vollmer,* Die Gewinnbeteiligung von konzernleitenden Vorstandsmitgliedern, FS Großfeld, 1999, S. 1269-1283; *Wagner,* Nachhaltige Unternehmensentwicklung als Ziel der Vorstandsvergütung, AG 2010, 774–779; *Weber,* Nachträgliche Herabsetzung der Vorstandsbezüge wegen Verschlechterung der Lage der Gesellschaft, DB 2016, 815-818; *Weiß,* Aktienoptionsprogramme nach dem KonTraG, WM 1999, 353-363; *Weller,* Die Systemkohärenz des § 87 II AktG – Eingeschränkte Vertragstreue beim Vorstandsvertrag auf Grund Fremdinteressenwahrung, NZG 2010, 7-12; *v. Westphalen,* Koppelungsklauseln in Geschäftsführer- und Vorstandsverträgen – das scharfe Schwert des § 307 BGB, BB 2015, 834-847; *Willemsen,* Koppelungsklauseln in Anstellungsverträgen mit Vorstandsmitgliedern und Geschäftsführern, FS Buchner, 2009, S. 971–983; *Wilsing/Meyer,* Aktuelle Entwicklungen bei der Organberatung, DB 2011, 341–345; *Wilsing/Meyer,* Diskriminierungsschutz für Geschäftsführer, NJW 2012, 3211–3213; *Ziemons,* Angemessene Vorstandsvergütung und Change of Control Klauseln, FS Ulrich Huber, 2006, S. 1035–1047; *dies.,* Der Vorstand als Arbeitnehmer, KSzW 2013, 19–29; *Zipperle/Beck,* Neue Regeln zur „guten Unternehmensführung" – Die Reform des Deutschen Corporate Governance Kodex (DCGK), CB 2019, 317–321; *Zöllner,* Lohn ohne Arbeit bei Vorstandsmitgliedern, FS Koppensteiner, 2001, S. 291–304.

I. Rechtsnatur

1. Schuldrechtlicher Charakter des Anstellungsverhältnisses. a) Anstellungsvertrag als Dienstvertrag. Das Recht und die Pflicht zur Geschäftsführung sowie die Vertretungsmacht sind Folge der Bestellung zum Vorstandsmitglied. Neben den organschaftlichen Akt der Bestellung tritt regelmäßig ein Anstellungsvertrag, der die schuldrechtlichen Beziehungen zwischen der Aktiengesellschaft und dem Vorstandsmitglied regelt. Der Anstellungsvertrag ist als freier Dienstvertrag zu qualifizieren,[1] der eine Geschäftsbesorgung zum Gegenstand hat (§§ 611 ff., § 675 BGB), wenn das Vorstandsmitglied gegen Entgelt tätig wird. Nach § 612 Abs. 1 BGB ist eine solche Entgeltlichkeit zu vermuten. Bei vereinbarter Unentgeltlichkeit der Tätigkeit des Vorstandsmitglieds ist der Anstellungsvertrag ein Auftrag (§§ 662 ff. BGB). Rechtlich ist es nicht erforderlich, dass neben das Organverhältnis ein Anstellungsverhältnis tritt.[2]

b) Anstellungsvertrag und Vorstandsamt. Trotz der Trennung von Organverhältnis (Vorstandsamt) und Anstellungsverhältnis (Anstellungsvertrag) (Trennungsgrundsatz) bestehen zwischen beiden rechtliche und tatsächliche Zusammenhänge. Aus dem rechtlichen Vorrang des Organverhältnisses vor dem Anstellungsverhältnis (näher → § 20 Rn. 16) folgt, dass der Anstellungsvertrag die organschaftliche Rechts- und Pflichtstellung des Vorstandsmitglieds lediglich ergänzt und im Kollisionsfall hinter das Organverhältnis zurückzutreten hat. Die Rechte des Vorstandsmitglieds aus dem Anstellungsvertrag können daher Geltung nur beanspruchen, soweit ihre Wahrnehmung nicht mit dem gesetzlich oder statutarisch ausgestalteten Organverhältnis in Konflikt gerät.[3] Wegen der zwingenden Befristung einer Vorstandsbestellung auf höchstens fünf Jahre kann deshalb im Anstellungsvertrag zB nicht die Geltung des Kündigungsschutzgesetzes vereinbart werden und steht einem Vorstandsmitglied kein Anspruch auf Weiterbeschäftigung nach Ablauf der Bestellung zu.[4] Soweit ein Konflikt nicht eintritt, können arbeitsrechtliche Vorschriften anstellungsvertraglich vereinbart werden.[5]

---

[1] BGHZ 10, 187 (191); 36, 142 (143); GroßkommAktG/*Kort* § 84 Rn. 271a; KölnKommAktG/*Mertens/Cahn* § 84 Rn. 34; *Goette* FS Wiedemann, 2002, 873 (876); *Seyfarth,* Vorstandsrecht, § 4 Rn. 6.
[2] *Goette* FS U. H. Schneider, 2011, 353 (355); *Mülbert* FS Goette, 2011, 333 (339 f.).
[3] BGH WM 2010, 1321 Rn. 7; *Goette* FS U. H. Schneider, 2011, 353 (361); *Mülbert* FS Goette, 2011, 333 (339).
[4] *Seyfarth,* Vorstandsrecht, § 4 Rn. 68; *Goette* FS U. H. Schneider, 2011, 353 (358 f.).
[5] BGH WM 2010, 1321 Rn. 7.

3 c) Anstellungsvertrag mit Dritten. Der Anstellungsvertrag wird im Regelfall und nach der Vorstellung des Gesetzgebers (§ 84 Abs. 1 S. 5 AktG) zwischen dem Vorstandsmitglied und der Aktiengesellschaft geschlossen. Es kommt jedoch auch vor, dass der Anstellungsvertrag mit einem Dritten geschlossen wird (Drittanstellung). Solche Drittanstellungen finden sich in der Praxis vor allem bei konzernverbundenen Unternehmen in der Form von Konzernanstellungsverträgen[6] sowie bei den Rechtsformen der AG & Co. KG und AG & Co. KGaA, wenn die Anstellungsverträge der Vorstandsmitglieder der Komplementär-AG nicht mit dieser, sondern mit der KG bzw. KGaA geschlossen werden.[7] Außerdem kommt die Drittanstellung in Form von Vorstandsgestellungen vor (→ Rn. 6).[8] Von den Drittanstellungen zu unterscheiden sind die Sachverhalte der Drittvergütung, bei denen Dritte – in aller Regel herrschende Unternehmen – einem Vorstandsmitglied finanzielle Zuwendungen versprechen und gewähren (→ Rn. 5).

4 **Konzernanstellungsverträge** sind typischerweise so gestaltet, dass das Vorstandsmitglied einer abhängigen Gesellschaft (Tochter-AG) seinen Anstellungsvertrag nicht mit dieser, sondern mit dem herrschenden Unternehmen (Mutter-AG) abschließt.[9] Daneben kommt es in der Praxis vor, dass ein Vorstandsmitglied einer Tochter-AG zusätzlich zum Vorstand der Mutter-AG bestellt wird, also neben das Organverhältnis mit der Tochter-AG ein Organverhältnis des Vorstandsmitglieds mit der Mutter-AG tritt. Gängiges Beispiel ist der Vorstandsvorsitzende einer Tochter-AG, der zugleich Vorstandsmitglied der Mutter-AG ist. Insoweit liegt zugleich der Fall eines **Vorstandsdoppelmandats** vor, dessen rechtliche Zulässigkeit im Grundsatz außer Frage steht (→ § 19 Rn. 43 ff.). In den Fällen der Vorstandsdoppelmandate finden sich in der Praxis unterschiedliche Regelungen des Anstellungsverhältnisses.[10] Teilweise wird lediglich ein Anstellungsvertrag mit der Mutter-AG geschlossen, also aus der Sicht der Tochter-AG ein Drittanstellungsvertrag in der Variante des Konzernanstellungsvertrags. Zum Teil erhält das Vorstandsmitglied nur einen Vorstandsvertrag mit der Tochter-AG und damit aus der Sicht der Mutter-AG einen Drittanstellungsvertrag. In der Praxis dominieren bei den Vorstandsdoppelmandaten aber wohl die Fälle, in denen sowohl von der Tochter-AG als auch von der Mutter-AG jeweils ein Anstellungsvertrag mit dem Doppelvorstand geschlossen und die Zahlung der Vergütung aus dem einen Vertrag (meist mit der Tochter-AG) auf den Vergütungsanspruch aus dem anderen Dienstvertrag (meist mit der Mutter-AG) angerechnet wird. Auch gegen den Abschluss von **zwei Anstellungsverträgen** bestehen nach hM in den Doppelmandatsfällen keine grundsätzlichen Bedenken.[11] Allerdings ist in der Praxis eine Reihe von Gesichtspunkten zu beachten, damit die Aufsichtsräte beider Gesellschaften ihre Pflichten aus der ihnen zugewiesenen Personalkompetenz erfüllen (dazu → Rn. 5). Häufig wird die Vergütung aus den Anstellungsverträgen nur von einer der Gesellschaften geleistet und der von der anderen Gesellschaft zu zahlende Teil im Innenverhältnis erstattet. Für den Abschluss einer solchen

---

[6] Dazu vgl. Bürgers/Körber AktG/*Bürgers* § 84 Rn. 20; Hölters AktG/*Weber* § 84 Rn. 41; MüKo-AktG/*Spindler* § 84 Rn. 79; *Fonk* NZG 2010, 368 ff.; *Noack* FS Hoffmann-Becking, 2013, 847 ff.; *Spindler* FS Karsten Schmidt, 2009, 1529 ff.; *E. Vetter* FS Hoffmann-Becking, 2013, 1297 ff.

[7] *Beiner/Braun,* Der Vorstandsvertrag, 2. Aufl. 2014, Rn. 234; *Jooß,* Die Drittanstellung des Vorstandsmitglieds einer Aktiengesellschaft, 2010, S. 43.

[8] BGH ZIP 2015, 1220; open Jur 2011, 94826; OLG Celle AG 2012, 41; KG AG 2011, 758 (Sachverhalt als „Personalleasing" bezeichnet); hierzu GroßkommAktG/*Kort* § 84 Rn. 330a ff.; *Jooß* NZG 2011, 1130 ff.; Hüffer/*Koch* AktG § 84 Rn. 17 f.; *Uffmann* ZGR 2013, 273 ff.; *Krieger* FS Hoffmann-Becking, 2013, 711 ff.

[9] Vgl. Bürgers/Körber AktG/*Bürgers* § 84 Rn. 20; MüKoAktG/*Spindler* § 84 Rn. 79; *Spindler* FS Karsten Schmidt, 2009, 1529 ff.; *Goette* FS U. H. Schneider, 2011, 353 (355) Fn. 12.

[10] Vgl. ausführlich *Fonk* NZG 2010, 368 (372 ff.).

[11] K. Schmidt/Lutter AktG/*Seibt* § 84 Rn. 26; *E. Vetter* FS Hoffmann-Becking, 2013, 1297 (1309); *Jooß* NZG 2011, 1130 (1131); Semler/v. Schenck AR-HdB/*Fonk* § 10 Rn. 222 f.; *Seyfarth,* Vorstandsrecht, § 7 Rn. 51; aA MüKoAktG/*Spindler* § 84 Rn. 79; *Spindler* FS Hopt, Bd. I, 2010, 1407 (1420); *Fonk* NZG 2010, 368 (371 f.).

Erstattungsvereinbarung ist für beide Gesellschaften nach § 112 AktG jeweils der Aufsichtsrat zuständig.[12]

Besteht nur *ein* Anstellungsvertrag, hat der Aufsichtsrat der Gesellschaft, mit der kein 5 Anstellungsvertrag besteht, zu beachten, dass der mit der anderen Gesellschaft bestehende Anstellungsvertrag die Leitungsautonomie des Vorstands nach § 76 Abs. 1 AktG nicht beeinträchtigt[13] und seine eigene Bestellungskompetenz nach § 84 Abs. 1–3 AktG wegen der Akzessorietät der Anstellung zur Bestellung nicht ausgehöhlt wird.[14] Wegen des Vorrangs des Organverhältnisses vor dem Anstellungsverhältnis bedürfen der Abschluss, die Änderung und die Beendigung des Anstellungsvertrags auch der Zustimmung des Aufsichtsrats der Gesellschaft, mit der nur ein Organverhältnis besteht.[15] Für diese Zustimmung gelten dieselben Grundsätze wie für den Abschluss, die Änderung und die Beendigung eines durch die Gesellschaft selbst geschlossenen Anstellungsvertrags.[16] Insbesondere sind Weisungsbefugnisse aufgrund des Drittanstellungsvertrags im Hinblick auf die Amtsführung des Vorstands bei der anderen Gesellschaft auszuschließen.[17] Werden diese – in der Sache sehr weitgehenden – Voraussetzungen berücksichtigt, besteht aus rechtlicher Sicht kein Anlass für eine Unzulässigkeit von Drittanstellungsverträgen.[18] Diese Grundsätze sind auch in den Fällen der **Drittvergütung** zu beachten. Hierbei handelt es sich um Fälle, in denen Vorstandsmitglieder von dritter Seite eine Vergütung erhalten, zB bei Zahlung einer Transaktionsprämie durch die Konzernobergesellschaft oder einen (Groß-) Aktionär.

Vorstandsgestellungsverträge sind dadurch gekennzeichnet, dass die Aktiengesell- 6 schaft, vertreten durch den Aufsichtsrat,[19] mit einem Dritten – zB einer Unternehmensberatung oder einer Interim Management Agentur – einen Vertrag schließt, nach dem dieser der AG eine bestimmte Person interimistisch als Vorstandsmitglied zur Verfügung stellt und dafür als Gegenleistung eine Vergütung erhält. Das Vorstandsmitglied (**Interim Manager**)[20] erhält seine Bezüge in diesen Fällen nicht von der AG, sondern von dem Dritten. Gegen eine solche Gestaltung werden in der Rechtsprechung bei vollständiger Offenlegung der Verhältnisse gegenüber allen drei Parteien keine rechtlichen Bedenken geltend gemacht, wenn seitens des Dritten keine Weisungsrechte gegenüber dem Vorstandsmitglied bestehen und der Dienstvertrag zwischen dem Dritten und dem Vorstands-

---

[12] GroßkommAktG/*Kort* § 84 Rn. 327; *Krieger,* Personalenscheidungen des Aufsichtsrats, S. 187 f.; *E. Vetter* FS Hoffmann-Becking, 2013, 1297 (1310 ff.); vgl. auch BGH open Jur 2011, 94826; OLG Celle AG 2012, 41 (42).

[13] Vgl. BGH open Jur 2011, 94826; OLG Celle AG 2012, 41 (42); KG AG 2011, 758 (759); Hölters AktG/*Weber* § 84 Rn. 41; Hüffer/*Koch* AktG § 84 Rn. 18; *Lutter/Krieger/Verse,* Rechte und Pflichten des Aufsichtsrats, 6. Aufl. 2014, Rn. 439; *Spindler* FS Karsten Schmidt, 2009, 1529 (1534 f.).

[14] Vgl. für das vergleichbare Verhältnis von Aufsichtsratsausschuss zum Aufsichtsratsplenum BGHZ 89, 48 (55 ff.). – Reemtsma; BGHZ 79, 38 (41 ff.) – WestLB/Poullain; *Reuter* FS Zöllner, 1988, 487 (496 ff.).

[15] *Lutter/Krieger/Verse,* Rechte und Pflichten des Aufsichtsrats, 6. Aufl. 2014, Rn. 439; *Krieger,* Personalentscheidungen des Aufsichtsrats, S. 186 f.; im Ergebnis auch BGH open Jur 2011, 94826; OLG Celle AG 2012, 41 (42); aA *Kalb/Fröhlich* NZG 2014, 167 (169); differenzierend *Hoffmann-Becking* FS Marsch-Barner, 2018, 253 (258); *Krieger* FS Hoffmann-Becking, 2013, 711 (719 f.); *E. Vetter* FS Hoffmann-Becking, 2013, 1297 (1312 ff.).

[16] *Lutter/Krieger/Verse,* Rechte und Pflichten des Aufsichtsrats, 6. Aufl. 2014, Rn. 439.

[17] *Lutter/Krieger/Verse,* Rechte und Pflichten des Aufsichtsrats, 6. Aufl. 2014, Rn. 439; vgl. auch BGH open Jur 2011, 94826; OLG Celle AG 2012, 41 (42).

[18] Vgl. BGH open Jur 2011, 94826; OLG Celle AG 2012, 41 (42); KG AG 2011, 758 ff.; *Lutter/Krieger/Verse,* Rechte und Pflichten des Aufsichtsrats, 6. Aufl. 2014, Rn. 438 f. Gegen die Zulässigkeit KölnKommAktG/*Mertens/Cahn* § 84 Rn. 56; *Theobald* FS Th. Raiser, 2005, 421 (431 ff.). Ebenso für die Drittvergütung *Kalb/Fröhlich* NZG 2014, 167 ff.

[19] BGH ZIP 2015, 1220 (1222); open Jur 2011, 94826; OLG Celle AG 2012, 41 f.; KG AG 2011, 758; *Jooß* NZG 2011, 1130 (1131); *Krieger* FS Hoffmann-Becking, 2013, 711 (716).

[20] Ausführlich *Krieger* FS Hoffmann-Becking, 2013, 711 ff.; *Uffmann* ZGR 2013, 273 ff.

mitglied nur mit Zustimmung des Aufsichtsrats der Gesellschaft, mit der das Organverhältnis besteht, geändert oder beendet werden kann.[21] In der Praxis gibt es vor allem zwei Anwendungsfälle für die Gestaltung: Zum einen bei akutem Bedarf eines Spezialisten im Vorstand (zB in Sanierungsfällen), zum anderen bei Zahlung der Vorstandsbezüge über einen Dritten aus steuerlichen Gründen.[22]

7 **2. Geltung arbeitsrechtlicher Vorschriften. a) Grundsatz.** Aufgrund ihrer organschaftlichen Bestellung bilden die Vorstandsmitglieder in ihrer Gesamtheit das zur autonomen Leitung, Geschäftsführung und Vertretung der Aktiengesellschaft berufene Organ. Daneben stehen die Vorstandsmitglieder der Aktiengesellschaft individualrechtlich aufgrund des Anstellungsvertrags als Dienstverpflichtete gegenüber. Der Anstellungsvertrag bildet regelmäßig die Haupteinnahmequelle der Vorstandsmitglieder. Dadurch besteht eine wirtschaftliche Abhängigkeit gegenüber der Gesellschaft. Dies führt zu der Frage, ob Vorstandsmitglieder als Arbeitnehmer zu qualifizieren oder jedenfalls einzelne arbeitsrechtliche Schutzbestimmungen entsprechend auf sie anzuwenden sind. Für den Begriff des Arbeitnehmers ist die persönliche Abhängigkeit zentrales Kriterium. Angesichts der dem Vorstand nach § 76 Abs. 1 AktG zugewiesenen autonomen Leitungsbefugnis und der damit – jedenfalls für Vorstandsmitglieder konzernfreier Aktiengesellschaften – verbundenen Weisungsunabhängigkeit scheidet eine Qualifizierung von Vorstandsmitgliedern als Arbeitnehmer aus.[23] Dieser Befund wird durch die sozialversicherungsrechtliche Einordnung von Vorstandsmitgliedern bestätigt, die dort, anders als regelmäßig Geschäftsführer einer GmbH, nicht als schutzbedürftig angesehen werden (näher → Rn. 20).

8 Auch die **Rechtsprechung** des **EuGH,** insbesondere die Urteile in den Rechtssachen „Danosa"[24] und „Balkaya"[25] zur Mutterschutz- bzw. Massenentlassungsrichtlinie, ändert daran nichts. In „Danosa" ging es um die unionsrechtliche Arbeitnehmereigenschaft der Geschäftsleiterin einer lettischen Kapitalgesellschaft, in „Balkaya" um die des Geschäftsführers einer deutschen GmbH. Für Zwecke der Mutterschutzrichtlinie („Danosa") knüpft der EuGH die unionsrechtliche Arbeitnehmereigenschaft daran, dass das Organmitglied seine Tätigkeit nach der Weisung oder unter Aufsicht eines anderen Gesellschaftsorgans ausübt, jederzeit von seinem Amt abberufen werden kann und als Gegenleistung für die Tätigkeit ein Entgelt enthält. In „Balkaya" verlangt er für die Arbeitnehmereigenschaft im Sinne der Massenentlassungsrichtlinie neben der Entgeltlichkeit, dass das Mitglied der Unternehmensleitung seine Tätigkeit nach Weisung und Aufsicht eines anderen Gesellschaftsorgans ausübt und selbst keine Anteile an der Gesellschaft besitzt. Der autonome und weisungsunabhängige Vorstand einer deutschen AG ist nach diesen Kriterien auch unionsrechtlich nicht als Arbeitnehmer einzustufen.[26]

9 Der fehlende Arbeitnehmerstatus von Vorstandsmitgliedern führt nach ganz hM nicht dazu, dass arbeitsrechtliche Schutzvorschriften auf Vorstandsanstellungsverträge keine entsprechende Anwendung finden können. Im Gegenteil: Trotz der Einordnung des Anstellungsvertrags als „Dienstvertrag der selbständig Tätigen" oder als „freier Dienstver-

---

[21] BGH open Jur 2011, 94826; OLG Celle AG 2012, 41 (42); KG AG 2011, 758 ff.; zustimmend *Jooß* NZG 2011, 1130 ff.; iErg auch *Krieger* FS Hoffmann-Becking, 2013, 711 (718 ff.).
[22] Ausführlich *Krieger* FS Hoffmann-Becking, 2013, 711 ff.
[23] BGHZ 10, 187 (191); 12, 1 (8 f.); 79, 291 (293); BGH WM 1988, 298 (299); DStR 2001, 2166 f.; BAG GmbHR 1997, 837 (838) (auch wenn es nicht zur Bestellung kommt); *Fleck* FS Hilger und Stumpf, 1983, 197; *Goette* FS Wiedemann, 2002, 873 (874); MüKoAktG/*Spindler* § 84 Rn. 60; KölnKommAktG/*Mertens/Cahn* § 84 Rn. 35; Spindler/Stilz AktG/*Fleischer* § 84 Rn. 25; K. Schmidt/Lutter AktG/*Seibt* § 84 Rn. 23; *Henssler* RdA 1992, 289 (297).
[24] EuGH AG 2011, 165 ff.
[25] EuGH NZG 2015, 963.
[26] MüKoAktG/*Spindler* § 84 Rn. 60; Spindler/Stilz AktG/*Fleischer* § 84 Rn. 25; *Kort* NZG 2013, 601 (605 f.); *Arnold/Romero* NZG 2019, 930 (932); anders *Ziemons* KSzW 2013, 19 (20 ff.).

trag"[27] wendet die Rechtsprechung eine Reihe **arbeitsrechtlicher Schutzvorschriften und Grundsätze** auf Vorstandsmitglieder entsprechend an.[28] Als Grundsatz gilt, dass die Anwendung arbeitsrechtlicher Schutzvorschriften oder Grundsätze dann in Betracht zu ziehen ist, wenn es vorrangig um die Sicherung der persönlichen und wirtschaftlichen Existenz und ein darauf beruhendes Schutzbedürfnis geht und kein Konflikt mit dem Organverhältnis besteht (dazu schon → Rn. 2).[29]

b) Einzelfälle. Unter anderem folgende arbeitsrechtliche Schutzvorschriften finden entsprechend auf Vorstandsanstellungsverträge Anwendung: Pfändungsschutz nach §§ 850 ff. ZPO,[30] Anspruch auf Urlaubsabgeltung,[31] Erteilung eines Dienstzeugnisses,[32] Geltung der Mindestkündigungsfristen des § 622 BGB,[33] Anwendung der arbeitnehmerschützenden Bestimmungen des BetrAVG (näher, auch zu Ausnahmen → Rn. 96),[34] Bemessung des Kostenwerts nach § 42 Abs. 2 GKG bei Klagen auf Vorstandsvergütung.[35] 10

Keine Anwendung auf Vorstandsmitglieder finden kraft ausdrücklicher gesetzlicher Regelung das Kündigungsschutzgesetz (§ 14 Abs. 1 Nr. 1 KSchG) und der Kündigungsschutz für schwerbehinderte Menschen nach §§ 85 ff. SGB IX.[36] Unanwendbar auf Vorstandsmitglieder sind auch die §§ 74 ff. HGB.[37] Weiterhin finden die Grundsätze über die beschränkte Arbeitnehmerhaftung wegen betrieblich veranlasster Tätigkeit keine Anwendung.[38] Mangels kollektiven Bezugs der Anstellungsverträge lassen sich tarifliche oder sonstige Regelungen für abhängige Arbeitnehmer des Unternehmens nicht ohne weiteres unter dem Aspekt der Gleichbehandlung oder der betrieblichen Übung auf die Anstellungsverträge von Vorstandsmitgliedern übertragen.[39] Das Anstellungsverhältnis geht nicht nach 11

---

[27] Vgl. BGH WM 2010, 1321 Rn. 7; GroßkommAktG/Kort § 84 Rn. 271a; KölnKommAktG/Mertens/Cahn § 84 Rn. 34; MüKoBGB/*Müller-Glöge* § 611 Rn. 146 ff.; *Goette* FS Wiedemann, 2002, 873 (876).
[28] Vgl. KölnKommAktG/*Mertens/Cahn* § 84 Rn. 37 ff.; Spindler/Stilz AktG/*Fleischer* § 84 Rn. 27 ff.; *Henssler* RdA 1992, 258 (297 iVm 295 f.); *Goette* FS Wiedemann, 2002, 873 (877 ff. und 882 f.).
[29] BGH NJW 1978, 756; 1981, 2465 (2466); vgl. auch BGH ZIP 2017, 201 (202) (für GmbH-Geschäftsführer); Spindler/Stilz AktG/*Fleischer* § 84 Rn. 27; KölnKommAktG/*Mertens/Cahn* § 84 Rn. 37; *Goette* FS Wiedemann, 2002, 873 (882); *Henssler* RdA 1992, 289 (297 iVm 294 f.).
[30] BGH NJW 1978, 756; 1981, 2465 (2466); OLG Karlsruhe NZG 2012, 299; BGH ZIP 2017, 201 (202) (für GmbH-Geschäftsführer); Hüffer/*Koch* AktG § 84 Rn. 26.
[31] BGH NJW 1963, 535.
[32] BGHZ 49, 30 (31 f.).
[33] BGHZ 91, 217 (220).
[34] BGHZ 77, 94 (96 ff.) (zur GmbH & Co. KG); BGHZ 77, 233 (236 ff.) (zur GmbH und GmbH & Co. KG); BGH NZG 2019, 1348 f.; NZG 2003, 327 (328) (jeweils zur GmbH); Hüffer/*Koch* AktG § 84 Rn. 26; KölnKommAktG/*Mertens/Cahn* § 84 Rn. 38; *Goette* FS U. H. Schneider, 2011, 353 (356 ff.).
[35] *Beiner/Braun,* Der Vorstandsvertrag, 2. Aufl. 2014, Rn. 242; Hüffer/*Koch* AktG § 84 Rn. 26; Spindler/Stilz AktG/*Fleischer* § 84 Rn. 28; ebenso zur bis zum 31.8.2009 geltenden gleichlautenden Vorgängervorschrift BGH WM 1978, 1106. Die Bemessung des Streitwerts richtet sich hingegen nach § 9 ZPO, BGH WM 1978, 1106.
[36] BGH DStR 2006, 2269; NJW 1978, 1435; OLG Hamm ZIP 1987, 121 (122); *Goette* FS Wiedemann, 2002, 873 (879); *ders.* FS U. H. Schneider, 2011, 353 (355); *Henssler* RdA 1992, 289 (297 iVm 296).
[37] BGHZ 91, 1 (3 ff.); Hüffer/*Koch* AktG § 88 Rn. 10 sowie → Rn. 99.
[38] BGHZ 148, 167 (172) (zur GmbH); BGH WM 1975, 467 (469) (zur Genossenschaft); KG NZG 1999, 400 (402) (zur GmbH); KölnKommAktG/*Mertens/Cahn* § 93 Rn. 37; Spindler/Stilz AktG/*Fleischer* § 84 Rn. 29a; grundsätzlich auch OLG Düsseldorf AG 1995, 416 (420) (zur AG); aA *Bayer* FS Karsten Schmidt, 2009, 85 (97); wertungsmäßig auch *J. Koch* AG 2012, 429 (436 ff.). Der Fall BGHZ 89, 153 ff. betraf den Sonderfall eines ehrenamtlichen Jugendführers eines eingetragenen Vereins und ist nicht verallgemeinerungsfähig.
[39] BGH NZG 2020, 64 (68 Rn. 36); WM 1984, 1313; 1981, 1344; 1975, 761 (763); 1973, 506; 1955, 183 (184); OLG München WM 1984, 896; KölnKommAktG/*Mertens/Cahn* § 84 Rn. 41;

§ 613a BGB auf den neuen Inhaber über.⁴⁰ Das Recht zum Widerruf der Bestellung nach § 84 Abs. 3 AktG schränkt den dienstvertraglichen Beschäftigungsanspruch ein.⁴¹ Vorstandsmitglieder sind keine Arbeitnehmer im Sinne des BetrVG (§ 5 Abs. 2 Nr. 1 BetrVG). Nicht anzuwenden sind ferner die Vorschriften des Arbeitsgerichtsgesetzes, sofern nicht nach Beendigung der Organstellung ein bisher ruhendes Arbeitsverhältnis auflebt oder ein Arbeitsverhältnis neu begründet wird: Während der Dauer der Bestellung schließt § 5 Abs. 1 S. 3 ArbGG die Anwendung des Arbeitsgerichtsgesetzes aus, und auch mit Abberufung oder Niederlegung wird das Anstellungsverhältnis nicht zum Arbeitsvertrag⁴² und der Vorstand nicht zur arbeitnehmerähnlichen Person.⁴³ Die besseren Gründe sprechen außerdem dafür, dass das MuSchG auch nach dem Danosa-Urteil des EuGH⁴⁴ (→ Rn. 8) nicht entsprechend auf Vorstandsmitglieder anzuwenden ist.⁴⁵

12 Auch der arbeitsrechtliche Gleichbehandlungsgrundsatz gilt für Vorstandsmitglieder nicht.⁴⁶ Allerdings folgt aus dem allgemeinen Grundsatz von Treu und Glauben, dass ein Vorstandsmitglied unter engen Voraussetzungen einen Anspruch auf **Gleichbehandlung** mit seinen Vorstandskollegen hat, wenn sich in einem Unternehmen oder Konzern ein bestimmter Brauch gebildet hat, allen Vorstandsmitgliedern bestimmte Leistungen – etwa ein Ruhegehalt – auch ohne ausdrückliche Zusage zu gewähren.⁴⁷ Aufgrund einer ergänzenden Vertragsauslegung kann auch eine entsprechende Anwendung des Gesetzes über Arbeitnehmererfindungen geboten sein,⁴⁸ das an sich ohne vertragliche Einbeziehung für Vorstandsmitglieder nicht gilt.

13 Für die ordentliche **Kündigung** des Anstellungsverhältnisses gilt § 622 BGB entsprechend.⁴⁹ Das gilt insbesondere für die verlängerten Kündigungsfristen des § 622 Abs. 2 BGB,⁵⁰ wobei die gesamte Tätigkeit des Vorstandsmitglieds für das Unternehmen, sei es aus früheren Bestellungsperioden, sei es aus früherer Tätigkeit als Arbeitnehmer, nach dem Schutzzweck des § 622 Abs. 2 BGB zu berücksichtigen ist.⁵¹ Abweichende Vereinbarungen

---

ausführlich *Henssler* RdA 1992, 289 (299 ff.); offengelassen von BGH WM 1996, 2290 (2291). In dem Sonderfall BGH WM 1995, 627 f. wurde die betriebliche Übung zur Auslegung einer Ruhegeldzusage herangezogen.
⁴⁰ BAG ZIP 2003, 1010 (1012 ff.); OLG Hamm GmbHR 1991, 466 (467); OLG Celle GmbHR 1978, 208; *Henssler* RdA 1992, 289 (297 iVm 296).
⁴¹ BGH DB 2012, 973 Rn. 15.
⁴² BAG AG 2009, 827 (828 f.) (zur AG); BAG BeckRS 2014, 73465 Rn. 16; NZA 2013, 54 (55); BGH WM 2003, 551 (552); BAG NZA 1997, 1363 (1364) (jeweils zur GmbH); BGH NJW 2000, 1864 (1865) (Sparkassen-Vorstand); BAG BB 1996, 114 (Vorstand eines Vereins); BGH WM 1984, 532 (533) (Vorstand einer Genossenschaft); MüKoAktG/*Spindler* § 84 Rn. 61; *Fleck* FS Hilger und Stumpf, 1983, 197 (210). Näher → Rn. 30.
⁴³ BAG NZG 2019, 754 (756) (zum GmbH-Geschäftsführer); BAG AG 2009, 827 (828 f.).
⁴⁴ EuGH AG 2011, 165 ff.
⁴⁵ Ebenso GroßkommAktG/*Kort* § 84 Rn. 460a; *Kruse/Stenslik* NZA 2013, 596 (601); ErfK/ *Schlachter* MuSchG § 1 Rn. 7; aA *Fischer* NJW 2011, 2329 (2331); *Ziemons* KSzW 2013, 19 (29).
⁴⁶ BGH NZG 2020, 64 Rn. 37; Spindler/Stilz AktG/*Fleischer* § 84 Rn. 28; *Seyfarth*, Vorstandsrecht, § 4 Rn. 11; weiter GroßkommAktG/*Kort* § 84 Rn. 280, der den allgemeinen Gleichbehandlungsgrundsatz in *„ähnlicher Weise wie im Arbeitsrecht"* auf Vorstandsmitglieder untereinander anwenden möchte.
⁴⁷ BGH NZG 2020, 64 (68 Rn. 38); WM 1990, 1461 (1462) (zur GmbH); BGH WM 1955, 183 (184); GroßkommAktG/*Kort* § 76 Rn. 281; MüKoAktG/*Spindler* § 84 Rn. 69; Spindler/Stilz AktG/*Fleischer* § 84 Rn. 28; aA *Seyfarth*, Vorstandsrecht, § 4 Rn. 11.
⁴⁸ BGH GRUR 1965, 302 (304 ff.); KölnKommAktG/*Mertens/Cahn* § 84 Rn. 39; Semler/ v. Schenck ARHdB/*Fonk* § 10 Rn. 175; Palandt BGB/*Weidenkaff* § 622 Rn. 4; *Henssler* RdA 1992, 289 (297 iVm 296); *Jestaedt* FS Nirk, 1992, 493 ff.
⁴⁹ OLG Düsseldorf NZG 2004, 478; LAG Berlin GmbHR 1997, 839 (843); Spindler/Stilz AktG/ *Fleischer* § 84 Rn. 28; *Goette* FS Wiedemann, 2002, 873 (887); aA *Hümmerich* NJW 1995, 1177 (1180).
⁵⁰ Semler/v. Schenck AR-HdB/*Fonk* § 10 Rn. 187 Fn. 576; *Bauer/Diller* GmbHR 1998, 809 (813).
⁵¹ GroßkommAktG/*Kort* § 84 Rn. 478; MüKoAktG/*Spindler* § 84 Rn. 174.

im Anstellungsvertrag sind entsprechend § 622 Abs. 5 BGB unwirksam. Für eine Anwendbarkeit des § 621 BGB, der für Dienstverhältnisse gilt, die keine Arbeitsverhältnisse sind, spricht auch nicht die Tatsache, dass die Vergütung von Vorstandsmitgliedern typischerweise nach Jahren bemessen ist und hierfür die Kündigungsfrist nach § 621 Abs. 1 Nr. 4 BGB sechs Wochen zum Quartalsende beträgt. Die Vereinbarung der Vergütung nach Monaten oder Jahren ist eine Zufälligkeit, die hinter der Wertung des § 622 Abs. 1 und 2 BGB zurücktreten muss. Denn typischerweise beruht die wirtschaftliche Existenz der Vorstandsmitglieder wie bei Arbeitnehmern auf dem Anstellungsvertrag mit der Folge, dass sie ebenfalls des in § 622 Abs. 1 und 2 BGB zum Ausdruck kommenden wirtschaftlichen Schutzes bedürfen. Keine Anwendung findet das Schriftformerfordernis des § 623 BGB für eine Kündigung oder einvernehmliche Beendigung des Anstellungsvertrags.[52] Im Zusammenhang mit einer fristlosen Kündigung nach § 626 Abs. 2 BGB bedarf es keiner vorherigen Abmahnung und grundsätzlich auch keiner Anhörung des Vorstandsmitglieds (näher → Rn. 138).[53]

Im **Insolvenzfall** haben Vorstandsmitglieder für ihre Bezüge keinen Anspruch auf Insolvenzgeld nach §§ 165 ff. SGB III, da sie nach § 27 Abs. 1 Nr. 5 SGB III versicherungsfrei sind. Rückständige Bezüge aus der Zeit vor Eröffnung des Insolvenzverfahrens sind nach § 108 Abs. 3 InsO einfache Insolvenzforderungen.[54] Die nach Eröffnung des Insolvenzverfahrens entstehenden Vergütungs-, Übergangs- und Versorgungsansprüche sind demgegenüber nach § 55 Abs. 1 Nr. 2 InsO Masseverbindlichkeiten (näher → Rn. 144).[55]

3. Recht der Allgemeinen Geschäftsbedingungen. Nach ganz hM unterliegen anstellungsvertragliche Abreden mit Vorstandsmitgliedern in Formularverträgen den Regelungen zu Allgemeinen Geschäftsbedingungen (§§ 305 ff. BGB) und damit insbesondere der **Inhaltskontrolle** nach §§ 307 ff. BGB.[56] Nach § 310 Abs. 3 Nr. 2 BGB gilt dies bereits für vorformulierte Klauseln in einem Anstellungsvertrag, die zur einmaligen Verwendung bestimmt sind, weil Vorstandsmitglieder nach der Rechtsprechung als **Verbraucher** im Sinne von § 13 BGB anzusehen sind.[57] Vorstandsanstellungsverträge gehören nicht zu den „Verträgen auf dem Gebiet des Gesellschaftsrechts" im Sinne von § 310 Abs. 4 S. 1 BGB und sind damit auch nicht durch diese Bereichsausnahme der Inhaltskontrolle nach §§ 307 ff. BGB entzogen.[58] Arbeitsrechtliche Besonderheiten, die nach § 310 Abs. 4 S. 2 BGB bei Arbeitsverträgen zu beachten sind, spielen keine Rolle.[59] Der Inhaltskontrolle nach §§ 307 ff. BGB ist daher beim Abschluss von Vorstandsanstellungsverträgen unbedingt Beachtung zu schenken. Auch die Unklarheitenregelung des § 305c Abs. 2 BGB kann praktische Relevanz erlangen.[60] Problematisch können unter dem Gesichtspunkt der Inhaltskontrolle zum Bei-

---

[52] MüKoAktG/*Spindler* § 84 Rn. 64; KölnKommAktG/*Mertens/Cahn* § 84 Rn. 152; *Zimmer* BB 2003, 1175 (1176); aA für Kündigung aus wichtigem Grund *Seyfarth,* Vorstandsrecht, § 20 Rn. 44.
[53] BGH WM 2007, 1613; NJW 2000, 1638 f.; DStR 2001, 2166 f.; OLG Hamm GmbHR 2010, 477 (481); *Goette* FS Wiedemann, 2002, 873 (880 ff.); aA *J. Koch* ZIP 2005, 1621 (1626 f.).
[54] BGH DB 2009, 2541; AG 2008, 215 (216); WM 2003, 551 (553), jeweils zu § 108 InsO aF.
[55] BGH AG 2008, 215 (216).
[56] BGH NZG 2020, 64 (65, Rn. 13); OLG Hamm AG 2007, 910 ff.; *Seyfarth,* Vorstandsrecht, § 4 Rn. 19; *Bauer/Arnold* ZIP 2006, 2337 ff.; *Schmidt-Rolfes* FS Hromadka, 2008, 393 ff.; *Oetker* FS Buchner, 2009, 691 ff.; *Wilsing/Meyer* DB 2011, 341 (344). Die umfangreiche Judikatur des BAG ist zum GmbH-Geschäftsführer ergangen und kann daher nicht unbesehen für Vorstandsanstellungsverträge übernommen werden.
[57] OLG Hamm AG 2007, 910 (911); MüKoBGB/*Micklitz* § 13 Rn. 61; *Oetker* FS Buchner, 2009, 691 (696 f.); *Schmidt-Rolfes* FS Hromadka, 2008, 393 (397); *Wilsing/Meyer* DB 2011, 341 (344); aA *Mülbert* FS Goette, 2011, 333 (337 ff.); HdB VorstandsR/*Thüsing* § 4 Rn. 101; *Seyfarth,* Vorstandsrecht, § 4 Rn. 17 f.
[58] *Bauer/Arnold* ZIP 2006, 2337 (2338 f.); *Oetker* FS Buchner, 2009, 691 (693 f.); Palandt BGB/*Grüneberg* § 310 Rn. 49, aA *Mülbert* FS Goette, 2011, 333 (342 ff.).
[59] *Seyfarth,* Vorstandsrecht, § 4 Rn. 20; für analoge Anwendung aber *Bauer/Arnold* ZIP 2006, 2337 (2338).
[60] BAG NJW 2010, 2827 (2830) (für GmbH-Geschäftsführer).

spiel Koppelungsklauseln (→ Rn. 29), Clawbacks (→ Rn. 75) und nachvertragliche Wettbewerbsverbote (→ Rn. 123) sein,[61] außerdem Klauseln, die die Zahlung eines Bonus vom Bestehen eines aktiven Beschäftigungsverhältnisses (ohne Freistellung) abhängig machen.[62] Hingegen hält eine anstellungsvertragliche Vereinbarung, nach der der Aufsichtsrat dem Vorstand Sonderleistungen nach billigem Ermessen bewilligen kann, es sich dabei um freiwillige Zuwendungen handelt und aus ihnen kein Rechtsanspruch hergeleitet werden kann, nach Ansicht des BGH der Inhaltskontrolle stand und begründet keinen Anspruch des Vorstands auf Zahlung einer variablen Vergütung.[63]

16 **4. Allgemeines Gleichbehandlungsgesetz.** Nach §§ 1, 2 AGG sind unmittelbare oder mittelbare Benachteiligungen von Arbeitnehmern aus Gründen der Rasse oder wegen der ethnischen Herkunft, des Geschlechts, der Religion oder Weltanschauung, einer Behinderung, des Alters oder der sexuellen Identität unzulässig. Da Vorstände nicht unter den unionsrechtlichen Arbeitnehmerbegriff fallen (→ Rn. 8), sind sie nicht als Beschäftigte im Sinne von § 6 Abs. 1 S. 1 Nr. 3 AGG anzusehen.[64] Für Vorstandsmitglieder gilt daher der Schutz vor Benachteiligung nach § 6 Abs. 3 AGG nur, soweit die „Bedingungen für den Zugang zur Erwerbstätigkeit sowie den beruflichen Aufstieg" betroffen sind. Insoweit gelten die §§ 6–18 AGG entsprechend. Diese entsprechende Anwendung gilt nach hM nicht nur für den Anstellungsvertrag, sondern auch für die Bestellung zum Vorstandsmitglied, und zwar nicht nur für die erstmalige, sondern auch für eine erneute Bestellung.[65] Die Kündigung des Anstellungsvertrags und der Widerruf der Bestellung fallen hingegen nicht in den Anwendungsbereich des AGG.[66] Ein Anspruch auf Bestellung besteht nach § 15 Abs. 6 AGG in keinem Fall. Es besteht jedoch das Risiko der Verpflichtung zur Zahlung von Schadensersatz oder Entschädigung nach § 15 Abs. 1 und 2 AGG im Fall einer diskriminierenden Nichtbestellung oder Nicht-Wiederbestellung.[67] Gegen das AGG verstoßende Benachteiligungen können insbesondere wegen Alters- oder Geschlechtsdiskriminierungen eintreten.[68]

17 In der Praxis sind **Altersgrenzen** für Vorstandsmitglieder weit verbreitet. Auch der Kodex empfiehlt sie in Empfehlung B.5 DCGK. Zulässig sind nach der Wertung des § 10 S. 3 Nr. 5 AGG zunächst Altersgrenzen, die mit dem gesetzlichen Renteneintrittsalter übereinstimmen, auch wenn Vorstandsmitglieder in der gesetzlichen Rentenversicherung nach § 1 S. 4 SGB VI nicht versicherungspflichtig sind.[69] Liegt die Altersgrenze unterhalb

---

[61] *Bauer/Arnold* ZIP 2006, 2337 (2340 ff.); *Wilsing/Meyer* DB 2011, 341 (344); aA für Koppelungsklauseln *Willemsen* FS Buchner, 2009, 971 (980 ff.).

[62] Siehe dazu OLG Frankfurt a. M. BeckRS 2014, 12959; *Löw* AG 2018, 837 (840).

[63] BGH NZG 2020, 64 (66 f.).

[64] Ausdrücklich *Arnold/Romero* NZG 2019, 930 (932); implizit MüKoAktG/*Spindler* § 84 Rn. 60; Anders zum Fremdgeschäftsführer einer GmbH BGH NZG 2019, 705 (709); offengelassen in BGHZ 193, 110 (114 f.).

[65] BGHZ 193, 110 (115 f.) (zur erneuten Bestellung eines GmbH-Geschäftsführers nach Ablauf einer Befristung); KölnKommAktG/*Mertens/Cahn* § 84 Rn. 35; Hüffer/*Koch* AktG § 76 Rn. 63; *Lutter* BB 2007, 725 (726); *Wilsing/Meyer* DB 2011, 341 (342); aA *Bauer/Arnold* ZIP 2008, 993 (999).

[66] BGHZ 193, 110 (116); BGH NZG 2019, 705 (707) (jeweils zum GmbH-Geschäftsführer); *Bauer/Krieger/Günther*, AGG, 5. Aufl. 2018, § 6 Rn. 31; KölnKommAktG/*Mertens/Cahn* § 84 Rn. 35; *Willemsen/Schweibert* NJW 2006, 2583.

[67] Vgl. die Fälle BGHZ 193, 110; OLG Karlsruhe DB 2011, 2256; ausführlich zu den Rechtsfolgen *Thüsing/Stiebert* NZG 2011, 641 (645 ff.).

[68] BGH NZG 2019, 705 (vertragliches Sonderkündigungsrecht beim Eintritt in das 61. Lebensjahr); BGHZ 193, 110 (unterlassene Wiederbestellung eines über 60-jährigen Geschäftsführers aus Altersgründen); OLG Karlsruhe DB 2011, 2256 (keine geschlechtsneutrale Stellenausschreibung bei Überschrift „Geschäftsführer" ohne Hinweis im Text der Anzeige, dass auch weibliche Bewerber angesprochen sind); *Bauer/Krieger/Günther* AGG § 6 Rn. 36; *Hoefs/Rentsch* DB 2012, 2733 ff.; *Wilsing/Meyer* NJW 2012, 3211 ff.; *Bauer/Arnold* NZG 2012, 921 ff.

[69] MüKoAktG/*Spindler* § 84 Rn. 34; JIG/*Busch/Link* DCGK Empf. B.5 Rn. 6; KBLW/*Kremer* Ziff. 5.1.2 Rn. 1256.

des Renteneintrittsalters, können nach dem BGH konkrete betriebs- und unternehmensbezogene Interessen eine Ungleichbehandlung jedenfalls insoweit nach § 10 AGG rechtfertigen, als sie sich als „Teil eines sozialpolitischen (Gesamt-)Ziels darstellen".[70] Nicht ausreichend sind nach dem BGH hingegen pauschale Hinweise auf besonders hohe Anforderungen für Unternehmenslenker oder den Wunsch nach einer frühzeitigen Nachfolgeregelung.[71] Sofern ein konkreter Bezug zur Vorstandstätigkeit hergestellt wird, dürften Altersgrenzen von 60 oder mehr Jahren häufig zulässig sein.[72] Dabei kann es der Rechtfertigung helfen, wenn entsprechend § 10 S. 3 Nr. 5 AGG ab Erreichen der Altersgrenze für das Vorstandsmitglied eine Versorgungszusage der Gesellschaft greift oder zur Überbrückung Übergangsgeld gewährt wird (zum Übergangsgeld, sog. dritter Pensionsfall, → Rn. 92, 107).[73]

5. Gegenseitige Treuepflicht. Die dem Vorstandsmitglied verliehene Machtfülle und die **18** damit korrespondierende Verpflichtung auf das Wohl und Interesse der von ihm repräsentierten Gesellschaft erzeugen ein spezifisches Vertrauensverhältnis zwischen Vorstandsmitglied und Aktiengesellschaft.[74] Dieses Vertrauensverhältnis und die daraus resultierenden organschaftlichen Treuebindungen entstehen mit der Bestellung und übersteigen in Umfang und Intensität der Einzelpflichten den Standard des § 242 BGB.[75] Wichtige konkrete Ausprägungen der **Treuepflichten des Vorstandsmitglieds** sind die Verschwiegenheitspflicht (§ 93 Abs. 1 S. 3 AktG), das Wettbewerbsverbot (§ 88 AktG) und die Pflicht, Vorteile, die dem Vorstandsmitglied in Zusammenhang mit dem Abschluss von Geschäften der Aktiengesellschaft von Dritten gewährt werden, an die Gesellschaft herauszugeben (→ § 25 Rn. 41). Aufgrund der Treuepflicht hat das Vorstandsmitglied darüber hinaus in allen die Gesellschaft berührenden Angelegenheiten deren Wohl und nicht den eigenen Nutzen im Auge zu haben.[76] Es darf und muss daher Erwerbschancen nicht für sich, sondern nur für die Gesellschaft nutzen.[77] Die Treuepflicht gebietet es einem ausgeschiedenen Vorstandsmitglied, seinen Nachfolger auf dringend zu erledigende und für die Gesellschaft besonders wichtige Angelegenheiten ausdrücklich hinzuweisen.[78]

Die **Fürsorgepflichten der Aktiengesellschaft** gegenüber ihren Vorstandsmitgliedern **19** bestehen in erster Linie in Schutz- und Rücksichtspflichten. Dazu gehört etwa die Pflicht

---

[70] BGH NZG 2019, 705 (710) (zum GmbH-Geschäftsführer).
[71] BGH NZG 2019, 705 (709 f.) (zum GmbH-Geschäftsführer).
[72] 60 Jahre finden sich auch bei KBLW/*Kremer* Rn. 1253; Lutter/Hommelhoff GmbHG/*Kleindiek* § 6 Rn. 35 (für GmbH-Geschäftsführer); großzügiger *Bauer/Arnold* ZIP 2008, 993 (1000) (50 Jahre als Höchstalter für Erstbestellung zulässig); *Lutter* BB 2007, 725 (728) hält eine Höchstgrenze von 58 Jahren zur Beendigung des Amtes für zulässig; ihm folgend *Bauer/Arnold* ZIP 2012, 597 (600 f.); stärker auf den Einzelfall abstellend MüKoAktG/*Spindler* § 84 Rn. 34; enger für GmbH-Geschäftsführer (nur Regel-Pensionsgrenze möglich) Scholz GmbHG/*U.H. Schneider/S.H. Schneider* § 6 Rn. 71; ausführlich zur Rechtfertigung von Altersgrenzen *Thüsing/Stiebert* NZG 2011, 641 (643 ff.).
[73] So auch MüKoAktG/*Spindler* § 84 Rn. 34; weitergehend OLG Hamm NZG 2017, 1065 (1067 ff.), das Altergrenzen stets für zulässig hält, wenn ab dem Zeitpunkt des Ausscheidens eine betriebliche Altersversorgung besteht; krit. zu dieser Entscheidung *Lunk* ArbRB 2017, 343 (344); *Nolting* EWiR 2017, 619 (620). Enger hingegen Hüffer/*Koch* AktG § 76 Rn. 65, der die Zulässigkeit einer Altersgrenze wohl generell davon abhängig macht, dass im Zeitpunkt des Ausscheidens eine betriebliche Altersversorgung greift.
[74] BGH WM 1977, 144; BGHZ 49, 30 (31); OLG Frankfurt a. M. AG 2011, 462 (463); KölnKommAktG/*Mertens/Cahn* § 84 Rn. 41 und § 93 Rn. 95 ff.; Spindler/Stilz AktG/*Fleischer* § 84 Rn. 31 und § 93 Rn. 116.
[75] OLG Frankfurt a. M. AG 2011, 462 (463); Spindler/Stilz AktG/*Fleischer* § 84 Rn. 31; Hüffer/*Koch* AktG § 84 Rn. 10.
[76] BGH WM 1985, 1526; 1977, 361; 1967, 679.
[77] BGH ZIP 1985, 1485; WM 1983, 498; OLG Frankfurt a. M. AG 2011, 462 (463); Spindler/Stilz AktG/*Fleischer* § 84 Rn. 31, 76; vgl. auch → § 25 Rn. 44.
[78] BGH WM 2012, 840 Rn. 13.

zur Gewährung eines ausreichenden Erholungsurlaubs unter Fortzahlung der Vergütung,[79] auch wenn dies im Anstellungsvertrag nicht ausdrücklich geregelt ist. Darüber hinaus billigt die Rechtsprechung dem Vorstandsmitglied, insbesondere im Zusammenhang mit Versorgungsansprüchen, ein Recht auf die „Treue und Fürsorge" der Gesellschaft zu.[80] Schließlich wird die Fürsorgepflicht als dogmatische Grundlage für eine Regressbeschränkung im Rahmen der Vorstandshaftung herangezogen (→ § 29 Rn. 43).

20 **6. Sozialversicherungsrecht.** Vorstandsmitglieder üben nach der herrschenden Ansicht im aktienrechtlichen Schrifttum wegen der ihnen zugewiesenen unternehmerischen Leitungsfunktion keine abhängige Beschäftigung im Sinne von § 7 SGB IV aus und unterliegen für ihre Vorstandstätigkeit grundsätzlich nicht der gesetzlichen Sozialversicherung.[81] Dementsprechend sind Vorstandsmitglieder nach § 2 Abs. 1 Nr. 1 SGB VII nicht in der **gesetzlichen Unfallversicherung** versichert.[82] Eine freiwillige Unfallversicherung (§ 6 Abs. 1 Nr. 2 SBG VII) gehört aber regelmäßig zu den Nebenleistungen der Gesellschaft.[83] In der gesetzlichen **Rentenversicherung** sind Vorstandsmitglieder nach § 1 S. 4 SGB VI „nicht versicherungspflichtig". Zuschüsse, die Vorstandsmitgliedern zur freiwilligen Weiterversicherung in der gesetzlichen Rentenversicherung gewährt werden (dazu → Rn. 38), sind steuerpflichtiger Vergütungsbestandteil.[84] Vorstandsmitglieder sind im Rahmen der Arbeitsförderung nach § 27 Abs. 1 Nr. 5 SGB III versicherungsfrei und unterliegen nicht der **Arbeitslosenversicherung,** soweit es um Beschäftigungen für das Unternehmen und Konzernunternehmen geht.[85] Da Vorstandsmitglieder nicht in einem Beschäftigungsverhältnis iSd § 7 Abs. 1 SGB IV stehen,[86] haben sie keinen Anspruch auf Arbeitgeberzuschüsse zur **Krankenversicherung,** nach § 257 SGB V und zur **Pflegeversicherung** nach § 61 Abs. 1 und 2 SGB XI.

II. Abschluss des Anstellungsvertrags

21 **1. Zuständigkeit des Aufsichtsrats.** Das Aktiengesetz trägt der engen Verknüpfung von Bestellung und Anstellung Rechnung, wenn es in § 84 Abs. 1 S. 5 AktG anordnet, dass für den Anstellungsvertrag die Regelungen über die Bestellung in § 84 Abs. 1 S. 1–4 AktG sinngemäß gelten. Daraus folgt, dass für die Entscheidung über den Abschluss und den Inhalt des Anstellungsvertrags der **Aufsichtsrat** zuständig ist, der hierüber nach § 108 AktG durch Beschluss entscheidet[87] und die Gesellschaft nach § 112 AktG beim Abschluss

---

[79] BGH WM 1975, 761; MüKoAktG/*Spindler* § 84 Rn. 99; *Zöllner* FS Koppensteiner, 2001, 291 (293 f.).
[80] BGHZ 50, 378 (383); 49, 30 (32); 15, 71 (77); 12, 337 (345).
[81] GroßkommAktG/*Kort* § 84 Rn. 470; MüKoAktG/*Spindler* § 84 Rn. 65; Spindler/Stilz AktG/ *Fleischer* § 84 Rn. 30; *Seyfarth*, Vorstandsrecht, § 5 Rn. 118; *Grambow* AG 2010, 477 (478 ff.); *Grimm* DB 2012, 175 f.; ebenso der 2. Senat des BSG AG 2000, 361 (362) („in der Regel"). AA der 4. und 12. Senat des BSG: BSG NZA 1990, 668 (669) (4. Senat); BSG GmbHR 2008, 1154 (1155) (12. Senat zur Versicherungspflicht der Mitglieder des Board of Directors einer irischen private limited company); BSG DB 2011, 1759 f. (12. Senat zur Versicherungspflicht der Mitglieder des Board of Directors einer Delaware Corporation). Eingehend *Sagan/Hübner* AG 2011, 852 ff.
[82] BSG AG 2000, 361; *Grimm* DB 2012, 175 (178); *Grambow* AG 2010, 477 (480).
[83] *Seyfarth*, Vorstandsrecht, § 5 Rn. 118.
[84] BFH AG 2014, 49 Rn. 6.
[85] *Grimm* DB 2012, 175 (177); *Grambow* AG 2010, 477 (480); für die Rentenversicherung vgl. BSG AG 2007, 125.
[86] GroßkommAktG/*Kort* § 84 Rn. 470; MüKoAktG/*Spindler* § 84 Rn. 65; Spindler/Stilz AktG/ *Fleischer* § 84 Rn. 30; *Seyfarth*, Vorstandsrecht, § 5 Rn. 118; ebenso der 2. Senat des BSG AG 2000, 361 (362) („in der Regel"). AA der 4. und 12. Senat des BSG: BSG NZA 1990, 668 (669) (4. Senat); BSG GmbHR 2008, 1154 (1155) (12. Senat zur Versicherungspflicht der Mitglieder des Board of Directors einer irischen private limited company); BSG DB 2011, 1759 f (12. Senat zur Versicherungspflicht der Mitglieder des Board of Directors einer Delaware Corporation). Eingehend *Sagan/Hübner* AG 2011, 852 ff.
[87] BGH WM 2008, 1021 Rn. 11; LG München I NZG 2013, 260 (261); *Köhler* NZG 2008, 161.

des Anstellungsvertrags vertritt (→ § 23 Rn. 6). Abschluss und Inhalt des Anstellungsvertrags unterliegen dem Entscheidungsermessen des Aufsichtsrats. Die Entschließungsfreiheit des Aufsichtsrats kann nicht eingeschränkt werden.[88] Für Zustimmungsvorbehalte oder Weisungsrechte der Hauptversammlung bei der Anstellung ist daher kein Raum.[89] Unzulässig sind auch Satzungsregelungen über die Gehaltsbemessung.[90] Ausschließlich der Aufsichtsrat hat unter Beachtung der Maßstäbe des § 87 AktG für die Angemessenheit bei der Festsetzung der Bezüge der Vorstandsmitglieder zu sorgen (näher → Rn. 40 ff.). Hierbei handelt es sich um Fragen, die in untrennbarem Zusammenhang mit dem Anstellungsvertrag stehen und für die der Aufsichtsrat nach der gesetzlichen Kompetenzzuweisung in § 84 Abs. 1 S. 5 AktG ausschließlich und zwingend zuständig ist. Eine Ausnahme von diesen Grundsätzen gilt für die börsennotierte Aktiengesellschaft (§ 3 Abs. 2 AktG): Bei dieser hat der Aufsichtsrat gemäß § 87a Abs. 1 S. 2 Nr. 1 AktG zwingend eine Maximalvergütung der Vorstandsmitglieder festzulegen, die die Hauptversammlung nach § 87 Abs. 4 AktG auf Antrag gemäß § 122 Abs. 2 S. 1 AktG bindend herabsetzen kann (näher → Rn. 57). Im Übrigen verbleibt die Vergütungskompetenz auch bei der börsennotierten Aktiengesellschaft beim Aufsichtsrat.

Die Entscheidung über Abschluss und Inhalt des Anstellungsvertrags ist – mit Ausnahme 22 der Festsetzung und Herabsetzung der Vergütung nach § 87 Abs. 1 und 2 S. 1 und 2 AktG – nicht zwingend dem Aufsichtsratsplenum zugewiesen. Der Katalog des § 107 Abs. 3 S. 4 AktG schließt mit der Verweisung auf § 84 Abs. 1 S. 1 und 3 AktG sowie auf § 87 Abs. 1 und Abs. 2 S. 1 und 2 AktG nur die Delegation der Entscheidung über Bestellung und Wiederbestellung sowie über Festsetzung und Herabsetzung der Vergütung auf einen Ausschuss aus. In der Praxis führt die fehlende Delegationsfähigkeit der Festsetzung der Vergütung dazu, dass jedenfalls beim Neuabschluss eines Anstellungsvertrags häufig das Plenum über den gesamten Inhalt des Vertrags entscheidet.[91] Soweit ein Ausschuss, insbesondere der **Personalausschuss,** Entscheidungen zum Anstellungsvertrag trifft (→ § 32 Rn. 10 ff.), ist zu beachten, dass er nicht in die Bestellungs- oder Vergütungskompetenz des Plenums eingreift.[92] Der Personalausschuss kann keine Maßnahmen vornehmen, die die Organstellung eines Vorstandsmitglieds oder Vergütungsfragen berühren.[93] Er darf also zB der Organstellung nicht durch eine Kündigung des Anstellungsvertrags oder eine einvernehmliche Beendigung des Anstellungsvertrags die tatsächliche Grundlage nehmen.[94] Aus dem gleichen Grund ist es dem Plenum des Aufsichtsrats vorbehalten, im Anstellungsvertrag eine Kündigungsklausel zu Gunsten des Vorstandsmitglieds vorzusehen, nach der es vor Ablauf der Bestellungsdauer den Anstellungsvertrag beenden kann.[95] Dies wird gelegentlich bei Change of Control-Klauseln (→ Rn. 79 f.) übersehen.[96] Der Personalausschuss kann im

---

[88] OLG München AG 2012, 260 (262); KölnKommAktG/*Mertens/Cahn* § 84 Rn. 51.
[89] BGHZ 41, 282 (285); MüKoAktG/*Spindler* § 84 Rn. 71; KölnKommAktG/*Mertens/Cahn* § 84 Rn. 48; aA Habersack/Henssler MitbestR/*Habersack* MitbestG § 31 Rn. 40.
[90] Spindler/Stilz AktG/*Fleischer* § 84 Rn. 33; *Lutter/Krieger/Verse,* Rechte und Pflichten des Aufsichtsrats, 6. Aufl. 2014, Rn. 387; GroßkommAktG/*Kort* § 84 Rn. 286; KölnKommAktG/*Mertens/Cahn* § 84 Rn. 51; aA Habersack/Henssler MitbestR/*Habersack* MitbestG § 31 Rn. 40a.
[91] Spindler/Stilz AktG/*Fleischer* § 84 Rn. 34; KölnKommAktG/*Mertens/Cahn* § 84 Rn. 48; *Hoffmann-Becking/Krieger* NZG-Beil. 26/2009, Rn. 74.
[92] BGHZ 89, 48 (56) – Reemtsma; BGHZ 83, 144 (150); 79, 38 (44) – WestLB/Poullain; Hüffer/*Koch* AktG § 84 Rn. 15.
[93] BGHZ 79, 38 (41) – WestLB/Poullain; BGH ZIP 1989, 1190 (1191); Hüffer/*Koch* AktG § 84 Rn. 15; ausführlich *Fonk* FS Hoffmann-Becking, 2013, 347 ff.
[94] BGHZ 83, 144 (150); 79, 38 (42 f.) – WestLB/Poullain.
[95] MüKoAktG/*Spindler* § 84 Rn. 72; *Steinbeck/Menke* DStR 2003, 940 (941); *Grobys/Littger* BB 2002, 2292 (2295); Semler/v. Schenck AR-HdB/*Fonk* § 10 Rn. 191.
[96] So zB von *Dreher* AG 2002, 214 (220). Wegen Verstoßes gegen die aktienrechtliche Kompetenzordnung ist die Gewährung einer Change of Control-Klausel in einem Business Combination Agreement nicht wirksam, wenn der Aufsichtsrat der Klausel nicht zugestimmt hat, dazu OLG München AG 2012, 260 (262).

Anstellungsvertrag auch nicht eine bestimmte Ressortzuweisung vornehmen, weil er damit die dem Vorstand gemäß § 77 Abs. 2 S. 1 AktG oder dem Gesamtaufsichtsrat gemäß § 107 Abs. 3 AktG zustehende Geschäftsordnungskompetenz verletzen würde.[97]

23 Das Aufsichtsratsplenum oder – im Rahmen seiner Zuständigkeit – der Personalausschuss entscheidet über den Anstellungsvertrag gemäß § 108 AktG durch Beschluss. Der Beschluss hat neben der Person des Vorstandsmitglieds alle wesentlichen Vertragsbestandteile zu enthalten, zB die Vertragsdauer und die Vergütungshöhe einschließlich Ruhegehalt. Empfehlenswert ist die Bezugnahme auf einen vorliegenden Vertragsentwurf. Der Anstellungsvertrag kommt erst durch Abgabe einer Willenserklärung auf Abschluss des Vertrags durch die Gesellschaft gegenüber dem Vorstandsmitglied und seine Vertragsannahme zustande. Die Abgabe des Vertragsangebots und die Entgegennahme der Vertragsannahme fallen nach § 112 AktG in die Kompetenz des Aufsichtsrats. Da der Aufsichtsrat als Kollegialorgan in der Praxis nicht handlungsfähig ist, wird in aller Regel ein Aufsichtsratsmitglied – meist der Vorsitzende – ermächtigt, den Beschluss des Aufsichtsrats durch die zum **Abschluss des Anstellungsvertrags** notwendigen Erklärungen zu vollziehen.[98] Diese Ermächtigung kann durch Beschluss des Aufsichtsrats erfolgen oder in der Satzung oder in der Geschäftsordnung des Aufsichtsrats enthalten sein. Ob allein die Amtsstellung als Vorsitzender des Aufsichtsrats als Ermächtigung ausreicht, ist umstritten, wird von der hM aber verneint (näher → § 31 Rn. 100 ff.).[99] Der Vorsitzende kann im Aufsichtsratsbeschluss ermächtigt werden, die Gesellschaft bei der Regelung von offenen Einzelfragen sowie bei den abschließenden Vertragsverhandlungen und dem Abschluss des Vertrags zu vertreten, soweit es sich um technische Einzelheiten ohne materielle Bedeutung handelt.[100] Hat der Aufsichtsratsvorsitzende ohne entsprechende Ermächtigung gehandelt, ist der Vorstandsanstellungsvertrag entsprechend § 177 BGB schwebend unwirksam und kann vom Aufsichtsrat genehmigt werden.[101] Werden die Vertragsverhandlungen von der Gesellschaft abgebrochen, so kommt ein Schadensersatzanspruch jedenfalls dann nicht in Betracht, wenn der Verhandlungspartner Kenntnis davon hat, dass das Aufsichtsratsgremium mit der Personalfrage bisher noch nicht befasst war.[102]

24 **2. Form und Dauer des Anstellungsvertrags. a) Form.** Der Anstellungsvertrag mit dem Vorstandsmitglied bedarf keiner Form.[103] Aus Gründen der Rechtssicherheit ist aber eine schriftliche Fixierung dringend anzuraten. Mit der Anerkennung eines konkludenten Vertragsschlusses wird man sehr zurückhaltend sein müssen. Zum einen liegt in der Bestellungsentscheidung des Aufsichtsrats nicht zwingend das Angebot zum Abschluss eines Anstellungsvertrags.[104] Zum anderen wird bei der Bedeutung der Tätigkeit von Vorstandsmitgliedern für die Gesellschaft im Zweifel der Wille beider Beteiligter dahin gehen, einen ausdrücklichen, in aller Regel förmlichen Vertrag abzuschließen. Wenn jedoch Vorstandsmitglied und Gesellschaft einen nur mündlich geschlossenen Anstellungsvertrag einver-

---

[97] Hüffer/Koch AktG § 84 Rn. 15; KölnKommAktG/Mertens/Cahn § 84 Rn. 49.
[98] BGH WM 2008, 1021 Rn. 11; OLG Schleswig AG 2001, 651 (653); Spindler/Stilz AktG/Fleischer § 84 Rn. 37; Cahn FS Hoffmann-Becking, 2013, 247 (249 ff.); Köhler NZG 2008, 161 (162).
[99] BGH WM 2008, 1021 Rn. 11 (zur Vertretung durch Vorsitzenden des Aufsichtsrats einer Genossenschaft); OLG Düsseldorf AG 2004, 321 (322); Spindler/Stilz AktG/Fleischer § 84 Rn. 37; in diese Richtung auch OLG Schleswig AG 2001, 651 (653); aA → § 31 Rn. 102; KölnKommAktG/Mertens/Cahn § 84 Rn. 50.
[100] OLG Schleswig AG 2001, 651 (653); Cahn FS Hoffmann-Becking, 2013, 247 (257); Köhler NZG 2008, 161.
[101] BGHZ 47, 341 (345); OLG Frankfurt a. M. AG 2011, 790 (791); OLG Karlsruhe WM 1996, 161; LG München I, ZIP 2020, 971 (972); Köhler NZG 2008, 161 (162); offen gelassen von BGH WM 2008, 1021 Rn. 11; ablehnend OLG Stuttgart AG 1993, 85 (nichtig gemäß § 134 BGB).
[102] LG München I NZG 2013, 260 (261).
[103] BGH GmbHR 1997, 547 (548) (für GmbH); KölnKommAktG/Mertens/Cahn § 84 Rn. 52; Spindler/Stilz AktG/Fleischer § 84 Rn. 38.
[104] OLG Schleswig AG 2001, 651 (653); Spindler/Stilz AktG/Fleischer § 84 Rn. 38.

nehmlich durchführen, ist dieser auch dann rechtsverbindlich, wenn zuvor Schriftform vereinbart worden ist. Die Einhaltung der Schriftform ist insbesondere dann geboten, wenn das Vorstandsmitglied vor seiner Bestellung aufgrund eines Arbeitsverhältnisses bei der Gesellschaft tätig war (näher → Rn. 32), weil die Aufhebung des Arbeitsverhältnisses nach § 623 BGB der Schriftform bedarf.[105]

b) Dauer. Die Dauer des Anstellungsvertrags hat nicht zwingend der Dauer der Bestellung zu entsprechen. Der Anstellungsvertrag kann jedoch ebenfalls nicht auf mehr als fünf Jahre geschlossen werden (§ 84 Abs. 1 S. 1 iVm S. 5 AktG). Ist der Anstellungsvertrag auf unbestimmte Zeit oder länger als fünf Jahre geschlossen, so endet er mit Ablauf der gesetzlichen Fünfjahresfrist. Über die Fünfjahresfrist hinausgehende automatische Verlängerungsklauseln sind für den Fall zulässig, dass die Bestellung entsprechend verlängert wird.[106] Fehlt eine solche Klausel im Anstellungsvertrag, so ist für die Verlängerung ein Aufsichtsratsbeschluss erforderlich, der frühestens ein Jahr vor Ablauf des Vertrags gefasst werden darf (§ 84 Abs. 1 S. 3 iVm S. 5 AktG). Im Einzelfall kann, sofern hierfür konkrete Anhaltspunkte vorliegen, in einem Beschluss über die Verlängerung der Bestellung zugleich auch eine Entscheidung über die entsprechende Verlängerung des Anstellungsvertrags zu sehen sein. Die Fortsetzung der Tätigkeit durch das Vorstandsmitglied, dessen Bestellung verlängert wurde, gilt nach dem Rechtsgedanken des § 625 BGB jedenfalls für die Dauer der Bestellung als Verlängerung des Anstellungsvertrags.[107]

Eine **Mindestdauer** ist gesetzlich nicht festgelegt. Jedoch verletzt der Aufsichtsrat regelmäßig seine Pflicht, wenn er die Dauer des Anstellungsvertrags zu kurz wählt. Denn die Beendigung des Dienstvertrags entzieht der Bestellung die Grundlage. Eine vernünftige und eigenverantwortliche Leitung der Gesellschaft setzt eine gewisse Mindestdauer von Bestellung (→ § 20 Rn. 37) und Anstellung voraus.[108] Der Anstellungsvertrag kann auch **nicht auf Probe** geschlossen werden. Zulässig ist es demgegenüber, dem Vorstandsmitglied – nicht aber der Gesellschaft – im Anstellungsvertrag ein ordentliches **Kündigungsrecht** vor Ablauf der Bestellung einzuräumen,[109] sofern das Kündigungsrecht vom Aufsichtsratsplenum und nicht von einem Ausschuss eingeräumt wird (§ 107 Abs. 3 S. 4 AktG).

c) Verlängerungen. Vorstandsverträge sehen häufig vor, dass der Aufsichtsrat das Vorstandsmitglied rechtzeitig vor Ablauf des Anstellungsvertrags über die geplante Verlängerung oder Nichtverlängerung von Bestellung und Anstellung zu informieren hat. An die Nichteinhaltung dieser Informationspflicht ist nur dann eine Schadensersatzpflicht geknüpft, wenn der Aufsichtsrat einen besonderen Vertrauenstatbestand für eine Verlängerung geschaffen und das betroffene Vorstandsmitglied aus diesem Grund von der Suche nach einer neuen Tätigkeit Abstand genommen hat. Da die Entschließungsfreiheit des Aufsichtsrats im Hinblick auf die Wiederbestellung eines Vorstandsmitglieds nicht eingeschränkt werden darf, sind Klauseln problematisch, die dem Vorstandsmitglied für die Zeit nach Beendigung des Anstellungsvertrags finanzielle Leistungen versprechen: Gehaltsfortzahlungen in Höhe der bisherigen Bezüge für den Fall der Nichtverlängerung des Anstellungsvertrags sind unwirksam und auf ein angemessenes Maß zu reduzieren. Vorgezogene Ruhegeldzahlungen (Übergangsgelder, sog. dritter Pensionsfall, näher → Rn. 92, 107) sind nach den Umständen des Einzelfalls unter Berücksichtigung des Zwecks der Zusage als

---

[105] BAG NZG 2011, 874; GWR 2011, 323833.
[106] KölnKommAktG/*Mertens/Cahn* § 84 Rn. 53; Hüffer/*Koch* AktG § 84 Rn. 20; *Krieger*, Personalentscheidungen des Aufsichtsrats, S. 171.
[107] OLG Karlsruhe AG 1996, 224 (227); *Krieger*, Personalentscheidungen des Aufsichtsrats, S. 171; offengelassen von BGH WM 1967, 540. Für generelle Unanwendbarkeit von § 625 BGB Hüffer/*Koch* AktG § 84 Rn. 25; KölnKommAktG/*Mertens/Cahn* § 84 Rn. 53.
[108] OLG Karlsruhe BB 1973, 1088; Spindler/Stilz AktG/*Fleischer* § 84 Rn. 40; GroßkommAktG/*Kort* § 84 Rn. 334.
[109] Spindler/Stilz AktG/*Fleischer* § 84 Rn. 40; Semler/v. Schenck AR-HdB/*Fonk* § 10 Rn. 191.

Alterssicherung und der Vermögens- und Ertragslage der Gesellschaft im Zeitpunkt der Zusage zu beurteilen.[110] Vereinbarungen über Zahlungen einer Abfindung und eines Übergangsgeldes für den Fall der außerordentlichen Kündigung sind nach §§ 134, 626 Abs. 1 BGB nichtig, weil sie das Recht zur Kündigung des Anstellungsvertrags aus wichtigem Grund unzumutbar einschränken.[111]

28 **Verlängerungsklauseln,** nach denen sich der Anstellungsvertrag jeweils für die Dauer verlängert, für die das Vorstandsmitglied wiederbestellt wird, sind unproblematisch, allerdings für eine Verlängerung des Anstellungsverhältnisses auch erforderlich, sofern nicht der Sachverhalt der konkludenten Verlängerung (→ Rn. 25) vorliegt.[112] **Fortzahlungsklauseln,** nach denen sich der Anstellungsvertrag automatisch verlängert, wenn er nicht mit einer bestimmten Kündigungsfrist gekündigt wird, sind jedenfalls dann unwirksam, wenn sie dazu führen, dass dem Vorstandsmitglied über eine fünfjährige Tätigkeitsdauer hinaus ohne erneuten ausdrücklichen Aufsichtsratsbeschluss seine Vergütung bezahlt werden soll.[113]

29 **d) Koppelungsklauseln.** Häufig findet sich eine Verknüpfung von Bestellung und Anstellungsvertrag durch eine Koppelungs- oder Gleichlaufklausel, nach der die Beendigung des Anstellungsvertrags im Wege einer Bedingung nach § 158 BGB an den Widerruf der Bestellung geknüpft ist.[114] Da die Voraussetzungen, unter denen eine außerordentliche Kündigung gemäß § 626 Abs. 1 BGB ausgesprochen werden darf, enger sind als der Kreis der Gründe, die den Widerruf der Bestellung nach § 84 Abs. 3 S. 1 AktG erlauben, endet der Anstellungsvertrag in diesen Fällen nicht gleichzeitig mit der Abberufung, sondern erst nach Ablauf der Kündigungsfristen nach § 622 Abs. 1 und Abs. 2 BGB.[115] Es empfiehlt sich, das im Vertrag ausdrücklich zu regeln[116] oder für den Fall des vorzeitigen Endes der Bestellung keine automatische Beendigung des Anstellungsvertrags, sondern eine ordentliche Kündigungsmöglichkeit vorzusehen.[117] Um das Risiko einer Unwirksamkeit nach § 305c BGB oder nach § 307 BGB möglichst zu reduzieren (zur Anwendbarkeit der §§ 305 ff. BGB auf Vorstandsverträge → Rn. 15), sollte auch im Übrigen auf eine klare und transparente Formulierung geachtet werden.[118] In der Praxis sind reine Koppelungsklauseln jedenfalls bei börsennotierten oder iSd § 161 Abs. 1 S. 2 AktG kapitalmarktorientierten Gesellschaften aufgrund der Empfehlung G.13 Satz 1 DCGK (früher Ziffer 4.2.3 Abs. 4 DCGK 2017) verbreitet von modifizierten Koppelungsklauseln abgelöst worden (→ Rn. 78).

---

[110] BGHZ 8, 348 (360); vgl. BAG DB 2009, 2480 (2481).
[111] BGH WM 2008, 1021 (1023) (zur Genossenschaft); BGH WM 2000, 1698 (1700) (zur GmbH).
[112] OLG Schleswig AG 2001, 651; aA *Baums,* Der Geschäftsleitervertrag, S. 439 f.
[113] BAG DB 2009, 2480 (2481); BGHZ 20, 239 (245); BGH WM 1975, 1237 (1239); 1978, 109 (111); *Baums,* Der Geschäftsleitervertrag, S. 443 f.; Spindler/Stilz AktG/*Fleischer* § 84 Rn. 42.
[114] BGH NJW 1989, 2683 (2684) (zur AG); BGH ZIP 1999, 1669 (1670 f.); OLG Karlsruhe GmbHR 2017, 295 (299); OLG Saarbrücken NZG 2013, 784 (785) (jeweils zur GmbH); Großkomm-AktG/*Kort* § 84 Rn. 336 und 572; MüKoAktG/*Spindler* § 84 Rn. 83; *Willemsen* FS Buchner, 2009, 971 ff. Einschränkend *Bauer/Diller* GmbHR 1998, 809.
[115] BGH NJW 1989, 2683 (2684); KölnKommAktG/*Mertens/Cahn* § 84 Rn. 55; *Baums,* Der Geschäftsleitervertrag, S. 440; *Seyfarth,* Vorstandsrecht, § 20 Rn. 6.
[116] Das OLG Karlsruhe (GmbHR 2017, 295 (299 f.)) hat eine Koppelungsklausel für einen GmbH-Geschäftsführer, nach der der Anstellungsvertrag unmittelbar mit Zugang des Abberufungsbeschlusses endet, wegen Verstoßes gegen die zwingenden Mindestkündigungsfristen des § 622 BGB für unwirksam gehalten; deutlich großzügiger im Fall eines Gesellschafter-Geschäftsführers OLG Saarbrücken NZG 2013, 784 (785 f.).
[117] Formulierungsvorschlag in Beck'sches Formularbuch Bürgerliches, Handels- und Wirtschaftsrecht/*Hoffmann-Becking/Berger,* 13. Aufl. 2019, Form. X. 13 § 5 Abs. 3.
[118] *Seyfarth,* Vorstandsrecht, § 20 Rn. 6; ausführlich zur AGB-Kontrolle von Koppelungsklauseln *Habersack* FS Coester-Waltjen, 2015, 1097 (1103 ff.); *v. Westphalen* BB 2015, 834.

3. Umwandlung in ein „gewöhnliches" Anstellungsverhältnis.

Durch den Widerruf der Bestellung oder die Niederlegung des Vorstandsamts ohne gleichzeitige Kündigung des Anstellungsvertrags wandelt sich dieser nicht automatisch in ein „gewöhnliches Anstellungsverhältnis" und damit in ein **Arbeitsverhältnis** um.[119] Auch die lediglich kurzfristige Fortdauer des unveränderten Anstellungsvertrags nach Beendigung der Bestellung bei gleichzeitiger Freistellung bedeutet noch keine Umwandlung in ein gewöhnliches Anstellungsverhältnis.[120] Erst wenn die Gesellschaft und das ehemalige Vorstandsmitglied kraft ausdrücklicher oder konkludenter Vereinbarung den Vertrag unter den geänderten Bedingungen fortsetzen, unterliegt das ehemalige Vorstandsmitglied künftig allen für Arbeitnehmer geltenden Vorschriften und Grundsätzen. Hierzu reicht es nicht aus, dass bei Abschluss des Anstellungsvertrags dessen Fortsetzung über die Beendigung des Vorstandsamts hinaus als Arbeitsverhältnis vereinbart wird.[121] Vielmehr ist die Tätigkeit als Arbeitnehmer, die dieser Stellung angepasste Vergütung und die Geltung arbeitsrechtlicher Grundsätze in diesem Fall ausdrücklich zu vereinbaren.[122] Aus dem Anstellungsvertrag kann das frühere Vorstandsmitglied einen Anspruch auf Weiterbeschäftigung unterhalb der Vorstandsebene grundsätzlich nicht herleiten.[123] Es bedarf insoweit einer ausdrücklichen Regelung, die den vorstehenden Anforderungen entsprechen muss.

Hat das Vorstandsmitglied den Widerruf seiner Bestellung verschuldet, kann es unter Umständen verpflichtet sein, sich bei Fortgeltung des Anstellungsvertrags mit einer seinen Fähigkeiten angemessenen anderen leitenden Tätigkeit innerhalb der Gesellschaft zufriedenzugeben, wenn es eine fristlose Kündigung des Anstellungsvertrags vermeiden will.[124] Mit der bindenden Zuweisung der neuen leitenden Tätigkeit wandelt sich der Anstellungsvertrag endgültig in einen gewöhnlichen Anstellungsvertrag. Das Vorstandsmitglied wird Arbeitnehmer, und es gilt für ihn das Recht der (leitenden) Angestellten. Zuständig für die Kündigung und Änderung des Anstellungsvertrags wird der **Vorstand**.[125] Für Streitigkeiten über die Wirksamkeit der Kündigung des gewöhnlichen Anstellungsvertrags sind die Arbeitsgerichte zuständig, § 2 Abs. 1 Nr. 3 ArbGG.

Wird ein **Arbeitnehmer** (leitender Angestellter) zum Mitglied des Vorstands bestellt und im Hinblick darauf ein Vorstandsanstellungsvertrag mit höheren Bezügen geschlossen, so wird damit im Zweifel das bisherige Arbeitsverhältnis aufgehoben, sofern die Schriftform des § 623 BGB gewahrt wurde.[126] Denn regelmäßig wird sich aus den Umständen ergeben, dass der Vorstandsvertrag das Arbeitsverhältnis ersetzen soll.[127] Unabhängig davon ist eine ausdrückliche Regelung über das Schicksal des Arbeitsverhältnisses dringend zu empfehlen. Die Vertragsparteien können auch das Ruhen des Arbeitsverhältnisses vereinbaren,[128] wenn sie zB lediglich eine zeitlich befristete Tätigkeit als Vorstandsmitglied ins Auge fassen. Im

---

[119] BAG AG 2009, 827 (828 f.) (zur AG); BAG BeckRS 2014, 73465 Rn. 16; NZA 2013, 54 (55); BGH WM 2003, 551 (552); BAG NZA 1997, 1363 (1364) (jeweils zur GmbH); BGH NJW 2000, 1864 (1865) (Sparkassen-Vorstand); BAG BB 1996, 114 (Vorstand eines Vereins); BGH WM 1984, 532 (533) (Vorstand einer Genossenschaft); MüKoAktG/*Spindler* § 84 Rn. 61; *Fleck* FS Hilger und Stumpf, 1983, 197 (210).
[120] Grobys/Panzer-Heemeier SK-ArbR/*Kelber* Geschäftsführer Rn. 30; *Jaeger* NZA 1998, 961 (965) (jeweils für GmbH-Geschäftsführer).
[121] BAG AG 2009, 827 (828 f.); *Rasmussen-Bonne/Raif* GWR 2010, 302 204 sub 3.
[122] BAG AG 2009, 827 (828 f.); *Rasmussen-Bonne/Raif* GWR 2010, 302 204 sub 3 und 4.
[123] BGH WM 2011, 38 (39) (für GmbH-Geschäftsführer); *Goette* FS U. H. Schneider, 2011, 353 (358 f.).
[124] BGH WM 1978, 319 (320); AG 1966, 366; restriktiver *Zöllner* FS Koppensteiner, 2001, 291 (301) (in aller Regel keine Pflicht zur Annahme einer anderen Tätigkeit im Unternehmen).
[125] BGH WM 1984, 532 (534); vgl. auch BGH NZG 2018, 1073 (1074); NJW 1995, 1750 (1751) (jeweils zur GmbH) und BGH WM 1984, 522 (523) (zur Genossenschaft); *Grunsky* ZIP 1988, 76 (79).
[126] BAG NZA 2011, 874 (875); ZIP 2011, 2175 (2176) (jeweils für GmbH-Geschäftsführer); BAG BB 1996, 114 (für Vorstand eines Vereins); *Henssler* RdA 1992, 287 (299); *Jaeger* NZA 1998, 961 (965).
[127] BAG NZA 2011, 874; GWR 2011, 323833.
[128] BAG WM 2009, 2387 Rn. 26 aE.

Zweifel wird aber eine Aufhebung naheliegen, wenn eine „Beförderung" und weitere langfristige Zusammenarbeit beabsichtigt sind.

33 **4. Fehlerhafter Anstellungsvertrag.** Fehlerhafte Anstellungsverträge sind nach den Grundsätzen über fehlerhafte Arbeitsverträge zu behandeln.[129] Danach ist der fehlerhafte, also nichtige oder anfechtbare Anstellungsvertrag rechtlich wirksam, kann aber für die Zukunft grundsätzlich jederzeit durch Kündigung beendet werden.[130] Voraussetzung ist, dass das Vorstandsmitglied tatsächlich in Erfüllung des vermeintlich wirksamen Vertrags mit Wissen mindestens eines Aufsichtsratsmitglieds tätig geworden ist, der fehlerhafte Anstellungsvertrag also vollzogen wurde.[131] Nichtigkeitsgrund ist häufig die nichtige Beschlussfassung des Aufsichtsrats, zB weil er fehlerhaft einberufen wurde oder der Personalausschuss das Plenum durch vorzeitige Beschlussfassung über den Anstellungsvertrag präjudiziert (→ Rn. 22).[132]

34 Bis zur Beendigung des fehlerhaften Anstellungsvertrags ist er als wirksam zu behandeln, wenn das Vorstandsmitglied die geschuldete Vorstandstätigkeit erbringt. Dem Vorstandsmitglied steht also die vereinbarte Vergütung zu.[133] Beide Vertragsparteien haben aber das Recht, sich unter Berufung auf den Mangel jederzeit mit Wirkung für die Zukunft von dem Vertrag zu lösen,[134] soweit nicht ausnahmsweise nach Treu und Glauben die Berufung auf den Mangel unzulässig ist.[135] Nach einer Formel des BGH ist der Vertrag unter dem Gesichtspunkt von Treu und Glauben ausnahmsweise dann für die Zukunft als wirksam zu behandeln, wenn beide Parteien ihn jahrelang als Grundlage ihrer Rechtsbeziehung betrachtet und die Gesellschaft das Vorstandsmitglied durch weitere Handlungen in seinem Vertrauen auf die Rechtsbeständigkeit des Vertrags bestärkt hat oder das Scheitern des Vertrags an einem förmlichen Mangel für das Vorstandsmitglied zu einem schlechthin untragbaren Ergebnis führen würde.[136] Befindet sich das Vorstandsmitglied bereits im Ruhestand, bevor die Fehlerhaftigkeit des Anstellungsvertrags bemerkt wird, oder sind die gesetzlichen oder vertraglichen Unverfallbarkeitsvoraussetzungen eingetreten, so stehen ihm – unabhängig von der Anwendung des BetrAVG – die **Ruhegeldansprüche** weiterhin zu.[137] War die Bestellung wirksam, so hat das Vorstandsmitglied seine Organpflichten mit der Sorgfalt eines ordentlichen Geschäftsleiters zu erfüllen[138] und die Gesellschaft dem Vorstandsmitglied den Abschluss eines Anstellungsvertrags zu angemessenen Konditionen anzubieten (näher → § 20 Rn. 17). Sind nur einzelne Vertragsbestimmungen nichtig oder

---

[129] BGHZ 113, 237 (249); 65, 190 (195); 41, 282 (287 f.); BGH NJW 2000, 2983; OLG Frankfurt a. M. AG 2011, 790 (791); OLG Schleswig AG 2001, 651 (653); Hüffer/*Koch* AktG § 84 Rn. 27; MüKoAktG/*Spindler* § 84 Rn. 250; KölnKommAktG/*Mertens/Cahn* § 84 Rn. 57; Spindler/Stilz AktG/*Fleischer* § 84 Rn. 84; *Köhler* NZG 2008, 161 (164 ff.).

[130] BGHZ 41, 282 (286); BGH NZG 2019, 1154 (1156); NJW 2000, 2983 f.

[131] BGHZ 41, 282 (286); BGH NZG 2019, 1154 (1156); NJW 2000, 2983 f.; Bürgers/Körber AktG/*Bürgers* § 84 Rn. 13; K. Schmidt/Lutter AktG/*Seibt* § 84 Rn. 38; Spindler/Stilz AktG/*Fleischer* § 84 Rn. 84.

[132] Siehe BGHZ 89, 48 (56) – Reemtsma (vorgreifende Entscheidung eines Ausschusses); BGHZ 41, 282 (285 f.) (fehlender Aufsichtsratsbeschluss); BGH ZIP 2014, 1278 (Insichgeschäft des Geschäftsführers einer Komplemtär-GmbH); OLG Frankfurt a. M. AG 2011, 790 (791); OLG Schleswig AG 2001, 651 (653) (jeweils fehlender Aufsichtsratsbeschluss).

[133] BGH ZIP 1995, 377 f.; KölnKommAktG/*Mertens/Cahn* § 84 Rn. 58; Spindler/Stilz AktG/*Fleischer* § 84 Rn. 86.

[134] BGHZ 41, 282 (288); OLG Schleswig AG 2001, 651; OLG Frankfurt a. M. AG 2011, 790 (791); *Seyfarth*, Vorstandsrecht, § 4 Rn. 40; *Köhler* NZG 2008, 161 (164).

[135] MüKoAktG/*Spindler* § 84 Rn. 252; KölnKommAktG/*Mertens/Cahn* § 84 Rn. 57; Spindler/Stilz AktG/*Fleischer* § 84 Rn. 86.

[136] BGH NZG 2019, 1154 (1156); ZIP 1989, 294 (296); WM 1973, 506 (507).

[137] MüKoAktG/*Spindler* § 84 Rn. 252; *Hengeler* FS Barz, 1974, 129 ff.; Hüffer/*Koch* AktG § 84 Rn. 27; *Säcker* FS G. Müller, 1981, 745 (757 ff.); tendenziell auch BGHZ 41, 282 (291).

[138] So im Ergebnis zutreffend BGHZ 41, 282 (287).

anfechtbar, so bleiben entgegen der Regel des § 139 BGB die übrigen Vertragsbedingungen im Zweifel wirksam.[139] Der nichtige oder anfechtbare Teil wird im Wege der ergänzenden Vertragsauslegung ersetzt. Ein wegen mangelhafter Vertretung der Gesellschaft unwirksamer Anstellungsvertrag ist nach § 177 BGB schwebend unwirksam und kann vom Aufsichtsrat nachträglich genehmigt werden (→ Rn. 23 aE). Die Genehmigung bedarf grundsätzlich eines ausdrücklichen Beschlusses des Aufsichtsrats.[140]

III. Bezüge der Vorstandsmitglieder

1. Allgemeines. Wesentliche Grundsätze für die Bezüge der Vorstandsmitglieder sind in § 87 Abs. 1 AktG geregelt. Nach § 87 Abs. 1 S. 1–3 AktG hat der Aufsichtsrat bei der Festsetzung der Gesamtbezüge des einzelnen Vorstandsmitglieds (Gehalt, Gewinnbeteiligungen, Aufwandsentschädigungen, Versicherungsentgelte, Provisionen, anreizorientierte Vergütungszusagen wie zB Aktienbezugsrechte und Nebenleistungen jeder Art) dafür zu sorgen, dass die Gesamtbezüge in einem angemessenen Verhältnis zu den Aufgaben und Leistungen des Vorstandsmitglieds sowie zur Lage der Gesellschaft stehen und die übliche Vergütung nicht ohne besondere Gründe übersteigen. Bei börsennotierten (§ 3 Abs. 2 AktG) Gesellschaften ist die Vergütungsstruktur auf eine nachhaltige und langfristige Entwicklung der Gesellschaft auszurichten. Variable Vergütungsbestandteile sollen daher eine mehrjährige Bemessungsgrundlage haben; für außerordentliche Entwicklungen soll der Aufsichtsrat eine Begrenzungsmöglichkeit vereinbaren. Alles Vorstehende gilt nach dem Wortlaut des § 87 Abs. 1 S. 4 AktG sinngemäß auch für das Ruhegehalt, Hinterbliebenenbezüge und Leistungen verwandter Art. § 87 Abs. 1 AktG statuiert damit ein **Gebot der Angemessenheit** der Gesamt- und Versorgungsbezüge für vom Aufsichtsrat bestellte Vorstandsmitglieder.

Bei **börsennotierten** (§ 3 Abs. 2 AktG) **Gesellschaften** hat der Aufsichtsrat nach den durch das **ARUG II**[141] neu eingeführten §§ 87a, 120a AktG zusätzlich ein **Vergütungssystem** zu beschließen und der Hauptversammlung zur – unverbindlichen – Billigung vorzulegen *(say on pay)*. Zwingender Teil des Vergütungssystems ist die Festlegung einer **Maximalvergütung** der Vorstandsmitglieder *(cap, § 87a Abs. 1 S. 2 Nr. 1 AktG)*, die die Hauptversammlung nach § 87 Abs. 4 AktG für das konkrete Vergütungssystem bindend herabsetzen kann. Für börsennotierte oder iSd § 161 Abs. 1 S. 2 AktG kapitalmarktorientierte Gesellschaften enthält ferner der **DCGK** in Abschnitt G. eine Reihe von Empfehlungen (G.1-G.13, G.15 und G.16) sowie eine Anregung (G.14) zur Vorstandsvergütung. Den Empfehlungen G.1 bis G.11 liegt ein dreistufiges Konzept zugrunde: (1) Beschluss des Vergütungssystems mit den Mindestinhalten aus Empfehlung G.1, (2) Festlegung der individuellen konkreten Ziel- und Maximalvergütung und der variablen Vergütungsbestandteile für das jeweils bevorstehende Geschäftsjahr sowie (3) Festsetzung der variablen Vergütungsbestandteile und damit der Ist-Gesamtvergütung für das abgelaufene Geschäftsjahr,[142] jeweils unter Beachtung der in G.2 bis G.11 DCGK enthaltenen Empfehlungen. Empfehlungen G.12 und G.13 sowie Anregung G.14 betreffen Leistungen bei Vertragsbeendigungen, Empfehlungen G.15 und G.16 die Anrechnung der Vergütung aus Aufsichtsratsmandaten.

---

[139] Vgl. BAG ZIP 1987, 595; Spindler/Stilz AktG/*Fleischer* § 84 Rn. 86; KölnKommAktG/*Mertens*/*Cahn* § 84 Rn. 59.
[140] BGHZ 113, 237 (247 ff.); 41, 282 (285 f.); OLG Frankfurt a. M. AG 2011, 790 (791); Spindler/Stilz AktG/*Fleischer* § 84 Rn. 85; *Köhler* NZG 2008, 161 (162 f.); den Sonderfall konkludenter Genehmigung behandelt BGH WM 1973, 506 (507).
[141] BGBl. 2019 I S. 2637 ff. Das ARUG II dient der Umsetzung der zweiten Aktionärsrechterichtlinie (Richtlinie (EU) 2017/828 des Europäischen Parlaments und des Rates vom 17.5.2017 zur Änderung der Richtlinie 2007/36/EG im Hinblick auf die Förderung der langfristigen Mitwirkung der Aktionäre (ABl. 2017 L 132, S. 1)).
[142] Siehe auch Begründung zu Empfehlung G.1 DCGK 2020.

37 **Gerichtlich bestellte Vorstandsmitglieder,** mit denen kein Anstellungsvertrag besteht, haben nach § 85 Abs. 3 S. 1 AktG Anspruch auf Ersatz angemessener barer Auslagen und auf Vergütung für ihre Tätigkeit. Einigen sich die Gesellschaft und das gerichtlich bestellte Vorstandsmitglied nicht, so setzt das Gericht die Auslagen und die Vergütung fest (§ 85 Abs. 3 S. 2 AktG, näher → § 20 Rn. 35).

38 **2. Vergütungsbestandteile und Fürsorgeaufwendungen.** Die Gesamtbezüge eines Vorstandsmitglieds, von denen § 87 Abs. 1 S. 1 AktG beispielhaft einzelne Bestandteile aufzählt, setzen sich häufig aus fünf Bausteinen zusammen: (1) aus einer **Grundvergütung,** (2) aus einer **variablen Barvergütung,** (3) aus einer **aktienkursbasierten Vergütung** (bei börsennotierten Gesellschaften), (4) aus **Nebenleistungen** und (5) aus **Versorgungsleistungen** (Ruhegehalt, Übergangsgelder, Abfindungen).[143] Zu den Nebenleistungen zählen zB Zuschüsse zur freiwilligen Weiterversicherung in der gesetzlichen Rentenversicherung (zur fehlenden Versicherungspflicht → Rn. 20), Übernahme von Reisekosten zur Familie sowie – jeweils bei privater Inanspruchnahme – Dienstfahrzeug mit oder ohne Fahrer, Kommunikationseinrichtungen in der Privatwohnung, Abordnung von Personal, Übernahme von Versicherungsprämien. Wertmäßig überwiegen die Vergütungsbestandteile (1) bis (3). Bei den DAX-Unternehmen hat sich die Summe dieser drei Vergütungsbestandteile im Jahr 2018 zu 32,9 % aus der Grundvergütung, zu 36,7 % aus der variablen Barvergütung (24,6 % jährliche und 12,1 % mehrjährige Boni) sowie zu 30,4 % aus aktienkursbasierter Vergütung zusammengesetzt.[144]

39 Die vorstehend als Teil der Gesamtbezüge aufgeführten Nebenleistungen sind zu unterscheiden von den **dienstlichen Fürsorgeaufwendungen.**[145] Darunter sind Aufwendungen zu verstehen, die die Gesellschaft erbringt, um den Vorstandsmitgliedern einen angemessen ausgestalteten Rahmen für ihre Amtstätigkeit zur Verfügung zu stellen.[146] Hierzu zählen zB Dienstfahrzeuge mit oder ohne Fahrer zur dienstlichen Nutzung und Kommunikationseinrichtungen zur Gewährleistung einer hinreichenden dienstlichen Erreichbarkeit.[147] Nicht Teil der Gesamtbezüge sind nach hM auch Prämien für eine D&O-Versicherung (→ § 26 Rn. 62).[148] Soweit die vorgenannten Leistungen dem Vorstandsmitglied auch für private Zwecke zur Verfügung gestellt werden, handelt es sich um Nebenleistungen, die Teil der Gesamtvergütung sind.[149]

3. Angemessenheit der Bezüge. a) Rechtswirkungen des Angemessenheitsgebots.
40 Das Erfordernis der Angemessenheit der Vorstandsbezüge aus § 87 Abs. 1 AktG beschränkt den Spielraum des Aufsichtsrats als flexible, § 138 BGB vorgelagerte Schranke.[150] Aus dem

---

[143] Einen zuverlässigen Überblick über Art, Höhe und Üblichkeit der Vergütung von Vorstandsmitgliedern gibt die von *Kienbaum* herausgegebene „Vergütungsstudie Vorstand", die jährlich erscheint. Daneben gibt es eine Reihe weiterer Vergütungsstudien, für DAX- und MDAX-Unternehmen zB die ebenfalls jährlich erscheinende „Studie zur Vergütung der Vorstände in den DAX- und MDAX-Unternehmen" des Deutsche Schutzvereinigung für Wertpapierbesitz eV (DSW) und der Technischen Universität München.

[144] Deutsche Schutzvereinigung für Wertpapierbesitz eV (DSW)/Technische Universität München, Studie zur Vergütung der Vorstände in den DAX- und MDAX-Unternehmen im Geschäftsjahr 2018, S. 6.

[145] KölnKommAktG/*Mertens/Cahn* § 87 Rn. 19; K. Schmidt/Lutter AktG/*Seibt* § 87 Rn. 5; *Mertens* AG 2000, 447 (449).

[146] KölnKommAktG/*Mertens/Cahn* § 87 Rn. 19; K. Schmidt/Lutter AktG/*Seibt* § 87 Rn. 5; *Mertens* AG 2000, 447 (449).

[147] *Dreher* ZHR 165 (2001), 293 (307).

[148] Bürgers/Körber AktG/*Bürgers* § 87 Rn. 3; KölnKommAktG/*Mertens/Cahn* § 87 Rn. 20; *Mertens* AG 2000, 447 (451 f.); *Dreher/Thomas* ZGR 2009, 31 (48 ff.); differenzierend MüKoAktG/*Spindler* § 87 Rn. 26 ff.

[149] KölnKommAktG/*Mertens/Cahn* § 87 Rn. 18; K. Schmidt/Lutter AktG/*Seibt* § 87 Rn. 5.

[150] Hüffer/*Koch* AktG § 87 Rn. 1; MüKoAktG/*Spindler* § 87 Rn. 142; Spindler/Stilz AktG/*Fleischer* § 87 Rn. 21.

Kriterium der Angemessenheit folgt nicht ein konkreter Vergütungsbetrag, sondern eine Bandbreite zulässiger Vergütungen, innerhalb der der Aufsichtsrat auswählen kann.[151] Das Vorstandsmitglied hat nach § 87 Abs. 1 AktG auch nicht etwa Anspruch auf eine angemessene Entlohnung.[152] Die Vorschrift zieht lediglich eine Obergrenze, die der Aufsichtsrat nicht überschreiten darf. Die Regelung des § 87 Abs. 1 AktG ist kein Verbotsgesetz im Sinne von § 134 BGB.[153] Verstöße gegen § 87 Abs. 1 AktG führen daher nicht zur Nichtigkeit nach dieser Vorschrift und nur in krassen Ausnahmefällen zur Nichtigkeit wegen Sittenwidrigkeit nach § 138 Abs. 1 BGB oder zum fehlen der Vertretungsmacht des Aufsichtsrats.[154] Auch unangemessene Bezüge sind daher bis zu diesen Grenzen wirksam vereinbart. Allerdings macht sich der Aufsichtsrat bei Vereinbarung einer unangemessenen Vergütung nach §§ 116 S. 3, 93 Abs. 1 S. 2 AktG schadensersatzpflichtig.[155] Bei vorsätzlichem Handeln kann der Straftatbestand der Untreue (§ 266 StGB) verwirklicht sein, wenn die Bezüge unvertretbar, objektiv nicht nachvollziehbar festgesetzt werden.[156] Eine Verpflichtung der Vorstandsmitglieder, sich keine unangemessenen Bezüge zusagen zu lassen, besteht grundsätzlich nicht. Sie sind nicht Normadressaten des § 87 Abs. 1 AktG.[157] Etwas anderes gilt allerdings, wenn ein Vorstandsmitglied vorsätzlich an der Verwirklichung des Straftatbestands der Untreue mitwirkt.[158]

Bei der Festsetzung der Vorstandsvergütung hat der Aufsichtsrat die Angemessenheit nach **41** dem Wortlaut des § 87 Abs. 1 S. 1 AktG nach vier Kriterien zu beurteilen: (1) nach den Aufgaben des Vorstandsmitglieds, (2) nach den Leistungen des Vorstandsmitglieds, (3) nach der Lage der Gesellschaft und (4) nach der Üblichkeit der Vergütung. Nach ganz hM können über den Wortlaut hinaus weitere Kriterien bei der Angemessenheitsprüfung berücksichtigt werden.[159] Für börsennotierte oder iSd § 161 Abs. 1 S. 2 AktG kapitalmarktorientierte Gesellschaften enthält der DCGK in Abschnitt G. eine Reihe von Empfehlungen und eine Anregung, die die Angemessenheit der Bezüge und damit im Zusammenhang stehende Themen zum Gegenstand haben. Änderungen des Kodex müssen in laufenden Vorstandsverträgen nicht berücksichtigt werden. Soweit den Empfehlungen gefolgt wird, sind damit verbundene Änderungen bestehender Anstellungsverträge erst bei deren Verlängerung erforderlich.[160]

b) Kriterien der Angemessenheit. aa) Aufgaben des Vorstandsmitglieds. Unter Auf- **42** gaben ist der Tätigkeitsbereich des betroffenen Vorstandsmitglieds zu verstehen, der ihm

---

[151] BGH NJW 2006, 522 Rn. 15; *Hoffmann-Becking* ZHR 169 (2005), 155 (158).
[152] BGH ZIP 2019, 2349 Rn. 33.
[153] KG NZG 2011, 865 (866); KölnKommAktG/*Mertens/Cahn* § 87 Rn. 5; Hüffer/*Koch* AktG § 87 Rn. 45; MüKoAktG/*Spindler* § 87 Rn. 142; K. Schmidt/Lutter AktG/*Seibt* § 87 Rn. 10.
[154] KölnKommAktG/*Mertens/Cahn* § 87 Rn. 5; Hüffer/*Koch* AktG § 87 Rn. 45; GroßkommAktG/*Kort* § 87 Rn. 331 ff.
[155] Hüffer/*Koch* AktG § 87 Rn. 47; KölnKommAktG/*Mertens/Cahn* § 87 Rn. 5; ausführlich *Hüffer* FS Hoffmann-Becking, 2013, 589 ff.
[156] *Kühl/Heger* StGB § 266 Rn. 20b; *Dittrich,* Die Untreuestrafbarkeit von Aufsichtsratsmitgliedern bei der Festsetzung überhöhter Vorstandsvergütungen, 2006, S. 211; *Rönnau/Hohn* NStZ 2004, 113 (118 f.).
[157] BGH WM 2006, 276 (285); GroßkommAktG/*Hopt/Roth* § 93 Rn. 243; KölnKommAktG/ *Mertens/Cahn* § 87 Rn. 5; K. Schmidt/Lutter/AktG/*Seibt* § 87 Rn. 16; Semler/v. Schenck AR-HdB/*Fonk* § 10 Rn. 110; *Hoffmann-Becking* ZHR 169 (2005), 155 (157); *Drygala* FS U. H. Schneider, 2011, 275 (286 ff.); aA Spindler/Stilz AktG/*Fleischer* § 87 Rn. 58; *Lutter* ZIP 2006, 733 (735); *Peltzer* FS Lutter, 2000, 571 (574 und 579 f.); *Ziemons* FS U. Huber, 2006, 1035 ff. (jeweils über § 93 AktG) sowie *Martens* ZHR 169 (2005), 124 (136); *Langenbucher* FS U. Huber, 2006, 861 ff. (jeweils über Missbrauch der Vertretungsmacht).
[158] Vgl. BGH (3. Strafsenat) BGHSt 50, 331 (336 ff.) – Mannesmann; KölnKommAktG/*Mertens/ Cahn* § 87 Rn. 5.
[159] Hüffer/*Koch* AktG § 87 Rn. 15; Spindler/Stilz AktG/*Fleischer* § 87 Rn. 19; GroßkommAktG/ *Kort* § 87 Rn. 52, 98 f. Näher → Rn. 45.
[160] Begründung vor Grundsatz 23 DCGK 2020.

durch Anstellungsvertrag oder Geschäftsordnung zugewiesen ist.[161] Neben Umfang, Art und Komplexität kommt es maßgeblich auf die Bedeutung des Tätigkeitsbereichs für die Gesellschaft an.[162] Insoweit sind die Aufgaben für jedes Vorstandsmitglied individuell festzustellen. Besondere Bedeutung kommt regelmäßig dem Amt des Vorsitzenden des Vorstands zu.[163] Bei divisionaler Organisation des Unternehmens kann die unterschiedliche wirtschaftliche Bedeutung der Sparten Anknüpfungspunkt für eine Differenzierung der Vergütung sein.[164] Die grundsätzliche Gleichberechtigung aller Vorstandsmitglieder und die trotz Ressortaufteilung bestehende Gesamtverantwortung aller Vorstandsmitglieder steht einer Differenzierung der Vergütung nach der Bedeutung der Tätigkeitsbereiche nicht entgegen.[165]

43 **bb) Leistungen des Vorstandsmitglieds.** Die Vergütungsentscheidung hat der Aufsichtsrat grundsätzlich mit Blick auf die künftig vom Vorstandsmitglied zu erwartenden Leistungen zu treffen.[166] Es handelt sich um eine Prognoseentscheidung, die bei einer Erstbestellung fast nie auf einer Leistungsbeurteilung für die konkrete Position fußen kann. Bei einer Erstbestellung wird sich der Bezug zu den Leistungen des Vorstandsmitglieds daher vor allem bei der variablen Vergütung auszuwirken haben.[167] Bei einer Wiederbestellung können Leistungen der Vergangenheit hingegen als Indiz herangezogen[168] und stärker bei der Bemessung des Festgehalts berücksichtigt werden.[169] Schwierigkeiten bereitet, wie die individuellen Leistungen eines Vorstandsmitglieds zu messen sind. Ein wesentliches, aber keineswegs das allein ausschlaggebende Kriterium ist die (langfristige) Wertentwicklung des Unternehmens.[170]

44 **cc) Lage der Gesellschaft.** Der Begriff der Lage der Gesellschaft umfasst die wirtschaftliche Gesamtsituation des Unternehmens, insbesondere die aktuelle und künftige Ertragslage,[171] aber auch die Vermögens- und Finanzlage, die Marktstellung und die Zukunftsfähigkeit.[172] Bei sanierungsbedürftigen Gesellschaften folgt aus der schlechten wirtschaftlichen Lage des Unternehmens nicht notwendig, dass eine niedrige Vergütung festzusetzen ist. Vielmehr kann es gerade in diesem Fall sachgerecht sein, dass der Aufsichtsrat im Hinblick auf die konkrete Situation des Unternehmens sowie die Schwierigkeit der Aufgabe und das damit verbundene Risiko eine höhere Vergütung festlegt.[173] Bei der Vergütung der Vorstandsmitglieder einer Konzernobergesellschaft wird der Aufsichtsrat angesichts ihrer konzerndimensionalen Leitungspflichten (→ § 19 Rn. 38) auch auf die Lage nachgeordneter Gesellschaften und des Konzerns insgesamt abstellen dürfen, wobei bei einem Bezug auf die Lage nachgeordneter Gesellschaften durch die konkrete Ausgestaltung

---

[161] LG Düsseldorf NJW 2004, 3275 (3277); KölnKommAktG/*Mertens/Cahn* § 87 Rn. 12; *Seyfarth*, Vorstandsrecht, § 5 Rn. 55.

[162] KölnKommAktG/*Mertens/Cahn* § 87 Rn. 12; Spindler/Stilz AktG/*Fleischer* § 87 Rn. 10; *Liebers/Hoefs* ZIP 2004, 97 (100).

[163] MüKoAktG/*Spindler* § 87 Rn. 45; Spindler/Stilz AktG/*Fleischer* § 87 Rn. 10; *Schwark* FS Raiser, 2005, 377 (384).

[164] KölnKommAktG/*Mertens/Cahn* § 87 Rn. 12; K. Schmidt/Lutter AktG/*Seibt* § 87 Rn. 9.

[165] MüKoAktG/*Spindler* § 87 Rn. 45; *Schwark* FS Raiser, 2005, 377 (383 f.).

[166] KölnKommAktG/*Mertens/Cahn* § 87 Rn. 13; MüKoAktG/*Spindler* § 87 Rn. 49.

[167] GroßkommAktG/*Kort* § 87 Rn. 60; MüKoAktG/*Spindler* § 87 Rn. 50; Spindler/Stilz AktG/*Fleischer* § 87 Rn. 13; *Bauer/Arnold* AG 2009, 717 (718).

[168] MüKoAktG/*Spindler* § 87 Rn. 49.

[169] Spindler/Stilz AktG/*Fleischer* § 87 Rn. 13.

[170] Ähnlich GroßkommAktG/*Kort* § 87 Rn. 59; Hüffer/*Koch* AktG § 87 Rn. 10; siehe auch *Thüsing* ZGR 2003, 457 (489). Zu möglichen Kriterien ausführlich *Suchan/Winter* DB 2009, 2531 (2532 f.).

[171] LG Düsseldorf NJW 2004, 3275 (3278); MüKoAktG/*Spindler* § 87 Rn. 53; Spindler/Stilz AktG/*Fleischer* § 87 Rn. 14; *Schwark* FS Raiser, 2005, 377 (384).

[172] Vgl. *Fleischer* DStR 2005, 1279 (1280); *Schwark* FS Raiser, 2005, 377 (384).

[173] Hüffer/Koch AktG § 87 Rn. 11; MüKoAktG/*Spindler* § 87 Rn. 55; vgl. auch OLG Karlsruhe NZG 2012, 299 (300 f.).

§ 21 Anstellungsverhältnis der Vorstandsmitglieder

sicherzustellen ist, dass keine Fehlanreize in Bezug auf die Obergesellschaft oder den Konzern insgesamt entstehen.[174] Im Ausgangspunkt problematischer ist die Rechtslage, wenn die Vergütung des Vorstands der Untergesellschaft im faktischen Konzern an der Ertragslage (speziell am Aktienkurs) der Muttergesellschaft ausgerichtet wird.[175] Generell unzulässig ist das nicht, vielmehr Einzelfallfrage. Umstritten ist dabei, ob Prüfungsmaßstab allein die §§ 311 ff. AktG sind oder auch § 87 Abs. 1 AktG.[176]

dd) Üblichkeit der Vergütung. Die Gesamtbezüge eines Vorstandsmitglieds sollen nach § 87 Abs. 1 S. 1 AktG schließlich die übliche Vergütung nicht ohne besondere Gründe übersteigen. Marktunübliche Vergütungen sind also nur dann gerechtfertigt, wenn sich hierfür besondere Gründe anführen lassen. Bei der Feststellung der Marktüblichkeit gilt sowohl eine horizontale als auch eine vertikale Betrachtungsweise.[177] Bei der horizontalen Vergleichbarkeit der Vergütung ist auf ihre Branchen-, Größen- und (grundsätzlich) Landesüblichkeit abzustellen, also auf die Vergütung des obersten Managements in Unternehmen derselben Branche und vergleichbarer Größe in Deutschland, in Ausnahmefällen auch im Ausland.[178] Ob ein Unternehmen börsennotiert ist oder nicht, spielt für die Aufnahme in die Vergleichsgruppe keine Rolle.[179] Der DCGK empfiehlt zum horizontalen Vergleich, die dafür herangezogene Peer Group offenzulegen und mit Bedacht zu nutzen, damit es nicht zu einer automatischen Aufwärtsentwicklung kommt (Empfehlung G.3). Bei der vertikalen Betrachtungsweise ist das Lohn- und Gehaltsgefüge in dem konkreten Unternehmen mit zu berücksichtigen.[180] Der Aufsichtsrat hat darauf zu achten, „dass die Vergütungsstaffelung im Unternehmen beim Vorstand nicht Maß und Bezug zu den Vergütungsgepflogenheiten und dem Vergütungssystem im Unternehmen im Übrigen verliert."[181] Nach Kodex-Empfehlung G.4 soll der Aufsichtsrat das Verhältnis der Vorstandsvergütung zur Vergütung des oberen Führungskreises und der Belegschaft insgesamt und dieses auch in der zeitlichen Entwicklung berücksichtigen. Eine Empfehlung zur Offenlegung der *manager to worker pay ratio* enthält der Kodex nicht.[182] Der Vergütungsbericht börsennotierter Gesellschaften muss nach § 162 Abs. 1 Nr. 2 AktG eine vergleichende Darstellung der jährlichen Veränderung der individuellen Vorstandsvergütung, der Ertragsentwicklung der Gesellschaft sowie der über die letzten fünf Geschäftsjahre betrachteten durchschnittlichen Vergütung von Arbeitnehmern enthalten.[183] Näher zum Vergütungsbericht → Rn. 158 ff. Bei einem Konflikt zwischen horizontaler und vertikaler Betrachtungsweise ist der horizontalen Vergleichbarkeit der Vorrang einzuräumen.[184]

45 § 21

45

---

[174] KölnKommAktG/*Mertens/Cahn* § 87 Rn. 11; Spindler/Stilz AktG/*Fleischer* § 87 Rn. 14; *Spindler* FS K. Schmidt, 2009, 1529 (1530 f.); aA GroßkommAktG/*Kort* § 87 Rn. 68.
[175] Für Unzulässigkeit insbesondere OLG München AG 2008, 593 (594) – RWE Energy. Der BGH hat sich von der Entscheidung des OLG München deutlich distanziert („sich von den Regeln des § 87 AktG aF entfernender Ansatz des Berufungsgerichts"), BGH ZIP 2009, 2436 – RWE Energy mAnm *Wackerbarth;* dazu *Goette* FS Hopt, 2010, Bd. I, 689 ff.
[176] Für alleinige Anwendung der §§ 311 ff. AktG Hüffer/*Koch* AktG § 87 Rn. 33 f.; Spindler/Stilz AktG/*Rieckers* § 192 Rn. 61a f.; für Anwendung auch von § 87 AktG KölnKommAktG/*Mertens/Cahn* § 87 Rn. 11; MüKoAktG/*Spindler* § 87 Rn. 70 ff.
[177] Spindler/Stilz AktG/*Fleischer* § 87 Rn. 16 ff.; KölnKommAktG/*Mertens/Cahn* § 87 Rn. 16.
[178] Beschlussempfehlung und Bericht des Rechtsausschusses zum VorstAG, BT-Drs. 16/13433, 10.
[179] Beschlussempfehlung und Bericht des Rechtsausschusses zum ARUG II, BT-Drs. 19/15153, 60.
[180] Spindler/Stilz AktG/*Fleischer* § 87 Rn. 17; *Cahn* FS Hopt, 2010, Bd. I, 431 (434 f.); *Kling* DZWiR 2010, 221 (225 f.).
[181] Beschlussempfehlung und Bericht des Rechtsausschusses zum VorstAG, BT-Drs. 16/13433, 10. Kritisch zu den Methoden des Vergütungsvergleichs *Jickeli* FS Säcker, 2011, 381 ff.
[182] *Hopt/Leyens* ZGR 2019, 929 (978).
[183] Dazu *Anzinger* ZGR 2019, 39 (41); *Velte* NZG 2019, 335 (336).
[184] Großkomm AktG/*Kort* § 87 Rn. 92; Hüffer/*Koch* AktG § 87 Rn. 13; K. Schmidt/Lutter AktG/*Seibt* Rn. 10; Spindler/Stilz AktG/*Fleischer* § 87 Rn. 18; *Hoffmann-Becking/Krieger* NZG-Beil. 26/2009, Rn. 8.

46 ee) Weitere Kriterien. Über den Wortlaut des § 87 Abs. 1 S. 1 AktG hinaus können bei der Prüfung der Angemessenheit weitere, dort nicht ausdrücklich genannte Kriterien berücksichtigt werden.[185] So dürfen zB der individuelle Marktwert eines Vorstandsmitglieds, dessen Qualifikation und Erfahrung sowie die konkrete Verhandlungslage berücksichtigt werden.[186] Dagegen sind die familiären Verhältnisse (zB Familienstand, Anzahl der Kinder) unter dem Gesichtspunkt der Angemessenheit der Vergütung nicht berücksichtigungsfähig.[187] Diese Gesichtspunkte sind auch nicht durch Berufung auf die Rechtsprechung des BGH zur Angemessenheit der Vergütung von GmbH-Geschäftsführern heranzuziehen. Danach verlangt der BGH zwar im Rahmen der Angemessenheitsprüfung eine „umfassende Würdigung aller Umstände".[188] Das GmbH-Recht kennt indes keine § 87 Abs. 1 AktG vergleichbare Vergütungsregelung, die Ausfluss des in Aktiengesellschaften, insbesondere börsennotierten Aktiengesellschaften, typischerweise bestehenden Prinzipal-Agenten-Problems ist.[189] Die Rechtsprechung des BGH zur Vergütung von GmbH-Geschäftsführern kann daher nicht ohne weiteres auf die Angemessenheitsprüfung der Vorstandsvergütung übertragen werden.[190]

47 c) Ausrichtung auf die nachhaltige und langfristige Entwicklung der Gesellschaft. Für börsennotierte Gesellschaften bestimmt § 87 Abs. 1 S. 2 AktG, dass die Vergütungsstruktur auf eine nachhaltige und langfristige Entwicklung der Gesellschaft auszurichten ist. Diese Verpflichtung findet ihren Ausdruck auch in Grundsatz 23 Abs. 3 DCGK. Die Vergütungsstruktur umfasst als Oberbegriff sowohl die konkrete Vergütungsfestsetzung (§ 87 AktG) als auch das abstrakte Vergütungssystem (§ 87a AktG).[191] § 87 Abs. 1 S. 2 AktG, der ursprünglich im Zuge der Finanzkrise durch das VorstAG[192] in das Aktiengesetz eingefügt worden war, wurde durch das ARUG II angepasst: Die Ausrichtung auf die „nachhaltige und langfristige Entwicklung der Gesellschaft" ist an die Stelle der früher vorgesehenen Ausrichtung auf eine „nachhaltige Unternehmensentwicklung" getreten. Mit der neuen Formulierung, die in ihrer finalen Fassung erst durch den Rechtsausschuss im ARUG II-Gesetzgebungsverfahren eingefügt wurde, soll deutlich gemacht werden, dass der Aufsichtsrat bei seiner Vergütungsentscheidung, insbesondere bei der Wahl der Vergütungsanreize, auch soziale und ökologische Gesichtspunkte zu berücksichtigen hat.[193] Im Gegensatz dazu wurde § 87 Abs. 1 S. 2 AktG aF („nachhaltige Unternehmensentwicklung") ganz überwiegend (nur) im Sinne einer Ausrichtung auf eine langfristige Entwicklung verstanden.[194] Im Regierungsentwurf des ARUG II war noch vorgesehen, dieses Verständnis durch eine Angleichung des Wortlauts von § 87 Abs. 1 S. 2 AktG an die richtlinienbasierten Bestimmungen des § 87a Abs. 1 S. 2 Nr. 1 AktG und § 162 Abs. 1 S. 2 Nr. 1 AktG klarer in den Gesetzestext zu übernehmen und die bisherige Auslegung

---

[185] OLG München AG 2008, 593 (594); Hüffer/*Koch* AktG § 87 Rn. 15; KölnKommAktG/*Mertens/Cahn* § 87 Rn. 14; Spindler/Stilz AktG/*Fleischer* § 87 Rn. 19; *Hoffmann-Becking* ZHR 169 (2005), 155 (158 f.); *Kling* DZWiR 2010, 221 (226 f.).

[186] KölnKommAktG/*Mertens/Cahn* § 87 Rn. 14; Spindler/Stilz AktG/*Fleischer* § 87 Rn. 19; *Kling* DZWiR 2010, 221 (227); *Schwark* FS Raiser, 2005, 377 (385).

[187] Spindler/Stilz AktG/*Fleischer* § 87 Rn. 19 („kein Anspruch auf beamtenrechtsähnliche Alimentation"); *Kling* DZWiR 2010, 221 (226 f.); *Schwark* FS Th. Raiser, 2005, 377 (385); aA Hüffer/*Koch* AktG § 87 Rn. 15.

[188] BGHZ 111, 224 (228).

[189] Spindler/Stilz AktG/*Fleischer* § 87 Rn. 20; *Langenbucher* FS U. H. Schneider, 2011, 751 (754). Der Aufsichtsrat ist selbst Teil dieses Problems, zutr. *Bachmann* FS Hopt, 2010, Bd. I, 337 (352).

[190] Spindler/Stilz AktG/*Fleischer* § 87 Rn. 20; *Schwark* FS Raiser, 2005, 377 (384 f.).

[191] RegE ARUG II, Begründung, BT-Drs. 19/9739, 72.

[192] BGBl. 2009 I S. 2509 ff.

[193] Beschlussempfehlung und Bericht des Rechtsausschusses zum ARUG II, BT-Drs. 19/15153, 62. Dazu *Florstedt* ZIP 2020, 1 (3); *Velte* NZG 2020, 12 (14).

[194] Voraufl., → § 21 Rn. 45; Beschlussempfehlung und Bericht des Rechtsausschusses zum ARUG II, BT-Drs. 19/15153, 62.

des § 87 Abs. 1 S. 2 AktG im Aktiengesetz einheitlich durch die Begrifflichkeit „langfristige Entwicklung der Gesellschaft" zum Ausdruck zu bringen.[195] Durch die Änderung von § 87 Abs. 1 S. 2 Akt im Rechtsausschuss ist die Begriffsverwendung nun uneinheitlich.

Die in § 87 Abs. 1 S. 2 AktG weiterhin enthaltene Ausrichtung der Vergütungsstruktur **48** auf eine langfristige Entwicklung der Gesellschaft entspricht der Verpflichtung der Verwaltung, den Gesellschaftszweck durch dauerhafte Rentabilität und Bestandssicherung der Gesellschaft zu verfolgen (dazu → § 19 Rn. 23). Mit diesem Kriterium wollte der Gesetzgeber verhindern, dass durch die Vergütungsstruktur Anreize zum Eingehen unverantwortlicher Risiken geschaffen werden, die sich im Extremfall als bestandsgefährdend herausstellen können.[196] Die Vorgabe hat nicht zur Folge, dass ausschließlich langfristige Vergütungselemente vereinbart werden müssen.[197] Vielmehr schließt es die langfristige Entwicklung nicht aus, dass mit dem Vergütungssystem auch andere Ziele verfolgt werden, zB Boni für eine erfolgreiche Akquisition oder den Eintritt in einen neuen Markt.[198] Daher können auch Antritts-, Halte- und Beendigungsprämien – je nach Ausgestaltung – zulässig sein.[199] Insgesamt muss das Vergütungssystem aber der langfristigen Entwicklung dienen, dh insbesondere, dass kurzfristig angelegte Vergütungselemente der langfristigen Unternehmensentwicklung nicht wesentlich entgegenwirken dürfen.[200]

Bei der Festlegung von Zielvorgaben im Rahmen des Vergütungssystems darf die **49** Kompetenzordnung der Aktiengesellschaft nicht aus dem Auge verloren werden. In die autonome Leitungsbefugnis des Vorstands und seine daraus folgende Weisungsunabhängigkeit darf nicht mittelbar durch Vergütungsregelungen eingegriffen werden; vielmehr haben die Vergütungsregelungen die Leitungs- und Geschäftsführungsautonomie des Vorstands zu berücksichtigen.[201] Das bedeutet insbesondere, dass die vom Aufsichtsrat festgelegte Vergütungsstruktur zur vom Vorstand bestimmten Unternehmensstrategie passen muss.[202]

d) Mehrjährige Bemessungsgrundlage und Begrenzung variabler Vergütungs- 50 bestandteile. Sofern bei börsennotierten Gesellschaften variable Vergütungsbestandteile vereinbart werden, sollen diese nach § 87 Abs. 1 S. 3 AktG wegen der Ausrichtung der Vergütungsstruktur auf eine nachhaltige und langfristige Entwicklung der Gesellschaft („daher") eine mehrjährige Bemessungsgrundlage haben. Die Formulierung als Soll-Vorschrift lässt Abweichungen zu, allerdings nur in begrenzten, besonders begründungsbedürftigen Ausnahmefällen.[203] Der Aufsichtsrat kann wegen der Formulierung „[…], wenn sie gezahlt werden" auch vollständig von variablen Vergütungselementen absehen und ausschließlich eine Festvergütung vorsehen; auch aus § 87 Abs. 1 S. 2 AktG folgt nichts anderes.[204] Allerdings ist eine reine Festvergütung im Hinblick auf das Erfordernis einer leistungsbezogenen Vergütung (dazu → Rn. 43) jeweils kritisch zu prüfen.

---

[195] RegE ARUG II, Begründung, BT-Drs. 19/9739, 72.
[196] *Seibert* WM 2009, 1489 (1490); *Thüsing* AG 2009, 517 (520); *Fleischer* NZG 2009, 801 (803).
[197] Spindler/Stilz AktG/*Fleischer* § 87 Rn. 33; *Hohaus/Weber* DB 2009, 1515 (1517).
[198] Hüffer/*Koch* AktG § 87 Rn. 28; K. Schmidt/Lutter AktG/*Seibt* § 87 Rn. 14.
[199] Hüffer/*Koch* AktG § 87 Rn. 28; K. Schmidt/Lutter AktG/*Seibt* § 87 Rn. 12; Spindler/Stilz AktG/*Fleischer* § 87 Rn. 29.
[200] Hüffer/*Koch* AktG § 87 Rn. 27 f.
[201] *Fonk* NZG 2011, 321 (324 ff.); *Martens* FS Hüffer, 2010, 647 (660); *Thüsing/Forst* GWR 2010, 515 sub III.2; *Mertens* AG 2011, 57 (59).
[202] MüKoAktG/*Spindler* § 87 Rn. 82; *Wagner* AG 2010, 774 (778 f.).
[203] MüKoAktG/*Spindler* § 87 Rn. 92; Spindler/Stilz AktG/*Fleischer* § 87 Rn. 34; weitergehend *Mertens* AG 2011, 57 (59 ff.).
[204] BGH ZIP 2019, 2349 Rn. 33; MüKoAktG/*Spindler* § 87 Rn. 86; Spindler/Stilz AktG/*Fleischer* § 87 Rn. 35; *Fleischer* NZG 2009, 801 (803); *Hoffmann-Becking/Krieger* NZG-Beil. 26/2009, 2; *Mertens* AG 2011, 57 (59); *Spindler* NJOZ 2009, 3282 (3285); *Thüsing* AG 2009, 517 (519).

51 Unter **Mehrjährigkeit** ist nach dem Wortsinn ein Zeitraum von mindestens zwei Jahren zu verstehen.[205] Da das Vergütungssystem insgesamt der langfristigen Entwicklung der Gesellschaft dienen soll, tragen variable Vergütungsbestandteile, deren Bemessungsgrundlage drei, vier oder fünf Jahre beträgt, dem Normzweck des § 87 Abs. 1 S. 3 AktG stärker Rechnung.[206] Dies belegt auch die im Rahmen des VorstAG auf vier Jahre verlängerte Frist des § 193 Abs. 2 Nr. 4 AktG zur Ausübung von Bezugsrechten aus Aktienoptionen. Da es auf die Mehrjährigkeit der Bemessungsgrundlage ankommt, ist es nicht ausreichend, wenn bei variablen Vergütungsbestandteilen lediglich die Fälligkeit hinausgeschoben wird.[207] Der variable Vergütungsbestandteil muss daher an den negativen und positiven Veränderungen im gesamten Bemessungszeitraum teilnehmen. Neben langfristigen variablen Vergütungselementen bleiben auch kurzfristige variable Vergütungselemente, zB Jahresboni, zulässig. Erforderlich ist nur, dass durch die variable Vergütung insgesamt langfristige Verhaltensanreize geschaffen werden.[208] In welchem **zahlenmäßigen Verhältnis** langfristige und kurzfristige variable Vergütungselemente stehen, unterliegt in weitem Umfang dem Beurteilungsspielraum des Aufsichtsrats. Die gesetzlichen Anforderungen sind jedenfalls dann erfüllt, wenn die variable Vergütung, die sich aus dem Erreichen langfristig orientierter Ziele ergibt *(long term incentives – LTI)*, bei unterstellter vollständiger Zielerreichung die kurzfristig orientierte variable Vergütung *(short term incentives – STI)* übersteigt.[209] Dies entspricht Empfehlung G.6 DCGK.

52 Nach § 87 Abs. 1 S. 3 Hs. 2 AktG soll der Aufsichtsrat börsennotierter Gesellschaften für **außerordentliche Entwicklungen** eine Begrenzungsmöglichkeit vereinbaren. Bezweckt ist damit insbesondere, dass die Vorstandsmitglieder im Rahmen der variablen Vergütung nicht von Windfall-Profits bei Übernahmen, Unternehmensveräußerungen, Realisierung stiller Reserven und externen Einflüssen profitieren sollen.[210] Durch die Festlegung einer Maximalvergütung *(cap)*, die seit ARUG II für börsennotierte Gesellschaften ohnehin gesetzlich vorgeschrieben ist (näher → Rn. 57), wird auch § 87 Abs. 1 S. 3 Hs. 2 AktG Rechnung getragen, sofern die Maximalvergütung angemessen ist.[211] Denkbar ist daneben die Einräumung einer einseitigen Ermessensentscheidung für den Aufsichtsrat, bei außerordentlichen Entwicklungen variable Vergütungsbestandteile nicht vollständig auszuzahlen.[212]

---

[205] Hüffer/*Koch* AktG § 87 Rn. 30; K. Schmidt/Lutter AktG/*Seibt* § 87 Rn. 12; *Bauer/Arnold* AG 2009, 717 (722); *Hoffmann-Becking/Krieger* NZG-Beil. 26/2009, Rn. 17; aA *Seibert* WM 2009, 1489 (1490).

[206] Zutr. Hüffer/*Koch* AktG § 87 Rn. 30; Spindler/Stilz AktG/*Fleischer* § 87 Rn. 31; *Spindler* NJOZ 2009, 3282 (3285); vgl. auch *Hoffmann-Becking/Krieger* NZG-Beil. 26/2009, Rn. 20. Für 5 Jahre *Thüsing* AG 2009, 517 (521).

[207] Beschlussempfehlung und Bericht des Rechtsausschusses zum VorstAG, BT-Drs. 16/13433, 16; Hüffer/*Koch* AktG § 87 Rn. 31; Spindler/Stilz AktG/*Fleischer* § 87 Rn. 32.

[208] Vgl. BT-Drs. 16/13433, 16; kritisch *Cahn* FS Hopt, 2010, Bd. I, 431 (444 f.).

[209] Ebenso *Lutter/Krieger/Verse*, Rechte und Pflichten des Aufsichtsrats, 6. Aufl. 2014, Rn. 401; ähnlich, allerdings 50/50-Verteilung zwischen langfristiger und kurzfristiger Vergütung einschließend *Seyfarth*, Vorstandsrecht, § 5 Rn. 70; *Hoffmann-Becking/Krieger* NZG-Beil. 26/2009, Rn. 13; großzügiger Spindler/Stilz AktG/*Fleischer* § 87 Rn. 34: Festvergütung und langfristige Vergütungselemente zusammen mehr als 50 % der Gesamtvergütung. Zur tatsächlichen Verteilung bei DAX-Unternehmen → Rn. 38.

[210] Beschlussempfehlung und Bericht des Rechtsausschusses zum VorstAG, BT-Drs. 16/13433, 16; Hüffer/*Koch* AktG § 87 Rn. 35; Spindler/Stilz AktG/*Fleischer* § 87 Rn. 37; *Bauer/Arnold* AG 2009, 717 (723); *Fleischer* NZG 2009, 801 (803); *Thüsing* AG 2009, 517 (521 f.).

[211] Zur Rechtslage vor ARUG II BT-Drs. 16/13433, 16; MünchKomm/*Spindler* § 87 Rn. 97; Spindler/Stilz AktG/*Fleischer* § 87 Rn. 37.

[212] MünchKomm/*Spindler* § 87 Rn. 97; *Seyfarth*, Vorstandsrecht, § 5 Rn. 71 („allgemein gehaltener Vorbehalt"); *Hohenstatt/Kuhnke* ZIP 2009, 1981 (1988).

§ 21 Anstellungsverhältnis der Vorstandsmitglieder

4. Festsetzung der Vorstandsbezüge. Für die Festsetzung der Vorstandsbezüge ist der 53 Aufsichtsrat – und zwar das Plenum – zuständig (näher → Rn. 21 f.). Er entscheidet nach § 108 AktG durch Beschluss. Auf die Vergütungsfestsetzung sind nach herrschender Ansicht jedenfalls im Ergebnis die Regelungen zu unternehmerischen Entscheidungen und damit nach § 93 Abs. 1 S. 2 AktG iVm § 116 S. 1 AktG die Grundsätze der **Business Judgment Rule** (BJR) (dazu → § 25 Rn. 54 ff.) anwendbar.[213] Die Aufsichtsratsmitglieder verletzen somit bei der Entscheidung über die Vorstandsbezüge nur dann ihre Sorgfaltspflichten, wenn sie nicht auf der Grundlage angemessener Informationen vernünftigerweise davon ausgehen durften, zum Wohle der Gesellschaft zu handeln. Im Fall einer gerichtlichen Überprüfung der Vergütungsentscheidung kommt der zugrundeliegenden Informationsbasis zentrale Bedeutung zu. Dem Aufsichtsrat ist daher zu empfehlen, die wesentlichen Grundlagen und Argumente für seine Entscheidung zu dokumentieren. In der Praxis werden – obwohl aus Rechtsgründen nicht erforderlich[214] – häufig **externe Vergütungsberater** zugezogen. Zieht der Aufsichtsrat einen Vergütungsberater hinzu, soll er nach Empfehlung G.5 DCGK auf dessen Unabhängigkeit von Vorstand und Unternehmen (dh von sämtlichen Konzerngesellschaften)[215] achten.[216] Nach der Begründung zu Empfehlung G.5 DCGK bedingt die Sicherung der Unabhängigkeit eines Vergütungsberaters unter anderem, dass dieser von Zeit zu Zeit gewechselt wird.[217]

5. Vergütungssystem, Vergütungsfestsetzung und Vergütungsbericht bei börsen- 54 **notierten Gesellschaften. a) Vergütungssystem.** Für börsennotierte Gesellschaften (§ 3 Abs. 2 AktG) enthalten die durch das ARUG II[218] eingeführten §§ 87 Abs. 4, 87a, 120a, 162 AktG zusätzliche Regelungen zur Vorstandsvergütung: Nach § 87a Abs. 1 AktG hat der Aufsichtsrat bei diesen Gesellschaften ein abstraktes, ausformuliertes System zur Vergütung der Vorstandsmitglieder mit den in § 87a Abs. 1 S. 2 AktG vorgesehenen umfangreichen Mindestangaben zu beschließen.[219] Das Vergütungssystem muss „klar und verständlich" sein, wobei es auf die Sichtweise eines „durchschnittlich informierten, situationsadäquat aufmerksamen und verständigen" Aktionärs ankommt, von dem eine grundsätzliche Vertrautheit mit der Materie erwartet werden darf.[220] Wegen der Komplexität der Materie sind an die klare und verständliche Ausgestaltung keine überzogenen

---

[213] BGH (3. Strafsenat) BGHSt 50, 331 (336) – Mannesmann; LG Düsseldorf (Strafkammer) NJW 2004, 3275 (3276) – Mannesmann; KölnKommAktG/*Mertens/Cahn* § 87 Rn. 4; MüKoAktG/*Spindler* § 87 Rn. 40; Spindler/Stilz AktG/*Fleischer* § 87 Rn. 39; *Baums* FS Huber, 2006, 655 (663 f.); *Hoffmann-Becking* ZHR 169 (2005), 155 (158); *ders.* NZG 2006, 127 (128); *Hüffer* FS Hoffmann-Becking, 2013, 589 (599 f.); *Vollmer* FS Großfeld, 1999, 1269 (1273); aA Hüffer/*Koch* AktG § 116 Rn. 19 (rechtlich bindende Pflichtaufgabe mit Ermessensspielraum); *Schäfer* ZIP 2005, 1253 (1258) (erheblicher Bemessungsspielraum aus § 87 Abs. 1 AktG); *Schwark* FS Raiser, 2005, 377 (391 f.) (Ermessensspielraum aus materiellrechtlichen Gründen).
[214] Hüffer/*Koch* AktG § 87 Rn. 16; Spindler/Stilz AktG/*Fleischer* § 87 Rn. 41; *Hoffmann-Becking*/*Krieger* NZG-Beil. 26/2009, Rn. 9.
[215] DCGK Präambel Abs. 5.
[216] Dazu auch Spindler/Stilz AktG/*Fleischer* § 87 Rn. 40; *Hüffer* FS Hoffmann-Becking, 2013, 589 (601); *Baums* AG 2010, 53; *Fleischer* NZG 2009, 801 (804); *Hopt/Leyens* ZGR 2019, 929 (978 f.); *Seibert* WM 2009, 1489 (1490).
[217] Begründung zu Empfehlung G.5 DCGK 2020; näher JIG/*Johannsen-Roth* DGCK Empf. G.5 Rn. 11.
[218] BGBl. 2019 I S. 2637 ff. Das ARUG II dient der Umsetzung der zweiten Aktionärsrechterichtlinie (Richtlinie (EU) 2017/828 des Europäischen Parlaments und des Rates vom 17.5.2017 zur Änderung der Richtlinie 2007/36/EG im Hinblick auf die Förderung der langfristigen Mitwirkung der Aktionäre (ABl. 2017 L 132, S. 1).
[219] Erstmalig ist dieser Beschluss bis zum Ablauf der ersten ordentlichen Hauptversammlung, die auf den 31.12.2020 folgt, zu fassen, § 26j Abs. 1 S. 1 EGAktG.
[220] RegE ARUG II, Begründung, BT-Drs. 19/9739, 72 f.; Hüffer/*Koch* AktG § 87a Rn. 3; *Löbbe*/*Fischbach* AG 2019, 373 (376). Eine weitergehende Verpflichtung enthielt der Referentenentwurf („allgemein verständlich" statt „klar und verständlich").

Anforderungen zu stellen.[221] Zu den vorgeschriebenen Mindestangaben des Vergütungssystems gehören nach § 87a Abs. 1 S. 2 Nr. 1–10 AktG (1) die Festlegung einer Maximalvergütung *(cap)* der Vorstandsmitglieder, (2) der Beitrag der Vergütung zur Förderung der Geschäftsstrategie und zur langfristigen Entwicklung der Gesellschaft, (3) alle festen und variablen Vergütungsbestandteile und ihr jeweiliger relativer Anteil an der Vergütung, (4) alle finanziellen und nichtfinanziellen Leistungskriterien für die Gewährung variabler Vergütungsbestandteile (in abstrakter Form, ohne zu große Detailtiefe)[222] einschließlich einer Erläuterung des Beitrags dieser Kriterien zu Geschäftsstrategie und zur langfristigen Entwicklung der Gesellschaft, (5) Aufschubzeiten für die Auszahlung von Vergütungsbestandteilen, (6) Rückforderungsmöglichkeiten für variable Vergütungsbestandteile (Clawbacks), (7) Angaben zur aktienbasierten Vergütung einschließlich der einschlägigen Fristen (Wartefristen, Ausübungsfristen, Halte-/Sperrfristen),[223] (8) Angaben zu vergütungsbezogenen Rechtsgeschäften, (9) die Berücksichtigung der Vergütungs- und Beschäftigungsbedingungen der Arbeitnehmer sowie (10) das Verfahren zur Fest- und Umsetzung sowie zur Überprüfung des Vergütungssystems.

55 Um den relativen Anteil der variablen Vergütung anzugeben (Nr. 3), ist eine feste Kenngröße für den variablen Vergütungsanteil zu bestimmen und der Bezugspunkt dafür zu benennen, zB die zu erreichende variable Ziel- oder Maximalvergütung ins Verhältnis zur Festvergütung zu setzen.[224] Die nichtfinanziellen Leistungskriterien (Nr. 4) können auch die soziale Verantwortung der Gesellschaft betreffen.[225] Vergütungsbezogene Rechtsgeschäfte (Nr. 8) sind Rechtsgeschäfte, die die Begründung, Änderung oder Aufhebung der Vergütung oder von Vergütungsbestandteilen betreffen. Anzugeben sind ua Laufzeiten, Beendigungsvoraussetzungen (außerhalb der gesetzlichen Beendigungsmöglichkeiten, die als bekannt vorausgesetzt werden können), Entlassungsentschädigungen, also insbesondere Abfindungen einschließlich Change of Control-Abfindungen, sowie Hauptmerkmale der Ruhegehalts- und Vorruhestandsregelungen.[226]

56 **Materiell-inhaltliche Vorgaben** für einzelne Vergütungsbestandteile enthält § 87a AktG nicht. Auch müssen Vergütungsbestandteile, die in den Mindestangaben enthalten sind, nur dann zum Gegenstand des ausformulierten Vergütungssystems gemacht werden, wenn sie tatsächlich vorgesehen sind, § 87a Abs. 1 S. 2 AktG. Anders der Ansatz des Kodex, der in Empfehlung G.1 vorsieht, dass insbesondere die folgenden Inhalte zum Gegenstand des Vergütungssystems gemacht werden sollen: Art und Weise der Bestimmung der Ziel-Gesamtvergütung und Festlegung einer Maximalvergütung für jedes einzelne Vorstandsmitglied, Anteil der Festvergütung und der variablen Vergütung an der Ziel-Gesamtvergütung, finanzielle und nicht-finanzielle Leistungskriterien und deren Zusammenhang mit der variablen Vergütung sowie Form und Zeitpunkt der Verfügungsmöglichkeiten über gewährte variable Vergütungsbeträge.

57 Im Vergütungssystem ist gesetzlich zwingend eine **Maximalvergütung der Vorstandsmitglieder** *(cap)* festzulegen, § 87a Abs. 1 S. 2 Nr. 1 AktG. Diese wird vom Gesetzgeber nicht als Vergütungsbestandteil angesehen, der nur anzugeben ist, wenn er tatsächlich vorgesehen ist, sondern als zwingende strukturelle Festlegung.[227] Inhaltlich umfasst die Maximalvergütung alle Vergütungsbestandteile einschließlich Altersvorsorgebeiträgen und Nebenleistungen („Maximal-Gesamtvergütung"). Für die konkrete Ausgestaltung der Maxi-

---

[221] RegE ARUG II, Begründung, BT-Drs. 19/9739, 73; Hüffer/*Koch* AktG § 87a Rn. 3; *Needham*/*Mack*/*Müller* DB 2019, 1972 (1973).
[222] RegE ARUG II, Begründung, BT-Drs. 19/9739, 73; *Bursee*/*Schawilye* BOARD 2019, 101 (102).
[223] RegE ARUG II, Begründung, BT-Drs. 19/9739, 73.
[224] RegE ARUG II, Begründung, BT-Drs. 19/9739, 73; *Bursee*/*Schawilye* BOARD 2019, 101 (102).
[225] RegE ARUG II, Begründung, BT-Drs. 19/9739, 73.
[226] Näher RegE ARUG II, Begründung, BT-Drs. 19/9739, 73 f. siehe auch Hüffer/*Koch* AktG § 87a Rn. 9.
[227] Beschlussempfehlung und Bericht des Rechtsausschusses zum ARUG II, BT-Drs. 19/15153, 63.

malvergütung macht das Aktiengesetz keine weiteren Vorgaben. Der Aufsichtsrat ist insbesondere frei, eine Maximalvergütung für den Gesamtvorstand, für einzelne Gruppen von Vorstandsmitgliedern (zB Vorstandsvorsitzender getrennt von anderen Vorstandsmitgliedern) oder für jedes einzelne Vorstandsmitglied (oder jede einzelne Vorstandsfunktion) separat festzulegen.[228] Anders der DCGK, der in Empfehlung G.1 die Festlegung einer Maximalvergütung für jedes einzelne Vorstandsmitglied vorsieht. Das dürfte für die Praxis regelmäßig auch die empfehlenswerte Vorgehensweise sein. Dabei fordert der Kodex mittlerweile nur noch die Festlegung einer Höchstgrenze für die gesamte Vergütung des jeweiligen Vorstandsmitglieds und keine weiteren Caps für einzelne Vergütungsbestandteile.[229] Da die Festsetzung einer Maximalvergütung bereits vor ARUG II als Empfehlung im Kodex vorgesehen war (seit DCGK 2013, dort Ziffer 4.2.3 Abs. 2), war sie auch vor Einführung der gesetzlichen Verpflichtung weit verbreitet. Kein Äquivalent gab es hingegen vor ARUG II zur nunmehr in **§ 87 Abs. 4 AktG** vorgesehenen Möglichkeit, dass die **Hauptversammlung** die Maximalvergütung für das konkrete Vergütungssystem **herabsetzt.** Der Herabsetzungsbeschluss erfordert ein Tagesordnungsergänzungsverlangen nach § 122 Abs. 2 S. 1 AktG und kann mit einfacher Stimmenmehrheit (§ 133 AktG) gefasst werden. Er ist für den Aufsichtsrat **bindend** und geht einer Festlegung der Maximalvergütung im Vergütungssystem vor. Der Herabsetzungsbeschluss bezieht sich allerdings nur auf die Maximalvergütung, wie sie im Vergütungssystem angelegt ist; die inhaltliche Ausgestaltung der Maximalvergütung fällt damit weiterhin in die Zuständigkeit des Aufsichtsrats und kann durch die Hauptversammlung nicht geändert werden. Für zukünftige Vergütungssysteme gilt der Beschluss nicht.[230] Anders als die Beschlüsse der Hauptversammlung zum Vergütungssystem und Vergütungsbericht (dazu → Rn. 59 und 64) ist der Herabsetzungsbeschluss anfechtbar. Zum Herabsetzungsbeschluss der Hauptversammlung auch → § 35 Rn. 48.

Die **Hauptversammlung** hat nach § 120a Abs. 1 S. 1 AktG bei jeder wesentlichen **58** Änderung des Vergütungssystems, mindestens jedoch alle vier Jahre, über die **Billigung des** vom Aufsichtsrat vorgelegten **Vergütungssystems** zu beschließen (dazu auch → § 35 Rn. 46).[231] Die Vorlagekompetenz liegt ausschließlich beim Aufsichtsrat; die Vorlage ist nicht gegenantragsfähig.[232] Beschluss und Vergütungssystem sind für mindestens zehn Jahre auf der Internetseite der Gesellschaft kostenfrei öffentlich zugänglich zu halten (§ 120a Abs. 2 AktG). Ein das Vergütungssystem bestätigender Beschluss wird in § 120a Abs. 1 S. 4 AktG ausdrücklich für zulässig erklärt.

Der Hauptversammlungsbeschluss ist rechtlich nicht bindend (§ 120a Abs. 1 S. 2 AktG), **59** hat also lediglich **beratenden oder empfehlenden Charakter.** Er ist auch nicht anfechtbar (§ 120a Abs. 1 S. 3 AktG).[233] Obschon nicht ausdrücklich erwähnt, sind nach Sinn und Zweck auch Nichtigkeitsklagen ausgeschlossen.[234] Hat die **Hauptversammlung** das vorgelegte Vergütungssystem **nicht gebilligt,** ist spätestens in der nächsten ordentlichen Hauptversammlung ein überprüftes Vergütungssystem vorzulegen. „Überprüft" heißt nach der Gesetzesbegründung[235] nicht zwingend „überarbeitet". Hierin liegt das Risiko einer

---

[228] Beschlussempfehlung und Bericht des Rechtsausschusses zum ARUG II, BT-Drs. 19/15153, 63 f.; Hüffer/*Koch* AktG § 87a Rn. 5.
[229] Anders noch DCGK 2017 Ziffer 4.2.3 Abs. 2 S. 6; näher Hopt/*Leyens* ZGR 2019, 929 (975), Fn. 293.
[230] Beschlussempfehlung und Bericht des Rechtsausschusses zum ARUG II, BT-Drs. 19/15153, 63.
[231] Erstmalig ist dieser Beschluss bis zum Ablauf der ersten ordentlichen Hauptversammlung, die auf den 31.12.2020 folgt, zu fassen, § 26j Abs. 1 S. 1 EGAktG.
[232] RegE ARUG II, Begründung, BT-Drs. 19/9739, 92; Hüffer/*Koch* AktG § 120a Rn. 4; *Bachmann*/*Pauschinger* ZIP 2019, 1 (4); *Löbbe*/*Fischbach* AG 2019, 373 (378).
[233] RegE ARUG II, Begründung, BT-Drs. 19/9739, 74, 92.
[234] Ebenso Hüffer/*Koch* AktG §120a Rn. 6 (mit Ausnahme für kompetenzüberschreitende Beschlüsse) *Löbbe*/*Fischbach* AG 2019, 373 (378); aA *Bachmann*/*Pauschinger* ZIP 2019, 1 (6). Zu § 120 Abs. 4 AktG aF war die Frage ebenfalls streitig.
[235] RegE ARUG II, Begründung, BT-Drs. 19/9739, 93 f.

Abweichung von Art. 9a Abs. 3 der zweiten Aktionärsrechterichtlinie,[236] der in der deutschen Sprachfassung eine „überarbeitete Politik" verlangt (englisch „revised policy").[237] Für die Praxis steht zu erwarten, dass der Aufsichtsrat bei fehlender Billigung durch die Hauptversammlung regelmäßig eine Überarbeitung des Vergütungssystems vornehmen wird,[238] wie bereits in der Vergangenheit bei „Say-on-Pay"-Beschlüssen nach § 120 Abs. 4 AktG aF und aufgrund der Opposition von Stimmrechtsberatern und institutionellen Investoren. Bei Vorlage des überprüften Vergütungssystems muss dieses nach § 87a Abs. 2 S. 2 Nr. 11 AktG alle wesentlichen Änderungen erläutern und eine Übersicht enthalten, inwieweit Abstimmung und Äußerungen der Aktionäre berücksichtigt wurden.

60 b) **Vergütungsfestsetzung.** Der Aufsichtsrat muss die Vorstandsvergütung nach § 87a Abs. 2 S. 1 AktG grundsätzlich in Übereinstimmung mit einem der Hauptversammlung zur Billigung vorgelegten Vergütungssystem festsetzen, er bindet sich durch das von ihm formulierte Vergütungssystem also selbst.[239] Da nur ein der Hauptversammlung zur Billigung vorgelegtes Vergütungssystem Grundlage der konkreten Vergütungsfestsetzung sein kann, ist es nicht möglich, in der Hauptversammlung geäußerte Kritik der Aktionäre am Vergütungssystem unmittelbar zu berücksichtigen. Für die Vergütungsfestsetzung ist es nicht erforderlich, dass die Hauptversammlung das Vergütungssystem tatsächlich gebilligt hat. Bei dem Vergütungssystem, das der Aufsichtsrat der konkreten Vergütungsfestsetzung zugrunde legt, muss es sich auch nicht notwendigerweise um das letzte der Hauptversammlung zur Billigung vorgelegte Vergütungssystem handeln.[240] Die Auswahl hat der Aufsichtsrat im Einzelfall im Rahmen seiner Sorgfaltspflichten nach pflichtgemäßem Ermessen zu treffen.[241] Wurde das letzte vorgelegte Vergütungssystem gebilligt, soll dieses aber im Regelfall Grundlage der Vergütungsfestsetzung sein.[242] Generell empfiehlt es sich für die Praxis, auf das letzte von der Hauptversammlung gebilligte Vergütungssystem zurückzugreifen. Für den Aufsichtsrat bindend ist ein von der Hauptversammlung auf Antrag nach § 122 Abs. 2 S. 1 AktG gefasster Beschluss der Hauptversammlung, die Maximalvergütung für das konkrete Vergütungssystem nach § 87 Abs. 4 AktG herabzusetzen (näher → Rn. 57).

61 Der Aufsichtsrat darf von einem **Vergütungssystem** nur vorübergehend und nur in Sondersituationen **abweichen,** nämlich unter den Voraussetzungen des § 87a Abs. 2 S. 2 AktG. Dafür ist es erforderlich, dass die Abweichung im Interesse des langfristigen Wohlergehens der Gesellschaft notwendig ist – denkbar insbesondere in der Krise oder beim Einsatz eines Interim-Managers – und das Vergütungssystem das Verfahren des Abweichens sowie die Bestandteile, von denen abgewichen werden kann, benennt.[243] Die Möglichkeit der Abweichung besteht unter den Voraussetzungen des § 87a Abs. 2 S. 2 AktG auch für eine von der Hauptversammlung nach § 87 Abs. 4 AktG herabgesetzte Maximalvergütung.[244]

62 Folgt die Gesellschaft vollständig den **Empfehlungen des Kodex,** ist wie folgt vorzugehen: Auf Basis des Vergütungssystems wird für jedes Vorstandsmitglied zunächst die konkrete Ziel-Gesamtvergütung für das jeweils bevorstehende Geschäftsjahr unter Beachtung der

---

[236] Richtlinie (EU) 2017/828 des Europäischen Parlaments und des Rates vom 17.5.2017 zur Änderung der Richtlinie 2007/36/EG im Hinblick auf die Förderung der langfristigen Mitwirkung der Aktionäre (ABl. 2017 L 132, S. 1).

[237] Zu weiteren Sprachfassungen *Anzinger* ZGR 2019, 39 (82).

[238] Ebenso *Florstedt* ZIP 2020, 1 (2); *Löbbe/Fischbach* AG 2019, 373 (379); *Rieckers* BOARD 2019, 97 (98).

[239] RegE ARUG II, Begründung, BT-Drs. 19/9739, 72. Erstmalig ist die Vergütung auf dieser Grundlage bis zum Ablauf von zwei Monaten nach erstmaliger Billigung des Vergütungssystems durch die Hauptversammlung festzusetzen, § 26j Abs. 1 S. 2 EGAktG.

[240] Hüffer/*Koch* AktG § 87a Rn. 13; *Löbbe/Fischbach* AG 2019, 373 (379); die Richtlinienkonformität anzweifend *Bachmann/Pauschinger* ZIP 2019, 1 (5 f.).

[241] RegE ARUG II, Begründung, BT-Drs. 19/9739, 74 f., 92.

[242] RegE ARUG II, Begründung, BT-Drs. 19/9739, 92 f.

[243] Näher *Bachmann/Pauschinger* ZIP 2019, 1 (5); *Löbbe/Fischbach* AG 2019, 373 (380).

[244] Beschlussempfehlung und Bericht des Rechtsausschusses zum ARUG II, BT-Drs. 19/15153, 63.

Angemessenheitskriterien des § 87 Abs. 1 S. 1 AktG (→ Rn. 41 ff.) und der Empfehlungen G.3 und G.4 DCGK (→ Rn. 45) festgelegt (G.2 DCGK). Die konkrete Ziel-Gesamtvergütung unterstellt die vollständige Zielerreichung und umfasst sämtliche Vergütungsbestandteile (einschließlich Altersvorsorgebeiträgen/Dienstzeitaufwand nach IAS 19 sowie Nebenleistungen).[245] Zu achten ist darauf, dass der Anteil der variablen Vergütung, die sich aus dem Erreichen langfristig orientierter Ziele ergibt, den Anteil aus kurzfristig orientierten Zielen übersteigt (G.6 DCGK, → Rn. 51). Der Aufsichtsrat legt sodann für das bevorstehende Geschäftsjahr bei jedem Vorstandsmitglied für alle variablen Vergütungsbestandteile die Leistungskriterien fest; diese orientieren sich neben operativen vor allem an strategischen Zielsetzungen (G.7 Satz 1 DCGK). In diesem Zusammenhang ist auch zu bestimmen, in welchem Umfang individuelle Ziele oder Ziele für alle Vorstandsmitglieder zusammen maßgeblich sind (G.7 Satz 2 DCGK). Eine nachträgliche Änderung der Zielwerte oder der Vergleichsparameter ist ausgeschlossen (G.8 DCGK). Nach Ablauf des Geschäftsjahres legt der Aufsichtsrat die Höhe der individuell für das Jahr zu gewährenden Vergütungsbestandteile in Abhängigkeit der dem Grunde und der Höhe nach für die Aktionäre, die übrigen Stakeholder und die Öffentlichkeit nachvollziehbaren Zielerreichung fest (G.9 DCGK).[246] Nicht erforderlich ist es, dass die Erreichung der Ziele exakt messbar ist.[247] Die Zielwerte können ex post ausgewiesen werden, was der Geheimhaltung dient.[248] Variable Vergütungsbeträge werden vom Vorstand unter Berücksichtigung der jeweiligen Steuerbelastung überwiegend in Aktien der Gesellschaft angelegt oder entsprechend aktienbasiert gewährt, was virtuelle Aktienoptionsprogramme einschließt (zu Aktienoptionen → Rn. 70 ff., zu virtuellen Aktienoptionsprogrammen → Rn. 73). Über die langfristig variablen Gewährungsbeträge kann das Vorstandsmitglied erst nach vier Jahren verfügen (G.10 DCGK). Schließlich hat der Aufsichtsrat die Möglichkeit, außergewöhnlichen Entwicklungen in angemessenem Rahmen Rechnung zu tragen und eine variable Vergütung in begründeten Fällen einzubehalten oder zurückzufordern (Clawbacks, dazu → Rn. 74 f.), G.11 DCGK.

Auf **bestehende Anstellungsverträge** hat weder die erstmalige Einführung noch die 63 Änderung des Vergütungssystems nach § 87a AktG einen Einfluss. Auch ein Herabsetzungsbeschluss nach § 87 Abs. 4 AktG wirkt sich auf laufende Anstellungsverträge nicht aus.[249] Der Aufsichtsrat kann aber, sofern die AGB-rechtlichen Grenzen eingehalten sind, **einseitige Anpassungsvorbehalte** in die Anstellungsverträge aufnehmen, um auf künftige Änderungen des Vergütungssystems oder einen Herabsetzungsbeschluss reagieren zu können. Verpflichtet ist er dazu nicht. Dem Vorstandsmitglied dürfte im Fall eines einseitigen Anpassungsvorbehalts regelmäßig ein Sonderkündigungsrecht einzuräumen sein, das es bei nachteiligen Anpassungen ausüben kann.

c) Vergütungsbericht. Vorstand und Aufsichtsrat der börsennotierten Aktiengesellschaft 64 haben nach § 162 Abs. 1 S. 1 AktG jährlich einen klaren und verständlichen Bericht über die im letzten Geschäftsjahr jedem einzelnen gegenwärtigen oder früheren Mitglied des Vorstands von der Gesellschaft und von Unternehmen desselben Konzerns (§ 290 HGB) gewährte und geschuldete Vergütung zu erstellen (Vergütungsbericht), der vom Abschlussprüfer nach Maßgabe von § 162 Abs. 3 AktG in formeller Hinsicht zu prüfen ist.[250] Näher zum Inhalt des Vergütungsberichts → Rn. 158 ff. Die Hauptversammlung beschließt gemäß § 120a Abs. 4 AktG jährlich über die Billigung des Vergütungsberichts für das voraus-

---

[245] Begründung zu Empfehlungen G.1 und G.2 DCGK 2020; *Hüffer/Koch* AktG § 87a Rn. 12; *Zipperle/Beck* CB 2019, 317 (318).
[246] Siehe auch Begründung zu Empfehlung G.9 DCGK 2020.
[247] Begründung DCGK 2020, S. 3.
[248] Begründung zu Empfehlung G.9 DCGK 2020; *Hopt/Leyens* ZGR 2019, 929 (980), Fn. 323.
[249] Beschlussempfehlung und Bericht des Rechtsausschusses zum ARUG II, BT-Drs. 19/15153, 63; *Hüffer/Koch* AktG § 87 Rn. 66.
[250] Die Bestimmungen des § 162 AktG sind erstmals für das nach dem 31.12.2020 beginnende Geschäftsjahr anzuwenden, § 26j Abs. 2 S. 1 EGAktG.

gegangen Geschäftsjahr.²⁵¹ Wie bei der Billigung des Vergütungssystems (→ Rn. 59) ist dieser Hauptversammlungsbeschluss nicht anfechtbar (einschließlich Nichtigkeitsklagen) und rechtlich nicht bindend, hat also lediglich beratenden oder empfehlenden Charakter (§§ 120a Abs. 4 S. 2, Abs. 1 S. 2 und 3 AktG).²⁵² Bei börsennotierten kleinen und mittelgroßen Gesellschaften im Sinne von § 267 Abs. 1 und 2 HGB bedarf es keiner Beschlussfassung, wenn der Vergütungsbericht des letzten Geschäftsjahres als eigener Tagesordnungspunkt in der Hauptversammlung zur Erörterung vorgelegt wird. Bei der Größenklassifizierung ist die Regelung des § 267 Abs. 3 S. 2 HGB, nach der kapitalmarktorientierte Kapitalgesellschaften im Sinne von § 264d HGB stets als große Kapitalgesellschaften gelten, nicht anwendbar.²⁵³ Zur Beschlussfassung der Hauptversammlung auch → § 35 Rn. 49.

65 **6. Sondervorschriften für Finanzinstitute und Versicherungsunternehmen.** Sondervorschriften für die Vergütung von Vorstandsmitgliedern gelten für Finanzinstitute und Versicherungsunternehmen.²⁵⁴ Geregelt sind diese in § 25a Abs. 5, 6 KWG, § 25 VAG sowie in der Instituts-Vergütungsverordnung (InstitutsVergV) und der Versicherungs-Vergütungsverordnung (VersVergV). Eine weitere Konkretisierung erfolgt in Rundschreiben der BaFin. Außerdem hat die Europäische Bankenaufsichtsbehörde (EBA) Leitlinien für eine solide Vergütungspolitik veröffentlicht. Durch diese branchenspezifischen Spezialregime sollen Fehlanreize in Vergütungsstrukturen vermieden werden, die eine außergewöhnliche Risikonahme prämieren und damit als Bedrohung der Stabilität des Finanzsystems wahrgenommen werden.²⁵⁵ Die in der Literatur²⁵⁶ zum Teil vertretene entsprechende Heranziehung der InstitutsVergV auf Aktiengesellschaften aller Branchen schießt wegen ihres besonderen, auf Finanzinstitute bezogenen Schutzzwecks über das Ziel hinaus.²⁵⁷ Über die InstitutsVergV hinausgehende Sondervorschriften gelten bei Finanzinstituten, die Staatshilfe in Anspruch nehmen: Für Unternehmen, die Rekapitalisierungsmaßnahmen des Finanzmarktstabilisierungsfonds in Anspruch nehmen (§ 7 FMStFG), gilt in vielen Fällen eine gesetzliche Gehaltsobergrenze von 500.000 EUR, § 10 Abs. 2a, 2b FMStFG. Weitere Anforderungen, auch für Unternehmen, die anderweitige Stabilisierungsmaßnahmen in Anspruch nehmen, ergeben sich aus der Finanzmarktstabilisierungsfonds-Verordnung (FMStFV), insbesondere aus § 5 Abs. 2 Nr. 4 FMStFV.²⁵⁸

66 **7. Einzelne variable Vergütungsbestandteile. a) Tantiemen, Boni und Zielvereinbarungen.** Tantiemen sind variable, vom geschäftlichen Erfolg des Unternehmens abhängige Vergütungsbestandteile. In der Regel knüpfen diese an anerkannten Kennzahlen an, zB Jahresüberschuss, EBIT, EBITDA, ROCE (Return on Capital Employed), EVA (Economic Value Added), Gesamtkapitalrendite, Eigenkapitalrendite, Ergebnis je Aktie oder – im Einzelnen genau zu definierende – Cash-Flow-Kennzahlen.²⁵⁹ Ändert sich nachträglich die Bemessungsgrundlage für die Tantieme, zB durch Neufeststellung des Jahresabschlusses wegen Nichtigkeit des ursprünglich zugrunde gelegten, so ist die Tantieme durch den Aufsichtsrat mit der Folge möglicher Herabsetzungen oder Erhöhungen neu zu ermitteln.²⁶⁰

---

²⁵¹ Erstmalig bis zum Ablauf der ersten ordentlichen Hauptversammlung, gerechnet ab Beginn des zweiten Geschäftsjahres, das auf den 31.12.2020 folgt, § 26j Abs. 2 S. 3 EGAktG.
²⁵² RegE ARUG II, Begründung, BT-Drs. 19/9739, 94 Hüffer/*Koch* AktG § 120a Rn. 6, 10.
²⁵³ RegE ARUG II, Begründung, BT-Drs. 19/9739, 94.
²⁵⁴ Umfassend *Seyfarth*, Vorstandsrecht, § 5 Rn. 86 ff.
²⁵⁵ Einzelheiten bei *Merkelbach* WM 2014, 1990 ff. sowie *Friebel/Langenbucher* GWR 2011, 103 ff.; *Hemeling* ZHR 175 (2011), 368 (374 ff.).
²⁵⁶ *Wilsing/Paul* DB 2009, 1391.
²⁵⁷ Spindler/Stilz AktG/*Fleischer* § 87 Rn. 26; *Seibert* WM 2009, 1489.
²⁵⁸ Näher Spindler/Stilz AktG/*Fleischer* § 87 Rn. 6; *Seyfarth*, Vorstandsrecht, § 5 Rn. 57; Hölters/Weber AktG § 87 Rn. 3; *Poguntke* ZIP 2011, 893 (897 f.).
²⁵⁹ MüKoAktG/*Spindler* § 87 Rn. 100; *Seyfarth*, Vorstandsrecht, § 5 Rn. 100; *Hoffmann-Becking* ZHR 169 (2005), 155 (160).
²⁶⁰ OLG Düsseldorf GWR 2011, 326062.

§ 21 Anstellungsverhältnis der Vorstandsmitglieder

Im Einzelfall – häufig zB bei Startups – sind auch reine Umsatztantiemen, die ausschließlich auf Wachstum abstellen, als zulässig anzusehen.[261] In der Regel wird es sich aber anbieten, sie mit anderen Tantiemeformen zu kombinieren. Mindesttantiemen und Garantietantiemen, die unabhängig von der Erreichung bestimmter Ziele gezahlt werden, sind rechtlich Teil des Festgehalts und haben regelmäßig die Funktion, die Festbezüge in einen ruhegehaltsfähigen und einen bei der Bemessung des Ruhegehalts nicht zu berücksichtigenden Teil aufzuspalten.[262] Zulässig und in der heutigen Praxis weit verbreitet sind Zieltantiemen, die neben quantitativen Zielen qualitative Kriterien umfassen (zB Kunden- oder Mitarbeiterzufriedenheit, Realisierung bestimmter Projekte) und teilweise am konkreten Beitrag des Vorstandsmitglieds zur Zielerreichung anknüpfen.[263]

In der Praxis werden die für die Tantieme maßgeblichen Ziele häufig auf Basis der genehmigten Jahresplanung in einer **Zielvereinbarung** zwischen Aufsichtsrat und Vorstandsmitglied niedergelegt,[264] wobei die Ziele teilweise dynamisiert werden, so dass laufende Entwicklungen insbesondere der Peer Group Berücksichtigung finden. Im Rahmen der durch den Dienstvertrag und das AGB-Recht gezogenen Grenzen ist auch eine einseitige Zielfestlegung durch den Aufsichtsrat möglich.[265] Nicht zulässig ist es, die Vereinbarung oder Festlegung der Ziele auf einen Ausschuss zu delegieren; ein Ausschuss kann lediglich einen Vorschlag formulieren, der vom Plenum zu billigen ist.[266] Bei der Anknüpfung einer Tantieme an die Erreichung bestimmter Ziele ist darauf zu achten, dass der Aufsichtsrat nicht über die Vergütung mittelbar in die Geschäftsführungs- und Leitungsautonomie des Vorstands eingreift.[267] Solche Eingriffe stellen Kompetenzüberschreitungen des Aufsichtsrats dar (auch → Rn. 49). 67

Begrifflich werden Tantiemen zum Teil von **Boni** abgegrenzt.[268] § 87 AktG verwendet keinen dieser Begriffe, sondern spricht allgemein von „anreizorientierten Vergütungszusagen" und „variablen Vergütungsbestandteilen". In der Vertragspraxis sind beide Begriffe gebräuchlich und werden häufig synonym oder jedenfalls ohne erkennbare Abgrenzung verwendet. Insgesamt ist der Begriff „Bonus" eher für kurzfristige oder einmalige Erfolgsziele („Sonderbonus") gebräuchlich, ebenso für Vergütungen, die nicht vom Erfolg des Gesamtunternehmens abhängen, sondern von der Leistung des einzelnen Vorstandsmitglieds und auf Grundlage einer individuellen Zielvereinbarung gezahlt werden.[269] Bei börsennotierten Gesellschaften wird der Jahresbonus *(short term incentive)* häufig nur teilweise in bar, der Rest in Aktien mit mehrjährigen Haltepflichten ausgezahlt. 68

b) Ermessenstantiemen und nachträgliche Anerkennungsprämien. Keine grundsätzlichen Bedenken bestehen gegenüber anstellungsvertraglich vereinbarten Ermessenstantiemen, deren Gewährung und Höhe in das pflichtgemäße Ermessen des Aufsichtsrats gestellt sind.[270] Von solchen Ermessenstantiemen sind nachträgliche Anerkennungsprä- 69

---

[261] Ebenso K. Schmidt/Lutter AktG/*Seibt* § 87 Rn. 15; *Seyfarth,* Vorstandsrecht, § 5 Rn. 102; ähnlich KölnKommAktG/*Mertens/Cahn* § 87 Rn. 30; Spindler/Stilz AktG/*Fleischer* § 87 Rn. 45; großzügiger Hüffer/*Koch* AktG § 87 Rn. 5; aA *Fonk* NZG 2011, 321 (324 f.).

[262] BGH NJW-RR 1994, 1055 (1056); OLG Celle NZG 2008, 79 f.; LG Hannover ZIP 1983, 448 Hüffer/*Koch* AktG § 87a Rn. 5.

[263] KölnKommAktG/*Mertens/Cahn* § 87 Rn. 28; MüKoAktG/*Spindler* § 87 Rn. 100; Spindler/Stilz AktG/*Fleischer* § 87 Rn. 45; *Seyfarth,* Vorstandsrecht, § 5 Rn. 111; *Fonk* NZG 2011, 321 ff.

[264] *Seyfarth,* Vorstandsrecht, § 5 Rn. 103; siehe auch MüKoAktG/*Spindler* § 87 Rn. 100.

[265] *Seyfarth,* Vorstandsrecht, § 5 Rn. 103.

[266] *Hoffmann-Becking/Krieger* NZG-Beil. 26/2009, Rn. 70; *Fonk* FS Hoffmann-Becking, 2013, 347 (351).

[267] MüKoAktG/*Spindler* § 87 Rn. 82, 101; KölnKommAktG/*Mertens/Cahn* § 87 Rn. 28; *Fonk* NZG 2011, 321 (324 ff.); *Martens* FS Hüffer, 2010, 647 (660 ff.).

[268] Zum Beispiel bei *Melot de Beauregard/Schwimmbeck/Gleich* DB 2012, 2792 f.

[269] *Seyfarth,* Vorstandsrecht, § 5 Rn. 97.

[270] BGHSt 50, 331 (340) – Mannesmann; KölnKommAktG/*Mertens/Cahn* § 87 Rn. 29; *Seyfarth,* Vorstandsrecht, § 5 Rn. 112; *Hoffmann-Becking* ZHR 169 (2005), 155 (160 f.). Zur Ermessenstantieme vgl. BAG AG 2012, 290 ff. – Dresdner Bank.

mien zu unterscheiden. Bei diesen handelt es sich um Sonderzahlungen an (verbleibende oder ausscheidende) Vorstandsmitglieder als Dank für eine besonders erfolgreiche Amtsführung ohne anstellungsvertragliche Grundlage aufgrund eines ad hoc-Beschlusses des Aufsichtsrats.[271] Im Gegensatz zu Abfindungen geht es bei diesen Zahlungen nicht um die Abgeltung von vertraglichen Vergütungsansprüchen bei vorzeitiger Beendigung des Anstellungsvertrags. Die Gewährung einer solchen nachträglichen Anerkennungsprämie ist nach den Grundsätzen des Mannesmann-Urteils des 3. Strafsenats des BGH[272] nur zulässig, wenn sie dem Unternehmen zukunftsbezogenen Nutzen bringen kann, der in einem angemessenen Verhältnis zu der mit der Zahlung verbundenen Minderung des Vermögens der Gesellschaft steht. Fehlt es daran, stellt die Gewährung solcher sog. kompensationsloser Anerkennungsprämien nach Auffassung des BGH eine pflichtwidrige Verschwendung von Gesellschaftsvermögen dar.[273] Im gesellschaftsrechtlichen Schrifttum[274] ist die Auffassung des BGH ganz überwiegend auf Ablehnung gestoßen. Dort wird die Zulässigkeit nachträglicher Anerkennungsprämien angenommen, wenn das betroffene Vorstandsmitglied für das Unternehmen ganz außergewöhnliche Leistungen erbracht hat, die die ursprüngliche Vergütung als zu niedrig erscheinen lassen.[275] Der Aufsichtsrat hat bei seiner Entscheidung sowohl das Angemessenheitserfordernis des § 87 Abs. 1 AktG als auch die Erfordernisse des § 93 Abs. 1 S. 2 AktG zu beachten.[276] Die Praxis hat sich angesichts der Strafandrohung des § 266 StGB auf solche schwierigen Abwägungen nicht eingelassen und als Folge des Mannesmann-Urteils in großem Umfang Klauseln über die Gewährung von Anerkennungsprämien oder Ermessenstantiemen in die Anstellungsverträge aufgenommen.[277] In jüngerer Zeit finden sich in der Praxis allerdings wieder vermehrt Verträge, in denen auf derartige Klauseln verzichtet wird, was auch am Einfluss der Stimmrechtsberater und institutionellen Investoren liegt, die Elementen der *discretionary compensation* tendenziell skeptisch gegenüberstehen.

70 c) Aktienoptionen. Zu den Vergütungskomponenten zählt § 87 Abs. 1 S. 1 AktG ausdrücklich „anreizorientierte Vergütungszusagen wie zum Beispiel Aktienbezugsrechte". Aktienbezugsrechte gehören zu den langfristig variablen Vergütungsbestandteilen.[278] Sie stellen eine Fallgruppe der Aktienoptionen (Stock Options) dar, nämlich die Gewährung von Bezugsrechten an Vorstandsmitglieder nach § 192 Abs. 2 Nr. 3 AktG. Aktienoptionen können Vorstandsmitgliedern auch auf andere Weise eingeräumt werden, namentlich durch die Ausgabe von Wandel- oder Optionsanleihen nach § 221 Abs. 1 AktG,[279] durch Erwerb von durch Dritte emittierten Optionen auf Aktien der Gesellschaft (Programm-

---

[271] KölnKommAktG/*Mertens/Cahn* § 87 Rn. 32.
[272] BGHSt 50, 331 (336 ff.) – Mannesmann.
[273] BGHSt 50, 331 (336 ff.) – Mannesmann.
[274] Hüffer/*Koch* AktG § 87 Rn. 20; KölnKommAktG/*Mertens/Cahn* § 87 Rn. 35 f.; Spindler/Stilz AktG/*Fleischer* § 87 Rn. 50 f.; *Fonk* NZG 2005, 248 (249 ff.); *Hoffmann-Becking* NZG 2006, 127 ff.; *Spindler* ZIP 2006, 349 ff.; dem BGH zustimmend allerdings *Martens* ZHR 169 (2005), 124 (131 ff.); *Lutter* ZIP 2006, 733 (737).
[275] MüKoAktG/*Spindler* § 87 Rn. 121 f.; Spindler/Stilz AktG/*Fleischer* § 87 Rn. 50 f.; KölnKommAktG/*Mertens/Cahn* § 87 Rn. 36; *Fonk* NZG 2005, 248 (251).
[276] Ausführlich KölnKommAktG/*Mertens/Cahn* § 87 Rn. 36; Spindler/Stilz AktG/*Fleischer* § 87 Rn. 51.
[277] Hierzu *Bauer/Arnold* DB 2006, 546 (547 ff.) mit Formulierungsvorschlag. Siehe auch LG Essen BeckRS 2014, 22313.
[278] Hierzu ausführlich *Bors,* Erfolgs- und leistungsorientierte Vorstandsvergütung, 2006, S. 127 ff.; KölnKommAktG/*Mertens/Cahn* § 87 Rn. 37 ff.; MüKoAktG/*Spindler* § 87 Rn. 98, 106; *Martens* FS Ulmer, 2003, 399 ff.; *Hoffmann-Becking* NZG 1999, 797 (801 ff.).
[279] Bürgers/Körber AktG/*Marsch-Barner* § 192 Rn. 7a; MüKoAktG/*Fuchs* § 192 Rn. 78; Spindler/Stilz AktG/*Rieckers* § 192 Rn. 39, 52; HdB börsennotierte AG/*Holzborn* Rn. 53.49; *Seyfarth,* Vorstandsrecht, § 5 Rn. 133; *Weiß* WM 1999, 353 (354); siehe auch RegE KonTraG, Begründung, BT-Drs. 13/9712, 23.

kauf/„Stuttgarter Modell")²⁸⁰ oder als virtuelle Aktienoptionen (→ Rn. 73). Statt eines bedingten Kapitals können zur Absicherung eines Optionsprogramms auch eigene Aktien verwendet werden, die die Gesellschaft nach § 71 Abs. 1 Nr. 8 AktG erwirbt.²⁸¹ Die theoretisch ebenfalls mögliche Bedienung von Aktienoptionen aus genehmigtem Kapital ist wegen der damit verbundenen Komplexität und anderer Nachteile in der Praxis kaum anzutreffen.²⁸²

Werden Aktienbezugsrechte (§ 192 Abs. 2 Nr. 3 AktG) gewährt, entscheidet die **71 Hauptversammlung** nach § 193 Abs. 2 Nr. 4 AktG nicht nur über die Einführung des Aktienoptionsplans, sondern auch über den Umfang, in dem Vorstandsmitglieder die Teilnahme daran erlaubt werden kann, sowie über bestimmte Eckpunkte der Ausgestaltung.²⁸³ Wegen der Bezugnahme auf § 193 Abs. 2 Nr. 4 AktG in § 71 Abs. 1 Nr. 8 und in § 221 Abs. 4 S. 2 AktG gilt dies auch, wenn im Rahmen des Plans Wandel- oder Optionsanleihen ausgegeben oder eigene Aktien verwendet werden. Soweit keine Zuständigkeit der Hauptversammlung besteht, ist ausschließlich der **Aufsichtsrat** für die Ausgestaltung des Plans und die Zuteilung an die Vorstandsmitglieder oder einzelne von ihnen zuständig und hat darüber nach Maßgabe von § 87 Abs. 1 AktG zu entscheiden.²⁸⁴

Aktienoptionspläne gibt es in sehr unterschiedlichen Ausgestaltungen. Als Komponente **72** der Vorstandsvergütung müssen sie sich an das **Angemessenheitsgebot** von § 87 Abs. 1 AktG halten.²⁸⁵ Maßgeblich sind also auch insoweit die vorstehend in → Rn. 41 ff. aufgeführten Kriterien, namentlich die Aufgaben und Leistungen des Vorstandsmitglieds, die Lage der Gesellschaft, die Üblichkeit der Vergütung sowie die nachhaltige und langfristige Entwicklung der Gesellschaft. Die Vorgaben zur Mehrjährigkeit werden durch § 192 Abs. 2 Nr. 4 AktG verschärft, indem eine Wartezeit für die erstmalige Ausübung von mindestens vier Jahren vorgeschrieben wird. Von besonderer Bedeutung für Aktienoptionspläne sind die Begrenzung für außerordentliche Entwicklungen nach § 87 Abs. 1 S. 3 AktG (→ Rn. 52)²⁸⁶ sowie Empfehlungen G.10 und G.11 DCGK (→ Rn. 62, 74 f.). Soweit Aktienoptionen einen nicht nur unwesentlichen Teil der Gesamtvergütung ausmachen, darf die Ausübung der Optionen nicht ausschließlich von der **Entwicklung des Börsenkurses der Gesellschaft** abhängen, da dieser die Lage der Gesellschaft allein nicht immer angemessen reflektiert (und auch keines der übrigen Kriterien des § 87 Abs. 1 AktG).²⁸⁷ Der Aufsichtsrat ist gut beraten, im Anstellungsvertrag dafür Sorge zu tragen, dass die Vorstandsmitglieder zur Absicherung ihrer Aktienoptionen kein **Hedging** vornehmen, da das Hedging die Anreizfunktion der Aktienoptionen gefährdet.²⁸⁸ Richtigerweise folgt ein solches Hedging-Verbot allerdings auch ohne anstellungsvertragliche Regelung aus der

---

²⁸⁰ Dazu ausführlich Kessler/Sauter/HdB Stock Options/*Kessler/Suchan* Rn. 655 ff.; MüKoAktG/ *Fuchs* § 192 Rn. 84; Spindler/Stilz AktG/*Rieckers* § 192 Rn. 56.
²⁸¹ Hüffer/*Koch* AktG § 71 Rn. 19g; MüKoAktG/*Fuchs* § 192 Rn. 81 ff.; Spindler/Stilz AktG/ *Rieckers* § 192 Rn. 54 f.; *Weiß* WM 1999, 353 (360).
²⁸² Näher Spindler/Stilz AktG/*Rieckers* § 192 Rn. 53; siehe auch *Hüffer* ZHR 161 (1997), 214 (221).
²⁸³ MüKoAktG/*Spindler* § 87 Rn. 104; KölnKommAktG/*Mertens/Cahn* § 87 Rn. 42, Hüffer /*Koch* AktG § 87 Rn. 41.
²⁸⁴ OLG München AG 2003, 164 (165); KölnKommAktG/*Mertens/Cahn* § 87 Rn. 40 f.; Hüffer/ *Koch* AktG § 87 Rn. 41.
²⁸⁵ MüKoAktG/*Spindler* § 87 Rn. 106; KölnKommAktG/*Mertens/Cahn* § 87 Rn. 40 f.
²⁸⁶ MüKoAktG/*Spindler* § 87 Rn. 108; Semler/v. Schenck AR-HdB/*Fonk* 10 Rn. 135.
²⁸⁷ Bürgers/Körber AktG/*Bürgers* § 87 Rn. 12; MüKoAktG/*Spindler* § 87 Rn. 106; Hüffer/*Koch* AktG § 87 Rn. 41; *Hüffer* ZHR 161 (1997), 214 (219, 235); in diese Richtung auch *Baums* FS Claussen, 1997, 3 (11 ff.); aA, aber auf die Probleme hinweisend GroßkommAktG/*Kort* § 87 Rn. 218; *Seyfarth*, Vorstandsrecht, § 5 Rn. 140.
²⁸⁸ MüKoAktG/*Spindler* § 87 Rn. 115; KölnKommAktG/*Mertens/Cahn* § 87 Rn. 68; Grigoleit/ *Rieder/Holzmann* § 193 Rn. 17; GroßkommAktG/*Kort* § 87 Rn. 241 ff.; Spindler/Stilz AktG/*Rieckers* § 193 Rn. 18a; *Baums* FS Claussen, 1997, 3 (17 f.).

organschaftlichen Treuepflicht.[289] In der Regel weniger problematisch ist das basket hedging, durch das das Branchenrisiko neutralisiert wird.[290]

73 In der Praxis finden sich verbreitet **virtuelle Aktienoptionsprogramme**. Dabei dominieren zwei Gestaltungsformen: Stock Appreciation Rights und Phantom Stocks. **Stock Appreciation Rights (SAR)** sind Wertsteigerungsrechte (virtuelle Optionen), die einen Zahlungsanspruch, nicht jedoch einen Anspruch auf Lieferung von Aktien begründen.[291] Die Höhe des Anspruchs bestimmt sich regelmäßig nach der Differenz zwischen einem vorab festgesetzten Basispreis und dem Börsenkurs zum Zeitpunkt der Ausübung.[292] **Phantom Stocks** hingegen sind in der Regel als vollständige schuldrechtliche Nachbildungen von Aktien ausgestaltet (virtuelle Aktien). Der Begünstigte profitiert dann nicht nur von der Wertsteigerung, sondern erhält auch Dividenden und partizipiert wirtschaftlich an Bezugsrechten.[293] Häufig ist bei Phantom Stocks ein Ausgabepreis zu zahlen, der zumeist unterhalb des aktuellen Börsenkurses liegt.[294] Ein wesentlicher Vorteil virtueller Aktienoptionsprogramme liegt darin, dass ein Hauptversammlungsbeschluss nach ganz hM entbehrlich ist.[295] Hauptnachteil für die Gesellschaft ist die bei Auszahlung entstehende Liquiditätsbelastung. Von Optionsprogrammen zu unterscheiden sind **Restricted Shares**. Bei diesen erhalten die Vorstandsmitglieder keine Bezugsrechte, sondern Aktien, die einer mehrjährigen Veräußerungssperre unterliegen.[296] Die Zuteilung der Aktien und die Veräußerungsmöglichkeit sind unabhängig von Zielerreichungen. Neben dieser Grundform bestehen zahlreiche Varianten, zB die Gewährung nach mehrjähriger Wartefrist mit sofortiger Veräußerungsmöglichkeit, die zu einer anderen steuerlichen Behandlung führt.[297]

74 d) Clawbacks. Clawback-Klauseln in Anstellungsverträgen mit Vorstandsmitgliedern geben der Gesellschaft einen vertraglichen Anspruch, bei im Anstellungsvertrag festgelegten negativen Ereignissen bereits ausgezahlte variable Vergütungsbestandteile zurückzufordern.[298] Clawbacks sind seit ARUG II in den richtlinienbasierten Regelungen des § 87a Abs. 1 S. 2 Nr. 4 AktG und des § 162 Abs. 1 S. 2 Nr. 5 AktG als „Möglichkeiten der Gesellschaft, variable Vergütungsbestandteile zurückzufordern" ausdrücklich angesprochen. Ihre grundsätzliche aktienrechtliche Zulässigkeit wird vom Gesetzgeber

---

[289] GroßKommAktG/*Kort* § 87 Rn. 241; MüKoAktG/*Spindler* § 87 Rn. 115; in diese Richtung auch Hüffer/*Koch* AktG § 193 Rn. 7 und Spindler/Stilz AktG/*Fleischer* § 87 Rn. 43 („gute Gründe"); aA *Thüsing* ZGR 2003, 457 (500); kritisch auch Spindler/Stilz AktG/*Rieckers* § 193 Rn. 18a.

[290] GroßKommAktG/*Kort* § 87 Rn. 191; Spindler/Stilz AktG/*Rieckers* § 193 Rn. 18a; kritisch MüKoAktG/*Spindler* § 87 Rn. 115 Fn. 484.

[291] GroßKommAktG/*Kort* § 87 Rn. 247; Kessler/Sauter/HdB Stock Options/*Suchan/Baumunk* Rn. 680.

[292] KölnKommAktG/*Mertens/Cahn* § 87 Rn. 79; Spindler/Stilz AktG/*Rieckers* § 192 Rn. 57; Kessler/Sauter/HdB Stock Options/*Suchan/Baumunk* Rn. 681; *Hoffmann-Becking* NZG 1999, 797 (801).

[293] KölnKommAktG/*Mertens/Cahn* § 87 Rn. 79; Kessler/Sauter/HdB Stock Options/*Suchan/Baumunk* Rn. 777; *Pellens/Crasselt* in Pellens, Unternehmenswertorientierte Entlohnungssysteme, 1998, S. 125, 130 f.; *Hoffmann-Becking* NZG 1999, 797 (801).

[294] Spindler/Stilz AktG/*Rieckers* § 192 Rn. 57.

[295] OLG München ZIP 2008, 1237 (1240) – RWE Energy; Bürgers/Körber AktG/*Bürgers* § 87 Rn. 12; GroßKommAktG/*Kort* § 87 Rn. 247; KölnKommAktG/*Mertens/Cahn* § 87 Rn. 80; Spindler/Stilz AktG/*Rieckers* § 192 Rn. 57; *Seyfarth*, Vorstandsrecht, § 5 Rn. 152; → § 64 Rn. 134; kritisch, im Ergebnis aber zustimmend GroßKommAktG/*Frey* § 192 Rn. 108; aA MüKoAktG/*Fuchs* § 192 Rn. 86, der virtuelle Aktienoptionen als zustimmungsbedürftige Ausgabe von Genussrechten einordnet.

[296] GroßKommAktG/*Kort* § 87 Rn. 246; Hüffer/*Koch* AktG § 87 Rn. 43; Kessler/Sauter/HdB Stock Options/*Kessler/Babel* Rn. 95; ausführlich zur Gestaltung eines Programms *Krieger/S.H. Schneider* FS Hellwig, 2010, 181.

[297] Kessler/Sauter/HdB Stock Options/*Kessler/Babel* Rn. 99.

[298] Ähnliche Definition bei *Seyfarth* WM 2019, 569 (570).

§ 21 Anstellungsverhältnis der Vorstandsmitglieder

vorausgesetzt;[299] Bedenken dagegen bestehen nicht.[300] Auch der Kodex enthält in G.11 Satz 2 die Empfehlung, dass in begründeten Fällen die Möglichkeit bestehen soll, eine variable Vergütung zurückzufordern. Zu unterscheiden sind Clawbacks von der ebenfalls in G.11 Satz 2 DCGK empfohlenen Möglichkeit, eine noch nicht ausgezahlte variable Vergütung in begründeten Fällen einzubehalten (Bonus-Malus-Regelung).[301] Clawbacks sind weiter von Haftungsansprüchen (zB aus § 93 Abs. 2 AktG) abzugrenzen. Anders als diese sind jene regelmäßig verschuldensunabhängig ausgestaltet, nicht über die D&O-Versicherung versicherbar und setzen keinen materiellen Schaden der Gesellschaft voraus, können also zB auch reine Reputationsschäden sanktionieren.[302] Während Clawbacks noch vor einiger Zeit außerhalb der Finanzbranche[303] unüblich waren, hat die Verwendung in jüngerer Zeit erheblich zugenommen.[304] Der Rückforderungsanspruch der Gesellschaft wird in der Regel von einer nach pflichtgemäßem Ermessen zu treffenden Rückforderungsentscheidung des Aufsichtsrats abhängig gemacht.[305]

Clawbacks lassen sich nach der Definition des sie auslösenden negativen Ereignisses grob in zwei Kategorien einteilen: Zum einen kann das negative Ereignis das Verfehlen wirtschaftlicher Ziele sein. In diese erste Kategorie, auch *performance clawback* genannt, gehört die in der Praxis häufiger anzutreffende ausdrückliche Vereinbarung, dass variable Vergütungsbestandteile zurückzuzahlen sind, wenn die Informationsgrundlage, die zunächst zur Annahme der Zielerreichung geführt hat, sich nachträglich als falsch herausstellen sollte.[306] Von diesem Sonderfall abgesehen, ist es aus Sicht der Gesellschaft in der Regel zweckmäßiger, keine zielbezogenen Clawbacks zu vereinbaren, sondern bei den Auszahlungsbedingungen für variable Vergütungsbestandteile anzusetzen und im Vertrag entsprechende Aufschub- und Bonus-Malus-Regelungen vorzusehen. Die zweite Kategorie von Clawback-Klauseln, auch *compliance clawback* genannt, setzt an einem Fehlverhalten des Vorstandsmitglieds im Referenzzeitraum an, zB an wesentlichen Sorgfaltspflichtverletzungen oder schwerwiegenden Verstößen gegen Gesetze, interne Richtlinien oder Verhaltenskodices.[307] Sie stellt den eigentlichen Anwendungsfall für Clawback-Regelungen dar. AGB-rechtlich sind solche Klauseln im Hinblick auf das Transparenzgebot (§ 307 Abs. 1 S. 2 BGB) und die Benachteiligungskontrolle (§ 307 Abs. 1, 2 BGB) jeweils genau zu prüfen, werden sich aber häufig wirksam vereinbaren lassen.[308] Keine Probleme bestehen hinsichtlich des Klauselverbots des

---

[299] RegE ARUG II, Begründung, BT-Drs. 19/9739, 73; zur Voraussetzung auch in der 2. ARRL *Gaul* AG 2017, 178 (183).
[300] GroßKommAktG/*Kort* § 87 Rn. 134; Hüffer/*Koch* AktG § 87 Rn. 31; *Schockenhoff/Nußbaum* AG 2018, 813 (815); *Seyfarth* WM 2019, 569 (571 f.); kritisch *Ihrig/Wandt/Wittgens* Beil. ZIP 40/2012, 1 (12).
[301] Dazu *Hohenstatt/Kuhnke* ZIP 2009, 1981 (1984 f.); *Seyfarth* WM 2019, 569 (570).
[302] Ähnlich *Seyfarth* WM 2019, 569 (570).
[303] Bei Aktiengesellschaften, die unter die Institutsvergütungsverordnung fallen, sind Clawbacks Pflicht, § 20 Abs. 6 iVm § 18 Abs. 5 S. 3 Nr. 1, 2 InstitutsVergV.
[304] Laut Vergütungsberichten 2018 hat ein gutes Drittel der DAX-Unternehmen Clawbacks eingeführt oder deren Einführung konkret angekündigt. Nicht mitgezählt sind dabei Gestaltungen, die in den Vergütungsberichten zwar als Clawbacks bezeichnet werden, aber keine Clawbacks im oben genannten Sinne sind, zB Bonus-Malus-Regelungen oder bloße Hinweise auf das Herabsetzungsrecht aus § 87 Abs. 2 AktG. Siehe auch *Needham/Mack/Müller* DB 2019, 1972 (1976); *Poelzig* NZG 2020, 41 (42).
[305] *Seyfarth* WM 2019, 569 (570).
[306] *Seyfarth* WM 2019, 569 (571). In der Regel besteht in diesen Fällen allerdings schon ein Bereicherungsanspruch, näher *Hohenstatt/Seibt* ZIP 2019, 11 (18); *Poelzig* NZG 2020, 41 (45); *Schockenhoff/Nußbaum* AG 2018, 813 (819). Auch → Rn. 66.
[307] *Hohenstatt/Seibt* ZIP 2019, 11 (18); *Schockenhoff/Nußbaum* AG 2018, 813 (819); *Seyfarth* WM 2019, 569 (571).
[308] AA *Raitzsch* ZIP 2019, 104 (108 f.) („immens schwierig"); *Seyfarth* WM 2019, 569 (573 ff.) („hoch problematisch"); großzügiger *Habersack* NZG 2018, 127 (133) („Angemessenheit iSd § 307 BGB dürfte – jedenfalls im Grundsatz und vorbehaltlich der Ausgestaltung der Klausel im Einzelnen –

§ 309 Nr. 6 BGB, da zwischen Clawbacks und den in dieser Vorschrift angesprochenen Vertragsstrafen erhebliche Unterschiede bestehen.[309] Auch sind Clawbacks angesichts der sie betreffenden aktienrechtlichen Regelungen und der zunehmenden Verbreitung nicht als überraschende Klauseln iSd § 305c Abs. 1 BGB anzusehen.[310]

76 **8. Abfindungen. a) Ablösende und zusätzliche Abfindungen.** Für den Fall einer Beendigung der Bestellung als Vorstandsmitglied vor Ablauf des Anstellungsvertrags wird häufig die Zahlung einer Abfindung vereinbart. Dabei ist zu differenzieren zwischen der Abgeltung bestehender Ansprüche für die Restlaufzeit des Vertrags („ablösende Abfindung") und darüber hinausgehenden Zahlungen, auch „zusätzliche Abfindung", „echte Abfindung" oder „Abfindung im engeren Sinne" genannt.[311] Gegen die Vereinbarung einer ablösenden Abfindung bestehen aus Rechtsgründen keine grundsätzlichen Bedenken, da das vorzeitig ausscheidende Vorstandsmitglied Anspruch auf seine Bezüge bis zum regulären Ablauf des Anstellungsvertrags hat, sofern nicht ein wichtiger Grund zur Kündigung vorliegt.[312] Die Zulässigkeit einer zusätzlichen Abfindung ist deutlich schwieriger zu beurteilen. Nicht von entscheidender Bedeutung ist dabei, ob der Prüfungsmaßstab für die Höhe der Abfindung das Angemessenheitsgebot des § 87 Abs. 1 AktG ist,[313] ob der Aufsichtsrat sich am allgemeinen Sorgfaltsmaßstab der §§ 116 S. 1, 93 AktG zu orientieren hat[314] oder ob beide Maßstäbe kumulativ heranzuziehen sind.[315]

77 Im Einzelnen lassen sich folgende Szenarien unterscheiden: (1) Liegt ein wichtiger Grund zur Kündigung des Anstellungsvertrags vor, darf der Aufsichtsrat bei klarer Rechtslage überhaupt keine Abfindung zahlen.[316] Ist das Vorliegen eines wichtigen Grunds zur Kündigung zwar wahrscheinlich, aber nicht eindeutig, kann in moderatem Umfang eine Abgeltung bestehender Ansprüche erfolgen, sofern dies im Unternehmensinteresse liegt, namentlich weil dadurch eine streitige Auseinandersetzung vermieden wird. (2) Liegt zwar ein wichtiger Grund zum Widerruf der Bestellung, nicht aber zur Kündigung des Anstellungsvertrags vor, hat der Aufsichtsrat die künftig entstehenden Vergütungsansprüche grundsätzlich abzugelten. Bewertungsfragen stellen sich dann unter anderem bei der Ermittlung der Höhe der künftigen variablen Vergütungsbestandteile,[317] bei der fiktiven Anrechnung anderweitigen Verdienstes gemäß § 615 S. 2 BGB für denkbare anderweitige Verwendung der Arbeitskraft bis zum regulären Ablauf des Anstellungsvertrags, bei der Höhe der Abzinsung sowie bei der Abgeltung vermögenswerter Sachleistungen.[318] Eine uneingeschränkte Abfindung der kumulierten künftigen Vergütungsansprüche ohne Berücksichtigung einer Anrechnung anderweitigen Verdienstes und einer angemessenen Abzinsung ist

---

nicht zu bezweifeln sein"); auch *Schockenhoff/Nußbaum* AG 2018, 813 (816), allerdings ohne speziell auf verhaltensbezogene Clawbacks einzugehen. Ausführlich *Poelzig* NZG 2020, 41 (47 f.). Allgemein zur AGB-Kontrolle von Vorstandsverträgen → Rn. 15.

[309] Ebenso *Seyfarth* WM 2019, 569 (572); aA für *complicance clawback Poelzig* NZG 2020, 41 (45 f.).

[310] Ebenso *Poelzig* NZG 2020, 41 (47). Zurückhaltend noch *Seyfarth* WM 2019, 569 (573).

[311] GroßkommAktG/*Kort* § 87 Rn. 287; *Seyfarth*, Vorstandsrecht, § 21 Rn. 18 f.

[312] K. Schmidt/Lutter AktG/*Seibt* § 87 Rn. 14; KölnKommAktG/*Mertens*/*Cahn* § 87 Rn. 83; Spindler/Stilz AktG/*Fleischer* § 87 Rn. 46; *Hoffmann-Becking* ZHR 169 (2005), 155 (168); *Lutter* ZIP 2006, 733 (737).

[313] So MüKoAktG/*Spindler* § 87 Rn. 155.

[314] So KölnKommAktG/*Mertens*/*Cahn* § 87 Rn. 83; K. Schmidt/Lutter AktG/*Seibt* § 87 Rn. 14; *Hoffmann-Becking* ZHR 169 (2005), 155 (169); *ders.* ZIP 2007, 2101 (2104).

[315] So im Ergebnis *Seyfarth*, Vorstandsrecht, § 21 Rn. 37 ff.

[316] Abweichend *Seyfarth*, Vorstandsrecht, § 21 Rn. 38, der auch in diesem Fall eine moderate Abgeltung bestehender Verpflichtungen für zulässig erachtet.

[317] Dazu ausführlich *Seyfarth*, Vorstandsrecht, § 21 Rn. 49 f.

[318] Vgl. KölnKommAktG/*Mertens*/*Cahn* § 87 Rn. 83; Semler/v. Schenck AR-HdB/*Fonk* § 10 Rn. 357.

nur in seltenen Ausnahmefällen zulässig.[319] Das gilt auch für die Zahlung einer zusätzlichen Abfindung. (3) Liegt nicht einmal ein wichtiger Grund zum Widerruf der Bestellung vor, kann auch die Zahlung einer zusätzlichen Abfindung angemessen und zulässig sein, um die Einwilligung des Vorstandsmitglieds in die Beendigung seiner Organstellung zu erreichen.[320]

Bei börsennotierten oder iSd § 161 Abs. 1 S. 2 AktG kapitalmarktorientierten Gesellschaften soll die Auszahlung noch offener variabler Vergütungsbestandteile, die auf die Zeit bis zur Vertragsbeendigung entfallen, nach den ursprünglich vereinbarten Zielen und Vergleichsparametern und den im Vertrag festgelegten Fälligkeitszeitpunkten oder Haltedauern erfolgen (Empfehlung G.12 DCGK). Die Vertragsbeendigung soll also keinen Einfluss auf die Bemessung und die Fälligkeit der variablen Vergütung haben. Nach Empfehlung G.13 Satz 1 DCGK soll der Aufsichtsrat bei Abschluss von Anstellungsverträgen darauf achten, dass Zahlungen an ein Vorstandsmitglied bei vorzeitiger Beendigung der Vorstandstätigkeit ohne wichtigen Grund einschließlich Nebenleistungen den Wert von zwei Jahresvergütungen nicht überschreiten (**Abfindungs-Cap**) und nicht mehr als die Restlaufzeit des Anstellungsvertrags vergüten. Für die Berechnung des Abfindungs-Caps ist auf die Gesamtvergütung des abgelaufenen Geschäftsjahres und gegebenenfalls auf die voraussichtliche Gesamtvergütung für das laufende Geschäftsjahr abzustellen.[321] In der Praxis wird die Empfehlung des DCGK regelmäßig durch eine **modifizierte Koppelungsklausel** umgesetzt. Bei einer modifizierten Koppelungsklausel endet das Anstellungsverhältnis mit der Beendigung der Bestellung, wobei das Vorstandsmitglied zur Abgeltung seiner Restbezüge eine Abfindung in Höhe von zwei Jahresvergütungen erhält, jedoch nicht mehr als die Restlaufzeit des Vertrags.[322] In dieser Konstellation ist die Einhaltung der Kündigungsfristen analog § 622 Abs. 2 BGB – anders als bei reinen Koppelungsklauseln (→ Rn. 29) – nach dem Schutzzweck der Norm entbehrlich.[323] Eine Abfindungszahlung soll nach Empfehlung G.13 Satz 2 DCGK auf eine etwaige Karenzentschädigung aus einem nachvertraglichen Wettbewerbsverbot angerechnet werden (zur Karenzentschädigung → Rn. 122).

b) Change of Control-Klauseln. Typische Change of Control-Klauseln sind anstellungsvertragliche Regelungen, die Vorstandsmitgliedern für den Fall des Kontrollwechsels (Change of Control) ein befristetes Sonderkündigungsrecht einräumen und für den Fall der Ausübung des Sonderkündigungsrechts finanzielle Leistungen gewähren, insbesondere eine Abfindung für die vorzeitige Beendigung des Anstellungsvertrags.[324] Change of Control-Klauseln dienen zum einen der ex-ante-Absicherung des Vorstandsmitglieds, das sein Amt in Ansehung einer bestimmten Aktionärsstruktur antritt. Sie sollen zum anderen die Unabhängigkeit der Vorstandsmitglieder in der Übernahmesituation fördern und dazu beitragen, dass das Vorstandsmitglied sich bei seinen Entscheidungen ausschließlich am Unternehmensinteresse orientiert, ohne sich Sorgen um persönliche wirtschaftliche Nachteile machen zu müssen.[325] Nach hM bestehen gegen Change of Control-Klauseln keine grund-

---

[319] K. Schmidt/Lutter AktG/*Seibt* § 87 Rn. 14; *Fonk* NZG 2005, 248 (249); *Seyfarth*, Vorstandsrecht, § 21 Rn. 39; *Hoffmann-Becking* ZHR 169 (2005), 155 (169); *Liebers/Hoefs* ZIP 2004, 97 (101); aA *Martens* ZHR 169 (2005), 124 (141) (keine Abfindung über Barwert).
[320] Näher *Seyfarth*, Vorstandsrecht, § 21 Rn. 40.
[321] Begründung zu Empfehlung G.13 DCGK 2020.
[322] *Hoffmann-Becking* ZIP 2007, 2101 (2106); *Seyfarth*, Vorstandsrecht, § 20 Rn. 7, § 21 Rn. 43.
[323] *Seyfarth*, Vorstandsrecht, § 20 Rn. 7, § 21 Rn. 43; ähnlich Beck'sches Formularbuch Bürgerliches, Handels- und Wirtschaftsrecht/*Hoffmann-Becking/Berger*, 13. Aufl. 2019, Form. X.13 Anm. 21.
[324] Siehe zB den Sachverhalt von OLG München AG 2012, 260 ff. sowie GroßkommAktG/*Kort* § 87 Rn. 318 ff.; KölnKommAktG/*Mertens/Cahn* § 87 Rn. 85 f.; Hüffer/*Koch* AktG § 87 Rn. 23; *Hoffmann-Becking* ZIP 2007, 2101 (2103 f.); *Ziemons* FS U. Huber, 2006, 1035 (1036 ff.). Ausführlich *Bork*, Change of Control-Klauseln in Anstellungsverträgen von Vorstandsmitgliedern, 2009.
[325] GroßkommAktG/*Kort* § 87 Rn. 314; Hüffer/*Koch* AktG § 87 Rn. 23; KölnKommAktG/*Mertens/Cahn* § 87 Rn. 85; *Seyfarth*, Vorstandsrecht, § 20 Rn. 63; *Hoffmann-Becking* ZHR 169 (2005), 155 (170).

§ 21   80

sätzlichen aktienrechtlichen Bedenken.[326] Allerding hat der Umfang der durch die Klausel zugesagten Leistungen uneingeschränkt dem Angemessenheitserfordernis des § 87 Abs. 1 AktG zu entsprechen.[327] Übernahmerechtlich ist zudem § 33 WpÜG zu beachten.[328] Zuständig für die Vereinbarung von Change of Control-Klauseln ist ausschließlich der Aufsichtsrat und dort das Plenum (§ 107 Abs. 3 S. 4 AktG).[329] Change of Control-Klauseln in Business Combination Agreements oder sonstigen Vereinbarungen sind daher nur wirksam, wenn der Aufsichtsrat zustimmt. Der Kodex enthält in G.14 die Anregung, keine Change of Control-Klauseln zu vereinbaren.

80   In der Praxis finden sich vor allem zwei Typen von Change of Control-Klauseln: Einerseits Regelungen, die auf Tatbestandsseite allein das Vorliegen eines in der Klausel näher definierten Kontrollwechsels oder eines (erstmaligen) Kontrollerwerbs voraussetzen, andererseits Bestimmungen, die als subjektives Element zusätzlich eine (häufig erhebliche) Beeinträchtigung der Vorstandsstellung erfordern.[330] Da solche subjektiven Elemente im Vertrag nur schwer zu definieren und streitanfällig sind, verdienen Klauseln ohne solche Zusätze den Vorzug.[331] Sie sind bei angemessener Begrenzung der Abfindungshöhe auch als zulässig anzusehen.[332] Kontrollwechsel und -erwerb werden in Change of Control-Klauseln häufig in Anlehnung an § 29 Abs. 2 WpÜG (30 % der Stimmrechte) definiert, regelmäßig ergänzt um weitere Tatbestände einer Kontrollveränderung, zB den Abschluss eines Unternehmensvertrags im Sinne von § 291 AktG als abhängige Gesellschaft, einen Formwechsel nach §§ 190 ff. UmwG oder bestimmte Verschmelzungskonstellationen.[333] Zum Teil wird für den eigentlichen Kontrollwechseltatbestand nicht auf die 30 %-Schwelle des WpÜG abgestellt, sondern auf eine individuell ermittelte Kontrollschwelle in Abhängigkeit von der üblichen Hauptversammlungspräsenz.[334] Rechtsfolge einer Change of Control-Klausel ist typischerweise ein zeitlich begrenztes Sonderkündigungsrecht des Vorstandsmitglieds. Übt das Vorstandsmitglied das Sonderkündigungsrecht aus, erhält es die im Anstellungsvertrag für diesen Fall festgelegte finanzielle Leistung. Früher bestand diese häufig in einer vollständigen Abgeltung der anstellungsvertraglichen Vergütungsansprüche für die Restlaufzeit des Vertrags und einer Zusatzleistung von einer oder zwei Jahresvergütungen, wobei die Zusatzleistung zum Teil nur für den Fall gewährt wurde, dass die Restlaufzeit des Vertrags kürzer war als zwei oder drei Jahre.[335]

---

[326] *Bork,* Change of Control-Klauseln in Anstellungsverträgen von Vorstandsmitgliedern, 2009, S. 74 ff.; Hüffer/*Koch* AktG § 87 Rn. 23; KölnKommAktG/*Mertens/Cahn* § 87 Rn. 85; MüKoAktG/ *Spindler* § 87 Rn. 160; K. Schmidt/Lutter AktG/*Seibt* § 87 Rn. 14; Spindler/Stilz AktG/*Fleischer* § 87 Rn. 53; *Seyfarth,* Vorstandsrecht, § 20 Rn. 63; zT erhebliche Bedenken aber bei Bürgers/Körber AktG/ *Bürgers* § 87 Rn. 3; *Martens* ZHR 169 (2005), 124 (141); *Ziemons* FS U. Huber, 2006, 1035 (1036 ff.).

[327] Bürgers/Körber AktG/*Bürgers* § 87 Rn. 3; Hüffer/*Koch* AktG § 87 Rn. 23; MüKoAktG/*Spindler* § 87 Rn. 160 (der als Maßstab daneben noch § 84 AktG heranzieht); Spindler/Stilz AktG/*Fleischer* § 87 Rn. 53.

[328] MüKoAktG/*Spindler* § 87 Rn. 160; *Bork,* Change-of Control-Klauseln in Anstellungsverträgen von Vorstandsmitgliedern, 2009, S. 210 ff.; *Fastrich* FS Heldrich, 2005, 143 (147 ff.); *Spindler* FS Hopt, 2010, Bd. I, 1407 (1408 f.).

[329] OLG München AG 2012, 260 (262); *Bork,* Change of Control-Klauseln in Anstellungsverträgen von Vorstandsmitgliedern, 2009, S. 34 ff.

[330] MüKoAktG/*Spindler* § 87 Rn. 160; *Seyfarth,* Vorstandsrecht, § 20 Rn. 63 ff.; *Hoffmann-Becking* ZIP 2007, 2101 (2103 f.).

[331] Ebenso Semler/v. Schenck AR-HdB/*Fonk* § 10 Rn. 181; kritisch auch *Seyfarth,* Vorstandsrecht, § 20 Rn. 65. AA *Hoffmann-Becking* ZHR 169 (2005), 155 (171).

[332] Semler/v. Schenck AR-HdB/*Fonk* § 10 Rn. 181; *Seyfarth,* Vorstandsrecht, § 20 Rn. 64; aA *Bork,* Change of Control-Klauseln in Anstellungsverträgen von Vorstandsmitgliedern, 2009, S. 159 f.; kritisch auch KölnKommAktG/*Mertens/Cahn* § 87 Rn. 86.

[333] MüKoAktG/*Spindler* § 87 Rn. 160; *Seyfarth,* Vorstandsrecht, § 20 Rn. 66.

[334] MüKoAktG/*Spindler* § 87 Rn. 160.

[335] Näher Voraufl. → § 21 Rn. 56; *Hoffmann-Becking* ZIP 2007, 2101 (2104); *Fonk* NZG 2005, 248 (251); *Liebers/Hoefs* ZIP 2004, 97 (101); *Ziemons* FS U. Huber, 2006, 1035 (1042) (Begrenzung der Zusatzleistung auf ein Jahresgehalt). Gegen Zulässigkeit einer Zusatzleistung neben der Abgeltung

§ 21 Anstellungsverhältnis der Vorstandsmitglieder 81, 82 § 21

Der Kodex enthält mittlerweile keine Vorgabe zur Abfindungshöhe in Change of Control-Situationen mehr, sondern in G.14 die Anregung, Change of Control-Klauseln überhaupt nicht zu vereinbaren. Das war bis zum Jahr 2020 anders: Ziffer 4.2.3 Abs. 5 DCGK 2017 enthielt die Empfehlung, Leistungen aus Anlass einer vorzeitigen Beendigung der Vorstandstätigkeit infolge eines Kontrollwechsels auf 150 % des Abfindungs-Caps, also auf höchstens drei Jahresvergütungen, zu begrenzen. In der Praxis sehen Change of Control-Klauseln heute häufig das Zweifache der Jahresvergütung als Abfindung vor.[336]

9. Herabsetzung der Bezüge. Nach dem durch das VorstAG neu gefassten § 87 Abs. 2 S. 1 AktG soll der Aufsichtsrat die Bezüge der Vorstandsmitglieder auf die angemessene Höhe herabsetzen, wenn sich die Lage der Gesellschaft nach der Festsetzung so verschlechtert, dass die Weitergewährung der vereinbarten Bezüge unbillig für die Gesellschaft wäre. Durch die Vorschrift erhält der Aufsichtsrat eine Handhabe, den Vorstand im Rahmen von dessen Treuepflicht am Schicksal der Gesellschaft teilhaben zu lassen.[337] Hierin liegt eine Abweichung vom Grundsatz „pacta sunt servanda".[338] Zweifel an der Verfassungsmäßigkeit der Vorschrift bestehen im Ergebnis nicht.[339] Da die Mitglieder des Vorstands aber grundsätzlich darauf vertrauen dürfen, dass sie die vertraglich vereinbarte Vergütung in voller Höhe erhalten, ist die Vorschrift restriktiv auszulegen.[340]

81

Der Aufsichtsrat kann von der Herabsetzung nur Gebrauch machen, wenn eine **Verschlechterung der Lage der Gesellschaft** eingetreten ist. Die spätere Feststellung, dass die Bezüge bei Abschluss des Anstellungsvertrags – beispielsweise wegen dem Aufsichtsrat bekannter oder nicht bekannter wirtschaftlicher Schwierigkeiten – überhöht festgesetzt wurden oder die Leistungen des Vorstandsmitglieds nicht den Erwartungen entsprachen, rechtfertigen allein keine Herabsetzung der Bezüge nach § 87 Abs. 2 AktG.[341] Voraussetzung ist vielmehr, dass nach Abschluss des Anstellungsvertrags eine negative Entwicklung der wirtschaftlichen Lage der Gesellschaft (nicht des Konzerns) eingetreten ist. Anders als nach der bis 2009 geltenden Fassung von § 87 Abs. 2 AktG muss die Lageverschlechterung nach dem Wortlaut von § 87 Abs. 2 AktG nicht mehr „wesentlich" sein. Anerkannt ist jedoch auch weiterhin, dass die Lageverschlechterung ein erhebliches Gewicht erreichen muss.[342] Dieses ist jedenfalls erreicht, wenn die Gesellschaft insolvenzreif wird.[343] Nach der Gesetzesbegründung zum VorstAG[344] sollen auch Dividendenausfall, Massenentlassungen und Lohnkürzungen ausreichend sein, was in dieser Allgemeinheit nicht zutrifft, sondern weiterer Einschränkung bedarf.[345] Auch lediglich geringfügige wirtschaftliche Probleme

82

---

der Vergütungsansprüche KölnKommAktG/*Mertens/Cahn* § 87 Rn. 86; MüKoAktG/*Spindler* § 87 Rn. 160 ff.; *Lutter* ZIP 2006, 733 (737).

[336] Siehe auch *Seyfarth,* Vorstandsrecht, § 20 Rn. 72.

[337] BGHZ 207, 190 (196); OLG Düsseldorf ZIP 2004, 1850 (1854); MüKoAktG/*Spindler* § 87 Rn. 164.

[338] BGHZ 207, 190 (196); Spindler/Stilz AktG/*Fleischer* § 87 Rn. 60; aA *Seyfarth,* Vorstandsrecht, § 5 Rn. 154.

[339] MüKoAktG/*Spindler* § 87 Rn. 165; Spindler/Stilz AktG/*Fleischer* § 87 Rn. 60; *Seyfarth,* Vorstandsrecht, § 5 Rn. 154; eingehend *Weller* NZG 2010, 7 (8 f.). Bedenken gegen die Verfassungsmäßigkeit bei *Dauner-Lieb* Der Konzern 2009, 583 (589); *Diller* NZG 2009, 1006 (1009); *Hohenstatt* ZIP 2009, 1349 (1352).

[340] BGHZ 207, 190 (196); OLG Stuttgart ZIP 2014, 2497 (2499); Spindler/Stilz AktG/*Fleischer* § 87 Rn. 60; Hüffer/*Koch* AktG § 87 Rn. 49; K. Schmidt/Lutter AktG/*Seibt* § 87 Rn. 18.

[341] OLG Frankfurt a. M. AG 2011, 790 (792); Hüffer/*Koch* AktG § 87 Rn. 52; KölnKommAktG/ *Mertens/Cahn* § 87 Rn. 94; GroßkommAktG/*Kort* § 87 Rn. 396.

[342] MüKoAktG/*Spindler* § 87 Rn. 165; Spindler/Stilz AktG/*Fleischer* § 87 Rn. 63; Hüffer/*Koch* AktG § 87 Rn. 50 f.; *Seyfarth,* Vorstandsrecht, § 5 Rn. 163; *Raitzsch* NZG 2019, 495 (497).

[343] BGHZ 207, 190 (203); BT-Drs. 16/12278, 6.

[344] BT-Drs. 16/12278, 6.

[345] Näher Spindler/Stilz AktG/*Fleischer* § 87 Rn. 63; Hüffer/*Koch* AktG § 87 Rn. 51; eingehend *Koch* WM 2010, 49 (53 f.).

oder nur vorübergehende Schwierigkeiten berechtigen nicht zur Herabsetzung der Vorstandsbezüge.[346]

83 Die Verschlechterung der Lage der Gesellschaft muss zur Folge haben, dass die unveränderte Fortgewährung der Vorstandsbezüge **„unbillig für die Gesellschaft"** wäre. Dies ist nach hM in Anlehnung an die Gesetzesmaterialien der Fall, wenn das Vorstandsmitglied pflichtwidrig gehandelt hat oder ihm zwar kein pflichtwidriges Verhalten vorzuwerfen ist, die Verschlechterung der Lage der Gesellschaft jedoch in die Zeit seiner Vorstandsverantwortung fällt und ihm zurechenbar ist.[347] Damit wird die Herabsetzung der Bezüge im Ergebnis zu einer verkappten Sanktion gegenüber Vorstandsmitgliedern unabhängig davon, ob sie pflichtwidrig gehandelt haben.[348] Ob eine Unbilligkeit für die Gesellschaft vorliegt, kann nur unter Berücksichtigung und Abwägung aller Umstände des Einzelfalls entschieden werden. Dabei ist nach dem BGH insbesondere der Umfang der Verschlechterung der Lage der Gesellschaft gegenüber dem Zeitpunkt der Vereinbarung der Vergütung sowie weiter zu berücksichtigen, in welchem Grad die Verschlechterung dem Vorstandsmitglied zurechenbar ist und ob es sie gegebenenfalls sogar pflichtwidrig herbeigeführt hat.[349] Weiterhin ist die vom Vorstandsmitglied zu erbringende Tätigkeit und deren weiterer Nutzen für die Gesellschaft zu berücksichtigen, ebenso eine gegebenenfalls durch variable Vergütungsbestandteile ohnehin schon eintretende Gehaltseinbuße.[350] Aber auch die persönlichen Verhältnisse der betroffenen Vorstandsmitglieder sollen Berücksichtigung finden können.[351]

84 Liegen die Voraussetzungen des § 87 Abs. 2 S. 1 AktG vor, „soll" der Aufsichtsrat die Bezüge herabsetzen. Durch diese Wortwahl ist der Aufsichtsrat im Regelfall zur Herabsetzung verpflichtet und darf nur bei Vorliegen besonderer Umstände davon absehen.[352] Im Rahmen seiner Ermessensentscheidung hat der Aufsichtsrat auch das außerordentliche Kündigungsrecht des Vorstandsmitglieds nach § 87 Abs. 2 S. 4 AktG zu berücksichtigen. In einer wirtschaftlich schwierigen Situation der Gesellschaft kann es im Unternehmensinteresse liegen, auf eine Herabsetzung zu verzichten, um nicht eine vorzeitige Kündigung durch das Vorstandsmitglied zu provozieren.[353] Hinsichtlich der Höhe der Herabsetzung nach § 87 Abs. 2 AktG hat der Aufsichtsrat nach dem BGH keinen Beurteilungs- oder Ermessensspielraum:[354] Setzt er herab, muss die Herabsetzung auf den gerade noch der Billigkeit entsprechenden Betrag erfolgen.[355] Besteht nach den Kriterien der Angemessenheitsprüfung des § 87 Abs. 1 S. 1 AktG ein Bemessungsspielraum, soll die Herabsetzung nur auf den danach höchstmöglichen angemessenen Betrag erfolgen können.[356] Aus der gesetzlichen Verwendung des Begriffs „Weitergewährung" folgt, dass nur künftig entstehende Bezüge herabgesetzt werden können. In bereits entstandene Vergütungsansprüche,

---

[346] KölnKommAktG/*Mertens/Cahn* § 87 Rn. 94; Spindler/Stilz AktG/*Fleischer* § 87 Rn. 63.

[347] BGHZ 207, 190 (203); Spindler/Stilz AktG/*Fleischer* § 87 Rn. 64; *Hoffmann-Becking/Krieger* NZG-Beil. 27/2009, 5; *Seibert* WM 2009, 1489 (1490 f.), jeweils unter Verweis auf BT-Drs. 16/12278, 6.

[348] Kritisch dazu auch Spindler/Stilz AktG/*Fleischer* § 87 Rn. 64; *Bauer/Arnold* AG 2009, 717 (726); *Diller* NZG 2009, 1006 (1007).

[349] BGHZ 207, 190 (206) (zum gerichtlichen Prüfungsmaßstab).

[350] BGHZ 207, 190 (207, 209).

[351] BGHZ 207, 190 (206) (zum gerichtlichen Prüfungsmaßstab); KölnKommAktG/*Mertens/Cahn* § 87 Rn. 95; Spindler/Stilz AktG/*Fleischer* § 87 Rn. 65; *Dauner-Lieb* Der Konzern 2009, 583 (590); aA *Seyfarth*, Vorstandsrecht, § 5 Rn. 166.

[352] BGHZ 207, 190 (204); KölnKommAktG/*Mertens/Cahn* § 87 Rn. 99; *Fleischer* NZG 2009, 801 (804); *Hoffmann-Becking/Krieger* NZG-Beil. 27/2009, 5.

[353] Spindler/Stilz AktG/*Fleischer* § 87 Rn. 66; MüKoAktG/*Spindler* § 87 Rn. 211; *Bauer/Arnold* AG 2009, 717 (727); *Hoffmann-Becking/Krieger* NZG-Beil. 27/2009, 5.

[354] Ebenso Hüffer/*Koch* AktG § 87 Rn. 56; kritisch Spindler/Stilz AktG/*Fleischer* § 87 Rn. 71; *Weber* DB 2016, 815 (817).

[355] BGHZ 207, 190 (204 f.).

[356] BGHZ 207, 190 (205).

für die das betreffende Vorstandsmitglied seine Leistung bereits erbracht hat, kann auf der Grundlage von § 87 Abs. 2 AktG nicht eingegriffen werden.[357]

Das Recht zur Herabsetzung der Bezüge ist ein einseitiges Gestaltungsrecht der Gesellschaft. Es wird durch eine Gestaltungserklärung ausgeübt, die der Aufsichtsrat in Vertretung der Gesellschaft gegenüber dem Vorstandsmitglied abgibt (§ 112 AktG).[358] Die erforderliche Willensbildung des Aufsichtsrats erfolgt durch ausdrücklichen Beschluss nach § 108 Abs. 1 AktG, für den das Plenum zuständig ist (§ 107 Abs. 3 S. 4 AktG).[359] **85**

Nach § 87 Abs. 2 S. 2 AktG können auch **Ruhegehalt, Hinterbliebenenbezüge und Leistungen verwandter Art** herabgesetzt werden, allerdings nur während der Amtszeit des Vorstandsmitglieds oder in den ersten drei Jahren nach seinem Ausscheiden aus der Gesellschaft, also nach Beendigung der Organstellung.[360] Wenn die Herabsetzung innerhalb der Frist wirksam beschlossen wird, kann sie den gesamten Zeitraum erfassen, für den das Vorstandsmitglied Anspruch auf Versorgungsleistungen hat, sofern die materiellen Voraussetzungen für die Herabsetzung eingehalten werden.[361] Die Erstreckung des Herabsetzungsrechts auf Ruhegehälter und verwandte Leistungen passt nicht in das System des § 87 Abs. 2 AktG. Dieser erfasst in Satz 1 mit dem Abstellen auf die Unbilligkeit der „Weitergewährung" der vereinbarten Bezüge lediglich Vergütungsansprüche für zukünftige Tätigkeiten und räumt dem betreffenden Vorstandsmitglied nach Satz 4 ein außerordentliches Kündigungsrecht als Reaktion auf die Herabsetzung der Bezüge ein. Ruhegeldansprüche beziehen sich aber nicht auf zukünftige Tätigkeiten,[362] und das Sonderkündigungsrecht des § 87 Abs. 2 S. 4 AktG läuft bei einer Herabsetzung von Ruhegehältern leer. Zudem zeigt die Regelung des § 87 Abs. 2 S. 2 AktG, dass dem Gesetzgeber offensichtlich die komplexe Rechtslage von Versorgungsansprüchen und -anwartschaften nicht bewusst war. Außerdem widerspricht die Bestimmung den Wertungen des BetrAVG, nach denen die Reduzierung einer erreichten unverfallbaren Anwartschaft und gar einer bereits laufenden Pension strengeren Voraussetzungen unterliegt (näher → Rn. 105 f.). Diesen Problemen des § 87 Abs. 2 S. 2 AktG ist durch eine besonders restriktive Auslegung Rechnung zu tragen.[363] **86**

Nach § 87 Abs. 2 S. 4 AktG hat das von einer Herabsetzung seiner Bezüge betroffene Vorstandsmitglied ein **außerordentliches Kündigungsrecht.** Es ist berechtigt, seinen Anstellungsvertrag zum Schluss des nächsten Kalendervierteljahrs mit einer Kündigungsfrist von sechs Wochen zu kündigen und sein Vorstandsamt niederzulegen. Ist die Herabsetzung der Bezüge unberechtigt[364] und grob unbillig, kann das Vorstandsmitglied sein Vorstandsamt aus wichtigem Grund niederlegen und seinen Anstellungsvertrag nach § 626 BGB kündigen.[365] Das Vorstandsmitglied kann auch im Amt bleiben und gerichtlich gegen die unberechtigte Herabsetzung seiner Bezüge vorgehen, indem es Leistungsklage auf den Herabsetzungsbetrag erhebt.[366] Es kann weiterhin (ggf. hilfsweise) auf richterliche Bestimmung einer billigen Herabsetzung nach § 315 Abs. 3 BGB klagen. Einer Feststellungsklage auf Feststellung der Unwirksamkeit der Herabsetzung fehlt nach hM das Feststellungs- **87**

---

[357] *Hoffmann-Becking/Krieger* NZG-Beil. 27/2009, 5.
[358] BGHZ 207, 190 (195); KölnKommAktG/*Mertens/Cahn* § 87 Rn. 99; Spindler/Stilz AktG/*Fleischer* § 87 Rn. 74.
[359] BGHZ 207, 190 (195); Spindler/Stilz AktG/*Fleischer* § 87 Rn. 74.
[360] KölnKommAktG/*Mertens/Cahn* § 87 Rn. 105; *Seyfarth,* Vorstandsrecht, § 6 Rn. 82; *Hoffmann-Becking/Krieger* NZG-Beil. 27/2009 6; aA MüKoAktG/*Spindler* § 87 Rn. 191 (Beendigung des Anstellungsvertrags).
[361] MüKoAktG/*Spindler* § 87 Rn. 191; *Seyfarth,* Vorstandsrecht, § 6 Rn. 82.
[362] Zum Entgeltcharakter von Ruhegehaltsansprüchen → Rn. 92.
[363] GroßkommAktG/*Kort* § 87 Rn. 457; Hüffer/*Koch* AktG § 87 Rn. 57; *Doetsch* AG 2010, 465 (472 f.); tendenziell auch KölnKommAktG/*Mertens/Cahn* § 87 Rn. 105;.
[364] Vgl. den Sachverhalt OLG Frankfurt a. M. AG 2011, 790.
[365] GroßkommAktG/*Kort* § 87 Rn. 480 f.; Spindler/Stilz AktG/*Fleischer* § 87 Rn. 76; KölnKommAktG/*Mertens/Cahn* § 87 Rn. 109; MüKoAktG/*Spindler* § 87 Rn. 220.
[366] Großkomm AktG/*Kort* § 87 Rn. 477 ff.; KommAktG/*Mertens/Cahn* § 87 Rn. 100.

interesse.[367] Durch die gerichtliche Überprüfung der Herabsetzung seiner Bezüge verwirkt das Vorstandsmitglied nicht sein außerordentliches Kündigungsrecht nach § 87 Abs. 2 S. 4 AktG. Bestätigt das Gericht die Berechtigung einer Herabsetzung, kann das Kündigungsrecht noch nach Erlass einer rechtskräftigen Entscheidung ausgeübt werden.[368] Für den Fristenlauf des Kündigungsrechts nach § 87 Abs. 2 S. 4 AktG entspricht der Tag der Rechtskraft dem Zugang der Herabsetzungsentscheidung durch den Aufsichtsrat, wenn die Klage rechtzeitig vor Ablauf der Kündigungsfrist erhoben wurde.

88 **10. Heraufsetzung der Bezüge.** Bessern sich nach einer berechtigten Herabsetzung der Bezüge nach § 87 Abs. 2 AktG die wirtschaftlichen Verhältnisse der Gesellschaft, so hat das Vorstandsmitglied Anspruch auf Fortzahlung der vertraglich vereinbarten Vergütung.[369] Ein allgemeiner Anspruch auf Anpassung der Bezüge nach oben auch ohne vorherige Herabsetzung nach § 87 Abs. 2 AktG steht den Vorstandsmitgliedern auch bei wesentlicher Verbesserung der wirtschaftlichen Verhältnisse nicht zu.[370] In einem solchen Fall kann das Vorstandsmitglied nur im Zusammenhang mit der Entscheidung über die Wiederbestellung neue Konditionen aushandeln. Auf eine langjährige betriebliche Übung, wonach den Arbeitnehmern des Betriebs alle Tariferhöhungen in der betreffenden Branche zugute kommen, kann sich ein Vorstandsmitglied ohne besondere vertragliche Regelung nicht berufen (zur betrieblichen Übung allgemein → Rn. 11).[371] Eine zukunftsbezogene Anpassung der Bezüge aufgrund einer vertraglichen Regelung im Anstellungsvertrag findet sich in der Praxis in der Form, dass sich der Aufsichtsrat zu einer Überprüfung der Bezüge in bestimmten Zeitabständen – etwa jährlich oder alle zwei Jahre – verpflichtet, ohne dem Vorstandsmitglied einen Rechtsanspruch auf Erhöhung einzuräumen. Auch ohne Anpassungsklausel wird sich der Aufsichtsrat einer laufenden Prüfung der Angemessenheit der Bezüge nicht entziehen.[372] Wertsicherungsklauseln[373] in ihren unterschiedlichen Gestaltungsformen finden sich in Anstellungsverträgen selten und dürften mit dem Charakter eines Vorstandsvertrags nur schwer zu vereinbaren sein. Weit verbreitet sind Wertsicherungsklauseln hingegen schon wegen der zeitlichen Dimensionen bei Ruhegeld- und sonstigen Versorgungszusagen (→ Rn. 102 f.).

89 **11. Leistungsstörungen und Verjährung.** Das Anstellungsverhältnis ist als ein auf den Austausch von Leistung und Gegenleistung gerichtetes Schuldverhältnis grundsätzlich den Bestimmungen über gegenseitige Verträge unterworfen.[374] Abweichend von § 326 Abs. 2 BGB verliert das Vorstandsmitglied nach § 616 Abs. 1 BGB seinen Vergütungsanspruch nicht dadurch, dass es für eine verhältnismäßig nicht erhebliche Zeit durch einen in seiner Person liegenden Grund ohne sein Verschulden, also insbesondere durch Krankheit, **an der Dienstleistung verhindert** ist. Welcher Zeitraum als verhältnismäßig nicht erheblich anzusehen ist, kann nur unter Berücksichtigung der besonderen Umstände des Einzelfalls entschieden werden.[375] Es empfiehlt sich aus Gründen der Rechtssicherheit, die Dauer der

---

[367] Hüffer/*Koch* AktG § 87 Rn. 61; GroßkommAktG/*Kort* § 87 Rn. 436; MüKoAktG/*Spindler* § 87 Rn. 215; für Feststellungsinteresse demgegenüber KölnKommAktG/*Mertens/Cahn* § 87 Rn. 100.
[368] GroßkommAktG/*Kort* § 87 Rn. 477; Hüffer/*Koch* AktG § 87 Rn. 63; KölnKommAktG/*Mertens/Cahn* § 87 Rn. 108.
[369] OLG Frankfurt a. M. AG 2011, 790 (792); KölnKommAktG/*Mertens/Cahn* § 87 Rn. 98; Semler/v. Schenck AR-HdB/*Fonk* § 10 Rn. 167; *Seyfarth*, Vorstandsrecht, § 5 Rn. 186; *Bauer/Arnold* AG 2009, 717 (727 f.); *Dauner-Lieb/Friedrich* NZG 2010, 688 (689 f.).
[370] Abweichend für den Geschäftsführer einer GmbH Baumbach/Hueck GmbHG/*Zöllner/Noack* § 35 Rn. 187 sowie *U. H. Schneider* FS Semler, 1993, 361 ff.
[371] BGH WM 1975, 761 (763) (zum GmbH-Geschäftsführer).
[372] Zutr. Semler/v. Schenck AR-HdB/*Fonk* § 10 Rn. 144 f.
[373] Hierzu KölnKommAktG/*Mertens/Cahn* § 84 Rn. 61.
[374] BGH WM 1988, 298; BGHZ 10, 187 (192 f.); KölnKommAktG/*Mertens/Cahn* § 84 Rn. 62.
[375] KölnKommAktG/*Mertens/Cahn* § 84 Rn. 62; *Zöllner* FS Koppensteiner, 2001, 291 (292). Einen Sonderfall behandelt BGHZ 10, 187 ff.; dazu aus heutiger Sicht KölnKommAktG/*Mertens/Cahn* § 84

§ 21 Anstellungsverhältnis der Vorstandsmitglieder　　　　　90, 91　§ 21

Fortzahlung der Vergütung bei Krankheit ausdrücklich im Anstellungsvertrag zu regeln. Fehlt es an einer vertraglichen Regelung, wird man sich an der auf Vorstandsmitglieder keine Anwendung findenden Sechswochenfrist des § 3 Abs. 1 S. 1 EFZG (Entgeltfortzahlungsgesetz) orientieren können.[376] Mit Ablauf des maßgeblichen Zeitraums entfällt nach den gesetzlichen Regelungen der Anspruch auf Zahlung der Vergütung; dies gilt auch für die Gewährung der Sachbezüge wie die Privatnutzung des PKW.[377]

Befindet sich die Gesellschaft zB wegen Widerrufs der Bestellung ohne Kündigung des Anstellungsvertrags in **Annahmeverzug** (§ 615 S. 1 BGB) oder hat sie die Unmöglichkeit der Dienstleistung zu vertreten (§ 326 Abs. 2 S. 1 BGB), so behält das Vorstandsmitglied seinen Anspruch auf die vertraglich vereinbarten Bezüge.[378] „Vereinbarte Vergütung" iSd § 615 S. 1 BGB ist das gesamte Entgelt einschließlich der Nebenleistungen – also zB einschließlich (bei Erfolgsabhängigkeit: vermuteter) Tantieme und Dienstwagen, gegebenenfalls mit Fahrer –, das für die versprochenen Dienste vereinbart worden ist, und ist im Prozess gegebenenfalls nach § 287 Abs. 2 ZPO vom Gericht festzusetzen.[379] In der Praxis wird daher zB die Zurverfügungstellung eines Dienstwagens regelmäßig auf die Dauer der Tätigkeit für die Gesellschaft beschränkt. Das Vorstandsmitglied muss sich nach §§ 326 Abs. 2 S. 2, 615 S. 2 BGB den Wert desjenigen anrechnen lassen, was es infolge des Unterbleibens der Dienstleistung erspart oder durch anderweitige Verwendung seiner Dienste erwirbt oder zu erwerben böswillig unterlässt. Bei unberechtigter Kündigung durch die Gesellschaft genügt ein deutlicher Widerspruch des Vorstandsmitglieds gegen die Kündigung, um die Gesellschaft in Annahmeverzug zu setzen.[380] Das Gleiche gilt im Fall einer einseitigen Freistellung (Beurlaubung) des Vorstandsmitglieds durch die Gesellschaft. Ein ausdrückliches Angebot der Dienste nach §§ 294, 295 BGB ist nicht erforderlich.[381] Eine Kürzung der Bezüge nach § 242 BGB oder nach § 87 Abs. 2 AktG kommt in den Fällen der einseitigen Freistellung und der unberechtigten Kündigung nicht in Betracht.[382] Der Klageantrag auf Zahlung hat auf den Bruttobetrag der Vergütung zu lauten.[383] Die Klage kann auf der Grundlage des schriftlichen Vorstandsvertrags im Wege des Urkundenprozesses erhoben werden.[384]

Der Vergütungsanspruch von Vorstandsmitgliedern **verjährt** nach §§ 195, 199 BGB in **drei Jahren** ab Kenntnis oder grob fahrlässiger Unkenntnis der anspruchsbegründenden Umstände.[385]

Rn. 62 f. Zu den Rechtsfolgen der Erkrankung von Vorstandsmitgliedern näher *Bayer* FS Hommelhoff, 2012, 87 ff.; *Schnorbus/Klormann* WM 2018, 1069 ff. (1113 ff.).

[376] Ebenso KölnKommAktG/*Mertens/Cahn* § 84 Rn. 62. Enger Hölters AktG/*Weber* § 87 Rn. 9 (maximal zwei bis drei Wochen); MüKoAktG/*Spindler* § 88 Rn. 16 (etwa drei Tage bis maximal zwei Wochen); ebenso K. Schmidt/Lutter AktG/*Seibt* § 88 Rn. 7.

[377] Dazu für Arbeitnehmer LAG Baden-Württemberg DB 2009, 2050.

[378] BGH NJW-RR 1997, 537 f.; AG 1978, 162 (164); OLG Brandenburg AG 2009, 513 (514); OLG Düsseldorf ZIP 1984, 705 (706); MüKoAktG/*Spindler* § 84 Rn. 94; *Fonk* NZG 1998, 408 f.

[379] Vgl. BAG NJW 2011, 1469; BGH AG 1978, 162 (164); OLG Düsseldorf ZIP 1984, 705 (706); instruktiv BAG DB 1996, 630 (631).

[380] BGH WM 1968, 611 (612); MüKoAktG/*Spindler* § 84 Rn. 94.

[381] BGH AG 1978, 162 (164); NJW-RR 1997, 537 (538); OLG München AG 2012, 295 (297) – HRE; OLG Naumburg NZG 2001, 901; KölnKommAktG/*Mertens/Cahn* § 84 Rn. 63; Großkomm-AktG/*Kort* § 84 Rn. 419; *Fonk* NZG 1998, 408 (409); aA wohl OLG Düsseldorf ZIP 1984, 705 (706) (wörtliches Angebot nach § 295 BGB erforderlich); ebenso *Zöllner* FS Koppensteiner, 2001, 291 (300).

[382] BGH AG 1978, 162 (164); WM 1968, 611 (613); OLG Frankfurt a. M. AG 2011, 790 (792).

[383] BGH WM 1966, 758; OLG Celle ZIP 2009, 2172; OLG München AG 2012, 295 (296).

[384] OLG München AG 2012, 295 (296) – HRE.

[385] KölnKommAktG/*Mertens/Cahn* § 84 Rn. 60.

IV. Sonstige Rechte des Vorstandsmitglieds aus dem Anstellungsvertrag

92 **1. Ruhegehalt.** In der Praxis erhalten Vorstände häufig, aber längst nicht immer eine Zusage auf betriebliche Altersversorgung.[386] Nach hM ist die Zusage Teil der dem Vorstandsmitglied zugesagten Vergütung zur Abgeltung erbrachter und künftiger Betriebstreue und hat somit **Entgeltcharakter**.[387] In aller Regel besteht die Zusage in einer **Altersrente** (Pension, Altersruhegeld = Erster Pensionsfall) häufig mit, gelegentlich auch ohne Hinterbliebenenversorgung (Witwen-/Witwerrente, Waisenrente, → Rn. 110), sowie in einer **Invaliditätsrente** (Zweiter Pensionsfall).[388] Nicht selten, insbesondere bei wiederholter Bestellung, wird für den Fall des Ausscheidens vor Erreichung der Altersgrenze ohne Invalidität für die Zeit bis zum Erreichen der Altersgrenze ein **Übergangsgeld** zugesagt (**Dritter Pensionsfall**).[389]

93 § 87 Abs. 1 S. 4 AktG fordert für „Ruhegelder, Hinterbliebenenbezüge sowie verwandte Leistungen" ausdrücklich eine sinngemäße Anwendung des Angemessenheitsgebots von Satz 1 (näher zur Angemessenheit → Rn. 40 ff.). Umstritten ist, ob die aktiven Bezüge und die Versorgungsbezüge bei der Beurteilung der Angemessenheit saldiert betrachtet werden können, also insbesondere niedrige Versorgungsbezüge hohe aktive Bezüge ausgleichen können und umgekehrt,[390] oder ob die Angemessenheitsprüfung nach § 87 Abs. 1 S. 1 AktG und § 87 Abs. 1 S. 4 AktG separat vorzunehmen ist.[391] Die besseren Gründe, insbesondere die gesetzliche Differenzierung in § 87 Abs. 1 S. 1 und S. 4 AktG sowie das eigenständige Herabsetzungsregime des § 87 Abs. 2 S. 2 AktG, sprechen für eine separate Angemessenheitsprüfung. Der maßgebliche Zeitpunkt für die Angemessenheitsbeurteilung ist der Abschluss der anspruchsbegründenden Vereinbarung, nicht der Eintritt der Leistungsvoraussetzungen.[392]

94 Trotz rückläufiger Tendenz werden die meisten Versorgungszusagen für Vorstandsmitglieder nach wie vor in Form von **einzelvertraglichen Direktzusagen** erteilt.[393] Schuldner der zugesagten Versorgungsleistungen ist in diesem Fall die Gesellschaft; die Leistungen werden bei Fälligkeit aus dem Gesellschaftsvermögen erbracht. Bei Arbeitnehmern stellen hingegen **beitragsorientierte Leistungszusagen** und **Beitragszusagen** im Sinne von § 1 Abs. 2 Nr. 1, 2, 2a BetrAVG heute die üblichen Zusageformen in der betrieblichen Altersversorgung dar. Die nachfolgenden Ausführungen gehen aus Gründen der Vereinfachung von der klassischen einzelvertraglichen Direktzusage aus.

95 **a) Versorgungszusage.** Ein Anspruch auf Zahlung von Altersversorgung entsteht nur auf der Grundlage einer besonderen vertraglichen Vereinbarung, die regelmäßig im Anstellungsvertrag oder in einer gesonderten Pensionsvereinbarung getroffen wird. Schriftform ist für die Wirksamkeit der Vereinbarung nicht erforderlich,[394] für die steuerliche Anerkennung der Pensionsrückstellung aber wegen § 6a Abs. 1 Nr. 3 EStG unerlässlich und auch aus Gründen der Rechtssicherheit dringend anzuraten. Allein aus einer umfassenden betrieblichen Versorgung der Arbeitnehmer eines Unternehmens lässt sich ein Ruhegeld-

---

[386] Das Muster einer Ruhegeldzusage findet sich im Beck'schen Formularbuch Bürgerliches, Handels- und Wirtschaftsrecht/*Hoffmann-Becking/Berger*, 13. Aufl. 2019, Form. X. 13 §§ 6, 7.

[387] BGHZ 108, 330 (335 ff.); BGH NJW-RR 1989, 286 (290); *Seyfarth*, Vorstandsrecht, § 6 Rn. 4; aA (Entgelt- und Fürsorgecharakter) MüKoAktG/*Spindler* § 84 Rn. 213.

[388] *Seyfarth*, Vorstandsrecht, § 6 Rn. 2. Ausführlich *Fonk* FS Semler, 1993, 139 (142 ff.).

[389] BGH WM 1997, 68; 1975, 1237 (1239); *Fonk* FS Semler, 1993, 139 (145 ff.). Siehe zur Ausgestaltung auch BGH AG 1981, 44; WM 1981, 762; LAG *Hamm* DB 1987, 2210; *Fonk* FS Semler, 1993, 139 (145 ff.).

[390] So KölnKommAktG/*Mertens/Cahn* § 84 Rn. 66 f.; MüKoAktG/*Spindler* § 87 Rn. 37.

[391] So GroßkommAktG/*Kort* § 87 Rn. 274; Hölters AktG/*Weber* § 87 Rn. 9; *Seyfarth*, Vorstandsrecht, § 6 Rn. 11.

[392] Hüffer/*Koch* AktG § 87 Rn. 44; MüKoAktG/*Spindler* § 87 Rn. 21.

[393] Semler/v. Schenck AR-HdB/*Fonk* § 10 Rn. 236; *M. Roth* ZGR 2011, 516 (522 f.).

[394] BGH NJW-RR 1994, 357 (358); Semler/v. Schenck AR-HdB/*Fonk* § 10 Rn. 239.

§ 21 Anstellungsverhältnis der Vorstandsmitglieder   96, 97 § 21

anspruch der Vorstandsmitglieder nicht herleiten.[395] Denn die Anerkennung einer betrieblichen Übung als Grundlage einer Ruhegeldverpflichtung für Vorstandsmitglieder widerspricht der Eigenart des Anstellungsverhältnisses des Vorstandsmitglieds; bei seiner Ausgestaltung sind vorrangig individuelle Gesichtspunkte entscheidend.[396] Im Einzelfall kann allerdings ausnahmsweise eine ergänzende Auslegung des Anstellungsvertrags ergeben, dass ihm eine Ruhegeldverpflichtung immanent ist, beispielsweise bei vorhergehender Ruhegeldberechtigung als leitender Angestellter oder bei Zusage der Gleichbehandlung mit den anderen Vorstandsmitgliedern.[397] Darüber hinaus kann sich in der Gesellschaft eine feste Übung herausgebildet haben, allen Vorstandsmitgliedern ein Ruhegeld zu gewähren. In diesem Sonderfall kann ein Vorstandsmitglied Anspruch auf Gleichbehandlung haben.[398] Ruhegeldzusagen in fehlerhaften Anstellungsverträgen bleiben auch nach Beendigung des Anstellungsvertrags in dem Maße bestehen, wie die Gegenleistung für sie erbracht worden ist.[399]

b) Geltung des BetrAVG. Für Ruhegeldvereinbarungen mit Vorstandsmitgliedern gelten gemäß § 17 Abs. 1 S. 2 BetrAVG die §§ 1–16 BetrAVG grundsätzlich entsprechend. Keine Anwendung finden die §§ 1–16 BetrAVG allerdings auf Vorstandsmitglieder, die Mehrheitsaktionäre oder nicht ganz unbedeutend beteiligte Minderheitsaktionäre sind und zusammen mit einem oder mehreren anderen unternehmensleitenden Aktionären über eine anteilsmäßig bedingte oder sonst „institutionell verfestigte" Mehrheitsmacht verfügen.[400] Wo die Grenze zu einer nicht unerheblichen Minderheitsbeteiligung liegt, hat die Rechtsprechung für Vorstandsmitglieder bisher nicht entschieden. Überwiegend wird eine Grenze von 10 % angenommen.[401] In sachlicher Hinsicht bezieht sich das BetrAVG nur auf Leistungen der betrieblichen Altersversorgung im Sinne von § 1 BetrAVG (also Altersruhegeld, Invaliditäts- und Hinterbliebenenbezüge), nicht hingegen auf Übergangsgelder.[402]

Noch nicht abschließend geklärt ist die Frage, ob **durch privatautonome Vereinbarung** zwischen Gesellschaft und Vorstandsmitglied zuungunsten des Vorstandsmitglieds **von den Bestimmungen der §§ 1–16 BetrAVG abgewichen** werden kann. Insbesondere im Rahmen von Abfindungsvereinbarungen stellt sich immer wieder die Frage, ob der kapitalisierte Betrag einer unverfallbaren Anwartschaft entgegen § 3 BetrAVG abgegolten werden kann. Nach noch hM kann in einer Pensionszusage wegen des Abweichungsverbots des § 17 Abs. 3 S. 3 BetrAVG auch bei Vorständen nicht zu Lasten der Versorgungsberechtigten von den zwingenden Vorschriften des BetrAVG abgewichen werden, während deren Besserstellung ohne weiteres möglich ist.[403] Hingegen vertritt eine im Vordringen

---

[395] Vgl. BGH WM 1984, 1313; 1981, 1344; DB 1969, 1057; WM 1969, 686; MüKoAktG/*Spindler* § 84 Rn. 214.
[396] Vgl. BGH NJW-RR 1994, 357 (358); MüKoAktG/*Spindler* § 84 Rn. 24. Siehe allgemein zur betrieblichen Übung auch → Rn. 11.
[397] BGH NJW-RR 1994, 357 (358); KölnKommAktG/*Mertens/Cahn* § 84 Rn. 66 f.
[398] BGH WM 1995, 183; KölnKommAktG/*Mertens/Cahn* § 84 Rn. 67. Allgemein auch → Rn. 12.
[399] MüKoAktG/*Spindler* § 84 Rn. 223; *Hengeler* FS Barz, 1974, 124 ff.; *Säcker* FS G. Müller, 1981, 745 (757 ff.).
[400] BGHZ 77, 94 (96 ff.) (zur GmbH & Co. KG); BGHZ 77, 233 (236 ff.) (zur GmbH und GmbH & Co. KG); BGH NZG 2019, 1348 f.; NZG 2003, 327 (328) (jeweils zur GmbH); Hüffer/*Koch* AktG § 84 Rn. 26; KölnKommAktG/*Mertens/Cahn* § 84 Rn. 38; *Goette* FS U. H. Schneider, 2011, 353 (356 ff.).
[401] *Beiner/Braun*, Der Vorstandsvertrag, 2. Aufl. 2014, Rn. 478; *Seyfarth*, Vorstandsrecht, § 6 Rn. 51; *Thüsing* AG 2003, 484 (485); siehe auch BGH ZIP 1980, 778 (8 % in AG unerheblich). AA GroßkommAktG/*Kort* § 84 Rn. 361 (Einzelfallbetrachtung).
[402] Spindler/Stilz AktG/*Fleischer* § 84 Rn. 52; *Beiner/Braun*, Der Vorstandsvertrag, 2. Aufl. 2014, Rn. 479.
[403] OLG Hamm AG 2008, 326 (327); *Braunert* NZA 1988, 832 f.; *Heeke* GmbHR 2004, 177 (178 f.). Der BGH hat in WM 2009, 861 die Frage nicht entschieden, Leitsatz 2 ist missverständlich.

befindliche Auffassung zu Recht, dass Vorstände keine Arbeitnehmer iSd § 17 Abs. 3 S. 3 BetrAVG sind und daher nicht unter das Abweichungsverbot fallen.[404] Dafür spricht neben dem Wortlaut von § 17 Abs. 3 S. 3 BetrAVG insbesondere der Umstand, dass § 17 Abs. 1 S. 2 BetrAVG für Personen, die keine Arbeitnehmer sind, allein die entsprechende Geltung der §§ 1–16 BetrAVG vorsieht, ohne dass insoweit eine planwidrige Regelungslücke erkennbar ist. Auch sind Vorstandsmitglieder nicht in gleicher Weise schutzbedürftig wie Arbeitnehmer, so dass auch der Schutzzweck des § 17 Abs. 3 S. 3 BetrAVG nicht eingreift.

98 BGH und BAG knüpfen an diese Argumentation an.[405] Sie gehen aber davon aus, dass die fehlende Verhandlungsunterlegenheit der Organmitglieder nicht die Annahme rechtfertigt, dass das BetrAVG für Organmitglieder vollständig abdingbar ist. Vom BetrAVG abweichende Vereinbarungen kämen vielmehr nur insoweit in Betracht, als der Gesetzgeber sie unter Zugrundelegung eines Verhandlungsprozesses zulasse. Für Arbeitnehmer könne dies nach § 17 Abs. 3 S. 1 und 2 BetrAVG für tarifliche Regelungen angenommen werden. Für Organmitglieder sei das Betriebsrentenrecht daher insoweit abdingbar, als Tarifvertragsparteien Abweichungen erlaubt sind.[406] Zulässig sind nach dieser Argumentation insbesondere Vereinbarungen über die Abfindung unverfallbarer Anwartschaften[407] sowie über eine von § 16 BetrAVG abweichende Anpassung der laufenden Renten.[408]

99 c) **Berechnungsgrundlage.** Um Zweifel an der Berechnung des Ruhegehalts zu vermeiden, sollte die Berechnungsgrundlage im Anstellungsvertrag eindeutig formuliert werden.[409] Häufig wird für die Berechnung des Ruhegelds auf die letzten Aktivenbezüge des Vorstandsmitglieds Bezug genommen. Berechnet sich das Ruhegehalt nach dem letzten Gehalt des Vorstandsmitglieds, so ist im Zweifel die vertraglich vereinbarte Gesamtvergütung Bemessungsgrundlage, also das Festgehalt zuzüglich etwaiger Tantiemen.[410] Sachbezüge und sonstige Nebenleistungen werden demgegenüber nur dann Bestandteil der Bemessungsgrundlage, wenn dies vertraglich vereinbart ist.[411] In aller Regel wird ein Prozentsatz des letzten Festgehalts ohne Tantieme als Ruhegeld vereinbart. Häufig ist die Versorgungszusage darüber hinaus dienstzeitabhängig aufgebaut, erhöht sich also bei längerem Verbleib im Unternehmen bis zu einem festgelegten Höchstsatz.[412] Die Ruhegeldzusage kann vorsehen, dass anderweitige Einnahmen des pensionierten Vorstandsmitglieds auf das Ruhegehalt anzurechnen sind.[413] Dies gilt auch für eine Karenzentschädigung, die für ein nachvertragliches Wettbewerbsverbot nach Eintritt in den Ruhestand gezahlt wird (→ Rn. 124).

---

[404] LG Köln DB 1985, 1580 (1581); KölnKommAktG/*Mertens*/*Cahn* § 84 Rn. 71; *Seyfarth*, Vorstandsrecht, § 6 Rn. 68; *Thüsing* AG 2003, 484 (487 f.).
[405] BGH NZG 2017, 948 (949) (zum GmbH-Geschäftsführer); BAG AP BetrAVG § 1 Beamtenversorgung Nr. 20 Rn. 43 ff. (zum Direktoriumsmitglied einer Anstalt öffentlichen Rechts).
[406] BGH NZG 2017, 948 (949) (zum GmbH-Geschäftsführer); BAG AP BetrAVG § 1 Beamtenversorgung Nr. 20 Rn. 45 (zum Direktoriumsmitglied einer Anstalt öffentlichen Rechts); zustimmend *Bauer*/*Baeck*/*v. Medem* NZG 2010, 721 ff.; *Diller*/*Arnold*/*Kern* GmbHR 2010, 281 ff.; *Thüsing*/*Granetzny* NZG 2010, 449 ff.; zustimmend wohl auch GroßkommAktG/*Kort* § 84 Rn. 362a; dagegen Semler/v. Schenck AR-HdB/*Fonk* § 10 Rn. 260.
[407] Vgl. ausführlich *Diller*/*Arnold*/*Kern* GmbHR 2010, 281 (282 ff.); *Thüsing*/*Granetzny* NZG 2010, 449 (451 ff.).
[408] IErg schon BGH NJW 1998, 2966 und BGH MDR 1989, 428.
[409] Vgl. die Vorschläge in Beck'sches Formularbuch Bürgerliches, Handels- und Wirtschaftsrecht /*Hoffmann-Becking*/*Berger*, 13. Aufl. 2019, Form. X. 13 § 6 und bei Semler/v. Schenck AR-HdB/*Fonk* Anlage § 10-1, §§ 8, 9.
[410] OLG Celle NZG 1999, 78 (80); KölnKommAktG/*Mertens*/*Cahn* § 84 Rn. 74.
[411] Ebenso *Seyfarth*, Vorstandsrecht, § 6 Rn. 17; wohl auch Semler/v. Schenck AR-HdB/*Fonk* § 10 Rn. 250 Fn. 879; aA für Nicht-Vorstände BAG BB 2002, 735 f. (geldwerter Vorteil der Privatnutzung des Dienstwagens als Teil des rentenfähigen Einkommens).
[412] Semler/v. Schenck AR-HdB/*Fonk* § 10 Rn. 246 und 250.
[413] OLG Hamburg WM 1992, 786; KölnKommAktG/*Mertens*/*Cahn* § 84 Rn. 79.

100 Wenn die Ruhegeldzusage allgemein auf die Vorschriften der **Beamtenversorgung** Bezug nimmt, kann das als Verweisung auf deren jeweilige Fassung auszulegen sein, auch soweit sich dies (zB wegen der Anrechnung einer etwaigen Sozialversicherungsrente) zum Nachteil des Berechtigten auswirkt.[414] Weiterhin ist davon auszugehen, dass Sonderzuwendungen, Zuschläge und Zulagen, die an vergleichbare Beamte gezahlt werden, Bestandteile der Bemessungsgrundlage des Ruhegehalts sind. Nicht zu berücksichtigen sind Beihilfen sowie solche Sonderzuwendungen, die nicht durchweg an Beamte der entsprechenden Kategorie gezahlt werden.[415]

101 Wird auf das Grundgehalt einer bestimmten **Beamtenkategorie** Bezug genommen, so können weder Zuschläge oder Zulagen noch Sonderzuwendungen für die Bemessungsgrundlage berücksichtigt werden. Bei Verweisung auf eine bestimmte Besoldungsgruppe (zB B 10) und auf eine vom Arbeitgeber festgesetzte Dienstzeit ist eine ratierliche Kürzung nach § 2 Abs. 1 BetrAVG ausgeschlossen.[416] Amtszulagen gelten gemäß § 42 Abs. 2 S. 2 BBesG als Teil des Grundgehalts. Überhaupt wird in solchen Fällen keine allgemeine Bezugnahme auf das Beamtenrecht zu sehen sein.[417] Wird in der Ruhegeldvereinbarung auf Beamte verwiesen, die eine bestimmte Funktion ausüben (Beispiel: Präsident einer bestimmten Behörde), so steigt bei einer Höherstufung des in Bezug genommenen Beamten auch die Bemessungsgrundlage entsprechend. Bei der Berechnung des vergleichbaren Dienstalters des Vorstandsmitglieds sind im Zweifel dessen frühere Dienstzeiten bei anderen privaten Arbeitgebern in sinnentsprechender Anwendung von §§ 4 ff. Beamtenversorgungsgesetz zu berücksichtigen. Bei der Berücksichtigung von Zuschlägen zum Grundgehalt ist auf einen dem Vorstandsmitglied in seiner familiären Situation vergleichbaren Beamten abzustellen.

102 **d) Wertsicherung.** Im Allgemeinen vereinbaren die Parteien Klauseln, die das laufende Ruhegehalt wertbeständig erhalten sollen. Echte Wertsicherungsklauseln, die auf die Steigerung des Preisindex für die Lebenshaltungskosten abstellen, sind nach § 3 Abs. 1 PrKlG[418] nicht genehmigungsbedürftig.[419] Ebenfalls zu einer laufenden Anpassung des Ruhegelds führen Spannungsklauseln, die die Höhe des Ruhegelds im Verhältnis zu dem Gehalt oder dem Ruhegehalt in einer bestimmten Beamtenbesoldungskategorie oder Tarifgruppe oder zu Sozialversicherungsrenten setzen.[420] Solche Spannungsklauseln, die sich in aller Regel bereits aus der Festlegung der Bemessungsgrundlage ergeben, bedürfen ebenfalls nicht der Genehmigung.

103 Ebenfalls keiner Genehmigung bedürfen sogenannte **Leistungsvorbehalte**.[421] Danach wird die Höhe des Ruhegeldes nicht starr an einen bestimmten Maßstab (Lebenshaltungskosten, Tarifvertrag) gebunden, sondern die Erhöhung einem besonderen Akt (Bestimmung durch den Aufsichtsrat nach billigem Ermessen, Vereinbarung) vorbehalten, für den ein gewisser Spielraum belassen wird.[422] Mit Rücksicht auf den Zweck des Ruhegeldes und seinen Entgeltcharakter geht der BGH sogar davon aus, dass das Unternehmen auch ohne

---

[414] BGH WM 2006, 688 (690); 2003, 681 (682 f.); 1984, 400; LAG Hamm DB 1985, 2254.
[415] Vgl. zum Stellenplananpassungszuschlag, der ausschließlich dazu bestimmt ist, diejenigen Versorgungsempfänger, die nicht mehr in den Genuss bestimmter Beförderungsmöglichkeiten gelangt sind, durch Gewährung eines pauschalierten Erhöhungsbetrags zu entschädigen, BAG BB 1978, 714; GroßkommAktG/*Kort* § 84 Rn. 371.
[416] BGH WM 2003, 681 (682 f.).
[417] BGH WM 1970, 667; KölnKommAktG/*Mertens/Cahn* § 84 Rn. 76.
[418] Gesetz über das Verbot der Verwendung von Preisklauseln bei der Bestimmung von Geldschulden vom 7.9.2007, BGBl. I S. 2246.
[419] KölnKommAktG/*Mertens/Cahn* § 84 Rn. 80.
[420] BGH WM 1996, 2290 („laufende Renten aus der Angestelltenversicherung"); BGH WM 1984, 900; KölnKommAktG/*Mertens/Cahn* § 84 Rn. 80.
[421] Dazu Palandt BGB/*Grüneberg*, Anh. zu § 245, PrKlG § 1 Rn. 3; *Seyfarth*, Vorstandsrecht, § 6 Rn. 75 f.
[422] BGH WM 1981, 842; 1976, 385.

Vereinbarung einer Anpassung des Ruhegehalts nach **Treu und Glauben** (§ 242 BGB) gehalten sein kann, das Ruhegeld und sogar die Ruhegeldanwartschaft anzupassen.[423] Anpassungsklauseln sind nur insoweit verbindlich, als sie dem Versorgungsberechtigten nicht weniger gewähren als nach einer Anpassungsprüfung gemäß § 16 BetrAVG. Diese Vorschrift gewährt somit auch bei vertraglichen Anpassungsklauseln eine Mindestanpassung.

104 Sieht der Anstellungsvertrag oder die Pensionsvereinbarung keine oder eine zu geringe Dynamisierung der Versorgungsbezüge vor, ist die Wertbeständigkeit des Ruhegelds für die unter das BetrAVG fallenden Versorgungsvereinbarungen nach Maßgabe von **§ 16 BetrAVG** gesichert. Danach hat der Arbeitgeber alle drei Jahre eine Anpassung der laufenden Leistungen der betrieblichen Altersversorgung zu prüfen und hierüber nach billigem Ermessen zu entscheiden. Dabei sind insbesondere die Belange des Versorgungsempfängers und die wirtschaftliche Lage der Gesellschaft zu berücksichtigen. Die Verpflichtung zur Anpassung ist nach § 16 Abs. 2 Nr. 1 BetrAVG stets dann erfüllt, wenn die Anpassung nicht geringer ist als der Anstieg des Verbraucherpreisindexes. Zu den zahlreichen Problemen, die § 16 BetrAVG aufgibt, ist auf die einschlägigen Kommentare zum BetrAVG zu verweisen.[424] Bei einer Anpassungsprüfung in abhängigen Konzerngesellschaften kann ausnahmsweise die wirtschaftliche Lage des herrschenden Unternehmens zu berücksichtigen sein.[425] Sofern nicht ausdrücklich eine anderweitige Vereinbarung getroffen wird, erfasst die Dynamisierung nach § 16 BetrAVG oder nach vertraglicher Anpassungsklausel nur das laufende Ruhegeld, nicht aber eine bloße Versorgungsanwartschaft.

105 **e) Ausschluss, Verlust oder Minderung von Ruhegeldansprüchen.** Die Altersversorgung hat Entgeltcharakter (→ Rn. 92). Hat das Vorstandsmitglied seine geschuldeten Dienste schlecht erfüllt, führt dies grundsätzlich nicht dazu, dass die Gesellschaft die Altersbezüge verweigern oder mindern kann. Angesichts der wesentlichen Bedeutung einer Versorgungszusage für das Vorstandsmitglied rechtfertigen nach der Rechtsprechung nur schwerste Verfehlungen (zB ruinöser Wettbewerb, Annahme hoher Schmiergelder, aktive Teilnahme an schwerwiegenden Kartellrechtsverstößen), insbesondere wenn sie die wirtschaftliche Grundlage des Unternehmens gefährden, ausnahmsweise die Versagung von Ruhegeldansprüchen unter dem Gesichtspunkt des Rechtsmissbrauchs.[426] Nach gefestigter Formel des BGH muss das Vorstandsmitglied seine Pflichten dabei in so grober Weise verletzt haben, dass sich die in der Vergangenheit bewiesene Betriebstreue nachträglich als wertlos oder zumindest erheblich entwertet herausstellt.[427] Pflichtverletzungen, die nach Art, Ausmaß und Folgen nicht dieses außerordentliche Gewicht haben, rechtfertigen einen Pensionsentzug selbst dann nicht, wenn auf sie eine außerordentliche Kündigung des Anstellungsvertrags nach § 626 BGB hätte gestützt werden können.[428] Entgegen einer verbreiteten Tendenz in der Rechtsprechung ist es für einen Pensionsentzug hingegen nicht erforderlich, dass stets eine Existenzgefährdung der Gesellschaft vorliegt.[429] Durch vertraglich vereinbarte Widerrufsvorbehalte können diese Maßstäbe

---

[423] BGH WM 1981, 899; 1974, 71.
[424] *Blomeyer/Rolfs/Otto*, BetrAVG, 7. Aufl. 2018, § 16 Rn. 33 ff.; ErfK/*Steinmeyer* § 16 BetrAVG; siehe auch MüKoAktG/*Spindler* § 84 Rn. 227.
[425] BAG NJW 1995, 2127; *Diller/Beck* DB 2011, 1052 ff.
[426] BAG GWR 2014, 442; BGH DB 2002, 1207 f.; ZIP 2002, 364 f.; WM 2000, 358 (359); OLG München WM 2008, 1098; MüKoAktG/*Spindler* § 84 Rn. 230 f.
[427] BGH NZG 2019, 1020 (1021); WM 2007, 1662; NZG 2002, 635 (636); 2000, 498.
[428] BGH NZG 2019, 1020 (1021); NJW 1984, 1529 (1530).
[429] So auch *Seyfarth*, Vorstandsrecht, § 6 Rn. 87 unter Verweis auf obiter dictum in BGH ZIP 2002, 364 f. Siehe auch Spindler/Stilz AktG/*Fleischer* § 84 Rn. 52; *Beiner/Braun*, Der Vorstandsvertrag, 2. Aufl. 2014, Rn. 479; *Goette* DStR 2002, 413 (414), die im Einzelfall die Zufügung eines außerordentlich hohen Schadens ausreichen lassen. Der BGH hat die Frage zuletzt ausdrücklich offen gelassen (BGH NZG 2019, 1020 (1021)). AA trotz Verurteilung zu langjähriger Haftstrafe wegen

nicht zulasten des Vorstandsmitglieds geändert werden.[430] Umgekehrt handelt es sich auch bei Vereinbarung eines Widerrufsvorbehalts rechtlich nicht um ein fristgebunden auszuübendes Gestaltungsrecht, sondern um den Einwand des Rechtsmissbrauchs. Eine rechtsgestaltende Erklärung der Gesellschaft binnen einer angemessenen Frist ist also nicht erforderlich.[431] In einem völligen Entzug des Ruhegelds kann mit Rücksicht auf dessen Versorgungszweck selbst bei ungewöhnlich grobem Fehlverhalten des Versorgungsberechtigten eine zu weitgehende Maßnahme zu sehen sein. Unter Umständen ist eine angemessene Kürzung des Ruhegehalts unter Abwägung aller nach § 242 BGB erheblichen Umstände in Betracht zu ziehen.[432] Erreicht eine Pflichtverletzung nach Art, Ausmaß oder Folgen nicht das für einen Entzug oder Kürzung des Ruhegehalts erforderliche außerordentliche Gewicht, berührt das nicht die Möglichkeit der Gesellschaft, bestehende Schadensersatzansprüche gegen den Ruhegeldanspruch aufzurechnen.[433] Zur Herabsetzung des Ruhegehalts nach § 87 Abs. 2 S. 2 AktG → Rn. 86.

Die vorstehenden Grundsätze über den Schutz vor Widerruf und Minderung von Ruhegeldansprüchen gelten nur für den Zeitraum **nach Eintritt der gesetzlichen Unverfallbarkeit,** also nach § 1b Abs. 1 S. 1 BetrAVG, wenn die Versorgungszusage mindestens drei Jahre bestanden hat. Vor Eintritt der Unverfallbarkeit folgt die Versorgungszusage dem Schicksal des Anstellungsvertrags. Wird dieser durch Kündigung aus wichtigem Grund oder durch einvernehmliche Vereinbarung vor der gesetzlichen Unverfallbarkeit beendet, so entfällt damit die Versorgungszusage.[434] Enthält die Pensionszusage einen vertraglichen Widerrufsvorbehalt, so gelten für den Widerruf nach Eintritt der gesetzlichen Unverfallbarkeit die in → Rn. 105 aufgeführten Restriktionen. Bei lediglich vertraglicher Unverfallbarkeit ist es eine Frage der Auslegung, ob diese im Fall des Widerrufs der gesetzlichen Unverfallbarkeit gleich gestellt werden soll.[435] Diese Problematik stellt sich bei allen Regelungen der Pensionszusage, die über den gesetzlichen Schutz des BetrAVG hinausgehen, also zB bei der Zusage eines Übergangsgeldes.[436]

f) Insolvenzsicherung. Nach Maßgabe von § 7 BetrAVG sind laufende Ruhegeldansprüche und unverfallbare Anwartschaften insolvenzgesichert. Die Sicherung gilt für alle unter § 17 Abs. 1 S. 2 BetrAVG fallenden Vorstandsmitglieder. Versorgungsempfänger im Sinne von § 7 Abs. 1 BetrAVG ist auch, wer bei Eintritt des Insolvenzfalls eine Versorgungsberechtigung erworben, aber noch keine Zahlung erhalten oder über die Altersgrenze hinaus freiwillig weitergearbeitet hat.[437] Nicht von der Insolvenzsicherung erfasst sind Übergangsgelder. Träger der Insolvenzsicherung ist nach § 14 Abs. 1 S. 1 BetrAVG der Pensions-Sicherungs-Verein Versicherungsverein auf Gegenseitigkeit (PSVaG).

Eine nach § 7 Abs. 2 BetrAVG **gesicherte Ruhegeldanwartschaft** liegt vor, wenn das Vorstandsmitglied eine nach § 1b BetrAVG unverfallbare Versorgungsanwartschaft hat und das Insolvenzverfahren über das Unternehmen eröffnet oder ein Sicherungsfall nach § 7 Abs. 1 S. 4 BetrAVG eingetreten ist. Eine lediglich **vertragliche** Unverfallbarkeitsregelung genügt **nicht.** Der gesetzliche Insolvenzschutz erstreckt sich auch auf Ruhegeldanwart-

---

Schmiergeldannahme und 10 Mio. EUR-Schaden für die Gesellschaft zB OLG München DB 2005, 2198 (2199).
[430] BGH NJW 1984, 1529 (1530); siehe auch BAG WM 1982, 1263 (1264).
[431] BGH WM 2000, 358 (359).
[432] BGH NJW 1984, 1529 (1530 f.); OLG Hamburg AG 1980, 275 (281 f.).
[433] Spindler/Stilz AktG/*Fleischer* § 84 Rn. 59; *Beiner/Braun,* Der Vorstandsvertrag, 2. Aufl. 2014, Rn. 518.
[434] KölnKommAktG/*Mertens/Cahn* § 84 Rn. 82; *Bauer/Baeck/v. Medem* NZG 2010, 721 (727).
[435] Vgl. einerseits BGH ZIP 2002, 364 f. (für Gleichstellung der vertraglichen mit der gesetzlichen Unverfallbarkeit) und andererseits BGH ZIP 2008, 279 (281) und BGH ZIP 2000, 1452 (1453) (für Vorrang der vertraglichen Widerrufsklausel).
[436] Vgl. Semler/v. Schenck AR-HdB/*Fonk* § 10 Rn. 266; *Fonk* ZGR 2009, 413 (437 f.).
[437] BGHZ 77, 233 (245 f.); 78, 73 (74); 108, 330 (336); BGH WM 1980, 1116; 1981, 1344.

schaften, deren Unverfallbarkeit auf der **Anrechnung von Vordienstzeiten** beruht, sofern diese bereits von einer Versorgungszusage begleitet waren und an das neue Dienstverhältnis heranreichen.[438]

109 Die Insolvenzsicherung ist nach § 7 Abs. 3 BetrAVG für laufende Rentenleistungen auf das Dreifache der im Zeitpunkt der ersten Fälligkeit maßgebenden Bezugsgröße nach § 18 SGB IV begrenzt. Der Träger der Insolvenzsicherung hat gemäß § 7 Abs. 1 BetrAVG im Sicherungsfall die Leistung so zu erbringen, wie der Arbeitgeber sie aufgrund der Versorgungszusage schuldet. Erst die nach § 7 Abs. 1 BetrAVG ermittelte, grundsätzlich in dieser Höhe an den Berechtigten zu erbringende Versicherungsleistung wird nach § 7 Abs. 3 BetrAVG auf die Sicherungshöchstgrenze begrenzt.[439] Da die Höchstgrenze nach § 7 Abs. 3 BetrAVG für Vorstandsmitglieder in der Praxis regelmäßig überschritten wird, besteht im Insolvenzfall eine Absicherungslücke. Häufig werden Ruhegeldansprüche von Vorständen daher über weitere Mechanismen gesichert. Dies kann zum Beispiel ein Contractual Trust Arrangement (CTA) sein,[440] eine Rückdeckungsversicherung, aus der dem Vorstandsmitglied Ansprüche abgetreten oder verpfändet werden,[441] oder allgemein die Verpfändung von Vermögenswerten (zB Immobilien, Wertpapiere).[442]

110 **g) Hinterbliebenenversorgung.** Für die Hinterbliebenenversorgung (Witwen-/Witwerrente sowie Waisenrente) gelten im Wesentlichen die Ausführungen zum Ruhegeld entsprechend. Bei der Zusage einer Witwen-/Witwerrente[443] erwirbt der überlebende Ehegatte mit dem Tode des Vorstandsmitglieds nach § 331 BGB ein unmittelbares Recht auf Leistung. Die Höhe der Rente beträgt in der Regel 50–60 % des Ruhegelds, das das verstorbene Vorstandsmitglied zum Zeitpunkt seines Todes bezog oder bezogen hätte. Zu Lebzeiten des Vorstandsmitglieds erlangt der Ehegatte noch keinerlei Anwartschaftsrecht. Ob nur der derzeitige (bei Vertragsschluss) oder auch ein zukünftiger Ehepartner gemeint ist, ist in jedem Einzelfall zu ermitteln.[444] Eine ausdrückliche Regelung ist daher dringend anzuraten. Eine vertraglich zugesagte Hinterbliebenenrente kann gekürzt werden, wenn der Versorgungsberechtigte nach Abschluss der Ruhegeldvereinbarung eine Person heiratet, die wesentlich jünger ist.[445] In der Praxis finden sich verbreitet Klauseln, nach denen der Anspruch auf Hinterbliebenenrente ausgeschlossen ist, wenn der Ehegatte zB über fünfzehn Jahre jünger ist als das versorgungsberechtigte Vorstandsmitglied.[446] Häufig findet sich in der Versorgungszusage auch eine ausdrückliche Spätehenklausel, wonach der Anspruch voraussetzt, dass die Ehe vor einem bestimmten Alter oder vor Eintritt des Versorgungsfalls geschlossen wurde. Gegen eine solche Klausel bestehen keine rechtlichen Bedenken.[447] Sieht die Versorgungszusage einen Wegfall der Hinterbliebenenrente bei Wiederverheiratung vor, so lebt der Anspruch nach Scheidung der Zweitehe nicht wieder auf.[448] Häufig sehen Pensionszusagen auch eine Waisenrente für minderjährige oder noch in der Ausbildung befindliche Kinder des Vorstandsmitglieds vor.[449] Die Gesellschaft wird Hinterblie-

---

[438] Vgl. BAG WM 1984, 162.
[439] BGH WM 2004, 2392 (2393).
[440] Näher *Seyfarth,* Vorstandsrecht, § 6 Rn. 93 ff.
[441] BGH BB 2014, 2646; WM 2013, 935; *Blomeyer/Rolfs/Otto,* BetrAVG, 7. Aufl. 2018, § 7 Rn. 55 f.
[442] *Seyfarth,* Vorstandsrecht, § 6 Rn. 96.
[443] Einzelheiten bei *Fonk* FS Semler, 1993, 139 (157 ff.); *Fonk* ZGR 2009, 413 (439 ff.).
[444] Vgl. LAG Hamm DB 1987, 1260.
[445] LG Köln DB 1985, 2252 (im konkreten Fall: 37 Jahre jünger); zust. GroßkommAktG/*Kort* § 84 Rn. 395. Es ist auch eine Regelung möglich, nach der eine Rente nur geleistet wird, wenn die Ehe mindestens zwei Jahre bestanden hat, BAG NZA 1988, 158.
[446] Vgl. den Fall EuGH NJW 2008, 3417; dazu *Bauer/Arnold* NJW 2008, 3377 ff.
[447] BAG DB 2001, 2303 (2304); 2010, 2000; zur Vereinbarkeit mit dem AGG BAG NJW 2018, 1339 (1340 f.).
[448] BAG BB 1997, 1053.
[449] Einzelheiten bei Semler/v. Schenck AR-HdB/*Fonk* § 10 Rn. 281 ff.; *Fonk* ZGR 2009, 413 (445 f.).

benen gegenüber gemäß § 112 AktG vom Aufsichtsrat vertreten.[450] Die Hinterbliebenen haben zwar ein eigenes Forderungsrecht gemäß § 328 BGB gegen die Gesellschaft. Der auf eine unbefangene Vertretung der Gesellschaft gerichtete Normzweck des § 112 AktG (→ § 23 Rn. 8) gebietet aber auch gegenüber Hinterbliebenen eine Vertretung der Gesellschaft durch den Aufsichtsrat.

2. Auslagenersatz. Nach §§ 675, 669 f. BGB haben die Vorstandsmitglieder Anspruch auf 111 Vorschuss und Auslagenersatz. Erstattungsfähig sind Auslagen, die das Vorstandsmitglied im Rahmen seiner Tätigkeit für erforderlich halten durfte. Dazu gehören auch Schäden, die ein Vorstandsmitglied bei seiner Tätigkeit ohne sein Verschulden erlitten hat. Regressansprüche wegen Haftungsschäden stehen dem Vorstandsmitglied nur dann zu, wenn sein Verhalten der Gesellschaft gegenüber nicht als Pflichtverletzung anzusehen ist.[451] Wer berechtigt ist, **Aufwendungsersatz** zu verlangen, kann nach § 257 BGB auch Befreiung von einer Verbindlichkeit (Freistellung) verlangen. Vertragliche Freistellungsvereinbarungen zwischen einem Vorstandsmitglied und einem Dritten, zB dem Mehrheitsaktionär, sind bei einer unabhängigen Aktiengesellschaft grundsätzlich zulässig. Durch die Vereinbarung muss aber die Unabhängigkeit des Vorstands zur autonomen Leitung nach § 76 Abs. 1 AktG erhalten bleiben.[452] Ein Anspruch auf Auslagenersatz besteht, sofern nicht vertraglich etwas anderes bestimmt ist, nur wenn das Vorstandsmitglied seine Aufwendungen ordnungsgemäß belegt.[453] Ebenso wie das gerichtlich bestellte Vorstandsmitglied nach § 85 Abs. 3 S. 1 AktG, hat auch das vom Aufsichtsrat bestellte Vorstandsmitglied nur Anspruch auf Ersatz angemessener Auslagen.[454] Die Angemessenheit richtet sich nach dem mit der Auslage verfolgten geschäftlichen Zweck und dem bei der Gesellschaft Üblichen unter Beachtung ihrer finanziellen Lage.

Werden gegen ein Vorstandsmitglied im Zusammenhang mit dessen dienstlicher Tätigkeit 112 **Geldstrafen, Geldauflagen oder Geldbußen** verhängt, darf der Aufsichtsrat eine Erstattung durch die Gesellschaft vor dem Hintergrund des § 93 Abs. 4 S. 3 AktG nur beschließen, wenn das Vorstandsmitglied nicht zugleich eine Pflichtverletzung gegenüber der Gesellschaft (§ 93 Abs. 2 S. 1 AktG) begangen hat; andernfalls ist die Entscheidung der Hauptversammlung vorbehalten.[455] Der gleiche Maßstab ist auf die Wirksamkeit vertraglicher Freistellungs- oder Erstattungszusagen in Bezug auf Sanktionen des Straf- und Ordnungswidrigkeitenrechts anzuwenden. Da eine in dienstlichem Zusammenhang begangene Straftat oder Ordnungswidrigkeit in aller Regel auch eine Pflichtverletzung gegenüber der Gesellschaft darstellt, sind Erstattungen regelmäßig unzulässig bzw. Zusagen nichtig (Letztere nach §§ 134, 138 BGB oder wegen Verstoßes gegen § 93 Abs. 4 S. 3 AktG).[456] Der Aufsichtsrat hat die Pflichtwidrigkeit des Verhaltens gegenüber der Gesellschaft eigenständig und ohne Ermessen zu prüfen,[457] die Pflichtwidrigkeit folgt nicht automatisch aus

---

[450] BGH WM 2006, 2308; LG München I AG 1996, 38; GroßkommAktG/*Hopt/Roth* § 112 Rn. 38; MüKoAktG/*Habersack* § 112 Rn. 16; aA OLG München WM 1996, 346 (347 f.) und OLG München AG 1996, 328.

[451] BGHZ 202, 26 (29, 31); BGH WM 2014, 1678 Rn. 11 und 17; Spindler/Stilz AktG/*Fleischer* § 84 Rn. 66; *Fleischer* WM 2005, 909 (917); *Krieger* FS Bezzenberger, 2000, 211 (214); *Habersack* FS Ulmer, 2003, 151 (156); zu solchen Fällen vgl. GroßkommAktG/*Hopt/Roth* § 93 Rn. 678 f.; *Dreher* ZHR 165 (2001), 293 (311 f.).

[452] *Habersack* FS Ulmer, 2003, 151 (164 ff. und 170).

[453] OLG Karlsruhe GmbHR 1962, 135: Spindler/Stilz AktG/*Fleischer* § 84 Rn. 64.

[454] KölnKommAktG/*Mertens/Cahn* § 93 Rn. 103; MüKoAktG/*Spindler* § 84 Rn. 106; Spindler/Stilz AktG/*Fleischer* § 84 Rn. 64 und § 93 Rn. 153.

[455] BGHZ 202, 26 (31, 33) (abl. Bspr. bei *Hoffmann-Becking* ZGR 2015, 618 ff.); Hüffer/*Koch* AktG § 84 Rn. 23; KölnKommAktG/*Mertens/Cahn* § 84 Rn. 92, 94; *Seyfarth*, Vorstandsrecht, § 23 Rn. 154; großzügiger, sofern gewichtige Gründe des Gesellschaftswohls eine Erstattung rechtfertigen, *Krieger* FS Bezzenberger, 2000, 211 (214).

[456] Näher Hüffer/*Koch* AktG § 84 Rn. 23; KölnKommAktG/*Mertens/Cahn* § 84 Rn. 95; Spindler/Stilz AktG/*Fleischer* § 84 Rn. 72.

[457] BGHZ 202, 26 (33).

der im Außenverhältnis verhängten Sanktion. Die Übernahme üblicher Rechtsverteidigungskosten ist ebenfalls zulässig, soweit keine Pflichtverletzung gegenüber der Gesellschaft vorliegt. In diesen Fällen wird das Vorstandsmitglied aus der Fürsorgepflicht regelmäßig auch dann einen Anspruch auf Übernahme der Aufwendungen durch die Gesellschaft haben, wenn dies nicht vertraglich vereinbart ist, einschließlich eines Vorschusses (§ 669 BGB). Das gilt auch bei unklarer Rechtslage, allerdings ist dann ein Rückforderungsmechanismus mit angemessener Verzinsung zu vereinbaren, den der Aufsichtsrat im Fall der sich herausstellenden Pflichtwidrigkeit auch nutzen muss.[458] Bei der Ausgestaltung ist darauf zu achten, dass die Gesellschaft die Beweislastumkehr aus § 93 Abs. 2 S. 2 AktG nicht verliert.

113 **3. Urlaub.** Das Bundesurlaubsgesetz gilt nicht für Vorstandsmitglieder, §§ 1, 2 BUrlG. Ihr Urlaubsanspruch richtet sich primär nach den Vereinbarungen im Anstellungsvertrag. Auch ohne ausdrückliche Regelung im Anstellungsvertrag steht Vorstandsmitgliedern ein angemessener bezahlter Erholungsurlaub zu.[459] Vorstandsmitgliedern kann auch ohne besondere Vereinbarung ein Anspruch auf Urlaubsabgeltung zustehen, wenn der Urlaub aus betrieblichen Gründen weder im laufenden Jahr noch im folgenden Jahr genommen werden konnte oder die Nachholung innerhalb dieser Zeit infolge einer unverschuldeten Entlassung nicht mehr möglich ist.[460] Im Zweifel gelten hinsichtlich der Rechtsfragen im Zusammenhang mit dem Urlaubsanspruch die für leitende Angestellte geltenden Grundsätze.[461] In Anstellungsverträgen ist gelegentlich die Zustimmung des Aufsichtsratsvorsitzenden für den Urlaub geregelt. Im Hinblick auf die autonome Leitungsbefugnis des Vorstands dürften solche Klauseln rechtlich problematisch sein.[462] Es obliegt vielmehr dem Selbstorganisationsrecht des Vorstands, den Urlaub so abzustimmen, dass eine vernünftige Urlaubsvertretung gewährleistet ist.

114 **4. Zeugnis.** Vorstandsmitglieder haben gegen die Gesellschaft gemäß § 630 BGB einen Anspruch auf Erteilung eines Dienstzeugnisses.[463] Das Dienstzeugnis ist stets, auch wenn die Bestellung bereits beendet ist, vom Aufsichtsrat zu erteilen.[464] Wirkliche Bedeutung dürfte die Frage nach einem Anspruch auf Zeugniserteilung kaum haben, da Leistungen von Vorstandsmitgliedern selten anhand von Zeugnissen beurteilt werden.

V. Pflichten des Vorstandsmitglieds aus dem Anstellungsvertrag

115 **1. Allgemeines.** Die **Organpflichten** der Vorstandsmitglieder entstehen mit wirksamer Bestellung unmittelbar kraft Gesetzes (→ § 20 Rn. 14). Aus dem Anstellungsvertrag ergeben sich häufig weitere Pflichten, zB nachvertragliche Wettbewerbsverbote, Nebentätigkeitsverbote, Residenzpflichten, uä.[465]

---

[458] Hüffer/*Koch* AktG § 84 Rn. 23; KölnKommAktG/*Mertens/Cahn* § 84 Rn. 93; *Fleischer* WM 2005, 909 (915 f.); *Lackhoff/Habbe* NZG 2012, 616 (617); *Schick* ZWH 2012, 433 (438 f.); ausführlich *Krieger* FS Bezzenberger, 2000, 211 (222 ff.).
[459] MüKoAktG/*Spindler* § 84 Rn. 99; KölnKommAktG/*Mertens/Cahn* § 84 Rn. 87; *Zöllner* FS Koppensteiner, 2001, 291 (294).
[460] BGZ 49, 30 (31 f.) (diese für einen GmbH-Geschäftsführer ergangene Entscheidung gilt generell für Mitglieder des Vertretungsorgans einer juristischen Person, also auch für Vorstandsmitglieder, vgl. BGH NJW 1981, 2465 (2466)); Spindler/Stilz AktG/*Fleischer* § 84 Rn. 63; MüKoAktG/*Spindler* § 84 Rn. 99.
[461] BGH LM GmbHG § 35 Nr. 5; KölnKommAktG/*Mertens/Cahn* § 84 Rn. 87.
[462] Vgl. Spindler/Stilz AktG/*Fleischer* § 84 Rn. 62; Semler/v. Schenck AR-HdB/*Fonk* § 10 Rn. 174.
[463] OLG Frankfurt a. M. AG 2009, 335 (336); Hüffer/*Koch* AktG § 84 Rn. 25; MüKoAktG/*Spindler* § 84 Rn. 105; *Goette* FS Wiedemann, 2002, 873 (879 f.); für GmbH-Geschäftsführer BGHZ 49, 30 (31 f.).
[464] MüKoAktG/*Spindler* § 84 Rn. 105; Semler/v. Schenk AR-HdB/*Fonk* § 10 Rn. 176.
[465] Siehe das Muster eines Anstellungsvertrages in Beck'sches Formularbuch Bürgerliches, Handels- und Wirtschaftsrecht/*Hoffmann-Becking/Berger*, 13. Aufl. 2019, Form. X. 13.

§ 21 Anstellungsverhältnis der Vorstandsmitglieder § 21

2. Wettbewerbsverbot. a) Gesetzliches Wettbewerbsverbot. Nach § 88 Abs. 1 AktG 116 unterliegen Vorstandsmitglieder für die Dauer ihrer Bestellung einem Wettbewerbsverbot. Regelungszweck des § 88 AktG ist der Schutz der Gesellschaft vor Wettbewerbshandlungen. Vor allem aber soll durch § 88 AktG sichergestellt werden, dass die Vorstandsmitglieder ihre Arbeitskraft ausschließlich der Gesellschaft widmen.[466] Der Begriff Wettbewerbsverbot ist insofern zu eng. Die Vorschrift ist nicht zwingend und lässt anstellungsvertragliche und statutarische Erweiterungen in den Grenzen des § 88 Abs. 1 S. 3 AktG sowie Beschränkungen zu.[467] Nach § 88 Abs. 1 S. 1 AktG dürfen Vorstandsmitglieder kein Handelsgewerbe betreiben, auch wenn dies der Gesellschaft keine Konkurrenz macht. Sie dürfen weiterhin im Geschäftszweig der Gesellschaft, also auf dem Gebiet, auf dem die Gesellschaft tatsächlich Geschäfte betreibt, weder für eigene noch für fremde Rechnung Geschäfte machen. Für die Bestimmung des Geschäftszweigs der Gesellschaft kommt es nach hM auf den tatsächlichen Tätigkeitsbereich an, nicht auf den satzungsmäßigen Unternehmensgegenstand.[468] Zum Schutz der Gesellschaft wird man allerdings jedenfalls dann auf den satzungsmäßigen Unternehmensgegenstand abzustellen haben, wenn die tatsächliche Tätigkeit dahinter zurückbleibt.[469] Unter Geschäftemachen fällt jede, wenn auch nur spekulative, auf Gewinnerzielung gerichtete Teilnahme am geschäftlichen Verkehr, die nicht nur zur Befriedigung eigener privater Bedürfnisse erfolgt, also nicht lediglich persönlichen Charakter hat.[470] Nach § 88 Abs. 1 S. 2 AktG dürfen Vorstandsmitglieder weiterhin nicht Mitglied des Vorstands oder Geschäftsführer oder persönlich haftender Gesellschafter einer anderen Handelsgesellschaft sein, auch wenn es sich dabei nicht um ein Konkurrenzunternehmen, sondern zB um ein konzernverbundenes Unternehmen handelt. Von § 88 Abs. 1 S. 2 AktG sind somit auch Vorstandsdoppelmandate im Konzern erfasst, soweit keine Einwilligung des Aufsichtsrats beider Gesellschaften vorliegt (näher zu Vorstandsdoppelmandaten → § 19 Rn. 43 ff.).[471] Erlaubt ist einem Vorstandsmitglied die Zugehörigkeit zum Aufsichtsrat eines anderen Unternehmens sowie die Beteiligung an einer anderen Gesellschaft als stiller Gesellschafter, als nicht geschäftsführender Kommanditist und als lediglich kapitalmäßig beteiligter Aktionär oder GmbH-Gesellschafter. Der Aufsichtsrat kann in eine an sich verbotene Tätigkeit einwilligen. Die Einwilligung – also die vorherige Zustimmung – kann nicht generell erteilt werden, sondern immer nur für bestimmte Handelsgewerbe, Handelsgesellschaften oder für bestimmte Arten von Geschäften (§ 88 Abs. 1 S. 3 AktG). Eine Genehmigung – also die nachträgliche Zustimmung – durch den Aufsichtsrat ist rechtlich bedeutungslos, da dieser nach § 93 Abs. 4 S. 2 AktG nicht über die nach § 88 Abs. 2 S. 1 AktG entstandenen Schadensersatzansprüche der Gesellschaft verfügen kann.[472]

---

[466] BGH WM 2001, 1067 (1068); ZIP 1997, 1063 (1064); KölnKommAktG/*Mertens/Cahn* § 88 Rn. 2.

[467] KölnKommAktG/*Mertens/Cahn* § 88 Rn. 8; MüKoAktG/*Spindler* § 88 Rn. 7; *Fleischer* AG 2005, 336 (345 f.).

[468] OLG Frankfurt a. M. AG 2000, 518 (519); GroßkommAktG/*Kort* § 88 Rn. 28 Hölters AktG/ *Weber* § 88 Rn. 8; Hüffer/*Koch* AktG § 88 Rn. 3; MüKoAktG/*Spindler* § 88 Rn. 16; K. Schmidt/ Lutter AktG/*Seibt* § 88 Rn. 7; Spindler/Stilz AktG/*Fleischer* § 88 Rn. 12; aA für den Fall einer Überschreitung des satzungsmäßigen Unternehmensgegenstands OLG Köln NZG 2019, 582 (585); KölnKommAktG/*Mertens/Cahn* § 88 Rn. 13.

[469] MüKoAktG/*Spindler* § 88 Rn. 17; Spindler/Stilz AktG/*Fleischer* § 88 Rn. 12; aA die bislang hM, OLG Frankfurt a. M. AG 2000, 518 (519); GroßkommAktG/*Kort* § 88 Rn. 28; KölnKommAktG/*Mertens/Cahn* § 88 Rn. 13. Die von der bislang hM angeführten BGH-Entscheidungen (BGHZ 89, 162 (170); 70, 331 (332)) sind jeweils zum Personengesellschaftsrecht (§ 112 HGB) ergangen und lassen sich auf die Aktiengesellschaft nicht übertragen.

[470] BGH ZIP 1997, 1063 (1064).

[471] BGH WM 2009, 1138 Rn. 14 – Gruner + Jahr; Hüffer/*Koch* AktG § 88 Rn. 4; *Fleischer* AG 2005, 336 (344).

[472] Hüffer/*Koch* AktG § 88 Rn. 5; KölnKommAktG/*Mertens/Cahn* § 88 Rn. 17; MüKoAktG/ *Spindler* § 88 Rn. 27; *Armbrüster* ZIP 1997, 1269 (1270); *Fleischer* AG 2005, 336 (344). Zur Frage, ob

117 Das Wettbewerbsverbot des § 88 Abs. 1 AktG gilt für alle amtierenden Vorstandsmitglieder. Ausgenommen sind nach § 105 Abs. 2 S. 4 AktG Vorstandsmitglieder, die gemäß § 104 Abs. 2 S. 1 AktG für einen im Voraus begrenzten Zeitraum bestellt worden sind, und nach § 268 Abs. 3 AktG Abwickler.[473] Das Wettbewerbsverbot beginnt mit der Bestellung und endet grundsätzlich mit der Beendigung des Vorstandsamts.[474] Ist die Abberufung erfolgt, so bleibt das abberufene Vorstandsmitglied bei ungekündigtem Anstellungsverhältnis zur Einhaltung des § 88 Abs. 1 AktG verpflichtet, bis der Anstellungsvertrag vertragsgemäß endet, sofern die Gesellschaft die Bezüge auch weiterhin zahlt.[475] Wurde der Anstellungsvertrag gleichzeitig mit der Abberufung gekündigt, so entfällt das Wettbewerbsverbot auch dann, wenn das Vorstandsmitglied die Wirksamkeit der Kündigung bestreitet.[476] Legt ein Vorstandsmitglied einseitig sein Mandat nieder, so endet das Wettbewerbsverbot nach hM[477] nur dann, wenn die Niederlegung berechtigt war. Das Wettbewerbsverbot endet nicht, bevor nicht im zeitlichen Zusammenhang der Anstellungsvertrag durch einvernehmliche Regelung oder Kündigung durch das Vorstandsmitglied oder die Gesellschaft beendet wird.

118 Über seinen Wortlaut („Gesellschaft") hinaus erstreckt sich das Wettbewerbsverbot jedenfalls dann auch auf **Konzernunternehmen,** wenn das Vorstandsmitglied in einer Holdinggesellschaft ohne eigene operative Tätigkeit tätig ist.[478] Eine generelle Einbeziehung aller Konzernunternehmen in den Schutzbereich des § 88 Abs. 1 AktG ist nicht veranlasst.[479] Die Einbeziehung ist vielmehr von der konkreten Ausgestaltung der Konzernleitung (→ § 19 Rn. 38) abhängig. Für Vorstandsmitglieder abhängiger Konzernunternehmen erstreckt sich das Wettbewerbsverbot des § 88 Abs. 1 AktG nicht ohne weiteres auf Geschäfte im Geschäftszweig anderer Konzernunternehmen.[480] Eine Ausdehnung des § 88 Abs. 1 AktG auf das herrschende Unternehmen erfolgt in keinem Fall.[481]

119 Bei Verstoß gegen das Wettbewerbsverbot des § 88 Abs. 1 AktG hat die Gesellschaft einen quasi-negatorischen Unterlassungsanspruch. Dieser setzt ein Verschulden des Vorstandsmitglieds nicht voraus.[482] Zuständig für die Geltendmachung ist der Aufsichtsrat. Darüber hinaus kann die Gesellschaft bei schuldhaftem Handeln des Vorstandsmitglieds nach § 88 Abs. 2 S. 1 AktG Schadensersatz verlangen. Die Gesellschaft kann stattdessen in

---

das Verschleiern des Anspruchs der Gesellschaft auf Abführung des Gewinns nach § 88 Abs. 2 S. 2 AktG strafrechtlich den Tatbestand der Untreue gemäß § 266 StGB erfüllt, vgl. BGH DB 1988, 646 f.

[473] MüKoAktG/*Spindler* § 88 Rn. 9; *Armbrüster* ZIP 1997, 1269 (1271); *Fleischer* AG 2005, 336 (340).

[474] OLG Nürnberg GmbHR 2010, 141 (142) (für GmbH-Geschäftsführer); GroßkommAktG/*Kort* § 88 Rn. 108; KölnKommAktG/*Mertens/Cahn* § 88 Rn. 7; MüKoAktG/*Spindler* § 88 Rn. 10 f.; *Armbrüster* ZIP 1997, 1269 (1270 f.); *Fleischer* AG 2005, 336 (340).

[475] OLG Frankfurt a. M. AG 2000, 518 (519); KölnKommAktG/*Mertens/Cahn* § 88 Rn. 7; MüKoAktG/*Spindler* § 88 Rn. 11; aA Hüffer/*Koch* AktG § 88 Rn. 2; *Fleischer* AG 2005, 336 (340). Offengelassen von OLG Oldenburg NZG 2000, 1038 (1039).

[476] OLG Frankfurt a. M. AG 2000, 518 (520); MüKoAktG/*Spindler* § 88 Rn. 11; *Fleischer* AG 2005, 336 (341).

[477] Hüffer/*Koch* AktG § 88 Rn. 2; MüKoAktG/*Spindler* § 88 Rn. 11; Spindler/Stilz AktG/*Fleischer* § 88 Rn. 12; *Fleischer* AG 2005, 336 (341); aA KölnKommAktG/*Mertens/Cahn* § 88 Rn. 7; *Armbrüster* ZIP 1997, 1269 (1271) (Wettbewerbsverbot bleibt nur bei rechtsmissbräuchlichem Verhalten des Vorstandsmitglieds erhalten).

[478] Spindler/Stilz AktG/*Fleischer* § 88 Rn. 24; *Fleischer* AG 2005, 336 (343 f.); *Schneider/Schneider* AG 2005, 57 (59 f.).

[479] OLG Frankfurt a. M. AG 2000, 518 (519); OLG Oldenburg NZG 2000, 1038; OLG Nürnberg GmbHR 2010, 141 (143) („kann"); KölnKommAktG/*Mertens/Cahn* § 88 Rn. 13; schematisch für Erstreckung auf alle Konzernunternehmen MüKoAktG/*Spindler* § 88 Rn. 24.

[480] OLG Nürnberg GmbHR 2010, 141 (143) (für GmbH-Geschäftsführer); KölnKommAktG/*Mertens/Cahn* § 88 Rn. 13.

[481] KölnKommAktG/*Mertens/Cahn* § 88 Rn. 13.

[482] *Seyfarth*, Vorstandsrecht, § 10 Rn. 59.

das vom Vorstandsmitglied getätigte Geschäft eintreten, dh verlangen, dass ein für Rechnung des Vorstandsmitglieds gemachtes Geschäft als für ihre Rechnung gemacht gilt und das Vorstandsmitglied den aus dem Geschäft erzielten Gewinn herausgibt (**Eintrittsrecht**) oder seinen Anspruch an die Gesellschaft abtritt (§ 88 Abs. 2 S. 2 AktG). Nach hM[483] setzt das Eintrittsrecht eine schuldhafte Pflichtverletzung des Vorstandsmitglieds voraus.

Für die Ansprüche der Gesellschaft bei Verstoß gegen das gesetzliche Wettbewerbsverbot **120** besteht nach § 88 Abs. 3 AktG eine doppelte **Verjährungsfrist.** Die Ansprüche verjähren in drei Monaten seit dem Zeitpunkt, in dem die übrigen Vorstandsmitglieder und die Aufsichtsratsmitglieder – und zwar sämtliche[484] – von der zum Schadensersatz verpflichtenden Handlung Kenntnis erlangen oder ohne grobe Fahrlässigkeit erlangen müssten. Ohne Rücksicht auf die Kenntnis aller Vorstands- und Aufsichtsratsmitglieder verjähren die Ansprüche der Gesellschaft nach § 88 Abs. 3 S. 2 AktG spätestens in fünf Jahren seit Entstehung. Verstößt ein Vorstandsmitglied gegen das gesetzliche Wettbewerbsverbot, so ist die Gesellschaft grundsätzlich nicht berechtigt, die Zahlung der Vergütung zu verweigern.[485]

b) Vertragliches Wettbewerbsverbot. Zusätzlich zum gesetzlichen Wettbewerbsverbot **121** der § 88 Abs. 1 AktG kann ergänzend im Anstellungsvertrag ein vertragliches Wettbewerbsverbot für die gesamte Vertragsdauer vereinbart werden. Aus Gründen der Rechtsklarheit empfiehlt sich eine solche vertragliche Regelung aus Sicht der Gesellschaft, obschon das gesetzliche Wettbewerbsverbot nach hM auch ohne vertragliche Regelung nach Beendigung der Organstellung fortgilt, sofern der Anstellungsvertrag in Kraft bleibt (näher → Rn. 117).

Ob auch darüber hinaus ein Interesse der Gesellschaft besteht, ein ausgeschiedenes Vor- **122** standsmitglied an ein **nachvertragliches Wettbewerbsverbot** zu binden, das auch über das Ende des Anstellungsvertrags hinaus wirksam bleibt, sollte für jeden Einzelfall sorgfältig geprüft werden. In der Praxis jedenfalls führen Zahlungen von Karenzentschädigung für überflüssige nachvertragliche Wettbewerbsverbote häufig zu vermeidbaren wirtschaftlichen Nachteilen der Gesellschaft. Grundsätzlich ist es zulässig, wenn die Gesellschaft mit einem Vorstandsmitglied ein – auch entschädigungsloses[486] – vertragliches Wettbewerbsverbot für die Zeit nach dem Ende des Anstellungsvertrags vereinbart. Nach ständiger Rechtsprechung des BGH ist die Wirksamkeit eines nachvertraglichen Wettbewerbsverbots mit einem Vorstandsmitglied nicht an den §§ 74 ff. HGB zu messen, da diese für Vorstandsmitglieder nicht gelten.[487] Auch eine analoge Anwendung der §§ 74 ff. HGB kommt nicht in Betracht.[488] Die Wirksamkeit von nachvertraglichen Wettbewerbsverboten beurteilt sich vielmehr nach § 138 BGB iVm Art. 2, 12 GG.

Nach § 138 BGB iVm Art. 2, 12 GG kann ein Wettbewerbsverbot nichtig sein, wenn es **123** nicht dem **berechtigten geschäftlichen** Interesse der Gesellschaft dient oder es nach Ort, Zeit und Gegenstand die Berufsausübung und die wirtschaftliche Tätigkeit des Vorstandsmitglieds unbillig erschwert.[489] Außerdem sind die AGB-rechtlichen Grenzen zu beachten (→ Rn. 15). Ein nachvertragliches Wettbewerbsverbot dient dem **berechtigten geschäftlichen Interesse der Gesellschaft,** wenn es den Zweck hat, die Gesellschaft vor illoyaler

---

[483] Bürgers/Körber AktG/*Bürgers* § 88 Rn. 11; GroßkommAktG/*Kort* § 88 Rn. 74; MüKoAktG/*Spindler* § 88 Rn. 33; für Verschuldensunabhängigkeit Spindler/Stilz AktG/*Fleischer* § 88 Rn. 37; *Fleischer* AG 2005, 336 (347).

[484] OLG Köln NZG 1999, 1008 (1009); K. Schmidt/Lutter AktG/*Seibt* § 88 Rn. 15; Hüffer/*Koch* AktG § 88 Rn. 9.

[485] BGH AG 1988, 75 ff.

[486] BGH WM 2008, 1744 Rn. 6.

[487] Grundlegend BGHZ 91, 1 (3 ff.); siehe auch BGH WM 2008, 1744; 2008, 1226; → Rn. 11.

[488] BGH WM 1991, 1260; 2008, 1226; Großkomm AktG/*Kort* § 88 Rn. 140; Hüffer/Koch AktG § 88 Rn. 10; aA KölnKommAktG/*Mertens/Cahn* § 88 Rn. 37 ff.

[489] BGHZ 91, 1 (5); BGH WM 2002, 815 und 1664 (Berichtigung); BGH WM 2008, 1744. Vgl. auch MüKoAktG/*Spindler* § 88 Rn. 49 f.; Spindler/Stilz AktG/*Fleischer* § 88 Rn. 43.

Verwertung ihr zustehender Arbeitserfolge und vor missbräuchlicher Auswertung der Berufsfreiheit des ausgeschiedenen Vorstandsmitglieds zu ihren Lasten zu schützen. Bei der **räumlichen, gegenständlichen und zeitlichen Beschränkung** des Wettbewerbsverbots ist die zeitliche Grenze idR bei höchstens zwei Jahren nach Ende der Organstellung zu sehen.[490] Eine räumliche Beschränkung ist nur gerechtfertigt, soweit eine räumliche Überschneidung der Wettbewerbstätigkeiten durch die Gesellschaft und das Vorstandsmitglied vorliegt.[491] Die gegenständliche Begrenzung folgt aus der konkreten geschäftlichen Tätigkeit der Gesellschaft und der Stellung als Vorstand.[492] Räumlich oder gegenständlich zu weitgehende nachvertragliche Wettbewerbsverbote können auch bei Vereinbarung einer salvatorischen Klausel nicht im Wege der geltungserhaltenden Reduktion aufrechterhalten werden.[493] Lediglich bei einer überlangen Bindung des Vorstandsmitglieds kommt eine geltungserhaltende Reduktion in Betracht.[494]

124 **Bedingte Wettbewerbsverbote** lassen das ausscheidende Vorstandsmitglied bis zuletzt im Unklaren, ob die Gesellschaft die Unterlassung von Wettbewerb verlangen wird oder nicht. Sie behindern daher die Betroffenen erheblich bei der Suche nach einer neuen Tätigkeit. Man wird davon ausgehen müssen, dass ausgeschiedene Vorstandsmitglieder nach Maßgabe der Rechtsprechung des Bundesarbeitsgerichts[495] zu bedingten Wettbewerbsverboten bei Arbeitnehmern die Wahl haben, ob sie sich auf die Unverbindlichkeit des Wettbewerbsverbots berufen oder das Verbot erfüllen und – sofern vereinbart – Karenzentschädigung beanspruchen.[496] Das nachvertragliche Wettbewerbsverbot gilt im Zweifel auch für die Zeit nach Erreichen der Altersgrenze. Dabei kann eine Ruhegeldzusage vorsehen, dass die Karenzentschädigung auf das Ruhegeld anzurechnen ist.[497] Da die §§ 74 ff. HGB nicht gelten, muss auch die Frist bis zum Ablauf des nachvertraglichen Wettbewerbsverbots nach Verzicht der Gesellschaft nicht gemäß § 75a HGB zwingend ein Jahr betragen, sondern kann kürzer oder länger vereinbart werden.[498] Die **Rechtsfolgen eines Verstoßes** gegen ein nachvertragliches Wettbewerbsverbot entsprechen denjenigen des gesetzlichen Wettbewerbsverbots (→ Rn. 119). Ein Eintrittsrecht entsprechend § 88 Abs. 2 S. 2 AktG muss allerdings ausdrücklich vereinbart werden. Möglich ist auch die Absicherung des Wettbewerbsverbots durch eine Vertragsstrafe.[499]

125 **3. Auskunfts- und Herausgabepflicht.** Weitere Pflichten der Vorstandsmitglieder aus dem Anstellungsvertrag ergeben sich aus der Verweisung in § 675 BGB auf die Vorschriften über den Auftrag. So ist ein Vorstandsmitglied über die in seinem Besitz

---

[490] BGHZ 91, 1 (7); BGH WM 1990, 13 (16); NJW-RR 1996, 741 (742); KölnKommAktG/*Mertens/Cahn* § 88 Rn. 35.

[491] BGH WM 1997, 1707; KölnKommAktG/*Mertens/Cahn* § 88 Rn. 35.

[492] OLG München NZA-RR 2019, 82 (83) (Nichtigkeit eines Wettbewerbsverbots für einen GmbH-Geschäftsführer, das eine Tätigkeit für potenzielle Konkurrenzunternehmen „in jeglicher Weise" untersagt).

[493] BGH WM 2005, 1752 (1753); NZG 2000, 831 Rn. 13; MüKoAktG/*Spindler* § 88 Rn. 50. Offener für eine geltungserhaltende Reduktion auch für zu weitgehende räumliche Beschränkungen OLG München NZA-RR 2019, 82 (83).

[494] BGH WM 2005, 1752 (1753); NJW-RR 1996, 741 (742); WM 1990, 2121 (2122); MüKoAktG/*Spindler* § 88 Rn. 50. Offener für eine geltungserhaltende Reduktion auch für zu weitgehende räumliche Beschränkungen OLG München NZA-RR 2019, 82 (83).

[495] Vgl. BAG DB 1996, 784 f.

[496] Spindler/Stilz AktG/*Fleischer* § 88 Rn. 48; *Bauer/Diller* BB 1995, 1134 (1138 ff.); aA KölnKommAktG/*Mertens/Cahn* § 88 Rn. 42; *Hoffmann-Becking* FS Quack, 1991, 273 (281); *Thüsing* NZG 2004, 9 (11).

[497] BAG DB 1986, 2053; *Hoffmann-Becking* FS Quack, 1991, 273 (283); aA *Thüsing* NZG 2004, 9 (12).

[498] *Goette* FS Wiedemann, 2002, 873 (884 f.).

[499] GroßkommAktG/*Kort* § 88 Rn. 167; MüKoAktG/*Spindler* § 88 Rn. 48; zur Ausgestaltung *Seyfarth*, Vorstandsrecht, § 10 Rn. 62.

befindlichen Unterlagen auskunftspflichtig und hat sie herauszugeben, wenn er aus dem Unternehmen ausscheidet (§ 675 BGB iVm §§ 666, 667 BGB).[500] Ein Zurückbehaltungsrecht steht ihm gegenüber diesen Ansprüchen nicht zu.[501] Die Gesellschaft kann aber im Einzelfall verpflichtet sein, dem ausgeschiedenen Vorstandsmitglied Auskünfte zu erteilen oder Einsicht in Unterlagen zu gewähren.[502] In diesen Fällen kann ein Herausgabeverlangen der Gesellschaft rechtsmissbräuchlich sein.[503] Ein ausgeschiedenes Vorstandsmitglied kann zudem verpflichtet sein, seinen Nachfolger auf dringend zu erledigende oder für die Gesellschaft besonders wichtige Angelegenheiten ausdrücklich hinzuweisen.[504] Etwas anders gilt nur, wenn erwartet werden kann, dass der Nachfolger in der zur Verfügung stehenden Zeit dazu in den Unterlagen der Gesellschaft ausreichende Informationen auffindet.

VI. Ende des Anstellungsvertrags

1. Kündigung des Anstellungsvertrags durch die Gesellschaft. a) Verhältnis zum Widerruf der Bestellung. Organstellung und Anstellungsvertrag sind nach dem Trennungsgrundsatz trotz bestimmter Zusammenhänge, die zu tatsächlichen und rechtlichen Auswirkungen aufeinander führen können, rechtlich zu unterscheiden (näher → § 20 Rn. 13 ff.). Daher hat die Beendigung des einen nicht zwangsläufig auch das Ende des anderen zur Folge. Solange also der Anstellungsvertrag nicht – zumindest konkludent – gekündigt wird, besteht der Vergütungsanspruch aus dem Anstellungsvertrag auch nach Widerruf der Bestellung oder Amtsniederlegung fort.[505] Umgekehrt findet auch die Organstellung nicht zwangsläufig mit der Beendigung des Anstellungsvertrags ihre Erledigung.[506] Allerdings wird in der Kündigung des Anstellungsvertrags durch die Gesellschaft regelmäßig ebenso ein Widerruf der Bestellung liegen wie in dem Widerruf der Bestellung eine Kündigung des Anstellungsvertrags.[507] Dies gilt trotz des allgemeinen Grundsatzes, dass Aufsichtsratsbeschlüsse ausdrücklich ergehen müssen.[508] Denn bei vernünftiger Auslegung kann auch ein Beschluss, die Organstellung zu widerrufen oder den Anstellungsvertrag zu kündigen, jedenfalls dann als Ausdruck des Willens des Aufsichtsrats zu verstehen sein, die gesamte Rechtsbeziehung zu dem betroffenen Vorstandsmitglied zu beenden, wenn die Abberufung oder die Kündigung erkennbar der Ausdruck eines Vertrauensverlustes ist, der die Rechtsbeziehungen zu dem Entlassenen in ihrer Gesamtheit belastet.[509]

Die Ausführung des Aufsichtsratsbeschlusses, also die **Erklärung der Kündigung** gegenüber dem betroffenen Vorstandsmitglied, obliegt dem Aufsichtsrat. Er vertritt insoweit gemäß § 112 Abs. 1 AktG die Gesellschaft (näher → § 23 Rn. 6). Der Aufsichtsrat kann die Kündigungserklärung – anders als die Beschlussfassung über die Kündigung selbst – einem seiner Mitglieder (meist dem Aufsichtsratsvorsitzenden) oder einem Dritten über-

---

[500] BGH ZIP 2008, 1821; WM 1963, 161; MüKoAktG/*Spindler* § 84 Rn. 113.
[501] BGH WM 1968, 1325; KölnKommAktG/*Mertens/Cahn* § 84 Rn. 97.
[502] OLG Frankfurt a. M. DB 1991, 272; MüKoAktG/*Spindler* § 84 Rn. 113.
[503] BGH NJW 1990, 1289 (1290 f.) (für die Berechnung von Erfindervergütung); Spindler/Stilz AktG/*Fleischer* § 84 Rn. 82.
[504] BGH WM 2012, 840 Rn. 13.
[505] Vgl. nur BGH NJW-RR 1996, 156; 1990, 1123 (1124); OLG München GWR 2012, 335509; AG 2005, 776 (777); MüKoAktG/*Spindler* § 84 Rn. 94.
[506] Vgl. BGHZ 79, 38 (41) – WestLB/Poullain; OLG Frankfurt a. M. GmbHR 1994, 549 (551); MüKoAktG/*Spindler* § 84 Rn. 163 f.; aA *Martens* FS Werner, 1984, 495 (503 f.).
[507] Vgl. BGH WM 1981, 759; OLG Hamburg GmbHR 1992, 43 (48); KölnKommAktG/*Mertens/Cahn* § 84 Rn. 106 und 152.
[508] BGH WM 1970, 1384.
[509] Vgl. BGHZ 12, 337 (340); BGH WM 1973, 639; KölnKommAktG/*Mertens/Cahn* § 84 Rn. 106. Zur Auslegung ausdrücklich gefasster Aufsichtsratsbeschlüsse vgl. BGH NJW 1989, 1928 (1929); LG München I NZG 2009, 143 (144 f.).

tragen (auch → Rn. 23 und → § 31 Rn. 101).⁵¹⁰ Erfolgt der Beschluss in Anwesenheit des Betroffenen, so erübrigt sich eine besondere Kündigungserklärung.⁵¹¹ Erfolgt die Kündigungserklärung durch den Vorsitzenden des Aufsichtsrats als Erklärungsvertreter, ist in der Praxis vorsorglich darauf zu achten, dass die Kündigungserklärung analog § 174 BGB zurückgewiesen werden kann, wenn sich die Vertretungsbefugnis des Vorsitzenden nicht aus der Satzung oder der Geschäftsordnung für den Aufsichtsrat ergibt.⁵¹² Dem Kündigungsschreiben ist daher in diesen Fällen, sofern es die Ermächtigung des Vorsitzenden enthält, die Niederschrift über den Beschluss oder die Sitzung im Original beizufügen.⁵¹³ Schon aus diesem Grund wird die Kündigung in aller Regel schriftlich erfolgen, auch wenn die Vorschrift des § 623 BGB auf Vorstandsanstellungsverträge keine Anwendung findet (→ Rn. 13). Ist im Anstellungsvertrag Schriftform für die Wirksamkeit der Kündigung vorgesehen, so ist zu unterscheiden: Gibt der Aufsichtsratsvorsitzende oder eine andere ermächtigte Person die Kündigungserklärung als Erklärungsvertreter ab, so genügt seine eigene Unterschrift.⁵¹⁴ Übergibt hingegen der Vorstand oder eine andere ermächtigte Person die Kündigungserklärung des Aufsichtsrats als Bote, so bedarf es eines schriftlich abgefassten und von allen beteiligten Aufsichtsratsmitgliedern unterzeichneten Aufsichtsratsbeschlusses, der Kündigung und Ermächtigung enthält.⁵¹⁵

128 b) Zuständigkeit. Für die Kündigung des Anstellungsvertrags ist der Aufsichtsrat zuständig. Im Gegensatz zum Widerruf der Bestellung kann der Aufsichtsrat die Kündigung des Anstellungsvertrags auf einen (Personal-)Ausschuss delegieren (näher → § 32 Rn. 11).⁵¹⁶ Da dem Personalausschuss in Fragen des Anstellungsvertrags eine lediglich akzessorische Regelungskompetenz zukommt, darf er durch seine Entscheidungen nicht der Widerrufsentscheidung des Aufsichtsratsplenums vorgreifen.⁵¹⁷ Er darf somit den Anstellungsvertrag nicht kündigen, solange das Plenum nicht über die Beendigung der Organstellung entschieden hat. Da die Kündigung als Gestaltungserklärung bedingungsfeindlich ist, kann sie vom Ausschuss auch nicht unter der aufschiebenden Bedingung ausgesprochen werden, dass das Plenum die Bestellung widerruft.⁵¹⁸ Der Ausschuss kann die Kündigung auch mit der Maßgabe beschließen, dass der Vorsitzende ermächtigt wird, sie erst und nur dann dem Vorstandsmitglied zu erklären, wenn das Aufsichtsratsplenum den Widerruf der Bestellung beschlossen hat.⁵¹⁹ Bei mitbestimmten Gesellschaften ist zu beachten, dass die Kündigung im Verfahren nach § 29 MitbestG erst durchgeführt werden darf, wenn das Plenum zuvor im Verfahren nach § 31 MitbestG den Widerruf der Bestellung beschlossen hat (zur Zweiwochenfrist des § 626 Abs. 2 BGB → Rn. 141).⁵²⁰

---

⁵¹⁰ BGHZ 47, 341 (350 f.); 12, 327 (333 ff.); OLG Düsseldorf GWR 2012, 344; NZG 2004, 141; OLG Schleswig AG 2001, 651.
⁵¹¹ BGHZ 52, 316 (321); Spindler/Stilz AktG/*Fleischer* § 84 Rn. 149.
⁵¹² OLG Düsseldorf GWR 2012, 344; NZG 2004, 141 (142 f.); ausführlich → § 31 Rn. 102 sowie zu § 174 BGB BGH WM 2014, 1301 Rn. 12 ff.
⁵¹³ OLG Düsseldorf NZG 2004, 141 (143); KölnKommAktG/*Mertens/Cahn* § 84 Rn. 152; ablehnend *Lutter/Krieger/Verse,* Rechte und Pflichten des Aufsichtsrats, 6. Aufl. 2014, Rn. 370, 426; *Bednarz* NZG 2005, 418 (425) sowie → § 31 Rn. 102 (Ermächtigung des Vorsitzenden kraft Amtes). Zu den Folgerungen für die Praxis mit Formulierungsempfehlungen *Schockenhoff/Topf* DB 2005, 539 ff.
⁵¹⁴ OLG Düsseldorf GWR 2012, 344.
⁵¹⁵ *Bauer/Krieger* ZIP 2004, 1247 ff. Weitere Nachweise zur umstr. Rechtslage → § 31 Rn. 100 ff. sowie KölnKommAktG/*Mertens/Cahn* § 84 Rn. 152.
⁵¹⁶ BGHZ 65, 190 (193); OLG Düsseldorf NZG 2004, 141 (142); MüKoAktG/*Spindler* § 84 Rn. 166.
⁵¹⁷ BGHZ 89, 48 (56) – Reemtsma; BGHZ 83, 144 (150); 79, 38 (44) – WestLB/Poullain; Hüffer/*Koch* AktG § 84 Rn. 48; MüKoAktG/*Spindler* § 84 Rn. 167.
⁵¹⁸ Hüffer/*Koch* AktG § 84 Rn. 48.
⁵¹⁹ Hüffer/*Koch* AktG § 84 Rn. 48; *Hoffmann-Becking* FS Stimpel, 1985, 589 (595); KölnKommAktG/*Mertens/Cahn* § 84 Rn. 151.
⁵²⁰ Habersack/Henssler MitbestR/*Habersack* MitbestG § 31 Rn. 43; MüKoAktG/*Annuß* MitbestG § 31 Rn. 26.

Die Zuständigkeit des Aufsichtsrats bzw. seines Ausschusses zur Kündigung des Anstel- 129 lungsvertrags geht nicht allein dadurch auf den Vorstand als gesetzlichen Vertreter der Gesellschaft über, dass die Kündigung dem Erlöschen der Organstellung nachfolgt oder – weil unwirksam – wiederholt werden muss. Erst wenn das Dienstverhältnis in ein **gewöhnliches** Anstellungsverhältnis umgewandelt worden ist (→ Rn. 30 f.), obliegt dem Vorstand als dem gesetzlichen Vertretungsorgan der Gesellschaft das Recht zur Kündigung.[521] Das Gleiche gilt für eine ordentliche Kündigung des Anstellungsvertrags durch die Gesellschaft nach Amtsniederlegung durch das Vorstandsmitglied.[522]

c) Kündigung aus wichtigem Grund. Nach § 626 BGB kann der Anstellungsvertrag 130 aus wichtigem Grund gekündigt werden. Der wichtige Grund im Sinne von § 626 BGB ist nicht mit dem wichtigen Grund zur Abberufung nach § 84 Abs. 3 S. 1 AktG identisch.[523] Ein wichtiger Grund zur Kündigung des Anstellungsvertrags ist stets auch ein wichtiger Grund zum Widerruf der Bestellung;[524] umgekehrt genügt ein wichtiger Grund zur Abberufung nicht stets auch den Anforderungen des § 626 BGB (auch → § 20 Rn. 51 f.).[525] Der Anstellungsvertrag kann eine außerordentliche Kündigung erleichtern, indem er – bis zur Grenze des § 84 Abs. 3 S. 1 AktG – Gründe für wichtig erklärt, die es nach dem Gesetz nicht wären.[526] Eine solche Kündigung berührt aber, wenn die Voraussetzungen des § 626 BGB nicht erfüllt sind, die Beendigung des Vertrags nur mit der Frist, die nach § 622 BGB für eine ordentliche Kündigung frühestens vereinbart werden könnte (→ Rn. 13).[527] Eine Beschränkung oder gar ein Ausschluss des außerordentlichen Kündigungsrechts zu Lasten der Gesellschaft ist demgegenüber unwirksam.[528] Daher kann dem Vorstandsmitglied im Anstellungsvertrag auch keine Abfindung für den Fall der Kündigung aus wichtigem Grund zugesagt werden (auch → Rn. 77).[529]

Ein **wichtiger Grund** im Sinne von § 626 Abs. 1 S. 1 BGB ist nur dann zu bejahen, 131 wenn Tatsachen vorliegen, aufgrund derer für die Gesellschaft unter Berücksichtigung aller Umstände des Einzelfalles und unter Abwägung der beiderseitigen Interessen die Fortsetzung des Anstellungsvertrags bis zu seiner ordentlichen Beendigung unzumutbar ist.[530] Bei der erforderlichen Interessenabwägung sind insbesondere die Schwere von Verfehlungen, deren Folge für die Gesellschaft, Umfang des Verschuldens sowie eine Wiederholungsgefahr und andererseits etwaige Verdienste um das Unternehmen, soziale Folgen für das betroffene Vorstandsmitglied und Lebensalter zu berücksichtigen.[531] Die Beweisregel des § 93 Abs. 2

---

[521] BGH NJW 1987, 254; WM 1984, 532; Spindler/Stilz AktG/*Fleischer* § 84 Rn. 147; weitergehend noch BGH WM 1988, 413.
[522] BGHZ 78, 82 (84); BGH WM 1984, 532 (533).
[523] BGH NJW 1989, 2683 (2684).
[524] BGH NJW-RR 1996, 156; OLG Düsseldorf WM 1992, 14 (19); OLG Schleswig AG 2001, 651 (654); KölnKommAktG/*Mertens/Cahn* § 84 Rn. 150 und 154.
[525] BGH NJW 1989, 2683 (2684); WM 1978, 109 (110); OLG München NZG 2012, 1152; OLG Stuttgart WM 1979, 1296 (1297); KölnKommAktG/*Mertens/Cahn* § 84 Rn. 150 und 154.
[526] *Seyfarth,* Vorstandsrecht, § 20 Rn. 27.
[527] Bürgers/Körber AktG/*Bürgers* § 84 Rn. 38; KölnKommAktG/*Mertens/Cahn* § 84 Rn. 165; Spindler/Stilz AktG/*Fleischer* § 84 Rn. 152.
[528] BGH WM 1962, 201; Hüffer/*Koch* AktG § 84 Rn. 51; MüKoAktG/*Spindler* § 84 Rn. 169; K. Schmidt/Lutter AktG/*Seibt* § 84 Rn. 62.
[529] BGH AG 2008, 894 (896); NZG 2000, 983 (984); MüKoAktG/*Spindler* § 84 Rn. 169.
[530] Vgl. BGH NJW-RR 2008, 774; OLG Hamm GmbHR 2010, 477 (479); BGH DStR 2001, 861 (862); 1997, 1338; KG AG 2005, 737; GroßkommAktG/*Kort* § 84 Rn. 484; K. Schmidt/Lutter AktG/*Seibt* § 84 Rn. 66. Daher liegt regelmäßig ein wichtiger Grund nicht vor, wenn zwischen Kündigungsbeschluss und normalem Ablauf des Anstellungsvertrages lediglich eine Woche liegt, vgl. OLG Jena NZG 1999, 1069 (1070).
[531] BGH DStR 1997, 1338; OLG Hamm GmbHR 2010, 477 (479); OLG Düsseldorf WM 2007, 889 (892); KölnKommAktG/*Mertens/Cahn* § 84 Rn. 153; *Seyfarth,* Vorstandsrecht, § 20 Rn. 21 ff.

S. 2 AktG spielt insofern keine Rolle.[532] Läuft der Anstellungsvertrag ohnehin nur noch kurze Zeit, so sind an das Vorliegen eines wichtigen Grundes besonders strenge Anforderungen zu stellen. Bei der Gesamtabwägung können auch ältere Vorgänge, aus denen wegen Ablaufs der Erklärungsfrist kein Kündigungsrecht mehr hergeleitet werden kann, zur Unterstützung anderer Kündigungsgründe herangezogen werden, wenn wenigstens ein noch nicht erledigter Vorfall von nicht unerheblichem Gewicht vorhanden ist.[533] Für die Abwägung und Gewichtung der beiderseitigen Interessen kann die Rechtsprechung der Zivilgerichte zur außerordentlichen Kündigung von GmbH-Geschäftsführern und der Arbeitsgerichte zur außerordentlichen Kündigung leitender Angestellter entsprechend herangezogen werden,[534] wenn dabei die unabhängige Stellung des Vorstands und das besondere Vertrauensverhältnis zwischen Gesellschaft und Vorstandsmitglied ausreichend beachtet wird. Dem Tatrichter obliegt die Würdigung der Umstände des Einzelfalls. In der Revisionsinstanz prüft der BGH lediglich, ob der Tatrichter von den richtigen rechtlichen Voraussetzungen ausgegangen ist, alle Tatsachen in die Interessenabwägung einbezogen sowie vollständig und verfahrensfehlerfrei berücksichtigt hat.[535]

132 Die Rechtsprechung zur Kündigung des Anstellungsvertrags mit Vorstandsmitgliedern wird von **Einzelfällen** geprägt und lässt sich zweckmäßigerweise – wie im Arbeitsrecht – nach verhaltens-, personen- und betriebsbedingten Kündigungsgründen systematisieren.

133 aa) Verhaltensbedingte Kündigungsgründe. Quantitativ im Vordergrund steht die außerordentliche Kündigung wegen grober Pflichtverletzung. Klassische Fälle sind pflichtwidrige Schädigungen des Gesellschaftsvermögens, wobei bei Schädigungen zum eigenen Vorteil schon geringe Vermögensnachteile ausreichen.[536] Ein wichtiger Grund wurde insbesondere bejaht bei der eigenmächtigen Auszahlung von Bezügen,[537] bei unkorrekter Spesenabrechnung[538] und bei Einsatz von Arbeitnehmern der Gesellschaft für eigene Zwecke.[539] Auch Verstöße gegen die Organpflichten können als wichtiger Grund ausreichen, zB die Nichtbeachtung der Organisations- und Überwachungspflichten sowie mangelhaftes Risikomanagement,[540] die vorsätzliche Nichteinhaltung der Buchführungsvorschriften,[541] die Ausnutzung von Geschäftschancen der Gesellschaft und verbotener Wettbewerb,[542] die Verletzung der Verschwiegenheitspflicht[543] und die unberechtigte Amtsniederlegung.[544] Aber auch die Schädigung des Gesellschaftsvermögens durch Zuwendun-

---

[532] OLG München AG 2007, 361 (362); Spindler/Stilz AktG/*Fleischer* § 84 Rn. 166; *Seyfarth,* Vorstandsrecht, § 20 Rn. 47; *Tschöpe/Wortmann* NZG 2009, 161 (163).

[533] BGH WM 2013, 931 Rn. 27; 1992, 733.

[534] MüKoAktG/*Spindler* § 84 Rn. 182; Spindler/Stilz AktG/*Fleischer* § 84 Rn. 153.

[535] BGH NJW-RR 2008, 774; NJW 2003, 431; KölnKommAktG/*Mertens/Cahn* § 84 Rn. 144 und 162.

[536] BGH DStR 1997, 1338; OLG Düsseldorf GWR 2012, 344 (nicht erstattete Arbeitskosten in Höhe von 750 EUR); OLG Frankfurt a. M. NZG 2000, 738 (739).

[537] OLG Hamm GmbHR 1995, 732; OLG München AG 2007, 361.

[538] OLG Köln NJW-RR 1995, 123; OLG Hamm BeckRS 2008, 06698 Rn. 28. Vgl. aber auch BGH NZG 2003, 86.

[539] BGH DStR 1997, 1338; OLG Düsseldorf GWR 2012, 344.

[540] BGH WM 1995, 709 (710); OLG Jena GmbHR 2010, 483 (484); KG AG 2005, 737; LG München I AG 2011, 258 (262); LG Berlin AG 2002, 682 (683f.); vgl. aber auch OLG Celle NZG 2008, 669.

[541] OLG Rostock NZG 1999, 216 (217); OLG Köln DB 1994, 471 f.; OLG Düsseldorf WM 1992, 14 (19).

[542] BGH GmbHR 2001, 1158 (1159); ZIP 1997, 567 (568); OLG Frankfurt a. M. NZG 2000, 738 (739).

[543] BGH AG 1998, 519 (520); KG NZG 1999, 764 f.

[544] BGHZ 78, 82 (85); BGH DStR 1995, 1359 (1360); OLG Celle NZG 2004, 475; LG München ZIP 2018, 1292 (1294).

gen an Dritte, zB durch eigenmächtige Gewährung von Prämien oder Sonderzuwendungen an Mitarbeiter, kann einen wichtigen Grund darstellen.[545]

Von erheblicher praktischer Relevanz sind Kompetenzüberschreitungen im Verhältnis **134** zum Aufsichtsrat oder der Hauptversammlung[546] oder zum Vorstand als Gesamtgremium sowie die vorwerfbare Herbeiführung von Konflikten mit anderen Organen oder Organwaltern. Diese rechtfertigen allerdings erst bei einer gewissen Erheblichkeit die Kündigung des Anstellungsvertrags aus wichtigem Grund. Insbesondere können besondere Umstände im Einzelfall dazu führen, dass ein Kompetenzverstoß in milderem Licht erscheint und kein Kündigungsgrund ist.[547] So wurde ein wichtiger Grund bejaht bei Überschreitung interner Linien und Nichtbeachtung von Zustimmungsvorbehalten von Vorstand und Aufsichtsrat.[548] Im Einzelfall ist die Nichteinholung der statutarisch vorgesehenen Zustimmung aber dann kein wichtiger Grund, wenn der Vorstand davon ausgehen konnte, dass die Vornahme des Geschäfts dem Willen der Mitglieder des Zustimmungsorgans entsprach.[549] Die Berechtigung einer fristlosen Kündigung wurde aber bejaht bei unzureichender Information des Aufsichtsrats[550] und bei feindseligem Verhalten gegen Vorstandskollegen oder Aufsichtsratsmitglieder.[551] Ein wichtiger Grund kann auch vorliegen bei alleiniger Abgabe rechtsgeschäftlicher Erklärungen für die Gesellschaft trotz bestehender Gesamtvertretungsbefugnis.[552] Im Einzelfall kann auch die Pflichtverletzung in einer anderen Konzerngesellschaft als wichtiger Grund ausreichen.[553]

bb) Personenbedingte Kündigungsgründe. Unter diese Fallgruppe fallen alle Gründe, **135** die ihre Ursache nicht im Verhalten, sondern in der Person des Vorstandsmitglieds haben. In Anlehnung an den Widerrufsgrund der Unfähigkeit zur ordnungsgemäßen Geschäftsführung nach § 84 Abs. 3 S. 2 AktG fallen darunter zB die fachliche Unzulänglichkeit,[554] die fehlende fachliche Eignung in besonderen Situationen des Unternehmens wie zB in der Krise oder in Restrukturierungssituationen,[555] die Unzuverlässigkeit im aufsichtsrechtlichen oder gewerberechtlichen Sinn[556] sowie die dauerhafte Unfähigkeit zur Geschäftsführung wegen Krankheit.[557] Fehlen gesetzliche Eignungsvoraussetzungen im Sinne von § 76 Abs. 3 AktG bei Abschluss des Anstellungsvertrags, so ist dieser im Zweifel nach § 134 BGB nichtig.[558] Fallen sie später weg, liegt ein wichtiger Grund zur Kündigung des Anstellungsvertrags vor.[559] Auch schwerwiegende Verfehlungen im privaten Bereich können Ausdruck der Unfähigkeit zur ordnungsgemäßen Geschäftsführung sein und die Unzumutbarkeit der Fortführung des Anstellungsvertrags begründen. Beispiele sind das Begehen strafbarer Handlungen[560] und der

---

[545] OLG Hamm GmbHR 2010, 477 (479 f.).
[546] BGH WM 2013, 931 Rn. 22; NJW-RR 1993, 1123 (1124); WM 1991, 635.
[547] BGH WM 2013, 931 Rn. 24; 2009, 2131 Rn. 12; 2008, 695 Rn. 2.
[548] BGH WM 1974, 131 (133); 2001, 2118 (2119); OLG München WM 2006, 526 (528); OLG Oldenburg NZG 2007, 434.
[549] BGH NJW-RR 2008, 774; vgl. auch OLG Düsseldorf WM 2007, 889 (892).
[550] BGH AG 1998, 519; WM 1995, 709 (710); vgl. auch OLG München NZG 2012, 1152; LG München I AG 2011, 258 (262 f.).
[551] BGH NZG 2000, 546; LG Düsseldorf BeckRS 2006, 15050.
[552] OLG Frankfurt a. M. AG 2009, 335.
[553] BGH WM 2013, 931 Rn. 19.
[554] BGH WM 1982, 797 (798); Spindler/Stilz AktG/*Fleischer* § 84 Rn. 156.
[555] OLG München NZG 2006, 313; OLG Stuttgart AG 2003, 211; *Tschöpe/Wortmann* NZG 2009, 161 (164).
[556] OLG Karlsruhe NZG 1999, 1012; OLG Stuttgart AG 2003, 211; KölnKommAktG/*Mertens/Cahn* § 84 Rn. 160.
[557] KölnKommAktG/*Mertens/Cahn* § 84 Rn. 160; *Bayer* FS Hommelhoff, 2012, 343 ff.; *Fleischer* NZG 2010, 561 (565 f.).
[558] OLG Jena NZG 1999, 1069 (1072); KölnKommAktG/*Mertens/Cahn* § 84 Rn. 160.
[559] KölnKommAktG/*Mertens/Cahn* § 76 Rn. 126.
[560] BGH LM BGB § 626 Nr. 8; BAG NJW 1996, 2253 (2254); LG Köln AG 2004, 570.

private Vermögensverfall, insbesondere die Privatinsolvenz des Vorstandsmitglieds, nicht aber die – auch erhebliche – Verschuldung.[561] Insgesamt ist bei der Annahme personenbedingter Kündigungsgründe eine gewisse Zurückhaltung zu wahren.[562] Der bloße Vertrauensentzug durch die Hauptversammlung oder die Verweigerung der Entlastung stellen als solche noch keinen personenbedingten Kündigungsgrund dar.[563]

136 **cc) Betriebsbedingte Kündigungsgründe.** In Einzelfällen sind in der Rechtsprechung Kündigungen des Anstellungsvertrags aus wichtigem Grund anerkannt worden, denen Sachverhalte zugrunde liegen, die nach arbeitsrechtlicher Systematik der betriebsbedingten Kündigung zuzurechnen sind. Dies gilt für den Fall des wirtschaftlichen Niedergangs einer Gesellschaft, wenn neben dem bisherigen Tätigkeitsbereich des Vorstandsmitglieds auch jede andere angemessene Beschäftigungsmöglichkeit wegfällt.[564] Eine Kündigung scheidet hingegen aus, wenn der Niedergang auf einer geschäftspolitischen Entscheidung der Hauptversammlung oder des herrschenden Unternehmens beruht.[565]

137 In Ausnahmefällen kann das Abberufungsverlangen Dritter einen wichtigen Grund zur Abberufung eines Vorstandsmitglieds im Sinne von § 84 Abs. 3 AktG darstellen (Druckabberufung, → § 20 Rn. 61). Für die Druckkündigung sind noch strengere Maßstäbe anzulegen.[566]

138 **dd) Keine Anhörung oder Abmahnung.** Eine vorherige Anhörung des Vorstandsmitglieds ist, außer in Fällen der Verdachtskündigung, nicht Voraussetzung für eine rechtmäßige fristlose Kündigung.[567] Ein entsprechendes Recht des Vorstandsmitglieds kann aber im Dienstvertrag vereinbart werden; ein Verstoß dagegen führt zur Nichtigkeit der Kündigung.[568] Auch ohne gesetzliche oder vertragliche Verpflichtung sollte der Aufsichtsrat in der Praxis bei einer so weitreichenden Maßnahme aber in aller Regel das Vorstandsmitglied vor der Kündigungsentscheidung anhören.[569] Eine vorherige Abmahnung ist ebenfalls nicht erforderlich.[570] Einmalige fahrlässige Schlechtleistungen können eine fristlose Kündigung nur ausnahmsweise rechtfertigen. Die unberechtigte Kündigung kann dazu führen, dass die Gesellschaft bei einem entsprechenden Angebot des Vorstandsmitglieds in Annahmeverzug gerät und das Gehalt gemäß § 615 BGB fortzuzahlen hat.[571] Das Vorstandsmitglied kann seinen Vergütungsanspruch im Wege des Urkundenprozesses geltend machen.[572]

139 **ee) Kündigungsfrist.** Die außerordentliche Kündigung muss nach § 626 Abs. 2 BGB innerhalb von zwei Wochen seit Kenntnis vom wichtigen Grund erfolgen. Die zweiwöchige Frist beginnt grundsätzlich mit der Kenntnis des Aufsichtsrats als Kollegialorgan von den Tatsachen, die den wichtigen Grund ausmachen, und setzt die Möglichkeit voraus, inner-

---

[561] OLG Köln BeckRS 2008, 01839 Rn. 29, 34 f.
[562] So auch die Empfehlung bei *Seyfarth,* Vorstandsrecht, § 20 Rn. 30; HdB VorstandsR/*Thüsing* § 5 Rn. 61.
[563] Bürgers/Körber AktG/*Bürgers* § 84 Rn. 38; GroßkommAktG/*Kort* § 84 Rn. 497; *Tschöpe/Wortmann* NZG 2009, 161 (166).
[564] BGH WM 1975, 761 (762); OLG Stuttgart ZIP 1981, 1336 (1337).
[565] BGH NZG 2003, 86; MüKoAktG/*Spindler* § 84 Rn. 189.
[566] Vgl. OLG München AG 2006, 1507 (1514); LG München I AG 2011, 258 (260); Spindler/Stilz AktG/*Fleischer* § 84 Rn. 158; *Tschöpe/Wortmann* NZG 2009, 161 (165).
[567] BGH NJW 1996, 1403 (1404); OLG Düsseldorf NZG 2008, 116; MüKoAktG/*Spindler* § 84 Rn. 178; KölnKommAktG/*Mertens/Cahn* § 84 Rn. 164.
[568] KG NZG 2004, 1165 f.; *Seyfarth,* Vorstandsrecht, § 20 Rn. 40.
[569] KölnKommAktG/*Mertens/Cahn* § 84 Rn. 164; *Seyfarth,* Vorstandsrecht, § 20 Rn. 40.
[570] BGH WM 2007, 1613; DStR 2001, 2166 f.; NJW 2000, 1638 f.; OLG Jena GmbHR 2010, 483 (485); OLG Hamm GmbHR 2010, 477 (481); OLG Saarbrücken WM 2006, 2364 (2366); *Goette* FS Wiedemann, 2002, 873 (880 ff.); aA *Koch* ZIP 2005, 1621 (1626 f.).
[571] BGH WM 1978, 319; OLG Karlsruhe WM 2011, 1856 (1860); → Rn. 90.
[572] OLG München AG 2012, 295 (296) – HRE.

§ 21 Anstellungsverhältnis der Vorstandsmitglieder

halb dieser Frist zusammenzutreten und zu beschließen.[573] Das Fehlen einzelner Mitglieder ändert nichts, solange nur eine ordnungsgemäße Einladung erfolgte und Beschlussfähigkeit des Aufsichtsrats gegeben ist. Nicht ausreichend zur Ingangsetzung der Zweiwochenfrist ist Kenntnis des Aufsichtsratsvorsitzenden,[574] einzelner Aufsichtsratsmitglieder, eines anderen Gesellschaftsorgans oder gar einzelner seiner Mitglieder, also beispielsweise einzelner Vorstandsmitglieder.[575] Außerhalb einer Aufsichtsratssitzung erlangte Kenntnisse von Kündigungsgründen setzen die Frist grundsätzlich nicht in Lauf.[576] Von dem Aufsichtsratsmitglied kann jedoch verlangt werden, dass es unverzüglich tätig wird, um eine ordentliche Willensbildung im Aufsichtsrat zu ermöglichen.[577] Dazu gehört die Unterrichtung jedenfalls des Aufsichtsratsvorsitzenden, damit dieser unverzüglich eine Aufsichtsratssitzung einberufen kann. Aber auch der Vorsitzende hat die für den Beginn der Einberufungsfrist erforderliche sichere und umfassende Kenntnis der für die Kündigung maßgebenden Tatsachen erst, wenn er alles in Erfahrung gebracht hat, was als notwendige Grundlage für die Entscheidung über den Fortbestand oder die Auflösung des Anstellungsverhältnisses anzusehen ist.[578] Kennenmüssen oder grob fahrlässige Unkenntnis genügt nicht.[579] Von einer Kenntnis ist nicht auszugehen, solange der Vorsitzende sich mit dem Vorstandsmitglied um die Überprüfung aller Vorwürfe auch mit dem Ziel bemüht, sämtliche Verdachtsmomente aufzuklären und dem Vorstandsmitglied die Gelegenheit zu geben, die Vorwürfe auszuräumen.[580] Auch in diesen Fällen beginnt der Lauf der Zweiwochenfrist nicht bereits mit der Kenntniserlangung durch den Aufsichtsratsvorsitzenden, sondern erst mit der Information der Aufsichtsratsmitglieder in ihrer Eigenschaft als Mitwirkende an der kollektiven Willensbildung.[581] Wird die Einberufung des Aufsichtsrats von ihren einberufungsberechtigten Mitgliedern nach Kenntniserlangung unangemessen verzögert, so muss sich die Gesellschaft so behandeln lassen, als wäre der Aufsichtsrat mit der billigerweise zumutbaren Beschleunigung einberufen.[582] Keine Verzögerung liegt vor, wenn zunächst der Versuch einer einvernehmlichen Trennung unternommen wird. Bei Verdachtskündigung hemmt eine Anhörung des Betroffenen den Fristablauf, wenn sie mit der gebotenen Eile durchgeführt wird.[583]

Will der Aufsichtsrat vor einer Entscheidung über die Kündigung den Betroffenen **140** anhören und führt er die **Anhörung** oder sonstige Bemühungen um Aufklärung bestehender Vorwürfe mit der gebotenen Eile durch, so kann dies den Lauf der Zweiwochenfrist

---

[573] BGHZ 139, 89 (92 f.); BGH WM 2013, 931 Rn. 14.
[574] BGH WM 2001, 2118 (2119); OLG München WM 2006, 526 (529); LG München I AG 2011, 258 (261).
[575] BGHZ 139, 89 (92); BGH NJW 1996, 1403; 1993, 463 (464); OLG München WM 2006, 526 (529); KölnKommAktG/*Mertens/Cahn* § 84 Rn. 176; MüKoAktG/*Spindler* § 84 Rn. 175; aA *Grunewald* FS Beusch, 1993, 301 (315 f.); *Lüders* BB 1990, 790 (794).
[576] BGHZ 139, 89 (92); Hüffer/*Koch* AktG § 84 Rn. 54; KölnKommAktG/*Mertens/Cahn* § 84 Rn. 176; MüKoAktG/*Spindler* § 84 Rn. 175. *Wiesner* BB 1981, 1533 (1540); aA BGH NJW 1976, 379 (380).
[577] BGHZ 139, 89 (93); OLG Jena NZG 1999, 1069 (1070); OLG Köln DB 1994, 471; KölnKommAktG/*Mertens/Cahn* § 84 Rn. 177; *Wiesner* BB 1981, 1533 (1540).
[578] BGH WM 2013, 931 Rn. 15; 1996, 925; OLG Karlsruhe NZG 1999, 1012; LG München I AG 2011, 258 (261); MüKoAktG/*Spindler* § 84 Rn. 175.
[579] BGH WM 2013, 931 Rn. 15; BAG NJW 2011, 2231 (2232).
[580] BGH WM 1996, 925; LG München I AG 2011, 258 (261).
[581] BGHZ 139, 89 (93); BGH WM 2001, 2118 (2119); OLG Hamm GmbHR 2010, 477 (481); OLG München WM 2006, 526 (529); KölnKommAktG/*Mertens/Cahn* § 84 Rn. 176; MüKoAktG/*Spindler* § 84 Rn. 175; *Wiesner* BB 1981, 1533 (1540).
[582] Vgl. BGHZ 139, 89 (93); bestätigt in BGH NZG 2013, 615 (616); OLG München WM 2006, 526 (529); OLG Saarbrücken WM 2006, 2364 (2366); OLG Hamm GmbHR 2010, 477 (481); KölnKommAktG/*Mertens/Cahn* § 84 Rn. 177.
[583] BGH DB 1992, 260 (261); WM 1984, 1187; MüKoAktG/*Spindler* § 84 Rn. 180; Spindler/Stilz AktG/*Fleischer* § 84 Rn. 160.

hemmen.[584] Die **Beweislast** für die Einhaltung der Ausschlussfrist des § 626 Abs. 2 BGB trägt die Gesellschaft.[585] Ein **Nachschieben von Kündigungsgründen** ist wegen § 626 Abs. 2 BGB nur zulässig, wenn sie bei Ausspruch der Kündigung bereits vorgelegen haben und nicht länger als zwei Wochen vor der Kündigungserklärung bekannt waren.[586] Eine erneute Beschlussfassung des Aufsichtsrats ist insoweit nicht erforderlich.[587]

141 Besonderheiten gelten wegen der Monatsfrist des § 31 Abs. 3 MitbestG in Gesellschaften, auf die das **Mitbestimmungsgesetz** Anwendung findet. Die besseren Gründe sprechen dafür, dass in diesen Gesellschaften die Zweiwochenfrist des § 626 Abs. 2 BGB durch den Beginn des Verfahrens im Vermittlungsausschuss für höchstens einen Monat gehemmt wird.[588]

142 **d) Ordentliche Kündigung.** Ist der Anstellungsvertrag auf unbestimmte Zeit geschlossen, so endet er mit Ablauf der gesetzlichen Fünfjahresfrist des § 84 Abs. 1 S. 5 iVm S. 1 AktG, kann aber zuvor ordentlich gekündigt werden. Wenn der Anstellungsvertrag – wie in der Regel – für eine bestimmte Dauer geschlossen wird, ist eine ordentliche Kündigung nur möglich, wenn die Möglichkeit dazu vereinbart ist (§ 620 BGB). Wird sie vereinbart und werden keine längeren Kündigungsfristen vorgesehen, finden die Fristen des § 622 BGB entsprechende Anwendung (→ Rn. 13). Eine ordentliche Kündigung ist wegen § 84 Abs. 3 S. 1 AktG allerdings in allen Fällen nur zulässig, wenn zuvor oder gleichzeitig die Bestellung widerrufen wird.[589] Andernfalls könnte die Gesellschaft ohne Vorliegen eines wichtigen Grundes im Sinne von § 84 Abs. 3 AktG faktisch die Beendigung des Vorstandsamts herbeiführen. Der besonderen Kündigungsmöglichkeit des § 624 BGB für auf lange Zeit befristete Anstellungsverträge bedürfen Vorstandsmitglieder mit Rücksicht auf die Fünfjahresgrenze des § 84 Abs. 1 S. 1 AktG nicht.

143 **e) Kündigung vor Amtsbeginn.** Ist der Anstellungsvertrag auf bestimmte Zeit geschlossen, so kann sich die Gesellschaft auch vor Amtsbeginn von dem Vertrag nur aus wichtigem Grund lösen. Liegt ein wichtiger Grund zur Kündigung vor, wird die Kündigung bereits vor Amtsbeginn wirksam.[590] Ob dies auch für einen auf unbestimmte Zeit geschlossenen Anstellungsvertrag gilt, hängt davon ab, ob die Bestellung eines Vorstandsmitglieds bis zum Zeitpunkt des Amtsbeginns frei widerruflich ist.[591]

144 **f) Kündigung in der Insolvenz.** Vorstandsamt und Anstellungsvertrag bleiben von der Eröffnung des Insolvenzverfahrens über das Vermögen der Gesellschaft grundsätzlich unberührt. Ansprüche der Vorstandsmitglieder für die Zeit nach Eröffnung des Insolvenzverfahrens sind Masseverbindlichkeiten (§ 108 Abs. 1 InsO).[592] Der Insolvenzverwalter, auf den nach § 80 Abs. 1 InsO mit der Eröffnung des Insolvenzverfahrens die Befugnisse des Aufsichtsrats zur Verwaltung des Anstellungsverhältnisses übergehen, ist nach § 113 InsO

---

[584] BGH NJW 1996, 1403 (1404); WM 1984, 1187; 1976, 77 (78); KölnKommAktG/*Mertens/Cahn* § 84 Rn. 179.

[585] BGH NJW-RR 1990, 1330 (1331); KG NZG 2000, 101 (103); KölnKommAktG/*Mertens/Cahn* § 84 Rn. 182.

[586] BGHZ 157, 151 (157); BGH NZG 2005, 714 (jeweils zum GmbH-Geschäftsführer); *Seyfarth*, Vorstandsrecht, § 20 Rn. 48.

[587] BGH AG 2004, 142 (143); 1998, 519 (520); KG AG 2005, 205 (209 f.).

[588] Ebenso oder ähnlich Hüffer/*Koch* AktG § 84 Rn. 33 und 53; MüKoAktG/*Spindler* § 84 Rn. 124; Spindler/Stilz AktG/*Fleischer* § 84 Rn. 96; aA LG Ravensburg EWiR § 31 MitbestG 1, 85, 415; GroßkommAktG/*Kort* § 84 Rn. 525; KölnKommAktG/*Mertens/Cahn* § 84 Rn. 174.

[589] BGHZ 12, 1 (9 f.); LG München I AG 2005, 131 (133); KölnKommAktG/*Mertens/Cahn* § 84 Rn. 149; MüKoAktG/*Spindler* § 84 Rn. 173; Spindler/Stilz AktG/*Fleischer* § 84 Rn. 167.

[590] *Krieger*, Personalentscheidungen des Aufsichtsrats, 1981, S. 184; KölnKommAktG/*Mertens/Cahn* § 84 Rn. 149.

[591] Vgl. dazu *Krieger*, Personalentscheidungen des Aufsichtsrats, 1981, S. 183 sowie für einen Sonderfall OLG Hamm BB 1984, 2214.

[592] BGH AG 2008, 215 (216); vgl. auch BGH DB 2009, 2541.

berechtigt, den Anstellungsvertrag mit einer Frist von drei Monaten zum Monatsende zu kündigen, und zwar unabhängig davon, ob der Aufsichtsrat das Vorstandsmitglied zuvor oder gleichzeitig abberuft.[593] Dieses außerordentliche Kündigungsrecht des Insolvenzverwalters besteht auch bei Befristung des Anstellungsvertrags und bei ausdrücklichem Ausschluss einer vorzeitigen Kündigung.[594] Das Vorstandsmitglied kann zwar nach § 113 S. 3 InsO wegen der vorzeitigen Kündigung durch die Gesellschaft Schadensersatz verlangen. Dieser Schadensersatz ist allerdings nach § 87 Abs. 3 AktG für den Zeitraum von zwei Jahren nach Ablauf des Anstellungsvertrags begrenzt. Zudem kann das Vorstandsmitglied den Schadensersatz nach § 113 S. 3 InsO nur als Insolvenzgläubiger – also in Höhe der Insolvenzquote – verlangen. Dies gilt nach § 108 Abs. 3 InsO auch für etwaige rückständige Vergütungsansprüche aus der Zeit vor Eröffnung des Insolvenzverfahrens sowie für Ruhegeldansprüche und für Ansprüche auf Karenzentschädigung aus einem vertraglichen Wettbewerbsverbot.[595] Bei Ansprüchen, die nicht wiederholend – zB monatlich –, sondern einmalig erst nach Ablauf des Geschäftsjahres entstehen, zB Tantiemen und Boni, kommt es für die Einordnung als Masseverbindlichkeit oder Insolvenzforderung darauf an, in welchem Zeitraum der Vorstand die für das Entstehen des Anspruchs maßgeblichen Leistungen erbracht hat, nicht aber auf die bloße Fälligkeit. Tantiemen und Boni sind daher zeitanteilig als Insolvenzforderung (Leistung des Vorstandsmitglieds vor Eröffnung des Insolvenzverfahrens) und als Masseverbindlichkeit (Leistung des Vorstandsmitglieds nach Eröffnung des Insolvenzverfahrens) zu befriedigen.[596] Mit der Eröffnung des Insolvenzverfahrens geht nach § 80 Abs. 1 InsO auch das sonst dem Aufsichtsrat zustehende Recht auf angemessene Reduzierung der Bezüge (§ 87 Abs. 2 AktG) auf den Insolvenzverwalter über.[597] Macht er hiervon Gebrauch, steht dem Vorstandsmitglied das Recht zur außerordentlichen Kündigung nach § 87 Abs. 2 S. 4 AktG zu. Dem Vorstandsmitglied steht unabhängig von einer Reduzierung der Bezüge nach Eröffnung des Insolvenzverfahrens ebenso wie dem Insolvenzverwalter das Kündigungsrecht nach § 113 InsO zu.[598]

Ist **Eigenverwaltung** nach § 270 InsO angeordnet, bleibt die Kompetenz zur Kündigung des Anstellungsvertrags beim Aufsichtsrat.[599] Im Innenverhältnis soll der Aufsichtsrat die Kündigung nur im Einvernehmen mit dem Sachverwalter aussprechen (§ 279 Abs. 1 InsO). Sie ist im Außenverhältnis aber auch ohne Einvernehmen wirksam.

g) Rechtsschutz des Vorstandsmitglieds. Gegen die Kündigung des Anstellungsvertrags kann das Vorstandsmitglied Klage auf Feststellung der Unwirksamkeit der Kündigung erheben. Zugleich kann es im Wege der Leistungsklage Fortzahlung der vereinbarten Vergütung nach §§ 611, 615 BGB verlangen. Aus der Sicht des Vorstandsmitglieds empfiehlt sich eine Zahlungsklage im Wege des Urkundenprozesses.[600] Zuständig sind die Zivilgerichte, soweit nicht ausnahmsweise die Zuständigkeit der Arbeitsgerichte vereinbart ist[601] oder sich das Anstellungsverhältnis in ein gewöhnliches Arbeitsverhältnis gewandelt hat (dazu → Rn. 30 ff.).

2. Kündigung des Anstellungsvertrags durch das Vorstandsmitglied. Das Vorstandsmitglied kann ebenso wie die Gesellschaft den Anstellungsvertrag aus wichtigem Grund kündigen. Die Kündigung ist nach § 112 AktG gegenüber dem Aufsichtsrat als Vertreter

---

[593] Vgl. BGH DB 2009, 2541; MüKoAktG/*Spindler* § 84 Rn. 236; KölnKommAktG/*Mertens/Cahn* § 84 Rn. 186.
[594] KölnKommAktG/*Mertens/Cahn* § 84 Rn. 186.
[595] BGH DB 2009, 2541; AG 2008, 215 (216); MüKoAktG/*Spindler* § 84 Rn. 237f.
[596] KölnKommAktG/*Mertens/Cahn* § 84 Rn. 186.
[597] KölnKommAktG/*Mertens/Cahn* § 84 Rn. 186.
[598] MüKoAktG/*Spindler* § 84 Rn. 236.
[599] Hüffer/*Koch* AktG § 264 Rn. 8; MüKoAktG/*Spindler* § 84 Rn. 235.
[600] Vgl. BGH BB 1988, 1418; KG NJW-RR 1997, 1059; OLG München AG 2012, 295 (296) – HRE; Spindler/Stilz AktG/*Fleischer* § 84 Rn. 168.
[601] BAG AG 2009, 827; GmbHR 2011, 1200.

der Gesellschaft zu erklären. Ein **wichtiger Grund** liegt zB vor bei Widerruf der Bestellung ohne wichtigen Grund, bei unzulässigen Eingriffen anderer Organe in die Geschäftsführung, bei grundloser oder willkürlicher Verweigerung der Entlastung und bei Verlust der eigenverantwortlichen Leitungsmacht als Folge des Abschlusses eines Beherrschungsvertrags, eines Betriebsführungsvertrags oder einer Eingliederung.[602] Die isolierte Abberufung durch den Aufsichtsrat aus wichtigem Grund iSd § 84 Abs. 3 AktG – auch wegen Vertrauensentzugs – stellt kein vertragswidriges Verhalten der Gesellschaft iSd § 628 Abs. 2 BGB dar[603] und berechtigt das Vorstandsmitglied nicht zur Kündigung des Anstellungsvertrages (auch → § 20 Rn. 47). Ein besonderes Kündigungsrecht besteht nach § 87 Abs. 2 S. 4 AktG bei Herabsetzung der Bezüge eines Vorstandsmitglieds (→ Rn. 87). Kündigt ein Vorstandsmitglied ohne Vorliegen eines wichtigen Grundes und liegt auch kein sonstiger Kündigungsgrund vor – zB ein vertragliches Sonderkündigungsrecht aufgrund einer **Change of Control-Klausel** (→ Rn. 79 f.) –, macht sich das Vorstandsmitglied schadensersatzpflichtig.[604]

148 **3. Einvernehmliche Beendigung des Anstellungsvertrages.** Bei der einvernehmlichen Beendigung des Anstellungsvertrags ist, sofern von ihr gleichzeitig das Ausscheiden aus der Organstellung abhängt, zu berücksichtigen, dass der – häufig für Anstellungsfragen eingerichtete – Personalausschuss die Abberufungsentscheidung des Aufsichtsratsplenums nicht durch eine vorzeitige Vertragsbeendigung beeinflussen darf (→ Rn. 128).[605] Zudem sind die mit der Aufhebung des Anstellungsvertrags zwangsläufig verbundenen Fragen über die finanziellen Konditionen des Ausscheidens nicht auf einen Ausschuss delegierbar, sondern im Aufsichtsratsplenum zu beraten und zu entscheiden (§ 107 Abs. 3 S. 4 AktG).

149 **4. Weitere Beendigungsgründe.** Der wichtigste Beendigungsgrund ist die Befristung, die wie § 84 Abs. 1 S. 1 AktG zeigt, ohne besonderen Sachgrund und auch wiederholt erfolgen kann. Die Beendigung des Anstellungsverhältnisses kann aus dem gleichen Grund auch an die Beendigung der Organstellung gekoppelt werden (näher → Rn. 29).

150 Die **Auflösung** der Gesellschaft nach § 262 AktG und die durch Nichtigkeitsklage nach § 275 AktG herbeigeführte Nichtigkeit beenden demgegenüber den Anstellungsvertrag ebenso wenig wie die Eröffnung des Insolvenzverfahrens der Gesellschaft oder des Vorstandsmitglieds. Im Fall der **Insolvenz** der Gesellschaft richtet sich die Beendigung des Anstellungsvertrags nach § 113 InsO (→ Rn. 144 f.). Anders als die Organstellung (→ § 20 Rn. 71) beendet der **Formwechsel** gemäß §§ 190 ff. UmwG den Anstellungsvertrag nicht[606] und stellt für die Gesellschaft regelmäßig auch keinen wichtigen Grund für seine Kündigung dar.[607] Der Vertragsinhalt passt sich jedoch automatisch den aktienrechtlichen Erfordernissen an.[608] Auch soweit eine **Verschmelzung** die Organstellung von Vorstandsmitgliedern beendet (→ § 20 Rn. 71), gilt dies nicht für die Anstellungsverträge. Diese gehen vielmehr auf die übernehmende bzw. auf die neue Gesellschaft über (§ 20 Abs. 1 S. 1 UmwG).[609]

---

[602] Weitere Beispiele bei GroßkommAktG/*Kort* § 84 Rn. 547 ff.; MüKoAktG/*Spindler* § 84 Rn. 202; KölnKommAktG/*Mertens/Cahn* § 84 Rn. 198.
[603] BGH WM 2002, 2508; OLG Karlsruhe WM 2011, 1856 (1859).
[604] OLG Köln NJW-RR 1997, 542 f.; Spindler/Stilz AktG/*Fleischer* § 84 Rn. 171.
[605] BGHZ 79, 39 – WestLB/Poullain; Spindler/Stilz AktG/*Fleischer* § 84 Rn. 172.
[606] BGH DB 1997, 1455; ebenso schon zum alten Umwandlungsrecht BGH WM 1989, 215 (218) (für übertragende Umwandlung nach altem Recht); für den Rechtsformwechsel Lutter UmwG/*Decher/Hoger* § 202 Rn. 25, 39; Kallmeyer UmwG/*Meister/Klöcker* § 202 Rn. 24.
[607] Lutter UmwG/*Decher/Hoger* § 202 Rn. 39; Kallmeyer UmwG/*Meister/Klöcker* § 202 Rn. 24.
[608] Vgl. BGH WM 1989, 215 (218).
[609] Vgl. *Baums* ZHR 156 (1992), 248 (253 f.).

VII. Kreditgewährung an Vorstandsmitglieder

1. Allgemeines. Bei der **Kreditgewährung** an Vorstandsmitglieder wird die Gesellschaft 151 wie bei allen anderen Rechtsgeschäften zwischen Gesellschaft und Vorstandsmitgliedern nach § 112 AktG vom Aufsichtsrat vertreten. Diese Rechtslage wiederholt das Gesetz noch einmal in § 89 Abs. 1 S. 1 AktG. Zusätzlich stellt § 89 Abs. 1 S. 2–5 AktG an den Aufsichtsratsbeschluss ergänzende Anforderungen und umschreibt den Begriff des Kredits für den Anwendungsbereich des § 89 AktG. Zur Vermeidung von Umgehungen unterwirft § 89 Abs. 3 AktG auch Kredite an Personen, die den Vorstandsmitgliedern persönlich nahestehen oder die lediglich als Strohmänner fungieren, der **Einwilligung des Aufsichtsrats**. Ebenfalls der Einwilligung des Aufsichtsrats bedürfen nach § 89 Abs. 4 AktG Kredite an juristische Personen und Personenhandelsgesellschaften, wenn ein Vorstandsmitglied zugleich gesetzlicher Vertreter oder Aufsichtsratsmitglied der juristischen Person oder Gesellschafter der Personenhandelsgesellschaft ist.[610] Ist die Gesellschaft ein Kreditinstitut im Sinne von § 1 Abs. 1 KWG oder ein Finanzdienstleistungsinstitut im Sinne von § 1 Abs. 1a KWG, so finden die Regelungen des § 89 AktG nach § 89 Abs. 6 AktG keine Anwendung. Es gelten insoweit die speziellen Regelungen über Organkredite nach § 15 KWG. Kredite an Vorstandsmitglieder sind nach Maßgabe von § 285 Nr. 9c und § 314 Abs. 1 Nr. 6c HGB im Anhang des Jahresabschlusses bzw. im Konzernanhang anzugeben.

Die Vorschrift des § 89 AktG regelt in ihrem Abs. 2 Satz 1 entgegen der zu engen 152 Überschrift auch die Kreditgewährung an **Prokuristen** und zum gesamten Geschäftsbetrieb ermächtigte **Handlungsbevollmächtigte**.[611] Der Vorstand darf Kredite an diese Personen nur mit Einwilligung des Aufsichtsrats gewähren. Für den Einwilligungsbeschluss des Aufsichtsrats gelten die Voraussetzungen des § 89 Abs. 1 S. 2–5 AktG in gleicher Weise sinngemäß wie die sonstigen in § 89 AktG geregelten Kriterien der Kreditgewährung an Vorstandsmitglieder. Die nachfolgenden Ausführungen gelten daher für Kredite der Gesellschaft an Prokuristen und zum gesamten Geschäftsbetrieb bestellte Handlungsbevollmächtigte entsprechend. Dies gilt nach § 89 Abs. 2 S. 2 AktG auch für Kredite einer herrschenden Gesellschaft an gesetzliche Vertreter, Prokuristen oder zum gesamten Geschäftsbetrieb ermächtigte Handlungsbevollmächtigte eines abhängigen Unternehmens sowie einer abhängigen Gesellschaft an gesetzliche Vertreter, Prokuristen oder zum gesamten Geschäftsbetrieb ermächtigte Handlungsbevollmächtigte des herrschenden Unternehmens.

2. Kreditbegriff. Unter die Vorschrift des § 89 AktG fällt die Gewährung von Kredit 153 jeder Art **im weitesten wirtschaftlichen Sinn** und kann auch Fälle umfassen, die nicht unter die Begriffsbestimmung des § 488 BGB fallen.[612] Er umfasst somit Geld- und Warenkredit, Darlehen, Wechsel- oder Kontokorrentkredit, Bürgschaft und unübliche Stundung. Nach § 89 Abs. 1 S. 4 AktG steht der Gewährung eines Kredits die Gestattung einer Entnahme gleich, die über die dem Vorstandsmitglied zustehenden Bezüge hinausgeht, namentlich auch die Gestattung der Entnahme von Vorschüssen auf Bezüge.[613] Keine Kreditgewährung ist demgegenüber eine Entnahme für künftige Auslagen, zB ein Reisekostenvorschuss nach §§ 675, 669 BGB. Eine Ausnahme gilt nach § 89 Abs. 1 S. 5 AktG für Kleinkredite, die ein Bruttomonatsgehalt nicht übersteigen. Ausgenommen ist nach § 89 Abs. 4 S. 2 AktG auch die Kreditierung von Warenlieferungen, da das Gesetz den üblichen Geschäftsverkehr nicht behindern will. Insofern ist die Ausnahmeregelung des § 89 Abs. 4 S. 2 AktG eng auszulegen, nämlich im Sinne eines üblichen Lieferanten-

---

[610] Dazu LG Aurich DB 1987, 528 und LG Bochum ZIP 1989, 1557 (1563); vgl. auch MüKoAktG/*Spindler* § 89 Rn. 31; KölnKommAktG/*Mertens/Cahn* § 89 Rn. 10.

[611] Hüffer/*Koch* AktG § 89 Rn. 5; MüKoAktG/Spindler § 89 Rn. 25; ausführlich *Kuhlmann* AG 2009, 109 ff.

[612] OLG Stuttgart AG 2004, 678 (679); MüKoAktG/*Spindler* § 89 Rn. 8 ff.; Spindler/Stilz AktG/*Fleischer* § 89 Rn. 6.

[613] Vgl. den Sachverhalt BGH WM 1991, 1258 (Auszahlung von Tantiemen vor Fälligkeit).

kredits.[614] Dieser Rahmen wird überschritten, wenn nicht im branchenüblichen Rahmen Sicherheiten gestellt werden.

154 **3. Mitwirkung des Aufsichtsrats.** Erlaubt ist die Kreditgewährung an Vorstandsmitglieder „nur aufgrund eines Beschlusses des Aufsichtsrats". Bereits aus dem Wortlaut ergibt sich, dass der Beschluss der Kreditgewährung vorangehen muss. Bei der Kreditgewährung an den weiteren von § 89 AktG erfassten Personenkreis (→ Rn. 152) verlangt das Gesetz ebenfalls die **vorherige Zustimmung** (Einwilligung) des Aufsichtsrats. Der Aufsichtsrat kann seine Entscheidung auf einen Ausschuss übertragen.[615] Ist ein Personalausschuss eingerichtet, so gehört häufig auch die Entscheidung über die Kreditgewährung nach § 89 AktG zu seinen Aufgaben.[616] Auf einzelne Aufsichtsratsmitglieder kann die Entscheidung nicht delegiert werden.[617]

155 Der **Beschluss des Aufsichtsrats** muss sich auf bestimmte Kreditgeschäfte oder Arten von Kreditgeschäften beziehen und kann nicht für länger als drei Monate im Voraus gefasst werden (§ 89 Abs. 1 S. 2 AktG). Daraus folgt nicht, dass der Kredit keine längere Laufzeit als drei Monate haben darf. Vielmehr ist damit gemeint, dass die Kreditgewährung binnen drei Monaten nach der Beschlussfassung zu erfolgen hat. Verzögert sich die Kreditgewährung an das Vorstandsmitglied, so ist nach Ablauf von drei Monaten nach dem Aufsichtsratsbeschluss vor der Kreditgewährung zunächst ein neuer Beschluss zu fassen. In dem Aufsichtsratsbeschluss sind auch die Verzinsung und Rückzahlung des Kredits zu regeln (§ 89 Abs. 1 S. 3 AktG). Es bedarf aber nicht der Festlegung eines bestimmten Rückzahlungstermins. Es reicht aus, wenn bestimmte Kündigungsfristen geregelt sind. Kommen Verzinsung und Rückzahlung aus der Natur der Sache nicht in Frage, wie etwa bei Bürgschaften oder sonstigen von der Gesellschaft gewährten Sicherungsrechten, so sind die Bedingungen festzulegen, die der Verzinsung und der Rückzahlung entsprechen.

156 **4. Rechtsfolge bei Verstößen.** Wird die Gesellschaft bei Krediten mit einem Vorstandsmitglied entgegen § 112 AktG nicht vom Aufsichtsrat vertreten, so ist das Kreditgeschäft nach § 134 BGB nichtig.[618] Für die Rückabwicklung des Kredits gelten dann die Vorschriften der §§ 812 ff. BGB und nicht § 89 Abs. 5 AktG.[619] Eine unter Verstoß gegen die Regelungen in § 89 Abs. 1–4 AktG erfolgte Kreditgewährung ist demgegenüber wirksam, soweit nicht ausnahmsweise die Grundsätze über den Missbrauch der Vertretungsmacht (dazu → § 23 Rn. 27) eingreifen. Ein unter Verstoß gegen § 89 Abs. 1–4 AktG gewährter Kredit ist aber ohne Rücksicht auf entgegenstehende Vereinbarungen nach § 89 Abs. 5 AktG **sofort zurückzugewähren,** wenn nicht der Aufsichtsrat nachträglich zustimmt. Es handelt sich hierbei um den vertraglichen Rückgewährungsanspruch, dessen sofortige Fälligkeit durch § 89 Abs. 5 AktG angeordnet wird.[620] Etwaige für den Kredit bestellte Sicherheiten haften daher auch für den Rückgewährungsanspruch. Durch unzulässige Kreditgewährung können sich die beteiligten Vorstands- und Aufsichtsratsmitglieder nach §§ 93 Abs. 3 Nr. 8, 116 AktG **schadensersatzpflichtig** machen.

---

[614] LG Bochum ZIP 1989, 1557 (1563); Hüffer/*Koch* AktG § 89 Rn. 7; MüKoAktG/*Spindler* § 89 Rn. 33.
[615] BGH WM 1991, 1258 (1259); Hüffer/*Koch* AktG § 89 Rn. 4; Spindler/Stilz AktG/*Fleischer* § 89 Rn. 12.
[616] BGH WM 1991, 1258 (1259); MüKoAktG/*Spindler* § 89 Rn. 36.
[617] KölnKommAktG/*Mertens*/*Cahn* § 89 Rn. 17; MüKoAktG/*Spindler* § 89 Rn. 36; aA *Kuhlmann* AG 2009, 109 (111).
[618] KölnKommAktG/*Mertens*/*Cahn* § 89 Rn. 22; Schmidt/Lutter/*Seibt* § 89 Rn. 15; *Ihrig*/*Schäfer*, Rechte und Pflichten des Vorstands, § 13 Rn. 329; *Seyfarth*, Vorstandsrecht, § 4 Rn. 103.
[619] *Ihrig*/*Schäfer*, Rechte und Pflichten des Vorstands, § 13 Rn. 329; *Seyfarth*, Vorstandsrecht, § 4 Rn. 103.
[620] Hüffer/*Koch* AktG § 89 Rn. 8; KölnKommAktG/*Mertens*/*Cahn* § 89 Rn. 23.

VIII. Offenlegung von Vorstandsbezügen

1. Offenlegung nach HGB. Nach § 285 Nr. 9 lit. a HGB haben **alle Aktiengesell-** **157** **schaften** mit **Ausnahme kleiner Kapitalgesellschaften** (§§ 267 Abs. 1, 288 Abs. 1 Nr. 1 HGB) im Anhang als Pflichtangabe für die Mitglieder des Vorstands die für die Tätigkeit im Geschäftsjahr gewährten **Gesamtbezüge** in dem dort näher umschriebenen Umfang anzugeben. Zusätzlich sind nach § 285 Nr. 9 lit. b HGB die Gesamtbezüge (Abfindungen, Ruhegehälter, Hinterbliebenenbezüge und Leistungen verwandter Art) der **früheren Vorstandsmitglieder** und ihrer **Hinterbliebenen** sowie die für diese Personengruppe gebildeten Rückstellungen für laufende Pensionen und Anwartschaften auf Pensionen und der Betrag der für diese Verpflichtungen nicht gebildeten Rückstellungen offenzulegen. Weiterhin sind nach § 285 Nr. 9 lit. c HGB gewährte Vorschüsse und Kredite sowie die für Vorstandsmitglieder eingegangenen Haftungsverhältnisse anzugeben, und zwar auch für kleine Kapitalgesellschaften (§ 288 Abs. 1 Nr. 1 HGB). Eine individualisierte Offenlegung fordert § 285 Nr. 9 HGB jeweils nicht. Bei **nicht börsennotierten Aktiengesellschaften** können die in § 285 Nr. 9 lit. a und lit. b HGB verlangten Angaben über die Gesamtbezüge darüber hinaus nach § 286 Abs. 4 HGB unterbleiben, wenn sich anhand dieser Angaben die Bezüge eines Vorstandsmitglieds feststellen lassen. Die Vorschrift des § 286 Abs. 4 HGB gilt ausdrücklich nur für nicht börsennotierte Gesellschaften und ist auf den Alleinvorstand einer börsennotierten Aktiengesellschaft nicht analog anwendbar.[621] Die Berichtspflichten des § 285 Nr. 9 HGB gelten nach § 314 Abs. 1 Nr. 6 HGB entsprechend für den Konzernanhang des Mutterunternehmens. Das Deutsche Rechnungslegungs Standard Committee (DRSC) hat die Berichtspflichten im Deutschen Rechnungslegungs Standard Nr. 17 (DRS 17) für die Konzernberichterstattung konkretisiert. Diese Konkretisierungen lassen sich im Wesentlichen auch auf den Anhang zum Jahresabschluss übertragen.[622]

2. Vergütungsbericht bei börsennotierten Aktiengesellschaften. In **börsennotier-** **158** **ten Aktiengesellschaften** (§ 3 Abs. 2 AktG) haben Vorstand und Aufsichtsrat gemeinsam nach § 162 Abs. 1 S. 1 AktG jährlich einen klaren und verständlichen Bericht über die im letzten Geschäftsjahr jedem einzelnen gegenwärtigen oder früheren Mitglied des Vorstands und des Aufsichtsrats von der Gesellschaft und von Unternehmen desselben Konzerns (§ 290 HGB) gewährte und geschuldete Vergütung zu erstellen **(Vergütungsbericht).** Diese Regelung wurde durch das **ARUG II**[623] in das Aktiengesetz eingeführt.[624] Die Bestimmungen der Sätze 5–8 des § 285 Nr. 9 lit. a HGB aF und des § 314 Abs. 1 Nr. 6 lit. a HGB aF, die bis zum ARUG II jeweils eine Verpflichtung zur individualisierten Offenlegung von Vorstandsbezügen enthielten, sowie die darauf zum Teil Bezug nehmenden Vorschriften des § 289a Abs. 2 HGB aF und des § 315a Abs. 2 HGB aF wurden aufgehoben. Der Vergütungsbericht ist durch den Abschlussprüfer nach Maßgabe von § 162 Abs. 3 AktG zu prüfen. Vorgeschrieben ist lediglich eine formelle Prüfung (Erstellung des Vergütungsberichts und Vorhandensein der erforderlichen Angaben); eine inhaltliche Prüfung der in den Vergütungsbericht aufgenommenen Angaben erfolgt nicht.[625] Der

---

[621] OLG Frankfurt a. M. NZG 2012, 996 (998); *von Kann* DStR 2005, 1496 (1500).
[622] Hüffer/*Koch* AktG § 87 Rn. 70.
[623] BGBl. 2019 I S. 2637 ff. Das ARUG II dient der Umsetzung der zweiten Aktionärsrechterichtlinie (Richtlinie (EU) 2017/828 des Europäischen Parlaments und des Rates vom 17.5.2017 zur Änderung der Richtlinie 2007/36/EG im Hinblick auf die Förderung der langfristigen Mitwirkung der Aktionäre (ABl. 2017 L 132, S. 1)).
[624] Die Bestimmungen des § 162 AktG sind erstmals für das nach dem 31.12.2020 beginnende Geschäftsjahr anzuwenden, § 26j Abs. 2 S. 1 EGAktG. Mit diesem Geschäftsjahr beginnt für eine Übergangsphase auch der für die Ermittlung des Durchschnittswerts der Arbeitnehmervergütung nach § 162 Abs. 1 S. 2 Nr. 2 AktG relevante Zeitraum, § 26j Abs. 2 S. 2 EGAktG.
[625] Beschlussempfehlung und Bericht des Rechtsausschusses zum ARUG II, BT-Drs. 19/15153, 61; Hüffer/*Koch* AktG § 162 Rn. 9; *Orth/Oser/Philippsen/Sultana* DB 2019, 2814 (2818); *Rieckers* BOARD 2019, 97 (98).

Vergütungsbericht ist der Hauptversammlung jährlich nach § 120a Abs. 4, 5 AktG zur Billigung vorzulegen (näher → Rn. 64 sowie → § 35 Rn. 49).

159 Der Vergütungsbericht und der Vermerk des Abschlussprüfers sind nach § 162 Abs. 4 AktG zehn Jahre lang auf der Internetseite der Gesellschaft kostenfrei öffentlich zugänglich zu machen, gerechnet ab dem Hauptversammlungsbeschluss gemäß § 120a Abs. 4 S. 1 AktG oder der Vorlage gemäß § 120a Abs. 5 AktG. Werden sie länger zugänglich gemacht, sind personenbezogene Daten aus dem zugänglich gemachten Bericht zu entfernen (§ 162 Abs. 5 S. 3 AktG). Der Vergütungsbericht darf nach § 162 Abs. 5 S. 1 AktG ferner keine Daten enthalten, die sich auf die Familiensituation einzelner Vorstandsmitglieder beziehen. Personenbezogene Daten früherer Vorstandsmitglieder sind in Vergütungsberichten, die nach Ablauf von zehn Jahren nach Ende des Geschäftsjahres, in das die Beendigung der Tätigkeit gefallen ist, zu erstellen sind, zu unterlassen (§ 162 Abs. 5 S. 2 AktG). In die Erklärung zur Unternehmensführung ist gemäß § 289f Abs. 2 Nr. 1a HGB eine Bezugnahme auf die Internetseite der Gesellschaft aufzunehmen, auf der der Vergütungsbericht, der Abschlussprüfervermerk und das geltende Vergütungssystem zugänglich gemacht sind. Eine verpflichtende Aufnahme des Vergütungsberichts in den Lagebericht ist nicht vorgesehen.[626]

160 Wie das Vergütungssystem (§ 87a AktG) muss auch der Vergütungsbericht „klar und verständlich" sein. Die abstrakten Anforderungen an Klarheit und Verständlichkeit entsprechen denen an das Vergütungssystem: Entscheidend ist die Sichtweise eines durchschnittlich informierten, situationsadäquat aufmerksamen und verständigen Aktionärs. Überzogene Anforderungen sind nicht zu stellen.[627] § 162 AktG enthält in Abs. 1 Satz 2 und Abs. 2 sehr detaillierte Mindestangaben, die unter Namensnennung für jedes gegenwärtige und frühere Vorstandsmitglied im Vergütungsbericht individuell zu machen sind, soweit sie inhaltlich tatsächlich vorliegen. Negativmeldungen sind – außer für Clawbacks (§ 162 Abs. 1 S. 2 Nr. 4 AktG) – nicht erforderlich.[628] Nach § 162 Abs. 1 S. 2 Nr. 1–7 AktG gehören zu den Mindestangaben (1) alle festen und variablen Vergütungsbestandteile (grundsätzlich als konkrete Zahlenwerte), deren jeweiliger relativer Anteil sowie eine Erläuterung, wie sie dem maßgeblichen Vergütungssystem entsprechen, wie die Vergütung die langfristige Entwicklung der Gesellschaft fördert und wie die Leistungskriterien angewendet wurden, (2) eine vergleichende Darstellung der jährlichen Veränderung der Vergütung, der Ertragsentwicklung der Gesellschaft sowie der über die letzten fünf Geschäftsjahre betrachteten durchschnittlichen Vergütung von Arbeitnehmern einschließlich einer Erläuterung, welcher Kreis von Arbeitnehmern einbezogen wurde,[629] (3) die Anzahl der gewährten oder zugesagten Aktien und Aktienoptionen und die wichtigsten Bedingungen für die Ausübung der Rechte, (4) ob und wie von Clawbacks Gebrauch gemacht wurde, (5) etwaige Abweichungen vom Vergütungssystem des Vorstands, (6) eine Erläuterung zur Berücksichtigung des Hauptversammlungsbeschlusses nach § 120a Abs. 4 AktG oder der Erörterung nach § 120a Abs. 5 AktG sowie (7) eine Erläuterung, wie die festgelegte Maximalvergütung der Vorstandsmitglieder eingehalten wurde. Weitere Mindestangaben enthält § 162 Abs. 2 AktG, unter anderem zu Drittvergütungen und Abfindungen.

161 Nach Auffassung des Rechtsausschusses ist mit „gewährte" Vergütung (§ 162 Abs. 1 S. 1, S. 2 Nr. 3 AktG) der faktische Zufluss des Vergütungsbestandteils gemeint, mit „geschuldete" Vergütung (§ 162 Abs. 1 S. 1 AktG) die rechtlich bestehenden Verbindlichkeiten über Vergütungsbestandteile, die fällig sind, aber noch nicht erfüllt wurden. „Zugesagt" (§ 162 Abs. 1 S. 2 Nr. 3 AktG) erfasst alle rechtlich bestehenden Verbindlichkeiten

---

[626] Beschlussempfehlung und Bericht des Rechtsausschusses zum ARUG II, BT-Drs. 19/15153, 61.
[627] RegE ARUG II, Begründung, BT-Drs. 19/9739, 109. Zu den entsprechenden Anforderungen beim Vergütungsbericht → Rn. 54.
[628] Hüffer/Koch AktG § 162 Rn. 3; Orth/Oser/Philippsen/Sultana DB 2019, 2814 (2815).
[629] Dazu Anzinger ZGR 2019, 39 (41); Hopt/Leyens ZGR 2019, 929 (978); Velte NZG 2019, 335 (336).

über Vergütungsbestandteile, die fällig oder noch nicht fällig sind und noch nicht erfüllt sind.[630]

Der DCGK enthält – anders als in der bis 2020 geltenden Kodexfassung – keine Mustertabellen zur Offenlegung der Vorstandsvergütung mehr.[631] An deren Stelle sind zum einen die detaillierten Vorgaben zum Vergütungsbericht in § 162 Abs. 1, 2 AktG getreten. Zum anderen sieht Art. 9b Abs. 6 2. ARRL vor, dass die Europäische Kommission Leitlinien zur Präzisierung der standardisierten Darstellung der im Vergütungsbericht enthaltenen Informationen erlässt. Nach dem bisherigen Entwurf werden die Leitlinien eine Vielzahl von Tabellen enthalten, die im Detaillierungsgrad über die Tabellen des DCGK 2017 hinausgehen.[632]

IX. Steuerliche Behandlung der Bezüge

Die Bezüge eines Mitglieds des Vorstands sind steuerpflichtig. Es handelt sich steuerlich um Einkünfte aus nichtselbständiger Tätigkeit nach § 19 Abs. 1 Nr. 1 EStG.[633] Das gilt unabhängig davon, dass die Mitglieder des Vorstands eine an sich weisungsfreie Tätigkeit ausüben. Bei der AG sind die Vorstandsbezüge, wenn und soweit nicht im Einzelfall eine verdeckte Gewinnausschüttung vorliegt, als Betriebsausgaben abzugsfähig. Vorstellungen aus dem (linken) politischen Spektrum,[634] den Betriebsausgabenabzug bei Bezügen oberhalb von € 500 000 ganz oder zum Teil auszuschließen, sind bislang nicht durchgesetzt worden.

Arbeitslohn sind alle Einnahmen, die dem Arbeitnehmer aus dem Dienstverhältnis zufließen, § 2 Abs. 1 LStDV. Zum steuerpflichtigen **Arbeitslohn** gehören alle Bezüge, die als Gegenleistung für die Zurverfügungstellung der individuellen Arbeitskraft gewährt werden. Dazu gehören alle Einnahmen in Geld oder Geldeswert,[635] wie zB Gehalt, Gratifikationen, Tantiemen[636] oder auch Sachbezüge, die zu geldwerten Vorteilen des Arbeitnehmers führen und nicht nur dem Ersatz von Aufwendungen im Rahmen der steuerlich zugelassenen Grenzen beinhalten[637] oder es sich um kraft gesetzlicher Regelung, zB nach § 3 Nr. 50, 62 oder 63 EStG steuerfreie Bezüge handelt. Vergütungen an beherrschende Gesellschafter, die zugleich Vorstand der Kapitalgesellschaft sind, gelten bereits dann als zugeflossen, wenn eine eindeutige und unbestrittene Forderung entstanden ist, auch wenn der Betrag noch nicht zugeflossen ist.[638] Nicht um aktuell zugeflossene Beträge handelt es sich bei Pensions-

---

[630] Beschlussempfehlung und Bericht des Rechtsausschusses zum ARUG II, BT-Drs. 19/15153, 60.

[631] Dazu auch Begründung zu Grundsatz 25 DCGK 2020.

[632] *Europäische Kommission,* Guidelines on the standardised presentation of the remuneration report under Directive 2007/36/EC, as amended by Directive (EUR) 2017/828, as regards the encouragement of long-term shareholder engagement, Ref. Ares(2019)4519708 – 12/07/2019; siehe auch Beschlussempfehlung und Bericht des Rechtsausschusses zum ARUG II, BT-Drs. 19/15153, 60.

[633] BFH v. 11.3.1960 BStBl. III 1960, 214; BFH v. 2.10.1968 BStBl. II 1969, 185; BFH v. 31.1.1975 BStBl. II 1975, 358 ff.; BFH v. 20.10.2010 BFH/NV 2011, 585; H 19.0 LStR; L. Schmidt/*Krüger* EStG, § 19 Rdn. 35 (Gesetzlicher Vertreter einer Kapitalgesellschaft).

[634] Programme der SPD und von Bündnis 90/Die Grünen im Bundestagswahlkampf 2013 sowie erneut im Februar 2017; dazu *Wighardt/Berger* NZG 2017, 1370.

[635] § 2 LStDV; R 19.1 und H 19.3 LStR.

[636] Auch bei an der AG beteiligten Vorstandsmitgliedern stellen Tantiemen bei entsprechender Regelung Arbeitslohn dar, L. Schmidt/*Krüger* EStG § 19 Rdn. 100 (Tantieme); BFH v. 10.7.2002 BStBl. II 2002, 418; BFH v. 27.2.2003 BStBl. II 2004, 132 (Angemessenheit der Tantieme); BFH v. 5.6.2002 DB 2002, 2304 (Umsatztantieme); BFH v. 9.6.2004 BFH/NV 2004, 1424 (zur Zulässigkeit der Umsatztantieme bei AG); zum Zeitpunkt des Zuflusses einer Tantieme BFH v. 3.2.2011, BStBl. II 2014, 491; BMF v. 1.2.2002 BStBl. I 2002, 219; FG Rheinland-Pfalz v. 24.8.2017 EFG 2018, 32; *Lang* in Dötsch/Pung/Möhlenbrock KStG § 8 Abs. 3 Teil D Rdn. 461 ff.

[637] BFH DB 2011, 741; BFH DB 2011, 969; BFH DB 2013, 1823; BMF v. 12.5.2014 DB 2014, 1291: dazu *Briese* DB 2014, 1334.

[638] BFH DB 2011, 741; BFH DB 2011, 969; BFH DB 2013, 1823; BMF v. 12.5.2014 DB 2014, 1291: dazu *Briese* DB 2014, 1334.

zusagen an Vorstandsmitglieder im Anwartschaftsstadium.[639] Die Bezüge von Organmitgliedern, die an der AG beteiligt sind, unterliegen einer steuerlichen Angemessenheitskontrolle.[640] Mit seiner Entscheidung vom 10.3.2005 hat der BFH mit seiner Rechtsprechungsänderung die Differenzierung erforderlich gemacht, dass die Tätigkeit eines GmbH-Geschäftsführers unabhängig von dessen Organstellung unter bestimmten Voraussetzungen als selbständig iSv § 2 Abs. 2 S. 1 UStG betrachtet werden können.[641] Die Entscheidung wird für die Tätigkeit eines Vorstands entsprechend zu gelten haben. Für die ertragsteuerliche Beurteilung ist bei Organmitgliedern einer Kapitalgesellschaft nicht allein aufgrund der Organstellung von einer abhängigen Tätigkeit auszugehen, sondern nach allgemeinen Merkmalen zu entscheiden, ob die Tätigkeit selbständig oder unselbständig geleistet wird.[642]

165 Einnahmen, die nicht in Geld bestehen (**Sachbezüge**), sind nach § 8 Abs. 2 EStG mit den um übliche Preisnachlässe geminderten üblichen Endpreisen am Abgabeort anzusetzen.[643] Dies gilt zB für die Überlassung von Waren, einer Wohnung oder von Sach- oder Dienstleistungen. Für die Gestellung von Kraftfahrzeugen (mit oder ohne Fahrer) gelten besondere Regelungen, § 8 Abs. 2 S. 2 ff. EStG.[644] Beiträge zu D&O-Versicherungen, die die AG für Vorstandsmitglieder abgeschlossen hat, stellen keine Lohnzuwendung dar.[645]

166 Besondere Bedeutung hat die steuerliche Behandlung der als Entlohnungsbestandteil anzutreffenden **Mitarbeiterbeteiligungen** gewonnen.[646] In einzelnen ist zu unterscheiden, ob Aktien oder Anteile oder Bezugsrechte auf den Erwerb junger Anteile eingeräumt werden oder ein Recht auf den zukünftigen Er-werb solcher Rechte, wie z.B. bei der Gewährung von Optionsanleihen, Wandelschuldverschreibungen oder Optionsrechten auf Aktien der AG. Wird dieser Teil der erfolgsabhängigen Vergütung von Vorstandsmitgliedern lediglich auf der Grundlage der Entwicklung des Aktienkurses der Gesellschaft bemessen und als Barvergütung ausbezahlt,[647] ergeben sich steuerlich keine Besonderheiten.

167 Die unentgeltliche (oder begünstigte) Einräumung von Aktien oder Anteilen oder des Rechts zu Bezug junger Anteile stellt einen Vergütungsbestandteil dar,[648] vorausgesetzt, dass

---

[639] Zur steuerlichen Anerkennung von Pensionszusagen an Gesellschafter-Organmitglieder BFH v. 21.12.1994 BStBl. II 1995, 419; BMF vom 9.12.2002, BStBl. I 2002, 1393 (Erdienungszeitraum); BFH v. 8.11.2000 BStBl. II 2005, 653; BFH v. 7.11.2001 BStBl. II 2005, 659; BFH v. 4.9.2002 BStBl. II 2005, 662; BFH v. 31.3.2004 BStBl. II 2005, 664; BMF vom 6.9.2005 BStBl. 2005, 875 (Finanzierbarkeit); BFH v. 11.9.2014 NZG 2014, 479 (Mindest-Pensionsalter). Der Verzicht auf Pensionszusagen kann zu Arbeits-lohn führen, BFH v. 23.8.2017 BStBl. II 2018, 208; ferner: Alber WPg 2017, 904; *Selig-Kraft/Beeger* BB 2017 159, 919 und 1885.

[640] BFH BStBl. II 2004, 132 und 136; BFH v. 28.4.2010 BStBl. II 2013, 41; BMF vom 14.10.2002 BStBl. I 2002, 972 sowie v. 13.12.2012 BStBl. I 2013, 35 (zur Angemessenheit); ferner R 8.7 KStR.

[641] BFH v. 10.3.2005 DB 2005, 1311 (1312).

[642] BFH v. 20.10.2010 BFH/NV 2011, 585; BMF v. 31.5.2007 BStBl. I 2007, 503; BMF v. 2.5.2011 BStBl. I 2011, 490.

[643] BFH v. 16.5.2013 BStBl. II 2013, 729; L. Schmidt/*Krüger* EStG § 8 Rdn. 20, 23.

[644] Nach L. Schmidt/*Krüger* EStG, § 19 Rdn. 100 (Kraftfahrzeuggestellung) gehört die Gestellung eines Fahrers zu den Arbeitsbedingungen und nicht zum Arbeitslohn; aA BFH v. 23.7.1996 BStBl. II 1997, 147; jetzt zweifelnd BFH v. 22.9.2010, FR 2011, 285; BFH v. 15.5.2013 BStBl. II 2014, 589; ferner R 8.1 Abs. 9 und 10 sowie H 8.1 (9, 10) LStR; zum geldwerten Vorteil BMF v. 4.4.2018 BStBl. I 2018, 592.

[645] L. Schmidt/*Krüger* EStG, § 19 Rdn. 100 (D&O-Versicherungen); *Dreher* DB 2001, 996; *Küppers/Dettmeier* DStR 2002, 199; *Hohenstatt/Naber* DB 2010, 2321; *Harzenetter* DStR 2010, 653.

[646] Z. B. *Leuner* NWB 2018, 251; *Haas/Pötschan* DB 1998, 2138; dies. DStR 2000, 2018; *Thomas* DStZ 1999, 710.

[647] ZB sog. Stock Appreciation Rights.

[648] BFH v. 4.10.2016 BStBl. II 2017, 790; BFH v. 15.3.2018 DB 2018, 1708; *Binnewies/Finke* AG 2016, 748; *Rödding* DStR 2017, 437; *Thiele* BB 2017, 983; *Gesrich* DStR 2018, 2304.

der Beteiligungserwerb im Zusammenhang mit dem Anstellungsverhältnis steht.[649] Sie werden insbesondere den Organmitgliedern als Entgelt für besondere Leistungen zur Mehrung des Unternehmenswerts gewährt und stellen keine Schenkung dar.[650] Der gewährte Vorteil unterliegt der Einkommensteuer des Empfängers und, soweit es sich um Arbeitslohn handelt, dem Lohnsteuerabzug, § 38 Abs. 2 S. 2 EStG. Voraussetzung für den Lohnsteuerabzug ist der Zufluss des Vorteils, § 11 Abs. 1 S. 1 EStG. Nach dem für das Lohnsteuerrecht geltenden Zahlungsprinzip ist der Zufluss noch nicht mit der Einräumung des Rechtsanspruchs, sondern erst mit seiner Erfüllung erfolgt.[651] Entsprechend der Ausgestaltung der Mitarbeiterbeteiligung kann der Zufluss demzufolge zum Zeitpunkt der Rechtsgewährung (sog. Anfangsbesteuerung) oder zum Zeitpunkt der Ausübung der eingeräumten Rechte (sog. Endbesteuerung) erfolgen. Die Gewährung von Aktien der Gesellschaft selbst oder eines verbundenen Unternehmens führt zum sofortigen Zufluss des steuerpflichtigen geldwerten Vorteils zum Zeitpunkt der Erlangung der Verfügungsmacht, wenn die Zuwendung durch das Dienstverhältnis veranlasst war;[652] Verfügungsbeschränkungen oder die Verpflichtung zur Einhaltung einer Veräußerungssperrfrist (§ 3 Nr. 39 EStG)[653] hindern den Zufluss nicht.[654] Allein dass ein leitender Mitarbeiter im Rahmen eines Management-Programms an der Gesellschaft beteiligt ist, rechtfertigt es nicht, einen Veräußerungsgewinn aus der Kapitalbeteiligung zu Einkünften aus nichtselbständiger Arbeit zu qualifizieren. Vielmehr kann die Beteiligung zu einer selbständigen Erwerbsgrundlage geworden sein, zB wenn die Beteiligung zum Marktpreis erworben worden war.[655] Bei Optionsanleihen wird die Auffassung vertreten, dass wegen der Trennbarkeit der Schuldverschreibung und der Option die Schuldverschreibung zugeflossen ist, nicht hingegen die Optionskomponente.[656] Auch bei Erwerb von Aktienoptionen liegt Arbeitslohn nicht stets, sondern nur dann vor, wenn es sich nicht um ein privates Anschaffungsgeschäft handelt, was dann gegeben sein kann, wenn die Option zum Marktpreis von einer Bank erworben wurde.[657] Von Bedeutung ist in diesen Fällen auch, ob der Berechtigte das wirtschaftliche Eigentum an den Beteiligungsrechten erworben hat.[658] Gleiches gilt bei Wandelschuldverschreibungen, und zwar gleichgültig, ob sie marktgängig oder nicht sind; in beiden Fällen gilt erst der Ausübungszeitpunkt als Zuflusszeitpunkt;[659] ist die Wandelschuldverschreibung niedrig verzinslich ausgestaltet, wird es regelmäßig zum Zeitpunkt der Ausgabe der Anleihe an einem geldwerten Vorteil fehlen. Die Einräumung eines **nicht handelbaren** und nicht ausübbaren **Optionsrechts** auf Aktien führt nach hM in der Rechtsprechung und Finanzverwaltung nicht zum Zufluss im Sinne von § 11 Abs. 1 EStG.[660]

---

[649] BFH v. 7.5.2014 BStBl. II 2014, 904.
[650] AA *Hartmann* FR 2000, 1014.
[651] L. Schmidt/*Krüger* EStG § 11 Rdn. 12 sowie § 19 Rdn. 100 (Ankaufsrecht); *Thomas*/Küttner Personalhandbuch 25. Aufl. 2018, Aktienoptionen Rz. 21 (23 f.).
[652] BFH v. 4.10.2016 BStBl. II 2017, 790 m. Anm. v. *Korff* FR 2017, 639; *Esskandari/Bick* GmbH-StB 2017, 102; BFH v. 15.3.2018 BFH/NV 2018, 865; BFH v. 1.9.2016 BStBl. II 2017, 69; BFH v. 26.6.2014 BStBl. II 2014, 864; BFH v. 7.5.2014 BStBl. II 2014, 904; BFH v. 30.6.2011 BStBl. II 2011, 923 (924).
[653] § 3 Nr. 39 EStG; vgl. L. Schmidt/*Krüger* EStG § 19a Rdn. 1 sowie L. Schmidt/*Levedag* EStG § 3 Nr. 39 Rdn. 132; *Breinersdorfer* DStR 2009, 453; *Niermann* DB 2009, 473.
[654] BFH BFH/NV 1997, 179; BFH BStBl. II 1989, 927; FG Münster EFG 1995, 320 (rkr.); L. Schmidt/*Krüger* EStG § 19 Rdn. 100 (Aktien).
[655] BFH v. 4.10.2016 BStBl. II 2017, 790; dazu Urteilsanm. *Killat-Risthaus* DStZ 2017, 140; *Esskandari/Bick* GmbHR 2017, 102; *Korff* FR 2017, 639.
[656] *Haas/Pötschan* DStR 2000, 2018 (2020).
[657] FG Köln v. 24.3.2017 EFG 2017, 1646.
[658] *Binnewies/Finke* AG 2018, 789.
[659] BFH v. 23.6.2005 BStBl. II 2005, 766; *Lochmann* DB 2005, 1721; dto. bei Wandeldarlehen, BFH v. 23.6.2005 BStBl. II 2005, 770; BFH v. 20.5.2010 BStBl. II 2010, 1069 (bei Veräußerung).
[660] BFH BStBl. II 1999 S. 684; BFH DStR 2001, 1340; BFH/NV 2002, 904; BFH BStBl. II 2009 S. 382; BFH BFH/NV 2011, 1869; BMF BStBl. I 2006 S. 532.

Die Besteuerung erfolgt erst zum Zeitpunkt der Ausübung des Ankaufsrechts;[661] Zuflusszeitpunkt ist der Tag der Erfüllung des Anspruchs und der Erlangung des wirtschaftlichen Eigentums. Diese Auffassung wurde in der Literatur kritisiert,[662] doch liegt mittlerweile eine gefestigte Rechsprechung vor. Der BFH sieht auch im Fall des Wegfalls von Ausübungsbeschränkungen keinen Zufluss;[663] auch für **handelbare Optionsrechte** nimmt der BFH Endbesteuerung an.[664] Wird ein handelbares Optionsrecht entgeltlich übertragen, ist bei Anwendung der Endbesteuerungsmethode davon auszugehen, dass mit der Verwertung des Rechts ein Lohnzufluss eingetreten ist, da zu diesem Zeitpunkt der Berechtigte die ihm mögliche Verwertungshandlung vorgenommen und den Umfang des ihm zugeflossenen Vorteils bestimmt hat.[665] Die Einräumung von unentgeltlich gewährten Bezugsrechten führt im Zeitpunkt der Einräumung nicht zu einem steuerlich ergebniswirksamen Personalaufwand und zu einer dadurch bedingten Zuführung zur Kapitalrücklage.[666]

168 Der **Wert** des dem Berechtigten zugeflossenen Vorteils ergibt sich aus dem Wert der gewährten Aktien abzüglich des Betrags, den der Berechtigte zur Erlangung des Rechts oder zum Bezug der Aktie hat aufwenden müssen, sonst des Preisnachlasses.[667] Gegebenenfalls vorhandene Beschränkungen in der Ausübung des erworbenen Rechts rechtfertigen keinen Bewertungsabschlag.[668] Für die Bewertung von Aktien, Wandelschuldverschreibungen und Genussscheinen gilt § 8 Abs. 2 EStG; bei Aktien hat eine Wertermittlung nach den Ertragsaussichten zu erfolgen; maßgeblich ist der Wert am Zuflusszeitpunkt.[669] Nach § 3 Nr. 39 EStG ist der gemeine Wert der zugewendeten Beteiligung maßgeblich; dafür wird ein Freibetrag gewährt.[670]

169 Der mit der Gewährung von Aktien oder der infolge der Ausübung einer Option entstehende **geldwerte Vorteil** ist als sonstiger Bezug der Lohnsteuer zu unterwerfen, § 38 Abs. 1 EStG. Wird der entsprechende Vorteil nicht vom Arbeitgeber, sondern von einem Dritten eingeräumt, unterliegt der Vorteil nicht dem Lohnsteuerabzug. Reicht der Barlohn zur Begleichung der Lohnsteuer, die auf den geldwerten Vorteil entfällt, nicht aus, hat der Arbeitgeber bei dem Arbeitnehmer den Fehlbetrag anzufordern; bringt der Arbeitnehmer den Fehlbetrag nicht auf und kann dieser auch nicht aus anderen Bezügen des Arbeitnehmers aufgebracht werden, hat der Arbeitgeber dies dem Betriebsstättenfinanzamt mitzuteilen, § 38 Abs. 4 EStG.[671]

170 Die Gewährung von Aktien oder Aktienoptionen an Mitglieder des Vorstands hat für die AG in Abhängigkeit von der Ausgestaltung der Gewährung der Rechte unterschiedliche

---

[661] BFH v. 1.9.2016 BFH/NV 2017, 106; *Geserich* DStR 2014 Beil. zu H. 23, 53; *Stenzel* DStR 2018, 82 und 139.

[662] *Herzig* DB 1999, 1 ff.; *Portner* DStR 1998, 1535; *dies.* DB 2002, 235; *Portner/Bödefeld* DStR 1995, 629; *Neyer* BB 1999, 130. *Kroschel* BB 2000, 176; *Kessler/Strnad* BB 2000, 641; *dies.* StuB 2001, 652; *Strnad/Suchan* DStZ 2000, 486; *Lampe/Strnad* DStR 2000, 1117.

[663] BFH BStBl. II 2001 S. 689.

[664] BFH BStBl. II 2009 S. 382; FG München DStRE 2012, 17; BFH BStBl. II 2011 S. 923; *Portner* DStR 2010, 1316.

[665] BFH v. 19.6.2008 BStBl. II 2008, 826 mit Anm. von *Schneider* HFR 2008, 921; BFH v. 20.5.2010 BStBl. II 2010, 1069; AA *Thomas/Küttner*, Personalhandbuch 25. Aufl. 2018, 28; *Thomas* DStR 2015, 263.

[666] BFH v. 25.8.2010 DB 2010, 2648; dazu *Lochmann* DB 2010, 2761.

[667] BFH v. 15.3.2018 DB 2018, 1708.

[668] BFH v. 7.4.1989 BStBl. II 1989, 608; L. Schmidt/*Krüger* EStG § 19 Rdn. 100 (Aktien).

[669] Zu Anteilsveräußerungen vor dem Bewertungsstichtag BFH v. 29.7.2010 BStBl. II 2011, 68, auch zur Ableitung des Werts aus Veräußerungen. BFH v. 27.7.2011 BFH/NV 2011, 1869: Maßgeblichkeit des Börsenpreises zum Zeitpunkt des erwerbs abzüglich Erwerbsaufwendungen; dazu auch BFH v. 20.11.2008 BStBl. II 2009, 382; BFH v. 7.5.2014 BStBl. II 2014 904; BFH v. 1.9.2016 BStBl. II 2017, 69; *Wendt* EFG 2014, 1889; *Portner* BB 2014, 2523; *Köster* DStZ 2017, 6; *Bergkämper* FR 2017, 338; *Krüger* HFR 2017, 36; *Geserich* HFR 2014, 692.

[670] L. Schmidt/*Levedag* EStG § 3 Rdn 132 f.

[671] L. Schmidt/*Krüger* EStG § 38 Rdn. 18.

steuerliche Auswirkungen.[672] Verwendet die AG zur Bedienung einer Lieferverpflichtung eigene Aktien, führt der Kapitalzufluss nach Maßgabe von § 272 Abs. 1b HGB zu einer Einlage. Zur steuerlichen Behandlung eigener Aktien bei der AG vgl. § 15. Nach der jetzt herrschenden Auffassung wirkt sich ein Gewinn oder Verlust steuerlich nicht aus; auf die Anwendung von § 8b Abs. 2 und 3 KStG kommt es danach nicht an.[673] Wird die Lieferverpflichtung für Aktien durch eine Kapitalerhöhung, zB durch Ausnutzung eines bedingten oder genehmigten Kapitals erfüllt, ist die durch den Berechtigten zu leistende Einlage steuerfrei; der Betrag, um den die Leistung des Berechtigten hinter einer marktüblichen Einlage zurück bleibt, kann von der AG nicht als Betriebsausgabe mit steuerlicher Wirkung abgezogen werden.

Eine gesonderte steuerliche Behandlung genießen Initiatorenvergütungen bei Beteiligungen an Private-Equity-Fonds. Diese werden nicht als Einkünfte aus nichtselbständiger Tätigkeit, sondern nach § 18 Abs. 1 Nr. 4 EStG als Einkünfte aus selbständiger Tätigkeit behandelt, die nach § 3 Nr. 40a EStG die Vergünstigung der 40%igen Steuerbefreiung bei Veräußerung von Kapitalgesellschaftsanteilen erfahren.[674]

171

§ 22 Geschäftsführung

Übersicht

	Rn.		Rn.
I. Geschäftsführung durch den Vorstand	1, 2	2. Verhalten überstimmter Vorstandsmitglieder	15, 16
1. Geschäftsführung	1	IV. Geschäftsverteilung	17–29
2. Geschäftsführungsbefugnis	2	1. Arten der Vorstandsorganisation	17–23
II. Arten der Geschäftsführungsbefugnis	3–10	2. Wirkungen und Grenzen der Geschäftsverteilung	24–28
1. Gesamtgeschäftsführungsbefugnis	3–6	3. Änderungen der Geschäftsverteilung	29
2. Einzelgeschäftsführung	7	V. Geschäftsordnung	30–35
3. Gesamtgeschäftsführung mit Mehrheitsprinzip	8–10		
III. Willensbildung des Vorstands	11–16		
1. Beschlussfassung	11–14		

Schrifttum: *Bürkle,* Der Stichentscheid im zweiköpfigen Vorstand, AG 2012, 232–237; *Emde,* Gesamtverantwortung und Ressortverteilung im Vorstand der AG, FS U. H. Schneider, 2011, S. 295–321; *Fleischer,* Zum Grundsatz der Gesamtverantwortung im Aktienrecht, NZG 2003, 449–459; *Habersack,* Gesteigerte Überwachungspflichten des Leiters eines „sachnahen" Vorstandsressorts?, WM 2005, 2360–2364; *v. Hein,* Vom Vorstandsvorsitzenden zum CEO?, ZHR 166 (2002), 464–502; *Hoffmann-Becking,* Zur rechtlichen Organisation der Zusammenarbeit im Vorstand der AG, ZGR 1998, 497–519; *ders.* Vorstandsvorsitzender oder CEO?; NZG 2013, 745–750; *Hüffer,* Die leitungsbezogene Verantwortung des Aufsichtsrats, NZG 2007, 47–54; *Martens,* Der Grundsatz gemeinsamer Vorstandsverantwortung, FS Fleck, 1988, S. 199–208; *Schiessl,* Gesellschafts- und mitbestimmungsrechtliche Probleme der Spartenorganisation (Divisionalisierung), ZGR 1992, 64–86; *Schönbrod,* Die Organstellung von Vorstand und Aufsichtsrat in der Spartenorganisation, 1987; *Schwark,* Spartenorganisation in Großunternehmen und Unternehmensrecht, ZHR 142 (1978), 203–227; *ders.,* Virtuelle Holding und Bereichsvorstände – eine aktien- und konzernrechtliche Betrachtung, FS Ulmer, 2003, S. 605–625; *Semler,* Rechtsfragen der divisionalen Organisationsstruktur in der unabhängigen Aktiengesellschaft, FS Döllerer, 1988, S. 571–592; *Thamm,* Die rechtliche Verfassung des Vorstands der AG, 2008; *Wettich,* Vorstandsorganisation in der Aktiengesellschaft, 2008; *Wicke,* Der CEO im Spannungsverhältnis zum Kollegialprinzip, NJW 2007, 3755–3758.

---

[672] Zu Einzelfragen BFH v. 15.3.2017 AG 2017, 624; FG Münster v. 27.4.2017 EFG 2017, 1194; *Tschatsch* NWB 2017, 2638.
[673] BMF v. 27.11.2013 BStBl. I 2013, 1615; *Dötsch* in Dötsch/Pung/Möhlenbrock KStG § 28 Rdn. 111.
[674] L. Schmidt/*Wacker* EStG § 18 Rdn. 280 ff., 287.

I. Geschäftsführung durch den Vorstand

1 1. Geschäftsführung. § 77 Abs. 1 S. 1 AktG geht davon aus, dass dem Vorstand die **Geschäftsführung** zusteht. Aufsichtsrat und Hauptversammlung sind demgegenüber nach §§ 111 Abs. 4, 119 Abs. 2 AktG weitgehend von der Geschäftsführung ausgeschlossen. Unter dem Begriff der Geschäftsführung, der denkbar weit zu verstehen ist, wird jede vom Vorstand für die Gesellschaft wahrgenommene Tätigkeit verstanden. Dabei kommt es nicht darauf an, ob es sich um Handlungen tatsächlicher oder rechtsgeschäftlicher Art handelt und ob die Tätigkeit sich nur auf die internen Verhältnisse der Gesellschaft beschränkt oder ob sie – wie die Vertretung – Außenwirkungen hat.[1] Daher ist die **Vertretung** der Gesellschaft nicht eine von der Geschäftsführung zu unterscheidende Tätigkeit, sondern der Teil der Geschäftsführung, der das rechtsgeschäftliche Außenhandeln des Vorstands umfasst. Ein rechtsgeschäftliches Handeln des Vorstands für die Gesellschaft ist sowohl unter dem Blickwinkel der Geschäftsführungsbefugnis (§ 77 AktG) – also dem rechtlichen Dürfen im Innenverhältnis – als auch unter dem Blickwinkel der Vertretungsbefugnis (§ 78 AktG) – also dem rechtlichen Können im Außenverhältnis – zu würdigen.[2] Die Geschäftsführung ist zudem sachlich von der **Leitung** der Gesellschaft (§ 76 Abs. 1 AktG) zu unterscheiden. Bei der Leitung geht es um einen herausgehobenen Teilbereich der Geschäftsführung, nämlich um die Führungs- und Unternehmerfunktion des Vorstands.[3] Die Leitung der Gesellschaft ist somit nur eine Teilmenge der Geschäftsführung (Einzelheiten → § 19 Rn. 16). Schließlich ist die Geschäftsführung von den sog. **Grundlagengeschäften** zu unterscheiden, die den Aktionären vorbehalten sind (§ 119 Abs. 1 AktG). Über Fragen der Geschäftsführung können die Aktionäre nach § 119 Abs. 2 AktG nur entscheiden, wenn der Vorstand es verlangt. In engen Grenzen sind jedoch **ungeschriebene Hauptversammlungszuständigkeiten** für Geschäftsführungsmaßnahmen des Vorstands anerkannt, deren Wirkungen denen einer Satzungsänderung vergleichbar sind (dazu → § 35 Rn. 51 ff.).[4]

2 2. Geschäftsführungsbefugnis. Von der Geschäftsführung zu unterscheiden ist die Befugnis zur Geschäftsführung (vgl. § 77 Abs. 1 S. 1 AktG). Sie definiert das Recht zum Handeln für die Gesellschaft, also das „rechtliche Dürfen". § 77 Abs. 1 AktG setzt voraus, dass die Geschäftsführungsbefugnis beim Organ Vorstand liegt.

II. Arten der Geschäftsführungsbefugnis

3 1. Gesamtgeschäftsführung. Nach der gesetzlichen Grundregel des § 77 Abs. 1 S. 1 AktG steht die Geschäftsführungsbefugnis sämtlichen Vorstandsmitgliedern gemeinschaftlich zu. Der Vorstand darf also nur dann handeln, wenn alle Vorstandsmitglieder einer Maßnahme zustimmen.[5] Das bedeutet, dass stets entweder alle Vorstandsmitglieder gemeinsam handeln oder die anderen Vorstandsmitglieder dem Tätigwerden eines oder mehrerer von ihnen zustimmen **(Einstimmigkeitsprinzip).** Die Zustimmung kann zu einer bestimmten einzelnen Maßnahme, aber auch für eine Reihe gleichartiger Geschäfte erteilt werden.[6] Eine vorher erteilte pauschale Zustimmung zu noch nicht konkret absehbaren Geschäften ist mit dem

---

[1] OLG Stuttgart AG 2013, 599 (603); Hüffer/*Koch* AktG § 77 Rn. 3; MüKoAktG/*Spindler* § 77 Rn. 6; KölnKommAktG/*Mertens/Cahn* § 77 Rn. 2; GroßkommAktG/*Kort* § 77 Rn. 3.

[2] Hüffer/*Koch* AktG § 77 Rn. 3; GroßkommAktG/*Kort* § 77 Rn. 3; Spindler/Stilz AktG/*Fleischer* § 77 Rn. 5.

[3] Hüffer/*Koch* AktG § 76 Rn. 8; MüKoAktG/*Spindler* § 76 Rn. 17 und § 77 Rn. 5; KölnKommAktG/*Mertens/Cahn* § 76 Rn. 4 und § 77 Rn. 3; Spindler/Stilz AktG/Fleischer § 77 Rn. 5; aA Schmidt/Lutter AktG/*Seibt* § 76 Rn. 9.

[4] BGHZ 83, 122 = NJW 1982, 1703 – Holzmüller; BGHZ 159, 30 = NJW 2004, 1860 – Gelatine; dazu *Habersack* AG 2005, 137 ff.; *Liebscher* ZGR 2005, 1 ff. sowie → § 35 Rn. 45 ff. Aus neuerer Zeit vgl. BGH ZIP 2012, 515 – Commerzbank/Dresdner Bank.

[5] Hüffer/*Koch* AktG § 77 Rn. 6; MüKoAktG/*Spindler* § 77 Rn. 11; GroßkommAktG/*Kort* § 77 Rn. 10.

[6] MüKoAktG/*Spindler* § 77 Rn. 11.

Einstimmigkeitsprinzip nicht vereinbar und daher unzulässig.[7] Eines Widerspruchs der an der Maßnahme nicht mitwirkenden Vorstandsmitglieder bedarf es nicht; vielmehr ist die ausdrückliche oder stillschweigende Zustimmung aller Vorstandsmitglieder erforderlich. Eine gesetzliche Abweichung von dem Einstimmigkeitsgrundsatz findet sich in § 121 Abs. 2 S. 1 AktG für die Entscheidung über die Einberufung einer Hauptversammlung; hier reicht für die Entscheidung des Vorstands einfache Mehrheit der abgegebenen Stimmen (→ § 36 Rn. 8).

Der Grundsatz der Gesamtgeschäftsführung mit Einstimmigkeitsprinzip gilt auch in **mitbestimmten** Gesellschaften; die Vorschrift des § 33 MitbestG über den Arbeitsdirektor steht dem nicht entgegen.[8] Eine Sonderregelung besteht allerdings in § 32 MitbestG, soweit es um die Ausübung von Beteiligungsrechten in gleichfalls mitbestimmten Gesellschaften geht. Danach ist der Vorstand bei der Ausübung der Beteiligungsrechte gegenüber der Mehrheit der Aktionärsvertreter im Aufsichtsrat weisungsgebunden; darüber hinaus ist insoweit in Abweichung von § 82 Abs. 1 AktG auch seine Vertretungsmacht eingeschränkt (→ § 29 Rn. 85).[9]

Kann die Zustimmung einzelner Vorstandsmitglieder nicht rechtzeitig eingeholt werden und liegt **Gefahr im Verzug** vor, so kann analog §§ 115 Abs. 2 HGB, 744 Abs. 2 BGB auf die Zustimmung der nicht erreichbaren Vorstandsmitglieder verzichtet werden.[10] Sie sind aber bei nächster Gelegenheit zu informieren und haben vor Ausführung der Maßnahme ein Widerspruchsrecht.[11]

Nach § 77 Abs. 1 S. 2 AktG kann die **Satzung** oder die **Geschäftsordnung des Vorstands** vom gesetzlichen Grundsatz der Gesamtgeschäftsführung mit Einstimmigkeitsprinzip abweichen. In der Praxis finden sich insbesondere bei größeren Gesellschaften regelmäßig solche Abweichungen.[12] Bloße Satzungsbestimmungen über die Vertretungsbefugnis lassen allerdings keinen Rückschluss auf eine entsprechende Geltung auch für die Geschäftsführungsbefugnis zu. Geschäftsführung und Vertretung können unterschiedlich gestaltet sein, und sind dies in der Praxis auch.[13] Während bei der Vertretung die Geltung des Vieraugenprinzips die Regel ist, finden sich bei der Geschäftsführung alle Varianten zwischen **Einzelgeschäftsführung** und Geltung des **Mehrheitsprinzips** bei im Grundsatz fortdauernder Gesamtgeschäftsführung.

2. Einzelgeschäftsführung. Die Einräumung von Einzelgeschäftsführungsbefugnis ist trotz des Grundsatzes der Gesamtverantwortung aller Vorstandsmitglieder zulässig.[14] Auch wenn hierdurch der Umfang der vom Gesamtvorstand zu entscheidenden Maßnahmen reduziert wird, verlangen Vielfältigkeit und Komplexität der Vorstandsaufgaben eine Delegation von Aufgaben auf hierfür besonders geeignete Vorstandsmitglieder. In der Praxis erfolgt die Delegation durch eine **Geschäftsverteilung** nach funktionalen, divisionalen oder sonstigen (Regionen, Produktgruppen, etc) Gesichtspunkten (vgl. → Rn. 17 ff.).[15] Im Rahmen einer solchen Vorstandsorganisation kann dem für ein Ressort zuständigen Vorstandsmitglied Alleinentscheidungsbefugnis eingeräumt werden. Die Einzelgeschäftsfüh-

---

[7] MüKoAktG/*Spindler* § 77 Rn. 11; GroßkommAktG/*Kort* § 77 Rn. 7; Hüffer/*Koch* AktG § 77 Rn. 7; *Wettich,* Vorstandsorganisation in der Aktiengesellschaft, 2008, S. 107.

[8] GroßkommAktG/*Kort* § 77 Rn. 8; Hüffer/*Koch* AktG § 77 Rn. 1; HH MitbestR/*Henssler* MitbestG § 33 Rn. 32.

[9] Hüffer/*Koch* AktG § 78 Rn. 8a und 8b; GroßkommAktG/*Kort* § 77 Rn. 8; aA *Crezelius* ZGR 1980, 359 (372); *Säcker* DB 1977, 2031 (2035).

[10] MüKoAktG/*Spindler* § 77 Rn. 28; GroßkommAktG/*Kort* § 77 Rn. 11; KölnKommAktG/*Mertens/Cahn* § 77 Rn. 9.

[11] MüKoAktG/*Spindler* § 77 Rn. 28; GroßkommAktG/*Kort* § 77 Rn. 11; KölnKommAktG/*Mertens/Cahn* § 77 Rn. 9.

[12] Vgl. *Hoffmann-Becking* ZGR 1998, 497 (518 f.).

[13] MüKoAktG/*Spindler* § 77 Rn. 12; KölnKommAktG/*Mertens/Cahn* § 77 Rn. 10.

[14] Hüffer/*Koch* AktG § 77 Rn. 10; KölnKommAktG/*Mertens/Cahn* § 77 Rn. 16 f.; Spindler/Stilz AktG/*Fleischer* § 77 Rn. 19.

[15] Hüffer /*Koch* AktG § 77 Rn. 10; KölnKommAktG/*Mertens/Cahn* § 77 Rn. 15; Spindler/Stilz AktG/*Fleischer* § 77 Rn. 37 ff.; *Wettich,* Vorstandsorganisation in der Aktiengesellschaft, 2008, S. 86 ff.

rungsbefugnis kann dadurch eingeschränkt werden, dass jedem anderen Vorstandsmitglied durch die Satzung oder die Geschäftsordnung ein Widerspruchsrecht eingeräumt wird. Wird Widerspruch erhoben, hat die Maßnahme zunächst zu unterbleiben und ist vom Gesamtvorstand zu entscheiden (vgl. → Rn. 24). Für den Fall des Widerspruchs wird in der Geschäftsordnung des Vorstands gelegentlich eine Vermittlungstätigkeit des Aufsichtsrats oder des Aufsichtsratsvorsitzenden vorgesehen. Ein solcher Rekurs an den Aufsichtsrat oder den Aufsichtsratsvorsitzenden kommt aber nicht bei Widerspruch eines Vorstandsmitglieds in Betracht, sondern erst bei Dissens im Gesamtvorstand. Entscheidungskompetenz darf dem Aufsichtsrat oder dem Aufsichtsratsvorsitzenden in keinem Fall übertragen werden (§ 111 Abs. 4 S. 1 AktG).[16] Der Vorstand kann bei gravierenden Meinungsverschiedenheiten auch die Hauptversammlung um Entscheidung bitten (§ 119 Abs. 2 AktG), was freilich nur bei Gesellschaften mit einem kleinen Aktionärskreis praktikabel und empfehlenswert ist.

8 **3. Gesamtgeschäftsführung mit Mehrheitsprinzip.** Von der gesetzlichen Regel der Gesamtgeschäftsführung mit Einstimmigkeitsprinzip kann in der Weise abgewichen werden, dass für Beschlüsse des Vorstands zu Geschäftsführungsfragen nicht Einstimmigkeit, sondern Stimmenmehrheit ausreichend ist. Im Grundsatz ist frei wählbar, ob eine einfache oder eine qualifizierte Mehrheit ausreicht. Das Mehrheitserfordernis kann auch je nach Beschlussgegenstand zB abhängig von seiner wirtschaftlichen Bedeutung verschieden geregelt werden.[17] Im Hinblick auf die unterschiedliche Wirkung nicht abgegebener Stimmen, sollte in Satzung oder Geschäftsordnung unzweideutig geregelt sein, ob Bezugsgröße für die Ermittlung der Mehrheit die Zahl der abgegebenen Stimmen oder die Zahl der amtierenden oder anwesenden Vorstandsmitglieder ist.[18] In den letzten beiden Fällen wirken nicht abgegebene Stimmen wie Nein-Stimmen. Fehlt eine eindeutige Regelung, indem zB nur festgelegt worden ist, dass der Vorstand „mit Mehrheit" oder „mit einfacher Mehrheit" beschließt, ist im Regelfall davon auszugehen, dass die einfache Mehrheit der abgegebenen Stimmen ausreicht.[19] Die Worte „mit einfacher Mehrheit" müssen nämlich im Zweifel ebenso ausgelegt werden wie in der gesetzlichen Regelung des § 121 Abs. 2 S. 1 AktG zur Beschlussfassung des Vorstands über die Einberufung, wo sie nach allgemeiner Auffassung so zu verstehen sind, dass es auf die einfache Mehrheit der abgegebenen Stimmen ankommt.[20]

9 Obwohl nach allgemeinem Beschlussrecht bei Stimmengleichheit ein Beschlussantrag abgelehnt ist, wird in Satzung oder Geschäftsordnung häufig einem Vorstandsmitglied – in aller Regel dem Vorstandsvorsitzenden – ein **Stichentscheid** eingeräumt.[21] Bei einem lediglich zweiköpfigen Vorstand ist der Stichentscheid jedoch unzulässig, weil er im Ergebnis auf ein unzulässiges Alleinentscheidungsrecht hinausliefe.[22] Die Unzulässigkeit eines

---

[16] OLG Hamm AG 2012, 683 (684); GroßkommAktG/*Kort* § 77 Rn. 22a; KölnKommAktG/*Mertens/Cahn* § 77 Rn. 49.

[17] Hüffer/*Koch* AktG § 77 Rn. 11; KölnKommAktG/*Mertens/Cahn* § 77 Rn. 11; GroßkommAktG/*Kort* § 77 Rn. 21.

[18] Spindler/Stilz AktG/*Fleischer* § 77 Rn. 12; KölnKommAktG/*Mertens/Cahn* § 77 Rn. 11; *Hoffmann-Becking* ZGR 1998, 497 (518).

[19] Anders Spindler/Stilz AktG/*Fleischer* § 77 Rn. 12, MüKoAktG/*Spindler* § 77 Rn. 13 und Großkomm. AktG/*Kort* § 77 Rn. 21: Mehrheit der anwesenden Mitglieder. Anders auch Schmidt/Lutter/*Seibt* AktG § 77 Rn. 10, *Seyfarth,* Vorstandsrecht, 2016, § 2 Rn. 14 und auch noch *Hoffmann-Becking* ZGR 1998, 497 (518) und hier die Vorauflage: Mehrheit der amtierenden Mitglieder.

[20] MüKoAktG/*Kubis* § 121 Rn. 18; Spindler/Stilz AktG/*Rieckers* § 121 Rn. 13; Großkomm. AktG/*Butzke* § 121 Rn. 24; KölnKommAktG/*Noack/Zetzsche* § 121 Rn. 36; Schmidt/Lutter/*Ziemons* AktG § 121 Rn. 18; Bürgers/Körber AktG/*Reger* § 121 Rn. 6. Auch → § 36 Rn. 8.

[21] Vgl. BGHZ 89, 48 (59); Hüffer/*Koch* AktG § 77 Rn. 11; KölnKommAktG/*Mertens/Cahn* § 77 Rn. 12; *Wettich,* Vorstandsorganisation in der Aktiengesellschaft, 2008, S. 98 ff.

[22] OLG Karlsruhe AG 2001, 93 (94); OLG Hamburg AG 1985, 251; Hüffer/*Koch* AktG § 77 Rn. 11; GroßkommAktG/*Kort* § 77 Rn. 26; Spindler/Stilz AktG/*Fleischer* § 77 Rn. 13; MüKoAktG/

Alleinentscheidungsrechts durch ein Vorstandsmitglied folgt aus § 77 Abs. 1 S. 2 Hs. 2 AktG. Danach kann nicht bestimmt werden, dass ein oder mehrere Vorstandsmitglieder gegen die Mehrheit der Mitglieder des Vorstands entscheiden. Die Vorschrift verbietet nach hM nur eine Regelung, wonach sich ein einzelnes Vorstandsmitglied oder eine Minderheit positiv gegen die Mehrheit durchsetzen kann, nicht dagegen die Schaffung eines **Vetorechts** des einzelnen Mitglieds oder der Minderheit gegen die Mehrheit.[23] Diese Unterscheidung überzeugt nicht, denn der Unterschied zwischen einer positiven und einer negativen Entscheidung hängt nicht selten nur von der auswechselbaren Fassung des Beschlussvorschlags ab. Außerdem setzt sich auch das Mitglied, das durch sein Veto einen Mehrheitsbeschluss zu Fall bringt, damit gegen die Mehrheit durch, was durch §§ 77 Abs. 1 S. 2 Hs. 2 AktG verhindert werden soll. Das Argument, durch das Vetorecht des Vorsitzenden werde nur eine Rechtsposition eingeräumt, wie sie im gesetzlichen Normalfall der Gesamtgeschäftsführung nach § 77 Abs. 1 S. 1 AktG jedem einzelnen Vorstandsmitglied zusteht, ist ebenfalls nicht überzeugend. Es verkennt, das – worauf der BGH ausdrücklich hingewiesen hat[24] – ein exklusives Vetorecht des Vorsitzenden weiter geht als die wechselseitige Bindung an die Zustimmung aller Vorstandsmitglieder bei der Gesamtgeschäftsführung.

Der BGH hat die Frage der allgemeinen Zulässigkeit des Vetorechts offen gelassen und nur festgestellt, dass jedenfalls in der mitbestimmten Gesellschaft ein Vetorecht an der durch § 33 MitbestG geschützten gleichberechtigten Stellung des Arbeitsdirektors scheitert.[25] Der Arbeitsdirektor ist aber nicht „gleichberechtigter" als jedes andere Vorstandsmitglied. Folgerichtig müsste deshalb der BGH ein Vetorecht des Vorsitzenden auch in Vorständen ohne Arbeitsdirektor für unzulässig halten, weil es mit der gleichberechtigten Stellung der anderen Vorstandsmitglieder nicht vereinbar ist.

III. Willensbildung des Vorstands

1. Beschlussfassung. Besteht der Vorstand aus mehr als einem Mitglied, trifft er seine Entscheidungen durch Beschluss.[26] **Beschlüsse** des Vorstands kommen dadurch zustande, dass sich alle Vorstandsmitglieder oder – soweit die Satzung oder die Geschäftsordnung für den Vorstand eine vom gesetzlichen Einstimmigkeitsprinzip abweichende Regelung enthält – die erforderliche Mehrheit für einen bestimmten Vorschlag ausspricht. Die Einhaltung einer bestimmten Form ist nicht vorgeschrieben;[27] der Vorstand kann daher auch konkludent einen Beschluss fassen.[28] Ist nach dem gesetzlichen Regelfall Einstimmigkeit erforderlich, bedarf es keines förmlichen Widerspruchs zur Verhinderung einer Maßnahme.[29] Die für den Vorstandsbeschluss eines Vereins geltenden Vorschriften der §§ 28 Abs. 1, 32 Abs. 1 S. 1 und 2, Abs. 2, 34 BGB gelten entsprechend. Zur **Vorstandssitzung** (dazu → Rn. 33) sind daher auch bei Geltung des Mehrheitsprinzips alle Mitglieder unter

---

Spindler § 77 Rn. 14; *Ihrig/Schäfer*, Rechte und Pflichten des Vorstands, 2014, § 2 Rn. 37; wohl auch BGHZ 89, 48 (59); aA *Priester* AG 1984, 253 ff.; *Bürkle* AG 2012, 232 ff.

[23] MüKoAktG/*Spindler* § 77 Rn. 17; KölnKommAktG/*Mertens/Cahn* § 77 Rn. 13; GroßKomm. AktG/*Kort* § 77 Rn. 56; Spindler/Stilz AktG/*Fleischer* § 77 Rn. 16; *Seyfarth*, Vorstandsrecht, 2016, § 2 Rn. 17; dagegen Hüffer/*Koch* AktG § 77 Rn. 12; *Erle* AG 1977, 7 ff.; *T. Bezzenberger* ZGR 1996, 661 (667); *Simons/Hanloser* AG 2010, 641 (645 f.); *Wettich*, Vorstandorganisation in der Aktiengesellschaft, 2008, S. 101 ff.; *Hoffmann-Becking* ZGR 1998, 497 (518 f.).

[24] BGHZ 89, 48 (58).

[25] BGHZ 89, 48 (58 ff.).

[26] MüKoAktG/*Spindler* § 77 Rn. 11; Schmidt/Lutter/*Seibt* AktG § 77 Rn. 8; Spindler/Stilz AktG/*Fleischer* § 77 Rn. 21.

[27] BGH WM 1960, 1248; GroßkommAktG/*Kort* § 77 Rn. 9.

[28] OLG Frankfurt a. M. ZIP 1986, 1244 (1245); MüKoAktG/*Spindler* § 77 Rn. 24; Hüffer/*Koch* AktG § 77 Rn. 6.

[29] GroßkommAktG/*Kort* § 77 Rn. 10; Hüffer/*Koch* AktG § 77 Rn. 6; *Priester* AG 1984, 253 ff.

Bezeichnung des Gegenstands der Beschlussfassung zu laden.[30] Der Beschluss ist zustande gekommen, wenn Einstimmigkeit aller Mitglieder (im gesetzlichen Regelfall des § 77 Abs. 1 S. 1 AktG) oder bei abweichender Regelung in der Satzung oder Geschäftsordnung die erforderliche Mehrheit erreicht ist. Eine besondere Feststellung des Beschlussergebnisses ist nicht erforderlich, sofern nicht die Satzung oder die Geschäftsordnung des Vorstands eine solche Feststellung verlangt.[31] Gilt das **Einstimmigkeitsprinzip** des § 77 Abs. 1 S. 1 AktG, so genügt Einstimmigkeit nur dann, wenn alle Vorstandsmitglieder an der Beschlussfassung teilgenommen haben; erforderlich ist ein Beschluss mit den Stimmen **aller Mitglieder.** Bei Gefahr im Verzug kann nach dem Rechtsgedanken der §§ 115 Abs. 2 HGB, 744 Abs. 2 BGB auf die Zustimmung nicht erreichbarer Vorstandsmitglieder verzichtet werden.[32] Diese müssen jedoch bei nächster Gelegenheit unterrichtet werden und haben vor Ausführung der Maßnahme ein Widerspruchsrecht (vgl. → Rn. 5).

12   Für die Frage der Rechtsfolgen von **Beschlussmängeln** ist zu unterscheiden zwischen dem Mangel der Stimmabgabe und dem Mangel des Beschlusses als davon zu unterscheidendem Akt organschaftlicher Willensbildung.[33] Mängel der Stimmabgabe (Irrtum, Täuschung, etc) haben danach nur dann Auswirkungen auf die Wirksamkeit des Beschlusses, wenn der Beschluss bei mangelfreier Stimmabgabe nicht zustande gekommen wäre.[34] Bei Urlaubsabwesenheit, einvernehmlicher Suspendierung (vgl. → § 20 Rn. 77) und vergleichbaren vorübergehenden Verhinderungen wird Zustimmung der abwesenden Vorstandsmitglieder zu Geschäften im Rahmen der Üblichkeit regelmäßig konkludent erteilt.[35] Ein Vorstandsmitglied ist entsprechend §§ 28 Abs. 1, 34 BGB vom Stimmrecht ausgeschlossen, wenn es um Rechtsgeschäfte oder Rechtsstreitigkeiten zwischen ihm und der Aktiengesellschaft geht.[36] Da in diesen Fällen die Gesellschaft in aller Regel gemäß § 112 AktG vom Aufsichtsrat vertreten wird, hat das **Stimmverbot** keine große praktische Bedeutung. Ein allgemeines Stimmverbot entsprechend § 34 BGB bei Interessen- oder Pflichtenkollision besteht nicht;[37] es hilft daher nach hM auch nicht bei **Vorstands-Doppelmandaten** (vgl. → § 20 Rn. 10).

13   Die Satzung oder die Geschäftsordnung des Vorstands kann vom gesetzlichen Grundsatz der Einstimmigkeit abweichen und vorsehen, dass für eine Entscheidung des Vorstands zu Maßnahmen der Geschäftsführung ein Beschluss genügt, der mit der Mehrheit der abgegebenen Stimmen oder mit einer anderen Mehrheit (vgl. → Rn. 8) gefasst wird (vgl. → Rn. 6). Die überstimmten Vorstandsmitglieder sind ebenso wie die, die an der Beschlussfassung nicht teilgenommen haben, an den Beschluss gebunden und verpflichtet, an seiner Ausführung mitzuwirken. (vgl. → Rn. 16).

14   Zur Vermeidung von Patt-Situationen, bei denen ein Beschluss wegen Stimmengleichheit nicht zustande gekommen ist, können Satzung oder Geschäftsordnung bei einem aus mindestens drei Vorstandsmitgliedern bestehenden Vorstand vorsehen, dass die Stimme des Vorstandsvorsitzenden (oder eines anderen Vorstandsmitgliedes, zB des nach der Geschäfts-

---

[30] GroßkommAktG/*Kort* § 77 Rn. 9; MüKoAktG/*Spindler* § 77 Rn. 25; Spindler/Stilz AktG/*Fleischer* § 77 Rn. 21.

[31] GroßkommAktG/*Kort* § 77 Rn. 9; Spindler/Stilz AktG/*Fleischer* § 77 Rn. 22; aA MüKoAktG/*Spindler* § 77 Rn. 26, der aber nicht hinreichend würdigt, dass die Feststellung nur bei solchen Beschlüssen erforderlich ist, die einer befristeten Anfechtung unterliegen, vgl. BGH NJW 1975, 2101.

[32] Hüffer/*Koch* AktG § 77 Rn. 6; GroßkommAktG/*Kort* § 77 Rn. 11 sowie → Rn. 5.

[33] Vgl. ausführlich MüKoBGB/Arnold § 32 Rn. 48 ff.; ebenso: GroßkommAktG/*Kort* § 77 Rn. 17 f; Spindler/Stilz AktG/*Fleischer* § 77 Rn. 27 f.

[34] GroßkommAktG/*Kort* § 77 Rn. 17; KölnKommAktG/*Mertens/Cahn* § 77 Rn. 46; Spindler/Stilz AktG/*Fleischer* § 77 Rn. 27.

[35] Hüffer/*Koch* AktG § 77 Rn. 7; KölnKommAktG/*Mertens/Cahn* § 77 Rn. 9; MüKoAktG/*Spindler* § 77 Rn. 24.

[36] Hüffer/*Koch* AktG § 77 Rn. 8; KölnKommAktG/*Mertens/Cahn* § 77 Rn. 38, Spindler/Stilz AktG/*Fleischer* § 77 Rn. 25.

[37] Hüffer/*Koch* AktG § 77 Rn. 8; KölnKommAktG/*Mertens/Cahn* § 77 Rn. 38; MüKoAktG/*Spindler* § 77 Rn. 22.

verteilung zuständigen Mitglieds) den Ausschlag gibt (**Stichentscheid**).[38] Zu weiteren Einzelheiten sowie zum **Veto- und Widerspruchsrecht** einzelner Vorstandsmitglieder vgl. → Rn. 9.

2. Verhalten überstimmter Vorstandsmitglieder. Alle Vorstandsmitglieder – auch soweit sie in der Beschlussfassung unterlegen sind oder daran nicht teilgenommen haben – sind grundsätzlich verpflichtet, an der Ausführung eines gefassten Beschlusses mitzuwirken.[39] Diese Verpflichtung entfällt bei rechtswidrigen Beschlüssen des Vorstands.[40] Ein **überstimmtes Vorstandsmitglied** hat bereits in der Diskussion im Vorstand auf seine Bedenken hinzuweisen und – wenn es sich mit seinen Bedenken nicht durchsetzen kann – bei der Beschlussfassung gegen den Beschlussvorschlag zu stimmen.[41] Aus Beweisgründen sollte das Vorstandsmitglied auf eine sorgfältige Protokollierung von Diskussion und Abstimmungsergebnis Wert legen und Widerspruch gegen den Beschluss zu Protokoll erklären.[42] Bei gesetz- oder satzungswidrigen Beschlüssen und bei gesellschaftsschädlichen Beschlüssen ist das überstimmte Vorstandsmitglied zur **Verhinderung rechtswidriger Vorstandsbeschlüsse** verpflichtet. Wenig zielführend ist es, das überstimmte Vorstandsmitglied für verpflichtet zu erachten, nochmals im Vorstand gegen die Beschlussfassung zu remonstrieren.[43] Wenn das Vorstandsmitglied seine Bedenken geäußert hat, hat es insoweit seine Pflichten erfüllt.[44] In aller Regel bleibt es aber verpflichtet, den Aufsichtsratsvorsitzenden über den rechtswidrigen Beschluss zu informieren,[45] damit der Aufsichtsrat seine Beratungs- und Überwachungsfunktion erfüllen und notfalls von seiner Personalkompetenz Gebrauch machen kann. Bleibt die **Information des Aufsichtsrats** ohne Erfolg, ist das überstimmte Vorstandsmitglied zur **Amtsniederlegung** berechtigt, aber nicht verpflichtet.[46]

Hinsichtlich des Rechts und der Pflicht zur Vornahme **gesellschaftsexterner Maßnahmen** durch das überstimmte Vorstandsmitglied, wie zB Information der Öffentlichkeit oder von Behörden (BaFin, Kartellbehörden) bestehen wegen fehlender Rechtsprechung und bestehender Unsicherheiten in der Literatur noch keine sicheren Erkenntnisse.[47]

---

[38] BGHZ 89, 48 (59); Hüffer /*Koch* AktG § 77 Rn. 11; KölnKommAktG/*Mertens*/*Cahn* § 77 Rn. 12; *Ihrig*/*Schäfer*, Rechte und Pflichten des Vorstands, 2014 § 18 Rn. 516 sowie → Rn. 9.

[39] GroßkommAktG/*Kort* § 77 Rn. 22; KölnKommAktG/*Mertens*/*Cahn* § 77 Rn. 50; Spindler/Stilz AktG/*Fleischer* § 77 Rn. 29; MüKoAktG/*Spindler* § 77 Rn. 30.

[40] OLG Hamm ZIP 1995, 1263 (1268); MüKoAktG/*Spindler* § 93 Rn. 187; Spindler/Stilz AktG/*Fleischer* § 77 Rn. 29.

[41] Spindler/Stilz AktG/*Fleischer* § 77 Rn. 29, 32; *Ihrig*/*Schäfer*, Rechte und Pflichten des Vorstands, 2014 § 37 Rn. 1504; *Fleischer* BB 2004, 2645 (2649); *Wettich*, Vorstandsorganisation in der Aktiengesellschaft, 2008, S. 277.

[42] OLG Düsseldorf BB 1996, 230 f.; *Fleischer* BB 2004, 2645 (2648); MüKoAktG/*Spindler* § 93 Rn. 187; *Wettich*, Vorstandsorganisation in der Aktiengesellschaft, 2008, S. 275.

[43] so aber Spindler/Stilz AktG/*Fleischer* § 77 Rn. 32; *Fleischer* BB 2004, 2645 (2649); *Spieker* DB 1962, 927 (929).

[44] Zutr. *Wettich*, Vorstandsorganisation in der Aktiengesellschaft, 2008, S. 278; *Seyfarth*, Vorstandsrecht, § 2 Rn. 29.

[45] LG München I NZG 2014, 645 (648) – Siemens; KölnKommAktG/*Mertens*/*Cahn* § 77 Rn. 28 und 49; MüKoAktG/*Spindler* § 77 Rn. 30; GroßkommAktG/*Kort* § 77 Rn. 22; *Spieker* DB 1962, 927 (929 f.); *Wettich*, Vorstandsorganisation in der Aktiengesellschaft 2008, S. 278 f. Die Grundsätze gelten entsprechend bei bestehendem Stimmverbot eines Vorstandsmitglieds gem. §§ 28, 34 BGB, vgl. OLG Saarbrücken NZG 2014, 343 (344).

[46] GroßkommAktG/*Kort* § 77 Rn. 22; KölnKommAktG/*Mertens*/*Cahn* § 77 Rn. 50; MüKoAktG/*Spindler* § 93 Rn. 188; Spindler/Stilz AktG/*Fleischer* § 77 Rn. 32.

[47] Vgl. Spindler/Stilz AktG/*Fleischer* § 77 Rn. 33 ff. und ausführlich *Wettich*, Vorstandsorganisation in der Aktiengesellschaft, 2008, S. 280 ff.; gegen eine solche Pflicht MüKoAktG/*Spindler* § 93 Rn. 189 f.

IV. Geschäftsverteilung

17 **1. Arten der Vorstandsorganisation.** Die zahlreichen vom Vorstand zu behandelnden Geschäftsführungsmaßnahmen lassen sich entgegen der gesetzlichen Grundsatzregelung des § 77 Abs. 1 S. 1 AktG allenfalls bei kleineren Gesellschaften von allen Vorstandsmitgliedern gemeinschaftlich wahrnehmen. Erforderlich ist daher in aller Regel eine Verteilung der anfallenden Geschäftsführungsaufgaben auf die einzelnen Vorstandsmitglieder. Auch die Mitbestimmungsgesetze gehen mit den Vorschriften über den Arbeitsdirektor davon aus, dass ein einzelnes Vorstandsmitglied für das Personalressort zuständig ist. Die Organisation der Vorstandsaufgaben ist im AktG nicht geregelt. Lediglich in der Überschrift zu § 91 AktG findet sich seit der durch das KonTraG im Jahr 1998 aufgenommenen Bestimmung des § 91 Abs. 2 AktG das Wort „Organisation", obwohl in § 91 Abs. 2 AktG lediglich ein ganz geringer Teil der Vorstandsaufgaben angesprochen ist. Über diesen Bereich hinaus besteht bei der Ausgestaltung der Vorstandsorganisation ein erheblicher Gestaltungsspielraum. In aller Regel wird die konkrete Vorstandsorganisation in der **Geschäftsordnung für den Vorstand** (dazu → Rn. 30 ff.) festgelegt.

18 Das herkömmliche und auch heute noch weit verbreitete Organisationsmodell ist die **funktionale Organisation**.[48] Dabei entsprechen die einzelnen Vorstandsressorts den im Unternehmen anfallenden Aufgaben wie Beschaffung, Produktion, Vertrieb, Personal, Finanzen, etc. Die wechselseitigen Abhängigkeiten zwischen den einzelnen unternehmerischen Funktionen erfordern hier eine regelmäßige Willensbildung und Abstimmung im Gesamtvorstand.

19 Bei dem Organisationsmodell der **Spartenorganisation** (Divisionalisierung) wird das Unternehmen nach Produktgruppen in einzelne Unternehmensbereiche gegliedert, in denen sämtliche Funktionen (Produktion, Einkauf, Absatz, etc) zusammengefasst sind. Jede Sparte (Unternehmensbereich) wird ergebnisverantwortlich von einem Vorstandsmitglied als Spartenleiter oder von mehreren Vorstandsmitgliedern geführt. Die Spartenorganisation ist aktienrechtlich unbedenklich, wenn die Gesamtleitung der Gesellschaft durch den Vorstand (§ 76 Abs. 1 AktG) gewährleistet bleibt.[49]

20 In der **Matrixorganisation**[50] findet sich die divisionale Struktur kombiniert mit einer funktionalen Aufgliederung bestimmter zentraler Aufgaben (zB Personal,[51] Forschung und Entwicklung, Marketing, Finanzen) und gegebenenfalls zusätzlich mit einer regionalen Aufgliederung der Absatzmärkte. Gegen alle diese Gestaltungsmöglichkeiten bestehen im Grundsatz keine rechtlichen Bedenken, sofern die Gestaltungsgrenzen beachtet werden, insbesondere die Gesamtleitung der Gesellschaft durch den Vorstand unangetastet bleibt und echte Führungsentscheidungen nicht von einzelnen Vorstandsmitgliedern oder einer Gruppe von Vorstandsmitgliedern, sondern vom Gesamtvorstand getroffen werden.[52]

21 Eine Fortentwicklung der Spartenorganisation stellt die sog. **virtuelle Holding** dar.[53] Ebenso wie bei der Spartenorganisation ist die Gesellschaft einschließlich ihrer verbundenen Unternehmen in verschiedene Unternehmensbereiche organisatorisch aufgeteilt. Die Un-

---

[48] Vgl. MüKoAktG/*Spindler* § 77 Rn. 65; *Fleischer* NZG 2003, 449 (451 f.); *Schwark* ZHR 142 (1978), 203 (205 f.).

[49] Grundlegend *Schwark* ZHR 142 (1978), 203 ff.; vgl. auch MüKoAktG/*Spindler* § 77 Rn. 66; *Fleischer* NZG 2003, 449 (452). Ausführlich *Wettich*, Vorstandsorganisation in der Aktiengesellschaft, 2008, S. 16 ff.

[50] Vgl. *Wettich*, Vorstandsorganisation in der Aktiengesellschaft, 2008, S. 26 ff.

[51] Zu dem Fall einer Zuordnung des Personalressorts zu den einzelnen Unternehmensbereichen und den sich daraus ergebenden mitbestimmungsrechtlichen Konflikten vgl. OLG Frankfurt a. M. BB 1985, 1286; LG Frankfurt a. M. AG 1984, 276.

[52] MüKoAktG/*Spindler* § 77 Rn. 68; *Emde* FS U. H. Schneider, 2011, 295 (303); *Fleischer* NZG 2003, 449 (452).

[53] Vgl. ausführlich *Endres* ZHR 163 (1999), 441 ff.; *Schwark* FS Ulmer, 2003, 606 ff.; *Wettich*, Vorstandsorganisation in der Aktiengesellschaft, 2008, S. 188 ff.; zudem: MüKoAktG/*Spindler* § 77 Rn. 68; Spindler/Stilz AktG/*Fleischer* § 77 Rn. 40.

ternehmensbereiche werden jeweils von **Bereichsvorständen** geführt, deren Mitglieder mehrheitlich leitende Angestellte der zweiten Führungsebene und keine Vorstandsmitglieder sind. Dem Bereichsvorstand gehört aber jeweils auch mindestens ein Mitglied des Vorstands der Obergesellschaft (sog. Konzernvorstand) an. Die operative Steuerung der Unternehmensbereiche erfolgt durch die Bereichsvorstände. Der Konzernvorstand hat primär nur noch strategische Aufgaben und kaum noch operative Verantwortung. Bei dieser Organisationsform besteht die Gefahr, dass den Bereichsvorständen als leitenden Angestellten im operativen Bereich Führungsaufgaben übertragen werden, die dem Vorstand vorbehalten sind.[54] Im Übrigen sind bei dem Modell der virtuellen Holding die gleichen Grenzen zu beachten wie bei der Spartenorganisation (vgl. → Rn. 19). Werden diese beachtet, bestehen gegen die Organisationsform der virtuellen Holding keine rechtlichen Bedenken.

In der Praxis findet sich als weiteres Modell der Vorstandsorganisation neuerdings das sog. **CEO-Modell**.[55] Mit diesem Modell wird angestrebt, die Rolle des Vorstandsvorsitzenden (vgl. → § 24 Rn. 1 ff.) an die des Chief Executive Officer (CEO) US-amerikanischer Prägung anzupassen bzw. anzunähern, also das Spitzenmanagement hierarchisch unter die Führungsposition des Vorstandsvorsitzenden unterzuordnen. Rechtliche Bedenken gegen dieses Organisationsmodell ergeben sich aus dem Grundsatz der Gleichberechtigung der Vorstandsmitglieder sowie aus dem Gesichtspunkt der Gesamtverantwortung aller Vorstandsmitglieder.[56] Die Annäherung des Vorstandsvorsitzenden an den CEO führt nämlich faktisch zu einer hierarchischen Struktur im Vorstand, die der Gesetzgeber des Aktiengesetzes 1965 durch die Nichtübernahme des Alleinentscheidungsrechts des Vorstandsvorsitzenden nach § 70 Abs. 2 AktG 1937 gerade verhindern wollte. Dem CEO-Modell sind somit nach hM aktienrechtlich Grenzen gesetzt[57]. Keine Bedenken bestehen hingegen, wenn in der Praxis auf Geschäftsbriefen der Vorstandsvorsitzende – wie in der Praxis nicht unüblich – formal als CEO bezeichnet wird.[58] 22

Grundsätzlich zulässig ist die Bildung von **Vorstandsausschüssen**.[59] Einem solchen besonderen Gremium von Vorstandsmitgliedern können bestimmte Geschäftsführungsaufgaben – auch und gerade von besonderer Bedeutung – übertragen werden, solange die Grenzen der kollegialen Zusammenarbeit im Vorstand – insbesondere die Gleichberechtigung aller Vorstandsmitglieder, der Gesichtspunkt der Gesamtverantwortung und die interne gegenseitige Überwachung der Vorstandsmitglieder – beachtet werden. 23

2. Wirkungen und Grenzen der Geschäftsverteilung. Regelungen über die Geschäftsverteilung oder Ressortzuweisung bedeuten eine Abweichung von dem in § 77 Abs. 1 S. 1 AktG geregelten Grundsatz der Gesamtgeschäftsführung mit Einstimmigkeitsprinzip (dazu → Rn. 3). Mit der Zuweisung bestimmter Ressorts oder Geschäftsbereiche an einzelne Vorstandsmitglieder steht ihnen innerhalb des zugewiesenen Ressorts Einzelgeschäftsführung (→ Rn. 7) zu. Das betroffene Vorstandsmitglied übernimmt insoweit die **Ressortver-** 24

---

[54] MüKoAktG/*Spindler* § 77 Rn. 68; *Hoffmann-Becking* ZGR 1998, 497 (510); *Schwark* FS Ulmer, 2003, 606 (614).

[55] Vgl. GroßkommAktG/*Kort* § 77 Rn. 52; Spindler/Stilz AktG/*Fleischer* § 77 Rn. 42; *Endres* ZHR 163 (1999), 441 (449 f.); *von Hein* ZHR 166 (2002), 464 ff.; *Wettich,* Vorstandsorganisation in der Aktiengesellschaft, 2008, S. 94 f. und 118 ff.

[56] GroßkommAktG/*Kort* § 77 Rn. 52 und 54; MüKoAktG/*Spindler* § 77 Rn. 69; KölnKommAktG/*Mertens/Cahn* § 77 Rn. 18; *Hoffmann-Becking* NZG 2003, 745 ff.; *Wicke* NJW 2007, 3755 (3757 ff.); *Fleischer* ZIP 2003, 1 (8); *Wettich,* Vorstandsorganisation in der Aktiengesellschaft, 2008, S. 118 ff.

[57] Vgl. neben den vorst. Nachweisen noch *Fleischer* NZG 2003, 449 (458); Spindler/Stilz AktG/*Fleischer* § 77 Rn. 42.

[58] Zutr. GroßkommAktG/*Kort* § 77 Rn. 52; Spindler/Stilz AktG/*Fleischer* § 77 Rn. 42; Bürgers/Körber AktG/*Bürgers/Israel* § 77 Rn. 20.

[59] KölnKommAktG/*Mertens/Cahn* § 77 Rn. 19 ff.; MüKoAktG/*Spindler* § 77 Rn. 71; *Schiessl* ZGR 1992, 64 (78); *Hoffmann-Becking* ZGR 1998, 497 (509 f.); ausführlich *Wettich,* Vorstandsorganisation in der Aktiengesellschaft, 2008, S. 126 ff.

antwortung und ist zur selbständigen Wahrnehmung der ihm nach der Geschäftsverteilung übertragenen Aufgaben berechtigt und verpflichtet. Bei der Regelung der Geschäftsverteilung, die inhaltlich klar und eindeutig sein muss, muss das zuständige Organ (Aufsichtsrat oder Gesamtvorstand, → Rn. 32) die für die Ressortaufgaben fachlich und persönlich geeigneten Personen auswählen.[60]

25 Trotz der Ressortverantwortung der einzelnen Vorstandsmitglieder bleibt die **Gesamtverantwortung** aller Vorstandsmitglieder für die Leitung der Gesellschaft unberührt.[61] Davon ausgehend ist der Kreis der Entscheidungen zu bestimmen, die notwendig vom Gesamtvorstand entschieden werden müssen und nicht im Wege der Geschäftsverteilung einem oder mehreren Vorstandsmitgliedern überlassen werden können. Zu diesen **Mindestzuständigkeiten des Gesamtvorstands**[62] gehören insbesondere alle durch das Gesetz dem Vorstand auferlegten Aufgaben, die das Verhältnis des Vorstands zu einem anderen Organ der Gesellschaft betreffen, also zB die periodische Berichterstattung an den Aufsichtsrat, die Vorlage zustimmungspflichtiger Geschäfte an den Aufsichtsrat und die Beschlussvorschläge für die Hauptversammlung.[63] Eine zweite Kategorie der zwingenden Gesamtvorstandsgeschäfte bilden die Aufgaben, deren Erfüllung dem Vorstand durch handelsrechtliche Vorschriften überwiegend im öffentlichen Interesse aufgegeben ist. Dazu zählen zB die Aufstellung des Jahresabschlusses und des Lageberichts, die Entsprechenserklärung zum Kodex (§ 161 AktG) und die Verlustanzeige bei Verlust des halben Grundkapitals (§ 92 AktG). Abgrenzungsschwierigkeiten ergeben sich im Wesentlichen bei der dritten Kategorie, nämlich dem „Kernbereich" der Leitungsentscheidungen des Vorstands. Als nicht delegierbare „originäre Führungsfunktionen" werden verbreitet die Unternehmensplanung, Unternehmenskoordinierung und Unternehmenskontrolle sowie die Besetzung der Führungspositionen bezeichnet.[64] Andere wollen die Abgrenzung in Anlehnung an das Kriterium des außergewöhnlichen Geschäfts vornehmen.[65] Für die Praxis empfiehlt sich, im Text der Geschäftsordnung des Vorstands eine zumindest beispielhafte Auflistung zu versuchen und insbesondere die Festlegung der Jahres- und Mehrjahresplanung dem Gesamtvorstand vorzubehalten und auch vorzusehen, dass alle Maßnahmen und Geschäfte eines Geschäftsbereichs, die für die Gesellschaft von außergewöhnlicher Bedeutung sind oder mit denen ein außergewöhnliches wirtschaftliches Risiko verbunden ist, der vorherigen Zustimmung des Gesamtvorstands bedürfen.[66]

26 Aus der Gesamtverantwortung folgt außerdem eine **Überwachungs- und Kontrollpflicht** aller Vorstandsmitglieder für die ihnen nicht zugewiesenen Ressorts, die sie zwingt einzugreifen, wenn sich besondere Anhaltspunkte ergeben, insbesondere das intern zuständige Vorstandsmitglied erkennbar seine Pflichten verletzt.[67] Jedes Vorstandsmitglied ist daher berechtigt – und unter Umständen verpflichtet –, gegen die Maßnahme eines Vorstands-

---

[60] BGH NZG 2019, 225 Rn. 19 (zur GmbH); *Wettich* Vorstandsorganisation S. 232.

[61] Vgl. Grundsatz 1 Satz 2 DCGK. Zur dogmatischen Herleitung des Grundsatzes der Gesamtverantwortung s. *Hoffmann-Becking* NZG 2003, 745 (746 f.); *Wettich*, Vorstandsorganisation in der Aktiengesellschaft, 2009, S. 29 ff.; *Fleischer* NZG 2003, 449 (450); Spindler/Stilz AktG/*Fleischer* § 77 Rn. 45.

[62] Ausf. dazu *Wettich*, Vorstandsorganisation in der Aktiengesellschaft, 2009, S. 49 ff.; *Hoffmann-Becking* ZGR 1998, 497 (507 ff.); Spindler/Stilz AktG/*Fleischer* § 76 Rn. 15 ff.

[63] Hüffer/*Koch* AktG § 76 Rn. 9, § 77 Rn. 17.

[64] Hüffer/*Koch* AktG § 76 Rn. 9; GroßKomm AktG/*Kort* § 76 Rn. 35 f.; KölnKommAktG/*Mertens/Cahn* § 76 Rn. 5; Großkomm AktG/*Hopt/Roth* § 76 Rn. 35 ff.

[65] Nachw. bei *Hoffmann-Becking* ZGR 1990, 497 (509).

[66] Vgl. Beck'sches Formularbuch/*Hoffmann-Becking/Berger*, 13. Aufl. 2019, Form. X.16 § 2 Abs. 2.

[67] BGH ZIP 1996, 2017 (2019); WM 1986, 789; 1985, 1293 (1294) (alle zur GmbH); OLG Hamm AG 2012, 683 (684); LG München I NZG 2014, 645 (648) – Siemens; GroßkommAktG/*Kort* § 77 Rn. 35; *Fleischer* NZG 2003, 449 (454 und 456 f.); *Hoffmann-Becking* ZGR 1998, 497 (512 f.); Hüffer/*Koch* AktG § 77 Rn. 15; *Schwark* ZHR 142 (1978), 203 (216 ff.); für eine uneingeschränkte Kontrollpflicht *Martens* FS Fleck, 1988, 191 (198 ff.), tendenziell auch *Götz* AG 1995, 337 (338 ff.).

kollegen zu intervenieren.[68] Im Falle der Intervention muss die Maßnahme – sofern der Widerspruch nicht pflichtwidrig erhoben wurde – zunächst unterbleiben oder verbindlich vom Gesamtvorstand entschieden werden.[69] Aus dem Gesichtspunkt der Gesamtverantwortung zum Eingreifen verpflichtet ist ein für die Maßnahme nicht zuständiges Vorstandsmitglied nur bei erkennbarer Pflichtverletzung des zuständigen Vorstandsmitglieds.[70] Grundsätzlich kann sich das nicht zuständige Vorstandsmitglied darauf verlassen, dass sein nach der Geschäftsverteilung zuständiger Kollege pflichtgemäß handelt.[71]

Damit alle Vorstandsmitglieder ihre aus der Gesamtverantwortung resultierende Kontrollpflicht erfüllen können, sind die einzelnen Mitglieder verpflichtet, ihre Vorstandskollegen über die Angelegenheiten ihres Ressorts von sich aus zu informieren, jedenfalls soweit es sich um bedeutsame Angelegenheiten handelt. Zu diesem Zweck sind die Vorstandsmitglieder zum Aufbau eines zweckmäßigen **Berichtssystems** verpflichtet, in das alle Vorstandsmitglieder zwingend eingebunden sind.[72] Umgekehrt hat jedes Vorstandsmitglied einen Anspruch auf Berichterstattung über bedeutsame Angelegenheiten aus anderen Ressorts. Die aus der Gesamtverantwortung aller Vorstandsmitglieder resultierende Kontrollpflicht hat weiterhin zur Folge, dass sich der Vorstand so organisieren muss, dass eine laufende Kontrolle der Ressorttätigkeiten der anderen Vorstandsmitglieder gewährleistet ist.[73] Dies kann durch **regelmäßige Berichterstattung** in den Vorstandssitzungen (dazu → Rn. 26) erfolgen oder durch Einrichtung eines speziellen Kontrollressorts. Entscheidungen, die grundsätzliche Bedeutung für das Gesamtunternehmen haben, insbesondere solche, die die beabsichtigte Geschäftspolitik und andere grundsätzliche Fragen der künftigen Geschäftsführung betreffen, sind stets dem Gesamtvorstand zur Entscheidung vorzulegen.[74] Dies gilt auch, soweit für bestimmte bedeutsame und grundlegende Fragen ein besonderer Vorstandsausschuss (vgl. → Rn. 23) eingerichtet wurde.[75]

Die aus der Gesamtverantwortung resultierende **vorstandsinterne Überwachungspflicht (Selbstkontrolle)** unterscheidet sich in ihren Voraussetzungen von der Kontrollpflicht des Aufsichtsrats nach § 111 Abs. 1 AktG und der strengen Kontrollpflicht gegenüber nachgeordneten Mitarbeitern. Das Ausmaß der Überwachungspflicht hängt von den Umständen des Einzelfalls ab.[76] Von entscheidender Bedeutung sind insbesondere Art, Größe und Organisation des Unternehmens, die aktuelle wirtschaftliche Lage der Gesellschaft sowie die Wichtigkeit der zu beurteilenden Maßnahmen oder die denkbaren Auswirkungen eines konkreten Geschäfts.[77] Grundsätzlich darf jedes Vorstandsmitglied zunächst einmal darauf vertrauen, dass sein ressortzuständiger Kollege das ihm zugewiesene

---

[68] GroßkommAktG/*Kort* § 77 Rn. 38; MüKoAktG/*Spindler* § 77 Rn. 60, § 93 Rn. 180; KölnKommAktG/*Mertens/Cahn* § 77 Rn. 28; *Fleischer* NZG 2003, 449 (456 f.).

[69] MüKoAktG/*Spindler* § 77 Rn. 61; GroßkommAktG/*Kort* § 77 Rn. 39; *Martens* FS Fleck, 1988, 191 (196).

[70] BGHZ 133, 370 (377 f.); BGH NJW 1995, 2850(2851); *Habersack* WM 2005, 2360 (2362).

[71] OLG Hamm AG 2012, 683 (684).

[72] GroßkommAktG/*Kort* § 77 Rn. 40; KölnKommAktG/*Mertens/Cahn* § 77 Rn. 25; *Wettich*, Vorstandsorganisation in der Aktiengesellschaft, 2008, S. 240 ff.; *Ihrig/Schäfer*, Rechte und Pflichten des Vorstands, 2014, § 37 Rn. 1509; *Fleischer* NZG 2003, 449 (454); *Hoffmann-Becking* ZGR 1998, 497 (513); *Schiessl* ZGR 1992, 64 (69); vgl. auch *Schwark* ZHR 142 (1978), 203 (216).

[73] GroßkommAktG/*Kort* § 77 Rn. 35 und 37; *Fleischer* NZG 2003, 449 (454); *Hoffmann-Becking* ZGR 1998, 497 (512).

[74] GroßkommAktG/*Kort* § 77 Rn. 42; MüKoAktG/*Spindler* § 77 Rn. 62; *Hoffmann-Becking* ZGR 1998, 497 (508 f.); vgl. auch die rechtstatsächlichen Befunde bei *Schönbrod*, Die Organstellung von Vorstand und Aufsichtsrat in der Spartenorganisation, 1987, S. 170 f.

[75] GroßkommAktG/*Kort* § 77 Rn. 42; *Martens* FS Fleck, 1988, 191 (206 f.); zutreffend daher auch *Schönbrod*, Die Organstellung von Vorstand und Aufsichtsrat in der Spartenorganisation, 1987, S. 192.

[76] Hüffer/*Koch* AktG § 77 Rn. 15 f.; MüKoAktG/*Spindler* § 93 Rn. 176 ff.; *Wettich*, Vorstandsorganisation in der Aktiengesellschaft, 2008, S. 243.

[77] Spindler/Stilz AktG/*Fleischer* § 77 Rn. 51; *Wettich*, Vorstandsorganisation in der Aktiengesellschaft, 2008, S. 243; *Fleischer* NZG 2003, 449 (453 f.); *Habersack* WM 2005, 2360 (2362).

Ressort pflichtgemäß wahrnimmt, solange sich im Rahmen der Unterrichtungspflicht und des Informationsrechts (vgl. → Rn. 24) keine Anhaltspunkte für das Gegenteil ergeben.[78] Besteht ein funktionsfähiges Berichtssystem im Vorstand, so darf sich jedes Vorstandsmitglied auf die vom zuständigen Ressortvorstand erstellten schriftlichen und in den Vorstandssitzungen mündlich erteilten Berichte und Informationen verlassen.[79] Es muss sich aber auch mit den Berichtsinhalten und Informationen kritisch auseinandersetzen und sich ein eigenes Urteil bilden.[80] Ergibt sich dabei ein Anlass für die Befürchtung, dass Informationen nur lückenhaft oder nicht stimmig erteilt werden oder das zuständige Vorstandsmitglied die konkrete Maßnahme nur unzureichend angeht, hat die Kontrolle strenger und engmaschiger zu erfolgen und kann sogar eine Pflicht zum Eingreifen entstehen.[81] Eine gesteigerte Überwachungspflicht ist zudem in Krisensituationen der Gesellschaft anerkannt.[82]

29 **3. Änderungen der Geschäftsverteilung.** Änderungen der Geschäftsverteilung durch den Aufsichtsrat oder durch den Gesamtvorstand führen regelmäßig zu Konflikten mit einzelnen Vorstandsmitgliedern, wenn ihr Ressort in größerem Umfang verändert wird. Der Grundsatz ist, dass sich der Aufsichtsrat nicht durch eine Regelung des wahrzunehmenden Ressorts im Anstellungsvertrag selbst binden kann. Eine Regelung des wahrzunehmenden Ressorts im Anstellungsvertrag bindet das Aufsichtsratsplenum im Rahmen einer (Neu-)Regelung der Geschäftsverteilung nicht. Ist sie doch erfolgt, kann der Aufsichtsrat trotzdem mit verbindlicher Wirkung für alle Vorstandsmitglieder die Ressortverteilung ändern.[83] Die Änderung der Geschäftsverteilung stellt freilich eine Vertragsverletzung dar, die das betroffene Vorstandsmitglied bei nicht nur geringfügigen Änderungen zur Kündigung des Anstellungsvertrages aus wichtigem Grund und Niederlegung seines Amtes berechtigt.[84]

V. Geschäftsordnung

30 In § 77 Abs. 2 AktG ist geregelt, dass eine **Geschäftsordnung für den Vorstand** erlassen werden kann. Eine Verpflichtung zum Erlass enthält § 77 Abs. 2 AktG nicht, und sie besteht auch nicht bei mitbestimmten Gesellschaften.[85] Für **börsennotierte Gesellschaften** wird allerdings in Ziff. 4.2.1 S. 1 DCGK der Erlass einer Geschäftsordnung empfohlen. Eine empirische Untersuchung bei 160 Gesellschaften, die in einem Index des Deutschen Prime Standards gelistet sind, hat ergeben, dass mit Ausnahme einer Gesellschaft alle Unternehmen Geschäftsordnungen für den Vorstand – und im Übrigen auch für den

---

[78] BGHZ 133, 370 (377 f.); BGH NJW 1994, 2149 (2150) (jeweils zur GmbH) sowie OLG Hamm AG 2012, 683 (684); OLG Köln NZG 2001, 135 (136) (jeweils zur AG); MüKoAktG/*Spindler* § 93 Rn. 176; *Habersack* WM 2005, 2360 (2362).

[79] Hüffer/*Koch* AktG § 77 Rn. 15; GroßkommAktG/*Kort* § 77 Rn. 40; *Habersack* WM 2005, 2360 (2362); *Wettich*, Vorstandsorganisation in der Aktiengesellschaft, 2008, S. 247 ff.

[80] KölnKommAktG/*Mertens*/*Cahn* § 77 Rn. 26; *Wettich*, Vorstandsorganisation in der Aktiengesellschaft, 2008, S. 247; *Fleischer* NZG 2003, 449 (455).

[81] BGHZ 133, 370 (377 f.); BGH NJW 1994, 2149 (2150); Spindler/Stilz AktG/*Fleischer* § 77 Rn. 51; *Goette* ZHR 174 (2011), 388 (395); *Wettich*, Vorstandsorganisation in der Aktiengesellschaft, 2008, S. 248 f.

[82] BGHZ 133, 370 (379); BGH ZIP 2001, 422 (424); OLG Hamburg AG 2001, 141 (144); Spindler/Stilz AktG/*Fleischer* § 77 Rn. 53; *Wettich*, Vorstandsorganisation in der Aktiengesellschaft, 2008, S. 249 ff.; *Habersack* WM 2005, 2360 (2362).

[83] GroßkommAktG/*Kort* § 77 Rn. 48 und 92 f.; KölnKommAktG/*Mertens*/*Cahn* § 77 Rn. 64; MüKoAktG/*Spindler* § 77 Rn. 50.

[84] GroßkommAktG/*Kort* § 77 Rn. 93a; MüKoAktG/*Spindler* § 77 Rn. 50; KölnKommAktG/*Mertens*/*Cahn* § 77 Rn. 64.

[85] Hüffer/*Koch* AktG § 77 Rn. 23; GroßkommAktG/*Kort* § 77 Rn. 94; Spindler/Stilz AktG/*Fleischer* § 77 Rn. 59 und 71.

§ 22 Geschäftsführung   31–33   § 22

Aufsichtsrat – erlassen haben.[86] Dies bestätigt den Befund in der Unternehmenspraxis, dass eine Geschäftsordnung für den Vorstand zweckmäßig und sinnvoll ist.

Vorgaben über den Inhalt einer Geschäftsordnung für den Vorstand enthält § 77 Abs. 2 **31** AktG nicht. Unstreitig kann die Geschäftsordnung die gesetzliche Kompetenzverteilung der Gesellschaftsorgane nicht modifizieren. Aus § 77 Abs. 1 S. 2 AktG folgt, dass Abweichungen von der gesetzlichen Gesamtgeschäftsführung in der Satzung oder Geschäftsordnung zu erfolgen haben, also auch Fragen der **Geschäftsverteilung**.[87] Neben der Geschäftsverteilung werden in der Geschäftsordnung üblicherweise die Willensbildung im Vorstand (zB Einberufung, Beschlussfähigkeit, Beschlussverfahren, Sitzungsniederschrift, Sitzungsintervalle, etc),[88] Informationsrechte und Berichtspflichten im Vorstand[89] sowie zwischen Vorstand und Aufsichtsrat sowie – bei Erlass der Geschäftsordnung durch den Aufsichtsrat – die zustimmungsbedürftigen Geschäfte geregelt.[90] Gelegentlich sehen Geschäftsordnungen auch die Wahl eines Vorstandssprechers durch die Vorstandsmitglieder vor, während die Ernennung eines Vorstandsvorsitzenden nach § 84 Abs. 2 AktG durch den Aufsichtsrat zu erfolgen hat (vgl. → § 24 Rn. 2 und 5). In der Praxis haben sich bestimmte Strukturen für Geschäftsordnungen herausgebildet.[91]

Die **Erlasskompetenz** für die Geschäftsordnung regelt § 77 Abs. 2 S. 1 AktG. Danach **32** kann die Satzung die Kompetenz dem Aufsichtsrat zuweisen. In diesem Fall ist dem Vorstand auch dann verwehrt, sich eine eigene Geschäftsordnung zu geben, wenn der Aufsichtsrat von seiner Erlasskompetenz keinen Gebrauch macht. Enthält die Satzung keine Regelung über die Erlasskompetenz, so steht sie sowohl dem Aufsichtsrat als auch dem Vorstand zu, wobei dem Aufsichtsrat eine Vorrangkompetenz zukommt. Erlässt der Aufsichtsrat eine Geschäftsordnung, so wird dadurch die Kompetenz des Vorstands aufgehoben; eine vom Vorstand bereits erlassene Geschäftsordnung wird hinfällig. Die Satzung kann auch vorsehen, dass eine Geschäftsordnung, die sich der Vorstand gibt, der Zustimmung des Aufsichtsrats bedarf.[92] Möglich ist auch, dass die vom Aufsichtsrat erlassene Geschäftsordnung die Regelung der Geschäftsverteilung durch einstimmigen Vorstandsbeschluss vorsieht, jedoch von der Zustimmung des Aufsichtsrats abhängig macht.[93] Unzulässig sind Satzungsbestimmungen, die dem Vorstand die alleinige Erlasskompetenz zuweisen. Dies gilt unabhängig davon, ob sie ein Zustimmungs- oder Genehmigungsrecht des Aufsichtsrats oder gar des Aufsichtsratsvorsitzenden vorsehen.[94] Andernfalls könnte der Aufsichtsrat entgegen der zwingenden Regelung des § 77 Abs. 2 S. 1 AktG von sich aus keine Geschäftsordnung für den Vorstand erlassen.

Hat sich der Vorstand durch einstimmigen Beschluss aller Mitglieder (s. § 77 Abs. 2 S. 2 **33** AktG) eine Geschäftsordnung gegeben, so kann der Aufsichtsrat nicht lediglich **einzelne Bestimmungen** ändern. Er muss vielmehr, wenn er von seiner vorrangigen Regelungskompetenz Gebrauch machen will, eine neue Geschäftsordnung erlassen. Dabei bleibt es ihm unbenommen, eine Reihe von Bestimmungen der bisherigen Geschäftsordnung in die neue Geschäftsordnung zu übernehmen. Eine durch den Vorstand erlassene Geschäfts-

---

[86] Vgl. *Velte* AG 2009, R 374, 375.
[87] GroßkommAktG/*Kort* § 77 Rn. 81; Spindler/Stilz AktG/*Fleischer* § 77 Rn. 61.
[88] KölnKommAktG/*Mertens/Cahn* § 77 Rn. 52; MüKoAktG/*Spindler* § 77 Rn. 37; GroßkommaktG/*Kort* § 77 Rn. 83 ff.
[89] Spindler/Stilz AktG/*Fleischer* § 77 Rn. 61; Hüffer/*Koch* AktG § 77 Rn. 21; GroßkommAktG/*Kort* § 77 Rn. 84.
[90] KölnKommAktG/*Mertens/Cahn* § 77 Rn. 54; *Hoffmann-Becking* ZGR 1998, 497 (504).
[91] Vgl. nur die Muster-Geschäftsordnung für den Vorstand in Beck'sches Formularbuch/*Hoffmann-Becking*, 13. Aufl. 2018, Form X.16.
[92] GroßkommAktG/*Kort* § 77 Rn. 66; Hüffer/*Koch* AktG § 77 Rn. 19; KölnKommAktG/*Mertens/Cahn* § 77 Rn. 59; *Hoffmann-Becking* ZGR 1998, 497 (504).
[93] Vgl. *Hoffmann-Becking* ZGR 1998, 497 (504).
[94] GroßkommAktG/*Kort* § 77 Rn. 66; Hüffer /*Koch* AktG § 77 Rn. 19; KölnKommAktG/*Mertens/Cahn* § 77 Rn. 59: Spindler/Stilz AktG/*Fleischer* § 77 Rn. 65.

ordnung bleibt unabhängig von seiner personellen Zusammensetzung in Kraft, auch wenn neubestellte Vorstandsmitglieder ihr nicht ausdrücklich oder konkludent zugestimmt haben.[95] Das Einstimmigkeitsprinzip des § 77 Abs. 2 S. 2 AktG bezieht sich auf den Erlass, nicht auf die Fortgeltung der Geschäftsordnung.

34 Die Geschäftsordnung für den Vorstand ist **schriftlich** niederzulegen. Das gilt auch für die **Geschäftsverteilung** als Teil der Geschäftsordnung[96], wobei die schriftliche Fixierung auch in Form eines Organigramms mit Auflistung der Aufgaben erfolgen kann. Die Einhaltung der Schriftform des § 126 BGB, also die eigenhändige Unterschrift, wird aber nicht vorausgesetzt.[97] Erlässt der Vorstand die Geschäftsordnung, bedarf es daher nicht der Unterzeichnung durch sämtliche Vorstandsmitglieder. Beschließt der Aufsichtsrat über den Erlass der Geschäftsordnung, so ergibt sich die schriftliche Niederlegung bereits aus der in § 107 Abs. 2 S. 1 AktG statuierten Pflicht, über die Sitzungen des Aufsichtsrats eine Niederschrift anzufertigen.

35 In der Geschäftsordnung für den Vorstand ist meist vorgesehen, dass der Vorstand seine Beschlüsse in **Sitzungen** fasst, die in regelmäßigen Intervallen stattfinden. Die sitzungsleitenden Befugnisse stehen, sofern ein solcher ernannt ist, auch ohne besondere Regelung dem Vorstandsvorsitzenden zu (vgl. → § 24 Rn. 4). Grundsätzlich nehmen an den Vorstandssitzungen nur die Mitglieder des Vorstands teil. Für die **Teilnahme Dritter** wird man die für den Aufsichtsrat geltenden Grundsätze des § 109 Abs. 1 AktG (dazu → § 31 Rn. 49 f.) für Sitzungen des Vorstands analog anzuwenden haben.[98] Danach dürfen nur Sachverständige und Auskunftspersonen von Fall zu Fall zu Beratungen über einzelne Gegenstände zugezogen werden; die regelmäßige Teilnahme von Beratern oder „Dauergästen" ist unzulässig. Über die Zuziehung von Sachverständigen oder Auskunftspersonen entscheidet – vorbehaltlich einer abweichenden Entscheidung des Gesamtvorstands – der Vorstandsvorsitzende. Bei der Analogie zu § 109 Abs. 1 AktG ist zu beachten, dass die Mitglieder des Aufsichtsrats kein Teilnahmerecht an den Vorstandssitzungen haben und nicht etwa regelmäßig an Vorstandssitzungen teilnehmen dürfen. Sie sind insoweit zu behandeln wie Dritte.

§ 23 Vertretung

Übersicht

	Rn.		Rn.
I. Vorstand als organschaftlicher Vertreter	1–14	1. Allgemeines	21
1. Vorstand als Handlungsorgan	1	2. Modifizierte Gesamtvertretung	22
2. Außergerichtliche Vertretung	2, 3	3. Einzelvertretung	23
3. Gerichtliche Vertretung	4, 5	4. Unechte Gesamtvertretung	25, 25
4. Vertretung durch den Aufsichtsrat	6–14	IV. Wirkungen der Vertretung	26–28
a) § 112 S. 1 AktG	6–12	V. Vertretung durch Bevollmächtigte	29, 30
b) § 78 Abs. 1 S. 2 AktG	13, 14	VI. Zurechnung von Wissen und Willensmängeln	31–34
c) § 111 Abs. 2	15	VII. Haftung der Aktiengesellschaft für Handeln von Vorstandsmitgliedern	35
II. Gesamtvertretung	16–20		
1. Aktivvertretung	16–19		
2. Passivvertretung	20		
III. Abweichende Regelungen der Vertretungsmacht	21–25		

---

[95] MüKoAktG/*Spindler* § 77 Rn. 50; GroßkommAktG/*Kort* § 77 Rn. 75; Hüffer/*Koch* AktG § 77 Rn. 22; KölnKommAktG/*Mertens/Cahn* § 77 Rn. 65; *Hoffmann-Becking* ZGR 1998, 497 (500).
[96] Spindler/Stilz AktG/*Fleischer* § 77 Rn. 58; *Wettich* Vorstandsorganisation S. 233; aA MüKoAktG/ *Spindler* § 77 Rn. 44; BGH NZG 2019, 225 Rn. 22 m. Bespr. *Fleischer* DB 2019, 472 (474) (zur GmbH).
[97] GroßkommAktG/*Kort* § 77 Rn. 78; MüKoAktG/*Spindler* § 77 Rn. 53; Hüffer/*Koch* AktG § 77 Rn. 21; KölnKommAktG/*Mertens/Cahn* § 77 Rn. 56; Spindler/Stilz AktG/*Fleischer* § 77 Rn. 68.
[98] Vgl. *Ihrig/Schäfer*, Rechte und Pflichten des Vorstands, 2014, § 18 Rn. 505; *Wettich*, Vorstandsorganisation in der Aktiengesellschaft, 2008, S. 205 f.

Schrifttum: *Fleischer,* Zur Privatsphäre von GmbH-Geschäftsführern und Vorstandsmitgliedern: Organpflichten, organschaftliche Zurechnung und private Umstände, NJW 2006, 3239–3244; *ders.,* Reichweite und Grenzen der unbeschränkten Organvertretungsmacht im Kapitalgesellschaftsrecht, NZG 2005, 529–537; *Frenzel,* Erstarkung der Gesamt- zur Alleinvertretungsbefugnis bei Ausscheiden der übrigen Geschäftsführer, GmbHR 2011, 515–519; *Grigoleit,* Zivilrechtliche Grundlagen der Wissenszurechnung, ZHR 181 (2017), 160–202; *Hübner,* Zur Zulässigkeit der Generalvollmacht bei Kapitalgesellschaften, ZHR 143 (1979), 1–23; *E. Joussen,* Die Generalvollmacht im Handels- und Gesellschaftsrecht, WM 1994, 273–284; *Schürnbrand,* Wissenszurechnung im Konzern, ZHR 181 (2017), 357–380; *Schwarz,* Die Gesamtvertreterermächtigung – Ein zivil- und gesellschaftsrechtliches Rechtsinstitut, NZG 2001, 529–539; *ders.,* Rechtsfragen der Vorstandsermächtigung nach § 78 Abs. 4 AktG, ZGR 2001, 744–781; *ders.,* Vertretungsregelungen durch den Aufsichtsrat (§ 78 Abs. 3 S. 2 AktG) und durch Vorstandsmitglieder (§ 78 Abs. 4 S. 1 AktG), ZHR 166 (2002), 625–655; *Semler,* Geschäfte einer Aktiengesellschaft mit Mitgliedern ihres Vorstands, FS Roweder, 1994, S. 441–457; *Spindler,* Wissenszurechnung in der GmbH, der AG und im Konzern, ZHR 181 (2017), 311–356; *Werner,* Vertretung der Aktiengesellschaft gegenüber Vorstandsmitgliedern – ein Beitrag zur Auslegung des § 112 AktG, ZGR 1989, 369–395;

I. Vorstand als organschaftlicher Vertreter

1. Vorstand als Handlungsorgan. Dem Vorstand obliegt nach § 78 Abs. 1 S. 1 AktG die gerichtliche und außergerichtliche Vertretung der Gesellschaft. Bei dieser Vertretung handelt es sich um eine organschaftliche Vertretung, die der gesetzlichen Vertretung verwandt ist (vgl. § 26 Abs. 2 S. 1 BGB: „Stellung eines gesetzlichen Vertreters")[1] und unmittelbar auf der Bestellung beruht.[2] Die Bestellung zum Vorstandsmitglied zielt auf die Schaffung eines Handlungsorgans, durch das die Aktiengesellschaft als juristische Person überhaupt erst handlungsfähig wird. Das Handeln des Vorstands wird rechtlich als Handeln der Aktiengesellschaft gewertet und ihr nach der Organtheorie als eigenes zugerechnet. Nicht jedes Handeln für die Gesellschaft gehört zum Bereich der Vertretung, sondern nur das **nach außen** wirkende rechtsgeschäftliche und rechtsgeschäftsähnliche Handeln in ihrem Namen (vgl. → § 22 Rn. 1). Diesen Außenverkehr der Gesellschaft umfasst die Vertretungsmacht nach § 78 Abs. 1 AktG grundsätzlich in vollem Umfang.

2. Außergerichtliche Vertretung. Nach §§ 78 Abs. 1, 82 Abs. 1 AktG ist die Vertretungsmacht des Vorstands grundsätzlich unbeschränkt und unbeschränkbar.[3] Die Vertretungsmacht wird insbesondere weder durch den Gesellschaftszweck noch durch den Unternehmensgegenstand (vgl. → § 9 Rn. 10 ff.) beschränkt. Der ultra-vires-Gedanke hat in das Recht der Aktiengesellschaft keinen Eingang gefunden.[4] **Ausnahmen** vom Grundsatz der Unbeschränkbarkeit der organschaftlichen Vertretungsmacht hat das Gesetz an verschiedenen Stellen geregelt. So bedarf der Vorstand bei einigen Vertretungshandlungen der Zustimmung eines anderen Organs, wie zB bei der Ausübung von Beteiligungsrechten in mitbestimmten Gesellschaften nach § 32 MitbestG (dazu → § 29 Rn. 81 ff.).[5] Der Unbeschränktheit der Vertretungsmacht sind zudem Grenzen gezogen in den Fällen, in denen dem Vorstand für das Außenhandeln die Vertretungsmacht nicht (vgl. §§ 112, 147 Abs. 2 AktG sowie § 32 MitbestG) oder nicht allein (vgl. §§ 114 Abs. 1, 179a, 293, 295

---

[1] GroßkommAktG/*Habersack/Foerster* § 78 Rn. 14; Hüffer/*Koch* AktG § 78 Rn. 3; Spindler/Stilz AktG/*Fleischer* § 78 Rn. 4; *Beuthien* FS Zöllner, 1998, 87 (92 ff.); unscharf KölnKommAktG/*Mertens/Cahn* § 78 Rn. 7 („gesetzlicher Vertreter der AG").

[2] BGHZ 64, 72 (75).

[3] BGHZ 83, 122 (132); OLG Frankfurt a. M. AG 2001, 431 (434); GroßkommAktG/*Habersack/Foerster* § 82 Rn. 5 f.

[4] Hüffer/*Koch* AktG § 82 Rn. 1; GroßkommAktG/*Habersack/Foerster* § 82 Rn. 1; *K. Schmidt* AcP 184 (1984), 529 (530 ff.).

[5] KölnKommAktG/*Mertens/Cahn* § 78 Rn. 18; Spindler/Stilz AktG/*Fleischer* § 78 Rn. 18; → § 29 Rn. 66.

AktG, §§ 4 Abs. 1, 13 Abs. 1, 65 UmwG)[6] zusteht. Soweit eine Annexkompetenz des Aufsichtsrats für Hilfsgeschäfte besteht, zB das Recht des Aufsichtsrats zur Beauftragung von Vergütungsberatern (vgl. → § 21 Rn. 50, → § 29 Rn. 56), besteht die Vertretungsmacht des Vorstands neben der Vertretungsmacht des Aufsichtsrats.[7] Nach der **Auflösung** wird die Gesellschaft von den Liquidatoren vertreten (§ 269 Abs. 1 AktG).

3 Zur außergerichtlichen Vertretung gehören auch **körperschaftsrechtliche** (sozial- oder organisationsrechtliche) Akte gegenüber Aktionären wie die Einforderung ausstehender Einlagen nach § 63 Abs. 1 AktG[8] oder die Erteilung der Zustimmung zur Übertragung vinkulierter Namensaktien nach § 68 Abs. 2 S. 2 AktG,[9] nicht aber die Einladung zur Hauptversammlung als innergesellschaftliche Verfahrenshandlung ohne rechtsgeschäftlichen Charakter.[10] Keinen Fall der Vertretung stellt auch die interne Mitwirkung der Organe bei körperschaftsrechtlichen Maßnahmen dar, die die Grundlagen der Gesellschaft und die Konstituierung der Organe betreffen, und ebenfalls nicht die Wahrnehmung der Beziehungen zwischen den Organen wie etwa die Berichtspflicht nach § 90 AktG.[11]

4 **3. Gerichtliche Vertretung.** Als organschaftlicher Vertreter vertritt der Vorstand die Aktiengesellschaft grundsätzlich auch vor den Gerichten aller Gerichtszweige. Die häufigsten Fälle sind die Vertretung in Prozessen vor den Zivilgerichten[12] und die Anmeldungen zum Handelsregister. Die über das ganze AktG verstreut geregelten Anmeldungen zum Handelsregister sind, wenn die Aktiengesellschaft erst einmal selbst im Handelsregister eingetragen ist, meist vom Vorstand allein (vgl. §§ 42 Abs. 1 S. 1, 81 Abs. 1, 181 Abs. 1 S. 1, 263 S. 1, 294 Abs. 1 S. 1, 298 AktG) oder vom Vorstand gemeinsam mit dem Aufsichtsratsvorsitzenden (so bei Kapitalmaßnahmen, vgl. nur §§ 184 Abs. 1 S. 1, 188 Abs. 1 AktG) vorzunehmen. Bei der Anmeldung müssen nicht alle Vorstandsmitglieder mitwirken, sondern lediglich so viele, wie nach § 78 AktG zur wirksamen Vertretung der Gesellschaft notwendig sind. Bei gemischter Gesamtvertretung (vgl. → Rn. 13 f.) kann ein Vorstandsmitglied gemeinsam mit einem Prokuristen anmelden,[13] nicht aber Prokuristen oder Handlungsbevollmächtigte allein,[14] sofern sie nicht nach § 12 Abs. 1 S. 2 HGB zur Anmeldung bevollmächtigt sind.

5 Ist im **Parteiprozess** Gegner der Aktiengesellschaft ein Vorstandsmitglied, so wird die Gesellschaft nach § 112 AktG vom Aufsichtsrat oder nach § 147 Abs. 2 AktG von besonderen Vertretern vertreten. Bei Klagen auf Anfechtung oder Nichtigkeit von Beschlüssen der Hauptversammlung oder auf Nichtigerklärung der Gesellschaft (§§ 246 Abs. 2 S. 2, 249 Abs. 1, 275 Abs. 4 AktG) erfolgt die gerichtliche Vertretung durch Vorstand und Aufsichtsrat als Doppelvertreter,[15] und wenn der Vorstand klagt, durch den Aufsichtsrat und umgekehrt (§ 246 Abs. 2 S. 3 AktG; dazu → § 42 Rn. 109). Besteht Doppelvertretung durch Vorstand und Aufsichtsrat, muss der Prozessbevollmächtigte von beiden Organen beauftragt werden. Vorstandsmitglieder können, wenn die Gesellschaft durch den Vorstand vertreten wird, im Parteiprozess nicht als Zeugen gehört werden, sondern nur als Partei (vgl. § 455 Abs. 1 ZPO). Eidesstattliche Versicherungen werden für die Aktiengesellschaft von den zum Abgabezeitpunkt amtierenden Vorstandsmitgliedern

---

[6] Weitere Angaben bei GroßkommAktG/*Habersack/Foerster* § 78 Rn. 10 ff.; MüKoAktG/*Spindler* § 78 Rn. 8 f.; Spindler/Stilz AktG/*Fleischer* § 78 Rn. 15 f.

[7] *Hoffmann-Becking* ZGR 2011, 136 (141); KölnKommAktG/*Mertens/Cahn* § 112 Rn. 24; aA *Fleischer/Wedemann* GmbHR 2010, 449 (456); offen gelassen von BGH NZG 2018, 630 Rn. 14 f.

[8] KölnKommAktG/*Mertens/Cahn* § 78 Rn. 6.

[9] Spindler/Stilz AktG/*Fleischer* § 78 Rn. 6.

[10] BGHZ 100, 264 (267) (für GmbH); aA OLG Frankfurt a. M. NJW-RR 1989, 546.

[11] Vgl. MüKoAktG/*Spindler* § 90 Rn. 6; KölnKommAktG/*Mertens/Cahn* § 90 Rn. 20.

[12] Vgl. § 51 Abs. 1 ZPO sowie ausführlich *A. Hueck* FS Bötticher, 1969, 197 ff. Vgl. auch OLG Karlsruhe AG 2014, 127.

[13] RGZ 134, 303 (307); MüKoHGB/*Krafka* § 12 Rn. 44.

[14] BGH WM 1969, 43; BayObLG WM 1982, 647.

[15] Vgl. BGH NJW 1992, 2099 f.; WM 1974, 713; OLG Karlsruhe NZG 2008, 714.

abgegeben.[16] Vertritt der Vorstand die Aktiengesellschaft, so sind Zustellungen an sie gemäß § 170 Abs. 1 S. 1 ZPO an den Vorstand als gesetzlichen Vertreter zu bewirken. Besteht der Vorstand aus mehreren Mitgliedern, genügt auch bei Gesamtvertretung die Zustellung an ein Vorstandsmitglied (§ 170 Abs. 3 ZPO). Wird die Gesellschaft vom Vorstand und vom Aufsichtsrat gemeinsam vertreten, so müssen Zustellungen an je ein Mitglied des Vorstands und des Aufsichtsrats erfolgen, da § 170 Abs. 3 ZPO nicht im Verhältnis der Organe zueinander gilt.[17]

4. Vertretung durch den Aufsichtsrat. a) § 112 S. 1 AktG. Nach **§ 112 AktG** wird die Gesellschaft **Vorstandsmitgliedern gegenüber** vom Aufsichtsrat vertreten. Die im Zusammenhang mit der Vertretung erforderliche Willensbildung des Aufsichtsrats erfolgt durch ausdrücklichen Beschluss nach § 108 Abs. 1 AktG.[18] Wegen der Vertretung der Gesellschaft gegenüber Vorstandsmitgliedern durch den Aufsichtsrat nach § 112 S. 1 AktG können bei Rechtsgeschäften eines Vorstandsmitglieds mit der Gesellschaft Fälle des **Selbstkontrahierens (§ 181 Alt. 1 BGB)** nicht auftreten. Dem Vorstand fehlt wegen § 112 AktG bereits die organschaftliche Vertretungsmacht.[19] § 112 AktG findet keine Anwendung, wenn ein Vorstandsmitglied der herrschenden Gesellschaft durch Gesellschafterbeschluss zum **Geschäftsführer einer abhängigen GmbH** bestellt oder als Geschäftsführer abberufen wird.[20] Die Willenserklärung der AG in Form der Stimmabgabe erfolgt nämlich gegenüber der GmbH und nicht gegenüber dem betroffenen Vorstandsmitglied. Entsprechendes gilt für den Abschluss, die Änderung und die Beendigung des Anstellungsvertrages des Geschäftsführers mit der abhängigen GmbH.[21] § 112 AktG ist dagegen in erweiternder Auslegung anwendbar, wenn die AG ein Rechtsgeschäft mit einer Gesellschaft abschließt, deren Alleingesellschafter ein Vorstandsmitglied ist,[22] oder diese unter dem beherrschenden Einfluss eines Vorstandsmitglieds steht.[23] Erfasst werden durch § 112 AktG schließlich auch Rechtsgeschäfte mit einem Vorstandsmitglied oder einer ihm zuzurechnenden Gesellschaft, die im Vorfeld der beabsichtigten Bestellung zum Vorstandsmitglied erfolgen und damit in zeitlichem und sachlichem Zusammenhang stehen.[24]

Keine Anwendung findet § 112 AktG auf die Fälle der **Mehrvertretung (§ 181 Alt. 2 BGB),** da in diesen die AG nicht gegenüber Vorstandsmitgliedern, sondern gegenüber Dritten vertreten wird.[25] Die Gesellschaft wird also auch bei Rechtsgeschäften mit Dritten, für die ein Vorstandsmitglied als (rechtsgeschäftlicher oder gesetzlicher) Vertreter handelt, gemäß § 78 Abs. 1 AktG vom Vorstand organschaftlich vertreten. Handelt ein Vorstandsmitglied als organschaftlicher Vertreter eines Dritten, so ist diese Mehrvertretung allerdings nur zulässig, wenn sie dem Vorstandsmitglied **auf beiden Seiten gestattet** ist oder das

---

[16] OLG Hamm DB 1984, 1927; OLG Hamm ZIP 1984, 1482; MüKoAktG/*Spindler* § 78 Rn. 16.

[17] Hüffer/*Koch* AktG § 246 Rn. 32; MüKoAktG/*Spindler* § 78 Rn. 17; Spindler/Stilz AktG/*Fleischer* § 78 Rn. 8; *Tielmann* ZIP 2002, 1879 ff.

[18] BGH WM 2013, 467 Rn. 11; ZIP 2009, 717 Rn. 12; MüKoAktG/*Habersack* § 112 Rn. 22. Zu den Auswirkungen von Beschlussmängeln auf die Willenserklärungen des Aufsichtsrats vgl. *Cahn* FS Hoffmann-Becking, 2013, 247 (258 ff.).

[19] KölnKommAktG/*Mertens*/*Cahn* § 78 Rn. 71; MüKoAktG/*Spindler* § 78 Rn. 121.

[20] OLG München NJW-RR 2012, 998; Hüffer/*Koch* AktG § 112 Rn. 6; GroßkommAktG/*Habersack* § 112 Rn. 7; aA LG Berlin NJW-RR 1997, 1534; Grigoleit/*Grigoleit*/*Tomasic* AktG § 112 Rn. 8.

[21] OLG Frankfurt a. M. ZIP 2006, 1904 (1905 ff.); GroßkommAktG/*Habersack* § 112 Rn. 7.

[22] BGH NZG 2019, 410 Rn.- 17. So schon MüKoAktG/*Habersack* § 112 Rn. 9 u. Hüffer/*Koch* AktG § 112 Rn. 4 wegen wirtschaftlicher Identität.

[23] Spindler/Stilz AktG/*Spindler* § 112 Rn. 9. Zu weitgehend *Rupietta* NZG 2007, 801, wonach maßgebliche Beteiligung ausreichen soll; gegen diese Ausdehnung *Jenne*/*Miller* ZIP 2019, 1052 (1056 ff.). Offen gelassen von BGH NZG 2019, 420 Rn. 17.

[24] BGH NZG 2019, 420 Rn. 32.

[25] MüKoAktG/*Spindler* § 78 Rn. 122; KölnKommAktG/*Mertens*/*Cahn* § 78 Rn. 71.

Rechtsgeschäft ausschließlich in der **Erfüllung einer Verbindlichkeit** besteht (§ 181 Alt. 2 BGB).[26] Die Gestattung auf Seiten der AG kann analog § 78 Abs. 3 S. 1 AktG in der Satzung enthalten oder vom Aufsichtsrat erteilt sein.[27] Für die Gestattung bedarf der Aufsichtsrat analog § 78 Abs. 3 S. 2 AktG einer Ermächtigung in der Satzung,[28] sofern es nicht nur um eine Gestattung im Einzelfall geht.[29] Eine generelle Befreiung vom Verbot der Mehrvertretung bedarf der Eintragung im Handelsregister.[30] Die Befreiung ist ausdrücklich für die Mehrfachvertretung (§ 181 Alt. 2 BGB) zu beschließen und einzutragen, da eine Befreiung vom Verbot des Selbstkontrahierens (§ 181 Alt. 1 BGB) im Hinblick auf § 112 AktG (vgl. → Rn. 6) nicht in Betracht kommt.[31]

8   Abschluss, Änderung und Beendigung der **Anstellungsverträge** mit den Vorstandsmitgliedern sind die häufigsten Anwendungsfälle des § 112 AktG. In die ausschließliche Vertretungsbefugnis des Aufsichtsrats nach § 112 AktG fällt auch eine Vergütungsvereinbarung für die Vorstandstätigkeit, die nicht mit dem Vorstandsmitglied sondern einem Dritten abgeschlossen wird.[32] Die Vertretungsmacht des Aufsichtsrats nach § 112 AktG besteht nicht nur gegenüber amtierenden, sondern auch gegenüber **ausgeschiedenen** und unwirksam bestellten Vorstandsmitgliedern.[33] Normzweck des § 112 AktG ist die Vermeidung der abstrakten Gefährdung der Gesellschaftsinteressen und die Gewährleistung einer unbefangenen Interessenvertretung.[34] Aus diesem Grund besteht die Vertretungsmacht des Aufsichtsrats **auch gegenüber Hinterbliebenen** eines Vorstandsmitglieds bei Ansprüchen auf Witwen- oder Waisenrente.[35] Diese machen zwar nach § 328 BGB ein eigenes Forderungsrecht geltend, das aber von dem Vorstandsmitglied abgeleitet ist. Hieraus ergibt sich abstrakt die Gefahr einer nicht unbefangenen Interessenvertretung, wenn die Gesellschaft durch den Vorstand vertreten würde.

9   Bei amtierenden Vorstandsmitgliedern umfasst § 112 AktG nicht nur den Anstellungsvertrag, sondern sämtliche Arten von Rechtsgeschäften. Das gilt nach hM auch für Geschäfte des täglichen Lebens, da das Gesetz keine Ausnahme für **Bagatellfälle** enthält.[36] Bei ausgeschiedenen Vorstandsmitgliedern fallen dagegen Bagatellfälle[37] sowie **neutrale Geschäfte,** die in keinem Zusammenhang mit der früheren Organstellung oder deren Beendigung stehen[38], nicht unter § 112 AktG.

---

[26] KölnKommAktG/*Mertens/Cahn* § 78 Rn. 75; MüKoAktG/*Spindler* § 78 Rn. 122.
[27] Hüffer/*Koch* AktG § 78 Rn. 7; GroßkommAktG/*Habersack/Foerster* § 78 Rn. 25; Spindler/Stilz AktG/*Fleischer* § 78 Rn. 12.
[28] OLG Düsseldorf GmbHR 2010, 313 (314); KölnKommAktG/*Mertens/Cahn* § 78 Rn. 75; Spindler/Stilz AktG/*Fleischer* § 78 Rn. 12; aA GroßkommAktG/*Habersack/Foerster* § 78 Rn. 25.
[29] MüKoAktG/*Spindler* § 78 Rn. 129; KölnKommAktG/*Mertens/Cahn* § 78 Rn. 75.
[30] OLG Düsseldorf GmbHR 2010, 313 (314); Spindler/Stilz AktG/*Fleischer* § 78 Rn. 12.
[31] Zum Wortlaut der Eintragung vgl. *Stenzel* GmbHR 2011, 1129 (1130).
[32] BGH NZG 2015, 792 Rn. 24 f. Ebenso schon KG NZG 2011, 865; OLG Celle AG 2012, 41 f. u. *Krieger* FS Hoffmann-Becking, 2013, 711 (716).
[33] BGH WM 2013, 467 Rn. 10; 2009, 702 Rn. 7; BGHZ 157, 151 (153 f.) = NJW 2004, 1528; BGH NJW 1999, 3263; LG Frankfurt a. M. BeckRS 2010, 21849 (für Prozessvergleich); MüKoAktG/*Habersack* § 112 Rn. 12.
[34] BGH NJW 2013, 1742 Rn. 10; WM 2009, 702 Rn. 7; 2006, 2308 (2309); 2005, 330; 1997, 1657 (1658); BGHZ 130, 108 (111 f.) = WM 1995, 1716; Hüffer/*Koch* AktG § 112 Rn. 2; GroßkommAktG/*Hopt/M. Roth* § 112 Rn. 4.
[35] BGH WM 2006, 2308; LG München I AG 1996, 38; GroßkommAktG/*Hopt/M. Roth* § 112 Rn. 38; Hüffer/*Koch* AktG § 112 Rn. 3; MüKoAktG/*Habersack* § 112 Rn. 16; aA OLG München WM 1996, 346 (347 f.).
[36] Hüffer AktG/*Koch* § 112 Rn. 5; MüKoAktG/*Habersack* § 112 Rn. 20; Schmidt/Lutter/*Drygala* AktG § 112 Rn. 6; aA KölnKommAktG/*Mertens/Cahn* § 112 Rn. 22.
[37] MüKoAktG/*Habersack* § 112 Rn. 18, 20; Spindler/Stilz AktG/*Spindler* § 112 Rn. 30.
[38] BAG NZG 2017, 88; MüKoAktG/*Habersack* § 112 Rn. 15; Schmidt/Lutter/*Drygala* AktG § 112 Rn. 8; Hüffer/*Koch* AktG § 112 Rn. 5; GroßkommAktG/*Hopt/M. Roth* § 112 Rn. 28; aA Spindler/Stilz AktG/*Spindler* § 112 Rn. 31.

§ 23 Vertretung   10–14 § 23

Die Vertretungsmacht steht dem Gesamt-Aufsichtsrat zu, also nicht den einzelnen Mitgliedern oder dem Vorsitzenden des Aufsichtsrats.[39] Bei **Aktivvertretung** ist gemäß § 108 Abs. 1 AktG ein Beschluss erforderlich.[40] Bei **Passivvertretung** genügt nach § 112 S. 2 AktG iVm § 78 Abs. 2 S. 2 AktG die Abgabe der Willenserklärung gegenüber einem einfachen Aufsichtsratsmitglied. Die Vertretung kann auch auf einen Ausschuss übertragen werden, soweit dieser nach § 107 Abs. 3 AktG anstelle des Gesamt-Aufsichtsrats entscheiden kann.[41] Einzelne Mitglieder des Aufsichtsrats – auch der Vorsitzende – können nur als **Erklärungsvertreter** tätig werden (→ § 31 Rn. 101).[42] 10

Handeln einzelne Aufsichtsratsmitglieder oder ein Ausschuss ohne Entscheidungsbefugnis für die AG, so kann das Rechtsgeschäft – außer im Fall des § 174 BGB – nach § 177 BGB vom Aufsichtsrat oder dem zuständigen entscheidungsbefugten Ausschuss **genehmigt** werden.[43] Im Prozess führt die Vertretung der AG durch ein unzuständiges Organ, also bei Vertretung der AG in einem Rechtsstreit gegen ein ausgeschiedenes Vorstandsmitglied durch den Vorstand, zur **Unzulässigkeit der Klage**.[44] Solange der Rechtsstreit sich noch in einer Tatsacheninstanz befindet, kann der Aufsichtsrat jedoch die Prozessführung durch den Vorstand genehmigen und selbst in den Prozess eintreten.[45] 11

Nach § 111 Abs. 2 S. 3 AktG wird die Gesellschaft bei Erteilung des Prüfungsauftrags an den Abschlussprüfer vom Aufsichtsrat vertreten. Die Ausführungen in → Rn. 10 gelten insoweit entsprechend. Als Erklärungsvertreter kann auch der **Vorstand** ermächtigt werden. 12

b) § 78 Abs. 1 S. 2 AktG. Hat eine AG keinen Vorstand **(Führungslosigkeit)**, ist nach § 78 Abs. 1 S. 2 AktG der Aufsichtsrat passiv vertretungsbefugt. Nach § 78 Abs. 2 S. 2 AktG ist in diesem Fall die Abgabe einer Willenserklärung gegenüber einem Aufsichtsratsmitglied ausreichend. Mit diesen durch das MoMiG 2008 eingeführten Regelungen bezweckt der Gesetzgeber, die missbräuchliche Vereitelung von Zustellungen an den Vorstand durch Abberufung aller Vorstandsmitglieder zu verhindern. Führungslosigkeit liegt vor, wenn die AG keinen organschaftlichen Vertreter mehr hat, also kein Vorstandsmitglied – gleich aus welchem Grund – mehr im Amt ist.[46] Auch lediglich faktische (vgl. → § 20 Rn. 43 f.) Vorstandsmitglieder begründen Führungslosigkeit.[47] Auf die Kenntnis des Aufsichtsrats kommt es nicht an. 13

Über die passive Vertretungsbefugnis hinaus vereinfacht § 78 Abs. 2 S. 3 AktG bei Führungslosigkeit das Verfahren des Zugangs von Willenserklärungen und der Zustellung an die Gesellschaft. Danach können unter der im Handelsregister eingetragenen Geschäftsanschrift Willenserklärungen gegenüber der Gesellschaft abgegeben und Schriftstücke für 14

---

[39] BGH NGZ 2013, 792 (794); MüKoAktG/*Habersack* § 107 Rn. 59; Spindler/Stilz AktG/*Spindler* § 112 Rn. 37.
[40] BGH NZG 2013, 297; 2013, 792 (794); OLG München NZG 2013, 97; MüKoAktG/*Habersack* § 112 Rn. 22; Hüffer/*Koch* AktG § 112 Rn. 7; GroßkommAktG/*Hopt/M. Roth* § 112 Rn. 76; auch → § 31 Rn. 21, 100 ff. Zu den Auswirkungen von Beschlussmängeln auf die Willenserklärungen des Aufsichtsrats vgl. *Cahn* FS Hoffmann-Becking, 2013, 247 (258 ff.).
[41] OLG Stuttgart BB 1992, 1669; Spindler/Stilz AktG/*Spindler* § 112 Rn. 36; Hüffer/*Koch* AktG § 112 Rn. 8; GroßkommAktG/*Hopt/M. Roth* § 112 Rn. 96.
[42] BGH NZG 2013, 297; Spindler/Stilz AktG/*Spindler* § 112 Rn. 37 f.; Hüffer/*Koch* AktG § 112 Rn. 8.
[43] OLG Karlsruhe WM 1996, 161 (164 ff.); *R. Schmitt* FS Hopt, 2010, Bd. I, 1313 ff.; Hüffer/*Koch* AktG § 112 Rn. 12; MüKoAktG/*Habersack* § 112 Rn. 34; Spindler/Stilz AktG/*Spindler* § 112 Rn. 50; aA OLG Stuttgart BB 1992, 1669; OLG Brandenburg AG 2015, 428; OLG Hamburg WM 1986, 972.
[44] BGH WM 2009, 702 (703); NZG 2004, 327; NJW 1997, 318; BGHZ 130, 108 (111 f.) = NJW 1995, 2559; MüKoAktG/*Habersack* § 112 Rn. 35; Hüffer/*Koch* AktG § 112 Rn. 13.
[45] BGH WM 2009, 702; 703; NJW 1999, 3263 f.; WM 1991, 941 (942).
[46] Spindler/Stilz AktG/*Fleischer* § 78 Rn. 23.
[47] KölnKommAktG/*Mertens/Cahn* § 78 Rn. 31; Spindler/Stilz AktG/*Fleischer* § 78 Rn. 24.

die Gesellschaft zugestellt werden. Auf die Kenntnis des Erklärenden von der Führungslosigkeit kommt es nicht an.[48] Daher ist es auch irrelevant, ob der Vertreter der Gesellschaft zutreffend bezeichnet ist. Scheitert die Zustellung an der im Handelsregister eingetragenen Geschäftsanschrift, weil zB dort überhaupt keine Geschäftsräume existieren, kann die Zustellung unter erleichterten Voraussetzungen gemäß § 15a HGB, § 185 Nr. 2 ZPO im Wege der öffentlichen Bekanntgabe erfolgen.[49]

15 c) § 111 Abs. 2 AktG. Bei der Einschaltung von Sachverständigen durch den Aufsichtsrat nach § 111 Abs. 2 AktG und bei sonstigen Hilfsgeschäften des Aufsichtsrats ist der Aufsichtsrat im Sinne einer Annexkompetenz zur Vertretung der Gesellschaft berechtigt (dazu → § 29 Rn. 54, 56).

II. Gesamtvertretung

16 **1. Aktivvertretung.** Besteht der Vorstand aus mehreren Personen, so sind sämtliche Vorstandsmitglieder nach § 78 Abs. 2 S. 1 AktG grundsätzlich nur **gemeinschaftlich** zur Vertretung der Gesellschaft befugt **(Gesamtvertretung)**. Ist bei einem aus zwei Mitgliedern bestehenden Vorstand, die nur gemeinschaftlich zur Vertretung befugt sind, ein Mitglied aus tatsächlichen Gründen vorübergehend verhindert, so kann die Gesellschaft so lange nicht organschaftlich vertreten werden, bis die Verhinderung behoben ist.[50] Eine gerichtliche Ersatzbestellung kommt in diesem Fall nicht in Betracht (vgl. → § 20 Rn. 30). Fällt ein Vorstandsmitglied etwa durch Widerruf der Bestellung oder einen anderen Beendigungsgrund (vgl. → § 20 Rn. 45 ff. und 67 ff.) endgültig weg, so sind die verbleibenden Vorstandsmitglieder gemeinschaftlich zur Vertretung berechtigt, sofern nicht die nach Gesetz oder Satzung zur Vertretung erforderliche Zahl von Mitgliedern unterschritten wird.[51] Bleibt nur ein Vorstandsmitglied übrig, so vertritt es die Gesellschaft nur dann allein, wenn die in der Satzung festgelegte (Mindest-)Zahl von Vorstandsmitgliedern nicht unterschritten wird.[52] Die an sich selbstverständliche Tatsache, dass bei Bestellung nur eines Vorstandsmitglieds dieses die Gesellschaft allein vertritt, ist zur Eintragung in das Handelsregister anzumelden[53] und sollte daher vorsorglich in die Satzung aufgenommen werden. Sieht die Satzung vor, dass der Vorstand aus mindestens zwei Personen zu bestehen hat, müssen mindestens zwei Vorstandsmitglieder im Amt sein, um die Vertretung zu ermöglichen. Gleiches gilt, wenn die Satzung oder das Gesetz Gesamtvertretung anordnet. Bei Ausscheiden des vorletzten zur Gesamtvertretung berechtigten Vorstandsmitglieds erstarkt in diesem Fall die Gesamtvertretung nicht zur Alleinvertretungsbefugnis. Ermächtigt die Satzung hingegen den Aufsichtsrat gem. § 78 Abs. 3 S. 2 AktG, Vorstandsmitgliedern Alleinvertretungsmacht einzuräumen, wird in der Abberufung des vorletzten Vorstandsmitglieds durch den Aufsichtsrat konkludent die Einräumung der Alleinvertretungsmacht für das verbleibende Vorstandsmitglied liegen.[54] Eine bedeutsame Ausnahme vom Grundsatz der Gesamtvertretung enthält § 15 Abs. 1 InsO. Danach ist jedes Mitglied des Vorstands im Fall der Zahlungsunfähigkeit und der Überschuldung **allein** zur Stellung des **Insolvenzantrags** berechtigt.

17 Besteht Gesamtvertretung, so ist es nicht erforderlich, dass die Gesamtvertreter gleichzeitig und am gleichen Ort handeln. Sie können übereinstimmende Willenserklärungen auch getrennt gegenüber dem Empfänger abgeben. Die Erklärungen müssen aber mit dem

---

[48] KölnKommAktG/*Mertens/Cahn* § 78 Rn. 32; Spindler/Stilz AktG/*Fleischer* § 78 Rn. 29.
[49] KölnKommAktG/*Mertens/Cahn* § 78 Rn. 32; Spindler/Stilz AktG/*Fleischer* § 78 Rn. 32.
[50] BGHZ 34, 27 (29); BGH WM 1975, 157 (158); MünchKommAktG/*Spindler* § 78 Rn. 32.
[51] GroßkommAktG/*Habersack/Foerster* § 78 Rn. 47; Hüffer AktG/*Koch* § 78 Rn. 11; Spindler/Stilz AktG/*Fleischer* § 78 Rn. 25.
[52] BGH BB 1960, 880; Hüffer/*Koch* AktG § 78 Rn. 11; GroßkommAktG/*Habersack/Foerster* § 78 Rn. 47.
[53] BGHZ 63, 261; OLG Schleswig ZIP 2011, 662 (663 f.).
[54] Vgl. für die GmbH OLG Schleswig ZIP 2011, 662 (663).

zumindest aus den Umständen erkennbaren Willen abgegeben werden, dass sie als Teil einer einheitlichen **Gesamterklärung** gelten sollen.[55] Die Erklärungen aller Gesamtvertreter stellen eine Einheit dar. Zur Zeit der letzten erforderlichen (Teil-)Erklärung muss daher nach hM jeder der Gesamtvertreter noch mit dem Geschäft einverstanden sein.[56] Bei formbedürftigen Erklärungen muss für jede (Teil-)Erklärung die Form gewahrt werden.[57] Bei Gesamtvertretung reicht auch aus, dass ein Gesamtvertreter nach außen auftritt und der oder die anderen Vorstandsmitglieder gegenüber diesem oder gegenüber dem Geschäftsgegner nachträglich zustimmen.[58] Diese Genehmigung ist formlos möglich (§ 182 Abs. 2 BGB).[59]

Nach § 78 Abs. 4 S. 1 AktG können zur Gesamtvertretung befugte Vorstandsmitglieder **18** einzelne von ihnen zur Vornahme bestimmter Geschäfte oder bestimmter Arten von Geschäften ermächtigen. Es handelt sich nicht um eine Ermächtigung im Sinne von § 185 BGB. Durch die Ermächtigung erstarkt vielmehr die organschaftliche Gesamtvertretungsbefugnis zur Alleinvertretungsmacht. Der Ermächtigte handelt als organschaftlicher Vertreter.[60] Die Ermächtigung darf nicht dazu führen, dass ein Vorstandsmitglied vollständig oder weitgehend Einzelvertretungsmacht erhält.[61] Die Ermächtigung kann jederzeit und ohne Begründung von jedem Gesamtvertreter,[62] der die Ermächtigung erteilt hat, widerrufen werden. Auf den Widerruf finden die §§ 170, 171 BGB Anwendung.

Ein Vorstandsmitglied kann bei entsprechender Bevollmächtigung auch als Vertreter für **19** weitere gesamtvertretungsbefugte Vorstandsmitglieder handeln. Dazu bedarf es eines Vertretungszusatzes des Handelnden. Der Unterzeichnende muss also klarstellen, dass er nicht nur als organschaftlicher Vertreter für die AG, sondern zugleich auch als Bevollmächtigter für ein anderes Vorstandsmitglied handeln will.[63] Bei Unterzeichnung eines Mietvertrages ist die **Schriftform des § 550 BGB** nur dann gewahrt, wenn entweder Vorstandsmitglieder in vertretungsbefugter Zahl unterzeichnen oder bei Gesamtvertretungsbefugnis nur ein Vorstandsmitglied unterschreibt mit dem Hinweis, dass er zugleich im Namen des oder der weiteren gesamtvertretungsbefugten Vorstandsmitglieder unterschreibt.[64]

2. Passivvertretung. Ist eine Willenserklärung gegenüber der Gesellschaft abzugeben, so **20** genügt nach § 78 Abs. 2 S. 2 AktG die Abgabe gegenüber einem Vorstandsmitglied. Es besteht insoweit also Einzelvertretungsbefugnis. Nach dem auf Verkehrserleichterung abzielenden Zweck der Vorschrift des § 78 Abs. 2 S. 2 AktG gilt sie über ihren Wortlaut hinaus nicht nur für Willenserklärungen, sondern entsprechend für alle Rechtshandlungen mit rechtsgeschäftlichem Charakter.[65] Zur Frage, inwieweit Kenntnis und Wissen eines Vorstandsmitglieds der Gesellschaft zugerechnet wird, vgl. → Rn. 31 ff.

---

[55] BGH NJW 1959, 1183; GroßkommAktG/*Habersack/Foerster* § 78 Rn. 51; KölnKommAktG/ *Mertens/Cahn* § 78 Rn. 49; zur Duldungsvollmacht bei Gesamtvertretung vgl. BGH DB 1988, 386.
[56] BGH WM 1959, 672; KölnKommAktG/*Mertens/Cahn* § 78 Rn. 49, 52; MüKoAktG/*Spindler* § 78 Rn. 60; aA GroßkommAktG/*Habersack/Foerster* § 78 Rn. 51; Spindler/Stilz AktG/*Fleischer* § 78 Rn. 26.
[57] BGHZ 53, 210 (215).
[58] BGH LM BGB § 164 Nr. 15; OLG München BB 1972, 114; GroßkommAktG/*Habersack/ Foerster* § 78 Rn. 52; KölnKommAktG/*Mertens/Cahn* § 78 Rn. 51.
[59] BGH LM BGB § 164 Nr. 15; GroßkommAktG/*Habersack/Foerster* § 78 Rn. 52.
[60] BGHZ 91, 334 (336); 64, 72 (75); Hüffer/*Koch* AktG § 78 Rn. 20; KölnKommAktG/*Mertens/ Cahn* § 78 Rn. 58. IErg auch *Schwarz* ZHR 166 (2002), 625 (653 f.); *Schwarz* ZGR 2001, 744 (750 f.) (Ausübungsermächtigung).
[61] BGHZ 34, 27 (30); BGH WM 1978, 1047; KölnKommAktG/*Mertens/Cahn* § 78 Rn. 57.
[62] Hüffer/*Koch* AktG § 78 Rn. 22; GroßkommAktG/*Habersack/Foerster* § 78 Rn. 78; *Schwarz* ZGR 2001, 744 (775).
[63] BGH WM 2010, 428 Rn. 20 (12. Zivilsenat); GroßkommAktG/*Habersack/Foerster* § 78 Rn. 50.
[64] BGH WM 2010, 428 Rn. 20 (12. Zivilsenat); zust. GroßkommAktG/*Habersack/Foerster* § 78 Rn. 50; kritisch MüKoAktG/*Spindler* § 78 Rn. 59.
[65] GroßkommAktG/*Habersack/Foerster* § 78 Rn. 26 und 54; MüKoAktG/*Spindler* § 78 Rn. 84.

III. Abweichende Regelungen der Vertretungsmacht

21 1. Allgemeines. Die Regelung über die Aktivvertretung ist dispositiv. Nach § 78 Abs. 2 S. 1 und Abs. 3 S. 2 AktG kann von dem Grundsatz der Gesamtvertretungsmacht durch die Satzung oder – auf Grund einer satzungsmäßigen Ermächtigung – durch den Aufsichtsrat abgewichen werden. Denkbar sind gemäß § 78 Abs. 3 S. 1 Alt. 1 AktG Einzelvertretung (→ Rn. 23), gemäß § 78 Abs. 3 S. 1 Alt. 2 AktG, unechte Gesamtvertretung in Gemeinschaft mit einem Prokuristen (→ Rn. 24) und Gesamtvertretung durch eine bestimmte Anzahl von Vorstandsmitgliedern (modifizierte Gesamtvertretung, vgl. → Rn. 22). Der Ausschluss eines Vorstandsmitglieds von der Vertretungsmacht ist unzulässig. Ebenfalls unzulässig ist die ausnahmslose Bindung der Vertretungsmacht eines Vorstandsmitglieds an die Mitwirkung eines Prokuristen.[66] Aus dem Handelsregister muss sich – auch bei echter Gesamtvertretung – stets ergeben, welche Vertretungsbefugnis die Vorstandsmitglieder haben (§§ 37 Abs. 3, 39 Abs. 1 S. 2, 81 Abs. 1 AktG). Einzutragen ist die generelle Vertretungsbefugnis der Vorstandsmitglieder.[67] Nur wenn einzelne Vorstandsmitglieder eine von der generell angegebenen Vertretungsbefugnis abweichende Vertretungsbefugnis haben sollen, ist diese konkret einzutragen.

22 2. Modifizierte Gesamtvertretung. Abweichend von der gesetzlichen Vertretung durch sämtliche Vorstandsmitglieder kann auch eine modifizierte Gesamtvertretung durch eine bestimmte Anzahl von Vorstandsmitgliedern vorgesehen werden. Unzulässig ist nur der Ausschluss eines Vorstandsmitglieds von der organschaftlichen Vertretung. Üblicherweise wird angeordnet, dass jeweils **zwei Vorstandsmitglieder** die Gesellschaft gemeinschaftlich vertreten können.[68] Wird die Gesellschaft nach einer statutarischen Vertretungsregelung gemeinschaftlich von zwei Vorstandsmitgliedern vertreten, so erhält das verbleibende Mitglied bei Wegfall des oder der anderen jedenfalls dann nicht automatisch Einzelvertretungsmacht, wenn die Satzung mindestens zwei Vorstandsmitglieder vorsieht und diese Zahl unterschritten wird (→ Rn. 15).[69] Dies spricht dafür, in Gesellschaften mit einem numerisch kleinen Vorstand die Einzelvertretungsmacht für den Fall ausdrücklich in die Satzung aufzunehmen, dass nur ein Vorstandsmitglied im Amt ist. Dann ist bei Verbleib nur eines Vorstandsmitglieds anzumelden, dass dieses alleinvertretungsberechtigt ist.[70]

23 3. Einzelvertretung. Die Einräumung von Einzelvertretungsmacht für alle oder einzelne Vorstandsmitglieder ist nach der ausdrücklichen Regelung der ersten Alternative des § 78 Abs. 3 S. 1 AktG zulässig, freilich wegen § 82 Abs. 1 AktG nur generell und nicht beschränkt auf bestimmte Geschäfte. Möglich ist auch, dass von mehreren Vorstandsmitgliedern einer oder mehrere Einzelvertretungsbefugnis, andere hingegen nur Gesamtvertretungsbefugnis erhalten.[71] Die Einräumung von Einzelvertretungsmacht kommt in der Praxis jedenfalls bei börsennotierten Gesellschaften kaum vor.

25 4. Unechte Gesamtvertretung. Nach § 78 Abs. 3 S. 1 Alt. 2 AktG können einzelne Vorstandsmitglieder auch in Gemeinschaft mit einem **Prokuristen** – nicht aber mit Handlungsbevollmächtigten oder anderen vertretungsbefugten Personen – zur organschaftlichen („gesetzlichen") Vertretung der Gesellschaft befugt sein. Diese Variante soll nicht der Einschränkung, sondern der Erleichterung der Gesamtvertretung dienen.[72] Die unechte Gesamtvertretung kann daher auch nur für einzelne Vorstandsmitglieder vorgesehen werden. Nicht zulässig ist die unechte Gesamtvertretung aber als einzige Form der Gesamt-

---

[66] OLG Schleswig ZIP 2011, 662 (663); KölnKommAktG/*Mertens/Cahn* § 78 Rn. 34.
[67] MüKoAktG/*Spindler* § 81 Rn. 9; Hüffer/*Koch* AktG § 81 Rn. 6.
[68] Hüffer/*Koch* AktG § 78 Rn. 18; MüKoAktG/*Spindler* § 78 Rn. 40.
[69] BGHZ 121, 263 = ZIP 1993, 706; OLG Hamburg ZIP 1987, 1319 (1320).
[70] BGH NJW-RR 2007, 1260; OLG Schleswig ZIP 2011, 662 (663).
[71] MüKoAktG/*Spindler* § 78 Rn. 42; Hüffer/*Koch* AktG § 78 Rn. 18; Spindler/Stilz AktG/*Fleischer* § 78 Rn. 37.
[72] OLG Schleswig ZIP 2011, 662 (663); MüKoAktG/*Spindler* § 78 Rn. 45.

vertretung bei Vorhandensein mehrerer Vorstandsmitglieder und für den nur aus einer Person bestehenden Vorstand.[73] Vorstandsmitglieder müssen schon wegen ihrer organschaftlichen Stellung als Leiter der Gesellschaft immer in der Lage sein, die Gesellschaft auch ohne Prokuristen zu vertreten.[74]

Durch die Mitwirkung bei der unechten Gesamtvertretung wird der Prokurist organschaftlicher Vertreter der AG.[75] Zulässig ist weiterhin die sogenannte unechte „halbseitige" Gesamtvertretung, bei der einem Prokuristen in der Weise Gesamtprokura erteilt wird, dass dieser nur gemeinschaftlich mit einem Vorstandsmitglied handeln kann, während das Vorstandsmitglied einzelvertretungsbefugt ist.[76] Bei der AG & Co. KG ist es möglich, Prokuristen der KG an die Mitwirkung der AG zu binden, nicht aber an ein Vorstandsmitglied ohne Alleinvertretungsmacht für die AG.[77] Für die **Passivvertretung** verweist § 78 Abs. 3 S. 3 AktG auf § 78 Abs. 2 S. 2, so dass die Abgabe einer Willenserklärung gegenüber dem Prokuristen genügt.[78]

IV. Wirkungen der Vertretung

Die Vertretungswirkungen für die Aktiengesellschaft treten entsprechend § 164 Abs. 1 BGB ein, wenn die handelnden Vorstandsmitglieder im persönlichen und sachlichen Rahmen ihrer Vertretungsmacht sowie im Namen der Aktiengesellschaft gehandelt haben. Wird die Vertretungsmacht überschritten, was wegen § 82 Abs. 1 AktG nur selten der Fall sein wird, gelten die §§ 177 ff. BGB.[79] Die fehlende interne Zustimmung des Aufsichtsrats zu einem Geschäft, das gemäß § 111 Abs. 4 AktG nur mit seiner Zustimmung vorgenommen werden darf, beeinträchtigt nur dann die Wirksamkeit des Geschäfts, wenn der Vorstand den Zustimmungsvorbehalt zum Inhalt des Vertrages macht.[80] Liegt hingegen ein Fall der gesetzlichen Doppelvertretung von Vorstand und Aufsichtsrat vor (zB nach § 246 Abs. 2 S. 2 AktG) oder kann der Vorstand bestimmte Rechtsgeschäfte kraft Gesetzes nur mit Zustimmung der Hauptversammlung (zB nach § 93 Abs. 4 S. 3 oder § 293 Abs. 1 S. 1 AktG) oder des Aufsichtsrats (zB nach §§ 114 Abs. 1 oder 204 Abs. 1 S. 2 AktG), so handelt der Vorstand ohne Vertretungsmacht, wenn er das Rechtsgeschäft ohne die erforderliche Mitwirkung des anderen Organs abschließt.[81] In diesen Fällen finden §§ 177 ff. BGB Anwendung mit der Folge, dass das übergangene Organ das Geschäft genehmigen kann.[82]

---

[73] Vgl. BGHZ 26, 330 (332 f.) (für den Komplementär einer KG); OLG Schleswig ZIP 2011, 662 (663); KölnKommAktG/*Mertens/Cahn* § 78 Rn. 41; Hüffer/*Koch* AktG § 78 Rn. 16.

[74] OLG Schleswig ZIP 2011, 662 (663); Spindler/Stilz AktG/*Fleischer* § 78 Rn. 38; GroßkommAktG/*Habersack/Foerster* § 78 Rn. 67; Hüffer/*Koch* AktG § 78 Rn. 16.

[75] GroßkommAktG/*Habersack/Foerster* § 78 Rn. 68; MüKoAktG/*Spindler* § 78 Rn. 48; Spindler/Stilz AktG/*Fleischer* § 78 Rn. 39; *Köhl* NZG 2005, 197 (200); aA KölnKommAktG/*Mertens/Cahn* § 78 Rn. 39.

[76] BGHZ 62, 166 (171); BayObLG DB 1980, 2232; OLG Hamm GmbHR 1984, 44; GroßkommAktG/*Habersack/Foerster* § 78 Rn. 69; Spindler/Stilz AktG/*Fleischer* § 78 Rn. 40; weitergehend *Viehöver/Eser* BB 1984, 1326 ff. Prokura kann auch in der Weise erteilt werden, daß der Prokurist berechtigt ist, die Gesellschaft in Gemeinschaft mit einem gesamtvertretungsbefugten Vorstandsmitglied zu vertreten, BGH NJW 1987, 841; KölnKommAktG/*Mertens* § 78 Rn. 37.

[77] BayObLG BB 1970, 226.

[78] Hüffer/*Koch* AktG § 78 Rn. 17; MüKoAktG/*Spindler* § 78 Rn. 47; Spindler/Stilz AktG/*Fleischer* § 78 Rn. 39; aA KölnKommAktG/*Mertens/Cahn* § 78 Rn. 43.

[79] Hüffer/*Koch* AktG § 78 Rn. 9; GroßkommAktG/*Habersack/Foerster* § 78 Rn. 13; KölnKommAktG/*Mertens/Cahn* § 78 Rn. 20.

[80] BGH WM 1997, 1570 (1571).

[81] GroßkommAktG/*Habersack/Foerster* § 78 Rn. 13; Spindler/Stilz AktG/*Fleischer* § 78 Rn. 17.

[82] MüKoAktG/*Spindler* § 78 Rn. 9; GroßkommAktG/*Habersack/Foerster* § 78 Rn. 13; Spindler/Stilz AktG/*Fleischer* § 78 Rn. 17, aA OLG Stuttgart AG 1993, 85 (86); wohl auch KölnKommAktG/*Mertens/Cahn* § 78 Rn. 20.

27 Auf die Vertretungswirkung können ausnahmsweise in den Fällen des **Missbrauchs der Vertretungsmacht** Beschränkungen der Geschäftsführungsbefugnis durchschlagen. Die Voraussetzungen für die Anwendbarkeit der Grundsätze über den Missbrauch der Vertretungsmacht sind bisher abschließend nicht festgelegt.[83] Unstreitig ist nur der Fall der **Kollusion.** Wenn Vorstand und Vertragspartner bewusst zum Nachteil der Gesellschaft zusammenarbeiten, ist das Rechtsgeschäft nach § 138 BGB nichtig.[84] Darüber hinaus lässt sich die nicht eindeutige Rechtsprechung in der Weise zusammenfassen, dass sich der Vertragspartner jedenfalls dann nicht auf die unbeschränkte Vertretungsmacht berufen kann, wenn er weiß oder es sich ihm geradezu aufdrängen muss, dass der Vorstand die internen Grenzen seiner Geschäftsführungsbefugnis überschreitet und bewusst zum Nachteil der Gesellschaft handelt.[85] In der neueren Rechtsprechung betont der BGH allerdings, dass es nicht darauf ankomme, ob der Vorstand zum Nachteil der Gesellschaft handelt.[86] Darüber hinaus wird auch die Auffassung vertreten, der Grundsatz der unbeschränkbaren Vertretungsmacht entfalle, wo das Rechtsgeschäft mit einer hundertprozentigen Tochtergesellschaft abgeschlossen werde, da sich in einem solchen Fall der durch § 82 Abs. 1 AktG intendierte Verkehrsschutz erübrige.[87]

28 Handeln **im Namen** der Aktiengesellschaft liegt nach § 164 Abs. 1 S. 2 BGB nicht nur bei Ausdrücklichkeit vor, sondern es reicht aus, dass der Wille, für die Aktiengesellschaft zu handeln, aus den Umständen hervorgeht.[88] Die bloße Namenszeichnung durch ein einzelvertretungsbefugtes Vorstandsmitglied ohne jeden Hinweis auf ein Fremdhandeln verpflichtet die Gesellschaft nur dann, wenn – wie etwa bei den Fällen des Handelns für den Betriebsinhaber – sich aus den Umständen ergibt, dass die Gesellschaft Vertragspartner sein soll.[89]

V. Vertretung durch Bevollmächtigte

29 Von der organschaftlichen Vertretung des Vorstands ist die **rechtsgeschäftliche Vertretung** der Aktiengesellschaft insbesondere durch Prokuristen (§§ 48 ff. HGB) und Handlungsbevollmächtigte (§ 54 HGB) zu unterscheiden. Die Erteilung einer **Prokura** stellt eine Maßnahme der Geschäftsführung dar, für die der Vorstand zuständig ist. Die Satzung kann die Bestellung von Prokuristen nicht ausschließen und auch nicht anordnen, dass nur Gesamtprokura erteilt werden darf.[90] Die Satzung oder der Aufsichtsrat kann jedoch gemäß § 111 Abs. 4 S. 2 AktG die Erteilung der Prokura an die Zustimmung des Aufsichtsrats binden.[91] Das Zustimmungserfordernis hat wie stets nur Wirkung für das Innenverhältnis.

30 Die Einräumung einer **Generalvollmacht** ist mit dem Grundsatz der organschaftlichen Vertretung durch den Vorstand vereinbar, sofern sie nicht organverdrängend in dem Sinn

---

[83] Vgl. GroßkommAktG/*Habersack/Foerster* § 82 Rn. 11 ff.; *Fleischer* NZG 2005, 529 ff.; KölnKommAktG/*Mertens/Cahn* § 82 Rn. 46 ff.

[84] BGH WM 2014, 628 Rn. 10; NZG 2004, 139 (140); NJW 1966, 1911; OLG Zweibrücken NZG 2001, 763; Spindler/Stilz AktG/*Fleischer* § 82 Rn. 13; GroßkommAktG/*Habersack* § 82 Rn. 11; ohne Berufung auf § 138 BGB BGH WM 1985, 997 (998).

[85] BGHZ 50, 112 (114); 83, 122 (132); BGH NJW 1984, 1461 (1462); Hüffer/*Koch* AktG § 78 Rn. 9; aA KölnKommAktG/*Mertens/Cahn* § 82 Rn. 47 aE.

[86] BGH ZIP 2006, 1391; ebenso MüKoAktG/*Spindler* § 82 Rn. 62; *Fleischer* NZG 2005, 529 (535).

[87] OLG Hamburg ZIP 1980, 1000 (1004); *U. H. Schneider* BB 1986, 201 (203 ff.); *U. H. Schneider* FS Bärmann, 1975, 873 (890).

[88] BGH WM 2010, 428 Rn. 15 f.; BGHZ 176, 301 (308) = WM 2008, 1172; BGH WM 2007, 2167.

[89] BGH WM 1990, 600 f.; 1980, 780 (781); vgl. auch BGH WM 1978, 1151 (1152).

[90] Hüffer/*Koch* AktG § 78 Rn. 10; MüKoAktG/*Spindler* § 78 Rn. 110; KölnKommAktG/*Mertens/Cahn* § 78 Rn. 79.

[91] GroßkommAktG/*Habersack/Foerster* § 78 Rn. 80; MüKoAktG/*Spindler* § 78 Rn. 113; KölnKommAktG/*Mertens/Cahn* § 78 Rn. 79; Spindler/Stilz AktG/*Fleischer* § 78 Rn. 48.

§ 23 Vertretung

sein soll, dass der Generalbevollmächtigte die Gesellschaft statt der Vorstandsmitglieder vertreten soll, oder als unwiderrufliche Vollmacht ausgestaltet ist.[92] Die §§ 48 ff., 54 HGB belegen die Zulässigkeit der Einräumung von Alleinvertretungsmacht auf Bevollmächtigte, solange sie nicht organersetzend wirkt.[93] Die Befugnis der Vorstandsmitglieder zur organschaftlichen Willensbildung und -erklärung und die damit verbundene Verantwortung sind nicht übertragbar. Ob diese Grenzen überschritten sind, ist insbesondere im Zusammenhang der Ausgliederung von Unternehmensfunktionen auf Betriebsführungs-Gesellschaften in Konzernen im Einzelfall zu prüfen.[94] Sollte die Generalvollmacht im Einzelfall nicht wirksam erteilt worden sein, wird man sie in aller Regel als auf den zulässigen Umfang reduzierte **Generalhandlungsvollmacht** mit Befreiung von den Beschränkungen des § 54 Abs. 2 HGB aufrechterhalten können.[95]

VI. Zurechnung von Wissen und Willensmängeln

Für die Zurechnung von Willensmängeln iSd §§ 116 ff. BGB und für die Zurechnung von Kenntnis oder Kennenmüssen von Umständen, soweit sie für die rechtlichen Folgen einer Willenserklärung von Belang sind (zum Beispiel in §§ 122 Abs. 2, 199 Abs. 1 Nr. 2, 892, 932 ff. BGB, 366 HGB), ist nach § 166 Abs. 1 BGB bei rechtsgeschäftlicher Stellvertretung grundsätzlich die Person des Vertreters entscheidend. Dem Bevollmächtigten wird der sog. „Wissensvertreter" gleichgestellt.[96] Auf Organe juristischer Personen findet § 166 BGB dagegen keine Anwendung.[97] Die Zurechnung von Wissen und fahrlässiger Unkenntnis eines Vorstandsmitglieds erfolgt vielmehr im Hinblick auf seine Organstellung **entsprechend § 31 BGB** als Wissen oder Wissenmüssen der Aktiengesellschaft, ohne dass es auf die Vertretungsverhältnisse ankommt.[98] Maßgeblich ist aber die Kenntnis des vertretungsberechtigten Organs. Daher erfolgt die Zurechnung von Kenntnis nur im Rahmen der Vertretungszuständigkeit des Vorstands, nicht aber im Rahmen der Vertretungsberechtigung des Aufsichtsrats nach § 112 AktG (vgl. hierzu → Rn. 6 ff.). Die Frage der Wissenszurechnung von Organmitgliedern ist entgegen zahlreicher Versuche in der Wissenschaft nicht mit logisch-begrifflicher Stringenz, sondern nur **in wertender Beurteilung** zu entscheiden.[99] Insoweit wird auf die der Gesellschaft obliegenden **Organisationspflichten** (Pflicht zur ordnungsgemäßen Organisation der Kommunikation) abgestellt (dazu → § 25 Rn. 10). Die AG muss so organisiert sein, dass Informationen, deren Relevanz für andere Personen innerhalb der Gesellschaft bei den konkret Wissenden erkennbar ist, tatsächlich an jene Personen weitergegeben werden (Informationsweiterleitungspflicht). Umgekehrt muss sichergestellt sein, dass gegebenenfalls nach erkennbar anderswo in der Organisation vorhandenen und für den eigenen Bereich wesentlichen Informationen nachgefragt wird

---

[92] BGHZ 36, 292 (295); BGH NJW 1982, 877 (878); 1982, 2495 (die letzten beiden Entscheidungen für das insofern gleichgelagerte Problem bei Personengesellschaften); Hüffer/*Koch* AktG § 78 Rn. 10; GroßkommAktG/*Habersack/Foerster* § 78 Rn. 81; MüKoAktG/*Spindler* § 78 Rn. 118; ausführlich *Hübner* ZHR 143 (1979), 1 ff.

[93] Zutr. *Leitzen* WM 2010, 637. Abweichend aber für kommunale Gebietskörperschaften BGHZ 178, 192 = WM 2009, 20.

[94] Bgl. dazu Hüffer/*Koch* AktG § 292 Rn. 19 f.; *Huber* ZHR 152 (1988), 1 (16 ff.).

[95] BGH WM 2003, 747 f.; 1978, 1047 (1048).

[96] Zum Wissensvertreter vgl. BGHZ 132, 30 (35 ff.) = NJW 1996, 1339 (1340 f.); BGHZ 117, 104 (106 f.) = NJW 1992, 1099.

[97] MüKoAktG/*Spindler* § 78 Rn. 94; offen gelassen von BGHZ 140, 54 (62).

[98] BGH WM 1995, 1145 (1146 f.); BGHZ 109, 327 (331); 41, 282 (287); 20, 149 (153); GroßkommAktG/*Habersack/Foerster* § 78 Rn. 38; Spindler/Stilz AktG/*Fleischer* § 78 Rn. 53; Hüffer/*Koch* AktG § 78 Rn. 24.

[99] BGH NJW 2001, 2535 (2536); WM 2000, 2515 (2516); BGHZ 135, 202 (205 ff.) = WM 1997, 1092; BGHZ 109, 327 (331); GroßkommAktG/*Habersack/Foerster* § 78 Rn. 39; Spindler/Stilz AktG/*Fleischer* § 78 Rn. 54 f.; *Gehrlein* FS Hüffer, 2010, 205 (215 ff.).

(Informationsabfragepflicht).[100] Auf der Grundlage der aktuellen Rechtsprechung des BGH ist in der Praxis von folgenden Grundsätzen auszugehen:

32 Für die **horizontale** Zurechnung von Wissen und Willensmängeln einzelner Vorstandsmitglieder kommt es nicht darauf an, ob Einzel- oder Gesamtvertretung besteht.[101] Der Aktiengesellschaft ist daher zumindest im Regelfall die Kenntnis oder das Kennenmüssen auch nur eines Vorstandsmitglieds zuzurechnen.[102] Die Zurechnung der Kenntnis oder des Kennenmüssens erfolgt unabhängig davon, ob das Vorstandsmitglied an dem konkreten Rechtsgeschäft mitwirkt oder auch nur Kenntnis von ihm hat.[103] Die Zurechnung endet auch nicht dadurch, dass das Vorstandsmitglied nach Kenntniserlangung ausgeschieden ist und andere Vorstandsmitglieder handeln, die selbst keine Kenntnis haben.[104] Die Fortdauer der Wissenszurechnung über das Ausscheiden eines Vorstandsmitglieds hinaus wird allerdings davon abhängig gemacht, ob es sich um typischerweise aktenmäßig festgehaltenes Wissen handelt.[105] Nicht abschließend geklärt ist die Zurechnung **privaten Wissens** von Vorstandsmitgliedern. Auf der Grundlage wertender Betrachtung wird man wohl differenzieren müssen.[106] Hat das Vorstandsmitglied, das privat relevantes Wissen erlangt hat, an dem betreffenden Geschäft mitgewirkt, wird man dieses Wissen der Gesellschaft zuzurechnen haben. Private Kenntnis nicht beteiligter Vorstandsmitglieder kann der Gesellschaft hingegen nur dann zugerechnet werden, wenn insoweit eine Informationsweiterleitungspflicht (vgl. → Rn. 31) besteht.

33 Das Wissen von Mitarbeitern unterhalb des Vorstands wird **vertikal** dem Vorstand und damit der AG zugerechnet, wenn dieses Wissen bei Beachtung der Informationsweitergabe- und Informationsnachfragepflichten auf der Vorstandsebene hätte verfügbar sein müssen.[107] Damit wird auf die Erfordernisse einer ordnungsgemäßen Wissensorganisation im Unternehmen abgestellt, deren Kriterien aber noch weitgehend ungeklärt sind.[108] Jedenfalls entfällt die Zurechnung, wenn der Vorstand aufgrund einer Verschwiegenheitspflicht des Wissensträgers keine Zugriffsmöglichkeit hat.[109]

34 Noch nicht abschließend geklärt ist die Frage einer **Wissenszurechnung im Konzern**.[110] Jedenfalls lassen sich die von der Rechtsprechung entwickelten Grundsätze zur vertikalen Wissenszurechnung in der Einzelgesellschaft (vgl. → Rn. 31) nicht ohne weiteres

---

[100] BGHZ 132, 30 (37); 140, 54 (62); 182, 85 Rn. 16; GroßkommAktG/*Habersack/Foerster* § 78 Rn. 39; Spindler/Stilz AktG/*Fleischer* § 78 Rn. 54; *Spindler*, Unternehmensorganisationspflichten, 2001, S. 610 ff., 656 ff.; *Raiser* FS Bezzenberger, 2000, 561 (563 f.).

[101] BGHZ 109, 327 (330 f.); MüKoAktG/*Spindler* § 78 Rn. 94; *Wiesner* BB 1981, 1533 ff.; grundsätzlich auch GroßkommAktG/*Habersack/Foerster* § 78 Rn. 42, der zusätzlich auf die Verletzung von Organisationspflichten abstellt; aA *Baumann* ZGR 1973, 284 (286 ff.).

[102] Differenzierend BGHZ 109, 327 (330 f.); MüKoAktG/*Spindler* § 78 Rn. 97; GroßkommAktG/*Habersack/Foerster* § 78 Rn. 42; Hüffer/*Koch* AktG § 78 Rn. 25.

[103] BGH WM 1995, 1145 (1146); BGHZ 109, 337 (331) Hüffer/*Koch* AktG § 78 Rn. 25; MüKoAktG/*Spindler* § 78 Rn. 99.

[104] BGH WM 1995, 1145 (1147); BGHZ 109, 327 (331); BGH WM 1959, 81 (84); aA *Baumann* ZGR 1973, 284 (295).

[105] BGH WM 1995, 1145 (1147); BGHZ 109, 327 (332); *Bohrer* DNotZ 1991, 124 (127 und 129); GroßkommmAktG/*Habersack/Foerster* § 78 Rn. 43; Spindler/Stilz AktG/*Fleischer* § 78 Rn. 55; Hüffer/*Koch* AktG § 78 Rn. 25; *Spindler*/ZHR 181 (2017), 311 (325).

[106] Ausführlich *Fleischer* NJW 2006, 3239 (3241 f.); Spindler/Stilz AktG/*Fleischer* § 78 Rn. 56; MüKoAktG/*Spindler* § 78 Rn. 102; Hüffer/*Koch* AktG § 78 Rn. 26; *Spindler* ZHR 181 (2017), 311 (326, 370 ff.).

[107] BGHZ 132, 30 (36 f.); Hüffer/*Koch* AktG § 78 Rn. 27. Zur Zunahme bei der adhoc-Publizität s. Hüffer/*Koch* AktG § 78 Rn. 30 ff. mN.

[108] Kritisch deshalb *Spindler* ZHR 181 (2017), 311 (320 f.); auch Hüffer/*Koch* AktG § 78 Rn. 27.

[109] BGH NJW 2016, 2569 Rn. 32.

[110] Ausführlich *Spindler*, Unternehmensorganisationspflichten, 2001, S. 96 ff.; *Schürnbrand* ZHR 181 (2017), 357 ff.; Hüffer/*Koch* AktG § 78 Rn. 29; viel zu weitgehend *Schwintowski* ZIP 2015, 617 (622 f.).

auf den Konzern anwenden. Die konzernrechtliche Verbindung allein ist jedenfalls kein Zurechnungsgrund, und selbst bei Verbindung durch einen Beherrschungsvertrag ist die Zurechnung des Wissens des Vorstands der Tochter zur Mutter unsicher.[111] Unstreitig ist wohl lediglich, dass eine Zurechnung von Wissen bei Doppelmandaten des jeweiligen Vorstandsmitglieds in Mutter- und Tochtergesellschaft in Betracht kommt.[112] Noch nicht abschließend geklärt ist aber die Frage, welche Rolle insoweit die der jeweiligen Gesellschaft gegenüber bestehende Verschwiegenheitspflicht für die Frage der Zurechnung spielt.

VII. Haftung der Aktiengesellschaft für Handeln von Vorstandsmitgliedern

Analog § 31 BGB ist die Aktiengesellschaft für den Schaden verantwortlich, den der Vorstand oder ein Vorstandsmitglied durch eine in Ausübung der ihm zustehenden Verrichtungen begangene, zum Schadensersatz verpflichtende Handlung einem Dritten zufügt. § 31 BGB führt zu einer Haftung der Aktiengesellschaft bei **unerlaubten Handlungen** der Organmitglieder, sofern die Handlung in den Kreis der Maßnahmen fällt, die die Ausführung von Verrichtungen im Rahmen des dem Vorstandsmitglied zustehenden Wirkungskreises darstellen.[113] Die Vorschrift des § 831 BGB ist auf Vorstandsmitglieder nicht anwendbar. Im Rahmen von Schuldverhältnissen erfolgt die Zurechnung von Organhandeln ebenfalls analog § 31 BGB und nicht über § 278 BGB.[114]

35

§ 24 Besondere Vorstandsmitglieder

Übersicht

	Rn.		Rn.
I. Vorstandsvorsitzender	1–7	III. Stellvertretende Vorstandsmitglieder	20–23
1. Allgemeines	1	1. Allgemeines	20, 21
2. Ernennung	2, 3	2. Anwendbarkeit der für die Vorstandsmitglieder geltenden Vorschriften	
3. Rechtsstellung	4		
4. Vorstandssprecher	5–7		22, 23
II. Arbeitsdirektor	8–19	IV. Aufsichtsratsmitglieder als Stellvertreter von Vorstandsmitgliedern	24–30
1. Allgemeines	8–10		
2. Bestellung	11–13	1. Allgemeines	24–26
3. Zuständigkeitsbereich	14–17	2. Bestellung	27, 28
4. Gleichberechtigung	18, 19	3. Rechtsstellung	29, 30

Schrifttum: *Bachmann,* Doppelspitze in Vorstand und Aufsichtsrat, FS Baums, 2017, S. 107–125; *T. Bezzenberger,* Der Vorstandsvorsitzende der Aktiengesellschaft, ZGR 1996, S. 661–673; *Buchner,* Aufgaben des Arbeitsdirektors in der Konzernobergesellschaft, FS Wlotzke, 1996, S. 227–255; *Däubler,* Ausklammerung sozialer und personeller Angelegenheiten aus einem Beherrschungsvertrag, NZG 2005, 617–620; *von Hein,* Vom Vorstandsvorsitzenden zum CEO?, ZHR 166 (2002), 464–502; *Henssler,* Die Bestellung eines Arbeitsdirektors nach § 33 MitbestG in der mitbestimmten konzernverbundenen GmbH, FS Säcker, 2011, S. 365–380; *Hoffmann-Becking,* Vorstandsvorsitzender oder CEO?, NZG 2003, 745–750; ders., Arbeitsdirektor der Konzernobergesellschaft oder Konzernarbeitsdirektor, FS Werner, 1984, S. 301–313; *Krieger,* Personalentscheidungen des Aufsichtsrats, 1981; *Martens,* Der Arbeitsdirektor nach dem Mitbestimmungsgesetz, 1980; *Schlaus,* Das stellvertretende

---

[111] MüKoAktG/*Spindler* § 78 Rn. 103.
[112] Vgl. MüKoAktG/*Spindler* § 78 Rn. 103; Spindler/Stilz AktG/*Fleischer* § 78 Rn. 55; GroßkommAktG/*Kort* § 76 Rn. 204; *Schürnbrand* ZHR 181 (2017), 357 (370 ff.).
[113] Vgl. BGH ZIP 2005, 1270 (1272) – EM.TV; BGHZ 49, 19 (21); BGH NJW 1977, 2259 (2260); MüKoAktG/*Spindler* § 78 Rn. 133; Hüffer/*Koch* AktG § 78 Rn. 23.
[114] BGH NZG 2010, 146 Rn. 54 (für Berücksichtigung von Mitverschulden eines GmbH-Geschäftsführers im Rahmen von § 254 BGB); ebenso grds. Spindler/Stilz AktG/*Fleischer* § 78 Rn. 60; MüKoAktG/*Spindler* § 78 Rn. 133; GroßkommAktG/*Kort* § 76 Rn. 207; Schmidt/Lutter/*Seibt* AktG § 78 Rn. 29; KölnKommAktG/*Mertens*/*Cahn* § 76 Rn. 94 f.

Vorstandsmitglied, DB 1971, 1653–1654; *Simons/Hanloser*, Vorstandsvorsitzender oder Vorstandssprecher, AG 2010, 641–648; *van Venrooy*, Bestellung und Funktion von stellvertretenden Geschäftsführern, GmbHR 2010, 169–178; *Wicke*, Der CEO im Spannungsverhältnis zum Kollegialprinzip, NJW 2007, 3755–3758.

I. Vorstandsvorsitzender

1 **1. Allgemeines.** Besteht der Vorstand aus mehreren Personen, so kann der Aufsichtsrat gemäß § 84 Abs. 2 AktG ein Vorstandsmitglied zum **Vorsitzenden des Vorstands** ernennen. Der Vorstandsvorsitzende ist nach § 80 Abs. 1 S. 2 AktG als solcher auf den Geschäftsbriefen zu bezeichnen. Darüber hinaus ist er auch im Anhang zum Jahresabschluss (§ 285 Nr. 10 S. 2 HGB) als solcher namhaft zu machen. Zum Handelsregister ist die Ernennung eines Vorstandsvorsitzenden nicht anzumelden; die Eintragung ist aber registerrechtlich nach § 43 Nr. 4 lit. b HRV zulässig.[1]

2 **2. Ernennung.** Die Ernennung ist ebenso wie die Bestellung (vgl. → § 20 Rn. 14) von ihrer Rechtsnatur her ein körperschaftsrechtlicher Organisationsakt. Sie bedarf zu ihrer Wirksamkeit der Annahme durch den Ernannten.[2] Häufig fallen die Bestellung zum Vorstandsmitglied und die Ernennung zum Vorsitzenden in einem Beschluss zusammen; rechtlich gesehen handelt es sich um zwei selbständige Akte. Daher ist der isolierte Widerruf der Ernennung möglich, der freilich nach dem ausdrücklichen Wortlaut des § 84 Abs. 3 S. 1 AktG einen wichtigen Grund voraussetzt. Der isolierte **Widerruf** der Ernennung zum Vorstandsvorsitzenden kommt in der Praxis wohl nur in seltenen Ausnahmefällen vor und wird regelmäßig einen wichtigen Grund zur Niederlegung des Vorstandsamts durch das Vorstandsmitglied darstellen.[3] Dem Aufsichtsrat ist es unbenommen, auch einen Stellvertreter des Vorstandsvorsitzenden zu ernennen, der entsprechend § 107 Abs. 1 S. 3 AktG die Rechte des Vorsitzenden ausübt, wenn dieser verhindert ist. Zulässig ist auch die **Doppelbesetzung** des Amtes des Vorstandsvorsitzenden.[4] Weder aus der Entstehungsgeschichte des § 84 Abs. 2 AktG noch aus den Funktionen dieses Amtes ergeben sich rechtliche Bedenken gegen diese Konstellation.

3 Die Ernennung zum Vorstandsvorsitzenden ist stets Sache des **Gesamtaufsichtsrats** und kann nicht einem Ausschuss übertragen werden (§ 107 Abs. 3 S. 3 AktG). In mitbestimmten Gesellschaften erfolgt die Ernennung durch Mehrheitsbeschluss nach § 29 MitbestG und nicht in dem besonderen Verfahren des § 31 MitbestG.[5] Die Ernennungskompetenz des Aufsichtsrats ist eine ausschließliche. Die Satzung kann weder die Ernennung eines Vorsitzenden anordnen,[6] noch sie verbieten.

4 **3. Rechtsstellung.** Die Rechtsstellung des Vorstandsvorsitzenden ist dadurch gekennzeichnet, dass ihm die üblichen Befugnisse des Leiters eines Gremiums zukommen: Er repräsentiert das Kollegium und hat kraft Amtes alle sitzungsleitenden Befugnisse. Darü-

---

[1] *T. Bezzenberger* ZGR 1996, 661 (662); GroßkommAktG/*Kort* § 77 Rn. 49; Hölters AktG/*Weber* § 84 Rn. 58.

[2] MüKoAktG/*Spindler* § 84 Rn. 116; Spindler/Stilz AktG/*Fleischer* § 88 Rn. 87; Hüffer/*Koch* AktG § 84 Rn. 28.

[3] MüKoAktG/*Spindler* § 84 Rn. 156; *Krieger* Personalentscheidungen S. 254 f.

[4] *Bachmann* FS Baums, 2017, 107 (111 ff.); *Seyfarth*, Vorstandsrecht, § 9 Rn. 22, Hüffer/*Koch* AktG § 84 Rn. 28; GroßkommAktG/*Kort* § 77 Rn. 49; Spindler/Stilz AktG/*Fleischer* § 84 Rn. 86; zweifelnd MüKoAktG/*Spindler* § 84 Rn. 115.

[5] GroßkommAktG/*Kort* § 84 Rn. 116 f.; Spindler/Stilz AktG/*Fleischer* § 84 Rn. 88; Hüffer AktG/ *Koch* § 84 Rn. 28; MüKoAktG/*Spindler* § 84 Rn. 116; KölnKommAktG/*Mertens/Cahn* § 84 Rn. 100; *Seyfarth*, Vorstandsrecht, § 9 Rn. 22.

[6] MüKoAktG/*Spindler* § 84 Rn. 115; KölnKommAktG/*Mertens/Cahn* § 84 Rn. 101; Hölters AktG/*Weber* § 84 Rn. 57; *Paefgen*, Struktur und Aufsichtsratsverfassung der mitbestimmten AG, 1982, S. 142; aA *Dose* Die Rechtsstellung der Vorstandsmitglieder einer Aktiengesellschaft, 3. Aufl. 1975, S. 28 ff.; *Krieger* Personalentscheidungen S. 253.

ber hinaus kommt dem Vorsitzenden die besondere Funktion zu, die Ressorttätigkeit der einzelnen Vorstandsmitglieder über die allen Vorstandsmitgliedern obliegende allgemeine Überwachungspflicht hinaus übergeordnet zu kontrollieren und sachlich zu koordinieren.[7] Ohne entsprechende Satzungs- oder Geschäftsordnungsbestimmung steht dem Vorsitzenden nur das gleiche Stimmrecht wie den anderen Vorstandsmitgliedern zu; Satzung oder Geschäftsordnung können seiner Stimme bei Stimmengleichheit aber ausschlaggebende Bedeutung zuerkennen (vgl. → § 22 Rn. 9). Die Einräumung eines Entscheidungsrechts des Vorsitzenden gegen den Willen der Mehrheit der Vorstandsmitglieder ist jedoch nicht möglich (§ 77 Abs. 1 S. 2 Hs. 2 AktG). Nach herrschender, aber unrichtiger Auffassung kann ihm in mitbestimmungsfreien Gesellschaften ein Vetorecht eingeräumt werden (dazu → § 22 Rn. 9). Der Vorstandsvorsitzende bleibt bei allen besonderen Befugnissen, die seine Position mit sich bringt, im Grundsatz gleichberechtigtes Mitglied des Vorstands. Deshalb ist das Modell des **CEO (Chief Executive Officer)** nach amerikanischem Vorbild, der die Leitungsmacht in seinen Händen bündelt, mit der kollegialen Organisation des Vorstands nicht vereinbar.[8] Jede Gestaltung, die es dem Vorstandsvorsitzenden ermöglicht, die Zuständigkeitsbereiche seiner Vorstandskollegen einzuschränken, ist danach nicht zulässig. Insbesondere gibt es kein Weisungsrecht des Vorsitzenden gegenüber anderen Vorstandsmitgliedern.[9] Auch rechtspolitisch ist es zweifelhaft, ob ein Vorstandsvorsitzender mit der starken Stellung eines CEO überhaupt sinnvoll ist.[10]

4. Vorstandssprecher. Trotz der Alleinzuständigkeit des Aufsichtsrats zur Ernennung eines Vorsitzenden kann, wenn der Aufsichtsrat von diesem Recht nicht Gebrauch gemacht hat, ein **Vorstandssprecher** ernannt werden.[11] Dem Vorstandssprecher kommt lediglich sitzungsleitende und Repräsentationsfunktion zu. Seine „Ernennung" ist eine Geschäftsordnungsmaßnahme. Die Zuständigkeit zur Ernennung folgt daher aus § 77 Abs. 2 S. 1 AktG.[12] Zur Ernennung des Vorstandssprechers ist demgemäß der Aufsichtsrat zuständig, wenn die Geschäftsordnung für den Vorstand, soweit sie Regelungen über die Funktion eines Sprechers enthält, vom Aufsichtsrat erlassen wurde, andernfalls – und dies dürfte der Regelfall sein – der Vorstand. Die Ernennung durch den Vorstand bedarf der Zustimmung aller Vorstandsmitglieder (§ 77 Abs. 2 S. 2 AktG). Vorstandssprecher und Vorstandsvorsitzender unterscheiden sich dadurch, dass dem Vorsitzenden über die mehr formalen Befugnisse, die dem Vorsitzenden eines Gremiums üblicherweise zukommen, die sachliche Koordination aller Ressorts als besondere Aufgabe zukommt. Diesen Unter-

---

[7] Ausführlich *Hoffmann-Becking* NZG 2003, 745 (747); GroßkommAktG/*Kort* § 77 Rn. 50 f.; MüKoAktG/*Spindler* § 84 Rn. 117; Spindler/Stilz AktG/*Fleischer* § 84 Rn. 89; *T. Bezzenberger* ZGR 1996, 661 (662 ff.); *Krieger* Personalentscheidungen S. 244 ff.; *Ihrig/Schäfer*, Rechte und Pflichten des Vorstands, 2014, § 17 Rn. 481 ff.; vgl. auch *Erle* AG 1987, 7 (11 f.); *Hoffmann-Becking* ZGR 1998, 497 (517).
[8] Spindler/Stilz AktG/*Fleischer* § 84 Rn. 90; GroßkommAktG/*Kort* § 77 Rn. 54 und § 84 Rn. 124; MüKoAktG/*Spindler* § 84 Rn. 119; Hölters AktG/*Weber* § 84 Rn. 61; *Hoffmann-Becking* NZG 2003, 745; *Ihrig/Schäfer*, Rechte und Pflichten des Vorstands, 2014, § 17 Rn. 487; *v. Hein* ZHR 166 (2002), 464 (482 ff.); *Wicke* NJW 2007, 3755 (3756).
[9] GroßkommAktG/*Kort* § 77 Rn. 54; MüKoAktG/*Spindler* § 84 Rn. 119; *Fleischer* ZIP 2003, 1 (8); *Dauner-Lieb* FS Röhricht, 2005, 83 (100 f.).
[10] Hüffer/*Koch* AktG § 84 Rn. 29; GroßkommAktG/*Kort* § 77 Rn. 55; *Hoffmann-Becking* NZG 2003, 745 (750); zurückhaltend auch *v. Hein* ZHR 166 (2002), 464 (501 f.); vgl. auch *Schiessl* ZHR 167 (2003), 235 (244 f.).
[11] GroßkommAktG/*Kort* § 77 Rn. 57 und § 84 Rn. 126; MüKoAktG/*Spindler* § 84 Rn. 118; Spindler/Stilz AktG/*Fleischer* § 84 Rn. 91; Hüffer/*Koch* AktG § 84 Rn. 30; *Hoffmann-Becking* ZGR 1998, 497 (517); *Krieger* Personalentscheidungen S. 255 ff.
[12] GroßkommAktG/*Kort* § 77 Rn. 57; MüKoAktG/*Spindler* § 84 Rn. 118; Spindler/Stilz AktG/*Fleischer* § 84 Rn. 91; Hüffer/*Koch* AktG § 84 Rn. 30; *Simons/Hanloser* AG 2010, 641 (642); Spindler/Stilz AktG/*Fleischer* § 84 Rn. 91.

schied verkennt der **Kodex** in Grundsatz 1 Satz 2 DCGK. Der Vorstandssprecher ist somit kein Vorsitzender im Rechtssinne. Es besteht daher keine Verpflichtung, ihn gem. § 80 Abs. 1 S. 2 AktG, § 285 Nr. 10 S. 2 HGB in den Geschäftsbriefen und im Anhang zum Jahresabschluss als Vorstandssprecher zu benennen. Eine solche Bezeichnung ist aber nicht ausgeschlossen.

6 Übt der Vorstandssprecher **faktisch** die Funktion eines Vorstandsvorsitzenden aus, so handelt er pflichtwidrig. Der Aufsichtsrat muss ihn dann entweder nach § 84 Abs. 2 AktG zum Vorsitzenden ernennen oder dafür Sorge tragen, dass die faktische Ausübung von Vorsitzenden-Funktionen beendet wird.[13] Aus Gründen der Rechtssicherheit darf es keinen Sprecher mit Vorsitzenden-Funktion geben; Bezeichnung und Kompetenzen müssen stets kongruent sein. Die Ernennung eines Vorstandsmitglieds zum „Generaldirektor" ist aus Gründen des Verkehrsschutzes stets unzulässig.

7 Die Ernennung zum Vorstandssprecher kann jederzeit und ohne Vorliegen eines wichtigen Grundes widerrufen werden. Ist die Sprecher-Funktion allerdings anstellungsvertraglich zugesagt, so ist der **Widerruf** regelmäßig ein wichtiger Grund zur Kündigung des Anstellungsvertrags durch das Vorstandsmitglied. Entsprechendes gilt, wenn der Aufsichtsrat einen Vorstandsvorsitzenden ernennt. Denn wegen der umfassenderen Befugnisse endet mit der Ernennung eines Vorsitzenden automatisch das Amt des Sprechers.

II. Arbeitsdirektor

8 **1. Allgemeines.** Für die Vorstände der montanmitbestimmten oder dem Mitbestimmungsgesetz unterfallenden Aktiengesellschaften bestehen Sonderregelungen für die Zusammensetzung des Vorstands. Ihnen muss nach § 13 MontanMitbestG, § 13 MitbestErgG, § 33 MitbestG als gleichberechtigtes Mitglied ein Arbeitsdirektor angehören.[14] Aus diesen Regelungen folgt, dass der Vorstand einer unter das MitbestG, das MontanMitbestG oder das MitbestErgG fallenden Gesellschaft aus **mindestens zwei** Personen bestehen muss.[15] Nach § 13 Abs. 1 S. 2, 3 MontanMitbestG gilt für die Bestellung und den Widerruf der Bestellung des Arbeitsdirektors in **montanmitbestimmten** Gesellschaften die Besonderheit, dass er nicht gegen die Stimmen der Mehrheit der Aufsichtsratsmitglieder der Arbeitnehmer bestellt oder abberufen werden kann. Ein solches Vetorecht der Arbeitnehmer besteht für den Arbeitsdirektor weder nach dem MitbestErgG noch nach dem MitbestG. Für die KGaA hat der Gesetzgeber auf den Arbeitsdirektor ganz verzichtet, § 33 Abs. 1 S. 2 MitbestG.

9 Kraft zwingender gesetzlicher Ressortzuweisung kommt dem Arbeitsdirektor ein **Kernbereich** von Zuständigkeiten in Personal- und Sozialfragen zu.[16] (→ Rn. 14 ff.) Diese gesetzliche Ressortzuweisung kann ihm durch die Geschäftsordnung des Vorstands nicht entzogen werden. Nach dem Wortlaut von § 13 Abs. 2 S. 2 MontanMitbestG, § 33 Abs. 2 S. 2 MitbestG kann die Geschäftsordnung zwar das „Nähere" bestimmen; sie muss aber beachten, dass der unentziehbare Kernbereich des Ressorts nicht ausgehöhlt wird.[17]

---

[13] Spindler/Stilz AktG/*Fleischer* § 84 Rn. 91; *Krieger* Personalentscheidungen des Aufsichtsrats, 1981, S. 251.

[14] Zur Entstehungsgeschichte s. HH MitbestR/*Henssler* § 33 Rn. 9 ff.

[15] LG Bad Kreuznach AG 1979, 346 (347); GroßkommAktG/*Kort* § 76 Rn. 246 f.; KölnKommAktG/*Mertens/Cahn* § 76 Rn. 108; MüKoAktG/*Spindler* § 76 Rn. 121; Hüffer/*Koch* AktG § 76 Rn. 57; WKS/*Schubert* § 33 Rn. 16; aA HH MitbestR/*Henssler* § 33 Rn. 2a; ausf. Henssler FS Säcker, 2011, 367 ff.

[16] BVerfGE 50, 290 (378 f.); OLG Frankfurt a. M. BB 1985, 1286 (1288); LG Frankfurt a. M. Betr. 1984, 1388; GroßkommAktG/*Oetker* MitbestG § 33 Rn. 19 ff.; KölnKommAktG/*Mertens/Cahn* § 77 Rn. 66; *Hoffman-Becking* ZGR 1998, 497 (505 f.). Zum Aufgabenbereich des Arbeitsdirektors vgl. *Hammacher* RdA 1993, 163 (164 ff.); *Wagner* DBW 1993, 647 ff.

[17] KölnKommAktG/*Mertens/Cahn* § 77 Rn. 66; Hüffer/*Koch* AktG § 77 Rn. 23; HH MitbestR/*Henssler* § 33 Rn. 29.

Die gesetzlichen Regelungen über den Arbeitsdirektor schränken somit die privatautonome Entscheidungsbefugnis über die Mitgliederzahl und die Geschäftsverteilung des Vorstands ein. 10

2. Bestellung. Der Arbeitsdirektor wird vom Aufsichtsrat nach denselben Regeln in § 84 11
AktG, § 31 MitbestG bestellt, wie sie für die Bestellung auch jedes anderen Vorstandsmitglieds gelten. Demgemäß kann er auch nach § 31 Abs. 4 AktG gegen die Stimmen der Arbeitnehmervertreter bestellt werden.[18] Er muss auch nicht das besondere Vertrauen der Arbeitnehmer genießen.[19] Eine Einschränkung der Wahlfreiheit des Aufsichtsrats durch in der Satzung bestimmte Voraussetzungen ist unzulässig.[20] So kann durch die Satzung zB nicht vorgegeben werden, dass der Arbeitsdirektor Gewerkschaftsmitglied sein muss oder umgekehrt nicht sein darf.

Die Besonderheit der Bestellung zum Arbeitsdirektor liegt darin, dass mit der Bestellung 12
eine spezielle Ressortzuweisung erfolgt, nämlich mindestens des Kernbereichs der Personal- und Sozialangelegenheiten. Man kann deshalb sagen, dass die Bestellung zum Arbeitsdirektor eine Regelung der Geschäftsverteilung in der Form einer Vorstandsbestellung enthält. Das wird besonders deutlich, wenn bei erstmaliger Bestellung eines Arbeitsdirektors ein bereits amtierendes Vorstandsmitglied zum Arbeitsdirektor bestellt wird oder das Amt des Arbeitsdirektors von einem amtierenden Vorstandsmitglied zu einem anderen amtierenden Vorstandsmitglied wechselt; in diesen Fällen muss der „neue" Arbeitsdirektor dazu gesondert bestellt werden. Auch bei der Bestellung eines bislang nicht dem Vorstand angehörenden Arbeitsdirektors kann man zumindest gedanklich zwei Inhalte des Bestellungsakts unterscheiden, nämlich die Bestellung zum Vorstandsmitglied und zusätzlich die für den Arbeitsdirektor kennzeichnende Ressortzuweisung.

Die Zuständigkeit für den Kernbereich des Personal- und Sozialwesens kann dem Arbeits- 13
direktor durch die Geschäftsordnung des Vorstands weder entzogen noch beschnitten werden. Nur durch einen Widerruf der Bestellung zum Arbeitsdirektor, die nicht notwendig mit dem Widerruf der Bestellung zum Vorstandsmitglied einhergehen muss, kann dem Arbeitsdirektor die besondere Ressortzuständigkeit genommen und auf ein anderes Vorstandsmitglied übertragen werden. Da es der Sache nach um eine Regelung der Geschäftsverteilung geht, ist für den Widerruf der Ressortzuweisung kein wichtiger Grund iSd § 84 Abs. 3 AktG erforderlich, sondern nur für die Beendigung der Zugehörigkeit zum Vorstand.[21]

3. Zuständigkeitsbereich. Auch wenn § 33 MitbestG den Aufgabenbereich des Arbeits- 14
direktors nicht ausdrücklich regelt, herrscht Einigkeit, dass ihm ein **Kernbereich** von Zuständigkeiten in Personal- und Sozialfragen zustehen muss.[22] Mit dieser Vorgabe kann der Zuständigkeitsbereich des Arbeitsdirektors, wie § 33 Abs. 2 S. 2 MitbestG klarstellt, durch die Geschäftsordnung geregelt werden. Daraus folgt, dass der Arbeitsdirektor Leiter des Personalressorts ist, jedoch einzelne Personal- und Sozialangelegenheiten durch die Geschäftsordnung dem Zuständigkeitsbereich des Arbeitsdirektors entzogen werden können, wenn dafür ein sachlicher Grund besteht, die Gleichberechtigung der Vorstandsmitglieder nicht verletzt wird und der Schwerpunkt des Personal- und Sozialressorts beim Arbeitsdirektor verbleibt.[23] Welche Angelegenheiten zum Personal- und Sozialressort ge-

---

[18] WKS/*Schubert* § 33 Rn. 18; HH MitbestR/*Henssler* MitbestG § 33 Rn. 9.
[19] HH MitbestR/*Henssler* MitbestG § 33 Rn. 15; WKS/*Schubert* § 33 Rn. 23.
[20] HH MitbestR/*Henssler* MitbestG § 33 Rn. 13; WKS/*Schubert* § 33 Rn. 21; Raiser/Veil/Jacobs MitbestR/*Raiser* MitbestG § 33 Rn. 7.
[21] HH MitbestR/*Henssler* MitbestG § 33 Rn. 25; Erfk/*Oetker* MitbestG § 33 Rn. 5; Raiser/Veil/Jacobs MitbestR/*Raiser* § 33 Rn. 15; aA WKS/*Schubert* § 33 Rn. 36.
[22] HH MitbestR/*Henssler* MitbestG § 33 Rn. 43; Raiser/Veil/Jacobs MitbestR/*Raiser* § 33 Rn. 16, ErfK/*Oetker* MitbestG § 33 Rn. 11. Vgl. auch BVerfGE 50, 290 (378): „im Schwerpunkt zumindest auch Zuständigkeiten in Personal- und Sozialfragen".
[23] HH MitbestR/*Henssler* MitbestG § 33 Rn. 45; WKS/*Schubert* MitbestG § 33 Rn. 50; Raiser/Veil/Jacobs MitbestR/*Raiser* MitbestG § 33 Rn. 22.

hören, ergibt sich in erster Linie aus den §§ 80, 87, 88, 90–105, 111 BetrVG. Nicht zum gesetzlichen Mindestressort gehören nach hM die Personal- und Sozialangelegenheiten der leitenden Angestellten.[24]

15 In Gesellschaften mit **divisionaler Gliederung** (Bereichs- oder Spartenorganisation, → § 22 Rn. 19) muss dem Arbeitsdirektor ein maßgeblicher Einfluss auf die Personal- und Sozialpolitik der einzelnen Unternehmensbereiche eingeräumt werden.[25] Den Anforderungen des § 33 MitbestG wird nicht genügt, wenn den Spartenleitern zugleich die Funktionen des Arbeitsdirektors für ihre Bereiche übertragen werden. Allerdings kann eine Mitzuständigkeit des Spartenleiters vorgesehen werden. Der unentziehbare Kernbereich des Arbeitsdirektors ist gewahrt, wenn er an allen Personal- und Sozialentscheidungen in den Sparten mitwirkt, die nach der im Unternehmen geltenden Organisation auf Vorstandsebene zu entscheiden sind.

16 Dem Arbeitsdirektor können **zusätzliche Aufgaben** in anderen Ressorts zugewiesen werden, und diese anderen Aufgaben – zB im Finanzressort – können sogar das Schwergewicht seiner Tätigkeit ausmachen.[26] Nach einer „Faustformel" der Praxis ist es jedenfalls bei einer Unternehmensgröße von mehr als 10.000 Arbeitnehmern geboten, dass der Arbeitsdirektor ausschließlich als Personalvorstand tätig wird.

17 Das MitbestG kennt keinen Konzernarbeitsdirektor, sondern nur den Arbeitsdirektor der nach dem MitbestG mitbestimmten **Konzernobergesellschaft**[27] (und ggf. zusätzlich den Arbeitsdirektor einer paritätisch mitbestimmten Tochtergesellschaft). Soweit die Konzernobergesellschaft selbst Arbeitnehmer beschäftigt, ist ihr Arbeitsdirektor für die Personal- und Sozialangelegenheiten dieser Arbeitnehmer zuständig. Für die Personal- und Sozialangelegenheiten abhängiger Unternehmen ist er nur zuständig, wenn und soweit die Obergesellschaft nach der konkreten Konzernorganisation auf die Personal- und Sozialangelegenheiten der abhängigen Unternehmen Einfluss nimmt.[28] § 33 MitbestG begründet keine dahingehende Verpflichtung der Obergesellschaft[29], und zwar auch dann nicht, wenn die Obergesellschaft in den anderen Ressorts konzernleitend tätig wird.[30] Das gilt auch für den Fall der mitbestimmten Holding ohne eigene Arbeitnehmer. Wenn sich die Konzernspitze entschließt, im Rahmen der Konzernleitung in den Personal- und Sozialangelegenheiten der Konzernunternehmen tätig zu werden, kommt die durch § 33 MitbestG bewirkte bindende Ressortzuweisung insoweit zum Tragen, als innerhalb des Vorstands der Obergesellschaft der Arbeitsdirektor für solche Leitungsmaßnahmen vorrangig zuständig ist.

18 **4. Gleichberechtigung.** Der Arbeitsdirektor ist, wie § 33 Abs. 1 S. 1 AktG klarstellt, ein gleichberechtigtes Mitglied des Vorstands. Seine Stellung unterscheidet sich von der Stellung der anderen Vorstandsmitglieder nur dadurch, dass ihm zwingend ein bestimmter Zuständigkeitsbereich zugewiesen ist. Demgemäß verlangt § 33 Abs. 1 S. 1 MitbestG keine vollständige Gleichbehandlung, sondern verbietet nur eine sachlich nicht berechtigte

---

[24] HH MitbestR/*Henssler* MitbestG § 33 Rn. 48; ErfK/*Oetker* MitbestG § 33 Rn. 12; Raiser/Veil/Jacobs MitbestR/*Raiser* MitbestG § 33 Rn. 20; KölnKommAktG/*Mertens*/*Cahn* MitbestG § 33 Rn. 14; aA WKS/*Schubert* MitbestG § 33 Rn. 41.
[25] Näher dazu HH MitbestR/*Henssler* MitbestG § 33 Rn. 50 ff.; Raiser/Veil/Jacobs MitbestR/*Raiser* MitbestG § 33 Rn. 17; Großkomm AktG/*Oetker* MitbestG § 33 Rn. 28; *Schiessl* ZGR 1992, 64 (72 ff.).
[26] HH MitbestR/*Henssler* MitbestG § 33 Rn. 42; KölnKommAktG/*Mertens*/*Cahn* MitbestG § 33 Rn. 16; WKS/*Schubert* MitbestG § 33 Rn. 50; aA ErfK/*Oetker* MitbestG § 33 Rn. 14.
[27] Ausf. *Hoffmann-Becking* FS Werner, 1984, 301 ff.
[28] HH MitbestR/*Henssler* MitbestG § 33 Rn. 53; WKS/*Schubert* MitbestG § 33 Rn. 54; GroßkommAktG/*Oetker* MitbestG § 33 Rn. 30; *Hoffmann-Becking* FS Werner, 1984, 301 (305 ff.).
[29] HH MitbestR/*Henssler* MitbestG § 33 Rn. 56; Raiser/Veil/Jacobs MitbestR/*Raiser* MitbestG § 33 Rn. 18.
[30] Anders *Däubler* NZG 2005, 617 (620).

Diskriminierung des Arbeitsdirektors im Verhältnis zu den anderen Vorstandsmitgliedern.[31]

Unbedenklich ist zum Beispiel die Ernennung eines anderen Mitglieds zum Sprecher oder Vorsitzenden des Vorstands[32], nicht dagegen ein Vetorecht für den Vorsitzenden oder Sprecher (→ § 22 Rn. 9). Eine unzulässige Diskriminierung liegt auch nicht vor, wenn der Arbeitsdirektor zunächst als stellvertretendes Vorstandsmitglied bestellt wird[33] und im Gegensatz zu seinen Kollegen erst nach einigen Jahren Einzelvertretungsmacht erhält.[34] Auch eine unterschiedliche Bemessung der Bezüge ist zulässig, sofern dafür sachliche Gründe angegeben werden können.[35]

III. Stellvertretende Vorstandsmitglieder

1. Allgemeines. Nach § 94 AktG „gelten die Vorschriften für die Vorstandsmitglieder auch für ihre Stellvertreter". Der Begriff Stellvertreter ist in diesem Zusammenhang missverständlich. Es handelt sich nicht um eine Stellvertretung im Sinne der §§ 164 ff. BGB. Stellvertretende Vorstandsmitglieder dürfen auch nicht mit den Stellvertretern von Vorstandsmitgliedern nach § 105 Abs. 2 AktG (dazu → Rn. 24 ff.) verwechselt werden. Sie sind vielmehr – dies will § 94 AktG aussagen – normale Vorstandsmitglieder. Die Bezeichnung als stellvertretendes Vorstandsmitglied als Gegensatz zum „ordentlichen" Vorstandsmitglied ist eine bloße Titulierung, die sich in der Praxis häufig findet, um damit eine gewisse interne Hierarchie innerhalb des Vorstands zu kennzeichnen.[36] Plausibel ist die Bestellung zum stellvertretenden Vorstandsmitglied zB, wenn es um den designierten Nachfolger eines Ressortinhabers geht und die beiden Vorstände das Ressort eine Zeit lang gemeinsam führen sollen. Häufig, aber rechtlich nicht notwendig, erhält das stellvertretende Vorstandsmitglied geringere Bezüge und Nebenleistungen. Die jedem Vorstandsmitglied kraft Gesetzes zwingend zugewiesenen und obliegenden Rechte und Pflichten gelten auch für stellvertretende Vorstandsmitglieder. Nur jenseits der zwingend zugewiesenen Befugnisse kann einem stellvertretenden Vorstandsmitglied etwa im Rahmen der Geschäftsverteilung ein Ressort mit geringerem Umfang oder lediglich die stellvertretende Leitung eines Ressorts für den Fall der Verhinderung eines ordentlichen Vorstandsmitglieds zugewiesen werden.[37]

Die Heraufstufung vom stellvertretenden zum ordentlichen Vorstandsmitglied (und ebenso die wohl nur theoretisch vorkommende Herabstufung) erfolgt durch einen Beschluss des Gesamtaufsichtsrats mit der für einfache Beschlüsse erforderlichen Mehrheit[38]; § 31 MitbestG gilt dafür nicht.

2. Anwendbarkeit der für die Vorstandsmitglieder geltenden Vorschriften. Auf die stellvertretenden Vorstandsmitglieder finden nach § 94 AktG alle Vorschriften Anwendung, die für ordentliche Vorstandsmitglieder gelten, also insbesondere die §§ 76–93 AktG. Daraus folgt, dass Maßnahmen der Geschäftsführung bei Geltung der Gesamtgeschäfts-

---

[31] HH MitbestR/*Henssler* MitbestG § 33 Rn. 31; WKS/*Schubert* MitbestG § 33 Rn. 67; KölnKommAktG/*Mertens/Cahn* MitbestG § 33 Rn. 20.
[32] WKS/*Schubert* MitbestG § 33 Rn. 74 ff.; ErfK/*Oetker* MitbestG § 33 Rn. 8 f.; HH MitbestR/*Henssler* MitbestG § 33 Rn. 40.
[33] HH MitbestR/*Henssler* MitbestG § 33 Rn. 39; GroßkommAktG/*Oetker* MitbestG § 33 Rn. 15.
[34] WKS/*Schubert* MitbestG § 33 Rn. 78.
[35] WKS/*Schubert* MitbestG § 33 Rn. 83; Raiser/Veil/Jacobs MitbestR/*Raiser* MitbestG § 33 Rn. 32; KölnKommAktG/*Mertens/Cahn* MitbestG § 33 Rn. 26.
[36] BGH ZIP 1998, 152 (zu § 44 GmbHG); GroßkommAktG/*Habersack/Foerster* § 94 Rn. 1 und 4; MüKoAktG/*Spindler* § 94 Rn. 1 und 5 ff.; *Krieger* Personalentscheidungen des Aufsichtsrats, 1981, S. 219 f.; *Schlaus* DB 1971, 1653. Vgl. auch BGH WM 1971, 1548 (1549).
[37] GroßkommAktG/*Habersack/Foerster* § 94 Rn. 6; MüKoAktG/*Spindler* § 94 Rn. 9; KölnKommAktG/*Mertens/Cahn* § 94 Rn. 4.
[38] GroßkommAktG/*Habersack/Foerster* § 94 Rn. 13; Hüffer/*Koch* AktG § 94 Rn. 3.

führung nach § 77 Abs. 1 S. 1 AktG der Zustimmung aller ordentlichen und stellvertretenden Vorstandsmitglieder bedürfen[39]. Bei der Berechnung der Mehrheit der Mitglieder des Vorstands im Sinne von § 77 Abs. 1 S. 2 Hs. 2 AktG sind stellvertretende Vorstandsmitglieder zwingend zu berücksichtigen. Auch die **Vertretungsbefugnis** eines stellvertretenden Vorstandsmitglieds kann nach § 82 Abs. 1 AktG nicht beschränkt werden. Besteht nach § 78 Abs. 2 S. 1 AktG Gesamtvertretung, so sind die ordentlichen und stellvertretenden Vorstandsmitglieder nur gemeinschaftlich zur Vertretung der Gesellschaft befugt. Für die Haftung gemäß § 93 Abs. 2 AktG gelten für stellvertretende Vorstandsmitglieder keine Besonderheiten.[40]

23   Die Bestellung eines stellvertretenden Vorstandsmitglieds hat der Vorstand nach § 81 AktG zum **Handelsregister** anzumelden. Auf die Stellvertreter-Eigenschaft ist dabei nicht besonders hinzuweisen; die Stellvertreter-Eigenschaft ist auch nicht im Handelsregister eintragungsfähig.[41] Ebenso müssen auf allen **Geschäftsbriefen** nach § 80 AktG auch die stellvertretenden Vorstandsmitglieder angegeben werden. Ein Hinweis auf die Stellvertreter-Eigenschaft ist rechtlich nicht erforderlich, aber zulässig.[42] Entsprechendes gilt nach § 285 Nr. 10 S. 1 HGB für den Anhang des Jahresabschlusses.

IV. Aufsichtsratsmitglieder als Stellvertreter von Vorstandsmitgliedern

24   **1. Allgemeines.** Nach § 105 Abs. 2 S. 1 AktG kann der Aufsichtsrat einzelne seiner Mitglieder zu Stellvertretern von fehlenden oder verhinderten Vorstandsmitgliedern bestellen (dazu auch → § 29 Rn. 14 ff.). Die Verhinderung oder das Fehlen von Vorstandsmitgliedern ist also Voraussetzung für eine Bestellung nach § 105 Abs. 2 AktG. Ein Vorstandsmitglied **fehlt,** wenn die in der Satzung oder Geschäftsordnung des Vorstands vorgesehene Zahl – auch Höchstzahl – von Vorstandsmitgliedern nicht erreicht ist. Ein Vorstandsmitglied ist **verhindert,** wenn es wegen Krankheit oder aus sonstigen Gründen sein Amt nicht ausüben kann. Die Bestellung kann bereits dann erfolgen, wenn die Verhinderung zwar noch nicht eingetreten ist, aber sicher bevorsteht.[43] Sie kann auch dann erfolgen, wenn nach der Geschäftsverteilung des Vorstands ein anderes Vorstandsmitglied das Ressort des Verhinderten vertretungsweise wahrzunehmen hat.[44]

25   Die Bestellung zum Stellvertreter eines Vorstandsmitglieds hat für einen im Voraus begrenzten **Zeitraum** zu erfolgen, der **ein Jahr** nicht überschreiten darf. Verlängerungen, auch durch Verlängerungsklauseln analog § 84 Abs. 1 S. 4 AktG (vgl. → § 20 Rn. 39), sind zulässig, solange insgesamt die Einjahresfrist nicht überschritten wird. Die Jahresfrist bezieht sich auf den Verhinderungsfall, nicht auf die Vertretung durch ein bestimmtes Aufsichtsratsmitglied.[45] Dauert der Verhinderungsfall länger als ein Jahr, so muss der Aufsichtsrat für das fehlende Vorstandsmitglied, sofern eine interne Ressortvertretung unter den verbliebenen

---

[39] GroßkommAktG/*Habersack/Foerster* § 94 Rn. 6; MüKoAktG/*Spindler* § 94 Rn. 6; KölnKommAktG/*Mertens/Cahn* § 94 Rn. 4; *Schlaus* DB 1971, 1653 (1654).

[40] Hüffer/*Koch* AktG § 94 Rn. 3; Hölters AktG/*Müller-Michaels* § 94 Rn. 6; modifizierend MüKoAktG/*Spindler* § 94 Rn. 12.

[41] BGH ZIP 1998, 152 (153); GroßkommAktG/*Habersack/Foerster* § 94 Rn. 15; Hüffer/*Koch* AktG § 94 Rn. 3; MüKoAktG/*Spindler* § 94 Rn. 9.

[42] Schmidt/Lutter/*Krieger/Sailer-Conceani* AktG § 94 Rn. 2; anders GroßkommAktG/*Habersack/Foerster* § 94 Rn. 16.

[43] Schmidt/Lutter/*Drygala* AktG § 105 Rn. 15; GroßkommAktG/*Hopt/M. Roth* § 105 Rn. 58; KölnKommAktG/*Mertens/Cahn* § 105 Rn. 23.

[44] GroßkommAktG/*Hopt/M. Roth* § 105 Rn. 61; Hüffer/*Koch* AktG § 105 Rn. 7; Schmidt/Lutter/*Drygala* AktG § 105 Rn. 14; *Krieger* Personalentscheidungen des Aufsichtsrats, 1981, S. 226 f.; *Heidbüchel* WM 2004, 1317 (1318).

[45] Zutreffend GroßkommAktG/*Hopt/M. Roth* § 105 Rn. 66; MüKoAktG/*Habersack* § 105 Rn. 31; *Krieger* Personalentscheidungen des Aufsichtsrats, 1981, S. 227 f.; aA KölnKommAktG/*Mertens/Cahn* § 105 Rn. 25.

Vorstandsmitgliedern auf Dauer nicht möglich ist, ein neues Vorstandsmitglied bestellen. Ein über ein Jahr verhindertes Vorstandsmitglied ist regelmäßig abzuberufen.

§ 105 Abs. 2 AktG ist nicht analog anzuwenden auf die Bestellung eines Aufsichtsrats- **26** mitglieds der AG zum Stellvertreter eines Vorstandsmitglieds einer Tochter-AG.[46] Es besteht weder eine Gesetzeslücke noch ein Bedarf für diese Gestaltung; das Aufsichtsratsmitglied der Mutter-AG kann zum Aufsichtsratsmitglied der Tochter gewählt werden und als solches zum Stellvertreter des verhinderten Vorstandsmitglieds bestellt werden.

2. Bestellung. Die Bestellung erfolgt durch den Aufsichtsrat. Sie ist nichtig, wenn die **27** Voraussetzungen des § 105 Abs. 2 AktG nicht gegeben sind. Wird die höchstzulässige Bestelldauer nicht beachtet, so endet die Bestellung nach einem Jahr. Die Bestellung zum Stellvertreter von Vorstandsmitgliedern nach § 105 Abs. 2 AktG erfolgt in **mitbestimmten** Gesellschaften nach § 29 MitbestG und nicht nach § 31 MitbestG.[47] Die Bestellung nach § 105 Abs. 2 AktG ist nicht zwingend dem Gesamtaufsichtsrat zugewiesen. Da § 107 Abs. 3 S. 3 AktG die Vorschrift des § 105 Abs. 2 AktG nicht nennt, kann diese Aufgabe einem Aufsichtsratsausschuss zugewiesen werden.[48]

Mit dem Ende des Bestellungszeitraums, nicht aber mit dem Wegfall der Verhinderung[49], **28** spätestens ein Jahr nach der Bestellung **endet automatisch** das Amt des Stellvertreters.[50] Der Widerruf der Bestellung eines Aufsichtsratsmitglieds zum Stellvertreter eines Vorstandsmitgliedes richtet sich nach § 84 Abs. 3 AktG.[51] Es muss also ein wichtiger Grund vorliegen, der regelmäßig im Wegfall der Verhinderung zu sehen ist.

3. Rechtsstellung. Durch die Annahme der Bestellung erlangt das Aufsichtsratsmitglied **29** mit Ausnahme des Wettbewerbsverbots (§ 105 Abs. 2 S. 4 AktG) die Rechtsstellung eines Vorstandsmitglieds. Es bleibt gleichzeitig **Mitglied des Aufsichtsrats,** kann jedoch nach § 105 Abs. 2 S. 3 AktG während seiner Amtszeit als Vorstandsmitglied seine Tätigkeit als Aufsichtsratsmitglied nicht ausüben (→ § 29 Rn. 14). Da der Stellvertreter Aufsichtsratsmitglied bleibt, ist für eine Ergänzungswahl durch die Hauptversammlung kein Raum, und ein für das Aufsichtsratsmitglied gewähltes Ersatzmitglied rückt nicht anstelle des in den Vorstand delegierten Mitglieds in den Aufsichtsrat ein. Jedoch wird eine Ersatzbestellung durch das Gericht analog § 104 AktG überwiegend für möglich gehalten (→ § 29 Rn. 14). Ist der Stellvertreter Aufsichtsratsvorsitzender, so ist dieses Amt von seinem Stellvertreter (§ 107 Abs. 1 S. 3 AktG) wahrzunehmen. Mit der Bestellung tritt der Stellvertreter des verhinderten oder fehlenden Vorstandsmitglieds in die Rechtsstellung des von ihm vertretenen Vorstandsmitglieds ein.[52] Die Geschäftsführungs- und Vertretungsbefugnis des Stellvertreters richtet sich nach der des fehlenden oder des verhinderten Vorstandsmitglieds. Trotzdem ist der Begriff Stellvertreter nicht im Sinne der §§ 164 ff. BGB zu verstehen. Seine Willenserklärungen und Handlungen werden nicht dem fehlenden oder verhinderten

---

[46] So aber Hüffer/*Koch* AktG § 105 Rn. 8; Hölters AktG/*Simons* § 105 Rn. 23; Bürgers/Körber AktG/*Israel* § 105 Rn. 6.
[47] Spindler/Stilz AktG/*Spindler* § 105 Rn. 32; Hüffer/*Koch* AktG § 105 Rn. 9; MüKoAktG/*Habersack* § 105 Rn. 28; *Heidbüchel* WM 2004, 1317 (1319); aA Hölters AktG/*Simons* § 105 Rn. 16.
[48] Hüffer/*Koch* AktG § 105 Rn. 9; KölnKommAktG/*Mertens*/*Cahn* § 105 Rn. 18; Hölters AktG/*Simons* § 105 Rn. 16; aA Großkomm AktG/*Hopt*/Roth § 105 Rn. 64; MüKoAktG/*Habersack* § 105 Rn. 28; *Krieger* Personalentscheidungen des Aufsichtsrats, 1981, S. 231; offengelassen von *Heidbüchel* WM 2004, 1317 (1319 f.); Spindler/Stilz AktG/*Spindler* § 105 Rn. 31; Schmidt/Lutter/*Drygala* AktG § 105 Rn. 16.
[49] KölnKommAktG/*Mertens*/*Cahn* § 105 Rn. 33; aA GroßKomm AktG/*Hopt*/Roth § 105 Rn. 80; Hölters AktG/*Simons* § 105 Rn. 36; MüKoAktG/*Habersack* § 105 Rn. 36.
[50] Spindler/Stilz AktG/*Spindler* § 105 Rn. 28; Hölters AktG/*Simons* § 105 Rn. 17; Großkomm-AktG/*Hopt*/M. *Roth* § 105 Rn. 80.
[51] Spindler/Stilz AktG/*Spindler* § 105 Rn. 36.
[52] GroßkommAktG/*Hopt*/Roth § 105 Rn. 73; MüKoAktG/*Habersack* § 105 Rn. 34; KölnKomm-AktG/*Mertens*/*Cahn* § 105 Rn. 29.

Vorstandsmitglied, sondern unmittelbar der Gesellschaft zugerechnet. Handelt es sich bei dem vertretenen Vorstandsmitglied um den Vorstandsvorsitzenden, so übt auch der Stellvertreter den Vorsitz im Vorstand aus, soweit nicht der Aufsichtsrat nach § 84 Abs. 2 AktG ein anderes bestimmt.[53]

30 Die Bestellung zum Stellvertreter eines Vorstandsmitglieds ist nach § 81 Abs. 1 AktG zum Handelsregister **anzumelden.** Der Registerrichter hat zu prüfen, ob die Voraussetzungen des § 105 Abs. 2 AktG erfüllt sind. Der Zeitraum der Bestellung ist mit einzutragen.[54]

§ 25 Organpflichten der Vorstandsmitglieder

Übersicht

	Rn.
I. Allgemeines	1–3
II. Leitungspflichten	4–30
1. Allgemeines	4, 5
2. Pflicht zur Unternehmensorganisation	6–30
a) Unternehmensplanung, –steuerung und –kontrolle	7–10
b) Personalverantwortung	11
c) Finanzverantwortung	12
d) Früherkennungssystem für bestandsgefährdende Entwicklungen	13–15
e) Compliance-Organisation	16–30
III. Sorgfaltspflichten	31–37
1. Legalitätspflicht	31–37
a) Inhalt der Pflicht	31
b) Legalitätskontrollpflicht	32
c) Durchbrechungen der Legalitätspflicht	33–37
IV. Treuepflichten	38–53
1. Allgemeines	38–43
2. Geschäftschancenlehre	44–46
3. Verschwiegenheitspflicht	47–53
a) Allgemeines	47–50
b) Umfang der Schweigepflicht	51–53
V. Business Judgement Rule	54–63
1. Gesetzliche Regelung	54–56
2. Tatbestandsvoraussetzungen	57–62
a) Unternehmerische Entscheidung	57
b) Handeln auf Grundlage angemessener Information	58
c) Handeln zum Wohle der Gesellschaft	59, 60
d) Handeln ohne Sonderinteressen und sachfremde Einflüsse	61, 62
3. Beweislast	63
VI. Berichte an den Aufsichtsrat	64–84
1. Allgemeines	64–66
2. Regelberichte	67–70
a) Bericht über die beabsichtigte Geschäftspolitik	67, 68
b) Rentabilitätsbericht	69
c) Bericht über den Gang der Geschäfte	70
3. Sonderberichte	71–73
a) Geschäfte von besonderer Bedeutung für Rentabilität oder Liquidität	71
b) Sonstiger wichtiger Anlass	72, 73
4. Anforderungsberichte	74–76
5. Berichterstattung über verbundene Unternehmen	77, 78
6. Ordnungsgemäße Berichterstattung	79, 80
7. Information innerhalb des Aufsichtsrats	81–83
8. Durchsetzung der Berichtspflicht	84
VII. Vorlagen und Berichte an die Hauptversammlung	85–89
1. Vorlagepflichten	85, 86
2. Berichtspflichten	87–89
VIII. Vorbereitung und Ausführung von Hauptversammlungsbeschlüssen	90–94
1. Vorbereitung von Maßnahmen	91
2. Vorbereitung und Abschluss von Verträgen	92
3. Verlangen der Hauptversammlung	93
4. Ausführungspflicht des Vorstands	94
IX. Pflichten bei Vermögensverfall der Gesellschaft	95–119
1. Allgemeines	95–98
2. Verlustanzeige nach § 92 Abs. 1 AktG	99–103
a) Normzweck	99
b) Voraussetzungen	100, 101
c) Einberufung und Verlustanzeige	102, 103
3. Antrag auf Eröffnung des Insolvenzverfahrens	104–115
a) Allgemeines	104–107
b) Voraussetzungen der Antragspflicht	108–113
c) Antragstellung	114, 115

---

[53] MüKoAktG/*Habersack* § 105 Rn. 34; Hölters AktG/*Simons* § 105 Rn. 23.
[54] Schmidt/Lutter/*Drygala* AktG § 105 Rn. 19; iErg auch Hüffer/*Koch* AktG § 105 Rn. 10; GroßkommAktG/*Hopt/M. Roth* § 105 Rn. 70; aA KölnKommAktG/*Mertens/Cahn* § 105 Rn. 28; Spindler/Stilz AktG/*Spindler* § 105 Rn. 38.

	Rn.		Rn.
4. Zahlungsverbot	116–119	3. Abgabe und gegebenenfalls Berichtigung von Steuererklärungen	135–139
X. Pflichten des Vorstands in steuerlichen Angelegenheiten	120–141	4. Pflicht zur Einbehaltung und rechtzeitigen Entrichtung von Steuern	140, 141
1. Steuerliche Pflichten, insbesondere Anzeige- und Auskunftspflichten	120–127		
2. Buchführungspflicht	128–134		

Schrifttum: *Bachmann,* Das „vernünftige" Vorstandsmitglied – Zum richtigen Verständnis der deutschen Business Judgement Rule, FS Stilz, 2014, S. 25–44; *Bayer/Schmidt,* Die Insolvenzantragspflicht der Geschäftsführung nach §§ 92 Abs. 2 AktG, 64 Abs. 1 GmbHG, AG 2005, 644–653; *Binnewies/ Schüller,* Haftung eines Vorstandsmitglieds wegen nicht abgeführter Lohnsteuer, AG 2018, 429; *Brömmelmeyer,* Neue Regeln für die Binnenhaftung des Vorstands – Ein Beitrag zur Konkretisierung der Business Judgement Rule, WM 2005, 2065–2070; *Eilers/Nosthoff-Horstmann* Verbindliche Auskunft – ein Werkstattbericht, FR 2017, 170; *Eisgruber,* Zur Anzeige für Steuergestaltungen aus Verwaltungssicht, FR 2018, 625; *Fischer/Riedlinger* Anzeigepflicht für grenzüberschreitende Steuergestaltungen, IWB 2018, 416; *Fleischer,* Die „Business Judgement Rule": Vom Richterrecht zur Kodifizierung, ZIP 2004, 685–692; *ders.,* Handbuch des Vorstandsrechts, 2006. *Geuenich/Ludwig,* Tax-Compliance-Management-Systeme (Tax CMS) – Einordnung durch Finanzbehörden und Gerichte, BB 2018, 1303; *Goette,* Organisationspflichten in Kapitalgesellschaften zwischen Rechtspflicht und Opportunität, ZHR 175 (2011), 388–400; *Habersack,* Die Legalitätspflicht des Vorstands der AG, FS U. H. Schneider, 2011, S. 429–441; *ders./Foerster,* Austauschgeschäfte der insolvenzreifen Gesellschaft, ZHR 178 (2014), 387–418; *Harbarth,* Anforderungen an die Compliance-Organisation in börsennotierten Unternehmen, ZHR 179 (2015), 136–172; *Harbarth/Brechtel,* Rechtliche Anforderungen an eine pflichtgemäße Compliance-Organisation im Wandel der Zeit, ZIP 2016, 241–250; *Hemeling,* Organisationspflichten des Vorstands zwischen Rechtspflicht und Opportunität, ZHR 175 (2011), 368–387; *Hey,* Zur Verfassungsmäßigkeit von Anzeigepflichten für Steuergestaltungen, FR 2018, 633; A. *Hoffmann/Schieffer,* Pflichten des Vorstands bei der Ausgestaltung einer ordnungsgemäßen Compliance-Organisation, NZG 2017, 401–407; *Hüffer,* Bewertungsprobleme in der Überschuldungsbilanz, FS Wiedemann, 2002, S. 1047–1068; *Ihrig,* Reformbedarf beim Haftungstatbestand des § 93 AktG, WM 2004, 2098–2107; *Ihrig/Schäfer,* Rechte und Pflichten des Vorstands, 2. Aufl. 2020; *Kiefner/Krämer,* Geschäftsleiterhaftung nach ISION und das Vertrauendürfen auf Rechtsrat, AG 2012, 498–502; *J. Koch,* Compliance-Pflichten im Unternehmensverbund?, WM 2009, 1013–1020; *ders.,* Die Anwendung der Business Judgement Rule bei Interessenkonflikten innerhalb des Vorstands, FS Säcker, 2011, S. 403–420; *Köhler,* Innerbetriebliches Kontrollsystem, StBp 2018, *Kremer/Klahold,* Compliance-Programme in Industriekonzernen, ZGR 2010, 113–143; *Krieger,* Wie viele Rechtsberater braucht ein Geschäftsleiter?, ZGR 2012, 496–504; *Leyens,* Information des Aufsichtsrats, 2006; *Löbbe/Fischbach,* Die Business Judgement Rule bei Kollegialentscheidungen des Vorstands, AG 2014, 717–728; *Lutter,* Information und Vertraulichkeit im Aufsichtsrat, 3. Aufl., 2006; *Moosmeyer,* Compliance, 2. Aufl. 2012; *W. Müller,* Der Verlust der Hälfte des Grund- oder Stammkapitals, ZGR 1985, 191–213; *Osterloh-Konrad* Anzeigepflicht für Steuergestaltungen, FR 2018, 621; *Paefgen,* Die Darlegungs- und Beweislast bei der Business Judgement Rule, NZG 2009, 891–896; A. *Reuter,* „Krisenrecht" im Vorfeld der Insolvenz – das Beispiel der börsennotierten AG, BB 2003, 1797–1804; *C. Schäfer,* Die Binnenhaftung von Vorstand und Aufsichtsrat nach der Renovierung durch das UMAG, ZIP 2005, 1253–1259; *Schiessl,* Die Wahrnehmung von Geschäftschancen der GmbH durch ihren Geschäftsführer, GmbHR 1988, 53–56; *Sven H. Schneider,* „Unternehmerische Entscheidungen" als Anwendungsvoraussetzungen für die Business Judgement Rule, DB 2005, 707–712; *Schnitger/Brink/Welling* Die neue Meldepflicht für grenzüberschreitende Steuergestaltungen (Teil I) IStR 2018, 513; *Ph. Scholz,* Die Haftung bei Verstößen gegen die Business Judgement Rule, AG 2015, 222–231; *Schnorr,* Geschäftsleiteraußenhaftung für fehlerhafte Buchführung, ZHR 170 (2006), 9–38; *Schulze-Osterloh,* Grenzen des Gläubigerschutzes bei fahrlässiger Konkursverschleppung, AG 1984, 141–147; *Seer,* Verbindliche Auskunft, FR 2017, 161; *Seibert,* Die Entstehung des § 91 Abs. 2 AktG im KonTraG – „Risikomanagement" oder „Frühwarnsystem"?, FS Bezzenberger, 2000, S. 427–438; *Seyfarth,* Vorstandsrecht, 2016; *Stöber,* Anzeigepflicht in Bezug auf Steuergestaltungen im deutschen und europäischen Recht, BB 2018, 1559; *Strohn,* Beratung der Geschäftsführung durch Spezialisten als Ausweg aus der Haftung?, ZHR 176 (2012), 137–143; *ders.,* Pflichtenmaßstab und Verschulden bei der Haftung von Organen einer Kapitalgesellschaft, CCZ 2013, 177–184; *Thole,* Managerhaftung für Gesetzesverstöße, ZHR 173 (2009), 504–535; *Timm,* Wettbewerbsverbot und Geschäftschancenlehre im Recht der GmbH, GmbHR 1981, 177–186; *Verse,* Compliance im Konzern- Zur Legalitätskontrollpflicht der Geschäftsleiter einer Konzernobergesellschaft, ZHR 175 (2011), 401–424; *ders.,* Organhaftung bei unklarer Rechtslage – Raum für eine Legal Judgement Rule?, ZGR 2017, 174–195; *J. Vetter*, Intuition und Business Judgement, FS Bergmann, 2018, S. 827–848; *Wertenbruch*, Gesellschafterbeschluss für Insolvenzantrag bei drohender Zahlungsunfähigkeit?, DB 2013, 1592–1596; *Weyland*, Rechtsirrtum und Delegation durch den Vorstand, NZG 2019, 1041–1045. S. auch Schrifttum zu § 26.

I. Allgemeines

1 Die Vorstandsmitglieder sind nach §§ 76–78 AktG berechtigt und verpflichtet, die Gesellschaft unter eigener Verantwortung zu leiten (dazu oben § 19) sowie die Geschäftsführung und Vertretung wahrzunehmen (dazu §§ 22, 23). Detaillierte Verhaltenspflichten der Vorstandsmitglieder sind in zahlreichen Vorschriften des AktG und anderer Gesetze geregelt. Außerdem enthält § 93 Abs. 1 S. 1 AktG einen umfassenden Auffangtatbestand, wonach die Vorstandsmitglieder „bei ihrer Geschäftsführung die Sorgfalt eines ordentlichen und gewissenhaften Geschäftsleiters anzuwenden haben." Diese Regelung erfüllt eine doppelte Funktion[1]: Zum einen konkretisiert sie den allgemeinen Verschuldensmaßstab des § 226 Abs. 2 BGB („im Verkehr erforderliche Sorgfalt"). Zum anderen umschreibt sie die objektiven Verhaltenspflichten der Vorstandsmitglieder in Form einer Generalklausel, aus der im Wege der Konkretisierung einzelne Verhaltenspflichten abzuleiten sind, soweit sie nicht bereits anderweitig geregelt sind.

2 Die aus dem Amt folgenden Verhaltenspflichten bestehen für **alle Vorstandsmitglieder.** Sie gelten uneingeschränkt auch für stellvertretende Vorstandsmitglieder gem. § 94 AktG (dazu → § 24 Rn. 20 ff.), nach § 85 AktG gerichtlich bestellte Vorstandsmitglieder (dazu → § 20 Rn. 30 ff.) und nach § 105 Abs. 2 AktG bestellte Stellvertreter von fehlenden oder verhinderten Vorstandsmitgliedern (dazu → § 24 Rn. 24 ff.). Die Verhaltenspflichten bestehen für die Dauer der Bestellung zum Vorstandsmitglied, und zwar unabhängig davon, ob auch ein Anstellungsvertrag besteht. Sie gelten auch für fehlerhaft bestellte, aber tatsächlich tätige Vorstandsmitglieder (dazu → § 20 Rn. 40 ff.) und für faktische Vorstandsmitglieder (dazu → § 20 Rn. 43 f.). Die objektiven Verhaltenspflichten des Vorstands lassen sich systematisch unterscheiden in die aus der Leitungsfunktion folgenden Leitungspflichten (dazu → Rn. 4 ff.), die Sorgfaltspflichten („duty of care", dazu → Rn. 31 ff.), die Treuepflichten („duty of loyalty", dazu → Rn. 39 ff.) und die sonstigen gesetzlich geregelten Einzelpflichten.

3 Zu den möglichen strafrechtlichen Konsequenzen der Pflichtverletzung eines Vorstandsmitglieds geht der 5. Strafsenat des BGH davon aus, dass jede Überschreitung der durch die Business Judgement Rule (dazu → Rn. 54 ff.) normierten Grenzen des unternehmerischen Ermessens den Tatbestand einer gravierenden Pflichtverletzung im Sinne des **Untreuetatbestands** des § 266 StGB erfüllt.[2] Das wird im aktienrechtlichen Schrifttum mit Recht als zu weitgehend kritisiert.[3]

II. Leitungspflichten

4 **1. Allgemeines.** § 76 Abs. 1 AktG weist die Aufgabe der Leitung der Gesellschaft dem Vorstand zu. Daraus folgt die organschaftliche, dh aus ihrem Amt folgende Pflicht aller Vorstandsmitglieder zur Leitung der Gesellschaft. Unter Leitung im Sinne von § 76 Abs. 1 AktG wird nur ein herausgehobener Teilbereich der Geschäftsführung, nämlich die Führungs- und Unternehmerfunktion des Vorstands, verstanden (→ § 22 Rn. 1). Zu der so verstandenen Unternehmensleitung gehören insbesondere die Aufgaben der Unternehmensorganisation, der Unternehmensplanung und -steuerung und der ausreichenden Finanzierung und der Besetzung der Führungspositionen.

---

[1] Hüffer/*Koch* AktG § 93 Rn. 5; Spindler/Silz AktG/*Fleischer* § 93 Rn. 10.
[2] BGH NZG 2017, 116 Rn. 27 „HSH Nordbank".
[3] Hüffer/*Koch* AktG § 93 Rn. 91; *Baur/Holle* ZIP 2017, 555 (556 ff.); *E. Vetter/Peters* Der Konzern 2017, 269 (271 ff.).

Bei der Leitung des Unternehmens haben die Vorstandsmitglieder als „ordentliche und gewissenhafte Geschäftsleiter" die gesicherten und in der Praxis bewährten **Grundsätze ordnungsgemäßer Unternehmensführung**[4] zu beachten. Diese in der Betriebswirtschaft entwickelten Grundsätze besitzen jedoch keine normative Verbindlichkeit, da es einen einheitlichen Standard schon wegen der unterschiedlichen tatsächlichen Erscheinungsformen der Unternehmen nicht geben kann[5]. Vielmehr können betriebswirtschaftliche Grundsätze ordnungsgemäßer Unternehmensführung nur unterstützend zur Konkretisierung im Einzelfall herangezogen werden. 5

2. Pflicht zur Unternehmensorganisation. Die Leitungsaufgabe des Vorstands umfasst die Verpflichtung zur Schaffung einer Organisationsstruktur, die geeignet ist, den Unternehmenszweck und Unternehmensgegenstand zu erfüllen. Der Vorstand hat für eine gesetzmäßige, satzungskonforme und möglichst effiziente Organisation Sorge zu tragen. Der konkrete Inhalt der Organisationspflicht hängt von Art und Größe des Unternehmens ab. Einzelheiten ergeben sich aus der Pflicht zur Unternehmensplanung, –steuerung und –kontrolle (→ Rn. 7), aus der Personalverantwortung (→ Rn. 11), der Finanzverantwortung (→ Rn. 12) sowie aus der in § 91 Abs. 2 AktG geregelten Pflicht zur Einrichtung eines Systems zur Früherkennung von den Fortbestand der Gesellschaft gefährdenden Entwicklungen (→ Rn. 13 ff.) und der Pflicht zur systematischen Vorsorge gegen Compliance-Verstöße durch eine dafür geeignete Compliance-Organisation (→ Rn. 16 ff.). 6

a) Unternehmensplanung, –steuerung und –kontrolle. Zur ordnungsgemäßen Unternehmensleitung gehört die Erstellung einer **Unternehmensplanung**[6]. Dies wird im Gesetz klargestellt durch die Pflicht des Vorstands, dem Aufsichtsrat nach § 90 Abs. 1 S. 1 Nr. 1 AktG über die beabsichtigte Geschäftspolitik und andere grundsätzliche Fragen der Unternehmensplanung zu berichten (dazu → Rn. 67). Der Sache nach hat die Unternehmensplanung, wie der Klammerzusatz in § 90 Abs. 1 Nr. 1 AktG zeigt, insbesondere aus der Finanz-, Investitions- und Personalplanung zu bestehen. Die Aufzählung ist nicht abschließend zu verstehen. In Abhängigkeit von Branche, Größe, Struktur und wirtschaftlicher Lage des Unternehmens lassen sich allgemeine Vorgaben nicht definieren. Es besteht allerdings Einigkeit, dass zumindest eine Budgetplanung für das laufende und das kommende Geschäftsjahr rechtlich geboten ist[7]. Darüber hinaus spricht viel dafür, dass der Vorstand jedenfalls in größeren Unternehmen eine über mehrere Jahre reichende Planung zu erstellen hat[8]. Im Übrigen liegen sowohl die Festlegung der zeitlichen Reichweite der Planung als auch die Konkretisierung ihres Inhalts weitgehend im unternehmerischen Ermessen des Vorstands. Dasselbe gilt für die Art und Weise der Unternehmensplanung, so insbesondere die Frage einer „top down"- oder „bottom up"-Planung. 7

Die von der Betriebswirtschaftslehre entwickelten Grundsätze ordnungsgemäßer Unternehmensplanung[9] können für die Konkretisierung hilfreich sein, sind aber – ebenso wie die Grundsätze ordnungsgemäßer Unternehmensführung, → Rn. 5 – nicht rechtlich verbindlich. Der **Kodex** (Grundsatz 2 DCGK) stellt fest, dass der Vorstand die strategische Ausrichtung des Unternehmens entwickelt. Damit wird zwar die Erstellung einer strategischen Planung nahegelegt, aber der Vorstand kann dem je nach den Verhältnissen des Unternehmens auch ohne eine bis zum Ergebnis durchgerechnete strategische Planung entsprechen, sofern nur gewährleistet ist, dass der Vorstand die grundlegenden Richtungsentscheidungen trifft und deren Umsetzung steuert und kontrolliert. 8

---

[4] S. dazu v. *Werder, Theisen, Hommelhoff/Schwab* ua in ZfbF 1996 Sonderheft 36.
[5] MüKoAktG/*Spindler* § 93 Rn. 45.
[6] Hüffer/*Koch* AktG § 90 Rn. 4a mN.
[7] *Seyfarth* Vorstandsrecht § 8 Rn. 7; Hüffer/*Koch* AktG § 90 Rn. 4a; Spindler/Stilz AktG/*Fleischer* § 93 Rn. 52.
[8] *Seyfarth* Vorstandsrecht § 8 Rn. 7; Schmidt/Lutter/*Krieger-Sailer-Coceani* AktG § 90 Rn. 8; zurückhaltender Spindler/Stilz AktG/*Fleischer* § 93 Rn. 52.
[9] Vgl. *Groß/Amen* WPg 2003, 1161 (1176 ff.).

9   Die Leitungsaufgabe des Vorstands umfasst weiterhin die **Unternehmenssteuerung** und **-kontrolle**. Der Vorstand ist insbesondere verpflichtet, die Umsetzung der Unternehmensplanung zu steuern und zu überwachen. Dies setzt fortlaufende Soll/Ist-Vergleiche und ein zuverlässiges Controlling voraus[10]. Die Kontrollpflichten des Vorstands werden reflexartig verdeutlicht durch die in § 107 Abs. 3 S. 2 AktG aufgelisteten Pflichten eines Prüfungsausschusses des Aufsichtsrats zur Prüfung der Wirksamkeit des internen Kontrollsystems, des Risikomanagementsystems und des internen Revisionssystems (dazu → § 32 Rn. 26 ff.). Konkret verpflichtet § 91 Abs. 2 AktG den Vorstand zur Einrichtung eines funktionierenden Frühwarnsystems (dazu → Rn. 13 f.). Trotz der Erwähnung des Risikomanagementsystems als Gegenstand der Prüfungspflichten des Aufsichtsrats besteht keine generell für alle Aktiengesellschaften bestehende Pflicht zur Einrichtung eines umfassenden Risikomanagementsystems (→ § 32 Rn. 27).

10   Ein sinnvolles und gut funktionierendes Berichtswesen ist unerlässliche Voraussetzung, damit der Vorstand seinen Überwachungs- und Kontrollaufgaben nachkommen kann. Deshalb gehört die Einrichtung eines effizienten internen **Informationssystems** zu den Organisationspflichten des Vorstands. Das System muss so ausgestaltet sein, dass relevante Informationen tatsächlich an die entscheidenden Personen weitergegeben (Informationsweiterleitungspflicht) und in der Organisation vorhandene relevante Informationen auch tatsächlich abgefragt werden (Informationsabfragepflicht).[11]

11   **b) Personalverantwortung.** Eine effektive Steuerung des Unternehmens erfordert, dass der Vorstand die entscheidenden Schlüsselpositionen mit qualifiziertem Personal besetzt. Dazu gehört jedenfalls, dass der Vorstand das Personal der ersten Führungsebene selbst aussucht[12]. In Gesellschaften, die börsennotiert sind oder der Mitbestimmung unterliegen, hat der Vorstand gem. § 76 Abs. 4 AktG für den Frauenanteil in den beiden Führungsebenen unterhalb des Vorstands Zielgrößen festzulegen (→ § 19 Rn. 56 ff., zu Zielgrößen für den Frauenanteil im Vorstand → § 20 Rn. 11).

12   **c) Finanzverantwortung.** Zu den Leitungspflichten des Vorstands gehört die Pflicht, für eine ausreichende Finanzierung der Gesellschaft zu sorgen, insbesondere eine Finanzplanung aufzustellen und auf dieser Basis die jederzeitige Liquidität des Unternehmens sicherzustellen[13]. Zu diesem Zweck müssen die Berichtspflichten so eingerichtet werden, dass der Vorstand jederzeit über die finanzielle Situation der Gesellschaft informiert ist[14]. In einer finanziellen Krisensituation sowie im Vorfeld einer Insolvenz treffen den Vorstand besondere Sorgfaltspflichten, insbesondere zur Beobachtung der Liquidität (dazu → Rn. 105).

13   **d) Früherkennungssystem für bestandsgefährdende Entwicklungen.** Das Kontrollsystem als Teil der Unternehmensorganisation muss nach § 91 Abs. 2 AktG so eingerichtet sein, dass bestandsgefährdende Entwicklungen frühzeitig erkannt werden. Das System muss eine Bestandsaufnahme des Ist-Zustands der Risiken mit einer prognostischen Einschätzung der Entwicklungen im Zeitablauf verbinden. Bestandsgefährdende Risiken sind solche, die ein Insolvenzrisiko der Gesellschaft herbeiführen oder erheblich steigern[15]. Eine bloße Bedrohung der Rentabilität des Unternehmens reicht nicht. Das System muss geeignet sein, die bestandsgefährdende Entwicklung frühzeitig zu erkennen, also so rechtzeitig, dass der Vorstand noch in der Lage ist, Gegenmaßnahmen zu ergreifen, um den Fortbestand des Unternehmens zu sichern.

---

[10] Spindler/Stilz AktG/*Fleischer* § 93 Rn. 55.
[11] BGHZ 182, 85 Rn. 16.
[12] *Seyfarth* Vorstandsrecht § 8 Rn. 9; Ihrig/Schäfer Rechte und Pflichten des Vorstands S. 174 Rn. 422; Großkomm AktG/*Kort* § 77 Rn. 32.
[13] Spindler/Stilz AktG/*Fleischer* § 93 Rn. 57.
[14] *Fleischer* HdB des Vorstandsrechts § 7 Rn. 43.
[15] Hüffer/*Koch* AktG § 91 Rn. 6; Spindler/Stilz AktG/*Fleischer* § 91 Rn. 32.

Der Vorstand muss geeignete Maßnahmen zur Früherkennung treffen. Sie sind geeignet, **14** wenn nach den vorliegenden Erfahrungen damit gerechnet werden kann, dass mit ihrer Hilfe bestandsgefährdende Entwicklungen systematisch aufgedeckt und dem Vorstand bekannt werden. Bei der Einschätzung der Geeignetheit der Maßnahmen hat der Vorstand einen unternehmerischen Ermessensspielraum, bei dessen Ausübung insbesondere Größe, Branche und Struktur, aber auch der Zugang zu Finanzierungen durch Kreditinstitute oder über den Kapitalmarkt zu berücksichtigen sind[16]. Zu den Maßnahmen, die der Vorstand nach § 91 Abs. 2 AktG zu treffen hat, gehört „insbesondere" die Einrichtung eines entsprechenden Überwachungssystems. Entgegen einer im Schrifttum vertretenen Auffassung verlangt § 91 Abs. 2 AktG nicht die Einführung eines umfassenden **Risikomanagementsystems**[17], wenngleich § 107 Abs. 3 S. 2 AktG bei der Auflistung der Pflichten eines Prüfungsausschusses des Aufsichtsrats die Existenz eines Risikomanagementsystems voraussetzt (→ § 32 Rn. 27). § 91 Abs. 2 AktG verlangt weniger, nämlich nur geeignete organisatorische Vorkehrungen zur Früherkennung bestandsgefährdender Entwicklungen und die Überprüfung, ob diese Vorkehrungen auch tatsächlich geeignet und umgesetzt sind.

Weitergehende Organisationspflichten insbesondere zur Einrichtung eines umfassenden **15** Risikomanagementsystems finden sich in verschiedenen Vorschriften des Wirtschaftsaufsichtsrechts. Vor allem die Vorschriften in § 25a KWG, § 80 WpHG, § 23 VAG werden insoweit herangezogen und ihnen eine „Schrittmacherrolle" mit Ausstrahlungswirkung auf das allgemeine Aktienrecht zugesprochen. Zu Recht wird dagegen von der hM betont, dass die vorgenannten Vorschriften der besonderen volkswirtschaftlichen Bedeutung der betroffenen Branchen und ihren spezifischen Verhältnissen Rechnung tragen und daher aus ihnen keine für jede AG geltenden Schlussfolgerungen für die Konkretisierung der Organisationspflichten als Ausdruck der Unternehmensleitungspflicht gezogen werden können.[18]

e) Compliance-Organisation. aa) Begriff und Rechtspflicht. Mit dem Begriff **16** „Compliance" wird deskriptiv die Einhaltung aller für die Führung des Unternehmens verbindlichen gesetzlichen Bestimmungen und unternehmensinternen Verhaltensregeln bezeichnet. Normativ bedeutet „Compliance", dass der Vorstand abgesehen von seiner eigenen Bindung an Gesetz und Recht (Legalitätspflicht, → Rn. 31) für die Einhaltung der gesetzlichen Bestimmungen und unternehmensinternen Richtlinien durch die nachgeordneten Mitarbeiter zu sorgen hat (Legalitätskontrollpflicht, → Rn. 32). In diesem Sinne definiert der Deutsche Corporate Governance **Kodex** das Stichwort Compliance in Grundsatz 5.

Nach ersten Ansätzen im Jahr 2003[19] wurde gegen Ende des Jahrzehnts, befördert durch **17** die Aufdeckung des Korruptionsskandals im Siemens-Konzern Ende 2006, im Schrifttum zunehmend die Auffassung vertreten, der Vorstand sei zur systematischen Vorsorge gegen Compliance-Verstöße verpflichtet und müsse eine dafür geeignete besondere Organisation einrichten (**„Compliance-Management-System")**.[20] Die Vorstellungen darüber, wie ein solches System auszugestalten sei und welche Elemente vorhanden sein müssten, wurden erst nach und nach entwickelt und systematisiert, insbesondere in dem IDW-

---

[16] MüKoAktG/*Spindler* § 91 Rn. 28; Spindler/Stilz AktG/*Fleischer* § 91 Rn. 33.
[17] Spindler/Stilz AktG/*Fleischer* § 91 Rn. 34 f.; KölnKommAktG/*Mertens/Cahn* § 91 Rn. 20; Hüffer/*Koch* AktG § 91 Rn. 9; Schmidt/Lutter/*Krieger/Sailer-Coceani* AktG § 91 Rn. 14; *Baums* ZGR 2011, 218 (270 ff.); vgl. auch *Seibert* FS Bezzenberger, 2000, 427 ff. u. *Hoffmann-Becking* ZGR 1998, 497 (513). Anders *Spindler* FS Hüffer, 2010, 985 (988 ff.); MüKoAktG/*Spindler* § 91 Rn. 29 ff.
[18] Hüffer/*Koch* AktG § 91 Rn. 9; Spindler/Stilz AktG/*Fleischer* § 91 Rn. 43; Schmidt/Lutter/ *Krieger/Sailer-Coceani* AktG § 91 Rn. 15.
[19] *Uwe H. Schneider* ZIP 2003, 645 (648 ff.); *Fleischer* AG 2003, 291 ff.
[20] *Bürkle* BB 2005, 565 (568 ff.); *Lösler* WM 2007, 676 ff.; *Reichert/Ott* ZIP 2009, 2173 (2174); *Fleischer*, HdB VorstandsR, 2006, § 8 Rn. 43; *Fleischer* CCZ 2008, 1 (2 ff.); zurückhaltender *Hauschka* VGR Bd. 13, 2008, S. 51/61; weitere Nachw. zur Entwicklung des Schrifttums bei *Harbarth/Brechtel* ZIP 2016, 241 (245 f.) u. *Bachmann* ZIP 2014, 579 (581).

Prüfungsstandard PS 980[21] von März 2011 für freiwillige Prüfungen von Compliance-Management-Systemen. Bezeichnend für die Entwicklung sind die wechselnden Fassungen von Ziff. 4.1.3 DCGK des **Kodex:** In der von 2002 bis 2006 geltenden Fassung stellte der Kodex nur fest, dass der Vorstand für die Einhaltung der gesetzlichen Bestimmungen zu sorgen hat und auf deren Beachtung durch die Konzernunternehmen hinwirkt. Erstmals in der Fassung von 2007 wurde die Definition ergänzt durch das in Klammern gesetzte Wort („Compliance"), und erst in der Fassung von 2017 wurde als Satz 2 die Empfehlung angefügt, dass der Vorstand für „angemessene, an der Risikolage des Unternehmens ausgerichtete Maßnahmen (Compliance-Management-System) sorgen und deren Grundzüge offenlegen soll". Sinngleich formuliert der Kodex 2020 in der Empfehlung A. 2 Satz 1.

18 Eine ausdrücklich normierte Pflicht zur Einrichtung eines Compliance-Management-Systems kennt das Aktiengesetz nicht. Die heute hM folgert jedoch aus der Unternehmensleitungspflicht eine Pflicht des Vorstands zur Schaffung und zum Betreiben einer gesonderten Compliance-Organisation.[22] Allerdings gibt es im Schrifttum auch namhafte Gegenstimmen, die eine generelle Rechtspflicht des Vorstands einer AG zur Einrichtung einer institutionalisierten Compliance-Organisation verneinen.[23] Die Meinungsunterschiede sind jedoch nicht so groß, wie es auf den ersten Blick erscheint. Denn auch die hM verlangt die Einrichtung eines Compliance-Management-Systems nur bei „entsprechender Gefährdungslage"[24] und nicht bei „überschaubaren Unternehmen mit geringer Risikoexposition"[25], und umgekehrt konzediert die Gegenmeinung, dass sich abhängig von Größe, Struktur und Risikolage des Unternehmens das grundsätzlich bestehende unternehmerische Ermessen zum „Ob" einer Compliance-Organisation zur Rechtspflicht verdichten kann.[26]

19 Weitgehende Einigkeit besteht insoweit, als die Rechtsgrundlage für die Pflicht zur Schaffung eines Compliance-Management-Systems nicht in § 130 OWiG und nicht in den spezialgesetzlichen Vorschriften der Finanzaufsicht in § 25a KWG, § 80 Abs. 1 WpHG und § 29 VAG zu suchen ist und auch § 91 Abs. 2 AktG als Basis zu schmal angelegt wäre. Überwiegend wird die Verpflichtung zur Schaffung eines Compliance-Management-Systems aus der allgemeinen Leitungs- und Sorgfaltspflicht der Vorstandsmitglieder zur ordnungsgemäßen Organisation des Unternehmens gem. §§ 76 Abs. 1, 93 Abs. 1 AktG abgeleitet.[27]

20 Die grundlegenden Entscheidungen zur Einrichtung und Ausgestaltung des Compliance-Management-Systems muss der Vorstand selbst treffen und darf sie nicht auf nachgeordnete Ebenen delegieren[28]. Der Vorstand muss sich auch regelmäßig von der Taug-

---

[21] Grundsätze ordnungsgemäßer Prüfung von Compliance Management Systemen (IDW PS 980), WPg-Supplement 2/2011 S. 78. Vgl. dazu Spindler/Stilz AktG/*Fleischer* § 91 Rn. 62.

[22] LG München I ZIP 2014, 570 (573) – Siemens/Neubürger; KölnKommAktG/*Mertens/Cahn* § 91 Rn. 35; GroßkommAktG/*Hopt/M. Roth* § 91 Rn. 122; Spindler/Stilz AktG/*Fleischer* § 91 Rn. 47; *Seyfarth* Vorstandsrecht § 8 Rn. 39 ff.; *Ihrig/Schäfer*, Rechte und Pflichten des Vorstands, 2014, § 22 Rn. 590, 593; Bürgers/Körber AktG/*Bürgers* § 93 Rn. 8a.

[23] Hüffer/*Koch* AktG § 76 Rn. 14; MüKoAktG/*Spindler* § 91 Rn. 66. *Paefgen* WM 2016, 433 (437); Schmidt/Lutter/*Krieger/Sailer-Conceani* AktG § 93 Rn. 8; vgl. auch DAV NZG 2017, 57 (58) u. *Baur/Holle* NZG 2017, 170 (171) zu Ziff. 4.1.3 DCGK.

[24] LG München I NZG 2014, 345 (346). S. auch Großkomm AktG/*Hopt/M. Roth* § 91 Rn. 122.

[25] Spindler/Stilz AktG/*Fleischer* § 91 Rn. 48.

[26] MüKoAktG/*Spindler* § 91 Rn. 66. In diesem Sinne auch Schmidt/Lutter/*Krieger/Sailer-Conceani* AktG § 93 Rn. 8; *Harbarth* ZHR 179 (2015), 136 (153).

[27] Spindler/Stilz AktG/*Fleischer* § 91 Rn. 50; KölnKommAktG/*Mertens/Cahn* § 91 Rn. 35; MüKoAktG/*Spindler* § 91 Rn. 52; *Bachmann* ZIP 2014, 579 (581), aA LG München I NZG 2014, 345: Legalitätspflicht als Grundlage. Zum Verhältnis der Compliance-Organisationspflichten aus § 130 OWiG und § 93 AktG s. *Löbbe* FS Seibert, 2019, 561 ff.

[28] LG München I NZG 2014, 345 (348); Spindler/Stilz AktG/*Fleischer* § 91 Rn. 63; Hüffer/*Koch* AktG § 76 Rn. 12; KölnKommAktG/*Mertens/Cahn* § 91 Rn. 36; Großkomm AktG/*Hopt/Roth* § 93

lichkeit der getroffenen Vorkehrungen und eingeführten Elemente des Systems vergewissern.[29]

bb) Ermessen bei Ausgestaltung. Die Entscheidung über das „Ob" einer institutionalisierten Compliance-Organisation ist, wenn man der hM folgt, eine gebundene Entscheidung.[30] Für die konkrete Ausgestaltung der Compliance-Organisation, also das „Wie", kann der Vorstand dagegen nach allgM unternehmerisches Ermessen in Anspruch nehmen.[31] Zu berücksichtigen sind dabei insbesondere das Gefährdungsmaß sowie Art, Umfang, geographische Präsenz und Kundenstruktur des von der Gesellschaft betriebenen Geschäfts, die konkrete Organisationsstruktur und die Erfahrungen mit Rechtsverstößen in der Vergangenheit. Nicht alle in der Literatur und den Handbüchern empfohlenen Elemente und Maßnahmen müssen zwangsläufig in jedem Compliance-Management-System enthalten sein und umgesetzt werden. Allerdings wird die rechtlich bestehende Ermessensfreiheit zunehmend faktisch eingeschränkt, weil die Standardisierung der Compliance-Management-Systeme, getrieben durch das Absicherungsbedürfnis der Vorstände, zu immer anspruchsvolleren Systemen führt und zunehmend das Risiko besteht, dass aus den tatsächlich praktizierten Standards zu Unrecht auf das Ausmaß der Rechtspflichten des Vorstands geschlossen wird.[32]

Zu bedenken ist auch, dass der Aufbau eines Compliance-Management-Systems notwendig in Teilschritten erfolgt, also nicht von Anfang an vollständig sein kann. Der Aufbau ist auch niemals abgeschlossen, sondern ein Compliance-Management-System wird evolutionär entwickelt durch die Hinzufügung von Elementen, die Aufstellung von neuen Programmen, die Erprobung, Schärfung und Auswechslung von Instrumenten und organisatorischen Vorkehrungen etc. Demgemäß ist die Ausgestaltung eines Compliance-Management-Systems nicht Gegenstand einer einzigen unternehmerischen Entscheidung, sondern einer Reihe von Ermessensentscheidungen der Unternehmensleitung in rechtlich nicht vorgegebener zeitlicher Folge. Entsprechend ist auch die Frage nach der ausreichenden Informationsgrundlage im Sinne der Business Judgement Rule auf das zu beschränken, was konkreter Gegenstand der jeweiligen Entscheidung ist.

Mit diesen Vorbehalten lässt sich feststellen, dass ein mustergültiges Compliance-Management-System typischerweise insbesondere die folgenden Elemente enthält[33]:

Risikoanalyse. Meist ergeben sich schon aus der Art der Geschäftstätigkeit und auch ohne systematische Analyse die wesentlichen Risikofelder, zB bei einem international tätigen Anlagenbauer das Risiko der Korruption und bei Herstellern von Serienprodukten oder homogenen Massengütern das Risiko wettbewerbswidriger Absprachen. Eine systematische und detaillierte Risikoanalyse erfordert darüber hinaus eine Bewertung und Priorisierung der Compliance-Risiken der einzelnen Funktions- und Geschäftsbereiche des Unternehmens.

Gesichertes Informationssystem. Durch ein geeignetes Melde- und Berichtswesen muss gewährleistet werden, dass die Compliance-Einheit in der Unternehmensspitze schnell und zuverlässig über alle Compliance-Vorfälle in den nachgeordneten Einheiten informiert wird, und ebenso muss umgekehrt gewährleistet werden, dass Compliance-relevante Infor-

---

Rn. 186. Zu den Voraussetzungen und Grenzen der Delegation s. *Harbarth* ZHR 179 (2015), 136 (162 ff.) u. *Nietsch* ZHR 180 (2016), 733 (767 ff.).

[29] *Spindler/Stilz* AktG/*Fleischer* § 91 Rn. 63.

[30] *Reichert/Ott* ZIP 2009, 2173 f.; *A. Hoffmann/Schieffer* NZG 2017, 401 (403); aA *Harbarth* ZHR 179 (2015), 136 (152 f.).

[31] *Reichert/Ott* ZIP 2009, 2173; *Harbarth* ZHR 179 (2015), 136 (153 f.); *Seyfarth* Vorstandsrecht § 8 Rn. 40.

[32] Vgl. die nachdrückliche Warnung von *Hüffer/Koch* AktG § 76 Rn. 15.

[33] Vgl. die Zusammenstellungen bei JDW PS 980 Ziff. 4; *A. Hoffmann/Schieffer* NZG 2017, 401 (404 ff.); *Kremer/Klahold* ZGR 2010, 113 (127 ff.); *Moosmayer* Compliance S. 105 ff.; *Schulz* BB 2019, 579 ff.; *Seyfarth* Vorstandsrecht § 8 Rn. 42 ff.

mationen der Unternehmensspitze zu den Compliance-Verantwortlichen auf den unteren Ebenen gelangen.

26 *Bedarfsgerechte Organisation.* Die Compliance-Organisation kann zentral oder dezentral eingerichtet werden. In großen Unternehmen ist es üblich, dass der Vorstand die Compliance-Aufgaben auf einen Compliance-Officer delegiert und bei der Unternehmensspitze eine besondere Compliance-Einheit gebildet wird, die ihrerseits die Compliance-Beauftragten der nachgeordneten Ebenen kontrolliert. In diesen Zusammenhang gehört auch ein angemessener Personalaufbau auf den einzelnen Ebenen nach Maßgabe der zentralen oder dezentralen Struktur der Compliance-Organisation.

27 *Richtlinien und Schulungen.* Die Entwicklung von Verhaltensgrundsätzen und der Erlass von Richtlinien zB für den Abschluss von Beraterverträgen erfolgen in der Regel durch die zentrale Compliance-Einheit der Unternehmensspitze. Dasselbe gilt für Programme der Mitarbeiterschulung, die in den einzelnen Teileinheiten des Unternehmens umgesetzt werden.

28 *Systemprüfung und Nachjustierung.* Zu einem funktionstüchtigen Compliance-Management-System gehören seine regelmäßige Fortentwicklung und die Überprüfung der Compliance-Vorgaben.

29 *Sanktionierung von Verstößen.* Zur notwendigen repressiven Dimension der Compliance-Organisation gehört die konsequente Ahndung von Verstößen mitsamt entsprechender Verlautbarungen der Unternehmensspitze („Tone from the Top").

30 cc) **Compliance im Konzern.** Die Compliance-Verantwortung des Vorstands einer Muttergesellschaft beschränkt sich nicht auf das eigene Unternehmen, sondern erstreckt sich auch auf die nachgeordneten Konzerngesellschaften. Das ergibt sich nicht etwa aus einer von der herrschenden Lehre abgelehnten Konzernleitungspflicht des Vorstands, sondern aus seiner Verantwortung für den Beteiligungsbesitz der Gesellschaft und wegen des Risikos, dass die negativen Folgen von Compliance-Verstößen in Tochtergesellschaften auf die Mutter durchschlagen (→ § 70 Rn. 27)[34]. Der Vorstand der Obergesellschaft nimmt diese Verantwortung vorrangig dadurch wahr, dass er konzernweite Compliance-Richtlinien erlässt, deren Umsetzung zwar den einzelnen Konzernunternehmen obliegt, aber von der Compliance-Einheit der Muttergesellschaft kontrolliert werden muss. In jedem Fall muss der Vorstand der Obergesellschaft für die Errichtung eines funktionstüchtigen konzernweiten Melde- und Berichtssystems sorgen.

III. Sorgfaltspflichten

31 **1. Legalitätspflicht. a) Inhalt der Pflicht.** Die Vorstandsmitglieder müssen bei der Leitung des Unternehmens die für die Gesellschaft geltenden Gesetze und Rechtsvorschriften beachten und befolgen. Diese Legalitätspflicht ist Ausprägung der allgemeinen Sorgfaltspflicht des § 93 Abs. 1 S. 1 AktG. Sie gilt für die Vorschriften aus allen Bereichen des Zivil-, Straf- und Öffentlichen Rechts. Sie erfasst auch die Einhaltung ausländischer Gesetze und Rechtsnormen, soweit sie nach dem maßgeblichen Kollisionsrecht auf das Unternehmen anwendbar sind und nicht in einem unauflösbaren Widerspruch zu deutschem Recht stehen.[35] Die Legalitätspflicht umfasst sowohl die Rechtspflichten, die im Außenverhältnis von dem Unternehmen zu beachten sind, als auch die interne Bindung der Vorstandsmitglieder an die aktienrechtliche Kompetenzverteilung und die Beschränkungen ihrer Geschäftsführungsbefugnis, wie sie sich – entsprechend der Auflistung in § 82

---

[34] Spindler/Stilz AktG/*Fleischer* § 91 Rn. 70; Hüffer/*Koch* AktG § 76 Rn. 21; *Paefgen* WM 2016, 433 (441 f.); *Bicker* AG 2012, 542 (548); *Verse* ZHR 175 (2011), 401 (411 ff.).
[35] KölnKommAktG/*Mertens/Cahn* § 93 Rn. 73; MüKoAktG/*Spindler* § 93 Rn. 109 ff.; Spindler/Stilz AktG/*Fleischer* § 93 Rn. 26 f.; Hüffer/*Koch* AktG § 93 Rn. 6a; Großkomm AktG/*Hopt/M. Roth* § 93 Rn. 141 ff. Differenzierend *Grigoleit* FS Karsten Schmidt, 2019, Bd. I, 367 (375 f.): Verletzung ist idR nicht haftungsbegründend.

Abs. 2 AktG – aus der Satzung, aus den Entscheidungen des Aufsichtsrats und der Hauptversammlung im Rahmen von deren Kompetenzen sowie aus den Geschäftsordnungen des Vorstands und des Aufsichtsrats ergeben. Dazu gehört nicht zuletzt auch die Bindung an den in der Satzung festgelegten Unternehmensgegenstand (dazu näher → § 9 Rn. 10).

b) Legalitätskontrollpflicht. Die Vorstandsmitglieder sind nicht nur verpflichtet, bei ihrem eigenen Handeln die für das Unternehmen geltenden Gesetze und Rechtsvorschriften zu beachten, sondern sie müssen auch für die Einhaltung der Gesetze und Rechtsvorschriften durch die nachgeordneten Einheiten des Unternehmens sorgen (Legalitätspflicht iwS oder Legalitätskontrollpflicht).[36] Auch die Legalitätskontrollpflicht betrifft die Einhaltung des gesamten Spektrums der Gesetze und Rechtsnormen, die der Vorstand bei seinem eigenen Handeln zu beachten hat. Hinzu kommen die vom Vorstand erlassenen unternehmensinternen Richtlinien,[37] deren Einhaltung vom Vorstand zu überwachen ist, ganz gleich, ob man sie als Rechtsnormen iSd Legalitätspflicht oder als weitere Vorschriften ansieht. Die Vorstandsmitglieder müssen nicht für die unbedingte Einhaltung aller Vorschriften durch ihre Mitarbeiter einstehen, sondern sie schulden eine darauf ausgerichtete ordnungsgemäße Aufsicht über die nachgeordneten Ebenen des Unternehmens und die Schaffung einer geeigneten Organisation zur Vorsorge gegen Gesetzesverstöße im Unternehmen. Demgemäß lässt sich die Verpflichtung zur Schaffung einer Compliance-Organisation (→ Rn. 16 ff.) als organisatorische Ausprägung der Legalitätskontrollpflicht einordnen. Welche Vorkehrungen zur Erfüllung der Legalitätskontrolle vom Vorstand ergriffen werden, unterliegt seinem unternehmerischen Ermessen und lässt sich nicht generell umschreiben, sondern hängt insbesondere von der Größe, Branchenzugehörigkeit und organisatorischen Struktur des Unternehmens ab.

c) Durchbrechungen der Legalitätspflicht. aa) Vertragspflichten der Gesellschaft. Den Vorstandsmitgliedern steht bei der Entscheidung, ob sie die Nichterfüllung eines Vertrags – weil wirtschaftlich für die Gesellschaft vorteilhaft – der vertragsgemäßen Erfüllung vorziehen, ein unternehmerischer Handlungsspielraum zu. Der Vorstand hat die Vor- und Nachteile der Erfüllung oder Nichterfüllung des Vertrags abzuwägen. Insbesondere kann es gerechtfertigt sein, statt Erfüllung Schadensersatz zu leisten. Rein begrifflich geht es auch nicht um eine Durchbrechung der Legalitätspflicht, da Verträge nicht zu den durch die Legalitätspflicht erfassten Rechtsnormen gehören.[38]

bb) Unsichere Rechtslage. Ist die Rechtslage unklar oder umstritten, können sich die Vorstandsmitglieder nach hM nicht auf die Business-Judgement-Rule zurückziehen, da insofern keine „unternehmerische Frage" zu entscheiden ist (→ Rn. 57). Der Vorstand hat vielmehr vor seiner Entscheidung unternehmensintern oder extern Rechtsrat einzuholen. Bei verbleibenden Zweifeln kann er bei erheblicher wirtschaftlicher Tragweite der Entscheidung ausnahmsweise verpflichtet sein, eine Second Opinion einzuholen. Bestehen auch danach noch Zweifel, besteht für den Vorstand ein Beurteilungsspielraum, bei dessen Inanspruchnahme er die Folgen der unterschiedlichen Rechtsauffassungen für die Gesellschaft ins Kalkül ziehen muss, vor allem die wirtschaftlichen Auswirkungen auf die Gesellschaft, wenn sich der eingenommene Rechtsstandpunkt im Nachhinein als unzutreffend herausstellen sollte. Dogmatisch spricht viel dafür, die Wertungen und Voraussetzungen der Business-Judgement-Rule, wie sie in § 93 Abs. 1 S. 2 AktG kodifiziert sind, auf die Fallgruppe der unsicheren

---

[36] Zur Begriffsbildung s. Verse ZHR 175 (2011), 401 (403 ff.); Hüffer/Koch AktG § 93 Rn. 6c; MüKoAktG/Spindler § 93 Rn. 115; Paefgen WM 2016, 433 (436); Thole ZHR 173 (2009), 504 (509 f.).
[37] Vgl. Ziff. 4.1.3 DCGK.
[38] Spindler/Stilz AktG/*Fleischer* § 93 Rn. 33. IErg ebenso Großkomm AktG/*Hopt/Roth* § 93 Rn. 148; *U. H. Schneider* FS Hüffer, 2010, 905 (910 ff.); Thole ZHR 173 (2009), 504 (518). Anders insbes. Hüffer/*Koch* AktG § 93 Rn. 17 mN.

Rechtslage entsprechend anzuwenden und bei deren Beachtung eine Pflichtverletzung zu verneinen und entgegen der Rechtsprechung nicht erst das Verschulden auszuschließen.[39]

35 Nach der **Rechtsprechung des BGH** müssen die Vorstandsmitglieder grundsätzlich für einen Rechtsirrtum einstehen. Nur unter engen Voraussetzungen hält der BGH das Vertrauen der Vorstandsmitglieder auf den von ihnen eingeholten Rechtsrat für berechtigt, und zwar auch nur im Sinne eines die Schuld ausschließenden Verbotsirrtums.[40] Dafür sei erforderlich, dass (1) der zu beurteilende Sachverhalt dem Rechtsberater umfassend und mit Offenlegung der erforderlichen Unterlagen geschildert wurde, (2) es sich bei dem Berater um einen fachlich kompetenten und unabhängigen Berater handelt und (3) der Vorstand die Rechtsauskunft einer sorgfältigen Plausibilitätskontrolle unterzogen hat. Dazu im Einzelnen:

36 Unumstritten ist die erste Voraussetzung, wonach sich der Vorstand nur dann auf die Rechtsauskunft verlassen kann, wenn er den Sachverhalt uneingeschränkt offengelegt und etwaige Nachfragen beantwortet hat. Dass muss er nicht notwendig selbst tun, sondern er kann dafür Mitarbeiter, insbesondere die Rechtsabteilung einsetzen. Schwieriger ist die zweite Voraussetzung, denn die fachliche Kompetenz des Beraters können rechtlich nicht vorgebildete Vorstandsmitglieder nur schwer beurteilen. Deshalb reicht es im Regelfall aus, wenn die Auskunft eines zugelassenen Rechtsanwalts eingeholt wird[41]. Die Anwaltszulassung allein reicht aber dann nicht, wenn es sich um eine Entscheidung von erheblicher wirtschaftlicher Tragweite handelt. Dann muss sich der Vorstand vergewissern, dass der Rechtsanwalt über Erfahrungen in der Beratung von Unternehmen in dem in Frage stehenden Rechtsgebiet verfügt.[42] Es muss nicht unbedingt ein externer Rechtsanwalt sein, sondern die Einschaltung der Rechtsabteilung des Unternehmens wird in der Regel genügen.[43] Der BGH hat zwar in der ISION-Entscheidung verlangt, dass die Beratung durch einen „unabhängigen Berufsträger" erfolgt[44], aber er hat in einer späteren Entscheidung klargestellt, dass damit nicht die persönliche Unabhängigkeit gemeint ist, sondern dass der Berater seine Rechtsauskunft sachlich unabhängig, das heißt unbeeinflusst von unmittelbaren oder mittelbaren Vorgaben hinsichtlich des Ergebnisses erteilt hat.[45] Überzogen ist die Ansicht, ein Berater der den Vertragsentwurf erstellt oder die Transaktion konzipiert hat, sei wegen seiner Vorbefassung notwendig ausgeschlossen von einer gutachtlichen Überprüfung des Vertragsentwurfs oder des Transaktionskonzepts.[46] Die Rechtsauskunft muss auch nicht in allen Fällen schriftlich vorliegen, sondern jedenfalls bei einfach gelagerten Fällen und der Eilbedürftigkeit der Entscheidung kann ein mündlicher Rat ausreichen.[47] Schwer einzuschätzen sind die Anforderungen, die an die vom BGH geforderte Plausibilitätsprüfung gestellt werden müssen. Klar ist, dass sich der Vorstand nicht auf die Rechtsauskunft verlassen darf, wenn es sich offenkundig um ein Gefälligkeitsgutachten handelt oder die Widersprüch-

---

[39] Spindler/Stilz AktG/*Fleischer* § 93 Rn. 35g, 209; GroßkommAktG/*Hopt/Roth* § 93 Rn. 140; MüKoAktG/*Spindler* § 93 Rn. 89; dagegen *Koch* FS Bergmann, 2018, 413 (416 ff.).

[40] BGH NZG 2011, 1271 Rn. 16 ff. – ISION; BGH ZIP 2012, 1174 Rn. 16 (zur GmbH); BGH NZG 2015, 792 Rn. 35 ff.

[41] Spindler/Stilz AktG/*Fleischer* § 93 Rn. 35b; GroßkommAktG/*Hopt/Roth* § 93 Rn. 139; *Weyland* NZG 2019, 1041 (1044).

[42] Strenger *Strohn* ZHR 176 (2012), 137 (141) u. CCZ 2013, 177 (181); *Binder* ZGR 2012, 767 (770); Hüffer/*Koch* AktG § 93 Rn. 44b; großzügiger *Kiefner/Krämer* AG 2012, 498 (500 f.); ähnlich wie hier MüKoAktG/*Spindler* § 93 Rn. 93.

[43] MüKoAktG/*Spindler* § 93 Rn. 94; *Wagner* BB 2012, 651 (655 ff.); *Krieger* ZGR 2012, 496 (500); *Kiefner/Krämer* AG 2012, 498 (501); auch *Strohn* ZHR 176 (2012), 137 (140 f.) u. CCZ 2013, 177 (182).

[44] BGH NZG 2011, 127 Rn. 18.

[45] BGH NZG 2015, 792 Rn. 36.

[46] So aber *Strohn* ZHR 176 (2012), 137 (140) u. CCZ 2013, 177 (182). Dagegen *Krieger* ZGR 2012, 496 (500 f.); Spindler/Stilz AktG/*Fleischer* § 93 Rn. 35c; Großkomm AktG/*Hopt/Roth* § 93 Rn. 139; *E. Vetter* NZG 2015, 889 (893).

[47] *Strohn* ZHR 176 (2012), 137 (142); Großkomm AktG/*Hopt/Roth* § 93 Rn. 139; *Binder* ZGR 2012, 767 (772); *Krieger* ZGR 2012, 496 (502 f.); Hüffer/*Koch* AktG § 93 Rn. 44b.

keit der Argumentation auch für den Laien offen zutage tritt.⁴⁸ Im Übrigen muss sich das Vorstandsmitglied zumindest bemühen, die Plausibilität der Argumentation nachzuvollziehen, soweit ihm dies aufgrund seiner beruflichen Erfahrungen möglich ist. Auch kann er sich bei der Einschätzung der Plausibilität eines externen Gutachtens von der eigenen Rechtsabteilung unterstützen lassen⁴⁹, darf die Beurteilung aber nicht vollständig auf die Rechtsabteilung verlagern.⁵⁰

cc) „Nützliche" Gesetzesverstöße. Nach ganz herrschender Ansicht wird das Legalitätsprinzip nicht im Fall sog. „nützlicher" Gesetzesverstöße durchbrochen.⁵¹ Von nützlichen Gesetzesverstößen wird gesprochen, wenn die Verletzung von Rechtsvorschriften für die Gesellschaft zu wirtschaftlichen Vorteilen gegenüber möglichen Sanktionen wegen der Rechtsverletzungen führt. Beispiele sind die Beteiligung an Kartellen, die Zahlung von Schmiergeldern, die Missachtung von Umweltvorschriften und die Nichtbeachtung von Arbeitsschutzvorschriften. Gesetzesverstöße im Außenverhältnis sind zugleich Pflichtverletzungen im Innenverhältnis. Die objektive „Nützlichkeit" des Gesetzesverstoßes vermag das Verhalten des Vorstandsmitglieds nicht zu rechtfertigen. Die Begründung liegt im Allgemeininteresse an der Gesetzesbefolgung und der verhaltenssteuernden Funktion der Organhaftung nach § 93 Abs. 2 AktG. Umstritten ist nur, ob der zwingende Schluss vom externen Gesetzesverstoß auf die interne Pflichtverletzung auch dann ausnahmslos geboten ist, wenn es sich um die Verletzung bloßer Ordnungsvorschriften insbesondere des öffentlichen Rechts handelt. Eine solche de minimis-Ausnahme wird im Schrifttum vereinzelt vertreten⁵², aber die hM lehnt eine Differenzierung von Verstößen gegen Gesetze „erster oder zweiter Klasse" strikt ab.⁵³ 37

IV. Treuepflichten

1. Allgemeines. Kraft ihrer Bestellung unterliegen Vorstandsmitglieder wegen ihrer treuhänderischen Funktion als Verwalter fremder Vermögensinteressen einer besonderen Treuepflicht zur Gesellschaft, die in Umfang und Intensität der daraus resultierenden Einzelpflichten den Standard des § 242 BGB übersteigt. Sie müssen der Gesellschaft loyal dienen und stets die Interessen der Gesellschaft wahren. In allen Angelegenheiten, die das Interesse der Gesellschaft berühren, dürfen sie allein deren Wohl und nicht ihren eigenen Nutzen oder den Nutzen Dritter im Auge haben. Als gesetzliche Ausprägungen der Treuepflicht sind das Wettbewerbsverbot gem. § 88 Abs. 1 AktG (dazu → § 21 Rn. 116) und die Verschwiegenheitspflicht gem. § 93 Abs. 1 S. 3 AktG (dazu → Rn. 47 ff.) anerkannt. Der **Kodex** formuliert in Grundsatz 19 diese Pflichtenstellung leitsatzartig wie folgt: Vorstandsmitglieder (und ebenso die Mitglieder des Aufsichtsrats) sind dem Unternehmensinteresse verpflichtet. Sie dürfen bei ihren Entscheidungen weder persönliche Interessen verfolgen, noch Geschäftschancen für sich nutzen, die dem Unternehmen zustehen. Vorstandsmitglieder unterliegen während ihrer Tätigkeit einem umfassenden Wettbewerbsverbot. 38

Die Verpflichtung zur **Loyalität** verlangt insbesondere den vorbehaltlosen Einsatz aller Fähigkeiten, Kenntnisse und Erfahrungen für die Gesellschaft und einen offenen, ehrlichen und vertrauensvollen Umgang der Vorstandsmitglieder untereinander und mit dem Aufsichtsrat. Sie verlangt auch, interne Auseinandersetzungen nicht nach Außen dringen zu 39

---

⁴⁸ GroßkommAktG/*Hopt/Roth* § 93 Rn. 139; Spindler/Stilz AktG/*Fleischer* § 93 Rn. 35 f.; *Buck-Heeb* BB 2016, 1347 (1352).
⁴⁹ Spindler/Stilz AktG/*Fleischer* § 93 Rn. 35 f.; *Krieger* NZG 2012, 496 (502).
⁵⁰ *Buck-Heeb* BB 2016, 1347 (1353); *Weyland* NZG 2019, 1041 (1045).
⁵¹ Spindler/Stilz AktG/*Fleischer* § 93 Rn. 36 mN auch aus der Rspr.; Großkomm AktG/*Hopt/Roth* § 93 Rn. 134; MüKoAktG/*Spindler* § 93 Rn. 107; *Thole* ZHR 173 (2009), 504 (512 ff.).
⁵² *Habersack* FS U. H. Schneider, 2011, 429 (437 ff.); *U. H. Schneider* FS Hüffer, 2010, 905 (910); *Ihrig* WM 2004, 2098 (2104 f.).
⁵³ Spindler/Stilz AktG/*Fleischer* § 93 Rn. 37; *Thole* ZHR 173 (2009), 504 (520 f.); Hüffer/*Koch* AktG § 93 Rn. 6; *Bicker* AG 2014, 8 (11 f.).

lassen und kritische Äußerungen über andere Organmitglieder oder die Gesellschaft möglichst zu vermeiden.[54]

40 Zu den Leitmaximen der Treuepflicht gehören die **Vermeidung von Interessenkonflikten** und das Verbot von Sondervorteilen. Interessenkonflikte lassen sich nicht in jedem Fall vermeiden; deshalb ist wesentlich, wie das Vorstandsmitglied, mit einem aufgetretenen Interessenkonflikt umgeht. Nach dem **Kodex** soll jedes Vorstandsmitglied Interessenkonflikte unverzüglich dem Vorsitzenden des Aufsichtsrats und dem Vorsitzenden bzw. Sprecher des Vorstands offenlegen und die anderen Vorstandsmitglieder hierüber informieren (Empfehlung E.2). Die Lösung des Interessenkonflikts muss jedenfalls in einer Weise erfolgen, die dem Vorrang des Gesellschaftsinteresses Geltung verschafft. Zur entsprechenden Problematik bei Interessenkonflikten von Aufsichtsratsmitgliedern siehe Empfehlung E.1 u. → § 30 Rn. 6, → § 33 Rn. 81.

41 Bei dem **Verbot von Sondervorteilen** geht es vor allem um Sachverhalte der unberechtigten persönlichen Bereicherung auf Kosten der Gesellschaft. Dazu gehören zum Beispiel die Annahme von Schmiergeldern, die Annahme von Leistungen der Gesellschaft ohne angemessene Gegenleistung, die Ausnutzung von Geschäftschancen der Gesellschaft (dazu näher → Rn. 44 ff.) und die im Kapitalmarktrecht sanktionierte Ausnutzung von Insiderinformationen. Das Verbot von Sondervorteilen ist entsprechend dem in § 89 Abs. 3 und 4 AktG enthaltenen Rechtsgedanken nicht nur im Hinblick auf eigene Geschäfte und Vorteile des Vorstandsmitglieds zu beachten, sondern das Verbot darf auch nicht durch Zuwendung von Vorteilen an nahestehende Dritte umgangen werden.[55] Beispiele sind zinsgünstige Darlehen der Gesellschaft an Ehegatten, Lebenspartner, Geschwister oder eigene Gesellschaften des Vorstandsmitglieds Soweit ein Vorstandsmitglied unberechtigt Sondervorteile erlangt hat, hat es diese an die Gesellschaft herauszugeben. Dabei kommt es für die Pflicht zur Herausgabe nicht darauf an, ob der Gesellschaft durch das treuwidrige Verhalten des Vorstandsmitglieds ein Schaden entstanden ist.[56]

42 Bei **eigenen Geschäften** mit der Gesellschaft, insbesondere bei der Aushandlung der Konditionen seines Vorstandsanstellungsvertrags braucht das Vorstandsmitglied seine eigenen Interessen nicht hintanzustellen.[57] Die Interessen der Gesellschaft werden dadurch gewahrt, dass die Gesellschaft bei Geschäften mit Vorstandsmitgliedern nach § 112 AktG vom Aufsichtsrat vertreten wird (dazu → § 23 Rn. 6 ff.). Die Treuepflicht gebietet jedoch, außerhalb des Aushandelns der Konditionen des Anstellungsvertrags bei Eigengeschäften Verträge nur mit solchen Bedingungen abzuschließen, die einem Drittvergleich standhalten.[58]

43 Die Treuepflicht endet nicht vollständig mit dem Ende der Bestellung zum Vorstandsmitglied. Die **nachwirkende Treuepflicht** kann es zum Beispiel gebieten, dass ein ausgeschiedenes Vorstandsmitglied seinen Nachfolger auf dringend zu erledigende oder für die Gesellschaft besonders wichtige Angelegenheiten ausdrücklich hinweist und der Gesellschaft für Auskünfte über von ihm behandelte Angelegenheiten zur Verfügung steht.[59] Eine Ausnahme von der nachwirkenden Treuepflicht gilt für das Wettbewerbsverbot, dessen Fortwirkung für die Zeit nach dem Ausscheiden aus dem Vorstand als nachvertragliches Wettbewerbsverbot ausdrücklich vereinbart werden muss (dazu → § 21 Rn. 121).

44 **2. Geschäftschancenlehre.** Die aus dem US-amerikanischen Recht stammende Geschäftschancenlehre („corporate opportunities doctrine") ist inzwischen auch im deutschen

---

[54] Vgl. *Seyfarth* Vorstandsrecht § 8 Rn. 83 f.; KölnKommAktG/*Mertens/Cahn* § 93 Rn. 96; Spindler/Stilz AktG/*Fleischer* § 93 Rn. 127 ff.; Großkomm AktG/*Hopt/Roth* § 93 Rn. 238 f.
[55] Spindler/Stilz AktG/*Fleischer* § 93 Rn. 156 f.
[56] OLG Düsseldorf WM 2000, 1393 (1397).
[57] KölnKommAktG/*Mertens/Cahn* § 93 Rn. 108; GroßkommAktG/*Hopt/Roth* § 93 Rn. 236, 243.
[58] Spindler/Stilz AktG/*Fleischer* § 93 Rn. 135.
[59] Vgl. Spindler/Stilz AktG/*Fleischer* § 93 Rn. 158.

Recht als eigenständiges Rechtsinstitut in Ausprägung der Treuepflicht anerkannt.[60] Sie geht aus von dem im **Kodex** (Empfehlung E.2) formulierten Grundsatz, dass kein Vorstandsmitglied Geschäftschancen, die dem Unternehmen zustehen, für sich nutzen darf. Die nähere Umschreibung der in Betracht kommenden Tatbestände ist in der Rechtsprechung noch nicht abgeschlossen.[61] Nach einer generellen Formel des BGH darf ein Vorstandsmitglied keine Geschäfte an sich ziehen, die in den Geschäftsbereich der Gesellschaft fallen und dieser aufgrund bestimmter konkreter Umstände bereits zugeordnet sind.[62] Zur ersten Voraussetzung ist anzunehmen, dass es nicht auf die Reichweite des satzungsmäßigen Unternehmensgegenstands, sondern auf den tatsächlichen Tätigkeitsbereich der Gesellschaft ankommt.[63] Die für die Zuordnung maßgeblichen konkreten Umstände sind sicherlich gegeben, wenn die Gesellschaft bereits Verhandlungen über das Geschäft aufgenommen hat oder auch nur intern entschieden hat, das Geschäft anzustreben. Unklar ist noch, ob beide Voraussetzungen kumulativ gegeben sein müssen, wofür die Formulierung des BGH spricht („und"), oder ob schon die abstrakte Zuordnung zu den Feldern der Geschäftstätigkeit der Gesellschaft ausreicht, um dem Vorstandsmitglied die eigene Wahrnehmung einer Geschäftschance zu verbieten.

Die Geschäftschancenlehre steht in enger Nähe zum gesetzlichen Wettbewerbsverbot des 45 § 88 Abs. 1 S. 1 AktG, aber die Anwendungsbereiche decken sich nicht.[64] § 88 AktG geht einerseits weiter, weil die Vorschrift die Tätigkeit im Geschäftszweig der Gesellschaft auch dann verbietet, wenn der Gesellschaft daraus keine Konkurrenz erwächst und das Geschäft auch gar keine Chance für die Gesellschaft darstellt. Andererseits ist § 88 AktG enger und die Geschäftschancenlehre weiter, weil diese über die Nutzung von Geschäftschancen durch gewerbliche Tätigkeit des Vorstandsmitglieds hinaus auch Geschäfte verbietet, die das Vorstandsmitglied als Privatmann vornimmt, zum Beispiel den Erwerb eines Grundstücks, das auch für die Gesellschaft geeignet wäre.

Der Aufsichtsrat kann analog § 88 Abs. 1 AktG einem Vorstandsmitglied erlauben, das 46 durch die Geschäftschancenlehre erfasste Geschäft im eigenen Namen oder durch Dritte durchzuführen. Voraussetzung ist, dass es sich um ein **Dispens** für einen konkreten Sachverhalt handelt und der Dispensbeschluss des Aufsichtsrats auf der Grundlage vorheriger vollständiger Information gefasst wird.[65]

3. Verschwiegenheitspflicht. a) Allgemeines. Die in § 93 Abs. 1 S. 3 AktG geregelte 47 Verschwiegenheitspflicht ist Ausfluss der allen Vorstandsmitgliedern obliegenden Treuepflicht. Das Gesetz konkretisiert die Schweigepflicht dahingehend, dass die Vorstandsmitglieder über vertrauliche Angaben und Geheimnisse der Gesellschaft, namentlich Betriebs- oder Geschäftsgeheimnisse, die ihnen durch ihre Tätigkeit im Vorstand bekannt geworden sind, Stillschweigen zu bewahren haben. Der Verstoß gegen die Schweigepflicht stellt unter Umständen eine grobe Verletzung der Organpflichten dar, die den Aufsichtsrat zur Abberufung und Kündigung des Anstellungsvertrags aus wichtigem Grund berechtigen kann. Darüber hinaus machen sich Vorstandsmitglieder nach § 404 AktG strafbar, wenn sie ein Geheimnis der Gesellschaft unbefugt offenbaren; nicht von § 404 AktG erfasst ist dagegen die unbefugte Weitergabe von vertraulichen Angaben, die keine Geheimnisse der Gesellschaft darstellen. Schließlich sind Vorstandsmitglieder, die ihre Schweigepflicht schuldhaft verletzen, der Gesellschaft gem. § 93 Abs. 2 AktG zu Schadensersatz verpflichtet. Die gesetzliche Verschwiegenheitspflicht endet nicht mit der Beendigung der Organstellung,

---

[60] BGH NZG 2013, 216 Rn. 20.
[61] Ausf. dazu Spindler/Stilz AktG/*Fleischer* § 93 Rn. 139 ff.; Großkomm AktG/*Hopt/Roth* § 93 Rn. 254 ff.
[62] BGH NZG 2013, 216 Rn. 21.
[63] Spindler/Stilz AktG/*Fleischer* § 93 Rn. 143; aA Großkomm AktG/*Hopt/Roth* § 93 Rn. 255.
[64] Vgl. Großkomm AktG/*Hopt/Roth* § 93 Rn. 251; Spindler/Stilz AktG/*Fleischer* § 93 Rn. 137.
[65] Großkomm AktG/*Hopt/Roth* § 93 Rn. 252; Spindler/Stilz AktG/*Fleischer* § 93 Rn. 149.

sondern dauert – auch wenn dies nicht ausdrücklich vereinbart ist – nach Beendigung der Organstellung fort.[66]

48 Die gesetzliche Anordnung der Schweigepflicht ist zwingend und kann durch die Satzung, die Geschäftsordnung des Vorstands oder den Anstellungsvertrag weder eingeschränkt noch erweitert werden.[67] Andererseits ist die Schweigepflicht kein Selbstzweck, sondern dient dem Gesellschaftsinteresse und gilt demgemäß nicht uneingeschränkt. So liegt es im Interesse der Gesellschaft, dass die Vorstandsmitglieder Betriebs- und Geschäftsgeheimnisse an nachgeordnete Mitarbeiter der Gesellschaft oder externe Berater weitergeben, damit diese Informationen für die Gesellschaft genutzt werden können. Außerdem kann Vorstandsmitgliedern im Einzelfall die Einhaltung der Schweigepflicht nicht zugemutet werden, wenn sie sich zum Beispiel auf andere Art nicht gegen eine Abberufung oder den Vorwurf einer Pflichtverletzung zur Wehr setzen können.[68] Keine Schweigepflicht besteht naturgemäß gegenüber den anderen Vorstandsmitgliedern und auch nicht gegenüber den Mitgliedern des Aufsichtsrats, da diese selbst der Schweigepflicht unterliegen. Auch gegenüber dem Abschlussprüfer ist die Schweigepflicht eingeschränkt, da die Vorstandsmitglieder dem Abschlussprüfer alle Aufklärungen und Nachweise geben müssen, die für eine sorgfältige Prüfung notwendig sind (§ 320 Abs. 2 S. 1 HGB). Gleiches gilt nach der ausdrücklichen Regelung in § 93 Abs. 1 S. 4 AktG gegenüber einer nach § 342b HGB anerkannten Prüfstelle (derzeit: Deutsche Prüfstelle für Rechnungslegung DPR eV) im Rahmen einer von dieser durchgeführten Prüfung. Darüber hinaus bestehen zahlreiche gesetzliche Regelungen, nach denen der Vorstand zur Auskunft verpflichtet ist, auch wenn es sich um Betriebs- oder Geschäftsgeheimnisse handelt. Umgekehrt ergeben sich aus anderen gesetzlichen Bestimmungen des Datenschutz-Wettbewerbs- und Kapitalmarktrechts ausdrückliche Verbote zur Weitergabe von Informationen der Gesellschaft.

49 Die gesetzliche Verschwiegenheitspflicht gilt nicht, soweit der Vorstand im **Konzernverbund** dem herrschenden Unternehmen Informationen erteilt, die für eine sachgemäße Konzernleitung erforderlich sind. Diese Freistellung von der Verschwiegenheitspflicht gilt nicht nur im Vertragskonzern, sondern auch im faktischen Konzern, dagegen nach bislang herrschender, aber zu enger Auffassung nicht bei bloßer Abhängigkeit (s. die Nachw. in → § 19 Rn. 41, → § 38 Rn. 57). Solche Auskünfte fallen auch nicht unter die Folgeauskunftspflicht nach § 131 Abs. 4 AktG (→ § 38 Rn. 57).

50 Im Gesetz wird die Schweigepflicht dadurch abgesichert, dass ausgeschiedene Vorstandsmitglieder nach § 383 Abs. 1 Nr. 6 u. § 384 Nr. 3 ZPO über Geheimnisse und vertrauliche Angaben der Gesellschaft das **Zeugnis verweigern** können. In der Regel sind Vorstandsmitglieder, sofern die Gesellschaft nicht gem. § 112 AktG vom Aufsichtsrat vertreten wird, nicht als Zeuge, sondern als Partei zu vernehmen. Sie können die Vernehmung als Partei nach § 446 ZPO ablehnen. Im Strafprozess haben die Vorstandsmitglieder ein Zeugnisverweigerungsrecht.[69]

51 b) Umfang der Schweigepflicht. Die Schweigepflicht erstreckt sich nach § 93 Abs. 1 S. 3 AktG auf **vertrauliche Angaben** und **Geheimnisse** der Gesellschaft. Es handelt sich nicht um synonyme Begriffe. Geheimnisse der Gesellschaft sind Tatsachen, die nicht offenkundig sind, wenn sie nach dem geäußerten oder mutmaßlichen Willen der Gesellschaft auch nicht offenkundig werden sollen und die Geheimhaltung im objektiven Interesse der Gesellschaft liegt.[70] Vertrauliche Angaben sind Informationen, die das Vorstandsmitglied in dieser Eigenschaft erhalten hat, sei es im Organbereich von Vorstand und Aufsichtsrat oder

---

[66] AllgM, s. Hüffer/*Koch* AktG § 93 Rn. 31.
[67] BGHZ 64, 325 (327); Schmidt/Lutter/*Krieger/Sailer-Coceani* AktG § 93 Rn. 22.
[68] Spindler/Stilz AktG/*Fleischer* § 93 Rn. 168; Hüffer/*Koch* AktG § 93 Rn. 31.
[69] Hüffer/*Koch* AktG § 93 Rn. 34 mN.
[70] BGHZ 64, 325 (329); MüKoAktG/*Spindler* § 93 Rn. 134; Schmidt/Lutter/*Krieger/Sailer-Coceani* AktG § 93 Rn. 23.

auch durch Vorgänge im persönlichen Lebensbereich, deren Weitergabe für die Gesellschaft nachteilig sein kann.[71] Dass der Informant seine Angaben als vertraulich bezeichnet hat, ist nicht erforderlich; es entscheidet vielmehr das Interesse der Gesellschaft an der Verhinderung der Weitergabe.[72]

Dem Vorstand steht nicht das Recht zu, Tatsachen zu Geheimnissen zu erklären, deren **52** Geheimhaltung nicht durch das objektive Interesse der Gesellschaft geboten ist.[73] Aber der Vorstand ist insofern „Herr der Gesellschaftsgeheimnisse" als er nach pflichtgemäßem Ermessen ein Geheimnis offenlegen kann, wenn er zu der Auffassung gelangt, dass die Offenlegung dem Unternehmensinteresse besser entspricht als die weitere Wahrung der Geheimhaltung.[74] Ebenso entscheidet der Vorstand nach pflichtgemäßem Ermessen, ob er die Weitergabe einer vertraulichen Angabe zulässt.

Erhebliche praktische Bedeutung hat die Frage nach der Reichweite des Ermessens des **53** Vorstands bei der Entscheidung über die Offenlegung oder Geheimhaltung, wenn es darum geht, ob und inwieweit einem potentiellen Erwerber des Unternehmens oder einer Beteiligung am Unternehmen vor seiner Kaufentscheidung eine **Due Diligence** gestattet werden darf. Der Vorstand muss bei seiner Entscheidung abwägen zwischen dem Interesse der Gesellschaft an dem Zustandekommen der Transaktion einerseits und den möglicherweise mit der Offenlegung verbundenen Nachteilen für die Gesellschaft andererseits.[75] Das überwiegende Interesse an der Offenlegung kann sich daraus ergeben, dass auf diese Weise die Stabilität des Aktionärskreises gewahrt werden kann oder die Gesellschaft wieder einen finanzkräftigen „Ankeraktionär" gewinnt. Wenn die Transaktion sogar Voraussetzung ist für den Fortbestand des Unternehmens, muss der Vorstand die Due Diligence gestatten. Umgekehrt muss er sie verweigern, wenn das Scheitern der Transaktion evident voraussehbar ist oder der potentielle Erwerber ein Konkurrent ist und es nur darauf anlegt, über die Due Diligence Geheimnisse des Unternehmens zu erfahren. Die Abwägung kann dazu führen, dass ein gestuftes Vorgehen sachgemäß ist, dh Art und Umfang der zur Verfügung gestellten Informationen im Verlauf der Verhandlungen mit steigender Erfolgschance der Transaktion erweitert werden.[76] In jedem Fall ist dem Vorstand gehalten, eine Vertraulichkeitsvereinbarung mit dem potentiellen Erwerber abzuschließen.[77]

V. Business Judgement Rule

1. Gesetzliche Regelung. Nach § 93 Abs. 1 S. 2 AktG liegt eine Pflichtverletzung nicht **54** vor, wenn das Vorstandsmitglied bei einer unternehmerischen Entscheidung vernünftigerweise annehmen durfte, auf der Grundlage angemessener Information zum Wohle der Gesellschaft zu handeln. Mit dieser 2005 in das AktG aufgenommenen Regelung[78] hat der Gesetzgeber in Anlehnung an das US-amerikanische Rechtsinstitut[79] eine Business Judge-

---

[71] Spindler/Stilz AktG/*Fleischer* § 93 Rn. 166.
[72] Großkomm AktG/*Hopt/Roth* § 93 Rn. 286; Schmidt/Lutter/*Krieger/Sailer-Coceani* AktG § 93 Rn. 24.
[73] BGHZ 64, 325 (329 f.).
[74] MüKoAktG/*Spindler* § 93 Rn. 136; Spindler/Stilz AktG/*Fleischer* § 93 Rn. 169; Schmidt/Lutter/*Krieger/Sailer-Coceani* AktG § 93 Rn. 27.
[75] Zu den Abwägungskriterien s. Großkomm AktG/*Hopt/Roth* § 93 Rn. 304, Hüffer/*Koch* AktG § 93 Rn. 32, Hölters AktG/*Hölters* § 93 Rn. 183 ff.; Spindler/Stilz AktG/*Fleischer* § 93 Rn. 170u; *Körber* NZG 2002, 263 (269 ff.). Zu eng für Vorrang der Geheimhaltung Lutter ZIP 1997, 613 (617) u. *Ziemons* AG 1999, 492 (495).
[76] Spindler/Stilz AktG/*Fleischer* § 93 Rn. 171; Schmidt/Lutter/*Krieger/Sailer-Coceani* AktG § 93 Rn. 27; *Körber* NZG 2002, 263 (270 f.).
[77] Schmidt/Lutter/*Krieger/Sailer-Coceani* AktG § 93 Rn. 27; Großkomm AktG/*Hopt/Roth* § 93 Rn. 304.
[78] Die Kodifikation wurde vorbereitet durch den Formulierungsvorschlag von *Ulmer* ZHR 163 (1999), 290 (299), die Beschlüsse des 63. DJT (2000), Verhdlg. Bd. II/1 O 79 und den Bericht der Regierungskommission Corporate Governance (Hrsg. *Baums*), 2001, Rn. 70.

ment Rule („BJR") normiert, deren Kerngehalt in der Rechtsprechung schon vorher anerkannt war. Der BGH hatte 1997 in der **ARAG-Entscheidung**[80] festgestellt, dass „dem Vorstand bei der Leitung der Geschäfte des Gesellschaftsunternehmens ein weiter Handlungsspielraum zugebilligt werden muss, ohne den eine unternehmerische Tätigkeit schlechterdings nicht denkbar ist". Dazu gehöre auch das bewusste Eingehen geschäftlicher Risiken und grundsätzlich auch die Gefahr von Fehlbeurteilungen und Fehleinschätzungen, der jeder Unternehmensleiter, möge er auch noch so verantwortungsbewusst handeln, ausgesetzt sei. Eine Pflichtverletzung liege nur vor, wenn die Grenzen, in denen sich ein von Verantwortungsbewusstsein getragenes, ausschließlich am Unternehmenswohl orientiertes, auf sorgfältiger Ermittlung der Entscheidungsgrundlage beruhendes unternehmerisches Handeln bewegen muss, überschritten sind und die Bereitschaft, unternehmerische Risiken einzugehen, in unverantwortlicher Weise überspannt wird. Daran anknüpfend soll die nunmehr ausdrücklich normierte Business Judgement Rule **drei Ziele** gewährleisten[81]: Es soll verhindert werden, dass Vorstandsmitglieder übertrieben risikoscheu handeln, da dies den Interessen der Aktionäre widerspräche und volkswirtschaftlich schädlich wäre. Es soll den Besonderheiten unternehmerischer Entscheidungen Rechnung getragen werden, die dadurch gekennzeichnet sind, dass sie häufig mit Unsicherheiten behaftet sind und unter Zeitdruck getroffen werden müssen. Zudem soll der Gefahr vorgebeugt werden, dass Gerichte in Kenntnis des späteren Verlaufs überzogene Anforderungen an die Sorgfaltspflicht stellen (Rückschaufehler).

55 Die **dogmatische Einordnung** der Vorschrift ist im Schrifttum noch umstritten. Einigkeit besteht zwar insofern, als bei Erfüllung der tatbestandlichen Voraussetzungen des § 93 Abs. 1 S. 2 AktG schon keine Pflichtverletzung des Vorstands vorliegt und nicht erst das Verschulden ausgeschlossen ist.[82] Weitgehend anerkannt ist auch, dass nicht ohne Weiteres eine Pflichtverletzung vorliegt, wenn nicht alle Voraussetzungen des § 93 Abs. 1 S. 2 AktG erfüllt sind, sondern die Pflichtwidrigkeit dann weiter nach § 93 Abs. 1 S. 1 AktG unter Einschluss der Beweislastumkehr des § 93 Abs. 2 S. 2 AktG geprüft werden muss.[83] Umstritten ist, ob es sich bei der Business Judgement Rule als „sicherer Hafen" für die Vorstandsmitglieder um ein sonst nicht gegebenes Haftungsprivileg durch „Tatbestandsausgrenzung" handelt[84], oder nur um eine Präzisierung der allgemeinen Sorgfaltspflicht[85], oder um eine unwiderlegbare Rechtsvermutung pflichtgemäßen Verhaltens.[86] Die praktische Relevanz dieses Streits dürfte gering sein.

56 Schwierig einzuordnen ist aber jedenfalls das Tatbestandsmerkmal **„vernünftigerweise annehmen durfte",** das an die amerikanische Formulierung („reasonable" bzw. „rationally") anknüpft und dessen Auslegung ganz wesentlich ist für die Reichweite der Business Judgement Rule, nämlich sowohl für das Ausmaß der erforderlichen Informati-

---

[79] Die Formulierung der BJR durch das American Law Institute lautet: „A director or officer who makes a business judgement in good faith fulfills the duty of care if the director or officer (1) is not interested in the subject of the business judgement, (2) is informed with respect to the subject of the business judgement to the extent the director or officer reasonably believes to be appropriate under the circumstances, and (3) rationally believes that the business judgement is in the best interests of the corporation."

[80] BGHZ 135, 244 (253).

[81] Vgl. Spindler/Stilz AktG/*Fleischer* § 93 Rn. 60; KölnKommAktG/*Mertens/Cahn* § 93 Rn. 13; MüKoAktG/*Spindler* § 93 Rn. 43; Hüffer/*Koch* AktG § 93 Rn. 9.

[82] Hüffer/*Koch* AktG § 93 Rn. 12; Schmidt/Lutter/*Krieger/Sailer-Coceani* AktG § 93 Rn. 14.

[83] BGH NZG 2017, 116 Rn. 31; Hüffer/*Koch* AktG § 93 Rn. 12; Spindler/Stilz AktG/*Fleischer* § 93 Rn. 65; Schmidt/Lutter/*Krieger/Sailer-Coceani* AktG § 93 Rn. 14; *Seyfarth* Vorstandsrecht § 23 Rn. 20; aA Ph. Scholz AG 2015, 222 (227).

[84] Begr. RegE BT-Drs. 15/5092, 11 li. Sp.; *Fleischer* ZIP 2004, 685 (688 f.).

[85] MüKoAktG/*Spindler* § 93 Rn. 46; Großkomm AktG/*Hopt/Roth* § 93 Rn. 67; *Cahn* Der Konzern 2015, 105 (109 ff.); *Ph. Scholz* AG 2015, 222 (226 f.).

[86] Hüffer/*Koch* AktG § 93 Rn. 14.

on als auch für die Verfolgung des Unternehmenswohls (→ Rn. 58 f.). Der Referentenentwurf enthielt stattdessen noch die Worte „ohne grobe Fahrlässigkeit"; diese Formulierung wurde aufgegeben, weil darin angesichts der schon bei leichter Fahrlässigkeit gegebenen Organhaftung eine Veränderung des Verschuldensmaßstabs gelegen hätte.[87] Mit der Formulierung „vernünftigerweise annehmen durfte" kombiniert das Gesetz objektive und subjektive Elemente[88]: Subjektiv kommt es auf die Sicht des Vorstandsmitglieds ex ante an, und objektiv ist erforderlich, dass das Vorstandsmitglied dies bei vernünftiger Einschätzung auch so sehen durfte. Der Gesetzgeber trägt dadurch der Tatsache Rechnung, dass unternehmerische Entscheidungen häufig auch auf „Instinkt, Erfahrung, Phantasie und Gespür für künftige Entwicklungen und einem Gefühl für die Märkte und die Reaktion der Abnehmer und Konkurrenten" beruhen und sich dies „nicht vollständig durch objektive Information ersetzen" lässt.[89] Auch intuitive Einschätzungen können deshalb eine Entscheidung in Anwendung der Business Judgement Rule legitimieren.[90]

2. Tatbestandsvoraussetzungen. a) Unternehmerische Entscheidung. Nach der **57** Gesetzesbegründung handelt es sich dabei um Entscheidungen, die wegen ihrer Zukunftsbezogenheit durch Prognosen und nichtjustiziable Einschätzungen geprägt sind.[91] Typische Beispiele sind Investitionsentscheidungen, Unternehmenskäufe, Anstellung und Vergütung von Managern etc. Ein Prognoseelement muss nicht notwendig gegeben sein.[92] Das wäre zu eng, weil auch solche Entscheidungen erfasst werden sollen, bei denen der Vorstand zwar genau weiß, was die Folgen seiner Entscheidung sein werden, aber er die Entscheidung in einer komplexen Entscheidungssituation und möglicherweise auf der Basis eines nur mit Unsicherheit festzustellenden Sachverhalts treffen muss. Andererseits geht es wohl zu weit, als unternehmerische Entscheidung jede Entscheidung zu qualifizieren, die keine gebundene Entscheidung ist, sondern bei der dem Vorstand ein Ermessen zusteht.[93] Rechtliche Zweifel über den Inhalt einer Rechtsnorm können nicht nach Art einer **„Legal Judgement Rule"** analog § 93 Abs. 1 S. 2 AktG auf der Ebene der Pflichtwidrigkeit gelöst werden, sondern im Fall des Rechtsirrtums jedenfalls nach der Rechtsprechung nur auf der Ebene des Verschuldens (→ Rn. 35 f.).[94]

b) Handeln auf Grundlage angemessener Information. Das Vorstandsmitglied muss **58** vernünftigerweise annehmen dürfen, auf der Grundlage angemessener Information zu handeln. Angemessene Information setzt die Ermittlung der für eine sachgerechte Entscheidung notwendigen Daten und Sachverhalte voraus. Das Gesetz verlangt nur eine angemessene Information und nicht, dass die Vorstandsmitglieder alle verfügbaren Informationen heranziehen.[95] Demgemäß ist der Umfang der Information maßgebend, den das

---

[87] Begr. RegE BT-Drs. 15/5092, 11 im Anschluss an die Kritik des DAV NZG 2004, 555 Rn. 6. *Bachmann* FS Stilz, 2014, 25 (30 ff.) will trotzdem „vernünftigerweise" als „ohne grobe Fahrlässigkeit" interpretieren. Vertretbar wäre aber nur die Auslegung „ohne Fahrlässigkeit" (vgl. DAV NZG 2005, 388 li. Sp.).
[88] Vgl. Begr. RegE BT-Drs. 15/5092, 11 re. Sp.; Hüffer/*Koch* AktG § 93 Rn. 21; GroßKomm AktG/*Hopt/Roth* § 93 Rn. 102.
[89] Begr. RegE BT-Drs. 15/5092, 11 f.
[90] *J. Vetter* FS Bergmann, 2018, 828 (843 ff.).
[91] Begr. RegE BT-Drs. 15/5092, 11 li. Sp.
[92] Hüffer/*Koch* AktG § 93 Rn. 18; Großkomm AktG/*Hopt/Roth* § 93 Rn. 84; KölnKommAktG/ *Mertens/Cahn* § 93 Rn. 17.
[93] Vgl. aber Begr. RegE BF-Drs. 15/5092, 11 li. Sp.: „Die unternehmerische Entscheidung steht im Gegensatz zur rechtlich gebundenen Entscheidung."
[94] Begr. RegE BT-Drs. 15/5092, 11 li. Sp.; Hüffer/*Koch* AktG § 93 Rn. 19; *Koch* FS Bergmann, 2018, 413 (416 ff.); differenzierend *Verse* ZGR 2017, 174 ff.; aA MüKoAktG/*Spindler* § 93 Rn. 88 f.; Großkomm AktG/*Hopt/Roth* § 93 Rn. 140.
[95] So aber BGH NZG 2008, 751 Rn. 11 und NZG 2013, 1021 Rn. 30 (beide zur GmbH). Dagegen das Schrifttum in breiter Front, s. die Nachw. bei Schmidt/Lutter/*Krieger/Sailer-Coceani*

Vorstandsmitglied vernünftigerweise als angemessen erachten darf.[96] Wie weitgehend die Informationsquellen ausgeschöpft werden müssen, um angemessen informiert zu sein, hängt von der konkreten Entscheidungssituation ab, also insbesondere vom zeitlichen Vorlauf, der Art und Bedeutung der zu treffenden Entscheidung und den tatsächlichen und rechtlichen Möglichkeiten des Informationszugangs sowie dem Verhältnis zwischen Kosten und Nutzen einer Ausweitung der Informationsbasis.[97] Eine rein formale Absicherung durch routinemäßiges Einholen von externen Gutachten ist nicht ausschlaggebend; ob und in welchem Umfang externe Gutachten eingeholt werden, ist nach den betriebswirtschaftlichen Notwendigkeiten und den eigenen Ressourcen der Gesellschaft zu beantworten.[98] Es genügt, wenn das Vorstandsmitglied in dem vorstehend beschriebenen Sinne vernünftigerweise annehmen darf, angemessen informiert zu sein; das eröffnet dem Vorstandsmitglied einen erheblichen Spielraum, den Informationsbedarf selbst einzuschätzen. Aber es muss sich in jedem Fall, wie der BGH in der ARAG-Entscheidung betont hat, um eine „sorgfältige Ermittlung der Entscheidungsgrundlage" handeln.

59 **c) Handeln zum Wohle der Gesellschaft.** Mit dem Begriff „Wohl der Gesellschaft" meint das Gesetz das Unternehmensinteresse. Auch insoweit genügt es, wenn das Vorstandsmitglied vernünftigerweise annehmen darf, dass sein Handeln dem Unternehmensinteresse dient. Diese Annahme muss, um „vernünftig" zu sein, objektiv plausibel erscheinen. Das wird regelmäßig der Fall sein, wenn dem Handeln des Vorstandsmitglieds eine sorgfältige Risikoabwägung zugrunde liegt. Der dem Vorstand eingeräumte Handlungsspielraum ist erst dann verlassen, wenn die Grenzen, in denen sich ein vom Verantwortungsbewusstsein getragenes, ausschließlich am Unternehmensinteresse orientiertes unternehmerisches Handeln bewegen muss, deutlich überschritten sind. Diese Grenze ist bei der Eingehung existenzgefährdender Risiken nach verbreiteter Auffassung stets überschritten[99], aber das ist zu eng[100], da es „vernünftig" sein kann, eine Existenzgefährdung zu riskieren, um durch die riskante Maßnahme, zB einen grundlegenden Technologiewechsel, den längerfristigen Bestand des Unternehmens zu sichern.

60 Das Vorstandsmitglied muss **in gutem Glauben** („in good faith") handeln, muss also selbst an die Richtigkeit seiner Entscheidung glauben, um den Schutz der Business Judgement Rule in Anspruch nehmen zu können. Diese selbstverständliche Voraussetzung ist bei Licht gesehen kein eigenständiges (negatives) Tatbestandsmerkmal, sondern kann dem Erfordernis des Handelns zum Wohl der Gesellschaft zugeordnet werden.

61 **d) Handeln ohne Sonderinteressen und sachfremde Einflüsse.** Die Business Judgement Rule soll einem Vorstandsmitglied nur dann zugutekommen, wenn es bei seiner Entscheidungsfindung frei von Fremdeinflüssen und Interessenkonflikten und ohne Eigennutz handelt. Dieses negative Tatbestandsmerkmal, das sich an die Voraussetzungen der amerikanischen BJR anlehnt, findet sich nicht im Wortlaut des § 93 Abs. 1 S. 2 AktG, ist aber, wenn man der Gesetzesbegründung folgt, in dem Erfordernis des Handelns zum Wohle der Gesellschaft inzident enthalten.[101] Die Freiheit von Interessenkonflikten wird

---

AktG § 93 Rn. 17, Redeke ZIP 2011, 59 (60); *Bachmann* NZG 2013, 1121 (1124) u. Spindler/Stilz AktG/*Fleischer* § 93 Rn. 71a. Einlenkend nun BGH NZG 2017, 116 Rn. 34, wonach das Ausmaß der Informationspflichten durch die konkrete Entscheidungssituation bestimmt wird.

[96] Begr. RegE BT-Drs. 15/5092, 12.
[97] BGH NZG 2017, 116 Rn. 34; Begr. RegE BT-Drs. 15/5092, 12.
[98] Begr. RegE BT-Drs. 15/5092, 12; MüKoAktG/*Spindler* § 93 Rn. 59; *Seyfarth* Vorstandsrecht § 23 Rn. 26.
[99] OLG Düsseldorf ZIP 2010, 28 (32); KölnKommAktG/*Mertens/Cahn* § 93 Rn. 86; *Lutter* ZIP 2009, 197 (199).
[100] MüKoAktG/*Spindler* § 93 Rn. 64; *Hüffer/Koch* AktG § 93 Rn. 27; *Redeke* ZIP 2010, 159 ff.; *Adolff* FS Baums, Bd. I, 2017, 31 ff.
[101] Begr. RegE BT-Drs. 15/5092, 11 re. Sp.

verbreitet als rein objektives Erfordernis verstanden mit der Folge, dass jeder Interessenkonflikt die Anwendung der Business Judgement Rule ausschließen würde.[102] Das leuchtet nicht ein. Vielmehr ist entscheidend, ob das Vorstandsmitglied auch angesichts des Interessenkonflikts vernünftigerweise annehmen darf, zum Wohl des Unternehmens zu handeln, und das wiederum hängt von der Relevanz des Interessenkonflikts für die anstehende Entscheidung und davon ab, wie das Vorstandsmitglied mit dem Interessenkonflikt umgegangen ist, insbesondere ob es ihn ordnungsgemäß offengelegt hat.[103]

Die Befangenheit eines Vorstandsmitglieds kann sich bei **Kollegialentscheidungen** auf die an der Entscheidung mitwirkenden Kollegen auswirken und diese gewissermaßen „infizieren". Das soll nach einer vereinzelt gebliebenen Auffassung in jedem Fall gelten, und zwar unabhängig davon, ob der Konflikt offengelegt wurde oder verdeckt geblieben ist.[104] Bei einem nicht offengelegten Konflikt kommt eine „Infektion" der konfliktfreien Kollegen jedoch nicht in Betracht[105], und auch bei einem offengelegten Konflikt können die Kollegen die Business Judgement Rule jedenfalls dann in Anspruch nehmen, wenn sich das befangene Mitglied jeder Mitwirkung an der Beratung und Abstimmung enthält.[106] Wenn es dagegen nach Offenlegung mitwirkt, kommt es darauf an, ob die Kollegen die Argumente des von dem Konflikt betroffenen Mitglieds besonders kritisch geprüft und hinterfragt haben.[107]

3. Beweislast. Nach der Umkehr der Beweislast durch § 93 Abs. 2 S. 2 AktG trägt das Vorstandsmitglied die Beweislast, wenn streitig ist, ob es die Sorgfalt eines ordentlichen und gewissenhaften Geschäftsleiters angewandt hat. Für diese Umkehr der Beweislast genügt es, wenn die Gesellschaft dargelegt und ggf. bewiesen hat, dass das Verhalten des Vorstandsmitglieds möglichweise pflichtwidrig war (→ § 26 Rn. 11, 23). Diese Regeln gelten auch, wenn streitig ist, ob die Voraussetzungen des § 93 Abs. 1 S. 2 AktG erfüllt sind. Die Darlegungs- und Beweislast für die Tatbestandsvoraussetzungen der Business Judgement Rule liegt somit bei dem betreffenden Vorstandsmitglied.[108] In dieser Verteilung der Beweislast unterscheidet sich die deutsche von der amerikanischen Business Judgement Rule. Die amerikanische BJR geht aus von der Vermutung, dass deren Voraussetzungen gegeben sind, sodass die Beweislast dafür, dass das nicht der Fall ist, die Gesellschaft trifft.[109]

VI. Berichte an den Aufsichtsrat

1. Allgemeines. § 90 AktG regelt eingehend die Pflicht des Vorstands zur Berichterstattung an den Aufsichtsrat und das Recht des Aufsichtsrats, jederzeit vom Vorstand Berichte anfordern zu können. § 90 AktG ist somit die zentrale Vorschrift für den Informationsfluss zwischen Vorstand und Aufsichtsrat. Erst durch die Berichte des Vorstands wird der Auf-

---

[102] So jedenfalls im Ansatz Großkomm AktG/*Hopt/Roth* § 93 Rn. 93; MüKoAktG/*Spindler* § 93 Rn. 69; *Habersack* ZHR 177 (2013), 782 (798); *Bunz,* Der Schutz unternehmerischer Entscheidungen durch das Geschäftsleiterermessen, 2011 S. 128 ff.; besonders entschieden *Lutter* FS Priester, 2007, 417 (422 f.).
[103] Schmidt/Lutter/*Krieger/Sailer-Coceani* AktG § 93 Rn. 19; *Harbarth* FS Hommelhoff, 2012, 323 (329 f.); Hüffer/*Koch* AktG § 93 Rn. 25.
[104] So *Lutter* FS Canaris, Bd. II, 2007, 245 (248 ff.).
[105] *Löbbe/Fischbach* AG 2014, 717 (726 f.); Schmidt/Lutter/*Krieger/Sailer-Coceani* AktG § 93 Rn. 19; *Bunz* NZG 2011, 1294 (1295); MüKoAktG/*Spindler* § 93 Rn. 71; *Reichert* FS E. Vetter, 2019, 597 (612 f.).
[106] MüKoAktG/*Spindler* § 93 Rn. 72; Spindler/Stilz AktG/*Fleischer* § 93 Rn. 72a; *Reichert* FS E. Vetter, 2019, 597 (613 ff.); aA *Koch* ZGR 2014, 697 (714).
[107] *Löbbe/Fischbach* AG 2014, 717 (727 f.); *Bunz* NZG 2011, 1294 (1296); Spindler/Stilz AktG/*Fleischer* § 93 Rn. 72a.
[108] Begr. RegE BT-Drs. 15/5092, 12 li. Sp.; Spindler/Stilz AktG/*Fleischer* § 93 Rn. 77; kritisch *Paefgen* NZG 2009, 891 (893 f.).
[109] Großkomm AktG/*Hopt/Roth* § 93 Rn. 21; KölnKommAktG/*Mertens/Cahn* § 93 Rn. 14; *Seibert* FS Priester, 2007, 763 (772).

sichtsrat in die Lage versetzt, seine Überwachungsaufgabe (dazu → § 29 Rn. 28 ff.) effektiv wahrzunehmen. Zugleich zwingt die Berichtspflicht den Vorstand, sich selbst regelmäßig über das eigene Handeln Rechenschaft abzulegen, und dient damit der fortlaufenden Selbstkontrolle des Vorstandshandelns.

65 Das Berichtssystem des § 90 AktG unterscheidet **Regelberichte,** die vom Vorstand in bestimmten Zeitabständen regelmäßig zu den in § 90 Abs. 1 S. 1 Nr. 1–3 AktG aufgelisteten Themen zu erstatten sind (dazu → Rn. 67 ff.), **Sonderberichte** nach § 90 Abs. 1 S. 1 Nr. 4 AktG zu Geschäften von erheblicher Bedeutung für die Rentabilität oder Liquidität der Gesellschaft sowie nach § 90 Abs. 1 S. 3 AktG aus sonstigen wichtigen Anlässen (dazu → Rn. 71 ff.) und schließlich **Anforderungsberichte,** die vom Aufsichtsrat oder einem einzelnen Mitglied nach § 90 Abs. 3 AktG verlangt werden (dazu → Rn. 74 ff.). Das bereits im Gesetz detailliert geregelte System kann durch Geschäftsordnungsbeschlüsse des Aufsichtsrats in einer **Informationsordnung** noch näher festgelegt werden. Der Kodex empfahl in früheren Fassungen den Erlass einer ergänzenden Informationsordnung[110], rechtlich geboten ist das nicht und häufig auch entbehrlich.[111]

66 Mitunter wird angenommen, die ausreichende Informationsversorgung des Aufsichtsrats sei gemeinsame Aufgabe von Vorstand und Aufsichtsrat.[112] Das entspricht jedoch nicht der Gesetzeslage. Die Information des Aufsichtsrats ist primär die Pflicht des Vorstands („Bringschuld"). Der Aufsichtsrat muss nur sekundär bei unzureichender Berichterstattung seinerseits sicherstellen, dass er angemessen informiert wird („Holschuld").[113] Der **Kodex** gibt das in der seit 2015 geltenden Fassung der Ziff. 3.4.1 (Grundsatz 15 des Kodex 2020) zutreffend wieder[114] und formuliert zutreffend auch die folgende Direktive für die Informationspflicht des Vorstands: Der Vorstand informiert den Aufsichtsrat regelmäßig, zeitnah und umfassend über alle für das Unternehmen relevanten Fragen insbesondere der Strategie, der Planung, der Geschäftsentwicklung, der Risikolage, des Risikomanagements und der Compliance. Er geht auf Abweichungen des Geschäftsverlaufs von den aufgestellten Plänen und vereinbarten Zielen unter Angabe von Gründen ein.

67 **2. Regelberichte. a) Bericht über die beabsichtigte Geschäftspolitik.** Nach § 90 Abs. 1 S. 1 Nr. 1 AktG hat der Vorstand über die beabsichtigte Geschäftspolitik und andere grundsätzliche Fragen der Unternehmensplanung (insbesondere die Finanz-, Investitions- und Personalplanung) zu berichten. Zur Leitungspflicht des Vorstands nach § 76 Abs. 1 AktG gehört die Festlegung der künftigen Unternehmenspolitik, und dies wiederum erfordert die Erstellung einer Unternehmensplanung, und zwar jedenfalls einer operativen Planung für das nächste Geschäftsjahr und zumindest bei größeren Unternehmen auch eine längerfristige Planung (näher dazu → Rn. 7 f.). Erst der Soll/Ist-Vergleich zwischen Plan und erzieltem Ergebnis ist – verbunden mit den erforderlichen Erläuterungen etwaiger Abweichungen – Ansatzpunkt für eine sachgemäße Kontrolle durch den Aufsichtsrat. Daher verlangt das Gesetz in § 90 Abs. 1 S. 1 Nr. 1 AktG, „auf Abweichungen der tatsächlichen Entwicklung von früher berichteten Zielen unter Angabe von Gründen einzugehen" (sog. Follow-up-Berichterstattung).

68 Über die grundsätzlichen Fragen der Geschäftspolitik hat der Vorstand mindestens einmal jährlich zu berichten (§ 90 Abs. 2 Nr. 1 AktG). Ändert sich jedoch die Lage der Gesellschaft oder gebieten neue Fragen eine abweichende Beurteilung, so ist, wie das Gesetz in § 90 Abs. 2 Nr. 1 AktG ausdrücklich bestimmt, unverzüglich dem Aufsichtsrat zu berich-

---

[110] Ziff. 3.4. Abs. 3 S. 1 DCGK idF von 2014. Ebenso *Lutter/Krieger/Verse,* Rechte und Pflichten des Aufsichtsrats, 6. Aufl. 2014, Rn. 317; Hüffer/*Koch* AktG § 90 Rn. 1a.

[111] DAV-Handelsrechtsausschuss NZG 2015, 86 ff. zu Ziff. 3.4. Abs. 1 DCGK.

[112] So noch Ziff. 3.4. Abs. 1 DCGK idF von 2013.

[113] *Hoffmann-Becking* FS Hüffer, 2010, 337 (346 f.); Schmidt/Lutter/*Krieger/Sailer-Coceani* AktG § 90 Rn. 36.

[114] Entsprechend dem Vorschlag des DAV-Handelsrechtsausschusses NZG 2015, 86 ff. zu Ziff. 3.4. Abs. 1 DCGK. Ebenso Hüffer/*Koch* AktG § 90 Rn. 1a.

ten. Handelt es sich bei der AG um ein Mutterunternehmen im Sinne von § 290 Abs. 1 und 2 HGB, muss der Jahresbericht nach § 90 Abs. 1 S. 2 AktG auch auf Tochterunternehmen und Gemeinschaftsunternehmen eingehen (dazu → Rn. 77). Das gilt unabhängig davon, ob im konkreten Fall ein Konzernabschluss aufzustellen ist.[115]

b) Rentabilitätsbericht. Nach § 90 Abs. 1 S. 1 Nr. 2 AktG hat der Vorstand dem Aufsichtsrat über die Rentabilität der Gesellschaft, insbesondere die Rentabilität des Eigenkapitals zu berichten. Die Eigenkapitalrendite allein reicht im Regelfall nicht aus, um die Rentabilität des Unternehmens zu beurteilen. Je nach Besonderheiten der Branche oder des Unternehmens sind weitere Kennziffern wesentlich, um einen Überblick über die Ertragskraft des Unternehmens zu ermöglichen. So ist es insbesondere bei produzierenden Unternehmen unerlässlich, außer der Kapitalrendite den Cashflow und die Umsatzrendite (meist gemessen am Ergebnis vor Zinsen und Steuern, „EBIT") und unter Umständen auch die Gesamtkapitalrendite und eine Wertschöpfungsrendite anzugeben.[116] Die Angaben über die Rentabilität des Unternehmens sollen nach den Vorstellungen des Gesetzgebers vor allem eine sachgemäße Entscheidung des Aufsichtsrats über den Jahresabschluss fördern. Daher sieht § 90 Abs. 2 Nr. 2 AktG vor, dass der Bericht über die Rentabilität jährlich zur Bilanzsitzung des Aufsichtsrats zu erstatten ist. 69

c) Bericht über den Gang der Geschäfte. Besonders wichtig ist der vierteljährlich (§ 90 Abs. 2 Nr. 3 AktG) zu erstellende Bericht über den Gang der Geschäfte, insbesondere den Umsatz und die Lage der Gesellschaft, zu (§ 90 Abs. 1 S. 1 Nr. 3 AktG). Diese **Quartalsberichte** sind auch dann mindestens vierteljährlich zu erstellen, wenn der Aufsichtsrat seltener oder unregelmäßig tagt. Im Quartalsbericht muss neben dem Umsatz auch das Betriebsergebnis in absoluten Zahlen und im Vergleich zum Budget sowie zum gleichen Zeitraum des Vorjahres dargestellt werden.[117] Die notwendige Transparenz verlangt weiterhin eine Aufgliederung des Zahlenwerks nach einzelnen Geschäfts- oder Produktbereichen einschließlich knapper Erläuterungen zu besonders auffälligen Daten. In aller Regel sollten jedenfalls bei produzierenden Unternehmen auch der Auftragseingang und der Auftragsbestand, und zwar jeweils im Vergleich zum Vorjahr und zum Budget, angegeben werden. Im einzelnen hängen Umfang und Inhalt der Berichterstattung von der Branche, von der Organisation oder von sonstigen Besonderheiten des Unternehmens ab. 70

3. Sonderberichte. a) Geschäfte von besonderer Bedeutung für Rentabilität oder Liquidität. Über solche Geschäfte hat der Vorstand möglichst so rechtzeitig zu berichten, dass der Aufsichtsrat vor Vornahme der Geschäfte Gelegenheit hat, zu ihnen Stellung zu nehmen, § 90 Abs. 1 S. 1 Nr. 4 iVm Abs. 2 Nr. 4 AktG. Dies gilt auch dann, wenn das betreffende Geschäft nicht der Zustimmung des Aufsichtsrats nach § 111 Abs. 4 S. 2 AktG bedarf. Von erheblicher Bedeutung für Rentabilität oder Liquidität können zB der Kauf eines Unternehmens, ein Großauftrag im Anlagenbau, ein langfristiger Liefervertrag oder eine erhebliche Investition im Ausland sein. 71

b) Sonstiger wichtiger Anlass. Ein wichtiger Anlass, der einen Sonderbericht nach § 90 Abs. 1 S. 2 AktG an den Aufsichtsratsvorsitzenden außerhalb der Regelberichterstattung erfordert, kann insbesondere bei nicht vorhergesehenen Ereignissen vorliegen, die extern verursacht sind und sich nachteilig auf das Unternehmen auswirken, zB ein drohender Arbeitskampf, der Erlass einer empfindlichen behördlichen Umweltauflage, das negative Ergebnis eines Rechtsstreits. § 90 Abs. 1 S. 2 AktG betont ausdrücklich, dass als wichtiger Anlass auch ein dem Vorstand bekannt gewordener geschäftlicher Vorgang bei einem verbundenen Unternehmen anzusehen ist, der auf die Lage der Gesellschaft von erheblichem Einfluss sein kann (dazu → Rn. 77). Der Unterschied zur Berichtspflicht nach § 90 72

---

[115] Begr. RegE zum TransPuG BT-Drs. 14/8769, 14.
[116] Vgl. Spindler/Stilz AktG/*Fleischer* § 90 Rn. 25; Hüffer/Koch AktG § 90 Rn. 5.
[117] Vgl. Spindler/Stilz AktG/*Fleischer* § 90 Rn. 27; KölnKommAktG/*Mertnes/Cahn* § 90 Rn. 37.

Abs. 1 S. 1 Nr. 4 AktG liegt vor allem darin, dass es sich meist, wenn auch nicht notwendig um für die Gesellschaft negative exogene Ereignisse handelt.[118] Im Interesse einer möglichst schnellen Unterrichtung[119] lässt das Gesetz es genügen, dass der Vorstand den **Vorsitzenden des Aufsichtsrats** informiert, § 90 Abs. 1 S. 3 Hs. 1 AktG.

73 Dieser hat dann nach pflichtgemäßem Ermessen zu entscheiden, was zu veranlassen ist. So kann er sofort alle anderen Aufsichtsratsmitglieder informieren oder bei einem besonders gravierenden Sachverhalt eine außerordentliche Aufsichtsratssitzung einberufen. Nach der strengen Regel des § 90 Abs. 5 S. 3 AktG muss der Vorsitzende die übrigen Mitglieder spätestens in der nächsten Aufsichtsratssitzung über die Berichte unterrichten, die er vom Vorstand aus wichtigem Anlass erhalten hat (dazu → Rn. 82). Bei Geschäftsvorhaben, die in ganz besonderem Maße der Geheimhaltung bedürfen, zB der Vorbereitung einer Fusion, muss es aber im Unternehmensinteresse gestattet sein, dass zunächst nur der Vorsitzende oder ein Ausschuss des Aufsichtsrats eingeweiht und der gesamte Aufsichtsrat erst ins Bild gesetzt wird, wenn das Vorhaben klarere Gestalt angenommen hat und seine Vor- und Nachteile sachgemäß im Gesamtgremium erörtert werden können.[120]

74 **4. Anforderungsberichte.** Der Aufsichtsrat kann nach § 90 Abs. 3 S. 1 AktG jederzeit vom Vorstand einen Bericht über Angelegenheiten der Gesellschaft verlangen. Zu den Angelegenheiten der Gesellschaft gehören, wie das Gesetz klarstellt, auch die rechtlichen und geschäftlichen Beziehungen der Gesellschaft zu verbundenen Unternehmen sowie geschäftliche Vorgänge bei verbundenen Unternehmen, die auf die Lage der Gesellschaft von erheblichem Einfluss sein können (dazu auch → Rn. 77). § 90 Abs. 3 S. 1 AktG begründet nicht nur ein Informationsrecht des Aufsichtsrats, sondern auch eine aktive Informationspflicht. Bei sonst unzureichender Information durch den Vorstand muss der Aufsichtsrat von seinem Recht aus § 90 Abs. 3 AktG Gebrauch machen, wenn er die Information benötigt, um seiner Überwachungsaufgabe gerecht zu werden.[121] Der Begriff **„Angelegenheiten der Gesellschaft"** ist weit auszulegen.[122] Der Anspruch des Aufsichtsrats auf Berichterstattung nach § 90 Abs. 3 AktG besteht andererseits nicht grenzenlos. Die angeforderten Berichte müssen einen Bezug zur allgemeinen Überwachungsfunktion des Aufsichtsrats oder zu seinen sonstigen Aufgaben haben. Ob dies der Fall ist, entscheidet der Aufsichtsrat nach eigenem Ermessen. Nur bei offensichtlich fehlendem Funktionsbezug kann der Vorstand die Information verweigern.[123]

75 Die Anforderung des Berichts erfordert einen entsprechenden Beschluss des Aufsichtsrats, der dem Vorstand, wenn der Beschluss nicht in Anwesenheit des Vorstands gefasst wurde, durch den Aufsichtsratsvorsitzenden zu übermitteln ist. Wenn der Aufsichtsrat bestimmte Aufgaben auf einen beschließenden oder beratenden **Ausschuss** übertragen hat, kann der Ausschuss in seinem Aufgabenbereich das Recht aus § 90 Abs. 3 AktG ausüben, ohne sich mit dem Plenum rückkoppeln zu müssen.[124] Schuldner der Berichtspflicht ist ausschließlich der Vorstand. Der Aufsichtsrat und ggf. der Ausschuss kann sein Berichtsverlangen nicht an nachgeordnete Unternehmensangehörige richten; zu einem **„Informationsdurchgriff"** auf Angestellte ist er nach hM nur im seltenen Ausnahmefall berechtigt (dazu → § 29 Rn. 31, → § 33 Rn. 79). Der Vorstand darf dem Aufsichtsrat Informationen nicht mit der

---

[118] Schmidt/Lutter/*Krieger/Sailer-Coceani* AktG § 90 Rn. 33; Spindler/Stilz AktG/*Fleischer* § 90 Rn. 31.
[119] Begr. RegE zu § 90 AktG, abgedr. bei *Kropff*, AktG, 1965, S. 117.
[120] Spindler/Stilz AktG/*Fleischer* § 90 Rn. 32; Hüffer/*Koch* AktG § 90 Rn. 10; vgl. auch OLG Frankfurt a. M. AG 2014, 373. KölnKommAktG/*Mertens/Cahn* § 90 Rn. 45 wollen danach unterscheiden, ob die Information mündlich oder in Textform erteilt wurde; das überzeugt nicht.
[121] Schmidt/Lutter/*Krieger/Sailer-Coceani* AktG § 90 Rn. 36.
[122] Spindler/Stilz AktG/*Fleischer* § 90 Rn. 40.
[123] Schmidt/Lutter/*Krieger/Sailer-Coceani* AktG § 90 Rn. 48; KölnKommAktG/*Mertsn/Cahn* § 90 Rn. 13; *Lutter*, Information und Vertraulichkeit im Aufsichtsrat, Rn. 122 S. 40.
[124] Großkomm AktG/*Hopt/Roth* § 107 Rn. 465; MüKoAktG/*Habersack* § 107 Rn. 172.

Begründung verweigern, die betreffenden Informationen seien vertraulich und bedürften der **Geheimhaltung**. Der Vorstand ist dem Aufsichtsrat vielmehr zur rückhaltlosen Offenheit verpflichtet. Was der Vorstand weiß, darf auch der Aufsichtsrat wissen.[125] Diese unbeschränkte Informationspflicht des Vorstands wird legitimiert durch die ebenso unbeschränkte Verschwiegenheitspflicht der Aufsichtsratsmitglieder nach §§ 116 S. 2, 93 Abs. 1 S. 3 AktG.[126]

Nicht nur der Aufsichtsrat als Gremium kann vom Vorstand Berichte zu einzelnen Angelegenheiten anfordern, sondern dieses Recht steht nach § 90 Abs. 3 S. 2 AktG auch **jedem Mitglied des Aufsichtsrats** zu. Allerdings kann das einzelne Aufsichtsratsmitglied nicht verlangen, dass die Information ihm gegeben wird, sondern es kann nur einen Bericht an den Aufsichtsrat verlangen. Für die gegenständliche Reichweite dieses Informationsrechts gilt im Grundsatz dasselbe wie für ein vom Aufsichtsrat beschlossenes Informationsverlangen. Um das Missbrauchsrisiko einzugrenzen, sah § 90 Abs. 3 S. 2 AktG in der bis 2002 geltenden Gesetzesfassung vor, dass der Vorstand das Berichtsverlangen eines Aufsichtsratsmitglied zurückweisen kann, wenn es nicht von einem zweiten Aufsichtsratsmitglied unterstützt wird. Diese Einschränkung hat der Gesetzgeber gestrichen und zur Verhinderung von Missbräuchen auf die Anwendung der allgemeinen Grundsätze verwiesen.[127] Im Einzelfall kann der Vorstand den Bericht jedenfalls dann verweigern, wenn kein ausreichender Bezug zur Aufgabenstellung des Aufsichtsrats erkennbar ist oder hinreichend konkrete Anhaltspunkte dafür bestehen, dass das Aufsichtsratsmitglied die verlangte Information missbräuchlich zu eigenen Zwecken oder zugunsten Dritter verwenden will.[128]

5. Berichterstattung über verbundene Unternehmen. Nach dem 2002 eingefügten § 90 Abs. 1 S. 2 AktG müssen die nach § 90 Abs. 1 S. 1 AktG zu erstattenden Berichte auch auf Tochterunternehmen und auf Gemeinschaftsunternehmen im Sinne von § 310 Abs. 1 HGB eingehen, wenn die Gesellschaft Mutterunternehmen im Sinne von § 290 Abs. 1 und 2 HGB ist. Die inhaltliche Erstreckung der Berichtspflicht auf Angelegenheiten verbundener Unternehmen gilt nicht nur für die Regelberichte nach § 90 Abs. 1 S. 1 Nr. 1–3 AktG, sondern auch für Sonderberichte nach § 90 Abs. 1 S. 1 Nr. 4 AktG über Geschäfte, die für die Rentabilität oder Liquidität der Gesellschaft von erheblicher Bedeutung sein können. Schon vor der klarstellenden Einfügung in § 90 Abs. 1 S. 2 AktG wurden die Regelberichte in aller Regel als Konzernberichte erstattet; eine getrennte Berichterstattung über die Obergesellschaft einerseits und den Konzern andererseits ist zwar möglich, macht aber nur selten Sinn. Auch für Sonderberichte an den Vorsitzenden des Aufsichtsrats aus wichtigem Anlass nach § 90 Abs. 1 S. 3 AktG stellt das Gesetz im zweiten Halbsatz klar, dass als wichtiger Anlass auch ein dem Vorstand bekannt gewordener geschäftlicher Vorgang bei einem verbundenen Unternehmen anzusehen ist, der auf die Lage der Gesellschaft von erheblichem Einfluss sein kann. Schließlich hat der Gesetzgeber auch die Regelung zu den Anforderungsberichten nach § 90 Abs. 3 AktG mit einer Konzerndimension versehen: Vom Vorstand kann jederzeit ein Bericht verlangt werden über die rechtlichen und geschäftlichen Beziehungen zu verbundenen Unternehmen sowie über geschäftliche Vorgänge bei diesen Unternehmen, die auf die Lage der Gesellschaft von erheblichem Einfluss sein können.

Mit der Verpflichtung zur konzerndimensionalen Berichterstattung geht die ungeschriebene Verpflichtung des Vorstands einher, sich die für eine ordnungsgemäße Berichterstattung erforderlichen Informationen von den verbundenen Unternehmen zu beschaffen, soweit er dazu faktisch und rechtlich in der Lage ist. Im faktischen Konzern ist der Vorstand der Tochter-AG zwar nicht zur laufenden Information der Obergesellschaft verpflichtet,

---

[125] *Lutter/Krieger/Verse*, Rechte und Pflichten des Aufsichtsrats, 6. Aufl. 2014, Rn. 191 S. 96.
[126] MüKoAktG/*Spindler* § 90 Rn. 54.
[127] Begr. RegE TranspuG BT-Drs. 14/8769, 14.
[128] MüKoAktG/*Spindler* § 90 Rn. 41; *Sina* NJW 1990, 1016 (1018 f.); vgl. auch KölnKommAktG/ *Mertens/Cahn* § 90 Rn. 16.

aber er darf der Obergesellschaft die für die Konzernleitung erforderlichen Informationen geben, ohne daran durch seine Verschwiegenheitspflicht gehindert zu sein (→ Rn. 49 u. → § 38 Rn. 57).

79 **6. Ordnungsgemäße Berichterstattung.** Nach § 90 Abs. 4 S. 1 AktG haben die Vorstandsberichte den Grundsätzen einer gewissenhaften und getreuen Rechenschaft zu entsprechen. Aus dieser Generalklausel folgt, dass die Berichte vor allem inhaltlich vollständig, übersichtlich gegliedert und so detailliert sein müssen, dass der Aufsichtsrat auf der Grundlage der Berichte seiner Überwachungs- und Beratungsfunktion gerecht werden kann. Die Berichterstattung nach § 90 Abs. 1 AktG gehört zwingend zu den Entscheidungskompetenzen des **Gesamtvorstands,** kann also nicht im Wege der Geschäftsverteilung auf einzelne Vorstandsmitglieder delegiert werden.[129]

80 Formal hat der Vorstand zu beachten, dass die Berichte nach § 90 Abs. 4 S. 2 AktG in der Regel **in Textform** zu erstatten sind; ausgenommen ist nur die Berichterstattung an den Vorsitzenden des Aufsichtsrats aus wichtigem Anlass, die mündlich erfolgen kann. Schließlich sind die Berichte nach § 90 Abs. 4 S. 2 dem Aufsichtsrat möglichst **rechtzeitig** zuzuleiten. Bei Berichten, die der Vorbereitung einer Sitzung dienen, bedeutet dies, dass die Mitglieder die Möglichkeit haben sollen, sie vor der Sitzung zu lesen.[130] Berichte, die nicht der Vorbereitung einer Sitzung dienen, sollen möglichst so rechtzeitig erstattet werden, dass der Aufsichtsrat darauf reagieren kann. Für die Sonderberichte über Geschäfte im Sinne von § 90 Abs. 1 S. 1 Nr. 4 AktG hat der Gesetzgeber das Erfordernis der rechtzeitigen Berichterstattung in § 90 Abs. 2 Nr. 4 AktG besonders betont: Sie müssen möglichst so rechtzeitig erstattet werden, dass der Aufsichtsrat vor Vornahme der Geschäfte Gelegenheit hat, zu ihnen Stellung zu nehmen.

81 **7. Information innerhalb des Aufsichtsrats.** Die Regelberichte des Vorstands werden in der Praxis in aller Regel sogleich allen Aufsichtsratsmitgliedern übermittelt. Der Vorstand genügt allerdings schon dadurch seiner Berichtspflicht, dass er seinen Bericht dem Vorsitzenden des Aufsichtsrats zuleitet.[131] Wenn so verfahren wird, hat jedes andere Aufsichtsratsmitglied das Recht, von dem Bericht Kenntnis zu nehmen, § 90 Abs. 5 S. 1 AktG. Wenn der Bericht in Textform erstattet worden ist, ist der Aufsichtsratsvorsitzende verpflichtet, den Bericht jedem Aufsichtsratsmitglied auf Verlangen zu übermitteln, also entweder eine Kopie auszuhändigen oder in Textform zugänglich zu machen. Allerdings gilt dies nach § 90 Abs. 5 S. 2 AktG nur, soweit der Aufsichtsrat nicht die Übermittlung ausgeschlossen hat. Ein solcher Beschluss kann zum Beispiel bestimmen, dass bestimmte Berichte nur den Mitgliedern eines bestimmten Ausschusses zugänglich gemacht werden. Auch ohne entsprechenden Beschluss des Aufsichtsrats können die dem Ausschuss nicht angehörenden Mitglieder nicht die Übermittlung der an den Ausschuss gehenden Berichte verlangen, wenn sie durch Anordnung des Vorsitzenden des Aufsichtsrats nach § 109 Abs. 2 AktG von der Teilnahme an den Ausschusssitzungen ausgeschlossen sind.[132] Möglich ist auch, einzelne Aufsichtsratsmitglieder vom Erhalt eines Vorstandsberichts auszuschließen, wenn dafür eine besondere sachliche Rechtfertigung besteht.[133] Der Aufsichtsratsvorsitzende allein kann die Übermittlung nicht ausschließen, sondern dafür ist stets eine Beschlussfassung des Plenums erforderlich. Auch wenn die Übermittlung des Schriftstücks durch Beschluss des Aufsichtsrats ausgeschlossen ist, behält jedes Aufsichtsratsmitglied das Recht nach § 90 Abs. 5 S. 1 AktG, von dem betreffenden Bericht Kenntnis zu nehmen. Das

---

[129] Hüffer/*Koch* AktG § 76 Rn. 9, § 77 Rn. 17; *Hoffmann-Becking* ZGR 1998, 497 (508); *Fleischer* NZG 2003, 449 (450).
[130] Begr. RegE TranspuG BT-Drs. 14/8769, 15.
[131] Spindler/Stilz AktG/*Fleischer* § 90 Rn. 11; Hüffer/*Koch* AktG § 90 Rn. 14.
[132] Schmidt/Lutter/*Drygala* AktG § 109 Rn. 17; Hölters AktG/*Hambloch-Gesinn/Gesinn* § 109 Rn. 16.
[133] Spindler/Stilz AktG/*Fleischer* § 90 Rn. 59; KölnKommAktG/*Mertens/Cahn* § 90 Rn. 58.

betreffende Aufsichtsratsmitglied kann in diesem Fall verlangen, den Bericht innerhalb der Geschäftsräume der Gesellschaft einzusehen, darf ihn aber nicht kopieren.[134]

Erhebliche Probleme bereitet in der Praxis die Regelung des § 90 Abs. 5 S. 3 AktG, wonach der Vorsitzende des Aufsichtsrats die Aufsichtsratsmitglieder über die Berichte, die er vom Vorstand aus wichtigem Anlass nach § 90 Abs. 1 S. 3 mündlich oder in Textform erhalten hat, spätestens in der nächsten Aufsichtsratssitzung unterrichten muss. Angesichts der laufenden Kommunikation zwischen dem Vorstand und dem Aufsichtsratsvorsitzenden lässt sich nur schwer trennscharf feststellen, welche Information, die an den Vorsitzenden des Aufsichtsrats gelangt, eine Berichterstattung aus wichtigem Anlass darstellt. Außerdem muss es, wie bereits → Rn. 73 dargelegt, zulässig sein, dass der Aufsichtsratsvorsitzende über besonders geheimhaltungsbedürftige Vorhaben, die der Vorstand in einem frühen Stadium mit dem Vorsitzenden des Aufsichtsrats besprochen hat, dieser das Plenum des Aufsichtsrats erst unterrichtet, wenn das Vorhaben soweit gediehen ist, dass eine sachgerechte Erörterung der Vor- und Nachteile des Vorhabens im Plenum möglich ist. 82

Die Rechte des einzelnen Aufsichtsratsmitglieds nach § 90 Abs. 5 AktG stehen ihm als Individualrechte zu und richten sich inhaltlich gegen den Aufsichtsratsvorsitzenden.[135] Sie können auch durch Klage durchgesetzt werden. Bei solchen organinternen Streitigkeiten ist umstritten, ob der Aufsichtsrat oder der Aufsichtsratsvorsitzende oder die Gesellschaft, vertreten durch den Vorstand, zu verklagen ist (dazu → § 33 Rn. 96). 83

8. Durchsetzung der Berichtspflicht. Der Aufsichtsrat kann Vorstandsmitglieder, die ihre Organpflichten zur ordnungsgemäßen Berichterstattung nach § 90 AktG verletzen, dadurch zur Verantwortung ziehen, dass er in einem besonders gravierenden Fall das betreffende Vorstandsmitglied aus wichtigem Grund abberuft und unter Umständen auch den Anstellungsvertrag außerordentlich kündigt. Je nach Lage des Falls ist auch eine Haftung auf Schadensersatz möglich. Das Registergericht kann Vorstandsmitglieder, die § 90 AktG nicht befolgen, nach § 407 Abs. 1 S. 1 AktG durch Festsetzung von Zwangsgeld zur Erfüllung ihrer Pflichten anhalten. Weiterhin kann der Aufsichtsrat sein Informationsrecht aus § 90 AktG wohl auch gerichtlich gegen den Vorstand durchsetzen. Zu dieser Form des „Interorganstreits" → § 33 Rn. 97. 84

VII. Vorlagen und Berichte an die Hauptversammlung

1. Vorlagepflichten. Nach § 176 Abs. 1 S. 1 AktG hat der Vorstand der **ordentlichen Hauptversammlung** die in § 175 Abs. 2 genannten Vorlagen zugänglich zu machen, also im Regelfall den durch Vorstand und Aufsichtsrat festgestellten Jahresabschluss mit dem Lagebericht, dem Bericht des Aufsichtsrats (dazu → § 45 Rn. 17 ff.) und dem Vorschlag des Vorstands für die Verwendung des Bilanzgewinns (dazu unten § 47). Die Vorlagen werden zugänglich gemacht entweder durch Auslage einer ausreichenden Zahl von Kopien im Versammlungsraum oder elektronisch durch im Versammlungsraum oder problemlos zugänglichen Nebenraum aufgestellte Monitore oder Computer-Terminals.[136] Vor der Hauptversammlung müssen die Vorlagen im Geschäftsraum der Gesellschaft zur Einsicht durch die Aktionäre ausliegen, und jedem Aktionär ist auf Verlangen unverzüglich eine Abschrift der Vorlagen zu erteilen, § 175 Abs. 2 S. 1 und 2 AktG. In der Hauptversammlung hat der Vorstand seine Vorlagen zu erläutern, § 176 Abs. 1 S. 2 AktG. 85

Bei besonders bedeutenden und strukturändernden Verträgen und sonstigen Maßnahmen sehen das AktG und das UmwG weitere Pflichten des Vorstands zur Auslage von Unterlagen in der Hauptversammlung vor. Diese Auslagepflicht ist stets ebenso strukturiert wie die Vorlagepflicht nach § 176 Abs. 1 S. 1 AktG: Die Unterlagen sind von der Einberufung der Hauptversammlung an, die über den Vertrag oder die Maßnahme beschließen soll, im 86

---

[134] Spindler/Stilz AktG/*Fleischer* § 90 Rn. 60.
[135] Spindler/Stilz AktG/*Fleischer* § 90 Rn. 57; MüKoAktG/*Spindler* § 90 Rn. 45.
[136] Großkomm AktG/*E. Vetter* § 176 Rn. 24 ff.

Geschäftsraum der Gesellschaft zur Einsicht der Aktionäre auszulegen, und jedem Aktionär ist auf Verlangen unverzüglich und kostenlos eine Abschrift zu erteilen. Die Unterlagen sind auch in der Hauptversammlung auszulegen, und der Vorstand hat die Unterlagen zu Beginn der Verhandlung zu erläutern. Schließlich sind die ausgelegten Unterlagen der Niederschrift über die Hauptversammlung beizufügen. Solche Auslage- und Erläuterungspflichten finden sich bei Nachgründungsverträgen (§ 52 Abs. 2 AktG), Vermögensübertragungen (§ 179a Abs. 2 AktG), Unternehmensverträgen (§§ 293f, 293g AktG), Eingliederung (§ 319 Abs. 3 AktG), Ausschluss von Minderheitsaktionären (§§ 327c Abs. 2–4, § 327d AktG) und Umwandlungen (§§ 63, 64 UmwG für die Verschmelzung und über die entsprechenden Verweisungen auch für die Spaltung und den Formwechsel). Wegen der Einzelheiten und der spezifischen Unterschiede wird auf die jeweiligen Vorschriften verwiesen.

87 **2. Berichtspflichten.** Bei bestimmten strukturändernden Verträgen und besonders bedeutsamen Maßnahmen schreibt das Gesetz nicht nur die Auslegung der betreffenden Unterlagen vor, sondern auch die Erstattung eines schriftlichen Berichts durch den Vorstand. Das gilt zB für den in § 293a AktG vorgeschriebenen Vertragsbericht zur Vorbereitung der Entscheidung der Hauptversammlung über den Abschluss eines Unternehmensvertrags. Entsprechende Berichtspflichten finden sich in den §§ 8, 127, 192 UmwG für die Verschmelzung, die Spaltung und den Formwechsel. Zu nennen ist außerdem § 186 Abs. 4 S. 2 AktG, wonach der Vorstand der Hauptversammlung einen schriftlichen Bericht über den Grund für einen teilweisen oder vollständigen Ausschluss des Bezugsrechts bei der Kapitalerhöhung gegen Einlagen zu erstatten hat (Einzelheiten → § 57 Rn. 132 ff.). Berichtsschuldner ist jeweils der Vorstand, der für die Erstattung des Berichts die Schriftform nach § 126 BGB zu beachten hat. Der Vorstand muss über den Bericht beschließen; die Unterstützung durch alle Vorstandsmitglieder ist nicht erforderlich, sondern es genügt die Unterzeichnung durch Vorstandsmitglieder in vertretungsberechtigter Zahl (→ § 71 Rn. 28).

88 Nach § 71 Abs. 3 AktG hat der Vorstand nach dem Erwerb eigener Aktien in den Fällen von § 71 Abs. 1 Nr. 1 und 8 AktG die nächste Hauptversammlung über die Gründe und den Zweck des Erwerbs, über die Zahl der erworbenen Aktien und den auf sie entfallenden Betrag des Grundkapitals, über deren Anteil am Grundkapital sowie über den Gegenwert der Aktien zu unterrichten (Einzelheiten → § 15 Rn. …). Ein gesonderter Bericht ist allerdings nicht erforderlich, sondern es genügt, wenn die nötigen Angaben gemäß § 160 Abs. 1 Nr. 2 AktG in den Anhang des Jahresabschlusses aufgenommen werden.

89 Zu den alljährlich zu erstattenden Berichten gehören auch die **nichtfinanzielle Erklärung** nach § 289b HGB (dazu → § 44 Rn. 16 ff.), die **Erklärung zur Unternehmensführung** nach § 289f HGB (dazu → § 44 Rn. 22) und der zusammen mit dem Aufsichtsrat zu erstattende **Vergütungsbericht** nach § 162 AktG (dazu → § 21 Rn. 64). Darüber hinaus empfahl der deutsche Corporate Governance Kodex in Ziff. 3.10 DCGK in früheren Fassungen die jährliche Erstattung eines **Corporate Governance Berichts;** in der Neufassung des Kodex 2020 wurde diese Empfehlung gestrichen.

VIII. Vorbereitung und Ausführung von Hauptversammlungsbeschlüssen

90 Nach § 83 Abs. 1 S. 1 AktG ist der Vorstand auf Verlangen der Hauptversammlung verpflichtet, Maßnahmen, die in die Zuständigkeit der Hauptversammlung fallen (zB Satzungsänderungen, Kapitalerhöhungen) vorzubereiten. Nach § 83 Abs. 1 S. 2 AktG kann die Hauptversammlung auch verlangen, dass der Vorstand Verträge vorbereitet und abschließt, die nur durch Zustimmung der Hauptversammlung wirksam werden. Schließlich ist der Vorstand nach § 83 Abs. 2 AktG verpflichtet, die von der Hauptversammlung im Rahmen ihrer Zuständigkeit beschlossenen Maßnahmen auszuführen. Dazu im Einzelnen:

91 **1. Vorbereitung von Maßnahmen.** § 83 Abs. 1 S. 1 AktG betrifft solche Maßnahmen, die in die Kompetenz der Hauptversammlung fallen, also nicht etwa nur der Zustimmung

der Hauptversammlung bedürfen, sondern für welche die Hauptversammlung originär zuständig ist. Das sind vornehmlich die in § 119 Abs. 1 AktG bestimmten Entscheidungskompetenzen der Hauptversammlung (dazu → § 35 Rn. 11 f.). Die Kompetenz der Hauptversammlung im Sinne von § 83 Abs. 1 S. 1 AktG ist auch gegeben, wenn der Vorstand nach § 119 Abs. 2 AktG die Entscheidung der Hauptversammlung über die betreffende Frage der Geschäftsführung verlangt. Auch dann beschließt die Hauptversammlung nämlich nicht nur die Zustimmung zu einer vom Vorstand beabsichtigten Maßnahme, sondern die Geschäftsführungskompetenz geht insoweit auf die Hauptversammlung über.[137] Sodann gehören zu § 83 Abs. 1 S. 1 AktG solche Maßnahmen, die nach Maßgabe der Holzmüller/Gelatine-Rechtsprechung der Hauptversammlung als ungeschriebene Kompetenz zustehen. In den Holzmüller/Gelatine-Fällen bedarf die betreffende strukturändernde Maßnahme nicht nur der Zustimmung der Hauptversammlung, sondern die Hauptversammlung entscheidet anstelle des Vorstands über die Maßnahme und kann demgemäß den Vorstand nach § 83 Abs. 1 S. 1 AktG anweisen, die Maßnahme vorzubereiten.[138] Anders verhält es sich im Fall des § 111 Abs. 4 S. 3 AktG, nämlich bei der Entscheidung der Hauptversammlung über die Zustimmung zu einem Geschäft des Vorstands, zu dem der Aufsichtsrat seine Zustimmung verweigert hat. In diesem Fall fällt die Maßnahme selbst nicht in die Kompetenz der Hauptversammlung, sondern die Hauptversammlung kann nur über die Billigung oder Ablehnung der Maßnahme des Vorstands entscheiden, sodass § 83 Abs. 1 S. 1 AktG nicht anwendbar ist.[139] In solchen Fällen besteht auch kein Bedürfnis für eine Anweisung der Hauptversammlung an den Vorstand, die Maßnahme vorzubereiten, da es sich um die vom Vorstand selbst beschlossene zustimmungsbedürftige Maßnahme handelt. Auch im Fall der Entscheidung der Hauptversammlung über die Ausgabe von Wandel- oder Gewinnschuldverschreibungen nach § 221 Abs. 1 AktG wird von der hM die Anwendung von § 83 Abs. 1 S. 1 AktG abgelehnt, da es sich nur um eine gesellschaftsinterne Mitwirkung der Hauptversammlung gehe.[140]

2. Vorbereitung und Abschluss von Verträgen. Nach § 83 Abs. 1 S. 2 AktG kann die 92 Hauptversammlung den Vorstand anweisen, Verträge, die nach dem Gesetz für ihre Wirksamkeit der Zustimmung der Hauptversammlung bedürfen, vorzubereiten und abzuschließen. Das betrifft insbesondere Unternehmensverträge (§§ 293, 295 AktG) und Verschmelzungsverträge (§§ 4 ff., 61 UmwG). Die Vorschrift ist auch anzuwenden auf Verträge zur Vermögensübertragung nach § 179a AktG, auf Nachgründungsverträge nach § 52 AktG sowie auf einen Verzicht oder Vergleich über Ersatzansprüche (insbesondere § 93 Abs. 4 S. 3 AktG).[141]

3. Verlangen der Hauptversammlung. Die Verpflichtung des Vorstands zur Vorbereitung nach § 83 Abs. 1 S. 1 oder 2 AktG setzt voraus, dass die Hauptversammlung durch 93 Beschluss die Vorbereitung verlangt. Das Verlangen muss sich auf eine konkrete Maßnahme oder einen konkreten Vertrag beziehen. Nach § 83 Abs. 1 S. 3 AktG bedarf der Beschluss über das Verlangen der Mehrheit, die für die Maßnahme oder für die Zustimmung zum Vertrag erforderlich ist. Bedarf der Beschluss der Hauptversammlung bei mehreren Aktiengattungen zu seiner Wirksamkeit der Zustimmung der Aktionäre beider Gattungen (zB

---

[137] IErg unstr., s. Hüffer/*Koch* AktG § 83 Rn. 2; Spindler/Stilz AktG/*Fleischer* § 83 Rn. 3; MüKoAktG/*Spindler* § 83 Rn. 6.
[138] MüKoAktG/*Spindler* § 83 Rn. 6; Spindler/Stilz AktG/*Fleischer* § 83 Rn. 3; Großkomm AktG/*Habersack/Foerster* § 83 Rn. 6.
[139] MüKoAktG/*Spindler* § 83 Rn. 8; Großkomm AktG/*Foerster* § 83 Rn. 6; Spindler/Stilz AktG/*Fleischer* § 83 Rn. 4.
[140] Hüffer/*Koch* AktG § 83 Rn. 2; Großkomm AktG/*Habersack/Foerster* § 83 Rn. 6; MüKoAktG/*Spindler* § 83 Rn. 8; Spindler/Stilz AktG/*Fleischer* § 83 Rn. 4; aA KölnKommAktG/*Mertens/Cahn* § 83 Rn. 4.
[141] Spindler/Stilz AktG/*Fleischer* § 83 Rn. 5; Großkomm AktG/*Habersack/Foerster* § 83 Rn. 7.

§§ 179 Abs. 3, 128 Abs. 2, 222 Abs. 2 AktG), so muss für das Verlangen auch dieses Erfordernis erfüllt sein.[142] § 83 Abs. 1 AktG ist weder unmittelbar noch analog anwendbar auf die Fälle, in denen eine Aktionärsminderheit für eine Maßnahme ein Initiativrecht besitzt, zB für die Geltendmachung von Ersatzansprüchen nach § 148 AktG und die Bestellung von Sonderprüfern nach § 142 Abs. 2 u. 4 AktG.[143]

94 **4. Ausführungspflicht des Vorstands.** Die Ausführungspflicht des Vorstands nach § 83 Abs. 2 AktG betrifft solche Beschlüsse, welche die Hauptversammlung im Rahmen ihrer organschaftlichen Zuständigkeit gefasst hat. In Fragen der Geschäftsführung ist das der Fall, wenn die Hauptversammlung gemäß § 119 Abs. 2 AktG auf Verlangen des Vorstands entschieden hat (→ § 35 Rn. 20). Wenn die Entscheidungskompetenz der Hauptversammlung in Holzmüller/Gelatine-Fällen zu den originären Entscheidungskompetenzen der Hauptversammlung zählt (→ Rn. 91), ist der Vorstand aufgrund der Entscheidung der Hauptversammlung nach § 83 Abs. 2 AktG ohne weiteres zur Ausführung verpflichtet. Er hat also anders als bei der Zustimmung des Aufsichtsrats zu einem zustimmungsbedürftigen Geschäft des Vorstands (dazu → § 29 Rn. 58) nicht mehr die Entscheidungsfreiheit, ob er das Geschäft ausführen will, sondern ist nach § 83 Abs. 2 AktG zur Ausführung verpflichtet und deshalb gemäß § 93 Abs. 4 S. 1 AktG von der Haftung für etwaige Schadensfolgen befreit (→ § 26 Rn. 31). Voraussetzung ist, dass es sich um einen gesetzmäßigen Beschluss der Hauptversammlung handelt. Der Beschluss darf also weder nichtig noch anfechtbar sein. Ist der Beschluss anfechtbar, so ist der Vorstand berechtigt und – etwa bei einer voraussehbaren Schädigung der Gesellschaft – auch verpflichtet, den Beschluss durch Anfechtungsklage zu beseitigen. Ist eine Anfechtung des Hauptversammlungsbeschlusses in Folge Zeitablaufs nicht mehr möglich, besteht grundsätzlich die Pflicht des Vorstands zur Ausführung des Beschlusses.[144] Bei Nichtigkeit des Hauptversammlungsbeschlusses wird dieser für den Vorstand dann verbindlich, wenn die Nichtigkeit nach § 242 AktG nicht mehr geltend gemacht werden kann.[145]

IX. Pflichten bei Vermögensverfall der Gesellschaft

95 **1. Allgemeines.** Aus der allgemeinen Sorgfaltspflicht gemäß § 93 Abs. 1 S. 1 AktG folgt, dass der Vorstand für eine Organisation des Unternehmens zu sorgen hat, die ihm die erforderliche Übersicht über die wirtschaftliche und finanzielle Situation der Gesellschaft jederzeit ermöglicht (schon → Rn. 12). Ausdrücklich geregelt ist insoweit in § 91 Abs. 2 AktG die Pflicht zur Einrichtung eines Überwachungssystems zur Früherkennung bestandsgefährdender Entwicklungen (dazu → Rn. 13 ff.). Bei Anzeichen einer Krise hat sich der Vorstand durch Aufstellung eines Vermögensstatus einen Überblick über den aktuellen Vermögensstand zu verschaffen. Der Eintritt einer Krisensituation begründet für die Vorstandsmitglieder nach § 92 AktG und nach § 15a InsO eine Reihe zusätzlicher Verpflichtungen. Nach § 92 Abs. 1 AktG hat der Vorstand unverzüglich eine Hauptversammlung einzuberufen, wenn sich bei Aufstellung der Jahresbilanz oder einer Zwischenbilanz ergibt oder bei pflichtgemäßem Ermessen anzunehmen ist, dass ein Verlust in Höhe der Hälfte des Grundkapitals besteht (dazu → Rn. 99 ff.). Bei Zahlungsunfähigkeit oder Überschuldung der Gesellschaft hat der Vorstand nach § 15a Abs. 1 S. 1 InsO ohne schuldhaftes Zögern, spätestens aber drei Wochen nach Eintritt der Zahlungsunfähigkeit oder Überschuldung einen Insolvenzantrag zu stellen (dazu → Rn. 114). Nach Eintritt der Zahlungsunfähigkeit oder der Überschuldung darf der Vorstand nach § 92 Abs. 2 S. 1 AktG keine Zahlungen

---

[142] Spindler/Stilz AktG/*Fleischer* § 83 Rn. 6; Großkomm AktG/*Habersack*/*Foerster* § 83 Rn. 9.

[143] Großkomm AktG/*Habersack*/*Foerster* § 83 Rn. 10; Spindler/Stilz AktG/*Fleischer* § 83 Rn. 6; Hüffer/*Koch* AktG § 83 Rn. 4.

[144] Spindler/Stilz AktG/*Fleischer* § 83 Rn. 16; Großkomm AktG/*Habersack*/*Foerster* § 83 Rn. 12 Hüffer/*Koch* AktG § 83 Rn. 5.

[145] Spindler/Stilz AktG/*Fleischer* § 83 Rn. 15; Hüffer/*Koch* AktG § 83 Rn. 5.

mehr leisten (dazu → Rn. 117). Die Pflichten nach § 92 Abs. 1 und Abs. 2 AktG bestehen nebeneinander.

Die besonderen Pflichten des § 92 AktG und des § 15a InsO sind unabdingbar und treffen jedes einzelne Vorstandsmitglied. Die Nichteinhaltung dieser Pflichten ist nach § 401 AktG und § 15a Abs. 4 und 5 InsO strafbar. Die Pflichten nach § 92 Abs. 2 AktG und § 15a Abs. 1 S. 1 InsO treffen während der Abwicklung gemäß § 268 Abs. 2 AktG die Abwickler; für die Anwendung von § 92 Abs. 1 AktG ist dagegen kein Raum, wenn sich die Gesellschaft in Abwicklung befindet. **96**

Besonderheiten gelten gemäß § 88 VAG für die Insolvenzantragspflicht bei Versicherungsunternehmen in der Rechtsform der AG. Nach § 88 Abs. 2 S. 1 und 2 VAG ist der Vorstand bei Zahlungsunfähigkeit oder Überschuldung zur Anzeige an die Aufsichtsbehörde verpflichtet. Nur diese kann die Eröffnung des Insolvenzverfahrens beantragen, § 88 Abs. 1 VAG. Die Anzeigepflicht bei Verlust des halben Grundkapitals bestimmt sich auch bei Versicherungsunternehmen nach § 92 Abs. 1 AktG. Die Aufsichtsbehörde kann nach § 89 VAG ein Zahlungsverbot oder eine Herabsetzung von Leistungen des Versicherungsunternehmens anordnen. Das Zahlungsverbot des § 92 Abs. 2 AktG findet daher insoweit keine Anwendung. **97**

Entsprechendes gilt für Kreditinstitute in der Rechtsform der AG. Auch bei Kreditinstituten haben entgegen § 15a Abs. 1 S. 1 InsO weder der Vorstand noch die Gesellschaftsgläubiger das Recht, bei Zahlungsunfähigkeit oder Überschuldung die Eröffnung des Insolvenzverfahrens zu beantragen. Der Vorstand hat die Zahlungsunfähigkeit oder Überschuldung vielmehr nach § 46b Abs. 1 S. 1 KWG unverzüglich der Bafin anzuzeigen. Abweichend von § 15a Abs. 1 S. 1 InsO gilt die Anzeigepflicht bereits bei drohender Zahlungsunfähigkeit. Die Pflicht zum Antrag auf Eröffnung des Insolvenzverfahrens nach § 15a Abs. 1 S. 1 InsO gilt daher nicht für Vorstandsmitglieder von Kreditinstituten. Nur die Bafin ist nach § 46b Abs. 1 S. 4 KWG berechtigt, den Antrag auf Eröffnung des Insolvenzverfahrens zu stellen. Auch das Zahlungsverbot des § 92 Abs. 2 AktG findet auf Kreditinstitute keine Anwendung. **98**

2. Verlustanzeige nach § 92 Abs. 1 AktG. a) Normzweck. Der Verlust in Höhe der Hälfte des Grundkapitals indiziert in aller Regel eine erhebliche Krise der Gesellschaft. In einer solchen Situation wäre der Vorstand bereits nach § 121 Abs. 1 AktG verpflichtet, die Hauptversammlung einzuberufen. § 92 Abs. 1 AktG verhindert, dass der Vorstand das „Wohl der Gesellschaft" (§ 121 Abs. 1 AktG) bei Verlust der Hälfte des Grundkapitals eigenständig definiert, und stellt sicher, dass die Aktionäre über den hälftigen Kapitalverlust informiert werden und in einer Hauptversammlung über mögliche Maßnahmen zur Krisenabwehr (zB Kapitalherabsetzung mit nachfolgender Kapitalerhöhung) beraten und beschließen können. § 92 Abs. 1 AktG schützt somit das Interesse der Aktionäre, im Rahmen einer Hauptversammlung auf die durch den Verlust der Hälfte des Grundkapitals bestehende Krisensituation reagieren zu können.[146] **99**

b) Voraussetzungen. Ergibt sich bei der Aufstellung der Jahresbilanz (§§ 242 Abs. 1, 264 Abs. 1 HGB) oder einer Zwischenbilanz, dass ein Verlust in Höhe der Hälfte des Grundkapitals besteht, so hat der Vorstand unverzüglich eine Hauptversammlung einzuberufen und dieser davon Anzeige zu machen. Die Pflicht zur Einberufung und Verlustanzeige besteht auch dann, wenn ohne Aufstellung einer Jahres- oder Zwischenbilanz bei pflichtgemäßem Ermessen anzunehmen ist, dass ein Verlust in Höhe der Hälfte des Grundkapitals besteht. Vom Vorstand wird erwartet, dass er sich stets über die wirtschaftliche Lage der Gesellschaft vergewissert und sich bei Anzeichen einer kritischen Entwicklung einen Überblick über den Vermögensstand verschafft. Ist ungewiss, ob ein Verlust in Höhe der **100**

---

[146] BGH WM 1979, 853 (857); GroßkommAktG/*Habersack/Foerster* § 92 Rn. 2; Hüffer/*Koch* AktG § 92 Rn. 1; MüKoAktG/*Spindler* § 92 Rn. 2; Spindler/Stilz AktG/*Fleischer* § 92 Rn. 4; *Plagemann* NZG 2014, 207 ff.

Hälfte des Grundkapitals eingetreten ist, so liegt regelmäßig bereits eine solche Krisensituation vor, dass der Vorstand verpflichtet ist, durch Aufstellung eines Vermögensstatus Klarheit über die Situation der Gesellschaft zu gewinnen.[147] Verfügt er nicht selbst über ausreichende Kenntnisse, muss er sich unternehmensintern oder durch externe Sachverstände unabhängig fachkundig beraten lassen.[148] Eine Pflicht zur Einberufung besteht nicht mehr, wenn bereits ein Antrag auf Eröffnung des Insolvenzverfahrens gestellt oder sogar schon das Insolvenzverfahren eröffnet ist, sofern das Unternehmen nicht weitergeführt wird.[149]

101   Ein **Verlust in Höhe der Hälfte des Grundkapitals** ist dann eingetreten, wenn der Bilanzverlust im Sinne von § 158 Abs. 1 S. 1 Nr. 5 AktG nach Verrechnung mit allen offenen Rücklagen der Bilanz und allen im Jahresabschluss auflösbaren stillen Reserven die Hälfte des Grundkapitals (§ 266 Abs. 3 A I. HGB) übersteigt.[150] Für die Feststellung des hälftigen Kapitalverlusts sind die Ansatz- und Bewertungsgrundsätze der Jahresbilanz (§§ 246 ff., 252 ff. HGB) zur Anwendung zu bringen.[151] Stille Reserven dürfen für die Feststellung des hälftigen Kapitalverlusts in dem Umfang realisiert werden, in dem dies auch im Jahresabschluss möglich ist.[152] Grundsätzlich ist bei der Bewertung von **Fortführungswerten (sog. going-concern-Werte)** auszugehen (vgl. § 252 Abs. 1 Nr. 2 HGB). Kommt der Vorstand allerdings unter Abwägung aller Chancen und Risiken zu dem Ergebnis, dass mit einem dauerhaften Fortbestand des Unternehmens nicht mehr gerechnet werden kann, so muss er in die Bilanz zur Feststellung des hälftigen Kapitalverlusts Liquidationswerte ansetzen.[153] Ergibt die **Fortbestehensprognose** keine eindeutige Aussage, so wird man dem Vorstand ein Ermessen einräumen müssen, ob er unter Fortbestehens- oder Liquidationsgesichtspunkten bilanzieren will.[154] **Kapitalersetzende Darlehen** von Aktionären sind in der Bilanz zur Feststellung des hälftigen Kapitalverlustes solange als Fremdkapital auszuweisen, bis der betreffende Aktionär einen endgültigen Forderungserlass ausgesprochen hat.[155] Ein besonders strittiger Punkt ist in diesem Zusammenhang auch die Behandlung von Pensionsverpflichtungen und Pensionsanwartschaften.[156]

102   c) **Einberufung und Verlustanzeige.** Ergibt sich der hälftige Kapitalverlust aufgrund einer Bilanz oder aufgrund sonstiger Erkenntnisse des Vorstands, so hat der Vorstand die Hauptversammlung unverzüglich – also nach § 121 Abs. 1 S. 1 BGB: ohne schuldhaftes Zögern – einzuberufen. Gleichzeitig hat der Vorstand den Aufsichtsratsvorsitzenden vom Verlust der Hälfte des Grundkapitals zu unterrichten, da es sich dabei um einen wichtigen

---

[147] BGH WM 2012, 1539 Rn. 11; ZIP 2012, 1174 Rn. 15; 2007, 1265 Rn. 16; 1995, 560.

[148] BGH WM 2012, 1539 Rn. 11; 2012, 1124 Rn. 15; ZIP 2007, 1265 Rn. 16.

[149] KölnKommAktG/*Mertens/Cahn* § 92 Rn. 15; GroßkommAktG/*Habersack/Foerster* § 92 Rn. 7; Hüffer/*Koch* AktG § 92 Rn. 5; Spindler/Stilz AktG/*Fleischer* § 92 Rn. 11.

[150] Vgl. MüKoAktG/*Spindler* § 92 Rn. 13; Schmidt/Lutter/*Krieger/Sailer-Coceani* AktG § 92 Rn. 3; *W. Müller* ZGR 1985, 191 (206 f.); Spindler/Stilz AktG/*Fleischer* § 92 Rn. 7; KölnKommAktG/*Mertens/Cahn* § 92 Rn. 8; aA GroßkommAktG/*Habersack/Foerster* § 92 Rn. 15 ff. (Verlust iSd § 92 Abs. 1 AktG ist Jahresfehlbetrag iSv § 266 Abs. 3 A Nr. 5 HGB).

[151] OLG Köln AG 1978, 17 (22); Hüffer/*Koch* AktG § 92 Rn. 3; KölnKommAktG/*Mertens/Cahn* § 92 Rn. 9; Spindler/Stilz AktG/*Fleischer* § 92 Rn. 8.

[152] MüKoAktG/*Spindler* § 92 Rn. 14; Schmidt/Lutter/*Krieger/Sailer-Coceani* AktG § 92 Rn. 5; Spindler/Stilz AktG/*Fleischer* § 92 Rn. 8; unklar BGH WM 1958, 1416 (1417) und OLG Köln AG 1978, 17 (22).

[153] Spindler/Stilz AktG/*Fleischer* § 92 Rn. 8; Hüffer/*Koch* AktG § 92 Rn. 4; *W. Müller* ZGR 1985, 191 (197 ff.).

[154] Schmidt/Lutter/*Krieger/Sailer-Coceani* AktG § 92 Rn. 5; *W. Müller* ZGR 1985, 191 (203).

[155] GroßkommAktG/*Habersack/Foerster* § 92 Rn. 24; Spindler/Stilz AktG/*Fleischer* § 92 Rn. 8; diff. KölnKommAktG/*Mertens/Cahn* § 92 Rn. 11 (Rangrücktritt ausreichend).

[156] Dazu und zu weiteren Einzelproblemen der Bewertung im Rahmen des § 92 Abs. 1 AktG vgl. *Kühnberger* DB 2000, 2077 (2081 f.); *W. Müller* ZGR 1985, 191 (206 ff.).

Anlass im Sinne von § 90 Abs. 1 S. 3 AktG handelt. Auch der Aufsichtsrat kann dann nach § 111 Abs. 2 S. 1 AktG verpflichtet sein, die Hauptversammlung einzuberufen, wenn das Wohl der Gesellschaft es – wie regelmäßig – erfordert und der Vorstand seiner Einberufungspflicht nicht nachkommt.[157]

Bei der Einberufung ist nach § 124 Abs. 1 S. 1 AktG die **Tagesordnung** der Hauptversammlung bekanntzumachen. Obligatorischer Gegenstand der Tagesordnung ist lediglich die Anzeige vom Verlust der Hälfte des Grundkapitals. Die Verlustanzeige ist vom Vorstand unzweideutig und unverschleiert anzugeben. Nicht ausreichend ist insoweit der nicht näher erläuterte Hinweis auf einen Bericht nach § 92 Abs. 1 AktG. Die Tagesordnung kann weitere Tagesordnungspunkte enthalten, insbesondere Kapitalmaßnahmen zur Sanierung der Gesellschaft. Der Vorstand wird auch regelmäßig verpflichtet sein, ein Konzept zur Beseitigung des hälftigen Kapitalverlustes zu erstellen und den Aktionären insofern in weiteren Tagesordnungspunkten Sanierungsmaßnahmen mit entsprechenden Beschlussvorschlägen nach § 124 Abs. 3 S. 1 AktG vorzulegen.[158]

3. Antrag auf Eröffnung des Insolvenzverfahrens. a) Allgemeines. Ist die Gesellschaft zahlungsunfähig oder überschuldet (§§ 17 und 19 InsO), so hat der Vorstand nach § 15a Abs. 1 InsO ohne schuldhaftes Zögern – spätestens aber drei Wochen nach Eintritt der **Zahlungsunfähigkeit** oder der **Überschuldung** – die Eröffnung des Insolvenzverfahrens zu beantragen. Ausnahmen gelten für Kreditinstitute und Versicherungsunternehmen (dazu → Rn. 97 f.). Als Sanktion sieht § 15a Abs. 4 und 5 InsO AktG bei schuldhafter Verletzung der Antragspflicht die Strafbarkeit der zur Antragstellung Verpflichteten vor. Daneben kann sich eine zivilrechtliche Haftung gegenüber den durch die Insolvenzverschleppung geschädigten Gesellschaftsgläubigern ergeben (dazu → § 26 Rn. 56 ff.). Adressat der Vorschrift des § 15a Abs. 1 InsO ist der Vorstand, und zwar **jedes Vorstandsmitglied** persönlich, da nach § 15 Abs. 1 InsO jedes Mitglied des Vorstands zu dem Antrag auf Eröffnung des Insolvenzverfahrens berechtigt ist.

Bei Anzeichen einer Krise haben sich die Vorstandsmitglieder durch Aufstellung eines Vermögensstatus einen Überblick über den Vermögensstand zu verschaffen. Allein aufgrund der laufenden betriebswirtschaftlichen Auswertungen lässt sich eine Erkennbarkeit der möglichen Überschuldung nicht ausschließen.[159] Der Vorstand ist vielmehr verpflichtet, einen aktuellen Liquiditäts- und Vermögensstatus aufstellen (zu lassen) und darin auch Rückstellungen für noch nicht eingebuchte Verbindlichkeiten zu bilden sowie das Vermögen zu Verkehrswerten und nicht zu Buchwerten zu erfassen.[160] Für die Verfügbarkeit aller erforderlichen Informationen muss der Vorstand eine geeignete Organisation schaffen.[161] Für die Auswertung und die daraus zu ziehenden wirtschaftlichen und rechtlichen Konsequenzen muss der Vorstand erforderlichenfalls fachlich kompetente und unabhängige Berater einschalten und deren Ratschläge und Empfehlungen auf Plausibilität überprüfen (vgl. → Rn. 35 f.). Besondere Anzeichen einer Krise können etwa nachhaltige Liquiditätsprobleme oder eine nachhaltig negative Ertragslage sein. Die Antragspflicht beginnt mit Erkennbarkeit der Insolvenzreife (→ Rn. 108).

Keine Antragspflicht, aber ein Antragsrecht besteht bei **drohender Zahlungsunfähigkeit** im Sinne von § 18 InsO. Für einen Insolvenzantrag bei lediglich drohender Zahlungsunfähigkeit ist die Mitwirkung von Vorstandsmitgliedern in vertretungsberechtigter Zahl erforderlich (§ 18 Abs. 3 InsO). Ob darüber hinaus die Zustimmung des Aufsichtsrats oder

---

[157] GroßkommAktG/*Habersack/Foerster* § 92 Rn. 30; Spindler/Stilz AktG/*Fleischer* § 92 Rn. 14. Zur Absage einer einberufenen Hauptversammlung s. BGH NZG 2015, 1227 u. *Göcke* AG 2014, 119.

[158] Schmidt/Lutter/*Krieger/Sailer-Coceani* AktG § 92 Rn. 8 f.; Spindler/Stilz AktG/*Fleischer* § 92 Rn. 15; *Plagemann* NZG 2014, 207 (209); Göcke AG 2014, 119 (120).

[159] BGH WM 2012, 1539 Rn. 17.

[160] Vgl. BGH WM 2012, 1539 Rn. 11.

[161] BGH WM 2012, 1539 Rn. 13; ZIP 1995, 560 (561).

gar der Hauptversammlung mit Dreiviertelmehrheit für die Stellung eines Insolvenzantrags im Innenverhältnis erforderlich ist, ist umstritten.[162]

107 Für **Abwickler** gelten die vorstehenden Ausführungen entsprechend. Ihre Antragspflicht folgt aus der Verweisung in § 268 Abs. 2 S. 1 AktG. Entsprechend § 15 Abs. 1 InsO ist jeder von ihnen zur Stellung des Insolvenzantrags berechtigt.[163] Antragspflichtig sind auch solche Personen, die, ohne wirksam zu Vorstandsmitgliedern bestellt worden zu sein, die Funktion von Vorstandsmitgliedern mit Duldung des Aufsichtsrats rein faktisch ausüben.[164] Eine Antragspflicht sonstiger Personen besteht nicht. Dies gilt sowohl für (Allein- oder Mehrheits-)Aktionäre,[165] Mitglieder des Aufsichtsrats – soweit die Gesellschaft nicht führungslos iSv § 78 Abs. 1 S. 2 AktG ist –[166] oder leitende Angestellte.

108 **b) Voraussetzungen der Antragspflicht. aa) Allgemeines.** Die Frage, ob Zahlungsunfähigkeit oder Überschuldung gegeben ist, ist allein aufgrund der objektiven Umstände zu beantworten.[167] Eine streng objektive Betrachtungsweise hätte allerdings zur Folge, dass die in § 15a Abs. 1 S. 1 InsO geregelte Frist von drei Wochen bis zur Stellung des Insolvenzantrags in vielen Fällen leerlaufen würde. Um innerhalb dieser Frist Sanierungsversuche zu ermöglichen, wird die objektive Betrachtungsweise um das subjektive Element der **Erkennbarkeit** der die Überschuldung begründenden Tatsachen ergänzt.[168] Nicht zu den Voraussetzungen der Antragspflicht gehört das Vorhandensein einer die Verfahrenskosten deckenden Masse (§ 26 Abs. 1 InsO).

109 **bb) Zahlungsunfähigkeit.** Eine Aktiengesellschaft ist nach § 17 Abs. 2 S. 1 InsO zahlungsunfähig, wenn sie nicht in der Lage ist, die fälligen Zahlungspflichten zu erfüllen.[169] Vorübergehende Zahlungsstockung reicht insbesondere dann nicht für die Annahme der Zahlungsunfähigkeit aus, wenn mit Wiederherstellung der zur Erfüllung der Verbindlichkeiten erforderlichen Zahlungsmittel innerhalb kurzer Zeit zu rechnen ist.[170] Zahlungsunfähigkeit ist nach der Legaldefinition des § 17 Abs. 2 S. 2 InsO insbesondere dann anzunehmen, wenn **Zahlungseinstellung** erfolgt ist. Der Annahme der Zahlungseinstellung steht nicht entgegen, dass noch Zahlungen geleistet werden. Es genügt vielmehr, dass das Unvermögen zur Zahlung den wesentlichen Teil der angeforderten Verbindlichkeiten betrifft. Zahlungsunfähigkeit lässt sich regelmäßig dann annehmen, wenn eine **innerhalb von drei Wochen nicht zu beseitigende Liquiditätslücke von 10 %** oder mehr besteht und nicht ausnahmsweise mit an Sicherheit grenzender Wahrscheinlichkeit zu erwarten ist, dass die Liquiditätslücke demnächst vollständig oder fast vollständig geschlossen wird und den Gläubigern ein Zuwarten nach den besonderen Umständen des Einzelfalls zuzumuten ist.[171]

---

[162] Vgl. ausführlich *Wertenbruch* DB 2013, 1592 (1594 f.). Zum Begriff der drohenden Zahlungsunfähigkeit BGH ZIP 2014, 183 Rn. 16.
[163] GroßkommAktG/*Habersack/Foerster* § 92 Rn. 42.
[164] BGH NZG 2015, 246; BGHSt 31, 118 (121 f.); BGHZ 104, 44 (46); BGH ZIP 2005, 1414; BGH ZIP 2005, 1550; MüKoAktG/*Spindler* § 92 Rn. 83; jetzt auch GroßkommAktG/*Habersack/Foerster* § 92 Rn. 41; aA KölnKommAktG/*Mertens/Cahn* Anh. § 92 Rn. 34; *Stein* ZHR 148 (1984), 207 (220 ff.).
[165] BGHZ 75, 96 (106); KölnKommAktG/*Mertens/Cahn* Anh. § 92 Rn. 34.
[166] BGH NJW 1979, 1829 (zum Beirat); GroßkommAktG/*Habersack/Foerster* § 92 Rn. 44.
[167] Vgl. BGH WM 2009, 851 Rn. 12; BGHZ 163, 134 (141) = WM 2005, 1468; BGHZ 143, 184 (188) = WM 2000, 242 (jeweils zur GmbH).
[168] GroßkommAktG/*Habersack/Foerster* § 92 Rn. 87; Hüffer/*Koch* AktG § 92 Rn. 23; Spindler/Stilz AktG/*Fleischer* § 92 Anh. Rn. 12; *Hüffer* FS Wiedemann, 2002, 1047 (1048); wohl auch die entspr. Rspr. des BGH zur GmbH, vgl. BGHZ 143, 184 (185 f.).
[169] Vgl. § 17 Abs. 2 InsO sowie BGH ZIP 2014, 183 Rn. 16; 2005, 1426 (1427); Hüffer/*Koch* AktG § 92 Rn. 11; MüKoAktG/*Spindler* § 92 Rn. 56; KölnKommAktG/*Mertens/Cahn* § 92 Anh. Rn. 7 f.; Spindler/Stilz AktG/*Fleischer* § 92 Anh. Rn. 4.
[170] BGH ZIP 2005, 1426 (1428); Hüffer/*Koch* AktG § 92 Rn. 11.
[171] BGH NZG 2012, 1379 Rn. 8; ZIP 2012, 1174 Rn. 10; BGHZ 173, 286 Rn. 31; 163, 134 (139 ff.).

Beträgt eine innerhalb von drei Wochen nicht zu beseitigende Liquiditätslücke weniger als 10 % der gesamten fälligen Verbindlichkeiten, ist regelmäßig noch von Zahlungsfähigkeit auszugehen, es sei denn, es ist bereits absehbar, dass die Lücke demnächst mehr als 10 % erreichen wird.[172] Weitere Indizien der Zahlungseinstellung sind regelmäßig Wechselproteste und die Nichtzahlung von Löhnen und Gehältern. Liegen solche Indizien vor, hat der Vorstand einen aktuellen Liquiditätsstatus sowie einen darauf aufbauenden Finanzplan aufzustellen.[173] Die Aufstellung ist entbehrlich, wenn bereits eine Zahlungseinstellung nach § 17 Abs. 2 S. 2 InsO die gesetzliche Vermutung einer Zahlungsunfähigkeit begründet.[174] Wenn der Finanzplan zeigt, dass die Gesellschaft dauerhaft – dh wohl über drei Wochen hinaus – nicht in der Lage ist, die auf Geldzahlung gerichteten Verbindlichkeiten zu erfüllen, liegt Zahlungsunfähigkeit vor.[175]

cc) Überschuldung. Überschuldung liegt nach § 19 Abs. 2 S. 1 InsO vor, wenn das Vermögen der Gesellschaft die bestehenden Verbindlichkeiten nicht mehr deckt, es sei denn die Fortführung des Unternehmens ist nach den Umständen überwiegend wahrscheinlich. Damit ist der (modifiziert) **zweistufige Überschuldungsbegriff** maßgeblich, bei dem Insolvenzreife erst dann besteht, wenn sowohl eine rechnerische Überschuldung als auch eine negative Fortbestehungsprognose vorliegen.[176] Ursprünglich ging § 19 Abs. 2 S. 1 InsO vom einstufigen Überschuldungbegriff aus, nach dem es allein auf die rechnerische Überschuldung ankommt. Eine Fortführungsprognose war danach nur für die Frage maßgeblich, ob in der Überschuldungsbilanz Fortführungs- oder Liquidationswerte anzusetzen sind.[177] Der Gesetzgeber hat im Zuge der Finanzmarktkrise den einstufigen Überschuldungsbegriff mit Wirkung ab 18.10.2008 befristet bis zum 31.12.2013 durch den zweistufigen Überschuldungsbegriff ersetzt. Diese Befristung hat der Gesetzgeber durch Gesetz vom 5.12.2012[178] aufgehoben, so dass nunmehr der modifiziert zweistufige Überschuldungsbegriff unbefristet gilt.

§ 19 Abs. 2 S. 1 InsO sieht keine Reihenfolge bei der Prüfung der Überschuldung vor. In der Praxis wird der Vorstand regelmäßig mit der Fortbestehensprognose beginnen. Fällt sie positiv aus, liegt eine Überschuldung im Rechtssinne nicht vor.[179] Fällt das Ergebnis der Fortbestehensprognose hingegen negativ aus, muss der Vorstand auf der zweiten Stufe prüfen, ob das Aktivvermögen auf der Basis von Liquidationswerten die Verbindlichkeiten der Gesellschaft deckt (Überschuldungsbilanz).[180] Fällt die Fortbestehensprognose hingegen positiv aus, kann der Vorstand auf die Prüfung der rechnerischen Überschuldung verzichten.[181] Eine positive Fortbestehensprognose erfordert die objektiv aus einem verifizier-

---

[172] BGHZ 195, 42 Rn. 8 = WM 2012, 2286; BGH ZIP 2005, 1426 (1428 ff.); Spindler/Stilz AktG/*Fleischer* § 92 Rn. 52; GroßkommAktG/*Habersack/Foerster* § 92 Rn. 51.
[173] Vgl. BGH WM 2012, 1539 Rn. 11; Spindler/Stilz AktG/*Fleischer* § 92 Rn. 52. Der BGH verlangt ausdrücklich lediglich eine Liquiditätsbilanz, vgl. BGH NZG 2012, 1379 Rn. 16.
[174] BGH GmbHR 2013, 482 Rn. 6; BGHZ 149, 178 Rn. 28; BGH ZIP 2007, 1469 Rn. 27.
[175] Schmidt/Lutter/*Krieger/Sailer-Coceani* AktG § 92 Anh. Rn. 5; Spindler/Stilz AktG/*Fleischer* § 92 Rn. 52; KölnKommAktG/*Mertens/Cahn* § 92 Anh. Rn. 7 f.
[176] Vgl. BGHZ 171, 46 (54); BGH ZIP 2006, 2171; KölnKommAktG/*Mertens/Cahn* § 92 Anh. Rn. 12; Spindler/Stilz AktG/*Fleischer* § 92 Rn. 5; Schmidt/Lutter/*Krieger/Sailer-Coceani* AktG § 92 Anh. Rn. 7.
[177] MüKoAktG/*Spindler* § 92 Rn. 61; Spindler/Stilz AktG/*Fleischer* § 92 Rn. 56; *Hüttemann* FS K. Schmidt, 2008, 761 (764 ff.).
[178] Versteckt in Art. 18 des Gesetzes zur Einführung einer Rechtsbehelfsbelehrung im Zivilprozess vom 5.12.2012 BGBl. I S. 2418 unter Berufung auf *Bitter/Hommerich/Reiß* ZIP 2012, 1201 ff.
[179] Spindler/Stilz AktG/*Fleischer* § 92 Rn. 55.
[180] Schmidt/Lutter/*Krieger/Sailer-Coceani* AktG § 92 Anh. Rn. 8; Spindler/Stilz AktG/*Fleischer* § 92 Rn. 55.
[181] Hüffer/*Koch* AktG § 92 Rn. 16; KölnKommAktG/*Mertens/Cahn* § 92 Anh. Rn. 19; Spindler/Stilz AktG/*Fleischer* § 92 Rn. 55; einschränkend Schmidt/Lutter/*Krieger/Sailer-Coceani* AktG § 92 Anh. Rn. 7.

baren Unternehmenskonzept mit Ertrags- und Finanzplanung herzuleitende Möglichkeit der mittelfristigen Unternehmensfortführung.[182] Der Prognosezeitraum, den der Finanzplan umfasst, beträgt regelmäßig das laufende und das folgende Geschäftsjahr.[183] Die Darlegungs- und Beweislast für eine positive Fortführungsprognose trägt der Vorstand.[184] Ob er insoweit die Business Judgement Rule des § 93 Abs. 1 S. 2 AktG (dazu → Rn. 54 ff.) in Anspruch nehmen kann, ist umstritten.[185]

112 Schwierigkeiten bereitet im Einzelfall die Feststellung der rechnerischen Überschuldung, die bei negativer Fortführungsprognose aus einem besonderen Überschuldungsstatus zu ermitteln ist. Das beruht in erster Linie auf den Problemen, die mit der Wahl der maßgeblichen Bewertungsmethoden für die Aufstellung der **Überschuldungsbilanz** verbunden sind. Denn zur Feststellung der rechnerischen Überschuldung bedarf es eines Vermögensstatus mit einer Gegenüberstellung von Aktiven und Passiven.[186] Es handelt sich bei der Überschuldungsbilanz um eine Sonderbilanz, bei der nicht die Ansatz- und Bewertungsgrundsätze der Jahresbilanz (§§ 246 ff.; 252 ff. HGB) anzuwenden, sondern entsprechend dem Normzweck des § 19 Abs. 2 InsO die Vermögenswerte nach Liquidationswerten zu bewerten sind.[187]

113 Nach der Legaldefinition des § 19 Abs. 2 InsO liegt Überschuldung vor, wenn die Fortbestehensprognose negativ ausfällt und sich aufgrund der Überschuldungsbilanz ergibt, dass die Passiva nicht mehr von den Aktiva gedeckt sind, also eine **rechnerische Überschuldung** vorliegt. Welche Bilanzansätze dem Grund und der Höhe nach in der Überschuldungsbilanz zu wählen sind, ist gesetzlich nicht geregelt. Auf der **Aktivseite** dürfen insbesondere stille Reserven aufgelöst und nicht entgeltlich erworbene immaterielle Vermögensgegenstände aktiviert werden.[188] Auf der **Passivseite** ist das Eigenkapital (§ 266 Abs. 3 A HGB) nicht auszuweisen, sondern lediglich Verbindlichkeiten. Gesellschafterdarlehen und ihnen wirtschaftlich entsprechende Rechtshandlungen (zB die Einlage des stillen Gesellschafters, vgl. zum Begriff § 39 Abs. 1 Nr. 5 InsO) sind nach hM nur dann nicht zu passivieren, wenn eine ausdrückliche Rangrücktrittserklärung nach § 39 Abs. 2 InsO abgegeben wurde.[189]

114 c) Antragstellung. Im Falle von Zahlungsunfähigkeit oder Überschuldung haben nach § 15a Abs. 1 S. 1 InsO die „Mitglieder des Vertretungsorgans" – also die Vorstandsmitglieder – unverzüglich, spätestens aber drei Wochen nach Eintritt von Zahlungsunfähigkeit oder Überschuldung die Eröffnung des Insolvenzverfahrens zu beantragen. Der Insolvenzantrag eines Gläubigers lässt die Antragspflicht des Vorstands unberührt, solange das Insolvenzverfahren noch nicht eröffnet ist.[190] Der Insolvenzantrag ist von den Vorstandsmitgliedern im Namen der Gesellschaft zu stellen, so dass grundsätzlich die allgemeine Vertretungsregelung gilt. Nach § 15 Abs. 1 S. 1 InsO ist aber unabhängig von der allgemeinen Vertretungsregelung jedes Vorstandsmitglied allein zur Stellung des Insolvenzantrags berechtigt und verpflichtet. In diesem Fall ist der Eröffnungsgrund nach § 15 Abs. 2 S. 1 InsO glaubhaft zu

---

[182] Vgl. Schmidt/Lutter/*Krieger/Sailer-Coceani* AktG § 92 Anh. Rn. 7. Einzelheiten vgl. Positionspapier des IDW vom 13.8.2012.
[183] MüKoInsO/*Drukarczyk* § 19 Rn. 56.
[184] Vgl. BGHZ 126, 181 (200); BGH NZG 2005, 482; OLG Koblenz DB 2003, 419; BAG NZG 2014, 1022 Rn. 28.
[185] Dafür KölnKommAktG/*Mertens/Cahn* § 92 Anh. Rn. 12 aE; *Brömmelmeyer* WM 2005, 2065 (2066); dagegen MüKoAktG/*Spindler* § 92 Rn. 76 ff.
[186] BGH ZIP 2005, 807 f.; BGHZ 146, 264 (268); GroßkommAktG/*Habersack/Foerster* § 92 Rn. 58.
[187] BGHZ 146, 264 (268) = NJW 2001, 1280 (1281); BGH ZIP 2005, 807; Hüffer/*Koch* AktG § 92 Rn. 20; MüKoAktG/*Spindler* § 92 Rn. 64 ff.; KölnKommAktG/*Mertens/Cahn* § 92 Anh. Rn. 13.
[188] BGH WM 1997, 1866 (1867); BGHZ 126, 181 (199); 119, 201 (213 f.); Hüffer/*Koch* AktG § 92 Rn. 18; MüKoAktG/*Spindler* § 92 Rn. 65.
[189] BGHZ 164, 264= ZIP 2001, 235; Kübler/Prütting/Bork/*Pape* InsO § 19 Rn. 69.
[190] GroßkommAktG/*Habersack/Foerster* § 92 Rn. 96; Spindler/Stilz AktG/*Fleischer* § 92 Rn. 59.

machen. Der Insolvenzantrag kann nach § 13 Abs. 2 InsO zurückgenommen werden, bis das Insolvenzverfahren eröffnet oder der Antrag rechtskräftig abgewiesen ist. Zur Rücknahme berechtigt ist das Vorstandsmitglied, das den Insolvenzantrag gestellt hat, sowie Vorstandsmitglieder in vertretungsberechtigter Zahl jedenfalls dann, wenn das antragstellende Vorstandsmitglied zwischenzeitlich ausgeschieden ist.[191] Im Falle der Führungslosigkeit der Gesellschaft (vgl. → § 23 Rn. 13) ist auch jedes Aufsichtsratsmitglied nach § 15 Abs. 1 S. 2 InsO zur Stellung des Insolvenzantrags verpflichtet. Der Aufsichtsrat ist aber auch jederzeit, insbesondere in der Krise der Gesellschaft, verpflichtet, sich ein genaues Bild von der wirtschaftlichen Situation der Gesellschaft zu verschaffen und notfalls einen Vorstand, der pflichtwidrig keinen Insolvenzantrag stellt, aus wichtigem Grund abzuberufen.[192]

Der Lauf der Antragsfrist beginnt mit der Erkennbarkeit der die Insolvenz begründenden **115** Tatsachen.[193] Dabei ist es Sache des Vorstands, die fehlende Erkennbarkeit darzulegen und zu beweisen.[194] Dies wird ihm nur gelingen, wenn er seiner Verpflichtung zur laufenden Überprüfung der wirtschaftlichen Situation der Gesellschaft – insbesondere bei Anzeichen einer Krise – nachkommt.[195] Die Dreiwochenfrist ist eine Höchstfrist, die unter dem ausdrücklichen Vorbehalt steht, dass darin keine schuldhafte Verzögerung der Antragstellung zu sehen ist. Die Ausnutzung der Frist ist insbesondere gerechtfertigt, wenn und solange der Vorstand hinreichend aussichtsreiche Sanierungsverhandlungen führt. Hierzu ist er regelmäßig innerhalb der Dreiwochenfrist berechtigt und verpflichtet.[196]

4. Zahlungsverbot. Nach § 92 Abs. 2 S. 1 AktG darf der Vorstand keine Zahlungen **116** leisten, nachdem die Zahlungsunfähigkeit der Gesellschaft eingetreten ist oder sich ihre Überschuldung ergeben hat. Sinn und Zweck des Zahlungsverbots ist es, das noch vorhandene Gesellschaftsvermögen zur gleichmäßigen und ranggerechten Befriedigung der Gesellschaftsgläubiger zu erhalten.[197] Daher sind alle Leistungen als **verbotene Zahlungen** anzusehen, die zu Gunsten einzelner Gläubiger erfolgen.[198] Der Begriff der Zahlung ist vom Normzweck des § 92 Abs. 2 AktG her umfassend zu verstehen und erfasst sämtliche Leistungen,[199] wie zB die Einreichung eines Kundenschecks auf ein debitorisches Geschäftskonto, weil damit im Ergebnis ein Gläubiger – die kontoführende Bank – eine Zahlung erhält.[200] Eine verbotene Zahlung liegt auch dann vor, wenn die Gesellschaft die gezahlten Mittel zuvor von einem ausgleichspflichtigen verbundenen Unternehmen erhalten hat.[201] Die bloße Begründung von Verbindlichkeiten ist demgegenüber nicht als

---

[191] BGH NZG 2008, 709; Spindler/Stilz AktG/*Fleischer* § 92 Rn. 61.
[192] BGH WM 2009, 851 Rn. 15; Schmidt/Lutter/*Krieger/Sailer-Coceani* AktG § 92 Anh. Rn. 11.
[193] BGHZ 143, 184 (185 f.); BAG NZG 2014, 1022 Rn. 28; GroßkommAktG/*Habersack/Foerster* § 92 Rn. 87 und 91; Schmidt/Lutter/*Krieger/Sailer-Coceani* AktG § 92 Anh. Rn. 10; MüKoAktG/ *Spindler* § 92 Rn. 77.
[194] Vgl. BGH WM 2012, 1539 Rn. 10; ZIP 2012, 1174 Rn. 13; 2011, 1007 Rn. 38; BGHZ 143, 184 (185 f.); Hüffer/*Koch* AktG § 92 Rn. 23; MüKoAktG/*Spindler* § 92 Rn. 77.
[195] Vgl. BGH WM 2012, 1539 Rn. 11; 2009, 851 Rn. 15; 1995, 709; plastisch BAG NZG 2014, 1022 Rn. 28 ff.
[196] KölnKommAktG/*Mertens/Cahn* § 92 Anh. Rn. 23.
[197] BGH WM 2009, 851 Rn. 12; BGHZ 146, 264 (275) = NJW 2001, 1280; BGHZ 143, 184 (186 f.) = NJW 2000, 668; MüKoAktG/*Spindler* § 92 Rn. 23; *Goette* FS Kreft, 2004, 53 (56); aA *K. Schmidt* ZHR 168 (2004), 637 (659).
[198] GroßkommAktG/*Habersack/Foerster* § 92 Rn. 128 f.; Hüffer/*Koch* AktG § 92 Rn. 32; *Schulze-Osterloh* FS Bezzenberger, 2000, 415 (417 ff.); ausführlich *Habersack/Foerster* ZHR 178 (2014), 387 (396 ff.).
[199] BGHZ 143, 184 (186 f.) = NJW 2000, 668; OLG Jena NZG 2002, 1116 (1117); OLG Oldenburg ZIP 2004, 1315 (1316); *Goette* FS Kreft, 2004, 53 (61); MüKoAktG/*Spindler* § 92 Rn. 27.
[200] BGHZ 143, 184 (186 f.) = NJW 2000, 668; OLG Oldenburg NZG 2001, 37 (39); GroßkommAktG/*Habersack/Foerster* § 92 Rn. 129.
[201] BGH NZG 2003, 582 (583); MüKoAktG/*Spindler* § 92 Rn. 27; *Haas* NZG 2004, 737 (740); kritisch *K. Schmidt* ZHR 168 (2004), 637 (646 ff.); ablehnend OLG Brandenburg GmbHR 2002, 910 (911 f.).

Zahlung im Sinne von § 92 Abs. 2 S. 1 AktG anzusehen.[202] Das Zahlungsverbot gilt bereits ab Eintritt der Insolvenzreife und nicht erst ab Eintritt der Antragspflicht.[203]

117 Eine **Ausnahme vom Zahlungsverbot** gilt nach § 92 Abs. 2 S. 2 AktG für solche Zahlungen nach Eintritt der Insolvenzreife, die mit der Sorgfalt eines ordentlichen und gewissenhaften Geschäftsleiters vereinbar sind. Eine Konkretisierung der Ausnahme muss vom Normzweck des Zahlungsverbots ausgehen, das Gesellschaftsvermögen zur gleichmäßigen Befriedigung der Gesamtheit der Gläubiger zu erhalten.[204] Erlaubt sind danach Zahlungen, die erbracht werden müssen, um Sanierungsbemühungen innerhalb der Frist des § 92 Abs. 2 S. 1 AktG bis zum Ablauf der Insolvenzantragspflicht nicht von vornherein zum Scheitern zu verurteilen.[205] Erlaubt sind zudem alle Zahlungen, die mit einer wertdeckenden Gegenleistung verbunden sind.[206] Zur Vermeidung einer Strafbarkeit nach § 266a StGB darf der Vorstand auch weiterhin die Arbeitnehmerbeiträge zur Sozialversicherung abführen.[207]

118 Vorstandsmitglieder, die gegen das Zahlungsverbot des § 92 Abs. 2 AktG verstoßen, haften der Gesellschaft nach § 93 Abs. 3 Nr. 6 AktG auf **Schadensersatz.** Ob diese Haftung durch die üblichen Konditionen einer D&O-Versicherung gedeckt wird, ist umstritten.[208]

119 Nach der durch das MoMiG eingeführten Vorschrift des § 92 Abs. 2 S. 3 AktG darf der Vorstand vor Insolvenzreife (Zahlungsunfähigkeit oder Überschuldung) auch keine **Zahlungen an Aktionäre** leisten, soweit diese zur Zahlungsunfähigkeit der Gesellschaft führen mussten, es sei denn, dies war auch bei Beachtung der in § 93 Abs. 1 S. 1 AktG bezeichneten Sorgfalt nicht erkennbar. Die Vorschrift verlangt also, dass erst die Zahlung aus dem Gesellschaftsvermögen an den Aktionär die Zahlungsunfähigkeit verursacht hat und diese Konsequenz für den Vorstand bei der Zahlung absehbar war. Die entsprechende Regelung in § 64 S. 3 GmbHG hat größere praktische Bedeutung als § 92 Abs. 2 S. 3 AktG, da das Vermögen der GmbH anders als das Vermögen der AG nicht durch eine § 57 AktG entsprechende Vorschrift gegen Eingriffe der Gesellschafter geschützt ist. Bei der AG soll § 92 Abs. 2 S. 3 AktG nach den Vorstellungen des Gesetzgebers Lücken im Schutz der Gläubiger vor solchen Vermögensverschiebungen zwischen Gesellschaft und Aktionären schließen, die trotz des weitreichenden Verbots der Einlagenrückgewähr in § 57 AktG entstehen können.[209] Der Anwendungsbereich der neuen Vorschrift ist auch deshalb gering, weil fällige Aktionärsforderungen in die Liquiditätsbilanz einzustellen sind und deshalb häufig im Zeitpunkt der Zahlung bereits Zahlungsunfähigkeit gegeben ist und diese nicht erst durch die Zahlung verursacht wird.[210] Wenn die Voraussetzungen des Zahlungsverbots gegeben sind und die Vorstandsmitglieder nicht nachweisen können, dass sie die

---

[202] BGHZ 138, 211 (216 f.) = NJW 1998, 2667; GroßkommAktG/*Habersack/Foerster* § 92 Rn. 130; KölnKommAktG/*Mertens/Cahn* § 92 Rn. 25; Hüffer/*Koch* § 92 Rn. 33; *Schulze-Osterloh* FS Bezzenberger, 2000, 415 (423 f.).

[203] BGH WM 2012, 1539 Rn. 8; 2009, 851 Rn. 12; GroßkommAktG/*Habersack/Foerster* § 92 Rn. 126; Hüffer/*Koch* AktG § 92 Rn. 32; Spindler/Stilz AktG/*Fleischer* § 92 Rn. 27; *Goette* FS Kreft, 2004, 53 (58 f.); *Haas* NZG 2004, 737 (739 f.); aA KölnKommAktG/*Mertens/Cahn* § 92 Rn. 27.

[204] BGHZ 146, 264 (274 f.); KölnKommAktG/*Mertens/Cahn* § 92 Rn. 28; Spindler/Stilz AktG/*Fleischer* § 92 Rn. 29; GroßkommAktG/*Habersack/Foerster* § 92 Rn. 131.

[205] BGH ZIP 2008, 72 (73); OLG Celle GmbHR 2004, 568 (569 f.); KölnKommAktG/*Mertens/Cahn* § 92 Rn. 28; GroßkommAktG/*Habersack/Foerster* § 92 Rn. 132; Hüffer/*Koch* AktG § 92 Rn. 34.

[206] Hüffer/*Koch* AktG § 92 Rn. 34; Spindler/Stilz AktG/*Fleischer* § 92 Rn. 31; *Goette* FS Kreft, 2004, 53 (62 f.); *Haas* NZG 2004, 737 (741); *Habersack/Foerster* ZHR 178 (2014), 387 (396 ff.).

[207] Zum Stand der Rspr. s. Spindler/Stilz AktG/*Fleischer* § 92 Rn. 32 u. Hüffer/*Koch* AktG § 92 Rn. 34.

[208] Gegen Deckung OLG Düsseldorf NZG 2018, 1310; aA *Bauer/Malitz* ZIP 2018, 2149; *Brinkmann* FS Bergmann, 2018, 93 ff.; *Möhrle* AG 2019, 243 (244 ff.).

[209] Zur Entstehungsgeschichte s. Spindler/Stilz AktG/*Fleischer* § 92 Rn. 38.

[210] Hüffer/*Koch* AktG § 92 Rn. 37.

Konsequenz der Zahlung nicht erkennen konnten, haften sie der Gesellschaft nach § 93 Abs. 3 Nr. 6 AktG auf Schadensersatz.

X. Pflichten des Vorstands in steuerlichen Angelegenheiten

1. Steuerliche Pflichten, insbesondere Anzeige- und Auskunftspflichten. Die AG ist auch in steuerlichen Angelegenheiten zu Verhaltensweisen und Verfahren verpflichtet, die den Rechtsformschriften entsprechen. Dazu gehören im Kern die vollständige und richtige Abgabe von Steuererklärungen sowie die rechtzeitige und vollständige Entrichtung von Steuerbeträgen. Um diesen Verpflichtungen nachkommen zu können, werden in Unternehmen Organisationen und Verfahren etabliert, mittels derer steuerliche Angelegenheiten wahrgenommen und steuerlichen Risiken begegnet werden können. Diese als **Tax-Compliance-Management**-Systeme (Tax-CMS) bezeichneten innerbetrieblichen Kontrollsysteme haben die Aufgabe, eine Organisation, Systeme und Verfahrensweisen zu etablieren, die geeignet sind, mit hinreichender Sicherheit Risiken und gegebenenfalls Regelverstöße zu erkennen und zu verhindern.[211] Die Bedeutung eines Tax-CMS wird untermauert durch die Einschätzung der Finanzverwaltung, ein eingerichtetes betriebliches Kontrollsystem, das der Erfüllung der steuerlichen Pflichten dient, als ein Indiz zu sehen, dass im Falle von Verstößen gegen das Vorliegen von Vorsatz oder Leichtfertigkeit sprechen kann.[212] Die Einrichtung eines solchen Tax-CMS liegt letztlich in der Verantwortung des Vorstands, der idR dies kompetenten Führungspersonen oder externen Beratern anvertraut.[213] Nach Maßgabe der Empfehlungen des IDW Praxishinweises gehören dazu in Abhängigkeit von der Größe und Struktur des Unternehmens oder der Unternehmensgruppe die Festlegung der einbezogenen Steuerbereiche, die Identifikation von Risiken, die Festlegung von Verantwortungsbereichen für Mitarbeiter oder Organisationseinheiten sowie der Organisation, des Programms und der Maßnahmen zur Kontrolle und Überwachung, und zwar vor dem Hintergrund einer entsprechenden Compliance-Kultur und Kommunikation.[214]

Für die AG als juristische Person ist nach § 79 Abs. 1 Nr. 3 AO der Vorstand als gesetzlicher Vertreter vorgesehen, steuerliche Verfahrenshandlungen vorzunehmen.[215] Der Vorstand der AG ist nach § 137 Abs. 1 AO verpflichtet, dem nach § 20 AO zuständigen Finanzamt und den für die Erhebung der Realsteuern (vgl. § 3 Abs. 2 AO: Grundsteuer und Gewerbesteuer) zuständigen Gemeinden die für die steuerliche Erfassung bedeutsamen **Umstände anzuzeigen,** insbesondere die Gründung, den Erwerb der Rechtsfähigkeit, die Änderung der Rechtsform, die Verlegung des Ortes der Geschäftsleitung oder ihres Sitzes oder ihre Auflösung. Die Mitteilung der AG muss innerhalb eines Monats seit dem Eintritt des meldepflichtigen Ereignisses erstattet werden.

Ferner besteht nach § 138 Abs. 1 AO die Verpflichtung, die Eröffnung, dh die Aufnahme eines gewerblichen Betriebs oder einer Betriebsstätte außerhalb des Sitzes der AG auf einem amtlich vorgeschriebenen Vordruck der jeweiligen Gemeinde anzuzeigen; die Gemeinde

---

[211] IDW Praxishinweis I/2016 WPg 2017, 1311 Rn. 15.
[212] BMF 23.5.2016, DB 2016, 1226, jetzt AEAO zu § 153 – Berichtigung von Erklärungen Abschn. 2.6; dazu *Kirsch/Schäperclaus* DB 2018 Beilage 02, 17.
[213] IDW Praxishinweis I/2016, WPg 2017, 1311 Rn. 19; *Angermann* DB 2018, 1429; *Feller/Huber/Schanz* DStR 2017, 1617 sowie 1673; *Jaeger* BB 2018, 1731, *Köhler;* StBp 2018, 370; zur Haftung *Arnold/Geiger* BB 2018, 2306; *Balke/Klein* ZIP 2017, 2038.
[214] IDW Praxishinweis I/2016, WPg 2017, 1311 Rn. 22; *Geuenich/Ludwig* BB 2018, 1303; *Köhler* StBp 2018, 43; *Kowallik* DB 2017, 2571; *Gnädiger/Kleff* WPg 2018, 470; *Breimann/Schwetzel* DStR 2017, 2626; *Liekenbrock* Ubg 2018, 43; *Feldgen* NWB 2018, 496; *Erdbrügger/Kaiser* Ubg 2016, 412; *Erdbrügger/Jehke* BB 2016, 2455; *Hammerl/Hiller* NWB 2016, 3448; *Nowroth* NWB 2017, 2932; *Schulz* BB 2018, 1283; *Dahlke* BB 2019, 619; *Kußmaul/Schmeer* Ubg 2019, 613 sowie 683; *Grotherr/Ratzinger-Sakel* WPg 2019, 903 und 936; *Binnewies* AG 2019, 644.
[215] BFH BFH/NV 2009, 495; Koenig/*Wünsch* AO § 79 Rn. 22; Tipke/Kruse/*Drüen* AO § 79 Rn. 22.

informiert das nach § 22 AO zuständige Finanzamt. Als Gewerbetreibender ist die AG nach § 14 Abs. 1 GewO ohnehin zur Anzeige verpflichtet; mit dieser Anzeige wird zugleich der Verpflichtung nach § 138 Abs. 1 AO genügt. Als Unternehmer iSd § 2 UStG kann die Verpflichtung nach § 138 Abs. 1a und 1b AO elektronisch erfüllt werden. Das Bundeszentralamt für Steuern (BStZ) teilt der AG als Steuerpflichtigem iSv § 139a AO ein Identifikationsmerkmal und nach § 139b AO eine Identifikationsnummer und nach § 139c AO eine Wirtschaftsidentifikationsnummer zu.[216] Die Mitteilungen nach § 138 Abs. 1 AO sind innerhalb eines Monats nach dem Eintritt des meldepflichtigen Ereignisses zu machen, § 138 Abs. 4 AO.

123 Die AG ist darüber hinaus verpflichtet, dem zuständigen Finanzamt Mitteilung über bestimmte **Auslandsengagements** zu machen. Dazu gehören nach § 138 Abs. 2 AO die Gründung, der Erwerb oder die Veräußerung von Betrieben und Betriebsstätten im Ausland, die Beteiligung an ausländischen Personengesellschaften oder deren Aufgabe oder Änderung oder der Erwerb oder die Veräußerung von Beteiligungen zB an einer Körperschaft im Sinne von § 2 Nr. 1 KStG unmittelbar mit mindestens 10 % oder mittelbar mit mindestens 25 % des Kapitals der ausländischen Gesellschaft oder wenn die Anschaffungskosten über 150.000 EUR betragen.[217] Diese Mitteilungen nach Abs. 2, die auch die Art der wirtschaftlichen Tätigkeit zu beschreiben haben, Abs. 2 Satz 1 Nr. 5,[218] sind innerhalb 14 Monaten nach Ablauf des Besteuerungszeitraums zu erstatten, § 138 Abs. 5 AO.[219]

124 Gehört es zur Tätigkeit der AG, Waren zu gewinnen oder herzustellen, an deren Gewinnung, Herstellung, Entfernung aus dem Herstellungsbetrieb oder Verbrauch innerhalb des Herstellungsbetriebs eine **Verbrauchsteuerpflicht** geknüpft ist, muss dies der zuständigen Finanzbehörde vor Eröffnung des Betriebs angemeldet werden. Gleiches gilt, wenn in dem Unternehmen besondere Verkehrsteuern anfallen, § 139 Abs. 1 AO.

125 Im Rahmen der Umsetzung der BEPS-Regelungen werden Anzeigepflichten über nationale[220] und grenzüberschreitende[221] Steuergestaltungen erwogen[222] oder bereits angeordnet.[223] Das BMF hat im September 2018 erste Vorstellungen zur Anzeigepflicht bei grenzüberschreitenden Gestaltungen durch Entwürfe von §§ 138d–f AO-E vorgelegt; mit Wirkung ab dem 1.1.2020 wurde die Mitteilungspflicht bei grenzüberschreitenden Steuergestaltungen umgesetzt.[224, 225] In § 138a AO bereits angeordnet ist die Verpflichtung zur Erstattung des länderbezogenen Berichts (Country-by country Reporting – CbCR), durch den eine nach Steuerhoheitsgebieten gegliederte Übersicht zu geben ist, wie sich die Wirtschaftstätigkeit des Konzerns auf diese Gebiete verteilt, in denen der Konzern durch Unternehmen oder Betriebsstätten tätig ist. In dem Bericht sind zahlreiche Wirtschaftsdaten der Geschäftstätigkeit offen zu legen und an das BZSt zu über-

---

[216] §§ 139a ff. AO idF des G v. 26.6.2013, BGBl. 2013 I S. 1809.

[217] BMF 5.2.2018, BStBl. I 2018 S. 348; sowie BMF 21.5.2019 BStBl. I 2019, 473; *Schurowski* ISR 2018, 417.

[218] Tipke/Kruse/*Brandis* AO § 138 Rn. 1, 5 ff.; *Krüger/Nowroth* DB 2017, 90.

[219] *Jesse* Ubg 2018, 545.

[220] Entwurf eines G der FM der Länder v. 21.6.2018, NWB 2018, 1951.

[221] EU-Richtlinie zur Meldepflicht für grenzüberschreitende Steuergestaltungen RL (EU) 2018/822 des Rates v. 25.5.2018 ABl. 2018 L 39, S. 1; dazu Kleine Anfrage BT-Drs. 19/1861 sowie 19/2144; *Schnitger/Brink/Welling* IStR 2018, 513; *Fischer/Riedlinger* IWB 2018, 416; *Bartelt/Geberth* DB 2018, 1558; *Osterloh-Konrad* FR 2018, 612; *Eisgruber* FR 2018, 625; *Hey* FR 2018, 633; *Podeyn/Tschatsch/Fischler* DB 2018, 3081; *Eilers* ISR 2019, 75; *Lüdicke/Oppel* IWB 2019, 58.

[222] Zum RefE eines G zur Einführung einer Pflicht zur Mitteilung von Steuergestaltungen IStR 2019 Gesetzgebung III-VIII.

[223] *Stöber* BB 2018, 1559; *Lindner* NWB 2018, 195; *Podeyn/Tschatsch/Fischer* DB 2019, 633; *Patzner/Nagler* IStR 2019, 402; *Höring* StBp 2019, 91; *Ditz/Bärsch/Engelen* DStR 2019, 815; *Welzer/Dombrowski* FR 2019, 360; *Schnitger/Brink/Welling* IStR 2019, 157.

[224] G. v. 21.12.2019 BGBl. I 2019, 2875.

[225] *Duttiné/Partin* BB 2017, 3031; *Grotherr* Ubg 2019, 322; *v. Bredow/Gibis* BB 2019, 1303 sowie 1502; *Baum* NWB 2019, 3069; *Trageser/Schenk* BB 2019, 2910.

mitteln.²²⁶ In Vorbereitung befindlich ist ferner die Umsetzung der am 25.6.2018 in Kraft getretenen Richtlinie (EU) 2018/822 (Directive on Administrative Disclosure – DAC 6) mit der Verpflichtung, Steuergestaltungen der Finanzverwaltung anzuzeigen. Geplant ist ein neuer § 138d AO, infolge dessen Steuergestaltungen als Transaktion mit dem Ziel, einen deutschen Steueranspruch zu verringern, das Entstehen von Steueransprüchen zu verschieben oder Steueransprüche zu begründen, anzuzeigen. Zur Anzeige verpflichtet ist derjenige, der als Intermediär die Gestaltung nutzen will, aber auch der, wer die Gestaltung konzipiert, bereitstellt oder vermarktet. Intermediäre wie Rechtsanwälte, Steuerberater oder Wirtschaftsprüfer unterliegen der beruflichen Verschwiegenheitspflicht und können idR die Anzeige nicht erstatten; in solchen Fällen ist das Unternehmen verpflichtet.²²⁷

Die AG unterliegt, wie jeder andere Steuerpflichtige, den gesetzlich geregelten Pflichten zur **Auskunft** oder **Aufklärung** gegenüber dem Finanzamt. Solche Auskunftspflichten sind zB geregelt im Rahmen der Mitwirkungspflichten in § 90 Abs. 2 AO oder §§ 16, 17 AStG zu ungeklärten Vermögenszugängen oder bei bestimmten Auslandsbeziehungen; sie ist dabei im Rahmen einer verstärkten Mitwirkungspflicht verpflichtet, Sachverhalte im Ausland selbst aufzuklären und Beweismittel, die sich im Ausland befinden, zu beschaffen.²²⁸ Der Steuerpflichtige hat alle zur Beweismittelbeschaffung bestehenden tatsächlichen und rechtlichen Möglichkeiten auszuschöpfen und muss sich Nachweismöglichkeiten gegebenenfalls vertraglich sichern.²²⁹ Das gilt nach Abs. 2 Satz 3 insbesondere bei Geschäftsbeziehungen in kooperationsunwillige Staaten. Die Verletzung dieser Mitwirkungspflicht begründet für den Steuerpflichtigen die Gefahr, sich nicht darauf berufen zu können, dass sich Sachverhalte nicht aufklären lassen; sie begründet für das Finanzamt die Möglichkeit, zum Nachteil des Steuerpflichtigen Besteuerungsgrundlagen zu schätzen; bei Verletzung von § 90 Abs. 2 S. 3 AO wird unwiderlegbar vermutet, dass die steuerpflichtigen Einkünfte höher sind als die erklärten Einkünfte.²³⁰ Nach § 90 Abs. 3 AO²³¹ bestehen Sanktionen bei Verletzung von Dokumentationspflichten; sie betreffen Art und Inhalt von Geschäftsbeziehungen mit nahestehenden Personen iSv § 1 Abs. 4 AO bei Sachverhalten mit Auslandsbezug.²³² Hiernach ist eine Verrechnungspreisdokumentation zu erstellen. Die Anforderungen an die Dokumentation wurden deutlich ausgeweitet.²³³ Sie hat nach Satz 2 (iVm GAufzV) neben der Sachverhaltsdokumentation auch die wirtschaftlichen und rechtlichen Grundlagen der Ermittlung und Beachtung von Verrechnungspreisen und Nachweise für deren Angemessenheit zu enthalten (sog. Local File).²³⁴ Bei multinational tätigen Unternehmen werden durch Sätze 3 und 5 die Anforderungen weiter ausgedehnt (Master File).²³⁵ Werden Aufzeichnungen über diese Geschäftsvorfälle nicht geführt, wird widerleglich vermutet, dass die Einkünfte aus diesen Geschäften höher sind, als erklärt, § 162

---

²²⁶ BMF 11.7.2017, DB 2017, 1620; *G. Kraft/Ditz/Heider* DB 2017, 2243; *G. Kraft/Heider* Ubg 2018, 701; *Peters/Busch* DStR 2017, 1875; zu ersten Erfahrungen *Engelen/Heider* DStR 2018, 1042; *dies.* DStR 2018, 2549; *Zenefels* DB 2018, 1369; *Mank/Genctürk* NWB 2018, 454; *Dahlke/Würges/Erdogan* BB 2018, 1771; *Spengel/Vag/Weck* Ubg 2019, 573.
²²⁷ Umsetzung noch nicht konkretisiert; dazu *Kepp/Schober* BB 2018, 2455; *Stöber* BB 2018, 2464.
²²⁸ BMF 12.4.2005, BStBl. I 2005 S. 570 (Verwaltungsgrundsätze Verfahren); BMF 5.1.2010, BStBl. I 2010 S. 19; BFH BFH/NV 2006, 1987; Koenig/*Wünsch* AO § 90 Rn. 16 ff.; Tipke/Kruse/*Seer* AO § 90 Rn. 21; *M. Müller* DB 2011, 2743 (2744).
²²⁹ Tipke/Kruse/*Seer* AO § 90 Rn. 26.
²³⁰ Koenig/*Wünsch* AO § 90 Rn. 19; Tipke/Kruse/*Seer* AO § 90 Rn. 33.
²³¹ BGBl. 2003 I S. 660; dazu BFH/NV 2002, 134.
²³² Klein/*Rätke* AO § 90 Rn. 67; Tipke/Kruse/*Seer* AO § 90 Rn. 27 ff.; Hübschmann/Hepp/Spitaler/*Söhn* AO § 90 Rn. 188 ff.
²³³ G v. 20.12.2016, BGBl. 2016 I S. 3000; dazu *Sinz/Kahle* IWB 2018, 773.
²³⁴ Tipke/Kruse/*Seer* AO § 90 Rn. 40 ff.
²³⁵ Tipke/Kruse/*Seer* AO § 90 Rn. 46.

Abs. 3 AO. Ferner kann ein Zuschlag festgesetzt werden, § 162 Abs. 4 AO.[236] Nach § 95 AO kann die AG durch ihre Vertreter zur Versicherung an Eides Statt herangezogen werden.

127 Nach § 150 Abs. 4 AO iVm § 60 EStDV ist die AG verpflichtet, mit ihren Steuererklärungen eine Abschrift ihrer unverkürzten Bilanz, Gewinn- und Verlustrechnung, des Anhangs und Lageberichts beim Finanzamt einzureichen. § 5b EStG schreibt vor, die Bilanz sowie die Gewinn- und Verlustrechnung nach vorgeschriebenem Datensatz durch Datenfernübertragung an die Finanzverwaltung zu übermitteln.[237]

128 **2. Buchführungspflicht.** Die AG ist nach § 3 AktG iVm §§ 6 Abs. 1, 238 ff., 264 ff. HGB, § 91 AktG handelsrechtlich zur Führung von Büchern verpflichtet, vgl. → Rn. 123 ff. Diese handelsrechtliche Verpflichtung wird durch § 140 AO auch zu einer steuerlichen Pflicht. Die Verpflichtung zum Führen von Büchern beginnt regelmäßig mit **Gründung** der AG unabhängig von ihrer Eintragung in das Handelsregister;[238] nimmt die Gesellschaft bereits in der Phase der Gründung ein Handelsgewerbe auf, beginnt die Buchführungspflicht bereits zu diesem Zeitpunkt.[239] Die Buchführungspflicht der AG nach ihrer Eintragung im Handelsregister ist unabhängig davon, ob ein Handelsgewerbe betrieben wird. Die Verpflichtung wird durch die Einbindung der AG als Organgesellschaft in eine steuerliche Organschaft nicht aufgehoben; auch eine AG, die einen Beherrschungsvertrag mit einem herrschenden Unternehmen abgeschlossen hat, wird von der selbständigen Pflicht zum Führen ihrer Bücher nicht frei. Die Buchführungspflicht endet mit dem Verlust der Kaufmannseigenschaft, somit in der Regel durch Löschung im Handelsregister.

129 Zu **Beginn ihres Handelsgewerbes** hat die AG, wie jeder Kaufmann, nach § 242 Abs. 1 HGB eine Eröffnungsbilanz zu erstellen. Die **Eröffnungsbilanz** ist regelmäßig auf den Tag der Gründung der AG zu erstellen, da mit der Einzahlung des Grundkapitals der erste Geschäftsvorfall zu buchen ist.[240] Hat die Gesellschaft ihre Tätigkeit erst später aufgenommen, ist die Eröffnungsbilanz auf den späteren Zeitpunkt, spätestens auf den Tag der Eintragung im Handelsregister zu erstellen.

130 Aus steuerlichen Vorschriften ergeben sich keine besonderen Regelungen zur Verantwortung für die Buchführung. Die Verpflichtung zur ordnungsmäßigen Führung der Bücher aus § 91 Abs. 1 AktG trifft den Vorstand auch im Hinblick auf die steuerliche Relevanz der Bücher. Die Pflicht zur Führung der Bücher liegt grundsätzlich in der Gesamtverantwortung des Vorstands; durch eine Geschäftsordnung kann diese Verpflichtung in den Aufgabenbereich eines Mitglieds des Vorstands gelegt werden. Die übrigen Mitglieder des Vorstands werden dadurch von ihrer Verantwortung nicht vollständig frei; sie bleiben vielmehr zur Überwachung der Ordnungsmäßigkeit verpflichtet.[241] Der Vorstand oder das zuständige Mitglied des Vorstands braucht die Bücher nicht persönlich zu führen. Ihn trifft indes die Verantwortung für die Einrichtung der erforderlichen Organisation, Personalausstattung und Systeme und die Wahrnehmung der erforderlichen Sorgfalt bei Auswahl und Überwachung der mit Buchführungsaufgaben betrauten Personen.[242]

---

[236] *Klein/Rüsken* AO § 162 Rn. 55 ff.; Tipke/Kruse/*Seer* AO § 162 Rn. 72 ff.

[237] § 5b EStG, zur erstm. Anwendung § 52 Abs. 15a EStG; BMF 24.5.2016, BStBl. I 2016 S. 500 (Taxanomien 6.0); BMF 16.5.2017, BStBl. I 2017 S. 776 (Taxanomien 6.1); BMF 1.4.2018, DB 2018, 1502 (Taxanomien 6.2); L. Schmidt/*Weber-Grellet* § 5b Rn. 2 ff.

[238] Beck'scher BilKomm./*Winkeljohann/Lewe* § 238 Rn. 44.

[239] *Adler/Düring/Schmaltz* HGB § 242 Rn. 19 ff., AktG § 91 Rn. 6; Beck'scher BilKomm./*Winkeljohann/Lewe* § 238 Rn. 73.

[240] *Adler/Düring/Schmaltz* § 238 Rn. 17; Beck'scher BilKomm./*Winkeljohann/Philipps* § 242 Rn. 3.

[241] BFH BStBl. II 1984 S. 776; *Adler/Düring/Schmaltz* AktG § 91 Rn. 12; Olbing AG 2003, 209 (210 f.).

[242] *Adler/Düring/Schmaltz* AktG § 91 Rn. 8 ff., 10 f. sowie Ergbd. AktG § 91 Rn. 6 ff. zum Risikofrüherkennungs- und Überwachungssystem.

§ 25 Organpflichten der Vorstandsmitglieder

Die **inhaltlichen Anforderungen** an die Ordnungsmäßigkeit der Bücher ergeben sich **131** aus den handelsrechtlichen[243] und den sie ergänzenden steuerrechtlichen[244] Vorschriften, insbesondere zu den allgemeinen Anforderungen § 146 Abs. 1 AO.[245] Ordnungsvorschriften für Buchführung und Aufzeichnungen mittels elektronischer Systeme werden in § 146a AO vorgesehen. Die inhaltlichen Anforderungen an die Aufzeichnungen sowie den Schutz gegen Manipulationen insbesondere auch an digitalen Aufzeichnungen haben zu einer Konkretisierung und Verschärfung von § 146 Abs. 1 und § 146b AO geführt.[246] Nach § 146 Abs. 2 S. 1 AO sind die Bücher und die sonst erforderlichen Aufzeichnungen im Inland zu führen und aufzubewahren. Von der Verpflichtung zur Buchführung, Aufzeichnung und Aufbewahrung im Inland kann die Finanzbehörde nach § 148 AO befreien, wenn deren Aufrechterhaltung Härten mit sich bringt und die Besteuerung dadurch nicht beeinträchtigt wird.[247]

§ 146 Abs. 2a und 2b AO lässt auf Antrag zu, dass die elektronische Buchführung (der **132** Bücher und sonstigen Aufzeichnungen) in einem anderen Staat geführt werden dürfen. Die Verlagerung ist ua dann möglich, wenn der Steuerpflichtige seinen Verpflichtungen insbes. zur Aufzeichnung und Mitteilung ordnungsgemäß nachkommt, der Datenzugriff nach § 147 Abs. 6 AO in vollem Umfang möglich ist und die Durchführung der Besteuerung nicht beeinträchtigt wird.[248]

Der Vorstand hat verschiedene Möglichkeiten, Unklarheiten über steuerliche Sachverhalte **133** oder Rechtsfragen mit der Finanzbehörde zu klären. Sollte der Vorstand einer AG zur Klärung oder Absicherung einer zweifelhaften Steuerrechtsfrage eine **verbindliche Auskunft** bei einem zuständigen Finanzamt oder dem Bundeszentralamt für Steuern (BZSt) beantragen, gilt für einen solchen Antrag § 89 Abs. 2 AO.[249] Die Regelung sieht vor, dass die Bearbeitung eines solchen Antrags mit einer Gebühr belegt werden wird, § 89 Abs. 3 AO. Die Höhe der Gebühr wird sich nach dem Wert bemessen, den die verbindliche Auskunft für den Antragsteller hat, § 89 Abs. 4 AO.[250] Die Erhebung einer Gebühr wird nicht als verfassungswidrig angesehen.[251] Eine durch das Finanzamt erteilte verbindliche Auskunft ist bindend, wenn der Sachverhalt wie beantragt verwirklicht wurde.[252] Zum Widerruf ist das Finanzamt nach Maßgabe von Vorbehalten der Steuer-Auskunftsverordnung auf der Grundlage der AO berechtigt.[253] Eine weitere Maßnahme zur Klärung von Sachfragen bietet die tatsächliche Verständigung, die bei schwer zu klärenden Sachverhaltsfragen zu einer einvernehmlichen Lösung führen kann.[254] Zur Klärung lohnsteuerlicher Fragen kommt die Anrufungsauskunft nach § 42e EStG in Betracht.[255]

---

[243] §§ 238 ff. HGB iVm den ergänzenden Vorschriften des AktG.
[244] BMF 14.11.2014 (GoBD), BStBl. I 2014 S. 1450; Koenig/Coester AO § 146 Rn. 6 ff.; Klein/Rätke AO § 146 Rn. 4 ff.; Tipke/Kruse/Drüen AO § 146 Rn. 3a; Herold/Volkeborn NWB 2017, 922.
[245] Tipke/Kruse/Drüen AO § 146 Rn. 5 ff.
[246] G v. 29.12.2016 BGBl. 2016 I S. 3152; BMF 19.6.2018, DStR 2018, 1299; 29.5.2018, BStBl. I 2018 S. 699.
[247] Tipke/Kruse/Drüen AO § 148 Rn. 2 ff.
[248] Klein/Rätke AO § 146 Rn. 40 ff.; Koenig/Coester AO § 146 Rn. 27 ff.; Tipke/Kruse/Drüen AO § 146 Rn. 40 ff.; Hannig NWB 2013, 3604.
[249] Steuer-Auskunftsverordnung (StAuskV) v. 30.11.2007 BGBl. 2007 I S. 2783 idF v. 12.7.2017 BGBl. 2017 I S. 2360; AEAO v. 31.1.2014 zu § 89 AO BStBl. I 2014 S. 290, zul. geändert BMF 24.1.2018, BStBl. I 2018 S. 258; Tipke/Kruse/Seer AO § 89 Rn. 21 ff.; dazu Hübschmann/Hepp/Spitaler/Söhn AO § 89 Rn. 170 ff.; Franke/v. Cölln BB 2008, 584; Lahme/Reiser BB 2007, 408 ff. sowie 1361 ff.; Dannecker/Werder BB 2011, 2268 ff.; Seer FR 2017, 161; Eilers/Nosthoff-Horstmann FR 2017, 170.
[250] AEAO zu § 89 AO Tz. 4.2 (Gegenstandswert); Tipke/Kruse/Seer AO § 89 Rn. 68 f.; v. Wedelstädt DB 2006, 2715 (2716).
[251] BFHE 232, 395; BFH BStBl. II 2011 S. 536; Klein/Rätke AO § 89 Rn. 51.
[252] Zur Rechtsmäßigkeitskontrolle einer verbindlichen Auskunft BFH DStR 2012, 1272; BFH/NV 2015, 261; Blumers DB 2018, 1108.
[253] StAuskV v. 30.11.2007, BStBl. I 2007 S. 820 Blumers DB 2018, 1108.
[254] BFH BStBl. II 2017 S. 1155; Billau NWB 2018, 261; Hartmann NWB 2016, 1014.
[255] BFH BStBl. II 2011 S. 479; BFH/NV 2014, 229; BMF 12.12.2017, BStBl. I 2017 S. 1656.

134 Ein **Verstoß** gegen die Pflicht zur Führung ordnungsmäßiger Bücher kann sich auf die Gesellschaft und den Vorstand auswirken. Bei nicht ausreichender oder nicht ordnungsmäßiger Buchführung kann die Ordnungsmäßigkeit nach § 328 AO erzwungen werden. Sind die Bücher nicht ordnungsmäß geführt und erlauben infolgedessen nicht die Ermittlung des Gewinns, kann die Besteuerungsgrundlage nach § 162 AO geschätzt werden. Die Ordnungsmäßigkeit der Buchführung ist nicht mehr Voraussetzung für die Inanspruchnahme steuerlicher Vergünstigungen. Abgesehen von den handelsrechtlichen Straf- und Bußgeldvorschriften (§§ 331 ff. HGB) macht sich der Vorstand strafbar, wenn die Buchführung nicht ordnungsmäßig ist und die Gesellschaft ihre Zahlungen eingestellt hat oder über ihr Vermögen ein Insolvenzverfahren eröffnet oder mangels Masse nicht eröffnet wurde, §§ 283, 283b StGB.

135 **3. Abgabe und gegebenenfalls Berichtigung von Steuererklärungen.** Die **Verpflichtung** zur Abgabe von Steuererklärungen ist in den einzelnen Steuergesetzen bestimmt, § 149 Abs. 1 S. 1 AO. Die Abgabe der Erklärung hat, wenn die Einzelsteuergesetze nichts anderes bestimmen, spätestens 5 Monate nach Ablauf des Kalenderjahres oder des Stichtags zu erfolgen. Abgesehen davon ist die AG zur Abgabe von Steuererklärungen verpflichtet, wenn sie dazu vom Finanzamt aufgefordert wird, § 149 Abs. 1 S. 2 AO. Zu den Steuererklärungen gehören auch Steueranmeldungen oder zB Verkehrsteueranzeigen.[256] Das schließt im Rahmen einer ordnungsgemäßen Compliance auch die Verpflichtung, berichtigte Steuererklärungen abzugeben, sobald die Unrichtigkeit einer eingereichten Erklärung erkannt wurde, § 153 AO, ein. Die Unterlassung der Berichtigung kann zu einer leichtfertigen Steuerverkürzung oder einer Steuerhinterziehung führen.

136 Aus den **Einzelsteuergesetzen** ergeben sich folgende Pflichten zur, gegebenenfalls elektronischen Einreichung von Steuererklärungen oder Steueranmeldungen, wie beispielsweise:
– Pflicht zur Abgabe der Körperschaftsteuererklärung sowie der Erklärungen über die gesonderte Feststellung von Beträgen des steuerlichen Einlagekontos, § 31 Abs. 1 KStG, und zwar unabhängig vom Wirtschaftsjahr der AG; Erklärung zur Feststellung des dem Organträger zuzurechnenden Einkommens der Organgesellschaft, § 14 Abs. 5 KStG, zur Feststellung des EBITDA-Vortrags und des Zinsvortrags, § 4h Abs. 4 EStG oder des verbleibenden Verlustvortrags, § 10d Abs. 4 EStG;
– Jahresumsatzsteuererklärung nach § 18 Abs. 3 UStG;
– Umsatzsteuervoranmeldungen nach § 18 Abs. 1 UStG;
– Gewerbesteuererklärung nach § 14a GewStG iVm § 25 Abs. 1 GewStDV;
– Lohnsteueranmeldung nach § 41a EStG;
– Kapitalertragsteueranmeldung nach § 45a EStG.

137 Die Steuererklärungen müssen grundsätzlich nach **amtlich vorgeschriebenen Vordruck** abgegeben werden, § 150 Abs. 1 S. 1 AO, sofern nicht die elektronische Abgabe vorgeschrieben ist oder freiwillig vorgenommen wird.[257] Dem entsprechen Formulare, die auf den Internetseiten der Steuerverwaltung angeboten werden.[258] Steuererklärungen sind, wenn das gesetzlich vorgeschrieben ist, von den gesetzlichen Vertretern der Gesellschaft in zur Vertretung berechtigender Anzahl zu unterzeichnen. Den Steuererklärungen sind diejenigen Unterlagen beizufügen, die nach den Steuergesetzen vorzulegen sind, § 150 Abs. 4 S. 1 AO. Dazu gehört ua der Jahresabschluss der Gesellschaft nach § 60 Abs. 3 EStDV.[259] Die Steuergesetze sehen mittlerweile nahezu ausnahmslos vor, dass zur Erleichterung und Vereinfachung Steuererklärungen auf elektronischem Wege abgegeben oder andere für das Besteuerungsverfahren erforderliche Daten ganz oder teilweise auf maschinell verwertbaren Datenträgern oder durch Datenfernübertragung übermittelt werden können

---

[256] Koenig/*Coester* AO § 149 Rn. 7; *Klein/Rätke* AO § 149 Rn. 1.
[257] *Seer* in Tipke/Kruse AO/FGO AO § 150 Rn. 3, 7.
[258] BMF 3.4.2012, BStBl. I 2012 S. 522.
[259] Zur Haftung bei unterlassener oder verspäteter Abgabe von Steuererklärungen FG Berlin EFG 2004, 957 ff.

oder müssen, §§ 87a, 150 Abs. 6–8 AO[260] in Verbindung mit den Einzelsteuergesetzen[261] (wie zB § 31 Abs. 1a KStG, §§ 14a, 28 GewStG, §§ 18 Abs. 3 S. 1, 18a Abs. 1 UStG)

Die Steuererklärungen, die sich auf ein Kalenderjahr beziehen, sind, soweit in den Steuergesetzen nicht etwas anderes bestimmt ist, grundsätzlich innerhalb einer **Frist** von fünf Monaten nach Ablauf des Kalenderjahres abzugeben, § 149 Abs. 2 AO. Eine allgemeine Verlängerung der Frist bis zum 30.9. des Folgejahres wird im Verwaltungswege regelmäßig gewährt.

Erkennt der Steuerpflichtige, sein gesetzlicher Vertreter oder eine andere verantwortliche Person nachträglich, dass eine für die Gesellschaft abgegebene Erklärung unrichtig oder unvollständig ist und es dazu zu einer Steuerverkürzung kommen kann oder gekommen ist, besteht nach § 153 Abs. 1 S. 1 AO eine Anzeige- und Berichtigungspflicht. Eine Anzeige oder Berichtigung ergibt sich, wenn die Erklärung im Zeitpunkt der Abgabe objektiv unrichtig war und hinsichtlich der Unrichtigkeit weder Vorsatz noch Leichtfertigkeit vorlag. In solchen Fällen liegt (noch) keine Steuerhinterziehung oder leichtfertige Steuerverkürzung vor;[262] anderenfalls kommt eine Selbstanzeige nach § 371 AO in Betracht. Zur Anzeige und Berichtigung sind die für die Gesellschaft handelnden Personen verpflichtet, § 153 Abs. 1 S. 2 AO.[263] Das gilt auch dann, wenn die zum Zeitpunkt des Erkennens der Unrichtigkeit handelnden Personen nicht identisch mit denen sind, die für die Steuererklärung verantwortlich gezeichnet haben.

4. Pflicht zur Einbehaltung und rechtzeitigen Entrichtung von Steuern. Die AG ist aufgrund einer Vielzahl von steuerlichen Vorschriften verpflichtet, Steuern und **Steuerabzugsbeträge** von Beträgen einzubehalten, die sie aufgrund vertraglicher Regelungen einem Dritten schuldet. Zu den wesentlichen dieser Verpflichtungen gehört die Einbehaltung

– der Lohnsteuer bei Lohn- oder Gehaltszahlungen an die Arbeitnehmer der AG, § 38 Abs. 3 EStG. Die Steuer ist spätestens am zehnten Tag nach dem Ende des Lohnsteuer-Anmeldungszeitraums an das Finanzamt abzuführen, § 41a Abs. 1 EStG.
– von Kapitalertragsteuer von Kapitalerträgen nach § 20 Abs. 1 Nr. 1 und 2 EStG (insbesondere Dividenden), § 43 Abs. 1 Nr. 1 EStG, sofern dies nicht nach § 43 Abs. 1 Nr. 1a EStG durch die auszahlende Stelle erfolgt. Der Einbehalt beträgt 25 % der Kapitalerträge. Die innerhalb eines Monats einbehaltene Steuer ist im Allgemeinen bis zum 10. des Folgemonats an das Finanzamt abzuführen, § 44 Abs. 1 S. 5 EStG; die Kapitalertragsteuer auf Dividenden iSv § 43 Abs. 1 S. 1 Nr. 1 EStG ist in dem Zeitpunkt abzuführen, in dem die Kapitalerträge dem Gläubiger zufließen. Vergleichbare Einbehaltungspflichten bestehen bei Vergütungen aus Wandelschuldverschreibungen (§ 43 Abs. 1 Nr. 2 EStG) oder stillen Beteiligungen (§ 43 Abs. 1 Nr. 3 EStG) in Höhe von 25 %. Bei mit mindestens 10 % beteiligter Muttergesellschaft, die im Inland weder ihren Sitz noch Ort der Geschäftsleitung hat, ist nach § 43b EStG vom Kapitalertragsteuerabzug abzusehen; ebenfalls davon abzusehen ist in den Fällen des § 44a EStG. Nach Maßgabe von Doppelbesteuerungsabkommen kann der Satz der einzubehaltenden Kapitalertragsteuer abgesenkt sein.[264] Nach § 50d Abs. 3 EStG muss, wenn nicht eine Freistellungsbescheinigung vorliegt, auch in diesen Fällen die Steuer zunächst einbehalten werden.
– von Steuerabzugsbeträgen von Vergütungen an bestimmte beschränkt Steuerpflichtige, wie zB Mitglieder des Aufsichtsrats, §§ 49 Abs. 1 Nr. 3 iVm 50a Abs. 1 EStG, Einkünf-

---

[260] Dazu §§ 72a Abs. 1–3, 87a Abs. 4 sowie 87b–d AO, die die StDÜV v. 15.1.2007 BStBl. I 2007 S. 95 ersetzt haben.
[261] *Brandis* in Tipke/Kruse AO/FGO § 87a Rn. 1.
[262] BMF 23.5.2016, DB 2016, 1226, jetzt AEAO zu § 153 – Berichtigung von Erklärungen Abschn. 2.2.
[263] BMF 23.5.2016, DB 2016, 1226, jetzt AEAO zu § 153 – Berichtigung von Erklärungen Abschn. 4.
[264] § 50d EStG: Erstattung des Steuerbetrags ganz oder teilweise durch das Bundesamt für Finanzen; dazu zB L. Schmidt/*Loschelder* EStG § 50d Rn. 35 ff.

ten aus der Ausübung oder Verwertung bestimmter künstlerischer, sportlicher oder ähnlicher Darbietungen, der Tätigkeiten von zB Journalisten, Künstlern, Schriftstellern oder der Nutzung bestimmter Rechte, § 50a Abs. 4 EStG. Der Steuersatz der Aufsichtsratsteuer beträgt 30 %, bei anderen Tätigkeiten 15 % der Einnahmen.
– von Umsatzsteuer bei bestimmten Lieferungen und Leistungen, die das Unternehmen erhält, zB durch im Ausland ansässige Unternehmer nach § 13b UStG.
– der Bauabzugssteuer in Höhe von 15 von Hundert des Rechnungsbetrags bei einer im Inland erbrachten Bauleistung, §§ 48 ff. EStG.

141 Einzelne Steuergesetze sanktionieren die Nichterfüllung der Verpflichtung, Steuern rechtzeitig und vollständig zu entrichten, nicht nur mit der Verpflichtung zur Entrichtung von Nachzahlungs- oder Säumniszinsen (§ 233a iVm § 238 AO), deren Berechtigung der Höhe nach angezweifelt wird[265] sowie Säumniszuschlägen (§ 240 AO), sondern auch durch Haftung des Abzugsverpflichteten[266] sowie strafrechtlich (zB § 26b UStG als Ordnungswidrigkeit, § 26c UStG als Straftatbestand).

§ 26 Haftung der Vorstandsmitglieder

Übersicht

	Rn.		Rn.
I. Allgemeines	1–4	a) Aufsichtsrat	46
II. Haftung gegenüber der Gesellschaft	5–50	b) Aktionäre	47
1. Allgemeines	5	c) Gesellschaftsgläubiger	48–50
2. Vorstandsmitglied	6–8		
3. Pflichtverletzung	9–11	III. Haftung gegenüber Aktionären	51–53
4. Verschulden	12–14	IV. Haftung gegenüber Dritten	54–58
5. Schaden	15–19	1. Vertragliche Ansprüche	54, 55
6. Kausalität	20–22	2. Ansprüche aus unerlaubter Handlung	56–58
7. Umkehr der Beweislast	23–25		
8. Gesamtschuldnerische Haftung	26, 27	V. D&O-Versicherung	59–71
9. Sondertatbestände	28–30	1. Allgemeines	59–63
10. Ausschluss der Haftung durch Hauptversammlungsbeschluss	31–36	2. Ausgestaltung	64, 65
		3. Dreiecksverhältnis	66–70
11. Verzicht und Vergleich	37–42	4. Selbstbehalt	71
12. Verjährung	43–45		
13. Geltendmachung	46–50		

Schrifttum: *Armbrüster*, Interessenkonflikte in der D&O-Versicherung, NJW 2016, 897–901; *ders.*, Neues vom BGH zur D&O-Versicherung, NJW 2016, 2155–2158; *ders.*, Kapitalgesellschaftsrechtliche Zuständigkeit für die Entscheidung über D&O-Versicherungsschutz, FS Karsten Schmidt 2019 Bd. I, S. 23–36; *Bachmann*, Reform der Organhaftung?, Gutachten E zum 70. Deutschen Juristentag, 2014; *ders.*, Interne Ermittlungen – Ohne Grenzen?, ZHR 180 (2016), 563–577; *ders.*, Die Beschränkung der Organhaftung nach den Grundsätzen des Arbeitsrechts, ZIP 2017, 841–851; *Bayer*, Vorstandshaftung n der AG de lege lata und de lege ferenda, NJW 2014, 2546–2550; *Bayer/Scholz*, Haftungsbegrenzung und D&O-Versicherung im Recht der aktienrechtlichen Organhaftung, NZG 2014, 926–934; *dies.*, Organhaftung wegen Nichtdurchsetzung von Ansprüchen der Gesellschaft, NZG 2019, 201–210; *Böttcher*, Direktanspruch gegen den D&O-Versicherer – Neue Spielregeln im Managerhaftungsprozess?, NZG 2008, 645–650; *Dietz-Vellmer*, Organhaftungsansprüche in der Aktiengesellschaft: Anforderungen an Verzicht oder Vergleich durch die Gesellschaft, NZG 2011, 248–254; *dies.*, Hauptversammlungsbeschlüsse nach § 119 Abs. 2 AktG – Geeignetes Mittel zur Haftungsvermeidung für Organe?, NZG 2014, S. 721–729; *W. Doralt*, Organhaftung und D+O-Versicherung – Jüngere Entwicklungen und aktuelle Gestaltungsfragen, ZGR 2019, 996–1049; *Dreher*, Der Abschluss von D&O-Versicherungen und die aktienrechtliche Zuständigkeitsordnung ZHR 165 (2001), S. 293–323; *ders.*, Die Rechtsnatur der D&O-Versicherung, DB 2005, 1669–1675; *Fleischer*, Haftungsfreistellung, Prozesskostenersatz und Versicherung für Vorstandsmitglieder, WM 2005, 909–920; *ders.*, Aktuelle Entwicklungen

---

[265] BFH DB 2018, 2666 mit Bespr. v. *Brandt; Lindwurm* NWB 2018, 1656.
[266] *Binnewies/Schüller* AG 2018, 429 zur Lohnsteuer.

der Managerhaftung, NJW 2009, 2337–2343; *ders.*, Vorstandshaftung und Vertrauen auf anwaltlichen Rat, NZG 2010, 121–125; *ders.*, Aktienrechtliche Compliance-Pflichten im Praxistest: Das Siemens/ Neubürger-Urteil des LG München I, NZG 2014, S. 321–329; *ders.*, Regresshaftung von Geschäftsleitern wegen Verbandsgeldbußen, DB 2014, 345–352; *Goette,* Zur Verteilung der Darlegungs- und Beweislast der objektiven Pflichtwidrigkeit bei der Organhaftung, ZGR 1995, 648–674; *Habersack,* Die Freistellung des Organwalters von seiner Haftung gegenüber der Gesellschaft, FS Ulmer, 2003, S. 151–173: *ders.*, Perspektiven der aktienrechtlichen Organhaftung, ZHR 177 (2013), 782–806; *Harbarth/Jaspers,* Verlängerung der Verjährung von Organhaftungsansprüchen durch das Restrukturierungsgesetz, NZG 2011, 368–376; *Happ/Möhrle,* D&O-Versicherung und Aktienrecht – Viele Fragen offen, FS Seibert, 2019, S. 273–289; *dies.*, Zur Erledigung des Versicherungsfalls in der D&O-Versicherung, FS E. Vetter, 2019, S. 193–214; Harzenetter, Abtretung des Freistellungsanspruchs aus einer D&O-Versicherung nach dem BGH-Urteil vom 13.4.2016, NZG 2016, 728–733; *Hemeling,* Neuere Entwicklungen in der D&O-Versicherung, FS Hoffmann-Becking, 2013, S. 491–510; *Hoffmann-Becking,* Sinn und Unsinn der D&O-Versicherung, ZHR 181 (2017), 737–745; *ders.*, Übernahme von Geldbußen gegen Vorstandsmitglieder durch die Gesellschaft, ZGR 2015, 618–630; *Hopt,* Die Verantwortlichkeit von Vorstand und Aufsichtsrat: Grundsatz und Praxisprobleme unter besonderer Berücksichtigung der Banken, ZIP 2013, 1793–1806; *Horn,* Die Haftung des Vorstands nach § 93 AktG und die Pflichten des Aufsichtsrats, ZIP 1997, 1129–1139; *Koch,* Beschränkungen des gesellschaftsrechtlichen Innenregresses bei Bußgeldzahlungen, Liber amicorum Winter, 2011, S. 327–350; *ders.*, Beschränkung der Regressfolgen im Kapitalgesellschaftsrecht, AG 2012, 429–440; *Krieger,* Beweislastumkehr und Informationsanspruch des Vorstandsmitglieds bei Schadensersatzforderungen nach § 93 Abs. 2 AktG, FS Uwe H. Schneider, 2011, S. 717–735; *Lange,* D&O-Versicherung und Managerhaftung, 2014; *Löbbe,* Abtretungslösung – Königsweg zur Durchsetzung von Organhaftungsansprüchen?, FS Marsch-Barner, 2018, S. 317–334; *Löbbe/Lüneborg,* Das Easy-Software-Urteil des BGH: Verjährung der Aufsichtshaftung wegen Verstoßes gegen die ARAG/Garmenbeck-Pflichten, Der Konzern 2019, 53–61; *Looschelders/Derkum,* Befugnis zur Geltendmachung des Versicherungsschutzes und Rechtsmissbrauchsverbot bei der D&O-Versicherung, ZIP 2017, 1249–1255; *Peltzer,* Mehr Ausgewogenheit bei der Vorstandshaftung, FS Hoffmann-Becking, 2013, S. 861–870; *Reichert,* Existenzgefährdung bei der Durchsetzung von Organhaftungsansprüchen, ZHR 177 (2013), 756–781; *Strohn,* Pflichtenmaßstab und Verschulden bei der Haftung von Organen einer Kapitalgesellschaft, CCZ 2013, 177–184; *Thomas,* Die Haftungsfreistellung von Organmitgliedern, 2010; *Ulmer,* Strikte aktienrechtliche Organwalterhaftung und D&O-Versicherung – zwei getrennte Welten?; FS Canaris, 2007, Bd. II, S. 451–472; *Verse,* Organwalterhaftung und Gesetzesverstoß ZHR 170 (2006), 388–421; *Wagner,* Organhaftung im Interesse der Verhaltenssteuerung – Skizze eines Haftungsregimes, ZHR 178 (2014), 227–281; *von Schenck,* Handlungsbedarf bei der D&O-Versicherung, NZG 2015, 494–501. S. auch Schrifttum zu § 25.

I. Allgemeines

Vorstandsmitglieder, die ihre Pflichten verletzen, sind der Gesellschaft zum Ersatz des daraus entstehenden Schadens als Gesamtschuldner verpflichtet, § 93 Abs. 2 S. 1 AktG. Diese Norm regelt die **Innenhaftung** der Vorstandsmitglieder gegenüber der Gesellschaft wegen Verletzung der Pflichten, die sie gegenüber der Gesellschaft zu beachten haben. Aktionären oder gesellschaftsfremden Dritten stellt das Aktiengesetz keine allgemeine Anspruchsgrundlage gegen Vorstandsmitglieder wegen Verletzung ihrer Pflichten zur Verfügung. Ansprüche aus der Außenhaftung von Vorstandsmitgliedern sind vielmehr nach allgemeinem Haftungsrecht zu beurteilen, können also entweder aus Vertrag oder unerlaubter Handlung (dazu → Rn. 54 ff.) oder einer speziellen gesetzlichen Haftungsnorm in Betracht kommen (näher dazu → Rn. 28 ff.). Die Innenhaftung von Aufsichtsratsmitgliedern wegen Verletzung ihrer gegenüber der Gesellschaft bestehenden Pflichten regelt § 116 S. 1 AktG durch Verweisung auf § 93 AktG (dazu → § 33 Rn. 71 ff.). 1

Die Haftungsnorm des § 93 Abs. 2 AktG ist in allen Elementen **zwingendes Recht** und insgesamt **übermäßig streng**.[1] Für die Feststellung der Pflichtwidrigkeit des Verhaltens des Vorstandsmitglieds gilt nach § 93 Abs. 2 S. 2 AktG die umgekehrte Beweislast: 2

---

[1] Hüffer/*Koch* AktG § 93 Rn. 1; *Hemeling* in: Verhdlg. des 69. DJT Bd. II/1, 2013, S. 31/37 f.; vgl. auch *Habersack* ZHR 177 (2013), 782 (794 f.) u. *Sailer-Coceani* in: Verhdlg. des 70. DJT 2014 Bd. II/1 S. N 12: „könnte kaum schärfer sein."

Im Streitfall muss das Vorstandsmitglied nachweisen, dass es die Sorgfalt eines ordentlichen und gewissenhaften Geschäftsleiters angewandt hat. Als Verschuldensmaßstab genügt schon leichteste Fahrlässigkeit, und der Höhe nach ist die Haftung für durch das pflichtwidrige Verhalten verursachte Schäden der Gesellschaft unbegrenzt. Weder durch die Satzung noch durch den Anstellungsvertrag des Vorstandsmitglieds kann der Verschuldensmaßstab verändert oder die Haftung der Höhe nach begrenzt werden. Hinzu kommen das Verzichts- und Vergleichsverbot vor Ablauf von drei Jahren nach Entstehung des Anspruchs (§ 93 Abs. 4 S. 3 AktG) und für börsennotierte Gesellschaften die Verlängerung der Verjährung auf zehn Jahre (§ 93 Abs. 5 AktG).

3   De lege ferenda wird zwar im Schrifttum und in Beschlüssen des Deutschen Juristentags, die mit großer Mehrheit gefasst wurden, gefordert, **Satzungsregelungen** zur Veränderung des Verschuldensmaßstabs und zur Begrenzung des Haftungsumfangs zu erlauben.[2] Dem kann man nicht entgegenhalten, dass auch andere Haftungsschuldner wie zum Beispiel Ärzte und Rechtsanwälte für jede Fahrlässigkeit haften, denn diese Schuldner können ihre Haftung durch Vertrag begrenzen. Dennoch haben die Vorschläge, Satzungsfreiheit einzuräumen, rechtspolitisch zumindest in absehbarer Zeit keine Chance der Realisierung. De lege lata wird im Schrifttum mit guten Gründen versucht, die Haftung für fahrlässige Pflichtverletzungen durch Übernahme der im Arbeitsrecht entwickelten Grundsätze zur eingeschränkten Haftung bei betrieblich veranlasster Tätigkeit zu entschärfen.[3] Aber dafür wäre eine richterliche Rechtsfortbildung erforderlich. Schließlich mehren sich die Stimmen, die angesichts der überzogenen Strenge der Haftungsnorm eine Milderung erreichen wollen, indem sie eine Verpflichtung des Aufsichtsrats zur Geltendmachung von Ersatzansprüchen nur in engeren Grenzen annehmen, als dies dem herrschenden Verständnis der ARAG-Entscheidung des BGH entspricht (→ § 29 Rn. 43).

4   Trotz der Schärfe der Norm in Tatbestand und Rechtsfolgen wird bemängelt, dass die aktienrechtliche Organhaftung ein „stumpfes Schwert" sei, weil die Rechtsdurchsetzung mangelhaft sei. Zur Begründung wird darauf verwiesen, dass im Regelfall nur der Aufsichtsrat zur Geltendmachung des Ersatzanspruchs befugt ist und die Aufsichtsratsmitglieder aufgrund kollegialer Verbundenheit einer „Beißhemmung" unterliegen können, insbesondere dann, wenn sie selbst für die schadenstiftende Maßnahme durch ausdrückliche oder stillschweigende Billigung oder unzureichende Aufsicht mitverantwortlich sind.[4] Das angebliche **Vollzugsdefizit** bei der organschaftlichen Innenhaftung wird jedoch durch die Praxis nicht (oder besser gesagt: nicht mehr) bestätigt.[5] Als Konsequenz der ARAG-Entscheidung des BGH[6] ist eine deutlich gestiegene Sensibilität von Aufsichtsräten festzustellen, die schon allein zur Vermeidung der eigenen Haftung häufig eine aufwendige Prüfung von Verdachtsfällen veranlassen („internal investigation") und vorsorglich auch Ersatzansprüche geltend machen, die nach ihrer eigenen Überzeugung nur möglicherweise begründet sind. Die in den letzten Jahren veröffentlichten

---

[2] Verhdlg des 70. DJT 2014 Bd. II/2 S. N 212 Beschlüsse I.1.3.a) und b). Aus dem Schrifttum s. GroßkommAktG/*Hopt/Roth* § 93 Rn. 401; *Sailer-Coceani* in: Verhdlg. 70 DJT Bd. II/1 S. N 16; *Bachmann* Gutachten E zum 70. DJT 2014 in: Verhdlg. des 70. DJT Bd. I S. E 123; skeptisch Spindler/Stilz AktG/*Fleischer* § 93 Rn. 9b.

[3] Grundlegend *Bachmann* ZIP 2017, 841 ff.; iErg ebenso *Wilhelmi* NZG 2017, 681; *Brummer* AG 2013, 121; *G. Hoffmann* NJW 2012, 1393; *Koch* Liber amicorum M. Winter, 2011, 327 (339 ff.); *Schall* FS E. Vetter, 2019, 659 (660 ff.). Ablehnend Spindler/Stilz AktG/*Fleischer* § 93 Rn. 206; Schmidt/Lutter/*Krieger/Sailer-Coceani* AktG § 93 Rn. 39.

[4] *Ulmer* FS Canaris, Bd. II, 2007, 451; *Habersack* ZHR 177 (2013), 782 (785 f.); *Wagner* ZHR 178 (2014), 227 (239 f.).

[5] Spindler/Stilz AktG/*Fleischer* § 93 Rn. 5a; *Bachmann* Gutachten E S. 11 ff. in: Verhdlg. des 70. DJT 2014 Bd. I; Großkomm AktG/*Hopt/Roth* § 93 Rn. 40; *Sailer/Coceani* in: Verhdlg. des 70. DJT 2014 Bd. II/1 S. N 13 f.

[6] BGHZ 135, 244.

Gerichtsentscheidungen[7] und die Zustimmungsbeschlüsse der Hauptversammlungen zu Haftungsvergleichen[8] belegen, dass die Vorstandshaftung nicht nur auf dem Papier steht, sondern praktische Realität ist. Das tatsächliche Erscheinungsbild der Organhaftung der Vorstandsmitglieder wird im Übrigen wesentlich durch die D&O-Versicherung geprägt, die mittlerweile in Deutschland weit verbreitet ist. Dazu → Rn. 59 ff.

II. Haftung gegenüber der Gesellschaft

1. Allgemeines. Die Innenhaftung der Vorstandsmitglieder gegenüber der Gesellschaft nach § 93 Abs. 2 S. 1 AktG greift ein, wenn die folgenden fünf Tatbestandsmerkmale erfüllt sind: Der Anspruchsgegner ist **Vorstandsmitglied** der Gesellschaft und hat seine **Pflichten verletzt**. Die Pflichtverletzung wurde **schuldhaft** begangen, und die Gesellschaft hat durch die Pflichtverletzung einen **Schaden** erlitten, wobei zwischen der Pflichtverletzung und dem Schaden **Kausalität** besteht.

2. Vorstandsmitglied. Normadressaten des § 93 Abs. 2 S. 1 AktG sind die Vorstandsmitglieder. Dazu zählen alle Personen, die wirksam zu Vorstandsmitgliedern bestellt worden sind, also auch nach § 85 AktG gerichtlich bestellte Vorstandsmitglieder (vgl. → § 20 Rn. 30), stellvertretende Vorstandsmitglieder gem. § 94 AktG (vgl. → § 24 Rn. 20 ff.), Arbeitsdirektoren in mitbestimmten Unternehmen (vgl. → § 24 Rn. 8 ff.), Stellvertreter von fehlenden oder verhinderten Vorstandsmitgliedern gem. § 105 Abs. 2 AktG (vgl. → § 24 Rn. 24 ff.) sowie fehlerhaft bestellte und faktische Vorstandsmitglieder (vgl. → § 20 Rn. 40, 43). Die Haftung beginnt mit Aufnahme der Tätigkeit oder pflichtwidriger Vernachlässigung des Amts trotz Annahme der Bestellung, sie endet mit rechtlicher Beendigung des Vorstandsamts und tatsächlicher Einstellung der Tätigkeit. Vorstandsmitglieder haften somit auch nach rechtlicher Beendigung der Organstellung, wenn sie mit Billigung des Aufsichtsrats weiterhin leitend für die Gesellschaft tätig sind.[9]

Die Haftung knüpft unmittelbar an die Organstellung an. Auf das Bestehen eines **Anstellungsvertrags** kommt es nicht an. Wenn ein wirksamer Anstellungsvertrag besteht, stellen schuldhafte Pflichtverletzungen zugleich eine Vertragsverletzung nach § 280 Abs. 1 S. 1 BGB dar. Dem Anspruch der Gesellschaft aus § 280 Abs. 1 BGB kommt aber neben § 93 Abs. 2 S. 1 AktG keine eigenständige Bedeutung zu, sondern geht in ihm auf.[10] Die gesetzliche Haftung nach § 93 Abs. 2 S. 1 AktG kann durch den Anstellungsvertrag oder durch Regelungen der Satzung weder gemildert noch verschärft werden.[11]

Obwohl es bei sog. **faktischen Vorstandsmitgliedern** (vgl. → § 20 Rn. 43) an einer wirksamen Bestellung fehlt, werden sie haftungsrechtlich wie wirksam bestellte Vorstandsmitglieder behandelt und haften somit nach § 93 Abs. 2 S. 1 AktG. Haftungsgrund ist, dass sie – ohne Vorstandsmitglieder zu sein – organspezifische Funktionen wie ein Organmitglied wahrnehmen, also eine Vorstandsstellung nach innen und außen faktisch in Anspruch nehmen.[12] Die Billigung der Tätigkeit durch den Aufsichtsrat ist nach hM nicht erforderlich[13], wohl aber seine Kenntnis.

---

[7] BGH ZIP 2013, 455; 2015, 166; NZG 2015, 792; OLG Nürnberg AG 2015, 91; OLG Frankfurt a. M. AG 2011, 595; LG München I NZG 2014, 345.
[8] Vgl. insbesondere den Fall Siemens in der Einladung zur Hauptversammlung 2010 des Aufsichtsrats und mit dem Abdruck der Vergleichsvereinbarungen und den Fall Deutsche Bank/Breuer in der Einladung zur Hauptversammlung 2016.
[9] Spindler/Stilz AktG/*Fleischer* § 93 Rn. 178 f.; Großkomm AktG/*Hopt/Roth* § 93 Rn. 352.
[10] BGH ZIP 1997, 199 (200); 1989, 1390 (1392).
[11] AllgM, s. Spindler/Stilz AktG/*Fleischer* § 93 Rn. 3; Großkomm AktG/*Hopt/Roth* § 93 Rn. 47.
[12] Ausf. Spindler/Stilz AktG/*Fleischer* § 93 Rn. 187 ff.
[13] MüKoAktG/*Spindler* § 93 Rn. 18; Hüffer/*Koch* AktG § 93 Rn. 38; aA Grigoleit/*Grigoleit/Tomasic* AktG § 93 Rn. 59; unentschieden Großkomm AktG/*Hopt/Roth* § 93 Rn. 363.

9 **3. Pflichtverletzung.** Die Haftung setzt voraus, dass das Vorstandsmitglied seine aus dem Amt folgenden Pflichten verletzt hat. Dabei geht es um den gesamten Pflichtenkreis, wie er vorstehend in § 25 dargestellt wird. Dazu gehören nicht nur die Pflichten, die das Unternehmen im Außenverhältnis zu beachten hat und die demgemäß von den Vorstandsmitgliedern zu erfüllen sind, sondern auch die internen Bindungen der Vorstandsmitglieder an die aktienrechtliche Kompetenzverteilung und die Beschränkungen ihrer Geschäftsführungsbefugnis, wie sie sich zum Beispiel aus Zustimmungsvorbehalten des Aufsichtsrats ergeben können[14] (→ § 25 Rn. 31). Nach hM ist auch jede Ordnungswidrigkeit und jede Verletzung einer ausländischen Rechtsnorm haftungsrelevant.[15]

10 Die Zuweisung bestimmter Ressorts oder Geschäftsbereiche an einzelne Vorstandsmitglieder beeinflusst die Pflichtenstellung des einzelnen Vorstandsmitglieds und damit auch seine etwaige Haftung, und zwar in zwei Richtungen[16]: Das betreffende Vorstandsmitglied ist zur selbstständigen Wahrnehmung der ihm nach der Geschäftsverteilung übertragenen Aufgaben berechtigt und verpflichtet und trägt somit eine besondere **Ressortverantwortung** für die pflichtgemäße Erledigung der Aufgaben des Ressorts. Andererseits ist der Ressortvorstand für das Geschehen in den anderen Ressorts nur im Sinne einer Überwachungs- und Kontrollpflicht verantwortlich, die ihn gegebenenfalls dazu verpflichtet, gegen die Maßnahme eines Vorstandskollegen zu intervenieren (dazu → § 22 Rn. 26). Die Reduzierung der Verantwortlichkeit für das Geschehen in den anderen Ressorts setzt eine klare und eindeutige Abgrenzung der Geschäftsführungsaufgaben auf die einzelnen Mitglieder des Vorstands in der Geschäftsverteilung des Vorstands voraus.[17] Die Geschäftsverteilung muss als Bestandteil einer nach § 77 AktG vom Aufsichtsrat oder vom Vorstand selbst erlassenen Geschäftsordnung des Vorstands in einem schriftlichen Dokument festgehalten werden, wobei die Sitzungsniederschrift über die entsprechende Beschlussfassung des Aufsichtsrats bzw. Vorstands ausreicht.[18]

11 Nach § 93 Abs. 1 S. 2 AktG liegt eine Pflichtverletzung nicht vor, wenn das Vorstandsmitglied bei einer unternehmerischen Entscheidung vernünftigerweise annehmen durfte, auf der Grundlage angemessener Information zum Wohl der Gesellschaft zu handeln. Zu dieser deutschen Version der **Business Judgement Rule** → § 25 Rn. 54 ff. Wenn streitig ist, ob eine Pflichtverletzung vorliegt, genügt die Gesellschaft ihrer Darlegungslast, wenn sie Tatsachen vorträgt und unter Beweis stellt, aus denen sich **möglicherweise** eine Pflichtverletzung ergibt; es ist dann aufgrund der **Beweislastumkehr** in § 93 Abs. 2 S. 2 AktG Sache des Vorstandsmitglieds, darzulegen und zu beweisen, dass es sich pflichtgemäß verhalten hat (dazu näher → Rn. 23).

12 **4. Verschulden.** Die Haftung der Vorstandsmitglieder nach § 93 Abs. 2 S. 1 AktG setzt Verschulden voraus. Dies folgt aus der Doppelfunktion des § 93 Abs. 1 S. 1 AktG, der neben den generalklauselartig formulierten Verhaltenspflichten zugleich den Verschuldensmaßstab zum Inhalt hat (→ § 25 Rn. 1). Vorstandsmitglieder haben danach über §§ 276 Abs. 2 BGB, 347 Abs. 1 HGB hinaus für die Folgen eines Verstoßes gegen die Sorgfaltsanforderungen einzustehen, „die ein ordentlicher Geschäftsmann in verantwortlich leitender Position bei selbstständiger treuhänderischer Wahrnehmung fremder Vermögensinteressen

---

[14] S. zB BGH NZG 2018, 1189 Rn. 14.
[15] Spindler/Stilz AktG/*Fleischer* § 93 Rn. 37; Hüffer/*Koch* AktG § 93 Rn. 6; GroßKomm AktG/ Hopt/*Roth* § 93 Rn. 133; aA *Grigoleit* FS Karsten Schmidt, 2019, Bd. I, 367 (373 ff.); für eine Relativierung *Habersack* FS U. H. Schneider, 2011, 429 (437 ff.) sowie – für den Bereich der Compliance-Pflichten – *Reichert* FS Hoffmann-Becking, 2013, 943 (951 ff.) u. Hüffer/*Koch* AktG § 93 Rn. 6. Vgl. auch das obiter dictum in BGH NZG 2014, 1058 Rn. 23.
[16] MüKoAktG/*Spindler* § 93 Rn. 169 f.; Spindler/Stilz AktG/*Fleischer* § 93 Rn. 47 ff.
[17] BGH NZG 2019, 225 Rn. 17 ff. (zur GmbH) stellt daran strenge Anforderungen.
[18] Spindler/Stilz AktG/*Fleischer* § 77 Rn. 57 f.; Hüffer/*Koch* AktG § 77 Rn. 21; großzügiger BGH NZG 2019, 225 Rn. 26 für die Geschäftsverteilung der GmbH-Geschäftsführer.

einzuhalten hat".[19] Ausreichend ist ein **leicht fahrlässiger** Verstoß. Dabei gilt ein typisierter Maßstab. Auf die individuellen Fähigkeiten des betroffenen Vorstandsmitglieds kommt es nicht an, sondern auf die Fähigkeiten, die typischerweise für die anvertraute Aufgabe erforderlich sind; mangelnde Sachkenntnis oder persönliche Unfähigkeit entlasten den Betroffenen nicht.[20] Dem Erfordernis des Verschuldens kommt wegen dieser geringen Anforderungen im praktischen Ergebnis kaum eine Bedeutung zu. Vielmehr wird bei festgestellter Pflichtverletzung vermutet, dass das Vorstandsmitglied schuldhaft gehandelt hat.[21]

Fehlt dem Vorstandsmitglied in einem konkreten Fall die erforderliche Sachkenntnis oder hat es nicht die erforderliche Zeit für eine eigene Prüfung, so muss es sich fachkundig beraten lassen. Der BGH hat strenge Anforderungen formuliert, unter welchen Voraussetzungen die **Einschaltung sachverständiger Dritter** und das Vertrauen auf deren Rat das Verschulden des betreffenden Vorstandsmitglieds ausschließt (→ § 25 Rn. 35 f. zum Vertrauen auf die Auskunft eines Rechtsberaters). Erforderlich ist, den zu prüfenden Sachverhalt unter Vorlage der erforderlichen Unterlagen umfassend darzustellen, einen unabhängigen und für die zu klärende Frage fachlich qualifizierten Sachverständigen zu beauftragen und die erteilte Auskunft einer Plausibilitätskontrolle zu unterziehen.

Das betroffene Vorstandsmitglied haftet nur **für eigenes Verschulden.** Das Verschulden anderer Vorstandsmitglieder, eingeschalteter Unternehmensangehöriger oder externer Dritter hat es sich nicht zurechnen zu lassen. Eine Zurechnung der Pflichtverletzungen von Mitarbeitern nach §§ 278, 831 BGB kommt nicht in Betracht, da die Mitarbeiter Erfüllungs- oder Verrichtungsgehilfen der Gesellschaft, nicht aber des Vorstandsmitglieds sind.[22] Schaltet das Vorstandsmitglied Dritte – wie dies regelmäßig der Fall sein wird – im Namen der Gesellschaft ein, werden diese im Pflichtenkreis der Gesellschaft tätig und sind daher deren Erfüllungsgehilfen.[23] Da jedes Gesellschaftsorgan für die Erfüllung seiner Pflichten selbstständig verantwortlich ist, kann ein Vorstandsmitglied nicht einwenden, seine Ersatzpflicht sei wegen der Mitverantwortung eines anderen Organs oder Organmitglieds gemindert. Mitverschulden anderer Organmitglieder kann ein Vorstandsmitglied der Gesellschaft schon wegen der gesamtschuldnerischen Haftung aller Vorstandsmitglieder nach § 93 Abs. 2 S. 1 AktG nicht entgegenhalten.[24] Es kann sich auch nicht auf ein Mitverschulden eines Aufsichtsratsmitglieds oder auf eine fehlende Beratung oder Überwachung durch den Aufsichtsrat berufen.[25] Die Beratungs- und Überwachungspflichten der Aufsichtsratsmitglieder bestehen neben den Pflichten der Vorstandsmitglieder.

5. Schaden. Die Ersatzpflicht nach § 93 Abs. 2 S. 1 AktG setzt weiterhin voraus, dass der Gesellschaft ein Schaden entstanden ist. Maßgebend ist der Schadensbegriff der §§ 249 ff. BGB. Nach der dafür maßgebenden Differenzhypothese ist der Schaden durch einen Vergleich der infolge des haftungsbegründenden Ereignisses tatsächlich eingetretenen Vermögenslage mit derjenigen, die ohne jenes Ereignis eingetreten wäre, zu ermitteln. Besonderheiten gelten im Rahmen der Sondertatbestände des § 93 Abs. 3 AktG (→ Rn. 28).

Heftig umstritten ist, ob die Gesellschaft im Wege des Schadensersatzes auch die Erstattung von **Bußgeldern** und anderen Strafzahlungen verlangen kann, die der Gesellschaft wegen des Verhaltens des Vorstandsmitglieds auferlegt worden sind. Praktische Bedeutung hat diese Frage vor allem für nach OWiG oder GWB verhängte Geldbußen.

---

[19] BGHZ 129, 30 (34). Vgl. auch KölnKommAktG/*Mertens*/*Cahn* § 93 Rn. 136.
[20] Spindler/Stilz AktG/*Fleischer* § 93 Rn. 205; MüKoAktG/*Spindler* § 93 Rn. 199.
[21] BGH WM 2012, 1539 Rn. 10; 2007, 1274 Rn. 15.
[22] MüKoAktG/*Spindler* § 93 Rn. 202; Hüffer/*Koch* AktG § 93 Rn. 46.
[23] BGH NZG 2011, 1271 Rn. 17 – ISION.
[24] BGH NZG 2015, 38 Rn. 22; OLG Düsseldorf AG 1997, 231 (237); Spindler/Stilz AktG/*Fleischer* § 93 Rn. 210.
[25] Spindler/Stilz AktG/*Fleischer* § 93 Rn. 210.

Die hM hält den Bußgeldregress gegen das verursachende Vorstandsmitglied grundsätzlich für möglich[26], allerdings nur bezogen auf den Ahndungsteil des Bußgeldes, nicht auf den Abschöpfungsteil.[27] Eine höchstrichterliche Entscheidung der Streitfrage steht noch aus. Das BAG hat sich im Fall einer Kartellbuße für unzuständig erklärt, weil § 87 GWB für die kartellrechtliche Vorfrage eine ausschließliche Rechtswegzuständigkeit der Kartell-Landgerichte begründe.[28]

17 Zum ersatzfähigen Schaden gehören im Grundsatz auch die häufig hohen **Aufklärungskosten**[29], allerdings nur in angemessenem Rahmen und nicht, soweit die Untersuchungen ohnehin, dh auch ohne den Verdacht pflichtwidrigen Verhaltens des betreffenden Vorstandsmitglieds erfolgt wären (sog. „Sowieso-Kosten").

18 Art und Umfang des Schadensersatzes ergeben sich aus den allgemeinen Regeln der §§ 249 ff. BGB. Das haftende Vorstandsmitglied hat im Grundsatz den Zustand herzustellen, der bestände, wenn der zum Ersatz verpflichtende Umstand nicht eingetreten wäre. Bei der Ermittlung der Schadenshöhe kommt der Gesellschaft im Rechtsstreit die Erleichterung des § 287 ZPO zugute. Eine bloße Vermögensgefährdung stellt noch keinen Schaden dar. Allerdings ist zu prüfen, ob die vermeintliche Vermögensgefährdung nicht bereits ein Schaden ist, wenn zum Beispiel bei einer Darlehensprüfung der Rückforderungsanspruch über das allgemeine Kreditrisiko hinaus gefährdet und damit nicht werthaltig ist. Auch ein entgangener Gewinn kann nach § 252 BGB ein ersatzfähiger Schaden sein.

19 Vermögensvorteile der Gesellschaft, die in unmittelbarem Zusammenhang mit der Pflichtverletzung entstehen, sind im Wege der **Vorteilsausgleichung** bei der Ermittlung der Schadenshöhe zu berücksichtigen.[30] Allerdings ist der Ersatzpflichtige für die der Gesellschaft entstandenen Vermögensvorteile darlegungs- und beweispflichtig. Bei der Ermittlung der Schadenshöhe sind im Wege der Vorteilsausgleichung zum Beispiel bei pflichtwidrigen Spekulationsgeschäften neben den daraus resultierenden Verlusten auch etwaige Gewinne oder bei Kartellverstößen die daraus entstandenen Mehrerlöse anzusetzen.

20 **6. Kausalität.** Zwischen Pflichtwidrigkeit und Schaden muss nach allgemeinen Grundsätzen des Schadensersatzrechts ein Ursachenzusammenhang im Sinne der Adäquanztheorie bestehen. Im Fall der Pflichtverletzung durch Unterlassen kommt es darauf an, dass der Eintritt des Schadens bei pflichtgemäßem Verhalten mit an Sicherheit grenzender Wahrscheinlichkeit verhindert worden wäre.[31] Die gesetzliche Beweislastumkehr des § 93 Abs. 2 S. 2 AktG gilt nur für die Pflichtverletzung, nicht für den Nachweis der Kausalität. Allerdings kann der Kläger nach der Rechtsprechung unter Umständen eine **Beweiserleichterung** zum Kausalzusammenhang zwischen der Pflichtverletzung und dem angesetzten Schaden in Anspruch nehmen. Falls ein ausreichender Zurechnungszusammenhang zwischen der Pflichtverletzung und der Schadensposition besteht, kann das Gericht nach § 287 ZPO auch ohne strengen Nachweis der Kausalität eine Schadensposition in die Berechnung des zu ersetzenden Schadens einbeziehen (Anwendung von § 287 ZPO auf

---

[26] Spindler/Stilz AktG/*Fleischer* § 93 Rn. 213 d ff.; Hüffer/*Koch* AktG § 93 Rn. 48; MüKoAktG/*Spindler* § 93 Rn. 194; GroßKomm AktG/*Hopt/Roth* § 93 Rn. 419; *Kersting* ZIP 2016, 1266. S. auch LG München I ZIP 2014, 570 (577). Dagegen LAG Düsseldorf ZIP 2015, 829; *Thomas* NZG 2015, 1409; *Grunewald* NZG 2016, 1121; *Goette* FS Hoffmann-Becking, 2013, 377 (381).

[27] Spindler/Stilz AktG/*Fleischer* § 93 Rn. 213 h; Hüffer/*Koch* AktG § 93 Rn. 48; Großkomm AktG/*Hopt/Roth* § 93 Rn. 419.

[28] BAG BB 2017, 2877 = NJW 2018, 184.

[29] LG München I ZIP 2014, 570 (576 f.) – Siemens/Neubürger; *Fleischer* NZG 2014, 321 (326 f.); Großkomm AktG/*Hopt/Roth* § 93 Rn. 409; MüKoAktG/*Spindler* § 93 Rn. 193; *Lüneborg/Resch* NZG 2018, 209 ff.; *Happ/Möhrle* FS Seibert, 2019, 273 (275).

[30] Spindler/Stilz AktG/*Fleischer* § 93 Rn. 214a; MüKoAktG/*Spindler* § 93 Rn. 192; Großkomm AktG/*Hopt/Roth* § 93 Rn. 410 ff.; Hüffer/*Koch* AktG § 93 Rn. 49.

[31] BGHZ 192, 298 Rn. 10.

die haftungsausfüllende Kausalität).[32] Im Grundsatz kann eine solche Beweiserleichterung auch in Fällen der Organhaftung des Geschäftsführers nach § 43 Abs. 2 GmbHG und des Vorstandsmitglieds nach § 93 Abs. 2 AktG in Anspruch genommen werden.[33] Welche Anforderungen an die Verbindung zwischen der Pflichtverletzung und dem geltend gemachten Schaden zu stellen sind, lässt sich allerdings schwer bestimmen und wird in der Rechtsprechung nicht einheitlich gehandhabt. So wird zum Beispiel in einigen Entscheidungen auf die Art des Schadens und darauf abgestellt, dass die Vermeidung eines solchen Schadens typischerweise in den Kontrollbereich des Geschäftsführers fällt.[34] Jedenfalls setzt die Anwendung von § 287 ZPO voraus, dass diese Schadensfolge hinreichend wahrscheinlich ist[35] und die klagende Gesellschaft Tatsachen vorträgt und unter Beweis stellt, die für eine Schadensschätzung nach § 287 ZPO ausreichend greifbare Anhaltspunkte bieten.[36] Es reicht nicht aus, dass die Gesellschaft Mängel der Organisation oder der Kontrollmechanismen vorträgt, ohne durch hinreichende Anknüpfungstatsachen einen konkreten Zurechnungszusammenhang zwischen dem Organisations- oder Kontrolldefizit und dem Schaden zu belegen.[37] Im Fall Siemens/Neubürger hat das LG München I die Beweiserleichterung nach § 287 ZPO angewendet, weil ausreichend konkrete Anhaltspunkte gegeben waren: Das verklagte Vorstandsmitglied war für die Bildung „schwarzer Kassen" verantwortlich, weil es trotz wiederkehrender Hinweise auf deren Existenz unterlassen hatte, dagegen durch Aufklärung, Untersuchung und Ahndung von Verstößen und eine Effizienzsteigerung des Compliance Management Systems vorzugehen.[38]

Das Vorstandsmitglied kann den Einwand erheben, der Schaden sei auch bei **rechtmäßigem Alternativverhalten** entstanden; hierfür trägt es allerdings die Darlegungs- und Beweislast.[39] Der BGH hat inzwischen geklärt, dass der Einwand des rechtmäßigen Alternativverhaltens auch bei Verstößen gegen Organisations-, Kompetenz- oder Verfahrensregeln gilt, so insbesondere bei Nichteinholung einer erforderlichen Aufsichtsratszustimmung.[40] Wenn das Vorstandsmitglied etwa durch nachträgliche Zeugenaussagen nachweisen kann, dass der Aufsichtsrat zugestimmt hätte, ist der Einwand, wenn man dem BGH folgt[41], erfolgreich.

Gewisse Probleme entstehen für den Kausalitätsnachweis bei **Mehrheitsentscheidungen** im Vorstand. Sofern es auf seine Stimme für die Mehrheitsentscheidung nicht ankommt, könnte jedes Vorstandsmitglied, das für den Beschluss gestimmt hat, sich damit verteidigen, dass seine pflichtwidrige Stimmabgabe hinweggedacht werden kann, ohne dass der Erfolg entfiele. So wenig sich ein Vorstandsmitglied auf eine pflichtwidrige Überwachung durch den Aufsichtsrat berufen kann, weil dieser in seinem eigenen Pflichtenkreis

---

[32] BGH NJW 2000, 509; BGHZ 152, 280 (287); OLG Düsseldorf ZIP 2015, 1586 (1588); LG München I ZIP 2014, 570 (577).
[33] Großkomm AktG/*Hopt/Roth* § 93 Rn. 440; KölnKommAktG/*Mertens/Cahn* § 93 Rn. 142; vgl. auch Spindler/Stilz AktG/*Fleischer* § 93 Rn. 215a und *Fleischer* NZG 2014, 321 (328).
[34] BGH ZIP 1980, 776 (777) u. OLG Frankfurt a. M. NJW-RR 1993, 546 (Fehlbestand in der Kasse oder dem Warenlager) sowie BGH NZG 2003, 81 (unterbliebene Anmeldung von Kurzarbeit).
[35] BGH NZG 2008, 314 (315).
[36] BGH NJW 2000, 509.
[37] KölnKommAktG/*Mertens/Cahn* § 93 Rn. 142.
[38] LG München I ZIP 2014, 570 (574) – Siemens/Neubürger. Die Entscheidung und ihr Kontext werden ausf. dargestellt von *Bachmann* in Gesellschaftsrechtsgeschichten, hrsg. von Fleischer/Thiessen, 2018, S. 691 ff.
[39] Spindler/Stilz AktG/*Fleischer* § 93 Rn. 216; Hüffer/*Koch* AktG § 93 Rn. 50 mN aus der Rspr.
[40] BGH NZG 2018, 1189 Rn. 14. Zust. *Wilsing/von der Linden* NZG 2018, 1189; *Grobecker/Wagner* ZIP 2019, 694; *Holle/Mörsdorf* NJW 2018, 3555; *M. Goette* ZGR 2019, 324.
[41] Dagegen *Krieger* FS Seibert, 2019, 511 ff., da die Anforderungen an ein ordnungsgemäßes Entscheidungsverfahren des Aufsichtsrats nicht durch eine hypothetische Aufsichtsratsentscheidung ersetzt werden können. Umgekehrt halten *Habersack* FS E. Vetter, 2019, 183 (186 ff.) u. *Wicke* FS E Vetter, 2019, 907 (914) sogar den Einwand, die Hauptversammlung hätte bei Vorlage nach § 119 Abs. 2 AktG dem Geschäft mit enthaftender Wirkung nach § 93 Abs. 4 S. 1 AktG zugestimmt, für beachtlich.

tätig wird, so wenig kann es sich nach Sinn und Zweck der gesamtschuldnerischen Haftung mit dem pflichtwidrigen Verhalten seiner Vorstandskollegen entlasten.[42]

23 **7. Umkehr der Beweislast.** Nach allgemeinen Grundsätzen hat die Gesellschaft im Streitfall alle tatbestandlichen Voraussetzungen der Haftung des Vorstandsmitglieds darzulegen und zu beweisen. Zum Merkmal der Pflichtverletzung ordnet das Gesetz jedoch in § 93 Abs. 2 S. 2 AktG eine Umkehr der Beweislast an: Ist streitig, ob das Vorstandsmitglied die Sorgfalt eines ordentlichen und gewissenhaften Geschäftsleiters angewandt hat, trifft das Vorstandsmitglied die Beweislast. Die Gesellschaft genügt nach der Rechtsprechung schon dadurch ihrer Darlegungslast, dass sie Tatsachen vorträgt und unter Beweis stellt, aus denen sich „**möglicherweise**" eine Pflichtverletzung ergibt; es ist dann Sache des Vorstandsmitglieds, darzulegen und zu beweisen, dass es seine Pflichten nicht verletzt hat oder jedenfalls schuldlos gehandelt hat.[43] Je nach den Umständen des Falles kann allerdings eine sekundäre Darlegungslast der Gesellschaft wegen größerer Sachnähe in Betracht kommen, insbesondere bei länger zurückliegenden Vorgängen und bei der Inanspruchnahme ausgeschiedener Vorstandsmitglieder.[44]

24 Die Umkehr der Beweislast zur Pflichtverletzung gilt auch für die tatbestandlichen Voraussetzungen der **Business Judgement Rule** (dazu → § 25 Rn. 54 ff.). Im Streitfall muss also das Vorstandsmitglied darlegen und beweisen, dass es bei seiner unternehmerischen Entscheidung auf der Grundlage angemessener Information und frei von Sonderinteressen und sachfremden Einflüssen gehandelt hat.[45] Für die Praxis ist daher jedem Vorstandsmitglied zur Vermeidung eigener Beweisnot anzuraten, im Vorfeld von unternehmerischen Entscheidungen Vorbereitung, Umstände und etwa vorgebrachte Zweifel sorgfältig zu dokumentieren.[46]

25 Die Umkehr der Beweislast nach § 93 Abs. 2 S. 2 AktG gilt grundsätzlich auch für **ausgeschiedene Vorstandsmitglieder.**[47] In der Praxis werden Schadensersatzansprüche in aller Regel nur gegen ausgeschiedene Vorstandsmitglieder geltend gemacht. Diese haben nach den üblichen anstellungsvertraglichen Regelungen, aber auch ohne besondere Vereinbarung beim Ausscheiden sämtliche geschäftlichen Unterlagen an die Gesellschaft zurückzugeben, und zwar unter Ausschluss eines etwaigen Zurückbehaltungsrechts.[48] Angesichts der Beweisnot des ausgeschiedenen Vorstandsmitglieds trägt die Gesellschaft insbesondere bei länger zurückliegenden Vorgängen idR eine sekundäre Darlegungslast (→ Rn. 23). Außerdem hat die Gesellschaft dem ausgeschiedenen Vorstandsmitglied analog § 810 BGB Einsicht in alle maßgeblichen Unterlagen zu gewähren.[49] Für den Umfang der vorzulegenden Unterlagen ist maßgeblich, welche Informationen das Organmitglied für seine Verteidigung vernünftigerweise für erforderlich halten darf.[50] Bei der Inanspruchnahme mehrerer Organmitglieder ist es üblich, dass die Gesellschaft die Einsicht der Unterlagen in der

---

[42] Spindler/Stilz AktG/*Fleischer* § 93 Rn. 217 f.
[43] BGHZ 152, 280; 179, 81; 197, 304; 202, 26.
[44] BGHZ 152, 280 (285); *Born* in Krieger/Uwe/H. Schneider, HdB Managerhaftung, 3. Aufl. 2017, § 14 Rn. 19.
[45] BGH WM 2013, 456 Rn. 14 im Anschluss an BGHZ 152, 280 (284). Vgl. auch BGH NZG 2011, 549 Rn. 19 ff.
[46] Vgl. KölnKommAktG/*Mertens/Cahn* § 93 Rn. 36; *Hopt* ZIP 2013, 1793 (1799); Spindler/Stilz AktG/*Fleischer* § 93 Rn. 77.
[47] BGHZ 152, 280 (285); BGH NZG 2014, 1058 Rn. 33; OLG Stuttgart NZG 2010, 141 (142). Anders nach hM. für den Erben eines verstorbenen Vorstandsmitglieds, s. *Fleischer/Danninger* AG 2020, 193 (196 f.); offen gelassen vom DLG Köln NZG 2010, 110 Rn. 72.
[48] Vgl. Beckches Formularbuch/*Hoffmann-Becking/Berger* 13. Aufl. 2019 Form. X.13 § 1 Abs. 6.
[49] BGHZ 152, 280 (285); BGH AG 2008, 743 Rn. 5 (Aufsichtsratsmitglied); OLG Stuttgart NZG 2010, 141 (142); Spindler/Stilz AktG/*Fleischer* § 93 Rn. 224. Zu den Grenzen des Einsichtsrechts Schmidt/Lutter/*Krieger/Sailer-Coceani* AktG § 93 Rn. 44 und ausf. *Krieger* FS Uwe H. Schneider, 2011, 717 (725 ff.).
[50] *Krieger* FS Uwe H. Schneider, 2011, 717 (726).

Weise gewährt, dass sie einen elektronischen Datenraum einrichtet, auf den die in Anspruch genommenen Organmitglieder und ihre Anwälte Zugriff haben. Noch weitergehend wäre das ausgeschiedene Vorstandsmitglied geschützt durch eine Ausnahme von der Beweislastumkehr des § 93 Abs. 2 S. 2 AktG, sei es durch teleologische Reduktion oder durch Gesetzesänderung. Aber dafür sieht die hM keine Rechtfertigung bzw. keinen Bedarf.[51]

8. Gesamtschuldnerische Haftung. Haben mehrere Vorstandsmitglieder ihre Sorgfaltspflichten verletzt, so haften sie der Gesellschaft für den daraus entstandenen Schaden gemäß § 93 Abs. 2 S. 1 AktG als Gesamtschuldner nach Maßgabe der §§ 421 ff. BGB. Die gesamtschuldnerische Haftung setzt eine individuelle Pflichtverletzung jedes betroffenen Vorstandsmitglieds voraus; es gibt keine Zurechnung der Pflichtverletzung anderer Organmitglieder. Die Art der Pflichtverletzung und der Grund des Verschuldens können dabei differieren. Die gesamtschuldnerische Haftung gilt also nicht nur bei einem durch gemeinschaftliches Handeln entstandenen Schaden, sondern setzt zum Beispiel auch dann ein, wenn ein ressortzuständiges Vorstandsmitglied pflichtwidrig handelt und die anderen Mitglieder ihre Überwachungspflicht verletzen. Wenn ein haftungsbegründendes Ereignis – zum Beispiel ein gegen den Unternehmensgegenstand verstoßender Vorstandsbeschluss – den Pflichtenkreis aller Vorstandsmitglieder betrifft, müssen sich auch alle hinsichtlich ihrer individuellen Verantwortlichkeit entlasten.

Der **Ausgleich** zwischen mehreren als Gesamtschuldner haftenden Vorstandsmitgliedern erfolgt nach § 426 BGB, führt also im Zweifel zu einer Verteilung des Schadens zu gleichen Teilen. Jedoch kann sich nach dem Rechtsgedanken des § 254 BGB eine Abstufung der Ausgleichspflicht nach der Schwere der individuellen Pflichtverletzung und dem Grad des Verschuldens ergeben.[52] Danach hat das pflichtwidrig handelnde ressortzuständige Vorstandsmitglied im Verhältnis zu einem Vorstandskollegen, der lediglich seine Überwachungspflicht verletzt hat, im Innenverhältnis den Schaden in der Regel allein oder zumindest im wesentlichen Umfang zu tragen.[53] Ob im Regressprozess die Beweislastumkehr des § 93 Abs. 2 S. 2 AktG anzuwenden ist, wird im Schrifttum unterschiedlich beurteilt.[54]

9. Sondertatbestände. Nach § 93 Abs. 3 AktG sind Vorstandsmitglieder „namentlich zum Ersatz verpflichtet", wenn sie eine der in Nr. 1–9 näher bezeichneten Pflichtverletzungen begehen. § 93 Abs. 3 AktG enthält eine neben § 93 Abs. 2 S. 1 AktG eigenständige Grundlage für den Anspruch auf Schadensersatz; jeder Verstoß gegen § 93 Abs. 3 AktG ist zugleich eine Pflichtverletzung nach § 93 Abs. 1 S. 1 AktG.[55] Auf die Business Judgement Rule des § 93 Abs. 1 S. 2 AktG kann sich ein Vorstandsmitglied bei Verstößen gegen § 93 Abs. 3 AktG nicht berufen.[56] Die Beweislastumkehr des § 93 Abs. 2 S. 2 AktG gilt dagegen auch für die Fälle des § 93 Abs. 3 AktG.[57] § 93 Abs. 3 AktG modifiziert den für § 93 Abs. 2 S. 1 AktG geltenden Schadensbegriff der §§ 249 ff. BGB: Es ist von einem Schaden mindestens in Höhe der abgeflossenen (Nr. 1–3 und 5–9) oder vorenthaltenen (Nr. 4) Mittel auszugehen.[58] Das betroffene Vorstandsmitglied kann die Verantwortung für

---

[51] Spindler/Stilz AktG/*Fleischer* § 93 Rn. 224 f.; *Bachmann*, Gutachten E zum 70. DJT 2014, Vhdlg. des 70. DJT S. E 35 f.; *Born* in Krieger/Uwe H. Schneider, HdB Managerhaftung, 3. Aufl. 2017, § 14 Rn. 20; Hüffer/*Koch* AktG § 93 Rn. 56; *Fleischer/Danninger* AG 2020, 193 (199). Anders Großkomm AktG/*Hopt/Roth* § 93 Rn. 448.
[52] Spindler/Stilz AktG/*Fleischer* § 93 Rn. 263; Hüffer/*Koch* AktG § 93 Rn. 57.
[53] Spindler/Stilz AktG/*Fleischer* § 93 Rn. 263; KölnKommAktG/*Mertens/Cahn* § 93 Rn. 50; Großkomm AktG/*Hopt/Roth* § 93 Rn. 465.
[54] Dafür KölnKommAktG/*Mertens/Cahn* § 93 Rn. 50, 138; dagegen Großkomm AktG/*Hopt/Roth* § 93 Rn. 467.
[55] Spindler/Stilz AktG/*Fleischer* § 93 Rn. 256 f.
[56] Hüffer/*Koch* AktG § 93 Rn. 68; *Goette* ZGR 2008, 436 (441).
[57] Hüffer/*Koch* AktG § 93 Rn. 69; Spindler/Stilz AktG/*Fleischer* § 93 Rn. 259.
[58] Hüffer/*Koch* AktG § 93 Rn. 68; Spindler/Stilz AktG/*Fleischer* § 93 Rn. 258; MüKoAktG/*Spindler* § 93 Rn. 252.

den Schaden nur durch den Nachweis wiederlegen, dass eine Schädigung der Gesellschaft nicht mehr möglich ist, weil der abgeflossene Betrag dem Gesellschaftsvermögen endgültig wieder zugeführt wurde. Auch wenn für die Schadensermittlung im Rahmen des § 93 Abs. 3 AktG keine Gesamtsaldierung vorzunehmen ist, sind bei der Gesellschaft unmittelbar entstandene Vermögensvorteile im Wege der Vorteilsausgleichung auf die Ersatzpflicht anzurechnen.[59]

29 Bei Verstößen gegen die Sondertatbestände des § 93 Abs. 3 AktG können **Gesellschaftsgläubiger** unter vereinfachten Voraussetzungen den Schadensersatzanspruch der Gesellschaft gegen das Vorstandsmitglied geltend machen. Während dies im Regelfall nach § 93 Abs. 5 S. 2 AktG voraussetzt, dass das Vorstandsmitglied seine Sorgfaltspflichten gröblich verletzt hat, können die Gläubiger im Fall der Verletzung des § 93 Abs. 3 AktG den Anspruch der Gesellschaft stets gegen das Vorstandsmitglied geltend machen, soweit sie von der Gesellschaft keine Befriedigung erlangen.

30 Im Einzelnen sind in § 93 Abs. 3 AktG folgende Sondertatbestände aufgeführt:
Nr. 1: Verstoß gegen das Verbot der Einlagenrückgewähr gemäß § 57 AktG.
Nr. 2: Zahlung von Zinsen oder Gewinnanteilen an Aktionäre unter Verstoß gegen §§ 57 Abs. 2 und 3, 58 Abs. 4, 60, 233 AktG.
Nr. 3: Zeichnung, Erwerb, Inpfandnahme oder Einziehung eigener Aktien der Gesellschaft oder von Aktien abhängiger oder in Mehrheitsbesitz stehender Gesellschaften unter Verstoß gegen die §§ 56, 71–71e AktG oder gegen die §§ 237–239 AktG.
Nr. 4: Verstoß gegen das in § 10 Abs. 2 AktG geregelte Verbot der Ausgabe von Inhaberaktien vor der vollen Leistung des Ausgabebetrags. Nr. 4 ist auch dann anzuwenden, wenn die Bareinlagepflicht wegen der Unwirksamkeit einer Sacheinlagevereinbarung entsteht oder eine nach § 27 Abs. 2 AktG unwirksame Sacheinlage statt der vorgesehenen Bareinlage geleistet wird.[60]
Nr. 5: Verstoß gegen die zahlreichen im AktG geregelten Verbote der Verteilung von Gesellschaftsvermögen. Hier bestehen teilweise Überschneidungen mit Nr. 1 und 2.
Nr. 6: Zahlungen unter Verstoß gegen § 92 Abs. 2 AktG, also nach Eintritt der Insolvenzreife, soweit sie nicht mit der Sorgfalt eines ordentlichen und gewissenhaften Geschäftsleiters vereinbar sind.
Nr. 7: Gewährung von Vergütungen an Aufsichtsratsmitglieder unter Verstoß gegen §§ 113, 114 AktG.
Nr. 8: Gewährung von Krediten an Vorstands- oder Aufsichtsratsmitglieder unter Verstoß gegen §§ 89, 115 AktG.
Nr. 9: Ausgabe von Bezugsaktien bei bedingter Kapitalerhöhung außerhalb des festgesetzten Zwecks oder vor der vollen Leistung des Gegenwerts entgegen § 99 AktG.

31 **10. Ausschluss der Haftung durch Hauptversammlungsbeschluss.** Nach § 93 Abs. 4 S. 1 AktG tritt die Ersatzpflicht nicht ein, wenn die zu einem Schaden der Gesellschaft führende Handlung auf einem gesetzmäßigen Beschluss der Hauptversammlung beruht. Die Haftungsbefreiung setzt voraus, dass der Vorstand verpflichtet war, den Beschluss der Hauptversammlung auszuführen und es deshalb widersprüchlich wäre, ihn für die Schadensfolge verantwortlich zu machen. Demgemäß muss es sich um einen Hauptversammlungsbeschluss handeln, den der Vorstand nach § 83 Abs. 2 AktG auszuführen hat.[61] Das wiederum setzt voraus, dass die Hauptversammlung über das Geschäft oder die Maßnahme im Rahmen ihrer **Geschäftsführungskompetenz** entschieden hat. Das sind zum einen, wie → § 25 Rn. 91 dargelegt, Maßnahmen, für welche die Hauptversammlung nach § 19 Abs. 1 AktG originär zuständig ist. Sodann gehören dazu Maßnahmen, die nach Maßgabe der Holzmüller/Gelatine-Rechtsprechung der Hauptversammlung als ungeschriebene

---

[59] Spindler/Stilz AktG/*Fleischer* § 93 Rn. 259; MüKoAktG/*Spindler* § 93 Rn. 264.
[60] BGHZ 175, 265 Rn. 17; MüKoAktG/*Spindler* § 93 Rn. 257.
[61] Hüffer/*Koch* AktG § 93 Rn. 72; Spindler/Stilz AktG/*Fleischer* § 93 Rn. 265; GroßKomm AktG/ Hopt/Roth § 93 Rn. 470 f. Kritisch zu diesem Ansatz *Dietz-Vellmer* NZG 2014, 721 (725 ff.).

Kompetenz zustehen, und schließlich ist die Geschäftsführungskompetenz der Hauptversammlung auch gegeben, wenn der Vorstand nach § 119 Abs. 2 AktG die Entscheidung der Hauptversammlung über die betreffende Frage der Geschäftsführung verlangt. In diesen Fallgruppen ist der Vorstand aufgrund der Entscheidung der Hauptversammlung nach § 83 Abs. 2 AktG zur Ausführung verpflichtet (→ § 25 Rn. 94).

Nach dem Wortlaut des § 93 Abs. 4 S. 1 AktG muss die Handlung des Vorstands auf dem Beschluss der Hauptversammlung beruhen. Eine **nachträgliche Billigung** durch die Hauptversammlung genügt nicht, es sei denn, der Vorstand hat seine Maßnahme im Sinne von § 119 Abs. 2 AktG von einem zustimmenden Hauptversammlungsbeschluss abhängig gemacht, also insbesondere einen Vertrag unter der aufschiebenden Bedingung der nachträglichen Genehmigung durch die Hauptversammlung abgeschlossen.[62]

Bei anderen Geschäftsführungsmaßnahmen, für die keine originäre oder derivative Geschäftsführungskompetenz der Hauptversammlung und demgemäß keine Bindungswirkung nach § 83 Abs. 2 AktG besteht, genügt es für die Haftungsbefreiung nicht, wenn der Vorstand mit formloser **Billigung aller Aktionäre oder des Alleinaktionärs** handelt.[63] Die Inanspruchnahme des Vorstandsmitglieds auf Schadensersatz trotz vorheriger Billigung der Maßnahme durch den Alleinaktionär kann zwar rechtsmissbräuchlich sein. Aber dafür genügt nicht eine formlose Willensäußerung des Alleinaktionärs ohne Einhaltung der Form des Hauptversammlungsbeschlusses, weil sonst die Voraussetzungen des § 93 Abs. 4 S. 1 AktG umgangen würden. Nur wenn zu der Billigung durch alle Aktionäre oder den Alleinaktionär weitere Umstände hinzutreten, sodass sich das Gesamtbild eines widersprüchlichen Verhaltens ergibt, kann die Geltendmachung des Ersatzanspruchs durch die Gesellschaft im Ausnahmefall auch ohne förmlichen Hauptversammlungsbeschluss rechtsmissbräuchlich sein.[64]

Der im Rahmen der Geschäftsführungskompetenz der Hauptversammlung gefasste Beschluss muss, um die haftungsbefreiende Wirkung nach § 93 Abs. 4 S. 1 AktG zu entfalten, „gesetzmäßig" sein. Der Beschluss darf also weder nichtig noch anfechtbar sein. Ein nichtiger Hauptversammlungsbeschluss, dessen Nichtigkeit nach § 242 AktG nicht mehr geltend gemacht werden kann und demgemäß geheilt ist, gilt als gesetzmäßig.[65] Die Enthaftungswirkung tritt jedoch nicht ein, wenn es das Vorstandsmitglied pflichtwidrig unterlassen hat, den Eintritt der Heilungswirkung durch rechtzeitige Nichtigkeitsklage zu verhindern.[66] Entsprechendes gilt für einen anfechtbaren Hauptversammlungsbeschluss. Mit Ablauf der Anfechtungsfrist nach § 246 Abs. 1 AktG wird ein anfechtbarer Beschluss bestandskräftig und damit auch gesetzmäßig im Sinne von § 93 Abs. 4 S. 1 AktG, es sei denn, das Vorstandsmitglied hat es pflichtwidrig unterlassen, Anfechtungsklage gegen den Beschluss zu erheben.[67]

Schließlich können sich die Vorstandsmitglieder auch dann nicht auf die Enthaftungswirkung des § 93 Abs. 4 S. 1 AktG nach § 242 BGB berufen, wenn der Hauptversammlungsbeschluss auf einer unzutreffenden oder unvollständigen Information durch den Vorstand beruht.[68] Außerdem kann der Vorstand auch ohne Anfechtung des Beschlusses

---

[62] Hüffer/*Koch* AktG § 93 Rn. 73; Spindler/Stilz AktG/*Fleischer* § 93 Rn. 267; MüKoAktG/*Spindler* § 93 Rn. 241; *Seyfarth* Vorstandsrecht § 23 Rn. 123; ausf. *Kleinhenz/Leyendecker* BB 2012, 861 ff.

[63] BGH NZG 2018, 1189 Rn. 25; *Wolf/Jansen* NZG 2013, 1165 (1167).

[64] BGH NZG 2018, 1189 Rn. 29 ff. Zust. Bespr. *M. Goette* ZGR 2019, 324 (328 ff.).

[65] Spindler/Stilz AktG/*Fleischer* § 93 Rn. 270; Schmidt/Lutter/*Krieger/Sailer-Coceani* AktG § 93 Rn. 61; Hüffer/*Koch* AktG § 93 Rn. 73; aA KölnKommAktG/*Mertens/Cahn* § 93 Rn. 155.

[66] Spindler/Stilz AktG/*Fleischer* § 93 Rn. 273; Hüffer/*Koch* AktG § 93 Rn. 74; Schmidt/Lutter/ *Krieger/Sailer-Coceani* AktG § 93 Rn. 61; aA *Seyfarth* Vorstandsrecht § 23 Rn. 126 zur pflichtwidrig unterlassenen Anfechtung.

[67] Spindler/Stilz AktG/*Fleischer* § 93 Rn. 271, 274; Schmidt/Lutter/*Krieger/Sailer-Coceani* AktG § 93 Rn. 61; Hüffer/*Koch* AktG § 93 Rn. 73 f.

[68] Spindler/Stilz AktG/*Fleischer* § 93 Rn. 272; Schmidt/Lutter/*Krieger/Sailer-Coceani* AktG § 93 Rn. 62.

berechtigt und verpflichtet sein, von der Ausführung zunächst abzusehen, wenn sie erkennbar zu einer Schädigung der Gesellschaft führen würde; er muss in einem solchen Fall der Hauptversammlung Gelegenheit geben, bei nächster Gelegenheit erneut zu beschließen, und darf den Beschluss nicht einfach ignorieren.[69]

36 Die Ersatzpflicht wird nicht dadurch ausgeschlossen, dass der **Aufsichtsrat** der Maßnahme zugestimmt hat. Das stellt § 93 Abs. 4 S. 2 AktG ausdrücklich klar. Die Zustimmung des Aufsichtsrats genügt auch dann nicht, wenn der Vorstand das Geschäft aufgrund eines nach § 111 Abs. 4 S. 2 AktG bestimmten Zustimmungsvorbehalts nur mit Zustimmung des Aufsichtsrats vornehmen durfte; auch dann bleibt der Vorstand haftungsmäßig uneingeschränkt verantwortlich für das Geschäft (auch → § 29 Rn. 58).

37 **11. Verzicht und Vergleich.** Die Gesellschaft kann nur unter den einschränkenden Voraussetzungen des § 93 Abs. 4 S. 3 AktG auf Ersatzansprüche gegen Vorstandsmitglieder verzichten oder sich über sie vergleichen, nämlich erst nach Ablauf von drei Jahren nach Entstehung des Anspruchs und nur dann, wenn die Hauptversammlung zustimmt und nicht eine Minderheit von mindestens 10 % des Grundkapitals Widerspruch zu Protokoll der Hauptversammlung erklärt. Die Regelung ist rechtspolitisch sehr umstritten, zwar nicht das Erfordernis der Zustimmung der Hauptversammlung, wohl aber die Drei-Jahres-Frist[70] und das Minderheitenrecht von 10 % des Grundkapitals.[71]

38 Zuständig für die Vereinbarung eines Vergleichs oder Verzichts mit Vorstandsmitgliedern ist gemäß § 112 AktG der **Aufsichtsrat,** der die Gesellschaft gegenüber Vorstandsmitgliedern gerichtlich und außergerichtlich umfassend vertritt. Dies gilt auch gegenüber ehemaligen Vorstandsmitgliedern (→ § 23 Rn. 8). In Aufhebungs- und Abfindungsvereinbarungen, die der Aufsichtsrat mit einem ausscheidenden oder ausgeschiedenen Vorstandsmitglied schließt, kann eine Ausgleichs- und Erledigungsklausel im Hinblick auf Ersatzansprüche nur unter den Voraussetzungen des § 93 Abs. 4 S. 3 AktG wirksam vereinbart werden.[72] Für die Pflichtenlage des Aufsichtsrats ist kennzeichnend, dass er zwar den Verzicht oder Vergleich verhandelt und vereinbart, die Letztentscheidung über das Zustandekommen der Vereinbarung jedoch der Hauptversammlung obliegt. Deshalb ist der Aufsichtsrat beim Abschluss der Verzichts- oder Vergleichsvereinbarung nicht an die Grundsätze gebunden, die der BGH in der ARAG-Entscheidung für die Entscheidung des Aufsichtsrats über die Geltendmachung des Ersatzanspruchs entwickelt hat (dazu → Rn. 46 ff.); stattdessen gelten die Anforderungen an eine unternehmerische Entscheidung nach der Business Judgement Rule des § 93 Abs. 1 S. 2 AktG.[73]

39 Die Berechnung der **Drei-Jahres-Frist** richtet sich nach den allgemeinen Regeln der §§ 187, 188 BGB. Die Sperrfrist von drei Jahren gilt nach § 93 Abs. 4 S. 4 AktG nicht, wenn der Ersatzpflichtige zahlungsunfähig ist und sich zur Abwendung des Insolvenzverfahrens mit seinen Gläubigern vergleicht oder wenn die Ersatzpflicht in einem Insolvenzplan geregelt wird.

40 Die Wirksamkeit der vom Aufsichtsrat abgeschlossenen Vergleichs- oder Verzichtsvereinbarung hängt von der **Zustimmung der Hauptversammlung** ab. Die Zustimmung

---

[69] MüKoAktG/*Spindler* § 93 Rn. 267; Schmidt/Lutter/*Krieger/Sailer-Coceani* AktG § 93 Rn. 62; Spindler/Stilz AktG/*Fleischer* § 93 Rn. 275.

[70] Für die Abschaffung der Sperrfrist insbes. 70. DJT 2014 Abt. Wirtschaftsrecht Beschluss 7.a), Vhdlg. des 70. DJT Bd. II/2 S. N 213; DAV-Handelsrechtsausschuss NZG 2010, 897 (898 f.) u. NZG 2011, 217 (221); Hüffer/*Koch* AktG § 93 Rn. 77; Spindler/Stilz AktG/*Fleischer* § 93 Rn. 284a; *Dietz-Vellmer* NZG 2011, 248 (249).

[71] DAV-Handelsrechtsausschuss NZG 2010, 897 (898 f.); Schmidt/Lutter/*Krieger/Sailer-Coceani* AktG § 93 Rn. 67; *Dietz-Vellmer* NZG 2011, 248 (250).

[72] Hüffer/*Koch* AktG § 93 Rn. 76; Schmidt/Lutter/*Krieger/Sailer-Coceani* AktG § 83 Rn. 64; *Seyfarth* Vorstandsrecht § 23 Rn. 129.

[73] Hüffer/*Koch* AktG § 93 Rn. 76; *Dietz-Vellmer* NZG 2011, 248 (250 f.); *Habersack* FS Baums, Bd. I, 2017, 531 (539 ff.); *Fleischer* AG 2015, 133 (135 f.); *Bayer/Scholz* ZIP 2015, 149 (151 f.); aA nur *Hasselbach* DB 2010, 2037 (2040).

der Hauptversammlung bleibt ohne Wirkung, wenn eine Minderheit, deren Anteile zusammen 10 % des Grundkapitals erreichen, Widerspruch zur Niederschrift der Hauptversammlung erhebt. Nach § 136 Abs. 1 AktG sind die betroffenen Vorstandsmitglieder mit ihrem Aktienbesitz bei der Beschlussfassung von der Abstimmung ausgeschlossen. Für den Zustimmungsbeschluss ist nach § 133 Abs. 1 AktG die einfache Stimmenmehrheit ausreichend, sofern die Satzung keine größere Mehrheit vorschreibt. Der Beschluss, durch den die Hauptversammlung dem Verzichts- oder Vergleichsvertrag zustimmt, unterliegt keiner Inhaltskontrolle.[74] Insbesondere kann der Zustimmungsbeschluss nicht mit der Begründung angefochten werden, dass die Voraussetzungen der ARAG-Entscheidung des BGH für ein Absehen von der Geltendmachung des Ersatzanspruchs nicht gegeben seien.

Die Beschränkungen des § 93 Abs. 4 S. 3 AktG gelten nicht nur für Ersatzansprüche aus § 93 AktG, sondern für **alle Schadensersatzansprüche** der Gesellschaft gegen ihre Vorstandsmitglieder, sofern nur ein innerer Zusammenhang mit der Organstellung als Vorstandsmitglied besteht.[75] Nach dem Wortlaut des § 93 Abs. 4 S. 3 AktG sind lediglich der Verzicht (Erlassvertrag nach § 397 Abs. 1 BGB und negatives Schuldanerkenntnis nach § 397 Abs. 2 BGB) sowie der Vergleich (Vergleichsvertrag nach § 779 BGB einschl. Prozessvergleich) betroffen. Die Regelungen gelten aber auch für alle sonstigen Rechtshandlungen, die im wirtschaftlichen Ergebnis wie ein (Teil-) Verzicht oder Vergleich wirken, also insbesondere eine Vereinbarung, den Anspruch nicht geltend zu machen (pactum de non petendo).[76] Nach Ansicht des BGH ist in analoger Anwendung von § 93 Abs. 4 S. 3 AktG die Zustimmung der Hauptversammlung auch erforderlich für die **Übernahme einer Geldstrafe, Geldbuße oder Geldauflage** durch die Gesellschaft, wenn das Vorstandsmitglied durch die Handlung, die Gegenstand des Ermittlungs- oder Strafverfahrens ist, seine Pflichten gegenüber der Gesellschaft verletzt hat.[77] Diese Rechtsprechung hat gravierende Auswirkungen auf die Praxis, insbesondere auf Kartellverfahren, bei denen das Unternehmen auf die uneingeschränkte Kooperation des betroffenen Vorstandsmitglieds angewiesen ist, um das Kronzeugenprivileg in Anspruch nehmen zu können, und umgekehrt der Vorstand dazu nur bereit ist, wenn der Aufsichtsrat ihn von einem zu erwartenden persönlichen Bußgeld freistellt. Folgt man der Entscheidung des BGH, so ist es dem Aufsichtsrat in solchen und ähnlich gelagerten Fällen untersagt, das Vorstandsmitglied schadlos zu stellen, es sei denn, die Hauptversammlung beschließt nach Ablauf der Drei-Jahres-Frist ihre Zustimmung oder es steht endgültig fest, dass kein Pflichtverstoß gegenüber der Gesellschaft vorgelegen hat.

Verzicht, Vergleich und gleichgestellte Rechtshandlungen, die ohne Beachtung von § 93 Abs. 4 S. 3 AktG vorgenommen werden, sind nichtig. Wenn die Hauptversammlung vor Ablauf der Drei-Jahres-Frist die Zustimmung erteilt hat, wird die Vereinbarung nicht mit Ablauf der Frist wirksam, sondern bedarf einer ausdrücklichen Neuvornahme nach Ablauf der Drei-Jahres-Frist, die auch durch Bestätigung im Sinne von § 141 BGB erfolgen kann.[78]

12. Verjährung. Ersatzansprüche aus § 93 AktG verjähren seit dem Inkrafttreten der Änderung des § 93 Abs. 6 AktG am 15.12.2010 bei Gesellschaften, die zum Zeitpunkt der Pflichtverletzung börsennotiert (§ 3 Abs. 2 AktG) sind, erst in zehn Jahren, bei

---

[74] *Dietz-Vellmer* NZG 2011, 248 (252); *Habersack* FS Baums, Bd. I, 2017, 531 (542 f.); *Hüffer/Koch* AktG § 93 Rn. 78; *Hasselbach* NZG 2016, 890 (892).
[75] KölnKommAktG/*Mertens/Cahn* § 93 Rn. 167; *Spindler/Stilz* AktG/*Fleischer* § 93 Rn. 285; GroßKomm AktG/*Hopt/Roth* § 93 Rn. 522.
[76] KölnKommAktG/*Mertens/Cahn* § 93 Rn. 171; *Spindler/Stilz* AktG/*Fleischer* § 93 Rn. 287; *Hüffer/Koch* AktG § 93 Rn. 77.
[77] BGHZ 202, 26 Rn. 16 ff. Zustimmend MüKoAktG/*Spindler* § 93 Rn. 285; *Spindler/Stilz* AktG/*Fleischer* § 84 Rn. 68, § 93 Rn. 287; ablehnend *Hoffmann-Becking* ZGR 2015, 618 ff.; kritisch *Hüffer/Koch* AktG § 84 Rn. 23; unentschieden *Habersack* FS Baums, Bd. I, 2017, 531 (534).
[78] *Spindler/Stilz* AktG/*Fleischer* § 93 Rn. 288; MüKoAktG/*Spindler* § 93 Rn. 286.

anderen Gesellschaften unverändert in fünf Jahren.[79] Die Verlängerung der Verjährungsfrist von fünf auf zehn Jahre für börsennotierte Gesellschaften gilt nicht nur für Ansprüche, die ab dem 15.12.2010 entstehen, sondern nach § 24 EGAktG auch für vor diesem Zeitpunkt entstandene und noch nicht verjährte Ansprüche. Für Kreditinstitute gilt nach § 52a KWG die zehnjährige Verjährungsfrist unabhängig von der Börsennotierung. Die Verjährungsfrist kann durch die Satzung weder verlängert noch verkürzt werden.[80] Auch durch individuelle Vereinbarung kann die Verjährungsfrist nicht verkürzt, nach heute hM jedoch jedenfalls für bereits entstandene Ansprüchen verlängert werden.[81] Da die Zulässigkeit einer Verlängerung der Verjährungsfrist nicht unbestritten ist, behilft sich die Praxis mit der Vereinbarung eines Verzichts auf die Einrede der Verjährung.[82]

44 Die spezialgesetzliche Verjährung nach § 93 Abs. 6 AktG beginnt gemäß § 200 BGB mit der objektiven Entstehung des Ersatzanspruchs.[83] Entstanden ist der Anspruch, sobald die Gesellschaft durch den Aufsichtsrat in der Lage ist, den Anspruch gerichtlich geltend zu machen, dh mit dem Eintritt des durch die Pflichtverletzung verursachten Schadens dem Grunde nach, ohne dass der Schaden schon bezifferbar sein muss; es genügt regelmäßig die Möglichkeit einer Feststellungsklage.[84] Wenn die Pflichtverletzung in einem **Unterlassen** besteht, beginnt die Verjährung mit dem Zeitpunkt, an dem die Handlung spätestens hätte vorgenommen werden müssen. Wenn die Pflichtverletzung zB darin besteht, dass die Geltendmachung eines Anspruchs gegen einen Schuldner bis zum Eintritt der Verjährung dieses Anspruchs unterlassen wird, beginnt die Verjährung des Ersatzanspruchs gegen den Vorstand erst mit dem Eintritt der Verjährung des Anspruchs, den der Vorstand pflichtwidrig hat verjähren lassen.[85] Die Pflichtverletzung des Vorstandsmitglieds ist in der Praxis für den Aufsichtsrat häufig nicht erkennbar. Trotzdem ist in dem Verschweigen der Pflichtverletzung durch das Vorstandsmitglied keine neue zusätzliche pflichtwidrige Handlung zu sehen, da sich das Vorstandsmitglied nicht selbst eines zum Schadensersatz verpflichtenden Verhaltens bezichtigen muss.[86]

45 Für die Hemmung und den Neubeginn der Verjährung gelten die §§ 203 ff. BGB. Führt die Gesellschaft mit einem Vorstandsmitglied Verhandlungen über einen Ersatzanspruch, ist auch die Verjährung gegenüber den Gläubigern gehemmt. Konkurrierende Ansprüche der Gesellschaft zB aus unerlaubter Handlung unterliegen ihren eigenen Verjährungsregeln. Bei unerlaubter Handlung tritt die Verjährung gemäß § 195 BGB erst in drei Jahren nach Kenntnis oder Kennenmüssen der Gesellschaft (§ 199 Abs. 1 BGB) ein, ohne Rücksicht auf diese Kenntnis erst in zehn Jahren nach ihrer Entstehung (§ 199 Abs. 3 Nr. 1 BGB).

---

[79] Ablehnend zur Neuregelung des § 93 Abs. 6 AktG ua *Baums* ZHR 174, (2010), 593; DAV-Handelsrechtsausschuss NZG 2010, 897 f.; *Hüffer/Koch* AktG § 93 Rn. 85.

[80] Spindler/Stilz AktG/*Fleischer* § 93 Rn. 303g; KölnKommAktG/*Mertens/Cahn* § 93 Rn. 199; *Hüffer/Koch* AktG § 93 Rn. 88.

[81] Spindler/Stilz AktG/*Fleischer* § 93 Rn. 303g; MüKoAktG/*Spindler* § 93 Rn. 324; *Hüffer/Koch* AktG § 93 Rn. 88; Großkomm AktG/*Hopt/Roth* § 93 Rn. 585; *Wahlers/Wolff* AG 2011, 605 ff.; aA noch KölnKommAktG/*Mertens/Cahn* § 93 Rn. 199; Bürgers/Körber AktG/*Bürgers* § 93 Rn. 54.

[82] GroßKomm AktG/*Hopt/Roth* § 93 Rn. 585; DAV-Handelsrechtsausschuss NZG 2010, 897; *Harbarth/Jaspers* NZG 2011, 368 (370).

[83] Spindler/Stilz AktG/*Fleischer* § 93 Rn. 303; KölnKommAktG/*Mertens/Cahn* § 93 Rn. 200; BGH WM 2008, 2215 Rn. 19.

[84] BGH NZG 2018, 1301 Rn. 17; Spindler/Stilz AktG/*Fleischer* § 93 Rn. 303a.

[85] BGH NZG 2018, 1301 Rn. 18 ff. zur Aufsichtsratshaftung wegen Verjährenlassens von Ersatzansprüchen gegen ein Vorstandsmitglied. Zust. *Altmeppen* ZIP 2019, 1253 ff.; *Bayer/Scholz* NZG 2019, 201 ff.; *Löbbe/Lüneborg* Der Konzern 2019, 53 ff.; *Jenne/Miller* AG 2019, 112 (117); *Hüffer/Koch* AktG § 93 Rn. 87b.

[86] MüKoAktG/*Spindler* § 93 Rn. 327; Großkomm AktG/*Hopt/Roth* § 93 Rn. 588; Spindler/Stilz AktG/*Fleischer* § 93 Rn. 303e f.; *Habersack/Jaspers* NZG 2011, 368 (369 f.); BGH WM 2018, 2215 Rn. 18.

13. Geltendmachung. a) Aufsichtsrat. Im Rahmen der vergangenheitsbezogenen 46 Überwachungspflicht des Aufsichtsrats nach § 111 Abs. 1 AktG obliegt es dem Aufsichtsrat, Ersatzansprüche nach § 93 AktG gegen amtierende oder ehemalige Vorstandsmitglieder geltend zu machen. Seine Zuständigkeit zur Vertretung der Gesellschaft bei der Geltendmachung der Ansprüche folgt aus § 112 AktG. Zu den Voraussetzungen, unter denen der Aufsichtsrat zur Geltendmachung verpflichtet ist oder ausnahmsweise von der Geltendmachung absehen kann, → § 29 Rn. 38 ff.

b) Aktionäre. Aktionäre können Ersatzansprüche der Gesellschaft weder im eigenen 47 Namen noch im eigenen Namen noch im Namen der Gesellschaft geltend machen. Ein eigener Schadensersatzanspruch steht Aktionären nur nach § 117 Abs. 1 S. 2 AktG (dazu → § 27 Rn. 13) und nach einzelnen konzernrechtlichen Bestimmungen (§§ 309 Abs. 4, 310 Abs. 4, 317 Abs. 4, 318 Abs. 4 AktG) zu. Darüber hinaus können Aktionäre, deren Anteile zusammen den 100sten Teil des Grundkapitals oder einen anteiligen Betrag von 100.000 Euro des Grundkapitals erreichen, die Möglichkeit, gemäß § 148 Abs. 1 AktG beantragen, dass sie zugelassen werden zur Geltendmachung von Ersatzansprüchen der Gesellschaft gegen Mitglieder des Vorstands im eigenen Namen (dazu → § 43 Rn. 51 ff.).

c) Gesellschaftsgläubiger. Nach § 93 Abs. 5 S. 1 AktG können Gesellschaftsgläubiger 48 den Ersatzanspruch der Gesellschaft unmittelbar gegenüber Vorstandsmitgliedern geltend machen, soweit sie von der Gesellschaft keine Befriedigung erlangen können. Voraussetzung ist, dass der Gläubiger gegen die Gesellschaft einen fälligen Anspruch hat, der auf Geld gerichtet ist oder in eine Geldforderung übergehen kann, und der Gläubiger wegen dieser Forderung von der Gesellschaft wegen Zahlungsunfähigkeit keine Befriedigung erhalten kann. Auf den Zeitpunkt der Entstehung der Forderung, und ihren Rechtsgrund kommt es nicht an.[87] Voraussetzung ist weiterhin, dass die Gesellschaft gegen das Vorstandsmitglied einen Schadensersatzanspruch aus der Verletzung seiner Organpflichten hat. Andere Ansprüche werden von § 93 Abs. 5 AktG nicht erfasst.[88] Handelt es sich um einen Ersatzanspruch nach § 93 Abs. 2 AktG, setzt die Geltendmachung durch einen Gesellschaftsgläubiger nach § 93 Abs. 5 S. 2 AktG eine „gröbliche" Verletzung der Vorstandspflichten, also zumindest grobe Fahrlässigkeit des Vorstandsmitglieds voraus.[89] Gemäß § 93 Abs. 5 S. 2 Hs. 2 AktG gilt auch insoweit die Beweislastumkehr des § 93 Abs. 2 S. 2 AktG zu Lasten des betroffenen Vorstandsmitglieds. Bei einem Verstoß gegen einen der Sondertatbestände des § 93 Abs. 3 AktG besteht das Recht des Gläubigers zur Geltendmachung des Ersatzanspruchs unabhängig von der Schwere des Verschuldens des Vorstandsmitglieds (schon → Rn. 29).

Die Geltendmachung des Ersatzanspruchs erfolgt durch die Gläubiger im eigenen 49 Namen, indem er von dem betroffenen Vorstandsmitglied Leistung an sich selbst verlangt. Das Vorstandsmitglied kann mit befreiender Wirkung nach seiner Wahl an die Gesellschaft oder an den Gläubiger zahlen.[90] Den Gläubigern gegenüber wird die Ersatzpflicht weder durch einen Verzicht oder Vergleich der Gesellschaft noch dadurch aufgehoben, dass die Handlung auf einem Beschluss der Hauptversammlung beruht (§ 93 Abs. 5 S. 3 AktG).

Nach Eröffnung des Insolvenzverfahrens über das Vermögen der Gesellschaft übt der 50 **Insolvenzverwalter** gemäß § 93 Abs. 5 S. 4 das Verfolgungsrecht der Gläubiger gegen die Vorstandsmitglieder aus. Nach allgemeinen insolvenzrechtlichen Grundsätzen kann der Insolvenzverwalter den Ersatzanspruch freigeben mit der Folge, dass die Gläubiger ihn wieder geltend machen können.[91] Der Insolvenzverwalter ist an Beschränkungen des § 93 Abs. 4 S. 3 AktG nicht gebunden, kann sich also vor Ablauf der Dreijahresfrist und ohne

---

[87] MüKoAktG/*Spindler* § 93 Rn. 302; Spindler/Stilz AktG/*Fleischer* § 93 Rn. 295 f.
[88] Spindler/Stilz AktG/*Fleischer* § 93 Rn. 297; Großkomm. AktG/*Hopt/Roth* § 93 Rn. 553.
[89] MüKoAktG/*Spindler* § 93 Rn. 303; Spindler/Stilz AktG/*Fleischer* § 93 Rn. 298.
[90] MüKoAktG/*Spindler* § 93 Rn. 306 f.; Spindler/Stilz AktG/*Fleischer* § 93 Rn. 299.
[91] Spindler/Stilz AktG/*Fleischer* § 93 Rn. 300.

Zustimmung der Hauptversammlung mit dem Vorstandsmitglied vergleichen oder auf den Ersatzanspruch verzichten, es sei denn, der Insolvenzzweck steht dem entgegen.[92] Im Falle der Eigenverwaltung gemäß § 270 ff. InsO werden die sonst dem Insolvenzverwalter zustehenden Rechte vom Sachwalter wahrgenommen, § 93 Abs. 5 S. 4 AktG ist insoweit lex specialis gegenüber § 274 Inso.[93]

III. Haftung gegenüber Aktionären

51 § 93 Abs. 2 und 3 AktG begründen eine Binnenhaftung der Vorstandsmitglieder gegenüber der Gesellschaft wegen Verletzung ihrer Organpflichten. Sie kommen als Anspruchsgrundlage für eine Haftung gegenüber den Aktionären nicht in Betracht. § 93 AktG ist auch kein Schutzgesetz im Sinne von § 823 Abs. 2 BGB.[94] Als **Schutzgesetze** zugunsten der Aktionäre werden demgegenüber angesehen die Einberufungs- und Anzeigepflicht des Vorstands nach § 92 Abs. 1 AktG[95] und die Insolvenzantragspflicht nach § 15a Abs. 1 InsO[96] für den Fall des Erwerbs der Aktien nach Eintritt der Insolvenzreife. Schutzgesetze zugunsten der Aktionäre sind außerdem die Strafvorschriften des § 399 AktG (falsche Angaben) und des § 400 AktG (unrichtige Darstellung).[97] Aktionäre können vor allem dadurch geschädigt werden, dass ihr vorhandener Aktienbesitz entwertet wird oder sie durch den Erwerb von Aktien Schaden erleiden. Dann kommt als verletztes Schutzgesetz vor allem § 266 StGB (Untreue) in Betracht.

52 Die **Mitgliedschaft** des Aktionärs ist grundsätzlich als sonstiges Recht im Sinne von § 823 Abs. 1 BGB anerkannt.[98] Die Pflichtwidrigkeit einer Geschäftsführungsmaßnahme des Vorstands genügt allerdings nicht, um einen Schadensersatzanspruch des Aktionärs aus § 823 Abs. 1 BGB wegen Verletzung der Mitgliedschaft zu begründen. Es muss vielmehr ein spezifisch mitgliedschaftsbezogener Eingriff vorliegen, also eine Verletzung der Rechte, die allein aus der Mitgliedschaft fließen (zB Stimm- oder Gewinnbezugsrechte); bloße Wertminderungen des Aktienbesitzes ohne eine Einbuße an Rechten genügen nicht.[99]

53 Wenn ein Aktionär einen Schadensersatzanspruch gegen ein Vorstandsmitglied aus unerlaubter Handlung besitzt und sein Schaden in der Wertminderung seiner Aktien als Folge der Schädigung des Gesellschaftsvermögens besteht, stellt sich das Problem des sog. Doppel- oder **Reflexschadens.** Nach ständiger Rechtsprechung des BGH kann der Aktionär den bei ihm mittelbar entstandenen Schaden zwar im Wege des Schadensersatzanspruchs geltend machen, aber nicht auf Leistung an sich persönlich, sondern nur auf Leistung an die Gesellschaft klagen. Nur auf diese Weise wird der Kapitalerhaltung und Gleichbehandlung der Aktionäre Rechnung getragen und eine Doppelhaftung vermieden.[100]

IV. Haftung gegenüber Dritten

54 **1. Vertragliche Ansprüche.** Eine vertragliche Haftung setzt grundsätzlich den Abschluss eines Vertrags zwischen dem Vorstandsmitglied und dem Dritten voraus. Denkbar sind Garantie- oder Bürgschaftsversprechen des Vorstandsmitglieds für die Verbindlichkeiten der

---

[92] MüKoAktG/*Spindler* § 93 Rn. 318; Großkomm AktG/*Hopt/Roth* § 93 Rn. 536 f.
[93] MüKoAktG/*Spindler* § 93 Rn. 318; Großkomm. AktG/*Hopt/Roth* § 93 Rn. 574.
[94] BGHZ 194, 26 Rn. 23.
[95] Spindler/Stilz AktG/*Fleischer* § 92 Rn. 17; MüKoAktG/*Spindler* § 92 Rn. 20; Großkomm AktG/*Habersack/Foerster* § 92 Rn. 31; aA KölnKommAktG/*Mertens/Cahn* § 92 Rn. 21.
[96] KölnKommAktG/*Mertens/Cahn* Anh. § 92 Rn. 36; Hüffer/*Koch* AktG § 92 Rn. 26.
[97] KölnKommAktG/*Mertens/Cahn* § 93 Rn. 209.
[98] BGHZ 110, 323 (327 f.) – Schärenkreuzer (für Verein); KölnKommAktG/*Mertens/Cahn* § 93 Rn. 210; MüKoAktG/*Spindler* § 93 Rn. 337.
[99] MüKoAktG/*Spindler* § 93 Rn. 339.
[100] Nachw. bei MüKoAktG/*Spindler* § 93 Rn. 353; KölnKommAktG/*Mertens/Cahn* § 93 Rn. 213 ff.

Gesellschaft oder ein Schuldbeitritt. Das sind allerdings seltene Sonderfälle, in denen ein Vorstandsmitglied bereit ist, persönlich neben der Gesellschaft für Verbindlichkeiten einzustehen.

Nach allgemeinem Zivilrecht kommt eine Eigenhaftung des Vertreters in Betracht, wenn er gegenüber dem Vertragspartner ein unmittelbares eigenes wirtschaftliches Interesse am Vertragsabschluss hat oder besonderes persönliches Vertrauen in Anspruch nimmt und die Vertragsverhandlungen oder den Vertragsabschluss hierdurch erheblich beeinflusst. Der Vertreter hat dann gemäß §§ 280 Abs. 1, 311 Abs. 3 BGB persönlich für die Verletzung vertraglicher Pflichten einzustehen. Diese **culpa in contrahendo-Grundsätze,** die in § 311 Abs. 4 BGB kodifiziert sind, sind zunächst für GmbH-Geschäftsführer in der Rechtsprechung konkretisiert worden, die dort gebildeten Fallgruppen sind jedoch auch für Vorstandsmitglieder maßgebend.[101] Praktisch bedeutsam ist vor allem die vorstehend genannte zweite Fallgruppe der Inanspruchnahme persönlichen Vertrauens. Sie setzt voraus, dass das Vorstandsmitglied dem Dritten gegenüber eine persönliche Gewähr für die Seriosität und Erfüllung des Vertrags bietet, die über das normale Vertrauen zwischen Verhandlungspartnern hinausgeht.

2. Ansprüche aus unerlaubter Handlung. Aus der gegenüber der Gesellschaft bestehenden Pflicht des Vorstandsmitglieds, dafür zu sorgen, dass die Gesellschaft sich rechtmäßig verhält, folgt keine entsprechende Garantenpflicht gegenüber außenstehenden Dritten, eine Schädigung ihres Vermögens durch gesetzwidriges Verhalten der Gesellschaft zu verhindern. Auch ist zu bedenken, dass die Binnenhaftung des § 93 Abs. 2 AktG den gesetzlichen Regelfall und die Außenhaftung des Vorstandsmitglieds die begründungsbedürftige Ausnahme bildet. Demgemäß kommt eine Schadensersatzhaftung aus unerlaubter Handlung im Außenverhältnis nur unter sehr engen Voraussetzungen in Betracht.[102] Insbesondere geht es zu weit, allein aus der Stellung als Vorstandsmitglied und den daraus folgenden Pflichten abzuleiten, dass das Vorstandsmitglied entsprechende Verkehrspflichten gegenüber Dritten unmittelbar treffen.[103] Zu weit geht erst recht die Herleitung einer Haftung aus **§ 823 Abs. 1 BGB** wegen Verletzung des Rechts am eingerichteten und ausgeübten Gewerbebetrieb, indem vertragliche Schutz- und Loyalitätspflichten der AG gegenüber einem Vertragspartner in unmittelbare Verkehrspflichten gegenüber dem Dritten umgemünzt werden.[104]

Eine deliktische Außenhaftung kann sich vor allem aus **§ 823 Abs. 2 BGB** in Verbindung mit einem Schutzgesetz ergeben. Insbesondere die Haftung wegen der Verletzung von kapitalmarktrechtlichen Schutzgesetzen hat in den letzten Jahren an Bedeutung gewonnen. Allerdings ist der Schutzgesetzcharakter zahlreicher Normen des Kapitalmarktrechts umstritten. Anerkannt als Schutzgesetze sind insbesondere § 266a StGB (Nichtabführung von Sozialversicherungsbeiträgen[105]) und §§ 32, 54 KWG (Betrieb von Bankgeschäften ohne Erlaubnis).[106]

Eine deliktische Außenhaftung von Vorstandsmitgliedern kann sich schließlich aus **§ 826 BGB** ergeben. Hier haben sich zwei Fallgruppen als besonders relevant herausgebildet: Eine Haftung nach § 826 BGB wegen Gläubigerbenachteiligung greift ein, wenn das Vorstandsmitglied den von ihm als unabwendbar erkannten „Todeskampf" der Gesellschaft solange wie möglich hinauszögert und dabei die Schädigung der Gläubiger billigend in Kauf nimmt.[107] Eine Haftung wegen fehlerhafter Kapitalmarktinformationen nach § 826

---

[101] Spindler/Stilz AktG/*Fleischer* § 93 Rn. 310; Großkomm AktG/*Hopt/Roth* § 652.
[102] Hüffer/*Koch* AktG § 93 Rn. 66; Spindler/Stilz AktG § 93 Rn. 316.
[103] MüKoAktG/*Spindler* § 93 Rn. 357. So aber BGHZ 109, 297 – Baustoff-Urteil.
[104] Nachw. bei Spindler/Stilz AktG/*Fleischer* § 93 Rn. 315. So aber BGHZ 166, 84 (113 ff.) – Kirch/Breuer.
[105] BGHZ 133, 370 (374). Dagegen MüKoAktG/*Spindler* § 93 Rn. 365 f.
[106] BGH NJW 2005, 2703; *Verse* ZHR 170 (2006), 398 (403 f.).
[107] BGH WM 2010, 220 Rn. 7; BGHZ 175, 58 (62); Spindler/Stilz AktG/*Fleischer* § 93 Rn. 321.

BGB greift dann ein, wenn neben der tatsächlichen Unrichtigkeit der Informationen subjektive Voraussetzungen hinzutreten, die das Handeln als besonders verwerflich erscheinen lassen.[108]

V. D&O-Versicherung

1. Allgemeines. Die D&O-Versicherung soll Schutz bieten für Vermögensschäden, die durch Pflichtverletzungen eines Organmitglieds entstehen und für die das Organmitglied von dem geschädigten Unternehmen oder dem geschädigten Dritten auf Schadensersatz in Anspruch genommen wird. Der Versicherungsvertrag wird von der Gesellschaft als Versicherungsnehmer abgeschlossen und durch ihre Beitragszahlungen finanziert, versicherte Personen und damit Inhaber des Anspruchs gegen die Versicherung auf Abwehrschutz und Freistellung sind dagegen die Organmitglieder.

Das **Versicherungsmodell** wurde in den USA entwickelt („Directors and Officers Liability Insurance") und in den Achtziger Jahren in Deutschland eingeführt. Inzwischen ist die D&O-Versicherung weit verbreitet und ist jedenfalls bei börsennotierten Gesellschaften fast ausnahmslos anzutreffen.[109] Dabei spielt in Deutschland der Schutz für den Fall der seltenen Außenhaftung des Vorstands- oder Aufsichtsratsmitglieds gegenüber Aktionären oder anderen Dritten (dazu → Rn. 51 ff., 54 ff.) keine wesentliche Rolle. Im Vordergrund steht in der deutschen D&O-Versicherungspraxis der Schutz der Organmitglieder für den Fall ihrer Innenhaftung gegenüber dem Unternehmen, sei es, dass sie durch ihre Pflichtverletzung dem Unternehmen unmittelbar Schaden zugefügt haben, sei es, dass durch ihre Pflichtverletzung ein Schadensersatzanspruch eines Dritten gegen das Unternehmen ausgelöst wurde. Die Versicherung übernimmt einerseits die Kosten der Verteidigung gegen den geltend gemachten Anspruch, wenn (und solange) sie ihn für unbegründet hält (Abwehrdeckung), und andererseits die Befriedigung des von ihr für begründet erachteten Anspruchs (Schadensdeckung).

Anfangs wurden grundsätzliche Bedenken gegen die aktienrechtliche **Zulässigkeit** der D&O-Versicherung erhoben, da es dem mit der Organhaftung verbundenen Zweck der Schadensprävention widerspreche, wenn das schädigende Organmitglied durch die Gesellschaft auf dem Umweg über die Versicherung im Ergebnis haftungsfrei gestellt wird.[110] Nachdem der Gesetzgeber durch die Einführung des obligatorischen Selbstbehalts in § 93 Abs. 2 S. 3 AktG (dazu → Rn. 71) im Jahre 2009 die D&O-Versicherung mittelbar legitimiert hat, wird heute über die Zulässigkeit nicht mehr gestritten.

Mittlerweile ist auch – jedenfalls für die Praxis – die **Zuständigkeit** für den Vertragsschluss geklärt, dh welches Organ nach der aktienrechtlichen Kompetenzordnung für die Entscheidung über den Abschluss der D&O-Versicherung zuständig ist. Der Versicherungsvertrag wird für das Unternehmen durch den Vorstand abgeschlossen, und die Zahlung der Prämien durch die Gesellschaft wird weder aktienrechtlich noch steuerrechtlich[111] als Vergütung der Organmitglieder behandelt. Obwohl Versicherungsentgelte in der Aufzählung des § 87 Abs. 1 AktG als eine der typischen Formen der Vorstandsvergütung genannt werden und nach § 285 Nr. 9a HGB in den Gesamtbezügen auszuweisen sind, gilt das nach herrschender Meinung nicht für die Zahlung der D&O-Versicherungsprämie durch die Gesellschaft. Weder muss der Aufsichtsrat im Hinblick auf die Versicherung der Vorstandsmitglieder noch die Hauptversammlung im Hinblick auf die Versicherung der Aufsichtsratsmitglieder über den von der Gesellschaft den Organmitgliedern gewährten Schutz

---

[108] Nachw. bei Spindler/Stilz AktG/*Fleischer* § 93 Rn. 322; MüKoAktG/*Spindler* § 93 Rn. 368.

[109] *Seyfarth* Vorstandsrecht § 25 Rn. 4; Spindler/Stilz AktG/*Fleischer* § 93 Rn. 225; *Hoffmann-Becking* ZHR 181 (2017), 181; *Schenck* NZG 2015, 494 (495).

[110] *Ulmer* FS Canaris, Bd. II, 2007, 451 (462 ff.); *Ulmer* ZHR 171 (2007), 119 (120 f.); *Pammler*, Die gesellschaftsfinanzierte D&O-Versicherung im Spannungsfeld des Aktienrechts, 2006, S. 47 ff. Zur Verletzung des Präventionszwecks s. auch *Wagner* ZHR 178 (2014), 227 (272).

[111] Koord. Ländererlass FM Niedersachsen 25.1.2002, DB 2002, 399.

entscheiden.[112] Entgegen der zu Anfang verbreitet und sogar überwiegend geäußerten Bedenken hat sich diese Auffassung durchgesetzt, allerdings erst als Folge der weiten Verbreitung dieses Schutzes der Organmitglieder. Seit die unternehmensfinanzierte D&O-Versicherung zum üblichen Standard geworden ist, wird sie als Element der sachlichen Ausstattung eines Vorstands- oder Aufsichtsratsmandats gewertet (auch → § 33 Rn. 21).[113]

Zur rechtspolitischen **Rechtfertigung** wird zum Teil auf die bewährte Praxis in den **63** USA verwiesen; der dort entwickelte Schutz durch eine D&O-Versicherung solle deutschen Vorständen und Aufsichtsräten nicht vorenthalten werden.[114] Das überzeugt nicht, weil im Gegensatz zu Deutschland in den USA die Absicherung der Außenhaftung ganz im Vordergrund steht[115], während die Organmitglieder von der Innenhaftung für fahrlässige Pflichtverletzungen meist von der Gesellschaft freigestellt werden, was in Deutschland zwingend ausgeschlossen ist. Auch das Argument, die Gesellschaft gewinne durch den Abschluss der Versicherung einen solventen Schuldner hinzu[116], wenn dem Unternehmen durch ein Organmitglied ein Schaden zugeführt wird, für dessen Ausgleich das Vermögen des Organmitglieds im Zweifel nicht ausreicht, ist zumindest nicht zwingend. Gegen den Forderungsausfall bei Durchsetzung der Organhaftung kann sich nämlich das Unternehmen durch eine Ausfallversicherung in Form der Eigenschadenversicherung absichern.[117] Überzeugend ist dagegen das Argument, dass mit Hilfe der Absicherung durch die D&O-Versicherung die unternehmerische Risikobereitschaft der Organmitglieder, die für ein erfolgreiches Wirtschaften unverzichtbar ist, gestärkt wird und die Absicherung für die Anwerbung ausreichend risikobereiter Vorstandsmitglieder notwendig ist.[118] Allerdings steckt darin zugleich eine Kritik an der gesetzlichen Haftungslage, die durch die unbegrenzte Haftung für leicht fahrlässige Pflichtverletzungen nicht ausreichend Raum lässt für risikobereites Verhalten der Organmitglieder (→ Rn. 2).[119]

2. Ausgestaltung. Die D&O-Versicherung ist nach der deutschen Systematik eine Ver- **64** mögensschaden-Haftpflichtversicherung für fremde Rechnung nach §§ 100, 43 ff. VVG. Der Gesamtverband der Deutschen Versicherungswirtschaft (GDV) hat dazu Musterbedingungen verfasst, die laufend aktualisiert werden (AVB-AVG). In der Regel wird die Versicherung als **Gruppenversicherung** abgeschlossen, in deren Schutz alle Vorstands- und Aufsichtsratsmitglieder und meist auch die Führungskräfte der nächsten Ebene sowie die Organmitglieder von Tochtergesellschaften einbezogen werden.[120] Es kann deshalb sein, dass die für die Versicherungsperiode vereinbarte Deckungssumme bereits durch andere Schadensfälle weit-

---

[112] Hüffer/*Koch* AktG § 93 Rn. 58a; Großkomm AktG/*Hopt/Roth* § 93 Rn. 454; Spindler/Stilz AktG/*Fleischer* § 93 Rn. 234; Schmidt/Lutter/*Krieger/Sailer-Coceani* AktG § 93 Rn. 56; für den Regelfall der Gruppenversicherung für alle Vorstände und Aufsichtsräte auch MüKoAktG/*Spindler* § 87 Rn. 30 ff. u. Münchkomm AktG/*Habersack* § 113 Rn. 16. Anders *Armbrüster* NJW 2016, 897 (900); *Armbrüster* FS Karsten Schmidt, 2019, Bd. I, 23 ff.; *Seyfarth* Vorstandsrecht § 25 Rn. 50; *W. Doralt* ZGR 2019, 996 (1022 ff.); Grigoleit/*Grigoleit/Tomasic* AktG § 93 Rn. 95 (für den Vorstand); Henssler/Strohn GesR/*Henssler* § 113 Rn. 3 (für den Aufsichtsrat).
[113] Spindler/Stilz AktG/*Fleischer* § 93 Rn. 234; *Hemeling* FS Hoffmann-Becking, 2013, 491 (493). Vgl. auch *Hoffmann-Becking* ZHR 181 (2017), 737 (738) („normative Kraft des Faktischen?").
[114] In diesem Sinne *Ihlas* Vhdlg. des 70. DJT, 2014, Bd. II/2 S. N 120 f.
[115] Vgl. *Henssler* in Henze/Hoffmann-Becking, RWS-Forum 20, 2001, S. 131/135; *Peltzer* NZG 2009, 970 (971); *Ihlas* Vhdlg. des 70. DJT, 2014, Bd. II/2, S. N 181 f.
[116] Spindler/Stilz AktG/*Fleischer* § 93 Rn. 229; KölnKommAktG/*Mertens/Cahn* § 93 Rn. 242; Großkomm AktG/*Hopt/Roth* § 93 Rn. 453.
[117] *Hoffmann-Becking* ZHR 181 (2017), 737 (739); MüKoAktG/*Spindler* § 87 Rn. 29; *Ulmer* ZHR 171 (2007), 119 (121).
[118] *Looschelders/Derkum* ZIP 2017, 1249 (1250); *Sieg* in Krieger/Uwe H. Schneider, Handbuch Managerhaftung, 3. Aufl. 2017, § 18 Rn. 66.
[119] *Hoffmann-Becking* ZHR 181 (2017), 737 (739 f.). Zust. MüKoAktG/*Spindler* § 87 Rn. 28.
[120] *Seyfarth* Vorstandsrecht § 25 Rn. 12 ff.; *Armbrüster* NJW 2016, 897 (898); *v. Schenck* NZG 2015, 494 (497); *Hemeling* FS Hoffmann-Becking, 2013, 491 (493).

gehend verbraucht ist, und es kann auch sein, dass im aktuellen Schadensfall wegen hoher Abwehrkosten nur noch ein Teil der Versicherungssumme für die Freistellung des Organmitglieds zur Verfügung steht. Im typischen Verfahrensablauf deckt die Versicherung im Interesse des versicherten Organmitglieds zunächst und vorrangig Abwehrkosten und erst dann, wenn sich die Abwehr als erfolglos erwiesen hat, befriedigt die Versicherung mit dem noch verbliebenen Teil der Versicherungssumme den Ersatzanspruch des Unternehmens.[121]

65 Eine Einschränkung des Schutzes ergibt sich auch trotz möglicherweise vereinbarter Nachmeldefristen aus dem **„Claims Made"-Prinzip:** D&O-Versicherungen werden jeweils für ein Jahr abgeschlossen oder verlängert, und der Schutz durch die Versicherung hängt nicht davon ab, ob in dem Jahr der Pflichtverletzung der Versicherungsvertrag bestand, sondern ob der Versicherungsvertrag in dem Jahr besteht, in dem das geschädigte Unternehmen den Ersatzanspruch geltend macht.[122] Wenn das Organmitglied das daraus für ihn erwachsende Risiko absichern will, reicht es nicht aus, wenn die Gesellschaft im Anstellungsvertrag (Vorstandsmitglied) oder durch die Satzung (Aufsichtsratsmitglied) verpflichtet wird, eine D&O-Versicherung mit angemessener Versicherungssumme abzuschließen und für die Dauer der Tätigkeit des Organmitglieds fortzuführen, sondern das Organmitglied muss sich, wenn es ganz sicher gehen will, sogar ausbedingen, dass die D&O-Versicherung für ihn über sein Ausscheiden hinaus für die Dauer der Verjährungsfrist etwaiger Organhaftungsansprüche fortgesetzt wird.[123]

66 **3. Dreiecksverhältnis.** Im Dreiecksverhältnis von Organmitglied, Unternehmen und Versicherer ergeben sich im Streitfall wechselnde Rollen der Beteiligten in den getrennt zu führenden Prozessen zur Haftung des Organmitglieds und zur Deckungspflicht des Versicherers. Daraus erwachsen **gegenläufige Interessen.**[124] Im Haftungsprozess kämpft das Organmitglied mit Unterstützung des Versicherers gegen das Unternehmen, im Deckungsprozess kämpft das Organmitglied als Anspruchsinhaber mit Unterstützung des Unternehmens gegen den Versicherer. Besonders deutlich wird die wechselnde Rollenverteilung, wenn der Versicherer den zunächst betriebenen Abwehrschutz beendet, aber seine Pflicht zur Schadensdeckung bestreitet. Bis die Zahlungspflicht des Versicherers endgültig feststeht, müssen nicht selten die beiden getrennten Prozesse bis zur Rechtskraft geführt werden.

67 Für den Versicherer ergibt sich ein besonders ausgeprägter Interessenkonflikt, wenn sowohl Vorstands- als auch Aufsichtsratsmitglieder durch den Versicherungsvertrag geschützt werden sollen und das in Anspruch genommene Vorstandsmitglied den Aufsichtsratsmitgliedern den **Streit verkündet,** um die Weichen für den späteren Gesamtschuldnerausgleich zu stellen. Der Versicherer muss dann für Organmitglieder mit widerstreitenden Interessen die Abwehr organisieren und finanzieren.[125] Lösbar ist dieser Konflikt, indem von vornherein separate Gruppenpolicen für Vorstand und Aufsichtsrat mit verschiedenen Versicherern abgeschlossen werden.[126]

68 Eine Vereinfachung der Rechtsverhältnisse kann sich ergeben, wenn das Organmitglied seinen Freistellungsanspruch an das Unternehmen abtritt und das Unternehmen dadurch in die Lage versetzt wird, den Deckungsanspruch unmittelbar gegen die Versicherung durch-

---

[121] *Sieg* in Krieger/Uwe H. Schneider, Handbuch Managerhaftung, 3. Aufl. 2017, § 18 Rn. 49; *Böttcher* NZG 2008, 645 (647).
[122] *Seyfarth* Vorstandsrecht § 25 Rn. 15, 22; *Hüffer/Koch* AktG § 93 Rn. 58b; GroßkommAktG/ *Hopt/Roth* § 93 Rn. 451. Zur Zulässigkeit der Klausel in den AVB nach §§ 305c, 307 BGB s. OLG München NZG 2009, 714.
[123] *Seyfarth* Vorstandsrecht § 25 Rn. 53; *v. Schenck* NZG 2015, 494 (499); *Happ/Möhrle* FS Seibert, 2019, 273 (281).
[124] *Hemeling* FS Hoffmann-Becking, 2013, 491 (508); *Hoffmann-Becking* ZHR 181 (2017), 737 (742 ff.); *Happ/Möhrle* FS Seibert, 2019, 273 (276 f.).
[125] *Armbrüster* NJW 2016, 897 (898 f.); *v. Schenck* NZG 2015, 494 (497).
[126] Zu diesem „Two Tower"-Modell s. *Reichert/Suchy* NZG 2017, 88 ff.; *Armbrüster* NJW 2016, 897 (899); *v. Schenck* NZG 2015, 494 (500).

zusetzen. Das früher in den AVB enthaltene Abtretungsverbot wurde 2008 durch die VVG-Novelle in § 108 Abs. 2 VVG für unzulässig erklärt, und nach der Rechtsprechung des BGH kann auch die **Abtretung an die Gesellschaft** nicht durch die AVB ausgeschlossen werden, weil die Gesellschaft ebenfalls Dritter iSd § 108 Abs. 2 VVG ist.[127] Das Klauselverbot gilt allerdings nicht für Großrisiken im Sinne von § 210 VVG. Das Organmitglied kann den Anspruch im Übrigen nur erfüllungshalber an die Gesellschaft abtreten, denn ohne den fortbestehenden Haftungsanspruch gibt es keine Deckung.[128] Nach wohl hM kann die Gesellschaft nicht die Beweislastumkehr des § 93 Abs. 2 S. 2 AktG in Anspruch nehmen, wenn sie nach Abtretung des Deckungsanspruchs gegen die Versicherung klagt.[129]

Nicht selten führt die Existenz einer D&O-Versicherung zu Haftungsprozessen, die ohne die D&O-Versicherung vermieden würden (**„Deckung schafft Haftung"**).[130] Ohne Versicherung kann sich das Unternehmen angesichts der Kosten und der Prozess- und Reputationsrisiken eines Rechtsstreits mit dem Organmitglied sowie der fehlenden Aussicht auf Beitreibung eines weitgehenden Schadensausgleichs alsbald mit dem Organmitglied vergleichen und eine in Relation zu dem Vermögen des Organmitglieds spürbare, aber nicht ruinierende Ersatzleistung vereinbaren. Wenn dagegen eine D&O-Versicherung besteht, muss das Unternehmen, um die Leistung der Versicherung zu erreichen, das Organmitglied verklagen und mit einer Klageforderung überziehen, die in dieser Höhe beim beklagten Organmitglied niemals beigetrieben werden könnte.

Um die Rechtsbeziehungen im Dreiecksverhältnis im Wege des Vergleichs zu klären, muss sowohl ein **Haftungsvergleich** zwischen der Gesellschaft und dem Organmitglied als auch ein **Deckungsvergleich** im Verhältnis zwischen dem Organmitglied (oder der Gesellschaft nach Abtretung des Deckungsanspruchs) und dem Versicherer zustande kommen. Nach den üblichen AVB ist die Zustimmung des Versicherers für den Vergleich zwischen Gesellschaft und Organmitglied erforderlich, falls sich aus dem Vergleich eine Bindung des Versicherers im Sinne einer Beschränkung seiner Rechte ergibt.[131] Aber ohnedies wird sich die Gesellschaft vernünftigerweise nicht mit dem Organmitglied vergleichen, solange sie nicht sicher sein kann, den Schaden durch die Versicherung ersetzt zu erhalten. Deshalb kann die Versicherung durch ihre Weigerung, die Deckungspflicht anzuerkennen, schon aufgrund der Interessenkonstellation einen Vergleichsschluss zwischen der Gesellschaft und dem Organmitglied mit Vereinbarung einer moderaten Ersatzleistung durch das Organmitglied verhindern. Wenn der Deckungsvergleich wegen der ablehnenden Haltung der Versicherung nicht erreichbar ist, können sich allerdings die Gesellschaft und das Organmitglied durch Vergleich dergestalt einigen, dass das Unternehmen das Organmitglied von der Haftung für den Schadensbetrag freistellt, der am Ende des Deckungsprozesses ungedeckt bleibt, also vom Versicherer nicht ausgeglichen wird.[132] Nach der neuen Rechtsprechung des BGH kann der Versicherer einem solchen Vergleich jedenfalls nicht entgegenhalten, der Haftungsanspruch werde von dem Unternehmen nicht ernsthaft geltend gemacht.[133]

---

[127] BGHZ 209, 373 = NZG 2016, 745 Rn. 20. Zu den Vor- und Nachteilen einer Abtretung s. *Happ/Möhrle* FS E. Vetter, 2019, 193 (207 ff.) u. *Hoffmann-Becking* ZHR 171 (2017), 737 (742 f.).
[128] Das verkennt *Löbbe* FS Marsch-Barner, 2018, 317 (325). Erg. wie hier *W. Doralt* ZGR 2019, 996 (1030); Hüffer/*Koch* AktG, § 93 Rn. 58d.
[129] Spindler/Stilz AktG/*Fleischer* § 93 Rn. 231; KölnKommAktG/*Mertens/Cahn* § 93 Rn. 245; Großkomm AktG/*Hopt/Roth* § 93 Rn. 447, 452; aA *Happ/Möhrle* FS E. Vetter, 2019, 193 (211); *Harzenetter* NZG 2016, 728 (732); *Baur/Holle* AG 2017, 141 (143 ff.); Hüffer/*Koch* AktG § 93 Rn. 58e.
[130] *Hemeling*, Vhdlg. des 69. DJT, 2012, Bd. II/1, S. N 31, 38; *Habersack* ZHR 177 (2013), 782 (798); *Seyfarth* Vorstandsrecht § 25 Rn. 4.
[131] Nachw. bei *Lange*, D&O-Versicherung und Managerhaftung, 2014, § 19 Rn. 26.
[132] *Hoffmann-Becking* ZHR 171 (2017), 737 (743).
[133] BGH 209, 373 = NZG 2016, 745 Rn. 26. Daran anknüpfend *Armbrüster* NJW 2016, 2155 ff.; *Harzenetter* NZG 2016, 728 (729); *Löbbe* FS Marsch-Barner, 2018, 317 (323 ff.).

71 **4. Selbstbehalt.** Seit 2009 schreibt § 93 Abs. 2 S. 3 AktG vor, dass bei Abschluss einer D&O-Versicherung durch die Gesellschaft zur Absicherung eines Vorstandsmitglieds ein Selbstbehalt vereinbart werden muss. Der Selbstbehalt muss mindestens 10 % des Schadens bis zu mindestens 150 % der festen jährlichen Vergütung des Vorstandsmitglieds betragen. Für Aufsichtsratsmitglieder schreibt das Gesetz keinen Selbstbehalt vor, und die früher im Kodex (Ziff. 3.8 Abs. 2 DCGK) enthaltene Empfehlung, einen Selbstbehalt für Aufsichtsratsmitglieder vorzusehen, ist in der Neufassung des Kodex 2019 nicht mehr enthalten. Den Vorstandsmitgliedern steht es frei, sich gegen eine Inanspruchnahme in Höhe des Selbstbehalts durch Abschluss einer eigenen Versicherung zu schützen. Die Gesellschaft darf die Prämien für diese Eigenversicherung ihrer Vorstandsmitglieder nicht übernehmen. Auch zur Eigenversicherung des Selbstbehalts hat der Gesamtverband der Deutschen Versicherungswirtschaft Musterbedingungen verfasst. In der Praxis ist es ratsam, die Eigenversicherung des Selbstbehalts mit einer anderen Versicherungsgesellschaft zu vereinbaren, um jeden Eindruck einer verdeckten Finanzierung durch die Gesellschaft zu vermeiden.

§ 27 Schädigung durch Einflussnahme auf die Gesellschaft

Übersicht

	Rn.		Rn.
I. Allgemeines	1	IV. Ausnahmen nach § 117 Abs. 7 AktG	9–11
II. Haftung nach § 117 Abs. 1 AktG	2–6	V. Anspruchsberechtigte	12, 13
1. Bestimmung von Organmitgliedern und leitenden Angestellten unter Benutzung des Einflusses auf die Gesellschaft	2, 3	1. Gesellschaft	12
		2. Aktionäre	13
		VI. Verzicht, Vergleich, Verjährung	14
		VII. Verhältnis zu anderen Haftungstatbeständen	15–17
2. Schaden	4	1. Unerlaubte Handlungen	15
3. Rechtswidrigkeit	5	2. Haftung bei Bestehen eines Beherrschungsvertrages	16
4. Vorsatz	6		
III. Mithaftungen	7, 8	3. Haftung bei Abhängigkeit	17
1. Haftung von Organmitgliedern nach § 117 Abs. 2 AktG	7		
2. Haftung des Nutznießers nach § 117 Abs. 3 AktG	8		

Schrifttum: *Brüggemeier,* Die Einflussnahme auf die Verwaltung einer Aktiengesellschaft, AG 1988, S. 93–102; *Kort,* Die Haftung des Einflussnehmers auf Kapitalgesellschaften in ausländischen Rechtsordnungen – Vorbild für ein neues Verständnis von § 117 AktG?, AG 2005, 453–459; *G. Müller,* Gesellschafts- und Gesellschafterschaden, FS Kellermann, 1991, S. 317–335; *Timm,* Übersehene Risiken bei der Privatisierung und Betriebsveräußerung durch die Treuhandanstalt, FS Semler, 1993, S. 611–630; *Voigt,* Haftung aus Einfluss auf die Aktiengesellschaft (§§ 117, 309, 317 AktG), 2004.

I. Allgemeines

1 Nach § 117 Abs. 1 AktG ist derjenige zum Schadensersatz verpflichtet, der durch Einflussnahme auf Organmitglieder oder leitende Angestellte der Gesellschaft oder ihren Aktionären einen Schaden zufügt. Daneben haften nach § 117 Abs. 2 AktG bei pflichtwidrigem Handeln auch die Mitglieder von Vorstand und Aufsichtsrat sowie nach § 117 Abs. 3 AktG der Dritte, der durch die schädigende Handlung einen Vorteil erlangt. Bei dem Haftungstatbestand des § 117 AktG handelt es sich um eine spezielle Deliktsnorm.[1] Soweit die schädliche Einflussnahme von einem Aktionär ausgeht, kann dessen Haftung nach dem heutigen Stand der Rechtsprechung auch unter dem Gesichtspunkt der Treu-

---

[1] BGH NJW 1992, 2167 (2172); BGHZ 129, 136 (160) = NJW 1995, 1739 – Girmes; Großkomm-AktG/*Kort* § 117 Rn. 39 ff.; MüKoAktG/*Spindler* § 117 Rn. 4; Hüffer/*Koch* AktG § 117 Rn. 2; aA *Voigt,* Haftung aus Einfluss auf die Aktiengesellschaft, 2004, S. 58 ff., 72 ff.

§ 27 Schädigung durch Einflussnahme auf die Gesellschaft

pflichtverletzung (vgl. → § 17 Rn. 15 ff.) begründet werden.[2] Aus diesem Grund, aber auch wegen der spezifischeren Schutzbestimmungen des Konzernrechts ist die praktische Bedeutung der Schadensersatznorm des § 117 sehr gering.[3]

II. Haftung nach § 117 Abs. 1 AktG

1. Bestimmung von Organmitgliedern und leitenden Angestellten unter Benutzung des Einflusses auf die Gesellschaft. Als Handelnder iSd § 117 Abs. 1 AktG kommt jedermann in Betracht, also sowohl Aktionäre[4] als auch Organmitglieder[5] als auch jeder außenstehende Dritte. Als Handelnder kommen sowohl natürliche als auch juristische Personen und Personengesellschaften in Betracht. Juristische Personen des öffentlichen Rechts scheiden nicht deswegen als Täter iSd § 117 Abs. 1 AktG aus, weil ein tatsächliches oder vermeintliches öffentliches Interesse Vorrang vor der Vermeidung eines Schadens der Gesellschaft haben könnte. Ein Vorrang eines öffentlichen Interesses besteht bei gemischtwirtschaftlichen Unternehmen nicht.[6] Der Handelnde muss Einfluss auf die Gesellschaft haben. Maßgeblich ist lediglich, dass der Handelnde eine faktische Machtstellung hat. Gleichgültig ist, ob diese gesellschaftsrechtlich vermittelt ist oder auf sonstigen Umständen beruht. Einfluss auf die Gesellschaft können daher wichtige Lieferanten, Abnehmer, Kreditgeber, aber auch Arbeitnehmervertretungen haben.[7] Denkbar ist auch, dass der Einfluss durch persönliche Beziehungen wie Verwandtschaft vermittelt wird.[8]

Der Einfluss muss dazu benutzt werden, Organmitglieder oder leitende Angestellte zu einer bestimmten Maßnahme zu bestimmen. Der Handelnde muss also seinen Einfluss benutzen.[9] Diese Ausübung des Einflusses muss für das Handeln der Organmitglieder oder leitenden Angestellten kausal sein.[10] § 117 AktG erfasst nur das Verleiten der Mitglieder von Vorstand und Aufsichtsrat sowie der Prokuristen und Handlungsbevollmächtigten der Gesellschaft. Entscheidend ist hierbei ausschließlich die formale Rechtsstellung. § 117 AktG greift daher nicht ein, wenn die beeinflusste Person – ohne Prokurist oder Handlungsbevollmächtigter zu sein – weitreichende Verfügungsbefugnisse in der Gesellschaft hat.[11]

2. Schaden. Die veranlasste Maßnahme muss bei der Anspruchsgrundlage des § 117 Abs. 1 S. 1 AktG zu einem Schaden der Gesellschaft und bei der Anspruchsgrundlage des § 117 Abs. 1 S. 2 AktG zu einem Schaden eines Aktionärs führen. Schaden iSd § 117 AktG ist dabei nur ein Vermögensschaden,[12] also jede durch die Maßnahme verursachte

---

[2] BGHZ 129, 136 (160) = NJW 1995, 1739 – Girmes; BGH NJW 1992, 2167 (2172); *Henze* FS Kellermann, 1991, 141 (148); Hüffer/*Koch* AktG § 117 Rn. 2; KölnKommAktG/*Mertens/Cahn* § 117 Rn. 12.
[3] Spindler/Stilz AktG/*Schall* § 117 Rn. 1; Hüffer/*Koch* AktG § 117 Rn. 2.
[4] Vgl. BGHZ 129, 136 ff. = NJW 1995, 1739 – Girmes. Dies gilt auch für den Alleinaktionär, vgl. *Lutter* FS Steindorff, 1990, 125 (143); *Timm* FS Semler, 1993, 611 (622). Daher kommt trotz § 28a EGAktG eine Haftung der früheren Treuhandanstalt aus § 117 AktG in Betracht, vgl. *Timm* FS Semler, 1993, 611 (613).
[5] Vgl. die Sachverhalte der Entscheidungen BGH ZIP 1985, 607 und BGH NJW 1980, 1629, in denen jeweils Mitglieder des Aufsichtsrats Einfluss ausgeübt haben. In diesen Fällen tritt die Haftung nach § 117 AktG regelmäßig hinter der Haftung nach §§ 93 Abs. 2, 116 AktG zurück.
[6] BGHZ 69, 334 (336) = NJW 1978, 104 – VEBA/Gelsenberg; Hüffer AktG/*Koch* § 394 Rn. 3; GroßkommAktG/*Kort* § 117 Rn. 102 f.
[7] GroßkommAktG/*Kort* § 117 Rn. 106 f.; KölnKommAktG/*Mertens/Cahn* § 117 Rn. 13; *Brüggemeier* AG 1988, 93 (95).
[8] GroßkommAktG/*Kort* § 117 Rn. 120; KölnKommAktG/*Mertens/Cahn* § 117 Rn. 13.
[9] GroßkommAktG/*Kort* § 117 Rn. 134 ff.; Hüffer/*Koch* AktG § 117 Rn. 4.
[10] *Brüggemeier* AG 1988, 93 (96); MüKoAktG/*Spindler* § 117 Rn. 26; Hüffer/*Koch* AktG § 117 Rn. 4.
[11] GroßkommAktG/*Kort* § 117 Rn. 109; MüKoAktG/*Spindler* § 117 Rn. 24.
[12] *Brüggemeier* AG 1988, 93 (96); GroßkommAktG/*Kort* § 117 Rn. 142; Hüffer/*Koch* AktG § 117 Rn. 5; aA *Timm* AG 1980, 172 (186) (Schaden ist auch die Verletzung der gesellschaftsrechtlichen Zuständigkeitsordnung).

Minderung des Vermögens der Gesellschaft oder der Aktionäre. Ist lediglich ein einzelner Aktionär geschädigt, so reicht das grundsätzlich für die Anwendbarkeit des § 117 Abs. 1 S. 2 AktG aus. Die Schädigung muss den Aktionär jedoch in seiner Eigenschaft als Aktionär und nicht lediglich als Drittgläubiger ohne Bezug zu seiner Stellung als Aktionär treffen.[13] Hat der Aktionär der Gesellschaft ein Darlehen zur Überbrückung von Liquiditätsschwierigkeiten gewährt, so steht seine Gläubigerstellung nach Ansicht des BGH in einem inneren Zusammenhang mit seiner Stellung als Aktionär.[14] Als Schaden des Aktionärs wird im Rahmen des § 117 Abs. 1 AktG nur der ihm **unmittelbar** entstandene Schaden anerkannt. Eine Wertminderung seiner Aktien infolge der der Gesellschaft zugefügten Schädigung (mittelbarer oder Reflexschaden) ist nach § 117 Abs. 1 S. 2 AktG nicht zu ersetzen, sondern nach § 117 Abs. 1 S. 2 AktG nur als Schaden der Gesellschaft.[15]

5 **3. Rechtswidrigkeit.** Die Tatbestandsmäßigkeit eines Verhaltens indiziert im Rahmen des § 117 AktG nicht seine Rechtswidrigkeit. Diese ist vielmehr in jedem Fall positiv festzustellen.[16] Nach dem in § 317 Abs. 2 AktG zum Ausdruck gekommenen Rechtsgedanken ist bei jeder die Gesellschaft schädigenden Einflussnahme zu fragen, ob die vermögensmäßig nachteilige Maßnahme nicht möglicherweise doch im Unternehmensinteresse gerechtfertigt ist.[17]

6 **4. Vorsatz.** Die Schadensersatzpflicht des § 117 Abs. 1 AktG tritt nur ein bei vorsätzlichem Handeln des Einflussnehmers. Der Vorsatz muss sich auf die Tatsache des Einflusses, auf die Benutzung des Einflusses und darauf erstrecken, dass die veranlasste Maßnahme nach ihrer Art geeignet ist, die Gesellschaft und/oder Aktionäre zu schädigen; Inhalt und Umfang des Schadens brauchen vom Vorsatz nicht umfasst zu sein.[18] Ob das beeinflusste Organmitglied oder der beeinflusste leitende Angestellte schuldhaft oder schuldlos handelt, spielt hingegen für die Haftung nach § 117 Abs. 1 AktG keine Rolle.[19]

III. Mithaftungen

7 **1. Haftung von Organmitgliedern nach § 117 Abs. 2 AktG.** Die Mitglieder des Vorstands und des Aufsichtsrats haften neben dem nach § 117 Abs. 1 AktG Ersatzpflichtigen gemäß § 117 Abs. 2 AktG als Gesamtschuldner, wenn sie unter Verletzung ihrer Pflichten gehandelt haben und sich nicht exkulpieren können (§ 93 Abs. 2 S. 2 AktG). Es müssen somit sowohl die Voraussetzungen des § 117 Abs. 1 AktG als auch die des § 93 AktG bzw. der §§ 116, 93 AktG erfüllt sein. § 117 Abs. 2 AktG ist ein selbständiger neben die §§ 93, 116 AktG tretender Haftungstatbestand. Die Haftung hängt von den gleichen Voraussetzungen ab wie in §§ 93, 116 AktG, so dass auf die Ausführungen zu diesen Vorschriften verwiesen werden kann (vgl. → § 26 Rn. 5 ff. und → § 33 Rn. 70 ff.). Die Haftung nach § 117 Abs. 2 AktG geht jedoch insofern weiter, als die Organmitglieder auch den Aktionären für deren unmittelbaren Schaden ersatzpflichtig sind (dazu → Rn. 14).

---

[13] BGH ZIP 1985, 607 (608); KölnKommAktG/*Mertens/Cahn* § 117 Rn. 20; *Hüffer/Koch* AktG § 117 Rn. 9.
[14] BGH ZIP 1985, 607 (608). Abl. Spindler/Stilz AktG/*Schall* § 117 Rn. 20.
[15] BGH ZIP 1985, 607 (608); NJW 1988, 2794; 1992, 2167 (2171 f.); LG Düsseldorf AG 1991, 70 (71); ZIP 1980, 188 (190); *Hüffer/Koch* AktG § 117 Rn. 9; GroßkommAktG/*Kort* § 117 Rn. 180 f.; *Mertens* FS H. Lange, 1992, 561 (569 f.).
[16] *Brüggemeier* AG 1988, 93 (97); *Hüffer/Koch* AktG § 117 Rn. 6; ausführlich GroßkommAktG/ *Kort* § 117 Rn. 155 ff. und MüKoAktG/*Spindler* § 117 Rn. 31 ff. Anders Spindler/Stilz AktG/*Schall* § 117 Rn. 22.
[17] GroßkommAktG/*Kort* § 117 Rn. 155.
[18] *Brüggemeier* AG 1988, 93 (98); GroßkommAktG/*Kort* § 117 Rn. 162 ff.; MüKoAktG/*Spindler* § 117 Rn. 42 f.; *Hüffer/Koch* AktG § 117 Rn. 7.
[19] GroßkommAktG/*Kort* § 117 Rn. 160.

2. Haftung des Nutznießers nach § 117 Abs. 3 AktG.
Neben dem nach § 117 Abs. 1 **8** AktG Ersatzpflichtigen haftet nach § 117 Abs. 3 AktG ferner als Gesamtschuldner, wer durch die schädigende Handlung einen Vorteil erlangt hat, sofern er die Beeinflussung vorsätzlich veranlasst hat.[20]

IV. Ausnahmen nach § 117 Abs. 7 AktG

Die Haftungsvorschriften der §§ 117 Abs. 1–3 AktG gelten gemäß § 117 Abs. 7 AktG **9** nicht, wenn das Organmitglied oder der leitende Angestellte durch Ausübung der Leitungsmacht aufgrund eines Beherrschungsvertrages oder der Leitungsmacht einer Hauptgesellschaft (§ 319 AktG), in die die Gesellschaft eingegliedert ist, zu der schädigenden Handlung bestimmt worden ist.

Nach § 117 Abs. 7 Nr. 1 AktG macht die zulässige Ausübung von Leitungsmacht nach **10** § 308 AktG nicht schadensersatzpflichtig, auch wenn die erteilte Weisung für das abhängige Unternehmen nachteilig ist. Ist die Weisung hingegen unzulässig (zu den Grenzen des Weisungsrechts vgl. → § 71 Rn. 145 ff.) und für das abhängige Unternehmen nachteilig, findet § 117 Abs. 1 AktG – neben der Haftung nach § 309 AktG – Anwendung.[21]

Nach § 117 Abs. 7 Nr. 2 AktG gelten die Haftungsvorschriften des § 117 Abs. 1–3 **11** AktG ebenfalls nicht für rechtmäßige Weisungen der Hauptgesellschaft an den Vorstand der eingegliederten Gesellschaft nach § 323 Abs. 1 AktG. Für diese Ausnahme gelten die Ausführungen in → Rn. 10 entsprechend.

V. Anspruchsberechtigte

1. Gesellschaft. Der Schadensersatzanspruch der Gesellschaft nach § 117 Abs. 1 S. 1 **12** AktG ist nach § 78 Abs. 1 AktG vom Vorstand geltend zu machen. Haften Vorstandsmitglieder, so wird die Gesellschaft nach § 112 AktG vom Aufsichtsrat vertreten.[22] Die Geltendmachung kann gemäß § 147 Abs. 1 S. 1 AktG durch Hauptversammlungsbeschluss oder Minderheitsverlangen erzwungen werden. Zudem besteht gemäß § 148 Abs. 1 S. 1 AktG die Möglichkeit, den Anspruch der Gesellschaft nach § 117 AktG im Wege des Klageerzwingungsverfahrens durch einen Aktionär im eigenen Namen geltend zu machen. Der Ersatzanspruch der Gesellschaft kann nach § 117 Abs. 5 AktG auch von den Gläubigern der Gesellschaft geltend gemacht werden; die Regelung entspricht § 93 Abs. 5 AktG (vgl. dazu → § 26 Rn. 48 ff.). Bei dem Anspruch aus § 117 Abs. 5 AktG handelt es sich wie bei dem Anspruch aus § 93 Abs. 5 AktG um einen eigenen, unmittelbaren Anspruch der Gesellschaftsgläubiger gegen den Einflussnehmer. Der Ersatzanspruch der Gesellschaft nach § 117 Abs. 1 S. 1 AktG kann hingegen von Aktionären nur im Klagezulassungsverfahren nach § 148 AktG geltend gemacht werden.[23] Nach heute herrschender Meinung kann bei Einflussnahmen, die von einem herrschenden Unternehmen ausgehen, der Anspruch nicht von jedem einzelnen Aktionär entsprechend § 309 Abs. 4 AktG, sondern ebenfalls nur nach Maßgabe von § 148 AktG geltend gemacht werden.[24]

2. Aktionäre. Durch die Schädigung der Gesellschaft erleiden die Aktionäre infolge des **13** Wertverlustes ihrer Aktien einen mittelbaren Schaden. Dieser mittelbare Schaden ist nach

---

[20] Einzelheiten bei GroßkommAktG/*Kort* § 117 Rn. 220 ff.; MüKoAktG/*Spindler* § 117 Rn. 62 ff.

[21] GroßkommAktG/*Kort* § 117 Rn. 270; KölnKommAktG/*Mertens/Cahn* § 117 Rn. 31; *Voigt*, Haftung aus Einfluss auf die Aktiengesellschaft, 2004, S. 261.

[22] GroßkommAktG/*Kort* § 117 Rn. 164; MüKoAktG/*Spindler* § 117 Rn. 45; Hüffer/*Koch* AktG § 117 Rn. 8; KölnKommAktG/*Mertens/Cahn* § 117 Rn. 35.

[23] Großkomm AktG/*Kort* § 117 Rn. 174.

[24] MüKoAktG/*Spindler* § 117 Rn. 48; GroßkommAktG/*Kort* § 117 Rn. 174; aA KölnKommAktG/*Mertens/Cahn* § 117 Rn. 38.

§ 117 Abs. 1 S. 2 AktG nicht zu ersetzen.[25] Erleiden die Aktionäre jedoch einen unmittelbaren Schaden, so kann dieser nach § 117 Abs. 1 S. 2 AktG geltend gemacht werden. Der Schaden muss den Aktionär jedoch in seiner Eigenschaft als Aktionär und nicht lediglich als Drittgläubiger treffen, da sich aus § 117 Abs. 5 AktG ergibt, dass Gläubiger der Gesellschaft grundsätzlich keinen selbständigen Schadensersatzanspruch gegen den Handelnden erwerben (→ Rn. 4).[26] Wird der Aktionär erst nach der pflichtwidrigen Handlung Aktionär, hat er keinen Schadensersatzanspruch aus § 117 AktG.[27]

VI. Verzicht, Vergleich, Verjährung

14 Für Verzicht, Vergleich und Verjährung gelten nach § 117 Abs. 4 und 6 AktG die gleichen Grundsätze wie bei Ersatzansprüchen gegen Vorstandsmitglieder. Es wird daher auf die Ausführungen oben in → § 26 Rn. 37 ff. und 43 ff. verwiesen.

VII. Verhältnis zu anderen Haftungstatbeständen

15 **1. Unerlaubte Handlungen.** Die Veranlassung zu schädigendem Handeln im Sinne von § 117 Abs. 1 AktG kann zugleich eine vorsätzliche sittenwidrige Schädigung nach § 826 BGB sein. Beide Haftungstatbestände bleiben nebeneinander anwendbar.[28] Ein Schadensersatzanspruch aus § 823 Abs. 2 BGB iVm § 117 AktG besteht hingegen nicht, da § 117 AktG kein Schutzgesetz iSd § 823 Abs. 2 BGB ist.[29] Als Schutzgesetz kommt jedoch zB § 266 StGB in Betracht.

16 **2. Haftung bei Bestehen eines Beherrschungsvertrages.** Das Verhältnis der Haftung aus § 117 AktG zur Haftung aus §§ 309, 310 AktG ist oben in → Rn. 10 dargestellt.

17 **3. Haftung bei Abhängigkeit.** Solange die Grenzen des § 311 AktG eingehalten werden, ist der Haftungstatbestand des § 117 AktG nicht anwendbar.[30] Werden die Grenzen des § 311 AktG hingegen überschritten, ist auch § 117 AktG neben § 317 AktG wieder anwendbar.[31] Für die Haftung der gesetzlichen Vertreter des herrschenden Unternehmens hat die Anwendbarkeit von § 117 AktG neben § 317 AktG freilich keine praktische Bedeutung, da die Haftung nach § 317 AktG strenger ist. Nach § 117 Abs. 3 AktG kommt jedoch zusätzlich eine Haftung des Nutznießers in Betracht.

---

[25] Vgl. die Entscheidungen BGH NJW 1992, 2167 (2171 f.); 1988, 2794; 1985, 1777 (1778); LG Düsseldorf AG 1991, 70 (71); ZIP 1980, 188 (190); ausführlich hierzu G. *Müller* FS Kellermann, 1991, 317 (331 ff.).
[26] BGHZ 94, 55 (58 ff.) = NJW 1985, 1777 (1778); GroßkommAktG/*Kort* § 117 Rn. 181.
[27] BGH NJW 1992, 3167 (3172); LG Düsseldorf ZIP 1980, 188 (190); GroßkommAktG/*Kort* § 117 Rn. 179.
[28] LG Düsseldorf ZIP 1980, 188 (190); *Brüggemeier* AG 1988, 93 (101); GroßkommAktG/*Kort* § 117 Rn. 267 f.; MüKoAktG/*Spindler* § 117 Rn. 88; Hüffer/*Koch* AktG § 117 Rn. 14.
[29] OLG Stuttgart AG 1997, 136 (138); GroßkommAktG/Kort § 117 Rn. 266; Hüffer/*Koch* AktG § 117 Rn. 14.
[30] GroßkommAktG/*Kort* § 117 Rn. 272 Hüffer/*Koch* AktG § 117 Rn. 14.
[31] GroßkommAktG/*Kort* § 117 Rn. 273 ff.; Hüffer/*Koch* AktG § 117 Rn. 14; Spindler/Stilz AktG/*Schall* § 117 Rn. 10; aA *Brüggemeier* AG 1988, 93 (102) (§ 317 AktG sei lex specialis).

6. Kapitel. Aufsichtsrat

§ 28 Zusammensetzung und Größe des Aufsichtsrats

Übersicht

	Rn.		Rn.
I. Gesetzliche Modelle	1–37	2. Umwandlungsgesetz	40
1. Aufsichtsrat ohne Arbeitnehmervertreter nach dem AktG	1–8	3. Mitbestimmungs-Beibehaltungsgesetz	41, 42
a) Anwendungsbereich	1–7	4. Mitbestimmung bei grenzüberschreitender Verschmelzung (MgVG)	43
b) Zahl der Aufsichtsratsmitglieder	8		
2. Aufsichtsrat mit einem Drittel Arbeitnehmervertreter nach dem DrittelbG	9–16	III. Mitbestimmungsvereinbarungen zur Zusammensetzung des Aufsichtsrats	44–53
a) Anwendungsbereich	9	1. Grundsatz des zwingenden Gesetzesrechts	44–48
b) Zahl der Mitglieder des Aufsichtsrats	10	2. Fallgruppen zum möglichen Inhalt	49–53
c) Wahl der Arbeitnehmervertreter	11–16	a) Bereinigung zweifelhafter Rechts- und Sachfragen	50, 51
3. Paritätisch zusammengesetzter Aufsichtsrat nach dem MitbestG	17–25	b) Vereinfachung der Anwendung des Gesetzes	52
a) Anwendungsbereich	17–22	c) Modifikation des Mitbestimmungsmodells	53
b) Zahl der Mitglieder und Zusammensetzung der Vertreter der Arbeitnehmer	23, 24	IV. Statusverfahren nach §§ 97 ff. AktG	54–73
c) Bestellung der Aufsichtsratsmitglieder	25	1. Zweck des Verfahrens	54–56
4. Paritätische Montanmitbestimmung	26–37	2. Anwendungsbereich	57–62
a) Anwendungsbereich	26–31	3. Bekanntmachung nach § 97 AktG	63–66
b) Größe und Zusammensetzung des Aufsichtsrats	32, 33	a) Ort der Bekanntmachung	64
c) Wahl der Aufsichtsratsmitglieder	34–36	b) Angabe der maßgebenden Vorschriften	65
d) Ausscheiden aus der Montanmitbestimmung	37	c) Unverzügliche Bekanntmachung	66
II. Fortgeltung des Mitbestimmungsmodells	38–43	4. Gerichtliche Entscheidung nach §§ 98, 99 AktG	67, 68
1. Montanmitbestimmung	39	5. Vollzug der Überleitung nach § 97 Abs. 2 AktG	69–73

Schrifttum: *Habersack,* Die Konzernmitbestimmung nach § 5 MitbestG und § 2 DrittelbG, AG 2007, 641–650; *Hanau,* Sicherung unternehmerischer Mitbestimmung, insbesondere durch Vereinbarung, ZGR 2001, 75–109; *Henssler,* Freiwillige Vereinbarungen über die Unternehmensmitbestimmung, FS H. P. Westermann, 2008, S. 1019–1038; *Ihrig/Schlitt,* Vereinbarungen über eine freiwillige Einführung oder Erweiterung der Mitbestimmung, NZG 1999, 333–337; *Kiem/Uhrig,* Der umwandlungsbedingte Wechsel des Mitbestimmungsstatuts, ZIP 2001, 680–688; *Oetker,* Der Anwendungsbereich des Statusverfahrens nach den §§ 97 ff. AktG, ZHR 149 (1985), 575–598; *ders.,* Das Recht der Unternehmensmitbestimmung im Spiegel der neueren Rechtsprechung, ZGR 2000, 19–60; *Raiser,* Gestaltungsfreiheit im Mitbestimmungsrecht, FS H. P. Westermann, 2008, S. 1295–1313; *Raiser/Veil/Jacobs,* Mitbestimmungsgesetz und Drittelbeteiligungsgesetz, 6. Aufl. 2015; *Richardi,* Arbeitnehmerbeteiligung im Aufsichtsrat einer arbeitnehmerlosen Aktiengesellschaft, FS Zeuner, 1994, S. 147–159; *Schnitker/Grau,* Aufsichtsratsneuwahlen und Ersatzbestellung von Aufsichtsratsmitgliedern im Wechsel des Mitbestimmungsmodells, NZG 2007, 486–491; *Seibt,* Privatautonome Mitbestimmungsvereinbarungen: Rechtliche Grundlagen und Praxishinweise, AG 2005, 413–429; *Habersack/Henssler,* Mitbestimmungsrecht, 4. Aufl. 2018; *Windbichler,* Arbeitsrecht im Konzern, 1989, 6. Kapitel: Unternehmensmitbestimmung, S. 498–580; *Wißmann/Kleinsorge/Schubert,* Mitbestimmungsrecht, 5. Aufl. 2017 (WKS).

I. Gesetzliche Modelle

1 **1. Aufsichtsrat ohne Arbeitnehmervertreter nach dem AktG. a) Anwendungsbereich.** Der Aufsichtsrat einer AG ist ohne Arbeitnehmervertreter zusammenzusetzen, wenn auf die Gesellschaft keines der nachfolgend behandelten Gesetze zur Mitbestimmung der Arbeitnehmer im Aufsichtsrat – DrittelbG,[1] MitbestG, MontanMitbestG, MitbestErgG – anzuwenden ist. Für die gesetzliche Normalform des ausschließlich aus Aktionärvertretern zusammengesetzten Aufsichtsrats bleibt danach nur der folgende Anwendungsbereich:

2 **aa) Kleine AG.** Eine AG, die weniger als 500 Arbeitnehmer beschäftigt und nach dem 9.8.1994 (Inkrafttreten des Gesetzes über die kleine AG) eingetragen worden ist, ist nach § 1 Abs. 1 Nr. 1 DrittelbG von der Mitbestimmung ausgenommen. Dabei ist es gleich, ob die nach dem 9.8.1994 eingetragene AG als solche gegründet wurde oder durch Formwechsel entstanden ist. Altgesellschaften, die schon vor dem 10.8.1994 eingetragen waren und weniger als 500 Arbeitnehmer beschäftigen, unterliegen dagegen der Mitbestimmung nach § 1 Abs. 1 Nr. 1 DrittelbG, es sei denn, es handelt sich um Familiengesellschaften (nachstehend → Rn. 3). Die Fortgeltung der Mitbestimmung für Altgesellschaften ist verfassungsrechtlich nicht zu beanstanden.[2]

3 **bb) Familien-AG.** Eine Familien-AG, die weniger als 500 Arbeitnehmer beschäftigt, ist gemäß § 1 Abs. 1 Nr. 1 DrittelbG auch dann von der Mitbestimmungspflicht befreit, wenn sie schon vor dem 10.8.1994 bestand. Die Gesellschaft ist eine Familien-AG, wenn sie entweder nur einen Aktionär hat, der eine natürliche Person ist, oder alle Aktionäre im Sinne von § 15 Abs. 1 Nr. 2–8, Abs. 2 AO miteinander verwandt oder verschwägert sind.[3]

4 **cc) Tendenzunternehmen.** Ausgenommen von der Mitbestimmung sind auch die sogenannten Tendenzunternehmen sowie die Religionsgemeinschaften mit ihren karitativen und erzieherischen Einrichtungen (§ 1 Abs. 2 DrittelbG). Dazu gehören auch Presse und Verlagsunternehmen, die der Berichterstattung oder Meinungsäußerung dienen. Auch die Holding eines Tendenz-Konzerns, die keinen der geschützten Zwecke selbst verfolgt, deren Konzern aber überwiegend durch diese Zwecke geprägt ist, kann das Tendenz-Privileg in Anspruch nehmen.[4]

5 **dd) Arbeitnehmerlose AG.** Mitbestimmungsfrei ist naturgemäß auch die arbeitnehmerlose AG. Die Beteiligung von Arbeitnehmervertretern im Aufsichtsrat einer vor dem 10.8.1994 eingetragenen AG nach § 1 Abs. 1 Nr. 1 DrittelbG setzt voraus, dass die AG mindestens fünf wahlberechtigte Arbeitnehmer beschäftigt.[5]

6 Bei der **arbeitnehmerlosen Holding** als dem herrschenden Unternehmen eines Konzerns kommt es darauf an, ob der Konzern insgesamt mehr als 2.000 Arbeitnehmer beschäftigt. Ist das der Fall, so muss der Aufsichtsrat der arbeitnehmerlosen Holding-AG nach dem MitbestG zusammengesetzt werden, weil nach § 5 Abs. 1 MitbestG für die Anwendung dieses Gesetzes auf das herrschende Unternehmen die Arbeitnehmer der Konzernunternehmen als Arbeitnehmer des herrschenden Unternehmens gelten. § 2 DrittelbG enthält dagegen keine entsprechend weitgehende Zurechnungsnorm. Nach der **Konzernklausel des § 2 Abs. 1 DrittelbG** nehmen zwar auch die Arbeitnehmer der nachgeordneten Konzernunternehmen an der Wahl der Vertreter der Arbeitnehmer für den

---

[1] Die Drittelbeteiligung der Arbeitnehmer im Aufsichtsrat war bis zum Jahre 2004 in den §§ 76–87a des insoweit fortgeltenden BetrVG 1952 geregelt. Die unübersichtliche Regelung wurde inhaltlich durch das DrittelbG vom 18.5.2004 abgelöst.
[2] BVerfG ZIP 2014, 464 – Ehlebracht.
[3] Näher dazu ErfK/*Oetker* DrittelbG § 1 Rn. 9 ff.
[4] OLG Hamm NJW 1980, 1803 = BB 1980, 332 – Polygram; HH MitbestR/*Habersack* MitbestG § 5 Rn. 60; GroßkommAktG/*Oetker* MitbestG § 5 Rn. 38.
[5] BGH NZG 2012, 421 – DEWB; HH MitbestR/*Habersack* DrittelbG § 1 Rn. 17, ErfK/*Oetker* DrittelbG § 1 Rn. 8; aA WKS/*Kleinsorge* DrittelbG § 1 Rn. 10.

Aufsichtsrat des herrschenden Unternehmens teil. Diese Konzernklausel begründet aber nur das aktive und passive Wahlrecht der Arbeitnehmer der Konzernunternehmen (→ Rn. 11) und setzt voraus, dass das herrschende Unternehmen ohnedies mitbestimmungspflichtig ist, also nach hM mindestens fünf eigene Arbeitnehmer beschäftigt. Daraus folgt, dass die arbeitnehmerlose Holding-AG eines faktischen Konzerns, der zusammen zwar mehr als 500 aber weniger als 2.000 Arbeitnehmer beschäftigt mitbestimmungsfrei ist und ihren Aufsichtsrat ausschließlich aus Vertretern der Aktionäre zusammenzusetzen hat.[6]

Eine Mitbestimmungspflicht besteht nur dann, wenn die arbeitnehmerlose Holding-AG 7 durch einen Beherrschungsvertrag gemäß § 291 Abs. 1 S. 1 AktG oder eine Eingliederung gemäß § 319 AktG mit einem nachgeordneten Unternehmen verbunden ist, das Arbeitnehmer beschäftigt. Nur für diesen Fall bestimmt die weitergehende **Konzernklausel des § 2 Abs. 2 DrittelbG** – in der Rechtsfolge übereinstimmend mit § 5 Abs. 1 MitbestG –, dass die Arbeitnehmer der Betriebe des Konzernunternehmens als Arbeitnehmer des herrschenden Unternehmens gelten. Eine lediglich faktische Konzernverbindung löst die Zurechnung der Arbeitnehmer nicht aus. Auch die Existenz eines Gewinnabführungsvertrags ohne Beherrschungsvertrag genügt angesichts des klaren Wortlauts der Vorschrift nicht;[7] andererseits genügt ein Beherrschungsvertrag mit einer Tochter-GmbH.[8]

b) Zahl der Aufsichtsratsmitglieder. Nach § 95 AktG besteht der Aufsichtsrat einer 8 AG aus mindestens drei Mitgliedern. Wenn die Satzung eine höhere Zahl festlegt, muss sie durch drei teilbar sein, falls dies zur Erfüllung mitbestimmungsrechtlicher Vorgaben erforderlich ist (→ Rn. 10). Bei einem Grundkapital bis zu 1,5 Mio. EUR kann die Satzung höchstens neun Aufsichtsratsmitglieder, bei einem Grundkapital von mehr als 1,5 Mio. EUR bis zu 10 Mio. EUR höchstens fünfzehn und bei einem Grundkapital von mehr als 10 Mio. EUR höchstens einundzwanzig Aufsichtsratsmitglieder vorsehen. Die Satzung muss die Bestimmung der höheren Zahl selbst treffen und kann sich nicht auf die Vorgabe des Rahmens für eine Bestimmung durch die Hauptversammlung (Mindest- und/ oder Höchstzahl) beschränken.[9] Zur Wahl und Entsendung der Aufsichtsratsmitglieder nach § 101 AktG → § 30 Rn. 46 ff.

2. Aufsichtsrat mit einem Drittel Arbeitnehmervertreter nach dem DrittelbG. 9
a) Anwendungsbereich. Nach §§ 1 Abs. 1 Nr. 1, 4 Abs. 1 DrittelbG muss der Aufsichtsrat einer AG zu einem Drittel aus Vertretern der Arbeitnehmer bestehen. Nach § 1 Abs. 2 Nr. 1 DrittelbG gilt dies nicht, soweit das Unternehmen der Mitbestimmung nach dem MitbestG, dem MontanmitbestG oder dem MitbestErgG unterliegt. Somit gilt die Drittelbeteiligung der Arbeitnehmer für jede AG, die – zusammen mit ihren Konzernunternehmen – weniger als 2.000 Arbeitnehmer beschäftigt und weder Montan-Unternehmen noch Montan-Holding ist. Ausgenommen sind außerdem die Familien-AG mit weniger als 500 Arbeitnehmern und die nach dem 10.8.1994 eingetragene „kleine" AG mit weniger als 500 Arbeitnehmern (§ 1 Abs. 1 Nr. 1 S. 2 DrittelbG),[10] das Tendenzunternehmen (§ 1 Abs. 2 DrittelbG) und die AG mit weniger als fünf Arbeitnehmern (→ Rn. 2–7).

---

[6] BAG AP BetrVG 1952 § 76 Nr. 7; OLG Zweibrücken ZIP 2005, 1966; *G. Hueck* FS H. Westermann, 1974, 241 (247); HH MitbestR/*Habersack* DrittelbG § 2 Rn. 3; ErfK/*Oetker* DrittelbG § 2 Rn. 2.

[7] BayObLG ZIP 1993, 263; OLG Düsseldorf WM 1997, 668 (671 f.); OLG Zweibrücken ZIP 2005, 1966; *G. Hueck* FS H. Westermann, 1974, 241 (248 ff.); ErfK/*Oetker* DrittelbG § 2 Rn. 16; WKS/*Kleinsorge* DrittelbG § 2 Rn. 28.

[8] HH MitbestR/*Habersack* DrittelbG § 2 Rn. 13; ErfK/*Oetker* DrittelbG § 2 Rn. 16; WKS/*Kleinsorge* DrittelbG § 2 Rn. 32.

[9] Hüffer/*Koch* AktG § 95 Rn. 3; MüKoAktG/*Habersack* § 95 Rn. 9; GroßkommAktG/*Hopt/ M. Roth* § 95 Rn. 60.

[10] Zur Verfassungsmäßigkeit s. OLG Düsseldorf ZIP 2011, 1564 – Ehlebracht. Zur Entstehungsgeschichte s. *Behme* ZIP 2018, 2055 (2056).

10 **b) Zahl der Mitglieder des Aufsichtsrats.** Für die Zahl der Mitglieder eines nach dem DrittelbG zusammengesetzten Aufsichtsrats gilt § 95 AktG (→ Rn. 8). Die Zahl der Mitglieder muss durch drei teilbar sein. Eine Mindestzahl schreibt das Gesetz nicht vor, so dass auch bei einer großen AG mit erheblichem Kapital und Umsatz und bis zu 2.000 Arbeitnehmern im Konzern eine Besetzung des Aufsichtsrats mit drei Mitgliedern, darunter einem Vertreter der Arbeitnehmer, ausreicht.

11 **c) Wahl der Arbeitnehmervertreter. aa) Aktives Wahlrecht.** Aktiv wahlberechtigt sind alle volljährigen Arbeitnehmer aller Betriebe des Unternehmens (§ 5 DrittelbG). Falls die AG herrschendes Unternehmen eines Unterordnungskonzerns ist, sind außerdem alle volljährigen Arbeitnehmer aller Betriebe der nachgeordneten Konzernunternehmen aktiv wahlberechtigt (§ 2 Abs. 1 DrittelbG). Die Konzernklausel des § 2 Abs. 1 DrittelbG erweitert, wie bereits in → Rn. 6 erläutert, nur den Kreis der Wahlberechtigten zum Aufsichtsrat eines ohnedies mitbestimmungspflichtigen Unternehmens. § 2 Abs. 2 DrittelbG bestimmt weitergehend, dass die Arbeitnehmer eines Konzernunternehmens auch zur Begründung der Mitbestimmungspflicht als Arbeitnehmer des herrschenden Unternehmens gelten, wenn die beiden Unternehmen durch Beherrschungsvertrag oder Eingliederung verbunden sind (→ Rn. 7). Zum Konzernbegriff verweist § 2 Abs. 1 DrittelbG auf § 18 Abs. 1 AktG und somit – anders als § 76 Abs. 4 BetrVG 1952 – auch auf die Konzernvermutung bei Abhängigkeit nach § 18 Abs. 1 S. 3 AktG, so dass im Streitfall nicht die einheitliche Leitung nachgewiesen werden muss, um die Wahlberechtigung der Arbeitnehmer der abhängigen Gesellschaft zu begründen.[11]

12 Wenn die herrschende AG nicht die oberste Konzernspitze, sondern nur eine **Teilkonzernspitze** ist, ergibt sich für § 2 DrittelbG ebenso wie für § 5 Abs. 1 MitbestG das Problem des „**Konzerns im Konzern**"; die Frage ist hier wie dort (→ Rn. 20) umstritten.[12] § 2 DrittelbG enthält keine dem § 5 Abs. 3 MitbestG vergleichbare Teilkonzernregelung; die Arbeitnehmer der nachgeordneten Unternehmen nehmen deshalb – abgesehen von den engen Voraussetzungen eines „Konzerns im Konzern" – nicht an der Wahl zum Aufsichtsrat der nach DrittelbG mitbestimmten AG teil, wenn die AG ihrerseits abhängiges Konzernunternehmen einer Spitzengesellschaft ist, die wegen ihres Sitzes im Ausland oder ihrer nicht mitbestimmungsfähigen Rechtsform keinen mitbestimmten Aufsichtsrat zu bilden hat.

13 Die Arbeitnehmer eines von zwei Obergesellschaften gemeinsam beherrschten **Gemeinschaftsunternehmens** sind nach der Rechtsprechung des BAG zu § 76 Abs. 4 BetrVG 1952 (= § 2 Abs. 1 DrittelbG) an den Wahlen zu den Aufsichtsräten beider Obergesellschaften zu beteiligen, wenn außer der gemeinsamen Beherrschung im Sinne von § 17 AktG auch eine gemeinsame einheitliche Leitung im Sinne von § 18 AktG vorliegt. Für die mehrfache Konzernzugehörigkeit des Gemeinschaftsunternehmens zu den Konzernen beider Obergesellschaften hatte das BAG in einer Entscheidung aus dem Jahre 1970 genügen lassen, dass die beiden Gesellschaften zusammen über die Mehrheit des Kapitals verfügen, ihr Stimmrecht gepoolt und sich zu einer gemeinsamen Geschäftspolitik gegenüber dem Gemeinschaftsunternehmen verpflichtet haben.[13] In einer Entscheidung aus dem Jahre 1995 hat das BAG dagegen festgestellt, eine vollständige Personalunion in den Vorständen aller drei Gesellschaften sei kein ausreichendes Indiz für die doppelte Konzern-

---

[11] ErfK/*Oetker* DrittelbG § 2 Rn. 3; HH MitbestR/*Habersack* DrittelbG § 2 Rn. 4. Anders zum alten Recht BAG ZIP 1996, 292 – Universa.

[12] Vgl. *Windbichler*, Arbeitsrecht im Konzern, 1989, S. 524 ff. (contra) sowie ErfK/*Oetker* DrittelbG § 2 Rn. 9; WKS/*Kleinsorge* DrittelbG § 2 Rn. 19 (pro).

[13] BAGE 22, 390 = AP BetrVG 1952 § 76 Nr. 20 – Braunschweigische Kohlenbergwerke. Daran anschließend hat BAG WM 1987, 1551 – Gildemeister Entsendungsrechte des Betriebsrats des Gemeinschaftsunternehmens zu den Konzernbetriebsräten beider Obergesellschaften bejaht. Zustimmend zu BAGE 22, 390 ua ErfK/*Oetker* DrittelbG § 2 Rn. 10; WKS/*Kleinsorge* DrittelbG § 2 Rn. 21; ablehnend insbes. *Windbichler*, Arbeitsrecht im Konzern, 1989, S. 522 ff.

zugehörigkeit des 50: 50-Gemeinschaftsunternehmens.[14] Auch → Rn. 21 zum entsprechenden Problem bei § 5 Abs. 1 MitbestG.

bb) Passives Wahlrecht. Wenn der Aufsichtsrat der AG aus drei oder aus sechs Mitgliedern besteht und somit ein oder zwei Arbeitnehmervertreter gewählt werden, müssen die Arbeitnehmervertreter dem Unternehmen angehören; nur wenn mehr als zwei Arbeitnehmervertreter zu wählen sind, können die weiteren Arbeitnehmervertreter von außen kommen (§ 4 Abs. 2 DrittelbG). Auch in diesem Fall haben die Gewerkschaften – anders als nach § 16 Abs. 2 MitbestG – kein gesetzliches Vorschlagsrecht. Für alle Vertreter der Arbeitnehmer können nur die Betriebsräte und die Arbeitnehmer nach näherer Maßgabe von § 6 DrittelbG Wahlvorschläge machen.

Die Ausdehnung des Wahlrechts auf die **Arbeitnehmer der Konzernunternehmen** in § 2 Abs. 1 DrittelbG gilt auch für das passive Wahlrecht. Für die Zusammensetzung der Arbeitnehmerbank ist es rechtlich gleichgültig, ob die unternehmensangehörigen Arbeitnehmervertreter aus dem herrschenden oder einem abhängigen Unternehmen kommen. Sowohl für das aktive als auch für das passive Wahlrecht ist es so anzusehen, als würde es sich bei den Arbeitnehmern des herrschenden Unternehmens und der Konzernunternehmen einheitlich um die Arbeitnehmer eines einzigen Unternehmens handeln. Insoweit bestehen – anders als bei der Zurechnung der Arbeitnehmer zur Begründung der Mitbestimmungspflicht (→ Rn. 6) – keine Unterschiede zur Rechtslage nach § 5 MitbestG.[15]

cc) Wahlverfahren. Nach § 5 DrittelbG sind die Vertreter der Arbeitnehmer von allen wahlberechtigten Arbeitnehmern der Betriebe des Unternehmens unmittelbar zu wählen. Eine mittelbare Wahl durch Delegierte erlaubte das Gesetz in § 76 Abs. 4 S. 2 BetrVG 1952 für den Fall, dass auch Arbeitnehmer von Konzernunternehmen an der Wahl zu beteiligen sind. § 5 DrittelbG sieht unterschiedslos nur noch die unmittelbare Wahl vor, weil kein Bedarf für eine Delegiertenwahl bestehe.[16] Von der Ermächtigung des § 13 DrittelbG zum Erlass einer Wahlordnung hat die Bundesregierung Gebrauch gemacht durch die Wahlordnung vom 9.6.2004.[17]

3. Paritätisch zusammengesetzter Aufsichtsrat nach dem MitbestG. a) Anwendungsbereich. Eine AG, die in der Regel mehr als 2.000 Arbeitnehmer beschäftigt, muss ihren Aufsichtsrat nach dem MitbestG zusammensetzen, es sei denn, die AG erfüllt als Montan-Unternehmen oder Montan-Holding die Voraussetzungen des MontanMitbestG oder MitbestErgG.

aa) Konzernklausel des § 5 Abs. 1 MitbestG. Es reicht aus, wenn die herrschende AG und ihre nachgeordneten Konzernunternehmen zusammen mehr als 2.000 Arbeitnehmer beschäftigen, da die Arbeitnehmer der Konzernunternehmen nach der Konzernklausel des § 5 Abs. 1 MitbestG für die Anwendung des MitbestG auf das herrschende Unternehmen als Arbeitnehmer des herrschenden Unternehmens gelten. Falls eine AG selbst mehr als 2.000 Arbeitnehmer beschäftigt, muss sie auch dann ihren Aufsichtsrat nach dem MitbestG zusammensetzen, wenn sie ein abhängiges Konzernunternehmen ist und ihre Arbeitnehmer außerdem zum Aufsichtsrat des herrschenden Konzernunternehmens wahlberechtigt sind.[18]

Die Arbeitnehmer der Konzernunternehmen werden nach § 5 Abs. 1 MitbestG der obersten Konzernspitze zugerechnet. Davon macht § 5 Abs. 3 MitbestG eine Ausnahme, falls das Unternehmen an der Konzernspitze nicht mitbestimmungsfähig ist, weil es entwe-

---

[14] BAG ZIP 1996, 292 – Universa.
[15] BAG AP BetrVG 1952 § 76 Nr. 24; Nr. 25 = DB 1982, 755; WKS/*Kleinsorge* DrittelbG § 2 Rn. 23 f.; ErfK/*Oetker* DrittelbG § 2 Rn. 11 f.
[16] Begr. des RegE zu § 2 DrittelbG, BT-Drs. 15/2542.
[17] WO DrittelbG BGBl. 2004 I S. 1393.
[18] Zur Kritik an dieser im Gesetzgebungsverfahren umstrittenen Entscheidung s. *Lutter*, Mitbestimmung im Konzern, 1975, S. 63 ff. und die Nachw. bei HH MitbestR/*Habersack* MitbestG § 5 Rn. 7.

der seinen Sitz im Ausland hat oder weil seine Rechtsform nicht zu den durch das MitbestG in § 1 Abs. 1 und § 4 Abs. 1 erfassten Rechtsformen gehört (Einzelkaufmann, OHG, reine KG, Stiftung & Co. KG, Stiftung, Verein). In diesen Fällen endet die mitbestimmungsrechtliche Konzernzurechnung bei dem letzten nach Rechtsform und Sitz mitbestimmungsfähigen Unternehmen vor der mitbestimmungsfreien Konzernspitze. Dort ist, wenn die Zurechnung zu mehr als 2.000 Arbeitnehmern führt, ein Aufsichtsrat nach dem MitbestG zusammenzusetzen. Umstritten ist, ob dafür eine kapitalmäßige Verflechtung ausreicht oder die zwischengestaltete AG Leitungsmacht ausüben muss.[19]

20 bb) Konzern im Konzern. Heftig umstritten ist die Frage, ob und – wenn überhaupt – unter welchen Voraussetzungen auch unabhängig von § 5 Abs. 3 MitbestG eine Konzernzurechnung nach § 5 Abs. 1 MitbestG zu einer Konzernzwischengesellschaft als Teilkonzernspitze zu erfolgen hat **("Konzern im Konzern")**. In den bislang vorliegenden Entscheidungen wird – in Übereinstimmung mit der wohl herrschenden Meinung des Schrifttums – die Möglichkeit eines „Konzerns im Konzern" im Rahmen von § 5 Abs. 1 MitbestG im Grundsatz bejaht. Er soll dann vorliegen, wenn die Konzernspitze ihre Leitungsmacht für einen oder mehrere „unternehmenspolitische Grundsatzbereiche" auf die Zwischengesellschaft übertragen hat und sich selbst aller Leitungsentscheidungen, auch der bloßen Rahmenentscheidungen in diesem Bereich enthält. Dabei kann es sich nach allgemeiner Meinung aber nur um seltene Ausnahmefälle handeln. In allen bisher entschiedenen Fällen wurden in concreto die strengen Voraussetzungen für einen „Konzern im Konzern" verneint.[20] Vgl. auch → § 69 Rn. 76.

21 cc) Gemeinschaftsunternehmen. Ebenso umstritten wie die mitbestimmungsrechtliche Anerkennung eines „Konzerns im Konzern" ist die Behandlung von **Gemeinschaftsunternehmen** bei Anwendung der Konzernklausel des § 5 Abs. 1 MitbestG. Im gesellschaftsrechtlichen Schrifttum wird heute nicht nur eine mehrfache Abhängigkeit des Gemeinschaftsunternehmens nach § 17 AktG anerkannt,[21] sondern auch zum Konzerntatbestand des § 18 AktG überwiegend die Auffassung vertreten, dass ein Gemeinschaftsunternehmen, bei dem sich die zusammen mit Mehrheit beteiligten Muttergesellschaften zum Zwecke der einheitlichen Willensbildung gegenüber der gemeinsamen Tochter in einem Konsortial- oder Poolvertrag dauerhaft verbunden haben und gemeinsam die Geschäftspolitik des Unternehmens bestimmen, sowohl zum Konzern der einen als auch zum Konzern der anderen Muttergesellschaft gehört. Der Konzerntatbestand soll im Sinne einer mehrfachen Konzernzugehörigkeit gegenüber jeder Muttergesellschaft erfüllt sein.[22] Damit steht jedoch noch nicht fest, dass auch für die Anwendung von § 5 MitbestG von einer doppelten Konzernzugehörigkeit des Gemeinschaftsunternehmens auszugehen ist. Es ist heute anerkannt, dass der Konzernbegriff nicht für alle Vorschriften gleich zu interpretieren

---

[19] Zum Streitstand s. HH MitbestR/*Habersack* § 5 Rn. 69 f.; KG ZIP 2016, 369; OLG Hamburg ZIP 2017, 1621.
[20] OLG Düsseldorf WM 1979, 956; OLG Zweibrücken WM 1983, 1347; LG Nürnberg-Fürth WM 1984, 263; OLG Frankfurt a. M. WM 1987, 237; LG Hamburg AG 1996, 89; LG München AG 1996, 186; OLG Düsseldorf WM 1997, 668; OLG München AG 2008, 2414 LG Frankfurt ZIP 2020, 79. Aus der umfangreichen Literatur s. HH MitbestR/*Habersack* MitbestG § 5 Rn. 38 ff.; ErfK/*Oetker* MitbestG § 5 Rn. 8 ff.; WKS/*Wißmann* MitbestG § 5 Rn. 37 ff. Ablehnend äußern sich ua *Lutter/Schneider* BB 1977, 553; *Hoffmann/Lehmann/Weinmann* MitbestG § 5 Rn. 41; *v. Hoyningen-Huene* ZGR 1978, 515 (535 ff.); *Richardi* FS Zeuner, 1994, 147 (152 ff.); GroßkommAktG/*Windbichler* § 18 Rn. 83.
[21] BGHZ 62, 193 – Seitz; BGHZ 74, 359 – Funke/Brost; BAG WM 1987, 1551 (1553) – Gildemeister; BAG ZIP 1996, 292 – Universa. Literaturnachweise bei Hüffer/*Koch* AktG § 17 Rn. 13 u. MüKoAktG/*Bayer* § 17 Rn. 77. auch → § 69 Rn. 77.
[22] BAG WM 1987, 1551 (1554) – Gildemeister; BAG ZIP 2005, 915; MüKoAktG/*Bayer* § 18 Rn. 43; Hüffer/*Koch* AktG § 18 Rn. 16; HH MitbestR/*Habersack* MitbestG § 5 Rn. 48 ff.; ablehnend GroßkommAktG/*Windbichler* § 18 Rn. 42, 85.

ist, sondern die Anforderungen an den Konzerntatbestand je nach der Zwecksetzung der einzelnen Vorschriften unterschiedlich ausfallen können.[23]

Für die Konzernklausel des § 5 Abs. 1 MitbestG ist streitig, ob auch insoweit eine **22** doppelte Konzernzugehörigkeit der gemeinsam geleiteten Tochter anzunehmen ist und die Arbeitnehmer des Gemeinschaftsunternehmens an den Wahlen zu den Aufsichtsräten beider Muttergesellschaften, soweit diese mitbestimmungspflichtig sind, zu beteiligen sind. Im Schrifttum überwiegen heute die Stimmen pro[24] gegenüber den meist älteren Stimmen contra.[25] Das BAG hält zur Konzernklausel des § 76 Abs. 4 BetrVG 1952 (= § 2 Abs. 1 DrittelbG) eine mehrfache Konzernzugehörigkeit eines 50:50-Gemeinschaftsunternehmens für möglich (→ Rn. 13); ebenso hat das BAG zur Konzernklausel des § 54 BetrVG entschieden.[26] Die Praxis der Unternehmen bietet ein ebenso buntes Bild wie die Stimmen in der Literatur. Eine doppelte Konzernzurechnung der Arbeitnehmer mit der Folge des doppelten Wahlrechts zu den mitbestimmten Aufsichtsräten beider Muttergesellschaften wird, soweit ersichtlich, allenfalls dann praktiziert, wenn es sich um ein Gemeinschaftsunternehmen mit einem Mehrmütter-Beherrschungsvertrag handelt. Aber selbst bei dieser Gestaltung lässt sich keine einheitliche Praxis feststellen.

b) Zahl der Mitglieder und Zusammensetzung der Vertreter der Arbeitnehmer.
Die Größe des Aufsichtsrats hängt nach § 7 Abs. 1 MitbestG von der Zahl der in der AG **23** und den nachgeordneten Konzernunternehmen insgesamt beschäftigten Arbeitnehmer ab:
– zwölf Mitglieder bei nicht mehr als 10.000 Arbeitnehmern,
– sechzehn Mitglieder bei nicht mehr als 20.000 Arbeitnehmern,
– zwanzig Mitglieder bei mehr als 20.000 Arbeitnehmern.

Durch die Satzung können die Anteilseigner freiwillig eine größere Mitgliederzahl bestimmen, als sie nach der Arbeitnehmerzahl geboten wäre. Statt einer gebotenen Mindestzahl von zwölf Mitgliedern können also sechzehn oder zwanzig Mitglieder vorgesehen werden, und statt einer gebotenen Größe von sechzehn kann die Größe von zwanzig Mitgliedern bestimmt werden. In der Praxis wird von dieser Wahlmöglichkeit nur selten Gebrauch gemacht. Dabei ist zu beachten, dass sich bei einer Erhöhung von zwölf auf sechzehn Mitglieder nach § 7 Abs. 2 MitbestG die Zahl der unternehmensangehörigen Arbeitnehmervertreter von sechs auf acht erhöht, die Zahl der zwei Gewerkschaftsvertreter dagegen konstant bleibt, so dass der Gewerkschaftseinfluss bei der größeren Mitgliederzahl rechnerisch geringer ist. Erst bei der Größe von zwanzig Mitgliedern kommt ein dritter Gewerkschaftsvertreter hinzu. Die Satzung kann nicht über die Höchstzahl von zwanzig Mitgliedern hinausgehen, auch nicht dergestalt, dass weitere beratende Mitglieder vorgesehen werden.[27]

Außer der Unterscheidung zwischen den externen Gewerkschaftsvertretern und den **24** internen Belegschaftsvertretern differenziert das Gesetz in § 15 MitbestG innerhalb der Gruppe der unternehmensangehörigen Belegschaftsvertreter zwischen den leitenden An-

---

[23] Vgl. BAG WM 1981, 595 – Bergmann zu § 54 BetrVG; OLG Stuttgart BB 1989, 1005; ErfK/ *Oetker* MitbestG § 5 Rn. 6; HH MitbestR/*Habersack* MitbestG § 5 Rn. 23; *Martens* ZHR 148 (1984), 183 (191 f.).

[24] ErfK/*Oetker* MitbestG § 5 Rn. 10 ff.; WKS/*Wißmann* MitbestG § 5 Rn. 45; HH MitbestR/ *Habersack* MitbestG § 5 Rn. 48 ff.; *Raiser/Veil/Jacobs* MitbestG § 5 Rn. 26; HdB börsennotierte AG/ E. *Vetter* § 24 Rn. 10, 15.

[25] *Wessing/Hölters* DB 1977, 864 (866); *Duden* ZHR 141 (1977), 145 (162); *Ahrens* AG 1975, 151 (154 f.); *Bayer* ZGR 1977, 173 (187 ff.); *Richardi*, Konzernzugehörigkeit eines Gemeinschaftsunternehmens nach dem MitbestG, 1977, S. 24 ff.; *Hoffmann/Lehmann/Weinmann* MitbestG § 5 Rn. 37 ff.; *Marchand*, Abhängigkeit und Konzernzugehörigkeit von Gemeinschaftsunternehmen, 1985, S. 174 ff.; *Windbichler*, Arbeitsrecht im Konzern, 1989, S. 522 ff.

[26] BAG WM 1987, 1551 (1554) – Gildemeister.

[27] BGH NZG 2012, 347 (zur mitbestimmten GmbH).

gestellten und den anderen Arbeitnehmern. Dem Aufsichtsrat muss ein leitender Angestellter angehören.

25 **c) Bestellung der Aufsichtsratsmitglieder.** Für die Bestellung der Vertreter der Anteilseigner gelten die normalen Regeln des § 101 AktG (→ § 30 Rn. 46 ff.). Auch § 101 Abs. 2 AktG, wonach durch die Satzung Entsendungsrechte für höchstens ein Drittel der Anteilseignersitze begründet werden können, gilt unverändert, wie § 8 Abs. 2 MitbestG ausdrücklich klarstellt.

Die Wahl der Arbeitnehmervertreter verläuft dagegen nach komplizierten Vorschriften in einem außerordentlich zeitraubenden Verfahren, das in den §§ 9–24 MitbestG sowie ergänzend und sehr detailliert in drei Wahlordnungen geregelt ist, die von der Bundesregierung nach § 39 MitbestG erlassen wurden.[28]

26 **4. Paritätische Montanmitbestimmung. a) Anwendungsbereich. aa) MontanMitbestG.** Das Gesetz über die Montanmitbestimmung vom 21.5.1951 gilt nach seinem § 1 für solche Unternehmen in der Rechtsform der AG oder GmbH mit mehr als 1.000 Arbeitnehmern,

(a) deren überwiegender Betriebszweck in der Förderung von Steinkohle, Braunkohle oder Eisenerz oder in der Aufbereitung, Verkokung, Verschwefelung oder Brikettierung dieser Grundstoffe liegt und deren Betrieb unter der Aufsicht der Bergbehörden steht,

(b) die zur Eisen und Stahl erzeugenden Industrie gehören in dem Umfang, wie er im Gesetz Nr. 27 der Alliierten Hohen Kommission vom 16.5.1950 bezeichnet ist,

(c) die von einem Unternehmen der vorgenannten Art abhängig sind und selbst die Voraussetzungen nach Buchst. a (Bergbau) erfüllen oder überwiegend Eisen und Stahl erzeugen.

27 Es ist möglich, dass auch neugegründete Unternehmen der Eisen- und Stahlindustrie, die Anfang der 50er Jahre noch nicht bestanden, in den Anwendungsbereich des MontanMitbestG gelangen. Nach der Rechtsprechung des BGH werden nämlich durch § 1 Abs. 1 S. 1 Buchst. b MontanMitbestG auch solche Unternehmen erfasst, die im AHK-Gesetz Nr. 27 nicht namentlich aufgeführt sind, weil sie erst später gegründet wurden, die aber dieselben sachlichen Merkmale wie die dort genannten Unternehmen aufweisen.[29] Maßgeblich ist, ob der überwiegende Betriebszweck in der Erzeugung von Eisen und Stahl besteht.[30] Demgemäß ist das MontanMitbestG auch umgekehrt bei einem durch das AHK-Gesetz Nr. 27 erfassten Unternehmen nicht mehr anwendbar, wenn die Eisen- und Stahlerzeugung nicht mehr den überwiegenden Betriebszweck darstellt.[31]

28 Bis zur Gesetzesänderung im Jahre 1981 kannte das MontanMitbestG keinerlei Beteiligung der Arbeitnehmer der abhängigen Konzernunternehmen an der Besetzung des Aufsichtsrats der montanmitbestimmten Konzernobergesellschaft. Nach der seit 1981 geltenden Konzernklausel des § 1 Abs. 4 MontanMitbestG werden die Belegschaften der nachgeordneten Unternehmen über den Konzernbetriebsrat an der Wahl der Arbeitnehmervertreter beteiligt. Die nach § 6 Abs. 6 MontanMitbestG bindenden Wahlvorschläge werden, wenn es sich um eine Konzernobergesellschaft handelt, nicht durch die Betriebsräte der Obergesellschaft, sondern durch den Konzernbetriebsrat beschlossen.

29 **bb) MitbestErgG.** Das Gesetz zur Ergänzung der Mitbestimmung der Arbeitnehmer in den Unternehmen der Montanindustrie vom 7.8.1956 (sog. Holding-Novelle), zuletzt

---

[28] Die Wahlordnungen v. 23.6.1977 (BGBl. I S. 861, 893, 934) wurden im Anschluss an das Gesetz zur Vereinfachung der Wahl der Arbeitnehmervertreter in den Aufsichtsrat vom 23.3.2002 (BGBl. I S. 1130) am 27.5.2002 (BGBl. I S. 1682) neu gefasst. Die Wahlordnungen sind abgedruckt bei WKS im Anhang.

[29] BGHZ 87, 52 – Böhler; anders noch OLG Karlsruhe DB 1976, 1871 – Korf Stahl.

[30] OLG Düsseldorf WM 1988, 1696 (1698) – Böhler II. Vgl. auch § 2 S. 1 MitbestErgG. Zum „überwiegenden Betriebszweck" s. ErfK/*Oetker* MontanMitbestG § 1 Rn. 3 f.

[31] OLG Düsseldorf WM 1988, 1696 (1698); KölnKommAktG/*Mertens/Cahn* Anh. § 117 C Rn. 7.

geändert durch Gesetz vom 18.5.2004, erstreckt das System der Montanmitbestimmung auf Konzernspitzenunternehmen, die zwar selbst nicht die Voraussetzungen des MontanMitbestG erfüllen, aber einen Konzern führen, der durch Unternehmen der Montanindustrie geprägt ist (Montan-Holding). Die Anwendung des MitbestErgG setzt im Einzelnen voraus:

(1) Die Obergesellschaft (AG oder GmbH), die nicht dem MontanMitbestG unterliegt, beherrscht mindestens ein dem MontanMitbestG unterliegendes Unternehmen (§ 1 MitbestErgG). **30**

(2) Der Unternehmenszweck des Konzerns wird durch montanmitbestimmte Konzernunternehmen gekennzeichnet. Nach der Fassung des Fortgeltungsgesetzes vom 20.12.1988 (→ Rn. 37) soll dafür genügen, dass die montanmitbestimmten Konzernunternehmen mindestens ein Fünftel des Konzernumsatzes erzielen oder mehr als 2.000 Arbeitnehmer beschäftigen (§ 3 Abs. 2 MitbestErgG). Wenn es sich allerdings um eine Obergesellschaft handelt, die bislang nicht montanmitbestimmt war, muss mehr als die Hälfte des Konzernumsatzes auf montanmitbestimmte Konzernunternehmen entfallen (§ 16 Abs. 1 MitbestErgG). Das BVerfG hat dazu am 2.3.1999 entschieden, dass § 3 Abs. 2 MitbestErgG insoweit nichtig ist, als die Zahl von mehr als 2.000 Arbeitnehmern in montanmitbestimmten Konzernunternehmen für den Montanbezug des Konzerns ausreichen soll. Die unterschiedlichen Umsatzquoten – mehr als 20 % für den Verbleib, mehr als 50 % für den Eintritt – hat das BVerfG dagegen als zulässig erachtet.[32] Der Gesetzgeber hat daraufhin § 3 Abs. 2 MitbestErgG durch Gesetz vom 18.5.2004 geändert und die Angabe „2000 Arbeitnehmer" durch „ein Fünftel der Arbeitnehmer sämtlicher Konzernunternehmen und abhängigen Unternehmen" ersetzt. Gegenwärtig unterliegt kein Unternehmen mehr dem MitbestErgG.[33] **31**

b) Größe und Zusammensetzung des Aufsichtsrats. Nach beiden Gesetzen der Montan-Mitbestimmung ist der Aufsichtsrat paritätisch mit der gleichen Zahl von Vertretern der Anteilseigner und der Arbeitnehmer und einem zusätzlichen, vom Vertrauen beider Seiten getragenen **„neutralen" Mitglied** besetzt. Pattsituationen sollen anders als nach dem MitbestG nicht durch ein Zweitstimmrecht des zu den Vertretern der Anteilseigner gehörenden Vorsitzenden, sondern durch die Stimme des neutralen Mitglieds aufgelöst werden. **32**

Der Aufsichtsrat nach dem MontanMitbestG besteht im Regelfall aus 11 Mitgliedern (§ 4 Abs. 1 MontanMitbestG); er kann jedoch durch die Satzung bei einer Gesellschaft mit einem Nennkapital von mehr als 10 Mio. EUR auf 15 Mitglieder und bei einer Gesellschaft mit einem Nennkapital von mehr als 25 Mio. EUR auf 21 Mitglieder vergrößert werden (§ 9 MontanMitbestG). Der Aufsichtsrat des MitbestErgG besteht im Regelfall aus 15 Mitgliedern und kann bei einem Gesellschaftskapital von mehr als 25 Mio. EUR durch die Satzung auf 21 Mitglieder vergrößert werden (§ 5 Abs. 1 MitbestErgG). **33**

c) Wahl der Aufsichtsratsmitglieder. Die Vertreter der Anteilseigner einer dem MontanMitbestG oder dem MitbestErgG unterliegenden AG werden ohne Bindung an Wahlvorschläge durch die Hauptversammlung gewählt (§ 5 MontanMitbestG, § 5 Abs. 2 MitbestErgG). Für ihre Abberufung gilt § 103 AktG (§ 11 Abs. 1 MontanMitbestG, § 5 Abs. 2 MitbestErgG). Zu beachten ist lediglich, dass ein oder – bei dem großen Aufsichtsrat mit 21 Mitgliedern – zwei Vertreter der Anteilseigner als „weitere Mitglieder" nach § 4 Abs. 2 Buchst. a MontanMitbestG nicht Repräsentant eines Arbeitgeberverbandes und auch nicht im Unternehmen beschäftigt oder an dem Unternehmen „wirtschaftlich wesentlich interessiert" sein dürfen. **34**

---

[32] BVerfGE 99, 367 = WM 1999, 542 – Mannesmann. Nachfolgend hat das OLG Düsseldorf WM 1999, 1575 festgestellt, dass Mannesmann nicht mehr der Montan-Mitbestimmung unterliegt, da die Montan-Umsatzquote im Konzern seit mehr als sechs Jahren unter 20 % lag.
[33] *Raiser*, Gutachten B S. 23 zum 66. DJT, 2006.

35 Die Wahl der **Arbeitnehmervertreter** zum Aufsichtsrat des MontanMitbestG erfolgt ebenfalls durch die Hauptversammlung, jedoch nach § 6 Abs. 6 MontanMitbestG auf Grund bindender Wahlvorschläge der Betriebsräte des Unternehmens oder – im Fall des § 1 Abs. 4 MontanMitbestG – des bei dem Unternehmen gebildeten Konzernbetriebsrats. Seit der Gesetzesänderung vom 21.5.1981 sind die Spitzenorganisationen der Gewerkschaften nicht mehr berechtigt, selbst bindende Wahlvorschläge für die – je nach Größe des Aufsichtsrats – zwei, drei oder vier Gewerkschaftsvertreter gegenüber der Hauptversammlung zu machen. Die Wahlvorschläge der Gewerkschaften richten sich nunmehr an die Betriebsräte, die darüber abstimmen und gegenüber der Hauptversammlung für alle Arbeitnehmersitze vorschlagsberechtigt sind. Die Wahl der Arbeitnehmervertreter zum Aufsichtsrat der Montan-Holding folgt seit der Gesetzesänderung von 1988 weitgehend den Regeln des MitbestG 1976, allerdings ohne die im MitbestG 1976 geregelte besondere Repräsentation der leitenden Angestellten.

36 Von besonderem Interesse ist naturgemäß das Wahlverfahren zur Bestimmung des **neutralen Mitglieds**.[34] Nach § 8 MontanMitbestG wird das neutrale Mitglied im Regelfall durch die Hauptversammlung auf Vorschlag der übrigen Aufsichtsratsmitglieder gewählt. Falls im Aufsichtsrat kein Vorschlag die erforderliche Mehrheit aller Stimmen findet oder die Hauptversammlung dem Vorschlag des Aufsichtsrats nicht folgt, beginnt ein kompliziertes Vermittlungsverfahren, in das in einem fortgeschrittenen Stadium das für das Unternehmen zuständige Oberlandesgericht eingeschaltet wird. Unter bestimmten Voraussetzungen kann dieses Verfahren dazu führen, dass letztlich die Hauptversammlung von sich aus, dh ohne bindenden Wahlvorschlag das neutrale Mitglied wählt. Das Verfahren des § 8 MontanMitbestG gilt auch für die Bestellung des neutralen Mitglieds nach dem MitbestErgG (§ 5 Abs. 3 S. 2 MitbestErgG).

Zum **Arbeitsdirektor** der Montanmitbestimmung → § 24 Rn. 8 ff.

37 **d) Ausscheiden aus der Montanmitbestimmung.** Die Montanmitbestimmung nach dem MontanMitbestG und dem MitbestErgG hat solange Vorrang vor den anderen Mitbestimmungs-Modellen, insbesondere also vor dem MitbestG, solange ihre besonderen Voraussetzungen vorliegen. Wegen der weitergehenden Mitbestimmungsrechte der Arbeitnehmer und der Gewerkschaften nach der Montanmitbestimmung im Vergleich mit dem DrittelbG und auch im Vergleich mit dem MitbestG gab es immer wieder Bestrebungen, durch Gesetzesänderungen ein Hinauswachsen von Unternehmen aus der Montanmitbestimmung zu verhindern. Zu diesem Zweck wurden nicht weniger als **fünf „Fortgeltungsgesetze"** erlassen:

– Durch das Gesetz vom 27.4.1967 (Lex Rheinstahl) wurde in § 16 MitbestErgG eine fünfjährige Auslauffrist bestimmt. Das Unternehmen sollte nach dieser Klausel erst dann aus dem Anwendungsbereich der Holding-Novelle ausscheiden, wenn das für die Kennzeichnung des Konzerns als Montan-Konzern maßgebliche Umsatzverhältnis – mehr als 50 % Montan-Umsatz im Konzern – in fünf aufeinander folgenden Jahren nicht mehr vorliegt.

– Das 2. Mitbestimmungs-Fortgeltungsgesetz vom 29.11.1971 bestimmte weitergehend, dass die Anwendung des MitbestErgG erst entfällt, wenn in fünf aufeinander folgenden Jahren der Umsatz der Montan-Unternehmen im Konzern weniger als 40 % des Konzernumsatzes beträgt. Dieses 2. Fortgeltungsgesetz ist am 31.12.1975 fristgemäß außer Kraft getreten.

– Durch ein 3. Fortgeltungsgesetz vom 21.5.1981 wurde aus Anlass der Neuordnung der Mannesmann AG die Auslauffrist des § 16 MitbestErgG von fünf auf sechs Jahre verlängert und im MontanMitbestG, das bis dahin keine besondere Regelung zum Aus-

---

[34] Vgl. die Darstellung des komplizierten Verfahrens in KölnKommAktG/*Mertens/Cahn* Anh. § 117 C Rn. 22 ff. u. ErfK/*Oetker* Montan-MitbestG § 8 Rn. 2 ff.

scheiden aus der Montanmitbestimmung enthielt, eine entsprechende Auslauffrist von sechs Jahren in § 1 Abs. 3 MontanMitbestG eingeführt.
- Durch das 4. Fortgeltungsgesetz vom 23.7.1987 wurden die Auslauffristen, die sonst früher geendet hätten, bis zum 31.12.1988 verlängert.
- Am 20.12.1988 folgte das 5. Gesetz zur Sicherung der Montanmitbestimmung. Durch Änderung des § 3 Abs. 2 MitbestErgG wurden die Voraussetzungen für das Verbleiben in der Montanmitbestimmung abgesenkt. Es ist nun für die Montan-Prägung des Konzerns ausreichend, wenn montanmitbestimmte Konzernunternehmen 20 % des Konzernumsatzes erzielen; dagegen genügt es nicht, dass sie mehr als 2.000 Arbeitnehmer beschäftigen (→ Rn. 29).

II. Fortgeltung des Mitbestimmungsmodells

Inzwischen gibt es nicht nur im Bereich der Montanmitbestimmung, sondern auch im Hinblick auf andere Modelle der Unternehmensmitbestimmung gesetzliche Regelungen, wonach das bislang geltende Modell trotz Wegfalls seiner Voraussetzungen beibehalten werden muss. Im Einzelnen geht es um die folgenden Regelungen: **38**

1. Montanmitbestimmung. Das MontanMitbestG (§ 1 Abs. 3) und das MitbestErgG (§ 16 Abs. 2) bestimmen, wie bereits in → Rn. 37 dargestellt, übereinstimmen eine Auslauffrist von sechs Jahren. Die Vorschriften des betreffenden Gesetzes sind erst dann nicht mehr auf das Unternehmen anzuwenden, wenn die gesetzlichen Voraussetzungen in sechs aufeinander folgenden Geschäftsjahren nicht mehr vorgelegen haben. **39**

2. Umwandlungsgesetz. Wenn eine Abspaltung oder Ausgliederung dazu führt, dass in dem übertragenden Unternehmen nicht mehr die gesetzlichen Voraussetzungen des bisherigen Mitbestimmungsmodells erfüllt sind, sind nach § 325 UmwG die bislang angewandten Vorschriften über die Vertretung der Arbeitnehmer im Aufsichtsrat dennoch für fünf Jahre weiter anzuwenden. Anders ist es nur, wenn die Abspaltung oder Ausgliederung zu einer verminderten Arbeitnehmerzahl im übertragenden Unternehmen führt, die unterhalb eines Viertels der für das Mitbestimmungsmodell geltenden Mindestzahl der Arbeitnehmer liegt. Diese Regelung einer Auslauffrist wurde auf Grund eines Vorschlags des Vermittlungsausschusses in das Gesetz aufgenommen.[35] **40**

3. Mitbestimmungs-Beibehaltungsgesetz. Nachdem der Gesetzgeber im Jahre 1992 die sog. Fusionsrichtlinie der EG zur steuerlichen Erleichterung der grenzüberschreitenden Einbringung von Unternehmensteilen und des grenzüberschreitenden Anteilstausches durch Änderung des UmwStG umgesetzt hatte, folgte am 23.8.1994 das „Gesetz zur Beibehaltung der Mitbestimmung beim Austausch von Anteilen und der Einbringung von Unternehmensteilen, die Gesellschaften verschiedener Mitgliedsstaaten der Europäischen Union betreffen" (BGBl. I S. 2228).[36] Danach gilt Folgendes: **41**

Wenn durch den grenzüberschreitenden Vorgang bei einem beteiligten Unternehmen die Voraussetzungen für das bisher angewandte Mitbestimmungsmodell entfallen, kann das betroffene Unternehmen die steuerlichen Erleichterungen nach dem geänderten Umwandlungssteuerrecht nur in Anspruch nehmen, wenn es die Fortgeltung der bisher angewandten gesetzlichen Vorschriften über die Mitbestimmung der Arbeitnehmer in den Organen des Unternehmens akzeptiert. Das Unternehmen hat also die Wahl, entweder die steuerliche Erleichterung in Anspruch zu nehmen oder die Beibehaltung der bisherigen Form der Mitbestimmung hinzunehmen. Die steuerliche „Bestrafung" der Verminderung der Mitbestimmung gilt jedoch nicht, wenn die Zahl der Arbeitnehmer des Unternehmens durch **42**

---

[35] Zur Entstehungsgeschichte s. Kallmeyer UmwG/*Willemsen* § 325 Rn. 1 ff.
[36] Das Gesetz ist abgedruckt und kommentiert bei GroßkommAktG/*Oetker* Vorb. Rn. 52 ff. vor § 1 MitbestG und KölnKommAktG/*Mertens/Cahn* Anh. § 117 A Rn. 5. S. auch WKS/*Wißmann* MitbestG § 1 Rn. 93 ff.

den Ausgliederungsvorgang auf weniger als ein Viertel der für das betreffende Mitbestimmungsmodell geltenden Mindestzahl absinkt.

43 **4. Mitbestimmung bei grenzüberschreitender Verschmelzung (MgVG).** Das Gesetz über die Mitbestimmung der Arbeitnehmer bei grenzüberschreitender Verschmelzung (MgVG) vom 21.12.2006 dient der Umsetzung der Verschmelzungsrichtlinie 2005/56EG, und zwar parallel zu den umwandlungsrechtlichen Regeln in den §§ 122a ff. UmwG. In enger Anlehnung an das Mitbestimmungsmodell der SE (dazu → § 86 Rn. 29 ff.) soll das Mitbestimmungsstatut der aufnehmenden Gesellschaft vorrangig durch eine Mitbestimmungsvereinbarung zwischen den beteiligten Gesellschaften und den Arbeitnehmern festgelegt werden. Wenn eine Vereinbarung nicht zustande kommt, gilt eine Auffanglösung, die sich am höchsten Niveau der Mitbestimmung in einer der beteiligten Gesellschaften orientiert.[37]

III. Mitbestimmungsvereinbarungen zur Zusammensetzung des Aufsichtsrats

44 **1. Grundsatz des zwingenden Gesetzesrechts.** Die Möglichkeiten, durch privatautonome Mitbestimmungsvereinbarungen den Umfang der Mitbestimmung der Arbeitnehmer im Aufsichtsrat der AG zu beeinflussen und festzulegen, sind in Rechtsprechung und Literatur noch nicht hinreichend ausgelotet. Einigkeit besteht allerdings im grundsätzlichen Ausgangspunkt: Die gesetzlichen Vorschriften zur Zusammensetzung des Aufsichtsrats der AG sind, wie sich aus § 96 AktG ergibt, zwingender Natur, und ein mitbestimmter Aufsichtsrat ist demgemäß allein auf gesetzlicher und nicht auf privatautonomer Grundlage zu bilden und zusammenzusetzen.[38]

45 Einigkeit besteht auch in den folgenden Punkten zur möglichen Form von Mitbestimmungsvereinbarungen: Unzulässig sind Regelungen zur Unternehmensmitbestimmung durch Tarifvertrag, da die Fragen der Unternehmensverfassung nicht zu den Materien gehören, die nach dem Tarifvertragsgesetz Gegenstand normativer Tarifvereinbarung sein können.[39] Ebensowenig können privatautonome Mitbestimmungsvereinbarungen mangels spezieller Kompetenzregeln im Betriebsverfassungsgesetz durch Betriebsvereinbarungen Geltung erlangen.[40]

46 Nach hM können andererseits über das nach DrittelbG zu wählende Drittel hinaus weitere Arbeitnehmer unter Beachtung von § 105 Abs. 1 AktG von der Hauptversammlung in den Aufsichtsrat einer Aktiengesellschaft gewählt werden. Diese sind dann freilich keine „Vertreter der Arbeitnehmer" im Sinne des BetrVG, sondern Aufsichtsratsmitglieder der Aktionäre.[41] Gegen die im Sinne von § 23 Abs. 5 AktG abschließende gesetzliche Regelung der Zusammensetzung des Aufsichtsrats in § 96 AktG würde es hingegen ver-

---

[37] Das Gesetz ist abgedruckt und kommentiert bei HH MitbestR/*Habersack* Einl. und §§ 1 ff. MgVG.

[38] *Hommelhoff* ZHR 148 (1984), 118 (134); GroßkommAktG/*Oetker* Vorb. Rn. 101 vor § 1 MitbestG; MüKoAktG/*Habersack* § 96 Rn. 4; Hüffer/*Koch* AktG § 96 Rn. 3; GroßkommAktG/*Hopt*/*M. Roth* § 96 Rn. 22 ff.

[39] Vgl. OLG Hamburg AG 1972, 183 (194); *Beuthien* ZHR 148 (1984), 95 (99 ff.); *Beuthien* ZfA 1983, 141 (149, 163); GroßkommAktG/*Oetker* Vorb. Rn. 112 vor § 1 MitbestG; *Hanau* ZGR 2001, 75 (80 ff.); WKS/*Wißmann* Vorb. Rn. 8; *Raiser/Veil/Jacobs* MitbestG Einl. Rn. 55; Spindler/Stilz AktG/*Spindler* § 96 Rn. 24. Zu verfassungsrechtlichen Bedenken gegen eine gesetzliche „Tariföffnungsklausel" s. *Püttner* BB 1987, 1122 und MüKoAktG/*Habersack* § 96 Rn. 28.

[40] OLG Hamburg AG 1972, 183 (184); *Beuthien* ZfA 1984, 1 (25 ff.); *Windbichler*, Arbeitsrecht im Konzern, S. 548 f.; GroßkommAktG/*Oetker* Vorb. Rn. 110 vor § 1 MitbestG; Spindler/Stilz AktG/*Spindler* § 96 Rn. 24; *Lutter* ZGR 1977, 195 (196); *Raiser* BB 1977, 1461 (1464); *Hanau* ZGR 2001, 75 (86).

[41] BGH NJW 1975, 1657 mzustAnm *Raiser* ZGR 1976, 105 (107) und *Mertens* AG 1975, 245; OLG Hamburg AG 1972, 183 (184 ff.); HH MitbestR/*Habersack* MitbestG § 1 Rn. 25; WKS/*Wißmann* MitbestG § 1 Rn. 6, Hüffer/*Koch* AktG § 251 Rn. 2; Spindler/Stilz AktG/*Spindler* § 96 Rn. 27; GroßkommAktG/*Hopt*/*M. Roth* § 96 Rn. 27.

stoßen, wenn über die gesetzlich vorgeschriebene Drittelbeteiligung hinaus eine paritätische Besetzung des Aufsichtsrats einer Aktiengesellschaft durch die Satzung vorgeschrieben würde.[42] Ob bei einer GmbH die Mitbestimmung durch den Gesellschaftsvertrag ausgeweitet werden kann, ist sehr umstritten. Die Antwort hängt davon ab, ob das DrittelbG die Drittel-Beteiligung nicht nur als Mindest-, sondern – wofür mehr spricht – auch als Höchstgrenze festlegt.[43]

Umstritten ist auch die Zulässigkeit von Stimmbindungsverträgen bei der AG (dazu → § 39 Rn. 45 ff.) mit dem Ziel, den Mitbestimmungsstatus der Gesellschaft durch Zuwahl von Arbeitnehmern durch die Hauptversammlung faktisch zu ändern. Einige Autoren halten es für zulässig, eine solche Zuwahl zum Gegenstand von Stimmbindungsverträgen zu machen.[44] Andere sind der Auffassung, dass ein Stimmbindungsvertrag nicht anders zu beurteilen sei als eine unzulässige Satzungsänderung, wenn er im Ergebnis dazu führe, die Zusammensetzung des Aufsichtsrats in einer von der gesetzlichen Regelung abweichenden Art festzuschreiben.[45] Die Rechtsprechung hat die Frage bisher offen gelassen.[46]

Als zulässig werden schließlich solche Vereinbarungen qualifiziert, mit denen innerhalb der gesetzlich vorgegebenen Grenzen – zB § 7 Abs. 1 S. 2 MitbestG – die Größe des Aufsichtsrats geregelt wird. Durch eine solche Vereinbarung kann jedoch weder die Aktiengesellschaft noch die Hauptversammlung verpflichtet werden, die Satzung entsprechend zu ändern.

2. Fallgruppen zum möglichen Inhalt. Im Anschluss an *Raiser*[47] werden heute die folgenden drei Fallgruppen zum möglichen Inhalt von Mitbestimmungsvereinbarungen unterschieden und diskutiert:

a) Bereinigung zweifelhafter Rechts- und Sachfragen. Vereinbarungen zur einvernehmlichen Bereinigung zweifelhafter Rechts- und Sachfragen werden überwiegend für zulässig gehalten.[48] Bei den streitbereinigenden Vereinbarungen handelt es sich rechtlich, sofern ein gegenseitiges Nachgeben vorliegt, um einen Vergleich iSv § 779 BGB. Ihre Zulässigkeit wird auch in anderen Bereichen des Wirtschaftsrechts gegenüber zwingenden und im öffentlichen Interesse erlassenen Rechtsnormen bejaht.[49] Zum MitbestG könnte eine solche Vereinbarung etwa in Betracht kommen, soweit es bei der Bestimmung des

---

[42] Hüffer/Koch AktG § 96 Rn. 3; GroßkommAktG/Hopt/M. Roth § 96 Rn. 22; Hommelhoff ZHR 148 (1984), 118 (134); HH MitbestR/Habersack MitbestG § 1 Rn. 20; Henssler FS H. P. Westermann, 2008, 1019 (1023); Wahlers ZIP 2008, 1897 (1899); Hanau ZGR 2001, 75 (88 ff., 99); Ihrig/Schlitt NZG 1999, 333 (334); anders wohl nur Fabricius FS Hilger/Stumpf, 1983, 155 ff. u. Zachert AuR 1985, 201 (208 f.).
[43] Thüsing FS Werner, 1984, 893 ff.; HH MitbestR/Habersack MitbestG § 1 Rn. 23; ErfK/Oetker Einl. DrittelbG Rn. 8; aA OLG Bremen NJW 1977, 1153 (1154 f.); WKS/Wißmann MitbestG § 1 Rn. 7; Hommelhoff ZHR 148 (1984), 118 (129 f.); Hanau ZGR 2001, 75 (92 f., 99); Ihrig/Schlitt NZG 1999, 333 (336); Henssler FS H. P. Westermann, 2008, 1019 (1026 ff.).
[44] Fabricius FS Hilger/Stumpf, 1983, 155 (157); Konzen AG 1983, 289 (299 f.); Raiser ZGR 1976, 105 (198); Hanau ZGR 2001, 75 (91 f.); Ihrig/Schlitt NZG 1999, 333 (335); GroßkommAktG/Hopt/M. Roth § 96 Rn. 31; Wahlers ZIP 2008, 1897 (1902).
[45] Hommelhoff ZHR 148 (1948), 118 (140 f.); HH MitbestR/Habersack MitbestG § 1 Rn. 21; MüKoAktG/Habersack § 96 Rn. 27; Spindler/Stilz AktG/Spindler § 96 Rn. 28; Schmiedel JZ 1973, 343 (348); Windbichler, Arbeitsrecht im Konzern, 1989, S. 544; KölnKommAktG/Mertens § 96 Rn. 16.
[46] BGH NJW 1975, 1657 (1658).
[47] BB 1977, 1461 ff. Vgl. auch Raiser FS Werner, 1984, 681 (686 ff.). Kritisch zu dieser Typologie KölnKommAktG/Mertens § 96 Rn. 20.
[48] HH MitbestR/Habersack Einl. MitbestG Rn. 47; Raiser BB 1977, 1461 (1466); MüKoAktG/Habersack § 96 Rn. 29; GroßkommAktG/Oetker Vorb. Rn. 107 vor § 1 MitbestG; GroßkommAktG/Hopt/M. Roth § 96 Rn. 45 ff.; Spindler/Stilz AktG/Spindler § 96 Rn. 30; zweifelnd Hüffer/Koch AktG § 96 Rn. 3, ablehnend KölnKommAktG/Mertens/Cahn § 96 Rn. 21.
[49] Vgl. BGHZ 65, 147 zum Vergleich über den Vorwurf sittenwidrigen Wettbewerbs.

Kreises der Wahlberechtigten um das Vorliegen eines Konzerns im Konzern geht (→ Rn. 20).[50]

51 Fraglich ist freilich, zwischen welchen **Vertragspartnern** derartige Abreden zur Bereinigung einer zweifelhaften Rechts- oder Sachlage vereinbart werden sollen. Während *Habersack*[51] davon ausgeht, dass privatautonome Mitbestimmungsvereinbarungen durch Zusammenwirken von Hauptversammlung und Belegschaft zustande kommen, werden nach *Raiser*[52] die Vereinbarungen zunächst von den Aufsichtsratsmitgliedern der Aktionäre und der Arbeitnehmer geschlossen und erlangen in Anlehnung an die Regelung der Unternehmensverträge erst durch Zustimmung der Hauptversammlung und der „Arbeitnehmerschaft" ihre Wirksamkeit. Nach geltendem Recht kann jedoch durch eine solche kollektive Vereinbarung nicht die Pflicht des Vorstands beseitigt werden, für eine gesetzmäßige Zusammensetzung des Aufsichtsrats zu sorgen,[53] und auch nicht das Recht zumindest der nach § 98 Abs. 2 Nr. 4–8 AktG Antragsberechtigten eingeschränkt werden, einen Antrag auf gerichtliche Entscheidung über die Zusammensetzung des Aufsichtsrats nach § 98 AktG zu stellen.

52 **b) Vereinfachung der Anwendung des Gesetzes.** Bei den Vereinbarungen zur Vereinfachung oder Anpassung der gesetzlichen Regelung an bestimmte Umstände dürfte zu differenzieren sein. Unzulässig sind wegen des zwingenden Charakters des MitbestG solche „Rationalisierungsvereinbarungen", die die Qualität der Mitbestimmung verändern.[54] So lässt sich etwa die in § 5 Abs. 3 MitbestG geregelte Anordnung der Mitbestimmung im Teilkonzern nicht durch privatautonome Vereinbarung auf einen paritätisch besetzten Aufsichtsrat bei der gesetzlich nicht erfassten Konzernspitze verlagern.[55]

Demgegenüber sind solche Rationalisierungsvereinbarungen zulässig, die lediglich das Wahlverfahren betreffen. So wird in zahlreichen Vorschriften der Wahlordnungen das Bestreben des Gesetzgebers deutlich, Wahlvorstände bei kleinen Einheiten einzusparen, um den Verwaltungsaufwand nicht allzusehr ausufern zu lassen. Privatautonome Regelungen über die Wahrnehmung der Aufgaben eines Wahlvorstandes für verschiedene Betriebe dürften daher zulässig sein.[56]

53 **c) Modifikation des Mitbestimmungsmodells.** Bei der dritten Gruppe, den Fällen der vertraglichen Modifikationen des Mitbestimmungsmodells, wird im Schrifttum häufig nach Rechtsformen differenziert. Bei einer AG ist wegen der zwingenden Natur des § 96 AktG mit seiner Verweisung auf die einzelnen Modelle jede Vereinbarung unzulässig, die dazu führt, dass ein anderes als das gesetzlich vorgeschriebene Modell der Zusammensetzung anzuwenden ist.[57] Bei einer GmbH bestehen angesichts der Gestaltungsfreiheit des Satzungsgebers zwar nicht dieselben gesellschaftsrechtlichen Bedenken wie bei einer AG, aber

---

[50] So HH MitbestR/*Habersack* Einl. MitbestG Rn. 47; *Seibt* AG 2005, 413 (419); auch *Raiser* BB 1977, 1461 (1466) (Abreden über die Abgrenzung des Konzernbegriffs); ablehnend *Mertens* AG 1982, 141 (151).

[51] HH MitbestR/*Habersack* Einl. MitbestG Rn. 46.

[52] BB 1977, 1461 (1464).

[53] Ebenso Spindler/Stilz AktG/*Spindler* § 96 Rn. 30. Nach KölnKommAktG/*Mertens/Cahn* § 96 Rn. 18 f. ist deshalb nur der Vorstand (und uU auch der Vorstand der Organgesellschaft) für solche Vereinbarungen mit der Arbeitnehmerseite zuständig.

[54] Hüffer/*Koch* AktG § 96 Rn. 3; HH MitbestR/*Habersack* Einl. MitbestG Rn. 48; Spindler/Stilz AktG/*Spindler* § 96 Rn. 29; MüKoAktG/*Habersack* § 96 Rn. 28; abweichend *Raiser* BB 1977, 1461 (1466 f.).

[55] Wie hier HH MitbestR/*Habersack* Einl. MitbestG Rn. 48 u. MitbestG § 5 Rn. 76; *Mertens* AG 1982, 141 (151); aA *Raiser* BB 1977, 1461 (1467).

[56] *Raiser* BB 1977, 1461 (1466 f.); wohl auch *Lutter* ZGR 1977, 195 (198); generell gegen jede Zulässigkeit von Rationalisierungsvereinbarungen demgegenüber HH MitbestR/*Habersack* MitbestG Einl. Rn. 48 und Hüffer/*Koch* AktG § 96 Rn. 3.

[57] Hüffer/*Koch* AktG § 96 Rn. 3; HH MitbestR/*Habersack* MitbestG § 1 Rn. 23; Spindler/Stilz AktG/*Spindler* § 96 Rn. 26; *Konzen* AG 1983, 289 (302 f.); *Hommelhoff* ZHR 148 (1984), 118 (134).

es spricht viel dafür, dass die mitbestimmungsrechtlichen Festlegungen zur Arbeitnehmerbeteiligung nicht nur als Mindest-, sondern auch als Höchstgrenzen zwingend sind (→ Rn. 46)

IV. Statusverfahren nach §§ 97 ff. AktG

1. Zweck des Verfahrens. Angesichts der unterschiedlichen gesetzlichen Modelle für die 54 Zusammensetzung des Aufsichtsrats einer AG können Zweifel entstehen, ob und von welchem Zeitpunkt an welches gesetzliche Modell auf die Gesellschaft anzuwenden ist. Außerdem benötigt die Gesellschaft für den Übergang von einem zum anderen Modell, auch wenn über seine Notwendigkeit kein Zweifel besteht, rein faktisch einige Zeit (Änderung der Satzung, Beendigung der Aufsichtsratsmandate und Neuwahlen). Um alle Risiken, die sich daraus für die Handlungsfähigkeit des Aufsichtsrats ergeben können, auszuschalten und dem Aufsichtsrat eine sichere Rechtsgrundlage zu geben, hat der Gesetzgeber mit dem AktG 1965 das besondere Statusverfahren nach §§ 97–99 AktG eingeführt. Das Verfahren dient der Rechtssicherheit; es soll eine schnelle Klärung des maßgeblichen Aufsichtsratsmodells und eine sichere Überleitung vom alten auf den neuen Rechtszustand gewährleisten.[58] Ein Wechsel von dem bisher angewandten Modell für die Zusammensetzung des Aufsichtsrats zu einem anderen Modell – zB von der Drittelbeteiligung der Arbeitnehmer nach dem DrittelbG zur paritätischen Beteiligung nach dem MitbestG – kann ausschließlich im Wege des Statusverfahrens der §§ 97 ff. AktG, das deshalb auch als Überleitungsverfahren bezeichnet wird, herbeigeführt werden. Solange das Verfahren nicht abgeschlossen ist, bleibt der Aufsichtsrat rechtmäßig zusammengesetzt und uneingeschränkt handlungsfähig, auch wenn die Voraussetzungen für die bisher angewandten Vorschriften unstreitig entfallen sind (Status quo-Prinzip des § 96 Abs. 4 AktG).[59]

Solange der Mitbestimmungsstatus nicht nach §§ 97, 98 AktG geändert ist, ist die Wahl 55 von Aufsichtsratsmitgliedern, die dem geltenden Status widerspricht, nicht nur anfechtbar, sondern sogar nichtig, § 250 Abs. 1 Nr. 1 AktG. Das schließt nicht aus, dass die Neuwahl der Aufsichtsratsmitglieder nach den künftig anwendbaren Vorschriften schon vor Abschluss des Überleitungsverfahrens beschlossen wird; die Wahl wird dann allerdings erst nach dem Vollzug der Überleitung wirksam (→ Rn. 70).

Das Überleitungsverfahren erfolgt in zwei Stufen.[60]   56
– Zunächst erfolgt die für alle Beteiligten verbindliche Festlegung der nunmehr anzuwendenden gesetzlichen Vorschriften, und zwar durch die Bekanntmachung des Vorstands, falls diese unangefochten bleibt (§ 97 Abs. 2 S. 1 AktG), oder vom Gericht bestätigt wird, oder durch die abweichende gerichtliche Entscheidung (§ 98 Abs. 4 S. 1 AktG). Zur Bekanntmachung des Vorstands und zum gerichtlichen Antragsverfahren → Rn. 62 ff. und 66 ff.
– Sodann wird die Überleitung vollzogen, indem nach § 97 Abs. 2 AktG die entgegenstehenden Satzungsbestimmungen geändert werden oder kraft Gesetzes außer Kraft treten, alle bisherigen Aufsichtratsmandate erlöschen und eine vollständige Neubesetzung des Aufsichtsrats stattfindet. Zur Anpassung der Satzung und Neubesetzung des Aufsichtsrats → Rn. 70 ff.

2. Anwendungsbereich. Die §§ 97 ff. AktG gelten in unmittelbarer Anwendung nur für 57 einen Wechsel der bislang angewandten gesetzlichen Vorschriften für die Zusammensetzung des Aufsichtsrats, also nicht für die erstmalige Zusammensetzung des Aufsichtsrats. Bei der **Bargründung** der AG braucht deshalb, wie sich auch aus § 30 Abs. 2 AktG ergibt, keine Bekanntmachung nach § 97 AktG zu erfolgen. Dasselbe gilt für die **Sachgründung**,

---
[58] Begr. RegE zu §§ 96, 97, 98 AktG, abgedr. bei *Kropff* AktG S. 126, 128, 129.
[59] Begr. RegE zu § 96 AktG S. 126; OLG Düsseldorf ZIP 1995, 1752; Hüffer/*Koch* AktG § 96 Rn. 28; MüKoAktG/*Habersack* § 96 Rn. 61.
[60] Vgl. MüKoAktG/*Habersack* § 97 Rn. 2; Hüffer/Koch AktG § 97 Rn. 1.

jedoch verlangt § 31 Abs. 3 AktG eine entsprechende Anwendung der §§ 97–99 AktG für den Fall, dass im Wege der Sachgründung ein Unternehmen oder Unternehmensteil eingebracht werden soll (→ § 4 Rn. 21 ff.).

58 Vor der Bereinigung des Umwandlungsrechts in dem seit 1995 geltenden UmwG enthielt das AktG eine Reihe von Sondervorschriften zur Zusammensetzung des Aufsichtsrats und zur entsprechenden Anwendung der §§ 97 ff. AktG bei formwechselnder Umwandlung. Diese Sondervorschriften wurden ersatzlos gestrichen. Nunmehr gelten die §§ 97 ff. AktG ausnahmslos und unmittelbar, so dass das Statusverfahren durchzuführen ist, falls auf Grund einer **Umwandlung** andere als die bisher angewandten gesetzlichen Vorschriften für die Zusammensetzung des Aufsichtsrats maßgebend geworden sind.[61]

59 Für den **Formwechsel** in eine AG hat der Gesetzgeber in § 197 S. 3 UmwG die Anwendung von § 31 AktG vorgeschrieben. Demgemäß hat der Vorstand unverzüglich nach der Eintragung des Formwechsels im Handelsregister[62] nach § 31 Abs. 3 S. 1 AktG bekanntzumachen, nach welchen gesetzlichen Vorschriften der Aufsichtsrat zusammengesetzt sein muss, und zwar auch dann, wenn nach seiner Ansicht kein Mitbestimmungsgesetz anwendbar ist.

60 Im Übrigen ist das Statusverfahren nicht nur bei einem Wechsel des gesetzlichen Mitbestimmungsmodells, sondern auch dann einzuleiten, wenn die Gesellschaft in den Anwendungsbereich eines Mitbestimmungsgesetzes hineingewachsen[63] oder infolge Absinkens der Arbeitnehmerzahl mitbestimmungsfrei geworden ist[64] oder innerhalb eines Modells die **Aufsichtsratsgröße** wegen einer Veränderung der Arbeitnehmerzahl nicht mehr den zwingenden gesetzlichen Vorschriften entspricht.[65] Falls erstmalig die Arbeitnehmer von Konzernunternehmen nach § 5 Abs. 1 MitbestG einzubeziehen sind, folgt allein daraus noch keine Änderung des Mitbestimmungsmodells, sondern es kommt darauf an, ob durch die Zurechnung der Arbeitnehmer nach § 5 Abs. 1 MitbestG ein Schwellenwert nach § 7 Abs. 1 MitbestG überschritten wird. Der Vorstand muss nur dann nach § 97 AktG verfahren, wenn wegen einer Erhöhung der Arbeitnehmerzahl eine Vergrößerung des nach § 7 MitbestG zusammengesetzten Aufsichtsrats erforderlich ist.[66] Der Vorstand muss auch in diesem Fall unverzüglich bekannt machen, darf also nicht längere Zeit abwarten, bis wegen des Ablaufs der Amtsperiode ohnehin eine Neuwahl der Aufsichtsratsmitglieder stattfindet. Wenn umgekehrt die Zahl der regelmäßig beschäftigten Arbeitnehmer bei einem nach § 7 MitbestG mit 16 oder 20 Mitgliedern besetzten Aufsichtsrat unter die Schwellenwerte von 10.000 oder 20.000 sinkt, jedoch noch über 2.000 liegt, ist eine Verkleinerung des Aufsichtsrats nicht zwingend geboten (§ 7 Abs. 1 S. 2 MitbestG), so dass auch keine Bekanntmachung nach § 97 AktG zu erfolgen hat.[67]

61 Falls die Hauptversammlung durch **Satzungsänderung** die Zahl der Aufsichtsratsmitglieder auf die gesetzlich gebotene Mindestzahl herabsetzt, sind nach einer Entscheidung des BAG zu § 76 BetrVG 1952 die Regeln des Statusverfahrens nach §§ 97 ff. AktG anzuwenden, bevor nach der geänderten Satzung verfahren werden kann.[68] Die Entscheidung ist unzutreffend, da es nach §§ 96 ff. AktG nur auf die gesetzlichen Vorschriften und nicht auf die Bestimmungen der Satzung ankommt. Die herrschende Meinung lehnt mit

---

[61] Dazu ausführlich Begr. RegE zum UmwG, BT-Drs. 12/6699, 76 ff. Auch → § 4 Rn. 22.
[62] *Happ* FS Maier-Reimer, 2010, 173 (177); *Kowalski/M. Schmidt* DB 2009, 551 (554).
[63] MüKoAktG/*Habersack* § 97 Rn. 11.
[64] OLG Frankfurt a. M. ZIP 2011, 21 (22); Hüffer/*Koch* AktG § 97 Rn. 3.
[65] OLG Hamburg WM 1988, 1487 (1488); Hüffer/*Koch* AktG § 97 Rn. 3; MüKoAktG/*Habersack* § 97 Rn. 14.
[66] HH MitbestR/*Habersack* MitbestG § 6 Rn. 14; Großkomm AktG/*Hopt/M. Roth* § 97 Rn. 9; *Wiesner* DB 1977, 1747 (1749 f.); *Martens* DB 1978, 1065 (1068 f.); *Raiser/Veil/Jacobs* MitbestG § 6 Rn. 5; OLG Düsseldorf DB 1978, 1358; aA *Rosendahl* AG 1985, 325 (326 f.); *Göz* ZIP 1998, 1523 (1525).
[67] MüKoAktG/*Habersack* § 97 Rn. 14; *Göz* ZIP 1998, 1523 (1525 f.).
[68] BAG WM 1990, 633 (636).

Recht auch eine analoge Anwendung der §§ 97 ff. AktG auf den Fall ab, dass eine Vergrößerung oder Verkleinerung des Aufsichtsrats nicht gesetzlich zwingend, sondern nur wegen einer Satzungsänderung notwendig wird.[69] Die Satzungsänderung kann allerdings bei einem weiterhin mitbestimmten Aufsichtsrat im Fall der Verkleinerung des Aufsichtsrats nach hM nicht sofort, sondern zu Lasten der amtierenden Mitglieder erst mit Ablauf ihrer laufenden Amtsperiode vollzogen werden,[70] es sei denn, eine ausreichende Zahl von Mitgliedern stellt ihre Mandate freiwillig zur Verfügung (→ § 30 Rn. 101).

Die Durchführung eines Statusverfahrens wegen gesetzwidriger Zusammensetzung auf Grund veränderter Arbeitnehmerzahl kann nicht durch eine Satzungsklausel vermieden werden, die davon absieht, die konkrete Zahl der Aufsichtsratsmitglieder zu nennen, und statt dessen bestimmt, dass der Aufsichtsrat aus der Mindestzahl von Mitgliedern besteht, die sich aus den jeweils auf die Gesellschaft anwendbaren gesetzlichen Vorschriften ergibt. Eine solche **„dynamische" Satzungsklausel** soll eine Satzungsänderung erübrigen, wenn der Aufsichtsrat wegen veränderter Arbeitnehmerzahl vergrößert oder verkleinert werden soll. Sie verstößt nicht gegen § 95 S. 2 AktG, wonach die Satzung, wenn der Aufsichtsrat aus mehr als drei Mitgliedern bestehen soll, selbst eine bestimmte höhere Zahl festlegen muss (dazu → Rn. 8); denn die zwingenden Regelungen zur Aufsichtsratsgröße in den Mitbestimmungsgesetzen, auf welche die Satzungsklausel Bezug nimmt, haben nach § 95 S. 5 AktG Vorrang. Sie führt jedoch bei einer Verkleinerung des Aufsichtsrats, für die kein Statusverfahren erforderlich ist (→ Rn. 60), zur Rechtsunsicherheit, da mit dem Unterschreiten des Schwellenwerts die Besetzung des Aufsichtsrats ohne weiteres satzungswidrig wird.

3. Bekanntmachung nach § 97 AktG. Die Initiative für die außergerichtliche Klärung im Verfahren nach § 97 AktG liegt ausschließlich beim Vorstand. Wenn der Vorstand der Ansicht ist, dass der Aufsichtsrat nicht nach den maßgebenden gesetzlichen Vorschriften zusammengesetzt ist, muss er seine Ansicht über die anzuwendenden gesetzlichen Vorschriften nach § 97 Abs. 1 AktG bekannt machen. Die Bekanntmachung ist auch dann erforderlich, wenn zwischen allen Beteiligten Einigkeit über die erforderliche Änderung in der Zusammensetzung des Aufsichtsrats besteht. Wenn nicht innerhalb eines Monats seit der Bekanntmachung ein Antrag nach § 98 AktG auf gerichtliche Feststellung der maßgebenden gesetzlichen Vorschriften gestellt wird, ist die Bekanntmachung des Vorstands für alle Beteiligten verbindlich: Der neue Aufsichtsrat ist nach den in der Bekanntmachung angegebenen gesetzlichen Vorschriften zusammenzusetzen, § 97 Abs. 2 S. 1 AktG. Ein Antrag auf gerichtliche Entscheidung gemäß § 98 AktG ist auch nach Ablauf der Monatsfrist zulässig, und zwar nicht nur dann, wenn er auf neue Tatsachen gestützt wird, die nach Ablauf der Monatsfrist eingetreten sind.[71] Aber der Antrag kann nicht mehr verhindern, dass der Aufsichtsrat gemäß der Bekanntmachung des Vorstands zusammengesetzt wird und diese Zusammensetzung solange rechtmäßig ist, wie das Gericht nicht rechtskräftig im Verfahren nach §§ 98, 99 AktG eine abweichende Zusammensetzung verfügt hat.

Zu Form, Inhalt und Zeitpunkt der Bekanntmachung ist Folgendes anzumerken:

---

[69] OLG Hamburg WM 1988, 1487 (1488 f.); Hüffer/*Koch* AktG § 97 Rn. 3; MüKoAktG/*Habersack* § 95 Rn. 19, § 97 Rn. 14; Spindler/Stilz AktG/*Spindler* § 97 Rn. 8 f.; GroßkommAktG/*Hopt/ M. Roth* § 95 Rn. 90, 104 u. § 97 Rn. 11; *Raiser/Veil/Jacobs* MitbestG § 7 Rn. 5; HH MitbestR/ *Habersack* MitbestG § 6 Rn. 15; KölnKommAktG/*Mertens/Cahn* § 96 Rn. 44; *Ihrig/Schäfer*, Rechte und Pflichten des Vorstands, § 26 Rn. 951; aA WKS/*Wißmann* MitbestG § 7 Rn. 11; *Oetker* ZHR 149 (1985), 575 (584 f.).

[70] OLG Dresden ZIP 1997, 589 (591) m. zust. Bespr. *Dreher* EWiR 1997, 435 f.; OLG Hamburg WM 1988, 1487 (1489 f.); Spindler/Stilz AktG/*Spindler* § 97 Rn. 10; HH MitbestR/*Habersack* MitbestG § 6 Rn. 15; KölnKommAktG/*Mertens/Cahn* § 95 Rn. 26; MüKoAktG/*Habersack* § 95 Rn. 19.

[71] HH MitbestR/*Habersack* MitbestG § 6 Rn. 30; MüKoAktG/*Habersack* § 97 Rn. 30; *Göz* ZIP 1998, 1523.

64 a) Ort der Bekanntmachung. Die Bekanntmachung hat durch Veröffentlichung in allen Gesellschaftsblättern, also auf jeden Fall im Bundesanzeiger (§ 25 AktG), und durch Aushang in sämtlichen Betrieben der Gesellschaft und ihrer inländischen Konzernunternehmen zu erfolgen. Der Text sollte mit Ort, Datum – Monat genügt – und dem Vermerk „Der Vorstand" abgeschlossen werden; die Namen der Vorstandsmitglieder brauchen nicht angegeben zu werden. Für den Lauf der Monatsfrist zur Anrufung des Gerichts kommt es nicht auf den Aushang in den Betrieben, sondern nur auf den Zeitpunkt der Bekanntmachung im Bundesanzeiger an.

65 b) Angabe der maßgebenden Vorschriften. Der Vorstand muss die nach seiner Ansicht maßgebenden Vorschriften nennen (§ 97 Abs. 1 S. 2 AktG) und darauf hinweisen, dass der Aufsichtsrat nach diesen Vorschriften zusammengesetzt wird, wenn nicht Antragsberechtigte nach § 98 Abs. 2 AktG innerhalb eines Monats nach der Bekanntmachung im Bundesanzeiger das für den Sitz der Gesellschaft zuständige Gericht anrufen. Nach herrschender Meinung muss der Vorstand außerdem einleitend bemerken, dass der Aufsichtsrat nach seiner Ansicht nicht oder nicht mehr nach den für ihn maßgebenden gesetzlichen Vorschriften zusammengesetzt ist.[72] Wenn der Vorstand § 7 MitbestG für anwendbar hält, muss er auch die auf Grund der Zahl der Arbeitnehmer maßgebliche Alternative des § 7 Abs. 1 S. 1 MitbestG zur Größe des Aufsichtsrats bezeichnen.[73] Falls die Hauptversammlung freiwillig nach § 7 Abs. 1 S. 2 MitbestG eine höhere Mitgliederzahl von 16 oder 20 Mitgliedern beschlossen hat, ist auch dies mitzuteilen.[74]

66 c) Unverzügliche Bekanntmachung. Die Bekanntmachung hat unverzüglich, also ohne schuldhaftes Zögern zu erfolgen, nachdem der Vorstand zu der Überzeugung gelangt ist, dass der Aufsichtsrat nicht (mehr) richtig zusammengesetzt ist. Der Wortlaut des § 97 Abs. 2 AktG („ist") spricht – ebenso wie der Wortlaut des § 31 Abs. 3 AktG – dafür, dass die Bekanntmachung erst erfolgen darf und damit die Monatsfrist für die Anrufung des Gerichts erst in Gang gesetzt werden kann, wenn die für den Wechsel der maßgeblichen Vorschriften entscheidende tatsächliche Änderung, also zB die Veränderung der Arbeitnehmerzahl durch den Erwerb oder die Veräußerung von Unternehmen oder Betrieben, bereits eingetreten ist.[75] Eine frühere Bekanntmachung im Hinblick auf eine mit Sicherheit zu erwartende Änderung der Arbeitnehmerzahl würde zwar dem Ziel einer möglichst raschen Überleitung entsprechen, wäre aber rechtlich zu unsicher. Außerdem könnte sie dazu führen, dass das Antragsrecht der künftig betroffenen Arbeitnehmer, die erst mit Vollzug des Unternehmenserwerbs zu Arbeitnehmern der Gesellschaft werden, durch ein vorgezogenes Statusverfahren abgeschnitten würde. Dagegen dürfte es zulässig sein, das langwierige Verfahren der Arbeitnehmerwahlen schon vor der Bekanntmachung nach § 97 AktG einzuleiten, wenn man sonst besorgen muss, dass die Wahl der Arbeitnehmervertreter nicht innerhalb der Sechsmonatsfrist des § 97 Abs. 2 S. 2 AktG abgeschlossen werden kann[76] (auch → Rn. 71).

---

[72] MüKoAktG/*Habersack* § 97 Rn. 23; *Raiser/Veil/Jacobs* MitbestG § 6 Rn. 13; Hüffer AktG/*Koch* § 97 Rn. 4.

[73] HH MitbestR/*Habersack* MitbestG § 6 Rn. 21; WKS/*Wißmann* MitbestG § 6 Rn. 20.

[74] HH MitbestR/*Habersack* MitbestG § 6 Rn. 21; KölnKommAktG/*Mertens* §§ 97–99 Rn. 10; *Raiser/Veil/Jacobs* MitbestG § 6 Rn. 13; aA *Hoffmann/Lehmann/Weinmann* MitbestG § 37 Rn. 10.

[75] Ebenso HdB börsennotierte AG/*E. Vetter* § 24 Rn. 26; Lutter UmwG/*Grunewald* § 20 Rn. 30 (für die Verschmelzung); *Kauffmann-Lauven/Lenze* AG 2010, 532 (536); Wachter AktG/*Schick* § 97 Rn. 4; Hölters AktG/*Simons* § 97 Rn. 20; aA *Kiem/Uhrig* NZG 2001, 680 (686); MüKoAktG/ *Habersack* § 97 Rn. 20; GroßkommAktG/*Hopt/M. Roth* § 97 Rn. 43; KölnKommAktG/*Mertens/ Cahn* §§ 97–99 Rn. 3; *Ihrig/Schäfer*, Rechte und Pflichten des Vorstands, § 26 Rn. 959.

[76] WKS/*Wißmann* MitbestG vor § 9 Rn. 15; *Hoffmann/Lehmann/Weinmann* MitbestG § 37 Rn. 26; HdB börsennotierte AG/*E. Vetter* § 24 Rn. 33; GroßkommAktG/*Hopt/M. Roth* § 97 Rn. 43, 57; aA *Kauffmann-Lauven/Lenze* AG 2010, 532 (536).

4. Gerichtliche Entscheidung nach §§ 98, 99 AktG. Wenn zwischen den Beteiligten 67 streitig oder ungewiss ist, welche gesetzlichen Vorschriften für die Zusammensetzung anzuwenden sind, kann – auch ohne vorangehende Bekanntmachung des Vorstands nach § 97 AktG – nach § 98 Abs. 1 AktG die gerichtliche Entscheidung über die Zusammensetzung des Aufsichtsrats beantragt werden. Zu dem nach § 98 Abs. 2 AktG antragsberechtigten Personenkreis gehören insbesondere der Gesamtbetriebsrat oder, wenn in der Gesellschaft nur ein Betriebsrat besteht, der Betriebsrat (Nr. 4) und – wenn die Anwendung des MitbestG beantragt wird – die im Unternehmen oder einem nach § 5 MitbestG einbezogenen Konzernunternehmen vertretenen Gewerkschaften (Nr. 10). Die Spitzenorganisationen der Gewerkschaften sind nach Nr. 9 antragsberechtigt, wenn die Anwendung von Vorschriften umstritten ist, nach denen sie ein Vorschlagsrecht hätten. Nach dem MitbestG haben sie kein Vorschlagsrecht. Im MontanMitbestG und MitbestErgG haben sie seit der Gesetzesänderung im Jahre 1981 zwar kein unmittelbares Vorschlagsrecht mehr, aber ein Vorschlagsrecht gegenüber den Betriebsräten (→ Rn. 35). Deshalb ist ein Antragsrecht der Spitzenorganisationen beim Streit über die Anwendung der Montanmitbestimmung anzuerkennen.[77] Auch das Anhörungsrecht der Spitzenorganisationen nach § 99 Abs. 2 S. 2 AktG besteht folgerichtig nur im Verfahren über die Anwendung der Montanmitbestimmung.[78]

Das für den Sitz der Gesellschaft zuständige Landgericht (Kammer für Handelssachen)[79] 68 entscheidet über den Antrag im Verfahren der freiwilligen Gerichtsbarkeit nach dem FamFG und unter Beachtung der besonderen Regelungen des § 99 AktG. Einzelne Bundesländer haben auf Grund der früheren Ermächtigung nach § 98 Abs. 1 S. 2 AktG aF oder der heute geltenden Ermächtigung in § 71 Abs. 4 GVG die örtliche Zuständigkeit bei einem oder wenigen Landgerichten und – für die Beschwerdeinstanz – bei jeweils einem Gericht konzentriert.[80] Sowohl der Antrag – ohne Begründung – als auch die Entscheidung – ohne Gründe – sind vom Gericht in den Gesellschaftsblättern bekanntzumachen; außerdem hat der Vorstand die Entscheidung nach Rechtskraft zum Handelsregister einzureichen. Die rechtskräftige Entscheidung wirkt für und gegen alle, § 99 Abs. 5 S. 2 AktG.

5. Vollzug der Überleitung nach § 97 Abs. 2 AktG. Wenn auf Grund der unangefoch- 69 ten gebliebenen Bekanntmachung des Vorstands oder der rechtskräftigen gerichtlichen Entscheidung feststeht, dass andere als die bisher angewandten Vorschriften maßgebend sind, beginnt der Vollzug der Überleitung auf das neue Recht gemäß § 97 Abs. 2 AktG. Dazu bedarf es der Anpassung der Satzung, der Beendigung des Mandats der bisherigen Aufsichtsratsmitglieder und der Bestellung der neuen Mitglieder nach den nunmehr geltenden Vorschriften.

Nach § 97 Abs. 2 S. 2 AktG treten die Bestimmungen der Satzung über die Zusammen- 70 setzung des Aufsichtsrats, über die Zahl der Aufsichtsratsmitglieder sowie über die Wahl, Abberufung und Entsendung von Aufsichtsratsmitgliedern mit der Beendigung der ersten Hauptversammlung, die nach Ablauf der Monatsfrist für die Anrufung des Gerichts einberufen wird, spätestens sechs Monate nach Ablauf der Monatsfrist insoweit außer Kraft, als sie den nunmehr anzuwendenden gesetzlichen Vorschriften widersprechen. Bei der gerichtlichen Festlegung der anzuwendenden Vorschriften rechnet die Frist von sechs Monaten ab Eintritt der Rechtskraft, § 98 Abs. 4 S. 2 AktG. Mit dem Ende der Hauptversamm-

---

[77] MüKoAktG/*Habersack* § 98 Rn. 21; WKS/*Wißmann* MitbestG § 6 Rn. 35.
[78] WKS/*Wißmann* MitbestG § 6 Rn. 37.
[79] MüKoAktG/*Habersack* § 98 Rn. 2; Großkomm AktG/*Hopt/M. Roth* § 98 Rn. 19; aA Hüffer/*Koch* AktG § 98 Rn. 2: KfH nur auf Antrag einer Partei.
[80] Vgl. zB für Nordrhein-Westfalen VO v. 8.6.2010 GVBl. NRW 2010 S. 333 (LGe Dortmund, Düsseldorf und Köln und OLG Düsseldorf) sowie die Angaben bei HH MitbestR/*Habersack* MitbestG § 6 Rn. 33; Spindler/Stilz AktG/*Spindler* § 98 Rn. 5. Die auf § 98 Abs. 1 S. 2 AktG aF gestützten Verordnungen gelten fort (Hüffer/*Koch* AktG § 98 Rn. 2; aA *Simons* NZG 2012, 609 (612)).

lung oder dem Ablauf der sechs Monate erlischt das Amt aller bisherigen Aufsichtsratsmitglieder, § 97 Abs. 2 S. 3 AktG.

71 Nach der Vorstellung des Gesetzgebers findet im Normalfall während der Sechsmonatsfrist nach Ablauf der Einmonatsfrist eine Hauptversammlung statt, in der die Satzung angepasst und alle Aufsichtsratsmitglieder der Aktionäre neu bestellt werden. Das Gesetz erleichtert die Satzungsanpassung innerhalb der Sechsmonatsfrist, indem es abweichend von § 179 Abs. 2 AktG die einfache Stimmenmehrheit genügen lässt, § 97 Abs. 2 S. 4 AktG. Die Amtszeit der neu gewählten Aufsichtsratsmitglieder der Aktionäre beginnt, wenn die Wahl und die Anpassung der Satzung an die gesetzliche Mindestgröße während der Sechsmonatsfrist beschlossen wurden, nicht erst mit der Eintragung der Satzungsänderung, sondern schon mit dem Ende der Hauptversammlung. Das zwingende Gesetzesrecht überlagert, wie sich aus § 97 Abs. 2 S. 2 AktG ergibt, die noch nicht angepasste Fassung der Satzung. Die Satzungsänderung kann auch schon vor Ablauf der Monatsfrist und sogar schon vor der Änderung der maßgeblichen Arbeitnehmerzahl (dazu → Rn. 60) mit der Anweisung an den Vorstand beschlossen werden, sie erst nach widerspruchslosem Ablauf der Monatsfrist zur Eintragung anzumelden. Zusammen mit dem vorgezogenen Beschluss über die Satzungsänderung kann auch schon die Neuwahl der Aufsichtsratsmitglieder unter der aufschiebenden Bedingung der Eintragung der Satzungsänderung erfolgen.[81] In diesem Fall treten die in § 97 Abs. 2 S. 2 AktG genannten Satzungsbestimmungen schon mit der Eintragung der zuvor beschlossenen Satzungsänderung außer Kraft; gleichzeitig erlöschen die Ämter der bisherigen Aufsichtsratsmitglieder analog § 97 Abs. 2 S. 3 AktG und beginnt die Amtszeit der neu gewählten Mitglieder der Anteilseigner.

72 Auch die Amtszeit der Arbeitnehmervertreter beginnt, wenn sie bereits gewählt worden sind, zu demselben Zeitpunkt, also mit der Eintragung der Satzungsänderung. Bei einem nach dem MitbestG zusammengesetzten Aufsichtsrat wird es angesichts des langwierigen Wahlverfahrens allerdings im Regelfall nicht gelingen, die Wahl der Arbeitnehmervertreter schon vor der Hauptversammlung und der Eintragung der Satzungsänderung abzuschließen. In diesem Fall werden die fehlenden Arbeitnehmervertreter nach § 104 Abs. 2 AktG auf Antrag durch das Registergericht für die Zeit bis zum Abschluss der Arbeitnehmerwahlen bestellt. Den Antrag stellt zweckmäßig der Vorstand, verbunden mit einer von den Betriebsräten und den Gewerkschaften aufgestellten Vorschlagsliste.

73 Falls die Sechsmonatsfrist des § 97 Abs. 2 S. 2 AktG ohne eine Hauptversammlung verstreicht oder zwar eine Hauptversammlung stattfindet, aber keine Satzungsanpassung beschlossen wird, treten die mit dem neuen gesetzlichen Aufsichtsratsstatut unvereinbaren Satzungsbestimmungen außer Kraft. An ihre Stelle treten die gesetzlichen Vorschriften. Soweit die gesetzlichen Vorschriften Raum lassen für ergänzende oder ändernde Satzungsbestimmungen, können diese auch noch von einer späteren Hauptversammlung beschlossen werden, allerdings ohne Rückwirkung und nur mit der normalen satzungsändernden Mehrheit.

§ 29 Aufgaben des Aufsichtsrats

Übersicht

	Rn.		Rn.
I. Stellung des Aufsichtsrats in der Organverfassung der AG	1–27	b) Vorstandsorganisation	3
1. Gesetzliche Zuständigkeiten	1–10	c) Überwachung der Geschäftsführung	4
a) Personalentscheidungen	2		

---

[81] Zustimmend zu diesem Verfahren *Ihrig/Schäfer*, Rechte und Pflichten des Vorstands, § 26 Rn. 979; *Hüffer/Koch* AktG § 97 Rn. 5; *Butzke* Hauptversammlung der AG S. 379 Fn. 27; HdB börsennotierte AG/*E. Vetter* § 24 Rn. 30; *Schnitker/Grau* NZG 2007, 486 (487 f.); ausführlich *Kiem/Uhrig* NZG 2001, 680 (683 ff.).

	Rn.		Rn.
d) Mitentscheidung über Jahresabschluss und Ergebnisverwendung	5	e) Geltendmachung von Schadensersatzansprüchen	38–43
e) Aufgaben in Bezug auf die Hauptversammlung	6	f) Aufklärung des Sachverhalts	44, 45
		2. Mittel der Überwachung	46–67
		a) Übersicht	46
f) Änderungen der Satzungsfassung	7	b) Meinungsbildung, Meinungsäußerung und Beratung	47–51
g) Entscheidung über die Ausübung von Beteiligungsrechten	8	c) Einsichts- und Prüfungsrecht nach § 111 Abs. 2 S. 1 und 2 AktG	52–56
h) Mitentscheidung über die Ausnutzung eines genehmigten Kapitals	9	d) Prüfungsauftrag für den Jahres- und Konzernabschluss	57
i) Entsprechenserklärung zum Deutschen Corporate Governance Kodex	10	e) Zustimmungsvorbehalte nach § 111 Abs. 4 S. 2 AktG	58–67
2. Verhältnis zu den anderen Organen	11–22	3. Geschäfte mit nahestehenden Personen	68–80
a) Aufsichtsrat und Vorstand	11–18	a) Erfasste Geschäfte und Personen	69, 70
b) Aufsichtsrat und Hauptversammlung	19–22	b) Ausnahmen vom Zustimmungsvorbehalt	71, 72
3. Beirat	23–27	c) Schwellenwert	73
II. Überwachung der Geschäftsführung	28–80	d) Zustimmungsverfahren	74–77
1. Gegenstand und Maßstab der Überwachung	28–45	e) Veröffentlichung	78–80
a) Geschäftsführung als Gegenstand der Überwachung	28–31	III. Entscheidung über die Ausübung von Beteiligungsrechten nach § 32 MitbestG und § 15 MitbestErgG	81–88
b) Überwachung der Konzernführung	32	1. Grundgedanke	81
c) Maßstab der Überwachung	33–36	2. Anwendungsbereich	82–84
d) Vergangenheitsbezogene Überwachung	37	3. Weisungsbindung des Vorstands	85
		4. Beschlussfassung im Aufsichtsrat	86–88

Schrifttum: *Bachmann,* Dialog zwischen Investor und Aufsichtsrat, VGR-Schriftenreihe Bd. 22, 2016, S. 135–180; *Börsig/Löbbe,* Die gewandelte Rolle des Aufsichtsrats, FS Hoffmann-Becking, 2013, S. 125–156; *Casper,* Hat die grundsätzliche Verfolgungspflicht des Aufsichtsrats im Sinne des ARAG/Garmenbeck-Urteils ausgedient?, ZHR 176 (2012), 617–651; *Fonk,* Zustimmungsvorbehalte des AG-Aufsichtsrats, ZGR 2006, 841–874; *Götte,* Leitung, Aufsicht, Haftung – zur Rolle der Rechtsprechung bei der Sicherung einer modernen Unternehmensführung, FS 50 Jahre BGH, 2001, S. 123–142; *Fleischer,* Gestaltungsgrenzen für Zustimmungsvorbehalte des Aufsichtsrats nach § 111 Abs. 4 S. 2 AktG, BB 2013, 835–843; *Florstedt,* Der Aktionärsschutz bei Geschäften mit nahestehenden Personen gem. § 107 AktG und §§ 111a-c AktG, ZHR 184 (2020), 10-59; *Goette,* Grundsätzliche Verfolgungspflicht des Aufsichtsrats bei sorgfaltswidrig schädigendem Verhalten im AG-Vorstand?, ZHR 176 (2012), 588–616; Grigoleit, Regulierung von Related Party Transactions im Kontext des deutschen Konzernrechts, ZGR 2019, 412–462; *Habersack,* Corporate Governance – Belange und Arbeitnehmerbelange im Rahmen des § 111 Abs. 4 Satz 2 AktG, ZHR 178 (2014), 131–149; *ders.,* Zur Aufklärung gesellschaftsinternen Fehlverhaltens durch den Aufsichtsrat der AG, FS Stilz, 2014, S. 191–203; *Harbarth,* Zustimmungsvorbehalt im faktischen Aktienkonzern, FS Hoffmann-Becking, 2013, S. 457–468; *Heller,* Unternehmensführung und Unternehmenskontrolle unter besonderer Berücksichtigung der Gesamtverantwortung des Vorstands, 1998; *Hirt/Hopt/Mattheus,* Dialog zwischen dem Aufsichtsrat und Investoren, AG 2016, 725–739; *Hoffmann-Becking,* Der Aufsichtsrat im Konzern, ZHR 159 (1995), 325–345; *ders.,* Rechtliche Möglichkeiten und Grenzen einer Verbesserung der Arbeit des Aufsichtsrats, FS Havermann, 1995, S. 230–246; *ders.,* Das Recht des Aufsichtsrats zur Prüfung durch Sachverständige, ZGR 2011, 136–154; *Hommelhoff,* Zur Anteils- und Beteiligungsüberwachung im Aufsichtsrat, FS Stimpel, 1985, S. 603–620; *ders.,* Vernetzte Aufsichtsratsüberwachung im Konzern?, ZGR 1996, 144–163; *Koch,* Investorengespräche des Aufsichtsrats AG 2017, 129–141; *ders,,* Die schleichende Erosion der Verfolgungspflicht nach ARAG/Garmenbeck, NZG 2014, 934–942; *Köstler/Müller/Sick,* Aufsichtsratspraxis, 10. Aufl. 2013; *Kropff,* Informationsbeschaffungspflichten des Aufsichtsrats, FS Raiser, 2005, S. 226–245; *Leyens,* Information des Aufsichtsrats, 2006; *Löbbe,* Unternehmenskontrolle im Konzern, 2003; *Lutter,* Information und Vertraulichkeit im Aufsichtsrat, 3. Aufl. 2006; *ders.,* Zur Wirkung von Zustimmungsvorbehalten nach § 111 Abs. 4 Satz 2 AktG auf nahestehende Gesellschaften, FS Fischer, 1979, S. 419 ff.; *Lutter/Krieger/Verse,* Rechte und Pflichten des Aufsichtsrats, 7. Aufl. 2020; *Martens,* Der Aufsichtsrat im Konzern, ZHR 159 (1995), 567–592;

Moosmayer/Petrasch, Gesetzliche Regelungen für Internal Investigations, ZHR 182 (2018), 504–538; *Reichert,* Existenzgefährdung bei der Durchsetzung von Organhaftungsansprüchen, ZHR 177 (2013), 756–781; *ders.,* Das Prinzip der Rechtsverfolgung von Schadensersatzansprüchen nach „ARAG/Garmenbeck", FS Hommelhoff, 2013, S. 907–926; *ders.,* „ARAG/Garmenbeck" im Praxistest, ZIP 2016, 1189–1198; *Schiessl,* Die Rolle des Aufsichtsrats der Zielgesellschaft bei der Anbahnung öffentlicher Übernahmen, FS Hoffmann-Becking, 2013, S. 1019–1038; *Schnorbus/Ganzer,* Zustimmungsvorbehalte des Aufsichtsrats – Rechte, Pflichten und Haftungsrisiken von Vorstand und Aufsichtsrat, Teil I BB 2020, 386 ff., Teil II BB 2020, 451–461; *Seibt,* Verhaltenspflichten und Handlungsoptionen des Aufsichtsrats der Zielgesellschaft in Übernahmesituationen, FS Hoffmann-Becking, 2013, S. 1119–1145; *Selter,* Die Beratung des Aufsichtsrats und seiner Mitglieder, 2014; *Semler,* Leitung und Überwachung der Aktiengesellschaft, 2. Aufl. 1996; *Semler/v. Schenck,* Arbeitshandbuch für Aufsichtsratsmitglieder, 4. Aufl. 2013; *v. Schenck,* Der Aufsichtsrat, 2015; *Seyfarth,* Vorstandsrecht, 2016; *E. Vetter,* Shareholders Communication – Wer spricht mit den institutionellen Investoren?, AG 2016, 873–877.

I. Stellung des Aufsichtsrats in der Organverfassung der AG

1. Gesetzliche Zuständigkeiten. Der Aufsichtsrat der AG ist – anders als zB der Beirat einer Personengesellschaft und der Aufsichtsrat einer nicht mitbestimmten GmbH – kein freiwilliges, sondern ein gesetzlich **notwendiges Organ** der Gesellschaft. Das Gesetz weist ihm – verstreut über die einzelnen Teile des Aktiengesetzes – zahlreiche Aufgaben zu, die sich nur schwer auf einen gemeinsamen Nenner bringen lassen. Die Überwachungspflicht des Aufsichtsrats und seine Personalhoheit zur Bestellung und Anstellung der Vorstandsmitglieder stehen zwar im Vordergrund, aber es ist nicht möglich, alle seine Aufgaben, zB auch die Feststellung des Jahresabschlusses nach § 172 AktG und die Verwaltungsvorschläge für die Hauptversammlung nach § 124 Abs. 3 AktG, als Ausprägungen der Überwachungs- und Personalkompetenzen zu deuten.

Im Einzelnen kann man die folgenden Aufgaben und Gruppen von Aufgaben unterscheiden:

a) Personalentscheidungen. Die Entscheidungen des Aufsichtsrats zur personellen Besetzung des Vorstands, insbesondere zur Bestellung und Anstellung von Vorstandsmitgliedern, werden oben in §§ 20, 21 und 24 behandelt. Zu dem Kreis der Personalentscheidungen des Aufsichtsrats gehört auch die Festlegung von Zielgrößen für den Frauenanteil im Vorstand nach § 111 Abs. 5 AktG (dazu → § 20 Rn. 11), sowie die Entscheidung über Kreditgewährungen an Vorstandsmitglieder, Angehörige von Vorstandsmitgliedern, Prokuristen und Generalbevollmächtigte nach § 89 AktG (dazu → § 21 Rn. 151 ff.) und über die Geltendmachung von Haftungsansprüchen der Gesellschaft gegen Vorstandsmitglieder (dazu → Rn. 38 ff.). Auch die Zustimmung zu Verträgen mit Aufsichtsratsmitgliedern nach § 114 AktG sowie zur Kreditgewährung an Aufsichtsratsmitglieder nach § 115 AktG (dazu → § 33 Rn. 56) wird, obwohl es dabei nicht um Vorstandspersonalia geht, in der Praxis häufig auf den „Personalausschuss" des Aufsichtsrats (dazu → § 32 Rn. 10) delegiert.

b) Vorstandsorganisation. Die Kompetenz des Aufsichtsrats nach § 77 Abs. 2 S. 1 AktG zur Regelung der Geschäftsordnung und Geschäftsverteilung des Vorstands wird oben in → § 22 Rn. 30 f. behandelt.

c) Überwachung der Geschäftsführung. Gegenstand, Maßstab und Mittel der Überwachungstätigkeit des Aufsichtsrats werden nachfolgend in → Rn. 28 ff. dargestellt.

d) Mitentscheidung über Jahresabschluss und Ergebnisverwendung. Erteilung des **Prüfungsauftrags für den Jahres- und den Konzernabschluss** nach § 111 Abs. 2 S. 3 AktG (dazu → § 45 Rn. 5) sowie **Mitentscheidung über Jahresabschluss und Ergebnisverwendung** (dazu unten §§ 45–47).

e) Aufgaben in Bezug auf die Hauptversammlung. Aufgaben in Bezug auf die 6
Hauptversammlung, insbesondere Einberufung der Hauptversammlung nach § 111 Abs. 3 AktG (dazu → § 36 Rn. 11), Beschlussvorschläge der Verwaltung nach § 124 Abs. 3 AktG (dazu → § 36 Rn. 80 ff.), Berichte des Aufsichtsrats an die Hauptversammlung nach §§ 171 Abs. 2, 314 AktG (dazu → § 45 Rn. 17 ff.), Teilnahme an der Hauptversammlung nach § 118 AktG (dazu → § 37 Rn. 2) sowie Anfechtung von Hauptversammlungsbeschlüssen nach § 245 Nr. 5 AktG (dazu unter → § 42 Rn. 82) und Vertretung der Gesellschaft bei Anfechtungsklagen von Aktionären nach § 246 Abs. 2 AktG (dazu → § 42 Rn. 109). Zu den Beschlussvorschlägen des Aufsichtsrats an die Hauptversammlung nach § 124 Abs. 3 AktG gehören insbesondere seine Vorschläge zur Wahl von Aufsichtsratsmitgliedern (dazu → § 30 Rn. 46 ff.), bei denen ggf. die zwingende Geschlechterquote nach § 98 Abs. 2 AktG zu beachten ist (dazu → § 30 Rn. 31 ff.) und für die eine im Vorfeld nach § 111 Abs. 5 AktG festgelegte Zielgröße für den Frauenanteil im Aufsichtsrat (dazu → § 30 Rn. 42) faktisch von Belang sein kann.

f) Änderungen der Satzungsfassung. Änderungen der Satzungsfassung nach § 179 7
Abs. 1 S. 2 AktG (dazu → § 40 Rn. 76).

g) Entscheidung über die Ausübung von Beteiligungsrechten. Entscheidung über 8
die Ausübung von Beteiligungsrechten nach § 32 MitbestG und § 15 MitbestErgG (dazu → Rn. 63 ff.).

h) Mitentscheidung über die Ausnutzung eines genehmigten Kapitals. Mitent- 9
scheidung über die Ausnutzung eines genehmigten Kapitals nach §§ 202 Abs. 3 S. 2, 204 Abs. 1 S. 2 AktG (dazu → § 59 Rn. 48).

i) Entsprechenserklärung zum Deutschen Corporate Governance Kodex. Ent- 10
sprechenserklärung zum Deutschen Corporate Governance Kodex nach § 161 **AktG** (dazu → § 34 Rn. 15 ff.).

2. Verhältnis zu den anderen Organen. a) Aufsichtsrat und Vorstand. Der Vorstand 11
führt die Geschäfte und leitet die Gesellschaft unter eigener Verantwortung, § 76 Abs. 1 AktG. Der Aufsichtsrat führt nicht die Geschäfte, sondern überwacht die Führung der Geschäfte durch den Vorstand, § 111 Abs. 1 AktG. Auch soweit der Aufsichtsrat auf Grund von Zustimmungsvorbehalten nach § 111 Abs. 4 S. 2 AktG an bestimmten Geschäften mitwirkt, besitzt er kein Initiativ- oder gar Weisungsrecht gegenüber dem Vorstand (näher dazu → Rn. 53). Zur Vertretung der AG durch den Aufsichtsrat gegenüber Vorstandsmitgliedern nach § 112 AktG → § 23 Rn. 6 ff.

Diese **zweigliedrige („duale" oder „dualistische") Organisation** der Verwaltung mit einer klar konturierten Trennung der Kompetenzen des geschäftsführenden Vorstands und des überwachenden Aufsichtsrats ist für die deutsche Aktiengesellschaft seit jeher kennzeichnend und hat sich insbesondere als Organisationsform für große Unternehmen bewährt. Vgl. → § 19 Rn. 2 ff.

Da der Aufsichtsrat die Geschäfte nicht selbst führt, sondern nur intern überwacht und 12
ihm nach § 111 Abs. 4 S. 1 AktG auch keine Maßnahmen der Geschäftsführung übertragen werden können, vertritt er die Gesellschaft nicht im Rechtsverkehr nach außen. Gegenüber den Vorstandsmitgliedern ist der Aufsichtsrat allerdings gesetzlicher Vertreter der Gesellschaft, § 112 AktG (vgl. → § 21 Rn. 21, → § 23 Rn. 6), und bei Anfechtungs- und Nichtigkeitsklagen gegen Hauptversammlungsbeschlüsse wird die beklagte Gesellschaft von Vorstand und Aufsichtsrat gemeinsam vertreten, § 246 Abs. 2 AktG (vgl. → § 42 Rn. 109). Auch bei der Beauftragung von Sachverständigen nach § 111 Abs. 2 S. 2 AktG (dazu → Rn. 54 ff.) und bei der Vorbereitung einer von ihm einberufenen Hauptversammlung (dazu → § 36 Rn. 11) kann der Aufsichtsrat die Gesellschaft unmittelbar verpflichten.

Der klaren Trennung der Aufgaben der beiden Organe entspricht das **Verbot der** 13
Doppelmitgliedschaft in beiden Organen (dazu näher unter → § 30 Rn. 9 ff.). Ein Vor-

standsmitglied kann nicht zugleich Aufsichtsratsmitglied der Gesellschaft sein, § 105 Abs. 1 AktG. Darüber hinaus kann auch ein Vorstandsmitglied, Geschäftsführer oder sonstiger gesetzlicher Vertreter eines von der Gesellschaft abhängigen Unternehmens nicht dem Aufsichtsrat angehören, weil von ihm keine wirkungsvolle Überwachung des Vorstands, von dem er selbst abhängt, erwartet werden kann, § 100 Abs. 2 S. 1 Nr. 2 AktG (dazu → § 30 Rn. 19). Aus demselben Grunde verbietet das Gesetz in § 100 Abs. 2 S. 1 Nr. 3 AktG auch eine Überkreuzverflechtung zwischen den Vorständen und Aufsichtsräten von zwei Kapitalgesellschaften (→ § 30 Rn. 21).

14   Das Gesetz gestattet nur eine eng begrenzte Ausnahme vom Verbot der Doppelmitgliedschaft in Vorstand und Aufsichtsrat: Einzelne Aufsichtsratsmitglieder können durch den Aufsichtsrat nach § 105 Abs. 2 AktG für längstens ein Jahr „zu Stellvertretern von fehlenden oder behinderten Vorstandsmitgliedern" bestellt werden, um eine vakante Position im Vorstand vorübergehend zu besetzen oder anstelle eines erkrankten oder aus anderem Grunde an der Amtsführung verhinderten Vorstandsmitglieds tätig zu werden (dazu → § 24 Rn. 24 ff.). Für die Dauer seiner **Delegation in den Vorstand** kann das Aufsichtsratsmitglied zwar seine Rechte im Aufsichtsrat nicht ausüben, § 105 Abs. 2 S. 3 AktG; es behält aber sein Aufsichtsratsmandat, so dass im Aufsichtsrat keine Vakanz entsteht. Demgemäß rückt ein etwa gewähltes Ersatzmitglied nicht anstelle des in den Vorstand delegierten Mitglieds in den Aufsichtsrat ein.[1] Da das delegierte Mitglied weiterhin dem Aufsichtsrat angehört, kann nach dem Wortlaut des § 104 AktG auch nicht eine gerichtliche Ersatzbestellung für die Dauer der Delegation erfolgen; § 104 AktG ist aber analog anzuwenden, da es bei materieller Betrachtung auf die Zahl der zur Mitwirkung an Beschlüssen berechtigten Mitglieder ankommt (auch → § 30 Rn. 73).[2]

15   Die Bezeichnung als „Stellvertreter" eines Vorstandsmitglieds ist missverständlich. Das in den Vorstand delegierte Aufsichtsratsmitglied ist nicht Vertreter eines bestimmten Vorstandsmitglieds iSv § 164 BGB, sondern besitzt für die Dauer seiner Bestellung dieselbe unmittelbare organschaftliche Vertretungsmacht für die Gesellschaft wie jedes andere Vorstandsmitglied. Demgemäß ist auch der „Stellvertreter" nach § 81 Abs. 1 AktG zum Handelsregister anzumelden. Der vom Aufsichtsrat nach § 105 Abs. 2 AktG delegierte „Stellvertreter" darf auch nicht mit dem stellvertretenden Vorstandsmitglied iSd § 94 AktG verwechselt werden (dazu → § 24 Rn. 20).

16   Bei einigen Aufgaben, die dem Aufsichtsrat über den Bereich der Personalentscheidungen und der Überwachung der Geschäftsführung hinaus zugewiesen sind, soll der Aufsichtsrat gemeinsam und einvernehmlich mit dem Vorstand handeln. Das gilt insbesondere für die Verpflichtung von Vorstand und Aufsichtsrat aus § 124 Abs. 3 AktG, der Hauptversammlung zu allen Punkten der Tagesordnung Beschlussvorschläge zu machen (vgl. → § 36 Rn. 80 ff.). Auch der Jahresabschluss wird im Regelfall durch Vorstand und Aufsichtsrat gemeinsam festgestellt, § 172 AktG (vgl. → § 46 Rn. 1 ff.).

17   Die Öffentlichkeitsarbeit der Gesellschaft gehört zur Geschäftsführung und ist deshalb nicht Aufgabe des Aufsichtsrats sondern des Vorstands. Der Aufsichtsrat kommuniziert mit den Aktionären im Regelfall nur über die Hauptversammlung, nämlich durch seinen schriftlichen Bericht an die Hauptversammlung (→ § 45 Rn. 17 ff.) und durch den mündlichen Bericht des Aufsichtsratsvorsitzenden in der Hauptversammlung (→ § 37 Rn. 89) sowie die ergänzende Beantwortung von Fragen zu Aufsichtsratsthemen in der Hauptversammlung durch den Aufsichtsratsvorsitzenden (→ § 38 Rn. 7) Jedenfalls nach dem bislang herrschenden Verständnis der Aufgabenverteilung zwischen Vorstand und Aufsichtsrat kann es nur in Ausnahmefällen zur Abwendung von Nachteilen für die Gesellschaft angezeigt

---

[1] *Heidbüchel* WM 2004, 1317 (1321).
[2] IErg ebenso GroßkommAktG/*Hopt/M. Roth* § 104 Rn. 22, § 105 Rn. 55; MüKoAktG/*Habersack* § 104 Rn. 13; KölnKommAktG/*Mertens/Cahn* § 104 Rn. 5, § 105 Rn. 27; Spindler/Stilz AktG/*Spindler* § 104 Rn. 13, § 105 Rn. 33; Bürgers/Körber AktG/*Bürgers/Israel* § 105 Rn. 11; Hölters AktG/*Simons* § 105 Rn. 21; aA *Heidbüchel* WM 2004, 1317 (1322).

sein, dass sich der Aufsichtsrat außerhalb der Hauptversammlung gegenüber der Öffentlichkeit äußert, zB durch eine Vertrauenserklärung für ein in der Öffentlichkeit angegriffenes Vorstandsmitglied.[3]

Neuerdings wird dagegen für börsennotierte Gesellschaften vorgeschlagen oder sogar gefordert, dass der Aufsichtsrat regelmäßig für einen **Dialog mit institutionellen Investoren** zur Verfügung steht, und zwar durch seinen Vorsitzenden. Diese Bestrebungen haben in 2017 Eingang in den **Kodex** gefunden, wenn auch zunächst nur als Anregung: Der Aufsichtsratsvorsitzende sollte in angemessenem Rahmen bereit sein, mit Investoren über aufsichtsratsspezifische Themen Gespräche zu führen (Ziff. 5.2 DCGK 2017, nunmehr Empfehlung A3 im Kodex 2019).[4] Vorangegangen war in 2016 eine viel beachtete Präsentation von „Leitsätzen für den Dialog zwischen Investor und Aufsichtsrat"[5], die von einer privaten Arbeitsgruppe verfasst wurden. Wenn man sich an diese Leitsätze hält, können in den Gesprächen, die vom Aufsichtsratsvorsitzenden geführt werden sollen, ua die folgenden Themen erörtert werden: Zusammensetzung und Vergütung des Aufsichtsrats, Anforderungsprofile für die Bestellung der Mitglieder des Vorstands und die Geschäftsverteilung des Vorstands, Angemessenheit der Vorstandsvergütung sowie Rolle des Aufsichtsrats im Strategieprozess und seine Einschätzung zur Strategieumsetzung. Im Schrifttum sind diese Initiativen auf Zustimmung[6], aber auch auf entschiedene Ablehnung gestoßen.[7] Für eine Befugnis des Aufsichtsrats zu Investorengesprächen werden vor allem die tatsächlichen Anforderungen und die gelebte Praxis des angelsächsisch geprägten Kapitalmarkts sowie die gestiegene Bedeutung des Aufsichtsrats im heutigen Verständnis der Aufgabenverteilung zwischen den Organen der AG angeführt. Auch wird argumentiert, die Befugnis des Aufsichtsrats zur Außenkommunikation ergebe sich als Annexkompetenz aus seinen sachlichen Zuständigkeiten. Gegen Gespräche des Aufsichtsrats mit institutionellen Investoren wird das Gebot der Gleichbehandlung der Aktionäre ins Feld geführt. Allerdings stellt sich die Frage, ob die bevorzugte Behandlung institutioneller Investoren sachlich gerechtfertigt und deshalb durch § 53a AktG und den Kodex (Grundsatz 20 DCGK) gedeckt ist, gleichermaßen für die üblichen und heute kaum noch kritisierten Investorengespräche des Vorstands. Gewichtiger ist der Einwand fehlender Zuständigkeit des Aufsichtsrats, da es um einen Vorgang der Geschäftsführung geht und der Aufsichtsrat als Innenorgan nicht zur Geschäftsführung befugt ist. Auch ist aufsichtsratsintern zu bedenken, dass der Vorsitzende für externe Stellungnahmen, die er im Namen des Aufsichtsrats abgibt, nach herrschender Meinung einer besonderen Ermächtigung durch den Aufsichtsrat bedarf und dies jedenfalls insoweit gilt, als durch die Stellungnahme die Beratungen des Aufsichtsrats offengelegt werden (→ § 33 Rn. 65). Schließlich und nicht zuletzt besteht bei Investorengesprächen, die der Aufsichtsratsvorsitzende ohne den Vorstand führt, das Risiko, dass sich der Aufsichtsratsvorsitzende mit seinen Äußerungen gewollt oder ungewollt in Widerspruch setzt zu dem, was der Vorstand dem Kapitalmarkt signalisiert.

---

[3] S. statt vieler *Lutter/Krieger/Verse,* Rechte und Pflichten des Aufsichtsrats, 7. Aufl. 2020, § 6 Rn. 284, § 9 Rn. 683.
[4] Dazu ausf. Kremer/Bachmann/Lutter/v. Werder DCGK/*Kremer* Rn. 1269 ff.
[5] Fassung vom 5.7.2016, abrufbar unter www.governancematters.de, abgedruckt in AG 2016, R 300 ff.
[6] *Hirt/Hopt/Mattheus* AG 2016, 725 ff.; *Bachmann* in Gesellschaftsrecht in der Diskussion 2016, VGR-Schriftenreihe Bd. 22, 2017, S. 135 ff.; GroßkommAktG/*Hopt/Roth* § 111 Rn. 577 ff.; *Schiliha/Theusinger* NZG 2019, 521 (522 ff.); *Hopt* ZGR 2019, 507 (525 ff.); nur eingeschränkt zust. *Spindler* FS Seibert, 2019, 855 (865 ff.). In diesem Sinne auch schon *Fleischer/Bauer/Wansleben* DB 2015, 360 (362 ff.); *Drinhausen/Marsch-Barner* AG 2014, 337 (349 f.); *Leyendecker-Langner* NZG 2015, 44 f.
[7] *J. Koch* AG 2017, 129 ff.; Hüffer/*Koch* AktG § 111 Rn. 34a f.; *E. Vetter* AG 2016, 873 ff.; HdB börsennotierte AG/*E.Vetter* § 27 Rn. 10a; *Grunewald* ZIP 2016, 2009 (2010); *Lutter/Krieger/Verse,* Rechte und Pflichten des Aufsichtsrats, 7. Aufl. 2020, § 6 Rn. 284, § 11 Rn. 680; kritisch auch DAV-Handelsrechtsausschuss NZG 2017, 57 (59 f.).

19 b) Aufsichtsrat und Hauptversammlung. Der Aufsichtsrat steht als Repräsentativorgan der Aktionäre zwischen Hauptversammlung und Vorstand: Die Hauptversammlung wählt die Vertreter der Anteilseigner im Aufsichtsrat, und der Aufsichtsrat bestellt die Mitglieder des Vorstands. Unter diesem Aspekt könnte man die Hauptversammlung als das oberste Organ der Gesellschaft bezeichnen. Aber der Aufsichtsrat besitzt in dem sorgfältig austarierten Zusammenspiel der drei Organe, das sich als ein System von „checks and balances" darstellt, auch eine beträchtliche Eigenständigkeit gegenüber der Hauptversammlung. Nach der Organisationsverfassung der AG ist die Hauptversammlung den beiden Verwaltungsorganen nicht übergeordnet.[8] Insbesondere sind der Aufsichtsrat und seine Mitglieder keinen Weisungen der Hauptversammlung unterworfen. Weder die Wahl eines Aufsichtsratsmitglieds durch die Hauptversammlung noch die Entsendung eines Aufsichtsratsmitglieds durch einen entsendungsberechtigten Aktionär begründen ein imperatives Mandat. Jedes Aufsichtsratsmitglied, gleichgültig, ob es durch Wahl der Hauptversammlung oder durch Entsendung oder durch Wahl der Arbeitnehmer bestellt worden ist, ist bei seiner Amtsführung **frei von Weisungen** (→ § 33 Rn. 7 ff.). Andererseits ist durch die rechtlich jederzeit gegebene Möglichkeit der Abberufung nach § 103 AktG im Regelfall faktisch gewährleistet, dass die gewählten oder entsandten Aufsichtsratsmitglieder nicht gegen einen erklärten Willen der Hauptversammlung, des Mehrheitsaktionärs oder des entsendungsberechtigten Aktionärs handeln werden.

20 Die Hauptversammlung kann auch als Satzungsgeber nur sehr begrenzt den Inhalt der Aufsichtsratsentscheidungen vorbestimmen. So ist es zwar möglich, Eignungsvoraussetzungen für Vorstandsmitglieder in der Satzung abstrakt vorzuschreiben, das Auswahlermessen des Aufsichtsrats muss aber in weitem Umfang erhalten bleiben (näher → § 20 Rn. 6 ff.). Die Hauptversammlung besitzt allerdings ein Mittel, um auf die Besetzung des Vorstands konkret Einfluss zu nehmen: Wenn sie einem Vorstandsmitglied aus Gründen, die nicht offenbar unsachlich sind, das Vertrauen entzieht, besteht für den Aufsichtsrat ein wichtiger Grund zur Abberufung des Vorstandsmitglieds nach § 84 Abs. 3 S. 2 AktG (→ § 20 Rn. 58).

21 Die interne Verfahrensordnung des Aufsichtsrats kann weitgehend durch die Satzung vorbestimmt werden. Jedoch gibt es auch hier Grenzen. Insbesondere kann die Satzung nicht die Bildung und Besetzung von Aufsichtsratsausschüssen vorschreiben (→ § 32 Rn. 41). Die Satzung kann auch Zustimmungsvorbehalte zugunsten des Aufsichtsrats nach § 111 Abs. 4 S. 2 AktG begründen und muss das sogar, wenn der Aufsichtsrat keine Zustimmungsvorbehalte bestimmt; sie kann den Kreis der zustimmungsbedürftigen Geschäfte aber nicht abschließend regeln, so dass dem Aufsichtsrat eine Ergänzung des Zustimmungskatalogs stets unbenommen bleibt (→ Rn. 52). Schließlich ist zu erwähnen, dass die Hauptversammlung in der Satzung Einzelfragen der Geschäftsordnung des Vorstands regeln und dadurch die Gestaltungsfreiheit des Aufsichtsrats beim Erlass einer Geschäftsordnung für den Vorstand beschränken kann (§ 77 Abs. 2 S. 2 AktG, → § 31 Rn. 2).

22 Zum Bericht des Aufsichtsrats an die Hauptversammlung → § 45 Rn. 17 ff.

23 **3. Beirat.** Insbesondere bei Banken und Versicherungen trifft man bisweilen auf „Beiräte" – mitunter auch in Form von regionalen „Landesbeiräten" –, die neben und unabhängig von dem Aufsichtsrat als besondere **Beratungsgremien** eingerichtet werden und vor allem der Pflege des Kontakts zu wesentlichen Kunden dienen. Unter der Bezeichnung „Beirat", „Aktionärsausschuss" und ähnlichen Bezeichnungen finden sich in der Praxis außerdem Koordinationsgremien der Aktionäre, die der Meinungsbildung der wesentlichen Aktionäre dienen und regelmäßig zu Informations- und Beratungsgesprächen mit dem Vorstand zusammentreffen.[9]

---

[8] BVerfG NZG 2000, 192 (193) – Wenger/Daimler-Benz; Hüffer/*Koch* AktG § 118 Rn. 4; *Goette* AG 2006, 522 (523).

[9] Vgl. LG Köln AG 1976, 329 m. Bespr. *Hommelhoff/Timm* AG 1976, 330 und *Lippert* JuS 1978, 90. Zu den in der Praxis anzutreffenden Gestaltungen s. *Bayer* AG 2009, R 243.

Das Gesetz regelt nicht die möglichen Aufgaben eines Beirats der AG. Es setzt aber die **Zulässigkeit** von Beiräten voraus, indem es in der bis 1986 geltenden Fassung des § 160 Abs. 3 Nr. 8 AktG gesonderte Angaben im Geschäftsbericht über die Gesamtbezüge „eines Beirats oder einer ähnlichen Einrichtung" forderte. Eine entsprechende, allerdings rechtsformunabhängige Vorschrift findet sich jetzt in der Aufzählung der Pflichtgaben des Anhangs zum Jahresabschluss von Kapitalgesellschaften in § 285 Nr. 9 HGB.

Die Einrichtung eines Beirats ändert nichts an den gesetzlichen Zuständigkeiten der drei Organe Vorstand, Aufsichtsrat und Hauptversammlung (auch → § 19 Rn. 11). Dem Beirat dürfen keine Aufgaben zu Lasten eines der drei Organe eingeräumt werden.[10] Da das Gesetz alle organschaftlichen Funktionen auf die drei Organe aufgeteilt hat, kann der Beirat nicht als Organ der Gesellschaft eingerichtet werden, auch dann nicht, wenn seine Bildung und Besetzung in der Satzung geregelt ist.[11] Satzungsbestimmungen über die Einrichtung von beratenden Beiräten sind zwar möglich, sie haben aber nur die Bedeutung einer Anweisung an den Vorstand, ein solches Gremium einzurichten.[12]

Der **Vorstand** ist auch ohne eine entsprechende Satzungsbestimmung befugt, einen Beirat zu seiner Unterstützung und Beratung heranzuziehen. In jedem Falle, also auch bei einer Regelung des Beirats in der Satzung, werden die rein schuldrechtlichen Rechtsbeziehungen zwischen den Beiratsmitgliedern und der Gesellschaft nur durch den Vorstand begründet.[13] Der **Aufsichtsrat** ist nicht befugt, zu seiner Unterstützung einen Beirat einzurichten. Dies würde mit der Verpflichtung der Aufsichtsratsmitglieder aus § 111 Abs. 5 AktG kollidieren, ihre Aufgaben persönlich wahrzunehmen (→ § 33 Rn. 5).[14] Ein Beirat als Beratungsgremium der **Hauptversammlung** ist zwar grundsätzlich möglich. Die Rechtsbeziehungen zwischen der Gesellschaft und den Beiratsmitgliedern können aber auch bei dieser Gestaltung nur durch den Vorstand begründet werden. Selbstverständlich können auch die wesentlichen **Aktionäre** einen ständigen Beraterkreis mit der Bezeichnung „Beirat" einrichten. Jedoch handelt es sich dann nicht um einen Beirat der Hauptversammlung, sondern um Berater der betreffenden Aktionäre mit ausschließlich schuldrechtlichen Beziehungen zu diesen Aktionären.

Die zutreffende rechtliche Qualifikation eines Beirats oder einer ähnlichen Einrichtung ist von Belang für die Frage, inwieweit der **Vorstand** die Mitglieder dieses Gremiums bevorzugt **informieren** darf. Handelt es sich um ein Gremium zur Beratung und Unterstützung des Vorstands, so darf der Vorstand die Mitglieder des Beirats ebenso wie sonstige Berater, zB Rechtsanwälte, auch über Geschäftsgeheimnisse unterrichten, soweit dies für eine fruchtbringende Beratung erforderlich ist und die Gewähr dafür besteht, dass die Informationen nicht an außenstehende Personen oder Institutionen weitergegeben werden. Handelt es sich dagegen um eine Art „Aktionärsausschuss", so ist der Vorstand bei seinen Informationen an die Geheimnisschranke des § 93 Abs. 1 S. 2 AktG gebunden. Außerdem muss er die Folge des § 131 Abs. 4 AktG bedenken, wenn er Vertretern einzelner Aktionäre außerhalb der Hauptversammlung Sonderinformationen zukommen lässt.[15] Beide Vorschriften sind allerdings nicht anzuwenden, wenn es um der Konzernleitung dienende Informationen in einem – vertraglichen oder auch nur faktischen – Konzernverhältnis geht (→ § 70 Rn. 28 f.).

---

[10] MüKoAktG/*Habersack* § 95 Rn. 6; *Hommelhoff/Timm* AG 1976, 330 (331); *Lippert* JuS 1978, 90; *Martens* AG 1982, 113 (114); *Voormann*, Die Stellung des Beirats im Gesellschaftsrecht, 2. Aufl. 1990, S. 24.
[11] KölnKommAktG/*Mertens/Cahn* vor § 76 Rn. 17 f.; *Martens* AG 1982, 113 (114); MüKoAktG/*Habersack* § 95 Rn. 6; GroßkommAktG/*Hopt/M. Roth* § 95 Rn. 53, 55; aA *Hommelhoff/Timm* AG 1976, 330.
[12] KölnKommAktG/*Mertens/Cahn* vor § 76 Rn. 18; GroßkommAktG/*Hopt/M. Roth* § 95 Rn. 55.
[13] MüKoAktG/*Habersack* § 95 Rn. 6.
[14] KölnKommAktG/*Mertens/Cahn* vor § 76 Rn. 18; GroßkommAktG/*Hopt/M. Roth* § 95 Rn. 55.
[15] *Lippert* JuS 1978, 90 (92); aA LG Köln AG 1976, 329.

II. Überwachung der Geschäftsführung

28 1. Gegenstand und Maßstab der Überwachung. a) Geschäftsführung als Gegenstand der Überwachung. Der Aufsichtsrat soll die Geschäftsführung überwachen. Die Begriffe der Geschäftsführung in § 111 Abs. 1 AktG und der Leitung der Gesellschaft in § 76 Abs. 1 AktG stimmen inhaltlich überein.[16] Der Aufsichtsrat hat alle – getroffenen oder unterlassenen – Maßnahmen des Vorstands zu überwachen, die zur Leitung der Gesellschaft gehören. Ausgenommen von der Überwachung sind somit die Maßnahmen, welche der Vorstand auf Grund seiner außerhalb der Geschäftsführung liegenden Kompetenzen gegenüber anderen Organen der Gesellschaft trifft, zB die Einberufung der Hauptversammlung nach § 121 Abs. 2 AktG, die Anfechtung von Beschlüssen der Hauptversammlung nach § 245 Nr. 5 AktG und die Einberufung von Aufsichtsratssitzungen nach § 110 AktG.

29 Die überwachende Tätigkeit des Aufsichtsrats beschränkt sich auf die **Leitungs- und Führungsentscheidungen** des Vorstands. Der Aufsichtsrat ist also nicht verpflichtet, auch die Durchführung dieser Entscheidungen im Einzelnen zu verfolgen und die gesamte Geschäftsführung in allen Einzelheiten zu prüfen und zu überwachen.[17] Der Katalog der Themen, über die der Vorstand nach § 90 Abs. 1 AktG regelmäßig zu berichten hat, bezeichnet zugleich die Themen, mit denen sich der Aufsichtsrat bei seiner Überwachungstätigkeit vorrangig zu befassen hat und auf die er sich im Wesentlichen beschränken kann.[18] Die Kontrolle bezieht sich nicht nur auf abgeschlossene Sachverhalte, sondern erstreckt sich, wie § 90 Abs. 1 Nr. 1 AktG zeigt, auch auf grundsätzliche Fragen der künftigen Geschäftspolitik.

30 Zu den regelmäßig wahrzunehmenden Kontrollaufgaben des Aufsichtsrats gehören auch die seit 2009 in **§ 107 Abs. 3 S. 2 AktG** aufgelisteten Aufgaben, nämlich die Überwachung des Rechnungslegungsprozesses, der Wirksamkeit des internen Kontrollsystems, des Risikomanagementsystems und des internen Revisionssystems sowie der Abschlussprüfung, hier insbesondere der Unabhängigkeit des Abschlussprüfers und der vom Abschlussprüfer zusätzlich erbrachten Leistungen. Diese Kontrollaufgaben sind vom Prüfungsausschuss wahrzunehmen, wenn ein solcher gebildet wurde. Falls kein Prüfungsausschuss besteht, obliegen diese Aufgaben dem Aufsichtsratsplenum. Näher dazu → § 32 Rn. 19 ff.

31 Was den zu **überwachenden Personenkreis** betrifft, so ist die Überwachung beschränkt auf die Geschäftsführung durch den Vorstand. Demgemäß ist der Aufsichtsrat zwar verpflichtet, das Tun oder Unterlassen des Vorstands in Bezug auf wesentliche Vorgänge und Entwicklungen auf den nachgeordneten Ebenen des Unternehmens zu überwachen, aber er ist nicht verpflichtet die Tätigkeit nachgeordneter Mitarbeitern zu überwachen, mögen sie auch arbeitsrechtlich als „leitende Angestellte" zu qualifizieren sein.[19] Das gilt auch dann, wenn das Unternehmen in Sparten oder Geschäftsbereiche gegliedert ist und die Leiter der einzelnen Sparten zwar wesentliche Kompetenzen haben, aber nicht dem

---

[16] *Lutter/Krieger/Verse*, Rechte und Pflichten des Aufsichtsrats, 7. Aufl. 2020, § 3 Rn. 65; Spindler/Stilz AktG/*Spindler* § 113 Rn. 7 f.; zur Leitungsaufgabe des Vorstands → § 19 Rn. 12 ff. In §§ 77, 93 AktG erfasst der Begriff der Geschäftsführung dagegen über die Leitung hinaus auch die laufende Verwaltung (Hüffer/*Koch* AktG § 77 Rn. 3, § 111 Rn. 2).

[17] MüKoAktG/*Habersack* § 111 Rn. 20; KölnKommAktG/*Mertens/Cahn* § 111 Rn. 16; *Boujong* AG 1995, 203 (204 f.); *Lutter/Krieger/Verse* Rechte und Pflichten, 7. Aufl. 2020, § 3 Rn. 65.

[18] BGHZ 114, 127 (129 f.); MüKoAktG/*Habersack* § 111 Rn. 22; GroßkommAktG/*Hopt/M. Roth* § 111 Rn. 114; *Lutter/Krieger/Verse* Rechte und Pflichten § 3 Rn. 66; *Hommelhoff* FS Stimpel, 1985, 603 (605); Hüffer/*Koch* AktG § 111 Rn. 3; *Kropff* NZG 1998, 613; *Henze* NJW 1998, 3309.

[19] *Lutter/Krieger/Verse* Rechte und Pflichten, 7. Aufl. 2020, § 3 Rn. 70 f.; HdB börsennotierte AG/*E. Vetter* § 26 Rn. 7; HdB VorstandsR/*Pentz* § 16 Rn. 30; Hölters AktG/*Hombloch-Gesinn/Gesinn* § 111 Rn. 22; i. Grds. auch MüKoAktG/*Habersack* § 111 Rn. 21, 25; Schmidt/Lutter/*Drygala* AktG § 111 Rn. 13; *Kort* FS E. Vetter, 2019, 341 (343 ff.); aA KölnKommAktG/*Mertens/Cahn* § 111 Rn. 26; GroßkommAktG/*Hopt/M. Roth* § 111 Rn. 238; Spindler/Stilz AktG/*Spindler* § 111 Rn. 9; vermittelnd Hüffer/*Koch* AktG § 111 Rn. 4.

Vorstand angehören.[20] Entsprechend ist der Aufsichtsrat im Regelfall auch nicht befugt, unmittelbar Auskünfte von Angestellten unterhalb des Vorstandes anzufordern. Ebenso wie nur der Vorstand nach § 90 AktG gegenüber dem Aufsichtsrat berichtpflichtig ist, muss sich auch der Aufsichtsrat mit seinen Informationswünschen ausschließlich an den Vorstand halten. Eine Ausnahme gilt dann, wenn der begründete Verdacht besteht, dass der Vorstand unrichtig berichtet oder wesentliche Umstände verschweigt (auch → § 33 Rn. 79).[21]

b) Überwachung der Konzernführung. Die konzernleitende Tätigkeit des Vorstands der Konzernobergesellschaft ist ohne weiteres Gegenstand der Überwachung durch den Aufsichtsrat der Konzernobergesellschaft, weil es sich auch bei der Konzernleitung um Geschäftsführung im Sinne von § 111 Abs. 1 AktG handelt (auch → § 19 Rn. 38 u. → § 70 Rn. 33 ff.). Es ist zumindest missverständlich, wenn man davon spricht, dass dem Aufsichtsrat der Konzernobergesellschaft eine „Konzernaufsichtspflicht" obliege und er die „Konzerngeschäftsführung" zu überwachen habe.[22] Der Aufsichtsrat hat nämlich nicht die geschäftsführenden Organe der nachgeordneten Konzernunternehmen zu überwachen, sondern nur die Führung der Geschäfte der Konzernobergesellschaft durch ihren Vorstand; er ist nicht Aufsichtsrat des Konzerns, sondern nur der Konzernobergesellschaft. Richtig ist dagegen, dass die nachgeordneten Unternehmen zu dem Vermögen der Gesellschaft gehören, das dem Vorstand anvertraut ist, und dass der Aufsichtsrat schon aus diesem Grunde die Entwicklung der Konzerngesellschaften zu beobachten hat und die konzernleitenden Einflussnahmen oder auch Unterlassungen des Vorstands zum Gegenstand seiner Überwachung gehören.[23] Diese Verpflichtung gilt erst recht, soweit auf Grund von Unternehmensverträgen ein Haftungsverbund mit dem nachgeordneten Konzernunternehmen besteht. Im praktischen Ergebnis führt das regelmäßig dazu, dass sich der Aufsichtsrat auf Grund einer entsprechend weiten Berichterstattung des Vorstands[24] mit dem Geschehen im gesamten Konzern ebenso intensiv befassen muss, wie er die Geschäfte bei der rechtlichen Zusammenfassung der Aktivitäten in einem Einheitsunternehmen verfolgen müsste. Demgemäß gehören auch die zweckmäßige Führungsstruktur im Konzern und die Intensität des von

---

[20] *J. Semler* Leitung und Überwachung der Aktiengesellschaft, 2. Aufl. 1996, Rn. 122 ff.; *J. Semler* FS Döllerer, 1989, 571 (588 f.); HdB börsennotierte AG/*E. Vetter* § 26 Rn. 7; aA MüKoAktG/ *Habersack* § 111 Rn. 21; Schmidt/Lutter/*Drygala* AktG § 111 Rn. 13.
[21] Hüffer/*Koch* AktG § 111 Rn. 21; KölnKommAktG/*Mertens/Cahn* § 90 Rn. 52, § 111 Rn. 26; *Marsch-Barner* FS Schwark, 2009, 219 (222); HdB börsennotierte AG/*E. Vetter* § 26 Rn. 7; *Kropff* FS Raiser, 2005, 226 (242); *Hoffmann-Becking* ZGR 2011, 136 (152 f.); *Börsig/Löbbe* FS Hoffmann-Becking, 2013, 125 (137 f.); Hölters AktG/*Hambloch-Gesinn/Gesinn* § 111 Rn. 22; *Drinhausen/Marsch-Barner* AG 2014, 337 (344); aA *Leyens*, Information des Aufsichtsrats, 2006, S. 182 ff., 191; MüKoAktG/*Habersack* § 111 Rn. 80; *Dreher* FS Ulmer, 2003, 87 (97 f.); *Habersack* AG 2014, 1 (6 f.); *Habersack* FS Stilz, 2014, 191 (199 f.); *Hopt* ZGR 2019, 507 (529 f.).
[22] Vgl. *J. Semler* Leitung und Überwachung der Aktiengesellschaft, 2. Aufl. 1996, Rn. 271, 382; *Martens* ZHR 147 (1983), 377 (417); *U. H. Schneider* FS Kropff, 1997, 272 (279 f.); *U. H. Schneider* FS Hadding, 2004, 621 (625).
[23] *Hoffmann-Becking* ZHR 159 (1995), 325 (331 ff.); GroßkommAktG/*Hopt/M. Roth* § 111 Rn. 348; MüKoAktG/*Habersack* § 111 Rn. 65; *Martens* ZHR 159 (1995), 567 (576 ff.); *Hommelhoff* ZGR 1996, 144 (150); *Seyfarth* Vorstandsrecht § 1 Rn. 159; HdB VorstandsR/*Pentz* § 16 Rn. 31; *Löbbe*, Unternehmenskontrolle im Konzern, 2003, S. 238 ff.; *Heller*, Unternehmensführung und Unternehmenskontrolle, 1998, S. 124 ff.; vgl. auch KölnKommAktG/*Mertens/Cahn* § 111 Rn. 28; *Scheffler* DB 1994, 793 (796); *Lutter/Krieger/Verse* Rechte und Pflichten des Aufsichtsrats, 7. Aufl. 2020, § 4 Rn. 142; *Krieger* in: Holding Handbuch, hrsg. von Lutter/Bayer, 5. Aufl. 2015, § 7 Rn. 7.5 f.; *Kropff* FS Claussen, 1997, 659 (668); *Götz* ZGR 1998, 524 (539 f.); HdB börsennotierte AG/*E. Vetter* § 26 Rn. 8.
[24] Zur Konzernberichterstattung des Vorstands s. *Lutter*, Information und Vertraulichkeit im Aufsichtsrat, S. 40 ff.; *J. Semler* Leitung und Überwachung der Aktiengesellschaft, 2. Aufl. 1996, Rn. 402 ff.; *Hoffmann-Becking* ZHR 159 (1995), 325 (334 ff.); *Krieger* in: Holding Handbuch § 7 Rn. 7.10 ff.

der Konzernspitze ausgeübten Einflusses zu den Gegenständen der Kontrolle durch den Aufsichtsrat der Obergesellschaft.

33 c) **Maßstab der Überwachung.** Die Überwachung durch den Aufsichtsrat ist keine bloße „Rechtsaufsicht", sondern der Aufsichtsrat hat über die Kontrolle der Rechtmäßigkeit und Ordnungsmäßigkeit der Geschäftsführung hinaus auch die Zweckmäßigkeit und Wirtschaftlichkeit der Leitungsentscheidungen des Vorstands zu kontrollieren.[25] Er hat sich insbesondere zu vergewissern, dass die Vorstandsmitglieder bei ihrer Geschäftsführung die „Sorgfalt eines ordentlichen und gewissenhaften Geschäftsleiters" im Sinne von § 93 Abs. 1 S. 1 AktG anwenden. Aber der Aufsichtsrat kann sich nicht damit begnügen, die Pflichtmäßigkeit des Vorgehens des Vorstands zu prüfen, sondern er muss sich auch ein eigenes Urteil darüber bilden, ob die Maßnahmen des Vorstands, insbesondere die vom Vorstand verfolgten Leitlinien der Unternehmenspolitik plausibel und folgerichtig sind. Der Aufsichtsrat darf zwar im Gegensatz zum Verwaltungsrat der monistisch verfassten SE (→ § 86 Rn. 9 ff.) und schweizerischen AG keine „Oberleitung" der Gesellschaft entfalten, aber das Gesetz lässt es zu, dass der Aufsichtsrat seine eigene Auffassung zur Unternehmenspolitik gegenüber dem Vorstand zum Ausdruck bringt und über Zustimmungsvorbehalte nach § 111 Abs. 4 S. 2 AktG sowie über die ihm obliegenden Personalentscheidungen durchzusetzen sucht.[26] Nach der rechtlich unscharfen und mißverständlichen, aber den Sachverhalt im Regelfall treffenden Formulierung des Deutschen Corporate Governance **Kodex** (Grundsatz 2) hat der Vorstand die strategische Ausrichtung des Unternehmens mit dem Aufsichtsrat „abzustimmen".[27]

34 Ebenso wie der Vorstand bei der Leitung der Gesellschaft hat auch der Aufsichtsrat bei der Überwachung des Vorstands die „Sorgfalt eines ordentlichen und gewissenhaften Geschäftsleiters" anzuwenden, wie sich aus der Verweisung von § 116 AktG auf § 93 AktG ergibt. Da dem Aufsichtsrat nicht die Leitung, sondern die Überwachung der Leitung obliegt, hat er die Sorgfalt anzuwenden, die für eine ordentliche und gewissenhafte Überwachung erforderlich ist (→ § 33 Rn. 74). Leitlinie für den Aufsichtsrat ist dabei – nicht anders als für den Vorstand – das Unternehmensinteresse.[28] Das gilt auch für den Aufsichtsrat einer Konzernobergesellschaft, der nicht auf ein „Konzerninteresse" im Sinne eines Gesamtinteresses aller Konzernunternehmen, sondern auf das Unternehmensinteresse der Konzernobergesellschaft verpflichtet ist.[29]

35 Da sich häufig nicht eindeutig bestimmen lässt, was das Unternehmensinteresse gebietet, bleibt dem Aufsichtsrat ein erheblicher Spielraum für die Ausübung seines pflichtgebundenen Ermessens. Allerdings steht dem Aufsichtsrat nach Meinung des BGH ein unternehme-

---

[25] BGHZ 114, 127 (129 f.); KölnKommAktG/*Mertens/Cahn* § 111 Rn. 14; MüKoAktG/*Habersack* § 111 Rn. 53; Hüffer/*Koch* AktG § 111 Rn. 14; GroßkommAktG/*Hopt/M. Roth* § 111 Rn. 293. Zur Compliance-Verantwortung des Aufsichtsrats s. *Winter* FS Hüffer, 2010, 1103 ff. u. *Habersack* AG 2014, 1 ff.

[26] KölnKommAktG/*Mertens/Cahn* § 111 Rn. 14; *J. Semler* Leitung und Überwachung Rn. 213, 216; *Schilling* AG 1981, 341 (342 f.). Vgl. auch LG Darmstadt ZIP 1986, 1389 (1394) = AG 1987, 218: Aufsichtsrat ist nicht zuständig für die Bestimmung der Geschäftspolitik.

[27] Zur Kritik s. *Hoffmann-Becking* FS Hüffer, 2010, 337 (345), DAV-Handelsrechtsausschuss NZG 2015, 86 (87) zu Ziff. 3.2 DCGK u. Spindler/Stilz AktG/*Spindler* § 111 Rn. 20. Zur Verteidigung der Formulierung s. Kremer/Bachmann/Lutter/v. Werder DCGK/*Lutter* Rn. 512.

[28] Zum Unternehmensinteresse als (unscharfe) Handlungsmaxime für Vorstand und Aufsichtsrat s. *Goette* FS 50 Jahre BGH, 2001, 123 (127); *Henze* BB 2000, 209 (212); *J. Semler* Leitung und Überwachung der Aktiengesellschaft, 2. Aufl. 1996, Rn. 49 ff. und die Nachw. in → § 19 Rn. 20.

[29] *Hoffmann-Becking* ZHR 159 (1995), 325 (329 ff.); *Hoffmann-Becking* FS Hommelhoff, 2012, 433 ff.; KölnKommAktG/*Mertens/Cahn* § 111 Rn. 28; MüKoAktG/*Habersack* § 111 Rn. 65; *Paefgen*, Unternehmerische Entscheidung der Organe der AG, 2002, S. 510; S. auch KölnKommAktG/*Koppensteiner* § 308 Rn. 37 f. u. → § 69 Rn. 31a. Anders Lutter/Krieger/Verse Rechte und Pflichten des Aufsichtsrats, 7. Aufl. 2020, § 4 Rn. 147; *Semler,* Leitung und Überwachung, 2. Aufl. 1996, Rn. 367; *Schwark* FS Ulmer, 2000, 605 (624 f.); Semler/v. Schenck Der Aufsichtsrat/*Schütz* § 111 Rn. 327.

rischer Ermessensspielraum nur insoweit zu, als er die unternehmerische Tätigkeit des Vorstands im Sinne einer präventiven Kontrolle begleitend mitgestaltet, zB bei der Zustimmung zu Geschäften nach § 111 Abs. 4 S. 2 AktG. Soweit der Aufsichtsrat abgeschlossene Geschäftsvorgänge nachträglich kontrolliert, kann er nach Auffassung des BGH bei der Prüfung des Bestehens und der Durchsetzbarkeit von Schadensersatzansprüchen gegen Vorstandsmitglieder nur einen eng begrenzten Beurteilungsspielraum in Anspruch nehmen (dazu → Rn. 38 ff.).[30]

Generell gilt, dass die Intensität der gebotenen Überwachungstätigkeit von der jeweiligen **36** Risikolage abhängt (sog. abgestufte Überwachungspflicht).[31] Es wäre wünschenswert, konkrete Leitlinien zur gebotenen Sorgfalt im Sinne von „Grundsätzen ordnungsgemäßer Überwachung" zu entwickeln.[32] Davon ist die Praxis aber derzeit noch weit entfernt, nicht zuletzt deshalb, weil sich die Rechtsprechung bislang nur selten mit der Haftung von Aufsichtsratsmitgliedern befasst hat, so dass nur wenig rechtlich aufbereitetes Fallmaterial zur Verfügung steht. Immerhin scheint sich in der Praxis ein allmählich dichter werdendes Netz von gemeinsamen Überzeugungen zu den gebotenen Mitteln und dem gebotenen Maß der Aufsicht herauszubilden. Zur Haftung des Aufsichtsratsmitglieds → § 33 Rn. 71 ff.

d) Vergangenheitsbezogene Überwachung. Die Überwachung der Geschäftsführung **37** durch den Aufsichtsrat mit Hilfe der nachstehend in → Rn. 41 ff. beschriebenen Kontrollinstrumente betrifft vornehmlich die aktuell anstehenden oder künftig in Betracht kommenden Leitungsentscheidungen des Vorstands und ist somit typischerweise zukunftsbezogen. Die Kontrolltätigkeit des Aufsichtsrats kann sich aber auch auf die Prüfung der Recht- und Zweckmäßigkeit bereits abgeschlossener Vorgänge erstrecken. So kann es sinnvoll und sogar geboten sein, zurückliegende Entscheidungen des Vorstands noch einmal im Rückblick auf ihre Zweckmäßigkeit zu untersuchen, um daraus Beurteilungsmaßstäbe für künftige Entscheidungen zu gewinnen, zB durch Investitionsnachrechnungen, Soll/Ist-Vergleiche und ähnliches.

e) Geltendmachung von Schadensersatzansprüchen. Die rückblickende Überprüfung **38** der Rechtmäßigkeit der Entscheidungen des Vorstands obliegt dem Aufsichtsrat vor allem im Hinblick auf seine aus § 111 Abs. 1 und § 112 AktG folgende Zuständigkeit für die außergerichtliche und gerichtliche Geltendmachung von Schadensersatzansprüchen gegen aktive oder ehemalige Vorstandsmitglieder (dazu auch → § 26 Rn. 46). Nach der Rechtsprechung des BGH[33] hat der Aufsichtsrat bei seiner Prüfung und Entscheidung wie folgt in drei Stufen[34] vorzugehen:

Auf der **ersten Stufe** der Prüfung hat der Aufsichtsrat ausgehend von der Ermittlung des **39** Sachverhalts (dazu → Rn. 44) zu prüfen, ob der Ersatzanspruch besteht, weil die tatbestandlichen Voraussetzungen einer Schadensersatzpflicht erfüllt sind. Er muss also feststellen, dass

---

[30] BGHZ 135, 244 – ARAG/Garmenbeck. Kritisch zu dieser Unterscheidung ua KölnKommAktG/*Mertens/Cahn* § 111 Rn. 15, 46.

[31] Hüffer/*Koch* AktG § 111 Rn. 15; *J. Semler* Leitung und Überwachung Rn. 235; MüKoAktG/ *Habersack* § 111 Rn. 56 f.; Lutter/Krieger/*Verse* Rechte und Pflichten des Aufsichtsrats, 7. Aufl. 2020, § 3 Rn. 92 ff.; HdB börsennotierte AG/E. *Vetter* § 26 Rn. 14; HdB VorstandsR/*Pentz* § 16 Rn. 48 ff.; kritisch *Claussen* AG 1984, 20; GroßkommAktG/*Hopt*/M. *Roth* § 111 Rn. 302 ff.; KölnKommAktG/*Mertens/Cahn* § 111 Rn. 25.

[32] Dazu *v. Werder* DB 1999, 2221. u. *Theisen* DBW 1993, 295 ff.; *Theisen* AG 1995, 193 (200 ff.); *Theisen*. Zfbf 1996 Sonderheft 36 S. 75 ff.; kritisch KölnKommAktG/*Mertens/Cahn* § 111 Rn. 36; *J. Semler* Leitung und Überwachung Rn. 86 ff.; Hommelhoff/*Schwab* Zfbf 1996 Sonderheft 36 S. 149 ff.

[33] Grundlegend BGHZ 135, 244 = ZIP 1997, 883 – ARAG/Garmenbeck. Bestätigt ua in BGHZ 180, 9 Rn. 23; 202, 26 Rn. 19; BGH NZG 2018, 1301 Rn. 31.

[34] Besonders deutlich in BGHZ NZG 2018, 1301 Rn. 31. Im Schrifttum ist häufig von zwei Stufen die Rede, zB Hüffer/*Koch* AktG § 111 Rn. 8 f. Die Feststellung der Anspruchsvoraussetzungen (Stufe 1) und die Abschätzung der Durchsetzbarkeit (Stufe 2) erfordern jedoch unterschiedliche Prüfungen und sollten deshalb in der Stufenfolge unterschieden werden.

das einzelne Vorstandsmitglied seine Pflichten schuldhaft verletzt hat, ein durch die Pflichtverletzung verursachter Schaden bei der Gesellschaft eingetreten ist und der Ersatzanspruch nicht verjährt ist. Dabei hat er zu berücksichtigen, dass die Vorstandsmitglieder bei unternehmerischen Entscheidungen nicht pflichtwidrig handeln, soweit sie den durch § 93 Abs. 1 S. 2 AktG gezogenen Rahmen ihrer Ermessensfreiheit nicht überschreiten (Business Judgement Rule, dazu → § 25 Rn. 54 ff.). Bei seiner Prüfung, ob die tatbestandlichen Voraussetzungen der Schadensersatzpflicht gegeben sind, steht dem Aufsichtsrat kein Ermessen zu.[35] Er kann sich auch nicht damit begnügen, die Möglichkeit einer Pflichtverletzung festzustellen, sondern die Pflichtverletzung muss aufgrund des ermittelten Sachverhalts zu seiner Überzeugung feststehen. Im Rechtsstreit mit einem Vorstandsmitglied genügt es zwar wegen der Beweislastumkehr des § 93 Abs. 2 S. 2 AktG, wenn die Gesellschaft Umstände darlegt, aus denen sich die Möglichkeit der Pflichtverletzung ergibt (→ § 26 Rn. 23). Aber diese Erleichterung, die für die Prüfung des Prozessrisikos im Sinne einer Prognose der Durchsetzbarkeit auf der zweiten Stufe der Prüfung von Belang sein kann, gilt nicht für die vorangehende Prüfung der Schadensersatzpflicht, von deren Bestehen der Aufsichtsrat schon aus Gründen seiner Fürsorgepflicht überzeugt sein muss, bevor er sich zur Geltendmachung entschließt.[36]

40 Wenn die tatbestandlichen Voraussetzungen des Schadensersatzanspruchs zu bejahen sind, ist auf der **zweiten Stufe** der Prüfung das Prozessrisiko abzuschätzen, also zu untersuchen, ob eine Schadensersatzklage gegen das Vorstandsmitglied voraussichtlich erfolgreich wäre, und weiter zu prüfen, ob und inwieweit bei erfolgreichem Ausgang des Rechtsstreits eine Ersatzleistung erreichbar wäre, und zwar zum einen im Hinblick auf die beschränkte finanzielle Leistungsfähigkeit des Vorstandsmitglieds und zum anderen im Hinblick auf die Voraussetzungen und den Umfang der Deckung durch eine D&O-Versicherung. Auch für diese Prüfung der Erfolgsaussichten einer gerichtlichen Anspruchsverfolgung billigt der BGH dem Aufsichtsrat kein Ermessen, sondern nur einen begrenzten Beurteilungsspielraum für die Prognose zu.[37] Bei der Einschätzung des Prozessrisikos ist die Erleichterung der Prozessführung durch die Beweislastumkehr des § 93 Abs. 2 S. 2 AktG zu veranschlagen. Für die Prognose kann auch zum Beispiel von Belang sein, wie hoch das Risiko neuen Sachverhalts und unsicherer Beweismittel, insbesondere von Zeugenaussagen, einzuschätzen ist. Es reicht aus, wenn der Prozesserfolg überwiegend wahrscheinlich ist.

41 Die notwendige Unterscheidung zwischen den Ergebnissen der Prüfungen auf der ersten und der zweiten Stufe und das unterschiedliche Maß der dafür erforderlichen Gewissheit lässt sich auch Leitsatz c der ARAG-Entscheidung entnehmen:[38] „Kommt der Aufsichtsrat zu dem Ergebnis, dass sich der Vorstand schadensersatzpflichtig gemacht hat, muss er aufgrund einer sorgfältigen und sachgerechten Risikoanalyse abschätzen, ob und in welchem Umfang die gerichtliche Geltendmachung zu einem Ausgleich des entstandenen Schadens führt. Gewissheit, dass die Schadensersatzklage zum Erfolg führen wird, kann nicht verlangt werden."

42 Wenn feststeht, dass die tatbestandlichen Voraussetzungen des Ersatzanspruchs gegeben sind, und weiter mit hinreichender Sicherheit davon auszugehen ist, dass der Anspruch bei Gericht voraussichtlich durchsetzbar sein wird und auch in einem erheblichen Umfang beigetrieben werden kann, hat der Aufsichtsrat auf der **dritten Stufe** zu prüfen, ob er dennoch von der Geltendmachung absehen darf, weil – wie der BGH formuliert – „gewichtige Interessen und Belange der Gesellschaft dafür sprechen, den ihr entstandenen Schaden ersatzlos hinzunehmen", und diese Umstände diejenigen Gesichtspunkte, die für eine Rechtsverfolgung sprechen, „überwiegen oder ihnen zumindest annähernd gleich-

---

[35] BGHZ 135, 244 (254).
[36] So schon *Hoffmann-Becking* ZGR 2015, 618 (630). Dazu eingehend, aber im Ergebnis ausweichend *Reichert* ZIP 2016, 1189 (1192 f.).
[37] BGHZ 135, 244 (254).
[38] BGHZ 135, 244.

wertig sind". Nach § 148 Abs. 1 S. 2 Nr. 4 AktG genügt es zwar nicht, dass die gegen die Geltendmachung sprechenden Gesichtspunkte gleichwertig sind, sondern der Geltendmachung des Ersatzanspruchs müssen überwiegende Gründe des Gesellschaftswohls entgegenstehen; aber dieser Unterschied lässt sich durch die qualifizierten Voraussetzungen für die Klagezulassung nach § 148 AktG begründen.[39] Ob solche Gründe bestehen und wie gewichtig sie sind, soll, wenn man dem BGH folgt, zwar ebenfalls nicht dem „unternehmerischen Ermessen" des Aufsichtsrats unterliegen, sondern durch eine Abwägung in alleiniger Orientierung am Unternehmensinteresse zu entscheiden sein. Am Ende läuft diese Abwägung aber doch auf eine unternehmerische Entscheidung hinaus, für die der Aufsichtsrat die Business Judgement Rule des § 93 Abs. 1 S. 2 AktG in Anspruch nehmen kann.[40] Als relevante Gesichtspunkte nennt der BGH „negative Auswirkungen auf Geschäftstätigkeit und Ansehen der Gesellschaft in der Öffentlichkeit, Behinderung der Vorstandsarbeit und Beeinträchtigung des Betriebsklimas". Hingegen sollen Gesichtspunkte wie die „Schonung eines verdienten Vorstandsmitglieds" oder das „Ausmaß der mit der Beitreibung für das Mitglied und seine Familie verbundenen sozialen Konsequenzen" nur in Ausnahmefällen zu berücksichtigen sein.[41]

43 Angesichts der übermäßig strengen Haftungsnorm des § 93 Abs. 2 AktG (→ Rn. 2) und der strengen Verpflichtung des Aufsichtsrats zur Geltendmachung nach den ARAG-Grundsätzen des BGH kann es nicht verwundern, dass zunehmend Stimmen laut werden, die auf eine Lockerung drängen. Das betrifft zum einen die bereits → Rn. 3 erwähnten Vorschläge zur Veränderung des Verschuldensmaßstabs. Zum anderen mehren sich die Stimmen im Schrifttum, die für eine Neuinterpretation oder Korrektur der ARAG-Grundsätze eintreten und versuchen, die Verpflichtung zur Geltendmachung stärker einzugrenzen. So wird insbesondere ein unternehmerischer Entscheidungsspielraum des Aufsichtsrats auf der dritten Stufe der Prüfung postuliert, der nur nach Maßgabe der Business Judgement Rule überprüft werden kann.[42] Auch wird von einigen Autoren bei der Höhe der beizutreibenden Summe angesetzt und die Auffassung vertreten, dass die vollständige Abwälzung eines leicht fahrlässig verursachten Schadens der Fürsorgepflicht widersprechen und treuwidrig sein kann.[43] Aber es gibt auch umgekehrt Stimmen, die einer Aufweichung der ARAG-Grundsätze zur Verfolgungspflicht mit Nachdruck entgegentreten.[44]

44 **f) Aufklärung des Sachverhalts.** Eine Entscheidung des Aufsichtsrats über die Geltendmachung von Schadensersatzansprüchen gegen Vorstandsmitglieder setzt im ersten Schritt eine sorgfältige und verlässliche Aufklärung des Sachverhalts voraus. Der Aufsichtsrat ist zu einer internen Untersuchung verpflichtet, wenn ihm konkrete Anhaltspunkte für ein pflichtwidriges Verhalten des Vorstands bekannt werden („Anfangsverdacht").[45] Er kann für die

---

[39] *Goette* ZHR 176 (2012), 587 (599); *Casper* ZHR 176 (2012), 617 (629).
[40] *Goette* Liber amicorum M. Winter, 2011, 153 (155); *Goette* ZHR 176 (2012), 588 (593 ff.); *Casper* ZHR 176 (2012), 617 (636); *Cahn* WM 2013, 1293 (1295 ff.); K. Schmidt/Lutter AktG/ *Krieger/Sailer-Coceani* § 96 Rn. 46; *Paefgen* AG 2014, 554 (571 ff.). Dagegen Hüffer/*Koch* AktG § 111 Rn. 11a f.; *Koch* NZG 2014, 934 ff.; differenzierend MüKoAktG/*Habersack* § 111 Rn. 44. Die Entscheidungsgründe des BGH sind nicht konsistent, wenn er ein „unternehmerisches Ermessen" ablehnt (BGHZ 135, 255), aber ein „Entscheidungsermessen" zubilligt (BGHZ 135, 256).
[41] BGHZ 135, 244 (255 f.).
[42] *Goette* Liber amicorum Winter, 2011, 153 (160 f.); *Goette* ZHR 176 (2012), 588 (594); *Goette* FS Hoffmann-Becking, 2013, 377 (394); Schmidt/Lutter/*Krieger/Sailer-Coceani* AktG § 93 Rn. 46 aE; *Mertens* FS Karsten Schmidt, 2009, 1183 (1193); *Paefgen* WM 2018, 433 (439); *Reichert* FS Hommelhoff, 2012, 907 (917 ff.); *Reichert* ZHR 177 (2013), 756 (768); *Reichert* ZIP 2016, 1189 (1195). Weniger weitgehend GroßkommAktG/*Hopt/Roth* § 116 Rn. 339; *Casper* ZHR 176 (2012), 617 (636); MüKoAktG/*Habersack* § 111 Rn. 44; auch schon → Rn. 42.
[43] *Casper* ZHR 176 (2012), 617 (636 ff.); Hüffer/*Koch* AktG § 93 Rn. 51 ff.; *Schnorbus/Ganzer* WM 2015, 1877 (1878 ff.).
[44] Insbesondere *Koch* NZG 2014, 934 ff.; *Lutter* FS Hoffmann-Becking, 2013, 747 (750).
[45] *Eichner/Höller* AG 2011, 885 (886 f.); *Schnorbus/Ganzer* WM 2015, 1832 (1834 f.).

Ermittlung einen Aufsichtsratsausschuss einsetzen und externe Berater, insbesondere Wirtschaftsprüfer und Rechtsanwälte, nach § 111 Abs. 2 S. 1 AktG hinzuziehen, was jedenfalls bei komplexen Sachverhalten ratsam ist und inzwischen einer verbreiteten Praxis entspricht. Der Aufsichtsrat kann, wenn das zur Aufklärung notwendig ist, auch Mitarbeiter des Unternehmens befragen oder befragen lassen (→ Rn. 31 und → § 33 Rn. 79). Eine bereits laufende oder zu erwartende externe Ermittlung durch die Staatsanwaltschaft oder andere Behörden befreit den Aufsichtsrat nicht von der Verpflichtung zu einer eigenen Untersuchung.[46]

45 Schwierigkeiten bereitet die Abgrenzung zwischen den Untersuchungspflichten des Vorstands und des Aufsichtsrats bei Compliance-Verstößen.[47] Der Vorstand hat die Aufgabe, etwaiges Fehlverhalten von Mitarbeitern des Unternehmens zu untersuchen. Dies geschieht manchmal in außerordentlich aufwendigen internen Ermittlungen (**„Internal Investigations"**), für die der Erlass einer gesetzlichen Rahmenregelung vorbereitet wird.[48] Im Rahmen der vom Vorstand veranlassten und gesteuerten Ermittlungen können sich Verdachtsmomente gegen Vorstandsmitglieder ergeben, deren Aufklärung in die Zuständigkeit des Aufsichtsrats fällt. Bei einer derartigen Überschneidung der Untersuchungspflichten der beiden Organe ist es zwar möglich, dass beide Organe getrennte Untersuchungen durch unterschiedliche Sachverständige führen, möglich ist aber auch eine von beiden Organen gemeinsam in Auftrag gegebene Untersuchung durch einen unabhängigen Sachverständigen, und schließlich kann es sinnvoll sein, dass dem Aufsichtsrat die Ergebnisse der vom Vorstand geführten Untersuchung vorgelegt werden und der Aufsichtsrat sodann eine auf die Verantwortlichkeit von Vorstandsmitgliedern begrenzte Untersuchung veranlasst und steuert, bei der die Sachverhaltsfeststellungen aus der vom Vorstand geführten Untersuchung herangezogen, aber auch kritisch überprüft werden.

46 **2. Mittel der Überwachung. a) Übersicht.** Dem Aufsichtsrat steht bei der Überwachung des Vorstands eine Reihe von Einflussmitteln zur Verfügung, die von unterschiedlicher Intensität sind und im Gesetz nicht zusammenfassend geregelt werden. Das häufigste und gewissermaßen normale Einflussmittel ist die Meinungsäußerung gegenüber dem Vorstand, insbesondere die Stellungnahme zu den Berichten des Vorstands, die der Vorstand nach dem Berichtssystem des § 90 AktG zu erstatten hat (dazu → § 25 Rn. 64 ff.). Der Aufsichtsrat kann weitergehend eine besondere Prüfung nach § 111 Abs. 2 AktG durch Mitglieder des Aufsichtsrats oder Sachverständige vornehmen (→ Rn. 52 ff.). Auch durch die dem Aufsichtsrat nach § 171 AktG obliegende Prüfung des Jahresabschlusses und die ihm nach § 111 Abs. 2 S. 3 AktG zustehende Erteilung des Prüfungsauftrags an den Abschlussprüfer nimmt der Aufsichtsrat seine Überwachungsaufgabe wahr (dazu → § 45 Rn. 5, 8 ff.). Zu den Kontrollmitteln des Aufsichtsrats gehören weiter das Recht zur Einberufung einer außerordentlichen Hauptversammlung nach § 111 Abs. 3 AktG (dazu → § 36 Rn. 11) und vor allem das Recht, Zustimmungsvorbehalte nach § 111 Abs. 4 S. 2 AktG für bestimmte Arten von Geschäften anzuordnen (→ Rn. 58 ff.). Naturgemäß nimmt der Aufsichtsrat auch durch seine Personalentscheidungen, also durch die Bestellung und Abberufung von Vorstandsmitgliedern, einen intensiven kontrollierenden Einfluss auf die Geschäftsführung (dazu → § 20 Rn. 14). Auch die Geltendmachung von Ersatzansprüchen gegen Vorstandsmitglieder nach §§ 112, 93 AktG gehört zur Überwachungsaufgabe des Aufsichtsrats (dazu → Rn. 38 ff.). Schließlich ist die Befugnis des Aufsichtsrats zu nennen, durch Änderungen der Geschäftsordnung und Geschäftsverteilung die Arbeit des Vorstandes zu beeinflussen (dazu → § 22 Rn. 29).

---

[46] Eichner/Höller AG 2011, 885 (887 f.). Differenzierend Bachmann ZHR 180 (2016), 563 (575).

[47] Ausf. dazu Habersack FS Stilz, 2014, 191 f.; Lüneborg/Resch NZG 2018, 209 ff; Klahold in: VGR Bd. 25, 2020, S. 75 (103 ff.).

[48] S. dazu den Gesetzesvorschlag bei Moosmayer/Petrasch ZHR 182 (2018), 504 (535 ff.) u. die im RefE eines Verbandssanktionsgesetzes vorgesehenen Regelungen (dazu Giese/Dachner ZIP 2020, 498 ff.). Zu Ausmaß und Schranken interner Ermittlungen s. Bachmann ZHR 180 (2016), 563 ff.; Klahold in: VGR Bd. 25 2020, S. 75 H.

b) Meinungsbildung, Meinungsäußerung und Beratung. Der Aufsichtsrat stützt sich 47
bei seiner Meinungsbildung in erster Linie auf die vom Vorstand in seinen schriftlichen
oder mündlichen Berichten mitgeteilten Tatsachen. Nur ausnahmsweise unternimmt der
Aufsichtsrat eigene Tatsachenfeststellungen, indem er bestimmte Vorgänge durch einzelne
Aufsichtsratsmitglieder oder externe Sachverständige nach § 111 Abs. 2 AktG prüfen lässt
(dazu → Rn. 52 ff.). Den Berichten des Vorstands darf der Aufsichtsrat, was die mitgeteilten
Tatsachen betrifft, grundsätzlich Glauben schenken. Zur Anforderung ergänzender Berichte und zu eigenen Nachforschungen ist er nur verpflichtet, wenn die Berichte des Vorstands
unklar, unvollständig oder erkennbar unrichtig sind.[49] Bei seiner Urteilsbildung über die
mitgeteilten Sachverhalte und anstehenden Probleme soll sich der Aufsichtsrat selbstverständlich nicht auf die vom Vorstand vorgetragenen Argumente beschränken, sondern die
Kenntnisse und Erfahrungen der einzelnen Aufsichtsratsmitglieder aus ihrer Tätigkeit in
anderen Unternehmen und anderen Berufen nutzen.[50]

Das Gesetz macht dem Aufsichtsrat keine präzisen Vorgaben, welche **Informationen** in 48
welcher Tiefe und Detaillierung für bestimmte Entscheidungen erforderlich sind. Der
Aufsichtsrat muss nach pflichtgemäßem Ermessen das Ausmaß der benötigten Informationen für die jeweils anstehende Entscheidung selbst bestimmen (→ § 33 Rn. 79, 89). Das
gilt auch für die Entscheidung über ein nach § 111 Abs. 4 S. 2 AktG zustimmungsbedürftiges Geschäft (dazu → Rn. 58 ff.) für die es im Regelfall ausreicht, wenn sich der Aufsichtsrat an Hand der vom Vorstand gegebenen Informationen über die Gründe für das Geschäft
und dessen Eckdaten unterrichtet und diese auf ihre Vollständigkeit, Schlüssigkeit und
Plausibilität überprüft.[51] Auch wenn sich dabei Gründe für weitere Nachfragen und
gegebenenfalls auch eigene Nachforschungen des Aufsichtsrats ergeben, sind die Aufsichtsratsmitglieder nicht verpflichtet, sich eine dem Informationsniveau des Vorstands gleichkommende Informationsgrundlage zu verschaffen.[52] In jedem Fall aber müssen sie sich bei
Geschäften mit erheblichen Risiken so weitgehend kundig machen, dass sie zu einer eigenständigen Risikoeinschätzung in der Lage sind.[53]

Das kontrollierende Einwirken des Aufsichtsrats auf den Vorstand durch die Äußerung 49
von Meinungen, Bedenken, Hinweisen etc erfolgt meist formlos durch Rede und Gegenrede in den Sitzungen des Aufsichtsrats. Die Kontrollwirkung dieser Art der Überwachungstätigkeit sollte nicht gering veranschlagt werden. Durch seine Fragen und Nachfragen und sein Verlangen von Berichten und Stellungnahmen setzt der Aufsichtsrat den
Vorstand unter einen für die Unternehmensführung förderlichen **Begründungszwang:**
Der Vorstand muss dem Aufsichtsrat und damit auch sich selbst laufend Rechenschaft
ablegen über die Gründe und die Plausibilität der eingeschlagenen Geschäftspolitik und der
vorgenommenen oder unterlassenen Maßnahmen.

Neben der Meinungsäußerung einzelner Aufsichtsratsmitglieder innerhalb oder außer- 50
halb der Aufsichtsratssitzungen kann auch der gesamte Aufsichtsrat seine Meinung über
bestimmte Maßnahmen, insbesondere seine Billigung oder Missbilligung durch einen Beschluss äußern. **„Meinungsbeschlüsse"** des Aufsichtsrats sind im Grundsatz zu allen
Fragen der Geschäftsführung zulässig,[54] sie sind allerdings – anders als eine verweigerte
Zustimmung nach § 111 Abs. 4 S. 2 AktG – für den Vorstand nicht verbindlich. Der

---

[49] Schmidt/Lutter/*Drygala* AktG § 111 Rn. 15; GroßkommAktG/*Hopt/M. Roth* § 111 Rn. 206 ff.;
vgl. auch LG Bielefeld ZIP 2000, 20 – Balsam mAnm *Westermann* ZIP 2000, 25 u. *Brandi* ZIP 2000,
173. Auch → § 33 Rn. 80.
[50] Zum Gebot der höchstpersönlichen Amtsausübung aus § 111 Abs. 5 AktG → § 33 Rn. 3.
[51] GroßkommAktG/*Hopt/M. Roth* § 111 Rn. 716; *Fonk* ZGR 2006, 841 (861 ff.); MüKoAktG/
Habersack § 111 Rn. 127.
[52] MüKoAktG/*Habersack* § 111 Rn. 144.
[53] OLG Stuttgart ZIP 2012, 625 (628) – Porsche/Piëch; bestätigt von BGH ZIP 2012, 2438 (2439).
[54] GroßkommAktG/*Hopt/M. Roth* § 111 Rn. 318; HdB börsennotierte AG/*E. Vetter* § 26 Rn. 18;
Hölters AktG/*Hambloch-Gesinn* § 111 Rn. 31.

Vorstand, dem allein die Geschäftsführung der Gesellschaft zusteht, kann sich aus wohlerwogenen Gründen über die Meinung des Aufsichtsrats hinwegsetzen.[55]

51 Durch seine rechtlich unverbindlichen Meinungsäußerungen, Hinweise und Stellungnahmen fungiert der Aufsichtsrat notwendig auch als Berater des Vorstands. **Beratung** und Kontrolle gehen ineinander über und lassen sich schon deshalb nicht trennscharf unterscheiden, weil der Aufsichtsrat seine Überwachung nicht auf eine Kontrolle der Rechtmäßigkeit und Ordnungsmäßigkeit der Geschäftsführung beschränken darf, sondern auch gehalten ist, seine Auffassung zu Fragen des unternehmerischen Ermessens zu äußern, zB zur beabsichtigten Geschäftspolitik und anderen grundsätzlichen Fragen der künftigen Geschäftsführung (vgl. § 90 Abs. 1 S. 1 Nr. 1 AktG). Die vorausschauende Beratungsaufgabe des Aufsichtsrats ist deshalb keine zusätzliche und eigenständige Aufgabe, sondern Teil der Überwachungsaufgabe.[56]

52 **c) Einsichts- und Prüfungsrecht nach § 111 Abs. 2 S. 1 und 2 AktG.** Der Aufsichtsrat kann durch einzelne Aufsichtsratsmitglieder oder durch externe Sachverständige „die Bücher und Schriften der Gesellschaft sowie die Vermögensgegenstände, namentlich die Gesellschaftskasse und die Bestände an Wertpapieren und Waren einsehen und prüfen" (§ 111 Abs. 2 S. 1 AktG).[57] Dieses Recht zur besonderen Prüfung kann der Aufsichtsrat einsetzen, wenn er zusätzliche Informationen benötigt, um seiner allgemeinen Überwachungsaufgabe oder auch einer besonderen Aufgabe außerhalb der Überwachung[58] nachkommen zu können. Gegenstand einer besonderen Prüfung sind vor allem konkrete „Vorgänge der Geschäftsführung" im Sinne von § 142 AktG, die auch Gegenstand einer von der Hauptversammlung oder dem Gericht angeordneten Sonderprüfung sein könnten (dazu unten § 43). Wenn der Aufsichtsrat einzelne Mitglieder mit der Prüfung betraut, ist er nicht in der Lage, ihnen dafür eine Sondervergütung zu gewähren; dies kann nur durch die Satzung oder einfachen Beschluss der Hauptversammlung nach § 113 Abs. 1 AktG geschehen (auch → § 33 Rn. 22, 49).[59] Der Auftrag an einen externen Sachverständigen darf nur für „bestimmte Aufgaben" erteilt werden, muss also sachlich und zeitlich begrenzt sein.[60] Für die Beauftragung des Sachverständigen muss es auch einen konkreten Anlass geben, insbesondere muss sich die Information durch den Vorstand als unzureichend erwiesen haben oder, wie das insbesondere beim Verdacht persönlichen Fehlverhaltens von Vorstandsmitgliedern der Fall sein kann, von vornherein ungeeignet sein. Ohne konkreten Anlass ist der Aufsichtsrat nicht befugt, in regelmäßigen oder unregelmäßigen Abständen stichprobenartige Prüfungen durch Sachverständige vornehmen zu

---

[55] Vgl. *Lutter/Krieger/Verse* Rechte und Pflichten des Aufsichtsrats, 7. Aufl. 2020, § 3 Rn. 110; KölnKommAktG/*Mertens/Cahn* § 111 Rn. 37 f.; HdB börsennotierte AG/*E. Vetter* § 26 Rn. 18; MüKoAktG/*Habersack* § 111 Rn. 32.

[56] BGHZ 114, 125 ff.; 114, 340 (344); KölnKommAktG/*Mertens/Cahn* § 111 Rn. 40; GroßkommAktG/*Hopt/M. Roth* § 111 Rn. 110, 274; Hüffer/*Koch* AktG § 111 Rn. 13; MüKoAktG/*Habersack* § 111 Rn. 12, 50 ff.; *Lutter/Krieger/Verse* Rechte und Pflichten des Aufsichtsrats, 7. Aufl. 2020, § 3 Rn. 103 ff.; *Krieger* ZGR 1985, 338 (340); *Henze* BB 2005, 165; HdB börsennotierte AG/*E. Vetter* § 26 Rn. 15; Bürgers/Körber AktG/*Bürgers/Israel* § 111 Rn. 4. Anders *Steinmann/Klaus* AG 1987, 29 ff. u. *Theisen* AG 1995, 193 (199), die Beratung und Kontrolle für strukturell unvereinbar halten.

[57] Ausf. dazu *Hoffmann-Becking* ZGR 2011, 136 ff. Zur Beauftragung von Sachverständigen außerhalb von § 111 Abs. 2 S. 2 AktG → Rn. 56.

[58] *Hoffmann-Becking* ZGR 2011, 136 (144). Zur Aufklärung möglicher Pflichtverletzungen des Vorstands durch den Aufsichtsrat nach § 111 Abs. 2 AktG s. *Habersack* FS Stilz, 2014, 191 ff.

[59] MüKoAktG/*Habersack* § 111 Rn. 85; HdB börsennotierte AG/*E. Vetter* § 30 Rn. 6; Hüffer/*Koch* AktG § 111 Rn. 22, § 113 Rn. 5; Hölters AktG/*Hambloch-Gesinn/Gesinn* § 111 Rn. 52; aA Lutter/*Drygala* FS Ulmer, 2003, 381 (391 ff.); *Lutter/Krieger/Verse* Rechte und Pflichten des Aufsichtsrats, 7. Aufl. 2020, § 12 Rn. 867.

[60] BGHZ 85, 293 (296) – Hertie; *Lutter,* Information und Vertraulichkeit im Aufsichtsrat, § 6 Rn. 241; Lutter/*Drygala* FS Ulmer, 2003, 381 (385 ff.); KölnKommAktG/*Mertens/Cahn* § 111 Rn. 63.

lassen.⁶¹ Die vom Aufsichtsrat mit der Prüfung beauftragten Aufsichtsratsmitglieder oder Sachverständigen sind nicht eng auf die im Gesetzestext aufgezählten Prüfungsmittel beschränkt. Sie können, soweit dies im Rahmen des Auftrags erforderlich oder zumindest sachdienlich ist, alle Vermögensgegenstände der Gesellschaft einsehen und prüfen, also auch alle Gegenstände des Sachanlagevermögens, und der gesamte Datenbestand der Gesellschaft steht ihrem Zugriff offen, gleichgültig, ob in Papier oder in elektronischen Dateien. Auch Vorstandsprotokolle können eingesehen werden, aber nur, wenn dies zur Erfüllung des Prüfungsauftrags konkret erforderlich ist, was insbesondere bei der Prüfung etwaiger Pflichtverstöße des Vorstands der Fall sein kann.⁶²

Das Recht zur **besonderen Prüfung** aus § 111 Abs. 2 AktG steht dem Aufsichtsrat, nicht dem einzelnen Aufsichtsratsmitglied, auch nicht dem Vorsitzenden zu. Es kann aber auch von einem damit betrauten Aufsichtsratsausschuss wahrgenommen werden. Bei Delegation einer Sachaufgabe auf einen Ausschuss ist in der Regel davon auszugehen, dass dem Ausschuss, soweit es die Aufgabe erfordert, auch das Prüfungsrecht nach § 111 Abs. 2 S. 2 AktG zur Verfügung stehen soll.⁶³ Zum **Prüfungsausschuss** des Aufsichtsrats → § 32 Rn. 19 ff. **53**

Wenn der Aufsichtsrat nach § 111 Abs. 2 S. 2 AktG externe **Sachverständige,** zB Wirtschaftsprüfer oder Unternehmensberater, mit der Prüfung betrauen will, kann er die Gesellschaft sowohl beim Abschluss des Dienstvertrags mit dem von ihm ausgewählten Sachverständigen als auch bei einem späteren Rechtsstreit mit dem beauftragten Sachverständigen vertreten.⁶⁴ Meist wird der Auftrag allerdings durch den Vorstand erteilt, und meist kommt es auch gar nicht zu einem Prüfungsbeschluss des Aufsichtsrats nach § 111 Abs. 2 AktG, den der Vorstand uU als Rüge oder als Ausdruck des Misstrauens empfinden würde, sondern es genügt ein entsprechender Wunsch von Seiten des Aufsichtsrats, um den Vorstand selbst zu einem externen Prüfungsauftrag zu veranlassen. Generell gilt, dass ein Auftrag des Aufsichtsrats an einen Sachverständigen nur subsidiär zur Aufklärung des Sachverhalts durch den Vorstand in Betracht kommt. Andererseits wäre es zu eng, das Prüfungsrecht des Aufsichtsrats nach § 111 Abs. 2 AktG nur als ultima ratio zu verstehen.⁶⁵ **54**

Die besondere Prüfung nach § 111 Abs. 2 AktG ist ein Kontrollmittel des Aufsichtsrats gegenüber dem von ihm überwachten Vorstand, gewährt im **Konzern** dem Aufsichtsrat der Konzernobergesellschaft also keine Einsichts- und Prüfungsrechte gegenüber den geschäftsführenden Organen der nachgeordneten Konzernunternehmen.⁶⁶ Der Aufsichtsrat **55**

---

⁶¹ *Hoffmann-Becking* ZGR 2011, 136 (147); anders die hM, s. Hüffer/*Koch* AktG § 111 Rn. 19; GroßkommAktG/*Hopt*/*Roth* § 111 Rn. 397; MüKoAktG/*Habersack* § 111 Rn. 78; KölnKommAktG/*Mertens*/*Cahn* § 111 Rn. 52. *Leyens,* Information des Aufsichtsrats, 2006, S. 161; HdB börsennotierte AG/*E. Vetter* § 26 Rn. 22.

⁶² *Lutter,* Information und Vertraulichkeit im Aufsichtsrat, 3. Aufl. 2006, S. 109 f.; *Hoffmann-Becking* ZGR 2011, 136 (149); MüKoAktG/*Habersack* § 111 Rn. 74; KölnKommAktG/*Mertens*/*Cahn* § 111 Rn. 53; Hüffer/*Koch* AktG § 111 Rn. 19; weitergehend *Leyens,* Information des Aufsichtsrats, 2006, S. 178; Hölters AktG/*Hambloch-Gesinn*/*Gesinn* § 111 Rn. 44.

⁶³ Vgl. GroßkommAktG/*Hopt*/*M. Roth* § 111 Rn. 405; MüKoAktG/*Habersack* § 111 Rn. 83; *Hoffmann-Becking* ZGR 2011, 136 (143); KölnKommAktG/*Mertens*/*Cahn* § 111 Rn. 56.

⁶⁴ BGH ZIP 2018, 926 = BGHZ 218, 122; Hüffer/*Koch* AktG § 111 Rn. 24, § 112 Rn. 1; MüKoAktG/*Habersack* § 111 Rn. 86; Spindler/Stilz AktG/*Spindler* § 111 Rn. 46; *Menkel* AG 2019, 330 (332 ff.); *Ihrig*/*Stadtmüller* FS E. Vetter, 2019, 271 (274 f.); *E. Vetter* ZGR 2020, 35 (42 ff.). BGH ZIP 2018, 926 Rn. 14 f. lässt offen, ob daneben auch der Vorstand Vertretungsmacht besitzt; dafür *Hoffmann-Becking* ZGR 2011, 136 (141); KölnKommAktG/*Mertens*/*Cahn* 112 Rn. 24 (auch → § 23 Rn. 2 u. Rn. 56).

⁶⁵ MüKoAktG/*Habersack* § 111 Rn. 88; GroßkommAktG/*Hopt*/*M. Roth* § 111 Rn. 410; Spindler/Stilz AktG/*Spindler* § 111 Rn. 46; *Leyens,* Information des Aufsichtsrats, 2006, S. 178 ff.; *Kropff* FS Raiser, 2005, 225 (241); aA *Lutter* Information und Vertraulichkeit im Aufsichtsrat, 3. Aufl. 2006, S. 112 Rn. 303; *Lutter*/*Krieger*/*Verse* Rechte und Pflichten des Aufsichtsrats, 7. Aufl. 2020, § 6 Rn. 244; HdB börsennotierte AG/*E. Vetter* § 26 Rn. 22.

⁶⁶ *Lutter*/*Krieger*/*Verse* Rechte und Pflichten des Aufsichtsrats, 7. Aufl. 2020, § 6 Rn. 245; *Lutter* Information und Vertraulichkeit im Aufsichtsrat, 3. Aufl. 2066, S. 106 Rn. 292; KölnKommAktG/

ist insoweit darauf angewiesen, dass der Vorstand in Erfüllung seiner Kooperationspflicht die notwendigen Informationen von der Tochtergesellschaft beschafft; im faktischen Konzern ist der Vorstand dafür allerdings seinerseits auf die Kooperation des Vorstands der Tochter angewiesen.[67]

56 Die Beauftragung eines Sachverständigen durch den Aufsichtsrat für eine besondere Prüfung nach § 111 Abs. 2 AktG ist zu unterscheiden von der sonstigen **Hinzuziehung von Beratern** durch den Aufsichtsrat oder einen Aufsichtsratsausschuss. So können zB dem Aufsichtsrat nicht angehörende Personalberater und Rechtsanwälte zur Vorbereitung der Personalentscheidungen des Aufsichtsrats eingeschaltet werden, und für die Prüfung des Jahresabschlusses können, wenn das sachlich geboten erscheint, zu Spezialfragen externe Experten hinzugezogen werden. Für solche **Hilfsgeschäfte** zur Erfüllung seiner gesetzlichen Aufgaben ist der Aufsichtsrat im Sinne einer Annexkompetenz zur Vertretung der Gesellschaft berechtigt.[68] Soweit die Aufgabe vom Aufsichtsratsplenum auf einen – entscheidenden oder auch nur vorbereitenden – Ausschuss delegiert worden ist, besitzt auch der Ausschuss die entsprechende Annexkompetenz und Vertretungsmacht zur Hinzuziehung von Beratern. Stets ist allerdings zu beachten, dass Berater nur für bestimmte Aufgaben und nicht etwa als ständige und umfassende Berater des Aufsichtsrats hinzugezogen werden dürfen[69] und der Aufsichtsrat vorrangig die gesellschaftsintern zur Verfügung stehenden Hilfsmittel und Beratungsmöglichkeiten in Anspruch nehmen soll.[70] Zu Hilfsgeschäften des Aufsichtsratsvorsitzenden → § 31 Rn. 23.

57 d) Prüfungsauftrag für den Jahres- und Konzernabschluss. Der Prüfungsauftrag nach § 111 Abs. 2 S. 3 AktG an den von der Hauptversammlung gewählten Abschlussprüfer kann nicht durch den Vorstand, sondern nur durch den Aufsichtsrat erteilt werden. Näher dazu unter → § 45 Rn. 5.

58 e) Zustimmungsvorbehalte nach § 111 Abs. 4 S. 2 AktG. Maßnahmen der Geschäftsführung können dem Aufsichtsrat nicht übertragen werden, § 111 Abs. 4 S. 1 AktG; durch die Satzung oder durch Aufsichtsratsbeschluss muss jedoch bestimmt werden, dass bestimmte Arten von Geschäften nur mit Zustimmung des Aufsichtsrats vorgenommen werden dürfen, § 111 Abs. 4 S. 2 AktG. Das Wort „jedoch" macht deutlich, dass der Aufsichtsrat bei zustimmungspflichtigen Geschäften materiell an der Geschäftsführung mitwirkt. Er übernimmt durch seine Zustimmung die Mitverantwortung für das betreffende Geschäft. Andererseits wird der Aufsichtsrat auch bei zustimmungspflichtigen Geschäften nicht zu einem im Vergleich mit dem Vorstand gleichberechtigten Geschäftsführungsorgan: Er kann die betreffenden Geschäfte weder selbst vornehmen, noch kann er den Vorstand zu ihrer Vornahme anweisen. Die Initiative bleibt beim Vorstand, der auch nach Zustimmung des Aufsichtsrats noch von der Durchführung des Geschäfts absehen kann, wenn er es nicht mehr für sinnvoll hält.[71] Der Vorstand bleibt auch haftungsmäßig uneingeschränkt verant-

---

Mertens/Cahn § 111 Rn. 54; Hüffer/*Koch* AktG § 111 Rn. 19; *Hoffmann-Becking* ZHR 159 (1995), 325 (338 f.); HdB börsennotierte AG/*E. Vetter* § 26 Rn. 20; MüKoAktG/*Habersack* § 111 Rn. 75.

[67] Zu dieser mittelbaren Informationsbeschaffung s. *Hoffmann-Becking* ZHR 159 (1995), 325 (338 f.); *Martens* ZHR 159 (1995), 568 (585 f.); GroßkommAktG/*Hopt/M. Roth* § 111 Rn. 422; *Habersack* FS Stilz, 2014, 191 (198 f.). Zu Vorschlägen de lege ferenda s. *Hoffmann-Becking* ZGR 2011, 136 (150 f.).

[68] BGH ZIP 2018, 926 Rn. 15; MüKoAktG/*Habersack* § 111 Rn. 158, § 112 Rn. 4; GroßkommAktG/*Hopt/M. Roth* § 112 Rn. 54; *Hoffmann-Becking* ZGR 2011, 136 (140 f.); Hüffer/*Koch* AktG § 112 Rn. 1; *Seibt* AG 2018, 417 (419); *Menkel* AG 2019, 330 (333 ff.); *Roth* FS E. Vetter, 2019, 629 (641 ff.); *E. Vetter* ZGR 2020, 35 (49 ff.). Zur Einschaltung eines Beraters durch das einzelne Aufsichtsratsmitglied → § 33 Rn. 5.

[69] *Lutter/Krieger* DB 1995, 257 (259 f.); KölnKommAktG/*Mertens/Cahn* § 111 Rn. 63; *Schlitt* DB 2005, 2007 (2009); *Fleischer/Wedemann* GmbHR 2010, 494 (453); *Seibt* AG 2018, 417 (420).

[70] Vgl. BGHZ 85, 293 (296 f.) – Hertie, *Hommelhoff* ZGR 1983, 551 (564 f.).

[71] MüKoAktG/*Habersack* § 111 Rn. 145; KölnKommAktG/*Mertens/Cahn* § 111 Rn. 114; *Habersack* ZHR 178 (2014), 131 (132 f.).

wörtlich für das Geschäft; die Billigung durch den Aufsichtsrat befreit ihn nicht von einer etwaigen Ersatzpflicht, § 93 Abs. 4 S. 2 AktG. Der Aufsichtsrat hat somit über § 111 Abs. 4 S. 2 AktG lediglich die Möglichkeit, durch Verweigerung seiner Zustimmung die Vornahme von Geschäften, die der Vorstand beabsichtigt, zu verhindern.

Zustimmungspflichtige Geschäfte können in der Satzung, in der Geschäftsordnung des **59** Aufsichtsrats, in einer vom Aufsichtsrat beschlossenen Geschäftsordnung des Vorstands oder durch einen besonderen Beschluss des Aufsichtsratsplenums bestimmt werden. Die Satzung kann das Recht des Aufsichtsrats zur Bestimmung zustimmungspflichtiger Geschäfte nicht einschränken.[72] Zustimmungskataloge in der Satzung sind weniger häufig anzutreffen als Kataloge in Geschäftsordnungen,[73] und zwar vornehmlich aus Gründen der Praktikabilität, weil die Bezeichnung der zustimmungspflichtigen Geschäfte – zB durch Wertgrenzen – in der Geschäftsordnung des Aufsichtsrats oder des Vorstands formell leichter zu ändern ist als in einer Satzungsbestimmung. Da die Geschäftsordnungen der beiden Organe und die sonstigen Aufsichtsratsbeschlüsse nicht publiziert werden, ist die tatsächliche Verbreitung von Zustimmungsvorbehalten schwer einzuschätzen.

Aufgrund der seit 2002 **geänderten Fassung** des § 111 Abs. 4 S. 2 AktG „hat" (früher **60** „kann") die Satzung oder der Aufsichtsrat zustimmungspflichtige Geschäfte zu bestimmen. Das Gesetz verlangt also für jede AG und – über § 25 MitbestG – auch für die paritätisch mitbestimmte GmbH Zustimmungsvorbehalte, verzichtet aber bewusst darauf, einen Mindest-Katalog zu definieren.[74] Hält man sich nur an den Wortlaut der geänderten Vorschrift, könnte man meinen, dass der Gesetzgeber lediglich das bis dahin bestehende Ermessen im Hinblick auf die Schaffung von Zustimmungsvorbehalten in eine gesetzliche Pflicht umgewandelt hat. Nach allgemeiner Auffassung genügt es jedoch nicht, dass durch die Satzung oder den Aufsichtsrat überhaupt Zustimmungsvorbehalte gleich welchen Inhalts festgelegt werden, sondern der Gesetzgeber wollte sicherstellen, dass jedenfalls für besonders grundlegende Entscheidungen Zustimmungsvorbehalte geschaffen werden. Dieser Pflichtgehalt des geänderten § 111 Abs. 4 S. 2 AktG lässt sich in ergänzender Gesetzesauslegung aus der Entstehungsgeschichte der Gesetzesänderung schließen, nämlich aus dem Reformvorschlag der Regierungskommission Corporate Governance und der Begründung des Regierungsentwurfs.[75] Insoweit besteht auch im Schrifttum allseits Einigkeit. Uneinigkeit besteht nur in der Frage, wie der Kreis der „grundlegenden Entscheidungen", für die zwingend ein Zustimmungsvorbehalt vorhanden sein muss, zu umschreiben ist. Nach der Gesetzesbegründung kommen insbesondere grundlegende Entscheidungen zur Unternehmensstrategie und bedeutsame Investitionsentscheidungen in Betracht, welche die Ertragsaussichten der Gesellschaft oder ihre Risikoexposition voraussichtlich grundlegend verändern werden und damit von existenzieller Bedeutung für die Gesellschaft sind.[76] Der **Kodex** stellt in der Neufassung 202 in Grundsatz 6 Abs. 2 fest, dass die Satzung und/oder der Aufsichtsrat für „Geschäfte von grundlegender Bedeutung" Zustimmungsvorbehalte festlegt. Das ist zu undifferenziert und geht zu weit, wenn es so verstanden werden soll, dass für sämtliche Geschäfte von grundlegender Bedeutung Zustimmungsvorbehalte geschaffen werden müssen.[77] In Anlehnung an die Gesetzesbegründung ist davon auszugehen, dass dem gesetzli-

---

[72] Hüffer/*Koch* AktG § 111 Rn. 38; *Götz* ZGR 1990, 633 (634 ff.); *Lutter/Krieger/Verse* Rechte und Pflichten des Aufsichtsrats, 7. Aufl. 2020, § 3 Rn. 114; Spindler/Stilz AktG/*Spindler* § 111 Rn. 70.

[73] *Lutter/Krieger/Verse* Rechte und Pflichten des Aufsichtsrats, 7. Aufl. 2020, § 3 Rn. 116; AR HdB/*Rodewig* § 8 Rn. 24.

[74] Zur Kritik der Vorschrift s. DAV-Handelsrechtsausschuss NZG 2002, 115 (117); KölnKomm-AktG/*Mertens/Cahn* § 111 Rn. 104.

[75] Bericht der Regierungskommission Corporate Governance, hrsg. von *Baums*, 2001, Rn. 34; Begr. RegE TransPuG vom 11.4.2002 BT-Drs. 14/8769, 17.

[76] Begr. RegE TransPuG BT-Drs. 14/8769, 17.

[77] Zutreffend *Brouwer*, Zustimmungsvorbehalte des Aufsichtsrats im Aktien- und GmbH-Recht, 2008, S. 100; anders *Schönberger*, Der Zustimmungsvorbehalt des Aufsichtsrats bei Geschäftsführungsmaßnahmen des Vorstands, 2006, S. 188.

chen Erfordernis schon durch Vorbehalte für solche Geschäfte genügt wird, die für die Gesellschaft von existenzieller Bedeutung sind und demgemäß nur sehr selten vorkommen.

61 Die Einführung von Zustimmungsvorbehalten nach § 111 Abs. 4 S. 2 AktG durch den Aufsichtsrat steht im Übrigen in seinem pflichtgemäßen **Ermessen**. Wenn er davon absieht, weitergehende Zustimmungsvorbehalte zu beschließen, handelt er im Regelfall nicht pflichtwidrig.[78] Je nach Lage der Gesellschaft und dem Verhalten des Vorstands kann sich allerdings sein Ermessen zu einer Pflicht verdichten, so zB wenn der Aufsichtsrat eine gesetzwidrige Geschäftsführungsmaßnahme des Vorstands nur noch durch die ad hoc erfolgende Anordnung eines Zustimmungsvorbehalts verhindern kann.[79]

62 Nach § 111 Abs. 4 S. 2 AktG können nur **bestimmte Arten** von Geschäften von der Zustimmung des Aufsichtsrats abhängig gemacht werden. Durch den Zustimmungsvorbehalt muss die Art des zustimmungsbedürftigen Geschäfts konkret festgelegt werden. Durch das gesetzliche Bestimmtheitserfordernis soll der Vorstand in seiner Leitungsautonomie geschützt werden. Er muss mit hinreichender Sicherheit die Geschäfte identifizieren können, die er dem Aufsichtsrat zwecks Erteilung der Zustimmung vorzulegen hat. Demgemäß ist anerkannt, dass generalklauselartige Formulierungen wie zB „Geschäfte von grundlegender Bedeutung" oder „Geschäfte, die über den gewöhnlichen Geschäftsbericht hinausgehen" wegen mangelnder Bestimmtheit unwirksam sind.[80] Zustimmungsvorbehalte werden meist in dem Sinne generell formuliert, dass sie für unbestimmt viele Einzelgeschäfte der bezeichneten Art gelten. Der Zustimmungsvorbehalt kann aber ausnahmsweise auch für ein **einzelnes Geschäft** angeordnet werden, wenn es sich um ein besonders bedeutsames Geschäft handelt.[81] Auch die verbindliche Festlegung der Unternehmensplanung ist ein „Geschäft", für das die Zustimmung des Aufsichtsrats vorbehalten werden kann.[82] Das gilt auch für die mehrjährige oder strategische Planung.[83]

63 Wie umfangreich der Zustimmungskatalog sein darf, bestimmt das Gesetz nicht ausdrücklich. Da jedoch § 111 Abs. 4 S. 1 AktG die Übertragung der Geschäftsführung auf den Aufsichtsrat verbietet und § 76 Abs. 1 AktG den Vorstand mit der Leitung der Gesellschaft betraut, wird allgemein angenommen, dass der Zustimmungsvorbehalt nicht für Maßnahmen des **gewöhnlichen Geschäftsbetriebs,** sondern nur für nach Umfang, Gegenstand oder Risiko bedeutsame Geschäfte angeordnet werden darf.[84] Dabei ist darauf

---

[78] *Götz* ZGR 1990, 633 (639); *Berg* WiB 1994, 382 (383 ff.).
[79] BGHZ 124, 111 (127) – Vereinte Krankenversicherung im Anschluss an *Götz* ZGR 1990, 633 (638). Dazu *Henze* NJW 1998, 3309 (3312); Hüffer/*Koch* AktG § 111 Rn. 37; *Boujong* AG 1995, 203 (206). Weitergehend *Schön* JZ 1994, 685 f. u. *Martens* ZHR 159 (1995), 568 (578).
[80] AllgM s. OLG Stuttgart AG 2013, 599 (603); MüKoAktG/*Habersack* § 111 Rn. 120; Hüffer/ *Koch* AktG § 111 Rn. 41, 43; GroßKomm AktG/*Hopt/Roth* § 111 Rn. 682; KölnKommAktG/ *Mertens/Cahn* § 111 Rn. 85; *Schnorbus/Ganzer* BB 2020, 386 (388). Vgl. auch LG München I AG 2017, 591 (593) zur Konkretisierung durch „insbesondere"-Zusatz.
[81] OLG Stuttgart WM 1979, 1296 (1300); BGHZ 124, 111 (127) – Vereinte Krankenversicherung; Hüffer/*Koch* AktG § 111 Rn. 39; KölnKommAktG/*Mertens/Cahn* § 111 Rn. 83; *Götz* ZGR 1990, 633 (642 f.); *Lutter/Krieger/Verse* Rechte und Pflichten des Aufsichtsrats, 7. Aufl. 2020, § 3 Rn. 119; GroßkommAktG/*Hopt/M. Roth* § 111 Rn. 646, 690; Spindler/Stilz AktG/*Spindler* § 111 Rn. 65.
[82] *Lutter* AG 1991, 249 (254); *Lutter* ZHR 159 (1995), 287 (300 f.); *Lutter/Krieger/Verse* Rechte und Pflichten des Aufsichtsrats, 7. Aufl. 2020, § 3 Rn. 122; GroßkommAktG/*Hopt/M. Roth* § 111 Rn. 692 ff.; KölnKommAktG/*Mertens* § 111 Rn. 68; *Fonk* ZGR 2006, 841 (849 f.); Hölters AktG/ *Hambloch-Gesinn/Gesinn* § 111 Rn. 73 f.; aA v. *Rechenberg* BB 1990, 1356 ff.
[83] *Lutter/Krieger/Verse* Rechte und Pflichten des Aufsichtsrats, 7. Aufl. 2020, § 3 Rn. 122; MüKoAktG/*Habersack* § 111 Rn. 112; *Habersack* FS Hüffer, 2010, 259 (268 ff.); GroßkommAktG/Hopt/ *M. Roth* § 111 Rn. 692; *Brouwer* Zustimmungsvorbehalte des Aufsichtsrats S. 149 ff.; aA Hüffer/*Koch* AktG § 111 Rn. 41; *Fonk* ZGR 2006, 841 (850); HdB börsennotierte AG/*E. Vetter* § 26 Rn. 30; KölnKommAktG/*Mertens/Cahn* § 111 Rn. 86; Spindler/Stilz AktG/*Spindler* § 111 Rn. 66.
[84] Hüffer/*Koch* AktG § 111 Rn. 42; *Lutter/Krieger/Verse* Rechte und Pflichten des Aufsichtsrats, 7. Aufl. 2020, § 3 Rn. 121; KölnKommAktG/*Mertens/Cahn* § 111 Rn. 84; GroßkommAktG/*Hopt/*

zu achten, dass die zustimmungspflichtigen Geschäfte hinreichend bestimmt bezeichnet werden.

Zustimmungsvorbehalte zugunsten des Aufsichtsrats einer **Konzernobergesellschaft** sind im Zweifel konzernbezogen zu interpretieren und anzuwenden.[85] Das bedeutet: Wenn ein Geschäft der bezeichneten Art nicht von der Konzernobergesellschaft vorgenommen wird, sondern von der Geschäftsführung eines nachgeordneten Konzernunternehmens, benötigt der Vorstand der Obergesellschaft die Zustimmung seines Aufsichtsrats für seine Mitwirkung an dem Geschäft, gleichgültig, ob diese Mitwirkung durch Weisung, Stimmabgabe oder durch formloses Einverständnis erfolgt. Entscheidend ist, ob das von dem nachgeordneten Konzernunternehmen beabsichtigte Geschäfte von solcher Bedeutung für die Konzernobergesellschaft ist, dass es der im Katalog bezeichneten Geschäftsart gleichkommt. Das ist der Fall, wenn das Geschäft den betreffenden Tatbestand des Zustimmungskatalogs erfüllen würde, falls das Konzernunternehmen ein rechtlich unselbstständiger Teil der Obergesellschaft wäre.[86] Soweit sich nach diesen Auslegungsregeln ergibt, dass Geschäfte der Tochtergesellschaft durch den Zustimmungsvorbehalt des Aufsichtsrats der Muttergesellschaft erfasst werden, muss der Vorstand der Mutter dafür sorgen, dass solche Geschäfte der Tochter nur mit seiner Billigung vorgenommen werden dürfen und somit der Aufsichtsrat der Mutter die Gelegenheit erhält, sein Mitwirkungsrecht auszuüben.[87]

Die Zustimmung des Aufsichtsrats ist im Regelfall vor der Vornahme des Geschäfts in Form der **Einwilligung** einzuholen.[88] Ausnahmsweise, zB bei besonderer Eilbedürftigkeit des Geschäfts, darf sich der Vorstand mit einer nachträglichen **Genehmigung** begnügen, vorausgesetzt, der Vorstand kann bei Vornahme des Geschäfts nach pflichtgemäßem Ermessen davon ausgehen, dass sich die Mehrheit des Aufsichtsrats mit dem Geschäft einverstanden erklären wird.[89]

Der Aufsichtsrat erteilt (oder verweigert) seine Zustimmung zu dem einzelnen Geschäft, das ihm der Vorstand zur Zustimmung vorgelegt hat. Soweit der Aufsichtsrat selbst die Zustimmungspflicht eingeführt hat, ist er allerdings auch in der Lage, die Zustimmungspflicht durch eine **generelle Zustimmung** (zB bis zu einer bestimmten Wertgrenze) wieder zu lockern. Anders verhält es sich, wenn der Zustimmungsvorbehalt in der Satzung bestimmt ist. Dann darf der Aufsichtsrat seine Zustimmung nicht im Voraus erteilen, es sei

---

M. Roth § 111 Rn. 680; *Habersack* ZHR 178 (2014), 131 (142); enger *Fleischer* BB 2013, 835 (839 ff.); noch enger *Götz* ZGR 1990, 633 (644); dagegen weiter *Thiessen* AG 2013, 573 (578 f.).

[85] *Lutter* FS Fischer, 1979, 419 ff.; *Götz* ZGR 1990, 633 (655); *Martens* ZHR 159 (1995), 568 (580 f.); *Lenz* AG 1997, 448 (451 ff.); MüKoAktG/*Habersack* § 111 Rn. 135 ff.; KölnKommAktG/ *Mertens* § 111 Rn. 77 f.; *Hüffer/Koch* AktG § 111 Rn. 53; HdB börsennotierte AG/*E. Vetter* § 26 Rn. 32; *Fonk* ZGR 2006, 841 (852 ff.); *Harbarth* FS Hoffmann-Becking, 2013, 457 (461 ff.); GroßkommAktG/*Hopt/M. Roth* § 111 Rn. 734 ff.; *Hölters* AktG/*Hambloch-Gesinn/Gesinn* § 111 Rn. 78; ausf. *Hoffmann-Becking* ZHR 159 (1995), 325 (339 ff.); aA *Brouwer* Zustimmungsvorbehalte des Aufsichtsrats S. 297 f.; vgl. auch BGH WM 1973, 170 zum entspr. Problem bei dem Zustimmungsvorbehalt für die Gesellschafter einer KG.

[86] Zust. KölnKommAktG/*Mertens/Cahn* § 111 Rn. 96; *Hüffer/Koch* AktG § 111 Rn. 53; *Hölters* AktG/*Hambloch-Gesinn/Gesinn* § 111 Rn. 78. Ausf. zur „Bedeutungsäquivalenz" *Harbarth* FS Hoffmann-Becking, 2013, 457 (462 ff.).

[87] *Götz* ZGR 1990, 633 (647); *Hoffmann-Becking* ZHR 159 (1995), 325 (341 f.); KölnKommAktG/ *Mertens/Cahn* § 111 Rn. 93; MüKoAktG/*Habersack* § 111 Rn. 138; *Hüffer/Koch* AktG § 111 Rn. 54; HdB börsennotierte AG/*E. Vetter* § 26 Rn. 31; *Brouwer* Zustimmungsvorbehalte des Aufsichtsrats S. 300. Offen gelassen in BGH NZG 2018, 1189 Rn. 18.

[88] BGH NZG 2018, 1189 Rn. 17.

[89] Vgl. KölnKommAktG/*Mertens/Cahn* § 111 Rn. 106; *Fonk* ZGR 2006, 841 (870 f.); HdB börsennotierte AG/*E. Vetter* § 26 Rn. 37; *Hüffer/Koch* AktG § 111 Rn. 47; *Grigoleit/Grigoleit/Tomasic* AktG § 111 Rn. 57; *Drinhausen/Marsch-Barner* AG 2014, 337 (340); *Spindler/Stilz* AktG/*Spindler* § 111 Rn. 76; *Carsten Schäfer* FS E. Vetter, 2019, 645 (650 f.); *Schnorbus/Ganzer* BB 2020, 386 (395); strenger *Götz* ZGR 1990, 633 (643 f.). Enger *Lutter/Krieger/Verse* Rechte und Pflichten des Aufsichtsrats, 7. Aufl. 2020, § 3 Rn. 124. Generell ablehnend MüKoAktG/*Habersack* § 111 Rn. 140 f.

denn, die Satzung erklärt allgemeine Zustimmungen oder Ermächtigungen ausdrücklich für zulässig.⁹⁰

67 Falls der Aufsichtsrat die vom Vorstand begehrte Zustimmung verweigert hat, kann der Vorstand das Geschäft nach § 111 Abs. 4 S. 3 AktG der **Hauptversammlung** zur Zustimmung vorlegen (dazu auch → § 35 Rn. 17 ff.). Mit einer Mehrheit von drei Vierteln der abgegebenen Stimmen kann die Hauptversammlung das Veto des Aufsichtsrats überwinden und dem Geschäft an Stelle des Aufsichtsrats zustimmen. Diese Möglichkeit besteht auch dann, wenn die Obergesellschaft nach § 308 Abs. 1 AktG den Vorstand zur Vornahme des Geschäfts angewiesen hatte; die Verweigerung der Zustimmung des Aufsichtsrats kann in diesem Fall nicht nur durch eine wiederholte Weisung nach § 308 Abs. 3 AktG, sondern auch durch eine Entscheidung der Hauptversammlung nach § 111 Abs. 4 S. 3 AktG überwunden werden. Das Erfordernis der Dreiviertelmehrheit kann durch die Satzung weder erschwert noch erleichtert werden, § 111 Abs. 4 S. 5 AktG. Es kann auch nicht über § 119 Abs. 2 AktG umgangen werden. Wenn der Vorstand nach § 119 Abs. 2 AktG eine Entscheidung der Hauptversammlung über Fragen der Geschäftsführung verlangt, genügt zwar die einfache Stimmenmehrheit, falls die Satzung nichts anderes bestimmt. Die einfache Mehrheit genügt jedoch nicht, wenn das Geschäft der Zustimmung des Aufsichtsrats bedarf und dieser die Zustimmung verweigert hat.⁹¹ Auch wenn der Aufsichtsrat noch nicht entschieden hat, weil ihm der Vorstand das zustimmungsbedürftige Geschäft gar nicht zur Zustimmung vorgelegt hat, kann der Vorstand nicht über eine Vorlage an die Hauptversammlung nach § 119 Abs. 2 AktG dem qualifizierten Mehrheitserfordernis des § 111 Abs. 4 S. 4 AktG ausweichen.⁹²

68 **3. Geschäfte mit nahestehenden Personen.** Zur Umsetzung der 2. Aktionärsrechterichtlinie hat der deutsche Gesetzgeber im ARUG II in den §§ 111a–111c AktG einen zwingenden **Zustimmungsvorbehalt** für Geschäfte mit nahestehenden Personen („**related party transactions**") geschaffen und die Veröffentlichung solcher Geschäfte geregelt. Dabei hat sich der Gesetzgeber in Ausübung der entsprechenden Wahlrechte der Richtlinie gegen eine Zuständigkeit der Hauptversammlung und für einen Zustimmungsvorbehalt des Aufsichtsrats entschieden und den Anwendungsbereich auf börsennotierte Gesellschaften (einschließlich börsennotierte KGaA und SE)⁹³ beschränkt (dazu auch → § 35 Rn. 52 f.). § 111a AktG umreißt in Abs. 1 den Anwendungsbereich des Zustimmungsvorbehalts durch Definition der Begriffe „Geschäfte" und „nahestehende Personen", gefolgt von Ausnahmen von dem Zustimmungserfordernis in den Abs. 2 und 3. § 111b AktG normiert in Abs. 1 und 3 den Schwellenwert für wesentliche Geschäfte, dessen Überschreitung das Zustimmungserfordernis auslöst, und in Abs. 2 das Zustimmungsverfahren im Aufsichtsrat sowie in Abs. 4 die subsidiäre Zuständigkeit der Hauptversammlung bei verweigerter Zustimmung des Aufsichtsrats. § 111c AktG enthält nähere Bestimmungen zum Zeitpunkt und zur Art und Weise der Veröffentlichung der Geschäfte.

69 **a) Erfasste Geschäfte und Personen.** Erfasst werden Rechtsgeschäfte und Maßnahmen, durch die ein Vermögenswert entgeltlich oder unentgeltlich übertragen oder zur Nutzung überlassen wird, § 111a Abs. 1 S. 1 AktG. Der Begriff **Vermögenswert** ist weit zu verstehen und erfasst insbesondere auch Dienstleistungen, und als Übertragung eines Vermögenswerts gilt zB auch die Gewährung von Sicherheiten. Der **Geschäftsbegriff** umfasst sowohl das schuldrechtliche als auch das dingliche Rechtsgeschäft; es genügt jedoch die Zustimmung zum schuldrechtlichen Verpflichtungsgeschäft.⁹⁴ Das Unterlassen eines

---

⁹⁰ KölnKommAktG/*Mertens/Cahn* § 111 Rn. 109; MüKoAktG/*Habersack* § 111 Rn. 143; HdB börsennotierte AG/*E. Vetter* § 26 Rn. 36; GroßkommAktG/*Hopt/M. Roth* § 111 Rn. 642.
⁹¹ Hüffer/*Koch* AktG § 119 Rn. 14.
⁹² GroßkommAktG/*Mülbert* § 119 Rn. 207.
⁹³ Begr. RegE BT-Drs. 19/9739, 89.
⁹⁴ Begr. RegE S. 89.

Rechtsgeschäfts oder einer Maßnahme ist, wie § 111a Abs. 1 S. 3 AktG klarstellt, kein durch die Definition in Satz 1 erfasstes Geschäft.

Nahestehende Personen können nach § 111a Abs. 1 S. 2 AktG sowohl Unternehmen als auch natürliche Personen sein. Zur näheren Bestimmung enthält das Gesetz eine dynamische Verweisung auf die Definition der „nahestehenden Unternehmen und Personen" in den internationalen Rechnungslegungsstandards, wie sie von der EU-Kommission als verbindlich übernommen worden sind, insbesondere also IAS 24. Maßgeblich sind nicht die konzernrechtlichen Definitionen des deutschen Gesellschaftsrechts in den §§ 15 ff. AktG. So genügt für das „Nahestehen" ein maßgeblicher Einfluss auf das andere Unternehmen, der nach IAS 28 ab einer Beteiligung von 20 % der Stimmrechte vermutet wird. Nach der Begründung des Gesetzes müssen die Voraussetzungen des „Nahestehens" nicht unbedingt bei Abschluss des Geschäfts vorliegen, sondern es komme auch eine Vor- oder Nachwirkung des Näheverhältnisses in Betracht, wenn bei Geschäftsabschluss schon oder noch ein dem Nahestehen entsprechendes faktisches Beeinflussungspotential besteht.[95] Ein Geschäft zwischen einem Tochterunternehmen und einem anderen Unternehmen, das zwar dem Mutterunternehmen, aber nicht dem Tochterunternehmen nahesteht, löst keinen Zustimmungsvorbehalt aus, weder auf der Ebene des Tochter- noch des Mutterunternehmens.[96] Allerdings muss das Mutterunternehmen nach § 111c Abs. 4 AktG das Geschäft veröffentlichen, wie wenn es von dem Mutterunternehmen vorgenommen worden wäre (→ Rn. 80).

b) Ausnahmen vom Zustimmungsvorbehalt. Generell ausgenommen sind nach § 111a Abs. 2 AktG solche Geschäfte mit nahestehenden Personen, die im **ordentlichen Geschäftsgang** und zu **marktüblichen Bedingungen** vorgenommen werden. Zur laufenden Überwachung, ob diese Voraussetzungen vorliegen, muss die Gesellschaft ein „**internes Verfahren**" einrichten, von dem die an dem Geschäft beteiligten nahestehenden Personen ausgeschlossen sind. Wie dieses Verfahren auszugestalten ist, sagt der Gesetzestext nicht. Die Gesetzesbegründung verweist auf die im faktischen Konzern zur Vorbereitung des Abhängigkeitsberichts üblichen Aufzeichnungen und Bewertungen.[97] Der Ausschluss der im ordentlichen Geschäftsgang und zu marktüblichen Bedingungen erfolgten Geschäfte kann seinerseits durch Satzungsbestimmung ausgeschlossen werden, § 111a Abs. 2 S. 3 AktG. Eine entsprechende Satzungsklausel wird nur selten in Betracht kommen; sie erspart zwar die Mühe des „internen Verfahrens", birgt aber das Risiko, dass auch laufende Standardgeschäfte dem Zustimmungsvorbehalt zu unterwerfen sind, wenn sie im Geschäftsjahr den aggregierten Schwellenwert nach § 111b Abs. 1 AktG überschreiten.

§ 111a Abs. 3 AktG enthält eine abschließende Auflistung von Geschäften, bei denen insbesondere wegen gesellschaftsrechtlicher Vorkehrungen ein Schutz durch den Zustimmungsvorbehalt nicht erforderlich erscheint. Ausgenommen sind nach **Nr. 1** der **Ausnahmeliste** Geschäfte mit solchen Tochterunternehmen, die unmittelbar oder mittelbar im hundertprozentigen Anteilsbesitz der Gesellschaft stehen oder an denen keine andere der Gesellschaft nahestehende Person beteiligt ist oder die selbst in der EU börsennotiert sind. Auch hier wird der Begriff Tochterunternehmen nicht nach deutschem Konzernrecht, sondern nach Maßgabe der internationalen Rechnungslegungsstandards definiert. **Nr. 2** und **Nr. 3** der Ausnahmeliste nehmen solche Geschäfte aus, die einer Beschlussfassung der Hauptversammlung bedürfen, sowie alle Geschäfte, die zur Umsetzung des betreffenden Hauptversammlungsbeschlusses vorgenommen werden. Befreit sind demgemäß zB Geschäfte über Sacheinlagen zum Vollzug einer Sachkapitalerhöhung, auch wenn die Kapitalerhöhung nicht von der Hauptversammlung unmittelbar beschlossen wurde,

---

[95] Begr. RegE S. 90 f.
[96] *Grigoleit* ZGR 2019, 412 (421).
[97] Begr. RegE S. 91 f. Näher zum internen Verfahren *Redeke/Schäfer/Troidl* AG 2020, 159 ff.; *Florstedt* ZGR 2020, 10 (32 ff.).

sondern durch die Verwaltung in Ausnutzung eines von der Hauptversammlung beschlossenen genehmigten Kapitals vorgenommen wird. Ausgenommen sind nach Nr. 3 Buchst. a auch der Abschluss von Unternehmensverträgen und – was nicht selbstverständlich ist – sämtliche Geschäfte auf Grundlage eines Unternehmensvertrags, sodass bei Existenz eines Beherrschungsvertrags alle konzerninternen Transaktionen ohne Weiteres ausgenommen sind, auch wenn sie nicht auf einer Weisung der Konzernmutter beruhen.[98] Nr. 3 Buchst. b–f nimmt folgerichtig auch alle Geschäfte aus, die zur Umsetzung von Hauptversammlungsbeschlüssen zur Vermögensübertragung, zum Erwerb eigener Aktien, zur Nachgründung, zum Squeeze-Out oder zu einer Umwandlung im Sinne des UmwG vorgenommen werden. Nicht ausgenommen sind jedoch Geschäfte, denen die Hauptversammlung auf Verlangen des Vorstands nach § 119 Abs. 2 AktG zugestimmt hat.[99] Ausgenommen sind schließlich die Vorstands- und Aufsichtsratsvergütungen nach **Nr. 4**, durch die Bankenaufsicht angeordnete Geschäfte von Kreditinstituten nach **Nr. 5** und Geschäfte, die allen Aktionären unter den gleichen Bedingungen angeboten werden, nach **Nr. 6** der Ausnahmeliste.

73 **c) Schwellenwert.** Der Zustimmungsvorbehalt soll nur bei wirtschaftlich wesentlichen Geschäften der börsennotierten Gesellschaft mit nahestehenden Personen eingreifen. Den dafür maßgeblichen Schwellenwert hat der Gesetzgeber nicht in der für den Anwendungsbereich maßgebenden Vorschrift des § 111a AktG geregelt, sondern in § 111b Abs. 1 und 3 AktG. Maßgeblich ist die Größenordnung der Geschäfte, die innerhalb des laufenden Geschäftsjahres vor Abschluss des konkret anstehenden Geschäfts mit derselben Person getätigt wurden, wenn diese Geschäfte zusammen mit dem konkret anstehenden Geschäft insgesamt 1,5 % des im letzten festgestellten Jahresabschluss bilanzierten Anlage- und Umlaufvermögens der Gesellschaft übersteigen. Wenn es sich bei der Gesellschaft um eine zur Konzernrechnungslegung verpflichtete Muttergesellschaft handelt, ist nach § 111b Abs. 3 AktG für die Bestimmung des Schwellenwerts auf das im zuletzt gebilligten Konzernabschluss bilanzierte Anlage- und Umlaufvermögen abzustellen. Wie der wirtschaftliche Wert des konkret anstehenden Geschäfts und der anderen zu aggregierenden Geschäfte zu bestimmen ist, sagt das Gesetz nicht. Folgt man der Gesetzesbegründung, so braucht der Aufsichtsrat keine Gutachten einzuholen, sondern kann sich auf eine eigene realistische Schätzung verlassen.[100]

74 **d) Zustimmungsverfahren.** Das Gesetz verlangt in § 111b Abs. 1 AktG die „vorherige Zustimmung" des Aufsichtsrats, also dessen **Einwilligung**. Das schließt, wie die Gesetzesbegründung klarstellt, nicht aus, dass das Geschäft unter der aufschiebenden Bedingung der Zustimmung des Aufsichtsrats abgeschlossen wurde und somit erst nach Vorliegen der Zustimmung verbindlich wird.[101]

75 Wenn über die Zustimmung im **Aufsichtsratsplenum** abgestimmt wird, sind nach § 111b Abs. 2 AktG diejenigen Aufsichtsratsmitglieder vom Stimmrecht ausgeschlossen, die an dem Geschäft als nahestehende Personen beteiligt sind oder bei denen die Besorgnis eines Interessenkonflikts aufgrund ihrer Beziehungen zu der nahestehenden Person besteht. Ob die Besorgnis eines Interessenkonflikts besteht, ist rein objektiv zu bestimmen und nach der Begründung des Gesetzentwurfs ohne Ermessensspielraum des Aufsichtsrats und sogar ohne Beurteilungsspielraum gerichtlich voll überprüfbar.[102] Das ändert nichts an der tatsächlichen Unsicherheit der Beurteilung im konkreten Fall. Wenn der Aufsichtsrat zu Unrecht die Besorgnis eines Interessenkonflikts verneint, kann das die Unwirksamkeit der

---

[98] Begr. RegE S. 93.
[99] Begr. RegE S. 93.
[100] Begr. RegE S. 94.
[101] Begr. RegE S. 94.
[102] Begr. RegE S. 85 ff., 96.

Beschlussfassung begründen, die Wirksamkeit des Geschäfts im Außenverhältnis bleibt aber jedenfalls unberührt.[103]

Der Aufsichtsrat kann die Entscheidung über die Zustimmung auf einen gem. § 107 Abs. 3 S. 4–6 bestellten **Ausschuss** delegieren. Wenn der Ausschuss lediglich die Aufgabe hat, die Entscheidung des Plenums vorzubereiten, gelten nicht die besonderen Anforderungen des § 107 Abs. 3 S. 5 und 6 AktG. Wenn der Ausschuss dagegen anstelle des Plenums abschließend über die Zustimmung entscheidet, dürfen dem Ausschuss keine an dem Geschäft beteiligte nahestehende Personen angehören und muss der Ausschuss mehrheitlich aus Mitgliedern zusammengesetzt sein, bei denen keine Besorgnis eines Interessenkonflikts aufgrund ihrer Beziehungen zu einer nahestehenden Person besteht. Personen, bei denen die Besorgnis eines Interessenkonflikts besteht, sind also, wenn sie nur die Minderheit im Ausschuss darstellen, anders als bei der Entscheidung im Plenum nicht vom Stimmrecht ausgeschlossen. Dagegen sollen an dem Geschäft beteiligte nahestehende Personen anders als bei der Entscheidung im Plenum nicht nur einem Stimmverbot unterliegen, sondern sie können nicht Mitglieder des Ausschusses sein. Wenn der Ausschuss nicht nur für ein einzelnes Geschäft als ad hoc-Ausschuss gebildet, sondern als ständiger Ausschuss bestellt wurde, kann es sein, dass ein Aufsichtsratsmitglied bei der Entscheidung über ein Geschäft dem Ausschuss nicht angehört, bei der Entscheidung über ein anderes Geschäft aber als wirksam bestelltes Mitglied agieren kann. Das Gesetz verlangt in § 107 Abs. 3 S. 4 AktG im Übrigen nicht, dass der Ausschuss ausschließlich für die Zustimmung zu Geschäften mit nahestehenden Personen gebildet wird, sondern es kann auch ein für andere Aufgaben gebildeter Ausschuss zusätzlich mit dieser Aufgabe betraut werden, wenn die besonderen Anforderungen an die Zusammensetzung des Ausschusses nach § 107 Abs. 3 S. 5 und 6 erfüllt sind.[104]

Wenn der Aufsichtsrat oder der vom Aufsichtsrat eingesetzte Ausschuss die Zustimmung verweigert hat, kann der Vorstand verlangen, dass die **Hauptversammlung** über die Zustimmung beschließt, § 111b Abs. 4 S. 1 AktG. Diese Regelung ist dem Muster des § 111 Abs. 4 S. 3 AktG nachgebildet, allerdings ohne das in § 111 Abs. 4 S. 4 AktG vorgesehene qualifizierte Mehrheitserfordernis. An dem Geschäft beteiligte nahestehende Personen dürfen bei der Beschlussfassung der Hauptversammlung das Stimmrecht weder für sich noch für einen anderen ausüben, § 111b Abs. 4 S. 2 AktG.

e) Veröffentlichung. Die börsennotierte Gesellschaft ist verpflichtet, Angaben zu den zustimmungsbedürftigen Geschäften mit nahestehenden Personen unverzüglich zu veröffentlichen, § 111c Abs. 1 S. 1 AktG. Wenn die Pflicht zur Veröffentlichung durch die Zusammenrechnung mehrerer Geschäfte nach § 111b Abs. 1 AktG ausgelöst wurde, sind auch Angaben zu den einzelnen innerhalb des Geschäftsjahres zusammengerechneten Geschäften zu veröffentlichen, § 111c Abs. 1 S. 2 AktG. Die Veröffentlichung muss nicht unverzüglich nach der Erteilung der Zustimmung, sondern unverzüglich nach Vornahme des Geschäfts erfolgen. Nach der Begründung des Gesetzes genügt es in der Regel, wenn die Veröffentlichung innerhalb von vier Handelstagen nach Vornahme des Geschäfts erfolgt.[105]

Inhaltlich muss die Veröffentlichung nach § 111c Abs. 2 AktG alle wesentlichen Informationen enthalten, die erforderlich sind, um zu bewerten, ob das Geschäft aus Sicht der Gesellschaft und der Aktionäre, die keine nahestehenden Personen sind, angemessen ist, § 111c Abs. 2 S. 3 AktG. Zur Art der Veröffentlichung verweist das Gesetz auf die kapitalmarktrechtliche Regelung in der Wertpapierhandelsanzeigeverordnung. Außerdem müssen die Angaben auf der Internetseite der Gesellschaft für einen Zeitraum von mindestens fünf Jahren zugänglich sein, § 111c Abs. 2 S. 4 AktG. Wenn das Geschäft auch als

---

[103] Begr. RegE S. 95 f.
[104] Begr. RegE S. 85. Näher zur Delegation auf einen Ausschuss *Markworth* AG 2020, 166 ff. *Florstedt* ZGR 2020, 10 (44 ff.).
[105] Begr. RegE S. 98.

Insiderinformation nach Art. 17 MMVO zu publizieren ist, sind die beiden Publikationspflichten nach den Regeln des § 111c Abs. 3 AktG zu koordinieren.

80 Wenn ein Tochterunternehmen ein Geschäft mit einer Person abschließt, die dem Mutterunternehmen nahesteht, muss das Mutterunternehmen nach § 111c Abs. 4 AktG die Angaben zu dem **Geschäft des Tochterunternehmens** veröffentlichen, sofern das Geschäft, wenn es von dem Mutterunternehmen vorgenommen wäre, der Zustimmung des Aufsichtsrats bedürfte. Die Veröffentlichungspflicht der Mutter soll Umgehungsgestaltungen vermeiden[106] und zeigt, dass solche Geschäfte der Tochter weder bei der Mutter noch bei der Tochter zustimmungspflichtig sind (→ Rn. 70).

III. Entscheidung über die Ausübung von Beteiligungsrechten nach § 32 MitbestG und § 15 MitbestErgG

81 **1. Grundgedanke.** Die besondere Entscheidungskompetenz des Aufsichtsrats nach § 32 MitbestG und § 15 MitbestErgG fällt systematisch aus dem Rahmen der auf die Überwachung des Vorstands gerichteten Aufgaben des Aufsichtsrats.[107] Nach § 32 MitbestG, der im Wesentlichen dem § 15 MitbestErgG nachgebildet ist, wird der Vorstand der paritätisch mitbestimmten AG an das Votum der Aktionärvertreter im Aufsichtsrat gebunden, wenn er die Beteiligungsrechte der AG in einer ebenfalls paritätisch mitbestimmten Untergesellschaft bei bestimmten Personal- und Strukturentscheidungen ausübt. Zweck der Vorschrift ist es, bei einer Verbindung von zwei mitbestimmten Gesellschaften eine Potenzierung der Arbeitnehmermitbestimmung auszuschließen. Der Gesetzgeber des MitbestG 1976 ist nicht der Empfehlung gefolgt, in Konzernen ausschließlich die Konzernspitzengesellschaft der paritätischen Mitbestimmung aller Konzernarbeitnehmer zu unterwerfen; vielmehr ist auch bei der Konzernuntergesellschaft ein paritätisch zusammengesetzter Aufsichtsrat zu bilden, wenn die Konzernuntergesellschaft für sich genommen mehr als 2.000 Arbeitnehmer beschäftigt.[108] Der Gesetzgeber hat aber in § 32 MitbestG nach dem Modell des § 15 MitbestErgG versucht, eine „Kaskadenwirkung" der Mitbestimmung wenigstens bei bestimmten im Gesetz einzeln aufgezählten Angelegenheiten zu vermeiden. Über diese Angelegenheiten der Untergesellschaft soll innerhalb der Obergesellschaft nicht der Vorstand, sondern die Anteilseignerbank des Aufsichtsrats entscheiden. Dabei wird unterstellt, dass der Vorstand der Obergesellschaft, da er von einem paritätisch mitbestimmten Aufsichtsrat bestellt wird, nicht geeignet ist, die Anteilseignerinteressen in den Organen der mitbestimmten Beteiligungsgesellschaft ungeschmälert zur Geltung zu bringen.[109]

82 **2. Anwendungsbereich.** § 32 MitbestG setzt voraus, dass sowohl die Obergesellschaft als auch die Untergesellschaft dem MitbestG unterliegen. Die Vorschrift ist also nicht anzuwenden, wenn die Untergesellschaft nach dem DrittelbG oder dem MontanMitbestG mitbestimmt ist oder nur eine Enkelgesellschaft dem MitbestG unterliegt.[110] Die Untergesellschaft muss nicht Konzernunternehmen sein; es reicht aus, wenn an ihr eine Beteiligung von **mindestens 25 %** besteht, § 32 Abs. 2 MitbestG. § 32 MitbestG gilt nicht für die mitbestimmte KGaA als Obergesellschaft.[111] Dagegen soll die Vorschrift nach herrschender

---

[106] Begr. RegE S. 99.
[107] Zur Kritik an der systemwidrigen Vorschrift HH MitbestR/*Habersack* MitbestG § 32 Rn. 4; *Raiser/Veil/Jacobs* MitbestG § 32 Rn. 3; *Weiss* Der Konzern 2004, 590 (597 ff.); KölnKommAktG/ *Mertens/Cahn* Anh. § 117 B MitbestG § 32 Rn. 2.
[108] Zur Kritik *Lutter*, Mitbestimmung im Konzern, 1975, S. 76 ff.; *Bayer* DB 1975, 1167 (1170 f.); *Duden* ZHR 141 (1977), 145 (155); HH MitbestR/*Habersack* MitbestG § 32 Rn. 4.
[109] Vgl. die Begr. zu § 29 des RegE MitbestG, BT-Drs. 7/2172, 28 f.; *Philipp* DB 1976, 1622; HH MitbestR/*Habersack* MitbestG § 32 Rn. 2.
[110] HH MitbestR/*Habersack* MitbestG § 32 Rn. 9; WKS/*Schubert* § 32 Rn. 8 f.
[111] *Raiser/Veil/Jacobs* MitbestG § 32 Rn. 5; HH MitbestR/*Habersack* MitbestG § 32 Rn. 5; WKS/ *Schubert* MitbestG § 32 Rn. 7; GroßkommAktG/*Oetker* MitbestG § 32 Rn. 6; MüKoAktG/*Gach* MitbestG § 32 Rn. 9.

Meinung analog gelten für die nach § 4 Abs. 1 MitbestG mitbestimmte Komplementärin einer AG & Co. KG oder GmbH & Co. KG, wenn die KG eine Beteiligung von mindestens 25 % an einer nach dem MitbestG mitbestimmten Gesellschaft hält.[112] Bei mehrstufigen Konzernverbindungen mit Aufsichtsräten nach MitbestG auf allen drei Stufen genügt es für die Ausübung des Stimmrechts in der Hauptversammlung der Enkelgesellschaft, wenn der Aufsichtsrat der Tochter nach § 32 MitbestG zugestimmt hat; ein Beschluss des Aufsichtsrats der Mutter ist dafür nicht zusätzlich erforderlich.[113] Wenn die mittlere Stufe mitbestimmungsfrei ist, ist ebenfalls kein Beschluss des mitbestimmten Aufsichtsrats der Mutter erforderlich, da die Beteiligung der Tochter an der Enkelgesellschaft nicht der Muttergesellschaft zugerechnet wird; § 16 Abs. 4 AktG ist nicht anwendbar.[114]

§ 15 MitbestErgG ist anzuwenden, wenn die nach dem MontanMitbestG oder dem MitbestErgG mitbestimmte Obergesellschaft mit mindestens 25 % an einem anderen Unternehmen beteiligt ist. Ob die Beteiligungsgesellschaft ihrerseits mitbestimmt oder mitbestimmungsfrei ist, macht für § 15 MitbestErgG keinen Unterschied.

Die einzelnen Gegenstände der Beschlussfassung in der Untergesellschaft, bei denen der **83** Vorstand der Obergesellschaft an das Votum der Anteilseignerbank seines Aufsichtsrats gebunden ist, sind in § 15 MitbestErgG und § 32 MitbestG abschließend aufgezählt. Zum einen geht es um die Beteiligungsrechte der Obergesellschaft bei **Personalentscheidungen**, nämlich der Bestellung, dem Widerruf der Bestellung oder der Entlastung von Verwaltungsträgern der Beteiligungsgesellschaft. Da die Vorstandsmitglieder oder Geschäftsführer der ebenfalls dem MitbestG unterliegenden Beteiligungsgesellschaft nicht von der Versammlung der Anteilseigner, sondern vom Aufsichtsrat bestellt und abberufen werden, betrifft § 32 MitbestG im Hinblick auf den Vorstand oder die Geschäftsführung der Beteiligungsgesellschaft nur den Entlastungsbeschluss der Hauptversammlung oder Gesellschafterversammlung und einen etwaigen Vertrauensentzug durch die Hauptversammlung nach § 84 Abs. 3 S. 2 AktG. Im Hinblick auf den Aufsichtsrat der Beteiligungsgesellschaft geht es um die Wahl, Abberufung und Entlastung der Aufsichtsratsmitglieder durch die Hauptversammlung oder Gesellschafterversammlung sowie um die Ausübung etwaiger Entsendungsrechte der Obergesellschaft nach § 101 Abs. 2 AktG.

Zum anderen gilt § 32 MitbestG für bestimmte **Strukturentscheidungen** der Betei- **84** ligungsgesellschaft, insbesondere für die Mitwirkung bei Beschlüssen über die Auflösung, Verschmelzung oder Umwandlung und – über § 15 MitbestErgG hinaus – für den Abschluss von Unternehmensverträgen nach §§ 291, 292 AktG. Falls die in der Rechtsform der GmbH betriebene Beteiligungsgesellschaft einen Unternehmensvertrag abschließt, ist § 32 MitbestG nach herrschender Meinung analog anzuwenden.[115]

3. Weisungsbindung des Vorstands. Wenn ein Fall des § 32 MitbestG oder § 15 Mit- **85** bestErgG vorliegt, ist der Vorstand der Obergesellschaft nicht nur – nach Art des § 111 Abs. 4 S. 2 AktG – in seiner Geschäftsführungsbefugnis beschränkt und intern verpflichtet, vor der Ausübung der Beteiligungsrechte das Votum des Aufsichtsrats einzuholen. Die Vorschrift beschränkt nach hM darüber hinaus seine externe Vertretungsmacht: Ohne die Weisung des Aufsichtsrats oder im Widerspruch zu einer vom Aufsichtsrat erteilten Wei-

---

[112] *Hoffmann/Lehmann/Weinmann* MitbestG § 32 Rn. 21; HdB börsennotierte AG/*E. Vetter* § 26 Rn. 80.
[113] *Raiser/Veil/Jacobs* MitbestG § 32 Rn. 5; WKS/*Schubert* § 32 Rn. 8; *Weiss* Der Konzern 2004, 590 (594) mwN.
[114] HH MitbestR/*Habersack* MitbestG § 32 Rn. 13; *Raiser/Veil/Jacobs* MitbestG § 32 Rn. 14; WKS/ *Schubert* MitbestG § 32 Rn. 17; KölnKommAktG/*Mertens/Cahn* Anh. § 117 B MitbestG § 32 Rn. 12; GroßkommAktG/*Oetker* MitbestG § 32 Rn. 11.
[115] WKS/Schubert MitbestG § 32 Rn. 28; HH *MitbestR/Habersack* MitbestG § 32 Rn. 15, 19; *Raiser/Veil/Jacobs* MitbestG § 32 Rn. 24; GroßkommAktG/*Oetker* MitbestG § 32 Rn. 10; Köln-KommAktG/*Mertens/Cahn* Anh. § 117 B MitbestG § 32 Rn. 14; aA *Crezelius* ZHR 144 (1980), 372 ff.; *Säcker* DB 1977, 2031 (2035). Auch → § 22 Rn. 4.

sung kann der Vorstand die Beteiligungsrechte, insbesondere also die Stimmrechte in der Anteilseignerversammlung der Beteiligungsgesellschaft nicht wirksam ausüben.[116] Das bedeutet, dass der Aufsichtsrat in diesen Fällen abweichend von § 111 Abs. 4 S. 1 AktG und über § 111 Abs. 4 S. 2 AktG hinaus der Sache nach die Geschäfte führt. Er allein – genauer: die Anteilseignerbank des Aufsichtsrats – trifft die Entscheidung über die Ausübung der Beteiligungsrechte, der Vorstand hat die für ihn verbindliche Entscheidung des Aufsichtsrats weisungsgebunden auszuführen.

86 **4. Beschlussfassung im Aufsichtsrat.** Die Beschlüsse des Aufsichtsrats nach § 32 MitbestG bedürfen nur der Mehrheit der Stimmen der Aufsichtsratsmitglieder der Anteilseigner. Sie sind deshalb aber nicht Beschlüsse der Anteilseignerbank als eines besonderen Teilorgans der Gesellschaft, sondern ebenfalls Beschlüsse des Aufsichtsrats. Demgemäß sind die Aufsichtsratsmitglieder der Arbeitnehmer zwar bei der Beschlussfassung nicht stimmberechtigt, wohl aber berechtigt, an der Beratung der Anteilseignervertreter teilzunehmen.[117] Die Anteilseignerbank beschließt nicht mit der einfachen Mehrheit der abgegebenen Stimmen, sondern mit der einfachen Mehrheit der Stimmen aller im Amt befindlichen Vertreter der Anteilseigner (Ist-Stärke), § 32 Abs. 1 S. 2 MitbestG.[118] Dabei gilt nicht das Zweitstimmrecht des Vorsitzenden gemäß § 29 Abs. 2 MitbestG, da dieses nur Beschlüsse betrifft, für die nach § 29 Abs. 1 MitbestG die einfache Mehrheit der abgegebenen Stimmen genügt (→ § 31 Rn. 80). Zur Beschlussfähigkeit ist in analoger Anwendung von § 28 MitbestG ausreichend, wenn die Hälfte der Anteilseignervertreter, aus denen der Aufsichtsrat zu bestehen hat (Soll-Stärke), an der Beschlussfassung teilnimmt.[119]

87 Die Aufsichtsratsmitglieder der Anteilseigner sind nicht befugt, ihre Entscheidungskompetenz aus § 32 MitbestG durch eine **generelle Ermächtigung** des Vorstands auf diesen zu delegieren. Zulässig ist aber eine zeitlich und gegenständlich beschränkte, zB auf die Entlastung von Vorstand und Aufsichtsrat der Beteiligungsgesellschaft bezogene und jederzeit widerrufbare Ermächtigung.[120]

88 Es ist zulässig, die nach § 32 MitbestG zu treffenden Entscheidungen auf einen Ausschuss des Aufsichtsrats (**„Beteiligungsausschuss"**) zu übertragen. Wegen des Mehrheitserfordernisses des § 32 Abs. 1 S. 2 MitbestG muss dem Ausschuss jedenfalls die Mehrheit der Anteilseignervertreter angehören.[121] Der Ausschuss muss ausschließlich mit Vertretern der

---

[116] HH *MitbestR/Habersack* MitbestG § 32 Rn. 24 f.; *Raiser/Veil/Jacobs* MitbestG § 32 Rn. 18; WKS/*Schubert* MitbestG § 32 Rn. 20; GroßkommAktG/*Oetker* MitbestG § 32 Rn. 18; *Lutter/Krieger/Verse* Rechte und Pflichten § 8 Rn. 499; KölnKommAktG/*Mertens* Anh. § 117 B MitbestG § 32 Rn. 17.

[117] HH *MitbestR/Habersack* MitbestG § 32 Rn. 27; *Raiser/Veil/Jacobs* MitbestG § 32 Rn. 20; WKS/*Schubert* MitbestG § 32 Rn. 22; GroßkommAktG/*Oetker* MitbestG § 32 Rn. 17; *Lutter/Krieger/Verse* Rechte und Pflichten § 8 Rn. 499; *Deilmann* BB 2012, 2191 (2195); aA (Mehrheit der abgegebenen Stimmen) *Hoffmann/Lehmann/Weinmann* MitbestG § 32 Rn. 55; *Säcker* DB 1977, 2031 (2035); KölnKommAktG/*Mertens/Cahn* Anh. § 117 B MitbestG § 32 Rn. 18.

[118] *Raiser/Veil/Jacobs* MitbestG § 32 Rn. 20; HH *MitbestR/Habersack* MitbestG § 32 Rn. 26; WKS/*Schubert* MitbestG § 32 Rn. 21; GroßkommAktG/*Oetker* MitbestG § 32 Rn. 16; *Lutter/Krieger* Rechte und Pflichten § 8 Rn. 503; KölnKommAktG/*Mertens* Anh. § 117 B MitbestG § 32 Rn. 19; HdB börsennotierte AG/*E. Vetter* § 26 Rn. 82; aA *Hoffmann/Lehmann/Weinmann* MitbestG § 32 Rn. 56.

[119] Vgl. HH *MitbestR/Habersack* MitbestG § 32 Rn. 17; *Lutter/Krieger/Verse* Rechte und Pflichten § 8 Rn. 498; *Weiss* Der Konzern 2004, 590 (599 ff.); MüKoAktG/*Gach* MitbestG § 32 Rn. 15; HdB börsennotierte AG/*E. Vetter* § 26 Rn. 83; aA WKS/*Schubert* MitbestG § 32 Rn. 26 und *Raiser/Veil/Jacobs* MitbestG § 32 Rn. 19; abw. auch GroßkommAktG/*Oetker* MitbestG § 32 Rn. 20.

[120] HH *MitbestR/Habersack* MitbestG § 32 Rn. 28; *Raiser/Veil/Jacobs* MitbestG § 32 Rn. 21; WSKS/*Schubert* MitbestG § 32 Rn. 23; GroßkommAktG/*Oetker* MitbestG § 32 Rn. 19; *Lutter/Krieger/Verse* Rechte und Pflichten § 8 Rn. 500 f.; *Weiss* Der Konzern 2004, 590 (598). KölnKommAktG/*Mertens/Cahn* Anh. § 117 B MitbestG § 32 Rn. 22.

[121] HH *MitbestR/Habersack* MitbestG § 32 Rn. 28; *Raiser/Veil/Jacobs* MitbestG § 32 Rn. 21; WSKS/*Schubert* MitbestG § 32 Rn. 23; GroßkommAktG/*Oetker* MitbestG § 32 Rn. 19; *Lutter/Krieger/Verse* Rechte und Pflichten § 8 Rn. 500 f.; *Weiss* Der Konzern 2004, 590 (598).

Anteilseigner besetzt werden, da nur sie stimmberechtigt sind.[122] Insbesondere ist es möglich, alle Aufsichtsratsmitglieder der Anteilseigner zu Mitgliedern des „Beteiligungsausschusses" zu berufen. Die Arbeitnehmervertreter sind nur im Rahmen von § 109 Abs. 2 AktG zur Teilnahme an den Beratungen des Ausschusses berechtigt[123] und können keinen Sitz im Beteiligungsausschuss verlangen.[124]

§ 30 Begründung, Dauer und Beendigung der Mitgliedschaft im Aufsichtsrat

Übersicht

	Rn.		Rn.
I. Persönliche Voraussetzungen	1–45	d) Nichtigkeit und Anfechtung der Wahl	59
1. Gesetzliche Voraussetzungen und Ausschlussgründe	1–30	2. Entsendung	60–64
a) Geschäftsfähige natürliche Person, § 100 Abs. 1 AktG:	1–4	a) Sonderrecht kraft Satzungsbestimmung	60, 61
b) Unabhängigkeit	5–8	b) Höchstzahl der Entsendungsmandate	62
c) Unvereinbarkeit der Zugehörigkeit zu Vorstand und Aufsichtsrat, § 105 Abs. 1 AktG:	9–12	c) Ausübung des Entsendungsrechts	63
		d) Amtszeit und Abberufung	64
d) Höchstzahl der Aufsichtsratsmandate, § 100 Abs. 2 S. 1 Nr. 1 AktG:	13–18	3. Ersatzmitglieder	65–71
		a) Bestellung	65
e) Organisationsgefälle im Konzern, § 100 Abs. 2 S. 1 Nr. 2 AktG:	19, 20	b) Ersatzmitglied für mehrere Aufsichtsratsmitglieder	66, 67
f) Verbot der Überkreuzverflechtung, § 100 Abs. 2 S. 1 Nr. 3 AktG:	21, 22	c) Nachrücken, Amtszeit und Ausscheiden	68–70
		d) Niederlegung und Abberufung	71
g) Karenzzeit bei Wechsel vom Vorstand in den Aufsichtsrat, § 100 Abs. 2 S. 1 Nr. 4 AktG:	23–25	4. Gerichtliche Bestellung	72–78
		a) Gründe	72–74
		b) Antragsbefugnis	75
h) Finanzexperte, § 100 Abs. 5 AktG:	26–30	c) Auswahl	76
		d) Amtszeit und Rechtsstellung	77, 78
2. Geschlechterquote, § 96 Abs. 2 und 3 AktG	31–43	III. Amtszeit	79–88
		1. Beginn der Amtszeit	79
a) Zielsetzung und Anwendungsbereich	31–33	2. Höchstdauer	80–82
b) Berechnung und Verfahren	34–36	3. Amtszeit bei Wiederbestellung	83
c) Rechtsfolgen	37–41	4. Amtsperioden des Aufsichtsrats	84
d) Zielsetzung für Frauenanteil, § 111 Abs. 5 AktG	42, 43	5. Amtszeit der Arbeitnehmervertreter	85, 86
		6. Amtszeit der entsandten Mitglieder	87
3. Satzungsmäßige Voraussetzungen	44, 45	7. Amtszeit der Ersatzmitglieder	88
II. Bestellung	46–78	IV. Ausscheiden	89–101
1. Wahl durch die Hauptversammlung	46–59	1. Wegfall persönlicher Voraussetzungen	89–91
		a) Gesetzliche Voraussetzungen	89, 90
a) Tagesordnung der Hauptversammlung	47–52	b) Satzungsmäßige Voraussetzungen	91
b) Abstimmung in der Hauptversammlung	53–57	2. Niederlegung	92, 93
		3. Abberufung	94–100
c) Annahme der Wahl	58	a) Überblick	94

---

[122] KölnKommAktG/*Mertens/Cahn* Anh. § 117 B MitbestG § 32 Rn. 22.
[123] KölnKommAktG/*Mertens/Cahn* Anh. § 117 B MitbestG § 32 Rn. 22; HH *MitbestR/Habersack* MitbestG § 32 Rn. 28; *Säcker* DB 1977, 2031 (2035); GK-MitbestG/*Schneider* § 32 Rn. 47; *Hönig* DB 1979, 744; HdB börsennotierte AG/*E. Vetter* § 26 Rn. 82.
[124] *Weiss* Der Konzern 2004, 590 (598); *Hoffmann/Lehmann/Weinmann* MitbestG § 32 Rn. 57; KölnKommAktG/*Mertens/Cahn* § 32 Rn. 22; aA HH *MitbestR/Habersack* MitbestG § 32 Rn. 28; WKS/*Schubert* MitbestG § 32 Rn. 24; *Raiser/Veil/Jacobs* MitbestG § 32 Rn. 21.

	Rn.		Rn.
b) Abberufung durch die Hauptversammlung nach § 103 Abs. 1 AktG	95, 96	d) Abberufung durch das Gericht nach § 103 Abs. 3 AktG	99, 100
		4. Verkleinerung des Aufsichtsrats	101
c) Abberufung eines entsandten Mitglieds nach § 103 Abs. 2 AktG	97, 98	V. Bekanntmachung der Änderungen im Aufsichtsrat	102–104

Schrifttum: *Austmann*, Globalwahl zum Aufsichtsrat, FS Sandrock, 1995, S. 277–290; *Baums*, Unabhängige Aufsichtsratsmitglieder, ZHR 180 (2016), 697–706´; *Blaschke*, Satzungsregelungen zur Amtszeit der Aufsichtsratsmitglieder, AG 2017, 112–117; *Bollweg*, Die Wahl des Aufsichtsrats in der Hauptversammlung der Aktiengesellschaft, 1997; *Butzke*, Interessenkonflikte von Aufsichtsratsmitgliedern als Thema der Hauptversammlung, FS Hoffmann-Becking, 2013, S. 229–246; *Bürgers*, Zwei vor und eins zurück – die Unabhängigkeit von Aufsichtsratsmitgliedern, FS Marsch-Barner, 2018, S. 83–101; *Dreher*, Interessenkonflikte bei Aufsichtsratsmitgliedern von Aktiengesellschaften, JZ 1990, 896–904; *ders.*, Die Qualifikation der Aufsichtsratsmitglieder, FS Boujong, 1996, S. 71–97; *ders.*, Die Gesamtqualifikation des Aufsichtsrats, FS Hoffmann-Becking, 2013, S. 313–329; *Drinhausen/Marsch-Barner*, Die Rolle des Aufsichtsratsvorsitzenden in der börsennotierten AG, AG 2014, 337–351; *Fett/Theusinger*, Die gerichtliche Bestellung von Aufsichtsratsmitgliedern – Einsatzmöglichkeiten und Fallstricke, AG 2010, 425–436; *Grobe*, Die Geschlechterquote für Aufsichtsrat und Vorstand, AG 2015, 289–303; *Hohenstatt/Seibt*, Geschlechter- und Frauenquoten in der Privatwirtschaft, 2015; *Hoffmann-Becking*, Unabhängigkeit im Aufsichtsrat, NZG 2014, 801–809; *Hommelhoff*, Unabhängige Aufsichtsratsmitglieder in börsennotierten Familienunternehmen, ZIP 2013, 953–961; *Ihrig*, Gestaltungsfreiheit und -grenzen beim Wechsel vom Vorstand in den Aufsichtsrat, FS Hoffmann-Becking, 2013, S. 617–629; *Ihrig/Meder*, Der Mehrheitsaktionär als abhängiges Aufsichtsratsmitglied?, FS Hellwig, 2010, S. 163–179; *Jens Koch*, Begriff und Rechtsfolgen von Interessenkonflikten und Unabhängigkeit im Aktienrecht, ZGR 2014, 697–730; *Kraack/Steiner*, Der Widerspruch gegen die Gesamterfüllung der festen Geschlechterquote im Aufsichtsrat, ZIP 2018, 49–60; *Kremer/v. Werder*, Unabhängigkeit von Aufsichtsratsmitgliedern: Konzept, Kriterien und Kandidateninformationen, AG 2013, 340–348; *Krieger*, Der Wechsel vom Vorstand in den Aufsichtsrat, FS Hüffer, 2010, S. 521–537; *Kumpan*, Der Interessenkonflikt im deutschen Privatrecht, 2014; *Lutter*, Die Unwirksamkeit von Mehrfachmandaten in den Aufsichtsräten von Konkurrenzunternehmen, FS Beusch 1993, S. 509–527; *Oetker*, Die zwingende Geschlechterquote für den Aufsichtsrat, ZHR 179 (2015), 707–749; *Rellermeyer*, Ersatzmitglieder des Aufsichtsrats, ZGR 1987, 563–583; *M. Roth*, Unabhängige Aufsichtsratsmitglieder, ZHR 176 (2011), 605–643; *Selter*, Die Beratung des Aufsichtsrats durch seiner Mitglieder, 2014; *Staake*, Arbeitnehmervertreter als unabhängige Aufsichtsratsmitglieder?, NZG 2016, 853–857; *E. Vetter*, Neue Vorgaben für die Wahl des Aufsichtsrats durch die Hauptversammlung nach § 100 Abs. 2 Satz 1 Nr. 4 und Abs. 5 AktG, FS Maier-Reimer, 2010, S. 795–818; *ders.*, Anfechtung der Wahl der Aufsichtsratsmitglieder, Bestandsschutzinteresse der AG und die Verantwortung der Verwaltung, ZIP 2012, 701–711; *Wandt*, Der Antrag auf gerichtliche Bestellung eines Aufsichtsratsmitglieds bei AG und SE, AG 2016, 877–888; *Wardenbach*, Interessenkonflikte und mangelnde Sachkunde als Bestellungshindernisse zum Aufsichtsrat der AG, 1996; *Wirth*, Anforderungsprofil und Inkompatibilitäten, ZGR 2005, 327–347.

I. Persönliche Voraussetzungen

1 **1. Gesetzliche Voraussetzungen und Ausschlussgründe. a) Geschäftsfähige natürliche Person, § 100 Abs. 1 AktG:** Mitglied des Aufsichtsrats kann nur eine natürliche Person sein, die unbeschränkt geschäftsfähig ist und keiner Beschränkung durch eine gerichtlich angeordnete Betreuung unterliegt.

2 Das sind die einzigen Voraussetzungen für die Mitgliedschaft, die das AktG positiv vorschreibt. Für die Vertreter der Arbeitnehmer und die „weiteren Mitglieder" der Montanmitbestimmung sind außerdem die persönlichen Voraussetzungen nach den Mitbestimmungsgesetzen zu beachten, auf die § 100 Abs. 3 AktG ausdrücklich verweist (→ § 28 Rn. 14 f., 23 f., 32 ff.). Zu beachten ist auch § 319 Abs. 3 Nr. 2 HGB, wonach der Abschlussprüfer nicht Mitglied des Aufsichtsrats sein darf.

3 Das AktG verlangt nicht, dass das Aufsichtsratsmitglied Aktionär ist. Es muss auch nicht Deutscher sein oder seinen Wohnsitz in Deutschland haben. Über die sogleich zu erörternden gesetzlichen Hinderungsgründe hinaus gibt es keine **persönlichen Eigenschaf-**

ten, die die Mitgliedschaft ausschließen würden oder umgekehrt Voraussetzung für die Mitgliedschaft wären. So ist zB die Verwandtschaft zu einem Vorstandsmitglied nicht hinderlich.[1] Ebenso sind die Vermögensverhältnisse des Mitglieds und seine „Zuverlässigkeit" im gewerberechtlichen Sinn rechtlich ohne Belang. Die Tatbestände des § 76 Abs. 3 S. 2 Nr. 2 und 3 AktG, die einer Bestellung zum Vorstandsmitglied entgegenstehen, sind keine gesetzlich zwingenden Hinderungsgründe für die Bestellung zum Aufsichtsratsmitglied.[2]

Für die Übernahme des Amtes eines Aufsichtsratsmitglieds braucht auch keine besondere **Sachkunde** nachgewiesen zu werden.[3] Der BGH hat zwar festgestellt, jedes Aufsichtsratsmitglied müsse „diejenigen Mindestkenntnisse und -fähigkeiten" besitzen oder sich aneignen, die es braucht, „um alle normalerweise anfallenden Geschäftsvorgänge auch ohne fremde Hilfe verstehen und sachgerecht beurteilen zu können".[4] Daraus folgt jedoch nicht das Rechtsgebot einer entsprechenden „Eingangsprüfung" des Aufsichtsratskandidaten, die im Rahmen einer Anfechtungsklage gegen den Wahlbeschluss gerichtlich überprüft werden könnte, sondern der BGH hat nur einen generellen Maßstab für die bei der Ausübung des Amtes anzuwendende Sorgfalt formuliert.[5] Nach dem Corporate Governance **Kodex** (Grundsatz 11) ist der Aufsichtsrat so zu besetzen, dass seine Mitglieder insgesamt über die zur ordnungsgemäßen Wahrnehmung der Aufgaben erforderlichen Kenntnisse, Fähigkeiten und fachlichen Erfahrungen verfügen, und zu diesem Zweck soll der Aufsichtsrat ein Kompetenzprofil[6] für das Gesamtgremium erarbeiten (Empfehlung C.1 Satz 1). Für kapitalmarktorientierte Gesellschaften schreibt § 100 Abs. 5 AktG nF vor, daß die Mitglieder des Aufsichtsrats in ihrer Gesamtheit mit dem Sektor, in dem die Gesellschaft tätig ist, vertraut sein müssen (dazu → Rn. 30).[7] Seit 2015 empfahl der Kodex (Ziff. 5.4.1 Abs. 5), dass sich der Aufsichtsrat vergewissern soll, dass die Kandidaten den zu erwartenden Zeitaufwand aufbringen können.[8] Diese Empfehlung hat der Kodex 2019 gestrichen; er begnügt sich mit dem Grundsatz 12, wonach jedes Mitglied darauf zu achten hat, dass ihm für die Wahrnehmung seiner Aufgaben genügend Zeit zur Verfügung steht.

b) Unabhängigkeit. Die Unabhängigkeit der Aufsichtsratsmitglieder soll die Qualität ihrer Entscheidungen befördern. Sie soll dazu beitragen, dass ihre Entscheidungen ausschließlich am Unternehmensinteresse orientiert sind und sie nicht durch die Bindung an abweichende Interessen missgeleitet werden, sei es durch eine Bindung an Interessen des Vorstands, sei es durch die Bindung an andere externe Interessenträger, sei es durch die Bindung an sachfremde Eigeninteressen. Das Gesetz schreibt nicht vor, dass alle oder auch nur die Mehrheit der Aufsichtsratsmitglieder unabhängig sein müssen.[9] In der rechtspoliti-

---

[1] GroßkommAktG/*Hopt*/*M. Roth* § 100 Rn. 27; KölnKommAktG/*Mertens*/*Cahn* § 100 Rn. 7.
[2] GroßkommAktG/*Hopt*/*M. Roth* § 100 Rn. 27.
[3] Hüffer/*Koch* AktG § 100 Rn. 4; MüKoAktG/*Habersack* § 100 Rn. 16. Zu den Anforderungen an Aufsichtsratsmitglieder eines Kreditinstituts s. § 25d KWG u. *Apfelbacher*/*Metzner* AG 2013, 773 (775 f.); *Velte*/*Buchholz* ZBB 2013, 400 (401 ff.).
[4] BGHZ 85, 293 (295 f.) – Hertie.
[5] HdB börsennotierte AG/*E. Vetter* § 25 Rn. 2; GroßkommAktG/*Hopt*/*M. Roth* § 100 Rn. 32. Anders *Wardenbach* Interessenkonflikte und mangelnde Sachkunde S. 262 ff.; *Bollweg* Wahl des Aufsichtsrats 1997 S. 111 f.
[6] S. dazu Kremer/Bachmann/Lutter/v. Werder DCGK/*Kremer* Rn. 1340.
[7] Zur gebotenen „Gesamtqualifikation" des Aufsichtsrats s. *Dreher* FS Hoffmann-Becking, 2013, 313 ff. Vgl. auch § 25d Abs. 2 S. 1 KWG zum Aufsichtsrat eines Kreditinstituts u. *Jung* WM 2013, 2110 zu den Regelungstendenzen der EU-Kommission. Zur Besetzungspraxis in Deutschland s. Board Index Deutschland 2016, hrsg. von Spencer Stuart u. *Schweinsberg*/*Laschet*, Die wichtigsten Aufsichtsräte in Deutschland, 2016.
[8] Zur Kritik s. DAV-Handelsrechtsausschuss NZG 2015, 508 Rn. 10.
[9] Übersicht bei *M. Roth* ZHR 176 (2011), 605 ff.; *Kremer*/*v. Werder* AG 2013, 340 ff.; *Scholderer* NZG 2012, 168 ff.; *Hoffmann-Becking* NZG 2014, 801 ff.; *Kumpan*, Der Interessenkonflikt im deutschen Privatrecht, S. 201 ff.

schen Diskussion werden allerdings weitreichende Forderungen zur Unabhängigkeit der Aufsichtsratsmitglieder erhoben.[10] Das Gesetz enthält auch keine Begriffsbestimmung zur Unabhängigkeit. Es hat nur an einer Stelle den Begriff der Unabhängigkeit im Bezug auf Aufsichtsratsmitglieder verwendet, nämlich in dem im Jahre 2009 ins Gesetz aufgenommenen und inzwischen in 2016 wieder gestrichenen § 100 Abs. 5 AktG aF zum unabhängigen Finanzexperten (zu § 100 Abs. 5 AktG nF → Rn. 26).

6 Zur Sicherung der Unabhängigkeit beschränkt sich das Gesetz auf wenige Unvereinbarkeitsregeln, die an abstrakte Gefährdungslagen anknüpfen. Zu nennen sind insbesondere die Unvereinbarkeit der Mitgliedschaft in Vorstand und Aufsichtsrat nach § 105 Abs. 1 AktG (dazu → Rn. 9) und die Tatbestände der §§ 100 Abs. 2 Nr. 2, 3 und 4 (dazu → Rn. 19 ff.). Auch die Zustimmungsvorbehalte, die der Gesetzgeber in den §§ 114, 115 AktG angeordnet hat, um zu verhindern, dass der Vorstand einzelne Aufsichtsratsmitglieder durch Beratungshonorare oder Kreditgewährungen unsachlich beeinflusst, definieren abstrakte Gefährdungstatbestände und sind dazu bestimmt, die unabhängige Willensbildung der Aufsichtsratsmitglieder abzusichern. Im Übrigen bestehen von Gesetzes wegen keine generellen Verbote der Mitgliedschaft im Aufsichtsrat aufgrund einer Beziehung zu Vorstandsmitgliedern oder zu externen Interessenträgern. Vielmehr reagiert das Gesetz auf die möglichen Interessen- und Pflichtenkollisionen mit flexibler einsetzbaren und situationsgerechteren Sanktionen (Offenlegungspflicht, konkrete Stimmverbote, Abberufung, Niederlegungspflicht und Schadensersatzhaftung).[11] Demgemäß ist es zB im Grundsatz unbedenklich, einen Lieferanten, Kunden oder auch Konkurrenten, also eine Person, die ein wirtschaftliches Interesse an der Gesellschaft und ihrer Geschäftsführung hat, in den Aufsichtsrat zu wählen.[12] Auch rechtspolitisch würde ein generelles Verbot der Wahl von Organmitgliedern eines Konkurrenzunternehmens zu weit gehen.[13] Wenn sich ein **konkreter Interessenkonflikt** ergibt, besteht vorrangig eine Pflicht des Aufsichtsratsmitglieds zur Offenlegung. So empfiehlt der **Kodex,** dass jedes Aufsichtsratsmitglied Interessenkonflikte unverzüglich gegenüber dem Vorsitzenden des Aufsichtsrats offenlegen soll (Empfehlung E.1 Satz 1). Wenn das Aufsichtsratsmitglied seinen Interessenkonflikt in gehörigem Umfang offengelegt hat, kann es genügen, dass es sich der Stimme enthält oder an der Abstimmung nicht teilnimmt. Meist muss weitergehend dafür gesorgt werden, dass das Mitglied auch nicht näher informiert wird, keine Unterlagen erhält und vor allem auch nicht an der Beratung des Aufsichtsrats über die Sache teilnimmt.[14] Wenn allerdings der Interessenkonflikt nicht punktuell abgrenzbar ist, sondern das ganze Unternehmen oder die ganze Tätigkeit des Aufsichtsratsmitglieds erfasst, kann sich eine Verpflichtung des Aufsichtsratsmitglieds zur Niederlegung des Mandats ergeben. In diese Richtung geht die Empfehlung des Kodex, wonach Aufsichtsratsmitglieder keine Organfunktion oder Beratungsaufgaben bei wesentlichen Wettbewerbern des Unternehmens ausüben sollen (Empfehlung C.12). Weitergehend kann es sein, dass der **Vertreter eines Wettbewerbers** schon nicht wählbar ist, wenn das Wettbewerbsverhältnis dauerhaft die gesamte Tätigkeit oder

---

[10] Vgl. MüKoAktG/*Habersack* § 100 Rn. 83 ff.; GroßkommAktG/*Hopt/M. Roth* § 100 Rn. 147 ff.; KölnKommAktG/*Mertens/Cahn* § 100 Rn. 59 ff.

[11] Spindler/Stilz AktG/*Spindler* § 100 Rn. 41, § 116 Rn. 88; MüKoAktG/*Habersack* § 100 Rn. 89, 93; GroßkommAktG/*Hopt/M. Roth* § 100 Rn. 138 ff., 301 ff.; Hüffer/*Koch* AktG § 103 Rn. 13b; KölnKommAktG/*Mertens/Cahn* § 100 Rn. 14; Hölters AktG/*Simons* § 100 Rn. 35; *Langenbucher* ZGR 2007, 571 (585 f.); *Seibt* FS Hopt, 2010, 1363 (1372 ff.); *U. H. Schneider* FS Goette, 2011, 475 (480); *Selter* Beratung des Aufsichtsrats S. 88 Rn. 195 ff.; *Reese/Ronge* AG 2014, 417 ff.

[12] Anders *Lutter* FS Beusch, 1993, 509 (515 ff.); *Lutter/Krieger/Verse,* Rechte und Pflichten des Aufsichtsrats, 6. Aufl. 2014, § 1 Rn. 22; *Wardenbach* AG 1999, 74 (76 f.).

[13] *Hoffmann-Becking* FS Havermann, 1995, 203 (233 f.); *Kübler* FS Claussen, 1997, 239 ff. Vgl. auch *Seibert* ZBB 1994, 349 (352).

[14] Vgl. *Seibt* FS Hopt, 2010, 1363 (1372 ff.): Sanktionsleiter mit fünf Stufen. Vgl. auch *Hoffmann-Becking* NZG 2014, 801 (808).

zumindest den Kernbereich der Tätigkeit des Unternehmens betrifft.[15] Zur Behandlung von konkreten Interessenkonflikten auch → § 33 Rn. 80 ff.

Der **Kodex** geht wesentlich weiter und enthält umfassende Definitionen sowohl der Unabhängigkeit von der Gesellschaft und deren Vorstand in der Empfehlung C.7 (mit einer Auflistung von Kriterien, die fehlende Unabhängigkeit indizieren) als auch der Unabhängigkeit vom kontrollierenden Aktionär in der Empfehlung C.9. Danach ist ein Aufsichtsratsmitglied unabhängig von der Gesellschaft und deren Vorstand, wenn es in keiner persönlichen oder geschäftlichen Beziehung zu der Gesellschaft oder deren Vorstand steht, die einen wesentlichen und nicht nur vorübergehenden Interessenkonflikt begründen kann. Unabhängig vom kontrollierenden Aktionär ist das Aufsichtsratsmitglied, wenn es selbst oder ein naher Familienangehöriger weder kontrollierender Aktionär ist noch dem geschäftsführenden Organ des kontrollierenden Aktionärs angehört oder in einer persönlichen oder geschäftlichen Beziehung zum kontrollierenden Aktionär steht, die einen wesentlichen und nicht nur vorübergehenden Interessenkonflikt begründen kann. Ausgehend von dieser Umschreibung abstrakter Gefährdungslagen verlangt der Kodex, dass mehr als die Hälfte der Anteilseignervertreter unabhängig von der Gesellschaft und vom Vorstand sein soll (Empfehlung C.7 Abs. 1 Satz 1); bei einem Aufsichtsrat mit mehr als sechs Mitgliedern sollen mindestens zwei Anteilseignervertreter unabhängig vom kontrollierenden Aktionär sein, bei einem Aufsichtsrat mit sechs oder weniger Mitgliedern soll mindestens ein Anteilseignervertreter unabhängig vom kontrollierenden Aktionär sein (Empfehlung C.9 Abs. 1).

Die Forderung nach Unabhängigkeit vom Vorstand gehört zum traditionellen Verständnis der Unabhängigkeit der Aufsichtsratsmitglieder. Neu und verfehlt ist dagegen die Forderung nach Unabhängigkeit vom **kontrollierenden Aktionär.** Die EU-Kommission hatte in ihrem Aktionsplan vom 21.5.2003 verlangt, dass die Aufsichtsratsmitglieder mehrheitlich unabhängig sind, und in ihrer Empfehlung zu den Aufgaben der nichtgeschäftsführenden Direktoren/Aufsichtsratsmitglieder und zu den Ausschüssen des Verwaltungs-/Aufsichtsrats vom 15.2.2005 hat die Kommission im Anhang II. einen Katalog von Kriterien aufgestellt, die nach ihrer Auffassung die Unabhängigkeit ausschließen. Nach dieser Empfehlung wären die Vertreter eines kontrollierenden Aktionärs in jedem Fall als abhängig anzusehen. In der seit 2012 geltenden Fassung des Kodex hat die Kodex-Kommission diesen Ansatz aufgegriffen und erstmals festgelegt, dass die Beziehung zu einem kontrollierenden Aktionär die Abhängigkeit des Aufsichtsratsmitglieds begründen kann. Dies steht im Widerspruch zur herrschenden Meinung im Schrifttum[16] und auch zu der Haltung, welche die Kodex-Kommission noch im Jahre 2005 eingenommen hatte.[17]

Zur Behandlung von konkreten Interessenkonflikten auch → § 33 Rn. 80 ff.

c) Unvereinbarkeit der Zugehörigkeit zu Vorstand und Aufsichtsrat, § 105 Abs. 1 AktG: Ein Vorstandsmitglied, Prokurist oder Generalbevollmächtigter der Gesellschaft kann nicht Aufsichtsratsmitglied sein.

Das Verbot der Doppelmitgliedschaft in Vorstand und Aufsichtsrat derselben Gesellschaft entspricht dem Grundgedanken der zweigliedrigen Organisation der Verwaltung der AG mit ihrer Trennung in ein Geschäftsführungs- und ein Aufsichtsorgan (→ § 19 Rn. 2 ff., → § 29 Rn. 11 ff.). Wenn ein Vorstandsmitglied zum Aufsichtsratsmitglied oder

---

[15] OLG Schleswig NZG 2004, (mit abl. Bespr. *Lutter/Kirschbaum* ZIP 2005, 103); Spindler/Stilz AktG/*Spindler* § 116 Rn. 89.

[16] *Lutter ua* ZIP 2003, 863 (869); *Hüffer* ZIP 2006, 637 (638) u. ZIP 2010, 1979 (1983); MüKoAktG/*Habersack* § 100 Rn. 87; HH MitbestR/*Habersack* § 6 Rn. 50b; Hüffer/*Koch* AktG § 100 Rn. 44; *Koch* ZGR 2014, 697 (707 f., 727); *Hommelhoff* ZIP 2013, 953 ff.; *Hoffmann-Becking* NZG 2014, 801 (805 f.) mwN. Vgl. auch die vorsichtige Kritik von *Baums* ZHR 180 (2016), 697 (699) Fn. 11 u. die Warnung vor einer Überbetonung der Unabhängigkeit bei Kremer/Bachmann/Lutter/v. Werder DCGK/*Kremer* Rn. 1369.

[17] *Cromme*, Corporate Governance Report, 2006, S. 28/32.

umgekehrt ein Aufsichtsratmitglied zum Vorstandsmitglied bestellt wird, ist die Bestellung schwebend unwirksam; sie wird erst wirksam, wenn das Organmitglied sein bisheriges Amt vor Antritt des neuen Amts durch Niederlegung beendet hat.[18] Das Hindernis muss, wie sich aus der auf § 105 Abs. 1 AktG analog anzuwendenden Nichtigkeitsregel des § 250 Abs. 1 Nr. 4 AktG ergibt, bei Beginn der Amtszeit ausgeräumt sein. Die Niederlegung muss deshalb spätestens mit der Annahme des neuen Amtes erklärt werden, kann aber – im zeitlichen Einklang mit der Bestellung – aufschiebend befristet sein. Zur vorübergehenden Delegation von Aufsichtratsmitgliedern in den Vorstand nach § 105 Abs. 2 AktG → § 24 Rn. 24 ff., → § 29 Rn. 14.

11 Nach § 105 Abs. 1 AktG ist jeder **Prokurist** der Gesellschaft verhindert, zum Mitglied des Aufsichtsrats gewählt zu werden. Wenn die Gesellschaft dem MitbestG unterliegt, ist § 6 Abs. 2 S. 2 MitbestG zu beachten. Nach dieser Vorschrift ist die Wählbarkeit eines Prokuristen als Aufsichtsratsmitglied der Arbeitnehmer nur ausgeschlossen, wenn er dem Vorstand unmittelbar unterstellt und zur Ausübung der Prokura für den gesamten Geschäftsbereich des Vorstands ermächtigt ist, also sich seine Zuständigkeit nach der internen Geschäftsverteilung auf die Ressorts aller Vorstandsmitglieder bezieht.[19] Diese Einschränkung des Kreises der „verhinderten" Prokuristen gilt nicht für die Wahl von Arbeitnehmervertretern nach dem DrittelbG, dem MontanMitbestG und MitbestErgG. Auch bei der Wahl von Vertretern der Anteilseigner zum Aufsichtsrat des MitbestG ist § 105 Abs. 1 AktG uneingeschränkt zu beachten, so dass jeder Prokurist als Aktionärvertreter ausgeschlossen ist.

12 Ausgeschlossen von der Wahl in den Aufsichtsrat ist nach § 105 Abs. 1 AktG außerdem ein „zum gesamten Geschäftsbetrieb ermächtigter Handlungsbevollmächtigter" der Gesellschaft. Diese Definition der **Generalhandlungsvollmacht** nimmt Bezug auf die weite Form der Handlungsvollmacht nach § 54 Abs. 1 Alt. 1 HGB. Sie wurde vom Gesetzgeber im Interesse einer genauen Umschreibung des in Betracht kommenden Personenkreises gewählt.[20] Deshalb sind nicht nur die Generalbevollmächtigten ausgeschlossen, die – entsprechend dem herrschenden Verständnis in der Praxis – organisatorisch auf der Ebene zwischen Vorstand und Prokuristen angesiedelt sind, sondern es sind alle Handlungsbevollmächtigten ausgeschlossen, die nach § 54 Abs. 1 Alt. 1 HGB zum Betrieb des gesamten Handelsgewerbes bevollmächtigt sind (sog. Generalhandlungsvollmacht).[21] In der Unternehmenshierarchie bedeutet dies idR eine Position unterhalb der Ebene der Prokuristen, was der Gesetzgeber bei der Fassung des § 6 Abs. 2 S. 2 MitbestG, die nur den Prokuristen-Begriff enger eingrenzt, offenbar übersehen hat.[22]

13 d) **Höchstzahl der Aufsichtsratsmandate, § 100 Abs. 2 S. 1 Nr. 1 AktG:** Mitglied des Aufsichtsrats kann nicht sein, wer bereits zehn Aufsichtsratsmandate in Handelsgesellschaften, die gesetzlich einen Aufsichtsrat zu bilden haben, wahrnimmt.

14 Die Zahl der möglichen Aufsichtsratsmandate wird durch das Gesetz auf zehn begrenzt, um zu gewährleisten, dass die Mandate mit der notwendigen Sorgfalt wahrgenommen werden können. Außerdem soll aus wirtschaftspolitischen Gründen einer Konzentration der Aufsichtsratssitze und der damit verbundenen Einflussmöglichkeiten bei einem relativ

---

[18] Hüffer/*Koch* AktG § 105 Rn. 6; MüKoAktG/*Habersack* § 105 Rn. 19 f.; HdB börsennotierte AG/*E. Vetter* § 25 Rn. 13; GroßkommAktG/*Hopt*/*M. Roth* § 105 Rn. 21.

[19] HH MitbestR/*Habersack* MitbestG § 6 Rn. 52; *Raiser/Veil* MitbestG § 6 Rn. 53; WKS/*Wißmann* MitbestG § 6 Rn. 49 f.

[20] Ausschussbericht zu § 105 AktG, abgedr. bei *Kropff* AktG S. 146.

[21] Hüffer/*Koch* AktG § 105 Rn. 4; MüKoAktG/*Habersack* § 105 Rn. 14; HdB börsennotierte AG/ *E. Vetter* § 25 Rn. 12; GroßkommAktG/*Hopt*/*M. Roth* § 105 Rn. 37.

[22] Die hM (Hüffer/*Koch* AktG § 105 Rn. 4; Spindler/Stilz AktG/*Spindler* § 105 Rn. 13; HH MitbestR/*Habersack* MitbestG § 6 Rn. 52a) will deshalb analog § 6 Abs. 2 S. 2 MitbestG für die Wahl von Arbeitnehmervertretern nach dem MitbestG nur die auf der Ebene zwischen Vorstand und Prokuristen stehenden Generalbevollmächtigten ieS ausschließen.

kleinen Personenkreis entgegengewirkt werden.[23] Bei der Berechnung sind allerdings nicht alle Aufsichtsratsmandate, sondern nur die Mandate in gesetzlich obligatorischen Aufsichtsräten von Handelsgesellschaften zu berücksichtigen. Anrechnungsfrei sind somit Mandate in Versicherungsvereinen aG, Genossenschaften und Stiftungen, da sie keine Handelsgesellschaften sind.[24] Anrechnungsfrei sind vor allem alle Mandate in freiwillig gebildeten Aufsichtsräten und aufsichtsratsähnlichen Gremien von Handelsgesellschaften, zB Beiräten, Verwaltungsräten, Gesellschafterausschüssen. Auch die Mitgliedschaft im Beirat einer AG (dazu → § 29 Rn. 23 ff.) ist bei der Zählung nicht zu berücksichtigen. Aus der wirtschaftspolitischen Zielsetzung der Vorschrift und dem Gegenschluss aus § 125 Abs. 1 S. 3 AktG kann man folgern, dass auch alle Aufsichtsratsmandate in ausländischen Gesellschaften außer Betracht bleiben.[25] Maßgeblicher Zeitpunkt ist, wie sich aus § 250 Abs. 1 Nr. 4 AktG ergibt, nicht der Zeitpunkt der Wahl, sondern der Beginn der Amtszeit.

Die zulässige Höchstzahl von zehn Aufsichtsratsmandaten kann sich durch anrechnungsfreie **Konzernmandate** nach **§ 100 Abs. 2 S. 2 AktG** auf fünfzehn erhöhen. Anrechnungsfrei sind nach dieser Vorschrift bis zu fünf Aufsichtsratssitze, die ein gesetzlicher Vertreter (beim Einzelkaufmann der Inhaber) des herrschenden Unternehmens eines Konzerns in zum Konzern gehörenden Handelsgesellschaften, die gesetzlich einen Aufsichtsrat zu bilden haben, innehat. Dieses „Konzernprivileg" trägt der Tatsache Rechnung, dass die Wahrnehmung von Aufsichtsratsmandaten in nachgeordneten Konzernunternehmen zum gewöhnlichen Aufgabenbereich des Vorstands der Konzernobergesellschaft gehört, also weder eine wesentliche zusätzliche Belastung bedeutet noch einen zusätzlichen Einfluss verschafft. Der Gesetzgeber wollte nicht dazu beitragen, dass die Aufsichtsräte der Konzerntöchter vom herrschenden Unternehmen mit Führungskräften der zweiten Garnitur besetzt werden.[26]

Das Konzernprivileg gilt nur zugunsten der gesetzlichen Vertreter des herrschenden Unternehmens, also nur zugunsten der Vorstandsmitglieder oder Geschäftsführer, nicht dagegen zugunsten der Aufsichtsratsmitglieder der Konzernspitze. Der Aufsichtsrat ist zwar durch das Gesetz für bestimmte Geschäfte zur gesetzlichen Vertretung der Aktiengesellschaft berufen, insbesondere durch § 112 AktG zur Vertretung der Gesellschaft gegenüber den Vorstandsmitgliedern. Mit dem Begriff des „gesetzlichen Vertreters" in § 100 Abs. 2 S. 2 AktG ist jedoch entsprechend der ratio legis nur der geschäftsführende Organwalter mit seiner sachlich umfassenden Befugnis zur Vertretung der Gesellschaft gemeint.[27] Das Konzernprivileg darf somit nicht dahin verstanden werden, dass ganz allgemein die mehreren Aufsichtsratsmandate, die ein Mandatsträger in einem Konzern innehat, wie ein Mandat gerechnet werden, sondern es bleiben nur bei den Vorstandsmitgliedern oder Geschäftsführern der Konzernspitze bis zu fünf Konzernmandate anrechnungsfrei. Zugunsten des gesetzlichen Vertreters einer Teilkonzernspitze, der Aufsichtsratsmandate in nachgeordneten Gesellschaften wahrnimmt, ist § 100 Abs. 2 S. 2 AktG analog anzuwenden, da der Grundgedanke der Vorschrift für diesen Fall ebenso zutrifft, und zwar unabhängig davon, ob die

---

[23] Begr.Reg.Entw. und Ausschussbericht zu § 100 AktG, abgedr. bei *Kropff* AktG S. 136. Zur strengeren Regelung für Kreditinstitute s. § 25d Abs. 3 KWG.
[24] Hüffer/*Koch* AktG § 100 Rn. 5; GroßkommAktG/*Hopt/M. Roth* § 100 Rn. 54. Bergrechtliche Gewerkschaften gibt es nicht mehr, § 163 BBergG.
[25] Hüffer/*Koch* AktG § 100 Rn. 6; KölnKommAktG/*Mertens/Cahn* § 100 Rn. 29; HdB börsennotierte AG/*E. Vetter* § 25 Rn. 5; Hölters AktG/*Simons* § 100 Rn. 20; Bürgers/Körber AktG/*Bürgers/Israel* § 100 Rn. 3; *v. Caemmerer* FS Geßler, 1971, 81 (83 ff.); ausf. *Mader* ZGR 2014, 430 (432 ff.); aA für EU-Gesellschaften; GroßkommAktG/*Hopt/M. Roth* § 100 Rn. 56 ff.; MüKoAktG/*Habersack* § 100 Rn. 23; Spindler/Stilz AktG/*Spindler* § 100 Rn. 15; Schmidt/Lutter/*Drygala* AktG § 100 Rn. 6; Grigoleit/*Grigoleit/Tomasic* AktG § 100 Rn. 4; *Mickel/Fleischmann* NZG 2010, 54.
[26] Zu den Motiven s. MüKoAktG/*Habersack* § 100 Rn. 25 und GroßkommAktG/*Hopt/M. Roth* § 100 Rn. 60 ff.
[27] AllgM, s. Hüffer/*Koch* AktG § 100 Rn. 7; MüKoAktG/*Habersack* § 100 Rn. 26.

engen Voraussetzungen eines (mitbestimmungsrechtlichen) „Konzerns im Konzern" vorliegen (dazu → § 28 Rn. 20).[28]

17 Nach der durch das KonTraG im Jahre 1998 eingeführten Vorschrift des **§ 100 Abs. 2 S. 3 AktG** sind Vorsitzmandate bei der Berechnung der zulässigen Zahl von zehn Mandaten doppelt zu zählen, um der höheren Arbeitsbelastung und besonderen Verantwortung des Vorsitzenden Rechnung zu tragen. Demgemäß darf zB eine Person, die in drei Aufsichtsräten den Vorsitz innehat, außerdem vier einfache Aufsichtsratsmandate wahrnehmen. Bis zu fünf Mandate in nachgeordneten Konzerngesellschaften, die nach dem unveränderten Konzernprivileg des § 100 Abs. 2 S. 2 AktG nicht auf die Höchstzahl von zehn Mandaten anzurechnen sind, bleiben auch dann außer Betracht, wenn es sich um Vorsitzmandate handelt.[29] Es erfolgt auch keine Doppelzählung der Vorsitzmandate innerhalb der Zahl von fünf anrechnungsfreien Konzernmandaten,[30] sondern nur insoweit, als der gesetzliche Vertreter der Konzernobergesellschaft mehr als fünf Vorsitzmandate in nachgeordneten Konzerngesellschaften wahrnimmt.

18 Der Corporate Governance **Kodex** empfiehlt, dass das Vorstandsmitglied einer börsennotierten Gesellschaft nicht mehr als zwei Aufsichtsratsmandate in nicht zum Konzern gehörenden börsennotierten Gesellschaften oder vergleichbare Funktionen wahrnehmen soll und keinen Aufsichtsratsvorsitz in einer konzernexternen börsennotierten Gesellschaft übernehmen soll (Empfehlung C.5).

19 e) Organisationsgefälle im Konzern, § 100 Abs. 2 S. 1 Nr. 2 AktG: Mitglied des Aufsichtsrats kann nicht sein, wer gesetzlicher Vertreter eines abhängigen Unternehmens ist.

20 Auch für diesen gesetzlichen Ausschlussgrund kommt es, wie aus § 250 Abs. 1 Nr. 4 AktG folgt, nicht auf die Verhältnisse zur Zeit der Wahl, sondern bei Beginn der Amtszeit an. Mit dem „gesetzlichen Vertreter" ist, ebenso wie in § 100 Abs. 2 S. 2 AktG, nur der Vorstand oder Geschäftsführer gemeint, so dass nur die Kombination Aufsichtsrat bei der Mutter/Vorstand bei der Tochter verboten ist, während alle anderen Kombinationen zulässig sind: Doppel-Aufsichtsrat bei Mutter und Tochter, Vorstand bei der Mutter/Aufsichtsrat bei der Tochter und schließlich auch Doppel-Vorstand bei Mutter und Tochter (dazu → § 19 Rn. 43, → § 20 Rn. 10, → § 70 Rn. 32).[31] Durch das Verbot des § 100 Abs. 2 S. 1 Nr. 2 AktG, das auch für die gesetzlichen Vertreter – bei monistischer Verfassung: die executive directors – eines ausländischen abhängigen Unternehmens gilt,[32] soll das „natürliche Organisationsgefälle" im Konzern gewahrt werden.[33] Andererseits erlaubt das Gesetz im Fall des § 6 Abs. 2 S. 2 MitbestG unter bestimmten Voraussetzungen die Wahl von Prokuristen der Obergesellschaft in deren Aufsichtsrat, und die Prokuristen und Generalbevollmächtigten der Tochter sind sogar unbeschränkt wählbar zum Aufsichtsrat der Mutter, obwohl auch das dem „natürlichen Organisationsgefälle" widersprechen kann.[34]

---

[28] KölnKommAktG/*Koppensteiner* § 18 Rn. 33; Spindler/Stilz AktG/*Spindler* § 100 Rn. 20; Hölters AktG/*Simons* § 100 Rn. 22; KölnKommAktG/*Mertens/Cahn* § 100 Rn. 30; HdB börsennotierte AG/ E. *Vetter* § 25 Rn. 7; aA Hüffer/*Koch* AktG § 100 Rn. 7; GroßkommAktG/*Hopt/M. Roth* § 100 Rn. 64; MüKoAktG/*Habersack* § 100 Rn. 27.
[29] MüKoAktG/*Habersack* § 100 Rn. 29; HdB börsennotierte AG/E. *Vetter* § 25 Rn. 8.
[30] Begr. des RegE zum KonTraG, BT-Drs. 13/9712, 16.
[31] Zu Doppel-Vorständen im Konzern → § 20 Rn. 10 u. *Hoffmann-Becking* ZHR 1986, 570; *Säcker* ZHR 1987, 59; *J. Semler* FS Stiefel, 1987, 719; *Lindermann* AG 1987, 225; *v. Werder* DBW 1989, 37; *Dreher* FS E. Lorenz, 1994, 175; OLG Köln WM 1993, 644 (649).
[32] MüKoAktG/*Habersack* § 100 Rn. 32; Spindler/Stilz AktG/*Spindler* § 100 Rn. 28; Hüffer/*Koch* AktG § 100 Rn. 13; *Engert/Herschlein* NZG 2004, 459; GroßkommAktG/*Hopt/M. Roth* § 100 Rn. 81; KölnKommAktG/*Mertens/Cahn* § 100 Rn. 33; *Mader* ZGR 2014, 430 (446 ff.).
[33] Ausschussbericht zu § 100 AktG, abgedr. bei *Kropff* AktG S. 136.
[34] Vgl. *Martens* FS Hilger/Stumpf, 1983, 437 (464 ff.); *Stein* AG 1983, 49.

f) Verbot der Überkreuzverflechtung, § 100 Abs. 2 S. 1 Nr. 3 AktG: Mitglied des 21 Aufsichtsrats kann nicht sein, wer gesetzlicher Vertreter einer anderen Kapitalgesellschaft ist, deren Aufsichtsrat ein Vorstandsmitglied der Gesellschaft angehört.

Das Verbot der Überkreuzverflechtung beruht auf der Befürchtung, dass die Über- 22 wachung des Vorstands durch das Aufsichtsratsmitglied weniger intensiv ausfällt, wenn das Aufsichtsratsmitglied selbst in einer anderen Gesellschaft der Überwachung durch ein Vorstandsmitglied unterliegt.[35] Das Verbot greift auch dann ein, wenn der Aufsichtsrat der anderen Kapitalgesellschaft vom Gesetz nicht vorgeschrieben ist, sondern freiwillig gebildet wurde. Dafür sprechen sowohl der Zweck der Vorschrift als auch ihr Wortlaut, der anders als § 100 Abs. 2 S. 1 Nr. 1 und S. 2 AktG nicht darauf abstellt, ob das andere Unternehmen gesetzlich einen Aufsichtsrat zu bilden hat.[36] Wenn es sich um eine ausländische Kapitalgesellschaft handelt, gilt das Verbot für deren gesetzliche Vertreter bzw. bei monistischer Verfassung für die ececutive directors, falls ein Vorstandsmitglied der AG bei der ausländischen Gesellschaft als Aufsichtsrat oder non executive director fungiert.[37]

g) Karenzzeit bei Wechsel vom Vorstand in den Aufsichtsrat, § 100 Abs. 2 S. 1 23 **Nr. 4 AktG:** Mitglied des Aufsichtsrats einer börsennotierten Gesellschaft kann nicht sein, wer in den letzten zwei Jahren Vorstandsmitglied derselben börsennotierten Gesellschaft war, es sei denn, seine Wahl erfolgt auf Vorschlag von Aktionären, die mehr als 25 Prozent der Stimmrechte an der Gesellschaft halten.

Die Karenzzeit von zwei Jahren für den Wechsel vom Vorstand in den Aufsichtsrat einer 24 börsennotierten Gesellschaft wurde im Jahre 2009 im Rahmen des VorstAG eingeführt und ist nach wie vor rechtspolitisch heftig umstritten. Die Karenzzeit soll einem Kontrolldefizit bei der Wahrnehmung des Aufsichtsratsmandats aufgrund der vorherigen Vorstandstätigkeit vorbeugen und beruht insbesondere auf der Besorgnis, das ehemalige Vorstandsmitglied könnte im Aufsichtsrat verhindern, dass strategische Fehler und Unregelmäßigkeiten aus seiner Vorstandszeit bereinigt oder beseitigt werden.[38]

Die Wahl des ehemaligen Vorstandsmitglieds in den Aufsichtsrat ist allerdings schon vor 25 Ablauf von zwei Jahren möglich, wenn die Wahl auf **Vorschlag von Aktionären** erfolgt, die mehr als **25 Prozent der Stimmrechte** an der Gesellschaft halten. Dadurch soll sichergestellt werden, dass wesentliche Anteilsinhaber, wie zB Familienaktionäre, „auf die Kenntnisse und Fähigkeiten eines verdienten Vorstands nicht verzichten" müssen.[39] Der Vorschlag kann bereits vor der Hauptversammlung zustande kommen und dem Aufsichtsrat mitgeteilt werden, so dass dieser ihn bei seinem Wahlvorschlag an die Hauptversammlung berücksichtigen kann.[40] Möglich ist aber auch, dass der Vorschlag erst in der Hauptver-

---

[35] Ausschussbericht zu § 100 AktG, abgedr. bei *Kropff* AktG S. 136.
[36] KölnKommAktG/*Mertens/Cahn* § 100 Rn. 36; KölnKommAktG/*Kiefner* § 250 Rn. 49; Hüffer/ *Koch* AktG § 100 Rn. 11; MüKoAktG/*Habersack* § 100 Rn. 38; Spindler/Stilz AktG/*Spindler* § 100 Rn. 27; *Rummel* DB 1970, 2257; aA GroßkommAktG/*Hopt*/*M. Roth* § 100 Rn. 90; *Bollweg* Wahl des Aufsichtsrats S. 108.
[37] Dafür spricht die Parallele zur Behandlung der Auslandsgesellschaften in § 100 Abs. 2 S. 1 Nr. 2 AktG (→ Rn. 20). IErg ebenso MüKoAktG/*Habersack* § 100 Rn. 35 f.; GroßkommAktG/*Hopt*/ *M. Roth* § 100 Rn. 89; KölnKommAktG/*Kiefner* § 250 Rn. 50; Spindler/Stilz AktG/*Spindler* § 100 Rn. 28; aA KölnKommAktG/*Mertens/Cahn* § 100 Rn. 37; Hüffer/*Koch* AktG § 100 Rn. 10; *Mader* ZGR 2014, 430 (450 f.).
[38] Bericht des Rechtsausschusses BT-Drs. 16/13433, 17. Zur Entstehungsgeschichte *Seibert* FS Goette, 2011, 487 (491 ff.) u. *Krieger* FS Hüffer, 2010, 521 ff. Zur Kritik s. *Sünner* AG 2010, 111 (115); *Hohenstatt* ZIP 2009, 1349 (1355); *Peltzer* NZG 2009, 1041; *Wittig* WM 2010, 2337 (2339); *Krieger* FS Hüffer, 2010, 521 f.; Hüffer/*Koch* AktG § 100 Rn. 13; MüKoAktG/*Habersack* § 100 Rn. 40; Großkomm AktG/*Hopt*/*Roth* § 100 Rn. 100 ff.; *Bayer* NZG 2013, 1 (13); Beschlüsse des 69. DJT in: Vhdlg. des 69. DJT Bd. II 1, 2013, S. 90; *M. Roth* ZHR 178 (2014), 638 (657 ff.); *Gaul* AG 2015, 742 ff.
[39] Rechtsausschuss BT-Drs. 16/13433 S. 18.
[40] Der Rechtsausschuss (BT-Drs. 16/13433 S. 18) hält das für eine sinnvolle Praxis.

sammlung zustande kommt. Das Gesetz verlangt nur, dass die Wahl „auf" den Vorschlag erfolgt. Das spricht dafür, dass der Vorschlag einerseits zum Zeitpunkt der Wahl vorliegen muss, andererseits aber auch bis zu diesem Zeitpunkt, also auch noch in der Hauptversammlung erfolgen kann.[41] Dies kann derart geschehen, dass der Versammlungsleiter in der Hauptversammlung auf Antrag eines Aktionärs eine entsprechende Vorabstimmung durchführt, um festzustellen, ob ein 25%-Aktionärsvorschlag zustande kommt.[42] Es sollte aber auch möglich sein, daß der Aufsichtsrat in der Einladung zur Hauptversammlung vorschlägt, das bisherige Vorstandsmitglied zum Aufsichtsratsmitglied zu wählen, falls in der Vorabstimmung ein entsprechender Vorschlag von 25 Prozent aller stimmberechtigten Aktionäre zustande gekommen ist.[43]

26 **h) Finanzexperte, § 100 Abs. 5 AktG:** Für kapitalmarktorientierte Gesellschaften iSd § 264d HGB schrieb § 100 Abs. 5 AktG aF seit 2009 vor, dass mindestens ein unabhängiges Mitglied des Aufsichtsrats über Sachverstand auf den Gebieten Rechnungslegung oder Abschlussprüfung verfügen muss. Im Rahmen des Abschlussprüfungsreformgesetzes (AReG) vom 10.5.2016 wurde diese Regelung durch § 100 Abs. 5 AktG nF ersetzt. Die Vorschrift gilt für sog. Unternehmen von öffentlichem Interesse (**„Public Interest Entities"** im Sinne der Abschlußprüferrichtlinie), die im Gesetz unter dieser Bezeichnung nur in der Überschrift von § 319a HGB auftauchen und sowohl in § 319a Abs. 1 HGB als auch in § 100 Abs. 5 AktG abschließend definiert werden. Es sind die kapitalmarktorientierten Gesellschaften iSd § 264d HGB und zusätzlich die im Gesetz näher bestimmten Kreditinstitute und Versicherungen. Für diese Gesellschaften hat der neue § 100 Abs. 5 AktG zwar das Erfordernis eines Finanzexperten beibehalten, jedoch das Erfordernis seiner Unabhängigkeit gestrichen. Zur Begründung der Streichung heißt es im RegE, im deutschen dualistischen System sei durch die institutionelle Trennung von Geschäftsführung und Aufsicht bereits ein hohes Maß an Unabhängigkeit sichergestellt.[44] Damit erübrigt sich nun bei Anwendung dieser Vorschrift die schwierige Bestimmung des Kriteriums der Unabhängigkeit (dazu → Rn. 5 ff). Zum Finanzexperten im Prüfungsausschuss → § 32 Rn. 22.

27 Der erforderliche **Sachverstand** kann ohne weiteres bejaht werden, wenn das Mitglied im Bereich der Rechnungslegung oder Abschlussprüfung beruflich tätig ist. Aber das ist nicht unbedingt erforderlich, sondern es genügen auch Kenntnisse und Erfahrungen in Fragen der Rechnungslegung oder Abschlussprüfung, die durch langjährige Tätigkeit in Unternehmen oder für Unternehmen oder durch eine entsprechende Weiterbildung erworben wurden.[45] Etwas strenger formuliert der deutsche Corporate Governance **Kodex** (Empfehlung D4) für den Vorsitzenden des Prüfungsausschusses, wonach dieser über besondere Kenntnisse und Erfahrungen in der Anwendung von Rechnungslegungsgrund-

---

[41] Großkomm AktG/*Hopt/Roth* § 100 Rn. 113; *Grobecker* NZG 2010, 165 (169).

[42] Insoweit zustimmend KölnKommAktG/*Mertens/Cahn* § 100 Rn. 43; Spindler/Stilz AktG/*Spindler* § 100 Rn. 33; *E. Vetter* FS Maier-Reimer, 2010, 795 (814). Ausf. zum Verfahren durch „Doppelbeschluss" *Krieger* FS Hüffer, 2010, 521 (535 f.).

[43] *Krieger* FS Hüffer, 2010, 521 (535 f.); *Hoffmann-Becking/Krieger* Beil. zu NZG Heft 26/2009, 8; *Löbbe/Fischbach* AG 2012, 580 (581 f.); KölnKommAktG/*Drygala* § 100 Rn. 19; Hölters AktG/*Simons* § 100 Rn. 30a; *Bungert/Wansleben* DB 2012, 2617 (2621); aA MüKoAktG/*Habersack* § 100 Rn. 47; Hüffer/*Koch* AktG § 100 Rn. 17; KölnKommAktG/*Mertens/Cahn* § 100 Rn. 42; Spindler/Stilz AktG/*Spindler* § 100 Rn. 33; *Schulenburg/Bresius* WM 2011, 58 (61); kritisch auch *Seibert* WM 2009, 1489 (1493); unentschieden Großkomm AktG/*Hopt/Roth* § 100 Rn. 13.

[44] Begr. RegE AReG BT-Drs. 18/7219, 58. Zustimmend DAV-Handelsrechtsausschuss NZG 2015, 752; *Schilha* ZIP 2016, 1316 (1318 f.); Hüffer/*Koch* AktG § 100 Rn. 25; *Bürgers* FS Marsch-Barner, 2018, 83 (100); ablehnend Schmidt/Lutter/*Drygala* AktG § 100 Rn. 40; MüKoAktG/*Habersack* § 100 Rn. 68.

[45] Vgl. die Begr. des RegE zu § 100 Abs. 4 AktG aF, BT-Drs. 16/10067, 102; OLG München ZIP 2010, 1082 (1083 f.); *E. Vetter* FS Maier-Reimer, 2010, 795 (797 f.); Hüffer/Koch AktG § 100 Rn. 24.

§ 30 Begründung, Dauer und Beendigung der Mitgliedschaft

sätzen und internen Kontrollverfahren verfügen und mit der Abschlussprüfung vertraut sein soll.

Die Hauptversammlung braucht bei ihrer Wahl der Aufsichtsratsmitglieder nicht festzulegen, wen sie als unabhängigen Finanzexperten ansieht, und auch der Aufsichtsrat ist nicht zu einer entsprechenden Kennzeichnung in seinem Wahlvorschlag verpflichtet. Dem Gesetz ist genüge getan, wenn dem Aufsichtsrat tatsächlich ein unabhängiger Finanzexperte angehört, gleichgültig, wie und durch wen er zum Aufsichtsratsmitglied bestellt wurde. Er muss auch nicht notwendig zu den Vertretern der Anteilseigner gehören.

Umstritten sind die Auswirkungen der Tatsache, dass dem Aufsichtsrat kein Finanzexperte angehört, auf den **Wahlbeschluss der Hauptversammlung,** der zu diesem Zustand geführt oder ihn jedenfalls nicht beseitigt hat. Einigkeit besteht zwar darin, dass kein Nichtigkeitsgrund nach § 250 Abs. 1 AktG gegeben ist.[46] Jedoch tritt die herrschende Meinung dafür ein, dass der Wahlbeschluss nach § 251 Abs. 1 S. 1 AktG anfechtbar ist,[47] wobei von einigen Autoren danach unterschieden wird, ob die Wahl mehrerer Mitglieder als Listenwahl (dazu → Rn. 42) oder als Einzelwahl erfolgt ist. Für den Fall einer Listenwahl wird angenommen, dass der Beschluss im Hinblick auf alle gewählten Mitglieder anfechtbar ist. [48]Bei einer Einzelwahl und ebenso bei einer Listenwahl mit individueller Kennzeichnung beschränkt sich die Anfechtbarkeit auf das gewählte Mitglied, das im Wahlvorschlag als Finanzexperte bezeichnet wurde, diese Qualifikation aber tatsächlich nicht besitzt;[49] wenn keine Identifikation durch den Wahlvorschlag möglich ist, beschränkt sich die Anfechtbarkeit analog der bei einer Überschreitung der gesetzlichen Höchstzahl der Aufsichtsratsmitglieder nach § 25 Abs. 1 Nr. 3 AktG geltenden Regel auf die Wahl des zuletzt gewählten Mitglieds.[50]

Neu ist das in § 100 Abs. 5 AktG nF im zweiten Halbsatz für Unternehmen von öffentlichem Interesse eingeführte Erfordernis, daß die Mitglieder des Aufsichtsrats in ihrer Gesamtheit mit dem Sektor, in dem die Gesellschaft tätig ist, vertraut sein müssen **(Branchenkompetenz des Aufsichtsrats).**[51] Die Regelung geht zurück auf Art. 39 Abs. 1 UAbs. 3 der Abschlussprüfer-Richtlinie. In die gleiche Richtung, aber nicht beschränkt auf das notwenige Branchen-Know how zielen die Regelungen des **Kodex,** wonach die Mitglieder des Aufsichtsrats insgesamt über die zur ordnungsgemäßen Wahrnehmung der Aufgaben erforderlichen Kenntnisse, Fähigkeiten und Erfahrungen verfügen müssen und der Aufsichtsrat ein Kompetenzprofil für das Gesamtgremium erarbeiten soll (Grundsatz 11 und Empfehlung C.1 Satz 1).[52]

2. Geschlechterquote, § 96 Abs. 2 und 3 AktG. a) Zielsetzung und Anwendungsbereich. Der Aufsichtsrat einer AG, die börsennotiert ist *und* der paritätischen Mitbestimmung unterliegt, muss zu mindestens 30% aus Frauen und zu mindestens 30% aus

---

[46] LG München I ZIP 2010, 2098 (2101); *E. Vetter* FS Maier-Reimer, 2010, 795 (811); *Habersack* AG 2008, 98 (106); *Staake* ZIP 2010, 1013 (1019); *Wind/Klie* DStR 2010, 1339 (1340).
[47] KölnKommAktG/*Mertens/Cahn* § 100 Rn. 79; GroßkommAktG/*Hopt/Roth* § 100 Rn. 241; *E. Vetter* FS Maier-Reimer, 2010, 795 (811); *Jaspers* AG 2009, 607 (612); Spindler/Stilz AktG/*Spindler* § 100 Rn. 73; MüKoAktG/*Habersack* § 100 Rn. 75; *Wind/Klie* DStR 2010, 1339 (1340 f.); *Widmann* BB 2009, 2602 (2603); *v. Falkenhausen/Kocher* ZIP 2009, 1601 (1603); *Staake* ZIP 2010, 1013 (1020); aA Hüffer/Koch AktG § 100 Rn. 28; *Gruber* NZG 2009, 12.
[48] KölnKommAktG/*Mertens/Cahn* § 100 Rn. 79; MüKoAktG/*Habersack* § 100 Rn. 76; *Widmann* BB 2009, 2602 (2603).
[49] Großkomm AktG/*Hopt/Roth* § 100 Rn. 241; MüKoAktG/*Habersack* § 100 Rn. 76; *v. Falkenhausen/Kocher* ZIP 2009, 1601 (1603); *Kropff* FS K. Schmidt, 2009, 1023 (1033); aA *E. Vetter* FS Maier-Reimer, 2010, 795 (811); *Wind/Klie* DStR 2010, 1339 (1341).
[50] KölnKommAktG/*Mertens/Cahn* § 100 Rn. 79; MüKoAktG/*Habersack* § 100 Rn. 75; *Jaspers* AG 2009, 607 (613); *Wind/Klie* DStR 2010, 1339 (1341).
[51] Ausf. dazu *Schilha* ZIP 2016, 1316 (1320 ff.) u. Hüffer/*Koch* AktG § 100 Rn. 26 f.
[52] Zur erforderlichen Gesamtqualifikation des Aufsichtsrats schon → Rn. 4 u. ausf. *Dreher* FS Hoffmann-Becking, 2013, 313 ff.

Männern bestehen, § 96 Abs. 2 S. 1 AktG. Diese Regelung ist das gesellschaftsrechtliche Kernstück des Gesetzes für die gleiche Teilhabe von Frauen und Männern an Führungspositionen vom 24.4.2015.[53] Ergänzend hat der Gesetzgeber für Gesellschaften, die börsennotiert sind *oder* der Mitbestimmung (paritätisch oder zu einem Drittel) unterliegen, angeordnet, dass der Aufsichtsrat Zielgrößen für den Frauenanteil in Aufsichtsrat und Vorstand festlegt (§ 111 Abs. 5 AktG, dazu → Rn. 42 f. u. → § 20 Rn. 11) und der Vorstand Zielgrößen für den Frauenanteil in den beiden Führungsebenen unterhalb des Vorstands (§ 76 Abs. 4 AktG, dazu → § 19 Rn. 56 ff.) festlegt, jeweils verbunden mit der Festlegung von Fristen zur Erreichung der Zielgrößen. Die zwingenden Regelungen in § 96 Abs. 2 und 3 AktG zielen auf eine Erhöhung des Frauenanteils in den Aufsichtsräten der erfassten Unternehmen. Das Gesetz bestimmt zwar die Mindestquote von 30 % auch für Männer, aber angesichts der faktischen Verhältnisse ist davon auszugehen, dass die geschlechtsneutrale Fassung nur vorsorglich aus verfassungsrechtlichen Gründen gewählt wurde.[54]

32 Die starre Geschlechterquote von 30 % in § 96 Abs. 2 AktG gilt für Gesellschaften in der Rechtsform der AG oder KGaA mit inländischem Satzungssitz,[55] die kumulativ sowohl börsennotiert sind im Sinne von § 3 Abs. 2 AktG als auch der paritätischen Mitbestimmung im Aufsichtsrat nach dem MitbestG, Montan-MitbestG oder MitbestErgG unterliegen. Bei einer SE gilt die Geschlechterquote von 30 % für Frauen und Männer, wenn bei dualistischer Verfassung das Aufsichtsorgan (§ 17 Abs. 2 SEAG) oder bei monistischer Verfassung der Verwaltungsrat (§ 24 Abs. 3 SEAG) paritätisch mit Anteilseigner- und Arbeitnehmervertreten zusammengesetzt ist. Aufgrund der Sonderregelung in § 96 Abs. 3 AktG gilt die 30 %-Geschlechterquote schließlich auch für eine börsennotierte Gesellschaft, die aus einer grenzüberschreitenden Verschmelzung als neu gegründete oder aufnehmende Gesellschaft[56] hervorgegangen ist und nach Maßgabe des MgVG der paritätischen Mitbestimmung unterliegt.

33 Für die Voraussetzung der paritätischen Mitbestimmung kommt es in Übereinstimmung mit dem Status Quo-Prinzip des § 96 Abs. 4 AktG (dazu → § 28 Rn. 54.) nicht auf den normativen Soll-Zustand, sondern auf die derzeit auf die Zusammensetzung des Aufsichtsrats angewendeten Mitbestimmungsregelungen an.[57] Nicht erfasst ist eine AG, deren Aufsichtsrat nur aufgrund einer privat-autonomen Mitbestimmungsvereinbarung (dazu → § 28 Rn. 46) paritätisch besetzt ist.[58]

34 b) Berechnung und Verfahren. Maßgeblich für die Bestimmung des Anteils von 30 % ist die nach der angewandten Mitbestimmungsregel für die Zusammensetzung des Aufsichtsrats geltende Mitgliederzahl. Aktuelle Vakanzen haben keine Auswirkung auf die Berechnung. Ohne Belang ist auch, nach welchen Regeln die Bestellung der einzelnen Mitglieder erfolgt. Demgemäß sind Aufsichtsratssitze der Anteilseigner, die durch Entsendung besetzt werden können, ebenso mitzuzählen[59] wie Aufsichtsratssitze der Arbeitnehmer, die zB für Vertreter der Gewerkschaften reserviert sind. Im montanmitbestimmten Aufsichtsrat ist der Sitz des neutralen Mitglieds bei Berechnung der Quote nach dem Prinzip der Gesamterfüllung (dazu sogleich in → Rn. 35) mitzurechnen, bei Getrennterfüllung dagegen nicht,

---

[53] BGBl. 2015 I S. 647. Zur Entstehungsgeschichte s. *Seibert* NZG 2016, 16 ff., zu den gewichtigen europarechtlichen und verfassungsrechtlichen Bedenken s. DAV-Ausschüsse NZG 2014, 1229 ff.; *Hohenstatt/Willemsen/Naber* ZIP 2014, 2220 (2221 ff.); *Habersack/Kersten* BB 2014, 2819 (2822 ff.).

[54] Vgl. BegrRegE BT-Drs. 18/3784, 126; Hüffer/*Koch* AktG § 96 Rn. 13.

[55] Hüffer/*Koch* AktG § 96 Rn. 14; *Grobe* AG 2015, 289 (290 f.); *Oetker* ZHR 179 (2015), 707 (712 f.); MüKoAktG/*Habersack* § 96 Rn. 35.

[56] Hüffer/*Koch* AktG § 96 Rn. 27; Schmidt/Lutter/*Drygala* AktG § 96 Rn. 57; DAV-Ausschüsse NZG 2014, 1229 ff. Rn. 117.

[57] Hüffer/*Koch* AktG § 96 Rn. 14; Schmidt/Lutter/*Drygala* AktG § 96 Rn. 33; Großkomm AktG/*Hopt/Roth* § 96 Rn. 97; *Seibt* ZIP 2015, 1193 (1194); *Oetker* ZHR 179 (2015), 707 (711); MüKoAktG/*Habersack* § 96 Rn. 36.

[58] Hüffer/*Koch* AktG § 96 Rn. 14.

[59] BegrRegE BT-Drs. 18/3784, 127.

da er keiner der beiden Seiten zuzurechnen ist.[60] Wenn die Multiplikation der Gesamtzahl der Sitze mit 0,3 eine Bruchzahl ergibt, ist der 30%-Anteil auf volle Personenzahlen mathematisch (nicht: kaufmännisch)[61] auf- bzw. abzurunden, § 96 Abs. 2 S. 4 AktG. Im gesetzlichen Regelfall der Gesamterfüllung sind zB bei einem mit 16 Mitgliedern zusammengesetzten Aufsichtsrat wegen der Aufrundung von 4,8 auf 5 mindestens fünf Sitze mit Frauen zu besetzen, bei Getrennterfüllung wegen der Abrundung von 2,4 auf 2 mindestens 2 Sitze auf jeder Bank. Bei einem nach dem Montan-MitbestG mit elf Mitgliedern zusammengesetzten Aufsichtsrat ergeben sich durch Abrundung von 3,2 auf 3 drei Quotensitze.

Nach der gesetzlichen Regel des § 96 Abs. 2 S. 2 AktG ist die Mindestquote vom Aufsichtsrat insgesamt zu erfüllen, bestimmt sich also in der Regel nach der Gesamtheit der zur Verfügung stehenden Aufsichtsratssitze (**Gesamterfüllung**). Wenn jedoch eine Seite, nämlich entweder die Bank der Anteilseignervertreter oder der Arbeitnehmervertreter, der Gesamterfüllung widerspricht, ist nach § 96 Abs. 2 S. 3 AktG die Mindestquote von jeder Seite getrennt zu erfüllen (**Getrennterfüllung**). Der Widerspruch gilt nur für die jeweils konkret anstehende Wahl oder Bestellung eines oder mehrerer Mitglieder, muss also ggf. bei einer späteren Wahl oder Bestellung erneut erklärt werden.[62] Der **Widerspruch** – und ebenso der Verzicht auf den Widerspruch – erfolgt „aufgrund eines mit Mehrheit gefassten Beschlusses" der jeweiligen Bank. Ob dafür die Mehrheit der abgegebenen Stimmen der Mitglieder ausreicht oder eine Mehrheit aller amtierenden Mitglieder oder gar eine Mehrheit der Sollstärke der Bank erforderlich ist, lässt der Gesetzestext offen. Nach dem Ausschussbericht[63] sollen die in Gesetz, Satzung oder Geschäftsordnung für die Willensbildung von Ausschüssen getroffenen Regeln maßgeblich sein. Die Anteilseigner- bzw. Arbeitnehmerbank ist aber kein Ausschuss, sondern ein Teilorgan, so dass entweder die Regel gilt, die nach § 29 Abs. 1 MitbestG für Beschlüsse des Gesamtaufsichtsrats maßgeblich ist, oder es ist die für die Teilorgane der Anteilseigner- und Arbeitnehmerseite in § 27 Abs. 2 S. 2 MitbestG getroffene Spezialregelung analog anzuwenden. Beide Wege führen zum selben Ergebnis, nämlich zur einfachen Mehrheit der abgegebenen Stimmen, und zwar als zwingende Mehrheitsregel.[64]

Der **Widerspruch** ist gegenüber dem Vorsitzenden des Aufsichtsrats zu erklären. Der Widerspruch muss „vor der Wahl" erfolgen (§ 96 Abs. 2 S. 3 AktG), wäre also, wenn man sich nur an den Wortlaut hält, noch rechtzeitig, wenn er kurz vor Verkündung des Wahlbeschlusses durch den Leiter der Hauptversammlung bei der Wahl von Anteilseignervertretern und vor der Feststellung des Wahlergebnisses durch den Wahlvorstand bei der Wahl von Arbeitnehmervertretern erklärt wird.[65] Wenn der Widerspruch solange hinausgezögert wird, kann dies jedoch zu erheblichen praktischen Problemen führen. Deshalb muss man die Mitglieder der Seite, die einen Widerspruch erwägt, zumindest für verpflichtet halten, sich so rechtzeitig zu erklären, sei es durch Widerspruch oder durch Verzicht auf einen Widerspruch, dass das Verfahren der Wahl dadurch nicht behindert wird. Für die Wahl der Aktionärsvertreter bedeutet dies, dass spätestens bei Einberufung der Hauptversammlung Klarheit bestehen sollte, denn nach § 124 Abs. 2 S. 2 AktG muss in der Bekanntmachung

---

[60] BegrRegE BT-Drs. 18/3784, 127.
[61] Zu den unterschiedlichen Rundungsregeln und –ergebnissen s. *Seibt* ZIP 2015, 1193 (1195 f.); *Oetker* ZHR 179 (2015), 707 (714 ff.); Großkomm AktG/*Hopt/Roth* § 96 Rn. 107.
[62] BegrRegE BT-Drs. 18/3784, 127.
[63] BT-Drs. 18/4227, 25.
[64] Anders *Oetker* ZHR 179 (2015), 707 (720 f.) u. MüKoAktG/*Habersack* § 96 Rn. 40 ohne Begründung. (Mehrheit der amtierenden Mitglieder). Hohenstatt/Seibt, Geschlechter- und Frauenquote in der Privatwirtschaft/*Seibt/Kraack*, 2015, S. 47 f. Rn. 114 und Schmidt/Lutter/*Drygala* AktG § 96 Rn. 47 übersehen die zwingenden Mehrheitsregeln der Mitbestimmungsgesetze.
[65] So *Seibt* ZIP 2015, 1193 (1198); *Röder/Arnold* NZA 2015, 279 (284); Großkomm AktG/*Hopt/Roth* § 96 Rn. 114. Übersicht über die vertretenen Auffassungen und praktischen Konsequenzen bei *Kraack/Steiner* ZIP 2018, 49 ff.

angegeben werden, ob der Gesamterfüllung widersprochen wurde, und der Aufsichtsrat muss die Möglichkeit haben, bei seinem Wahlvorschlag an die Hauptversammlung einen etwaigen Widerspruch zu berücksichtigen (auch → § 36 Rn. 74).[66] Für die Wahl der Arbeitnehmervertreter muss das börsennotierte Unternehmen schon weit früher, nämlich bei Einleitung des langwierigen Wahlverfahrens nach § 2 Abs. 1 S. 2 Nr. 4 WahlO MitbestG mitteilen, ob der Gesamterfüllung widersprochen wurde. Deshalb sollte ein Widerspruch möglichst vor diesem Zeitpunkt erfolgen, rechtlich zwingend erforderlich ist das aber nicht.[67] Ein gegenüber dem Vorsitzenden erklärter Widerspruch ist für die anstehende Wahl bindend und kann nicht einseitig widerrufen werden.[68]

37 **c) Rechtsfolgen.** Die Mindestquote ist bei der Wahl von Arbeitnehmervertretern nach den Regeln der Mitbestimmungsgesetze und bei der Wahl von Vertretern der Anteilseigner durch die Hauptversammlung zu beachten, darüber hinaus auch bei der Entsendung von Anteilseignervertretern, wie sich im Rückschluss aus der Sanktionsregelung des § 96 Abs. 2 S. 6 AktG ergibt, sowie bei der gerichtlichen Bestellung von Aufsichtsratsmitgliedern aufgrund der ausdrücklichen Anordnung in § 104 Abs. 5 AktG (dazu → Rn. 76). Die Verpflichtung zur Beachtung der Mindestquote besteht nur bei der Neubestellung von Aufsichtsratsmitgliedern, die durch das Auslaufen der Amtsperiode oder das vorzeitige Ausscheiden eines Aufsichtsratsmitglieds notwendig wird. Es gilt demgemäß **Bestandsschutz** für die bestehenden Mandate. Auch wenn ihretwegen die Mindestquote nicht erreicht wird, können sie bis zu ihrem regulären Ende wahrgenommen werden. Das kommt im Text des § 96 Abs. 2 AktG nur mittelbar durch die als einzige Sanktion vorgesehene Nichtigkeit einer unter Verstoß gegen das Mindestanteilsgebot erfolgten Wahl oder Entsendung in Satz 6 zum Ausdruck, ganz deutlich dagegen in § 25 Abs. 2 EGAktG und §§ 17 Abs. 2, 24 Abs. 3 SE-AG: „Reicht die Zahl der neu zu besetzenden Sitze nicht aus, um den Mindestanteil zu erreichen, sind die Sitze mit Personen des unterrepräsentierten Geschlechts zu besetzen, um dessen Anteil sukzessive zu steigern. Bestehende Mandate können bis zu ihrem regulären Ende wahrgenommen werden".

38 Die Rechtsfolge einer Nichtbeachtung des Mindestanteilsgebots bei der Neubestellung (Wahl oder Entsendung) eines Aufsichtsratsmitglieds bestimmt § 96 Abs. 2 S. 6 AktG: Eine Wahl der Mitglieder des Aufsichtsrats durch die Hauptversammlung und eine Entsendung in den Aufsichtsrat unter Verstoß gegen das Mindestanteilsgebot ist **nichtig**. Dies ist die einzige, allerdings auch rigorose Sanktion eines Verstoßes mit der Folge, dass der für das unterrepräsentierte Geschlecht reservierte Sitz unbesetzt bleibt („leerer Stuhl"). Nichtig sind diejenigen Bestellungsakte zur Wahl oder Entsendung eines Mitglieds des überrepräsentierten Geschlechts, die ab einem Zeitpunkt erfolgen, zu dem nur noch Personen des anderen Geschlechts bestellt werden dürfen.

39 Demgemäß entscheidet bei der Wahl der Anteilseignervertreter durch die Hauptversammlung die Reihenfolge der Beschlussfeststellungen durch den Versammlungsleiter darüber, welche Wahl wirksam und welche nichtig ist. Nichtig ist der Wahlbeschluss, der in der chronologischen Abfolge als erster das Mindestanteilsgebot verletzt.[69] Folgerichtig ist im Falle der Block- oder Listenwahl, bei der die Beschlussfeststellung undifferenziert für alle Kandidaten der Liste erfolgt, der Wahlbeschluss für alle Kandidaten des überrepräsentierten Geschlechts nichtig. Wenn die Wahl dagegen – wie inzwischen üblich und durch den Kodex empfohlen (Ziff. 5.4.3 Satz DCGK) – als Einzelwahl erfolgt, ist die Rechtsfolge der

---

[66] *Grobe* AG 2015, 289 (292 f.); Schmidt/Lutter/*Drygala* AktG § 96 Rn. 45; HdB börsennotierte AG/*E. Vetter* § 24 Rn. 21; Hölters AktG/*Simons* § 96 Rn. 56; MüKoAktG/*Habersack* § 96 Rn. 44; wohl auch Hüffer/*Koch* AktG § 96 Rn. 16.

[67] Anders *Oetker* ZHR 179 (2915), 707 (723); *Grobe* AG 2015, 289 (293); MüKoAktG/*Habersack* § 96 Rn. 44; Hölters AktG/*Simons* § 96 Rn. 56. So auch Hüffer/*Koch* AktG § 96 Rn. 16, vorbehaltlich einer abw. Absprache der beiden Bänke.

[68] Ausschussbericht BT-Drs. 18/4227, 25.

[69] BegrRegE BT-Drs. 18/3784, 128.

Nichtigkeit wegen der zeitlich aufeinanderfolgenden Beschlussfeststellungen eindeutig zu bestimmen. Um eine Einzelwahl handelt es sich auch bei der Simultanwahl, bei der zwar gleichzeitig in einem Abstimmungsgang aber doch über jeden Kandidaten einzeln abgestimmt wird, so dass es auch bei diesem Verfahren auf die Reihenfolge der einzelnen Beschlussfeststellungen durch den Versammlungsleiter ankommt.[70] Wenn die Arbeitnehmerwahlen bei Getrennterfüllung nicht zu den nach § 7 Abs. 3 MitbestG gebotenen 30%-Quoten für Frauen und Männer führen, regelt § 18a MitbestG die Nichtigkeitsfolgen differenziert mit dem Ziel, sowohl dem Geschlechterverhältnis als auch dem Gruppenproporz Rechnung zu tragen.[71]

Die Sanktion der Nichtigkeit kann auch das wirksame Nachrücken eines **Ersatzmitglieds** mit „falschem" Geschlecht verhindern. Maßgeblich sind die Verhältnisse im Zeitpunkt des Nachrückens. Wenn das Ersatzmitglied zwecks Auffüllung des Mindestanteils eine Frau sein müsste, aber ein Mann ist, ist der Beschluss zur Wahl des Ersatzmitglieds, wenn man der Gesetzesbegründung folgt, rückwirkend als nichtig anzusehen.[72] Falls für das vorzeitig ausgeschiedene Aufsichtsratsmitglied nicht nur das Ersatzmitglied mit „falschem" Geschlecht bestellt wurde, sondern für den Fall von dessen Wegfall ein weiteres Ersatzmitglied mit dem „richtigen" Geschlecht gewählt wurde, kann diese Person in den Aufsichtsrat nachrücken (zur möglichen Liste von Ersatzmitgliedern → Rn. 67). Nach § 17 Abs. 3 MitbestG ist das Nachrücken eines als Ersatzmitglied gewählten Arbeitnehmervertreters ausgeschlossen, wenn dadurch der Anteil von Frauen und Männern unter den Arbeitnehmervertretern nicht mehr dem Gruppenproporz des § 7 Abs. 3 MitbestG entspricht; wenn deshalb der „Stuhl" leer bleibt, muß eine gerichtliche Ersatzbestellung oder Nachwahl erfolgen, wie § 17 Abs. 3 MitbestG durch Verweisung auf § 18a Abs. 2 S. 2 MitbestG klarstellt. **40**

§ 96 Abs. 2 S. 5 AktG enthält eine vorsorgliche Klarstellung für den folgenden Fall[73]: Bei Gesamterfüllung hat der höhere Frauenanteil einer Seite der anderen Seite zur Einhaltung des Mindestanteils verholfen. Wenn nun die Seite mit dem höheren Frauenanteil der Gesamterfüllung widerspricht, wird dadurch die im Schutz der Gesamterfüllung erfolgte Wahl auf der anderen Seite nicht unwirksam und ist die bislang übererfüllende Seite nicht weiterhin zur Übererfüllung verpflichtet. Einer gesetzlichen Regelung hätte es dazu nicht bedurft. Ohnedies besitzt ein wirksam gewähltes Mitglied Bestandsschutz für die Zeit seiner Amtsperiode (→ Rn. 37), und die andere Seite muss nach dem Übergang zur Getrennterfüllung nur noch die Einhaltung der 30%-Quote für ihre Bank gewährleisten. Eine weitere Absicherung gegen ein Übermaß der Sanktion enthält der als Ergebnis der Ausschussberatung eingefügte Satz 7 des § 96 Abs. 2 AktG: Wenn die quotenkonforme Wahl eines Mitglieds aufgrund einer Anfechtungs- oder Nichtigkeitsklage aus anderen Gründen für nichtig erklärt wird, bleibt es bei der Wirksamkeit zwischenzeitlich erfolgter Wahlen und gilt für diese nicht etwa rückwirkend das Mindestanteilsgebot. **41**

d) Zielsetzung für Frauenanteil, § 111 Abs. 5 AktG. Der Aufsichtsrat einer Gesellschaft, die entweder börsennotiert ist *oder* der Mitbestimmung unterliegt, ist verpflichtet, eine Zielgröße für den Frauenanteil im Aufsichtsrat und im Vorstand festzulegen. Als Voraussetzung genügt, dass der Aufsichtsrat nach dem DrittelBG zu einem Drittel mit Vertretern der Arbeitnehmer zu besetzen ist. Wenn die Gesellschaft sowohl börsennotiert ist als auch der paritätischen Mitbestimmung unterliegt und demgemäß die zwingende Geschlechterquote nach § 96 Abs. 2 AktG einzuhalten ist, besteht, wie § 111 Abs. 5 S. 4 **42**

---

[70] Hüffer/*Koch* AktG § 96 Rn. 24; MüKoAktG/*Habersack* § 96 Rn. 52; unrichtig *Oetker* ZHR 179 (2015), 707 (727).
[71] Näher dazu Hüffer/*Koch* AktG § 96 Rn. 19; WKS/*Wißmann* MitbestG § 18a Rn. 8 ff.; HH MitbestR/*Habersack* MitbestG § 18a Rn. 6 ff.
[72] BegrRegE BT-Drs. 18/3784, 128. Anders DAV-Ausschüsse NZG 2014, 1229 ff. Rn. 109; *Oetker* ZHR 179 (2015), 707 (730).
[73] Vgl. BegrRegE BT-Drs. 18/3784, 127; BegrRegE BT-Drs. 18/4227, 25.

AktG klarstellt, keine Verpflichtung zur Festlegung einer Zielgröße für den Frauenanteil im Aufsichtsrat, wohl aber für den Frauenanteil im Vorstand (dazu → § 20 Rn. 11).

43 Die Festlegung einer Zielgröße für den **Frauenanteil im Aufsichtsrat** ist nicht mehr als eine Absichtserklärung des Aufsichtsrats im Hinblick auf seine künftigen Wahlvorschläge an die Hauptversammlung; auf den Frauenanteil der Arbeitnehmervertreter hat der Aufsichtsrat ohnehin keinen Einfluss. Die Festlegung der Zielgröße enthält keine verbindliche Selbstbindung des Aufsichtsrats; wenn der Aufsichtsrat bei seinen Wahlvorschlägen von der zuvor festgelegten Zielgröße für den Frauenanteil abweicht, bleibt das sanktionslos. Wie hoch der Aufsichtsrat die Zielgröße festlegt, steht in seinem Ermessen. Die Zielgröße darf, wenn bereits Frauen dem Aufsichtsrat mit einem Anteil von weniger als 30% angehören, den erreichten Anteil nicht mehr unterschreiten, § 111 Abs. 5 S. 2 AktG. Liegt der erreichte Anteil bereits über 30%, kann die Zielgröße zwar niedriger, jedoch nicht unter 30% festgelegt werden. Mit der Festlegung muss auch eine Frist zur Erreichung der Zielgröße bestimmt werden, die nicht länger als fünf Jahre sein darf, § 111 Abs. 5 S. 3 und 4.

44 **3. Satzungsmäßige Voraussetzungen.** Die Satzung kann persönliche Voraussetzungen nur für Aufsichtsratsmitglieder der Aktionäre festlegen, die von der Hauptversammlung – ohne Bindung an Wahlvorschläge nach dem MontanMitbestG – gewählt oder auf Grund der Satzung in den Aufsichtsrat entsandt werden, § 100 Abs. 4 AktG.

45 Im Rahmen der Regelung von Entsendungsrechten (dazu → Rn. 60 ff.) kann die Satzung den Kreis der Personen, die in den Aufsichtsrat entsandt werden können, beliebig eng eingrenzen, zB auf die Zugehörigkeit zu einer Familie beschränken. Inwieweit die Satzung für die Wahl durch die Hauptversammlung auch den Kreis der wählbaren Personen einschränken kann, ist nicht sicher geklärt. Zulässig ist zB die Festsetzung eines Mindest- oder Höchstalters, auch die Beschränkung auf deutsche Staatsangehörige oder auf Aktionäre der Gesellschaft (allerdings nicht auf Aktionäre einer bestimmten Gattung).[74] Zulässig ist sicherlich auch, nur eine einmalige Wiederwahl für Aktionärvertreter zuzulassen. Ob auch die Zugehörigkeit zu einer bestimmten Familie satzungsmäßige Voraussetzung für die Wählbarkeit zum Aktionärvertreter sein kann, ist umstritten.[75] Die generelle Leitlinie lautet, dass die satzungsmäßigen Voraussetzungen nicht derart eng sein dürfen, dass sie im Effekt einem Entsendungsrecht nahekommen und von einer freien Auswahl durch die Hauptversammlung nicht die Rede sein kann.[76] Das Thema hat keine große praktische Bedeutung, da jedenfalls bei börsennotierten Gesellschaften satzungsmäßige Beschränkungen der Wählbarkeit äußerst selten sein dürften.

II. Bestellung

46 **1. Wahl durch die Hauptversammlung.** Das Gesetz verwendet den Begriff der Bestellung als Oberbegriff für die Wahl und die Entsendung von Aufsichtsratsmitgliedern. Die Wahl von Aufsichtsratsmitgliedern der Aktionäre erfolgt ausschließlich durch die Hauptversammlung, Arbeitnehmervertreter werden nur bei montanmitbestimmten Gesellschaften auf Grund von bindenden Wahlvorschlägen nach §§ 6 und 8 MontanMitbestG durch die Hauptversammlung gewählt (→ § 28 Rn. 35). Außerhalb dieser Vorschriften gibt es, wie § 101 Abs. 1 S. 2 AktG klarstellt, keine bindenden Wahlvorschläge für die Wahl von Aufsichtsratsmitgliedern durch die Hauptversammlung. Die Wahl der Arbeitnehmervertre-

---

[74] KölnKommAktG/*Mertens/Cahn* § 100 Rn. 46; MüKoAktG/*Habersack* § 100 Rn. 58; Hüffer/Koch AktG § 100 Rn. 20; GroßkommAktG/*Hopt/M. Roth* § 100 Rn. 215, 218; aA *Bollweg* Wahl des Aufsichtsrats S. 114 f. für Aktionärsstellung.

[75] Dafür: *Lutter/Krieger* Rechte und Pflichten des Aufsichtsrats, 7. Aufl. 2020, § 1 Rn. 24; dagegen: MüKoAktG/*Habersack* § 100 Rn. 58; KölnKommAktG/*Mertens/Cahn* § 100 Rn. 46; GroßkommAktG/*Hopt/M. Roth* § 100 Rn. 218 (verkapptes Entsendungsrecht).

[76] RGZ 133, 90 (94); Hüffer/*Koch* AktG § 100 Rn. 20; *Bollweg* Wahl des Aufsichtsrats, 1997, S. 113.

§ 30 Begründung, Dauer und Beendigung der Mitgliedschaft   47–49   § 30

ter ist außerhalb des AktG in den einzelnen Mitbestimmungsgesetzen und den dazu erlassenen Wahlordnungen detailliert geregelt (→ § 28 Rn. 11 ff., 25, 33). Die nachfolgende Darstellung betrifft nur das Verfahren bei der Wahl von Aufsichtsratsmitgliedern der Aktionäre durch die Hauptversammlung ohne gesetzliche Bindung an Wahlvorschläge. Zur Nichtigkeit oder Anfechtbarkeit der Wahl von Aufsichtsratsmitgliedern nach §§ 250, 251 AktG → Rn. 59. zur aufschiebend befristeten oder bedingten Wahl → Rn. 79.

a) Tagesordnung der Hauptversammlung. In der Bekanntmachung der Tagesordnung 47 der Hauptversammlung ist, wenn die Wahl von Aufsichtsratsmitgliedern auf der Tagesordnung steht, anzugeben, nach welchen gesetzlichen Vorschriften sich der Aufsichtsrat zusammensetzt. Nur wenn – was nur bei einer montanmitbestimmten Gesellschaft der Fall sein kann (→ § 28 Rn. 35) – die Hauptversammlung an Wahlvorschläge gebunden ist, muss dies angegeben werden, § 124 Abs. 2 S. 1 AktG. Wenn es sich zB um einen zwölfköpfigen Aufsichtsrat nach dem MitbestG handelt, muss in der bekanntgemachten Tagesordnung zum Punkt „Wahl(en) zum Aufsichtsrat" vermerkt werden, dass sich der Aufsichtsrat nach § 96 Abs. 1 AktG iVm § 7 Abs. 1 Nr. 1 MitbestG zusammensetzt. Der Zusatz, dass die Hauptversammlung nicht an Wahlvorschläge gebunden ist, ist nach Änderung durch die Aktienrechtsnovelle 2014 nicht mehr erforderlich. Falls die Regeln zur Geschlechterquote anzuwenden sind (dazu → Rn. 31 ff.), muss zusätzlich angegeben werden, ob der Gesamterfüllung widersprochen wurde und wieviele Sitze mindestens jeweils von Frauen und Männern besetzt sein müssen (§ 124 Abs. 2 S. 2 AktG).

Außerdem ist mit der Tagesordnung ein – nicht bindender – **Wahlvorschlag des** 48 **Aufsichtsrats** für die Besetzung des oder der vakanten Aufsichtsratssitze bekanntzumachen, § 124 Abs. 3 S. 1 AktG (→ § 36 Rn. 73 f.). Der Vorstand ist nicht zu einem Wahlvorschlag berechtigt, weil er auf die Auswahl seiner Kontrolleure keinen Einfluss nehmen soll. Macht er dennoch in der bekanntgemachten Einberufung der Hauptversammlung einen Wahlvorschlag, soll dies nach der Rechtsprechung selbst dann die Anfechtbarkeit begründen, wenn in der Versammlung nur über den Vorschlag des Aufsichtsrats abgestimmt wurde.[77] Der Aufsichtsrat ist im Regelfall zu einem Wahlvorschlag verpflichtet, und das Fehlen des Wahlvorschlags führt nach hM zu einer fehlerhaften Bekanntmachung nach § 123 Abs. 4 S. 1 AktG und deshalb regelmäßig zur Anfechtbarkeit des Wahlbeschlusses.[78] Anders ist es gemäß § 124 Abs. 3 S. 3 AktG, wenn der Tagesordnungspunkt von einer Minderheit nach § 122 AktG erzwungen worden ist. Der Aufsichtsrat kann der Hauptversammlung für einen zu besetzenden Aufsichtsratssitz alternativ mehrere Vorschläge unterbreiten.[79] Die Satzung kann den Aufsichtsrat auch zu Alternativvorschlägen oder zumindest zur Begründung seines Wahlvorschlags verpflichten.[80]

Der Beschluss des mitbestimmten Aufsichtsrats über seinen Wahlvorschlag bedarf nach 49 § 124 Abs. 3 S. 5 AktG nur der Mehrheit der Stimmen der Aufsichtsratsmitglieder der Aktionäre. Ebenso wie bei der Beschlussfassung nach § 32 MitbestG sind die Arbeitnehmervertreter nicht stimmberechtigt, wohl aber berechtigt, an der Beratung teilzunehmen,[81]

---

[77] BGHZ 153, 32 (35 ff.) – HypoVereinsbank zur Wahl des Abschlussprüfers; aA *Kai Scholz* AG 2008, 11 (16); *Marsch-Barner* FS K. Schmidt, 2009, 1109 (1119); MüKoAktG/*Kubis* § 124 Rn. 46; KölnKommAktG/*Noack/Zetzsche* § 124 Rn. 88 ff.

[78] BGHZ 153, 32 (35 ff.); Hüffer/*Koch* AktG § 124 Rn. 17, 27; MüKoAktG/*Kubis* § 124 Rn. 67; aA *Kai Scholz* AG 2008, 11 (15); KölnKommAktG/*Noack/Zetzsche* § 124 Rn. 86 ff.

[79] OLG Frankfurt a. M. ZIP 2011, 24 (28); Hüffer/*Koch* AktG § 124 Rn. 17, 25; GroßkommAktG/*Butzke* § 124 Rn. 60; Spindler/Stilz AktG/*Rieckers* § 124 Rn. 37; MüKoAktG/*Kubis* § 124 Rn. 51; *Bollweg* Wahl des Aufsichtsrats, 1997, S. 126 f.; aA Grigoleit/*Herrler* AktG § 124 Rn. 11.

[80] *Hoffmann-Becking* FS Havermann, 1995, 230 (235); KölnKommAktG/*Mertens/Cahn* § 124 Rn. 10; MüKoAktG/*Habersack* § 101 Rn. 16; GroßkommAktG/ *Hopt/M. Roth* § 101 Rn. 68; aA *Bollweg* Wahl des Aufsichtsrats, 1997, S. 128.

[81] Ebenso MüKoAktG/*Habersack* § 101 Rn. 16. Anders Hüffer/*Koch* AktG § 124 Rn. 26; Spindler/Stilz AktG/*Rieckers* § 124 Rn. 34; MüKoAktG/*Kubis* § 124 Rn. 48; GroßkommAktG/*Butzke* § 124 Rn. 93.

und ebenso wie bei der Beschlussfassung nach § 32 MitbestG genügt nicht die Mehrheit der abgegebenen Stimmen, sondern es ist die Mehrheit der Stimmen aller im Amt befindlichen Aktionärsvertreter erforderlich (→ § 29 Rn. 86).

50 Bei börsennotierten Gesellschaften sind mit dem Wahlvorschlag auch die Mandate des Kandidaten in anderen gesetzlich zu bildenden Aufsichtsräten mitzuteilen; Mandate in vergleichbaren in- und ausländischen Kontrollgremien von Wirtschaftsunternehmen sollen mitgeteilt werden. § 125 Abs. 1 S. 5 AktG schreibt diese Angaben zwar nur für die Mitteilung der Einberufung und der bekanntgemachten Tagesordnung an die Depotbanken und Aktionärsvereinigungen vor, aber zweckmäßig und üblich ist es, sie schon in die Bekanntmachung der Einberufung aufzunehmen.[82]

51 Nach dem **Kodex** soll der Aufsichtsrat bei seinen Wahlvorschlägen an die Hauptversammlung auch die persönlichen und geschäftlichen Beziehungen eines jeden Kandidaten zum Unternehmen, den Organen der Gesellschaft und einem wesentlich an der Gesellschaft beteiligten Aktionär (mehr als 10% der stimmberechtigten Aktien) offenlegen (Empfehlung C.13). Außerdem soll ein Lebenslauf des Kandidaten mit Informationen über relevante Kenntnisse, Fähigkeiten und fachliche Erfahrungen beigefügt werden (Empfehlung C.14). Der Kodex greift auch die Forderung nach einer größeren Vielfalt („Diversität") in der personellen Besetzung des Aufsichtsrats auf, allerdings nur noch in der allgemeinen Formulierung, dass der Aufsichtsrat in dem Kompetenzprofil, das er für das Gesamtgremium erarbeiten soll, auf Diversität achten soll und die Vorschläge des Aufsichtsrats an die Hauptversammlung dieses Ziel berücksichtigen sollen (Empfehlung C.1). Konkreter ist die gesetzliche Regelung in § 289f Abs. 2 Nr. 6 HGB zum obligatorischen Inhalt der Erklärung zur Unternehmensführung: Bei großen börsennotierten Kapitalgesellschaften muss das **Diversitätskonzept** beschrieben werden, das im Hinblick auf die Zusammensetzung des Aufsichtsrats in Bezug auf Aspekte wie beispielsweise Alter, Geschlecht, Bildungs- oder Berufshintergrund verfolgt wird. Bei den Wahlvorschlägen ist auch zu beachten, dass nach dem Kodex nicht mehr als zwei ehemalige Vorstandsmitglieder dem Aufsichtsrat angehören sollen (Empfehlung C.11) und der Aufsichtsrat eine Altersgrenze für seine Mitglieder festlegen soll (Empfehlung C.2). Eine Höchstdauer der Zugehörigkeit zum Aufsichtsrat wird im Kodex nicht geregelt, sondern nur bestimmt, dass die Dauer der Zugehörigkeit offengelegt werden soll (Empfehlung C.3).

52 Wenn der Wahlvorschlag des Aufsichtsrats von Empfehlungen des Kodex abweicht, führt das nicht zur Anfechtbarkeit des Wahlbeschlusses, und der Aufsichtsrat ist auch nicht verpflichtet, in seinem Wahlvorschlag über die Vereinbarkeit mit den Empfehlungen des Kodex zu informieren (→ § 34 Rn. 28).[83]

53 **b) Abstimmung in der Hauptversammlung.** Für die Wahl jedes einzelnen Aufsichtsratsmitglieds ist, soweit die Satzung nicht – was zulässig wäre – eine qualifizierte Mehrheit vorschreibt[84], die einfache Mehrheit der abgegebenen Stimmen erforderlich und ausreichend, wie sich aus § 101 Abs. 1 S. 1 AktG iVm § 133 AktG ergibt. Trotz der Ermächtigung in § 133 Abs. 2 AktG, wonach die Satzung für Wahlen „andere", also von der einfachen Stimmenmehrheit abweichende Bestimmungen treffen kann, ist umstritten, ob durch die Satzung eine Verhältniswahl eingeführt werden kann (auch → § 40 Rn. 91).[85] Zulässig ist dagegen nach allgM eine Satzungsbestimmung, wonach für die Wahl die relative Mehrheit genügt.[86] Aus

---

[82] Spindler/Stilz AktG/*Rieckers* § 125 Rn. 20.
[83] BGH NZG 2019, 262 Rn. 23, 42 ff.
[84] BGHZ 76, 191 (193).
[85] Dagegen KölnKommAktG/*Mertens/Cahn* § 101 Rn. 23; *Bollweg* Wahl des Aufsichtsrats S. 468 ff.; dafür KölnKommAktG/*Tröger* § 133 Rn. 176; Hüffer/*Koch* AktG § 133 Rn. 33; GroßkommAktG/*Hopt/M. Roth* § 101 Rn. 76; MüKoAktG/*Habersack* § 101 Rn. 27; Spindler/Stilz AktG/*Rieckers* § 133 Rn. 56.
[86] KölnKommAktG/*Cahn* § 101 Rn. 20; Hüffer/*Koch* AktG § 101 Rn. 4; MüKoAktG/*Habersack* § 101 Rn. 27; auch → § 40 Rn. 90.

§ 30 Begründung, Dauer und Beendigung der Mitgliedschaft

dem Prinzip der **Mehrheitswahl** folgt, dass ein Aktionär, der über die Hauptversammlungsmehrheit verfügt, sämtliche Aufsichtsratssitze der Anteilseigner besetzen kann, ohne durch einen Minderheitenschutz daran gehindert zu werden.[87] Wenn für einen vakanten Aufsichtsratssitz mehrere Kandidaten vorgeschlagen werden, entscheidet der Versammlungsleiter nach pflichtgemäßem Ermessen, ob er gleichzeitig in einem Abstimmungsgang über alle Kandidaten (Simultanwahl) oder nacheinander über die Kandidaten abstimmen lässt (Sukzessivwahl).[88]

Wenn mehrere Aufsichtsratssitze zu besetzen sind, kann die Wahl als **Listenwahl** (auch 54 Blockwahl genannt) erfolgen: Der Vorsitzende stellt den Vorschlag des Aufsichtsrats für die Besetzung aller vakanten Mandate zusammengefasst zur Abstimmung, so dass in einer einheitlichen Beschlussfassung die gesamte Vorschlagsliste nur einheitlich abgelehnt oder angenommen werden kann (→ § 40 Rn. 93). Dieses Verfahren, das der Konzentration der Abstimmungsvorgänge in der Hauptversammlung dient, ist nach herrschender und zutreffender Auffassung auch ohne entsprechende Satzungsklausel[89] jedenfalls dann zulässig, wenn die nachstehend genannten Verfahrensregeln beachtet werden.[90] Das Gesetz verlangt nicht eine gesonderte Abstimmung für jeden Aufsichtsratssitz, sondern nur, dass jedes Aufsichtsratsmitglied mit der nach Gesetz und Satzung erforderlichen Mehrheit gewählt ist. Eine einwandfreie Ermittlung des Willens der Hauptversammlung bezüglich der Besetzung jedes einzelnen vakanten Aufsichtsratssitzes ist auch bei der Listenwahl gewährleistet. Wenn die Liste die Zustimmung der Mehrheit der Hauptversammlung findet, ist damit jeder auf der Liste stehende Kandidat mit Mehrheit gewählt. Ein Aktionär, der auch nur mit einem Kandidaten der Liste nicht einverstanden ist, ist allerdings gehalten, gegen die ganze Liste zu stimmen. Der Versammlungsleiter sollte, um die psychologische Beeinflussung des Abstimmungsverhaltens der Aktionäre durch den Listenvorschlag anstelle einer Einzelabstimmung so gering wie möglich zu halten, vor der Abstimmung darauf hinweisen, dass jeder Aktionär, der einen Teil des Gesamtvorschlags nicht akzeptiert, gegen den Gesamtvorschlag stimmen muss und dass, wenn der Gesamtvorschlag keine Mehrheit findet, anschließend Einzelabstimmungen durchgeführt werden.[91]

Weder der einzelne Aktionär noch eine Aktionärsminderheit sondern nur die Haupt- 55 versammlung kann – anders als bei der Entlastung nach § 120 Abs. 1 S. 2 AktG – erzwingen, dass über die Kandidaten der Wahlvorschlagsliste des Aufsichtsrats einzeln abgestimmt wird.[92] Wenn ein Aktionär die **Einzelwahl** verlangt, kann der Versammlungsleiter zunächst diesen Verfahrensantrag zur Abstimmung stellen, bevor er – nach einem Misserfolg

---

[87] Begr. RegE zu § 101 AktG, abgedr. bei *Kropff* AktG S. 138; Hüffer/*Koch* AktG § 101 Rn. 4; MüKoAktG/*Habersack* § 101 Rn. 28; GroßkommAktG/*Hopt/M. Roth* § 101 Rn. 74 ff.; LG Mannheim WM 1990, 760 (764). Anders nur OLG Hamm NJW 1987, 1030 = AG 1987, 38 – Banning.

[88] Näher dazu *Austmann/Rühle* AG 2011, 805, *Oppermann* ZIP 2017, 1406 u. → § 40 Rn. 90.

[89] Eine Satzungsklausel, wonach der Versammlungsleiter Listenwahl anordnen kann, ist zulässig und verbindlich (BGH ZIP 2009, 460).

[90] BGH NZG 2003, 1023; LG München I ZIP 2004, 853 (854); LG Dortmund AG 1968, 390 (391); Hüffer/*Koch* AktG § 101 Rn. 6; MüKoAktG/*Habersack* § 101 Rn. 20 f.; Spindler/Stilz AktG/ *Rieckers* § 133 Rn. 57; GroßkommAktG/*Hopt/M. Roth* § 101 Rn. 56, 61; *Butzke,* Die Hauptversammlung der AG, 5. Aufl. 2011, S. 394 Rn. 54; *Barz* FS Hengeler, 1972, 14 ff.; *Austmann* FS Sandrock, 1995, 277 ff.; *Quack* FS Rowedder, 1994, 387 ff.; *Bollweg,* Wahl des Aufsichtsrats, 1997, S. 297 ff.; aA KölnKommAktG/*Mertens/Cahn* § 101 Rn. 12, 16 bei fehlender Satzungsgrundlage; kritisch auch KölnKommAktG/*Tröger* § 133 Rn. 89.

[91] BGH NZG 2003, 1023; Hüffer/*Koch* AktG § 101 Rn. 6; *Austmann* FS Sandrock, 1995, 277 (286 f.); HdB börsennotierte AG/*Marsch-Barner* § 34 Rn. 160; GroßkommAktG/*Hopt/M. Roth* § 101 Rn. 51; Spindler/Stilz AktG/*Spindler* § 101 Rn. 35 f.

[92] Hüffer/*Koch* AktG § 101 Rn. 7; *Lutter* FS Odersky, 1996, 845 (853); *Butzke* Hauptversammlung der AG S. 394 Rn. 55; MüKoAktG/*Habersack* § 101 Rn. 23. Offen gelassen in BGH NZG 2003, 1023 – Deutsche Hypothekenbank, wonach eine Listenwahl jedenfalls dann zulässig ist, wenn der Versammlungsleiter den vorstehend genannten Hinweis gegeben hat und kein anwesender Aktionär widerspricht. Anders LG München ZIP 2004 – HypoVereinsbank und *Henze* BB 2005, 165 (171).

des Verfahrensantrags auf Einzelabstimmung – über den Listenvorschlag abstimmen lässt.[93] Rechtlich zulässig ist allerdings im Regelfall auch eine Verknüpfung derart, dass der Versammlungsleiter sogleich über die Liste abstimmen lässt und ausdrücklich darauf hinweist, dass bei Annahme des Listenvorschlags inzidenter der Verfahrensantrag auf Einzelabstimmung abgelehnt ist.[94]

56 Nach der seit 2005 geltenden Fassung des Corporate Governance **Kodex** (Ziff. 5.4.3 Satz 1, nunmehr Empfehlung C15 im Kodex 2019) sollen die Wahlen zum Aufsichtsrat bei börsennotierten Gesellschaften als Einzelwahl durchgeführt werden. Die Einzelwahl empfiehlt sich auch im Anwendungsbereich der Geschlechterquote nach § 96 Abs. 2 AktG (→ Rn. 39).

57 In der Hauptversammlung ist jeder Aktionär befugt, **Gegenvorschläge** zum Vorschlag des Aufsichtsrats zu machen. Der Versammlungsleiter muss in diesem Fall, wenn nicht die Voraussetzungen des § 137 AktG vorliegen, nach pflichtgemäßem Ermessen entscheiden, über welchen Wahlvorschlag er zuerst abstimmen lässt. Er kann den Vorschlag des Aufsichtsrats zur Wahl stellen und damit die Feststellung verbinden, dass, wenn dieser Vorschlag die erforderliche Mehrheit findet, damit zugleich der Gegenvorschlag abgelehnt ist; er kann aber auch zunächst über den Gegenvorschlag abstimmen lassen und, wenn dieser nicht die Mehrheit findet, die Abstimmung über den Verwaltungsvorschlag anschließen. Wenn der Gegenvorschlag schon vor der Hauptversammlung nach § 127 AktG innerhalb der Frist des § 126 AktG gemacht wurde, kann in der Hauptversammlung eine Minderheit von 10 % des vertretenen Grundkapitals nach § 137 AktG verlangen, dass über den Gegenvorschlag vor dem Verwaltungsvorschlag abgestimmt wird (→ § 40 Rn. 92).

58 c) **Annahme der Wahl.** Die Wahl eines Aufsichtsratsmitglieds ist nur wirksam, wenn der Gewählte die Wahl annimmt. Die Annahme kann stillschweigend durch Aufnahme der Amtstätigkeit erklärt werden. Meist hat sich der Kandidat schon vor der Wahl mit der Annahme des Amtes einverstanden erklärt, so dass der Versammlungsleiter die Hauptversammlung vor dem Wahlgang entsprechend unterrichten kann. Andernfalls ist die Wahl bis zur Annahme durch den Gewählten schwebend unwirksam. Die Annahme kann dann entweder in der Hauptversammlung gegenüber dem Versammlungsleiter oder – bei Abwesenheit des Gewählten – nach der Hauptversammlung gegenüber dem Vorstand erklärt werden.[95] Der Versammlungsleiter darf deshalb die Abstimmung über einen Wahlvorschlag nicht davon abhängig machen, dass schon vorher die Bereitschaft des Kandidaten nachgewiesen wird, für den Fall seiner Wahl das Amt anzunehmen. Nach der Hauptversammlung darf allerdings nicht längere Zeit ungewiss bleiben, ob der Gewählte die Wahl annimmt. Der Vorstand ist deshalb berechtigt und verpflichtet, dem Gewählten eine angemessene Frist für die Annahme der Wahl zu setzen.[96]

59 d) **Nichtigkeit und Anfechtung der Wahl.** Die Wahl von Aufsichtsratsmitgliedern durch die Hauptversammlung kann wegen Verletzung des Gesetzes oder der Satzung angefochten werden, § 251 AktG (näher dazu → § 42 Rn. 176 ff.). Verfahrensfehler können nicht mehr geltend gemacht werden, wenn die Hauptversammlung den Wahlbeschluss fehlerfrei bestätigt hat, § 241 Abs. 1 S. 2 iVm § 244 AktG (→ § 42 Rn. 75). Falls einer der in § 250 Abs. 1 AktG aufgelisteten Mängel vorliegt, ist die Wahl sogar nichtig (dazu → § 42 Rn. 167 ff.). Die erfolgreiche Anfechtung der Wahl eines Aufsichtsratsmitglieds wirkt nach hM ex tunc zurück auf den Zeitpunkt der Wahl, so dass es für die Stimmabgaben und die

---

[93] Hüffer/*Koch* AktG § 101 Rn. 7; *Fuhrmann* ZIP 2004, 2081 (2085).
[94] Hüffer/*Koch* AktG § 101 Rn. 7; MüKoAktG/*Habersack* § 101 Rn. 21; *Butzke* Hauptversammlung der AG S. 394 Rn. 55; GroßkommAktG/*Hopt/M. Roth* § 101 Rn. 65; aA Spindler/Stilz AktG/ *Spindler* § 101 Rn. 36. Allg. zum Verhältnis von Verfahrens- und Sachanträgen → § 40 Rn. 17.
[95] Hüffer/*Koch* AktG § 101 Rn. 8; MüKoAktG/*Habersack* § 101 Rn. 61 f.; GroßkommAktG/ *Hopt/M. Roth* § 101 Rn. 99.
[96] MüKoAktG/*Habersack* § 101 Rn. 63; KölnKommAktG/*Mertens/Cahn* § 101 Rn. 38.

Beschlüsse des Aufsichtsrats so anzusehen ist, als wäre die gewählte Person nie Aufsichtsratsmitglied geworden. Eine Anwendung der Lehre vom faktischen Organ, um auf diese Weise einen Bestandsschutz für die Handlungen des nichtig oder anfechtbar bestellten, aber tatsächlich tätig gewordenen Aufsichtsratsmitglieds zu erreichen, lehnt der BGH ab (dazu näher → § 42 Rn. 182 f.).[97]

2. Entsendung. a) Sonderrecht kraft Satzungsbestimmung. Entsendungsrechte zum Aufsichtsrat gibt es heute nur noch nach § 101 Abs. 2 AktG in der Form des durch die Satzung eingeräumten Rechts zur Entsendung von Aktionärsvertretern. Das frühere in § 7 MitbestErgG vorgesehene Entsendungsrecht der Gewerkschaften (genau: bindendes Vorschlagsrecht) ist schon durch die Gesetzesänderung von 1981 entfallen (vgl. → § 28 Rn. 35). **60**

Das Entsendungsrecht bedarf einer satzungsmäßigen Grundlage, entweder in der ursprünglichen Satzung oder durch spätere Satzungsänderung. Bei der Beschlussfassung über die Begründung des Entsendungsrechts ist der künftige Entsendungsberechtigte stimmberechtigt.[98] Die Satzung kann das Entsendungsrecht auf zweierlei Weise einräumen: durch namentliche Bezeichnung des entsendungsberechtigten Aktionärs (höchstpersönliches, nicht übertragbares Entsendungsrecht) oder durch Verknüpfung mit dem Besitz einer oder mehrerer bestimmter Aktien (übertragbares Inhaberentsendungsrecht). In jedem Fall handelt es sich um ein Sonderrecht iSd § 35 BGB, das dem Berechtigten nicht ohne seine Zustimmung durch Satzungsänderung entzogen werden kann.[99] Mit einem Inhaberentsendungsrecht können nur vinkulierte Namensaktien ausgestattet werden, § 101 Abs. 2 S. 2 AktG. Die Aktien, an denen das Entsendungsrecht als Sonderrecht des jeweiligen Inhabers haftet, gelten, wie § 101 Abs. 2 S. 3 AktG abweichend von § 11 AktG bestimmt, nicht als besondere Aktiengattung, so dass die Vorschriften, die für verschiedene Gattungen Sonderbeschlüsse oder gesonderte Versammlungen vorschreiben, nicht anwendbar sind. Möglich ist auch die folgende Gestaltung: Das Entsendungsrecht wird dem Inhaber bestimmter Aktien eingeräumt, vorausgesetzt, er erfüllt bestimmte persönliche Voraussetzungen, zB die Zugehörigkeit zu einer bestimmten Familie oder Berufsgruppe. Wenn in einem solchen Fall die besondere persönliche Qualifikation des Entsendungsberechtigten und damit notwendig auch das Entsendungsrecht wegfällt, verliert das von ihm entsandte Aufsichtsratsmitglied nicht automatisch sein Mandat, sondern es kann lediglich durch die Hauptversammlung nach § 103 Abs. 2 S. 2 AktG mit einfacher Stimmenmehrheit vorzeitig abberufen werden (→ Rn. 96).[100] Wenn dagegen das entsandte Aufsichtsratsmitglied nicht mehr die verlangte persönliche Qualifikation besitzt, bleibt das Entsendungsrecht bestehen und gilt deshalb nicht § 103 Abs. 2 S. 2 AktG; das Aufsichtsratsmitglied kann nur vom Entsendungsberechtigten nach § 103 Abs. 2 S. 1 AktG oder durch das Gericht nach § 103 Abs. 3 AktG abberufen werden.[101] Bei der Festlegung von persönlichen Voraussetzungen, die das entsandte Mitglied erfüllen muss, besteht für die Satzung ein weiter Gestaltungsspielraum (→ Rn. 45). **61**

---

[97] BGHZ 196, 195 = NZG 2013, 456 Rn. 17 ff. – IKB. Zustimmend HdB börsennotierte AG/*E. Vetter* § 25 Rn. 73; *Arnold/Gayk* DB 2013, 1830 ff.; abl. Hüffer/*Koch* AktG § 101 Rn. 22; MüKoAktG/*Habersack* § 101 Rn. 70; Großkomm AktG/*Hopt/Roth* § 101 Rn. 250 ff.; *Cziupka* DNotZ 2013, 579 ff.; *Rieckers* AG 2013, 383 ff.; *Rieckers* VGR Bd. 19 Gesellschaftsrecht in der Diskussion, 2014, S. 125 ff.; *Schürnbrand* NZG 2013, 481; *Lieder* ZHR 178 (2014), 282 ff.; zweifelnd Spindler/Stilz AktG/*Spindler* § 101 Rn. 116.
[98] OLG Hamm ZIP 2008, 1530 – ThyssenKrupp, auch zur Vereinbarkeit des Entsendungsrechts mit Europarecht und Grundgesetz. Zust. Bespr. von *Verse* ZIP 2008, 1754 u. *Neumann/Ogorek* NZG 2008, 892. Vgl. auch *Seeling/Zwickel* BB 2008, 622 u. *Lieder* ZHR 172 (2008), 306.
[99] Spindler/Stilz AktG/*Spindler* § 101 Rn. 50; Hüffer/*Koch* AktG § 101 Rn. 10; GroßkommAktG/*Hopt/M. Roth* § 101 Rn. 128.
[100] MüKoAktG/*Habersack* § 103 Rn. 29; GroßkommAktG/*Hopt/M. Roth* § 103 Rn. 49.
[101] MüKoAktG/*Habersack* § 101 Rn. 58, § 103 Rn. 29; GroßkommAktG/*Hopt/M. Roth* § 101 Rn. 149, § 103 Rn. 49.

62 b) Höchstzahl der Entsendungsmandate. Die Satzung kann höchstens für die Besetzung von einem Drittel aller nach Gesetz oder Satzung vorgesehenen Aufsichtsratssitze der Aktionäre Entsendungsrechte einräumen. So können zB bei einem nach dem MitbestG mit sechzehn Mitgliedern besetzten Aufsichtsrat nicht mehr als zwei Sitze mit Hilfe von Entsendungsrechten ohne Wahl durch die Hauptversammlung besetzt werden. Es ist somit nicht möglich, einem Aktionär oder einer Aktionärgruppe allein durch Entsendungsrechte und ohne Mehrheitsbesitz die Herrschaft über die AG zu sichern. Umgekehrt gilt aber auch, dass der Mehrheitsbesitz in einer mitbestimmten Gesellschaft, in der Entsendungsrechte von Minderheitsaktionären bestehen, nicht zur sicheren Herrschaft verhilft.

63 c) Ausübung des Entsendungsrechts. Das Entsendungsrecht wird durch Erklärung des Entsendungsberechtigten gegenüber dem Vorstand ausgeübt. Eine besondere Form schreibt das Gesetz nicht vor. Wenn das Entsendungsrecht mehreren Aktionären eingeräumt ist oder mit mehreren Aktien verbunden ist, kann die Satzung vorsehen, dass das Entsendungsrecht durch einen gemeinsamen Vertreter nach Maßgabe eines Mehrheitsbeschlusses der entsendungsberechtigten Aktionäre ausgeübt wird.[102] Für die Annahmeerklärung der benannten Person gilt dasselbe wie für die Annahme einer von der Hauptversammlung beschlossenen Wahl in den Aufsichtsrat (→ Rn. 56). Der Entsendungsberechtigte ist nicht verpflichtet, sein Entsendungsrecht auszuüben, es sei denn, die Satzung statuiert eine Entsendungspflicht. Falls ein Aufsichtsratssitz wegen mangelnder Entsendung unbesetzt bleibt, kann das fehlende Mitglied unter den Voraussetzungen des § 104 AktG durch das Gericht bestellt werden; die Hauptversammlung kann nicht das fehlende Mitglied wählen.[103] Das entsandte Aufsichtsratsmitglied hat in allen Punkten dieselben Rechte und Pflichten wie ein von der Hauptversammlung gewähltes Mitglied. Es unterliegt also in seiner Amtsführung nicht etwa den Weisungen des Entsendungsberechtigten.[104] Wenn das entsandte Mitglied den Wünschen des Entsendungsberechtigten nicht entspricht, riskiert es allerdings seine – jederzeit zulässige – Abberufung durch den Entsendungsberechtigten nach § 103 Abs. 2 S. 1 AktG.

64 d) Amtszeit und Abberufung. Zur Amtszeit des entsandten Mitglieds → Rn. 87, zu seiner Abberufung → Rn. 97 f.

65 3. Ersatzmitglieder. a) Bestellung. Für jedes Aufsichtsratsmitglied kann nach § 101 Abs. 3 S. 2 AktG ein Ersatzmitglied bestellt werden, das Mitglied des Aufsichtsrats wird, wenn das Aufsichtsratsmitglied vor Ablauf seiner Amtszeit wegfällt. Die Bestellung des Ersatzmitglieds kann nur gleichzeitig mit der Bestellung des Aufsichtsratsmitglieds erfolgen. Das Ersatzmitglied kann das Aufsichtsratsmitglied nicht im Falle einer Verhinderung vertreten, sondern es kann nur im Falle des vorzeitigen Ausscheidens des Aufsichtsratsmitglieds an seine Stelle treten. Die Bestellung von Stellvertretern für Aufsichtsratsmitglieder schließt das Gesetz ausdrücklich aus, § 101 Abs. 3 S. 1 AktG. Die Satzung kann die Bestellung von Ersatzmitgliedern weder anordnen noch verbieten. Ersatzmitglieder können sowohl für Aufsichtsratsmitglieder der Aktionäre als auch für Aufsichtsratsmitglieder der Arbeitnehmer bestellt werden. Die allgemeinen Bestimmungen über Ersatzmitglieder in § 101 Abs. 3 AktG gelten auf Grund der Bezugnahme in § 6 Abs. 2 S. 1 MitbestG auch für Ersatzmitglieder der Arbeitnehmer. Für die Wahl der Ersatzmitglieder der Arbeitnehmer treffen § 17 MitbestG und § 7 DrittelbG einige Sonderregelungen. Lediglich für das neutrale „weitere Mitglied" (11. oder 21. Mann), das nach § 8 MontanMitbestG und § 5 Abs. 3 MitbestErgG auf Vorschlag der übrigen Aufsichtsratsmitglieder gewählt wird (→ § 28 Rn. 36), kann kein Ersatzmitglied bestellt werden.

---

[102] MüKoAktG/*Habersack* § 101 Rn. 44; KölnKommAktG/*Mertens/Cahn* § 101 Rn. 57; GroßkommAktG/*Hopt/M. Roth* § 101 Rn. 139.

[103] MüKoAktG/*Habersack* § 101 Rn. 44; Spindler/Stilz AktG/*Spindler* § 101 Rn. 71; GroßkommAktG/*Hopt/M. Roth* § 101 Rn. 190.

[104] BGHZ 36, 296 (306); Hüffer/*Koch* AktG § 101 Rn. 12; MüKoAktG/*Habersack* § 101 Rn. 51; Spindler/Stilz AktG/*Spindler* § 101 Rn. 79; aA GroßkommAktG/*Hopt/M. Roth* § 101 Rn. 170.

b) Ersatzmitglied für mehrere Aufsichtsratsmitglieder. Nach dem Wortlaut von **66** § 101 Abs. 3 S. 2 AktG könnte man annehmen, dass ein bestimmtes Ersatzmitglied nur für ein bestimmtes Aufsichtsratsmitglied und nicht für mehrere Aufsichtsratsmitglieder bestellt werden kann. Es ist jedoch allgemein anerkannt, dass ein Ersatzmitglied auch für mehrere bestimmte Aufsichtsratsmitglieder bestellt werden kann, so dass es in den Aufsichtsrat nachrückt, wenn eines dieser mehreren Aufsichtsratsmitglieder vorzeitig aus dem Aufsichtsrat ausscheidet.[105] Die mehreren bestimmten Aufsichtsratsmitglieder, für die das Ersatzmitglied bestellt wird, müssen allerdings derselben Gruppe von Aufsichtsratsmitgliedern angehören, dh nach denselben Vorschriften bestellt werden.[106] Sie müssen also entweder alle zu den gewählten Aktionärvertretern oder alle zu entsandten Aktionärvertretern oder alle zu derselben Gruppe von Arbeitnehmervertretern gehören. Bei einem nach dem MitbestG zusammengesetzten Aufsichtsrat ist es deshalb nicht möglich, ein Ersatzmitglied für alle Aufsichtsratsmitglieder der Arbeitnehmer zu bestellen, da sich durch das Nachrücken des Ersatzmitglieds nicht das zahlenmäßige Verhältnis der in § 7 Abs. 2 MitbestG bestimmten Arbeitnehmergruppen verändern darf.

Bei Publikumsgesellschaften, die dem MitbestG unterliegen, besteht eine verbreitete **67** Übung, für alle Aufsichtsratsmitglieder der Aktionäre Ersatzmitglieder zu bestellen, um zu verhindern, dass die Anteilseignerseite beim vorzeitigen Ausscheiden eines Aktionärvertreters vorübergehend in die Minderheit gerät (Paritätssicherung). Die Lücke kann allerdings auch ohne Ersatzmitglieder rasch durch eine gerichtliche Bestellung nach § 104 AktG geschlossen werden (→ Rn. 72 ff.). In der Praxis werden häufig zwei oder drei Ersatzmitglieder in einer Liste für alle gleichzeitig gewählten Mitglieder der Anteilseigner mit der Maßgabe bestellt, dass die Ersatzmitglieder entsprechend ihrer Reihenfolge auf der Liste nach Ausscheiden eines Aufsichtsratsmitglieds nachrücken. Auch dieses Verfahren ist zulässig.[107]

c) Nachrücken, Amtszeit und Ausscheiden. Wenn das Aufsichtsratsmitglied vorzeitig **68** ausscheidet, tritt das für dieses Aufsichtsratsmitglied bestellte Ersatzmitglied ohne weiteres an seine Stelle. Eine Annahme des Amtes des Aufsichtsratsmitglieds ist nicht erforderlich, da sich das Ersatzmitglied schon durch die Annahme seiner Bestellung zum Ersatzmitglied mit dem bedingten Nachrücken in den Aufsichtsrat einverstanden erklärt hat.[108] Wenn die Satzung nichts anderes bestimmt, bleibt das nachgerückte Ersatzmitglied für die gesamte restliche **Amtszeit** des ausgeschiedenen Mitglieds im Amt. Das ist, wie § 102 Abs. 2 AktG bestimmt, zugleich die längstmögliche Amtszeit des in den Aufsichtsrat nachgerückten Ersatzmitglieds. Meist bestimmt allerdings die Satzung, dass das Amt eines in den Aufsichtsrat nachgerückten Ersatzmitglieds schon vorher erlischt, sobald ein Nachfolger für das ausgeschiedene Aufsichtsratsmitglied bestellt ist (entziehende Nachwahl). Diese Kombination von Ausscheiden des nachgerückten Ersatzmitglieds und Eintritt des Nachfolgers setzt allerdings voraus, dass bei der Nachfolgerwahl zugleich das für eine Abberufung nötige Mehrheitserfordernis gewahrt wird (§ 103 Abs. 1 S. 2 AktG: Dreiviertelmehrheit, wenn nicht die Satzung die einfache Mehrheit genügen lässt).[109] Falls die Hauptversammlung für

---

[105] BGHZ 99, 211 – Heidelberger Zement.
[106] MüKoAktG/*Habersack* § 101 Rn. 82; Hüffer/*Koch* AktG § 101 Rn. 17.
[107] BGHZ 99, 211 (214); GroßkommAktG/*Hopt/M. Roth* § 101 Rn. 211; Hüffer/*Koch* AktG § 101 Rn. 18; *Rellermeyer* ZGR 1987, 563 (565 f.).
[108] MüKoAktG/*Habersack* § 101 Rn. 81, 89; Hüffer/*Koch* AktG § 101 Rn. 15; Spindler/Stilz AktG/*Spindler* § 101 Rn. 92; GroßkommAktG/*Hopt/M. Roth* § 101 Rn. 222; *Bommert* AG 1986, 315 (319); aA *Lutter/Krieger/Verse* Rechte und Pflichten § 14 Rn. 1054 f.; *Lehmann* DB 1983, 485 (487); *Rellermeyer* ZGR 1987, 563 (576).
[109] BGHZ 99, 211 (214 f.); BGH WM 1989, 58; MüKoAktG/*Habersack* § 101 Rn. 91; *Lutter/Krieger/Verse* Rechte und Pflichten § 14 Rn. 1056; GroßkommAktG/*Hopt/M. Roth* § 101 Rn. 229; HdB börsennotierte AG/*E. Vetter* § 25 Rn. 34; Hüffer/*Koch* AktG § 101 Rn. 16. Zu weit geht die Forderung, dass die Satzung bei unveränderter Geltung des § 103 Abs. 1 S. 2 AktG auch für die Nachwahl eine Dreiviertelmehrheit vorsehen muss; es genügt, wenn diese Mehrheit tatsächlich bei

denselben Zeitpunkt, zu dem das Aufsichtsratmitglied vorzeitig ausscheidet (zB durch Niederlegung mit Wirkung zum Ende der Hauptversammlung), einen Nachfolger bestellt hat, rückt das für das Aufsichtsratmitglied bestellte Ersatzmitglied gar nicht erst in den Aufsichtsrat ein, da keine Vakanz entsteht (überholende Nachwahl).[110] Die Vorstellung, das Ersatzmitglied würde eine „logische Sekunde" früher als der bereits bestellte Nachfolger Aufsichtsratmitglied werden, widerspricht dem Zweck der Ersatzmitgliedschaft. Vorsorglich sollte in der Satzung oder im Beschluss über die Bestellung zum Ersatzmitglied klargestellt werden, dass das für ein Aufsichtsratmitglied bestellte Ersatzmitglied nur dann Mitglied des Aufsichtsrats wird, wenn das Aufsichtsratmitglied vor Ablauf seiner Amtszeit ausscheidet, ohne dass ein Nachfolger bestellt ist.[111]

69 Von der Amtszeit des nachgerückten Ersatzmitglieds ist die Amtszeit des bestellten, aber noch nicht nachgerückten Ersatzmitglieds zu unterscheiden. Sie endet notwendig mit dem Ende der vollen Amtszeit des Aufsichtsratmitglieds, für welches das Ersatzmitglied bestellt worden ist. Denkbar ist auch die Bestimmung einer kürzeren Amtszeit, zB mit dem Inhalt, dass das Ersatzmitglied nur Aufsichtsratmitglied wird, wenn das Aufsichtsratmitglied vor Ablauf von zwei Jahren ausscheidet.

70 Wenn ein Ersatzmitglied für mehrere Aufsichtsratmitglieder bestellt worden ist – zB das Ersatzmitglied E für die Aufsichtsratmitglieder A, B und C –, handelt es sich genau betrachtet um ein **Bündel von mehreren Ersatzbestellungen,** die in ihrem rechtlichen Bestand voneinander unabhängig sind.[112] Wenn im Beispielsfall das Ersatzmitglied E für das vorzeitig ausgeschiedene Aufsichtsratmitglied A in den Aufsichtsrat nachgerückt ist und wegen der Wahl eines Nachfolgers für A noch vor Ablauf der restlichen Amtszeit wieder aus dem Aufsichtsrat ausscheidet, bleiben seine Bestellungen als Ersatzmitglied für B und C bestehen. Das gilt auch ohne ausdrückliche Bestimmung[113] und nicht nur dann, wenn das Ersatzmitglied mit der ausdrücklichen Maßgabe bestellt wurde, dass seine Ersatzmitgliedschaft für die anderen Mitglieder nach dem Einrücken und Ausscheiden wiederauflebt (richtiger: bestehenbleibt).[114]

71 **d) Niederlegung und Abberufung.** Auch das noch nicht nachgerückte, aber bestellte Ersatzmitglied hat bereits ein Amt, das es niederlegen und von dem es auch abberufen werden kann. Die Niederlegung oder Abberufung hat zur Folge, dass das Ersatzmitglied bei Eintritt der Vakanz nicht in den Aufsichtsrat einrückt. Für die Abberufung eines Ersatzmitglieds gelten gemäß § 103 Abs. 5 AktG dieselben Regeln wie für die Abberufung des Aufsichtsratmitglieds, für das es bestellt ist. Ein Ersatzmitglied der Aktionäre kann also nach § 103 Abs. 1 AktG durch die Hauptversammlung oder nach § 103 Abs. 3 AktG durch das Gericht aus wichtigem Grund abberufen werden (→ Rn. 95, 99). Auch für die Niederlegung gelten die allgemeinen Regeln (→ Rn. 92 f.). Falls das Ersatzmitglied für mehrere

---

der Nachwahl erreicht wird (aA Spindler/Stilz AktG/*Spindler* § 101 Rn. 96). Die Bedenken von *Roussos* AG 1987, 239 (242 ff.) gegen die Bestellung von Ersatzmitgliedern mit bloßer „Überbrückungsfunktion" sind unbegründet; das Gesetz bestimmt nur eine Höchstdauer und keine Mindestdauer der Amtszeit des nachgerückten Ersatzmitglieds.

[110] BGH AG 1988, 348 – Strabag; Hüffer/*Koch* AktG § 101 Rn. 16; Spindler/Stilz AktG/*Spindler* § 101 Rn. 98; MüKoAktG/*Habersack* § 101 Rn. 85; GroßkommAktG/*Hopt*/*M. Roth* § 101 Rn. 219; *Lutter*/*Krieger*/*Verse* Rechte und Pflichten § 14 Rn. 1058; aA *Bommert* AG 1986, 315 (317); *Rellermeyer* ZGR 1987, 563 (574).

[111] Vgl. Beck'sches Formularbuch/*Hoffmann-Becking*/*Berger* Form. X.11 § 8 Abs. 3.

[112] BGHZ 99, 211 (220); KölnKommAktG/*Mertens* § 101 Rn. 79.

[113] KölnKommAktG/*Mertens*/*Cahn* § 101 Rn. 94; Spindler/Stilz AktG/*Spindler* § 101 Rn. 101; GroßkommAktG/*Hopt*/*M. Roth* § 101 Rn. 230; *Lehmann* DB 1983, 485 (486); *Bommert* AG 1986, 315 (320); ausf. *Rellermeyer* ZGR 1987, 563 (571 ff.); MüKoAktG/*Habersack* § 101 Rn. 93; Hüffer/*Koch* AktG § 101 Rn. 17; offengelassen in BGHZ 99, 211 (220).

[114] Die von *Heinsius* ZGR 1982, 282 (289 ff.) entwickelte „Maßgabe"-Klausel ist zulässig, BGHZ 99, 211 Leitsatz b).

Mitglieder bestellt wurde, kann es auch die Ersatzmitgliedschaft für ein Mitglied niederlegen und für die anderen aufrechterhalten.[115] Auch hier zeigt sich, dass die Bestellung zum Ersatzmitglied für mehrere Mitglieder ein Bündel von mehreren Ersatzmandaten enthält.

4. Gerichtliche Bestellung. a) Gründe. § 104 AktG bestimmt drei Gründe, die das Gericht verpflichten, auf Antrag fehlende Aufsichtsratsmitglieder gerichtlich zu bestellen: Ergänzung wegen Beschlussunfähigkeit des Aufsichtsrats nach Abs. 1, Ergänzung wegen einer länger als drei Monate währenden unvollständigen Besetzung nach Abs. 2, Ergänzung eines paritätisch mitbestimmten Aufsichtsrats wegen unvollständiger Besetzung nach Abs. 3. Zuständiges Gericht ist das Amtsgericht des Sitzes der Gesellschaft, § 14 AktG iVm § 145 Abs. 1 FGG. **72**

Die gerichtliche Bestellung nach § 104 Abs. 1 AktG wegen **fehlender Beschlussfähigkeit** des Aufsichtsrats kommt zwar theoretisch auch für einen nach dem MitbestG oder den Montanmitbestimmungsgesetzen mitbestimmten Aufsichtsrat in Betracht. Da der Aufsichtsrat nach § 28 MitbestG und ebenso nach § 10 MontanMitbestG und § 11 MitbestErgG jedoch schon dann beschlussfähig ist, wenn die Hälfte der Mitglieder, aus denen er insgesamt zu bestehen hat, an der Beschlussfassung teilnimmt, ist bei einem paritätisch mitbestimmten Aufsichtsrat eine gerichtliche Bestellung wegen Verlustes der Beschlussfähigkeit in der Praxis kaum denkbar. Bei paritätisch mitbestimmten Gesellschaften geht es durchweg um eine gerichtliche Bestellung wegen unvollständiger Besetzung nach § 104 Abs. 3 Nr. 2 AktG. Zur Sicherung der paritätischen Besetzung verzichtet der Gesetzgeber für diesen Fall auf das Erfordernis einer mehr als dreimonatigen Vakanz; jede Vakanz in einem paritätisch mitbestimmten Aufsichtsrat ist ein „dringender Fall" im Sinne von § 104 Abs. 2 S. 2 AktG. Wenn in einer montanmitbestimmten Gesellschaft das neutrale weitere Mitglied vorzeitig ausscheidet, ist allerdings keine gerichtliche Ergänzung möglich, § 104 Abs. 3 Nr. 1 AktG. Die Delegation eines Aufsichtsratsmitglieds in den Vorstand nach § 105 Abs. 2 AktG führt zwar nicht zu einer Vakanz im Aufsichtsrat; § 104 AktG ist jedoch analog anzuwenden, da durch die Delegation die Zahl der stimmberechtigten Mitglieder reduziert ist (→ § 29 Rn. 14). **73**

Umstritten ist, ob Aufsichtsratsmitglieder, deren Wahl angefochten worden ist, vorsorglich für den Fall gerichtlich bestellt werden können, dass die Wahl für nichtig erklärt wird. Auf diese Weise kann die Rechtsunsicherheit ausgeräumt werden, die sich wegen der ex tunc-Rückwirkung eines stattgebenden Anfechtungsurteils im Hinblick auf die Wirksamkeit der Beschlüsse des Aufsichtsrats ergibt (→ Rn. 59). Rechtlich handelt es sich nicht um eine doppelte Bestellung, da die gerichtliche Bestellung nur, allerdings mit Rückwirkung auf den Zeitpunkt des Gerichtsentscheids, für den Fall erfolgt, dass der Wahlbeschluss der Hauptversammlung vernichtet wird. Im Schrifttum wird eine **bedingte gerichtliche Bestellung** bei angefochtener Aufsichtsratswahl verbreitet für zulässig erachtet,[116] in der Rechtsprechung jedoch bislang unterschiedlich beurteilt (auch → § 42 Rn. 183).[117] **74**

---

[115] LG Mannheim WM 1986, 104; GroßkommAktG/*Hopt*/*M. Roth* § 101 Rn. 237; MüKoAktG/*Habersack* § 101 Rn. 81; *Rellermeyer* ZGR 1987, 563 (575 f.); HdB börsennotierte AG/*E. Vetter* § 25 Rn. 53.

[116] KölnKommAktG/*Mertens*/*Cahn* § 104 Rn. 13; Schmidt/Lutter/*Drygala* AktG § 104 Rn. 16; Lutter/*Krieger*/*Verse* Rechte und Pflichten § 1 Rn. 19; Hölters AktG/*Simons* § 104 Rn. 17a; *E Vetter*/*van Laak* ZIP 2008. 1806; *E. Vetter* ZIP 2012, 701 (706 f.); *Fett*/*Theusinger* AG 2010, 425 (429 ff.); *Kocher* NZG 2007, 372; *Schürnbrandt* NZG 2013, 481 (484); vgl. auch *Happ* FS Hüffer, 2010, 293 (301 f.). Kritik an dieser Lösung bei Hüffer/*Koch* AktG § 104 Rn. 8 („dogmatisch unsicher"), Spindler/Stilz AktG/*Spindler* § 104 Rn. 34 ff, MüKoAktG/*Habersack* § 104 Rn. 12 Großkomm AktG/*Hopt*/Roth § 104 Rn. 33 u. *Brock* NZG 2014, 641 (645 f.).

[117] Ablehnend OLG Köln ZIP 2008, 508 u. NZG 2011, 508 – IVG. Nach LG München I AG 2006, 762 (765 f.) – HVB ist die gerichtliche Bestellung analog § 104 Abs. 2 AktG bis zur nächsten Hauptversammlung gerechtfertigt, damit der Aufsichtsrat zumindest einen fehlerfreien Wahlvorschlag für die erneute Wahl oder Bestätigung beschließen kann; zust. *Kocher* NZG 2007, 372 u. *Marsch-Barner*

75 b) Antragsbefugnis. In allen Fällen einer gerichtlichen Bestellung nach § 104 AktG sind der Vorstand, jedes Aufsichtsratsmitglied und jeder Aktionär berechtigt, die Bestellung zu beantragen, § 104 Abs. 1 S. 1 AktG. Der Vorstand ist im Falle der fehlenden Beschlussfähigkeit zur Antragstellung verpflichtet, wenn nicht mit einer rechtzeitigen Ergänzung vor der nächsten Aufsichtsratssitzung zu rechnen ist, § 104 Abs. 1 S. 2 AktG; in den Fällen der unvollständigen Besetzung nach § 104 Abs. 2 u. 3 AktG besteht dagegen keine Pflicht zur Antragstellung.[118] Nach dem Corporate Governance **Kodex** (Empfehlung C.15 Satz 2) soll der Antrag auf eine Bestellung bis zur nächsten Hauptversammlung befristet sein (zur Amtszeit → Rn. 77). Bei mitbestimmten Gesellschaften sind auch die in § 104 Abs. 1 S. 3 AktG aufgeführten Arbeitnehmervertretungen antragsberechtigt. Das Vorschlagsrecht der Spitzenorganisationen der Gewerkschaften im MontanMitbestG und MitbestErgG besteht nur noch gegenüber den Betriebsräten (→ § 28 Rn. 35); das soll nach § 104 Abs. 1 S. 3 Nr. 6 AktG für ein eigenes Antragsrecht der Spitzenorganisationen genügen (auch → § 28 Rn. 67 zu § 98 Abs. 2 Nr. 9 AktG).[119] In der Praxis wird auch die gerichtliche Bestellung von Arbeitnehmervertretern meist durch den Vorstand beantragt. Der Vorstand wird dann zweckmäßig seinem Antrag Erklärungen des betreffenden Betriebsrats (bei der Bestellung eines betrieblichen Vertreters) und der im Unternehmen vertretenen Gewerkschaften (bei der Bestellung eines Gewerkschaftsvertreters) beifügen, aus denen das Einverständnis der Arbeitnehmerseite mit dem im Antrag des Vorstands genannten Kandidaten hervorgeht. Wenn die Arbeitnehmervertretung den Antrag selbst stellt, trägt sie auch die Kosten der gerichtlichen Bestellung.[120]

76 c) Auswahl. In der Regel wird der Antragsteller die Bestellung einer bestimmten Person vorschlagen. Das Gericht ist an den Vorschlag allerdings nicht gebunden, sondern entscheidet nach pflichtgemäßem Ermessen.[121] Es darf dem Vorschlag nicht folgen, wenn die vorgeschlagene Person nicht die persönlichen Voraussetzungen erfüllt, die gegebenenfalls nach Gesetz oder Satzung für den vakanten Sitz erforderlich sind, § 104 Abs. 4 S. 3 AktG. Insbesondere muss das Gericht darauf achten, dass bei der Bestellung von Arbeitnehmervertretern für einen nach dem MitbestG mitbestimmten Aufsichtsrat das in § 7 Abs. 2 MitbestG bestimmte Verhältnis der Arbeitnehmergruppen gewahrt bzw. wiederhergestellt wird. Wenn zwei im Unternehmen vertretene Gewerkschaften konkurrierende Vorschläge zur Bestellung eines Gewerkschaftsvertreters machen, steht die Auswahl im Ermessen des Gerichts.[122] § 104 Abs. 5 AktG stellt klar, daß im Anwendungsbereich der Geschlechterquote auch für die gerichtliche Bestellung von Aufsichtsratsmitgliedern die Regeln des § 96 Abs. 2 AktG maßgebend sind (dazu → Rn. 34 ff.).

FS K. Schmidt, 2009, 1109 (1121 f.); weitergehend für Zulässigkeit OLG München BeckRS 2007, 4374.
[118] MüKoAktG/*Habersack* § 104 Rn. 14. Einzelheiten zum Antrag auf gerichtliche Bestellung bei Wandt AG 2016, 877 ff.
[119] Zust. Spindler/Stilz AktG/*Spindler* § 104 Rn. 21; Großkomm AktG/*Hopt/Roth* § 104 Rn. 54.
[120] OLG Düsseldorf AG 1994, 424; Hüffer/*Koch* AktG § 104 Rn. 4; Spindler/Stilz AktG/*Spindler* § 104 Rn. 29; GroßkommAktG/*Hopt/M. Roth* § 104 Rn. 133; MüKoAktG/*Habersack* § 104 Rn. 46; aA KölnKommAktG/*Mertens/Cahn* § 104 Rn. 30.
[121] OLG Schleswig AG 2004, 454; OLG München NZG 2009, 1149; OLG Hamm NZG 2013, 1099; OLG Frankfurt a. M. ZIP 2015, 170 (173 ff.); OLG Stuttgart AG 2017, 489; *Beyer* NZG 2014, 61.
[122] OLG Stuttgart AG 2017, 489; BayObLG ZIP 1997, 1883; LG Wuppertal BB 1978, 1380; Hüffer/*Koch* AktG § 104 Rn. 14; GroßkommAktG/*Hopt/M. Roth* § 104 Rn. 78. Das Gericht muss vor der Bestellung in der Regel den Vorstand und die amtierenden Aufsichtsratsmitglieder anhören (OLG Dresden NZG 1998, 108 f.). Die Zweiwochenfrist für die sofortige Beschwerde eines Aktionärs nach § 104 Abs. 2 S. 4 AktG gegen die gerichtliche Bestellung beginnt spätestens mit der Bekanntmachung nach § 106 AktG (LG Berlin AG 1980, 139).

d) Amtszeit und Rechtsstellung. Das Gericht kann in seinem Bestellungsbeschluss eine 77 bestimmte Amtszeit festlegen, zB – entsprechend der Empfehlung im **Kodex** (Empfehlung C.15 Satz 2) – bis zur Beendigung der nächsten ordentlichen Hauptversammlung bzw. bis zur nächsten Wahl der Arbeitnehmervertreter[123], kann aber auch davon absehen. Die Amtszeit gilt dann für die aus dem Zweck der Bestellung folgende Höchstdauer: Das Amt erlischt zwingend, sobald der Mangel durch Wahl oder Entsendung behoben wird, § 104 Abs. 6 AktG.[124] Bei einer Ergänzung des Aufsichtsrats wegen mangelnder Beschlussfähigkeit nach § 104 Abs. 1 AktG erlischt das Amt des gerichtlich bestellten Mitglieds also nicht erst dann, wenn der Aufsichtsrat wieder vollständig besetzt ist, sondern schon dann, wenn durch Wahl oder Entsendung das oder die an der Beschlussfähigkeit fehlenden Mitglieder bestellt werden oder die Beschlussfähigkeit dadurch erreicht wird, dass durch Satzungsänderung die für die Beschlussfähigkeit erforderliche Zahl von Aufsichtsratsmitgliedern reduziert wird. Die Amtszeit des gerichtlich bestellten Mitglieds ist also nicht notwendig auf die restliche Amtszeit des ausgeschiedenen Mitglieds beschränkt, wie dies für ein nachgerücktes Ersatzmitglied nach § 102 Abs. 2 AktG gilt. Die Amtszeit kann aber längstens für die in § 102 Abs. 1 AktG bestimmte Höchstdauer gelten.[125]

Solange das gerichtlich bestellte Mitglied im Amt ist, hat es dieselben Rechte und 78 Pflichten wie ein gewähltes Aufsichtsratsmitglied. § 104 Abs. 7 AktG schreibt ausdrücklich vor, dass das gerichtlich bestellte Mitglied dieselbe Vergütung erhält wie ein gewähltes Mitglied. Das gerichtlich bestellte Mitglied kann auch nur durch das Gericht vorzeitig abberufen werden, und zwar nur aus wichtigem Grund nach § 103 Abs. 3 AktG.[126]

III. Amtszeit

1. Beginn der Amtszeit. Die Amtszeit eines Aufsichtsratsmitglieds beginnt nicht notwendig 79 schon mit dem Bestellungsakt, also der Wahl, Entsendung oder gerichtlichen Bestellung. Ein späterer Amtsbeginn kann sich schon deshalb ergeben, weil die Bestellung erst mit der Annahme wirksam wird (→ Rn. 58). Außerdem ist es möglich, dass die Bestellung mit Wirkung zu einem späteren Termin, also aufschiebend befristet erfolgt.[127] Auch eine aufschiebende Bedingung ist zulässig, wenn ihr Eintritt aus der Sicht der Gesellschaft eindeutig feststellbar ist.[128] Wenn die Bestellung allerdings aufschiebend bedingt sein soll durch das vorzeitige Ausscheiden eines schon früher bestellten Aufsichtsratsmitglieds, ergibt sich ein Widerspruch zu der zwingenden Regel des § 101 Abs. 3 S. 3 AktG (Gleichzeitigkeit der Bestellung eines Ersatzmitglieds).

2. Höchstdauer. Das Gesetz lässt der Satzung und der Hauptversammlung weitgehend 80 freie Hand bei der Bestimmung der Amtszeit der Aufsichtsratsmitglieder. § 102 Abs. 1 AktG bestimmt lediglich eine Höchstdauer, die regelmäßig etwa fünf Jahre beträgt und sich aus den folgenden drei Zeiträumen zusammensetzt: (1) die Zeit vom Beginn der Amtszeit bis zum Ende des Geschäftsjahres, in dem die Amtszeit begonnen hat, (2) die folgenden vier Geschäftsjahre, (3) die Zeit vom Beginn des darauf folgenden Geschäftsjahres bis zur ordentlichen Hauptversammlung, die über die Entlastung des Mitglieds für das vierte Geschäftsjahr beschließt. Auch ein weniger als zwölf Monate dauerndes Rumpfgeschäftsjahr ist bei dieser Berechnung als Geschäftsjahr zu berücksichtigen. Wenn die Amtszeit mit dem Ende der ordentlichen Hauptversammlung beginnt, in der das Aufsichtsratsmitglied

---

[123] So für den Regelfall OLG Frankfurt a. M. ZIP 2017, 2262.
[124] BayObLG ZIP 2004, 2190; OLG München ZIP 2006, 1770.
[125] GroßkommAktG/*Hopt*/*M. Roth* § 104 Rn. 140; Hüffer/*Koch* AktG § 104 Rn. 16.
[126] Hüffer/*Koch* AktG § 104 Rn. 15; Spindler/Stilz AktG/*Spindler* § 104 Rn. 54; GroßkommAktG/*Hopt*/*M. Roth* § 104 Rn. 143; aA MüKoAktG/*Habersack* § 104 Rn. 48; KölnKommAktG/*Mertens*/*Cahn* § 104 Rn. 36; AG Charlottenburg DB 2004, 2630.
[127] MüKoAktG/*Habersack* § 101 Rn. 48; GroßkommAktG/*Hopt*/*M. Roth* § 101 Rn. 107.
[128] MünchHdb AG/*Habersack* § 102 Rn. 16; Hölters AktG/*Simons* § 102 Rn. 6; HdB börsennotierte AG/*E. Vetter* § 25 Rn. 51; *Ihrig* FS Hoffmann-Becking, 2013, 617 (624).

gewählt worden ist, kann sie längstens bis zum Ende der fünf Jahre später stattfindenden ordentlichen Hauptversammlung dauern. Es kommt nicht darauf an, ob die Hauptversammlung dem Aufsichtsrat die Entlastung erteilt oder verweigert; erforderlich ist nur, dass sie darüber beschließt.[129] Wenn die Hauptversammlung nicht rechtzeitig über die Entlastung der Aufsichtsratsmitglieder beschließt, endet die Amtszeit mit Ablauf von acht Monaten seit Ende des vierten Geschäftsjahres nach dem Amtsbeginn.[130]

81 Die Satzung kann in dem durch § 102 Abs. 1 AktG gezogenen Rahmen nach Belieben eine **kürzere Amtsdauer** bestimmen, und die Hauptversammlung kann die Amtszeit in dem Rahmen gestalten, den die Satzung ihr belässt. Falls die Satzung keine Regelung enthält und auch die Hauptversammlung bei der Wahl des Aufsichtsratsmitglieds keine Bestimmung zur Amtszeit trifft, gilt die in § 102 Abs. 1 AktG bestimmte Höchstdauer als Amtszeit des Mitglieds.[131]

82 Für die Mitglieder des **ersten Aufsichtsrats** einer AG gilt die Sonderregelung des § 30 Abs. 3 S. 1 AktG. Sie können nicht für längere Zeit als bis zur Beendigung der Hauptversammlung bestellt werden, die über die Entlastung für das erste Voll- oder Rumpfgeschäftsjahr beschließt (→ § 3 Rn. 19).

83 **3. Amtszeit bei Wiederbestellung.** Während § 84 Abs. 1 S. 3 AktG bestimmt, dass ein Vorstandsmitglied frühestens ein Jahr vor Ablauf der bisherigen Amtszeit für die Dauer von höchstens fünf Jahren wiederbestellt werden kann, fehlt eine ausdrückliche Regelung über die vorzeitige Wiederwahl eines Aufsichtsratsmitglieds. § 84 Abs. 1 S. 3 AktG ist auch nicht analog anzuwenden, aber eine vorzeitige Wahl ist nur mit der Maßgabe zulässig, dass der Rest der laufenden Amtszeit in die Berechnung der nach § 102 Abs. 1 AktG zulässigen Höchstdauer einbezogen wird.[132]

84 **4. Amtsperioden des Aufsichtsrats.** Das Gesetz kennt keine für alle Mitglieder gleichermaßen geltende Amtsperiode oder Wahlperiode des Aufsichtsrats, sondern nur die rechtlich voneinander unabhängigen Amtszeiten der einzelnen Aufsichtsratsmitglieder. Das Gesetz gestattet somit, individuell abweichende Amtszeiten für die einzelnen Aufsichtsratsmitglieder festzulegen.[133] Die Satzung kann zB ein turnusmäßiges Ausscheiden eines Teils der Mitglieder vorsehen, etwa in der Art, dass alle zwei Jahre die Hälfte der Aufsichtsratsmitglieder neu gewählt werden muss. In der Praxis ist es allerdings – insbesondere bei mitbestimmten Aufsichtsräten (→ Rn. 86) – weithin üblich, eine zeitgleiche Amtsperiode für alle Aufsichtsratsmitglieder dadurch zu ermöglichen, dass die Dauer der Amtszeit einheitlich festgelegt und außerdem bestimmt wird, dass der Nachfolger eines vorzeitig ausscheidenden Mitglieds nur für die restliche Amtszeit des ausgeschiedenen Mitglieds gewählt wird. Auch wenn auf diese Weise im praktischen Ergebnis feste Aufsichtsratsperioden erreicht werden, besteht doch – anders als im Parlamentsrecht – eine unbedingte Kontinuität des Organs Aufsichtsrat, so dass es zB nicht erforderlich ist, eine vom Aufsichtsrat in der früheren Wahlperiode beschlossene Geschäftsordnung durch den zu Beginn der nächsten Wahlperiode neu „konstituierten" Aufsichtsrat bestätigen zu lassen.[134]

---

[129] Hüffer/*Koch* AktG § 102 Rn. 3 u. KölnKommAktG/*Mertens/Cahn* § 102 Rn. 7.

[130] BGH NZG 2002, 916; OLG München NZG 2009, 1430. Zustimmend GroßkommAktG/*Hopt/M. Roth* § 102 Rn. 14; MüKoAktG/*Habersack* § 102 Rn. 18; Spindler/Stilz AktG/*Spindler* § 102 Rn. 8; KölnKommAktG/*Mertens/Cahn* § 102 Rn. 7; Hüffer/*Koch* AktG § 102 Rn. 3; *Selter* Beratung des Aufsichtsrats S. 98 ff. Rn. 223 ff. Anders *Gärtner* NZG 2013, 652 ff.

[131] Hölters AktG/*Simons* § 102 Rn. 11; GroßkommAktG/*Hopt/M. Roth* § 102 Rn. 24, 27.

[132] Hüffer/*Koch* AktG § 102 Rn. 6; MüKoAktG/*Habersack* § 102 Rn. 20; GroßkommAktG/*Hopt/M. Roth* § 102 Rn. 57; HdB börsennotierte AG/*E. Vetter* § 25 Rn. 49.

[133] BGHZ 99, 211 (215); OLG Frankfurt a. M. WM 1986, 1437; MüKoAktG/*Habersack* § 102 Rn. 2; Hüffer/*Koch* AktG § 102 Rn. 4; GroßkommAktG/*Hopt/M. Roth* § 102 Rn. 29 ff.; *Blaschke* AG 2017, 112 (113).

[134] MüKoAktG/*Habersack* § 107 Rn. 179; Hüffer/*Koch* AktG § 107 Rn. 35; HH MitbestR/*Habersack* MitbestG § 25 Rn. 14; *Hoffmann-Becking* ZGR 1998, 497 (500); aA *Säcker* Aufsichtsratsausschüsse

5. Amtszeit der Arbeitnehmervertreter. Nach § 15 Abs. 1 MitbestG, § 5 Abs. 1 Drit- **85** telbG und § 6 Abs. 7 S. 1 MitbestErgG wählen die Arbeitnehmer ihre Vertreter für die Amtszeit, die im Gesetz oder in der Satzung für die von der Hauptversammlung zu wählenden Mitglieder bestimmt ist. Für die Arbeitnehmervertreter des MontanMitbestG gilt ebenfalls dieselbe Amtszeit wie für die Aktionärvertreter, da sie – wenn auch auf Grund bindender Wahlvorschläge – durch die Hauptversammlung gewählt werden. Enthält die Satzung keine Bestimmung, gilt somit die in § 102 Abs. 1 AktG als Höchstdauer bestimmte Amtszeit auch für die Arbeitnehmervertreter. Ebenso gilt eine Regelung der Satzung, durch welche die Amtszeit kürzer festgesetzt wird, sowohl für die Aktionär- als auch für die Arbeitnehmervertreter. Anders ist es jedoch, wenn die Hauptversammlung die Amtszeit für einzelne oder alle Aktionärvertreter bei ihrer Wahl kürzer festsetzt. Die kürzere Festsetzung durch die Hauptversammlung gilt nicht für die Arbeitnehmervertreter, für die es bei der durch die Satzung oder – mangels Satzungsbestimmung – durch § 102 Abs. 1 AktG bestimmten regulären Amtszeit bleibt.[135]

Nicht zuletzt wegen der Kosten der Arbeitnehmerwahlen ist es üblich, in der Satzung für **86** die Mitglieder des mitbestimmten Aufsichtsrats die nach § 102 Abs. 1 AktG höchstmögliche Amtszeit von rund fünf Jahren vorzusehen. Auch bei einer solchen Satzungsklausel, die für alle Aufsichtsratsmitglieder dieselbe Amtszeit vorschreibt und die Einhaltung der Amtsperiode dadurch absichert, dass der Nachfolger eines vorzeitig ausgeschiedenen Mitglieds nur für den Rest der Amtszeit des Ausgeschiedenen bestimmt werden kann, ist nicht stets gewährleistet, dass sich die Amtsperioden der Arbeitnehmervertreter und der Aktionärvertreter decken. So kann sich insbesondere nach einer formwechselnden Umwandlung oder nach der Einbringung eines Betriebes die Wahl der Arbeitnehmervertreter derart verzögern, dass die Amtszeit der Arbeitnehmervertreter erst im nächsten Geschäftsjahr beginnt und entsprechend auch erst ein Jahr später als die Amtszeit der Aktionärvertreter endet (vgl. → § 4 Rn. 29). Um in einem solchen Fall zumindest am Ende der Amtsperiode der Arbeitnehmervertreter wieder eine deckungsgleiche Amtsperiode für alle Aufsichtsratsmitglieder erreichen zu können, empfiehlt sich eine „Öffnungsklausel" in der Satzungsbestimmung zur Amtszeit, wonach die Hauptversammlung für Aufsichtsratsmitglieder der Aktionäre bei der Wahl eine kürzere Amtszeit bestimmen kann.[136]

6. Amtszeit der entsandten Mitglieder. Der entsendungsberechtigte Aktionär kann bei **87** der Entsendung die Amtszeit des Mitglieds im Rahmen der Höchstdauer des § 102 Abs. 1 AktG frei bestimmen. Das gilt auch dann, wenn die Satzung eine bestimmte Amtszeit für die Aufsichtsratsmitglieder vorsieht. Da der Entsendungsberechtigte das Aufsichtsratsmitglied nach § 103 Abs. 3 S. 1 AktG jederzeit abberufen kann, ist er folgerichtig auch befugt, die Amtszeit bereits bei der Entsendung abweichend von der regelmäßigen Amtszeit zu bestimmen.[137]

7. Amtszeit der Ersatzmitglieder. Zur Amtszeit der Ersatzmitglieder → Rn. 68, zur **88** Amtszeit der gerichtlich bestellten Mitglieder → Rn. 77.

---

nach dem MitbestG 1975, 1979, S. 39 f., auf Grund einer unzutr. Parallele zur Geschäftsordnung des Bundestags. Auch → § 31 Rn. 5.
[135] Spindler/Stilz AktG/*Spindler* § 102 Rn. 16; MüKoAktG/*Habersack* § 102 Rn. 13; Hüffer/*Koch* AktG § 102 Rn. 5; HH MitbestR/*Habersack* MitbestG § 6 Rn. 65; *Raiser/Veil* MitbestG § 6 Rn. 32; WKS/*Wißmann* MitbestG § 15 Rn. 148.
[136] Vgl. Beck'sches Formularbuch/*Hoffmann-Becking/Berger* Form. X.11 § 8 Abs. 2. Zust. KölnKommAktG/*Mertens/Cahn* § 102 Rn. 8.
[137] MüKoAktG/*Habersack* § 102 Rn. 14; Hüffer/*Koch* AktG § 102 Rn. 4; aA GroßkommAktG/*Hopt/M. Roth* § 102 Rn. 25.

IV. Ausscheiden

89 1. Wegfall persönlicher Voraussetzungen. a) Gesetzliche Voraussetzungen. Das Amt des Aufsichtsratsmitglieds erlischt ohne weiteres, also auch ohne Niederlegungserklärung, wenn eine persönliche Voraussetzung der Mitgliedschaft entfällt, die das Gesetz zwingend vorschreibt.

90 § 24 Abs. 1 MitbestG stellt ausdrücklich klar, dass ein **Arbeitnehmervertreter,** der als unternehmensangehöriger Arbeitnehmer nach § 7 Abs. 2 MitbestG gewählt worden ist, sein Amt verliert, wenn er aus dem Unternehmen ausscheidet. Dasselbe gilt für ein nach § 4 Abs. 2 DrittelbG gewähltes unternehmensangehöriges Aufsichtsratsmitglied der Arbeitnehmer, es sei denn, dem Aufsichtsrat gehören mehr als zwei unternehmensangehörige Arbeitnehmervertreter an. Im Rahmen der Konzernmitbestimmung nach § 5 Abs. 1 MitbestG verliert ein unternehmensangehöriger Arbeitnehmervertreter auch dadurch seine Wählbarkeit und damit nach § 24 MitbestG automatisch sein Aufsichtsratsmandat bei der Konzernobergesellschaft, wenn das Unternehmen, bei dem er beschäftigt ist, aus dem Konzernverbund ausscheidet. Das Amt eines Aktionär- oder Arbeitnehmervertreters erlischt, wenn nachträglich einer der gesetzlich normierten persönlichen Ausschlussgründe nach §§ 100, 105 AktG eintritt, zB eine Überkreuzverflechtung oder ein Vorstands- oder Geschäftsführermandat bei einem abhängigen Unternehmen (dazu → Rn. 19 ff.).[138]

91 b) Satzungsmäßige Voraussetzungen. Wenn ein Aufsichtsratsmitglied der Aktionäre nachträglich eine in der Satzung bestimmte persönliche Eigenschaft (dazu → Rn. 44 f.) verliert, führt das nicht zum automatischen Erlöschen seines Mandats.[139] In Ausnahmefällen kann eine gerichtliche Abberufung aus wichtigem Grund nach § 103 Abs. 3 AktG in Betracht kommen, im Regelfall besteht jedoch nur die Möglichkeit der vorzeitigen Abberufung durch die Hauptversammlung nach § 103 Abs. 1 AktG.

92 2. Niederlegung. Abgesehen vom vorzeitigen Ausscheiden durch Tod ist die vom Gesetz nicht geregelte Amtsniederlegung der häufigste Fall des Ausscheidens vor Ablauf der Amtszeit. Wenn die Satzung keine Regelung zur Niederlegung enthält, gilt folgendes: Jedes Aufsichtsratsmitglied kann sein Amt jederzeit aus wichtigem Grunde niederlegen. Darüber hinaus konnte es nach der früher hM sein Mandat auch ohne wichtigen Grund analog § 671 BGB jederzeit, jedoch nicht zur Unzeit niederlegen, falls für das Mandat keine Vergütung gewährt wird; bei einem Mandat mit Vergütung sollte dagegen – entsprechend der Unterscheidung in § 627 BGB – nur eine Niederlegung aus wichtigem Grunde möglich sein.[140] Im neueren Schrifttum wird die Unterscheidung zwischen entgeltlichem und unentgeltlichem Mandat allgemein abgelehnt. Die Niederlegung ist in jedem Fall auch **ohne wichtigen Grund** wirksam; wenn sie zur Unzeit erfolgt, ist sie zwar pflichtwidrig und kann sie schadensersatzpflichtig machen, aber aus Gründen der Rechtssicherheit ist sie gleichwohl wirksam.[141] Auch das entsandte Mitglied ist zur wirksamen Niederlegung ohne wichtigen Grund in der Lage, gleichgültig, ob es sich dadurch im Innenverhältnis zum Entsendungsberechtigten pflichtwidrig verhält.[142] In der Satzung sollte, um eine Rechts-

---

[138] Hüffer/*Koch* AktG § 100 Rn. 30; MüKoAktG/*Habersack* § 100 Rn. 64 f.

[139] MüKoAktG/*Habersack* § 100 Rn. 67; Hüffer/*Koch* AktG § 100 Rn. 30; HdB börsennotierte AG/E. *Vetter* § 25 Rn. 66; GroßkommAktG/*Hopt*/*M. Roth* § 103 Rn. 54. Auch → Rn. 61 für entsandtes Mitglied.

[140] Nachw. bei GroßkommAktG/GroßkommAktG/*Hopt*/*M. Roth* § 103 Rn. 103; *Singhof* AG 1998, 318 (321).

[141] GroßkommAktG/*Hopt*/*M. Roth* § 103 Rn. 104; Hölters AktG/*Simons* § 103 Rn. 55; MüKoAktG/*Habersack* § 103 Rn. 60; Spindler/Stilz AktG/*Spindler* § 103 Rn. 64; Hüffer/*Koch* AktG § 103 Rn. 17; KölnKommAktG/*Mertens*/*Cahn* § 103 Rn. 57; *Lutter*/*Krieger*/*Verse* Rechte und Pflichten § 1 Rn. 35; *Singhof* AG 1998, 318 (323); HdB börsennotierte AG/E. *Vetter* § 25 Rn. 52.

[142] MüKoAktG/*Habersack* § 103 Rn. 60; Spindler/Stilz AktG/*Spindler* § 103 Rn. 63; GroßkommAktG/*Hopt*/*M. Roth* § 103 Rn. 114.

unsicherheit zu vermeiden, ausdrücklich bestimmt werden, dass jedes Aufsichtsratsmitglied sein Amt jederzeit unter Einhaltung einer bestimmten Frist, also auch ohne wichtigen Grund niederlegen kann. Falls ein wichtiger Grund besteht, der ein sofortiges Freiwerden von dem Mandat erforderlich macht, braucht das Aufsichtsratsmitglied die in der Satzung bestimmte Frist nicht einzuhalten.

Die **Niederlegungserklärung** bedarf, soweit nicht die Satzung die Schriftform vorschreibt, keiner besonderen Form. Richtiger Adressat der Erklärung ist, wenn die Satzung dazu schweigt, allein der Vorstand; der Zugang der Erklärung bei dem Aufsichtsratsvorsitzenden ist dann nicht ausreichend, sondern sie wird erst wirksam, wenn sie an den Vorstand weitergeleitet worden ist.[143] Die Satzung kann davon abweichend (für einfache Mitglieder) die Erklärung gegenüber dem Aufsichtsratsvorsitzenden für ausreichend erklären oder sowohl die Erklärung gegenüber dem Aufsichtsratsvorsitzenden als auch dem Vorstand zulassen.[144] 93

3. Abberufung. a) Überblick. Das Gesetz regelt in § 103 AktG die Abberufung durch die Hauptversammlung in Abs. 1, die Abberufung eines entsandten Mitglieds durch den Entsendungsberechtigten oder – nach Wegfall der Entsendungsvoraussetzungen – durch die Hauptversammlung in Abs. 2, die Abberufung durch das Registergericht aus wichtigem Grund in Abs. 3. Für Arbeitnehmervertreter gelten gemäß Abs. 4 zusätzlich die besonderen Abberufungsregeln in den Mitbestimmungsgesetzen; ein Ersatzmitglied kann gemäß Abs. 5 nach den Regeln abberufen werden, die für das Mitglied gelten, für das es bestellt ist (→ Rn. 71). 94

b) Abberufung durch die Hauptversammlung nach § 103 Abs. 1 AktG. Ein von der Hauptversammlung ohne Bindung an einen Wahlvorschlag – also außerhalb der Sonderregeln für die Bestellung von Arbeitnehmervertretern und weiteren Mitgliedern nach der Montanmitbestimmung – gewähltes Aufsichtsratsmitglied kann von der Hauptversammlung jederzeit vor Ablauf seiner Amtszeit ohne wichtigen Grund abberufen werden. Nach § 103 Abs. 1 S. 2 AktG bedarf der Beschluss einer Mehrheit von 75 % der abgegebenen Stimmen, aber die Satzung kann nach Satz 3 statt dessen eine andere Mehrheit bestimmen und somit auch eine geringere Mehrheit ausreichen lassen. Die von der Satzung bestimmte Mehrheit kann eine Stimmen- und/oder Kapitalmehrheit mit beliebigem Prozentsatz über 50 % sein. Bei der Bestimmung des Mehrheitserfordernisses kann die Satzung nicht danach differenzieren, ob die Abberufung mit oder ohne wichtigen Grund erfolgt. Da das Vorliegen eines wichtigen Grundes umstritten sein kann und eine dem § 84 Abs. 3 S. 4 AktG entsprechende Vorschrift fehlt, könnte die Differenzierung zu einer schwer erträglichen Ungewissheit über die Wirksamkeit der Abberufung führen.[145] Die Satzung kann das Mehrheitserfordernis auch nur einheitlich für alle von der Hauptversammlung bestellten Mitglieder anordnen.[146] Einer Minderheit kann die Satzung das Recht zur Abberufung nicht einräumen, auch nicht für den Fall des wichtigen Grundes.[147] Das satzungsmäßige Sonderrecht eines Aktionärs zur Abberufung eines Aufsichtsratsmitglieds ist nur möglich als Inhalt und Kehrseite eines Entsendungsrechts nach §§ 101 Abs. 2, 103 Abs. 2 AktG. 95

Die Abberufung wird als einseitiges Rechtsgeschäft wirksam mit ihrem Zugang bei dem betroffenen Mitglied, gleichgültig, durch wen und auf welchem Wege er erfolgt.[148] Wenn 96

---

[143] Hüffer/*Koch* AktG § 103 Rn. 17; Hölters AktG/*Simons* § 103 Rn. 16; Singhof AG 1998, 318 (326); GroßkommAktG/*Hopt/M. Roth* § 103 Rn. 106; MüKoAktG/*Habersack* § 103 Rn. 61; Spindler/Stilz AktG/*Spindler* § 103 Rn. 65. Anders KölnKommAktG/*Mertens/Cahn* § 103 Rn. 59; Lutter/Krieger/*Verse* Rechte und Pflichten § 1 Rn. 37 f.
[144] Vgl. Beck'sches Formularbuch/*Hoffmann-Becking/Berger* Form. X.11. § 8 Abs. 3.
[145] Hüffer/*Koch* AktG § 103 Rn. 4; GroßkommAktG/*Hopt/M. Roth* § 103 Rn. 33; KölnKommAktG/*Mertens/Cahn* § 103 Rn. 16; aA Spindler/Stilz AktG/*Spindler* § 103 Rn. 13.
[146] BGHZ 99, 211 – Heidelberger Zement.
[147] GroßkommAktG/*Hopt/M. Roth* § 103 Rn. 32; Hüffer/*Koch* AktG § 103 Rn. 4.
[148] GroßkommAktG/*Hopt/M. Roth* § 103 Rn. 25; KölnKommAktG/*Mertens/Cahn* § 103 Rn. 11; Hölters AktG/*Simons* § 103 Rn. 16; aA Hüffer/*Koch* AktG § 103 Rn. 5; Spindler/Stilz AktG/*Spindler* § 103 Rn. 15, MüKoAktG/*Habersack* § 103 Rn. 19: nur durch Erklärung des Vorstands.

der Betroffene nicht in der Hauptversammlung anwesend ist, genügt also eine formlose Mitteilung durch den Vorstand oder den Vorsitzenden des Aufsichtsrats oder durch eine von der Hauptversammlung beauftragte Person.

97 **c) Abberufung eines entsandten Mitglieds nach § 103 Abs. 2 AktG.** Ein Aktionär, der nach § 101 Abs. 2 AktG zur Entsendung eines Aufsichtsratsmitglieds berechtigt ist, ist nach § 103 Abs. 2 S. 1 AktG zwingend auch zur jederzeitigen Abberufung des Mitglieds berechtigt. Das Recht zur Abberufung kann durch schuldrechtliche Vereinbarungen zwischen Entsender und Entsandtem auf Zeit ausgeschlossen oder erschwert werden, im Verhältnis zur Gesellschaft gilt es jedoch stets uneingeschränkt.[149] Wenn ein wichtiger Grund besteht, ist der Entsender möglicherweise gegenüber der Gesellschaft zur Abberufung verpflichtet, die Verpflichtung kann aber nicht durch Klage der Gesellschaft gegen den Entsendungsberechtigten durchgesetzt werden.[150] In einem solchen Fall bleibt nur die Möglichkeit, dass der Aufsichtsrat oder eine Aktionärsminderheit von 10% oder 1 Mio. EUR Nennbetrag nach § 103 Abs. 3 AktG die gerichtliche Abberufung des entsandten Mitglieds beantragt. Die Abberufung durch den Entsender erfolgt durch Erklärung gegenüber dem entsandten Mitglied und dem Vorstand.[151] Die Wirksamkeit der Abberufung hängt nicht davon ab, dass der Entsender gleichzeitig ein neues Mitglied entsendet.[152]

98 Wenn das Entsendungsrecht erlischt, weil die in der Satzung bestimmten Voraussetzungen entfallen sind oder das Sonderrecht durch Satzungsänderung mit Zustimmung seines bisherigen Inhabers beseitigt worden ist, endet damit nicht ohne weiteres das Mandat des entsandten Mitglieds. Jedoch kann in diesem Fall die Hauptversammlung nach der zwingenden Regel des § 103 Abs. 2 S. 2 AktG das entsandte Mitglied mit einfacher Stimmenmehrheit vorzeitig abberufen (→ Rn. 61). Wenn das entsandte Mitglied bestimmte persönliche Voraussetzungen, die in der Satzung für entsandte Mitglieder gefordert werden, nicht mehr erfüllt, endet nicht das Entsendungsrecht und gilt deshalb nicht § 103 Abs. 2 S. 2 AktG; das entsandte Mitglied kann nur durch den Entsendungsberechtigten nach § 103 Abs. 2 S. 1 AktG oder das Gericht nach § 103 Abs. 3 AktG abberufen werden (→ Rn. 61).

99 **d) Abberufung durch das Gericht nach § 103 Abs. 3 AktG.** Die Möglichkeit der gerichtlichen Abberufung aus wichtigem Grund besteht bei jedem Aufsichtsratsmitglied, gleichgültig, ob es von der Hauptversammlung oder von den Arbeitnehmern gewählt, ob es entsandt oder ob es gerichtlich bestellt wurde. Das Gericht – zuständig ist das Amtsgericht des Sitzes der Gesellschaft, § 14 AktG iVm § 145 Abs. 1 FGG – kann nur auf Antrag tätig werden, um ein Aufsichtsratsmitglied aus wichtigem Grund abzuberufen. Antragsberechtigt ist nicht der Vorstand, sondern ausschließlich der Aufsichtsrat, der nach Satz 2 über die Antragstellung mit einfacher Mehrheit (der abgegebenen Stimmen, nicht der Stimmen der Mehrheit seiner Mitglieder) entscheidet. Das Mehrheitserfordernis kann durch die Satzung oder die Geschäftsordnung des Aufsichtsrats nicht verschärft werden. Das betroffene Mitglied ist bei der Beschlussfassung vom Stimmrecht ausgeschlossen.[153] Eine **Aktionärsminderheit,** die 10% des Grundkapitals oder 1 Mio. EUR Nennbetrag er-

---

[149] Hüffer/*Koch* AktG § 103 Rn. 7; KölnKommAktG/*Mertens/Cahn* § 103 Rn. 22; MüKoAktG/ *Habersack* § 103 Rn. 24.

[150] KölnKommAktG/*Mertens/Cahn* § 103 Rn. 24; MüKoAktG/*Habersack* § 103 Rn. 26.

[151] MüKoAktG/*Habersack* § 103 Rn. 28; Hölters AktG/*Simons* § 103 Rn. 22; Grigoleit/*Grigoleit/ Tomasic* AktG § 103 Rn. 11; Großkomm AktG/*Hopt/Roth* § 103 Rn. 41; aA Spindler/Stilz AktG/ *Spindler* § 103 Rn. 22; Hüffer/*Koch* AktG § 103 Rn. 7: Erklärung gegenüber entsandtem Mitglied genügt.

[152] GroßkommAktG/*Hopt/M. Roth* § 103 Rn. 40.

[153] BayObLG ZIP 2003, 1194; MüKoAktG/*Habersack* § 103 Rn. 35; KölnKommAktG/*Mertens/ Cahn* § 103 Rn. 30; Hüffer/*Koch* AktG § 103 Rn. 12; GroßkommAktG/*Hopt/M. Roth* § 103 Rn. 58; aA *Hoffmann/Kirchhoff* FS Beusch, 1993, 377 (380). Zu den Auswirkungen des Stimmverbots auf die Beschlussfähigkeit bei einem dreiköpfigen Aufsichtsrat → § 31 Rn. 62.

reicht, kann nur die Abberufung eines entsandten Mitglieds beantragen, § 103 Abs. 3 S. 3 AktG.

Einen **wichtigen Grund** zur gerichtlichen Abberufung hat die Rechtsprechung zum AktG 1937, das dazu keine ausdrückliche Regelung enthielt, nur bei einem krass gesellschaftswidrigen Verhalten sowie bei Sachverhalten angenommen, die das Mitglied schlechthin als untragbar erscheinen lassen.[154] Heute geht die hM von weniger strengen Voraussetzungen aus. Ein wichtiger Grund liegt immer dann vor, wenn das weitere Verbleiben des Aufsichtsratsmitglieds in seinem Amt für die Gesellschaft unzumutbar ist.[155] In Anlehnung an § 84 Abs. 3 S. 2 AktG ist der wichtige Grund bei grober Pflichtverletzung oder Unfähigkeit zur ordnungsgemäßen Amtsführung regelmäßig zu bejahen.[156] Die Pflichtverletzung, zB die Verletzung der Verschwiegenheitspflicht, muss nicht notwendig vorsätzlich erfolgt sein; bei fahrlässiger Verletzung ist die Abberufung allerdings in der Regel erst bei einem wiederholten Verstoß zu begründen.[157]

4. Verkleinerung des Aufsichtsrats. Wenn die Zahl der Aufsichtsratsmitglieder durch eine Änderung der Satzung reduziert wird, kann die Hauptversammlung der mitbestimmungsfreien AG die überzähligen Mitglieder abberufen; ein automatischer Mandatsverlust tritt nicht ein.[158] Bei der mitbestimmten AG kann durch Satzungsänderung die Zahl der Aufsichtsratsmitglieder reduziert werden, soweit die durch § 7 Abs. 1 MitbestG gebotene Mindestzahl nicht unterschritten wird. Ein Statusverfahren nach §§ 97 ff. AktG ist dafür nicht erforderlich, die Satzungsänderung kann jedoch nach hM zu Lasten der amtierenden Aufsichtsratsmitglieder erst mit dem Ende ihrer laufenden Amtsperiode vollzogen werden (→ § 28 Rn. 61). Dieser Bestandsschutz der bestehenden Mandate gilt nach richtiger Auffassung nur für die Mandatsinhaber, die ihr Mandat fortführen wollen, schließt also nicht aus, die Verkleinerung durch freiwillige Mandatsverzichte zu vollziehen.[159]

V. Bekanntmachung der Änderungen im Aufsichtsrat

Nach § 106 AktG ist der Vorstand verpflichtet, bei jeder Änderung in der Besetzung des Aufsichtsrats eine Liste aller Mitglieder des Aufsichtsrats mit Name, Vorname, ausgeübtem Beruf und Wohnort zum Handelsregister einzureichen.[160] Eine Bekanntmachung der Änderung durch den Vorstand ist seit der Änderung der Vorschrift in 2007 nicht mehr erforderlich, sondern das Registergericht hat nach § 10 HGB einen Hinweis darauf bekannt zu machen, dass die Liste eingereicht worden ist. Die Einreichung und die Bekanntmachung des Hinweises haben keine konstitutive Bedeutung für die Begründung oder Beendigung der Mitgliedschaft, sondern sind lediglich elektronischer Natur.

---

[154] BGHZ 39, 116 (123). Vgl. auch Begr. RegE und Ausschussbericht zu § 103 AktG, abgedr. b. *Kropff* AktG S. 142 f.; AG München WM 1986, 974 = ZIP 1986, 1139.

[155] OLG München ZIP 2018, 1932; LG Frankfurt a. M. NJW 1987, 505 = AG 1987, 160; OLG Hamburg WM 1990, 311 (314) – HEW; OLG Frankfurt a. M. NZG 2008, 272; Hüffer/*Koch* AktG § 103 Rn. 10; MüKoAktG/*Habersack* § 103 Rn. 40; GroßkommAktG/*Hopt/M. Roth* § 103 Rn. 67; KölnKommAktG/*Mertens/Cahn* § 103 Rn. 33; *Lutter/Krieger/Verse* Rechte und Pflichten des Aufsichtsrats, 7. Aufl. 2020, § 12 Rn. 933; *Hoffmann/Kirchhoff* FS Beusch, 1993, 377 (381 ff.).

[156] HH MitbestR/*Habersack* MitbestG § 6 Rn. 71. Zur Kasuistik s. GroßkommAktG/*Hopt/M. Roth* § 103 Rn. 70 ff.; MüKoAktG/*Habersack* § 103 Rn. 41 f.; *Uwe H. Schneider/Nietsch* FS Westermann, 2008, 1447 (1461 ff.).

[157] OLG Stuttgart NZG 2007, 72 – Carl Zeiss; AG München WM 1986, 974 = ZIP 1986, 1139 – Vereinte Krankenversicherung; MüKoAktG/*Habersack* § 103 Rn. 40; *Lutter/Krieger/Verse* Rechte und Pflichten des Aufsichtsrats, 7. Aufl. 2020, § 12 Rn. 933; HdB börsennotierte AG/*E. Vetter* § 25 Rn. 61; KölnKommAktG/*Mertens/Cahn* § 103 Rn. 36.

[158] Hüffer/*Koch* AktG § 95 Rn. 5; MüKoAktG/*Habersack* § 95 Rn. 18.

[159] *Köstler/Müller/Sick,* Aufsichtsratspraxis, hrsg. von der Hans-Böckler-Stiftung, 10. Aufl. 2013, Rn. 188 S. 115.

[160] Zu Einzelheiten s. *Wachter* AG 2016, 776 ff.

103 § 106 AktG gilt nicht nur bei jedem Wechsel der Aufsichtsratsmitglieder, bei dem ein Mitglied ausscheidet und ein neues Mitglied sogleich an seine Stelle tritt, sondern es ist jedes Ausscheiden und jeder Eintritt eines Aufsichtsratsmitglieds unverzüglich durch Einreichung einer veränderten Liste mitzuteilen. Wenn nach dem Ausscheiden eines Aufsichtsratsmitglieds zunächst eine Vakanz eintritt, hängt es von ihrer voraussichtlichen Dauer ab, ob der Vorstand mit der Einreichung der veränderten Liste abwarten darf, bis der Nachfolger bestellt ist und sein Eintritt in derselben Liste mitgeteilt werden kann; bei einer voraussichtlichen Vakanz von mehr als einem Monat muss der Vorstand schon vor der Bestellung des Nachfolgers tätig werden.[161]

104 Die Wahl des Aufsichtsratsvorsitzenden und des oder der Stellvertreter muss der Vorstand nach § 107 Abs. 1 S. 2 AktG zum Handelsregister anmelden (→ § 31 Rn. 14).

§ 31 Innere Ordnung des Aufsichtsrats

Übersicht

	Rn.		Rn.
I. Geschäftsordnung	1–7	c) Sprache	53
1. Regelungskompetenz des Aufsichtsrats	1–3	d) Protokollführer	54
		e) Reihenfolge der Beratungen	55
2. Erlass und Geltungsdauer	4–6	f) Leitung der Beratungen	56
3. Selbstbeurteilung	7	g) Leitung der Beschlussfassung	57–59
II. Vorsitzender	8–35	2. Beschlussfähigkeit	60–64
1. Vorsitzender und Stellvertreter nach AktG	8–26	a) Voraussetzungen nach AktG	60–62
		b) Voraussetzungen nach MitbestG	63, 64
a) Wahl und Amtszeit des Vorsitzenden	9–16	3. Beschlussfassung nach AktG	65–70
		a) Ausdrückliche Beschlussfassung	65
b) Wahl und Amtszeit des Stellvertreters	17, 18	b) Einfache Mehrheit	66–69
		c) Stimmverbote	70
c) Aufgaben und Befugnisse des Vorsitzenden	19–23	4. Beschlussfassung nach MitbestG	71–85
		a) Mehrheitserfordernisse	71–79
d) Aufgaben und Befugnisse des Stellvertreters	24, 25	b) Zweitstimmrecht des Vorsitzenden	80–85
e) Ehrenvorsitzender	26	5. Vertagung	86, 87
2. Vorsitzender und Stellvertreter nach MitbestG	27–35	6. Schriftliche Stimmabgabe	88–93
a) Wahl und Amtszeit	27–34	7. Beschlussfassung ohne Sitzung und andere Sonderformen der Beschlussfassung	94–99
b) Aufgaben und Befugnisse	35	8. Ausführung von Beschlüssen	100–104
III. Einberufung von Sitzungen	36–47	V. Niederschrift	105–112
1. Zahl der Sitzungen	36, 37	1. Sitzungsniederschrift	105–111
2. Form und Frist	38, 39	a) Mindestinhalt	106, 107
3. Tagesordnung und Beschlussvorschläge	40–43	b) Verfahren	108–111
4. Einberufungsverlangen und Selbsteinberufungsrecht	44–46	2. Niederschrift über Beschlussfassung ohne Sitzung	112
5. Aufhebung und Verlegung	47	VI. Fehlerhafte Beschlüsse	113–118
IV. Sitzungen und Beschlüsse	48–104	1. Grundsätze	113–115
1. Sitzungsleitung	48–59	2. Inhalts- und Verfahrensfehler	116
a) Teilnahme von Sachverständigen und Auskunftspersonen	49–51	3. Einzelne Verfahrensmängel	117, 118
b) Teilnahme der Vorstandsmitglieder	52		

Schrifttum: *Baums,* Der fehlerhafte Aufsichtsratsbeschluss, ZGR 1983, 300–345; *Cahn,* Die Vertretung der Aktiengesellschaft durch den Aufsichtsrat, FS Hoffmann-Becking, 2013, S. 247–281; *Fleischer,* Fehlerhafte Aufsichtsratsbeschlüsse: Rechtsdogmatik – Rechtsvergleichung – Rechtspolitik, DB 2013, 160–167 u. 217–224; *Götz,* Rechtsfolgen fehlerhafter Aufsichtsratsbeschlüsse, FS Lüke, 1997, S. 167–189; *Hoffmann-Becking,* Rechtliche Möglichkeiten und Grenzen einer Verbesserung der Arbeit des Aufsichtsrats, FS Havermann, 1995, S. 230–246; *ders.,* Schriftliche Beschlußfassung des

---

[161] Strenger MüKoAktG/*Habersack* § 106 Rn. 10; GroßkommAktG/*Hopt*/M. *Roth* § 106 Rn. 22.

Aufsichtsrats und schriftliche Stimmabgabe abwesender Aufsichtsratsmitglieder, Liber amicorum W. Happ, 2006, S. 81–92; *Kindl,* Analoge Anwendung der §§ 241 ff. AktG auf aktienrechtliche Aufsichtsratsbeschlüsse?, AG 1993, 153–162; *ders.,* Die Teilnahme an der Aufsichtsratssitzung, 1993; *ders.,* Beschlussfassung des Aufsichtsrats und neue Medien – Änderung des § 108 Abs. 4 AktG, ZHR 166 (2002), 335–348; *Lutter,* Ehrenämter im Aktien- und GmbH-Recht, ZIP 1984, 645–654; *Lutter/ Krieger/Verse,* Rechte und Pflichten des Aufsichtsrats, 7. Aufl. 2020; *Miettinen/Villeda,* Abstimmungsformen des Aufsichtsrats, AG 2007, 346–362; *Paefgen,* Struktur und Aufsichtsratsverfassung der mitbestimmten AG, 1982; *Peus,* Der Aufsichtsratsvorsitzende, 1983; *Schädel,* Organisationsautonomie und Geschäftsordnung des Aufsichtsrats der AG, 2005; *v. Schenck* (Hrsg.), Der Aufsichtsrat, 2015; *Chr. Schlitt,* Der aktive Aufsichtsratsvorsitzende, DB 2005, 2007–2013; *J. Semler/v. Schenck* (Hrsg.), Arbeitshandbuch für Aufsichtsratsmitglieder, 4. Aufl. 2013.

I. Geschäftsordnung

1. Regelungskompetenz des Aufsichtsrats. Der Aufsichtsrat ist wie jedes Gremium **1** befugt, sich selbst eine Geschäftsordnung zu geben. Das Gesetz setzt die Zulässigkeit einer Geschäftsordnung voraus und erwähnt sie nur in § 82 Abs. 2 AktG: Die Vorstandsmitglieder müssen die Beschränkungen ihrer Geschäftsführungsbefugnis einhalten, die in einer Geschäftsordnung des Aufsichtsrats getroffen wurden. Damit sind vor allem Zustimmungsvorbehalte nach § 111 Abs. 4 S. 2 AktG gemeint, die der Aufsichtsrat in seiner eigenen Geschäftsordnung oder in einer von ihm erlassenen Geschäftsordnung für den Vorstand oder durch besonderen Aufsichtsratsbeschluss bestimmen kann (→ § 29 Rn. 59).

Der Aufsichtsrat muss sich bei der Regelung seines Verfahrens in einer Geschäftsordnung **2** des Aufsichtsrats in den **Grenzen** halten, die durch die zwingenden Verfahrensregeln des Gesetzes und der Satzung gezogen sind.[1] In der Hierarchie der Organisationsnormen hat die Geschäftsordnung einen niedrigeren Rang als die Satzung, die ihrerseits von den zwingenden Vorschriften des Gesetzes beherrscht wird. Für autonome Verfahrensregelungen des Aufsichtsrats ist demgemäß kein Raum, soweit Gesetz oder Satzung zwingende Bestimmungen enthalten. Die in § 77 Abs. 2 S. 2 AktG bezüglich der Vorstands-Geschäftsordnung getroffene Klarstellung gilt im Grundsatz auch für die Geschäftsordnung des Aufsichtsrats: Die Satzung kann Einzelfragen der Geschäftsordnung bindend regeln, und zwar auch in mitbestimmten Gesellschaften.[2] Allerdings ist zu beachten, dass das höherrangige Gesetz nicht nur seinerseits bestimmte Verfahrensregeln für den Aufsichtsrat zwingend vorschreibt und dadurch einer Regelung durch die Satzung oder den Aufsichtsrat entzieht, zB in § 107 Abs. 2 AktG über Form und Inhalt der Sitzungsniederschriften und in § 110 AktG über die Einberufung von Sitzungen. Das Gesetz überlässt auch umgekehrt bestimmte Verfahrensfragen zwingend dem Aufsichtsrat zur autonomen Regelung, so dass der Satzungsgeber insoweit keine Regelungskompetenz besitzt, insbesondere gemäß § 107 Abs. 3 AktG bei der Bildung und Besetzung von Ausschüssen (→ § 32 Rn. 41 f.) und gemäß § 107 Abs. 1 AktG bei der Auswahl des Vorsitzenden und seines Stellvertreters.

Der Aufsichtsrat kann sich eine Geschäftsordnung geben, muss es aber nicht notwendig **3** tun. Nach dem Corporate Governance **Kodex** (Empfehlung D.1) soll er eine Geschäftsordnung erlassen und sie auf der Internetseite der Gesellschaft zugänglich machen. Je ausführlicher die Satzungsbestimmungen zum Aufsichtsrat gefasst sind, desto geringer ist der praktische Bedarf an ergänzenden Verfahrensbestimmungen in einer Geschäftsordnung des Aufsichtsrats. Insbesondere bei paritätisch mitbestimmten Gesellschaften ist es üblich, die bedeutsameren Verfahrensregelungen für den Aufsichtsrat bereits in der Satzung festzulegen; die Geschäftsordnung des Aufsichtsrats beschränkt sich dann im Wesentlichen auf Regelungen zur Bildung und Besetzung von Ausschüssen und etwaige Zustimmungsvorbehalte nach § 111 Abs. 4 S. 2 AktG. Der Vorrang der Satzungsregelung vor der vom

---

[1] BGHZ 64, 325 (327 f.) – Bayer. Muster für die Aufsichtsrats-Geschäftsordnung in Beck'sches Formularbuch/*Hoffmann-Becking/Berger* Form. X.17 und 18.
[2] BGHZ 83, 106 (119); GroßkommAktG/*Hopt/M. Roth* § 107 Rn. 274 ff.; MüKoAktG/*Habersack* § 107 Rn. 176 f.; Hüffer/*Koch* AktG § 107 Rn. 2, 34.

Aufsichtsrat selbst getroffenen Regelung des Verfahrens gilt bei **mitbestimmten Gesellschaften** ebenso wie bei der nicht mitbestimmten AG. Insbesondere ergibt sich aus dem MitbestG keine über die besonderen Vorschriften der §§ 27–29, 31 und 32 MitbestG hinausgehende Verschiebung der Regelungskompetenz von der Satzung auf den Aufsichtsrat.[3]

4 2. Erlass und Geltungsdauer. Der Aufsichtsrat beschließt über den Inhalt seiner Geschäftsordnung ebenso wie über einzelne Verfahrensfragen mit der Regelmehrheit, also mit der **einfachen Mehrheit** der abgegebenen Stimmen (dazu → Rn. 66).[4] § 77 Abs. 2 S. 3 AktG, der für Vorstandsbeschlüsse zur Geschäftsordnung des Vorstands Einstimmigkeit verlangt, ist nicht entsprechend anzuwenden. Der Aufsichtsrat kann seine Geschäftsordnung auch jederzeit mit einfacher Mehrheit der abgegebenen Stimmen ändern, ergänzen oder aufheben.[5] Bei einem nach dem MitbestG zusammengesetzten Aufsichtsrat kann der Vorsitzende auch bei Geschäftsordnungs-Beschlüssen unter den Voraussetzungen des § 29 Abs. 2 MitbestG die Zweitstimme einsetzen (→ Rn. 80).[6] Beschlüsse des Aufsichtsrats zu seiner Geschäftsordnung unterscheiden sich, was die Mehrheitserfordernisse und die formellen Anforderungen an die Beschlussfassung betrifft, nicht von sonstigen Aufsichtsratsbeschlüssen. Die Geschäftsordnung als abstrakte Regelung enthält demgemäß im Vergleich mit anderen, auf den Einzelfall bezogenen Aufsichtsratsbeschlüssen kein höherrangiges Recht, so dass es dem Aufsichtsrat unbenommen ist, sich im konkreten Fall mit einfacher Mehrheit über eine Bestimmung der Geschäftsordnung hinwegzusetzen.[7]

5 Bei einer nicht paritätisch mitbestimmten Gesellschaft kann die Satzung für den Erlass oder die Änderung der Geschäftsordnung eine qualifizierte Mehrheit vorschreiben, da der Aufsichtsrat nicht zwingend verpflichtet ist, eine Geschäftsordnung zu erlassen (→ Rn. 69).[8] Bei einer nach dem MitbestG mitbestimmten Gesellschaft genügt dagegen unabänderlich das Erfordernis der einfachen Mehrheit der abgegebenen Stimmen, § 29 Abs. 1 MitbestG (→ Rn. 71 f.). Der Aufsichtsrat selbst kann nicht bestimmen, dass eine Änderung der von ihm erlassenen Geschäftsordnung einer qualifizierten Mehrheit bedarf.[9]

6 Die abstrakten Verfahrensregeln in einer vom Aufsichtsrat beschlossenen Geschäftsordnung gelten auch für später bestellte Mitglieder und auch über das Ende der Amtsperiode des Aufsichtsrats die es nur im Sinne koordinierter Amtszeiten aller Mitglieder gibt, → § 30 Rn. 84 – hinaus, bis sie vom Aufsichtsrat oder durch Satzungsänderung aufgehoben oder geändert werden. Auch im Hinblick auf seine **Geltungsdauer** unterscheidet sich ein Beschluss des Aufsichtsrats zur Geschäftsordnung nicht von sonstigen Aufsichtsratsbeschlüssen. Es ist deshalb nicht erforderlich, dass der Aufsichtsrat die Geschäftsordnung jeweils zu Beginn der neuen Amtsperiode bestätigt.[10]

---

[3] BGHZ 83, 106 (119) – Siemens; BGHZ 83, 144 (148) – Dynamit Nobel. Eingehende Darstellungen bei *Paefgen,* Struktur und Aufsichtsratsverfassung der mitbestimmten AG, 1982, S. 144 ff. u. *Rellermeyer,* Aufsichtsratsausschüsse, 1986, S. 152 ff.
[4] MüKoAktG/*Habersack* § 107 Rn. 178; Hüffer/*Koch* AktG § 107 Rn. 34.
[5] *Lutter/Krieger/Verse* Rechte und Pflichten des Aufsichtsrats § 11 Rn. 653; MüKoAktG/*Habersack* § 107 Rn. 178; Großkomm AktG/*Hopt/M. Roth* § 107 Rn. 281.
[6] HH MitbestR/*Habersack* MitbestG § 25 Rn. 14; *Raiser/Veil/Jacobs* MitbestG § 25 Rn. 46.
[7] Hüffer/*Koch* AktG § 107 Rn. 35; *Lutter/KriegerVerse* Rechte und Pflichten § 11 Rn. 653.
[8] *Lutter/Krieger/Verse* Rechte und Pflichten § 11 Rn. 653; Großkomm AktG/*Hopt/M. Roth* § 107 Rn. 282; aA MüKoAktG/*Habersack* § 107 Rn. 178; Spindler/Stilz AktG/*Spindler* § 107 Rn. 14; KölnKommAktG/*Mertens/Cahn* § 107 Rn. 185.
[9] KölnKommAktG/*Mertens/Cahn* § 107 Rn. 185; *Lutter/Krieger/Verse* Rechte und Pflichten § 11 Rn. 653.
[10] OLG Hamburg WM 1982, 1090 (1092); *Lutter/Krieger/Verse* Rechte und Pflichten § 11 Rn. 653; MüKoAktG/*Habersack* § 107 Rn. 179; Hüffer/*Koch* AktG § 107 Rn. 35; GroßkommAktG/*Hopt/M. Roth* § 107 Rn. 279; KölnKommAktG/*Mertens/Cahn* § 107 Rn. 184; HdB börsennotierte AG/*E. Vetter* § 27 Rn. 6; aA *Säcker* DB 1977, 2031 (2035 f.) auf Grund einer verfehlten Parallele zur

3. Selbstbeurteilung. Nach dem **Kodex** (Empfehlung D.13) soll der Aufsichtsrat regelmäßig beurteilen, wie wirksam der Aufsichtsrat insgesamt und seine Ausschüsse ihre Aufgaben erfüllen. Zu einer solchen Selbstbeurteilung gehört auch die Frage, ob sich die Verfahrensregelungen der Geschäftsordnung bewährt haben oder Änderungen angezeigt sind. Für die Regelmäßigkeit der Prüfung genügt es, wenn sie einmal während der Amtsperiode der Mitglieder erfolgt. Der Aufsichtsrat kann sich bei der ihm selbst obliegenden Bewertung seiner Arbeit der Hilfe externer Berater bedienen, aber der Kodex schreibt das nicht vor, sondern überlässt dem Aufsichtsrat die Entscheidung über Art, Umfang und Ablauf der Prüfung.[11] In der Erklärung zur Unternehmensführung soll der Aufsichtsrat berichten, ob und wie eine Selbstbeurteilung durchgeführt wurde.

II. Vorsitzender

1. Vorsitzender und Stellvertreter nach AktG. Das MitbestG enthält in §§ 27, 29 Abs. 2 MitbestG eine Reihe von zwingenden Sonderregeln für den Vorsitzenden des Aufsichtsrats und seinen Stellvertreter, die unten in → Rn. 27 ff., 73 ff. erläutert werden. Zunächst wird nachstehend die Rechtsstellung des Vorsitzenden und seines Stellvertreters dargestellt, wie sie sich aus dem AktG ergibt. Sie gilt mit diesem Inhalt unverändert auch für alle Gesellschaften, die nach MontanMitbestG, MitbestErgG oder DrittelbG mitbestimmt sind.

a) Wahl und Amtszeit des Vorsitzenden. Der Aufsichtsrat hat den Vorsitzenden „nach näherer Bestimmung der Satzung" aus seiner Mitte zu wählen, § 107 Abs. 1 S. 1 AktG. Die Satzung kann die Wahlbefugnis weder auf die Hauptversammlung verlagern, noch einem Aktionär oder einer Aktiengattung einräumen, sondern nur der Aufsichtsrat selbst kann die Wahl vornehmen.[12] Wenn der Aufsichtsrat seiner Verpflichtung zur Wahl des Vorsitzenden nicht nachkommt, bleibt es trotzdem bei seiner alleinigen Kompetenz. Die Hauptversammlung kann in diesem Fall nicht an Stelle des Aufsichtsrats den Vorsitzenden bestellen.[13] Wenn die Vakanz im Aufsichtsratsvorsitz seit mehr als drei Monaten besteht, kann jedoch eine Ersatzbestellung durch das Gericht analog § 104 Abs. 2 AktG erfolgen.[14]

Das Verfahren und die erforderliche Mehrheit für die Wahl durch den Aufsichtsrat können durch die Satzung näher bestimmt werden. Schweigt die Satzung, ist die **einfache Mehrheit** der abgegebenen Stimmen erforderlich und ausreichend.[15] Der Kandidat ist nicht vom Stimmrecht ausgeschlossen (→ Rn. 70) und kann auch durch die Satzung nicht daran gehindert werden, wirksam für seine eigene Wahl zu stimmen.[16] Wählbar ist jedes Aufsichtsratsmitglied; auch daran kann die Satzung nichts ändern.[17] Möglich ist auch die Wahl einer dem Aufsichtsrat noch nicht angehörenden Person unter der aufschiebenden

---

Organ-Diskontinuität im Parlamentsrecht (vgl. → § 30 Rn. 82); mißverständlich WKS/*Schubert* MitbestG § 25 Rn. 24.

[11] Zum möglichen Inhalt und Ablauf der Selbstbeurteilung s. Kremer/Bachmann/Lutter/v. Werder DCGK/*von Werder* S. 350 Rn. 1496 ff. u. *Sick*, Die Effizienzprüfung des Aufsichtsrats, in: Arbeitshilfe 16 für Aufsichtsräte, hrsg. von der Hans Böckler-Stiftung, 2011.

[12] Hüffer/*Koch* AktG § 107 Rn. 6; GroßkommAktG/*Hopt/M. Roth* § 107 Rn. 27.

[13] Hüffer/*Koch* AktG § 107 Rn. 6; MüKoAktG/*Habersack* § 107 Rn. 25.

[14] Hüffer/*Koch* AktG § 107 Rn. 6; GroßkommAktG/*Hopt/M. Roth* § 107 Rn. 31; KölnKommAktG/*Mertens/Cahn* § 107 Rn. 23; MüKoAktG/*Habersack* § 107 Rn. 26; Spindler/Stilz AktG/*Spindler* § 107 Rn. 28; *Lutter/Krieger/Verse* Rechte und Pflichten § 11 Rn. 660. Zur Ersatzbestellung des Vorsitzenden bei Geltung des MitbestG → Rn. 30.

[15] Hüffer/*Koch* AktG § 107 Rn. 4; *Lutter/Krieger/Verse* Rechte und Pflichten § 11 Rn. 663; MüKoAktG/*Habersack* § 107 Rn. 22.

[16] KölnKommAktG/*Mertens/Cahn* § 107 Rn. 14; Hüffer/*Koch* AktG § 107 Rn. 4; *Lutter/Krieger/Verse* Rechte und Pflichten § 11 Rn. 663.

[17] Spindler/Stilz AktG/*Spindler* § 107 Rn. 18; Hüffer/*Koch* AktG § 107 Rn. 4; *Lutter/Krieger/Verse* Rechte und Pflichten § 11 Rn. 658.

Bedingung der Bestellung zum Aufsichtsratsmitglied.[18] Die Satzung kann für die Wahl die relative Mehrheit genügen lassen,[19] umgekehrt aber auch eine qualifizierte Mehrheit vorschreiben.[20] Allerdings darf das Mehrheitserfordernis nicht so weit gehen, dass im Ergebnis ein einzelnes Aufsichtsratsmitglied ein Vetorecht erhält.

11 In der Praxis wurde vor der Einführung der Karenzzeit von zwei Jahren für den Wechsel vom Vorstand in den Aufsichtsrat in § 100 Abs. 2 S. 1 Nr. 4 AktG (dazu → § 30 Rn. 23 ff.) nicht selten der bisherige Vorstandsvorsitzende nach seinem Ausscheiden aus dem Vorstand in den Aufsichtsrat gewählt, der ihn sodann zu seinem Vorsitzenden wählte. Rechtlich zulässig war dies ohne Zweifel, und auch heute ist dies noch zulässig, wenn die Wahl in den Aufsichtsrat auf Vorschlag von Aktionären erfolgt, die 25 % der Stimmrechte halten. Ob es auch zweckmäßig ist, lässt sich nicht generell beantworten; es gibt gute und schlechte Beispiele.

12 Ob die Satzung zum **Wahlverfahren** eine geheime Abstimmung vorschreiben kann, ist zweifelhaft. Eine geheime Abstimmung ist zwar nicht unzulässig (→ Rn. 59), aber die Frage, ob geheim abgestimmt werden soll, gehört mit einiger Sicherheit zu den Verfahrensfragen, die vom Aufsichtsrat autonom zu regeln sind und nicht durch die Satzung vorgegeben werden können (dazu → Rn. 2).[21]

13 Wenn der bisherige Vorsitzende ausgeschieden und der neue Vorsitzende noch nicht gewählt ist, stellt sich die Frage, wer den Aufsichtsrat einberufen und die Sitzung bis zum Abschluss der Wahl des Vorsitzenden leiten kann. In der Satzung kann, um Einberufungsmängel zu vermeiden, bestimmt werden, dass der Aufsichtsrat den Vorsitzenden im Anschluss an die Hauptversammlung, in der die Aufsichtsratsmitglieder der Aktionäre gewählt worden sind, in einer Sitzung wählt, die keiner besonderen Einberufung bedarf (sog. **konstituierende Sitzung**). Wenn eine solche Regelung fehlt und eine Einberufung erforderlich erscheint, ist in Analogie zu § 110 Abs. 2 AktG sowohl der Vorstand als auch jedes Aufsichtsratsmitglied zur Einberufung berechtigt.[22] Der Versammlungsleiter für die Wahl des Vorsitzenden muss dann ad hoc von den versammelten Mitgliedern bestimmt werden; meist wird – entsprechend parlamentarischem Brauch – das an Lebensjahren älteste Mitglied die Leitung übernehmen.

14 Nach § 107 Abs. 1 S. 2 AktG hat der Vorstand zum Handelsregister **anzumelden,** wer zum Vorsitzenden und zum Stellvertreter gewählt ist. Der Aufsichtsratsvorsitzende – nicht jedoch sein Stellvertreter – muss auch auf allen Geschäftsbriefen der Gesellschaft mit Vor- und Nachname angegeben werden, § 80 AktG. Der Vorsitzende des Aufsichtsrats wird nicht als solcher im Handelsregister eingetragen, ebenso wie auch die Aufsichtsratsmitglieder nicht eingetragen werden (→ § 30 Rn. 102). Demgemäß handelt es sich bei der Anmeldung nach § 107 Abs. 1 S. 2 AktG der Sache nach nur um eine Anzeige, die zu den Registerakten genommen wird und auch nicht in den Gesellschaftsblättern bekanntgemacht werden muss. Da es nicht um eine Anmeldung zur Eintragung im Handelsregister nach § 12 HGB geht, ist auch keine notarielle Beglaubigung der Anmeldung erforderlich.[23]

15 Die **Amtszeit** des Vorsitzenden kann durch die Satzung oder, soweit die Satzung nicht entgegensteht, vom Aufsichtsrat in der Geschäftsordnung oder im Wahlbeschluss festgelegt werden. Meist wird bestimmt, dass die Wahl des Vorsitzenden für die Dauer seiner Amtszeit

---

[18] Zustimmend *Lutter/Krieger/Verse* Rechte und Pflichten § 11 Rn. 662; *Möhrle* Der Aufsichtsrat 2018, 34 f.

[19] KölnKommAktG/*Mertens/Cahn* § 107 Rn. 15; *Hüffer/Koch* AktG § 107 Rn. 4; allgM.

[20] *Hüffer/Koch* AktG § 107 Rn. 4; *Lutter/Krieger/Verse* Rechte und Pflichten § 11 Rn. 664; MüKoAktG/*Habersack* § 107 Rn. 23; HdB börsennotierte AG/*E. Vetter* § 27 Rn. 17; Spindler/Stilz AktG/*Spindler* § 107 Rn. 20; aA KölnKommAktG/*Mertens/Cahn* § 107 Rn. 14.

[21] *Lutter/Krieger/Verse* Rechte und Pflichten § 11 Rn. 663; aA MüKoAktG/*Habersack* § 107 Rn. 23.

[22] KölnKommAktG/*Mertens/Cahn* § 110 Rn. 10; *Hüffer/Koch* AktG § 110 Rn. 2.

[23] KölnKommAktG/*Mertens/Cahn* § 107 Rn. 26; *Hüffer/Koch* AktG § 107 Rn. 11; MüKoAktG/*Habersack* § 107 Rn. 38.

als Aufsichtsratsmitglied gilt. Die Amtszeit als Vorsitzender kann aber auch über die laufende Amtsperiode als Aufsichtsratsmitglied hinaus festgesetzt werden.[24] § 107 Abs. 1 S. 1 AktG steht dem nicht entgegen, sondern verlangt nur, dass der Vorsitzende zwangsläufig sein Amt als Vorsitzender verliert, wenn er mangels Wiederwahl zum Aufsichtratsmitglied oder aus einem anderen Grund aus dem Aufsichtsrat ausscheidet. Wenn weder in der Satzung, noch in der Geschäftsordnung, noch im Wahlbeschluss die Amtszeit des Vorsitzenden festgelegt wurde, deckt sich die Amtszeit als Vorsitzender mit der Amtszeit, für die er als Mitglied bestellt wurde.[25]

Der Aufsichtsrat kann den Vorsitzenden jederzeit mit der Mehrheit **abberufen,** die für seine Wahl erforderlich war. Die Satzung kann eine höhere Mehrheit verlangen oder die Abberufung von einem wichtigen Grund abhängig machen. Für die Abberufung aus wichtigem Grund muss die einfache Mehrheit ausreichen; dabei ist der Vorsitzende vom Stimmrecht ausgeschlossen.[26] Umgekehrt kann der Vorsitzende sein Amt **niederlegen,** ohne zugleich seine Mitgliedschaft im Aufsichtsrat durch Niederlegung beenden zu müssen. Etwaige Satzungsregelungen zum Grund und zur Frist einer Niederlegung des Aufsichtsratsmandats sind im Zweifel für die Niederlegung des Amtes des Vorsitzenden entsprechend anzuwenden.[27] Ein wichtiger Grund ist jedenfalls dann nicht erforderlich, wenn die Satzung auch für die Niederlegung des Aufsichtsratsmandats keinen wichtigen Grund verlangt; die Niederlegung darf zwar nicht zur Unzeit erfolgen, ist aber in jedem Fall aus Gründen der Rechtssicherheit wirksam (vgl. → § 30 Rn. 92).[28] Richtiger Adressat der Niederlegungserklärung des Vorsitzenden ist das Organ, das ihn gewählt hat, also der Aufsichtsrat. Das verlangt nicht notwendig den Zugang der Erklärung bei allen Aufsichtsratsmitgliedern, sondern es reicht aus, wenn die Erklärung dem Stellvertreter zugeht.[29] Eine Erklärung gegenüber dem Vorstand reicht nicht; sie wird jedoch wirksam mit Weiterleitung an den Aufsichtsrat.[30]

b) **Wahl und Amtszeit des Stellvertreters.** Außer dem Vorsitzenden hat der Aufsichtsrat aus seiner Mitte mindestens einen Stellvertreter des Vorsitzenden zu wählen, § 107 Abs. 1 S. 1 AktG. Der Aufsichtsrat kann somit nach freiem Ermessen mehrere Stellvertreter wählen, soweit nicht die Satzung die Zahl der Stellvertreter beschränkt. Er sollte, wenn er von dieser Möglichkeit Gebrauch macht, eine Rangfolge von mehreren Stellvertreter bestimmen (1. Stellvertreter, 2. Stellvertreter usw), damit eindeutig feststeht, wer bei Verhinderung des Vorsitzenden tätig werden darf und muss. Falls keine Rangfolge bestimmt ist, kann der Aufsichtsrat ad hoc bestimmen, wer an Stelle des verhinderten Vorsitzenden tätig wird. Sonst ist der lebensälteste Stellvertreter zur Vertretung berufen.[31]

---

[24] Hüffer/Koch AktG § 107 Rn. 7; KölnKommAktG/Mertens/Cahn § 107 Rn. 29; Spindler/Stilz AktG/Spindler § 107 Rn. 30.

[25] MüKoAktG/Habersack § 107 Rn. 29, Hüffer/Koch AktG § 107 Rn. 7; Lutter/Krieger/Verse Rechte und Pflichten § 11 Rn. 665; GroßkommAktG/Hopt/M. Roth § 107 Rn. 60; Spindler/Stilz AktG/Spindler § 107 Rn. 30.

[26] Hüffer/Koch AktG § 107 Rn. 7; Lutter/Krieger/Verse Rechte und Pflichten § 11 Rn. 666; MüKoAktG/Habersack § 107 Rn. 32; GroßkommAktG/Hopt/M. Roth § 107 Rn. 69; KölnKommAktG/Mertens/Cahn § 107 Rn. 33; Hölters AktG/Hambloch-Gesinn/Gesinn § 107 Rn. 19 f.

[27] Lutter/Krieger/Verse Rechte und Pflichten § 11 Rn. 667; GroßkommAktG/Hopt/M. Roth § 107 Rn. 66.

[28] KölnKommAktG/Mertens/Cahn § 107 Rn. 37; Lutter/Krieger/Verse Rechte und Pflichten § 11 Rn. 667.

[29] GroßkommAktG/Hopt/M. Roth § 107 Rn. 66; MüKoAktG/Habersack § 107 Rn. 35; Semler/v. Schenck Der Aufsichtsrat/Mutter § 107 Rn. 55; weiter Lutter/Krieger/Verse Rechte und Pflichten § 11 Rn. 667 u. Hölters AktG/Hambloch-Gesinn/Gesinn § 107 Rn. 21, die den Zugang bei einem anderen Aufsichtsratsmitglied genügen lassen.

[30] MüKoAktG/Habersack § 107 Rn. 35; GroßkommAktG/Hopt/M. Roth § 107 Rn. 66; Lutter/Krieger/Verse Rechte und Pflichten § 11 Rn. 667; KölnKommAktG/Mertens/Cahn § 107 Rn. 37.

[31] Lutter/Krieger/Verse Rechte und Pflichten § 11 Rn. 684; Hüffer/Koch AktG § 107 Rn. 10; anders Spindler/Stilz AktG/Spindler § 107 Rn. 58: der Dienstälteste.

18 Für die Wahl, die Amtszeit und die Beendigung des Amts des oder der Stellvertreter gelten dieselben Regeln wie für den Vorsitzenden (→ Rn. 8 ff.). Die Wahl eines Stellvertreters muss ebenfalls dem Handelsregister nach § 107 Abs. 1 S. 2 AktG angezeigt werden; sein Name braucht aber nicht auf den Geschäftsbriefen nach § 80 AktG angegeben zu werden. Die Wahl des Stellvertreters muss nicht gleichzeitig mit der Wahl des Vorsitzenden erfolgen. Der Stellvertreter muss auch nicht notwendig für dieselbe Amtszeit gewählt werden, wenn nicht die Satzung dieses vorschreibt.[32] Das Amt des gewählten Stellvertreters ist ein selbstständiges Amt und besteht demgemäß unabhängig davon, ob der Vorsitzende im Amt ist oder sein Amt vakant geworden ist. Entsprechend kann das Amt des Stellvertreters auch durch Abberufung oder Niederlegung enden, ohne dass sich daraus eine zwingende Konsequenz für das Amt des Vorsitzenden ergäbe.

19 **c) Aufgaben und Befugnisse des Vorsitzenden.** Die zahlreichen Aufgaben des Vorsitzenden, die im Gesetz verstreut und nur zum Teil ausdrücklich geregelt werden, lassen sich in drei Bereiche aufteilen:

– aufsichtsratsinterne Aufgaben der Verfahrensleitung, insbesondere die Vorbereitung und Leitung der Sitzungen und die Koordination der Arbeit des Plenums und der Ausschüsse,
– Aufgaben im Verhältnis zu den anderen Organen (Vorstand und Hauptversammlung),
– Mitwirkung an externen Erklärungen der Gesellschaft gegenüber dem Handelsregister.

Hinzu kommt bei börsennotierten Gesellschaften, der Dialog mit institutionellen Investoren, wenn man – trotz der erheblichen Bedenken, → § 29 Rn. 18 – eine entsprechende Befugnis oder gar Verpflichtung des Aufsichtsrats und seines Vorsitzenden annimmt.

20 Im Vordergrund stehen die zuerst genannten aufsichtsratsinternen Aufgaben der Verfahrensleitung, die nachstehend näher dargestellt werden. Im Verhältnis zwischen Aufsichtsrat und Vorstand ist der Vorsitzende vor allem Informationsvermittler vom Vorstand zu den Aufsichtsratsmitgliedern; seine Sonderstellung im Berichtsystem des § 90 AktG wird oben in → § 25 Rn. 72 dargestellt. Er ist wort- und federführend für den Verkehr des Aufsichtsrats mit dem Vorstand und den einzelnen Vorstandsmitgliedern und soll auch zwischen den Sitzungen des Aufsichtsrats ständig mit dem Vorstand Fühlung halten.[33] Im Verhältnis zur Hauptversammlung besitzt der Aufsichtsratsvorsitzende insofern eine Sonderstellung, als ihm in aller Regel die Satzung die Leitung der Hauptversammlung anvertraut (→ § 37 Rn. 36). Außerdem soll er, auch wenn er die Versammlung nicht leitet, nach § 176 Abs. 1 S. 2 AktG zu Beginn der Hauptversammlung den Bericht des Aufsichtsrats erläutern. Der dritte Aufgabenbereich, nämlich die Mitwirkung an Anmeldungen zum Handelsregister, ergibt sich aus den Spezialvorschriften zur Anmeldung von Kapitalerhöhungen und -herabsetzungen (§ 184 Abs. 1, § 188 Abs. 1, § 195 Abs. 1, § 203 Abs. 1 S. 1 iVm § 188 Abs. 1, § 207 Abs. 1 iVm § 188 Abs. 1, § 223 AktG).

21 Der Vorsitzende ist **kein besonderes Organ** der AG, sondern nur ein mit besonderen Aufgaben und Befugnissen ausgestattetes Mitglied des Organs Aufsichtsrat. Er kann – abgesehen von Hilfsgeschäften (dazu → Rn. 23) – nicht an Stelle des Aufsichtsrats entscheiden, sondern nur Entscheidungen des Aufsichtsrats vorbereiten und diese, wenn sie gefallen sind, ohne eigenen materiellen Entscheidungsspielraum ausführen (→ Rn. 103). Weder die Satzung noch der Aufsichtsrat selbst können Entscheidungsbefugnisse des Aufsichtsrats auf den

---

[32] *Lutter/Krieger/Verse* Rechte und Pflichten § 11 Rn. 665.
[33] MüKoAktG/*Habersack* § 107 Rn. 46; Spindler/Stilz AktG/*Spindler* § 107 Rn. 39; Hüffer/Koch AktG § 107 Rn. 8; GroßkommAktG/*Hopt/M. Roth* § 107 Rn. 68; *Peus,* Der Aufsichtsratsvorsitzende, 1983, S. 162 f.; *Lutter/Krieger/Verse* Rechte und Pflichten § 11 Rn. 677; HdB börsennotierte AG/ *E. Vetter* § 27 Rn. 14; *Chr. Schlitt* DB 2005, 2007 ff. Nach dem Corporate Governance Kodex (Empfehlung D6) soll der Aufsichtsratsvorsitzende mit dem Vorstand, insbesondere mit dem Vorsitzenden oder Sprecher des Vorstands, regelmäßig Kontakt halten und mit ihm die Strategie, die Geschäftsentwicklung, das Risikomanagement, und die Compliance des Unternehmens beraten. Zur Gegenwehr des Vorstands gegen Eingriffe des Aufsichtsratsvorsitzenden in den Kompetenzbereich des Vorstands s. *Leyendecker-Langner* NZG 2012, 721 ff. u. *Koch* ZHR 180 (2016), 578 (585 ff.).

Vorsitzenden delegieren, und zwar auch nicht im Einzelfall.[34] Zulässig ist allerdings eine Satzungsbestimmung, die dem Vorsitzenden bei Beschlüssen des Aufsichtsrats für den Fall der Stimmengleichheit das Recht zum Stichentscheid einräumt (→ Rn. 68).

Bei seinen **aufsichtsratsinternen Aufgaben,** insbesondere bei der Vorbereitung und Leitung der Sitzungen, besitzt der Vorsitzende auch ohne ausdrückliche Regelung alle Befugnisse, die dem Vorsitzenden eines Kollegiums üblicherweise zustehen.[35] Nur in diesem Rahmen können die Rechte des Vorsitzenden in der Satzung über die gesetzlichen Bestimmungen hinaus geregelt werden. Zu den Aufgaben und Befugnissen des Aufsichtsratsvorsitzenden als Leiter des Verfahrens gehören insbesondere die folgenden: 22

– Vorbereitung und Einberufung der Sitzungen, § 110 AktG (dazu → Rn. 36 ff.),
– Leitung der Sitzungen (dazu → Rn. 48 ff.),
– Unterzeichnen der Niederschrift, § 107 Abs. 2 AktG (dazu → Rn. 108),
– Abgabe und Entgegennahme von Erklärungen für den Aufsichtsrat (dazu → Rn. 101 ff.),
– Entscheidung über die Teilnahme an Ausschusssitzungen, § 109 Abs. 2 AktG (dazu → § 32 Rn. 55).

Eine eng begrenzte Entscheidungsbefugnis besitzt der Aufsichtsratsvorsitzende im Hinblick auf **Hilfsgeschäfte,** die er zur Erfüllung seiner Aufgaben als Aufsichtsratsvorsitzender vornimmt. Dabei geht es vornehmlich um Hilfsgeschäfte im Rahmen der Vorbereitung und Leitung der Sitzungen, also zB die Anmietung von Räumen, die Beauftragung von Dolmetschern und die Hinzuziehung von Sachverständigen und Auskunftspersonen einschließlich der Erstattung ihrer Reisekosten. Auch die Einholung von Rechtsrat zu seinen Rechten und Pflichten in einer konkreten Situation gehört zu den Hilfsgeschäften des Vorsitzenden.[36] Bei der Vornahme solcher Hilfsgeschäfte kann der Vorsitzende des Aufsichtsrats allein entscheiden und die Gesellschaft wirksam vertreten. Von Hilfsgeschäften des Vorsitzenden sind die Hilfsgeschäfte des Aufsichtsrats zu unterscheiden, für welche der Aufsichtsrat (oder der kraft Delegation zuständige Ausschuss des Aufsichtsrats) eine Annexkompetenz kraft Sachzusammenhangs besitzt. Dazu gehört nicht nur die Beauftragung von Sachverständigen für eine besondere Prüfung nach § 111 Abs. 2 S. 2 AktG (dazu → § 29 Rn. 54), sondern um Hilfsgeschäfte des Aufsichtsrats kann es sich auch bei sonstigen Beratungsaufträgen an Sachverständige handeln, zB an Personalberater und Rechtsanwälte zur Vorbereitung von Personalentscheidungen des Aufsichtsrats (dazu → § 29 Rn. 56). Zu Honorarvereinbarungen mit solchen Beratern muss der Vorsitzende, wenn sie ein erhebliches Volumen erreichen, die Zustimmung des Aufsichtsrats oder des für die Sache zuständigen Ausschusses einholen.[37] 23

d) Aufgaben und Befugnisse des Stellvertreters. Der Stellvertreter hat die Rechte und Pflichten des Vorsitzenden, wenn dieser „behindert" ist, § 107 Abs. 1 S. 3 AktG. Der Vorsitzende ist „behindert" – gemeint ist: „verhindert" –, wenn er eine ihm obliegende Maßnahme innerhalb der dafür zur Verfügung stehenden Zeit nicht vornehmen kann.[38] 24

---

[34] BGH NZG 2013, 297; 2013, 792 (794); 2018, 1191 Rn. 22; *Lutter/Krieger/Verse* Rechte und Pflichten § 11 Rn. 682; Spindler/Stilz AktG/*Spindler* § 107 Rn. 43; GroßkommAktG/*Hopt/M. Roth* § 112 Rn. 100; MüKoAktG/*Habersack* § 107 Rn. 60; großzügiger *Cahn* FS Hoffmann-Becking, 2013, 247 (255 ff.); aA de lege ferenda *v. Schenck* AG 2010, 649 (655).

[35] MüKoAktG/*Habersack* § 107 Rn. 44; Hüffer/*Koch* AktG § 107 Rn. 8; GroßkommAktG/*Hopt/M. Roth* § 107 Rn. 118; KölnKommAktG/*Mertens/Cahn* § 107 Rn. 40.

[36] Spindler/Stilz AktG/*Spindler* § 107 Rn. 44; MüKoAktG/*Habersack* § 107 Rn. 59; *Lutter/Krieger/Verse* Rechte und Pflichten § 11 Rn. 681; GroßkommAktG/*Hopt/M. Roth* § 107 Rn. 149; KölnKommAktG/*Mertens/Cahn* § 107 Rn. 53; *Börsig/Löbbe* FS Hoffmann-Becking, 2013, 125 (145). Für die Zulassung einer weitergehenden Aufgabendelegation auf den Vorsitzenden *v. Falkenhausen* ZIP 2015, 956 ff. u. Hüffer/*Koch* AktG § 108 Rn. 8a.

[37] Spindler/Stilz AktG/*Spindler* § 107 Rn. 44; *Hoffmann-Becking* ZGR 2011, 136 (141). Vgl. auch *Menkel* AG 2019, 330 (335 f.).

[38] MüKoAktG/*Habersack* § 107 Rn. 71; *Lutter/Krieger/Verse* Rechte und Pflichten § 11 Rn. 684; GroßkommAktG/*Hopt/M. Roth* § 107 Rn. 216.

Der Grund der Verhinderung – Krankheit, Ortsabwesenheit usw – ist gleichgültig. Die bloße Tatsache, dass der Vorsitzende die Aufgabe nicht wahrnimmt, reicht dagegen nicht aus.[39] Es reicht auch nicht aus, dass der Vorsitzende die ihm obliegende Maßnahme nicht selbst ausüben will, sondern seinem Stellvertreter überlässt.[40] So dürfte es insbesondere unzulässig sein, dass der in der Sitzung anwesende Vorsitzende die Sitzungsleitung dem Stellvertreter überlässt, es sei denn, der Verhandlungsgegenstand betrifft den Vorsitzenden persönlich.

25 Wenn der Stellvertreter bei Verhinderung des Vorsitzenden tätig wird, hat er dieselben Befugnisse wie der Vorsitzende. Falls die Satzung dem Vorsitzenden bei Stimmengleichheit im Aufsichtsrat das Recht zum Stichentscheid gewährt, kann sie allerdings bestimmen, dass dieses Recht dem Stellvertreter, wenn er die Beschlussfassung an Stelle des Vorsitzenden leitet, nicht zusteht (vgl. → Rn. 68).

26 **e) Ehrenvorsitzender.** Bisweilen wird ein verdienter langjähriger Aufsichtsratsvorsitzender bei seinem Ausscheiden aus dem Aufsichtsrat vom Aufsichtsrat oder von der Hauptversammlung zum „Ehrenvorsitzenden" des Aufsichtsrats oder der Gesellschaft ernannt.[41] Es ist möglich und zulässig, dass die Hauptversammlung den Geehrten auf diesem Wege und auf Grund einer entsprechenden Satzungsklausel zum Leiter der Hauptversammlung bestimmt. Der Ehrentitel ist dagegen, was den Aufsichtsrat betrifft, in jedem Fall rechtlich inhaltlos.[42] Er verschafft dem „Ehrenvorsitzenden" kein Recht auf die Aufsichtsratsvergütung und auch nicht das Recht zur Teilnahme an Aufsichtsratssitzungen und zum Erhalt von vertraulichen Informationen. An Aufsichtsratssitzungen darf er nur in den Grenzen von § 109 Abs. 1 AktG teilnehmen, also nicht regelmäßig, sondern nur ausnahmsweise als Sachverständiger oder Auskunftsperson.[43] Da der „Ehrenvorsitzende" nicht dem Aufsichtsrat angehört, muss der Vorstand, wenn er den „Ehrenvorsitzenden" über Verhältnisse der Gesellschaft informiert, die Verschwiegenheitspflicht des § 93 Abs. 1 S. 2 AktG beachten.[44] Soweit der Ehrenvorsitzende in den Grenzen des § 109 Abs. 1 AktG an Sitzungen teilnimmt, kann er im Hinblick auf vertrauliche Informationen ebenso behandelt werden wie ein anderer zur Sitzung hinzugezogener Berater und unterliegt dann seinerseits einer Verschwiegenheitspflicht.[45]

27 **2. Vorsitzender und Stellvertreter nach MitbestG. a) Wahl und Amtszeit.** § 27 MitbestG enthält mehrere zwingende Sonderbestimmungen zur Wahl des Vorsitzenden und des stellvertretenden Vorsitzenden eines nach dem MitbestG zusammengesetzten Aufsichtsrats. Wenn der Aufsichtsrat zB auf Grund der Einbringung eines Betriebs erstmals nach dem MitbestG zusammengesetzt wird, die Wahl (oder gerichtliche Bestellung) der Arbeitneh-

---

[39] Begr. RegE zu § 107 AktG, abgedr. bei *Kropff* AktG S. 147 f.

[40] *Lutter/Krieger/Verse* Rechte und Pflichten § 11 Rn. 684; Hüffer/*Koch* AktG § 107 Rn. 10; Großkomm AktG/*Hopt/M. Roth* § 107 Rn. 215; MüKoAktG/*Habersack* § 107 Rn. 71; aA Spindler/Stilz AktG/*Spindler* § 107 Rn. 57; WKS/*Schubert* MitbestG § 27 Rn. 35.

[41] Dazu eingehend *Lutter* ZIP 1984, 645 ff. und *Siebel* FS Peltzer, 2001, 519 ff. Zur Praxis *Bayer/Hoffmann* AG 2010, R 151.

[42] MüKoAktG/*Habersack* § 107 Rn. 72; *Lutter/Krieger/Verse* Rechte und Pflichten § 11 Rn. 686; GroßkommAktG/*Hopt/M. Roth* § 107 Rn. 229; KölnKommAktG/*Mertens/Cahn* § 107 Rn. 76; Hüffer/*Koch* AktG § 107 Rn. 12.

[43] *Lutter* ZIP 1984, 645 (651 f.); GroßkommAktG/*Hopt/M. Roth* § 107 Rn. 232; Hennerkes/Schiffer DB 1992, 875 (876); MüKoAktG/*Habersack* § 107 Rn. 72; Spindler/Stilz AktG/*Spindler* § 107 Rn. 63; HdB börsennotierte AG/*E. Vetter* § 27 Rn. 25; *Semler/v. Schenck* Der Aufsichtsrat AktG § 107 Rn. 89 f.; aA *Jüngst* BB 1984, 1583 (1584 f.); *Siebel* FS Peltzer, 2001, 519 (533 f.); *Johannsen-Roth/Kießling* NZG 2013, 972 (975 f.).

[44] *Lutter* ZIP 1984, 645 (652 f.); *Lutter/Krieger/Verse* Rechte und Pflichten § 11 Rn. 686; Spindler/Stilz AktG/*Spindler* § 107 Rn. 63; Bürgers/Körber AktG/*Bürgers/Israel* § 107 Rn. 11; aA *Jüngst* BB 1984, 1583 (1585); Hüffer/*Koch* AktG § 107 Rn. 12.

[45] MüKoAktG/*Habersack* § 107 Rn. 72; GroßkommAktG/*Hopt/M. Roth* § 107 Rn. 232; Hüffer/*Koch* AktG § 107 Rn. 12.

mervertreter aber noch aussteht (→ § 4 Rn. 24, → § 28 Rn. 72), können die Sonderbestimmungen des § 27 MitbestG noch nicht angewendet werden, da eine Zweidrittelmehrheit der Sollstärke nicht erreichbar ist. Die amtierenden Aktionärvertreter können in diesem Fall aus ihrer Mitte nach § 107 AktG einen Vorsitzenden wählen, der dieses Amt bis zur Wahl oder Bestellung der Arbeitnehmervertreter wahrnimmt (auch → § 4 Rn. 25).

Für die Wahl des Vorsitzenden und des Stellvertreters ist nach § 27 Abs. 1 MitbestG im **1. Wahlgang** eine Mehrheit von zwei Dritteln der Mitglieder erforderlich, aus denen der Aufsichtsrat insgesamt zu bestehen hat, also eine Mehrheit von **zwei Dritteln der Sollstärke**. Die Sollstärke ist durch § 7 Abs. 1 MitbestG oder eine freiwillig darüber hinausgehende Satzungsbestimmung festgelegt. Bei einem Aufsichtsrat mit einer Sollstärke von 12 Mitgliedern müssen also 8 Mitglieder für den Vorschlag stimmen, bei einer Sollstärke von 16 Mitgliedern müssen es 11 und bei einer Sollstärke von 20 Mitgliedern müssen es 14 Ja-Stimmen sein. Der Aufsichtsrat kann über die Wahl des Vorsitzenden und des Stellvertreters en bloc in einer Abstimmung oder auch getrennt abstimmen.[46] Auch bei getrennter Abstimmung handelt es sich um einen einheitlichen Wahlgang zur Besetzung beider Posten. Wenn auch nur bei der Wahl für einen der beiden Posten die erforderliche Mehrheit von zwei Dritteln der Sollstärke verfehlt wird, ist keiner der beiden zu Wählenden nach § 27 Abs. 1 MitbestG im 1. Wahlgang gewählt, sondern es muss – wie sich aus dem Wort „oder" in § 27 Abs. 2 S. 1 MitbestG ergibt – für die Besetzung beider Ämter der 2. Wahlgang stattfinden.[47] Eine Wiederholung des 1. Wahlgangs ist nur zulässig, wenn sich alle Mitglieder, die an dem 1. Wahlgang teilgenommen haben, damit einverstanden erklären.[48]

Nach einem erfolglosen 1. Wahlgang wählen im **2. Wahlgang** nach § 27 Abs. 2 MitbestG die Aufsichtsratsmitglieder der Anteilseigner den Vorsitzenden und die Aufsichtsratsmitglieder der Arbeitnehmer den Stellvertreter. Das Gesetz spaltet für diesen 2. Wahlgang den Aufsichtsrat in zwei getrennte Wahlkörper auf: die Bank der Aktionärvertreter und die Bank der Arbeitnehmervertreter. Auf diese Weise kann die Anteilseignerbank, die dafür nicht einmal völlig geschlossen zu votieren braucht, ihren Kandidaten für den Aufsichtsratsvorsitz ohne Mitwirkung der Arbeitnehmerbank, also gegebenenfalls auch gegen deren geschlossenen Widerstand durchsetzen. Für die Wahl des Vorsitzenden genügt die Mehrheit der abgegebenen Stimmen der Aktionärvertreter, für die Wahl des Stellvertreters die Mehrheit der abgegebenen Stimmen der Arbeitnehmervertreter. Die jeweilige Bank ist in entsprechender Anwendung von § 28 MitbestG beschlussfähig, wenn mindestens die Hälfte ihrer Sollstärke an der Wahl teilnimmt.[49] Der 2. Wahlgang soll sich alsbald an den fehlgeschlagenen 1. Wahlgang anschließen, muss aber nicht notwendig in derselben Sitzung des Aufsichtsrats stattfinden.[50] Die Abstimmungen der beiden Bänke im 2. Wahlgang müssen nicht notwendig in einer gemeinsamen Sitzung und auch nicht notwendig gleichzeitig stattfinden, sondern können nacheinander in getrennten Versammlungen der beiden Gruppen erfolgen.[51] Die Kandidaten des 2. Wahlgangs müssen nicht identisch sein mit den Kandidaten, die sich im 1. Wahlgang zur Wahl gestellt haben; jedes Mitglied des Aufsichtsrats ist für jeden der beiden Posten wählbar, im Grundsatz also auch dann, wenn es der anderen Bank angehört.[52]

---

[46] HH MitbestR/*Habersack* MitbestG § 27 Rn. 6; WKS/*Schubert* MitbestG § 27 Rn. 10; *Raiser/Veil/Jacobs* MitbestG § 27 Rn. 12.

[47] HH MitbestR/*Habersack* MitbestG § 27 Rn. 6; *Raiser/Veil/Jacobs* MitbestG § 27 Rn. 12; GroßkommAktG/*Oetker* MitbestG § 27 Rn. 5.

[48] HH MitbestR/*Habersack* MitbestG § 27 Rn. 6; *Lutter/Krieger/Verse* Rechte und Pflichten § 11 Rn. 670; GroßkommAktG/*Oetker* MitbestG § 27 Rn. 5.

[49] HH MitbestR/*Habersack* MitbestG § 27 Rn. 8; WKS/*Schubert* MitbestG § 27 Rn. 13; GroßkommAktG/*Oetker* MitbestG § 27 Rn. 7.

[50] *Raiser/Veil/Jacobs* MitbestG § 27 Rn. 13; HH MitbestR/*Habersack*.

[51] HH MitbestR/*Habersack* MitbestG § 27 Rn. 8; *Raiser/Veil/Jacobs* MitbestG § 27 Rn. 13; *Lutter/Krieger/Verse* Rechte und Pflichten § 11 Rn. 670.

[52] HH MitbestR/*Habersack* MitbestG § 27 Rn. 8; *Raiser/Veil/Jacobs* MitbestG § 27 Rn. 13.

30 Wenn die Wahl des Vorsitzenden weder im 1. noch im 2. Wahlgang gelingt oder schlicht unterbleibt, muss es wegen der Bedeutung des Vorsitzenden für die Funktionsfähigkeit des Aufsichtsrats und seines Zweitstimmrechts zur Auflösung von Pattsituationen möglich sein, die Vakanz durch eine **gerichtliche Bestellung** analog § 104 Abs. 2 AktG zu beheben.[53] Bei der dem MitbestG unterliegenden Gesellschaft kann das auch schon vor Ablauf von drei Monaten als dringlich geboten sein. Eine gerichtliche Bestellung des Stellvertreters analog § 104 Abs. 2 AktG kann dagegen nur in besonders gelagerten Fällen in Betracht kommen.

31 § 27 MitbestG verbietet nicht, dass die Satzung die Wahl eines **weiteren Stellvertreters** vorsieht. Sie darf allerdings nicht vorschreiben, dass er Aufsichtsratsmitglied der Aktionäre sein muss.[54] Für die Wahl eines weiteren Stellvertreters gelten nicht die Mehrheitsregeln des § 27 MitbestG, sondern § 29 Abs. 1 MitbestG.[55] Der weitere Stellvertreter kann die nach AktG dem Vorsitzenden zustehenden Aufgaben und Befugnisse wahrnehmen, wenn sowohl dieser als auch der Stellvertreter verhindert sind. Im Vermittlungsausschuss nach § 27 Abs. 3 MitbestG kann er dagegen nicht den Vorsitzenden und den Stellvertreter vertreten.[56] Zulässig ist eine Satzungsklausel, wonach der weitere Stellvertreter bei Verhinderung des Vorsitzenden die Leitung der Hauptversammlung übernimmt.[57]

32 Die **Amtszeit** des Vorsitzenden und des Stellvertreters kann – im Grundsatz ebenso wie bei der nicht mitbestimmten AG (→ Rn. 15, 18) – durch die Satzung oder vom Aufsichtsrat in der Geschäftsordnung oder im Wahlbeschluss festgelegt werden. Sie muss allerdings für beide gleich lang bemessen sein.[58] Wenn keine abweichende Festlegung erfolgt, gilt die Wahl für die gesamte Amtszeit als Aufsichtsratsmitglied[59] und damit für die bei mitbestimmten Gesellschaften regelmäßig vorgesehene feste Amtsperiode des Aufsichtsrats (dazu → § 30 Rn. 84).

33 Wenn einer der beiden Amtsinhaber zB durch Niederlegung (→ Rn. 16) vorzeitig aus diesem Amt – nicht notwendig auch aus dem Aufsichtsrat – ausscheidet, hat der Aufsichtsrat einen **Nachfolger** für die restliche Amtszeit des ausgeschiedenen Amtsinhabers zu wählen. Die Bestellung eines Ersatzvorsitzenden oder -stellvertreters schon bei der ursprünglichen Wahl ist unzulässig.[60] Auch wenn die beiden Amtsinhaber nicht getrennt durch die beiden Bänke nach § 27 Abs. 2 MitbestG, sondern durch den Gesamtaufsichtsrat nach § 27 Abs. 1 MitbestG in ihr Amt gewählt wurden, hat das vorzeitige Ausscheiden des einen nicht zur Folge, dass auch der andere sein Amt verliert und eine Neuwahl für beide Ämter erfolgen muss.[61] Vielmehr ist nur ein Nachfolger für den vorzeitig ausgeschiedenen Amtsinhaber zu wählen.[62] Für diese Wahl gelten wiederum die Regeln des § 27 Abs. 1 und 2 MitbestG, und zwar auch dann, wenn der Ausgeschiedene nach Abs. 2 gewählt worden war:[63] Wenn

---

[53] GroßkommAktG/*Oetker* MitbestG § 27 Rn. 9; *Raiser/Veil/Jacobs* MitbestG § 27 Rn. 8; HH MitbestR/*Habersack* MitbestG § 27 Rn. 4; WKS/*Schubert* MitbestG § 27 Rn. 15; *Lutter/Krieger/Verse* Rechte und Pflichten des Aufsichtsrats § 11 Rn. 673. Zur analogen Anwendung von § 104 Abs. 2 AktG bei der nicht mitbestimmten Gesellschaft → Rn. 9.
[54] BGHZ 83, 106 (112) – Siemens.
[55] GroßkommAktG/*Oetker* MitbestG § 27 Rn. 20; *Lutter/Krieger/Verse* Rechte und Pflichten des Aufsichtsrats § 11 Rn. 672; HH MitbestR/*Habersack* MitbestG § 27 Rn. 19.
[56] BGHZ 83, 106 (116).
[57] *Raiser/Veil/Jacobs* MitbestG § 27 Rn. 33; HH MitbestR/*Habersack* MitbestG § 27 Rn. 20.
[58] HH MitbestR/*Habersack* MitbestG § 27 Rn. 10; GroßkommAktG/*Oetker* MitbestG § 27 Rn. 16.
[59] HH MitbestR/*Habersack* MitbestG § 27 Rn. 10; *Raiser/Veil/Jacobs* MitbestG § 27 Rn. 16; WKS/*Schubert* MitbestG § 27 Rn. 11.
[60] HH MitbestR/*Habersack* MitbestG § 27 Rn. 11; *Raiser/Veil/Jacobs* MitbestG § 27 Rn. 21.
[61] Nach WKS/*Schubert* MitbestG § 27 Rn. 20 kann das aber durch die Satzung oder Geschäftsordnung angeordnet werden.
[62] *Hüffer/Koch* AktG § 107 Rn. 7; HH MitbestR/*Habersack* MitbestG § 27 Rn. 12; GroßkommAktG/*Oetker* § 27 Rn. 17; *Raiser/Veil/Jacobs* MitbestG § 27 Rn. 21; aA *Philipp* ZGR 1978, 60 (74 ff.) („Tandem-Theorie").
[63] HH MitbestR/*Habersack* MitbestG § 27 Rn. 11; *Raiser/Veil/Jacobs* MitbestG § 27 Rn. 23; GroßkommAktG/*Oetker* MitbestG § 27 Rn. 17; *Philipp* ZGR 1978, 60 (69); WKS/*Schubert* MitbestG § 27 Rn. 11.

eine Wahl durch den gesamten Aufsichtsrat mit der Mehrheit von zwei Dritteln der Sollstärke scheitert, wird der Nachfolger im 2. Wahlgang durch die Bank des Aufsichtsrats gewählt, der der ausgeschiedene Amtsinhaber angehörte.

Für die jederzeit mögliche **Abberufung** des Vorsitzenden oder des Stellvertreters ist die 34 Mehrheit erforderlich, mit der der Amtsinhaber in sein Amt gewählt wurde. Wurde er nach § 27 Abs. 1 MitbestG gewählt, ist auch für die Abberufung eine Zweidrittelmehrheit der Sollstärke des Aufsichtsrats erforderlich.[64] Wurde er nach § 27 Abs. 2 MitbestG von einer Bank gewählt, so kann er auch nur von dieser Bank abberufen werden.[65]

b) Aufgaben und Befugnisse. Zu den Funktionen des Vorsitzenden des Aufsichtsrats 35 und seines Stellvertreters regelt das MitbestG zwei Besonderheiten:
– Der Vorsitzende besitzt nach §§ 29 Abs. 2, 31 Abs. 4 MitbestG ein **Zweitstimmrecht**, wenn sich in zwei Abstimmungen eine Pattsituation ergeben hat. Zu diesem Zweitstimmrecht, das dem Stellvertreter bei Verhinderung des Vorsitzenden nicht zusteht, → Rn. 80 ff.
– Der Vorsitzende des Aufsichtsrats und sein Stellvertreter gehören kraft Amtes dem nach § 27 Abs. 3 MitbestG zu bildenden vierköpfigen Vermittlungsausschuss an, der bei streitigen Vorstandsbestellungen nach § 31 Abs. 3 MitbestG einen Vorschlag für die Bestellung machen soll. Dazu → § 32 Rn. 36.

III. Einberufung von Sitzungen

1. Zahl der Sitzungen. Die Sitzungen des Aufsichtsrats werden, soweit nicht der Sonder- 36 fall der Einberufung durch ein Aufsichtsratsmitglied oder den Vorstand nach § 110 Abs. 2 AktG gegeben ist (dazu → Rn. 46), durch den Aufsichtsratsvorsitzenden einberufen. Der Aufsichtsrat muss zwei Sitzungen im Kalenderhalbjahr abhalten; wenn die Gesellschaft nicht börsennotiert ist, kann der Aufsichtsrat beschließen, dass nur eine Sitzung im Kalenderhalbjahr abzuhalten ist (§ 110 Abs. 3 AktG). Für den Beschluss des Aufsichtsrats genügt die einfache Mehrheit der abgegebenen Stimmen.[66] Zwingend erforderlich sind also, wenn die Gesellschaft nicht im Sinne von § 3 Abs. 2 AktG börsennotiert ist, nur zwei Sitzungen im Jahr, es sei denn, die Satzung hat eine höhere Mindestzahl festgesetzt.[67] Auch Sitzungen in Form von Telefon- oder Videokonferenzen werden „abgehalten" im Sinne von § 110 Abs. 3 AktG und zählen deshalb für die notwendige Zahl von Sitzungen,[68] nicht dagegen Beschlussfassungen ohne Sitzung gemäß § 108 Abs. 4 AktG (dazu → Rn. 94 ff.). Wenn keine besonderen Umstände vorliegen, handelt der Aufsichtsratsvorsitzende pflichtgemäß, falls er nur für die gesetzliche Mindestzahl von Sitzungen einberuft. Umgekehrt kann er insbesondere in Krisensituationen verpflichtet sein, den Aufsichtsrat häufiger einzuberufen, damit der Aufsichtsrat seine Überwachungsaufgabe ordnungsgemäß erfüllen kann.

---

[64] HH MitbestR/*Habersack* MitbestG § 27 Rn. 13; GroßkommAktG/*Oetker* MitbestG § 27 Rn. 12; *Raiser/Veil/Jacobs* MitbestG § 27 Rn. 17; WKS/*Schubert* MitbestG § 27 Rn. 13; Hüffer/*Koch* AktG § 107 Rn. 7; aA *Säcker* BB 2008, 2252 (2254); *Döring/Grau* NZG 2010, 1328 (1329 f.).

[65] HH MitbestR/*Habersack* MitbestG § 27 Rn. 13a; WKS/Schubert MitbestG § 27 Rn. 13a; *Lutter/Krieger/Verse* Rechte und Pflichten § 11 Rn. 675; *Döring/Grau* NZG 2010, 1328 (1330). *Raiser/Veil* MitbestG § 27 Rn. 18 und KölnKommAktG/*Mertens/Cahn* Anh. § 117 B § 27 Rn. 9 halten in diesem Fall auch eine Abberufung nach § 27 Abs. 1 MitbestG für zulässig; dagegen mit Recht GroßkommAktG/*Oetker* MitbestG § 27 Rn. 15.

[66] Hüffer/*Koch* AktG § 110 Rn. 10; GroßkommAktG/*Hopt/M. Roth* § 110 Rn. 70.

[67] *Lutter/Krieger/Verse* Rechte und Pflichten § 11 Rn. 688; GroßkommAktG/*Hopt/M. Roth* § 110 Rn. 72.

[68] Begr. RegE TransPuG BT-Drs. 14/8769, 17; MüKoAktG/*Habersack* § 110 Rn. 45; Hüffer/*Koch* AktG § 110 Rn. 11; Spindler/Stilz AktG/*Spindler* § 110 Rn. 48 *Hoffmann-Becking* FS Happ, 2006, 81 (86). Kritisch dazu DAV-Handelsrechtsausschuss NZG 2002, 115 (116); ablehnend *Lutter/Krieger/Verse* Rechte und Pflichten § 11 Rn. 690; GroßkommAktG/*Hopt/M. Roth* § 107 Rn. 79.

37 Bei paritätisch mitbestimmten Aufsichtsräten entspricht es einer verbreiteten Übung, dass sich die beiden „Fraktionen" zu getrennten **Vorbesprechungen** zusammenfinden. Nach der bis 2012 geltenden Fassung des Corporate Governance **Kodex** (Ziff. 3.6 DCGK) „sollten" solche getrennten Vor-Sitzungen regelmäßig stattfinden; später stellte der Kodex nur noch fest, dass solche Sitzungen stattfinden können. Der Kodex 2019 enthält dazu keine Aussage mehr. Bindende Beschlüsse können in „Fraktionssitzungen" nicht gefasst werden, aber die faktische Bindungswirkung der informellen Vorabstimmung ist naturgemäß groß. Der Vorstand darf an Vorbesprechungen teilnehmen, muss aber darauf achten, dass auch die andere „Fraktion" die Informationen erhält, die er der einen in einer Vorbesprechung gegeben hat.[69]

38 **2. Form und Frist.** Das Gesetz schreibt keine Form für die Einberufung vor. Es genügt also, soweit nicht – was regelmäßig der Fall ist – die Satzung oder die Geschäftsordnung des Aufsichtsrats die Schriftform oder Textform vorschreibt, die mündliche Aufforderung. Der Vorsitzende des Aufsichtsrats kann den Vorstand beauftragen, in seinem Namen zur Sitzung einzuladen.

39 Das Gesetz bestimmt auch keine Mindest- oder Höchstfrist für die Einberufung. In der Satzung oder in der Geschäftsordnung des Aufsichtsrats wird meist eine Frist von vierzehn Tagen bestimmt, verbunden mit der Ermächtigung des Vorsitzenden, diese Frist in dringenden Fällen abzukürzen.[70] Wenn die in der Satzung oder Geschäftsordnung bestimmte Frist mehr als zwei Wochen beträgt, wird sie im Ausnahmefall der Einberufung auf Verlangen nach § 110 Abs. 1 S. 2 AktG auch ohne ausdrückliche Regelung auf zwei Wochen verkürzt.[71] Fehlt eine ausdrückliche Regelung, so muss die Einberufung angemessene Zeit vor der Sitzung erfolgen.[72]

40 **3. Tagesordnung und Beschlussvorschläge.** Mit der Einberufung müssen Ort und Zeitpunkt der Sitzung sowie die Tagesordnung mitgeteilt werden. Die Sitzung muss nicht notwendig am Sitz der Gesellschaft stattfinden, sondern der Vorsitzende kann einen anderen zweckmäßigen Sitzungsort bestimmen, der auch im Ausland liegen kann.

41 Fehlt die **Tagesordnung,** so ist die Einladung (noch) nicht ordnungsgemäß erfolgt; wenn die Satzung oder Geschäftsordnung eine Einberufungsfrist bestimmt, muss die Tagesordnung unter Beachtung der Einberufungsfrist mitgeteilt werden.[73] Zu Punkten der Tagesordnung, die nicht rechtzeitig mitgeteilt wurden, kann in der Sitzung nur dann wirksam beschlossen werden, wenn kein Aufsichtsratsmitglied dem Verfahren widerspricht. Abwesenden Mitgliedern muss in einem solchen Fall Gelegenheit gegeben werden, der Beschlussfassung innerhalb angemessener Frist zu widersprechen.[74] Es kann den abwesenden Mitgliedern auch gestattet werden, ihre Stimme nachträglich abzugeben (gemischte Beschlussfassung, → Rn. 93). Eine positive Stimmabgabe der abwesenden Mitglieder zum

---

[69] *Lutter/Krieger/Verse* Rechte und Pflichten § 11 Rn. 699; HH MitbestR/*Habersack* MitbestG § 25 Rn. 18; *Hoffmann-Becking* FS Havermann, 1995, 230 (241 f.); *Wittgens/Vollertsen* AG 2015, 261. Kritisch zur Praxis der Vorbesprechungen *E. Vetter* FS Hüffer, 2009, 1017 ff. u. KölnKommAktG/ *Mertens/Cahn* Anh. § 117 A Rn. 2.

[70] Muster in Beck'sches Formularbuch/*Hoffmann-Becking*/*Berger* Form. X.17 § 2 Abs. 2.

[71] Hüffer/*Koch* AktG § 110 Rn. 3; GroßkommAktG/*Hopt*/*M. Roth* § 110 Rn. 37.

[72] Hüffer/*Koch* AktG § 110 Rn. 3; *Lutter/Krieger/Verse* Rechte und Pflichten § 11 Rn. 692.

[73] Die Erfordernisse des § 32 Abs. 1 S. 2 BGB (dazu BGHZ 99, 122) gelten analog. Deshalb ist die Mitteilung der Tagesordnung zwingend erforderlich, s. HH MitbestR/*Habersack* MitbestG § 25 Rn. 17; *Lutter/Krieger/Verse* Rechte und Pflichten § 11 Rn. 693; *Baums* ZGR 1983, 300 (315); MüKoAktG/*Habersack* § 110 Rn. 18; aA Hüffer/*Koch* AktG § 110 Rn. 4, Großkomm AktG/*Hopt*/ *M. Roth* § 110 Rn. 26 u. Spindler/Stilz AktG/*Spindler* § 110 Rn. 19, die zwischen den Beschlussgegenständen iSv § 32 Abs. 1 S. 2 BGB und einer „förmlichen Tagesordnung" unterscheiden wollen.

[74] *Lutter/Krieger/Verse* Rechte und Pflichten § 11 Rn. 724; KölnKommAktG/*Mertens/Cahn* § 110 Rn. 5; MüKoAktG/*Habersack* § 110 Rn. 21; *Säcker* NJW 1979, 1521 (1522); HdB börsennotierte AG/*E. Vetter* § 27 Rn. 53; HH MitbestR/*Habersack* MitbestG § 25 Rn. 17a.

Inhalt der Beschlussfassung ist aber nicht erforderlich, um die verfahrensrechtliche Wirksamkeit der Beschlussfassung zu erreichen. Dafür genügt es, dass sie nicht widersprechen.

Beschlussvorschläge (Anträge) zu den einzelnen Tagesordnungspunkten müssen nicht 42 notwendig bereits mit der Einberufung übermittelt werden.[75] Häufig ist es zu diesem Zeitpunkt noch gar nicht möglich oder zumindest nicht tunlich, bereits einen Beschlussvorschlag mit konkreten Namen und Daten mitzuteilen, zB bei einer Vorstandsbestellung oder einem Unternehmenserwerb. Für die Ordnungsmäßigkeit der Einberufung und die Möglichkeit einer wirksamen Beschlussfassung genügt in solchen Fällen, dass in der mitgeteilten Tagesordnung der Punkt „Zustimmung zu einem Beteiligungserwerb" oder „Vorstandsbestellung" aufgeführt ist. Allgemein gilt, dass der Gegenstand der Tagesordnung so genau bestimmt werden muss, dass den Mitgliedern eine sachgerechte Vorbereitung und Entscheidung über ihre Teilnahme an der Sitzung möglich ist.[76] Auch die Bezeichnung „Vorstandsangelegenheiten" kann je nach den Umständen ausreichen, um den Mitgliedern deutlich zu machen, dass die Bestellung oder das Ausscheiden eines Vorstandsmitglieds zur Entscheidung ansteht.[77] Wenngleich die Ordnungsmäßigkeit der Einberufung nicht davon abhängt, dass bereits Beschlussvorschläge zu den einzelnen Punkten der Tagesordnung übermittelt werden, sind der Vorstand und – bei Personalentscheidungen und Aufsichtsratsinterna – der Aufsichtsratsvorsitzende doch verpflichtet, die Beschlussanträge möglichst frühzeitig vor der Sitzung mitzuteilen.[78] Das dient nicht nur der Vorbereitung der Mitglieder auf die Sitzung, sondern ist auch erforderlich, um abwesenden Mitgliedern eine schriftliche Stimmabgabe nach § 108 Abs. 3 AktG zu ermöglichen.

Der Vorsitzende ist befugt, die von ihm mit der Einladung mitgeteilte Tagesordnung 43 nachträglich zu ergänzen, sei es auf Wunsch des Vorstands oder eines Aufsichtsratsmitglieds oder aus eigener Initiative. Wenn er jedoch die **Ergänzung der Tagesordnung** erst nach Ablauf der Einberufungsfrist mitteilt und die Satzung oder Geschäftsordnung für diesen Fall nicht eine Nachfrist vorsieht, gilt ebenso wie bei der Einberufung ohne Tagesordnung, dass zu dem ergänzenden Punkt nur dann wirksam beschlossen werden kann, wenn sich alle, auch die abwesenden Mitglieder mit der Ergänzung einverstanden erklären oder zumindest nicht der Beschlussfassung widersprechen (→ Rn. 41). Wenn ein Aufsichtsratsmitglied oder der Vorstand von dem Vorsitzenden erfolglos eine Ergänzung der Tagesordnung verlangt hat, kann das Aufsichtsratsmitglied oder der Vorstand in entsprechender Anwendung von § 110 Abs. 2 AktG die Ergänzung durch Mitteilung an die übrigen Mitglieder selbst vornehmen, wenn dies noch vor Ablauf der Einberufungsfrist (oder einer etwa für Ergänzungen der Tagesordnung bestimmten Nachfrist) möglich ist.[79]

4. Einberufungsverlangen und Selbsteinberufungsrecht. Wenn ein Aufsichtsratsmit- 44 glied oder der Vorstand unter Angabe des Zwecks und der Gründe verlangt, dass der Vorsitzende unverzüglich eine Sitzung einberuft, ist der Vorsitzende nach § 110 Abs. 1 AktG verpflichtet, dem Verlangen zu entsprechen, es sei denn, das Verlangen ist rechtsmissbräuchlich. Die Angabe des Zwecks der Sitzung erfordert im Regelfall, aber nicht aus-

---

[75] Hüffer/*Koch* AktG § 110 Rn. 4; *Baums* ZGR 1983, 300 (316); *Lutter/Krieger/Verse* Rechte und Pflichten § 11 Rn. 694; MüKoAktG/*Habersack* § 110 Rn. 18.
[76] BGH ZIP 2007, 1942 (1945) zu § 32 Abs. 1 S. 2 BGB.
[77] Vgl. Hüffer/*Koch* AktG § 110 Rn. 4; Hölters AktG/*Hambloch-Gesinn/Gesinn* § 107 Rn. 14; KölnKommAktG/*Mertens/Cahn* § 110 Rn. 4. Dagegen OLG Stuttgart BB 1985, 879 (880); GroßkommAktG/*Hopt/M. Roth* § 110 Rn. 28; MüKoAktG/*Habersack* § 110 Rn. 19; Spindler/Stilz AktG/*Spindler* § 110 Rn. 19; HH MitbestR/*Habersack* MitbestG § 25 Rn. 17; *Burgard/Heimann* AG 2014, 360 (366). Vgl. auch die strenge Rspr. zu Sparkassen und Genossenschaften (BGH ZIP 2000, 1336; OLG Naumburg NZG 2001, 901; OLG Stuttgart DB 2003, 932).
[78] Hüffer/*Koch* AktG § 110 Rn. 4; *Lutter/Krieger/Verse* Rechte und Pflichten § 11 Rn. 694; MüKoAktG/*Habersack* § 110 Rn. 18; GroßkommAktG/*Hopt/M. Roth* § 110 Rn. 28.
[79] *Lutter/Krieger/Verse* Rechte und Pflichten § 11 Rn. 693; MüKoAktG/*Habersack* § 110 Rn. 26.

nahmslos, dass der Verlangende selbst die Gegenstände der Tagesordnung bezeichnet.[80] Das Verlangen kann formlos gegenüber dem Vorsitzenden erklärt werden.

45 Die Einberufungsfrist darf in diesem Fall, auch wenn die Satzung oder Geschäftsordnung eine längere Frist bestimmt, nach der zwingenden Regel des § 110 Abs. 1 S. 2 AktG zwei Wochen nicht überschreiten (→ Rn. 39). § 110 Abs. 1 AktG gilt, wie bereits in → Rn. 43 erwähnt, entsprechend für das Verlangen eines Aufsichtsratsmitglieds oder des Vorstands auf Ergänzung der Tagesordnung einer einberufenen Sitzung.

46 Falls der Vorsitzende entgegen seiner Verpflichtung aus § 110 Abs. 1 AktG dem Verlangen nach Einberufung oder Ergänzung der Tagesordnung nicht entspricht, kann das Aufsichtsratsmitglied oder der Vorstand, wenn er das Verlangen geäußert hat, nach § 110 Abs. 2 AktG unter Mitteilung des Sachverhalts selbst eine Sitzung mit der verlangten Tagesordnung einberufen. Die Einberufung nach § 110 Abs. 2 AktG muss unverzüglich erfolgen und der in der Satzung oder Geschäftsordnung vorgeschriebenen Form und Frist entsprechen. Die gesetzliche Höchstfrist von zwei Wochen nach § 110 Abs. 1 S. 2 AktG gilt nicht für die Selbsteinberufung nach § 110 Abs. 2 AktG.[81]

47 **5. Aufhebung und Verlegung.** Auch ohne ausdrückliche Regelung in der Satzung oder der Geschäftsordnung ist der Vorsitzende berechtigt, eine von ihm einberufene Sitzung nach pflichtgemäßem Ermessen aufzuheben oder zu verlegen. Das folgt aus seinem Recht zur Einberufung. Folgerichtig ist er nicht zur Aufhebung oder Verlegung auf einen die Zweiwochenfrist des § 110 Abs. 1 S. 2 AktG überschreitenden Termin befugt, wenn die Einberufung auf Grund eines Verlangens nach § 110 Abs. 1 AktG erfolgte, also nicht im Ermessen des Vorsitzenden stand.[82] Entsprechend der Begriffsbestimmung im Prozessrecht (s. § 227 ZPO) kann eine noch nicht begonnene Sitzung aufgehoben oder verlegt werden; hat die Sitzung bereits begonnen, so kommt begrifflich nur noch eine Vertagung der ganzen Verhandlung oder einzelner Gegenstände der Tagesordnung in Betracht, die nicht durch den Vorsitzenden, sondern nur durch Beschluss des Aufsichtsrats verfügt werden kann (→ Rn. 86 f.).[83]

IV. Sitzungen und Beschlüsse

48 **1. Sitzungsleitung.** Dem Aufsichtsratsvorsitzenden obliegt die Leitung der Aufsichtsratssitzungen. Daraus ergeben sich insbesondere die folgenden Aufgaben und Befugnisse:

49 **a) Teilnahme von Sachverständigen und Auskunftspersonen.** Der Vorsitzende entscheidet über die Teilnahme von Sachverständigen und Auskunftspersonen, die zur Beratung über einzelne Gegenstände der Tagesordnung nach § 109 Abs. 1 S. 2 AktG zugezogen werden. Die Entscheidung des Vorsitzenden steht allerdings – wie alle seine Entscheidungen in Fragen der Sitzungsleitung und Verfahrensregelung[84] – unter dem Vorbehalt einer gegenteiligen Mehrheitsentscheidung des Aufsichtsrats. Wenn ein Aufsichtsratsmitglied mit der Entscheidung des Vorsitzenden nicht einverstanden ist, hat auf Antrag des Mitglieds das Plenum zu entscheiden.[85]

---

[80] Hüffer/*Koch* AktG § 110 Rn. 6; MüKoAktG/*Habersack* § 110 Rn. 27.

[81] Hüffer/*Koch* AktG § 110 Rn. 9; *Lutter/Krieger/Verse* Rechte und Pflichten § 11 Rn. 697; MüKoAktG/*Habersack* § 110 Rn. 36; GroßkommAktG/*Hopt/M. Roth* § 110 Rn. 50; aA Spindler/Stilz AktG/*Spindler* § 110 Rn. 41.

[82] *Lutter/Krieger/Verse* Rechte und Pflichten § 11 Rn. 698; MüKoAktG/*Habersack* § 110 Rn. 33; Spindler/Stilz AktG/*Spindler* § 110 Rn. 31; aA HdB börsennotierte AG/*E. Vetter* § 27 Rn. 33.

[83] *Lutter/Krieger/Verse* Rechte und Pflichten § 11 Rn. 698; MüKoAktG/*Habersack* § 110 Rn. 33; aA Spindler/Stilz AktG/*Spindler* § 110 Rn. 31.

[84] *Lutter/Krieger/Verse* Rechte und Pflichten § 11 Rn. 707; GroßkommAktG/*Hopt/M. Roth* § 107 Rn. 120; KölnKommAktG/*Mertens/Cahn* § 107 Rn. 41.

[85] Hüffer/*Koch* AktG § 109 Rn. 5; GroßkommAktG/*Hopt/M. Roth* § 109 Rn. 71; *Böttcher* NZG 2012, 809 (811).

50 Die Begriffe „Sachverständiger" und „Auskunftsperson" sind zwar weit auszulegen und erfassen zB auch Hilfspersonen wie etwa erforderliche Dolmetscher, aber das Gesetz verbietet sowohl die regelmäßige Teilnahme von Beratern, da Berater nur von Fall zu Fall zu einzelnen Gegenständen hinzugezogen werden dürfen, als auch die Teilnahme von bloßen Gästen oder Ehrengästen, zB von früheren Vorstands- oder Aufsichtsratsmitgliedern.[86] Mit § 109 Abs. 1 S. 1 AktG ist es auch nicht vereinbar, wenn die Aufsichtsräte mehrerer (Konzern-)Gesellschaften regelmäßig gemeinsame Sitzungen abhalten.[87]

51 Die Satzung kann nach § 109 Abs. 3 AktG zulassen, dass ein verhindertes Mitglied ein Nichtmitglied in Textform ermächtigt, an seiner Stelle an der Sitzung teilzunehmen (**Sitzungsvertreter**). In der Praxis wird davon nur selten Gebrauch gemacht. Der Sitzungsvertreter ist nicht in der Lage, das Stimmrecht als Vertreter des verhinderten Mitglieds auszuüben; er kann lediglich eine schriftliche Stimmabgabe des verhinderten Mitglieds überreichen, § 108 Abs. 3 S. 3 AktG.

52 **b) Teilnahme der Vorstandsmitglieder.** Der Vorsitzende entscheidet über die Teilnahme der Vorstandsmitglieder, insbesondere darüber, bei welchen Punkten der Tagesordnung der Vorstand nicht zugegen sein soll. Auch diese Entscheidungen des Vorsitzenden können vom Aufsichtsrat auf Antrag eines Aufsichtsratsmitglieds oder des Vorstands geändert werden. Wenn der Vorsitzende oder der Aufsichtsrat die Teilnahme von Vorstandsmitgliedern wünscht, sind diese zur Teilnahme verpflichtet; ein gesetzliches Teilnahmerecht haben sie nicht.[88] Nach dem Corporate Governance **Kodex** (Empfehlung D.7) soll der Aufsichtsrat regelmäßig auch ohne den Vorstand tagen.

53 **c) Sprache.** Dem Gesetz lässt sich nicht entnehmen, dass Aufsichtsratssitzungen zwingend in deutscher Sprache abgehalten werden müssen.[89] Eine andere Sprache kann wohl nicht durch die Satzung,[90] aber durch die Geschäftsordnung oder auch durch den Aufsichtsratsvorsitzenden als Sitzungssprache bestimmt werden.[91] Da nicht verlangt werden kann, dass alle Aufsichtsratsmitglieder die Fremdsprache beherrschen, und durch die Bestimmung der Fremdsprache als Arbeitssprache des Aufsichtsrats nicht die Wahrnehmung des Mandats beeinträchtigt werden darf, hat das einzelne Mitglied Anspruch auf die Bereitstellung eines Simultan-Dolmetschers und Vorlage der Unterlagen in deutscher Sprache.[92] Dasselbe gilt auch umgekehrt für Aufsichtsratsmitglieder, welche die deutsche Sprache nicht ausreichend beherrschen; auch sie können Übersetzungsdienste beanspruchen.[93]

54 **d) Protokollführer.** Der Vorsitzende wird häufig durch die Geschäftsordnung ermächtigt, den Protokollführer zu bestimmen. Auch ohne ausdrückliche Regelung in der Geschäftsordnung gehört die Auswahl des Protokollführers zu den Aufgaben des Vorsitzenden, wobei es dem Aufsichtsrat allerdings freisteht, eine andere Person zu bestimmen. Der Protokollführer muss weder dem Aufsichtsrat noch dem Vorstand angehören, es sei denn, der Aufsichtsrat widerspricht durch Mehrheitsbeschluss der Protokollierung durch ein Nichtmitglied. Der Widerspruch eines einzelnen Mitglieds genügt nicht, da es sich bei der

---

[86] BGH NZG 2012, 347 (349); MüKoAktG/*Habersack* § 109 Rn. 16 ff.; Hüffer/*Koch* AktG § 109 Rn. 5. Zur Teilnahme eines „Ehrenvorsitzenden" → Rn. 26.
[87] *Schnorbus/Ganzer* AG 2013, 445 (447); KölnKommAktG/*Mertens/Cahn* § 109 Rn. 25; GroßkommAktG/*Hopt/M. Roth* § 109 Rn. 16.
[88] Hüffer/*Koch* AktG § 109 Rn. 3; *Lutter/Krieger/Verse* Rechte und Pflichten § 11 Rn. 702; HdB börsennotierte AG/*E. Vetter* § 27 Rn. 44.
[89] GroßkommAktG/*Hopt/M. Roth* § 107 Rn. 127; *Dreher* FS Lutter, 2000, 357 (358 ff.).
[90] *Lutter/Krieger/Verse* Rechte und Pflichten § 11 Rn. 705; aA *Dreher* FS Lutter, 2000, 357 (360).
[91] GroßkommAktG/*Hopt/M. Roth* § 107 Rn. 127; *Lutter/Krieger/Verse* Rechte und Pflichten § 11 Rn. 704.
[92] *Dreher* FS Lutter, 2000, 357 (366 ff.); GroßkommAktG/*Hopt/M. Roth* § 107 Rn. 127; MüKoAktG/*Habersack* § 107 Rn. 54; KölnKommAktG/*Mertens/Cahn* § 107 Rn. 48; *Backhaus* in Praxis und Lehre im Wirtschaftsrecht, 2018, S. 93/104 ff.
[93] *Dreher* FS Lutter, 2000, 357 (367); *Lutter/Krieger/Verse* Rechte und Pflichten § 11 Rn. 705.

Auswahl des Protokollführers ebenso wie bei der Zuziehung von Sachverständigen und Auskunftspersonen nach § 109 Abs. 1 AktG um eine verfahrensleitende Anordnung des Vorsitzenden handelt, die nur durch Beschluss des Aufsichtsrats außer Kraft gesetzt werden kann.[94]

55 e) Reihenfolge der Beratungen. Der Vorsitzende bestimmt die Reihenfolge, in der die Gegenstände der Tagesordnung behandelt werden. Er kann also – vorbehaltlich einer abweichenden Beschlussfassung des Aufsichtsrats – die Tagesordnung umstellen, wenn ihm dies zweckmäßig erscheint.[95]

56 f) Leitung der Beratungen. Der Vorsitzende leitet die Beratungen („Verhandlungen") zu den einzelnen Punkten der Tagesordnung. Er eröffnet die Diskussion, bestimmt die Reihenfolge der Redner, erteilt das Wort, unterbindet sachfremde oder allzu weitschweifige Beiträge, fasst Ergebnisse oder Zwischenergebnisse der Beratung zusammen und schließt die Diskussion. Der Vorsitzende kann die Sitzung auch kurzfristig unterbrechen, wenn ihm dieses sinnvoll erscheint, zB um eine Information einzuholen oder dem Vorstand Gelegenheit zu interner Beratung zu geben.[96] Zur Vertagung → Rn. 86 f.

57 g) Leitung der Beschlussfassung. Der Vorsitzende leitet die Beschlussfassung. Er stellt den oder die Anträge zur Beschlussfassung und legt dabei fest, in welcher Reihenfolge über die gegebenenfalls kontroversen Anträge beschlossen wird. Zur Abstimmungsreihenfolge gelten dieselben Grundsätze wie bei der Beschlussfassung der Hauptversammlung (→ § 40 Rn. 15 ff.). Über einen Verfahrensantrag, zB auf Vertagung (dazu → Rn. 86), ist somit in der Regel vor dem Sachantrag abzustimmen. Es kann aber auch sachdienlich sein, über beide Anträge in einem Abstimmungsgang zu beschließen, indem der Vorsitzende sogleich den Sachantrag zur Abstimmung stellt und darauf hinweist, dass der Vertagungsantrag abgelehnt ist, wenn der Sachantrag die erforderliche Mehrheit findet (vgl. → § 30 Rn. 55 f. u. → § 40 Rn. 20 ff. zur Konzentration der Abstimmungsvorgänge in der Hauptversammlung).

58 Der Vorsitzende entscheidet – vorbehaltlich einer gerichtlichen Nachprüfung – darüber, ob ein Aufsichtsratsmitglied bei der Abstimmung einem Stimmverbot unterliegt (dazu → Rn. 70); da es sich um die Entscheidung einer Rechtsfrage handelt, kann der Aufsichtsrat nicht durch Mehrheitsbeschluss die Entscheidung des Vorsitzenden ausräumen.[97] Dasselbe gilt, wenn der Vorsitzende einen Beschlussvorschlag nicht zur Abstimmung stellt, weil er den vorgeschlagenen Beschluss nach Inhalt oder Verfahren für unzulässig erachtet.[98] Nach der Abstimmung stellt er ihr Ergebnis fest und verkündet den Beschluss. Die ausdrückliche Feststellung des Beschlusses durch den Vorsitzenden ist allerdings keine Voraussetzung für seine Wirksamkeit.[99]

59 Der Vorsitzende entscheidet auch über die Form der Abstimmung: durch Handaufheben, durch Zuruf oder schriftlich. Nach der inzwischen herrschenden und zutreffenden Auf-

---

[94] HH MitbestR/*Habersack* MitbestG § 25 Rn. 23; MüKoAktG/*Habersack* § 107 Rn. 77; GroßkommAktG/*Hopt/M. Roth* § 107 Rn. 130; Hölters AktG/*Hambloch-Gesinn/Gesinn* § 107 Rn. 78; aA Hüffer/*Koch* AktG § 107 Rn. 13; Spindler/Stilz AktG/*Spindler* § 107 Rn. 66; KölnKommAktG/*Mertens/Cahn* § 107 Rn. 47; Semler/v. Schenck Der Aufsichtsrats/*Mutter* § 107 Rn. 187.
[95] Lutter/Krieger/*Verse* Rechte und Pflichten § 11 Rn. 706; MüKoAktG/*Habersack* § 107 Rn. 56.
[96] Lutter/Krieger/*Verse* Rechte und Pflichten § 11 Rn. 706; GroßkommAktG/*Hopt/M. Roth* § 107 Rn. 98.
[97] MüKoAktG/*Habersack* § 108 Rn. 33; Spindler/Stilz AktG/*Spindler* § 108 Rn. 35; Hölters AktG/*Hambloch-Gesinn/Gesinn* § 108 Rn. 19; aA GroßkommAktG/*Hopt/M. Roth* § 108 Rn. 84; KölnKommAktG/*Mertens/Cahn* § 107 Rn. 49, § 108 Rn. 71.
[98] Anders Großkomm AktG/*Hopt/Roth* § 107 Rn. 137; *Peus*, Der Aufsichtsratsvorsitzende, 1983, S. 114.
[99] MüKoAktG/*Habersack* § 108 Rn. 26; Lutter/Krieger/*Verse* Rechte und Pflichten § 11 Rn. 734; GroßkommAktG/*Hopt/M. Roth* § 108 Rn. 33, 53; zur Feststellung bei Beschlussfassung ohne Sitzung → Rn. 112.

fassung ist auch eine **geheime Abstimmung** zulässig.[100] Sie widerspricht nicht der persönlichen Verantwortung der Aufsichtsratsmitglieder für ihre Amtsführung, sondern erleichtert im Gegenteil eine von „Fraktionszwängen" unbeeinflusste persönliche Entscheidung. Es mag sein, dass durch die geheime Abstimmung die Durchsetzung von Haftungsansprüchen unter Umständen erschwert werden kann, aber das rechtfertigt nicht das Verbot einer geheimen Abstimmung. Weder ein einzelnes Mitglied noch zwei Mitglieder können eine geheime Abstimmung erzwingen, sondern auch über diese Art der Abstimmung entscheidet der Vorsitzende vorbehaltlich eines abweichenden Mehrheitsbeschlusses des Aufsichtsrats.[101]

2. Beschlussfähigkeit. a) Voraussetzungen nach AktG. § 108 Abs. 2 S. 1 AktG lässt 60 der Satzung einen weitgehenden Gestaltungsspielraum bei der Regelung der Beschlussfähigkeit. Die Satzung kann die Teilnahme der Mehrheit der Mitglieder, eines geringeren Teils der Mitglieder oder einer bestimmten Zahl von Mitgliedern an der Beschlussfassung verlangen. § 108 Abs. 2 S. 3 AktG markiert allerdings eine zwingende Untergrenze: In jedem Fall müssen mindestens drei Mitglieder an der Beschlussfassung teilnehmen („tres faciunt collegium"). Zwingend ist auch § 108 Abs. 2 S. 4 AktG: Der Beschlussfähigkeit steht nicht entgegen, dass der Aufsichtsrat nicht entsprechend seiner Sollstärke vollständig besetzt ist. Die Satzung kann deshalb nicht verlangen, dass an der Beschlussfassung des Aufsichtsrats alle Mitglieder teilnehmen, aus denen er insgesamt zu bestehen hat. Nach hM kann auch nicht verlangt werden, dass alle amtierenden Mitglieder teilnehmen.[102] Unzulässig ist auch eine Satzungsklausel, die für die Beschlussfähigkeit die Teilnahme eines bestimmten Aufsichtsratsmitglieds, zB des Vorsitzenden und/oder seines Stellvertreters verlangt. Sie verletzt den Grundsatz der Gleichberechtigung aller Aufsichtsratsmitglieder, indem sie dem betreffenden Mitglied, auf dessen Teilnahme es ankommen soll, praktisch ein Vetorecht einräumt.[103]

Falls die Satzung keine Regelung trifft, gilt § 108 Abs. 2 S. 2 AktG: Der Aufsichtsrat ist 61 beschlussfähig, wenn mindestens die Hälfte der Mitglieder, aus denen er nach Gesetz oder Satzung insgesamt zu bestehen hat, an der Beschlussfassung teilnimmt (50% der Sollstärke des Aufsichtsrats). Abwesende Mitglieder nehmen an der Beschlussfassung teil, wenn sie schriftliche Stimmabgaben nach § 108 Abs. 3 AktG überreichen lassen. Ein Mitglied, das per Telefon oder Video zugeschaltet ist, nimmt an der Beschlussfassung teil (→ Rn. 88). Auch ein Mitglied, das sich in der Abstimmung der Stimme enthält, nimmt, soweit es um die Erfordernisse der Beschlussfähigkeit geht, an der Beschlussfassung teil. Etwas anderes gilt nur dann, wenn das Mitglied vor der Abstimmung erklärt, dass es nicht an der Beschlussfassung teilnehmen will.[104] Das abwesende Mitglied, das eine schriftliche Stimmenthaltung überreichen lässt, nimmt somit ebenfalls an der Beschlussfassung teil.

Wenn ein Mitglied einem Stimmverbot unterliegt (→ Rn. 70), zB bei der Beschluss- 62 fassung über einen mit ihm abzuschließenden Beratungsvertrag (→ § 33 Rn. 55) oder über einen Antrag auf seine gerichtliche Abberufung (→ § 30 Rn. 99), kann dieses Mitglied nicht an der Beschlussfassung teilnehmen und zählt somit für die Beschlussfähigkeit nicht

---

[100] Hüffer/*Koch* AktG § 108 Rn. 5; Großkomm AktG/*Hopt*/M. Roth § 108 Rn. 50; *Lutter*/*Krieger*/ *Verse* Rechte und Pflichten § 11 Rn. 723; HH MitbestR/*Habersack* MitbestG § 25 Rn. 26; MüKo-AktG/*Habersack* § 108 Rn. 18 mN; aA Spindler/Stilz AktG/*Spindler* § 108 Rn. 19; WKS/*Schubert* MitbestG § 25 Rn. 56; KölnKommAktG/*Mertens*/*Cahn* § 108 Rn. 52.
[101] *Lutter*/*Krieger*/*Verse* Rechte und Pflichten § 11 Rn. 723; GroßkommAktG/*Hopt*/M. Roth § 108 Rn. 51; Hölters AktG/*Hambloch-Gesinn*/*Gesinn* § 108 Rn. 15; Hüffer/*Koch* AktG § 108 Rn. 5a; aA MüKoAktG/*Habersack* § 108 Rn. 19; HH MitbestR/*Habersack* MitbestG § 25 Rn. 26.
[102] Hüffer/*Koch* AktG § 108 Rn. 15; KölnKommAktG/*Mertens*/*Cahn* § 108 Rn. 80; MüKoAktG/ *Habersack* § 108 Rn. 38; Großkomm AktG/*Hopt*/*Roth* § 108 Rn. 93.
[103] BGHZ 83, 151 (156) – Bilfinger Berger; *Lutter*/*Krieger*/*Verse* Rechte und Pflichten § 11 Rn. 721; MüKoAktG/*Habersack* § 108 Rn. 38; GroßKomm AktG/*Hopt*/*Roth* § 108 Rn. 93.
[104] MüKoAktG/*Habersack* § 108 Rn. 36 f.; Hüffer/*Koch* AktG § 108 Rn. 15; HH MitbestR/*Habersack* MitbestG § 28 Rn. 2.

mit. Daran ändert es entgegen der Auffassung des BGH[105] nichts, wenn das Mitglied erklärt, sich der Stimme enthalten zu wollen; wer vom Stimmrecht ausgeschlossen ist, also keine Stimme hat, kann sich nicht der Stimme enthalten. Bei einem Aufsichtsrat oder entscheidungsbefugten Ausschuss des Aufsichtsrats, der nur aus drei Mitgliedern besteht, kann die Beschlussunfähigkeit in einem solchen Fall nur durch die Zuwahl oder gerichtliche Ersatzbestellung eines weiteren Mitglieds behoben werden.[106]

63 **b) Voraussetzungen nach MitbestG.** Nach § 28 S. 1 MitbestG ist der Aufsichtsrat nur beschlussfähig, wenn mindestens die Hälfte der Mitglieder, aus denen er insgesamt zu bestehen hat, an der Beschlussfassung teilnimmt. Eine entsprechende Vorschrift findet sich in § 10 MontanMitbestG und in § 11 MitbestErgG, allerdings ohne das Wörtchen „nur". Für die Beschlussfähigkeit eines paritätisch mitbestimmten Aufsichtsrats kann die Satzung somit nicht genügen lassen, dass weniger als die Hälfte der Sollstärke des Aufsichtsrats an der Beschlussfassung teilnimmt. Insoweit ist § 28 S. 1 MitbestG unstreitig zwingend. Umstritten ist dagegen, ob § 28 MitbestG auch eine verschärfende Abweichung „nach oben" verbietet.[107] Durch die ausdrückliche Bezugnahme auf § 108 Abs. 2 S. 4 AktG in § 28 S. 2 MitbestG steht zwar fest, dass die Satzung nicht die Teilnahme von 100 % der Sollstärke verlangen kann (→ Rn. 60). Der Gesetzeswortlaut verbietet jedoch nicht eine Verschärfung bis zu dieser Obergrenze, zB das Erfordernis einer Teilnahme von 75 % der im Amt befindlichen Mitglieder.

64 Die Satzung muss allerdings in jedem Fall den Grundsatz der Gleichberechtigung aller Mitglieder beachten. Sie kann deshalb – trotz des Zweitstimmrechts des Vorsitzenden nach § 29 Abs. 2 MitbestG – die Beschlussfähigkeit nicht von der Teilnahme des Aufsichtsratsvorsitzenden abhängig machen.[108] Zulässig soll es dagegen sein, für den Fall der Nichtteilnahme des Vorsitzenden eine höhere Zahl von teilnehmenden Mitgliedern zu verlangen.[109]

65 **3. Beschlussfassung nach AktG. a) Ausdrückliche Beschlussfassung.** Der Aufsichtsrat, so heißt es lapidar in § 108 Abs. 1 AktG, „entscheidet durch Beschluss". Die Vorschrift ist nach allgM dahin zu ergänzen, dass eine ausdrückliche Beschlussfassung erforderlich ist, stillschweigend oder konkludent gefasste Beschlüsse also nicht möglich sind. Das schließt allerdings nicht aus, ausdrücklich gefasste Beschlüsse nach den allgemeinen Interpretationsgrundsätzen ergänzend auszulegen.[110]

66 **b) Einfache Mehrheit.** Das Gesetz nennt nicht die regelmäßig erforderliche Mehrheit. Aber auch insoweit besteht allgemein Einigkeit: In Anlehnung an § 32 Abs. 1 S. 3 BGB und § 133 Abs. 1 AktG gilt der Grundsatz der einfachen Mehrheit. Soweit Gesetz oder

---

[105] BGH ZIP 2007, 1025 (1027); ebenso iErg *Priester* AG 2007, 190; GroßkommAktG/*Hopt/ M. Roth* § 108 Rn. 79; *Stadler/Berner* NZG 2003, 49 (50 ff.) u. AG 2004, 27; Spindler/Stilz AktG/ *Spindler* § 108 Rn. 41; KölnKommAktG/*Mertens/Cahn* § 108 Rn. 66; Hüffer/*Koch* AktG § 108 Rn. 16 („dogmatisch unbefriedigend, pragmatisch sinnvoll"); Grigoleit/*Tomasic* AktG § 108 Rn. 34 („teleologische Reduktion"). Dagegen wie hier MüKoAktG/*Habersack* § 108 Rn. 33, 37.

[106] BayObLG ZIP 2003, 1194; OLG Frankfurt a. M. NZG 2006, 29 (31); *Keusch/Rotter* NZG 2003, 671 (673).

[107] BGHZ 83, 151 (153 f.) hat die Streitfrage offengelassen. Eine Verschärfung halten für unzulässig ua HH MitbestR/*Habersack* MitbestG § 28 Rn. 4; *Raiser/Veil/Jacobs* MitbestG § 28 Rn. 3; GroßkommAktG/*Hopt/M. Roth* § 108 Rn. 90; WKS/*Schubert* MitbestG § 28 Rn. 9; GroßkommAktG/ *Oetker* MitbestG § 28 Rn. 8. Zur Gegenansicht s. OLG Hamburg BB 1984, 1763 (1764 f.); KölnKommAktG/*Mertens/Cahn* Anh. § 117 B § 28 Rn. 2; *Lutter/Krieger/Verse* Rechte und Pflichten § 11 Rn. 719, Semler/v. Schenck Der Aufsichtsrat/*Schütz* § 108 Rn. 64. Unentschieden Hüffer/*Koch* AktG § 108 Rn. 18.

[108] BGHZ 83, 151 (155).

[109] OLG Hamburg BB 1984, 1673.

[110] BGH ZIP 2002, 216 – Sachsenmilch IV; BGH WM 1970, 1394; OLG Frankfurt a. M. WM 1974, 936; Hüffer/*Koch* AktG § 108 Rn. 4; MüKoAktG/*Habersack* § 108 Rn. 12 f.; *Baums* ZGR 1983, 300 (334 ff.).

Satzung nicht ausnahmsweise eine qualifizierte Mehrheit vorschreiben, genügt die einfache Mehrheit der abgegebenen Stimmen.[111] Eine Stimmenthaltung gilt dabei nicht als abgegebene Stimme, während sie im Hinblick auf die Beschlussfähigkeit als Teilnahme an der Beschlussfassung anzusehen ist (→ Rn. 61).

Das AktG enthält nur eine einzige Sonderbestimmung zur erforderlichen Mehrheit: **67** Wenn der Aufsichtsrat nach einem der Mitbestimmungs-Modelle auch aus Aufsichtsratsmitgliedern der Arbeitnehmer zu bestehen hat, bedürfen nach § 124 Abs. 3 S. 5 AktG (dazu → § 30 Rn. 49) Vorschläge des Aufsichtsrats zur Wahl von Aufsichtsratsmitgliedern durch die Hauptversammlung nur der Mehrheit der Stimmen der Aktionärvertreter. Ebenso wie bei der Beschlussfassung der Vertreter der Anteilseigner in den Fällen des § 32 MitbestG (dazu → § 29 Rn. 86) genügt dafür nicht die Mehrheit der abgegebenen Stimmen, sondern es ist die Mehrheit der Stimmen aller im Amt befindlichen Aktionärsvertreter erforderlich.

Die Satzung kann bestimmen, dass bei Stimmengleichheit die Stimme des Aufsichtsrats- **68** vorsitzenden oder – bei seiner Verhinderung – die Stimme des stellvertretenden Vorsitzenden oder des jeweiligen Leiters der Sitzung den Ausschlag gibt (vgl. auch → Rn. 21, 25). Eine Bestimmung in der Geschäftsordnung des Aufsichtsrats reicht dagegen nicht aus, um ein Recht zum **Stichentscheid** zu begründen.[112] Weder die Satzung noch die Geschäftsordnung können dem Vorsitzenden oder einem anderen bestimmten Mitglied ein Vetorecht einräumen.[113]

Das Erfordernis einer **qualifizierten Mehrheit** kann in der Satzung nur in engen **69** Grenzen festgelegt werden: Für alle Entscheidungen, die zum gesetzlich zwingenden Aufgabenbereich des Aufsichtsrats gehören, muss die einfache Mehrheit der abgegebenen Stimmen genügen.[114] Eine qualifizierte Mehrheit kann die Satzung (nicht die Geschäftsordnung!) einer nicht paritätisch mitbestimmten Gesellschaft zB vorschreiben für Zustimmungen auf Grund von Zustimmungsvorbehalten nach § 111 Abs. 4 S. 2 AktG[115] und für Erlass oder Änderung einer vom Aufsichtsrat beschlossenen Geschäftsordnung (→ Rn. 4). Bei allen paritätisch mitbestimmten Aufsichtsräten kann die Satzung das Erfordernis der einfachen Mehrheit nicht verschärfen (→ Rn. 71, 79).

c) **Stimmverbote.** Im geltenden Gesellschaftsrecht gilt für die Organmitglieder nach hM **70** kein zwingendes allgemeines Stimmverbot bei Interessenkollision.[116] Auch Aufsichtsratsmitglieder unterliegen nur ausnahmsweise bei bestimmten Kollisionslagen einem Stimmverbot. Ein spezielles Stimmverbot gilt nach § 111b Abs. 2 AktG bei Beschlüssen über die Zustimmung zu Geschäften einer börsennotierten Gesellschaft mit nahestehenden Personen (→ § 29 Rn. 75). In Analogie zu § 34 BGB und § 47 Abs. 4 GmbHG ist das Aufsichtsrats-

---

[111] MüKoAktG/*Habersack* § 108 Rn. 20; Hüffer/*Koch* AktG § 108 Rn. 6; KölnKommAktG/*Mertens*/*Cahn* § 108 Rn. 57. Das ist etwas anderes als die einfache Mehrheit der anwesenden oder vertretenen Mitglieder nach Art. 50 Abs. 1 SE-VO (insoweit unzutr. *Jürgenmeyer* ZGR 2007, 112 (117)).

[112] Hüffer/*Koch* AktG § 108 Rn. 8; *Lutter/Krieger/Verse* Rechte und Pflichten § 11 Rn. 735; MüKoAktG/*Habersack* § 107 Rn. 67; KölnKommAktG/*Mertens*/*Cahn* § 107 Rn. 65; Spindler/Stilz AktG/*Spindler* § 107 Rn. 49; Semler/v. Schenck Der Aufsichtsrat/*Schütz* § 108 Rn. 139; aA HdB börsennotierte AG/*E. Vetter* § 27 Rn. 9; GroßkommAktG/*Hopt/M. Roth* § 107 Rn. 182.

[113] Hüffer/*Koch* AktG § 108 Rn. 8; *Lutter/Krieger/Verse* Rechte und Pflichten § 11 Rn. 735; GroßkommAktG/*Hopt/M. Roth* § 108 Rn. 181.

[114] MüKoAktG/*Habersack* § 108 Rn. 24; Hüffer/*Koch* AktG § 108 Rn. 8; *Lutter/Krieger/Verse* Rechte und Pflichten § 11 Rn. 735; aA *Jürgenmeyer* ZGR 2007, 112 (122 ff.).

[115] GroßkommAktG/*Hopt/M. Roth* § 108 Rn. 45; Spindler/Stilz AktG/*Spindler* § 108 Rn. 23; HdB börsennotierte AG/*E. Vetter* § 27 Rn. 58. Zweifelnd Hüffer/*Koch* AktG § 108 Rn. 8. AA KölnKommAktG/*Mertens*/*Cahn* § 108 Rn. 62; MüKoAktG/*Habersack* § 108 Rn. 24.

[116] *U. H. Schneider* ZHR 150 (1986), 609 (613); *Ulmer* NJW 1980, 1603 (1605); *Hoffmann-Becking* ZHR 150 (1986), 570 (580); *Koch* ZGR 2014, 697 (710), mN; HdB börsennotierte AG/*E. Vetter* § 27 Rn. 61.

mitglied vom Stimmrecht ausgeschlossen, wenn die Beschlussfassung die Vornahme eines Rechtsgeschäfts mit ihm oder die Einleitung oder Erledigung eines Rechtsstreits zwischen ihm und der Gesellschaft betrifft.[117] Dagegen ist das Aufsichtsratsmitglied – ebenso wie der GmbH-Gesellschafter nach der einschränkenden Auslegung des § 47 Abs. 4 GmbH durch die Rechtsprechung –[118] stimmberechtigt, wenn die Beschlussfassung zwar seine Person betrifft, aber nur im Sinne eines „körperschaftlichen Sozialakts".[119] Demgemäß kann das Aufsichtsratsmitglied mitstimmen, wenn organintern seine Wahl zum Vorsitzenden oder zum Mitglied eines Ausschusses zur Entscheidung steht.[120] Ein Aufsichtsratsmitglied ist nach verbreitet vertretener Ansicht auch bei der Beschlussfassung über seine eigene Bestellung zum Vorstandsmitglied stimmberechtigt, da es sich auch dabei um einen Akt der körperschaftlichen Willensbildung handelt.[121] Durch die Satzung oder die Geschäftsordnung des Aufsichtsrats können die ohnehin geltenden Stimmverbote nur klargestellt und keine zusätzlichen Stimmverbote eingeführt werden, weil dadurch der zwingende Grundsatz der gleichen Stimmberechtigung aller Mitglieder beeinträchtigt würde. Wenn ein Mitglied wegen Interessenkonflikts einem Stimmverbot unterliegt, „infiziert" dies nicht die anderen Mitglieder mit der Folge einer fehlerhaften Beschlussfassung, und zwar weder bei einem offengelegten noch einem verdeckten Konflikt.[122]

71 **4. Beschlussfassung nach MitbestG. a) Mehrheitserfordernisse.** Das MitbestG regelt – abgesehen vom dem Zweitstimmrecht des Vorsitzenden nach §§ 29 Abs. 2, 31 Abs. 4 MitbestG – nicht weniger als sieben verschiedene Mehrheiten des Aufsichtsrats. Alle Mehrheitserfordernisse des MitbestG sind in beide Richtungen zwingend, können also durch die Satzung und die Geschäftsordnung des Aufsichtsrats weder reduziert noch verschärft werden.[123] Im Einzelnen:

72 (1) Die Mehrheit der abgegebenen Stimmen nach § 29 Abs. 1 MitbestG ist die Regelmehrheit, die für alle Beschlüsse des Aufsichtsrats gilt, soweit das MitbestG keine andere Mehrheit vorschreibt.

73 (2) Die Mehrheit der abgegebenen Stimmen der Aktionärvertreter bzw. der Arbeitnehmervertreter ist nach § 27 Abs. 2 MitbestG erforderlich für die getrennte Wahl des Vorsitzenden und des Stellvertreters im 2. Wahlgang (dazu → Rn. 29) und nach § 27 Abs. 3 MitbestG für die Wahl des 3. und 4. Mitglieds des Vermittlungsausschusses (dazu → § 32 Rn. 36).

74 (3) Die Beschlüsse nach § 32 MitbestG zur Ausübung von Beteiligungsrechten bedürfen der Mehrheit der Stimmen aller im Amt befindlichen Aufsichtsratsmitglieder der Aktionäre, also nicht nur der Mehrheit der abgegebenen Stimmen der Aktionärsvertreter (dazu → § 29 Rn. 86).

---

[117] Hüffer/*Koch* AktG § 108 Rn. 9; *Lutter/Krieger/Verse* Rechte und Pflichten § 11 Rn. 731; Spindler/Stilz AktG/*Spindler* § 108 Rn. 27.

[118] BGHZ 48, 163 (167); BGH WM 1990, 1618; weitere Nachw. bei Baumbach/Hueck GmbHG/ Zöllner/Noack § 47 Rn. 82 ff.

[119] KölnKommAktG/*Mertens/Cahn* § 108 Rn. 67; *Mertens* ZGR 1983, 189 (203 ff.); *Wilhelm* NJW 1983, 912 f.

[120] Hüffer/Koch AktG § 108 Rn. 9; *Lutter/Krieger/Verse* Rechte und Pflichten § 11 Rn. 733; MüKoAktG/*Habersack* § 108 Rn. 32; GroßkommAktG/Hopt/*M. Roth* § 108 Rn. 68; Spindler/Stilz AktG/*Spindler* § 108 Rn. 31; HH MitbestR/*Habersack* § 31 Rn. 18a.

[121] *Lutter/Krieger/Verse* Rechte und Pflichten § 11 Rn. 733; KölnKommAktG/*Mertens/Cahn* § 108 Rn. 67; Bürgers/Körber AktG/*Bürgers/Israel* § 108 Rn. 11; HdB börsennotierte AG/*E. Vetter* § 27 Rn. 62; Hölters AktG/*Hambloch-Gesinn/Gesinn* § 108 Rn. 34; Semler/v. Schenck Der Aufsichtsrat/ *Schütz* § 108 Rn. 158; aA MüKoAktG/*Habersack* § 108 Rn. 32; Hüffer /*Koch AktG* § 108 Rn. 9; Ulmer NJW 1982, 2288 (2290); GroßkommAktG/Hopt/*M. Roth* § 108 Rn. 68; Spindler/Stilz AktG/ *Spindler* § 108 Rn. 31; Grigoleit/Tomasic AktG § 108 Rn. 31. Auch → § 20 Rn. 22.

[122] *Koch* ZGR 2014, 697 (708 f.); *Carsten Schäfer* ZGR 2014, 731 (746); *Bunz* NZG 2011, 1294 ff.; KölnKommAktG/*Mertens/Cahn* § 93 Rn. 29; aA *Lutter* FS Canaris, Bd. 2, 2007, 248 ff.

[123] AllgM, s. HH MitbestR/*Habersack* MitbestG § 27 Rn. 5, § 29 Rn. 8, § 31 Rn. 25.

(4) Auf die Mehrheit der Stimmen der Mitglieder, also die Mehrheit der Stimmen aller 75
im Amt befindlichen Mitglieder (Ist-Stärke) kommt es an, wenn nach § 31 Abs. 3 S. 2 und
§ 31 Abs. 4 MitbestG der Aufsichtsrat nach Einschaltung des Vermittlungsausschusses im
2. Wahlgang und gegebenenfalls noch in einem 3. Wahlgang über die Vorstandsbestellung
oder den Widerruf der Bestellung beschließt (→ § 20 Rn. 23 f.).

(5) Einer Mehrheit von zwei Dritteln der Stimmen der Mitglieder, also zwei Dritteln der 76
Ist-Stärke des Aufsichtsrats bedarf es, um die Bestellung oder Abberufung eines Vorstandsmitglieds nach § 31 Abs. 2 MitbestG im 1. Wahlgang durchzusetzen.

(6) Für die Wahl des Vorsitzenden und des Stellvertreters durch den gesamten Aufsichtsrat 77
im 1. Wahlgang verlangt § 27 Abs. 1 MitbestG eine Mehrheit von zwei Dritteln der
Mitglieder, aus denen der Aufsichtsrat insgesamt zu bestehen hat, also zwei Dritteln der
Soll-Stärke.

(7) Wenn eine Gesellschaft (GmbH) in den Geltungsbereich des MitbestG gelangt, 78
können die zuvor bestellten Geschäftsführer fünf Jahre später auch ohne wichtigen Grund
durch den Aufsichtsrat abberufen werden. Nach § 37 Abs. 3 S. 2 MitbestG bedarf es dafür
alternativ der Mehrheit der abgegebenen Stimmen der Aufsichtsratsmitglieder oder aller
Stimmen der Aktionärvertreter oder aller Stimmen der Arbeitnehmervertreter.

In den **übrigen Mitbestimmungsgesetzen** finden sich zwei vom AktG abweichende 79
Mehrheitsregeln: Nach § 13 Abs. 1 MontanMitbestG kann der Arbeitsdirektor nicht gegen
die Stimmen der Vertreter der Arbeitnehmer bestellt oder abberufen werden (→ § 24 Rn. 8),
und nach § 8 Abs. 1 MontanMitbestG und § 5 Abs. 3 MitbestErgG bedarf der Vorschlag zur
Wahl des neutralen Mitglieds der Mehrheit aller Stimmen der übrigen Aufsichtsratsmitglieder. Für alle nach dem MontanMitbestG oder MitbestErgG zusammengesetzten Aufsichtsräte gilt im Übrigen ebenso wie für einen nach dem MitbestG zusammengesetzten Aufsichtsrat, dass das Erfordernis der einfachen Mehrheit der abgegebenen Stimmen durch die Satzung nicht verschärft werden kann (→ Rn. 71).[124] Zu § 124 Abs. 3 S. 5 AktG → Rn. 67.

b) Zweitstimmrecht des Vorsitzenden. Zur Auflösung von Pattsituationen im paritätisch 80
zusammengesetzten Aufsichtsrat gewährt das Gesetz dem Vorsitzenden in § 29 Abs. 2 MitbestG nach zweimaliger Stimmengleichheit eine zweite Stimme. Das Zweitstimmrecht nach
§ 29 Abs. 2 MitbestG gilt für Pattsituationen bei allen Abstimmungsgegenständen, für die
nach § 29 Abs. 1 MitbestG die Mehrheit der abgegebenen Stimmen erforderlich und ausreichend ist. Dabei macht es keinen Unterschied, ob es um eine Sachentscheidung oder die
Entscheidung von Fragen der Organisation oder des Verfahrens des Aufsichtsrats geht.[125] Das
Zweitstimmrecht des Vorsitzenden gilt jedoch nicht bei Beschlüssen der Aktionärvertreter
nach § 124 Abs. 3 S. 5 AktG (dazu → Rn. 67) und § 32 MitbestG (dazu → § 29 Rn. 86), da
für diese Beschlüsse nicht die Mehrheit der abgegebenen Stimmen genügt, sondern die
Mehrheit der Stimmen aller im Amt befindlichen Aktionärvertreter erforderlich ist.

Zur Auflösung der Pattsituation bei einer umstrittenen Bestellung oder Abberufung eines 81
Vorstandsmitglieds besitzt der Vorsitzende nach § 31 Abs. 4 MitbestG eine zweite Stimme
im 3. Wahlgang.

Die Auflösung der Pattsituation durch das Zweitstimmrecht nach § 29 Abs. 2 MitbestG 82
hat im Einzelnen die folgenden Voraussetzungen:

– Die **erste Abstimmung** hat Stimmengleichheit ergeben, also die gleiche Zahl von Ja- und Nein-Stimmen.

– Eine **zweite Abstimmung** über denselben Gegenstand, dh über denselben Beschluss- 83
vorschlag zu demselben Gegenstand der Tagesordnung,[126] hat wiederum Stimmengleichheit ergeben. Die zweite Abstimmung muss nicht notwendig in derselben Sitzung statt-

---

[124] Lutter/Krieger/Verse Rechte und Pflichten § 11 Rn. 736; MüKoAktG/Habersack § 108 Rn. 23.
[125] HH MitbestR/Habersack MitbestG § 29 Rn. 10; WKS/Schubert MitbestG § 29 Rn. 16; Raiser/Veil/Jacobs MitbestG § 29 Rn. 10; GroßkommAktG/Oetker MitbestG § 29 Rn. 7.
[126] HH MitbestR/Habersack MitbestG § 29 Rn. 12; Raiser/Veil/Jacobs MitbestG § 29 Rn. 13; WKS/Schubert MitbestG § 29 Rn. 19.

finden, sondern kann auch in einer weiteren Sitzung erfolgen.[127] Ob und wann die zweite Abstimmung stattfindet, entscheidet der Vorsitzende vorbehaltlich eines abweichenden Verfahrensbeschlusses des Aufsichtsrats.[128] Die Satzung oder die Geschäftsordnung kann den zulässigen Zeitraum zwischen erster und zweiter Abstimmung begrenzen; wird er überschritten, handelt es sich wieder um die erste Abstimmung. Das einzelne Mitglied hat keinen Anspruch auf sofortige Durchführung der zweiten Abstimmung. Eine Bestimmung der Satzung oder Geschäftsordnung, wonach sich die zweite Abstimmung sofort anschließen muss oder umgekehrt erst in einer neuen Sitzung erfolgen darf, ist ebenso unzulässig wie eine Klausel, die eine erneute Aussprache vor der zweiten Abstimmung verbietet.[129] Dagegen kann in der Geschäftsordnung bestimmt werden, dass jedes Mitglied oder zwei Mitglieder eine zweite Abstimmung verlangen können.[130]

84 – Der Vorsitzende entscheidet nach pflichtgemäßem Ermessen über den **Einsatz der Zweitstimme.** Satzung und Geschäftsordnung können seine Entscheidungsfreiheit, ob er das Patt durch seine zweite Stimme auflösen will, nicht beschränken.[131] Nach hM kann er die Zweitstimme auch inhaltlich abweichend von der ersten Stimme abgeben.[132] Wenn er die Zweitstimme einsetzt, entscheidet er den Ausgang der zweiten Abstimmung; aus der Gesetzesfassung („bei einer erneuten Abstimmung") folgt, dass es sich nicht um eine nur aus der Stimmabgabe des Vorsitzenden bestehende dritte Abstimmung handelt. Die zweite Stimme kann deshalb auch nicht getrennt von der zweiten Abstimmung in einer weiteren Sitzung, sondern nur in derselben Sitzung eingesetzt werden.

85 Das Zweitstimmrecht ist ausschließlich ein Recht des Vorsitzenden. Ist er verhindert, steht es dem Stellvertreter nicht zu, § 29 Abs. 2 S. 3 MitbestG. Der Vorsitzende kann, wenn er verhindert ist, seine zweite Stimme im Wege der schriftlichen Stimmabgabe durch ein anderes Aufsichtsratsmitglied – zB den Stellvertreter – überreichen lassen, § 108 Abs. 3 AktG, § 29 Abs. 2 S. 2 MitbestG.

86 **5. Vertagung.** Der Aufsichtsrat kann durch Mehrheitsbeschluss die Behandlung eines, mehrerer oder aller Punkte der Tagesordnung auf eine nachfolgende Sitzung vertagen. Der Vorsitzende ist zur Vertagung nur befugt, wenn ihn die Satzung oder – vorbehaltlich einer abweichenden Entscheidung des Plenums – die Geschäftsordnung dazu besonders ermächtigt.[133] Zur Aufhebung oder Verlegung einer noch nicht begonnenen Sitzung → Rn. 47, zur Unterbrechung einer Sitzung → Rn. 56.

87 In den Satzungen der dem MitbestG unterliegenden Gesellschaften finden sich häufig **Vertagungsklauseln,** durch die bei ungleicher Präsenz der beiden Bänke durch eine Vertagung der Beschlussfassung Zufallsmehrheiten verhindert werden sollen. Durch solche Klauseln dürfen die Erfordernisse der Beschlussfähigkeit nach § 28 MitbestG nicht verschärft werden; es darf auch nicht einseitig darauf abgestellt werden, dass die Präsenz der

---

[127] HH MitbestR/*Habersack* MitbestG § 29 Rn. 14; *Raiser/Veil/Jacobs* MitbestG § 29 Rn.??; WKS/*Schubert* MitbestG § 29 Rn. 27; GroßkommAktG/*Oetker* MitbestG § 29 Rn. 9.

[128] HH MitbestR/*Habersack* MitbestG § 29 Rn. 13 f.; *Raiser/Veil/Jacobs* MitbestG § 29 Rn. 12; WKS/*Schubert* MitbestG § 29 Rn. 27; *Lutter/Krieger/Verse* Rechte und Pflichten § 11 Rn. 737.

[129] WKS/*Schubert* MitbestG § 29 Rn. 22 f.; *Lutter/Krieger/Verse* Rechte und Pflichten § 11 Rn. 738. Teilweise anders *Raiser/Veil/Jacobs* MitbestG § 29 Rn. 16 f.; GroßkommAktG/*Oetker* MitbestG § 29 Rn. 9; HH MitbestR/*Habersack* MitbestG § 29 Rn. 20.

[130] WKS/*Schubert* MitbestG § 29 Rn. 22; *Raiser/Veil/Jacobs* MitbestG § 29 Rn. 16; HH MitbestR/*Habersack* MitbestG § 29 Rn. 19; *Hoffmann/Lehmann/Weinmann* MitbestG § 29 Rn. 33; GroßkommAktG/*Oetker* MitbestG § 29 Rn. 10; *Lutter/Krieger/Verse* Rechte und Pflichten § 11 Rn. 738.

[131] HH MitbestR/*Habersack* MitbestG § 29 Rn. 20; *Raiser/Veil/Jacobs* MitbestG § 29 Rn. 18; WKS/*Schubert* MitbestG § 29 Rn. 29 ff.; GroßkommAktG/*Oetker* MitbestG § 29 Rn. 16.

[132] HH MitbestR/*Habersack* MitbestG § 29 Rn. 16; *Raiser/Veil/Jacobs* MitbestG § 29 Rn. 18; WKS/*Schubert* MitbestG § 29 Rn. 30.

[133] HH MitbestR/*Habersack* MitbestG § 25 Rn. 34; KölnKommAktG/*Mertens/Cahn* § 108 Rn. 83; *Lutter/Krieger/Verse* Rechte und Pflichten § 11 Rn. 725; Spindler/Stilz AktG/*Spindler* § 108 Rn. 49; aA GroßkommAktG/*Hopt/M. Roth* § 107 Rn. 126.

Vertreter der Anteilseigner unvollständig ist oder der Vorsitzende fehlt (→ Rn. 64). Nach der heute herrschenden Meinung ist jedenfalls die folgende Klausel unbedenklich: Wenn an der Beschlussfassung nicht die gleiche Zahl von Mitgliedern der Aktionäre und der Arbeitnehmer teilnehmen würde, kann der Vorsitzende die Beschlussfassung auf Antrag von zwei Mitgliedern auf die nächste Sitzung des Aufsichtsrats vertagen; zu einer erneuten Vertagung ist der Vorsitzende nicht befugt.[134]

6. Schriftliche Stimmabgabe. Ein Aufsichtsratsmitglied kann sich bei der Ausübung seines Stimmrechts nicht vertreten lassen. Auch wenn sich das Aufsichtsratsmitglied auf Grund einer besonderen Satzungsbestimmung nach § 109 Abs. 3 AktG durch ein Nichtmitglied bezüglich der Teilnahme an der Sitzung vertreten lassen kann, ist der Sitzungsvertreter doch nicht in der Lage, das Stimmrecht als Vertreter des abwesenden Mitglieds auszuüben (→ Rn. 51). Möglich ist lediglich die Übermittlung einer schriftlichen Stimmabgabe durch einen Stimmboten nach § 108 Abs. 3 AktG: Das abwesende Mitglied kann seine schriftliche Stimmabgabe in der Sitzung durch ein anderes Mitglied oder – im Fall des § 109 Abs. 3 AktG – durch den Sitzungsvertreter überreichen lassen. Der Vorsitzende des paritätisch mitbestimmten Aufsichtsrats kann, wenn er verhindert ist, auf diesem Wege auch seine zweite Stimme durch schriftliche Stimmabgabe einsetzen, wie § 29 Abs. 2 S. 2 und § 31 Abs. 4 S. 2 MitbestG ausdrücklich klarstellen. Ein Mitglied, das **per Telefon oder Video** zu einer Sitzung zugeschaltet wird, ist nicht als abwesendes, sondern an der Sitzung teilnehmendes Mitglied anzusehen, so dass sich die Übergabe einer schriftlichen Stimmabgabe erübrigt.[135] 88

Die schriftliche Stimmabgabe muss sich auf einen **bestimmten Beschlussvorschlag** beziehen,[136] der jedoch nicht im vollen Wortlaut wiedergegeben werden muss. Die Nennung des Punkts der Tagesordnung genügt nur, wenn schon dadurch einwandfrei feststeht, zu welchem Beschlussvorschlag die Stimme abgegeben wird. Da die Stimme nur zu einem bestimmten Beschlussvorschlag schriftlich abgegeben werden kann, ist es wichtig, dass der konkrete Antrag den Mitgliedern frühzeitig mitgeteilt wird. Falls er in der Sitzung noch einmal geändert wird, kann die schriftlich abgegebene Stimme nur gezählt werden, wenn eindeutig zu erkennen ist, dass sie auch für den geänderten Vorschlag gelten soll. Die schriftliche Stimmabgabe kann sich auch auf einen bestimmten Antrag beziehen, der noch nicht vorab mitgeteilt wurde, aber in der Sitzung tatsächlich gestellt wird. 89

Das abwesende Mitglied kann der Schwierigkeit, in seiner Stimmabgabe den Beschlussvorschlag zu bezeichnen, nicht dadurch ausweichen, dass es die schriftliche Stimmerklärung blanko unterschreibt und es dem Stimmboten überlässt, das Blankett so auszufüllen, wie ihm das auf Grund der Verhandlungen des Aufsichtsrats richtig erscheint.[137] Die **Blankoerklärung** dürfte dagegen zulässig sein, wenn der Stimmbote das Blankett auf Grund genauer Anweisung und nicht auf Grund eigener Ermessensentscheidung ausfüllt.[138] 90

---

[134] Vgl. LG Hamburg NJW 1980, 235; HH MitbestR/*Habersack* MitbestG § 25 Rn. 35, § 28 Rn. 7; *Lutter/Krieger/Verse* Rechte und Pflichten § 11 Rn. 725; HdB börsennotierte AG/*E. Vetter* § 27 Rn. 52; KölnKommAktG/*Mertens/Cahn* § 108 Rn. 83 f.; *Drinhausen/Marsch-Barner* AG 2014, 337 (338 f.).

[135] OLG Frankfurt a. M. ZIP 2019, 1168 (1171); *Hoffmann-Becking* Liber amicorum Happ, 2006, 86 (87); aA *Theusinger/Guntermann* AG 2019, 678 (681).

[136] *Lutter/Krieger/Verse* Rechte und Pflichten § 11 Rn. 728; GroßkommAktG/*Hopt/M. Roth* § 108 Rn. 126. Kleine Unterschiede in der Formulierung schaden nicht (OLG Frankfurt a. M. ZIP 2019, 1168 (1170)).

[137] *Lutter/Krieger/Verse* Rechte und Pflichten § 11 Rn. 727; MüKoAktG/*Habersack* § 108 Rn. 56.

[138] GroßkommAktG/*Hopt/M. Roth* § 108 Rn. 131; KölnKommAktG/*Mertens/Cahn* § 108 Rn. 33 f.; *Lutter/Krieger/Verse* Rechte und Pflichten § 11 Rn. 727; *Lutter* FS Duden, 1977, 269 (276); *Riegger* DB 1980, 130 (131); Bürgers/Körber AktG/*Bürgers/Israel* § 108 Rn. 14; aA Hüffer/*Koch* AktG § 108 Rn. 19; MüKoAktG/*Habersack* § 108 Rn. 56; Semler/v. Schenck Der Aufsichtsrat/*Schütz* § 108 Rn. 181; Hölters AktG/*Hambloch-Gesinn/Gesinn* § 108 Rn. 52; Spindler/Stilz AktG/*Spindler* § 108 Rn. 57.

91 § 108 Abs. 3 AktG verlangt, dass das abwesende Mitglied die Stimme **schriftlich** abgibt. Es ist umstritten, ob dies in dem strengen Sinn der Schriftform des § 126 BGB die Übermittlung eines unterzeichneten Originals verlangt[139] oder ob es ausreicht, dass die Identität des Erklärenden auf Grund einer Wiedergabe der Unterzeichnung festgestellt werden kann.[140] Folgt man der großzügigeren Auffassung, so genügt zwar nicht ein Telegramm, wohl aber ein Telefax, da der Unterzeichner durch die Wiedergabe seiner Unterschrift identifiziert werden kann[141], und genügt auch eine e-mail, wenn durch eine digitale Signatur die Identität des Absenders überprüft werden kann.[142] Die Streitfrage stellt sich in neuem Licht, nachdem der Gesetzgeber in § 109 Abs. 3 AktG für die Ermächtigung eines Sitzungsvertreters die Textform des § 126b BGB ausreichen lässt und in § 108 Abs. 4 AktG für eine Beschlussfassung ohne Sitzung die Stimmabgabe in Textform, also insbesondere durch Telefax oder e-mail genügen lässt, es sei denn, die zulässige Form der Stimmabgabe wird in der Satzung oder Geschäftsordnung enger definiert.[143] Nach diesen Gesetzesänderungen erscheint es widersprüchlich und planwidrig, für § 108 Abs. 3 AktG die strenge Schriftform des § 126 BGB zu verlangen; § 108 Abs. 4 AktG ist analog anzuwenden.[144] Zumindest ist davon auszugehen, dass die Satzung oder Geschäftsordnung auch für die Stimmabgabe nach § 108 Abs. 3 AktG die Textform ausreichen lassen kann.

92 Auch wenn mehrere abwesende Mitglieder ihre Stimmen nach § 108 Abs. 3 AktG schriftlich abgeben, handelt es sich nicht um eine Beschlussfassung des Aufsichtsrats außerhalb einer Sitzung (dazu → Rn. 94 ff.) und auch nicht um eine gemischte Beschlussfassung (dazu → Rn. 93), sondern um eine Beschlussfassung, die vollständig in der Sitzung erfolgt, da die schriftlichen Stimmabgaben in der Sitzung überreicht werden müssen. Es ist sogar möglich, dass in der Sitzung nur der Vorsitzende oder sein Stellvertreter anwesend ist und alle anderen Mitglieder ihre Stimmen nach § 108 Abs. 3 AktG schriftlich abgeben. Aus der Formulierung „überreichen lassen" ergibt sich nicht zwingend, dass außer dem Sitzungsleiter notwendig noch ein zweites Mitglied anwesend sein muss.

93 Von der schriftlichen Stimmabgabe in der Sitzung nach § 108 Abs. 3 AktG ist die nachträgliche Stimmabgabe eines abwesenden Mitglieds zu unterscheiden. Sie ist grundsätzlich unwirksam. Etwas anderes gilt nur in dem Sonderfall der **gemischten Beschlussfassung:**[145] Der Vorsitzende gestattet dem oder den abwesenden Mitgliedern, ihre Stimme nachträglich gegenüber dem Vorsitzenden abzugeben. Der Vorsitzende stellt in diesem Fall das Beschlussergebnis erst nach Eingang der nachträglichen Stimmabgaben fest. Auch bei der gemischten Beschlussfassung handelt es sich um eine besondere Form der Beschlussfassung im Sinne von § 108 Abs. 4 AktG, die deshalb – vorbehaltlich eines Ausschlusses des

---

[139] MüKoAktG/*Habersack* § 108 Rn. 52.
[140] *Lutter* FS Duden, 1979, 269 (280); *Hoffmann/Lehmann/Weinmann* MitbestG § 25 Rn. 48; *Riegger* BB 1980, 130 (131); HdB börsennotierte AG/*E. Vetter* § 27 Rn. 70; KölnKommAktG/*Mertens/Cahn* § 108 Rn. 25; Spindler/Stilz AktG/*Spindler* § 108 Rn. 59.
[141] *Lutter/Krieger/Verse* Rechte und Pflichten § 11 Rn. 726; GroßkommAktG/*Hopt/M. Roth* § 108 Rn. 128.
[142] HdB börsennotierte AG/*E. Vetter* § 27 Rn. 70; GroßkommAktG/*Hopt/M. Roth* § 108 Rn. 128; Spindler/Stilz AktG/*Spindler* § 108 Rn. 59.
[143] Dazu *Kindl* ZHR 166 (2002), 335 ff.
[144] *Hoffmann-Becking* Liber amicorum Happ, 2006, 81 (89 ff.); zust. KölnKommAktG/*Mertens/Cahn* § 108 Rn. 27; Hüffer/*Koch* AktG § 108 Rn. 20; Bürgers/Körber AktG/*Bürgers/Israel* § 108 Rn. 13; Semler/v. Schenck Der Aufsichtsrat/*Schütz* § 108 Rn. 170; aA MüKoAktG/*Habersack* § 108 Rn. 52; *Lutter/Krieger/Verse* Rechte und Pflichten § 11 Rn. 726. Vgl. auch OLG Frankfurt a. M. NZG 2019, 1055 (1058): unmittelbare Anwendung von § 108 Abs. 4 AktG auf Stimmabgabe per E-Mail zur Sitzung.
[145] Dazu *Lutter/Krieger/Verse* Rechte und Pflichten § 11 Rn. 730; MüKoAktG/*Habersack* § 108 Rn. 70; *Hoffmann-Becking* FS Priester, 2007, 233 (241); HdB börsennotierte AG/*E. Vetter* § 27 Rn. 56; AR HdB/*v. Schenck* § 5 Rn. 144; *Miettinen/Villeda* AG 2007, 346 (347 f.); kritisch Hüffer/*Koch* AktG § 108 Rn. 23; abl. *Wertenbruch* GmbHR 2019, 149 (150 f.) zur Beschlussfassung der GmbH-Gesellschafter.

Widerspruchsrechts in der Satzung oder Geschäftsordnung (→ Rn. 97) – nur zulässig ist, wenn kein Mitglied, auch keines der abwesenden Mitglieder, diesem Verfahren widerspricht. Außerdem können die Stimmen der abwesenden Mitglieder nicht zeitlich unbefristet, sondern nur innerhalb einer angemessenen Frist nachträglich abgegeben werden; die Frist wird zweckmäßig in der Sitzung festgelegt. Durch die zugelassene nachträgliche Stimmabgabe nimmt das abwesende Mitglied an der Beschlussfassung teil, so dass dadurch – ebenso wie durch die Überreichung einer schriftlichen Stimmabgabe in der Sitzung – gegebenenfalls erst die Beschlussfähigkeit erreicht wird. Für die Form der nachträglichen Stimmabgabe folgt aus der Anwendung von § 108 Abs. 4 AktG, dass die Stimme schriftlich, fernmündlich oder in einer vergleichbaren Form, also auch durch Fax oder e-mail abgegeben werden kann, es sei denn, die Satzung oder Geschäftsordnung würde die zulässigen Formen der Übermittlung enger definieren.

7. Beschlussfassung ohne Sitzung und andere Sonderformen der Beschlussfassung. Der Aufsichtsrat kann auch ohne Abhaltung einer Sitzung wirksam beschließen. Nach § 108 Abs. 4 AktG in der seit 2001 geltenden Fassung sind schriftliche, fernmündliche oder andere Formen der Beschlussfassung des Aufsichtsrats und seiner Ausschüsse vorbehaltlich einer näheren Regelung durch die Satzung oder eine Geschäftsordnung des Aufsichtsrats nur zulässig, wenn kein Mitglied diesem Verfahren widerspricht.

Wenn der Aufsichtsrat in einer **Telefon- oder Videokonferenz** beschließt, handelt es sich um eine Beschlussfassung in einer Sitzung.[146] Telefon- und Videokonferenzen zählen nach dem Willen des Gesetzgebers nämlich sogar für die nach § 110 Abs. 3 AktG vorgeschriebene Mindestzahl von Sitzungen (→ Rn. 36). Anders als eine Präsenzsitzung ist jedoch eine Telefon- oder Videokonferenz nur zulässig, wenn kein Mitglied diesem Verfahren widerspricht; das Recht des einzelnen Mitglieds zum Widerspruch kann durch die Satzung oder Geschäftsordnung gemäß § 108 Abs. 4 AktG ausgeschlossen werden. Bei der Telefon- oder Videokonferenz handelt es sich zwar um die Beschlussfassung in einer Sitzung, jedoch um eine besondere Form der Beschlussfassung, so dass § 108 Abs. 4 AktG anwendbar ist.[147]

Für eine Beschlussfassung **ohne Sitzung** gelten bei fehlender näherer Regelung in der Satzung oder Geschäftsordnung die folgenden Regeln:

Eine Beschlussfassung ohne Sitzung wird vom Vorsitzenden eingeleitet, indem er alle Mitglieder auffordert, zu einem bestimmten Beschlussvorschlag ihre Stimme bis zu einem bestimmten Termin schriftlich oder in einer anderen vom Vorsitzenden bestimmten Form (Telefax, e-mail, ggf. auch fernmündlich) abzugeben. Nach § 108 Abs. 4 AktG genügt es für die Zulässigkeit des vom Vorsitzenden bestimmten Verfahrens, dass kein Mitglied widerspricht. Für die Stimmabgabe oder einen etwaigen Widerspruch muss vom Vorsitzenden zeitlich ausreichend Gelegenheit geboten werden. Die Zeitspanne darf in der Regel kürzer bemessen sein als die bei der Einladung zu einer Sitzung allgemein einzuhaltende Frist.[148] Ein nach Ablauf der angemessenen Frist eingehender Widerspruch ist,

---

[146] *Hoffmann-Becking* Liber Amicorum Happ, 2006, 81 (86); *Lutter/Krieger/Verse* Rechte und Pflichten § 11 Rn. 728. So auch, allerdings nur für Videokonferenz GroßkommAktG/*Hopt/M. Roth* § 108 Rn. 136; MüKoAktG/*Habersack* § 108 Rn. 16; *Kindl* ZHR 166 (2002), 335 (341, 345 f.); *Jens Wagner* NZG 2002, 57 (59); *Miettinen/Villeda* AG 2007, 346 (349); Hüffer/*Koch* AktG § 108 Rn. 22; KölnKommAktG/*Mertens/Cahn* § 108 Rn. 20.

[147] *Hoffmann-Becking* Liber Amicorum Happ, 2006, 81 (86 f.). IErg ebenso *Lutter/Krieger/Verse* Rechte und Pflichten § 11 Rn. 729; MüKoAktG/*Habersack* § 108 Rn. 60; Spindler/Stilz AktG/*Spindler* § 108 Rn. 61; HdB börsennotierte AG/*E. Vetter* § 27 Rn. 54; iE auch Hüffer/*Koch* AktG § 108 Rn. 22; aA KölnKommAktG/*Mertens/Cahn* § 108 Rn. 21; unklar *Kindl* ZHR 166 (2002), 335 (341, 345). Die Gesetzesbegründung zu § 108 Abs. 4 AktG nennt ausdrücklich „Videokonferenzen etc." (BT-Drs. 14/4051, 12).

[148] *Hoffmann-Becking* Liber Amicorum Happ, 2006, 81 (82); HdB börsennotierte AG/*E. Vetter* § 27 Rn. 55; *Lutter/Krieger/Verse* Rechte und Pflichten § 11 Rn. 729.

auch wenn die Feststellung des Beschlusses durch den Vorsitzenden noch aussteht, nicht beachtlich.[149]

97 Durch die Satzung oder Geschäftsordnung kann die Beschlussfassung ohne Sitzung näher und abweichend geregelt werden. So kann bestimmt werden, dass die Beschussfassung ohne Sitzung nur zulässig ist, wenn sich alle Mitglieder mit der vom Vorsitzenden vorgeschlagenen Art der Abstimmung einverstanden erklären oder sich an ihr beteiligen. Es kann auch umgekehrt das Widerspruchsrecht völlig ausgeschlossen oder modifiziert werden.[150] Außerdem kann die Satzung oder Geschäftsordnung die zulässigen Formen der Stimmabgabe enger festlegen, insbesondere eine fernmündliche Stimmgabe oder eine Stimmabgabe durch e-mail ausschließen.

98 Für die **Beschlussfähigkeit** gilt im Grundsatz dasselbe wie bei einer Beschlussfassung in der Sitzung. An der Beschlussfassung nimmt nur teil, wer für oder gegen den Antrag stimmt oder sich der Stimme enthält. Wenn ein Mitglied auf die Aufforderung zur Stimmabgabe schweigt, kann es für die Beschlussfähigkeit nicht mitgezählt werden.[151]

99 Zur **Niederschrift** über das Ergebnis der ohne Sitzung erfolgten Beschlussfassung → Rn. 112.

100 **8. Ausführung von Beschlüssen.** Soweit für die Ausführung von Beschlüssen des Aufsichtsrats und seiner Ausschüsse Maßnahmen des Aufsichtsrats erforderlich sind, obliegen solche Maßnahmen im Grundsatz dem Vorsitzenden. Der Vorsitzende hat insbesondere die Beschlüsse dem Vorstand bekanntzugeben und gegebenenfalls zu erläutern.

101 Es ist umstritten, ob der Vorsitzende schon kraft seiner Amtsstellung befugt ist, im Namen des Aufsichtsrats die zur Durchführung der Beschlüsse erforderlichen **Willenserklärungen** abzugeben oder ob er dazu einer besonderen Ermächtigung bedarf. Dieses Problem stellt sich insbesondere beim Abschluss und der Beendigung der Anstellungsverträge mit den Vorstandsmitgliedern, bei denen die Gesellschaft nach § 112 AktG durch den Aufsichtsrat vertreten wird (→ § 21 Rn. 20, → § 23 Rn. 8). Auch in dem Fall der Beauftragung von Sachverständigen nach § 111 Abs. 2 S. 2 AktG vertritt der Aufsichtsrat die Gesellschaft, so dass auch hier verpflichtende Willenserklärungen zur Ausführung der Beschlussfassung des Aufsichtsrats in Betracht kommen (→ § 29 Rn. 54). Nach der hM muss der Vorsitzende besonders ermächtigt sein, um die Erklärungen im Namen des Aufsichtsratsplenums oder – zB bei Entscheidungen des Personalausschusses – des Ausschusses wirksam abgeben zu können.[152] Die Ermächtigung kann generell in der Satzung oder der Geschäftsordnung[153] oder für den Einzelfall durch besonderen Beschluss des Aufsichtsrats oder des Ausschusses erteilt werden. Nach verbreiteter Auffassung enthält der Sachbeschluss des Aufsichtsrats regelmäßig auch die konkludente Ermächtigung des Vorsitzenden zur Ausführung des Beschlusses durch Abgabe der entsprechenden Erklärung.[154]

---

[149] Lutter/Krieger/Verse Rechte und Pflichten § 11 Rn. 729; KölnKommAktG/Mertens/Cahn § 108 Rn. 42; so nun auch GroßkommAktG/Hopt/M. Roth § 108 Rn. 141; aA HdB börsennotierte AG/E. Vetter § 27 Rn. 55.
[150] MüKoAktG/Habersack § 108 Rn. 67; Lutter/Krieger/Verse Rechte und Pflichten § 11 Rn. 729; HdB börsennotierte AG/E. Vetter § 27 Rn. 54.
[151] Lutter/Krieger/Verse Rechte und Pflichten § 11 Rn. 729; MüKoAktG/Habersack § 108 Rn. 63.
[152] BGHZ 41, 282 (285); OLG Düsseldorf NZG 2004, 141 (142 f.) (mit Bespr. Leuering NZG 2004, 120 ff. u. Pusch RdA 2005, 170 ff.); MüKoAktG/Habersack § 107 Rn. 60. Der Ausdruck „Ermächtigung" statt „Bevollmächtigung" macht deutlich, dass keine Vertretung in der Willensbildung erfolgt, sondern nur die Übermittlung des vom Aufsichtsrat beschlossenen Erklärungsinhalts („Erklärungsvertreter").
[153] MüKoAktG/Habersack § 107 Rn. 60; GroßkommAktG/Hopt/M. Roth § 107 Rn. 145; OLG Düsseldorf AG 2012, 511.
[154] Spindler/Stilz AktG/Spindler § 107 Rn. 43; MüKoAktG/Habersack § 107 Rn. 60; HdB börsennotierte AG/E. Vetter § 27 Rn. 10; Bauer/Krieger ZIP 2004, 1247 (1248); Grigoleit/Grigoleit/Tomasic AktG § 112 Rn. 12.

102 Nach richtiger Auffassung ist jedoch eine besondere Ermächtigung des Vorsitzenden gar nicht erforderlich, sondern seine Befugnis zur Kundgabe der Beschlüsse folgt ohne weiteres aus seiner Amtsstellung als Vorsitzender des Kollegialorgans.[155] Sie gehört zu den Befugnissen, die dem Vorsitzenden eines Kollegialorgans auch ohne ausdrückliche Regelung üblicherweise zustehen (→ Rn. 22). Wenn der Vorsitzende verhindert ist, ist der Stellvertreter zur Kundgabe des Beschlusses befugt. Eine besondere Ermächtigung zur Ausführung eines Aufsichtsratsbeschlusses durch Abgabe der Erklärung gegenüber dem Adressaten des Beschlusses ist nur erforderlich, wenn ausnahmsweise ein anderes Aufsichtsratsmitglied den Beschluss ausführen soll. Im älteren aktienrechtlichen Schrifttum entsprach dies der hM;[156] erst im Jahre 1964 hat der BGH ohne Auseinandersetzung mit dem älteren Schrifttum die These aufgestellt, dass auch der Vorsitzende des Aufsichtsrats eine besondere Ermächtigung für die Abgabe der vom Aufsichtsrat beschlossenen Erklärungen benötigt.[157]

103 Zutreffend ist die Rechtsprechung des BGH insofern, als sie eine Vertretung des Aufsichtsrats durch seinen Vorsitzenden bei der Willensbildung ausschließt. Ganz gleich, ob man eine besondere Ermächtigung des Vorsitzenden zur Abgabe der vom Aufsichtsrat beschlossenen Erklärung für erforderlich hält oder annimmt, dass diese Befugnis schon aus seiner Amtsstellung folgt, ist der Vorsitzende in jedem Fall nur zum Vollzug des Beschlusses als bloßer Erklärungsvertreter ohne eigenen sachlichen Entscheidungsspielraum befugt; der Aufsichtsrat kann den Vorsitzenden nicht ermächtigen, Entscheidungen anstelle des Aufsichtsrats zu treffen (→ Rn. 21).[158] Jedes Mitglied des Aufsichtsrats hat überdies in entsprechender Anwendung von § 90 Abs. 5 AktG das Recht, vom Vorsitzenden des Aufsichtsrats Auskunft über die Ausführung der Beschlüsse zu erhalten, an denen das Aufsichtsratsmitglied mitgewirkt hat.

104 Zur Entgegennahme von Willenserklärungen **(passive Vertretung)** für den Aufsichtsrat in Angelegenheiten, bei denen der Aufsichtsrat die Gesellschaft vertritt, genügt der Zugang der Willenserklärung bei (irgend-)einem Aufsichtsratsmitglied. Das folgt aus der neuerdings in § 116 S. 2 AktG angeordneten entsprechenden Anwendung von § 78 Abs. 2 S. 2 AktG.[159]

V. Niederschrift

105 **1. Sitzungsniederschrift.** § 107 Abs. 2 AktG enthält ausführliche Bestimmungen zum Sitzungsprotokoll. Über jede Sitzung des Aufsichtsrats ist eine Niederschrift anzufertigen, die der Vorsitzende zu unterzeichnen hat. In der Niederschrift sind der Ort und der Tag der Sitzung, die Teilnehmer, die Gegenstände der Tagesordnung, der wesentliche Inhalt der Verhandlungen und die Beschlüsse des Aufsichtsrats anzugeben. Jedem Mitglied ist eine Abschrift der Niederschrift auszuhändigen.

---

[155] Näher dazu *Bednarz* NZG 2005, 418; zustimmend *Lutter/Krieger/Verse* Rechte und Pflichten § 11 Rn. 682; *Cahn* FS Hoffmann-Becking, 2013, 247 (253); *Drinhausen/Marsch-Barner* AG 2014, 337 (348 f.); zust. nun auch Großkomm AktG/*Hopt*/Roth § 107 Rn. 146; differenzierend KölnKomm-AktG/*Mertens/Cahn* § 107 Rn. 51 (für bloße Kundgabe) und § 108 Rn. 56 (für Abgabe einer eigenen Willenserklärung); aA *Pusch* RdA 2005, 170 (173); MüKoAktG/*Habersack* § 107 Rn. 60; *Flume* ZGR 2018, 928 (941 f.).

[156] *Brodmann*, Aktienrecht, 1928, HGB § 246 Anm. 3g S. 293; *Fischer* in HdB des gesamten Handelsrechts, hrsg. von Ehrenberg, Dritter Band I, 1916, S. 247; *Staub/Pinner* HGB, 12./13. Aufl. 1926, § 246 Anm. 14a; *Schlegelberger/Quassowski*, AktG, 3. Aufl. 1939, § 92 Anm. 8.

[157] BGHZ 41, 282 (285).

[158] BGH NZG 2018, 1191 Rn. 22; 2013, 792 (794) (stRspr); *Lutter/Krieger/Verse* Rechte und Pflichten § 11 Rn. 682; HdB börsennotierte AG/*E. Vetter* § 27 Rn. 10; Spindler/Stilz AktG/*Spindler* § 112 Rn. 37 ff.; MüKoAktG/*Habersack* § 107 Rn. 100, § 112 Rn. 28; großzügiger *Cahn* FS Hoffmann-Becking, 2013, 247 (255 f.), *v. Falkenhausen* ZIP 2015, 956 (958 ff.) u. Hüffer/*Koch* AktG § 108 Rn. 8a, § 112 Rn. 7.

[159] Hüffer/*Koch* AktG § 112 Rn. 10. Kritisch zu dieser durch das MoMiG eingeführten Regelung MüKoAktG/*Habersack* § 112 Rn. 2, 25.

106 **a) Mindestinhalt.** Zur Angabe der Beschlüsse gehört die vollständige Wiedergabe der Beschlussvorschläge sowie die Mitteilung der Art der Beschlussfassung und des Ergebnisses der Abstimmung mit der Zahl der Ja-Stimmen, Nein-Stimmen und Enthaltungen.[160] Die Protokollierung der Beschlüsse dient nur Beweiszwecken und ist, wie § 107 Abs. 2 S. 3 AktG klarstellt, nicht konstitutive Voraussetzung für eine wirksame Beschlussfassung.

107 Die Sitzungsniederschrift ist weder ein bloßes Ergebnisprotokoll, noch ein vollständiges Wortprotokoll, sondern ein Verhandlungsprotokoll: Außer der genauen Wiedergabe der Beschlüsse muss auch der „**wesentliche Inhalt der Verhandlungen**" aus dem Protokoll ersichtlich sein. Das bedeutet, dass nicht jeder Beitrag und jede Frage und Antwort aufgeführt werden müssen, wohl aber die tragenden Gesichtspunkte der Darlegungen des Vorstands und der Diskussionsbeiträge der Aufsichtsratsmitglieder festzuhalten sind.[161] Dabei ist es zulässig und in der Regel auch zweckmäßig, die Beiträge mehrerer Aufsichtsratsmitglieder, wenn sie inhaltlich auf derselben Linie liegen, zusammenfassend wiederzugeben. Andererseits kann sich das Protokoll nicht auf die Wiedergabe der Ausführungen des Vorstands beschränken, wenn sich in der anschließenden Diskussion Aufsichtsratsmitglieder abweichend oder in wesentlichen Punkten ergänzend geäußert haben. Im Regelfall kann das einzelne Aufsichtsratsmitglied nicht verlangen, dass sein Diskussionsbeitrag namentlich und wörtlich wiedergegeben wird. Anders ist es, wenn das Mitglied im Hinblick auf eine etwaige persönliche Haftung nach § 116 AktG ein schutzwürdiges Interesse daran hat, dass seine Stellungnahme wörtlich und mit Angabe seines Namens zu Protokoll genommen wird. In Zweifelsfällen ist ein großzügiger Maßstab anzulegen. Der Widerspruch eines Aufsichtsratsmitglieds gegen einen Beschluss ist auf Verlangen des Mitglieds stets zu protokollieren.[162]

108 **b) Verfahren.** Der Leiter der Sitzung – im Regelfall also der Vorsitzende – ist verantwortlich für die zügige Anfertigung und für den Inhalt der Niederschrift. Auch wenn das Protokoll nicht vom Sitzungsleiter, sondern von einem besonderen Protokollführer angefertigt wird (zu seiner Auswahl → Rn. 54), entscheidet der Sitzungsleiter bei Uneinigkeit mit dem Protokollführer über den Inhalt der Niederschrift. Mit seiner Unterschrift macht er sich die vom Protokollführer angefertigte Niederschrift hinsichtlich ihrer Vollständigkeit und Richtigkeit zu eigen.[163]

109 Die Niederschrift ist nach der Unterzeichnung durch den Vorsitzenden (Sitzungsleiter) allen Mitgliedern in Abschrift zu übermitteln. Jedes Mitglied hat, auch wenn es nicht an der Sitzung teilgenommen hat, nach § 107 Abs. 2 S. 4 AktG zwingend Anspruch auf Übermittlung der vollständigen Niederschrift und kann nicht auf eine bloße Einsichtnahme in das Protokoll beschränkt werden.[164] Zum Anspruch auf Übermittlung der Niederschrift einer Ausschusssitzung → § 32 Rn. 60.

110 Eine Genehmigung der Niederschrift durch den Aufsichtsrat oder Ausschuss in seiner nächsten Sitzung ist nicht erforderlich.[165] Jedoch kann jedes Mitglied gegenüber dem Vorsitzenden eine Berichtigung des Protokolls beantragen. Über den Widerspruch entscheidet nicht der Aufsichtsrat, sondern allein der Vorsitzende (Sitzungsleiter).[166] Der Widerspruch

---

[160] Hüffer/*Koch* AktG § 107 Rn. 14.

[161] MüKoAktG/*Habersack* § 107 Rn. 80; GroßkommAktG/*Hopt*/*M. Roth* § 107 Rn. 246 f.; Begr. RegE zu § 107 AktG, abgedr. bei *Kropff* AktG S. 148; *Hersch* NZG 2017, 854 f.

[162] *Lutter*/*Krieger*/*Verse* Rechte und Pflichten § 11 Rn. 710; GroßkommAktG/*Hopt*/*M. Roth* § 107 Rn. 248; KölnKommAktG/*Mertens*/*Cahn* § 107 Rn. 79.

[163] Hüffer/*Koch* AktG § 107 Rn. 13.

[164] *Lutter*/*Krieger*/*Verse* Rechte und Pflichten § 11 Rn. 713; Hüffer/*Koch* AktG § 107 Rn. 16. Zur Einsichtnahme in die Protokolle durch Dritte s. *Roth*/*Schoneweg* NZG 2004, 206.

[165] *Lutter*/*Krieger*/*Verse* Rechte und Pflichten § 11 Rn. 711; Spindler/Stilz AktG/*Spindler* § 107 Rn. 70.

[166] *Lutter*/*Krieger*/*Verse* Rechte und Pflichten § 11 Rn. 712; Hüffer/*Koch* AktG § 107 Rn. 14; GroßkommAktG/*Hopt*/*M. Roth* § 107 Rn. 251; KölnKommAktG/*Mertens*/*Cahn* § 107 Rn. 83; *Drinhausen*/*Marsch-Barner* AG 2014, 337 (339).

gegen das Protokoll muss spätestens in der nächsten Sitzung erfolgen. Um möglichst rasch Klarheit über die endgültige Fassung des Protokolls zu erhalten, kann die Geschäftsordnung bestimmen, dass die Niederschrift als genehmigt gilt, wenn kein Mitglied, das an der Sitzung teilgenommen hat, innerhalb einer bestimmten Frist seit Absendung der Niederschrift schriftlich beim Vorsitzenden widersprochen hat.[167]

Bei besonders bedeutsamen oder kontroversen Beschlüssen kann es ratsam sein, einen nachträglichen Widerspruch gegen die Protokollierung dadurch auszuschließen, dass der Beschluss bereits in der Sitzung wörtlich protokolliert und vorgelesen wird und der Vorsitzende den gesondert protokollierten Beschluss sogleich in der Sitzung als Teil der Niederschrift unterzeichnet.

2. Niederschrift über Beschlussfassung ohne Sitzung. Auch über Beschlüsse, die der Aufsichtsrat außerhalb von Sitzungen im Zirkularwege gefasst hat (→ Rn. 94 ff.), muss der Vorsitzende analog § 107 AktG eine Niederschrift anfertigen, unterzeichnen und allen Mitgliedern in Abschrift übermitteln.[168] Es genügt nicht, das Ergebnis der schriftlichen Abstimmung in die Niederschrift über die nächste Sitzung aufzunehmen. Die Übermittlung der Niederschrift ist auch hier keine zwingende Voraussetzung für das wirksame Zustandekommen des Beschlusses. Anders als bei der Beschlussfassung in einer Sitzung (→ Rn. 58) wird man dafür jedoch eine Feststellung des Abstimmungsergebnisses durch den Vorsitzenden verlangen müssen, um das Ende des Abstimmungsverfahrens zu dokumentieren. Die Feststellung des Beschlusses kann ausdrücklich oder konkludent durch seine Bekanntgabe an die Mitglieder oder auch durch die vollziehende Erklärung des Vorsitzenden gegenüber dem Adressaten, zB dem Vorstand bei der Zustimmung zu einem Geschäft oder dem Vorstandsmitglied bei der Gewährung einer Tantieme, erfolgen. Darüber hinaus dürfte es für das Zustandekommen des Beschlusses auch ausreichen, wenn der Vorsitzende das Beschlussergebnis (zunächst nur) in seinen Akten festgehalten hat; zur Bekanntgabe an die Mitglieder ist er zwar verpflichtet, aber sie ist, wenn sie später erfolgt, nicht maßgeblich für den Zeitpunkt der Beschlussfassung.[169]

VI. Fehlerhafte Beschlüsse

1. Grundsätze. Jeder Beschluss des Aufsichtsrats, der nach Inhalt oder Verfahren gegen zwingende Vorschriften des Gesetzes oder der Satzung verstößt, ist nichtig. Es gibt – anders als bei Beschlüssen der Hauptversammlung – keine Unterscheidung zwischen nichtigen und lediglich anfechtbaren Beschlüssen. Die Nichtigkeit des fehlerhaften Beschlusses kann unbefristet im Wege der Feststellungsklage geltend gemacht werden (→ § 33 Rn. 93).

Diese klaren, aber auch rigorosen Grundsätze zur – im Gesetz nicht geregelten – Behandlung fehlerhafter Aufsichtsratsbeschlüsse entsprechen der herkömmlichen Auffassung, die der BGH in mehreren Entscheidungen bekräftigt hat.[170] Eine analoge Anwendung der §§ 241 ff. AktG wäre nach Ansicht des BGH sachlich nicht angemessen. Dem Bedürfnis, die Nichtigkeitsfolge im Interesse der Rechtssicherheit zurückzudrängen, müsse mit flexibleren Mitteln Rechnung getragen werden. Als solche nennt der BGH eine Begrenzung des klagebefugten Personenkreises durch das Erfordernis des Rechtsschutzinteresses und den Einsatz des Rechtsinstituts der Verwirkung.

---

[167] MüKoAktG/*Habersack* § 107 Rn. 84; GroßkommAktG/*Hopt/M. Roth* § 107 Rn. 252.
[168] MüKoAktG/*Habersack* § 108 Rn. 65.
[169] Anders GroßkommAktG/*Hopt/M. Roth* § 108 Rn. 141, und noch *Hoffmann-Becking* Liber amicorum Happ, 2006, 81 (83). Weitergehend *Lutter/Krieger/Verse* Rechte und Pflichten § 11 Rn. 734: Existenz der schriftlichen Stimmabgaben genügt.
[170] BGHZ 122, 342 (346 ff.) – Hamburg-Mannheimer; BGHZ 124, 111 (115) – Vereinte Krankenversicherung; BGHZ 135, 244 (247) – ARAG. Zustimmend *Hüffer/Koch* AktG § 108 Rn. 28; *Lutter/Krieger/Verse* Rechte und Pflichten § 11 Rn. 739; MüKoAktG/*Habersack* § 108 Rn. 81; Spindler/Stilz AktG/*Spindler* § 108 Rn. 73; HH MitbestR/*Habersack* MitbestG § 25 Rn. 37.

115 Im Schrifttum und in der Rechtsprechung der Instanzgerichte wird dagegen verbreitet zwischen nichtigen und lediglich anfechtbaren Beschlüssen unterschieden.[171] Die dazu gebildeten Fallgruppen sind trotz der grundsätzlich ablehnenden Rechtsprechung des BGH von Interesse, da einiges dafür spricht, dass der BGH mit den Instrumenten des Rechtsschutzinteresses und der Verwirkung in vielen Fällen zu denselben Ergebnissen gelangen wird.[172]

116 **2. Inhalts- und Verfahrensfehler.** Nach der Art des Mangels lassen sich drei Kategorien von fehlerhaften Beschlüssen unterscheiden:[173]

– **Nichtig** ist der Beschluss, wenn er an einem unheilbaren Mangel leidet. Der Mangel kann inhaltlicher Art sein, zB bei einem Beschluss des Aufsichtsrats, für den nur die Hauptversammlung zuständig ist. Er kann aber auch in einem absoluten Verfahrensfehler liegen, also in einem Verstoß gegen unverzichtbare Verfahrensvorschriften, wie zB bei einem Beschluss durch den nicht beschlussfähigen Aufsichtsrat. Wenn der Inhalt des Beschlusses gegen zwingendes Recht – Gesetz oder Satzung – verstößt, ist der Beschluss nichtig. Das gilt insbesondere bei Verletzung des MitbestG.[174]

– **Anfechtbar** ist der Beschluss, wenn Verfahrensvorschriften verletzt worden sind, auf deren Einhaltung die Aufsichtsratsmitglieder verzichten können (heilbarer Verfahrensmangel), zB eine Verletzung der Einberufungsfrist.

– In vollem Umfang **gültig**, also weder nichtig noch anfechtbar, ist ein Beschluss, bei dessen Zustandekommen gegen sanktionslose „Ordnungsvorschriften" verstoßen wurde. So macht zB die fehlende Protokollierung den Beschluss, wie § 107 Abs. 2 S. 3 AktG ausdrücklich bestimmt, weder nichtig noch anfechtbar.

117 **3. Einzelne Verfahrensmängel.** Absolute Verfahrensmängel mit der Folge der Nichtigkeit sind ua: fehlende Beschlussfähigkeit,[175] Fehlen der erforderlichen Mehrheit,[176] Beschlussfassung ohne Sitzung gegen den Widerspruch eines Mitglieds,[177] Nichtladung oder unzulässiger Ausschluss eines Mitglieds.[178] Heilbare Verfahrensmängel mit der Folge bloßer Anfechtbarkeit sind ua: Verletzung der Einberufungsfrist und -form,[179] Fehler des Vorsitzenden bei der Leitung der Verhandlung, zB Verweigerung des rechtlichen Gehörs.

---

[171] OLG Hamburg ZIP 1992, 1313; OLG Celle AG 1990, 266; LG Hannover ZIP 1989, 1332; KölnKommAktG/*Mertens/Cahn* § 108 Rn. 101; *Baums* ZGR 1983, 300 (305 ff.); *Fleischer* DB 2013, 217 (218); *J. Koch* ZGR 2018, 378 (407); *Axhausen*, Anfechtbarkeit aktienrechtlicher Aufsichtsratsbeschlüsse, 1986, S. 113 ff.; *Lemke*, Der fehlerhafte Aufsichtsratsbeschluss, 1994, S. 94 ff.; *Karsten Schmidt*, Gesellschaftsrecht, 4. Aufl. 2002, § 28 III 4 S. 834; *Schwab*, Das Prozessrecht gesellschaftsinterner Streitigkeiten, 2005, S. 566. Vgl. auch *Harbarth* FS Seibert, 2019, 291 (297 ff.) (de lege ferenda).

[172] Zustimmend *Lutter/Krieger/Verse* Rechte und Pflichten § 11 Rn. 737; HdB börsennotierte AG/ *E. Vetter* § 27 Rn. 77; GroßkommAktG/*Hopt/M. Roth* § 108 Rn. 155; KölnKommAktG/*Mertens/ Cahn* § 108 Rn. 101; *Fleischer* DB 2013, 217; Semler/v. Schenck Der Aufsichtsrat/*Schütz* § 108 Rn. 255. Vgl. auch *J. Koch* Gutachten F zum 72. DJT, 2018, S. F 97.

[173] Ähnlich *Lutter/Krieger/Verse* Rechte und Pflichten § 11 Rn. 740 ff.; *Götz* FS Lüke, 1993, 167 (181 ff.); *Fleischer* DB 2013, 217 (218 f.).

[174] BGHZ 83, 144 (146).

[175] *Baums* ZGR 1983, 300 (317); *Lutter/Krieger/Verse* Rechte und Pflichten § 11 Rn. 741; *Götz* FS Lüke, 1993, 167 (182); GroßkommAktG/*Hopt/M. Roth* § 108 Rn. 152.

[176] HH MitbestR/*Habersack* MitbestG § 25 Rn. 39; GroßkommAktG/*Hopt/M. Roth* § 108 Rn. 151.

[177] *Lutter/Krieger/Verse* Rechte und Pflichten § 11 Rn. 739; GroßkommAktG/*Hopt/M. Roth* § 108 Rn. 171.

[178] *Raiser/Veil/Jacobs* MitbestG § 25 Rn. 40; Spindler/Stilz AktG/*Spindler* § 108 Rn. 73; Hüffer/ *Koch* AktG § 108 Rn. 27; aA *Lutter/Krieger/Verse* Rechte und Pflichten § 11 Rn. 741; *Götz* FS Lüke, 1993, 167 (183); GroßkommAktG/*Hopt/M. Roth* § 108 Rn. 171, 179.

[179] HH MitbestR/*Habersack* MitbestG § 25 Rn. 40; *Baums* ZGR 1983, 300 (313 f.); *Götz* FS Lüke, 1993, 167 (183); GroßkommAktG/*Hopt/M. Roth* § 108 Rn. 180.

Verstöße gegen Ordnungsvorschriften ohne Auswirkung auf den Bestand des Beschlusses 118
sind ua: fehlende oder fehlerhafte Protokollierung (§ 107 Abs. 2 S. 3 AktG), Versäumung
der Monatsfrist des § 31 Abs. 3 S. 1 MitbestG durch den Vermittlungsausschuss, Teilnahme
nicht berechtigter Personen an der Sitzung.[180] [181]

§ 32 Ausschüsse des Aufsichtsrats

Übersicht

	Rn.		Rn.
I. Arten	1–40	II. Bildung, Besetzung und Überwachung	41–51
1. Arbeitsteilung durch Ausschüsse	1–3	1. Bildung von Ausschüssen	41
a) Häufigkeit in der Praxis	1, 2	2. Besetzung der Ausschüsse	42–47
b) Vorbereitende, entscheidende und überwachende Ausschüsse	3	a) Zahl der Ausschussmitglieder	43
		b) Auswahl der Ausschussmitglieder	44–47
2. Grenzen der Entscheidungsdelegation	4–9	3. Überwachung der Ausschüsse und Berichtspflicht	48–51
3. Personalausschuss	10–14	III. Innere Ordnung	52–60
4. Präsidium	15–17	1. Regelungskompetenzen	52
5. Nominierungsausschuss	18	2. Einzelfragen	53–60
6. Prüfungsausschuss	19–35	a) Vorsitzender	53
a) Bildung	19–21	b) Einberufung von Sitzungen	54
b) Besetzung	22	c) Teilnahme an Sitzungen	55
c) Aufgaben	23–35	d) Sitzungsleitung	56
7. Vermittlungsausschuss nach § 27 Abs. 3 MitbestG	36–39	e) Beschlussfähigkeit	57
		f) Beschlussmehrheit	58, 59
8. Ausschuss für Geschäfte mit nahestehenden Personen	40	g) Sitzungsniederschrift	60

Schrifttum: *Fonk,* Was bleibt dem Personalausschuss des Aufsichtsrats der AG nach dem VorstAG?, FS Hoffmann-Becking, 2013, S. 347–355; *Hasselbach/Seibel,* Ad-hoc-Ausschüsse des Aufsichtsrats, AG 2012, 114–123; *Hönsch,* Die Auswirkungen des BilMoG auf den Prüfungsausschuss, Der Konzern 2009, 553–563; *Hoffmann-Becking,* Rechtliche Möglichkeiten und Grenzen einer Verbesserung der Arbeit des Aufsichtsrats, FS Havermann, 1995, S. 230–246; *Hoffmann-Becking/Krieger,* Leitfaden zur Anwendung des Gesetzes zur Angemessenheit der Vorstandsvergütung (VorstAG), Beilage zu NZG Heft 26/2009, 1–12; *Krieger,* Zum Aufsichtsratspräsidium, ZGR 1985, 338–364; *Lutter/Krieger/Verse,* Rechte und Pflichten des Aufsichtsrats 7. Aufl. 2020; *Maushake,* Audit Committees, 2009; *Meder,* Der Nominierungsausschuss in der AG, ZIP 2007, 1538–1543; *Nonnenmacher/Pohle/v. Werder,* Aktuelle Anforderungen an Prüfungsausschüsse, DB 2009, 1447–1454; *Plagemann,* Koordinierung der Aufsichtsratsarbeit bei überschneidenden Aufgabenzuweisungen, NZG 2014, 1404–1410; *Plendl/Kompenhans/Buhleier,* Der Prüfungsausschuss des Aufsichtsrats, 2. Aufl. 2015; *Rellermeyer,* Aufsichtsratsausschüsse, 1986; *Schilha,* Neues Anforderungsprofil, mehr Aufgaben und erweiterte Haftung für den Aufsichtsrat nach Inkrafttreten der Abschlussprüfungsreform, ZIP 2016, 1316–1329; *Simons,* Der Nominierungsausschuss nach dem DCGK 2020, AG 2020, 75-83; *E. Vetter,* Der Prüfungsausschuss in der AG nach dem BilMoG, ZGR 2010, 751–793.

I. Arten

1. Arbeitsteilung durch Ausschüsse. a) Häufigkeit in der Praxis. Der Aufsichtsrat 1 kann aus seiner Mitte einen oder mehrere Ausschüsse bestellen und sie in den durch § 107 Abs. 3 S. 3 AktG gezogenen Grenzen mit der Wahrnehmung bestimmter Aufgaben des Aufsichtsrats betrauen. Von dieser Möglichkeit, das Plenum durch die Delegation von Aufgaben auf Ausschüsse zu entlasten und die Arbeitsweise des Aufsichtsrats durch die Arbeitsteilung insgesamt wirkungsvoller zu gestalten, wird in der Praxis in großem und

---

[180] *Lutter/Krieger/Verse* Rechte und Pflichten § 11 Rn. 742 f.; *Hüffer/Koch* AktG § 109 Rn. 4.
[181] HH MitbestR MitbestG § 25 Rn. 41.

§ 32 2–4   6. Kapitel. Aufsichtsrat

zunehmendem Umfang Gebrauch gemacht. Der Corporate Governance **Kodex** (Empfehlung D.2) empfiehlt, dass der Aufsichtsrat abhängig von den spezifischen Gegebenheiten des Unternehmens und der Anzahl seiner Mitglieder fachlich qualifizierte Ausschüsse bildet und die jeweiligen Ausschussmitglieder und der Ausschussvorsitzende in der Erklärung zur Unternehmensführung genannt werden.

2   In beinahe allen größeren Aufsichtsräten mit 6 oder mehr Mitgliedern besteht ein **Personalausschuss** zur Vorbereitung der Entscheidungen des Aufsichtsrats über die Bestellung und Anstellung der Vorstandsmitglieder (dazu → Rn. 10 f.). Weniger häufig besteht ein **Präsidium** des Aufsichtsrats, das in der Regel zugleich die Aufgaben des Personalausschusses wahrnimmt (dazu → Rn. 15 f.). Eine relativ neue Erscheinung ist der **Nominierungsausschuss**, der nach der Empfehlung des Kodex (Empfehlung D.5) die Wahlvorschläge des Aufsichtsrats an die Hauptversammlung vorbereitet (dazu → Rn. 18). Immer häufiger wird ein **Prüfungsausschuss** eingerichtet, insbesondere seit der umfangreichen Aufgabenbeschreibung in dem 2009 eingefügten § 107 Abs. 3 S. 2 AktG (dazu → Rn. 19 ff.). In der Skala der Häufigkeit folgen dann mit einigem Abstand ein **Finanzausschuss**, der sich meist mit der Finanzplanung, den Kreditaufnahmen und sonstigen Finanzierungsinstrumenten befasst, und ein **Investitionsausschuss**, der über zustimmungspflichtige Investitionen entscheidet; nicht selten wird für beide Aufgabenbereiche ein einheitlicher Finanz- und Investitionsausschuss gebildet. Schließlich gibt es eine Vielfalt anderer Ausschüsse, zB Sozialausschuss, Bauausschuss, Ausschuss für Arbeitnehmer- oder Aktionärsfragen, Rechtsausschuss, Kreditausschuss usw, die oft auf Besonderheiten des Unternehmens oder der Branche beruhen oder ad hoc für eine spezielle Aufgabe, zB die Begleitung eines Investitionsvorhabens oder einer Kapitalmaßnahme gebildet werden.[1] Zum **Beteiligungsausschuss** für die nach § 32 MitbestG zu treffenden Entscheidungen → § 29 Rn. 88. Zwingend vorgeschrieben ist nur die Bildung des **Vermittlungsausschusses** nach § 27 Abs. 3 MitbestG bei paritätisch mitbestimmten Gesellschaften (dazu → Rn. 36 ff.). Anders verhält es sich bei Aufsichtsräten von Kreditinstituten: Sie müssen Prüfungs-, Risiko-, Nominierungs- und Vergütungskontrollausschüsse bilden, § 25d Abs. 7 iVm Abs. 8–12 KWG. Neu ist der durch das ARUG II eingeführte Ausschuss für Geschäfte von börsennotierten Gesellschaften mit nahestehenden Personen (**„related party transactions"**) nach § 107 Abs. 3 S. 4–6 AktG (dazu → Rn. 40 u. → § 29 Rn. 76).

3   **b) Vorbereitende, entscheidende und überwachende Ausschüsse.** Im Anschluss an § 107 Abs. 3 S. 1 und 3 AktG unterscheidet man zwischen vorbereitenden Ausschüssen, die Verhandlungen und Beschlüsse des Plenums vorbereiten, und entscheidenden Ausschüssen, denen bestimmte Aufgaben zur verbindlichen Entscheidung anstelle des Aufsichtsrats zugewiesen sind. Funktional kann man noch die überwachenden Ausschüsse als dritte Gruppe unterscheiden, die entweder – was selten anzutreffen ist – iSv § 107 Abs. 3 S. 1 AktG die Ausführung von Beschlüssen des Aufsichtsrats durch den Vorstand überwachen oder – was häufiger der Fall ist – bestimmte Bereiche der Geschäftsführung intensiver überwachen sollen, als dies dem Plenum möglich wäre, ohne jedoch zu Entscheidungen anstelle des Aufsichtsrats befugt zu sein.[2]

4   **2. Grenzen der Entscheidungsdelegation.** § 107 Abs. 3 S. 3 AktG zählt die Entscheidungsbefugnisse des Aufsichtsrats auf, die nicht einem Ausschuss zur Beschlussfassung anstelle des Plenums überwiesen werden können. Die Aufzählung ist abschließend zu verstehen, so dass – abgesehen von der sogleich zu nennenden Ausnahme der Entscheidun-

---

[1] Zu Ad-hoc-Ausschüssen s. *Hasselbach/Seibel* AG 2012, 114 ff.; *Selter* Beratung des Aufsichtsrats S. 174 ff. Rn. 443 ff.
[2] *Lutter/Krieger/Verse* Rechte und Pflichten § 11 Rn. 748; MüKoAktG/*Habersack* § 107 Rn. 103; HdB börsennotierte AG/*E. Vetter* § 28 Rn. 11.

gen zur inneren Ordnung des Aufsichtsrats – alle in § 107 Abs. 3 S. 3 AktG nicht genannten Entscheidungsbefugnisse auf Ausschüsse delegiert werden können.[3] Die Überwachungsaufgabe des § 111 Abs. 1 AktG kann das Plenum nicht umfassend, sondern nur von Fall zu Fall oder für einen abgegrenzten Teilbereich einem Ausschuss übertragen.[4] § 111 Abs. 1 AktG wird dennoch in § 107 Abs. 3 S. 3 AktG nicht genannt, weil nach dem Verständnis des Gesetzgebers die dort aufgelisteten Gegenstände nur Aufsichtsratsentscheidungen betreffen und es bei der mehr auf tatsächlichem Gebiet liegenden Überwachung nicht um eine Entscheidungsbefugnis geht.[5]

5 Außerdem ist ein ungeschriebenes, vom Gesetzgeber in der Begründung zu § 107 AktG allerdings ausdrücklich genanntes Delegationsverbot zu beachten: Nur das Plenum kann über die organisatorische Gestaltung und die Arbeitsweise des Aufsichtsrats, insbesondere also über den Erlass einer Geschäftsordnung für den Aufsichtsrat und die Bildung, Auflösung und Besetzung von Ausschüssen entscheiden.[6] Dazu gehören auch die vom Corporate Governance **Kodex** (Empfehlung D.13) empfohlene regelmäßige Selbstbeurteilung der Tätigkeit des Aufsichtsrats (dazu → § 31 Rn. 7) und die Abgabe der in § 161 AktG vorgeschriebenen Entsprechenserklärung zu den Empfehlungen des Kodex (dazu → § 34 Rn. 15 ff.).[7]

6 Andererseits ist ein vom Plenum gebildeter Ausschuss befugt, seine interne Organisation und Arbeitsweise zu regeln, soweit diese Fragen nicht durch die Geschäftsordnung des Aufsichtsrats oder konkrete Beschlüsse des Plenums vorbestimmt sind. Ein Ausschuss ist auch befugt, für bestimmte Aufgaben Unterausschüsse zu bilden, auf die er jedoch keine Entscheidungsbefugnisse delegieren kann.[8]

7 Das **Plenum** kann eine an einen Ausschuss delegierte Entscheidungsbefugnis jederzeit mit derselben Mehrheit, die für die Delegation erforderlich war, wieder an sich ziehen. Der „Rückruf" kann sowohl generell als auch punktuell für eine bestimme Angelegenheit erfolgen.[9] Andererseits gibt es keinen ungeschriebenen Plenumsvorbehalt für besonders wichtige Entscheidungen. Solange die Delegation gilt, liegt die abschließende Entscheidungskompetenz beim Ausschuss, ohne dass dieser verpflichtet ist, sich bei einer ungewöhnlich bedeutsamen oder besonders weitreichenden Entscheidung „rückzukoppeln" und die Entscheidung dem Plenum zu überlassen.[10] Es stellt auch keine unzulässige Beschränkung des Plenums dar, wenn alle vom Aufsichtsrat nach § 111 Abs. 4 S. 2 AktG festgelegten Zustimmungsvorbehalte auf einen Ausschuss delegiert werden.[11]

8 Zu beachten ist allerdings, dass der Ausschuss durch seine Entscheidung nicht eine dem Plenum zustehende Entscheidung präjudizieren oder konterkarieren darf. So darf zB der – bis zur Änderung des § 107 Abs. 3 S. 3 AktG in der Regel auch für Vergütungsentscheidungen zuständige – Personalausschuss nicht den Anstellungsvertrag mit dem Vorstandsmitglied vorbehaltlos abschließen oder aufheben, bevor das Plenum über die Bestellung oder die Beendigung der Bestellung entschieden hat (→ § 21

---

[3] Begr. RegE zu § 107 AktG, abgedr. bei *Kropff* AktG S. 149.
[4] GroßkommAktG/*Hopt/M. Roth* § 107 Rn. 396; auch → Rn. 2.
[5] Begr. RegE zu § 107 AktG, abgedr. bei *Kropff* AktG S. 149 f. Vgl. auch OLG Hamburg ZIP 1995, 1673.
[6] Begr. RegE zu § 107 AktG, abgedr. bei *Kropff* AktG S. 150; GroßkommAktG/*Hopt/M. Roth* § 107 Rn. 427.
[7] GroßkommAktG/*Hopt/M. Roth* § 107 Rn. 429; MüKoAktG/*Habersack* § 107 Rn. 148.
[8] MüKoAktG/*Habersack* § 107 Rn. 158; Spindler/Stilz AktG/*Spindler* § 107 Rn. 117.
[9] BGHZ 89, 48 (55 f.); *Lutter/Krieger/Verse* Rechte und Pflichten § 11 Rn. 749; Spindler/Stilz AktG/*Spindler* § 107 Rn. 95. Umstritten ist nur, ob der Rückruf einen besonderen Verfahrensbeschluss erfordert (so Hüffer/*Koch* AktG § 107 Rn. 19; MüKoAktG/*Habersack* § 107 Rn. 95) oder auch inzidenter durch die Sachentscheidung des Plenums erfolgen kann (*Rellermeyer*, Aufsichtsratsausschüsse, 1986, S. 82 ff.).
[10] MüKoAktG/*Habersack* § 107 Rn. 142; GroßkommAktG/*Hopt/M. Roth* § 107 Rn. 430.
[11] OLG Hamburg ZIP 1995, 1672 (1675).

Rn. 21).[12] Zu den Informationspflichten des Ausschusses gegenüber dem Plenum → Rn. 42 ff.

9 Der **Katalog des § 107 Abs. 3 S. 3 AktG** verbietet die Delegation der folgenden Entscheidungsbefugnisse auf einen Ausschuss:

– Wahl des Aufsichtsratsvorsitzenden und seines oder seiner Stellvertreter, § 107 Abs. 1 S. 1 AktG. Auch der gegenteilige Beschluss, nämlich die Abberufung vom Amt des Vorsitzenden oder des Stellvertreters, ist dem Plenum vorbehalten.[13]
– Zustimmung zur Zahlung eines Abschlags auf den voraussichtlichen Bilanzgewinn, § 59 Abs. 3 AktG.
– Erlass einer Geschäftsordnung für den Vorstand, § 77 Abs. 2 S. 1 AktG. Auch eine nach der Satzung erforderliche Zustimmung des Aufsichtsrats zu einer vom Vorstand erlassenen Geschäftsordnung kann nur das Plenum beschließen.[14]
– Bestellung, Wiederbestellung und Abberufung von Vorstandsmitgliedern sowie Ernennung eines Vorstandsvorsitzenden und Widerruf dieser Ernennung, § 84 Abs. 1 S. 1 u. 3, Abs. 2 und Abs. 3 S. 1 AktG.
– Festsetzung der Bezüge der Vorstandsmitglieder und ihre Herabsetzung, § 87 Abs. 1 und Abs. 2 S. 1 und 2 AktG. Dieses durch das VorstAG in 2009 eingeführte Delegationsverbot gilt anders als die neuen Vergütungsregeln in § 87 Abs. 1 S. 2 und 3 AktG nicht nur für börsennotierte Gesellschaften und beschränkt den Personalausschuss auf die Vorbereitung der Vergütungsentscheidungen des Plenums.[15]
– Einberufung einer außerordentlichen Hauptversammlung, § 111 Abs. 3 AktG.
– Begründung eines Zustimmungsvorbehalts für bestimmte Arten von Geschäften, § 111 Abs. 4 S. 2 AktG.
– Prüfung des Jahresabschlusses und Berichterstattung über das Ergebnis der Prüfung, § 171 AktG. Ein Ausschuss kann jedoch mit der vorbereitenden (Vor-)Prüfung betraut werden.
– Prüfung des Abhängigkeitsberichts und Berichterstattung über das Ergebnis der Prüfung, § 314 Abs. 2 u. 3 AktG.

10 **3. Personalausschuss.** Der Personalausschuss des Aufsichtsrats war bis zur Erweiterung der Delegationsverbote in § 107 Abs. 3 S. 3 AktG (→ Rn. 9) in aller Regel damit betraut, an Stelle des Plenums über die Anstellungsbedingungen der Vorstandsmitglieder abschließend zu entscheiden, genauer gesagt: über Abschluss, Änderung und Beendigung der Anstellungsverträge mit den Mitgliedern des Vorstands. Durch die Gesetzesänderung sind nunmehr die **Vergütungsentscheidungen** (Festsetzung der Bezüge der Vorstandsmitglieder nach § 87 Abs. 1 AktG und ihre Herabsetzung nach § 87 Abs. 2 S. 1 und 2 AktG) dem Plenum vorbehalten, so dass der Personalausschuss insoweit nur noch die Plenumsentscheidungen vorbereiten kann. Der Entscheidungsvorbehalt des Plenums gilt nicht nur für Regelungen zu den Aktivbezügen, sondern umfasst auch die Versorgungszusage und auch die Regelung eines nachvertraglichen Wettbewerbsverbots im Hinblick auf die darin festgelegte Karenzentschädigung.[16]

11 Die Entscheidung über eine Kündigung oder Aufhebung des Anstellungsvertrags kann auf den Personalausschuss delegiert werden, allerdings nur vorbehaltlich der vorrangigen Entscheidung des Plenums über das Schicksal der Bestellung (→ Rn. 8 u. → § 21 Rn. 105).

---

[12] BGHZ 79, 38 (44); *Hoffmann-Becking* FS Stimpel, 1985, 589 ff.; MüKoAktG/*Habersack* § 107 Rn. 107; Spindler/Stilz AktG/*Spindler* § 107 Rn. 97; Hüffer/*Koch* AktG § 107 Rn. 27.
[13] *Lutter/Krieger/Verse* Rechte und Pflichten § 11 Rn. 746; Hüffer/*Koch* AktG § 107 Rn. 27.
[14] MüKoAktG/*Habersack* § 107 Rn. 151. Vgl. → § 22 Rn. 32.
[15] Zur Kritik s. DAV-Handelsrechtsausschuss NZG 2009, 612 Rn. 23 u. NZG 2011, 217 (222); *Hoffmann-Becking/Krieger* NZG 2009, Beilage zu Heft 26 Rn. 72; *Cahn* FS Hopt, I, 2010, 431 (445 f.); Hohenstatt ZIP 2009, 1349 (1355).
[16] *Hoffmann-Becking/Krieger* NZG 2009, Beilage zu Heft 26 Rn. 73; *Cahn* FS Hopt, Bd. 1, 2010, 431 (445 f.); Hölters AktG/*Hambloch-Gesinn/Gesinn* § 107 Rn. 100; *Fonk* FS Hoffmann-Becking, 2013, 347 (352).

Über eine Aufhebungsvereinbarung kann der Personalausschuss nicht abschließend entscheiden, wenn eine Abfindung zur Abgeltung ausstehender Vertragsansprüche vereinbart wird, weil es sich auch dabei um eine Festsetzung von Bezügen handelt.[17] Zulässig ist nur, dass der Personalausschuss über die nicht vergütungsbezogenen Inhalte des Anstellungsvertrags an Stelle des Plenums entscheidet, zB über die Zulassung von Nebentätigkeiten, die Regelung der Urlaubszeiten, die Herausgabepflichten bei Vertragsende und ähnliche Nebenbestimmungen. In der Praxis empfiehlt es sich, jedenfalls bei Neuabschluss eines Anstellungsvertrags den ganzen Vertrag dem Plenum vorzulegen und nicht die einzelnen Regelungen zu „sortieren", da diejenigen Klauseln, die nicht zum Vergütungsbereich gehören, in der Regel ohnehin unproblematisch sind.[18]

12 Zu beachten ist auch, dass zu den Vergütungsentscheidungen, die dem Plenum vorbehalten sind, nicht nur die vertraglichen Festlegungen durch die Vereinbarung oder Veränderung von Vergütungsbestimmungen des Anstellungsvertrags gehören, sondern es gehören dazu auch die konkreten Vergütungsentscheidungen in Anwendung des Anstellungsvertrags, soweit sie nicht nur das Ergebnis einer rechnerischen Ermittlung sind, sondern als Ermessensausübung im Rahmen eines durch den Vertrag gegebenen Entscheidungsspielraums getroffen werden. Konkret bedeutet dies, dass über einen Ermessensbonus nur das Plenum entscheiden kann und auch dort, wo die Höhe des Bonus teilweise im Ermessen des Aufsichtsrats liegt, die Ausübung dieses Ermessens dem Plenum vorbehalten ist. Desweiteren folgt daraus, dass es auch nicht mehr zulässig sein dürfte, jährlich nach Ermessen festzulegende Zielvereinbarungen zum Bonus auf den Ausschuss zu delegieren. Das schließt nicht aus, dass der Ausschuss zu Beginn des Geschäftsjahres die Ziele definiert, aber das ist dann zunächst nicht mehr als eine unverbindliche Festlegung, die nur dadurch zu einem wirksamen Bonusanspruch führen kann, dass das Plenum den Bonusbetrag, der sich nach Ablauf des Geschäftsjahres in Anwendung der Zielvereinbarung ergibt, billigt.[19]

13 Unverändert gilt, dass die Entscheidung über die Bestellung oder Abberufung von Vorstandsmitgliedern nicht dem Personalausschuss übertragen werden kann (→ Rn. 10). Aber der Personalausschuss kann und sollte beauftragt werden, die dem Plenum vorbehaltenen Personalentscheidungen vorzubereiten.[20] Entscheidungskompetenzen können dem Personalausschuss in den folgenden Punkten eingeräumt werden: für die Einwilligung zu anderen Tätigkeiten eines Vorstandsmitglieds nach § 88 AktG (dazu → § 21 Rn. 93), für die Zustimmung zur Gewährung von Darlehen an den in §§ 89, 115 AktG genannten Personenkreis, also insbesondere an Vorstandsmitglieder, Generalbevollmächtigte, Prokuristen und Aufsichtsratsmitglieder (dazu → § 21 Rn. 130 ff.), sowie für die Zustimmung zu Verträgen (insbesondere Beratungsverträgen) mit Aufsichtsratsmitgliedern nach § 114 AktG (dazu → § 33 Rn. 44 ff.).

14 Auch für die auf den Personalausschuss delegierten Entscheidungsbefugnisse gilt die allgemeine Regel, dass das Plenum jederzeit die Delegation generell oder punktuell rückgängig machen und die Entscheidung wieder an sich ziehen kann (→ Rn. 6). Wie jeder Ausschuss muss auch der Personalausschuss dem Plenum regelmäßig über seine Arbeit berichten (§ 107 Abs. 3 S. 4 AktG). Das Plenum kann auch jederzeit durch Mehrheitsbeschluss vom Ausschuss detaillierte Informationen über die Arbeit des Ausschusses und

---

[17] *Hoffmann-Becking/Krieger* NZG 2009, Beilage zu Heft 26 Rn. 75; Spindler/Stilz AktG/*Spindler* § 107 Rn. 126; *Fonk* FS Hoffmann-Becking, 2013, 347 (353); MüKoAktG/*Habersack* § 107 Rn. 154.
[18] *Hoffmann-Becking/Krieger* NZG 2009, Beilage zu Heft 26 Rn. 74; KölnKommAktG/*Mertens/Cahn* § 107 Rn. 101; MüKoAktG/*Habersack* § 107 Rn. 107; Spindler/Stilz AktG/*Spindler* § 107 Rn. 129.
[19] *Hoffmann-Becking/Krieger* NZG 2009, Beilage zu Heft 26 Rn. 69 f.; *Fonk* NZG 2011, 321 (322 f.); *Annuß/Theusinger* BB 2009, 2434 (2439).
[20] Zu den Problemen der zwar rechtlich unverbindlichen, faktisch aber stark präjudizierenden Vorauswahl von Vorstandskandidaten durch den Ausschuss s. *Krieger*, Personalentscheidungen des Aufsichtsrats, 1981, S. 58 ff.; *Mertens* ZGR 1983, 189 (193 ff.); *Rellermeyer* Aufsichtsratsausschüsse S. 49 ff.

dessen Entscheidungen anfordern.[21] Dagegen ist nicht jedes Aufsichtsratmitglied in der Lage, die Information des Plenums über einzelne Entscheidungen des Personalausschusses zu erzwingen. Die Regelung des § 90 Abs. 3 S. 2 AktG zur Berichtspflicht des Vorstands gegenüber dem Aufsichtsrat lässt sich nicht analog auf das Verhältnis des Aufsichtsratsplenums zu seinem Ausschuss übertragen.[22] Näher zu den Informationspflichten des Ausschusses gegenüber dem Plenum → Rn. 48 ff.

15 **4. Präsidium.** Als „Präsidium" oder „Präsidialausschuss" des Aufsichtsrats werden in der Praxis Gremien mit sehr unterschiedlichen Aufgaben bezeichnet. Wenn und soweit das Aufsichtsratspräsidium über die Anstellungsverträge der Vorstandsmitglieder entscheidet, die Vorstandsbestellungen und die Vergütungsentscheidungen des Plenums vorbereitet und die Zustimmungsvorbehalte nach §§ 88, 89, 114, 115 AktG anstelle des Plenums ausübt, ist das Präsidium der Sache nach nichts anderes als der Personalausschuss des Aufsichtsrats.[23] In der Regel soll das Präsidium jedoch – entweder zusätzlich zu den Aufgaben eines Personalausschusses oder auch ohne diese – andere Aufgaben wahrnehmen. Typische Aufgabe des Präsidiums ist insbesondere der laufende Kontakt und die laufende Beratung mit dem Vorstand in der Zeit zwischen den Sitzungen des Aufsichtsrats.[24] Das Präsidium erfüllt damit nicht eine Aufgabe, die an sich dem Plenum obliegt und von diesem auf das Präsidium als einen Ausschuss delegiert wird, sondern das Präsidium übernimmt Aufgaben, die sonst vom Aufsichtsratsvorsitzenden allein zu erfüllen wären.[25] Auch bei den weiteren typischen „Präsidialaufgaben", nämlich der Koordinierung der Arbeit im Aufsichtsrat und der Vorbereitung der Sitzungen des Plenums,[26] geht es weitgehend darum, Aufgaben, die sonst vom Aufsichtsratsvorsitzenden allein wahrgenommen werden müssten, zu dessen Entlastung und zugleich zur Erleichterung der späteren Willensbildung des Plenums einem mehrköpfigen Gremium anzuvertrauen.

16 Man kann deshalb der Auffassung vertreten, bei dem Präsidium mit den vorstehend genannten typischen Aufgaben handele es sich nicht um einen Ausschuss des Aufsichtsrats, sondern um ein zur Unterstützung des Aufsichtsratsvorsitzenden eingerichtetes Gremium eigener Art.[27] Für die Bildung, Besetzung und innere Ordnung des Präsidiums gelten aber auch dann im Grundsatz dieselben Regeln wie für Ausschüsse des Aufsichtsrats, allerdings mit den folgenden Besonderheiten: Ein Präsidium, das ausschließlich der Wahrnehmung von Aufgaben des Vorsitzenden dient, muss anders als ein entscheidender Ausschuss nicht notwendig aus mindestens drei Mitgliedern bestehen; auch ein zweiköpfiges Präsidium aus dem Vorsitzenden und seinem Stellvertreter ist möglich.[28] Der Aufsichtsratsvorsitzende ist geborenes Mitglied des Präsidiums, und auch sein Stellvertreter und etwaige weitere Stell-

---

[21] GroßkommAktG/*Hopt*/*M. Roth* § 107 Rn. 472. *Mertens* AG 1980, 67 (73); *Hoffmann-Becking* FS Stimpel, 1985, 589 (601 f.); *Rellermeyer* Aufsichtsratsausschüsse S. 204 ff.

[22] LG Düsseldorf AG 1988, 386; LG München WM 2007, 1975 (1977); Großkomm AktG/*Hopt*/ *Roth* § 107 Rn. 472; *Mertens* AG 1980, 67 (73); *Mertens* ZGR 1983, 189 (199); MüKoAktG/*Habersack* § 107 Rn. 171; *Rellermeyer* Aufsichtsratsausschüsse S. 223 ff.; *Hoffmann-Becking* FS Stimpel, 1985, 589 (601 f.); *Hoffmann-Becking* FS Havermann, 1995, 230 (239 f.); *Hoffmann-Becking* ZHR 169 (2005), 155 (156); Hüffer/*Koch* AktG § 107 Rn. 33, unentschieden *Lutter*/*Krieger*/*Verse* Rechte und Pflichten § 11 Rn. 787; aA LG Frankfurt a. M. ZIP 1996, 1661 (1664).

[23] Vgl. *Krieger* ZGR 1985, 338 (339); KölnKommAktG/*Mertens*/*Cahn* § 107 Rn. 103.

[24] BGHZ 83, 106 (114) – Siemens; *Krieger* ZGR 1985, 338 (339); MüKoAktG/*Habersack* § 107 Rn. 104; GroßkommAktG/*Hopt*/*M. Roth* § 107 Rn. 306.

[25] Ausführlich *Krieger* ZGR 1985, 338 (342 ff.).

[26] BGHZ 83, 106 (114) – Siemens. Zur Koordinierung der Aufsichtsratsarbeit näher *Plagemann* NZG 2014, 1404 ff.

[27] *Krieger* ZGR 1985, 338 (346 f.); offen lassend *Lutter*/*Krieger*/*Verse* Rechte und Pflichten § 11 Rn. 751; Spindler/Stilz AktG/*Spindler* § 107 Rn. 123; aA BGHZ 83, 106 (114); KölnKommAktG/ *Mertens*/*Cahn* § 107 Rn. 103; MüKoAktG/*Habersack* § 107 Rn. 105; GroßkommAktG/*Hopt*/ *M. Roth* § 107 Rn. 306.

[28] *Krieger* ZGR 1985, 338 (362 f.); *Lutter*/*Krieger*/*Verse* Rechte und Pflichten § 11 Rn. 754.

§ 32 Ausschüsse des Aufsichtsrats 17–19 § 32

vertreter sind notwendige Mitglieder, können also nicht übergangen werden, wenn sich das Plenum zur Einrichtung eines Präsidiums entschließt.[29]

Nicht selten wird das Aufsichtsratspräsidium auch mit einer „**Eilzuständigkeit**" für die 17 Entscheidung über besonders eilbedürftige zustimmungspflichtige Geschäfte ausgestattet. Das Präsidium entscheidet dann anstelle des Plenums (oder eines sonst dafür zuständigen größeren Ausschusses) über Geschäfte, die nach der Satzung oder der Geschäftsordnung für Vorstand oder Aufsichtsrat der Zustimmung des Aufsichtsrats bedürfen, falls die Angelegenheit keinen Aufschub duldet. Insoweit handelt es sich nicht um eine Präsidialaufgabe im vorstehend beschriebenen Sinn der Wahrnehmung von Aufgaben des Aufsichtsratsvorsitzenden, sondern um eine nach § 107 Abs. 3 AktG vom Plenum auf das mindestens dreiköpfige Präsidium als Ausschuss delegierte Entscheidungskompetenz.[30]

5. Nominierungsausschuss. Der Deutsche Corporate Governance **Kodex** empfiehlt seit 18 seiner Fassung von 2007 die Bildung eines Nominierungsausschusses (Empfehlung D.5). Der Nominierungsausschuss soll die Entscheidung des Aufsichtsrats über seine Vorschläge an die Hauptversammlung zur Wahl von Aufsichtsratsmitgliedern vorbereiten.[31]

Er soll als gesonderter Ausschuss eingerichtet und ausschließlich mit Aufsichtsratsmitgliedern der Anteilseigner besetzt werden. Wegen der bloß vorbereitenden Aufgabe genügt die Besetzung mit zwei Mitgliedern (→ Rn. 32).[32] Da die Beschlüsse des Aufsichtsrats über Vorschläge zur Wahl von Aufsichtsratsmitgliedern nach § 124 Abs. 3 S. 5 AktG nur der Mehrheit der Stimmen der Aufsichtsratsmitglieder der Aktionäre bedürfen, ist es rechtlich unbedenklich zulässig, dass dem Nominierungsausschuss kein Aufsichtsratsmitglied der Arbeitnehmer angehört. Rechtlich verboten ist eine Beteiligung von Arbeitnehmervertretern im Nominierungsausschuss dagegen nicht, da der Nominierungsausschuss (anders als ein Beteiligungsausschuss zu § 32 MitbestG, → § 29 Rn. 88) nur vorbereitende Funktion hat und die Arbeitnehmervertreter bei den Beschlüssen über die Wahlvorschläge nach § 124 Abs. 3 S. 5 AktG zwar nicht stimmberechtigt, aber doch teilnahmeberechtigt sind (→ § 30 Rn. 49). Wenn dem Nominierungsausschuss nicht ausschließlich Vertreter der Anteilseigner angehören, muss allerdings in der Entsprechenserklärung nach § 161 AktG eine entsprechende Abweichung vom Kodex erklärt und begründet werden. Da der Nominierungsausschuss nur zur Vorbereitung der Vorschläge zur Wahl von Aufsichtsratsmitgliedern der Anteilseigner eingerichtet wird, spricht viel dafür, dass die Entscheidung des Aufsichtsrats zur Besetzung des Nominierungsausschusses analog § 124 Abs. 3 S. 5 AktG nur der Mehrheit der Stimmen der Vertreter der Anteilseigner bedarf.[33]

6. Prüfungsausschuss. a) Bildung. Schon vor der 2009 durch das BilMoG erfolgten 19 Auflistung der Aufgaben eines Prüfungsausschusses des Aufsichtsrats in § 107 Abs. 3 S. 2 AktG wurden in größeren Aufsichtsräten häufig Prüfungsausschüsse eingerichtet. Meist beschränkte sich ihre Aufgabe auf eine Vorprüfung des Jahresabschlusses und des Konzernabschlusses, deren abschließende Prüfung und Billigung zwingend dem Aufsichtsratsplenum vorbehalten ist (→ § 45 Rn. 13, → § 46 Rn. 2), und auf die Entscheidung (oder Vorbereitung der Plenumsentscheidung) über die Erteilung des Prüfungsauftrags für den Jahres- und den Konzernabschluss nach § 111 Abs. 2 S. 3 AktG einschließlich der Honorarverein-

---

[29] *Lutter/Krieger/Verse* Rechte und Pflichten § 11 Rn. 754; MüKoAktG/*Habersack* § 107 Rn. 106; HdB börsennotierte AG/*E. Vetter* § 28 Rn. 32; GroßkommAktG/*Hopt/M. Roth* § 107 Rn. 603.

[30] HdB börsennotierte AG/*E. Vetter* § 28 Rn. 32; KölnKommAktG/*Mertens/Cahn* § 107 Rn. 103; Semler/v. Schenck Der Aufsichtsrat/*Mutter* § 107 Rn. 258.

[31] Zu den weitergehenden Aufgaben des Normierungsausschusses nach § 25d Abs. 11 KWG s. *Hänsch/Kasper* AG 2014, 297 ff.

[32] Hölters AktG/*Hambloch-Gesinn/Gesinn* § 107 Rn. 114; aA MüKoAktG/*Habersack* § 107 Rn. 110; Spindler/Stilz AktG/*Spindler* § 107 Rn. 134.

[33] So Kremer/Bachmann/Lutter/v. Werder DCGK/*Kremer* Rn. 1313 S. 307 u. *Sünner* AG 2012, 265 (268); aA *Lutter/Krieger/Verse* Rechte und Pflichten § 11 Rn. 761; MüKoAktG/*Habersack* § 107 Rn. 109; Wilsing DCGK/*Wilsing* Ziff. 5.3.3 Rn. 4 S. 422 f.; *Simons* AG 2020, 75 (78).

barung und einer möglichen Festlegung von Prüfungsschwerpunkten. Außerdem war es bei börsennotierten Gesellschaften schon vor 2009 üblich geworden, dass sich der Prüfungsausschuss auch mit den Quartals- und Halbjahresberichten im Anschluss an die prüferische Durchsicht durch den Abschlussprüfer befasst.

20 Nunmehr bestimmt § 107 Abs. 3 S. 2 AktG, dass der Aufsichtsrat einen Prüfungsausschuss bestellen kann, der sich mit der Überwachung des Rechnungslegungsprozesses, der Wirksamkeit des internen Kontrollsystems, des Risikomanagementsystems und des internen Revisionssystems sowie der Abschlussprüfung, hier insbesondere der Unabhängigkeit des Abschlussprüfers und der vom Abschlussprüfer zusätzlich erbrachten Leistungen, befasst. Der **Kodex** empfiehlt die Einrichtung eines Prüfungsausschusses mit den in § 107 Abs. 3 S. 2 bestimmten Aufgaben, ergänzt um das Thema Compliance (Empfehlung D.3). Im Zuge der Abschlussprüfungsreform sind durch die EU-Verordnung Nr. 537/2014 (AprVo) zusätzliche Aufgaben des Prüfungsausschusses begründet worden (→ Rn. 23 ff.). Die Bildung eines Prüfungsausschusses wird jedoch vom Gesetz auch nach Inkrafttreten des Abschlussprüfungsreformgesetzes (AReG) für Aktiengesellschaften nach wie vor nicht zwingend vorgeschrieben. Wenn es sich bei der AG um ein Unternehmen von öffentlichem Interesse („Public Interest Entity") handelt, nämlich um ein kapitalmarktorientiertes Unternehmen iSd § 264d HGB oder ein durch § 319a Abs. 1 HGB und § 100 Abs. 5 AktG erfasstes Kreditinstitut oder Versicherungsunternehmen, genügt es, dass das Aufsichtsratsplenum über einen Finanzexperten iSd § 100 Abs. 5 AktG nF verfügt (dazu → § 30 Rn. 26) und selbst die Aufgaben wahrnimmt, die sonst der Prüfungsausschuss wahrzunehmen hätte.[34] Für Gesellschaften, die nicht kapitalmarktorientiert sind, besteht erst recht die Freiheit, auf die Bildung eines Prüfungsausschusses zu verzichten. Nur für solche Gesellschaften, die zwar kapitalmarktorientiert sind, aber keinen Aufsichtsrat oder Verwaltungsrat haben, der die Voraussetzungen des § 100 Abs. 5 AktG erfüllen muss, wird durch § 324 Abs. 1 HGB die Bildung eines Prüfungsausschusses zwingend vorgeschrieben; diese Auffanglösung erfasst keine Aktiengesellschaften, sondern nur kapitalmarktorientierte Unternehmen anderer Rechtsformen.

21 Auch ohne gesetzliche Verpflichtung wird inzwischen bei börsennotierten und anderen kapitalmarktorientierten Gesellschaften beinahe ausnahmslos ein Prüfungsausschuss eingerichtet. Bei größeren Aufsichtsräten ist seine Bildung schon deshalb zu empfehlen, um das Plenum von den in § 107 Abs. 3 S. 2 AktG und der APrVO genannten umfangreichen Aufgaben zu entlasten. Diese Aufgaben müssen nämlich, wenn kein Prüfungsausschuss besteht, vom Plenum wahrgenommen werden.[35] Auch wenn ein Prüfungsausschuss gebildet wird, muss ihm das Plenum nicht alle in § 107 Abs. 3 S. 2 AktG und der APrVO genannten Aufgaben übertragen, sondern kann auch einzelne dieser Aufgaben dem Plenum vorbehalten[36] oder einem anderen Ausschuss, zB einem besonderen Risikoausschuss übertragen,[37] und umgekehrt können dem Prüfungsausschuss auch zusätzliche Aufgaben zugewiesen werden.[38] In der Praxis hat sich der Prüfungsausschuss zu dem Ausschuss des Aufsichtsrats entwickelt, der am häufigsten tagt und den größten Arbeitsumfang zu bewältigen hat.

---

[34] Vgl. Begr. RegE AReG BT-Drs. 18/7219, 33/48; Hüffer/*Koch* AktG § 107 Rn. 26.

[35] Begr. RegE BilMoG, BT-Drs. 16/10067, 102; MüKoAktG/*Habersack* § 107 Rn. 112; *Kort* ZGR 2010, 440 (449).

[36] Begr. RegE BilMoG BT-Drs. 16/10067, 102; MüKoAktG/*Habersack* § 107 Rn. 112; KölnKommAktG/*Mertens/Cahn* § 107 Rn. 107; GroßkommAktG/*Hopt/Roth* § 107 Rn. 522; Spindler/Stilz AktG/*Spindler* § 107 Rn. 140; Hüffer/*Koch* AktG § 107 Rn. 24a; aA Schmidt/Lutter/*Drygala* AktG § 107 Rn. 58.

[37] Hüffer/*Koch* AktG § 107 Rn. 24a; GroßkommAktG/*Hopt/Roth* § 107 Rn. 522. Anders *Börsig/Löbbe* FS Hoffmann-Becking, 2013, 126 (147) u. *Selter* Beratung des Aufsichtsrats S. 171 Rn. 433.

[38] MüKoAktG/*Habersack* § 107 Rn. 112; KölnKommAktG/*Mertens/Cahn* § 107 Rn. 107; Hüffer/*Koch* AktG § 107 Rn. 24d.

b) Besetzung. Der Prüfungsausschuss muss, wenn er auch befugt sein soll, Entscheidungen an Stelle des Aufsichtsrats zu treffen, mit mindestens drei Mitgliedern besetzt werden (→ Rn. 42). Der Finanzexperte im Aufsichtsrat iSd § 100 Abs. 5 AktG (dazu → § 30 Rn. 26 f.) muss nicht notwendig auch Mitglied des Prüfungsausschusses sein, wenngleich dies in der Regel sinnvoll ist. Der **Kodex** (Empfehlung D.4) empfiehlt, dass der Vorsitzende des Prüfungsausschusses über besondere Kenntnisse und Erfahrungen in der Anwendung von Rechnungslegungsgrundsätzen und internen Kontrollverfahren verfügt sowie mit der Abschlussprüfung vertraut und unabhängig ist. Außerdem soll der Aufsichtsratsvorsitzende nicht Vorsitzender des Prüfungsausschusses sein.

c) Aufgaben. Abgesehen von den Aufgaben, die dem Prüfungsausschuss in der Geschäftsordnung des Aufsichtsrats oder sonst durch Beschluss des Aufsichtsrats zugewiesen werden, hat der Prüfungsausschuss die in § 107 Abs. 3 S. 2 AktG und – wenn es sich um ein Unternehmen von öffentlichem Interesse („Public Interest Entity") handelt – in § 319a Abs. 3 HGB und der APrVO aufgeführten Aufgaben zu erfüllen. Im Einzelnen:

aa) Die Prüfung des Jahresabschlusses und des Konzernabschlusses ist nach wie vor die klassische Aufgabe des Prüfungsausschusses, auch wenn diese Aufgabe im Gesetz nicht zwingend vorgegeben ist. Die abschließende Prüfung obliegt zwar zwingend dem Aufsichtsratsplenum nach § 171 iVm § 107 Abs. 3 S. 4 AktG, aber der Prüfungsausschuss entlastet das Plenum durch seine **Vorprüfung der Abschlüsse.** Zu Umfang und Maßstab der Prüfung → § 45 Rn. 13 ff. Auch die dem Aufsichtsrat obliegende Prüfung des Abhängigkeitsberichts nach § 314 Abs. 2 AktG kann und wird in aller Regel durch den Prüfungsausschuss vorbereitet.

bb) Neu ist die in § 107 Abs. 3 S. 2 AktG angeordnete Überwachung des **Rechnungslegungsprozesses.** Das ist nicht so zu verstehen, dass der Prüfungsausschuss alljährlich die tatsächliche Ableitung der Zahlen und Angaben des Jahresabschlusses aus der Rechnungslegung zu überprüfen oder gar nachzuvollziehen hat. Vielmehr geht es auch hier entgegen dem missverständlichen Wortlaut der Sache nach nur um eine Systemprüfung der vom Vorstand festgelegten organisatorischen Vorkehrungen, und auch insoweit kann sich der Prüfungsausschuss im Regelfall auf die Arbeit des Abschlussprüfers abstützen und verlassen und muss nur bei konkreten Anhaltspunkten oder Hinweisen des Abschlussprüfers weitergehend tätig werden.[39] Ergänzend bestimmt § 107 Abs. 3 S. 3 AktG, dass der Prüfungsausschuss Empfehlungen oder Vorschläge zur Gewährleistung der Integrität des Rechnungslegungsprozesses unterbreiten kann.

cc) Weiter hat sich der Prüfungsausschuss mit der Wirksamkeit des **internen Kontrollsystems** der Gesellschaft zu befassen. Nach § 289 Abs. 5 HGB müssen kapitalmarktorientierte Gesellschaften im Lagebericht die wesentlichen Merkmale des internen Kontroll- und des Risikomanagementsystems beschreiben, jedoch nur im Hinblick auf den Rechnungslegungsprozess. Nach § 107 Abs. 3 S. 2 AktG kann sich der Aufsichtsrat bei seiner Überwachung der Wirksamkeit des internen Kontrollsystems nicht auf das Kontrollsystem im Rechnungslegungsprozess beschränken, sondern der Prüfungsausschuss hat darüber hinausgehend zu prüfen, ob die im Unternehmen bestehende Aufbau- und Ablauforganisation den Anforderungen an die Eignung und Angemessenheit eines internen Kontrollsystems genügt.[40] Verwirrend ist, dass das Gesetz in § 107 Abs. 3 S. 2 AktG die drei Begriffe Risikomanagementsystem, internes Kontrollsystem und Revisionssystem unverbunden nebeneinander stellt, während in den gesetzlichen Regelungen zur Bank- und

---

[39] *E. Vetter* ZGR 2010, 751 (767); *Lutter/Krieger/Verse* Rechte und Pflichten § 11 Rn. 756; *Hönsch* Der Konzern 2009, 553 (561); *Nonnenmacher/Pohle/v. Werder* DB 2009, 1447 (1451); *Hoffmann-Becking* WPg Sonderheft 2010, 103 (104); *Nonnenmacher/Wemmer/v. Werder* DB 2016, 2826 (2827).

[40] *E. Vetter* ZGR 2010, 751 (769); *Hönsch* Der Konzern 2009, 553 (560). Zum COSO-Rahmenwerk für das interne Kontrollsystem s. *Naumann/Siegel* ZHR 181 (2017), 273 (288 ff.) u. *Plendl/Kompenhans/Buhleier* Prüfungsausschuss S. 85 ff.

Versicherungsaufsicht (§ 25a KWG, § 64a VAG) und verbreitet auch in der Betriebswirtschaftslehre das interne Kontrollsystem (IKS) als Oberbegriff verwendet wird.[41]

27 dd) Dem Prüfungsausschuss obliegt auch die Prüfung der Wirksamkeit des **Risikomanagementsystems**. Während § 91 Abs. 2 AktG den Vorstand nur verpflichtet, ein Risikofrüherkennungssystem einzurichten (dazu → § 25 Rn. 13 f.), setzt § 107 Abs. 3 S. 2 AktG voraus, dass die Gesellschaft über ein umfassendes Risikomanagementsystem verfügt, also ein System zur Erfassung, Bewertung und Behandlung oder Beherrschung der Risiken.[42] Ein solches System wird in § 107 Abs. 3 S. 2 AktG zwar vorausgesetzt, aber nicht angeordnet, so dass es weiterhin der Verantwortung des Vorstands überlassen bleibt, ob und inwieweit er ein derart umfassendes Risikomanagementsystem einrichtet (auch → § 25 Rn. 14 f.).[43]

28 ee) Der Prüfungsausschuss hat sich weiter mit der Wirksamkeit des internen **Revisionssystems** zu befassen. Diese Aufgabe gehörte auch schon vor der neuen gesetzlichen Regelung verbreitet zum Aufgabenkreis des Prüfungsausschusses. Auch hier handelt es sich um eine Systemprüfung im Hinblick auf die Ausrichtung, Ausstattung und Eignung des Revisionssystems.[44] Darüber hinaus ist zu empfehlen, dass sich der Prüfungsausschuss aufgrund eines Berichts des Leiters der internen Revision einmal im Jahr über den Prüfungsplan informieren lässt.[45]

29 ff) Es ist üblich, den Prüfungsausschuss zusätzlich zu den vorgenannten Kontrollaufgaben entsprechend der Empfehlung des **Kodex** (Empfehlung D.3) auch mit der **Compliance** zu befassen.[46] Gemeint ist die Überwachung der Wirksamkeit der vom Vorstand getroffenen Vorkehrungen zur Gewährleistung rechtmäßigen Verhaltens im Unternehmen (s. Ziff. 4.1.3 DCGK und → § 25 Rn. 16 ff.).

30 gg) Bei der kapitalmarktorientierten Gesellschaft (§ 264d HGB) muss der Aufsichtsrat seinen **Vorschlag für die Wahl des Abschlussprüfers** auf eine entsprechende Empfehlung des Prüfungsausschusses stützen, § 124 Abs. 3 S. 2 AktG. Die dem Aufsichtsrat nach § 111 Abs. 2 S. 3 AktG obliegende Erteilung des **Prüfungsauftrags** an den Abschlussprüfer kann an den Prüfungsausschuss zur Vorbereitung oder auch zur Entscheidung delegiert werden. Dasselbe gilt für die Festlegung von Prüfungsschwerpunkten.

31 hh) Seit der EU-Abschlussprüfungsreform muss bei Unternehmen von öffentlichem Interesse, vornehmlich also bei kapitalmarktorientierten Unternehmen, der Abschlussprüfer im Regelfall nach 10 Jahren gewechselt werden (Art. 17 APr VO, sog. externe Rotation). Der Wechsel des Prüfers muss durch ein unter der Regie des Prüfungsausschusses stehendes langwieriges **Ausschreibungsverfahren** vorbereitet werden, dessen Einzelheiten in Art. 16 APr VO geregelt sind.[47] Am Ende steht die Empfehlung des Prüfungsausschusses an den Aufsichtsrat für dessen Vorschlag an die Hauptversammlung zur Wahl des Abschlussprüfers. Die Empfehlung muss mit einer Begründung versehen werden und mindestens zwei Vorschläge für das Prüfungsmandat enthalten, wobei der Prüfungsausschuss unter Angabe der Gründe seine Präferenz für einen der beiden Vorschläge mitzuteilen hat (Art. 16 Abs. 2 Apr VO).

---

[41] Zur Begriffsbildung s. *Nonnenmacher/Wemmer/v. Werder* DB 2016, 2826 (2830), zur Kritik s. *Wohlmannstetter* ZGR 2010, 472 (475 ff.) u. *Hoffmann-Becking* WPg Sonderheft 2010, 103 (104 f.), auch zur Überforderung aller Beteiligten durch die von der Abschlussprüferrichtlinie der EU veranlasste gesetzliche Regelung.

[42] *Nonnenmacher/Pohle/v. Werder* DB 2009, 1447 (1451); Schmalenbach-Arbeitskreis Externe und Interne Überwachung der Unternehmung DB 2007, 2129 (2132).

[43] *Kort* ZGR 2010, 440 (452); *E. Vetter* ZGR 2010, 751 (770); *Hüffer/Koch* AktG § 107 Rn. 24c. GroßkommAktG/*Hopt/Roth* § 107 Rn. 531.

[44] *Nonnenmacher/Pohle/v. Werder* DB 2009, 1447 (1451); *E. Vetter* ZGR 2010, 751 (771); *Plendl/Komenhans/Buhleier* Prüfungsausschuss S. 98 ff.

[45] *E. Vetter* ZGR 2010, 751 (771 f.); *Hönsch* Der Konzern 2009, 553 (560).

[46] Zur Compliance-Verantwortung des Aufsichtsrats *Habersack* AG 2014, 1 ff.

[47] Näher dazu *Schilha* ZIP 2016, 1316 (1326 f.); *Nonnenmacher/Wemmer/v. Werder* DB 2016, 2826 (2831 f.).

ii) Nach § 107 Abs. 3 S. 2 AktG obliegt dem Prüfungsausschuss nicht nur im Rahmen einer Ausschreibung, sondern regelmäßig in jedem Jahr die Überprüfung der **Unabhängigkeit des Abschlussprüfers**. Bei Unternehmen von öffentlichem Interesse muss der Prüfungsausschuss vom Abschlussprüfer eine jährliche Unabhängigkeitserklärung verlangen und mit dem Abschlussprüfer die Gefahren für dessen Unabhängigkeit und die von dem Prüfer angewendeten und dokumentierten Schutzmaßnahmen erörtern (Art. 6 Abs. 2 APr VO).

jj) Die in § 107 Abs. 3 S. 2 AktG außerdem genannte **Überwachung der Abschlussprüfung** hängt eng zusammen mit der dem Prüfungsausschluss in aller Regel obliegenden Vorprüfung von Jahres- und Konzernabschluss. Für Unternehmen von öffentlichem Interesse schreibt Art. 10 Apr VO vor, dass in dem erweiterten Bestätigungsvermerk des Prüfers über die unternehmensspezifisch besonders wichtigen Prüfungssachverhalte („key audit matters") zu berichten ist. Damit muss sich folgerichtig auch der Prüfungsausschuss genauer befassen und diese Punkte mit dem Abschlussprüfer möglichst schon vor Abschluss der Prüfung erörtern.

kk) Dem Prüfungsausschuss obliegt auch die durch § 319a Abs. 3 HGB und Art. 5 Apr VO zur Sicherung der Unabhängigkeit des Prüfers vorgeschriebene Zustimmung zu Aufträgen an den Abschlussprüfer zur Erbringung von **Nichtprüfungsleistungen,** also insbesondere zur Erteilung von Beratungsmandaten im Bereich der Rechts- und Steuerberatung sowie der Unternehmensbewertung. Auch diese Vorschriften gelten für Unternehmen von öffentlichem Interesse, insbesondere also für kapitalmarktorientierte Unternehmen. Art. 5 Apr VO unterscheidet zwischen verbotenen Nichtprüfungsleistungen und solchen Leistungen, die vom Prüfungsausschuss generell oder durch Einzelzustimmung genehmigt werden können. In jedem Fall dürfen die Honorare für Nichtprüfungsleistungen kumuliert nicht mehr als 70% der in den letzten drei Jahren im Durchschnitt gezahlten Prüfungshonorare ausmachen, Art. 4 Abs. 2 APr VO. Zweckmäßig bestimmt der Prüfungsausschuss eine Liste der Arten von Dienstleistungen, die er generell vorab genehmigt („Pre Approval"), wobei er sich für Einzelaufträge ab einer bestimmten Größenordnung des einzelnen Honorars und/oder für solche Aufträge, die eine bestimmte kumulierte Honorargrenze übersteigen, eine Einzelzustimmung vorbehalten kann.[48]

ll) Nach § 289b HGB müssen Kapitalgesellschaften ab der im Gesetz bestimmten Größe jährlich eine sog. **Nichtfinanzielle Erklärung** abgeben, wahlweise entweder im Lagebericht oder in einem gesonderten Bericht. Der Bericht des Vorstands ist vom Aufsichtsrat zu prüfen, § 170 Abs. 1 S. 1 bzw. 4 AktG (dazu → § 44 Rn. 19). Zweckmäßig erfolgt eine Vorprüfung des Berichts durch den Prüfungsausschuss.

7. Vermittlungsausschuss nach § 27 Abs. 3 MitbestG. Das MitbestG schreibt in § 27 Abs. 3 gesetzlich zwingend die Bildung eines vierköpfigen Ausschusses vor, dem der Aufsichtsratsvorsitzende und sein Stellvertreter als geborene Mitglieder sowie je ein von den Aufsichtsratsmitgliedern der Arbeitnehmer und von den Aufsichtsratsmitgliedern der Anteilseigner gewähltes Mitglied angehören. Die Wahl des dritten und des vierten Mitglieds erfolgt getrennt durch die beiden Gruppen der Aufsichtsratsmitglieder; für die Wahl durch die Gruppe genügt die Mehrheit der von den Mitgliedern der Gruppe abgegebenen Stimmen.

Die Wahl der beiden Gruppenvertreter muss jeweils unmittelbar nach Wahl des Aufsichtsratsvorsitzenden und seines Stellvertreters erfolgen; damit ist der Ausschuss im Sinne des Gesetzes gebildet, ohne dass es noch einer konstituierenden Sitzung des Ausschusses bedarf. Die Wahl der beiden Gruppenvertreter gilt, wenn bei der Wahl nichts anderes bestimmt wird, für ihre Amtszeit als Mitglieder des Aufsichtsrats. Sie bleiben auch dann Mitglieder des Ausschusses, wenn der Vorsitzende und/oder sein Stellvertreter vorzeitig ausscheiden und insoweit eine Nachfolgerwahl nach § 27 Abs. 1 MitbestG für die restliche Amtszeit erfolgen muss.[49] Häufig werden der gesetzlich vorgeschriebene Vermittlungsaus-

---

[48] Vgl. *Lanfermann* Der Aufsichtsrat 2016, 170 ff.; *Nonnenmacher/Wemmer/v. Werder* DB 2016, 2827 (2833).
[49] *HH MitbestR/Habersack* MitbestG § 27 Rn. 22; *Raiser/Veil/Jacobs* MitbestG § 27 Rn. 35.

schuss und der freiwillig gebildete Personalausschuss identisch besetzt; rechtlich notwendig ist das jedoch nicht.

38 Der vom Gesetz nicht mit einem Namen versehene Ausschuss – er wird meist „Vermittlungsausschuss", aber auch „ständiger Ausschuss" oder „Ausschuss nach § 27 Abs. 3 MitbestG" genannt – wird ausschließlich im Fall des § 31 Abs. 3 S. 1 MitbestG tätig. Wenn die Bestellung oder die Abberufung (s. § 31 Abs. 5 MitbestG) eines Vorstandsmitglieds der mitbestimmten Gesellschaft im Plenum wegen des Erfordernisses der Mehrheit von zwei Dritteln der Stimmen der Aufsichtsratsmitglieder nach § 31 Abs. 2 MitbestG nicht zustande gekommen ist, hat der Vermittlungsausschuss dem Plenum innerhalb eines Monats einen Vorschlag für die Bestellung (oder Abberufung) zu machen. Zum Verfahren näher → § 20 Rn. 23 f., → § 31 Rn. 75.

39 Vorsitzender des Vermittlungsausschusses ist der Vorsitzende des Aufsichtsrats, es sei denn, das Plenum bestimmt ein anderes Ausschussmitglied zum Vorsitzenden.[50] Der Ausschuss beschließt über den Inhalt seines Vorschlags analog § 29 Abs. 1 MitbestG mit einfacher Mehrheit der abgegebenen Stimmen.[51] Beschlussfähig ist er abweichend von § 28 MitbestG nur, wenn alle vier Mitglieder an der Beschlussfassung teilnehmen.[52] Der Aufsichtsratsvorsitzende besitzt abweichend von § 29 Abs. 2 MitbestG keine Zweitstimme zur Auflösung eines Patts.[53]

40 **8. Ausschuss für Geschäfte mit nahestehenden Personen.** Nach § 107 Abs. 3 S. 4 AktG kann der Aufsichtsrat einer börsennotierten Gesellschaft einen Ausschuss bilden, der ad hoc oder als ständiger Ausschuss anstelle des Plenums über die nach § 111b AktG erforderliche Zustimmung zu Geschäften mit nahestehenden Personen („related party transactions") entscheidet. Die Aufgabe kann auch auf einen bereits bestehenden Ausschuss übertragen werden. Für die Besetzung des Ausschusses gelten die besonderen Vorkehrungen nach § 107 Abs. 3 S. 5 und 6 AktG. Dazu → § 29 Rn. 67.

II. Bildung, Besetzung und Überwachung

41 **1. Bildung von Ausschüssen.** Abgesehen von dem gesetzlich vorgeschriebenen Vermittlungsausschuss nach § 27 Abs. 3 MitbestG steht es dem Plenum des Aufsichtsrats frei, ob und inwieweit es Ausschüsse bildet und – in den Grenzen des § 107 Abs. 3 S. 3 AktG – mit Entscheidungsbefugnissen ausstattet oder mit der Vorbereitung von Entscheidungen des Plenums betraut. Allein der Aufsichtsrat entscheidet über die Bildung von Ausschüssen; die Satzung darf in diese aus § 107 Abs. 3 S. 1 AktG folgende Organisationsfreiheit des Aufsichtsrats nicht eingreifen. Sie darf die Bildung eines bestimmten Ausschusses oder eines Präsidiums weder vorschreiben noch verbieten.[54] Der Aufsichtsrat kann einen Ausschuss bereits in der Geschäftsordnung des Aufsichtsrats abstrakt, dh ohne konkrete personelle Besetzung bilden. Da die Geschäftsordnung die einzelne Wahlperiode der Aufsichtsratsmitglieder überdauert (→ § 31 Rn. 5), sind bei einem bereits in der Geschäftsordnung gebildeten Ausschuss jeweils zu Beginn einer neuen Wahlperiode lediglich die Mitglieder des Ausschusses neu zu wählen.[55] Der Aufsichtsrat kann aber auch außerhalb der auf Dauer angelegten Geschäftsordnung ad hoc durch Beschluss einen Ausschuss bilden und – was meist zeitgleich geschieht – personell besetzen. Das Gesetz spricht in § 107 Abs. 3 S. 1 AktG davon, dass der Aufsichtsrat Ausschüsse „bestellt"; damit ist sowohl die Bildung des Ausschusses als Organteil durch die Zuweisung bestimmter Aufgaben als auch die Beset-

---

[50] *HH MitbestR/Habersack* MitbestG § 27 Rn. 21.
[51] *HH MitbestR/Habersack* MitbestG § 27 Rn. 24; *WKS/Schubert* MitbestG § 27 Rn. 42; GroßkommAktG/*Oetker* MitbestG § 27 Rn. 27.
[52] *HH MitbestR/Habersack* MitbestG § 27 Rn. 24; GroßkommAktG/*Oetker* MitbestG § 27 Rn. 27; WKS/*Schubert* MitbestG § 27 Rn. 42; Hüffer/*Koch* AktG § 107 Rn. 30.
[53] BGHZ 83, 144 (147 f.) – Dynamit Nobel; *HH MitbestR/Habersack* MitbestG § 27 Rn. 24; GroßkommAktG/*Oetker* MitbestG § 27 Rn. 27.
[54] BGHZ 83, 106 (115) – Siemens.
[55] *Rellermeyer* Aufsichtsratsausschüsse S. 144; *Lutter/Krieger/Verse* Rechte und Pflichten § 11 Rn. 773.

zung des Ausschusses durch die Wahl der Mitglieder gemeint. Für die Beschlusserfordernisse einer Ausschussbildung macht es im Übrigen keinen Unterschied, ob der Ausschuss mit Erlass der Geschäftsordnung oder durch gesonderten Beschluss gebildet wird. In jedem Fall genügt die einfache Mehrheit der abgegebenen Stimmen für die Bildung des Ausschusses und ebenso auch für seine Auflösung. Auch bei einer mitbestimmungsfreien AG kann die Satzung das Mehrheitserfordernis nicht verschärfen.[56]

2. Besetzung der Ausschüsse. Ebenso wie die Bildung von Ausschüssen steht auch deren personelle Besetzung im pflichtgemäßen Ermessen des Aufsichtsrats. Auch insoweit darf die Satzung die Organisationsfreiheit des Aufsichtsrats nicht beschränken.[57] Allein das Plenum des Aufsichtsrats entscheidet über Zahl und Person der Ausschussmitglieder, allerdings in den nachstehend skizzierten Grenzen, die sich aus einigen Grundsätzen zwingenden Rechts ergeben. 42

a) Zahl der Ausschussmitglieder. Das Gesetz bestimmt ausdrücklich weder eine Mindest- noch eine Höchstzahl. Aus dem Begriff „Ausschuss" folgt jedoch, dass es sich um ein Gremium handelt und somit mindestens zwei Mitglieder zusammenwirken müssen. Das schließt nicht aus, dass der Aufsichtsrat ein einzelnes Mitglied beauftragt, bestimmte Entscheidungen des Aufsichtsrats vorzubereiten oder durchzuführen;[58] nur kann man dann nicht von einem Ausschuss sprechen. Die Mindestzahl von zwei Mitgliedern gilt für vorbereitende Ausschüsse und für solche überwachenden Ausschüsse, die nicht abschließend anstelle des Plenums tätig werden, sondern nur zur Unterstützung des Plenums einen bestimmten Bereich der Geschäftsführung überwachen sollen, ohne zu Entscheidungen berechtigt zu sein (→ Rn. 2).[59] Einem entscheidenden Ausschuss, der abschließend anstelle des Plenums beschließt, müssen dagegen mindestens drei Mitglieder angehören. Das folgt aus dem Rechtsgedanken des § 108 Abs. 2 S. 3 AktG, der für die Beschlussfähigkeit des Plenums die Teilnahme von mindestens drei Mitgliedern zwingend vorschreibt.[60] Die Zahl der Ausschussmitglieder muss nicht durch drei teilbar sein; § 95 Abs. 1 S. 3 AktG gilt nicht entsprechend. Wie groß die vom Aufsichtsrat bestimmte Mitgliederzahl höchstens sein darf, lässt sich nicht allgemein feststellen. Die Grenze des Ermessens ist erst dann überschritten, wenn die Zahl sich derart der Zahl der Plenumsmitglieder annähert, dass der Ausschuss zu einer wirksamen Entlastung des Plenums ungeeignet ist (zB ein zehnköpfiger Ausschuss eines Aufsichtsrats mit zwölf Mitgliedern). 43

b) Auswahl der Ausschussmitglieder. Der Aufsichtsrat muss bei seiner Auswahl der Ausschussmitglieder den Grundsatz beachten, dass alle Aufsichtsratsmitglieder ohne Rücksicht darauf, wer sie in den Aufsichtsrat berufen hat, gleiche Rechte und Pflichten haben. Dazu gehört auch das gleiche passive Wahlrecht und damit das Recht, ohne Rücksicht darauf, ob das Mitglied zur Gruppe der Anteilseigner- oder der Arbeitnehmervertreter gehört, in einen Ausschuss des Aufsichtsrats gewählt werden zu können.[61] Die gesetzliche Regelung zur Auswahl der Mitglieder des Vermittlungsausschusses in § 27 Abs. 3 MitbestG ist die einzige Ausnahme vom zwingenden Grundsatz des gleichen passiven Wahlrechts aller Mitglieder des Aufsichtsrats. Die Satzung kann eine bestimmte gruppenmäßige Zusammensetzung eines Ausschusses schon deshalb nicht vorschreiben, weil sie nicht die Organisationsfreiheit des Aufsichtsrats beschränken 44

---

[56] MüKoAktG/*Habersack* § 107 Rn. 130; *Lutter/Krieger/Verse* Rechte und Pflichten § 11 Rn. 766; GroßkommAktG/*Hopt/M. Roth* § 107 Rn. 323.
[57] BGHZ 83, 106 (115) – Siemens.
[58] MüKoAktG/*Habersack* § 107 Rn. 100; *Lutter/Krieger/Verse* Rechte und Pflichten § 11 Rn. 768; Hüffer/*Koch* AktG § 107 Rn. 21.
[59] HdB börsennotierte AG/*E. Vetter* § 28 Rn. 15; *Lutter/Krieger/Verse* Rechte und Pflichten § 11 Rn. 768.
[60] BGHZ 65, 190.
[61] BGHZ 83, 106 (113); 122, 342 (358).

darf.⁶² Dagegen kann der Aufsichtsrat selbst bei der Bildung des Ausschusses in der Geschäftsordnung auch die Zusammensetzung abstrakt bestimmen, zB anordnen, dass dem Ausschuss der Vorsitzende des Aufsichtsrats, der Stellvertreter und je ein Aufsichtsratsmitglied der Anteilseigner und der Arbeitnehmer angehören.⁶³ Das passive Wahlrecht der Mitglieder wird dadurch nicht unzulässig eingeschränkt, da die Geschäftsordnung jederzeit durch einfachen Mehrheitsbeschluss geändert oder durchbrochen werden kann (→ § 31 Rn. 4).

45 Die konkrete Wahl der Ausschussmitglieder erfolgt durch Beschluss des Plenums mit der einfachen Mehrheit der abgegebenen Stimmen. Das gilt auch für einen nach dem MitbestG 1976 mitbestimmten Aufsichtsrat: Die erforderliche Mehrheit bestimmt sich nach § 29 und nicht analog § 27 MitbestG.⁶⁴ Damit gilt auch das Zweitstimmrecht des Vorsitzenden bei wiederholter Stimmengleichheit nach § 29 Abs. 2 MitbestG.⁶⁵

46 Das Plenum hat sich bei der Auswahl der Ausschussmitglieder davon leiten zu lassen, welche Mitglieder des Plenums für eine erfolgreiche Ausschusstätigkeit am besten befähigt sind. Bei einem nach dem **Drittelbeteiligungsgesetz (DrittelbG)** zu einem Drittel mitbestimmten Aufsichtsrat ist es deshalb zulässig, einen Ausschuss ausschließlich mit Mitgliedern der Anteilseigner zu besetzen, es sei denn, die Auswahl der Mitglieder erfolgt aus sachwidrigen Erwägungen. Die Arbeitnehmerseite hat keinen Anspruch auf proportionale Vertretung in den Ausschüssen des Aufsichtsrats und auch nicht darauf, dass in jeden Ausschuss mindestens ein Arbeitnehmervertreter gewählt wird.⁶⁶ Unzulässig ist allerdings eine Diskriminierung der Arbeitnehmervertreter, indem sie willkürlich, also ohne sachlichen Grund von der Mitgliedschaft in allen Ausschüssen ferngehalten werden.⁶⁷ Wenn der Aufsichtsrat nur einen entscheidenden Ausschuss bildet und diesen Ausschuss – meist einen dreiköpfigen Personalausschuss – ausschließlich mit Mitgliedern der Anteilseigner besetzt, rechtfertigt dies allein noch nicht den Vorwurf der Diskriminierung der Arbeitnehmervertreter.⁶⁸ Dagegen ist es im Regelfall nicht vertretbar, einen Ausschuss, der sich mit Fragen der Belegschaft und der Sozialpolitik befasst, ohne Arbeitnehmervertreter zu besetzen.⁶⁹

47 Zur Besetzung der Ausschüsse eines nach dem **MitbestG 1976** paritätisch mitbestimmten Aufsichtsrats wurde die Auffassung vertreten, diese seien entsprechend der Zusammensetzung des Plenums ebenfalls zwingend paritätisch zu besetzen.⁷⁰ Der BGH hat diese Auffassung jedoch mit Recht zurückgewiesen.⁷¹ Das MitbestG bietet keine Handhabe für das Paritätsgebot; § 27 Abs. 3 MitbestG ist eine Sonderregelung, aus der nicht auf eine

---

⁶² BGHZ 83, 106 (112).

⁶³ *Rellermeyer* Aufsichtsratsausschüsse S. 136 f.; GroßkommAktG/*Hopt/M. Roth* § 107 Rn. 331 f.; aA OLG Hamburg WM 1982, 1090 (1092 f.).

⁶⁴ *Lutter/Krieger/Verse* Rechte und Pflichten § 11 Rn. 769; HH MitbestR/*Habersack* MitbestG § 25 Rn. 126; *Raiser/Veil* MitbestG § 25 Rn. 56; aA *Säcker,* Aufsichtsratsausschüsse nach dem MitbestG 1979, S. 52 ff.

⁶⁵ *Lutter/Krieger/Verse* Rechte und Pflichten § 11 Rn. 769; *Raiser/Veil* MitbestG § 25 Rn. 56; GroßkommAktG/*Oetker* MitbestG § 25 Rn. 39; WKS/*Schubert* MitbestG § 29 Rn. 16.

⁶⁶ KölnKommAktG/*Mertens/Cahn* § 107 Rn. 122; *Lutter/Krieger/Verse* Rechte und Pflichten § 11 Rn. 771; MüKoAktG/*Habersack* § 107 Rn. 141; HdB börsennotierte AG/*E. Vetter* § 28 Rn. 18; GroßkommAktG/*Hopt/M. Roth* § 107 Rn. 355; *Zöllner* FS Zeuner, 1994, 161 (164) mwN. S. auch Bericht des Rechtsausschusses zu § 107 AktG, abgedr. bei *Kropff* AktG S. 150 f.

⁶⁷ *Lutter/Krieger/Verse* Rechte und Pflichten § 11 Rn. 771; *Zöllner* FS Zeuner, 1994, 161 (182 ff.).

⁶⁸ GroßkommAktG/*Hopt/M. Roth* § 107 Rn. 355. Anders KölnKommAktG/*Mertens/Cahn* § 107 Rn. 125.

⁶⁹ Zustimmend KölnKommAktG/*Mertens/Cahn* § 107 Rn. 124; *Lutter/Krieger/Verse* Rechte und Pflichten § 11 Rn. 771; GroßkommAktG/*Hopt/M. Roth* § 107 Rn. 355.

⁷⁰ Nachw. bei OLG Hamburg WM 1984, 965 (969) u. *Rellermeyer* Aufsichtsratsausschüsse S. 109 Fn. 41.

⁷¹ BGHZ 83, 144 (148); 122, 342 (357). De lege lata zustimmend WKS/*Schubert* MitbestG § 25 Rn. 123.

zwingend paritätische Besetzung anderer Ausschüsse geschlossen werden kann. Es ist vielmehr zulässig, einen Ausschuss mit einer geringeren Anzahl von Arbeitnehmer- als Anteilseignervertretern zu besetzen, wenn diese Besetzung auf sachlichen Erwägungen beruht, also an den Aufgaben des Ausschusses und den Qualifikationen der Aufsichtsratsmitglieder orientiert ist.[72] Sogar die Besetzung eines Ausschusses ausschließlich mit Vertretern einer Gruppe kann ausnahmsweise zulässig sein, wenn dafür eine besondere sachliche Rechtfertigung besteht.[73] Nach Meinung des BGH bedeutet es allerdings in aller Regel eine missbräuchliche Diskriminierung der Arbeitnehmervertreter, wenn der Personalausschuss ausschließlich mit Vertretern der Aktionäre besetzt wird.[74] Nach Meinung des OLG München gilt dasselbe für einen Ausschuss, der Zustimmungsvorbehalte nach § 111 Abs. 4 AktG ausübt.[75]

3. Überwachung der Ausschüsse und Berichtspflicht. Das Plenum des Aufsichtsrats 48 hat die Arbeit eines von ihm eingesetzten Ausschusses zu überwachen. Dazu genügt im Regelfall, dass sich das Plenum in regelmäßigen Abständen vom Ausschuss über dessen Tätigkeit berichten lässt und sich auf diese Weise einen allgemeinen Eindruck von der Arbeitsweise des Ausschusses und der ordnungsgemäßen Erledigung der auf den Ausschuss delegierten Aufgaben verschafft.

Der allgemeinen Überwachungspflicht des Plenums entspricht die vom Gesetzgeber in 49 § 107 Abs. 3 S. 3 AktG klargestellte **Berichtspflicht** des Ausschusses. Er muss dem Plenum auch ohne förmliche Anforderung eines Berichts regelmäßig über seine Arbeit berichten. Es genügt ein zusammenfassender mündlicher Ergebnisbericht, der grundsätzlich in jeder ordentlichen Aufsichtsratssitzung zu erstatten ist.[76]

Detailinformationen sind nur dann erforderlich, wenn sie vom Plenum durch Mehrheits- 50 beschluss verlangt worden sind, da mit der Delegation der Aufgabe auf den Ausschuss im Regelfall auch das Ziel verfolgt wird, eine besonders vertrauliche Behandlung der betreffenden Angelegenheiten zu gewährleisten (→ Rn. 14).[77] § 90 Abs. 3 S. 2 AktG ist nicht entsprechend anwendbar;[78] das Auskunftsverlangen eines Mitglieds genügt nicht, es sei denn, der Aufsichtsratsvorsitzende ist mit der Erteilung der Auskunft einverstanden (arg. § 109 Abs. 2 AktG).[79]

Von der allgemeinen Überwachungspflicht des Plenums und der korrespondierenden 51 Berichtspflicht des Ausschusses sind die speziellen Informationen zu unterscheiden, die

---

[72] KölnKommAktG/*Mertens/Cahn* § 107 Rn. 126; Hüffer/*Koch* AktG § 107 Rn. 31; GroßkommAktG/*Hopt/M. Roth* § 107 Rn. 356.
[73] Lutter/Krieger/*Verse* Rechte und Pflichten § 11 Rn. 770; *Rellermeyer* Aufsichtsratsausschüsse S. 127; HdB börsennotierte AG/*E. Vetter* § 28 Rn. 18; GroßkommAktG/*Oetker* MitbestG § 25 Rn. 38; MüKoAktG/*Habersack* § 107 Rn. 139; HH MitbestR/*Habersack* MitbestG § 25 Rn. 127a; aA WKS/*Schubert* MitbestG § 25 Rn. 121.
[74] BGHZ 122, 342 (358 f.) – Hamburg-Mannheimer. Zustimmend KölnKommAktG/*Mertens* § 107 Rn. 112; MüKoAktG/*Habersack* § 107 Rn. 141; *Raiser* DZWiR 1993, 510 (511 f.); Hüffer/*Koch* AktG § 107 Rn. 31; ablehnend *Zöllner* FS Zeuner, 1994, 161 (186 ff.).
[75] OLG München ZIP 1995, 1753; aA GroßkommAktG/*Oetker* MitbestG § 25 Rn. 36; *Jaeger* ZIP 1995, 1735 (1738).
[76] Begr. RegE TranspuG BT-Drs. 14/8769, 16; MüKoAktG/*Habersack* § 107 Rn. 170; KölnKommAktG/*Mertens/Cahn* § 107 Rn. 142.
[77] DAV-Handelsrechtsausschuss NZG 2002, 115 (116), Hüffer/*Koch* AktG § 107 Rn. 33; GroßkommAktG/*Hopt/M. Roth* § 107 Rn. 472; Lutter/Krieger/*Verse* Rechte und Pflichten § 11 Rn. 750, 788; *Hoffmann-Becking* ZHR 169 (2005), 155 (156).
[78] LG Düsseldorf AG 1998, 386; MüKoAktG/*Habersack* § 107 Rn. 171; Hüffer AktG/*Koch* § 107 Rn. 33; aA LG Frankfurt a. M. ZIP 1996, 1661 (1664).
[79] HdB börsennotierte AG/*E. Vetter* § 28 Rn. 28; Lutter/Krieger/*Verse* Rechte und Pflichten § 11 Rn. 791; KölnKommAktG/*Mertens/Cahn* § 107 Rn. 142. Anders *Leyens*, Information des Aufsichtsrats, 2006, S. 280 f., der Einverständnis des Vorsitzenden nicht genügen lässt, differenzierend Spindler/Stilz AktG/*Spindler* § 107 Rn. 120.

der Ausschuss auf Grund seiner konkreten Aufgabenstellung dem Plenum zukommen lassen muss. Ein vorbereitender Ausschuss muss dem Plenum selbstverständlich alle für dessen Entscheidung wesentlichen Erkenntnisse und Daten mitteilen, und auch ein entscheidender Ausschuss hat das Plenum unaufgefordert über die Erkenntnisse aus seiner Arbeit zu unterrichten, die für eine andere, dem Plenum vorbehaltene Entscheidung wesentlich sind.[80]

III. Innere Ordnung

52 **1. Regelungskompetenzen.** Das Gesetz beschränkt sich, was das Verfahren der Aufsichtsratsausschüsse betrifft, auf wenige Vorschriften zur Sitzungsteilnahme in § 109 AktG und zur schriftlichen Stimmabgabe und schriftlichen Beschlussfassung in § 108 Abs. 3 und 4 AktG. Ebenso wie die Satzung Einzelfragen der Geschäftsordnung des Aufsichtsratsplenums verbindlich festlegen kann, soweit nicht § 107 Abs. 3 S. 1 AktG berührt wird (→ § 31 Rn. 2), kann die Satzung auch das Verfahren der Ausschüsse regeln. Der Aufsichtsrat besitzt nur insoweit eine autonome Gestaltungsfreiheit, als Verfahrensregeln für die Ausschüsse zugleich deren Bildung oder Besetzung betreffen.[81] Soweit weder das Gesetz noch die Satzung eine Regelung enthält und auch der Aufsichtsrat keine Regelung getroffen hat, ist der Ausschuss selbst befugt, seine innere Ordnung zu regeln. Im Übrigen sind, wenn keine spezielle Regelung für das Verfahren des Ausschusses besteht, die für die innere Ordnung des Gesamtaufsichtsrats geltenden Bestimmungen entsprechend anzuwenden.[82]

53 **2. Einzelfragen. a) Vorsitzender.** Ein Ausschuss muss nicht rechtlich notwendig einen Vorsitzenden haben.[83] Jedenfalls bei einem größeren Ausschuss mit vier oder mehr Mitgliedern ist jedoch die Wahl eines Vorsitzenden praktisch unentbehrlich. Die Satzung kann weder vorschreiben, dass das Plenum einen Vorsitzenden des Ausschusses benennen muss, noch kann sie bestimmen, dass der Aufsichtsratsvorsitzende Vorsitzender aller Ausschüsse ist, denen er angehört. Durch solche Festlegungen würde die Autonomie des Aufsichtsrats bei der Bildung und Besetzung der Ausschüsse beeinträchtigt.[84] Die Entscheidung, ob und wer Vorsitzender des Ausschusses wird, liegt beim Aufsichtsratsplenum. Falls das Plenum keine Entscheidung trifft, kann der Ausschuss aus seiner Mitte einen Vorsitzenden wählen. Vorsitzender des Vermittlungsausschusses nach § 27 Abs. 3 MitbestG ist, wenn das Plenum nichts anderes bestimmt, der Vorsitzende des Aufsichtsrats (→ Rn. 39).

54 **b) Einberufung von Sitzungen.** Die Einberufung erfolgt durch den Vorsitzenden des Ausschusses. Die Regelungen des § 110 Abs. 1 und 2 AktG zum Einberufungsverlangen und zum Selbsteinberufungsrecht eines einzelnen Mitglieds gelten entsprechend (→ § 31 Rn. 44 f.).[85] Der Aufsichtsratsvorsitzende ist als solcher nicht zur Einberufung einer Ausschusssitzung befugt.[86] Falls die Satzung oder die Geschäftsordnung des Aufsichtsrats Regelungen zu Form und Frist der Einberufung einer Aufsichtsratssitzung enthält, sind diese im Zweifel auch bei der Einberufung einer Ausschusssitzung zu beachten. Auch für die

---

[80] KölnKommAktG/*Mertens*/*Cahn* § 107 Rn. 142; MüKoAktG/*Habersack* § 107 Rn. 171.
[81] BGHZ 83, 106 (118 f.) – Siemens; *Lutter*/*Krieger*/*Verse* Rechte und Pflichten § 11 Rn. 774.
[82] *Lutter*/*Krieger*/*Verse* Rechte und Pflichten § 11 Rn. 774; KölnKommAktG/*Mertens*/*Cahn* § 107 Rn. 129 ff.
[83] Hüffer/*Koch* AktG § 107 Rn. 29; KölnKommAktG/*Mertens*/*Cahn* § 107 Rn. 120; *Lutter*/*Krieger*/*Verse* Rechte und Pflichten § 11 Rn. 775.
[84] *Lutter*/*Krieger*/*Verse* Rechte und Pflichten § 11 Rn. 775; KölnKommAktG/*Mertens*/*Cahn* § 107 Rn. 120; Hüffer/*Koch* AktG § 107 Rn. 29; GroßkommAktG/*Hopt*/*M. Roth* § 107 Rn. 416.
[85] KölnKommAktG/*Mertens*/*Cahn* § 107 Rn. 129; *Lutter*/*Krieger*/*Verse* Rechte und Pflichten § 11 Rn. 776 GroßkommAktG/*Hopt*/*M. Roth* § 107 Rn. 452.
[86] *Lutter*/*Krieger*/*Verse* Rechte und Pflichten § 11 Rn. 776; MüKoAktG/*Habersack* § 107 Rn. 164; *Rellermeyer* Aufsichtsratsausschüsse S. 165; aA KölnKommAktG/*Mertens*/*Cahn* § 107 Rn. 129; GroßkommAktG/*Hopt*/*M. Roth* § 107 Rn. 452; Bürgers/Körber AktG/*Bürgers*/*Israel* § 107 Rn. 26.

Festsetzung der Tagesordnung und die Übermittlung von Beschlussvorschlägen gelten dieselben Grundsätze wie bei Sitzungen des Plenums (→ § 31 Rn. 40 ff.).[87]

c) Teilnahme an Sitzungen. Nach § 109 Abs. 1 AktG gelten für die Teilnahme von Personen, die nicht dem Aufsichtsrat angehören, dieselben engen Grenzen wie bei Plenumssitzungen (→ § 31 Rn. 49). Mitglieder des Aufsichtsrats, die nicht dem Ausschuss angehören, sind grundsätzlich zur Teilnahme befugt; jedoch kann der Vorsitzende des Aufsichtsrats (nicht der Vorsitzende des Ausschusses) nach der zwingenden Vorschrift des § 109 Abs. 2 AktG einzelne oder auch alle anderen Mitglieder des Aufsichtsrats von der Teilnahme an einzelnen oder allen Sitzungen eines Ausschusses ausschließen.[88] Die Entscheidung steht im pflichtgemäßen Ermessen des Vorsitzenden, darf also keine willkürliche Ungleichbehandlung enthalten. Sie kann vom Plenum nicht revidiert werden.[89]

55

d) Sitzungsleitung. Für die Befugnisse des Ausschussvorsitzenden zur Sitzungsleitung gelten dieselben Grundsätze wie für den Aufsichtsratsvorsitzenden (→ § 31 Rn. 48 ff.).

56

e) Beschlussfähigkeit. Eine zwingende Festlegung ergibt sich aus der entsprechenden Anwendung von § 108 Abs. 2 S. 3 AktG: Bei einem entscheidenden Ausschuss müssen an der Beschlussfassung in jedem Fall mindestens drei Ausschussmitglieder teilnehmen.[90] Im Übrigen kann die für die Beschlussfähigkeit erforderliche Zahl von Ausschussmitgliedern durch die Satzung oder die Geschäftsordnung bestimmt werden. Die Grenze des § 108 Abs. 2 S. 4 AktG gilt nicht entsprechend, so dass die Beschlussfähigkeit davon abhängig gemacht werden kann, dass der Ausschuss in voller Sollstärke an der Beschlussfassung teilnimmt.[91] Fehlt es an einer Regelung, so sind § 108 Abs. 2 S. 2 AktG, § 28 S. 1 MitbestG entsprechend anzuwenden, so dass die Hälfte der Sollstärke des Ausschusses an der Beschlussfassung teilnehmen muss.[92] Zur fehlenden Beschlussfähigkeit eines dreiköpfigen Ausschusses, wenn ein Mitglied einem Stimmverbot unterliegt, → § 31 Rn. 62.

57

f) Beschlussmehrheit. Ebenso wie für Beschlüsse des Plenums genügt auch für Beschlüsse eines Ausschusses mangels abweichender Bestimmung die Mehrheit der abgegebenen Stimmen, gleichgültig, ob und wie die Gesellschaft mitbestimmt ist.[93] Im Ausschuss eines nach dem MitbestG zusammengesetzten Aufsichtsrats gilt bei fehlender Regelung in Satzung und Geschäftsordnung weder § 27 Abs. 1 und 2 MitbestG noch § 29 Abs. 2 MitbestG entsprechend: Der Vorsitzende des Ausschusses wird mit der Mehrheit der abgegebenen Stimmen gewählt; ihm steht bei Pattsituationen kein Zweitstimmrecht zu.[94] Jedoch kann durch den Aufsichtsrat[95] oder durch die Satzung[96] dem Vorsitzenden des Ausschusses ein Recht zum Stichentscheid bei Stimmengleichheit eingeräumt werden. Dieses Recht kann, muss aber nicht nach dem Modell des § 29 Abs. 2 MitbestG gestaltet werden.[97] Der Aufsichtsrat kann abweichend von dem Grundsatz der einfachen Mehrheit

58

---

[87] KölnKommAktG/*Mertens/Cahn* § 107 Rn. 129; *Lutter/Krieger/Verse* Rechte und Pflichten § 11 Rn. 776.
[88] KölnKommAktG/*Mertens/Cahn* § 109 Rn. 31; *Lutter/Krieger/Verse* Rechte und Pflichten § 11 Rn. 778; Hüffer/*Koch* AktG § 109 Rn. 6.
[89] GroßkommAktG/*Hopt/M. Roth* § 109 Rn. 61; MüKoAktG/*Habersack* § 109 Rn. 25.
[90] BGHZ 65, 190 (192).
[91] KölnKommAktG/*Mertens/Cahn* § 107 Rn. 136; *Lutter/Krieger/Verse* Rechte und Pflichten § 11 Rn. 779; MüKoAktG/*Habersack* § 107 Rn. 166.
[92] *Lutter/Krieger/Verse* Rechte und Pflichten § 11 Rn. 779; MüKoAktG/*Habersack* § 107 Rn. 166.
[93] KölnKommAktG/*Mertens/Cahn* § 107 Rn. 134; *Lutter/Krieger/Verse* Rechte und Pflichten § 11 Rn. 780.
[94] BGHZ 83, 144 (147 f.) – Dynamit Nobel.
[95] BGHZ 83, 144 (147 f.).
[96] BGH 83, 106 (117 ff.) – Siemens.
[97] KölnKommAktG/*Mertens/Cahn* § 107 Rn. 136; MüKoAktG/*Habersack* § 107 Rn. 135, 163; Spindler/Stilz AktG/*Spindler* § 107 Rn. 113.

der abgegebenen Stimmen eine qualifizierte Mehrheit vorschreiben.[98] Nach hM kann auch die Satzung für Beschlüsse von Ausschüssen eine höhere Mehrheit verlangen.[99]

59 Abwesende Ausschussmitglieder können ihre Stimme gemäß § 108 Abs. 3 AktG schriftlich abgeben (→ § 31 Rn. 88 ff.). Eine schriftliche Beschlussfassung (→ § 31 Rn. 94 ff.) ist nach § 108 Abs. 4 AktG vorbehaltlich einer abweichenden Regelung in der Satzung oder Geschäftsordnung nur zulässig, wenn kein Ausschussmitglied diesem Verfahren widerspricht.

60 **g) Sitzungsniederschrift.** Über die Sitzungen des Ausschusses ist analog § 107 Abs. 2 AktG eine Niederschrift anzufertigen, die der Vorsitzende des Ausschusses zu unterzeichnen hat.[100] Nicht nur jedes Mitglied des Ausschusses, sondern auch jedes andere Aufsichtsratsmitglied kann eine Abschrift der Niederschrift verlangen. Der Anspruch auf die Protokollabschrift folgt aus dem Teilnahmerecht nach § 109 Abs. 2 AktG und entfällt demgemäß mit einem vom Aufsichtsratsvorsitzenden ausgesprochenen Teilnahmeverbot.[101] Auch wenn der Aufsichtsratsvorsitzende nicht zuvor die Teilnahme an der Sitzung verboten hat, muss er das Recht haben, zur Sicherung der Vertraulichkeit der Beratungen im Ausschuss die Herausgabe des Protokolls an ein Aufsichtsratsmitglied, das nicht dem Ausschuss angehört und nicht an der Sitzung teilgenommen hat, zu verweigern.[102]

§ 33 Rechte und Pflichten der Aufsichtsratsmitglieder

Übersicht

	Rn.		Rn.
I. Gleichheit der Rechte und Pflichten ..	1, 2	6. Steuerliche Behandlung der Vergütung	41–43
II. Persönliche und unabhängige Amtsausübung	3–10	IV. Verträge mit Aufsichtsratsmitgliedern ...	44–56
1. Persönliche Wahrnehmung des Amtes	3–6	1. Regelungszweck des § 114 AktG ..	44
2. Weisungsfreie Amtsführung	7–10	2. Abgrenzung zur Aufsichtsratstätigkeit	45–49
III. Vergütung	11–43	3. Reichweite des Zustimmungsvorbehalts	50–53
1. Rechtsgrund und Arten der Vergütung	11–21	4. Zustimmung des Aufsichtsrats	54, 55
a) Rechtsgrund	11–13	5. Kreditgewährung nach § 115 AktG	56
b) Arten	14	V. Verschwiegenheitspflicht	57–69
c) Aufwendungsersatz	15–21	1. Grundlage und persönlicher Umfang	57–60
2. Festsetzung und Bewilligung der Vergütung	22–33	2. Sachlicher Umfang	61–66
a) Verfahren	22–25	3. Regelungen in Satzung und Geschäftsordnung	67–69
b) Bemessung	26–29	a) Richtlinien zum Inhalt	68
c) Fälligkeit, Teilvergütung, Verzicht	30, 31	b) Richtlinien zum Verfahren	69
d) Herabsetzung und Erhöhung ..	32, 33	VI. Haftung	70–89
3. Aufsichtsratstantieme	34–37	1. Allgemeines	70–73
4. Aktienoptionen	38	2. Verletzung der Sorgfaltspflicht	74–89
5. Vergütung des ersten Aufsichtsrats	39, 40	a) Sorgfaltsmaßstab	74–77

---

[98] *Lutter/Krieger/Verse* Rechte und Pflichten § 11 Rn. 776; MüKoAktG/*Habersack* § 107 Rn. 168.

[99] KölnKommAktG/*Mertens/Cahn* § 107 Rn. 136; GroßkommAktG/*Hopt/M. Roth* § 107 Rn. 457. MüKoAktG/*Habersack* § 107 Rn. 168; HH MitbestR/*Habersack* MitbestG § 25 Rn. 136; aA *Lutter/Krieger/Verse* Rechte und Pflichten § 11 Rn. 780; *Rellermeyer* Aufsichtsratsausschüsse S. 169 f.

[100] KölnKommAktG/*Mertens/Cahn* § 107 Rn. 135; *Lutter/Krieger/Verse* Rechte und Pflichten § 11 Rn. 780.

[101] OLG Hamburg AG 1996, 84 (85); *Lutter/Krieger/Verse* Rechte und Pflichten § 11 Rn. 792; GroßkommAktG/*Hopt/M. Roth* § 109 Rn. 84; *Drinhausen/Marsch-Barner* AG 2014, 337 (342). Vgl. auch *Dreher* EWiR 1996, 1011 (1012).

[102] *Lutter/Krieger/Verse* Rechte und Pflichten § 11 Rn. 792; GroßkommAktG/*Hopt/M. Roth* § 109 Rn. 89; iErg ebenso *Rellermeyer* Aufsichtsratsausschüsse S. 248 ff.; *Deckert* ZIP 1996, 985 (992).

	Rn.		Rn.
b) Sorgfältige Überwachung	78, 79	b) Klage- und Antragsbefugnis kraft gesetzlicher Regelung	92
c) Interessenkonflikte	80–85		
d) Verantwortung für rechtmäßige Beschlüsse	86	c) Klage gegen fehlerhafte Aufsichtsratsbeschlüsse	93
e) Business Judgement Rule	87–89	d) Klage zur Durchsetzung organschaftlicher Befugnisse des Mitglieds	94–96
VII. Klagerechte	90–98		
1. Allgemeines	90		
2. Fallgruppen	91–98	e) Klage zur Durchsetzung von Rechten des Aufsichtsrats gegenüber einem anderen Organ	97, 98
a) Klage zur Durchsetzung persönlicher Rechte außerhalb der organschaftlichen Befugnisse	91		

Schrifttum: *Bulgrin,* Ein eigenes Budget für den Aufsichtsrat – Taugliches Instrument zur Verfeinerung des Corporate-Governance-Gefüges in der AG?, AG 2019, 101–111; *Butzke,* Interessenkonflikte von Aufsichtsratsmitgliedern als Thema der Hauptversammlung, FS Hoffmann-Becking, 2013, S. 229–246; *Cahn,* Aufsichtsrat und Business Judgement Rule, WM 2013, 1293–1305; *von Frankenberg und Ludwigsdorf,* Bedeutung und Grenzen der Gleichbehandlung der Aufsichtsratsmitglieder in der Aktiengesellschaft, 2006; *Fonk,* Auslagenersatz für Aufsichtsratsmitglieder, NZG 2009, 761–771; *Frederborn,* Unterlassungsansprüche und einstweiliger Rechtsschutz im Aufsichtsrat, NZG 2018, 770–776; *Fuhrmann,* Beraterverträge mit Organmitgliedern in der Aktiengesellschaft, NZG 2017, 291–299; *Gaul,* Ungelöste Fragen des Auslagenersatzes für Aufsichtsratsmiglieder in Zeiten schwindender Vergütungsakzeptanz, AG 2017, 877/885; *Gehling,* Erfolgsorientierte Vergütung des Aufsichtsrats, ZIP 2005, 549–557; *Geerken,* Erfolgsabhängige Aufsichtsratsvergütung, 2015; *Haarmann,* Gleichheit aller Aufsichtsräte – eine sinnvolle Fiktion?, FS Hüffer, 2010, S. 243–257; *Habersack,* Vorstands- und Aufsichtsratsvergütung – Grundsatz- und Anwendungsfragen im Lichte der Aktionärsrechterichtlinie, NZG 2018, 127–134; *Happ,* Anwaltlicher Beratungsvertrag und Aufsichtsratsmandat, FS Priester, 2007, S. 175–199; *Henssler,* Beratungsverträge von Aufsichtsratsmitgliedern mit Vorstandsmitgliedern und Gesellschaftern einer Aktiengesellschaft, FS Goette, 2011, S. 135–149; *Hoffmann-Becking,* Rechtliche Anmerkungen zur Vorstands- und Aufsichtsratsvergütung, ZHR 169 (2005), 155–180; *ders.* Beratungsverträge mit Aufsichtsratsmitgliedern – grenzenlose Anwendung des § 114 AktG?, FS Karsten Schmidt, 2009, S. 657–670; *ders.,* Sinn und Unsinn der D&O-Versicherung, ZHR 181 (2017), 737–745; *Hüffer,* Unangemessenheit der Vorstandsvergütung als Haftungsrisiko von Aufsichtsratsmitgliedern, FS Hoffmann-Becking, 2013, S. 589–601; *Kanzler,* Rückabwicklung von Beratungsverträgen in der Aktiengesellschaft, AG 2013, 554–561; *Kiem,* Drittvergütung von Aufsichtsratsmitgliedern, FS Stilz, 2014, S. 329–344; *Kort,* Rechtsfragen der Höhe und Zusammensetzung der Vergütung von Mitgliedern des Aufsichtsrats einer AG, FS Hüffer, 2010, S. 483–500; *Krieger,* Gewinnabhängige Aufsichtsratsvergütungen, FS Röhricht, 2005, S. 349–367; *Kropff,* Informationsbeschaffungspflicht des Aufsichtsrats, FS Raiser, 2005, S. 226–245; *Leyendecker-Langner/Huthmacher,* Kostentragung für Aus- und Fortbildungsmaßnahmen von Aufsichtsratsmitgliedern, NZG 2012, 1415–1420; *Ludwig,* Die Vergütung des Aufsichtsrats, 2011; *Lutter,* Information und Vertraulichkeit im Aufsichtsrat, 3. Aufl. 2006; *ders.,* Beraterverträge mit Aufsichtsratsmitgliedern in Gesellschaft und Konzern, FS H. P. Westermann, 2008, S. 1171–1189; *Lutter/Krieger,* Hilfspersonen von Aufsichtsratsmitgliedern, DB 1995, 257–260; *Lutter/Krieger/Verse,* Rechte und Pflichten des Aufsichtsrats, 6. Aufl. 2014; *Mertens,* Organstreit in der Aktiengesellschaft?, ZHR 154 (1990), 24–38; *Hans-Friedrich Müller,* Aufsichtsratsmandat und anwaltliche Tätigkeit, NZG 2002, 797–802; *Reichert,* Die Haftung von Aufsichtsratsmitgliedern und die Anwendung der Business Judgement Rule bei Interessenkonflikten, FS E. Vetter, 2019, S. 597–617; *v. Schenck,* Hilfskräfte und Berater von Aufsichtsratsmitgliedern – Ist das „Hertie"-Urteil des BGH noch zeitgemäß?, Libor amicorum Dolf Weber, 2016, S. 407–427; *Scholderer/v. Werder* Dissens im Aufsichtsrat, ZGR 2017, 865–916; *Semler,* Verpflichtungen der Gesellschaft durch den Aufsichtsrat und Zahlungen der Gesellschaft an seine Mitglieder, FS Claussen, 1997, S. 381–403; *Spindler/Gerdemann,* Die erfolgsabhängige Vergütung des Aufsichtsrats, FS Stilz, 2014, S. 629–649; *Theisen,* Kostenstelle Aufsichtsrat, FS Säcker, 2011, S. 487–512; *Thüsing/Veil,* Die Kosten des Aufsichtsrats im aktienrechtlichen Vergütungsregime, AG 2008, 359–368; *Ulmer,* Aufsichtsratsmandat und Interessenkollision, NJW 1980, 1603–1607; *Veil,* Weitergabe von Informationen durch den Aufsichtsrat an Aktionäre und Dritte, ZHR 172 (2008), 239–273; *E. Vetter,* Aktienrechtliche Probleme der D&O Versicherung, AG 2000, 453–568; *ders.,* Die Haftung und Verantwortung der übestimmten Aufsichtsratsmitglieds, DB 2004, 2633–2628; *ders.,* Aufsichtsratsvergütung und Verträge mit Aufsichtsratsmitgliedern, ZIP 2008, 1–10; *ders.,* Kosten der Aufsichtsratstätigkeit und Budgetrecht des Aufsichtsrats, in: Gesellschaftsrecht in der Diskussion 2014, VGR-Band 20, 2015; S. 115–142; *Wettich,* (Teil-)Verzicht eines Aufsichtsratsmitglieds auf die ihm zustehende Aufsichtsratsvergütung, NZG 2009, 852–854; *Wilsing/von der Linden*, Selbstbefreiung des Aufsichtsrats vom Gebot der Gremienvertraulichkeit, ZHR 178 (2014), 419–442; *Zuber*, Die externe Pflichtenbindung von Aufsichtsratsmitgliedern, 2017.

I. Gleichheit der Rechte und Pflichten

1   Alle Aufsichtsratsmitglieder haben, gleichgültig, auf welche Weise und durch wen sie bestellt worden sind, die gleichen Rechte und Pflichten. Jedes Mitglied, ob Anteilseigner- oder Arbeitnehmervertreter, ist gleichermaßen in seiner Amtsführung ausschließlich auf das Unternehmensinteresse verpflichtet und darf sich im Konfliktfall nicht an den Interessen des- oder derjenigen ausrichten, die ihn zum Aufsichtsratsmitglied gewählt oder entsandt haben.[1] Alle Mitglieder haben – abgesehen von den besonderen Befugnissen des Vorsitzenden nach § 90 Abs. 1 S. 2 AktG und § 109 Abs. 2 AktG – die gleichen Informations- und Mitwirkungsrechte, und alle Mitglieder haben auch – abgesehen von den Regelungen zum Stichentscheid des Vorsitzenden – gleiches Stimmrecht.

2   Das Gebot der Gleichheit und Gleichbehandlung aller Aufsichtsratsmitglieder gilt uneingeschränkt auch für den mitbestimmten Aufsichtsrat. § 4 Abs. 3 MontanMitbestG bestimmt ausdrücklich, was ebenso für die Aufsichtsräte der anderen Mitbestimmungsformen gilt:[2] Alle Aufsichtsratsmitglieder haben die gleichen Rechte und Pflichten und sind an Aufträge und Weisungen nicht gebunden. Die Gleichheit der Rechte und Pflichten der Anteilseigner- und Arbeitnehmervertreter zeigt sich zB im Verbot der Diskriminierung der Arbeitnehmervertreter bei der Besetzung von Ausschüssen (→ § 32 Rn. 46 f.), in der gleichen Sorgfaltspflicht und Haftung der Mitglieder beider „Bänke" (→ Rn. 76) und bei der Bemessung der Aufsichtsratsvergütung, bei der nicht zwischen Anteilseigner- und Arbeitnehmervertretern differenziert werden darf (→ Rn. 27).

II. Persönliche und unabhängige Amtsausübung

3   **1. Persönliche Wahrnehmung des Amtes.** Aufsichtsratsmitglieder können, wie § 111 Abs. 6 AktG ausdrücklich bestimmt, ihre Aufgaben nicht durch andere wahrnehmen lassen. Die Verpflichtung zur persönlichen Wahrnehmung des Amtes gilt über den Rahmen des § 111 AktG hinaus für alle dem Aufsichtsrat und seinen Mitgliedern obliegenden Aufgaben.[3] Sie gilt zB auch für die Prüfung des Jahresabschlusses nach § 171 AktG, für die vom Aufsichtsrat zu treffenden Personalentscheidungen nach § 84 AktG, für die Beschlussvorschläge zur Tagesordnung der Hauptversammlung nach § 124 Abs. 3 AktG und für die Mitentscheidung über die Ausnutzung eines genehmigten Kapitals nach § 204 Abs. 1 AktG. Das Aufsichtsratsmitglied muss seine Aufgaben, soweit das Gesetz nicht ausnahmsweise etwas anderes erlaubt, selbst und allein wahrnehmen.[4] Konkret bedeutet das:

4   Das Aufsichtsratsmitglied kann sich nicht vertreten lassen. An einer Aufsichtsratssitzung kann zwar, wenn die Satzung dies gestattet, anstelle eines verhinderten Aufsichtsratsmitglieds eine von diesem ermächtigte andere Person teilnehmen, § 109 Abs. 3 AktG (→ § 31 Rn. 51). Eine Stimmabgabe in rechtsgeschäftlicher Vertretung des abwesenden Aufsichtsratsmitglieds ist aber stets ausgeschlossen. Möglich ist nur die Überreichung einer schriftlichen Stimmabgabe des abwesenden Mitglieds durch ein anderes Mitglied oder die nach § 109 Abs. 3 AktG ermächtigte Person als Stimmbote, § 108 Abs. 3 AktG (→ § 31 Rn. 88 ff.).

---

[1] *Lutter/Krieger/Verse* Rechte und Pflichten § 12 Rn. 821; MüKoAktG/*Habersack* vor § 95 Rn. 13 f.; *Raiser/Veil/Jacobs* MitbestG § 25 Rn. 123; WKS/*Schubert* MitbestG § 25 Rn. 230. Ausf. *von Frankenberg und Ludwigsdorf*, Gleichbehandlung der Aufsichtsratsmitglieder, 2006 u. *Zuber*, Die externe Pflichtenbindung von Aufsichtsratsmitgliedern, 2017.

[2] BGHZ 64, 325 (330) – Bayer; BGHZ 83, 106 (113) – Siemens; BGHZ 83, 144 (147) – Dynamit Nobel.

[3] MüKoAktG/*Habersack* § 111 Rn. 157; KölnKommAktG/*Mertens/Cahn* § 111 Rn. 116.

[4] *Hommelhoff* ZGR 1983, 551 (561); KölnKommAktG/*Mertens/Cahn* § 111 Rn. 122.

Das Aufsichtsratsmitglied kann seine Aufgaben auch nicht auf andere übertragen. Das **5** Plenum des Aufsichtsrats kann zwar seine Aufgaben in den Grenzen des § 107 Abs. 3 AktG auf Ausschüsse des Aufsichtsrats (dazu → § 32 Rn. 40) und in den Grenzen des § 111 Abs. 2 S. 2 AktG auf besondere Sachverständige (dazu → § 29 Rn. 52 ff.) delegieren. Das einzelne Aufsichtsratsmitglied ist jedoch zu keiner Delegation seiner Aufgaben befugt. Darüber hinaus darf das einzelne Aufsichtsratsmitglied auch nur sehr beschränkt die Hilfe außenstehender Personen bei der Wahrnehmung seiner Aufgaben in Anspruch nehmen. Der gesamte Aufsichtsrat und seine Ausschüsse können für einzelne Angelegenheiten Sachverständige zur Beratung hinzuziehen (→ § 29 Rn. 56). Das einzelne Aufsichtsratsmitglied darf dagegen **externe Beratungshilfe** nur ausnahmsweise in Anspruch nehmen, nämlich nur dann, wenn es eine konkrete Frage weder auf Grund seiner eigenen, vom Gesetz für Aufsichtsratsmitglieder vorausgesetzten Mindestkenntnisse und -fähigkeiten, noch mit Hilfe der gesellschaftsintern zur Verfügung stehenden Beratungsmöglichkeiten, zB der Beratung und Information durch andere Aufsichtsratsmitglieder, durch den Vorstand oder durch den Abschlussprüfer, ausreichend klären kann.[5] Demgemäß ist ein Aufsichtsratsmitglied im Regelfall nicht berechtigt, einen externen Sachverständigen zur Einsichtnahme in den Prüfungsbericht des Abschlussprüfers hinzuzuziehen.[6]

Andererseits darf das Aufsichtsratsmitglied die Hilfe von ihm unterstellten Mitarbeitern **6** (Sekretär, Assistent etc) in Anspruch nehmen, um technische Vorarbeiten zu erledigen und die Meinungsbildung durch Aufbereitung des Materials zu erleichtern.[7] Wenn ein Mitarbeiter des Aufsichtsratsmitglieds die Vertraulichkeit verletzt, haftet das Aufsichtsratsmitglied gegenüber der Gesellschaft entsprechend § 278 BGB.[8]

2. Weisungsfreie Amtsführung. Das AktG erlaubt kein „imperatives", weisungsgebundenes Mandat. Die Mitglieder des Aufsichtsrats sind in ihrer Amtsführung an keine **7** Weisungen gebunden und können sich nicht wirksam verpflichten, ihr Amt entsprechend den Weisungen eines anderen auszuüben.[9] Das gilt uneingeschränkt auch für die Aufsichtsratsmitglieder öffentlicher Unternehmen in privater Rechtsform.[10] Unzulässig und damit unwirksam ist auch eine Verpflichtung zur Amtsniederlegung für den Fall der Nichtbefolgung von Weisungen und Wünschen sowie eine Zusage der Befolgung konkreter Wünsche des Auftraggebers gegen Abschluss einer Freistellungsvereinbarung.[11] Auch das nach § 101 Abs. 2 AktG entsandte Aufsichtsratsmitglied unterliegt nicht den Weisungen des Entsendungsberechtigten,[12] wenngleich es bei einer missliebigen Stimmabgabe seine jederzeit mögliche Abberufung nach § 103 Abs. 2 AktG riskiert (→ § 30 Rn. 63, 97).

---

[5] BGHZ 85, 293 (296 f.) – Hertie; *Hommelhoff* ZGR 1983, 551 (564 f.); MüKoAktG/*Habersack* § 111 Rn. 135; Hölters AktG/*Hambloch-Gesinn/Gesinn* § 111 Rn. 86; aA *v. Schenck* Liber amicorum Dolf Weber, 2016, 407 (420 ff.).

[6] BGHZ 85, 293.

[7] *Lutter/Krieger* DB 1995, 257 (258 f.); GroßkommAktG/*Hopt/M. Roth* § 111 Rn. 804; MüKoAktG/*Habersack* § 111 Rn. 158; KölnKommAktG/*Mertens/Cahn* § 111 Rn. 120, 122; *Chr. Schlitt* DB 2005, 207 (209 f.). Zum ständigen „Sekretär des Aufsichtsrats" oder Leiter des „Aufsichtsratsbüros" s. GroßkommAktG/*Hopt/M. Roth* § 111 Rn. 530 ff., 576 ff.

[8] MüKoAktG/*Habersack* § 111 Rn. 158; KölnKommAktG/*Mertens/Cahn* § 111 Rn. 120.

[9] *Lutter/Krieger/Verse* Rechte und Pflichten § 12 Rn. 822; MüKoAktG/*Habersack* § 111 Rn. 136 f.; ausf. *Zuber,* Die externe Pflichtenbindung von Aufsichtsratsmitgliedern, 2017, S. 239 ff.

[10] *Schwintowski* NJW 1995, 1316 (1318); Spindler/Stilz AktG/*Spindler* § 101 Rn. 79; MüKoAktG/ *Habersack* § 111 Rn. 163; ausf. *Zuber,* Die externe Pflichtenbindung von Aufsichtsratsmitgliedern, 2017, S. 272 ff.

[11] MüKoAktG/*Habersack* § 111 Rn. 161; HH MitbestR/*Habersack* MitbestG § 25 Rn. 79; WKS/ Schubert § 25 Rn. 237; *Lutter/Krieger/Verse* Rechte und Pflichten § 12 Rn. 822; GroßkommAktG/ *Hopt/M. Roth* § 111 Rn. 792.

[12] BGHZ 36, 296 (306 f.); Hüffer/*Koch* AktG § 101 Rn. 12; KölnKommAktG/*Mertens/Cahn* § 101 Rn. 69; Spindler/Stilz AktG/*Spindler* § 101 Rn. 79; aA GroßkommAktG/*Hopt/M. Roth* § 101 Rn. 170.

8 Die Möglichkeit des Mehrheitsaktionärs, die Anteilseignervertreter im Aufsichtsrat nach seinen Vorstellungen auszuwählen, ist das für die Abhängigkeit der Gesellschaft iSv § 17 AktG maßgebliche Herrschaftsmittel, weil der Mehrheitsaktionär auf diesem Wege mittelbar auf die Bestellung der Vorstandsmitglieder Einfluss gewinnt. Die notwendige Weisungsfreiheit aller Aufsichtsratsmitglieder bei ihrer Amtsausübung kann allerdings die **Beherrschung** der Gesellschaft durch den Mehrheitsaktionär erheblich erschweren. Insbesondere gilt dies bei einer nach dem MitbestG paritätisch mitbestimmten Gesellschaft, bei der sich die Anteilseignerseite nur bei Einigkeit aller ihrer Vertreter mit Hilfe des Zweitstimmrechts des Vorsitzenden gegenüber der Arbeitnehmerseite durchsetzen kann.

9 Die Weisungsfreiheit der Aufsichtsratsmitglieder erschwert auch die Durchsetzung von **Konsortialabsprachen** zwischen Aktionären über das Stimmverhalten ihrer Vertreter im Aufsichtsrat. Während die Stimmbindung bezüglich der Abstimmung in der Hauptversammlung zulässig und zwangsweise durchsetzbar ist (dazu → § 39 Rn. 56 ff.), können sich die Aktionäre bezüglich der Abstimmung im Aufsichtsrat nur verpflichten, auf eine entsprechende Stimmabgabe ihrer Vertreter hinzuwirken und, wenn diese Einflussnahme wirkungslos bleibt, für eine Abberufung und gegen eine Wiederwahl des oder der betreffenden Mitglieder zu stimmen.

10 Zur Behandlung von **Interessenkonflikten** → Rn. 80 ff.

III. Vergütung

11 **1. Rechtsgrund und Arten der Vergütung. a) Rechtsgrund.** Nach der heute überwiegenden Auffassung besteht zwischen dem einzelnen Aufsichtsratsmitglied und der Gesellschaft neben der körperschaftsrechtlichen Amtsstellung kein vertragliches Anstellungsverhältnis, sondern ein gesetzliches Schuldverhältnis, das durch die Bestellung und die Annahme des Amtes zustande kommt und dessen Inhalt durch die gesetzlichen Vorschriften des AktG, die Satzung und einen etwaigen Vergütungsbeschluss der Hauptversammlung bestimmt wird.[13] Ob es sich dabei um zwei Rechtsverhältnisse oder ein Rechtsverhältnis mit einer Doppelnatur oder um ein ausschließlich körperschaftsrechtliches Rechtsverhältnis handelt, ist im Ergebnis ohne Belang.[14] Jedenfalls können – im Gegensatz zur Rechtslage bei den Vorstandsmitgliedern (→ § 21 Rn. 1) – Rechte und Pflichten der Aufsichtsratsmitglieder nicht durch individuelle schuldrechtliche Vereinbarungen begründet, erweitert oder eingeschränkt werden.[15] Eine Vergütung für die Aufsichtsratstätigkeit kann demgemäß nur beansprucht werden, soweit sie in der Satzung festgesetzt oder von der Hauptversammlung bewilligt worden ist, § 113 Abs. 1 S. 2 AktG. Zur Abgrenzung zwischen der Aufsichtsratsvergütung und einer Vergütung für sonstige Leistungen des Aufsichtsratsmitglieds → Rn. 46 ff.

12 Da der Vergütungsanspruch mit der Amtsstellung verbunden ist und nicht auf einem Anstellungsvertrag beruht, kann ein vorzeitig ausscheidendes Aufsichtsratsmitglied eine **Abfindung** für die ihm entgehenden Vergütungen weder beanspruchen noch darf sie ihm gewährt werden.[16] Wenn ein Vorstandsmitglied, das vorzeitig aus dem Vorstand ausscheidet, um in den Aufsichtsrat zu wechseln, eine Abfindung erhält, handelt es sich nicht um eine (verdeckte) Aufsichtsratsvergütung, sondern um die Abgeltung der Ansprüche aus dem Anstellungsvertrag.[17]

---

[13] Hüffer/*Koch* AktG § 101 Rn. 2; Spindler/Stilz AktG/*Spindler* § 101 Rn. 8 f.; MüKoAktG/*Habersack* § 101 Rn. 67; GroßkommAktG/*Hopt*/*M. Roth* § 101 Rn. 111; HdB börsennotierte AG/ *E. Vetter* § 29 Rn. 2; *Singhof* AG 1998, 318 (319).

[14] Zust. KölnKommAktG/*Mertens*/*Cahn* § 101 Rn. 5.

[15] So auch *Lutter*/*Krieger*/*Verse* Rechte und Pflichten § 12 Rn. 842; Spindler/Stilz AktG/*Spindler* § 101 Rn. 9, § 113 Rn. 62; *Kort* FS Hüffer, 2010, 483 (484).

[16] MüKoAktG/*Habersack* § 103 Rn. 21, § 113 Rn. 51; Hüffer/*Koch* AktG § 103 Rn. 6; Spindler/ Stilz AktG/*Spindler* § 103 Rn. 16.

[17] Hüffer/*Koch* AktG § 113 Rn. 3; MüKoAktG/*Habersack* § 113 Rn. 11; *Dreher* FS Karsten Schmidt, 2009, 233 ff.

Ohne Festsetzung oder Bewilligung einer Vergütung nach § 113 Abs. 1 S. 2 AktG **13** erfolgt die Tätigkeit unentgeltlich; ein Anspruch auf eine „übliche Vergütung" nach § 612 BGB besteht nicht.[18] Auch das ohne Vergütung tätige Aufsichtsratsmitglied kann allerdings in analoger Anwendung von § 670 BGB Ersatz der Aufwendungen verlangen, die es den Umständen nach für erforderlich halten durfte; zum Auswendungsersatz → Rn. 15. Eine Vergütung durch Dritte, insbesondere einen Aktionär, ist zulässig, es sei denn, es entsteht durch Annahme der Vergütung eine mit dem Unternehmensinteresse kollidierende Abhängigkeit vom Interesse des Dritten.[19]

b) Arten. Das Gesetz gewährt einen weiten Spielraum für die Ausgestaltung der Ver- **14** gütung. Für eine am Jahresgewinn ausgerichtete Aufsichtsratstantieme enthielt § 113 Abs. 3 AktG aF zwar eine zwingende Berechnungsgrundlage; diese Regulierung wurde jedoch im ARUG II aufgehoben (→ Rn. 35). In der Praxis wird meist eine **feste** Vergütung pro Geschäftsjahr gewährt. Manchmal wird die feste Vergütung ergänzt durch eine **gewinnabhängige** Vergütung (Tantieme); selten findet man eine ausschließlich gewinnabhängige Vergütung. Zu den für die Bemessung der Vergütung geltenden Grundsätzen → Rn. 26 ff.

c) Aufwendungsersatz. Von der Aufsichtsratsvergütung ist der Ersatz von Aufwendungen **15** zu unterscheiden, der analog §§ 670, 675 BGB auch ohne Festsetzung in der Satzung oder in einem Beschluss der Hauptversammlung beansprucht werden kann.[20] Bei den von der Gesellschaft zu erstattenden „Barauslagen" handelt es sich regelmäßig um Reise-, Übernachtungs- und Verpflegungskosten, Telefongebühren, Portokosten und ähnliche Aufwendungen. Zu erstatten sind in allen Fällen die angemessenen Aufwendungen, die das Aufsichtsratsmitglied den Umständen nach für erforderlich halten durfte (§ 670 BGB).

Für die Angemessenheit der Aufwendungen gibt es keine allgemein gültigen Richtsätze. **16** Zur Entscheidungskompetenz in Zweifelsfällen → Rn. 18. Sowohl die Usancen des Vorstands der Gesellschaft bei der Abrechnung dienstlich bedingter Aufwendungen als auch die einschlägigen Gepflogenheiten des Aufsichtsratsmitglieds bei der Bewältigung seiner übrigen beruflichen Aufgaben können für die Beurteilung von Belang sein (zB Benutzung der 1. Klasse im Flugzeug bei Überseereisen; Kosten eines Fahrers usw).[21] Wegen der besonderen Aufgaben und der – verglichen mit einem einfachen Mitglied – mehrfach höheren Belastung des **Aufsichtsratsvorsitzenden** wird ihm bei großen Gesellschaften nicht selten ein Büro mit Sekretariat und manchmal auch ein Dienstwagen mit Fahrer zur Verfügung gestellt; statt dessen kann die Gesellschaft dem Vorsitzenden auch eine anteilige Kostenpauschale für die Benutzung seines eigenen Büros und seines Fahrzeugs zahlen.[22] Erstattungsfähig ist auch ein angemessener Repräsentationsaufwand des Aufsichtsratsvorsitzenden. Die Aufwendungen

---

[18] Hüffer/Koch AktG § 113 Rn. 3; GroßkommAktG/Hopt/Roth § 113 Rn. 19; Lutter/Krieger/Verse Rechte und Pflichten § 12 Rn. 842; MüKoAktG/Habersack § 113 Rn. 31; KölnKommAktG/Mertens/Cahn § 113 Rn. 43; HdB Börsennotierte AG/E. Vetter § 29 Rn. 32; Kort FS Hüffer, 2010, 483 (484 f.). Anders die hM zum GmbH-Aufsichtsrat, s. Rowedder/Schmidt-Leithoff GmbHG/Koppensteiner/Schnorbus § 52 Rn. 39; GroßkommGmbHG/Heermann § 52 Rn. 123; Baumbach/Hueck GmbHG/Zöllner/Noack § 52 Rn. 60; aA Lutter/Hommelhoff GmbHG/Lutter § 52 Rn. 70; MüKoGmbHG/Spindler § 52 Rn. 205.

[19] Neuhaus/Gellißen NZG 2011, 1361 ff.; Selzner AG 2013, 818 (823 ff.); Grigoleit/Grigoleit/Tomasic AktG § 113 Rn. 1; Hüffer/Koch AktG § 113 Rn. 19. Ausf. zur Drittvergütung Kiem FS Stilz, 2014, 329 ff. u. Zuber, Die externe Pflichtenbindung von Aufsichtsratsmitgliedern, S. 299 ff.

[20] Hüffer/Koch AktG § 113 Rn. 7; MüKoAktG/Habersack § 113 Rn. 24. Nach Fonk NZG 2009, 761 (762) u. Selter Beratung des Aufsichtsrats S. 125 f. Rn. 301 folgt der Anspruch aus § 104 Abs. 7 S. 1 AktG analog.

[21] Lutter/Krieger/Verse Rechte und Pflichten § 12 Rn. 845; GroßkommAktG/Hopt/M. Roth § 113 Rn. 31; Gaul AG 2017, 877 (881); Semler FS Claussen, 1997, 381 (387); AR HdB/Wagner § 11 Rn. 84 S. 696; aA Fonk NZG 2009, 761 (764).

[22] Vgl. Lutter/Krieger/Verse Rechte und Pflichten § 12 Rn. 845; Fonk NZG 2009, 761 (768 f.); MüKoAktG/Habersack § 113 Rn. 29; Spindler/Stilz AktG/Spindler § 113 Rn. 11; Hüffer/Koch AktG § 111 Rn. 59, § 113 Rn. 9; E. Vetter in Gesellschaftsrecht in der Diskussion 2014 (VGR), 2015,

der Mitglieder mitbestimmter Aufsichtsräte für die Vorbesprechungen der Anteilseigner- bzw. Arbeitnehmervertreter (→ § 31 Rn. 37) sind regelmäßig zu erstatten.[23] Wenn Aufsichtsratsmitglieder Seminare und Schulungskurse besuchen, um die für die Wahrnehmung ihrer Aufgaben erforderlichen Mindestkenntnisse zu erwerben, braucht die Gesellschaft die Kosten nicht zu erstatten; anders verhält es sich bei Fortbildungsveranstaltungen zur Erlangung relevanter Spezialkenntnisse.[24] Diese Unterscheidung gilt auch angesichts der Empfehlung des **Kodex,** die Gesellschaft solle die Aufsichtsratsmitglieder bei Aus- und Fortbildungsmaßnahmen angemessen unterstützen (Empfehlung D.12). Auch die Aufwendungen für Hilfskräfte, die das Aufsichtsratsmitglied zu seiner Unterstützung hinzuzieht, sind in der Regel nicht erstattungsfähig; die Kosten eines Beraters können ausnahmsweise erstattet werden.[25]

17 Wenn ein Aufsichtsratsmitglied auf Grund seiner gesetzlichen Klagebefugnis nach §§ 245 Nr. 5, 249, 250 Abs. 3 AktG eine Anfechtungs- oder Nichtigkeitsklage gegen die Gesellschaft erhebt und die Klage Aussicht auf Erfolg hat, kann es im Fall des Unterliegens die erforderlichen **Prozesskosten** von der Gesellschaft erstattet verlangen.[26]

18 Die Erstattung von Auslagen erfolgt durch den Vorstand als gesetzliches Geschäftsführungs- und Vertretungsorgan, und demgemäß hat der Vorstand pflichtgemäß zu prüfen und zu **entscheiden,** ob die Voraussetzungen für die Erstattungsfähigkeit gegeben sind (arg. § 93 Abs. 3 Nr. 7 AktG). Er darf allerdings nicht die Kontrollfunktion und Unabhängigkeit des Aufsichtsrats gefährden und muss deshalb in Zweifelsfällen dem Aufsichtsrat Gelegenheit zur Selbstkontrolle geben, indem er eine Stellungnahme des Aufsichtsratsvorsitzenden oder, wenn es den Vorsitzenden selbst betrifft, des Aufsichtsratsplenums oder eines mit der Entscheidungskompetenz für Verträge mit Aufsichtsratsmitgliedern ausgestatteten Personalausschusses einholt.[27]

19 Anders verhält es sich, wenn und soweit der Aufsichtsrat über ein Kostenbudget verfügt, in dessen Rahmen er in eigener Regie über die von ihm für angemessen gehaltenen Aufwendungen entscheidet. Ein **Budget** mag sinnvoll sein, aber der Aufsichtsrat kann es sich jedenfalls nicht selbst einräumen, und es kann auch nicht durch die Hauptversammlung bestimmt werden, da es nicht um Vergütung sondern Aufwendungsersatz geht.[28] Durch ein

---

S. 115/120; *Gaul* AG 2017, 877 (882); *Diekmann/Wurst* NZG 2014, 121 (125 f.); *Strohn* FS Karsten Schmidt, 2019, Bd. II, 461 f.

[23] MüKoAktG/*Habersack* § 113 Rn. 25; GroßkommAktG/*Hopt/M. Roth* § 113 Rn. 31; KölnKommAktG/*Mertens/Cahn* § 113 Rn. 12.

[24] Hüffer/*Koch* AktG § 113 Rn. 10. Ähnlich differenzierend *Lutter/Krieger/Verse* Rechte und Pflichten § 12 Rn. 846; Hüffer/*Koch* AktG § 113 Rn. 2e; *Bosse/Malchow* NZG 2010, 972 ff.; KölnKommAktG/*Mertens/Cahn* § 113 Rn. 12; *Leyendecker-Langner/Huthmacher* NZG 2012, 1415 (1416 f.); Hölters AktG/*Hambloch-Gesinn/Gesinn* § 113 Rn. 24a; *E. Vetter* in Gesellschaftsrecht in der Diskussion (VGR), S. 115/121 ff.

[25] *Fonk* NZG 2009, 761 (770); *Lutter/Krieger/Verse* Rechte und Pflichten § 12 Rn. 845; MüKoAktG/*Habersack* § 113 Rn. 27. Tendenziell großzügiger GroßkommAktG/*Hopt/M. Roth* § 113 Rn. 31. Zu Beratern des Aufsichtsrats → § 29 Rn. 54.

[26] *Dänzer-Vanotti* BB 1985, 1632 ff.; *Lutter/Krieger/Verse* Rechte und Pflichten § 12 Rn. 845; MüKoAktG/*Habersack* § 113 Rn. 25; KölnKommAktG/*Mertens/Cahn* § 113 Rn. 12; *Semler* FS Claussen, 1997, 381 (390 f.).

[27] Hüffer/*Koch* AktG § 113 Rn. 8; *Fonk* NZG 2009, 761 (765 f.); *Knoll/Zachert* AG 2011, 309 (312 f.); *Bosse/Malchow* NZG 2010, 972 (974). Dagegen die wohl hM, s. GroßkommAktG/*Hopt/M. Roth* § 113 Rn. 39; MüKoAktG/*Habersack* § 113 Rn. 30; KölnKommAktG/*Mertens/Cahn* § 113 Rn. 13; AR HdB/*Wagner* § 11 Rn. 88 S. 697; *Maser/Göttle* NZG 2013, 201 (207); *E Vetter* in Gesellschaftsrecht in der Diskussion (VGR) S. 115/134; *Gaul* AG 2017, 877 (879); *Semler* FS Claussen, 1997, 381 (402 f.); *Schnorbus/Ganzer* BB 2019, 258 (264 f.): Aufsichtsrat trifft die endgültige Entscheidung, die vom Vorstand auszuführen ist. Anders auch *Leyendecker-Langner/Huthmacher* NZG 2012, 1415 (1418 ff.): Aufsichtsrat entscheidet und verpflichtet die Gesellschaft kraft Annexkompetenz. Differenzierend Hölters AktG/*Hambloch-Gesinn/Gesinn* § 113 Rn. 25, unklar Spindler/Stilz AktG/*Spindler* § 113 Rn. 9, widersprüchlich *Thüsing/Veil* AG 2008, 359 (365).

[28] *Roth* FS E. Vetter, 2019, 629 (637 f.); aA *Bulgrin* AG 2019, 101 (107 f.).

Budget kann nur der regelmäßig anfallende Aufwand erfasst werden; der Sonderaufwand zB für die Prüfung von Ersatzansprüchen, Übernahmeangeboten und Abfindungsansprüchen lässt sich nicht planen.[29] Wenn ein Budget von Vorstand und Aufsichtsrat einvernehmlich festgelegt wird, kann es den Vorstand im Regelfall von einer Prüfung der im Rahmen des Budgets erfolgenden Kostenerstattungen entbinden.[30] Zur Entscheidungs- und Vertretungsbefugnis des Aufsichtsrats bei Aufträgen an Sachverständige und Berater und sonstigen Hilfsgeschäften → § 29 Rn. 54, 56.

Außer der Erstattung der Baraufwendungen, die den Mitgliedern durch die Sitzungen des Plenums und der Ausschüsse entstehen, werden häufig feste **Sitzungsgelder** gewährt. Soweit sie über die Abgeltung der tatsächlichen Aufwendungen hinausgehen, handelt es sich um zusätzliche feste Vergütungen, die anders als die Erstattung von Barauslagen durch eine Festsetzung in der Satzung oder die Bewilligung in einem Hauptversammlungsbeschluss legitimiert sein müssen.[31]

Es entspricht einer verbreiteten Übung, dass die Gesellschaft für ihre Vorstands- und Aufsichtsratsmitglieder eine **D&O-Versicherung** („Directors' and Officers' Liability Insurance") abschließt, meist durch eine Gruppenversicherung, die außer den Organmitgliedern auch obere Führungskräfte für den Fall absichert, dass sie gegenüber der Gesellschaft wegen Verletzung ihrer Pflichten ersatzpflichtig werden (dazu näher → § 26 Rn. 59 ff.).[32] Wenn die Gesellschaft die Prämien für diese Haftpflichtversicherung übernimmt, tut sie dies auch in ihrem eigenen Interesse, um im Schadensfall eine ausreichende Ersatzleistung durch einen zahlungsfähigen Schuldner erhalten zu können. Die Zulässigkeit der Prämienzahlung durch die Gesellschaft ist im Grundsatz anerkannt.[33] Sie wird meist begründet mit dem Interesse der Gesellschaft, sich im Schadensfall an einen solventen Partner halten zu können; dafür würde es allerdings ausreichen, wenn sich die Gesellschaft nur für den Forderungsausfall versichern würde (→ § 26 Rn. 63). Umstritten war, ob in der Übernahme der Prämien für die Aufsichtsratsmitglieder die Gewährung einer Vergütung nach § 113 AktG zu sehen ist, die demgemäß von der Hauptversammlung zu bewilligen wäre.[34] Angesichts der inzwischen zu beobachtenden Üblichkeit dieser Versicherung der Organmitglieder geht die hM heute davon aus, dass es sich weder bei den Vorstands- noch bei den Aufsichtsratsmitgliedern um eine Vergütung, sondern um ein Attribut der sachlichen Ausstattung des „Arbeitsplatzes" des Organmitglieds und in diesem Sinne um Fürsorgeaufwand der Gesell-

---

[29] *E. Vetter* in Gesellschaftsrecht in der Diskussion (VGR) S. 115/136 ff.; *Gaul* AG 2017, 877 (881); *Selter* Beratung des Aufsichtsrats S. 134 f.; *Roth* FS E. Vetter, 2019, 629 (638). aA *Diekmann/Wurst* NZG 2014, 121 (126). *Theisen* FS Säcker, 2011, 487 (511). Zu Vor- und Nachteilen eines Budgets oder einer besonderen Kostenstelle „Aufsichtsrat" s. auch *Strohn* FS Karsten Schmidt, 2019, Bd. II, 461 (466 ff.); *Bulgrin* AG 2019, 101 ff., v. *Schenck* FS Marsch-Barner, 2018, 483 ff., *Hennrichs* FS Hommelhoff, 2012, 383 (392), *Leyendecker-Langner/Huthmacher* NZG 2012, 1415 (1418), *Habersack* AG 2014, 1 (7),. *Rotering/Mohamed* Der Konzern 2016, 433 ff.; *Theisen* AG 2018, 589 (592 ff.); *Schnorbus/Ganzer* BB 2019, 258 (266 ff.).

[30] *Knoll/Zachert* AG 2011, 309 (313); *Schnorbus/Ganzer* BB 2019, 258 (267, 269).

[31] MüKoAktG/*Habersack* § 113 Rn. 14; GroßkommAktG/*Hopt/M. Roth* § 113 Rn. 44; KölnKommAktG/*Mertens/Cahn* § 113 Rn. 12; Hüffer/*Koch* AktG § 113 Rn. 4; *Reichard/Kaubisch* AG 2013, 150. Sitzungsgelder für Telefon- und Videokonferenzen machen nur Sinn, wenn der Zeitaufwand vergütet werden soll.

[32] Zum üblichen Inhalt s. *Lange* DStR 2002, 1626 ff. u. 1674 ff.; *Notthoff* NJW 2003, 1350 ff.; *Koch* GmbHR 2004, 18 ff., 160 ff., 288 ff.; *Kiethe* BB 2003, 537. Zur Zusage einer D&O-Versicherung im Vorstandsvertrag s. *Lange* ZIP 2004, 2021 u. *Deilmann* NZG 2005, 54. Zur Kritik an der D&O-Versicherung als Fehlentwicklung *Hoffmann-Becking* ZHR 181 (2017), 737 ff.

[33] vgl. *Henssler*, RWS-Forum Gesellschaftsrecht 2001, 2001, S. 131/141 ff.; *Dreher*, RWS Forum Gesellschaftsrecht 2003, 2004, S. 203/237 ff. mN; *E. Vetter* AG 2000, 453 f.; *Lutter/Krieger/Verse* Rechte und Pflichten § 12 Rn. 1037.

[34] *Kästner* AG 2000, 113 (115 ff.); *Kästner* AG 2001, 195; *Kästner* DStR 2001, 195 (199); *Theissen* DB 1999, 1665 (1668); *Henssler*, RWS-Forum Gesellschaftsrecht 2001, S. 131/144 ff. (s. aber auch S. 162).

schaft handelt.³⁵ Das entspricht auch der steuerlichen Behandlung.³⁶ Der Corporate Governance **Kodex** idF von 2017 empfahl, dass in einer D&O-Versicherung für die Aufsichtsratsmitglieder ein entsprechender Selbstbehalt vereinbart wird, wie ihn § 93 Abs. 2 S. 2 AktG für die D&O-Versicherung von Vorstandsmitgliedern zwingend vorschreibt (dazu → § 26 Rn. 77). In der Neufassung des Kodex 2019 ist diese Empfehlung nicht mehr enthalten.

22 **2. Festsetzung und Bewilligung der Vergütung. a) Verfahren.** Die Vergütung kann nur in der Satzung festgesetzt oder durch Beschluss der Hauptversammlung bewilligt werden, § 113 Abs. 1 S. 2 AktG. Wenn die Satzung – was im Zweifel anzunehmen ist – die Vergütung abschließend geregelt hat, ist eine ergänzende Festsetzung durch einfachen Hauptversammlungsbeschluss ausgeschlossen.³⁷ Weder der Vorstand noch der Aufsichtsrat können aus eigener Kompetenz den Mitgliedern des Aufsichtsrats für ihre Aufsichtsratstätigkeit eine Vergütung zubilligen. Allerdings ist es zulässig, dass die Satzung nur einen Gesamtbetrag der jährlichen Vergütung für alle Mitglieder bestimmt und es dem Aufsichtsrat überlässt, den Gesamtbetrag unter die Mitglieder zu verteilen; die Verteilungskompetenz des Aufsichtsrats kann nicht durch die Hauptversammlung ohne entsprechende Ermächtigung in der Satzung begründet werden.³⁸ Der Aufsichtsrat ist rechtlich nicht in der Lage, einem von ihm nach § 111 Abs. 2 S. 2 AktG mit einer besonderen Untersuchung beauftragten Aufsichtsratsmitglied eine „**Sondervergütung**" zu bewilligen (→ Rn. 49).³⁹ Der Vorstand kann mit einem Aufsichtsratsmitglied für Dienstleistungen außerhalb seiner Tätigkeit im Aufsichtsrat eine Vergütung vereinbaren; die Vereinbarung bedarf nach § 114 AktG der Zustimmung des Aufsichtsrats (→ Rn. 46).

23 Die Hauptversammlung kann die Jahresvergütung vor, während oder nach Ablauf des Geschäftsjahres festsetzen.⁴⁰ Eine von der Hauptversammlung ohne Bezugnahme auf ein bestimmtes Jahr bewilligte Vergütung gilt im Zweifel nicht nur für ein Jahr, sondern so lange, bis die Hauptversammlung eine Änderung beschließt.⁴¹

24 Für **börsennotierte Gesellschaften** schreibt § 113 Abs. 3 S. 1 AktG idF des ARUG II vor, dass die Hauptversammlung mindestens alle vier Jahre über die Vergütung der Aufsichtsratsmitglieder beschließt. Wenn die Hauptversammlung die in der Satzung oder durch Hauptversammlungsbeschluss festgelegte Vergütung unverändert lassen will, genügt ein bestätigender Beschluss, § 113 Abs. 3 S. 2 AktG. Für einen bestätigenden Beschluss genügt die einfache Mehrheit der abgegebenen Stimmen nach § 133 Abs. 1 AktG, und zwar auch dann, wenn die Vergütung in der Satzung festgesetzt wurde.⁴² Der ändernde oder bestätigende Beschluss muss erstmals in der auf den 31. Dezember 2020 folgenden ordentlichen Hauptversammlung gefasst werden, § 26j Abs. 1 S. 1 EGAktG. In dem Beschluss müssen

---

³⁵ Großkomm AktG/*Hopt*/*M. Roth* § 93 Rn. 454; *Mertens* AG 2000, 447 (451 f.); KölnKommAktG/*Mertens*/*Cahn* § 113 Rn. 16; *E. Vetter* AG 2000, 453 (456 f.); *Notthoff* NJW 2003, 1350 (1353 f.); *Dreher* ZHR 165 (2001), 293; *Lange* ZIP 2001, 1526; MüKoAktG/*Habersack* § 113 Rn. 16; Hüffer/*Koch* AktG § 113 Rn. 5; aA *Seyfarth*, Vorstandsrecht, 2016, § 25 Rn. 50 u. *Armbrüster* NJW 2016, 897 (900); offen gelassen von BGH NZG 2009, 550 Rn. 23.
³⁶ BMF DB 2002, 399; *Notthoff* NJW 2003, 1354 f.
³⁷ Vgl. *Gehling* ZIP 2005, 549 (551); MüKoAktG/*Habersack* § 113 Rn. 35; KölnKommAktG/*Mertens*/*Cahn* § 113 Rn. 48; GroßkommAktG/*Hopt*/*M. Roth* § 113 Rn. 121.
³⁸ HdB börsennotierte AG/*E. Vetter* § 29 Rn. 48; MüKoAktG/*Habersack* § 113 Rn. 34; Hüffer/*Koch* AktG § 113 Rn. 17; *Gehling* ZIP 2005, 549 (552).
³⁹ BGHZ 114, 127 (132); Hüffer/*Koch* AktG § 113 Rn. 23; KölnKommAktG/*Mertens*/*Cahn* § 113 Rn. 6; GroßkommAktG/*Hopt*/*M. Roth* § 113 Rn. 139; Spindler/Stilz AktG/*Spindler* § 113 Rn. 32; *Mertens* FS Steindorff, 1990, 173 (183 f.); aA *Lutter*/*Drygala* FS Ulmer, 2003, 381 (393). Anders bei Beauftragung eines Dritten durch den Aufsichtsrat, → § 29 Rn. 47.
⁴⁰ MüKoAktG/*Habersack* § 113 Rn. 39; GroßkommAktG/*Hopt*/*M. Roth* § 113 Rn. 121.
⁴¹ Hüffer/*Koch* AktG § 113 Rn. 18; MüKoAktG/*Habersack* § 113 Rn. 39; GroßkommAktG/*Hopt*/*M. Roth* § 113 Rn. 123; KölnKommAktG/*Mertens*/*Cahn* § 113 Rn. 44; aA *E. Vetter* BB 1989, 442 f.: Fortgeltung nur bei entsprechender Anordnung durch Grundsatzbeschluss.
⁴² Begr. RegE ARUG II BT-Drs. 19/9739, 101.

die Angaben, die § 87a Abs. 1 S. 2 AktG zum Vergütungssystem der Vorstandsmitglieder verlangt (dazu → § 21 Rn. 54 ff.), sinngemäß und in klarer und verständlicher Form für die Aufsichtsratsvergütung gemacht werden, § 113 Abs. 3 S. 3 AktG. Bei erneuter Beschlussfassung, die nach Ablauf von nicht mehr als vier Jahren zu erfolgen hat, genügt eine Bezugnahme auf die früher gemachten Angaben. Die Angaben zum Vergütungssystem nach § 87a Abs. 1 S. 2 AktG sind nur „sinngemäß" für die Aufsichtsratsvergütung zu machen. Da die Aufsichtsratsvergütung in aller Regel wesentlich einfacher geregelt wird als die Vergütung der Vorstandsmitglieder, können die Angaben entsprechend knapp ausfallen. Eine Anfechtung des Beschlusses wegen fehlender oder unzureichender Angaben schließt das Gesetz ausdrücklich aus, § 113 Abs. 3 S. 4 AktG.

Das Gesetz verlangt auch für die börsennotierte AG als Pflichtangabe im Anhang nur die Angabe der Gesamtbezüge aller Aufsichtsratsmitglieder (§ 285 Nr. 9a S. 1, § 314 Abs. 1 Nr. 6a S. 1 HGB). In dem für börsennotierte Gesellschaften vorgeschriebenen **Vergütungsbericht** von Vorstand und Aufsichtsrat nach § 162 Abs. 1 AktG (dazu → § 21 Rn. 64) ist jedoch die Vergütung jedes einzelnen Aufsichtsratsmitglieds aufgegliedert nach Bestandteilen und unter Namensnennung auszuweisen. 25

b) Bemessung. Die Höhe der Vergütung soll in einem angemessenen Verhältnis zu den Aufgaben der Aufsichtsratsmitglieder und zur Lage der Gesellschaft stehen, § 113 Abs. 1 S. 3 AktG. Feste Obergrenzen schreibt das Gesetz nicht vor; eine entsprechende Gesetzesinitiative aus dem Jahre 1973 blieb erfolglos.[43] Tatsächlich werden die Aufsichtsratsbezüge, wenn man sie mit den Vorstandsbezügen vergleicht, noch immer zu niedrig bemessen. Mittlerweile lässt sich zwar eine deutliche Steigerung feststellen, aber die Vorstandsbezüge sind wesentlich stärker gestiegen.[44] 26

Die Vergütung muss nicht für alle Mitglieder gleich hoch festgesetzt werden. Bei unterschiedlicher Inanspruchnahme oder besonderen Aufgaben einzelner Aufsichtsratsmitglieder kann die Satzung oder die Hauptversammlung – nicht der Aufsichtsrat selbst (→ Rn. 22) – unterschiedliche Vergütungen bewilligen. Nach dem Corporate Governance **Kodex** (Empfehlung G.17) soll bei der Festsetzung der Vergütung der höhere zeitliche Aufwand des Vorsitzenden und des stellvertretenden Vorsitzenden des Aufsichtsrats sowie des Vorsitzenden und der Mitglieder von Ausschüssen angemessen berücksichtigt werden. Früher war es üblich, für den Vorsitzenden die doppelte und für den Stellvertreter die eineinhalbfache Normalvergütung festzusetzen. Heute geht die Praxis dahin, die Tätigkeit des Vorsitzenden mit dem Dreifachen oder sogar Vierfachen der Bezüge eines einfachen Aufsichtsratsmitglieds zu vergüten.[45] Außerdem werden häufig entsprechend der Empfehlung des **Kodex** (Empfehlung G.17) zusätzliche Vergütungen für die Mitgliedschaft und den Vorsitz in Ausschüssen des Aufsichtsrats festgesetzt.[46] Unzulässig ist eine Differenzierung zwischen Anteilseigner- und Arbeitnehmervertretern.[47] Unzulässig ist es auch, Aufsichtsratsmitglieder der Anteilseigner, die in anderen Konzerngesellschaften Aufsichtsratsbezüge erhalten, von der Vergütung auszuschließen, es sei denn, sie verzichten auf die Vergütung (→ Rn. 31). 27

---

[43] Vgl. BT-Drs. 7/874 (neu) und 7/5162. Vgl. auch *Geßler* DB 1978, 63 u. *Lutter* AG 1979, 85.

[44] Vgl. zu den Zahlen die jährlichen Studien der Kienbaum Management Consultants GmbH, Gummersbach, über die Entwicklung der Vorstands- und Aufsichtsratsvergütungen; *Habersack* NZG 2018, 127 (129 f.); *Böcking* ua Der Konzern 2016, 549 ff. u. Der Konzern 2018, 1 ff. zur Entwicklung in 2014–2016. Vgl. auch *Hoffmann-Becking* FS Havermann, 1995, 230 (245); *Lutter* AG 1979, 85 (86) u. ZHR 159 (1995), 287 (304); *E. Vetter* ZIP 2008, 1 (5); GroßkommAktG/*Hopt/M. Roth* § 113 Rn. 80; KölnKommAktG/*Mertens/Cahn* § 113 Rn. 30; *Siegert* in KPMG – Audit Commitee Quarterly, 2014, Sonderheft Max Dietrich Kley; *Siepmann/Kayser* Der Aufsichtsrat 2018, 101 ff.

[45] *E. Vetter* ZIP 2008, 1 (6); GroßkommAktG/*Hopt/M. Roth* § 113 Rn. 93; *Hoffmann-Becking* ZHR 169 (2005), 155 (174); ARHdb./ *Wagner* § 11 Rn. 53.

[46] Satzungsmuster in Beck'sches Formularbuch/*Hoffmann-Becking/Berger* Form. X.11 § 16 Abs. 2 u. Happ Aktienrecht/*Pühler*, 4. Aufl. 2015, Form. 1.01 § 15 Abs. 2.

[47] MüKoAktG/*Habersack* § 113 Rn. 38; *Raiser/Veil/Jacobs* MitbestG § 25 Rn. 108.

28 **Gewerkschaftsmitglieder** werden durch Beschlüsse des DGB angehalten, große Teile ihrer Vergütung an die Hans Böckler-Stiftung oder ähnliche DGB-Organisationen abzuführen.[48] Gegen die Abführungspflicht bestehen nach hM zwar keine durchgreifenden aktienrechtlichen[49], wohl aber rechtspolitische Bedenken. Verbandsrechtlich besteht die Abführungspflicht auch dann, wenn das Aufsichtsratsmitglied ohne Unterstützung durch die Gewerkschaft in das Amt gelangt ist.[50]

29 Im Grundsatz ist es auch zulässig, die Vergütung individuell nach dem geleisteten **Zeitaufwand** zu bemessen.[51] Allerdings kommt dies wohl nur als zusätzliche Vergütung neben einer für die Mitglieder gleichen Grundvergütung in Betracht, durch die der regelmäßig anfallende Zeitaufwand für die Vorbereitung und die Teilnahme an den Sitzungen abgedeckt wird. Da die Hauptversammlung den individuellen Zeitaufwand nicht feststellen und kontrollieren kann, kann sie nur einen Gesamtbetrag festsetzen und dessen Verteilung dem Aufsichtsrat überlassen, der den individuellen Zusatzaufwand an Hand von Stundenaufstellungen ermittelt und diese zumindest auf ihre Plausibilität überprüft.

30 **c) Fälligkeit, Teilvergütung, Verzicht.** Die feste Jahresvergütung ist, wenn nichts anderes bestimmt ist, am Ende des Geschäftsjahres fällig,[52] während eine dividendenabhängige Vergütung (dazu → Rn. 36) erst mit dem Gewinnverwendungsbeschluss der Hauptversammlung fällig wird.[53] Aufsichtsratsmitglieder, die nur während eines Teils des Geschäftsjahres dem Aufsichtsrat angehört haben, erhalten – bei unveränderter Fälligkeit – eine pro rata temporis gekürzte Vergütung.[54]

31 Aufsichtsratsmitglieder können auf ihre Vergütungsansprüche verzichten. Der Verzicht kann, da es sich um persönliche Ansprüche handelt, nicht durch den Aufsichtsrat als Organ mit Wirkung zu Lasten seiner Mitglieder, sondern nur durch das oder die einzelnen Aufsichtsratsmitglieder erklärt werden. Für die erforderliche Annahme des Verzichts (durch Erlassvertrag, § 397 BGB) ist nicht die Hauptversammlung, sondern der Vorstand zuständig; § 113 Abs. 1 S. 2 ist wegen seines anderen Normzwecks nicht entsprechend anzuwenden.[55]

32 **d) Herabsetzung und Erhöhung.** Wenn die Vergütung in der Satzung festgesetzt worden ist – was bei Publikumsgesellschaften die Regel ist –, erfolgt eine Herabsetzung der

---

[48] Durch Beschluss des DGB-Bundesausschusses vom 7.6.2016 wurden die Abführungspflichten in einer Richtlinie geregelt, deren Inhalt durch die Satzungen der Einzelgewerkschaften für verbindlich erklärt wird. Der abgeführte Betrag ist steuerlich abzugsfähig (BFH BStBl. II 1981 S. 29; auch → Rn. 43). Die Abführungspflicht kann nicht in der Satzung der AG begründet werden (LG München I NZG 2005, 522), aber in der Satzung der Gewerkschaft (BAG AG 2016, 39; OLG Frankfurt a. M. NZG 2018, 870 u. NZG 2019, 945).

[49] MüKoAktG/*Habersack* § 113 Rn. 6 *Habersack* NZG 2018, 127 (131); Spindler/Stilz AktG/*Spindler* § 113 Rn. 7; Hüffer/*Koch* AktG § 113 Rn. 4; KölnKommAktG/*Mertens/Cahn* § 113 Rn. 58; aA *Krieger* FS E. Vetter, 2019, 363 (369 ff.); *Rieble* AG 2016, 315 (316); *Thüsing/Forst* FS von Westphalen, 2010, 693 (696).

[50] OLG Frankfurt a. M. NZG 2018, 870 u. NZG 2019, 945; dagegen *C. Schäfer/Bachmaier* ZIP 2018, 2141 (2148 f.).

[51] Skeptisch wegen der geringen Kontrollmöglichkeiten MüKoAktG/*Habersack* § 113 Rn. 14; GroßkommAktG/*Hopt/M. Roth* § 113 Rn. 50; *v. Frankenberg und Ludwigsdorf* Bedeutung und Grenzen der Gleichbehandlung der Aufsichtsratsmitglieder S. 262 f. Ablehnend auch *Haarmann* FS Hüffer, 2010, 243 (252), der statt dessen für eine (de lege lata unzulässige) Vergütung nach dem individuellen „Marktwert" eintritt.

[52] Großkomm AktG/*Hopt/M. Roth* § 113 Rn. 107.

[53] MüKoAktG/*Habersack* § 113 Rn. 48; GroßkommAktG/*Hopt/M. Roth* § 113 Rn. 107; KölnKommAktG/*Mertens/Cahn* § 113 Rn. 35.

[54] HdB börsennotierte AG/*E. Vetter* § 29 Rn. 49; MüKoAktG/*Habersack* § 113 Rn. 51; GroßkommAktG/*Hopt/M. Roth* § 113 Rn. 100.

[55] *Wettich* NZG 2009, 852 (853); zust. Hüffer/*Koch* AktG § 113 Rn. 18; MüKoAktG/*Habersack* § 113 Rn. 49; Spindler/Stilz AktG/*Spindler* § 113 Rn. 38.

Vergütung durch Satzungsänderung mit der nach § 179 Abs. 2 AktG für Satzungsänderungen erforderlichen Mehrheit; § 113 Abs. 1 S. 4 AktG aF, der zwingend die einfache Stimmenmehrheit für diese Satzungsänderung genügen ließ, wurde durch das ARUG II gestrichen. Eine von der Hauptversammlung ohne Begrenzung auf ein bestimmtes Geschäftsjahr bewilligte Vergütung (→ Rn. 23) kann durch einen neuen Beschluss für die Zukunft herabgesetzt werden. Probleme können sich ergeben, wenn die Hauptversammlung die bislang durch Satzung oder Hauptversammlungsbeschluss festgelegte Vergütung mit Wirkung für das laufende Geschäftsjahr oder sogar für das bereits abgelaufene Geschäftsjahr herabsetzen will. Nach Ablauf des Geschäftsjahres ist eine rückwirkende Herabsetzung unzulässig, und zwar auch eine Herabsetzung der gewinn- oder dividendenabhängigen Tantiemen vor der Feststellung des Jahresabschlusses oder dem Gewinnverwendungsbeschluss der Hauptversammlung.[56] Bei einer Herabsetzung während des Geschäftsjahres wird man differenzieren müssen: Während die feste Vergütung ohne Zustimmung der Aufsichtsratsmitglieder erst mit Wirkung für das nächste Geschäftsjahr herabgesetzt werden kann,[57] darf die gewinn- oder dividendenabhängige Vergütung noch während des Geschäftsjahres reduziert werden, da zu dieser Zeit ohnehin noch keine ziffernmäßig gesicherte Grundlage für die Höhe der Tantieme besteht.[58]

33 Eine Erhöhung der Vergütung kann durch Satzungsänderung oder, wenn die Satzung keine abschließende Regelung enthält, durch einfachen Hauptversammlungsbeschluss erfolgen. Die Erhöhung kann mit Wirkung für das laufende oder das nächste Geschäftsjahr oder auch in der ordentlichen Hauptversammlung noch mit Wirkung für das abgelaufene Geschäftsjahr beschlossen werden.

34 **3. Aufsichtsratstantieme.** Auch bei der Aufsichtsratstantieme[59] können unterschiedliche Beträge für die „einfachen" Mitglieder und den Vorsitzenden und seinen Stellvertreter festgesetzt werden. Mitunter wird in der Satzung oder im Beschluss der Hauptversammlung nur ein Gesamtbetrag pro Prozent Dividende für den gesamten Aufsichtsrat festgesetzt, so dass der Aufsichtsrat selbst den Verteilungsschlüssel bestimmen muss (→ Rn. 22).

35 Das Gesetz enthielt in § 113 Abs. 3 AktG aF eine zwingende Regelung zur Bemessung einer gewinnabhängigen Aufsichtsratsvergütung, die mit der früheren Regelung zur Vorstandstantieme in § 86 Abs. 2 AktG aF eng verwandt war: Wenn den Aufsichtsratsmitgliedern ein Anteil am Jahresgewinn der Gesellschaft gewährt wird, muss der Gewinnanteil nach dem Bilanzgewinn berechnet werden, vermindert um einen Betrag von mindestens 4 % des Nennbetrags der Aktien; entgegenstehende Festsetzungen sind nichtig. Nachdem der Gesetzgeber bereits im TransPuG in 2002 § 86 Abs. 2 AktG aF ersatzlos gestrichen hatte, hat er im ARUG II in 2019 nun auch § 113 Abs. 3 AktG aF aufgehoben, weil die Regelung, wie es in der Begründung des Gesetzes heißt[60], überflüssig und überholt ist. Im Schrifttum wurde schon lange auf Streichung des § 113 Abs. 3 AktG aF gedrängt.[61]

---

[56] MüKoAktG/*Habersack* § 113 Rn. 32, 34, 36; HdB börsennotierte AG/*E. Vetter* § 29 Rn. 36; Hüffer/*Koch* AktG § 113 Rn. 6; GroßkommAktG/*Hopt/M. Roth* § 113 Rn. 130.

[57] LG München ZIP 2012, 2209 (2211 f.); MüKoAktG/*Habersack* § 113 Rn. 38; KölnKommAktG/*Mertens/Cahn* § 113 Rn. 52; HdB börsennotierte AG/*E. Vetter* § 29 Rn. 36; Hüffer/*Koch* AktG § 113 Rn. 24; aA GroßkommAktG/*Hopt/Roth* § 113 Rn. 132.

[58] LG München I NZG 2013, 182; Spindler/Stilz AktG/*Spindler* § 113 Rn. 36; GroßkommAktG/*Hopt/Roth* § 113 Rn. 132; Schmidt/Lutter/*Drygala* AktG § 113 Rn. 26; Bürgers/Körber AktG/*Bürgers/Israel* § 113 Rn. 19; *Kort* FS Hüffer, 2010, 483 (492); aA MüKoAktG/*Habersack* § 113 Rn. 38; HdB börsennotierte AG/*E. Vetter* § 113 Rn. 36; KölnKommAktG/*Mertens/Cahn* § 113 Rn. 52; Hüffer/*Koch* AktG § 113 Rn. 24; *Buckel* AG 2013, 451 ff.

[59] Zu den in der Praxis anzutreffenden Formen der Aufsichtsratstantieme s. *Geerken,* „Erfolgsabhängige Aufsichtsratsvergütung, 2015, S. 81 ff.

[60] BT-Drs. 19/9739, 104.

[61] So zB durch den DAV-Handelsrechtsausschuss NZG 2005, 774 (775) u. NZG 2011, 217 (222). S. auch *Hoffmann-Becking* ZHR 169 (2005), 155 (174) u. FS Hüffer, 2010, 337 (351 f.) sowie die ausf. Kritik hier in der 4. Aufl. → § 33 Rn. 36 ff.

36 Die **dividendenabhängige** Tantieme war über lange Zeit die übliche Form einer ergebnisabhängigen Aufsichtsratsvergütung. In neuerer Zeit haben sich andere Regelungsmuster für die variable Aufsichtsratsvergütung eingebürgert. Ausgelöst wurde diese Entwicklung durch die bis 2012 im Deutschen Corporate Governance **Kodex** enthaltene Empfehlung (Ziff. 5.4.6 Abs. 2 DCGK), wonach die Mitglieder des Aufsichtsrats neben einer festen eine **erfolgsorientierte Vergütung** erhalten sollen und die erfolgsorientierte Vergütung auch auf den langfristigen Unternehmenserfolg bezogene Bestandteile enthalten sollte. Eine ausschließlich feste Vergütung, wie sie immer häufiger anzutreffen ist, ist seit 2012 wieder mit dem Kodex vereinbar, und nach dem Kodex 2019 sollte die Vergütung sogar ausschließlich in einer Festvergütung bestehen (Anregung G 18 Satz 1). Wenn dennoch eine erfolgsorientierte Vergütung zugesagt wird, soll sie auf eine langfristige Entwicklung der Gesellschaft ausgerichtet sein (Empfehlung G 18 Satz 2). Eine dividendenabhängige Aufsichtsratstantieme ist somit nicht vereinbar mit der Vorgabe des Kodex; das ist eine übermäßige Regulierung durch den Kodex.[62]

37 Für die am Jahreserfolg orientierte jährliche Tantieme wird häufig an das Ergebnis vor Steuern (EBIT) oder vor Zinsen und Steuern (EBIT) oder vor Zinsen, Steuern und Abschreibungen (EBTIDA), aber auch an den Cash Flow oder das Ergebnis pro Aktie nach der Analystenformel oder an andere Ergebniskennzahlen angeknüpft. Für die erfolgsorientierte Vergütung zur Beteiligung am längerfristigen Unternehmenserfolg wird meist an dieselbe Ergebnisdefinition wie bei der Jahrestantieme angeknüpft und darauf abgestellt, wie sich das betreffende Ergebnis der Gesellschaft (oder des Konzerns) im mehrjährigen Durchschnitt entwickelt hat.[63]

38 **4. Aktienoptionen.** Nach § 192 Abs. 2 Nr. 3 AktG in der seit dem KonTraG geltenden Fassung können Aktienoptionsprogramme für Vorstandsmitglieder und Führungskräfte aus einem zu diesem Zweck geschaffenen bedingten Kapital bedient werden, nicht jedoch Aktienoptionsprogramme für Aufsichtsratsmitglieder. Der Gesetzgeber hat sich damit im Jahre 1998 gegen die Gewährung „nackter" Aktienoptionen an Aufsichtsratsmitglieder entschieden.[64] Diese Festlegung des Gesetzgebers verbietet es auch, dass zur Bedienung „nackter" Aktienoptionen für Aufsichtsratsmitglieder eigene Aktien verwendet werden, die von der Gesellschaft auf Grund einer Ermächtigung nach § 71 Abs. 1 Nr. 8 AktG erworben wurden.[65] Dagegen ließ sich weder dem Gesetzestext noch der Entstehungsgeschichte des § 192 Abs. 2 Nr. 3 AktG in der Fassung des KonTraG entnehmen, dass der Gesetzgeber auch Aktienoptionen für Aufsichtsratsmitglieder, die als Bezugsrechte aus einer Wandel- oder Optionsanleihe nach § 221 AktG begründet werden, oder gar jede Form der aktienkursorientierten Vergütung verbieten wollte.[66] Im Jahre 2005 hat der Gesetzgeber allerdings im UMAG § 221 Abs. 4 S. 2 AktG dahin ergänzt, dass bei Wandel- und Optionsanleihen auch § 193 Abs. 2 Nr. 4 AktG sinn-

---

[62] So ausdr. Kremer/Bachmann/Lutter/v. Werder DCGK/*Kremer* Rn. 1440 S. 366. Ablehnend ua DAV-Handelsrechtsausschuss NZG 2012, 335 (339); Bürgers/Körber AktG/*Bürger/Israel* § 113 Rn. 10.

[63] Zu den in der Praxis anzutreffenden „performanceorientierten" Modellen s. *Geerken*, Erfolgsabhängige Aufsichtsratsvergütung, S. 87 ff., *Krieger* FS Röhricht, 2005, 349 (350); *Marsch-Barner* FS Röhricht, 2005, 401 (416 f.).

[64] Zur Entstehungsgeschichte s. DAV-Handelsrechtsausschuss ZIP 1997, 163 (173).

[65] BGHZ 158, 122 – Mobilcom. Insoweit zustimmend *Habersack* ZGR 2004, 721 (725); *Paefgen* WM 2004, 1169 (1172); *E. Vetter* AG 2004, 234 (236); KölnKommAktG/*Mertens/Cahn* § 113 Rn. 27; *Spindler/Gerdemann* FS Stilz, 2014, 629 (637 f.); kritisch *Stefan Richter* BB 2004, 949 (952 ff.) und MüKoAktG/*Fuchs* § 192 Rn. 94a.

[66] So aber die obiter dicta in BGHZ 158, 122 (127, 129). Zustimmend *Habersack* ZGR 2004, 721 (728 ff.). Ablehnend Hüffer/*Koch* AktG § 113 Rn. 15; MüKoAktG/*Fuchs* § 192 Rn. 93 ff.; *Fuchs* WM 2004, 2233 (2236 f.); *Meyer/Ludwig* ZIP 2004, 940 (942 f.); *Stefan Richter* BB 2004, 949 (954 ff.); *E. Vetter* AG 2004, 234 (236 ff.); *Henze* BB 2005, 165 (173); *Hoffmann-Becking* ZHR 169 (2005), 155 (177 ff.); *Marsch-Barner* FS Röhricht, 2005, 401 (416 f.).

gemäß gilt, der bei der Einräumung von Optionsrechten an Vorstandsmitglieder und Führungskräfte über Wandel- oder Optionsanleihen die Festlegung von Erfolgszielen, Erwerbs- und Ausübungszeiträumen und Wartezeiten im Hauptversammlungsbeschluss verlangt. Folgt man der Begründung des Gesetzentwurfs, so wird dadurch auch eine Einbeziehung von Aufsichtsratsmitgliedern in Aktienoptionsprogramme über Wandel- und Optionsanleihen verboten.[67] Ein darüber hinausgehendes Verbot aller Formen einer am Aktienkurs orientierten Aufsichtsratsvergütung lässt sich den Entscheidungen des Gesetzgebers aber jedenfalls nicht entnehmen. Das in diese Richtung gehende obiter dictum des BGH[68] schießt über das Ziel hinaus und lässt sich auch nicht aus § 113 Abs. 1 S. 3 AktG herleiten.

5. Vergütung des ersten Aufsichtsrats. Die Vergütung für die Mitglieder des nach § 30 AktG bei der Gründung bestellten ersten Aufsichtsrats kann nicht schon im Vorhinein in der Satzung festgesetzt werden, sondern nur die Hauptversammlung kann den Mitgliedern des ersten Aufsichtsrats im Nachhinein, nämlich frühestens in der über ihre Entlastung entscheidenden Hauptversammlung eine Vergütung bewilligen, § 113 Abs. 2 AktG. Die Regelung beruht auf einem Misstrauen gegenüber den Gründern der Gesellschaft, die ihre Aktien möglicherweise alsbald nach der Gründung veräußern; ihr Einfluss auf die Festsetzung der Vergütung soll möglichst ausgeschaltet werden.[69]

Für die Vergütung der Mitglieder des ersten Aufsichtsrats der AG nach einem Formwechsel gilt nicht die Beschränkung des § 113 Abs. 2 AktG, da nach § 197 S. 2 UmwG die Vorschriften des AktG über die Bildung und Zusammensetzung des ersten Aufsichtsrats nicht anzuwenden sind und § 113 Abs. 2 AktG die Anwendbarkeit des § 30 AktG voraussetzt.[70] Wenn die Gesellschaft in der alten Rechtsform bereits einen in gleicher Weise zusammengesetzten Aufsichtsrat besaß, bleiben die Mitglieder gemäß § 203 UmwG für den Rest ihrer Wahlzeit im Amt (→ § 3 Rn. 20). Demgemäß gilt auch die alte Vergütungsregelung weiter, sofern die Vergütung nicht durch die Satzung oder durch Beschluss der Hauptversammlung neu festgesetzt worden ist.[71]

6. Steuerliche Behandlung der Vergütung. Aufsichtsratsvergütungen sind bei der Gesellschaft nach § 10 Nr. 4 KStG nur zur Hälfte als Betriebsausgaben (sowohl bei KSt als auch bei GewSt, § 7 Abs. 1 GewStG) abzugsfähig.[72] Die Beschränkung gilt für alle Leistungen an Aufsichtsratsmitglieder, die ihnen für ihre organschaftliche Tätigkeit im Aufsichtsrat gewährt werden, also auch Tagegelder, Sitzungsgelder und sonstige Reiseentschädigungen, die über Kostenersatz hinausgehen,[73] nicht dagegen für die Vergütung von Dienstleistungen im Sinne von § 114 AktG außerhalb der Tätigkeit im Aufsichtsrat. Vgl. im Einzelnen → § 50 Rn. 14 ff.

---

[67] BT-Drs. 15/5092, 25; zust. Spindler/Stilz AktG/*Spindler* § 113 Rn. 51. Zur Kritik DAV-Handelsrechtsausschuss NZG 2005, 388 (392); *Hoffmann-Becking* ZHR 169 (2005), 155 (180); Hüffer/*Koch* AktG § 221 Rn. 46b.
[68] BGHZ 158, 122 (129). Ablehnend dazu *Kort* FS Hüffer, 2010, 483 (499); Hüffer/*Koch* AktG § 113 Rn. 15; *E. Vetter* ZIP 2008, 1 (5); *Hoffmann-Becking* ZHR 169 (2005), 155 (178 ff.); Spindler/Stilz AktG/*Spindler* § 113 Rn. 55; GroßkommAktG/*Hopt/M. Roth* § 113 Rn. 64; *Spindler/Gerdemann* FS Stilz, 2014, 629 (638 ff.); zustimmend ua MüKoAktG/*Habersack* § 113 Rn. 22; KölnKommAktG/*Mertens/Cahn* § 113 Rn. 29.
[69] Hüffer/*Koch* AktG § 113 Rn. 27; MüKoAktG/*Habersack* § 113 Rn. 58; GroßkommAktG/*Hopt/M. Roth* § 113 Rn. 151.
[70] Vgl. *Hoffmann/Becking* AG 1980, 269 ff.
[71] MüKoAktG/*Habersack* § 113 Rn. 53, 59.
[72] R 50 Abs. 1 KStR. Kritisch zu dieser Regelung *Hoffmann-Becking* FS Havermann, 1995, 229 (245 f.); *Lutter* ZHR 159 (1995), 283 (303 f.); Hüffer/*Koch* AktG § 113 Rn. 25, § 114 Rn. 6; MüKoAktG/*Habersack* § 113 Rn. 57; GroßkommAktG/*Hopt/M. Roth* § 113 Rn. 167.
[73] Erle/Sauter/*Schulte* KStG § 10 Rn. 74; Gosch/*Heger* KStG § 10 Rn. 48.

42 Bei dem Aufsichtsratsmitglied unterliegt die Vergütung außer der Einkommensteuer auch der Umsatzsteuer,[74] soweit nicht die Kleinunternehmer-Befreiung nach § 19 UStG eingreift (nicht mehr als 17.500 EUR Umsatz im abgelaufenen Jahr und voraussichtlich nicht mehr als 50.000 EUR im laufenden Jahr). Das Aufsichtsratsmitglied kann auch ohne ausdrückliche Regelung in der Satzung die Erstattung der von ihm zu leistenden Umsatzsteuer verlangen.[75] Die von ihm in Rechnung gestellte Umsatzsteuer ist bei der Gesellschaft nach allgemeinen umsatzsteuerlichen Regelungen als Vorsteuer abzugsfähig; soweit die Vorsteuer nicht abzugsfähig ist, unterliegt dieser Teilbetrag ebenfalls zur Hälfte dem Abzugsverbot.[76] [77]

43 Gewerkschaftsmitglieder, die einen Teil ihrer Vergütung abführen müssen (→ Rn. 28), können die abgeführten Beträge vom steuerpflichtigen Einkommen abziehen.[78]

IV. Verträge mit Aufsichtsratsmitgliedern

44 **1. Regelungszweck des § 114 AktG.** Der Vorstand kann mit einem Aufsichtsratsmitglied im Grundsatz Verträge aller Art abschließen, soweit sie nicht dessen Tätigkeit im Aufsichtsrat betreffen. Eine Besonderheit gilt jedoch für Dienst- und Werkverträge, durch die sich ein Aufsichtsratsmitglied zu einer Tätigkeit außerhalb seiner Tätigkeit im Aufsichtsrat verpflichtet. Solche Verträge, in erster Linie Beratungsverträge bedürfen nach § 114 AktG zu ihrer Wirksamkeit der Zustimmung des Aufsichtsrats, die durch vorherige Einwilligung oder nachträgliche Genehmigung erteilt werden kann. Der Gesetzgeber verfolgt mit § 114 AktG drei Regelungszwecke:[79] Der Zustimmungsvorbehalt dient zum einen der Absicherung des aus § 113 AktG zu entnehmenden Verbots verdeckter Aufsichtsratsvergütungen, indem er dem Aufsichtsrat ermöglicht, den vom Vorstand abgeschlossenen Beratungsvertrag präventiv darauf zu überprüfen, ob er eine Tätigkeit außerhalb der Überwachungsaufgabe des Aufsichtsrats zum Inhalt hat (Schutz gegen verdeckte Aufsichtsratsvergütung).[80] Zum zweiten sollen die zugesagten Vergütungen auf ihre Angemessenheit überprüft werden, um zu verhindern, dass der Vorstand einzelne Aufsichtsratsmitglieder unsachlich beeinflusst (Schutz gegen Gefährdung der Unabhängigkeit durch unangemessene Vergütung).[81] Schließlich soll im Interesse einer wirkungsvollen Überwachung des Vorstands durch die Offenlegung der Verträge und den Zustimmungsvorbehalt einer zu engen Verflechtung zwischen den beteiligten Personen vorgebeugt werden (Schutz gegen Gefährdung der Unabhängigkeit durch zu enge Beziehungen).[82]

45 **2. Abgrenzung zur Aufsichtsratstätigkeit.** Gegenstand des Vertrags muss eine Tätigkeit außerhalb der Tätigkeit im Aufsichtsrat sein. Wenn die Tätigkeit in den Aufgabenbereich des Aufsichtsrats fällt, handelt es sich bei der vereinbarten Beratungsvergütung der Sache nach um eine verdeckte Aufsichtsratsvergütung, die nach § 113 AktG nur durch die Satzung oder durch die Hauptversammlung bewilligt werden kann. Beratungsverträge, durch die Aufsichtsratsmitgliedern eine zusätzliche Vergütung für ihre Aufsichtsratstätigkeit

---

[74] BFH v. 2.10.1986 AG 1987, 180; dagegen jetzt BFH v. 27.11.2019 DB 2020, 265: kein Unternehmer bei Vergütung ohne Vergütungsrisiko.
[75] MüKoAktG/*Habersack* § 113 Rn. 56; *Hüffer/Koch* AktG § 113 Rn. 26; KölnKommAktG/*Mertens/Cahn* 113 Rn. 57; HdB börsennotierte AG/*E. Vetter* § 29 Rn. 52.
[76] R 50 Abs. 2 S. 2 KStR; Erle/Sauter/*Schulte* KStG § 10 Rn. 78.
[77] Zum Verhältnis von Umsatzsteuer und § 10 Nr. 4 KStG R 50 Abs. 2 KStR. Vgl. auch *Däubler* EWiR 1988, 157 zu § 19 EStG.
[78] BFHE 131, 506 = BStBl. II 1981 S. 29.
[79] *Hoffmann-Becking* FS Karsten Schmidt, 2009, 657 (658).
[80] BGHZ 126, 340 (347).
[81] Begr. RegE zu § 114 AktG, abgedr. bei *Kropff* AktG S. 158; BGHZ 126, 340 (347); *Hüffer/Koch* AktG § 114 Rn. 1.
[82] BGHZ 126, 340 (347 f.); 168, 188 (193).

– auch für Sonderleistungen im Rahmen ihrer Organpflichten – gewährt wird, sind wegen Umgehung des § 113 AktG nichtig.

Zur Tätigkeit im Aufsichtsrat gehört auch die vorausschauende Beratung des Vorstands **46** als Teil der dem Aufsichtsrat obliegenden Überwachung. Die Beratung in Fragen der künftigen Geschäftspolitik ist sogar das vorrangige Mittel der in die Zukunft gerichteten Kontrolle des Vorstands (→ § 29 Rn. 51).[83] Gegenstand eines Vertrags nach § 114 AktG kann deshalb nur eine solche Beratung sein, die das Aufsichtsratsmitglied nicht bereits auf Grund seines Amtes schuldet. Für die Abgrenzung kommt es nach Ansicht des BGH nicht darauf an, ob die Beratung dem Vorstand oder dem Gesamtaufsichtsrat geleistet wird und ob der Beratungsvertrag durch den Vorstand oder – als unzulässige „Sondervergütung" (→ Rn. 49) – durch den Aufsichtsrat abgeschlossen wird. Die Abgrenzung kann auch nicht nach dem Umfang und der Intensität der Tätigkeit vorgenommen werden. Wenn die besonderen Verhältnisse der Gesellschaft einen über das übliche Maß hinausgehenden Einsatz erfordern, kann dem Aufsichtsratsmitglied dafür keine zusätzliche Vergütung mit Hilfe eines Beratungsvertrags, sondern nur durch Beschluss der Hauptversammlung nach § 113 AktG gewährt werden.

Der BGH stellt die zu den Organpflichten gehörende Beratung in „allgemeinen Berei- **47** chen der Unternehmensführung" und „übergeordneten Fragen der Unternehmenspolitik" der Beratung in „Fragen eines besonderen Fachgebiets" und bei „speziellen Geschäften" gegenüber.[84] Beratungsverträge nach § 114 AktG können somit zum einen Beratungsleistungen in Fragen des operativen Tagesgeschäfts zum Gegenstand haben. Zum anderen ist es möglich, dass das Aufsichtsratsmitglied den Vorstand bei der Vorbereitung oder der Durchführung von grundsätzlichen Entscheidungen berät. In jedem Fall ist erforderlich, dass das Aufsichtsratsmitglied ein über bloße Erfahrungen in der Branche und im Geschäftsbereich der Gesellschaft hinausgehendes besonderes Fachwissen besitzt (zB als Rechtsanwalt, Wirtschaftsprüfer, Wissenschaftler, Unternehmensberater) und die über die gesetzlichen Aufsichtsratspflichten hinausgehenden Beratungsaufgaben im Vertrag konkret bezeichnet werden.[85]

Wenn der Vertrag Beratungsaufgaben bestimmt, die zum Teil in den Aufgabenbereich des **48** Aufsichtsrats fallen und zum anderen Teil Gegenstand eines Vertrags nach § 114 AktG sein können, kann der zulässige Teil im Zweifel aufrechterhalten werden.[86] Falls der Vertrag, dessen Beratungsgegenstand in den Aufgabenbereich des Aufsichtsrats fällt, vor der Bestellung des Beraters zum Aufsichtsratsmitglied abgeschlossen wurde (sog. Altvertrag), verliert er für die Dauer des Aufsichtsratsmandats seine Wirkung und lebt erst nach dessen Beendigung wieder auf.[87]

Der Aufsichtsrat ist in keinem Fall befugt, einem Mitglied eine **Sondervergütung** für **49** eine besondere Dienstleistung zu gewähren (→ Rn. 22). Das gilt bei einer Dienstleistung innerhalb der Organpflichten, zB bei einem Auftrag an das Aufsichtsratsmitglied nach § 111

---

[83] BGHZ 114, 127 (130) mN.
[84] BGHZ 114, 127 (132); 126, 340 (344 ff.); 168, 188 (197); näher zu dieser Abgrenzung OLG Köln ZIP 1994, 1773; KG AG 1997, 42 (43 f.); GroßkommAktG/*Hopt/M. Roth* § 114 Rn. 26 ff.; MüKoAktG/*Habersack* § 114 Rn. 22 f.; KölnKommAktG/*Mertens/Cahn* § 114 Rn. 7 f.; Hüffer/*Koch* AktG § 114 Rn. 7; *Lutter/Krieger/Verse* Rechte und Pflichten § 12 Rn. 860; *Mertens* FS Steindorff, 1990, 173 ff.; *E. Vetter* ZIP 2008, 1 (7).
[85] Zur konkreten Bezeichnung der Beratungsaufgaben OLG Köln NZG 2019, 1351. Zum Beratungsvertrag mit der Anwaltssozietät eines Aufsichtsratsmitglieds LG Stuttgart ZIP 1998, 1275 (abl. Anm. *Wissmann/Ost* BB 1998, 1957 ff. u. *Hans-Friedrich Müller* NZG 2002, 797 ff.); OLG Hamburg NZG 2007, 470; BGH NZG 2007, 516; OLG Köln ZIP 2013, 516; *Ziemons* ZGR 2016, 839 (861 f.); *Fuhrmann* NZG 2017, 291 (295).
[86] *Beater* ZHR 157 (1993), 420 (434); *Lutter/Kremer* ZGR 1992, 87 (96); HdB börsennotierte AG/ *E. Vetter* § 30 Rn. 5; KölnKommAktG/*Mertens/Cahn* § 114 Rn. 9. Offen gelassen in BGHZ 168, 188 (199).
[87] BGHZ 114, 127 (133 f.); MüKoAktG/*Habersack* § 114 Rn. 10 f.

Abs. 2 S. 2 AktG oder seiner Einschaltung als Berater im Rahmen der Annexkompetenz des Aufsichtsrats für Hilfsgeschäfte (→ § 29 Rn. 56),[88] und das gilt ebenso, wenn es um eine Tätigkeit außerhalb der Organpflichten geht und der Aufsichtsrat eine Befassung des Vorstands mit der Angelegenheit vermeiden will.

50 **3. Reichweite des Zustimmungsvorbehalts.** Der Zustimmung des Aufsichtsrats bedürfen Dienst- und Werkverträge, die mit einem Aufsichtsratsmitglied abgeschlossen werden, jedoch nicht die Aufgaben eines Aufsichtsratsmitglieds zum Inhalt haben. Wenn der inhaltlich unter § 114 AktG fallende, also nicht mit § 113 AktG kollidierende Vertrag schon vor der Bestellung zum Aufsichtsratsmitglied abgeschlossen wurde (**„Altvertrag"**), bedarf er der Zustimmung des Aufsichtsrats, um auch während der Dauer des Aufsichtsratsmandats wirksam zu sein. Fehlt die Zustimmung, lebt er erst nach Beendigung des Mandats wieder auf.[89]

51 Wenn der Vertrag nicht mit dem Aufsichtsratsmitglied persönlich, sondern **mit einer Gesellschaft des Aufsichtsratsmitglieds** abgeschlossen wird, ist § 114 AktG zur Vermeidung von Umgehungsgeschäften entsprechend anzuwenden. Nach der Rechtsprechung gilt das nicht nur, wenn das Aufsichtsratsmitglied alleiniger oder wesentlich beteiligter Gesellschafter der Gesellschaft ist, sondern es soll genügen, dass das Aufsichtsratsmitglied an der Gesellschaft in einem Maße beteiligt ist, dass ihm der Vorteil aus dem Beratungsvertrag mittelbar in einem nicht vernachlässigenswerten Umfang zugutekommt.[90] Diese Rechtsprechung betrifft vor allem anwaltliche Beratungsverträge, die mit einer Sozietät abgeschlossen werden, der das Aufsichtsratsmitglied angehört.[91]

52 § 114 AktG erfasst nach seinem Wortlaut nur Verträge mit der Gesellschaft, also nicht Beratungsverträge von Aufsichtsratsmitgliedern mit verbundenen Unternehmen. Gegen eine generelle Erstreckung auf Verträge **mit abhängigen Unternehmen** spricht der Gegenschluss aus § 115 AktG, der die Kreditgewährung durch verbundene Unternehmen ausdrücklich einbezieht (→ Rn. 56). § 114 AktG muss zur Vermeidung einer Umgehung bei dem Vertragsschluss mit einem nachgeordneten Konzernunternehmen nur dann entsprechend angewendet werden, wenn der Vertrag nach seinem Gegenstand ebenso gut unmittelbar mit der Muttergesellschaft abgeschlossen werden könnte oder der Vertragsschluss mit der abhängigen Gesellschaft vom Vorstand der AG veranlasst wurde oder andere konkrete Indizien für eine missbräuchliche Umgehung vorliegen.[92] Weitergehend soll nach einer verbreiteten und auch vom BGH vertretenen Auffassung § 114 AktG bei jedem Beratungsvertrag zwischen dem Aufsichtsratsmitglied und einem von der Gesellschaft abhängigen Unternehmen analog anwendbar sein, weil der Vorstand der Obergesellschaft die Möglichkeit hat, auf den Abschluss des Vertrags Einfluss zu nehmen;[93] das lässt sich

---

[88] Hüffer/*Koch* AktG § 113 Rn. 23; MüKoAktG/*Habersack* § 111 Rn. 85, § 113 Rn. 31; *Mertens* FS Steindorff, 1990, 173 (184); HdB börsennotierte AG/*E. Vetter* § 30 Rn. 6; aA *Lutter/Drygala* FS Ulmer, 2003, 381 (391 ff.); *Lutter/Krieger/Verse* Rechte und Pflichten § 12 Rn. 866 f.

[89] BGHZ 126, 340 (346 ff.); MüKoAktG/*Habersack* § 114 Rn. 11; Hüffer/*Koch* AktG § 114 Rn. 2; KölnKommAktG/*Mertens/Cahn* § 114 Rn. 22.

[90] BGHZ 168, 188 (193); 170, 60 (62 f.); BGH NZG 2007, 516; BGHZ 194, 14 Rn. 14 – Fresenius; OLG Hamburg AG 2007, 404 (405). Zustimmend Hüffer/*Koch* AktG § 114 Rn. 3; MüKoAktG/*Habersack* § 114 Rn. 14; Spindler/Stilz AktG/*Spindler* § 114 Rn. 9 f.; ablehnend KölnKommAktG/*Mertens/Cahn* § 114 Rn. 15 ff.; *Ihrig* ZGR 2013, 417 (433 f.); Großkomm AktG/*Hopt/Roth* § 114 Rn. 56.

[91] Dazu näher *Happ* FS Priester, 2007, 175 ff.; Spindler/Stilz AktG/*Spindler* § 114 Rn. 10; *E. Vetter* ZIP 2008, 1 (8 f.); *Hoffmann-Becking* FS Karsten Schmidt, 2009, 657 (664).

[92] *Hoffmann-Becking* FS Karsten Schmidt, 2009, 657 (665). Zustimmend Hüffer/*Koch* AktG § 114 Rn. 4; KölnKommAktG/*Mertens/Cahn* § 114 Rn. 11; Spindler/Stilz AktG/*Spindler* § 114 Rn. 7; *Ihrig* ZGR 2013, 417 (435); ähnlich HdB börsennotierte AG/*E. Vetter* § 30 Rn. 9; *E. Vetter* ZIP 2008, 1 (9); *v. Bünau*, Beratungsverträge mit Aufsichtsratsmitgliedern im Aktienkonzern, 2004, S. 127 f., 150 f., 270 f.

[93] BGHZ 194, 14 Rn. 16 – Fresenius; OLG Hamburg ZIP 2007, 814 (818); *Lutter/Kremer* ZGR 1992, 87 (104 f.); *Lutter/Krieger/Verse* Rechte und Pflichten § 12 Rn. 872; *Lutter* FS Westermann,

jedoch nicht mit einem Analogieschluss begründen. Auf einen Vertrag **mit dem herrschenden Unternehmen** ist § 114 AktG nicht analog anwendbar, weil es dabei nicht um einen Umgehungssachverhalt geht und § 114 AktG nicht als konzernrechtliche Schutzvorschrift die Sicherung der Unabhängigkeit der Aufsichtsratsmitglieder gegen Einflussnahmen des herrschenden Unternehmens bezweckt.[94]

Eine analoge Anwendung von § 114 AktG kommt schließlich auch nicht in Betracht, 53 wenn das Aufsichtsratsmitglied einen Beratungsvertrag **mit einem Vorstandsmitglied** der AG abschließt. Auch hier fehlt es an einem Umgehungssachverhalt; außerdem würde eine analoge Anwendung zu unhaltbaren Konsequenzen führen.[95]

4. Zustimmung des Aufsichtsrats. Der Schutzzweck der Vorschrift verlangt, dass der 54 Gegenstand der Leistung und die Höhe der Gegenleistung gegenüber dem Aufsichtsrat offengelegt und von ihm gebilligt werden. Bei einer laufenden Beratung muss nicht jeder Einzelgegenstand angegeben werden,[96] sondern es genügt die Bezeichnung des Sachgebiets. Der Beschluss muss die Höhe der Vergütung oder die Art ihrer Berechnung nennen. Wenn sich die Höhe der Vergütung aus einer amtlichen Gebührenordnung oder allgemein verwendeten Richtsätzen ableiten lässt, braucht sie im Beschluss nicht beziffert zu werden.

Die Zustimmung kann, wie sich zweifelsfrei aus § 114 Abs. 2 S. 1 AktG ergibt, als 55 vorherige Einwilligung oder nachträgliche Genehmigung erteilt werden. Nach Ansicht des BGH handelt der Vorstand jedoch pflichtwidrig, wenn er einem Aufsichtsratsmitglied eine Vergütung zahlt, obwohl der Aufsichtsrat dem Vertrag noch nicht zugestimmt hat; die nachträgliche Genehmigung mache den Vertrag zwar rückwirkend wirksam, ändere aber nichts an der Pflichtwidrigkeit des Vorstandshandelns.[97] Das betreffende Mitglied ist bei der Beschlussfassung vom Stimmrecht ausgeschlossen (→ § 31 Rn. 70). Das Aufsichtsratsplenum kann die Entscheidung auf einen Ausschuss delegieren; in der Regel wird damit der Personalausschuss oder das Präsidium betraut (→ § 32 Rn. 13, 15).

5. Kreditgewährung nach § 115 AktG. Die Kreditgewährung an ein Aufsichtsratsmit- 56 glied oder einen nahen Angehörigen des Aufsichtsratsmitglieds bedarf der vorherigen Zustimmung des Aufsichtsrats (Einwilligung) nach § 115 AktG. Anders als § 114 AktG regelt § 115 Abs. 1 S. 2 AktG auch den Fall des Vertragsschlusses mit einem verbundenen Unternehmen: Die Kreditgewährung durch das herrschende Unternehmen an das Aufsichtsratsmitglied eines abhängigen Unternehmens und ebenso die Kreditgewährung durch das abhängige Unternehmen an das Aufsichtsratsmitglied des herrschenden Unternehmens bedürfen gleichermaßen der Einwilligung des Aufsichtsrats des herrschenden Unternehmens.

2008, 1171 (1182 f.); Schmidt/Lutter/*Drygala* AktG § 114 Rn. 14; GroßkommAktG/*Hopt*/M. *Roth* § 114 Rn. 61 f.; ErfK/*Henssler* AktG § 114 Rn. 14; KölnKommAktG/*Mertens*/*Cahn* § 114 Rn. 12; iErg auch MüKoAktG/*Habersack* § 114 Rn. 17.

[94] *Hoffmann-Becking* FS Karsten Schmidt, 2009, 657 (666 f.); iErg ebenso Spindler/Stilz AktG/*Spindler* § 114 Rn. 7; Hüffer/*Koch* AktG § 114 Rn. 4; ErfK/*Henssler* AktG § 114 Rn. 14; *E. Vetter* ZIP 2008, 1 (9); *Lutter/Krieger/Verse* Rechte und Pflichten § 12 Rn. 875; *Lutter* FS Westermann, 2008, 1171 (1185); GroßkommAktG/*Hopt*/M. *Roth* § 114 Rn. 64; vgl. auch OLG Hamburg ZIP 2007, 814 (818); aA MüKoAktG/*Habersack* § 114 Rn. 17 (§ 115 Abs. 1 S. 2 AktG analog).

[95] *Hoffmann-Becking* FS Karsten Schmidt, 2009, 657 (667 ff.); *Henssler* FS Goette, 2011, 135 ff.; Hüffer/*Koch* AktG § 114 Rn. 4; GroßkommAktG/*Hopt*/*Roth* § 114 Rn. 65; KölnKommAktG/*Mertens*/*Cahn* § 114 Rn. 19; aA MüKoAktG/*Habersack* § 114 Rn. 18; differenzierend Spindler/Stilz AktG/*Spindler* § 114 Rn. 11.

[96] KölnKommAktG/*Mertens*/*Cahn* § 114 Rn. 26; *Hüffer* AktG § 114 Rn. 8; HdB börsennotierte AG/*E. Vetter* § 30 Rn. 14. Vgl. auch OLG Köln ZIP 1994, 1773 (1774 f.) u. KG AG 1997, 42 (43). Anders MüKoAktG/*Habersack* § 114 Rn. 31: Offenlegung des gesamten Vertrags.

[97] BGH NZG 2012, 1064 – Fresenius; abl. KölnKommAktG/*Mertens*/*Cahn* § 114 Rn. 31; *Cahn* Der Konzern 2012, 501; zust. Spindler/Stilz AktG/*Spindler* § 114 Rn. 24; *Ihrig* ZGR 2013, 417 (427 ff.); Hüffer/*Koch* AktG § 114 Rn. 9.

V. Verschwiegenheitspflicht

57 **1. Grundlage und persönlicher Umfang.** § 116 AktG verweist zur Sorgfaltspflicht und Verantwortlichkeit der Aufsichtsratsmitglieder auf die entsprechend anwendbaren Vorschriften über die Pflichten des Vorstands in § 93 AktG. Auch für die Aufsichtsratsmitglieder bestimmt sich somit die Pflicht zur Verschwiegenheit nach § 93 Abs. 1 S. 2 AktG: Über vertrauliche Angaben und Geheimnisse der Gesellschaft, namentlich Betriebs- und Geschäftsgeheimnisse, die ihnen durch ihre Tätigkeit im Aufsichtsrat bekanntgeworden sind, haben sie Stillschweigen zu bewahren. Insbesondere sind sie, wie § 116 S. 2 AktG klarstellend ergänzt, zur Verschwiegenheit über erhaltene vertrauliche Berichte und vertrauliche Beratungen verpflichtet. Die Schweigepflicht ist nach § 404 AktG strafbewehrt. Sie besteht auch nach dem Ausscheiden aus dem Amt unverändert fort.[98]

58 Die Pflicht zur Verschwiegenheit gilt in gleichem Umfang für alle Aufsichtsratsmitglieder, für die Mitglieder der Arbeitnehmer ebenso wie für die Mitglieder der Anteilseigner. Sie ist gleichermaßen gegenüber den Aktionären und gegenüber der Belegschaft, dem Betriebsrat und den Gewerkschaften zu wahren.[99]

59 Eine Ausnahme gilt nach § 394 AktG für Aufsichtsratsmitglieder, die auf Veranlassung einer Gebietskörperschaft in den Aufsichtsrat gewählt oder entsandt worden sind. Sie unterliegen im Hinblick auf die Berichte, die sie der Gebietskörperschaft zu erstatten haben, keiner Verschwiegenheitspflicht; die Berichtspflicht kann auf Gesetz, Satzung oder einem dem Aufsichtsrat in Textform mitgeteilten Rechtsgeschäft beruhen.[100] Für diesen Fall verpflichtet § 395 AktG die Berichtsempfänger in der Gebietskörperschaft zur besonderen Verschwiegenheit.

60 Die Mitglieder im Aufsichtsrat einer konzernverbundenen Tochtergesellschaft, die der Obergesellschaft als Mitglieder des Vertretungsorgans oder als Angestellte angehören, sind befugt, vertrauliche Informationen auch an andere Organe und Angestellte der Obergesellschaft weiterzugeben, soweit dieses dem Zweck einer sachgemäßen Konzernleitung dient. Das gilt nicht nur im Vertragskonzern, sondern auch im faktischen Konzern.[101] Eine entsprechende Einschränkung der Verschwiegenheitspflicht gilt für Informationen, die der Vorstand der Tochtergesellschaft der Konzernobergesellschaft erteilt (→ § 25 Rn. 49, → § 38 Rn. 57, → § 70 Rn. 28).[102] Ebenso muss es zulässig sein, dass Vertreter der Obergesellschaft, die auf Grund ihrer Mitgliedschaft im Aufsichtsrat der Tochtergesellschaft

---

[98] AllgM, s. *Lutter/Krieger/Verse* Rechte und Pflichten § 6 Rn. 285; MüKoAktG/*Habersack* § 116 Rn. 53; HH MitbestR/*Habersack* MitbestG § 25 Rn. 102; s. auch Begr. RegE zu § 93 AktG, abgedr. bei *Kropff* AktG S. 123.

[99] MüKoAktG/*Habersack* § 116 Rn. 59; *Lutter/Krieger/Verse* Rechte und Pflichten § 6 Rn. 276; HdB börsennotierte AG/*E. Vetter* § 29 Rn. 16; Hüffer/*Koch* AktG § 116 Rn. 11; GroßkommAktG/*Hopt/M. Roth* § 116 Rn. 214 f. S. auch EuGH WM 2006, 612 zur unbefugten Weitergabe von Insiderinformationen durch Arbeitnehmervertreter.

[100] Bis zur Ergänzung von § 394 Abs. 1 S. 3 AktG durch die Aktienrechtsnovelle 2014 musste die Berichtspflicht auf einem Gesetz beruhen. Zur Entstehungsgeschichte s. DAV-Handelsrechtsausschuss NZG 2012, 380 (383) u. NZG 2014, 863 Rn. 14. Zur Auswirkung der Entscheidung BVerfGE 147, 50=WM 2017, 2345 auf die Auslegung der §§ 394, 395 AktG s. *Schmolke* WM 2018, 1913, *Hommelhoff* ZHR 182 (2018), 296 ff., *Koch* ZHR 183 (2019), 7 (22 ff.).

[101] *Lutter/Krieger/Verse* Rechte und Pflichten § 6 Rn. 282; *Lutter,* Information und Vertraulichkeit im Aufsichtsrat, 3. Aufl. 2006, S. 180 f. Rn. 480; KölnKommAktG/*Mertens/Cahn* § 116 Rn. 42; *Veil* ZHR 172 (2008), 239 (268 f.); *Mader,* Der Informationsfluss im Unternehmensverbund, 2016, S. 477 ff.; Hüffer/*Koch* AktG § 116 Rn. 12; aA MüKoAktG/*Habersack* § 116 Rn. 60; GroßkommAktG/*Hopt/Roth* § 116 Rn. 205; Schmidt-*Assmann/Ulmer* BB 1988 Beilage Nr. 13, S. 4.

[102] Hüffer/*Koch* AktG § 311 Rn. 36a ff.; *Hoffmann-Becking* FS Rowedder, 1994, 155 (167). Vgl. auch *Decher* ZHR 158 (1994), 473 (481 ff.) und Hüffer/*Koch* AktG § 131 Rn. 72 zur Unanwendbarkeit des § 131 Abs. 4 AktG bei Informationen an das konzernleitende Unternehmen (→ § 38 Rn. 57).

erlangten Informationen innerhalb der Obergesellschaft für die Zwecke einer sachgemäßen Konzernleitung verwenden.

2. Sachlicher Umfang. Die Schweigepflicht erstreckt sich auf vertrauliche Angaben und Geheimnisse. Zur Definition dieser Begriffe → § 25 Rn. 51. Der Umfang der gesetzlichen Schweigepflicht kann durch die Satzung oder die Geschäftsordnung des Aufsichtsrats weder erweitert noch eingeschränkt werden, auch nicht durch Beschluss der Hauptversammlung[103]. Weder der Aufsichtsrat noch der Vorstand können verbindlich festlegen, dass eine dem Aufsichtsrat gegebene Information geheim gehalten werden muss, wenn sie objektiv nicht geheimhaltungsbedürftig ist. Der Umfang der Schweigepflicht wird vielmehr allein durch das objektive Bedürfnis der Geheimhaltung im Interesse des Unternehmens bestimmt.[104]

Ob dieses Bedürfnis gegeben ist, hat das Aufsichtsratsmitglied selbst und eigenverantwortlich zu prüfen. Bei seiner Entscheidung besitzt das Aufsichtsratsmitglied zwar keinen Beurteilungsspielraum in dem Sinne, dass es schon dann rechtmäßig handelt, wenn seine Beurteilung zwar nicht richtig, aber immerhin vertretbar ist.[105] Andererseits ist der unbestimmte Rechtsbegriff des objektiven „Interesses des Unternehmens" ein Einfallstor für subjektive Wertungen, so dass das Aufsichtsratsmitglied, wenn es auf Grund sorgfältiger Prüfung handelt und die Grenzen des Vertretbaren nicht überschreitet, jedenfalls keinen schuldhaften Geheimnisbruch begeht.[106] In einem solchen Fall kann die Gesellschaft deshalb nur Unterlassung, aber nicht Schadensersatz verlangen. Eine grobe Verletzung der Schweigepflicht, insbesondere ein vorsätzlicher oder ein wiederholter fahrlässiger Verstoß, begründet dagegen nicht nur die Ersatzpflicht nach §§ 116, 93 Abs. 2 AktG, sondern rechtfertigt auch die gerichtliche Abberufung des Mitglieds aus wichtigem Grund nach § 103 Abs. 3 AktG (→ § 30 Rn. 88).[107]

Einer umfassenden und besonders strengen Vertraulichkeit unterliegen die Verhandlungen und Beschlüsse des Aufsichtsrats und seiner Ausschüsse.[108] Durch das **Beratungsgeheimnis** soll gewährleistet werden, dass die Aufsichtsratsmitglieder ihre Aufgaben unbeeinflusst von außen, insbesondere ohne Druck von Dritten oder Rechtfertigungszwang gegenüber Dritten, wahrnehmen können. Deshalb ist ein Bericht aus dem Aufsichtsrat auch dann unzulässig, wenn zwar keine Geheimnisse oder vertraulichen Angaben weitergegeben werden, aber durch Informationen über Gegenstand, Verlauf und Ergebnisse der Aufsichtsratssitzung für die Zukunft eine unbefangene Meinungsäußerung und Meinungsbildung der Aufsichtsratsmitglieder erschwert wird.[109] Das Beratungsgeheimnis umfasst sowohl die Gegenstände und den Gang der Beratungen und die Stellungnahmen einzelner Vorstands- und Aufsichtsratsmitglieder als auch das Abstimmungsergebnis und das Abstimmungsverhalten einzelner Mitglieder, auch das eigene Abstimmungsverhalten.[110] Die Wei-

---

[103] BGH DB 2016, 1307 (1310).
[104] BGHZ 64, 325 (329) – Bayer; BGH DB 2016, 1307 (1310).
[105] Hüffer/Koch AktG § 116 Rn. 11; Lutter Information und Vertraulichkeit S. 168 Rn. 442 ff.; MüKoAktG/Habersack § 116 Rn. 56; HH MitbestR/Habersack MitbestG § 25 Rn. 104; aA KölnKommAktG/Mertens/Cahn § 116 Rn. 50.
[106] Lutter Information und Vertraulichkeit S. 169 Rn. 446.
[107] AG München WM 1986, 974 = ZIP 1986, 1139; LG Frankfurt a. M. NJW 1987, 505 (506); OLG Hamburg WM 1990, 311; OLG Stuttgart NZG 2007, 72; Lutter/Krieger/Verse Rechte und Pflichten § 6 Rn. 288.
[108] BGHZ 64, 325 (330 ff.); KölnKommAktG/Mertens § 116 Rn. 49 f.; Lutter/Krieger/Verse Rechte und Pflichten § 6 Rn. 266; MüKoAktG/Habersack § 116 Rn. 57; GroßkommAktG/Hopt/M. Roth § 116 Rn. 221 f.; Hüffer/Koch AktG § 116 Rn. 9; Veil ZHR 172 (2008), 239 (246).
[109] BGH NZG 2014, 423 Rn. 76 – Porsche; MüKoAktG/Habersack § 116 Rn. 57; Begr. RegE zu § 116 S. 2 AktG, BT-Drs. 14/8769, 18.
[110] BGHZ 64, 325 (332); KölnKommAktG/Mertens/Cahn § 116 Rn. 54; Hüffer/Koch AktG § 116 Rn. 9; Spindler/Stilz AktG/Spindler § 116 Rn. 113; Hengeler FS Schilling, 1973, 175 (186 ff.); ARHdB/Marsch-Barner § 13 Rn. 24 ff. S. 738 f.; Lutter Information und Vertraulichkeit S. 189 Rn. 500.

tergabe des Inhalts der Beratungen ist auch dann unzulässig, wenn kein unmittelbarer Schaden der Gesellschaft nachweisbar ist. Das Risiko, dass es durch die Weitergabe zu einer Störung der vertrauensvollen Zusammenarbeit kommt, die sich über kurz oder lang schädigend auswirken wird, genügt zur Begründung der Schweigepflicht.[111]

64 Der Gesetzgeber hat durch den 2002 eingefügten Satz 2 von § 116 AktG die Bedeutung des Beratungsgeheimnisses betont, indem er von der Verschwiegenheitspflicht über „vertrauliche Beratungen" spricht. Das ist insofern missverständlich, als das Beratungsgeheimnis ganz generell den Inhalt der Beratungen umfasst, die auch dann vertraulich zu behandeln sind, wenn keine Geheimnisse oder vertrauliche Angaben Gegenstand der Beratung waren.[112]

65 Im Einzelfall kann es im Interesse des Unternehmens geboten oder zumindest gerechtfertigt sein, Aktionäre und Öffentlichkeit über eine Beratung und Abstimmung im Aufsichtsrat zu informieren.[113] Die Veröffentlichung von Informationen aus dem Unternehmen ist im Grundsatz Sache des Vorstands und nicht des Aufsichtsrats. Wenn es aber um Informationen geht, die allein der Sphäre des Aufsichtsrats entstammen, insbesondere also um Informationen zu Personalentscheidungen des Aufsichtsrats, ist es Sache des Aufsichtsrats – nicht des Vorsitzenden – über die Offenlegung seiner Beratungen zu entscheiden und sich gegebenenfalls selbst von der Pflicht zur Wahrung des Beratungsgeheimnisses zu befreien.[114] Zum Dialog des Aufsichtsrats mit institutionellen Investoren → § 29 Rn. 18.

66 Das einzelne Mitglied darf nur in engen Ausnahmefällen, wenn es zur Wahrung des Unternehmensinteresses unumgänglich erforderlich ist, und nur dann in die Öffentlichkeit gehen, wenn interne Maßnahmen, insbesondere eine entsprechende Willensbildung des Aufsichtsrats, vergeblich versucht wurde oder aussichtslos sind.[115] Soweit das Aufsichtsratsmitglied externe Beratung in Anspruch nehmen darf (dazu → Rn. 5), darf es den Berater auch soweit erforderlich informieren, ohne dadurch die Verschwiegenheitspflicht zu verletzen. Allerdings muss es den Berater zur Verschwiegenheit verpflichten, soweit dieser nicht ohnehin seines Berufs wegen kraft Gesetzes zur Verschwiegenheit verpflichtet ist.[116]

67 **3. Regelungen in Satzung und Geschäftsordnung.** Da das Gesetz das Verschwiegenheitsgebot inhaltlich abschließend vorschreibt, bleibt nur wenig Raum für Regelungen zur Verschwiegenheitspflicht der Aufsichtsratsmitglieder in der Satzung und in der Geschäftsordnung des Aufsichtsrats. Möglich sind erläuternde Richtlinien zum Inhalt der Schweigepflicht sowie Richtlinien zu dem Verfahren, das von dem Aufsichtsratsmitglied vor und bei einer Weitergabe von Informationen eingehalten werden soll.[117]

---

[111] KölnKommAktG/*Mertens/Cahn* § 116 Rn. 53; GroßkommAktG/*Hopt/M. Roth* § 116 Rn. 221; Schmidt/Lutter/*Drygala* AktG § 116 Rn. 30; *Wilsing/von der Linden* ZHR 178 (2014), 419 (420).

[112] DAV-Handelsrechtsausschuss NZG 2002, 115 (117); *Wilsing/von der Linden* ZHR 178 (2014), 419 (426).

[113] Vgl. BGHZ 64, 325 (331). Zur Konkurrenz zwischen dem Beratungsgeheimnis noch § 116 S. 2 AktG und der Berichtspflicht des Aufsichtsrats nach § 171 s. *Hoffmann-Becking* NZG 2017, 281 (284 f.), Hüffer/*Koch* AktG § 171 Rn. 18 u. → § 45 Rn. 17.

[114] BGHZ 193, 110 = NZG 2012, 777 Rn. 40; BGHZ 196, 195 = NZG 2013, 456 Rn. 30; MüKoAktG/*Habersack* § 116 Rn. 65; Hüffer/*Koch* AktG § 116 Rn. 10; *Mülbert/Sajnovits* NJW 2016, 2540 (2542); KölnKommAktG/*Mertens/Cahn* § 116 Rn. 47; *Marsch-Barner* FS Stilz, 2014, 397 (402, 404); ausf. *Wilsing/von der Linden* ZHR 178 (2014), 419 (432 ff.). Vgl. auch *Schilha/Theusinger* NZG 2019, 521 (524 f.).

[115] OLG Stuttgart ZIP 2017, 625 (631) – Porsche/Piëch; bestätigt durch BGH NZG 2013, 339 (340); MüKoAktG/*Habersack* § 116 Rn. 33; Hüffer/*Koch* AktG § 116 Rn. 15; *Scholderer/v. Werder* ZGR 2017, 865 (884 f.).

[116] KölnKommAktG/*Mertens/Cahn* § 116 Rn. 59; *Scholderer/v. Werder* ZGR 2017, 865 (888).

[117] Ausführlich dazu *Lutter* Information und Vertraulichkeit S. 276 f. Rn. 721 ff. und *Säcker* FS Fischer, 1979, 635 ff. S. auch MüKoAktG/*Habersack* § 116 Rn. 69 f.

§ 33 Rechte und Pflichten der Aufsichtsratsmitglieder 68–71 § 33

a) Richtlinien zum Inhalt. Da die Verschwiegenheitspflicht durch Satzung und Geschäftsordnung weder gemildert noch verschärft werden kann, können lediglich „erläuternde Hinweise etwa in Form von Richtlinien" gegeben werden, „um dem einzelnen Aufsichtsratsmitglied besser, als das Gesetz es vermag, eine auf die Praxis bezogene Handhabe zu geben, wenn es besonders auf die Gefahr einer Verletzung gesetzlich geschützter Geheimhaltungsinteressen achten muss".[118] Zulässig ist danach insbesondere die Formulierung eines Katalogs von Themen, Gegenständen und Informationen, die vertraulich zu behandeln sind. Ein solcher Katalog ist jedoch notwendig unvollständig und auch bezüglich der aufgelisteten Themen nur von begrenztem Wert, da die Richtlinie nicht ausschließen kann, dass auch bei diesen Themen ausnahmsweise eine Weitergabe gerechtfertigt sein kann.[119] 68

b) Richtlinien zum Verfahren. Zulässig und sinnvoll sind Verfahrensregelungen, die dazu beitragen sollen, dass das Aufsichtsratsmitglied alle Aspekte abwägt, bevor es eine Information weitergibt. So kann das Aufsichtsratsmitglied zB in der Satzung oder Geschäftsordnung verpflichtet werden, sich vor der Weitergabe einer Information, von der nicht mit Sicherheit auszuschließen ist, dass sie vertraulich ist oder ein Geheimnis der Gesellschaft betrifft, mit dem Vorsitzenden des Aufsichtsrats zu beraten und ihm Gelegenheit zur Stellungnahme zu geben.[120] 69

VI. Haftung

1. Allgemeines. Die Regelungen des § 93 AktG über die Haftung der Vorstandsmitglieder gegenüber der Gesellschaft gelten nach § 116 AktG sinngemäß für die Haftung der Aufsichtsratsmitglieder. Zur Haftung der Vorstandsmitglieder s. oben § 26. Die dortigen Ausführungen zur Beweislast, zur gesamtschuldnerischen Haftung, zu Verzicht, Vergleich und Verjährung und zur Geltendmachung des Ersatzanspruchs gelten entsprechend für die aktienrechtliche Haftung der Aufsichtsratsmitglieder. Während Ersatzansprüche der Gesellschaft gegen amtierende oder ehemalige Vorstandsmitglieder durch den Aufsichtsrat geltend gemacht werden, ist umgekehrt der Vorstand zuständig für die Geltendmachung von Ersatzansprüchen gegen amtierende oder ehemalige Aufsichtsratsmitglieder. Eine Geltendmachung durch Aktionäre kommt im Regelfall nur auf Grund einer Klagezulassung nach § 148 AktG in Betracht (dazu → § 43 Rn. 44); anders verhält es sich bei den konzernrechtlichen Haftungsansprüchen nach §§ 310, 317, 318 AktG jeweils iVm § 309 Abs. 4 AktG (→ § 70 Rn. 133, → § 71 Rn. 168). Die nachfolgenden Anmerkungen beschränken sich auf die Besonderheiten der Aufsichtsratshaftung, die sich insbesondere aus den unterschiedlichen Aufgaben der beiden Organe ergeben. Zur D&O-Versicherung → Rn. 19. 70

Eine unmittelbare Haftung von Aufsichtsratsmitgliedern aus unerlaubter Handlung gegenüber Aktionären und Gesellschaftsgläubigern kann nach § 823 Abs. 2 BGB iVm der Verletzung eines Schutzgesetzes oder aus § 826 BGB begründet sein. §§ 93, 116 AktG sind nicht Schutzgesetze iSv § 823 Abs. 2 BGB zugunsten der Aktionäre.[121] Wenn ein Aufsichtsratsmitglied vorsätzlich unter Benutzung seines Einflusses auf die Gesellschaft eine Schädigung der Gesellschaft oder ihrer Aktionäre durch Angehörige der Verwaltung ver- 71

---

[118] BGHZ 64, 325 (328).
[119] Spindler/Stilz AktG/*Spindler* § 116 Rn. 117; Grigoleit/*Grigoleit/Tomasic* AktG § 116 Rn. 18; WKS/*Schubert* MitbestG § 25 Rn. 364.
[120] *Lutter* Information und Vertraulichkeit S. 277 f. Rn. 724 ff.; *Säcker* FS Fischer, 1979, 635 (645 f.); AR HdB/*Marsch-Barner* § 13 Rn. 61; GroßkommAktG/*Hopt/M. Roth* § 116 Rn. 233; HdB börsennotierte AG/*E. Vetter* § 29 Rn. 21 f.; aA KölnKommAktG/*Mertens/Cahn* § 116 Rn. 51; Hüffer/*Koch* AktG § 116 Rn. 11; HH MitbestR/*Habersack* MitbestG § 25 Rn. 115; WKS/Schubert MitbestG § 25 Rn. 364.
[121] KölnKommAktG/*Mertens/Cahn* § 93 Rn. 169; GroßkommAktG/*Hopt/M. Roth* § 93 Rn. 631; MüKoAktG/*Spindler* § 93 Rn. 308; KG NZG 2002, 383; LG Bonn AG 2001, 484; OLG Koblenz NZG 2005, 211.

anlasst, ist es nach § 117 AktG gegenüber der Gesellschaft und den Aktionären eratzpflichtig (s. oben § 27). Die Haftung aus § 117 AktG steht neben der Haftung aus §§ 93, 116 AktG.[122]

72 Die Gerichte werden zunehmend mit der Haftung von Aufsichtsratsmitgliedern aus §§ 116, 93 AktG befasst.[123] Mit der schon in den siebziger und achtziger Jahren gestiegenen Zahl der AG-Insolvenzen und vor allem durch eine Reihe spektakulärer Krisen und Zusammenbrüche großer Unternehmen ist die Aufsichtsratshaftung wegen Verletzung der Überwachungspflichten mehr in den Blickpunkt gerückt und vor allem das Haftungsrisiko den Aufsichtsräten selbst stärker bewusst geworden.

73 Die **Geltendmachung** von Ersatzansprüchen gegen Aufsichtsratsmitglieder obliegt dem Vorstand. Er muss bei seiner Entscheidung über die Geltendmachung die Grundsätze entsprechend anwenden, die der BGH für den umgekehrten Fall der Entscheidung des Aufsichtsrats über die Geltendmachung von Ersatzansprüchen für Vorstandsmitglieder entwickelt hat (→ § 29 Rn. 38 ff.).[124] Wenn die Aufsichtsratsmitglieder haften, weil sie es unterlassen haben, Schadensersatzansprüche gegen Vorstandsmitglieder geltend zu machen, beginnt die **Verjährung** der Aufsichtshaftung in dem Zeitpunkt, in dem die Geltendmachung spätestens hätte erfolgen müssen, also mit Eintritt der Verjährung der Vorstandshaftung.[125]

74 **2. Verletzung der Sorgfaltspflicht. a) Sorgfaltsmaßstab.** Auch die Aufsichtsratsmitglieder haben in sinngemäßer Anwendung von § 93 Abs. 1 S. 1 AktG die Sorgfalt eines „ordentlichen und gewissenhaften Geschäftsleiters" anzuwenden. Anders als die Vorstandsmitglieder sind die Mitglieder des Aufsichtsrats jedoch nicht „Geschäftsleiter", da ihnen nicht die Leitung der Gesellschaft, sondern die Überwachung der Leitung obliegt (→ § 29 Rn. 28 ff.). Aus der unterschiedlichen Aufgabe folgt ein unterschiedlicher Maßstab der Sorgfaltspflicht.[126] Die Aufsichtsratsmitglieder haben die Sorgfalt anzuwenden, die für eine ordentliche und gewissenhafte Erfüllung der Pflichten des Aufsichtsrats, insbesondere der Überwachungspflicht erforderlich ist (→ § 29 Rn. 34 ff.).

75 Der Gesetzgeber hat es bei diesem generalklauselartigen Maßstab belassen und von einer Konkretisierung abgesehen. Aus der Rechtsprechung steht bislang nur wenig rechtlich aufbereitetes Fallmaterial zur Verfügung, wenngleich die Zahl der zu Gericht gelangten Fälle in den letzten Jahren deutlich zugenommen hat. Die Entwicklung von Leitlinien und Fallgruppen durch die Rechtsprechung wird auch dadurch erschwert, dass Haftungsansprüche gegen Aufsichtsratsmitglieder bislang meist nur in der Insolvenz des Unternehmens[127] oder nach einem Wechsel des Großaktionärs und einer wesentlichen Neubesetzung der

---

[122] KölnKommAktG/*Mertens/Cahn* § 117 Rn. 25; MüKoAktG/*Spindler* § 117 Rn. 58.
[123] BGHZ 75, 96 – Herstatt; BGH NJW 1980, 1629 – Schaffgotsch I; BGH WM 1983, 957 – Schaffgotsch II; BGH NZG 2011, 1271 – Ision; BGH NZG 2013, 339 – Porsche/Piëch; OLG Jena NZG 2008, 275; OLG Düsseldorf ZIP 2012, 2299 u. ZIP 2015, 1586; OLG Hamburg NZG 2015, 756; OLG München ZIP 2017, 372; LG Hamburg ZIP 1981, 194 – Lenz Bau; LG Bielefeld ZIP 2000, 20 – Balsam mAnm *Westermann* ZIP 2000, 25 u. *Brandi* ZIP 2000, 173; LG Berlin ZIP 2004, 73; LG Essen NZG 2012, 1307 – Arcandor. Aufschlussreich ist auch die Rechtsprechung zur Haftung der Beiratsmitglieder einer Publikums-KG auf Grund einer analogen Anwendung von §§ 116, 93 AktG, s. BGHZ 69, 207; BGH NJW 1978, 425; AG 1980, 109; WM 1983, 472; OLG Düsseldorf AG 1984, 273. Vgl. dazu MünchHdb. KG/*Mutter* § 8 Rn. 82 ff.
[124] MüKoAktG/*Habersack* § 116 Rn. 8; Hüffer/*Koch* AktG § 116 Rn. 13.
[125] BGH NZG 2018, 1301 Rn. 18 ff. – Easy Software; Zust. *Jenne/Miller* AG 2019, 112 (117); *Altmeppen* ZIP 2019, 1253 ff.; *Bayer/Scholz* NZG 2019, 201 ff.
[126] Hüffer/*Koch* AktG § 116 Rn. 2; HdB börsennotierte AG/*E. Vetter* § 29 Rn. 55; MüKoAktG/*Habersack* § 116 Rn. 2.
[127] So zB OLG Jena NZG 2008, 275; OLG Düsseldorf NZG 2012, 1150; OLG Hamburg NZG 2015, 756; OLG Stuttgart AG 2012, 765. Vgl. auch *Hoffmann-Becking* DBW 1994, 275 (276); MüKoAktG/*Habersack* § 116 Rn. 7; Hölters AktG/*Hambloch-Gesinn/Gesinn* § 116 Rn. 6; KölnKommAktG/*Mertens/Cahn* § 116 Rn. 80.

Organe geltend gemacht wurden. Dies hat sich auch durch die Aktionärsklage zur Geltendmachung von Organhaftungsansprüchen nach dem neuen § 148 AktG (dazu → § 43 Rn. 44 ff.) nicht geändert. Der vor allem von betriebswirtschaftlicher Seite unternommene Versuch, „Grundsätze ordnungsmäßiger Überwachung" zu entwickeln, steckt zwar noch in den Anfängen, signalisiert aber immerhin eine wachsende Übereinstimmung über die gebotenen Mittel und das gebotene Maß der Aufsichtsratstätigkeit (→ § 29 Rn. 36). Auch der Deutsche Corporate Governance Kodex (DCGK) trägt mit seinen zahlreichen Empfehlungen zum Aufsichtsrat dazu bei, einheitliche Standards herauszubilden, die voraussichtlich auch von den Gerichten bei der Konkretisierung der Generalklausel herangezogen werden.

Im Grundsatz obliegt allen Mitgliedern des Aufsichtsrats die **gleiche Sorgfaltspflicht.** Es ist insbesondere nicht gerechtfertigt, bei Aufsichtsratsmitgliedern der Arbeitnehmer einen weniger strengen Sorgfaltsmaßstab anzuwenden als bei Mitgliedern der Anteilseigner.[128] Jedes Aufsichtsratsmitglied, auch jedes Mitglied der Arbeitnehmer muss „diejenigen Mindestkenntnisse und -fähigkeiten" besitzen oder sich aneignen, „die es braucht, um alle normalerweise anfallenden Geschäftsvorgänge auch ohne fremde Hilfe verstehen und sachgerecht beurteilen zu können".[129] Jenseits dieser Mindestkenntnisse und -fähigkeiten, die von allen Mitgliedern zu fordern sind, können für einzelne Aufsichtsratsmitglieder bei bestimmten Angelegenheiten verstärkte Sorgfaltspflichten gelten, so zB für einen Bankenvertreter bei der Prüfung der Liquidität der Gesellschaft oder für einen Rechtsanwalt bei der Prüfung der rechtlichen Risiken aus einem für die Gesellschaft besonders bedeutsamen Geschäft.[130]

Diese Differenzierung im individuellen Sorgfaltsmaßstab wird besonders deutlich, wenn einzelne Aufsichtsratsmitglieder wegen ihrer besonderen Fähigkeiten zu Mitgliedern eines Fachausschusses gewählt worden sind; die nicht dem Ausschuss angehörenden Mitglieder können sich auf die allgemeine Überwachung des Ausschusses durch das Plenum beschränken (→ § 32 Rn. 48). Aber auch bei der Überwachung der Vorstandstätigkeit durch das Plenum können sich die übrigen Aufsichtsratsmitglieder, soweit Spezialkenntnisse erforderlich sind, auf die Beurteilung der „Spezialisten" in ihrem Kreis verlassen, soweit deren Beurteilung plausibel und in sich folgerichtig ist.[131]

b) Sorgfältige Überwachung. Die Überwachung der Geschäftsführung des Vorstands ist nicht die einzige, aber eine besonders wesentliche Aufgabe des Aufsichtsrats. Haftungsfälle kommen insbesondere in diesem Bereich der Aufsichtsratstätigkeit in Betracht.[132] Zum Gegenstand und Maßstab der Überwachung und den dafür zur Verfügung stehenden Überwachungsmitteln → § 29 Rn. 28 ff.

Zu einer sorgfältigen Überwachung gehört nicht zuletzt die Beschaffung der notwendigen und zutreffenden **Informationen.** Entgegen der früher verwendeten Formulierung, die Informationsversorgung des Aufsichtsrats sei „gemeinsame Aufgabe von Vorstand und Aufsichtsrat", stellt der **Kodex** seit 2015 klar, dass dies primär Aufgabe des Vorstands ist (Grundsatz 15 im Kodex 2019, auch → § 25 Rn. 66). Die in § 90 AktG geregelte Berichtspflicht des Vorstands ist im Sinne einer „Bringschuld" zu verstehen; eine Verpflichtung des Aufsichtsrats im Sinne einer „Holschuld", Berichte anzufordern oder sogar „am Vorstand

---

[128] Hüffer/*Koch* AktG § 116 Rn. 3; *HH MitbestR/Habersack* MitbestG § 25 Rn. 118b; Spindler/Stilz AktG/*Spindler* § 116 Rn. 9; MüKoAktG/*Habersack* § 116 Rn. 23.
[129] BGHZ 85, 293 (295 f.) – Hertie. Dazu schon → § 30 Rn. 4.
[130] BGH NZG 2011, 1271 (1274); MüKoAktG/*Habersack* § 116 Rn. 28; GroßkommAktG/*Hopt/Roth* § 116 Rn. 40 ff.; Spindler/Stilz AktG/*Spindler* § 116 Rn. 18; Hüffer/*Koch* AktG § 116 Rn. 4; Hölters AktG/*Hambloch-Gesinn/Gesinn* § 116 Rn. 10.
[131] *Hommelhoff* ZGR 1983, 551 (572); HdB börsennotierte AG/*E. Vetter* § 29 Rn. 59; Lutter/Krieger/*Verse* Rechte und Pflichten Rn. 1010 S. 412.
[132] S. zB BGHZ 179, 71 = AG 2009, 404 (405) – MPS, BGH AG 2010, 785 – Doberlug u. *Bayer/Lieder* AG 2010, 885 ff. zu Sorgfaltspflichten bei Insolvenzreife.

vorbei" eigene Nachforschungen anzustellen, ergibt sich allerdings, wenn die Berichte des Vorstands unklar, unvollständig oder erkennbar unrichtig sind oder der Aufsichtsrat glaubwürdige Hinweise auf ein Fehlverhalten des Vorstands erhält (→ § 29 Rn. 31, 44).[133] Der Aufsichtsrat kann nicht mit Sicherheit gewährleisten, dass er ausreichend informiert wird, sondern nur mit seinen Mitteln darauf hinwirken[134], und ausführliche „Informationsordnungen" sind in der Praxis eher die Ausnahme und angesichts der detaillierten gesetzlichen Regelung der Berichtspflichten in § 90 AktG auch nicht rechtlich geboten.

80 c) **Interessenkonflikte.** Die Tätigkeit eines Aufsichtsratsmitglieds ist im Regelfall nur eine Nebentätigkeit; der Schwerpunkt der beruflichen Tätigkeit des Aufsichtsratsmitglieds und auch seiner Interessenbindung liegt typischerweise außerhalb des Unternehmens oder – bei betrieblichen Arbeitnehmervertretern – zwar innerhalb des Unternehmens, aber in einer wesentlich anderen Funktion. Aus der anderweitigen Interessenbindung können sich vielfältige Interessenkonflikte ergeben. Zur sorgfältigen Amtsausübung des Aufsichtsratsmitglieds gehört es, Interessenkollisionen zu vermeiden oder, wenn sie unvermeidlich sind und zur Pflichtkollision werden, entsprechend seiner vorrangigen Verpflichtung auf das Unternehmensinteresse zu lösen.

81 Damit der Aufsichtsrat die Interessenkollision eines Mitglieds erkennen und darauf angemessen reagieren kann, soll nach dem Corporate Governance **Kodex** (Empfehlung E.1 Satz 1) jedes Mitglied Interessenkonflikte, unverzüglich dem Vorsitzenden des Aufsichtsrats offenlegen. Eine Pflicht zur **Offenlegung** von Interessenkonflikten besteht ohnehin kraft Gesetzes.[135] Sie kann überdies durch eine dem Kodex entsprechende Regelung in der Geschäftsordnung des Aufsichtsrats klarstellend statuiert werden.[136] Darüber hinaus soll der Aufsichtsrat nach dem Kodex (Empfehlung E.1 Satz 2) in seinem Bericht an die Hauptversammlung über aufgetretene Interessenkonflikte und deren Behandlung informieren (dazu → § 45 Rn. 17).

82 Für **Anteilseignervertreter** können sich Interessen- und Pflichtenkollisionen insbesondere in den Fällen der doppelten Amtsstellung ergeben:[137] Wenn das Aufsichtsratsmitglied nicht nur auf das Interesse dieser Gesellschaft verpflichtet ist, sondern zugleich als Vorstand, Angestellter oder Aufsichtsrat einem anderen Unternehmen angehört und dessen Interessen wahrzunehmen hat, kann sich für das Aufsichtsratsmitglied bei einem Interessenwiderstreit der beiden Unternehmen eine Pflichtenkollision ergeben. In einem solchen Fall kann sich das Aufsichtsratsmitglied nicht mit dem Argument entlasten, die Pflichterfüllung gegenüber der einen Gesellschaft rechtfertige die Pflichtverletzung gegenüber der anderen.[138] Das Aufsichtsratsmitglied muss, wenn der Konflikt anders nicht gelöst werden kann, eines der beiden Ämter aufgeben.

83 Wenn das Aufsichtsmitglied einem Organ der anderen Gesellschaft angehört und von der anderen Gesellschaft für das Aufsichtsratsmandat benannt oder sogar nach § 101 Abs. 2 AktG in den Aufsichtsrat entsandt worden ist, haftet die andere Gesellschaft nach hM nicht entsprechend § 31 BGB für Sorgfaltsverstöße des Aufsichtsratsmitglieds.[139]

---

[133] LG Bielefeld ZIP 2000, 20 – Balsam mAnm *Westermann* ZIP 2000, 25; *Brandi* ZIP 2000, 173; *Thümmel* AG 2004, 83 (86); OLG Jena NZG 2008, 275 (278 f.); OLG Stuttgart ZIP 2012, 625 (628).
[134] Vgl. Hüffer/*Koch* AktG § 90 Rn. 1a; *Hüffer* NZG 2007, 47 (49); Großkomm AktG/*Kort* § 90 Rn. 3.
[135] *Hopt* ZGR 2004, 24 (25); *Fleischer* WM 2003, 1045 (1050); *Koch* ZGR 2014, 697 (709).
[136] Vgl. Beck'sches Formularbuch/*Hoffmann-Becking*/#*erger* Form. X.18 § 3 Abs. 3.
[137] Dazu *Ulmer* NJW 1980, 1603 ff. u. Spindler/Stilz AktG/*Spindler* § 116 Rn. 85 im Anschluss an BGH NJW 1980, 1629 – Schaffgotsch I. Zu Interessenkollisionen bei Bankenvertretern im Aufsichtsrat s. *Lutter* ZHR 145 (1981), 224 ff., *Werner* ZHR 145 (1981), 252 ff. und *Mülbert* Gutachten E für den 61. Deutschen Juristentag, 1996, S. E 45 ff.
[138] BGH NJW 1980, 1629 – Schaffgotsch I; Hüffer/*Koch* AktG § 116 Rn. 8.
[139] BGHZ 90, 381 (389); Hölters AktG *Hambloch-Gesinn/Gesinn* § 116 Rn. 97; aA *Ulmer* FS Stimpel, 1985, 705 ff. u. ausf. *Zuber*, Die externe Pflichtbindung von Aufsichtsratsmitgliedern, S. 319 ff.

Auch für **Arbeitnehmervertreter** gilt, dass sie sich bei ihrer Aufsichtsratstätigkeit stets **84** und ausschließlich am Unternehmensinteresse auszurichten haben. Interessen- und Pflichtenkollisionen können sich für Arbeitnehmervertreter insbesondere bei Arbeitskämpfen ergeben. Die Teilnahme an Tarifverhandlungen auf der Seite der Gewerkschaften ist mit der Aufsichtsratstätigkeit vereinbar;[140] unklar ist jedoch, in welchem Maße sich Aufsichtsratsmitglieder auch an einem Arbeitskampf im Unternehmen beteiligen dürfen. Da der Arbeitskampf auf eine Schädigung des Unternehmens angelegt ist, könnte man meinen, jede Form der Mitwirkung am Arbeitskampf sei den Aufsichtsratsmitgliedern der Arbeitnehmer untersagt. Dagegen spricht, dass der Gesetzgeber in den Mitbestimmungsgesetzen das Risiko des konkreten Interessenkonflikts im Fall des Streiks bewusst in Kauf genommen hat.[141] Im gesellschaftsrechtlichen Schrifttum wird allerdings eine aktive Mitwirkung des Aufsichtsratsmitglieds am Arbeitskampf (im Gegensatz zur bloßen passiven Teilnahme durch Fernbleiben von der Arbeit) als Verstoß gegen die Treuepflicht missbilligt,[142] während das arbeitsrechtliche Schrifttum überwiegend auch eine aktive Teilnahme an einem rechtmäßigen Streik für zulässig hält.[143] Jedenfalls ist davon auszugehen, dass die Arbeitnehmervertreter aufsichtsratsintern nicht an Beratungen oder Beschlussfassungen zum Streik teilnehmen dürfen.[144]

Konkrete Interessenkonflikte führen nicht notwendig zur haftungsbegründenden Pflicht- **85** verletzung, sondern nur dann, wenn das Aufsichtsratsmitglied das gebotene Mittel zur **Auflösung des Konflikts** missachtet. Welches das gebotene Mittel ist, hängt von der Art des Konflikts und den Umständen des Einzelfalls ab.[145] In vielen Fällen reicht es aus, wenn das Mitglied den Konflikt offenlegt und in der betreffenden Angelegenheit weder informiert wird noch an der Beratung des Aufsichtsrats teilnimmt (→ § 30 Rn. 6), so zB bei einem einzelnen Geschäft, bei dem das Mitglied in eigener Sache oder als Berater oder Kreditgeber auf der anderen Seite steht. Manchmal genügt es, dass sich das Mitglied der Stimme enthält, wenn es nicht sogar wegen des Konflikts einem zwingenden Stimmverbot unterliegt (→ § 31 Rn. 70). Eine Pflicht zur Niederlegung des Mandats kann sich in gravierenden Fällen, insbesondere bei einer anders nicht lösbaren Pflichtenkollision ergeben. Nach dem Corporate Governance **Kodex** (Empfehlung E.1 Satz 3) sollen wesentliche und nicht nur vorübergehende Interessenkonflikte zur Beendigung des Mandats führen. Aus der Zugehörigkeit zu einem Konkurrenzunternehmen ergibt sich allerdings nicht notwendig eine dauerhafte Interessen- und Pflichtenkollision, die zur Niederlegung des Mandats zwingt. Eine Pflicht zur Niederlegung ist nur dann anzunehmen, wenn die aus der Konkurrenzbeziehung folgenden Interessenkonflikte nicht mehr durch die genannten minder schweren Sanktionen angemessen aufgelöst werden können, was insbesondere dann der Fall ist, wenn das Konkurrenzverhältnis den oder die Kernbereiche des Unternehmens betrifft (→ § 30 Rn. 6).[146]

---

[140] HH *MitbestR/Henssler* MitbestG § 26 Rn. 25 ff. Vgl. auch BVerfGE 50, 290 (377).

[141] *Raiser/Veil/Jacobs* MitbestG § 25 Rn. 145 f., 150; *Lutter/Quack* FS Raiser, 2005, 259 (267); *Möllers* NZG 2003, 697 (698 f.).

[142] *Lutter/Krieger/Verse* Rechte und Pflichten § 12 Rn. 908; *Edenfeld/Neufang* AG 1999, 49 (51 f.); KölnKommAktG/*Mertens/Cahn* MitbestG Anh. § 117 B § 25 Rn. 13; *Hopt* ZGR 2004, 24 (37); GroßkommAktG/*Hopt/M. Roth* § 116 Rn. 186.

[143] WKS/*Schubert* MitbestG § 25 Rn. 383; *Hanau/Wackerbarth,* Unternehmensmitbestimmung und Koalitionsfreiheit, 2004, S. 75 ff.; HH *MitbestR/Henssler* MitbestG § 26 Rn. 30; auch *Möllers* NZG 2003, 697 (699) u. *Raiser/Veil/Jacobs* MitbestG § 25 Rn. 150.

[144] HH *MitbestR/Henssler* MitbestG § 26 Rn. 35; GroßkommAktG/*Oetker* MitbestG § 26 Rn. 19; MüKoAktG/*Habersack* § 100 Rn. 97; WKS/*Schubert* MitbestG § 25 Rn. 379; Spindler/Siltz AktG/*Spindler* § 116 Rn. 94.

[145] Zu den Reaktionsstufen im Einzelnen *Lutter/Krieger/Verse* Rechte und Pflichten § 12 Rn. 897 ff.; AR-HdB/*Marsch-Barner* § 13 Rn. 102 ff.; MüKoAktG/*Habersack* § 100 Rn. 95 ff.; HdB börsennotierte AG/*E. Vetter* § 29 Rn. 27; *Diekmann/Fleischmann* AG 2013, 141 (144 ff.); *Reichert* FS E. Vetter, 2019, 597 (608 f.).

[146] AR-HdB/*Marsch-Barner* § 13 Rn. 146; MüKoAktG/*Habersack* § 100 Rn. 90, 103; OLG Schleswig ZIP 2004, 1143.

86 **d) Verantwortung für rechtmäßige Beschlüsse.** Zu den Sorgfaltspflichten des Aufsichtsratsmitglieds gehört auch, dass es nach Kräften dazu beiträgt, fehlerhafte Beschlüsse des Aufsichtsrats zu vermeiden. Dazu genügt es nicht, dass das Mitglied seine Bedenken vorträgt, sondern es muss, wenn es die Gesetz- oder Satzungswidrigkeit erkennt, gegen den Beschlussvorschlag stimmen und darf sich nicht nur der Stimme enthalten.[147] Zur Erhebung einer Klage gegen einen nach seiner Meinung rechtswidrigen Beschluss ist das überstimmte Mitglied allenfalls dann verpflichtet, wenn bei Durchführung des Beschlusses mit weitreichenden Schäden zu rechnen ist oder Strafgesetze verletzt werden.[148]

87 **e) Business Judgement Rule.** Ebenso wie für die Vorstandsmitglieder gilt auch für die Aufsichtsratsmitglieder, dass eine Pflichtverletzung nach dem durch das UMAG eingefügten § 93 Abs. 1 S. 2 AktG nicht vorliegt, wenn das Aufsichtsratsmitglied bei einer unternehmerischen Entscheidung vernünftigerweise annehmen durfte, auf der Grundlage angemessener Information zum Wohle der Gesellschaft zu handeln. Zu dieser Version einer „Business Judgement Rule" → § 25 Rn. 54 ff.

88 **Unternehmerische Entscheidungen** sind „infolge ihrer Zukunftsbezogenheit durch Prognosen und nicht justiziable Einschätzungen geprägt".[149] Auch ohne zukunftsbezogenes Prognose-Element kann es sich um eine unternehmerische Entscheidung handeln; maßgeblich ist, dass es um eine rechtlich nicht gebundene, also nach Ermessen zu treffende Entscheidung zwischen mehreren Handlungsoptionen geht.[150] Unternehmerische Entscheidungen des Aufsichtsrats kommen insbesondere bei seiner Zustimmung zu Geschäften nach § 111 Abs. 4 S. 2 AktG in Betracht. Aber auch die Personalentscheidungen des Aufsichtsrats zur Auswahl der Vorstandsmitglieder und zur Festsetzung ihre Bezüge sind unternehmerische Entscheidungen, auf die § 93 Abs. 1 S. 2 AktG anwendbar ist;[151] das gilt ungeachtet der bloßen Klarstellung in § 116 S. 3 AktG, wonach sich eine Ersatzpflicht der Aufsichtsratsmitglieder aus der Festsetzung einer unangemessenen Vergütung ergeben kann.[152] Dasselbe gilt für die Vorschläge des Aufsichtsrats an die Hauptversammlung, insbesondere zur Wahl der Aufsichtsratsmitglieder und des Abschlussprüfers, und für die Feststellung des Jahresabschlusses und die Billigung des Konzernabschlusses, soweit Ansatz- und Beantwortungswahlrechte bestehen.[153] Auch bei der Entscheidung des Aufsichtsrats über die Geltendmachung von Ersatzansprüchen gegen Vorstandsmitglieder handelt es sich jedenfalls insoweit um eine unternehmerische Entscheidung, als der Aufsichtsrat zu prüfen und abzuwägen hat, ob und in welchem Maße Interessen des Unternehmens einer

---

[147] Spindler/Stilz AktG/*Spindler* § 116 Rn. 37, 51; Hölters AktG/*Hamloch-Gesinn/Gesinn* § 116 Rn. 22; Schmidt/Lutter/*Drygala* AktG § 116 Rn. 18; *Lutter/Krieger/Verse* Rechte und Pflichten Rn. 998; *E. Vetter* DB 2004, 2623 (2625); *Scholderer/v. Werder* ZGR 2018, 865 (892); aA LG Berlin ZIP 2004, 73.

[148] Spindler/Stilz AktG/*Spindler* § 116 Rn. 51; MüKoAktG/*Habersack* § 116 Rn. 38; HdB börsennotierte AG/*E. Vetter* § 29 Rn. 67.

[149] Begr. RegE des UMAG BT-Drs. 15/5092, 11. Dazu *Carsten Schäfer* ZIP 2005, 1253 ff.; DAV-Handelsrechtsausschuss NZG 2004, 555 f. (zum RefE) u. NZG 2005, 388 (zum RegE). Vgl. auch KölnKommAktG/*Mertens/Cahn* § 116 Rn. 68 ff.; MüKoAktG/*Habersack* § 116 Rn. 41.

[150] KölnKommAktG/*Mertens/Cahn* § 116 Rn. 69; *Cahn* WM 2013, 1293 (1294 ff.); GroßkommAktG/*Hopt/M. Roth* § 93 Rn. 84; Schmidt/Lutter/*Krieger/Sailer-Coceani* AktG § 93 Rn. 15; ausf. *Bunz,* Der Schutz unternehmerischer Entscheidungen durch das Geschäftsleiterermessen, 2011, S. 103 ff. Anders MüKoAktG/*Habersack* § 116 Rn. 41; *C. Schäfer* ZIP 2005, 1253 (1256).

[151] BGH ZIP 2006, 72 (73) – Mannesmann; Spindler/Stilz AktG/*Fleischer* § 87 Rn. 39; MüKoAktG/*Spindler* § 87 Rn. 38; KölnKommAktG/*Mertens/Cahn* § 87 Rn. 4; *Hüffer* FS Hoffmann-Becking, 2013, 589 (599 f.); *Hoffmann-Becking* ZHR 169 (2005), 155 (157 f.). Anders MüKoAktG/*Habersack* § 116 Rn. 43 u. Hüffer/*Koch* AktG § 116 Rn. 19.

[152] Zur Kritik an der 2009 eingeführten Vorschrift s. DAV-Handelsrechtsausschuss NZG 2009, 612 Rn. 28 f.; Hüffer/*Koch* AktG AktG § 116 Rn. 18; *Hüffer* FS Hoffmann-Becking, 2013, 589 (595).

[153] MüKoAktG/*Habersack* § 116 Rn. 43; *Merkt* Der Konzern 2017, 353 ff.; *Kühnberger/Zaumseil* Der Konzern 2018, 10 (12 f.).

Geltendmachung entgegenstehen (→ § 29 Rn. 42).[154] 5 Bei unklarer Rechtslage können die Aufsichtsratsmitglieder für ihre Entscheidung nach hM nicht die Business Judgement Rule zu ihrer Rechtfertigung in Anspruch nehmen[155], wohl aber kann wegen Rechtsirrtums das Verschulden ausgeschlossen sein[156] (dazu näher → § 25 Rn. 34 ff.).

Die enthaftende Wirkung der Business Judgement Rule setzt voraus, dass die Aufsichtsratsmitglieder „vernünftigerweise", also ohne Fahrlässigkeit annehmen durften, angemessen informiert zu sein. Daraus folgt, dass sie sich gegebenenfalls aktiv um Informationen bemühen müssen, wenn die vom Vorstand erteilten Informationen erkennbar nicht ausreichend sind (→ Rn. 79). Sie sind jedoch nicht verpflichtet, alle verfügbaren Informationsquellen auszuschöpfen,[157] sondern die Auswahl und Beschaffung der „angemessenen" Informationsgrundlage ist ihrerseits Gegenstand einer Entscheidung der Organmitglieder, bei der die Aufsichtsratsmitglieder zumindest einen erheblichen Beurteilungsspielraum besitzen (→ § 25 Rn. 58).[158]

VII. Klagerechte

1. Allgemeines. Die Frage nach der Klagebefugnis einzelner Aufsichtsratsmitglieder, die seit der Ausweitung der Mitbestimmung im Aufsichtsrat durch das MitbestG erhebliche praktische Bedeutung erhalten hat, kann nicht pauschal, sondern nur differenziert beantwortet werden. Maßgeblich ist, welchen Inhalt das als verletzt gerügte Recht hat und wem es materiellrechtlich zugeordnet ist. Da über die rechtsdogmatischen Grundlagen und Grenzen des gesellschaftsinternen Organstreits noch keine Einigkeit besteht,[159] ist es nicht verwunderlich, dass auch die Reichweite der individuellen Klagebefugnis einzelner Organmitglieder außerhalb der im Gesetz ausdrücklich geregelten Fälle weitgehend ungeklärt ist. Die nachfolgende Übersicht skizziert vornehmlich den gegenwärtigen Stand der Rechtsprechung zu den einzelnen Fallgruppen.

2. Fallgruppen. a) Klage zur Durchsetzung persönlicher Rechte außerhalb der organschaftlichen Befugnisse. Prozessual unproblematisch ist eine Klage, mit der das Aufsichtsratsmitglied seine Ansprüche auf Vergütung und Auslagenersatz geltend macht. Das Rechtsverhältnis zwischen Aufsichtsratsmitglied und Gesellschaft ist zwar nach hM insgesamt körperschaftsrechtlicher Natur und lässt sich – anders als die Rechtsstellung eines Vorstandsmitglieds – nicht in einen schuldrechtlichen Anstellungsvertrag und ein organisationsrechtliches Amtsverhältnis aufspalten (→ Rn. 11). Aber man kann doch die einzelnen Rechte des Mitglieds danach unterscheiden, ob sie die Wahrnehmung seiner Kompetenzen als Organmitglied oder seine persönliche Rechtsstellung außerhalb der Organfunktionen betreffen.[160] Für Klagen aus dem letzteren Bereich, insbesondere also für Klagen auf Zahlung der Aufsichtsratsvergütung, ist das Aufsichtsratsmitglied ohne weiteres klagebefugt. Richtiger Beklagter ist die Gesellschaft, vertreten durch den Vorstand.

---

[154] *Goette* Liber Amicorum M. Winter, 2011, 153 (160 f.); *Goette* ZHR 176 (2012), 588 (594); *HH MitbestR/Habersack* MitbestG § 25 Rn. 117; *Paefgen* AG 2008, 761 (763); *Reichert* FS Hommelhoff, 2012, 907 (922 f.); *Casper* ZHR 176 (2012), 617 (636); *Cahn* ZGR 2013, 1293 (1295 ff.).

[155] *Hölters* AktG/*Hambloch-Gesinn/Gesinn* § 116 Rn. 37; *Rolle* AG 2016, 270; aA Schmidt/Lutter/ *Krieger/Sailer-Coneani* AktG § 93 Rn. 16.

[156] BGH ZIP 2011, 2097 – Ision; *Hüffer/Koch* AktG § 93 Rn. 43; *Strohn* ZHR 176 (2012), 137 (138).

[157] So zu Unrecht BGH ZIP 2008, 1675 (1676) (zur GmbH) u. *Goette* ZGR 2008, 436 (448).

[158] KölnKommAktG/*Mertens/Cahn* § 116 Rn. 71; Spindler/Stilz AktG/*Spindler* § 116 Rn. 45. Vgl. auch *Bunz*, Der Schutz unternehmerischer Entscheidungen durch das Geschäftsleiterermessen, 2011, S. 178 ff.

[159] Vgl. dazu – auch zur älteren Literatur – *Hüffer/Koch* AktG AktG § 90 Rn. 16 ff.; *Bork* ZGR 1989, 1 ff.; *Raiser* AG 1989, 185 ff.; *Stodolkowitz* ZHR 154 (1990), 1 ff.; *Mertens* ZHR 154 (1990), 24 ff.; *Deckert* AG 1994, 457 ff. u. die Nachw. in BGHZ 106, 54 (60 f.) – Opel.

[160] *Hüffer/Koch* AktG AktG § 90 Rn. 16 f.

92 b) Klage- und Antragsbefugnis kraft gesetzlicher Regelung. Für einige Fälle hat das Gesetz ausdrücklich das einzelne Aufsichtsratsmitglied für klage- und antragsbefugt erklärt. Nach näherer Maßgabe von § 245 Nr. 5 AktG ist jedes Aufsichtsratsmitglied befugt, eine Anfechtungs- oder Nichtigkeitsklage gegen einen fehlerhaften Hauptversammlungsbeschluss zu erheben; die Klage richtet sich gegen die Gesellschaft, die in diesem Falle nur durch den Vorstand vertreten wird, § 246 Abs. 2 S. 3 AktG. Für eine Klage auf Feststellung der Nichtigkeit des Jahresabschlusses sind die einzelnen Mitglieder des Aufsichtsrats nach § 256 Abs. 7 iVm § 249 Abs. 1 AktG klagebefugt.[161] Zu nennen sind weiterhin die Antragsbefugnisse nach § 104 AktG und § 85 AktG (gerichtliche Bestellung eines fehlenden Aufsichtsrats- oder Vorstandsmitglieds) und nach § 98 AktG (gerichtliche Entscheidung über die richtige Zusammensetzung des Aufsichtsrats).

93 c) Klage gegen fehlerhafte Aufsichtsratsbeschlüsse. Nach der Rechtsprechung des BGH kann jedes Aufsichtsratsmitglied die Nichtigkeit eines fehlerhaften Aufsichtsratsbeschlusses (dazu → § 31 Rn. 113 ff.) im Wege der Klage gerichtlich feststellen lassen. Das Feststellungsinteresse ergibt sich ohne weiteres aus der Stellung als Mitglied des Aufsichtsrats und der daraus folgenden Mitverantwortung für die Rechtmäßigkeit der Beschlüsse des Organs.[162] Einer besonderen persönlichen Betroffenheit[163] des klagenden Aufsichtsratsmitglieds bedarf es nicht. Richtiger Beklagter ist nach herrschender Meinung mangels Parteifähigkeit nicht der Aufsichtsrat, sondern die Gesellschaft, die in dem Rechtsstreit vom Vorstand vertreten wird, obwohl es sich der Sache nach um einen organinternen Streit innerhalb des Aufsichtsrats handelt.[164]

94 d) Klage zur Durchsetzung organschaftlicher Befugnisse des Mitglieds. Innerhalb dieser Fallgruppe kann man danach unterscheiden, ob das klagende Aufsichtsratsmitglied eine Verletzung seiner individuellen Befugnisse als Organmitglied durch den Aufsichtsrat oder den Aufsichtsratsvorsitzenden rügt, also einen organinternen Streit austragen will, oder ob es eine Verletzung seiner Befugnisse durch ein anderes Organ der AG, insbesondere durch den Vorstand, geltend macht.

95 aa) Organinterner Streit. Zu nennen sind hier insbesondere Streitigkeiten zwischen einem oder mehreren Aufsichtsratsmitgliedern und dem Aufsichtsratsvorsitzenden, zB über ein Verbot der Teilnahme an einer Ausschusssitzung nach § 109 Abs. 2 AktG,[165] über Auskünfte zu Beschlüssen des Personalausschusses[166] oder über die Aushändigung eines schriftlichen Vorstandsberichts nach § 90 Abs. 5 S. 2 AktG.[167] Bei diesen Streitigkeiten innerhalb des Aufsichtsrats ist umstritten, ob der Aufsichtsrat oder der Aufsichtsratsvorsitzende oder die Gesellschaft, vertreten durch den Vorstand, zu verklagen

---

[161] Vgl. BGHZ 124, 111 – Vereinte Krankenversicherung.

[162] BGHZ 135, 244 – ARAG/Garmenbeck; vgl. auch BGHZ 83, 144 (146); 122, 342 (350); 124, 111 (115). Nach OLG Frankfurt a. M. NZG 2019, 1055 (1056) hat auch das ausgeschiedene Mitglied in jedem Fall ein ausr. Feststellungsinteresse. Aus dem Schrifttum s. KölnKommAktG/ *Mertens/Cahn* § 108 Rn. 88; *Hüffer/Koch* AktG § 108 Rn. 30; HdB börsennotierte AG/*E. Vetter* § 29 Rn. 86; GroßkommAktG/*Hopt/M. Roth* § 108 Rn. 190 ff.; *Fleischer* DB 2013, 217 (219). Anders im Ansatz *Berg* WiB 1994, 382 (386); *Noack* DZWiR 1994, 341 (343); *Rellermeyer* ZGR 1993, 77 (94).

[163] Dieses Merkmal war gegeben in den Fällen BGHZ 64, 235; 83, 133; 85, 239; 122, 342.

[164] BGHZ 83, 144 (146); 122, 342 (344); 135, 244; OLG Hamburg WM 1992, 1278; zustimmend *Schwab*, Das Prozessrecht gesellschaftsinterner Streitigkeiten, S. 573 f.; *Hüffer/Koch* AktG § 108 Rn. 30; Spindler/Stilz AktG/*Spindler* § 108 Rn. 80; aA *Hommelhoff* ZHR 143 (1979), 288 (314 f.); *Häsemeyer* ZHR 144 (1980), 265 (274); *Bork* ZGR 1989, 1 (22); *Bork* ZIP 1991, 137 (143 ff.); *Noack* DZWiR 1994, 341 (342).

[165] MüKoAktG/*Habersack* § 109 Rn. 31; HdB börsennotierte AG/*E. Vetter* § 29 Rn. 84.

[166] LG Düsseldorf AG 1988, 386; auch → § 32 Rn. 14 mit Fn. 22.

[167] BGHZ 106, 54 (62); *H. Westermann* FS Bötticher, 1969, 369 (379 f.); *Bork* ZIP 1991, 137 (141); *Stodolkowitz* ZHR 154 (1990), 1 (15 f.).

ist.[168] Der BGH hat zur Klage eines Aufsichtsratsmitglieds, dem die Zuziehung eines Sachverständigen bei der Einsichtnahme in den Prüfungsbericht nach § 170 Abs. 3 AktG vom Aufsichtsratsvorsitzenden verweigert wurde, festgestellt, für Klagen eines Aufsichtsratsmitglieds gegen Maßnahmen des Aufsichtsratsvorsitzenden sei die AG passivlegitimiert; nur zwischen dem Aufsichtsratsmitglied und der Gesellschaft bestehe ein „unmittelbares Rechtsverhältnis".[169] In der Literatur wird dagegen verbreitet die Auffassung vertreten, dass bei einem organinternen Streit die Klage des Organmitglieds stets gegen das Organ oder das andere Organmitglied zu richten ist, das nach der Behauptung des Klägers seine organschaftlichen Befugnisse verletzt.[170]

bb) Streit mit einem anderen Organ. In bestimmten Fällen gewährt das Gesetz dem einzelnen Aufsichtsratsmitglied organschaftliche (Hilfs-)Befugnisse gegenüber einem anderen Organ der Gesellschaft. Das einzelne Aufsichtsratsmitglied kann zB vom Vorstand eine Berichterstattung an den Aufsichtsrat nach § 90 Abs. 3 S. 2 AktG verlangen. Nach § 118 Abs. 2 AktG ist jedes Aufsichtsratsmitglied zur Teilnahme an der Hauptversammlung berechtigt. Wenn ein Aufsichtsratsmitglied nach § 90 Abs. 3 S. 2 AktG einen vom Vorstand verweigerten Bericht erzwingen will, muss es nach einer verbreiteten Auffassung gegen alle Mitglieder des Vorstands als notwendige Streitgenossen klagen.[171] Nach anderer Auffassung ist der Vorstand richtiger Beklagter,[172] während der BGH vermutlich die Gesellschaft, vertreten durch den Vorstand, als passiv legitimiert ansehen würde.[173] 96

e) Klage zur Durchsetzung von Rechten des Aufsichtsrats gegenüber einem anderen Organ. Bei dieser Fallgruppe ist zunächst die Vorfrage zu entscheiden, in welchem Umfang das Gesamtorgan Aufsichtsrat seine organschaftlichen Befugnisse gegenüber dem anderen Organ, insbesondere gegenüber dem Vorstand, durch Klage durchsetzen kann. Dabei kann es zB darum gehen, den Vorstand zur Beachtung eines nach § 111 Abs. 4 S. 2 AktG zugunsten des Aufsichtsrats bestimmten Zustimmungsvorbehalts zu zwingen. Die Voraussetzungen und Grenzen eines solchen „Interorganstreits" zwischen Vorstand und Aufsichtsrat werden in der Literatur – im Anschluss an die parallele Problematik beim öffentlich-rechtlichen Organstreit – intensiv diskutiert. Die Tendenz geht dahin, unter engen Voraussetzungen eine Klage des Organs zur Abwehr von Eingriffen in die eigenen gesetzlichen Kompetenzen durch das andere Organ zuzulassen, eine Organklage des Aufsichtsrats gegen den Vorstand auf rechtmäßiges Verhalten in Fragen der Geschäftsführung jedoch abzulehnen.[174] 97

---

[168] LG Düsseldorf AG 1988, 386: Klage gegen den Vorstand; *Bork* ZIP 1991, 137 (143) u. *Stodolkowitz* ZHR 154 (1990), 1 (16): Klage gegen den Aufsichtsrat; *H. Westermann* FS Bötticher, 1969, 369 (379) u. *Häsemeyer* ZHR 144 (1980), 265 (284): Klage gegen den Aufsichtsratsvorsitzenden; KölnKommAktG/*Mertens/Cahn* § 90 Rn. 66, MüKoAktG/*Habersack* § 109 Rn. 31, Hüffer/*Koch* AktG § 90 Rn. 22: Klage gegen die Gesellschaft; unentschieden Spindler/Stilz AktG/*Fleischer* § 90 Rn. 71.

[169] BGHZ 85, 293 (295) – Hertie.

[170] *Bork* ZIP 1991, 137 ff.; HdB börsennotierte AG/*E. Vetter* § 29 Rn. 83; *Hommelhoff* ZHR 143 (1979), 288 (313 ff.); *K. Schmidt* ZZP 92 (1979), 212 (224 ff.); *Häsemeyer* ZHR 144 (1980), 265 (284); *Säcker* NJW 1979, 1521 (1526); *Schwab*, Das Prozessrecht gesellschaftsinterner Streitigkeiten, 2005, S. 581 ff.; *Harnos* FS Seibert, 2019, 309 (320).

[171] *Stodolkowitz* ZHR 154 (1990), 1 (15); *H. Westermann* FS Bötticher, 1969, 369 (380); LG Dortmund Die Mitbestimmung 1984, 410; LG Bonn AG 1987, 24.

[172] *Bork* ZIP 1991, 135 (141); HdB börsennotierte AG/*E. Vetter* § 29 Rn. 84; *Harnos* FS Seibert, 2019, 309 (319).

[173] Vgl. BGHZ 85, 293 (295) – Hertie. In BGHZ 106, 54 (62) – Opel erwähnt der BGH das Individualrecht aus § 90 Abs. 3 S. 2 AktG, sagt aber nicht, gegen wen es prozessual geltend zu machen ist. Für die Passivlegitimation der Gesellschaft KölnKommAktG/*Mertens/Cahn* § 90 Rn. 66; Hüffer/*Koch* AktG § 90 Rn. 22; MüKoAktG/*Spindler* § 90 Rn. 64; unentschieden Spindler/Stilz AktG/*Fleischer* § 90 Rn. 71.

[174] BGHZ 106, 54 (60 ff.) – Opel referiert eingehend die Literaturmeinungen, lässt die Frage aber offen. Vgl. dazu die kontroversen Anmerkungen von *Raiser* AG 1989, 185 (188 f.) u. *Brücher* AG 1989, 190 ff. Ablehnend äußern sich insbes. KölnKommAktG/*Mertens/Cahn* vor § 76 Rn. 3 ff.; Hüffer/*Koch*

Aus der Rechtsprechung sind bislang keine Fälle des Organstreits zwischen Vorstand und Aufsichtsrat bekannt geworden.

98 Dagegen haben sich die Gerichte mit der Frage befasst, ob einzelne Aufsichtsratsmitglieder anstelle des Gesamtorgans Aufsichtsrat gegen ein kompetenzwidriges oder sogar nur allgemein rechtswidriges Verhalten des Vorstands durch Klage vorgehen können. Der BGH hat die Klagebefugnis verneint, da die Überwachung des Vorstands nach § 111 AktG dem Aufsichtsrat insgesamt und nicht dem einzelnen Aufsichtsratsmitglied zusteht.[175] Auch eine Begründung der Klagebefugnis mit Hilfe der Regeln der actio pro socio lehnt der BGH jedenfalls für solche Fälle ab, in denen Konflikte, die zwischen Mehrheit und Minderheit im Aufsichtsrat auftreten, über den Umweg eines Rechtsstreits mit dem Vorstand ausgetragen werden sollen.[176]

§ 34 Deutscher Corporate Governance Kodex und Entsprechenserklärung von Vorstand und Aufsichtsrat

Übersicht

	Rn.		Rn.
I. Gesetzliche Regelung	1–3	III. Erklärungspflicht von Vorstand und Aufsichtsrat	15–28
II. Deutscher Corporate Governance Kodex	4–14	1. Jährliche Erklärung für Vergangenheit und Zukunft	20–22
1. Entstehung, Entwicklung und Verfahren	4–11	2. Form und Veröffentlichung der Erklärung	23, 24
2. Rechtsnatur, verfassungsrechtliche Zulässigkeit und rechtspolitische Kritik	12–14	3. Sanktionen bei Verstößen	25–28

Schrifttum: *Arbeitskreis Externe und Interne Überwachung der Unternehmung der Schmalenbach-Gesellschaft*, Die Zukunft des Deutschen Corporate Governance Kodex, DB 2016, 395–401; *Bachmann*, Reform der Corporate Governance in Deutschland, AG 2012, 565–579; *ders.*, Überlegungen zur Reform der Kodex-Regulierung, FS Hoffmann-Becking, 2013, S. 75–90; *Bayer*, Grundsatzfragen der Regulierung der aktienrechtlichen Corporate Governance, NZG 2013, 1–16; *Bayer/Scholz*, Die Anfechtung von Hauptversammlungsbeschlüssen wegen unrichtiger Entsprechenserklärung, ZHR 181 (2017), 861–901; *Becker/v. Werder*, Der Deutsche Corporate Governance Kodex im internationalen Vergleich, AG 2016, 761–775; *Bröcker*, Selbstbindung mit Anfechtungsrisiko – Was sind die richtigen Sanktionsmechanismen für den Deutschen Corporate Governance Kodex?, Der Konzern 2011, 313–321; *Goette*, Zum Prinzip des comply or explain und der Notwendigkeit einer „inhaltlich einheitlichen" Entsprechenserklärung nach § 161 AktG, FS Hommelhoff, 2012, S. 257–274; *ders.*, Zu den Rechtsfolgen unrichtiger Entsprechenserklärungen, FS Hüffer, 2010, S. 225–235; *Habersack*, Staatliche und halbstaatliche Eingriffe in die Unternehmensführung, Gutachten E zum 69. DJT, in: Verhandlungen des 69. Deutschen Juristentags, 2012, Band I; *ders.*, „Kirch/Deutsche Bank" und die Folgen – Überlegungen zu § 100 Abs. 5 AktG und Ziff. 5.4., 5.5 DCGK, FS Goette, 2011, S. 121–134; *Hoffmann-Becking*, Zehn kritische Thesen zum Deutschen Corporate Governance Kodex, ZIP 2011, 1173–1176; *ders.* Deutscher Corporate Governance Kodex – Anmerkungen zu Zulässigkeit, Inhalt und Verfahren, FS Hüffer, 2010, S. 337–353; *Hommelhoff/Schwab*, Regelungsquellen und Regelungsebenen der Corporate Governace: Gesetz, Satzung, Codices, unternehmensinterne Grundsätze, in: Hommelhoff/Hopt/v. Werder, Handbuch Corporate Governance, 2. Aufl. 2009, S. 71–122; *Hopt*, Der Deutsche Corporate Governance Kodex: Grundlagen und Praxisfragen, FS Hoffmann-Becking, 2013, S. 563–587; *Hopt/Leyens*, Der Deutsche Corporate Governance Kodex 2020 – Grundsätze und Praxisprobleme –, ZGR 2019, 929–

AktG § 90 Rn. 18, 25; *Koch* in MünchHdb. GesR Bd. 7 § 30 Rn. 93 ff.; Fleischer HdB VorstandsR/*Pentz* § 16 Rn. 172. Vgl. auch *Poseck* DB 1996, 2165; AR HdB/*v. Schenck* § 7 Rn. 317 f.; *Harnos* FS Seibert, 2019, 309 (318 f.).

[175] BGHZ 106, 54 (63) – Opel. Dazu *Raiser* AG 1989, 185 (189 f.). Vgl. auch OLG Celle AG 1990, 264 – Pelikan; OLG Stuttgart NZG 2007, 549.

[176] BGHZ 106, 54 (66 f.). Vgl. auch BGH WM 1992, 875 zur Auskunftsklage eines Beiratsmitglieds einer KG gegen die geschäftsführenden Gesellschafter.

995; *Hüffer*, Anfechtbarkeit von HV-Beschlüssen wegen Abweichung von der Entsprechenserklärung?, in: VGR Gesellschaftsrecht in der Diskussion 2010, 2011, S. 63–83; *Johannsen-Roth/Illert/Ghassemi-Tabar*, Deutscher Corporate Governance Kodex, 2020; *Kiefner*, Fehlerhafte Entsprechenserklärung und Anfechtbarkeit von Hauptversammlungsbeschlüssen, NZG 2011, 201–209; *Kleindiek*, Anfechtbarkeit von Entlastungsbeschlüssen wegen unrichtiger Entsprechenserklärung nach § 161 AktG, FS Goette, 2011, S. 239–252; *Kremer*, Der Deutsche Corporate Governance Kodex auf dem Prüfstand: Bewährte Selbst- oder freiwillige Überregulierung?, ZIP 2011, 1177–1181; *Kremer/Bachmann/Lutter/v. Werder* Deutscher Corporate Governance Kodex, 7. Aufl. 2018; *Krieger*, Corporate Governance und Corporate Governance Kodex in Deutschland, ZGR 2012, 202–227; *Mülbert/Wilhelm*, Grundfragen des Deutschen Corporate Governance Kodex und der Entsprechenserklärung nach § 161 AktG, ZHR 176 (2012), 286–325; *Mülbert*, Rechtsfragen rund um den Deutschen Corporate Governance Kodex, in: Aktuelle Entwicklungen im deutschen, österreichischen und schweizerischen Gesellschafts- und Kapitalmarktrecht 2012, hrsg. von Fleischer/Kalss/Vogt, 2013, S. 23–59; *Rosengarten/Sven H. Schneider*, Die „jährliche" Abgabe der Entsprechenserklärung nach § 161 AktG, ZIP 2009, 1837–1849; *Simons*, Kodex-Compliance und Wahlbeschlüsse, DB 2019, 650–654; *Schürnbrand*, Normadressat der Pflicht zur Abgabe einer Entsprechenserklärung, FS Uwe H. Schneider, 2011, S. 1197–1209; *Ph. Scholz*, Keine Anfechtungsrelevanz der Entsprechungserklärung nach § 161 AktG?, ZIP 2019, 407–411; *Spindler*, Zur Zukunft der Corporate Governance Kommission und des § 161 AktG, NZG 2011, 1007–1013; *Sünner*, Die „Möglichkeiten" im DCGK, FS Hoffmann-Becking, 2013, S. 1225–1235; *Theisen*, Aufstieg und Fall der Idee vom Deutschen Corporate Governance Kodex, DB 2014, 2057–2064; *Tröger*, Aktionärsklagen bei nicht-publizierter Kodexabweichung, ZHR 175 (2011), 746–786; *Ulmer*, Der Deutsche Corporate Governance Kodex – ein neues Regulierungsinstrument für börsennotierte Aktiengesellschaften, ZHR 166 (2002), 150–181; *E. Vetter*, Der Deutsche Corporate Governance Kodex nur ein zahnloser Tiger?, NZG 2008, 121–126; *ders.*, Der Tiger zeigt die Zähne, NZG 2009, 561–567; *ders.* Aufsichtsratswahlen durch die Hauptversammlung und § 161 AktG, FS Uwe H. Schneider, 2011, S. 1345–1370; *Waclawik*, Beschlussmängelfolgen von Fehlern bei der Entsprechenserklärung zum DCGK, ZIP 2011, 885; *von Werder/Danilor*, Corporate Governance Report 2018: Kodexakzeptanz und Kodexanwendung, DB 2018, 1997–2008; *Wernsmann/Gatzka*, Der Deutsche Corporate Governance Kodex und die Entsprechenserklärung nach § 161 AktG, NZG 2011, 1001–1013; *Wilsing* (Hrsg.) DCGK Deutscher Corporate Governance Kodex, 2012.

I. Gesetzliche Regelung

§ 161 Abs. 1 S. 1 AktG verpflichtet Vorstand und Aufsichtsrat einer börsennotierten AG, jährlich zu erklären, dass den vom Bundesministerium der Justiz im amtlichen Teil des elektronischen Bundesanzeigers bekannt gemachten Empfehlungen der Regierungskommission Deutscher Corporate Governance Kodex entsprochen wurde und wird oder welche Empfehlungen nicht angewendet wurden oder werden und warum nicht. Die Erklärung ist auf der Internetseite der Gesellschaft dauerhaft öffentlich zugänglich zu machen, § 161 Abs. 2 AktG. Die Pflicht zur Begründung der Nicht-Befolgung einer Kodex-Empfehlung („und warum nicht") war bei Einführung der Erklärungspflicht im Jahre 2002 noch nicht vorgeschrieben; sie wurde erst im Rahmen des BilMoG in 2009 ins Gesetz aufgenommen.

Die Erklärungspflicht gilt auch für eine börsennotierte **KGaA**, soweit sich die Empfehlungen des Kodex sinngemäß auf die KGaA anwenden lassen (→ § 79 Rn. 103 ff.).[1] Ob es sich um eine börsennotierte Gesellschaft handelt, bestimmt sich nach § 3 Abs. 2 AktG. Demgemäß wird auch die ausschließlich an einer ausländischen Börse notierte deutsche AG erfasst, nicht aber auch umgekehrt eine ausländische AG, die an einer inländischen Börse notiert wird.[2] Auch für Vorstand und Aufsichtsrat einer börsennotierten deutschen **SE** mit zweigliedrigem System gilt die Erklärungspflicht, da § 161 AktG über Artikel 9 SE-VO anwendbar ist und das deutsche SE-AG keine abweichende Regelung trifft.[3] § 161

---

[1] Wilsing DCGK/*von der Linden* § 161 Rn. 8; GroßkommAktG/*Leyens* § 161 Rn. 127; KölnKommAktG/*Lutter* § 161 Rn. 31; Spindler/Stilz AktG/*Bayer/Scholz* § 161 Rn. 34.
[2] Spindler/Stilz AktG/*Bayer/Scholz* § 161 Rn. 32; Großkomm.AktG/*Leyens* § 161 Rn. 126; MüKoAktG/*Goette* § 161 Rn. 60; Hüffer/*Koch* AktG § 116 Rn. 6a.
[3] BGH NZG 2012, 1064 Rn. 26 – Fresenius; KölnKommAktG/*Lutter* § 161 Rn. 32 (2. Bearb. 2012); Wilsing DCKG/*von der Linden* § 161 Rn. 9.

AktG passt dagegen nicht für die SE mit monistischem System und ist auf diese nicht anwendbar, da der Kodex vom zweigliedrigen System ausgeht.[4] Seit Einfügung des § 161 Abs. 1 S. 2 AktG durch das BilMoG in 2009 wird auch eine nicht-börsennotierte AG einbezogen, wenn sie andere Wertpapiere als Aktien, also insbesondere Schuldverschreibungen oder Genussrechte, an einem organisierten Markt im Sinne von § 2 Abs. 5 WpHG ausgegeben hat *und* ihre Aktien auf eigene Veranlassung über ein multilaterales Handelssystem im Sinne von § 2 Abs. 3 S. 1 Nr. 8 WpHG, zB im Freiverkehr nach § 48 BörsG, gehandelt werden.

3   Die Entsprechenserklärung ist nach § 289 f. Abs. 2 Nr. 1 HGB in die Erklärung zur Unternehmensführung (dazu → § 44 Rn. 22) aufzunehmen. Ergänzend schreibt § 285 Nr. 16 HGB vor, im Anhang des Jahresabschlusses anzugeben, dass die nach § 161 AktG vorgeschriebene Erklärung abgegeben wurde und wo sie öffentlich zugänglich gemacht worden ist. § 314 Abs. 1 Nr. 8 HGB verlangt die gleiche Angabe im Anhang des Konzernabschlusses mit Bezug auf jede in den Konzernabschluss einbezogene börsennotierte Gesellschaft. Nach § 325 Abs. 1 S. 1 Nr. 2 HGB ist mit dem Jahresabschluss auch die Entsprechenserklärung zum Handelsregister einzureichen. Der Abschlussprüfer hat nicht die inhaltliche Richtigkeit der Entsprechenserklärung zu prüfen, sondern nur die Richtigkeit der Angabe im Anhang, also nur zu prüfen, ob die Erklärung tatsächlich abgegeben und zugänglich gemacht wurde (§ 317 Abs. 2 S. 6 HGB).[5]

II. Deutscher Corporate Governance Kodex

4   **1. Entstehung, Entwicklung und Verfahren.** Die im Mai 2000 von der Bundesregierung eingesetzte „Regierungskommission Corporate Governance" unter dem Vorsitz von *Baums* schlug in ihrem Bericht vom 10.7.2001 vor, einen Deutschen Corporate Governance Kodex zu entwickeln und Vorstand und Aufsichtsrat einer börsennotierten AG gesetzlich zu verpflichten, jährlich in einer „Entsprechens-Erklärung" zu erklären, dass sie die Empfehlungen des Kodex beachten, oder Abweichungen von den Empfehlungen des Kodex in der Erklärung zu begründen.[6] Die daraufhin vom Bundesminister der Justiz am 30.9.2001 berufene, aus 13 Mitgliedern bestehende „Regierungskommission Deutscher Corporate Governance Kodex" erhielt den Auftrag, auf der Basis des geltenden Rechts einen deutschen Corporate Governance Kodex zu entwickeln. Die Kommission unter dem Vorsitz von *Cromme* legte bereits im Februar 2002 den von ihr erarbeiteten Kodex vor. Zeitlich parallel lief das Gesetzgebungsverfahren zur Einführung des § 161 AktG im Rahmen des TransPuG. Eine gesetzliche Regelung oder gesetzliche Regelungsermächtigung zu Bildung, Besetzung und Verfahren der Kommission erfolgte nicht (dazu noch → Rn. 13). Nach dem Inkrafttreten von § 161 AktG am 26.7.2002 wurde der Kodex erstmals am 20.8.2002 im amtlichen Teil des elektronischen Bundesanzeigers bekannt gemacht.

5   Die **Regierungskommission Deutscher Corporate Governance Kodex** ist eine „Standing Commission", die sich in der bis 2019 geltenden Präambel des Kodex zur Aufgabe gesetzt hatte, den Kodex in der Regel einmal jährlich vor dem Hintergrund nationaler und internationaler Entwicklungen zu überprüfen und bei Bedarf anzupassen. Die erste Überarbeitung folgte noch im Jahr 2002, und seither wurde der Kodex nahezu jährlich geändert und ergänzt. Nur in den Jahren 2004, 2011 und 2018 ließ die Kommission den Kodex unverändert. Am 9.5.2019 hat die Kommission eine vollständige Neufas-

---

[4] Großkomm.AktG/*Leyens* § 161 Rn. 128; *Hoffmann-Becking* ZGR 2004, 355 (364); KölnKomm-AktG/*Lutter* (2. Bearb.) § 161 Rn. 32; aA Wilsing DCGK/*von der Linden* AktG § 161 Rn. 32; Schmidt/Lutter/*Spindler* AktG § 161 Rn. 17; Kremer/Bachmann/Lutter/v. Werder DCGK/*v. Werder* Rn. 109, 133.

[5] Begr. RegE. TransPuG, BT-Drs. 14/8769, 25; *Gelhausen/Hönsch* AG 2002, 529 (532 f.); *E. Vetter* DNotZ 2003, 749 (758).

[6] Bericht der Regierungskommission Corporate Governance, hrsg. von *Baums*, 2001, Rn. 10 = BT-Drs. 14/7515.

sung des Kodex beschlossen. Nach letzten Änderungen zur Anpassung an das ARUG II gilt der Kodex nunmehr in der Fassung vom 16. Dezember 2019, die durch die Bekanntmachung vom 23. Januar 2020 verbindlich geworden ist. **(Kodex 2020)**. Die Neufassung ist wesentlich kürzer und anders gegliedert als die bis dahin geltende Fassung von 2017. Insbesondere enthält der Kodex 2020 anstelle der Wiedergabe gesetzlich zwingender Regeln im laufenden Text nunmehr den einzelnen Abschnitten vorangestellte „Grundsätze" (→ Rn. 8). In dem von der Kommission am 6.11.2018 vorgelegten Entwurf für eine Neufassung des Kodex war eine Empfehlung vorgesehen, wonach Vorstand und Aufsichtsrat erklären sollen, auf welche Weise sie die Grundsätze, Empfehlungen und Anregungen anwenden („apply and explain"). Auf Grund der zahlreichen ablehnenden Stellungnahmen zu diesem Konzept[7] hat die Kommission darauf in der beschlossenen Neufassung des Kodex verzichtet.

Die Mitglieder der Kommission sind Privatpersonen mit unterschiedlichem beruflichem **6** Hintergrund aus Wirtschaft und Wissenschaft, die vom Bundesminister der Justiz in dieses Amt berufen werden. Sie entscheiden frei von Weisungen des Ministeriums oder einer anderen staatlichen Stelle über den Inhalt des Kodex. Die Mitwirkung des Bundesministeriums der Justiz beschränkt sich auf eine Prüfung der Gesetzmäßigkeit der von der Kommission beschlossenen Klauseln, bevor die jeweilige Fassung des Kodex vom Ministerium im elektronischen Bundesanzeiger amtlich bekannt gemacht wird.[8]

Mit dem Kodex werden zwei unterschiedliche **Ziele** verfolgt: Er soll informieren und **7** steuern. Durch eine verständliche und übersichtliche Darstellung sollen insbesondere ausländische Investoren über die Grundzüge der deutschen Unternehmensverfassung informiert[9] und soll das Deutsche Corporate Governance System transparent und nachvollziehbar gemacht werden.[10] Zum anderen soll durch die Zusammenstellung anerkannter Standards guter und verantwortungsvoller Unternehmensführung das Verhalten der Unternehmensorgane beeinflusst und eine Verbesserung der Corporate Governance in den börsennotierten deutschen Aktiengesellschaften erreicht werden.[11]

Inhaltlich enthält der Kodex drei **Arten von Regelungen:** Zum ersten werden unter **8** der Bezeichnung „Grundsätze" von der Kommission für wesentlich erachtete und zwingend zu befolgende gesetzliche Vorgaben zur Leitung und Überwachung deutscher börsennotierter Gesellschaften dargestellt.[12] Zum zweiten formuliert der Kodex Empfehlungen für bestimmte Verhaltensweisen der Organe der AG, die nach Meinung der Kommission „national und international als Standards guter und verantwortungsvoller Unternehmensführung anerkannt sind".[13] Nur zu den Empfehlungen des Kodex, die im Text durch die Verwendung des Wortes „soll" gekennzeichnet sind, müssen sich Vorstand und Aufsichtsrat nach § 161 AktG erklären. Zum dritten enthält der Kodex Anregungen, von denen die Unternehmensorgane ohne Offenlegung abweichen können; hierfür verwendet der Kodex den Begriff „sollte".[14]

---

[7] So zB durch den DAV-Handelsrechtsausschuss NZG 2019, 220 ff.
[8] *Seibert* BB 2002, 581 (582); KölnKommAktG/*Lutter* (2. Bearb.) § 161 Rn. 13.
[9] So der Auftrag des Bundesministeriums der Justiz vom September 2001.
[10] Absatz 3 der Präambel des Kodex 2020.
[11] Vgl. Abs. 3 Satz 2 der Präambel des Kodex 2020. Vgl. auch KölnKommAktG/*Lutter* (2. Bearb.) § 161 Rn. 19; GroßkommAktG/*Leyens* § 161 Rn. 26; Wilsing DCGK/*von der Linden* § 161 Rn. 2; MüKoAktG/*Goette* § 161 Rn. 38; Kremer/Bachmann/Lutter/v. Werder DCGK/*v. Werder* Rn. 102 f.
[12] Für einen völligen Verzicht auf die Wiedergabe zwingenden Gesetzesrechts *Habersack,* Gutachten E zum 69. DJT, 2012, S. 38; *Bayer* NZG 2013, 1 (4); DJT-Abt. Wirtschaftsrecht 2012 Beschluss II 7a; dagegen *M. Roth* NZG 2012, 881 (884).
[13] Präambel des Kodex 2020 Abs. 3 Satz 2.
[14] Zu den Anregungen näher *v. Werder* FS Hommelhoff, 2012, 1299 ff. Für Streichung der Anregungen *Habersack,* Gutachten E zum 69. DJT, 2012, S. 58; anders DJT-Abt. Wirtschaftsrecht 2012 Beschluss II 7b.

9 Der Inhalt des Kodex soll hier nicht zusammenfassend dargestellt werden; vielmehr wird auf einzelne Empfehlungen des Kodex in dem jeweiligen Sachzusammenhang eingegangen, zum Beispiel zu den Empfehlungen des Kodex zur Vorstandsvergütung oben in → § 21 Rn. 39 ff. und zu den Empfehlungen des Kodex zur Unabhängigkeit der Mitglieder des Aufsichtsrats oben in → § 30 Rn. 6 ff. Die Empfehlung, einen Corporate Governance-Bericht zu erstellen (Ziff. 3.10 des Kodex 2017) wurde im Kodex 2020 gestrichen (→ § 44 Rn. 23).

10 Die Empfehlungen des Kodex werden von ihren Adressaten ganz überwiegend befolgt. Die Erhebungen zur früheren Kodex-Fassung zeigen eine **Befolgungsquote** von rund 96 % bei den DAX-Unternehmen und rund 74 % bei allen börsennotierten Gesellschaften.[15] Wegen des Befolgungsdrucks, der über die Erklärungspflicht des § 161 AktG erreicht wird, kann man allerdings nicht ohne weiteres davon ausgehen, dass die tatsächlich befolgten Empfehlungen auch inhaltlich akzeptiert werden.

11 Die jährliche Überprüfung des Kodex durch die Kommission hatte zu einer erheblichen **Ausweitung des Kodex** geführt. In der ersten Fassung von 2002 enthielt der Kodex 60 Empfehlungen, in der Fassung von 2017 waren es 115 Empfehlungen.[16] Die Neufassung im Kodex 2020 hat die Zahl der Empfehlungen erheblich verringert. Nach wie vor befindet die Kodex-Kommission einmal jährlich in einer Plenarsitzung über Änderungen des Kodex. Von der Kommission beschlossene Änderungen werden sogleich nach der Plenarsitzung veröffentlicht, und die jeweils „neue" Fassung des Kodex wird in den Publikationen der Kommission mit dem Datum des Plenarbeschlusses versehen, obwohl zu diesem Zeitpunkt noch die Prüfung der Gesetzmäßigkeit der beschlossenen Änderungen durch das Bundesministerium der Justiz und die amtliche Bekanntgabe im Bundesanzeiger aussteht. Seit 2012 veröffentlicht die Kommission die von ihr beabsichtigten Änderungen des Kodex zuvor auf ihrer Website; innerhalb einer Frist von wenigen Wochen kann dazu Stellung genommen werden.

12 **2. Rechtsnatur, verfassungsrechtliche Zulässigkeit und rechtspolitische Kritik.** Der Kodex ist weder Gesetz noch Rechtsverordnung noch eine behördliche Allgemeinverfügung, sondern ein von einer staatlich eingesetzten und von Weisungen unabhängigen Kommission verfasstes Regelwerk, das keinen rechtlichen Zwang zur Verfolgung der Regeln auslöst und nicht den Charakter einer staatlich gesetzten Rechtsnorm besitzt. Einen rechtlichen Zwang entfaltet nur § 161 AktG mit der Verpflichtung von Vorstand und Aufsichtsrat zur Abgabe der Entsprechenserklärung sowie die daran anknüpfenden bilanzrechtlichen Vorschriften (→ Rn. 3). Vorstand und Aufsichtsrat der börsennotierten AG müssen die Empfehlungen nicht befolgen, sondern dürfen von ihnen abweichen, aber sie müssen, wenn und soweit sie abweichen, dieses erklären und begründen. Trotz der amtlichen Bekanntmachung der jeweiligen Fassung des Kodex, der vorangehenden Prüfung der Gesetzmäßigkeit durch das Bundesjustizministerium und der Erklärungspflicht von Vorstand und Aufsichtsrat begründet der Kodex keine rechtliche Folgepflicht, aber er entfaltet eine erhebliche faktische Bindungswirkung für die börsennotierten Gesellschaften, da wesentliche Abweichungen von den Empfehlungen des Kodex die Beurteilung der Gesellschaft durch den Kapitalmarkt und die weitere Öffentlichkeit negativ beeinflussen und nach der Zielsetzung des § 161 AktG auch negativ beeinflussen sollen. Der Gesetzgeber hat durch Schaffung der Erklärungspflicht des § 161 AktG darauf gesetzt, dass sich die Unternehmen scheuen werden, durch die öffentlich begründete Nicht-Befolgung der im Kodex formulierten „anerkannten Standards guter und verantwortungsvoller Unternehmensführung" – so die Präambel des Kodex – sich selbst an den Pranger zu stellen.[17] Deshalb wurde

---

[15] v. Werder/Danilor DB 2018, 1997 (2000).
[16] v. Werder/Bartz DB 2017, 769 (777).
[17] Vgl. MüKoAktG/Goette § 161 Rn. 1, 17 f., 19: „Befolgungsdruck" wegen Furcht vor „negativem Image" und „Abstrafung" durch den Markt; Tröger ZHR 175 (2011), 746 (758): „hoheitlich induzierter Druck zur Befolgung"; ähnlich Grigoleit/Grigoleit/Zellner AktG § 161 Rn. 5; vgl. auch

schon zur ursprünglichen Fassung des § 161 AktG die Auffassung vertreten, bei den über § 161 AktG sanktionierten Empfehlungen des Kodex handele es sich um „Verhaltensregeln von gesetzesgleicher Wirkung".[18] Durch die seit 2009 geltende Verpflichtung, die Nicht-Befolgung einer Empfehlung des Kodex öffentlich zu begründen, ist der Befolgungsdruck noch erheblich verstärkt worden.

Durch den Kodex und die Erklärungspflicht nach § 161 AktG wird ein **neuartiges Regelungsmodell** der „kooperativen Rechtsetzung" verfolgt, nämlich eine Kombination von rechtlich unverbindlichen Empfehlungen („soft law") mit einer Sanktionierung dieser Empfehlungen durch eine gesetzlich zwingende Erklärungspflicht („strict law"). Die verfassungsrechtliche Zulässigkeit und die rechtspolitische Tauglichkeit dieses Konzepts bedürfen noch weiterer Klärung. Verfassungsrechtlich spricht viel dafür, dass die Kodex-Empfehlungen, die als schlicht-hoheitliche Realakte zu klassifizieren sind,[19] zwar für sich genommen nicht die Schutzbereiche der Berufsfreiheit (Art. 12 GG) und der Eigentumsgarantie (Art. 14 GG) beeinträchtigen, wohl aber in der Kombination mit der Erklärungs- und Begründungspflicht und dem dadurch ausgelösten Befolgungs- und Rechtfertigungsdruck, so dass sich daraus ein **Gesetzesvorbehalt** nach Art. 20 Abs. 3 GG für die Erarbeitung und Verlautbarung der Kodex-Empfehlungen herleiten lässt.[20] Jedenfalls folgt aus dem **Demokratieprinzip** des Art. 20 Abs. 2 S. 1 GG ein Gesetzesvorbehalt für die Schaffung und Besetzung der weisungsfrei arbeitenden Kommission.[21] Der Gesetzgeber sollte die gewählte Gestaltung zumindest dadurch absichern, dass er die Bundesregierung entsprechend ermächtigt, wie dies beispielsweise in § 342 HGB bei der Schaffung des privaten Rechnungslegungsgremiums geschehen ist.[22]

13

In der **rechtspolitischen Diskussion** ist der Kodex zunehmend in die Kritik geraten. Inwieweit die Kritik auf Grund der Neufassung des Kodex 2020 verstummt, bleibt abzuwarten. Kritisiert wurde unter anderem, dass die Zusammensetzung und das Verfahren der Kommission intransparent und nicht hinreichend geregelt sind,[23] dass die Vermengung von „soft law" und „hard law" die Adressaten verwirrt und verunsichert,[24] dass die Wiedergabe des zwingenden Rechts im Kodex zum Teil fehlerhaft ist,[25] dass der Kodex mit einer

14

Arbeitskreis Externe und Interne Überwachung der Unternehmung DB 2016, 395 (398): Gesetzgeber erwartet, dass Nichtbefolgung durch Kursverlust bestraft wird.

[18] *Hüffer* AktG, 6. Aufl. 2004 und ebenso *Hüffer/Koch* AktG § 161 Rn. 4. Vgl. auch *Ulmer* ZHR 166 (2002), 150 (160): Befolgungspflicht mit Ausstiegsmöglichkeit („opt out").

[19] *Hoffmann-Becking* FS Hüffer, 2010, 337 (340); *Warnsmann/Gatzka* NZG 2011, 1001 (1004); *Mülbert,* Rechtsfragen rund um den Deutschen Corporate Governance Kodex, S. 23/53 f.

[20] MüKoAktG/*Goette* § 161 Rn. 30; *Wernsmann/Gatzka* NZG 2011, 1001 (1006 f.); *Mülbert/Wilhelm* ZHR 176 (2012), 286 (318 ff.); *Mülbert,* Rechtsfragen rund um den Deutschen Corporate Governance Kodex, S. 23/55 ff. Dagegen GroßkommAktG/*Leyens* § 161 Rn. 58 ff.

[21] *Hoffmann-Becking* FS Hüffer, 2010, 337 (341 f.); *Hommelhoff/Schwab* in Hommelhoff/Hopt/v. Werder, Handbuch Corporate Governance, 2. Aufl. 2009, S. 73/83 ff.; *Hüffer/Koch* AktG § 161 Rn. 4; Schmidt/Lutter/*Spindler* AktG § 161 Rn. 11 ff.; *Spindler* NZG 2011, 1007 (1008 f.); *Harbarth* DB Standpunkte 2011, 53; *Wernsmann/Gatzka* NZG 2011, 1001 (1004 ff.); MüKoAktG/*Goette* § 161 Rn. 29 f.; *Krieger* ZGR 2012, 202 (217); *Tröger* ZHR 175 (2011), 746 (758 f.). Dagegen *Habersack,* Gutachten E zum 69. DJT, 2012, S. 53 f.; KölnKommAktG/*Lutter* (2. Bearb.) § 161 Rn. 12; Kremer/Bachmann/Lutter/v. Werder DCGK/*Bachmann* Rn. 83; Spindler/Stilz AktG/*Bayer/Scholz* § 161 Rn. 20; *v. d. Linden* in Wilsing DCGK Rn. 10 ff.; *Hopt* FS Hoffmann-Becking, 2013, 563 (569 ff.); HdB börsennotierte AG/*Marsch-Barner* § 2 Rn. 46; Großkomm AktG/*Leyens* § 161 Rn. 54 ff.

[22] Zust. Grigoleit/*Grigoleit/Zellner* AktG § 161 Rn. 7; Schmidt/Lutter/*Spindler* AktG § 161 Rn. 82. Weitergehend *Habersack* Gutachten E zum 69. DJT S. 54.

[23] *Spindler* NZG 2011, 1007 (1008 f.); *Hoffmann-Becking* FS Hüffer, 2010, 337 (352 f.); *Krieger* ZGR 2012, 202 (214 f.); *Bachmann* FS Hoffmann-Becking, 2013, 75 (78).

[24] *Hoffmann-Becking* ZIP 2011, 1173 (1174); *Krieger* ZGR 2012, 202 (215).

[25] *Hoffmann-Becking* FS Hüffer, 2010, 337 (344); *Gehling* DB-Standpunkte 2011, 51 (52); *Harbarth* DB-Standpunkte 2011, 53 (54); *Krieger* ZGR 2012, 202 (207).

übermäßigen Zahl von Empfehlungen überfrachtet ist,[26] dass der Gesetzgeber die Empfehlungen der Kommission als Wegbereiter für überholende gesetzliche Regelungen missbraucht[27] und dass der Kodex zum unkalkulierbaren Anfechtungsrisiko für Hauptversammlungsbeschlüsse geworden ist (dazu → Rn. 27 f.).[28] Entsprechend vielfältig sind die aus der Kritik resultierenden Forderungen. Sie reichen von der Forderung nach einer Auflösung der Kommission oder jedenfalls einer Streichung des § 161 AktG,[29] Vorschlägen zur „Entrechtlichung" des Kodex,[30] zu Verbesserungen des Verfahrens und zur Förderung einer „Abweichungskultur",[31] Initiativen für einen „Rückbau" der ausufernd gewachsenen Zahl der Empfehlungen[32] bis hin zum Vorschlag eines gesetzlichen Ausschlusses der Anfechtbarkeit von Hauptversammlungsbeschlüssen wegen Verletzung des § 161 AktG.[33] Einigkeit besteht allerdings darin, dass der Kodex erheblich zur Standardisierung und Professionalisierung der Arbeit der Aufsichtsräte der deutschen börsennotierten Unternehmen beigetragen hat.

III. Erklärungspflicht von Vorstand und Aufsichtsrat

15 Die Pflicht zur Abgabe der Entsprechenserklärung trifft die beiden Verwaltungsorgane Vorstand und Aufsichtsrat. Sie können die Erklärung gemeinsam abgeben, aber notwendig ist das nicht. Die Erklärungspflichten der beiden Organe bestehen unabhängig voneinander,[34] und demgemäß können und müssen die beiden Organe getrennte Erklärungen abgeben, wenn sie sich nicht auf eine gemeinsame Erklärung einigen können.[35]

16 Ein Teil der Verhaltensempfehlungen des Kodex richtet sich an den Vorstand, ein anderer Teil an den Aufsichtsrat. Jedes der beiden Organe muss den Entscheidungsvorrang des anderen Organs respektieren, soweit es um dessen Verhalten geht, da die aktienrechtliche Kompetenzordnung durch § 161 AktG nicht verändert wird. Wenn die Entsprechenserklärung, wie es dem Regelfall entspricht, als gemeinsame Erklärung abgegeben wird,

---

[26] *Bachmann* AG 2012, 565 (566 ff.); *Habersack,* Gutachten E zum 69. DJT, 2012, S. 57 f.; *Peltzer* NZG 2012, 368; Hüffer/*Koch* AktG § 161 Rn. 5a.

[27] *Habersack,* Gutachten E zum 69. DJT, 2012, S. 52 f.; *Krieger* ZGR 2012, 202 (212); *Hoffmann-Becking* ZIP 2011, 1173 (1176); *Kremer* ZIP 2011, 1177 (1179); *Börsig/Löbbe* FS Hoffmann-Becking, 2013, 125 (141 ff.); *Spindler* NZG 2011, 1007 (1012); Arbeitskreis Externe und Interne Überwachung der Unternehmung DB 2016, 395 (397).

[28] *Waclawik* ZIP 2011, 885 ff.; *Hoffmann-Becking* ZIP 2011, 1173 (1175); *Krieger* ZGR 2012, 202 (219 ff.); *Spindler* NZG 2011, 1007 (1010 ff.); *Bröcker* Der Konzern 2011, 313.

[29] *Timm* ZIP 2010, 2125 (2133); *Waclawik* ZIP 2011, 885 (891 f.); dagegen *Hopt* FS Hoffmann-Becking, 2013, 563 (571 f.); *Hoffmann-Becking* ZIP 2011, 1173 (1176); Hüffer/*Koch* AktG § 161 Rn. 5a. EU-rechtlich wäre die Streichung des § 161 AktG zulässig (*Habersack,* Gutachten E zum 69. DJT, 2012, S. 48; *Hoffmann-Becking* ZIP 2011, 1173 (1176); *Spindler* NZG 2011, 1007 (1012)).

[30] *Bachmann* FS Hoffmann-Becking, 2013, 75 (84 ff.). Zust. *Theisen* DB 2014, 2057 (2061).

[31] *v. Werder* DB-Standpunkte 2011, 49 (50); *Bachmann* FS Hoffmann-Becking, 2013, 75 (83); Hüffer/*Koch* AktG § 161 Rn. 5a. Vgl. auch Abs. 4 der Präambel des Kodex, wonach eine „gut begründete Abweichung" von einer Empfehlung im Interesse einer guten Unternehmensführung liegen kann. Skeptisch zur „Abweichungskultur" *Goette* FS Hommelhoff, 2012, 257 (265); *Krieger* ZGR 2012, 202 (216); *Hoffmann-Becking* Diskussionsbeitrag 69. DJT Bd. II.

[32] *Bachmann* AG 2012, 565 (566 ff.); *Bachmann* FS Hoffmann-Becking, 2013, 75 (78); *Hopt* FS Hoffmann-Becking, 2013, 563 (578 f.); *Hoffmann-Becking* ZIP 2011, 1173 (1176); Hüffer/*Koch* AktG § 161 Rn. 5a; ausf. DAV-Handelsrechtsausschuss NZG 2015, 86 ff.

[33] Vorschlag des DAV-Handelsrechtsausschusses zur Aktienrechtsnovelle 2012, NZG 2012, 380 (383 f.).

[34] *Krieger* FS Ulmer, 2003, 364 (369 f.); Hüffer/*Koch* AktG § 161 Rn. 11; KölnKommAktG/*Lutter* (2. Bearb.) § 161 Rn. 40; GroßkommAktG/*Leyens* § 161 Rn. 145.

[35] Hüffer/*Koch* AktG § 161 Rn. 11; Schmidt/Lutter/*Spindler* AktG § 161 Rn. 23; *Krieger* FS Ulmer, 2003, 365 (369 f.); aA Spindler/Stilz AktG/*Bayer/Scholz* § 161 Rn. 36, 45; MüKoAktG/*Goette* § 161 Rn. 57, 70;Kremer/Bachmann/Lutter/v. Werder DCGK/*v. Werder* Rn. 1843; GroßkommAktG/*Leyens* § 161 Rn. 178, 183, 297; *Schürnbrand* FS Uwe H. Schneider, 2011, 1197 (1206 f.).

ändert das nichts daran, dass nur das jeweils zuständige Organ über den betreffenden Erklärungsinhalt entscheidet.[36] Soweit es um gemeinsame Kompetenzen geht, zum Beispiel für Vorschläge von Vorstand und Aufsichtsrat an die Hauptversammlung, gibt es keinen Entscheidungsvorrang eines der beiden Organe, und demgemäß kann jedes der beiden Organe autonom entscheiden, ob und an welche Empfehlungen es sich halten will. Jedes der beiden Organe ist jedoch mitverantwortlich für die Richtigkeit der inhaltlich auf das andere Organ bezogenen Erklärung; wenn Mitglieder des einen Organs die anfängliche oder später eintretende Unrichtigkeit der das andere Organ betreffenden Erklärung kannten oder kennen mussten und gleichwohl nicht für eine Richtigstellung gesorgt haben, haben sie ihre Sorgfaltspflicht verletzt.[37]

Für die Willensbildung innerhalb des Organs Vorstand und des Organs Aufsichtsrat über den Inhalt der Erklärung gilt Folgendes: Die Erklärung des Vorstands beruht notwendig auf einer Entscheidung des Gesamtvorstands, kann also nicht an ein oder mehrere Vorstandsmitglieder delegiert werden. Für den Vorstandsbeschluss gilt die durch Satzung oder Geschäftsordnung festgelegte Mehrheitsregel oder, wenn eine Mehrheitsregel fehlt, das Erfordernis der Einstimmigkeit nach § 77 Abs. 1 S. 1 AktG.[38] Auch der Aufsichtsrat muss im Plenum über den Inhalt der Erklärung entscheiden; eine Delegation auf einen Aufsichtsratsausschuss ist unzulässig.[39] Auch für die Willensbildung des Aufsichtsrats gelten die für Beschlüsse des Aufsichtsrats allgemein vorgeschriebenen Mehrheitsregeln.

Einige Verhaltensempfehlungen des Kodex richten sich weder an das eine noch das andere Organ insgesamt, sondern an die einzelnen Mitglieder des Vorstands und/oder des Aufsichtsrats, zum Beispiel die Empfehlung zur Offenlegung von Interessenkonflikten (Empfehlungen E.1 und E.2). Genau genommen kann sich nur das einzelne Vorstands- oder Aufsichtsratsmitglied verbindlich dazu äußern, ob es die Empfehlungen eingehalten hat und künftig einhalten wird. Bezüglich der Vergangenheit ist jedes Mitglied zur wahrheitsgemäßen Äußerung gegenüber dem Gesamtorgan verpflichtet, und bezüglich der Zukunft bedarf die Erklärung des Organs, die Empfehlung werde eingehalten, der individuellen Zustimmung der Mitglieder.[40]

Seit der Änderung des § 161 AktG in 2009 sind Vorstand und Aufsichtsrat verpflichtet, Abweichungen von den Empfehlungen zu begründen. Die Empfehlungen, von denen abgewichen wird, müssen eindeutig bezeichnet werden; die Begründung kann knapp sein, und soll die wesentliche Erwägung deutlich machen.[41]

1. Jährliche Erklärung für Vergangenheit und Zukunft. Die Erklärung ist „jährlich" abzugeben. Damit ist nicht vorgeschrieben, dass sich die vergangenheitsbezogene Erklärung inhaltlich auf ein abgelaufenes Kalenderjahr oder Geschäftsjahr beziehen muss, sondern nur gefordert, dass die Erklärung „jährlich zu wiederholen"[42] ist, also in einem Jahresturnus abgegeben wird. Für die Einhaltung des Jahresturnus ist es nicht notwendig, dass die nächste

---

[36] *Krieger* FS Ulmer, 2003, 365 (369); *Ulmer* ZHR 166 (2002), 150 (173); KölnKommAktG/*Lutter* (2. Bearb.) § 161 Rn. 52; Schmidt/Lutter/*Spindler* AktG § 161 Rn. 20.

[37] BGHZ 180, 9 Rn. 27; *E. Vetter* NZG 2009, 561 (563); KölnKommAktG/*Lutter* (2. Bearb.) § 161 Rn. 53 f.

[38] Hüffer/*Koch* AktG § 161 Rn. 12; *Krieger* FS Ulmer, 2003, 365 (376); GroßkommAktG/*Leyens* § 161 Rn. 198 ff.; MüKoAktG/*Goette* § 161 Rn. 63.

[39] *Krieger* FS Ulmer, 2003, 365 (376); Hüffer/*Koch* AktG § 161 Rn. 13; MüKoAktG/*Goette* § 161 Rn. 67; Schmidt/Lutter/*Spindler* AktG § 161 Rn. 26; GroßkommAktG/*Leyens* § 161 Rn. 224; Spindler/Stilz AktG/*Bayer/Scholz* § 161 Rn. 44.

[40] Hüffer/*Koch* AktG § 161 Rn. 13; MüKoAktG/*Goette* § 161 Rn. 68; GroßkommAktG/*Leyens* § 161 Rn. 206.

[41] Vgl. BGH NZG 2019, 262 Rn. 39; Spindler/Stilz AktG/*Bayer/Scholz* § 161 Rn. 61; KölnKommAktG/*Lutter* (2. Bearb.) § 161 Rn. 83, 87; MüKoAktG/*Goette* § 161 Rn. 53; Hüffer/*Koch* AktG § 161 Rn. 18; GroßkommAktG/*Leyens* § 161 Rn. 339.

[42] Begr. RegE zum TransPuG BT-Drs. 14/8769, 21 = NZG 2002, 213.

Erklärung spätestens zwölf Monate nach der letzten Erklärung folgt,[43] sondern es genügt, dass die Erklärung im folgenden Kalenderjahr[44] abgegeben wird und der zeitliche Abstand zur letzten Erklärung zwölf Monate nicht wesentlich überschreitet.[45] Angesichts der bilanzrechtlichen Folgeregelungen in §§ 285 Nr. 16, 314 Abs. 1 S. 1, 325 Abs. 1 HGB liegt es nahe, die Erklärung zeitlich mit der Feststellung des Jahresabschlusses zu verbinden.[46] Inhaltlich muss die Erklärung, soweit sie vergangenheitsbezogen ist, den Zeitraum seit Abgabe der letzten Erklärung abdecken.[47] Unterjährige Änderungen des Kodex lösen keine neue Erklärungspflicht aus.[48] Maßgeblich für den Inhalt der Erklärung ist die bei Abgabe der Erklärung geltende Fassung des Kodex.[49]

21 Vorstand und Aufsichtsrat müssen erklären, ob den Empfehlungen „entsprochen wurde und wird" und welche Empfehlungen „nicht angewendet wurden oder werden". Durch das Wort „wird" bzw. „werden" soll – entgegen dem sprachlich korrekten Wortsinn – nicht nur die Gegenwart, sondern auch die Zukunft erfasst werden. Vorstand und Aufsichtsrat müssen sowohl eine Wissenserklärung über das bisherige tatsächliche Verhalten der Organe als auch eine unbefristete Absichtserklärung über das künftige Verhalten abgeben.[50]

22 Von dem nach der Erklärung beabsichtigten künftigen Verhalten kann das betreffende Organ jederzeit abrücken, sei es aus konkretem Anlass, sei es generell für die Zukunft. Wenn das „unterjährig" geschieht, darf mit der Korrektur der auf der Website der Gesellschaft ständig zugänglich gemachten Erklärung nicht bis zur nächsten Jahreserklärung abgewartet werden, sondern die Erklärung muss umgehend aktualisiert werden.[51]

23 **2. Form und Veröffentlichung der Erklärung.** § 161 S. 2 AktG bestimmt nur die Art der Veröffentlichung der Erklärung, die den Aktionären dauerhaft zugänglich zu machen ist, also auf der Website der Gesellschaft veröffentlicht werden muss. Für die Form der Erklärung der beiden Organe enthält das Gesetz keine Regelung, so dass nur die gewöhnlichen Erfordernisse für die Beschlussfassung von Vorstand und Aufsichtsrat zu beachten sind. Demgemäß ist keine Unterzeichnung durch die einzelnen Organmitglieder erforderlich.[52] Auch die für den Aufsichtsrat in § 107 Abs. 2 S. 1 AktG vorgeschriebene, vom Vorsitzenden zu unterzeichnende Niederschrift hat ebenso wie eine Niederschrift über den Vorstandsbeschluss keine konstitutive Wirkung, sondern nur Beweisfunktion und ist deshalb nicht zwingend erforderlich. Schließlich ergibt sich auch aus der nach § 325 Abs. 1

---

[43] Hüffer/Koch AktG § 161 Rn. 15; Wilsing DCGK/v. d. Linden AktG § 161 Rn. 43; Rosengarten/Schneider ZIP 2009, 1837 (1841); E. Vetter NZG 2009, 561 (562); GroßkommAktG/Leyens § 161 Rn. 360; aA BGHZ 180, 9 Rn. 19 („binnen Jahresfrist"); OLG München ZIP 2008, 742 (744); Kleindiek FS Goette, 2011, 239 (243); Lutter FS Hopt, 2010, 1025 (1027).

[44] KölnKommAktG/Lutter (2. Bearb.) § 161 Rn. 52; Wilsing DCGK/v. d. Linden AktG § 161 Rn. 41; GroßkommAktG/Leyens § 161 Rn. 353; HdB börsennotierte AG/Marsch-Barner § 2 Rn. 72; aA Hüffer/Koch AktG § 161 Rn. 15; Ringleb/Lutter/Kremer/v. Werder DCGK/Ringleb Rn. 1333 S. 409; MüKoAktG/Goette § 161 Rn. 41, 73: Geschäftsjahr; anders auch Rosengarten/Schneider ZIP 2009, 1837 (1841): Geschäftsjahr oder Kalenderjahr.

[45] Kremer/Bachmann/Lutter/v. Werder DCGK/Lutter Rn. 1867; Hüffer/Koch AktG § 161 Rn. 15. Großzügiger Rosengarten/Schneider ZIP 2009, 1837 (1842); strenger MüKoAktG/Goette § 161 Rn. 73, Schmidt/Lutter/Spindler AktG § 161 Rn. 39 u. Spindler/Stilz AktG/Bayer/Scholz § 161 Rn. 67: im selben Monat des nächsten Jahres.

[46] Spindler/Stilz AktG/Bayer/Scholz § 161 Rn. 67; GroßkommAktG/Leyens § 161 Rn. 366.

[47] Spindler/Stilz AktG/Bayer/Scholz § 161 Rn. 55.

[48] Kremer/Bachmann/Lutter/v. Werder DCGK/Lutter Rn. 1875; Hüffer/Koch AktG § 161 Rn. 7; Goette FS Hüffer, 2010, 225 (230); Ihrig ZIP 2009, 853 (854); Kleindiek FS Goette, 2011, 239 (251).

[49] Wilsing DCGK/v. d. Linden AktG § 161 Rn. 44; Goette FS Hüffer, 2010, 225 (230).

[50] So die hM im Anschluss an die Begr. RegE zum TransPuG BT-Drs. 14/8769; Spindler/Stilz AktG/Bayer/Scholz § 161 Rn. 29; KölnKommAktG/Lutter (2. Bearb.) § 161 Rn. 36; Hüffer/Koch AktG § 161 Rn. 20; Seibert BB 2002, 581 (583).

[51] BGHZ 180, 9 Rn. 19; Hüffer/Koch AktG § 161 Rn. 20. Für Abschaffung der Aktualisierungspflicht Habersack, Gutachten E zum 69. DJT, 2012, S. 67 f.; Bachmann AG 2012, 565 (568 f.).

[52] Hüffer/Koch AktG § 161 Rn. 22.

S. 1 HGB vorgeschriebenen Einreichung der Erklärung zum Handelsregister kein Erfordernis der Schriftform nach § 126 BGB; wenn die Beschlüsse der beiden Organe wirksam zustandegekommen sind, genügt es, wenn der Vorstand die Erklärung in elektronischer Form (§ 12 Abs. 2 HGB) zum Handelsregister einreicht und auf der Website der Gesellschaft veröffentlicht.[53] Eine Unterzeichnung durch die beiden Vorsitzenden ist somit nicht unbedingt erforderlich,[54] aber zu empfehlen.

Die dauerhafte Zugänglichkeit nach § 161 S. 2 AktG ist gewährleistet, wenn die aktuell gültige Erklärung permanent auf der Website einsehbar ist. § 161 AktG verlangt nicht, dass ältere Fassungen der Erklärung auf der Website zur Verfügung stehen müssen. Jedoch sollen nach Ziff. 3.10 des Kodex nicht mehr aktuelle Entsprechenserklärungen fünf Jahre lang auf der Internetseite zugänglich gehalten werden.

3. Sanktionen bei Verstößen. Die Organmitglieder verletzen ihre Pflichten, wenn sie die jährliche Erklärung unterlassen oder eine falsche Erklärung abgeben oder eine falsch gewordene Erklärung nicht umgehend korrigieren. Eine Abweichung von der Absichtserklärung zum künftigen Verhalten des Organs verstößt, wie oben darlegt, nicht gegen § 161 AktG; pflichtwidrig wegen Verletzung des § 161 AktG ist jedoch eine mangelnde Berichtigung der Erklärung (→ Rn. 22). Ob das vom Kodex abweichende Verhalten des Organs pflichtwidrig ist, steht auf einem anderen Blatt und betrifft nicht § 161 AktG, sondern die unabhängig vom Kodex und von § 161 AktG bestehenden Sorgfaltspflichten der Organmitglieder nach §§ 93, 116 AktG, zu deren Konkretisierung allerdings von den Gerichten voraussichtlich in zunehmendem Maße die Empfehlungen des Kodex herangezogen werden.[55]

Der Verstoß gegen § 161 AktG durch eine unterbliebene oder unrichtige oder nicht umgehend berichtigte Entsprechenserklärung kann zu einer **Innenhaftung** des Organmitglieds nach §§ 93, 116 AktG führen, falls – was in der Praxis eher fernliegend ist – ein aus dem Verstoß folgender ersatzfähiger Schaden der Gesellschaft nachweisbar ist.[56] Eine **Haftung der AG** gegenüber Aktionären für eine unterbliebene oder fehlerhafte Entsprechenserklärung ist nur als deliktische Haftung denkbar, und zwar am ehesten aus § 826 BGB.[57] Für eine **Außenhaftung** der Organmitglieder nach den Grundsätzen der bürgerlich rechtlichen Prospekthaftung fehlt es schon an der Prospektqualität der Entsprechenserklärung,[58] und eine allgemeine Vertrauenshaftung, die über eine Haftung aus culpa in contrahendo hinausgeht, kennt das geltende Recht nicht, so dass auch insoweit nur in Extremfällen eine deliktische Haftung aus § 826 BGB in Betracht kommen kann.

Von großer praktischer Bedeutung ist dagegen die Frage der **Anfechtbarkeit** von Hauptversammlungsbeschlüssen bei Verstößen gegen § 161 AktG. Dabei geht es insbesondere um die Anfechtbarkeit von Beschlüssen zur Entlastung der Vorstands- und Aufsichtsratsmitglieder und zur Wahl von Aufsichtsratsmitgliedern. Wegen der fehlenden rechtlichen Verbindlichkeit der Empfehlungen des Kodex kann eine Nicht-Befolgung einer Empfehlung für sich genommen nicht die Rechtswidrigkeit des Verhaltens der Organmitglieder und eine etwa darauf gestützte Anfechtung von Entlastungsbeschlüssen begründen. Anders verhält es sich, wenn die Organmitglieder die gesetzliche Erklärungspflicht des § 161 AktG

---

[53] MüKoAktG/*Goette* § 161 Rn. 75 f.; Hüffer/*Koch* AktG § 161 Rn. 22.
[54] MüKoAktG/*Goette* § 161 Rn. 75; Hüffer/*Koch* AktG § 161 Rn. 22; Spindler/Stilz AktG/*Bayer/Scholz* § 161 Rn. 69 f.
[55] Vgl. GroßkommAktG/*Leyens* § 161 Rn. 103.
[56] MüKoAktG/*Goette* § 161 Rn. 98; Schmidt/Lutter/*Spindler* AktG § 161 Rn. 66; Hüffer/*Koch* AktG § 161 Rn. 25a; Spindler/Stilz AktG/*Bayer/Scholz* § 161 Rn. 101; GroßkommAktG/*Leyens* § 161 Rn. 518 ff.; *Tröger* ZHR 175 (2011), 746 (767 ff.).
[57] Hüffer/*Koch* AktG § 161 Rn. 29; MüKoAktG/*Goette* § 161 Rn. 101.
[58] Hüffer/*Koch* AktG § 161 Rn. 30; Schmidt/Lutter/*Spindler* AktG § 161 Rn. 76; MüKoAktG/*Goette* § 161 Rn. 102; *Kort* FS Raiser, 2005, 203 (218 ff.); aA KölnKommAktG/*Lutter* (2. Bearb.) § 161 Rn. 98 mN und rechtsfortbildend GroßkommAktG/*Leyens* § 161 Rn. 562 ff.

durch eine unterbliebene, unrichtige oder nicht umgehend berichtete Entsprechenserklärung verletzt haben. Nach der Rechtsprechung des BGH[59] riskieren die Vorstands- und Aufsichtsratsmitglieder bei einem schwerwiegenden Verstoß die begründete Anfechtung ihrer **Entlastung** insbesondere in solchen Fällen, in denen sie unterjährig bewusst oder unbewusst von einer Empfehlung des Kodex abweichen und diese Abweichung nicht umgehend durch Korrektur der Entsprechenserklärung verlautbaren. Das soll jedenfalls dann gelten, wenn von einer wesentlichen Empfehlung des Kodex abgewichen wird (was eine Auslegung und Qualifizierung der einzelnen Kodex-Klauseln durch den Richter nach Art einer Gesetzesauslegung erforderlich macht!).

28 Inzwischen hat sich der BGH mit einer etwaigen Anfechtbarkeit von **Wahlbeschlüssen** der Hauptversammlung als Folge einer Verletzung von § 161 AktG befasst und entschieden, dass eine Abweichung des Wahlvorschlags von den Empfehlungen des Kodex und der vorliegenden Entsprechenserklärung weder einen rechtlichen Mangel des Wahlvorschlags noch einen für die Wahlentscheidung der Hauptversammlung relevanten Verstoß gegen Informationspflichten begründet.[60] Der Entscheidung wird in den Besprechungen überwiegend zugestimmt.[61] Zuvor war verbreitet die Auffassung vertreten worden, die Wahl sei in solchen Fällen anfechtbar.[62]

---

[59] BGHZ 180, 9 Rn. 18 ff. – Deutsche Bank/Kirch; BGHZ 182, 272 Rn. 18 = NZG 2009, 1270 (1272) – Springer; BGH NZG 2010, 618 (619). Daran anschließend OLG Celle NZG 2018, 904 – VW.
[60] BGH NZG 2019, 262 Rn. 23 ff.
[61] *Reger/Jud* AG 2019, 172 (173 ff.); *Herfs/Rowold* DB 2019, 712 (716); *Simons* DB 2019, 650 ff.; JIG DCGK/*Illert* AktG § 161 Rn. 25; kritisch *Ph. Scholz* ZIP 2019, 407 ff.; *E. Vetter* NZG 2019, 379 ff.
[62] *Bayer/Scholz* ZHR 181 (2017), 861 (896 f.); Spindler/Stilz AktG/*Bayer/Scholz* § 161 Rn. 98 ff.; *Habersack* FS Goette, 2011, 121 (122 f.); *E. Vetter* FS Uwe H. Schneider, 2011, 1345 (1352 ff.); KölnKommAktG/*Kiefner* § 251 Rn. 17 ff.; OLG München ZIP 2009, 133 – MAN; LG Hannover NZG 2010, 744 – Continental.

7. Kapitel. Hauptversammlung

§ 35 Zuständigkeit der Hauptversammlung

Übersicht

	Rn.		Rn.
I. Einführung	1–10	4. Beschluss über die Billigung des Vorstandsvergütungssystems, des Vergütungsberichts und über die Vergütung der Aufsichtsratsmitglieder	43–51
1. Zweck und Aufgabe der Hauptversammlung	1–4		
2. Verhältnis zu den anderen Gesellschaftsorganen	5–8		
3. Hauptversammlung und Mitbestimmung	9, 10	5. Beschluss über die Billigung von Geschäften mit nahestehenden Personen oder Unternehmen (related party transactions)	52, 53
II. Gesetzliche Zuständigkeit der Hauptversammlung	11–53		
1. Enumerationsprinzip	11–15	III. Satzungsmäßige und ungeschriebene Zuständigkeiten	54–77
a) § 119 Abs. 1 AktG	11, 12	1. Satzungsmäßige Zuständigkeit	54, 55
b) Sonstige Fälle nach AktG und HGB	13, 14	2. Ungeschriebene Zuständigkeit für Grundlagenentscheidungen	56–72
c) Fälle nach UmwG und WpÜG	15	a) Ausgangslage	56
2. Beschlüsse in Geschäftsführungsangelegenheiten	16–22	b) „Holzmüller" – BGHZ, 83, 122	57–59
a) Grundlagen	16	c) „Gelatine" – BGHZ 159, 30	60–66
b) Voraussetzungen und Verfahren	17, 18	d) Ungeklärte Fragen	67
c) Wirkungen	19–22	e) Erwerb und Veräußerung wesentlicher Beteiligungen	68, 69
3. Entlastung	23–42	f) Delisting	70–72
a) Zuständigkeit	23	3. Rechtsschutz der Aktionäre	73–77
b) Beschlussfassung	24–31	IV. Hauptversammlungsarten	78–83
c) Inhalt und Wirkung des Entlastungsbeschlusses	32–38	1. Ordentliche und außerordentliche Hauptversammlung	78–81
d) Kein Anspruch auf Entlastung, fehlerhafte Beschlussfassung	39–42	2. Universalversammlung	82, 83

Schrifttum: *Beuthien,* Von welcher Last befreit die Entlastung?, GmbHR 2014, 682; *ders.,* Welchen Rechtsschutz gibt es für und wider die Entlastung?, GmbHR 2014, 799; *Bungert/Berger,* Say on Pay und Related Party Transactions: Der RefE des Gesetzes zur Umsetzung der zweiten Aktionärsrechterichtlinie, DB 2018, 2801 (Teil 1) und 2860 (Teil 2); *Bungert/Wansleben,* Say on Pay und Related Party Transaction im Regierungsentwurf aus Sicht der Praxis, BB 2019, 1026; *Butzke,* Die Hauptversammlung der Aktiengesellschaft, 5. Aufl. 2011; *Dauner-Lieb,* Aktuelle Vorschläge zur Präsenzsteigerung in der Hauptversammlung, WM 2007, 9; *Dietz-Vellmer,* Hauptversammlungsbeschlüsse nach § 119 II AktG – geeignetes Mittel zur Haftungsvermeidung für Organe?, NZG 2014, 721; *Ek,* Praxisleitfaden für die Hauptversammlung, 3. Aufl. 2018; *Florstedt,* Die wesentlichen Änderungen des ARUG II nach den Empfehlungen des Rechtsausschusses, ZIP 2020,1; *Förster,* Aktionärsrechte in der Hauptversammlung – quo vaditis?, AG 2011, 362; *Henze/Born/Drescher,* Höchstrichterliche Rechtsprechung zum Aktienrecht, 6. Aufl. 2015; *Hoffmann,* Einzelentlastung, Gesamtentlastung und Stimmverbote im Aktienrecht, NZG 2010, 290; *Lorenz/Pospiech,* Holzmüller Reloaded – Hauptversammlungskompetenz beim Beteiligungserwerb, DB 2010, 1925; *Marsch-Barner* in Marsch-Barner/Schäfer (Hrsg.), Handbuch börsennotierte AG, 4. Aufl. 2018, 7. Kapitel „Hauptversammlung"; *Martens,* Leitfaden für die Leitung der Hauptversammlung einer Aktiengesellschaft, 3. Aufl. 2003; *ders.,* Die Reform der aktienrechtlichen Hauptversammlung, AG 2004, 238; *Mertens,* Satzungs- und Organisationsautonomie im Aktien- und Konzernrecht, ZGR 1994, 426; *Meyer-Landrut/Wendel,* Satzungen und Hauptversammlungsbeschlüsse der AG, 2. Aufl. 2011; *Mimberg/Gätsch,* Die Hauptversammlung der Aktiengesellschaft nach dem ARUG, 2010; *Polte/Haider-Giangreco,* Die Vollversammlung der Aktiengesellschaft, AG 2014, 729; *Rimmelspacher/Roland,* Der Vergütungsbericht nach ARUG II, WPg 2020, 201; *Roth,* Die (Ohn-)Macht der Hauptversammlung, ZIP 2003, 369; *Schaaf,* Die Praxis der Hauptversammlung, 4. Aufl. 2018; *Schneider/Burgard,* Maßnahmen zur Verbesserung der Präsenz auf der Hauptversammlung einer Aktiengesellschaft, FS Beusch, 1993, 783; *Semler/Volhard/Reichert,* Arbeitshandbuch für die Hauptversammlung, 4. Aufl. 2018; *Schüppen/Schaub* (Hrsg.), Münchener Anwaltshandbuch Aktienrecht, 2. Aufl. 2010, Teil F; *Steiner,* Die Hauptversammlung der Aktiengesellschaft, 1995; *Spindler,* Die Neuregelung der Vorstands- und Aufsichtsratsvergütung im ARUG II, AG 2020, 61; *Stephan/Strenger,* Die Zuständigkeit der Hauptversammlung bei Strukturveränderungen – ein anlassbedingter Vorschlag, AG 2017, 346; Verse, Regulierung der Vorstandsvergütung – mehr Macht für die Aktionäre?, NZG 2013, 921; *von der Linden,* Inhalts- und Verfahrensfehler von Entlastungsbeschlüssen, ZIP 2013, 2343; *von Nussbaum,* Neue Wege zur Online-Hauptversammlung durch das ARUG, GWR 2009, 215; *Zipperle/Lingen,* Das Gesetz zur Umsetzung der zweiten Aktionärsrechterichtlinie im Überblick, BB 2020, 131.

I. Einführung

1. Zweck und Aufgabe der Hauptversammlung. Die Hauptversammlung ist Organ der Gesellschaft und das hauptsächliche Instrument, mittels dessen die Aktionäre ihre **Mitgliedschaftsrechte** (→ § 17) in der Gesellschaft ausüben. Außerhalb der Hauptversammlung stehen den Aktionären Rechte in den Angelegenheiten der Gesellschaft nur insoweit zu, als das Gesetz es bestimmt (§§ 118 Abs. 1, 119 AktG) oder zulässt, indem es Satzungsbestimmungen erlaubt, die den Aktionären solche Rechte einräumen. Der Spielraum hierzu ist eng. Die die Zuständigkeit der Organe regelnden Vorschriften sind zwingend.[1] Eine generelle Befugnis, die Mitgliedschaftsrechte der Aktionäre durch die Satzung zu erweitern, besteht nicht (§ 23 Abs. 5 S. 1 AktG).

Die den Aktionären durch das Gesetz **außerhalb der Hauptversammlung** zugewiesenen Mitgliedschaftsrechte dienen vor allem der Durchsetzung der Rechte, die ihnen in der Hauptversammlung zustehen oder dem Schutz von Minderheiten gegen Maßnahmen der Mehrheit. Dies gilt insbesondere für die Geltendmachung der Nichtigkeit und die Anfechtung von Hauptversammlungs-Beschlüssen (§§ 241 ff. AktG), für die Erzwingung von Sonderprüfungen (§ 142 Abs. 2 AktG) und die Geltendmachung von Ersatzansprüchen (§ 147 Abs. 1 AktG). Die im Vorfeld der Hauptversammlung auszuübenden Minderheitenrechte zur Einberufung der Hauptversammlung (§ 122 Abs. 1 AktG) und zur Ergänzung der Tagesordnung (§ 122 Abs. 2 AktG) bezwecken ebenfalls den Schutz der Minderheitsaktionäre.[2] Unabhängig von den in der Hauptversammlung wahrzunehmenden Mitgliedschaftsrechten sind darüber hinaus die Vermögensrechte der Aktionäre, hauptsächlich also das Recht auf die von der Hauptversammlung beschlossene Dividende (§ 58 Abs. 4 AktG iVm § 174 AktG) und das Bezugsrecht auf neue Aktien im Falle einer Kapitalerhöhung (§ 186 AktG);[3] ferner die seltenen Fälle der Klage auf Nichtigerklärung der Gesellschaft (§§ 275 ff. AktG).

In der Rechtswirklichkeit erweisen sich die Hauptversammlungen namentlich großer Publikumsgesellschaften auch als **Kommunikationsforum,** das zweierlei Zielen dient: einerseits der Bekräftigung der Verbundenheit auch kleiner Aktionäre mit ihrer Gesellschaft und andererseits der Darstellung der Gesellschaft gegenüber Aktionären und Öffentlichkeit. Obwohl die Teilnahme an der Hauptversammlung die entscheidende Voraussetzung für die Wahrnehmung der Mehrzahl der Aktionärsrechte darstellt, wiesen die Hauptversammlungen der großen deutschen Publikumsgesellschaften jahrzehntelang chronisch niedrige Präsenzzahlen auf.[4] Dies hat sich in den letzten Jahren hinsichtlich der institutionellen Investo-

---

[1] Schmidt/Lutter/*Seibt* AktG § 23 Rn. 55; Hüffer/*Koch* AktG § 23 Rn. 36; MüKoAktG/*Pentz* § 23 Rn. 156.

[2] OLG München AG 2010, 84 = WM 2010, 517; KG AG 2012, 256 = NZG 2011, 1429; OLG Düsseldorf AG 2013, 468 = ZIP 2013, 1022; Spindler/Stilz/*Rieckers* AktG § 122 Rn. 1.

[3] Spindler/Stilz/*Hoffmann* AktG § 118 Rn. 9; Hüffer/*Koch* AktG § 118 Rn. 9; MüKoAktG/*Kubis* § 118 Rn. 47 f.

[4] *Butzke* Hauptversammlung der AG Rn. A 13 ff.; positive Tendenzen sieht *Dauner-Lieb* WM 2007, 9; von einer Stabilisierung spricht MüKoAktG/*Kubis* § 118 Rn. 25.

ren gebessert.[5] Die Zahl der an der Hauptversammlung teilnehmenden Privatinvestoren ist dagegen gesunken.[6] Es war eines der Ziele der mit dem ARUG[7] umgesetzten Aktionärsrechterichtlinie, durch die Ermöglichung von Briefwahl und elektronischer Teilnahme an der Hauptversammlung neue Teilnahmemöglichkeiten für die Aktionäre zu schaffen (vgl. § 118 Abs. 1, 2 AktG).[8] Der Gesetzgeber ging allerdings nicht so weit, eine „virtuelle Hauptversammlung" ohne jegliche physische Präsenz zuzulassen.[9] Vielmehr bleibt es auch nach dem ARUG dabei, dass die Hauptversammlung an einem bestimmten Ort als Präsenzversammlung stattfindet.[10] Der Grund, dass sich darüber hinaus das bekannte Bild der Präsenzversammlung auch bezüglich der Ausübung der Aktionärsrechte nur wenig verändert hat, wird häufig darin gesehen, dass die elektronische Rechteausübung bislang von den Gesellschaften nur peripher zugelassen wird. Dafür sprechen allerdings diverse pragmatische Erwägungen[11] (für elektronische Formen der Abstimmung → § 40 Rn. 26).

Jedenfalls sind die gelegentlich vorgeschlagenen Anwesenheitsprämien oder ähnlichen finanziellen Anreize für die Teilnahme an der Hauptversammlung nicht nur rechtlich unzulässig, sie würden auch die Kapitalpräsenz nur unwesentlich erhöhen können.[12] Allerdings führt auch eine hohe Präsenz nicht zwangsläufig zu einer höheren Qualität der Hauptversammlung. In den Hauptversammlungen vieler Gesellschaften nehmen bei den Redebeiträgen sachfremde Beschwerden einzelner Aktionäre über ihre Kundenbeziehungen zur Gesellschaft oder vom Drang zur öffentlichen Selbstdarstellung getriebene Redebeiträge viel Raum ein, so dass die Veranstaltung sich nicht auf die wesentlichen Sachfragen konzentriert und die beträchtliche Dauer der Veranstaltung nicht zwingend durch die eigentlichen Sachthemen begründet ist.

2. Verhältnis zu den anderen Gesellschaftsorganen. Die Hauptversammlung wird allgemein als eines der Organe der Gesellschaft angesehen – neben Aufsichtsrat und Vorstand.[13] Das Gesetz selbst verwendet diesen Ausdruck allerdings nicht. Die Frage nach einer hierarchischen Ordnung innerhalb des Organgefüges der Aktiengesellschaft wurde immer wieder diskutiert.[14] Aus heutiger Sicht ist es abzulehnen, die Hauptversammlung als das **oberste**

---

[5] Tatsächlich ist die durchschnittliche HV-Präsenz in den DAX-Unternehmen seit ihrem Tiefstand von 44,98% im Jahr 2006 auf ein Rekordniveau von 62,9% im Jahr 2017 und 64,85% im Jahr 2019 gestiegen. Nach einem erheblichen Rückgang der Präsenzzahlen bei DAX-Unternehmen mit Namensaktien im Jahr 2013 hat sich das Niveau im Jahr 2017 wieder stabilisiert. Vgl. Barkow Consulting HV-Tracker (abrufbar unter http://www.barkowconsulting.com/hv-praesenz-aufneuem-allzeithoch/); Link Market Services, Entwicklung der Kapitalpräsenzen DAV 30 (1998–2019), veröffentlicht in *Orlik/Gebauer*, Die neue Macht der Aktionäre, HV Magazin 03/2019, 10; siehe für die Jahre 2005 bis 2015 SdK-Präsenzstatistik DAX vom 30.9.2015, veröffentlicht von Schutzgemeinschaft der Kapitalanleger eV. Siehe auch *Zukunftsmodell Hauptversammlung* AnlegerPlus 10/2018, 28; *Cahn* AG 2013, 459 (460); *Harnos/Piroth* ZIP 2015, 456.
[6] Die durchschnittliche Zahl der Besucher bei den DAX-HVs ist von 3.758 in 2008 auf 2.216 in 2018 gesunken, siehe *Bönig*, Enges Rennen hinter klarer Spitze, HV-Magazin Sonderausgabe HV-Locations 2018/2019, 8 (12). Zu den Einflussgrößen, welche auf die Aktionärspräsenz einwirken vgl. *Vennemann/Lehrbass* CF 2019, 27.
[7] Gesetz zur Umsetzung der Aktionärsrechterichtlinie vom 30.7.2009 (BGBl. 2009 I S. 2479); weiterführende Erläuterungen mit besonderem Bezug zur Hauptversammlung bei *Grobecker* NZG 2010, 165 und von *Nussbaum* GWR 2009, 215.
[8] *Mimberg/Gätsch*, Die Hauptversammlung der Aktiengesellschaft nach dem ARUG, 2010, S. 77.
[9] Nach Begr. RegE ARUG, BT-Drs. 16/11642 soll die Neuregelung einer „virtuellen Hauptversammlung" im Ergebnis auch nur nahe kommen.
[10] *Mimberg/Gätsch*, Die Hauptversammlung der Aktiengesellschaft nach dem ARUG, 2010, S. 81, 91; Spindler/Stilz/*Hoffmann* AktG § 118 Rn. 41; Hüffer/*Koch* AktG § 118 Rn. 10.
[11] *Simons* NZG 2017, 567; *Butzke* Hauptversammlung der AG Rn. Q 20.
[12] So auch *Vetter* AG 2006, 32; *Bachmann* FS Roth, 2011, 37 (44).
[13] GroßkommAktG/*Mülbert* Vorb. § 118 Rn. 18 ff.; MüKoAktG/*Kubis* § 118 Rn. 8 ff.; Hüffer/*Koch* AktG § 118 Rn. 1 f.; auch → § 19 Rn. 1 ff.
[14] MüKoAktG/*Kubis* § 118 Rn. 10.

Organ der Gesellschaft zu bezeichnen.[15] Zugunsten einer solchen Klassifizierung lässt sich zwar anführen, dass die Hauptversammlung über die Wahl des Aufsichtsrates mittelbar auf die Zusammensetzung des Vorstands Einfluss nehmen kann (§ 84 Abs. 1 AktG). Auch ist es Sache der Hauptversammlung, über bestimmte grundlegende Verhältnisse der Gesellschaft zu beschließen, insbesondere über Satzungsänderungen,[16] Maßnahmen der Kapitalbeschaffung und der Kapitalherabsetzung sowie die Auflösung der Gesellschaft (§ 119 Abs. 1 Nr. 5, 6, 8 AktG).[17] Jedoch hat die Hauptversammlung schon seit dem AktG 1937 grundsätzlich keine Kompetenz, über Fragen der Geschäftsführung zu entscheiden.[18] Diese Kompetenz liegt stattdessen beim Vorstand, ebenso wie die Überwachungsaufgaben nicht der Hauptversammlung, sondern dem Aufsichtsrat zugewiesen sind.[19] Aufsichtsrat und Vorstand leiten ihre Befugnisse nicht von der Hauptversammlung ab. Das Gesetz weist sie ihnen als eigene Befugnisse zu, in die die Hauptversammlung grundsätzlich nicht eingreifen kann.[20] Charakteristisch für das Verhältnis der Organe zueinander ist danach kein hierarchisches Verhältnis, das Klassifizierungen als oberstes oder gar unterstes Organ zuließe.[21] Entscheidend ist vielmehr die zwischen den Organen bestehende **Machtbalance**.[22] Eine dennoch vorgenommene hierarchische Klassifizierung bleibt rechtlich freilich ohne Bedeutung.[23]

6 Satzungsmäßige Kompetenzzuweisungen an die Hauptversammlung gemäß § 119 Abs. 1 AktG sind nur in sehr engem Rahmen möglich.[24] Sie können keinesfalls dazu führen, dass die **Geschäftsführungsbefugnis des Vorstandes** beschnitten wird.[25] Die Hauptversammlung kann allerdings kraft ihrer Satzungskompetenz (§ 119 Abs. 1 Nr. 5 AktG) bestimmte Arten von Geschäften der Zustimmung des Aufsichtsrates unterwerfen (§ 111 Abs. 4 S. 2 AktG) und in gewissem Umfang in die innere Organisation des Aufsichtsrats eingreifen: So kann sie unbeschadet der **Geschäftsordnungsautonomie des Aufsichtsrates** über die Satzung auf dessen Verfahren Einfluss nehmen, zB das Verfahren in Ausschüssen regeln (→ § 31 Rn. 2).[26] Dabei darf die Hauptversammlung freilich die gesetzlichen Zuständigkeiten nicht verändern und insbesondere keine Bestimmungen treffen, die den gesetzlichen Mitbestimmungsregelungen widersprechen.[27] Unzulässig ist zudem ein Eingriff in die Organisationsfreiheit des Aufsichtsrates bei der Entscheidung darüber, ob dieser Ausschüsse bilden will und wer ihnen angehören soll[28] (→ § 32 Rn. 41). Auf die

---

[15] BVerfG NZG 2000, 192 (193) – Wenger/Daimler-Benz; Schmidt/Lutter/*Spindler* AktG § 118 Rn. 5, 10, § 119 Rn. 3; Spindler/Stilz/*Hoffmann* AktG § 118 Rn. 6, der schon den Begriff für missverständlich hält; *Butzke* Hauptversammlung der AG Rn. A 7, der ihn für irreführend hält; Hüffer/*Koch* AktG § 118 Rn. 4; MüKoAktG/*Kubis* § 118 Rn. 10, der einer derartigen Einordnung keinen praktischen Wert beimisst.
[16] Die Befugnis, die Satzung in Bezug auf die Firma zu ändern, steht auch nach Eröffnung des Insolvenzverfahrens weiterhin der Hauptversammlung zu, BGH ZIP 2020, 266 (269).
[17] Spindler/Stilz/*Hoffmann* AktG § 118 Rn. 6 hält dies für das einzige Argument zugunsten einer Kategorisierung.
[18] Schmidt/Lutter/*Spindler* AktG § 119 Rn. 3; Spindler/Stilz/*Hoffmann* AktG § 118 Rn. 6.
[19] Schmidt/Lutter/*Spindler* AktG § 119 Rn. 3.
[20] Spindler/Stilz/*Hoffmann* AktG § 119 Rn. 48; Hüffer/*Koch* AktG § 119 Rn. 10; MüKoAktG/*Kubis* § 119 Rn. 17.
[21] Hüffer/*Koch* AktG § 118 Rn. 4; MüKoAktG/*Kubis* § 118 Rn. 10.
[22] Hüffer/*Koch* AktG § 118 Rn. 4; MüKoAktG/*Kubis* § 118 Rn. 10; vgl. auch → § 29 Rn. 17.
[23] GroßkommAktG/*Mülbert* Vorb. § 118 Rn. 43; MüKoAktG/*Kubis* § 118 Rn. 10.
[24] *Butzke* Hauptversammlung der AG Rn. A 9; Hüffer/*Koch* AktG § 119 Rn. 10; Beispiel: Zustimmung zur Übertragung vinkulierter Namensaktien kann der Hauptversammlung übertragen werden (§ 68 Abs. 2 S. 3 AktG).
[25] Spindler/Stilz/*Hoffmann* AktG § 119 Rn. 48; MüKoAktG/*Kubis* § 119 Rn. 17.
[26] BGHZ 83, 106 = NJW 1982, 1525 mit Besprechung *Martens* ZGR 1983, 237; Hüffer/*Koch* AktG § 107 Rn. 29; MüKoAktG/*Habersack* § 107 Rn. 97.
[27] *Raiser*/*Veil*/*Jacobs* MitbestG § 25 Rn. 15; Spindler/Stilz/*Spindler* AktG § 107 Rn. 12.
[28] BGHZ 83, 106 = NJW 1982, 1525; *Raiser*/*Veil*/*Jacobs* MitbestG § 25 Rn. 50; MüKoAktG/*Habersack* § 107 Rn. 95 f.

Geschäftsordnung des **Vorstands** kann die Hauptversammlung „in Einzelfragen" über ihre Satzungskompetenz (§ 77 Abs. 2 S. 2 AktG) einwirken.

Rechtlich hat die Hauptversammlung die ihr durch das AktG oder im engen gesetzlichen Rahmen durch die Satzung im Einzelnen zugewiesenen Kompetenzen. Praktisch hängen die **Einflussmöglichkeiten** der Hauptversammlung auf die Gesellschaft von vielfältigen Umständen ab. Sie sind umso größer, je mehr der Aktienbesitz gebündelt ist und je aktiver die Aktionäre von den Rechten, die ihnen in der Hauptversammlung zustehen, Gebrauch machen. Wird ein beträchtlicher Teil der Aktien[29] einer Gesellschaft von wenigen aktivistischen Aktionären gehalten, vermögen diese – dank der meist passiven Haltung der übrigen Aktionäre – entscheidenden Einfluss auf die Unternehmensführung zu nehmen.[30] Die Ergebnisse der Einflussnahme reichen dabei von der Durchsetzung einzelner strategischer Entscheidungen bis zur Ablösung des Vorstandsvorsitzenden.[31] Aktivistische Aktionäre bedienen sich einerseits ihrer Aktionärsrechte innerhalb der Hauptversammlung. Andererseits nutzen sie auch die Rechte, die ihnen außerhalb der Hauptversammlung zugewiesen sind, und verwenden zugleich informelle Vorgehensweisen, um ihren Einfluss zu steigern.[32] Die Möglichkeiten der Einflussnahme auf informellen Wege sind vielfältig; sie reichen vom dauerhaften Dialog mit dem Vorstand[33] bis hin zum Ausüben öffentlichen Drucks auf denselben.[34] Verfolgen diese Aktionäre eher kurzfristige und ausschließlich am eigenen Anlageerfolg orientierte Ziele, setzen sie sich damit mitunter in Widerspruch zu den Interessen der übrigen Aktionäre.[35] In den jüngsten Jahren ist ein zunehmendes Auftreten US-amerikanischer aktivistischer Aktionäre bei deutschen Aktiengesellschaften festzustellen, was auch daran liegen mag, dass der Heimatmarkt enger und die Ausrichtung internationaler wird.[36] Der Einfluss aktivistischer Aktionäre in deutschen börsennotierten Aktiengesellschaften wird auch deswegen stärker, weil Stimmrechtsberater (sog. *Proxy Advisor*) diese zunehmend im Einzelfall in ihren Zielsetzungen unterstützen.[37]

Ebenso wie Aufsichtsrat und Vorstand ist die Hauptversammlung **ständiges Organ** der Gesellschaft.[38] Tatsächlich tritt die jeweilige Hauptversammlung zwar nur in konkreten

---

[29] *Engert* ZIP 2006, 2105 und *Thaeter/Guski* AG 2007, 301 weisen zu Recht darauf hin, dass keine Mehrheitsbeteiligung erforderlich ist; *Schiessl* ZIP 2009, 689; AG 2009, 385 verdeutlicht, dass gerade Hedgefonds die Schwelle von 30 % der Stimmrechte nicht erreichen wollen, ab der §§ 29 Abs. 2, 35 Abs. 2 WpÜG ein Pflichtangebot vorschreiben.
[30] *Schmolke* ZGR 2007, 701; *Schiessl* AG 2009, 385.
[31] Eine Vielzahl von Beispielen nennen *Schiessl* ZIP 2009, 689 sowie *Graßl/Nikoleyczek* AG 2017, 49; weitere Nachweise zur Ablösung des Vorstandsvorsitzenden der Deutschen Börse AG bei *Engert* ZIP 2006, 2105. Zur Vorgehensweise aktivistischer Aktionäre mittels Leerverkäufen, anschließender öffentlicher Kritik am Unternehmen mit Hinweis auf unternehmerische Fehlentscheidungen oder unbekannte Risiken und Erzielung von Kursgewinnen nach plötzlichem Kurssturz vgl. *Schockenhoff/Culmann* AG 2016, 517.
[32] *Thaeter/Guski* AG 2007, 301; *Schmolke* ZGR 2007, 701; *Schiessl* ZIP 2009, 689; *Heuser* Der Konzern 2012, 308; *Schockenhoff/Culmann* ZIP 2015, 297; *Graßl/Nikoleyczek* AG 2017, 49.
[33] *Schiessl* ZIP 2009, 689; *Schockenhoff/Culmann* ZIP 2015, 297.
[34] *Schmolke* ZGR 2007, 701; *Schockenhoff/Culmann* ZIP 2015, 297.
[35] *Schmolke* ZGR 2007, 701; *Butzke* Hauptversammlung der AG Rn. A 21.
[36] Vgl. etwa Activist Insight Monthly, November 2017, S. 6; einen leichten Rückgang aktivistischer Einflussnahmen im Jahr 2018 verzeichnend, Activist Investing in Europe, 2018, S. 22 f.; ausführlich zur Vorgehensweise aktivistischer Aktionäre und Verteidigungsmaßnahmen der Gesellschaft *Schockenhoff/Roßkopf/Hitzer* Germany in Shareholder Activism & Engagement 2018, 2018, S. 43; *Zülch/Weuster/Mladenov* KoR 2018, 303. Einer 2018 durchgeführten repräsentativen Umfrage zufolge gehen etwa zwei Drittel der befragten Rechtsabteilungen deutscher Aktiengesellschaften zukünftig von einer Zunahme der Aktivitäten aktivistischer Investoren in Deutschland aus, vgl. CLI/BUJ/CMS, Investor Activism, 2018, S. 52 ff.
[37] Allgemein zur Rolle von Proxy Advisors vgl. *Fleischer* AG 2012, 2; *Stüber*, WM 2020, 211; → § 39 Rn. 6 f.
[38] GroßkommAktG/*Mülbert* Vorb. § 118 Rn. 25; Schmidt/Lutter/*Spindler* AktG § 118 Rn. 11; MüKoAktG/*Kubis* § 118 Rn. 11.

Fällen als ordentliche oder außerordentliche Hauptversammlung zusammen (siehe zu den Hauptversammlungsarten näher → Rn. 78 ff.).[39] Als Rechtsgebilde besteht die Hauptversammlung in funktionaler Hinsicht aber dauerhaft fort.[40]

9 **3. Hauptversammlung und Mitbestimmung.** Die Mitbestimmung der Arbeitnehmer in den **Organen** der Gesellschaft erfolgt über die Besetzung des Aufsichtsrats (§§ 4 ff. DrittelbG; §§ 7 ff. MitbestG; §§ 4 ff. Montan-MitbestG; §§ 5 ff. Montan-MitbestErG) und im Rahmen des Vorstands über die Einrichtung des Arbeitsdirektors (§ 33 MitbestG; § 13 Montan-MitbestG; § 13 Montan-MitbestErG). Die betriebliche Mitbestimmung in bestimmten Fragen der Unternehmensführung geschieht durch den **Betriebsrat** (§§ 80 Abs. 1 Nr. 2; 106; 111 BetrVG). Dagegen bestehen keine Mitbestimmungsbefugnisse in der Hauptversammlung. Selbstverständlich können aber Arbeitnehmer Aktien der Gesellschaft erwerben, in der sie beschäftigt sind. Ein solcher Erwerb findet regelmäßig im Rahmen von Mitarbeiteraktienprogrammen statt. Als Aktionäre können sie sodann ihre Aktionärsrechte in der Hauptversammlung ausüben. Ebenso ist es möglich, dass die Hauptversammlung im Geltungsbereich des DrittelbG über das vorgeschriebene Drittel hinaus weitere Arbeitnehmer in den Aufsichtsrat wählt (→ § 28 Rn. 46).[41] Die auf diese Weise gewählten Arbeitnehmer vertreten dann allerdings die Anteilseigner und können nach § 103 Abs. 1 AktG abberufen werden.[42]

10 In paritätisch mitbestimmten Unternehmen ist der Stellvertreter des Aufsichtsratsvorsitzenden ein Arbeitnehmervertreter (§ 27 MitbestG). Sieht die Satzung, wie früher häufig, vor, dass die Hauptversammlung vom Aufsichtsratsvorsitzenden und im Falle seiner Verhinderung von dessen Stellvertreter geleitet wird, kann es auf diesem Wege zu einer wesentlichen Mitwirkung eines Arbeitnehmervertreters an der Hauptversammlung kommen. Ganz überwiegend enthalten die Satzungen aber inzwischen Bestimmungen, durch die sichergestellt wird, dass der Leiter der Hauptversammlung nicht von der Arbeitnehmerseite gestellt wird (→ § 37 Rn. 36). So kann in der Satzung bestimmt werden, dass dem Stellvertreter des Aufsichtsratsvorsitzenden die Versammlungsleitung nur zukommt, wenn er ein von der Hauptversammlung gewähltes Aufsichtsratsmitglied ist.[43] Besondere Bedeutung kann die Hauptversammlung in paritätisch mitbestimmten Gesellschaften bei Geschäftsführungsmaßnahmen gewinnen, die der Zustimmung des Aufsichtsrats bedürfen (vgl. § 111 Abs. 4 S. 2 AktG). Wenn der Aufsichtsrat die Zustimmung zu einer vom Vorstand gewünschten Maßnahme verweigert, die kraft Satzung oder Bestimmung des Aufsichtsrates dessen Zustimmung bedarf, kann der Vorstand die Hauptversammlung gemäß § 111 Abs. 4 S. 3 AktG anrufen (dazu → § 29 Rn. 67). Handelt es sich um eine zwischen Kapital- und Arbeitnehmerseite umstrittene Frage, liegt damit die Entscheidung letztlich bei der Kapitalseite.

II. Gesetzliche Zuständigkeit der Hauptversammlung

11 **1. Enumerationsprinzip. a) § 119 Abs. 1 AktG.** Die Hauptversammlung hat grundsätzlich nur die ihr durch das Gesetz oder – soweit das Gesetz es erlaubt: durch die Satzung – ausdrücklich zugewiesenen **Zuständigkeiten.** Verschiedene besonders wichtige Fälle sind in § 119 Abs. 1 AktG aufgezählt. Die Einzelheiten sind jeweils an anderer Stelle im AktG geregelt. Innerhalb des Unterabschnitts „Rechte der Hauptversammlung" (§§ 118–120 AktG) sind inhaltlich nur die Beschlüsse in Geschäftsführungsangelegenheiten

---

[39] Hüffer/*Koch* AktG § 118 Rn. 6; Schmidt/Lutter/*Spindler* AktG § 118 Rn. 11; MüKoAktG/*Kubis* § 118 Rn. 11.

[40] *Koch*Hüffer/*Koch* AktG § 118 Rn. 6; Schmidt/Lutter/*Spindler* AktG § 118 Rn. 11; MüKoAktG/*Kubis* § 118 Rn. 11.

[41] BGH NJW 1975, 1657 mit zust. Anm. *Mertens* AG 1975, 242; *Raiser* ZGR 1976, 105; Spindler/Stilz/*Spindler* AktG § 96 Rn. 27; MüKoAktG/*Habersack* § 96 Rn. 31.

[42] Schmidt/Lutter/*Drygala* AktG § 96 Rn. 24; Spindler/Stilz/*Spindler* AktG § 96 Rn. 27.

[43] MüKoAktG/*Habersack* § 107 Rn. 65; *Raiser/Veil* MitbestG § 27 Rn. 30; UHH/*Ulmer/Habersack* MitbestG § 27 Rn. 15, 20.

(§ 119 Abs. 2 AktG), die Entlastungsbeschlüsse (§ 120 Abs. 1 AktG) und die Beschlüsse zur Billigung des Vorstandsvergütungssystems (§ 120 Abs. 4 AktG a. F., jetzt § 120a Abs. 1 AktG[44]) geregelt. Letztere wurden zwar erst im Jahr 2009 durch das VorstAG[45] eingefügt, waren aber schon im Jahr 2013 erneut Gegenstand einer ausgeprägten rechtspolitischen Debatte[46] und wurden kürzlich durch das ARUG II[47], das die Änderungsrichtlinie zur Aktionärsrechterichtlinie[48] umsetzt, weiter gestärkt. § 119 Abs. 1 AktG ist **zwingend:** Die dort aufgezählten Befugnisse können nicht einem anderen Organ oder einem Dritten übertragen werden.[49]

Im Einzelnen handelt es sich um folgende Fälle: 12

– Wahl der Aufsichtsratsmitglieder, soweit sie nicht in den Aufsichtsrat zu entsenden (§ 101 Abs. 2 AktG) oder nach den Mitbestimmungsgesetzen als Aufsichtsratsmitglieder der Arbeitnehmer zu wählen sind (§§ 9ff. MitbestG; § 5 Montan-MitbestErG; §§ 5ff. DrittelbG; § 24 MgVG);
– Verwendung des Bilanzgewinns (§ 174 Abs. 1 AktG);
– Entlastung der Mitglieder des Vorstands und des Aufsichtsrats (§ 120 Abs. 1 AktG);
– Bestellung des Abschlussprüfers und bei Mutterunternehmen des Konzernabschlussprüfers (§ 318 Abs. 1, 2 HGB);
– Änderungen der Satzung (§ 179 Abs. 1 AktG);
– Maßnahmen der Kapitalbeschaffung (§§ 182, 192, 202, 207 AktG), einschließlich der Ausgabe von Wandel- und Gewinnschuldverschreibungen und der Gewährung von Genussrechten (§ 221 AktG) sowie Maßnahmen der Kapitalherabsetzung (§§ 222, 229, 237 AktG);
– Bestellung von Sonderprüfern zur Prüfung von Vorgängen bei der Gründung oder der Geschäftsführung (§ 142 Abs. 1 AktG);
– Auflösung der Gesellschaft (§ 262 Abs. 1 AktG).

b) Sonstige Fälle nach AktG und HGB. Außer diesen Zuständigkeiten enthält das Gesetz noch eine Anzahl verstreuter Bestimmungen über Maßnahmen, die zwingend in die Kompetenz der Hauptversammlung fallen. Es sind dies: 13

– Verzicht auf und Vergleich über Ersatzansprüche der Gesellschaft gegen Gründer sowie Vorstands- und Aufsichtsratsmitglieder (§§ 50; 93 Abs. 4, 116 AktG);[50]
– Zustimmung zu Nachgründungsverträgen (§ 52 AktG);
– Verlangen nach gewissen Maßnahmen zur Vorbereitung von Hauptversammlungs-Beschlüssen (§ 83 Abs. 1 AktG);
– Entzug des Vertrauens gegenüber Vorstandsmitgliedern (§ 84 Abs. 3 AktG);
– Herabsetzung der Maximalvergütung des Vorstands (§ 87 Abs. 4 AktG → Rn. 48);
– Abberufung von Aufsichtsratsmitgliedern (§ 103 Abs. 1 AktG);
– Zustimmung zu Geschäftsführungsmaßnahmen auf Verlangen des Vorstandes, sofern der Aufsichtsrat seine Zustimmung verweigert hat (§ 111 Abs. 4 S. 3 AktG);

---

[44] § 120a AktG gilt seit dem 1.1.2020. Die erstmalige Beschlussfassung nach dieser Vorschrift hat bis zum Ablauf der ersten ordentlichen Hauptversammlung zu erfolgen, die auf den 31.12.2020 folgt (§ 26j Abs. 1 S. 1 EG-AktG).
[45] Gesetz zur Angemessenheit der Vorstandsvergütung vom 31.7.2009 (BGBl. 2009 I S. 2509).
[46] Aus der reichhaltigen Literatur zur Debatte vgl. *Löbbe/Fischbach* WM 2013, 1625; zum Scheitern des Gesetzesvorhabens im Bundesrat NJW-Spezial 2013, 625.
[47] Gesetz zur Umsetzung der zweiten Aktionärsrechterichtlinie (ARUG II) vom 12.12.2019 (BGBl. I 2657).
[48] Richtlinie (EU) 2017/828 vom 17.5.2017 zur Änderung der Richtlinie 2007/36/EG im Hinblick auf die Förderung der langfristigen Mitwirkung der Aktionäre, ABl. 2017 L 132, S. 1; dazu → Rn. 46.
[49] GroßkommAktG/*Mülbert* § 119 Rn. 6; Schmidt/Lutter/*Spindler* AktG § 119 Rn. 2; Hüffer/*Koch* AktG § 119 Rn. 1.
[50] Nach BGH NZG 2014, 1058 besteht eine Hauptversammlungskompetenz auch für Fälle, in denen die Gesellschaft gegen Vorstandsmitglieder gerichtete Sanktionen übernehmen will.

§ 35 14, 15

- Festsetzung der Aufsichtsratsvergütung (§ 113 Abs. 1 S. 2 AktG)[51] und Beschluss über diese (§ 113 Abs. 3 AktG);[52]
- Billigung des Systems zur Vergütung der Vorstandsmitglieder (§ 120 Abs. 4 AktG a. F., jetzt § 120a Abs. 1 AktG);
- Entscheidung über die Geltendmachung von Ersatzansprüchen (§ 147 Abs. 1 AktG);
- Bestellung besonderer Vertreter (§ 147 Abs. 2 AktG);
- Widerruf der Wahl zum Abschlussprüfer (§ 318 Abs. 1 S. 5 HGB);
- Feststellung des Jahresabschlusses in bestimmten Fällen, nämlich
  (1) wenn der Aufsichtsrat den vom Vorstand aufgestellten Jahresabschluss nicht billigt (§§ 171 Abs. 2 S. 4, 173 Abs. 1 AktG);
  (2) wenn Vorstand und Aufsichtsrat die Feststellung des Jahresabschlusses der Hauptversammlung überlassen (§ 172 S. 1, § 173 Abs. 1 AktG);
  (3) im Falle einer rückwirkenden vereinfachten Kapitalherabsetzung (§ 234 Abs. 2 AktG);
- Zustimmung zu Verträgen, durch die sich die Gesellschaft zur Übertragung ihres gesamten Vermögens verpflichtet, ohne dass die Übertragung dem UmwG unterfällt (§ 179a AktG);[53]
- Verwendung des Ertrags, der durch höhere Bewertung aufgrund einer Sonderprüfung entsteht (§ 261 Abs. 3 S. 2 AktG);
- Bestellung und Abberufung von Abwicklern (§ 265 Abs. 2 und 5 AktG);
- Vertretungsregelung im Falle der Abwicklung (§ 269 Abs. 2 und 3 AktG);
- Feststellung der Liquidationseröffnungsbilanz und der Jahresabschlüsse während der Abwicklung (§ 270 Abs. 2 AktG);
- Entlastung der Abwickler und der Mitglieder des Aufsichtsrats während der Abwicklung (§ 270 Abs. 2 AktG);
- Fortsetzung der aufgelösten Gesellschaft (§ 274 AktG);
- Feststellung des Jahresabschlusses bei der KGaA (§ 286 Abs. 1 S. 1 AktG);
- Zustimmung zum Abschluss und zur Änderung eines Unternehmensvertrags (§§ 293 Abs. 1, 295 Abs. 1 AktG);
- Eingliederung der Gesellschaft und Beendigung der Eingliederung (§§ 319, 320, 327 Abs. 1 Nr. 1 AktG);
- Ausschluss von Minderheitsaktionären, sog. „Squeeze-out" (§ 327a AktG).

14 Neben diesen **Entscheidungszuständigkeiten** kann als gesonderte Zuständigkeit der Hauptversammlung die Entgegennahme der Verlustanzeige gem. § 92 Abs. 1 AktG sowie von Jahresabschluss und Geschäftsbericht genannt werden (§§ 175, 176 Abs. 1 AktG). Zur Einberufung einer Hauptversammlung nur zur Information der Aktionäre oder nur zur Erörterung eines Gegenstandes (ohne Beschlussfassung) → § 36 Rn. 6.

c) Fälle nach UmwG und WpÜG.

15 - Zustimmung zum Verschmelzungsvertrag (§§ 13, 65, 73 UmwG);
- Zustimmung zum Abspaltungs-, Aufspaltungs- oder Ausgliederungsvertrag (§ 125 iVm §§ 13, 65, 73 UmwG), jeweils mit partieller Gesamtrechtsnachfolge;[54]

---

[51] Zur Bindung der Gesellschaft an eine durch Hauptversammlungsbeschluss festgesetzte Sondervergütung OLG Stuttgart AG 1991, 404.
[52] § 113 Abs. 3 AktG gilt seit dem 1.1.2020. Die erstmalige Beschlussfassung nach dieser Vorschrift hat bis zum Ablauf der ersten ordentlichen Hauptversammlung zu erfolgen, die auf den 31.12.2020 folgt (§ 26j Abs. 1 S. 1 EG-AktG).
[53] Zustimmungsbedürftig sind alle Abreden im Zusammenhang mit einer Vermögensübertragung, soweit sie miteinander stehen und fallen sollen, BGHZ 82, 188 = NJW 1982, 933 – Hoesch/Hoogovens.
[54] Bei Ausgliederungen im Wege der Einzelrechtsnachfolge – also außerhalb des UmwG – bedarf es dagegen der Zustimmung der Hauptversammlung nur, wenn es sich um eine Grundlagenentscheidung

– Zustimmung zur Vermögensübertragung nach dem UmwG (§§ 174 ff. iVm §§ 65, 73 UmwG);
– formwechselnde Umwandlung (§§ 233, 240 iVm § 193 Abs. 1 UmwG);
– verschmelzungsrechtlicher Squeeze-out (§ 62 Abs. 5 UmwG iVm § 327a AktG);
– Ermächtigung des Vorstands zu Abwehrmaßnahmen gegen Übernahmeangebote (§ 33 Abs. 2 WpÜG).

2. Beschlüsse in Geschäftsführungsangelegenheiten. a) Grundlagen. Nach § 76 Abs. 1 AktG hat der Vorstand „unter eigener Verantwortung die Gesellschaft zu leiten". Jedoch kann er in bestimmten Fällen die Hauptversammlung in die Geschäftsführung einbinden: Erteilt der Aufsichtsrat eine erforderliche Zustimmung zu einer Maßnahme der Geschäftsführung nicht, kann der Vorstand die Hauptversammlung anrufen (§ 111 Abs. 4 S. 3 AktG). Darüber hinaus weist § 119 Abs. 2 AktG der Hauptversammlung eine Zuständigkeit zur Entscheidung über Geschäftsführungsfragen zu, „wenn der Vorstand es verlangt". Im Übrigen sind Beschlüsse der Hauptversammlung in Geschäftsführungsfragen rechtlich unverbindlich,[55] faktisch jedoch wegen der Möglichkeit eines Vertrauensentzugs gemäß § 84 Abs. 3 S. 2 AktG von Gewicht. Wegen des Kompetenzmangels der Hauptversammlung ist ein unverbindlicher Beschluss nicht „gesetzmäßig" im Sinne von § 93 Abs. 4 S. 1 AktG. Der Vorstand ist also bei seiner Befolgung nicht vor Schadenersatzansprüchen der Gesellschaft geschützt (→ § 26 Rn. 31 ff.).[56]

b) Voraussetzungen und Verfahren. Sowohl in den Fällen des § 111 Abs. 4 S. 3 AktG als auch in denen des § 119 Abs. 2 AktG ist der Vorstand berechtigt, eine Entscheidung der Hauptversammlung herbeizuführen. Ob er von der Befugnis Gebrauch macht, liegt in seinem **freien Ermessen**.[57] Nur in seltenen Ausnahmefällen trifft den Vorstand eine Vorlagepflicht.[58] Demnach braucht der Vorstand die Hauptversammlung auch bei Maßnahmen von weitreichender Bedeutung nur ausnahmsweise um eine Entscheidung zu bitten. Wenn er aber eine Entscheidung der Hauptversammlung verlangt, muss er ihr die für eine sachgemäße Willensbildung erforderlichen Informationen bereitstellen.[59] Soll die Hauptversammlung einem Vertragsabschluss zustimmen, kann diese Informationspflicht von der Bekanntgabe des wesentlichen Inhalts des Vertrags bis zur Auslegung des Vertrags in den Geschäftsräumen der Gesellschaft und der Abschriftserteilung auf Verlangen der Aktionäre reichen.[60]

Die Anrufung der Hauptversammlung erfolgt durch den **Gesamtvorstand** (§§ 111 Abs. 4 S. 3, 119 Abs. 2 AktG). Sie ist selbst eine Geschäftsführungsmaßnahme, für die § 77 AktG gilt.[61] Der Vorstand handelt dabei als Kollegialorgan aufgrund Beschlussfassung. Der Beschluss erfordert Einstimmigkeit, soweit nicht durch Satzung oder Geschäftsordnung des

---

im Sinne der „Holzmüller/Gelatine"-Rechtsprechung handelt, LG München I BB 2006, 1928; aA LG Karlsruhe NZG 1998, 393, das sich für eine entsprechende Anwendung des UmwG aussprach.

[55] Schmidt/Lutter/*Spindler* AktG § 119 Rn. 25; MüKoAktG/*Kubis* § 119 Rn. 27; für die Nichtigkeit solcher Beschlüsse sprechen sich aus GroßkommAktG/*Mülbert* § 119 Rn. 214; Spindler/Stilz/*Hoffmann* AktG § 119 Rn. 54; zur Frage, ob der Leiter der Hauptversammlung einen entsprechenden Antrag zur Abstimmung zulassen darf, → § 40 Rn. 13.

[56] MüKoAktG/*Kubis* § 119 Rn. 29; im Ergebnis ebenso Spindler/Stilz/*Hoffmann* AktG § 119 Rn. 54.

[57] Spindler/Stilz/*Hoffmann* AktG § 119 Rn. 13; Hüffer/*Koch* AktG § 119 Rn. 13.

[58] BGHZ 83, 122 = NJW 1982, 1032 = AG 1982, 158 – Holzmüller.

[59] BGHZ 146, 288 = WM 2001, 569 – Altana/Milupa; OLG Dresden AG 2003, 433; Schmidt/Lutter/*Spindler* AktG § 119 Rn. 22; Hüffer/*Koch* AktG § 119 Rn. 14.

[60] BGHZ 146, 288 (294 f.) – Altana/Milupa; OLG Schleswig AG 2006, 120 sprach sich im konkreten Fall für eine Bekanntmachungspflicht aus.

[61] Schmidt/Lutter/*Spindler* AktG § 119 Rn. 17; Spindler/Stilz/*Hoffmann* AktG § 119 Rn. 13; MüKoAktG/*Kubis* § 119 Rn. 21.

Vorstands Mehrheitsbeschlüsse zugelassen sind (§ 77 Abs. 1 S. 2 AktG). Einzelne Vorstandsmitglieder können das Verfahren gemäß § 119 Abs. 2 AktG auch dann nicht auf den Weg bringen, wenn ihnen Einzelgeschäftsführungsbefugnis erteilt ist.[62] Vielmehr hat der Vorstand als Organ die Geschäftsführungsangelegenheit entweder in einer eigens einzuberufenden Hauptversammlung zur Abstimmung zu stellen oder als Tagesordnungspunkt in eine aus anderem Anlass einberufene Hauptversammlung einzubringen. Eine besondere Form ist für das Verlangen gem. § 119 Abs. 2 AktG nicht vorgesehen. Vorstand und Aufsichtsrat sind jedoch gem. § 124 Abs. 3 AktG verpflichtet, zu dem betreffenden Tagesordnungspunkt einen Beschlussvorschlag zu machen.

19 **c) Wirkungen.** Im Falle des **§ 111 Abs. 4 S. 3 AktG** (Verweigerung der Zustimmung durch Aufsichtsrat) „kann der Vorstand verlangen, dass die Hauptversammlung über die Zustimmung beschließt". Der Beschluss der Hauptversammlung bedarf zwingend einer Mehrheit von mindestens drei Vierteln der abgegebenen Stimmen (§ 111 Abs. 4 S. 4, 5 AktG). Das Gesetz gibt dem Vorstand also einen Anspruch darauf, dass die Hauptversammlung eine Sachentscheidung trifft.[63] Wird die Zustimmung erteilt, ist der Vorstand berechtigt, aber nicht verpflichtet, das betreffende Geschäft vorzunehmen. Es gilt insoweit nichts anderes, als im Falle der Erteilung der Zustimmung durch den Aufsichtsrat, die hier durch die Zustimmung der Hauptversammlung ersetzt wird.[64] Fälle des § 111 Abs. 4 S. 3 AktG sind in der Praxis freilich äußerst selten, tragen sie doch den Bruch zwischen Vorstand und Aufsichtsrat offen zur Schau.[65] Veröffentlichte Rechtsprechung dazu ist nicht ersichtlich.

20 Bei **§ 119 Abs. 2 AktG** ist die Hauptversammlung dagegen nicht verpflichtet, sich mit dem Antrag des Vorstandes zu befassen.[66] Lehnt sie eine Beschlussfassung ab, muss der Vorstand selbst entscheiden.[67] Das Gleiche gilt, wenn sich die Hauptversammlung auf eine bloße Empfehlung beschränken sollte. Trifft sie eine Sachentscheidung, ist der Vorstand verpflichtet, dieser Entscheidung zu folgen (§ 83 Abs. 2 AktG), auch wenn sie von seinem Vorschlag abweichen sollte.[68] Daraus wird deutlich, dass der Vorstand im Verfahren nach § 119 Abs. 2 AktG nicht nur die Zustimmung der Hauptversammlung einholt, sondern der Hauptversammlung die Entscheidung überlässt.[69] Der Vorstand kann auch dann ein Verlangen gem. § 119 Abs. 2 AktG unmittelbar an die Hauptversammlung richten, wenn ein Geschäft in Frage steht, für das die Satzung nach § 111 Abs. 4 S. 2 AktG einen **Zustimmungsvorbehalt des Aufsichtsrats** vorsieht.[70] Entspricht die Hauptversammlung dem Verlangen und trifft sie eine positive Sachentscheidung, wird die (zusätzliche) Zustimmung des Aufsichtsrats entbehrlich.[71] Um die Umgehung des qualifizierten Mehrheitserfordernisses des § 111 Abs. 4 S. 4 AktG zu verhindern, bedarf der zustimmende Haupt-

---

[62] Hüffer/*Koch* AktG § 77 Rn. 17, § 119 Rn. 13; MüKoAktG/*Kubis* § 119 Rn. 21.
[63] Spindler/Stilz/*Hoffmann* AktG § 119 Rn. 16; MüKoAktG/*Kubis* § 119 Rn. 26; eine Sanktion zur Durchsetzung dieses Anspruchs sieht das Gesetz freilich nicht vor; es kommt die Amtsniederlegung aus wichtigem Grunde in Betracht (zu dieser → § 20 Rn. 67 f. und Hüffer/*Koch* AktG § 84 Rn. 44 ff. mwN) wie im Falle unberechtigter Verweigerung der Entlastung (dazu → Rn. 36).
[64] → § 29 Rn. 67.
[65] Schmidt/Lutter/*Drygala* AktG § 111 Rn. 63; Spindler/Stilz/*Spindler* AktG § 111 Rn. 74; MüKoAktG/*Habersack* § 111 Rn. 130.
[66] Spindler/Stilz/*Hoffmann* AktG § 119 Rn. 16; MüKoAktG/*Kubis* § 119 Rn. 26.
[67] GroßkommAktG/*Mülbert* § 119 Rn. 207; MüKoAktG/*Kubis* § 119 Rn. 27.
[68] Spindler/Stilz/*Hoffmann* AktG § 119 Rn. 19; Hüffer/*Koch* AktG § 119 Rn. 15; MüKoAktG/*Kubis* § 119 Rn. 27.
[69] Spindler/Stilz/*Hoffmann* AktG § 119 Rn. 17.
[70] GroßkommAktG/*Mülbert* § 119 Rn. 194; Hölters/*Drinhausen* AktG § 119 Rn. 12; Schmidt/Lutter/*Spindler* AktG § 119 Rn. 19; Spindler/Stilz/*Hoffmann* AktG § 119 Rn. 14; MüKoAktG/*Kubis* § 119 Rn. 24; aA *Dietz-Vellmer* NZG, 2014, 721 (724 f.), der eine vorherige Vorlage an den Aufsichtsrat für zwingend erforderlich hält.
[71] Schmidt/Lutter/*Spindler* AktG § 119 Rn. 19; MüKoAktG/*Kubis* § 119 Rn. 24.

versammlungsbeschluss hier ebenfalls einer Mehrheit, die mindestens drei Viertel der abgegebenen Stimmen umfasst.[72]

Als Sanktion für die etwaige **Nichtbefolgung** eines Hauptversammlungsbeschlusses gem. § 119 Abs. 2 AktG kommen Schadenersatzansprüche der Gesellschaft gegen die betreffenden Vorstandsmitglieder sowie die Abberufung aus wichtigem Grunde (§ 84 Abs. 3 S. 1 AktG) in Betracht.[73] Die Hauptversammlung kann die Nichtbefolgung ihres Beschlusses durch Vertrauensentzug gem. § 84 Abs. 3 S. 2 AktG sanktionieren und dadurch dem Aufsichtsrat die Grundlage für eine Abberufung aus wichtigem Grunde geben.

Befolgt der Vorstand die Entscheidung der Hauptversammlung, kann er sich dadurch der Gesellschaft gegenüber nicht schadenersatzpflichtig machen (§ 93 Abs. 4 S. 1 AktG). Im Verhältnis zu den Gläubigern der Gesellschaft kann sich der Vorstand allerdings auf den Hauptversammlungsbeschluss dann nicht berufen, wenn seine Befolgung eine gröbliche Sorgfaltspflichtverletzung darstellt (§ 93 Abs. 5 S. 3 AktG). Der Aufsichtsrat ist nicht berechtigt, Maßnahmen gegen Vorstandsmitglieder zu ergreifen, die dem Beschluss der Hauptversammlung folgen.[74] Die nachträgliche Billigung einer vom Vorstand getroffenen Maßnahme durch die Hauptversammlung verstößt allerdings gegen § 93 Abs. 4 AktG und befreit den Vorstand nicht von seiner Verantwortlichkeit.[75] Grund dafür ist, dass das Vorstandshandeln in diesem Fall entgegen dem Gesetzeswortlaut nicht auf dem Hauptversammlungsbeschluss „beruht".[76] Wird die Maßnahme des Vorstands dagegen unter dem Vorbehalt eines zustimmenden Hauptversammlungsbeschlusses getroffen, liegt nicht der Fall einer nachträglichen Billigung vor.[77] Hält der Vorstand seinerseits den Beschluss, den die Hauptversammlung in Geschäftsführungsangelegenheiten fasst, für rechtswidrig, kann er selbst Nichtigkeits- oder Anfechtungsklage erheben (§ 245 Nr. 4 AktG).[78]

3. Entlastung[79]**. a) Zuständigkeit.** Für die Entlastung der Mitglieder des Vorstands und des Aufsichtsrats ist gemäß § 120 AktG ausschließlich die Hauptversammlung zuständig. Diese Regelung ist zwingend.[80] Insbesondere könnte die Entlastung des Vorstands nicht etwa durch die Satzung dem Aufsichtsrat übertragen werden. Die Hauptversammlung entscheidet über die Entlastung aller Vorstands- und Aufsichtsratsmitglieder, also auch des Arbeitsdirektors und der von den Arbeitnehmern gewählten Aufsichtsratsmitglieder sowie über die Entlastung der gerichtlich bestellten Vorstands- und Aufsichtsratsmitglieder.[81]

b) Beschlussfassung. Die Beschlussfassung hat gemäß § 120 Abs. 1 S. 1 AktG in den ersten acht Monaten des Geschäftsjahres zu erfolgen. Über die Entlastung der Mitglieder des Vorstands und des Aufsichtsrats ist[82] je ein getrennter Beschluss zu fassen. Dies ent-

---

[72] GroßkommAktG/*Mülbert* § 119 Rn. 207; Schmidt/Lutter/*Spindler* AktG § 119 Rn. 23; MüKoAktG/*Kubis* § 119 Rn. 26.
[73] Schmidt/Lutter/*Spindler* AktG § 119 Rn. 25; MüKoAktG/*Kubis* § 119 Rn. 29 f.
[74] GroßkommAktG/*Mülbert* § 119 Rn. 211; MüKoAktG/*Kubis* § 119 Rn. 30.
[75] Allgemeine Auffassung; vgl. OLG Stuttgart ZIP 1995, 378 = AG 1995, 233; OLG München WM 2008, 1971 = ZIP 2008, 1916; MüKoAktG/*Spindler* § 93 Rn. 242.
[76] Spindler/Stilz/*Fleischer* AktG § 93 Rn. 267; Hüffer/*Koch* AktG § 93 Rn. 73.
[77] Schmidt/Lutter/*Krieger/Sailer-Coceani* AktG § 93 Rn. 59; Hüffer/*Koch* AktG § 93 Rn. 73.
[78] In der Praxis hat die Erhebung der Anfechtungsklage durch den Vorstand nur sehr wenig Relevanz, vgl. → § 42 Rn. 82.
[79] Allgemein *Weitemeyer* ZGR 2005, 280; vertiefend *von der Linden* ZIP 2013, 2343; *Beuthien* GmbHR 2014, 682; *Beuthien* GmbHR 2014, 799; *Reichard* GWR 2015, 377.
[80] Allgemeine Auffassung, vgl. Schmidt/Lutter/*Spindler* AktG § 120 Rn. 13; Hüffer/*Koch* AktG § 120 Rn. 1, 5.
[81] GroßkommAktG/*Mülbert* § 120 Rn. 66; Spindler/Stilz/*Hoffmann* AktG § 120 Rn. 3; Hüffer/*Koch* AktG § 120 Rn. 5.
[82] HM, vgl. GroßkommAktG/*Mülbert* § 120 Rn. 118; Hüffer/*Koch* AktG § 120 Rn. 8; MüKoAktG/*Kubis* § 120 Rn. 7.

spricht dem Wortlaut des § 120 Abs. 1 S. 1 AktG und gibt dem Aktionär zudem die Möglichkeit, Billigung oder Missbilligung differenzierter und damit auch wirksamer auszudrücken, als dies bei einheitlicher Beschlussfassung möglich wäre. Die getrennte Entlastung von Vorstand und Aufsichtsrat unter zwei verschiedenen Tagesordnungspunkten ist nicht erforderlich, entspricht aber der Praxis.[83]

25 Grundsätzlich wird über die Entlastung der Mitglieder des jeweiligen Organs insgesamt abgestimmt **(Gesamtentlastung)** und damit dem Prinzip der Gesamtverantwortung der Mitglieder der Organe Rechnung getragen.[84] Davon kann zugunsten von **Einzelentlastungen** in drei Fällen abgewichen werden:
– aufgrund eines Hauptversammlungsbeschlusses (§ 120 Abs. 1 S. 2 Alt. 1 AktG)
– aufgrund eines Minderheitenantrags (§ 120 Abs. 1 S. 2 Alt. 2 AktG)
– auf Anordnung des Leiters der Hauptversammlung nach eigenem Ermessen basierend auf seiner Leitungsbefugnis.[85]

Durch die Einzelentlastung wird den Aktionären die Möglichkeit gegeben, ihre Auffassung differenziert auszudrücken, zB wenn Vorbehalte gegen einzelne Mitglieder des betreffenden Organs bestehen. Sie sind dann nicht gezwungen, dem gesamten Verwaltungsorgan die Entlastung zu verweigern, um ihren Vorbehalten Ausdruck zu verleihen.

26 Der **Hauptversammlungsbeschluss,** durch den das Verfahren der Einzelentlastung bestimmt wird, ist gemäß § 133 Abs. 1 AktG vorbehaltlich anderer Satzungsregelungen mit einfacher Stimmenmehrheit zu fassen.[86] Das Recht, Einzelentlastung zu beantragen, steht wie auch sonst das Antragsrecht jedem Aktionär ohne Rücksicht auf die Höhe seines Anteilsbesitzes zu. Ebenso kann jedes Mitglied des Vorstands oder des Aufsichtsrats den Antrag auf Einzelentlastung stellen.[87] Über den Antrag auf Einzelentlastung ist herkömmlicher Auffassung vor der Beschlussfassung über die Entlastung abzustimmen.[88] Nach zutreffender neuerer Auffassung kann, jedenfalls wenn eine Mehrheit zu erwarten ist, zunächst über den Sachantrag auf Gesamtentlastung abgestimmt werden. Dabei hat allerdings der Versammlungsleiter darauf hinzuweisen, dass, wer Einzelentlastung wünscht, gegen die Entlastung stimmen muss.[89]

27 Für einen erfolgreichen **Minderheitenantrag** ist erforderlich, dass die Anteile der Antragsteller zusammen mindestens 10% des Grundkapitals oder den anteiligen Betrag von einer Million Euro ausmachen. Wird bei der Abstimmung über einen Antrag auf Einzelentlastung zwar keine Mehrheit in der Hauptversammlung erreicht, stimmen aber 10% des Grundkapitals oder ein anteiliger Betrag von einer Million Euro für den Antrag, kann dieses Abstimmungsergebnis nach umstrittener aber zutreffender Auffassung als erfolgreicher Minderheitenantrag gewertet werden.[90] Dafür sprechen verfahrensökonomische Gründe, denn die Aktionäre, die bei der Abstimmung zugunsten der Einzelentlastung stimmen, werden voraussichtlich auch einen entsprechenden Minderheitenantrag unterstützen.[91] Der

---

[83] *Ek,* Praxisleitfaden für die Hauptversammlung, Rn. 518; vgl. auch Münch. Vertragshandbuch Bd. 1/*Favoccia* Form. V.73 TOP 3, 4.
[84] Schmidt/Lutter/*Spindler* AktG § 120 Rn. 19; *Butzke* Hauptversammlung der AG Rn. I 18; MüKoAktG/*Kubis* § 120 Rn. 7.
[85] HM; vgl. *Butzke* Hauptversammlung der AG Rn. I 29; Hüffer/*Koch* AktG § 120 Rn. 10; MüKoAktG/*Kubis* § 120 Rn. 12; bestätigt durch BGHZ 182, 272 = NZG 2009, 1270 – Umschreibungsstopp.
[86] Schmidt/Lutter/*Spindler* AktG § 120 Rn. 24; MüKoAktG/*Kubis* § 120 Rn. 8.
[87] GroßkommAktG/*Mülbert* § 120 Rn. 121; Spindler/Stilz/*Hoffmann* AktG § 120 Rn. 17.
[88] Spindler/Stilz/*Hoffmann* AktG § 120 Rn. 17; GroßkommAktG/*Mülbert* § 120 Rn. 123; MüKoAktG/*Kubis* § 120 Rn. 8; Schmidt/Lutter/*Spindler* AktG § 120 Rn. 23.
[89] *von Rucksteschell* AG 2007, 738; Hüffer/*Koch* AktG § 120 Rn. 9; *Austmann* FS Hoffmann-Becking, 2013, 45 (71) und → § 40 Rn. 17.
[90] Spindler/Stilz/*Hoffmann* AktG § 120 Rn. 19; eine dahingehende Pflicht sehen MüKoAktG/*Kubis* § 120 Rn. 11; GroßkommAktG/*Mülbert* § 120 Rn. 124 ff.
[91] *Ek,* Praxisleitfaden für die Hauptversammlung, Rn. 523.

§ 35 Zuständigkeit der Hauptversammlung

Gegenauffassung,[92] die eine Gleichsetzung ablehnt, ist zwar zuzugestehen, dass sie deutlich zwischen den Varianten des § 120 Abs. 1 S. 2 AktG unterscheidet, sie verursacht damit jedoch unnötige Verzögerungen im Hauptversammlungsablauf. Im Übrigen kann auch der **Versammlungsleiter** von sich aus in Ausübung seiner Leitungsbefugnis die Einzelentlastung anordnen, um für einen zweckmäßigen und verzögerungsfreien Ablauf der Hauptversammlung zu sorgen (→ § 37 Rn. 74). Dies gilt auch für die Fälle, in denen die Gesamtentlastung zuvor verweigert wurde.[93]

28 Bei der Einzelentlastung kann es zu gesonderten Beschlussfassungen über die Entlastung des **Arbeitsdirektors** und der einzelnen **Arbeitnehmervertreter** im Aufsichtsrat kommen. Unzulässig ist es jedoch, in mitbestimmten Gesellschaften über die Aufsichtsratsmitglieder gruppenbezogen nach Anteilseigner- und Arbeitnehmervertretern abzustimmen.[94]

29 Die Entscheidung über die Art des Entlastungsverfahrens ist allein unter verfahrensökonomischen Gesichtspunkten zu treffen.[95] Eines weitergehenden **sachlichen Grundes** bedarf sie nicht.[96] Für die Verfahrensabstimmung über den Antrag auf Einzelentlastung unterliegen die Organmitglieder keinem **Stimmverbot** nach § 136 AktG.[97] Auch unter Rechtsmissbrauchsgesichtspunkten lässt sich insoweit keine andere Bewertung rechtfertigen.[98] Demnach kann die Entscheidung zugunsten der Einzelentlastung – auch bei Fehlen eines sachlichen Grundes – keine Umgehung von Stimmverboten darstellen, die im Rahmen der Gesamtentlastung bestehen.[99]

30 Für die Frage, ob beim Entlastungsbeschluss selbst Stimmverbote bestehen, ist entscheidend auf die sachliche Reichweite des § 136 AktG abzustellen.[100] Danach unterliegen Organmitglieder bei der Einzel- und der Gesamtentlastung dem Stimmverbot des § 136 AktG, wenn sie quasi als „Richter in eigener Sache" tätig werden.[101] Ergeht ein Gesamtentlastungsbeschluss sind danach alle Organmitglieder von der Stimmabgabe ausgeschlossen. Im Falle der Einzelentlastung hingegen sind die Organmitglieder für die Entlastungsbeschlüsse der anderen Mitglieder grundsätzlich zur Stimmabgabe berechtigt (→ § 39 Rn. 37). Einem Stimmverbot unterliegen sie nur, soweit sie von der Entscheidung über die Entlastung der anderen Mitglieder in gleicher Weise betroffen sind.[102] Dies ist etwa dann anzunehmen, wenn die Organmitglieder an einem Vorgang beteiligt waren, der dem zu entlastenden Mitglied als Pflichtverletzung vorzuwerfen ist.[103] Wo dies der Fall ist, besteht

---

[92] Hüffer/*Koch* AktG § 120 Rn. 9; Schmidt/Lutter/*Spindler* AktG § 120 Rn. 26; *Butzke* Hauptversammlung der AG Rn. I 25; Hölters/*Drinhausen* AktG § 120 Rn. 15.
[93] Hölters/*Drinhausen* AktG § 120 Rn. 17; Hüffer/*Koch* AktG § 120 Rn. 9 f.; MüKoAktG/*Kubis* § 120 Rn. 12.
[94] GroßkommAktG/*Mülbert* § 120 Rn. 119; Schmidt/Lutter/*Spindler* AktG § 120 Rn. 22; MüKoAktG/*Kubis* § 120 Rn. 8.
[95] BGHZ 182, 272; Spindler/Stilz/*Hoffmann* AktG § 120 Rn. 15.
[96] BGHZ 182, 272; Schmidt/Lutter/*Spindler* AktG § 120 Rn. 30; Spindler/Stilz/*Hoffmann* AktG § 120 Rn. 15; MüKoAktG/*Kubis* § 120 Rn. 13.
[97] OLG München DB 1995, 1020; Spindler/Stilz/*Hoffmann* AktG § 120 Rn. 20; *Butzke* Hauptversammlung der AG Rn. I 21; MüKoAktG/*Schröer* § 136 Rn. 10; GroßkommAktG/*Mülbert* § 120 Rn. 121.
[98] Spindler/Stilz/*Hoffmann* AktG § 120 Rn. 20.
[99] BGHZ 182, 272; krit. dazu *Hoffmann* NZG 2010, 290; aA OLG München DB 1995, 1020 = WM 1995, 842.
[100] Hüffer/*Koch* AktG § 120 Rn. 10.
[101] BGHZ 182, 272; *Butzke* Hauptversammlung der AG Rn. I 30.
[102] BGHZ 182, 272; Hüffer/*Koch* AktG § 120 Rn. 10; weitergehend dagegen GroßkommAktG/*Mülbert* § 120 Rn. 134 (ein als Organmitglied „amtierender Aktionär" soll von Beschlussfassung über die Entlastung aller derjenigen Organkollegen ausgeschlossen sein, die Mitaktionäre der Gesellschaft sind).
[103] BGHZ 182, 272.

31 das Stimmverbot auch im Rahmen der Einzelentlastung. Wo dies hingegen nicht der Fall ist, besteht kein Stimmverbot, das umgangen werden könnte.[104]

31 Sofern ein Stimmverbot besteht, können **Vorstands- und Aufsichtsratsmitglieder** bei der Entlastung nicht mitstimmen, und zwar weder aus eigenem Aktienbesitz noch als Vertreter anderer Aktionäre (§ 136 Abs. 1 S. 1 AktG). Sie können in einem solchen Fall auch nicht eigene Aktien einem Dritten zur Ausübung des Stimmrechtes überlassen (§ 136 Abs. 1 S. 2 AktG). Ein Verstoß gegen dieses letztere Verbot stellt darüber hinaus eine Ordnungswidrigkeit gem. § 405 Abs. 3 Nr. 5 AktG dar. Wegen weiterer Einzelheiten, insbesondere zur Frage von Stimmverboten bei Mehrfachorganstellungen im Konzern, wird auf → § 39 Rn. 36 ff. verwiesen. Zweifelhaft ist die Rechtslage bei der **Ein-Personen-Gesellschaft.** Grundsätzlich ist auch hier über die Entlastung der Verwaltung abzustimmen. Wenn jedoch der alleinige Aktionär zugleich Vorstands- oder Aufsichtsratsmitglied ist, kann insoweit eine Entlastung nicht stattfinden. Sie ist aber ohnehin im Hinblick auf die eingeschränkte rechtliche Bedeutung des Entlastungsbeschlusses entbehrlich.[105]

32 c) **Inhalt und Wirkung des Entlastungsbeschlusses.** Die Entlastung ist eine einseitige Erklärung der Hauptversammlung.[106] Sie ist nicht empfangsbedürftig und auch dann rechtswirksam, wenn ein Vorstands- oder Aufsichtsratsmitglied dem Entlastungsbeschluss widerspricht. Das mag etwa vorkommen, wenn bestimmte Geschäftsvorfälle von der Entlastung ausgenommen werden (was allerdings den Entlastungsbeschluss uU fehlerhaft machen kann, siehe dazu sogleich → Rn. 40 ff.) oder wenn die Hauptversammlung die Entlastung einzelnen Verwaltungsmitgliedern verweigert, mit denen sich die anderen solidarisch erklären wollen. Das AktG 1965 hat die Wirkung der Entlastung in § 120 Abs. 2 AktG positiv dahin umschrieben, dass die Verwaltung der Aktiengesellschaft „gebilligt" werde, während zugleich negativ klargestellt wird, dass die Entlastung keinen Verzicht auf **Ersatzansprüche** enthält. Ebenso wenig enthält der Entlastungsbeschluss einen Verzicht der Gesellschaft auf Einwendungen gegen den Versorgungsanspruch, den ein Organ wegen pflichtwidriger Amtsführung verlieren kann.[107] Ein solcher Verzicht ist vielmehr nur gesondert und unter Beachtung der 3-Jahres-Frist gem. § 93 Abs. 4 S. 3 AktG möglich.

33 Die durch die Entlastung gemäß § 120 AktG ausgedrückte Billigung bezieht sich auf die Tätigkeit der betroffenen Organmitglieder im Ganzen.[108] Die **sachliche Reichweite** orientiert sich am Anspruch der Entlastung, das gesamte Organhandeln in der Entlastungsperiode zu erfassen.[109] Diesem Anspruch entspricht es, dass sie nicht für einzelne Verwaltungstätigkeiten erteilt werden kann.[110] Ausnahmsweise kann eine sog. **Teilentlastung,** dh eine Entlastung unter Ausklammerung bestimmter Einzelmaßnahmen,[111] erteilt werden, sofern diese genau umschrieben sind und nicht den Kernbereich der Amtsführung betreffen.[112] Unzulässig ist die Entlastungserteilung unter **Bedingungen** oder Vorbehalten, zB

---

[104] BGHZ 182, 272; Hüffer/*Koch* AktG § 120 Rn. 10.
[105] Schmidt/Lutter/*Spindler* AktG § 120 Rn. 14; MüKoAktG/*Kubis* § 120 Rn. 3.
[106] Zur Rechtsnatur näher Hüffer/*Koch* AktG § 120 Rn. 3 f.
[107] BGH WM 1981, 940 (942).
[108] OLG Düsseldorf ZIP 1996, 503 = AG 1996, 273 mit Besprechung *Sethe* ZIP 1996, 1321; Hüffer/*Koch* AktG § 120 Rn. 11; MüKoAktG/*Kubis* § 120 Rn. 24.
[109] MüKoAktG/*Kubis* § 120 Rn. 23; GroßkommAktG/*Mülbert* § 120 Rn. 101.
[110] OLG Düsseldorf ZIP 1996, 503; GroßkommAktG/*Mülbert* § 120 Rn. 106; Schmidt/Lutter/*Spindler* AktG § 120 Rn. 41; Spindler/Stilz/*Hoffmann* AktG § 120 Rn. 7; *Butzke* Hauptversammlung der AG Rn. I 14; Hüffer/*Koch* AktG § 120 Rn. 12a; aA wohl OLG Stuttgart ZIP 1995, 378 = AG 1995, 233.
[111] Der Begriff wird nicht einheitlich verwendet; wie hier ua Hüffer/*Koch* AktG § 120 Rn. 12a.
[112] *Sethe* ZIP 1996, 1321; Schmidt/Lutter/*Spindler* AktG § 120 Rn. 41; Hölters/*Drinhausen* AktG § 120 Rn. 24; *Butzke* Hauptversammlung der AG Rn. I 14; Hüffer/*Koch* AktG § 120 Rn. 12a; MüKoAktG/*Kubis* § 120 Rn. 24; Grigoleit/*Herrler* AktG § 120 Rn. 14; iE bejahend, allerdings sehr krit. ggü. grds. Ausklammerungsmöglichkeit OLG Düsseldorf ZIP 1996, 503; aA Spindler/Stilz/*Hoffmann* AktG § 120 Rn. 7.

bezüglich des Ausgangs von Strafverfahren oder Sonderprüfungen.[113] Der sachliche Umfang des Entlastungsbeschlusses beschränkt sich nicht auf diejenigen Sachverhalte, die der Hauptversammlung mit dem Jahresabschluss und den dazu gehörigen Berichten unterbreitet worden sind. Vielmehr sind **nachträglich bekanntgewordene Umstände** ebenfalls vom Entlastungsbeschluss umfasst.[114] Allerdings hat die Hauptversammlung bei Bekanntwerden gravierender Umstände die Möglichkeit, den Entlastungsbeschluss zu widerrufen.[115]

Die Frage nach dem Umfang der Entlastung hat freilich nur begrenzte rechtliche Bedeutung. Schließlich enthält die Entlastung keinen Verzicht auf Ersatzansprüche gegen die entlasteten Organmitglieder (§ 120 Abs. 2 S. 2 AktG). Für den Vorstand hat sie rechtlich im Wesentlichen nur zur Folge, dass auf Vorgänge, die vom Entlastungsbeschluss umfasst werden, ein Vertrauensentzug durch die Hauptversammlung gem. § 84 Abs. 3 S. 2 AktG nicht mehr gestützt werden kann.[116] Die Befugnis des Aufsichtsrats zur Abberufung eines Vorstandsmitgliedes aus wichtigem Grund wird durch die von der Hauptversammlung ausgesprochene Entlastung nicht berührt.[117]

Zeitlich betrifft die Entlastung einen in der Vergangenheit liegenden Zeitraum, in der Regel das abgelaufene Geschäftsjahr.[118] Die Entlastung kann auch einen früheren Zeitraum mit einbeziehen, zB wenn zuvor die Entscheidung über die Entlastung **vertagt** worden war.[119] Da die Hauptversammlung grundsätzlich frei ist, die Entlastung zu erteilen, außer wenn ihr eindeutig schwerwiegende Verstöße der Verwaltung gegen Gesetz oder Satzung bekannt geworden sind,[120] ist nicht einzusehen, warum sie nicht auch für einen **kürzeren** Zeitraum als für ein Jahr Entlastung erteilen können soll.[121] Die Fassung von § 120 Abs. 1 S. 2 AktG („… beschließt alljährlich …") bedeutet nur, dass jedenfalls einmal im Jahr bei der ordentlichen Hauptversammlung über die Entlastung zu beschließen ist, schließt aber zusätzliche Entlastungsbeschlüsse nicht aus. Allerdings muss auch ein zusätzlicher Entlastungsbeschluss mit der **Rechnungslegung** für den entsprechenden Zeitraum verbunden werden.[122] Wechseln während des Laufes eines Geschäftsjahres Mitglieder der Verwaltung, hat dies unweigerlich zur Folge, dass sich die Entlastungsperiode für diese verkürzt. Eine derartige Verkürzung für einzelne Verwaltungsmitglieder bedarf keiner Klarstellung in der Tagesordnung.[123]

---

[113] *Ek*, Praxisleitfaden für die Hauptversammlung, Rn. 511; Schmidt/Lutter/*Spindler* AktG § 120 Rn. 42; Spindler/Stilz/*Hoffmann* AktG § 120 Rn. 7; *Butzke* Hauptversammlung der AG Rn. I 15; MüKoAktG/*Kubis* § 120 Rn. 25.

[114] GroßkommAktG/*Mülbert* § 120 Rn. 101; Schmidt/Lutter/*Spindler* AktG § 120 Rn. 40; Spindler/Stilz/*Hoffmann* AktG § 120 Rn. 7; Hölters/*Drinhausen* AktG § 120 Rn. 23; MüKoAktG/*Kubis* § 120 Rn. 22; aA OLG Frankfurt a. M. AG 2007, 329.

[115] *Butzke* Hauptversammlung der AG Rn. I 40; Hölters/*Drinhausen* AktG § 120 Rn. 28; MüKoAktG/*Kubis* § 120 Rn. 28; GroßkommAktG/*Mülbert* § 120 Rn. 101.

[116] GroßkommAktG/*Mülbert* § 120 Rn. 55; Spindler/Stilz/*Hoffmann* AktG § 120 Rn. 29; MüKoAktG/*Kubis* § 120 Rn. 32; krit. Hölters/*Drinhausen* AktG § 120 Rn. 26.

[117] GroßkommAktG/*Mülbert* § 120 Rn. 52 f.; Schmidt/Lutter/*Spindler* AktG § 120 Rn. 40; Spindler/Stilz/*Hoffmann* AktG § 120 Rn. 30.

[118] OLG Stuttgart AG 2011, 93; Schmidt/Lutter/*Spindler* AktG § 120 Rn. 37.

[119] GroßkommAktG/*Mülbert* § 120 Rn. 115 f.; Schmidt/Lutter/*Spindler* AktG § 120 Rn. 37; MüKoAktG/*Kubis* § 120 Rn. 20.

[120] BGHZ 153, 47 = NJW 2003, 1032 – Macrotron; BGH NZG 2012, 347 = ZIP 2012, 515 – Commerzbank/Dresdner Bank; OLG Köln AG 2010, 219 = ZIP 2009, 1999; OLG Frankfurt a. M. AG 2011, 36 = NZG 2010, 1426; Spindler/Stilz/*Hoffmann* AktG § 120 Rn. 27.

[121] Schmidt/Lutter/*Spindler* AktG § 120 Rn. 38; *Butzke* Hauptversammlung der AG Rn. I 14; MüKoAktG/*Kubis* § 120 Rn. 20; GroßkommAktG/*Mülbert* § 120 Rn. 117.

[122] GroßkommAktG/*Mülbert* § 120 Rn. 117; Schmidt/Lutter/*Spindler* AktG § 120 Rn. 38; *Butzke* Hauptversammlung der AG Rn. I 14; MüKoAktG/*Kubis* § 120 Rn. 20.

[123] Schmidt/Lutter/*Spindler* AktG § 120 Rn. 38; MüKoAktG/*Kubis* § 120 Rn. 20.

36 Wird eine Gesellschaft durch **Verschmelzung** auf eine andere Gesellschaft übertragen, ist zwischen zwei möglichen Entlastungszeiträumen zu unterscheiden. Für den Zeitraum zwischen dem Beginn des Geschäftsjahres und der Beschlussfassung über den Verschmelzungsvertrag behilft sich die Praxis häufig damit, dass die Hauptversammlung des übertragenden Rechtsträgers zusammen mit dem Verschmelzungsbeschluss noch über die Entlastung bis zum Zeitpunkt der Verschmelzungshauptversammlung beschließt. Für den Zeitraum zwischen dem Verschmelzungsbeschluss und dem Wirksamwerden der Verschmelzung könnte man erwägen, dass die Hauptversammlung der übernehmenden Gesellschaft die Organmitglieder des übertragenden Rechtsträgers entlastet.[124] Einem solchen Vorgehen ist jedoch zu widersprechen, denn der Hauptversammlung des übernehmenden Rechtsträgers fehlt es an der Kompetenz zur Entlastung der Organmitglieder des übertragenden Rechtsträgers.[125]

37 Wird die **Entlastung verweigert,** so gilt:
– Die Verweigerung der Entlastung stellt als solche noch keinen wichtigen Grund für den Widerruf der Bestellung zum Vorstandsmitglied dar.[126] Zudem liegt darin **nicht** automatisch ein **Vertrauensentzug** gem. § 84 Abs. 3 S. 2 AktG, der dem Aufsichtsrat den Widerruf der Bestellung von Vorstandsmitgliedern erlaubt.[127] Auch kann die Verweigerung der Entlastung nicht als Vertrauensentzug ausgelegt werden. Wegen der schwerwiegenden Folgen eines Vertrauensentzugs und der vielfältigen Motive, die eine Entlastungsverweigerung haben kann, bedarf es für den Vertrauensentzug vielmehr eines ausdrücklichen Hauptversammlungsbeschlusses.[128] Aus den gleichen Gründen ist auch die streitige Frage, ob im Zusammenhang mit dem Tagesordnungspunkt „Entlastung der Mitglieder des Vorstands" ein Antrag auf Vertrauensentzug gestellt werden kann, zu verneinen.[129]
– Die Verweigerung der Entlastung für ein Aufsichtsratsmitglied ist **nicht** gleichbedeutend mit dem **Widerruf** seiner Bestellung, selbst wenn die Entlastung mit einer Mehrheit von ³/₄ oder mehr abgelehnt wird.[130]
– Die Verweigerung der Entlastung gibt den betroffenen Vorstands- und Aufsichtsratsmitgliedern ihrerseits das Recht zur **Niederlegung** ihrer Ämter und den Vorstandsmitgliedern das Recht zur fristlosen Kündigung ihrer Dienstverhältnisse aus wichtigem Grund, sofern sie unberechtigt oder unbegründet erfolgt ist.[131] Beruhen Amtsniederlegung und

---

[124] OLG Hamburg NZG 2005, 218 (220); Martens AG 1986, 57 (58f.); Kallmeyer/*Marsch-Barner* UmwG § 20 Rn. 17; Widmann/Mayer/*Vossius* UmwG § 20 Rn. 330; Semler/Stengel *Kübler*/UmwG § 20 Rn. 20; GroßkommAktG/*Mülbert* § 120 Rn. 117; *Hoffmann-Becking* FS Ulmer, 2003, 243 (247f.).

[125] OLG München NZG 2001, 616 (617f.); Spindler/Stilz/*Hoffmann* AktG § 120 Rn. 3; *Butzke* Hauptversammlung der AG Rn. I 13; MüKoAktG/*Kubis* § 120 Rn. 21; Lutter/*Grunewald* UmwG § 20 Rn. 30.

[126] KölnKommAktG/*Zöllner* § 120 Rn. 42; Spindler/Stilz/*Hoffmann* AktG § 120 Rn. 32; Hüffer/*Koch* AktG § 120 Rn. 16; MüKoAktG/*Kubis* § 120 Rn. 37.

[127] KG AG 2007, 745; Schmidt/Lutter/*Spindler* AktG § 120 Rn. 47; *Butzke* Hauptversammlung der AG Rn. I 43; Hüffer/*Koch* AktG § 120 Rn. 16; MüKoAktG/*Kubis* § 120 Rn. 37.

[128] Spindler/Stilz/*Hoffmann* AktG § 120 Rn. 32; Hölters/*Drinhausen* AktG § 120 Rn. 29; *Butzke* Hauptversammlung der AG Rn. I 43; MüKoAktG/*Kubis* § 120 Rn. 37.

[129] Spindler/Stilz/*Hoffmann* AktG § 120 Rn. 32; MüKoAktG/*Kubis* § 120 Rn. 37; aA keinen separaten Tagesordnungspunkt für den Vertrauensentzug fordernd *Butzke* Hauptversammlung der AG Rn. I 43; Grigoleit/*Herrler* AktG § 120 Rn. 17.

[130] Schmidt/Lutter/*Spindler* AktG § 120 Rn. 46; Spindler/Stilz/*Hoffmann* AktG § 120 Rn. 33; Hüffer/*Koch* AktG § 120 Rn. 17; MüKoAktG/*Kubis* § 120 Rn. 38.

[131] GroßkommAktG/*Mülbert* § 120 Rn. 58; Spindler/Stilz/*Hoffmann* AktG § 120 Rn. 38; *Butzke* Hauptversammlung der AG Rn. I 44; Hüffer/*Koch* AktG § 120 Rn. 16; KölnKommAktG/*Zöllner* § 120 Rn. 42 stellt nur auf die grundlose Verweigerung ab; Hölters/*Drinhausen* AktG § 120 Rn. 30 nennt nur die unberechtigte Verweigerung als Grund für die Amtsniederlegung; aA die Entlastungsverweigerung stets für einen wichtigen Grund haltend Schmidt/Lutter/*Spindler* AktG § 120 Rn. 48 und Grigoleit/*Herrler* AktG § 120 Rn. 17.

fristlose Kündigung auf einer willkürlichen Entlastungsverweigerung, steht dem betroffenen Vorstandsmitglied ein **Schadenersatzanspruch** zu (§ 628 Abs. 2 BGB).[132]

Nach alldem mag man die unmittelbare rechtliche Bedeutung des Entlastungsbeschlusses 38 und der Verweigerung der Entlastung nicht für besonders groß halten. Dessen ungeachtet ist die praktische **Auswirkung einer Verweigerung** der Entlastung sehr erheblich. Sie wird in der interessierten Öffentlichkeit stark beachtet und gerade auch wegen ihrer Seltenheit zu einer zumeist negativen Publizität für die Betroffenen führen.

d) Kein Anspruch auf Entlastung, fehlerhafte Beschlussfassung. Nach ganz herr- 39 schender Auffassung besteht ein Anspruch der Verwaltungsmitglieder auf Entlastung nicht.[133] Dennoch steht es nicht im Belieben der Hauptversammlung, die Entlastung zu gewähren oder zu versagen. Eine ungerechtfertigte Entlastungsverweigerung hat die vorstehend (→ Rn. 37) erwähnten Rechtsfolgen.

Der Entlastungsbeschluss gehört zu den Beschlüssen, die in der (jüngeren) Praxis am 40 häufigsten mit der **Anfechtungsklage** angegriffen werden.[134] Er kann aus den allgemeinen formellen und materiellen Gründen angegriffen werden (s. u. § 42).[135] In **formeller** Hinsicht ist dies vor allem bei der Verletzung von Informationspflichten gegenüber den Aktionären der Fall.[136] Allerdings ist hier § 243 Abs. 4 S. 1 AktG zu beachten, nach dem eine solche Pflichtverletzung einen Anfechtungsgrund nur dann begründet, wenn ein objektiv urteilender Aktionär die Information als wesentliche Voraussetzung für die sachgerechte Wahrnehmung seiner Teilnahme- und Mitgliedschaftsrechte angesehen hätte.[137] Darüber hinaus können auch Fehler im Verfahren der Beschlussfassung zur Entlastung einen Anfechtungsgrund darstellen.[138] Jedoch spricht sich der BGH hier für einen einschränkende Auslegung des § 243 Abs. 1 AktG aus: Verfahrensfehler, die ohne Auswirkungen auf das Ergebnis der Beschlussfassung bleiben, begründen danach keinen Anfechtungsgrund.[139] Ebenso führt die Verletzung der Soll-Vorschrift gem. § 120 Abs. 3 AktG zur Verbindung der Verhandlung über die Entlastung mit der Verhandlung über die Verwendung des Bilanzgewinns nicht zur Anfechtbarkeit des Entlastungsbeschlusses.[140]

Inhaltlich ist der Entlastungsbeschluss fehlerhaft, wenn Gegenstand der Entlastung ein 41 Verhalten ist, welches eindeutig einen schwerwiegenden Gesetzes- oder Satzungsverstoß darstellt.[141] Ein solcher Verstoß kann im Fall der Unrichtigkeit der gem. § 161 AktG abzugebenden Entsprechenserklärung zum Deutschen Corporate Governance Kodex (DCGK) angenommen werden.[142] Voraussetzung für einen Verstoß ist allerdings, dass die

---

[132] Spindler/Stilz/*Hoffmann* AktG § 120 Rn. 40.
[133] BGHZ 94, 324 = ZIP 1985, 1325 (in casu zur GmbH, jedoch unter Hinweis auf die allgemeine Auffassung zur AG), mit Bespr. *Ahrens* ZGR 1987, 129; Schmidt/Lutter/*Spindler* AktG § 120 Rn. 51; Spindler/Stilz/*Hoffmann* AktG § 120 Rn. 35; *Butzke* Hauptversammlung der AG Rn. I 46; Hüffer/*Koch* AktG § 120 Rn. 18 f.; MüKoAktG/*Kubis* § 120 Rn. 39.
[134] Vgl. auch *Decher* FS Hopt, 2010, 499; *von der Linden* ZIP 2013, 2343.
[135] Schmidt/Lutter/*Spindler* AktG § 120 Rn. 55; MüKoAktG/*Kubis* § 120 Rn. 53.
[136] OLG Stuttgart BeckRS 2019, 34369; Spindler/Stilz/*Hoffmann* AktG § 120 Rn. 45; Hüffer/*Koch* AktG § 120 Rn. 15.
[137] BGH NZG 2013, 783; BGHZ 194, 14 = NZG 2012, 1064 – Fresenius.
[138] Schmidt/Lutter/*Spindler* AktG § 120 Rn. 55; MüKoAktG/*Kubis* § 120 Rn. 56.
[139] BGHZ 149, 158 = NJW 2002, 1128; *von der Linden* ZIP 2013, 2343.
[140] Hüffer/*Koch* AktG § 120 Rn. 14; MüKoAktG/*Kubis* § 120 Rn. 42.
[141] BGHZ 153, 47 = NJW 2003, 1032 – Macrotron; BGH NZG 2012, 347 = ZIP 2012, 515 – Commerzbank/Dresdner Bank; OLG Stuttgart AG 2016, 370 (373); OLG Köln AG 2010, 219 = ZIP 2009, 1999; OLG Frankfurt a. M. AG 2011, 36 = NZG 2010, 1426; Spindler/Stilz/*Hoffmann* AktG § 120 Rn. 27.
[142] BGHZ 180, 9 = NJW 2009, 2207 – Kirch/Deutsche Bank; BGHZ 182, 272 – Umschreibungsstopp; Schmidt/Lutter/*Spindler* AktG § 120 Rn. 55; Spindler/Stilz/*Hoffmann* AktG § 120 Rn. 50; *Kiefner* NZG 2011, 201; krit. dazu *von der Linden* ZIP 2013, 2343 (2347), der einen solchen Verstoß als rein formellen Beschlussmangel einordnen möchte.

Organmitglieder die Unrichtigkeit kannten oder kennen mussten und die Unrichtigkeit einen „nicht unwesentlichen Punkt" betrifft,[143] bzw. die Unrichtigkeit der Entsprechenserklärung über einen Formalverstoß hinausgeht und auch im konkreten Einzelfall Gewicht hat.[144] An der Anfechtbarkeit fehlt es auch, wenn aus dem Fehler kein Informationsdefizit der abstimmenden Aktionäre resultiert, das sich auf den Entlastungsbeschluss auswirkt, insbes. wenn die abstimmenden Aktionäre alle relevanten, in der Entsprechenserkärung nicht angeführten Informationen anderweitig aus allgemeinen Quellen erlangen können.[145]

42 Umgekehrt macht auch eine **willkürliche** oder aus **sachfremden** Gründen erfolgende Verweigerung der Entlastung den Beschluss fehlerhaft. Zwar hat die Hauptversammlung einen sehr weiten Ermessensspielraum bezüglich der Erteilung der Entlastung und kann diese schon allein aus Zweckmäßigkeitserwägungen verweigern. Allerdings kann auch dieser weite Ermessensspielraum überschritten werden.[146] Klagebefugt sind die Aktionäre nach Maßgabe der allgemein für Anfechtungsklagen geltenden Vorschriften (§ 245 AktG). Die Vorstands- und Aufsichtsratsmitglieder selbst können trotz § 245 Nr. 4 und 5 AktG nicht als klagebefugt angesehen werden,[147] da eine solche Anfechtungsklage der zu Recht abgelehnten Klage auf Entlastung weitgehend gleich käme. Der Streitwert bemisst sich in erster Linie nach dem Interesse der Gesellschaft an der Aufrechterhaltung des Beschlusses.[148]

43 4. Beschluss über die Billigung des Vorstandsvergütungssystems bzw. des Vergütungsberichts und über die Vergütung der Aufsichtsratsmitglieder. Das Votum der Hauptversammlung zur Billigung des Vergütungssystems der Vorstandsmitglieder bei börsennotierten Gesellschaften wurde im Jahr 2009 durch das VorstAG in § 120 Abs. 4 AktG eingefügt. Vergütungssystem meint nicht etwa die Höhe der einzelnen Vorstandsbezüge, sondern allein die **abstrakten Vorgaben,** nach denen die Vergütung zu bemessen ist.[149] Der Gesellschaft steht es frei, ob sie darüber Beschluss fassen lässt.[150] Im Falle der Beschlussfassung müssen Vorstand und Aufsichtsrat Beschlussvorschläge machen (§ 124 Abs. 3 S. 1 AktG).[151] Ebenso wie die Verwaltung kann auch eine Minderheit gem. § 122 Abs. 2 AktG die Beschlussfassung über die Billigung des Vorstandsvergütungssystems verlangen.[152] In jedem Fall bedarf die Beschlussfassung einer ordnungsgemäßen Bekannt-

---

[143] BGHZ 180, 9; 182, 272; OLG Celle NZG 2018, 904 (906); dazu *Weitnauer* GWR 2018, 301; vgl. auch → § 34 Rn. 27.

[144] BGH NZG 2013, 783 – Kirch/Deutsche Bank; MüKoAktG/*Goette* § 161 Rn. 91 f.; vertiefend *Bayer/Scholz* ZHR 181 (2017) 861. Zum Anfechtungsmaßstab von Hauptversammlungsbeschlüssen aufgrund fehlerhafter Entsprechenserklärung vgl. MüKoAktG/*Goette* § 161 Rn. 88–90.

[145] OLG Celle NZG 2018, 904 (906 f.).

[146] OLG München AG 2001, 197.

[147] *Butzke* Hauptversammlung der AG Rn. I 46; Hüffer/*Koch* AktG § 120 Rn. 18 f.; MüKoAktG/ *Kubis* § 120 Rn. 40.

[148] BGH NJW-RR 1992, 1122 (in casu 200.000,– DM für die Entlastung von Vorstand und Aufsichtsrat); OLG Stuttgart WM 1995, 620 setzt für die Entlastung des Aufsichtsratsvorsitzenden einer AG mit Bilanzsumme von 33 Mrd. DM unter Berücksichtigung des geringen Anteilsbesitzes des Anfechtungsklägers 50.000,– DM an. Heute wird er regelmäßig auf 25.000,– EUR oder häufiger 50.000,– EUR angesetzt, zB OLG Frankfurt a. M. AG 2011, 173; LG Frankfurt a. M. BeckRS 2011, 26747; LG München I BeckRS 2013, 196664.

[149] Schmidt/Lutter/*Spindler* AktG § 120 Rn. 60; Spindler/Stilz/*Hoffmann* AktG § 120 Rn. 53; MüKoAktG/*Kubis* § 120 Rn. 47; *Fleischer* NZG 2009, 801.

[150] Schmidt/Lutter/*Spindler* AktG § 120 Rn. 58; Spindler/Stilz/*Hoffmann* AktG § 120 Rn. 54; *Fleischer/Bedkowski* AG 2009, 677; krit. Bewertung der „kann"-Bestimmung bei *Döll* WM 2010, 103; *Schick* ZIP 2011, 593 (600) erläutert die Vorzüge eines proaktiven Vorgehens der Gesellschaft.

[151] Schmidt/Lutter/*Spindler* AktG § 120 Rn. 58; *Butzke* Hauptversammlung der AG Rn. Q 26; Hüffer/*Koch* AktG § 120 Rn. 21; MüKoAktG/*Kubis* § 120 Rn. 46; Bürgers/Körber/*Reger* AktG § 120 Rn. 20; aA für ausschließliches Vorschlagsrecht des Aufsichtsrats *Bosse* BB 2009, 1650 (1653).

[152] Spindler/Stilz/*Hoffmann* AktG § 120 Rn. 54; Hüffer/*Koch* AktG § 120 Rn. 22; Grigoleit/*Herrler* AktG § 120 Rn. 23.

machung, da sie keinen bekanntmachungsfreien Annex zum Tagesordnungspunkt „Entlastung" darstellt.[153] Mittlerweile haben alle DAX-Gesellschaften zumindest einmal in den Jahren seit 2010 über ihr Vergütungssystem Beschluss fassen lassen.[154] Das Votum der Hauptversammlung ist dabei nicht jedes Jahr aufs Neue einzuholen.[155] In der Praxis wird ein **erneutes Votum** zutreffenderweise nur dann in Betracht gezogen, wenn das Vergütungssystem nicht nur unwesentlich geändert wurde.[156] Nach § 120 Abs. 4 S. 2 AktG entfaltet der Beschluss keine Rechtswirkungen. Darüber hinaus schließt § 120 Abs. 4 S. 3 AktG die Anfechtbarkeit des Beschlusses explizit aus. Die Verpflichtungen des Aufsichtsrates nach § 87 AktG bleiben von dem Beschluss unberührt.

Im Jahr 2013 verfolgte die Bundesregierung ein **Gesetzesvorhaben,** dessen Ziel es war, die Rechte der Hauptversammlung in Bezug auf die Vorstandsvergütung weiter zu stärken.[157] Allerdings scheiterte das Vorhaben im Bundesrat.[158] **44**

Ein entsprechendes Vorhaben zur Stärkung der Hauptversammlungsrechte bei der Vorstandsvergütung wurde durch die Verabschiedung der Änderungsrichtlinie zur Aktionärsrechterichtlinie durch den Rat am 3.4.2017 und Veröffentlichung im Amtsblatt der EU am 20.5.2017 auf den Weg gebracht.[159] Hiernach muss die Hauptversammlung in Zukunft mindestens alle vier Jahre über das **Vergütungssystem** (Art. 9a Abs. 5 ÜbAktR-RL) und jährlich über einen **Vergütungsbericht** (Art. 9b Abs. 4 ÜbAktR-RL) abstimmen. Zwar kann der Mitgliedstaat den Hauptversammlungsbeschluss als bloße Empfehlung ausgestalten (vgl. Art. 9a Abs. 3 S. 1 ÜbAktR-RL). Die Befassung der Hauptversammlung steht jedoch nicht im freien Ermessen der Gesellschaft, sondern hat zwingend zu erfolgen (Art. 9a Abs. 2 S. 1 ÜbAktR-RL). Sollte das Vergütungssystem seitens der Hauptversammlung abgelehnt werden, trifft den Aufsichtsrat die Pflicht zur Überarbeitung und Vorlage in der nächsten Hauptversammlung (Art. 9a Abs. 2 ÜbAktR-RL). Damit besteht – anders als bei § 120 Abs. 4 AktG – eine Pflicht des Aufsichtsrats, auf ein negatives Votum der Hauptversammlung zu reagieren.[160] Eine Umsetzung in das nationale Recht hat bis zum 10.6.2019 zu erfolgen. **45**

Diese Umsetzung ist durch das **ARUG II** erfolgt. Dieses sieht eine für das deutsche Aktienrecht „schonende" Umsetzung der Vorgaben des Art. 9a ÜbAktR-RL in den neu geschaffenen § 87a AktG und § 120a AktG vor. Nach § 87a Abs. 1 AktG hat der Aufsichtsrat ein **Vergütungssystem** zu beschließen. In diesem Vergütungssystem muss zwingend auch die Maximalvergütung der Vorstandsmitglieder festgelegt sein (§ 87a Abs. 1 S. 2 Nr. 1 AktG). Nach § 120a Abs. 1 AktG hat die Hauptversammlung über dieses vorgeschlagene Vergütungssystem bei jeder wesentlichen Änderung, mindestens aber alle vier Jahre zu entscheiden. Die bisherige freiwillige Regelung in § 120 Abs. 4 AktG entfällt. Dabei macht der Gesetzgeber von der Möglichkeit Gebrauch, dem Beschluss der Haupt- **46**

---

[153] Hüffer/*Koch* AktG § 120 Rn. 22; MüKoAktG/*Kubis* § 120 Rn. 47; Grigoleit/*Herrler* AktG § 120 Rn. 24.
[154] Vgl. für das Hauptversammlungsjahr 2010 *von Falkenhausen/Kocher* AG 2010, 623; für das Jahr 2011 *Wettich* NZG 2011, 721; für die Jahre bis 2019 Deutsche Schutzvereinigung für Wertpapierbesitz eV (DSW)/Technische Universität München (TUM), Studie zur Vergütung der Vorstände in den DAX- und MDAX-Unternehmen im Geschäftsjahr 2018, 2, abrufbar unter https://www.dsw-info.de/fileadmin/Redaktion/Dokumente/PDF/Presse/Tabellen_PK_Vorstandsverguetung-2018-final-.pdf.
[155] BT-Drs. 16/13433; Schmidt/Lutter/*Spindler* AktG § 120 Rn. 59.
[156] Spindler/Stilz/*Hoffmann* AktG § 120 Rn. 54; Happ AktienR/*Ludwig/Bednarz* Muster 10.02 Rn. 13.1; Hüffer/*Koch* AktG § 120 Rn. 23; *Butzke* Hauptversammlung der AG Rn. Q 25.
[157] Geplantes „Gesetz zur Verbesserung der Kontrolle der Vorstandsvergütung und zur Änderung weiterer aktienrechtlicher Vorschriften" (VorstKoG); aus der umfangreichen Literatur hierzu vgl. *Wagner* BB 2013, 1731; *Verse* NZG 2013, 921.
[158] BR-Drs. 673/13; NJW-Spezial 2013, 625.
[159] Richtlinie (EU) 2017/828 vom 17.5.2017 zur Änderung der Richtlinie 2007/36/EG im Hinblick auf die Förderung der langfristigen Mitwirkung der Aktionäre, ABl. 2017 L 132, S. 1.
[160] Ausführlich dazu *Bungert/Wansleben* DB 2017, 1190 (1192); *Diekmann* WM 2018, 796 ff.; *Leuering* NZG 2017, 646 ff.; *Gaul* AG 2017, 178 ff.

versammlung über das vom Aufsichtsrat aufgestellte Vergütungssystem lediglich empfehlenden Charakter einzuräumen. Der Beschluss begründet keine Rechte und Pflichten und ist unanfechtbar (§ 120a Abs. 1 S. 2, 3 AktG). Allerdings muss der Aufsichtsrat bei der Bemessung der Vorstandsvergütung ein System befolgen, das er der Hauptversammlung zur Billigung vorgelegt hat (§ 87a Abs. 2 AktG). Nicht erforderlich ist, dass die Hauptversammlung dieses gebilligt hat.[161] Jedoch ist trotz der fehlenden rechtlichen Verbindlichkeit des Hauptversammlungsbeschlusses wegen des faktischen Drucks davon auszugehen, dass der Aufsichtsrat ein von der Hauptversammlung abgelehntes Vergütungssystem ändern wird.[162]

47 Zudem wird der Aufsichtsrat verpflichtet, **im Falle der Ablehnung des Systems** durch die Hauptversammlung in der darauffolgenden ordentlichen Hauptversammlung ein überprüftes (nicht zwingend ein überarbeitetes)[163] Vergütungssystem zur Beschlussfassung vorzulegen (§ 120a Abs. 3 AktG). Eine **Abweichung** von einem einmal vorgelegten System kann einerseits durch Vorlage eines neuen Vergütungssystems an die Hauptversammlung, andererseits im Rahmen von § 87a Abs. 2 S. 2 AktG erfolgen.[164] § 87a Abs. 2 S. 2 AktG verlangt, dass die Abweichung im Interesse des langfristigen Wohlergehens der Gesellschaft notwendig ist. Damit sind Situationen gemeint, die geeignet sind, die langfristige Entwicklung der Gesellschaft zu beeinträchtigen. So kann etwa bei einer Unternehmenskrise das Anwerben eines besonders geeigneten Krisenmanagers über Vergütungsanreize erforderlich sein.[165] Zudem kann der Aufsichtsrat auch zu einem früher vorgelegten Vergütungssystem zurückkehren.[166] Dies gilt auch dann, wenn dieses von der Hauptversammlung abgelehnt wurde.[167]

48 § 87 Abs. 4 AktG gestattet der Hauptversammlung, die im Vergütungssystem vorgesehene **maximale Vergütung herabzusetzen.** Dieser Beschluss kann nur im Wege eines Minderheitsverlangens nach § 122 Abs. 2 S. 1 AktG (→ 36 Rn. 59) erfolgen. Erreicht er die nach § 133 Abs. 1 AktG erforderliche einfache Mehrheit,[168] so ist er für den Aufsichtsrat bindend und geht einer Festlegung im Vergütungssystem vor.[169] Dabei kann nur die konkret bezifferte Vergütung geändert werden. Die inhaltliche Ausgestaltung obliegt weiterhin nur dem Aufsichtsrat, um die Struktur des vom Aufsichtsrat aufgestellten Vergütungssystems zu schützen.[170] Laufende Verträge erfasst der Beschluss nicht.[171] Wird der Herabsetzungsbeschluss angefochten, hat der Aufsichtsrat nach pflichtgemäßem Ermessen über die Anwendung oder Nichtanwendung der Maximalvergütungshöhe zu entscheiden.[172]

49 Der zusätzliche jährliche Beschluss der Hauptversammlung über den von Vorstand und Aufsichtsrat aufgestellten **Vergütungsbericht** gemäß § 162 AktG[173], der vom Abschlussprüfer – lediglich – auf die erforderlichen Angaben hin zu prüfen ist, ist ebenfalls nur

---

[161] Begr. RegE, BT-Drs. 19/9739, 74; *Spindler* AG 2020, 61 (68).
[162] *Zipperke/Lingen* BB 2020, 131 (132).
[163] Begr. RegE, BT-Drs. 19/9739, 94; Hüffer/*Koch,* AktG, § 120a Rn. 9; *Spindler* AG 2020, 61 (73).
[164] *Spindler* AG 2020, 61 (69).
[165] BT-Drs. 19/9739, 75 unter Bezugnahme auf Erwägungsgrund 30 der Richtlinie.
[166] Begr. RegE, BT-Drs. 19/9739, 74.
[167] Begr. RegE, BT-Drs. 19/9739, 74 f.; Kritisch hierzu *Spindler* AG 2020, 61 (68).
[168] Beschlussempfehlung und Bericht des Ausschusses für Recht und Verbraucherschutz, BT-Drs. 19/15153, 63.
[169] Beschlussempfehlung und Bericht des Ausschusses für Recht und Verbraucherschutz, BT-Drs. 19/15153, 63; *Florstedt* ZIP 2020, 1 (5).
[170] Beschlussempfehlung und Bericht des Ausschusses für Recht und Verbraucherschutz, BT-Drs. 19/15153, 63; *Florstedt* ZIP 2020, 1 (5).
[171] Beschlussempfehlung und Bericht des Ausschusses für Recht und Verbraucherschutz, BT-Drs. 19/15153, 63; Hüffer/*Koch,* AktG § 87 Rn. 66; *Spindler* AG 2020, 61 (69).
[172] Beschlussempfehlung und Bericht des Ausschusses für Recht und Verbraucherschutz, BT-Drs. 19/15153, 63.
[173] Hierzu *Rimmelspacher/Roland* WPg 2020, 201.

empfehlenden Charakters und begründet keine Rechte und Pflichten.[174] Der Bericht muss auch eine Erläuterung dazu enthalten, wie die festgelegte Maximalvergütung der Vorstandsmitglieder eingehalten wurde (§ 162 Abs. 1 Nr. 7 AktG). Der Beschluss ist ebenfalls nicht anfechtbar.[175] Zum Zwecke der einheitlichen Handhabung der Richtlinienvorgaben in der Praxis, hat die EU-Kommission am 1.3.2019 einen Entwurf einer unverbindlichen Leitlinie zur standardisierten Darstellung bestimmter Informationen im Vergütungsbericht vorgelegt.[176] Zudem wurde der Kompetenzkatalog aus § 119 Abs. 1 AktG durch Aufnahme einer neuen Nr. 3 für Vergütungssystem und Vergütungsbericht entsprechend erweitert.

Auf Basis des Richtlinientexts wurde hinsichtlich der Vergütung des Aufsichtsrats vertreten, dass kein Tätigwerden des deutschen Gesetzgebers erforderlich sei.[177] Der Gesetzgeber hat im neuen § 113 Abs. 3 AktG[178] den empfehlenden Beschluss der Hauptversammlung über die **Vergütung der Aufsichtsratsmitglieder** vorgesehen, regt aber selbst an, zeitgleich den Beschluss über die konkrete Vergütung zu fassen, und hat auch die Bestimmungen zu den Beschlussmehrheiten entsprechend angepasst. Ein bestätigender Beschluss mindestens alle vier Jahre ist auch hier erforderlich. Es gilt einfache Mehrheit (§ 113 Abs. 3 S. 2 AktG).[179]

Die **erstmalige Beschlussfassung** nach §§ 87a Abs. 1, 113 Abs. 3, 120a Abs. 1 AktG hat bis zum Ablauf der ersten ordentlichen Hauptversammlung, die auf den 31.12.2020 folgt, zu erfolgen (§ 26j Abs. 1 EG-AktG). § 87 Abs. 4 AktG ist zwar in § 26j EG-AktG nicht genannt, nimmt aber auf § 87a AktG Bezug, sodass diese Vorschrift auch ab diesem Zeitpunkt anzuwenden ist.[180] Gemäß § 26j Abs. 1 S. 2 AktG muss der Aufsichtsrat innerhalb von zwei Monaten nach erstmaliger Billigung des Vergütungssystems durch die Hauptversammlung nach § 87a Abs. 2 S. 1 AktG beschließen. Bis zu diesem Zeitpunkt kann den gegenwärtigen und hinzutretenden Vorstands- und Aufsichtsratsmitgliedern eine Vergütung nach der bestehenden Vergütungspraxis gewährt werden. § 162 AktG ist erstmals für das nach dem 31.12.2020 beginnende Geschäftsjahr anzuwenden (§ 26j Abs. 2 EG-AktG). Bis zum Ablauf der ersten ordentlichen Hauptversammlung des darauf folgenden Geschäftsjahrs ist zum ersten Mal gemäß § 120a Abs. 4 AktG über den Bericht zu beschließen. Es wird also eine – auch technisch notwendige – Übergangsfrist gewährt. In der Praxis wird zum Teil schon im Geschäftsjahr 2020 über das Vergütungssystem nach den Vorgaben des ARUG II beschlossen.[181]

---

[174] Ausführlich zum Regierungsentwurf *Bungert/Wansleben* BB 2019, 1026 ff.; *Löbbe/Fischbach* AG 2019, 373 ff.; *Paschos/Goslar* AG 2019, 365 ff.; *Wentz* WM 2019, 906 ff.; *Florstedt* ZGR 2019, 630 ff.; zum Referentenentwurf vom 11.10.2018 *Bungert/Berger* DB 2018, 2801 ff; *Seulen* DB 2018, 2915 ff.; *J. Schmidt* NZG, 2018, 1201 ff.; *Velte* DStR 2018, 2445 ff.; *Grobecker/Wagner* Der Konzern 2018 419 (420 f.); *Bayer* DB 2018 3034 ff.

[175] Vgl. RegE ARUG II, 107 f.; *Bungert/Wansleben* BB 2019, 1026 (1027); *Rieckers* BOARD 2019, 97 (98); *Bouwer* GmbHR 2019, R 120 f.

[176] Abrufbar unter https://ec.europa.eu/info/sites/info/files/rrg_draft_21012019.pdf.

[177] Hinsichtlich der Vergütung der Aufsichtsratsmitglieder kennt das deutsche Recht eine bindende Entscheidung der Aktionäre gem. § 113 Abs. 1 AktG, sodass die meisten Regelungen der ÜbAktR-RL schon heute – überschießend – umgesetzt sind, vgl. *Bungert/Wansleben* DB 2017, 1190 (1192); *Seibt* DB 2014, 1910 (1912); a. A. *Luering* NZG 2017, 646 (648f.); *Habersack* NZG 2018, 127 (132); *Diekmann* WM 2018, 796 (799).

[178] – § 33 Rn. 24 ff.

[179] Ausführlich zum Regierungsentwurf *Bungert/Wansleben* BB 2019, 1026 f.; *Löbbe/Fischbach* AG 2019, 373 (381 f.); *Paschos/Goslar* AG 2019, 365 (369); *Florstedt* ZGR 2019, 630 (652 ff.); noch zum Referentenentwurf insoweit *Bungert/Berger* DB 2018, 2801 (2804 f.); *Bayer* DB 2018, 3034 (3039).

[180] *Florstedt* ZIP 2020, 1 (3).

[181] So Siemens (Einberufung der ordentlichen Hauptversammlung 2020, TOP 6; abrufbar unter https://assets.new.siemens.com/siemens/assets/api/uuid:ca6887d7-e971-46a9-978f-e66a8a6331ff/Siemens-Einberufung-HV2020.pdf); Daimler (Einladung zur Hauptversammlung 2020, TOP 6; abrufbar unter https://www.daimler.com/dokumente/investoren/hauptversammlung/daimler-ir-hv-2020-einberufung-einschliesslich-tagesordnung.pdf; Bayer (Einladung zur Bayer-Hauptversammlung 2020, TOP 6; abrufbar unter https://www.bayer.de/de/einladung-zur-hauptversammlung-2020.pdfx).

52 **5. Beschluss über die Billigung von Geschäften mit nahestehenden Personen oder Unternehmen (related party transactions)**[182]. Eine vollkommen neue und dem deutschen Aktienrecht auch systematisch unbekannte Hauptversammlungskompetenz[183] besteht seit dem 1.1.2020 in der Billigung von wesentlichen Geschäften der Gesellschaft mit nahestehenden Personen oder Unternehmen (sog. **related party transactions**) (Art. 9c ÜbAktR-RL. §§ 111a, 111b AktG). Hintergrund der Regelung ist dem Erwägungsgrund 42 der Änderungsrichtlinie zur Aktionärsrechterichtlinie zufolge, Aneignungen von Werten der Gesellschaft durch nahestehende Personen oder Unternehmen zu verhindern.[184] Dazu sieht die Richtlinie in Art. 9c Abs. 4 ÜbAktR-RL vor, dass derartigen Geschäften durch die Hauptversammlung oder den Aufsichtsrat gemäß Verfahren zugestimmt werden muss, durch die solche Wertabflüsse verhindert werden.[185] Was ein wesentliches Geschäft ist und auf welches Kriterium für den Schwellenwert abzustellen ist, steht im Ausfüllungs-Ermessen des Mitgliedstaats. In der Literatur wurde überwiegend in Anbetracht des deutschen dualistischen Systems dafür plädiert, dass der deutsche Gesetzgeber von dem ihm eingeräumten Umsetzungsspielraum Gebrauch machen solle, das Zustimmungserfordernis dem Aufsichtsrat und nicht der Hauptversammlung zu übertragen.[186]

53 In der Tat wird in § 111b Abs. 1 AktG ein entsprechender **Zustimmungsvorbehalt** dem **Aufsichtsrat** oder einem nach § 107 Abs. 3 S. 4–6 AktG bestellten Ausschuss und nicht der Hauptversammlung eingeräumt. Nur bei Zustimmungsverweigerung durch den Aufsichtsrat kann die Hauptversammlung auf Verlangen des Vorstands über die Zustimmung beschließen (§ 111b Abs. 4 AktG). Es wird erwartet, dass in der Praxis davon kaum Gebrauch gemacht werden wird. Der Begriff der nahestehenden Person wird in § 111a Abs. 1 S. 2 AktG durch einen dynamischen Verweis auf die internationalen Rechnungslegungsstandards[187] definiert. Von dem in § 111a Abs. 1 S. 1 AktG erläuterten Begriff des Geschäfts mit einer nahestehenden Person werden in § 111a Abs. 2 AktG Geschäfte, die im ordentlichen Geschäftsgang und zu marktüblichen Bedingungen getätigt werden, ausgenommen. Das Merkmal „im ordentlichen Geschäftsgang" meint typische Geschäfte und schließt außergewöhnliche aus.[188] Bei der Frage, ob marktübliche Bedingungen vorliegen, ist ein Drittvergleich vorzunehmen und auf § 285 Nr. 21 HGB zurückzugreifen.[189] Zudem hat der deutsche Gesetzgeber mit Art. 111a Abs. 3 Nr. 1–6 AktG von allen durch die Richtlinie gestatteten Ausnahmen Gebrauch gemacht. So auch in § 111a Abs. 3 Nr. 3 lit. a AktG für das gesamte System des Vertragskonzerns.[190] Für den faktischen Konzern wurde eine solche Ausnahme nicht vorgesehen. Vielmehr bestimmt § 311 Abs. 3 AktG ausdrücklich, dass die §§ 111a-111c AktG gelten.[191] Zustimmungsbedürftig sind nach § 111b Abs. 1 AktG nur solche Geschäfte mit nahestehenden Personen, deren wirtschaftlicher Wert allein oder zusammen mit den innerhalb des kaufenden Geschäftsjahres vor Abschluss

---

[182] Hierzu ausführlich → § 29 Rn. 68 ff.
[183] *Fleischer* BB 2014, 2691; *Selzner* ZIP 2015, 753 (755); *Veil* NZG 2017, 521 (523).
[184] Vgl. zum Regelungszweck etwa auch *Veil* NZG 2017, 521 (522).
[185] Ausführlich dazu *Bungert/Wansleben* DB 2017, 1190 (1193 ff.) u. *Tarde* ZGR 2017, 360 ff.; rechtsvergleichend *Pälicke* AG 2018, 514 ff.
[186] *Bungert/Wansleben* DB 2017, 1190 (1199); *Bungert/de Raet* DB 2015, 289 (295 f.); *Fleischer* BB 2014, 2691 (2699); *Veil* NZG 2017, 521 (526); *Vetter* ZHR 179 (2015), 273 (304 ff.); *Mörsdorf/Pieroth* ZIP 2018, 1469 (1473 ff.), ferner etwa *Spindler/Seidel* AG 2017, 169 (170 f.); *Tarde* ZGR 2017, 360 (379).
[187] Verweis auf Verordnung EG Nr. 1126/2008, zuletzt geändert durch Verordnung (EU) 2019/237, in der jeweils aktuellen Fassung; hierbei sind maßgeblich IAS 24, IFRS 10, IFRS 11 und IAS 28 heranzuziehen, s. RegBegr. BT-Drs. 19/9739, 79 f.
[188] RegBegr. BT-Drs. 19/9739, 81.
[189] RegBegr. BT-Drs. 19/9739, 81; *Müller* ZIP 2019, 2429 (2431).
[190] *Bungert/Berger*, DB 2018, 2860 (2862); *Hüffer/Koch*, AktG § 111a Rn. 22.
[191] *Bungert/Berger*, DB 2018, 2860 (2862); *Hüffer/Koch*, AktG § 111a Rn. 22.

des Geschäfts mit derselben Person getätigten Geschäften 1,5 % der Summe aus dem Anlage- und Umlaufvermögen der Gesellschaft gemäß § 266 Abs. 2 lit. a, b HGB nach Maßgabe des zuletzt festgestellten Jahresabschlusses übersteigt. Im Regierungsentwurf lag der Schwellenwert noch bei 2,5 %[192] dieser Summe. Diese Herabsetzung wurde als Reaktion auf rechtspolitische Kritik vorgenommen[193] und hat zur Folge, dass deutlich mehr Geschäftsvorfälle erfasst sind.[194] Wird ein Geschäft ohne die nach § 111b Abs. 1 AktG erforderliche Zustimmung abgeschlossen, ist es im Außenverhältnis dennoch wirksam.[195] Allerdings macht sich der Vorstand möglicherweise schadensersatzpflichtig.[196] Zusätzlich sind die related party transactions öffentlich bekanntzumachen (§ 111c AktG). §§ 111a-111c AktG finden ab dem 1.1.2020 – also ohne Übergangsfrist – Anwendung.

III. Satzungsmäßige und ungeschriebene Zuständigkeiten

1. Satzungsmäßige Zuständigkeit. § 119 Abs. 1 AktG enthält die Möglichkeit, der **54** Hauptversammlung Zuständigkeiten durch die **Satzung** einzuräumen. Diese Befugnis hat praktisch nur geringe Bedeutung, denn sie besteht nur insoweit, als nicht das Gesetz anderweitige zwingende Zuständigkeitsregelungen getroffen hat (vgl. § 23 Abs. 5 AktG). Zwingend ist etwa das Verhältnis von Aufsichtsrat und Vorstand geregelt, so dass der Hauptversammlung nicht die Zuständigkeit für die Bestellung und Abberufung des Vorstandes eingeräumt werden könnte. Der Hauptversammlung können auch nicht die Kontrollfunktionen übertragen werden, die dem Aufsichtsrat zustehen, noch kann sie über § 119 Abs. 2 AktG hinaus für Geschäftsführungsangelegenheiten Zuständigkeiten erhalten. Dies schließt auch aus, den Vorstand für bestimmte Geschäfte durch die Satzung an die Zustimmung der Hauptversammlung zu binden, soweit nicht von Gesetzes wegen die Zustimmung der Hauptversammlung erforderlich ist.

Praktisch verbleibt als satzungsmäßige Zuständigkeitsregelung die Möglichkeit, besondere **55** gesetzlich nicht vorgesehene Gremien wie **Beiräte, Aktionärsausschüsse** oÄ einzurichten, soweit diesen nicht Zuständigkeiten eingeräumt werden, die von Gesetzes wegen zwingend den Organen der Gesellschaft zustehen.[197] Das Gesetz erlaubt ferner, die Zustimmung zur Veräußerung vinkulierter Namensaktien der Hauptversammlung zu übertragen (§ 68 Abs. 2 S. 3 AktG). Unzulässig wäre es dagegen, der Hauptversammlung an Stelle des Vorstandes die Zuständigkeit zur Einforderung von Einlagen zu geben (vgl. § 63 Abs. 1 AktG)[198] oder sie als Schiedsrichter für Streitigkeiten zwischen Aktionären und der Gesellschaft einzusetzen.[199]

2. Ungeschriebene Zuständigkeit für Grundlagenentscheidungen. a) Ausgangs- **56** **lage.** Wie sich aus § 119 Abs. 1 AktG ergibt, regeln Gesetz und Satzung die Beschlusskompetenzen der Hauptversammlung abschließend. Für darüber hinausgehende un-

---

[192] Regierungsentwurf eines Gesetzes zur Umsetzung der zweiten Aktionärsrechterichtlinie (ARUG II), veröffentlicht am 20.3.2019, ausführlich hierzu *Bungert/Wansleben* BB 2019 1026 (1027 ff.); *Paschos/Goslar* AG 2019 365 (370 ff.); *Wentz* WM 2019 906 (910 ff.); *J. Schmidt* EuZW 2019, 261 ff.; *Lieder/Werner* ZIP 2019, 989 ff.; *Tarde* NZG 2019, 488 ff.; *Grigoleit* ZGR 2019 412 ff.; noch zum Referentenentwurf *Bungert/Berger* DB 2018, 2860 ff.; *Grobecker/Wagner* Der Konzern 2018, 419 (421 ff.); *Lanfermann* BB 2018, 2859 ff.; *J. Schmidt* NZG 2018, 1201 (1208 ff.); *Seulen* DB 2018, 2915 (2917 f.).
[193] Hüffer/*Koch*, AktG, § 111b Rn. 2.
[194] *Florstedt*, ZIP 2020, 1 (6); *Zipperle/Lingen* BB 2020, 131 (135).
[195] Begr. RegE BT-Drs. 10/9739, 84.
[196] Begr. RegE BT-Drs. 10/9739, 84.
[197] Spindler/Stilz/*Hoffmann* AktG § 119 Rn. 48; Hüffer/*Koch* AktG § 119 Rn. 10; MüKoAktG/*Kubis* § 119 Rn. 17; dazu näher → § 29 Rn. 23 ff.
[198] Hüffer/*Koch* AktG § 119 Rn. 10.
[199] Hölters/*Drinhausen* AktG § 119 Rn. 10; KölnKommAktG/*Zöllner* § 119 Rn. 43 ff.; MüKoAktG/*Kubis* § 119 Rn. 17.

geschriebene Kompetenzen verbleibt daneben an sich kein Raum. Dennoch hat sich in der Rechtsprechung die Auffassung durchgesetzt, dass das Gesetz eine Regelungslücke aufweise und dass der Hauptversammlung eine ungeschriebene Zuständigkeit für bestimmte Grundlagenentscheidungen zukomme.

57 **b) „Holzmüller" – BGHZ, 83, 122.** Der BGH hatte 1982 im Falle einer AG zu entscheiden, die in zwei Unternehmensbereichen einen Seehafen sowie einen Holzhandel betrieb.[200] Der Seehafenbetrieb machte 80 % des Gesamtwerts der Gesellschaft aus und war damit der bei weitem wertvollste Unternehmensteil. Diesen brachte der Vorstand ohne Zustimmung der Hauptversammlung in eine zu diesem Zweck gegründete und allein von der AG gehaltene Tochtergesellschaft ein. Damit wurde auch das Ziel verfolgt, durch eine Kapitalerhöhung in dieser Tochtergesellschaft gegebenenfalls einen Außenstehenden zu beteiligen.

58 Nach Auffassung des BGH handelte es sich bei dieser **Ausgliederung** um eine Maßnahme, von der der Vorstand „vernünftigerweise nicht annehmen (konnte), er dürfe sie in ausschließlich eigener Verantwortung treffen", ohne die Hauptversammlung zu beteiligen.[201] Bei einer so schwerwiegenden Maßnahme wandle sich das Recht des Vorstands, nach seinem Ermessen gemäß § 119 Abs. 2 AktG eine Entscheidung der Hauptversammlung einzuholen, in eine diesbezügliche **Verpflichtung.** Hinsichtlich einer in der ausgegliederten Gesellschaft beschlossenen Kapitalerhöhung entschied der BGH, die Aktionäre der Obergesellschaft hätten das Recht, bei derartigen „**grundlegenden,** für ihre Rechtsstellung bedeutsamen **Entscheidungen** in der **Tochtergesellschaft** über ihre Hauptversammlung so beteiligt zu werden, wie wenn es sich um eine Angelegenheit der Obergesellschaft selbst handelte".[202]

59 Das Urteil statuierte erstmals eine **ungeschriebene Zuständigkeit** der Hauptversammlung für Geschäftsführungsmaßnahmen, die tief in die Mitgliedsrechte der Aktionäre und deren im Anteilseigentum verkörpertes Vermögensinteresse eingreifen. Es löste eine umfangreiche Diskussion aus und traf vielfach auf kritische Stimmen.[203] Der BGH selbst sah seine Entscheidung als Testfall an und behielt sich vor, das Urteil künftig auszubauen oder es bei einer Einzelfallentscheidung zu belassen.[204] Aus der Rechtsprechung der Folgezeit ist eine Reihe von Entscheidungen von Instanzgerichten ersichtlich, die sich mit der sog. „Holzmüller-Doktrin" auseinandersetzen. Sie betreffen meist Ausgliederungen, vereinzelt Beteiligungsverkäufe und folgen den vom BGH aufgestellten Grundsätzen.[205] Auch das

---

[200] BGHZ 83, 122 = NJW 1982, 1032 = AG 1982, 158 – Holzmüller.
[201] BGHZ 83, 122 (131).
[202] BGHZ 83, 122 (139 f.).
[203] Zusammenfassend *Henze* FS Ulmer, 2003, 211; *Hüffer* FS Ulmer, 2003, 279; vgl. aus der Zeit kurz nach Erlass des Urteils: *Heinsius* ZGR 1984, 393; *Rehbinder* ZGR 1983, 92 (97 f.); *J. Semler* BB 1983, 1566; *H. P. Westermann* ZGR 1984, 352.
[204] *Fleck* in der Anmerkung LM AktG (1965) § 118 Nr. 1.
[205] Für einen Überblick siehe *Hüffer* FS Ulmer, 2003, 279; vgl. im Einzelnen:
OLG Stuttgart AG 2003, 547 betreffend die Veräußerung eines unselbstständigen Betriebsteils einer KGaA.
OLG Karlsruhe DB 2002, 1094 mit Anm. *Wasmann* DB 2002, 10 betreffend die Einbringung bislang direkt gehaltener Beteiligungen in Tochtergesellschaft.
OLG Celle ZIP 2001, 613 mit kritischer Anmerkung *Windbichler* EWiR 2001, 651 betreffend die Veräußerung des gesamten Vermögens der einzigen Beteiligungsgesellschaft einer Holding.
OLG Frankfurt a. M. ZIP 1999, 842 (Vorinstanz zu BGHZ 146, 288).
OLG München AG 1995, 232 betreffend die Ausgliederung des gesamten Grundvermögens im Wert von 50–70 Millionen DM, das den einzigen nennenswerten Vermögensgegenstand der Gesellschaft ausmachte, in eine Tochtergesellschaft.
OLG Köln ZIP 1993, 110 mit Anm. *Timm* ZIP 1993, 114 betreffend die Verschmelzung einer Tochtergesellschaft mit einer nicht zum Unternehmensverbund gehörenden Gesellschaft, in casu die Notwendigkeit eines Hauptversammlungsbeschlusses der Muttergesellschaft verneinend.

BVerfG zog in seiner „Moto Meter"-Entscheidung vom 23.8.2000 ausdrücklich die „Holzmüller"-Rechtsprechung heran.[206] Der BGH hatte lange Zeit keinen weiteren Fall zu entscheiden, in welchem die Fortführung oder Aufgabe von „Holzmüller" entscheidungsrelevant gewesen wäre. Er hat jedoch zu erkennen gegeben, dass er an „Holzmüller" festhalten wolle.[207] Auch die Unternehmenspraxis stellte sich darauf ein.

c) „Gelatine" – BGHZ 159, 30. Erst in einem Urteil vom 26.4.2004[208] hatte der BGH 60 Gelegenheit, die „Holzmüller-Doktrin" ausdrücklich zu bestätigen und sich ausführlich zu wesentlichen praktischen und dogmatischen Fragen zu äußern, die in der „Holzmüller"-Entscheidung offen geblieben waren und für erhebliche Rechtsunsicherheit gesorgt hatten. Praktisch ging es namentlich um folgende Fragen:
– Welche Geschäftsführungsmaßnahmen im Einzelnen fallen unter die ungeschriebene Hauptversammlungskompetenz?
– Welche Schwellenwerte müssen erreicht werden, um eine ungeschrieben Hauptversammlungskompetenz annehmen zu können?
– Welcher Mehrheit bedürfen Beschlüsse der Hauptversammlung in „Holzmüller"-Fällen?

aa) **Maßnahmen der Gesellschaft.** Nach der „Gelatine"-Entscheidung besteht die un- 61 geschriebene Hauptversammlungskompetenz nur „in engen Grenzen", nämlich vor allem bei **strukturverändernden Maßnahmen,** die die Kernkompetenz der Hauptversammlung betreffen, über die Verfassung der Gesellschaft zu bestimmen, und in ihren Auswirkungen einem Zustand nahekommen, der allein durch eine Satzungsänderung herbeigeführt werden kann.[209] Dies gilt namentlich für Maßnahmen, die tief in die Mitgliedsrechte der Aktionäre eingreifen.[210] Ein solcher Eingriff soll jedenfalls dann vorliegen, wenn die Maßnahmen gegenüber den Aktionären einen **„Mediatisierungseffekt"** entfalten, dem durch eine ungeschriebene Hauptversammlungskompetenz begegnet werden kann.[211]

Der Entscheidungskompetenz der Hauptversammlung entzogen sind danach Geschäfts- 62 führungsmaßnahmen des Vorstands, selbst wenn sie im Einzelfall schwerwiegende wirtschaftliche Auswirkungen haben, wie etwa die Entwicklung eines neuen Flugzeugmodells oder die Eingehung großer Spekulationsgeschäfte. Die Hauptversammlung ist ein für die Entscheidung über solche Fragen wenig geeignetes Organ. Die für eine sinnvolle Meinungsbildung erforderliche ausführliche Information der Hauptversammlung scheidet schon aus Wettbewerbsgründen in der Regel aus. Auch würde die für die Behauptung im Wettbewerb erforderliche Flexibilität der Unternehmensführung erheblich beeinträchtigt

---

LG Frankfurt a.M. ZIP 1993, 830 bejahend für die Ausgliederung einer Niederlassung, die lediglich 10% „des Gesellschaftsvermögens oder des Grundkapitals" umfasste.
LG Stuttgart WM 1992, 58 betreffend einen mit satzungsändernder Mehrheit gefassten Beschluss, durch den der Vorstand allgemein zu Ausgliederungen ermächtigt werden sollte.
LG Frankfurt a.M. ZIP 1997, 1698 betreffend die Veräußerung des gesamten Vermögens und Geschäftsbetriebes einer Tochtergesellschaft, die 30% des Konzernumsatzes erzielt und 23% der Konzernbilanzsumme ausmacht.
LG Hamburg AG 1997, 238 in casu verneinend, weil die angegriffene Strukturmaßnahme keine „besondere Bedeutung" hatte.

[206] BVerfG NJW 2001, 279 = ZIP 2000, 1670.
[207] Durch wörtliche Verwendung der „Holzmüller-Formel" (Maßnahme, von der der Vorstand vernünftigerweise nicht annehmen kann, er dürfe sie in eigener Verantwortung treffen), BGHZ 146, 288 = ZIP 2001, 416 – Altana/Milupa; siehe ferner BGHZ 153, 47 = NJW 2003, 1032 ein Delisting betreffend, wo „Holzmüller" erwähnt, allerdings nicht zur Begründung der Entscheidung herangezogen wird.
[208] BGHZ 159, 30 = NZG 2004, 571 – Gelatine mit Anmerkung *Goette* DStR 2004, 927; *Boettl* DStR 2005, 603.
[209] BGHZ 159, 30 (44 f.).
[210] BGHZ 159, 30 (40).
[211] BGHZ 159, 30 (40).

werden, wenn in solchen Fällen die Zustimmung der Hauptversammlung einzuholen wäre. Ferner ist zu berücksichtigen, dass für besonders bedeutende Geschäfte in der Regel die Zustimmung des Aufsichtsrats erforderlich ist (§ 111 Abs. 4 S. 2 AktG), so dass auch ohne Einschaltung der Hauptversammlung Vorkehrungen gegen eigenmächtige Maßnahmen des Vorstands vorhanden sind.

63 Die Voraussetzungen für eine ungeschriebene Hauptversammlungskompetenz werden nach „Gelatine" regelmäßig erst dann vorliegen, wenn die strukturverändernde Maßnahme in ihrer **wirtschaftlichen Bedeutung** für die Gesellschaft die Ausmaße der Ausgliederung in der „Holzmüller"-Entscheidung erreicht.[212] Dort hatte der ausgegliederte Bereich 80% des Unternehmensvermögens ausgemacht. Eine ungeschriebene Hauptversammlungskompetenz wird deshalb nur in Ausnahmefällen vorliegen. Der BGH vermeidet es in der „Gelatine"-Entscheidung, einen konkreten Schwellenwert festzulegen, bei dessen Überschreitung die Mitwirkung der Hauptversammlung erforderlich ist. Er verdeutlicht aber gleichzeitig durch die Bezugnahme auf „Holzmüller", dass die Anforderungen keinesfalls zu niedrig sein dürfen.

64 **bb) Maßnahmen in Beteiligungsgesellschaften.** Schon in seinem „Holzmüller"-Urteil hatte der BGH entschieden, dass nicht nur Maßnahmen der Aktiengesellschaft selbst, sondern auch Maßnahmen in den Beteiligungsgesellschaften in Ausnahmefällen der Zustimmung der Hauptversammlung der Obergesellschaft bedürfen. In „Gelatine" stellte der BGH sodann klar, dass eine solche Mitwirkung zwar vorkommen könne, aber nicht als Grundsatz vorgesehen und allenfalls ein Reflex der ausnahmsweise erforderlichen Aktionärsbeteiligung sei.[213] Voraussetzung für eine solche Beteiligung sei auch hier der zu Lasten der Aktionäre eintretende Mediatisierungseffekt.[214] Auch die Umstrukturierung einer Tochtergesellschaft in eine Enkelgesellschaft könnte danach eine Maßnahme sein, die der Zustimmung durch die Hauptversammlung der Obergesellschaft bedarf.[215]

65 **cc) Mehrheit.** Der BGH verlangt im „Gelatine"-Urteil, dass die Zustimmung der Hauptversammlung mit einer **Dreiviertelmehrheit** des vertretenen Grundkapitals erteilt wird.[216] Das Quorum kann nicht abgesenkt werden. Es gilt auch ohne Rücksicht darauf, ob die Gesellschaft eine sog. „Konzernklausel" enthält, also eine Regelung, nach der die Gesellschaft berechtigt ist, ihren Gesellschaftszweck auch über Beteiligungen an anderen Unternehmen zu verfolgen und solche Unternehmen ganz oder teilweise unter einheitlicher Leitung zusammenzufassen.[217]

66 **dd) Rechtsgrundlage.** In der „Holzmüller"-Entscheidung berief sich der BGH als Rechtsgrundlage für die Zustimmungsbedürftigkeit grundlegender Geschäftsführungsmaßnahmen auf eine Ermessensreduzierung im Rahmen des § 119 Abs. 2 AktG.[218] Dagegen bekennt sich das Gericht in „Gelatine" zur offenen Rechtsfortbildung.[219] Diese Auffassung macht den Weg frei zu der sachgemäßen Lösung, dem Fehlen der Zustimmung einerseits nur Wirkung im Innenverhältnis der Gesellschaft zuzumessen – wie es für die Zustimmung zu sonstigen Geschäftsführungsmaßnahmen gemäß § 119 Abs. 2 AktG gilt – und anderer-

---

[212] BGHZ 159, 30 (45); auch das BVerfG betonte in seiner Entscheidung ZIP 2011, 2094 (2096) – STRABAG, dass eine ungeschriebene Hauptversammlungskompetenz nicht unabhängig von der wirtschaftlichen Bedeutung einer Maßnahme angenommen werden kann.
[213] BGHZ 159, 30 (39).
[214] BGHZ 159, 30 (40).
[215] BGHZ 159, 30 (41). Keiner Zustimmung bedürfen nach OLG Hamm AG 2008, 421 (422) Maßnahmen in einer Enkelgesellschaft, da bei diesen kein Mediatisierungseffekt eintreten kann.
[216] BGHZ 159, 30 (45).
[217] BGHZ 159, 30 (46).
[218] BGHZ 83, 122 (131).
[219] BGHZ 159, 30 (42 f.).

seits die für wesentliche Strukturänderungen im Übrigen erforderliche Dreiviertelmehrheit des vertretenen Grundkapitals festzulegen.

Das „Gelatine"-Urteil hat eine umfangreiche Diskussion ausgelöst, ist jedoch durchweg als sachgerecht anerkannt worden.[220] Darüber hinaus hat es eine Reihe von Zweifelsfragen entschieden, die seit „Holzmüller" die Praxis belastet haben.

d) Ungeklärte Fragen. Jedoch sind auch nach dem „Gelatine"-Urteil die Voraussetzungen für ein Eingreifen der ungeschriebenen Hauptversammlungskompetenz noch nicht abschließend geklärt. In **qualitativer** Hinsicht betrifft dies die – vom BGH bewusst offen gelassene – Frage, bei welchen Maßnahmen die Zustimmung der Hauptversammlung einzuholen ist. Umstritten sind hier insbesondere der Erwerb und die Veräußerung von wesentlichen Beteiligungen. Nicht abschließend geklärt sind auch die **quantitativen** Voraussetzungen, nach denen sich die Hauptversammlungskompetenz zu richten hat. Zwar wird die Höhe der „Wesentlichkeitsschwelle" mittlerweile ganz überwiegend zwischen 70% und 80% angesetzt.[221] Weiterhin umstritten ist aber deren Anknüpfungspunkt und damit die Frage, ob auf die Ertragskraft der Gesellschaft, den Umsatz, das Anlagevermögen, die Bilanzsumme oder das Eigenkapital oder eine Kombination davon abzustellen ist.[222]

67

e) Erwerb und Veräußerung wesentlicher Beteiligungen. Die Entscheidung über einen konkreten **Beteiligungserwerb** ist eine Geschäftsführungsmaßnahme und fällt damit grundsätzlich in die Kompetenz des Vorstands.[223] Eine ungeschriebene Hauptversammlungskompetenz ließe sich danach nur rechtfertigen, wenn der Beteiligungserwerb als Maßnahme den „Holzmüller"-Grundsätzen unterfiele und im konkreten Fall die Wesentlichkeitsschwelle erreicht würde. Zugunsten einer ungeschriebenen Hauptversammlungskompetenz wird geltend gemacht, dass mit dem Beteiligungserwerb ein Mediatisierungseffekt verbunden sei, weil die zum Erwerb aufgewendeten Mittel der Gesellschaft dem Zugriff der Aktionäre entzogen würden.[224] Gegen eine ungeschriebene Hauptversammlungskompetenz wird zu Recht angeführt, dass die Hauptversammlung auch bei Investitionen ohne Konzernbildung außen vor bleibe und dass die Leitungsbefugnis des Vorstands (§ 76 Abs. 1 AktG) nicht ausgehöhlt werden dürfe.[225] Nur so könne eine allgemeine Mittelverwendungskontrolle durch die Hauptversammlung verhindert werden.[226] Zutreffenderweise wird ein Hauptversammlungsbeschluss in jedem Fall dann nicht eingeholt werden müssen,

68

---

[220] Vgl. insbesondere *Altmeppen* ZIP 2004, 999; *Bungert* BB 2004, 1345; *Liebscher* ZGR 2005, 1; *Habersack* AG 2005, 137; *Kort* AG 2006, 272; *Hoffmann-Becking* ZHR 172 (2008), 231.

[221] OLG Köln ZIP 2009, 1469 – STRABAG; *Hüffer/Koch* AktG § 119 Rn. 25 für 80%; LG München I BB 2006, 1928 (1930); *Röhricht* in Gesellschaftsrecht in der Diskussion 2004 (2005), 1 (9) für 75%; MüKoAktG/*Kubis* § 119 Rn. 51 mwN für 80%; *Goj*, Ungeschriebenes Hauptversammlungserfordernis beim Beteiligungserwerb?, 2017, S. 167 für 75–80%.

[222] Spindler/Stilz/*Hoffmann* AktG § 119 Rn. 34; MüKoAktG/*Kubis* § 119 Rn. 50; ausführlich dazu *Zientek*, Ungeschriebene Hauptversammlungskompetenzen bei Unternehmensaquisitionen einer Aktiengesellschaft, 2016, S. 223–260.

[223] BGHZ 83, 122 (132); *Habersack* AG 2005, 137.

[224] *Habersack* AG 2005, 137; *Liebscher* ZGR 2005, 1; *Hofmeister* NZG 2008, 47; *Priester* AG 2011, 654; *Wallisch*, Unternehmerische Entscheidungen der Hauptversammlung, 2014, S. 38 ff.; nur bei Beteiligungserwerb gegen Barmittel *Goj*, Ungeschriebenes Hauptversammlungserfordernis beim Beteiligungserwerb?, 2017 166 (194); *Zientek*, Ungeschriebene Hauptversammlungskompetenzen bei Unternehmensaquisitionen einer Aktiengesellschaft, 2016, 183 (197 f.); aA den Eintritt eines Mediatisierungseffekts verneinend *Nikoleyczik/Gubitz* NZG 2011, 91; *Kiefner* ZIP 2011, 545; krit. ebenfalls *Decher* FS Schneider, 2011, 261.

[225] OLG Frankfurt a. M. AG 2011, 173 = WM 2011, 62; *Renner* NZG 2002, 1091; *Reichert* AG 2005, 150; *Kiefner* ZIP 2011, 545; MüKoAktG/*Kubis* § 119 Rn. 71; *Röhricht* in Gesellschaftsrecht in der Diskussion 2004 (2005), 1 (10 f.).

[226] OLG Frankfurt a. M. AG 2011, 173 = WM 2011, 62; *Bungert* BB 2004, 1345; MüKoAktG/ *Kubis* § 119 Rn. 71; Bürgers/Körber/*Reger* AktG § 119 Rn. 17.

wenn die Satzung eine Konzernöffnungsklausel enthält.[227] Der BGH behandelte den Beteiligungserwerb zuletzt im Beschluss zu einer Nichtzulassungsbeschwerde, ließ dort aber weiterhin offen, ob dieser zu einer ungeschriebenen Hauptversammlungskompetenz führen könne.[228] Vereinbaren zwei Gesellschaften für einen **Unternehmenszusammenschluss** die Gründung einer **Holding**, die den Aktionären beider Gesellschaften jeweils ein öffentliches Übernahmeangebot machen soll, besteht keine ungeschriebene Hauptversammlungskompetenz. Die Holzmüller-Grundsätze verpflichten den Vorstand der Gesellschaft nach zutreffender Auffassung nicht dazu, der Hauptversammlung das Zusammenschlusskonzept oder das Business Combination Agreement zur Beschlussfassung vorzulegen, da jeder Aktionär die freie Wahl hat, ob er das Übernahmeangebot annimmt oder nicht.[229] Spektakuläre Unternehmenszusammenschlüsse in der aktuellen Praxis wie etwa die Übernahme von Monsanto Company durch die Bayer AG oder von Linde AG und Praxair Inc.[230] haben Diskussionen angestoßen, ob der Gesetzgeber nicht vorsehen sollte, in solchen Fällen die Hauptversammlung beschließen zu lassen.[231] De lege lata besteht diese Verpflichtung zutreffenderweise nicht.

69 Auch die Frage, ob für die **Beteiligungsveräußerung** – ebenfalls vorbehaltlich des Erreichens der Wesentlichkeitsschwelle – eine ungeschriebene Hauptversammlungskompetenz bestehen kann, wird unterschiedlich beantwortet.[232] Wird eine Hauptversammlungskompetenz bejaht, so in der Regel mit der Begründung, dass eine vollständige Veräußerung schwerer in die Mitgliedschaftsrechte eingreife als eine Ausgliederung, wobei für letztere eine ungeschriebene Hauptversammlungskompetenz anerkannt ist.[233] Gegen eine Hauptversammlungskompetenz wird angeführt, dass bei der vollständigen Beteiligungsveräußerung gerade kein Mediatisierungseffekt eintrete.[234] Zudem wird auf § 179a AktG mit dem Argument verwiesen, dass ein ungeschriebenes Hauptversammlungserfordernis bei der Beteiligungsveräußerung bereits wegen dessen Existenz und des damit verbundenen Fehlens eines Kompetenzdefizits ausscheiden muss.[235] Auch über die Beteiligungsveräußerung

---

[227] OLG Frankfurt a. M. AG 2005, 442 (444); Nikoleyczik/Gubitz NZG 2011, 91; Bürgers/Körber/Reger AktG § 119 Rn. 17; aA Hüffer/Koch AktG § 119 Rn. 21; Grigoleit/Herrler AktG § 119 Rn. 23; Goj, Ungeschriebenes Hauptversammlungserfordernis beim Beteiligungserwerb?, 2017, 116 (116 ff.); Zientek, Ungeschriebene Hauptversammlungskompetenzen bei Unternehmensaquisitionen einer Aktiengesellschaft, 2016, 338.

[228] BGH NZG 2012, 347 = ZIP 2012, 515 – Commerzbank/Dresdner Bank in Zurückweisung einer Nichtzulassungsbeschwerde gegen OLG Frankfurt a. M. AG 2011, 173.

[229] Decher FS Lutter, 2000, 1209 (1223 f.); Stöcker, Rechtsfragen grenzüberschreitender Unternehmenszusammenschlüsse, 2003, 116 (116 ff.); Henssler/Strohn/Liebscher GesR AktG § 119 Rn. 14; wohl auch OLG Frankfurt a. M. NZG 2014, 1017 (1019), das in dem entschiedenen Fall zur Anfechtung eines Entlastungsbeschlusses in der Nichtvorlage jedenfalls keinen eindeutigen und schweren Gesetzesverstoß des Vorstands sah; aA Strohn ZHR 182 (2018), 114 (148 ff.); Horn ZIP 2000, 473 (479); Großfeld GS Lüderitz, 2000, 233 (236); vermittelnd Reichert ZGR 2015, 1 (14 ff.).

[230] Vertiefend hierzu Strohn ZHR 182 (2018), 114 (118 ff.).

[231] Vgl. Stephan/Strenger AG 2017, 346; „Linde kommt dem Praxair-Deal näher", Handelsblatt vom 24.10.2017.

[232] Dafür Spindler/Stilz/Hoffmann AktG § 119 Rn. 30g; MüKoAktG/Kubis § 119 Rn. 68; LG Duisburg DB 2003, 441 = NZG 2002, 643 – Babcock/HDW; dagegen OLG Köln ZIP 2009, 1469; Hofmeister NZG 2008, 47; Schmidt/Lutter/Spindler AktG § 119 Rn. 35; Hölters/Drinhausen AktG § 119 Rn. 21; Grigoleit/Herrler AktG § 119 Rn. 22; Bürgers/Körber/Reger AktG § 119 Rn. 16; Hüffer/Koch AktG § 119 Rn. 22; Wallisch, Unternehmerische Entscheidungen der Hauptversammlung, 2014, S. 40 ff.

[233] Henze FS Ulmer, 2003, 211 (230 f.); Götze NZG 2004, 585; MüKoAktG/Kubis § 119 Rn. 68.

[234] OLG Köln ZIP 2009, 1469 – STRABAG; Röhricht in Gesellschaftsrecht in der Diskussion 2004 (2005), 1 (11); Goette AG 2006, 522; Wallisch, Unternehmerische Entscheidungen der Hauptversammlung, 2014, S. 40; Goj, Ungeschriebenes Hauptversammlungserfordernis beim Beteiligungserwerb?, 2017, S. 207; Zientek, Ungeschriebene Hauptversammlungskompetenzen bei Unternehmensaquisitionen einer Aktiengesellschaft, 2016, S. 306 ff.

hatte der BGH zuletzt im Rahmen einer Nichtzulassungsbeschwerde zu entscheiden.[236] Im konkreten Fall verneinte er einen Mediatisierungseffekt bei der Beteiligungsveräußerung.[237] Keine Einigkeit besteht darüber, ob die Entscheidung des BGH über den entschiedenen Fall hinaus so zu verstehen ist, dass bei der Beteiligungsveräußerung grundsätzlich kein Mediatisierungseffekt eintritt.[238]

f) Delisting. Nach der „Macrotron"-Entscheidung des BGH war die Zustimmung der Hauptversammlung des Weiteren erforderlich für das sog. reguläre Delisting, also den vollständigen Rückzug der Gesellschaft aus dem amtlichen Handel oder dem geregelten Markt an allen Börsen.[239] Als Grund für die Hauptversammlungskompetenz wurde angeführt, dass die Verkehrsfähigkeit von Aktien einer an der Börse zugelassenen Aktiengesellschaft für die Wertbestimmung der Aktien von hoher Bedeutung ist. So sei die jederzeitige Möglichkeit der Realisierung des Verkehrswerts eine Eigenschaft des Aktieneigentums.[240] 70

Nach dem Urteil des BVerfG vom 11.7.2012 unterfällt dem Schutzbereich des Art. 14 GG jedoch nur die rechtliche Verkehrsfähigkeit der Aktien, also „die rechtliche Befugnis zur jederzeitigen Veräußerung in einem Markt".[241] Die vom Delisting betroffene, gesteigerte tatsächliche Verkehrsfähigkeit der Aktien genießt dagegen keinen verfassungsrechtlichen Schutz.[242] Entsprechend lässt sich auch der in „Macrotron" geforderte Hauptversammlungsbeschluss nicht mehr unter Hinweis auf Art. 14 GG begründen. 71

Der BGH sah seiner „Macrotron"-Rechtsprechung durch das Urteil des BVerfG die Grundlage entzogen und gab sie mit der „Frosta"-Entscheidung vom 8.10.2013 auf.[243] Zwar lag der Entscheidung des BGH in „Frosta" nur ein Fall des Downlistings zugrunde. Das Gericht weitete seine Entscheidung jedoch auf das Delisting aus. In beiden Fällen bedarf es damit in Zukunft weder eines Hauptversammlungsbeschlusses noch eines Barabfindungsangebots an die Aktionäre. Da es in Konsequenz der „Frosta"-Entscheidung zu einer größeren Rückzugswelle von den deutschen Wertpapierbörsen kam, beschloss der Gesetzgeber innerhalb kurzer Zeit die Neufassung von § 39 BörsG.[244] Nach dieser sog. kapitalmarktrechtlichen Lösung ist ein Widerrufsantrag mit Ziel des Rückzugs von der Börse nur zulässig, wenn ein Erwerbsangebot nach den Vorschriften des WpÜG beigefügt ist, das nicht bedingt ist und nur auf eine bare Abfindung lautet.[245] Auch nach der Neuregelung des § 39 BörsG besteht keine Zuständigkeit der Hauptversammlung. 72

---

[235] Schmidt/Lutter/*Seibt* AktG § 179a Rn. 6; *Paefgen* ZHR 172 (2008), 42 (70); *Arnold* ZIP 2005, 1573 (1577); aA Spindler/Stilz/*Hoffmann* AktG § 119 Rn. 31; *Goj*, Ungeschriebenes Hauptversammlungserfordernis beim Beteiligungserwerb?, 2017, 203 f.

[236] BGH NZG 2007, 234 in Zurückweisung einer Nichtzulassungsbeschwerde gegen die Entscheidung OLG Stuttgart AG 2005, 693, in der sich das Gericht unter Hinweis darauf, dass das quantitative Kriterium nicht erfüllt sei, einer abschließenden Entscheidung über die Hauptversammlungskompetenz enthielt.

[237] Unter Bezugnahme auf BGH NZG 2007, 234 ebenso für den konkreten Fall verneinend OLG Hamm AG 2008, 421 – Arcandor.

[238] Für eine derartige Interpretation *Hofmeister* NZG 2008, 47; Hölters/*Drinhausen* AktG § 119 Rn. 21; MüKoAktG/*Kubis* § 119 Rn. 67; dagegen Spindler/Stilz/*Hoffmann* AktG § 119 Rn. 30 f.

[239] BGHZ 153, 47 = DB 2003, 544 – Macrotron.

[240] BVerfGE 100, 289 (305 f.) = NJW 1999, 3769 – DAT/Altana.

[241] BVerfGE 132, 99 = NJW 2012, 3081 mit Besprechung *Bungert/Wettich* DB 2012, 2269.

[242] BVerfGE 132, 99.

[243] BGH NZG 2013, 1342 = ZIP 2013, 2254 mit Besprechung *Schockenhoff* ZIP 2013, 2429; *Wieneke* NZG 2014, 22; *Paschos/Klaaßen* AG 2014, 33; *Bungert/Wettich* EWiR 2014, 3; *Brellochs* AG 2014, 633; → § 75 Rn. 132 für mögliche Auswirkungen dieser Rechtsprechung auf Squeeze-Out-Fälle.

[244] Art. 2 Nr. 1 des Gesetzes zur Umsetzung der Transparenzrichtlinie-Änderungsrichtlinie vom 22.11.2015 (BGBl. I 2015 2029 ff.).

[245] Näher dazu *Bungert/Leyendecker-Langner* ZIP 2016, 49; *Bayer* NZG 2015, 1169; *Groß* AG 2015, 812.

73 **3. Rechtsschutz der Aktionäre.** Bereits in der „Holzmüller"-Entscheidung hatte der BGH ausgeführt, dass die Gesellschaft den verbandsrechtlichen Anspruch jedes einzelnen Aktionärs auf Achtung seiner Mitgliedschaftsrechte verletze, wenn es der Vorstand versäume, für eine zustimmungsbedürftige Maßnahme die Zustimmung der Hauptversammlung einzuholen.[246] Daraus können sich für die Aktionäre Ansprüche auf **Rückabwicklung** der betreffenden Maßnahme ergeben, vor deren Durchführung auch **Unterlassungsansprüche**.[247] Ferner können die Aktionäre die Feststellung verlangen, dass eine bestimmte Maßnahme nicht vorgenommen werden durfte, weil die erforderliche Zustimmung der Hauptversammlung nicht eingeholt worden war (§ 256 ZPO).[248] Solche Klagen müssen allerdings innerhalb angemessener Frist erhoben werden, die „nicht außer Verhältnis" zu der für Anfechtungsklagen geltenden Monatsfrist stehen darf.[249] In „Holzmüller" wurde die Klage auf Rückgängigmachung der Ausgliederung abgewiesen, da die Klage mehr als zwei Jahre nach Durchführung der Ausgliederung erhoben worden war. Die Klage ist nicht gegen die handelnden Organe, sondern gegen die Gesellschaft zu richten.[250]

74 Für den **vorbeugenden Rechtsschutz** wird in der Regel nur das Verfahren auf Erlass einer einstweiligen Verfügung in Betracht kommen.[251] So hat das Landgericht Duisburg einer Aktiengesellschaft durch einstweilige Verfügung auf Antrag eines Aktionärs untersagt, eine Mehrheitsbeteiligung, die für den Konzern herausragende Bedeutung hatte, ohne zustimmenden Hauptversammlungsbeschluss zu veräußern.[252]

75 Bestätigt wurde diese den einzelnen Aktionär in seinen Mitgliedschaftsrechten schützende Rechtsprechung durch die Entscheidung „Mangusta/Commerzbank II", welche die fehlerhafte Ausnutzung eines genehmigten Kapitals mit Bezugsrechtsausschluss betraf.[253] Unter ausdrücklicher Zitierung von „Holzmüller" lässt es der BGH dort zu, dass der in seinen Mitgliedschaftsrechten beeinträchtigte Aktionär „pflichtwidriges, kompetenzüberschreitendes Organhandeln des Vorstands und des Aufsichtsrats" zum Gegenstand einer allgemeinen **Feststellungsklage** (§ 256 ZPO) macht. Das Rechtsschutzinteresse ergibt sich ua daraus, dass das Feststellungsurteil zur Grundlage einer Aktionärsklage gemacht werden kann (vgl. § 148 Abs. 2 AktG) und überdies bei der Entlastung der Organe Bedeutung gewinnen mag.

76 Wenn das pflichtwidrige, kompetenzüberschreitende Vorstandshandeln die Rechte der einzelnen Aktionäre verletzt, kommen auch Schadensersatzansprüche der Aktionäre in Betracht. Das gilt vor allem dann, wenn die Gesellschaft etwa einen Anspruch des Aktionärs auf Rückgängigmachung der pflichtwidrigen Maßnahme nicht erfüllt (§ 280 BGB). Freilich setzt der Schadensersatzanspruch einen bei dem einzelnen Aktionär eingetretenen Schaden voraus, zB durch Wertverfall seines Aktienbesitzes. Das wird selten der Fall sein; Judikatur ist nicht ersichtlich.

77 Hiervon zu unterscheiden ist der Grundsatz, dass die Rechtswirksamkeit der im Außenverhältnis vom Vorstand vorgenommenen Maßnahmen nicht dadurch berührt

---

[246] BGHZ 83, 122 = NJW 1982, 1703.
[247] Schmidt/Lutter/*Spindler* AktG § 119 Rn. 48; Spindler/Stilz/*Hoffmann* AktG § 119 Rn. 53; MüKoAktG/*Kubis* § 119 Rn. 103; zu der aus „Holzmüller" abgeleiteten Abwehrklage schon → § 18 Rn. 8 ff.
[248] BGHZ 83, 122; 164, 249 = ZIP 2005, 2207 – Mangusta/Commerzbank II; BGH NZG 2012, 347; OLG Köln AG 2009, 416 = ZIP 2009, 1469; Schmidt/Lutter/*Spindler* AktG § 119 Rn. 48.
[249] BGHZ 83, 122; Schmidt/Lutter/*Spindler* AktG § 119 Rn. 48; MüKoAktG/*Kubis* § 119 Rn. 103.
[250] Schmidt/Lutter/*Spindler* AktG § 119 Rn. 48; Hölters/*Drinhausen* AktG § 119 Rn. 28; MüKoAktG/*Kubis* § 119 Rn. 103.
[251] OLG Hamm AG 2008, 421 = NZG 2008, 155 (156) – Arcandor; OLG Frankfurt a. M. AG 2008, 862; OLG Schleswig BeckRS 2010, 2121; Schmidt/Lutter/*Spindler* AktG § 119 Rn. 48; Spindler/Stilz/*Hoffmann* AktG § 119 Rn. 53; MüKoAktG/*Kubis* § 119 Rn. 103.
[252] LG Duisburg DB 2003, 441 = NZG 2002, 643 – Babcock/HDW.
[253] BGHZ 164, 249 = ZIP 2005, 2207 – Mangusta/Commerzbank II mit Besprechung *Bungert* BB 2005, 2757; *Drinkuth* AG 2006, 142.

wird, dass im Innenverhältnis die erforderliche Zustimmung der Hauptversammlung nicht eingeholt wurde. Die Zustimmungskompetenz der Hauptversammlung entfaltet lediglich verbandsinterne Wirkung und tastet die im Außenverhältnis bestehende Vertretungsmacht des Vorstands nicht an.[254] Etwas anderes kann gelten, sofern über den Gedanken des Missbrauchs der Vertretungsmacht ausnahmsweise keine Vertretungsmacht des Vorstands bestehen sollte.[255] Dies soll dann anzunehmen sein, wenn dem Vorstand doloses Verhalten in Bezug auf die Missachtung des Zustimmungsvorbehalts nachgewiesen werden kann.[256]

IV. Hauptversammlungsarten

1. Ordentliche und außerordentliche Hauptversammlung. Der Begriff „ordentliche Hauptversammlung" wird vom Gesetz nur in der Überschrift zum 3. Abschnitt, 3. Unterabschnitt vor § 175 AktG benutzt. Als ordentliche Hauptversammlung wird die jährlich einzuberufende Hauptversammlung bezeichnet, die

– den festgestellten Jahresabschluss und den Lagebericht entgegennimmt und über die Verwendung des Bilanzgewinnes entscheidet (§ 175 Abs. 1 S. 1 AktG)
  oder den Jahresabschluss gegebenenfalls selbst feststellt, wenn Vorstand und Aufsichtsrat beschlossen haben, ihr die Feststellung zu überlassen (§§ 173, 175 Abs. 3 AktG) bzw. wenn der Aufsichtsrat den vom Vorstand aufgestellten Jahresabschluss nicht gebilligt hat (§ 173 Abs. 1 AktG);
– über die Entlastung der Mitglieder des Vorstandes und des Aufsichtsrates beschließt (§ 120 AktG);
– den Abschlussprüfer wählt (§ 318 Abs. 1 HGB).[257]

Mit diesen Gegenständen (sog. „Regularien") gemeinsam werden nach Möglichkeit auch sonstige Gegenstände, die der Beschlussfassung durch die Hauptversammlung unterliegen, verhandelt. Dies ändert nach allgemeinem Sprachgebrauch nichts an der Bezeichnung als ordentliche Hauptversammlung.[258]

Die ordentliche Hauptversammlung hat innerhalb der ersten 8 Monate des Geschäftsjahres stattzufinden (§ 120 Abs. 1, § 175 Abs. 1 AktG). Die Satzung kann die Frist nicht verlängern, wohl aber verkürzen.[259] Versäumt es der Vorstand, die Hauptversammlung fristgerecht einzuberufen, kann er hierzu vom Registergericht von Amts wegen oder auf Anregung eines Aktionärs durch Festsetzung eines Zwangsgelds angehalten werden (§ 407 Abs. 1, § 175 Abs. 1 AktG).[260] Zudem können sich die Vorstandsmitglieder bei schuldhafter Fristversäumung für einen ggf. entstehenden Schaden ersatzpflichtig machen (§ 93 Abs. 2 AktG).[261] Allerdings hat das Überschreiten der Einberufungsfrist keine Auswirkungen auf die Wirksamkeit der verspätet gefassten Hauptversammlungsbeschlüsse.[262]

Als „außerordentlich" wird eine Hauptversammlung bezeichnet, wenn sie ausschließlich zu anderen Zwecken einberufen wird als den vorstehend genannten.[263] Rechtliche

---
[254] Vgl. MüKoAktG/*Kubis* § 119 Rn. 102; Schmidt/Lutter/*Spindler* AktG § 119 Rn. 47; Emmerich/*Habersack* Aktien- u. GmbH-KonzernR Vor § 311 Rn. 53.
[255] *Fleischer* NZG 2005, 529 (535 f.); Spindler/Stilz/*Fleischer* AktG § 82 Rn. 12 ff. u. 22; Hüffer/*Koch* AktG § 82 Rn. 7 u. § 119 Rn. 16; GroßkommAktG/*Mülbert* § 119 Rn. 122.
[256] Ausführlich hierzu *Ekkenga/Schneider* ZIP 2017, 1053 (1055 ff.).
[257] *Ek,* Praxisleitfaden für die Hauptversammlung, Rn. 20.
[258] Hüffer/*Koch* AktG § 175 Rn. 1; MüKoAktG/*Hennrichs/Pöschke* § 175 Rn. 10.
[259] Schmidt/Lutter/*Drygala* AktG § 175 Rn. 7; MüKoAktG/*Hennrichs/Pöschke* § 175 Rn. 16; aA (keine Verkürzung) Hüffer/*Koch* AktG § 175 Rn. 4 mwN.
[260] Schmidt/Lutter/*Drygala* AktG § 175 Rn. 8; MüKoAktG/*Hennrichs/Pöschke* § 175 Rn. 17.
[261] Hüffer/*Koch* AktG § 175 Rn. 4; MüKoAktG/*Hennrichs/Pöschke* § 175 Rn. 19.
[262] Spindler/Stilz AktG/*Euler/Klein* § 175 Rn. 15; Hölters/*Drinhausen* AktG § 175 Rn. 12.
[263] Den äußerst seltenen Fall, dass ein DAX-Unternehmen eine außerordentliche Hauptversammlung einberuft, schildert bzgl. der Deutschen Bank *Binge* AG 2013, R246.

Bedeutung hat die Unterscheidung nicht.[264] Für beide Hauptversammlungsarten gelten die gleichen Vorschriften hinsichtlich der Einberufung, Durchführung, Wirksamkeit von Beschlüssen uä.

81 Davon sind zu unterscheiden **gesonderte Versammlungen** gewisser Aktionäre. Diese sind etwa abzuhalten, wenn die Vorzugsaktionäre einer Gesellschaft über die Aufhebung oder Beschränkung ihres Dividendenvorzugs oder die Ausgabe weiterer Vorzugsaktien beschließen sollen (§ 141 Abs. 3 AktG). Gesonderte Versammlungen können abgehalten werden, um die von Gesetz oder Satzung vorgeschriebenen Sonderbeschlüsse zu fassen (§ 138 AktG).[265] Für die gesonderten Versammlungen gelten die Bestimmungen über die Hauptversammlung sinngemäß (§ 138 S. 2 AktG). 10 % der Aktionäre, die zur Mitwirkung an einem Sonderbeschluss berechtigt sind, können die Einberufung einer gesonderten Versammlung oder die Aufnahme eines Gegenstandes zur gesonderten Beschlussfassung in der Hauptversammlung verlangen (dazu näher → § 40 Rn. 68).

82 **2. Universalversammlung**[266]. Als „**Universalversammlung**" oder „**Vollversammlung**" wird die Hauptversammlung bezeichnet, wenn alle Aktionäre erschienen oder vertreten sind. Die Hauptversammlung einer Ein-Personen-AG ist notwendigerweise Universalversammlung. Die Universalversammlung kann gemäß § 121 Abs. 6 AktG Beschlüsse ohne Einhaltung der Bestimmungen der §§ 121–128 AktG fassen, soweit kein Aktionär der Beschlussfassung widerspricht. Es ist nicht erforderlich, dass alle Aktionäre mit dem Beschlussergebnis einverstanden sind. Ohne Bedeutung ist es, ob die Aktionäre das Stimmrecht haben. Auch die Inhaber von Vorzugsaktien ohne Stimmrecht müssen also anwesend oder vertreten und mit der Tatsache der Beschlussfassung einverstanden sein.[267]

83 Betroffen sind nur die Vorschriften über Form und Frist der **Einberufung** sowie über diverse **Bekanntmachungen** zur Tagesordnung, zu Aktionärsanträgen und Wahlvorschlägen sowie über die Weitergabe von bestimmten Mitteilungen durch Banken und Aktionärsvereinigungen (§§ 121–128 AktG, siehe dazu sogleich § 36). Miterfasst sind allerdings auch Fälle der besonderen Bekanntmachung gemäß § 183 Abs. 1 S. 2 AktG (Kapitalerhöhung mit Sacheinlage) und §§ 186 Abs. 4 S. 1, 203 Abs. 2 S. 2 AktG (Ausschluss des Bezugsrechts). Diese Vorschriften setzen voraus, dass überhaupt eine Bekanntmachung erfolgt und werden gegenstandslos, wenn eine Beschlussfassung ohne Bekanntmachung stattfinden kann.[268] Von anderen die Hauptversammlung betreffenden Vorschriften ist die Universalversammlung nicht befreit. Insbesondere muss also eine Niederschrift in der Form des § 130 AktG erstellt und zum Handelsregister eingereicht werden. Zudem kann jeder Aktionär hinsichtlich eines jeden Beschlussgegenstandes Widerspruch erheben, wie sich aus dem Wortsinn von § 121 Abs. 6 AktG ergibt („... soweit kein Aktionär der Beschlussfassung widerspricht").[269] Zur Wirksamkeit des Widerspruchs muss dieser bis zur Bekanntgabe des Beschlussergebnisses durch den Versammlungsleiter erklärt worden sein.[270] Trotz dieser Einschränkungen erleichtert § 121 Abs. 6 AktG die **Abhaltung** einer Hauptversammlung im Ergebnis erheblich.

---

[264] Hüffer/*Koch* AktG § 175 Rn. 1; Spindler/Stilz AktG/*Euler/Klein* § 175 Rn. 1.
[265] §§ 141; 179 Abs. 3; 182 Abs. 2; 193 Abs. 1; 202 Abs. 2; 221 Abs. 1; 222 Abs. 2; 229 Abs. 3; 237 Abs. 2; 295 Abs. 2; 296 Abs. 2; 297 Abs. 2; 302 Abs. 3; 309 Abs. 3; 310 Abs. 4; 317 Abs. 4; 318 Abs. 4 AktG.
[266] *Than*, Die Vollversammlung einer Aktiengesellschaft, FS Hadding, 2004, 689; *Polte/Haider-Giangreco* AG 2014, 729.
[267] Vgl. statt aller Hüffer/*Koch* AktG § 121 Rn. 20.
[268] Spindler/Stilz/*Rieckers* AktG § 121 Rn. 90; Hüffer/*Koch* AktG § 121 Rn. 23; MüKoAktG/*Kubis* § 121 Rn. 100.
[269] Spindler/Stilz/*Rieckers* AktG § 121 Rn. 87; Hüffer/*Koch* AktG § 121 Rn. 21.
[270] OLG Stuttgart ZIP 2013, 1957 = AG 2013, 845; Spindler/Stilz/*Rieckers* AktG § 121 Rn. 87.

§ 36 Einberufung der Hauptversammlung

Übersicht

	Rn.		Rn.
I. Einberufungsgründe	1–7	c) Bekanntmachung	63–80
1. Einzelne Einberufungsgründe nach Gesetz oder Satzung	2–4	d) Verwaltungsvorschläge	81–89
a) Gesetz	2, 3	e) Bedeutung der bekanntgemachten Tagesordnung, Sanktionen	90
b) Satzung	4	V. Aktionärsforum (§ 127a AktG)	91–93
2. Einberufung aus Gründen des Wohls der Gesellschaft	5, 6	VI. Unterrichtungen im Vorfeld der Hauptversammlung	94–133
3. Rechtsfolgen unterbliebener Einberufung	7	1. Verschiedene Mitteilungen durch die Gesellschaft (§ 125 AktG)	94–103
II. Einberufungszuständigkeit	8–16	a) Gegenstand	94
1. Vorstand	8–10	b) Empfänger	95–98
2. Aufsichtsrat	11–14	c) Form und Frist	99–103
3. Dritte	15, 16	2. Zugänglichmachen von Gegenanträgen (§ 126 AktG)	104–123
III. Einberufung auf Verlangen von Aktionären	17–37	a) Gegenstand der Veröffentlichung	106–108
1. Einberufungsverlangen	17–30	b) Anforderungen an den Gegenantrag	109–121
a) Quorum	18–22	c) Form der Veröffentlichung; Veröffentlichungsfrist	122, 123
b) Form und Inhalt des Einberufungsverlangens, Rücknahme	23–25	3. Zugänglichmachen von Wahlvorschlägen (§ 127 AktG)	124, 125
c) Schranken	26–30	4. Weiterleitung von Mitteilungen durch Kreditinstitute (§ 128 AktG)	126–133
2. Einberufung durch die Minderheit aufgrund gerichtlicher Ermächtigung	31–37	a) Übermittlungsverpflichtete; Empfänger der Mitteilungen	126, 127
a) Ermächtigungsverfahren	31–34	b) Inhalt der Übermittlungspflicht	128, 129
b) Ausübung der Ermächtigung, Kosten	35–37	c) Form; Frist	130, 131
IV. Bekanntmachung der Einberufung	38–90	d) Kosten	132
1. Form, Frist	38–41	e) Sanktionen	133
2. Inhalt – Überblick	42–48	VII. Mängel der Einberufung	134–136
3. Inhalt – Einzelfragen zu Zeit und Ort der Hauptversammlung	49–56	VIII. Absage der Hauptversammlung und Absetzung von Tagesordnungspunkten; Änderung der Einberufung	137–139
a) Zeit	49		
b) Ort	50–56		
4. Inhalt – Tagesordnung	57–90		
a) Aufstellung	57, 58		
b) Ergänzung der Tagesordnung (§ 122 Abs. 2 AktG)	59–62		

Schrifttum: *Austmann*, Verfahrensanträge in der Hauptversammlung, FS Hoffmann-Becking, 2013, 45; *Bayer/Hoffmann*, Der Ort der Hauptversammlung, AG 2013, R23; *Bayer/Hoffmann*, Das Aktionärsforum im Dornröschenschlaf, AG 2013, R61; *Bayer/Scholz/Weiß*, Die Absage der Hauptversammlung durch den Vorstand im Kontext des § 122 AktG, ZIP 2014, 1; *Bungert/Leyendecker-Langner*, Hauptversammlungen im Ausland, BB 2015, 268; *Bork*, Die Regelungen zu „know-your-shareholder" im Regierungsentwurf des ARUG II, NZG 2019, 738; *Butzke*, Hinterlegung, Record Date und Einberufungsfrist, WM 2005, 1981; *Fleischer/Eschwey*, Die versäumte Einladung als Beschlussmangel im Aktien-, GmbH-, Vereins- und Wohnungseigentumsrecht, BB 2015, 2178; *Florstedt*, Fristen und Termine im Recht der Hauptversammlung, ZIP 2010, 761; *Götze*, Erteilung von Stimmrechtsvollmacht nach dem ARUG, NZG 2010, 93; *Habersack/Mülbert*, Zur Einberufung der Hauptversammlung durch die nach § 122 Abs. 3 AktG ermächtigte Aktionärsminderheit, ZGR 2014, 1; *Grunewald*, Die Bindung der Aktiengesellschaft an Beschlussanträge ihrer Aktionäre, AG 2015, 689; *Halberkamp/Gierke*, Das Recht der Aktionäre auf Einberufung einer Hauptversammlung, NZG 2004, 494; *Heeg*, Zum Verlangen einer Aktionärsminderheit auf Einberufung einer Hauptversammlung, NZG 2012, 1056; *Herrler*, Anforderungen an den satzungsmäßigen Versammlungsort – Hauptversammlung im Ausland?, ZGR 2015, 918; *Huber*, Die „geplant beschlußlose" Hauptversammlung, ZIP 1995, 1740; *Ihrig/Wagner*, Rechtsfragen bei der Vorbereitung von Hauptversammlungen börsennotierter Gesellschaften, FS Spiegelberger, 2009, S. 722; *Ihrig/Wandt*, Die Aktienrechtsnovelle 2016, BB 2016, 6; *Jansen*, Die

Hauptversammlung im Ausland, 2018; *Junker/Schmidt-Pfitzner*, Quoten und Zielgrößen für Frauen (und Männer) in Führungspositionen, NZG 2015, 929; *Kemmerer*, Vertagung von Tagesordnungspunkten als taktisches Instrument der Verwaltung, BB 2011, 3018; *Kocher*, Zur Bedeutung von Beschlussvorschlägen der Verwaltung für die Fassung und Anfechtung von Hauptversammlungsbeschlüssen, AG 2013, 406; *Kuntz*, Kommunikation mit Aktionären nach ARUG II, AG 2020, 18; *Lieder*, Die Absage der Hauptversammlung und ihre Folgen, NZG 2016, 81; *Linnerz*, Ort, Terminierung und Dauer einer Hauptversammlung, NZG 2006, 208; *Linnerz/Poppe*, Die Form der Anmeldung zur Hauptversammlung – eine in der Praxis unterschätzte Formalie?, BB 2016, 1098; *Lommatzsch*, Vorbereitung der Hauptversammlung durch Mitteilungen und Weisungen nach §§ 125, 128 AktG n. F., NZG 2001, 1017; *Mimberg*, Schranken der Vorbereitung und Durchführung der Hauptversammlung im Internet – Die Rechtslage nach dem Inkrafttreten von NaStraG, Formvorschriften-Anpassungs G und TransPuG, ZGR 2003, 21; *Nagel/Ziegenhahn*, Die Dauer von Hauptversammlungen als Rechtsproblem, WM 2010, 1005; *Noack*, Das neue Recht der Gegenanträge nach § 126 AktG, BB 2003, 1393; *Noack*, Hauptversammlung der Aktiengesellschaft und moderne Kommunikationstechnik – Aktuelle Bestandsaufnahme und Ausblick, NZG 2003, 241; *Noack*, Online-Hauptversammlung, NZG 2001, 1057; *Noack*, Neue Regularien für die Hauptversammlung durch das ARUG II und den Corporate Governance Kodex 2020, DB 2019, 2785; *Paschos/Goslar*, Der Regierungsentwurf des Gesetzes zur Umsetzung der zweiten Aktionärsrechterichtlinie (ARUG II), AG 2019, 365; *Reger*, Keine Pflicht des Vorstands zur Ablehnung rechtsmissbräuchlicher Einberufungsverlangen, NZG 2013 536; *Sasse*, § 126 AktG – Rechtsunsicherheiten bei der Behandlung von Gegenanträgen, NZG 2004, 153; *Schaaf*, Die Praxis der Hauptversammlung, 4. Aufl. 2018; *Seibert*, Aktionärsforum und Aktionärsforumsverordnung nach § 127a AktG, AG 2006, 16; *Simons*, Zur Begründungs(pflicht) bei Gegenanträgen (§ 126 AktG), NZG 2019, 127; *Spindler*, Die Reform der Hauptversammlung und der Anfechtungsklage durch das UMAG, NZG 2005, 825; *Stiegler*, Aktionärsidentifizierung nach ARUG II, WM 2019, 620; *Stöber*, Neuerungen im Aktienrecht durch das ARUG II, DStR 2020, 391; *Tielmann*, Der Beschlussvorschlag des Aktionärs an die Hauptversammlung für Wahlen zum Aufsichtsrat kraft Verlangens nach § 122 Abs. 1 oder 2 AktG – Inhalt und Grenzen, AG 2013, 704; *Thole*, Die Einberufung einer Hauptversammlung nach Insolvenzeröffnung und die Kostenfrage, ZIP 2018, 1565; *von der Linden*, Hauptversammlungen – neue Herausforderungen durch die DSGVO, BB 2019, 75; *Wandt*, Was und wann? – Die Auswirkungen der Aktienrechtsnovelle 2016 auf die Einberufung der Hauptversammlung, NZG 2016, 367; *Weber*, Absage einer auf Aktionärsverlangen einberufenen Hauptversammlung und Abhaltung einer Hauptversammlung durch die Aktionäre, NZG 2013, 890; *Weisner/Heins*, Das Schriftformerfordernis in § 122 AktG, AG 2012, 706; *Wentz*, Das Gesetz zur Umsetzung der zweiten Aktionärsrechterichtlinie – von der Aktionärsrechterichtlinie über den Referentenentwurf zum Regierungsentwurf, WM 2019, 906; *Wilsing*, Debatte und Abstimmung über Geschäftsordnungsanträge in der Hauptversammlung der Aktiengesellschaft, ZIP 2010, 2321; *Zetzsche*, Aktionärsidentifikation, Aktionärslegitimation und das Hauptversammlungsverfahren nach ARUG II, AG 2020, 1; *Zetzsche*, Zur Einwirkung der Datenschutzgrundverordnung auf das Aktienrecht, AG 2019, 233.

I. Einberufungsgründe

1 Die Hauptversammlung ist einzuberufen, wenn Gesetz oder Satzung dies vorsehen oder das Wohl der Gesellschaft es erfordert (§ 121 Abs. 1 AktG).

2 **1. Einzelne Einberufungsgründe nach Gesetz oder Satzung. a) Gesetz.** In bestimmten Fällen muss der Vorstand eine Hauptversammlung von Gesetzes wegen einberufen. Hierzu gehören namentlich die Gegenstände, die in der jährlichen ordentlichen Hauptversammlung behandelt werden: Entgegennahme des festgestellten Jahresabschlusses und Beschlussfassung über die Verwendung des Bilanzgewinns (§ 175 Abs. 1 AktG); gegebenenfalls Feststellung des Jahresabschlusses (§ 173, § 175 Abs. 3; § 234 Abs. 2 AktG); Entlastung der Mitglieder von Vorstand und Aufsichtsrat (§ 120 AktG); Wahl des Abschlussprüfers (§ 318 Abs. 1 HGB).

3 Ferner besteht eine ausdrückliche **Verpflichtung** zur Einberufung der Hauptversammlung,
– wenn ein **Verlust** in Höhe von mehr als der **Hälfte** des Grundkapitals besteht (§ 92 Abs. 1 AktG);

– wenn eine qualifizierte **Minderheit** von Aktionären die Einberufung verlangt (§ 122 Abs. 1 S. 1 AktG; dazu näher → Rn. 17 ff.);
– wenn die **Hauptversammlung** selbst die Einberufung einer neuen Hauptversammlung beschlossen hat, wie sich aus § 124 Abs. 4 S. 2 AktG ergibt;
– auf Verlangen von **Aufsichtsbehörden** in der Kredit- und Versicherungswirtschaft (§ 44 Abs. 5 S. 1 KWG; § 3 Abs. 1 S. 2 BausparkG; § 83 Abs. 1 S. 1 Nr. 6 VAG).

b) Satzung. Die Satzung kann innerhalb des engen Spielraums, der ihr durch § 23 Abs. 5 S. 1 AktG eingeräumt ist, die Einberufungsgründe erweitern.[1] Das **Quorum** für das Einberufungsverlangen durch eine Minderheit kann unter 5% des Grundkapitals gesenkt werden (§ 122 Abs. 1 S. 2 AktG). Auch kann bestimmten Personen das Recht eingeräumt werden, die Einberufung der Hauptversammlung zu verlangen (dazu näher → Rn. 15).[2] Einberufungsgründe können sich weiterhin aus der Satzung ergeben, wenn die Organkompetenz ausnahmsweise durch Satzungsregelung zugunsten der Hauptversammlung verändert wurde.[3] Ein solcher Fall liegt beispielsweise vor, wenn die Satzung die Übertragung vinkulierter Namensaktien an die Zustimmung der Hauptversammlung knüpft (§ 68 Abs. 2 S. 3 AktG).[4]

2. Einberufung aus Gründen des Wohls der Gesellschaft. Daneben sehen §§ 121 Abs. 1, 111 Abs. 3 AktG die Einberufung der Hauptversammlung auch dann vor, wenn „das Wohl der Gesellschaft es erfordert". Eine nähere Umschreibung dieser Voraussetzung gibt das Gesetz nicht. Die Beurteilung obliegt dem **Einberufungsorgan** (dazu sogleich → Rn. 8 ff.) im Rahmen pflichtgemäßen Ermessens.[5] Voraussetzung ist allerdings, dass die Hauptversammlungskompetenz schon an anderer Stelle begründet wurde[6] und ein Hauptversammlungsbeschluss zur Wahrung der Gesellschaftsinteressen erforderlich ist.[7] Als Beispiele für die Einberufung zum Wohl der Gesellschaft sind zu nennen:
– die wirtschaftlich gebotene Anpassung der Satzung an geänderte Verhältnisse, etwa durch Änderung des Unternehmensgegenstands;[8]
– der Widerruf der Bestellung von Vorstandsmitgliedern, wenn der Aufsichtsrat dafür die Voraussetzungen durch Vertrauensentzug von Seiten der Hauptversammlung schaffen will (vgl. § 84 Abs. 3 AktG);[9]
– die Abberufung eines Aufsichtsratsmitglieds, das die Gesellschaft schädigt (vgl. § 103 AktG).[10]

Zweifelhaft ist, ob die Hauptversammlung – abgesehen von den gesetzlich geregelten Fällen in §§ 92 Abs. 1, 175 Abs. 1 AktG – zur bloßen Unterrichtung über bestimmte Vorgänge oder zu Erörterungen einberufen werden kann, **ohne** dass eine **Beschlussfassung** erfolgen soll. Zwar ist es in Publikumsgesellschaften unüblich und in der Regel unzweckmäßig, lediglich zu diesen Zwecken eine Hauptversammlung durchzuführen. Damit ist aber noch nicht gesagt, dass dies rechtswidrig wäre. Es ist nicht einzusehen,

---

[1] Spindler/Stilz/*Rieckers* AktG § 121 Rn. 9; Hüffer/*Koch* AktG § 121 Rn. 4.
[2] Schmidt/Lutter/*Ziemons* AktG § 121 Rn. 15; Spindler/Stilz/*Rieckers* AktG § 121 Rn. 9; Schaaf, Praxis der Hauptversammlung/*Ruppert* Rn. 87.
[3] Spindler/Stilz/*Rieckers* AktG § 121 Rn. 9; MüKoAktG/*Kubis* § 121 Rn. 8.
[4] Hölters/*Drinhausen* AktG § 121 Rn. 9; Spindler/Stilz/*Rieckers* AktG § 121 Rn. 9; Hüffer/*Koch* AktG § 121 Rn. 4.
[5] GroßkommAktG/*Butzke* § 121 Rn. 16; Semler/Volhard/Reichert HV-HdB/*Reichert/Balke* § 4 Rn. 15; *Butzke* Hauptversammlung der AG Rn. B 39, 42.
[6] Hüffer/*Koch* AktG § 121 Rn. 5; MüKoAktG/*Kubis* § 121 Rn. 9; Grigoleit/*Herrler* AktG § 121 Rn. 6.
[7] Spindler/Stilz/*Rieckers* AktG § 121 Rn. 10; Hüffer/*Koch* AktG § 121 Rn. 5.
[8] Semler/Volhard/Reichert HV-HdB/*Reichert/Balke* § 4 Rn. 16.
[9] *Butzke* Hauptversammlung der AG Rn. B 42; Hüffer/*Koch* AktG § 111 Rn. 30.
[10] Semler/Volhard/Reichert HV-HdB/*Reichert/Balke* § 4 Rn. 17; aA wohl MüKoAktG/*Habersack* § 111 Rn. 91.

warum Vorstand oder Aufsichtsrat daran gehindert sein sollten, wenn sie dies zum Wohle der Gesellschaft und unter Berücksichtigung der damit verbundenen Kosten für erforderlich halten.[11]

7 3. Rechtsfolgen unterbliebener Einberufung. Unterbleibt die gebotene Einberufung der Hauptversammlung, treten unterschiedliche Rechtsfolgen ein, je nachdem ob eine ordentliche oder eine außerordentliche Hauptversammlung einzuberufen wäre. Unterlässt der Vorstand die Einberufung der **ordentlichen** Hauptversammlung (zum Begriff → § 35 Rn. 78), kann er hierzu vom Registergericht durch Zwangsgeld angehalten werden (§ 407 iVm § 175 AktG). Für die Einberufung einer **außerordentlichen** Hauptversammlung gilt dies nicht.[12] Vorstand und Aufsichtsrat können sich aber gegenüber der Gesellschaft **schadensersatzpflichtig** machen, wenn sie eine gebotene Einberufung unterlassen (§§ 93, 116, 147 AktG).[13] Eine unmittelbare Schadensersatzpflicht gegenüber den Aktionären ist dagegen mangels Schutzgesetzeigenschaft (iSd § 823 Abs. 2 BGB) der Vorschriften über die Einberufung[14] ausgeschlossen.[15] Eine Klage auf Einberufung der Hauptversammlung ist unzulässig.[16] Stattdessen können die Aktionäre, auch Minderheitsaktionäre, nach näherer Maßgabe des § 122 AktG die Einberufung der Hauptversammlung erzwingen (→ Rn. 17 ff.).[17]

II. Einberufungszuständigkeit

8 1. Vorstand. Die Einberufung obliegt in erster Linie dem Vorstand (§ 121 Abs. 2 S. 1 AktG), und zwar dem **Gesamtvorstand,** nicht einzelnen Mitgliedern,[18] auch dann nicht, wenn sie sonst einzeln geschäftsführungs- oder vertretungsbefugt sind. Während das Gesetz für sonstige Geschäftsführungsmaßnahmen – dispositiv – Einstimmigkeit vorsieht (§ 77 AktG), kann der Einberufungsbeschluss von Gesetzes wegen mit einfacher Mehrheit der abgegebenen Stimmen gefasst werden (§ 121 Abs. 2 AktG). Die Satzung oder die Geschäftsordnung des Vorstandes können die Einberufung der Hauptversammlung nicht erschweren, zB indem sie eine qualifizierte Mehrheit für den Einberufungsbeschluss oder einen Zustimmungsvorbehalt zugunsten des Aufsichtsrates vorschreiben.[19] Der Vorstand muss die nach Satzung oder Gesetz erforderliche Mindestzahl an Mitgliedern haben. Andernfalls kann er keinen wirksamen Einberufungsbeschluss fassen.[20]

---

[11] GroßkommAktG/*Butzke* § 121 Rn. 15; Schmidt/Lutter/*Drygala* AktG § 111 Rn. 46; Spindler/Stilz/*Rieckers* AktG § 121 Rn. 11; *Butzke* Hauptversammlung der AG Rn. B 37; MüKoAktG/*Kubis* § 119 Rn. 6, § 121 Rn. 10; Hüffer/*Koch* AktG § 119 Rn. 4; nunmehr auch Schaaf, Praxis der Hauptversammlung/*Ruppert* Rn. 91; kritisch hingegen Semler/Volhard/Reichert HV-HdB/*Reichert/Balke* § 4 Rn. 18 (zulässig aber jedenfalls zur Vorbereitung einer Beschlussfassung).
[12] Schmidt/Lutter/*Ziemons* AktG § 121 Rn. 17; Spindler/Stilz/*Rieckers* AktG § 121 Rn. 98, MüKoAktG/*Kubis* § 121 Rn. 13.
[13] Spindler/Stilz/*Rieckers* AktG § 121 Rn. 98; Semler/Volhard/Reichert HV-HdB/*Reichert/Balke* § 4 Rn. 19; MüKoAktG/*Kubis* § 121 Rn. 13.
[14] GroßkommAktG/*Butzke* § 121 Rn. 20; KölnKommAktG/*Noack/Zetzsche* § 121 Rn. 30; MüKoAktG/*Kubis* § 121 Rn. 13; Spindler/Stilz/*Rieckers* AktG § 121 Rn. 98.
[15] Spindler/Stilz/*Rieckers* AktG § 121 Rn. 98; KölnKommAktG/*Noack/Zetzsche* § 121 Rn. 31; MüKoAktG/*Kubis* § 121 Rn. 13; aA wohl Schmidt/Lutter/*Ziemons* AktG § 121 Rn. 17, der Schadensersatzansprüche der Aktionäre wegen verspäteter Dividendenzahlung für denkbar hält.
[16] Spindler/Stilz/*Rieckers* AktG § 121 Rn. 98; Semler/Volhard/Reichert HV-HdB/*Reichert/Balke* § 4 Rn. 19; MüKoAktG/*Kubis* § 121 Rn. 13.
[17] GroßkommAktG/*Butzke* § 121 Rn. 35; MüKoAktG/*Kubis* § 121 Rn. 13.
[18] GroßkommAktG/*Butzke* § 121 Rn. 21; Hüffer/*Koch* AktG § 121 Rn. 6; MüKoAktG/*Kubis* § 121 Rn. 15 ff.
[19] Schmidt/Lutter/*Ziemons* AktG § 121 Rn. 18; Spindler/Stilz/*Rieckers* AktG § 121 Rn. 13; MüKoAktG/*Kubis* § 121 Rn. 18.
[20] Vgl. BGHZ 149, 158 = NJW 2002, 1128 – Sachsenmilch III; GroßkommAktG/*Butzke* § 121 Rn. 39; Schmidt/Lutter/*Ziemons* AktG § 121 Rn. 19; Spindler/Stilz/*Rieckers* AktG § 121 Rn. 13.

Von der Beschlussfassung über die Einberufung ist die **Durchführung** der Einberufung 9 zu unterscheiden. Letztere kann einzelnen Vorstandsmitgliedern übertragen werden.[21] Häufig wird damit der Vorstandsvorsitzende beauftragt, wobei die Übertragung sowohl in der Geschäftsordnung als auch bei der Beschlussfassung über die Einberufung – auch stillschweigend – erfolgen kann.[22]

Für die Beschlussfassung über die Einberufung **gelten** alle Personen als **befugt,** die im 10 Handelsregister als Vorstandsmitglieder eingetragen sind (§ 121 Abs. 2 S. 2 AktG), auch wenn sie nicht wirksam bestellt oder wieder abberufen sind. Das Gesetz stellt eine echte Fiktion auf; es kommt also nicht auf den guten Glauben der Aktionäre an.[23] Durch § 121 Abs. 2 S. 2 AktG wird jedoch ein wirksam bestelltes, aber (noch) nicht im Handelsregister eingetragenes Vorstandsmitglied von der Beschlussfassung über die Einberufung nicht ausgeschlossen.[24] Maßgeblich ist der Zeitpunkt der Einberufung, also der **Veröffentlichung** im Bundesanzeiger (vgl. § 25 AktG).[25] Zweifelhaft ist angesichts der Gesetzesfassung, ob ein ausgeschiedenes, aber noch im Handelsregister eingetragenes Vorstandsmitglied an der Beschlussfassung über die Einberufung beteiligt werden muss. Die Frage ist zu verneinen.[26] Der Sinn des Gesetzes besteht darin, die Voraussetzungen für das Zusammentreten der Hauptversammlung zu erleichtern, nicht aber die Mitwirkung von Personen an einer Entscheidung zu erzwingen, an der sie materiell-rechtlich nicht mitzuwirken haben. § 121 Abs. 2 S. 2 AktG ist weder auf die Einberufungsbefugnis eines GmbH-Geschäftsführers[27] noch auf die einer persönlich haftenden Gesellschafterin einer Publikumskommanditgesellschaft[28] entsprechend anwendbar.[29]

2. Aufsichtsrat. Auch der Aufsichtsrat ist **befugt** und **verpflichtet,** eine Hauptversamm- 11 lung einzuberufen, wenn das Wohl der Gesellschaft es erfordert (§ 111 Abs. 3 AktG). Einberufungen durch den Aufsichtsrat sind allerdings in der Praxis selten. Sie kommen hauptsächlich dann vor, wenn der Vorstand nach Auffassung des Aufsichtsrates eine an sich gebotene Einberufung nicht vornimmt oder wenn der Aufsichtsrat **Maßnahmen gegen Vorstandsmitglieder** ergreifen will, insbesondere einen Vertrauensentzug gem. § 84 Abs. 3 S. 2 AktG oder die Erhebung von Ersatzansprüchen beschließen lassen möchte.[30] Für den Einberufungsbeschluss (§ 108 Abs. 1 AktG) genügt – wie für den Einberufungsbeschluss des Vorstands (§ 121 Abs. 2 S. 1 AktG) – stets die einfache Mehrheit (§ 111 Abs. 3 S. 2 AktG). Zuständig ist der Gesamt-Aufsichtsrat.[31] Eine Übertragung dieser Befugnis auf einen Ausschuss wäre unzulässig (§ 107 Abs. 3 S. 3 AktG iVm § 111 Abs. 3 AktG).

---

[21] Spindler/Stilz/*Rieckers* AktG § 121 Rn. 12; Hüffer/*Koch* AktG § 121 Rn. 6; Hölters/*Drinhausen* AktG § 121 Rn. 14.
[22] Spindler/Stilz/*Rieckers* AktG § 121 Rn. 12; Semler/Volhard/Reichert HV-HdB/*Reichert/Balke* § 4 Rn. 24; MüKoAktG/*Kubis* § 121 Rn. 15.
[23] GroßkommAktG/*Butzke* § 121 Rn. 25; Spindler/Stilz/*Rieckers* AktG § 121 Rn. 14; MüKoAktG/*Kubis* § 121 Rn. 20.
[24] GroßkommAktG/*Butzke* § 121 Rn. 26; *Butzke* Hauptversammlung der AG Rn. B 32; Spindler/Stilz/*Rieckers* AktG § 121 Rn. 14b; Hüffer/*Koch* AktG § 121 Rn. 7.
[25] MüKoAktG/*Kubis* § 121 Rn. 20; Spindler/Stilz/*Rieckers* AktG § 121 Rn. 14a; Hüffer/*Koch* AktG § 121 Rn. 7. Aufgrund der Neufassung von § 25 AktG im Zuge der Aktienrechtsnovelle 2016 ist nunmehr ausschließlich die Veröffentlichung im Bundesanzeiger maßgeblich, vgl. GroßkommAktG/*Butzke* § 121 Rn. 27; → Rn. 38.
[26] OLG Frankfurt a. M. WM 1989, 1688 = BB 1989, 395; GroßkommAktG/*Butzke* § 121 Rn. 26; MüKoAktG/*Kubis* § 121 Rn. 20.
[27] BGH ZIP 2017, 131 mit Anm. *Teichmann* BB 2017, 210.
[28] BGH ZIP 2017, 281.
[29] Dazu *Bayer/Illhardt* NZG 2017, 801 ff.
[30] Lutter/Krieger/*Verse* Rechte und Pflichten Rn. 136; *Butzke* Hauptversammlung der AG Rn. B 42.
[31] MüKoAktG/*Habersack* § 111 Rn. 93; Spindler/Stilz/*Spindler* AktG § 111 Rn. 59; Hüffer/*Koch* AktG § 111 Rn. 32.

12 Auch der Aufsichtsrat darf die Hauptversammlung nur zum Zweck der Vornahme von Maßnahmen einberufen, die in die Zuständigkeit der Hauptversammlung fallen.[32] Grundsätzlich darf der Aufsichtsrat die Hauptversammlung daher nicht zur Behandlung von Geschäftsführungsfragen einberufen, da diese dem Vorstand zugewiesen sind. Eine Beschlussfassung der Hauptversammlung in **Geschäftsführungsfragen** ist aber in den Ausnahmefällen im Sinne der „Holzmüller-Doktrin" (vgl. → § 35 Rn. 57 ff.) zulässig.[33] Bedarf eine Geschäftsführungsmaßnahme nach der Holzmüller-Doktrin der Zustimmung der Hauptversammlung, kann daher uU der Aufsichtsrat die Hauptversammlung zur **Beschlussfassung** einberufen. Dies mag in Betracht kommen, wenn es der Vorstand versäumt, die erforderliche Zustimmung der Hauptversammlung einzuholen. In allen anderen Fällen bleibt es dabei, dass die Einberufung der Hauptversammlung durch den Aufsichtsrat allenfalls zum Zwecke der **Erörterung** von Geschäftsführungsfragen in Betracht kommt. Unbeschadet der Eigenverantwortung des Vorstands für die Geschäftsführung kann es durchaus dem Wohl der Gesellschaft dienen, wenn sich der Aufsichtsrat ein Bild von der Meinung der Aktionäre macht. Es besteht daher kein Grund, dem Aufsichtsrat die Einberufung einer Hauptversammlung zu diesem Zweck zu verwehren,[34] auch wenn solche Fälle in der Praxis nur äußerst selten vorkommen. Fasst der Aufsichtsrat einen Einberufungsbeschluss, obliegt ihm auch die Durchführung der Einberufung und die Vornahme der entsprechenden Vorbereitungsmaßnahmen.[35] Er hat das Recht im Namen der Gesellschaft alle Maßnahmen zu treffen, die zur sachgerechten Durchführung der Hauptversammlung notwendig sind.[36] Die **Kosten** der Einberufung trägt – entsprechend der Einberufung durch den Vorstand – die Gesellschaft.[37]

13 Ist die **Wahl** einzelner Aufsichtsratsmitglieder **nichtig** oder wird sie nach erfolgreicher Anfechtung für **nichtig erklärt,** sind diese Aufsichtsratsmitglieder für Stimmabgabe und Beschlussfassung als Nichtmitglieder zu behandeln.[38] Sind die Stimmen der als Nichtmitglieder zu behandelnden Aufsichtsratsmitglieder ursächlich für einen Beschluss geworden, gilt dieser als nicht gefasst.[39] Ein unwirksamer Einberufungsbeschluss hat wiederum die Nichtigkeit der später gefassten Hauptversammlungsbeschlüsse zur Folge.[40]

14 Eine **Ausnahme** von der unbegrenzten Nichtigkeitsfolge bei späterer **Nichtigkeitserklärung** lässt der BGH für solche Aufsichtsratsbeschlüsse zu, die als „Anknüpfungspunkt für eine Entscheidung der Hauptversammlung"[41] dienen. In diesen Fällen soll die ursächliche Mitwirkung eines Aufsichtsratsmitglieds, dessen Wahl angefochten, aber noch nicht für nichtig erklärt wurde, trotz späterer Nichtigerklärung den Hauptversammlungsbeschluss unberührt lassen.[42] Explizit nennt der BGH die Beschlussvorschläge des Aufsichtsrats für die Hauptversammlung.[43] Ebenso soll die Hauptversammlungsleitung, die an die (fehler-

---

[32] MüKoAktG/*Habersack* § 111 Rn. 90; *Butzke* Hauptversammlung der AG Rn. B 42; Hüffer/*Koch* AktG § 111 Rn. 30.

[33] Spindler/Stilz/*Spindler* AktG § 111 Rn. 57; Hüffer/*Koch* AktG § 111 Rn. 31.

[34] *Lutter/Krieger/Verse* Rechte und Pflichten § 3 Rn. 136; Schmidt/Lutter/*Drygala* AktG § 111 Rn. 44; Semler/Volhard/Reichert HV-HdB/*Reichert/Balke* § 4 Rn. 30; *Butzke* Hauptversammlung der AG Rn. B 43; aA Hölters/*Hambloch-Gesinn/Gesinn* AktG § 111 Rn. 68; Spindler/Stilz/*Spindler* AktG § 111 Rn. 58; Hüffer/*Koch* AktG § 111 Rn. 31; KölnKommAktG/*Mertens/Cahn* § 111 Rn. 74; Grigoleit/*Grigoleit/Tomasic* AktG § 111 Rn. 37.

[35] *Butzke* Hauptversammlung der AG Rn. B 44.

[36] LG Frankfurt a. M. NZG 2014, 1232 (zur KGaA), wonach der einberufende Aufsichtsrat zur Gewährleistung einer ordnungsgemäßen Hauptversammlung berechtigt ist, einen Hauptversammlungsdienstleister zu beauftragen.

[37] Schmidt/Lutter/*Drygala* AktG § 111 Rn. 48; Spindler/Stilz/*Spindler* AktG § 111 Rn. 59; Hüffer/*Koch* AktG § 111 Rn. 32; MüKoAktG/*Habersack* § 111 Rn. 95.

[38] BGHZ 196, 195 (202) = NJW 2013, 1535 (1537).

[39] BGHZ 196, 195 (203).

[40] GroßkommAktG/*Hopt/Roth* § 111 Rn. 552; *Schürnbrand* NZG 2013, 481.

[41] BGHZ 196, 195 (204).

[42] BGHZ 196, 195 (204).

[43] BGHZ 196, 195 (204 f.).

hafte) Stellung als Aufsichtsratsvorsitzender anknüpft, ohne Auswirkungen bleiben.[44] Da gerade auch der Einberufungsbeschluss des Aufsichtsrats Anknüpfungspunkt für Hauptversammlungsentscheidungen ist, erscheint es folgerichtig, für diesen ebenfalls eine Ausnahme zuzulassen.[45]

3. Dritte. Nach Auflösung der Gesellschaft gehen die Befugnisse des Vorstandes im Wesentlichen auf die **Abwickler** über (§ 268 Abs. 2 AktG), die dementsprechend auch für die Einberufung der Hauptversammlung zuständig werden.[46] Weitere Einberufungszuständigkeiten können von der Satzung geschaffen werden (§ 121 Abs. 2 S. 3 AktG). Insbesondere kann die Satzung **einzelnen** Mitgliedern des Vorstands oder des Aufsichtsrats ein Einberufungsrecht verleihen. Auch einzelnen Aktionären oder sonstigen **Dritten,** wie Banken, Stiftungen oder Behörden kann die Einberufung gestattet werden.[47] Dabei ist darauf zu achten, dass eine entsprechende Satzungsbestimmung hinreichend praktikabel ist, und insbesondere auch regelt, wie die Voraussetzungen für die Einberufungszuständigkeit nachzuweisen sind.[48] Die praktische Bedeutung solcher Bestimmungen beschränkt sich wohl auf Familienunternehmen und kommunale Gesellschaften.[49]

In der Versicherungs- und Kreditwirtschaft hat die **Aufsichtsbehörde** (BaFin) – vorbehaltlich anderslautender Satzungsregelungen – seit 1994 nicht mehr die Möglichkeit, die Hauptversammlung selbst einzuberufen.[50] Es bleibt ihr aber unbenommen, von der Gesellschaft die Einberufung der Hauptversammlung zu verlangen (§ 44 Abs. 5 S. 1 KWG; § 3 Abs. 1 S. 2 BausparkG; § 83 Abs. 1 S. 1 Nr. 6 VAG).[51]

III. Einberufung auf Verlangen von Aktionären

1. Einberufungsverlangen. Der Vorstand hat die Pflicht, einem ordnungsgemäßen Einberufungsverlangen der Aktionäre (vgl. § 122 Abs. 1 S. 2 AktG) unverzüglich[52] und vollständig[53] stattzugeben.[54]

a) Quorum. Eine qualifizierte Minderheit, die mindestens 5 % des Grundkapitals oder eine durch die Satzung bestimmte geringere Minderheit des Grundkapitals hält, kann die Einberufung der Hauptversammlung verlangen. Die Vorschrift dient zwar dem Minderheitenschutz.[55] Es schadet aber nicht, wenn die Antragsteller über eine höhere Beteiligung, auch eine Mehrheit verfügen.[56]

---

[44] BGHZ 196, 195 (205).
[45] *Kiefner/Seibel* Der Konzern 2013, 310 (312); *Werner* WM 2014, 2207 (2209). AA (aus der Zeit vor BGHZ 196, 195) *Happ* FS Hüffer, 2010, 293 (301).
[46] Schmidt/Lutter/*Ziemons* AktG § 121 Rn. 23; Hüffer/*Koch* AktG § 121 Rn. 8.
[47] GroßkommAktG/*Butzke* § 121 Rn. 38; Schmidt/Lutter/*Ziemons* AktG § 121 Rn. 22; KölnKommAktG/*Noack/Zetzsche* § 121 Rn. 51; Hüffer/*Koch* AktG § 121 Rn. 8.
[48] Spindler/Stilz/*Rieckers* AktG § 121 Rn. 17; *Butzke* Hauptversammlung der AG Rn. B 48.
[49] Semler/Volhard/Reichert HV-HdB/*Reichert/Balke* § 4 Rn. 62; *Butzke* Hauptversammlung der AG Rn. B 48.
[50] Spindler/Stilz/*Rieckers* AktG § 121 Rn. 16a; *Butzke* Hauptversammlung der AG Rn. B 46.
[51] Hauptversammlung der AG Rn. B 46; KölnKommAktG/*Noack/Zetzsche* § 121 Rn. 49 f.; Grigoleit/*Herrler* AktG § 121 Rn. 9.
[52] OLG München AG 2010, 84 = WM 2010; Schmidt/Lutter/*Ziemons* AktG § 122 Rn. 26; Spindler/Stilz/*Rieckers* AktG § 122 Rn. 27; Hüffer/*Koch* AktG § 122 Rn. 7; MüKoAktG/*Kubis* § 122 Rn. 40.
[53] Spindler/Stilz/*Rieckers* AktG § 122 Rn. 27; KölnKommAktG/*Noack/Zetzsche* § 122 Rn. 76; Hüffer/*Koch* AktG § 122 Rn. 7.
[54] OLG München AG 2010, 84 = WM 2010, 517; OLG Stuttgart AG 2009, 169; OLG Düsseldorf AG 2013, 264 = NZG 2013, 546; *Halberkamp/Gierke* NZG 2004, 494.
[55] OLG München AG 2010, 84; OLG Stuttgart AG 2009, 169; OLG Düsseldorf AG 2013, 264; Spindler/Stilz/*Rieckers* AktG § 122 Rn. 8.
[56] OLG Frankfurt a. M. AG 2018, 125 f.; *König/Römer* DStR 2003, 219; Schmidt/Lutter/*Ziemons* AktG § 122 Rn. 8; Spindler/Stilz/*Rieckers* AktG § 122 Rn. 8; Hüffer/*Koch* AktG § 122 Rn. 2.

19 Die Aktionäre dieser Minderheit müssen im Zeitpunkt des Zugangs des Einberufungsverlangens bei der Gesellschaft seit **mindestens 90 Tagen** Inhaber der Aktien sein (§ 122 Abs. 1 S. 3 AktG AktG).[57] Seit Inkrafttreten der Aktienrechtsnovelle 2016[58] stellt § 122 Abs. 1 S. 3 AktG erstmals explizit auf den Zeitpunkt des Zugangs des Einberufungsverlangens ab und ersetzt die bisherige Vorlauffrist von drei Monaten durch eine 90-Tage-Frist. Für die Frage, wie lange das **Quorum** nach dem Zugang des Verlangens fortzubestehen hat, ist danach zu differenzieren, ob der Vorstand dem Verlangen nachkommt oder ob es zum Gerichtsverfahren nach § 122 Abs. 3 AktG kommt.[59] Im erstgenannten Fall muss das Quorum bis zur Entscheidung des Vorstands fortbestehen.[60] Kommt es zum Gerichtsverfahren, muss das Quorum bis zur rechtskräftigen Entscheidung erfüllt sein.[61] Durch die Aktienrechtsnovelle 2016 wurden diese Haltefristen in § 122 Abs. 1 S. 3 AktG und § 122 Abs. 3 S. 5 AktG ausdrücklich festgeschrieben.[62] Die deutschen Regelungen zur Vorbesitzzeit stehen nicht in Widerspruch zu Art. 6 der EU-Aktionärsrechterichtlinie, sondern sind als Modalitäten der Rechtsausübung im Sinne des Erwägungsgrundes 7 einzuordnen.[63] Der gemäß § 122 Abs. 1 S. 3 AktG erforderliche **Nachweis** für das Bestehen des Quorums (auch während der Vorbesitzzeit) kann bei Namensaktien mittels des Aktienregisters erbracht werden.[64] Bei Inhaberaktien könnte der Nachweis für das Bestehen des Quorums durch Vorlage der Aktien erfolgen.[65] Die erforderliche Vorbesitzzeit lässt sich jedoch nicht durch die alleinige Vorlage der Aktienurkunde nachweisen.[66] Es empfiehlt sich daher eine entsprechende Bescheinigung der depotführenden Bank.[67] Darüber hinaus haben die Antragsteller den Nachweis zu erbringen, dass sie die Aktien bis zur Vorstands- oder Gerichtsentscheidung halten.[68] Dieser Nachweis wird in der Praxis üblicherweise durch eine Depotbescheinigung mit Sperrvermerk erbracht (für weitere Nachweismöglichkeiten vgl. → § 43 Rn. 15).[69]

---

[57] Schmidt/Lutter/*Ziemons* AktG § 122 Rn. 9; Spindler/Stilz/*Rieckers* AktG § 122 Rn. 12; Semler/Volhard/Reichert HV-HdB/*Reichert/Balke* § 4 Rn. 34; KölnKommAktG/*Noack/Zetzsche* § 122 Rn. 29; MüKoAktG/*Kubis* § 122 Rn. 7.

[58] Gesetz zur Änderung des Aktiengesetzes (Aktienrechtsnovelle 2016) vom 22.12.2015, BGBl. I 2015, 2565. Gem. der Übergangsvorschrift des § 26h Abs. 4 EGAktG gilt § 122 Abs. 1 S. 3 nF für alle Einberufungs- und Ergänzungsverlangen, die ab dem 1.6.2016 bei der Gesellschaft eingehen.

[59] Spindler/Stilz/*Rieckers* AktG § 122 Rn. 13; Hüffer/*Koch* AktG § 122 Rn. 3a.

[60] Schmidt/Lutter/*Ziemons* AktG § 122 Rn. 12; Spindler/Stilz/*Rieckers* AktG § 122 Rn. 13; *Butzke* Hauptversammlung der AG Rn. B 105; KölnKommAktG/*Noack/Zetzsche* § 122 Rn. 30; Grigoleit/*Herrler* AktG § 122 Rn. 4; Hüffer/*Koch* AktG § 122 Rn. 3a; aA für Quorum im Zeitpunkt der Antragstellung Semler/Volhard/Reichert HV-HdB/*Reichert/Balke* § 4 Rn. 36; Hölters/*Drinhausen* AktG § 122 Rn. 8.

[61] GroßkommAktG/*Butzke* § 122 Rn. 15; *Bezzenberger/Bezzenberger* FS K. Schmidt, 2009, 105; Spindler/Stilz/*Rieckers* AktG § 122 Rn. 13; Semler/Volhard/Reichert HV-HdB/*Reichert/Balke* § 4 Rn. 36; *Butzke* Hauptversammlung der AG Rn. B 105; Hüffer/*Koch* AktG § 122 Rn. 3a; MüKoAktG/*Kubis* § 122 Rn. 7.

[62] *Ihrig/Wandt* BB 2016, 6 (7 f.); *Wandt* NZG 2016, 367 (370); *Söhner* ZIP 2016, 151 (156); *Harbarth/Freiherr von Plettenberg* AG 2016, 145 (150).

[63] GroßkommAktG/*Butzke* § 122 Rn. 13; KölnKommAktG/*Noack/Zetsche* § 122 Rn. 31.

[64] GroßkommAktG/*Butzke* § 122 Rn. 17; Schmidt/Lutter/*Ziemons* AktG § 122 Rn. 24; MüKoAktG/*Kubis* § 122 Rn. 37; zum Sonderfall des Nachweises der Aktionärsstellung bei rechtsfehlerhafter Löschung einer Eintragung im Aktienregister vgl. OLG Zweibrücken WM 1997, 622.

[65] *Ek* Praxisleitfaden für die Hauptversammlung Rn. 63; *Butzke* Hauptversammlung der AG Rn. B 103; Hüffer/*Koch* AktG § 122 Rn. 3; GroßkommAktG/*Butzke* § 122 Rn. 17; Grigoleit/*Herrler* AktG § 122 Rn. 5.

[66] KölnKommAktG/*Noack/Zetzsche* § 122 Rn. 33.

[67] Spindler/Stilz/*Rieckers* AktG § 122 Rn. 15; KölnKommAktG/*Noack/Zetzsche* § 122 Rn. 33; GroßkommAktG/*Butzke* § 122 Rn. 17.

[68] Schmidt/Lutter/*Ziemons* AktG § 122 Rn. 25; Spindler/Stilz/*Rieckers* AktG § 122 Rn. 15; Semler/Volhard/Reichert HV-HdB/*Reichert/Balke* § 4 Rn. 34.

[69] Spindler/Stilz/*Rieckers* AktG § 122 Rn. 15; Semler/Volhard/Reichert HV-HdB/*Reichert/Balke* § 4 Rn. 34; GroßkommAktG/*Butzke* § 122 Rn. 17.

Maßgeblich für die Berechnung des Quorums ist einerseits der in das Handelsregister **20** eingetragene **Nennbetrag des Grundkapitals** der Gesellschaft und andererseits der Anteil am Grundkapital, der von den Aktionären, die das Verlangen geltend machen, gehalten wird.[70] Demnach bleibt eine **Erhöhung** des Grundkapitals außer Betracht, bis ihre Durchführung im Handelsregister eingetragen ist (§ 189 AktG). Eine **Kapitalherabsetzung** bleibt außer Betracht, bis der Herabsetzungsbeschluss eingetragen ist (§ 224 AktG).[71] Bei Kapitalherabsetzungen durch **Einziehung** von Aktien tritt die Änderung des Grundkapitals erst mit der Durchführung der Einziehung ein, falls diese der Eintragung des Herabsetzungsbeschlusses nachfolgt (§ 238 S. 1 AktG). Eigene Aktien der Gesellschaft mindern das für die Berechnung des Quorums heranzuziehende Grundkapital nicht.[72] Das Stimmrecht ist für die Berechnung des Quorums ohne Bedeutung.[73] Vorzugsaktien ohne Stimmrecht werden daher mit ihrem Anteil am Grundkapital berücksichtigt ebenso wie Aktien, die noch nicht voll einbezahlt sind.[74] Unberücksichtigt bleiben hingegen Aktien, aus denen die Rechte zB nach § 20 Abs. 7 AktG, § 44 WpHG nF (bislang § 28 WpHG) oder § 59 WpÜG nicht ausgeübt werden dürfen.[75]

Grundsätzlich kann der Inhaber der Aktien die Einberufung verlangen. Das gilt auch, **21** soweit die Aktien mit einem **Pfandrecht** belastet sind.[76] Im Falle eines Nießbrauchs steht das Recht demjenigen zu, der gemäß den den Nießbrauch regelnden Vereinbarungen das Stimmrecht aus den Aktien auszuüben hat.[77] Bei Wertpapierleihe muss der Entleiher in seiner Person die Vorbesitzzeit nachweisen, so dass die Leihe eine gewisse Mindestdauer haben muss.[78] Im Einzelfall kann die Gestaltung mittels Wertpapierleihe rechtsmissbräuchlich sein, wegen des gesetzlichen Vorbesitzerfordernisses bestehen dafür aber strenge Anforderungen.[79] Die Einberufung muss nicht persönlich verlangt werden.[80] Vielmehr können auch der **Stellvertreter**[81] oder ein Legitimationsaktionär[82] das Verlangen vorbringen. Wird das Einberufungsverlangen von Bevollmächtigten gestellt, kann der Vorstand einen **Vollmachtsnachweis** verlangen.[83] Die Vollmacht muss gerade das Einberufungsverlangen decken, eine allgemeine Stimmrechtsvollmacht reicht nicht aus.[84] Eine solche genügt selbst

---

[70] GroßkommAktG/*Butzke* § 122 Rn. 12; Spindler/Stilz/*Rieckers* AktG § 122 Rn. 9; MüKoAktG/*Kubis* § 122 Rn. 6.
[71] Spindler/Stilz/*Rieckers* AktG § 122 Rn. 9; Semler/Volhard/Reichert HV-HdB/*Reichert/Balke* § 4 Rn. 33; MüKoAktG/*Kubis* § 122 Rn. 6.
[72] Schmidt/Lutter/*Ziemons* AktG § 122 Rn. 7; Spindler/Stilz/*Rieckers* AktG § 122 Rn. 9; *Butzke* Hauptversammlung der AG Rn. B 103; Hüffer/*Koch* AktG § 122 Rn. 3.
[73] Spindler/Stilz/*Rieckers* AktG § 122 Rn. 9; Semler/Volhard/Reichert HV-HdB/*Reichert/Balke* § 4 Rn. 33; MüKoAktG/*Kubis* § 122 Rn. 6.
[74] Hüffer/*Koch* AktG § 122 Rn. 2; MüKoAktG/*Kubis* § 122 Rn. 6.
[75] Schmidt/Lutter/*Ziemons* AktG § 122 Rn. 7; *Butzke* Hauptversammlung der AG Rn. B 103.
[76] OLG Celle ZIP 2015, 426; GroßkommAktG/*Butzke* § 122 Rn. 10; Spindler/Stilz/*Rieckers* AktG § 122 Rn. 6; MüKoAktG/*Kubis* § 122 Rn. 3.
[77] GroßkommAktG/*Butzke* § 122 Rn. 10; Semler/Volhard/Reichert HV-HdB/*Reichert/Balke* § 4 Rn. 33; vgl. OLG Koblenz ZIP 1992, 844 für GmbH; aA MüKoAktG/*Kubis* § 122 Rn. 3; offen lassend Spindler/Stilz/*Rieckers* AktG § 122 Rn. 6.
[78] GroßkommAktG/*Butzke* § 122 Rn. 11; Spindler/Stilz/*Rieckers* AktG § 122 Rn. 10; Grigoleit/Herrler AktG § 122 Rn. 3.
[79] GroßkommAktG/*Butzke* § 122 Rn. 11, 35; Spindler/Stilz/*Rieckers* AktG § 122 Rn. 10 f.; MüKoAktG/*Kubis* § 122 Rn. 27; KölnKommAktG/*Noack/Zetsche* § 122 Rn. 72.
[80] Spindler/Stilz/*Rieckers* AktG § 122 Rn. 7; MüKoAktG/*Kubis* § 122 Rn. 5.
[81] Schmidt/Lutter/*Ziemons* AktG § 122 Rn. 15; Spindler/Stilz/*Rieckers* AktG § 122 Rn. 7; Hüffer/*Koch* AktG § 122 Rn. 2.
[82] Spindler/Stilz/*Rieckers* AktG § 122 Rn. 7; Semler/Volhard/Reichert HV-HdB/*Reichert/Balke* § 4 Rn. 33; MüKoAktG/*Kubis* § 122 Rn. 5; GroßkommAktG/*Butzke* § 122 Rn. 10.
[83] Semler/Volhard/Reichert HV-HdB/*Reichert/Balke* § 4 Rn. 38.
[84] Spindler/Stilz/*Rieckers* AktG § 122 Rn. 7; Semler/Volhard/Reichert HV-HdB/*Reichert/Balke* § 4 Rn. 38; MüKoAktG/*Kubis* § 122 Rn. 5; GroßkommAktG/*Butzke* § 122 Rn. 10.

dann nicht, wenn dem Bevollmächtigten zugleich sämtliche Aktien der Gesellschaft verpfändet wurden.[85] Für die Form der Vollmacht gilt § 134 Abs. 3 S. 3 AktG analog, sie bedarf demnach (vorbehaltlich anderslautender Satzungsregelungen) der Textform.[86] Die Zurückweisung des Einberufungsverlangens wegen fehlenden Vollmachtsnachweises kann nur unverzüglich erfolgen (vgl. § 174 BGB).[87] Ist für unbekannte Aktionäre ein Abwesenheitspfleger bestellt (§ 1911 BGB), werden deren Einberufungsrechte durch den Pfleger ausgeübt.[88]

22   Beruft der Vorstand die Hauptversammlung ein, ohne dass das Quorum gegeben ist, zB weil er dessen Vorliegen irrtümlich annimmt, ändert dies nichts an der **Wirksamkeit** der Einberufung.[89]

23   **b) Form und Inhalt des Einberufungsverlangens, Rücknahme.** Das Einberufungsverlangen bedarf der Schriftform. Es muss also durch alle zur Erreichung des Quorums erforderlichen Aktionäre oder ihre Bevollmächtigten unterzeichnet werden (§ 126 BGB), falls die Satzung keine andere Form vorschreibt oder erlaubt (§ 122 Abs. 1 S. 2 AktG). § 122 Abs. 1 S. 1 AktG formuliert, dass das Einberufungsverlangen an den **Vorstand** zu richten ist, meint allerdings an die durch den Vorstand vertretene Gesellschaft.[90] Dementsprechend wird auch die Adressierung an die Gesellschaft als ausreichend angesehen.[91] Ist ein handlungsfähiger Vorstand nicht vorhanden, muss ein Notvorstand gem. § 85 AktG gerichtlich bestellt werden. Eine ersatzweise Empfangszuständigkeit des Aufsichtsrats besteht nicht.[92] Der Aufsichtsrat kann aber ein unzulässigerweise an ihn gerichtetes Einberufungsverlangen zum Anlass nehmen, von seiner eigenen Einberufungszuständigkeit aus Gründen des Wohls der Gesellschaft Gebrauch zu machen (§ 111 Abs. 3 AktG).

24   Das Einberufungsverlangen muss „den Zweck und die Gründe" der Einberufung nennen. Es muss also die gewünschten Gegenstände der **Tagesordnung** der Hauptversammlung und den Grund dafür darlegen, dass die Beschlussfassung nicht bis zur nächsten ordentlichen Hauptversammlung zurückgestellt werden kann.[93] Eine ausführliche Begründung ist nicht zu fordern.[94] Auch brauchen grundsätzlich keine Beschlussvorschläge formuliert zu werden.[95] Soll allerdings eine Satzungsänderung beschlossen werden, muss der

---

[85] OLG Celle ZIP 2015, 426.
[86] Spindler/Stilz/*Rieckers* AktG § 122 Rn. 14; Grigoleit/*Herrler* AktG § 122 Rn. 5; Hüffer/*Koch* AktG § 122 Rn. 3; kritisch bzgl. der Analogiebildung *Butzke* Hauptversammlung der AG Rn. B 104 Fn. 202.
[87] Hüffer/*Koch* AktG § 122 Rn. 3 unter Heranziehung der hM zur GmbH; MüKoAktG/*Kubis* § 122 Rn. 10.
[88] OLG Frankfurt a. M. NJW-RR 1986, 781 = WM 1986, 642; Hüffer/*Koch* AktG § 122 Rn. 2.
[89] KölnKommAktG/*Noack*/*Zetzsche* § 122 Rn. 81; Spindler/Stilz/*Rieckers* AktG § 122 Rn. 27.
[90] Schmidt/Lutter/*Ziemons* AktG § 122 Rn. 16; Spindler/Stilz/*Rieckers* AktG § 122 Rn. 17; KölnKommAktG/*Noack*/*Zetzsche* § 122 Rn. 40; Hüffer/*Koch* AktG § 122 Rn. 5; Grigoleit/*Herrler* AktG § 122 Rn. 7.
[91] GroßkommAktG/*Butzke* § 122 Rn. 19; KölnKommAktG/*Noack*/*Zetzsche* § 122 Rn. 40; Hüffer/*Koch* AktG § 122 Rn. 5; MüKoAktG/*Kubis* § 122 Rn. 11; Bürgers/Körber/*Reger* AktG § 122 Rn. 8.
[92] Spindler/Stilz/*Rieckers* AktG § 122 Rn. 17; Hüffer/*Koch* AktG § 122 Rn. 5; Grigoleit/*Herrler* AktG § 122 Rn. 7; aA KölnKommAktG/*Noack*/*Zetzsche* § 122 Rn. 41; MüKoAktG/*Kubis* § 122 Rn. 11.
[93] Schmidt/Lutter/*Ziemons* AktG § 122 Rn. 17 ff.; Hüffer/*Koch* AktG § 122 Rn. 4; MüKoAktG/*Kubis* § 122 Rn. 13.
[94] OLG Karlsruhe ZIP 2015, 125; Spindler/Stilz/*Rieckers* AktG § 122 Rn. 19; Semler/Volhard/Reichert HV-HdB/*Reichert*/*Balke* § 4 Rn. 43; MüKoAktG/*Kubis* § 122 Rn. 13; einschränkend Schmidt/Lutter/*Ziemons* AktG § 122 Rn. 22.
[95] OLG München AG 2010, 84 = WM 2010, 517; OLG Karlsruhe ZIP 2015, 125; Semler/Volhard/Reichert HV-HdB/*Reichert*/*Balke* § 4 Rn. 39; *Butzke* Hauptversammlung der AG Rn. B 106.

§ 36 Einberufung der Hauptversammlung 25–27 § 36

Wortlaut der vorgeschlagenen Satzungsänderung genannt werden, da dieser mit der Tagesordnung bekannt zu machen ist (§ 124 Abs. 2 S. 3 AktG).[96]

Das Einberufungsverlangen kann jederzeit von der Minderheit **zurückgenommen** werden.[97] Einer Rücknahme gleich kommt die Rücknahmeforderung auch nur eines Teils der Minderheitsaktionäre, wenn dadurch das Quorum von 5 % nicht mehr erfüllt wird.[98] Erfolgt die Rücknahme, bevor die Einberufung bekannt gemacht worden ist, wird das Verlangen gegenstandslos. Der Vorstand braucht nicht mehr einzuberufen.[99] Andererseits bleibt es dem Vorstand unbenommen, in solchen Fällen eine Hauptversammlung aufgrund seiner eigenen Zuständigkeit einzuberufen, wenn er dies zum Wohl der Gesellschaft für erforderlich hält.[100] Wird das Minderheitsverlangen nach Bekanntmachung der Einberufung zurückgenommen, ändert das an der Wirksamkeit der Einberufung nichts. Der Vorstand kann jedoch die einberufene Hauptversammlung **absagen**.[101] Im Regelfall wird der Vorstand von dieser Möglichkeit Gebrauch machen, um den mit der Durchführung einer zusätzlichen Hauptversammlung verbundenen Aufwand zu vermeiden.[102] Die Absage des Vorstands bleibt auch dann wirksam, wenn sie **pflichtwidrig** erfolgt ist, etwa weil das Minderheitsverlangen nicht zurückgenommen wurde.[103] Den Aktionären bleibt dann der Weg über die gerichtliche Ermächtigung nach § 122 Abs. 3 AktG.[104] Die von Aktionären gem. § 122 Abs. 3 AktG einberufene Hauptversammlung kann der Vorstand hingegen nicht absagen.[105]

25

c) Schranken. Die Minderheit hat das Recht auf Einberufung der Hauptversammlung nur zur Behandlung solcher Gegenstände, für die die Hauptversammlung zuständig ist.[106] Ausgeschlossen ist deshalb ein Minderheitsverlangen auf Einberufung der Hauptversammlung zur Entscheidung über **Geschäftsführungsfragen,** über die sie nur entscheiden kann, wenn es der Vorstand verlangt (§ 119 Abs. 2 AktG).[107]

26

Auch zur Behandlung und eventuellen Beschlussfassung über die Inangriffnahme von Geschäftsführungsmaßnahmen, die nach der Holzmüller-Doktrin (→ § 35 Rn. 57 ff.) der Zustimmung der Hauptversammlung bedürfen, kann das Einberufungsverlangen nicht gestellt werden.[108] Der Vorstand hat zu entscheiden, ob er eine solche Maßnahme treffen

27

---

[96] OLG München AG 2010, 84 = WM 2010, 517; GroßkommAktG/*Butzke* § 122 Rn. 22; Spindler/Stilz/*Rieckers* AktG § 122 Rn. 19; *Butzke* Hauptversammlung der AG Rn. B 106.
[97] Hüffer/Koch AktG § 122 Rn. 4; MüKoAktG/*Kubis* § 122 Rn. 14.
[98] Spindler/Stilz/*Rieckers* AktG § 122 Rn. 20; MüKoAktG/*Kubis* § 122 Rn. 14.
[99] Spindler/Stilz/*Rieckers* AktG § 122 Rn. 20; Semler/Volhard/Reichert HV-HdB/*Reichert/Balke* § 4 Rn. 46.
[100] Spindler/Stilz/*Rieckers* AktG § 122 Rn. 20; Semler/Volhard/Reichert HV-HdB/*Reichert/Balke* § 4 Rn. 46.
[101] GroßkommAktG/*Butzke* § 122 Rn. 50; Hüffer/Koch AktG § 122 Rn. 4; MüKoAktG/*Kubis* § 122 Rn. 14.
[102] *Weber* NZG 2013, 890; Hüffer/Koch AktG § 122 Rn. 4.
[103] BGH NZG 2015, 1227 ff.; Spindler/Stilz/*Rieckers* AktG § 122 Rn. 31a; GroßkommAktG/*Butzke* § 122 Rn. 49; *Bayer/Scholz/Weiß* ZIP 2014, 1; Happ AktienR/*Ludwig/Bednarz* Muster 10.05 Rn. 4.5; aA LG Frankfurt a. M. NZG 2013, 748 = ZIP 2013, 748 mit zustimmenden Anm. *Weber* NZG 2013, 890; *von Eiff/König* EWiR 2013, 601; *Selter* NZG 2013, 1133; Hüffer/Koch AktG § 122 Rn. 4; die Entscheidung des BGH kritisierend *Schüppen/Tretter* ZIP 2015, 2097 (2099 f.).
[104] *Bayer/Scholz/Weiß* ZIP 2014, 1 (4 f.).
[105] BGH NZG 2015, 1227 (1229); *Lieder* NZG 2016, 81 (84 f.); MüKoAktG/*Kubis* § 121 Rn. 101.
[106] OLG München AG 2010, 84 = WM 2010, 517; OLG Stuttgart AG 2009, 169; OLG Düsseldorf AG 2013, 264 = NZG 2013, 546; OLG Karlsruhe ZIP 2015, 125; Schmidt/Lutter/*Ziemons* AktG § 122 Rn. 18; MüKoAktG/*Kubis* § 122 Rn. 15.
[107] OLG Frankfurt a. M. AG 2005, 442 = WM 2005, 2176; Spindler/Stilz/*Rieckers* AktG § 122 Rn. 22; *Butzke* Hauptversammlung der AG Rn. B 107.
[108] GroßkommAktG/*Butzke* § 122 Rn. 24 mit Fn. 45; Spindler/Stilz/*Rieckers* AktG § 122 Rn. 22; *Butzke* Hauptversammlung der AG Rn. B 107 Fn. 213; KölnKommAktG/*Noack/Zetzsche* § 122 Rn. 60; MüKoAktG/*Kubis* § 122 Rn. 15; aA *Halberkamp/Gierke* NZG 2004, 494, die ein Einberufungsverlangen zwecks Beratung oder Fassung eines den Vorstand nicht bindenden Beschlusses zulassen.

will und muss dann bejahendenfalls die Zustimmung der Hauptversammlung einholen. Dagegen kann nicht die Hauptversammlung die Initiative an sich ziehen.[109]

28 Etwas anderes muss aber gelten, wenn der Vorstand eine **zustimmungsbedürftige Maßnahme** von sich aus ergriffen hat, ohne die erforderliche Zustimmung der Hauptversammlung einzuholen.[110] Wenn die Minderheit die Einberufung einer Hauptversammlung verlangt, um dem Vorstand eine solche Maßnahme zu untersagen, handelt es sich um eine sachgerechte Maßnahme zur Vermeidung einer Verletzung der Aktionärsrechte.[111] Zulässig ist es auch, die Einberufung einer Hauptversammlung zu verlangen, um Vorstandsmitgliedern das Vertrauen zu entziehen (§ 84 Abs. 3 AktG) und bei der Behandlung dieses Tagesordnungspunktes Geschäftsführungsfragen lediglich zu erörtern.[112]

29 Wie jedes sonstige Recht darf auch das Minderheitenrecht auf Einberufung der Hauptversammlung nicht missbräuchlich ausgeübt werden. Andernfalls kann der Vorstand die Einberufung ablehnen; eine dahingehende Pflicht besteht allerdings nicht.[113] Bei der Annahme eines **Rechtsmissbrauchs** ist Zurückhaltung geboten.[114] Das Einberufungsrecht ist ein Minderheitenrecht, dessen Ausübung den Gesellschaftsorganen, aber auch der Aktionärsmehrheit lästig sein mag. Das allein macht das Einberufungsverlangen noch nicht zu einem missbräuchlichen.

30 Rechtsmissbrauch kann angenommen werden, wenn offensichtlich kein vernünftiger Anlass zur Befassung der Hauptversammlung mit den von der Minderheit vorgegebenen Gegenständen besteht.[115] Dies wird regelmäßig der Fall sein, wenn über einen Gegenstand in identischer Form erst in der letzten Hauptversammlung beschlossen wurde und die Umstände sich nicht verändert haben.[116] Ebenso kann das Einberufungsverlangen rechtsmissbräuchlich sein, wenn die betreffenden Gegenstände mangels jedweder Eilbedürftigkeit ohne weiteres in der nächsten ordentlichen Hauptversammlung behandelt werden können.[117] Gleiches gilt, wenn aus sonstigen Gründen ein Abwarten bis zur nächsten ordentlichen Hauptversammlung zumutbar ist.[118] Rechtsmissbräuchlich ist ein Einberufungsverlangen auch dann, wenn von vorneherein feststeht, dass der mit der Hauptversammlung erstrebte Zweck nicht erreicht werden kann,[119] weil zB die für die angestrebte Maßnahme erforderliche Mitwirkung Dritter nicht zu erlangen ist,[120] oder das Einberufungsverlangen

---

[109] GroßkommAktG/*Butzke* § 122 Rn. 24 mit Fn. 45; Spindler/Stilz/*Rieckers* AktG § 122 Rn. 22; MüKoAktG/*Kubis* § 122 Rn. 15.

[110] Spindler/Stilz/*Rieckers* AktG § 122 Rn. 22; MüKoAktG/*Kubis* § 122 Rn. 15, weitergehend (Vorstandsbeschluss, die Maßnahme zu ergreifen, soll genügen) *Butzke* Hauptversammlung der AG Rn. B 107 Fn. 213; KölnKommAktG/*Noack*/*Zetzsche* § 122 Rn. 60; Bürgers/Körber/*Reger* AktG § 122 Rn. 10.

[111] Spindler/Stilz/*Rieckers* AktG § 122 Rn. 22; Semler/Volhard/Reichert HV-HdB/*Reichert*/*Balke* § 4 Rn. 40; MüKoAktG/*Kubis* § 122 Rn. 15.

[112] Semler/Volhard/Reichert HV-HdB/*Reichert*/*Balke* § 4 Rn. 42.

[113] OLG Düsseldorf AG 2013, 264 = NZG 2013, 546 (548) mit insoweit zustimmender Anm. *Reger* NZG 2013, 536; Bürgers/Körber/*Reger* AktG § 122 Rn. 12.

[114] OLG München AG 2010, 84 = WM 2010, 517; OLG Stuttgart AG 2009, 169; KG AG 2012, 256 = NZG 2011, 1429; OLG Düsseldorf AG 2013, 264 = NZG 2013, 546; OLG Karlsruhe ZIP 2015, 125; Spindler/Stilz/*Rieckers* AktG § 122 Rn. 23; Hüffer/*Koch* AktG § 122 Rn. 6.

[115] Spindler/Stilz/*Rieckers* AktG § 122 Rn. 25; *Butzke* Hauptversammlung der AG Rn. B 108; MüKoAktG/*Kubis* § 122 Rn. 21; aA Schmidt/Lutter/*Ziemons* AktG § 122 Rn. 21.

[116] KG AG 2012, 256 = NZG 2011, 1429; OLG Karlsruhe ZIP 2015, 125; Hüffer/*Koch* AktG § 122 Rn. 6; MüKoAktG/*Kubis* § 122 Rn. 20.

[117] OLG München AG 2010, 84 = WM 2010, 517; OLG Stuttgart AG 2009, 169; OLG Karlsruhe ZIP 2015, 125; *Butzke* Hauptversammlung der AG Rn. B 108; Hüffer/*Koch* AktG § 122 Rn. 6; MüKoAktG/*Kubis* § 122 Rn. 19.

[118] OLG München AG 2019, 698.

[119] OLG Hamburg AG 2003, 643 = NZG 2003, 132; Hüffer/*Koch* AktG § 122 Rn. 6.

[120] KG AG 1980, 78; Spindler/Stilz/*Rieckers* AktG § 122 Rn. 26; KölnKommAktG/*Noack*/*Zetzsche* § 122 Rn. 68; *Butzke* Hauptversammlung der AG Rn. B 108.

§ 36 Einberufung der Hauptversammlung 31, 32 § 36

der Fassung rechtswidriger Beschlüsse dienen soll.[121] Dagegen macht der Umstand, dass mit einer Mehrheit für den von der Minderheit angekündigten Antrag nicht zu rechnen ist, das Einberufungsverlangen nicht missbräuchlich.[122] Denn § 122 AktG will gerade gewährleisten, dass die Minderheit sich Gehör verschaffen kann.

2. Einberufung durch die Minderheit aufgrund gerichtlicher Ermächtigung. 31
a) Ermächtigungsverfahren. Die Einberufung der Hauptversammlung aufgrund des Minderheitsverlangens hat durch den Vorstand zu erfolgen. Erfüllt der Vorstand seine Verpflichtung nicht, kann die Minderheit die Hauptversammlung selbst einberufen. Dem Einberufungsverlangen ist dann nicht entsprochen, wenn ihm der Vorstand entweder nicht **vollständig**[123] oder nicht innerhalb **angemessener Zeit**[124] (das Gesetz enthält keine Fristbestimmung) nachkommt oder wenn er die Einberufung ablehnt. Haben die Aktionäre eine Frist gesetzt, innerhalb derer die Einberufung erfolgen soll, sind sie daran gebunden.[125] Hat die Gesellschaft keinen Vorstand und wird ein solcher auch nicht gemäß § 121 Abs. 2 S. 2 AktG fingiert, so muss zunächst gemäß § 85 AktG ein Notvorstand bestellt werden.

Die Einberufung durch die Minderheit kann nur aufgrund **gerichtlicher Ermächtigung** erfolgen (§ 122 Abs. 3 AktG). Zuständig ist das für den Sitz der Gesellschaft zuständige Amtsgericht im Verfahren der freiwilligen Gerichtsbarkeit (§ 23a Abs. 1 S. 1 Nr. 2 und Abs. 2 Nr. 4 GVG iVm § 375 Nr. 3 FamFG; § 14 AktG). Der Antrag kann nur von solchen Aktionären gestellt werden, die die Einberufung von der Gesellschaft vergeblich verlangt haben und bei Stellung des Antrags bis zur rechtskräftigen gerichtlichen Entscheidung insgesamt über mindestens 5 % des Grundkapitals verfügen (oder ein etwaiges geringeres satzungsmäßiges Quorum). § 122 Abs. 3 S. 5 nF stellt klar, dass die antragstellenden Aktionäre ihre Aktien bis zur rechtskräftigen letztinstanzlichen[126] Entscheidung des Gerichts halten müssen. Es brauchen nicht notwendig alle Aktionäre den Antrag zu stellen, die zuvor den Vorstand zur Einberufung aufgefordert hatten.[127] Die Frage, ob **Rechtsnachfolger** an die Stelle der Antragsteller treten können, wird für den Gesamtrechtsnachfolger unstrittig bejaht, während ein Antragsrecht des Einzelrechtsnachfolgers mittlerweile ganz überwiegend verneint wird.[128] Eine **Frist,** innerhalb derer das Einberufungsverlangen gerichtlich geltend zu machen wäre, ist vom Gesetz zwar nicht vorgesehen. Jedoch muss der Antrag innerhalb angemessener Frist nach der Vorstandsentscheidung 32

---

[121] KG AG 2003, 505; OLG Karlsruhe ZIP 2015, 125; *Butzke* Hauptversammlung der AG Rn. B 108; KölnKommAktG/*Noack/Zetzsche* § 122 Rn. 69; Hüffer/*Koch* AktG § 122 Rn. 6.
[122] Schmidt/Lutter/*Ziemons* AktG § 122 Rn. 21; Hüffer/*Koch* AktG § 122 Rn. 6; MüKoAktG/*Kubis* § 122 Rn. 26.
[123] Spindler/Stilz/*Rieckers* AktG § 122 Rn. 27; *Butzke* Hauptversammlung der AG Rn. B 110; Hüffer/*Koch* AktG § 122 Rn. 7.
[124] Gegen 1 Woche bestehen keine Bedenken, RGZ 92, 409; 7 Wochen sind zu lang, BGH WM 1985, 567 = DB 1985, 1837(für GmbH); zustimmend Hüffer/*Koch* AktG § 122 Rn. 7; für die Praxis dürfte eine Frist von 2 bis 4 Wochen gelten, so auch HdB börsennotierte AG/*Marsch-Barner* § 32 Rn. 23; ähnlich *Butzke* Hauptversammlung der AG Rn. B 109 (1 bis 3 Wochen); MüKoAktG/*Kubis* § 122 Rn. 38 (1 bis 2 Wochen, inbesondere darf Vorstand bis zur nächsten turnusmäßigen Vorstandssitzung zuwarten; enger Bürgers/Körber/*Reger* AktG § 122 Rn. 12 (in der Regel nicht länger als 1 bis 2 Werktage).
[125] BGHZ 87, 1 = WM 1983, 472 (für GmbH); Spindler/Stilz/*Rieckers* AktG § 122 Rn. 29; Hüffer/*Koch* AktG § 122 Rn. 7.
[126] *Ihrig/Wandt* BB 2016, 6 (8).
[127] GroßkommAktG/*Butzke* § 122 Rn. 83; *Butzke* Hauptversammlung der AG Rn. B 123; Hüffer/*Koch* AktG § 122 Rn. 10; MüKoAktG/*Kubis* § 122 Rn. 45.
[128] Schmidt/Lutter/*Ziemons* AktG § 122 Rn. 52; Spindler/Stilz/*Rieckers* AktG § 122 Rn. 50; *Butzke* Hauptversammlung der AG Rn. B 123; Hüffer/*Koch* AktG § 122 Rn. 10; MüKoAktG/*Kubis* § 122 Rn. 45.

gestellt werden.¹²⁹ Eine Insolvenzeröffnung lässt die Zulässigkeit des Ermächtigungsverfahrens unberührt, sofern die einzuberufende Hauptversammlung über insolvenzneutrale Maßnahmen beschließen soll.¹³⁰

33 Das Gericht entscheidet durch Beschluss, der zu begründen ist (§ 38 FamFG). Da es sich bei dem Verfahren nach § 122 Abs. 3 AktG um ein solches der freiwilligen Gerichtsbarkeit handelt, wird der Beschluss gem. § 40 Abs. 1 FamFG mit Bekanntgabe an die Antragsteller wirksam.¹³¹ Trotz der „kann"-Formulierung in § 122 Abs. 3 AktG **muss** das Gericht dem Antrag stattgeben, wenn er alle gesetzlichen bzw. satzungsmäßigen Erfordernisse erfüllt und auch der Vorstand dem Antrag hätte stattgeben müssen.¹³² Ort und Zeit der Hauptversammlung werden vom Gericht nicht festgelegt.¹³³ Dies ist Sache der einberufenden Minderheit.¹³⁴ Das Gericht kann zugleich mit der Ermächtigung (§ 122 Abs. 3 S. 2 AktG) oder später¹³⁵ den **Vorsitzenden** der Versammlung **bestimmen,** wenn Zweifel an der Unparteilichkeit des satzungsmäßig berufenen Versammlungsleiters bestehen. Eine spätere Bestimmung kommt insbesondere in Betracht, wenn das Gericht den Versammlungsleiter nur deshalb nicht bestimmt hat, weil der Vorstand unter dem Druck des gerichtlichen Verfahrens dem Einberufungsverlangen der Minderheit entsprochen hat.¹³⁶ Ein gerichtlich bestimmter Versammlungsleiter kann von der Hauptversammlung nicht abgewählt werden.¹³⁷ Ob das Gericht analog § 122 Abs. 3 S. 2 AktG darüber hinaus auch eine Bestimmung des Versammlungsleiters vornehmen kann, wenn der Vorstand dem Verlangen nach § 122 Abs. 1 AktG entsprochen hat, ist zweifelhaft.¹³⁸ Jedenfalls wenn der Vorstand dem Minderheitsverlangen gefolgt ist, bevor die Minderheit den Ermächtigungsantrag nach § 122 Abs. 3 S. 1 gestellt hat, besteht ein gerichtliches Bestimmungsrecht nicht.¹³⁹

34 Gegen den im Ermächtigungsverfahren ergehenden Beschluss kann die **Beschwerde** bei dem Amtsgericht, dessen Beschluss angefochten wird, eingelegt werden (§ 122 Abs. 3 S. 4 AktG; § 64 Abs. 1 S. 1 FamFG). Beschwerdegericht ist das Oberlandesgericht (§ 119 Abs. 1 Nr. 1b GVG). Gegen die Entscheidung des Oberlandesgerichts ist die zulassungsabhängige Rechtsbeschwerde zum BGH statthaft (§ 70 FamFG, § 133 GVG). Die Beschwerde hat keine aufschiebende Wirkung; wohl aber kann das Beschwerdegericht anordnen, dass die Vollziehung des Ermächtigungsbeschlusses auszusetzen ist (§ 64 Abs. 3

---

¹²⁹ GroßkommAktG/*Butzke* § 122 Rn. 86; Spindler/Stilz/*Rieckers* AktG § 122 Rn. 53; *Butzke* Hauptversammlung der AG Rn. B 123; Hüffer/*Koch* AktG § 122 Rn. 10; MüKoAktG/*Kubis* § 122 Rn. 49.

¹³⁰ OLG München DB 2018, 1272 (1273 f.) mit Anm. *Göcke* DB 2018, 1849; kritisch hierzu *Thole* ZIP 2018, 1565 (1566 ff.); entsprechend OLG Düsseldorf ZIP 2013, 1022 (1023 f.); Hüffer/*Koch* AktG § 122 Rn. 10; Schmidt/Lutter/*Ziemons* AktG § 122 Rn. 18.

¹³¹ LG München I AG 2018, 494; GroßkommAktG/*Butzke* § 122 Rn. 76; MüKoAktG/*Kubis* § 122 Rn. 56.

¹³² So schon OLG Köln WM 1959, 1402; ebenso OLG München AG 2010, 84 = WM 2010, 517; OLG Stuttgart AG 2009, 169; GroßkommAktG/*Butzke* § 122 Rn. 87; Hüffer/*Koch* AktG § 122 Rn. 11.

¹³³ Schmidt/Lutter/*Ziemons* AktG § 122 Rn. 57; MüKoAktG/*Kubis* § 122 Rn. 58.

¹³⁴ Spindler/Stilz/*Rieckers* AktG § 122 Rn. 55; Semler/Volhard/Reichert HV-HdB/*Reichert/Balke* § 4 Rn. 55; MüKoAktG/*Kubis* § 122 Rn. 58.

¹³⁵ Schmidt/Lutter/*Ziemons* AktG § 122 Rn. 58; Spindler/Stilz/*Rieckers* AktG § 122 Rn. 57; Semler/Volhard/Reichert HV-HdB/*Reichert/Balke* § 4 Rn. 55; MüKoAktG/*Kubis* § 122 Rn. 60; aA LG Marburg AG 2005, 742.

¹³⁶ OLG Hamburg AG 2012, 294; OLG Köln AG 2015, 716 f.; *Theusinger/Schilha* NZG 2016, 56 (57).

¹³⁷ Schmidt/Lutter/*Ziemons* AktG § 122 Rn. 58; Spindler/Stilz/*Rieckers* AktG § 122 Rn. 57; MüKoAktG/*Kubis* § 122 Rn. 60; GroßkommAktG/*Butzke* § 122 Rn. 94.

¹³⁸ Zum Meinungsstand vgl. OLG Köln AG 2015, 716 (717); *Hoffmann-Becking* NZG 2017, 281 (283); MüKoAktG/*Kubis* § 122 Rn. 60a.

¹³⁹ *Hoffmann-Becking* NZG 2017, 281 (283); ebenso MüKoAktG/*Kubis* § 122 Rn. 60a.

FamFG). Beschwerdeberechtigt sind im Falle der Ablehnung des Antrags solche Antragsteller, die über die erforderliche Minderheit verfügen;[140] bei stattgebender Entscheidung die Gesellschaft.[141]

b) Ausübung der Ermächtigung, Kosten. Bei der Einberufung aufgrund gerichtlicher Ermächtigung sind die allgemeinen Vorschriften über die Einberufung der Hauptversammlung einzuhalten. Außerdem ist auf die **Ermächtigung hinzuweisen** (§ 122 Abs. 3 S. 3 AktG). Nach überwiegender, auf das RG zurückgehender Auffassung genügt ein Hinweis wie „kraft richterlicher Ermächtigung", ohne dass weitere Angaben zu Datum oder Aktenzeichen der Ermächtigung erforderlich sind.[142] Fehlt der Hinweis, ist die Einberufung nicht ordnungsgemäß und die gefassten Beschlüsse sind ggf. anfechtbar.[143] Darüber hinaus muss die Einberufung die Namen der einberufenden Aktionäre enthalten – entsprechend wie bei der Einberufung durch den Vorstand.[144] Das Gericht kann eine Frist bestimmen, innerhalb derer von der Ermächtigung Gebrauch zu machen ist.[145] Wenn eine solche Frist nicht bestimmt ist, muss die Einberufung innerhalb angemessener Zeit erfolgen, darf jedenfalls nicht mehrere Monate hinausgezögert werden.[146] Eine Erschöpfung der gerichtlichen Ermächtigung zur Einberufung der Hauptversammlung kommt grundsätzlich erst in Betracht, wenn die Hauptversammlung gesetzes- und satzungsgemäß einberufen und durchgeführt wurde.[147]

In die **Tagesordnung** der aufgrund gerichtlicher Ermächtigung einzuberufenden Hauptversammlung darf die Minderheit nur solche Gegenstände aufnehmen, die im Einberufungsverlangen genannt waren.[148] Jedoch kann der Vorstand weitere Gegenstände in die Tagesordnung aufnehmen und entsprechend bekannt geben.[149] Die Minderheit ist nicht verpflichtet, Vorschläge zur Beschlussfassung zu machen.[150] Soweit die Minderheit Aufsichtsratswahlen, **Satzungsänderungen** oder Vertragszustimmungen auf die Tagesordnung setzt, sind allerdings die Angaben gemäß § 124 Abs. 2 AktG erforderlich, da anderenfalls kaum sinnvoll verhandelt werden könnte.[151] Vorstand und Aufsichtsrat sind nicht verpflichtet, wohl aber berechtigt, Beschlussvorschläge zu machen (→ Rn. 81 ff.).

Die **Kosten** der aufgrund gerichtlicher Ermächtigung einberufenen Hauptversammlung gehen zu Lasten der Gesellschaft (§ 122 Abs. 4 AktG). Allerdings kann die einberufende Minderheit anders als der Aufsichtsrat nicht im Namen der Gesellschaft handeln, zB einen Saal mieten, sondern ist auf einen Freistellungs- oder Erstattungs-

---

[140] Spindler/Stilz/*Rieckers* AktG § 122 Rn. 58; MüKoAktG/*Kubis* § 122 Rn. 64.
[141] Spindler/Stilz/*Rieckers* AktG § 122 Rn. 58; KölnKommAktG/*Noack/Zetzsche* § 122 Rn. 106; MüKoAktG/*Kubis* § 122 Rn. 64.
[142] RGZ 170, 83 (95) zur Genossenschaft; GroßkommAktG/*Butzke* § 122 Rn. 99; Schmidt/Lutter/*Ziemons* AktG § 122 Rn. 60; Hüffer/*Koch* AktG § 122 Rn. 12; MüKoAktG/*Kubis* § 122 Rn. 69.
[143] GroßkommAktG/*Butzke* § 122 Rn. 99; MüKoAktG/*Kubis* § 122 Rn. 69.
[144] MüKoAktG/*Kubis* § 122 Rn. 69; Spindler/Stilz/*Rieckers* AktG § 122 Rn. 64.
[145] Schmidt/Lutter/*Ziemons* AktG § 122 Rn. 59; Spindler/Stilz/*Rieckers* AktG § 122 Rn. 55; MüKoAktG/*Kubis* § 122 Rn. 68.
[146] GroßkommAktG/*Butzke* § 122 Rn. 101; *Butzke* Hauptversammlung der AG Rn. B 125; Spindler/Stilz/*Rieckers* AktG § 122 Rn. 63; MüKoAktG/*Kubis* § 122 Rn. 68.
[147] BGH ZIP 2017, 2245 (2251 f.); NZG 2012, 793 (794); ZIP 2015, 2069 (2072).
[148] Spindler/Stilz/*Rieckers* AktG § 122 Rn. 61; *Butzke* Hauptversammlung der AG Rn. B 126.
[149] GroßkommAktG/*Butzke* § 122 Rn. 103; Hüffer/*Koch* AktG § 122 Rn. 7; MüKoAktG/*Kubis* § 122 Rn. 70.
[150] OLG München AG 2010, 84 = WM 2010, 517; GroßkommAktG/*Butzke* § 122 Rn. 102; Spindler/Stilz/*Rieckers* AktG § 122 Rn. 64; KölnKommAktG/*Noack/Zetzsche* § 122 Rn. 120; MüKoAktG/*Kubis* § 122 Rn. 70; Grigoleit/*Herrler* AktG § 122 Rn. 18; aA Schmidt/Lutter/*Ziemons* AktG § 122 Rn. 61; Semler/Volhard/Reichert HV-HdB/*Reichert/Balke* § 4 Rn. 59; *Butzke* Hauptversammlung der AG Rn. B 125.
[151] OLG München AG 2010, 84 = WM 2010, 517; GroßkommAktG/*Butzke* § 122 Rn. 22; Spindler/Stilz/*Rieckers* AktG § 122 Rn. 64; MüKoAktG/*Kubis* § 122 Rn. 70.

anspruch angewiesen.¹⁵² Die im Ermächtigungsverfahren anfallenden Gerichtskosten trägt die Gesellschaft, wenn das Gericht dem Antrag stattgibt (§ 122 Abs. 4 AktG). Die außergerichtlichen Kosten sind von den Beteiligten – vorbehaltlich einer anderen Regelung durch das Gericht – selbst zu tragen (§ 81 FamFG).¹⁵³

IV. Bekanntmachung der Einberufung

38 **1. Form, Frist.** Die Einberufung der Hauptversammlung erfolgt im Regelfall durch Bekanntmachung in den **Gesellschaftsblättern** (§ 121 Abs. 4 S. 1 AktG). Es sind dies der Bundesanzeiger (§ 25 S. 1 AktG). Mit der Streichung des § 25 S. 2 im Zuge der Aktienrechtsnovelle 2016 entfällt die Möglichkeit, „andere Blätter" oder „elektronische Informationsmedien" als weitere „Geschäftsblätter" in der Satzung zu bestimmen. Zwar bleiben gem. der Übergangsvorschrift des § 26h Abs. 3 EGAktG bereits bestehende Satzungsregelungen iSd § 25 S. 2 aF weiterhin wirksam. Für einen Fristbeginn oder das sonstige Eintreten von Rechtsfolgen ist allerdings ausschließlich die Bekanntmachung im Bundesanzeiger maßgeblich.¹⁵⁴ Für Aktiengesellschaften, deren Aktien zum Handel an einem organisierten Markt zugelassen sind, sieht § 49 Abs. 1 S. 1 Nr. 1 WpHG nF (bislang § 30b Abs. 1 S. 1 Nr. 1 WpHG) eine inhaltlich weitestgehend parallele Veröffentlichungspflicht im Bundesanzeiger vor.¹⁵⁵ Zwar stimmen die Veröffentlichungspflichten hier weitgehend mit denen des Aktienrechts überein, allerdings wird zusätzlich die Veröffentlichung der Gesamtanzahl der Aktien und Stimmrechte gefordert. Eine doppelte Veröffentlichung hat jedoch nicht zu erfolgen (§ 49 Abs. 1 S. 2 WpHG nF). In der Praxis wird daher für beide Zwecke nur einmal im Bundesanzeiger veröffentlicht. Den aktienrechtlich geforderten Angaben wird die Angabe zur **Gesamtzahl der Aktien und Stimmrechte** im Zeitpunkt der Einberufung lediglich hinzugefügt.¹⁵⁶ Die Anzahl der Stimmrechte iSd § 49 Abs. 1 S. 1 Nr. 1 WpHG nF ist hierbei unabhängig von Ausschlüssen des Stimmrechts im Einzelfall zu berechnen, sodass etwa Aktien im Eigenbesitz der Gesellschaft (vgl. § 71b AktG) oder mit Stimmrechtsausschluss (gemäß § 67 Abs. 2 S. 2 AktG, § 44 WpHG nF oder § 59 WpÜG) belegte Aktien mitzuzählen sind.¹⁵⁷ Bei der bedingten Kapitalerhöhung darf der Emittent die (Bezugs-)Aktien bereits ab der Anweisung durch sein beauftragtes Institut, die (Bezugs-)Aktien in das Depot des Bezugsberechtigten einzubuchen, bei der Gesamtzahl der Aktien mitzählen.¹⁵⁸ Eine „Nachveröffentlichung" genügt den Anforderungen des § 49 Abs. 1 S. 1 Nr. 1 WpHG nF nicht.¹⁵⁹

39 Zudem gilt für **börsennotierte Gesellschaften** § 121 Abs. 4a AktG, nach dem die Gesellschaften zur Weiterleitung der Einberufung an solche Medien, die die Information in der gesamten Europäischen Union verbreiten, verpflichtet sind. Daneben haben börsennotierte Gesellschaften den Inhalt der Einberufung alsbald nach der Einberufung auf ihrer Internetseite zugänglich zu machen (§ 124a S. 1 Nr. 1 AktG). Die bis zum 31.12.2010

---

¹⁵² Schmidt/Lutter/*Ziemons* AktG § 122 Rn. 63; Spindler/Stilz/*Rieckers* AktG § 122 Rn. 69; Hüffer/*Koch* AktG § 122 Rn. 13; Bürgers/Körber/*Reger* AktG § 122 Rn. 23; MüKoAktG/*Kubis* § 122 Rn. 71.
¹⁵³ Spindler/Stilz/*Rieckers* AktG § 122 Rn. 71; MüKoAktG/*Kubis* § 122 Rn. 76.
¹⁵⁴ Begr. RegE BT-Drs. 18/4349, 33; Hölters/*Solveen* AktG § 25 Rn. 7.
¹⁵⁵ Assmann/Schneider/Mülbert/*Mülbert* WpHG § 49 Rn. 5, 9; *Butzke* Hauptversammlung der AG Rn. B 55; MüKoAktG/*Kubis* § 121 Rn. 109 ff.
¹⁵⁶ Assmann/Schneider/Mülbert/*Mülbert* WpHG § 49 Rn. 9; KölnKommAktG/*Noack/Zetzsche* § 121 Rn. 126; Schwark/Zimmer/*Heidelbach* WpHG § 30b Rn. 8.
¹⁵⁷ Assmann/Schneider/Mülbert/*Mülbert* WpHG § 49 Rn. 6; BaFin-Emittentenleitfaden 2013, S. 165; Schwark/Zimmer/*Heidelbach* WpHG § 30b Rn. 8. Gleichwohl empfiehlt es sich, solche mit einem Stimmrechtsausschluss belegten Aktien – freiwillig – gesondert auszuweisen (vgl. dazu die Formulierungshinweise der BaFin, 166).
¹⁵⁸ BaFin-Emittentenleitfaden 2013, 165. AA Assmann/Schneider/Mülbert WpHG/*Mülbert* § 49 Rn. 10.
¹⁵⁹ BaFin-Emittentenleitfaden 2013, 165 f.

gemäß § 46 Abs. 4 WpHG aF bestehende Veröffentlichungspflicht der Einberufung in sog. **„Börsenpflichtblättern"** wurde ersatzlos gestrichen. Derartige Veröffentlichungen in der **Tagespresse** sind heute freiwillig und haben keine gesellschaftsrechtliche Bedeutung.[160] Die Satzung kann weitere Bekanntmachungspflichten, wie etwa die mehrfache Bekanntmachung vorsehen.[161]

Wenn alle Aktionäre der Gesellschaft „namentlich bekannt" sind (§ 121 Abs. 4 S. 2 AktG, sog. **„kleine Aktiengesellschaft"**), kann die Einberufung auch durch eingeschriebenen Brief erfolgen, wenn die Satzung nichts anderes bestimmt. Soweit **Namensaktien** ausgegeben sind, gelten die im Aktienregister eingetragenen Aktionäre im Verhältnis zur Gesellschaft als Aktionäre (§ 67 Abs. 2 AktG) und sind ihr somit bekannt. Auf die materielle Rechtsinhaberschaft kommt es nicht an.[162] Bei **Inhaberaktien** gibt es keine vergleichbare Vermutung. Selbst wenn alle Aktionäre zu einem bestimmten Zeitpunkt bekannt sind, können sich unmittelbar darauf Änderungen ergeben, von denen die Gesellschaft nichts erfährt. Angesichts von Wortlaut und Entstehungsgeschichte des Gesetzes muss angenommen werden, dass nicht nur verschuldete, sondern auch unverschuldete Irrtümer des Einladenden über die Person von Aktionären die Einberufung fehlerhaft machen können.[163] Bestehen Zweifel, sollte daher stets über die Gesellschaftsblätter einberufen werden.[164]

40

Die Einberufung hat mindestens dreißig Tage vor dem Tag der Versammlung zu erfolgen (§ 123 Abs. 1 S. 1 AktG). Die Satzung kann eine längere, jedoch keine kürzere **Einberufungsfrist** vorsehen.[165] Für die Berechnung dieser rückwärtslaufenden Frist gilt § 121 Abs. 7 AktG, wonach der Tag der Hauptversammlung nicht mitzurechnen ist.[166] Ebenso ist der Tag der Einberufung nicht in die Frist einzubeziehen (§ 123 Abs. 1 S. 2 AktG).[167] Die Einberufung muss demnach bis zum Ablauf des 31. Tages vor der Hauptversammlung erfolgt sein.[168] Fällt der letzte Tag der Einberufungsfrist auf einen Samstag, Sonntag oder gesetzlichen Feiertag, findet keine Verlegung auf den vorhergehenden Werktag statt.[169] Falls die Satzung mehrere Veröffentlichungsblätter vorsieht, ist die Frist nur gewahrt, wenn die Bekanntmachung rechtzeitig in allen Blättern erfolgt.[170] Seit Inkrafttreten der Aktienrechtsnovelle 2016 und dem Wegfall des § 25 S. 2 AktG kommt es für die Fristwahrung nur noch auf die rechtzeitige Bekanntmachung im Bundesanzeiger an. Nach § 123 Abs. 2 AktG kann die Satzung ein Anmeldeerfordernis für die Teilnahme an der Hauptversammlung oder die Ausübung des Stimmrechts vorsehen, wodurch sich die Mindestfrist aus § 123 Abs. 1 AktG um die Tage der Anmeldefrist des § 123 Abs. 2 S. 2 AktG verlängert, also um 6 Tage. (§ 123 Abs. 2 S. 5 AktG, näher dazu → § 37 Rn. 10). Das Gesetz schreibt nur eine **Mindestfrist** für die Einberufung vor. Eine frühere Einberufung ist zulässig, es sei denn, die Einberufung erfolgt so früh, dass sie nicht mehr als ein zeitnaher Hinweis auf eine

41

---

[160] Schmidt/Lutter/*Ziemons* AktG § 121 Rn. 75; MüKoAktG/*Kubis* § 121 Rn. 73.
[161] Spindler/Stilz/*Rieckers* AktG § 121 Rn. 51; Semler/Volhard/Reichert HV-HdB/*Reichert/Balke* § 4 Rn. 127; MüKoAktG/*Kubis* § 121 Rn. 74.
[162] Spindler/Stilz/*Rieckers* AktG § 121 Rn. 55; MüKoAktG/*Kubis* § 121 Rn. 78.
[163] *Hoffmann-Becking* ZIP 1995, 1 (5 f.); *Fleischer/Eschwey* BB 2015, 2178 (2183 f.); Schmidt/Lutter/ Ziemons AktG § 122 Rn. 63; Spindler/Stilz/*Rieckers* AktG § 121 Rn. 56; MüKoAktG/*Kubis* § 121 Rn. 79; Hüffer/*Koch* AktG § 121 Rn. 11d; aA (nur zu vertretende Irrtümer) Semler/Volhard/Reichert HV-HdB/*Reichert/Balke* § 4 Rn. 135.
[164] *Butzke* Hauptversammlung der AG Rn. B 54; MüKoAktG/*Kubis* § 121 Rn. 79.
[165] *Butzke* Hauptversammlung der AG Rn. B 58; Hüffer/*Koch* AktG § 123 Rn. 2.
[166] Spindler/Stilz/*Rieckers* AktG § 123 Rn. 7; MüKoAktG/*Kubis* § 123 Rn. 3.
[167] Spindler/Stilz/*Rieckers* AktG § 123 Rn. 7; *Butzke* Hauptversammlung der AG Rn. B 61.
[168] Begr. RegE BT-Drs. 16/11642, 29; Spindler/Stilz/*Rieckers* AktG § 123 Rn. 7; Hüffer/*Koch* AktG § 123 Rn. 2.
[169] MüKoAktG/*Kubis* § 123 Rn. 3; *Butzke* Hauptversammlung der AG Rn. B 61.
[170] GroßkommAktG/*Butzke* § 123 Rn. 5; Spindler/Stilz/*Rieckers* AktG § 121 Rn. 49, § 123 Rn. 7; Semler/Volhard/Reichert HV-HdB/*Reichert/Balke* § 4 Rn. 127; *Butzke* Hauptversammlung der AG Rn. B 50; Hüffer/*Koch* AktG § 123 Rn. 2; MüKoAktG/*Kubis* § 123 Rn. 4.

Hauptversammlung angesehen werden kann.[171] Bei Einberufung mittels eingeschriebenen Briefs gilt der Tag der Absendung der letzten Einladung als Tag der Bekanntmachung (vgl. § 121 Abs. 4 S. 2 Hs. 2 AktG). Auf den Zugang kommt es, anders als im Recht der GmbH, nicht an.[172] Für Hauptversammlungen, die Übernahmesachverhalte betreffen, gilt die verkürzte Frist des § 16 Abs. 4 WpÜG. Gemäß § 7 Abs. 1 S. 1 FMStBG gilt die verkürzte Frist entsprechend für Hauptversammlungen im Zusammenhang mit Rekapitalisierungsmaßnahmen nach § 7 FMStFG, die zur Beschlussfassung über Kapitalerhöhungen gegen Einlagen einberufen werden.

42 **2. Inhalt – Überblick.** § 121 Abs. 3 AktG wurde durch das ARUG neu gefasst und differenziert nun zwischen börsennotierten und nicht börsennotierten Gesellschaften. Für **alle Gesellschaften** gilt § 121 Abs. 3 S. 1 AktG, wonach die Einberufung bestimmte Mindestangaben enthalten muss. Deren Fehlen oder Unrichtigkeit führt zur Nichtigkeit der betroffenen Hauptversammlungsbeschlüsse (§ 241 Nr. 1 AktG). Im Einzelnen sind dies
– die Firma der Gesellschaft, wobei die in der Firma enthaltene Bezeichnung „Aktiengesellschaft" mit „AG" abgekürzt werden kann;[173] ganz unwesentliche Unrichtigkeiten schaden nicht, wenn unzweifelhaft ist, welche Gesellschaft gemeint ist;[174]
– der Sitz der Gesellschaft;[175] hat die Gesellschaft mehrere Sitze, so sind alle anzugeben;[176]
– die „Zeit" der Hauptversammlung, also deren Beginn nach Datum und Uhrzeit (→ Rn. 49);
– der Ort der Hauptversammlung in der Weise, dass er von jedem Teilnehmer ohne besondere Mühe aufgefunden werden kann.

Ferner besteht gemäß § 121 Abs. 3 S. 2 AktG für alle Gesellschaften die Verpflichtung zur Angabe der Tagesordnung (→ Rn. 57 ff.). Obwohl nicht explizit in § 121 Abs. 3 AktG normiert, ist darüber hinaus der Einberufende anzugeben.[177]

43 Ausschließlich **börsennotierte Gesellschaften** müssen zudem Angaben über die Voraussetzungen der Hauptversammlungsteilnahme, die Voraussetzungen und das Verfahren der Stimmabgabe sowie die Aktionärsrechte und die Internetseite der Gesellschaft machen (vgl. § 121 Abs. 3 S. 3 AktG).

44 Bezüglich der **Voraussetzungen von Hauptversammlungsteilnahme und Stimmrechtsausübung** (§ 121 Abs. 3 S. 3 Nr. 1 AktG) hat die Einberufung insbesondere die entsprechenden Regelungen zur Anmeldung (§ 123 Abs. 2 AktG)[178] und zum Nachweis

---

[171] Spindler/Stilz/*Rieckers* AktG § 123 Rn. 4; *Butzke* Hauptversammlung der AG Rn. B 58; Semler/Volhard/Reichert HV-HdB/*Reichert/Balke* § 4 Rn. 71.

[172] Hüffer/*Koch* AktG § 121 Rn. 11g; Semler/Volhard/Reichert HV-HdB/*Reichert/Balke* § 4 Rn. 138.

[173] Schmidt/Lutter/*Ziemons* AktG § 121 Rn. 27; *Butzke* Hauptversammlung der AG Rn. B 69; MüKoAktG/*Kubis* § 121 Rn. 32.

[174] OLG Hamburg AG 1981, 193 (195); OLG Düsseldorf ZIP 1997, 1153; Spindler/Stilz/*Rieckers* AktG § 121 Rn. 20; Semler/Volhard/Reichert HV-HdB/*Reichert/Balke* § 4 Rn. 105; MüKoAktG/*Kubis* § 121 Rn. 32; Hüffer/*Koch* AktG § 241 Rn. 11; für eine strengere Auslegung; Schmidt/Lutter/*Ziemons* AktG § 121 Rn. 29; MüKoAktG/*Hüffer/Schäfer* § 241 Rn. 33.

[175] Ganz unwesentliche Unrichtigkeiten sind hier unschädlich, wenn die Identität der Gesellschaft zweifelsfrei feststellbar ist, vgl. OLG Düsseldorf ZIP 1997, 1153 (1159 f.); Spindler/Stilz/*Rieckers* AktG § 121 Rn. 21; KölnKommAktG/*Noack/Zetzsche* § 121 Rn. 66; GroßkommAktG/*Butzke* § 121 Rn. 49; Grigoleit/*Herrler* AktG § 121 Rn. 11; Hüffer/*Koch* AktG § 241 Rn. 11; ebenso, wenn auch kritisch gegenüber dem Urteil des OLG Düsseldorf MüKoAktG/*Kubis* § 121 Rn. 33; restriktiver für die Nichtigkeit der gefassten Hauptversammlungsbeschlüsse Schmidt/Lutter/*Ziemons* AktG § 121 Rn. 29.

[176] Spindler/Stilz/*Rieckers* AktG § 121 Rn. 21; Schmidt/Lutter/*Ziemons* AktG § 121 Rn. 28; Hölters/*Drinhausen* AktG § 121 Rn. 20; MüKoAktG/*Kubis* § 121 Rn. 33.

[177] Spindler/Stilz/*Rieckers* AktG § 121 Rn. 34; *Butzke* Hauptversammlung der AG Rn. B 69; KölnKommAktG/*Noack/Zetzsche* § 121 Rn. 84.

[178] Dazu ausführlich *Linnerz/Poppe* BB 2016 1098.

§ 36 Einberufung der Hauptversammlung

der Teilnahmeberechtigung (§ 123 Abs. 3–5 AktG) darzulegen (dazu → § 37 Rn. 8 ff.).[179] Bestehen dazu Satzungsregelungen, ist es ausreichend, dass die entsprechenden Satzungsregelungen inhaltlich korrekt wiedergegeben werden. Eine wörtliche Wiedergabe ist nicht erforderlich.[180] Bei Inhaberaktien ist der **Nachweisstichtag** („record date") und dessen Bedeutung unter Angabe des konkreten Datums darzulegen.[181] Zur Erläuterung der Bedeutung bedarf es eines Hinweises, dass nur die Personen zur Teilnahme an der Hauptversammlung und zur Ausübung des Stimmrechts berechtigt sind, die am Stichtag Aktionäre sind.[182] Der **Umschreibungsstopp** für Namensaktien gehört dagegen nicht zu den Gegenständen, die nach § 121 Abs. 3 S. 3 Nr. 1 AktG in der Einberufung dargelegt werden müssen.[183] Jedoch ist diese Ansicht nicht unbestritten.[184] Um ein erhöhtes Anfechtungsrisiko zu vermeiden, empfiehlt es sich daher für die Praxis, in der Einberufung auf den Zeitraum des Umschreibungsstopps hinzuweisen.[185] Dies wird auch regelmäßig so gehandhabt. Auf den noch im Regierungsentwurf zur Aktienrechtsnovelle 2014 vorgesehenen **einheitlichen Nachweisstichtag** für Inhaber- und Namensaktien (§ 123 Abs. 6 AktG-E[186]), wurde im Rahmen des Gesetzgebungsverfahrens verzichtet.[187] Lange Zeit war umstritten, ob **Vertretungsmodalitäten** zu den Voraussetzungen von Hauptversammlungsteilnahme und Stimmrechtsausübung zählen.[188] Seine Bedeutung bezog der Streit aus der Nichtigkeitsfolge von Hauptversammlungsbeschlüssen auf der Grundlage einer fehlerhaften Einberufung, die gegen § 121 Abs. 3 S. 2 AktG aF verstieß (vgl. § 241 Nr. 1 aF AktG). Seit Inkrafttreten des ARUG werden die Angaben zum Verfahren der Stimmabgabe durch Bevollmächtigte vom neu eingefügten § 121 Abs. 3 S. 3 Nr. 2a AktG erfasst,[189] sodass der Streit überholt ist (auch → § 37 Rn. 19).[190] Zusätzlich sieht § 241 Nr. 1 AktG nF ausdrücklich keine Nichtigkeit mehr vor, wenn die Angaben nach § 121 Abs. 3 S. 3 AktG fehlerhaft sind. Heute können fehlerhafte Angaben daher nur zur Anfechtbarkeit des Hauptversammlungsbeschlusses führen, sofern der Verstoß das Relevanzkriterium erfüllt (→ § 42 Rn. 55 ff.).

---

[179] *Butzke* Hauptversammlung der AG Rn. B 70; Hüffer/*Koch* AktG § 121 Rn. 10; Grigoleit/*Herrler* AktG § 121 Rn. 14. Zum neuen Regelungskonzept der § 123 Abs. 3–5 AktG *Ihrig/Wandt* BB 2016, 6 (9 f.); *Söhner* ZIP 2016, 151 (156); *Mohamed* ZIP 2016, 1100 ff.
[180] OLG Stuttgart AG 2009, 204; *Butzke* Hauptversammlung der AG Rn. B 70; Hüffer/*Koch* AktG § 121 Rn. 10; MüKoAktG/*Kubis* § 121 Rn. 62.
[181] Spindler/Stilz/*Rieckers* AktG § 121 Rn. 38; *Butzke* Hauptversammlung der AG Rn. B 70; Grigoleit/*Herrler* AktG § 121 Rn. 14.
[182] Schmidt/Lutter/*Ziemons* AktG § 121 Rn. 47; Spindler/Stilz/*Rieckers* AktG § 121 Rn. 38; Hölters/*Drinhausen* AktG § 121 Rn. 27; Hüffer/*Koch* AktG § 121 Rn. 10a.
[183] *Quass* AG 2009, 432 (437 f.); Spindler/Stilz/*Rieckers* AktG § 121 Rn. 36; *Butzke* Hauptversammlung der AG Rn. B 70 Fn. 117; GroßkommAktG/*Butzke* AktG § 121 Rn. 69; Hüffer/*Koch* AktG § 121 Rn. 10; einschränkend (Angabe nur für den Ausnahmefall erforderlich, dass Umschreibungsstopp vor dem letzten Anmeldezeitpunkt liegt) KölnKommAktG/*Noack/Zetzsche* § 121 Rn. 93; ähnlich Bürgers/Körber/*Reger* AktG § 121 Rn. 13b.
[184] Für eine Pflicht zur Angabe des Umschreibungsstopps Schmidt/Lutter/*Ziemons* AktG § 121 Rn. 48 f.; MüKoAktG/*Kubis* § 121 Rn. 64; Grigoleit/*Herrler* AktG § 121 Rn. 14; iE auch (zu § 121 Abs. 3 AktG aF) OLG Köln AG 2009, 448 (449).
[185] Bürgers/Körber/*Reger* AktG § 121 Rn. 13b; Hüffer/*Koch* AktG § 121 Rn. 10; GroßkommAktG/*Butzke* § 121 Rn. 69.
[186] BR-Drs. 22/15.
[187] Im Einzelnen dazu *Harbarth/Freiherr von Plettenberg* AG 2016, 145 (150 ff.); *Götze* NZG 2016, 48 (49); *Söhner* ZIP 2016, 151 (156); *Ihrig/Wandt* BB 2016, 6 (8 f.).
[188] Zum alten Recht bejahend OLG Frankfurt a. M. AG 2008, 745; 2010, 212 (213); LG Frankfurt a. M. AG 2008, 751 (753). Verneinend BGH NZG 2012, 1222; 2011, 1105 (1106); OLG München NZG 2009, 506 (507); OLG Düsseldorf AG 2009, 535 (536 f.); KG AG 2010, 163 (165).
[189] Hüffer/*Koch* AktG § 121 Rn. 10; Grigoleit/*Herrler* AktG § 121 Rn. 14.
[190] KölnKommAktG/*Noack/Zetzsche* § 121 Rn. 96; GroßkommAktG/*Butzke* § 121 Rn. 58.

45 Bei den Angaben zum **Verfahren für die Stimmabgabe** ist erforderlich, dass dargestellt wird, wie das Verfahren im Falle der Stimmabgabe durch einen Bevollmächtigten abläuft (§ 121 Abs. 3 S. 3 Nr. 2a AktG). Zu diesem Zweck ist ein Hinweis zur Form der Vollmachtserteilung erforderlich.[191] Seit Inkrafttreten des ARUG genügt hier nach § 134 Abs. 3 S. 3 AktG grundsätzlich die Textform (§ 126b BGB).[192] Außerdem muss auf die **Formulare** hingewiesen werden, die die Aktionäre für die Vollmachtserteilung verwenden können. Entgegen dem Gesetzeswortlaut („zu verwenden sind") ist die Verwendung dieser Formulare für die Aktionäre nicht zwingend.[193] Etwas anderes gilt nur, wenn gesellschaftsbenannte Stimmrechtsvertreter bevollmächtigt werden sollen (dazu → § 37 Rn. 16). Für diese Fälle kann die Satzung die Verwendung eines Formulars vorschreiben.[194] Zudem muss die Gesellschaft angeben, wie ein Vollmachtsnachweis **elektronisch übermittelt** werden kann. Hier genügt die Angabe einer E-Mail-Adresse.[195] Darüber hinaus sind Angaben über den Ablauf der Stimmabgabe auf elektronischem Wege oder mittels **Briefwahl** zu machen (§ 121 Abs. 3 S. 3 Nr. 2b AktG), falls die Satzung oder der dazu ermächtigte Vorstand die Stimmabgabe auf diesem Wege vorsehen (vgl. § 118 Abs. 1, 2 AktG). Dazu müssen die entsprechenden Verfahrensregelungen inhaltlich zutreffend wiedergegeben werden.[196] Zur Vermeidung von Anfechtungsrisiken empfiehlt sich für die Praxis eine wörtliche Wiedergabe der Regelungen.[197] Ab dem 3.9.2020 (Anwendbarkeit der entsprechenden Regelungen des ARUG II, das die Änderungsrichtlinie zur Aktionärsrechterichtlinie umsetzt)[198] hat die Gesellschaft bei elektronischer Ausübung des Stimmrechts dem Abgebenden den Eingang der elektronischen Stimmabgabe elektronisch zu bestätigen (§ 118 Abs. 1 S. 3–5 bzw. Abs. 2 S. 2 AktG).

46 Zudem sind den **Aktionären** ihre **Rechte** zur Ergänzung der Tagesordnung, Stellung von Anträgen und Einreichung von Wahlvorschlägen sowie ihr Auskunftsrecht zu erläutern (§ 121 Abs. 3 S. 3 Nr. 3 AktG). Die bloße Wiedergabe des Gesetzeswortlauts genügt hierfür nicht.[199] Zu hohe Anforderungen dürfen an die Erläuterung jedoch ebenfalls nicht gestellt werden.[200] Wird in der Einberufung – wie in der Praxis üblich – auf weitergehende Erläuterungen auf der Internetseite der Gesellschaft hingewiesen, können sich die Angaben auf die Fristen für die Rechtsausübung beschränken. Schließlich hat die Gesellschaft nach § 121 Abs. 3 S. 3 Nr. 4 AktG die **Internetseite** anzugeben, auf der sie die Hauptversammlung betreffende Informationen nach § 124a AktG veröffentlicht.

---

[191] Schmidt/Lutter/*Ziemons* AktG § 121 Rn. 56; Spindler/Stilz/*Rieckers* AktG § 121 Rn. 40; Grigoleit/*Herrler* AktG § 121 Rn. 15.
[192] *Götze* NZG 2010, 93; Spindler/Stilz/*Rieckers* AktG § 121 Rn. 40; Semler/Volhard/Reichert HV-HdB/*Reichert/Balke* § 4 Rn. 123.
[193] *Götze* NZG 2010, 93 (94 f.); Schmidt/Lutter/*Ziemons* AktG § 121 Rn. 58; KölnKommAktG/*Noack/Zetzsche* § 121 Rn. 102; MüKoAktG/*Kubis* § 121 Rn. 68; GroßkommAktG/*Butzke* § 121 Rn. 74 f.
[194] Spindler/Stilz/*Rieckers* AktG § 121 Rn. 40; KölnKommAktG/*Noack/Zetzsche* § 121 Rn. 102; Grigoleit/*Herrler* AktG § 121 Rn. 15.
[195] Schmidt/Lutter/*Ziemons* AktG § 121 Rn. 61; KölnKommAktG/*Noack/Zetzsche* § 121 Rn. 103; MüKoAktG/*Kubis* § 121 Rn. 66; GroßkommAktG/*Butzke* § 121 Rn. 75.
[196] Spindler/Stilz/*Rieckers* AktG § 121 Rn. 43; Semler/Volhard/Reichert HV-HdB/*Reichert/Balke* § 4 Rn. 120.
[197] Spindler/Stilz/*Rieckers* AktG § 121 Rn. 43; Semler/Volhard/Reichert HV-HdB/*Reichert/Balke* § 4 Rn. 120; Grigoleit/*Herrler* AktG § 121 Rn. 15.
[198] Dazu näher → Rn. 96 f.
[199] MüKoAktG/*Kubis* § 121 Rn. 68.
[200] *Horn* ZIP 2008, 1558 („Beschränkung auf das Wesentliche"); Schmidt/Lutter/*Ziemons* AktG § 121 Rn. 68 („holzschnittartige" Angabe des Inhalts der Vorschrift); Spindler/Stilz/*Rieckers* AktG § 121 Rn. 46 („kurze Beschreibung, wie die Rechte wahrgenommen werden können"); Hölters/*Drinhausen* AktG § 121 Rn. 29 („knappe […] Erläuterung des Rechtsinhalts"); GroßkommAktG/*Butzke* § 121 Rn. 81 („kurze allgemeinverständliche Beschreibung").

Alle Gesellschaften unterliegen wiederum **besonderen Bekanntmachungserfordernissen** für Kapitalerhöhungen (§ 186 Abs. 4 AktG; für Kapitalerhöhungen mit Sacheinlagen zusätzlich § 183 Abs. 1 S. 2 und § 194 Abs. 1 S. 3 AktG), für die Eingliederung durch Mehrheitsbeschluss (§ 320 Abs. 2 AktG), für den Ausschluss von Minderheitsaktionären (§ 327c Abs. 1 AktG, und für Maßnahmen nach dem UmwG (§§ 61; 62 Abs. 3; 73; 125 UmwG). 47

Weitere Informationspflichten für die Einberufung der Hauptversammlung ergeben sich aufgrund der seit dem 25.5.2018 anzuwendenden EU-Datenschutz-Grundverordnung (DS-GVO)[201]. Die in **Art. 13 DS-GVO** bestimmte Informationspflicht bei Erhebung personenbezogener Daten ist auch im Rahmen der Hauptversammlung zu beachten, wenn personenbezogene Daten von Aktionären erhoben und verarbeitet werden. Art. 13 verlangt die Erfüllung dieser Pflicht im Zeitpunkt der Erhebung der Daten, sodass bereits in der Einberufung zur Hauptversammlung entsprechende Hinweise und Informationen aufzunehmen sind. Neben dem Namen und den Kontaktdaten des Verantwortlichen zählen zu den mitzuteilenden Informationen die Zwecke und die Rechtsgrundlage der Verarbeitung, Angaben zur Speicherdauer, zu Auskunftsrechten und zum Bestehen eines Beschwerderechts bei einer Aufsichtsbehörde. In der Praxis sind unterschiedliche Vorgehensweisen zur Erfüllung der Pflichten aus Art. 13 DS-GVO zu beobachten. Zum Teil wird in die Einberufung ein Verweis auf die Internetseite der Gesellschaft aufgenommen, auf welcher die Hinweise zum Datenschutz abrufbar sind. Rechtssicherer erscheint es jedoch, die vollständigen Informationen unmittelbar in den Einberufungstext aufzunehmen, um einen Verstoß gegen das Gebot der leichten Zugänglichkeit gem. Art. 12 Abs. 1 S. 1 DS-GVO aufgrund eines sog. „Medienbruchs"[202] von vornherein nicht in Betracht kommen zu lassen.[203] 48

3. Inhalt – Einzelfragen zu Zeit und Ort der Hauptversammlung. a) Zeit. Tag und Uhrzeit des Beginns der Hauptversammlung bestimmt der Einberufende in Ermangelung besonderer Satzungsbestimmungen nach seinem **Ermessen**.[204] Allerdings muss die Bestimmung unter Berücksichtigung der Zumutbarkeit für die Aktionäre und der Verkehrssitte vorgenommen werden.[205] Die Hauptversammlung darf im Regelfall nicht auf einen Sonntag oder gesetzlichen Feiertag gelegt werden,[206] falls nicht sämtliche Aktionäre zustim- 49

---

[201] VO (EU) 2016/679 des Europäischen Parlamentes und des Rates v. 27.4.2016 zum Schutz natürlicher Personen bei der Verarbeitung personenbezogener Daten, zum freien Datenverkehr und zur Aufhebung der Richtlinie 95/46/EG, ABl. 2016 L 119, 1; ausführlich hierzu *von der Linden* BB 2019, 75 ff.; *Koschmieder*, DB 2019, 2113.

[202] Ob ein „Medienbruch" im Rahmen von Art. 12 DS-GVO zulässig ist, ist umstritten. Dagegen etwa Kühling/Buchner DS-GVO/*Bäcker*, 2. Aufl. 2018, Art. 12 Rn. 58; Paal/Pauly/*Paal/Hennemann* DSGVO, BDSG 2. Aufl. 2018, Art. 12 Rn. 32; dafür etwa Sydow EU DS-GVO/*Greve*, 2. Aufl. 2018, Art. 12 Rn. 18; Gola DS-GVO/*Franck*, 2. Aufl. 2018, Art. 12 Rn. 21 u. 40, der das Gebot der leichten Zugänglichkeit bereits durch einen Verweis auf eine Kurz-URL bzw. QR-Code als erfüllt ansieht. Differenzierend Traeger/Gabel/*Pohle/Spittka* DSGVO BDSG 3. Aufl. 2019, Art. 12 DSGVO Rn. 11. Rechtsprechung fehlt bislang.

[203] *Rieckers* DB 2020, 207 (208); *Schmid/Schneider* HV-Magazin 2018, 30; *von der Linden* BB 2019, 75 (76); *Zetzsche* AG 2019, 223 (239) hält dies für übervorsichtig; näher zum Ganzen *Koschmieder* DB 2019, 2113 ff.

[204] Semler/Volhard/Reichert HV-HdB/*Reichert/Balke* § 4 Rn. 106.

[205] GroßkommAktG/*Butzke* § 121 Rn. 129; Spindler/Stilz/*Rieckers* AktG § 121 Rn. 79; KölnKommAktG/*Noack/Zetzsche* § 121 Rn. 69 f.; Hüffer/*Koch* AktG § 121 Rn. 17; Grigoleit/*Herrler* AktG § 121 Rn. 29.

[206] Spindler/Stilz/*Rieckers* AktG § 121 Rn. 79; Schmidt/Lutter/*Ziemons* AktG § 121 Rn. 32; Grigoleit/*Herrler* AktG § 121 Rn. 29; GroßkommAktG/*Butzke* § 121 Rn. 129. Hüffer/*Koch* AktG § 121 Rn. 17 hingegen will unter Bezugnahme auf die Wertung des § 121 Abs. 7 S. 2 AktG eine Ausnahme für den Fall des Vorliegens eines wichtigen Grundes zulassen; KölnKommAktG/*Noack/Zetzsche* § 121 Rn. 68 für eine dringende Beschlussfassung; Semler/Volhard/Reichert HV-HdB/*Reichert/Balke* § 4 Rn. 106 für einen engen Aktionärskreis.

men.²⁰⁷ Die Zumutbarkeit der Abhaltung der Hauptversammlung an einem Samstag wird – unabhängig von der Größe der Gesellschaft – eher zu bejahen sein.²⁰⁸ Dafür spricht, dass gerade Kleinaktionären dadurch die Teilnahme in der Regel erleichtert wird.²⁰⁹ Soll sich die Hauptversammlung in Ausnahmefällen über zwei Tage erstrecken, ist in der Einberufung darauf hinzuweisen.²¹⁰

50 **b) Ort.** Der Ort der Hauptversammlung bestimmt sich in erster Linie nach der Satzung (§ 121 Abs. 5 AktG). Die **Satzung** kann einen oder mehrere Orte nennen. Sie kann auch allgemeine Kriterien für die Bestimmung des Ortes (zB geographische Vorgaben oder Größenmerkmale)²¹¹ aufstellen.²¹² Ein besonderer Bezug der Gesellschaft zum Versammlungsort ist nicht erforderlich.²¹³ Danach muss der Versammlungsort weder identisch mit dem Ort der Hauptverwaltung sein, noch muss am Versammlungsort eine Produktionsstätte oder Zweigniederlassung gelegen sein.²¹⁴ Unzulässig ist es aber, die „Bestimmung" in der Satzung dergestalt zu treffen, dass dem Einberufenden die völlig freie Wahl des Hauptversammlungsortes überlassen wird.²¹⁵ Gleiches gilt nach Ansicht des BGH für eine Satzungsregelung, die dem Einberufenden die Auswahl unter einer Vielzahl geographisch weit auseinander liegender Orte (konkret: innerhalb Europas) überlässt und damit einem freien Auswahlermessen nahekommt.²¹⁶ Ebenso wenig kann die Satzung die Hauptversammlung ermächtigen, den Ort der nächsten Hauptversammlung frei zu bestimmen.²¹⁷

51 Zweifelhaft war lange Zeit, ob die Hauptversammlung auch im **Ausland** stattfinden kann. Jedenfalls für Vollversammlungen ging davon schon die Regierungsbegründung des Gesetzes für kleine Aktiengesellschaften und zur Deregulierung des Aktienrechts aus dem Jahr 1994 ohne weiteres aus.²¹⁸ Aber auch abseits von Vollversammlungen sprechen jedenfalls heute keine durchgreifenden Einwände mehr gegen einen ausländischen Versammlungsort. So hat der BGH entschieden, dass sich eine Begrenzung auf inländische Versammlungsorte weder aus Wortlaut noch aus Zweck des § 121 Abs. 5 AktG ergibt.²¹⁹ Demnach ist ein ausländischer Versammlungsort – vorbehaltlich einer entsprechenden Satzungsrege-

---

²⁰⁷ *Butzke* Hauptversammlung der AG Rn. B 8.
²⁰⁸ OLG Koblenz ZIP 2001, 1095; GroßkommAktG/*Butzke* § 121 Rn. 129; *Ek,* Praxisleitfaden für die Hauptversammlung, Rn. 79; Spindler/Stilz/*Rieckers* AktG § 121 Rn. 79; Hölters/*Drinhausen* AktG § 121 Rn. 21; KölnKommAktG/*Noack/Zetzsche* § 121 Rn. 69; *Butzke* Hauptversammlung der AG Rn. B 8; MüKoAktG/*Kubis* § 121 Rn. 36; aA für börsennotierte Gesellschaften Schmidt/Lutter/ Ziemons AktG § 121 Rn. 32.
²⁰⁹ Spindler/Stilz/*Rieckers* AktG § 121 Rn. 79; MüKoAktG/*Kubis* § 121 Rn. 36.
²¹⁰ Hüffer/*Koch* AktG § 121 Rn. 17a; KölnKommAktG/*Noack/Zetzsche* § 121 Rn. 70; *Butzke* Hauptversammlung der AG Rn. B 16; Einzelheiten zur Einberufung einer mehrtägigen Hauptversammlung finden sich bei *Nagel/Ziegenhahn* WM 2010, 1005.
²¹¹ Vgl. für eine Vielzahl von Beispielen *Bayer/Hoffmann* AG 2013, R23.
²¹² Spindler/Stilz/*Rieckers* AktG § 121 Rn. 72a; *Butzke* Hauptversammlung der AG Rn. B 10; Hüffer/*Koch* AktG § 121 Rn. 13; MüKoAktG/*Kubis* § 121 Rn. 91; *Herrler* ZGR 2015, 918 ff.
²¹³ Spindler/Stilz/*Rieckers* AktG § 121 Rn. 72; Grigoleit/*Herrler* AktG § 121 Rn. 26.
²¹⁴ LG Frankfurt a. M. AG 2007, 824; Spindler/Stilz/*Rieckers* AktG § 121 Rn. 72; KölnKommAktG/*Noack/Zetzsche* § 121 Rn. 180; Hüffer/*Koch* AktG § 121 Rn. 13.
²¹⁵ BGH NJW 1994, 320 (322); GroßkommAktG/*Butzke* § 121 Rn. 120; Schmidt/Lutter/*Ziemons* AktG § 121 Rn. 94; *Butzke* Hauptversammlung der AG Rn. B 10; aA KölnKommAktG/*Noack/Zetzsche* § 121 Rn. 182.
²¹⁶ BGH BB 2015, 142 Rn. 20; dazu insoweit krit. *Bungert/Leyendecker-Langner* BB 2015, 268 (269).
²¹⁷ BGH NJW 1994, 320 (322); *Linnerz* NZG 2006, 208; Schmidt/Lutter/*Ziemons* AktG § 121 Rn. 94; Hüffer/*Koch* AktG § 121 Rn. 13; MüKoAktG/*Kubis* § 121 Rn. 91; KölnKommAktG/ *Noack/Zetzsche* § 121 Rn. 182.
²¹⁸ Begr. RegE. Gesetz für kleine Aktiengesellschaften und zur Deregulierung des Aktienrechts, BT-Drs. 12/6721, 9.
²¹⁹ BGH BB 2015, 142 (142 f.).

lung – grundsätzlich als zulässig anzusehen.[220] Diese Sichtweise entspricht auch dem zunehmend internationalen Aktionärskreis großer deutscher Publikumsgesellschaften.[221] Im Einzelnen hängt die Zulässigkeit des ausländischen Versammlungsortes materiell vom Schutzbedürfnis der Aktionäre und formell von Beurkundungsfragen ab.

Aus **materieller Sicht** ist die Zulässigkeit eines ausländischen Hauptversammlungsortes zu bejahen, wenn die Teilnahme für die Aktionäre **nicht unzumutbar** erschwert wird.[222] Unzumutbar wäre der ausländische Hauptversammlungsort insbesondere, wenn die Anreise einen unverhältnismäßigen Aufwand erfordert.[223] Dies lässt sich für die meisten europäischen Großstädte – vor allem solche im benachbarten Ausland[224] – verneinen.[225]

In **formeller Hinsicht** bedarf es gemäß § 130 Abs. 1 S. 3 AktG eines notariell aufgenommenen Protokolls der Hauptversammlung bei **nicht börsennotierten** Gesellschaften nur für solche Beschlüsse, für die eine qualifizierte Mehrheit erforderlich ist. Anderenfalls reicht ein vom Vorsitzenden des Aufsichtsrats zu unterzeichnendes Protokoll aus. Dieses Formerfordernis ist ersichtlich im Ausland ebenso zu erfüllen wie im Inland.

Eine wesentlich größere Rolle spielen formelle Gesichtspunkte bei **börsennotierten** Gesellschaften, deren Hauptversammlungsbeschlüsse gemäß § 130 Abs. 1 S. 1 AktG ausnahmslos einer notariellen Beurkundung bedürfen. Die Beurkundung durch einen **deutschen Notar** scheidet aus, da dieser wegen § 2 BeurkG nicht im Ausland tätig werden kann.[226] Nach der alternativ zulässigen Geschäftsform (Art. 11 Abs. 1 Alt. 1 EGBGB) ist jedoch die Beurkundung durch eine ausländische Urkundsperson am Hauptversammlungsort grundsätzlich möglich.[227] Voraussetzung ist, dass die **ausländische Urkundsperson** dem deutschen Notar **funktionell gleichwertig** ist.[228]

Dies soll der Fall sein, „wenn die ausländische Urkundsperson nach Vorbildung und Stellung im Rechtsleben eine der Tätigkeit des deutschen Notars entsprechende Funktion ausübt und für die Urkunde ein Verfahrensrecht zu beachten hat, das den tragenden Grundsätzen des deutschen Beurkundungsrechts entspricht".[229] Insbesondere muss die ausländische Urkundsperson dem mit der Beurkundung verbundenen Zweck, Rechts-

---

[220] BGH BB 2015, 142 (142 f.) Rn. 12 ff.; *Bungert* AG 1995, 26 (27 ff.); *Biehler* NJW 2000, 1243; Schmidt/Lutter/*Ziemons* AktG § 121 Rn. 96 ff.; Spindler/Stilz/*Rieckers* AktG § 121 Rn. 74; Semler/Volhard/Reichert HV-HdB/*Reichert*/*Balke* § 4 Rn. 114; Hölters/*Drinhausen* AktG § 121 Rn. 43; KölnKommAktG/*Noack*/*Zetzsche* § 121 Rn. 187; Hüffer/*Koch* AktG § 121 Rn. 14 f.; MüKoAktG/*Kubis* § 121 Rn. 93; Bürgers/Körber/*Reger* AktG § 121 Rn. 24; GroßkommAktG/*Butzke* § 121 Rn. 122 f.; *Jansen*, Die Hauptversammlung im Ausland, 2018, S. 71 ff.; aA OLG Hamm NJW 1974, 1057; jedenfalls für Länder außerhalb der EU ebenso OLG Hamburg NJW-RR 1993, 1317.

[221] Spindler/Stilz/*Rieckers* AktG § 121 Rn. 74; MüKoAktG/*Kubis* § 121 Rn. 88; *Bungert/Leyendecker-Langner* BB 2015, 268 (269).

[222] Hölters/*Drinhausen* AktG § 121 Rn. 43; KölnKommAktG/*Noack*/*Zetzsche* § 121 Rn. 188; *Butzke* Hauptversammlung der AG Rn. B 14; Grigoleit/*Herrler* AktG § 121 Rn. 27.

[223] Spindler/Stilz/*Rieckers* AktG § 121 Rn. 74; *Butzke* Hauptversammlung der AG Rn. B 14; KölnKommAktG/*Noack*/*Zetzsche* § 121 Rn. 188.

[224] BGH BB 2015, 142 (142 f.) Rn. 15.

[225] *Linnerz* NZG 2006, 208; KölnKommAktG/*Noack*/*Zetzsche* § 121 Rn. 188; *Bungert/Leyendecker-Langner* BB 2015, 268 (269 f.).

[226] *Butzke* Hauptversammlung der AG Rn. N 14; Semler/Volhard/Reichert HV-HdB/*Reichert*/*Balke* § 4 Rn. 115; MüKoAktG/*Kubis* § 121 Rn. 93; Grigoleit/*Herrler* AktG § 130 Rn. 12.

[227] BGH BB 2015, 142 (143); Spindler/Stilz/*Rieckers* AktG § 121 Rn. 75; Hüffer/*Koch* AktG § 121 Rn. 16; MüKoAktG/*Kubis* § 121 Rn. 93.

[228] BGH BB 2015, 142 (143); *Herrler* ZGR 2015, 918 (930 ff.); Spindler/Stilz/*Rieckers* AktG § 121 Rn. 75; Semler/Volhard/Reichert HV-HdB/*Reichert*/*Balke* § 4 Rn. 115; Hüffer/*Koch* AktG § 121 Rn. 16; MüKoAktG/*Kubis* § 121 Rn. 93; Grigoleit/*Herrler* AktG § 130 Rn. 12; Bürgers/Körber/*Reger* AktG § 121 Rn. 24.

[229] BGH BB 2015, 142 (143); BGHZ 80, 76 (78); BGH DB 2014, 292 (294) (die beiden letztgenannten jeweils zur Auslandsbeurkundung bei der GmbH).

§ 36 56   7. Kapitel. Hauptversammlung

sicherheit und Transparenz herzustellen, genügen.[230] Gerade auf dieses Kriterium sollte für die Frage der Gleichwertigkeit abgestellt werden („zweckgebundene Gleichwertigkeit").[231] Für welche Länder eine solche Gleichwertigkeit anzunehmen ist, hängt danach von den Regelungen des jeweiligen Landes ab.[232] Aufgrund laufend möglicher Änderungen dieser oder der deutschen Beurkundungsregelungen besteht hier zwar ein gewisses Maß an **Rechtsunsicherheit**.[233] Trotzdem ist mittlerweile die Gleichwertigkeit zumindest für einzelne Kantone der Schweiz (jedenfalls Basel, Bern und Zürich)[234] und – weniger eindeutig – für Österreich[235] anerkannt. Gegen die Praktikabilität der Auslandsbeurkundung spricht jedoch eine gewichtige Erwägung: Die Registergerichte stellen an den von der Gesellschaft zu erbringenden Nachweis der Gleichwertigkeit teilweise sehr **hohe Anforderungen**.[236] Daher empfiehlt sich in der Praxis eine vorherige Abstimmung mit dem Registergericht[237] und bei wichtigen Strukturmaßnahmen eher ein Verzicht auf Auslandshauptversammlungen.[238]

56 Trifft die Satzung ausnahmsweise keine Bestimmung über den Ort der Hauptversammlung, so „soll die Hauptversammlung am **Sitz der Gesellschaft** stattfinden" (§ 121 Abs. 5 S. 1 AktG) oder am **Sitz** einer **deutschen Börse**, an der die Aktien der Gesellschaft im regulierten Markt zugelassen sind. Zulassung zum Freiverkehr genügt hingegen nicht.[239] Obwohl § 121 Abs. 5 S. 1 AktG als „Soll-Vorschrift" gefasst ist, darf ein anderer Ort als der regelmäßig zu wählende Sitz der Gesellschaft oder gegebenenfalls der Sitz einer deutschen Börse nur in Ausnahmefällen gewählt werden.[240] Das Vorliegen eines Ausnahmefalls wird angenommen, wenn ein sachlicher Grund die gesetzliche Wertung unangemessen erscheinen lässt.[241] Beispiele hierfür sind, dass am gesetzlichen Versammlungsort ein geeigneter Versammlungsraum fehlt[242] oder die Verkehrsanbindung gestört ist.[243] Ein anderer Versammlungsort kann zudem gewählt werden, wenn dieser für sämtliche Aktionäre günstiger zu erreichen ist.[244] Allerdings darf der ausgewählte Versammlungsort nicht unzumutbar sein, was der Fall sein kann, wenn in die Privaträume eines verfeindeten Mitaktionärs einberufen wird.[245]

---

[230] BGH BB 2015, 142 (143).
[231] *Bungert/Leyendecker-Langner* BB 2015, 268 (271).
[232] Semler/Volhard/Reichert HV-HdB/*Reichert/Balke* § 4 Rn. 115; Grigoleit/*Herrler* AktG § 130 Rn. 13.
[233] Semler/Volhard/Reichert HV-HdB/*Reichert/Balke* § 4 Rn. 115; Grigoleit/*Herrler* AktG § 130 Rn. 13.
[234] BGH DB 2014, 292 (296); BGHZ 70, 76 (78); OLG München NZG 1998, 156; OLG Frankfurt a. M. NZG 2005, 820; OLG Düsseldorf NJW 2011, 1370 (1371); KG ZIP 2018, 323 (325); KölnKommAktG/*Noack/Zetzsche* § 130 Rn. 404.
[235] LG Kiel BB 1998, 120; KölnKommAktG/*Noack/Zetzsche* § 130 Rn. 404.
[236] Schmidt/Lutter/*Ziemons* AktG § 121 Rn. 97; Spindler/Stilz/*Rieckers* AktG § 121 Rn. 75; Hüffer/*Koch* § 121 Rn. 16; MüKoAktG/*Kubis* § 121 Rn. 93.
[237] *Butzke* Hauptversammlung der AG Rn. N 14.
[238] Schmidt/Lutter/*Ziemons* AktG § 121 Rn. 97; ähnlich Spindler/Stilz/*Rieckers* AktG § 121 Rn. 75 („nur zurückhaltend[er] Gebrauch"); MüKoAktG/*Kubis* § 121 Rn. 92 („nicht erstmalig […] testen").
[239] Schmidt/Lutter/*Ziemons* AktG § 121 Rn. 93; Spindler/Stilz/*Rieckers* AktG § 121 Rn. 71; KölnKommAktG/*Noack/Zetzsche* § 121 Rn. 178; GroßkommAktG/*Butzke* § 121 Rn. 118.
[240] Schmidt/Lutter/*Ziemons* AktG § 121 Rn. 91 („eng begründeten Ausnahmefällen"); MüKoAktG/*Kubis* § 121 Rn. 89 („sachlich zwingend gebotenen Ausnahmefällen").
[241] Sehr ähnlich Spindler/Stilz/*Rieckers* AktG § 121 Rn. 70; Hüffer/*Koch* AktG § 121 Rn. 12.
[242] BGH AG 1985, 188 (189) (zur GmbH); Schmidt/Lutter/*Ziemons* AktG § 121 Rn. 91; *Butzke* Hauptversammlung der AG Rn. B 12; Hüffer/*Koch* AktG § 121 Rn. 12; MüKoAktG/*Kubis* § 121 Rn. 89.
[243] BGH AG 1985, 188 (189) (zur GmbH); KölnKommAktG/*Noack/Zetzsche* § 121 Rn. 186; MüKoAktG/*Kubis* § 121 Rn. 89.
[244] BGH AG 1985, 188 (189) (zur GmbH); OLG Dresden AG 2001, 489; Spindler/Stilz/*Rieckers* AktG § 121 Rn. 70; Hölters/*Drinhausen* AktG § 121 Rn. 40.
[245] BGH AG 2016, 582 (585) (zur GmbH); GroßkommAktG/*Butzke* § 121 Rn. 128; Hüffer/*Koch* AktG § 121 Rn. 16a; aA Grigoleit/*Herrler* AktG § 121 Rn. 28.

4. Inhalt – Tagesordnung. a) Aufstellung. Als Bestandteil der Einberufung der Hauptversammlung ist auch die Tagesordnung bekannt zu machen (§ 121 Abs. 3 S. 2 AktG). Mit „Tagesordnung" wird sowohl die Gesamtheit der Gegenstände bezeichnet, über die die Hauptversammlung verhandeln soll, als auch die Reihenfolge der Behandlung.[246] Die bekanntgemachte Tagesordnung erzeugt sowohl eine positive als auch eine negative **Bindungswirkung.** Alle in der Tagesordnung bekanntgemachten Gegenstände müssen in der Versammlung behandelt werden (positive Bindungswirkung).[247] Dagegen dürfen nach § 124 Abs. 4 S. 1 AktG über Gegenstände, die nicht ordnungsgemäß bekanntgemacht wurden, keine Beschlüsse gefasst werden (negative Bindungswirkung).[248] Keine Bindungswirkung entfaltet die in der Tagesordnung bekanntgemachte **Reihenfolge** der Behandlung der Gegenstände (→ § 37 Rn. 51).[249] Die Tagesordnung umfasst Gegenstände, über die Beschluss zu fassen ist, dh eine Sachentscheidung getroffen werden soll, sowie Gegenstände, die von der Hauptversammlung ohne Beschlussfassung zu behandeln sind (→ Rn. 6).[250] Beispiele für beschlusslose Gegenstände sind die Entgegennahme des Jahresabschlusses (§ 175 Abs. 1 AktG) und die Verlustanzeige gem. § 92 Abs. 1 AktG.

Aufgestellt wird die Tagesordnung von demjenigen, der die Hauptversammlung einberuft, ganz überwiegend also vom **Vorstand.**[251] Dies gilt auch, wenn der Vorstand die Hauptversammlung gem. § 122 Abs. 1 AktG auf Verlangen einer Minderheit einberuft.[252] Dabei ist der Vorstand zwar an die von der Minderheit vorgeschlagene Tagesordnung gebunden.[253] Er kann die Tagesordnung jedoch um eigene Punkte ergänzen.[254] Wird hingegen die Hauptversammlung auf Grund gerichtlicher Ermächtigung durch **Aktionäre** einberufen (§ 122 Abs. 3 AktG), haben diese die Vorschriften der §§ 121, 123, 124 und 124a AktG zu beachten[255] und die Tagesordnung aufzustellen.

b) Ergänzung der Tagesordnung (§ 122 Abs. 2 AktG). Auch auf den Inhalt einer von Vorstand oder Aufsichtsrat einberufenen oder künftig einzuberufenden Hauptversammlung können die Aktionäre Einfluss nehmen. Gemäß § 122 Abs. 2 AktG sind Aktionäre berechtigt, die Aufnahme von Tagesordnungspunkten und die Bekanntmachung derselben zu verlangen. Anders als das Einberufungsverlangen kann das Verlangen auf Ergänzung der Tagesordnung nicht nur von einer Minderheit gestellt werden, die mindestens **5 % des Grundkapitals** umfasst, sondern auch von Aktionären, deren Anteile zusammen mindestens den anteiligen Betrag **von 500.000 Euro** erreichen. Trotz der Ausgestaltung als Minderheitsrecht kann auch der Mehrheitsaktionär ein Ergänzungsverlangen gem. § 122 Abs. 2 stellen.[256] Zu den inhaltlichen Schranken des Rechts auf Ergänzung der Tagesord-

---

[246] Spindler/Stilz/*Rieckers* AktG § 121 Rn. 25; KölnKommAktG/*Noack/Zetzsche* § 121 Rn. 77; MüKoAktG/*Kubis* § 121 Rn. 44; Bürgers/Körber/*Reger* AktG § 121 Rn. 11a.
[247] GroßkommAktG/*Mülbert* § 129 Rn. 147; Spindler/Stilz/*Rieckers* AktG § 121 Rn. 26; MüKoAktG/*Kubis* § 121 Rn. 45; Grigoleit/*Herrler* AktG § 121 Rn. 12.
[248] Spindler/Stilz/*Rieckers* AktG § 121 Rn. 26; KölnKommAktG/*Noack/Zetzsche* § 121 Rn. 77.
[249] GroßkommAktG/*Mülbert* § 129 Rn. 148; *Butzke* Hauptversammlung der AG Rn. B 76; MüKoAktG/*Kubis* § 121 Rn. 45; Bürgers/Körber/*Reger* AktG § 121 Rn. 11c.
[250] *Butzke* Hauptversammlung der AG Rn. B 75; KölnKommAktG/*Noack/Zetzsche* § 121 Rn. 77; MüKoAktG/*Kubis* § 121 Rn. 44.
[251] Semler/Volhard/Reichert HV-HdB/*Schlitt/Becker* § 4 Rn. 154; *Butzke* Hauptversammlung der AG Rn. B 23.
[252] Semler/Volhard/Reichert HV-HdB/*Schlitt/Becker* § 4 Rn. 154; GroßkommAktG/*Butzke* § 122 Rn. 39.
[253] Spindler/Stilz/*Rieckers* AktG § 122 Rn. 30; Hüffer/*Koch* AktG § 122 Rn. 7; Grigoleit/*Herrler* AktG § 122 Rn. 9.
[254] GroßkommAktG/*Butzke* § 122 Rn. 46; Hüffer/*Koch* AktG § 122 Rn. 7; MüKoAktG/*Kubis* § 122 Rn. 40.
[255] GroßkommAktG/*Butzke* § 122 Rn. 102; Schmidt/Lutter/*Ziemons* AktG § 122 Rn. 61; Hüffer/*Koch* AktG § 122 Rn. 12; MüKoAktG/*Kubis* § 122 Rn. 70.
[256] OLG Frankfurt a. M. AG 2018, 125 f.; GroßkommAktG/*Butzke* § 122 Rn. 67.

nung → Rn. 26 ff. Ein Missbrauch des Ergänzungsverlangens ist zwar möglich, bei der Annahme eines Missbrauchs ist aber größere Zurückhaltung geboten als im Falle des Einberufungsverlangens.[257] Grund dafür ist, dass der Gesellschaft durch das Ergänzungsverlangen ein wesentlich geringerer Aufwand entsteht.[258] Vom Vorstand auf Verlangen der Minderheit bekanntgemachte Tagesordnungspunkte muss der Versammlungsleiter – auch wenn er von der Rechtswidrigkeit der Beschlussanträge überzeugt ist – zur Abstimmung stellen. Denn die Rechtmäßigkeitskontrolle ist bereits bei der Entscheidung über die Ergänzung durch den Vorstand oder – bei gerichtlicher Ermächtigung – durch das Gericht erfolgt.[259]

60   Das Verlangen auf Aufnahme eines Tagesordnungspunktes muss nach § 122 Abs. 2 S. 3 AktG bei nicht börsennotierten Gesellschaften 24 Tage und bei börsennotierten Gesellschaften spätestens 30 Tage vor der Versammlung zugehen. Bei der **Fristberechnung** sind der Tag des Zugangs des Verlangens (§ 122 Abs. 2 S. 3 aE AktG) und der Tag der Hauptversammlung (§ 121 Abs. 7 S. 1 AktG) nicht mitzurechnen. Geht das Ergänzungsverlangen fristgerecht zu, ist die Ergänzung der Tagesordnung entweder mit der Einberufung oder, wenn das Verlangen der Einberufung nachfolgt, unverzüglich bekanntzumachen (§ 124 Abs. 1 AktG). Geht das Verlangen nicht fristgemäß zu, muss es nicht bekannt gemacht werden.[260] Da die Hauptversammlung nur über solche Gegenstände der Tagesordnung Beschluss fassen darf, die ordnungsgemäß bekannt gemacht worden sind (§ 124 Abs. 4 AktG), scheidet eine Beschlussfassung aus. Ein verfristetes Ergänzungsverlangen ist aber in der Tagesordnung der folgenden Hauptversammlung zu berücksichtigen, wenn dies inhaltlich sinnvoll ist, weil es weiterhin aktuell ist.[261]

61   Für die **Geltendmachung** des Ergänzungsverlangens, für den Nachweis der Aktionärseigenschaft und des Quorums, ebenso wie bezüglich der gerichtlichen Durchsetzung des Ergänzungsverlangens, gelten die auf die Einberufung kraft Minderheitsverlangens anwendbaren Vorschriften **entsprechend** (→ Rn. 17 ff.). Der zeitliche Anknüpfungspunkt war für die Berechnung der dreimonatigen Vorbesitzzeit beim Ergänzungsverlangen nach § 122 Abs. 2 S. 1, § 122 Abs. 1 S. 3 AktG iVm § 142 Abs. 2 S. 2 AktG aF umstritten.[262] Mit

---

[257] Semler/Volhard/Reichert HV-HdB/*Schlitt/Becker* § 4 Rn. 230; KölnKommAktG/*Noack/Zetzsche* § 122 Rn. 71; Hüffer/*Koch* AktG § 122 Rn. 9a; Grigoleit/*Herrler* AktG § 122 Rn. 13; einschränkend Spindler/Stilz/*Rieckers* AktG § 122 Rn. 45; MüKoAktG/*Kubis* § 122 Rn. 35.
[258] Grigoleit/*Herrler* AktG § 122 Rn. 13; KölnKommAktG/*Noack/Zetzsche* § 122 Rn. 71 nennt wesentlich geringere „Nachteile" als Grund.
[259] *Grunewald* AG 2015, 689 (692 f.); *Schatz* AG 2015, 696 ff.; GroßkommAktG/*Butzke* § 122 Rn. 73; aA Spindler/Stilz/*Rieckers* AktG § 122 Rn. 27.
[260] Schmidt/Lutter/*Ziemons* AktG § 122 Rn. 41; Hölters/*Drinhausen* AktG § 122 Rn. 19; KölnKommAktG/*Noack/Zetzsche* § 122 Rn. 46; GroßkommAktG/*Butzke* § 122 Rn. 59.
[261] KG NZG 2003, 441 (442); Semler/Volhard/Reichert HV-HdB/*Schlitt/Becker* § 4 Rn. 229; *Butzke* Hauptversammlung der AG Rn. B 114; KölnKommAktG/*Noack/Zetzsche* § 122 Rn. 46; Bürgers/Körber/*Reger* AktG § 122 Rn. 22; aA GroßkommAktG/*Butzke* § 122 Rn. 59; *Mertens* AG 1997, 481 (487, 490); Schmidt/Lutter/*Ziemons* AktG § 122 Rn. 41.
[262] Zum Teil wurde auf den beim Ergänzungsverlangen – anders als beim Einberufungsverlangen – zumeist schon feststehenden Tag der Hauptversammlung als Anknüpfungspunkt abgestellt, so *Döll* WM 2010, 103 (108). Überwiegend wurde der Tag, an dem das Ergänzungsverlangen zugeht, als Anknüpfungspunkt für die Berechnung der Vorbesitzzeit gewählt und somit die Gleichbehandlung von Einberufungs- und Ergänzungsverlangen sichergestellt, so Spindler/Stilz/*Rieckers* AktG § 122 Rn. 29; Hölters/*Drinhausen* AktG § 122 Rn. 17; KölnKommAktG/*Noack/Zetzsche* § 122 Rn. 29; Hüffer/*Koch* AktG § 122 Rn. 9; Grigoleit/*Herrler* AktG § 122 Rn. 11; Bürgers/Körber/*Reger* AktG § 122 Rn. 15. Obwohl sich die Literatur ganz mehrheitlich für den Tag des Zugangs ausspricht, wurde in der Praxis aus Vorsichtsgründen häufig auf den Tag der Hauptversammlung als den aktionärsfreundlicheren Anknüpfungspunkt abgestellt, vgl. *Kocher/Lönner* BB 2010, 1675 (1679); *Götze/Arnold/Carl* NZG 2012, 321 (327 f.); Bürgers/Körber/*Reger* AktG § 122 Rn. 15. Wohl einzig Schmidt/Lutter/*Ziemons* AktG § 122 Rn. 33 ff. stritt die Übertragbarkeit des Vorbesitzerfordernisses auf den Ergänzungsantrag ab, sodass es ersichtlich nicht mehr auf einen Bezugspunkt ankäme.

Einfügung des § 122 Abs. 1 S. 3 AktG nF im Zuge der Aktienrechtsnovelle 2016 hat sich der Streit nunmehr erledigt. Danach ist gem. §§ 122 Abs. 2, 122 Abs. 1 S. 3 AktG nF für die zeitliche Anknüpfung der jetzt 90-tägigen Vorbesitzzeit ausdrücklich der Tag maßgeblich, an dem das Ergänzungsverlangen zugeht. Die Neuregelung bestätigt damit die vormals überwiegende Meinung im Schrifttum.[263]

Darüber hinaus legt § 122 Abs. 2 S. 2 AktG fest, dass dem Ergänzungsverlangen eine **Begründung** oder eine **Beschlussvorlage** beiliegen muss. Erstere ist bei beschlusslosen Gegenständen erforderlich, während eine Beschlussvorlage immer dann beigefügt werden muss, wenn der Tagesordnungspunkt auf eine Beschlussfassung abzielt.[264] Adressat des Ergänzungsverlangens ist stets die Gesellschaft, vertreten durch den Vorstand, ohne Rücksicht darauf, von wem die Hauptversammlung einberufen worden ist.[265] Die Minderheit selbst ist zur Bekanntmachung der Ergänzung nur kraft gerichtlicher Ermächtigung befugt.

c) Bekanntmachung. aa) Allgemeines, Form und Zeitpunkt. Die Tagesordnung ist als Teil der Einberufung bekannt zu machen. Wird die Hauptversammlung gemäß § 121 Abs. 4 S. 2 AktG mittels eingeschriebenen Briefes einberufen, muss dieser die Tagesordnung beinhalten.[266]

Die Bekanntmachung der Tagesordnung soll jedem Aktionär Gelegenheit geben, die erforderlichen Vorbereitungen für die Hauptversammlung zu treffen, insbesondere zu entscheiden, ob er selbst an der Hauptversammlung teilnehmen oder sich vertreten lassen will und in welchem Sinne er von seinem Stimmrecht Gebrauch machen will. Daher sind in der Bekanntmachung alle **Tagesordnungspunkte** so genau zu bezeichnen, dass die Aktionäre erkennen können, welche Themen behandelt und worüber beschlossen wird.[267] Wie konkret der einzelne Tagesordnungspunkt zu bezeichnen ist, lässt sich nicht pauschal beantworten. Das Gesetz macht nur in Einzelfällen Vorgaben (§ 124 Abs. 2 S. 3, § 183 Abs. 1 S. 2, § 186 Abs. 4 S. 1, § 320 Abs. 2 AktG). Die Konkretisierung kann sich jedoch auch aus den Verwaltungsvorschlägen ergeben, die ebenfalls bekannt gemacht werden müssen (§ 124 Abs. 3 AktG).[268] Bezüglich der Tagesordnungspunkte, die zu den typischen Beschlusspunkten der ordentlichen Hauptverhandlung zählen, ist der Inhalt von Gesetzes wegen schon so klar geregelt, dass es einer weiteren inhaltlichen Umschreibung in der Bekanntmachung nicht bedarf. Dies gilt etwa für die Beschlussfassung über die Gewinnverwendung, die Entlastung von Vorstand und Aufsichtsrat und die Wahl des Abschlussprüfers.[269] Unzureichend ist die Bekanntmachung eines Tagesordnungspunktes „**Verschiedenes**", wenn darunter Beschlüsse gefasst werden sollen.[270]

bb) Bekanntmachungsfreie Gegenstände. Keine Bekanntmachung ist gemäß § 124 Abs. 4 S. 2 Var. 3 AktG erforderlich für „**Verhandlungen ohne Beschlussfassung**". Diese Bestimmung ist allerdings nach allgemeiner Auffassung **einschränkend** auszulegen,

---

[263] *Ihrig/Wandt* BB 2016, 6 (8).
[264] Schmidt/Lutter/*Ziemons* AktG § 122 Rn. 45 f.; *Butzke* Hauptversammlung der AG Rn. B 113; MüKoAktG/*Kubis* § 122 Rn. 32; aA Spindler/Stilz/*Rieckers* AktG § 122 Rn. 41; GroßkommAktG/*Butzke* § 122 Rn. 55; Hüffer/*Koch* AktG § 122 Rn. 9, die in beiden Fällen eine Begründung für ausreichend erachten bzw. ein Wahlrecht sehen.
[265] GroßkommAktG/*Butzke* § 122 Rn. 56; KölnKommAktG/*Noack/Zetzsche* § 122 Rn. 40.
[266] KölnKommAktG/*Noack/Zetzsche* § 121 Rn. 131; MüKoAktG/*Kubis* § 121 Rn. 81.
[267] GroßkommAktG/*Butzke* § 121 Rn. 62 ff.; Spindler/Stilz/*Rieckers* AktG § 121 Rn. 27; Hüffer/*Koch* AktG § 121 Rn. 9; differenzierend mit Aufzählung von Einzelfällen MüKoAktG/*Kubis* § 121 Rn. 46 ff.
[268] Spindler/Stilz/*Rieckers* AktG § 121 Rn. 27; *Butzke* Hauptversammlung der AG Rn. B 82; MüKoAktG/*Kubis* § 121 Rn. 46; einschränkend *Wieneke* FS Schwark, 2009, 305 (318).
[269] Spindler/Stilz/*Rieckers* AktG § 121 Rn. 28; *Butzke* Hauptversammlung der AG Rn. B 77; MüKoAktG/*Kubis* § 121 Rn. 46.
[270] GroßkommAktG/*Butzke* § 121 Rn. 60; *Butzke* Hauptversammlung der AG Rn. B 83; MüKoAktG/*Kubis* § 121 Rn. 58.

§ 36 66–68   7. Kapitel. Hauptversammlung

da unter ihren Wortsinn auch die Vorlage des Jahresabschlusses (§ 175 Abs. 1 AktG), die Vorlage des Sonderprüfungsberichts nach § 145 Abs. 6 S. 5 AktG oder die Verlustanzeige gemäß § 92 AktG fallen.[271] Für die Vorlage des Jahresabschlusses ergibt sich die Bekanntmachungspflicht aus den Publizitätserfordernissen des § 175 Abs. 2 AktG.[272] Für die Vorlage des Sonderprüfungsberichts ergibt sie sich aus dem besonderen Bekanntmachungserfordernis des § 145 Abs. 6 S. 5 AktG.[273] Für die Verlustanzeige gilt, dass sie so bedeutsam ist, dass auf ihre Bekanntmachung in der Tagesordnung nicht verzichtet werden darf.[274] Dem entspricht auch die einhellige Praxis. Gemeint sind in § 124 Abs. 4 AktG vielmehr Gegenstände, deren Diskussion aus der Versammlung heraus gewünscht wird.[275] Die Bestimmung soll in gewissem Umfang die Möglichkeit zu einer aktuellen und spontanen Diskussion in der Hauptversammlung eröffnen.

66 Derartige Gegenstände könnten auch unter dem Tagesordnungspunkt **„Verschiedenes"** abgehandelt werden, der allerdings in der Praxis nur selten zu finden ist.[276] Unter diesem Tagesordnungspunkt müssen jegliche Wortmeldungen vom Versammlungsleiter zugelassen werden, es sei denn sie haben keinen Bezug zu der Gesellschaft.[277] Der Tagesordnungspunkt „Verschiedenes" kann so zum Aufhänger uferloser Debatten werden. Die Praxis vermeidet ihn daher.

67 Der (Konzern)Jahresabschluss, der (Konzern)Lagebericht ist zusammen mit dem Bericht des Aufsichtsrats und dem Vorschlag des Vorstands für die Verwendung des Bilanzgewinns von der Einberufung an in dem Geschäftsraum der Gesellschaft zur Einsicht der Aktionäre auszulegen. Abschriften sind jedem Aktionär zu erteilen (§ 175 Abs. 2 AktG). In der Praxis wird dem durch die Zugänglichmachung dieser Dokumente ab Einberufung über die Internetseite der Gesellschaft genügt (§§ 175 Abs. 2 S. 4, 176 Abs. 1 S. 1 AktG).

68 Mit der Vorlage des Lage- oder Konzernlageberichts ist stets auch die nichtfinanzielle Erklärung gemäß § 289b Abs. 1 HGB oder § 315b Abs. 1 HGB (dazu → § 44 Rn. 16 ff.) als Teil des Lage- oder Konzernlageberichts erfasst und muss nicht im Tagesordnungspunkt gesondert erwähnt werden.[278] Erstellt die Gesellschaft einen separaten nichtfinanziellen Bericht gemäß § 289b Abs. 3 HGB oder § 315b Abs. 3 HGB, ist dieser vom Wortlaut des § 175 Abs. 1 AktG nicht erfasst. Das Gesetz sieht insoweit keine explizite Verpflichtung der Gesellschaft zur Vorlage des nichtfinanziellen Berichts vor. Im Übrigen muss der nichtfinanzielle Bericht auch nicht gemäß §§ 175 Abs. 2, 176 Abs. 1 S. 1 AktG zugänglich gemacht werden.[279]

---

[271] Schmidt/Lutter/*Ziemons* AktG § 124 Rn. 87; Spindler/Stilz/*Rieckers* AktG § 124 Rn. 59; Hölters/*Drinhausen* AktG § 124 Rn. 23; KölnKommAktG/*Noack*/*Zetzsche* § 124 Rn. 113; MüKoAktG/*Kubis* § 124 Rn. 64; Grigoleit/*Herrler* AktG § 124 Rn. 25.
[272] Spindler/Stilz/*Rieckers* AktG § 124 Rn. 59; MüKoAktG/*Kubis* § 124 Rn. 71.
[273] Spindler/Stilz/*Rieckers* AktG § 124 Rn. 59.
[274] GroßkommAktG/*Butzke* § 124 Rn. 107; Semler/Volhard/Reichert HV-HdB/*Schlitt*/*Becker* § 4 Rn. 162; MüKoAktG/*Kubis* § 124 Rn. 71.
[275] Spindler/Stilz/*Rieckers* AktG § 124 Rn. 59; Semler/Volhard/Reichert HV-HdB/*Schlitt*/*Becker* § 4 Rn. 160; HdB börsennotierte AG/*Marsch-Barner* § 32 Rn. 47.
[276] *Butzke* Hauptversammlung der AG Rn. B 83.
[277] Spindler/Stilz/*Rieckers* AktG § 121 Rn. 33; *Butzke* Hauptversammlung der AG Rn. B 83; MüKoAktG/*Kubis* § 121 Rn. 58.
[278] Ebenso *Hecker/Bröcker* AG 2017, 761 (767 f.).
[279] Dies folgt auch aus der Gesetzessystematik im Vergleich zu § 170 Abs. 1 S. 3 AktG, der den gesonderten nichtfinanziellen Bericht – anders als §§ 175 Abs. 2, 176 Abs. 1 S. 1 AktG – explizit anspricht. Vgl. aber auch GroßkommAktG/*E. Vetter* § 175 Rn. 56; *Hecker/Bröcker* AG 2017, 761 (767 f.), die den nichtfinanziellen Bericht stets gemäß § 175 Abs. 2 S. 4 AktG über die Internetseite der Gesellschaft zugänglich machen wollen, insbes. weil der Vorstand durch Wahl der Berichtstechnik nicht den Informationsfluss an die Aktionäre unterschiedlich ausgestalten dürfe. Im Fall des § 289b Abs. 3 Nr. 2 lit. b HGB / § 315b Abs. 3 Nr. 2 lit. b HGB erfolgt dies ohnehin spätestens 4 Monate nach dem Abschlussstichtag.

Anträge zu bekanntgemachten **Gegenständen der Tagesordnung** bedürfen keiner gesonderten Bekanntmachung (§ 124 Abs. 4 S. 2 Var. 2 AktG). Ob sich Anträge noch im Rahmen eines bekanntgemachten Tagesordnungspunktes halten, hängt davon ab, wie konkret der Tagesordnungspunkt gefasst wurde. Es gilt die Regel: Je konkreter der Tagesordnungspunkt, desto weniger Raum bleibt für bekanntmachungsfreie Anträge.[280] Obwohl die Anträge zu den Tagesordnungspunkten grundsätzlich bekanntmachungsfrei sind, können die Aktionäre unter bestimmten Voraussetzungen die Bekanntmachung ihrer Anträge verlangen (**Gegenanträge**, dazu → Rn. 102 ff.). 69

Ebenfalls keiner Bekanntmachung bedürfen **Geschäftsordnungsanträge**, soweit sie den Ablauf der Hauptversammlung selbst betreffen, da sich diese Punkte erst aus der Hauptversammlung heraus ergeben (dazu → § 37 Rn. 57 ff.).[281] Hierzu gehört auch die Wahl des Versammlungsleiters, soweit eine Wahl nicht entbehrlich ist, weil die Satzung den Versammlungsleiter bestimmt (→ § 37 Rn. 40 f.).[282] Gleichermaßen bekanntmachungsfrei wäre die Abwahl des satzungsmäßigen Versammlungsleiters,[283] soweit diese für zulässig gehalten wird.[284] Nicht zu den bekanntmachungsfreien Geschäftsordnungsgegenständen zählt jedoch der Erlass einer Geschäftsordnung, die sich die Hauptversammlung geben kann (§ 129 Abs. 1 S. 1 AktG, → § 37 Rn. 32 ff.),[285] was sich in der Praxis allerdings nicht durchgesetzt hat.[286] 70

Kraft ausdrücklicher Bestimmung des Gesetzes kann ferner der **Antrag auf Einberufung** einer – weiteren – Hauptversammlung auch dann gestellt werden, wenn die Tagesordnung keinen entsprechenden Tagesordnungspunkt enthält (§ 124 Abs. 4 S. 2 Var. 1 AktG). Die Vorschrift findet vor allem bei der **Vertagung** von Hauptversammlungen Anwendung.[287] Darüber hinaus ist auch die Einberufung einer neuen Hauptversammlung mit anderer Tagesordnung erfasst.[288] 71

cc) Einzelne bekanntmachungsbedürftige Umstände. Für eine Anzahl von Verhandlungsgegenständen gelten besondere Bekanntmachungserfordernisse.

(1) Steht die Wahl von Aufsichtsratsmitgliedern auf der Tagesordnung, ist in der Bekanntmachung anzugeben, nach welchen gesetzlichen Vorschriften sich der Aufsichtsrat **zusammensetzt** (§ 124 Abs. 2 S. 1 AktG). Dies sind, wie § 96 Abs. 1 AktG aufzählt, je nach Größe und Gegenstand der Unternehmen (→ § 28 Rn. 1 ff.): 72

– das MitbestG 1976 (§§ 6 ff.)
– das Montan-MitbestG 1951 (§§ 3 ff.)
– das Montan-MitbestErgG (§§ 4 ff.)
– das DrittelbG (§§ 5 ff.)
– das MgVG (§§ 22 ff.).

Bei der SE sind die entsprechenden Vorschriften aus SE-VO (Art. 40 oder Art. 43), SEAG (§ 17 oder § 23) und SEBG (§ 21 Abs. 3 oder §§ 34 ff.) anzugeben.[289] Richtet sich 73

---

[280] Spindler/Stilz/*Rieckers* AktG § 124 Rn. 51; KölnKommAktG/*Noack*/*Zetzsche* § 124 Rn. 102; MüKoAktG/*Kubis* § 124 Rn. 65; Grigoleit/*Herrler* AktG § 124 Rn. 25.
[281] KölnKommAktG/*Noack*/*Zetzsche* § 124 Rn. 110; Semler/Volhard/Reichert HV-HdB/*Schlitt*/*Becker* § 4 Rn. 167; MüKoAktG/*Kubis* § 124 Rn. 70; Grigoleit/*Herrler* AktG § 124 Rn. 25.
[282] KölnKommAktG/*Noack*/*Zetzsche* § 124 Rn. 110; MüKoAktG/*Kubis* § 124 Rn. 70.
[283] MüKoAktG/*Kubis* § 124 Rn. 70.
[284] Vgl. dazu → § 37 Rn. 40 f.; *Krieger* AG 2006, 355; *Drinhausen*/*Marsch-Barner* AG 2014, 757.
[285] GroßkommAktG/*Butzke* § 124 Rn. 116; Spindler/Stilz/*Rieckers* AktG § 124 Rn. 57; MüKoAktG/*Kubis* § 124 Rn. 70.
[286] Vgl. → § 37 Rn. 34.
[287] Spindler/Stilz/*Rieckers* AktG § 124 Rn. 50; KölnKommAktG/*Noack*/*Zetzsche* § 124 Rn. 96; Hüffer/*Koch* AktG § 124 Rn. 29; MüKoAktG/*Kubis* § 124 Rn. 64.
[288] Schmidt/Lutter/*Ziemons* AktG § 124 Rn. 71, Spindler/Stilz/*Rieckers* AktG § 124 Rn. 50; Semler/Volhard/Reichert HV-HdB/*Schlitt*/*Becker* § 4 Rn. 168; Hüffer/*Koch* AktG § 124 Rn. 29.
[289] Spindler/Stilz/*Rieckers* AktG § 124 Rn. 11; Hölters/*Drinhausen* AktG § 124 Rn. 7; Grigoleit/*Herrler* AktG § 124 Rn. 4.

die Zusammensetzung nach einer Mitbestimmungsvereinbarung, empfiehlt sich zusätzlich die Angabe der jeweiligen Bestimmungen. Da es sich bei der Vereinbarung nicht um eine „gesetzliche Vorschrift" handelt, besteht aber keine dahingehende Pflicht.[290] Maßgeblich sind die für die bisherige Zusammensetzung geltenden Vorschriften (§ 96 Abs. 4 AktG) oder die vom Vorstand gemäß § 97 AktG bekannt gegebenen neuen Vorschriften, gegebenenfalls die nach §§ 98 f. AktG aufgrund gerichtlicher Entscheidung maßgeblichen Vorschriften (→ § 28 Rn. 54 ff.). Sofern die Hauptversammlung an **Wahlvorschläge gebunden** ist, muss auch dies angegeben werden. Bei der AG ist das nach § 101 Abs. 1 S. 2 AktG nur der Fall, wenn §§ 6, 8 Montan-MitbestG eingreifen (→ § 28 Rn. 35). Für die SE kann sich dies aus einer Mitbestimmungsvereinbarung oder aus § 36 Abs. 4 SEBG ergeben.[291] Besteht eine Bindung, genügt es, wenn die Vorschrift genannt wird.[292] Einer Erläuterung bedarf es nicht.[293] Besteht keine Bindung an Wahlvorschläge, ist dies nach Neufassung des § 124 Abs. 2 S. 1 AktG nF nicht länger als Fehlanzeige bekanntmachungsbedürftig.[294] Die Fälle, in denen die Satzung bestimmten Aktionären das Recht einräumt, Mitglieder in den Aufsichtsrat zu **entsenden** (§ 101 Abs. 2 AktG), werden nicht von § 124 Abs. 2 AktG erfasst.[295] Insoweit findet keine Wahl statt.

74 Seit Einführung einer **Mindestquote von Frauen und Männern** von jeweils 30 % in Aufsichtsräten börsennotierter paritätisch mitbestimmter Gesellschaften im Jahr 2015 (§ 96 Abs. 2 S. 1 AktG, dazu → § 30 Rn. 31 ff.) muss die Gesellschaft auch bekanntmachen, ob der Gesamterfüllung nach § 96 Abs. 2 S. 3 AktG widersprochen wurde und wie viele Aufsichtsratssitze jeweils von Frauen und Männern besetzt sein müssen, damit die geforderte Mindestquote von jeweils 30 % erreicht wird (§ 124 Abs. 2 S. 2 AktG).[296] Dadurch soll eine sachgerechte Vorbereitung auf eine quotierte Aufsichtsratswahl ermöglicht werden und sichergestellt sein, dass schon der vorbereitende Wahlvorschlag den Vorgaben des § 96 Abs. 2 AktG gerecht wird.[297] Maßgeblich ist die Situation im Zeitpunkt der Einberufung. Ein Widerspruch nach Einberufung löst keinen Korrekturbedarf für die Einberufung aus.[298]

75 Nach den Empfehlungen des Deutschen Corporate Governance **Kodex** sollen zusätzlich persönliche und geschäftliche Beziehungen des Kandidaten zum Unternehmen, Organen der Gesellschaft und wesentlich beteiligten Aktionären offengelegt werden (Empfehlung C.13). Auch soll dem Wahlvorschlag ein Lebenslauf beigefügt werden, der über relevante Kenntnisse, Fähigkeiten und Erfahrungen des jeweiligen Kandidaten Auskunft gibt (Empfehlung C.14).[299] Auch wenn die Kodexvorschrift wörtlich nur vorsieht, dass die Lebensläufe auf der Website der Gesellschaft veröffentlicht werden und dem Kandidatenvorschlag beigefügt werden sollen, wird zum Teil vertreten, dass der Lebenslauf in der Einberufung

---

[290] Spindler/Stilz/*Rieckers* AktG § 124 Rn. 11; GroßkommAktG/*Butzke* § 124 Rn. 24; Hüffer/*Koch* AktG § 124 Rn. 6; aA Hölters/*Drinhausen* AktG § 124 Rn. 7.

[291] Lutter/Hommelhoff/*Oetker* SEBG § 36 Rn. 14 f.; Spindler/Stilz/*Rieckers* AktG § 124 Rn. 13; Habersack/Drinhausen/*Hohenstatt/Müller-Bonanni* SEBG § 36 Rn. 13; Hölters/*Drinhausen* AktG § 124 Rn. 7; Hüffer/*Koch* AktG § 124 Rn. 6.

[292] Spindler/Stilz/*Rieckers* AktG § 124 Rn. 13; Semler/Volhard/*Reichert* HV-HdB/*Schlitt/Becker* § 4 Rn. 175; MüKoAktG/*Kubis* § 124 Rn. 11.

[293] Spindler/Stilz/*Rieckers* AktG § 124 Rn. 13; Hölters/*Drinhausen* AktG § 124 Rn. 7; MüKoAktG/*Kubis* § 124 Rn. 11; Grigoleit/*Herrler* AktG § 124 Rn. 5.

[294] GroßkommAktG/*Butzke* § 124 Rn. 27; Hüffer/*Koch* AktG § 124 Rn. 6; MüKoAktG/*Kubis* § 124 Rn. 11.

[295] Semler/Volhard/*Reichert* HV-HdB/*Schlitt/Becker* § 4 Rn. 175; *Butzke* Hauptversammlung der AG Rn. J 26; MüKoAktG/*Kubis* § 124 Rn. 11.

[296] Junker/Schmidt-Pfitzner NZG 2015, 929 (933); GroßkommAktG/*Butzke* § 124 Rn. 28; Spindler/Stilz/*Rieckers* AktG § 124 Rn. 13a ff.

[297] Begr. RegE BT-Drs. 18/3784, 124.

[298] GroßkommAktG/*Butzke* § 124 Rn. 29; Hüffer/*Koch* AktG § 96 Rn. 16; Spindler/Stilz/*Rieckers* AktG § 124 Rn. 13b.

[299] HdB börsennotierte AG/*Marsch-Barner* § 32 Rn. 66; *de Raet* AG 2013, 488 ff.; Spindler/Stilz/*Rieckers* AktG § 124 Rn. 13e.

abzudrucken ist.³⁰⁰ Nach anderer Auffassung genügt der Hinweis in der Einberufung auf die parallele Veröffentlichung auf der Website der Gesellschaft.³⁰¹ In der Praxis finden sich beide Vorgehensweisen, im DAX und MDAX überwiegend der Abdruck in der Einberufung.³⁰²

(2) Bekanntzumachen ist der Wortlaut der vorgeschlagenen **Satzungsänderung** (§ 124 Abs. 2 S. 3 AktG). Darüber hinaus bedarf es weder der Bekanntgabe einer Begründung³⁰³ oder Erläuterung³⁰⁴ noch einer synoptischen Gegenüberstellung von alter und neuer Satzungsregelung.³⁰⁵ Ausnahmsweise kann eine Erläuterung oder Gegenüberstellung aber erforderlich sein, wenn die Satzungsänderung nur auf diese Weise verständlich ist.³⁰⁶ Die Bekanntgabe des Wortlauts der vorgeschlagenen Satzungsänderung hindert die Aktionäre nicht, in der Hauptversammlung **abweichende Anträge** zu stellen. Die Hauptversammlung ist also nicht darauf beschränkt, die vorgeschlagene Änderung anzunehmen oder abzulehnen, sondern kann auch eine abweichende Fassung beschließen, wenn sich der Beschluss in dem durch die Tagesordnung bezeichneten Rahmen hält.³⁰⁷ Ob dies der Fall ist, muss unter Berücksichtigung der Umstände des Einzelfalls entschieden werden. Die Bekanntmachung des Tagesordnungspunkts „Satzungsänderung gemäß nachstehendem Vorschlag" erlaubt dagegen nur die Abstimmung über diesen Vorschlag und deckt abweichende Anträge nicht.³⁰⁸ Soll bei einer **Kapitalerhöhung** das Bezugsrecht der Aktionäre ausgeschlossen werden, ist dies mit der Einberufung bekannt zu machen (§ 186 Abs. 4 S. 1 AktG). Ob darüber hinaus der Vorstandsbericht über den Grund des Bezugsrechtsausschlusses (§ 186 Abs. 4 S. 2 AktG) analog § 124 Abs. 2 S. 2 Alt. 2 AktG in seinem wesentlichen Inhalt bekanntgemacht werden muss, wird nach Inkrafttreten des ARUG nicht mehr einheitlich beurteilt.³⁰⁹ Gegen eine derartige Bekanntmachungspflicht spricht richtigerweise, dass der Vorstandsbericht nun ohnehin in seinem vollen Inhalt zugänglich gemacht werden muss.³¹⁰ Mit Blick auf die bisher herrschende Meinung und Hauptversammlungspraxis empfiehlt sich für die Praxis weiterhin der Abdruck des vollständigen Berichts in der Bekanntmachung.³¹¹

---

[300] *Wilsing/von der Linden* DStR 2017, 1046 (1049); Kremer/Bachmann/Lutter/v.Werder DCGK/ *Kremer* Rn. 1369.
[301] *Rieckers* DB 2017, 2720 (2723); *Rieckers* DB 2019, 107 (111); *Mense/Klie* BOARD 2018, 47 f.; Spindler/Stilz/*Rieckers* AktG § 124 Rn. 13e.
[302] Nachweise bei *Rieckers* DB 2019, 107 (111).
[303] Spindler/Stilz/*Rieckers* AktG § 124 Rn. 16; Semler/Volhard/Reichert HV-HdB/*Schlitt/Becker* § 4 Rn. 177; Hölters/*Drinhausen* AktG § 124 Rn. 9.
[304] Semler/Volhard/Reichert HV-HdB/*Schlitt/Becker* § 4 Rn. 177; Hölters/*Drinhausen* AktG § 124 Rn. 9.
[305] KG AG 1996, 421 (422); Schmidt/Lutter/*Ziemons* AktG § 124 Rn. 62; *Butzke* Hauptversammlung der AG Rn. B 90; MüKoAktG/*Kubis* § 124 Rn. 18; GroßkommAktG/*Butzke* § 124 Rn. 33.
[306] Semler/Volhard/Reichert HV-HdB/*Schlitt/Becker* § 4 Rn. 177; *Butzke* Hauptversammlung der AG Rn. B 90; MüKoAktG/*Kubis* § 124 Rn. 18; enger Spindler/Stilz/*Rieckers* AktG § 124 Rn. 16; aA (keine Verpflichtung des Vorstands) KölnKommAktG/*Noack/Zetzsche* § 124 Rn. 43.
[307] OLG Celle AG 1993, 178 (179) (im konkreten Fall bejahend für Redaktionsversehen); Spindler/ Stilz/*Rieckers* AktG § 124 Rn. 15; KölnKommAktG/*Noack/Zetzsche* § 124 Rn. 39; Hüffer/*Koch* AktG § 124 Rn. 9; Happ AktienR/*Ludwig/Bednarz* Muster 10.02 Rn. 10.6; GroßkommAktG/*Butzke* § 124 Rn. 31.
[308] Spindler/Stilz/*Rieckers* AktG § 124 Rn. 15; Semler/Volhard/Reichert HV-HdB/*Schlitt/Becker* § 4 Rn. 177; *Butzke* Hauptversammlung der AG Rn. B 80; Hüffer/*Koch* AktG § 124 Rn. 9.
[309] Dafür: Hölters/*Apfelbacher/Niggemann* AktG § 186 Rn. 52; Bürgers/Körber/*Marsch-Barner* AktG § 186 Rn. 25; Schmidt/Lutter/*Ziemons* AktG § 124 Rn. 63; Spindler/Stilz/*Servatius* AktG § 186 Rn. 32; dagegen: MüKoAktG/*Kubis* § 124 Rn. 27; Hüffer/*Koch* AktG § 124 Rn. 12; wohl auch Spindler/Stilz/*Rieckers* AktG § 124 Rn. 23.
[310] MüKoAktG/*Kubis* § 124 Rn. 27; GroßkommAktG/*Butzke* § 124 Rn. 54.
[311] Spindler/Stilz/*Rieckers* AktG § 124 Rn. 23.

77 (3) **Verträge,** zu deren Wirksamkeit die Zustimmung der Hauptversammlung erforderlich ist,[312] müssen ihrem **wesentlichen Inhalt** nach bekannt gemacht werden (§ 124 Abs. 2 S. 3 AktG). Die Bekanntmachung hat grundsätzlich in deutscher Sprache zu erfolgen.[313] Die Bekanntmachungspflicht gilt auch bei Änderungen von zustimmungsbedürftigen Verträgen.[314] Die Vorschrift ist auch anwendbar, wenn der Vorstand einen an sich nicht zustimmungsbedürftigen Vertrag unter der Bedingung abgeschlossen hat, dass die Hauptversammlung zustimmt.[315] Den „wesentlichen Inhalt" bilden diejenigen Bestimmungen, von denen ein verständiger Durchschnittsaktionär seine Entscheidung abhängig machen würde.[316] Dies werden regelmäßig die für den Vertrag kennzeichnenden und kritischen Punkte sein.[317] Danach sind grundsätzlich die Vertragsparteien, die vertraglichen Hauptleistungspflichten, etwaig vorhandene aktionärsschützende Regelungen, sowie – je nach Vertragstyp – die Vertragsdauer, Kündigungsrechte und Gewährleistungsbestimmungen bekannt zu machen.[318]

78 (4) Soll die Hauptversammlung über das **Vergütungssystem** für Vorstandsmitglieder, die **Vergütung** des Aufsichtsrats oder den **Vergütungsbericht** beschließen, ist gemäß § 124 Abs. 2 S. 3 AktG der vollständige Inhalt der Unterlagen zu den jeweiligen Beschlussgegenständen bekannt zu machen. Dies gilt gemäß § 26j Abs. 3 EG-AktG ab dem 1.3.2020. Der Zweck der Regelung liegt darin, den Aktionären ein informiertes Votum zu diesen Beschlussgegenständen zu ermöglichen.[319]

79 (5) Nach Gesetz und gegebenenfalls Satzung dürfen bei bestimmten Beschlüssen nur gewisse Gruppen von Aktionären abstimmen (**„Sonderbeschlüsse",** § 138 AktG, → § 40 Rn. 61 ff.). Solche Sonderbeschlüsse sieht das Gesetz vor, wenn von einer Beschlussfassung Rechte einzelner Aktiengattungen oder Gruppen von Aktionären besonders betroffen werden (siehe dazu im Einzelnen → § 40 Rn. 63 ff.). Soweit Gegenstände einer solchen Sonderbeschlussfassung unterliegen, sind sie in entsprechender Anwendung von § 124 AktG anzukündigen (§ 138 S. 2 AktG).

80 (6) Sind Strukturmaßnahmen nach der Holzmüller-Doktrin **zustimmungsbedürftig** (→ § 35 Rn. 49 ff.), müssen mit deren Bekanntmachung als Gegenstand der Tagesordnung auch die zur sachgemäßen Entscheidungsvorbereitung erforderlichen Informationen bekanntgemacht werde, also zB das unternehmerische Konzept und die wesentlichen Einzelmaßnahmen zu dessen Verwirklichung.[320] Wenn die Aktionäre entscheiden sollen, müssen sie die erforderlichen Informationen erhalten.

---

[312] Nachgründungsverträge (§ 52 AktG), Unternehmensverträge (§ 293 AktG), Verträge betreffend eine Vermögensübertragung (§ 179a AktG), der Verzicht auf gewisse Ersatzansprüche der Gesellschaft und Vergleiche hierüber, namentlich bei Ersatzansprüchen gegen Vorstands- und Aufsichtsratsmitglieder sowie gegen die Gründer (§§ 50 S. 1, 53, 93 Abs. 4, 116, 117 Abs. 4, 309 Abs. 3, 310 Abs. 4, 317 Abs. 4, 318 Abs. 4); ferner Verschmelzungs- Spaltungs- und Vermögensübertragungsverträge nach dem UmwG (§§ 13, 65, 125 S. 1, 176 Abs. 1, 177 Abs. 1, 178 Abs. 1, 179 Abs. 1 UmwG). Ferner Verträge in „Holzmüller"-Fällen, vgl. *Kort* AG 2006, 272.

[313] Spindler/Stilz/*Rieckers* AktG § 124 Rn. 20; MüKoAktG/*Kubis* § 124 Rn. 24; vgl. zum entsprechenden Problem bei der Auslegung von Verträgen LG München I ZIP 2001, 1148.

[314] BGHZ 119, 1 (11)= NJW 1992, 2760 (2763); Spindler/Stilz/*Rieckers* AktG § 124 Rn. 19; KölnKommAktG/*Noack*/*Zetzsche* § 124 Rn. 49.

[315] BGHZ 146, 288 (294) = NJW 2001, 1277 (1278 f.); GroßkommAktG/*Butzke* § 124 Rn. 40; Schmidt/Lutter/*Ziemons* AktG § 124 Rn. 54; MüKoAktG/*Kubis* § 124 Rn. 22.

[316] Hölters/*Drinhausen* AktG § 124 Rn. 12.

[317] Spindler/Stilz/*Rieckers* AktG § 124 Rn. 20; KölnKommAktG/*Noack*/*Zetzsche* § 124 Rn. 55; MüKoAktG/*Kubis* § 124 Rn. 24.

[318] Schmidt/Lutter/*Ziemons* AktG § 124 Rn. 57; Spindler/Stilz/*Rieckers* AktG § 124 Rn. 21; Hölters/*Drinhausen* AktG § 124 Rn. 12; Grigoleit/*Herrler* AktG § 124 Rn. 9.

[319] Beg. RegE BT-Drs. 19/9739, 95.

[320] OLG München AG 2001, 364 (365 f.); Spindler/Stilz/*Rieckers* AktG § 124 Rn. 24; Hölters/*Drinhausen* AktG § 124 Rn. 14; Hüffer/*Koch* AktG § 124 Rn. 11; aA KölnKommAktG/*Noack*/*Zetzsche* § 124 Rn. 54.

d) Verwaltungsvorschläge. aa) Allgemeines, vorschlagsfreie Tagesordnungspunkte. Vorstand und Aufsichtsrat müssen grundsätzlich jeweils zu jedem Gegenstand der Tagesordnung, zu dem eine Beschlussfassung erfolgen soll, einen Beschlussvorschlag machen, der mit der Tagesordnung bekannt zu machen ist (§ 124 Abs. 3 AktG). Stimmen die Vorschläge von Vorstand und Aufsichtsrat, wie zumeist, überein, wird die Bekanntmachung in der Praxis regelmäßig gemeinsam vorgenommen.[321] Werden abweichende Vorschläge gemacht, ist zu kennzeichnen, von welchem Organ der jeweilige Vorschlag stammt.[322]

Für den **Vorstand** handelt es sich bei der Beschlussempfehlung um eine Leitungsaufgabe nach § 76 AktG, die vom Gesamtvorstand wahrzunehmen ist.[323] Der Vorstandsbeschluss muss daher grundsätzlich einstimmig gefasst werden (vgl. § 77 Abs. 1 S. 1 AktG).[324] Jedoch kann nach § 77 Abs. 1 S. 2 AktG in Satzung oder Geschäftsordnung des Vorstands auch ein geringeres Mehrheitserfordernis angeordnet werden.[325] Der Vorstand muss zudem beschlussfähig sein.[326] Der **Aufsichtsrat** entscheidet über seine Beschlussvorschläge grundsätzlich mit einfacher Mehrheit, kann die Beschlussfassung aber auch generell oder im Einzelfall auf einen **Ausschuss** übertragen.[327] Beschlussvorschläge müssen antragsförmig formuliert sein.[328] Damit schließlich über sie abgestimmt werden kann, muss jeder Beschlussvorschlag als Antrag in die Hauptversammlung eingebracht werden.[329] In der Praxis geschieht dies regelmäßig durch den Versammlungsleiter. Überwiegend zugelassen wird auch, dass **Alternativvorschläge** oder **Eventualvorschläge** gemacht werden,[330] und zwar auch bei Wahlen (→ § 30 Rn. 48).[331]

Zweifelhaft ist, inwieweit Vorstand und Aufsichtsrat an ihre bekannt gemachten Vorschläge **gebunden** sind. Es herrscht insofern Einigkeit, als keine Verpflichtung von Vorstand oder Aufsichtsrat anzunehmen ist, in der Hauptversammlung ihre Vorschläge zur Abstimmung zu stellen; sie können dieselben auch fallen lassen.[332] Umstritten ist, ob Vorstand und Aufsichtsrat in der Hauptversammlung Anträge stellen dürfen, die von ihren bekannt gemachten Vorschlägen abweichen. Eine Ansicht bejaht dies ohne Vorbehalt.[333]

---

[321] Spindler/Stilz/*Rieckers* AktG § 124 Rn. 27; Semler/Volhard/Reichert HV-HdB/*Schlitt/Becker* § 4 Rn. 208; *Butzke* Hauptversammlung der AG Rn. B 84; MüKoAktG/*Kubis* § 124 Rn. 33.
[322] GroßkommAktG/*Butzke* § 124 Rn. 69; Spindler/Stilz/*Rieckers* AktG § 124 Rn. 27; *Butzke* Hauptversammlung der AG Rn. B 84.
[323] BGHZ 149, 158 = ZIP 2002, 172 – Sachsenmilch III mit Anm. *Goette* DStR 2002, 1314.
[324] Spindler/Stilz/*Rieckers* AktG § 124 Rn. 30; MüKoAktG/*Kubis* § 124 Rn. 35; Bürgers/Körber/*Reger* AktG § 124 Rn. 17.
[325] Spindler/Stilz/*Rieckers* AktG § 124 Rn. 30; KölnKommAktG/*Noack/Zetzsche* § 124 Rn. 64; MüKoAktG/*Kubis* § 124 Rn. 35.
[326] BGHZ 149, 158; Hölters/*Drinhausen* AktG § 124 Rn. 17; Hüffer/*Koch* AktG § 124 Rn. 16.
[327] Spindler/Stilz/*Rieckers* AktG § 124 Rn. 31; KölnKommAktG/*Noack/Zetzsche* § 124 Rn. 66; Hüffer/*Koch* AktG § 124 Rn. 16; Bürgers/Körber/*Reger* AktG § 124 Rn. 18.
[328] Hüffer/*Koch* AktG § 124 Rn. 17; MüKoAktG/*Kubis* § 124 Rn. 39; Bürgers/Körber/*Reger* AktG § 124 Rn. 17.
[329] Hüffer/*Koch* AktG § 124 Rn. 17; MüKoAktG/*Kubis* § 124 Rn. 48; *Scholz* AG 2008, 11 (13 f.); Spindler/Stilz/*Rieckers* AktG § 124 Rn. 26.
[330] OLG Frankfurt a. M. AG 2011, 36 (41); GroßkommAktG/*Butzke* § 124 Rn. 58 ff.; Spindler/Stilz/*Rieckers* AktG § 124 Rn. 37; Semler/Volhard/Reichert HV-HdB/*Schlitt/Becker* § 4 Rn. 203; *Butzke* Hauptversammlung der AG Rn. B 84; Hüffer/*Koch* AktG § 124 Rn. 17; HdB börsennotierte AG/*Marsch-Barner* § 32 Rn. 56; MüKoAktG/*Kubis* § 124 Rn. 40; Schaaf, Praxis der Hauptversammlung/*Ruppert* Rn. 172; aA wohl Schmidt/Lutter/*Ziemons* AktG § 124 Rn. 19.
[331] Spindler/Stilz/*Rieckers* AktG § 124 Rn. 37; Semler/Volhard/Reichert HV-HdB/*Schlitt/Becker* § 4 Rn. 203; *Butzke* Hauptversammlung der AG Rn. J 43; MüKoAktG/*Kubis* § 124 Rn. 40.
[332] Schmidt/Lutter/*Ziemons* AktG § 124 Rn. 80; *Butzke* Hauptversammlung der AG Rn. B 87; MüKoAktG/*Kubis* § 124 Rn. 48; HdB börsennotierte AG/*Marsch-Barner* § 32 Rn. 57.
[333] GroßkommAktG/*Butzke* § 124 Rn. 79 f.; Spindler/Stilz/*Rieckers* AktG § 124 Rn. 26; Semler/Volhard/Reichert HV-HdB/*Schlitt/Becker* § 4 Rn. 205; *Butzke* Hauptversammlung der AG Rn. B 87; *Kocher* AG 2013, 406 (410); HdB börsennotierte AG/*Marsch-Barner* § 32 Rn. 57; Bürgers/Körber/*Reger* AktG § 124 Rn. 23; Hüffer/*Koch* AktG § 124 Rn. 17.

Andere sprechen sich dafür aus, dass ein Abweichen nur dann zulässig sein soll, wenn sachliche Gründe dafür sprechen,[334] bzw. nur wenn neue Tatsachen auftreten, die eine andere Beurteilung rechtfertigen.[335] Die Frage sollte im Interesse inhaltlich sachgerechter Hauptversammlungsbeschlüsse vorbehaltlos bejaht werden.

84 Keines Verwaltungsvorschlags bedarf es zu Beschlussgegenständen, die auf Verlangen einer **Minderheit** auf die Tagesordnung gesetzt worden sind (§ 122 Abs. 2; § 124 Abs. 3 S. 3 Alt. 2 AktG). Gleiches gilt im Falle der Einberufung der Hauptversammlung aufgrund eines Minderheitsverlangens für die von der Minderheit bestimmten Beschlussgegenstände.[336] Ebenfalls von der Ausnahme erfasst sind Fälle von Mehrheitsverlangen.[337] Die Verwaltung ist aber berechtigt, Vorschläge zu machen,[338] und wird dies in der Praxis regelmäßig tun.

85 Keiner Verwaltungsvorschläge bedarf es ferner insoweit, als die Hauptversammlung an Wahlvorschläge gemäß § 6 Abs. 5 Montan-MitbestG gebunden ist, also hinsichtlich der Wahlvorschläge von Betriebsräten und Spitzenorganisationen der Gewerkschaften für Aufsichtsratsmitglieder (→ § 28 Rn. 35). Entsprechendes gilt für die bindenden Wahlvorschläge nach § 36 Abs. 4 SEBG. Jedoch besteht eine Vorschlagspflicht des Aufsichtsrats bezüglich des neutralen Mitglieds (§ 4 Abs. 1 Buchst. c Montan-MitbestG), das gemäß § 8 Montan-MitbestG auf Vorschlag der übrigen Mitglieder des Aufsichtsrats von der Hauptversammlung zu wählen ist.[339] Insoweit hat die Hauptversammlung nämlich Entscheidungsspielraum (vgl. § 8 Abs. 2 Montan-MitbestG). Entsprechendes gilt im Anwendungsbereich des Montan-MitbestErgG (vgl. § 5 Abs. 3 Montan-MitbestErgG).[340]

86 **bb) Vorschläge zur Gewinnverwendung und zur Wahl von Aufsichtsratsmitgliedern und von Prüfern. (1)** Der Vorschlag zum **Gewinnverwendungsbeschluss** muss in der in § 170 Abs. 2 S. 2 AktG bezeichneten Weise gegliedert sein, also in der Regel gesondert aufführen, inwieweit der Bilanzgewinn an die Aktionäre zu verteilen, in Gewinnrücklagen einzustellen oder als Gewinnvortrag zu behandeln sein soll (→ § 45 Rn. 9). Der Vorschlag kann erst bekannt gemacht werden, nachdem er dem Aufsichtsrat zusammen mit Jahresabschluss, Lagebericht und Prüfungsbericht vorgelegt (§ 170 Abs. 2 S. 1 AktG) worden ist und der Aufsichtsrat ihn geprüft hat (§ 171 Abs. 1 S. 1 AktG) sowie seinen Bericht erstellt und an den Vorstand übermittelt hat (§ 171 Abs. 3 AktG).

87 **(2)** Bei der Wahl von **Aufsichtsratsmitgliedern** und **Prüfern** (Abschlussprüfer gem. § 318 Abs. 1 HGB und Sonderprüfer gem. § 142 AktG) hat nach § 124 Abs. 3 S. 1 AktG nur der Aufsichtsrat einen Vorschlag zu machen, der Namen, ausgeübten Beruf und Wohnort der Kandidaten zu enthalten hat (§ 124 Abs. 3 S. 4 AktG). Wie der Gesetzeswortlaut verdeutlicht, ist der ausgeübte Beruf, also die „konkrete berufliche Haupttätigkeit"[341] anzugeben, und nicht etwa der erlernte Beruf.[342] Die Angaben zur beruflichen Tätigkeit sollen das Unternehmen umfassen, in dem diese ausgeübt wird.[343] Haben Aufsichtsrat und Vorstand den Vorschlag gemacht, ist der Wahlbeschluss anfechtbar, auch wenn der Vorstand

---

[334] OLG Stuttgart AG 1994, 411 (415).
[335] OLG Frankfurt a. M. BB 2012, 2327 (2332); Schmidt/Lutter/*Ziemons* AktG § 124 Rn. 78; MüKoAktG/*Kubis* § 124 Rn. 49; Happ AktienR/*Ludwig/Bednarz* Muster 10.02 Rn. 10.05.
[336] Spindler/Stilz/*Rieckers* AktG § 124 Rn. 41; MüKoAktG/*Kubis* § 124 Rn. 32; Bürgers/Körber/ *Reger* AktG § 124 Rn. 20.
[337] Eingehend *von der Linden* AG 2016, 280 ff.; ebenso GroßkommAktG/*Butzke* § 124 Rn. 65.
[338] GroßkommAktG/*Butzke* § 124 Rn. 63; Schmidt/Lutter/*Ziemons* AktG § 124 Rn. 41; MüKoAktG/*Kubis* § 124 Rn. 32.
[339] Spindler/Stilz/*Rieckers* AktG § 124 Rn. 40; Hüffer/*Koch* AktG § 124 Rn. 23; MüKoAktG/ *Kubis* § 124 Rn. 27; Bürgers/Körber/*Reger* AktG § 124 Rn. 19.
[340] MüKoAktG/*Kubis* § 124 Rn. 31.
[341] Hüffer/*Koch* AktG § 124 Rn. 25.
[342] Spindler/Stilz/*Rieckers* AktG § 124 Rn. 38; MüKoAktG/*Kubis* § 124 Rn. 47.
[343] LG München I Der Konzern 2007, 448; LG Düsseldorf AG 2010, 882; Spindler/Stilz/*Rieckers* AktG § 124 Rn. 38; Hölters/*Drinhausen* AktG § 124 Rn. 19; Semler/Volhard/Reichert HV-HdB/

seinen Vorschlag vor der Beschlussfassung zurückzieht.[344] Eine Abweichung des Wahlvorschlags von den Empfehlungen des DCGK beeinflusst nicht die Wirksamkeit der Wahl eines Aufsichtsratsmitglieds.[345] Hinsichtlich der Beschlussfassung über den Vorschlag gelten die allgemeinen Vorschriften über die Beschlussfassung im Aufsichtsrat, insbesondere kann also die Beschlussfassung auch einem Aufsichtsratsausschuss überlassen werden.[346] Zu beachten ist allerdings, dass nach § 124 Abs. 3 S. 5 Hs. 1 AktG Vorschläge über die Wahl von Aufsichtsratsmitgliedern in mitbestimmten Gesellschaften nur der Stimmen der Aufsichtsratsmitglieder der Anteilseigner bedürfen.[347] Hinsichtlich des **neutralen Mitglieds** gemäß § 4 Abs. 1 Buchst. c Montan-MitbestG und § 5 Abs. 1 Buchst. c Montan-MitbestErG gilt nach § 124 Abs. 3 S. 5 Hs. 2 AktG abweichend, dass dieses von den „übrigen" Aufsichtsratsmitgliedern vorzuschlagen ist, also von allen anderen Aufsichtsratsmitgliedern außer dem Kandidaten (§ 8 Abs. 1 Montan-MitbestG; § 5 Abs. 3 Montan-MitbestErG, → § 28 Rn. 36).[348]

(3) Nach § 124 Abs. 3 S. 2 AktG hat der Aufsichtsrat seinen **Beschlussvorschlag bezüglich der Wahl des Abschlussprüfers** auf die Empfehlung des Prüfungsausschusses zu stützen. Durch die Abschlussprüfungsverordnung (EU-APVO)[349] und das Abschlussprüfungsreformgesetz[350] hat sich der Anwendungsbereich von § 124 Abs. 3 S. 2 AktG erweitert. Er gilt nunmehr für kapitalmarktorientierte Gesellschaften iSv § 264d HGB, CRR-Kreditinstitute iSv § 1 Abs. 3d S. 1 KWG (mit Ausnahme der in § 2 Abs. 1 Nr. 1 und 2 KWG genannten Institute) und Versicherungsunternehmen iSd Richtlinie 91/674/EWG.[351] Die Vorschrift verpflichtet den Aufsichtsrat allerdings nicht zur Einrichtung eines Prüfungsausschusses (vgl. § 107 Abs. 3 S. 2 AktG), soweit bei Kreditinstituten nicht § 25d Abs. 9, Abs. 3 KWG eingreift (auch → § 32 Rn. 20).[352] Ist ein Prüfungsausschuss bestellt, findet § 124 Abs. 3 S. 2 AktG nicht Anwendung, in denen der Prüfungsausschuss anstelle des Plenums tätig wird und selbst den Beschlussvorschlag macht.[353] Die Empfehlung des Prüfungsausschusses bindet den Aufsichtsrat nicht.[354] Die Regierungsbegründung hält den Aufsichtsrat aber für den Fall des Abweichens für begründungspflichtig.[355]

Nach Art. 16 Abs. 2 EU-APVO hat der Prüfungsausschuss dem Aufsichtsrat eine Empfehlung vorzulegen, im Fall der externen Pflichtrotation (Art. 17 Abs. 1 EU-APVO) zusätzlich nach Durchführung eines Auswahlverfahrens eine Präferenz zwischen zwei Vor-

---

Schlitt/Becker § 4 Rn. 213; MüKoAktG/*Kubis* § 124 Rn. 47; aA KölnKommAktG/*Noack*/*Zetzsche* § 124 Rn. 76; zweifelnd auch Schmidt/Lutter/*Ziemons* AktG § 124 Rn. 44.
[344] BGHZ 153, 32 = DB 2003, 383 mit Anm. *Marx* DB 2003, 431; Hüffer/*Koch* AktG § 124 Rn. 18; kritisch Spindler/Stilz/*Rieckers* AktG § 124 Rn. 28.
[345] BGH ZIP 2019, 322 (324), dazu Besprechung bei *Reger*/*Jud* AG 2019, 172 (173 ff.).
[346] KölnKommAktG/*Noack*/*Zetzsche* § 124 Rn. 74; Hüffer/*Koch* AktG § 124 Rn. 20; Bürgers/Körber/*Reger* AktG § 124 Rn. 18.
[347] KölnKommAktG/*Noack*/*Zetzsche* § 124 Rn. 79.
[348] Näheres bei Spindler/Stilz/*Rieckers* AktG § 124 Rn. 35; MüKoAktG/*Kubis* § 124 Rn. 38.
[349] VO (EU) Nr. 537/2014 des Europäischen Parlaments und des Rates vom 16.4.2014 über spezifische Anforderungen an die Abschlussprüfung bei Unternehmen von öffentlichem Interesse und zur Aufhebung des Beschlusses 2005/909/EG der Kommission, ABl. 2014 L 158, 77.
[350] Gesetz zur Umsetzung der prüfungsbezogenen Regelungen der Richtlinie 2014/56/EU sowie zur Ausführung der entsprechenden Vorgaben der Verordnung (EU) Nr. 537/2014 im Hinblick auf die Abschlussprüfung bei Unternehmen von öffentlichem Interesse vom 10.5.2016, BGBl. 2016 I 1142.
[351] GroßkommAktG/*Butzke* § 124 Rn. 90; Bürgers/Körber/*Reger* AktG § 124 Rn. 18a.
[352] RegBegr. zum BilMoG BT-Drs. 16/10067, 103; Hüffer/*Koch* AktG § 124 Rn. 22; Bürgers/Körber/*Reger* AktG § 124 Rn. 18a; vgl. auch Empfehlung D.3 des Kodex „soll einen Prüfungsausschuss (Audit Committee) einrichten" (auch → § 32 Rn. 20 ff.).
[353] Hüffer/*Koch* AktG § 124 Rn. 22; Bürgers/Körber/*Reger* AktG § 124 Rn. 18a.
[354] *Butzke* Hauptversammlung der AG Rn. K 5; KölnKommAktG/*Noack*/*Zetzsche* § 124 Rn. 71; Hüffer/*Koch* AktG § 124 Rn. 22; MüKoAktG/*Kubis* § 124 Rn. 46.
[355] RegBegr. zum BilMoG BT-Drs. 16/10067, 103.

schlägen samt Begründung (dazu → § 32 Rn. 31). Gemäß Art. 16 Abs. 5 EU-APVO hat der Beschlussvorschlag des Aufsichtsrats an die Hauptversammlung die Empfehlung und Präferenz des Prüfungsausschusses hinsichtlich seiner beiden Vorschläge zu enthalten. Man wird dies so zu verstehen haben, dass beide Vorschläge des Prüfungsausschusses in die Einberufung aufzunehmen sind und die Präferenz des Prüfungsausschusses kenntlich zu machen ist.[356] Die besseren Argumente sprechen dagegen, dass auch die Begründung des Prüfungsausschusses in der Einberufung wiederzugeben ist.[357] In der Praxis wird teilweise zusätzlich die Erklärung des Prüfungsausschusses gemäß Art. 16 Abs. 2 EU-APVO mit-abgedruckt, dass die Empfehlung frei von ungebührlicher Einflussnahme durch Dritte ist – und zwar für jeden Beschlussvorschlag, nicht nur im Fall der externen Pflichtrotation. Rechtlich dürfte dies aber von Art. 16 Abs. 5 EU-APVO nicht geboten sein.[358]

90 **e) Bedeutung der bekanntgemachten Tagesordnung, Sanktionen.** Die ordnungs-gemäß bekanntgemachte Tagesordnung ist die Grundlage der Hauptversammlung. Die Hauptversammlung darf, außer in den Fällen der Universalversammlung (§ 121 Abs. 6 AktG), nur zu solchen **Gegenständen** Beschluss fassen, die **ordnungsgemäß bekannt gemacht** worden sind (§ 124 Abs. 4 S. 1 AktG). Der Vorsitzende darf grundsätzlich über Anträge zu nicht ordnungsgemäß angekündigten Gegenständen nicht abstimmen lassen. Im Falle geringfügiger Bekanntmachungsmängel handelt der Vorsitzende aber pflichtgemäß, wenn er bei Abwägung des Anfechtungsrisikos gegenüber den Nachteilen unterbliebener Beschlussfassung die Durchführung der Abstimmung für im Gesellschaftsinteresse liegend erachtet.[359] Beschlüsse, die entgegen § 124 Abs. 4 AktG gefasst werden, sind **anfechtbar,** wobei die Anfechtungsbefugnis auch einem nicht zu der Hauptversammlung erschienenen Aktionär zusteht (vgl. § 245 Nr. 2 Fall 3 AktG, dazu näher → § 42 Rn. 85).[360] Eine Ausnahme vom Abstimmungsverbot und von der Anfechtbarkeit wird man auch anzuneh-men haben, wenn entweder Aufsichtsrat oder Vorstand keinen Beschlussvorschlag machen (§ 124 Abs. 3 S. 1 AktG). Solange wenigstens eines der Organe einen Vorschlag gemacht hat, sollte im Interesse der Funktionsfähigkeit der Gesellschaft die Beschlussfassung für rechtmäßig gehalten werden.[361] Auf die Einhaltung der Bekanntmachungsvorschriften des § 124 AktG kann nur bei einer Universalversammlung verzichtet werden (§ 121 Abs. 6 AktG).

V. Aktionärsforum (§ 127a AktG)

91 Aktionäre können die Einberufung der Hauptversammlung und die Bekanntmachung von Gegenständen zur Tagesordnung nur verlangen, wenn sie über die in § 122 Abs. 1 und Abs. 2 AktG bezeichneten Mindestbeteiligungen verfügen. Um ihnen die Erreichung dieser Quoren und die Ausübung anderer **Minderheitsrechte** zu erleichtern, ist im Bundesanzeiger das so genannte „Aktionärsforum" eingerichtet (§ 127a AktG). Einzel-

---

[356] So auch *Rieckers* DB 2019, 107 (109). Nach anderer Ansicht muss nur der in der Vorauswahl vom Aufsichtsrat ausgewählte Abschlussprüfer unter Mitteilung der Präferenz des Prüfungsausschusses in die Einberufung aufgenommen werden, vgl. *Simons* WPg 2018, 771 (777); *Hoppe* NZG 2017, 361 (366); IDW Positionspapier zu Inhalten und Zweifelsfragen der EU-Verordnung und der Abschlussprüfer-richtlinie (4. Aufl., Stand: 23.5.2018), Ziffer 6.3.7 (S. 43).

[357] *Rieckers* DB 2019, 107 (109); *Simons* WPg 2018, 771 (777); Münch. Vertragshandbuch Bd. 1/ *Favoccia* V.73, Rn. 15.

[358] Strittig. Wie hier *Rieckers* DB 2019, 107 (109); *Rieckers* DB 2017, 2720 (2721); Simons WPg 2018, 771 (778).

[359] GroßkommAktG/*Butzke* § 124 Rn. 101; Semler/Volhard/Reichert HV-HdB/*Schlitt*/*Becker* § 4 Rn. 246; Hüffer/*Koch* AktG § 124 Rn. 28; Bürgers/Körber/*Reger* AktG § 124 Rn. 29.

[360] GroßkommAktG/*Butzke* § 124 Rn. 100; Hüffer/*Koch* AktG § 124 Rn. 27; MüKoAktG/*Kubis* § 124 Rn. 52.

[361] HM, vgl. Spindler/Stilz/*Rieckers* AktG § 124 Rn. 47; MüKoAktG/*Kubis* § 124 Rn. 56.

heiten zu diesem regelt die AktFoV (Aktionärsforumverordnung).³⁶² Die Bedeutung des Aktionärsforums in der Praxis ist bis heute sehr gering.

Aktionäre können im Aktionärsforum unabhängig von der Gesellschaft andere Aktionäre 92 auffordern, mit ihnen einen Antrag oder ein Verlangen nach dem Gesetz zu stellen. Außerdem können sie andere Aktionäre auffordern, in einer Hauptversammlung das Stimmrecht in einem bestimmten Sinn auszuüben. Sie können ferner andere Aktionäre auffordern, sich zu solchen Zwecken (durch den Auffordernden³⁶³) vertreten zu lassen. Entsprechende Rechte stehen auch den Aktionärsvereinigungen zu. Die Aufforderung, das Stimmrecht auszuüben, muss auf einen konkreten, anzugebenden Tagesordnungspunkt einer bestimmten Hauptversammlung gerichtet sein.³⁶⁴ Das pauschale Werben um Stimmrechtsvollmachten ist unzulässig.³⁶⁵ Die Veröffentlichung einer **Begründung** im Bundesanzeiger ist unzulässig, stattdessen kann der Auffordernde auf eine Begründung hinweisen, die er selbst auf seiner Internetseite veröffentlicht (§ 127a Abs. 3 AktG). Die **Kosten** der Veröffentlichung sind selbst zu tragen, ein Erstattungsanspruch gegen die Gesellschaft besteht nicht.³⁶⁶

Gemäß § 127a Abs. 4 AktG kann die Gesellschaft im Bundesanzeiger auf eine **Stel-** 93 **lungnahme** zu der Aufforderung auf ihrer Internetseite hinweisen. Dieser Hinweis wird gemäß § 4 Abs. 1 AktFoV im Aktionärsforum im räumlichen Zusammenhang mit der Aufforderung veröffentlicht, auf die sich die Stellungnahme bezieht. Die Löschung einer Aufforderung bewirkt nicht zugleich die Löschung der dazugehörigen Stellungnahme.³⁶⁷ Die Löschung oder Berichtigung von Eintragungen steht der Gesellschaft nicht zu (§ 6 Abs. 1 und 2 AktFoV). Bei Vorliegen eines Missbrauchstatbestands (§ 3 Abs. 5 AktFoV) hat die Gesellschaft jedoch einen Löschungsanspruch gegen den Betreiber des Bundesanzeigers.³⁶⁸

VI. Unterrichtungen im Vorfeld der Hauptversammlung

1. Verschiedene Mitteilungen durch die Gesellschaft (§ 125 AktG). a) Gegenstand. 94
Gemäß § 125 Abs. 1 S. 1 AktG ist die Einberufung der Hauptversammlung, dh der gesamte Einberufungstext einschließlich der Tagesordnung im Wortlaut,³⁶⁹ bestimmten Empfängern mitzuteilen. Gemäß § 125 Abs. 1 S. 3 AktG ist bei börsennotierten Gesellschaften die geänderte Tagesordnung mitzuteilen, falls diese nach § 122 Abs. 2 AktG zu ändern war. In der Mitteilung ist auf die Möglichkeiten der Ausübung des Stimmrechts durch einen Bevollmächtigten, auch durch eine Vereinigung von Aktionären, hinzuweisen. Die Wiedergabe dieses Hinweises im Gesetzeswortlaut genügt.³⁷⁰ Bei Wahlen zum Auf-

---

[362] Verordnung über das Aktionärsforum nach § 127a AktG vom 22.11.2005, BGBl. 2005 I 3193.
[363] MüKoAktG/*Kubis* § 127a Rn. 5. Vgl. auch Hölters/*Drinhausen* AktG § 127a Rn. 4; Schmidt/Lutter/*Ziemons*, AktG, 2. Aufl. 2010, § 127a Rn. 8; Spindler/Stilz/*Rieckers* AktG § 127a Rn. 12.
[364] Bürgers/Körber/*Reger* AktG § 127a Rn. 3; Hölters/*Drinhausen* AktG § 127a Rn. 4; MüKoAktG/*Kubis* § 127a Rn. 6; Spindler/Stilz/*Rieckers* AktG § 127a Rn. 12.
[365] MüKoAktG/*Kubis* § 127a Rn. 6; Spindler/Stilz/*Rieckers* AktG § 127a Rn. 12.
[366] Vgl. Begr. RegE BT-Drs. 15/5092, 17; MüKoAktG/*Kubis* § 127a Rn. 18; *Spindler* NZG 2005, 825 (828); Spindler/Stilz/*Rieckers* AktG § 127a Rn. 15; KölnKommAktG/*Noack*/*Zetzsche* § 127a Rn. 28.
[367] Bürgers/Körber/*Reger* AktG § 127a Rn. 8; *Deutsches Aktieninstitut* NZG 2005, 1001 (1003); Hölters/*Drinhausen* AktG § 127a Rn. 7.
[368] Schmidt/Lutter/*Ziemons*, AktG, 2. Aufl. 2010, § 127a Rn. 13; MüKoAktG/*Kubis* § 127a Rn. 16 f.; *Seibert* AG 2006, 16 (18); Spindler/Stilz/*Rieckers* AktG § 127a Rn. 23.
[369] *Butzke* Hauptversammlung der AG Rn. B 146 S. 78; GroßkommAktG/*Butzke* § 125 Rn. 10; Hüffer/*Koch* AktG § 125 Rn. 5; KölnKommAktG/*Noack*/*Zetzsche* § 125 Rn. 25; MüKoAktG/*Kubis* § 125 Rn. 9 f.; Spindler/Stilz/*Rieckers* AktG § 125 Rn. 16.
[370] *Butzke* Hauptversammlung der AG Rn. B 146 S. 78 f.; Hüffer/*Koch* AktG § 125 Rn. 5; Schmidt/Lutter/*Ziemons* AktG § 125 Rn. 14; MüKoAktG/*Kubis* § 125 Rn. 12; Spindler/Stilz/*Rieckers* AktG § 125 Rn. 18.

sichtsrat in börsennotierten Gesellschaften sind gemäß § 125 Abs. 1 S. 5 AktG auch Angaben über die Mitgliedschaft der vorgeschlagenen Personen in anderen gesetzlich zu bildenden Aufsichtsräten beizufügen. Ferner sollen entsprechende Angaben zur Mitgliedschaft in vergleichbaren, auch ausländischen, Kontrollgremien gemacht werden. Die Mitteilungspflicht ist unabhängig davon, wer die Hauptversammlung einberufen hat. Mitteilungen gemäß § 125 Abs. 1 S. 1 AktG und solche nach § 125 Abs. 1 S. 3 AktG dürfen zu einer einheitlichen Mitteilung zusammengefasst werden.[371] Bei der Mitteilung handelt es sich um eine Geschäftsführungsmaßnahme.[372] Mitteilungsschuldner ist jedoch (entgegen des Wortlauts) die Gesellschaft selber,[373] sodass organschaftlich – auch wenn die Hauptversammlung durch den Aufsichtsrat oder aufgrund einer gerichtlichen Ermächtigung nach § 122 Abs. 3 AktG durch eine Aktionärsminderheit einberufen wurde – immer der Vorstand zur Mitteilung verpflichtet ist.[374] Ein Vorstandsbeschluss ist mangels Ermessensspielraum nicht erforderlich.[375] Kommt der Vorstand im Falle einer gerichtlichen Ermächtigung gem. § 122 Abs. 3 AktG seiner Bekanntmachungspflicht nicht nach, kann die Aktionärsminderheit diesen mittels einstweiliger Verfügung hierzu gerichtlich verpflichten.[376]

95 b) Empfänger. Die Mitteilungen sind zu richten an:
– Kreditinstitute iSd §§ 1, 2 KWG und Vereinigungen von Aktionären, die in der letzten Hauptversammlung Stimmrechte in Vertretung[377] von Aktionären ausgeübt haben oder die Mitteilung für die anstehende Hauptversammlung verlangt haben. „Daueraufträge" zur Übersendung der Mitteilungen für alle künftigen Hauptversammlungen begründen keine Mitteilungspflicht.[378] Angesichts dessen, dass § 125 Abs. 1 AktG n. F. alle Empfänger in einer Vorschrift zusammenfasst, sollten die Aktiengesellschaften in Zukunft – zumindest aus Gründen der Vorsicht – „Daueraufträge" für alle Empfänger anerkennen.[379] Eine besondere Form ist für das Verlangen nicht vorgeschrieben.[380] Die Mitteilung kann auch prophylaktisch bereits vor Einberufung der Hauptversammlung[381] und auch später als 21 Tage vor der Hauptversammlung (vgl. § 125 Abs. 1 S. 1 AktG)[382] verlangt werden.

---

[371] Spindler/Stilz/*Rieckers* AktG § 125 Rn. 29. Vgl. auch Begr. RegE zum ARUG BT-Drs. 16/11642, 30 ff.; MüKoAktG/*Kubis* § 125 Rn. 11.

[372] GroßkommAktG/*Butzke* § 125 Rn. 7; KölnKommAktG/*Noack*/*Zetzsche* § 125 Rn. 103; MüKoAktG/*Kubis* § 125 Rn. 3; Spindler/Stilz/*Rieckers* AktG § 125 Rn. 6.

[373] Hüffer/*Koch* AktG § 125 Rn. 3; MüKoAktG/*Kubis* § 125 Rn. 3; KölnKommAktG/*Noack*/*Zetzsche* § 125 Rn. 102; *Lommatzsch* NZG 2001, 1017; Spindler/Stilz/*Rieckers* AktG § 125 Rn. 6.

[374] GroßkommAktG/*Butzke* § 125 Rn. 7; KölnKommAktG/*Noack*/*Zetzsche* § 125 Rn. 102 f.; MüKoAktG/*Kubis* § 125 Rn. 3; Spindler/Stilz/*Rieckers* AktG § 125 Rn. 6.

[375] Bürgers/Körber/*Reger* AktG § 125 Rn. 8; GroßkommAktG/*Butzke* § 125 Rn. 8; KölnKommAktG/*Noack*/*Zetzsche* § 125 Rn. 103; MüKoAktG/*Kubis* § 125 Rn. 3; Spindler/Stilz/*Rieckers* AktG § 125 Rn. 6.

[376] LG München I AG 2018, 494; Spindler/Stilz/*Rieckers* AktG § 122 Rn. 67; KölnKommAktG/*Noack*/*Zetzsche* § 122 Rn. 117.

[377] *Butzke* Hauptversammlung der AG Rn. B 135 S. 70 (Fn. 266); GroßkommAktG/*Butzke* § 125 Rn. 34; KölnKommAktG/*Noack*/*Zetzsche* § 125 Rn. 121, 123; MüKoAktG/*Kubis* § 125 Rn. 5; Spindler/Stilz/*Rieckers* AktG § 125 Rn. 8.

[378] GroßkommAktG/*Butzke* § 125 Rn. 38; Hüffer/*Koch* AktG § 125 Rn. 4; Schmidt/Lutter/*Ziemons* AktG § 125 Rn. 27; MüKoAktG/*Kubis* § 125 Rn. 5; Spindler/Stilz/*Rieckers* AktG § 125 Rn. 9.

[379] Hüffer/*Koch* AktG § 125 Rn. 4.

[380] GroßkommAktG/*Butzke* § 125 Rn. 38; Hüffer/*Koch* AktG § 125 Rn. 2; Schmidt/Lutter/*Ziemons* AktG § 125 Rn. 27; MüKoAktG/*Kubis* § 125 Rn. 5; Semler/Volhard/Reichert HV-HdB/*Schlitt*/*Becker* § 4 Rn. 252; Spindler/Stilz/*Rieckers* AktG § 125 Rn. 9.

[381] GroßkommAktG/*Butzke* § 125 Rn. 38; KölnKommAktG/*Noack*/*Zetzsche* § 125 Rn. 125; MüKoAktG/*Kubis* § 125 Rn. 5; Spindler/Stilz/*Rieckers* AktG § 125 Rn. 9.

[382] GroßkommAktG/*Butzke* § 125 Rn. 38; MüKoAktG/*Kubis* § 125 Rn. 5; Spindler/Stilz/*Rieckers* AktG § 125 Rn. 9.

§ 36 Einberufung der Hauptversammlung

– Finanzdienstleistungsinstitute und bestimmte in §§ 53 Abs. 1 S. 1 und 53b Abs. 1 S. 1 und Abs. 7 KWG bezeichnete Unternehmen (§ 125 Abs. 5 AktG), die in der letzten Hauptversammlung Stimmrechte in Vertretung von Aktionären ausgeübt haben oder die Mitteilung für die anstehende Hauptversammlung verlangt haben; nicht jedoch an Kreditinstitute mit Sitz außerhalb des Europäischen Wirtschaftsraumes und ohne Zweigstelle im Geltungsbereich des KWG (arg. ex § 125 Abs. 5 AktG);[383]
– Aktionäre, die die Mitteilung verlangen oder spätestens vierzehn Tage vor dem Tag der Hauptversammlung im Aktienregister der Gesellschaft eingetragen sind; das Aktionärsverlangen kann auch einheitlich für **alle künftigen Hauptversammlungen** gestellt werden;[384]
– Aufsichtsratsmitglieder, die die Mitteilung verlangt haben.

Durch das ARUG II wurde § 125 AktG geändert. Danach trifft § 125 Abs. 1 AktG n. F. Regelungen für Gesellschaften, die Inhaberaktien ausgegeben haben, § 125 Abs. 2 AktG n. F. für solche, die Namensaktien ausgegeben haben.[385] Es findet der **Begriff des Intermediärs** – legaldefiniert in § 67a Abs. 4 AktG – Einzug in das Aktiengesetz und ersetzt in § 125 Abs. 1 AktG den Begriff des Kreditinstituts. Dies gilt ab dem 3.9.2020.[386] Vom Begriff sind insbesondere Wertpapierfirmen iSv Art. 4 Abs. 1 Nr. 1 MiFiD II[387], Kreditinstitute iSv Art. 4 Abs. 1 Nr. 1 CRR und Zentralverwahrer iSv Art. 2 Abs. 1 Nr. 1 CSDR[388] erfasst. Als Folge entfällt zugleich die Gleichstellungsregelung des § 125 Abs. 5 AktG.[389] Zudem entfällt die gegenwärtig bestehende zusätzliche Voraussetzung, dass die Mitteilungspflichten nur gegenüber solchen Intermediären bestehen, die in der letzten Hauptversammlung Stimmrechte für Aktionäre ausgeübt oder Mitteilung verlangt haben.[390] Gem. § 67a Abs. 1 AktG wird die börsennotierte Gesellschaft verpflichtet, Informationen über Unternehmerergebnisse gem. § 67a Abs. 6 AktG weiterzuleiten. § 67a Abs. 6 AktG verweist dabei auf die kürzlich verabschiedete Durchführungsverordnung (EU) 2018/1212[391], sodass unter dem Begriff Unternehmensergebnisse vom Emittenten oder einem Dritten initiierte Maßnahmen zu verstehen sind, die die Ausübung der mit den Aktien verbundenen Rechte beinhaltet und die zugrunde liegende Aktie beeinflussen kann, zB die Gewinnausschüttung oder eine Hauptversammlung. Ebenfalls richtet sich gem. § 67a

---

[383] MüKoAktG/*Kubis* § 125 Rn. 4; Spindler/Stilz/*Rieckers* AktG § 125 Rn. 7.

[384] Bürgers/Körber/*Reger* AktG § 125 Rn. 5; *Gantenberg* DB 2005, 207 (209); Hüffer/Koch AktG § 125 Rn. 14; KölnKommAktG/*Noack/Zetzsche* § 125 Rn. 131; Schmidt/Lutter/*Ziemons* AktG § 125 Rn. 33; MüKoAktG/*Kubis* § 125 Rn. 23; *Schütz* NZG 2005, 5 (8); Spindler/Stilz/*Rieckers* AktG § 125 Rn. 13.

[385] Richtlinie (EU) 2017/828 vom 17.5.2017 zur Änderung der Richtlinie 2007/36/EG im Hinblick auf die Förderung der langfristigen Mitwirkung der Aktionäre, ABl. 2017 L 132, 1.

[386] Die Umsetzung der Änderungsrichtlinie zur Aktionärsrechterichtlinie in das Mitgliedstaatenrecht hatte bis zum 10.6.2019 zu erfolgen. Das ARUG II ist am 1.1.2020 in Kraft getreten. Gemäß § 26j Abs. 4 EG-AktG finden die §§ 67a–67f AktG erst ab dem 3.9.2020 Anwendung. Gleiches gilt für § 125 Abs. 1, 2 und 5 AktG n. F. Vgl. zu den Übergangsvorschriften etwa *Paschos/Goslar* AG 2018, 857 (874); *Paschos/Goslar* AG 2019, 365 (372 f.); zu den inhaltlichen Regelungen *Bork* NZG 2019, 738 ff., *Stiegler* WM 2019, 620 ff.

[387] Richtlinie (EU) 2014/65 v. 15.5.2014 über Märkte für Finanzinstrumente sowie zur Änderung der Richtlinie 2002/92/EG und 2011/61/EU (Neufassung), ABl. 2014 L 173, 349.

[388] Verordnung (EU) Nr. 909/2014 v. 23.7.2014 zur Verbesserung der Wertpapierlieferungen und -abrechnungen in der EU und über Zentralverwahrer sowie zur Änderung der Richtlinie 98/26/EG und 2014/65/EU und der VO (EU) Nr. 236/2012, ABl. 2014 L 257, 1.

[389] *J. Schmidt* NZG 2018, 1201 (1214).

[390] Diesbezüglich bereits zur Änderungsrichtlinie zur Aktionärsrechterichtlinie *Noack* NZG 2017, 561 (565); *Georgiev/Kolev* GWR 2018, 107 (108).

[391] Durchführungsverordnung (EU) 2018/1212 der Kommission vom 3.9.2018 zur Festlegung von Mindestanforderungen zur Umsetzung der Bestimmungen der Richtlinie 2007/36/EG des Europäischen Parlaments und des Rates in Bezug auf die Identifizierung der Aktionäre, die Informationsübermittlung und die Erleichterung der Ausübung der Aktionärsrechte.

Abs. 2 S. 3 AktG Format, Inhalt und Frist der Informationsübermittlung nach Abs. 1 der ARRL-DVO. Finden sich – wie üblich – diese Informationen auf der Homepage der Gesellschaft, so genügt eine Mitteilung dazu mit Angabe der Internetseite.

97 Vollständig neu ist die Regelung des § 67a Abs. 3 AktG zur Informationsübermittlung bei Intermediärsketten.[392] Hiernach werden Intermediäre in der Kette, also solche, die Aktien der Gesellschaft für einen anderen Intermediär verwahren (§ 67a Abs. 5 AktG), verpflichtet, Aktionärsrechteinformationen iSv § 67a Abs. 1 AktG entlang der Intermediärskette dem jeweils nächsten Intermediär weiterzuleiten. Zur Sicherstellung einer europaweit einheitlichen Informationsdurchleitung bei Intermediärsketten[393], stellt § 67a Abs. 3 S. 2 AktG ausdrücklich klar, dass die Weiterleitungspflichten der Intermediäre auch für Informationen von börsennotierten Gesellschaften mit Sitz in einem anderen Mitgliedstaat gelten. Unter Bezugnahme durch § 67a Abs. 1 S. 1 AktG sind die Technische Details wiederum in der Durchführungsverordnung (EU) 2018/1212 geregelt, unter anderem etwa, dass die Intermediäre die Informationen grundsätzlich spätestens bis zum Ende des Geschäftstages weiterzuleiten haben, an dem sie diese erhalten haben (Art. 9 Abs. 2 UAbs. 2 ARRL-DVO).

98 Gemäß § 67d AktG kann die Gesellschaft von einem ihre Aktien verwahrenden Intermediär Information über die Identität der Aktionäre und über den nächsten Intermediär verlangen (**Aktionärsidentifikation**).[394] Diese Information umfasst Identifizierungsmerkmale wie etwa Name, Anschrift und E-Mail-Adresse.[395] Der Anspruch ist ausgeschlossen, soweit dem Intermediär die begehrte Information nicht vorliegt; eine Nachforschungspflicht besteht nicht.[396] Die Vorschrift gilt sowohl für Inhaber- als auch Namensaktien.[397] Dies sorgt dafür, dass der Unterschied zwischen diesen eingeebnet wird.[398] Zweck der Aktionärsidentifikation ist, dass die Unternehmensleitung über die Zusammensetzung des Aktionärskreises informiert wird, was letztlich die Kommunikation mit den Aktionären erleichtern soll.[399] In Abgrenzung zu dieser Vorschrift regelt § 67c Abs. 3 AktG[400] (dazu → § 37 Rn. 12) einen Nachweis, den der Aktionär[401] auf eigene Initiative beizubringen hat,[402] um die Berechtigung zur Teilnahme an der Hauptversammlung oder zur Ausübung des Stimmrechts nachzuweisen (§ 123 Abs. 4 AktG).[403]

99 **c) Form und Frist.** Für die Mitteilung an Kredit- und Finanzdienstleistungsinstitute bzw. Intermediäre) und Aktionärsvereinigungen genügt jede Form, die den Zugang der Mit-

---

[392] Dazu *Kuntz* AG 2020, 18 (24); *Zetzsche* AG 2020, 1 (11); *Noack* DB 2019, 2785 (2787); zum Referentenentwurf *J. Schmidt* NZG 2018, 1201 (1216 f.); *Paschos/Goslar* AG 2018, 857 (860 f.); *Seulen* DB 2018, 2915 (2919); zum Regierungsentwurf *Bork* NZG 2019, 738 (741 f.); *Stiegler* WM 2019, 620 (622 ff.).

[393] Vgl. RegE ARUG II, 68.

[394] Hierzu *Kuntz* AG 2020, 18 (27 f.); *Stiegler* WM 2019, 620.

[395] Dies ergibt sich aus § 67d Abs. 2 AktG iVm. Art. 3 Abs. 2 und Tabelle 2 lit. c ARRL-DVO, vgl. RegBegr. BT-Drs. 19/9339, 67; *Hüffer/Koch,* AktG § 67d Rn. 4.

[396] RegBegr. BT-Drs. 19/9739, 67; *Hüffer/Koch,* AktG § 67d Rn. 4.

[397] *Stöber* DStR 2020, 391 (392); *Stiegler* WM 2019, 620 (621) mwN.

[398] *Hüffer/Koch,* AktG § 67d Rn. 1; *Stiegler* WM 2019, 620 (621 f.); *Stöber* DStR 2020, 391 (392).

[399] *Stiegler* WM 2019, 620 (620); *Zetzsche* AG 2020, 1 (3); *Kuntz* AG 2020, 18 (27); vgl. BT-Drs. 19/9739, 60 und Erwägungsgrund 4 ARRL II.

[400] Infolge der Änderung des § 123 Abs. 4 S. 1 AktG, der § 67c Abs. 3 AktG in Bezug nimmt, können Satzungsänderungen empfehlenswert sein. Siehe hierzu *Rieckers* DB 2020, 207 (217); *Butzke* AG 2020 R57; *Mutter* AG 2020 R58.

[401] § 67c Abs. 3 AktG gilt zwar sowohl für Inhaber- als auch Namensaktien, wobei sich der praktische Anwendungsbereich angesichts dessen, dass bei Namensaktien weiterhin die Eintragung im Aktienregister maßgeblich ist (§ 123 Abs. 5 AktG), auf Inhaberaktien beschränken wird, RegBegr. BT-Drs. 19/9739, 66; *Hüffer/Koch* AktG § 67c Rn. 6.

[402] *Zetzsche* AG 2020 1 (9).

[403] *Hüffer/Koch,* AktG § 67c Rn. 6.

teilung beim Empfänger in gleicher Weise wie die schriftliche Mitteilung erwarten lässt und die es dem Empfänger ermöglicht, seiner Weiterleitungspflicht (§ 128 AktG, dazu → Rn. 126 ff.) in zumutbarer Weise nachzukommen.[404] Entsprochen werden kann dem auch durch eine elektronische Mitteilung.[405] Die Mitteilung ist nur an die Zentrale zu richten, nicht an einzelne Filialen.[406] Durch das ARUG II wird in Zukunft die elektronische Form für die Mitteilung an die Intermediäre verpflichtend (§ 125 Abs. 5 S. 1 AktG).[407] Diese haben dann die Informationen entsprechend den §§ 67a und 67b AktG weiterzuleiten, es sei denn, dass ihnen bekannt ist, dass der Aktionär die Information von anderer Seite erhält (§ 125 Abs. 5 S. 3 AktG). Dies gilt auch bei nicht börsennotierten Gesellschaften, wobei die Bestimmungen der Durchführungsverordnung (EU) 2018/1212 nicht anzuwenden sind (§ 125 Abs. 5 S. 4 AktG).

Die Mitteilung an Kredit- und Finanzdienstleistungsinstitute (bzw. Intermediäre) und Aktionärsvereinigungen ist mindestens 21 Tage vor der Hauptversammlung zu machen (§ 125 Abs. 1 S. 1 AktG), wobei der Tag der Mitteilung nicht mitzurechnen ist (§ 125 Abs. 1 S. 2 AktG). Gemäß § 121 Abs. 7 S. 1 AktG ist der Tag der Hauptversammlung ebenfalls nicht mitzurechnen. Für die Fristwahrung kommt es auf die **Absendung** an.[408]

Auch für Mitteilungen an Aktionäre genügt die elektronische Form.[409] Allerdings setzt dies grundsätzlich voraus, dass die Aktionäre der Gesellschaft zu diesem Zweck eine E-Mail-Adresse mitteilen und diese zum Empfang bereithalten.[410] Bei börsennotierten Gesellschaften ist gemäß § 49 Abs. 3 Nr. 1 lit. a WpHG nF zur Mitteilung im Wege der Datenfernübertragung ein Hauptversammlungsbeschluss und gemäß § 49 Abs. 3 Nr. 1 lit. d WpHG nF die Einwilligung der Mitteilungsempfänger nötig. Fehlender Widerspruch gegen eine in Textform geäußerte Bitte um Einwilligung innerhalb eines angemessenen Zeitraums gilt dabei als Zustimmung, kann aber zu einem späteren Zeitpunkt mit Wirkung für die Zukunft widerrufen werden. § 125 Abs. 2 AktG bietet die Möglichkeit, die Übermittlung durch Satzungsregelung auf den Weg elektronischer Kommunikation zu beschränken. Aktionäre haben dann grundsätzlich keinen Anspruch auf anderweitige Übermittlung mehr.[411] Für börsennotierte Gesellschaften ist diese Möglichkeit wegen § 49 Abs. 3 Nr. 1 lit. d WpHG nF (der trotz Satzungsregelung gilt!) allerdings wertlos.[412]

§ 16 Abs. 4 S. 7 f. WpÜG sieht Formerleichterungen für Hauptversammlungen im Zusammenhang mit öffentlichen Übernahmeangeboten vor. Mitteilungen sind danach bei

---

[404] Bürgers/Körber AktG/*Reger* § 125 Rn. 12; Hölters/*Drinhausen* AktG § 125 Rn. 11.
[405] *Butzke* Hauptversammlung der AG Rn. B 136 S. 72; Hüffer/*Koch* AktG § 125 Rn. 8; Schmidt/Lutter/*Ziemons* AktG § 125 Rn. 35; KölnKommAktG/*Noack*/*Zetzsche* § 125 Rn. 60; *Lommatzsch* NZG 2001, 1017 (1018); *Mimberg* ZGR 2003, 21 (38); MüKoAktG/*Kubis* § 125 Rn. 16; *Noack* NZG 2003, 241 (243); *Noack* NZG 2001, 1057 (1059); Semler/Volhard/Reichert HV-HdB/*Schlitt*/*Becker* § 4 Rn. 261.
[406] MüKoAktG/*Kubis* § 125 Rn. 4; Semler/Volhard/Reichert HV-HdB/*Schlitt*/*Becker* § 4 Rn. 250.
[407] Dies ergibt sich aus dem Verweis auf Art. 2 Abs. 2 und Abs. 3 Durchführungsverordnung (EU) 2018/1212; Hüffer/*Koch*, AktG § 125 Rn. 17; *Kuntz* AG 2020, 18 (22 f.); *Noack* DB 2019, 2785 (2789).
[408] GroßkommAktG/*Butzke* § 125 Rn. 42; Hüffer/*Koch* AktG § 125 Rn. 7; MüKoAktG/*Kubis* § 125 Rn. 17; Schmidt/Lutter/*Ziemons* AktG § 125 Rn. 41; Semler/Volhard/Reichert HV-HdB/*Schlitt*/*Becker* § 4 Rn. 263; Spindler/Stilz/*Rieckers* AktG § 125 Rn. 30.
[409] Hölters/*Drinhausen* AktG § 125 Rn. 11; Schmidt/Lutter/*Ziemons* AktG § 125 Rn. 36; MüKoAktG/*Kubis* § 125 Rn. 27; Spindler/Stilz/*Rieckers* AktG § 125 Rn. 24.
[410] Schmidt/Lutter/*Ziemons* AktG § 125 Rn. 38; MüKoAktG/*Kubis* § 125 Rn. 28; Spindler/Stilz/*Rieckers* AktG § 125 Rn. 24.
[411] MüKoAktG/*Kubis* § 125 Rn. 28; Spindler/Stilz/*Rieckers* AktG § 125 Rn. 24a.
[412] Bürgers/Körber/*Reger* AktG § 125 Rn. 12; *Butzke* Hauptversammlung der AG Rn. B 140 S. 74 f.; *Drinhausen*/*Keinath* BB 2009, 2322 (2326); Hüffer/*Koch* AktG § 125 Rn. 13; Schmidt/Lutter/*Ziemons* AktG § 125 Rn. 40; MüKoAktG/*Kubis* § 125 Rn. 28; Spindler/Stilz/*Rieckers* AktG § 125 Rn. 25.

Hauptversammlungen, die in Zusammenhang mit **Übernahmeangeboten** stehen, „zugänglich" zu machen. Die Zusendung kann unterbleiben, wenn nach Überzeugung des Vorstands mit Zustimmung des Aufsichtsrats der rechtzeitige Eingang bei den Aktionären nicht wahrscheinlich ist.

103 Für Mitteilungen an Aktionäre ist keine Frist vorgesehen.[413] Die Übersendung innerhalb der 21-Tage-Frist des § 125 Abs. 1 S. 1 AktG ist jedenfalls ausreichend.[414] Im Übrigen hat die Mitteilung im Falle des § 125 Abs. 2 S. 1 Alt. 1 AktG unverzüglich zu erfolgen,[415] im Falle des § 125 Abs. 2 S. 1 Alt. 2 AktG gilt dies allerdings erst ab dem vierzehnten Tag vor der Hauptversammlung.[416] Ab dem 3.9.2020 gilt für Inhaberaktionäre, die die Mitteilung verlangt haben, eine Mitteilungsfrist von 21 Tagen (§ 125 Abs. 1 S. 1 Nr. 2 AktG). Der Vorstand einer Gesellschaft, die Namensaktien ausgegeben hat, hat die Mitteilung den zu Beginn des 21. Tages vor der Hauptversammlung im Aktienregister eingetragenen Aktionären zu machen (§ 125 Abs. 2 AktG). Die Mitteilungsfrist verkürzt sich bei Hauptversammlungen im Zusammenhang mit Übernahmeangeboten nach näherer Maßgabe von § 16 Abs. 4 WpÜG auf längstens vier Tage.

104 **2. Zugänglichmachen von Gegenanträgen (§ 126 AktG).** Gemäß § 126 AktG muss die Gesellschaft Gegenanträge von Aktionären (auch „Oppositionsanträge" genannt[417]), die bestimmte Voraussetzungen erfüllen, den in § 125 Abs. 1–3 AktG genannten Berechtigten zugänglich machen. Die Regelungen des § 126 AktG schränken das Recht, spontane Beschlussanträge (ohne Begründung) erstmals in der Hauptversammlung zu stellen, nicht ein, sondern ergänzen es zum Zwecke des Minderheitenschutzes um die Möglichkeit, bereits im Vorfeld der Hauptversammlung bei anderen Aktionären um Unterstützung für einen angekündigten Beschlussantrag zu werben.[418]

105 Anträge, die die Voraussetzungen des § 126 AktG nicht erfüllen, müssen nicht veröffentlicht werden.[419] Darüber, ob ein Gegenantrag nicht zugänglich gemacht werden soll, entscheidet der Vorstand durch Beschluss.[420] **Rechtsirrtümer** des Vorstands in Bezug auf die fehlende Veröffentlichungspflicht (insbesondere gemäß § 126 Abs. 2 AktG) gehen zu Lasten der Gesellschaft,[421] sodass bloß zweifelhafte Gegenanträge wegen des **Anfechtungsrisikos** gleichwohl veröffentlicht werden sollten.[422] Gegenantragsteller müssen über die Entscheidung über die Zugänglichmachung nicht informiert werden.[423]

106 **a) Gegenstand der Veröffentlichung.** Gemäß § 126 Abs. 1 S. 1 AktG sind **Gegenanträge im Wortlaut** zusammen mit dem **Namen des Gegenantragstellers** und dessen **Begründung** zu veröffentlichen. Überlange Begründungen brauchen nach § 126 Abs. 2 S. 2 AktG nicht veröffentlicht zu werden (→ Rn. 110).

---

[413] Schmidt/Lutter/*Ziemons* AktG § 125 Rn. 33; MüKoAktG/*Kubis* § 125 Rn. 29.
[414] KölnKommAktG/*Noack*/*Zetzsche* AktG § 125 Rn. 97; Schmidt/Lutter/*Ziemons* AktG § 125 Rn. 43; MüKoAktG/*Kubis* § 125 Rn. 29.
[415] KölnKommAktG/*Noack*/*Zetzsche* § 125 Rn. 97; Schmidt/Lutter/*Ziemons* AktG § 125 Rn. 43 ff.; MüKoAktG/*Kubis* § 125 Rn. 29.
[416] KölnKommAktG/*Noack*/*Zetzsche* § 125 Rn. 91; MüKoAktG/*Kubis* § 125 Rn. 29.
[417] Etwa bei OLG Frankfurt a. M. NZG 1998, 910; MüKoAktG/*Kubis* § 125 Rn. 1.
[418] MüKoAktG/*Kubis* § 126 Rn. 1; Spindler/Stilz/*Rieckers* AktG § 126 Rn. 2.
[419] Hölters/*Drinhausen* AktG § 126 Rn. 4.
[420] Vgl. *Butzke* Hauptversammlung der AG Rn. B 159 S. 87; GroßkommAktG/*Butzke* § 126 Rn. 31; KölnKommAktG/*Noack*/*Zetsche* § 126 Rn. 71; MüKoAktG/*Kubis* § 126 Rn. 27; Spindler/Stilz/*Rieckers* AktG § 126 Rn. 27.
[421] KölnKommAktG/*Noack*/*Zetsche* § 126 Rn. 118; *Lehmann* FS Quack, 1991, 287 (297); MüKoAktG/*Kubis* § 126 Rn. 30; Spindler/Stilz/*Rieckers* AktG § 126 Rn. 45.
[422] Vgl. Bürgers/Körber AktG/*Reger* § 126 Rn. 16; Hölters/*Drinhausen* AktG § 126 Rn. 14; MüKoAktG/*Kubis* § 126 Rn. 30; Spindler/Stilz/*Rieckers* AktG § 126 Rn. 45.
[423] *Butzke* Hauptversammlung der AG Rn. B 159 S. 87; GroßkommAktG/*Butzke* § 126 Rn. 35; KölnKommAktG/*Noack*/*Zetsche* § 126 Rn. 71; MüKoAktG/*Kubis* § 126 Rn. 41; Spindler/Stilz/*Rieckers* AktG § 126 Rn. 27.

Gemäß § 126 Abs. 3 AktG darf der Vorstand Gegenanträge und ihre Begründungen zu **107** identischen Beschlussgegenständen räumlich wie inhaltlich **zusammenfassen,** unabhängig davon, ob die Gegenanträge und/oder ihre Begründungen voneinander abweichen.[424] Sachliche Verfälschungen oder Verkürzungen dürfen jedoch nicht vorgenommen werden. Anträge und zentrale Argumente müssen erhalten bleiben.[425] Auch die Zuordnung voneinander abweichender Gegenanträge zu den einzelnen Gegenantragstellern muss erkennbar bleiben.[426] Die Zusammenfassung von Gegenanträgen birgt in der Praxis erhebliche **Anfechtungsrisiken,** sodass dringend zu empfehlen ist, von dieser Möglichkeit keinen Gebrauch zu machen,[427] zumal sie wegen der heute üblichen Publikation auf der Internetseite der Gesellschaft (→ Rn. 122) ohnehin keinen praktischen Nutzen mehr bringen dürfte.

Die Gesellschaft kann eine **freiwillige Stellungnahme** sowohl in Verbindung mit einem **108** einzelnen Gegenantrag, als auch zusammenfassend zu mehreren Gegenanträgen veröffentlichen.[428]

b) Anforderungen an den Gegenantrag. aa) Antragsinhalt. Gegenanträge sind Anträ- **109** ge, die von einem Beschlussvorschlag von Vorstand und Aufsichtsrat inhaltlich abweichen[429] oder darauf abzielen, einen Sachbeschluss überhaupt zu verhindern, zB Anträge auf **Vertagung**[430] oder **Absetzung**[431] eines Punktes von der Tagesordnung. Ersteres impliziert, dass Gegenanträge iSd § 126 AktG überhaupt nur möglich sind, wenn die Verwaltung einen Beschlussvorschlag bekanntgemacht hat.[432] Der Gegenantrag muss sich dann genau auf einen solchen Beschlussvorschlag zu einem bestimmten Tagesordnungspunkt beziehen.[433] Gegenanträge sind auch Anträge, die einen Beschlussvorschlag der Verwaltung

---

[424] Bürgers/Körber/*Reger* AktG § 126 Rn. 28; GroßkommAktG/*Butzke* § 126 Rn. 86; Hölters/ *Drinhausen* AktG § 126 Rn. 23; Hüffer/*Koch* AktG § 126 Rn. 10; MüKoAktG/*Kubis* § 126 Rn. 42 f.; Spindler/Stilz/*Rieckers* AktG § 126 Rn. 44. Für börsennotierte Gesellschaften sehen KölnKommAktG/*Noack*/*Zetzsche* § 126 Rn. 110 und Schmidt/Lutter/*Ziemons* AktG § 126 Rn. 47 in der Möglichkeit des § 126 Abs. 3 AktG, Gegenanträge zusammenzufassen, einen Verstoß gegen die Aktionärsrechterichtlinie.
[425] Bürgers/Körber/*Reger* AktG § 126 Rn. 28; GroßkommAktG/*Butzke* § 126 Rn. 87; Hüffer/ *Koch* AktG § 126 Rn. 10; Schmidt/Lutter/*Ziemons* AktG § 126 Rn. 46; MüKoAktG/*Kubis* § 126 Rn. 40; Spindler/Stilz/*Rieckers* AktG § 126 Rn. 44.
[426] GroßkommAktG/*Butzke* § 126 Rn. 87; Schmidt/Lutter/*Ziemons* AktG § 126 Rn. 46; MüKoAktG/*Kubis* § 126 Rn. 43; Spindler/Stilz/*Rieckers* AktG § 126 Rn. 44.
[427] Hölters/*Drinhausen* AktG § 126 Rn. 23; Spindler/Stilz/*Rieckers* AktG § 126 Rn. 44 f.; Happ AktienR/*Ludwig*/*Bednarz* Muster 10.07 Rn. 8.5.
[428] Hüffer/*Koch* AktG § 126 Rn. 6; Spindler/Stilz/*Rieckers* AktG § 126 Rn. 23. Vgl. auch Hölters/ *Drinhausen* AktG § 126 Rn. 11; Schmidt/Lutter/*Ziemons* AktG § 126 Rn. 28; MüKoAktG/*Kubis* § 126 Rn. 23.
[429] Bürgers/Körber/*Reger* AktG § 126 Rn. 5, 7; GroßkommAktG/*Butzke* § 126 Rn. 14; Hüffer/ *Koch* AktG § 126 Rn. 2; MüKoAktG/*Kubis* § 126 Rn. 12; Spindler/Stilz/*Rieckers* AktG § 126 Rn. 8.
[430] Bürgers/Körber/*Reger* AktG § 126 Rn. 5, 7; *Butzke* Hauptversammlung der AG Rn. B 153 S. 82; GroßkommAktG/*Butzke* § 126 Rn. 18; Hüffer/*Koch* AktG § 126 Rn. 2; KölnKommAktG/ *Noack*/*Zetzsche* § 126 Rn. 25; MüKoAktG/*Kubis* § 126 Rn. 13; *Noack* BB 2003, 1393; Spindler/ Stilz/*Rieckers* AktG § 126 Rn. 10.
[431] Bürgers/Körber/*Reger* AktG § 126 Rn. 5, 7; GroßkommAktG/*Butzke* § 126 Rn. 18; Hüffer/ *Koch* AktG § 126 Rn. 2; MüKoAktG/*Kubis* § 126 Rn. 14; Spindler/Stilz/*Rieckers* AktG § 126 Rn. 8.
[432] Hölters/*Drinhausen* AktG § 126 Rn. 6; MüKoAktG/*Kubis* § 126 Rn. 9; Spindler/Stilz/*Rieckers* AktG § 126 Rn. 9; aA (wonach der in richtlinienkonformer Auslegung des § 126 AktG Gegenanträge auch zu Beschlussvorschlägen möglich sein sollen, die von Aktionären im Rahmen von Minderheitsverlangen gem. § 122 Abs. 2 AktG eingebracht wurden) Schmidt/Lutter/*Ziemons* AktG § 126 Rn. 10; Hüffer/*Koch* AktG § 126 Rn. 2; KölnKommAktG/*Noack*/*Zetzsche* § 126 Rn. 27.
[433] GroßkommAktG/*Butzke* § 126 Rn. 14; MüKoAktG/*Kubis* § 126 Rn. 9; Semler/Volhard/Reichert HV-HdB/*Schlitt*/*Becker* 4 Rn. 301; Spindler/Stilz/*Rieckers* AktG § 126 Rn. 9.

ablehnen, so etwa der Antrag, eine vorgeschlagene Entlastung gerade nicht zu erteilen.[434] Nicht ausreichend ist es, wenn ein Aktionär ohne einen konkreten Gegenvorschlag zu machen lediglich **"Opposition anmeldet"**.[435] In der Praxis empfiehlt sich diesbezüglich wegen der zum Teil schwierigen Abgrenzung jedoch eine gewisse Großzügigkeit.[436] Wenn Vorstand und Aufsichtsrat unterschiedliche Beschlussvorschläge machen, liegt ein Gegenantrag auch in der Ankündigung, gegen einen der Vorschläge stimmen zu wollen.[437]

110 **bb) Begründung.** Dem Gegenantrag ist nach dem Gesetzeswortlaut eine Begründung beizufügen. Nach einer jüngeren starken Auffassung soll bei börsennotierten Gesellschaften das Begründungserfordernis gegen Art. 5 Abs. 4 S. 1 lit. d und Art. 6 Abs. 1 lit. b der Aktionärsrechterichtlinie verstoßen, weil diese eine Begründungspflicht nicht erwähne.[438] Zutreffender Auffassung nach hat der Richtliniengeber hierzu nichts geregelt und damit den nationalen Besonderheiten Rechnung getragen. Der Mitgliedstaat kann die Begründung daher vorsehen und als Voraussetzung für die Veröffentlichungspflicht verlangen.[439] Die Praxis ist hier regelmäßig vorsichtig. Die Begründung braucht nicht stichhaltig zu sein.[440] Doch entfällt gemäß § 126 Abs. 2 S. 1 Nr. 3 AktG die Verpflichtung, den Gegenantrag zugänglich zu machen, wenn die Begründung „in wesentlichen Punkten **offensichtlich falsche** oder **irreführende Angaben** oder wenn sie **Beleidigungen** enthält". Das gilt gleichermaßen, wenn diese offensichtlich falschen, irreführenden oder beleidigenden Angaben sprachlich im Gegenantrag selbst **„versteckt"** werden.[441] Beurteilungsmaßstab ist die Sicht eines Durchschnittsaktionärs, nicht die des Vorstands.[442] „Beleidigungen" ist weit zu verstehen und meint neben § 185 StGB auch die §§ 186, 187 StGB.[443] Bloße **Unsachlichkeiten** lassen die Veröffentlichungspflicht jedoch unberührt.[444]

---

[434] Hüffer/*Koch* AktG § 126 Rn. 2; MüKoAktG/*Kubis* § 126 Rn. 14; Semler/Volhard/Reichert HV-HdB/*Schlitt/Becker* § 4 Rn. 301; Spindler/Stilz/*Rieckers* AktG § 126 Rn. 8.

[435] *Butzke* Hauptversammlung der AG Rn. B 153 S. 82; KölnKommAktG/*Noack/Zetzsche* § 126 Rn. 26; Schmidt/Lutter/*Ziemons* AktG § 126 Rn. 7; Schaaf, Praxis der Hauptversammlung/*Ruppert* Rn. 220. AA MüKoAktG/*Kubis* § 126 Rn. 8; Spindler/Stilz/*Rieckers* AktG § 126 Rn. 8.

[436] Vgl. *Butzke* Hauptversammlung der AG Rn. B 153 S. 82; KölnKommAktG/*Noack/Zetzsche* § 126 Rn. 26.

[437] Bürgers/Körber/*Reger* AktG § 126 Rn. 7; *Butzke* Hauptversammlung der AG Rn. B 152 S. 82; GroßkommAktG/*Butzke* § 126 Rn. 19; MüKoAktG/*Kubis* § 126 Rn. 12. AA Hölters/*Drinhausen* AktG § 126 Rn. 6; Hüffer/*Koch* AktG § 126 Rn. 2; Spindler/Stilz/*Rieckers* AktG § 126 Rn. 10.

[438] Hüffer/*Koch* AktG § 126 Rn. 3; MüKoAktG/*Kubis* § 126 Rn. 16; Schmidt/Lutter/*Ziemons* AktG § 126 Rn. 18; KölnKommAktG/*Noack/Zetzsche* § 126 Rn. 33; Spindler/Stilz/*Rieckers* AktG § 126 Rn. 11a; Schaaf, Praxis der Hauptversammlung/*Ruppert* Rn. 224.

[439] *Simons* NZG 2019, 127 (128 ff.); Bürgers/Körber/*Reger* AktG § 126 Rn. 11; *Butzke* Hauptversammlung der AG Rn. B 83; Hölters/*Drinhausen* AktG § 126 Rn. 7; GroßkommAktG/*Butzke* § 126 Rn. 22; aA MüKoAktG/*Kubis* § 126 Rn. 16; KölnKommAktG/*Noack/Zetzsche* § 126 Rn. 33; Schmidt/Lutter/*Ziemons* AktG § 126 Rn. 18, die in richtlinienkonformer Auslegung des § 126 AktG keine Begründungspflicht durch den Aktionär fordern. Zurückhaltend Spindler/Stilz/*Rieckers* AktG § 126 Rn. 11a.

[440] GroßkommAktG/*Butzke* § 126 Rn. 20; Schmidt/Lutter/*Ziemons* AktG § 126 Rn. 17; MüKoAktG/*Kubis* § 126 Rn. 16; Spindler/Stilz/*Rieckers* AktG § 126 Rn. 12.

[441] Anschaulich MüKoAktG/*Kubis* § 126 Rn. 33; GroßkommAktG/*Butzke* § 126 Rn. 64; KölnKommAktG/*Noack/Zetzsche* § 126 Rn. 87; Schmidt/Lutter/*Ziemons* AktG § 126 Rn. 40; Spindler/Stilz/*Rieckers* AktG § 126 Rn. 31.

[442] OLG Stuttgart AG 1995, 236; OLG Düsseldorf AG 1968, 19 (20); GroßkommAktG/*Butzke* § 126 Rn. 66; Schmidt/Lutter/*Ziemons* AktG § 126 Rn. 40; MüKoAktG/*Kubis* § 126 Rn. 34; Semler/Volhard/Reichert HV-HdB/*Schlitt/Becker* § 4 Rn. 314; Spindler/Stilz/*Rieckers* AktG § 126 Rn. 33.

[443] GroßkommAktG/*Butzke* § 126 Rn. 67; Hüffer/*Koch* AktG § 126 Rn. 8a; Schmidt/Lutter/*Ziemons* AktG § 126 Rn. 41; MüKoAktG/*Kubis* § 126 Rn. 35; Semler/Volhard/Reichert HV-HdB/*Schlitt/Becker* § 4 Rn. 315; Spindler/Stilz/*Rieckers* AktG § 126 Rn. 34.

[444] Anschaulich MüKoAktG/*Kubis* § 126 Rn. 17.

§ 36 Einberufung der Hauptversammlung 111–113 § 36

Die Begründung bedarf einer eigenständigen **Argumentation**. Die bloße **Wiederholung** des Gegenantrags mit anderen Worten genügt nicht, ebenso nicht der allgemeine **Verweis** bspw. auf „das Gesellschaftsinteresse" oder „die Anliegen des Kapitalmarkts".[445] Auch der bloße Verweis auf andere Begründungen[446] oder eine Internetseite[447] genügt nicht. Enthält eine im Übrigen ordnungsgemäße Begründung einen solchen Verweis, braucht dieser nicht mit zugänglich gemacht zu werden.[448] **111**

Regelmäßig wird die Begründung gleichzeitig mit dem Gegenantrag übersandt werden. Es reicht jedoch aus, wenn sie bis zum Ablauf der Gegenantragsfrist nachgereicht wird.[449] Wird die Begründung **nachgereicht,** setzt die Publizitätspflicht erst ein, sobald die Begründung bei der Gesellschaft eingegangen ist.[450] Der Vorstand ist gemäß § 126 Abs. 2 S. 2 AktG berechtigt (nicht aber verpflichtet[451]), vom Zugänglichmachen der Begründung abzusehen, wenn sie **5.000 Zeichen** überschreitet. „Zeichen" sind auch Satzzeichen. Ob sog. „Leerzeichen", die gerade keine Zeichen sind, sondern nur Zwischenräume zwischen Zeichen, mitzuzählen sind, ist umstritten und von der Rechtsprechung bislang ungeklärt.[452] Dasselbe gilt für die Frage, ob der Vorstand überlange Begründungen (sinnwahrend) kürzen darf.[453] Das Gesetz traut dem Vorstand in § 126 Abs. 3 AktG jedoch durchaus zu, Begründungen vernünftig zusammenzufassen. Unzulässig ist es jedenfalls, überzählige Zeichen ohne Zusammenfassung einfach „abzuschneiden".[454] **112**

cc) Unzulässige Gegenanträge. Form- und fristgerecht übersandte Gegenanträge müssen von der Gesellschaft nicht zugänglich gemacht werden, wenn einer der in § 126 Abs. 2 AktG genannten Umstände vorliegt. Ob und inwieweit § 126 Abs. 2 AktG in Anbetracht von Art. 5 Abs. 4 S. 1 lit. d und Art. 6 Abs. 1 lit. b der Aktionärsrechterichtlinie (RL 2007/36/EG) bei börsennotierten Gesellschaften einschränkend auszulegen ist, ist zweifelhaft. Da die Richtlinie eine Veröffentlichung der Begründung nicht vorsieht, kann eine einschränkende Auslegung allenfalls für die Veröffentlichung des Gegenantrags geboten erscheinen.[455] Nach zutreffender, auf Erwägungsgrund 7 der Aktionärsrechterichtlinie verweisender Auffassung muss dem nationalen Gesetzgeber jedoch das Recht zustehen, konkretisierende Vorschriften zu erlassen, sodass davon **113**

---

[445] MüKoAktG/*Kubis* § 126 Rn. 17; Semler/Volhard/Reichert HV-HdB/*Schlitt/Becker* § 4 Rn. 304; Spindler/Stilz/*Rieckers* AktG § 126 Rn. 12.
[446] MüKoAktG/*Kubis* § 126 Rn. 17.
[447] *Butzke* Hauptversammlung der AG Rn. B 155 S. 83; Hölters/*Drinhausen* AktG § 126 Rn. 7; MüKoAktG/*Kubis* § 126 Rn. 17; *Stehle* ZIP 2003, 980 ff.
[448] Hölters/*Drinhausen* AktG § 126 Rn. 7; *Mutter* AG 2003, R 372; *Sasse* NZG 2004, 153 (157); Spindler/Stilz/*Rieckers* AktG § 126 Rn. 23; *Stehle* ZIP 2003, 980 (982 f.).
[449] KölnKommAktG/*Noack/Zetzsche* § 126 Rn. 42; MüKoAktG/*Kubis* § 126 Rn. 16, 21; Spindler/Stilz/*Rieckers* AktG § 126 Rn. 12.
[450] MüKoAktG/*Kubis* § 126 Rn. 20; wohl auch Spindler/Stilz/*Rieckers* AktG § 126 Rn. 11 f.
[451] KölnKommAktG/*Noack/Zetzsche* § 126 Rn. 107; MüKoAktG/*Kubis* § 126 Rn. 84 f.; Semler/Volhard/Reichert HV-HdB/*Schlitt/Becker* § 4 Rn. 320.
[452] Dafür *Mutter* ZIP 2002, 1759; Spindler/Stilz/*Rieckers* AktG § 126 Rn. 41. Dagegen Hölters/*Drinhausen* AktG § 126 Rn. 22; MüKoAktG/*Kubis* § 126 Rn. 84; Hüffer/*Koch* AktG § 126 Rn. 9; *Noack* BB 2003, 1393 (1394); *Pentz* ZIP 2003, 1925 ff.
[453] Dafür *Butzke* Hauptversammlung der AG Rn. B 160 S. 88; *Schlitt/Becker* in Semler/Volhard/Reichert HV-HdB/*Schlitt/Becker* § 4 Rn. 321; Spindler/Stilz/*Rieckers* AktG § 126 Rn. 42; Hüffer/*Koch* AktG § 126 Rn. 9. Dagegen KölnKommAktG/*Noack/Zetzsche* § 126 Rn. 107; MüKoAktG/*Kubis* § 126 Rn. 40; Hölters/*Drinhausen* AktG § 126 Rn. 22.
[454] *Butzke* Hauptversammlung der AG Rn. B 160 S. 88; Hüffer/*Koch* AktG § 126 Rn. 9; MüKoAktG/*Kubis* § 126 Rn. 40; Semler/Volhard/Reichert HV-HdB/*Schlitt/Becker* § 4 Rn. 321; Spindler/Stilz/*Rieckers* AktG § 126 Rn. 42; Schaaf, Praxis der Hauptversammlung/*Ruppert* Rn. 247.
[455] Spindler/Stilz/*Rieckers* AktG § 126 Rn. 27a; Grigoleit/*Herrler* AktG § 126 Rn. 13; MüKoAktG/*Kubis* § 126 Rn. 28.

auszugehen ist, dass § 126 Abs. 2 in seiner Gänze mit der Aktionärsrechterichtlinie vereinbar ist.[456]

114 Soweit sich der Vorstand durch das Zugänglichmachen **strafbar** machen würde, entfällt die Pflicht hierzu (§ 126 Abs. 2 S. 1 Nr. 1 AktG). „Strafbar machen" ist weit zu verstehen, sodass auch die Begründung **ordnungswidrigen Verhaltens** genügt.[457] „Soweit" macht deutlich, dass der Vorstand entsprechende Passagen im Gegenantrag und dessen Begründung zu eliminieren hat (falls dies ohne Sinnenstellung möglich ist) und ihn im Übrigen veröffentlichen muss.[458] Solche Fälle kommen in der Praxis selten vor; relevant können Beleidigungsdelikte sein. Die Distanzierung des Vorstands in seiner Stellungnahme zum Gegenantrag genügt nicht, um hier die Strafbarkeit auszuschließen.[459] In diesen Fällen kann auch § 126 Abs. 2 S. 1 Nr. 3 AktG („Beleidigungen") erfüllt sein.

115 Gegenanträge und deren Begründungen brauchen ebenfalls nicht zugänglich gemacht zu werden, wenn sie auf einen **gesetz- oder satzungswidrigen** (also nichtigen oder anfechtbaren) Beschluss abzielen (§ 126 Abs. 2 S. 1 Nr. 2 AktG).

116 Ferner brauchen gewisse vom Gesetzgeber als **aussichtslos** angesehene Gegenanträge nicht zugänglich gemacht zu werden. Hierzu zählen:

– Gegenanträge, die der Aktionär auf **denselben Sachverhalt** stützt, den er bereits zur Begründung eines zu einer früheren Hauptversammlung gemäß § 125 AktG mitgeteilten oder gemäß § 126 Abs. 1 S. 1 AktG zugänglich gemachten[460] Gegenantrags der Gesellschaft angeführt hatte (§ 126 Abs. 2 S. 1 Nr. 4 AktG). Es kommt darauf an, ob der Sachverhalt derselbe ist, nicht ob die Anträge denselben Inhalt haben.[461]

– Gegenanträge, wenn sie (unter Außerachtlassung eines zeitlichen Moments[462]) **identisch** sind mit Gegenanträgen, die mit im Wesentlichen gleicher Begründung in den letzten fünf Jahren bereits zu mindestens zwei Hauptversammlungen der Gesellschaft gemäß § 125 AktG oder § 126 Abs. 1 S. 1 AktG[463] zugänglich gemacht wurden, falls in diesen Hauptversammlungen jeweils weniger als 5% des vertretenen Grundkapitals für deren Annahme gestimmt haben (§ 126 Abs. 2 S. 1 Nr. 5 AktG). Nicht notwendig ist, dass die Gegenanträge explizit zur Abstimmung standen. Auch mit **über 95% der Stimmen** angenommene und den Gegenantrag ausschließende Verwaltungsvorschläge reichen aus.[464]

---

[456] Ebenso Spindler/Stilz/*Rieckers* AktG § 126 Rn. 27a; GroßkommAktG/*Butzke* § 126 Rn. 56; Grigoleit/*Herrler* AktG § 126 Rn. 13; MüKoAktG/*Kubis* § 126 Rn. 28. Für einschränkende Auslegung der § 126 Abs. 2 Nr. 6, 7 KölnKommAktG/*Noack/Zetzsche* § 126 Rn. 69 f. Noch strenger Schmidt/Lutter/*Ziemons* AktG § 126 Rn. 33–35, wonach lediglich § 126 Abs. 2 Nr. 1, 2 weiterhin anwendbar bleiben sollen.
[457] GroßkommAktG/*Butzke* § 126 Rn. 57 mit Fn. 95; Hölters/*Drinhausen* AktG § 126 Rn. 15; KölnKommAktG/*Noack/Zetsche* § 126 Rn. 76; Spindler/Stilz/*Rieckers* AktG § 126 Rn. 28.
[458] Hölters/*Drinhausen* AktG § 126 Rn. 15; Schmidt/Lutter/*Ziemons* AktG § 126 Rn. 36; MüKoAktG/*Kubis* § 126 Rn. 29; Spindler/Stilz/*Rieckers* AktG § 126 Rn. 28.
[459] Vgl. nur MüKoAktG/*Kubis* § 126 Rn. 129; GroßkommAktG/*Butzke* § 126 Rn. 58.
[460] Hölters/*Drinhausen* AktG § 126 Rn. 18; KölnKommAktG/*Noack/Zetsche* § 126 Rn. 92; Schmidt/Lutter/*Ziemons* AktG § 126 Rn. 35; MüKoAktG/*Kubis* § 126 Rn. 36; Spindler/Stilz/*Rieckers* AktG § 126 Rn. 35.
[461] LG Frankfurt a.M. AG 1992, 235 f.; GroßkommAktG/*Butzke* § 126 Rn. 71; Hölters AktG/*Drinausen* § 126 Rn. 18; KölnKommAktG/*Noack/Zetsche* § 126 Rn. 93; Lehmann FS Quack, 1991, 287; MüKoAktG/*Kubis* § 126 Rn. 36; Spindler/Stilz/*Rieckers* AktG § 126 Rn. 36.
[462] Hölters/*Drinhausen* AktG § 126 Rn. 19; MüKoAktG/*Kubis* § 126 Rn. 37; Spindler/Stilz/*Rieckers* AktG § 126 Rn. 38.
[463] Hölters/*Drinhausen* AktG § 126 Rn. 19; Schmidt/Lutter/*Ziemons* AktG § 126 Rn. 44; MüKoAktG/*Kubis* § 126 Rn. 37; Spindler/Stilz/*Rieckers* AktG § 126 Rn. 37.
[464] GroßkommAktG/*Butzke* § 126 Rn. 75; KölnKommAktG/*Noack/Zetsche* § 126 Rn. 99; MüKoAktG/*Kubis* § 126 Rn. 37; Spindler/Stilz/*Rieckers* AktG § 126 Rn. 38.

– Gegenanträge eines Aktionärs, der (gegenüber der Gesellschaft oder gegenüber Dritten[465]) zu erkennen gibt, dass er an der Hauptversammlung der Gesellschaft nicht teilnehmen und sich in derselben auch nicht vertreten lassen will, sodass nicht damit gerechnet werden kann, dass der Gegenantrag tatsächlich gestellt werden wird (§ 126 Abs. 2 S. 1 Nr. 6 AktG – **mangelnde Ernsthaftigkeit**).
– Entsprechendes gilt, wenn der Aktionär in den letzten zwei Jahren in zwei Hauptversammlungen einen von ihm angekündigten **Gegenantrag nicht gestellt** hat oder nicht hat stellen lassen (§ 126 Abs. 2 S. 1 Nr. 7 AktG). Es ist nicht erforderlich, dass der Aktionär den Gegenantrag gerade in der Hauptversammlung der betreffenden Gesellschaft nicht gestellt hat. Vielmehr genügt es, wenn der Aktionär bekannt gemachte Gegenanträge in Hauptversammlungen auch **anderer Gesellschaften** nicht gestellt hat.[466]

Die Aufzählung in § 126 Abs. 2 S. 1 AktG ist abschließend.[467]

dd) Gegenantragsberechtigung. Antragsberechtigt ist nur, wer bei Eingang des Gegenantrags bei der Gesellschaft Aktionär ist oder gemäß § 67 Abs. 2 AktG als Aktionär gilt. Ferner muss der Antragsteller in der Hauptversammlung **teilnahmeberechtigt** sein, andernfalls wäre er gar nicht in der Lage, einen Gegenantrag in der Hauptversammlung zu stellen.[468] Die **Gesellschaft** selbst ist deshalb ebenso wenig antragsberechtigt wie ein von ihr **abhängiges Unternehmen** (§ 71b AktG, § 71d S. 2 und 4 AktG)[469] oder ein Aktionär, der seinen **Mitteilungspflichten** nach § 20 f. AktG oder § 33 WpHG nF (bislang § 21 WpHG) nicht ordnungsgemäß nachgekommen ist.[470] **Vermögensrechtliche Belastungen** der Aktien oder ein **Stimmrechtsausschluss** sind dagegen unschädlich.[471]

Bei Inhaberaktien ist die Berechtigung etwa mittels Depotbestätigung oder Depotauszug innerhalb der Gegenantragsfrist[472] nachzuweisen, soweit die Aktionärseigenschaft der Gesellschaft nicht aufgrund ihrer Eintragung im Aktienregister oder aus anderen Gründen bekannt ist.[473] Hat die Gesellschaft Zweifel an der Aktionärsstellung eines Gegenantragstellers, muss sie ihn unverzüglich darüber in Kenntnis setzen, sodass dieser seine Legitimation (anderweitig) nachweisen kann.[474] Um Beschlussanfechtungen vorzubeugen, sollte die Gesellschaft an den Legitimationsnachweis von Aktionären insgesamt keine hohen Anfor-

---

[465] Hölters/*Drinhausen* AktG § 126 Rn. 20; Schmidt/Lutter/*Ziemons* AktG § 126 Rn. 34; MüKo-AktG/*Kubis* § 126 Rn. 38; Spindler/Stilz/*Rieckers* AktG § 126 Rn. 39.
[466] GroßkommAktG/*Butzke* § 126 Rn. 81; KölnKommAktG/*Noack*/*Zetsche* § 126 Rn. 103; MüKoAktG/*Kubis* § 126 Rn. 39; Semler/Volhard/Reichert HV-HdB/*Schlitt*/*Becker* § 4 Rn. 319; Spindler/Stilz/*Rieckers* AktG § 126 Rn. 40.
[467] LG Frankfurt a. M. AG 1992, 235 (236); *Butzke* Hauptversammlung der AG Rn. B 157 S. 84; Hüffer/*Koch* AktG § 126 Rn. 8; KölnKommAktG/*Noack*/*Zetsche* § 126 Rn. 68; MüKoAktG/*Kubis* § 126 Rn. 27; Spindler/Stilz/*Rieckers* AktG § 126 Rn. 26.
[468] Bürgers/Körber/*Reger* AktG § 126 Rn. 3; Hölters/*Drinhausen* AktG § 126 Rn. 5; MüKoAktG/*Kubis* § 126 Rn. 6; Spindler/Stilz/*Rieckers* AktG § 126 Rn. 5; aA GroßkommAktG/*Butzke* § 126 Rn. 10, 79; Schmidt/Lutter/*Ziemons* AktG § 126 Rn. 15, welche bei fehlender Teilnahmeberechtigung entsprechend § 126 Abs. 2 Nr. 6 die Zulässigkeit des Gegenantrags in das Ermessen des Vorstands stellen.
[469] Hölters/*Drinhausen* AktG § 126 Rn. 5; Schmidt/Lutter/*Ziemons* AktG § 126 Rn. 13; MüKoAktG/*Kubis* § 126 Rn. 6.
[470] Hölters/*Drinhausen* AktG § 126 Rn. 5; Schmidt/Lutter/*Ziemons* AktG § 126 Rn. 13; MüKoAktG/*Kubis* § 126 Rn. 6; Spindler/Stilz/*Rieckers* AktG § 126 Rn. 5.
[471] Bürgers/Körber/*Reger* AktG § 126 Rn. 3; GroßkommAktG/*Butzke* § 126 Rn. 10; Hölters/*Drinhausen* AktG § 126 Rn. 5; MüKoAktG/*Kubis* § 126 Rn. 5; Spindler/Stilz/*Rieckers* AktG § 126 Rn. 5.
[472] Bürgers/Körber/*Reger* AktG § 126 Rn. 4; Schmidt/Lutter/*Ziemons* AktG § 126 Rn. 14; MüKoAktG/*Kubis* § 126 Rn. 21; Spindler/Stilz/*Rieckers* AktG § 126 Rn. 7.
[473] GroßkommAktG/*Butzke* § 126 Rn. 13; KölnKommAktG/*Noack*/*Zetzsche* § 126 Rn. 18; Schmidt/Lutter/*Ziemons* AktG § 126 Rn. 10; *Lehmann* FS Quack, 1991, 287 (288); MüKoAktG/*Kubis* § 126 Rn. 7; *Noack* BB 2003, 1393 (1395); Spindler/Stilz/*Rieckers* AktG § 126 Rn. 7.
[474] Hölters/*Drinhausen* AktG § 126 Rn. 5; MüKoAktG/*Kubis* § 126 Rn. 7; wohl auch Semler/Volhard/Reichert HV-HdB/*Schlitt*/*Becker* § 4 Rn. 299.

derungen stellen.[475] Ankündigung wie Antragstellung können auch in offener **Stellvertretung** erfolgen.[476]

119 **ee) Form, Frist und Adressat des Gegenantrags; Rücknahme.** Wie sich aus § 126 Abs. 1 S. 1 AktG ergibt, muss der opponierende Aktionär seinen **vollständigen Namen** offenbaren, damit die Gesellschaft diesen zusammen mit dem Gegenantrag zugänglich machen kann.[477] Außerdem muss der Gegenantrag einschließlich der Begründung in deutscher **Sprache** gestellt werden.[478] Gegenanträge müssen der Gesellschaft „übersandt" (§ 126 Abs. 1 S. 1 AktG) werden. Die Übermittlung in **Textform** (§ 126 Abs. 3 BGB), insbesondere per **E-Mail,** reicht aus.[479] Wenn die Gesellschaft mit der Einberufung eine spezifische **Adresse** für die Übersendung von Gegenanträgen bestimmt hat, was regelmäßig geschieht, muss der Aktionär seinen Gegenantrag an diese (E-Mail-)Adresse richten. Anderenfalls besteht keine Verpflichtung der Gesellschaft, den Gegenantrag zugänglich zu machen.[480] Hat die Gesellschaft eine Adresse nicht bestimmt, ist nach den allgemeinen Regeln zu entscheiden, ob und zu welchem Zeitpunkt der Gegenantrag zugegangen ist.[481] Zugang nur beim Aufsichtsrat reicht jedenfalls nicht.[482]

120 Der **Zugang**[483] muss spätestens vierzehn Tage vor der Hauptversammlung erfolgen. Es handelt sich also um eine rückwärts laufende **Frist,** für die die Berechnung gemäß § 121 Abs. 7 AktG zu erfolgen hat.

121 Bei **Rücknahme** des Gegenantrags innerhalb der Gegenantragsfrist, darf der Gegenantrag nicht veröffentlicht werden.[484] Nimmt der Antragsteller seinen Gegenantrag nach Ablauf der Gegenantragsfrist zurück, steht es der Gesellschaft frei, den Antrag – falls noch nicht geschehen – nicht zu veröffentlichen.[485] Antragsrücknahmen müssen in der für Gegenanträge geltenden Form (→ Rn. 119) eingehen.[486]

122 c) Form der Veröffentlichung; Veröffentlichungsfrist. Gegenanträge nebst ihren Begründungen sind denjenigen „**zugänglich zu machen**", denen gemäß § 125 Abs. 1–3

---

[475] Vgl. Hölters/*Drinhausen* AktG § 126 Rn. 5; Schmidt/Lutter/*Ziemons* AktG § 126 Rn. 14; MüKoAktG/*Kubis* § 126 Rn. 7; Spindler/Stilz/*Rieckers* AktG § 126 Rn. 5.

[476] Hölters/*Drinhausen* AktG § 126 Rn. 5; Schmidt/Lutter/*Ziemons* AktG § 126 Rn. 16; MüKoAktG/*Kubis* § 126 Rn. 5; Spindler/Stilz/*Rieckers* AktG § 126 Rn. 7.

[477] KölnKommAktG/*Noack*/*Zetzsche* § 126 Rn. 32; Hölters/*Drinhausen* AktG § 126 Rn. 5; MüKoAktG/*Kubis* § 126 Rn. 15; Spindler/Stilz/*Rieckers* AktG § 126 Rn. 13.

[478] KölnKommAktG/*Noack*/*Zetzsche* § 126 Rn. 48; MüKoAktG/*Kubis* § 126 Rn. 17; *Noack* BB 2003, 1393 (1395); Spindler/Stilz/*Rieckers* AktG § 126 Rn. 17.

[479] GroßkommAktG/*Butzke* § 126 Rn. 23; Hüffer/*Koch* AktG § 126 Rn. 4; KölnKommAktG/*Noack*/*Zetzsche* § 126 Rn. 47; Schmidt/Lutter/*Ziemons* AktG § 126 Rn. 19; *Mimberg* ZGR 2003, 21 (32 ff.); MüKoAktG/*Kubis* § 126 Rn. 19; *Noack* BB 2003, 1393 ff.; Semler/Volhard/Reichert HV-HdB/*Schlitt*/*Becker* § 4 Rn. 305; Spindler/Stilz/*Rieckers* AktG § 126 Rn. 14.

[480] Hüffer/*Koch* AktG § 126 Rn. 5; KölnKommAktG/*Noack*/*Zetsche* § 126 Rn. 50; Spindler/Stilz/*Rieckers* AktG § 126 Rn. 15.

[481] Begr. RegE zum TransPuG BT-Drs. 14/8769, 20; Schmidt/Lutter/*Ziemons* AktG § 126 Rn. 22; MüKoAktG/*Kubis* § 126 Rn. 20; Spindler/Stilz/*Rieckers* AktG § 126 Rn. 16.

[482] GroßkommAktG/*Butzke* § 126 Rn. 25; KölnKommAktG/*Noack*/*Zetzsche* § 126 Rn. 53; MüKoAktG/*Kubis* § 126 Rn. 20.

[483] GroßkommAktG/*Butzke* § 126 Rn. 28; *Heermann* NZG 2000, 479; Hüffer/*Koch* AktG § 126 Rn. 5; KölnKommAktG/*Noack*/*Zetzsche* § 126 Rn. 40; Schmidt/Lutter/*Ziemons* AktG § 126 Rn. 23; *Lehmann* FS Quack, 1991, 287 (290); MüKoAktG/*Kubis* § 126 Rn. 21; *Noack* BB 2003, 1393 (1394 f.); Semler/Volhard/Reichert HV-HdB/*Schlitt*/*Becker* § 4 Rn. 308; Spindler/Stilz/*Rieckers* AktG § 126 Rn. 18.

[484] KölnKommAktG/*Noack*/*Zetzsche* § 126 Rn. 54; MüKoAktG/*Kubis* § 126 Rn. 20; Spindler/Stilz/*Rieckers* AktG § 126 Rn. 25.

[485] MüKoAktG/*Kubis* § 126 Rn. 22.

[486] KölnKommAktG/*Noack*/*Zetzsche* § 126 Rn. 54; MüKoAktG/*Kubis* § 126 Rn. 20; Spindler/Stilz/*Rieckers* AktG § 126 Rn. 25.

§ 36 Einberufung der Hauptversammlung 123, 124 § 36

AktG die dort bezeichneten Mitteilungen zu machen sind. Es herrscht Einigkeit, dass eine **schriftliche Verkörperung** nicht notwendig ist, sondern die in der Praxis übliche Veröffentlichung auf der **Internetseite** der Gesellschaft jedenfalls ausreicht.[487] Die Information muss dort allerdings angemessen leicht auffindbar sein.[488] Für **börsennotierte Gesellschaften** schreibt § 126 Abs. 1 S. 3 AktG zwingend die Veröffentlichung mindestens auf der Internetseite der Gesellschaft vor.

Das Gesetz schreibt keine besondere **Frist** vor, innerhalb derer die Veröffentlichung zu 123 erfolgen hat. Aus dem Recht, Gegenanträge und/oder Begründungen zusammenzufassen (§ 126 Abs. 3 AktG) ist zu folgern, dass die Gesellschaft den Ablauf der Vierzehn-Tages-Frist für die Übersendung der Gegenanträge (§ 126 Abs. 1 S. 1 AktG) abwarten darf und die Veröffentlichung dann unverzüglich zu erfolgen hat. In der Praxis hat die Zusammenfassung von Gegenanträgen und/oder Begründungen keine Bedeutung (→ Rn. 105), sodass Gegenanträge in der Regel unverzüglich nach Eingang veröffentlicht werden.

3. Zugänglichmachen von Wahlvorschlägen (§ 127 AktG). Gemäß § 127 AktG 124 gelten die Vorschriften über die Veröffentlichung von Gegenanträgen sinngemäß, wenn Aktionäre andere (konkret zu bezeichnende[489]) Personen als die von der Verwaltung vorgeschlagenen zur Wahl als **Aufsichtsratsmitglieder** oder **Abschlussprüfer** vorschlagen. Die Vorschrift soll wegen der gleichen Interessenlage auch auf Vorschläge zur Wahl von **Sonderprüfern** und **Abwicklern** anzuwenden sein.[490] Nach dem – nunmehr korrigierten[491] – Verweis in § 127 S. 3 AktG auf § 124 Abs. 3 S. 4 AktG muss der Vorgeschlagene nach Namen, ausgeübtem Beruf und Wohnort bezeichnet werden, anderenfalls besteht keine Mitteilungspflicht des Vorstands. Bei börsennotierten Gesellschaften sind die ergänzenden Angaben gemäß § 125 Abs. 1 S. 5 AktG erforderlich. Zu beachten ist, dass § 125 Abs. 1 S. 5 Alt. 2 AktG lediglich eine Soll-Vorschrift ist und die Veröffentlichungspflicht nicht berührt.[492] Seit Inkrafttreten des Gesetzes für die gleichberechtigte Teilhabe von Frauen und Männern an Führungspositionen[493] sieht der neu eingefügte § 127 S. 4 AktG für börsennotierte Gesellschaften, die der Mitbestimmung unterliegen, vor, dass der Vorstand den Vorschlag eines Aktionärs mit einem Hinweis auf die Anforderungen der Geschlechtsquote und deren konkrete Auswirkungen auf die Aufsichtsratswahl zu versehen hat.[494] Inwieweit der Vorstand dabei auch zur Stellungnahme entsprechend § 126 Abs. 1 S. 1 AktG befugt ist, ist angesichts des § 124 Abs. 3 S. 1 AktG, nach welchem nur der Aufsichtsrat hierzu befugt ist (→ Rn. 86), problematisch.[495] Die Praxis agiert hier vorsichtig.

---

[487] Begr. RegE zum TransPuG BT-Drs. 14/8769, 20; Hüffer/*Koch* AktG § 126 Rn. 6; *Ihrig/Wagner* BB 2002, 789 (794); Schmidt/Lutter/*Ziemons* AktG § 126 Rn. 26 f.; MüKoAktG/*Kubis* § 126 Rn. 23; *Noack* BB 2003, 1393 (1395 f.); *Noack* NZG 2003, 241 (244); *Sasse* NZG 2004, 153 (156); Semler/Volhard/Reichert HV-HdB/*Schlitt/Becker* § 4 Rn. 324; Spindler/Stilz/*Rieckers* AktG § 126 Rn. 20 f.

[488] Hölters/*Drinhausen* AktG § 126 Rn. 12; MüKoAktG/*Kubis* § 126 Rn. 23; *Noack* BB 2003, 1393 (1396); *Sasse* NZG 2004, 153 (156); Spindler/Stilz/*Rieckers* AktG § 126 Rn. 20.

[489] Hölters/*Drinhausen* AktG § 127 Rn. 4; KölnKommAktG/*Noack/Zetsche* § 127 Rn. 10; MüKoAktG/*Kubis* § 126 Rn. 5; Spindler/Stilz/*Rieckers* AktG § 126 Rn. 4.

[490] *Butzke* Hauptversammlung der AG Rn. B 165 S. 90; GroßkommAktG/*Butzke* § 127 Rn. 6; Hölters/*Drinhausen* AktG § 127 Rn. 3; KölnKommAktG/*Noack/Zetsche* § 127 Rn. 20; MüKoAktG/*Kubis* § 127 Rn. 3; Semler/Volhard/Reichert HV-HdB/*Schlitt/Becker* § 4 Rn. 325. Darüber hinaus auch für die Anwendung bei besonderen Vertretern Spindler/Stilz/*Rieckers* AktG § 127 Rn. 3.

[491] Die vormalige Regelung verwies aufgrund eines Redaktionsversehens auf § 124 Abs. 3 S. 3 AktG; dieser wurde durch Art. 1 Nr. 13 der Aktienrechtsnovelle 2016 beseitigt.

[492] Hölters/*Drinhausen* AktG § 127 Rn. 7; MüKoAktG/*Kubis* § 127 Rn. 9; Spindler/Stilz/*Rieckers* AktG § 127 Rn. 9.

[493] BGBl. 2015 I 642.

[494] Dazu *Junker/Schmidt-Pfitzner* NZG 2015, 929 (933).

[495] Eingehend hierzu *Rahlmeyer* ZIP 2015, 1958 (1961); GroßkommAktG/*Butzke* § 127 Rn. 11.

125 Die bloße Ablehnung eines Wahlvorschlags der Verwaltung ohne Nennung eines anderen Kandidaten ist nicht nach § 127 AktG veröffentlichungsbedürftig, wohl aber nach § 126 AktG, wenn die Voraussetzungen dieser Bestimmung im Übrigen vorliegen. Einer Begründung bedarf der Wahlvorschlag nicht (§ 127 S. 2 AktG). Wenn er allerdings begründet wird, muss auch die Begründung (mit den Einschränkungen des § 126 Abs. 2 S. 2 AktG[496]) zugänglich gemacht werden.[497] Gemäß §§ 127 S. 1, 126 Abs. 2 S. 1 Nr. 2 AktG nicht veröffentlichungspflichtig weil gesetzeswidrig ist etwa ein Wahlvorschlag, der von einem Wahlvorschlag abweicht, an den die Hauptversammlung gemäß dem Montan-MitbestG gebunden ist (vgl. § 101 Abs. 1 S. 2 AktG).

126 **4. Weiterleitung von Mitteilungen durch Kreditinstitute (§ 128 AktG). a) Übermittlungsverpflichtete; Empfänger der Mitteilungen.** Mitteilungen nach § 125 Abs. 1 AktG, die Kreditinstitute von der Gesellschaft erhalten haben, sind von diesen unverzüglich an solche Aktionäre **zu übermitteln,** für die sie spätestens zu Beginn des 21. Tages vor der Hauptversammlung Inhaberaktien der Gesellschaft verwahren oder für die sie (im Falle von **Namensaktien**) im Aktienregister der Gesellschaft eingetragen sind (§ 128 Abs. 1 S. 1 AktG). Bei den **Inhaberaktien** ist es unerheblich, um welche Art der Verwahrung (§§ 2, 5 oder 10 DepotG) es sich handelt und ob das Kreditinstitut nur Zwischenverwahrer (§ 3 DepotG) ist.[498] Gehört ein Kreditinstitut nicht zum Kreis der Empfänger von Mitteilungen nach § 125 Abs. 1 AktG – etwa weil es in der letzten Hauptversammlung keine Stimmrechte ausgeübt hat –, ist es **verpflichtet, die Mitteilung zu verlangen.**[499] Entsprechendes gilt für gemäß § 125 Abs. 5 AktG gleichgestellte Finanzdienstleistungsinstitute und andere Unternehmen (§ 128 Abs. 4 AktG, dazu → Rn. 94 f.). **Aktionärsvereinigungen** sind nicht mehr nach § 128 AktG übermittlungspflichtig. Auch **ausländische Aktionäre** haben einen Anspruch auf Übermittlung.[500] Namensaktionäre, die selbst im Aktienregister der Gesellschaft eingetragen sind, hat die Gesellschaft ohne Umwege selbst zu informieren (§ 125 Abs. 2 S. 1 AktG).

127 Ab 3.9.2020 wird aufgrund des ARUG II[501] § 128 AktG als Konsequenz einer umfassenden Neugestaltung der Regelungen zur Informationsübermittlung in §§ 67a–67c AktG gestrichen[502] (hierzu → Rn. 96 f.). Die in § 128 AktG geregelte Weiterleitungspflicht wird neu in § 67b AktG geregelt. In Anknüpfung an die Verpflichtung der Intermediäre aus § 67a Abs. 3 AktG[503] bestimmt § 67b Abs. 1 AktG, dass der Letztintermediär verpflichtet ist, die erhaltenen Informationen unverzüglich an den Aktionär zu übermitteln.[504]

---

[496] *Butzke* Hauptversammlung der AG Rn. B 164 S. 90; GroßkommAktG/*Butzke* § 127 Rn. 10; Hüffer/*Koch* AktG § 127 Rn. 1; KölnKommAktG/*Noack/Zetsche* § 127 Rn. 23; MüKoAktG/*Kubis* § 127 Rn. 7; Spindler/Stilz/*Rieckers* AktG § 127 Rn. 8.

[497] *Butzke* Hauptversammlung der AG Rn. B 164 S. 90; GroßkommAktG/*Butzke* § 127 Rn. 10; Hüffer/*Koch* AktG § 127 Rn. 1; MüKoAktG/*Kubis* § 127 Rn. 7; Semler/Volhard/Reichert HV-HdB/*Schlitt/Becker* § 4 Rn. 326; Spindler/Stilz/*Rieckers* AktG § 127 Rn. 8.

[498] GroßkommAktG/*Butzke* § 128 Rn. 19; Hüffer/*Koch* AktG § 128 Rn. 4; MüKoAktG/*Kubis* § 128 Rn. 4; Semler/Volhard/Reichert HV-HdB/*Schlitt/Becker* § 4 Rn. 270; Spindler/Stilz/*Rieckers* AktG § 128 Rn. 8.

[499] *Butzke* Hauptversammlung der AG Rn. B 135 S. 70; GroßkommAktG/*Butzke* § 128 Rn. 35; Hüffer/*Koch* AktG § 128 Rn. 8; KölnKommAktG/*Noack/Zetzsche* § 128 Rn. 54 f.; Schmidt/Lutter/*Ziemons* AktG § 128 Rn. 11; MüKoAktG/*Kubis* § 128 Rn. 9; Semler/Volhard/Reichert HV-HdB/*Schlitt/Becker* § 4 Rn. 271; Spindler/Stilz/*Rieckers* AktG § 128 Rn. 15.

[500] *Butzke* Hauptversammlung der AG Rn. B 143 S. 76; Hölters/*Drinhausen* AktG § 128 Rn. 6; MüKoAktG/*Kubis* § 128 Rn. 7; Spindler/Stilz/*Rieckers* AktG § 128 Rn. 13.

[501] → Rn. 96 ff.

[502] Vgl. RegE ARUG II, S. 111.

[503] Hierzu → Rn. 95 f.

[504] Näher dazu *Kuntz* AG 2020, 18 (24); *Noack* DB 2019, 2785 (2788); zum Regierungsentwurf *Bork* NZG 2019, 738 (742).

b) Inhalt der Übermittlungspflicht. Die Weitergabe der Mitteilungen ist eine **eigene gesetzliche Verpflichtung** der Kreditinstitute.[505] Die Kreditinstitute haben die Voraussetzungen des § 125 Abs. 1 AktG vor der Weiterleitung ebenso wenig zu **prüfen** wie die Richtigkeit[506] oder Vollständigkeit[507] der Mitteilungen. Auch **freiwillige Mitteilungen** der Gesellschaft sind demnach weiterzuleiten.[508] Wird die Mitteilung nach § 125 Abs. 1 AktG von der Gesellschaft erst **verspätet** gemacht, bleibt die Übermittlungspflicht bestehen, und zwar unabhängig davon, ob die Aktien nach dem 21. Tag vor der Hauptversammlung wieder veräußert wurden.[509] **128**

Ob ein **Verzicht** auf das Recht, Mitteilungen zu erhalten, möglich ist oder ein Aktionär zumindest ausdrücklich Weisung erteilen kann, ihm solche Schriftstücke nicht zu übersenden, ist fraglich. Ein formularmäßiger Verzicht ist jedenfalls unzulässig.[510] Jedoch gebietet das Recht auf informationelle Selbstbestimmung, einen ausdrücklichen, vom Aktionär selbst ausgehenden Verzicht zu respektieren.[511] **129**

c) Form; Frist. Die Kreditinstitute sind bei der Weiterleitung an die Aktionäre nicht an die Form der Mitteilung nach § 125 Abs. 1 AktG gebunden. Insbesondere ist die **elektronische Übermittlung** auch dann zulässig, wenn die Gesellschaft die Mitteilung in Schriftform gemacht hat.[512] Gemäß § 128 Abs. 1 S. 2 AktG kann die Satzung der Gesellschaft die Übermittlung auf den Weg der elektronischen Kommunikation beschränken, um so die letztlich von ihr zu tragenden Übermittlungs- und Vervielfältigungskosten (→ Rn. 132) zu reduzieren.[513] Umstritten ist, ob hier zusätzlich § 49 Abs. 3 Nr. 1 lit. d WpHG nF zur Anwendung gelangt.[514] Danach müssen die Aktionäre einer börsennotierten Gesellschaft entweder in die elektronische Übermittlung einwilligen oder einer Bitte um Zustimmung nicht innerhalb eines angemessenen Zeitraums widersprochen haben. Im letztgenannten Fall wird die Einwilligung fingiert, kann aber jederzeit widerrufen werden. Damit wird die Handhabbarkeit von § 128 Abs. 1 S. 2 AktG in der Praxis erschwert. Ab dem 1.1.2020 (Anwendbarkeit der entsprechenden Regelungen des ARUG II, das die Änderungsrichtlinie zur Aktionärsrechterichtlinie umsetzt)[515] ist § 128 Abs. 1 S. 2 AktG gestrichen, weil die elektronische Übermittlung dann gemäß § 67b Abs. 1 S. 1 AktG **130**

---

[505] Hölters/*Drinhausen* AktG § 128 Rn. 7; KölnKommAktG/*Noack/Zetzsche* § 128 Rn. 68; MüKoAktG/*Kubis* § 128 Rn. 8; Spindler/Stilz/*Rieckers* AktG § 128 Rn. 14.
[506] Bürgers/Körber/*Reger* AktG § 128 Rn. 8; Hölters/*Drinhausen* AktG § 128 Rn. 8; GroßkommAktG/*Butzke* § 128 Rn. 37; MüKoAktG/*Kubis* § 128 Rn. 9; Spindler/Stilz/*Rieckers* AktG § 128 Rn. 17.
[507] Bürgers/Körber/*Reger* AktG § 128 Rn. 8; Hölters/*Drinhausen* AktG § 128 Rn. 8; MüKoAktG/*Kubis* § 128 Rn. 9.
[508] MüKoAktG/*Kubis* § 128 Rn. 9; Spindler/Stilz/*Rieckers* AktG § 128 Rn. 17.
[509] MüKoAktG/*Kubis* § 128 Rn. 4.
[510] Bürgers/Körber AktG/*Reger* § 128 Rn. 10; Schmidt/Lutter/*Ziemons* AktG § 128 Rn. 9; Semler/Volhard/Reichert HV-HdB/*Schlitt/Becker* 4 Rn. 274; Spindler/Stilz/*Rieckers* AktG § 128 Rn. 19.
[511] *Butzke* Hauptversammlung der AG Rn. B 181 S. 97; GroßkommAktG/*Butzke* § 128 Rn. 58; KölnKommAktG/*Noack/Zetzsche* § 128 Rn. 93 f.; Spindler/Stilz/*Rieckers* AktG § 128 Rn. 19.
[512] Vgl. dazu Begr. RegE zum ARUG BT-Drs. 16/11642, 31; Bürgers/Körber/*Reger* AktG § 128 Rn. 11; *Claussen* AG 2001, 161 (168); Schmidt/Lutter/*Ziemons* AktG § 128 Rn. 20; *Lommatzsch* NZG 2001, 1017 (1018); MüKoAktG/*Kubis* § 128 Rn. 14; *Richardt* Hauptversammlungen in Zeiten des ARUG in *Veil*, Unternehmensrecht in der Reformdiskussion, 2013, 1 (9); Spindler/Stilz/*Rieckers* AktG § 128 Rn. 22.
[513] Begr. RegE zum ARUG BT-Drs. 16/11642, 31; Hölters/*Drinhausen* AktG § 128 Rn. 9; *Richardt* Hauptversammlungen in Zeiten des ARUG in *Veil*, Unternehmensrecht in der Reformdiskussion, 2013, 1 (9); Spindler/Stilz/*Rieckers* AktG § 128 Rn. 22.
[514] Dafür Schmidt/Lutter/*Ziemons* AktG § 128 Rn. 24; Bürgers/Körber/*Reger* AktG § 128 Rn. 11a; wohl auch MüKoAktG/*Kubis* § 128 Rn. 15; dagegen Spindler/Stilz/*Rieckers* AktG § 128 Rn. 23; KölnKommAktG/*Noack/Zetzsche* § 128 Rn. 76; Grigoleit/*Herrler* AktG § 128 Rn. 9.
[515] Dazu näher → Rn. 95 f.

131 Die Mitteilungen sind gemäß § 128 Abs. 1 S. 1 AktG durch die Kreditinstitute „**unverzüglich**" an die Aktionäre weiterzuleiten. Auch erst verspätet gemachte Mitteilungen der Gesellschaft (→ Rn. 126) sind unverzüglich an die Aktionäre zu übermitteln.[517] Das Unverzüglichkeitserfordernis gilt auch im neuen Recht ab dem 1.1.2020 (§ 67b Abs. 1 S. 1 AktG-E).

132 d) Kosten. Die Kreditinstitute tragen zunächst selbst die Kosten für die Vervielfältigung und Versendung der Mitteilungen. Das Bundesministerium der Justiz hat jedoch auf Grund der Ermächtigung gem. § 128 Abs. 3 AktG die Verordnung vom 17.6.2003 (BGBl. 2003 I 885 – KredInstAufwV 2003) erlassen, durch die Kreditinstituten ein **Anspruch auf Ersatz** der ihnen insoweit entstehenden Kosten gegen die Gesellschaft zugebilligt wird. Die **Kostentragungspflicht** der Gesellschaft reicht sachlich nur so weit wie die Übermittlungspflicht der Kreditinstitute. Freiwillige Weiterleitungen an Aktionäre werden nicht umfasst.[518] Hat die Gesellschaft den Kreditinstituten die Mitteilung in elektronischer Form gemacht und entscheidet sich ein Kreditinstitut dennoch, die Mitteilung in Schriftform weiterzuleiten, hat es insoweit keinen Anspruch auf Ersatz der freiwillig generierten Mehrkosten.[519] Ab dem 1.1.2020 (Anwendbarkeit der entsprechenden Regelungen des ARUG II, das die Änderungsrichtlinie zur Aktionärsrechterichtlinie umsetzt)[520] hat die Gesellschaft nach § 67f Abs. 1 S. 1 AktG die Kosten für die notwendigen Aufwendungen der Intermediäre zu tragen, soweit sie auf Methoden beruhen, die dem Stand der Technik entsprechen. Dafür wurde dem Bundesministerium der Justiz und für Verbraucherschutz im Einvernehmen mit dem Bundesministerium für Wirtschaft und Energie und dem Bundesministerium der Finanzen eine Verordnungsermächtigung eingeräumt (§ 67f Abs. 3 AktG).[521]

133 e) Sanktionen. Wenn das Kreditinstitut den Verpflichtungen gem. § 128 AktG nicht nachkommt, kann es sich gegenüber den Aktionären **schadensersatzpflichtig** machen. Die Haftung folgt sowohl aus Delikt (§ 823 Abs. 2 BGB iVm § 128 AktG) als auch aus dem jeweiligen Depotvertrag zwischen Kreditinstitut und Aktionär.[522] Freilich wird der Schadensnachweis praktisch unmöglich sein.[523] Die Schadensersatzverpflichtung kann im Voraus nicht ausgeschlossen oder beschränkt werden (§ 128 Abs. 2 AktG). Ab dem 1.1.2020 (Anwendbarkeit der entsprechenden Regelungen des ARUG II, das die Änderungsrichtlinie zur Aktionärsrechterichtlinie umsetzt)[524] ist § 128 Abs. 2 AktG aufgehoben – mangels praktischer Relevanz.[525] Gemäß § 243 Abs. 3 Nr. 2 AktG kann eine **Beschlussanfechtung** ausdrücklich nicht auf die Verletzung der Weiterleitungspflicht des § 128 AktG gestützt werden.

VII. Mängel der Einberufung

134 Einberufungsmängel können zur Nichtigkeit oder Anfechtbarkeit der in der betreffenden Hauptversammlung gefassten Beschlüsse führen (siehe dazu im Einzelnen → § 42 Rn. 14 ff.

---

[516] RegE ARUG II, S. 111.
[517] GroßkommAktG/*Butzke* § 128 Rn. 45; KölnKommAktG/*Noack/Zetzsche* § 128 Rn. 70 f.; MüKoAktG/*Kubis* § 128 Rn. 18; Semler/Volhard/Reichert HV-HdB/*Schlitt/Becker* § 4 Rn. 277.
[518] Hölters/*Drinhausen* AktG § 128 Rn. 15; KölnKommAktG/*Noack/Zetzsche* § 128 Rn. 112; MüKoAktG/*Kubis* § 128 Rn. 28.
[519] Hölters/*Drinhausen* AktG § 128 Rn. 9; MüKoAktG/*Kubis* § 128 Rn. 28; Spindler/Stilz/*Rieckers* AktG § 128 Rn. 23.
[520] Dazu näher → Rn. 95 f.
[521] Näher dazu Hüffer/*Koch* AktG § 67f Rn. 10.
[522] Bürgers/Körber AktG/*Reger* § 128 Rn. 41; GroßkommAktG/*Butzke* § 128 Rn. 59; KölnKommAktG/*Noack/Zetzsche* § 128 Rn. 100; Schmidt/Lutter/*Ziemons* AktG § 128 Rn. 27; MüKoAktG/*Kubis* § 128 Rn. 19; Spindler/Stilz/*Rieckers* AktG § 128 Rn. 26.
[523] GroßkommAktG/*Butzke* § 128 Rn. 61; KölnKommAktG/*Noack/Zetzsche* § 128 Rn. 101; MüKoAktG/*Kubis* § 128 Rn. 20; Spindler/Stilz/*Rieckers* AktG § 128 Rn. 26.
[524] Dazu näher → Rn. 95 f.
[525] So RegE ARUG II, S. 111.

und 48). Es kann vorkommen, dass eine Hauptversammlung von Personen einberufen wird, die hierzu **nicht befugt** sind, zB durch einen Hauptaktionär, durch einen Minderheitsaktionär ohne gerichtliche Ermächtigung oder durch einen Dritten, der die dazu erforderliche satzungsmäßige Befugnis nicht oder nicht mehr hat. Sämtliche in dieser Hauptversammlung gefassten Beschlüsse sind dann gemäß § 241 Nr. 1 AktG nichtig.[526] Ebenso verhält es sich, wenn die Einberufung durch einen **nicht beschlussfähigen Vorstand oder Aufsichtsrat** erfolgt ist (→ Rn. 8 ff.),[527] wobei gemäß § 121 Abs. 2 S. 2 AktG Personen, die im Handelsregister als Vorstand eingetragen sind, als befugt gelten. Eine **Heilung** ist nicht möglich.[528] Keinen Einfluss auf die Beschlüsse einer Hauptversammlung hat es demgegenüber, wenn die Hauptversammlung von den zuständigen Organen einberufen wird, obwohl dafür **keine gesetzlichen oder satzungsmäßigen Gründe** vorhanden sind.[529] Ebenso wird die Wirksamkeit von Hauptversammlungsbeschlüssen nicht berührt, wenn sich nachträglich herausstellt, dass die **gerichtliche Ermächtigung** zur Einberufung einer Hauptversammlung gem. § 122 Abs. 3 AktG **zu Unrecht erteilt** wurde.[530] Fehler des Ermächtigungsbeschlusses können nur im Beschwerdeverfahren geltend gemacht werden (§ 122 Abs. 3 S. 4 AktG).[531]

Ferner ist es möglich, dass bei der **Umsetzung eines Einberufungsbeschlusses** die Einberufung nicht über das richtige Medium (§ 121 Abs. 4 AktG) bekannt gemacht wird oder die Bekanntmachung bestimmter Angaben versäumt wird, die das Gesetz zwingend vorschreibt, wie etwa die Angaben gemäß § 121 Abs. 3 S. 1 AktG über Firma und Sitz der Gesellschaft, Zeit und Ort der Hauptversammlung. Die in der Hauptversammlung gefassten Beschlüsse sind dann ebenfalls gemäß § 241 Nr. 1 AktG nichtig (dazu näher → Rn. 42). Fehler bei den Angaben gemäß § 121 Abs. 3 S. 2 und 3 AktG können bei Relevanz zur Anfechtbarkeit der Beschlüsse führen.[532]

Fehlerhaft ist die Durchführung der Einberufung auch dann, wenn die **Mitteilungen**, die die Gesellschaft gemäß §§ 125–127 AktG zu machen hat, unterbleiben. Hauptversammlungsbeschlüsse können dann anfechtbar sein.[533] Auch **Schadensersatzpflichten** der Gesellschaft gegenüber den Aktionären und des Vorstands gegenüber der Gesellschaft kommen zumindest theoretisch in Betracht.[534]

---

[526] BGHZ 87, 1 (2 f.) = NJW 1983, 1677; Hüffer/*Koch* AktG § 121 Rn. 8; Schmidt/Lutter/*Ziemons* AktG § 121 Rn. 24; MüKoAktG/*Kubis* § 121 Rn. 28; Spindler/Stilz/*Rieckers* AktG § 121 Rn. 100.
[527] BGHZ 149, 158 = NJW 2002, 1128 – Sachsenmilch III; Schmidt/Lutter/*Ziemons* AktG § 121 Rn. 19; MüKoAktG/*Kubis* § 128 Rn. 29 ff.; Spindler/Stilz/*Rieckers* AktG § 121 Rn. 100.
[528] Hölters/*Drinhausen* AktG § 121 Rn. 18; Schmidt/Lutter/*Ziemons* AktG § 121 Rn. 25; MüKoAktG/*Kubis* § 121 Rn. 31; Spindler/Stilz/*Rieckers* AktG § 121 Rn. 103.
[529] Geßler/Hefermehl Akt/*Eckardt* § 121 Rn. 10; GroßkommAktG/*Butzke* § 121 Rn. 20; KölnKommAktG/*Noack*/*Zetzsche* § 121 Rn. 17, 42; MüKoAktG/*Kubis* § 121 Rn. 14; Semler/Volhard/Reichert HV-HdB/*Reichert*/*Balke* § 4 Rn. 20, 63; Spindler/Stilz/*Rieckers* AktG § 121 Rn. 99.
[530] *Butzke* Hauptversammlung der AG Rn. B 127, 67; GroßkommAktG/*Butzke* § 122 Rn. 109; KölnKommAktG/*Noack*/*Zetzsche* § 122 Rn. 122; MüKoAktG/*Kubis* § 122 Rn. 72; Spindler/Stilz/*Rieckers* AktG § 122 Rn. 68.
[531] Vgl. GroßkommAktG/*Butzke* § 122 Rn. 95 ff.; MüKoAktG/*Kubis* § 122 Rn. 72 aE.
[532] Hüffer/*Koch* AktG § 121 Rn. 11; KölnKommAktG/*Noack*/*Zetzsche* § 121 Rn. 97; Schmidt/Lutter/*Ziemons* AktG § 121 Rn. 51; MüKoAktG/*Kubis* § 121 Rn. 59, 72; Spindler/Stilz/*Rieckers* AktG § 121 Rn. 104.
[533] Vgl. Bürgers/Körber/*Reger* AktG § 125 Rn. 16; *Butzke* Hauptversammlung der AG Rn. O 23 f. 516 f.; Hölters/*Drinhausen* AktG § 125 Rn. 14, § 126 Rn. 24, § 127 Rn. 8; Hüffer/*Koch* AktG § 125 Rn. 19; MüKoAktG/*Kubis* § 125 Rn. 44, § 126 Rn. 44, § 127 Rn. 13; Spindler/Stilz/*Rieckers* AktG § 125 Rn. 40 ff., § 126 Rn. 45, § 127 Rn. 10.
[534] Vgl. Bürgers/Körber/*Reger* AktG § 125 Rn. 18; GroßkommAktG/*Butzke* § 125 Rn. 73; Hölters/*Drinhausen* AktG § 125 Rn. 16; Hüffer/*Koch* AktG § 125 Rn. 19; MüKoAktG/*Kubis* § 125 Rn. 46 f.

VIII. Absage der Hauptversammlung und Absetzung von Tagesordnungspunkten; Änderung der Einberufung

137 Die einberufene Hauptversammlung kann im Vorfeld jederzeit wieder abgesagt werden.[535] Die Absage (auch als Rücknahme der Einberufung bezeichnet) kann nur durch den Einberufenden erfolgen.[536] Insofern kann die von einer Aktionärsminderheit nach gerichtlicher Ermächtigung gem. § 122 Abs. 3 AktG einberufene Hauptversammlung nur von dieser, nicht dagegen vom Vorstand abgesagt werden.[537] War zur Einberufung ein **Beschluss** von Vorstand oder Aufsichtsrat erforderlich, so muss ein solcher auch zur Absage gefasst werden.[538] Sie bedarf zwar nicht der für die Einberufung erforderlichen **Form**, muss jedoch möglichst effektiv **bekanntgemacht** werden, zweckmäßigerweise im Bundesanzeiger.[539] Die Absage kann etwa dann angezeigt sein, wenn sich unheilbare Einberufungsmängel gezeigt haben.

138 Für die **Absetzung einzelner Tagesordnungspunkte** gelten die Frist-, Zuständigkeits-, Beschluss-, und Formerfordernisse für die Absage der Hauptversammlung entsprechend.[540] Bei von der Minderheit im Wege des Ergänzungsverlangens ergänzten Tagesordnungspunkten soll der Vorstand den Tagesordnungspunkt nicht im Vorfeld der Hauptversammlung von der Tagesordnung absetzen können.[541] Allerdings könnte er die Hauptversammlung insgesamt absagen.[542]

139 Eine **Änderung der Einberufungsmodalitäten** – etwa Ort und Zeit der Hauptversammlung – entspricht einer Absage mit anschließender Neu-Einberufung, für die es wiederum sämtliche für die Einberufung geltenden Vorgaben zu beachten gilt.[543]

---

[535] Allgemeine Auffassung vgl. GroßkommAktG/*Butzke* § 121 Rn. 106; Grigoleit/*Herrler* AktG § 121 Rn. 30; Hüffer/*Koch* AktG § 121 Rn. 18; Spindler/Stilz/*Rieckers* AktG § 121 Rn. 81; MüKoAktG/*Kubis* § 121 Rn. 101. Sofern die Einberufung erst am Tag der Hauptversammlung zurückgenommen wird, ist zweifelhaft bis zu welchem Zeitpunkt der Einberufende für die Zurücknahme zuständig ist. Nach vormalig einheilliger Auffassung war der Vorstand bis zur förmlichen Eröffnung der Hauptversammlung zur Absage berechtigt, vgl. *Butzke* Hauptversammlung der AG Rn. B 99 S. 54; Hüffer/*Koch* AktG § 121 Rn. 18; Schmidt/Lutter/*Ziemons* AktG § 121 Rn. 107; MüKoAktG/*Kubis* § 121 Rn. 101; Spindler/Stilz/*Rieckers* AktG § 121 Rn. 81a. Demgegenüber hat der BGH festgestellt, dass der Vorstand spätestens in dem Zeitpunkt nicht mehr für die Absage zuständig ist, in welchem sich die Aktionäre nach einer Einlasskontrolle im Versammlungsraum eingefunden haben, BGH NZG 2015, 1227 (1229 f.); zustimmend *Schüppen/Tretter* ZIP 2015, 2097 (2100 ff.); insgesamt kritisch *Lieder* NZG 2016, 81 (85 ff.); GroßkommAktG/*Butzke* § 121 Rn. 109; Schaaf, Praxis der Hauptversammlung/*Ruppert* Rn. 129; *Kocher* BB 2015, 2641; Spindler/Stilz/*Rieckers* AktG § 121 Rn. 81a.

[536] BGH ZIP 2015, 2069 (2071); RGZ 166, 129 (133); Hüffer/*Koch* AktG § 121 Rn. 18; Schmidt/Lutter/*Ziemons* AktG § 121 Rn. 107; MüKoAktG/*Kubis* § 121 Rn. 101; Spindler/Stilz/*Rieckers* AktG § 121 Rn. 81. Siehe zur Einberufung wegen Minderheitsverlangen → Rn. 25.

[537] BGH ZIP 2015, 2069 (2072); MüKoAktG/*Kubis* § 121 Rn. 101.

[538] MüKoAktG/*Kubis* § 121 Rn. 101; Spindler/Stilz/*Rieckers* AktG § 121 Rn. 81b.

[539] Bürgers/Körber AktG/*Reger* § 121 Rn. 29; *Butzke* Hauptversammlung der AG Rn. B 99 S. 54; GroßkommAktG/*Butzke* § 121 Rn. 111; Hüffer/*Koch* AktG § 121 Rn. 18; KölnKommAktG/*Zöllner* § 121 Rn. 40; Schmidt/Lutter/*Ziemons* AktG § 121 Rn. 108; MüKoAktG/*Kubis* § 121 Rn. 104; Spindler/Stilz/*Rieckers* AktG § 121 Rn. 81a.

[540] Schmidt/Lutter/*Ziemons* AktG § 121 Rn. 110; Spindler/Stilz/*Rieckers* AktG § 121 Rn. 83; GroßkommAktG/*Butzke* § 121 Rn. 114; MüKoAktG/*Kubis* § 121 Rn. 102; Schaaf, Praxis der Hauptversammlung/*Ruppert* Rn. 129; aA KölnKommAktG/*Noack/Zetzsche* § 121 Rn. 82, 118.

[541] *Grunewald* AG 2015, 689 (693); Hüffer/*Koch* AktG § 122 Rn. 9a; MüKoAktG/*Kubis* § 122 Rn. 41.

[542] GroßkommAktG/*Butzke* § 122 Rn. 72; Spindler/Stilz/*Rieckers* AktG § 122 Rn. 40b.

[543] Vgl. BGHZ 100, 264 (266) = NJW 1987, 2580; Bürgers/Körber AktG/*Reger* § 121 Rn. 29; *Butzke* Hauptversammlung der AG Rn. B 100, 54; Hüffer/*Koch* AktG § 121 Rn. 18; Schmidt/Lutter/*Ziemons* AktG § 121 Rn. 106; MüKoAktG/*Kubis* § 121 Rn. 106; Spindler/Stilz/*Rieckers* AktG § 121 Rn. 82.

§ 37 Teilnehmer, Leitung und Ablauf der Hauptversammlung

Übersicht

	Rn.		Rn.
I. Teilnehmer der Hauptversammlung	1–31	e) Behandlung von Anträgen zur Geschäftsordnung	57–59
1. Vorstand, Aufsichtsrat, Dritte	1–7	f) Generaldebatte	60
2. Aktionäre	8–13	g) Reihenfolge der Tagesordnungspunkte	61
a) Grundsatz	8	h) Reihenfolge der Redner	62
b) Anmeldung	9, 10	i) Fragen- und Antwortrunden	63
c) Nachweis der Berechtigung	11–13	j) Unterbrechung	64
3. Aktionärsvertreter	14–24	k) Beschränkung der Rede- und Fragezeit	65–68
a) Vertreter kraft Vollmacht	14–19	l) Schließung der Rednerliste	69
b) Vollmachtstimmrecht der Banken	20, 21	m) Schluss der Debatte	70–72
c) Gesetzliche Vertreter	22	n) Behandlung von Anträgen und Gegenanträgen	73
d) Ermächtigung zur Ausübung des Stimmrechts (Legitimationszession)	23, 24	o) Einzelentlastung	74
4. Teilnehmerverzeichnis	25–29	p) Art und Reihenfolge der Abstimmungen	75
a) Inhalt	25–27	4. Ordnungsmaßnahmen bei Störungen	76–81
b) Aufstellung und Einsichtnahme	28, 29	a) Grundsatz	76, 77
5. Nachweis der Stimmzählung	30, 31	b) Wortentzug	78
II. Geschäftsordnung der Hauptversammlung	32–34	c) Verweisung aus dem Saal	79
III. Leitung der Hauptversammlung	35–81	d) Verweisung aus der Hauptversammlung	80
1. Versammlungsleiter	35–45	e) Räumung	81
a) Bestellung	35–42	IV. Typischer Ablauf einer Hauptversammlung	82–102
b) Abberufung	43–45	1. Leitfaden	82, 83
2. Aufgaben und Befugnisse des Versammlungsleiters	46–51	2. Eröffnung der Versammlung	84–90
a) Grundsatz	46–48	3. Generaldebatte	91–97
b) Bindung an die Tagesordnung	49–51	4. Abstimmungen	98–101
3. Einzelne Leitungsmaßnahmen	52–75	5. Schließung der Hauptversammlung	102
a) Zulassung von Gästen	52	V. Virtuelle Hauptversammlung nach dem COVID-19-Pandemie-Gesetz	103–108
b) Ton- und Bildaufnahmen	53, 54		
c) Verhandlungssprache	55		
d) Stenografisches Protokoll	56		

Schrifttum: *Austmann,* Verfahrensanträge in der Hauptversammlung, FS Hoffmann-Becking, 2013, S. 45–74; *Butzke,* Die Hauptversammlung der Aktiengesellschaft, 5. Aufl. 2011; *Drinhausen/Marsch-Barner,* Zur Rechtsstellung des Aufsichtsratsvorsitzenden als Leiter der Hauptversammlung einer börsennotierten Gesellschaft, AG 2014, 757–769; *Hoffmann-Becking,* Der Aufsichtsrat der AG und sein Vorsitzender in der Hauptversammlung, NZG 2017, 281–291; *Ihrig,* Zur Entscheidungskompetenz der Hauptversammlung in Fragen der Versammlungsleitung, FS Goette, 2011, S. 205–218; *ders.,* Recht des Aktionärs zur Teilnahme an der Hauptversammlung, FS Seibert, 2019, S. 409–424; *Kocher/Feigen,* Hilfspersonen des Versammlungsleiters, NZG 2015, 620–623; *Krieger,* Abwahl des satzungsmäßigen Versammlungsleiters?, AG 2006, 355–363; *von der Linden,* Die gerichtliche Bestimmung eines neutralen Versammlungsleiters, FS Marsch-Barner, 2018, S. 303–315; *Martens,* Leitfaden für die Leitung der Hauptversammlung einer Aktiengesellschaft, 3. Aufl. 2003; *Max,* Die Leitung der Hauptversammlung, AG 1991, 77–94; *Mohamed,* Die Legitimationszession im Aktienrecht, 2018; *Noack,* Die Legitimationsübertragung – eine dubiose Rechtsfigur, FS Stilz, 2014, S. 439–453; *Stützle/Walgenbach,* Leitung der Hauptversammlung und Mitspracherechte der Aktionäre in Fragen der Versammlungsleitung, ZHR 155 (1991), 516–544; *Poelzig,* Die Haftung des Leiters der Hauptversammlung – Grundlage, Grenzen und Durchsetzung der Haftung, AG 2015, 476–488; *Schaaf,* Praxis der Hauptversammlung 4. Aufl. 2018; *Schatz,* Beschlussvereitelung durch den Versammlungsleiter und Reaktionsmöglichkeiten der Aktionäre, AG 2015, 696–708; E. *Vetter,* Unternehmensexterne als Versammlungsleiter der Hauptversammlung, 2018, S. 799–825.

I. Teilnehmer der Hauptversammlung

1 **1. Vorstand, Aufsichtsrat, Dritte.** Die **Vorstandsmitglieder** „sollen" an der Hauptversammlung teilnehmen, § 118 Abs. 3 S. 1 AktG. Sie sind zur Teilnahme berechtigt und verpflichtet und dürfen nur aus schwerwiegenden Gründen fehlen, insbesondere wegen Krankheit oder einer dringenden dienstlichen Verhinderung.[1] Die Teilnahmepflicht gilt für alle zur Zeit der Hauptversammlung amtierenden Vorstandsmitglieder. Ein ehemaliges Vorstandsmitglied kann nur in Ausnahmefällen aufgrund einer nachwirkenden Nebenpflicht aus der beendeten Bestellung oder aufgrund eines noch weiter bestehenden Anstellungsvertrags verpflichtet sein, als Auskunftsperson in der Hauptversammlung zur Verfügung zu stehen, wenn der Vorstand für eine ordnungsgemäße Auskunftserteilung auf diese Assistenz angewiesen ist.[2] Ein Teilnahmerecht besitzen ehemalige Vorstandsmitglieder nicht, nach herrschender Auffassung auch nicht insoweit, als in der Hauptversammlung über ihre Entlastung verhandelt wird.[3] Die Vorstandsmitglieder müssen körperlich anwesend sein und können sich nicht vertreten lassen. Verletzungen der Teilnahmepflicht begründen keinen Mangel der in der Hauptversammlung gefassten Beschlüsse. Allerdings kann die Abwesenheit von Vorstandsmitgliedern unter Umständen dazu führen, dass die Auskunftspflichten des Vorstands nicht ordnungsgemäß erfüllt werden und deshalb ein Beschluss wegen Verletzung des Auskunftsrechts der Aktionäre angefochten werden kann.[4]

2 Für die Teilnahme der **Aufsichtsratsmitglieder** gilt im Grundsatz dasselbe wie für die Teilnahme der Vorstandsmitglieder. Auch die Aufsichtsratsmitglieder „sollen" an der Hauptversammlung teilnehmen, § 118 Abs. 3 S. 1 AktG. Ihre Teilnahme ist allerdings für den Ablauf der Hauptversammlung nicht so wichtig wie die Teilnahme der Vorstandsmitglieder, da nur der Vorstand gegenüber den Aktionären auskunftspflichtig ist. Die Satzung kann daher für Aufsichtsratsmitglieder – nicht dagegen für Vorstandsmitglieder – vorsehen, dass es ausreicht, wenn sie im Wege der Bild- und Tonübertragung teilnehmen, § 118 Abs. 3 S. 2 AktG. Diese im Jahre 2002 eingeführte Möglichkeit der Befreiung von der körperlichen Präsenzpflicht hat vor allem ausländische Aufsichtsratsmitglieder im Blick; in der Praxis wird davon allerdings auch im Hinblick auf diesen Personenkreis nur selten Gebrauch gemacht. Es genügt nicht, dass die Satzung pauschal die Zuschaltung per Video genügen lässt, sondern sie muss in abstrakter Umschreibung „bestimmte Fälle" nennen, die den Verzicht auf die körperliche Anwesenheit rechtfertigen, zB eine große Entfernung des Wohnorts vom Ort der Hauptversammlung.[5] Auch für Aufsichtsratsmitglieder gilt ebenso wie für Vorstandsmitglieder, dass sie sich nicht vertreten lassen können. Die Auskunftspflicht gegenüber den Aktionären ist nach § 131 AktG vom Vorstand zu erfüllen, und demgemäß sind nur die Vorstandsmitglieder, nicht dagegen die Aufsichtsratsmitglieder zur Auskunftserteilung verpflichtet und berechtigt.[6]

3 Der **Abschlussprüfer** ist nur dann und insoweit zur Teilnahme verpflichtet, als ausnahmsweise die Hauptversammlung den Jahresabschluss feststellt (§§ 176 Abs. 2, 173 AktG). Zu Auskünften an die Aktionäre ist der Abschlussprüfer auch in diesem Fall nicht verpflichtet, § 176 Abs. 2 S. 3 AktG. Wenn er an der Verhandlung über die Feststellung des Jahresabschlusses nicht teilnimmt, kann dies die Anfechtbarkeit des Feststellungsbeschlusses begründen. Im Regelfall der Feststellung des Jahresabschlusses durch Vorstand und Auf-

---

[1] Vgl. Spindler/Stilz AktG/*Hoffmann* § 118 Rn. 22; HV-HdB/*Bärwaldt* § 8 Rn. 102; noch strenger *Seyfarth*, Vorstandsrecht, 2016, § 1 Rn. 110.
[2] GroßkommAktG/*Mülbert* § 118 Rn. 60; Schmidt/Lutter/*Spindler* AktG § 118 Rn. 39; Hüffer/Koch AktG § 118 Rn. 21; HdB börsennotierte AG/*Marsch-Barner* § 33 Rn. 11; *E. Vetter* AG 1991, 171 (172); GroßkommAktG/*Mülbert* § 118 Rn. 41; aA Spindler/Stilz AktG/*Hoffmann* § 118 Rn. 26.
[3] GroßkommAktG/*Mülbert* § 118 Rn. 60; Spindler/Stilz AktG/*Hoffmann* § 118 Rn. 26.
[4] Schmidt/Lutter/*Spindler* AktG § 118 Rn. 44; GroßkommAktG/*Mülbert* § 118 Rn. 56.
[5] Spindler/Stilz AktG/*Hoffmann* § 118 Rn. 24; K. Schmidt/Lutter/*Spindler* § 118 Rn. 42.
[6] Hüffer/*Koch* AktG § 131 Rn. 7; Spindler/Stilz AktG/*Siems* § 131 Rn. 17. Zu Auskünften durch den Aufsichtsratsvorsitzenden → § 38 Rn. 7.

sichtsrat ist der Abschlussprüfer weder verpflichtet noch berechtigt, an der Hauptversammlung teilzunehmen.[7] Allerdings ist es üblich, dass er in der Hauptversammlung als Auskunftsperson zur Unterstützung des Vorstands zur Verfügung steht; zu Auskünften an die Aktionäre ist er nicht verpflichtet und auch nicht berechtigt, sondern nur, wenn ihm der Versammlungsleiter im Einvernehmen mit dem Vorstand ausnahmsweise das Wort zu Auskünften über die Abschlussprüfung erteilt.

Der **Notar** wird vom einberufenden Organ, in der Regel also vom Vorstand, mit der 4 Protokollierung beauftragt und nimmt somit kraft Amtes an der Hauptversammlung teil. Es ist rechtlich nicht erforderlich, dass er neben den Versammlungsleiter platziert wird, aber er muss jedenfalls im Versammlungssaal anwesend und für die Aktionäre erreichbar sein. Er kann zu seiner Unterstützung, insbesondere für die Entgegennahme von Geschäftsordnungsanträgen, Widersprüchen gegen Beschlüsse und Protokollierungsverlangen nach § 131 Abs. 5 AktG, Hilfspersonen hinzuziehen (→ § 41 Rn. 16).

Die Hauptversammlung ist keine öffentliche Veranstaltung. Deshalb bedarf die Teilnahme 5 anderer Personen, auch von Vertretern der Medien, der Zulassung als **Gäste.** Nach ganz herrschender Auffassung im Schrifttum entscheidet der Versammlungsleiter, im Regelfall also der Vorsitzende des Aufsichtsrats, über die Zulassung von Gästen[8], es sei denn, in der Satzung oder einer Geschäftsordnung der Hauptversammlung wird diese Entscheidung dem Vorstand zugewiesen. Diese allgemein akzeptierte Rechtslage ist erstaunlich, wenn man bedenkt, dass der Vorstand zur Hauptversammlung einlädt und man deshalb annehmen könnte, dass er im Sinne einer Annex-Kompetenz auch darüber entscheiden kann, wer zusätzlich zu den obligatorischen Adressaten der Einladung als Gast eingeladen wird. Tatsächlich ist es auch so, dass der Vorstand zeitlich im Vorfeld der Hauptversammlung die Gästekarten verschickt, in einer Zeit also, in welcher der künftige Versammlungsleiter als solcher noch nicht präsent ist und deshalb in aller Regel mit der Gästeliste auch gar nicht befasst wird. Wenn dennoch der Versammlungsleiter über die Zulassung von Gästen zu entscheiden hat, trägt er dafür auch die Verantwortung. Er kann es nicht unbeschränkt dem Vorstand überlassen, im Vorfeld der Hauptversammlung den Kreis der Gäste festzulegen, sondern er muss den Vorstand zumindest dazu anhalten, in Zweifelsfällen seine Entscheidung einzuholen.[9]

Wenn ein teilnehmender Aktionär der Zulassung (oder der Nicht-Zulassung) eines 6 Dritten widerspricht, soll nach einer verbreiteten Auffassung die Hauptversammlung über die Zulassung entscheiden.[10] Das überzeugt nicht. Die Zulassung oder Nicht-Zulassung bestimmter Gäste präjudiziert in keiner Weise die in der Hauptversammlung anstehenden Sachentscheidungen und kann deshalb vom Versammlungsleiter abschließend entschieden werden.[11] Besonders überzeugend ist dieses Ergebnis, wenn der Versammlungsleiter (oder der Vorstand) nach § 118 Abs. 4 AktG ermächtigt ist, die Bild- und Tonübertragung zuzulassen und somit die Hauptversammlung faktisch für Dritte zu öffnen; dann ist es nicht plausibel, dass ein einzelner Aktionär eine Beschlussfassung der Hauptversammlung über die Teilnahme von Gästen erzwingen kann. Auch wenn somit der Versammlungsleiter abschließend entscheiden kann, muss er aber jedenfalls auf Verlangen eines Aktionärs

---

[7] Hüffer/*Koch* AktG § 176 Rn. 8; Bürgers/Körber AktG/*Reger* § 176 Rn. 10; Schmidt/Lutter/ *Drygala* AktG § 176 Rn. 19.

[8] GroßkommAktG/*Mülbert* § 118 Rn. 93; Hüffer/*Koch* AktG § 118 Rn. 28; Spindler/Stilz AktG/ *Hoffmann* § 118 Rn. 29.

[9] *Hoffmann-Becking* NZG 2017, 281 (287).

[10] Hüffer/*Koch* AktG § 118 Rn. 29; Schmidt/Lutter/*Spindler* AktG § 118 Rn. 48; Spindler/Stilz AktG/*Hoffmann* § 118 Rn. 29; MüKoAktG/*Kubis* § 118 Rn. 114; Grigoleit/*Herrler* AktG § 118 Rn. 21; aA GroßkommAktG/*Mülbert* § 118 Rn. 93; Hölters AktG/*Drinhausen* § 118 Rn. 32; *Ihrig* FS Goette, 2011, 211 f.; *Bezzenberger* ZGR 1998, 352 (360); *Schaaf* Praxis der Hauptversammlung S. 149 Rn. 494 ff.

[11] *Hoffmann-Becking* NZG 2017, 281 (288); *Martens* Leitfaden für die Leitung der Hauptversammlung einer AG S. 37.

Auskunft erteilen über die zugelassenen Gäste oder zumindest die Kriterien ihrer Auswahl.[12]

7 Durch die Satzung kann ein Teilnahmerecht (nicht aber ein Rede- und Antragsrecht) bestimmter Personen oder Personengruppen begründet werden.[13] Auch in einer Geschäftsordnung der Hauptversammlung (dazu → Rn. 32 ff.) kann dies geregelt werden.[14] Gesetzliche Teilnahmerechte von Behördenvertretern ergeben sich insbesondere aus den jeweiligen Regelungen für Banken, Versicherungen und Bausparkassen (§ 44 Abs. 5 KWG, § 83 Abs. 1 Nr. 5 VAG, § 3 Abs. 1 BausparkG), die auch ein Rede- und Antragsrecht begründen.[15]

8 **2. Aktionäre. a) Grundsatz.** Jeder Aktionär ist berechtigt, an der Hauptversammlung teilzunehmen. Das gilt auch für solche Aktionäre, die stimmrechtslose Vorzugsaktien (§ 140 Abs. 1 AktG) halten oder Aktien besitzen, die wegen nicht geleisteter Einlage kein Stimmrecht verleihen (§ 134 Abs. 2 AktG). Ein bestimmter Mindestbesitz von Aktien ist nicht erforderlich und kann auch nicht durch die Satzung vorgeschrieben werden.[16] Auch wer Aktien im Wege einer sogenannten „Wertpapierleihe" (richtiger: eines Wertpapierdarlehens im Sinne von § 607 BGB) vorübergehend erworben hat, ist teilnahmeberechtigt.[17] Kein Teilnahmerecht vermitteln lediglich solche Aktien, für die das Gesetz anordnet, dass aus ihnen keine Rechte ausgeübt werden können, zB eigene Aktien (§ 71b AktG) und Aktien, die wegen Verletzung von Mitteilungspflichten für die Zeit der Verletzung keine Rechte vermitteln (§ 28 WpHG). Die Inhaber von American Depositary Receipts (ADR) besitzen kein Teilnahmerecht, da durch die ADR lediglich schuldrechtliche Ansprüche gegen den Inhaber der Aktien verbrieft werden. Eine schuldrechtliche, aber auch eine dingliche Belastung der Aktie, namentlich durch Pfändung, Verpfändung oder Nießbrauch, lässt das Teilnahmerecht des Eigentümers der Aktie unberührt.[18] Bei Namensaktien kommt es nicht darauf an, wer Eigentümer der Aktie ist, sondern wer im Aktienregister eingetragen ist, da nach § 67 Abs. 2 AktG im Verhältnis zur Gesellschaft nur derjenige als Aktionär gilt, der als solcher im Aktienregister eingetragen ist.

9 **b) Anmeldung.** Die Satzung kann die Teilnahme an der Hauptversammlung und/oder die Ausübung des Stimmrechts davon abhängig machen, dass der Aktionär sich vor der Versammlung anmeldet, § 123 Abs. 2 S. 1 AktG. Bei Publikumsgesellschaften wird von dieser Möglichkeit durchweg Gebrauch gemacht, und zwar in dem Sinne, dass sowohl die Teilnahme an der Hauptversammlung als auch die Ausübung des Stimmrechts von der rechtzeitigen Anmeldung und – dazu → Rn. 11 – dem rechtzeitigen Nachweis der Berechtigung, also des Anteilsbesitzes, abhängig gemacht wird. Seit der Neufassung von § 123 AktG im Jahre 2005 erübrigt sich die früher übliche (und bei nicht börsennotierten Gesellschaften noch immer zulässige[19]) Anordnung einer Hinterlegung der Aktien als Voraussetzung für die Teilnahme an der Hauptversammlung und die Ausübung des Stimmrechts.

10 § 123 Abs. 2 AktG enthält nähere Bestimmungen für die Satzungsregelung zur Anmeldung. Danach darf die Satzung nicht eine frühere Anmeldung als sechs Tage vor der Versammlung vorschreiben (§ 123 Abs. 2 S. 2 AktG). Da weder der Tag der Hauptversammlung noch der Tag des Zugangs der Anmeldung mitzurechnen ist (§ 121 Abs. 7 S. 1

---

[12] MüKoAktG/*Kubis* § 118 Rn. 113; GroßkommAktG/*Mülbert* § 118 Rn. 93.
[13] MüKoAktG/*Kubis* § 118 Rn. 111; GroßkommAktG/*Mülbert* § 118 Rn. 93; Schmidt/Lutter/*Spindler* AktG § 118 Rn. 48.
[14] MüKoAktG/*Kubis* § 118 Rn. 112; Spindler/Stilz AktG/*Hoffmann* § 118 Rn. 34.
[15] Schmidt/Lutter/*Spindler* AktG § 118 Rn. 48; GroßkommAktG/*Mülbert* § 118 Rn. 88; MüKoAktG/*Kubis* § 118 Rn. 110.
[16] Spindler/Stilz AktG/*Rieckers* § 123 Rn. 24.
[17] Hüffer/*Koch* AktG § 118 Rn. 27; MüKoAktG/*Kubis* § 118 Rn. 54.
[18] Spindler/Stilz AktG/*Hoffmann* § 118 Rn. 11; Hüffer/*Koch* AktG § 118 Rn. 27; MüKoAktG/*Kubis* § 118 Rn. 56.
[19] MüKoAktG/*Kubis* § 123 Rn. 24; Spindler/Stilz AktG/*Rieckers* § 123 Rn. 25.

AktG, § 123 Abs. 2 S. 4 AktG), muss bei der **Frist von sechs Tagen** die Anmeldung bis zum Ablauf des siebten Tages vor dem Tag der Hauptversammlung erfolgen. Ob das Ende der von der Hauptversammlung zurückberechneten Frist auf einen Werktag oder einen Sonntag, Samstag oder Feiertag fällt, ist ohne Belang, § 121 Abs. 7 S. 2 AktG. Statt der Frist von sechs Tagen vor der Versammlung kann entweder schon in der Satzung oder in der Einberufung aufgrund einer entsprechenden Ermächtigung durch die Satzung eine kürzere, in Tagen zu bemessende Frist vorgesehen werden (§ 123 Abs. 2 S. 3 AktG). Die Anmeldung kann sowohl für Inhaber- als auch für Namensaktien vorgeschrieben werden. In der Einberufung muss die Adresse angegeben werden, an welche die Anmeldung zu richten ist. Eine besondere **Form der Anmeldung** schreibt das Gesetz nicht vor, jedoch ist es üblich, in der Satzung die Form zu regeln und außer der schriftlichen Anmeldung auch eine Anmeldung in Textform in deutscher oder englischer Sprache genügen zu lassen.[20] Eine strengere Form als die Schriftform kann nicht verlangt werden.[21] Wenn die Satzung eine Anmeldung vorschreibt, verlängert sich die Mindestfrist für die Einberufung der Hauptversammlung, die nach § 123 Abs. 1 AktG dreißig Tage beträgt, nach § 123 Abs. 2 S. 5 AktG um die Tage der Anmeldefrist. Bei einer durch die Satzung oder die Einberufung bestimmten Anmeldefrist von weniger als sechs Tagen nach § 123 Abs. 2 S. 3 AktG verlängert sich auch die Einberufungsfrist entsprechend um weniger Tage.[22]

c) Nachweis der Berechtigung. Aktionäre, die an der Hauptversammlung teilnehmen und dort das Stimmrecht ausüben wollen, müssen in jedem Fall, auch dann wenn in der Satzung keine Anmeldung vorgeschrieben ist, ihre Berechtigung nachweisen. Bei Namensaktien ergibt sich die Legitimation zur Teilnahme und Stimmrechtsausübung aus der Eintragung im Aktienregister, § 67 Abs. 2 AktG, so dass sich ein zusätzlicher Nachweis erübrigt. Das stellt § 123 Abs. 5 AktG zwar nur für Namensaktien börsennotierter Gesellschaften klar, gilt aber auch für nicht börsennotierte Namensaktien.[23] Der Inhaberaktionär muss sich dagegen auf andere Weise legitimieren, und er ist im Verhältnis zur Gesellschaft nur dann zur Teilnahme und Stimmrechtsausübung berechtigt, wenn er den Nachweis erbracht hat, § 123 Abs. 4 S. 5 AktG. Wenn er den Nachweis trotz entsprechender Belehrung in der Einladung nicht oder nicht rechtzeitig erbracht hat, darf er nicht zur Teilnahme und Abstimmung zugelassen werden, weil das die Gleichbehandlung der Aktionäre verletzen würde.[24] Die Satzung kann bestimmen, wie die Berechtigung nachzuweisen ist, § 123 Abs. 3 S. 1 AktG. Die Satzung einer nicht börsennotierten Gesellschaft kann die Art des Nachweises, zB durch Bescheinigung eines Notars, weitgehend frei bestimmen. Bei der börsennotierten AG muss der Berechtigungsnachweis des Inhaberaktionärs den Aktienbesitz zu Beginn des 21. Tages vor der Versammlung (**„record date"**) ausweisen und der Gesellschaft unter der in der Einberufung hierfür mitgeteilten Adresse mindestens sechs Tage vor der Versammlung zugehen, § 123 Abs. 4 S. 2 AktG. Auch diese Frist kann ebenso wie die Frist zur Anmeldung auf weniger als sechs Tage verkürzt werden, § 123 Abs. 4 S. 3 AktG, und auch bei der Berechnung dieser Frist sind der Tag der Versammlung und der Tag des Zugangs nicht mitzurechnen, § 121 Abs. 7 S. 1, § 123 Abs. 4 S. 5 AktG. In der Praxis ist es üblich und zweckmäßig, für die Anmeldung und die Übermittlung des Berechtigungsnachweises dieselbe Frist vorzuschreiben.

---

[20] Vgl. Beck'sches Formularbuch/*Hoffmann-Becking* Form. X.10 § 12 Abs. 2.
[21] MüKoAktG/*Kubis* § 123 Rn. 11; Spindler/Stilz AktG/*Rieckers* § 123 Rn. 9.
[22] Das hat der Gesetzgeber in 2016 durch Streichung der Worte „des Satzes 2" in § 123 Abs. 2 S. 5 AktG klargestellt, vgl. Begr.RegE BT-Drs. 18/4349, 22 f.
[23] Der RegE zur Aktienrechtsnovelle 2014 sah vor, auch für Namensaktien börsennotierter Gesellschaften einen zwingenden Nachweisstichtag einzuführen, und zwar wie bei Inhaberaktien auf den 21. Tag vor der Hauptversammlung (BR-Drs. 22/15). Das ist jedoch nicht Gesetz geworden, s. näher Hüffer/*Koch* AktG § 123 Rn. 14.
[24] BGH NZG 2019, 262 Rn. 12 f. m. Bespr. *Reger/Jud* AG 2019, 172 ff.; *Kuthe* BB 2019, 776 ff.; *Herfs/Rowald* DB 2019, 712 ff.; *Simons* NZG 2019, 641 ff.

12 Zur **Form des Berechtigungsnachweises** von Inhaberaktionären einer börsennotierten Gesellschaft bestimmte § 123 Abs. 4 S. 1 AktG aF, dass unabhängig davon, ob und wie die Satzung die Art des Nachweises regelt, jedenfalls ein in Textform erstellter Nachweis des Aktienbesitzes durch das „depotführende Institut" ausreicht. Nach dem durch das ARUG II neu gefassten § 123 Abs. 4 S. 1 AktG reicht bei Inhaberaktien börsennotierter Gesellschaften jedenfalls ein Nachweis gemäß § 67c Abs. 3 AktG aus, also eine in Textform ausgestellte Bescheinigung durch den Letztintermediär (zum Intermediär → § 36 Rn. 96). Diese Regelung gilt für Hauptversammlungen, die nach dem 3.9.2020 einberufen werden (§ 26j Abs. 4 EG-AktG). Nach wie vor kann die Satzung daneben eine andere Art des Nachweises zulassen.[25] Die Sprache, in der die Bescheinigung verfasst wird, ist durch das Gesetz nicht vorgeschrieben; eine Regelung in der Satzung ist zulässig und zu empfehlen.[26]

13 Nach dem „record date" kann der Aktionär weiterhin über den ausgewiesenen Aktienbesitz verfügen. Teilnahme- und stimmberechtigt ist in diesem Fall aber nicht der Erwerber, sondern ausschließlich der Veräußerer mit dem für den Beginn des 21. Tages vor der Hauptversammlung nachgewiesenen Aktienbestand, also auch dann, wenn er nicht mehr Eigentümer der Aktien ist. Ob der Veräußerer verpflichtet ist, entsprechend den Wünschen des Erwerbers zu stimmen oder dem Erwerber eine Stimmrechtsvollmacht zu erteilen, bestimmt sich nach den ggf. bei der Veräußerung getroffenen Abreden.[27]

14 3. **Aktionärsvertreter. a) Vertreter kraft Vollmacht.** Das Stimmrecht kann durch einen Bevollmächtigten des Aktionärs ausgeübt werden, § 134 Abs. 3 S. 1 AktG. Der Bevollmächtigte ist, damit er das Stimmrecht ausüben kann, ohne weiteres auch zur Teilnahme an der Hauptversammlung berechtigt, und die Vollmacht schließt auch das Recht ein, in der Hauptversammlung zu reden, Auskünfte zu verlangen und Anträge zu stellen, ohne dass dies in der Vollmacht ausdrücklich bestimmt zu werden braucht. Die Satzung kann die Vertretung durch einen Bevollmächtigten weder ausschließen noch vorschreiben.[28] Neben dem Bevollmächtigten bleibt der Aktionär zur Teilnahme berechtigt.[29]

15 Zur **Person des Bevollmächtigten** macht das Gesetz keine Vorgaben. Nach der früher herrschenden Meinung kann die Satzung die freie Auswahl beschränken, zB nur eine Vertretung durch andere Aktionäre zulassen, soweit dadurch nicht die Entscheidungsfreiheit des Aktionärs unzumutbar eingeschränkt wird;[30] die heute hM hält dies mit Recht für unzulässig.[31]

16 Unzulässig ist jedenfalls eine Klausel, wonach sich die Aktionäre nur durch von der Gesellschaft bestimmte Personen vertreten lassen können. Zulässig ist dagegen, wie sich mittelbar aus der 2001 eingeführten Formvorschrift des § 134 Abs. 3 S. 5 AktG ergibt, die Benennung von **Stimmrechtsvertretern** durch die Gesellschaft, welche die Aktionäre nach Belieben bevollmächtigen können. In der Praxis der börsennotierten Gesellschaften wird von dieser Möglichkeit in erheblichem und weiter wachsendem Umfang Gebrauch gemacht. Während zunächst verschiedentlich externe Personen benannt wurden, zB WP-Gesellschaften,[32] ist es heute üblich, in der Einberufung die Stimmrechtsausübung durch Mitarbeiter der Gesellschaft anzubieten. In jedem Fall darf ein von der Gesellschaft benann-

---

[25] Hüffer/*Koch* AktG § 123 Rn. 11.
[26] Spindler/Stilz AktG/*Rieckers* § 123 Rn. 29b.
[27] Vgl. Begr. RegE UMAG BT-Drs. 15/5092, 30; Schmidt/Lutter/*Ziemons* AktG § 123 Rn. 37 f.
[28] Spindler/Stilz AktG/*Rieckers* § 134 Rn. 49; MüKoAktG/*Arnold* § 134 Rn. 45.
[29] Großkomm AktG/*Mülbert* § 118 Rn. 73; aA *Ihrig* FS Seibert, 2019, 409 (413 ff.).
[30] Henssler/Strohn GesR/*Liebscher* AktG § 134 Rn. 9; RGZ 55, 41 f.; KG JW 1938, 2412 f.; LG Bonn AG 1991, 114 (115).
[31] OLG Stuttgart AG 1991, 69 f.; Spindler/Stilz AktG/*Rieckers* § 134 Rn. 51; MüKoAktG/Arnold § 134 Rn. 45; GroßkommAktG/*Grundmann* § 134 Rn. 105; Schmidt/Lutter/*Spindler* AktG § 134 Rn. 58; Grigoleit/*Herrler* AktG § 134 Rn. 31; Hüffer/*Koch* AktG § 134 Rn. 25.
[32] Vgl. LG Baden-Baden ZIP 1998, 1308 (1311) – Forum T-Aktie. Vgl. auch OLG Hamm ZIP 2013, 1024: Von der AG benannter externer Stimmrechtsvertreter kann in den Anwendungsbereich von § 135 Abs. 9 AktG fallen.

ter Stimmrechtsvertreter das Stimmrecht des Aktionärs nicht nach eigenem Ermessen, sondern nur nach Weisung des Aktionärs ausüben (analog § 135 Abs. 3 S. 3 AktG).[33] Häufig wird das Angebot in der Einberufung derart zeitlich eingeschränkt, dass Vollmacht und Stimmrechtsweisungen nur bis zu einem bestimmten Zeitpunkt vor der Hauptversammlung erteilt werden können; manche Gesellschaften lassen aber auch noch Weisungen bis zum Beginn der Abstimmung zu. Der Stimmrechtsvertreter übt das Stimmrecht, wenn die Vollmacht es nicht anders bestimmt, nicht offen im Namen des Aktionärs, sondern verdeckt im Namen dessen aus, den es angeht, § 134 Abs. 3 S. 5 Hs. 2, § 135 Abs. 5 S. 2 AktG. Wenn die Gesellschaft die Vertretung durch von ihr benannte Stimmrechtsvertreter anbietet, muss sie die an solche Vertreter erteilten Vollmachten drei Jahre lang nachprüfbar festhalten, § 134 Abs. 3 S. 5 AktG. Auch bei Bevollmächtigung eines von der Gesellschaft benannten Stimmrechtsvertreters muss sich der Aktionär, falls eine Anmeldung vorgeschrieben ist, fristgerecht anmelden und seinen Aktienbesitz nachweisen.

Früher war umstritten, ob sich der Aktionär durch **mehrere Bevollmächtigte** in der Hauptversammlung vertreten lassen kann.[34] Der Gesetzgeber hat dies durch eine Neufassung von § 134 Abs. 3 S. 2 AktG im Jahre 2009 in dem Sinne geklärt, dass der Aktionär zwar mehrere Personen bevollmächtigen kann, die Gesellschaft aber alle bis auf einen Bevollmächtigten zurückweisen kann. Das gilt sowohl für die Bevollmächtigung mehrerer Personen für unterschiedliche Teile des Aktienbesitzes[35], als auch für die Erteilung einer Gesamtvollmacht für dieselben Aktien an mehrere Bevollmächtigte. Über die Zulassung oder Zurückweisung entscheidet die Gesellschaft durch den Versammlungsleiter.

Zur **Form** ist zwischen den Formerfordernissen für die Erteilung der Vollmacht, ihren Widerruf und den Nachweis der Bevollmächtigung gegenüber der Gesellschaft zu unterscheiden. Nach § 134 Abs. 3 S. 2 AktG ist für alle drei Akte die Wahrung der Textform erforderlich und ausreichend, wenn nicht in der Satzung oder in der Einberufung aufgrund einer Ermächtigung durch die Satzung etwas Abweichendes bestimmt wird, zB Schriftform angeordnet wird. Das abweichende Formerfordernis muss nicht unbedingt einheitlich für alle drei Akte angeordnet werden. Für die Wahrung der Textform (§ 126b BGB) genügen Telefax und E-Mail. Bei börsennotierten Gesellschaften kann keine strengere Form als die Textform, sondern nur eine Erleichterung bestimmt werden, § 134 Abs. 3 S. 3 AktG, und die börsennotierte Gesellschaft hat zumindest einen Weg elektronischer Kommunikation für die Übermittlung des Nachweises anzubieten, § 134 Abs. 3 S. 4 AktG, also insbesondere die Übermittlung per E-Mail an eine in der Einberufung genannte E-Mail-Adresse; die Übermittlung per Telefax an eine in der Einberufung genannte Fax-Nummer soll dagegen nicht als „elektronische Übermittlung" gelten.[36] Die Bevollmächtigung muss nicht notwendig zeitlich vor der Hauptversammlung erfolgen, sondern der teilnehmende Aktionär kann auch in der Hauptversammlung einen anderen Teilnehmer bevollmächtigen. Zu diesem Zweck enthalten die Stimmkartenblöcke bei Publikumsgesellschaften üblicherweise einen entsprechenden Vollmachtsvordruck.

In der **Einberufung** der Hauptversammlung muss das Verfahren für die Stimmabgabe durch einen Bevollmächtigten angegeben werden, § 121 Abs. 3 Nr. 2a AktG (dazu → § 36 Rn. 44). Wenn die Angaben fehlerhaft sind, kann dies die Anfechtbarkeit der in der Hauptversammlung gefassten Beschlüsse, nicht aber deren Nichtigkeit zur Folge haben. Das ergibt sich nach der heute geltenden Gesetzesfassung schon daraus, dass § 121 Abs. 3 S. 3

---

[33] Hüffer/*Koch* AktG § 134 Rn. 26b; MüKoAktG/*Arnold* § 134 Rn. 42; Schmidt/Lutter/*Spindler* AktG § 134 Rn. 63; *Habersack* ZHR 165 (2001), 172 (187); GroßkommAktG/*Grundmann* § 134 Rn. 124; *Butzke* Hauptversammlung der AG Rn. E 68 S. 201 f.; *Schaaf*, Praxis der Hauptversammlung, S. 102 Rn. 329; aA *Riegger* ZHR 165 (2001), 204 (213); *Marsch-Barner* FS Peltzer, 2001, 261 (271); *Bachmann* AG 2001, 635; *Wiebe* ZHR 166 (2002), 182; differenzierend Spindler/Stilz AktG/*Rieckers* § 134 Rn. 55 f.
[34] Nachw. bei MüKoAktG/*Arnold* § 134 Rn. 48; Spindler/Stilz AktG/*Rieckers* § 134 Rn. 64.
[35] Anders *Ihrig* FS Seibert, 2019, 409 (422 ff.) bei Aufteilung des Aktienbesitzes auf mehrere Depots.
[36] Begr. RegE BT-Drs. 16/11642, 32.

AktG nicht in § 241 Nr. 1 AktG genannt ist. Aber auch nach der vor 2009 geltenden Fassung von § 121 Abs. 3 AktG hatte die unrichtige Wiedergabe der Vertretungsmodalitäten in der Einberufung nicht die Nichtigkeit der Beschlüsse zur Folge, weil die Modalitäten der Bevollmächtigung eines Stimmesvertreters nicht zu den nach der alten Gesetzesfassung in der Einladung anzugebenden Bedingungen der Teilnahme und der Ausübung des Stimmrechts gehörten.[37]

20 **b) Vollmachtstimmrecht der Banken.** Die Regelungen des § 134 Abs. 3 AktG zu den Formerfordernissen der Bevollmächtigung gelten seit der Neufassung durch das ARUG in 2009 gleichermaßen auch für die Bevollmächtigung eines Intermediärs (dazu → § 36 Rn. 96) oder einer nach § 135 Abs. 8 AktG gleichgestellten Person oder Aktionärsvereinigung, so dass im Regelfall die Textform zu wahren ist.[38] Zum Inhalt der Vollmacht an einen Intermediär oder einen gleichgestellten Bevollmächtigten enthält § 135 AktG allerdings eine Reihe von Sonderregelungen. Die Bevollmächtigung des verwahrenden Intermediärs, meist also der Depotbank durch den Depotkunden (sogenanntes **Depotstimmrecht**) hat in neuerer Zeit wesentlich an Bedeutung verloren, zum einen wegen des durch den Übergang auf Namensaktien ermöglichten unmittelbaren Kontakts der Gesellschaft mit ihren Aktionären, zum anderen wegen des geschwundenen Interesses der Banken angesichts der unzureichend vergüteten Kosten dieser Dienstleistung.[39] Damit hat sich die rechtspolitische Brisanz der angeblich durch das Depotstimmrecht vermittelten „Bankenmacht" und der dagegen gerichteten Sicherungsvorkehrungen in § 135 AktG weitgehend erledigt.

21 Nach der Änderung des § 135 AktG durch das ARUG in 2009 gelten im Wesentlichen die folgenden Regeln: Dauervollmachten sind wieder unbefristet möglich, müssen aber jederzeit widerruflich sein. Soweit der Aktionär keine Weisung zur Stimmrechtsausübung erteilt, kann das Kreditinstitut durch eine generelle Vollmacht nur in dem Sinne bevollmächtigt werden, dass es das Stimmrecht entsprechend eigenen Abstimmungsvorschlägen oder entsprechend den Vorschlägen der Verwaltung ausübt (§ 135 Abs. 1 S. 4 AktG). Die Vorschläge der Verwaltung und ggf. die eigenen Vorschläge des Kreditinstituts sind dem Aktionär zuvor zugänglich zu machen (§ 135 Abs. 2 S. 1, Abs. 4 S. 1 AktG). Das Kreditinstitut übt das Stimmrecht, wenn es die Vollmacht nicht anders bestimmt, nicht offen unter Nennung des Namens des Aktionärs, sondern verdeckt im Namen dessen aus, den es angeht, § 135 Abs. 5 S. 2 AktG. In der eigenen Hauptversammlung darf das bevollmächtigte Kreditinstitut das Stimmrecht aufgrund der Vollmacht nur nach Maßgabe einer vom Aktionär ausdrücklich erteilten Weisung ausüben, und das Gleiche gilt in der Versammlung einer Gesellschaft, an der das Kreditinstitut mit mehr als 20 % unmittelbar oder mittelbar beteiligt ist, § 135 Abs. 3 S. 3 und 4 AktG. Die Sonderregelungen für Kreditinstitute in § 135 Abs. 1–8 gelten sinngemäß für die Ausübung des Stimmrechts durch Aktionärsvereinigungen, und Personen, die sich geschäftsmäßig zur Ausübung des Stimmrechts in der Hauptversammlung erbieten, § 135 Abs. 8 AktG.

22 **c) Gesetzliche Vertreter.** § 134 Abs. 3 AktG regelt nur die Anforderungen an eine rechtsgeschäftliche Vollmacht. Für die gesetzliche Vertretung eines Aktionärs gelten die allgemeinen Regeln. Demgemäß muss die gesetzliche Vertretungsmacht für eine natürliche Person durch Personenstandsauszug oder Bestellungsurkunde nachgewiesen werden, während die organschaftliche Vertretungsmacht für Handelsgesellschaften durch Vorlage eines Handelsregisterausdrucks nachgewiesen werden kann. Falls zwei gesetzliche Vertreter nur

---

[37] BGH NZG 2011, 1105; 2012, 1222.

[38] Schmidt/Lutter/*Spindler* AktG § 135 Rn. 8; GroßkommAktG/*Grundmann* § 135 Rn. 46; *J. Schmidt* WM 2009, 2350 (2356); Grigoleit/*Herrler* AktG § 135 Rn. 7; aA Spindler/Stilz AktG/*Rieckers* § 135 Rn. 16 f.; MüKoAktG/*Arnold* § 135 Rn. 46; Hölters AktG/*Hirschmann* § 135 Rn. 7. Bis zur Klärung dieser Streitfrage durch den BGH sollten sich die Angaben zur Form der Bevollmächtigung in der Einladung vorsorglich nicht auf die Vollmachten nach § 135 AktG beziehen, um nicht die Anfechtbarkeit zu riskieren (vgl. Beck'sches Formularbuch/*Hoffmann-Becking* Form. X.21).

[39] Vgl. MüKoAktG/*Arnold* § 135 Rn. 21.

gemeinsam vertretungsberechtigt sind (Gesamtvertretungsmacht), sind die mehreren Gesamtvertreter – anders als mehrere rechtsgeschäftlich Bevollmächtigte (→ Rn. 17) – zur Teilnahme und Stimmrechtsausübung zuzulassen und kann von ihnen nicht verlangt werden, dass sie einen von ihnen zur Alleinvertretung ermächtigen.[40]

d) Ermächtigung zur Ausübung des Stimmrechts (Legitimationszession). Aus § 129 Abs. 3 AktG ergibt sich, dass der Aktionär eine andere Person ermächtigen kann, im eigenen Namen das Stimmrecht für die dem Aktionär gehörenden Aktien auszuüben (dazu → § 14 Rn. 67 f.). § 129 Abs. 3 S. 1 AktG schreibt vor, dass in diesem Fall bei Nennbetragsaktien der Betrag, bei Stückaktien die Zahl und die Gattung dieser Aktien im Teilnehmerverzeichnis gesondert anzugeben sind. In der Praxis geschieht dies durch die Kennzeichnung als „Fremdbesitz" durch das Kürzel „F" (→ Rn. 24). Es handelt sich dabei nicht um eine Stellvertretung im Rechtssinne, sondern um eine an den Rechtsgedanken des § 185 BGB angelehnte Ermächtigung[41], trotz des grundsätzlich geltenden Abspaltungsverbots das aus der Aktie folgende Stimmrecht im eigenen Namen und mit Wirkung für und gegen den Eigentümer der Aktie auszuüben. Auf diese Weise ist es möglich, die Person des Eigentümers zu verdecken und seine Anonymität zu wahren. Dasselbe kann auch durch eine verdeckte Stimmrechtsvertretung im Namen dessen, den es angeht, nach § 135 Abs. 5 S. 2 AktG erreicht werden, aber dieser Weg steht nur für die Vertretung durch ein Kreditinstitut, einen gleichgestellten Finanzdienstleister oder eine Aktionärsvereinigung zur Verfügung (→ Rn. 21).

Der Legitimationszessionar muss seine Berechtigung zur Teilnahme und Stimmrechtsausübung so nachweisen, als wäre er Aktionär[42], bei Inhaberaktien einer börsennotierten Gesellschaft also durch Bescheinigung des Letztintermediärs nach § 123 Abs. 4 S. 1 AktG oder eine andere in der Satzung zugelassene Form des Nachweises, bei Namensaktien durch seine Eintragung im Aktienregister. Die Möglichkeit der Stimmrechtsermächtigung kann durch die Satzung ausgeschlossen werden.[43] Ausgeschlossen ist von Gesetzes wegen die Nutzung dieses Instruments durch Kreditinstitute für die Stimmrechte aus Inhaberaktien (§ 135 Abs. 1 S. 1 AktG), während bei Namensaktien eine Stimmrechtsausübung durch das Kreditinstitut aufgrund einer Ermächtigung zulässig ist, vorausgesetzt, das Kreditinstitut ist im Aktienregister als Aktionär eingetragen (§ 135 Abs. 6 AktG). Umstritten ist die Behandlung der Legitimationszession im Hinblick auf gesetzlich vorgeschriebene Beteiligungsmitteilungen, insbesondere die Mitteilungspflicht nach § 21 WpHG. Nach Ansicht des OLG Köln sind sowohl der Legitimationszessionar als auch der Eigentümer der Aktien zur Mitteilung verpflichtet.[44]

4. Teilnehmerverzeichnis. a) Inhalt. Nach § 129 Abs. 1 S. 2 AktG ist ein Verzeichnis der erschienenen oder vertretenen Aktionäre und der Vertreter von Aktionären mit Angaben ihres Namens und Wohnorts sowie bei Nennbetragsaktien des Betrags, bei Stückaktien der Zahl der von jedem vertretenen Aktien unter Angabe ihrer Gattung aufzustellen. Die Vorschrift gilt auch für Hauptversammlungen mit wenigen Teilnehmern und für beschlusslose Hauptversammlungen und auch für Universalversammlungen. In das Verzeichnis sind alle vertretenen Aktien aufzunehmen, auch wenn sie stimmrechtslos sind.

---

[40] Spindler/Stilz AktG/*Rieckers* § 134 Rn. 44; Hüffer/*Koch* AktG § 134 Rn. 30.
[41] Zur dogmatischen Einordnung der Ermöchtigung ausf. *Than* ZHR 157 (1993), 125 (130 ff.); *Mohamed*, Die Legitimationszession im Aktienrecht, 2018 S. 80 ff.; *Noack* FS Stilz, 2014, 439 (440 ff.).
[42] Hüffer/*Koch* AktG § 129 Rn. 12; Spindler/Stilz AktG/*Rieckers* § 134 Rn. 46; *Mohamed* Legitimationszession S. 124 ff.
[43] Spindler/Stilz AktG/*Rieckers* § 134 Rn. 46; *Mohamed* Legitimationszession S. 154 ff.; aA Hüffer/*Koch* AktG § 134 Rn. 32 für börsennotierte AG.
[44] OLG Köln NZG 2012, 946; zust. *Bayer/Scholz* NZG 2013, 721; abl. *Nartowska* NZG 2013, 124; *Cahn* AG 2013, 459; *Stefan Richter* WM 2013, 2309 ff. (2337 ff.); DAV-Handelsrechtsausschuss NZG 2013, 658 f.; *Noack* FS Stilz, 2014, 439 (449). S. auch *Pieroth* AG 2015, 10 ff. zur Änderung von § 21 WpHG.

Vertritt ein Aktionär oder Aktionärsvertreter Aktien unterschiedlicher Gattungen, so sind diese gesondert aufzuführen.

26 Das Teilnehmerverzeichnis ist üblicherweise in Spalten gegliedert. Anzugeben sind jeweils mit Name und Wohnort bzw. Sitz:

– Aktionäre sowie Aktionärsvertreter bei offener Stellvertretung nach Maßgabe von § 129 Abs. 1 S. 2 AktG. In beiden Fällen handelt es sich um „Eigenbesitz", der durch das Kürzel „E" gekennzeichnet wird.

– Intermediäre (§ 129 Abs. 2 S. 1 AktG), Aktionärsvereinigungen und geschäftsmäßige Aktionärsvertreter (§ 135 Abs. 8 AktG) und von der Gesellschaft benannte Stimmrechtsvertreter,[45] soweit das Stimmrecht verdeckt im Namen dessen ausgeübt wird, den es angeht. Die auf diese Weise gemäß § 129 Abs. 2 AktG vertretenen Aktien werden als „Vollmachtsbesitz" durch das Kürzel „V" gekennzeichnet.

– Legitimationszessionare, die das Stimmrecht aufgrund einer entsprechenden Ermächtigung durch den Aktionär im eigenen Namen ausüben. Die auf diese Weise vertretenen Aktien werden nach Maßgabe von § 129 Abs. 3 AktG aufgeführt und im Teilnehmerverzeichnis als „Fremdbesitz" („F") gekennzeichnet.

27 § 129 Abs. 1 S. 2 AktG verlangt zwar die Angabe der Zahl der von dem Aktionär oder Aktionärsvertreter vertretenen Aktien, nicht jedoch die Zahl der Stimmen. Regelmäßig wird allerdings im Teilnehmerverzeichnis auch die Stimmenzahl angegeben, um das Teilnehmerverzeichnis zugleich als Präsenzliste und damit als Grundlage für die Ermittlung der Abstimmungsergebnisse, insbesondere bei Anwendung der Subtraktionsmethode (dazu → § 40 Rn. 37), nutzen zu können.

28 b) Aufstellung und Einsichtnahme. Das Teilnehmerverzeichnis ist in der Hauptversammlung aufzustellen und vor der ersten Abstimmung allen Teilnehmern zugänglich zu machen, § 129 Abs. 1 S. 2, Abs. 4 S. 1 AktG. Das Gesetz sagt nicht, wer für die Aufstellung des Verzeichnisses verantwortlich ist. Bis zur Änderung von § 129 Abs. 4 AktG im Jahre 2001 war das Teilnehmerverzeichnis vom Versammlungsleiter zu unterzeichnen, was dafür sprach, dass das Verzeichnis unter seiner Aufsicht und Verantwortung aufgestellt wird. Er ist jedoch – insbesondere bei einer Publikumsgesellschaft mit einer großen Zahl von Teilnehmern der Hauptversammlung – gar nicht in der Lage, die Aufstellung zu organisieren oder auch nur zu überwachen. Deshalb ist jedenfalls nach der Änderung von § 129 Abs. 4 AktG davon auszugehen, dass der Vorstand zur Aufstellung verpflichtet ist und sich die Verantwortlichkeit des Versammlungsleiters darauf beschränkt, solche Fehler des Verzeichnisses beheben zu lassen, die für ihn ohne weiteres erkennbar sind.[46] Der beurkundende Notar genügt seinen Pflichten, wenn er sich von der Ordnungsmäßigkeit des Verfahrensgangs überzeugt (auch → § 41 Rn. 19).[47]

29 Das Teilnehmerverzeichnis muss vor der ersten Abstimmung allen Teilnehmern zugänglich gemacht, also in Papierform ausgelegt und/oder in elektronischer Form zur Durchsicht zur Verfügung gestellt werden (§ 129 Abs. 4 S. 1 AktG). Es reicht aus, wenn das Verzeichnis für alle Teilnehmer am Wortmeldetisch auf dem Bildschirm einsehbar ist. Die „erste Abstimmung" ist auch die Abstimmung über Verfahrensfragen, zB über eine beantragte Abwahl des Versammlungsleiters. Es ist üblich, wenn auch nicht unbedingt erforderlich, dass der Versammlungsleiter die „erste Präsenz" auch mündlich bekannt gibt. Spätere Aktualisierungen des Teilnehmerverzeichnisses braucht er nicht mitzuteilen. Bei Anwendung der Subtraktionsmethode (dazu → § 40 Rn. 37), die eine besonders zuver-

---

[45] MüKoAktG/*Kubis* § 129 Rn. 33; Schmidt/Lutter/*Ziemons* AktG § 129 Rn. 27; *Butzke* Hauptversammlung der AG Rn. C 56 S. 122 Fn. 78; Spindler/Stilz AktG/*Wicke* § 129 Rn. 27.

[46] Hüffer/*Koch* AktG § 129 Rn. 6 f.; Schmidt/Lutter/*Spindler* AktG § 129 Rn. 15; Spindler/Stilz AktG/*Wicke* § 129 Rn. 20; KölnKommAktG/*Noack/Zetzsche* § 129 Rn. 81; *Butzke* Hauptversammlung der AG Rn. C 65 S. 124; iErg auch HV-HdB/*Fischer/Pickert* § 9 Rn. 45 S. 340; aA MüKoAktG/*Kubis* § 129 Rn. 16.

[47] Spindler/Stilz AktG/*Wicke* § 129 Rn. 22; MüKoAktG/*Kubis* § 129 Rn. 17.

lässige Feststellung und Kontrolle der jeweiligen Präsenz erfordert, kann es sich empfehlen, die jeweils aktuelle Präsenz vor Beginn der Abstimmung ausdrücklich mitzuteilen. In jedem Fall ist das Teilnehmerverzeichnis auch nach der ersten Abstimmung fortlaufend zu aktualisieren, wenn Aktionäre oder Aktionärsvertreter die Hauptversammlung verlassen oder neu hinzukommen. Diese fortlaufende Dokumentation muss zumindest bis zur letzten Abstimmung fortgeführt werden,[48] wobei es bei Aufstellung in Papierform ausreicht, wenn vor den einzelnen Abstimmungen jeweils ein Nachtrag erstellt und zugänglich gemacht wird.[49] Seit der Gesetzesänderung in 2001 muss das Teilnehmerverzeichnis nicht mehr zum Handelsregister eingereicht werden.

In der Hauptversammlung ist jeder Teilnehmer berechtigt, in das Verzeichnis Einsicht zu **30** nehmen; bis zu zwei Jahre nach der Hauptversammlung ist jedem Aktionär auf Verlangen Einsicht in das Teilnehmerverzeichnis zu gewähren, § 129 Abs. 4 S. 2 AktG. Berechtigte „Teilnehmer" der Hauptversammlung sind alle in das Verzeichnis aufgenommenen Aktionäre, Aktionärsvertreter und Legitimationszessionare. Ein Einsichtsrecht besitzen darüber hinaus der Versammlungsleiter, der Notar, die Mitglieder der Gesellschaftsorgane, wohl auch die gesetzlich zur Teilnahme berechtigten Behördenvertreter, nicht jedoch Gäste, Pressevertreter und sonstige Dritte.[50]

5. Nachweis der Stimmzählung. Die durch das ARUG II eingefügte Regelung in **31** § 129 Abs. 5 AktG soll dem Akionär die Prüfung ermöglichen, ob seine Stimmen in der Hauptversammlung korrekt erfasst und gezählt wurden. Zu diesem Zweck kann der Abstimmende, also derjenige, der das Stimmrecht aus den Aktien ausgeübt hat, innerhalb eines Monats nach dem Tag der Hauptversammlung von der AG eine Bestätigung darüber verlangen, ob und wie seine Stimmen gezählt wurden. Wenn ein Intermediär (§ 67 Abs. 4 AktG) die Stimmrechte ausgeübt hat, ist dieser nach § 129 Abs. 5 S. 3 AktG verpflichtet, die Bestätigung unverzüglich dem Aktionär zu übermitteln. Wenn ein anderer Dritter aufgrund einer Vollmacht oder Legitimationszession für den Aktionär abgestimmt hat, kann auch er die Bescheinigung verlangen; seine Verpflichtung zur Übermittlung an den Aktionär bestimmt sich nach dem zugrunde liegenden Rechtsverhältnis zwischen dem Aktionär und dem Abstimmenden. Auch der neue § 129 Abs. 5 AktG gilt erstmals für eine nach dem 3.9.2020 einberufene Hauptversammlung (§ 26j Abs. 4 EG-AktG).

II. Geschäftsordnung der Hauptversammlung

Das Gesetz enthält nur wenige Regelungen über den Ablauf und die Leitung der Haupt- **32** versammlung. Die für die Hauptversammlung geltenden Verfahrensregeln lassen sich zum großen Teil nur mittelbar aus Regelungen des AktG außerhalb des Abschnitts Hauptversammlung, aus Vorschriften des Vereinsrechts und nicht zuletzt aus ungeschriebenen Regeln eines allgemeinen Gremienrechts erschließen. Wegen der damit verbundenen Rechtsunsicherheit erscheint es auf den ersten Blick reizvoll, durch die Hauptversammlung eine Geschäftsordnung beschließen zu lassen, in der möglichst viele Verfahrensfragen eindeutig und rechtssicher geregelt werden. Der Gesetzgeber hat diesen Gedanken aufgegriffen und im Rahmen des KonTraG im Jahre 1998 in § 129 Abs. 1 S. 1 AktG bestimmt, dass sich die Hauptversammlung mit einer Mehrheit von mindestens drei Vierteln des bei der Beschlussfassung vertretenen Grundkapitals eine Geschäftsordnung mit Regeln für die Vorbereitung und Durchführung der Hauptversammlung geben kann.

Auch schon vor der Gesetzesänderung war die Hauptversammlung berechtigt, sich eine **33** Geschäftsordnung zu geben. Der Gesetzgeber meinte aber, von dieser Möglichkeit sei bis dahin kaum Gebrauch gemacht wurden, weil das Aktiengesetz die Geschäftsordnung der

---

[48] *Butzke* Hauptversammlung der AG Rn. C 68 S. 125.
[49] Spindler/Stilz AktG/*Wicke* § 129 Rn. 24; *Hüffer/Koch* AktG § 129 Rn. 10.
[50] *Hüffer/Koch* AktG § 129 Rn. 13; *Butzke* Hauptversammlung der AG Rn. C 72 S. 127; Spindler/Stilz AktG/*Wicke* § 129 Rn. 33.

Hauptversammlung nicht ausdrücklich vorsah. Er versprach sich von § 129 Abs. 1 S. 1 AktG und dem verbreiteten Erlass von Geschäftsordnungen eine „Revitalisierung der Hauptversammlung" und „Konzentration auf eine inhaltliche Sachdebatte"; das Erfordernis einer satzungsändernden Mehrheit solle der Geschäftsordnung eine „breite Grundlage im Aktionärskreis" geben und einen „weiteren Gestaltungsspielraum mit Blick auf § 23 Abs. 5 AktG" legitimieren.[51]

34 Die Erwartungen des Gesetzgebers haben sich nicht erfüllt. Das Instrument der Geschäftsordnung der Hauptversammlung hat nach wie vor keine praktische Bedeutung.[52] Das liegt nicht daran, dass sich die zahlreichen Verfahrensfragen auch ohne Geschäftsordnung leicht und zweifelsfrei beantworten lassen, sondern daran, dass durch eine Geschäftsordnung, auch wenn sie von der Hauptversammlung mit satzungsändernder Mehrheit beschlossen wird, keine rechtlichen Gestaltungsspielräume eröffnet werden und kein erheblicher Zuwachs an Rechtssicherheit erreichbar ist.[53] Die für die Hauptversammlung geltenden Verfahrensregeln sind nämlich durchweg zwingend, stehen also nicht zur Disposition der Hauptversammlung, und soweit sie dispositiv sind, kann die Satzung darüber disponieren, nicht jedoch eine in der Normenhierarchie unter der Satzung stehende Geschäftsordnung.[54] Demgemäß kann die Geschäftsordnung durchweg nicht mehr sein als eine nützliche, aber rechtlich nicht verbindliche Handreichung für den Vorstand bei der Vorbereitung der Hauptversammlung und den Versammlungsleiter und die Teilnehmer bei der Abwicklung der Hauptversammlung. Rechtlich verbindlich ist die Geschäftsordnung nur, soweit sie im Sinne einer Selbstbindung der Hauptversammlung Verfahrensfragen regelt, über die auf Einspruch eines Aktionärs oder auch ohnedies die Hauptversammlung zu entscheiden hat, zB über die umstrittene Zulassung von Gästen zur Teilnahme an der Hauptversammlung (→ Rn. 6), die nicht schon in der Satzung zugelassene Bild- und Tonübertragung der Hauptversammlung (§ 118 Abs. 4 AktG, → Rn. 53) und die Beschlussfassung im Wege der Blockabstimmung bei Widerspruch eines Aktionärs (→ § 40 Rn. 23).

III. Leitung der Hauptversammlung

35 **1. Versammlungsleiter. a) Bestellung.** Das Gesetz geht davon aus, dass es einen Leiter der Hauptversammlung gibt und spricht in diesem Zusammenhang wechselnd von „Versammlungsleiter" oder „Vorsitzender": Nach § 130 Abs. 2 S. 1 AktG obliegt dem „Vorsitzenden" die Feststellung der von der Hauptversammlung gefassten Beschlüsse, und nach § 131 Abs. 2 S. 2 AktG kann der „Versammlungsleiter" ermächtigt werden, das Frage- und Rederecht des Aktionärs zeitlich angemessen zu beschränken. Das Gesetz bestimmt jedoch nicht, wer die Hauptversammlung zu leiten hat. Nur für den Ausnahmefall der Einberufung durch Aktionäre, die dazu durch das Gericht ermächtigt worden sind, bestimmt § 122 Abs. 2 S. 2 AktG, dass das Gericht den „Vorsitzenden" der Versammlung bestimmt (→ Rn. 42).

36 In aller Regel enthält die Satzung oder, sofern eine solche besteht, die Geschäftsordnung für die Hauptversammlung eine Bestimmung darüber, wer den Vorsitz in der Hauptversammlung und damit die Versammlungsleitung übernimmt. Meist wird diese Aufgabe dem **Aufsichtsratsvorsitzenden** als eine zusätzliche und von seinen Organfunktionen als Vorsitzender des Aufsichtsrats zu unterscheidende Aufgabe[55] zugewiesen und eine Regelung für den Fall seiner Verhinderung getroffen.

---

[51] Begr. RegE KonTraG BT-Drs. 13/9712, 19.
[52] Hüffer/*Koch* AktG § 129 Rn. 1a; *Butzke* Hauptversammlung der AG Rn. C 92 S. 170; KölnKommAktG/*Noack*/*Zetzsche* § 129 Rn. 3; HdB börsennotierte AG/*Marsch-Barner* § 33 Rn. 40.
[53] *Bezzenberger* ZGR 1998, 352 (366); HdB börsennotierte AG/*Marsch-Barner* § 33 Rn. 40; DAV-Handelsrechtsausschuss ZIP 1997, 163 (167); aA *Bachmann* AG 1999, 210 (211).
[54] Spindler/Stilz AktG/*Wicke* § 129 Rn. 2 ff.; *Butzke* Hauptversammlung der AG Rn. C 95 S. 171.
[55] HdB börsennotierte AG/*Marsch-Barner* § 33 Rn. 29a; *von der Linden* NZG 2013, 208 (209). Vgl. Happ Aktienrecht/*Pühler*, 4. Aufl. 2015, Form. 1.01 § 20 Abs. 1; Beck'sches Formularbuch/*Hoffmann-Becking* Form. X.10 § 13 Abs. 1, Form. X.11 § 19 Abs. 1.

Wenn die Hauptversammlung den Aufsichtsratsvorsitzenden zum Versammlungsleiter der **37** Hauptversammlung bestimmt, kann er dieses Amt auch dann wirksam ausüben, wenn seine Wahl in den Aufsichtsrat angefochten worden ist, und seine Amtsausübung als Versammlungsleiter bleibt auch dann ordnungsgemäß, wenn seine Wahl in den Aufsichtsrat aufgrund der Anfechtungsklage rückwirkend für nichtig erklärt wird.[56]

Zum **Vertreter** kann, muss aber nicht der Stellvertreter des Aufsichtsratsvorsitzenden **38** bestimmt werden. Bei einer fehlenden Vertretungsregelung in der Satzung ist der Stellvertreter des Aufsichtsratsvorsitzenden nicht ohne weiteres auch dessen Stellvertreter in der Leitung der Hauptversammlung, weil es sich dabei nicht um eine auf den Aufsichtsrat bezogene Funktion handelt.[57] Bei paritätisch mitbestimmten Gesellschaften liegt es nahe, nicht den der Arbeitnehmerseite angehörenden Stellvertreter des Aufsichtsratsvorsitzenden zum Stellvertreter in der Versammlungsleitung zu bestimmen, sondern ein anderes Aufsichtsratsmitglied der Anteilseigner. Die Satzung kann den Vorsitzenden des Aufsichtsrats ermächtigen, einen Vertreter für den Fall seiner Verhinderung zu bestimmen, und sie kann dieses Bestimmungsrecht auch den Aufsichtsratsmitgliedern der Anteilseigner oder einem Ausschuss des Aufsichtsrats zuweisen.[58]

Vom Fall der dauerhaften Verhinderung des ordnungsgemäß bestimmten Versammlungs- **39** leiters zu unterscheiden ist der Fall, dass er die Leitung nur vorübergehend einem anderen Aufsichtsratsmitglied als **Interimsleiter** überlässt, zB weil er die Toilette aufsuchen will oder sich hinter der Bühne mit dem Backoffice abstimmen will. Das ist problemlos, wenn das andere Aufsichtsratsmitglied bereits im Vorfeld ordnungsgemäß zum Vertreter bestimmt wurde. Aber auch ohne eine solche Bestimmung muss es möglich sein, dass der Versammlungsleiter, wenn er nur für kurze Zeit die Bühne verlässt, ein Aufsichtsratsmitglied beauftragt, an seiner Stelle den Gang der Verhandlung zu verfolgen und zB nach Maßgabe der vom Versammlungsleiter aufgestellten Rednerliste den nächsten Redner aufzurufen oder dem Vorstand nach einer Rednergruppe das Wort zur Beantwortung der Fragen zu erteilen. Entscheidend für die Zulässigkeit ist, dass der Interimsleiter selbst keine rechtlich erheblichen Leitungsentscheidungen zum Ablauf der Hauptversammlung treffen kann, sondern nur Hilfsfunktionen für den Versammlungsleiter übernimmt.[59]

Falls die Satzung (oder eine etwaige Geschäftsordnung der Hauptversammlung) keine **40** Bestimmung zur Person des Versammlungsleiters trifft oder die nach der Satzung berufene Person nicht den Vorsitz übernimmt, wird der Versammlungsleiter **durch die Hauptversammlung** gewählt. Wählbar ist nicht nur jedes Mitglied des Aufsichtsrats, sondern jede Person mit Ausnahme der Mitglieder des Vorstands und des beurkundenden Notars.[60] Als Wahlleiter fungiert, wenn die Satzung oder die Geschäftsordnung der Hauptversammlung nichts anderes bestimmt, derjenige, der die Hauptversammlung einberufen hat, im Regelfall also der Vorstand durch seinen Vorsitzenden,[61] nicht dagegen der älteste anwesende Aktionär oder Aktionärsvertreter.

---

[56] BGHZ 196, 195 Rn. 25 = NZG 2013, 456 Rn. 25.
[57] Hüffer/*Koch* AktG § 129 Rn. 18; Schmidt/Lutter/*Ziemons* AktG § 129 Rn. 51; *Wicke* NZG 2018, 161; *Drinhausen/Marsch-Barner* AG 2014, 757 (758); HdB börsennotierte AG/*Marsch-Barner* § 33 Rn. 21; aA GroßkommAktG/*Mülbert* § 129 Rn. 111; HV-HdB/*Fischer/Pickert* § 9 Rn. 13; *Martens* Leitfaden S. 45 f.
[58] GroßkommAktG/*Mülbert* § 129 Rn. 111; Hüffer/*Koch* AktG § 129 Rn. 18; Spindler/Stilz AktG/*Wicke* Anh. § 119 Rn. 2; OLG Frankfurt a. M. ZIP 2011, 24 (27 f.).
[59] *Hoffmann-Becking* NZG 2017, 281 (282 f.); *Butzke* Hauptversammlung der AG Rn. D 11 S. 133; Happ Aktienrecht Bd. I/*Zimmermann*, 5. Aufl. 2019, Form. X.17 Rn. 12.13 f.; HV-HdB/*Fischer/Pickert* § 9 Rn. 15; *Kocher/Feigen* NZG 2015, 620 (621).
[60] *Wilsing/v. d. Linden* ZIP 2009, 641 (646 ff.); Großkomm AktG/*Mülbert* § 129 Rn. 113. Zum unternehmensexternen Vorsammlungsleiter s. *E. Vetter* FS Bergmann, 2018, 799 ff.
[61] Hüffer/*Koch* AktG § 129 Rn. 20; *Hoffmann-Becking* NZG 2017, 281 (282); Spindler/Stilz AktG/*Wicke* Anh. § 119 Rn. 3; GroßkommAktG/*Mülbert* § 129 Rn. 114; MüKoAktG/*Kubis* § 119 Rn. 111; HdB börsennotierte AG/*Marsch-Barner* § 33 Rn. 22 *Butzke* Hauptversammlung der AG Rn.

41 Für den Wahlbeschluss genügt die einfache Mehrheit der abgegebenen Stimmen. Besondere Anforderungen an die Person des Versammlungsleiters stellt das Gesetz nicht auf. Der deutschen Sprache braucht er nicht mächtig zu sein. In diesem Fall ist allerdings eine Simultanübersetzung durch einen vereidigten Dolmetscher erforderlich, falls nicht alle Teilnehmer der Hauptversammlung damit einverstanden sind, dass die Versammlungsleitung in einer anderen Sprache erfolgt.[62]

42 Ausnahmsweise kann der Versammlungsleiter **durch das Gericht** bestimmt werden, nämlich im Fall der Einberufung der Hauptversammlung durch eine dazu ermächtigte Aktionärsminderheit, § 122 Abs. 3 S. 2 AktG. Wenn das Gericht keine Bestimmung zur Person des Versammlungsleiters trifft, gilt die in der Satzung getroffene Regelung zum Vorsitz. In Ausübung seines Ermessens soll das Gericht eine andere Person zum Vorsitzenden bestimmen, wenn eine unparteiische Leitung durch den satzungsmäßig berufenen Versammlungsleiter nicht gewährleistet ist.[63] Die Bestimmung des Versammlungsleiters kann zeitlich auch noch nach der Ermächtigung der Aktionärsminderheit erfolgen.[64] Wenn die Aktionärsminderheit nur eine Ergänzung der Tagesordnung erzwungen hat, kann und muss das Gericht die Bestimmung des Versammlungsleiters auf die Behandlung des zusätzlichen Tagesordnungspunkts beschränken, wenn nur insoweit konkrete Anhaltspunkte bestehen, die gegen eine unbefangene Versammlungsleitung sprechen.[65] Wenn der Vorstand dem Minderheitsverlangen zur Einberufung oder Ergänzung der Tagesordnung gefolgt ist, bevor eine Ermächtigung durch das Gericht nach § 123 Abs. 3 S. 1 AktG erfolgt ist, kann das Gericht analog § 123 Abs. 3 S. 2 AktG den Versammlungsleiter bestimmen, falls der Vorstand nur unter dem Druck der sonst zu erwartenden Ermächtigung nachgegeben hat.[66]

43 b) Abberufung. Wenn der Versammlungsleiter durch die Hauptversammlung gewählt wurde, kann er auch durch Beschluss der Hauptversammlung abberufen werden;[67] ebenso wie für die Wahl genügt dafür die einfache Mehrheit der abgegebenen Stimmen. Die Abstimmung über seine Abwahl leitet der in der Hauptversammlung zuvor gewählte Versammlungsleiter, es sei denn, er ist zur Leitung der Abstimmung nicht bereit. In diesem Fall obliegt die Leitung der Wahl dem einberufenden Vorstand. Ein durch das Gericht nach § 122 Abs. 3 S. 2 AktG bestimmter Versammlungsleiter kann nicht durch die Hauptversammlung abgewählt, sondern nur durch das Gericht abberufen werden.[68]

44 Im Regelfall wird der Versammlungsleiter weder durch die Hauptversammlung gewählt noch durch das Gericht bestellt, sondern nach Maßgabe einer in der Satzung getroffenen Regelung bestimmt. Nach zutreffender, allerdings umstrittener Auffassung ist die Hauptversammlung in keinem Fall in der Lage, ohne Änderung der Satzung den nach Maßgabe

---

D 10 S. 132; *E. Vetter* FS Bergmann, 2018, 799 (804); *Schaaf* Praxis der Hauptversammlung S. 141 Rn. 456 f.; aA Schmidt/Lutter/*Ziemons* AktG § 129 Rn. 54.

[62] OLG Hamburg NZG 2001, 513; Hüffer/*Koch* AktG § 129 Rn. 18; *Martens* Leitfaden für die Leitung der Hauptversammlung einer AG S. 45; *Drinhausen/Marsch-Barner* AG 2014, 757 (763).

[63] Spindler/Stilz AktG/*Rieckers* § 122 Rn. 57; *Butzke* Hauptversammlung der AG Rn. D 11 S. 133.

[64] Hüffer/*Koch* AktG § 122 Rn. 11, allgM.

[65] OLG Hamburg AG 2012, 294 (295); OLG Köln NZG 2015, 1118 (1119); *Hoffmann-Becking* NZG 2017, 281 (283); KölnKommAktG/*Noack/Zetzsche* § 122 Rn. 104; Spindler/Stilz AktG/*Rieckers* § 122 Rn. 56; *Schatz* AG 2015, 696 (705); *von der Linden* FS Marsch-Barner, 2018, 303 (314); aA MüKoAktG/*Kubis* § 122 Rn. 60.

[66] OLG Hamburg AG 2012, 294; *Theusinger/Schilha* NZG 2016, 56 (57); *Hoffmann-Becking* NZG 2017, 281 (283); MüKoAktG/*Kubis* § 122 Rn. 60a; Spindler/Stilz AktG/*Rieckers* § 122 Rn. 57; *von der Linden* FS Marsch-Barner, 2018, 303 (307); zu weitgehend *Schatz* AG 2015, 696 (706 f.); aA Großkomm AktG/*Mülbert* § 122 Rn. 91.

[67] *Butzke* Hauptversammlung der AG Rn. D 13 S. 135; Spindler/Stilz AktG/*Wicke* Anh. § 119 Rn. 4; Henssler/Strohn GesR/*Liebscher* AktG § 129 Rn. 24; aA *Austmann* FS Hoffmann-Becking, 2013, 45 (59).

[68] Spindler/Stilz AktG/*Rieckers* § 122 Rn. 57; MüKoAktG/*Kubis* § 122 Rn. 60; *Austmann* FS Hoffmann-Becking, 2013, 45 (49); Spindler/Stilz AktG/*Wicke* Anh. § 119 Rn. 4.

der Satzung bestimmten Versammlungsleiter abzuwählen.[69] Die Hauptversammlung kann sich nicht durch einfachen Beschluss über eine Bestimmung der Satzung hinwegsetzen, und zwar auch nicht durch einen Beschluss mit satzungsändernder Mehrheit; auch für eine Satzungsdurchbrechung müssen die Formalien einer Satzungsänderung beachtet werden (→ § 40 Rn. 77). Nach anderer und wohl herrschender Auffassung ist die **Abwahl** des satzungsmäßig bestimmten Versammlungsleiters durch die Hauptversammlung zulässig, wenn von dem Antragsteller ein wichtiger Grund schlüssig vorgetragen wird.[70] Der wichtige Grund, insbesondere eine grobe Pflichtverletzung, muss sich auf die Leitung der Hauptversammlung beziehen; ein behauptetes oder tatsächliches Fehlverhalten außerhalb der Hauptversammlung ohne Bezug auf die Leitungsaufgaben in der Hauptversammlung kann die Abwahl jedenfalls nicht begründen.[71]

Wenn man eine Abwahl aus wichtigem Grund für grundsätzlich möglich hält oder – wie es in der Praxis nicht selten geschieht – den Abwahlantrag vorsorglich zur Abstimmung stellt, ergibt sich die weitere Frage, wer die Diskussion über den Abwahlantrag und die anschließende Abstimmung leitet (dazu auch → § 40 Rn. 16). Dies ist der amtierende Versammlungsleiter, es sei denn, er ist dazu nicht bereit und will die Leitung der Versammlung insoweit seinem nach Maßgabe der Satzung bestimmten Stellvertreter überlassen. Für einen Erfolg des Abwahlantrags ist, wenn man ihn für statthaft und schlüssig begründet hält, jedenfalls die Mehrheit erforderlich, wie sie für Satzungsänderungen der Gesellschaft gilt.[72]

2. Aufgaben und Befugnisse des Versammlungsleiters. a) Grundsatz. Die Rechte und Pflichten des Versammlungsleiters werden durch das Gesetz nur punktuell geregelt. Über die vorhandenen Einzelregelungen hinausgehend gilt der Grundsatz, dass der Versammlungsleiter die Befugnisse hat, die er braucht, um einen ordnungsgemäßen Ablauf der Hauptversammlung zu gewährleisten.[73] Er hat seine Anordnungen nach pflichtgemäßem Ermessen zu treffen und insbesondere die Gebote der Neutralität, Gleichbehandlung und Verhältnismäßigkeit zu beachten.[74] Leitungsmaßnahmen des Versammlungsleiters können nicht selbstständig, sondern nur mittelbar über eine Beschlussanfechtung nach § 243 AktG angefochten werden. Für rechtswidrige Anordnungen haftet der Versammlungsleiter, wenn es sich um den Aufsichtsratsvorsitzenden oder ein anderes Aufsichtsratsmitglied handelt, nicht nach §§ 116, 93 AktG, da die Versammlungsleitung nicht zu den Organpflichten als Aufsichtsratsmitglied gehört; möglich ist allenfalls eine Haftung aus einem unentgeltlichen Auftrag nach §§ 662 ff., 280 BGB (auch → § 41 Rn. 39).[75]

---

[69] *Krieger* AG 2006, 355 ff.; *Gross* Liber amicorum Happ, 2006, 31 ff.; *Ihrig* FS Goette, 2011, 205 (217); Schmidt/Lutter/*Ziemons* AktG § 124 Rn. 84; *Austmann* FS Hoffmann-Becking, 2013, 45 (57 f.); *Wilsing/v. d. Linden* ZIP 2010, 2321 (2327 f.) u. DB 2017, 1371.
[70] OLG Stuttgart ZIP 2015, 1120 (1126); OLG Hamburg NZG 2001, 513 (516); OLG Frankfurt a. M. AG 2006, 249 (251); OLG Bremen AG 2010, 256; OLG Köln ZIP 2017, 1211 (1223); LG Frankfurt a. M. ZIP 2005, 1176; Spindler/Stilz AktG/*Wicke* Anh. § 119 Rn. 4a; MüKoAktG/*Kubis* § 119 Rn. 112; GroßkommAktG/*Mülbert* § 129 Rn. 119; Hüffer/*Koch* AktG § 129 Rn. 21; Hölters AktG/*Drinhausen* Anh. § 129 Rn. 5; *Butzke* Hauptversammlung der AG Rn. D 14 S. 135 (anders noch in Vorauf.); *Rose* NZG 2007, 241 (243 f.); *Wicke* ZZG 2018, 161 (162).
[71] Spindler/Stilz AktG/*Wicke* Anh. § 119 Rn. 4a; MüKoAktG/*Kubis* § 119 Rn. 113; *Rose* NZG 2007, 241 (243 f.); Hüffer/*Koch* AktG § 129 Rn. 21; *Kremer* FS Hoffmann-Becking, 2013, 697 (703); aA LG Frankfurt a. M. ZIP 2005, 1176.
[72] Spindler/Stilz AktG/*Wicke* Anh. § 119 Rn. 4a; Grigoleit/*Herrler* AktG § 129 Rn. 28; MüKoAktG/*Kubis* § 119 Rn. 112; Hüffer/*Koch* AktG § 129 Rn. 21; HdB börsennotierte AG/*Marsch-Barner* § 33 Rn. 23; aA HV-HdB/*Fischer/Pickert* § 9 Rn. 23; GroßkommAktG/*Mülbert* § 129 Rn. 119; Hölters AktG/*Drinhausen* Anh. § 129 Rn. 5.
[73] BGH NZG 2019, 262 Rn. 47; BGHZ 44, 245 (248); Spindler/Stilz AktG/*Wicke* Anh. § 119 Rn. 5; Hüffer/*Koch* AktG § 129 Rn. 22.
[74] Ausf. dazu *Marsch-Barner* FS Brambring, 2011, 267 (275 ff.).
[75] *Marsch-Barner* FS Brambring, 2011, 267 (281); *Drinhausen/Marsch-Barner* AG 2014, 757 (766 f.); *von der Linden* NZG 2013, 208 ff.; *Poelzig* AG 2015, 476 (479); iErg auch *Schürnbrand* NZG 2014, 1211

47 Die erforderlichen Befugnisse zur ordnungsgemäßen Abwicklung der Hauptversammlung sind dem Versammlungsleiter originär zugewiesen, und seine Verfahrensentscheidungen stehen deshalb nicht unter dem Vorbehalt einer abweichenden Beschlussfassung der Hauptversammlung.[76] Nur ganz wenige Verfahrensentscheidungen sind der Hauptversammlung vorbehalten, nämlich die Entscheidung über die Vertagung der Versammlung oder das Absetzen von Tagesordnungspunkten (→ Rn. 50), die Abwahl des Versammlungsleiters (wenn man sie entgegen der hier vertretenen Auffassung für möglich hält, → Rn. 45), die Entscheidung über das Verfahren der Einzelentlastung nach § 120 Abs. 1 S. 2 AktG (→ Rn. 74) und die Entscheidung über das Verfahren der Blockabstimmung bei Widerspruch eines Aktionärs (→ § 40 Rn. 23).

48 Der Versammlungsleiter ist auch verpflichtet, die notwendigen Verfahrensentscheidungen selbst zu treffen und kann sie nicht, auch nicht punktuell auf die Hauptversammlung delegieren.[77] Dies schließt nicht aus, dass er eine Leitungsentscheidung zur Abstimmung stellt, um sich ein Meinungsbild zu verschaffen, aber die Zustimmung ist rechtlich unverbindlich und ändert nichts an der Entscheidungsbefugnis und -pflicht des Versammlungsleiters. Die originären Befugnisse des Versammlungsleiters stehen auch nicht zur Disposition der Hauptversammlung, weder durch Regelung in der Satzung noch einer Geschäftsordnung noch durch ad hoc-Beschlussfassung.[78] Demgemäß beschränken sich die Satzungen, soweit sie überhaupt Regelungen enthalten, durchweg auf die Wiedergabe von Leitungsbefugnissen des Versammlungsleiters, die diesem auch ohne eine Regelung in der Satzung zustehen.

49 b) Bindung an die Tagesordnung. Der Versammlungsleiter ist an die durch die Einberufung vorgegebene Tagesordnung gebunden und kann sie weder einschränken noch erweitern. Jeden Punkt der Tagesordnung muss er zur Verhandlung aufrufen, auch wenn es sich um einen ohnehin beschlusslosen Punkt der Tagesordnung handelt (zB Vorlage des festgestellten Jahresabschlusses) oder zu einem Beschlusspunkt der Tagesordnung kein Beschlussvorschlag angekündigt wurde oder in der Hauptversammlung zu diesem Punkt kein Antrag zu erwarten ist.

50 Entscheidungsfreiheit besitzt der Versammlungsleiter im Hinblick auf die Tagesordnung nur insoweit, als er die Reihenfolge bestimmen kann, in der die Gegenstände der Tagesordnung verhandelt werden (→ Rn. 61). Wenn ein teilnehmender Aktionär oder Aktionärsvertreter die **Vertagung** der Hauptversammlung oder die **Absetzung eines Punktes** von der Tagesordnung beantragt, muss der Versammlungsleiter darüber in der Hauptversammlung abstimmen lassen.[79] Nach hM muss er einen entsprechenden Antrag auch dann

---

(1212 f.) u. *Theusinger/Schilha* BB 2015, 131 (138), Spindler/Stilz AktG/*Wicke* Anh. § 119 Rn. 16 u. E. *Vetter* FS Bergmann, 2018, 799 (821 f.): korporationsrechtliches Schuldverhältnis; aA LG Ravensburg ZIP 2014, 1632 (1633): kein Schuldverhältnis.

[76] Spindler/Stilz AktG/*Wicke* Anh. § 119 Rn. 5; Großkomm AktG/*Mülbert* § 129 Rn. 130; MüKoAktG/*Kubis* § 119 Rn. 124; *Ihrig* FS Goette, 2011, 205 (211); Grigoleit/*Herrler* AktG § 129 Rn. 29; Hüffer/*Koch* AktG § 129 Rn. 22. IErg auch BGH NZG 2019, 262 Rn. 47, soweit die Satzung die Kompetenz dem Versammlungsleiter zuweist. AA Spindler/Stilz AktG/*Spindler* § 101 Rn. 32 u. Hölters AktG/*Drinhausen* § 129 Anh. Rn. 8 zum Wahlverfahren.

[77] Spindler/Stilz AktG/*Wicke* Anh. § 119 Rn. 5; Grigoleit/*Herrler* AktG § 129 Rn. 29; Schmidt/Lutter/*Ziemons* AktG § 129 Rn. 47; aA MüKoAktG/*Kubis* § 119 Rn. 124; Großkomm AktG/*Mülbert* § 129 Rn. 131.

[78] MüKoAktG/*Kubis* § 119 Rn. 125 f.; Spindler/Stilz AktG/*Wicke* Anh. § 119 Rn. 5; Drinhausen/Marsch-Barner AG 2014, 757 (758); *Dietrich* NZG 1998, 921 (923); *Stützle/Walgenbach* ZHR 155 (1991), 516 (522 f.); einschränkend *Ihrig* FS Goette, 2011, 205 (208 ff.); missverständlich BGH NZG 2009, 1270 Rn. 14.

[79] Hüffer/*Koch* AktG § 129 Rn. 23; *Butzke* Hauptversammlung der AG Rn. D 82 S. 167; MüKoAktG/*Kubis* § 119 Rn. 141. In der Regel ist der Vertagungsantrag als Antrag auf Absetzung aller (Beschluss-)Punkte von der Tagesordnung zu verstehen und nicht als Antrag auf Behandlung in einer neuen Hauptversammlung. Allerdings kann auch die Einberufung einer neuen Hauptversammlung

zur Abstimmung stellen, wenn nach seiner Einschätzung kein hinreichender Grund für eine Vertagung oder die Absetzung eines Tagesordnungspunktes ersichtlich ist.[80] Die Abstimmung über den entsprechenden Verfahrensantrag muss nicht notwendig sogleich nach Antragstellung, aber jedenfalls vor der Abstimmung über den oder die betreffenden Sachanträge erfolgen;[81] jedoch braucht der Versammlungsleiter nicht unbedingt das Ergebnis der Abstimmung abzuwarten und zu verkünden, bevor er im Interesse einer zügigen Abwicklung der Hauptversammlung das Abstimmungsverfahren zu den Sachanträgen einleitet.[82]

Zu den originären Kompetenzen des Versammlungsleiters gehört auch seine Befugnis, über die **Reihenfolge der Abstimmungen** zu den einzelnen Tagesordnungspunkten zu entscheiden (dazu → Rn. 75). Der Versammlungsleiter kann die Hauptversammlung **unterbrechen,** wenn er dies für zweckmäßig hält, zB wenn die Ordnung in der Hauptversammlung oder die Sicherheit der Teilnehmer vorübergehend nicht mehr gewährleistet ist oder der Vorstand mehr Zeit benötigt, um die Antworten auf die Aktionärsfragen vorzubereiten (→ Rn. 64). Der Versammlungsleiter entscheidet auch darüber, ob über die einzelnen Gegenstände der Tagesordnung getrennt oder zusammenfassend in einer **Generaldebatte** über alle Punkte der Tagesordnung verhandelt wird (→ Rn. 60). Auch bei getrennter Diskussion über die einzelnen Punkte der Tagesordnung kann der Versammlungsleiter anordnen, dass nach Behandlung aller Punkte der Tagesordnung anschließend in einem einheitlichen Verfahren über die Anträge zu allen Beschlusspunkten der Tagesordnung entschieden wird. 51

3. Einzelne Leitungsmaßnahmen. a) Zulassung von Gästen. Der Versammlungsleiter entscheidet über die Zulassung der Teilnahme von Medienvertretern und sonstigen Gästen. Seine Entscheidung steht jedoch nach einer verbreiteten, aber unrichtigen Auffassung bei Widerspruch eines teilnehmenden Aktionärs unter dem Vorbehalt einer abweichenden Entscheidung der Hauptversammlung (→ Rn. 6). Außerdem ist er bezüglich der Zulassung von Gästen an etwaige Vorgaben in der Satzung oder einer Geschäftsordnung für die Hauptversammlung gebunden. 52

b) Ton- und Bildaufnahmen. Die Hauptversammlung ist keine öffentliche Veranstaltung. Deshalb ist eine für die Öffentlichkeit bestimmte Bild- und Tonübertragung der Versammlung grundsätzlich unzulässig. Durch die Satzung oder eine Geschäftsordnung der Hauptversammlung kann jedoch der Vorstand oder der Versammlungsleiter ermächtigt werden, die Bild- und Tonübertragung zuzulassen, § 118 Abs. 4 AktG. Wenn die Ermächtigung uneingeschränkt erteilt wurde, liegt es im Ermessen des Versammlungsleiters, ob er die Übertragung der gesamten Hauptversammlung oder eines Teils oder gar nicht zulässt.[83] Möglich ist allerdings auch, dass die Satzung nicht nur zur Übertragung ermächtigt, sondern diese anordnet.[84] Bei den großen Publikumsgesellschaften ist es üblich, die Medienübertragung für den Zeitraum bis zum Ende der Vorstandsrede freizugeben. 53

---

beantragt werden, wie sich aus § 124 Abs. 4 S. 2 AktG ergibt. Dazu näher *Austmann* FS Hoffmann-Becking, 2013, 45 (54 ff.).

[80] *Ihrig* FS Goette, 2011, 205 (213); *Austmann* FS Hoffmann-Becking, 2013, 45 (52 f.); aA GroßkommAktG/*Mülbert* § 129 Rn. 175; MüKoAktG/*Kubis* § 119 Rn. 141.

[81] *Butzke* Hauptversammlung der AG Rn. D 84; *Hüffer/Koch* AktG § 129 Rn. 23; MüKoAktG/*Kubis* § 119 Rn. 152.

[82] Anders *Austmann* FS Hoffmann-Becking, 2013, 45 (70).

[83] Spindler/Stilz AktG/*Hoffmann* § 118 Rn. 46; *Butzke* Hauptversammlung der AG Rn. N 54 S. 505; Großkomm AktG/*Mülbert* § 118 Rn. 126.

[84] *Butzke* Hauptversammlung der AG Rn. N 54 S. 505; MüKoAktG/*Kubis* § 118 Rn. 119; Spindler/Stilz AktG/*Hoffmann* § 118 Rn. 46 f.; Großkomm AktG/*Mülbert* § 118 Rn. 125; unklar Hüffer/*Koch* AktG § 118 Rn. 30.

54 Auf einem anderen Blatt steht die Befugnis der Verwaltung, den Verlauf der Hauptversammlung durch Bild- und Tonaufnahmen in die Vorräume des Versammlungssaals und in das „Back Office" zur Unterstützung der Fragenaufnahme und -beantwortung zu übertragen. Dafür bedarf es nicht unbedingt einer Ermächtigung in der Satzung oder Geschäftsordnung nach § 118 Abs. 4 AktG.[85] Bei fehlender Ermächtigung ist allerdings nur eine „offene", dh der Hauptversammlung zu Beginn bekanntgegebene Tonband- oder Filmaufnahme durch die Verwaltung zulässig. Der einzelne Redner kann dann, falls eine Aufzeichnung oder Übertragung nach außen ermöglicht werden soll, verlangen, dass das Tonband oder die Filmaufnahme während seiner Ausführungen abgestellt wird, während er dies nicht verlangen kann, wenn die Übertragung durch eine Ermächtigung in der Satzung oder Geschäftsordnung abgedeckt ist.[86] Ein Mitschnitt der Versammlung durch einen anwesenden Aktionär oder Aktionärsvertreter ist nur insoweit zulässig, als die Hauptversammlung ohnehin in die Öffentlichkeit, zB über das Internet übertragen wird und damit von beliebigen Dritten aufgezeichnet werden kann.[87]

55 **c) Verhandlungssprache.** Die Hauptversammlung muss in deutscher Sprache abgehalten werden. Nur mit Zustimmung aller Teilnehmer, auch des Notars, kann eine andere Sprache als Verhandlungssprache bestimmt werden. Der Versammlungsleiter kann jedoch zulassen, dass einzelne Wortbeiträge von Aktionären oder Organmitgliedern in einer anderen Sprache vorgetragen werden, wenn eine Simultanübersetzung erfolgt.[88]

56 **d) Stenografisches Protokoll.** Die Verwaltung oder der Notar darf auch ohne vorherige Bekanntgabe ein stenografisches Protokoll anfertigen lassen. Dies geschieht zwar nur noch selten, kann aber bei einer streitbefangenen Hauptversammlung hilfreich sein, um im Rechtsstreit die tatsächlich erfolgten Redebeiträge und Auskünfte nachzuweisen. Der Aktionär oder Aktionärsvertreter kann gegen Kostenerstattung nur eine Abschrift der Teile des Wortprotokolls verlangen, die seine eigenen Redebeiträge und die dazu erteilten Antworten umfassen (→ § 41 Rn. 4).

57 **e) Behandlung von Anträgen zur Geschäftsordnung.** Aktionäre können Anträge zum Verfahren („zur Geschäftsordnung") stellen, über die überwiegend der Versammlungsleiter selbst entscheiden kann. Ausgenommen von seiner Entscheidungsbefugnis sind Anträge zur Vertagung der Hauptversammlung oder zum Absetzen von Punkten der Tagesordnung (→ Rn. 50) und Anträge auf Abwahl des Versammlungsleiters (→ Rn. 44).

58 Der Aktionär kann einen Antrag zur Geschäftsordnung im Rahmen eines Redebeitrags stellen, zu dem ihm im Rahmen der Debatte über die Punkte der Tagesordnung das Wort erteilt wurde. Häufig verlangen Aktionäre allerdings in einer Wortmeldung, dass ihnen unabhängig von dem Zeitpunkt ihrer Wortmeldung und der darauf aufbauenden Rednerliste vorab das Wort für einen Antrag zur Geschäftsordnung erteilt wird. Es gibt jedoch keine rechtliche Verpflichtung, dass **Wortmeldungen zur Geschäftsordnung** stets zeitlich bevorzugt zu berücksichtigen sind.[89] Jedenfalls bei einer Hauptversammlung mit großem Teilnehmerkreis kann der Versammlungsleiter verlangen, dass ein Aktionär oder Aktionärsvertreter, der einen Antrag zur Geschäftsordnung stellen will, den Gegenstand seines Verfahrensantrags mit einem Stichwort benennt, damit der Versammlungsleiter

---

[85] Spindler/Stilz AktG/*Hoffmann* § 118 Rn. 44.
[86] MüKoAktG/*Kubis* § 118 Rn. 118, § 130 Rn. 101; *Butzke* Hauptversammlung der AG Rn. N 49 S. 503.
[87] MüKoAktG/*Kubis* § 130 Rn. 100.
[88] MüKoAktG/*Kubis* § 118 Rn. 77; *Butzke* Hauptversammlung der AG Rn. D 27 S. 141 f.; *Drinhausen/Marsch-Barner* AG 2014, 757 (762 f.); *Backhaus* in Praxis und Lehre im Wirtschaftsrecht, 2018, S. 93/96 ff.; aA *Krause/Jenderek* NZG 2007, 246.
[89] MüKoAktG/*Kubis* § 119 Rn. 146; Großkomm AktG/*Mülbert* § 129 Rn. 151; *Butzke* Hauptversammlung der AG Rn. D 35 S. 144 f., D 79 f. S. 166; *Martens* Leitfaden S. 85; *Kremer* FS Hoffmann-Becking, 2013, 697 (700 f.).

sachgemäß entscheiden kann, ob und wann er dem Aktionär bevorzugt das Wort zur Stellung und Begründung seines Antrags erteilt. Eine schriftliche Antragstellung kann nicht verlangt werden, aber der Wunsch nach Angabe eines Stichworts in der Wortmeldung begründet eine entsprechende Obliegenheit des Aktionärs; wenn er sie nicht erfüllt, kann er sich nicht über eine angeblich verspätete Worterteilung beschweren.

Der Versammlungsleiter kann zB eine Wortmeldung zum Abstimmungsverfahren zurückstellen, während er eine Wortmeldung zu Sicherheitsfragen der Versammlung gegebenenfalls sogleich berücksichtigen muss. Eine Wortmeldung, mit der ein Antrag auf Abwahl des Versammlungsleiters angekündigt wird, kann der Versammlungsleiter bis zum Ende seiner Ausführungen zur Eröffnung der Hauptversammlung und auch noch bis nach dem Ende der Vorstandsrede zurückstellen, da in dieser Phase keine Leitungsmaßnahmen des Versammlungsleiters zu erwarten sind. Generell gilt, dass es sich der Versammlungsleiter sowohl bei seiner Entscheidung, wann er der Wortmeldung zur Geschäftsordnung stattgibt, als auch bei seiner Entscheidung über den von dem Aktionär vorgetragenen Antrag zur Geschäftsordnung davon leiten lassen muss, wie dringlich die Klärung der Verfahrensfrage ist. Zur Abstimmung über Verfahrensfragen → § 40 Rn. 17. 59

f) Generaldebatte. Der Versammlungsleiter entscheidet, ob über die Gegenstände der Tagesordnung einzeln oder zusammengefasst in einer Generaldebatte verhandelt werden soll. Meist empfiehlt sich eine Generaldebatte über alle Punkte der Tagesordnung. Der Versammlungsleiter kann auch jeweils einzelne Punkte gesondert zur Diskussion stellen, zB eine weitreichende Kapitalmaßnahme oder Satzungsänderung. Nach § 120 Abs. 3 AktG soll jedenfalls die Verhandlung über die Entlastung mit der Verhandlung über die Verwendung des Bilanzgewinns verbunden werden; eine Verbindung der Abstimmungen zu diesen beiden Punkten schreibt das Gesetz dagegen nicht vor. 60

g) Reihenfolge der Tagesordnungspunkte. Der Versammlungsleiter wird die Punkte der Tagesordnung in der Regel in der Reihenfolge der Einberufung abhandeln. Er kann die Reihenfolge aber auch ändern, wenn ihm dies sachdienlich erscheint (näher dazu → § 40 Rn. 15 ff.).[90] Dazu ist er auch ohne ausdrückliche Ermächtigung in der Satzung befugt. 61

h) Reihenfolge der Redner. Der Vorsitzende bestimmt die Reihenfolge der Redner. Dabei ist er nicht an die zeitliche Folge der Wortmeldungen gebunden, sondern kann sich von Überlegungen zur Verhandlungsökonomie leiten lassen.[91] In Hauptversammlungen großer Unternehmen ist es üblich, im ersten „Rednerblock" den Vertretern von Aktionärsvereinigungen und Depotbanken das Wort zu erteilen. Das ist nicht zu beanstanden, weil der Versammlungsleiter annehmen kann, dass sich durch die Fragen solcher Aktionärsvertreter und die dazu in der ersten „Antwortrunde" vom Vorstand gegebenen Auskünfte entsprechende Fragen weiterer Redner erübrigen, so dass im Ablauf der Hauptversammlung Zeit gespart wird. Redner, von denen kritische Fragen zu erwarten sind, darf der Versammlungsleiter nicht allein deshalb bis zu einer späten Phase der Debatte zurückstellen, wenn sich voraussichtlich die Zahl der Teilnehmer der Hauptversammlung bereits deutlich vermindert hat; der Versammlungsleiter darf und sollte aber berücksichtigen, bei welchen Rednern und ihren Redebeiträgen mit einem erheblichen Zeitbedarf für die Antworten des Vorstands zu rechnen ist. 62

i) Fragen- und Antwortrunden. Der Versammlungsleiter kann dem Vorstand nach jedem Redebeitrag zur Beantwortung der gestellten Fragen das Wort erteilen, er kann aber 63

---

[90] OLG Frankfurt a. M. AG 2011, 36 (41); LG München ZIP 2016, 973; MüKoAktG/*Kubis* § 119 Rn. 137; Hüffer/*Koch* AktG § 129 Rn. 22; Spindler/Stilz AktG/*Wicke* Anh. § 119 Rn. 7; *Ihrig* FS Goette, 2011, 205 (216); aA *Max* AG 1991, 77 (86).

[91] *Butzke* Hauptversammlung der AG Rn. D 34 S. 144 G 20 S. 259; MüKoAktG/*Kubis* § 119 Rn. 144; Hüffer/*Koch* AktG § 129 Rn. 23; Großkomm AktG/*Mülbert* § 129 Rn. 150.

auch eine Reihe von Redebeiträgen abwarten, bevor er den Vorstand um die Beantwortung der Fragen bittet. Bei einer großen Zahl von Wortmeldungen empfiehlt es sich, jeweils nach einer Reihe von Redebeiträgen („Fragenrunde") den Vorstand die gestellten Fragen beantworten zu lassen („Antwortrunde"). Soweit der Vorstand für die Beantwortung einzelner Fragen noch mehr Zeit benötigt, kann der Versammlungsleiter bereits die nächsten Redner in einer weiteren Fragenrunde aufrufen.

64 **j) Unterbrechung.** Der Versammlungsleiter ist befugt, die Versammlung zu unterbrechen, wenn dies sachgemäß erscheint (schon → Rn. 51). Dies kann insbesondere geschehen, um dem Vorstand ausreichende Zeit zur sorgfältigen Vorbereitung seiner Antworten einzuräumen.

65 **k) Beschränkung der Rede- und Fragezeit.** In der Satzung oder einer Geschäftsordnung der Hauptversammlung kann der Versammlungsleiter ermächtigt werden, das Frage- und Rederecht des Aktionärs zeitlich angemessen zu beschränken, und näheres dazu bestimmt werden, § 131 Abs. 2 S. 2 AktG. Schon vor dieser Ergänzung des Gesetzes im Jahre 2005 war die Zulässigkeit einer angemessenen zeitlichen Beschränkung des Rederechts allgemein anerkannt; umstritten war nur, ob auch das Fragerecht beschränkt werden kann.[92] Demgemäß ist jedenfalls die Beschränkung der Redezeit auch dann zulässig, wenn weder die Satzung noch eine Geschäftsordnung der Hauptversammlung dazu etwas bestimmt.[93] Üblich ist heute eine Satzungsklausel, wonach zunächst festgestellt wird, dass der Versammlungsleiter das Frage- und Rederecht der Aktionäre angemessen beschränken kann, und sodann näher bestimmt wird, dass er insbesondere bereits zu Beginn oder während der Hauptversammlung den zeitlichen Rahmen für den ganzen Verlauf der Versammlung oder für die Aussprache zu einzelnen Tagesordnungspunkten sowie die Rede- und Fragezeit generell und für den einzelnen Redner festsetzen kann.[94]

66 Die Befugnis zur Festsetzung einer zeitlichen Grenze für die gesamte Versammlung ergibt sich zwar nicht aus § 131 Abs. 2 S. 2 AktG, aber aus der Befugnis und Verpflichtung des Versammlungsleiters, dafür zu sorgen, dass die Hauptversammlung in einem angemessenen zeitlichen Rahmen abgewickelt wird. Bei einer „normalen" Hauptversammlung, also einer Hauptversammlung, die sich im Wesentlichen auf die Punkte der Tagesordnung einer ordentlichen Hauptversammlung (§ 157 Abs. 1 S. 1 AktG) und alljährlich wiederkehrende Punkte der Tagesordnung beschränkt, sollte es nach den Vorstellungen des Gesetzgebers möglich sein, die Hauptversammlung in vier bis sechs Stunden abzuwickeln.[95] Auch nach dem **Kodex** (Anregung A4) sollte sich der Versammlungsleiter davon leiten lassen, dass eine ordentliche Hauptversammlung spätestens nach vier bis sechs Stunden beendet ist. Wenn der Versammlungsleiter demgemäß einen angemessen erscheinenden zeitlichen Rahmen für die Hauptversammlung festsetzt, folgt daraus nicht unmittelbar eine Begrenzung der Rede- und Fragezeit der einzelnen Aktionäre, wohl aber eine Richtschnur für die konkrete Festsetzung von Rede- und Fragezeitbeschränkungen.

67 Wenn der Versammlungsleiter eine Beschränkung anordnet, geschieht dies durchweg durch Festsetzung einer einheitlichen Zeitspanne für die Rede- und Fragezeit. Das ist auch empfehlenswert, weil eine trennscharfe Abgrenzung zwischen Rede- und Fragezeit nicht immer möglich ist.[96] Wenn schon zu Beginn der Debatte eine große Zahl von Wort-

---

[92] Nachw. bei MüKoAktG/*Kubis* § 131 Rn. 103; *Butzke* Hauptversammlung der AG Rn. G 21 S. 259; vgl. auch Begr.RegE zum UMAG BT-Drs. 15/5092, 17 u. BVerfG WM 1999, 2160 (2162) – Daimler-Benz/Wenger.
[93] Hüffer/*Koch* AktG § 131 Rn. 50; Hölters AktG/*Drinhausen* § 131 Rn. 24, 28; Heidel AktG/ *Heidel* § 131 Rn. 55 e. S. auch DAV-Handelsrechtsausschuss NZG 2005, 388 (390).
[94] Vgl. Beck'sches Formularbuch/*Hoffmann-Becking* Form. X.10 § 13 Abs. 3; Happ Aktienrecht/ *Pühler* Form. 1.01 § 20 Abs. 3; *Butzke* Hauptversammlung der AG Rn. G 22 S. 260; *Kremer* FS Hoffmann-Becking, 2013, 697 (704).
[95] BegrRegEntw. zum UMAG BT-Drs. 15/5092, 17.
[96] *Kremer* FS Hoffmann-Becking, 2013, 697 (706).

meldungen vorliegt, kann es angemessen sein, sogleich eine Beschränkung der Rede- und Fragezeit anzuordnen.[97] Wenn der Versammlungsleiter erkennt, dass seine zunächst angeordnete Beschränkung nicht ausreicht, um die Hauptversammlung in angemessenem zeitlichen Rahmen zu Ende zu führen, kann er die Rede- und Fragezeit stufenweise weiter beschränken. Er kann auch ein geringeres Zeitmaß für Redner festsetzen, die schon einmal gesprochen haben. Die für alle Redner festgesetzte Rede- und Fragezeit kann nicht dadurch umgangen werden, dass der Aktionär schon vor seinem Wortbeitrag eine weitere Wortmeldung abgibt, um so eine doppelte Redezeit zu erreichen (Verbot der „Stapelung" von Wortmeldungen).[98]

Es ist möglich, wenn auch nicht empfehlenswert, in der Satzung oder der Geschäftsordnung das Zeitmaß für die zulässige Beschränkung der Rede- und Fragezeit festzulegen und damit das Ermessen des Versammlungsleiters entsprechend zu begrenzen.[99] Falls die Festlegung durch die Satzung über das, was das Gebot der Angemessenheit erfordert, hinausgeht, kann der Satzungsbeschluss angefochten werden; nach Bestandskraft der Satzungsklausel ist diese aber in jedem Fall verbindlich.

l) Schließung der Rednerliste. Als weiteres Mittel zur zeitlichen Steuerung der Hauptversammlung kann der Versammlungsleiter die Schließung der Rednerliste verfügen, so dass weitere Wortmeldungen nicht mehr zugelassen sind, auch nicht für Fragen.[100] In der Regel empfiehlt es sich, die Schließung der Rednerliste mit angemessener Frist (zehn Minuten dürften ausreichen) anzukündigen.

m) Schluss der Debatte. Im Normalfall schließt der Versammlungsleiter die Debatte nach dem letzten Redebeitrag eines Aktionärs und der letzten Auskunft des Vorstands. Dabei ist es üblich und empfehlenswert, dass der Versammlungsleiter zuvor die Teilnehmer fragt, ob alle Fragen beantwortet sind, weil dadurch die Obliegenheit des Aktionärs begründet wird, sich noch einmal zu Wort zu melden und die Nicht-Beantwortung bestimmter Fragen zu rügen; anderenfalls ist er mit einer späteren Anfechtungsklage wegen Nicht-Beantwortung seiner Fragen ausgeschlossen.[101]

Auch schon vor Erschöpfung der Rednerliste kann der Versammlungsleiter den Schluss der Debatte anordnen, wenn er zu der Überzeugung gelangt, dass der zeitlich angemessene Rahmen durch weitere Redebeiträge überschritten würde.[102] Auch diese Maßnahme kann und wird der Versammlungsleiter im Regelfall zuvor ankündigen, aber rechtlich notwendig ist es jedenfalls dann nicht, wenn er schon zuvor die Rednerliste geschlossen hatte, so dass weitere Wortmeldungen ohnehin nicht mehr möglich sind.[103]

Auch nach Schließung der Debatte kann der Versammlungsleiter dem Vorstand noch einmal Gelegenheit geben, Fragen zu beantworten, die möglicherweise nicht oder nicht vollständig beantwortet wurden. Dies kann insbesondere in Betracht kommen, wenn ein Aktionär inzwischen angeblich nicht beantwortete Fragen nach § 131 Abs. 5 AktG zu Protokoll des Notars erklärt hat. Ob der Versammlungsleiter sodann die Debatte noch einmal eröffnet und Gelegenheit zu Nachfragen gibt, unterliegt seinem pflichtgemäßen Ermessen.

---

[97] OLG Frankfurt a. M. NZG 2015, 1357.
[98] Vgl. *Butzke* Hauptversammlung der AG Rn. D 63 S. 159.
[99] BGH NZG 2010, 423 Rn. 15 ff.; Spindler/Stilz AktG/*Wicke* Anh. § 119 Rn. 11.
[100] *Butzke* Hauptversammlung der AG Rn. D 63; MüKoAktG/*Kubis* § 119 Rn. 168.
[101] OLG Stuttgart NZG 2004, 966 (969); LG Mainz AG 1988, 169; LG Braunschweig AG 1991, 36; LG München I NZG 2009, 143 (147); aA OLG Köln NZG 2011, 1150; differenzierend *Bredol* NZG 2012, 613.
[102] HV-HdB/*Fischer/Pickert* § 9 Rn. 162 ff.; MüKoAktG/*Kubis* § 119 Rn. 169.
[103] *Butzke* Hauptversammlung der AG Rn. D 64 S. 159.

73 n) Behandlung von Anträgen und Gegenanträgen. Dazu → § 40 Rn. 10 ff.

74 o) Einzelentlastung. Über die Entlastung eines einzelnen Mitglieds des Vorstands und/oder des Aufsichtsrats ist gesondert abzustimmen, wenn die Hauptversammlung es beschließt oder eine Minderheit es verlangt, deren Anteile zusammen 10 % des Grundkapitals oder den anteiligen Betrag von 1 Mio. EUR erreichen, § 120 Abs. 1 S. 2 AktG. Auch ohne ein entsprechendes Minderheitsverlangen oder einen Beschluss der Hauptversammlung, im Wege der Einzelentlastung zu verfahren, kann der Versammlungsleiter von sich aus anordnen, dass im Wege der Einzelentlastung über die Entlastung der Vorstands- und/oder Aufsichtsratsmitglieder abgestimmt wird.[104] Möglich ist auch die Anordnung eines differenzierenden Verfahrens durch den Versammlungsleiter, nämlich der Abstimmung im Wege der Einzelentlastung über ein bestimmtes Organmitglied und im Wege der Gesamtentlastung über die Entlastung aller übrigen Organmitglieder.[105] Dies kann sogar geboten sein, wenn schon der Verwaltungsvorschlag zur Entlastung entsprechend differenziert.

75 p) Art und Reihenfolge der Abstimmungen. Auch ohne die übliche Satzungsklausel, wonach der Versammlungsleiter die Art und Reihenfolge der Abstimmungen festlegen kann, gehört dies zu den originären Befugnissen des Versammlungsleiters (→ Rn. 51 u. näher → § 40 Rn. 15 ff., 25 ff.).[106] Der Versammlungsleiter ist nicht notwendig an das einmal festgelegte Verfahren gebunden, sondern kann bei einer späteren Abstimmung auch zu einem anderen Verfahren übergehen, zB von der Subtraktions- zur Additionsmethode. Dazu → § 40 Rn. 36 f.

76 4. Ordnungsmaßnahmen bei Störungen. a) Grundsatz. Der Versammlungsleiter hat die Aufgabe, die Hauptversammlung ordnungsgemäß abzuwickeln. Um Störungen des Ablaufs zu vermeiden oder zu beenden, stehen ihm insbesondere die nachführend genannten Ordnungsmaßnahmen zur Verfügung. Er soll sie unter Wahrung des Grundsatzes der Verhältnismäßigkeit einsetzen, und das bedeutet in aller Regel, dass er gehalten ist, stufenweise vorzugehen, also stets versucht, die Störung zunächst mit einem relativ milden Mittel abzustellen, bevor er zu dem nächst schärferen Mittel greift. Grundlage seiner Ordnungsbefugnis ist nicht nur seine aktienrechtliche Stellung als verantwortlicher Leiter der Versammlung, sondern auch seine Stellung als Inhaber des Hausrechts im zivil- und strafrechtlichen Sinne.

77 Die Aufgabe, für einen ordnungsgemäßen und störungsfreien Ablauf der Hauptversammlung zu sorgen, gehört zu den originären Aufgaben des Versammlungsleiters. Er entscheidet über die notwendigen Maßnahmen allein; seine Entscheidungen sind nicht abhängig von einem entsprechenden Votum der Hauptversammlung, und der Versammlungsleiter sollte auch davon absehen, auch nur ein Meinungsbild der Hauptversammlung durch Abstimmung einzuholen, da dies nichts an seiner Verantwortlichkeit für die zu treffenden Maßnahmen ändern und seine Autorität in Frage stellen würde.[107]

78 b) Wortentzug. Wenn ein Redner die festgesetzte Rede- und Fragezeit überschreitet, kann der Versammlungsleiter ihm das Wort entziehen. Dasselbe gilt, wenn der Redner ausschweifend über nicht zur Tagesordnung gehörende Themen spricht oder beleidigende Äußerungen macht.[108] In aller Regel entspricht es dem pflichtgemäßen Ermessen, wenn der Versammlungsleiter den Wortentzug zunächst androht. Wenn das nichts hilft und der Wortentzug erforderlich wird, fordert der Versammlungsleiter den Redner auf, das Red-

---

[104] BGHZ 182, 272 Rn. 12 ff. = NZG 2009, 1270 (1271); BGH ZIP 2010, 879; Hüffer AktG/*Koch* § 120 Rn. 10.

[105] BGH NZG 2009, 1270 Rn. 12.

[106] BGH NZG 2019, 262 Rn. 47; *von der Linden* NZG 2010, 930 mN; LG München ZIP 2016, 973.

[107] *Butzke* Hauptversammlung der AG Rn. D 70 S. 161; HV-HdB/*Fischer*/*Pickert* § 9 Rn. 194; Großkomm AktG/*Mülbert* § 129 Rn. 184.

[108] *Wicke* NZG 2007, 771 (773); *Martens* Leitfaden S. 59.

nerpult zu verlassen. Folgt er dieser Aufforderung nicht, besteht in großen Hauptversammlungen durchweg die Möglichkeit, das Mikrofon am Rednerpult abzuschalten und dem nächsten Redner ein anderes Rednerpult mit Mikrofon zur Verfügung zu stellen.

c) Verweisung aus dem Saal. Der Versammlungsleiter kann einen störenden Teilnehmer 79 der Hauptversammlung – gleichgültig, ob es sich um einen Aktionär oder Aktionärvertreter oder einen Gast handelt – nach vergeblicher Ermahnung auffordern, den Saal zu verlassen und sich in den Vorraum zu begeben, der noch zum Präsenzbereich gehört. Der Saalverweis, den der Versammlungsleiter wenn erforderlich auch zwangsweise durch Sicherheitskräfte durchsetzen kann,[109] ist das mildere Mittel gegenüber der Verweisung aus der Hauptversammlung. Dieses mildere Mittel ist sinnvoll, wenn der Versammlungsleiter eine gute Chance sieht, dass sich der Störer nach einer „Abkühlung" außerhalb des Saales im weiteren Verlauf der Hauptversammlung ordnungsgemäß verhalten wird. Der Versammlungsleiter kann zu diesem Zweck eine Zeitspanne bestimmen, nach deren Ablauf der Teilnehmer in den Saal zurückkehren darf.

d) Verweisung aus der Hauptversammlung. Einen hartnäckigen Störer kann der Ver- 80 sammlungsleiter von der weiteren Teilnahme an der Hauptversammlung ausschließen. Wenn es sich um einen Aktionär oder Aktionärvertreter handelt, muss ihm Gelegenheit gegeben werden, vor dem Verlassen der Hauptversammlung einen Dritten zu seiner Vertretung zu bevollmächtigen und, wenn er dies wünscht, Widerspruch zum Protokoll zu erklären.[110] Falls der Störer der Aufforderung, die Hauptversammlung zu verlassen, nicht Folge leistet, kann der Versammlungsleiter die Anordnung durch eigenes Personal oder die Polizei zwangsweise durchsetzen. Die Befugnis dazu ergibt sich gegenüber Aktionären und Aktionärsvertretern aus seiner aktienrechtlichen Ordnungsbefugnis und darüber hinaus aus dem Hausrecht, dass der Versammlungsleiter gegenüber jedem Teilnehmer der Hauptversammlung besitzt und durchsetzen kann.[111] Wer einer Anordnung des Versammlungsleiters, die Hauptversammlung zu verlassen, nicht Folge leistet, begeht Hausfriedensbruch (§ 123 StGB); dies ist die Grundlage für einen Einsatz der Polizei.

e) Räumung. Es gibt auch Störungen, denen nur durch eine Räumung des Saales oder 81 sogar des Gebäudes begegnet werden kann. Das gilt zB bei einer anonymen Bombenwarnung oder einem Feueralarm und auch bei anderen Sicherheitsrisiken für die Teilnehmer, zB durch Rauchbomben per Tränengas. In solchen Fällen wird es meist ausreichen, die Hauptversammlung zu unterbrechen und nach Beseitigung der Störung fortzusetzen. Wenn allerdings eine Beseitigung der Störung nicht möglich ist oder nicht absehbar ist, wieviel Zeit dafür benötigt wird, kann es notwendig werden, die Hauptversammlung zu schließen, es sei denn, es steht ein Ersatzraum zur Verfügung. Im letzteren Fall ist die Fortsetzung in dem Ersatzraum auch ohne entsprechenden Hinweis in der Einberufung zulässig, vorausgesetzt, der Ersatzraum befindet sich in der Nähe oder es werden für alle Teilnehmer Transportmöglichkeiten zur Verfügung gestellt.

IV. Typischer Ablauf einer Hauptversammlung

1. Leitfaden. Im Zuge der Vorbereitung einer Hauptversammlung wird in aller Regel ein 82 Leitfaden für den Versammlungsleiter verfasst, anhand dessen er die Versammlung abwickelt.[112] Dabei empfiehlt es sich, zusätzlich zu einem „Hauptleitfaden" für den normalen

---

[109] BVerfG WM 1999, 2160 (2162); LG Köln AG 2005, 696 (700); OLG Bremen NZG 2007, 468.
[110] *Butzke* Hauptversammlung der AG Rn. D 72; HV-HdB/*Fischer/Pickert* § 9 Rn. 193; Hüffer/ Koch AktG § 29 Rn. 32.
[111] MüKoAktG/*Kubis* § 119 Rn. 176; Spindler/Stilz AktG/*Wicke* Anh. § 119 Rn. 15; Großkomm AktG/*Mülbert* § 129 Rn. 222.
[112] Muster in Beck'sches Formularbuch/*Hoffmann-Becking/Berger* Form. X.23 und *Butzke* Hauptversammlung der AG Anhang 3 S. 569 ff. Vgl. auch *Kremer* FS Hoffmann-Becking, 2013, 697 (699 f.).

Ablauf der Versammlung eine Reihe von „Sonderleitfäden" bereitzuhalten, die für besondere Situationen und Maßnahmen bestimmt sind, insbesondere für einige der vorstehend in → Rn. 52 ff. skizzierten Leitungs- und Ordnungsmaßnahmen.

83 Nachfolgend soll der typische Ablauf einer Hauptversammlung, wie er sich im Hauptleitfaden des Versammlungsleiters niederschlägt, nachgezeichnet werden, und zwar der Hauptversammlung einer börsennotierten Publikumsgesellschaft. Dabei wird die Tagesordnung einer ordentlichen Hauptversammlung unterstellt, beispielhaft ergänzt um weitere Tagesordnungspunkte zum System der Vorstandsvergütung, zu Erwerb und Verwendung eigener Aktien und zur Ausgliederung eines Unternehmensbereichs.[113]

84 **2. Eröffnung der Versammlung.** Nach der Begrüßung der Teilnehmer und der Feststellung, dass er als Vorsitzender des Aufsichtsrats satzungsgemäß die Leitung der Versammlung übernimmt, stellt der Versammlungsleiter unter Bezugnahme auf die Bekanntmachung im elektronischen Bundesanzeiger die form- und fristgerechte **Einberufung** der Hauptversammlung fest. Wenn **Gegenanträge** von Aktionären angekündigt und von der Gesellschaft nach § 126 AktG zugänglich gemacht werden, kann der Versammlungsleiter darauf schon an dieser Stelle hinweisen. Üblich, wenn auch nicht rechtlich notwendig, ist die Vorstellung des beurkundenden Notars durch den Versammlungsleiter und seine Feststellung, inwieweit die Mitglieder des Vorstands und des Aufsichtsrats anwesend sind.

85 Wenn auch ein Foyer und/oder sonstige Vor- und Nebenräume zum **Präsenzbereich** gehören sollen, dh die Ein- und Ausgangskontrolle nicht erst am Eingang des Versammlungssaales, sondern vorgelagert im Eingangsbereich des Gebäudes erfolgt, stellt der Versammlungsleiter klar, dass auch diese Räume zum Versammlungsort im rechtlichen Sinne gehören, so dass auch die Aktionäre und Aktionärsvertreter, die sich dort aufhalten, an der Versammlung teilnehmen, eine Stimmabgabe bei den Abstimmungen aber nur im Versammlungssaal möglich ist. Es ist üblich, aber rechtlich nicht erforderlich,[114] die Hauptversammlung per Lautsprecher oder Bildschirm in die Vor- und Nebenräume zu übertragen.

86 Ein weiterer Hinweis des Versammlungsleiters betrifft die Möglichkeit der **Bevollmächtigung** (→ Rn. 18) eines anwesenden Dritten bei vorzeitigem Verlassen der Hauptversammlung unter Verwendung des dafür vorgesehenen Vordrucks im Stimmkartenblock. Außerdem kann er ankündigen, dass er die Präsenz vor der ersten Abstimmung mitteilen wird und von diesem Zeitpunkt an das **Teilnehmerverzeichnis** (dazu → Rn. 28 ff.) am Wortmeldetisch zur Einsicht zur Verfügung steht (und zwar, wenn es in elektronischer Form erstellt wird, dort über den Bildschirm eingesehen werden kann).

87 Schon zu diesem Zeitpunkt, also vor der Rede des Vorstands, kann der Versammlungsleiter ankündigen, dass über alle Punkte der Tagesordnung im Anschluss an die Rede des Vorstandsvorsitzenden in einer **Generaldebatte** (→ Rn. 91) diskutiert wird und dass für die Debatte schon jetzt Wortmeldungen am Wortmeldetisch abgegeben werden können. Wenn der Versammlungsleiter das Verfahren der Wortmeldung erläutert, sollte er auch spezifisch darauf eingehen, wie bei **Wortmeldungen zur Geschäftsordnung** verfahren werden soll (dazu → Rn. 58 f.), da nicht selten opponierende Aktionäre schon in dieser frühen Phase der Versammlung versuchen, durch Wortmeldungen zur Geschäftsordnung den Ablauf zu stören.

88 Das **Abstimmungsverfahren** braucht in dieser frühen Phase der Hauptversammlung noch nicht erläutert zu werden, sondern es genügt, wenn dies vor Beginn der Abstimmung erfolgt. Es ist auch nicht notwendig, die Punkte der **Tagesordnung** zu verlesen, da sie sich aus der für die Aktionäre zugänglichen Einberufung ergeben, die vorsorglich auch zur Einsichtnahme ausgelegt werden sollte. Wenn der Versammlungsleiter die einzelnen Punkte der Tagesordnung, die dazu bekannt gemachten Beschlussvorschläge und etwa angekündig-

---

[113] Vgl. das Muster einer Einberufung in Beck'sches Formularbuch/*Hoffmann-Becking*/*Berger* Form. X.21.
[114] BGH NZG 2013, 1430; OLG Frankfurt a. M. NZG 2015, 1357 (1360).

te Gegenanträge von Aktionären vollständig oder auch nur stichwortartig auflistet, geschieht dies zweckmäßig zu Beginn der Generaldebatte (→ Rn. 91).

Nach den einleitenden Ausführungen des Versammlungsleiters zu den „Formalien" folgen die Berichte des Vorstands und des Aufsichtsrats. Es ist weithin üblich, dass zunächst der Aufsichtsratsvorsitzende über die Tätigkeit des Aufsichtsrats im abgelaufenen Geschäftsjahr berichtet und zu diesem Zweck den der Hauptversammlung vorliegenden schriftlichen **Bericht des Aufsichtsrats** (§ 171 Abs. 2 AktG, → § 45 Rn. 17 ff.) erläutert, bevor er dem Vorsitzenden oder Sprecher des Vorstands das Wort zur Berichterstattung des Vorstands (**„Vorstandsrede"**) erteilt; er kann aber auch umgekehrt verfahren und zunächst den Vorstand vortragen lassen. Im Rahmen des Berichts, den der Versammlungsleiter in seiner Eigenschaft als Aufsichtsratsvorsitzender vorträgt, soll er bei einer börsennotierten Gesellschaft entsprechend der Empfehlung in Ziff. 4.2.3 Abs. 6 des Kodex die Hauptversammlung auch über die Grundzüge des **Vergütungssystems** der Vorstandsmitglieder informieren, wenn das nicht schon in einer früheren Hauptversammlung geschehen ist, und jedenfalls über etwaige Änderungen des früher erläuterten Vergütungssystems unterrichten. Er kann dazu ergänzend auf den nach § 289 Abs. 2 Nr. 4 HGB erstellten Vergütungsbericht Bezug nehmen, der den Aktionären als Teil des Lageberichts vorliegt. In diesem Zusammenhang kann er auch auf die für börsennotierte Gesellschaften vorgeschriebene Erklärung zur Unternehmensführung (§ 289a HGB) und den vom Kodex (Ziff. 3.10) empfohlenen **Corporate Governance-Bericht** verweisen.

Wenn sowohl der Vorstandsvorsitzende als auch der Aufsichtsratsvorsitzende ihre Berichte vorgetragen haben, endet damit die Eröffnungsphase der Hauptversammlung. Inzwischen wird das Teilnehmerverzeichnis vorliegen, so dass der Versammlungsleiter schon vor Eintritt in die Debatte die Präsenz bekanntgeben kann. Wenn schon in der Eröffnungsphase eine Abstimmung erforderlich wird, etwa über einen Antrag auf Abwahl des Versammlungsleiters (→ Rn. 44), muss der Versammlungsleiter die Aufstellung des Teilnehmerverzeichnisses abwarten, um vor der ersten Abstimmung die Präsenz mitteilen zu können (→ Rn. 29).

3. Generaldebatte. Vor Eintritt in die Debatte ist es üblich, wenn auch nicht unbedingt erforderlich, dass der Versammlungsleiter die Punkte der Tagesordnung und die dazu bekanntgemachten Beschlussvorschläge der Verwaltung auflistet. An dieser Stelle kann er auch auf etwa angekündigte Gegenanträge von Aktionären hinweisen, die über die Internetseite der Gesellschaft zugänglich gemacht wurden. Wenn die Beschlussvorschläge der Verwaltung im Bundesanzeiger bekannt gemacht wurden und sowohl auf der Internetseite zugänglich sind als auch in der Hauptversammlung ausliegen, braucht der Versammlungsleiter sie nicht im vollen Wortlaut vorzutragen (→ § 40 Rn. 14).

Punkt 1 der Tagesordnung betrifft die Rechnungslegung der Gesellschaft für das abgelaufene Geschäftsjahr. Dazu erläutert der Versammlungsleiter, welche Abschlüsse und Berichte unter diesem Punkt der Tagesordnung vorgelegt werden, seit der Einberufung der Hauptversammlung im Internet zugänglich sind und auch im Versammlungsraum ausliegen. Außerdem weist er darauf hin, dass Jahresabschluss und Lagebericht (ggf. auch Konzernabschluss und Konzernlagebericht) vom Abschlussprüfer geprüft und mit uneingeschränkten Bestätigungsvermerken versehen wurden und auch der Aufsichtsrat den Jahresabschluss (und ggf. auch den Konzernabschluss) geprüft und gebilligt hat.

Punkt 2 der Tagesordnung betrifft die Beschlussfassung der Hauptversammlung über die Verwendung des Bilanzgewinns. Dazu verweist der Versammlungsleiter auf den bekanntgemachten Gewinnverwendungsvorschlag. Wenn sich seit der Einberufung die Zahl der gewinnberechtigten Aktien wegen des Erwerbs oder der Veräußerung eigener Aktien verändert hat, werden Vorstand und Aufsichtsrat in der Versammlung einen entsprechend modifizierten Gewinnverwendungsvorschlag zur Abstimmung stellen. Der Versammlungsleiter kann und sollte schon bei Vorstellung der Tagesordnung den aktualisierten Beschlussvorschlag zur Gewinnverwendung nennen und darauf hinweisen, dass er ihn in dieser Fassung zur Abstimmung stellen wird.

94 Die Punkte 3 und 4 der Tagesordnung betreffen in aller Regel die Entlastung der Mitglieder des Vorstands und der Mitglieder des Aufsichtsrats, und unter Punkt 5 steht meist die Wahl des Abschlussprüfers auf der Tagesordnung. Wenn einer der nachfolgenden Punkte der Tagesordnung eine Wahl zum Aufsichtsrat betrifft, kann es sein, dass Aktionäre Gegenvorschläge nach § 127 AktG angekündigt haben, die von der Gesellschaft vor der Hauptversammlung zugänglich gemacht wurden. Auch darauf kann der Versammlungsleiter hinweisen.

95 Zu der bei börsennotierten Gesellschaften üblichen Ermächtigung des Vorstands zum Erwerb und zur Verwendung eigener Aktien enthält die Einberufung in der Regel einen umfangreichen Beschlussvorschlag; der Versammlungsleiter muss ihn weder zu Beginn der Debatte noch vor der betreffenden Sachabstimmung verlesen, sondern kann dazu auf die Einberufung verweisen. Dasselbe gilt für die Einzelheiten eines Beschlussvorschlags zu einer Ausgliederung eines Unternehmensbereichs, die der Hauptversammlung nach „Holzmüller"-Grundsätzen oder freiwillig nach § 119 Abs. 2 AktG zur Zustimmung vorgelegt wird.

96 Nach der Vorstellung der Tagesordnung und der Beschlussvorschläge eröffnet der Versammlungsleiter die Diskussion. Wenn bereits zahlreiche Wortmeldungen vorliegen, kann es sinnvoll sein, deren Zahl zu nennen, verbunden mit der vorsorglichen Ermahnung an alle Redner, sich kurz zu fassen und nur zur Sache zu sprechen. Der Versammlungsleiter kündigt dann an, dass er jeweils einen Redner namentlich aufruft und auch schon den nächsten Redner nennt, damit dieser sich bereithält. Bei einer großen Zahl von vorliegenden Wortmeldungen ist es üblich, dass der Versammlungsleiter „Rednerblöcke" von zB vier oder fünf Rednern bildet und jeweils nach einer solchen Fragenrunde dem Vorstand Gelegenheit gibt, die bis dahin vorliegenden Fragen zu beantworten (→ Rn. 62 f.).

97 Nach der letzten Antwortrunde vergewissert sich der Versammlungsleiter durch eine entsprechende Frage an die Versammlung, ob er davon ausgehen kann, dass alle gestellten Fragen beantwortet wurden oder noch das Wort gewünscht wird. Wenn dazu kein Widerspruch und keine neue Wortmeldung erfolgt, schließt der Versammlungsleiter die Aussprache. Wenn ein Aktionär der Feststellung des Versammlungsleiters widerspricht, kann der Versammlungsleiter den Aktionär auf die Möglichkeit hinweisen, die aus seiner Sicht unbeantworteten Fragen dem Notar zur Aufnahme in das entsprechende Protokoll mitzuteilen (§ 131 Abs. 5 AktG). Wenn das geschehen ist, kann der Versammlungsleiter dem Vorstand vor oder auch nach Schließung der Debatte noch einmal Gelegenheit geben, die von dem Aktionär als nicht beantwortet gerügten Fragen zu beantworten und ggf. auch seine Antworten in die Niederschrift des Notars aufnehmen zu lassen (→ § 38 Rn. 35). Wegen dieses mitunter zeitraubenden Verfahrens kann es sich empfehlen, dass der Versammlungsleiter schon einige Zeit vor Ende der Debatte auf die Möglichkeit der Protokollierung nicht beantworteter Fragen verweist und das dafür vorgesehene Procedere erläutert.

98 4. Abstimmungen. Vor Beginn der Abstimmungen erläutert der Versammlungsleiter das Abstimmungsverfahren (Additions- oder Subtraktionsverfahren, → § 40 Rn. 36 f.). Wenn er zur Konzentration des Abstimmungsverfahrens über die Beschlussvorschläge zu mehreren Tagesordnungspunkten derart abstimmen lassen will, dass die Stimmkarten zu diesen mehreren Punkten in einem Sammelgang eingesammelt werden, kündigt er auch dieses vor Beginn der Abstimmung an. Falls er zu einem bestimmten Tagesordnungspunkt über mehrere Vorschläge im Wege der „Blockabstimmung" abstimmen lassen will (dazu → § 40 Rn. 23), zB zu mehreren Wahlvorschlägen für den Aufsichtsrat (Listenwahl) oder zu mehreren Satzungsänderungsvorschlägen, gibt der Versammlungsleiter die dafür notwendigen Hinweise, bevor dieser Punkt der Tagesordnung zur Abstimmung aufgerufen wird. Vor Beginn der Abstimmungen weist der Versammlungsleiter vorsorglich noch einmal daraufhin, dass eine Stimmabgabe nur im Versammlungssaal und nicht in den Vor- und Nebenräumen möglich ist.

99 Die im Wege der Briefwahl (§ 118 Abs. 2 AktG, dazu → § 40 Rn. 31 ff.) schon vor der Hauptversammlung abgegebenen Stimmen werden in die Datenverarbeitungsanlage eingegeben und gehen zusammen mit den in der Versammlung abgegebenen Stimmen in das Abstimmungsergebnis ein. Auch darauf sollte der Versammlungsleiter bei Erläuterung des Abstimmungsverfahrens hinweisen. Dasselbe gilt für die Art und Weise, wie die von den Stimmrechtsvertretern der Gesellschaft weisungsgemäß abzugebenden Stimmen sowie die von Depotbanken und Aktionärsvereinigungen als Bevollmächtigte abzugebenden Stimmen ggf. in elektronischen Sammelstimmkarten zusammengeführt werden.

100 Hinweise auf die aus § 136 Abs. 1 AktG folgenden Stimmverbote für die Mitglieder des Vorstands und des Aufsichtsrats bei den Entlastungsbeschlüssen sind üblich, wenn auch nicht unbedingt notwendig.

101 Für die notwendige Feststellung des von der Hauptversammlung gefassten Beschlusses durch den Versammlungsleiter sieht § 130 Abs. 3 S. 2 AktG bei börsennotierten Gesellschaften eine „Langfassung" mit detaillierten Angaben vor. Dieses Verfahren ist umständlich und zeitraubend, wenn eine Vielzahl von Beschlüssen festzustellen ist, so zB bei der Einzelentlastung von Vorstands- und/oder Aufsichtsratsmitgliedern oder bei der durch den Kodex (Ziff. 5.4.3 S. 1) empfohlenen Einzelwahl der Mitglieder des Aufsichtsrats. Die „Kurzfassung" nach § 130 Abs. 2 S. 3 AktG, nämlich die bloße Feststellung, dass die erforderliche Mehrheit erreicht wurde (→ § 40 Rn. 50), ist nur zulässig, falls kein Aktionär die Feststellung in Form der „Langfassung" verlangt. Deshalb muss der Versammlungsleiter, wenn er die Kurzfassung wählt, zuvor die Versammlung fragen, ob ein Aktionär dieser Form der Feststellung widerspricht. Um einen Widerspruch faktisch mit einiger Sicherheit auszuschließen, kann es sich empfehlen, die ausführlichen Angaben jeweils auf die Leinwand zu projizieren, so dass die Teilnehmer die ausführlichen Angaben zwar nicht hören, aber lesen können (→ § 40 Rn. 50).

5. Schließung der Hauptversammlung. Wenn alle in der Hauptversammlung gefassten **102** Beschlüsse ordnungsgemäß festgestellt sind, kann der Versammlungsleiter die Hauptversammlung schließen. Bis zu diesem Zeitpunkt, aber auch schon vor Fassung der betreffenden Beschlüsse, können Aktionäre Widerspruch gegen die Beschlussfassung zu Protokoll des Notars erklären.

V. Virtuelle Hauptversammlung nach dem COVID-19-Pandemie-Gesetz

103 Das AktG enthält bislang keine zusammenhängende Regelung für die Nutzung elektronischer Medien bei der Abwicklung einer Hauptversammlung, sondern nur einzelne Regelungen über die Zulassung einer Bild- und Tonübertragung der Hauptversammlung in § 118 Abs. 4 AktG (→ oben Rn. 53), die Teilnahme von Aufsichtsratsmitgliedern im Wege der Bild- und Tonübertragung nach § 118 Abs. 3 Satz 2 AktG (→ oben Rn. 2), der elektronischen Stimmabgabe in der Hauptversammlung nach § 118 Abs. 1 S. 2 AktG (→ dazu § 40 Rn. 26) und der elektronisch übermittelten Stimmabgabe durch Abwesende als Briefwahl nach § 118 Abs. 2 AktG (→ dazu § 40 Rn. 31). Für jede dieser Formen der Nutzung elektronischer Medien verlangt das Gesetz eine Ermächtigung des Vorstands durch die Satzung oder eine Geschäftsordnung der Hauptversammlung. Eine virtuelle Hauptversammlung, d. h. eine Hauptversammlung ganz ohne physische Präsenz von Aktionären oder Aktionärsvertretern ist bislang nicht zulässig.

104 Durch das in großer Eile erlassene Gesetz zur Abmilderung der Folgen der COVID-19-Pandemie im Zivil-, Insolvenz- und Strafverfahrensrecht vom 27. März 2020[115] hat der Gesetzgeber in Art. 2 § 1 des Gesetzes eine Reihe von Ausnahmeregelungen für Hauptversammlungen in der Zeit der Corona-Krise geschaffen. Die Regelungen gelten für

---

[115] BGBl I. S. 569. Grundlage ist der Gesetzesentwurf der Koalitionsfraktionen vom 24. März 2020, BT-Drucks. 19/18110. Überblick über die Regelungen zur Hauptversammlung bei *Noack/Zetzsche* AG 2020, 265 ff., *Wicke* DStR 2020, 885 ff., *C. Schäfer* NZG 2020, 481 ff., *Simons/Hauser* NZG 2020, 488 ff.

Hauptversammlungen, die im Jahr 2020 stattfinden. Jedoch kann die Bundesregierung durch Rechtsverordnung die Geltung bis 31. Dezember 2021 verlängern (§ 8). Die Sonderregelungen gelten nach näherer Maßgabe von § 1 Abs. 8 und 9 auch für Gesellschaften in den Rechtsformen KGaA, SE und VVaG.

105 Für die vorstehend in Rn. 103 genannten, im AktG bereits geregelten Formen der Nutzung elektronischer Medien kann der Vorstand nach Art. 2 § 1 Abs. 1 des COVID-19-Pandemie-Gesetzes die entsprechenden Entscheidungen auch ohne Ermächtigung durch die Satzung oder eine Geschäftsordnung der Hauptversammlung treffen. Weitergehend erlaubt § 1 Abs. 2 Satz 1 erstmals eine Hauptversammlung als virtuelle Hauptversammlung abzuhalten. Der Vorstand kann sich mit Zustimmung des Aufsichtsrats für eine Hauptversammlung ohne physische Präsenz der Aktionäre oder ihrer Bevollmächtigten entscheiden, sofern

1. die Bild- und Tonübertragung der gesamten Versammlung erfolgt,
2. die Stimmrechtsausübung der Aktionäre über elektronische Kommunikation (Briefwahl oder elektronische Teilnahme) sowie Vollmachtserteilung möglich ist,
3. den Aktionären eine Fragemöglichkeit im Wege der elektronischen Kommunikation eingeräumt wird,
4. den Aktionären, die ihr Stimmrecht nach Nr. 2 ausgeübt haben, in Abweichung von § 245 Nr. 1 AktG unter Verzicht auf das Erfordernis des Erscheinens in der Hauptversammlung eine Möglichkeit zum Widerspruch gegen einen Beschluss der Hauptversammlung eingeräumt wird.

Das Auskunftsrecht der Aktionäre wird in § 1 Abs. 2 S. 2 durch eine bloße Fragemöglichkeit ersetzt: Der Vorstand entscheidet nach pflichtgemäßem, freiem Ermessen, welche Fragen er wie beantwortet; er kann auch vorgeben, dass Fragen bis spätestens zwei Tage vor der Versammlung im Wege elektronischer Kommunikation einzureichen sind.

106 Die Hauptversammlung – gleichgültig, ob sie als Präsenzversammlung oder virtuelle Versammlung organisiert wird – muss abweichend von § 175 Abs. 1 S. 2 AktG nicht in den ersten acht Monaten stattfinden, sondern es genügt, wenn sie innerhalb des Geschäftsjahres stattfindet (§ 1 Abs. 5). Die im Vorfeld der Hauptversammlung zu beachtenden Fristen und Termine werden durch § 1 Abs. 3 des Gesetzes erheblich verändert, und zwar wiederum sowohl für die virtuelle als auch die Präsenzversammlung. So reicht es aus, wenn die Einberufung am 21. Tag vor dem Tag der Hauptversammlung erfolgt. Bei börsennotierten Gesellschaften muss sich der Nachweis des Anteilsbesitzes auf den Beginn des 12. Tags vor der Hauptversammlung beziehen und bei Inhaberaktien spätestens am 4. Tag vor der Hauptversammlung der Gesellschaft zugehen, soweit der Vorstand in der Einberufung keine kürzere Frist für den Zugang des Nachweises bei der Gesellschaft vorsieht. Die Anmeldefrist von 6 Tagen nach § 123 Abs. 2 S. 2 AktG gilt dagegen unverändert. Wenn der Vorstand die Möglichkeit zur Verkürzung der Einberufungsfrist nutzt, hat die Mitteilung nach § 125 Abs. 1 Satz 1 AktG spätestens 12 Tage vor der Versammlung zu erfolgen; die Mitteilung nach § 125 Abs. 2 AktG hat an die zu Beginn des 12. Tags vor der Hauptversammlung im Aktienregister eingetragenen Aktionäre zu erfolgen. Schließlich gilt auch eine veränderte Frist für Ergänzungsverlangen zur Tagesordnung nach § 122 Abs. 2 AktG; das Ergänzungsverlangen muss der Gesellschaft mindestens 14 Tage vor der Versammlung zugehen.

107 Die in § 59 Abs. 1 AktG geregelte Möglichkeit, vorab einen Abschlag auf den Bilanzgewinn auszuzahlen (→ dazu § 47 Rn. 20) wird durch § 1 Abs. 4 des Gesetzes erleichtert. Danach kann der Vorstand mit Zustimmung des Aufsichtsrats eine Vorabdividende auch ohne Ermächtigung durch die Satzung zahlen. Dasselbe gilt für eine Abschlagszahlung auf den Ausgleich nach § 304 AktG.

108 Schließlich erweitert das Gesetz den in § 243 Abs. 3 Nr. 1 AktG nur für einen sehr speziellen Fall vorgesehenen Anfechtungsausschluss. Nach § 1 Abs. 7 der Sonderregelungen im COVID-19-Pandemie-Gesetz kann die Anfechtung eines Hauptversammlungsbeschlusses auch nicht auf die Verletzung von § 118 Abs. 1 S. 3 bis 5, Abs. 2 S. 2 oder Abs. 4 AktG, nicht auf die Verletzung von Formerfordernissen für Mitteilungen nach § 125 AktG sowie nicht auf eine Verletzung von § 1 Abs. 2 des Gesetzes gestützt werden, es sei denn, der Gesellschaft ist Vorsatz nachzuweisen. Anfechtungsfrei ist somit insbesondere die Entscheidung des Vorstands für die Form der virtuellen Hauptversammlung, obwohl nicht alle Voraussetzungen nach § 1 Abs. 2 des Gesetzes erfüllt sind, soweit dieser Fehler nicht vorsätzlich, sondern nur fahrlässig geschehen ist.

§ 38 Auskunftsrecht der Aktionäre

Übersicht

	Rn.		Rn.
I. Allgemeines	1–7	2. Verweigerungsgründe nach § 131 Abs. 3 S. 1 AktG	43–50
1. Funktion und Rechtsnatur des Auskunftsrechts	1–3	a) Nachteilszufügung (Nr. 1)	43, 44
2. Aktionär als Inhaber des Auskunftsrechts	4, 5	b) Steuern (Nr. 2)	45
		c) Stille Reserven (Nr. 3)	46
3. Erfüllung der Auskunftspflicht durch den Vorstand	6, 7	d) Bilanzierungs- und Bewertungsmethoden (Nr. 4)	47
II. Gegenstand und Umfang des Auskunftsrechts	8–30	e) Strafbarkeit der Auskunfterteilung (Nr. 5)	48
1. Angelegenheiten der Gesellschaft	9–13	f) Sonderregelung für Kredit- und Finanzdienstleistungsinstitute (Nr. 6)	49
2. Verbundene Unternehmen	14, 15		
3. Erforderlichkeit der Auskunft	16–30	g) Auskunft auf der Internetseite (Nr. 7)	50
a) Bezug zur Tagesordnung	17	V. Erweitertes Auskunftsrecht	51–57
b) Erforderlichkeit zur sachgemäßen Beurteilung	18–20	1. Verpflichtung zur Folgeauskunft nach § 131 Abs. 4 S. 1 und 2 AktG	51–55
c) Kasuistik zur „Erforderlichkeit"	21–30	2. Konzernausnahme	56, 57
III. Ausübung des Auskunftsrechts	31–40	VI. Rechtsmittel gegen Verletzung des Auskunftsrechts	58–67
1. Auskunftsverlangen	31–37	1. Auskunftserzwingung	58–64
a) Fragen in der Hauptversammlung	31	a) Allgemeines	58
b) Obliegenheit zur Nachfrage	32	b) Antrag	59, 60
c) Übermäßige Zahl von Fragen	33	c) Verfahren	61
d) Missbrauchsgrenze	34	d) Verhältnis zur Anfechtungsklage	62
e) Protokollierung nicht beantworteter Fragen	35–37	e) Entscheidung	63, 64
2. Auskunftserteilung	38–40	2. Anfechtungsklage	65–67
IV. Verweigerung der Auskunft	41–50		
1. Allgemeines	41, 42		

Schrifttum: *Bredol,* Noch offene Fragen? – Zur Nachfrageobliegenheit des Aktionärs auf der Hauptversammlung, NZG 2012, 613–616; *Decher,* Informationen im Konzern und Auskunftsrecht der Aktionäre gem. § 131 IV AktG, ZHR 158 (1994), 473 ff.; *Franken/Heinsius,* Das Spannungsverhältnis der allgemeinen Publizität zum Auskunftsrecht der Aktionäre, FS Budde, 1995, S. 213–242; *Groß,* Informations- und Auskunftsrecht des Aktionärs, AG 1997, 97 ff.; *Hellwig,* Der Auskunftsanspruch des Aktionärs nach unrichtiger Auskunftserteilung, FS Budde, 1995, S. 265–286; *Hoffmann-Becking,* Das erweiterte Auskunftsrecht des Aktionärs nach § 131 Abs. 4 AktG, FS Rowedder, 1994, S. 155–170; *Hüffer,* Minderheitsbeteiligung als Gegenstand aktienrechtlicher Auskunftsbegehren, ZIP 1996, 401 ff.; *Kersting,* Ausweitung des Fragerechts der Aktionäre, ZIP 2009, 2317 ff.; *Kocher/Lönner,* Das Auskunftsrecht in der Hauptversammlung nach der Aktionärsrechterichtlinie, AG 2010, 153 ff.; *Krieger,* Unbeantwortete Aktionärsfragen im notariellen Hauptversammlungsprotokoll, FS Priester, 2007, S. 387–404; *U. H. Schneider,* Der Auskunftsanspruch des Aktionärs im Konzern, FS Lutter, 2000, S. 1193–1205; *E. Vetter,* Auskünfte des Aufsichtsrats in der Hauptversammlung – Gedanken de lege ferenda, FS Westermann, 2008, S. 1589–1604; *J. Vetter,* Die Beantwortung von Fragen durch den Aufsichtsratsvorsitzenden in der Hauptversammlung, FS E. Vetter, 2019, S. 833–855.

I. Allgemeines

1 1. Funktion und Rechtsnatur des Auskunftsrechts. Jedem Aktionär ist auf Verlangen in der Hauptversammlung vom Vorstand Auskunft über Angelegenheiten der Gesellschaft zu geben, soweit die Auskunft zur sachgemäßen Beurteilung des Gegenstands der Tagesordnung erforderlich ist, § 131 Abs. 1 S. 1 AktG. Dieses Auskunftsrecht des Aktionärs ist ein aus seiner Mitgliedschaft abgeleitetes individuelles Verwaltungsrecht, dessen Gegenstand und Umfang und die Art seiner Ausübung in den folgenden Regelungen des § 131 AktG näher ausgestaltet werden. Ergänzungen und Erweiterungen des Auskunftsrechts ergeben sich aus den Sonderregelungen für Unternehmensverträge und deren Änderung (§ 293g Abs. 3, § 295 Abs. 2 S. 3 AktG), für die Eingliederung (§ 319 Abs. 3 S. 5, § 320 Abs. 4 S. 3, § 326 AktG) und für die Verschmelzung unter Beteiligung von Aktiengesellschaften (§ 64 Abs. 2 UmwG). Das individuelle Auskunftsrecht des Aktionärs in der Hauptversammlung ist Teil eines weiter gespannten Systems von Informationspflichten der Verwaltung, zu denen insbesondere die „kollektiven" Informations- und Berichtspflichten von Vorstand und Aufsichtsrat gegenüber der Hauptversammlung gehören, zB der Lagebericht des Vorstands (§ 289 HGB), der Bericht des Aufsichtsrats an die Hauptversammlung (§ 171 Abs. 2 AktG) und die Berichte des Vorstands zu Kapital- und Strukturmaßnahmen (ua § 186 Abs. 4 S. 2 AktG, § 293a AktG, § 319 Abs. 3 AktG, § 8 UmwG).

2 Das Auskunftsrecht des § 131 AktG dient, bezogen auf die in der Hauptversammlung zu behandelnden Gegenstände der Tagesordnung, der sachgemäßen Meinungs- und Urteilsbildung sowohl des fragenden Aktionärs als auch anderer Aktionäre in der Hauptversammlung.[1] Ob das so begründete und zugleich beschränkte Auskunftsrecht der Durchsetzung eines allgemeinen Rechts des Aktionärs auf Rechenschaft dient, wie dies in der Rechtsprechung bisweilen angenommen wird,[2] wird im Schrifttum überwiegend und mit Recht abgelehnt,[3] hat für die Auslegung und Anwendung von § 131 AktG aber auch keine wesentliche Bedeutung.

3 Der Umfang des Auskunftsrechts nach § 131 AktG kann durch die Satzung nicht eingeschränkt und nach hM[4] auch nicht erweitert werden (§ 23 Abs. 5 AktG). Es genießt als Bestandteil der Mitgliedschaft den Schutz des Art. 14 GG.[5]

4 2. Aktionär als Inhaber des Auskunftsrechts. Das Auskunftsrecht steht „jedem Aktionär" zu, unabhängig von der Größe seines Aktienbesitzes und auch unabhängig vom Stimmrecht. Auch der Inhaber einer stimmrechtslosen Vorzugsaktie sowie ein Aktionär, der wegen unvollständiger Einlageleistung (§ 134 Abs. 2 AktG) oder aus den in § 136 AktG genannten Gründen vom Stimmrecht ausgeschlossen ist, besitzt das Auskunftsrecht.[6] Voraussetzung ist lediglich, dass er als Aktionär zur Teilnahme an der Hauptversammlung berechtigt ist (dazu → § 37 Rn. 8 ff.).

5 Das Auskunftsrecht ist ein mit der Aktie verbundenes Recht. Es kann nicht gesondert übertragen werden. Im Fall der Belastung der Aktie mit einem Pfandrecht oder Nießbrauchsrecht verbleibt das Auskunftsrecht beim Aktionär.[7] Es ist jedoch nicht höchstpersönlicher Natur, sondern kann durch einen Bevollmächtigten oder Legitimationszessionar ausgeübt werden. In der Bevollmächtigung zur Vertretung des Aktionärs in der Haupt-

---

[1] BGH ZIP 2013, 2454 – Deutsche Bank; BGHZ 160, 385 (389); 149, 158 (164).
[2] BGHZ 86, 1 (19); KG ZIP 1995, 1585 (1587); OLG Düsseldorf AG 1988, 53 (54).
[3] KölnKommAktG/*Kersting* § 131 Rn. 9 ff.; GroßkommAktG/*Decher* § 131 Rn. 14 ff.,; *Hüffer* ZIP 1996, 401 (404); Schmidt/Lutter/*Spindler* AktG § 131 Rn. 7.
[4] KölnKommAktG/*Kersting* § 131 Rn. 58; Schmidt/Lutter/*Spindler* AktG § 131 Rn. 8; Hüffer/*Koch* AktG § 131 Rn. 3; GroßkommAktG/*Decher* § 131 Rn. 21; aA Heidel Aktienrecht/*Heidel* § 131 Rn. 4; Spindler/Stilz AktG/*Siems* § 131 Rn. 4; MüKoAktG/*Kubis* § 131 Rn. 183.
[5] BVerfG NJW 2000, 349 (350) = NZG 2000, 192 (193).
[6] AllgM, s. KölnKommAktG/*Kersting* § 131 Rn. 61; Hüffer/*Koch* AktG § 131 Rn. 4.
[7] Schmidt/Lutter/*Spindler* AktG § 131 Rn. 5; MüKoAktG/*Kubis* § 131 Rn. 10; GroßkommAktG/*Decher* § 131 Rn. 61; aA für Nießbrauch KölnKommAktG/*Kersting* § 131 Rn. 63.

versammlung liegt regelmäßig auch die Bevollmächtigung zur Ausübung des Auskunftsrechts.[8]

3. Erfüllung der Auskunftspflicht durch den Vorstand. Schuldner der Auskunft ist die 6 Gesellschaft, die ihre Verpflichtung, wie § 131 Abs. 1 S. 1 AktG ausdrücklich anordnet, durch den Vorstand zu erfüllen hat. Zuständig ist der Vorstand in seiner jeweils aktuellen Besetzung, auch soweit es um zurückliegende Vorgänge aus der Amtszeit ehemaliger Vorstandsmitglieder geht.[9] Über den Inhalt der Auskunft und eine etwaige Auskunftsverweigerung entscheidet der Vorstand nach den für seine Geschäftsführung gemäß § 77 AktG und der Geschäftsordnung des Vorstands geltenden Regeln. In der Regel bedarf es keines ausdrücklichen Vorstandsbeschlusses, sondern ist von einer konkludenten Zustimmung der übrigen Vorstandsmitglieder zu der erteilten Auskunft oder ihrer Verweigerung auszugehen, es sei denn, dass ein Vorstandsmitglied widerspricht.[10] Welches Vorstandsmitglied die Auskunft tatsächlich erteilt, bedarf der Abstimmung im Vorstand. Ein amtierender Vorstandssprecher oder Vorstandsvorsitzender ist regelmäßig befugt, die Auskünfte zu erteilen oder die Beantwortung einem ressortmäßig zuständigen Vorstandskollegen zu überlassen.

Der **Aufsichtsrat** und sein Vorsitzender sind nach hM zur Beantwortung von Fragen 7 nicht verpflichtet und ohne Einverständnis des Vorstands auch nicht berechtigt, und zwar auch dann nicht, wenn es sich um Fragen zum Aufgabenbereich des Aufsichtsrats handelt.[11] Andererseits ist es üblich und sachgemäß, dass der Vorsitzende des Aufsichtsrats die Fragen beantwortet, welche die Arbeit des Aufsichtsrats betreffen. Wenn man der hM folgt, gibt er diese Auskünfte nicht aus eigenem Recht, sondern er bedarf dazu einer Autorisierung (Einverständnis/Ermächtigung/Delegation) durch den Vorstand, von der regelmäßig durch stillschweigendes Einverständnis auszugehen sei.[12] Diese Konstellation wird der Aufgabenstellung des Aufsichtsrats in der Hauptversammlung nicht gerecht und ist auch unnötig umständlich.[13] Der Vorsitzende des Aufsichtsrats muss den nach § 171 Abs. 2 AktG erstatteten Bericht des Aufsichtsrats in der Hauptversammlung erläutern, § 176 Abs. 1 S. 2 AktG. Wenn er im Verlauf der Hauptversammlung Fragen zu einzelnen Punkten der Tätigkeit des Aufsichtsrats beantwortet und ggf. auch zur inneren Ordnung des Aufsichtsrats und zu Personalien von Vorstands- oder Aufsichtsratsmitgliedern Stellung nimmt, lässt sich dies zwanglos seiner Verpflichtung und seinem Recht aus § 176 Abs. 1 S. 2 AktG zuordnen, so dass er keine Autorisierung durch den Vorstand benötigt. Für den Auskunftsanspruch des Aktionärs bleibt es de lege lata zwar dabei, dass er nur vom Vorstand die Erfüllung seines Auskunftsanspruchs verlangen kann. Soweit die Auskünfte vom Aufsichtsrat ausreichend und zutreffend erteilt werden, ist aber das durch § 131 AktG geschützte Informationsinteresse befriedigt und der Auskunftsanspruch ebenso erfüllt wie bei der Auskunftserteilung durch den Vorstand.[14]

II. Gegenstand und Umfang des Auskunftsrechts

Der Vorstand hat Auskunft zu erteilen zu **Angelegenheiten der Gesellschaft,** soweit 8 die Auskunft zur Beurteilung eines Gegenstands der Tagesordnung **erforderlich** ist, § 131

---

[8] Hüffer/*Koch* AktG § 131 Rn. 5; KölnKommAktG/*Kersting* § 131 Rn. 65.
[9] KölnKommAktG/*Kersting* § 131 Rn. 71; Schmidt/Lutter/*Spindler* AktG § 131 Rn. 16.
[10] GroßkommAktG/*Decher* § 131 Rn. 65; KölnKommAktG/*Kersting* § 131 Rn. 75; *Butzke* Hauptversammlung der AG Rn. G 26 S. 264.
[11] Großkomm AktG/*Decher* § 131 Rn. 66; MüKoAktG/*Kubis* § 131 Rn. 22; Hüffer/*Koch* AktG § 131 Rn. 7; Hölters AktG/*Drinhausen* § 131 Rn. 6. So hier auch noch die Voraufl.
[12] HdB börsennotierte AG/*Marsch-Barner* § 34 Rn. 35; *Ihrig/Schäfer,* Rechte und Pflichten des Vorstands, 2014, § 29 Rn. 1122; *E. Vetter* ZIP 2006, 257 (263).
[13] *Hoffmann-Becking* NZG 2017, 281 (285 f.). Zust. *Roth* FS Bergmann, 2018, 565 (575); *J. Vetter* FS E. Vetter, 2019, 833 (843 ff.); aA Großkomm AktG/*E. Vetter* § 176 Rn. 62. Vgl. auch *Butzke* Hauptversammlung der AG Rn. 628 S. 264 u. *Trescher* DB 1990, 515 (516).
[14] *Hoffmann-Becking* NZG 2017, 281 (286).

Abs. 1 S. 1 AktG. Die Auskunftspflicht erstreckt sich auch auf die rechtlichen und geschäftlichen Beziehungen der Gesellschaft zu verbundenen Unternehmen, § 131 Abs. 1 S. 2 AktG, sowie bei Mutterunternehmen eines Konzerns auf die Lage des Konzerns und der in den Konzernabschluss einbezogenen Unternehmen, § 131 Abs. 1 S. 4 AktG.

9   **1. Angelegenheiten der Gesellschaft.** Der Begriff ist nach allgemeiner Auffassung weit auszulegen. „Angelegenheit der Gesellschaft" ist alles, was sich auf die Aktiengesellschaft und ihre Tätigkeit bezieht.[15] Wegen dieser Weite des Tatbestandsmerkmals der Angelegenheit der Gesellschaft wird im Schrifttum die Auffassung vertreten, dem Merkmal komme keine eigenständige Bedeutung zu; entscheidend sei allein das weitere Tatbestandsmerkmal der Erforderlichkeit zur Beurteilung des Gegenstands der Tagesordnung.[16] Die herrschende Auffassung geht jedoch nicht so weit, sondern versucht, das Tatbestandsmerkmal der „Angelegenheit der Gesellschaft" zur Abgrenzung des gegenständlichen Umfangs des Auskunftsrechts insbesondere für die folgenden Fallgruppen zu nutzen:

10 **Beziehungen zu Dritten:** Beziehungen der Gesellschaft zu Geschäftspartnern wie Kunden und Lieferanten sowie zu Behörden und anderen Dritten sind ohne weiteres Angelegenheiten der Gesellschaft. Anders verhält es sich mit den Verhältnissen Dritter und Vorgängen bei Dritten, die primär fremde Angelegenheiten sind, jedoch zu Angelegenheiten der Gesellschaft werden, wenn sie sich erheblich auf die Gesellschaft auswirken.[17]

11 **Beziehungen zu verbundenen Unternehmen:** Die Erstreckung der Auskunftspflicht auf die rechtlichen und geschäftlichen Beziehungen der Gesellschaft zu verbundenen Unternehmen in § 131 Abs. 1 S. 2 AktG enthält nur eine Klarstellung, da es sich bei diesen Beziehungen unmittelbar um Angelegenheiten der Gesellschaft handelt. Anders ist es, wenn nach Verhältnissen eines verbundenen Unternehmens oder nach Vorgängen in einem verbundenen Unternehmen gefragt wird. Dann kommt es darauf an, ob die Vorgänge oder Verhältnisse eine erhebliche Auswirkung auf die Gesellschaft haben (dazu → Rn. 14).

12 **Persönliche Angelegenheiten von Organmitgliedern:** Persönliche Verhältnisse von Organmitgliedern können Angelegenheiten der Gesellschaft im Sinne von § 131 Abs. 1 S. 1 AktG sein, wenn sie einen erheblichen Bezug zur Tätigkeit des Organmitglieds für die Gesellschaft aufweisen.[18] Das gilt zB im Grundsatz für die Bezüge der Vorstandsmitglieder, nicht dagegen für die privaten Vermögensverhältnisse eines Vorstands- oder Aufsichtsratsmitglieds. Die Verhältnisse eines Aktionärs sind in aller Regel keine Angelegenheiten der Gesellschaft,[19] auch nicht die Höhe seines Aktienbesitzes, soweit nicht die Schwellenwerte für Mitteilungspflichten nach § 20 AktG oder § 21 WpHG in Frage stehen.

13 **Vorgänge in Vorstand und Aufsichtsrat:** Die Beziehungen zwischen Vorstand und Aufsichtsrat und auch die Meinungsbildung im Vorstand und im Aufsichtsrat gehören zwar zu den Angelegenheiten der Gesellschaft.[20] Wegen der notwendigen Vertraulichkeit der Interna des Organs besteht jedoch in aller Regel von vornherein kein Auskunftsrecht[21] oder zumindest ein Recht zur Auskunftsverweigerung nach § 131 Abs. 3 Nr. 1 AktG.[22]

14 **2. Verbundene Unternehmen.** Die Auskunftspflicht erstreckt sich auch auf die rechtlichen und geschäftlichen Beziehungen der AG zu verbundenen Unternehmen, § 131

---

[15] Hüffer/*Koch* AktG § 131 Rn. 12; GroßkommAktG/*Decher* § 131 Rn. 82.
[16] KölnKommAktG/*Kersting* § 131 Rn. 96.
[17] GroßkommAktG/*Decher* § 131 Rn. 83; Spindler/Stilz AktG/*Siems* § 131 Rn. 23; Schmidt/Lutter/*Spindler* AktG § 131 Rn. 28.
[18] Hüffer/Koch AktG § 131 Rn. 13; Großkomm AktG/Decher § 131 Rn. 86. S. auch Hoffmann-Becking NZG 2017, 281 (285) zu Auskünften über Interessenkonflikte eines Aufsichtsratsmitglieds.
[19] Hüffer/*Koch* AktG § 131 Rn. 13; GroßkommAktG/*Decher* § 131 Rn. 192; MüKoAktG/*Kubis* § 131 Rn. 192.
[20] MüKoAktG/*Kubis* § 131 Rn. 36.
[21] So BVerfG NZG 2000, 192 (194); Hüffer/*Koch* AktG § 131 Rn. 14.
[22] BGH NZG 2014, 27 Rn. 47; 2014, 423 Rn. 76; Großkomm AktG/*Decher* § 131 Rn. 88; KölnKommAktG/*Kersting* § 131 Rn. 244.

Abs. 1 S. 2 AktG. Das ist eine bloße Klarstellung, weil die Beziehungen zu verbundenen Unternehmen notwendig Angelegenheiten der Gesellschaft sind.[23] Der Begriff der verbundenen Unternehmen bestimmt sich nach § 15 AktG; erfasst werden nicht nur die nachgeordneten verbundenen Unternehmen, sondern die Auskunftspflicht erstreckt sich – immer unter dem Vorbehalt der Erforderlichkeit der Auskunft – auch auf die Beziehungen der Gesellschaft zur Obergesellschaft[24] sowie zu Schwestergesellschaften. Angelegenheiten eines verbundenen Unternehmens und Vorgänge in einem verbundenen Unternehmen sind zwar im Grundsatz fremde Angelegenheiten, werden aber durch die Reichweite des Auskunftsrechts erfasst, soweit die Verhältnisse oder Vorgänge erhebliche Auswirkung auf die Gesellschaft haben.[25] Inwieweit das der Fall ist, hängt bei nachgeordneten Unternehmen wesentlich von der Größe und wirtschaftlichen Bedeutung des Unternehmens, der Intensität der konzernrechtlichen Verbindung und des Charakters der Obergesellschaft als operativ tätiges „Stammhaus" oder Holding des Konzerns ab.[26] Die Bezüge der Verwaltungsmitglieder eines Tochterunternehmens werden nur dann zu einer „Angelegenheit der Gesellschaft", wenn zB die Höhe der Gesamtbezüge der Organmitglieder der Tochter erhebliche Auswirkung auf die Obergesellschaft hat.[27]

Falls die Obergesellschaft als **Mutterunternehmen im Sinne von § 290 HGB** einen Konzernabschluss und Konzernlagebericht aufzustellen und der Hauptversammlung vorzulegen hat, erstreckt sich gemäß § 131 Abs. 1 S. 4 AktG das Auskunftsrecht der Aktionäre der Obergesellschaft auch auf die Lage des Konzerns und der in den Konzernabschluss einbezogenen Unternehmen. Diese im Jahre 2002 eingefügte Vorschrift hat nicht nur klarstellende Bedeutung, sondern bestimmt darüber hinaus, dass alle Fragen zur Lage des Konzerns und zur Lage der einzelnen in den Konzernabschluss einbezogenen Unternehmen ohne weiteres als Fragen zu Angelegenheiten der Gesellschaft anzusehen sind, ohne dass eine erhebliche Auswirkung auf die Gesellschaft nachgewiesen werden müsste. Das weitere Tatbestandsmerkmal des § 131 Abs. 1 S. 1 AktG, nämlich die Erforderlichkeit der Auskunft zur sachgemäßen Beurteilung des Gegenstands der Tagesordnung, gilt jedoch unverändert auch für auf § 131 Abs. 1 S. 4 AktG gestützte Fragen von Aktionären.[28] **15**

3. Erforderlichkeit der Auskunft. Die von dem Aktionär verlangte Auskunft muss nur erteilt werden, wenn sie zur sachgemäßen Beurteilung des Gegenstands der Tagesordnung erforderlich ist. Anders als nach § 112 AktG 1937 genügt nicht der bloße Zusammenhang mit dem Gegenstand der Tagesordnung. Das mit dem AktG 1965 eingeführte zusätzliche Tatbestandsmerkmal der Erforderlichkeit verstößt nach Ansicht des BGH und der herrschenden Auffassung im Schrifttum nicht gegen Art. 9 der Aktionärsrechte-Richtlinie von 2007.[29] Der einschränkende Nebensatz in § 131 Abs. 1 S. 1 AktG verlangt zweierlei, nämlich zum einen einen Bezug der Frage zu einem Gegenstand der Tagesordnung der Versammlung und zum zweiten die Erforderlichkeit der Auskunft für die sachgemäße Beurteilung des Gegenstands der Tagesordnung. **16**

a) Bezug zur Tagesordnung. Die begehrte Auskunft muss sich auf einen Gegenstand der Tagesordnung beziehen. Dabei muss es sich nicht notwendig um einen Punkt der Tagesordnung handeln, zu dem die Hauptversammlung beschließen soll. Das gilt zB für Fragen zu dem von Vorstand und Aufsichtsrat festgestellten Jahresabschluss, der der Hauptver- **17**

---

[23] Hüffer/Koch AktG § 131 Rn. 15; GroßkommAktG/Decher § 131 Rn. 93.
[24] OLG Stuttgart NZG 2004, 966; GroßkommAktG/Decher § 131 Rn. 107.
[25] Begr. RegE zu § 131 AktG, s. Kropff AktG S. 185; Hüffer/Koch AktG § 131 Rn. 15; LG Stuttgart NZG 2018, 665; Kort NZG 2018, 641 (643).
[26] GroßkommAktG/Decher § 131 Rn. 94, 105; MüKoAktG/Kubis § 131 Rn. 70.
[27] Hüffer/Koch AktG § 131 Rn. 18: Gesamtbetrag ist anzugeben, individuelle Bezüge nicht.
[28] Hüffer/Koch AktG § 131 Rn. 20; KölnKommAktG/Kersting § 131 Rn. 256.
[29] BGH ZIP 2013, 2454 Rn. 21 ff.; NZG 2014, 423 Rn. 27; Hüffer/Koch AktG § 131 Rn. 21; Schmidt/Lutter/Spindler AktG § 131 Rn. 29; Großkomm AktG/Decher § 131 Rn. 125. Anders Kersting ZIP 2009, 2317; 2013, 2460 u. FS Hoffmann-Becking, 2013, 651 ff.

sammlung lediglich vorgelegt wird. Die Frage des Aktionärs muss sich auch nicht notwendig auf einen konkreten Beschlussvorschlag zu dem Punkt der Tagesordnung beziehen, sondern es genügt der thematische Bezug zum Punkt der Tagesordnung, da sich die Verhandlung und die Beschlüsse der Hauptversammlung zwar in dem Rahmen der festgesetzten Tagesordnung halten müssen, jedoch in diesem Rahmen auch von den Verwaltungsvorschlägen abweichende Beschlussvorschläge zur Abstimmung gestellt werden können. Die meisten Fragen haben (oder behaupten) einen Bezug zum Tagesordnungspunkt „Entlastung" der Mitglieder des Vorstands. Damit ist zwar die gesamte Geschäftsführung des Vorstands im abgelaufenen Geschäftsjahr potentieller Gegenstand des Auskunftsrechts, aber zugleich ergibt sich eine zeitliche Beschränkung, da die Tätigkeit des Vorstands in früheren Jahren nicht zur Verhandlung und Beschlussfassung ansteht (→ Rn. 27). Der erforderliche Bezug zu einem Punkt der Tagesordnung ist besonders zu beachten, wenn nicht in einer Generaldebatte über sämtliche Punkte der Tagesordnung verhandelt wird, sondern der Versammlungsleiter über die einzelnen Punkte der Tagesordnung getrennt diskutieren lässt (→ § 37 Rn. 60).

18 **b) Erforderlichkeit zur sachgemäßen Beurteilung.** Das Auskunftsrecht soll dem fragenden Aktionär dazu verhelfen, innerhalb begrenzter Zeit eine ausreichende Informationsgrundlage für die Entscheidung über den Gegenstand der Tagesordnung zu gewinnen,[30] und das Merkmal der Erforderlichkeit zielt darauf ab, missbräuchlich ausufernde Auskunftsbegehren zu verhindern, um die Hauptversammlung nicht mit überflüssigen, für eine sachgemäße Beurteilung unerheblichen Fragen zu belasten.[31] Bei der Beurteilung der Erforderlichkeit ist ein strenger Maßstab anzulegen.[32] Das subjektive Informationsinteresse des vorhandenen Aktionärs ist dafür nicht maßgeblich, sondern Maßstab für die „Erforderlichkeit" eines Auskunftsverlangens ist der Standpunkt eines objektiv urteilenden Aktionärs, der die Gesellschaftsverhältnisse nur aufgrund allgemein bekannter Tatsachen kennt und daher die begehrte Auskunft als ein nicht nur unwesentliches Element für seine Beurteilung benötigt.[33] Der Vorstand muss nicht Auskunft auf Fragen geben, die zwar in einem Zusammenhang mit einem Tagesordnungspunkt stehen, vom Standpunkt eines objektiv urteilenden Aktionärs aus betrachtet jedoch nicht für die Beurteilung erheblich sind.

19 Auch wenn der konkret fragende Aktionär bereits entschlossen ist, sein Stimmrecht in einem bestimmten Sinne auszuüben, oder die begehrte Auskunft auf seine Frage bereits kennt, schließt das sein Auskunftsrecht nicht notwendig aus, da nicht auf das subjektive Informationsinteresse des fragenden Aktionärs, sondern den Informationsbedarf eines objektiv urteilenden und nur aufgrund allgemein bekannter Tatsachen informierten Aktionärs abzustellen ist und es keinen Missbrauch darstellt, wenn der Fragesteller mit der begehrten Auskunft auch zur Meinungs- und Urteilsbildung anderer Aktionäre der Hauptversammlung beitragen will.[34]

20 Ob die verlangte Auskunft zur sachgemäßen Beurteilung des Gegenstands der Tagesordnung erforderlich ist, unterliegt im Rechtsstreit der vollen gerichtlichen Nachprüfung; ein Beurteilungsspielraum gesteht die Rechtsprechung dazu weder dem Vorstand noch dem fragenden Aktionär zu.[35]

21 **c) Kasuistik zur „Erforderlichkeit".** Zu § 131 Abs. 1 S. 1 AktG hat sich insbesondere zu dem einschränkenden Merkmal der „Erforderlichkeit" eine umfangreiche Rechtspre-

---

[30] BGH ZIP 2013, 2454 Rn. 35; OLG Düsseldorf NZG 2013, 178 (179); OLG Stuttgart NZG 2011, 146.

[31] BGH NZG 2014, 423 Rn. 26.

[32] KölnKommAktG/*Kersting* § 131 Rn. 101 mN; Bürgers/Körber AktG/*Reger* § 131 Rn. 11; aA Schmidt/Lutter/*Spindler* AktG § 131 Rn. 29; MüKoAktG/*Kubis* § 131 Rn. 38.

[33] BGH ZIP 2013, 2454 Rn. 20; NZG 2014, 423 Rn. 26; OLG Düsseldorf NZG 2013, 178 (179); OLG Stuttgart NZG 2011, 146.

[34] KölnKommAktG/*Kersting* § 131 Rn. 105; Hüffer/*Koch* AktG § 131 Rn. 67.

[35] KölnKommAktG/*Kersting* § 131 Rn. 106; GroßkommAktG/*Decher* § 131 Rn. 126.

chung und Kommentarliteratur entwickelt, die hier nicht bis in die Einzelheiten nachgezeichnet werden kann.[36] Bemerkenswert sind insbesondere die folgenden Themen, geordnet nach den in Betracht kommenden Punkten der Tagesordnung:

Vorlage des Jahres- und Konzernabschlusses: Zu diesem Punkt der Tagesordnung sind grundsätzlich alle Auskünfte erforderlich, die unter Beachtung der konkret bestehenden Bilanzdimensionen der näheren Erläuterung bedeutender Positionen des Jahres- oder Konzernabschlusses dienen.[37] Das Auskunftsrecht ist dabei nicht auf die Posten der gesetzlichen Gliederungsvorschriften für die Bilanz und Gewinn- und Verlustrechnung beschränkt,[38] aber es besteht andererseits auch keine Verpflichtung, die Posten bis in letzte Einzelheiten aufzuschlüsseln.[39] Stets muss es sich um für die Beurteilung der Vermögens- und Ertragslage erhebliche Angaben handeln. Wo diese Maßgeblichkeitsgrenze konkret zu ziehen ist, lässt sich nur im Einzelfall bestimmen und hängt insbesondere von der Größe des Unternehmens und der Art des von ihr betriebenen Geschäfts ab. Was in den in der Hauptversammlung ausgelegten und allgemein zugänglichen Abschlüssen enthalten ist, muss der Vorstand nicht wiederholen, sondern kann er als bekannt voraussetzen;[40] angesichts des immer weiter wachsenden Umfangs der schriftlichen Unterlagen, insbesondere des Lageberichts, muss man den Vorstand jedoch für verpflichtet halten, auf entsprechende Fragen von Aktionären zumindest mit Hinweisen auf die betreffenden Fundstellen in den schriftlichen Unterlagen weiterzuhelfen. Der Vorstand muss über die für die Beurteilung der Lage der Gesellschaft erheblichen Einzelheiten des Abschlusses Auskunft geben, nicht aber zu einer über den Jahresabschluss hinausgehenden Bewertung des Unternehmens, da das Auskunftsrecht nicht darauf abzielt, sondern nur reflexartig dazu beiträgt, den Aktionären als Kapitalanlegern Informationen für ihre Aktienanalyse an die Hand zu geben.[41]

Wenn die Gesellschaft als kleine oder mittelgroße Kapitalgesellschaft in ihrem Abschluss von den Erleichterungen der §§ 266 Abs. 1 S. 3, 276 oder 288 HGB Gebrauch macht, kann nach § 131 Abs. 1 S. 3 AktG jeder Aktionär verlangen, dass in der Hauptversammlung der Jahresabschluss in der Form vorgelegt wird, die er ohne Anwendung dieser Vorschriften hätte. Wenn dem Verlangen nicht entsprochen wird, kann der Aktionär den Anspruch im Verfahren nach § 132 AktG geltend machen.[42]

Häufig hatte sich die Rechtsprechung mit der Frage zu befassen, inwieweit über Existenz, Umfang und Wert von **Minderheitsbeteiligungen** Auskunft zu geben ist.[43] In Anlehnung an die in § 285 Nr. 11 HGB vorgeschriebenen Angaben zum Beteiligungsbesitz im Anhang des Jahresabschlusses wird dabei im Regelfall eine Beteiligungsquote von mindestens 5% bei börsennotierten Gesellschaften und mindestens 20% bei anderen Gesellschaften verlangt.[44] Bisweilen wird auch darauf abgestellt, ob der Beteiligungsbesitz einen bestimmten absoluten Wert erreicht, dessen Höhe an den individuellen Verhältnissen ausgerichtet werden soll.[45] Eine für alle Fälle geltende schematische Festlegung ist nicht möglich.

---

[36] Detaillierte Auflistungen finden sich bei GroßkommAktG/*Decher* § 131 Rn. 154 ff. und MüKoAktG/*Kubis* § 131 Rn. 188 ff.
[37] GroßkommAktG/*Decher* § 131 Rn. 158; K. Schmidt/LutterAktG/*Spindler* § 131 Rn. 45.
[38] KölnKommAktG/*Kersting* § 131 Rn. 36, 167 mN aus der Rspr.
[39] GroßkommAktG/*Decher* § 131 Rn. 158; KölnKommAktG/*Kersting* § 131 Rn. 167.
[40] OLG Hamburg NZG 2001, 513; GroßkommAktG/*Decher* § 131 Rn. 159; MüKoAktG/*Kubis* § 131 Rn. 49; Hüffer/*Koch* AktG § 131 Rn. 26.
[41] KölnKommAktG/*Kersting* § 131 Rn. 170; GroßkommAktG/*Decher* § 131 Rn. 17 f. Anders KG ZIP 1995, 1585.
[42] OLG Düsseldorf DB 1991, 2532; MüKoAktG/*Kubis* § 131 Rn. 96.
[43] Nachw. bei KölnKommAktG/*Kersting* § 131 Rn. 172 Fn. 301.
[44] MüKoAktG/*Kubis* § 131 Rn. 228; GroßkommAktG/*Decher* § 131 Rn. 168; KölnKommAktG/*Kersting* § 131 Rn. 175.
[45] KG ZIP, 2001, 1200; Schmidt/Lutter/*Spindler* AktG § 131 Rn. 57. Anders BayObLG ZIP 1996, 1743 u. KG WM 1995, 1920 u. 1930: Beteiligungen an börsennotierten AG im Wert von

25 Unsicherheit besteht auch, inwieweit über die nach § 285 Nr. 9 HGB zu publizierenden Angaben hinaus Auskünfte zu den **Vorstandsbezügen** zu erteilen sind. Für börsennotierte Gesellschaften bleibt angesichts der gesetzlichen Pflicht zur individualisierten Offenlegung der Bezüge (§ 285 Nr. 9a S. 5 HGB) nicht mehr viel Raum für detailliertere Auskünfte. Wenn sich die Hauptversammlung mit einer Kapitalmehrheit von mindestens 75 % nach § 286 Abs. 5 HGB gegen die individuelle Offenlegung entschieden hat, kann dieses Votum nicht durch entsprechende Auskunftsverlangen konterkariert werden.[46] Bei nicht börsennotierten Gesellschaften brauchen die individuellen Bezüge nicht genannt zu werden und können auch solche Auskünfte verweigert werden, die einen Rückschluss auf die individuellen Bezüge ermöglichen.[47] Fragen zu den Bezügen von Mitarbeitern brauchen in aller Regel nicht beantwortet zu werden. Dagegen kann nach der Rechtsprechung Auskunft über die Gesamtbezüge aller Mitglieder (nicht aber des einzelnen Mitglieds) eines aus Vorstandsmitgliedern und Nicht-Vorstandsmitgliedern zusammengesetzten Leitungsgremiums („Executive Committee") verlangt werden.[48]

26 **Verwendung des Bilanzgewinns:** Die zur Beurteilung dieses Gegenstands der Tagesordnung erforderlichen Auskünfte decken sich weitgehend mit den Auskünften, die schon zum Jahresabschluss verlangt werden können. Generell sind Fragen zulässig, die die Ertragslage und die Reservepolitik der Gesellschaft betreffen. Auskünfte zur beabsichtigten künftigen Dividende werden dagegen als nicht erforderlich angesehen.[49] Fragen nach außerordentlichen Erträgen und nach der Rechtfertigung von Rückstellungen können zu entsprechenden Auskünften verpflichten, wenn es um eine für die Beurteilung der Dividende maßgebliche Größenordnung geht und kein Auskunftsverweigerungsrecht nach § 133 Abs. 3 AktG in Betracht kommt.

27 **Entlastung:** In der Praxis bezieht sich die Mehrzahl aller in der Hauptversammlung gestellten Fragen auf die Entlastung der Mitglieder des Vorstands und – wenn auch weniger häufig – der Mitglieder des Aufsichtsrats. Zu beiden Tagesordnungspunkten gelten im Hinblick auf die Erforderlichkeit der Auskunft dieselben Grundsätze: Die Information muss für die Beurteilung der Recht- und Zweckmäßigkeit des Verwaltungshandelns erforderlich sein.[50] Nicht jedwede Frage mit einem Bezug zur Tätigkeit des oder der Organmitglieder muss beantwortet werden, sondern es muss sich um Vorgänge oder Angelegenheiten von erheblichem Gewicht handeln, und es muss ein klarer zeitlicher Bezug zur Tätigkeit der Organmitglieder in dem abgelaufenen Geschäftsjahr bestehen. Zu Vorgängen, die weiter zurückliegen, kann nur dann Auskunft verlangt werden, wenn sich diese Vorgänge erst in dem abgelaufenen Geschäftsjahr ausgewirkt haben oder erst jetzt bekannt geworden sind.[51] Es genügt nicht, dass ein früherer Vorgang Dauerwirkung hat.[52] Eine großzügigere Handhabung ist angezeigt bei Fragen zu Vorgängen und Angelegenheiten des laufenden Geschäftsjahres, da die Entlastung auch eine in die Zukunft gerichtete Vertrauensbekundung der Hauptversammlung zum Inhalt hat.[53]

---

100 Mio. DM; dagegen *Hüffer* ZIP 1996, 401; *Saenger* DB 1997, 145; GroßkommAktG/*Decher* § 131 Rn. 168.

[46] *Hohenstatt/Wagner* ZIP, 2008, 945 (953); Bürgers/Körber AktG/*Reger* § 131 Rn. 13; aA Schmidt/Lutter/*Spindler* AktG § 131 Rn. 48; KölnKommAktG/*Kersting* § 131 Rn. 178.

[47] KölnKommAktG/*Kersting* § 131 Rn. 183; Hüffer/*Koch* AktG § 131 Rn. 35; i. Eig. auch MüKoAktG/*Kubis* § 131 Rn. 248; aA Heidel Aktien- und Kapitalmarktrecht/*Heidel* § 131 Rn. 85.

[48] OLG Frankfurt a. M. NZG 2007, 74 – Deutsche Bank.

[49] K. Schmidt/Lutter/*Spindler* § 131 Rn. 47.

[50] BGH ZIP 2013, 2454 Rn. 42 – Deutsche Bank.

[51] BGHZ 160, 385 (391) = NZG 2005, 77 (79); KölnKommAktG/*Kersting* § 131 Rn. 150.

[52] BGH NZG 2009, 1270 Rn. 24; MüKoAktG/*Kubis* § 131 Rn. 55; GroßkommAktG/*Decher* § 131 Rn. 147.

[53] BGHZ 32, 159 (164); KölnKommAktG/*Kersting* § 131 Rn. 154; GroßkommAktG/*Decher* § 131 Rn. 150; enger MüKoAktG/*Kubis* § 131 Rn. 55.

Wahl des Abschlussprüfers: Zulässig sind dazu insbesondere Fragen zur Eignung des vorgeschlagenen Abschlussprüfers und zu etwaigen Ausschlussgründen nach § 319 HGB. Wenn die Wiederbestellung des Prüfers vorgeschlagen wird, können auch Fragen zur vorangegangenen Abschlussprüfung zu beantworten seien.[54]

Wahl von Aufsichtsratsmitgliedern: Auch hier geht es vornehmlich um Fragen zur Eignung des oder der Kandidaten. Bei börsennotierten Gesellschaften müssen Angaben zur Mitgliedschaft in anderen gesetzlich zu bildenden Aufsichtsräten mit dem Wahlvorschlag publiziert werden, § 125 Abs. 1 S. 5 AktG. Auch darüber hinausgehende Auskünfte zur zeitlichen Beanspruchung des Kandidaten durch andere Aktivitäten und zu möglicherweise konkurrierenden wirtschaftlichen Engagements können zur sachgemäßen Beurteilung erforderlich sein, nicht dagegen Auskünfte über persönliche Verhältnisse, die keinen Bezug zur Aufgabenstellung des Aufsichtsrats haben.[55]

Kapitalmaßnahmen: Bei einer Barkapitalerhöhung kann der Aktionär Auskunft zur Rechtfertigung des Emissionskurses verlangen, bei Ausschluss des Bezugsrechts Auskunft über dessen sachliche Rechtfertigung. Weitreichende Auskünfte sind zur sachgemäßen Beurteilung einer vorgeschlagenen Sachkapitalerhöhung insbesondere erforderlich, wenn ein Unternehmen Gegenstand der Sachanlage sein soll.[56] Durch den in § 186 Abs. 4 S. 2 AktG vorgeschriebenen schriftlichen Bericht des Vorstands zum Bezugsrechtsausschluss soll das Informationsinteresse der Aktionäre im Wesentlichen befriedigt werden, aber auch bei ordnungsgemäßem Bericht bleibt noch Raum für erforderliche Auskünfte zu ergänzenden und vertiefenden Fragen. Bei der Beschlussfassung über ein neues genehmigtes Kapital müssen auch Fragen zur Abwicklung kurz zuvor durchgeführter Kapitalerhöhungen beantwortet werden.[57] Außerdem muss der Vorstand unaufgefordert zumindest mündlich über die Ausnutzung des alten genehmigten Kapitals berichten, wenn auf Grund der Ermächtigung nach der letzten Hauptversammlung neue Aktien unter Ausschluss des Bezugsrechts ausgegeben wurden (dazu → § 59 Rn. 63).[58]

III. Ausübung des Auskunftsrechts

1. Auskunftsverlangen. a) Fragen in der Hauptversammlung. Der Aktionär kann sein Auskunftsrecht ausschließlich in der Hauptversammlung ausüben, indem er entsprechende Fragen stellt. Außerhalb der Hauptversammlung besitzt der Aktionär – anders als der GmbH-Gesellschafter nach § 51a GmbHG – kein Auskunftsrecht. Der Aktionär kann seine Fragen vor der Hauptversammlung ankündigen, muss es aber nicht. Bei sehr speziellen Fragen kann es allerdings im eigenen Interesse des Aktionärs liegen, seine Fragen anzukündigen, weil er sonst damit rechnen muss, dass der Vorstand in der Hauptversammlung zur Beantwortung nicht in der Lage ist, ohne durch die Nicht-Beantwotung seine Auskunftspflicht zu verletzen.[59] Begründen muss der Aktionär seine Fragen nicht.[60] Im Vorfeld der Hauptversammlung angekündigte Fragen muss er in der Hauptversammlung noch einmal mündlich vortragen.[61] Wenn er eine Vielzahl von Fragen stellt, kann es die ordnungsgemäße Beantwortung erleichtern, wenn der Aktionär nach seinem Redebeitrag

---

[54] GroßkommAktG/*Decher* § 131 Rn. 207; OLG Frankfurt a. M. AG 1991, 206.
[55] GroßkommAktG/*Decher* § 131 Rn. 212, 214; Schmidt/Lutter/*Spindler* AktG § 131 Rn. 56.
[56] GroßkommAktG/*Decher* § 131 Rn. 221.
[57] OLG München ZIP 2009, 1667.
[58] BGHZ 136, 133 (140), – Siemens/Nold; BGHZ 164, 241 (244) – Mangusta I; OLG Frankfurt a. M. ZIP 2011, 1613 – Deutsche Bank.
[59] Hüffer/*Koch* AktG § 131 Rn. 9; MüKoAktG/*Kubis* § 131 Rn. 31; GroßkommAktG/*Decher* § 131 Rn. 70.
[60] Hüffer/*Koch* AktG § 131 Rn. 9; MüKoAktG/*Kubis* § 131 Rn. 30; aA Schmidt/Lutter/*Spindler* AktG § 131 Rn. 24; differenzierend KölnKommAktG/*Kersting* § 131 Rn. 473 ff.
[61] Hüffer/*Koch* AktG § 131 Rn. 9; *Butzke* Hauptversammlung der AG Rn. G 29 S. 265; MüKoAktG/*Kubis* § 131 Rn. 29.

(oder auch schon zuvor) dem Vorstand eine Liste seiner Fragen überreicht; er ist aber auch dazu nicht verpflichtet. In jedem Fall muss die Frage in deutscher Sprache mündlich gestellt werden; die Übergabe eines Schriftstücks reicht nicht aus.[62] Zur Beschränkung der Rede- und Fragezeit des Aktionärs durch den Versammlungsleiter nach § 131 Abs. 2 S. 2 AktG → § 37 Rn. 60.

32 **b) Obliegenheit zur Nachfrage.** Der Aktionär ist auch nicht verpflichtet, die Nicht-Beantwortung oder unvollständige Beantwortung seiner Frage unaufgefordert zu rügen.[63] Anders verhält es sich, wenn er durch den Vorstand oder den Versammlungsleiter aufgefordert wird, sich erneut zu Wort zu melden, falls er der Auffassung ist, dass Fragen nicht oder nicht vollständig beantwortet wurden. In der Praxis ist es üblich, dass sich der Versammlungsleiter nach der letzten Antwortrunde durch eine entsprechende Frage an bestimmte Aktionäre oder auch an die Versammlung vergewissert, ob er davon ausgehen kann, dass alle gestellten Fragen beantwortet wurden (→ § 37 Rn. 92). Dann obliegt es dem Aktionär, der Fragen für nicht beantwortet hält, sich für eine entsprechende Nachfrage zu Wort zu melden.[64] Er genügt dieser Obliegenheit nicht, indem er pauschal behauptet, seine Fragen seien nicht beantwortet, und auch nicht dadurch, dass er gemäß § 131 Abs. 5 AktG Fragen als nicht beantwortet zu Protokoll des Notars erklärt (dazu → Rn. 35 ff.). Eine Obliegenheit zur Nachfrage besteht auch dann, wenn der Aktionär nur pauschal gefragt hat, aber detaillierte Informationen erwartet, und deshalb mit der pauschalen Antwort nicht zufrieden ist. Dasselbe gilt, wenn eine Frage des Aktionärs auf eine Vielzahl von Informationen gerichtet ist, die zumindest teilweise nicht für die Beurteilung des Tagesordnungspunkts erforderlich sind, und er eine aus seiner Sicht unzureichende Pauschalantwort erhält. Auch in diesem Fall muss er durch eine Nachfrage verdeutlichen, welche Detailinformationen er konkret wünscht.[65]

33 **c) Übermäßige Zahl von Fragen.** Das Gesetz begrenzt nicht die zulässige Zahl von Fragen, so dass im Grundsatz auch eine große Zahl von Fragen desselben Aktionärs beantwortet werden muss, wenn alle Fragen zur sachgemäßen Beurteilung erforderlich sind. Eine absolute Höchstzahl zulässiger Fragen lässt sich nicht allgemein bestimmen, aber eine Vielzahl von Fragen zu demselben Punkt der Tagesordnung, die tief ins Detail gehen, spricht deutlich dafür, dass die Grenze der Erforderlichkeit überschritten und nicht mehr erkennbar ist, warum aus der Sicht des objektiv urteilenden „Durchschnittsaktionär" derart detaillierte Auskünfte erforderlich sind.[66] Bei strikter Beachtung des „Filters" der Erforderlichkeit können übermäßig lange Fragenkataloge und allzu detaillierte Auskunftsverlangen derart reduziert werden, dass sich ein Übermaß an Antworten erübrigt und sich der Vorstand auch nicht auf den Einwand des Rechtsmissbrauchs zu berufen braucht, um dem fragenden Aktionär entgegenzutreten.[67] Außerdem kann der Versammlungsleiter durch konsequente Beschränkungen der Rede- und Fragezeit ausufernden Fragenkatalogen entgegenwirken (→ § 37 Rn. 65).

---

[62] OLG Frankfurt a. M. AG 2007, 672 (675); Hüffer/*Koch* AktG § 131 Rn. 9; GroßkommAktG/*Decher* § 131 Rn. 74, 76; MüKoAktG/*Kubis* § 131 Rn. 29; aA KölnKommAktG/*Kersting* § 131 Rn. 474 f.; Spindler/Stilz AktG/*Siems* § 131 Rn. 19; Grigoleit/*Herrler* AktG § 131 Rn. 9; Schmidt/Lutter/*Spindler* AktG § 131 Rn. 24. Zu Deutsch als Verhandlungssprache s. *Drinhausen/Marsch-Barner* AG 2014, 757 (762 ff.).

[63] *Butzke* Hauptversammlung der AG Rn. G 29 S. 265.

[64] MüKoAktG/*Kubis* § 131 Rn. 77; GroßkommAktG/*Decher* § 131 Rn. 526. Zu dieser Wirkung der „salvatorischen" Frage des Versammlungsleiters s. OLG Stuttgart NZG 2004, 966 (969); LG Braunschweig AG 1991, 36; LG Heidelberg ZIP 1997, 1787 (1791); LG Mainz AG 1988, 169; LG München I NZG 2009, 143 (147); aA OLG Köln NZG 2011, 1150; differenzierend *Bredol* NZG 2012, 613.

[65] BGH ZIP 2013, 2454 Rn. 44 – Deutsche Bank; *Kocher/Lönner* AG 2014, 81 (83).

[66] BGH ZIP 2013, 2454 Rn. 44.

[67] Vgl. BGH ZIP 2013, 2454 Rn. 43.

d) Missbrauchsgrenze. Für die Ausübung des Auskunftsrechts gilt wie für jede Rechts- 34 ausübung das Verbot des Missbrauchs. Konkreter ergibt sich aus der Treupflicht des Aktionärs gegenüber der Gesellschaft und seinen Mitaktionären, dass er sein Individualrecht aus § 131 AktG, auch wenn es ihm zu seinem eigenen Nutzen eingeräumt ist, nicht rücksichtslos und in einem für den Vorstand und die anwesenden Mitaktionäre unzumutbaren Ausmaß in Anspruch nehmen darf.[68] Der Einwand des Rechtsmissbrauchs kann auch wegen einer übermäßigen Zahl von Fragen in Betracht kommen, wenn die vorstehend genannten Eingrenzungen durch das Merkmal der Erforderlichkeit (→ Rn. 18 ff.) und die Beschränkung der Fragezeit (→ § 37 Rn. 65) nicht ausreichen, um zu gewährleisten, dass der Zweck des Auskunftsrecht, innerhalb begrenzter Zeit eine ausreichende Informationsgrundlage für die Entscheidung über den Gegenstand der Tagesordnung zu gewinnen,[69] nicht eklatant verfehlt wird.[70] Das kann zB der Fall sein, wenn es wegen der Vielzahl der Fragen nicht möglich oder nicht hinreichend sicher möglich ist, die nicht erforderlichen Informationen „auszusortieren", und der Vorstand deshalb vorsorglich alle Fragen beantworten müsste, dies aber nicht zuletzt wegen der dafür erforderlichen Zeit den Rahmen sprengen würde.[71] Weitere Fälle des Rechtsmissbrauchs sind denkbar bei einer grob eigennützigen und illoyalen oder widersprüchlichen Ausübung des Auskunftsrechts.[72]

e) Protokollierung nicht beantworteter Fragen. Wenn einem Aktionär eine Auskunft 35 verweigert wird, kann er nach § 131 Abs. 5 AktG verlangen, dass seine Frage und der Grund, aus dem die Auskunft verweigert worden ist, in die Niederschrift über die Verhandlung aufgenommen werden. Dieses Recht hat der Aktionär nicht nur, wenn die Auskunft aus einem der in § 131 Abs. 3 AktG genannten Gründen verweigert worden ist, sondern auch, wenn der Vorstand die Auskunft nicht erteilt hat, weil er die tatbestandlichen Voraussetzungen des § 131 Abs. 1 S. 1 AktG für nicht gegeben hält, insbesondere also wegen fehlender Erforderlichkeit zur sachgemäßen Beurteilung des Gegenstands der Tagesordnung.[73] Der Anspruch auf Protokollierung setzt auch nicht voraus, dass die Auskunft ausdrücklich und mit Begründung verweigert worden ist, sondern es genügt, dass sie nicht erteilt worden ist.[74] Schließlich muss auch nicht objektiv geklärt werden, ob die Frage tatsächlich unbeantwortet geblieben ist, um die Protokollierung zu rechtfertigen, vorausgesetzt, der Aktionär hat sie jedenfalls gestellt und hält sie für unbeantwortet.[75] Gerade für den Fall, dass zwischen Vorstand und Aktionär streitig ist, ob die Frage ausreichend beantwortet wurde, kann der Aktionär zur Beweissicherung die Aufnahme seiner Frage in das Protokoll verlangen.[76] Der Vorstand hat dann, solange die Abstimmung über den Gegenstand der Tagesordnung noch nicht begonnen hat, Gelegenheit, die angeblich fehlende Auskunft nachzuholen oder gegebenenfalls noch einmal zu wiederholen und auch seine Auskunft – ebenfalls zur Beweissicherung – in die Niederschrift aufnehmen zu lassen (→ § 37 Rn. 97).[77] Während der Vorstand die gebotene Auskunft nur bis zum Beginn der

---

[68] Schmidt/Lutter/*Spindler* AktG § 131 Rn. 35, 93; MüKoAktG/*Kubis* § 131 Rn. 62.
[69] BGH ZIP 2013, 2454 Rn. 35.
[70] Vgl. GroßkommAktG/*Decher* § 131 Rn. 524 f.; Hüffer/*Koch* AktG § 131 Rn. 24, 66.
[71] Vgl. KölnKommAktG/*Kersting* § 131 Rn. 391; *Butzke* Hauptversammlung der AG Rn. G 81 S. 290. Anders MüKoAktG/*Kubis* § 131 Rn. 64 u. Schmidt/Lutter/*Spindler* AktG § 131 Rn. 35, 93 (Erforderlichkeit fehlt).
[72] GroßkommAktG/*Decher* § 131 Rn. 437 ff.; KölnKommAktG/*Kersting* § 131 Rn. 379 ff.
[73] MüKoAktG/*Kubis* § 131 Rn. 168; GroßkommAktG/*Decher* § 131 Rn. 496; *Krieger* FS Priester, 2007, 387 (391 f.).
[74] GroßkommAktG/*Decher* § 131 Rn. 498; KölnKommAktG/*Kersting* § 131 Rn. 515.
[75] In diesem Sinne MüKoAktG/*Kubis* § 131 Rn. 163; Notarhandbuch/*Haupt* § 17 Rn. 444 ff.; kritisch zu dieser Praxis *Krieger* FS Priester, 2007, 387 (390).
[76] KölnKommAktG/*Kersting* § 131 Rn. 515.
[77] GroßkommAktG/*Decher* § 131 Rn. 502; KölnKommAktG/*Kersting* § 131 Rn. 515; MüKoAktG/*Kubis* § 131 Rn. 169; *Butzke* Hauptversammlung der AG Rn. G 84 S. 291; *Krieger* FS Priester, 2007, 387 (398 f.).

Abstimmung erteilen kann, kann der fragende Aktionär seine Fragen auch noch nach der Abstimmung bis zur Schließung der Hauptversammlung als unbeantwortet zu Protokoll geben.[78]

36 Der Aktionär kann nur die Protokollierung seiner **eigenen** tatsächlich oder vermeintlich unbeantwortet gebliebenen **Frage** verlangen, nicht dagegen die Protokollierung der Frage eines anderen Aktionärs.[79] Anders ist es, wenn sich der die Protokollierung verlangende Aktionär zuvor in der Aussprache die Frage des anderen Aktionärs ausdrücklich zu eigen gemacht hat. Dafür genügt allerdings nicht die pauschale Erklärung, sich alle Fragen eines anderen Aktionärs oder sogar aller anderen Redner zu eigen zu machen, sondern der Aktionär muss deutlich erklären, welche Fragen des anderen Aktionärs auch als seine Fragen gelten sollen.

37 Der protokollierende **Notar** beurkundet seine persönliche Wahrnehmung (§ 37 Abs. 1 S. 1 Nr. 2 BeurkG) der Rüge des Aktionärs, er habe die Frage gestellt und sie sei nicht oder nur unvollständig beantwortet worden. Bei einer Hauptversammlung mit einer Vielzahl von Fragen und Antworten ist der Notar aber tatsächlich kaum in der Lage, im Einzelnen wahrzunehmen und nachzuhalten, welche Fragen gestellt und welche nicht oder nicht vollständig beantwortet wurden. In diesem Fall kann fraglich sein, wie weit die Beweiswirkung der Protokollierung nach § 415 ZPO reicht. Wenn es für die Protokollierung, wie vorstehend → Rn. 35 dargelegt, nicht darauf ankommt, ob die Frage tatsächlich nicht beantwortet wurde, kann sich auch die Beweiswirkung der Protokollierung nicht darauf erstrecken. Aber zumindest die Tatsache, dass der Aktionär die Frage gestellt hat, soll durch die Protokollierung im Regelfall beweiskräftig festgestellt werden.[80] Wenn der Notar dies nicht aus eigener Wahrnehmung bekunden kann, bleibt nur, dass er die Behauptung des Klägers protokolliert, er habe die Frage gestellt und sie sei nicht beantwortet worden.[81]

38 **2. Auskunftserteilung.** Die Auskunft hat den Grundsätzen einer gewissenhaften und getreuen Rechenschaft zu entsprechen, § 131 Abs. 2 S. 1 AktG. Sie muss **richtig und vollständig** sein. Auf eine pauschale Frage darf der Vorstand pauschal antworten. Wenn der Aktionär mit der Antwort nicht zufrieden ist und eine detaillierte Information wünscht, obliegt es ihm, entsprechend nachzufragen (→ Rn. 32). Wenn die Frage des Aktionärs unklar ist, kann der Vorstand sie so beantworten, wie er sie verstehen durfte. Es ist dann Sache des Aktionärs, noch einmal präziser nachzufragen, falls er meint, der Vorstand habe ihn missverstanden.[82] Der Vorstand ist auch befugt, mehrere Fragen eines Aktionärs oder verschiedener Aktionäre, die denselben Sachverhalt betreffen, zusammenfassend zu beantworten.

39 Der Vorstand muss durch sorgfältige **Vorbereitung** der Hauptversammlung dafür Sorge tragen, dass er die mit der Tagesordnung in Verbindung stehenden Fragen in der Hauptversammlung aufnehmen und beantworten kann, und zwar in der Regel mit Hilfe von Mitarbeitern im „Backoffice" und den dort verfügbaren Unterlagen und Informationen.[83] Im Hinblick auf Fragen, die von Aktionären angemessene Zeit vor der Hauptversammlung angekündigt worden sind, erhöhen sich die Anforderungen an die Vorbereitung.[84] Die

---

[78] MüKoAktG/*Kubis* § 131 Rn. 170; KölnKommAktG/*Kersting* § 131 Rn. 518.
[79] Schmidt/Lutter/*Spindler* AktG § 131 Rn. 107; aA KölnKommAktG/*Kersting* § 131 Rn. 516.
[80] OLG Frankfurt a. M. NZG 2013, 23 (26).
[81] *Krieger* FS Priester, 2007, 387 (395 f.); *Reger* NZG 2013, 48 (50); Bürgers/Körber AktG/*Reger* § 131 Rn. 33; *Wicke* DNotZ 2013, 812 (826); Notarhandbuch/*Haupt* § 17 Rn. 448; Happ AktienR/ *Zimmermann* Form. 10.18 Rn. 26.5.
[82] MüKoAktG/*Kubis* § 131 Rn. 81; Schmidt/Lutter/*Spindler* AktG § 131 Rn. 63; aA KölnKommAktG/*Kersting* § 131 Rn. 267.
[83] *Butzke* Hauptversammlung der AG Rn. G 32 S. 267; Schmidt/Lutter/*Spindler* AktG § 131 Rn. 64; *Ihrig/Schäfer* Rechte und Pflichten des Vorstands § 29 Rn. 1119 f.; Hüffer/*Koch* AktG § 131 Rn. 10.
[84] KölnKommAktG/*Kersting* § 131 Rn. 422; *Butzke* Hauptversammlung der AG Rn. G 32 S. 267.

Fragen müssen nicht nur gewissenhaft beantwortet werden, sondern insbesondere bei einer Vielzahl von Fragen ist es nicht minder wichtig, dass sie zunächst sorgfältig aufgenommen werden, um richtig und vollständig beantwortet werden zu können. Trotz angemessener Vorbereitung auf die in der Hauptversammlung zu erwartenden Fragen ist es dem Vorstand nicht selten **unmöglich,** alle verlangten Auskünfte zu erteilen, weil die dazu erforderlichen Informationen in der Hauptversammlung nicht verfügbar sind und auch nicht rechtzeitig beschafft werden können. In solchen Fällen ist die Auskunftspflicht nicht verletzt, wenn der Vorstand die Antwort schuldig bleibt, obwohl die Auskunft – was bei dieser Konstellation selten der Fall sein wird – zur sachgemäßen Beurteilung des Gegenstands der Tagesordnung erforderlich ist.[85]

Die Auskünfte sind in der Hauptversammlung vom Vorstand **mündlich** in deutscher Sprache zu erteilen. Einen Anspruch auf schriftliche Erteilung der Auskunft hat der Aktionär nicht.[86] Durch eine in der Hauptversammlung zugesagte nachträgliche schriftliche Auskunft erfüllt der Vorstand zwar nicht seine Auskunftspflicht, aber der Aktionär kann, wenn er sich mit der Zusage zufrieden gibt, nicht mehr die Verletzung seines Auskunftsrechts rügen.[87] Ein Anspruch auf die **Verlesung** von Urkunden besteht allenfalls und nur insoweit, als es für die sachgemäße Beurteilung des Gegenstands der Tagesordnung auf den genauen Wortlaut der Vertragsklausel oder Textstelle ankommt.[88] Die in einer älteren Entscheidung des BGH[89] vertretene Ansicht, die Verlesung einer Urkunde sei „die umfassendste Form der Auskunftserteilung", geht fehl. Im Gegenteil hat die Verlesung einer Urkunde für die Aktionäre in der Regel einen geringeren Erkenntniswert als die Erläuterung ihres wesentlichen Inhalts.[90] Der Aktionär hat auch keinen Anspruch auf **Einsichtnahme** in Dokumente der Gesellschaft in der Hauptversammlung.[91] Umgekehrt ist jedoch der Vorstand befugt, die mündliche Auskunft durch die Auslegung oder elektronische Bereitstellung von Dokumenten zur Einsichtnahme zu ersetzen, wenn durch die Einsichtnahme zB in umfangreiche Listen eine schnellere und zuverlässigere Information des Aktionärs ermöglicht wird.[92]

IV. Verweigerung der Auskunft

1. Allgemeines. Auch wenn die Auskunft zur sachgemäßen Beurteilung des Gegenstands der Tagesordnung erforderlich ist, darf der Vorstand unter den in § 131 Abs. 3 S. 1 Nr. 1–7 im Einzelnen aufgeführten Voraussetzungen die Auskunft verweigern. Die Aufzählung der speziellen Verweigerungsgründe ist abschließend, § 131 Abs. 3 S. 2 AktG. Daneben gelten die allgemeinen Verweigerungsgründe wegen fehlender Erforderlichkeit zur sachgemäßen Beurteilung (→ Rn. 18 ff.), wegen Rechtsmissbrauchs (→ Rn. 34) und wegen Unmöglichkeit der Auskunftserteilung (→ Rn. 39).

---

[85] OLG Stuttgart AG 2012, 377 (380); MüKoAktG/*Kubis* § 131 Rn. 91 ff.; *Butzke* Hauptversammlung der AG Rn. G 32 S. 267; Hüffer/*Koch* AktG § 131 Rn. 11.

[86] BGHZ 101, 1 (15) = ZIP 1987, 1239; Hüffer/*Koch* AktG § 131 Rn. 41; MüKoAktG/*Kubis* § 131 Rn. 85.

[87] MüKoAktG/*Kubis* § 131 Rn. 89; KölnKommAktG/*Kersting* § 131 Rn. 493; Grigoleit/*Herrler* AktG § 131 Rn. 30; Hüffer/*Koch* AktG § 131 Rn. 41. Nach *Marsch-Barner* ZHR 178 (2014), 629 (632) behält der Aktionär aber die Rechte aus §§ 132, 243 bei falscher oder unvollständiger Auskunft.

[88] OLG München ZIP 2015, 1680; GroßkommAktG/*Decher* § 131 Rn. 277; KölnKommAktG/*Kersting* § 131 Rn. 495; Schmidt/Lutter/*Spindler* AktG § 131 Rn. 61; Grigoleit/*Herrler* AktG § 131 Rn. 29; aA MüKoAktG/*Kubis* § 131 Rn. 85.

[89] BGH NJW 1967, 1462 (1463); so im Ansatz auch GroßkommAktG/*Decher* § 131 Rn. 277 u. MüKoAktG/*Kubis* § 131 Rn. 85.

[90] *Butzke* Hauptversammlung der AG Rn. G 34 S. 268.

[91] BGHZ 122, 211 (236); OLG Düsseldorf AG 2010, 711 (714); LG München AG 2008, 904; MüKoAktG/*Kubis* § 131 Rn. 86; Hüffer/*Koch* AktG § 131 Rn. 41.

[92] BGHZ 101, 1 (15); OLG Düsseldorf AG 2010, 711 (714); Hüffer/*Koch* AktG § 131 Rn. 41; *Butzke* Hauptversammlung der AG Rn. G 35 S. 269.

42 Die Entscheidung des Vorstands über die Verweigerung der Auskunft ist eine Geschäftsführungsmaßnahme, über die der Vorstand nach dem für seine Geschäftsführung geltenden Regeln entscheidet (schon → Rn. 6). Eine Pflicht zur Auskunftsverweigerung bei Vorliegen eines Verweigerungsgrundes ergibt sich nicht aus § 131 Abs. 3 AktG, kann sich aber aus § 93 AktG ergeben, insbesondere in den Fällen der Nr. 1 (Nachteilszufügung) und Nr. 5 (Strafbarkeit).[93] Der Vorstand ist nicht verpflichtet, seine Auskunftsverweigerung in der Hauptversammlung zu begründen, und muss nicht einmal den nach § 131 Abs. 3 AktG maßgeblichen Tatbestand benennen, auf den er seine Auskunftsverweigerung stützen will.[94] Maßgeblich für die Rechtfertigung der Auskunftsverweigerung ist allein, ob ein Tatbestand des Katalogs des § 131 Abs. 3 S. 1 AktG objektiv erfüllt ist. Demgemäß kann der Vorstand die Begründung im Auskunftserzwingungsverfahren (§ 132 AktG) und in der Anfechtungsklage nachschieben, allerdings mit einer negativen Kostenfolge.[95]

43 **2. Verweigerungsgründe nach § 131 Abs. 3 S. 1 AktG. a) Nachteilszufügung (Nr. 1).** Die Auskunft darf verweigert werden, wenn ihre Erteilung geeignet ist, der Gesellschaft oder einem mit ihr verbundenen Unternehmen einen nicht unerheblichen Nachteil zuzufügen. Zu denken ist an Auskünfte, die Einfluss auf schwebende Prozesse oder Verhandlungen haben können, sich auf die Forschungs- und Entwicklungstätigkeit des Unternehmens beziehen oder sonst Wettbewerbern die Orientierung erleichtern, zB indem sie die Kalkulation des Unternehmens aufdecken. Der Nachteil braucht kein Vermögensschaden zu sein, sondern auch eine Beeinträchtigung der Reputation oder der Entwicklungschancen des Unternehmens reicht aus. Der Nachteil muss auch nicht zwingend zu erwarten sein, sondern es genügt, dass die Auskunft nach vernünftiger kaufmännischer Beurteilung geeignet ist, einen nicht unerheblichen Nachteil auszulösen.[96]

44 Ob diese Voraussetzung erfüllt ist, ist voll gerichtlich nachprüfbar und steht nicht im Ermessen des Vorstands.[97] Aber auch wenn man von einer gerichtlich nachprüfbaren gebundenen Entscheidung ausgeht, wird man dem Vorstand jedoch einen erheblichen Beurteilungsspielraum zugestehen müssen. Außerdem ist die gerichtliche Nachprüfung dadurch beschränkt, dass es im Rechtsstreit genügt, wenn der Vorstand Tatsachen darlegt, die den befürchteten Nachteil **plausibel** machen, da mit der präzisen Darlegung des Nachteils im Rechtsstreit das herbeigeführt würde, was durch die Auskunftsverweigerung verhindert werden sollte.[98] Der Vorstand hat bei seiner Entscheidung die Vor- und Nachteile der Auskunftserteilung für die Gesellschaft abzuwägen, nicht dagegen die Nachteile für die Gesellschaft mit den Vorteilen der Auskunft für den fragenden Aktionär.[99] In der Praxis wird zur Rechtfertigung der Auskunftsverweigerung häufig eine mit einem Geschäftspartner vereinbarte Geheimhaltung ins Feld geführt. Nach der Rechtsprechung folgt daraus jedoch nur dann ein Recht zur Auskunftsverweigerung, wenn eine objektive

---

[93] Hüffer/*Koch* AktG § 131 Rn. 54; MüKoAktG/*Kubis* § 131 Rn. 112. Näher dazu *Kersting* NZG 2019, 1326 ff.

[94] MüKoAktG/*Kubis* § 131 Rn. 113; Schmidt/Lutter/*Spindler* AktG § 131 Rn. 73, 77; Spindler/Stilz AktG/*Siems* § 131 Rn. 36; *Butzke* Hauptversammlung der AG Rn. G 82 S. 290; *Lieder* NZG 2014, 601 (603); aA Hüffer/*Koch* AktG § 131 Rn. 54; KölnKommAktG/*Kersting* § 131 Rn. 505; GroßkommAktG/*Decher* Rn. 357; offen gelassen in BGHZ 101, 1 (8 f.) u. BGH NZG 2014, 423 Rn. 43 – Porsche.

[95] BGH NZG 2014, 423 Rn. 43; MüKoAktG/*Kubis* § 131 Rn. 114; *Butzke* Hauptversammlung der AG Rn. G 67; S. 282; auch GroßkommAktG/*Decher* § 131 Rn. 358.

[96] Begr. RegE zu § 131 Abs. 3 AktG, abgedr. bei *Kropff* AktG S. 186.

[97] Hüffer/*Koch* AktG § 131 Rn. 56; MüKoAktG/*Kubis* § 131 Rn. 109; Schmidt/Lutter/*Spindler* AktG § 131 Rn. 77.

[98] BGH NZG 2014, 423 Rn. 42; OLG Stuttgart AG 2012, 377 (381); Hüffer/*Koch* AktG § 131 Rn. 56; MüKoAktG/*Kubis* § 131 Rn. 118; KölnKommAktG/*Kersting* § 131 Rn. 510 mN aus der Rspr.

[99] BGH NZG 2014, 423 Rn. 41 ff.; MüKoAktG/*Kubis* § 131 Rn. 116; Hüffer/*Koch* AktG § 131 Rn. 58; *Lieder* NZG 2014, 601 (603 f.).

Notwendigkeit für die Geheimhaltung und die dazu getroffene Vereinbarung besteht (bzw. im Rechtsstreit plausibel dargelegt wird).[100]

b) Steuern (Nr. 2). Auskünfte über steuerliche Wertansätze oder die Höhe einzelner Steuern dürfen verweigert werden. Die Aufdeckung stiller Reserven kann durch Nr. 3 vermieden werden. In Nr. 2 geht es nach der Gesetzesbegründung darum, Fehlschlüsse der Aktionäre aus den steuerlichen Wertansätzen auf den betriebswirtschaftlich erzielten und ausschüttungsfähigen Gewinn zu vermeiden.[101]

c) Stille Reserven (Nr. 3). Der Vorstand braucht keine Angaben zu machen über den Unterschied zwischen den Bilanzansätzen und einem tatsächlich höheren Wert der bilanzierten Gegenstände, wenn nicht ausnahmsweise die Hauptversammlung den Jahresabschluss feststellt. Seit Einführung dieser Regelung in 1965 sind die bilanzrechtlichen Möglichkeiten zur Bildung stiller Reserven zwar erheblich eingeschränkt wurden, aber der Verweigerungsgrund der Nr. 3 hat nach wie vor eine nicht unerhebliche praktische Bedeutung. Die darin liegende Beeinträchtigung des grundgesetzlich geschützten Informationsrechts der Aktionäre ist verfassungsrechtlich nicht zu beanstanden.[102]

d) Bilanzierungs- und Bewertungsmethoden (Nr. 4). Der Vorstand kann auch Auskünfte zu den im Jahresabschluss angewandten Bilanzierungs- und Bewertungsmethoden verweigern, soweit diese Angaben im Einzel- und Konzernabschluss nicht gemacht zu werden brauchen. Auch dieser Verweigerungsgrund greift nicht ein, wenn ausnahmsweise die Hauptversammlung den Jahresabschluss feststellt.

e) Strafbarkeit der Auskunftserteilung (Nr. 5). Ohne weiteres einsichtig ist die Befugnis (und Verpflichtung) des Vorstands, eine Auskunft zu verweigern, wenn er sich durch die Erteilung der Auskunft strafbar machen würde. Da eine Verletzung der Verschwiegenheitspflicht des Vorstands nach § 404 AktG strafbar ist, könnte man annehmen, dass der Vorstand nach Nr. 5 die Auskunft verweigern darf, falls er durch Erteilung der Auskunft seine Verschwiegenheitspflicht verletzen würde. Aber das ist nicht schlüssig, da der Tatbestand des § 404 AktG bei einer durch § 131 Abs. 1 AktG gebotenen Auskunft nicht erfüllt ist.[103] Die Offenlegung von Betriebs- oder Geschäftsgeheimnissen entgegen § 93 Abs. 1 S. 3 AktG kann der Vorstand im Übrigen im Zweifel schon nach Nr. 1 verweigern, ohne sich auf Nr. 5 berufen zu müssen.

f) Sonderregelung für Kredit- und Finanzdienstleistungsinstitute (Nr. 6). Soweit Kreditinstitute und Finanzdienstleistungsinstitute ihre Bilanzierungs- und Bewertungsmethoden sowie Verrechnungen in der Rechnungslegung nicht offenzulegen brauchen, müssen sie darüber auch nicht in der Hauptversammlung Auskunft erteilen.

g) Auskunft auf der Internetseite (Nr. 7). Nach der 2005 eingeführten Vorschrift brauchen Fragen in der Hauptversammlung nicht beantwortet zu werden, wenn die entsprechende Auskunft schon zuvor auf der Internetseite der Gesellschaft publiziert worden ist. Die Information muss dort mindestens sieben Tage vor Beginn der Hauptversammlung eingestellt worden und während der Dauer der Hauptversammlung durchgängig zugänglich sein. Es ist nicht erforderlich, dass die Einstellung ins Internet als Reaktion auf eine vorab gestellte Frage eines Aktionärs erfolgt ist, sofern nur die betreffende Information schon seit mindestens sieben Tagen vor der Hauptversammlung über das Internet zugänglich ist. Der

---

[100] Nachw. bei Schmidt/Lutter/*Spindler* AktG § 131 Rn. 75; MüKoAktG/*Kubis* § 131 Rn. 117.
[101] Begr. RegE bei *Kropff* AktG S. 186.
[102] BVerfG AG 2000, 72 f.
[103] So iErg die hM, s. Hüffer/*Koch* AktG § 131 Rn. 62; MüKoAktG/*Kubis* § 131 Rn. 133; KölnKommAktG/*Kersting* § 131 Rn. 352; iErg auch Spindler/Stilz AktG/*Siems* § 131 Rn. 49. Vgl. auch *Hoffmann-Becking* FS Rowedder, 1994, 155 (164).

Gesetzgeber wollte durch diese Regelung eine Entlastung der Diskussion in der Hauptversammlung erreichen, aber dieser Effekt ist in der Praxis nicht eingetreten.[104]

V. Erweitertes Auskunftsrecht

51 **1. Verpflichtung zur Folgeauskunft nach § 131 Abs. 4 S. 1 und 2 AktG.** Wenn einem Aktionär wegen seiner Eigenschaft als Aktionär eine Auskunft außerhalb der Hauptversammlung gegeben worden ist, ist sie auch jedem anderen Aktionär auf dessen Verlangen in der Hauptversammlung zu geben, und zwar auch dann, wenn die Auskunft zur sachgemäßen Beurteilung des Gegenstands der Tagesordnung nicht erforderlich ist (§ 131 Abs. 4 S. 1 AktG). Der Vorstand darf die Auskunft in diesem Fall auch nicht aus einem der in § 131 Abs. 3 S. 1 Nr. 1–4 AktG genannten Gründe verweigern (§ 131 Abs. 4 S. 2 AktG), muss sie also insbesondere auch dann erteilen, wenn davon auszugehen ist, dass die Erteilung der Auskunft für die Gesellschaft schädlich ist.

52 Die erweiterte Auskunftspflicht nach § 131 Abs. 4 AktG (auch Pflicht zur „Folgeauskunft" genannt) resultiert aus dem vorangegangenen Tun und soll dem Grundsatz der gleichmäßigen Behandlung aller Aktionäre Rechnung tragen.[105] Diese Neuschöpfung des AktG 1965 hat nur geringe praktische Bedeutung erlangt.[106] Wenn sich nur selten Aktionäre in der Hauptversammlung erfolgreich auf § 131 Abs. 4 AktG berufen, dürfte das vor allem daran liegen, dass sie in aller Regel nicht wissen und gar nicht wissen können, ob und welche Auskünfte der Vorstand anderen Aktionären außerhalb der Hauptversammlung gegeben hat, und die Vorschrift dem fragenden Aktionär kein „Ausforschungsrecht" gewährt (dazu → Rn. 55).

53 Der Tatbestand der Vorschrift setzt voraus, dass einem Aktionär **außerhalb der Hauptversammlung** eine Auskunft gegeben worden ist, und zwar wegen seiner Eigenschaft als Aktionär. Der Empfänger der Information muss zu diesem Zeitpunkt Aktionär gewesen sein, er muss es nicht unbedingt auch noch zur Zeit der Hauptversammlung sein. Die Auskunft wurde ihm außerhalb der Hauptversammlung erteilt, also zeitlich vor oder am Rande der Hauptversammlung.[107] Es ist nicht erforderlich, dass die Erstauskunft zeitlich nach der letzten Hauptversammlung erteilt wurde; sie kann auch länger zurückliegen, aber es muss noch ein Bezug zu aktuell relevanten Vorgängen gegeben sein.[108] Die Erstauskunft muss der Gesellschaft zuzurechnen sein, also entweder vom Vorstand selbst oder durch einen von ihm autorisierten Mitarbeiter oder externen Berater erteilt worden sein.[109] Sowohl die Erstauskunft als auch die verlangte Folgeauskunft müssen einen sachlichen Bezug zu dem in der folgenden Hauptversammlung behandelten Gegenstand der Tagesordnung aufweisen, um die Pflicht zur Folgeauskunft auszulösen.[110] § 131 Abs. 1 S. 1 AktG verzichtet nämlich für die Folgeauskunft zwar auf die Erforderlichkeit zur sachgemäßen Beurteilung, nicht dagegen auf den Bezug zur Tagesordnung (dazu → Rn. 17).

54 Erforderlich ist schließlich, dass der Aktionär die Information gerade **wegen seiner Eigenschaft als Aktionär** erhalten hat. Der Grund für die Information muss also im Gesellschaftsverhältnis liegen und nicht in einer hiervon gesonderten rechtlichen Beziehung

---

[104] Vgl. Spindler/Stilz AktG/*Siems* § 131 Rn. 54; Grigoleit/*Herrler* AktG § 131 Rn. 50; skeptisch schon DAV-Handelsrechtsausschuss NZG 2004, 555 (559).
[105] Begr. RegE zu § 131 bei *Kropff* AktG S. 187.
[106] Hüffer/*Koch* AktG § 131 Rn. 70; KölnKommAktG/*Kersting* § 131 Rn. 428; *Hoffmann-Becking* FS Rowedder, 1994, 155; *Spindler* FS Seibert, 2019, 855 (863).
[107] MüKoAktG/*Kubis* § 131 Rn. 150; KölnKommAktG/*Kersting* § 131 Rn. 454; Schmidt/Lutter/*Spindler* AktG § 131 Rn. 96.
[108] BayObLG NZG 2002, 1020 (1021); Bürgers/Körber AktG/*Reger* § 131 Rn. 30; KölnKommAktG/*Kersting* § 131 Rn. 458; Schmidt/Lutter AktG/*Spindler* § 131 Rn. 103.
[109] MüKoAktG/*Kubis* § 131 Rn. 151; KölnKommAktG/*Kersting* § 131 Rn. 433.
[110] Anders die hM, s. BayObLG NZG 2002, 1020 (1021); KölnKommAktG/*Kersting* § 131 Rn. 450 f.; MüKoAktG/*Kubis* § 131 Rn. 157; Schmidt/Lutter/*Spindler* AktG § 131 Rn. 104.

der Gesellschaft zu dem Informationsempfänger. Das kann auch bei Auskünften an einen Aktionär der Fall sein, der auch Vertragspartner der Gesellschaft ist, wenn davon auszugehen ist, dass er die Auskunft ohne seine Aktionärseigenschaft nicht erhalten hätte.[111]

Der Aktionär muss die Folgeauskunft in der Hauptversammlung verlangen, und sie muss **55** ihm auch nur in der Hauptversammlung und nicht etwa außerhalb der Hauptversammlung beantwortet werden.[112] Dem fragenden Aktionär obliegt die Darlegungs- und Beweislast für die Tatsache, dass und mit welchem Inhalt einem bestimmten anderen Aktionär außerhalb der Hauptversammlung eine bestimmte Auskunft erteilt worden ist, die der Aktionär nun auch beansprucht.[113] Dazu genügt nicht die unsubstantiierte Behauptung, dass die von ihm gestellte Frage einem anderen Aktionär in dieser Eigenschaft außerhalb der Hauptversammlung beantwortet worden sei.[114] Auch die Frage, ob und wem der Vorstand außerhalb der Hauptversammlung die gewünschte Auskunft erteilt hat, muss der Vorstand nicht beantworten, da § 131 Abs. 4 AktG kein Recht zur **„Ausforschung"**[115] gewährt und diese Frage in der Regel auch nicht durch § 131 Abs. 1 AktG gedeckt ist.[116] Zweifelhaft kann nur sein, ob der fragende Aktionär den anderen Aktionär auch namentlich nennen muss[117] oder es ausreicht, wenn er den Vorgang konkret darlegt.[118] Jedenfalls führen die gesetzlichen Voraussetzungen des § 131 Abs. 4 AktG dazu, dass die Erweiterung des Auskunftsrechts in der Praxis keine erhebliche Bedeutung erlangt hat (schon → Rn. 52).

2. Konzernausnahme. Nach § 131 Abs. 4 S. 3 AktG gilt die erweiterte Auskunftspflicht **56** nicht, wenn ein Tochterunternehmen (§ 290 Abs. 1, 2 HGB), ein Gemeinschaftsunternehmen (§ 310 Abs. 1 HGB) oder ein assoziiertes Unternehmen (§ 290 Abs. 1, 2 HGB) die Auskunft einem Mutterunternehmen (§ 290 Abs. 1, 2 HGB) zum Zweck der Einbeziehung der Gesellschaft in den Konzernabschluss des Mutterunternehmens erteilt und die Auskunft für diesen Zweck benötigt wird. Diese als Ausnahme von der erweiterten Auskunftspflicht nach § 131 Abs. 4 S. 1 und 2 AktG formulierte Regelung wurde im Zuge der Umsetzung der Bankbilanzrichtlinie im Jahre 1990 in das Gesetz aufgenommen. Das war unnötig, da entgegen der Begründung im Gesetzentwurf der Bundesregierung[119] kein Bedarf für einen ausdrücklichen Ausschluss der Rechtsfolge des § 131 Abs. 4 AktG bei Auskünften bestand, die der Muttergesellschaft für Zwecke der Konzernrechnungslegung erteilt werden. Diese Auskunft erhält die Muttergesellschaft nämlich nicht wegen ihrer Eigenschaft als Aktionär, sondern als zur Konzernrechnungslegung verpflichtete Muttergesellschaft, die sogar nach § 294 Abs. 3 S. 2 HGB einen Anspruch auf diese Auskünfte hat.[120] Die Regelung ist überdies missverständlich, da sie den Gegenschluss nahezulegen scheint, dass im Übrigen, also außerhalb des Bereichs der Konzernrechnungslegung, alle

---

[111] KölnKommAktG/*Kersting* § 131 Rn. 438; MüKoAktG/*Kubis* § 131 Rn. 152; Schmidt/Lutter/ *Spindler* AktG § 131 Rn. 98.
[112] Hüffer/*Koch* AktG § 131 Rn. 76; Schmidt/Lutter/*Spindler* AktG § 131 Rn. 105; KölnKommAktG/*Kersting* § 131 Rn. 455; *Hoffmann-Becking* FS Rowedder, 1994, 155 (157 ff.).
[113] BGHZ 86, 1 (6 f.); OLG Dresden AG 1999, 274 (276); KölnKommAktG/*Kersting* § 131 Rn. 460; *Hoffmann-Becking* FS Rowedder, 1994, 155 (160).
[114] BGHZ 86, 1 (6 f.); Schmidt/Lutter/*Spindler* AktG § 131 Rn. 103.
[115] OLG Dresden AG 1999, 274 (275 f.); LG Düsseldorf AG 1992, 461 (462); Hüffer/*Koch* AktG § 131 Rn. 75; KölnKommAktG/*Kersting* § 131 Rn. 460 ff.; MüKoAktG/*Kubis* § 131 Rn. 158; Schmidt/Lutter/*Spindler* AktG § 131 Rn. 103; *Hoffmann-Becking* FS Rowedder, 1994, 155 (160 ff.); im Grundsatz auch BayObLG NZG 2002, 1020 (1021), in casu aber zu großzügig.
[116] KölnKommAktG/*Kersting* § 131 Rn. 462; MüKoAktG/*Kubis* § 131 Rn. 158; *Hoffmann-Becking* FS Rowedder, 1994, 155 (162).
[117] LG Frankfurt a. M. AG 1968, 24; aA MüKoAktG/*Kubis* § 131 Rn. 158; Schmidt/Lutter/ *Spindler* AktG § 131 Rn. 103; KölnKommAktG/*Kersting* § 131 Rn. 460.
[118] *Hoffmann-Becking* FS Rowedder, 1994, 155 (162); Bürgers/Körber AktG/*Reger* § 131 Rn. 30; *Ihrig/Schäfer* Rechte und Pflichten des Vorstands § 29 Rn. 1963 f.
[119] BR-Drs. 616/89, 26 = BT-Drs. 11/6275.
[120] *Hoffmann-Becking* FS Rowedder, 1994, 155 (168 f.).

Auskünfte, die außerhalb der Hauptversammlung von einer Tochtergesellschaft an die Muttergesellschaft erteilt werden, auf Verlangen auch allen anderen Aktionären in der Hauptversammlung zu erteilen sind. Inzwischen ist jedoch anerkannt, dass § 131 Abs. 4 S. 3 AktG allenfalls **klarstellende Bedeutung** hat und nicht den vorstehend genannten Umkehrschluss rechtfertigt.[121]

57 Über § 131 Abs. 4 S. 3 AktG und den Bereich der Konzernrechnungslegung hinaus ist davon auszugehen, dass bei Bestehen einer Konzernverbindung Auskünfte, die der Konzernmutter von dem Tochterunternehmen erteilt werden, nicht durch die erweiterte Auskunftspflicht des § 131 Abs. 4 AktG erfasst werden, da das Mutterunternehmen die Informationen nicht in seiner Eigenschaft als Aktionär, sondern aufgrund der konzernrechtlichen Sonderbeziehung erhält (→ § 70 Rn. 26). Demgemäß fallen jedenfalls solche **Auskünfte im Konzernverbund,** die der Muttergesellschaft für Zwecke der Konzernleitung erteilt werden, nicht unter § 131 Abs. 4 AktG (und auch nicht unter die Verschwiegenheitspflicht des § 93 Abs. 1 S. 3 AktG). Dies gilt nicht nur im Vertragskonzern, sondern auch im faktischen Konzern,[122] dagegen nach bislang herrschender, aber zu enger Meinung nicht bei bloßer Abhängigkeit (auch → § 19 Rn. 41).[123]

VI. Rechtsmittel gegen Verletzung des Auskunftsrechts

58 **1. Auskunftserzwingung. a) Allgemeines.** § 132 AktG eröffnet für den Aktionär ein Verfahren, das nach den Regeln der freiwilligen Gerichtsbarkeit zur beschleunigten Entscheidung über die Berechtigung des Auskunftsverlangens führen soll.[124] Ob das Auskunftsrecht verletzt wurde und der Vorstand die verlangte Auskunft zumindest im Nachhinein zu erteilen hat, entscheidet nach § 132 Abs. 1 AktG auf Antrag das Landgericht, in dessen Bezirk die Gesellschaft ihren Sitz hat. Auch die kurze Antragsfrist von zwei Wochen nach der Hauptversammlung (§ 132 Abs. 2 S. 2 AktG) dient der Beschleunigung, und das im Vergleich mit einer Anfechtungsklage wesentlich geringere Kostenrisiko (dazu → Rn. 64) soll es dem Aktionär erleichtern, diesen besonderen Rechtsschutz in Anspruch zu nehmen. Nach Einführung des Auskunftserzwingungsverfahrens im Aktiengesetz 1965 wurde dieser Rechtsbehelf zunächst häufig in Anspruch genommen. Seit der BGH im Jahre 1982 entschieden hat, dass die Durchführung eines Verfahrens nach § 132 AktG nicht Voraussetzung ist für den Erfolg einer auf die Verletzung des Auskunftsrechts gestützten Anfechtungsklage (→ Rn. 62)[125] hat sich die Zahl der Auskunftserzwingungsverfahren deutlich verringert.[126]

59 **b) Antrag.** Der Antrag ist bei dem für den Sitz der Gesellschaft zuständigen Landgericht zu stellen. Zuständig ist dort die Kammer für Handelssachen. Einzelne Bundesländer haben

---

[121] Hüffer/*Koch* AktG § 131 Rn. 73; KölnKommAktG/*Kersting* § 131 Rn. 448; MüKoAktG/*Kubis* § 131 Rn. 167; *Decher* ZHR 158 (1994), 473 (486); Großkomm AktG/*Decher* § 131 Rn. 474; *Hoffmann-Becking* FS Rowedder, 1994, 155 (169); aA nur Heidel AktienR u. KapitalmarktR/*Heidel* § 131 Rn. 77.

[122] LG München I Der Konzern 2007, 448 (455); LG Düsseldorf AG 1992, 461 (462); KölnKommAktG/*Kersting* § 131 Rn. 444 mN; Hüffer/*Koch* AktG § 131 Rn. 72; Großkomm AktG/*Decher* § 131 Rn. 470; iErg auch KölnKommAktG/*Koppensteiner* § 312 Rn. 8; aA LG Frankfurt a. M. AG 2007, 48 (50); Heidel AktienR u. KapitalmarktR/*Heidel* § 131 Rn. 76.

[123] KölnKommAktG/*Kersting* § 131 Rn. 446; Schmidt/Lutter/*Spindler* AktG § 131 Rn. 101; MüKoAktG/*Kubis* § 131 Rn. 159; Bürgers/Körber AktG/*Reger* § 131 Rn. 32; Spindler/Stilz AktG/*Siems* § 131 Rn. 78; *Butzke* Hauptversammlung der AG Rn. G 88; Grigoleit/*Herrler* AktG § 131 Rn. 58; aA Hüffer/*Koch* AktG § 131 Rn. 72; Emmerich/Habersack AG/GmbH-KonzernR/*Habersack* § 312 Rn. 5; *Pentz* ZIP 2007, 2298 (2301); KölnKommAktG/*Koppensteiner* § 312 Rn. 8; GroßkommAktG/*Decher* § 131 Rn. 349.

[124] Begr. RegE zu § 132 bei *Kropff* AktG S. 188 f.

[125] BGHZ 86, 1 (4 ff.) = AG 1983, 75 ff.

[126] KölnKommAktG/*Kersting* § 132 Rn. 19.

auf Grund der Ermächtigung in § 71 Abs. 4 GVG die örtliche Zuständigkeit bei einem oder mehreren Landgerichten und – für die Beschwerdeinstanz – bei einem OLG konzentriert.[127] Wird der Antrag bei einem örtlich oder sachlich unzuständigen Gericht gestellt, hat das angerufene Gericht den Antrag an das zuständige Gericht abzugeben (§ 3 Abs. 1 FamFG). Nach hM genügt die Stellung des Antrags bei einem örtlich oder sachlich unzuständigen Gericht auch dann zur Wahrung der Antragsfrist von zwei Wochen, wenn die Verweisung an das zuständige Gericht nicht mehr innerhalb der Frist erfolgt.[128] Antragsgegner ist die Gesellschaft, die durch den Vorstand und anders als bei der Anfechtungsklage nicht gemeinsam durch Vorstand und Aufsichtsrat vertreten wird (s. § 246 Abs. 2 S. 2 AktG).

Antragsberechtigt ist der Aktionär, dem die verlangte Auskunft nicht gegeben worden 60 ist, § 132 Abs. 2 S. 1 Alt. 1 AktG. Antragsberechtigt ist darüber hinaus auch jeder andere in der Hauptversammlung erschienene Aktionär, wenn in der Hauptversammlung über den Gegenstand der Tagesordnung, auf den sich die verlangte Auskunft bezog, Beschluss gefasst worden ist und der Aktionär in der Hauptversammlung Widerspruch zur Niederschrift gegen diesen Beschluss erklärt hat, § 132 Abs. 2 S. 1 Alt. 2 AktG. Der Antragsteller muss nicht selbst an der Hauptversammlung teilgenommen haben, sondern es genügt, wenn er durch einen Bevollmächtigten vertreten war. Wenn statt des Aktionärs ein Legitimationsaktionär an der Hauptversammlung teilgenommen hat, ist dieser nur dann antragsberechtigt, wenn die Legitimationszession die Befugnis zur Antragstellung im Verfahren nach § 132 AktG ausdrücklich umfasst.[129] Inhaltlich muss der Antragsteller rügen, dass die verlangte Auskunft nicht erteilt wurde. Das ist nicht nur der Fall, wenn die Frage völlig unbeantwortet blieb, sondern auch dann, wenn sie nur unvollständig beantwortet wurde. Nach richtiger und heute wohl hM kann der Aktionär mit seinem Antrag auch rügen, dass eine unrichtige Auskunft erteilt wurde.[130]

c) Verfahren. Nach § 132 Abs. 3 S. 1 iVm § 99 Abs. 1 AktG ist auf das Auskunfts- 61 erzwingungsverfahren ebenso wie auf das Statusverfahren nach § 98 AktG (dazu → § 28 Rn. 67 f.) das FamFG mit seinen Vorschriften zur **freiwilligen Gerichtsbarkeit** anzuwenden; innerhalb dieser Verfahrensregeln gelten die Besonderheiten für sog. echte Streitverfahren. Demgemäß gilt der Grundsatz der **Amtsermittlung** (§ 26 FamFG), so dass das Gericht die erforderlichen Ermittlungen zur Tatsachenfeststellung von Amts wegen vorzunehmen hat und die Verfahrensbeteiligten zwar keine formelle Darlegungs- oder Beweislast trifft, sie aber zur Verfahrensförderung verpflichtet sind (§ 27 FamFG) und die materielle Beweislast tragen, wenn das Gericht eine für die Partei günstige Tatsache nicht sicher feststellen kann.[131] Deshalb obliegt es den Beteiligten, die für sie jeweils vorteilhaften Umstände darzulegen.[132] Wegen der Ausgestaltung als Streitverfahren gilt die **Dispositionsmaxime,** wonach es in der Hand der Verfahrensbeteiligten liegt, durch Antragsrücknahme, übereinstimmende Erledigungserklärung oder Vergleich über die Beendigung des Verfahrens zu entscheiden.[133] Für die Beteiligten besteht **kein Anwaltszwang,** weder im Verfahren vor dem Landgericht noch im Beschwerdeverfahren.

---

[127] Übersicht bei MüKoAktG/*Kubis* § 132 Rn. 4.
[128] BayObLG NZG 2001, 608 (609); OLG Dresden NZG 1999, 403 (404); MüKoAktG/*Kubis* § 132 Rn. 18; KölnKommAktG/*Kersting* § 132 Rn. 45; Hüffer/*Koch* AktG § 132 Rn. 5.
[129] Schmidt/Lutter/*Spindler* AktG § 132 Rn. 7; KölnKommAktG/*Kersting* § 132 Rn. 31.
[130] Hüffer/*Koch* AktG § 132 Rn. 4a; KölnKommAktG/*Kersting* § 132 Rn. 6; Schmidt/Lutter/ *Spindler* AktG § 132 Rn. 9; MüKoAktG/*Kubis* § 132 Rn. 16; *Hellwig* FS Budde, 1995, 265 (267 ff.); Spindler/Stilz AktG/*Siems* § 132 Rn. 10; so auch LG München I AG 2010, 919 (920); anders KG AG 2010, 254 f. Offen gelassen von BGH NZG 2014, 423 Rn. 83.
[131] Hüffer/*Koch* AktG § 132 Rn. 7; MüKoAktG/*Kubis* § 132 Rn. 32.
[132] BGH NZG 2014, 423 Rn. 42, 60.
[133] MüKoAktG/*Kubis* § 132 Rn. 31; KölnKommAktG/*Kersting* § 132 Rn. 61.

62 **d) Verhältnis zur Anfechtungsklage.** Die beiden Verfahren sind voneinander unabhängig. Der Aktionär kann einen Beschluss der Hauptversammlung auch dann wegen Verletzung seines Auskunftsrechts anfechten, wenn er kein Auskunftserzwingungsverfahren eingeleitet hat, [134] und ebenso ist er nicht gehalten, außer dem Antrag nach § 132 AktG auch Anfechtungsklage zu erheben. Aus dem Nebeneinander der Verfahren folgt auch, dass die Entscheidung über das Auskunftsrecht im Verfahren nach § 132 AktG nicht bindend ist für die Beurteilung im Anfechtungsprozess.[135]

63 **e) Entscheidung.** Das Landgericht entscheidet über den Antrag durch Beschluss. Wird dem Antrag stattgegeben, so ist der Vorstand verpflichtet, die verlangte Auskunft in dem gerichtlich angeordneten Umfang zu erteilen, und zwar nicht erst in der nächsten Hauptversammlung, sondern sogleich außerhalb der Hauptversammlung. Die Gesellschaft muss einen dem Antrag stattgebenden Beschluss zum Handelsregister einreichen (§ 132 Abs. 3 iVm § 99 Abs. 5 S. 3 AktG), ist aber nicht verpflichtet, die Entscheidung im Bundesanzeiger zu veröffentlichen (im Gegensatz zur Entscheidung im Statusverfahren nach § 99 Abs. 4 S. 2 AktG). Aus der Entscheidung findet die Zwangsvollstreckung nach den Vorschriften der ZPO statt, § 132 Abs. 4 S. 2 AktG, also nach § 888 ZPO durch die Verhängung von Zwangsgeld oder von Zwangshaft. Das gilt sowohl für die verweigerte als auch für die unrichtige Auskunft. Eine vorläufige Vollstreckbarkeit – auch gegen Sicherheitsleistung – ist ausgeschlossen. Gegen die Entscheidung des Landgerichts eröffnet § 132 Abs. 3 S. 2 AktG die **Beschwerde** nur für den Fall, dass das Landgericht die Beschwerde zugelassen hat. Die zugelassene Beschwerde ist keine reine Rechtsbeschwerde, sondern eröffnet eine weitere Tatsacheninstanz. Falls das Landgericht die Beschwerde nicht zulässt, ist gegen diese Entscheidung kein Rechtsmittel statthaft, also nicht etwa eine Nicht-Zulassungsbeschwerde eröffnet. Gegen die Beschwerdeentscheidung des OLG ist die Rechtsbeschwerde zum BGH möglich, wenn das OLG sie zugelassen hat, §§ 132 Abs. 3 S. 1, 99 Abs. 1 AktG, § 70 Abs. 1 FamFG.

64 Das Gericht bestimmt nach billigem Ermessen, welchem Beteiligten die **Kosten** des Verfahrens aufzuerlegen sind, § 132 Abs. 5 AktG. Zur Höhe der Kosten enthält § 132 Abs. 5 AktG seit einer Gesetzesänderung im Jahre 2013 keine ausdrücklichen Regelungen mehr. Maßgeblich sind nunmehr die Regelungen des an die Stelle der Kostenordnung getretenen Gerichts- und Notarkostengesetzes (GNotKG).[136] Auch danach bleibt es dabei, dass der Geschäftswert nur 5.000 EUR beträgt, allerdings nicht mehr regelmäßig, sondern nur wenn keine genügenden Anhaltspunkte für eine abweichende Bestimmung des Werts bestehen, und auch nur für jede einzelne verlangte Auskunft, so dass bei mehreren Fragen mit selbstständigem Inhalt in der Regel eine Multiplikation erfolgt.

65 **2. Anfechtungsklage.** Eine Verletzung des aus § 131 AktG folgenden Auskunftsrechts ist eine Verletzung des Gesetzes, die dazu führen kann, dass eine auf diese Gesetzesverletzung geschützte Anfechtungsklage begründet ist. Die Anfechtungsklage setzt nicht voraus, dass der Kläger auch eine Auskunftserzwingung nach § 132 AktG betreibt oder betrieben hat, sondern die beiden Verfahren sind voneinander unabhängig (→ Rn. 62). Für die Anfechtungsklage gelten die allgemeinen Regeln über die Anfechtung von Beschlüssen der Hauptversammlung (dazu näher unten § 42).

66 Nicht jede Verletzung des Auskunftsrechts führt zur Anfechtbarkeit des damit im Zusammenhang stehenden Beschlusses. Vielmehr muss sich der Informationsmangel in bestimmter Weise auf den Beschluss der Hauptversammlung ausgewirkt haben. In älteren Entscheidungen hat der BGH darauf abgestellt, ob die Verweigerung der Auskunft für den Beschluss **kausal** geworden ist.[137] Das sollte dann anzunehmen sein, wenn ein objektiv

---

[134] BGHZ 86, 1 (4) = AG 1983, 75 ff. = NJW 1983, 878.
[135] BGHZ 180, 9 = ZIP 2009, 460; Hüffer/*Koch* AktG § 132 Rn. 2; KölnKommAktG/*Kersting* § 132 Rn. 11.
[136] Dazu *Simons* AG 2014, 182 (185 ff.).
[137] BGHZ 36, 121 (139); 86, 1 (3); 107, 296 (307); BGH ZIP 1993, 751; OLG Stuttgart DB 1995, 568.

urteilender Aktionär in Kenntnis der Umstände, die Gegenstand seines Auskunftsverlangens sind, anders abgestimmt hätte, als er aufgrund der Verweigerung der Auskunft ohne diese Kenntnis abgestimmt hat. Ob der Großaktionär anders abgestimmt hätte, war nach dieser Kausalitätsformel des BGH nicht maßgeblich. In neueren Entscheidungen hat sich der BGH von der Kausalitätsformel gelöst und in Übernahme der im Schrifttum entwickelten **Relevanztheorie** darauf abgehoben, ob bei einer am Zweck der verletzten Norm orientierten wertenden Betrachtung die Vernichtung des Beschlusses die gebotene Rechtsfolge darstellt (→ § 42 Rn. 55).[138]

Seit 2005 enthält das Gesetz in § 243 Abs. 4 S. 1 AktG eine ausdrückliche Regelung dieser Frage: Wegen unrichtiger, unvollständiger oder verweigerter Erteilung von Informationen kann nur angefochten werden, wenn ein objektiv urteilender Aktionär die Erteilung der Information als **wesentliche** Voraussetzung für die sachgerechte Wahrnehmung seiner Teilnahme- und Mitgliedschaftsrechte angesehen hätte. Über die Auslegung dieser Regelung herrscht Streit. Wenn man der Begründung zum Referentenentwurf und unverändert zum Regierungsentwurf folgt, soll durch diese Norm die einschlägige Rechtsprechung zur Relevanz des Informationsmangels aufgegriffen und verdichtet werden.[139] Dabei bleibt aber unberücksichtigt, dass erst im Regierungsentwurf einem Vorschlag des DAV-Handelsrechtsausschusses[140] folgend das Wort „wesentliche" eingefügt wurde, und zwar im Sinne der von der Regierungskommission Corporate Governance vorgeschlagenen Einschränkung der Anfechtbarkeit durch das Erfordernis einer wesentlichen Bedeutung der Information.[141] Deshalb ist es nicht richtig, wenn gesagt wird, dass jeder relevante Informationsmangel immer wesentlich ist, oder dass ein Auskunftsmangel immer „wesentlich" ist, wenn die Auskunft zur sachgemäßen Beurteilung des Gegenstands der Tagesordnung erforderlich war.[142] Vielmehr ergibt sich aus § 243 Abs. 4 S. 1 AktG, dass zu der festgestellten Verletzung des Auskunftsrechts für die Begründung der Anfechtbarkeit noch die Wertung hinzukommen muss, dass die Auskunft für die sachgerechte Wahrnehmung der Aktionärsrechte in der Hauptversammlung bei einer Gesamtbetrachtung des zur Beschlussfassung anstehenden Gegenstands und der dazu erteilten Auskünfte wesentlich war.[143]

§ 39 Stimmrecht

Übersicht

	Rn.		Rn.
I. Allgemeines	1–11	2. Höchststimmrecht	14–19
1. Rechtsnatur und Gegenstand des Stimmrechts	1, 2	a) Möglicher Inhalt	14–16
2. Inhaber des Stimmrechts	3	b) Umgehungsschutz	17
3. Ausübung des Stimmrechts durch Dritte	4, 5	c) Einführung und Beseitigung des Höchststimmrechts	18, 19
4. Stimmrechtsberater	6, 7	III. Stimmrechtslose Vorzugsaktien	20–35
5. Beginn des Stimmrechts	8–11	1. Gewinnvorzug	20–25
II. Mehrstimmrechte und Höchststimmrechte	12–19	2. Nachzahlungsrecht	26, 27
1. Mehrstimmrecht	12, 13	3. Ausschluss und Aufleben des Stimmrechts	28, 29

---

[138] BGHZ 149, 158 (164 f.); 160, 385 (392).
[139] RegE zum UMAG in ZIP 2004, 2455 (2468).
[140] Stellungnahme zum RefE. des UMAG NZG 2005, 388 (392).
[141] Bericht der Regierungskommission Corporate Governance, hrsg. von *Baums*, 2001, S. 167 f.
[142] So aber *Kersting* ZGR 2007, 319 (324 ff.); Spindler/Stilz AktG/*Würthwein* § 243 Rn. 250; Schmidt/Lutter/*Schwab* AktG § 243 Rn. 31.
[143] In diesem Sinne LG Frankfurt a. M. NZG 2009, 149 (153 f.) u. OLG Frankfurt a. M. ZIP 2011, 24 (29). S. auch GroßkommAktG/*Decher* § 131 Rn. 517 ff.; Hüffer/*Koch* AktG § 243 Rn. 46a f.; *Marsch-Barner* FS K. Schmidt, 2009, 1109 (1116); Bürgers/Körber AktG/*Göz* § 243 Rn. 21; *Weißhaupt* ZIP 2005, 1766 (1771).

	Rn.		Rn.
4. Aufhebung oder Beschränkung des Vorzugs	30–33	V. Stimmbindungsverträge	45–59
		1. Erscheinungsformen und Rechtsnatur	45–50
5. Ausgabe neuer Vorzugsaktien	34, 35		
IV. Stimmrechtsausschluss	36–44	2. Zulässigkeitsschranken	51–55
1. Stimmverbote nach § 136 Abs. 1 AktG	36–43	a) Verbot der Bindung an die Verwaltung, § 136 Abs. 2 AktG	51–53
a) Betroffene Beschlüsse	37–39	b) Zulässigkeitsschranken für andere Stimmbindungen	54, 55
b) Adressaten des Stimmverbots	40–43		
2. Stimmverbote analog § 136 Abs. 1 AktG?	44	3. Durchsetzung der Stimmbindung	56–59

Schrifttum: *Altmeppen,* Umwandlung von Vorzugsaktien in Stammaktien gegen Zuzahlung, NZG 2005, 771–775; *T. Bezzenberger,* Vorzugsaktien ohne Stimmrecht, 1991; *Habersack,* Wandelbare Vorzugsaktien, insbesondere aus genehmigtem Kapital, FS Westermann, 2008, S. 913–932; *Fleischer,* Zur Rolle und Regulierung von Stimmrechtsberatern (Proxy Advisors) im deutschen und europäischen Aktien- und Kapitalmarktrecht, AG 2012, 2–11; *Happ/Bednarz,* Stimmverbot und Doppelmandat, FS Hoffmann-Becking, 2013, S. 433–455; *Hoffmann-Becking,* Der Einfluss schuldrechtlicher Gesellschaftervereinbarungen auf die Rechtsbeziehungen in der Kapitalgesellschaft, ZGR 1994, 442–464; *Klöhn/Schwarz,* Die Regulierung institutioneller Stimmrechtsberater, ZIP 2012, 149–158; *Langenbucher,* Stimmrechtsberater, FS Hoffmann-Becking, 2013, S. 733–745; *Noack,* Gesellschafterverinbarungen bei Kapitalgesellschaften, 1994; *Petersen/Schulze De la Cruz,* Das Stimmverbot nach § 136 Abs. 1 AktG bei der Entlastung von Vorstandsdoppelmandatsträgern, NZG 2012, 453–459; *Wirth/Arnold,* Umwandlung von Vorzugsaktien in Stammaktien, ZGR 2002, 859–897.

I. Allgemeines

1 **1. Rechtsnatur und Gegenstand des Stimmrechts.** Das Stimmrecht ist das Recht des Aktionärs, durch die Stimmabgabe an Beschlüssen der Hauptversammlung mitzuwirken und auf ihren Inhalt Einfluss zu nehmen. Es ist als Bestandteil der Mitgliedschaft des Aktionärs sein wichtigstes Verwaltungsrecht. Nach § 12 AktG ist das Stimmrecht mit jeder Aktie verbunden, soweit Aktien nicht ausnahmsweise als Vorzugsaktien ohne Stimmrecht ausgegeben worden sind (dazu → Rn. 20 ff.). Der Umfang des Stimmrechts richtet sich nach den Aktiennennbeträgen, bei Stückaktien nach deren Zahl (§ 134 Abs. 1 S. 1 AktG). Wenn alle Aktien den gleichen Nennbetrag haben, gewährt jede Aktie eine Stimme; wenn die Aktien unterschiedliche Nennbeträge haben, gewährt der kleinste Nennbetrag je eine Stimme. Das Stimmrecht haftet an der Aktie. Es ist nicht möglich, Stimmrechte zu schaffen, die von der Aktie losgelöst bestehen, oder das Stimmrecht losgelöst von der Aktie zu übertragen (Abspaltungsverbot, → § 17 Rn. 9 f.). Das Abspaltungsverbot erfasst auch Umgehungstatbestände, insbesondere die Erteilung einer unwiderruflichen verdrängenden Vollmacht zur Ausübung des Stimmrechts aus der Aktie.[1] Das Stimmrecht ist als wesentliches Verwaltungsrecht des Aktionärs unverzichtbar und unentziehbar, doch ist eine Umwandlung von stimmberechtigten Aktien in stimmrechtslose Vorzugsaktien mit Zustimmung des betroffenen Aktionärs möglich (→ Rn. 25).

2 Das Stimmrecht wird zwar in der Hauptversammlung ausgeübt, ist aber vom Recht zur Teilnahme an der Hauptversammlung zu unterscheiden. So sind auch Aktionäre, die stimmrechtslose Vorzugsaktien (§ 140 Abs. 1 AktG) halten oder Aktien besitzen, die wegen nicht geleisteter Einlage kein Stimmrecht verleihen (§ 134 Abs. 2 AktG), zur Teilnahme berechtigt (→ § 37 Rn. 8). Umgekehrt bleibt auch dann das Stimmrecht erhalten und kann durch einen Bevollmächtigten ausgeübt werden, wenn der Aktionär nicht mehr zur Teilnahme berechtigt ist, weil er aus der Hauptversammlung verwiesen worden ist (→ § 37 Rn. 80).

---

[1] BGH ZIP 1987, 165; Hüffer/*Koch* AktG § 134 Rn. 21.

2. Inhaber des Stimmrechts. Inhaber des Stimmrechts ist der Eigentümer der Aktie. 3 Wenn die Aktie einem Treuhänder übertragen worden ist, ist dieser Eigentümer und als solcher Inhaber des Stimmrechts. Die Schranken, denen er im Rahmen des Treuhandverhältnisses unterliegt, gelten nur im Verhältnis zwischen ihm und dem Treugeber, nicht aber gegenüber der Gesellschaft. Auch wer Aktien im Wege einer sogenannten „Wertpapierleihe" vorübergehend erworben hat, ist sowohl teilnahmeberechtigt (→ § 37 Rn. 8) als auch stimmberechtigt. Eine dingliche Belastung der Aktie durch Pfändung, Verpfändung oder Nießbrauch lässt das Stimmrecht des Eigentümers der Aktie ebenso wie sein Teilnahmerecht (→ § 37 Rn. 8) unberührt. Bei Namensaktien kommt es allerdings nicht darauf an, wer Eigentümer der Aktie ist, sondern wer im Aktienregister eingetragen ist, denn nach § 67 Abs. 2 S. 1 AktG gilt im Verhältnis zur Gesellschaft derjenige als Aktionär, der als solcher im Aktienregister eingetragen ist. Der Inhaber einer „Legitimationszession" gemäß § 129 Abs. 3 AktG ist nicht Eigentümer der Aktie und somit auch nicht Inhaber des Stimmrechts, sondern lediglich ermächtigt, das Stimmrecht aus der Aktie im eigenen Namen auszuüben (→ § 14 Rn. 67 f., → § 37 Rn. 23).

3. Ausübung des Stimmrechts durch Dritte. Das Stimmrecht kann durch einen 4 Bevollmächtigten des Aktionärs ausgeübt werden, § 134 Abs. 3 S. 1 AktG. Die Satzung kann die Vertretung durch einen Bevollmächtigten weder ausschließen noch vorschreiben. Zur Person des Bevollmächtigten und zur Form der Vollmacht, auch zum Vollmachtsstimmrecht der Banken und zur Vertretung durch gesetzliche Vertreter → § 37 Rn. 15 ff. Der Aktionär kann statt einer Bevollmächtigung zur Vertretung in seinem Namen eine andere Person ermächtigen, im eigenen Namen das Stimmrecht für die dem Aktionär gehörenden Aktien auszuüben (Legitimationszession, → § 14 Rn. 67 f., → § 37 Rn. 23).

Zur Form der Ausübung des Stimmrechts in der Hauptversammlung durch den Aktionär, 5 seinen Vertreter oder den Inhaber einer Legitimationszession → § 40 Rn. 28 ff.).

4. Stimmrechtsberater. Bei börsennotierten Gesellschaften bedienen sich insbesondere 6 ausländische institutionelle Investoren zunehmend der Dienste von Stimmrechtsberatern („proxy advisors"), die für sie Recherchen durchführen, sie beraten und ihnen empfehlen, wie sie in den Hauptversammlungen abstimmen sollen.[2] Die Stimmrechtsberater üben zwar nicht das Stimmrecht für ihre Auftraggeber aus, haben aber durch ihre weitgehend befolgten Empfehlungen starken Einfluss auf das Abstimmungsverhalten der institutionellen Investoren und damit auf die Abstimmungsergebnisse in den Hauptversammlungen. Inzwischen ist der Einfluss so stark, dass manche Beschlussvorschläge der Verwaltung, zum Beispiel zum Umfang der Schaffung genehmigten oder bedingten Kapitals, am ablehnenden Votum der Stimmrechtsberater scheitern oder wegen der Sondierung im Vorfeld der Hauptversammlung schon gar nicht auf die Tagesordnung genommen werden.

Die Stimmrechtsberater sind durch kein Rechtsverhältnis mit der AG verbunden, und 7 Schutzpflichten gegenüber der AG lassen sich auch nicht über eine Drittwirkung der Verträge mit Auftraggebern begründen.[3] Durch das ARUG II ist erstmals eine gewisse staatliche Regulierung erfolgt, um eine größere Transparenz der Stimmrechtsberater und ihrer Tätigkeit zu erreichen. In § 134a Abs. 1 Nr. 3 AktG wird der Stimmrechtsberater – in Abgrenzung zum institutionellen Anleger und zum Vermögensverwalter, die in Nr. 1 und Nr. 2 definiert werden – definiert als ein Unternehmen, das gewerbsmäßig und entgeltlich Offenlegungen und andere Informationen von börsennotierten Gesellschaften analysiert, um Anleger zu Zwecken der Stimmausübung durch Recherchen, Beratungen oder Stimmempfehlungen zu informieren. Stimmrechtsberater unterliegen den Offenlegungspflichten nach

---

[2] Zur Rolle der Stimmrechtsberater näher *Fleischer* AG 2012, 2 ff.; *Stüber* WM 2020, 211 (2014 ff.); *Klöhn/Schwarz* ZIP 2012, 149 ff. S. auch Spindler/Stilz AktG/*Rieckers* § 135 Rn. 106b; MüKoAktG/ *Arnold* § 135 Rn. 41; Hüffer/*Koch* AktG § 76 Rn. 39. Marktführer auf dem Markt der „proxy advisors" sind die US-Firmen International Shareholder Services (ISS) und Glass, Lewis & Co.

[3] *Langenbucher* FS Hoffmann-Becking, 2013, 733 (735 ff.).

§ 134d AktG. Dazu gehört zunächst die Verpflichtung des Stimmrechtsberaters nach § 134d Abs. 1 AktG, jährlich zu erklären, dass er den Vorgaben eines näher bezeichneten Verhaltenskodex entsprochen hat und entspricht oder welche Vorgaben des Verhaltenskodex er nicht eingehalten hat und einhält und welche Maßnahmen er stattdessen getroffen hat. Dabei überlässt es das Gesetz dem Stimmrechtsberater, sich für einen Kodex seiner Wahl zu entscheiden. Wenn der Stimmrechtsberater keinen Verhaltenskodex einhält, hat er nach Abs. 1 S. 3 AktG zu erklären, warum nicht. § 134d Abs. 2 AktG verpflichtet den Stimmrechtsberater außerdem, jährliche Informationen zu enumerativ aufgeführten Themen zu veröffentlichen und dadurch eine gewisse Information der Kunden über die Professionalität und Zuverlässigkeit des Stimmrechtsberaters zu gewährleisten. Dabei geht es insbesondere um die von dem Stimmrechtsberater eingesetzten Methoden, Modelle und Informationsquellen sowie die von ihm verfolgte Stimmrechtspolitik für die einzelnen Märkte. Ergänzend verlangt § 134d Abs. 4 AktG, dass der Stimmrechtsberater seine Kunden unverzüglich über Interessenkonflikte sowie über diesbezügliche Gegenmaßnahmen informiert.

8   **5. Beginn des Stimmrechts.** Im Regelfall beginnt das Stimmrecht erst mit der vollständigen Leistung der Einlage, § 134 Abs. 2 S. 1 AktG. Die **Bareinlage** ist vollständig geleistet, wenn, wie sich aus § 54 Abs. 2 AktG ergibt, der Ausgabebetrag der Aktie geleistet ist, also nicht nur der Nennbetrag oder der auf die einzelne Stückaktie entfallende anteilige Betrag des Grundkapitals, sondern bei Ausgabe der Aktie für einen höheren Betrag auch das Aufgeld.[4] Die Satzung kann allerdings bestimmen, dass das Stimmrecht bereits beginnt, wenn auf die Aktie die gesetzliche oder höhere satzungsmäßige Mindesteinlage geleistet ist. Bei der Leistung von Bareinlagen bestimmt sich die gesetzliche Mindesteinlage nach § 36a Abs. 1 AktG, so dass mindestens ein Viertel des Nennbetrags (oder des auf die Stückaktie entfallenden anteiligen Grundkapitals) und zusätzlich das gesamte Aufgeld geleistet sein muss (→ § 3 Rn. 27).[5] Für diesen Fall bestimmt § 134 Abs. 2 S. 4 AktG, dass die Leistung der Mindesteinlage eine Stimme gewährt und sich bei höheren Einlagen das Stimmenverhältnis nach der Höhe der geleisteten Einlagen richtet. Derart „teilgezahlte" Aktien sind vor allem bei Versicherungsgesellschaften anzutreffen. Wenn auf alle ausgegebenen Aktien der gleiche Teil des Nennbetrags (oder bei Stückaktien des anteiligen Grundkapitals) eingezahlt ist, wird dadurch ein gleiches Stimmrecht für alle Aktien gewährleistet.

9   Das Gesetz trifft in § 134 Abs. 2 S. 5 AktG auch für den Fall Vorsorge, dass die Satzung nicht den früheren Beginn des Stimmrechts vor voller Leistung der Einlage anordnet und noch auf keine Aktie die Einlage vollständig geleistet worden ist, sondern nur Mindesteinlagen erfolgt sind. Um zu verhindern, dass in einem solchen Fall die Hauptversammlung mangels stimmberechtigter Aktionäre beschlussunfähig wäre, bestimmt das Gesetz, dass die Leistung der Mindesteinlage eine Stimme gewährt. Die Höhe der Mindesteinlage bestimmt sich auch hier bei Bareinlagen nach § 36a Abs. 1 AktG, so dass das volle Agio geleistet sein muss.[6] Soweit Aktionäre mehr als die Mindesteinlage geleistet haben, halten sie anteilige Bruchteile von Stimmen, die sich aber nur auswirken, soweit diese jeweils zusammengenommen für den stimmberechtigten Aktionär volle Stimmen ergeben, § 134 Abs. 2 S. 6 AktG.

10 Bei **Sacheinlagen** beginnt das Stimmrecht mit der vollständigen Leistung der Einlage gemäß § 36a Abs. 2 S. 1 AktG. Der Einlagegenstand muss also vollständig übertragen worden sein. Nach hM macht davon § 36a Abs. 2 S. 1 AktG eine Ausnahme, indem das Gesetz für die vollständige Leistung der Sacheinlage genügen lässt, wenn die Verpflichtung

---

[4] Hüffer/*Koch* AktG § 134 Rn. 17; Bürgers/Körber AktG/*Holzborn* § 134 Rn. 13.
[5] Hüffer/*Koch* AktG § 134 Rn. 19; Bürger/Körber AktG/*Holzborn* § 134 Rn. 14; MüKoAktG/*Schröer* § 134 Rn. 32; Spindler/Stilz AktG/*Rieckers* § 134 Rn. 32; aA Grigoleit/*Herrler* AktG § 134 Rn. 20.
[6] Schmidt/Lutter/*Spindler* AktG § 134 Rn. 32; Spindler/Stilz AktG/*Rieckers* § 134 Rn. 37; MüKoAktG/*Arnold* § 134 Rn. 31; Bürgers/Körber AktG/*Holzborn* § 134 Rn. 15; Hölters AktG/*Hirschmann* § 134 Rn. 29 f.; Hüffer/*Koch* AktG § 134 Rn. 18; aA Grigoleit/*Herrler* AktG § 134 Rn. 21.

zur Übertragung begründet worden ist und die Übertragung des Vermögensgegenstandes nach dem Inhalt der Verpflichtung vor Ablauf von fünf Jahren zu bewirken ist. In diesem Fall sind nach hM die Aktien schon vor der späteren dinglichen Übertragung des Gegenstandes der Sacheinlage vollständig gewinn- und stimmberechtigt (→ § 4 Rn. 44).

Was den Wert der Sacheinlage betrifft, muss er nach § 36a Abs. 2 S. 3 AktG den vollen Ausgabebetrag abdecken, also den Nennbetrag und ein etwa festgesetzes Agio. Das gilt im Grundsatz auch für den Fall der **verdeckten Sacheinlage** (dazu → § 16 Rn. 33 ff.). Jedoch bestimmt § 134 Abs. 2 S. 2 AktG, dass es nicht schadet, wenn dieser Wert unterschritten wird, es sei denn, der Wertunterschied ist offensichtlich. Die Regelung steht im Zusammenhang mit der in § 27 Abs. 3 AktG vorgesehenen Anrechnung des Werts des verdeckt eingelegten Gegenstands und soll verhindern, dass eine Ungewissheit über den Wert des Gegenstands und damit über den Beginn des Stimmrechts zur Anfechtbarkeit von Beschlüssen führt.[7] Bei einer überbewerteten offenen Sacheinlage gilt nach verbreiteter Meinung im Ergebnis nichts anderes, entweder auf Grund analoger Anwendung von § 134 Abs. 2 S. 2 AktG[8] oder schon nach allgemeinen Grundsätzen.[9]

II. Mehrstimmrechte und Höchststimmrechte

1. Mehrstimmrecht. Bis zur Änderung des § 12 AktG durch das KonTraG im Jahre 1998 waren Mehrstimmrechte zwar bereits grundsätzlich unzulässig (§ 12 Abs. 2 S. 1 AktG), jedoch konnten Mehrstimmrechte aus bestimmten Aktien ausnahmsweise mit Genehmigung der betreffenden Landesregierung zur Wahrung überwiegender gesamtwirtschaftlicher Belange begründet werden[10] (§ 12 Abs. 2 S. 2 AktG aF). Außerdem konnten die schon früher, ggf. schon vor dem AktG 1965, begründeten Mehrstimmrechte zeitlich unbegrenzt fortbestehen. Seit der Streichung von § 12 Abs. 2 S. 2 AktG in 1998 ist die Schaffung neuer Mehrstimmrechte ausnahmslos verboten.

Das Schicksal der am 30.4.1998 bestehenden Mehrstimmrechte regelt § 5 EG-AktG wie folgt: Die Hauptversammlung kann die Beseitigung der Mehrstimmrechte mit einfacher Kapitalmehrheit und ohne Mehrheit der abgegebenen Stimmen beschließen, und der betroffene Aktionär kann für den Verlust der Mehrstimmrechte einen angemessenen Ausgleich verlangen, § 5 Abs. 2 und 3 EG AktG.[11] Soweit die betreffenden Gesellschaften in der Zeit bis zum 1.6.2003 nicht die Beseitigung beschlossen haben, sind die Mehrstimmrechte am 1.6.2003 nach § 5 Abs. 1 EG AktG ohne weiteres erloschen, es sei denn, die Hauptversammlung hat vor dem 1.6.2003 mit einer Kapitalmehrheit von drei Vierteln und bei Stimmrechtsausschluss des Inhabers der Mehrstimmrechtsaktien die Fortgeltung der Mehrstimmrechte beschlossen. Aufgrund solcher Fortgeltungsbeschlüsse bestehen angeblich auch heute noch bei einigen Gesellschaften Mehrstimmrechte; um wie viele Fälle es sich handelt, lässt sich allerdings nicht feststellen.[12] Auch solche über den 1.6.2003 hinaus fortbestehenden Mehrstimmrechte können nach § 5 Abs. 2 EG AktG unter erleichterten Voraussetzungen und mit der Folge der Ausgleichspflicht nach § 5 Abs. 3 EG AktG beseitigt werden.

2. Höchststimmrecht. a) Möglicher Inhalt. Nach § 134 Abs. 1 S. 2 AktG kann bei einer Gesellschaft, die nicht börsennotiert ist, durch die Satzung das Stimmrecht aus den einem Aktionär gehörenden Aktien durch Festsetzung eines Höchstbetrags oder von

---

[7] Näher dazu Spindler/Stilz AktG/*Rieckers* § 134 Rn. 30 f.; Schmidt/Lutter/*Spindler* AktG § 134 Rn. 31; Bürgers/Körber AktG/*Holzborn* § 134 Rn. 13a; Hölters AktG/*Hirschmann* § 134 Rn. 25 f.
[8] Grigoleit/*Herrler* AktG § 134 Rn. 17; Hüffer/*Koch* AktG § 134 Rn. 17.
[9] *Habersack* FS Maier-Reimer, 2010, 161 (167 ff.); Spindler/Stilz AktG/*Rieckers* § 134 Rn. 29a.
[10] Zur Rechtslage bis 1998 s. GroßkommAktG/*Mock* § 12 Rn. 9 ff.
[11] Zur Bemessung des Ausgleichs s. LG München ZIP 2001, 1959 u. BayObLGZ NZG 2002, 1016 – Siemens; dazu auch Spindler/Stilz AktG/*Vatter* § 12 Rn. 30 f.; *Löwe/Thoß* ZIP 2002, 2075; *Arnold* DStR 2003, 784; *Hering/Olbrich* ZIP 2003, 104.
[12] Vgl. Spindler/Stilz AktG/*Vatter* § 12 Rn. 23 mit Fn. 53.

Abstufungen beschränkt werden. So kann zB bestimmt werden, dass das Stimmrecht eines Aktionärs, dem Aktien im Umfang von mehr als 3 % des Grundkapitals gehören, auf die Zahl von Stimmen beschränkt ist, die Aktien im Gesamtnennbetrag von 3 % des Grundkapitals gewähren. Möglich ist auch die Festlegung eines abgestuften Höchststimmrechts, zB derart, dass eine Kapitalbeteiligung bis 25 % ein Stimmrecht bis höchstens 10 % aller Stimmen verschafft, eine darüber hinausgehende Kapitalbeteiligung ein solches von höchstens weiteren 10 %. Die Satzung kann auch Höchststimmrechte nur für einzelne Beschlussgegenstände anordnen, zB für Satzungsänderungen oder Aufsichtsratswahlen.

15 Seit Inkrafttreten des KontraG im Jahre 1998 können Höchststimmrechte nur noch bei Gesellschaften eingeführt werden, die nicht börsennotiert sind (§ 3 Abs. 2 AktG). Höchststimmrechte bei börsennotierten Gesellschaften, die am 1.5.1998 bestanden, galten nur noch bis zum 1.6.2000 fort und sind an diesem Tag ohne weiteres erloschen, § 5 Abs. 7 EG AktG. Das bei der Volkswagen AG aufgrund des VW-Gesetzes bestehende Höchststimmrecht ist inzwischen wegen des darin liegenden Verstoßes gegen EG-Recht nach einer Entscheidung des EuGH aus 2007[13] ebenfalls beseitigt worden.

16 Höchststimmrechte können nicht für einzelne Aktionäre, sondern nur abstrakt für eine unbestimmte Zahl von Aktionären angeordnet werden, § 134 Abs. 1 S. 5 AktG. Unbedenklich ist jedoch, wenn die Regelung nach den aktuellen Verhältnissen nur einen oder mehrere bestimmte Aktionäre trifft. Zulässig ist auch die Beschränkung nur für Aktien einer bestimmten Gattung, wenn die Gattung nicht so eng definiert wird, dass die Beschränkung nur einen bestimmten Aktionär betreffen kann.[14] Höchststimmrechte wirken sich nur aus bei der Berechnung der Stimmenmehrheit, bleiben dagegen für die Berechnung einer nach Gesetz oder Satzung erforderlichen Kapitalmehrheit außer Betracht, § 134 Abs. 1 S. 6 AktG. Demgemäß behält der durch die Stimmrechtsbeschränkung betroffene Aktionär das volle Stimmengewicht seiner höheren Kapitalbeteiligung, soweit für die Beschlussfassung eine einfache oder qualifizierte Kapitalmehrheit vorgeschrieben ist, also insbesondere für Satzungsänderungen, Kapitalmaßnahmen, Unternehmensverträge und Umwandlungen.

17 b) Umgehungsschutz. Um die Umgehung eines in der Satzung festgesetzten Höchststimmrechts zu erschweren, kann die Satzung die Zurechnung bestimmter Aktien, die von anderen Aktionären gehalten werden, anordnen: Nach § 134 Abs. 1 S. 3 AktG kann die Satzung bestimmen, dass zu den Aktien, die dem Aktionär gehören, auch die Aktien rechnen, die einem anderen für seine Rechnung gehören.[15] Außerdem kann die Satzung nach § 134 Abs. 1 S. 4 AktG anordnen, dass dem Aktionär, der ein Unternehmen ist, auch die Aktien zugerechnet werden, die einem von ihm abhängigen oder ihn beherrschenden oder mit ihm konzernverbundenen Unternehmen oder für Rechnung solcher Unternehmen einem Dritten gehören. Die Bestimmung weiterer Zurechnungen in der Satzung erlaubt das Gesetz nicht, jedoch soll nach hM auch ohne entsprechende Satzungsregelung eine Zurechnung nach allgemeinen Grundsätzen möglich sein.[16] Unter welchen Voraussetzungen es sich um ein abhängiges, herrschendes oder konzernverbundenes Unternehmen handelt, bestimmt sich nach den allgemeinen konzernrechtlichen Definitionen der §§ 15 ff. AktG. Demgemäß kann die Zurechnung des Aktienbesitzes einer Gesellschaft, an welcher der Unternehmensaktionär eine Mehrheitsbeteiligung hält, durch einen Entherrschungsvertrag (→ § 69 Rn. 62) ausgeschlossen werden. Umgekehrt führt ein zwischen dem Unternehmensaktionär und weiteren Aktionären bestehender Stimmbindungsvertrag

---

[13] EuGH ZIP 2007, 2068; Spindler/Stilz AktG/*Rieckers* § 134 Rn. 15.
[14] MüKoAktG/*Arnold* § 134 Rn. 12; Spindler/Stilz AktG/*Rieckers* § 134 Rn. 26.
[15] Vgl. dazu LG Hannover ZIP 1992, 1236 – Continental/Pirelli.
[16] Spindler/Stilz AktG/*Rieckers* § 134 Rn. 19; Hüffer/*Koch* AktG § 134 Rn. 12; Grigoleit/*Herrler* AktG § 134 Rn. 11; GroßkommAktG/*Grundmann* § 134 Rn. 72; aA MüKoAktG/*Arnold* § 134 Rn. 16.

(dazu → Rn. 45 ff. ff.) nicht zur Zurechnung des Aktienbesitzes der Stimmbindungspartner.[17]

c) Einführung und Beseitigung des Höchststimmrechts. Höchststimmrechte können nur in der Satzung angeordnet werden, und zwar entweder schon bei Gründung der Gesellschaft oder später im Wege der Satzungsänderung. Wird ein Höchststimmrecht durch Satzungsänderung eingeführt, so werden dadurch die vorhandenen Aktionäre gleichmäßig betroffen, wenn kein vorhandener Aktionär mit seinem Aktienbesitz den Schwellenwert übersteigt. Anders ist es, wenn ein mit seinem Aktienbesitz über dem Schwellenwert liegender Aktionär durch die Einführung des Höchststimmrechts konkret beschränkt wird. Auch in diesem Fall bedarf die Einführung der Stimmrechtsbeschränkung nicht der Zustimmung des betroffenen Aktionärs, sondern kann mit der für Satzungsänderungen erforderlichen Mehrheit beschlossen werden.[18]

Das von Anfang an oder kraft nachträglicher Satzungsänderung bestehende Höchststimmrecht kann durch Satzungsänderung beseitigt werden. Auch dafür ist lediglich die allgemein für Satzungsänderungen erforderliche Stimmen- und Kapitalmehrheit erforderlich. Eine Zustimmung der Aktionäre, deren Beteiligung unter dem Schwellenwert liegt, ist nicht erforderlich, obwohl ihr Stimmgewicht durch die Beseitigung des Höchststimmrechts des oder der größeren Aktionäre vermindert wird.[19] In der Praxis wird die Stimmrechtsbeschränkung häufig dadurch abgesichert, dass für ihre Aufhebung durch satzungsändernden Beschluss der Hauptversammlung eine qualifizierte Mehrheit vorgeschrieben wird. Auch kann durch Satzungsänderung nachträglich das Mehrheitserfordernis für die Änderung oder Abschaffung des Höchststimmrechts verschärft werden.[20] Unklar ist, ob eine weitere Erhöhung des ohnehin vorgesehenen qualifizierten Mehrheitserfordernisses für die Beseitigung des Höchststimmrechts mit der in der Satzung für Satzungsänderungen allgemein vorgesehenen einfachen Stimm- und Kapitalmehrheit beschlossen werden kann oder das Mehrheitserfordernis maßgeblich ist, das durch den Beschluss erhöht werden soll.[21] Klar ist dagegen, dass für die erstmalige Einführung eines qualifizierten Mehrheitserfordernisses für die Änderung oder Beseitigung des Höchststimmrechts die allgemein für Satzungsänderungen erforderliche Mehrheit ausreicht.

III. Stimmrechtslose Vorzugsaktien

1. Gewinnvorzug. Das Stimmrecht kann für Aktien ausgeschlossen werden, die mit einem Vorzug bei der Verteilung des Gewinns (d.i. der Bilanzgewinn) ausgestattet sind (§ 139 Abs. 1 AktG). Für Aktien mit einem anderen Vorzug, zB bei der Liquidation, ist ein Stimmrechtsausschluss nicht möglich.[22]

Der für die Rechtfertigung des Stimmrechtsausschlusses notwendige Gewinnvorzug kann nach der seit 2016 geltenden Fassung des § 139 Abs. 1 S. 2 AktG insbesondere in einem auf die Aktie vorweg entfallenden Gewinnanteil **(Vorabdividende)** oder einem erhöhten Gewinnanteil **(Mehrdividende)** bestehen.[23] Nach der früheren Fassung war die Einräu-

---

[17] Spindler/Stilz AktG/*Rieckers* § 134 Rn. 22; MüKoAktG/*Arnold* § 134 Rn. 18; Hüffer/*Koch* AktG § 134 Rn. 12; tendenziell anders *Martens* AG 1993, 495 (499 ff.).
[18] BGHZ 70, 117 (124) – Mannesmann; Spindler/Stilz AktG/*Rieckers* § 134 Rn. 12; MüKoAktG/*Arnold* § 134 Rn. 22; Bürgers/Körber AktG/*Holzborn* § 134 Rn. 7; Grigoleit/*Herrler* AktG § 134 Rn. 7; Hüffer/*Koch* AktG § 134 Rn. 8.
[19] Spindler/Stilz AktG/*Rieckers* § 134 Rn. 14; Bürgers/Körber AktG/*Holzborn* § 134 Rn. 7; MüKoAktG/*Arnold* § 134 Rn. 22.
[20] Vgl. OLG Celle AG 1993, 178.
[21] Für Anwendung der allg. für Satzungsänderungen genügenden Mehrheiten bei solchen weiteren Verschärfungen MüKoAktG/*Stein* § 179 Rn. 124; Spindler/Stilz AktG/*Holzborn* § 179 Rn. 128.
[22] AllgM, s. Hüffer/*Koch* AktG § 139 Rn. 5; Spindler/Stilz AktG/*Bormann* § 139 Rn. 9.
[23] Zur Entstehungsgeschichte der Neuregelung des § 139 AktG in der Aktienrechtsnovelle 2016 s. DAV-Handelsrechtsausschuss NZG 2011, 2017 Rn. 20 ff. u. NZG 2014, 863 Rn. 10 ff.

mung einer Vorabdividende mit nachzuzahlendem Vorzug für den Stimmrechtsausschuss unbedingt erforderlich, die Einräumung einer Mehrdividende genügte nicht.

22 Bei Einräumung einer **Vorabdividende** erhalten die Vorzugsaktionäre aus dem Bilanzgewinn, soweit er durch den Gewinnverwendungsbeschluss der Hauptversammlung zur Ausschüttung bestimmt worden ist, vorrangig im ersten Schritt der Gewinnverteilung die in der Satzung bestimmte Vorabdividende je Vorzugsaktie (im älteren Sprachgebrauch auch häufig als „Vorzugsdividende" bezeichnet). Der danach verbleibende und zur Ausschüttung bestimmte Bilanzgewinn wird, wenn die Satzung nichts anderes bestimmt,[24] im zweiten Schritt gleichmäßig auf die Stamm- und Vorzugsaktionäre nach der Zahl der Aktien verteilt. Für den Gewinnvorzug, der den Stimmrechtsausschluss rechtfertigt, ist es allerdings nicht erforderlich, dass die Vorabdividende derart ausgestaltet ist, dass bei der Gewinnverteilung schon im zweiten Schritt der verbleibende Gewinn an Stamm- und Vorzugsaktionäre gleichmäßig verteilt wird, so dass die Vorzugsaktionäre bei ausreichendem Gewinn im Ergebnis mehr erhalten als die Stammaktionäre. Vielmehr genügt es, wenn im zweiten Schritt zunächst die Stammaktionäre einen der Vorabdividende der Vorzugsaktionäre entsprechenden Betrag je Aktie erhalten, bevor im dritten Schritt der danach verbleibende Gewinn gleichmäßig an beide Aktiengattungen verteilt wird.[25] Durch diese in der Praxis vorherrschende Gestaltung wird erreicht, dass sich der Vorzug der Vorzugsaktien nur auswirkt, wenn und soweit der zur Ausschüttung bestimmte Bilanzgewinn nicht ausreicht, um auch auf die Stammaktien einen Dividendenbetrag entsprechend dem für die Vorzugsaktien vorgesehenen Vorzugsbetrag zu zahlen.

23 Ebenso wenig wie die übrigen Aktionäre haben die Vorzugsaktionäre einen Anspruch darauf, dass überhaupt eine Ausschüttung erfolgt, und zwar auch dann nicht, wenn ein ausreichender Bilanzgewinn vorhanden ist. Der Hauptversammlung ist es unbenommen, eine andere Verwendung des Bilanzgewinns zu beschließen, also insbesondere den Bilanzgewinn ganz oder teilweise in die Gewinnrücklagen einzustellen.[26]

24 Eine **Mehrdividende** wird durch die Satzung zugesagt, wenn die Vorzugsaktionäre bei der Verteilung des zur Ausschüttung bestimmten Bilanzgewinns auf die Stamm- und Vorzugsaktien einen höheren Gewinnanteil je Aktie erhalten sollen als den Stammaktionären je Aktie zusteht. Eine Mehrdividende kann zusätzlich zu einer Vorabdividende zugesagt werden, indem den Vorzugsaktionären an dem nach der Bedienung der Vorabdividende verbleibenden und zur Ausschüttung bestimmten Bilanzgewinn ein höherer Betrag je Aktie als den Stammaktionären zugewiesen wird.[27] Seit der Änderung von § 139 Abs. 1 AktG genügt auch die bloße Einräumung einer Mehrdividende ohne Kombination mit einer Vorabdividende zur Rechtfertigung des Stimmrechtsausschlusses.

25 Stimmrechtslose Vorzugsaktien dürfen nach § 139 Abs. 2 AktG nur **bis zur Hälfte des** im Zeitpunkt der Ausgabe vorhandenen **Grundkapitals** ausgegeben werden. Sie werden im Regelfall durch die Ausgabe neuer Aktien geschaffen; für den betreffenden Kapitalerhöhungsbeschluss verlangt § 182 Abs. 1 S. 2 AktG zwingend eine qualifizierte Kapitalmehrheit der Stammaktionäre. Möglich ist auch eine Umwandlung von bestehenden Stammaktien in stimmrechtslose Vorzugsaktien durch satzungsändernden Beschluss mit Zustimmung jedes Aktionärs, dessen Stimmrecht durch die Umwandlung ausgeschlossen werden soll.[28] Zum

---

[24] Spindler/Stilz AktG/*Bormann* § 139 Rn. 14; Schmidt/Lutter/*Spindler* AktG § 139 Rn. 19; aA T. *Bezzenberger*, Vorzugsaktien ohne Stimmrecht, 1991, S. 52.

[25] So die übliche Gestaltung, s. Beck'sches Formularbuch/*Hoffmann-Becking* Form X.11 § 22; Hüffer/*Koch* AktG § 139 Rn. 19; *Reckinger* AG 1983, 216 (217); GroßkommAktG/*Bezzenberger* § 139 Rn. 40.

[26] Spindler/Stilz AktG/*Bormann* § 139 Rn. 18; Schmidt/Lutter/*Spindler* AktG § 139 Rn. 12; KölnKommAktG/*J. Vetter* § 139 Rn. 78.

[27] Schmidt/Lutter/*Spindler* AktG § 139 Rn. 14; KölnKommAktG/*J. Vetter* § 139 Rn. 89 ff. Beispiele bei *Reckinger* AG 1983, 216 (218) u. GroßkommAktG/*Bezzenberger* § 139 Rn. 41 ff.

[28] Näher dazu Spindler/Stilz AktG/*Bormann* § 139 Rn. 36 ff.; Schmidt/Lutter/*Spindler* AktG § 139 Rn. 9; Hüffer/*Koch* AktG § 139 Rn. 16.

umgekehrten Fall, nämlich der Umwandlung von stimmrechtslosen Vorzugsaktien in Stammaktien → Rn. 32.

2. Nachzahlungsrecht. Nach der früheren Gesetzesfassung musste der Gewinnvorzug für stimmrechtslose Vorzugsaktien mit einem Anspruch des Vorzugsaktionärs auf **Nachzahlung** des Vorzugs für den Fall ausgestaltet werden, dass der Vorzug nicht oder nicht vollständig gezahlt worden ist. Nach der Neuregelung steht es der Satzung frei, entweder die Vorabdividende oder die Mehrdividende oder beide Dividendenvorzüge mit dem Recht auf Nachzahlung auszustatten.[29] Wenn die Satzung nichts anderes bestimmt, ist eine Vorabdividende nachzuzahlen, § 139 Abs. 1 S. 3 AktG. 26

Wenn der nachzuzahlende Vorzug in einem Jahr nicht oder nicht vollständig gezahlt worden ist, ist er im nächsten Jahr neben dem vollen Vorzug für dieses Jahr nachzuzahlen. Wenn das nicht geschieht, besitzt die Vorzugsaktie nach § 140 Abs. 2 S. 1 AktG das Stimmrecht, bis die Rückstände gezahlt sind (Aufleben des Stimmrechts, dazu → Rn. 29). Nur wenn im ersten Schritt die Rückstände und im zweiten Schritt der aktuelle Vorzugsbetrag vollständig gezahlt werden, darf im dritten Schritt eine Ausschüttung an die Stammaktionäre erfolgen. Das Nachzahlungsrecht ist, wie sich aus § 140 Abs. 3 AktG ergibt, ein mit der Vorzugsaktie verbundenes unselbstständiges Recht, das, soweit die Satzung nichts anderes bestimmt, nicht unabhängig von der Aktie übertragen werden kann und erst dann zum Zahlungsanspruch erstarkt, wenn der spätere Gewinnverwendungsbeschluss die Auszahlung des rückständigen Vorzugsbetrags enthält.[30] 27

3. Ausschluss und Aufleben des Stimmrechts. Nur das Stimmrecht kann für Vorzugsaktien ausgeschlossen werden, nicht die sonstigen Aktionärsrechte, § 140 Abs. 1 AktG, also insbesondere nicht das Recht zur Teilnahme an der Hauptversammlung, das Auskunftsrecht, das Bezugsrecht auf junge Aktien und das Recht zur Anfechtung von Hauptversammlungsbeschlüssen. Die **Stimmrechtslosigkeit** ist sowohl bei der Berechnung der Stimmenmehrheit als auch einer durch Gesetz oder Satzung vorgeschriebenen Kapitalmehrheit zu berücksichtigen. Für die Mitteilungspflichten nach §§ 20, 21 AktG, die daran anknüpfen, welcher Teil der Aktien einem Aktionär gehören, werden die Vorzugsaktien mitgezählt; für die Mitteilungspflichten gemäß § 21 WpHG, die auf das Über- oder Unterschreiten von Stimmrechtssschwellen ausgelöst werden, bleiben die Vorzugsaktien dagegen außer Betracht, solange der Stimmrechtsausschluss besteht und das Stimmrecht nicht etwa nach § 140 Abs. 2 AktG wegen nicht oder nicht vollständiger Zahlung des Vorzugs aufgelebt ist. Auch für den Tatbestand der Kontrolle nach § 29 Abs. 2 WpÜG kommt es auf 30 % der Stimmrechte an, so dass stimmrechtslose Vorzugsaktien außer Ansatz bleiben, solange die Stimmrechtslosigkeit anhält. 28

§ 140 Abs. 2 AktG nF unterscheidet für das **Aufleben des Stimmrechts** wegen nicht gezahlten Vorzugs danach, ob der Vorzug nachzuzahlen oder nicht nachzuzahlen ist. Für den Vorzug mit Nachzahlungsrecht bestimmt § 140 Abs. 2 S. 1 AktG, dass die Vorzugsaktionäre stimmberechtigt werden, wenn der Vorzugsbetrag in einem Jahr nicht oder nicht vollständig gezahlt und im nächsten Jahr nicht neben dem vollen Vorzug für dieses Jahr nachgezahlt wird; die Vorzugsaktionäre bleiben solange stimmberechtigt, bis die Rückstände vollständig gezahlt sind. Bei einem Vorzug ohne Nachzahlungsrecht lebt das Stimmrecht nach § 140 Abs. 2 S. 2 AktG schon dann auf, wenn der Vorzugsbetrag in einem Jahr nicht oder nicht vollständig gezahlt wird, und zwar bis der Vorzug in einem Jahr vollständig gezahlt ist.[31] Für beide Gestaltungen gilt, dass das Stimmrecht auflebt, sobald feststeht, dass der Vorzugsbetrag (im Fall von Satz 1 inklusive Rückstand aus dem Vorjahr) nicht oder 29

---

[29] Entgegen GroßkommAktG/*Bezzenberger* § 139 Rn. 69 u. Spindler/Stilz AktG/*Bormann* § 139 Rn. 25 ist die Nachzahlung einer Mehrdividende nicht per se ausgeschlossen.
[30] MüKoAktG/*Arnold* § 140 Rn. 16 f.; Hüffer/*Koch* AktG § 140 Rn. 9 f.
[31] Zum Aufleben des Stimmrechts bei teilweise nachzuzahlendem Vorzug s. KölnKommAktG/ *J. Vetter* § 140 Rn. 40 ff.; GroßkommAktG/*Bezzenberger* § 139 Rn. 91, § 140 Rn. 36.

nicht vollständig gezahlt wird. Wenn der festgestellte Jahresabschluss keinen dafür ausreichenden Bilanzgewinn ausweist, sind die Vorzugsaktien bereits in der Hauptversammlung stimmberechtigt, der der Jahresabschluss vorgelegt wird.[32] Wenn zwar ausreichender Bilanzgewinn ausgewiesen ist, die Hauptversammlung aber keine ausreichende Ausschüttung beschließt, sind die Vorzugsaktien schon in dieser Hauptversammlung bei den auf den Gewinnverwendungsbeschluss folgenden Beschlüssen und nicht erst in der nächsten Hauptversammlung stimmberechtigt.[33] Wenn die Vorzugsaktien stimmberechtigt geworden sind, gilt ihr Stimmrecht sowohl für die Berechnung der Stimmen- als auch der Kapitalmehrheit, wie § 140 Abs. 2 S. 3 AktG klarstellt.

30 **4. Aufhebung oder Beschränkung des Vorzugs.** Wenn die Hauptversammlung durch satzungsändernden Beschluss den mit der Vorzugsaktie verbundenen Vorzug aufhebt oder beschränkt, ist zusätzlich zu dem Beschluss der Hauptversammlung die Zustimmung der betroffenen Vorzugsaktionäre erforderlich, § 141 Abs. 1 AktG. Über die Zustimmung beschließen die Vorzugsaktionäre durch Sonderbeschluss in einer gesonderten Versammlung mit einer Mehrheit von drei Vierteln der abgegebenen Stimmen, § 141 Abs. 3 S. 1 und 2 AktG. Zum Sonderbeschluss → § 40 Rn. 61 ff. Eine Einzelzustimmung jedes betroffenen Vorzugsaktionärs ist nicht erforderlich. Diese Regelung gilt entgegen dem missverständlichen Wortlaut nur im Hinblick auf Vorzugsaktien ohne Stimmrecht; für die Aufhebung oder Beschränkung eines Vorzugs, mit dem stimmberechtigte Aktien ausgestattet sind, gilt die allgemeinere Regelung zum Gattungsschutz in § 179 Abs. 3 AktG. Eine Beschränkung des Vorzugs liegt auch vor, wenn nur das Nachzahlungsrecht beeinträchtigt wird.

31 Der Zustimmung der Vorzugsaktionäre durch Sonderbeschluss bedarf nur die unmittelbare Beseitigung oder Beschränkung des Vorzugs, nicht ihre nur mittelbare Beeinträchtigung. Eine Kapitalherabsetzung führt nach hM nur zu einer mittelbaren und deshalb nicht von § 141 Abs. 1 AktG erfassten Beeinträchtigung des Vorzugs, vorausgesetzt, die Kapitalherabsetzung führt zur prozentual gleichmäßigen Herabsetzung von Stamm- und Vorzugsaktien.[34] Bei einer Kapitalerhöhung aus Gesellschaftsmitteln liegt kein Fall des § 141 Abs. 1 AktG vor, wenn der nach unten angepasste Vorzug für die alten Vorzugsaktien und der Vorzug für die neuen Vorzugsaktien zusammen den gleichen Vorzug gewähren wie die alten Vorzugsaktien bisher allein.[35]

32 Eine Aufhebung des Vorzugs im Sinne von § 141 Abs. 1 AktG liegt insbesondere vor, wenn alle oder ein Teil der Vorzugsaktien durch satzungsändernden Beschluss in Stammaktien umgewandelt werden. Eine **Umwandlung stimmrechtsloser Vorzugsaktien in Stammaktien** war in neuerer Zeit bei einer Reihe von börsennotierten Gesellschaften zu beobachten.[36] Bei einigen Gesellschaften geschah dies durch „zwangsweise" Umwandlung der stimmrechtslosen Vorzugsaktien im Verhältnis 1:1 in stimmberechtigte Stammaktien

---

[32] AllgM, s. Schmidt/Lutter/*Spindler* AktG § 140 Rn. 17; MüKoAktG/*Arnold* § 140 Rn. 10; Hüffer/*Koch* AktG § 140 Rn. 5; KölnKommAktG/*J. Vetter* § 140 Rn. 76.

[33] So die hM, s. Hüffer/*Koch* AktG § 140 Rn. 5; KölnKommAktG/*J. Vetter* § 140 Rn. 82; Schmidt/Lutter/*Spindler* AktG § 140 Rn. 18; Spindler/Stilz AktG/*Bormann* § 140 Rn. 22; GroßkommAktG/*Bezzenberger* § 140 Rn. 42; Grigoleit/*Herrler* AktG § 140 Rn. 7; Bürgers/Körber AktG/*Holzborn* § 140 Rn. 6; *Butzke*, Hauptversammlung der AG, 5. Aufl. 2011, S. 184 f.; aA MüKoAktG/*Arnold* § 140 Rn. 12.

[34] Hüffer/*Koch* AktG § 141 Rn. 8 f.; Schmidt/Lutter/*Spindler* AktG § 141 Rn. 16; Bürgers/Körber AktG/*Holzborn* § 141 Rn. 5; MüKoAktG/*Arnold* § 141 Rn. 11 ff.; aA Spindler/Stilz AktG/*Bormann* § 141 Rn. 13a, KölnKommAktG/*J. Vetter* § 141 Rn. 88; *Bock* NZG 2015, 824 (826 f.); differenzierend GroßkommAktG/*Bezzenberger* § 141 Rn. 28 ff.

[35] OLG Stuttgart AG 1993, 94 f.; Schmidt/Lutter/*Spindler* AktG § 141 Rn. 14; Bürgers/Körber AktG/*Holzborn* § 141 Rn. 4; Hüffer/*Koch* AktG § 141 Rn. 7; MüKoAktG/*Arnold* § 141 Rn. 10; KölnKommAktG/*J. Vetter* § 141 Rn. 80.

[36] Beispiele bei Senger/*Vogelmann* AG 2002, 193; KölnKommAktG/*J. Vetter* § 139 Rn. 224. Zu den möglichen Gestaltungen s. *Wirth*/*Arnold* ZGR 2002, 859 ff.

ohne Gewinnvorzug, in anderen Fällen wurde den stimmrechtslosen Vorzugsaktionären angeboten, ihre Aktien freiwillig gegen Zahlung einer Umwandlungsprämie in stimmberechtigte Stammaktien umzuwandeln.[37] Bei beiden Gestaltungen bedarf der satzungsändernde Beschluss der Hauptversammlung zu seiner Wirksamkeit eines zustimmenden Sonderbeschlusses der Stammaktionäre nach § 179 Abs. 3 AktG, weil das Stimmrecht der bisherigen Stammaktionäre verwässert wird. Bei der zwangsweisen Umwandlung ist außerdem ein zustimmender Sonderbeschluss der Vorzugsaktionäre nach § 141 Abs. 1 und 3 AktG erforderlich. Dagegen erklären bei der freiwilligen Umwandlung die einzelnen Vorzugsaktionäre ihre Annahme des Umwandlungsangebots. Damit erübrigt sich ein zusätzlicher zustimmender Sonderbeschluss der Vorzugsaktionäre nach § 141 Abs. 1 und 3 AktG.[38]

Ein Sonderbeschluss nach § 141 Abs. 1 und 3 AktG ist nicht erforderlich, wenn der Vorzug von vornherein nur **auflösend bedingt oder befristet** eingeräumt wurde.[39] In diesem Fall erlischt der Vorzug mit Eintritt der Bedingung oder Ablauf der Befristung, und gleichzeitig lebt das Stimmrecht auf. Als auflösende Bedingung kann auch die Ausübung eines entsprechenden Wandlungsrechts vorgesehen werden, das jedoch nach hM nicht der Gesellschaft mit der Maßgabe eingeräumt werden kann, dass sie es ohne Zustimmung der Vorzugsaktionäre ausüben kann.[40]

5. Ausgabe neuer Vorzugsaktien. Wenn bereits stimmrechtslose Vorzugsaktien bestehen, bedarf ein Beschluss über die Ausgabe von weiteren Vorzugsaktien, die bei der Verteilung des Gewinns oder des Gesellschaftsvermögens den Vorzugsaktien ohne Stimmrecht vorgehen oder gleichstehen, ebenfalls der **Zustimmung der Vorzugsaktionäre** durch Sonderbeschluss, § 141 Abs. 2 S. 1 AktG. Dadurch soll die wirtschaftliche Substanz des Vorzugsrechts der bestehenden stimmrechtslosen Vorzugsaktien geschützt werden. Wegen dieses Schutzzwecks ist es unerheblich, ob die neuen Vorzugsaktien mit oder ohne Stimmrecht ausgegeben werden.[41] Auch bei einer Ermächtigung zur Ausgabe von Options- oder Wandelschuldverschreibungen nach § 221 AktG muss ein Sonderbeschluss der vorhandenen stimmrechtslosen Vorzugsaktionäre gefasst werden, wenn das Options- oder Wandlungsrecht auf die Ausgabe von neuen Aktien mit vorgehenden oder gleichstehenden Vorzugsrechten gerichtet ist.[42] Wenn die neuen Vorzugsaktien aus genehmigtem Kapital ausgegeben werden sollen, muss dies im Ermächtigungsbeschluss ausdrücklich vorgesehen, § 204 Abs. 2 AktG, und der zustimmende Sonderbeschluss nach § 141 Abs. 2 S. 1 AktG eingeholt werden.[43] Nach dem Gesetzeswortlaut ist die Zustimmung der Vorzugsaktionäre durch Sonderbeschluss auch erforderlich, wenn die neuen Vorzugsaktien den alten Vorzugsaktien bei der Verteilung des Gesellschaftsvermögens vorgehen oder gleichstehen. Wenn allerdings die alten Vorzugsaktien lediglich mit einem Gewinnvorzug und nicht zusätzlich auch mit einem Liquidationsvorzug ausgestattet sind, ist entgegen dem zu weit geratenen

---

[37] Insbesondere bei der Metro AG; dazu OLG Köln NZG 2002, 966. Näher dazu KölnKomm-AktG/*J. Vetter* § 139 Rn. 244 ff.
[38] Spindler/Stilz AktG/*Bormann* § 141 Rn. 19; MüKoAktG/*Arnold* § 141 Rn. 15; *Altmeppen* NZG 2005, 771 (773 ff.); Grigoleit/*Herrler* AktG § 141 Rn. 10; Bürgers/Körber AktG/*Holzborn* § 141 Rn. 6; aA *Senger/Vogelmann* AG 2002, 193 (197). Anders wohl auch OLG Köln NZG 2002, 966 (967) zum Fall „Metro", in dem ein zustimmender Sonderbeschluss der Vorzugsaktionäre vorlag.
[39] Spindler/Stilz AktG/*Bormann* § 141 Rn. 23; Hüffer/*Koch* AktG § 141 Rn. 11; KölnKomm-AktG/*J. Vetter* § 139 Rn. 202 f.
[40] Hüffer/*Koch* AktG § 141 Rn. 11; Schmidt/Lutter/*Spindler* AktG § 141 Rn. 19; KölnKomm-AktG/*J. Vetter* § 139 Rn. 215; Spindler/Stilz AktG/*Bormann* § 141 Rn. 24; GroßkommAktG/*Bezzenberger* § 139 Rn. 124; aA *Habersack* FS Westermann, 2008, 913 (919).
[41] Hüffer/*Koch* AktG § 141 Rn. 13; MüKoAktG/*Arnold* § 141 Rn. 22; Spindler/Stilz AktG/*Bormann* § 141 Rn. 28.
[42] MüKoAktG/*Arnold* § 141 Rn. 28; Spindler/Stilz AktG/*Bormann* § 141 Rn. 29.
[43] Hüffer/*Koch* AktG § 141 Rn. 13; MüKoAktG/*Arnold* § 141 Rn. 26; Spindler/Stilz AktG/*Bormann* § 141 Rn. 29.

Wortlaut des Gesetzes ein zustimmender Sonderbeschluss der alten Vorzugsaktionäre nicht erforderlich (teleologische Reduktion).[44]

35 Nach der Ausnahmeregelung in § 141 Abs. 2 S. 2 AktG ist eine Zustimmung der vorhandenen Vorzugsaktionäre durch **Sonderbeschluss nicht erforderlich,** wenn die Ausgabe weiterer vorrangiger oder gleichrangiger Vorzugsaktien schon bei Ausgabe der vorhandenen stimmrechtslosen Vorzugsaktien ausdrücklich vorbehalten worden war und das Bezugsrecht der vorhandenen Vorzugsaktionäre im Hinblick auf die neuen Vorzugsaktien nicht ausgeschlossen wird. Der entsprechende Vorbehalt muss eindeutig in der Satzung enthalten sein.[45] Falls die vorhandenen Vorzugsaktien nicht von vorneherein stimmrechtslos waren, sondern das Stimmrecht erst später ausgeschlossen wurde, genügt es, wie das Gesetz klarstellt, wenn der Vorbehalt bei Ausschluss des Stimmrechts aufgenommen wurde. In der Praxis der Publikumsgesellschaften mit stimmrechtslosen Vorzugsaktien ist es üblich, in der Satzung die Ausgabe weiterer Vorzugsaktien mit gleichrangigen Vorzugsrechten vorzubehalten. Der Vorbehalt gilt dann nicht nur für die nächste, sondern für alle folgenden Ausgaben von Vorzugsaktien.[46]

IV. Stimmrechtsausschluss

36 **1. Stimmverbote nach § 136 Abs. 1 AktG.** Für drei abschließend aufgeführte Fälle von Interessenkollisionen ordnet § 136 Abs. 1 AktG einen Stimmrechtsausschluss an: Niemand kann für sich oder einen anderen das Stimmrecht ausüben, wenn beschlossen wird über (1) seine Entlastung als Mitglied des Vorstands oder des Aufsichtsrats, (2) seine Befreiung von einer Verbindlichkeit gegenüber der Gesellschaft, (3) die Geltendmachung eines Anspruchs gegen ihn. In diesen Fällen ist der Aktionär in dreifacher Hinsicht gehindert, an der Beschlussfassung mitzuwirken: Er kann das Stimmrecht aus seinen Aktien nicht selbst ausüben, er kann das Stimmrecht nicht für einen anderen Aktionär aus dessen Aktien ausüben, und das Stimmrecht aus seinen Aktien kann auch nicht durch einen anderen ausgeübt werden, § 136 Abs. 1 S. 2 AktG. Das Stimmrecht des Aktionärs kann außerdem auch dann nicht durch einen Anderen ausgeübt werden, wenn im Bezug auf den Anderen einer der vorgenannten Gegenstände zur Beschlussfassung ansteht, § 136 Abs. 1 S. 1 Alt. 2 AktG. § 136 Abs. 1 AktG gilt entsprechend bei einer Beschlussfassung nach § 286 Abs. 5 HGB zum Verzicht auf die individuelle Offenlegung der Vorstandsbezüge.

37 **a) Betroffene Beschlüsse.** Ob der Aktionär in seiner Eigenschaft als Mitglied des Vorstands oder des Aufsichtsrats zu entlasten ist, entscheidet die Hauptversammlung durch **Entlastungsbeschluss** nach § 120 AktG. Wenn im Wege der Gesamtentlastung beschlossen wird, ist jedes Mitglied des betreffenden Organs von dem Stimmverbot betroffen; bei Einzelentlastung dürfen dagegen die jeweils anderen Organmitglieder mitstimmen. Eine Ausnahme gilt nur für solche Organmitglieder, bei denen die konkrete Möglichkeit besteht, dass sie an einer dem zu entlastenden Organmitglied vorgeworfenen Pflichtverletzung mitgewirkt haben.[47] Die Abstimmung über einen Verfahrensantrag auf Durchführung der Einzelentlastung ist keine Beschlussfassung über die Entlastung und wird deshalb vom Stimmverbot des § 136 Abs. 1 AktG nicht erfasst.[48] Das Stimmverbot greift erst recht nicht ein, wenn über die Entlastung der Mitglieder des anderen Verwaltungsorgans beschlossen wird, dem der betreffende Aktionär nicht angehört. Allerdings soll nach hM auch insoweit das Stimmverbot eingreifen, wenn die konkrete Möglichkeit besteht, dass das Organmit-

---

[44] MüKoAktG/*Arnold* § 141 Rn. 24; Hüffer/*Koch* AktG § 141 Rn. 14; Schmidt/Lutter/*Spindler* AktG § 141 Rn. 28; Spindler/Stilz AktG/*Bormann* § 141 Rn. 35.

[45] Schmidt/Lutter/*Spindler* AktG § 141 Rn. 31; Hüffer/*Koch* AktG § 141 Rn. 16.

[46] Schmidt/Lutter/*Spindler* AktG § 141 Rn. 31; Spindler/Stilz AktG/*Bormann* § 141 Rn. 43; KölnKommAktG/*J. Vetter* § 141 Rn. 152. Auch → § 57 Rn. 24.

[47] BGHZ 182, 272 = NZG 2009, 1270 (1271 f.); Hüffer/*Koch* AktG § 136 Rn. 20; Spindler/Stilz AktG/*Rieckers* § 136 Rn. 8.

[48] Spindler/Stilz AktG/*Rieckers* § 136 Rn. 8; MüKoAktG/*Arnold* § 136 Rn. 10.

glied an einer Pflichtverletzung des zu entlastenden Mitglieds des anderen Organs mitgewirkt hat.[49] Nicht erfasst wird durch § 136 Abs. 1 AktG die Beschlussfassung der Hauptversammlung über einen Vertrauensentzug nach § 84 Abs. 3 AktG.[50]

Ein Beschluss der Hauptversammlung über die **Befreiung** eines Aktionärs **von einer Verbindlichkeit** kommt insbesondere in Form der Zustimmung zu einem Verzicht oder Vergleich nach § 93 Abs. 4 S. 2 AktG in Betracht (dazu → § 26 Rn. 37 ff.). Dabei gilt das Stimmverbot nicht nur bei einem ausdrücklichen Erlass oder Verzicht, sondern auch bei einem Vergleich. Entsprechendes gilt bei einem Zustimmungsbeschluss der Hauptversammlung zu einem Vergleich zwischen der Gesellschaft und einem Aktionär im Hinblick auf Verbindlichkeiten aus einem Vertrags- oder sonstigen Schuldverhältnis. 38

Der Aktionär darf schließlich auch dann nicht mitstimmen, wenn die Hauptversammlung über die gerichtliche oder außergerichtliche **Geltendmachung eines** gegen ihn gerichteten **Anspruchs** beschließt. Dazu kommt insbesondere eine Beschlussfassung zur Geltendmachung von Organhaftungsansprüchen nach § 147 Abs. 1 AktG in Betracht (dazu → § 43 Rn. 30 ff.). Das Stimmverbot gilt in diesen Fällen schon für die Bestellung eines besonderen Vertreters zur Geltendmachung des Ersatzanspruches nach § 147 Abs. 2 AktG.[51] Für die Beschlussfassung über die Bestellung eines Sonderprüfers im Vorfeld einer möglichen Geltendmachung von Organhaftungsansprüchen trifft § 142 Abs. 1 S. 2 und 3 eine spezielle und abschließende Regelung zum Stimmrechtsausschluss (→ § 43 Rn. 8). 39

b) Adressaten des Stimmverbots. Primärer Adressat des Stimmverbots ist der **Aktionär** selbst. Er kann das Stimmrecht aus seinen Aktien nicht ausüben. Eine Ausnahme gilt, wenn es sich um eine Einmann-AG handelt, da § 136 Abs. 1 AktG nur Minderheiteninteressen und nicht auch sonstige Interessen, insbesondere nicht Gläubigerinteressen schützt und die Hauptversammlung bei Annahme eines Stimmverbots des Alleinaktionärs beschlussunfähig wäre.[52] Da es nicht um Gläubigerschutz geht, kann insbesondere ein Verzicht der Gesellschaft auf Schadensersatzansprüche gegen den Alleinaktionär mit dessen Stimmen gefasst werden.[53] 40

Das Stimmrecht des Aktionärs kann, wenn in seiner Person ein Fall des § 136 Abs. 1 AktG vorliegt, auch nicht durch einen Anderen für den Aktionär ausgeübt werden, § 136 Abs. 1 S. 2 AktG. Adressat dieses Verbots ist nicht nur der bevollmächtigte oder gesetzliche **Vertreter,** sondern auch der Inhaber einer Legitimationszession (dazu → § 37 Rn. 23), der Testamentsvollstrecker mit entsprechender Verwaltungsbefugnis und der Treuhänder.[54] Auch bei verdeckter Vertretung für den, den es angeht, nach § 135 Abs. 5 S. 2 AktG (dazu → § 37 Rn. 21) sind die Stimmverbote zu beachten. Wer durch das Stimmverbot gehindert ist, das Stimmrecht für den Aktionär auszuüben, kann auch nicht einen Untervertreter mit der Stimmabgabe betrauen.[55] Ebenso kann der Vertreter das Stimmrecht auch dann nicht für den Aktionär ausüben, wenn zwar nicht in der Person des Aktionärs, wohl aber in der Person des Vertreters ein Fall des § 136 Abs. 1 S. 1 AktG vorliegt. 41

Für die Praxis besonders wichtig ist die Frage, inwieweit eine an der AG als Aktionär beteiligte Gesellschaft (**„Drittgesellschaft"**) gehindert ist, ihr Stimmrecht in den Fällen des 42

---

[49] Spindler/Stilz AktG/*Rieckers* § 136 Rn. 9; *Hüffer/Koch* AktG § 136 Rn. 21; MüKoAktG/*Arnold* § 136 Rn. 9.
[50] *Hüffer/Koch* AktG § 136 Rn. 19; Schmidt/Lutter/*Spindler* AktG § 136 Rn. 23; MüKoAktG/ *Arnold* § 136 Rn. 7.
[51] BGHZ 97, 28 (34); *Hüffer/Koch* AktG § 136 Rn. 23; Spindler/Stilz AktG/*Rieckers* § 136 Rn. 12.
[52] BGH NZG 2011, 950 (951); *Hüffer/Koch* AktG § 136 Rn. 5; Spindler/Stilz AktG/*Rieckers* § 136 Rn. 22; MüKoAktG/*Arnold* § 136 Rn. 18. Ebenso BGHZ 105, 324 (333) zu § 47 Abs. 4 S. 2 GmbHG.
[53] Spindler/Stilz AktG/*Rieckers* § 136 Rn. 22; MüKoAktG/*Arnold* § 136 Rn. 18; *Altmeppen* NJW 2009, 3757 (3758 f.).
[54] Schmidt/Lutter/*Spindler* AktG § 136 Rn. 10; Spindler/Stilz AktG/*Rieckers* § 136 Rn. 23.
[55] *Hüffer/Koch* AktG § 136 Rn. 6; Spindler/Stilz AktG/*Rieckers* § 136 Rn. 23.

§ 136 Abs. 1 AktG auszuüben, falls die durch die Beschlussfassung betroffene Person Gesellschafter oder Mitglied eines Organs der Drittgesellschaft ist. Dabei geht es insbesondere um die Konstellation bei Doppelmandaten in Vorstand oder Aufsichtsrat der AG und in einem Organ der Drittgesellschaft sowie um solche Fälle, in denen das Aufsichtsrats- oder Vorstandsmitglied der AG zwar nicht zugleich einem Organ des Aktionärs angehört, aber an der Drittgesellschaft maßgeblich beteiligt ist. In solchen Fällen ist § 136 Abs. 1 AktG analog zu Lasten der Drittgesellschaft anzuwenden, wenn das Organmitglied oder der Gesellschafter der Drittgesellschaft, um dessen Entlastung, Befreiung von einer Verbindlichkeit oder Inanspruchnahme es geht, auf den Inhalt der Stimmrechtsausübung aus den Aktien „maßgeblichen Einfluss" hat.[56] Der maßgebliche Einfluss muss rechtlich gesichert sein; ein lediglich faktisch maßgeblicher Einfluss des Organmitglieds auf die Willensbildung des Aktionärs über den Inhalt seiner Stimmabgabe genügt nicht.[57] Die Möglichkeit der Einflussnahme muss auch dergestalt sein, dass das betreffende Organmitglied der AG auf den Inhalt der Stimmrechtsausübung durch den Aktionär von Rechts wegen entscheidenden Einfluss ausüben, sich also gegebenenfalls gegen abweichende Stimmen allein durchsetzen kann.[58] Wenn bei der Drittgesellschaft ein Kollegialorgan über den Inhalt der Stimmrechtsausübung entscheidet, schadet es deshalb nicht, wenn die befangene Person an der Entscheidung durch das Organ der Drittgesellschaft mitwirkt, sondern nur, wenn es auch die Möglichkeit hat, die Willensbildung des Organs der Drittgesellschaft ausschlaggebend zu bestimmen.[59]

43 Um das mit Sicherheit auszuschließen, kann es sich empfehlen, dass das befangene Organmitglied durch die Satzung oder Geschäftsordnung von der Mitwirkung an der Willensbildung des betreffenden Organs der Drittgesellschaft ausgeschlossen wird. Auch eine bloße Stimmenthaltung des befangenen Organmitglieds bei der Willensbildung über den Inhalt der Stimmrechtsausübung reicht aus.[60] Wenn, wie es in Konzernverhältnissen nicht selten der Fall ist, die Mehrzahl der Geschäftsführer der Obergesellschaft zugleich dem Aufsichtsrat der Tochter angehört, ist der maßgebliche Einfluss der befangenen Organmitglieder auf die Willensbildung der Aktionärsgesellschaft jedenfalls dann ausgeschlossen, wenn die Stimmrechtsausübung von einer Weisung der Gesellschafterversammlung abhängig gemacht wird.[61] Ausreichend ist auch, wenn in solchen Fällen das Geschäftsführungsorgan der Drittgesellschaft für die Stimmrechtsausübung der Zustimmung seines Aufsichtsrats bedarf.[62] Dasselbe gilt erst recht in den Fällen des § 32 MitbestG, wenn bei der mitbestimmten Drittgesellschaft der Aufsichtsrat allein über den Inhalt der Stimmrechtsausübung entscheidet.[63]

44 **2. Stimmverbote analog § 136 Abs. 1 AktG?** Die Aufzählung der gesetzlichen Stimmverbote in § 136 Abs. 1 AktG ist abschließend. Ein darüber hinausgehendes generelles Stimmverbot für gravierende Interessenkonflikte kann deshalb jedenfalls nicht im Wege einer Gesamtanalogie zu § 136 Abs. 1 AktG begründet werden.[64] Nicht ausgeschlossen ist

---

[56] Nachweise bei Hüffer/*Koch* AktG § 136 Rn. 14; MüKoAktG/*Arnold* § 136 Rn. 45; *Happ/Bednarz* FS Hoffmann-Becking, 2013, 433 (435); *Petersen/Schulze De la Cruz* NZG 2012, 453 (458).

[57] MüKoAktG/*Arnold* § 136 Rn. 46; Spindler/Stilz AktG/*Rieckers* § 136 Rn. 29; Schmidt/Lutter/*Spindler* AktG § 136 Rn. 17.

[58] RGZ 146, 385 (391).

[59] Vgl. MüKoAktG/*Arnold* § 136 Rn. 45; Hüffer/*Koch* AktG § 136 Rn. 14; Schmidt/Lutter/*Spindler* AktG § 136 Rn. 16f.; Spindler/Stilz AktG/*Rieckers* § 136 Rn. 29; *Petersen/Schulze De la Cruz* NZG 2012, 453 (456); Bürger/Körbers AktG/*Holzborn* § 136 Rn. 17.

[60] Spindler/Stilz AktG/*Rieckers* § 136 Rn. 29; Hüffer/*Koch* AktG § 136 Rn. 18; *Happ/Bednarz* FS Hoffmann-Becking, 2013, 433 (451); *Petersen/Schulze De la Cruz* NZG 2012, 453 (458).

[61] *Happ/Bednarz* FS Hoffmann-Becking, 2013, 433 (451).

[62] *Happ/Bednarz* FS Hoffmann-Becking, 2013, 433 (453); *Fischer* NZG 1999, 192 (195); *Petersen/Schulze De la Cruz* NZG 2012, 453 (458).

[63] Spindler/Stilz AktG/*Rieckers* § 136 Rn. 29; *Happ/Bednarz* FS Hoffmann-Becking, 2013, 433 (449 f.); *Petersen/Schulze De la Cruz* NZG 2012, 453 (456).

[64] AllgM, s. Spindler/Stilz AktG/*Rieckers* § 136 Rn. 15; Hüffer/*Koch* AktG § 136 Rn. 18.

zwar die Begründung eines Stimmverbots im Wege der Einzelanalogie zu einem der in § 136 Abs. 1 AktG geregelten Tatbestände, aber für die im Schrifttum konkret diskutierten Fälle wird eine Analogie meist abgelehnt. Der bei dem Sachbeschluss vom Stimmrecht ausgeschlossene Aktionär unterliegt im Regelfall keinem Stimmverbot analog § 136 Abs. 1 aktG, soweit nur darüber abgestimmt wird, ob der Sachbeschluss vertagt wird; anders ist es allerdings, wenn es um die Vertagung der Beschlussfassung über die Geltendmachung eines Anspruchs gegen den Aktionär geht.[65] Auch für die in § 136 Abs. 1 AktG nicht genannte Beschlussfassung über die Abberufung eines Aufsichtsratsmitglieds aus § 103 Abs. 1 AktG wird im Schrifttum ein Stimmverbot selbst dann verneint, wenn für die Abberufung ein wichtiger Grund angeführt wird.[66]

V. Stimmbindungsverträge

1. Erscheinungsformen und Rechtsnatur. Die Stimmbindung eines Aktionärs ist seine 45 Verpflichtung, das Stimmrecht in der Hauptversammlung mit einem bestimmten Inhalt auszuüben. Die Stimmbindung kann auch negativ dahin gehen, das Stimmrecht nicht auszuüben. Eine Stimmbindungsvereinbarung kann ad hoc zu einem oder mehreren konkret anstehenden Beschlussgegenständen getroffen werden und dazu eine Stimmabgabe des oder der gebundenen Aktionäre mit einem bestimmten Inhalt sicherstellen. Sie kann aber auch für sämtliche künftigen Abstimmungen gelten, um stets und bei allen Beschlussgegenständen eine einheitliche Stimmabgabe zu gewährleisten, deren Inhalt von Fall zu Fall nach dafür verabredeten Regeln festgelegt wird. Eine solche umfassende und meist auch auf längere Dauer vereinbarte Stimmbindung führt dazu, dass sich die Willensbildung der durch den Vertrag gebundenen Aktionäre nicht in der Hauptversammlung, sondern in einem durch den Stimmbindungsvertrag gebildeten „Vorhof" abspielt und die nachfolgende einheitliche Stimmabgabe in der Hauptversammlung nur noch den Charakter eines formalen Vollzugs der zuvor erfolgten Willensbildung besitzt.[67]

Stimmbindungsverträge zwischen Gesellschaftern sind bei allen Gesellschaftsformen des 46 Handelsrechts anzutreffen. Stimmbindungsverträge zwischen Aktionären werden häufig als **Konsortialverträge** oder **Poolverträge,** insbesondere bei Familienunternehmen auch als **Schutzgemeinschaftsverträge** bezeichnet. Typisch ist zB die Poolung aller Familienaktionäre einer AG vor dem Gang an die Börse oder der Aufnahme eines familienfremden Investors sowie die Poolung der Mitglieder eines Familienstammes, um stets das volle Stimmengewicht des Stammes in der Hauptversammlung zur Geltung bringen zu können. In allen Fällen ist die Stimmbindung das Instrument, um eine außerhalb der Hauptversammlung erfolgende Willensbildung der gebundenen Aktionäre auf die Ebene der AG zu transferieren.

Häufig ist die Vereinbarung der Stimmbindung Bestandteil einer inhaltlich umfassende- 47 ren schuldrechtlichen Gesellschaftervereinbarung, die außerhalb des Gesellschaftsvertrags oder der Satzung abgeschlossen wird. Außer der Stimmbindung enthalten Poolverträge besonders häufig Absprachen zur Veräußerungsbeschränkung zB durch Andienungspflichten mit korrespondierenden Vorerwerbsrechten oder auch Vorkaufsrechten. Thematisch besonders breit angelegt sind in aller Regel die Konsortialabsprachen („Grundvereinbarung") bei Gemeinschaftsunternehmen, in denen die Gesellschafter festlegen, wie und auf welchen Gebieten sich das Unternehmen betätigen soll, wie seine Organe besetzt werden, welche Finanzierungsbeiträge und sonstigen Förderungen durch die Gesellschafter

---

[65] MüKoAktG/*Arnold* § 136 Rn. 23; Spindler/Stilz AktG/*Rieckers* § 136 Rn. 18; K.Schmidt/Lutter AktG/*Spindler* § 136 Rn. 31.

[66] Spindler/Stilz AktG/*Rieckers* § 136 Rn. 19; Hüffer/*Koch* AktG § 103 Rn. 4; aA Schmidt/Lutter/ *Spindler* AktG § 136 Rn. 30; MüKoAktG/*Arnold* § 136 Rn. 25.

[67] Zur Vertragspraxis s. *Baumann/Reiss* ZGR 1989, 157 ff.; *Hoffmann-Becking* ZGR 1994, 442 ff.; *Noack,* Gesellschaftervereinbarungen bei Kapitalgesellschaften, 1994, S. 13 ff.; *Ulmer* FS Hommelhoff, 2012, 1249 ff.

zu erfolgen haben und unter welchen Voraussetzungen und welchen Folgen das Joint Venture beendet wird. Umgesetzt werden diese Absprachen auf der Ebene der Hauptgesellschaft insbesondere durch das Instrument der Stimmbindung.

48 Wenn der Stimmbindungsvertrag auf Dauer angelegt ist, wird durch ihn zwischen den vertragschließenden Aktionären eine **Gesellschaft bürgerlichen Rechts** begründet. Der gemeinsame Zweck ist darauf gerichtet, die Stimmenmacht der Partner gebündelt einzusetzen und so ihren Einfluss auf die Geschicke der Hauptgesellschaft zu verstärken.[68] Dabei handelt es sich meist um eine Innengesellschaft ohne Gesellschaftsvermögen. Die Partner können aber auch über die schuldrechtliche Bindung hinausgehen und ihre Aktien in die GbR einbringen, so dass die Stimmbindung durch die Aktionärsstellung der GbR „dinglich" verankert ist. Im Poolvertrag wird das Einstimmigkeitsprinzip des § 709 BGB regelmäßig durch Mehrheitsregeln ersetzt, wobei sich das Stimmengewicht der einzelnen Partner meist, aber nicht rechtlich notwendig nach der Höhe ihres Aktienbesitzes richtet.[69] Wenn der Poolvertrag nichts anderes bestimmt, gelten im Zweifel die Mehrheitserfordernisse entsprechend, wie sie in der Hauptversammlung der AG maßgeblich sind. Der Poolvertrag kann jedoch für solche Beschlüsse, für die in der Hauptversammlung eine qualifizierte Mehrheit erforderlich ist, die einfache Mehrheit im Pool genügen lassen.[70] Das gilt auch dann, wenn der Poolvertrag nicht nur einen Teil der Aktionäre, sondern sämtliche Aktionäre bindet.

49 Aus dem Charakter des Stimmenpools als Gesellschaft bürgerlichen Rechts folgt, dass sich die Kündbarkeit des Vertrags nach § 723 BGB richtet. Um die jederzeitige Kündbarkeit nach § 723 Abs. 1 S. 1 BGB zu vermeiden, ist es erforderlich, die Poolbindung für eine bestimmte Zeit zu verabreden.[71] Wenn zB vereinbart wird, dass die Poolbindung nur kündbar sein soll, wenn die Beteiligung des Partners einen bestimmten Prozentsatz unterschreitet, ohne dass auch eine ordentliche Kündbarkeit zu einem bestimmten Zeitpunkt oder in bestimmten Zeitabständen vorgesehen wird, handelt es sich um eine auf unbestimmte Zeit abgeschlossene GbR im Sinne von § 723 Abs. 1 BGB.

50 Möglich ist auch die einseitige Stimmbindung eines Aktionärs gegenüber einem anderen Aktionär, wodurch sich der gebundene Aktionär im Hinblick auf die Ausübung seines Stimmrechts den Wünschen und Weisungen des anderen unterwirft. Durch einen solchen Stimmbindungsvertrag entsteht keine Gesellschaft, sondern bei dieser Form der schuldrechtlichen Nebenvereinbarung handelt es sich um einen Auftrag (§§ 662 ff. BGB) oder eine Geschäftsbesorgung (§ 675 BGB).[72]

51 **2. Zulässigkeitsschranken. a) Verbot der Bindung an die Verwaltung, § 136 Abs. 2 AktG.** Das Gesetz verbietet in § 136 Abs. 2 AktG eine vertragliche Bindung des Stimmverhaltens des Aktionärs an die Verwaltung der AG. Derart „gebundene Aktien" oder „Verwaltungsaktien" würden zu einem verdeckten Stimmrecht der Verwaltung führen. Nichtig ist deshalb ein Vertrag, durch den sich ein Aktionär verpflichtet, nach Weisung der Gesellschaft, des Vorstands oder des Aufsichtsrats oder nach Weisung eines abhängigen Unternehmens das Stimmrecht auszuüben, § 136 Abs. 2 S. 1 AktG. Ebenso ist ein Vertrag nichtig, durch den sich ein Aktionär verpflichtet, für die jeweiligen Vorschläge des Vorstands oder des Aufsichtsrats zu stimmen, § 136 Abs. 2 S. 2 AktG.

---

[68] BGHZ 123, 226 (234) – Schutzgemeinschaft I; BGHZ 179, 13 Rn. 14 = NZG 2009, 183 (184) – Schutzgemeinschaft II; *Ulmer* FS Hommelhoff, 2012, 1249 (1253 f.).
[69] BGHZ 179, 13 Rn. 14.
[70] BGHZ 179, 13 Rn. 18; *König* ZGR 2005, 417 (422); *Odersky* FS Lutter, 2000, 557 (559 f.); MüKoAktG/*Arnold* § 136 Rn. 63; Hüffer/*Koch* AktG § 133 Rn. 28a; aA *Habersack* ZHR 164 (2000), 1 (15 ff.).
[71] MüKoAktG/*Arnold* § 136 Rn. 62; Spindler/Stilz AktG/*Rieckers* § 136 Rn. 46. Vgl. auch *Noack*, Gesellschaftervereinbarungen bei Kapitalgesellschaften, S. 230 ff.
[72] Schmidt/Lutter/*Spindler* AktG § 136 Rn. 39; Spindler/Stilz AktG/*Rieckers* § 136 Rn. 46.

§ 136 Abs. 2 AktG soll verhindern, dass die Gesellschaft die Willensbildung in ihrer 52 Hauptversammlung beeinflusst.[73] Das Verbot ist auf im Gesetz nicht ausdrücklich genannte, aber im Hinblick auf den Normzweck gleichgelagerte Fälle analog anzuwenden. Wie weit die analoge Anwendung reicht, ist nicht unumstritten. Nichtig ist zweifellos eine Bindung an Weisungen des Vorstands oder des Aufsichtsrats eines abhängigen Unternehmens.[74] Eine Bindung an die Weisungen einzelner Vorstands- oder Aufsichtsratsmitglieder der Gesellschaft oder eines abhängigen Unternehmens wird dagegen von dem Bindungsverbot nur in Umgehungsfällen erfasst.[75] Unzulässig ist analog § 136 Abs. 2 AktG die Bevollmächtigung der Gesellschaft, des Vorstands oder des Aufsichtsrats zur Ausübung des Stimmrechts jedenfalls dann, wenn das Stimmrecht nach eigenem Ermessen des Bevollmächtigten ausgeübt werden soll („proxy voting").[76] Deshalb ist auch die Bevollmächtigung eines von der Gesellschaft benannten Stimmrechtsvertreters nur möglich, wenn der Stimmrechtsvertreter das Stimmrecht nach Weisungen des Aktionärs auszuüben hat (→ § 37 Rn. 14). Eine Analogie zu § 136 Abs. 2 AktG ist ferner anzunehmen, wenn Mitglieder des Vorstands oder des Aufsichtsrats mit ihren Aktien einem Stimmenpool beitreten und über die Absprachen des Pools das Stimmverhalten der anderen im Pool gebundenen Aktionäre maßgeblich bestimmen.[77]

Kein Verstoß gegen § 136 Abs. 2 AktG liegt nach hM vor, wenn sich der Mehrheits- 53 aktionär in einem mit dem Vorstand abgeschlossenen **Entherrschungsvertrag** zu einer entsprechenden Einschränkung seiner Stimmrechtsausübung verpflichtet (→ § 69 Rn. 62 f.).[78] Wenn sich ein Aktionär in einer **Investorenvereinbarung** oder einem „Business Combination Agreement" gegenüber der Gesellschaft im Vorfeld eines Beteiligungserwerbs oder einer Übernahme zu einem bestimmten Verhalten verpflichtet, ist § 136 Abs. 2 AktG nach hM nur berührt, soweit es um ein bestimmtes Stimmverhalten in der Hauptversammlung geht (vgl. auch → § 57 Rn. 14 u. → § 71 Rn. 12).[79]

b) Zulässigkeitsschranken für andere Stimmbindungen. Stimmbindungsverträge 54 zwischen Aktionären unterliegen den Schranken, die sich aus den allgemeinen zivilrechtlichen Vorschriften ergeben. Gemäß § 134 BGB nichtig sind Stimmbindungsverträge insbesondere dann, wenn sie den Tatbestand eines Stimmenkaufs (§ 405 Abs. 3 Nr. 6 und 7 AktG) erfüllen. Wahlabsprachen zwischen Aktionären erfüllen in der Regel nicht den Tatbestand des Stimmenkaufs.[80] Gesellschaftsrechtliche Schranken für Stimmbindungsverträge zwischen Aktionären können sich aus der den Poolpartnern als Aktionären obliegenden Treuepflicht ergeben.[81] Aus der Treuepflicht kann sich in besonders gelagerten Fällen auch die Rechtswidrigkeit und damit Unverbindlichkeit eines Mehrheitsbeschlusses des Aktionärspools ergeben.[82]

Stimmbindungsverträge können auch mit Nicht-Aktionären geschlossen werden. Darin 55 liegt weder ein Verstoß gegen das Abspaltungsverbot noch gegen die gesellschaftsrechtliche

---

[73] Begr. RegE, abgedr. bei *Kropff*, AktG, 1965, S. 201.
[74] MüKoAktG/*Arnold* § 136 Rn. 80; Schmidt/Lutter/*Spindler* AktG § 136 Rn. 42.
[75] Spindler/Stilz AktG/*Rieckers* § 136 Rn. 53; MüKoAktG/*Arnold* § 136 Rn. 79; GroßkommAktG/*Bezzenberger* § 136 Rn. 80.
[76] Spindler/Stilz AktG/*Rieckers* § 134 Rn. 58; Hüffer/*Koch* AktG § 136 Rn. 25.
[77] Spindler/Stilz AktG/*Rieckers* § 136 Rn. 57; MüKoAktG/*Arnold* § 136 Rn. 86.
[78] MüKoAktG/*Bayer* § 17 Rn. 99 ff.; *K. Schmidt* FS Hommelhoff, 2012, 985 (993 ff.); *Hentzen* ZHR 157 (1993), 65 ff.; grds. ablehnend dagegen *Hüttemann* ZHR 156 (1992), 314 ff. wg. fehlender Kompetenz des Vorstands.
[79] Hüffer/*Koch* AktG § 136 Rn. 27; MüKoAktG/*Arnold* § 136 Rn. 82; GroßkommAktG/*Grundmann* § 136 Rn. 81; *Reichert* ZGR 2015, 1 (24 ff.).
[80] Spindler/Stilz AktG/*Rieckers* § 136 Rn. 48; MüKoAktG/*Arnold* § 136 Rn. 68.
[81] Bürgers/Körber AktG/*Holzborn* § 136 Rn. 23; Hüffer/*Koch* AktG § 133 Rn. 28.
[82] BGHZ 179, 13 Rn. 17; Hüffer/*Koch* AktG § 133 Rn. 28a; ausf. dazu *Krieger* FS Hommelhoff, 2012, 593 (598 ff.).

Treuepflicht.[83] Allerdings wird die Bindung an den Nicht-Aktionär mittelbar dadurch begrenzt, dass der Aktionär gegenüber der AG nach wie vor bei seiner Stimmrechtsausübung durch die gesellschaftsrechtliche Treuepflicht gebunden ist.

56 **3. Durchsetzung der Stimmbindung.** Aufgrund des Stimmbindungsvertrags ist der Aktionär schuldrechtlich gegenüber seinem Vertragspartner zur abredegemäßen Stimmabgabe verpflichtet. Wenn er sich vertragswidrig verhält, ist seine Stimmabgabe in der Hauptversammlung dennoch wirksam. Falls durch sein vertragswidriges Verhalten ein Vermögensschaden verursacht wird, kann er zum Schadensersatz verpflichtet sein. Die Einhaltung des Vertrags kann und wird häufig durch die Vereinbarung einer Vertragsstrafe abgesichert.

57 Aus einem Stimmbindungsvertrag kann im Wege der Leistungsklage auf Erfüllung, dh auf abredegemäße Stimmrechtsausübung geklagt werden. Da es sich bei der Stimmabgabe um eine Willenserklärung handelt, richtet sich die Zwangsvollstreckung nach § 894 ZPO.[84] Wenn das Urteil zur positiven oder negativen Stimmabgabe zu einem konkreten Beschlussvorschlag verpflichtet, gilt die Stimme im Zeitpunkt der Beschlussfassung der Hauptversammlung als abgegeben. Voraussetzung ist allerdings, dass das rechtskräftige Urteil dem Versammlungsleiter zugegangen ist.[85] Außerdem müssen für den verurteilten Aktionär die Voraussetzungen der Berechtigung zur Teilnahme und Stimmabgabe nach § 123 Abs. 2 AktG erfüllt sein, also gegebenenfalls die Anmeldung und der Berechtigungsnachweis vorliegen (→ § 37 Rn. 9 ff.). Da diese Handlungen nur durch den Aktionär selbst vorgenommen werden können, ist insoweit gegebenenfalls seine Vollstreckung nach § 888 ZPO erforderlich.[86]

58 Häufig wird es nicht möglich sein, rechtzeitig ein rechtskräftiges Urteil zur Durchsetzung des Stimmbindungsvertrags zu erreichen. Deshalb lautet die praktisch entscheidende Frage, ob die Stimmrechtsbindung auch im Wege der einstweiligen Verfügung durchgesetzt werden kann. Das ist nach heute hM grundsätzlich möglich.[87] Da durch die einstweilige Verfügung die Hauptsache vorweggenommen wird, ist die Durchsetzung des Anspruchs im Wege der einstweiligen Verfügung nach der Rechtsprechung allerdings nur im Ausnahmefall möglich, wenn der Gläubiger auf die sofortige Erfüllung seines Anspruchs dringend angewiesen ist und eine Zurückweisung des Antrags einer Rechtsverweigerung gleichkäme.[88]

59 Wenn der durch den Stimmbindungsvertrag gebundene Aktionär in der Hauptversammlung entgegen seiner vertraglichen Verpflichtung abstimmt, lässt dies wegen der bloß schuldrechtlichen Wirkung des Vertrags die Wirksamkeit seiner Stimmabgabe unberührt. Allerdings hat der BGH zu Stimmbindungsabreden zwischen GmbH-Gesellschaftern mehrfach entschieden, dass ein Gesellschafterbeschluss, der unter Verletzung einer zwischen allen Gesellschaftern verabredeten Stimmbindung zustandegekommen ist, angefochten werden kann.[89] Wenn dies richtig ist, wird man für die AG im Falle eines Verstoßes gegen eine zwischen allen Aktionären bestehende Stimmbindungsvereinbarung kaum anders ent-

---

[83] MüKoAktG/*Arnold* § 136 Rn. 72 f.; Bürgers/Körber AktG/*Holzborn* § 136 Rn. 33; Hüffer/*Koch* AktG § 133 Rn. 27.
[84] BGHZ 48, 163 (173 f.) (zur GmbH); Hüffer/*Koch* AktG § 133 Rn. 30, mN.
[85] Spindler/Stilz AktG/*Rieckers* § 136 Rn. 63; Bürgers/Körber AktG/*Holzborn* § 136 Rn. 28.
[86] Spindler/Stilz AktG/*Rieckers* § 136 Rn. 63; Hüffer/*Koch* AktG § 133 Rn. 30.
[87] MüKoAktG/*Arnold* § 136 Rn. 97 f.; Spindler/Stilz AktG/*Rieckers* § 136 Rn. 64; Zutt ZHR 155 (1991), 190 (199 ff.); Hüffer/*Koch* AktG § 133 Rn. 31.
[88] OLG Köln NJW-RR 1997, 59 (60); OLG Stuttgart NJW 1987, 2449; OLG Koblenz NJW 1986, 1692 (1693); OLG Köln BB 1977, 464; Spindler/Stilz AktG/*Rieckers* § 136 Rn. 65; Bürgers/Körber AktG/*Holzborn* § 136 Rn. 29; MüKoAktG/*Arnold* § 136 Rn. 99; Zutt ZHR 155 (1991), 190 (199 ff.).
[89] BGH NJW 1983, 1910 u. NJW 1987, 1890.

scheiden können.[90] Die Rechtsprechung des BGH wird allerdings überwiegend und mit Recht abgelehnt[91] und sollte jedenfalls für die AG nicht übernommen werden.[92]

§ 40 Beschlüsse und Wahlen

Übersicht

	Rn.		Rn.
I. Grundlagen	1–4	III. Sonderbeschlüsse	61–73
1. Beschluss als Rechtsgeschäft eigener Art	1, 2	1. Zweck und Rechtsnatur	61, 62
2. Kategorien von Beschlüssen	3, 4	2. Fallgruppen	63–66
II. Hauptversammlungsbeschlüsse	5–60	a) Von Gesetzes wegen	63–65
1. Beschlussfähigkeit	5	b) Kraft Satzung	66
2. Beschlussantrag	6–14	3. Verfahren	67–71
a) Funktion	6	a) Wahl zwischen Sonderversammlung und Sonderabstimmung	67, 68
b) Inhalt	7–9		
c) Antragsrecht	10, 11	b) Besonderheiten der Sonderversammlung	69
d) Antragstellung	12		
e) Zulassung zur Abstimmung	13, 14	c) Besonderheiten der gesonderten Beschlussfassung	70
3. Abstimmung	15–37		
a) Reihenfolge der Abstimmungen	15–19	d) Mehrheiten	71
		4. Rechtswirkungen	72, 73
b) Verbindung von Abstimmungen	20–24	IV. Satzungsändernde Beschlüsse	74–86
		1. Anwendungsbereich	74–78
c) Abstimmungsverfahren	25–27	a) Unechte Satzungsbestandteile	75
d) Stimmabgabe	28–30	b) Fassungsänderung	76
e) Briefwahl	31–34	c) Satzungsdurchbrechung	77
f) Auszählung der Stimmen	35–37	d) Faktische Satzungsänderung	78
4. Mehrheit	38–45	2. Besonderheiten des Verfahrens	79–84
a) Stimmenmehrheit	38–41	a) Einberufung und Anträge	80
b) Kapitalmehrheit	42–45	b) Mehrheit	81
5. Weitere Erfordernisse	46, 47	c) Eintragung ins Handelsregister	82–84
6. Beschlussfeststellung	48–52	3. Inhaltliche Besonderheiten	85, 86
7. Protokollierung	53	a) Rückwirkung	85
8. Eintragung ins Handelsregister	54	b) Sachliche Rechtfertigung	86
9. Zeitliche Geltung von Hauptversammlungsbeschlüssen	55–60	V. Wahlen	87–94
		1. Wahlanlässe und anwendbare Vorschriften	87, 88
a) Befristung	55		
b) Bedingung	56–58	2. Wahlmodi	89–91
c) Aufhebung	59	a) Mehrheitswahl	89, 90
d) Rückwirkung	60	b) Verhältniswahl	91
		3. Verfahrensfragen	92–94

Schrifttum: *Austmann,* Globalwahl zum Aufsichtsrat, FS Sandrock, 1995, S. 277; *ders.,* Verfahrensanträge in der Hauptversammlung, FS Hoffmann-Becking, 2014, S. 45; *Austmann/Rühle,* Wahlverfahren bei mehreren für einen Aufsichtsratssitz vorgeschlagenen Kandidaten, AG 2011, 805; *T. Bezzenberger,* Vorzugsaktien ohne Stimmrecht, 1991; *Bischoff,* Sachliche Voraussetzungen von Mehrheitsbeschlüssen in Kapitalgesellschaften, BB 1987, 1055; *Bollweg,* Die Wahl des Aufsichtsrats in der Hauptversammlung der Aktiengesellschaft, 1997; *Butzke,* Die Hauptversammlung der Aktiengesellschaft, 5. Aufl., 2011; *Drescher,* Die schwebende Nichtigkeit, FS Bergmann, 2018, S. 169; *Drinkuth/Heider,* WpHG aus Sicht des Versammlungsleiters einer Hauptversammlung, FS 25 Jahre WpHG, 2019, S. 237; *Ernst,* Zu einigen Fragen des Abstimmungsdesigns im Privatrecht: Stimmverbot – Blockabstimmung – Stichentscheid – Subtraktionsmethode, FS K. Schmidt, 2019, S. 261; *Fuchs,* Aktiengattungen, Sonderbeschlüsse und gesellschaftsrechtliche Treuepflicht, FS Immenga, 2004, S. 589; *Füchsel,* Rechtsmissbräuchliche Gestaltung von Aufsichtsratswahlen, NZG 2018, 416; *Gotthardt/Krengel,* Der actus contrarius im Aktienrecht am Beispiel

---

[90] So MüKoAktG/*Arnold* § 136 Rn. 92; Bürgers/Körber AktG/*Göz* § 243 Rn. 5.
[91] Ulmer GmbHG/*Hüffer/Schürnbrand,* 2. Aufl. 2014, § 47 Rn. 92 mN; *Ulmer* FS Röhricht, 2005, 633 ff.; *Hoffmann-Becking* ZGR 1994, 442 (450).
[92] Hüffer/*Koch* AktG § 243 Rn. 10; aA Spindler/Stilz AktG/*Drescher* § 243 Rn. 60.

der Ermächtigung zum Bezugsrechtsausschluss, AG 2017, 222; *Grunewald,* Die Teilnichtigkeit von Gesellschafterbeschlüssen, NZG 2017, 1321; *Habersack,* Beschlussfeststellung oder Beurkundung der Niederschrift – Wann wird der Hauptversammlungsbeschluss wirksam?, Beilage zu ZIP 22/2016, 23; *Hoffmann-Becking,* Wirksamkeit der Beschlüsse der Hauptversammlung bei späterer Protokollierung, FS Hellwig, 2010, S. 153; *Leuschner,* Satzungsdurchbrechende Beschlüsse bei AG und GmbH, ZHR 180 (2016), 422; *Lutter,* Die entschlußschwache Hauptversammlung, FS Quack, 1991, S. 301; *Martens,* Die Leitungskompetenzen auf der Hauptversammlung einer Aktiengesellschaft, WM 1981, 1010; *ders.,* Leitfaden für die Leitung der Hauptversammlung einer Aktiengesellschaft, 3. Aufl., 2003; *Max,* Die Leitung der Hauptversammlung, AG 1991, 77; *Maier-Reimer,* Negative „Beschlüsse" von Gesellschafterversammlungen, FS Oppenhoff, 1985, S. 193; *P. Meier,* „Echte" und „unechte" Satzungsbestandteile – eine überflüssige Unterscheidung, ZGR 2020, 124; *Messer,* Der Widerruf der Stimmabgabe, FS Fleck, 1988, S. 221; *Noack,* Briefwahl und Online-Teilnahme an der Hauptversammlung, WM 2009, 2289; *Oppermann,* Sukzessive Einzelwahl von Personen und Simultanwahl bei Kampfabstimmungen um Aufsichtsratsposten, ZIP 2017, 1406; *Priester,* Satzungsänderung und Satzungsdurchbrechung, ZHR 151 (1987), 40; *Roeckl-Schmidt/Stoll,* Auswirkungen der späteren Fertigstellung der notariellen Niederschrift auf die Wirksamkeit von Beschlüssen der Hauptversammlung, AG 2012, 225; *K. Schmidt,* Heilung von Hauptversammlungsbeschlüssen durch Protokollberichtigung, FS Marsch-Barner, 2018, S. 511; *Simons,* Die Online-Abstimmung in der Hauptversammlung, NZG 2017, 567; *ders.,* Altes und Neues zur Hauptversammlung, NZG 2019, 641; *Stützle/Walgenbach,* Leitung der Hauptversammlung und Mitsprache der Aktionäre in Fragen der Versammlungsleitung, ZHR 155 (1991), 516; *U. H. Schneider,* Geheime Abstimmung in der Hauptversammlung einer Aktiengesellschaft, FS Peltzer, 2001, S. 425; *von der Linden,* Wer entscheidet über die Form der Stimmrechtsausübung in der Hauptversammlung?, NZG 2012, 930; *von Holten/Bauerfeind,* Die digitale Revolution im Aktienrecht? Die Möglichkeiten der Online-Hauptversammlung nach § 118 AktG, AG 2015, 489; *dies.,* Die Online-Hauptversammlung in Deutschland und Europa, AG 2018, 729; *Witt,* Mehrheitsregelnde Satzungsklauseln und Kapitalveränderungsbeschlüsse, AG 2000, 345; *Zöllner,* Die Konzentration der Abstimmungsvorgänge auf großen Hauptversammlungen, ZGR 1974, 1.

I. Grundlagen

1. Beschluss als Rechtsgeschäft eigener Art. Die Aktionäre üben ihre Rechte in Gesellschaftsangelegenheiten im Wesentlichen in der Hauptversammlung aus (§ 118 Abs. 1 S. 1 AktG). Dort manifestiert sich der kollektive Aktionärswillen im Ergebnis der Beschlussfassung, dem Hauptversammlungsbeschluss. Durch den Beschluss gestaltet die Hauptversammlung private Rechtsverhältnisse vor allem zwischen der Gesellschaft und ihren Aktionären (zB Verwendung des Bilanzgewinns), zwischen den Organen der Gesellschaft (zB Schaffung eines genehmigten Kapitals) und zwischen der Gesellschaft und Dritten (zB Wahl von Aufsichtsratsmitgliedern). Nach heute herrschender Auffassung wird der Hauptversammlungsbeschluss deshalb als **mehrseitiges Rechtsgeschäft eigener Art** angesehen, das sich aus einer Vielzahl empfangsbedürftiger Willenserklärungen (den abgegebenen Stimmen) zusammensetzt.[1]

Wie stets, beantwortet die Einordnung als Rechtsgeschäft eigener Art keine praktischen Fragen. Als gesicherter Bestand kann insoweit festgehalten werden: Die Vorschriften über **Willensmängel** und deren Geltendmachung (§§ 116 ff. BGB) sowie über **Nichtigkeit** wegen Formmangels oder wegen Gesetzes- oder Sittenwidrigkeit (§§ 125, 134, 138 BGB) gelten nicht, sondern werden durch das aktienrechtliche Beschlussmängelrecht (§§ 241 ff. AktG) ersetzt.[2] Die **Auslegung** von Hauptversammlungsbeschlüssen richtet sich nicht nach § 133 BGB, sondern – wie bei materiellen Satzungsregelungen – nach der objektiven Verkehrsauffassung.[3] Zum Auslegungsmaterial gehören also nur der Text des Hauptver-

---

[1] Statt aller MüKoAktG/*Arnold* § 133 Rn. 3; Schmidt/Lutter/*Spindler* AktG § 133 Rn. 2; Hüffer/*Koch* AktG § 133 Rn. 3; jeweils mwN. In diese Richtung früher auch BGHZ 65, 93 (96–98) (für KG), jedoch wieder offen gelassen in BGHZ 124, 111 (122) (für Aufsichtsratsbeschluss).

[2] Statt aller Spindler/Stilz AktG/*Rieckers* § 133 Rn. 4 mwN.

[3] KölnKommAktG/*Tröger* § 133 Rn. 53; MüKoAktG/*Arnold* § 133 Rn. 6; Spindler/Stilz AktG/*Rieckers* § 133 Rn. 5; Wachter AktG/*Dürr* § 133 Rn. 3.

sammlungsbeschlusses und sonstige mit dem Beschluss zum Handelsregister eingereichte und damit allgemein zugängliche Dokumente, zB der gesamte sonstige Inhalt des notariellen Protokolls wie auch die zu bestimmten Beschlusspunkten zu erstattenden Vorstandsberichte, soweit sie dem Protokoll beigefügt oder inhaltlich darin aufgenommen worden sind.[4] In vollem Umfang auf Hauptversammlungsbeschlüsse entsprechend anwendbar ist § 139 BGB.[5] Im Zweifel erfasst die **Nichtigkeit eines Teils** des Hauptversammlungsbeschlusses also den gesamten Hauptversammlungsbeschluss. Ein etwa entgegenstehender Wille der Hauptversammlung (nicht einzelner Aktionäre,[6] auch nicht eines Mehrheitsaktionärs) ist anhand der vorstehend genannten Auslegungskriterien zu ermitteln. So kann sich bereits aus dem Beschlusstext ergeben, dass die Nichtigkeit einer Satzungsänderung andere, sachlich unverbundene Satzungsänderungen nicht erfassen soll.[7] Noch weitergehend kann der Vorstandsbericht zeigen, dass die Nichtigkeit einer Ermächtigung zum Bezugsrechtsausschluss die Wirksamkeit eines genehmigten Kapitals im Übrigen unberührt lassen soll.[8] Wer ganz sicher gehen will, vermeidet den Anwendungsbereich des § 139 BGB, indem er mehrere Beschlussgegenstände auf mehrere Beschlüsse verteilt.[9] Dazu bedarf es nicht einmal mehrerer Tagesordnungspunkte; es genügt die Untergliederung eines Tagesordnungspunkts mit einem eigenständigen Beschlussvorschlag zu jedem Unterpunkt. Zu der Frage, inwieweit das BGB für die in den einzelnen Stimmabgaben liegenden Willenserklärungen gilt, → Rn. 28–29.

2. Kategorien von Beschlüssen. Herkömmlich unterscheidet man den formellen Charakter eines Beschlusses von seinem materiellen und teilt Beschlüsse in jeder dieser Kategorien in positive und negative ein.[10] Diese Begriffsbildung ist keine rein akademische Übung, sondern hilft bei der Sortierung gewisser praktischer Konsequenzen. Mit **formellem** Beschluss meint man das Ergebnis der Abstimmung über einen Beschlussantrag. Wenn der Antrag angenommen wird, liegt ein **positiver** formeller Beschluss vor, wenn er abgelehnt wird, ein **negativer** formeller Beschluss. Letzteres ist auch der Fall bei Stimmengleichheit, weil auch dann der Antrag abgelehnt ist.[11] Jede Abstimmung über einen Antrag mündet also in einen formellen Beschluss, und jeder formelle Beschluss kann grundsätzlich Gegenstand einer Anfechtungsklage werden. Dies gilt auch für den negativen formellen Beschluss, also die Antragsablehnung,[12] weil für die positive Beschlussfeststellungsklage (→ § 42 Rn. 131–132) zunächst die Ablehnung des Antrags beseitigt werden muss.

Der **materielle Charakter** eines Beschlusses zeigt sich demgegenüber im Antrags- und damit im Beschlussinhalt und der damit beabsichtigten Rechtsfolge. Der Antrag kann **positiv oder negativ** formuliert werden;[13] für welche Variante man sich entscheidet, ist eine Frage der Zweckmäßigkeit. Ist beispielsweise die Erteilung der Entlastung beantragt worden und findet dieser Antrag nicht die erforderliche Mehrheit, so liegt ein negativer formeller Beschluss vor, nicht aber ein negativer materieller Beschluss.[14] Auch ein negativer formeller Beschluss verbraucht zwar den Antrag[15] (hier:

---

[4] BGH, Vorlagebeschluss an den EuGH, EuZW 1995, 351 – Siemens/Nold; BGHZ 205, 319 Rn. 37.
[5] BGHZ 205, 319 Rn. 30 mit zust. Anm. *Drygala/von Bressensdorf* WuB 2015, 569 (572); Spindler/Stilz AktG/*Rieckers* § 133 Rn. 4 mwN; KölnKommAktG/*Tröger* § 133 Rn. 45; kritisch *Grunewald* NZG 2017, 1321 (1325).
[6] BGHZ 205, 319 Rn. 32.
[7] BGHZ 205, 319 Rn. 30, 34.
[8] BGH NJW 1982, 2444 (2446) – Holzmann (insoweit in BGHZ 83, 319 nicht abgedruckt).
[9] BGHZ 205, 319 Rn. 31; *Grunewald* NZG 2017, 1321 (1323).
[10] Zum Folgenden instruktiv MüKoAktG/*Arnold* § 133 Rn. 7–12.
[11] *Bischoff* BB 1987, 1055 (1056); MüKoAktG/*Arnold* § 133 Rn. 7.
[12] Statt aller Hüffer/*Koch* AktG § 133 Rn. 5.
[13] GroßkommAktG/*Grundmann* § 133 Rn. 65; Spindler/Stilz AktG/*Rieckers* § 133 Rn. 15; KölnKommAktG/*Tröger* § 133 Rn. 82.

„Erteilung der Entlastung"), so dass ein inhaltsgleicher Antrag in der laufenden Hauptversammlung nicht mehr zur Abstimmung gestellt werden darf. Eine darüber hinausgehende materielle Rechtsfolge hat die Ablehnung des Entlastungsantrags aber nicht, insbesondere bewirkt sie nicht das Gegenteil des Beantragten, also nicht die Verweigerung der Entlastung. Die Hauptversammlung hat mit dem Beschluss lediglich zum Ausdruck gebracht, dass sie die Entlastung derzeit nicht erteilen will, dies aber für die Zukunft nicht ausgeschlossen. Wenn der Antrag auf Erteilung der Entlastung nicht die notwendige Mehrheit gefunden hat, kann zu demselben Tagesordnungspunkt noch der Antrag auf Verweigerung oder der Antrag auf Vertagung der Entlastung gestellt werden. Falls der Verweigerungsantrag die Mehrheit findet, liegt ein negativer materieller Beschluss vor. Damit ist nicht nur der Beschlussantrag verbraucht, sondern auch der Beschlussgegenstand[16] (hier: „Entlastung von X für das Geschäftsjahr Y") erledigt, so dass zur Entlastung des betreffenden Organmitglieds in der laufenden Hauptversammlung gar nichts mehr beschlossen werden kann.

II. Hauptversammlungsbeschlüsse

5 1. Beschlussfähigkeit. Das AktG enthält keine allgemeine Regelung zur Beschlussfähigkeit der Hauptversammlung. Deshalb gibt es **grundsätzlich kein Beteiligungsquorum**; ein Beschluss kann im Extremfall auch dann gefasst werden, wenn nur eine Stimme in der Hauptversammlung vertreten ist.[17] Eine einzige Ausnahme findet sich in § 52 Abs. 5 S. 2 AktG. Diese Vorschrift regelt ein **Zustimmungsquorum** und damit zugleich ein Beteiligungsquorum von einem Viertel des gesamten Grundkapitals bei der Beschlussfassung über einen Nachgründungsvertrag, der im ersten Jahr nach der Eintragung der Gesellschaft in das Handelsregister geschlossen wird. Über diese gesetzliche Sonderregelung hinaus gestattet es § 133 Abs. 1 AktG der Satzung, als „weitere Erfordernisse" die Beschlussfähigkeit der Hauptversammlung durch Einführung eines Beteiligungsquorums zu regeln.[18] Außerdem kann die Satzung für bestimmte Beschlüsse ein Zustimmungsquorum vorschreiben.[19] Solche Satzungsregelungen können bei geschlossenem Aktionärskreis sinnvoll sein, eignen sich aber für Publikumsgesellschaften in der Regel nicht und werden von diesen deshalb auch praktisch nicht genutzt.

6 2. Beschlussantrag. a) Funktion. Grundlage jeder Beschlussfassung in der Hauptversammlung ist ein Beschlussantrag, gleichbedeutend auch Beschlussvorschlag (zB in § 124 Abs. 3 S. 1 AktG) genannt. Die Hauptversammlung kann einen Antrag nur ohne Änderung annehmen oder insgesamt ablehnen („Ja" oder „Nein"), so dass der Antrag den **materiellen Beschlussinhalt vollständig beschreiben** muss.[20] Je nach Zweckmäßigkeit kann der Antrag positiv oder negativ formuliert werden (→ Rn. 4). Der Antrag ist keine Willenserklärung, so dass Fragen der Geschäftsfähigkeit des Antragstellers sich nicht stellen und Willensmängel keine Rolle spielen.[21] Nach einhelliger Auffassung in der Literatur soll ein Antrag bei der Beschlussfassung der Hauptversammlung einer AG mit nur einem Aktionär entbehrlich sein,[22] ebenso nach vielfach vertretener Ansicht bei Anwesenheit nur

---

[14] *Maier-Reimer* FS Oppenhoff, 1985, 193 (197–198); MüKoAktG/*Arnold* § 133 Rn. 9.
[15] KölnKommAktG/*Tröger* § 133 Rn. 30, 220; MüKoAktG/*Arnold* § 133 Rn. 9 mit Fn. 36.
[16] Näher zum Beschlussgegenstand unter → Rn. 7.
[17] RGZ 82, 386 (388); Spindler/Stilz AktG/*Rieckers* § 133 Rn. 10 mwN.
[18] GroßkommAktG/*Grundmann* § 133 Rn. 124; Schmidt/Lutter/*Spindler* AktG § 133 Rn. 8; Spindler/Stilz AktG/*Rieckers* § 133 Rn. 11.
[19] MüKoAktG/*Arnold* § 133 Rn. 21.
[20] Bürgers/Körber AktG/*Holzborn* § 133 Rn. 4; Hölters AktG/*Hirschmann* § 133 Rn. 6; Wachter AktG/*Dürr* § 133 Rn. 9.
[21] Spindler/Stilz AktG/*Rieckers* § 133 Rn. 12 mwN.
[22] Schmidt/Lutter/*Spindler* AktG § 133 Rn. 10 mwN.

eines Aktionärs in der Hauptversammlung.[23] Darauf wird man sich angesichts des geringen Aufwands für die Antragstellung in der Praxis aber nicht verlassen wollen.

b) Inhalt. Nicht jeder Antrag darf in jeder Hauptversammlung gestellt werden. Der zulässige Inhalt von **Sachanträgen** wird durch die **Reichweite der jeweiligen Tagesordnung** begrenzt; gemäß § 124 Abs. 4 S. 1 AktG dürfen Beschlüsse grundsätzlich nur über ordnungsgemäß bekannt gemachte Gegenstände der Tagesordnung gefasst werden.[24] Die bekannt gemachte Tagesordnung definiert den Entscheidungsraum der Hauptversammlung, so dass Aktionäre, die nicht teilnehmen wollen oder können, gegen Entscheidungen zu überraschenden Themen geschützt sind. Meistens werden die **Beschlussgegenstände** in den Überschriften der **Tagesordnungspunkte** beschrieben, zuweilen auch in erläuterndem Text dazu. Der mit der Tagesordnung bekannt zu machende Beschlussvorschlag der Verwaltung (§ 124 Abs. 3 S. 1 AktG) beschreibt und begrenzt den Beschlussgegenstand hingegen nicht. Es handelt sich lediglich um einen Antrag im Rahmen des Beschlussgegenstands, dem Aktionäre in demselben Rahmen abweichende Anträge entgegensetzen können. Der Entscheidungsraum der Hauptversammlung kann weit oder eng abgesteckt werden. Wenn beispielsweise die Tagesordnung den Punkt „Änderung der Satzung" enthält, dürfen dazu Anträge zur Änderung jeder beliebigen Satzungsbestimmung gestellt werden. Wer dies nicht wünscht, sollte die Tagesordnungspunkte enger umreißen, also zB formulieren: „Änderung von § x Absatz y der Satzung (Genehmigtes Kapital)". Meistens enthält ein Tagesordnungspunkt nur einen Beschlussgegenstand. Der Vorstand kann bei Aufstellung der Tagesordnung aber auch mehrere, sachlich zusammenhängende Beschlussgegenstände einem Tagesordnungspunkt zuordnen, etwa bei Abschluss oder Neufassung inhaltlich gleicher Unternehmensverträge mit mehreren Tochtergesellschaften oder bei Änderung mehrerer Satzungsbestimmungen. Um die entsprechende Anwendung des § 139 BGB (Vermutung der Gesamtnichtigkeit) auszuschließen, sollten die mehreren Beschlussgegenstände auf separate Unterpunkte verteilt und jeweils mit einem eigenen Beschlussvorschlag versehen werden (siehe ausführlicher → Rn. 2).

Im Gegensatz zu den Sachanträgen sind **Verfahrensanträge** (zB auf Abwahl des Versammlungsleiters) **ankündigungsfrei** zulässig. Denn die entsprechenden Hauptversammlungsbeschlüsse regeln die Rechtsverhältnisse nur der Hauptversammlungsteilnehmer bis zum Ende der betreffenden Hauptversammlung, reichen aber nicht darüber hinaus, betreffen insbesondere nicht die abwesenden Aktionäre.

Sowohl zu Sachanträgen als auch zu Verfahrensanträgen können **Gegenanträge** gestellt werden. Sie zeichnen sich dadurch aus, dass sie sich auf denselben Beschlussgegenstand beziehen wie ein bereits vorliegender Antrag, inhaltlich aber von diesem Antrag abweichen. Die Diskussion zu diesem Themenkreis wird praktisch ausschließlich im Verhältnis zwischen bekannt gemachten Beschlussvorschlägen der Verwaltung (§ 124 Abs. 3 S. 1 AktG) und darauf bezogenen (Gegen-)Anträgen von Aktionären (§ 126 AktG) geführt. Aus dieser Diskussion ist für alle Gegenanträge, also zB auch für solche von Aktionären gegenüber Anträgen von Mitaktionären, festzuhalten: Gegenanträge können in der bloßen Negation des Antrags bestehen.[25] Darüber hinaus müssen Sachgegenanträge sich, ebenso wie die Anträge, auf die sie sich beziehen, im Rahmen der Beschlussgegenstände der bekannt gemachten Tagesordnung halten.[26]

c) Antragsrecht. Sachanträge und Verfahrensanträge dürfen jeder in der Hauptversammlung anwesende **Aktionär** und jeder dort anwesende **Aktionärsvertreter** sowie **Vorstand** und **Aufsichtsrat** stellen, reine Verfahrensanträge darüber hinaus auch der **Versamm-**

---

[23] GroßkommAktG/*Grundmann* § 133 Rn. 60 mit Fn. 109; Spindler/Stilz AktG/*Rieckers* § 133 Rn. 12; Grigoleit/*Herrler* AktG § 133 Rn. 7; Wachter AktG/*Dürr* § 133 Rn. 9.
[24] Zum Folgenden ausführlich *Austmann* FS Hoffmann-Becking, 2013, 45 (46–47).
[25] HM; siehe nur MüKoAktG/*Kubis* § 126 Rn. 14 mwN sowie → § 36 Rn. 99.
[26] Spindler/Stilz AktG/*Rieckers* § 126 Rn. 9 mwN.

lungsleiter.²⁷ Die hM sieht ferner bei Verfahrensanträgen und gewissen Sachanträgen die **Mitglieder von Vorstand und Aufsichtsrat** als antragsberechtigt an.²⁸ Die Antragstellung durch die Organe, jedenfalls durch den Aufsichtsrat, stößt allerdings in der Hauptversammlung auf praktische Schwierigkeiten. Denn die Organe müssten zur Ausübung des Antragsrechts einen ordnungsgemäßen Beschluss fassen, was in der Regel nur bei Unterbrechung der Hauptversammlung und spontaner Gremiensitzung unter Anwesenheit aller Mitglieder rechtlich möglich ist. Eine Reaktion von Vorstand oder Aufsichtsrat auf Anträge oder Gegenanträge von Aktionären, die vor der Hauptversammlung nicht angekündigt waren, ist deshalb praktisch so gut wie ausgeschlossen. Dieser Befund hat die eine oder andere Gesellschaft dazu bewogen, in Vorstands- und Aufsichtsratsbeschlüssen vor der Hauptversammlung **pauschal festzulegen,** dass die Verwaltung allen Gegenanträgen und Verfahrensanträgen von Aktionären entgegentritt. Damit soll vor allem die Zahl der Gegenstimmen gegen spontane Anträge von Aktionären vor dem Hintergrund erhöht werden, dass die Depotbanken die Stimmrechte der von ihnen vertretenen Aktionäre nur aufgrund ausdrücklicher Einzelweisung, auf Pauschalweisung entsprechend den Bankenvorschlägen oder auf Pauschalweisung entsprechend den Vorschlägen der Verwaltung ausüben dürfen (§ 135 Abs. 1 S. 4 AktG). Die betreffende Praxis der Gesellschaften ist aber zweifelhaft: In der Regel ist eine pauschale Vorfestlegung der Organe zu unbekannten Aktionärsanträgen mangels wägender Entscheidung des Einzelfalls rechtlich problematisch; faktisch unzureichend ist eine solche Vorfestlegung, weil Aktionäre ihre Anträge positiv oder negativ formulieren können (→ Rn. 4) und damit die Richtung der Vorfestlegung nicht sicher bestimmt werden kann.

11 Das Antragsrecht der Aktionäre und Aktionärsvertreter ergibt sich aus ihrem **Teilnahmerecht** (dazu → § 37 Rn. 8 ff.), so dass es auf eine Stimmberechtigung nicht ankommt.²⁹ Deshalb dürfen auch stimmrechtslose Vorzugsaktionäre Anträge in der Hauptversammlung stellen. Dies gilt aber nicht für Aktionäre, die Stimmrechtsmitteilungen unterlassen haben, weil der temporäre Rechtsverlust gemäß §§ 20 Abs. 7 AktG, 44 WpHG auch das Teilnahmerecht erfasst.³⁰

12 **d) Antragstellung.** Abgestimmt werden kann grundsätzlich nur über solche Anträge, die in der Hauptversammlung **tatsächlich mündlich gestellt** werden; eine Zugänglichmachung vor der Hauptversammlung, wie sie gemäß § 126 AktG für rechtzeitig angekündigte Gegenanträge von Aktionären vorgeschrieben ist, ist weder hinreichend noch erforderlich.³¹ Gerade umgekehrt verhält es sich allerdings mit den Beschlussvorschlägen der Verwaltung: Diese sind gemäß § 124 Abs. 3 S. 1 AktG mit der Tagesordnung bekannt zu machen, und über diese kann abgestimmt werden, ohne dass Vorstand oder Aufsichtsrat sie in der Hauptversammlung erneut stellen müssen.³² Denn in der Hauptversammlung sind die Gremien praktisch nicht in der Lage, die erforderliche Willensbildung über Beschlussanträge herbeizuführen (→ Rn. 10).

13 **e) Zulassung zur Abstimmung.** Abgestimmt wird über einen gestellten Antrag nur dann, wenn der Versammlungsleiter diesen zur Abstimmung zulässt.³³ Grundsätzlich ist der Versammlungsleiter verpflichtet, alle gestellten zulässigen Anträge zur Abstimmung zu bringen und die unzulässigen auszusortieren. Er hat hier gewissermaßen den ersten Teil der **rechtlichen Eingangskontrolle** zu leisten (den zweiten Teil vor der Beschlussfeststellung; → Rn. 51). Verweigert er einem zulässigen Antrag die Abstimmung, kann dies zur Scha-

---

[27] Spindler/Stilz AktG/*Rieckers* § 133 Rn. 13 mwN.
[28] Übersicht über den Meinungsstand bei Spindler/Stilz AktG/*Rieckers* § 133 Rn. 13.
[29] GroßkommAktG/*Grundmann* § 133 Rn. 61; Hüffer/*Koch* AktG § 133 Rn. 9; Wachter AktG/ *Dürr* § 133 Rn. 11 mwN.
[30] *Butzke* Hauptversammlung Rn. C 3; MüKoAktG/*Kubis* § 118 Rn. 55 mwN.
[31] *Martens* WM 1981, 1010 (1015); GroßkommAktG/*Grundmann* § 133 Rn. 63 mwN.
[32] Statt aller Spindler/Stilz AktG/*Rieckers* § 133 Rn. 14 mwN.
[33] GroßkommAktG/*Grundmann* § 133 Rn. 60.

denersatzpflicht der Gesellschaft gegenüber benachteiligten Aktionären führen.[34] Zudem wird der Versammlungsleiter schwierige Sach- und Rechtsfragen der Zulässigkeit von Anträgen nicht ad hoc in der Versammlung zuverlässig beurteilen können und gut beraten sein, die Klärung solcher Fragen einem Beschlussmängelprozess zu überlassen. Im Zweifel wird er deshalb auch einen problematischen Antrag zur Abstimmung bringen. Nicht erforderlich und auch nicht opportun ist dies allerdings bei Anträgen, die **evident unzulässig** sind.[35] Eine solche Evidenz kommt insbesondere in Betracht bei offenbar fehlendem Antragsrecht, Verfahrensanträgen außerhalb der Entscheidungskompetenz der Hauptversammlung,[36] Sachanträgen außerhalb der bekannt gemachten Tagesordnung und Anträgen, die auf einen offenbar rechtswidrigen Beschluss gerichtet sind (zB Ausschüttung einer Sachdividende ohne Satzungsermächtigung gemäß § 58 Abs. 5 AktG). Von einigen Autoren wird der Versammlungsleiter sogar für berechtigt gehalten, auf anfechtbare Beschlüsse gerichtete Beschlussanträge zur Abstimmung zuzulassen, wenn mit einer Anfechtung nicht zu rechnen sei.[37] Dem sollte jedoch nicht gefolgt werden. Abgesehen davon, dass die geforderte Prognose über die Erhebung von Beschlussmängelklagen meistens sehr schwierig ist, muss es Ziel des Versammlungsleiters sein, rechtmäßige statt lediglich bestandskräftige Beschlüsse herbeizuführen.

Der Versammlungsleiter lässt einen Antrag zur Abstimmung zu, indem er ihn hinreichend genau bezeichnet und erklärt, er werde nunmehr über diesen Antrag abstimmen lassen. In der Regel empfiehlt sich zur **Bezeichnung eines Antrags** die Nennung des Tagesordnungspunkts, des Beschlussgegenstands, des Namens des Antragstellers und des Antragsinhalts. Soweit diese Informationen bereits im Vorfeld der Hauptversammlung bekanntgemacht worden sind, braucht der Versammlungsleiter sie nicht wörtlich zu wiederholen. Es genügt dann eine **Bezugnahme** auf die Bekanntmachungen und die in der Hauptversammlung ausliegenden oder sonst (zB über Bildschirmterminals) zugänglichen Unterlagen. Diese Bezugnahme muss allerdings so klar sein, dass kein vernünftiger Zweifel daran bestehen kann, über welchen Antrag abgestimmt wird, so dass eine schlagwortartige inhaltliche Beschreibung meistens unumgänglich ist. Bei Anträgen, die erst in der Hauptversammlung gestellt werden (zB auf Satzungsänderung abweichend vom Verwaltungsvorschlag), wird sich eine wörtliche Wiedergabe nicht vermeiden lassen. **14**

3. Abstimmung. a) Reihenfolge der Abstimmungen. Wenn zu **demselben Beschlussgegenstand** mehrere zulässige Anträge vorliegen, legt der **Versammlungsleiter,** und nur dieser, die Abstimmungsreihenfolge fest. Dies folgt aus seinen allgemeinen Befugnissen als Versammlungsleiter und bedarf keiner Ermächtigung in der Satzung (→ § 37 Rn. 61).[38] Bei Wahlen zum Aufsichtsrat hat er § 137 AktG zu beachten, der unter gewissen Voraussetzungen Wahlvorschlägen von Aktionären den Vorrang vor Wahlvorschlägen des Aufsichtsrats einräumt (näher dazu → Rn. 92). Im Übrigen haben sich folgende Grundsätze herausgebildet: **15**

Ein **Antrag auf Abwahl des Versammlungsleiters,** dessen Zulässigkeit sehr umstritten ist,[39] sollte bis zur höchstrichterlichen Klärung der Zulässigkeitsfrage möglichst bald nach der Antragstellung und jedenfalls vor (weiteren) Verfahrens- oder Sachanträgen zur Abstimmung gestellt werden.[40] „Möglichst bald" heißt allerdings nicht zwingend „sofort". Bevor das Teilnehmerverzeichnis aufgestellt ist, was bei größeren Hauptversammlungen **16**

---

[34] MüKoAktG/*Kubis* § 118 Rn. 73; Spindler/Stilz AktG/*Hoffmann* § 118 Rn. 18; einschränkend GroßkommAktG/*Mülbert* § 118 Rn. 82.
[35] *Martens* WM 1981, 1010 (1015).
[36] Dazu *Austmann* FS Hoffmann-Becking, 2013, 45 (63–68).
[37] Hüffer/*Koch* AktG § 124 Rn. 28 mwN.
[38] *von der Linden* NZG 2012, 930 (933); *Butzke* Hauptversammlung Rn. E 104; MüKoAktG/*Arnold* § 133 Rn. 19 mwN.
[39] Ausführlich dazu *Austmann* FS Hoffmann-Becking, 2013, 45 (56–59) sowie → § 37 Rn. 44 f.
[40] MüKoAktG/*Kubis* § 119 Rn. 114.

eine gewisse Zeit in Anspruch nimmt, ist eine Abstimmung rechtlich ausgeschlossen (§ 129 Abs. 4 S. 1 AktG). Auch die Formalien der Hauptversammlung, insbesondere das Abstimmungsverfahren, sind vor der Abstimmung zu erläutern. Es spricht nichts dagegen, dass der angegriffene Versammlungsleiter dies selbst erledigt. In der Regel ist es ebenfalls unproblematisch, dass er die vor Abstimmung erforderliche Aussprache über den Abwahlantrag selbst leitet (→ § 37 Rn. 45). Nur in Ausnahmefällen wird es opportun sein, die Verhandlungsleitung bis einschließlich zur Beschlussfeststellung über den Abwahlantrag einem stellvertretenden Versammlungsleiter zu übertragen. Die Sachdebatte zu den Tagesordnungspunkten allerdings sollte der angegriffene Versammlungsleiter möglichst nicht beginnen, bevor Aussprache und Abstimmung über den Abwahlantrag stattgefunden haben.

17 Weiterhin ist es in der Regel sinnvoll, über **Verfahrensanträge vor Sachanträgen** abstimmen zu lassen.[41] Denn aus dem Verfahrensbeschluss ergibt sich häufig erst, wie mit der Sachfrage umzugehen ist. Dies wird zB im Verhältnis der Absetzung eines Beschlussgegenstands von der Tagesordnung zur Sachentscheidung über den Beschlussgegenstand ganz deutlich.[42] Daraus folgt zugleich, dass nicht nur die zeitliche Reihenfolge zwischen Verfahrensantrag und Sachantrag beachtet werden, sondern das Ergebnis der Verfahrensabstimmung auch vor Eintritt in die Sachabstimmung bekannt gegeben werden muss.[43] Sonst stimmt die Hauptversammlung möglicherweise über einen Sachantrag ab, dessen Beschlussgegenstand sich durch Absetzung von der Tagesordnung erledigt. Vor allem aber können sonst Aktionäre ihr Stimmverhalten beim Sachantrag nicht auf die Mehrheitsverhältnisse beim Verfahrensantrag einrichten. Eine Ausnahme von dem Grundsatz „Verfahrensanträge vor Sachanträgen" gilt allerdings bei der Entlastung. Wenn hier gemäß § 120 Abs. 1 S. 2 Alt. 1 AktG der Antrag gestellt ist, die Entlastung im Wege der Einzelabstimmung durchzuführen, darf trotzdem zunächst über den Sachantrag, alle Organmitglieder (im Wege der Gesamtentlastung) zu entlasten, abgestimmt werden, wenn für diesen Sachantrag eine Mehrheit zu erwarten ist. Der Versammlungsleiter muss dabei darauf hinweisen, dass jeder Aktionär, der das Verfahren der Einzelentlastung wünscht, zunächst gegen den Sachantrag stimmen muss, und dass der Verfahrensantrag auf Einzelentlastung zur Abstimmung gestellt wird, wenn der Sachantrag, alle Organmitglieder uno actu zu entlasten, keine Mehrheit findet.[44]

18 Die Reihenfolge **mehrerer Sachanträge** hat sich grundsätzlich am Kriterium der **Sachdienlichkeit** zu orientieren.[45] Insoweit ist allgemein akzeptiert, dass der Versammlungsleiter zunächst denjenigen Antrag zur Abstimmung stellt, für den eine Mehrheit zu erwarten ist.[46] Dies wird im Verhältnis zwischen Beschlussvorschlägen der Verwaltung und Gegenanträgen von Aktionären häufig dazu führen, dass der Versammlungsleiter zunächst über den Verwaltungsvorschlag abstimmen lässt. Wenn dieser die erforderliche Mehrheit erreicht, erübrigt sich die Abstimmung über die Gegenanträge. Ob dem weiterreichenden Antrag generell Vorrang vor dem enger formulierten Antrag eingeräumt werden soll,[47] ist hingegen zweifelhaft. Denn häufig wird sich insoweit ein Stufenverhältnis zwischen Anträgen gar nicht sicher feststellen lassen.[48]

---

[41] *Kuhnt* FS Lieberknecht, 1997, 45 (57–58); GroßkommAktG/*Grundmann* § 133 Rn. 66; Hüffer/*Koch* AktG § 129 Rn. 23; Wachter AktG/*Dürr* § 133 Rn. 12.
[42] Beispiel bei *Austmann* FS Hoffmann-Becking, 2013, 45 (70).
[43] AA *Zöllner* ZGR 1974, 1 (18) (gleichzeitige Abstimmung über beide Anträge möglich, wenn die Sachabstimmung nur eventualiter für den Fall der Ablehnung des Verfahrensantrags durchgeführt wird); dazu noch → Rn. 24.
[44] Hüffer/*Koch* AktG § 120 Rn. 9; *Austmann* FS Hoffmann-Becking, 2013, 45 (71).
[45] OLG Hamburg DB 1981, 80 (82); LG Hamburg AG 1996, 233.
[46] LG Hamburg AG 1996, 233; GroßkommAktG/*Grundmann* § 133 Rn. 66; *Martens* WM 1981, 1010 (1015); *Stützle/Walgenbach* ZHR 155 (1991), 516 (532).
[47] GroßkommAktG/*Grundmann* § 133 Rn. 66.
[48] Spindler/Stilz AktG/*Rieckers* § 133 Rn. 17; *Stützle/Walgenbach* ZHR 155 (1991), 516 (532).

Weniger problematisch ist die Reihenfolge von Abstimmungen über **Anträge zu verschiedenen Beschlussgegenständen**. Insoweit wird der Versammlungsleiter im Zweifel in der Reihenfolge der Tagesordnungspunkte abstimmen lassen, auch wenn er an diese Reihenfolge rechtlich nicht gebunden ist und sie nach pflichtgemäßem, an der Sachdienlichkeit orientiertem Ermessen ändern kann.[49] Zwingend kann die Reihenfolge von Abstimmungen zu verschiedenen Beschlussgegenständen ausnahmsweise dort sein, wo ein Beschluss rechtliche Voraussetzung für einen anderen ist (Wahl weiterer Aufsichtsratsmitglieder erst nach satzungsänderndem Beschluss über die Erhöhung der Mitgliederzahl) und wo die Kenntnis eines Beschlussergebnisses die Willensbildung der Aktionäre bei der Beschlussfassung über einen anderen Gegenstand beeinflussen kann (zB zunächst Beschluss über einen Sonderprüfungsantrag, dann erst Beschluss über die Entlastung).[50]

b) Verbindung von Abstimmungen. Der Versammlungsleiter hat grundsätzlich die Kompetenz, mehrere Abstimmungen **in einem Abstimmungsgang** zusammenzufassen. Das Motiv für ein solches Vorgehen ist Zeitersparnis. Die Diskussion um die sogenannte „Konzentration von Abstimmungsvorgängen"[51] stammt deshalb aus einer Zeit, in der die Abstimmungstechnik, also das Erfassen und das Auszählen der Stimmen, erheblich Zeit in Anspruch nahm, so dass jeder zusätzliche Abstimmungsgang die Hauptversammlung verlängerte. Angesichts der heutigen technischen Möglichkeiten hat die Thematik an Relevanz eingebüßt. Sie ist aber nicht gänzlich obsolet, weil auch heute noch viele Publikumsgesellschaften aus Kostengründen bei Abstimmungen mit Stimmzetteln arbeiten, die – auch wenn sie elektronisch auslesbar sind – für jeden Abstimmungsgang einen zeitlich mehr oder weniger aufwändigen Einsammelvorgang erfordern. Bei der Entscheidung darüber, ob er Abstimmungsvorgänge verbindet, darf der Versammlungsleiter allerdings Aspekte der Zeitökonomie nur insoweit berücksichtigen, wie die Feststellung des unverfälschten Mehrheitswillens der Versammlung nicht leidet. Im Zweifel ist dem Versammlungsleiter deshalb anzuraten, lieber einen Abstimmungsgang mehr durchzuführen, als eine rechtlich auch nur im Geringsten zweifelhafte Verbindung von Abstimmungen zu riskieren.

Zur Klarstellung sei darauf hingewiesen, dass die Kompetenz des Versammlungsleiters sich nur auf die **Verbindung von Abstimmungen** über mehrere Anträge erstreckt, nicht aber auf die **Verbindung von mehreren Anträgen** zu einem Antrag. Denn mehrere Anträge führen, gleich in welchem Verfahren über sie abgestimmt wird, auch zu mehreren rechtlich selbständigen Beschlüssen. Die Abstimmung über einen einzigen Antrag hingegen bringt auch nur einen einzigen Beschluss hervor. Ob mehrere rechtlich selbständige Beschlüsse oder ein einziger Beschluss gewollt sind, hat der Versammlungsleiter nicht zu entscheiden. Darüber befindet vielmehr allein der Antragsteller. Beispielsweise kann der Vorstand einen Beschlussvorschlag zur Satzungsänderung so formulieren, dass mehrere Satzungsbestimmungen nur gemeinsam geändert werden sollen. Dann handelt es sich um einen einzigen Antrag, der sich auf einen einzigen Beschluss richtet. Wenn der Vorstand stattdessen so formuliert, dass die Änderungen der Satzungsbestimmungen voneinander unabhängig sein sollen, also eine Satzungsbestimmung auch dann geändert werden soll, wenn die Änderung einer anderen Satzungsbestimmung nicht die erforderliche Mehrheit findet, liegen mehrere, auf rechtlich selbständige Beschlüsse gerichtete Anträge vor. Diese Anträge darf der Versammlungsleiter nicht verbinden, wohl aber unter den sogleich zu erörternden Voraussetzungen die Abstimmungen darüber.

Der Versammlungsleiter darf die Abstimmungen über **mehrere Anträge in einem Abstimmungsgang** zusammenfassen, wenn die aufgrund der Anträge zu fassenden Beschlüsse **rechtlich und sachlich voneinander unabhängig** sind, die Aktionäre insbesondere das Ergebnis der einen Abstimmung nicht kennen müssen, um ihre Stimme bei einem anderen Beschlussgegenstand abgeben zu können. Das ist der Normalfall in einer ordentli-

---

[49] Siehe die Nachweise oben in → Fn. 45.
[50] *Zöllner* ZGR 1974, 1 (19–23) mit weiteren Beispielen.
[51] Grundlegend *Zöllner* ZGR 1974, 1.

chen Hauptversammlung, denn Gewinnverwendung, Entlastung und Wahl des Abschlussprüfers haben in der Regel nichts miteinander zu tun.[52] Deshalb spricht normalerweise nichts dagegen, diese Abstimmungen mit einer Stimmkarte zu erledigen, auf der entweder für alle Anträge gleichgerichtet oder, sofern der Aktionär dies nicht wünscht, für jeden Antrag unabhängig voneinander „Ja", „Nein" oder „Enthaltung" angekreuzt werden können.

23 Von der vorstehend beschriebenen Zusammenfassung mehrerer Abstimmungen in einem Abstimmungsgang zu unterscheiden ist die **einheitliche Abstimmung über mehrere Anträge.** Letztere liegt vor, wenn die Aktionäre zunächst über alle Anträge oder jedenfalls eine Reihe von Anträgen nur gleichgerichtet mit „Ja", „Nein" oder „Enthaltung" abstimmen können **(Blockabstimmung).** Zulässig ist ein solches Vorgehen nur dann, wenn die Anträge, über die zunächst gleichgerichtet abgestimmt werden soll, in einem **sachlichen Zusammenhang** stehen,[53] beispielsweise sämtlich Satzungsänderungen oder Wahlen zum Aufsichtsrat betreffen. Denn die ausschließlich gleichgerichtete Abstimmung setzt die Vermutung voraus, dass diese dem Mehrheitswillen entspricht, und eine solche Vermutung ist bei sachlich nicht zusammenhängenden Anträgen nicht gerechtfertigt. Wo der sachliche Zusammenhang zweifelhaft ist, sollte der Versammlungsleiter von einem solchen Vorgehen Abstand nehmen. Angesichts der heutigen Auszählungstechnik, auch bei der Verwendung von Stimmzetteln, verursacht die Erfassung nicht gleichgerichteter Stimmabgaben zu mehreren Anträgen nicht viel mehr Aufwand als die Erfassung nur einer Stimmrichtung. Darüber hinaus ist für die Zulässigkeit einer Blockabstimmung jedenfalls erforderlich, dass der Versammlungsleiter vor der Abstimmung darauf hinweist, dass diejenigen Aktionäre, die auch nur einen Antrag ablehnen wollen, zunächst insgesamt mit „Nein" stimmen müssen, und dass, wenn daraufhin die erforderliche Mehrheit verfehlt wird, anschließend über jeden Antrag einzeln abzustimmen ist.[54] Streitig ist, wie bei **Widerspruch eines einzelnen Aktionärs** gegen diese Verfahrensweise vorzugehen ist. Das Thema wird fast ausschließlich bei Aufsichtsratswahlen diskutiert, wo die Blockabstimmung in Form der Listenwahl (dazu näher → Rn. 93–94) begegnet. Nach der Rechtsprechung des BGH kann ein einzelner Aktionär die Listenwahl nicht durch bloßen Widerspruch verhindern,[55] und dies dürfte für alle Arten der Blockabstimmung gelten. Allerdings soll die Hauptversammlung nach hM die Listenwahl (und damit wohl auch die Blockabstimmung allgemein) durch Verfahrensbeschluss verhindern können,[56] so dass der Versammlungsleiter entsprechende Anträge vorsichtshalber zur Abstimmung stellen sollte, und zwar separat vor der eigentlichen Sachentscheidung.

24 Zu warnen ist vor der von einigen für zulässig gehaltenen Verbindung von Abstimmungen über Sachanträge, die in einem rechtlichen Alternativverhältnis stehen, von denen also nur der eine oder der andere angenommen werden kann. Wenn beispielsweise zum Beschlussgegenstand „Kapitalerhöhung" sowohl der Antrag vorliegt, das Kapital um eine Million Stückaktien zu erhöhen, als auch der Antrag, die Erhöhung um zwei Millionen Stückaktien vorzunehmen, soll der Versammlungsleiter die Abstimmung über beide Anträge mit der Maßgabe verbinden können, dass der Antrag, für den er keine Mehrheit erwartet, nur unter der Bedingung zur Abstimmung gestellt ist, dass der andere Antrag wider Erwarten abgelehnt wird **(Eventualabstimmung).**[57] Denn dann könne der Aktio-

---

[52] Zu Abhängigkeiten unter verschiedenen Beschlussgegenständen, die über das Mindestbeschlussprogramm einer ordentlichen Hauptversammlung hinausgehen, → Rn. 19.
[53] *Max* AG 1991, 77 (89); MüKoAktG/*Arnold* § 134 Rn. 99; *Ernst* FS K. Schmidt, 2019, 261 (276–277).
[54] Wachter AktG/*Dürr* § 133 Rn. 12; MüKoAktG/*Arnold* § 134 Rn. 100.
[55] BGHZ 180, 9 Rn. 31 – Kirch/Deutsche Bank.
[56] Spindler/Stilz AktG/*Rieckers* § 133 Rn. 58; Hüffer/*Koch* AktG § 101 Rn. 7; jeweils mwN. AA *Austmann* FS Hoffmann-Becking, 2013, 45 (64–65) (Entscheidungskompetenz allein beim Versammlungsleiter). Offen gelassen von BGH WM 2019, 258 Rn. 47. Dazu noch → Rn. 94.
[57] *Zöllner* ZGR 1974, 1 (12–17); MüKoAktG/*Arnold* § 134 Rn. 97.

när ja dem zweiten Antrag zustimmen, ohne den von ihm favorisierten ersten Antrag zu gefährden. Trotzdem ist eine Verfälschung des Mehrheitswillens bei einem solchen Vorgehen nicht ausgeschlossen. Denn ein Aktionär, der seine Zustimmung zu dem zweiten Antrag davon abhängig macht, ob der erste Antrag mit großer Mehrheit oder nur knapp abgelehnt wird, kann die Entscheidung zum zweiten Antrag nicht treffen, ohne das Ergebnis der Abstimmung über den ersten Antrag zu kennen. Das ist in dem vorstehenden Beispiel etwa der Fall, wenn ein Aktionär, der an sich nur die kleinere Kapitalerhöhung will, dennoch für die größere stimmen würde, wenn die kleinere mit knapper Mehrheit scheitert, nicht aber, wenn die Mehrheit schon für die kleinere deutlich verfehlt wird. Das Stimmverhalten eines Aktionärs wird eben erfahrungsgemäß auch vom Stimmverhalten seiner Mitaktionäre beeinflusst. Aus demselben Grund ist von der von einigen favorisierten bedingten Verbindung der Abstimmung über den Verfahrensantrag auf Absetzung eines Beschlussgegenstands von der Tagesordnung mit dem dazugehörenden Sachantrag[58] abzuraten.[59]

c) Abstimmungsverfahren. § 134 Abs. 4 AktG überlässt es der Satzung, die Form der Ausübung des Stimmrechts festzulegen. Damit ist das gesamte Abstimmungsverfahren von der Erfassung der Stimmen bis zu ihrer Auszählung **Satzungsangelegenheit.** Die Satzungen praktisch aller Publikumsgesellschaften machen von dieser gesetzlichen Ermächtigung in der Weise Gebrauch, dass sie die Festlegung des Abstimmungsverfahrens („Art und Form der Abstimmung") dem **Versammlungsleiter** überantworten. Von der ganz hM wird diese Delegation als im Einzelfall nicht umkehrbar angesehen, dh die Hauptversammlung kann zum Abstimmungsverfahren im Einzelfall keinen Verfahrensbeschluss fassen.[60] Wenn die Satzung schweigt, wird das Abstimmungsverfahren ebenfalls durch den Versammlungsleiter festgelegt, solange die Hauptversammlung im Einzelfall keine abweichende Entscheidung trifft.[61]

Welches Abstimmungsverfahren angewandt werden soll, ist zumeist lange vor der Hauptversammlung zu entscheiden, weil mehr oder weniger aufwändige technische Voraussetzungen zu schaffen sind. **Gebräuchliche Abstimmungsverfahren** sind:[62] Handaufheben und Zuruf der Stimm- oder Eintrittskartennummer zur Identifizierung des vertretenen Aktienbesitzes anhand des Teilnehmerverzeichnisses (nur bei kleinen Gesellschaften), Einlesen von Barcodes auf den Stimmkarten mit Hilfe mobiler Datenerfassungsgeräte (können zeitaufwändig sein, wenn die Barcodes für jeden Abstimmungsgang separat erfasst werden), Einsammeln von Stimmkarten zu jedem Beschlussgegenstand (möglichst in einem Sammelgang) und Auslesen aller Stimmkarten mit einem Datenlesegerät (heute wohl noch am meisten verbreitet), Einsatz von Televotern (teuer und anfällig für Vandalismus). Hinzu kommen seit dem ARUG bei entsprechender Satzungsermächtigung die Möglichkeiten der Online-Teilnahme an der Hauptversammlung und in diesem Zusammenhang auch der Online-Abstimmung (§ 118 Abs. 1 S. 2 AktG) sowie die Briefwahl (schriftlich oder elektronisch) abwesender Aktionäre (§ 118 Abs. 2 AktG).[63] Elektronische Formen der Abstimmung von außerhalb des Versammlungssaals haben allerdings auch zehn Jahre nach Inkrafttreten des ARUG noch keine nennenswerte Verbreitung gefunden. Der Hauptgrund liegt wohl darin, dass – wie die Erfahrung aus anderen Lebensbereichen zeigt – die Störungs-

---

[58] *Zöllner* ZGR 1974, 1 (17–18); MüKoAktG/*Arnold* § 134 Rn. 99.
[59] Siehe dazu das Beispiel bei *Austmann* FS Hoffmann-Becking, 2013, 45 (70).
[60] *Butzke* Hauptversammlung Rn. E 102; Schmidt/Lutter/*Spindler* AktG § 134 Rn. 72; Hüffer/ *Koch* AktG § 134 Rn. 34; jeweils mwN. AA *Max* AG 1991, 77 (87).
[61] Hüffer/*Koch* AktG § 134 Rn. 34 mwN; *Martens* WM 1981, 1010 (1014); *Max* AG 1991, 77 (87); *U. H. Schneider* FS Peltzer, 2001, 425 (434). AA (keine Zuständigkeit der Hauptversammlung im Einzelfall) *von der Linden* NZG 2012, 930 (933–934); *Simons* NZG 2017, 567 (568).
[62] Instruktive Übersicht bei *Butzke* Hauptversammlung Rn. E 111–116.
[63] Instruktiv *Butzke* Hauptversammlung Rn. Q 5–19; *von Holten/Bauerfeind* AG 2015, 489, *passim; dies.* AG 2018, 729, *passim.*

freiheit überregionaler Telekommunikationsdienste nicht vollständig gewährleistet werden kann und die Gesellschaften trotz der Anfechtungsschranken des § 243 Abs. 3 Nr. 1 AktG (dazu näher → § 42 Rn. 50) ihre Hauptversammlungsbeschlüsse nicht mit daraus resultierenden, auf Verletzung des Teilnahme- und Stimmrechts gestützten Anfechtungsrisiken belasten wollen.[64]

27   Ob eine **geheime Abstimmung** rechtlich zulässig ist, ein Aktionär darauf gar einen Individualanspruch hat,[65] ist umstritten.[66] Jedenfalls ist sie unzweckmäßig, weil die Beachtung von Stimmverboten dann nur schwer zu gewährleisten ist und die Kausalität eines bestimmten Stimmverhaltens für das Zustandekommen von Beschlüssen im Rahmen von Anfechtungsklagen nicht mehr sicher festgestellt werden kann.[67] Zwar mag ein Aktionär ein Interesse daran haben, sein Stimmverhalten während der Hauptversammlung gegenüber Mitaktionären geheim zu halten, um sich keiner ungebührlichen Einflussnahme auszusetzen. Dazu bedarf es aber keiner geheimen Abstimmung (bei der das Stimmverhalten auch der Gesellschaft verborgen bleibt), sondern es genügt eine **verdeckte Abstimmung,** also die Anwendung eines Abstimmungsverfahrens, bei dem die Mitaktionäre das Stimmverhalten nicht erkennen können (zB Verwendung von Stimmkarten).

28   **d) Stimmabgabe.** Ein Aktionär gibt seine Stimme ab, indem er mit „Ja", „Nein" oder „Enthaltung" stimmt. In jedem Fall ist die Stimmabgabe eine **empfangsbedürftige Willenserklärung,** weil auf Gestaltung des kollektiven Willens der Aktionäre durch Hauptversammlungsbeschluss (→ Rn. 1) oder Nicht-Beschluss gerichtet. Dies gilt auch für die Enthaltung, weil sie zumindest den Erfolgswert der übrigen Stimmen beeinflusst.[68] Voraussetzung für die Wirksamkeit der Stimmabgabe ist neben dem Stimmrecht (siehe oben § 39) der **Zugang beim Versammlungsleiter.**[69] Wann Zugang stattgefunden hat, richtet sich nach dem Abstimmungsverfahren:[70] Bei Abstimmung durch Handzeichen und Zuruf der Stimmkartennummer kommt es auf die tatsächliche Kenntnisnahme durch den Versammlungsleiter an. Stimmkarten und Stimmkartenabschnitte gehen dem Versammlungsleiter zu, indem sie einer von ihm eingesetzten Hilfsperson (Stimmensammler) übergeben werden (zB Einwurf in Sammelbehälter). Bei elektronischer Abstimmung ist die Speicherung der Stimmabgabe im ersten Rechner der Gesellschaft maßgeblich, so dass es bei technischen Fehlern in der Signalübermittlung am Zugang der Stimmabgabe fehlt.[71]

29   Als empfangsbedürftige Willenserklärung kann die Stimmabgabe gemäß § 130 Abs. 1 S. 2 BGB nur bis zum Zugang gegenüber dem Versammlungsleiter widerrufen werden.[72] Da Abgabe und Zugang (Handaufheben/Zuruf, Einwurf in den Sammelkasten, Auslösen eines elektronischen Signals) praktisch zeitgleich stattfinden, ist ein **Widerruf nur in Ausnahmefällen** denkbar. Möglicherweise deswegen will eine aus dem Recht der Personengesellschaften stammende Auffassung den Widerruf auch noch nach Zugang der Stimmabgabe erlauben, wenn ein wichtiger Grund vorliegt und die beschlossene Maßnahme noch nicht vollzogen wurde.[73] Die heute überwiegende Auffassung lehnt dies jedoch für Hauptver-

---

[64] Daher einstweilen weiterhin visionär *Noack* WM 2009, 2289 (2294).
[65] So in bestimmten Fällen *U. H. Schneider* FS Peltzer, 2001, 425 (433–434).
[66] Überblick über den Meinungsstand bei Spindler/Stilz AktG/*Rieckers* § 134 Rn. 82 mwN.
[67] MüKoAktG/*Arnold* § 134 Rn. 92; Schmidt/Lutter/*Spindler* AktG § 134 Rn. 75.
[68] Spindler/Stilz AktG/*Rieckers* § 133 Rn. 19; Grigoleit/*Herrler* AktG § 133 Rn. 11; *Messer* FS Fleck, 1988, 221 (226); *Ulmer* FS Niederländer, 1991, 415 (418–420). AA *Winnefeld* DB 1972, 1053 (1054) (nur Ja-Stimmen); Schmidt/Lutter/*Spindler* AktG § 133 Rn. 15–16; Bürgers/Körber AktG/*Holzborn* § 133 Rn. 7 Hüffer/*Koch* AktG § 133 Rn. 18 (die jeweils nur Ja- und Nein-Stimmen so einordnen).
[69] GroßkommAktG/*Grundmann* § 133 Rn. 68; Schmidt/Lutter/*Spindler* AktG § 133 Rn. 16; Hüffer/*Koch* AktG § 133 Rn. 19.
[70] Konzise Beschreibung der Zugangsvarianten bei Spindler/Stilz AktG/*Rieckers* § 133 Rn. 20.
[71] GroßkommAktG/*Grundmann* § 133 Rn. 68.
[72] BGH WM 2013, 666 Rn. 8 (für Wohnungseigentümerversammlung).
[73] *Hüffer,* AktG, 10. Aufl., 2012, § 133 Rn. 19; Schmidt/Lutter/*Spindler* AktG § 133 Rn. 18.

§ 40 Beschlüsse und Wahlen

sammlungsbeschlüsse ab.[74] Ein Bedürfnis für eine solche übergesetzliche Ausdehnung der Widerrufsmöglichkeiten ist auch nicht zu erkennen, weil der Aktionär in den relevanten Fällen seine Stimmabgabe nach allgemeiner Meinung gemäß §§ 119 ff. BGB gegenüber dem Versammlungsleiter anfechten kann.[75] Von praktischer Relevanz dürfte vor allem die **Anfechtung wegen Erklärungsirrtums** sein (Einwurf in den falschen Sammelbehälter, Betätigung des falschen Abstimmungsknopfes). Im Interesse des Verkehrsschutzes und um eine Konkurrenz mit dem Beschlussmängelrecht zu vermeiden, sollte die Anfechtung allerdings nur in der Hauptversammlung,[76] genauer: bis zur Beschlussfeststellung, möglich sein.

Eine **uneinheitliche Stimmabgabe** aus verschiedenen Aktien desselben Aktionärs ist 30 nach heute hM zulässig.[77] Für mehrere Stimmen aus einer Aktie gilt dies nach hM allerdings nicht.[78] Der Fall ist allerdings kaum noch relevant, weil Mehrstimmrechtsaktien abgeschafft sind (§ 12 Abs. 2 AktG) und nur noch kleine Restbestände Bestandsschutz genießen (§ 5 EGAktG).

e) Briefwahl. Mit § 118 Abs. 2 S. 1 AktG hat das ARUG 2009 eine besondere Form der 31 Stimmabgabe ermöglicht. Die Briefwahl ist die **Stimmabgabe eines Abwesenden** und unterscheidet sich damit, auch wenn sie in elektronischer Form durchgeführt wird, grundlegend von der elektronischen Stimmabgabe gemäß § 118 Abs. 1 S. 2 AktG. Letztere erfolgt rechtlich unter Anwesenden und ist eine Ausprägung der Online-Hauptversammlung. Als Abstimmung ohne Teilnahme an der Hauptversammlung führt die Briefwahl zu Unflexibilitäten und Einschränkungen der Aktionärsrechte (→ Rn. 33 und 34). Infolgedessen machen bei denjenigen Gesellschaften, die Briefwahl anbieten, nur wenige Aktionäre von ihr Gebrauch. Ein **dringendes Bedürfnis** der Briefwahl **besteht in der Praxis nicht,** obwohl Online-Teilnahme an der Hauptversammlung und Online-Abstimmungen nach wie vor seltene Ausnahmen sind.[79] Denn flexibler in der Stimmrechtsausübung und weniger Beschränkungen ihrer Rechte unterworfen sind die Aktionäre, wenn sie die inzwischen von fast allen börsennotierten Gesellschaften angebotene Möglichkeit nutzen, den von der Gesellschaft benannten Stimmrechtsvertretern Vollmacht für die weisungsgebundene Ausübung des Stimmrechts zu erteilen (§ 134 Abs. 3 S. 5 AktG). Erteilung und Widerruf der Vollmacht sowie Erteilung und Änderung von Weisungen für die Stimmrechtsausübung nehmen die Gesellschaften in der Regel noch bis kurz vor der Hauptversammlung, manchmal sogar bis unmittelbar vor der Abstimmung in der Hauptversammlung entgegen (→ § 37 Rn. 16).

Voraussetzung für die Durchführung der Briefwahl ist eine **Satzungsregelung.** Diese 32 kann gemäß § 118 Abs. 2 S. 1 AktG entweder selbst vorsehen, dass eine Briefwahl stattfinden soll und wie sie durchgeführt wird, oder den Vorstand dazu ermächtigen, über das Ob und Wie der Briefwahl zu entscheiden. Fast alle Satzungen börsennotierter Gesellschaften machen sinnvollerweise[80] von der zweiten Option Gebrauch und **ermächtigen den Vorstand.** Bei der Festlegung des – gemäß § 121 Abs. 3 Nr. 2 lit. b AktG in der Einberufung zur Hauptversammlung anzugebenden – Verfahrens der Briefwahl hat die

---

[74] *Messer* FS Fleck, 1988, 221 (228–229); Bürgers/Körber AktG/*Holzborn* § 133 Rn. 8; Spindler/Stilz AktG/*Rieckers* § 133 Rn. 21; MüKoAktG/*Arnold* § 133 Rn. 26; Grigoleit/*Herrler* AktG § 133 Rn. 11; Hölters AktG/*Hirschmann* § 133 Rn. 20; Wachter AktG/*Dürr* § 133 Rn. 15; Hüffer/*Koch* AktG § 133 Rn. 19.

[75] So schon *Bartholomeyczik* AcP 144 (1938), 287 (318–323). Siehe im Übrigen Spindler/Stilz AktG/*Rieckers* § 133 Rn. 21 mwN.

[76] GroßkommAktG/*Grundmann* § 133 Rn. 69; weitergehend Spindler/Stilz AktG/*Rieckers* § 133 Rn. 21; Grigoleit/*Herrler* AktG § 133 Rn. 11 (Anfechtung wegen Täuschung oder Drohung, § 123 BGB, auch nach der Hauptversammlung zulässig).

[77] Hüffer/*Koch* AktG § 133 Rn. 21; Grigoleit/*Herrler* AktG § 133 Rn. 12; jeweils mwN. Anders noch RGZ 118, 67 (70).

[78] Spindler/Stilz AktG/*Rieckers* § 133 Rn. 22 mwN.

[79] *von Holten/Bauerfeind* AG 2018, 729 (732–733).

[80] Ebenso *Schaaf/Slowinski* ZIP 2011, 2444.

Gesellschaft **weitgehende Gestaltungsfreiheit.** Für die Stimmabgabe kann Schriftform (§ 126 BGB), Textform (§ 126b BGB), elektronische Form (§ 126a BGB) oder auch jede andere Art der elektronischen Kommunikation vorgeschrieben werden, insbesondere die Nutzung eines Internet-Dialogs.[81] Letzteres, also der Internet-Dialog, löst am zuverlässigsten das praktisch erhebliche Problem, die Berechtigung des Briefwählers zur Stimmabgabe zuverlässig und anfechtungssicher feststellen zu müssen.[82] Der Briefwähler kann seine Stimme ab Einberufung der Hauptversammlung abgeben. Das zeitliche Ende für die Stimmabgabe hat die Gesellschaft zu bestimmen. Sie kann dafür, was praktikabel ist, einen Zeitpunkt vor der Hauptversammlung wählen, den Zeitraum aber auch bis unmittelbar vor Beginn der Abstimmungen erstrecken.[83]

33   Ein wesentlicher Nachteil der Briefwahl liegt darin, dass der Aktionär auf Änderungen der Beschlussgrundlagen in der Hauptversammlung nicht gut reagieren kann. Seine **Stimme wird gezählt wie abgegeben,** auch wenn die Aussprache in der Hauptversammlung ein anderes Stimmverhalten nahelegen würde. Der Briefwähler kann auch nicht auf abweichende oder zusätzliche Beschlussvorschläge reagieren, die in der Hauptversammlung zur Abstimmung gestellt werden. Sollte er davon unabhängig nach Stimmabgabe anderen Sinnes werden, kann er allerdings seine Briefwahlstimme bis zum Ende der Briefwahlperiode dann widerrufen, wenn die Gesellschaft dies für das Briefwahlverfahren so vorgesehen hat.[84] Wenn die Gesellschaft zum **Widerruf** nichts geregelt hat, gilt § 130 Abs. 1 S. 2 BGB. Auch hier kommt es nach hM auf den Zugang der Briefwahlstimme und des Widerrufs beim Versammlungsleiter an, weil nur dieser zuständig für die Durchführung der Beschlussfassung ist (→ Rn. 28).[85] Der Versammlungsleiter nimmt die Briefwahlstimmen, genau wie die Präsenzstimmen, frühestens ab Beginn der Abstimmungen in der Hauptversammlung zur Kenntnis, so dass der Briefwähler, genauso wie die teilnehmenden Aktionäre, seine Stimmabgabe bis zu diesem Zeitpunkt noch widerrufen kann. Wenn ein Briefwähler persönlich in der Hauptversammlung erscheint oder dort vertreten wird, kann er sein Stimmrecht neu ausüben oder ausüben lassen; darin liegt ein konkludenter Widerruf seiner Briefwahlstimme.[86]

34   Obwohl Briefwähler nicht an der Hauptversammlung teilnehmen (§ 118 Abs. 2 S. 1 AktG) und deshalb auch nicht ins Teilnehmerverzeichnis aufzunehmen sind, zählen die von ihnen abgegebenen Stimmen nicht nur für die **Feststellung der einfachen Mehrheit** des § 133 Abs. 1 AktG[87] sondern auch für die **Berechnung des bei der Beschlussfassung vertretenen Grundkapitals** mit, sind also auch für die Kapitalmehrheit (→ Rn. 42–45) relevant.[88] Mangels Anwesenheit in der Hauptversammlung können Briefwähler allerdings keinen Widerspruch gegen die Beschlussfassung erklären und sind **nicht gemäß § 245 Nr. 1 AktG anfechtungsbefugt** (dazu → § 42 Rn. 92). Hauptversammlungsbeschlüsse können sie deshalb nur unter den sehr viel einschränkenderen Voraussetzungen des § 245 Nr. 2 und Nr. 3 AktG anfechten.[89]

---

[81] *Noack* WM 2009, 2289 (2290).
[82] Zu diesem Erfordernis *Arnold* Der Konzern 2009, 88 (93); *Reul* ZNotP 2010, 44 (47).
[83] *Noack* WM 2009, 2289 (2291); Schmidt/Lutter/*Spindler* AktG § 118 Rn. 58–59; Bürgers/Körber AktG/*Reger* § 118 Rn. 5 f. AA *Herrler/Reymann* DNotZ 2009, 815 (821) (unter Berufung auf den Wortlaut der Aktionärsrechterichtlinie: nur bis zum Beginn der Hauptversammlung).
[84] *Noack* WM 2009, 2289 (2291).
[85] Schmidt/Lutter/*Spindler* AktG § 118 Rn. 58; *Arnold/Carl/Götze* AG 2011, 349 (358); Hüffer/Koch AktG § 118 Rn. 18. AA Bürgers/Körber AktG/*Reger* § 118 Rn. 5i (maßgeblich ist Zugang beim Vorstand).
[86] *Horn* ZIP 2008, 1558 (1565); Schmidt/Lutter/*Spindler* AktG § 118 Rn. 58; weitergehend *Noack* WM 2009, 2289 (2292) (konkludenter Widerruf bereits bei Erscheinen in der Hauptversammlung).
[87] Begr. RegE ARUG BT-Drs. 16/11 642, 27.
[88] *Butzke* Hauptversammlung Rn. Q 10; Hüffer/*Koch* AktG § 118 Rn. 19.
[89] Begr. RegE ARUG BT-Drs. 16/11 642, 27; *Bosse* NZG 2009, 807 (809); Hüffer/*Koch* AktG § 118 Rn. 19.

f) Auszählung der Stimmen. Die technische Auszählung der Stimmen ist Teil des 35 vom Versammlungsleiter im Rahmen des § 134 Abs. 4 AktG festzulegenden Abstimmungsverfahrens (→ Rn. 25).[90] Das Abstimmungsergebnis ergibt sich aus dem **Verhältnis der Ja-Stimmen zu den Nein-Stimmen;** für das Abstimmungsergebnis unbeachtlich sind Stimmenthaltungen und ungültige Stimmen.[91] Ungültig sind insbesondere formal fehlerhafte Stimmen (zB Ankreuzen auf Stimmkarte mit nicht maschinenlesbarem Stift), mehrdeutige Stimmen (zB Ankreuzen sowohl von „Ja" als auch von „Nein"), Stimmen aus Aktien, die kein Stimmrecht gewähren (zB wegen Stimmverbots oder zeitweiligem Rechtsverbots), Stimmen, die einem zur Nichtigkeit führenden Willensmangel unterliegen (zB wegen Geschäftsunfähigkeit), sowie treuwidrige Stimmen.[92] Ob Stimmen ungültig sind, hat zunächst der Versammlungsleiter zu entscheiden; seine Entscheidung ist im Wege der Anfechtungsklage und ggf. der positiven Beschlussfeststellungsklage gerichtlich überprüfbar.[93] Für die Ermittlung der Ja- und Nein-Stimmen gibt es zwei Methoden:

Beim **Additionsverfahren** werden die Ja- und Nein-Stimmen, und nur diese, direkt 36 gezählt. Dazu gehören auch die per Briefwahl abgegebenen Ja- und Nein-Stimmen. Diese Zählweise ist **rechtlich abgesichert und unbestritten.**[94] Sie kann bei großen Hauptversammlungen zeitlich aufwändig sein, weil die Stimmabgaben vieler Aktionäre zu erfassen und auszuwerten sind. Angesichts der heutigen technischen Möglichkeiten hält sich dieser Zeitaufwand allerdings in Grenzen, insbesondere bei der Stimmenauszählung; lediglich die Erfassung der Stimmabgaben fällt bei der Verwendung von Stimmkarten zeitlich noch ins Gewicht. Aus heutiger Sicht ist deshalb das Additionsverfahren die Zählmethode der Wahl.

Beim **Subtraktionsverfahren** lässt der Versammlungsleiter nur diejenigen Stimmen 37 zählen, die nach seiner Prognose den kleineren Teil der insgesamt vertretenen Stimmen ausmachen werden. Wenn er also die Zustimmung zu einem Beschlussantrag erwartet, lässt er lediglich die Nein-Stimmen, Enthaltungen und ungültigen Stimmen erfassen. Durch Abzug all dieser Stimmen von der zuvor festgestellten Präsenz ergibt sich dann die Zahl der Ja-Stimmen. Das Subtraktionsverfahren kann auch umgekehrt werden, wenn der Versammlungsleiter mit der Ablehnung eines Beschlussantrags rechnet. Dann kann er die Nein-Stimmen errechnen, indem er alle anderen Stimmen zählen lässt und von der Präsenz abzieht. Die Präsenz ergibt sich aus dem Teilnehmerverzeichnis (§ 129 Abs. 1 S. 2 AktG). Ist **Briefwahl** zugelassen, muss die Präsenz um die insgesamt abgegebenen Briefwahlstimmen erhöht werden, bevor die Subtraktion, ebenfalls unter Berücksichtigung der entsprechenden Briefwahlstimmen, angewendet wird. Alternativ können auch einfach die Ja- oder Nein-Stimmen aus der Briefwahl dem Subtraktionsergebnis der Präsenzabstimmung hinzugerechnet werden.[95] Aus rechtlicher Sicht ist gegen das Subtraktionsverfahren hauptsächlich einzuwenden, dass es denjenigen Aktionären, die sich bei der Abstimmung passiv verhalten, insbesondere den sogenannten „Verpflegungsaktionären" außerhalb des Versammlungssaals, einen vielfach nicht vorhandenen Abstimmungswillen unterstellt. Gleichwohl ist das Subtraktionsverfahren nach heute immer noch hM **rechtlich zuläs-**

---

[90] Wie hier *Max* AG 1991, 77 (87); GroßkommAktG/*Grundmann* § 133 Rn. 128; Schmidt/Lutter/*Spindler* AktG § 133 Rn. 22. AA Spindler/Stilz AktG/*Rieckers* § 133 Rn. 24 (der die Auszählung als selbständigen Verfahrensteil ansieht, der ausschließlich in der Kompetenz des Versammlungsleiters liegen soll); ähnlich *Stützle/Walgenbach* ZHR 155 (1991), 516 (535).
[91] GroßkommAktG/*Grundmann* § 133 Rn. 103; Hüffer/*Koch* AktG § 133 Rn. 22; jeweils mwN. Dazu näher → Rn. 38, 42.
[92] Ausführlich MüKoAktG/*Arnold* § 133 Rn. 36 mwN.
[93] Statt aller Hüffer/*Koch* AktG § 130 Rn. 22 mwN. Auch → Rn. 51.
[94] Siehe nur GroßkommAktG/*Grundmann* § 133 Rn. 129; Hüffer/*Koch* AktG § 133 Rn. 23; Grigoleit/*Herrler* AktG § 133 Rn. 13; MüKoAktG/*Arnold* § 133 Rn. 30; jeweils mwN.
[95] Ausführlich zur Briefwahl beim Subtraktionsverfahren KölnKommAktG/*Tröger* § 133 Rn. 109–110 mwN.

sig,[96] insbesondere, nachdem in der Rechtsgeschäftslehre das Erklärungsbewusstsein als unverzichtbarer Bestandteil einer Willenserklärung aufgegeben worden ist.[97] Allerdings sind eine **Reihe von Anforderungen** zu erfüllen, deren (angebliche) Verletzung im Einzelfall Anlass zu Anfechtungsklagen geben kann und in der Vergangenheit auch gegeben hat. Dazu gehören:[98] Die Präsenz muss zuverlässig festgestellt werden. Dazu muss das Teilnehmerverzeichnis vor jeder Abstimmung aktualisiert worden sein, und es ist darauf zu achten, dass kein Aktionär und kein Aktionärsvertreter während der Abstimmung den Präsenzbereich verlässt, ohne dass er eine Vollmacht erteilt oder das Teilnehmerverzeichnis sofort aktualisiert wird. Ferner muss der Versammlungsleiter die Aktionäre und Aktionärsvertreter vor Beginn der Abstimmung darüber belehren, dass die Stimmen aus Aktien derjenigen Aktionäre, die oder deren Vertreter sich im Präsenzbereich aufhalten, jedoch keine Stimme abgeben, dennoch als Ja- oder Nein-Stimmen (je nachdem, in welcher Richtung das Subtraktionsverfahren angewandt wird) gewertet werden. Die Beachtung dieser Anforderungen mag einfach erscheinen, sie ist es in der Praxis aber nicht. Schon die Umkehrung des Subtraktionsverfahrens, etwa bei der Abstimmung über einen Verfahrensantrag, führt vielfach zu erheblicher Verwirrung bei allen Beteiligten. Ferner versuchen opponierende Aktionäre heute noch, das Abstimmungsergebnis durch Obstruktion der Präsenzfeststellung in Zweifel zu ziehen. Das Subtraktionsverfahren sollte daher heute vermieden werden, wenn nicht zwingende Gründe der Abstimmungstechnik es erforderlich machen.[99]

38 **4. Mehrheit. a) Stimmenmehrheit.** § 133 Abs. 1 AktG verlangt für das Zustandekommen eines Hauptversammlungsbeschlusses **mindestens** die **Mehrheit der abgegebenen Stimmen** und definiert diese Mehrheit als **einfache Stimmenmehrheit.** Abgegebene Stimmen sind nur die **Ja-Stimmen** und die **Nein-Stimmen;** Enthaltungen[100] und ungültige Stimmen[101] werden bei der Feststellung der Mehrheit nicht berücksichtigt. Ungültig ist auch derjenige Teil der Stimmen eines Aktionärs, der über ein satzungsmäßiges Höchststimmrecht (§ 134 Abs. 1 S. 2 AktG) hinausgeht (dazu → § 39 Rn. 14). Die einfache Stimmenmehrheit für die Annahme eines Antrags, dh für einen positiven formellen Beschluss (→ Rn. 3), ist erreicht, wenn die Zahl der gültigen Ja-Stimmen um wenigstens Eins größer ist als die der gültigen Nein-Stimmen.[102] Ansonsten, also auch bei gleicher Zahl von Ja- und Nein-Stimmen, ist die einfache Stimmenmehrheit nicht erreicht und der Antrag abgelehnt.[103] Darin liegt ein in § 133 Abs. 1 AktG nicht geregelter negativer formeller Beschluss[104] (siehe ausführlicher → Rn. 3).

39 In den meisten Fällen reicht die einfache Stimmenmehrheit für das Zustandekommen eines Hauptversammlungsbeschlusses aus;[105] eine qualifizierte (dh größere) Mehrheit kann gemäß § 133 Abs. 1 AktG nur durch spezielle gesetzliche Regelungen oder durch die

---

[96] BGHZ 152, 63 (für Wohnungseigentümerversammlung); OLG Frankfurt a. M. NZG 1999, 119 (120) – ASI Automotive; ZIP 2007, 232 (233); *Max* AG 1991, 77 (87–88); *Ernst* FS K. Schmidt, 2019, 261 (287–289); *Butzke* Hauptversammlung Rn. E 109; Hüffer/*Koch* AktG § 133 Rn. 24; Bürgers/Körber AktG/*Holzborn* § 133 Rn. 12; KölnKommAktG/*Tröger* § 133 Rn. 115; jeweils mwN.

[97] Siehe nur BGHZ 109, 171 (177); Palandt BGB/*Ellenberger* Einf. vor § 116 Rn. 17 mwN.

[98] Ausführlicher hierzu *Stützle/Walgenbach* ZHR 155 (1991), 516 (535); Spindler/Stilz AktG/*Rieckers* § 133 Rn. 27; MüKoAktG/*Arnold* § 133 Rn. 31; *Max* AG 1991, 77 (87–88).

[99] In diesem Sinne auch KölnKommAktG/*Tröger* § 133 Rn. 116.

[100] BGHZ 129, 136 (153) – Girmes; GroßkommAktG/*Grundmann* § 133 Rn. 103; Hüffer/*Koch* AktG § 133 Rn. 12; jeweils mwN.

[101] RGZ 106, 258 (263); GroßkommAktG/*Grundmann* § 133 Rn. 103; Hüffer/*Koch* AktG § 133 Rn. 12; *Max* AG 1991, 77 (87); jeweils mwN.

[102] GroßkommAktG/*Grundmann* § 133 Rn. 101 mwN; KölnKommAktG/*Tröger* § 133 Rn. 124.

[103] Die Auflösung eines Patts durch Losentscheid oder Entscheidung des Versammlungsleiters wäre unzulässig; Spindler/Stilz AktG/*Rieckers* § 133 Rn. 46.

[104] KölnKommAktG/*Tröger* § 133 Rn. 125.

[105] Aufzählung der betreffenden Beschlussgegenstände zB bei MüKoAktG/*Arnold* § 133 Rn. 38.

Satzung angeordnet werden. Kleinere Mehrheiten als die einfache Stimmenmehrheit gibt es bei Beschlüssen im Allgemeinen nicht. Möglich sind sie gemäß § 133 Abs. 2 AktG nur bei Wahlen aufgrund besonderer Satzungsregelungen (dazu näher → Rn. 90, 91).

Qualifizierte Stimmenmehrheiten von Gesetzes wegen sind allerdings selten. Zu nennen ist insbesondere die Mehrheit von drei Vierteln der abgegebenen Stimmen für die Abberufung von Aufsichtsratsmitgliedern (§ 103 Abs. 1 S. 2 AktG) sowie die Zustimmung zu Maßnahmen der Geschäftsführung, denen der Aufsichtsrat zuvor seine Zustimmung verweigert hatte (§ 111 Abs. 4 S. 4 AktG).[106]

Die **Anordnung qualifizierter Stimmenmehrheiten durch die Satzung** ist in denjenigen Fällen ausgeschlossen, in denen das Gesetz ausdrücklich eine einfache Stimmenmehrheit ausreichen lässt.[107] Das ist der Fall bei der Abberufung eines entsandten Aufsichtsratsmitglieds nach Wegfall des Entsendungsrechts (§ 103 Abs. 2 S. 2 AktG), der Herabsetzung der satzungsmäßigen Aufsichtsratsvergütung (§ 113 Abs. 1 S. 4 AktG), der Bestellung von Sonderprüfern (§ 142 Abs. 1 S. 1 AktG) und der Geltendmachung von Ersatzansprüchen insbesondere gegen Verwaltungsmitglieder (§ 147 Abs. 1 S. 1 AktG). Ansonsten kann die Satzung die einfache Stimmenmehrheit auf **jede beliebige Schwelle bis hin zur Einstimmigkeit** erhöhen.[108] Dies gilt auch für diejenigen Beschlussgegenstände, über welche die Hauptversammlung von Gesetzes wegen beschließen muss (zB Entlastung der Verwaltungsmitglieder, § 120 Abs. 1 S. 1 AktG, Verwendung des Bilanzgewinns, § 174 Abs. 1 S. 1 AktG).[109] Die beiden vorstehend in → Rn. 40 erwähnten Fälle gesetzlich bereits qualifizierter Stimmenmehrheiten sind hinsichtlich ihrer Satzungsdispositivität zu unterscheiden: Die Dreiviertelmehrheit für die Abberufung von Aufsichtsratsmitgliedern kann gemäß § 103 Abs. 1 S. 3 AktG sowohl erhöht als auch (bis zur einfachen Stimmenmehrheit, § 133 Abs. 1 AktG) herabgesetzt werden. Die Dreiviertelmehrheit für die Zustimmung zu Maßnahmen der Geschäftsführung, denen der Aufsichtsrat zuvor seine Zustimmung verweigert hatte, steht hingegen gemäß § 111 Abs. 4 S. 5 AktG nicht zur Disposition der Satzung. Satzungsmäßig qualifizierte Mehrheitserfordernisse können im Zweifel nur mit der qualifizierten Mehrheit wieder beseitigt werden, weil die darin liegende Beschlusserschwerung sonst leicht unterlaufen werden könnte.[110]

b) Kapitalmehrheit. Spezielle gesetzliche Vorschriften verlangen bei gewissen Beschlussgegenständen für das Zustandekommen eines Hauptversammlungsbeschlusses eine Kapitalmehrheit. Bezugsgröße für die Kapitalmehrheit ist stets **das bei der Beschlussfassung vertretene Grundkapital.** Das ist der anteilige Betrag des Grundkapitals, der insgesamt auf diejenigen Aktien entfällt, aus denen mit **Ja** oder **Nein** gestimmt worden ist. Für die Berechnung der Bezugsgröße außer Betracht bleiben Vorzugsaktien ohne Stimmrecht,[111] eigene Aktien[112] und Aktien, aus denen aus sonstigen Gründen, zB wegen Stimmverbots, das Stimmrecht nicht ausgeübt werden kann.[113] Auch Aktien, aus denen trotz bestehenden Stimmrechts weder mit Ja noch mit Nein gestimmt wird (Stimmenthaltungen) und aus

---

[106] Zum Sonderfall des § 7 Abs. 3 S. 1 FMStBG (²/₃ der abgegebenen Stimmen) siehe Spindler/Stilz AktG/*Rieckers* § 133 Rn. 33. Die von § 233 Abs. 1 UmwG geforderte Einstimmigkeit bei Formwechsel in eine Gesellschaft mit unbeschränkter Gesellschafterhaftung ist lediglich Ausfluss des Zustimmungserfordernisses aller Aktionäre, die nicht erschienen. Dazu noch → Rn. 46.
[107] GroßkommAktG/*Grundmann* § 133 Rn. 118; Hüffer/*Koch* AktG § 133 Rn. 15.
[108] Spindler/Stilz AktG/*Rieckers* § 133 Rn. 43; MüKoAktG/*Arnold* § 133 Rn. 59, jeweils mwN.
[109] BGHZ 76, 191 (193); Spindler/Stilz AktG/*Rieckers* § 133 Rn. 44 mwN.
[110] Siehe nur GroßkommAktG/*Wiedemann* § 179 Rn. 123; MüKoAktG/*Stein* § 179 Rn. 121; Hüffer/*Koch* AktG § 179 Rn. 20. AA für die Änderung oder Beseitigung eines Höchststimmrechts *Hoffmann-Becking*, → § 39 Rn. 17 aE.
[111] Arg. ex § 140 Abs. 2 S. 2 AktG; MüKoAktG/*Arnold* § 133 Rn. 46; Hüffer/*Koch* AktG § 179 Rn. 14.
[112] GroßkommAktG/*Grundmann* § 133 Rn. 108.
[113] Spindler/Stilz AktG/*Rieckers* § 133 Rn. 34; MüKoAktG/*Arnold* § 133 Rn. 46.

denen ungültige Stimmen abgegeben werden, sind bei der Berechnung der Bezugsgröße nicht zu berücksichtigen.[114]

43 Die Kapitalmehrheit wird also anhand derselben Aktien ermittelt wie die Stimmenmehrheit (dazu → Rn. 37). Deshalb entspricht im heutigen gesetzlichen Normalfall, in dem jede Aktie maximal eine Stimme gewährt und Mehrstimmrechte unzulässig sind (§ 12 Abs. 2 AktG), der Kapitalanteil der gültigen Ja- und Nein-Stimmen deren jeweiligem Stimmenanteil. Etwas anderes gilt nur, wenn **alte Mehrstimmrechte** (dazu → § 39 Rn. 12 f.) ausnahmsweise das gesetzliche Ablaufdatum 1.6.2003 überdauert haben (§ 5 Abs. 1 S. 1 EGAktG) oder ein satzungsmäßiges **Höchststimmrecht** (dazu → § 39 Rn. 14 ff.) besteht (§ 134 Abs. 1 S. 2 AktG). Der Stimmenanteil der Mehrstimmrechtsaktien ist größer als ihr Kapitalanteil, der Stimmenanteil des von einem Höchststimmrecht betroffenen Aktionärs ist kleiner als sein Kapitalanteil. Mehrstimmrechte und Höchststimmrechte wirken sich nur auf die Stimmenmehrheit aus, nicht auf die Kapitalmehrheit. Für mehrere Stimmrechte aus einer Aktie leuchtet dies ohne weiteres ein. Für Höchststimmrechte ergibt es sich aus § 134 Abs. 1 S. 6 AktG (siehe dazu näher → § 39 Rn. 16).

44 Für gewöhnlich tritt die **Kapitalmehrheit** als „**weiteres Erfordernis**" iSd § 133 Abs. 1 AktG[115] neben die Stimmenmehrheit. Nur ausnahmsweise ersetzt die Kapitalmehrheit die Stimmenmehrheit, nämlich bei der Beseitigung von alten Mehrstimmrechten, die mit der einfachen Mehrheit des bei der Beschlussfassung vertretenen Grundkapitals beschlossen werden kann, ohne dass die Mehrheit der abgegebenen Stimmen erreicht werden muss, § 5 Abs. 2 S. 2 EGAktG (→ § 39 Rn. 11). Diese besondere Kapital"mehrheit" dient der Erleichterung der Beschlussfassung gegen den Widerstand der Mehrstimmrechtsaktionäre. Normalerweise will das **Gesetz** angesichts der Bedeutung der Beschlussgegenstände die Beschlussfassung aber erschweren, indem es zusätzlich zur einfachen Stimmenmehrheit eine Kapitalmehrheit fordert. Diese ist in allen Fällen **qualifiziert;** in der Regel bedarf es **drei Viertel des bei der Beschlussfassung vertretenen Grundkapitals** (zB grundsätzlich bei Satzungsänderung, § 179 Abs. 2 S. 1 AktG, dazu näher → Rn. 77, Kapitalmaßnahmen, §§ 182 ff. AktG, Umwandlungsmaßnahmen nach dem UmwG).[116]

45 Die **Satzung** kann die Beschlussfassung **weiter erschweren** und die gesetzliche Drei-Viertel-Kapitalmehrheit kraft ausdrücklicher Ermächtigung durch die betreffenden Einzelnormen (zB § 186 Abs. 3 S. 3 AktG für den Bezugsrechtsausschluss) noch erhöhen.[117] Eine **Absenkung** der Drei-Viertel-Kapitalmehrheit lässt das Gesetz allerdings nur zu für Satzungsänderungen mit Ausnahme der Änderung des Unternehmensgegenstands (§ 179 Abs. 2 S. 2 AktG), Kapitalerhöhungen mit Einlagen außer bei Vorzugsaktien ohne Stimmrecht (§ 182 Abs. 1 S. 2 AktG), Kapitalerhöhungen aus Gesellschaftsmitteln (§§ 207 Abs. 2 S. 1, 182 Abs. 1 S. 2 AktG) und Ausgabe von Wandelschuldverschreibungen und Genussrechten (§§ 221 Abs. 1 S. 3, Abs. 3 AktG). Bei der Formulierung entsprechender Satzungsbestimmungen ist Sorgfalt angezeigt, denn der Wille, neben der einfachen Stimmenmehrheit auch eine einfache Kapitalmehrheit genügen zu lassen, muss in der Satzung

---

[114] GroßkommAktG/*Grundmann* § 133 Rn. 108; Spindler/Stilz AktG/*Rieckers* § 133 Rn. 34; jeweils mwN.

[115] Hüffer/*Koch* AktG § 133 Rn. 13; Bürgers/Körber AktG/*Holzborn* § 133 Rn. 15; *Witt* AG 2000, 345 (346); MüKoAktG/*Arnold* § 133 Rn. 52.

[116] Aufzählung der Beschlussgegenstände zB bei MüKoAktG/*Arnold* § 133 Rn. 50. Zu den Sonderfällen der §§ 7 Abs. 3 S. 1 und 15 Abs. 2 FMStBG (²/₃ des bei der Beschlussfassung vertretenen Grundkapitals) siehe Spindler/Stilz AktG/*Rieckers* § 133 Rn. 34. § 4 Abs. 3 VW-Gesetz erhöht die gesetzliche ³/₄-Kapitalmehrheit für Beschlüsse der Hauptversammlung bei der Volkswagen AG generell auf ⁴/₅ des bei der Beschlussfassung vertretenen Grundkapitals. Europarechtliche Zweifel am VW-Gesetz werden derzeit von der EU-Kommission nicht mehr geltend gemacht; siehe nur *Verse/Wirsch* EuZW 2014, 375 mwN zur Problematik und zum Verfahrensgang.

[117] Hüffer/*Koch* AktG § 133 Rn. 15; MüKoAktG/*Arnold* § 133 Rn. 61; Spindler/Stilz AktG/*Rieckers* § 133 Rn. 35.

§ 40 Beschlüsse und Wahlen

eindeutig zum Ausdruck kommen.[118] Als hinreichend sicher hat sich folgende, inzwischen von den meisten Publikumsgesellschaften angewandte Formulierung erwiesen:

> *„Die Beschlüsse der Hauptversammlung werden, soweit nicht zwingende gesetzliche Vorschriften entgegenstehen, mit einfacher Mehrheit der abgegebenen Stimmen und, soweit das Gesetz außer der Stimmenmehrheit eine Kapitalmehrheit vorschreibt, mit der einfachen Mehrheit des bei der Beschlussfassung vertretenen Grundkapitals gefasst."*[119]

5. Weitere Erfordernisse. Nach der Terminologie des § 133 Abs. 1 AktG sind alle Beschlusserfordernisse außer der einfachen oder qualifizierten Stimmenmehrheit „weitere Erfordernisse" und bedürfen einer gesetzlichen oder satzungsmäßigen Regelung. **Gesetzlich geregelte weitere Erfordernisse** sind neben der Kapitalmehrheit (→ Rn. 44) insbesondere die **Zustimmung** aller betroffenen Aktionäre bei der Auferlegung von Nebenverpflichtungen (§ 180 Abs. 1 AktG) und der Einführung einer Vinkulierung bei Namensaktien oder Zwischenscheinen (§ 180 Abs. 2 AktG). Satzungsmäßige Sonderrechte (zB das Entsendungsrecht zum Aufsichtsrat gemäß § 103 Abs. 2 AktG) können nur mit Zustimmung des begünstigten Aktionärs aufgehoben werden.[120] Auch die Zustimmung bestimmter Aktionärsgruppen durch **Sonderbeschluss** (zB der Vorzugsaktionäre bei Aufhebung des Vorzugs, § 141 Abs. 1 AktG; ausführlich zum Sonderbeschluss → Rn. 61 ff.) gehört zu den weiteren Beschlusserfordernissen. In diesem Zusammenhang erwähnt wird auch die Abwesenheit eines Minderheitswiderspruchs (mindestens 10% des Grundkapitals) bei bestimmten Beschlussgegenständen, zB bei der Zustimmung der Hauptversammlung zum Verzicht auf Ersatzansprüche gegen Organmitglieder (§ 93 Abs. 4 S. 3 AktG).[121] Teilweise werden auch formelle gesetzliche Beschlusserfordernisse unter § 133 Abs. 1 AktG subsumiert.[122]

Weitere Beschlusserfordernisse können außer durch Gesetz nur durch die **Satzung** geschaffen werden. Zulässig ist zB die Anordnung eines **Quorums** (als Beteiligungsquorum und/oder als Zustimmungsquorum; → Rn. 5). Desgleichen kann die Satzung eine **Kapitalmehrheit** auch für Beschlussgegenstände einführen, für die das Gesetz eine solche eigentlich nicht vorsieht.[123] Unzulässig wäre es hingegen, wenn die Satzung Zustimmungsvorbehalte oder sonstige Vetorechte zugunsten des Vorstands, des Aufsichtsrats (jeweils Verstoß gegen die gesetzliche Kompetenzordnung), einzelner Aktionäre (gesetzlich abschließend geregelt, → Rn. 46) oder außerhalb der Gesellschaft stehender Personen (Verstoß gegen die Autonomie der gesellschaftsinternen Willensbildung) schaffen würde.[124]

6. Beschlussfeststellung. Mit der Beschlussfeststellung – manche sprechen bedeutungsschwer von „Verkündung"[125] – wird der Hauptversammlung das Ergebnis der Beschlussfassung mitgeteilt. Zuständig für die Beschlussfeststellung ist der **Versammlungsleiter**. Zwar erwähnt § 130 Abs. 2 S. 1 iVm Abs. 1 S. 3 AktG ausschließlich den Aufsichtsratsvorsitzenden, weil dieser in der Praxis meistens die Hauptversammlung leitet. Aber wenn ausnahmsweise ein Anderer zur Versammlungsleitung berufen ist, obliegt diesem auch die Beschlussfeststellung.[126]

---

[118] BGH NJW 1975, 212; AG 1987, 348 (349).
[119] So zB Beck'sches Formularbuch/*Hoffmann-Becking/Berger* Form. X.11 § 20 Abs. 3.
[120] GroßkommAktG/*Grundmann* § 133 Rn. 122; Spindler/Stilz AktG/*Rieckers* § 133 Rn. 40.
[121] Siehe im Übrigen die Aufzählung bei Spindler/Stilz AktG/*Rieckers* § 133 Rn. 40.
[122] GroßkommAktG/*Grundmann* § 133 Rn. 122; MüKoAktG/*Arnold* § 133 Rn. 62–63.
[123] Spindler/Stilz AktG/*Rieckers* § 133 Rn. 46; *Witt* AG 2000, 345 (346).
[124] Spindler/Stilz AktG/*Rieckers* § 133 Rn. 47; MüKoAktG/*Arnold* § 133 Rn. 64.
[125] GroßkommAktG/*Grundmann* § 133 Rn. 131; MüKoAktG/*Arnold* § 133 Rn. 73; Wachter AktG/*Dürr* 133 Rn. 19. Von „Feststellung und Verkündung" spricht KölnKommAktG/*Tröger* § 133 Rn. 179 ff., ohne allerdings Rechtsfolgen an diese Differenzierung zu knüpfen.
[126] So auch OLG Karlsruhe NZG 2013, 1261 (1265) zu der Frage, wer gemäß § 130 Abs. 1 S. 3 AktG bei nicht börsennotierten Gesellschaften das Protokoll zu unterzeichnen hat. Zustimmend *Beck* AG 2014, 275 (277–278).

49 Der zentrale, gesetzlich nicht geregelte **Inhalt der Beschlussfeststellung** besteht in der Angabe, ob der zur Abstimmung gestellte **Antrag angenommen** oder **abgelehnt** wurde, sowie – bei Antragsannahme – der Beschreibung des **materiellen Beschlussinhalts**.[127] Für die Beschreibung des Beschlussinhalts gilt, was zuvor (→ Rn. 14) schon zur Beschreibung des Antragsinhalts gesagt wurde. Auch hier ist eine wörtliche Verlesung des Beschlusstextes in der Regel nicht erforderlich, sondern es genügt auch hier die **Bezugnahme** auf vor der Hauptversammlung bekannt gemachte und in der Hauptversammlung zugängliche Texte.[128] Nur wo es keine in Bezug zu nehmenden Texte gibt, also bei Anträgen, die erst in der Hauptversammlung formuliert worden sind, muss der Versammlungsleiter den Beschlussinhalt im Wortlaut feststellen oder jedenfalls denjenigen Teil des Wortlauts angeben, der von den in Bezug zu nehmenden Texten abweicht.

50 Darüber hinaus sind neben der Beschlussfeststellung **Angaben über das Ergebnis der Abstimmung** erforderlich, die aber rechtlich nicht Bestandteil der Beschlussfeststellung sind (§ 130 Abs. 1 S. 1 AktG) und deshalb als solche auch nicht mit einer Beschlussmängelklage angegriffen werden können.[129] Die Aktionärsrechterichtlinie[130] schreibt für börsennotierte Gesellschaften weitere Zusatzinformationen zum Abstimmungsergebnis vor; durch das ARUG sind diese in § 130 Abs. 2 S. 2 AktG kodifiziert worden. Dazu gehört die Zahl der Aktien, für die gültige Stimmen abgegeben wurden, der Anteil des durch die gültigen Stimmen vertretenen Grundkapitals sowie die Zahl der für einen Beschluss abgegebenen Stimmen, Gegenstimmen und gegebenenfalls die Zahl der Enthaltungen (dazu näher → § 41 Rn. 13). Diese Angaben sind in der Beschlussfeststellung dann entbehrlich, wenn kein Aktionär sie verlangt; dann genügt die Angabe, dass die erforderliche Mehrheit erreicht wurde (§ 130 Abs. 2 S. 3 AktG). In der Praxis wird auf Nachfrage des Versammlungsleiters ein solches Verlangen so gut wie nie gestellt, so dass die ermüdende Verlesung von Zahlenkolonnen der Versammlung meistens erspart bleibt. Stattdessen werden die Einzelangaben auf Bildschirme im Versammlungssaal projiziert und sind später gemäß § 130 Abs. 6 AktG auch auf der Internetseite der Gesellschaft nachzulesen.

51 Die Beschlussfeststellung hat **konstitutive Wirkung**.[131] Dies bedeutet, dass der Beschluss mit dem festgestellten Inhalt bei Protokollierung (→ Rn. 53) wirksam wird, soweit kein Nichtigkeitsgrund gemäß § 241 AktG vorliegt. Dies gilt selbst dann, wenn die Stimmen falsch ausgezählt worden sind und die erforderliche Mehrheit nicht erreicht war oder wenn der Versammlungsleiter den Antragsinhalt bei der Beschlussfeststellung falsch wiedergibt. Gegen fehlerhafte Beschlussfeststellung schützt die Aktionäre vor allen Dingen die Anfechtungsklage.[132] Vor der Beschlussfeststellung hat sich der Versammlungsleiter allerdings nach besten Kräften zu vergewissern, dass der festzustellende Beschluss rechtmäßig sein, dh nicht gegen Gesetz oder Satzung verstoßen wird (§ 243 Abs. 1 AktG). Es handelt sich hier um den zweiten Teil seiner **rechtlichen Eingangskontrolle.** Im Anschluss an den ersten Teil, der Antragsprüfung (dazu → Rn. 13), muss er ausschließen können, dass es im Laufe der Hauptversammlung zu Gesetzes- oder Satzungsverletzungen, wie zB Verletzungen des Rede- und Fragerechts der Aktionäre oder Mißachtung von Stimmverboten, gekommen ist. Auch insoweit wird der Versammlungsleiter schwierige Sach- und Rechtsfragen nicht ad hoc zuverlässig beurteilen können. Dennoch muss er eine Entscheidung treffen und

---

[127] Statt vieler Spindler/Stilz AktG/*Rieckers* § 133 Rn. 49 mwN.
[128] *Martens* Leitfaden S. 95–96; Spindler/Stilz AktG/*Rieckers* § 133 Rn. 49; KölnKommAktG/*Tröger* § 133 Rn. 185.
[129] KölnKommAktG/*Noack/Zetzsche* § 130 Rn. 169 ff.; KölnKommAktG/*Tröger* § 133 Rn. 183.
[130] RL 2007/36/EG des Europäischen Parlaments und des Rates v. 11.7.2007 über die Ausübung bestimmter Rechte von Aktionären in börsennotierten Gesellschaften, ABl. 2007 L 184, S. 17.
[131] BGHZ 104, 66 (69); Spindler/Stilz AktG/*Rieckers* § 133 Rn. 48; MüKoAktG/*Arnold* § 133 Rn. 73; KölnKommAktG/*Tröger* § 133 Rn. 186.
[132] BGHZ 76, 191 (197).

damit die Anfechtungslast verteilen.[133] Im Zweifel wird er den beantragten Beschluss feststellen und die Klärung schwieriger Fragen einem Beschlussmängelprozess überlassen. Immerhin kann und muss er die Feststellung eines beantragten Beschlusses bei **evidenten Gesetzes- oder Satzungsverletzungen** verweigern.

Bei **Einpersonengesellschaften** wird die Beschlussfeststellung überwiegend für nicht 52 erforderlich gehalten; hier soll es genügen, die Erklärungen des Alleinaktionärs zu protokollieren,[134] und dies soll auch für mehrgliedrige Gesellschaften gelten, wenn nur ein Aktionär in der Hauptversammlung anwesend ist[135] oder Einstimmigkeit erzielt wurde.[136]

7. Protokollierung. Jeder Hauptversammlungsbeschluss ist in die Niederschrift[137] über 53 die Hauptversammlung aufzunehmen (§ 130 Abs. 1 S. 1 AktG). Dazu gehört insbesondere die Beschlussfeststellung (§ 130 Abs. 2 S. 1 AktG). **Mit der Protokollierung** wird der Beschluss grundsätzlich wirksam.[138] Wenn eine ordnungsgemäße Protokollierung endgültig unterbleibt, ist der Hauptversammlungsbeschluss gemäß § 241 Nr. 2 AktG nichtig. **Zwischen Beschlussfeststellung und Protokollierung** vergeht immer eine gewisse Zeit, insbesondere bei notarieller Niederschrift,[139] so dass ein Schwebezustand eintritt. Nach den Worten des BGH „bleibt die Nichtigkeit" des festgestellten, aber noch nicht protokollierten Hauptversammlungsbeschlusses „gemäß § 241 Nr. 2 AktG in der Schwebe".[140] Gemeint ist damit wohl ein Zustand, der im Zivilrecht ansonsten als **schwebende Unwirksamkeit** bekannt ist.[141] Daraus wird mit unterschiedlichen Begründungen, im Ergebnis aber übereinstimmend zu Recht geschlossen, dass die Protokollierung des Hauptversammlungsbeschlusses auf den Zeitpunkt der Beschlussfeststellung zurückwirkt und den Beschluss ex tunc wirksam macht.[142] Das ist wichtig, damit Ausführungshandlungen vor Ausfertigung des Protokolls (zB die Ausschüttung der Dividende grundsätzlich spätestens am dritten Bankarbeitstag nach der Hauptversammlung, § 58 Abs. 4 S. 2 AktG) nicht ohne Rechtsgrund bleiben und möglicherweise schwierige Kondiktionslagen vermieden werden.

---

[133] KölnKommAktG/*Tröger* § 133 Rn. 180, 187. Ausführlich mit Betrachtung verschiedener Fallgruppen *Drinkuth/Heider* FS 25 Jahre WpHG, 2019, 237, *passim* (insbesondere 265–268).

[134] BayObLGZ 1972, 354 (360); *Butzke* Hauptversammlung Rn. D 12; GroßkommAktG/*Grundmann* § 133 Rn. 132; KölnKommAktG/*Tröger* § 133 Rn. 181; AA *Blasche* AG 2017, 16 (20) unter Berufung auf OLG Köln NZG 2008, 635 (636) (wo es allerdings nicht um die Beschlussfeststellung, sondern um die Unterzeichnung des privatschriftlichen Protokolls bei einer nichtbörsennotierten Gesellschaft gemäß § 130 Abs. 1 S. 3 AktG ging).

[135] GroßkommAktG/*Grundmann* § 133 Rn. 132; Spindler/Stilz AktG/*Rieckers* § 133 Rn. 48; jeweils mwN. AA KölnKommAktG/*Tröger* § 133 Rn. 181.

[136] BayObLGZ 1972, 354 (360); GroßkommAktG/*Grundmann* § 133 Rn. 132; Hüffer/*Koch* AktG § 130 Rn. 23. AA KölnKommAktG/*Tröger* § 133 Rn. 181.

[137] Zur Form der Niederschrift (notariell/privatschriftlich/gemischt) → § 41 Rn. 25–28.

[138] GroßkommAktG/*Grundmann* § 133 Rn. 134; Schmidt/Lutter/*Spindler* AktG § 133 Rn. 48; KölnKommAktG/Tröger § 133 Rn. 188. AA *Drescher* FS Bergmann, 2018, 169 (178) (schon vorher wirksam, aber schwebend nichtig, bis mangelhafte Protokollierung feststeht); so wohl auch *K. Schmidt* FS Marsch-Barner, 2018, 511 (514). Zur Ausnahme bei aufschiebender Bedingung → Rn. 57.

[139] Zu den Einzelheiten der Erstellung des Protokolls → § 41 Rn. 7 ff.

[140] BGHZ 180, 9 Rn. 14 – Kirch/Deutsche Bank.

[141] *Hoffmann-Becking* FS Hellwig, 2010, 153 (158); GroßkommAktG/*Mülbert* § 130 Rn. 73; *Heckschen/Kreußlein* NZG 2018, 401 (413–414). AA *Habersack* Beilage zu ZIP 22/2016, 23 (24) (noch formnichtig); *Drescher* FS Bergmann, 2018, 169 (176–179) (wirksam, bis mangelhafte Beurkundung feststeht).

[142] *Hoffmann-Becking* FS Hellwig, 2010, 153 (159–162); *ders.* NZG 2017, 281 (289–291) und Hüffer/*Koch* AktG § 130 Rn. 11 (§ 184 Abs. 1 BGB analog); *Roeckl-Schmidt/Stoll* AG 2012, 225 (229–230) (Vertrauensschutz); Habersack Beilage zu ZIP 22/2016, 23 (25) und KölnKommAktG/*Tröger* § 133 Rn. 193 (originär aktienrechtlich begründete Rückwirkung); *Heckschen/Kreußlein* NZG 2018, 401 (414). So auch der Gesetzgeber: Beschlussempfehlung und Bericht des Ausschusses für Recht und Verbraucherschutz zum RegE Aktienrechtsnovelle 2014, BT-Drs. 18/6681, 14.

54 8. Eintragung ins Handelsregister. Streitig ist, ob bei eintragungsbedürftigen Hauptversammlungsbeschlüssen die Handelsregistereintragung ebenfalls zu den **Wirksamkeitsvoraussetzungen** gehört. Nach richtiger Auffassung ist dies **nicht der Fall.**[143] Man muss nämlich unterscheiden zwischen der Wirksamkeit des Hauptversammlungsbeschlusses, zu der es der Handelsregistereintragung nicht bedarf, und der Wirksamkeit der vom Hauptversammlungsbeschluss intendierten Maßnahme, für die möglicherweise noch weitere Voraussetzungen erfüllt werden müssen, wie zB die Handelsregistereintragung. Ganz deutlich wird dies in denjenigen Fällen, in denen gar nicht der Hauptversammlungsbeschluss selbst, sondern die von ihm beabsichtigte Maßnahme in das Handelsregister eingetragen wird, wie zB bei der Satzungsänderung (§ 181 Abs. 3 AktG), dem Unternehmensvertrag (§ 294 Abs. 2 AktG), der Eingliederung (§ 319 Abs. 7 AktG) und der Verschmelzung (§ 20 Abs. 1 UmwG). Aber auch bei der Eintragung des Beschlusses selbst geht es um das Wirksamwerden nicht des Beschlusses, sondern der Maßnahme. Beispielsweise wird eine ordentliche Kapitalherabsetzung mit Eintragung des Kapitalherabsetzungsbeschlusses in das Handelsregister wirksam (§ 224 AktG). Die Eintragung eines Kapitalerhöhungsbeschlusses (§ 184 Abs. 1 S. 1 AktG) ist Voraussetzung für die Durchführung der Kapitalerhöhung, ua die Zeichnung der Aktien; die Kapitalerhöhung wird erst mit der Eintragung der Durchführung wirksam (§ 189 AktG). Hätte der Gesetzgeber die Handelsregistereintragung zur Wirksamkeitsvoraussetzung eines eintragungsbedürftigen Hauptversammlungsbeschlusses machen wollen, hätte er eine Formulierung wie in § 141 Abs. 1 AktG beim Sonderbeschluss gewählt.

55 9. Zeitliche Geltung von Hauptversammlungsbeschlüssen. a) Befristung. Hauptversammlungsbeschlüsse gelten **grundsätzlich unbefristet.** Das ist von Bedeutung für Beschlüsse, die sich mit ihrer Durchführung nicht erschöpfen, sondern Dauerwirkung entfalten.[144] Der Gewinnverwendungsbeschluss zB ist Rechtsgrund nicht nur für den Empfang der Dividende, sondern auch für das Behaltendürfen und schließt Rückforderungsansprüche der Gesellschaft gemäß § 62 Abs. 1 AktG aus. Für strukturändernde, in das Handelsregister einzutragende Beschlüsse ist die unbefristete Geltung hingegen nicht von Bedeutung, soweit die Handelsregistereintragung der Strukturmaßnahme Bestandsschutz gibt. In diesem Sinne ordnet beispielsweise § 20 Abs. 2 UmwG an, dass Mängel der Verschmelzung (wozu auch die Unwirksamkeit der Verschmelzungsbeschlüsse gehört) die Wirkungen der Handelsregistereintragung bei der übernehmenden Gesellschaft unberührt lassen. Grundsätzlich spricht nichts dagegen, dass die Hauptversammlung die Geltung eines Beschlusses ausdrücklich befristet, jedenfalls soweit der Beschluss noch nicht durchgeführt worden ist und Verkehrsschutzgesichtspunkte keine Rolle spielen. In der Praxis kommt dies allerdings, soweit ersichtlich, außer bei Beschlüssen nach § 113 Abs. 1 AktG (Vergütung des Aufsichtsrats) nicht vor.

56 b) Bedingung. Hauptversammlungsbeschlüsse stehen **von Gesetzes wegen nicht** unter Bedingungen, insbesondere nicht unter der auflösenden Bedingung, dass sie zum Zeitpunkt der nächsten Hauptversammlung noch nicht durchgeführt worden sind. Wollte man dies anders sehen, wären die Gesellschaften faktisch gezwungen, noch nicht durchgeführte Hauptversammlungsbeschlüsse in der nächsten Hauptversammlung zu bestätigen (§ 244 AktG) oder neu vorzunehmen. Für eine solche Obliegenheit ergibt sich aus dem Gesetz kein Anhaltspunkt.[145]

---

[143] Spindler/Stilz AktG/*Rieckers* § 133 Rn. 53; HdB börsennotierte AG/*Marsch-Barner* Rn. 34.151; MüKoAktG/*Arnold* § 133 Rn. 87; Grigoleit/*Herrler* AktG § 133 Rn. 5; KölnKommAktG/*Tröger* § 133 Rn. 194. AA *Lutter* FS Quack, 1991, 301 (302); GroßkommAktG/*Grundmann* § 133 Rn. 135; *Hoffmann-Becking* FS Hellwig, 2010, 153 (161); Schmidt/Lutter/*Spindler* AktG § 133 Rn. 49 (dieser allerdings abstellend auf die Anmeldung beim Handelsregister).

[144] Zum Folgenden grundsätzlich zustimmend KölnKommAktG/*Tröger* § 133 Rn. 52.

[145] Bei Satzungsänderungen, die ausdrücklich unter eine unechte Bedingung gestellt werden, sieht die hM dies anders; → Rn. 58.

Allerdings kann die **Hauptversammlung** einen Beschluss **ausdrücklich** unter eine 57
Bedingung stellen. § 158 BGB wird zu Recht für anwendbar gehalten, wenn der Beschluss
nicht ausnahmsweise bedingungsfeindlich ist.[146] Beispielsweise ist es sinnvoll, die Änderung
von Satzungsbestimmungen über die Zusammensetzung des Aufsichtsrats bereits vor Abschluss des Statusverfahrens (§§ 97 ff. AktG) zu beschließen, um im Hinblick auf das automatische Außerkrafttreten der bisherigen Satzungsregelungen (§ 97 Abs. 2 S. 2 AktG) Regelungslücken zu vermeiden. Dann muss der Satzungsänderungsbeschluss aber durch das entsprechende Ergebnis des Statusverfahrens **aufschiebend bedingt** werden, wobei die Praxis hier meistens eine sogenannte unechte Bedingung (dazu sogleich → Rn. 58) anwendet. Es wäre auch nicht zu beanstanden, den Verschmelzungsbeschluss unter die **auflösende Bedingung** zu stellen, dass die Verschmelzung bei der nächsten ordentlichen Hauptversammlung der übernehmenden Gesellschaft noch nicht in deren Handelsregister eingetragen worden ist. Auf diese Weise könnten sich die Aktionäre dagegen schützen, an einem Umtauschverhältnis festgehalten zu werden, das mit zunehmendem Zeitablauf die Relation der Unternehmenswerte immer unzutreffender widerspiegelt. Im Hinblick auf § 13 Abs. 1 UmwG, der den Verschmelzungsvertrag mit Fassung der Verschmelzungsbeschlüsse wirksam macht und die Verschmelzungspartner fortan verpflichtet, alle für das Wirksamwerden der Verschmelzung erforderlichen Maßnahmen durchzuführen,[147] müsste allerdings der Verschmelzungsvertrag unter dieselbe auflösende Bedingung gestellt werden. **Unzulässig** sind hingegen Bedingungen, deren Eintritt oder Nichteintritt **von Vorstand oder Aufsichtsrat beeinflusst** werden kann,[148] weil die Hauptversammlung damit entgegen der Kompetenzordnung Zuständigkeiten an die Verwaltung delegieren würde. Beispielsweise wäre es nicht möglich, die Durchführung einer Kapitalerhöhung gemäß §§ 182 ff. AktG unter die aufschiebende Bedingung zu stellen, dass der Vorstand die Verhältnisse am Kapitalmarkt für günstig hält. Für solche Fälle ist das genehmigte Kapital gedacht (§§ 202 ff. AktG), und nur in dessen Rahmen und unter Beachtung der dafür bestehenden besonderen gesetzlichen Voraussetzungen kommen Vorstand und Aufsichtsrat Entscheidungsbefugnisse im Hinblick auf Zeitpunkt und Umfang der Kapitalerhöhung zu.

Vielfach behilft die Praxis sich in Fällen, in denen sie nicht sicher ist, ob der Haupt- 58
versammlungsbeschluss einer Bedingung zugänglich ist, mit einer sogenannten **unechten
Bedingung.** Dabei bleibt der eigentliche Hauptversammlungsbeschluss bedingungsfrei; der Vorstand wird von der Hauptversammlung lediglich angewiesen, den Beschluss erst bei Vorliegen gewisser Voraussetzungen umzusetzen.[149] Davon sollte allerdings nur Gebrauch gemacht werden, wenn die rechtliche Analyse hinreichend sicher ergeben hat, dass der Beschluss auch unter eine echte Bedingung gestellt werden könnte, denn die Voraussetzungen für unechte Bedingungen sind nicht weniger streng als für echte.[150] Für Satzungsänderungsbeschlüsse vertritt die hM die Auffassung, dass die unechte Bedingung endgültig ausgefallen (und der Beschluss ggf. neu zu fassen) ist, wenn die Handelsregisteranmeldung nicht vor der nächsten Hauptversammlung vorgenommen wurde.[151]

c) Aufhebung. Soweit sich überhaupt Äußerungen in der Literatur finden, wird es für 59
zulässig gehalten, dass die Hauptversammlung einen Beschluss noch **in derselben Ver-**

---

[146] GroßkommAktG/*Grundmann* § 133 Rn. 44; Spindler/Stilz AktG/*Rieckers* § 133 Rn. 4; KölnKommAktG/*Tröger* § 133 Rn. 50.
[147] *Austmann/Frost* ZHR 169 (2005), 431 (454) mwN.
[148] LG Frankfurt a.M. AG 1990, 169 (170); GroßkommAktG/*Wiedemann* § 179 Rn. 162; Schmidt/Lutter/*Seibt* AktG § 179 Rn. 38 mwN (jeweils zur unechten Bedingung bei satzungsändernden Beschlüssen); allgemein KölnKommAktG/*Tröger* § 133 Rn. 51.
[149] Grundlegend *Grunewald* AG 1990, 133 (138); *Lutter* FS Quack, 1991, 301 (315). Heute allg. Meinung; siehe nur Schmidt/Lutter/*Seibt* AktG § 179 Rn. 38 mwN.
[150] Siehe die Nachweise in der → vorigen Fn.
[151] *Lutter* FS Quack, 1991, 301 (316); GroßkommAktG/*Wiedemann* § 179 Rn. 162; Spindler/Stilz AktG/*Holzborn* § 179 Rn. 161; Hüffer/*Koch* AktG § 179 Rn. 26.

sammlung als actus contrarius wieder aufhebt.[152] Die Thematik ist allerdings nicht näher untersucht, und das Ergebnis erscheint zweifelhaft. Denn mit der ersten Beschlussfassung ist nicht nur der betreffende Beschlussantrag verbraucht (näher → Rn. 4), sondern auch seine Negation, also die Ablehnung des Antrags, gleichbedeutend mit dem Antrag, den Beschluss nicht zu fassen oder ihn wieder aufzuheben. Im Ergebnis steht der Beschlussinhalt nicht mehr zur Disposition derselben Hauptversammlung. Sonst wären Manipulationen des Beschlussergebnisses und obstruktive Anträge der Hauptversammlungsteilnehmer nicht hinreichend sicher auszuschließen. Die Aufhebung eines bereits gefassten Hauptversammlungsbeschlusses kommt deshalb genauso wenig in Betracht wie die erneute Abstimmung über einen bereits abgelehnten Antrag mit dem Ziel, den materiell positiven Beschluss doch noch herbeizuführen. Umgekehrt muss man eine **neue Hauptversammlung** für berechtigt halten, einen noch nicht durchgeführten Hauptversammlungsbeschluss aufzuheben, und zwar mit einfacher Stimmen- und Kapitalmehrheit, auch wenn der Ausgangsbeschluss einer qualifizierten Mehrheit unterlag.[153] Denn bei der Rückkehr zum status quo bedarf es nicht des besonderen Schutzes, den ein qualifiziertes Mehrheitserfordernis gewährt. Nach Durchführung eines Hauptversammlungsbeschlusses kann dieser mit Rücksicht auf den Verkehrsschutz in der Regel nicht mehr aufgehoben werden.[154] Allenfalls kann man die durch einen Hauptversammlungsbeschluss **bewirkte Maßnahme** nach den dafür geltenden Regeln zurücknehmen. Beispielsweise kann eine in das Handelsregister eingetragene Satzungsänderung durch gegenläufige Satzungsänderung aufgehoben werden. Für den betreffenden Hauptversammlungsbeschluss genügt die einfache Stimmen- und Kapitalmehrheit, wenn diese nach der Satzung grundsätzlich ausreicht (§ 179 Abs. 2 S. 1 und 2 AktG), mochte die Ausgangsänderung auch nur mit qualifizierter Mehrheit möglich sein (wie zB bei der Schaffung eines genehmigten Kapitals, § 202 Abs. 2 S. 2 und 3 AktG).[155]

60 **d) Rückwirkung.** Ein Hauptversammlungsbeschluss wird mit seiner Protokollierung wirksam (→ Rn. 53). Rückwirkend kann der Beschluss selbst nicht wirksam werden. Das gilt aber nicht zwangsläufig für **die von dem Beschluss intendierte Maßnahme.** Für bestimmte Maßnahmen enthält das Gesetz insoweit ausdrückliche Regelungen. §§ 234, 235 AktG legen der vereinfachten Kapitalherabsetzung und einer sie gegebenenfalls ergänzenden Kapitalerhöhung gewisse Rückwirkungen für die Rechnungslegung bei. Darüber hinaus kann der **Hauptversammlungsbeschluss selbst in Ausnahmefällen** für die angestrebte Maßnahme **Rückwirkung zulassen.** Dies gilt beispielsweise für die Zustimmung zum Gewinnabführungsvertrag, wenn dieser, wie üblich, bereits ab dem Beginn des Geschäftsjahres der abhängigen Gesellschaft gelten soll, in dem der Gewinnabführungsvertrag durch Eintragung im Handelsregister wirksam wird (→ § 72 Rn. 14). Demgegenüber können ein Beherrschungsvertrag und der ihm zustimmende Hauptversammlungsbeschluss eine rückwirkende Beherrschung nicht anordnen.[156] Im Übrigen stellt sich die Frage der Rückwirkung vor allem für Maßnahmen mit Dauerwirkung aufgrund von Satzungsänderungen. Die entsprechenden Fälle werden unten, → Rn. 85, erläutert.

III. Sonderbeschlüsse

61 **1. Zweck und Rechtsnatur.** § 35 BGB kodifiziert den allgemeinen verbandsrechtlichen Grundsatz, dass Sonderrechte eines Verbandsmitglieds nicht ohne dessen Zustimmung durch Beschluss der anderen Verbandsmitglieder beeinträchtigt werden können. Für Ak-

---

[152] KölnKommAktG/*Tröger* § 133 Rn. 220 (jedenfalls bei Auftauchen neuer Tatsachen oder Gesichtspunkten); GroßkommAktG/*Grundmann* § 133 Rn. 145; wohl auch *Gotthardt/Krengel* AG 2017, 222 (225) mit Fn. 14.

[153] KölnKommAktG/*Tröger* § 133 Rn. 231; GroßkommAktG/*Grundmann* § 133 Rn. 146; *Gotthardt/Krengel* AG 2017, 222 (224). AA Hölters AktG/*Simons* § 207 Rn. 33.

[154] KölnKommAktG/*Tröger* § 133 Rn. 221–227 mit Abhandlung verschiedener Fallgruppen.

[155] *Gotthardt/Krengel* AG 2017, 222 (227–229).

[156] OLG Hamburg NJW 1990, 521; 3024 (3024–3025); OLG Karlsruhe AG 1994, 283.

tiengesellschaften, typischerweise also größere Verbände, hat der Gesetzgeber den **Eingriff in mitgliedschaftliche Sonderrechte** im Gesellschaftsinteresse **erleichtert:** Wenn die Sonderrechtsinhaber einer Gruppe zugeordnet werden können, deren Mitglieder von dem Eingriff in gleicher Weise betroffen werden, bedarf es nicht mehr der Zustimmung jedes einzelnen betroffenen Mitglieds, sondern nur noch der Zustimmung der Mehrheit der betroffenen Gruppe. Diese Mehrheitsentscheidung wird durch **Sonderbeschluss** getroffen.[157]

Sonderbeschlüsse sind eigenständige Rechtsgeschäfte und von den Hauptversammlungs- 62 beschlüssen, auf die sie sich häufig beziehen, zu trennen.[158] Wie Hauptversammlungsbeschlüsse betrachtet man auch Sonderbeschlüsse als **mehrseitige Rechtsgeschäfte eigener Art,** für die manche, aber nicht alle Regeln des Allgemeinen Teils des BGB über Rechtsgeschäfte gelten (→ Rn. 1, 2). Aus dem Schutzzweck zugunsten der Sonderrechtsinhaber folgt, dass die durch einen Sonderbeschluss zu erteilende Zustimmung Wirksamkeitsvoraussetzung für die Maßnahme ist, durch die in die Sonderrechte eingegriffen wird (bereits → Rn. 46 sowie → Rn. 72). Weil eine Zustimmung vorher (Einwilligung, § 183 BGB) oder nachträglich (Genehmigung, § 184 BGB) erteilt werden kann, kann auch ein Sonderbeschluss der betreffenden Maßnahme vorangehen oder – wie in der Praxis meistens – nachfolgen.[159]

2. Fallgruppen. a) Von Gesetzes wegen. Die im Gesetz geregelten Anlässe für Sonder- 63 beschlüsse sind **abschließend** und nicht analogiefähig.[160] Üblicherweise werden bei der Zustimmung durch Sonderbeschluss zwei Fallgruppen unterschieden: die Zustimmung zu einem Hauptversammlungsbeschluss und die Zustimmung zu Maßnahmen der Verwaltung im Recht der verbundenen Unternehmen.

In die erste Fallgruppe, also zu den **Wirksamkeitsvoraussetzungen für einen Haupt-** 64 **versammlungsbeschluss,** gehören der Sonderbeschluss der benachteiligten Aktionäre, wenn durch Satzungsänderung das Verhältnis mehrerer Aktiengattungen zum Nachteil einer Gattung geändert werden soll (§ 179 Abs. 3 AktG), der Sonderbeschluss der Vorzugsaktionäre, wenn der Vorzug aufgehoben oder beschränkt werden soll (§ 141 Abs. 1 AktG) oder wenn neue Vorzugsaktien mit gleichen oder besseren Vermögensrechten geschaffen werden sollen (§ 141 Abs. 2 AktG), der Sonderbeschluss der Aktionäre jeder Gattung stimmberechtigter Aktien bei Kapitalmaßnahmen (§§ 182 Abs. 2, 193 Abs. 1 S. 3, 202 Abs. 2 S. 4, 221 Abs. 1 S. 4 und Abs. 3, 222 Abs. 2, 229 Abs. 3, 237 Abs. 2 S. 1 AktG) sowie der Sonderbeschluss der stimmberechtigten Aktionäre jeder Gattung bei Umwandlungsmaßnahmen (§§ 65 Abs. 2, 73, 125 S. 1, 135 Abs. 1 S. 1, 176 Abs. 1, 177 Abs. 1, 178 Abs. 1, 179 Abs. 1, 233 Abs. 2 S. 1 Hs. 2, 240 Abs. 1 S. 1 Hs. 2, 252 Abs. 2 S. 1 Hs. 2 AktG). Auch in diese Fallgruppe zu rechnen ist die Zustimmung durch Sonderbeschluss der außenstehenden Aktionäre bei Änderung eines Unternehmensvertrags (§ 295 Abs. 2 AktG). Wenn die Änderung allerdings nur darin besteht, dass ein weiteres herrschendes Unternehmen dem Vertrag beitritt, ist ein Sonderbeschluss der außenstehenden Aktionäre entbehrlich, weil deren Rechte durch den Beitritt nicht beeinträchtigt werden, sie vielmehr einen weiteren Schuldner für ihre Abfindungs- und Ausgleichsansprüche erhalten.[161] In seltenen Fällen enthält der Hauptversammlungsbeschluss zugleich den Sonderbeschluss: Wenn beispielsweise Vorzugsaktien in Stammaktien umgewandelt werden sollen, bedarf es

---

[157] Siehe nur *Fuchs* FS Immenga, 2004, 589 (593); KölnKommAktG/*J. Vetter* § 138 Rn. 9; jeweils mwN.
[158] Schmidt/Lutter/*Spindler* AktG § 138 Rn. 20; Bürgers/Körber AktG/*Holzborn* § 138 Rn. 2; MüKoAktG/*Arnold* § 138 Rn. 4.
[159] GroßkommAktG/*G. Bezzenberger* § 138 Rn. 7; MüKoAktG/*Arnold* § 138 Rn. 3; Bürgers/Körber AktG/*Holzborn* § 138 Rn. 2; Grigoleit/*Herrler* AktG § 138 Rn. 6.
[160] OLG Celle DB 1972, 1816 (1819); OLG Düsseldorf AG 1990, 490 (491); GroßkommAktG/ *G. Bezzenberger* § 138 Rn. 12; Schmidt/Lutter/*Spindler* AktG § 138 Rn. 4; jeweils mwN.
[161] BGHZ 119, 1 (7–9) – ASEA/BBC; im Einzelnen → § 71 Rn. 193.

dazu neben dem Sonderbeschluss der Vorzugsaktionäre (§ 141 Abs. 1 AktG) auch eines Sonderbeschlusses der durch die Stimmrechtsverwässerung benachteiligten Stammaktionäre (§ 179 Abs. 3 AktG). Weil diese bereits den Hauptversammlungsbeschluss fassen, wäre eine weitere Beschlussfassung der Stammaktionäre leere Förmelei. Es muss nur hinreichend deutlich werden, dass die Beschlussfassung der Hauptversammlung zugleich die Sonderbeschlussfassung der Stammaktionäre ist.[162]

65 In die zweite Fallgruppe, also zu den **Wirksamkeitsvoraussetzungen gewisser Maßnahmen der Verwaltung im Recht der verbundenen Unternehmen,** gehören die Sonderbeschlüsse der außenstehenden Aktionäre bei Aufhebung (§ 296 Abs. 2 AktG) und ordentlicher Kündigung (§ 297 Abs. 2 AktG) eines Unternehmensvertrags, der zu Ausgleich oder Abfindung verpflichtet. Denn mit Vertragsaufhebung oder Kündigung werden die künftigen Ausgleichs- und Abfindungsansprüche der außenstehenden Aktionäre beseitigt. Für die Kündigung eines Unternehmensvertrags aus wichtigem Grund enthält das Gesetz indessen kein Sonderbeschlusserfordernis, und dieses kann wegen des abschließenden Charakters der gesetzlichen Sonderbeschlussfälle (→ Rn. 63) auch nicht im Wege der Analogie begründet werden. Eines Sonderbeschlusses der außenstehenden Aktionäre bedarf es auch, wenn die abhängige Gesellschaft auf den Verlustausgleichsanspruch aus einem Beherrschungs- oder Gewinnabführungsvertrag (§ 302 Abs. 3 S. 3 AktG) oder auf konzernrechtliche Schadensersatzansprüche (§§ 309 Abs. 3 S. 1, 310 Abs. 4, 317 Abs. 4, 318 Abs. 4, 323 Abs. 1 S. 2 AktG) verzichten oder sich über diese Ansprüche vergleichen will. Bei Schadensersatzansprüchen gegen Vorstandsmitglieder tritt der Sonderbeschluss an die Stelle eines bei einer unabhängigen Gesellschaft gemäß § 93 Abs. 4 S. 3 AktG erforderlichen Hauptversammlungsbeschlusses, den das herrschende Unternehmen mit seiner Stimmenmehrheit ohne Weiteres herbeiführen könnte und der den außenstehenden Aktionären deshalb keinen Schutz böte.[163]

66 **b) Kraft Satzung.** § 138 S. 1 AktG gestattet es der Satzung, über die gesetzlichen Regeln hinaus Sonderbeschlusserfordernisse einzuführen. Diese Ermächtigung besteht jedoch nur im Rahmen des § 23 Abs. 5 AktG und ist deshalb **sehr beschränkt,** so dass ihr in der Praxis nur geringe Bedeutung zukommt.[164] Deshalb ist nach einhelliger Auffassung für Sonderbeschlüsse dort kein Raum, wo das Gesetz ausdrücklich eine einfache Stimmenmehrheit ausreichen lässt (→ Rn. 41).[165] Auch kann die Satzung Sonderbeschlusserfordernisse nicht zugunsten einzelner Aktionäre schaffen (kein satzungsmäßiges Vetorecht),[166] sondern muss das Zustimmungserfordernis auf Aktionäre einer bestimmten Gattung oder eine nach abstrakten Kriterien definierte Gruppe von Aktionären beziehen.[167]

67 **3. Verfahren. a) Wahl zwischen Sonderversammlung und Sonderabstimmung.** Für die Fassung des Sonderbeschlusses besteht gemäß § 138 S. 1 AktG grundsätzlich die Wahl zwischen einer gesonderten Versammlung der stimmberechtigten Aktionäre und einer gesonderten Abstimmung dieser Aktionäre im Rahmen der Hauptversammlung. Das Wahlrecht wird – vorbehaltlich gewisser Minderheitsrechte (→ Rn. 68) – von demjenigen

---

[162] OLG Köln ZIP 2001, 2049 (2050) – METRO; Spindler/Stilz AktG/*Holzborn* § 179 Rn. 197. Weitergehend (Sonderbeschluss der Stammaktionäre entbehrlich) Schmidt/Lutter/*Seibt* AktG § 179 Rn. 53; Hüffer/*Koch* AktG § 179 Rn. 45; jeweils mwN.
[163] Spindler/Stilz AktG/*Rieckers* § 138 Rn. 9; MüKoAktG/*Arnold* § 138 Rn. 5.
[164] GroßkommAktG/*G. Bezzenberger* § 138 Rn. 13; Spindler/Stilz AktG/*Rieckers* § 138 Rn. 11; KölnKommAktG/*J. Vetter* § 138 Rn. 75.
[165] Siehe nur GroßkommAktG/*G. Bezzenberger* § 138 Rn. 13; Schmidt/Lutter/*Spindler* AktG § 138 Rn. 8.
[166] MüKoAktG/*Arnold* § 138 Rn. 19; Spindler/Stilz AktG/*Rieckers* § 138 Rn. 11.
[167] *Fuchs* FS Immenga, 2004, 589 (590); GroßkommAktG/*G. Bezzenberger* § 138 Rn. 15. Beispiel: BGHZ 36, 296 (314–316) – HEW (Sonderbeschluss der nicht städtischen Aktionäre bei Änderung der Konzessionszahlungen der AG an die städtische Mehrheitsaktionärin).

§ 40 Beschlüsse und Wahlen

ausgeübt, der die Hauptversammlung einzuberufen hat,[168] normalerweise also durch den Vorstand (§ 121 Abs. 2 S. 1 AktG). Die Ausübung des Wahlrechts ist – ebenfalls vorbehaltlich gewisser Minderheitsrechte – bindend und kann weder durch die Sonderversammlung, noch durch Sonderbeschluss in der Hauptversammlung, noch durch Hauptversammlungsbeschluss geändert werden.[169] Die Sonderabstimmung ist, da sie gegenüber der Sonderversammlung den geringeren Aufwand verursacht, in der Praxis die Regel. Gesetzlich zwingend ist die Sonderversammlung nur für die Zustimmung der Vorzugsaktionäre bei Beeinträchtigung ihres Vorzugs (§ 141 Abs. 3 S. 1 AktG) und bei Ausübung gewisser Minderheitsrechte (dazu sogleich).

68 Die **Minderheitsrechte des § 122 AktG** auf Einberufung einer Versammlung und Bekanntmachung von Gegenständen zur Tagesordnung gelten gemäß § 138 S. 2 AktG auch für Sonderversammlung und Sonderbeschlussfassung.[170] Danach ist für die Erzwingung einer Sonderversammlung ein Quorum von 5% des Grundkapitals erforderlich, für die Erzwingung der Tagesordnungsergänzung ein Quorum von 5% des Grundkapitals oder ein anteiliger Betrag des Grundkapitals von 500.000 Euro. Dabei zählen für das Quorum auch solche Aktien mit, die beim Sonderbeschluss kein Stimmrecht vermitteln, und auch diese Aktionäre können das Minderheitsrecht geltend machen.[171] Daneben begründet **§ 138 S. 3 AktG ein weiteres Minderheitsrecht, allerdings nur für die sonderabstimmungsberechtigten Aktionäre.** Diese können die Einberufung einer Sonderversammlung und die Bekanntmachung eines Gegenstands zur gesonderten Beschlussfassung mit einem Quorum von 10% der beim Sonderbeschluss stimmberechtigten Aktien verlangen.[172] Ob die allgemeinen Quoren der §§ 138 S. 2, 122 AktG oder das besondere Quorum des § 138 S. 3 leichter zu erreichen sind, hängt von der Aktionärsstruktur der jeweiligen Gesellschaft ab. Anders als bei einem die Hauptversammlung betreffenden Minderheitsverlangen (→ § 36 Rn. 17 ff.) kann der Vorstand ein Minderheitsverlangen auf Sonderversammlung nicht dadurch erfüllen, dass er die betreffenden Beschlussgegenstände zur Sonderbeschlussfassung im Rahmen einer ohnehin anstehenden Hauptversammlung bekannt macht.[173] Wohl aber darf er zur Kosteneinsparung die Sonderversammlung für einen Zeitpunkt unmittelbar im Anschluss an eine ohnehin demnächst abzuhaltende Hauptversammlung einberufen. Die sonderabstimmungsberechtigten Aktionäre werden allgemein für berechtigt gehalten, gemäß § 138 S. 3 AktG eine Sonderversammlung auch dann noch zu verlangen, wenn die Beschlussgegenstände bereits zur gesonderten Beschlussfassung im Rahmen der Hauptversammlung bekannt gemacht worden sind, ja selbst wenn die Hauptversammlung bereits begonnen hat.[174] Wenn der Vorstand einem Minderheitsverlangen nicht entspricht, stehen den Aktionären über § 138 S. 2 die Rechtsbehelfe des § 122 Abs. 3 AktG zur Verfügung (→ § 36 Rn. 32 ff.).

69 **b) Besonderheiten der Sonderversammlung.** Für die Versammlung gelten über die in § 138 S. 2 AktG angeordneten Regelungen hinaus **alle Verfahrensvorschriften entsprechend, die auch für die Hauptversammlung gelten.**[175] Meistens schließt die Sonderversammlung unmittelbar an die Hauptversammlung an und wird auch mit dieser

---

[168] *Butzke* Hauptversammlung Rn. B 183; Bürgers/Körber AktG/*Holzborn* § 138 Rn. 3; Hüffer/Koch AktG § 138 Rn. 3; jeweils mwN.
[169] Siehe nur Spindler/Stilz AktG/*Rieckers* § 138 Rn. 12 mwN zu gewissen, von der hM behaupteten, aber nicht begründeten Abweichungen bei Universalversammlungen und Einstimmigkeit.
[170] GroßkommAktG/*G. Bezzenberger* § 138 Rn. 32; MüKoAktG/*Arnold* § 138 Rn. 25.
[171] GroßkommAktG/*G. Bezzenberger* § 138 Rn. 35; Spindler/Stilz AktG/*Rieckers* § 138 Rn. 22.
[172] Zur Berechnung des Quorums im Einzelnen KölnKommAktG/*J. Vetter* § 138 Rn. 110–112.
[173] GroßkommAktG/*G. Bezzenberger* § 138 Rn. 36; Schmidt/Lutter/*Spindler* AktG § 138 Rn. 18; Bürgers/Körber AktG/*Holzborn* § 138 Rn. 6.
[174] KölnKommAktG/*Zöllner* § 138 Rn. 5; GroßkommAktG/*G. Bezzenberger* § 138 Rn. 20; Spindler/Stilz AktG/*Rieckers* § 138 Rn. 23; Grigoleit/*Herrler* AktG § 138 Rn. 8.
[175] GroßkommAktG/*G. Bezzenberger* § 138 Rn. 21; Bürgers/Körber AktG/*Holzborn* § 138 Rn. 4; Schmidt/Lutter/*Spindler* AktG § 138 Rn. 16.

Maßgabe, dh ohne feste Anfangszeit, einberufen. Das ist zulässig und sinnvoll,[176] weil die an der Sonderversammlung teilnehmenden Aktionäre in der Regel auch an der vorangehenden Hauptversammlung teilnehmen und dies auch tun sollten, um die Diskussion und die Abstimmungen in der Hauptversammlung zu kennen, jedenfalls wenn der Sonderbeschluss die Zustimmung zu einem Hauptversammlungsbeschluss darstellt. Von den Aktionären dürfen nach der gesetzlichen Regelung nur diejenigen an der Sonderversammlung teilnehmen, die dort auch stimmberechtigt sind.[177] Streng durchgesetzt wird das Teilnahmeverbot für die anderen Aktionäre in der Praxis selten,[178] weil es zu viel Aufwand wäre, zunächst alle Aktionäre aus dem Saal zu bitten, um dann nur die sonderabstimmungsberechtigten Aktionäre nach Eingangskontrolle wieder einzulassen. Wichtig ist aber, dass der Versammlungsleiter, mangels abweichender Satzungsregelung in der Regel der Leiter der vorangehenden Hauptversammlung,[179] nur den zur Sonderabstimmung berechtigten Aktionären das Rede- und Fragerecht gewährt, nur diese an der Sonderabstimmung teilnehmen lässt,[180] und vor Beginn der Sonderversammlung die nicht teilnahmeberechtigten Aktionäre zumindest nachdrücklich darum ersucht, den Saal zu verlassen.

70 **c) Besonderheiten der gesonderten Beschlussfassung.** Wenn, wie meistens, die gesonderte Abstimmung im Rahmen der Hauptversammlung stattfindet, muss diese mit einem **eigenen Tagesordnungspunkt** angekündigt werden.[181] An der Sonderabstimmung dürfen nur die dafür stimmberechtigten Aktionäre teilnehmen. Dies wird in der Praxis, wo auch heute noch meistens mit Stimmkarten votiert wird (→ Rn. 26) dadurch sichergestellt, dass die sonderabstimmungsberechtigten Aktionäre spezielle Stimmkarten erhalten.

71 **d) Mehrheiten.** Ein Sonderbeschluss, der die Zustimmung zu einem Hauptversammlungsbeschluss enthält, bedarf in den gesetzlich geregelten Fällen kraft jeweiliger ausdrücklicher gesetzlicher Anordnung (zB § 179 Abs. 3 S. 3 AktG) **derselben Stimmen- und Kapitalmehrheiten wie der betreffende Hauptversammlungsbeschluss.** Für einen Sonderbeschluss der **Vorzugsaktionäre** allerdings werden **stets drei Viertel der abgegebenen Stimmen** benötigt (§ 141 Abs. 3 S. 2 AktG), auch wenn die Kapitalmehrheit für den betreffenden Hauptversammlungsbeschluss durch die Satzung herabgesetzt ist (§ 179 Abs. 2 S. 2 AktG). Ansonsten kann die Satzung die Mehrheitserfordernisse für Sonderbeschlüsse in gleicher Weise ändern, wie dies bei den betreffenden Hauptversammlungsbeschlüssen möglich ist.[182] Dies muss ausdrücklich geschehen. Wenn die Satzung besondere Mehrheiten nur für Hauptversammlungsbeschlüsse festlegt, bleibt es für die darauf bezogenen Sonderbeschlüsse bei den gesetzlichen Mehrheiten. Ein Sonderbeschluss, mit dem die Zustimmung zur **Änderung, Aufhebung oder ordentlichen Kündigung eines Unternehmensvertrags** erteilt wird, bedarf einer Mehrheit von **drei Viertel des bei der Beschlussfassung vertretenen Grundkapitals** oder einer durch die Satzung erhöhten Mehrheit (§§ 295 Abs. 2 S. 2, 296 Abs. 2 S. 2, 297 Abs. 2 S. 2, 293 Abs. 1 S. 2 und 3 AktG). Sonderbeschlüsse zum Verzicht auf konzernrechtliche Ausgleichs- oder Ersatzansprüche (→ Rn. 65) unterliegen keiner besonderen gesetzlichen Mehrheitsregelung und können deshalb mit der einfachen Stimmenmehrheit des § 133 Abs. 1 AktG gefasst werden. In diesen Fällen besteht allerdings die weitere Voraussetzung, dass nicht eine

---

[176] KölnKommAktG/*J. Vetter* § 138 Rn. 130–137.
[177] *Werner* AG 1971, 69 (73); GroßkommAktG/*G. Bezzenberger* § 138 Rn. 24; Spindler/Stilz AktG/*Rieckers* § 138 Rn. 16; Hüffer/*Koch* AktG § 138 Rn. 4. AA *T. Bezzenberger* S. 179–180.
[178] Durchgreifende rechtliche Bedenken dagegen bestehen nicht; KölnKommAktG/*J. Vetter* § 138 Rn. 144–146.
[179] GroßkommAktG/*G. Bezzenberger* § 138 Rn. 25; Schmidt/Lutter/*Spindler* AktG § 138 Rn. 17; jeweils mwN.
[180] *T. Bezzenberger* S. 179. Nicht für ausreichend hält dies MüKoAktG/*Arnold* § 138 Rn. 26.
[181] GroßkommAktG/*G. Bezzenberger* § 138 Rn. 26; Bürgers/Körber AktG/*Holzborn* § 138 Rn. 5; Spindler/Stilz AktG/*Rieckers* § 138 Rn. 18.
[182] Übersicht bei Spindler/Stilz AktG/*Rieckers* § 138 Rn. 19–20.

qualifizierte Minderheit der außenstehenden Aktionäre von 10 % des bei der Sonderbeschlussfassung vertretenen Grundkapitals Widerspruch zur Niederschrift erhoben haben.

4. Rechtswirkungen. Ein **Hauptversammlungsbeschluss,** zu dessen Wirksamkeit aufgrund Gesetz oder Satzung die Zustimmung durch Sonderbeschluss erforderlich ist, bleibt bis zum Wirksamwerden des Sonderbeschlusses **schwebend unwirksam.**[183] In der Praxis spielt der Schwebezustand deshalb keine große Rolle, weil der Sonderbeschluss in der Regel in derselben Hauptversammlung wie der Hauptversammlungsbeschluss oder jedenfalls in einer unmittelbar daran anschließenden Sonderversammlung gefasst wird. Wenn der Sonderbeschluss materiell negativ ausfällt, die Zustimmung also verweigert wird, oder wenn der Sonderbeschluss nichtig ist oder erfolgreich angefochten wird, endet der Schwebezustand für den Hauptversammlungsbeschluss, und dieser wird endgültig unwirksam.[184] Dies kann von jedem in seinen Rechten betroffenen Aktionär durch Feststellungsklage geltend gemacht werden.[185] **Nichtigkeit und Anfechtbarkeit des Sonderbeschlusses** selbst sind nach den allgemeinen Vorschriften (§§ 241 ff. AktG) geltend zu machen, wobei die Anfechtungsklage nicht von jedem Aktionär erhoben werden kann, sondern nur von den zur Sonderbeschlussfassung berechtigten Aktionären.[186] Fraglich ist, wie viel Zeit nach Fassung des Hauptversammlungsbeschlusses zur Verfügung steht, um einen wirksamen Sonderbeschluss zu fassen. Soweit die Literatur einen konkreten Endtermin angibt, nennt sie die nächste ordentliche Hauptversammlung.[187] So lange wird man dann auch der Gesellschaft Zeit geben müssen, einen fehlerhaften Hauptversammlungsbeschluss durch Bestätigung (§ 244 AktG) oder Neufassung wirksam zu machen, ohne dass der Sonderbeschluss wiederholt werden muss; die in dem Sonderbeschluss liegende Zustimmung zu dem Hauptversammlungsbeschluss wirkt in diesem Fall als Einwilligung (§ 183 BGB; → Rn. 62).

Wenn der Sonderbeschluss die Zustimmung zu einer **konzernrechtlichen Maßnahme** der Verwaltung enthält, zB zu einer ordentlichen Kündigung eines Unternehmensvertrags (§ 297 Abs. 2 S. 1 AktG), darf die Maßnahme bis zum Wirksamwerden des Sonderbeschlusses nicht vorgenommen werden. Weil der Sonderbeschluss auch hier Wirksamkeitsvoraussetzung ist, **fehlt** dem Vorstand nach hM so lange die **Vertretungsmacht.**[188] Nimmt der Vorstand die Maßnahme trotzdem vor, gelten die allgemeinen Regeln beim Handeln eines Vertreters ohne Vertretungsmacht (§§ 177–180 BGB).

IV. Satzungsändernde Beschlüsse

1. Anwendungsbereich. §§ 179, 180 und 181 AktG regeln allgemein das Verfahren der Satzungsänderung. Daneben bestehen für gewisse satzungsrelevante Beschlussgegenstände, zB Kapitalerhöhungen (§§ 182 ff. AktG), Sondervorschriften. Ferner regeln die allgemeinen Vorschriften nicht sämtliche Arten der Satzungsänderung vollständig, sondern nur den Hauptfall, um den es in den → Rn. 79 ff. gehen soll, nämlich die Satzungsänderung aufgrund Hauptversammlungsbeschlusses. Für die folgenden Fälle gelten Besonderheiten:

---

[183] RGZ 148, 175 (186–187); OLG Frankfurt a. M. DB 1993, 272; MüKoAktG/*Arnold* § 138 Rn. 4; KölnKommAktG/*J. Vetter* § 138 Rn. 31; jeweils mwN.
[184] GroßkommAktG/*G. Bezzenberger* § 138 Rn. 8; Spindler/Stilz AktG/*Rieckers* § 138 Rn. 4, 25; jeweils mwN.
[185] *T. Bezzenberger* S. 187 mit Fn. 49; Spindler/Stilz AktG/*Rieckers* § 138 Rn. 25. Ausführlicher → § 42 Rn. 136.
[186] KölnKommAktG/*Zöllner* § 138 Rn. 14; GroßkommAktG/*G. Bezzenberger* § 138 Rn. 30; Bürgers/Körber AktG/*Holzborn* § 138 Rn. 7; KölnKommAktG/*J. Vetter* § 138 Rn. 168.
[187] GroßkommAktG/*G. Bezzenberger* § 138 Rn. 8; Spindler/Stilz AktG/*Rieckers* § 138 Rn. 4; MüKoAktG/*Arnold* § 138 Rn. 4; KölnKommAktG/*J. Vetter* § 138 Rn. 32.
[188] Spindler/Stilz AktG/*Rieckers* § 138 Rn. 4; MüKoAktG/*Arnold* § 138 Rn. 5; Bürgers/Körber AktG/*Holzborn* § 138 Rn. 2.

75 a) Unechte Satzungsbestandteile. Das Satzungsänderungsrecht des AktG befasst sich nicht oder jedenfalls nur in untergeordneter Funktion mit **individualrechtlichen Regelungen** der Rechtsverhältnisse der Aktionäre untereinander oder der Aktionäre zur AG, auch wenn diese in den Satzungstext aufgenommen worden sind. Solche, zuweilen auch als formelle oder unechte Satzungsbestandteile bezeichneten Bestimmungen (zur Abgrenzung und Terminologie → § 6 Rn. 1) werden allein nach den für das jeweilige Rechtsverhältnis geltenden Vorschriften begründet, inhaltlich geändert und aufgehoben.[189] Nach wie vor umstritten ist, wie die in der Satzung verlautbarte Fassung solcher unechter Satzungsbestandteile angepasst werden soll, wenn sich der Inhalt dieser Satzungsbestandteile außerhalb der Satzung verändert hat. Eine starke Meinung im Schrifttum geht weiterhin davon aus, dass aus Gründen der Rechtssicherheit, weil nämlich echte und unechte Satzungsbestandteile häufig schwierig zu unterscheiden sind, für die Anpassung des Satzungstextes stets die §§ 179 ff. AktG beachtet werden müssen.[190]

76 b) Fassungsänderung. Auch echte, **korporative Satzungsbestandteile,** also solche, welche die Verfassung der AG, ihre Organisation und die mitgliedschaftlichen Rechte und Pflichten der Aktionäre im Verhältnis zur AG regeln, können sich außerhalb der Satzung ändern. Das ist zB der Fall, wenn ein genehmigtes Kapital nach Ablauf der Ermächtigungsdauer (§ 202 Abs. 2 S. 1 AktG) oder ein bedingtes Kapital nach dem Wegfall der zugrunde liegenden Bezugsrechte[191] auslaufen. Dann wird der Satzungstext falsch und muss berichtigt werden. Eine Fassungsänderung kann zunächst die **Hauptversammlung** selbst beschließen. Dann sollte – wie bei der Änderung unechter Satzungsbestandteile (→ Rn. 75) – im Hinblick auf eine nach wie vor starke Meinung im Schrifttum das Satzungsänderungsverfahren der §§ 179 ff. AktG vollständig durchlaufen werden. In der Praxis empfiehlt es sich allerdings, eine Regelung in die Satzung aufzunehmen, durch welche die Befugnis zur Fassungsänderung gemäß § 179 Abs. 1 S. 2 AktG **allgemein dem Aufsichtsrat übertragen** wird.[192] Denn so kann die Gesellschaft schneller reagieren und einen etwaigen, durch überholten Satzungstext entstehenden Rechtsschein umgehend beseitigen. Wenn dem Aufsichtsrat keine allgemeine Ermächtigung zur Fassungsänderung erteilt ist, sollte diese jedenfalls als Annex derjenigen Satzungsklauseln aufgenommen werden, deren Inhalt sich typischerweise aufgrund von Umständen außerhalb der Satzung ändern kann, wie zB von Kapitalvorschriften (Siehe oben: Änderungen etwa bei Ausnutzung genehmigten oder Inanspruchnahme bedingten Kapitals). Ferner sollten bei Fehlen einer allgemeinen Ermächtigung diejenigen Hauptversammlungsbeschlüsse, die selbst keinen Niederschlag in der Satzung finden, später aber zu Inhaltsänderungen der Satzung führen können (zB die Ermächtigung zur Einziehung eigener Aktien, § 71 Abs. 1 Nr. 8 S. 6 AktG), für diesen Fall eine Ermächtigung des Aufsichtsrats zur Fassungsänderung enthalten. Eine solche Einzelfallermächtigung braucht nach hM nicht den Anforderungen an einen satzungsändernden Beschluss zu genügen, bedarf insbesondere nicht der satzungsändernden Mehrheit, weil der Inhalt der Satzung durch die Ermächtigung allein nicht geändert wird.[193] Angesichts der insoweit bestehenden Unsicherheit im Schrifttum und im Interesse der

---

[189] Siehe nur *Priester* ZHR 151 (1987), 40 (41); Hüffer/*Koch* AktG § 179 Rn. 5 mwN.

[190] Ausführlich *P. Meier* ZGR 2020, 124, *passim*; ferner MüKoAktG/*Stein* § 179 Rn. 33; Wachter AktG/*Wachter* § 179 Rn. 17; Spindler/Stilz AktG/*Holzborn* § 179 Rn. 41; Hüffer/*Koch* AktG § 179 Rn. 6; jeweils mwN auch zu den von Anderen vertretenen Beschlusserleichterungen insbesondere bei der erforderlichen Mehrheit.

[191] OLG München WM 2014, 2228 (2229).

[192] Nach heute hM ist auch die allgemeine Übertragung zulässig; siehe nur GroßkommAktG/*Wiedemann* § 179 Rn. 108; MüKoAktG/*Stein* § 179 Rn. 164; Hüffer/*Koch* AktG § 179 Rn. 11; jeweils mwN.

[193] Spindler/Stilz AktG/*Holzborn* § 179 Rn. 107; Schmidt/Lutter/*Seibt* AktG § 179 Rn. 23; MüKoAktG/*Stein* § 179 Rn. 168; differenzierend Hüffer/*Koch* AktG § 179 Rn. 11 (zwar keine Handelsregistereintragung, aber satzungsändernde Mehrheit erforderlich); jeweils mwN.

Rechtssicherheit sollte allerdings auch für einen solchen Ermächtigungsbeschluss das Satzungsänderungsverfahren eingehalten werden. Der Aufsichtsrat kann die Ermächtigung einem **Ausschuss** übertragen, wie sich im Rückschluss aus § 107 Abs. 3 S. 2 AktG ergibt.[194] Der Beschluss des Aufsichtsrats oder seines Ausschusses ersetzt sodann im Fassungsänderungsverfahren den Beschluss der Hauptversammlung.

c) Satzungsdurchbrechung. Ein Hauptversammlungsbeschluss, der inhaltlich gegen eine **77** bestehende Satzungsregelung verstößt, ohne selbst den Voraussetzungen der §§ 179 ff. AktG an eine Satzungsänderung zu genügen, ist grundsätzlich satzungswidrig und führt, sofern er nicht bereits nach seinem Inhalt nichtig ist (§ 241 AktG), zur Anfechtbarkeit wegen Satzungsverletzung (§ 243 Abs. 1 AktG). Diese Rechtsfolgen stehen außer Zweifel, wenn der satzungswidrige Beschluss **allgemein und auf Dauer** angelegt ist,[195] wenn also zB die in der Satzung abschließend festgelegte Aufsichtsratsvergütung (§ 113 AktG) erhöht werden soll, ohne dass eine Eintragung des Erhöhungsbeschlusses in das Handelsregister geplant ist. Inspiriert durch das GmbH-Recht, wird auch im Aktienrecht diskutiert, ob man Ausnahmen von der Anfechtbarkeit eines Hauptversammlungsbeschlusses wegen Satzungswidrigkeit zulassen soll, wenn der Beschluss die bestehende Satzungsregelung nicht allgemein und auf Dauer ändert, sondern nur **im Einzelfall** durchbrechen will. Dabei unterscheidet man **zustandsbegründende** Satzungsdurchbrechungen (Beispiel: Wahl eines Aufsichtsratsmitglieds unter Verstoß gegen eine satzungsmäßige Altersgrenze, § 100 Abs. 4 AktG) und **punktuelle** Satzungsdurchbrechungen (Beispiel: Erhöhung der satzungsmäßigen Aufsichtsratsvergütung nur für das abgelaufene Geschäftsjahr).[196] Die ganz hM lehnt die Möglichkeit wirksamer Satzungsdurchbrechung, gleich ob zustandsbegründend oder punktuell, im Aktienrecht ab.[197] Demnach können Hauptversammlungsbeschlüsse, auch wenn sie nur im Einzelfall von der geltenden Satzung abweichen wollen, nur anfechtungsfrei wirksam werden, wenn sie die Voraussetzungen der §§ 179 ff. AktG vollständig erfüllen, dh auf förmliche Satzungsänderung einschließlich die Handelsregistereintragung gerichtet sind; ansonsten sind sie wegen Satzungsverletzung anfechtbar.

d) Faktische Satzungsänderung. Der Begriff wird auch heute noch vielfach genannt **78** und stets zugleich als irreführend bezeichnet.[198] Das ist er auch, denn er beschreibt keine Satzungsänderung, sondern lediglich einen **länger währenden Satzungsverstoß** der Verwaltung, insbesondere des Vorstands. Solche Verstöße mögen unangenehme Folgen für den Satzungsverletzer haben, namentlich zu seiner Haftung nach § 93 AktG führen, der Inhalt der Satzung jedoch bleibt davon unberührt. Wohl zurückgehend auf die Holzmüller-Entscheidung des BGH,[199] wird in diesem Zusammenhang immer wieder die Betätigung der Gesellschaft außerhalb ihres **Unternehmensgegenstands** erwähnt. Eine solche Tätigkeit ist zwar satzungswidrig, wird aber nicht in allen Fällen sanktioniert. Dazu ist an dieser Stelle nur kurz Folgendes festzuhalten: Wenn die Gesellschaft ihre Geschäftstätigkeit über ihren bisherigen Unternehmensgegenstand hinaus ausdehnen will oder umgekehrt einen Teil ihres bisherigen Unternehmensgegenstands künftig nicht mehr ausfüllen möchte, zB im Zusammenhang mit dem Erwerb oder der Veräußerung von Beteiligungen, muss der

---

[194] Einhellige Auffassung; siehe nur MüKoAktG/*Stein* § 179 Rn. 173; Hüffer/*Koch* AktG § 179 Rn. 12; jeweils mwN.
[195] Schmidt/Lutter/*Seibt* AktG § 179 Rn. 19, 21; MüKoAktG/*Stein* § 179 Rn. 38; jeweils mwN.
[196] Siehe zur Unterscheidung dieser beiden Kategorien von Satzungsdurchbrechung BGHZ 123, 15 (19).
[197] BGHZ 180, 9 (25) – Kirch/Deutsche Bank; GroßkommAktG/*Wiedemann* § 179 Rn. 99; Spindler/Stilz AktG/*Holzborn* § 179 Rn. 50; MüKoAktG/*Stein* § 179 Rn. 40; Hüffer/*Koch* AktG § 179 Rn. 8; jeweils mwN, auch zu differenzierenden Auffassungen. Grundlegend kritisch unter Bildung von Fallgruppen wirksamer Satzungsdurchbrechungen *Leuschner* ZHR 180 (2016), 422, *passim*.
[198] Spindler/Stilz AktG/*Holzborn* § 179 Rn. 55; MüKoAktG/*Stein* § 179 Rn. 44; Hüffer/*Koch* AktG § 179 Rn. 9.
[199] BGHZ 83, 122 (130) – Holzmüller.

Unternehmensgegenstand nach allgemeiner Auffassung geändert werden, und zwar grundsätzlich vor Ausweitung oder Verengung der Geschäftstätigkeit.[200] Nach vielfach vertretener Auffassung darf der Vorstand unter gewissen Voraussetzungen die Geschäfte aber schon einmal durchführen und die erforderliche Satzungsänderung anschließend, zB durch die nächste ordentliche Hauptversammlung, herbeiführen.[201]

79 **2. Besonderheiten des Verfahrens.** Das Beschlussverfahren folgt auch bei der Satzungsänderung grundsätzlich den allgemeinen Regeln (→ Rn. 5 ff.). Die folgenden Gesichtspunkte sind hervorzuheben:

80 a) Einberufung und Anträge. Die Satzungsänderung ist als Beschlussgegenstand mit der Tagesordnung bekannt zu machen (§ 124 Abs. 4 S. 1 AktG). Der ebenfalls bekannt zu machende **Verwaltungsvorschlag** (§ 124 Abs. 3 S. 1 AktG) hat den **Wortlaut der vorgeschlagenen Satzungsänderung** zu enthalten (§ 124 Abs. 2 S. 2 AktG). Aktionäre können in der Hauptversammlung abweichende Gegenanträge stellen und diese gemäß § 126 AktG vor der Hauptversammlung bekannt machen lassen. Die Gegenanträge müssen sich im Rahmen des von der Verwaltung bekannt gemachten Gegenstands der Tagesordnung halten, werden jedoch durch den Beschlussvorschlag der Verwaltung, also den konkreten Änderungstext, nicht begrenzt. In diesem Zusammenhang wurde bereits darauf hingewiesen, dass ein Tagesordnungspunkt „Änderung der Satzung" den Entscheidungsraum der Hauptversammlung sehr weit absteckt und Anträge zur Änderung jeder beliebigen Satzungsbestimmung ermöglicht. Wenn dies nicht gewünscht wird, sollte der Tagesordnungspunkt enger umrissen werden, zB „Änderung von § x Abs. y der Satzung (Genehmigtes Kapital)" (siehe zum Ganzen ausführlich → Rn. 7).

81 b) Mehrheit. Nach dem **Gesetz** bedürfen satzungsändernde Beschlüsse grundsätzlich der **einfachen Stimmenmehrheit** (§ 133 Abs. 1 AktG) und einer Mehrheit von mindestens **drei Viertel des bei der Beschlussfassung vertretenen Grundkapitals** (§ 179 Abs. 2 S. 1 AktG). Für einige Satzungsregelungen weicht das Gesetz von diesen Grundsätzen ab: Die Ergebnisse eines Statusverfahrens kann die Hauptversammlung innerhalb gewisser Fristen mit einfacher Stimmenmehrheit, also ohne qualifizierte Kapitalmehrheit, in Form neuer Satzungsbestimmungen über die Zusammensetzung des Aufsichtsrats umsetzen (§ 97 Abs. 2 S. 4 AktG). Auch die Herabsetzung der satzungsmäßig festgesetzten Aufsichtsratsvergütung bedarf lediglich der einfachen Stimmenmehrheit, keiner qualifizierten Kapitalmehrheit (§ 113 Abs. 1 S. 4 AktG). Die einfache Stimmenmehrheit reicht ebenfalls aus für bestimmte Fälle der Kapitalherabsetzung durch Einziehung von Aktien (§ 237 Abs. 4 S. 2 AktG). Oben (→ Rn. 40) wurde bereits darauf hingewiesen, dass in einem Ausnahmefall die Kapitalmehrheit die Stimmenmehrheit ersetzt, und zwar bei Beseitigung von alten Mehrstimmrechten, die mit der einfachen Mehrheit des bei der Beschlussfassung vertretenen Grundkapitals beschlossen werden kann (§ 5 Abs. 2 S. 2 EGAktG). Die **Satzung** kann die Stimmenmehrheit auf jede beliebige Schwelle bis hin zur Einstimmigkeit erhöhen (§ 133 Abs. 1 Hs. 2 AktG) sowie die qualifizierte Kapitalmehrheit noch weiter erhöhen oder – außer bei Änderungen des Unternehmensgegenstands – bis zur einfachen Stimmenmehrheit herabsetzen (§ 179 Abs. 2 S. 2 AktG). Meistens werden in den Satzungen großer Publikumsgesellschaften allerdings sowohl Stimmen- als auch Kapitalmehrheit, soweit gesetzlich möglich, auf die einfache Mehrheit festgelegt (Formulierungsbeispiel → Rn. 45). Für die Berechnung der Mehrheiten gelten die allgemeinen Grundsätze (→ Rn. 38 ff.).

---

[200] Sehr konzise dazu Schmidt/Lutter/*Seibt* AktG § 179 Rn. 16–18. Ausführlicher MüKoAktG/*Stein* § 179 Rn. 100–114.

[201] OLG Köln AG 2009, 416 (417–418); OLG Stuttgart AG 2005, 693 (696); Schmidt/Lutter/*Seibt* AktG § 179 Rn. 16; MüKoAktG/*Stein* § 179 Rn. 105; *Feldhaus* DB 2009, 562 (563). AA *Lutter/Leinekugel* ZIP 1998, 225 (227–229); Grigoleit/*Ehmann* AktG § 179 Rn. 19, 20.

c) **Eintragung ins Handelsregister.** Gemäß § 181 Abs. 3 AktG ist die Handelsregistereintragung **Wirksamkeitsvoraussetzung für die Satzungsänderung** (nicht dagegen für den Satzungsänderungsbeschluss selbst, der mit Protokollierung wirksam wird, → Rn. 54). Der Vorstand ist verpflichtet, unmittelbar nach der Protokollierung des Satzungsänderungsbeschlusses die Satzungsänderung zur Eintragung in das Handelsregister anzumelden (§ 181 Abs. 1 S. 1 AktG). Dabei handelt er durch Mitglieder in vertretungsberechtigter Zahl oder, soweit die satzungsmäßigen Vertretungsregelungen dies zulassen (§ 78 Abs. 3 S. 1 AktG), durch ein Vorstandsmitglied in Gemeinschaft mit einem Prokuristen.[202] Bei Kapitalmaßnahmen muss auch der Vorsitzende des Aufsichtsrats an der Anmeldung mitwirken (zB § 184 Abs. 1 S. 1 AktG). Der Anmeldung ist stets der vollständige Wortlaut der Satzung in der Neufassung mit einer Vollständigkeitsbescheinigung eines Notars beizufügen (§ 181 Abs. 1 S. 2 AktG). Das Registergericht trägt die Satzungsänderung gemäß § 181 Abs. 2 AktG nur für die Angaben nach § 39 AktG mit ihrem vollen Wortlaut ein, also für Firma, Sitz, Unternehmensgegenstand, Höhe des Grundkapitals, Vertretungsbefugnis, ggf. Dauer der Gesellschaft und Genehmigtes Kapital. Im Übrigen genügt die Bezugnahme auf die bei Gericht eingereichten Unterlagen. Allerdings ist das Registergericht gemäß § 43 Nr. 6 lit. a HRV verpflichtet, auch bei bloßer Bezugnahme wenigstens den Gegenstand der Satzungsänderung in der Eintragung zu bezeichnen.

Häufig trägt das Registergericht vor Ablauf der einmonatigen Anfechtungsfrist (§ 246 Abs. 1 AktG) nur ein, wenn ihm nachgewiesen wird, dass Widerspruch gegen die Beschlussfassung (§ 245 Nr. 1 AktG) nicht erklärt oder zurückgenommen worden ist. Wenn **Anfechtungs- oder Nichtigkeitsklage** gegen den Satzungsänderungsbeschluss erhoben wird, setzen viele Registerrichter das Eintragungsverfahren gemäß §§ 381, 21 FamFG bis zur rechtskräftigen Entscheidung der Klage aus. Auf diese Weise erspart der Registerrichter sich die – mangels Spruchrichterprivileg, § 839 Abs. 2 S. 1 BGB – haftungsträchtige eigene Beurteilung der Rechtmäßigkeit des Hauptversammlungsbeschlusses (dazu noch → § 42 Rn. 6) und der Klageaussichten. Eine solche Handhabung stellt eine **faktische Registersperre** dar, die mangels gesetzlicher Anordnung (wie zB im Fall des § 16 Abs. 2 UmwG) rechtlich sehr problematisch ist.[203] Erschwerend kommt hinzu, dass das Freigabeverfahren gemäß § 246a AktG (→ § 42 Rn. 144 ff.) nur bei Kapitalmaßnahmen und Unternehmensverträgen zur Verfügung steht, nicht bei sonstigen Satzungsänderungen. Die Situation lässt sich aber schon mit dem gegebenen Instrumentarium erheblich verbessern. Ausgangspunkt ist die Feststellung, dass der Registerrichter rechtlich nur gehindert ist, trotz anhängender Beschlussmängelklage eine Eintragung vorzunehmen, wenn das Prozessgericht auf Antrag des Beschlussmängelklägers die Eintragung gemäß § 16 Abs. 2 HGB für unzulässig erklärt hat. Eine **Entscheidung nach § 16 Abs. 2 HGB** kann auch im **einstweiligen Verfügungsverfahren** herbeigeführt werden.[204] Vor diesem Hintergrund kann ein Registergericht auch für Satzungsänderungen, die nicht unter § 246a AktG fallen, das Eintragungsverfahren ohne eigene materielle Prüfung der Beschlussmängelklage beschleunigen, indem es dem Beschlussmängelkläger aufgibt, eine Entscheidung des Prozessgerichts gemäß § 16 Abs. 2 HGB herbeizuführen, ansonsten es die angegriffene Satzungsänderung eintragen werde. Damit wird ein dem Freigabeverfahren ähnliches Verfahren mit umgekehrten Parteirollen, nämlich dem Beschlussmängelkläger als Angreifer, geführt.[205]

Die erfolgte Eintragung ist nicht rechtsmittelfähig[206] und nur noch der Amtslöschung (§ 395 FamFG) zugänglich. Die der Eintragung zugrunde liegende Eintragungsverfügung

---

[202] Spindler/Stilz AktG/*Holzborn* § 181 Rn. 10; MüKoAktG/*Stein* § 181 Rn. 11; Hüffer/*Koch* AktG § 181 Rn. 4.
[203] Hüffer/*Koch* AktG § 245 Rn. 23.
[204] LG Düsseldorf BB 1960, 226; LG Heilbronn AG 1971, 372; Spindler/Stilz AktG/*Holzborn* § 181 Rn. 31; MüKoAktG/*Stein* § 181 Rn. 54.
[205] Zur „Umkehrung" des Freigabeverfahrens bereits *K. Schmidt* in Verhandlungen des 63. DJT, Bd. II/1, S. O 21–22, 32–33. Weitergehende Hinweise bei *Habersack/Stilz* ZGR 2010, 710 (724).
[206] BGHZ 104, 61 (63).

ist ebenfalls nicht rechtsmittelfähig.[207] Gegen ablehnende Entscheidungen und Zwischenverfügungen kann die AG mit Erinnerung (§ 11 Abs. 2 RPflG) und Beschwerde (§§ 58 ff. FamFG) vorgehen.

85 **3. Inhaltliche Besonderheiten. a) Rückwirkung.** Aktionäre ebenso wie Nicht-Gesellschafter sollen grundsätzlich darauf vertrauen dürfen, dass die Satzung gilt, wie sie sie vorfinden.[208] Dadurch werden die Möglichkeiten, **Satzungsänderungen rückwirkend zu beschließen,**[209] **stark eingeschränkt.** Trotzdem gibt es **einige anerkannte Ausnahmen,** in denen Rückwirkung möglich ist.[210] Zulässig ist beispielsweise die rückwirkende Erhöhung der Aufsichtsratsvergütung. Eine Herabsetzung kommt für die Festvergütung nicht in Betracht, wohl aber für die variable Vergütung des laufenden Geschäftsjahres, weil diese noch nicht feststeht und insoweit die Aufsichtsratsmitglieder keinen Vertrauensschutz genießen (→ § 33 Rn. 28).[211] Ein unzulässiger Eingriff in Bilanzierung und Ergebnisfeststellung wäre die rückwirkende Änderung des Geschäftsjahres; möglich ist lediglich die Abkürzung des laufenden Geschäftsjahres zu einem Rumpfgeschäftsjahr, wenn die Satzungsänderung noch vor dem Ende des Rumpfgeschäftsjahres in das Handelsregister eingetragen wird.[212] Mit Gesichtspunkten des Verkehrsschutzes unvereinbar und unzulässig wäre die rückwirkende Änderung des Gesellschaftszwecks, des Unternehmensgegenstands sowie der Vertretungsbefugnis der Vorstandsmitglieder.

86 **b) Sachliche Rechtfertigung.** Vereinzelt geblieben ist die Auffassung, jede Satzungsänderung bedürfe einer sachlichen Rechtfertigung und unterliege damit der vollen gerichtlichen Inhaltskontrolle.[213] Diese Meinung wird heute wohl einhellig abgelehnt.[214] Die **materielle Beschlusskontrolle** durch die Gerichte bleibt folglich gewissen **Sondersituationen** vorbehalten (dazu → § 42 Rn. 71).

V. Wahlen

87 **1. Wahlanlässe und anwendbare Vorschriften.** Die Hauptversammlung trifft ihre Personalentscheidungen durch Wahlen. In ihre **gesetzliche Zuständigkeit** fallen die Wahl von Aufsichtsratsmitgliedern (§ 101 Abs. 1 S. 1 AktG), die Wahl des Abschlussprüfers (§ 318 Abs. 1 S. 1 HGB), die Wahl von Sonderprüfern (§ 142 Abs. 1 S. 1 AktG), die Wahl von besonderen Vertretern zur Geltendmachung von Schadensersatzansprüchen (§ 147 Abs. 2 S. 1 AktG) sowie die Wahl von Abwicklern (§ 265 Abs. 2 S. 1 AktG). Zuweilen sieht die Satzung weitere Gremien vor, zB einen Beirat, und schreibt deren Wahl durch die Hauptversammlung vor.

88 Die allgemeinen Vorschriften über Wahlen finden sich in § 133 AktG. Aus dessen Abs. 2 ergibt sich, dass Wahlen zu den Beschlüssen gehören, so dass das **gesamte Beschlussrecht auch für Wahlen** gilt, soweit die Satzung keine anderen Bestimmungen trifft. Wortlaut und Systematik des § 133 Abs. 1 und 2 AktG zeigen, dass der Satzungsgeber bei Wahlen vom gesetzlichen Normalfall weitergehend abweichen darf als bei anderen Beschlüssen.

---

[207] Spindler/Stilz AktG/*Holzborn* § 181 Rn. 32 ff. mwN, auch zu einem Sonderfall, in dem ausnahmsweise Erinnerung und Beschwerde möglich sind.
[208] MüKoAktG/*Stein* § 181 Rn. 76; Hüffer/*Koch* AktG § 179 Rn. 28.
[209] Die Rückwirkung kommt nur der Satzungsänderung zu, nicht dem Hauptversammlungsbeschluss; → Rn. 60.
[210] Siehe zum Folgenden die Zusammenstellung bei Hüffer/*Koch* AktG § 179 Rn. 28.
[211] LG München I NZG 2013, 182 (183).
[212] OLG Schleswig AG 2001, 149; OLG Frankfurt a. M. NZG 2014, 866 (867); Spindler/Stilz AktG/*Holzborn* § 179 Rn. 167; MüKoAktG/*Stein* § 181 Rn. 77.
[213] *Wiedemann* ZGR 1980, 147 (156–158); GroßkommAktG/*Wiedemann* § 179 Rn. 169 ff.
[214] Siehe nur *Timm* JZ 1980, 665 (667–668); *Lutter* ZGR 1981, 171 (174–175); Spindler/Stilz AktG/*Holzborn* § 179 Rn. 171; Schmidt/Lutter/*Seibt* AktG § 179 Rn. 44; Hüffer/*Koch* AktG § 179 Rn. 29.

2. Wahlmodi. a) Mehrheitswahl. Der gesetzliche Normalfall ist die **Mehrheitswahl** mit **einfacher, absoluter Stimmenmehrheit**, § 133 Abs. 1 AktG. Sie wird in der Praxis fast ohne Ausnahme angewandt. Gewählt ist, wer die einfache Mehrheit der abgegebenen Stimmen (→ Rn. 38) auf sich vereinigt. Gewählt wird für jede vakante Position separat, mögen auch die Abstimmungsvorgänge technisch zusammengefasst werden (dazu sogleich → Rn. 92). Daraus folgt zB, dass bei Wahlen zum Aufsichtsrat der Inhaber der einfachen Hauptversammlungsmehrheit die Besetzung der gesamten Anteilseignerseite des Aufsichtsrats bestimmt. Dass dies möglich ist, war dem Gesetzgeber bewusst[215] und ist nicht nur rechtlich unproblematisch, sondern Grundlage des an die Mehrheitsmacht in der Gesellschafterversammlung anknüpfenden deutschen Konzernrechts.

Die Satzung kann das Erfordernis der einfachen Stimmenmehrheit für Wahlen verschärfen, zB durch Einführung einer **qualifizierten Mehrheit**[216] oder – anders als bei sonstigen Beschlüssen – abmildern. Im letztgenannten Sinne kann beispielsweise festgelegt werden, dass ein Kandidat bereits bei Stimmengleichheit gewählt ist.[217] Eine zulässige Abmilderung der einfachen Stimmenmehrheit liegt auch vor, wenn die Satzung die einfache **relative Mehrheit** für die Wahl ausreichen lässt.[218] Die relative Mehrheit spielt nur eine Rolle, wenn **mehrere Kandidaten für eine Position** zur Wahl stehen. Dann entscheidet der Versammlungsleiter nach pflichtgemäßem Ermessen, ob er nacheinander über die Kandidaten abstimmen lässt, beginnend mit dem aussichtsreichsten, bis ein Kandidat die satzungsmäßige Mehrheit erlangt (Sukzessivwahl),[219] oder ob er alle Kandidaten gleichzeitig zur Wahl stellt. Wenn im letztgenannten Fall jeder Aktionär nicht für jeden Kandidaten eine Stimme hat (Simultanwahl), sondern nur eine Stimme insgesamt (Alternativwahl), kann es vorkommen, dass kein Kandidat die einfache Mehrheit erreicht. Gewählt ist dann, wer die meisten Stimmen erhält, auch wenn diese nicht die einfache Mehrheit ausmachen.[220] Ein Patt kann die Satzung nach hM durch die Anordnung einer Stichwahl[221] und sogar durch Losentscheid auflösen.[222] Die Frage, ob die Satzung dem Versammlungsleiter oder einer anderen Person das Recht zum Stichentscheid geben kann, wird noch immer überwiegend zu Recht mit dem Hinweis auf einen Verstoß gegen die Autonomie der Willensbildung der Hauptversammlung verneint.[223]

b) Verhältniswahl. Dieser Wahlmodus kommt nur in Betracht, wenn **mehrere Positionen gleichzeitig zu besetzen** sind, etwa bei einer Aufsichtsratswahl. Dabei werden alle

---

[215] BegrRegE bei *Kropff* AktG S. 138.
[216] BGHZ 76, 191 (193–194) (²/₃-Mehrheit).
[217] KölnKommAktG/*Tröger* § 133 Rn. 172; Spindler/Stilz AktG/*Rieckers* § 133 Rn. 55.
[218] Siehe nur GroßkommAktG/*Grundmann* § 133 Rn. 126; MüKoAktG/*Arnold* § 133 Rn. 92; KölnKommAktG/*Tröger* § 133 Rn. 173; Hüffer/*Koch* AktG § 133 Rn. 32; jeweils mwN.
[219] So die hM; siehe nur LG Hamburg AG 1996, 233; LG München I ZIP 2016, 973 (974); Spindler/Stilz AktG/*Rieckers* § 133 Rn. 55a mwN. Eine Reihenfolge der Abstimmungen ist nur unter den Voraussetzungen des § 137 AktG zwingend vorgeschrieben (dazu → Rn. 92).
[220] Ausführlich zu den verschiedenen Wahlverfahren bei mehreren Kandidaten für eine Position *Austmann/Rühle* AG 2011, 805, *passim;* zusammenfassend *Hoppe* NZG 2017, 361 (364–366). Mit Präferenz für die Sukzessivwahl, hilfsweise die Simultanwahl *Oppermann* ZIP 2017, 1406, *passim.* Weiterhin ohne grundsätzliche Entscheidung für oder gegen ein bestimmtes Wahlverfahren BGH WM 2019, 258 Rn. 45–56.
[221] Zu den damit verbundenen Rechtsproblemen und mit Vorschlägen zur Satzungsgestaltung *Füchsel* NZG 2018, 416, *passim.*
[222] Siehe nur GroßkommAktG/*Grundmann* § 133 Rn. 126; Spindler/Stilz AktG/*Rieckers* § 133 Rn. 55; MüKoAktG/*Arnold* § 133 Rn. 92; KölnKommAktG/*Tröger* § 133 Rn. 172. AA *Bollweg* S. 499–502; Heidel AktienR u. KapitalmarktR/*Müller* § 133 Rn. 14.
[223] *Bollweg* S. 498–499; Spindler/Stilz AktG/*Rieckers* § 133 Rn. 55; Hüffer/*Koch* AktG § 133 Rn. 32; MüKoAktG/*Arnold* § 133 Rn. 92. AA GroßkommAktG/*Grundmann* § 133 Rn. 126; KölnKommAktG/*Tröger* § 133 Rn. 172; Schmidt/Lutter/*Spindler* AktG § 133 Rn. 51 (letzterer nur für den Fall, dass der Hauptversammlungsleiter aus der Mitte der Aktionäre gewählt worden ist).

Kandidaten in einem Wahlgang gewählt, wobei jedes Stimmrecht nur einmal ausgeübt werden kann. Die Sitze werden sodann **nach dem Anteil der auf jeden Kandidaten entfallenden Stimmen** vergeben, beginnend mit dem höchsten Anteil, bis alle Positionen besetzt sind. Das Verfahren lässt sich verfeinern, indem jedem Stimmrecht mehrere Stimmen zugeteilt werden, zB so viele wie Sitze zu vergeben sind. In jedem Fall läuft die Verhältniswahl darauf hinaus, dass Minderheiten in der Lage sind, die Wahl ihrer Repräsentanten in den Aufsichtsrat durchzusetzen. Nach heute hM wird die Verhältniswahl von § 133 Abs. 2 AktG gedeckt und kann in der Satzung angeordnet werden.[224] Die Satzung kann die Entscheidung über den Wahlmodus aber genauso wenig wie die über die erforderliche Mehrheit dem Versammlungsleiter überlassen. Mehrheit und Wahlmodus gehören nicht zu den vom Versammlungsleiter zu entscheidenden Verfahrensfragen (zu diesen → Rn. 92). In der Praxis kommt die Verhältniswahl so gut wie nicht vor.

92 **3. Verfahrensfragen.** In den Satzungen praktisch aller Publikumsgesellschaften wird die Ermächtigung des § 134 Abs. 4 AktG dahingehend ausgeübt, dass „Art und Form der Abstimmung" dem Versammlungsleiter zur Festlegung überlassen wird (→ Rn. 25). Dazu gehören auch die Verfahrensfragen bei Wahlen, die der **Versammlungsleiter** im Rahmen der gesetzlichen Mehrheitswahl oder dem sonst von der Satzung angeordneten Wahlmodus mit einer Ausnahme entscheiden kann. Diese findet sich in § 137 AktG und verpflichtet den Versammlungsleiter, unter gewissen Voraussetzungen über den Wahlvorschlag eines Aktionärs vor demjenigen des Aufsichtsrats abstimmen zu lassen. Um diese Priorität zu erreichen, muss der Aktionär seinen Wahlvorschlag vor der Hauptversammlung fristgemäß der Gesellschaft zum Zweck der Veröffentlichung durch diese übersenden, den Antrag in der Hauptversammlung tatsächlich stellen und in der Verfahrensfrage die Unterstützung einer Minderheit von Aktionären erhalten, deren Aktien zusammen mindestens 10 % des in der Hauptversammlung präsenten Grundkapitals ausmachen. Von großer praktischer Relevanz ist dieses Minderheitsrecht nicht.

93 Im Zusammenhang mit Verfahrensfragen bei Aufsichtsratswahlen geht es vor allem um das Thema, wie und unter welchen Voraussetzungen der Versammlungsleiter im Interesse der Verfahrensökonomie mehrere Abstimmungen zusammenfassen kann. Das Stichwort heißt hier **„Listenwahl"**,[225] auch „Blockwahl" oder „Globalwahl" genannt (siehe zur Blockabstimmung im Allgemeinen → Rn. 22).[226] Gemeint ist ein Wahlverfahren, mit dem über die Besetzung sämtlicher vakanter Positionen durch gleichgerichtete Stimmabgabe in einem Wahlgang abgestimmt wird, und zwar gemäß der mit dem Wahlvorschlag präsentierten Liste von Kandidaten (dazu schon → § 30 Rn. 54). Rechtlich werden in dem einheitlichen Wahlgang so viele Wahlbeschlüsse gefasst, wie Kandidaten zu wählen sind.[227] Die Listenwahl ist **nach heute hM zulässig,** wenn der Versammlungsleiter vor der Abstimmung darauf hinweist, dass jeder, der auch nur einen Kandidaten auf der Liste ablehnt, zunächst gegen die gesamte Liste stimmen muss, und dass Einzelwahlen durchgeführt werden, wenn die vorgeschlagene Liste keine Mehrheit findet; der Widerspruch eines einzelnen Aktionärs gegen diese Vorgehensweise ist nach der Rechtsprechung des BGH unbeachtlich.[228]

---

[224] Siehe nur KölnKommAktG/*Tröger* § 133 Rn. 176; MüKoAktG/*Arnold* § 133 Rn. 93; Spindler/Stilz AktG/*Rieckers* § 133 Rn. 56; Bürgers/Körber AktG/*Holzborn* § 133 Rn. 17; Hüffer/*Koch* AktG § 133 Rn. 33; *Butzke* Hauptversammlung Rn. J 51; jeweils mwN auch zur Gegenmeinung. AA mit ausführlicher Begründung *Bollweg* S. 468–473.

[225] So der von BGHZ 180, 9 Rn. 30–31 – Kirch/Deutsche Bank benutzte Begriff.

[226] Zur Terminologie *Austmann* FS Sandrock, 1995, 277 (278–279).

[227] Einzelheiten bei *Austmann* FS Sandrock, 1995, 277 (278, 282–283).

[228] BGHZ 180, 9 Rn. 30–31 – Kirch/Deutsche Bank; *Austmann* FS Sandrock, 1995, 277 (282–289); Schmidt/Lutter/*Spindler* AktG § 133 Rn. 55; Hüffer/*Koch* AktG § 133 Rn. 33, § 101 Rn. 6; Spindler/Stilz AktG/*Rieckers* § 133 Rn. 57–58 (einschränkend im Hinblick auf die vorherige Belehrungs-

Verfahrensanträge der Aktionäre in diesem Zusammenhang werden bei Schweigen der Satzung von der hM allerdings als beachtlich angesehen, weil die Hauptversammlung insoweit eine Kompetenz zur Festlegung des Abstimmungsverfahrens haben soll. Deshalb sollte der Versammlungsleiter den Antrag eines Aktionärs, anstelle der Listenwahl eine Einzelwahl durchzuführen, vorsichtshalber zur Abstimmung stellen, und zwar separat vor dem eigentlichen Wahlbeschluss, dh nicht als inzidente Verfahrensentscheidung durch den Wahlbeschluss.[229] Für die Praxis der börsennotieren Gesellschaften hat das Thema stark an Bedeutung verloren, nachdem der Kodex empfiehlt, **Wahlen zum Aufsichtsrat als Einzelwahlen** durchzuführen (Empfehlung C.15). Die Praxis folgt dieser Empfehlung durchweg, um die Entsprechenserklärung insoweit nicht einschränken zu müssen.

§ 41 Niederschrift

Übersicht

	Rn.		Rn.
I. Überblick	1–6	2. Beschlüsse ohne qualifiziertes Mehrheitserfordernis	26–28
1. Zweck	1	3. Unterzeichnung durch Versammlungsleiter	29, 30
2. Notarielles oder privatschriftliches Protokoll	2	V. Publizität der Niederschrift	31–35
3. Ergebnis-, nicht Wortprotokoll	3, 4	1. Einreichung zum Handelsregister	31–33
4. Sonderversammlung und Universalversammlung	5, 6	2. Einsichtnahme und Erteilung von Abschriften	34
II. Inhalt der Niederschrift	7–13	3. Veröffentlichung der Abstimmungsergebnisse	35
1. Zwingender und fakultativer Inhalt	7, 8	VI. Rechtsfolgen bei fehlender oder fehlerhafter Niederschrift	36–39
2. Beschlüsse	9–13	1. Nichtigkeit nach § 241 Nr. 2 AktG	36, 37
III. Beurkundung durch den Notar	14–24	2. Haftung für Pflichtverstöße des Protokollanten	38, 39
1. Notar	14–17		
2. Amtspflichten	18–20		
3. Beurkundungsverfahren	21–24		
IV. Niederschrift des Versammlungsleiters	25–30		
1. Erleichterung für AG ohne Börsennotierung	25		

Schrifttum: *Drescher,* Die Berichtigung des Hauptversammlungsprotokolls, FS Deutsches Notarinstitut, 2018, S. 443–451; Grumann/*Gillmann,* Aktienrechtliche Hauptversammlungsniederschriften und Auswirkungen von formalen Mängeln, NZG 2004, 839–845; *Habersack,* Beschlussfeststellung oder Beurkundung der Niederschrift – Wann wird der Hauptversammlungsbeschluss wirksam?, Beilage zu ZIP 22/2016, 23–25; *Haupt* in: Notarhandbuch Gesellschafts- und Unternehmensrecht, 2. Auflage 2017, § 17; *Heckschen/Kreußlein,* Fehler und Berichtigungsmöglichkeiten der notariellen Niederschrift über die Hauptversammlung einer AG, NZG 2018, 401–416; *Herrler,* Berichtigungsmöglichkeiten bei fehlenden Pflichtangaben in der Hauptversammlungsniederschrift, NJW 2018, 585–588; *Hoffmann-Becking,* Wirksamkeit der Beschlüsse der Hauptversammlung bei späterer Protokollierung, FS Hellwig, 2010, S. 153–162; *ders.,* der Aufsichtsrat der AG und sein Vorsitzender in der Hauptversammlung der AG, NZG 2017, 281–291; *Krieger,* Muss der Hauptversammlungsnotar die Stimmauszählung überwachen?, ZIP 2002, 1597–1601; *ders.,* Berichtigung von Hauptversammlungsprotokollen, NZG 2003, 366/372; *Priester,* Aufgaben und Funktionen des Notars in der Hauptversammlung, DNotZ 2001, 661–671; *Reul/Zetzsche,* Zwei Notare – eine Hauptversammlung, AG 2007, 561–572; *Zimmermann* in: Happ Aktienrecht Bd. I, 5. Aufl. 2019, Form. 10.17 bis 10.20.

---

pflicht durch den Versammlungsleiter) mwN, auch zur Gegenauffassung. AA zuletzt maßgeblich *Bub* FS Derleder, 2005, 221 (229).

[229] LG München I ZIP 2004, 853 (854) – HypoVereinsbank; Spindler/Stilz AktG/*Rieckers* § 133 Rn. 58; Hüffer/*Koch* AktG § 101 Rn. 7; jeweils mwN. AA *Austmann* FS Hoffmann-Becking, 2013, 45 (64–65) (Entscheidungskompetenz allein beim Versammlungsleiter). Offen gelassen von BGH WM 2019, 258 Rn. 47. Hinweise zu Gestaltungsmöglichkeiten in der Praxis bei *Simons* NZG 2019, 641 (645–646).

I. Überblick

1. Zweck. Über jede Hauptversammlung, in der Beschlüsse gefasst werden, ist eine Niederschrift nach näherer Maßgabe des § 130 AktG aufzunehmen. Zweck der Norm ist es, im Interesse der Gesellschaft, ihrer (gegenwärtigen und künftigen) Aktionäre, der Gesellschaftsgläubiger, aber auch der Öffentlichkeit eine rechtssichere Dokumentation der Willensbildung der Hauptversammlung zu gewährleisten. Darüber hinaus soll die Mitwirkung des rechtskundigen Notars bei der notariellen Niederschrift dazu beitragen, dass die für die Hauptversammlung geltenden Verfahrensvorschriften eingehalten werden.[1] Die Vorschriften des § 130 AktG sind zwingend. Insbesondere ist ein über § 130 Abs. 1 S. 2 AktG hinausgehender Verzicht auf die notarielle Beurkundung nicht möglich, auch nicht bei einer Universalversammlung oder der Hauptversammlung einer Einmann-AG.[2] Die aktienrechtlichen Protokollierungspflichten können durch die Satzung weder vermindert noch verschärft werden;[3] möglich ist allenfalls eine Erweiterung der Amtspflichten des Notars, deren Verletzung Schadensersatzansprüche der Gesellschaft auslösen kann (→ Rn. 18 ff.).[4]

2. Notarielles oder privatschriftliches Protokoll. § 130 Abs. 1 S. 1 AktG verlangt die Beurkundung der Beschlüsse der Hauptversammlung durch eine über die Verhandlung notariell aufgenommene Niederschrift. Das gilt im Grundsatz auch für die Beschlüsse der Hauptversammlung einer nicht börsennotierten Gesellschaft. Jedoch reicht nach der seit 2004 geltenden Ausnahmeregel des § 130 Abs. 1 S. 3 AktG ein privatschriftliches Protokoll in Form einer vom Vorsitzenden des Aufsichtsrats zu unterzeichnenden Niederschrift aus, soweit keine Beschlüsse gefasst werden, für die das Gesetz eine Dreiviertel- oder größere Mehrheit bestimmt (dazu näher → Rn. 25 ff.). Die erleichterte Form des privatschriftlichen Protokolls ändert nichts an den inhaltlichen und formellen Anforderungen an die Niederschrift, wie sie in § 130 Abs. 2 und 3 AktG bestimmt sind (dazu nachfolgend → Rn. 7 ff.). Das notarielle Protokoll begründet als öffentliche Urkunde im Prozess nach § 415 ZPO den vollen Beweis der beurkundeten Vorgänge, und zwar auch des fakultativen Protokollinhalts (dazu → Rn. 8),[5] während der Inhalt des privatschriftlichen Protokolls der freien Beweiswürdigung nach § 286 ZPO unterliegt.

3. Ergebnis-, nicht Wortprotokoll. Die Niederschrift über die Hauptversammlung und ihre Beschlüsse nach § 130 AktG ist ein Ergebnisprotokoll. Das Protokoll muss nicht sämtliche Vorgänge und Redebeiträge wiedergeben und auch nicht – anders als die Niederschrift über eine Aufsichtsratssitzung nach § 107 Abs. 2 AktG – den „wesentlichen Inhalt der Verhandlungen", sondern kann sich im Wesentlichen darauf beschränken, darüber Aufschluss zu geben, welche Beschlüsse gefasst wurden, wie ihr genauer Inhalt lautet und wie sie zustande gekommen sind (→ Rn. 9).

Dem Notar steht es frei, über den zwingend vorgeschriebenen Inhalt hinaus weitere Vorgänge zu protokollieren (sog. fakultative Angaben, → Rn. 8), und der Verwaltung steht es frei, neben und unabhängig von der gesetzlich vorgeschriebenen Niederschrift ein Wortprotokoll mit Hilfe eines Stenografen oder einer Tonaufnahme anfertigen zu lassen (dazu schon → § 37 Rn. 56). Die Aufnahme eines stenografischen Protokolls ist auch ohne

---

[1] MüKoAktG/*Kubis* § 130 Rn. 1; Spindler/Stilz AktG/*Wicke* § 130 Rn. 1; Hüffer/*Koch* AktG § 130 Rn. 1; *Priester* DNotZ 2001, 661 (671).

[2] Spindler/Stilz AktG/*Wicke* § 130 Rn. 5; MüKoAktG/*Kubis* § 130 Rn. 3.

[3] Spindler/Stilz AktG/*Wicke* § 130 Rn. 1; GroßkommAktG/*Mülbert* § 130 Rn. 160; *Butzke*, Hauptversammlung der AG, 5. Aufl. 2011, Rn. N 34 S. 497; aA MüKoAktG/*Kubis* § 130 Rn. 98 u. KölnKommAktG/*Noack/Zetzsche* § 130 Rn. 41 f. für Verschärfungen.

[4] KölnKommAktG/*Noack/Zetzsche* § 130 Rn. 39 f.; Notarhandbuch/*Haupt* § 17 Rn. 473; *Butzke* Hauptversammlung der AG Rn. N 34 S. 497.

[5] Spindler/Stilz AktG/*Wicke* § 130 Rn. 1; Hüffer/*Koch* AktG § 130 Rn. 6; MüKoAktG/*Kubis* § 130 Rn. 72.

Bekanntgabe an die Versammlung zulässig, während auf eine Ton- oder Bildaufnahme hingewiesen und dem jeweiligen Redner Gelegenheit gegeben werden muss, der Aufnahme seines Redebeitrags zu widersprechen,[6] es sei denn, die Satzung gestattet die Bild- oder Tonübertragung nach § 118 Abs. 4 AktG oder die Übertragung erfolgt nur in den Vorraum des Versammlungssaals[7] oder in das „Back Office" zur Unterstützung der Aufnahme und Beantwortung der Fragen (→ § 37 Rn. 53 f.). Ebenso wie die Verwaltung kann auch der Notar zu seiner Unterstützung außerhalb der Urkunde ein Wortprotokoll anfertigen oder anfertigen lassen, das sein Internum bleibt.[8] Falls auf Veranlassung oder jedenfalls mit Zustimmung des Versammlungsleiters durch die Verwaltung ein Wortprotokoll erstellt wird, steht dieses Protokoll nicht allen Teilnehmern der Hauptversammlung im Nachhinein zur Verfügung. Jedoch kann ein Aktionär gegen Kostenerstattung eine Abschrift der Teile des Wortprotokolls verlangen, die seine eigenen Redebeiträge und die dazu erteilten Antworten umfassen.[9] Solche freiwillig erstellten Wortprotokolle unterliegen, wenn sie in einem Rechtsstreit vorgelegt werden, der freien Beweiswürdigung wie jedes andere Schriftstück, nehmen also nicht an der Beweiskraft des notariellen Protokolls als öffentliche Urkunde iSd § 415 ZPO teil.

4. Sonderversammlung und Universalversammlung. Die Protokollierungspflichten **5** nach § 130 AktG gelten für jede Hauptversammlung, in der Beschlüsse gefasst werden, gleichgültig, ob es sich um die ordentliche oder eine außerordentliche Hauptversammlung handelt. Auch für gesonderte Versammlungen nach § 138 AktG, in denen Sonderbeschlüsse bestimmter Aktionäre, zB der Vorzugsaktionäre nach § 141 Abs. 3 AktG, gefasst werden, gelten die Protokollerfordernisse des § 130 AktG aufgrund der Bezugnahme in § 138 S. 2 AktG.[10] Eine Ausnahme von der Protokollierungspflicht besteht lediglich bei einer beschlusslosen Hauptversammlung, wie sie insbesondere denkbar ist, wenn die Hauptversammlung lediglich zur Entgegennahme der Verlustanzeige nach § 92 Abs. 1 AktG oder zur Entgegennahme des Berichts des Aufsichtsrats über das Ergebnis der Prüfung des Jahresabschlusses nach § 161 Abs. 2 AktG einberufen wird.[11] In der Praxis gibt es allerdings so gut wie keine beschlusslosen Hauptversammlungen. Insbesondere wird bei einer Verlustanzeige nach § 92 Abs. 1 AktG in aller Regel auch eine Beschlussfassung über Kapitalmaßnahmen oder sonstige Sanierungsschritte auf die Tagesordnung genommen. Im Übrigen würde sich auch bei einer beschlusslosen Hauptversammlung eine Protokollierung nach den Regeln des § 130 AktG empfehlen, um gerade in solch außerordentlichen Fällen den Ablauf der Hauptversammlung und die Einhaltung der Verfahrensregeln beweiskräftig zu dokumentieren.

Die Protokollierungspflichten des § 130 AktG müssen auch bei einer „Universalver- **6** sammlung" oder „Vollversammlung", in der alle Aktionäre erschienen oder vertreten sind (dazu → § 35 Rn. 78), beachtet werden. Eine Erleichterung gilt nur insofern, als die Beifügung der Einberufungsbelege oder die Wiedergabe ihres Inhalts nach § 130 Abs. 3 AktG bei der Universalversammlung entbehrlich ist, wenn kein Aktionär dieser Verfahrensweise widerspricht.[12]

II. Inhalt der Niederschrift

1. Zwingender und fakultativer Inhalt. § 130 Abs. 2 AktG bestimmt zwingend den **7** Mindestinhalt der Niederschrift. Diese Anforderungen gelten gleichermaßen für das nota-

---

[6] BGHZ 127, 107 (109); Hüffer/Koch AktG § 130 Rn. 33; MüKoAktG/Kubis § 130 Rn. 101.
[7] Spindler/Stilz AktG/Wicke § 130 Rn. 70.
[8] MüKoAktG/Kubis § 130 Rn. 20, 102; Spindler/Stilz AktG/Wicke § 130 Rn. 23.
[9] BGHZ 127, 107 (113) = ZIP 1994, 1597.
[10] Spindler/Stilz AktG/Wicke § 130 Rn. 5; MüKoAktG/Kubis § 130 Rn. 99.
[11] Vgl. Spindler/Stilz AktG/Wicke § 130 Rn. 5.
[12] Spindler/Stilz AktG/Wicke § 130 Rn. 5.

rielle Protokoll wie für das im Rahmen von § 130 Abs. 1 S. 3 AktG zulässige privatschriftliche Protokoll. Anzugeben sind in jedem Fall der Ort und der Tag der Verhandlung und der Name des Notars sowie bei Beschlüssen die Art und das Ergebnis der Abstimmung und die Feststellung des Vorsitzenden über die Beschlussfassung, § 130 Abs. 2 S. 1 AktG. Außerdem muss das Protokoll auf Grund spezieller gesetzlicher Bestimmungen insbesondere die von Aktionären zur Niederschrift erklärten Widersprüche (§ 245 Nr. 1 AktG), bestimmte Minderheitsverlangen (§ 130 Abs. 1 S. 2 AktG) und Auskunftsverweigerungen (§ 131 Abs. 5 AktG) wiedergeben.

8 Nicht zwingend vorgeschrieben, aber üblich[13] sind Angaben über die anwesenden Mitglieder von Aufsichtsrat und Vorstand und die Bezugnahme auf den Tag der Bekanntmachung der Tagesordnung im Bundesanzeiger, verbunden mit dem Hinweis, dass – entsprechend der Verpflichtung in § 130 Abs. 3 AktG – ein Ausdruck der Veröffentlichung im Bundesanzeiger der Niederschrift als Anlage beigefügt wird. Die Tagesordnung mit den Beschlussvorschlägen der Verwaltung muss in der Niederschrift nicht wiederholt werden, sondern es genügt insoweit die Bezugnahme auf die bekanntgemachte Einberufung.[14] Zusätzlich zum Ort wird meist, wenn auch nicht notwendig, die betreffende Räumlichkeit (zB Kongresszentrum x) und auch die Uhrzeit des Beginns der Hauptversammlung aufgeführt. Häufig werden auch ergänzende Hinweise des Versammlungsleiters zum Abstimmungsverfahren, zu Stimmverboten für Organmitglieder zum Teilnehmerverzeichnis etc aufgenommen. Nach pflichtgemäßem Ermessen entscheidet der Notar oder – im Fall des § 130 Abs. 1 S. 3 AktG – der Versammlungsleiter über die Aufnahme weiterer Vorgänge in das Protokoll. Kein anderer Beteiligter kann die Aufnahme zusätzlicher Angaben verlangen.[15]

9 **2. Beschlüsse.** Alle Beschlüsse der Hauptversammlung sind im Protokoll festzuhalten, sowohl Sachbeschlüsse und Wahlen als auch Verfahrensbeschlüsse sowie Sonderbeschlüsse von Aktionären einer bestimmten Gattung. Die Beschlussanträge der Verwaltung müssen nicht wiedergeben werden, wenn sie sich mit den in der Einladung bekannt gemachten Beschlussvorschlägen decken und die Hauptversammlung entsprechend diesen Vorschlägen beschlossen hat (dazu schon → § 37 Rn. 88). Beschlussanträge von Aktionären sind dagegen in jedem Fall aufzunehmen, und zwar auch insoweit, als der Versammlungsleiter sie zurückgewiesen und nicht zur Abstimmung gestellt hat.[16]

10 Aus dem Protokoll muss sich zwingend die bei der Beschlussfassung angewandte **Art der Abstimmung** ergeben, § 130 Abs. 2 S. 1 AktG. Zur Form der Abstimmung genügt die Wiedergabe der Anordnung des Versammlungsleiters, in welcher Form, dh durch welche Art der Betätigung[17] die Aktionäre ihre Stimme abgeben können, also zB durch Handaufheben, Zuruf, Ausfüllen von Stimmzetteln oder von Stimmkarten, die für die Auszählung mittels EDV verwendet werden (näher dazu → § 40 Rn. 26). Zur Art der Ermittlung der Abstimmungsergebnisse muss angegeben werden, ob die Stimmen nach dem Additions- oder Subtraktionsverfahren ausgezählt werden (dazu → § 40 Rn. 36 ff.); nach hM führt auch das Fehlen dieser Angabe zur Unwirksamkeit des betreffenden Beschlusses nach § 241 Nr. 2 AktG.[18] Anzugeben ist schließlich für jeden Beschluss, und zwar für die Ablehnung

---

[13] Zum üblichen fakultativen Inhalt vgl. Spindler/Stilz AktG/*Wicke* § 130 Rn. 14, Notarhandbuch/ *Haupt* § 17 Rn. 475 und die Protokollmuster bei Happ AktienR/*Zimmermann*, 5. Aufl. 2019, Form. 10.17 und Beck'sches Formularbuch/*Hoffmann-Becking/Berger*, 13. Aufl. 2019, Form. X.24.
[14] Vgl. OLG Hamburg NZG 2005, 218 (221).
[15] Spindler/Stilz AktG/*Wicke* § 130 Rn. 14.
[16] Spindler/Stilz AktG/*Wicke* § 130 Rn. 13; *Butzke* Hauptversammlung der AG Rn. N 33 S. 496; Notarhandbuch/*Haupt* § 17 Rn. 470.
[17] BGH ZIP 2017, 2245 Rn. 22; *Heckschen/Kreußlein* NZG 2018, 401 (403); *Selter* ZIP 2018, 1161 (1164).
[18] OLG Oldenburg AG 2002, 682; OLG Düsseldorf NZG 2003, 816 (817); LG München NZG 2012, 1310; Hüffer/*Koch* AktG § 130 Rn. 17; MüKoAktG/*Kubis* § 130 Rn. 52; KölnKommAktG/ *Noack/Zetzsche* § 130 Rn. 158; aA *Herrler* NJW 2018, 585 (586); GroßkommAktG/*Mülbert* § 130 Rn. 98; Spindler/Stilz AktG/*Wicke* § 130 Rn. 46; *Schulte* AG 1985, 33 (38).

ebenso wie für die Annahme des betreffenden Beschlussantrags, das Ergebnis der Abstimmung und die Feststellung des Vorsitzenden über die Beschlussfassung, § 130 Abs. 2 S. 1 AktG.

Das Gesetz unterscheidet zwischen dem in der Niederschrift festgehaltenen **Ergebnis der Abstimmung** und der ebenfalls zu protokollierenden **Feststellung des Beschlusses** durch den „Vorsitzenden" der Hauptversammlung, also den Versammlungsleiter (auch → § 40 Rn. 49 ff.). Bei ersterem geht es um die rein tatsächliche Feststellung des Stimmenverhältnisses, bei letzterem hingegen um eine für die Rechtswirkung des Beschlusses konstitutive Erklärung des Versammlungsleiters.[19] Der Protokollierung beider Erfordernisse genügt die Wiedergabe einer zusammenfassenden Erklärung des Versammlungsleiters zB des folgenden Inhalts: „Der Vorsitzende stellte fest, dass die Hauptversammlung mit einer Mehrheit von x-Ja-Stimmen gegenüber y-Nein-Stimmen den Beschlussvorschlag der Verwaltung angenommen hat." Eine getrennte Angabe kann zB wie folgt lauten: „Die Abstimmung über den Vorschlag der Verwaltung ergab x-Ja-Stimmen und y-Nein-Stimmen. Der Vorsitzende gab das Ergebnis der Abstimmung bekannt und stellte fest, dass die Hauptversammlung den Vorschlag der Verwaltung angenommen hat."

Als Angabe zum Ergebnis der Abstimmung genügt bei der nicht börsennotierten Gesellschaft die Angabe, dass die Abstimmung x-Ja-Stimmen und y-Nein-Stimmen ergab. Dagegen genügt nicht die unbezifferte Angabe, dass die erforderliche Mehrheit für den Beschlussantrag gestimmt hat.[20] Für die Wiedergabe der Feststellung des Beschlusses durch den Versammlungsleiter muss nicht das Wort „Feststellung" verwendet werden, aber es muss eine Verlautbarung des Vorsitzenden festgehalten werden, wonach der Beschluss zustandegekommen oder abgelehnt worden ist. Die bloße Wiedergabe des zahlenmäßigen Resultats, also der Zahl oder Prozentsätze der Ja- und Nein-Stimmen reicht nicht aus.[21] Der Beschlussinhalt braucht weder in der Feststellung des Vorsitzenden noch in deren Wiedergabe im Protokoll im Wortlaut formuliert zu werden, wenn er sich mit dem in der Einladung bekannt gemachten Beschlussvorschlag deckt. Auch bei der Beschlussfassung über einen Antrag, der erst in der Hauptversammlung formuliert wurde, genügt die Wiedergabe der Feststellung des Vorsitzenden, dass der Beschlussantrag angenommen oder abgelehnt worden ist, falls der Wortlaut des Beschlussantrags vom Vorsitzenden vor der Abstimmung verlesen wurde und dies auch im Protokoll festgehalten wird (auch → § 40 Rn. 49).[22]

Für börsennotierte Gesellschaften schreibt § 130 Abs. 2 S. 2 AktG detailliertere Angaben im Rahmen der Feststellung über die Beschlussfassung vor, nämlich (1) die Zahl der Aktien, für die gültige Stimmen abgegeben wurden, (2) den Anteil des durch die gültigen Stimmen vertretenen Grundkapitals und (3) die Zahl der für einen Beschluss abgegebenen Stimmen, Gegenstimmen und gegebenenfalls die Zahl der Enthaltungen. Genau genommen sind dies detaillierte Anforderungen an die Angabe des Ergebnisses der Abstimmung und nicht an die Wiedergabe der Feststellungserklärung des Vorsitzenden. Für die Angabe des durch die gültigen Stimmen vertretenen Grundkapitals kommt es auf den Anteil am eingetragenen Grundkapital an, wie der Gesetzgeber in 2016 durch die Ergänzung des Wortlauts klargestellt hat. Die Zahl der Enthaltungen muss nur bei Ermittlung des Ergebnisses nach der Subtraktionsmethode angegeben werden.[23] Statt einer „Langfassung" mit detaillierten Angaben nach § 130 Abs. 2 S. 2 AktG kann der Versammlungsleiter nach § 130 Abs. 2 S. 3 AktG die Feststellung über die Beschlussfassung (richtiger: die Mitteilung des Ergebnisses

---

[19] *Krieger* ZIP 2002, 1597 (1599); Notarhandbuch/*Haupt* § 17 Rn. 412.
[20] BGH ZIP 2017, 2245 Rn. 46, 51; *Heckschen/Kreußlein* NZG 2018, 401 (404 ff.);Hüffer/*Koch* AktG § 130 Rn. 19; Grigoleit/*Herrler* AktG § 130 Rn. 33 f.; MüKoAktG/*Kubis* § 130 Rn. 57.
[21] Spindler/Stilz AktG/*Wicke* § 130 Rn. 52; MüKoAktG/*Kubis* § 130 Rn. 61; Hüffer/*Koch* AktG § 130 Rn. 23; Bürgers/Körber AktG/*Reger* § 130 Rn. 17.
[22] MüKoAktG/*Kubis* § 130 Rn. 61.
[23] DAV-Handelsrechtsausschuss NZG 2008, 534; Hüffer/*Koch* AktG § 130 Rn. 23a. Dies wurde durch Einfügung des Worts „gegebenenfalls" klargestellt.

der Abstimmung) für jeden Beschluss darauf beschränken, dass die erforderliche Mehrheit erreicht wurde, falls kein Aktionär eine umfassende Feststellung gemäß Satz 2 verlangt. Zu der „Kurzfassung" auch → § 37 Rn. 101 und → § 40 Rn. 50. In der Niederschrift ist auch bei einer Feststellung des Vorsitzenden in der „Kurzfassung" des § 130 Abs. 2 S. 3 AktG das Ergebnis der Abstimmung so wiederzugeben, wie § 130 Abs. 2 S. 1 AktG es erfordert.[24]

III. Beurkundung durch den Notar

14 **1. Notar.** Die notarielle Niederschrift über eine in Deutschland stattfindende Hauptversammlung kann nur von einem deutschen Notar aufgenommen werden. Wenn die Hauptversammlung im Ausland stattfindet, was nach heute hM bei entsprechender Satzungsregelung zulässig ist (→ § 36 Rn. 50), kann die Beurkundung nicht durch einen deutschen Notar erfolgen, da dieser nicht im Ausland tätig werden kann (§ 2 BeurkG). Die Beurkundung durch eine ausländische Urkundsperson am Ort der Hauptversammlung ist dagegen möglich, wenn sie der Niederschrift durch einen deutschen Notar gleichwertig ist (→ § 36 Rn. 53 f.).[25]

15 Außerhalb seines Amtsbezirks darf der Notar nur bei Gefahr im Verzug oder nach Genehmigung der Aufsichtsbehörde tätig werden, § 11 Abs. 2 BNotO, und innerhalb des Amtsbezirks soll der Notar sich auf seinen Amtsbereich beschränken, sofern nicht besondere berechtigte Interessen eine Abweichung rechtfertigen, § 10a Abs. 2 BNotO. Verstöße gegen diese Regelungen zur örtlichen Zuständigkeit lassen die Wirksamkeit der Beurkundung unberührt, § 2 BeurkG.

16 Möglich ist eine Beurkundung durch **mehrere Notare,** wenn sie durch Aufgabenteilung für verschiedene Abschnitte der Hauptversammlung tätig werden.[26] Eine kumulative Tätigkeit von zwei Notaren, die nebeneinander getrennte Niederschriften aufnehmen, ist dagegen bedenklich angesichts des Risikos widersprüchlicher Aussagen.[27] Unbedenklich ist jedenfalls, wenn der beurkundende Notar zu seiner Unterstützung einen anderen Notar hinzuzieht, wie dies in der Praxis großer Hauptversammlungen nicht selten geschieht, ua zur Notierung von Widersprüchen und zur Aufnahme nicht beantworteter Fragen nach § 131 Abs. 5 AktG (→ § 37 Rn. 4).[28]

17 Für den Notar gelten bestimmte Mitwirkungsverbote nach § 3 BeurkG, deren Verletzung allerdings ebenfalls keine Auswirkung auf die Wirksamkeit der Beurkundung hat. Zu beachten sind insbesondere die Verbote nach § 3 Abs. 1 Nr. 6 BeurkG (Mitgliedschaft in Vorstand oder Aufsichtsrat) und § 3 Abs. 1 Nr. 9 BeurkG (Vorbefassung). Wenn ein Anwaltsnotar bereits vor der Hauptversammlung im Auftrag der Gesellschaft beratend tätig wird, muss zur Vermeidung einer schädlichen Vorbefassung darauf geachtet werden, dass dies bereits auf der Grundlage seines notariellen Mandats für die Hauptversammlung und nicht aufgrund eines anwaltlichen Beratungsmandats erfolgt.[29] Aktienbesitz des Notars begründet nur dann ein Mitwirkungsverbot, wenn der Notar mit mehr als 5 % oder mit

---

[24] Hüffer/*Koch* AktG § 130 Rn. 23b; *Leitzen* ZIP 2010, 1065 (1068); *Deilmann/Ott* BB 2010, 724; Happ AktienR/*Zimmermann* Form. 10.17 Rn. 38.12.
[25] Hüffer/*Koch* AktG § 121 Rn. 16; MüKoAktG/*Kubis* § 121 Rn. 92, § 13o Rn. 12; Spindler/Stilz AktG/*Rieckers* § 121 Rn. 75; *Bungert* AG 1995, 26 ff.; aA Spindler/Stilz AktG/*Wicke* § 130 Rn. 18.
[26] Notarhandbuch/*Haupt* § 17 Rn. 505; Happ AktienR/*Zimmermann* Form. 10.17 Rn. 2.23 ff.; Spindler/Stilz AktG/*Wicke* § 130 Rn. 23a; Bürgers/Körber AktG/*Reger* § 130 Rn. 7.
[27] MüKoAktG/*Kubis* § 130 Rn. 14; Notarhandbuch/*Haupt* § 17 Rn. 503; für Zulässigkeit Spindler/Stilz AktG/*Wicke* § 130 Rn. 23a; *Reul/Zetzsche* AG 2007, 561 (567 ff.); *Kanzleiter* DNotZ 2007, 804 (807 f.); Happ AktienR/*Zimmermann* Form. 10.17 Rn. 2.22; Hüffer/*Koch* AktG § 130 Rn. 7.
[28] Spindler/Stilz AktG/*Wicke* § 130 Rn. 23a; MüKoAktG/*Kubis* § 130 Rn. 14, 21; *Krieger* FS Priester, 2007, 387 (404); Happ AktienR/*Zimmermann* Form. 10.17 Rn. 2.26, 26.4.
[29] Vgl. Notarhandbuch/*Haupt* § 17 Rn. 319; Spindler/Stilz AktG/*Wicke* § 130 Rn. 20.

Aktien im Umfang eines anteiligen Betrags des Grundkapitals von mehr als 2.500 EUR beteiligt ist, § 3 Abs. 1 Nr. 9 BeurkG.

2. Amtspflichten. Der Notar wird aufgrund eines von der Gesellschaft durch ihren Vorstand erteilten Auftrags tätig. Der Umfang seiner aktienrechtlichen Beurkundungspflichten ergibt sich aus dem durch § 130 AktG festgelegten Mindestinhalt der notariellen Niederschrift. Darüber hinaus können sich aus dem mit der Gesellschaft abgeschlossenen Geschäftsbesorgungsvertrag erhebliche zusätzliche Amtspflichten ergeben. Dabei geht es zum einen um die Pflicht zur Aufnahme zusätzlicher Angaben in die notarielle Niederschrift. Über die Aufnahme weiterer Vorgänge und Angaben in das Protokoll entscheidet der Notar zwar nach pflichtgemäßem Ermessen (→ Rn. 8), aber im Schrifttum wird die Aufnahme einiger zusätzlicher Angaben verbreitet für zwingend gehalten, so zB vom Versammlungsleiter verfügte Beschränkungen der Rede- und Fragezeit und Feststellungen des Versammlungsleiters zu Stimmverboten.[30] Generell lässt sich sagen, dass sich die Amtspflicht zur Protokollierung weiterer Vorgänge nur auf unmittelbar beschlussrelevante Vorgänge erstreckt.[31] 18

Abgesehen von weitergehenden Protokollierungspflichten, die über den Mindestinhalt der Niederschrift nach § 130 Abs. 2 AktG hinausgehen, wird verbreitet angenommen, dass der Notar während der Hauptversammlung auch gewisse Prüfungs-, Beratungs- und Überwachungspflichten zu erfüllen hat.[32] Allerdings ist in dieser Hinsicht Zurückhaltung geboten, insbesondere auch deshalb, weil der Notar leicht Gefahr läuft, die Beschränkungen zu missachten, die sich aus seiner Rolle als neutraler Protokollant ergeben. Der Notar ist nicht generell zur Überwachung des Versammlungsleiters verpflichtet. Richtig ist nur, dass dem Notar die Überwachung der Abläufe obliegt, die für das Zustandekommen wirksamer Beschlüsse von Bedeutung sind. Insoweit trifft ihn auch eine allgemeine Pflicht zur summarischen Kontrolle der Rechtmäßigkeit der Anordnungen und Feststellungen des Versammlungsleiters, allerdings nur in dem Sinne, dass er den Versammlungsleiter auf evidente Verstöße hinweisen muss.[33] Der Notar ist auch nicht zur allgemeinen rechtlichen Beratung und Belehrung verpflichtet, und zwar weder gegenüber dem Versammlungsleiter und dem Vorstand noch gegenüber den teilnehmenden Aktionären und Aktionärsvertretern.[34] 19

Geklärt ist mittlerweile, dass der Notar nicht verpflichtet ist, die Ermittlung des Abstimmungsergebnisses zu kontrollieren und sich von der Richtigkeit der Auszählung zu überzeugen. Eine so weitgehende Verpflichtung, die jedenfalls beim Einsatz einer elektronischen Datenverarbeitung faktisch auch nicht erfüllbar wäre, ergibt sich weder aufgrund der aktienrechtlichen Pflichten des Notars aus § 130 AktG[35] noch aus weitergehenden Amtspflichten.[36] 20

---

[30] *Butzke* Hauptversammlung der AG Rn. 33 S. 496; Notarhandbuch/*Haupt* § 17 Rn. 466; Spindler/Stilz AktG/*Wicke* § 130 Rn. 13.

[31] Hüffer/Koch AktG § 130 Rn. 5; *Priester* DNotZ 2001, 661 (667); Happ AktienR/*Zimmermann* Form. 10.17 Rn. 2.48.

[32] Ausf. dazu Notarhandbuch/*Haupt* § 17 Rn. 350 ff.; MüKoAktG/*Kubis* § 130 Rn. 34 ff.; Spindler/Stilz AktG/*Wicke* § 130 Rn. 28 ff.

[33] Vgl. OLG Düsseldorf NZG 2003, 816 (819); OLG Stuttgart NZG 2005, 432 (437); MüKoAktG/*Kubis* § 130 Rn. 33; Notarhandbuch/*Haupt* § 17 Rn. 361 f.; Spindler/Stilz AktG/*Wicke* § 130 Rn. 29 f.; Hüffer/Koch AktG § 130 Rn. 12; Grigoleit/*Herrler* AktG § 130 Rn. 20; Happ AktienR/*Zimmermann* Form. 10.17 Rn. 2.40 ff.

[34] Spindler/Stilz AktG/*Wicke* § 130 Rn. 32; *Priester* DNotZ 2001, 661 (669).

[35] BGHZ 180, 9 Rn. 16 = NZG 2009, 342 (344); *Krieger* ZIP 2002, 1597 ff.; Bürgers/Körber AktG/*Reger* § 130 Rn. 16; anders noch LG Wuppertal ZIP 2002, 1621.

[36] *Krieger* ZIP 2002, 1597 (1601); Spindler/Stilz AktG/*Wicke* § 130 Rn. 31 (anders wohl in Rn. 34); Notarhandbuch/*Haupt* § 17 Rn. 377; aA MüKoAktG/*Kubis* § 130 Rn. 38.

21 **3. Beurkundungsverfahren.** Die Beurkundung durch den Notar erfolgt nicht nach den Regeln über die Beurkundung von Willenserklärungen nach §§ 6 ff. BeurkG, sondern als Niederschrift über die vom Notar wahrgenommenen Tatsachen und Vorgänge nach §§ 36 f. BeurkG. Deshalb ist weder eine Personenfeststellung noch die Verlesung der Urkunde noch die Unterzeichnung der Niederschrift durch andere Personen als den Notar erforderlich.

22 In aller Regel verfasst der Notar schon vor Beginn der Hauptversammlung einen Entwurf seines Protokolls, den er während der Hauptversammlung durch handschriftliche oder stenographische Aufzeichnungen vervollständigt.[37] Der Notar ist nicht verpflichtet, das Protokoll schon während der Hauptversammlung fertigzustellen und sogleich nach deren Ende zu unterzeichnen, sondern er kann den Beurkundungsvorgang auch erst einige Zeit später nach kritischer Durchsicht seiner Aufzeichnungen abschließen.[38] Einer verbreiteten und sinnvollen Übung entspricht es, wenn der Notar vorsorglich schon unmittelbar nach dem Ende der Hauptversammlung den während der Hauptversammlung ergänzten Entwurf der Niederschrift unterzeichnet, dieses Dokument aber nicht aus der Hand gibt, sondern den Text in den folgenden Tagen überprüft und schließlich eine neue Reinschrift erstellt, die er unterzeichnet und von der er Ausfertigungen und Abschriften erteilt. Auch dieses Verfahren ist, wie der BGH geklärt hat, zulässig.[39] Solange der Notar sich der Urkunde nicht entäußert hat, dh sie durch die Erteilung einer Ausfertigung oder Abschrift in den Verkehr gebracht hat, ist der Beurkundungsvorgang noch nicht abgeschlossen. Erst die von dem Notar autorisierte, unterzeichnete und in den Verkehr gegebene Endfassung der Niederschrift ist die Urkunde im Sinne des Gesetzes.

23 Die Beschlüsse der Hauptversammlung sind, solange sie nicht beurkundet sind, nichtig, § 241 Nr. 2 AktG. Solange die Beurkundung nicht abgeschlossen ist, bleibt „die Nichtigkeit in der Schwebe".[40] Genau besehen geht es nicht um eine schwebende Nichtigkeit, sondern eine **schwebende Unwirksamkeit** der Beschlüsse der Hauptversammlung, deren Rechtswirkungen erst eintreten können, wenn die notarielle Niederschrift als weitere zu dem Beschluss hinzutretende tatbestandliche Voraussetzung erfüllt ist (→ § 40 Rn. 53 u. → § 42 Rn. 21). Falls ein nach Inhalt und Verfahren fehlerfrei zustande gekommener Beschluss, zB ein Beschluss über die Gewinnverwendung, sogleich nach der Hauptversammlung und vor Abschluss des Beurkundungsverfahrens ausgeführt wird, wird der zunächst schwebend unwirksame Beschluss mit Abschluss der Beurkundung endgültig wirksam, und zwar mit Rückwirkung auf den Zeitpunkt der Beschlussfassung.[41] Zu demselben Ergebnis gelangt man, wenn man eine „schwebende Nichtigkeit" im Sinne einer vorläufigen Wirksamkeit des Beschlusses bis zum Abschluss des Beurkundungsverfahrens annimmt.[42]

24 Von der Korrektur einer noch nicht in den Verkehr gegebenen Niederschrift ist die nachträgliche Berichtigung der Niederschrift zu unterscheiden. Besondere Vorschriften über die Änderung des Hauptversammlungsprotokolls nach Abschluss der Urkunde enthalten weder das AktG noch die Sondervorschriften über die Beurkundung von tatsächlichen Vorgängen in § 36f BeurkG. Maßgeblich ist deshalb § 44a BeurkG. Danach kann der Notar offensichtliche Unrichtigkeiten nach Abschluss der Niederschrift durch einen

---

[37] Vgl. Notarhandbuch/*Haupt* § 14 Rn. 305.
[38] BGHZ 180, 9 Rn. 9, 11 = NZG 2009, 342 (343); MüKoAktG/*Kubis* § 130 Rn. 19; *Krieger* FS Priester, 2007, 387 (400).
[39] BGHZ 180, 9 Rn. 11 = NZG 2009, 342 (343); ebenso schon *Krieger* FS Priester, 2007, 387 (400 f.) gegen OLG Frankfurt a. M. NJW 2007, 1221 f.
[40] So BGHZ 180, 9 Rn. 14 = NZG 2009, 342 (344).
[41] *Hoffmann-Becking* FS Hellwig, 2010, 153 (158 ff.) u. NZG 2017, 281 (289 ff.);zust. *Roeckl-Schmidt/Stoll* AG 2012, 225 ff.; KölnKommAktG/*Tröger* § 133 Rn. 191 ff.; aA *Habersack* Beilage zu ZIP-Heft 22/2016, 23 (24 f.); vgl. auch GroßkommAktG/*Mülbert* § 130 Rn. 71 ff. u. *Krieger* NZG 2003, 366 (369).
[42] So *Drescher* FS Bergmann, 2018, 169 ff. Zust. Hüffer/*Koch* AktG § 130 Rn. 11.

von ihm zu unterschreibenden Nachtragsvermerk richtigstellen, § 44a Abs. 2 S. 1 BeurkG. Auch die Berichtigung nicht offensichtlicher Fehler, insbesondere von inhaltlichen Fehlern ist auch nach Abschluss der Beurkundung durch Inverkehrgabe des Protokolls möglich, nämlich durch eine ergänzende Niederschrift nach § 44a Abs. 1 S. 3 BeurkG, die der Notar ohne Mitwirkung anderer Beteiligter aufnehmen kann.[43]

IV. Niederschrift des Versammlungsleiters

1. Erleichterung für AG ohne Börsennotierung. Seit Einfügung des § 130 Abs. 1 S. 3 **25** AktG im Jahre 1994 reicht eine vom Vorsitzenden des Aufsichtsrats zu unterzeichnende Niederschrift aus, soweit keine Beschlüsse gefasst werden, für die das Gesetz eine Dreiviertel- oder größere Mehrheit bestimmt. Ob die Gesellschaft börsennotiert ist oder nicht, bestimmt sich nach § 3 Abs. 2 AktG, so dass die Erleichterung nicht für Gesellschaften gilt, deren Aktien im regulierten Markt gehandelt werden, wohl aber für Gesellschaften mit Aktien im Freiverkehr (→ § 2 Rn. 14). Auch bei ausschließlicher Börsennotierung im Ausland entfällt die Privilegierung des § 130 Abs. 1 S. 3 AktG, wenn es sich in Anwendung der Kriterien des § 3 Abs. 2 AktG um eine vergleichbare Auslandsnotierung handelt.[44] Ob § 130 Abs. 1 S. 3 AktG auch bei einer deutschen SE ohne Börsennotierung anwendbar ist, ist unklar und umstritten.[45]

2. Beschlüsse ohne qualifiziertes Mehrheitserfordernis. Die Privilegierung gilt nicht **26** für solche Beschlüsse, für die das Gesetz eine Dreiviertel- oder größere Mehrheit bestimmt. Der Gesetzeswortlaut lässt offen, ob eine qualifizierte Stimmen- oder Kapitalmehrheit oder beides gemeint ist. Nach der hM, die sich auf eine entsprechende Äußerung in der Begründung des Gesetzentwurfs berufen kann,[46] ist die notarielle Protokollierung nur für solche Beschlüsse erforderlich, für die das Gesetz eine qualifizierte Kapitalmehrheit vorsieht.[47] Von Bedeutung ist diese Frage bei Beschlüssen, für die das Gesetz nur eine qualifizierte Stimmenmehrheit vorsieht, insbesondere für die Abberufung von Aufsichtsratsmitgliedern nach § 103 Abs. 1 S. 2 AktG. Wegen der bestehenden Rechtsunsicherheit sollten auch solche Beschlüsse vorsorglich notariell beurkundet werden.

Wenn § 130 Abs. 1 S. 3 AktG darauf abstellt, ob das Gesetz für den Beschluss eine **27** qualifizierte Mehrheit „bestimmt", ist damit nicht nur die zwingende Dreiviertelmehrheit gemeint, sondern es genügt, dass das Gesetz die Dreiviertelmehrheit nur dispositiv vorsieht, also eine Herabsetzung des Mehrheitserfordernisses durch die Satzung zulässt.[48] Umgekehrt steht eine lediglich von der Satzung geforderte Dreiviertelmehrheit der Protokollierung durch den Versammlungsleiter nach § 130 Abs. 1 S. 3 AktG nicht entgegen.[49]

---

[43] BGH ZIP 2017, 2245 Rn. 39 f.; zust. *Reger/Schilha* AG 2018, 65 (68); *Heckschen/Kreußlein* NZG 2018, 401 (411); *Herrler* NJW 2018, 585 (587); *Karsten Schmidt* FS Marsch-Barner, 2018, 511; *Hüffer/Koch* AktG § 130 Rn. 11a; ausf. *Drescher* FS Deutsches Notarinstitut, 2018, 443 ff. Ebenso zuvor schon *Krieger* NZG 2003, 366 (371); Spindler/Stilz AktG/*Wicke* § 130 Rn. 26.
[44] MüKoAktG/*Kubis* § 130 Rn. 27; Spindler/Stilz AktG/*Wicke* § 130 Rn. 37.
[45] Nachw. bei Spindler/Stilz AktG/*Wicke* § 130 Rn. 37.
[46] BT-Drs. 12/6721, 9 = ZIP 1994, 247 (252).
[47] OLG Koblenz NZG 2013, 1261 (1265); Hüffer/Koch AktG § 130 Rn. 14b; MüKoAktG/*Kubis* § 130 Rn. 28; Großkomm AktG/*Mülbert* § 130 Rn. 79; *Hoffmann-Becking* ZIP 1995, 1 (7); *Butzke* Hauptversammlung der AG S. 486 f. Rn. N 17; Bürgers/Körber AktG/*Reger* § 130 Rn. 32; Hölters AktG/*Drinhausen* § 130 Rn. 22; aA Spindler/Stilz AktG/*Wicke* § 130 Rn. 38; Schmidt/Lutter/*Ziemons* AktG § 130 Rn. 46; widersprüchlich KölnKommAktG/*Noack/Zetzsche* § 130 Rn. 142, 144.
[48] Spindler/Stilz AktG/*Wicke* § 130 Rn. 38; MüKoAktG/*Kubis* § 130 Rn. 28; *Hoffmann-Becking* ZIP 1995, 1 (7 f.); KölnKommAktG/*Noack/Zetzsche* § 130 Rn. 143; *Butzke* Hauptversammlung der AG S. 487 Rn. N 17.
[49] Spindler/Stilz AktG/*Wicke* § 130 Rn. 38; MüKoAktG/*Kubis* § 130 Rn. 28; Grigoleit/*Herrler* AktG § 130 Rn. 26; Bürgers/Körber AktG/*Reger* § 130 Rn. 32.

Sogenannte „Holzmüller"-Beschlüsse, die nach der Rechtsprechung des BGH eine Dreiviertel-Kapitalmehrheit erfordern (→ § 35 Rn. 55), bedürfen nach hM der notariellen Beurkundung.[50]

28 Die bislang hM hielt es für unzulässig, die Niederschrift über die Hauptversammlung aufzuteilen in eine notarielle Niederschrift über die Beschlüsse, die der notariellen Beurkundung bedürfen, und eine Niederschrift des Versammlungsleiters über die durch § 130 Abs. 1 S. 3 AktG erfassten Beschlüsse.[51] Begründet wurde dies – im Widerspruch zu der von der hM akzeptierten aufgeteilten Beurkundung durch zwei Notare (→ Rn. 16) – mit einer angeblichen Unteilbarkeit des Hauptversammlungsprotokolls, die es verbiete, zwei Niederschriften zum Handelsregister einzureichen. Der BGH hat jedoch gegen die hM die Teilbarkeit des Protokolls in eine notarielle und eine privatschriftliche Niederschrift zugelassen und die Streitfrage damit für die Praxis geklärt.[52]

29 **3. Unterzeichnung durch Versammlungsleiter.** Das Gesetz spricht von der Unterzeichnung durch den Vorsitzenden des Aufsichtsrats. Diesem wird zwar in aller Regel die Leitung der Hauptversammlung anvertraut ist. Aber es kann auch ein anderer Versammlungsleiter bestimmt werden (→ § 37 Rn. 33 ff.). Der Redaktionsfehler in § 130 Abs. 1 S. 3 AktG ist dahin zu korrigieren, dass derjenige gemeint ist, der zum Versammlungsleiter bestimmt worden ist und die Versammlung geleitet hat.[53] Wenn die Satzung den Vorsitzenden des Aufsichtsrats zum Versammlungsleiter bestimmt, kann die Niederschrift nach § 130 Abs. 1 S. 3 AktG nicht durch eine andere Person, etwa den Alleinaktionär, unterzeichnet werden, der die Hauptversammlung zwar tatsächlich geleitet hat, jedoch ohne ordnungsgemäß zum Versammlungsleiter bestimmt worden zu sein.[54]

30 Der Versammlungsleiter hat nicht nur formal die Niederschrift zu unterzeichnen, sondern er trägt – nicht anders als der Notar bei der notariellen Niederschrift – die Verantwortung für den gesamten Inhalt der Niederschrift.[55] Was den erforderlichen Inhalt der Niederschrift betrifft, gilt für die Niederschrift des Versammlungsleiters uneingeschränkt dasselbe, was nach § 130 Abs. 2 S. 1 AktG für das notarielle Protokoll gilt. Auch die Verpflichtung zur Beifügung der Belege nach § 130 Abs. 3 AktG gilt für die notarielle Niederschrift und die Niederschrift des Versammlungsleiters gleichermaßen.

V. Publizität der Niederschrift

31 **1. Einreichung zum Handelsregister.** Der Vorstand hat nach § 130 Abs. 5 AktG unverzüglich nach der Versammlung eine öffentlich beglaubigte Abschrift des notariellen Protokolls und seiner Anlagen zum Handelsregister einzureichen. Das Protokoll wird nach § 12 Abs. 2 HGB elektronisch übermittelt. Dabei genügt für die öffentliche Beglaubigung ein mit einem einfachen elektronischen Zeugnis versehenes Dokument, § 12 Abs. 2 S. 2 HGB iVm § 39a Abs. 1 S. 2 BeurkG. Wenn – wie üblich – der Notar die Abschrift

---

[50] Hüffer/Koch AktG § 130 Rn. 14c; Bürgers/Körber AktG/*Reger* § 130 Rn. 32; Grigoleit/*Herrler* AktG § 130 Rn. 26; Spindler/Stilz AktG/*Wicke* § 130 Rn. 39; Hölters AktG/*Drinhausen* § 130 Rn. 23; KölnKommAktG/*Noack/Zetzsche* § 130 Rn. 147.

[51] OLG Jena ZIP 2014, 2136; MüKoAktG/*Kubis* § 130 Rn. 30; Spindler/Stilz AktG/*Wicke* § 130 Rn. 40.

[52] BGH NZG 2015, 867.

[53] OLG Frankfurt a. M. NZG 2019, 1055 (1057); OLG Karlsruhe NZG 2013, 1260 (1265); MüKoAktG/*Kubis* § 130 Rn. 31; KölnKommAktG/*Noack/Zetzsche* § 130 Rn. 303; Hüffer/Koch AktG § 130 Rn. 14e; Großkomm AktG/*Mülbert* § 130 Rn. 87; Spindler/Stilz AktG/*Wicke* § 130 Rn. 41; Bürgers/Körber AktG/*Reger* § 130 Rn. 34; *Butzke* Hauptversammlung der AG S. 487 Rn. N 18. Anders Schmidt/Lutter/*Ziemons* AktG § 130 Rn. 48; GroßkommAktG/*Mülbert* vor §§ 118–147 Rn. 173.

[54] OLG Köln ZIP 2008, 1767 (1768 f.); kritisch dazu KölnKommAktG/*Noack/Zetzsche* § 130 Rn. 304 u. Spindler/Stilz AktG/*Wicke* § 130 Rn. 41.

[55] Hüffer/Koch AktG § 130 Rn. 14e.

beglaubigt, geschieht dies durch eine qualifizierte elektronische Signatur, § 39a Abs. 1 S. 2 BeurkG. Meist wird die Niederschrift auch durch den Notar im Auftrag des Vorstands zum Handelsregister eingereicht.

Ein nach § 130 Abs. 1 S. 3 AktG erstelltes privatschriftliches Protokoll ist in Form einer **32** vom Vorsitzenden des Aufsichtsrats unterzeichneten Abschrift der Niederschrift und ihrer Anlagen zum Handelsregister einzureichen. Wenn die Hauptversammlung nicht vom Vorsitzenden des Aufsichtsrats, sondern einer anderen ordnungsgemäß zum Versammlungsleiter bestimmten Person geleitet und demgemäß auch das privatschriftliche Protokoll von diesem Versammlungsleiter unterzeichnet wurde, kommt es auch für § 130 Abs. 5 AktG nicht auf den Vorsitzenden des Aufsichtsrats, sondern den Versammlungsleiter an (→ Rn. 29). Zur Einreichung verpflichtet ist die Gesellschaft, also der Vorstand und nicht der Versammlungsleiter.

Das Registergericht prüft die eingereichte Niederschrift regelmäßig weder formell noch **33** inhaltlich, soweit nicht Beschlüsse mit Einreichung der Niederschrift zur Eintragung angemeldet werden. Eine Prüfungspflicht des Registergerichts wird jedoch für Aufsichtsratswahlen und die Wahl des Abschlussprüfers angenommen, da bei nichtiger Bestellung Zwangsmaßnahmen des Registergerichts veranlasst sein können (§ 407 Abs. 1 iVm § 104 Abs. 1 S. 2 AktG und § 318 Abs. 4 S. 3 HGB).[56]

2. Einsichtnahme und Erteilung von Abschriften. Jedermann kann beim Registerge- **34** richt die eingereichte Niederschrift nebst Anlagen kostenlos auch ohne Nachweis eines berechtigten Interesses einsehen, § 9 Abs. 1 HGB, und die elektronische Übermittlung der eingereichten Schriftstücke verlangen, § 9 Abs. 2 HGB. Die eingereichten Dokumente sind überdies über das im Internet geführte Unternehmensregister der Gesellschaft zugänglich, § 8b Abs. 2 Nr. 1 HGB. Nach hM kann jeder Aktionär auch von der Gesellschaft verlangen, in die Niederschrift und ihre Anlagen Einsicht nehmen zu können und eine Abschrift zu erhalten.[57] Diese Rechte bestehen jedoch nur subsidiär gegenüber den Ansprüchen gegen das Registergericht nach § 9 HGB und sind deshalb in aller Regel ohne praktische Bedeutung. Der Notar selbst ist nicht verpflichtet, Aktionären Einsicht in das Protokoll zu gewähren oder Abschriften zu erteilen.[58]

3. Veröffentlichung der Abstimmungsergebnisse. Börsennotierte Gesellschaften müs- **35** sen nach § 130 Abs. 6 AktG innerhalb von sieben Tagen nach der Versammlung die festgestellten Abstimmungsergebnisse auf ihrer Internetseite veröffentlichen. Im Falle der verkürzten Feststellung durch den Versammlungsleiter nach § 130 Abs. 3 S. 2 AktG (dazu → Rn. 13) muss die Veröffentlichung, wie das Gesetz ausdrücklich festlegt, in der ungekürzten „Langfassung" des § 130 Abs. 2 S. 2 AktG erfolgen.

VI. Rechtsfolgen bei fehlender oder fehlerhafter Niederschrift

1. Nichtigkeit nach § 241 Nr. 2 AktG. Ein Beschluss der Hauptversammlung ist gemäß **36** § 241 Nr. 2 AktG nichtig, wenn er nicht nach § 130 Abs. 1 und 2 S. 1 und Abs. 4 beurkundet ist (dazu → § 42 Rn. 21 f.). Zur Nichtigkeit führt nicht nur das vollständige Fehlen einer Niederschrift nach § 130 Abs. 1 AktG, sondern auch die unvollständige oder unrichtige Beurkundung des Mindestinhalts der Niederschrift, § 130 Abs. 2 S. 1 AktG, und schließlich die fehlende Unterschrift des Notars, § 131 Abs. 4 AktG. Entsprechendes gilt für Mängel der privatschriftlichen Niederschrift des Versammlungsleiters nach § 130 Abs. 1 S. 3 AktG, also unvollständige oder unrichtige Mindestangaben, § 130 Abs. 2 S. 1 AktG, und ebenso eine fehlende Unterschrift des Versammlungsleiters, analog § 130 Abs. 4

---

[56] MüKoAktG/*Kubis* § 130 Rn. 76; Spindler/Stilz AktG/*Wicke* § 130 Rn. 61.
[57] MüKoAktG/*Kubis* § 130 Rn. 78; Spindler/Stilz AktG/*Wicke* § 130 Rn. 63; *Butzke* Hauptversammlung der AG Rn. N 41 S. 500.
[58] MüKoAktG/*Kubis* § 130 Rn. 79; *Butzke* Hauptversammlung der AG Rn. 41 S. 499.

AktG.⁵⁹ Die Nichtigkeitsfolge nach § 241 Nr. 2 AktG ergibt sich auch, wenn die Niederschrift von einer Person unterzeichnet worden ist, die nicht ordnungsgemäß zum Versammlungsleiter bestimmt worden ist (dazu → Rn. 29).⁶⁰ Eine Anfechtungsklage gegen die Wahl des Aufsichtsratsvorsitzenden in den Aufsichtsrat beseitigt, auch wenn sie Erfolg hat, nicht seine wirksame Bestimmung zum Versammlungsleiter (→ § 37 Rn. 34).

37 Die Anordnung der Nichtigkeit der Beschlüsse wegen fehlender oder fehlerhafter Niederschrift nach § 241 Nr. 2 AktG gilt auch bei verfahrensrechtlich und inhaltlich fehlerfrei zustande gekommenen Beschlüssen. Das zeigt, dass die ordnungsgemäße Niederschrift ein außerhalb der Beschlussfassung liegendes zusätzliches Tatbestandsmerkmal ist, dass zur Beschlussfassung hinzukommen muss, um den Beschluss wirksam werden zu lassen. Dieser Mangel gehört deshalb bei Licht besehen in die Kategorie der Unwirksamkeit (dazu schon → Rn. 23 und → § 42 Rn. 21).

38 **2. Haftung für Pflichtverstöße des Protokollanten.** Der beurkundende Notar haftet gegenüber der ihm beauftragenden Gesellschaft bei einer vorsätzlichen oder fahrlässigen Verletzung seiner Amtspflichten, § 19 Abs. 1 S. 1 BNotO. Möglich ist auch eine Haftung des Notars gegenüber Aktinären und sogar Gläubigern der Gesellschaft.⁶¹ Dabei ist zu beachten, dass die Amtspflichten des Notars über die durch § 130 AktG festgelegten aktienrechtlichen Beurkundungspflichten hinausgehen können (→ Rn. 19).

39 Der nach § 130 Abs. 1 S. 3 AktG protokollierende Versammlungsleiter haftet nach hM als solcher nicht, da für ihn kein dem Notar vergleichbarer Pflichtenkreis besteht.⁶² Wenn es sich bei dem Versammlungsleiter um den Vorsitzenden des Aufsichtsrats handelt, wird – zu Unrecht – eine Haftung nach §§ 93, 116 AktG in Betracht gezogen.⁶³ Die Leitung der Hauptversammlung gehört aber nicht zu den Pflichten, die dem Aufsichtsratsvorsitzenden als Organpflichten obliegen.⁶⁴ In Betracht kommt deshalb allenfalls eine Haftung nach § 280 BGB wegen Verletzung der Pflichten aus einem unentgeltlichen Auftrag im Sinne der §§ 662 ff. BGB (schon → § 37 Rn. 42).⁶⁵

§ 42 Beschlussmängel und Beschlusskontrolle

Übersicht

	Rn.		Rn.
I. Das aktienrechtliche System	1–11	5. Reform	10
1. Grundgedanken	1	6. Schiedsverfahren	11
2. Beschlussmängel und Kontrollmechanismen	2–6	II. Nichtigkeit	12–41
3. Beschlusskontrolle und Missbrauch	7, 8	1. Abschließender Katalog der Nichtigkeitsgründe	12, 13
4. Freigabeverfahren	9	2. Die einzelnen Nichtigkeitsgründe	14–34
		a) Einberufungsmängel	14–20

---

⁵⁹ Spindler/Stilz AktG/*Wicke* § 130 Rn. 42, 64; Hölters AktG/*Drinhausen* § 130 Rn. 47; MüKoAktG/*Kubis* § 130 Rn. 81; Spindler/Stilz AktG/*Wicke* § 130 Rn. 42; aA KölnKommAktG/*Noack/Zetzsche* § 130 Rn. 347 ff.

⁶⁰ MüKoAktG/*Kubis* § 130 Rn. 85; Hüffer/Koch AktG § 130 Rn. 30; Bürgers/Körber AktG/*Reger* § 130 Rn. 55.

⁶¹ MüKoAktG/*Kubis* § 130 Rn. 94; Spindler/Stilz AktG/*Wicke* § 130 Rn. 69; Hölters AktG/*Drinhausen* § 130 Rn. 50.

⁶² MüKoAktG/*Kubis* § 130 Rn. 97; Hölters AktG/*Drinhausen* § 130 Rn. 51; Bürgers/Körber AktG/*Reger* § 130 Rn. 60.

⁶³ Spindler/Stilz AktG/*Wicke* § 130 Rn. 42; Bürgers/Körber AktG/*Reger* § 130 Rn. 60; Hölters AktG/*Drinhausen* § 130 Rn. 51.

⁶⁴ Zutreffend gegen eine Organhaftung LG Ravensburg ZIP 2014, 1632; MüKoAktG/*Kubis* § 130 Rn. 97; *von der Linden* NZG 2013, 208 (209 f.); *Marsch-Barner* FS Brambring, 2011, 267 (281).

⁶⁵ *Marsch-Barner* FS Brambring, 2011, 267 (281); *von der Linden* NZG 2013, 208 (210); aA LG Ravensburg ZIP 2014, 1632 (1633).

§ 42 Beschlussmängel und Beschlusskontrolle

	Rn.		Rn.
b) Mängel der Niederschrift	21, 22	4. Beteiligte	107–118
c) Widerspruch zum Wesen der AG, Verletzung von Vorschriften zum Schutz der Gläubiger oder des öffentlichen Interesses	23–27	a) Kläger	107
		b) Beklagte	108–110
		c) Nebenintervenient	111–118
		5. Verfahrensgrundsätze	119–122
d) Verstoß gegen die guten Sitten	28	a) Dispositionsmaxime	119, 120
e) Nichtigerklärung durch Anfechtungsurteil	29	b) Darlegungs- und Beweislast	121, 122
		6. Urteil und Vergleich	123–130
f) Amtslöschung	30–33	a) Stattgebendes Anfechtungsurteil	123–125
g) Sonstige Nichtigkeitsgründe	34	b) Klageabweisung	126
3. Nichtigkeitsfolge	35, 36	c) Vergleich	127, 128
4. Heilung	37–41	d) Publizität	129, 130
a) Konzept	37	7. Positive Beschlussfeststellungsklage	131, 132
b) Fallgruppen	38–41	8. Kosten und Streitwert	133, 134
III. Anfechtbarkeit	42–81	V. Nichtigkeitsklage	135–143
1. Anfechtungsgründe: Verletzung von Gesetz oder Satzung	42–45	1. Anwendungsbereich	135–137
		2. Verfahren	138–142
2. Verfahrensfehler	46–61	a) Entsprechende Anwendung der Anfechtungsregeln	138
a) Fallgruppen	47–49		
b) Ausgeschlossene Fälle	50–54	b) Klagebefugnis der Aktionäre	139, 140
c) Relevanz, insbesondere von Informationsmängeln	55–61	c) Klagefrist	141, 142
		3. Urteilswirkungen	143
3. Inhaltliche Fehler	62–73	VI. Freigabeverfahren	144–165
a) Sondervorteile	63–66	1. Anwendungsbereich	144–146
b) Ungleichbehandlung	67	2. Freigabegründe	147–158
c) Verstoß gegen die Treuepflicht	68–70	a) Unzulässigkeit oder offensichtliche Unbegründetheit der Klage	148, 149
d) Sachliche Rechtfertigung	71		
e) Ausgeschlossene Fälle	72, 73	b) Mindestaktienbesitz nicht rechtzeitig nachgewiesen	150–153
4. Rechtsfolgen der Anfechtbarkeit	74		
5. Bestätigung	75–81	c) Vorrangiges Interesse am alsbaldigen Wirksamwerden des Hauptversammlungsbeschlusses	154–158
a) Begriff und Abgrenzung	75, 76		
b) Voraussetzungen und materielle Wirkungen	77–80		
c) Prozessuales	81	3. Verfahren	159–163
IV. Anfechtungsklage	82–134	4. Rechtsfolgen der Freigabe	164, 165
1. Anfechtungsbefugnis, insbesondere der Aktionäre	82–98	VII. Sonderregelungen für spezielle Beschlüsse	166–190
a) Systematik	84–86	1. Wahlen zum Aufsichtsrat	166–183
b) Aktionärseigenschaft	87–91	a) Nichtigkeit und Nichtigkeitsklage	166–175
c) Teilnahme an der Hauptversammlung	92		
		b) Anfechtbarkeit und Anfechtungsklage	176–181
d) Widerspruch	93, 94		
e) Missbrauch des Anfechtungsrechts	95–98	c) Folgen der Nichtigkeit	182, 183
		2. Gewinnverwendungsbeschlüsse	184–187
2. Anfechtungsfrist	99–102	a) Nichtigkeit	184
a) Fristlauf	99, 100	b) Anfechtung	185, 186
b) Wirkungen	101, 102	c) Folgen der Nichtigkeit	187
3. Gerichte und Instanzenzug	103–106	3. Kapitalerhöhungsbeschlüsse	188–190

Schrifttum: *Arnold/Gayk,* Auswirkungen der fehlerhaften Bestellung von Aufsichtsratsmitgliedern – Handlungsempfehlungen für die Unternehmenspraxis, DB 2013, 1830; *Austmann,* Rechtsfragen der Nebenintervention im aktienrechtlichen Anfechtungsprozess, ZHR 158 (1994), 495; *ders.,* Verfahrensanträge in der Hauptversammlung, FS Hoffmann-Becking, 2013, S. 45; *Baums,* Der unwirksame Hauptversammlungsbeschluss, ZHR 142 (1978), 582; *ders.,* Eintragung und Löschung von Gesellschafterbeschlüssen, 1981; *Baums/Keinath/Gajek,* Fortschritte bei Klagen gegen Hauptversammlungsbeschlüsse? Eine empirische Studie, ZIP 2007, 1629; *Baums/Drinhausen/Keinath,* Anfechtungsklagen und Freigabeverfahren. Eine empirische Studie, ZIP 2011, 2329; *Bayer,* Das Freigabeverfahren gem. § 246a AktG idF des ARUG als Instrument zur Bekämpfung räuberischer Aktionäre, FS Hoffmann-Becking, 2013, S. 91; *Bayer/Fiebelkorn,* Vorschläge für eine Reform des Beschlussmängelrechts der Aktiengesellschaft, ZIP 2012, 2181; *Bayer/Hoffmann/Sawada,* Beschlussmängelklagen, Freigabeverfahren und Berufskläger – Ergebnisse einer im Auftrag des BMJV erstellten empirischen Studie und

Überlegungen de lege ferenda, ZIP 2012, 897; *Bayer/Lieder,* Die Lehre vom fehlerhaften Bestellungsverhältnis, NZG 2012, 1; *Bayer/Möller,* Beschlussmängelklagen de lege lata und de lege ferenda, NZG 2018, 801; *Bayer/Scholz,* Die Anfechtung von Hauptversammlungsbeschlüssen wegen unrichtiger Entsprechenserklärung, ZHR 181 (2017), 861; *Betz,* Die Heilung nichtiger Hauptversammlungsbeschlüsse durch Eintragung und Fristablauf, 2014; *Bork,* Das Anerkenntnis im aktienrechtlichen Beschlussanfechtungsverfahren, ZIP 1992, 1205; *Bosse,* Grünes Licht für das ARUG: das Aktienrecht geht online, NZG 2009, 807; *Brock,* Die Bestellung nach § 104 AktG bei rechtshängiger Wahlbeschlussmängelklage, NZG 2014, 641; *Buckel/Vogel,* Die angegriffene Wahl des Aufsichtsrats – Gutglaubensschutz statt Rechtsfigur des fehlerhaften Organs, ZIP 2014, 58; *Butzke,* Die Hauptversammlung der Aktiengesellschaft, 5. Aufl., 2011; *ders.,* Die Heilungswirkung des Bestätigungsbeschlusses und ihre Grenzen, FS Stilz, 2014, S. 83; *Casper,* Die Heilung nichtiger Beschlüsse im Kapitalgesellschaftsrecht, 1998; *ders.,* Die Beseitigung geheilter Beschlüsse nach § 242 Abs. 2 S. 3 AktG – Weckruf für eine Norm im Dornröschenschlaf, FS Bergmann, 2018, S. 127; *Decher,* Die Information der Aktionäre über die Unternehmensbewertung bei Strukturmaßnahmen in der Hauptversammlungs- und Gerichtspraxis, FS Hoffmann-Becking, 2013, S. 295; *ders.,* Von der Kontrolle des Bezugsrechtsausschlusses nach Kali +Salz zur (eingeschränkten) Kontrolle nach allgemeinen Schranken?, ZGR 2019, 1122; *Dornbach,* Die aktienrechtliche Anfechtungsklage zwischen subjektivem Rechtsschutz und objektiver Rechtskontrolle, 2012; *Drescher,* Fehlen und Wegfall des Rechtsschutzbedürfnisses für eine Beschlussmängelklage, FS Stilz, 2014, S. 125; *Drinhausen/Keinarth,* Regierungsentwurf eines Gesetzes zur Umsetzung der Aktionärsrechterichtlinie (ARUG) – Überblick über die Änderungen gegenüber dem Referentenentwurf, BB 2009, 64; *Drygala/Gehling,* Die nichtige Aufsichtsratswahl – Überlegungen zur rechtspolitischen Korrektur, ZIP 2014, 1253; *Faßbender,* Das Freigabeverfahren nach § 246a AktG – Offene Fragen und Gestaltungsmöglichkeiten, AG 2006, 872; *Feige,* Beschlussanfechtung im deutschen, englischen und US-amerikanischen Aktienrecht, 2019; *Fleischer,* Bagatellfehler im aktienrechtlichen Beschlussmängelrecht, ZIP 2014, 149; *ders.,* Anforderungen an Anfechtungskläger im Aktienrecht: Widerspruchserfordernis – Verbot widersprüchlichen Verhaltens – Rügeobliegenheit, FS Stilz 2014, S. 143; *Florstedt,* Die Reform des Beschlussmängelrechts durch das ARUG, AG 2009, 465; *ders.,* Zur Anfechtung der Wahl des Aufsichtsratsmitglieds, NZG 2014, 681; *Gärtner/Rose/Reul,* Anfechtungs- und Nichtigkeitsgründe im Aktienrecht, 2014; *Gesell,* Prüfungsausschuss und Aufsichtsrat nach dem BilMoG, ZGR 2011, 361; *Gessler,* Nichtigkeit von Hauptversammlungsbeschlüssen und Satzungsbestimmungen, ZGR 1980, 427; *Göz,* Die aktienrechtliche Heilung im Verhältnis zur Aufsichtsratswahl und Amtslöschung, FS Stilz, 2014, S. 179; *Göz/Buken,* Das Anerkenntnis der AG – Teil der Dispositionsmaxime oder unzulässiger Eingriff in die Hauptversammlungskompetenz, NZG 2019, 1046; *Goslar/von der Linden,* Interventionsfrist, Interventionsbefugnis und Kostenlastverteilung bei der Nebenintervention zur aktienrechtlichen Anfechtungsklage, WM 2009, 492; *Grobecker/Kuhlmann,* Der Bestätigungsbeschluss nach § 244 AktG in der Praxis, NZG 2007, 1; *Grigoleit,* Reform des Beschlussmängelrechts, AG 2018, 645; *Gruber,* Der unabhängige Finanzexperte im Aufsichtsrat nach dem Referentenentwurf des Bilanzrechtsmodernisierungsgesetzes, NZG 2008, 12; *Habersack,* Aufsichtsrat und Prüfungsausschuss nach dem BilMoG, AG 2008, 98; *ders.,* Anmerkung zum Urteil des BGH vom 6.4.2009 (II ZR 255/08, JZ 2009, 794) – Schiedsfähigkeit II, JZ 2009, 797; *Habersack/Schürnbrand,* Die Bestätigung fehlerhafter Beschlüsse, FS Hadding, 2004, S. 391; *Habersack/Stilz,* Zur Reform des Beschlussmängelrechts, ZGR 2010, 710; *Harbarth,* Reformbedarf im aktienrechtlichen Beschlussmängelrecht, AG 2018, 637; *Heer,* Die positive Beschlussfeststellungsklage im Aktienrecht – Voraussetzungen und besondere Problemstellungen, ZIP 2012, 803; *Henn,* Erhebung der Anfechtungsklage vor dem unzuständigen Gericht, AG 1989, 230; *Henze,* Aspekte und Entwicklungstendenzen der aktienrechtlichen Anfechtungsklage in der Rechtsprechung des BGH, ZIP 2002, 97; *Herrler/Reymann,* Die Neuerungen im Aktienrecht durch das ARUG – Unter besonderer Berücksichtigung der Neuregelungen zur Hauptversammlung und zur Kapitalaufbringung bei der AG –, DNotZ 2009, 815; *Heuer,* Die rechtsmissbräuchliche Erhebung der aktienrechtlichen Anfechtungsklage beim örtlich unzuständigen Gericht, AG 1989, 234; *Hoffmann-Becking,* Neue Formen der Aktienemission, FS Lieberknecht, 1997, S. 25; *Huber,* Entstehungsgeschichte und aktuelle Auslegungsprobleme des § 241 Nr. 3 AktG, FS Coing, 1982, Bd. II, S. 167; *Hüffer,* Zur Darlegungs- und Beweislast bei der aktienrechtlichen Anfechtungsklage, FS Fleck, 1988, S. 151; *ders.,* Anfechtbarkeit von HV-Beschlüssen wegen Abweichung von der Entsprechenserklärung? VGR 16 (2010), S. 63; *ders.,* Die Bestätigung fehlerhafter Beschlüsse der Hauptversammlung, ZGR 2012, 730; *Ihrig,* Gestaltungsspielräume und -grenzen beim Wechsel vom Vorstand in den Aufsichtsrat, FS Hoffmann-Becking, 2013, S. 617; *Ihrig/Erwin,* Zur Anwendung des Freigabeverfahrens nach § 246a AktG auf „Altbeschlüsse" und bereits eingetragene Beschlüsse, BB 2005, 1973; *Ihrig/Stadtmüller,* Die Vertretung der Aktiengesellschaft durch den Aufsichtsrat im streitigen Verfahren – Bestandsaufnahme und ausgewählte Einzelfragen, FS E. Vetter, 2019, S. 271; *Jacobs,* Der Missbrauch der aktienrechtlichen Anfechtungsklage im Lichte des ARUG, 2012; *Jaspers,* Voraussetzungen und Rechtsfolgen der Unabhängigkeit eines Aufsichtsratsmitgliedes nach dem BilMoG, AG 2009, 607; *Kersting,* Die aktienrechtliche Beschlussanfechtung wegen unrichtiger, unvollständiger oder verweigerter Erteilung von Informationen, ZGR 2007, 319; *Klamaris,* Die Bestätigung anfechtbarer Hauptversammlungsbeschlüsse, 2018; *Koch,* Gutachten F zum 72. DJT, 2018; *ders.,* Nichtigkeit oder Anfechtbarkeit? ZHR 182 (2018), 378; *ders.,* Die Reform des aktienrechtlichen Beschlussmängelrechts – eine Nachlese zum 72. Deutschen Juristentag, FS E. Vetter, 2019, S. 317; *Koch/Wackerbeck,* Der Schutz vor räuberischen Aktionären durch die Neuregelungen des ARUG, ZIP 2009, 1603; *Kocher,* Der Bestätigungsbeschluss nach § 244 AktG, NZG 2006, 1; *ders.,* „Die Hoffnungen, Klagen gegen Aufsichtsratswahlen über das Instrument des faktischen Organs zu entschärfen, haben sich weitgehend zerschlagen", BB 2013, 1170 (Anm. zu BGH BB 2013, 1166); *Kösters,* Das Unbedenklichkeitsverfahren nach § 16 Abs. 3 UmwG, WM 2000, 1921; *Langenbucher,* Zentrale Akteure der Corporate Governance: Zusammensetzung des Aufsichtsrats, ZGR 2012, 314; *Lieder,* Die Rechtsstellung von Aufsichtsratsmitgliedern bei fehlerhafter Wahl, ZHR 178 (2014), 282; *ders.,* Reform des gesellschaftsrechtlichen Beschlussmängelrechts. Eine Nachlese zum 72. Deutschen Juristentag 2018 in Leipzig, NZG 2018, 1321; *Lorenz/Pospiech,* Ein Jahr Freigabeverfahren nach dem ARUG – Zeit für einen Blick auf Entscheidungen, Entwicklungstrends und ungeklärte Rechtsfragen, BB 2010, 2515; *Mathieu,* Der Kampf des Rechts gegen erpresserische Aktionäre: Bestandsaufnahme, Kritik und Perspektiven, 2014; *Mülbert,* Empfiehlt sich eine Reform des Beschlussmängelrechts im Gesellschaftsrecht?, NJW 2018, 2771; *Noack,* Fehlerhafte Beschlüsse in Gesellschaften und Vereinen, 1989; *ders.,* Der Widerspruch des Aktionärs in der Hauptversammlung, AG 1989, 78; *ders.,* Nichtigkeit von Hauptversammlungsbeschlüssen und der besonders schwere Rechtsverstoß, FS Baums, 2017, S. 845; *Pentz;* Heilung nichtiger Aufsichtsratsbestellungen durch § 242 AktG?, NZG 2017, 1211; *Rieckers,* Rechtskraftwirkung abweisender Entscheidungen im Freigabeverfahren, BB 2008, 514; *ders.,* Die nichtige Aufsichtsratswahl, VGR 19 (2013), 125; *Riegger,* Aktuelle Fragen des gesellschaftsrechtlichen Freigabeverfahrens, FS Bechtold, 2006, S. 375; *Satzl,* Freigabe von Gesellschafterbeschlüssen im Gesellschaftsrecht, 2011; *Schäfer,* Zur Reform des Beschlussmängelrechts nach den Beschlüssen des 72. DJT 2018, Der Konzern 2018, 413; *Schatz,* Der Missbrauch der Anfechtungsbefugnis durch den Aktionär und die Reform des aktienrechtlichen Beschlussmängelrechts, 2012; *Seibert/Hartmann,* Reformentwurf des Arbeitskreises Beschlussmängelrecht und geltendes Recht im Vergleich, FS Stilz, 2014, S. 585; *Simons,* Altes und Neues zur Hauptversammlung, NZG 2019, 641; *ders.,* Kodex-Compliance und Wahlbeschlüsse, DB 2019, 650; *Stohlmeier,* Freud und Leid des reformierten Freigabeverfahrens – eine Bestandsaufnahme mit Verbesserungsvorschlägen, NZG 2010, 1011; *Thielmann/Struck,* Empfehlungen zur Sicherung der Handlungsfähigkeit des Aufsichtsrats bei der Anfechtung der Wahl von Aufsichtsratsmitgliedern, BB 2013, 1548; *Veil,* Klagemöglichkeiten bei Beschlussmängeln der Hauptversammlung nach dem UMAG, AG 2005, 567; *Verse,* Das Beschlussmängelrecht nach dem ARUG, NZG 2009, 1127; *ders.,* Rechtsfragen des Quorums im Freigabeverfahren, FS Stilz, 2014, S. 651; *E. Vetter,* Neue Vorgaben für die Wahl des Aufsichtsrats durch die Hauptversammlung nach § 100 Abs. 2 Satz 1 Nr. 4 und Abs. 5 AktG, FS Maier-Reimer, 2010, S. 795; *ders.,* Anfechtung der Wahl der Aufsichtsratsmitglieder, Bestandsschutzinteresse der AG und die Verantwortung der Verwaltung, ZIP 2012, 701; *ders.,* Bändigung des Tigers, NZG 2019, 379; *E. Vetter/van Laack,* Die angefochtene Aufsichtsratswahl, ZIP 2008, 1806; *J. Vetter,* Ausweitung des Spruchverfahrens – Überlegungen de lege lata und de lege ferenda, ZHR 168 (2004), 8; *Volhard,* Eigenverantwortlichkeit und Folgepflicht, ZGR 1996, 55; *von der Linden,* Die Qual der Wahl – Neues vom BGH zu Wahlanfechtung, Entsprechenserklärung und DCGK, DStR 2019, 802; *Wardenbach,* Ist die Aufsichtsratswahl bei fehlendem „Financial Expert" anfechtbar?, GWR 2010, 207; *Wasmann/Kallweit,* Die Nebenintervention in aktienrechtlichen Anfechtungs- und Freigabeverfahren, Der Konzern 2008, 135; *Werner,* Die fehlerhafte Bestellung von Aufsichtsratsmitgliedern und die Handlungsfähigkeit des Aufsichtsrats, WM 2014, 2207; *Wertenbruch,* Wahrung der Anfechtungsfrist des § 246 Abs. 1 AktG bei Nachschieben von Anfechtungsgründen im Prozess, FS E. Vetter, 2019, S. 857; *Wilsing/Saß,* Die Rechtsprechung zum Freigabeverfahren seit Inkrafttreten des ARUG, DB 2011, 919; *Wind/Klie,* Der unabhängige Finanzexperte nach dem BilMoG – Rechtsfolgen eines abweichend von § 100 Abs. 5 AktG besetzten Aufsichtsrats, DStR 2010, 1339; *Zöllner,* Die Schranken mitgliedschaftlicher Stimmrechtsmacht bei den privatrechtlichen Personenverbänden, 1963; *ders.,* Die Bestätigung anfechtbarer Hauptversammlungsbeschlüsse während des Revisionsverfahrens, FS Beusch, 1993, S. 973; *ders.,* Die Bestätigung von Hauptversammlungsbeschlüssen – ein problematisches Rechtsinstitut, AG 2004, 397.

I. Das aktienrechtliche System

1. Grundgedanken. Dem Beschlussmängelrecht des AktG geht es darum, die Rechtmäßigkeit von Hauptversammlungsbeschlüssen, dh deren **Vereinbarkeit mit Gesetz und Satzung** (§ 243 Abs. 1 AktG), sicherzustellen. Zumindest unter dem Gesichtspunkt des Schutzes der Minderheit gegen den Missbrauch der Mehrheitsmacht wird die Überprüfbarkeit von Hauptversammlungsbeschlüssen überwiegend als verfassungsrechtlich (Art. 14 GG) geboten angesehen,[1] wenngleich ein solcher Schutz in einem privatrechtlichen Verband, dem niemand beizutreten verpflichtet ist, keineswegs selbstverständlich ist.[2] Das AktG errichtet für die Beschlusskontrolle ein sehr ausdifferenziertes System, das nicht auf staatlicher Überwachung (Aktienamt), sondern **auf privater Initiative, vor allem der Aktionäre,** beruht. Diesen obliegt es, Beschlussmängel geltend zu machen. Das Gesetz stellt ihnen dazu besondere Klagearten zur Verfügung. Die Eckpfeiler des aktienrechtlichen Beschlusskontrollsystems stellen sich heute folgendermaßen dar:

2. Beschlussmängel und Kontrollmechanismen. Ein Hauptversammlungsbeschluss wird mit dem vom Versammlungsleiter festgestellten Inhalt bei seiner Protokollierung wirksam, soweit alle sonstigen Wirksamkeitsvoraussetzungen (zB ein Sonderbeschluss) vorliegen und kein Nichtigkeitsgrund gemäß § 241 AktG besteht (→ § 40 Rn. 51). Die in dieser Vorschrift aufgezählten **Nichtigkeitsgründe** umfassen besonders schwerwiegende Gesetzesverletzungen sowie die Nichtigerklärung im Anfechtungsprozess und die Amtslöschung im Registerverfahren. Alle anderen Gesetzesverletzungen und alle Satzungsverletzungen **(Anfechtungsgründe)** beeinträchtigen die Wirksamkeit eines Hauptversammlungsbeschlusses zunächst nicht, setzen ihn aber gemäß § 243 AktG der Anfechtung aus.

Die **rechtliche Eingangskontrolle** eines Hauptversammlungsbeschlusses obliegt dem **Versammlungsleiter.** Dieser muss sich vor Beschlussfeststellung davon überzeugen, dass der Beschluss rechtmäßig sein, dh Gesetz und Satzung nicht verletzen wird, gleichgültig ob die Gesetzesverletzung zur Nichtigkeit oder nur zur Anfechtbarkeit des Beschlusses führen würde. Allerdings wird der Versammlungsleiter die Beschlussfeststellung nur bei evidenten Gesetzes- oder Satzungsverletzungen verweigern, weil er schwierige Sach- und Rechtsfragen in der Regel nicht ad hoc prüfen kann, sondern deren Klärung einem Beschlussmängelprozess überlassen wird (dazu im Einzelnen → § 40 Rn. 51). Weniger weit reichen die materiellen Prüfungspflichten und -befugnisse des beurkundenden **Notars** (dazu im Einzelnen → § 41 Rn. 19–20). Die hM verbietet ihm eine Beurkundung nur bei erkennbarer Sittenwidrigkeit des Beschlusses (Nichtigkeitsgrund gemäß § 241 Nr. 4 AktG), weil er nach § 4 BeurkG und nach § 14 Abs. 2 BNotO die Beurkundung zu versagen hat, wenn er hierdurch unerlaubten oder unredlichen Zwecken dient; aus anderen Gründen nichtige Beschlüsse hat er hingegen zu beurkunden, da er sich nicht an die Stelle des zur Entscheidung berufenen Richters setzen darf.[3] Erst recht darf der Notar die bloße Anfechtbarkeit eines Hauptversammlungsbeschlusses nicht durch Protokollverweigerung zur Nichtigkeit gemäß § 241 Nr. 2 AktG erheben.[4] Allerdings ist ihm zu empfehlen, Zweifel an der Rechtmäßigkeit von Hauptversammlungsbeschlüssen in der Niederschrift zu vermerken.[5]

Auf die Nichtigkeit eines festgestellten und protokollierten Hauptversammlungsbeschlusses kann sich jedermann in jeder geeigneten Weise berufen (§ 249 Abs. 1 S. 2 AktG), auch inzidenter, beispielsweise wenn ihm gegenüber Rechte aus einem Hauptversammlungsbeschluss hergeleitet werden sollen. Darüber hinaus gibt es zwei verschiedene Wege, die

---

[1] Zur Diskussion instruktiv *Dornbach* S. 203–221.
[2] Dies verdeutlicht der Vergleich mit anderen Rechtsordnungen; zB *Feige* S. 255 ff.
[3] BGHZ 203, 68 Rn. 18; Spindler/Stilz AktG/*Drescher* § 241 Rn. 93; Hüffer/*Koch* AktG § 130 Rn. 13. AA heute noch KölnKommAktG/*Noack/Zetzsche* § 241 Rn. 23 mit § 130 Rn. 122.
[4] So schon OLG Düsseldorf NZG 2003, 816 (819); OLG Hamburg AG 2003, 698 (699). Ebenso die einhellige Lit.: MüKoAktG/*Kubis* § 130 Rn. 40; Hüffer/*Koch* AktG § 130 Rn. 13 mwN.
[5] Schmidt/Lutter/*Schwab* AktG § 241 Rn. 50; Spindler/Stilz AktG/*Wicke* § 130 Rn. 22; Hüffer/*Koch* AktG § 130 Rn. 13.

§ 42 Beschlussmängel und Beschlusskontrolle

Nichtigkeit eines Hauptversammlungsbeschlusses gerichtlich feststellen zu lassen: Aktionäre, der Vorstand sowie die Mitglieder des Vorstands und des Aufsichtsrats können die **Nichtigkeitsklage** des § 249 AktG gegen die Gesellschaft erheben. Diese Klageart hat den Vorteil, dass ein stattgebendes, also den Hauptversammlungsbeschluss für nichtig erklärendes Urteil mit seiner Rechtskraft für und gegen alle Aktionäre sowie die Mitglieder von Vorstand und Aufsichtsrat wirkt, auch wenn diese nicht Partei sind (§§ 249 Abs. 1 S. 1, 248 Abs. 1 S. 1 AktG). Alle anderen (nicht aber die zur Erhebung einer Nichtigkeitsklage Befugten)[6] können die Nichtigkeit eines Hauptversammlungsbeschlusses durch ebenfalls gegen die Gesellschaft zu richtende **allgemeine Feststellungsklage** gemäß § 256 ZPO geltend machen, allerdings nur, sofern sie ein rechtliches Interesse an der Feststellung der Nichtigkeit haben.[7] Das stattgebende Urteil in dieser Verfahrensart entfaltet keine *Inter-omnes*-Wirkung, sondern gilt nur zwischen den Parteien des Rechtsstreits. Die Nichtigkeit eines Hauptversammlungsbeschlusses kann grundsätzlich zeitlich unbegrenzt geltend gemacht werden. Ausnahmen sind insbesondere die in § 242 AktG aufgeführten Fälle der Heilung.

Satzungsverletzungen und Gesetzesverletzungen, die keine Nichtigkeitsgründe darstellen, können nur durch **Anfechtungsklage** gemäß § 243 AktG geltend gemacht werden. Anfechtungsbefugt sind grundsätzlich auch hier die Aktionäre, der Vorstand sowie die Mitglieder des Vorstands und des Aufsichtsrats (§ 245 AktG). Die Anfechtungsklage ist Gestaltungsklage; ein stattgebendes rechtskräftiges Urteil vernichtet den bis dahin wirksamen Hauptversammlungsbeschluss rückwirkend mit *Inter-omnes*-Wirkung (§ 248 Abs. 1 S. 1 AktG). Die Klage kann nur innerhalb eines Monats seit Beschlussfassung erhoben werden (§ 246 Abs. 1 AktG); wird sie nicht oder verspätet erhoben, wird der bereits wirksame Hauptversammlungsbeschluss endgültig unangreifbar und bestandskräftig, mag er auch an rechtlichen Mängeln leiden.

Neben Versammlungsleiter, Notar und Beschlussmängelklägern gibt es weitere Instanzen, die Beschlusskontrolle ausüben. Dazu gehört der **Vorstand,** der die Rechtmäßigkeit von Hauptversammlungsbeschlüssen zu prüfen hat, bevor er sie ausführt (§ 83 Abs. 2 AktG), insbesondere bevor er sie zur Eintragung in das Handelsregister anmeldet.[8] Ähnlich wie dem Versammlungsleiter wird man ihm in Zweifelsfällen empfehlen, nicht in alleiniger Verantwortung die Umsetzung eines Hauptversammlungsbeschlusses zu unterlassen, sondern selbst Beschlussmängelklage zu erheben und bei nicht aufschiebbaren Vollzugsmaßnahmen auf die rechtlichen Bedenken hinzuweisen.[9] Von großer praktischer Bedeutung ist die nachträgliche Beschlusskontrolle durch den Vorstand nicht, weil er die Beschlüsse vorbereitet und in diesem Zusammenhang bereits der rechtlichen Prüfung unterwirft. Die nachträgliche Beschlusskontrolle beschränkt sich daher in der Regel auf etwaige neue Erkenntnisse, die nach der Einberufung der Hauptversammlung gewonnen werden. Bei eintragungsbedürftigen Maßnahmen hat das **Registergericht** nach einhelliger Auffassung die Rechtmäßigkeit des zugrunde liegenden Hauptversammlungsbeschlusses zu prüfen und die Eintragung im Fall der Nichtigkeit abzulehnen.[10] Bei bloßer Anfechtbarkeit und Erhebung von Anfechtungsklagen stehen dem Registerrichter spezielle Handlungsoptionen zur Verfügung (Aussetzung des Eintragungsverfahrens, Vorgehen nach § 16 Abs. 2 HGB; dazu → § 40 Rn. 83). Streitig ist, wie der Registerrichter verfahren muss, wenn er Anfechtungsgründe feststellt, jedoch keine Anfechtungsklage erhoben wurde. Die registergerichtliche Praxis neigt in diesem Fall dazu, eine Eintragungspflicht anzunehmen.[11] Die hM in

---

[6] BGHZ 70, 384 (388).
[7] Das auch für die Nichtigkeitsklage des § 249 erforderliche Feststellungsinteresse folgt ohne Weiteres aus der Verbandsmitgliedschaft des Klägers oder seinen korporationsrechtlichen Beziehungen zur Gesellschaft; → Rn. 7.
[8] Spindler/Stilz AktG/*Drescher* § 241 Rn. 80–81; Schmidt/Lutter/*Seibt* AktG § 83 Rn. 12.
[9] *Volhard* ZGR 1996, 55 (63–64).
[10] OLG Karlsruhe OLGR 2002, 234 (235); Spindler/Stilz AktG/*Drescher* § 241 Rn. 96 mwN.
[11] OLG München ZIP 2012, 2150 (zur GmbH).

der gesellschaftsrechtlichen Literatur will dagegen heute differenzieren und postuliert für eine Fallgruppe ein dauerndes Eintragungshindernis, wenn nämlich die Anfechtungsgründe Drittinteressen (also nicht nur solche von Aktionären oder Organmitgliedern) berühren.[12]

7 **3. Beschlusskontrolle und Missbrauch.** Nichtigkeits- und Anfechtungsklage sind wegen der *Inter-omnes*-Wirkung eines stattgebenden Urteils die zentralen Instrumente der aktienrechtlichen Beschlusskontrolle. Vom Vorstand und von den Organmitgliedern werden sie fast nie genutzt, weil diese Beteiligten bereits intensiv in die Beschlussvorbereitung eingebunden sind und dort etwaige Bedenken gegen die geplante Beschlussfassung geltend machen können. Die Last der (nachträglichen) Beschlusskontrolle ruht deshalb auf den Schultern der Aktionäre. Vor diesem Hintergrund kann das aktienrechtliche Beschlusskontrollsystem nur dann wirksam funktionieren, wenn dem Aktionär, wie dies in der Tat heute einhellig angenommen wird,[13] das **Klagerecht auch ohne individuelle Rechtsbetroffenheit** gewährt wird. Dies gilt nicht nur für die Anfechtungsklage, sondern auch für die Nichtigkeitsklage. Zwar handelt es sich bei dieser rechtlich um einen Sonderfall der Feststellungsklage, so dass auch die Nichtigkeitsklage ein Feststellungsinteresse voraussetzt. Das Feststellungsinteresse des Aktionärs folgt dort aber ohne Weiteres aus seiner Verbandsmitgliedschaft.[14]

8 Es liegt auf der Hand, dass die systembedingt weitreichende Gewährung des Klagerechts zu **Missbräuchen** einlädt. Nach der Formel des BGH ist die Grenze, ab welcher der Aktionär sein Klagerecht einbüßt, erreicht, wenn er die Klage mit dem Ziel erhebt, die Gesellschaft in grob eigennütziger Weise zu einer Leistung zu veranlassen, auf die er keinen Anspruch hat und billigerweise auch nicht erheben kann.[15] Als besonders anfällig für missbräuchliche Klagen erweisen sich Maßnahmen, die zu ihrer Wirksamkeit der Eintragung in das Handelsregister bedürfen und bei denen die bloße Erhebung der Anfechtungsklage eine **formelle** (zB § 16 Abs. 2 UmwG bei Umwandlungsmaßnahmen) oder jedenfalls **faktische** (→ § 40 Rn. 83) **Registersperre** bewirkt. In solchen Fällen sind die Gesellschaften besonders geneigt, Beschlussmängelklägern im Vergleichswege oder auf sonstige Weise entgegenzukommen, um die Maßnahme zügig durchführen zu können, ohne zunächst einen langjährigen Rechtsstreit führen zu müssen. Der individuelle Rechtsmissbrauch (dazu → Rn. 95–98) ist schwer nachzuweisen, so dass der Gesetzgeber sich seit langer Zeit bemüht, den Missbrauch der Anfechtungsklage durch typisierende Regelungen (zB die durch das UMAG eingeführte Vorbesitzzeit des § 245 Nr. 1 AktG) einzudämmen, ohne die Kontrollwirkung der Anfechtungsklage über Gebühr einzuschränken.[16] Während die Reformen des UMAG von 2005 die Tätigkeit sogenannter „Berufskläger" und „räuberischer Aktionäre" nicht eindämmen konnte,[17] haben die Reformen des ARUG von 2009 den Missbrauch von Beschlussmängelklagen deutlich zurückgedrängt.[18] Dies dürfte ins-

---

[12] Grundlegend *Lutter* NJW 1969, 1873, *passim;* siehe heute nur MüKoAktG/*Hüffer/Schäfer* § 243 Rn. 139; Hüffer/*Koch* AktG § 243 Rn. 56. Für weitergehende Prüfungspflichten des Registerrichters Spindler/Stilz AktG/*Drescher* § 241 Rn. 102.
[13] KölnKommAktG/*Noack/Zetzsche* § 246 Rn. 54; Spindler/Stilz AktG/*Drescher* § 243 Rn. 27; Schmidt/Lutter/*Schwab* AktG § 243 Rn. 2; MüKoAktG/*Hüffer/Schäfer* § 245 Rn. 8; Hüffer/*Koch* AktG § 245 Rn. 3; jeweils mwN. Ebenso für die GmbH BGHZ 43, 261 (265–266); BGH NZG 2009, 707 (707–708).
[14] KölnKommAktG/*Noack/Zetzsche* § 249 Rn. 23; Schmidt/Lutter/*Schwab* AktG § 249 Rn. 3; Bürgers/Körber AktG/*Göz* § 249 Rn. 8; jeweils mwN. Für die GmbH ebenso BGHZ 43, 261 (265); 107, 296 (308) – Kochs/Adler.
[15] BGHZ 107, 296 (311) – Kochs/Adler.
[16] Zu diesem Dilemma bereits grundlegend *Zöllner* S. 391. Die weiterbestehende Aktualität dieses Themas unterstreichend *K. Schmidt* AG 2009, 248, *passim.*
[17] So das Ergebnis der empirischen Studie von *Baums/Keinath/Gajek* ZIP 2007, 1629.
[18] So die Ergebnisse der empirischen Studien von *Baums/Drinhausen/Keinath* ZIP 2011, 2329 und *Bayer/Hoffmann/Sawada* ZIP 2012, 897.

besondere an der Stärkung des sogenannten Freigabeverfahrens, eines weiteren Eckpfeilers des aktienrechtlichen Beschlussmängelrechts, liegen.

4. Freigabeverfahren. Das Freigabeverfahren wurde zunächst für Maßnahmen geschaffen, bei denen die bloße Erhebung der Beschlussmängelklage eine formelle Registersperre auslöst, so dass die Maßnahme zunächst nicht wirksam werden kann. Für Umwandlungsmaßnahmen beispielsweise ist es in § 16 Abs. 3 UmwG geregelt. Später wurde es auf Maßnahmen ausgedehnt, bei denen eine Beschlussmängelklage häufig eine faktische Registersperre auslöst (Kapitalmaßnahmen, Unternehmensverträge) und in § 246a AktG kodifiziert. Die Vorschriften lauten im Wesentlichen gleich; sie erlauben es der beklagten Gesellschaft, durch das **Prozessgericht feststellen** zu lassen, **dass die Beschlussmängelklage der Eintragung in das Handelsregister nicht entgegensteht.** Eine solche Entscheidung kann nicht nur ergehen, wenn die Klage unzulässig oder offensichtlich unbegründet ist, sondern auch dann, wenn der Beschlussmängelkläger nicht ein Mindestquorum an Aktien nachweist oder – und dies ist der häufigste Freigabegrund – die durch die verzögerte Eintragung entstehenden wesentlichen Nachteile für die Gesellschaft und ihre Aktionäre die Nachteile für den Beschlussmängelkläger bei Freigabe der Eintragung überwiegen würden und kein besonders schwerer Rechtsverstoß vorliegt.

5. Reform. Der vorgenannte dritte Freigabegrund nimmt seit den Änderungen durch das ARUG Bezug auf die individuelle Betroffenheit des Beschlussmängelklägers, auf die es für die Erhebung der Beschlussmängelklage gerade nicht ankommt. Unter anderem diese Inkonsistenz sowie der Umstand, dass die Nachteilsabwägung in der Regel zu Lasten des Beschlussmängelklägers ausgeht (→ Rn. 156) und die Reform durch das ARUG in den Augen mancher damit über das Ziel hinausgeschossen ist, haben die jahrelange Diskussion um eine grundlegende Reform des Beschlussmängelrechts[19] nicht zur Ruhe kommen lassen.[20] Der **Juristentag 2018** hat sich dem Themas wieder angenommen[21] und **Reformvorschläge** unterbreitet, die im Kern zehn Jahre zuvor auch der Arbeitskreis Beschlussmängelrecht[22] favorisiert hatte: Dazu gehören namentlich die Schaffung von alternativen Rechtsfolgen neben der Kassation des Beschlusses (Aufhebung nur ex nunc, Gewährung von Schadensersatz, Feststellung der Rechtswidrigkeit), eine Abwägung von Vor- und Nachteilen (nicht nur für den Beschlussmängelkläger, sondern für alle Aktionäre) unter Beachtung der Schwere des Rechtsverstoßes bei der Entscheidung über die Rechtsfolge (Verhältnismäßigkeitsprüfung), die Berücksichtigung der Beteiligungshöhe des Klägers, die Erstreckung dieses flexiblen Systems auf alle (nicht nur strukturverändernden) Beschlüsse, die Ersetzung des Freigabeverfahrens durch ein Zwischenverfahren vor dem Gericht der Hauptsache sowie die Präzisierung und Einschränkung des Nichtigkeitstatbestands.[23] Allerdings scheint der **Gesetzgeber** mit den durch das ARUG erreichten Verbesserungen im Großen und Ganzen zufrieden zu sein und wird sich voraussichtlich statt mit einer grundlegenden Reform des Beschlussmängelrechts eher mit der punktuellen Beseitigung von Wertungswidersprüchen befassen.[24]

---

[19] Siehe vor allem *Arbeitskreis Beschlussmängelrecht* AG 2008, 617.
[20] Aus neuerer Zeit insbesondere *Habersack/Stilz* ZGR 2010, 710, *passim; Bayer Fiebelkorn* ZIP 2012, 2181, *passim; Dornbach* S. 235–306; *Schatz* S. 223–341; *Mathieu* S. 447–549.
[21] *Koch,* Gutachten F zum 72. DJT, 2018, F11-F67. Dazu Co-Referate von *Bayer/Möller* NZG 2018, 801 (802–806); *Mülbert* NJW 2018, 2771 (2772–2774); *Grigoleit* AG 2018, 645, *passim; Harbarth* AG 2018, 637, *passim. Koch* verteidigt seine Thesen in FS E. Vetter, 2019, 317.
[22] → Fn. 19.
[23] Beschlüsse des 72. DJT, 2018, Wirtschaftsrecht, I, S. 27–28. Erste Würdigungen mit weitergehenden Erwägungen finden sich bei *Lieder* NZG 2018, 1321, *passim* und *Schäfer* Der Konzern 2018, 413, *passim.*
[24] Darauf deuten jedenfalls die Äußerungen des bislang zuständigen Referatsleiters im BMJV hin: *Seibert/Böttcher* ZIP 2012, 12 (15); *Seibert/Hartmann* FS Stilz, 2014, 585 (559–600); *Seibert/Bulgrin* FS Marsch-Barner, 2018, 525 (526); *Seibert* Board 2018, 90.

11 6. Schiedsverfahren. Aktienrechtliche Beschlussmängelstreitigkeiten können einem Schiedsgericht rechtssicher nur in Ausnahmefällen zur Entscheidung überlassen werden.[25] Eine in die **Satzung** aufgenomme Schiedsklausel (§ 1066 ZPO) wäre wegen Verstoßes gegen §§ 23 Abs. 5 S. 1, 241 Nr. 5 AktG nichtig, weil das AktG eine Derogation staatlichen Rechtsschutzes nicht ausdrücklich zulässt.[26] Es bleibt daher nur die Möglichkeit, im Einzelfall einen **Schiedsvertrag** gemäß § 1029 ZPO unter Beteiligung aller Aktionäre abzuschließen. Das entscheidende Problem dabei ist die Herstellung der *Inter-omnes*-Wirkung des § 248 Abs. 1 S. 1 AktG für den Schiedsspruch. Nachdem der BGH diese Möglichkeit für das GmbH-Recht eröffnet hat,[27] wird man sie zwar grundsätzlich auch bei der AG einräumen müssen.[28] Die vom BGH aufgestellten Voraussetzungen sind jedoch sehr restriktiv, indem nicht nur die Zustimmung aller Gesellschafter zur Schiedsabrede verlangt wird, sondern auch deren Mitwirkung bei Auswahl und Bestellung der Schiedsrichter, deren Information über den Verfahrensablauf sowie die Gewährung einer Interventionsmöglichkeit im Verfahren. In der Publikums-AG können diese strengen Voraussetzungen praktisch nie erfüllt werden, so dass die Schiedsfähigkeit von Beschlussmängelstreitigkeiten ein Thema für die AG mit geschlossenem und überschaubarem Aktionärskreis bleibt, wenngleich auch hier mit erheblichen Rechtsunsicherheiten belastet.[29]

II. Nichtigkeit

12 1. Abschließender Katalog der Nichtigkeitsgründe. Gewisse Gesetzesverletzungen werden als so schwerwiegend empfunden, dass davon betroffene Hauptversammlungsbeschlüsse *per se* überhaupt keine Rechtswirkungen entfalten sollen. Im Interesse der Rechtssicherheit zählt das Gesetz die **Nichtigkeitsgründe abschließend** auf („nur dann nichtig, wenn"):[30] § 241 AktG enthält den Katalog, der grundsätzlich für alle Hauptversammlungsbeschlüsse gilt;[31] daneben bestehen Sonderregelungen für Aufsichtsratswahlen in § 250 AktG und für Gewinnverwendungsbeschlüsse in § 253 AktG. Ungeschriebene Nichtigkeitsgründe gibt es nicht. Schon deshalb können beispielsweise Hauptversammlungsbeschlüsse, die von einem gesetz- oder satzungswidrig berufenen Versammlungsleiter festgestellt worden sind, nicht nichtig, sondern allenfalls anfechtbar sein.[32]

---

[25] Die folgenden Einschränkungen gelten für Anfechtungsklagen, Nichtigkeitsklagen und positive Beschlussfeststellungsklagen, mangels *Inter-omnes*-Wirkung des Urteils aber nicht für allgemeine Feststellungsklagen gemäß § 256 ZPO; BGH NJW 2015, 3234 (3235–3237).

[26] *K. Schmidt* ZHR 162 (1998), 265 (282); *Henze* ZIP 2002, 97 (99–100); *Reichert* FS Ulmer, 2003, 511 (530–531); Spindler/Stilz AktG/*Dörr* § 246 Rn. 10; Hüffer/*Koch* AktG § 246 Rn. 18. AA *Lüke/Blenske* ZGR 1998, 253 (257–259); *Habersack* JZ 2009, 797 (798–799); Schmidt/Lutter/*Schwab* AktG § 246 Rn. 48.

[27] BGHZ 180, 221 Rn. 13–14 – Schiedsfähigkeit II.

[28] *Habersack* JZ 2009, 797 (799); *Riegger/Wilske* ZGR 2010, 733 (748–749); Hüffer/*Koch* AktG § 246 Rn. 19.

[29] Bestandsaufnahme 5 Jahre nach BGHZ 180, 221 – Schiedsfähigkeit II bei *Niemeyer/Häger* BB 2014, 1737.

[30] OLG München NZG 2001, 616 (617); OLG Stuttgart DB 1992, 566; Schmidt/Lutter/*Schwab* AktG § 241 Rn. 4; Spindler/Stilz AktG/*Drescher* § 241 Rn. 8; Bürgers/Körber AktG/*Göz* § 241 Rn. 6; jeweils mwN. AA *Baums* ZHR 142 (1978), 582, *passim*, der insbesondere schwebend unwirksame Beschlüsse zu den nichtigen zählt. Zum Verhältnis zu § 23 Abs. 5 AktG siehe noch → Rn. 25.

[31] Einzelanalyse, Kritik und Vorschläge zur Einschränkung de lege ferenda von *Noack* FS Baums, 2017, 845 (850–866).

[32] So zutreffend OLG Bremen AG 2010, 256 (257); Hüffer/*Koch* AktG § 241 Rn. 7; Wachter AktG/*Epe* § 241 Rn. 13; aA LG Frankfurt a.M. AG 2005, 892 (894) – WCM und LG Köln AG 2005, 696 (701) – Felten & Guilleaume. Aber auch Anfechtung kommt in diesen Konstellationen (nicht zur Abstimmung gestellter Antrag auf Abwahl des satzungsmäßigen Versammlungsleiters) richtigerweise nicht in Betracht; *Austmann* FS Hoffmann-Becking, 2013, 45 (56–59) mit Übersicht über den Streitstand.

Die in § 241 AktG geregelten Nichtigkeitsgründe erfassen auch sogenannte **Nicht- oder** 13 **Scheinbeschlüsse,**[33] so dass eine derartige Kategorisierung nach heute hL rechtlich entbehrlich ist.[34] Von den nichtigen Beschlüssen zu unterscheiden sind nach hM jedoch als eigene Kategorie die **unwirksamen Beschlüsse**.[35] Sie zeichnen sich dadurch aus, dass noch nicht alle Wirksamkeitsvoraussetzungen für ihr Zustandekommen erfüllt sind, zB noch ein zustimmender Sonderbeschluss fehlt (dazu → § 40 Rn. 46, 64). Während der Schwebezeit bis zum Eintritt der letzten Wirksamkeitsvoraussetzung entfaltet der Beschluss keine Rechtswirkungen und kann nicht mit der Nichtigkeitsklage des § 249 AktG angegriffen werden; zulässig ist allerdings bei entsprechendem Rechtsschutzbedürfnis (für Aktionäre aufgrund ihrer Verbandsmitgliedschaft stets gegeben) die allgemeine Feststellungsklage des § 256 ZPO.[36]

2. Die einzelnen Nichtigkeitsgründe. a) Einberufungsmängel. Nichtigkeitsgründe 14 sind gemäß **§ 241 Nr. 1 AktG** die Einberufung der Hauptversammlung durch einen Unbefugten (§ 121 Abs. 2 AktG), das Fehlen gewisser Mindestangaben in der Einberufung (§ 121 Abs. 3 S. 1 AktG) sowie die fehlerhafte Bekanntmachung der Einberufung (§ 121 Abs. 4 AktG). Allgemein wird die vollständig fehlende Einberufung, obwohl in § 241 Nr. 1 AktG nicht erwähnt und entgegen dem abschließenden Charakter der Norm, im Hinblick auf die dort erfasste Einberufung durch einen Unbefugten erst recht als Nichtigkeitsgrund angesehen.[37] Jeder der genannten Tatbestände reicht für sich genommen als Nichtigkeitsgrund aus, auch wenn die Verwendung von „und" und „oder" in § 241 Nr. 1 AktG nicht frei von Rätseln ist.[38] Ausnahmsweise ist die Beachtung der gesetzlichen Einberufungsformalien entbehrlich, wenn alle Aktionäre in der Hauptversammlung erschienen oder vertreten sind (**Universal- oder Vollversammlung,** dazu → § 35 Rn. 78) und soweit kein Aktionär der Beschlussfassung widerspricht (§ 121 Abs. 6 AktG). Mit fehlendem Widerspruch gegen die Beschlussfassung ist gemeint, dass kein Aktionär die Herbeiführung eines Beschlusses überhaupt bemängelt; nicht erforderlich ist dagegen die vollständige inhaltliche Übereinstimmung aller Aktionäre mit dem Beschlussantrag, also dessen einstimmige Annahme. Universalversammlungen spielen nur im geschlossenen Aktionärskreis eine Rolle, und dort insbesondere bei Ein-Mann-AGs. Bei 100%igen Konzerntöchtern werden Hauptversammlungsbeschlüsse durchweg gemäß § 121 Abs. 6 AktG ohne Beachtung von Einberufungsformalitäten gefasst.

Beim Nichtigkeitsgrund der **fehlenden Einberufungsbefugnis** (§ 121 Abs. 2 AktG) 15 geht es nach der hM ausschließlich um Kompetenzfragen (→ § 36 Rn. 8–16) sowie um die rechtliche Handlungsfähigkeit des Einberufenden; sonstige Mängel des Einberufungsbeschlusses eines zuständigen Organs führen nicht zur Nichtigkeit, sondern allenfalls zur Anfechtbarkeit der in der Hauptversammlung gefassten Beschlüsse.[39] Letzteres (Anfechtbarkeit statt Nichtigkeit) soll nach einhelliger Auffassung sogar dann gelten, wenn die in § 111 Abs. 3 S. 1 AktG genannte materielle Voraussetzung für die Einberufungszuständig-

---

[33] Beispiel nach BGHZ 11, 231 (236) (in Fortführung von RGZ 75, 239 (242)): Mann von der Straße beruft Versammlung von Leuten ein, die mit der Gesellschaft nichts zu tun haben – Einberufungsmangel gemäß § 241 Nr. 1 AktG und Beurkundungsmangel nach § 241 Nr. 2 AktG.
[34] KölnKommAktG/*Tröger* § 133 Rn. 27; *Noack* S. 11; MüKoAktG/*Hüffer/Schäfer* § 241 Rn. 11 mwN. Soweit in dieser Kategorie auch die falsche Feststellung und Protokollierung von Beschlussinhalt oder Abstimmungsergebnis erfasst werden soll, schützt die Anfechtungsklage (→ § 40 Rn. 51).
[35] RGZ 148, 175 (184–187); BGHZ 48, 141 (143) (zur GmbH); *Noack* S. 12–13; Hüffer/*Koch* AktG § 241 Rn. 6. AA *Baums* ZHR 142 (1978), 582, passim.
[36] GroßkommAktG/*K. Schmidt* § 241 Rn. 18; Hüffer/*Koch* AktG § 241 Rn. 6.
[37] Siehe nur KölnKommAktG/*Noack/Zetzsche* § 241 Rn. 37; Spindler/Stilz AktG/*Drescher* § 241 Rn. 111; Hüffer/*Koch* AktG § 241 Rn. 9.
[38] Hüffer/*Koch* AktG § 241 Rn. 8.
[39] KölnKommAktG/Noack/Zetzsche § 241 Rn. 44; MüKoAktG/*Hüffer/Schäfer* § 241 Rn. 28; Hüffer/*Koch* AktG § 241 Rn. 10. AA zB Spindler/Stilz AktG/*Rieckers* § 121 Rn. 101 mwN.

keit des Aufsichtsrats fehlt, dass nämlich das Wohl der Gesellschaft die Einberufung erfordert.⁴⁰

16 Nichtigkeit wegen fehlender Einberufungsbefugnis kommt danach vor allem in folgenden Fällen in Betracht: Der normalerweise für die Einberufung zuständige **Vorstand** (§ 121 Abs. 2 S. 1 AktG) wird nicht als Gesamtorgan tätig, fasst also keinen Einberufungsbeschluss, sondern ein einzelnes Vorstandsmitglied nimmt die Einberufung allein vor.⁴¹ Die Nichtigkeitsfolge tritt auch dann ein, wenn nicht so viele Vorstandsmitglieder an der Beschlussfassung mitgewirkt haben, wie nach Satzung oder Geschäftsordnung zur Beschlussfähigkeit erforderlich waren. Für die insoweit erforderlichen Mindestzahlen werden nur diejenigen Vorstandsmitglieder gerechnet, die wirksam bestellt wurden oder – dies reicht gemäß § 121 Abs. 2 S. 2 AktG aus – in das Handelsregister eingetragen sind.⁴² Dass darüber hinaus sämtliche an der Beschlussfassung des Vorstands mitwirkenden Mitglieder wirksam bestellt sein müssen, wird von der hM nicht verlangt.⁴³

17 Für die Ausnahmefällen vorbehaltene Einberufung der Hauptversammlung durch den **Aufsichtsrat** (§ 111 Abs. 3 S. 1 AktG) gelten die vorstehenden Grundsätze entsprechend (§ 121 Abs. 2 S. 3 AktG).⁴⁴ Insbesondere gilt auch für die Einberufung durch den Aufsichtsrat, dass die Mitwirkung von wirksam bestellten Aufsichtsratsmitgliedern in zur Beschlussfähigkeit reichender Anzahl genügt. Allerdings ist nicht mehr ganz klar, wie sich eine später auf Anfechtung erfolgende rechtskräftige Nichtigerklärung einer Aufsichtsratswahl in diesem Zusammenhang auswirkt, nachdem der BGH die Lehre vom faktischen Organ abgelehnt hat (→ Rn. 182 f.).⁴⁵ Zwar will der BGH die Wirksamkeit von Aufsichtsratsbeschlüssen, die als „Anknüpfungspunkt für eine Entscheidung der Hauptversammlung" dienen, auch bei erfolgreicher Wahlanfechtung unberührt lassen.⁴⁶ Er erwähnt insoweit ausdrücklich aber nur Beschlussvorschläge des Aufsichtsrats an die Hauptversammlung, nicht jedoch den Beschluss zur Einberufung der Hauptversammlung. Allerdings liegt es nahe, diesen erst recht als „Anknüpfungspunkt für eine Entscheidung der Hauptversammlung" anzusehen und ebenfalls gegen eine spätere Wahlanfechtung zu immunisieren (auch → § 36 Rn. 14).⁴⁷

18 In einem weiteren Ausnahmefall, der Einberufung der Hauptversammlung durch eine **vom Gericht ermächtigte Aktionärsminderheit** (§§ 121 Abs. 2 S. 3, 122 Abs. 3 AktG) kommt es nach hM entscheidend auf das formelle Bestehen der gerichtlichen Ermächtigung sowohl bei Einberufung als auch bei der Hauptversammlung an.⁴⁸ Wird die Ermächtigung noch vor der Hauptversammlung aufgehoben, so sind dort gefasste Beschlüs-

---

⁴⁰ KölnKommAktG/*Zöllner*, 1. Aufl. 1985, § 241 Rn. 77; Spindler/Stilz AktG/*Drescher* § 241 Rn. 115; Hüffer/*Koch* AktG § 241 Rn. 10.

⁴¹ Spindler/Stilz AktG/*Rieckers* § 121 Rn. 100; MüKoAktG/*Kubis* § 121 Rn. 27. Anders (nur Anfechtbarkeit), wenn der Vorstand in gesetz- oder satzungswidriger Unterbesetzung, aber ohne dass Beschlussunfähigkeit vorliegt, durch das letzte verbliebene Vorstandsmitglied handelt; BGHZ 149, 158 (160–162) – Sachsenmilch.

⁴² Spindler/Stilz AktG/*Rieckers* § 121 Rn. 101 mwN; ähnlich, aber auf Mehrheit der Vorstandsmitglieder statt auf Beschlussfähigkeit des Gremiums abstellend GroßkommAktG/*K. Schmidt* § 241 Rn. 44; Spindler/Stilz AktG/*Drescher* § 241 Rn. 112.

⁴³ Siehe die Nachweise in der → vorigen Fn. sowie Bürgers/Körber AktG/*Göz* § 241 Rn. 8. AA Schmidt/Lutter/*Schwab* AktG § 241 Rn. 7.

⁴⁴ Spindler/Stilz AktG/*Drescher* § 241 Rn. 114; Hüffer/*Koch* AktG § 241 Rn. 10. Die Vermutungsregel des § 121 Abs. 2 S. 2 AktG gilt selbstverständlich nicht, denn Aufsichtsratsmitglieder werden nicht in das Handelsregister eingetragen.

⁴⁵ BGHZ 196, 195 Rn. 20 – IKB.

⁴⁶ BGHZ 196, 195 Rn. 25 – IKB.

⁴⁷ Davon geht auch der Vorsitzende des Gesellschaftsrechtssenats des BGH aus; Spindler/Stilz AktG/*Drescher* § 241 Rn. 114.

⁴⁸ Statt aller Spindler/Stilz AktG/*Drescher* § 241 Rn. 118; Schmidt/Lutter/*Schwab* AktG § 241 Rn. 8; jeweils mwN.

se nichtig. Unschädlich ist es nach hM jedoch im Interesse der Rechtssicherheit, wenn die Ermächtigung nach der Hauptversammlung aufgehoben wird.[49]

Wenn in der Einberufung **Firma, Gesellschaftssitz, Zeit** oder **Ort** der Versammlung nicht oder **fehlerhaft** angegeben sind, ist dies ein Einberufungsmangel gemäß § 241 Nr. 1 AktG, der grundsätzlich zur Nichtigkeit aller in der Hauptversammlung gefassten Beschlüsse führt. Fehler bei weiteren Angaben in der Einberufung lösen die Nichtigkeitsfolge nicht aus, können aber Anfechtbarkeit zur Folge haben. Von der Nichtigkeitssanktion verschont sind insbesondere Fehler bei den für börsennotierte Gesellschaften zusätzlich erforderlichen Angaben zur Teilnahmeberechtigung und zur Stimmrechtsvertretung (§ 121 Abs. 3 S. 3 AktG). Dies ist seit Inkrafttreten des ARUG unzweifelhaft, weil § 241 Nr. 1 AktG ausdrücklich nur auf Satz 1 von § 121 Abs. 3 AktG verweist. Auch bei den vorstehend genannten Pflichtangaben des Satzes 1 nimmt die Rechtsprechung seit jeher **Bagatellverstöße** von der Nichtigkeitsfolge aus, wenn die Information für einen verständigen Aktionär weiterhin verständlich bleibt und ihm die Wahrnehmung seines Teilnahme- und Stimmrechts in der Hauptversammlung nicht erschwert.[50] Die heute hM unterstützt diese Tendenz unter teleologischer Reduktion des § 241 Nr. 1 AktG oder Berufung auf § 242 BGB.[51] 19

Zur Nichtigkeit führende Einberufungsmängel sind schließlich **Fehler bei der Bekanntmachung** in den Gesellschaftsblättern, dh mindestens im Bundesanzeiger (§ 25 AktG), sowie ggf. durch Einschreibebrief gemäß § 121 Abs. 4 AktG (dazu → § 36 Rn. 40–41). Die Handhabung dieser Vorschriften bereitet in der Praxis keine Schwierigkeiten, so dass entsprechende Nichtigkeitsfälle nicht bekannt geworden sind. 20

b) Mängel der Niederschrift. Nichtigkeitsgründe sind gemäß **§ 241 Nr. 2 AktG** Verstöße gegen § 130 Abs. 1, Abs. 2 S. 1 und Abs. 4 AktG. **Formverstöße** führen zur **Nichtigkeit sämtlicher** in der Hauptversammlung gefassten **Beschlüsse**. Das ist zunächst der Fall, wenn ein **Protokoll endgültig überhaupt nicht angefertigt** wird (§ 130 Abs. 1 S. 1 und S. 3 AktG). Bis zu diesem Zeitpunkt, also bis das Unterbleiben der Niederschrift endgültig feststeht, sind alle Hauptversammlungsbeschlüsse schwebend unwirksam, und bis dahin verbleibt die Möglichkeit, durch Errichtung des Protokolls die Hauptversammlungsbeschlüsse mit Rückwirkung auf den Zeitpunkt der Beschlussfeststellung wirksam zu machen (→ § 40 Rn. 53). Nichtig sind die Hauptversammlungsbeschlüsse auch dann, wenn die **falsche Form der Niederschrift** gewählt wird, nämlich das privatschriftliche anstelle des notariellen Protokolls in Fällen, in denen die Voraussetzungen des § 130 Abs. 1 S. 3 AktG (nichtbörsennotierte Gesellschaft und kein gesetzlich qualifiziertes Mehrheitserfordernis, → § 41 Rn. 25 ff.) nicht vorliegen.[52] Das Protokoll über die Hauptversammlung einer nichtbörsennotierten Gesellschaft kann ohne Rechtsverstoß in einen notariellen Teil für die Beschlüsse mit gesetzlich qualifizierter Mehrheit und einen privatschriftlichen Teil für die anderen Beschlüsse geteilt werden 21

---

[49] KölnKommAktG/*Noack*/*Zetzsche* § 241 Rn. 46; Spindler/Stilz AktG/*Drescher* § 241 Rn. 118; Gärtner/Rose/Reul, Anfechtungs- und Nichtigkeitsgründe im Aktienrecht/*Gärtner*, 2. Teil, Rn. 15. AA Schmidt/Lutter/*Schwab* AktG § 241 Rn. 8.

[50] OLG Hamburg AG 1981, 193 (195) – Commerzbank von 1870 (Fehler bei der Angabe der Firma); OLG Frankfurt a. M. AG 1991, 208 (209) (unrichtige Angabe der Hinterlegungsfrist und Weglassen einer Hinterlegungsmöglichkeit); LG Essen AG 1995, 191 (unrichtige Angabe der Hinterlegungsfrist); OLG Düsseldorf ZIP 1997, 1153 (1159–1160) – ARAG/Garmenbeck (fehlende Angabe des Sitzes einer Gesellschaft, der sich aus anderen Angaben in der Einberufung erschloss); OLG Frankfurt a. M. AG 2008, 667 (670) (unvollständige Angabe der Teilnahmebedingungen).

[51] GroßkommAktG/*K. Schmidt* § 241 Rn. 46; Spindler/Stilz AktG/*Drescher* § 241 Rn. 134; KölnKommAktG/*Noack*/*Zetzsche* § 121 Rn. 63; *Butzke* Hauptversammlung Rn. B 73; Hüffer/*Koch* AktG § 241 Rn. 11; übergreifend für das gesamte Beschlussmängelrecht *Fleischer* ZIP 2014, 149, *passim*. AA, wenngleich mit unterschiedlicher Strenge: Schmidt/Lutter/*Schwab* AktG § 241 Rn. 11; MüKoAktG/*Hüffer*/*Schäfer* § 241 Rn. 33.

[52] Schmidt/Lutter/*Schwab* AktG § 241 Rn. 20; MüKoAktG/*Hüffer*/*Schäfer* § 241 Rn. 39.

(→ § 41 Rn. 28).⁵³ Zur Vermeidung der Nichtigkeit muss das notarielle Protokoll vom Notar (§ 130 Abs. 4 S. 1 AktG) und das privatschriftliche Protokoll vom Versammlungsleiter **unterschrieben** werden. Für den letztgenannten Fall erwähnt § 130 Abs. 1 S. 3 AktG zwar nur den Aufsichtsratsvorsitzenden, weil dieser in der Praxis meistens die Hauptversammlung leitet. Wenn aber ausnahmsweise ein Anderer zur Versammlungsleitung berufen ist, hat dieser die Niederschrift zu unterzeichnen (→ § 41 Rn. 29).⁵⁴

22 **Inhaltliche Protokollfehler,** die **sämtliche Hauptversammlungsbeschlüsse nichtig** machen, sind fehlende oder fehlerhafte Angaben von Ort oder Tag der Hauptversammlung oder des Namens des Notars (§ 130 Abs. 2 S. 1 AktG). Die zuletzt genannte Vorschrift enthält darüber hinaus die Verpflichtung, die Art und das Ergebnis⁵⁵ der Abstimmung und die Feststellung des Vorsitzenden über die Beschlussfassung in die Niederschrift aufzunehmen. Wenn gegen diese Verpflichtung verstoßen wird, trifft die **Nichtigkeitsfolge** allerdings **nur den jeweiligen Beschluss,** nicht sämtliche Beschlüsse der Hauptversammlung.⁵⁶ Die weiteren, bei börsennotierten Gesellschaften erforderlichen Angaben in der Beschlussfeststellung gemäß § 130 Abs. 2 S. 2 AktG werden von § 241 Nr. 2 AktG nicht erfasst und führen bei Fehlern deshalb nicht zur Nichtigkeit des betreffenden Beschlusses. Wenn der Versammlungsleiter einen Beschluss fehlerhaft feststellt und diese fehlerhafte Feststellung in die Niederschrift aufgenommen wird, liegt kein Protokollmangel und damit kein Nichtigkeitsgrund vor, so dass der Beschluss allenfalls anfechtbar ist.⁵⁷ Nichtigkeit soll indessen nach heute hM gegeben sein, wenn die unrichtige Beschlussfeststellung des Versammlungsleiters nicht übernommen, sondern das richtige Beschlussergebnis protokolliert wird.⁵⁸ Wenn die Niederschrift eine Beschlussfeststellung enthält, obwohl der Versammlungsleiter eine solche überhaupt nicht, also auch keine falsche getroffen hat, liegt zwar ein nichtigkeitsrelevanter Inhaltsmangel des Protokolls vor. Dieser wirkt sich aber nicht aus, weil ein Beschluss, der nichtig sein könnte, überhaupt nicht zustande gekommen ist (→ § 40 Rn. 51). In diesem Fall ist deshalb nicht die Nichtigkeitsklage, sondern die allgemeine Feststellungsklage auf Nichtzustandekommen eines Beschlusses die richtige Klageart.⁵⁹ Weitere inhaltliche Protokollfehler, die nur den betreffenden Beschluss nichtig machen, sind gemäß § 130 Abs. 1 S. 2 AktG die Nichtaufnahme oder fehlerhafte Aufnahme von Minderheitsverlangen nach § 120 Abs. 1 S. 2 AktG (Einzelentlastung) und § 137 AktG (Abstimmungsreihenfolge bei Aufsichtsratswahl).

23 **c) Widerspruch zum Wesen der AG, Verletzung von Vorschriften zum Schutz der Gläubiger oder des öffentlichen Interesses.** Die Vielzahl unbestimmter Rechtsbegriffe in § 241 Nr. 3 AktG und die Schwierigkeit, die drei Tatbestandsalternativen voneinander und gegenüber § 23 Abs. 5 AktG abzugrenzen, hat die Rechtswissenschaft stark heraus-

---

⁵³ BGHZ 205, 319 Rn. 14–26; Hüffer/*Koch* AktG § 130 Rn. 14c mwN.
⁵⁴ OLG Karlsruhe NZG 2013, 1261 (1265). Ebenso die hL; MüKoAktG/*Kubis* § 130 Rn. 33; Spindler/Stilz AktG/*Wicke* § 130 Rn. 41; *Noack* FS Happ, 2006, 201 (206); *Hoffmann-Becking* NZG 2017, 281 (289). AA Spindler/Stilz AktG/*Drescher* § 241 Rn. 166; Schmidt/Lutter/*Ziemons* AktG § 130 Rn. 48.
⁵⁵ Grundsätzlich in Zahlen; es reicht aber auch, dass sich das zahlenmäßige Abstimmungsergebnis aus den sonstigen Angaben im Protokoll errechnen lässt, mag dies auch nicht einfach sein; BGH NZG 2017, 1374 (1379). Zweifel an der Verallgemeinerungsfähigkeit der Entscheidung bei *Hupka* ZGR 2018, 688 (695).
⁵⁶ KölnKommAktG/*Noack/Zetzsche* § 130 Rn. 341; *Wilhelmi* BB 1987, 1331 (1337); MüKoAktG/ *Kubis* § 130 Rn. 81; Spindler/Stilz AktG/*Wicke* § 130 Rn. 64.
⁵⁷ BGH DNotZ 2006, 372 (373).
⁵⁸ GroßkommAktG/*Mülbert* § 130 Rn. 147; MüKoAktG/*Kubis* § 130 Rn. 83. AA (nur Anfechtbarkeit) Spindler/Stilz AktG/*Wicke* § 130 Rn. 65.
⁵⁹ Spindler/Stilz AktG/*Drescher* § 241 Rn. 156 (will wegen gleichen Rechtsschutzziels daneben auch die Nichtigkeitsklage zulassen).

gefordert und sehr grundlegende dogmatische Untersuchungen hervorgebracht.[60] Zu unterschiedlichen Ergebnissen gelangen die vielfältigen Meinungen allerdings kaum.

Bis heute findet sich in Rechtsprechung und Literatur keine allgemein akzeptierte Definition dessen, was das **Wesen der AG** (Alt. 1) ausmacht. Der BGH spricht von den „Grundprinzipien des Aktienrechts", ohne allerdings erkennen zu lassen, welche Tatbestandsalternative des § 241 Nr. 3 AktG er dabei im Blick hat.[61] Das OLG München rekurriert auf eine in der Literatur entwickelte, jedoch nicht von allen geteilte Definition, wonach gegen das Wesen der AG dann verstoßen wird, wenn ein fundamentaler Grundsatz des aktuell geltenden Aktienrechts verletzt wird, dessen Verletzung nicht spezialgesetzlich sanktioniert ist, und die Nichtigkeitsfolge auch angesichts des Ausnahmecharakters dieser Sanktion gerechtfertigt ist.[62] Im Kern dieser Definition steht aber letztlich auch wieder der Verstoß gegen Grundprinzipien des Aktienrechts, also die bereits vom BGH benutzte Formel.

Dem Praktiker bleibt daher im Grunde nur der Rückgriff auf die Kasuistik, die wegen der geringen Zahl der gerichtlich entschiedenen Fälle wenigstens einigermaßen übersichtlich ist. An erster Stelle sind alle **Verstöße gegen den Grundsatz der Satzungsstrenge** (§ 23 Abs. 5 AktG) zu nennen, so dass Satzungsänderungsbeschlüsse, die ohne ausdrückliche Ermächtigung des AktG von Vorschriften des AktG abweichen oder trotz abschließender Regelung durch das AktG ergänzende Bestimmungen treffen, nichtig sind. Dabei spielt es für die Praxis keine Rolle, ob die Nichtigkeitsfolge für den Satzungsänderungsbeschluss dogmatisch unmittelbar aus § 23 Abs. 5 AktG abzuleiten ist (wie bei der Ursprungssatzung) oder sich aus § 241 Nr. 3 Alt. 1 AktG ergibt.[63] Entscheidend ist, dass Satzungsänderungsbeschlüsse, die das Gebot der Satzungsstrenge missachten, schon wegen dieses Verstoßes nichtig sind, unabhängig davon, ob die konkrete Norm, gegen die verstoßen wird, das Interesse von Gläubigern (Alt. 2) oder öffentliche Interessen (Alt. 3) schützt.[64] Gegen das Wesen der Aktiengesellschaft verstößt ferner ein Beschluss, der die **freie Übertragbarkeit der Aktie** über die gesetzlichen Vinkulierungsbestimmungen hinaus einschränkt.[65] Eine weitere Fallgruppe, in der Strukturprinzipien und damit das Wesen der AG betroffen sind, stellen **Kompetenzüberschreitungen der Hauptversammlung** dar. Nichtig sind deshalb Beschlüsse, durch welche die Hauptversammlung (ohne Verlangen des Vorstands, § 119 Abs. 2 AktG) in die Geschäftsführung durch den Vorstand eingreift, diesen also beispielsweise zur Vornahme bestimmter Geschäftsführungshandlungen anweist.[66] In diese Fallgruppe gehört auch die unzulässige Übertragung von Kompetenzen der Hauptversammlung an den Vorstand, zB die Schaffung eines genehmigten Kapitals ohne Angabe des Höchstnennbetrags (§ 202 Abs. 1 AktG).[67] Von der Nichtig-

---

[60] Maßgeblich *Gessler* ZGR 1980, 427 und *Huber* FS Coing, 1981, Bd. II, 167. Aus jüngerer Zeit sehr instruktiv *Koch* ZHR 182 (2018), 378 (382–392).

[61] BGHZ 160, 253 (256).

[62] OLG München AG 2013, 173 (175) unter Berufung auf Bürgers/Körber AktG/*Göz* § 241 Rn. 14.

[63] Übersicht über den Meinungsstand bei Hüffer/*Koch* AktG § 241 Rn. 15.

[64] So die heute hM: OLG Düsseldorf AG 1968, 19 (22); *Gessler* ZGR 1980, 427 (444); *Huber* FS Coing, 1981, Bd. II, 167 (178, 184); GroßkommAktG/*K. Schmidt* § 241 Rn. 56; Bürgers/Körber AktG/*Göz* § 241 Rn. 15. AA MüKoAktG/*Hüffer/Schäfer* § 241 Rn. 61 (Voraussetzungen der Nr. 3 müssen vorliegen).

[65] BGHZ 160, 253 (256–259) (Einführung eines Formerfordernisses und einer Kostentragungspflicht bei Übertragung von Aktien, wobei der BGH sich hier nicht auf eine der drei Alternativen des § 241 Nr. 3 AktG festlegt).

[66] GroßkommAktG/*K. Schmidt* § 241 Rn. 57; MüKoAktG/*Hüffer/Schäfer* § 241 Rn. 62; Schmidt/Lutter/*Schwab* AktG § 241 Rn. 25; Hüffer/*Koch* AktG § 241 Rn. 17. Damit sympathisierend OLG Stuttgart NZG 2004, 1002 (Gewährung eines Abschlags auf Tätigkeitsvergütung an phG einer KGaA durch Hauptversammlung statt Aufsichtsrat). AA OLG München AG 2013, 173 (175) (Bindung von Vorstandshandeln an Zustimmung eines Dritten durch Business Combination Agreement als integraler Teil eines Beherrschungs- und Gewinnabführungsvertrags).

[67] BGH NJW 1995, 260 (261).

keitssanktion erfasst werden ferner **Umwandlungsbeschlüsse** ohne gesetzliche Grundlage[68] sowie **Squeeze-out-Beschlüsse** gemäß § 327a AktG ohne die mindestens 95%ige Kapitalbeteiligung des Hauptaktionärs.[69]

26 Die zweite Tatbestandsalternative des § 241 Nr. 3 AktG belegt solche Hauptversammlungsbeschlüsse mit der Nichtigkeitssanktion, die **durch ihren Inhalt** Vorschriften verletzen, die ausschließlich oder überwiegend zum **Schutz der Gläubiger** der Gesellschaft bestehen. Art und Weise des Zustandekommens der Hauptversammlungsbeschlüsse (einschließlich etwaiger Verfahrensfehler) und hinter ihnen stehende Motive spielen keine Rolle. Die verletzte Vorschrift muss wesentliche Bedeutung für den Gläubigerschutz haben;[70] bloße Schutzreflexe, wie sie etwa von organisationsrechtlichen Vorschriften ausgehen, reichen nicht aus.[71] Schon nach Wortlaut und Systematik zielen in erster Linie auf Gläubigerschutz die Vorschriften in §§ 225 und 233 (Kapitalherabsetzung), 272 (Liquidation), 303 (Beherrschungs- oder Gewinnabführungsvertrag) und § 321 AktG (Eingliederung); entsprechendes gilt für §§ 22, 133, 134, 204, 224, 249 und 257 UmwG.[72] Ebenfalls hinreichend gläubigerschützenden Charakter haben nach hM Vorschriften, die der **Kapitalaufbringung und -erhaltung** dienen, zB §§ 57 ff. (Verbot der Einlagenrückgewähr),[73] 71 ff. (Verbot des Erwerbs eigener Aktien)[74] und 207 Abs. 3 AktG (Kapitalerhöhung aus Gesellschaftsmitteln nur aufgrund testierter Bilanz).[75] Ferner ist die Ausschüttungssperre des § 268 Abs. 8 AktG hierher zu zählen.[76]

27 Gemäß § 241 Nr. 3 Alt. 3 AktG sind Hauptversammlungsbeschlüsse nichtig, die **durch ihren Inhalt** Vorschriften verletzen, die ausschließlich oder überwiegend **im öffentlichen Interesse** bestehen. Auch hier sind Art und Weise des Zustandekommens der Beschlüsse und Beweggründe ohne Belang. Eine begriffliche Umgrenzung des öffentlichen Interesses wird gar nicht erst nachhaltig versucht, so dass letztlich auch hier nur eine kasuistische Annäherung verbleibt. Weitgehend Einigkeit herrscht darüber, dass es stets um Normen geht, die weder zur Disposition der Gesellschaft noch ihrer Aktionäre stehen, und dass die Normen auch den Schutz von Personen im Auge haben können, die nicht zur Erhebung von Anfechtungsklagen befugt sind, also zB den Schutz zukünftiger Aktionäre.[77] Vielfach werden unter die dritte Tatbestandsalternative auch solche Beschlüsse gefasst, die dem Wesen der AG widersprechen, also zB in Struktur und Kompetenzgefüge eingreifen[78] oder die Mitgliedschaft ohne rechtliche Grundlage entziehen[79] und deshalb bereits unter Alt. 1

---

[68] BGHZ 132, 353 (357–358).
[69] OLG München ZIP 2006, 2370 (2371) – Lindner; KG WM 2010, 416 (418) – Schering. Dazu ausführlich → § 75 Rn. 80. Beide Gerichte stützen die Nichtigkeit zwar auf Alt. 3 (Schutz der Mitgliedschaft als öffentliches Interesse), systematisch passt Alt. 1 (Entzug der Mitgliedschaft ohne gesetzliche Grundlage widerspricht dem Wesen der AG) aber besser; in diese Richtung auch Hüffer/Koch AktG § 241 Rn. 19.
[70] Zöllner S. 378; Spindler/Stilz AktG/Drescher § 241 Rn. 185; Bürgers/Körber AktG/Göz § 241 Rn. 16; Hüffer/Koch AktG § 241 Rn. 18; jeweils mwN.
[71] OLG Düsseldorf AG 1976, 215 (zum Höchststimmrecht gemäß § 134 Abs. 1 S. 2 AktG iVm der Satzung); Spindler/Stilz AktG/Drescher § 241 Rn. 185.
[72] Statt aller Hüffer/Koch AktG § 241 Rn. 18.
[73] BGH NZG 2012, 1030 (1031).
[74] Spindler/Stilz AktG/Drescher § 241 Rn. 185; Hüffer/Koch AktG § 241 Rn. 18. Für § 71 Abs. 1 Nr. 8 AktG (Ermächtigung zum Erwerb eigener Aktien) auch BGHZ 205, 319 Rn. 36.
[75] BayObLG AG 2002, 397 (398).
[76] Apfelbacher FS Hoffmann-Becking, 2013, 13 (14) mwN.
[77] Schmidt/Lutter/Schwab AktG § 241 Rn. 28; MüKoAktG/Hüffer/Schäfer § 241 Rn. 59; im Grundsatz ebenso, jedoch ablehnend, was den Schutz der künftigen Aktionäre angeht, Spindler/Stilz AktG/Drescher § 241 Rn. 188, 193.
[78] Maßgeblich Gessler ZGR 1980, 427 (434, 438); daran anschließend heute auch MüKoAktG/Hüffer/Schäfer § 241 Rn. 58; Bürgers/Körber AktG/Göz § 241 Rn. 17.
[79] OLG München ZIP 2006, 2370 (2371) – Lindner; KG WM 2010, 416 (418) – Schering. Dazu ausführlich → § 75 Rn. 80.

fallen.[80] Ein Hauptanwendungsfall von Alt. 3 sind nach der Rechtsprechung des BGH Verstöße gegen die in §§ 25 ff. MitbestG festgelegte **Aufsichtsratsverfassung,** die zwar nicht zu den Strukturprinzipien einer AG gehört, aber als Teil der Unternehmensmitbestimmung vom öffentlichen Interesse umfasst wird.[81] Ebenfalls mit dem öffentlichen Interesse unvereinbar sind Hauptversammlungsbeschlüsse, die in die Gleichberechtigung der Aufsichtsratsmitglieder eingreifen.[82]

d) Verstoß gegen die guten Sitten. Der Sittenverstoß, also die Unvereinbarkeit mit dem Anstandsgefühl aller billig und gerecht Denkenden (§ 138 Abs. 1 BGB), muss sich nach dem Wortlaut von **§ 241 Nr. 4 AktG** wie in den Fällen der Nr. 3 aus dem Inhalt des Hauptversammlungsbeschlusses ergeben. Art und Weise des Zustandekommens und Motive können, anders als bei § 138 BGB, die Nichtigkeitsfolge nicht auslösen.[83] Ungleichbehandlung, Treuepflichtverletzungen und Rechtsmissbrauch gegenüber Aktionären, die sich in der Regel nicht aus dem Inhalt des Hauptversammlungsbeschlusses ergeben, sind deshalb nur der Anfechtung unterworfen.[84] Dies gilt allerdings nicht, wenn die Sittenwidrigkeit sich gegen **Gläubiger oder sonstige Dritte** richtet, denn diese haben kein eigenes Anfechtungsrecht. Deshalb hat § 241 Nr. 4 AktG hier seinen eigentlichen Anwendungsbereich.[85] Gläubigern und sonstigen Dritten steht zwar die Nichtigkeitsklage des § 249 AktG nicht zur Verfügung, sie können sich aber im Wege der allgemeinen Feststellungsklage (§ 256 ZPO) auf die Nichtigkeit des Hauptversammlungsbeschlusses berufen. 28

e) Nichtigerklärung durch Anfechtungsurteil. Hauptversammlungsbeschlüsse, die auf Anfechtungsklage durch Urteil rechtskräftig für nichtig erklärt worden sind, sind gemäß **§ 241 Nr. 5 AktG nichtig,** und zwar *ex tunc.*[86] Für den Rechtsanwender ohne Interesse ist die Frage, ob die Nichtigkeitsfolge durch § 241 Nr. 5 AktG konstitutiv angeordnet wird[87] oder ob die Vorschrift nur klarstellende Bedeutung hat und die Nichtigkeitsfolge sich unmittelbar aus § 248 AktG ergibt.[88] 29

f) Amtslöschung. Ein in das Handelsregister eingetragener Hauptversammlungsbeschluss ist gemäß **§ 241 Nr. 6 AktG** nichtig, wenn er nach § 398 FamFG aufgrund rechtskräftiger Entscheidung als nichtig gelöscht worden ist. Allerdings werden in der Regel nicht die Hauptversammlungsbeschlüsse selbst, sondern die von ihnen intendierten Maßnahmen in das Handelsregister eingetragen, zB die Satzungsänderung (§ 181 Abs. 3 AktG), der Unternehmensvertrag (§ 294 Abs. 2 AktG), die Eingliederung (§ 319 Abs. 7 AktG) und die Verschmelzung (§ 20 Abs. 1 UmwG).[89] Deshalb ist es sachgerecht, § 398 FamFG auch auf die mit dem Hauptversammlungsbeschluss herbeizuführende Maßnahme 30

---

[80] Zur praktisch wenig relevanten dogmatischen Diskussion bereits → Rn. 23 und 24 sowie ausführlich Hüffer/*Koch* AktG § 241 Rn. 16, 19.
[81] BGHZ 83, 106 (109–110); 83, 151 (153–155); 89, 48 (50).
[82] BGH NJW 1988, 260 (261) (mögen solche Beschlüsse teilweise auch schon § 23 Abs. 5 AktG verletzen und damit von Alt. 1 des § 241 Nr. 3 AktG erfasst werden).
[83] BGHZ 8, 348 (356); 101, 113 (116); OLG München NZG 2001, 616 (617); OLG Karlsruhe NZG 2013, 818 (819).
[84] BGHZ 101, 113 (116); MüKoAktG/*Hüffer/Schäfer* § 241 Rn. 70.
[85] BGHZ 15, 382 (385–386); OLG Dresden NZG 1999, 1109; OLG Karlsruhe NZG 2013, 818 (819); Spindler/Stilz AktG/*Drescher* § 241 Rn. 213; Hüffer/*Koch* AktG § 241 Rn. 21; Bürgers/Körber AktG/*Göz* § 241 Rn. 18.
[86] Siehe nur GroßkommAktG/*K. Schmidt* § 241 Rn. 71; Spindler/Stilz AktG/*Drescher* § 241 Rn. 215; jeweils mwN. Ausführlich zur Gestaltungswirkung des Anfechtungsurteils → Rn. 124.
[87] So die heute hM: GroßkommAktG/*K. Schmidt* § 241 Rn. 69; Spindler/Stilz AktG/*Drescher* § 241 Rn. 215; Schmidt/Lutter/*Schwab* AktG § 241 Rn. 34; Bürgers/Körber AktG/*Göz* § 248 Rn. 5; KölnKommAktG/*Noack/Zetzsche* § 241 Rn. 151–154.
[88] So MüKoAktG/*Hüffer/Schäfer* § 241 Rn. 71.
[89] Dazu bereits → § 40 Rn. 54.

zu beziehen.[90] Ob die Handelsregistereintragung konstitutive Wirkung hat, also die Wirksamkeit der mit dem Hauptversammlungsbeschluss beabsichtigten Maßnahme erst herbeiführt, ist für die Anwendung des § 398 FamFG ohne Belang.[91] Wie bei § 241 Nr. 5 AktG kann es für die Praxis auf sich beruhen, ob sich die Nichtigkeit der gelöschten Maßnahme und des ihr zugrunde liegenden Hauptversammlungsbeschlusses unmittelbar aus § 398 FamFG oder erst aus § 241 Nr. 6 AktG ergibt. In jedem Fall tritt die **Nichtigkeitsfolge** nach hM auch hier mit Wirkung *ex tunc* ein.[92] Die Nichtigkeitsfolge knüpft an die Löschung an, also an die Eintragung des Löschungsvermerks im Handelsregister (§ 395 Abs. 1 S. 2 FamFG). Diese Eintragung beruht auf einer **Löschungsverfügung** des Registergerichts. Die Löschungsverfügung wird in § 241 Nr. 6 AktG als rechtskräftige Entscheidung bezeichnet.[93] Streng genommen ist die Löschungsverfügung allerdings der Rechtskraft nicht fähig, weil nicht streitentscheidend, sondern kann nur unanfechtbar werden. Dies setzt voraus, dass die Gesellschaft auf Ankündigung der Löschung keinen Widerspruch erhoben hat oder der den Widerspruch zurückweisende Beschluss rechtskräftig geworden ist (§§ 398, 395 Abs. 3, 393 Abs. 5 FamFG).[94] Hingegen kommt es nicht darauf an, ob die Löschungsverfügung materiell rechtmäßig ist, so dass die Nichtigkeitsfolge auch dann eintritt, wenn die materiellen Voraussetzungen für eine Amtslöschung gemäß § 241 Nr. 6 AktG nicht vorlagen.[95]

31 Materiell setzt die Amtslöschung voraus, dass ein in das Handelsregister eingetragener Beschluss der Hauptversammlung durch seinen Inhalt zwingende gesetzliche Vorschriften verletzt und seine Beseitigung im öffentlichen Interesse erforderlich erscheint (§ 398 FamFG). Nach hM ist das Amtslöschungsverfahren **nur** bei solchen Beschlussmängeln eröffnet, die **Nichtigkeitsgründe im Sinne von § 241 Nr. 3 oder 4 AktG** darstellen.[96] Eine Amtslöschung bei bloßer Anfechtbarkeit eines Hauptversammlungsbeschlusses kommt danach nicht in Betracht. Ferner versteht die hM das in § 398 FamFG genannte **öffentliche Interesse an der Beseitigung** des Hauptversammlungsbeschlusses als zusätzliche Voraussetzung gegenüber der Qualifikation der verletzten Rechtsnorm in § 241 Nr. 3 AktG, und zwar in dem Sinne, dass das Registergericht das Interesse an der Beseitigung des Beschlusses mit dem Bestandsinteresse der Gesellschaft abwägen muss.[97] Eine Amtslöschung ist auch dann noch möglich, wenn die Nichtigkeit des Hauptversammlungsbeschlusses durch Zeitablauf seit Handelsregistereintragung geheilt ist (§ 242 Abs. 2 S. 3 AktG). Dagegen ist die Amtslöschung ausgeschlossen, wenn die Handelsregistereintragung aufgrund spezieller gesetzlicher Vorschrift (zB § 20 Abs. 2 UmwG für Verschmelzungen) der eingetragenen Maßnahme Bestandskraft verleiht, weil die Beschlussnichtigkeit das Handelsregis-

---

[90] OLG Hamm OLGZ 1994, 415 (417) (für Eingliederung); OLG Karlsruhe OLGZ 1986, 155 (158) (für Durchführung einer Kapitalerhöhung); Hüffer/*Koch* AktG § 241 Rn. 26.

[91] BayObLGZ 1956, 303 (310); OLG Hamm OLGZ 1979, 313 (314); Hüffer/*Koch* AktG § 241 Rn. 26.

[92] KölnKommAktG/*Noack*/*Zetzsche* § 241 Rn. 190; MüKoAktG/*Hüffer*/*Schäfer* § 241 Rn. 86; Spindler/Stilz AktG/*Drescher* § 241 Rn. 227. Einschränkend *Casper* S. 244–245 sowie *ders*. FS Bergmann, 2018, 127 (136–139); Bürgers/Körber AktG/*Göz* § 241 Rn. 25 sowie *ders*. FS Stilz, 2014, 179 (187–189) (nach Ablauf der Dreijahresfrist des § 242 Abs. 2 S. 1 AktG nur *ex nunc*).

[93] MüKoAktG/*Hüffer*/*Schäfer* § 241 Rn. 84.

[94] KölnKommAktG/*Noack*/*Zetzsche* § 241 Rn. 171–173; MüKoAktG/*Hüffer*/*Schäfer* § 241 Rn. 84.

[95] KölnKommAktG/*Noack*/*Zetzsche* § 241 Rn. 190; MüKoAktG/*Hüffer*/*Schäfer* § 241 Rn. 84; Spindler/Stilz AktG/*Drescher* § 241 Rn. 218.

[96] OLG Hamm OLGZ 1994, 415 (418–419); OLG Karlsruhe AG 2002, 523 (524); GroßkommAktG/*K. Schmidt* § 241 Rn. 84; Schmidt/Lutter/*Schwab* AktG § 241 Rn. 38; Spindler/Stilz AktG/*Drescher* § 241 Rn. 237; Bürgers/Körber AktG/*Göz* § 241 Rn. 22. AA MüKoAktG/*Hüffer*/*Schäfer* § 241 Rn. 76–77; Hüffer/*Koch* AktG § 241 Rn. 27 (auch sonstige Inhaltsverstöße gegen zwingende gesetzliche Vorschriften).

[97] KölnKommAktG/*Noack*/*Zetzsche* § 241 Rn. 168; Schmidt/Lutter/*Schwab* AktG § 241 Rn. 40; Spindler/Stilz AktG/*Drescher* § 241 Rn. 240–242; Bürgers/Körber AktG/*Göz* § 241 Rn. 22.

ter in diesem Fall nicht unrichtig macht.[98] Eine Amtslöschung scheidet ferner aus, wenn die Handelsregistereintragung aufgrund eines Freigabebeschlusses (zB gemäß § 246a AktG, dazu noch → Rn. 164) erfolgt.[99]

Das Löschungsverfahren wird von Amts wegen oder auf Antrag der berufsständischen Organe[100] eingeleitet (§§ 398, 395 Abs. 1 S. 1 FamFG). Aktionäre und sonstige Personen können die Amtslöschung anregen, haben aber grundsätzlich **kein Antragsrecht,**[101] keine Beschwerdebefugnis bei Zurückweisung einer Anregung zur Löschung[102] und schon gar **keinen Anspruch auf Löschung.**[103] Demgemäß ist grundsätzlich auch nur die AG selbst verfahrensbeteiligt.[104] Aktionäre sind ausnahmsweise als Beteiligte zuzulassen, wenn sie unmittelbar in ihren Rechten betroffen sind.[105] Im Hinblick auf den Wortlaut des § 398 FamFG („kann", „erforderlich erscheint") räumen (allerdings schon ältere) registergerichtliche Beschlüsse und das registerrechtliche Schrifttum dem Registerrichter Ermessen bei der Entscheidung über die Amtslöschung ein.[106] Demgegenüber geht die heute hM im Gesellschaftsrecht davon aus, dass es sich um eine gebundene Entscheidung handelt, die Amtslöschung bei Vorliegen ihrer Voraussetzungen also zu erfolgen hat.[107] 32

§ 398 FamFG verdrängt als speziellere Regelung die allgemeine Amtslöschungsvorschrift des § 395 FamFG, und zwar nicht nur für Beschlussmängel, sondern auch für Mängel des Registerverfahrens.[108] **Neben dem Amtslöschungsverfahren** des § 398 FamFG bleibt aber ein **streitiges Zivilverfahren,** insbesondere die Nichtigkeitsklage des § 249 AktG, **zulässig.**[109] Jedes Verfahren kann mit Rücksicht auf das andere ausgesetzt werden (§ 381 FamFG, § 148 ZPO). Meistens wird sich die Aussetzung des Amtslöschungsverfahrens empfehlen, weil im Zivilprozess in der Regel neben Nichtigkeits- auch Anfechtungsgründe geprüft werden.[110] Die Amtslöschung erledigt die Nichtigkeitsklage, wie umgekehrt das stattgebende Nichtigkeitsurteil das Amtslöschungsverfahren erledigt. Ein abweisendes Nichtigkeitsurteil bindet das Registergericht jedoch nicht, so dass das Amtslöschungsverfahren weiterbetrieben werden kann.[111] Umgekehrt entfaltet eine abgelehnte Löschungsentscheidung keine Bindungswirkung für das Zivilgericht. 33

g) Sonstige Nichtigkeitsgründe. § 241 AktG zählt in seinem Eingangssatz sechs weitere Nichtigkeitsgründe auf, die spezialgesetzlich geregelt sind. Es handelt sich um § 192 Abs. 4 AktG (Beschluss, der einer beschlossenen bedingten Kapitalerhöhung entgegensteht), § 212 AktG (Beschluss über disquotale Beteiligung der Aktionäre bei Kapitalerhöhung aus Gesell- 34

---

[98] GroßkommAktG/*K. Schmidt* § 241 Rn. 87; Bürgers/Körber AktG/*Göz* § 241 Rn. 21.
[99] Spindler/Stilz AktG/*Drescher* § 241 Rn. 252; Hüffer/*Koch* AktG § 241 Rn. 27; Bürgers/Körber AktG/*Göz* § 241 Rn. 21.
[100] Aufzählung in § 380 Abs. 1 FamFG, zB IHK.
[101] BGHZ 202, 87 Rn. 10 (Satzungsänderung); kritisch *Casper* FS Bergmann, 2018, 127 (140–141).
[102] BGHZ 202, 87 Rn. 13–18 (Satzungsänderung).
[103] GroßkommAktG/*K. Schmidt* § 241 Rn. 91; Spindler/Stilz AktG/*Drescher* § 241 Rn. 220.
[104] GroßkommAktG/*K. Schmidt* § 241 Rn. 91 mwN.
[105] BGHZ 202, 87 Rn. 12 (Satzungsänderung).
[106] Statt aller KG JW 1938, 3048 (3049); *Krafka/Kühn*, Registerrecht, 10. Aufl. 2017, Rn. 460 mwN.
[107] *Baums* S. 116–117; GroßkommAktG/*K. Schmidt* § 241 Rn. 89; Schmidt/Lutter/*Schwab* AktG § 241 Rn. 42; MüKoAktG/*Hüffer/Schäfer* § 241 Rn. 80.
[108] OLG Hamm OLGZ 1979, 313 (316–317); OLG Karlsruhe OLGZ 1986, 155 (159); OLG Hamburg NZG 2003, 981 (981–982); Bürgers/Körber AktG/*Göz* § 241 Rn. 24. Einschränkend für schwere Verfahrensfehler, insbesondere das Auseinanderfallen von Anmeldung und Eintragung die hL im Gesellschaftsrecht: Schmidt/Lutter/*Schwab* AktG § 241 Rn. 43; Grigoleit/*Ehmann* AktG § 241 Rn. 26; MüKoAktG/*Hüffer/Schäfer* § 241 Rn. 81; Hüffer/*Koch* AktG § 241 Rn. 31; jeweils unter Berufung auf RGZ 85, 205 (208).
[109] Siehe nur GroßkommAktG/*K. Schmidt* § 241 Rn. 103; Spindler/Stilz AktG/*Drescher* § 241 Rn. 245; Bürgers/Körber AktG/*Göz* § 241 Rn. 26; jeweils mwN.
[110] Bürgers/Körber AktG/*Göz* § 241 Rn. 26.
[111] Zu den einzelnen Konstellationen MüKoAktG/*Hüffer/Schäfer* § 241 Rn. 87.

schaftsmitteln), § 217 Abs. 2 AktG (Beschluss über Kapitalerhöhung aus Gesellschaftsmitteln wird nicht fristgerecht eingetragen), § 228 Abs. 2 AktG (kombinierter Kapitalherabsetzungsbeschluss unter Mindestnennbetrag und Kapitalerhöhungsbeschluss wird nicht fristgerecht eingetragen), § 234 Abs. 3 AktG (Kapitalherabsetzungsbeschluss wird bei beabsichtigter bilanzieller Rückwirkung nicht fristgerecht eingetragen) und § 235 Abs. 2 AktG (kombinierter Kapitalherabsetzungsbeschluss und Kapitalerhöhungsbeschluss nebst Durchführung der Erhöhung werden bei beabsichtigter bilanzieller Rückwirkung der Kapitalerhöhung nicht rechtzeitig eingetragen).[112] Weitere Fälle der Nichtigkeit gibt es im Hinblick auf das Enumerationsprinzip (→ Rn. 12) für Hauptversammlungsbeschlüsse nicht. Zu den Sonderregelungen für Aufsichtsratswahlen und Gewinnverwendungsbeschlüsse (§§ 250, 253 AktG) → Rn. 166 ff. und 184 ff.

35 **3. Nichtigkeitsfolge.** Nichtigkeit bedeutet, dass der betroffene Beschluss **von Anfang an keine Rechtswirkungen** entfaltet. Dies gilt auch für die Nichtigkeitsgründe gemäß § 241 Nr. 5 und 6 AktG, dh die Vernichtung von Beschlüssen durch Anfechtungsklage oder Amtslöschung (→ Rn. 29, 30). Jedermann kann sich auf die Nichtigkeit berufen und sie zur Verteidigung gegen Inanspruchnahme oder als Begründung eigener Ansprüche anführen. Die Nichtigkeitsklage des § 249 AktG dagegen ist Aktionären, dem Vorstand und den Mitgliedern von Vorstand und Aufsichtsrat vorbehalten (zum Ganzen → Rn. 4).

36 Die **Teilnichtigkeit** eines Hauptversammlungsbeschlusses erfasst im Zweifel gemäß § 139 BGB den gesamten Beschluss (im Einzelnen → § 40 Rn. 2, 7). Wenn dies nicht gewollt ist, sollte der Anwendungsbereich des § 139 BGB vermieden werden, indem mehrere Beschlussgegenstände (zB mehrere Satzungsänderungen) auf mehrere Beschlüsse mit jeweils eigenem Beschlussantrag aufgeteilt werden. Dazu kann sich innerhalb eines Tagesordnungspunkts eine optische Untergliederung anbieten. Jeder Antragsteller, in erster Linie der Vorstand bei Aufstellung der Tagesordnung und Formulierung der Beschlussgegenstände, kann also das Ausmaß der Nichtigkeitsfolge steuern.

37 **4. Heilung. a) Konzept.** Die Nichtigkeit eines Hauptversammlungsbeschlusses kann grundsätzlich zeitlich unbegrenzt geltend gemacht werden. Dies gilt für die Erhebung sowohl der Nichtigkeitsklage des § 249 AktG als auch der allgemeinen Feststellungsklage des § 256 ZPO und erst recht für die jedem zustehende Befugnis, sich in jeder geeigneten Weise als Verteidigungs- oder Angriffsmittel auf die Nichtigkeit zu berufen. Im Interesse der Rechtssicherheit hat der Gesetzgeber in § 242 AktG für **Hauptversammlungsbeschlüsse, die in das Handelsregister eingetragen worden sind,** unter gewissen Voraussetzungen eine Heilung vorgesehen. Zwar spricht der Gesetzestext davon, dass die Nichtigkeit bei Eintritt dieser Voraussetzungen nicht mehr geltend gemacht werden kann, gemeint ist aber nach hM, dass der Hauptversammlungsbeschluss geheilt wird, also unter **Änderung der materiellen Rechtslage** *ex tunc* wirksam wird.[113] Daraus folgt zB, dass der Vorstand den geheilten Beschluss wie jeden anderen wirksamen Beschluss auch ausführen muss (§ 83 Abs. 2 AktG). Obwohl bei etlichen Maßnahmen nicht der Hauptversammlungsbeschluss selbst in das Handelsregister eingetragen wird, sondern die von ihm intendierte Maßnahme (→ § 40 Rn. 54), erstreckt sich die Heilungswirkung bei solchen Eintragungen auch auf den zugrunde liegenden Hauptversammlungsbeschluss. Eine Heilung ist nicht zwingend endgültig; in gewissen Fällen bleibt ein Amtslöschungsverfahren gemäß § 398 FamFG möglich (dazu sogleich in → Rn. 39).

---

[112] Die Literatur spricht bei den vier zuletzt genannten Fällen überwiegend von Unwirksamkeit; zB Bürgers/Körber AktG/*Göz* § 241 Rn. 5; Hüffer/*Koch* AktG § 241 Rn. 7. Nach Fristablauf, und nur dieser Fall ist geregelt, handelt es sich aber eindeutig um Nichtigkeitsfälle.

[113] Statt vieler *Casper* S. 141–149; GroßkommAktG/*K. Schmidt* § 242 Rn. 13; Schmidt/Lutter/*Schwab* AktG § 242 Rn. 14; Hüffer/*Koch* AktG § 242 Rn. 7; Wachter AktG/*Epe* § 242 Rn. 11. AA zB *Mestmäcker* BB 1961, 945 (947–948); *Emde* ZIP 2000, 1753 (1756–1757); *Betz* S. 202–206.

b) Fallgruppen. Zur Nichtigkeit führende **Beurkundungsmängel** (§ 241 Nr. 2 AktG), 38
dh Verstöße gegen § 130 Abs. 1 und 2 S. 1 und Abs. 4 AktG, werden mit **Eintragung** des
Beschlusses oder der mit dem Beschluss intendierten Maßnahme in das Handelsregister
geheilt (§ 242 Abs. 1 AktG). In diesen Fällen scheidet eine Amtslöschung aus, denn § 242
Abs. 2 S. 3 AktG gilt für die Fälle des Abs. 1 nicht.

Bei den Nichtigkeitsgründen nach § 241 Nr. 1 AktG (**Einberufungsfehler**) und nach 39
§ 241 Nr. 3 und 4 AktG (**schwere Inhaltsfehler**) reicht die Eintragung in das Handelsregister allein für eine Heilung nicht aus. Gemäß § 242 Abs. 2 S. 1 AktG müssen **zusätzlich drei Jahre** seit der Handelsregistereintragung verstrichen sein. Für die Berechnung der
3-Jahres-Frist gelten §§ 187 Abs. 1 und 188 Abs. 2 BGB, jedoch nicht § 193 BGB, so dass
das Fristende auch auf einen Samstag, Sonntag oder Feiertag fallen kann.[114] Die Frist
verlängert sich, wenn vor ihrem Ablauf eine Nichtigkeitsklage gemäß § 249 AktG rechtshängig geworden ist, bis zu dem Zeitpunkt, in dem über die Klage rechtskräftig entschieden
ist oder der Prozess sich auf andere Weise endgültig erledigt hat (§ 242 Abs. 2 S. 2). Nach
hM steht der Nichtigkeitsklage die Anfechtungsklage wegen identischen Streitgegenstands
(dazu noch → Rn. 137) gleich,[115] während eine allgemeine Feststellungsklage gemäß § 256
ZPO mangels *Inter-omnes*-Wirkung nicht ausreicht, um den Fristablauf aufzuhalten.[116]
Amtslöschung bleibt in dieser Fallgruppe möglich (§ 242 Abs. 2 S. 3 AktG), auch bei
Satzungsänderungen.[117] Die Heilung durch Handelsregistereintragung und Fristablauf und
die vorstehenden Einschränkungen gelten entsprechend für die letzten vier der im Eingangssatz von § 241 AktG genannten Kapitalmaßnahmen (→ Rn. 34), dh Heilung tritt
grundsätzlich ein, wenn seit der verspäteten Handelsregistereintragung drei Jahre verstrichen sind.

Einen besonderen Fall der Heilung regelt § 242 Abs. 2 S. 4 AktG: Wenn die Hauptversammlung **durch eingeschriebenen Brief einberufen** wird und dieser den einen oder 40
anderen Aktionär nicht erreicht, wird die Nichtigkeit wegen Einberufungsfehlers (§ 241
Nr. 1 AktG) geheilt, wenn die nicht geladenen Aktionäre die in der Hauptversammlung
gefassten **Beschlüsse genehmigen**. Die Genehmigung ist gegenüber dem Vorstand zu
erklären.[118]

Für **alle anderen** Nichtigkeitsfälle gibt es **keine Heilung.** Von der Heilung ausgenom- 41
men sind also namentlich Hauptversammlungsbeschlüsse, die gemäß § 241 Nr. 5 und Nr. 6
nichtig sind sowie die im Eingangssatz von § 241 AktG erwähnten Beschlüsse im Zusammenhang mit Kapitalerhöhungen gemäß § 192 Abs. 4 und § 212 AktG (dazu
→ Rn. 34).

III. Anfechtbarkeit

1. Anfechtungsgründe: Verletzung von Gesetz oder Satzung. Gemäß § 243 Abs. 1 42
AktG kann ein Hauptversammlungsbeschluss wegen Verletzung des Gesetzes oder der
Satzung durch Klage angefochten werden. Dies ist die Grundnorm des materiellen Anfechtungsrechts. Für den Gesetzesbegriff gilt nach einhelliger Auffassung das materielle Verständnis des Art. 2 EGBGB.[119] Gesetz im Sinne des AktG ist deshalb **jede Rechtsnorm,**

---

[114] Str.; wie hier OLG Düsseldorf AG 2003, 45 (45–46); KölnKommAktG/*Noack*/*Zetzsche* § 242 Rn. 54; Bürgers/Körber AktG/*Göz* § 242 Rn. 4. AA (analoge Anwendung des § 193 BGB) *Casper* S. 121; Schmidt/Lutter/*Schwab* AktG § 242 Rn. 6; MüKoAktG/*Hüffer*/*Schäfer* § 242 Rn. 7.
[115] *Casper* S. 124–125; Schmidt/Lutter/*Schwab* AktG § 242 Rn. 7; MüKoAktG/*Hüffer*/*Schäfer* § 242 Rn. 8; Bürgers/Körber AktG/*Göz* § 242 Rn. 5.
[116] OLG Koblenz NZG 2006, 270 (271); GroßkommAktG/*K. Schmidt* § 242 Rn. 12; Grigoleit/ *Ehmann* AktG § 242 Rn. 4; Hüffer/*Koch* AktG § 242 Rn. 4; KölnKommAktG/*Noack*/*Zetzsche* § 242 Rn. 83. AA Schmidt/Lutter/*Schwab* AktG § 242 Rn. 7.
[117] BGHZ 144, 365 (367–368).
[118] Bürgers/Körber AktG/*Göz* § 242 Rn. 7 mwN.
[119] Spindler/Stilz AktG/*Drescher* § 243 Rn. 40.

also neben dem AktG und anderen formellen Gesetzen auch Rechtsverordnungen, Satzungen öffentlich-rechtlicher Körperschaften, Gewohnheitsrecht und sonstiges ungeschriebenes Richterrecht wie zB die gesellschaftsrechtliche Treuepflicht. Der **Deutsche Corporate Governance Kodex** ist **kein Gesetz** (→ § 34 Rn. 12 ff.).[120] Verstöße gegen Kodexregeln als solche können also die Anfechtung eines Hauptversammlungsbeschlusses nicht begründen.[121] Zur Anfechtbarkeit kann allerdings ein Verstoß gegen **§ 161 AktG** führen, der die Pflicht zur Abgabe einer (richtigen) Entsprechenserklärung normiert (dazu auch → § 34 Rn. 27–28). Nach der Rechtsprechung des BGH gilt dies für Entlastungsbeschlüsse, sogar bei unterjährigen Abweichungen von Empfehlungen des Kodex, wenn die Entsprechenserklärung nicht unverzüglich korrigiert wird.[122] Aufsichtsratswahlen sind hingegen nicht wegen Verstoßes gegen § 161 AktG anfechtbar. Denn diese Vorschrift regelt weder den Inhalt des Wahlvorschlags des Aufsichtsrats noch den Inhalt des Wahlbeschlusses der Hauptversammlung.[123] Sie begründet auch keine spezifisch für die Hauptversammlung relevanten Informationspflichten, deren Verletzung zur Anfechtbarkeit von Hauptversammlungsbeschlüssen führen könnte; vielmehr dient sie dem allgemeinen Informationsinteresse aller Kapitalmarktteilnehmer.[124]

43   Grundsätzlich kann jede Gesetzesverletzung die Anfechtbarkeit des betreffenden Hauptversammlungsbeschlusses bewirken, es sei denn, die Anfechtung wird gesetzlich ausdrücklich ausgeschlossen (zu den Ausnahmen → Rn. 50–54). Von den danach relevanten Gesetzesverletzungen sind zwei Bereiche abzugrenzen: Am oberen Ende der Verletzungsskala stehen Rechtsnormen von besonderem Gewicht oder besonders schwerwiegende Normverletzungen, die nicht nur zur Anfechtbarkeit, sondern sogar zur **Nichtigkeit** des Hauptversammlungsbeschlusses gemäß § 241 AktG führen. Nach unten ist der Normbereich gegen Vorschriften abzugrenzen, deren Gebots- oder Verbotscharakter nicht ohne Weiteres deutlich wird, weil das Gesetz sich des Wortes „soll" bedient. Gerade das AktG enthält eine ganze Reihe solcher Vorschriften. Die hM geht dennoch davon aus, dass die Verletzung von **Soll-Vorschriften** in der Regel die Anfechtbarkeit des betreffenden Hauptversammlungsbeschlusses bewirkt, es sei denn, dass schutzwerte Interessen nicht betroffen sind und der bloße Ordnungscharakter der Vorschrift im Vordergrund steht.[125] Danach kann als einigermaßen gesichert gelten, dass Verstöße gegen die Soll-Vorschriften §§ 113 Abs. 1 S. 3 (Angemessenheit der Aufsichtsratsvergütung), 121 Abs. 5 S. 1 (Ort der Hauptversammlung), 143 Abs. 1 (Person des Sonderprüfers), 176 Abs. 1 S. 2 und 3 (mündliche Berichte in der Hauptversammlung) und 234 Abs. 2 S. 2 AktG (Verbindung von Beschlüssen bei Rückwirkung der Kapitalherabsetzung) anfechtungsbewehrt sind, während Verstöße gegen §§ 118 Abs. 3 S. 1 (Teilnahme der Organmitglieder an der Hauptversamm-

---

[120] BGHZ 180, 9 Rn. 25 – Kirch/Deutsche Bank.
[121] BGH NJW 2019, 669 Rn. 25 – Mologen.
[122] BGHZ 180, 9 Rn. 18–19 – Kirch/Deutsche Bank; 182, 272 Rn. 18 – Umschreibungsstopp; BGH NZG 2010, 618 (619). Grundsätzliche Kritik an der dogmatischen Grundlage und den Ergebnissen der Rspr. üben *Bayer/Scholz* ZHR 181 (2017), 861 *passim*.
[123] BGH NJW 2019, 669 Rn. 28–32 – Mologen gegen zu anfechtungsfreundliche Rechtsprechung (zB OLG München ZIP 2009, 133 (134) – MAN) und Literatur (zB *Habersack* FS Goette, 2011, 121 (122–124) mwN. Wie der BGH grundlegend schon *Hüffer* VGR 16 (2010), 63 (73–78). Zustimmend *Tröger* WuB 2019, 230 (232–234); *Seulen/Janning* DB 2019, 775. Weiterhin kritisch, wenn auch mit unterschiedlicher Vehemenz, *Habersack* NJW 2019, 675 (676); *Simons* DB 2019, 650 (652–654); *E. Vetter* NZG 2019, 379 (380–382); *von der Linden* DStR 2019, 802 (804–805).
[124] BGH NJW 2019, 669 Rn. 33–39 – Mologen gegen die bisher hL; zB MüKoAktG/*Goette* § 161 Rn. 94–95; KölnKommAktG/*Kiefner* § 251 Rn. 18; *Bayer/Scholz* ZHR 181 (2017), 861 (896–898); jeweils mwN. Zu den (gemischten) Reaktionen der Lit. siehe die → vorige Fn.
[125] RGZ 68, 232 (233); Spindler/Stilz AktG/*Drescher* § 243 Rn. 44–45; MüKoAktG/*Hüffer/Schäfer* § 243 Rn. 19; Grigoleit/*Ehmann* AktG § 243 Rn. 6. Ohne Regel-Ausnahme-Verhältnis auf konkrete Normauslegung abstellend, in den Ergebnissen aber nicht abweichend KölnKommAktG/*Noack/Zetzsche* § 243 Rn. 138–139; Hüffer/*Koch* AktG § 243 Rn. 6.

lung), 120 Abs. 3 und 175 Abs. 3 S. 2 AktG (jeweils Verbindung der Debatte zu verschiedenen Beschlussgegenständen) nicht zur Anfechtung berechtigen.

Verletzungen der **Satzung** können ebenfalls zur Anfechtbarkeit von Hauptversammlungsbeschlüssen führen. Dies gilt allerdings nicht für alle Satzungsbestandteile. Es muss sich vielmehr um **korporative Regelungen** handeln, auch echte oder materielle Bestandteile genannt (→ § 6 Rn. 1).[126] Nicht korporative, rein schuldrechtliche Regelungen, die gleichwohl in die Satzung aufgenommen worden sind, bleiben für die Anfechtung außer Betracht. Auch von den korporativen Satzungsbestimmungen können diejenigen keine Anfechtung begründen, die als Soll-Vorschriften überwiegend Ordnungscharakter haben.[127] Idealiter sollte eine Satzung von derlei Vorschriften allerdings ebenso freigehalten werden wie von nicht korporativen Regelungen. Verstöße gegen eine etwaige Geschäftsordnung der Hauptversammlung (§ 129 Abs. 1 S. 1 AktG), ein in der Praxis so gut wie nicht verwendetes Instrument,[128] berechtigen nicht zur Anfechtung.[129] Auch wenn die Geschäftsordnung mit qualifizierter Mehrheit von der Hauptversammlung beschlossen wird, steht sie der Satzung nicht gleich. 44

Hauptversammlungsbeschlüsse, die **vertragliche oder sonstige schuldrechtliche Bindungen der AG oder ihrer Aktionäre** verletzen, sind grundsätzlich auch dann nicht anfechtbar, wenn die betreffenden Bindungen sich auf das Gesellschaftsverhältnis beziehen, zB den Aktionären Leistungspflichten gegenüber der AG ohne Gegenleistung auferlegen.[130] Bei **Stimmbindungsverträgen** (dazu ausführlich → § 39 Rn. 45–59) ist dieser Grundsatz zwar zweifelhaft geworden, nachdem der BGH für die GmbH entschieden hat, dass die Verletzung solcher Verträge die Anfechtbarkeit von Beschlüssen begründet, wenn sich sämtliche Gesellschafter gebunden haben.[131] Für die AG sollte diese Rechtsprechung jedoch nicht übernommen werden. Ein Vertrag ist eben weder Gesetz noch Satzung, und auch im geschlossenen Gesellschafterkreis sollten die anfechtungsrelevanten Bestimmungen allen sogenannten Stakeholdern, nicht nur den Aktionären, bekannt sein. Außerdem ist nicht begründbar, warum Streitigkeiten aus Stimmbindungsverträgen unter Aktionären durch Anfechtungsprozess gegenüber der AG ausgetragen werden sollten.[132] Die heute überwiegende Meinung im Aktienrecht erkennt gleichwohl die Anfechtungsrelevanz der Verletzung von Stimmbindungsverträgen an.[133] 45

2. Verfahrensfehler. Neben der formalen Einteilung der Anfechtungsgründe in Gesetzes- und Satzungsverletzungen werden durchweg Verfahrensfehler von inhaltlichen Verstößen unterschieden. Damit lehnt man sich ein wenig an die Differenzierung bei den Nichtigkeitsgründen an (Verfahrensfehler in § 241 Nr. 1 und 2 AktG, Inhaltsfehler in Nr. 3 und 4). Die Einteilung hat zudem bei den Anfechtungsgründen ihren guten Grund, weil beide Fallgruppen unterschiedlichen Voraussetzungen und Einschränkungen unterliegen, wie schon in der Grundnorm des § 243 AktG deutlich wird: Abs. 2 normiert einen speziellen 46

---

[126] GroßkommAktG/*K. Schmidt* § 243 Rn. 15; Spindler/Stilz AktG/*Drescher* § 243 Rn. 51; Hölters AktG/*Englisch* § 243 Rn. 9; Hüffer/*Koch* AktG § 243 Rn. 7. AA Heidel AktienR u. KapitalmarktR/ *Heidel* § 243 Rn. 14; Grigoleit/*Ehmann* AktG § 243 Rn. 4 (sämtliche Satzungsregelungen einschließlich nicht korporativer, rein schuldrechtlicher Bestandteile).
[127] GroßkommAktG/*K. Schmidt* § 243 Rn. 16.
[128] Zu den Gründen dafür → § 37 Rn. 32.
[129] Statt aller Spindler/Stilz AktG/*Drescher* § 243 Rn. 54; Hölters AktG/*Englisch* § 243 Rn. 13.
[130] GroßkommAktG/*K. Schmidt* § 243 Rn. 18; Hüffer/*Koch* AktG § 243 Rn. 8.
[131] BGH NJW 1983, 1910 (1911); 1987, 1890 (1892).
[132] So (für Kapitalgesellschaften allgemein) insbesondere Ulmer NJW 1987, 1849, *passim*; Hoffmann-Becking ZGR 1994, 442 (450).
[133] Spindler/Stilz AktG/*Drescher* § 243 Rn. 60; GroßkommAktG/*K. Schmidt* § 243 Rn. 19–20; Schmidt/Lutter/*Schwab* AktG § 243 Rn. 23 (bei Beteiligung aller Aktionäre an der Stimmbindungsvereinbarung); Grigoleit/*Ehmann* AktG § 243 Rn. 5; Bürgers/Körber AktG/*Göz* § 243 Rn. 5. AA Hüffer/*Koch* AktG § 243 Rn. 10; Wachter AktG/*Epe* § 243 Rn. 34.

Inhaltsmangel, während Abs. 3 und 4 die Anfechtbarkeit nur für gewisse Verfahrensfehler einschränken.

47 **a) Fallgruppen.** Verfahrensfehler sind Verletzungen von Rechts- oder Satzungsnormen, die das **Zustandekommen eines Hauptversammlungsbeschlusses** regeln. Herkömmlich unterscheidet man Normen, die für die Vorbereitung der Hauptversammlung gelten, von solchen, die sich mit ihrer Durchführung befassen. In der umfangreichen Rechtsprechung findet man folgende Beispiele:

48 Zu den anfechtungsrelevanten Verfahrensfehlern bei **Vorbereitung der Hauptversammlung** gehören Einberufung an einen unzulässigen Ort (§ 121 Abs. 5 AktG);[134] zu knapp bemessene Einberufungsfrist (§ 123 Abs. 1 AktG);[135] Unterbreitung von Beschlussvorschlägen durch gesetz- oder satzungswidrig unterbesetzten Vorstand (§ 124 Abs. 3 S. 1 AktG);[136] Beschlussvorschlag zur Wahl des Abschlussprüfers auch durch den Vorstand, nicht nur durch den Aufsichtsrat (§ 124 Abs. 3 S. 1 AktG);[137] fehlende Angabe des Kaufpreises bei einem seinem wesentlichen Inhalt nach bekanntzumachenden Kaufvertrag (§ 124 Abs. 2 S. 2 AktG);[138] aus sich heraus nicht verständlicher Wortlaut einer vorgeschlagenen Satzungsänderung (§ 124 Abs. 2 S. 2 AktG);[139] fehlender Hinweis auf Möglichkeit der Stimmrechtsausübung durch einen Bevollmächtigten in der Mitteilung der Einberufung (§ 125 Abs. 1 S. 4 AktG).[140] Nicht zur Anfechtung berechtigen Verzögerungen bei der Einberufung der Hauptversammlung nach Eingang des Aufsichtsratsberichts (§ 175 Abs. 1 S. 1 AktG)[141] sowie Verletzungen sonstiger der → Rn. 43 benannten Ordnungsvorschriften.

49 Zu den anfechtungsrelevanten Mängeln bei **Durchführung der Hauptversammlung** gehören Verletzung von mündlichen Berichtspflichten (zB gemäß § 176 Abs. 1 S. 2 und 3 AktG);[142] Beschränkungen des Teilnahmerechts der Aktionäre durch unverhältnismäßige Ordnungsmaßnahmen, insbesondere unberechtigten Ausschluss von der Hauptversammlung[143] und – in der Praxis am häufigsten gerügt – Verletzung des Rede- und Fragerechts (§ 131 AktG),[144] Mängel der Beschlussfeststellung infolge Verkennung der Mehrheitserfordernisse[145] oder Nichtbeachtung eines Stimmverbots (§ 136 AktG).[146] Auch insoweit berechtigen Verstöße von geringem Gewicht, die keine schutzwerten Interessen beeinträchtigen, nicht zur Anfechtung. Der BGH hat in diesem Sinne eine Verletzung des Teilnahmerechts verneint, wenn die vom Versammlungsleiter angeordnete Ton- und Bildübertragung der Hauptversammlung in Nebenräume außerhalb des Versammlungssaals nicht störungsfrei funktioniert.[147]

50 **b) Ausgeschlossene Fälle.** Eine Reihe von Verfahrensfehlern ist spezialgesetzlich gegen Anfechtung immunisiert. In den betreffenden Fällen ist die **Anfechtungsklage unzuläs-**

---

[134] BGH AG 1985, 188 (189).
[135] OLG Frankfurt a. M. AG 2010, 130 (132); BGH NZG 1998, 152 (153) (zur GmbH).
[136] BGHZ 149, 158 (160–162) – Sachsenmilch. Dies gilt nicht nur für den Beschlussvorschlag, sondern erst recht für den Einberufungsbeschluss des Vorstands selbst; zur Abgrenzung von der Nichtigkeit → Rn. 16.
[137] BGHZ 153, 32 (35–37).
[138] OLG München AG 2003, 163.
[139] OLG Celle DB 1992, 1921.
[140] OLG München AG 2019, 226 (268–269).
[141] BGH WM 1983, 54.
[142] BGHZ 62, 193 (194–195).
[143] BGHZ 44, 245 (251–253).
[144] BGHZ 119, 1 (18–19); 122, 211 (238–240). Zu den Informationsmängeln sogleich näher in → Rn. 51, 55–61.
[145] BGHZ 76, 191 (197).
[146] BGHZ 97, 28 (30–32); 104, 66 (69).
[147] BGH NZG 2013, 1430 (1431).

sig.¹⁴⁸ Es handelt sich zunächst um die Beeinträchtigung von Informations- und Teilnahmerechten der Aktionäre infolge technischer Störungen des Internets und des elektronischen Datenverkehrs, die nicht auszuschließen sind, deren Ursachen man nicht zuverlässig ermitteln kann, die aber in der Regel nur für kurze Zeit auftreten, so dass ein ernsthaft an der Wahrnehmung seiner Rechte interessierter Aktionär durch sie nicht wesentlich behindert wird. In diesem Sinne schließt § 243 Abs. 3 Nr. 2 AktG bei Vorbereitung der Hauptversammlung die Anfechtung aus für **Verletzungen von Publizitäts- und Weitergabepflichten:** §§ 67a, 67b (Übermittlung von Informationen an und Weiterleitung durch Intermediäre), 121 Abs. 4a (zeitige Zuleitung der Einberufung der Hauptversammlung an Medien mit europaweiter Verbreitung) und 124a (Zugänglichmachung der Einberufung über die Internetseite der Gesellschaft). In der Durchführungsphase sperrt § 243 Abs. 3 Nr. 1 AktG die Anfechtung wegen **Rechtsverletzungen aufgrund technischer Störungen bei der Online-Teilnahme.** Dies gilt für die Rechte aus §§ 118 Abs. 1 S. 2 (Online-Teilnahme an der Hauptversammlung insgesamt), Abs. 2 S. 1 (elektronische Briefwahl) und § 134 Abs. 3 AktG (elektronische Übermittlung des Vollmachtsnachweises bei der Stimmrechtsausübung). Der Anfechtungsausschluss greift ausnahmsweise dann nicht ein, wenn der Gesellschaft im Hinblick auf die technische Störung grobe Fahrlässigkeit oder Vorsatz zur Last fällt; beweisbelastet ist insoweit der Anfechtungskläger („es sei denn").¹⁴⁹ Die vom Gesetz eröffnete Möglichkeit, in der Satzung einen strengeren Verschuldensmaßstab vorzuschreiben, wird in der Praxis nicht genutzt. Vielmehr sieht die Praxis die Einschränkung des Anfechtungsausschlusses trotz des hohen gesetzlichen Verschuldensmaßstabs als Einfallstor für berufsmäßige Anfechtungskläger, so dass die elektronische Teilnahme an der Hauptversammlung in der Regel nur in denjenigen Teilbereichen (zB für die Übertragung der Hauptversammlung ins Internet und die Stimmrechtsausübung im Vorfeld der Hauptversammlung) ermöglicht wird, die von der Gesellschaft technisch hinreichend sicher beherrscht werden können.

Ein für die Praxis sehr wichtiger Ausschluss der Anfechtung ist in § 243 Abs. 4 S. 2 AktG **51** geregelt. Danach kann eine Anfechtungsklage auf gewisse **bewertungsbezogene Informationsmängel** nicht gestützt werden, wenn das Gesetz für Bewertungsrügen ein Spruchverfahren vorsieht. Der Anfechtungsausschluss kommt also in Betracht für den Zustimmungsbeschluss der Hauptversammlung der abhängigen Gesellschaft beim Beherrschungs- oder Gewinnabführungsvertrag, für den Eingliederungsbeschluss der Hauptversammlung der einzugliedernden Gesellschaft, für den Squeeze-out-Beschluss (§ 327f S. 2 AktG) sowie für Zustimmungsbeschlüsse zu Umwandlungsmaßnahmen und Gründung oder Sitzverlegung einer SE.¹⁵⁰ Dieser Anfechtungsausschluss flankiert den Anfechtungsausschluss für die betreffenden Bewertungsrügen selbst, die das Gesetz jeweils ins Spruchverfahren verweist¹⁵¹ und die nicht über den Umweg der Informationsrüge wieder in den Anfechtungsprozess gelangen sollen.

Ausgeschlossen ist die Anfechtung bei Erteilung unrichtiger, unvollständiger oder un- **52** zureichender Informationen, nicht dagegen bei einer sogenannten **Totalverweigerung.**¹⁵² Totalverweigerungen kommen aber praktisch nicht vor; der Tatbestand ist insbesondere abzugrenzen von der die Anfechtung ausschließenden unvollständigen Information, die auch bei größter Sorgfalt und Mühe in komplexen Bewertungsthemen nicht sicher vermeidbar ist. Eine Totalverweigerung kann deshalb nur angenommen werden, wenn die Beantwortung aller Bewertungsfragen förmlich abgelehnt wird, obwohl kein Auskunftsverweigerungsgrund gemäß § 131 Abs. 3 AktG vorliegt, oder keine über die im Vorfeld

---

¹⁴⁸ Hüffer/*Koch* AktG § 243 Rn. 47b.
¹⁴⁹ Begr. RegE ARUG, BT-Drs. 16/11 642, 40. Zur rechtspolitischen Kritik an diesem Konzept Hüffer/*Koch* AktG § 243 Rn. 44.
¹⁵⁰ Siehe die Aufzählung in § 1 SpruchG mit Verweisungen auf die relevanten Einzelnormen.
¹⁵¹ ZB §§ 304 Abs. 3 S. 2 und 3, 327f S. 1 und 2 AktG, §§ 14 Abs. 2, 15 Abs. 1 UmwG.
¹⁵² Begr. RegE UMAG, BR-Drs. 3/05, 54.

der Hauptversammlung erstatteten Berichte hinausgehende bewertungsbezogene Information erteilt wird, obwohl die Berichte allein wegen zwischenzeitlicher Ereignisse oder nach dem Inhalt der Hauptversammlungsdebatte für die Entscheidungsfindung eines objektiv urteilenden Aktionärs nicht ausreichen.[153]

53 Ferner gilt der Anfechtungsausschluss des § 243 Abs. 4 S. 2 AktG nur für **Informationsmängel in der Hauptversammlung** selbst, also in mündlichen Berichten und Antworten der Verwaltung, während **Fehler in der Berichterstattung vor der Hauptversammlung,** vor allem bei den Vorstandsberichten, nicht erfasst werden.[154] Umstritten ist, ob auf derartige Berichtsmängel weiterhin die Rechtsprechung des BGH zu § 210 UmwG anzuwenden ist,[155] die Vorbild für die Regelung in § 243 Abs. 4 S. 2 AktG war, allerdings für alle bewertungsbezogenen Informationsmängel galt, gleich ob diese vor oder in der Hauptversammlung auftraten. Eine wohl überwiegende Meinung spricht sich dafür aus, diese Rechtsprechung weiterhin für den von § 243 Abs. 4 S. 2 AktG nicht erfassten Zeitraum vor der Hauptversammlung anzuwenden,[156] so dass auch insoweit bewertungsbezogene Informationsmängel nicht zur Anfechtung berechtigen. Auch hier muss die Totalverweigerung vom Anfechtungsausschluss ausgenommen werden. Bei Vorstands- und Prüfungsberichten wird man von Totalverweigerung aber nur sprechen können, wenn die Berichte in ihrer Gesamtschau schon gar nicht als ernsthafter Versuch gewertet werden können, den Aktionären die Bewertungszusammenhänge im konkreten Fall zu erläutern.

54 Anfechtungsausschlüsse bei Verfahrensfehlern finden sich außerhalb des § 243 AktG in § 52 WpHG. Darin wird die Verletzung der sehr umfangreichen **Publizitätspflichten der §§ 48 ff. WpHG,** die infolge der Umsetzung der Transparenzrichtlinie ins deutsche Recht gelangt sind und teilweise auch für die Vorbereitung der Hauptversammlung börsennotierter Gesellschaften gelten, von der Anfechtung ausgenommen. Einen weiteren Anfechtungsausschluss enthält § 120a Abs. 1 S. 3 AktG. Dieser betrifft den Beschluss der Hauptversammlung einer börsennotierten AG über die Billigung des Systems zur Vergütung der Vorstandsmitglieder **(„Say on Pay")**. Nach seinem insoweit uneingeschränkten Wortlaut gilt der Anfechtungsausschluss nicht nur für den Inhalt des Beschlusses, sondern auch für Verfahrensfehler bei seinem Zustandekommen.[157]

55 **c) Relevanz, insbesondere von Informationsmängeln.** Nach dem Wortlaut von § 243 Abs. 1 AktG müsste jeder Verfahrensfehler, der nicht ausdrücklich vom Gesetz als Anfechtungsgrund ausgeschlossen wird, zur Anfechtung eines Hauptversammlungsbeschlusses berechtigen. Das geht offenbar zu weit, denn Verfahrensfehler, die auf die Urteilsfindung der Aktionäre keinen Einfluss hatten, sind als Anfechtungsgründe auszuscheiden. Die naheliegende und früher praktizierte Anforderung, der Verfahrensfehler müsse für das Beschlussergebnis kausal gewesen sein,[158] schießt allerdings über das Ziel hinaus, denn sie lässt die Minderheit gegenüber der Mehrheit in der Hauptversammlung schutzlos. Nach Vorarbeiten im Schrifttum[159] stellt deshalb der BGH[160] seit 2001 mit

---

[153] *Decher* FS Hoffmann-Becking, 2013, 295 (307–308); Hüffer/*Koch* AktG § 243 Rn. 47c; jeweils mwN.
[154] Begr. RegE UMAG, BR-Drs. 3/05, 54.
[155] BGHZ 146, 179 (182) – MEZ; BGH NJW 2001, 1428 – Aqua Butzke. Dazu *Hoffmann-Becking* in RWS-Forum Gesellschaftsrecht 2001, S. 55 f.
[156] Spindler/Stilz AktG/*Drescher* § 243 Rn. 146; *Schwichtenberg/Krenek* BB 2010, 1227 (1230); Bürgers/Körber AktG/*Göz* § 243 Rn. 21; KölnKommAktG/*Noack/Zetzsche* § 243 Rn. 730–733. AA Schmidt/Lutter/*Schwab* AktG § 243 Rn. 46.
[157] *von Falkenhausen/Kocher* AG 2010, 623 (628); MüKoAktG/*Kubis* § 120 Rn. 49; Hüffer/*Koch* AktG § 120a Rn. 6.
[158] ZB RGZ 65, 241 (242); BGHZ 36, 121 (139).
[159] Grundlegend vor allem KölnKommAktG/*Zöllner*, 1. Aufl. 1985, § 243 Rn. 81–104.
[160] Grundlegend BGHZ 149, 158 (163–165) – Sachsenmilch mit zust. Anm. der Senatsmitglieder *Henze* BB 2002, 893 (900) und *Goette* DStR 2002, 1314; BGHZ 160, 385 (391–392).

§ 42 Beschlussmängel und Beschlusskontrolle

Zustimmung der hL[161] eine am Zweck der verletzten Verfahrensvorschrift orientierte wertende Betrachtung an und fragt nach der **Relevanz des Verfahrensverstoßes** für die Ausübung der Mitgliedschaftsrechte der Aktionäre. Relevanz in diesem Sinne ist gegeben, wenn der Verfahrensverstoß auf die Willensbildung eines objektiv urteilenden Aktionärs Einfluss hat, auch wenn ohne den Verfahrensverstoß das Beschlussergebnis nicht anders ausgefallen wäre, ja sogar wenn der Aktionär selbst nicht anders abgestimmt hätte.[162]

Der Gesetzgeber hat die Relevanztheorie für einen besonders bedeutsamen Verfahrensfehler, die **Informationspflichtverletzung,** durch das UMAG in § 243 Abs. 4 S. 1 AktG „aufgegriffen und verdichtet".[163] Dort heißt es, dass wegen unrichtiger, unvollständiger oder verweigerter Erteilung von Informationen nur angefochten werden kann, wenn ein objektiv urteilender Aktionär die Erteilung der Information als wesentliche Voraussetzung für die sachgerechte Wahrnahme seiner Teilnahme- und Mitgliedschaftsrechte angesehen hätte. Die im Gesetz gegenüber der bisherigen Relevanzlehre enthaltene Beschränkung auf „wesentliche" Voraussetzungen für die Ausübung der Mitgliedschaftsrechte wird teilweise als echte weitere Einschränkung für die Relevanz von Informationsmängeln angesehen (so auch → § 38 Rn. 67),[164] teilweise aber nur als Akzentverschiebung und als Hinweis auf das ohnehin stets geltende Monitum an den Rechtsanwender, Bagatellfälle nicht zu sanktionieren.[165] 56

Danach beeinträchtigen **grundsätzlich alle Verfahrensfehler bei Vorbereitung der Hauptversammlung** (Beispiele → Rn. 48) in relevanter Weise die Mitgliedschaftsrechte der Aktionäre,[166] weil sie in der Regel deren Willensbildung im Vorfeld der Versammlung, deren persönliche Teilnahme an der Versammlung oder die Stimmrechtsvertretung mindestens erschweren. Dies gilt auch, wenn ein unterbesetzter Vorstand die Beschlussvorschläge zur Hauptversammlung unterbreitet hat[167] und wenn der Vorstand unzulässigerweise auch zur Wahl des Abschlussprüfers einen Beschlussvorschlag gemacht hat, mag der Versammlungsleiter später auch nur über den Beschlussvorschlag des Aufsichtsrats abstimmen lassen.[168] Denn ein objektiv urteilender Aktionär schaut nicht nur auf den Inhalt der von der Verwaltung unterbreiteten Beschlussvorschläge, sondern auch auf die dahinter stehende Autorität, und zwar in der Annahme, diese sei aktienrechtlich legitimiert, und lässt sich davon in seiner Willensbildung für die Beschlussfassung beeinflussen. 57

Auch die **Verletzung von Berichtspflichten** im Vorfeld der Hauptversammlung ist grundsätzlich gemäß § 243 Abs. 4 S. 1 AktG relevant, so dass bei Vorstandsberichten, zB gemäß § 186 Abs. 4 S. 2 AktG beim Bezugsrechtsausschluss,[169] gemäß § 293a AktG beim Unternehmensvertrag und gemäß § 8 UmwG bei Umwandlungsmaßnahmen, große Sorgfalt anzuwenden ist. Im Schrifttum wird erwogen, die Relevanz zu verneinen, wenn es bei der Erteilung von Abschriften der Vorstandsberichte und sonstiger vor der Hauptversammlung auszulegender Unterlagen zu Verzögerungen kommt.[170] Dem ist mit Vorsicht zu begegnen, weil die rechtzeitige Information der Aktionäre wesentlich für deren Urteilsfindung ist. In der heutigen Praxis wird das Problem aber dadurch entschärft, dass die Pflicht zur Auslegung von Unterlagen und Erteilung von Abschriften durch das Zugänglichmachen über die Internetseite der Gesellschaft ersetzt wird (zB § 175 Abs. 2 S. 4 AktG). Mit 58

---

[161] Siehe nur Schmidt/Lutter/*Schwab* AktG § 243 Rn. 34; Hüffer/*Koch* AktG § 243 Rn. 13; Bürgers/Körber AktG/*Göz* § 243 Rn. 8; jeweils mwN.
[162] ZB BGHZ 160, 385 (392).
[163] Begr. RegE UMAG, BT-Drs. 15/5092, 26.
[164] OLG Frankfurt a. M. AG 2011, 36 (43); *Marsch-Barner* FS K. Schmidt, 2009, 1109 (1116); Bürgers/Körber AktG/*Göz* § 243 Rn. 8.
[165] *Martens/Martens* FS K. Schmidt, 2009, 1129 (1140) Fn. 43; Hüffer/*Koch* AktG § 243 Rn. 46b.
[166] Im Ergebnis ebenso MüKoAktG/*Hüffer/Schäfer* § 243 Rn. 35; Hüffer/*Koch* AktG § 243 Rn. 15.
[167] BGHZ 149, 158 (162) – Sachsenmilch. AA Bürgers/Körber AktG/*Göz* § 243 Rn. 8.
[168] BGHZ 153, 32 (35). AA Bürgers/Körber AktG/*Göz* § 243 Rn. 8.
[169] BGHZ 83, 319 (325–326).
[170] Hüffer/*Koch* AktG § 243 Rn. 47a AktG.

hinreichender Sicherheit lassen sich deshalb nur **Bagatellverstöße** bei Vorbereitung der Hauptversammlung als irrelevant einordnen und damit als Anfechtungsgründe ausschließen, die bei einem objektiv urteilenden Aktionär nicht zu einem Informationsdefizit führen, wie zB unschwer erkennbare Schreibfehler in der Einladung.[171]

59 Auch **Verfahrensfehler bei Durchführung der Hauptversammlung** sind im Zeitraum **bis zur Stimmabgabe** zumeist relevant, weil sie in der Regel Einfluss auf die Willensbildung des Aktionärs haben. Dies gilt jedenfalls für alle Verletzungen des Teilnahmerechts, insbesondere der Informationsrechte. Weil jede rechtswidrig zurückgehaltene Information die Willensbildung eines objektiv urteilenden Aktionärs beeinflussen kann, sind praktisch keine **Informationspflichtverletzungen** denkbar, die nicht im Sinne von § 243 Abs. 4 S. 1 AktG für die Wahrnehmung der Mitgliedschaftsrechte des Aktionärs relevant sind.[172] Diese Rechtslage machen sich berufsmäßige Anfechtungskläger gern zunutze, indem sie mit umfangreichen Fragenkatalogen Auskunftspflichtverletzungen provozieren. Das Korrektiv liegt hier aber nicht in der Anwendung der in § 243 Abs. 4 S. 1 AktG kodifizierten Relevanztheorie, sondern in der sachgerechten Bestimmung des Umfangs der Auskunftspflicht gemäß § 131 AktG. Die Praxis zeigt, dass eine Vielzahl von in der Hauptversammlung gestellten Fragen nicht zur sachgemäßen Beurteilung des Gegenstands der Tagesordnung im Sinne von § 131 Abs. 1 S. 1 AktG erforderlich ist (dazu ausführlich → § 38 Rn. 16–30). Je kleinteiliger und spezieller die Fragen der Aktionäre werden, desto weniger ist die Auskunft normalerweise erforderlich, um dem Aktionär eine sachgerechte Urteilsfindung und Ausübung seines Stimmrechts zu ermöglichen.

60 Irrelevante Verfahrensverstöße können bei Kompetenzfragen im Zusammenhang mit der **Versammlungsleitung** auftreten. Die Leitung der Versammlung durch einen unerkannt unzuständigen Versammlungsleiter beispielsweise ist nach instanzgerichtlicher Rechtsprechung nicht allein wegen des Kompetenzverstoßes anfechtbar; der Anfechtung unterliegen vielmehr nur konkrete, die Teilnahmerechte der Aktionäre beeinträchtigende Maßnahmen des unzuständigen Versammlungsleiters.[173]

61 Nach ganz überwiegender Auffassung nicht relevant sind **Verfahrensfehler, die nach der Stimmabgabe** der Aktionäre auftreten und deshalb auf deren Willensbildung keinen Einfluss mehr haben können, sofern sie sich nicht im Beschlussergebnis niederschlagen. Dies gilt zB für Auszählungsfehler und Berücksichtigung von Stimmen trotz fehlender Vollmacht oder Stimmverbot. Für derartige Fälle bleibt es bei einer reinen Kausalitätsbetrachtung in der Weise, dass der Gesellschaft der Nachweis offen steht, dass das Beschlussergebnis auch ohne den Verfahrensfehler nicht anders ausgefallen wäre.[174]

62 **3. Inhaltliche Fehler.** Ein Hauptversammlungsbeschluss leidet an einem Inhaltsmangel, wenn der von ihm **intendierte Erfolg** Rechts- oder Satzungsnormen verletzt. Ein spezieller Inhaltsmangel, die Verschaffung eines Sondervorteils, ist in § 243 Abs. 2 AktG geregelt. Trotz ihrer Spezialität verdrängt die Norm allerdings nicht die allgemeine Regelung des § 243 Abs. 1 AktG.[175] Eine Verletzung von § 243 Abs. 2 AktG ist also auch stets eine Verletzung von Abs. 1. Selbst wenn die Anfechtung nach § 243 Abs. 2 S. 2 AktG ausgeschlossen ist, weil der Schaden der anderen Aktionäre angemessen ausgeglichen wird, bleibt § 243 Abs. 1 AktG anwendbar.[176] Infolgedessen hat die Anfechtung wegen Sonder-

---

[171] Spindler/Stilz AktG/*Drescher* § 243 Rn. 76, 98; Bürgers/Körber AktG/*Göz* § 243 Rn. 9.

[172] *Kersting* ZGR 2007, 319 (323–327); Hüffer/*Koch* AktG § 243 Rn. 47. AA bei marginalen Informationspflichtverletzungen *DAV-Handelsrechtsausschuss* NZG 2005, 388 (392).

[173] OLG Frankfurt a. M. NZG 2012, 942 *(obiter dictum)*; zustimmend Bürgers/Körber AktG/*Göz* § 243 Rn. 9.

[174] GroßkommAktG/*K. Schmidt* § 243 Rn. 39; MüKoAktG/*Hüffer/Schäfer* § 243 Rn. 41; Hüffer/*Koch* AktG § 243 Rn. 19; Bürgers/Körber AktG/*Göz* § 243 Rn. 9.

[175] BGHZ 71, 40 (49) – Kali + Salz; GroßkommAktG/*K. Schmidt* § 243 Rn. 53; Schmidt/Lutter/*Schwab* AktG § 243 Rn. 24; Hüffer/*Koch* AktG § 243 Rn. 30.

[176] GroßkommAktG/*K. Schmidt* § 243 Rn. 52; Bürgers/Körber AktG/*Göz* § 243 Rn. 16.

vorteils in der Praxis keine wesentliche Bedeutung erlangt. Wenn ein Inhaltsmangel vorliegt und kein Ausschlusstatbestand eingreift (dazu → Rn. 66), ist Anfechtbarkeit des Hauptversammlungsbeschlusses stets die Folge; auf Kausalität oder Relevanz kann es bei Inhaltsfehlern systematisch nicht ankommen.[177]

a) Sondervorteile. Gemäß § 243 Abs. 2 S. 1 AktG kann die Anfechtung darauf gestützt werden, dass ein Aktionär mit der Ausübung des Stimmrechts für sich oder einen Dritten Sondervorteile zum Schaden der Gesellschaft oder der anderen Aktionäre zu erlangen suchte und der Beschluss geeignet ist, diesem Zweck zu dienen. Sondervorteil kann **jeder ungerechtfertigte Vorteil** sein, insbesondere, aber nicht notwendig, ein Vermögensvorteil.[178] Ungerechtfertigt ist der Vorteil, wenn er nicht allen Aktionären oder sonstigen Personen zukommt, die sich in vergleichbarer Lage befinden.[179] 63

In der **Rechtsprechung** sind **als Sondervorteil anerkannt** worden: der Abschluss eines Betriebspachtvertrags zwischen der AG und dem Mehrheitsaktionär, obwohl der AG bessere Angebote vorlagen;[180] die Übertragung des wesentlichen Vermögens der in Liquidation befindlichen AG an den Mehrheitsaktionär, wenn der Mehrheitsaktionär schon vor dem Auflösungsbeschluss verbindliche Abreden mit der AG über die Vermögensübertragung getroffen hat;[181] die Kapitalerhöhung unter Bezugsrechtsausschluss während eines vorübergehenden Stimmrechtsausschlusses des vom Bezugsrecht ausgeschlossenen Aktionärs.[182] Auch außerhalb der Liquidation werden Hauptversammlungsbeschlüsse zur Übertragung des ganzen Gesellschaftsvermögens (§ 179a AktG) in der Praxis stets wegen angeblich zu niedrigen Kaufpreises unter Berufung auf § 243 Abs. 2 AktG angefochten, insbesondere wenn der Mehrheitsaktionär selbst der Erwerber ist. Dies geschieht selbst dann, wenn es außer dem Käufer keinen weiteren Interessenten gibt und insbesondere kein anderer Aktionär Interesse am Erwerb des Gesellschaftsvermögens hat. Richtigerweise liegen die Voraussetzungen des § 243 Abs. 2 AktG dann aber gar nicht vor. Bei Veräußerung an den Mehrheitsaktionär, und nur dieser Fall ist wegen des fehlenden Markttests wirklich problematisch, bedarf es auch gar nicht der Anfechtung unter Berufung auf einen zu niedrigen Kaufpreis. Denn wenn der Kaufpreis zu niedrig sein sollte, ist der Übertragungsbeschluss bereits wegen Verstoßes gegen § 57 AktG (Verbot der Einlagenrückgewähr) nichtig gemäß § 241 Nr. 3 AktG (→ Rn. 26). 64

Abgelehnt hat die **Rechtsprechung Sondervorteile:** wenn Vorzugsaktionäre ihre Aktien in Stammaktien umtauschen können, ohne die Kursdifferenz voll ausgleichen zu müssen; falls die Maßnahme insgesamt dem Gesellschaftswohl dient;[183] wenn nur der Mehrheitsaktionär persönliche Steuervorteile aus einem Formwechsel erlangt;[184] wenn ein als Rechtsanwalt tätiger Aktionär sich zum Leiter der Hauptversammlung wählen lässt und dafür ein Tageshonorar erhält.[185] 65

Bei Maßnahmen, deren gesetzlicher Zweck gerade auf die Schaffung von Sondervorteilen für einzelne Aktionäre gerichtet ist und bei denen zugunsten der anderen Aktionäre gesetzliche Sicherungen eingreifen, ist die **Anfechtung wegen Sondervorteils von Gesetzes wegen ausgeschlossen,** zB beim Beherrschungs- oder Gewinnabführungsvertrag (§ 304 Abs. 3 S. 2 AktG) und beim Minderheitsausschluss (§ 327f S. 1 AktG). Hingegen bleibt die Anfechtung wegen Sondervorteils möglich, wenn die mit dem Hauptversammlungsbeschluss angestrebte Maßnahme zugleich eine Ausgleichspflicht des herrschenden 66

---

[177] GroßkommAktG/*K. Schmidt* § 243 Rn. 40; Bürgers/Körber AktG/*Göz* § 243 Rn. 10.
[178] GroßkommAktG/*K. Schmidt* § 243 Rn. 54; Hüffer/*Koch* AktG § 243 Rn. 35; jeweils mwN.
[179] GroßkommAktG/*K. Schmidt* § 243 Rn. 55; Hüffer/*Koch* AktG § 243 Rn. 35; jeweils mwN.
[180] OLG Frankfurt a. M. AG 1973, 136 (137).
[181] BGHZ 103, 184 (193) – Linotype.
[182] OLG Schleswig AG 2008, 129 (131–132).
[183] LG Köln AG 2002, 103 – METRO.
[184] BGH AG 2005, 613 (614).
[185] LG München I AG 2010, 419 (423).

Unternehmens nach § 311 AktG im faktischen Konzern auslöst,[186] es sei denn der Hauptversammlungsbeschluss selbst gewährt den anderen Aktionären einen angemessenen Ausgleich für ihren Schaden (§ 243 Abs. 2 S. 2 AktG). Praktische Beispiele für diesen Anfechtungsausschluss gibt es, soweit ersichtlich, nicht. Die hL akzeptiert, dass der Ausgleich eine rein wirtschaftliche Kompensation sein kann; dafür soll die Bezugnahme auf eine schuldrechtliche Regelung außerhalb des Hauptversammlungsbeschlusses genügen, sofern diese schuldrechtliche Regelung verbindlich ist.[187] Gleichzeitig kritisiert die hL die Verengung des § 243 Abs. 2 AktG auf reinen Vermögensschutz[188] und will gerade deshalb trotz wirtschaftlicher Kompensation die Anfechtung nach § 243 Abs. 1 AktG weiterhin zulassen (→ Rn. 62).

67 **b) Ungleichbehandlung.** Der in § 53a AktG kodifizierte Gleichbehandlungsgrundsatz (→ § 17 Rn. 11–18) hat in der Praxis der Beschlussanfechtung keine wesentliche Bedeutung erlangt. Verlangt wird keine schematische Gleichbehandlung der Aktionäre; vielmehr wird lediglich eine Ungleichbehandlung in Fällen verboten, in denen es **keine tragfähigen sachlichen Differenzierungskriterien** gibt.[189] In diesem Sinne hat die Rechtsprechung es nicht als Verstoß gegen § 53a AktG gewertet, dass bei einer Umwandlung von Vorzugs- in Stammaktien die umwandlungsberechtigten Vorzugsaktionäre nicht die gesamte Kursdifferenz ausgleichen mussten. Denn ohne einen wirtschaftlichen Anreiz für die Umwandlung, die im Übrigen im Interesse der Gesellschaft und aller Aktionäre lag, hätten die Vorzugsaktionäre vom Umwandlungsangebot nicht oder jedenfalls nicht in hinreichender Zahl Gebrauch gemacht.[190] Das Gleichbehandlungsgebot des § 53a AktG wird jedoch verletzt, wenn Aktionäre zur Hauptversammlung zugelassen werden, ohne sich gemäß den Hinweisen in der Einladung rechtzeitig angemeldet (§ 123 Abs. 2 AktG) oder ihren Anteilsbesitz rechtzeitig nachgewiesen zu haben (§ 123 Abs. 4 AktG).[191] Folge davon ist die Anfechtbarkeit derjenigen Beschlüsse, die bei Abzug der zu Unrecht zugelassenen Stimmen die Beschlussmehrheit rechnerisch verfehlt hätten.[192]

68 **c) Verstoß gegen die Treuepflicht.** Treuebindungen zwischen Aktionären und zwischen der AG und ihren Aktionären sind heute einhellig anerkannt.[193] Vor allen Dingen das aus der Treuepflicht folgende Gebot, auf die Interessen der Gesellschaft und die gesellschaftsbezogenen Interessen der Mitaktionäre **Rücksicht zu nehmen** (→ § 17 Rn. 27), setzt dem Stimmverhalten bei Hauptversammlungsbeschlüssen rechtliche Grenzen. Darüber hinaus kann die Treuepflicht in besonders gelagerten Fällen die Aktionäre sogar auf ein **bestimmtes Abstimmungsverhalten** festlegen. Dies gilt grundsätzlich für alle Beschlussgegenstände, so dass die vielfach getroffene Unterscheidung zwischen eigennützigen und gesellschaftsbezogenen Mitgliedschaftsrechten[194] von begrenztem Erkenntniswert ist und keinesfalls mehr als tendenzielle Abschwächungen oder Verstärkungen der Treuepflicht begründen kann.[195]

---

[186] BGH AG 2012, 680 Rn. 19, 20; ebenso die hL, Hüffer/*Koch* AktG § 243 Rn. 43 mwN.
[187] Bürgers/Körber AktG/*Göz* § 243 Rn. 19 mwN.
[188] Hüffer/*Koch* AktG § 243 Rn. 37 mwN.
[189] Gärtner/Rose/Reul, Anfechtungs- und Nichtigkeitsgründe im Aktienrecht/*Rose*, 3. Teil, Rn. 14–15 mit Zusammenstellung in Betracht kommender Einzelfälle in Rn. 16–25.
[190] OLG Köln NZG 2002, 966 (968) – METRO.
[191] BGH NJW 2019, 669 Rn. 13–15 – Mologen. Zustimmend und mit Hinweisen auf Gestaltungsmöglichkeiten *Simons* NZG 2019, 641 (642–643).
[192] BGH NJW 2019, 669 Rn. 18 – Mologen. Zustimmend *Kuthe* BB 2019, 776 (778). Weitergehend ein Teil der Lit. (Anfechtbarkeit auch bei ergebnisrelevanten Redebeiträgen des zu Unrecht Zugelassenen); Spindler/Stilz AktG/*Rieckers* § 123 Rn. 46 mwN.
[193] Siehe nur BGHZ 129, 136 (142–144) – Girmes sowie ausführlich → § 17 Rn. 19–32.
[194] Grundlegend *Henze* BB 1996, 489 (492–494); ausführlich dazu → § 17 Rn. 22.
[195] Ähnlich Bürgers/Körber AktG/*Göz* § 243 Rn. 12.

Der **BGH** hat die **Anfechtbarkeit wegen Treuepflichtverstößen bejaht** für einen **69** Liquidationsbeschluss, wenn der Mehrheitsaktionär bereits zuvor mit der Gesellschaft die Übernahme des wertvollsten Teils des Vermögens vereinbart hatte;[196] für die Ablehnung eines Sanierungsbeschlusses durch Minderheitsaktionäre, wenn diese aus eigennützigen Gründen das ansonsten wirtschaftlich sinnvolle Vorhaben verhindern wollten;[197] für die Beschlüsse zur Kapitalherabsetzung mit anschließender Kapitalerhöhung, bei denen die Aktiennennbeträge so hoch angesetzt wurden, dass unverhältnismäßig hohe Spitzenbeträge entstanden und praktisch nur der Mehrheitsaktionär, nicht aber die Minderheitsaktionäre an der Kapitalerhöhung teilnehmen konnten[198] sowie für Entlastungsbeschlüsse trotz schwerwiegender und eindeutiger Rechtsverstöße der Organmitglieder, die der Hauptversammlung bekannt oder jedenfalls erkennbar waren.[199]

Wenn Stimmen in der Hauptversammlung treuwidrig abgegeben werden, liegt **häufig 70 zugleich ein anfechtungsbegründender Verfahrensfehler** vor, weil die treuwidrig abgegebenen Stimmen nichtig sind (→ § 17 Rn. 31) und damit möglicherweise die Beschlussmehrheit verfehlt wird. Für einen solchen Verfahrensfehler gilt eine reine Kausalitätsbetrachtung (→ Rn. 61).

d) Sachliche Rechtfertigung. Den Hauptversammlungsbeschluss über eine Sachkapital- **71** erhöhung mit Bezugsrechtsausschluss hat der BGH über die Grenzen des Gleichbehandlungsgebots und der Treuepflicht hinaus auf seine sachliche Rechtfertigung hin überprüft.[200] Gemeint ist damit die **volle richterliche Überprüfung** des Hauptversammlungsbeschlusses dahingehend, ob die Sachkapitalerhöhung im Gesellschaftsinteresse liegt und dieses auch den mit der Sacheinlage zwangsläufig verbundenen Bezugsrechtsausschluss rechtfertigt. Damit wird das unternehmerische Ermessen der Hauptversammlung vollständig zur rechtlichen Prüfung gestellt oder jedenfalls auf ein ganz schmales Band verengt. Der BGH hat diese Rechtsprechung zunächst für das genehmigte Kapital fortgesetzt,[201] die Anforderungen an die sachliche Rechtfertigung des Bezugsrechtsausschlusses dann jedoch für das genehmigte Kapital etwas zurückgenommen und es ausreichen lassen, dass die Ermächtigung zur Sachkapitalerhöhung mit Bezugsrechtsausschluss in dem nur noch abstrakt zu umschreibenden Interesse der Gesellschaft für künftige Ausübungsfälle liegen muss und die Konkretisierung dann erst bei Ausübung der Ermächtigung durch den Vorstand vorzunehmen ist.[202] Die Literatur hat diese Rechtsprechung ganz überwiegend wohlwollend aufgenommen.[203] Der **Bezugsrechtsausschluss** bei der Sachkapitalerhöhung ist jedoch der **einzige Fall der vollen Inhaltskontrolle** in der Rechtsprechung des BGH geblieben. Namentlich hat der BGH es abgelehnt, dieselben engen Prüfungskriterien an den Auflösungsbeschluss,[204] die Einführung eines Höchststimmrechts im Wege der Satzungsänderung,[205] die Kapitalherabsetzung[206] und die Zustimmung zum Abschluss eines Beherrschungs- oder Gewinnabführungsvertrags[207] anzulegen. Dasselbe gilt für einen Minderheitsausschluss[208] und sonstige Strukturbeschlüsse wie zB den Formwechsel.[209] In all

---

[196] BGHZ 103, 184 (194–195) – Linotype.
[197] BGHZ 129, 136 (152) – Girmes.
[198] BGHZ 142, 167 (169–171).
[199] BGHZ 153, 47 (51); ausführlich danach OLG Stuttgart AG 2011, 93 (94) – Porsche.
[200] BGHZ 71, 40 (43–45) – Kali + Salz.
[201] BGHZ 83, 319 (321) – Holzmann.
[202] BGHZ 136, 133 (139–141) – Siemens/Nold.
[203] Statt aller Hüffer/*Koch* AktG § 243 Rn. 22 mwN. Kritisch *Decher* ZGR 2019, 1122 (1150–1156) (nur Prüfung allgemeiner Schranken eines plausiblen Unternehmensinteresses).
[204] BGHZ 103, 184 (189) – Linotype.
[205] BGHZ 70, 117 (123) – Mannesmann.
[206] BGHZ 138, 71 (76–78) – Sachsenmilch.
[207] BGHZ 119, 1 (6–7).
[208] BGHZ 180, 154 Rn. 14 – Lindner.
[209] OLG Düsseldorf AG 2003, 578 (579).

diesen Fällen trägt die Maßnahme, wie man sagt, ihre Rechtfertigung in sich, weil der Gesetzgeber mit ihrer allgemeinen Zulassung die Abwägung zwischen Mehrheitsmacht und Minderheitenschutz bereits getroffen hat, so dass die betreffenden Hauptversammlungsbeschlüsse nur noch auf die Einhaltung der Verfahrensregeln zu prüfen und der allgemeinen, letztlich aus § 242 BGB folgenden **Missbrauchskontrolle** zu unterwerfen sind.[210]

72 **e) Ausgeschlossene Fälle.** Auch für inhaltliche Fehler enthält das Gesetz ausdrückliche Anfechtungsausschlüsse. Gemäß § 243 Abs. 3 Nr. 3 AktG kann die **Wahl des Abschlussprüfers** nicht mit Gründen angefochten werden, die ein **Ersetzungsverfahren nach § 318 Abs. 3 HGB** rechtfertigen. Eine gleichwohl erhobene **Anfechtungsklage** ist, wie bei den Ausschlussgründen für Verfahrensfehler (→ Rn. 50), **unzulässig**.[211] Von der Anfechtung ausgenommen sind alle in der Person des Prüfers liegenden Gründe, insbesondere die in §§ 319 Abs. 2–5, 319a und 319b HGB genannten Befangenheitsgründe. Anders als die Erhebung einer Anfechtungsklage bedarf die Einleitung eines Ersetzungsverfahrens eines Quorums, und zwar eines Aktienbesitzes im Umfang von 20 % des Grundkapitals oder einem Börsenwert von 500.000 Euro (§ 318 Abs. 3 S. 1 HGB). Anders als durch das Anfechtungsverfahren wird die Wirksamkeit von Prüfungshandlungen durch das Ersetzungsverfahren rückwirkend nicht in Frage gestellt. Dieser Gewinn an Rechtssicherheit rechtfertigt trotz der zusätzlichen Hürde des Quorums im Ersetzungsverfahren den Anfechtungsausschluss für die vielfältigen, durch das BiRiLiG noch ausgeweiteten Befangenheitsgründe.[212]

73 Ausgeschlossen ist die Anfechtung wegen Inhaltsmängeln ferner beim Hauptversammlungsbeschluss über die Billigung des Systems zur Vergütung der Vorstandsmitglieder (**"Say on Pay"**). § 120 Abs. 4 S. 3 AktG gilt uneingeschränkt für jede Art von Anfechtungsrüge.

74 **4. Rechtsfolgen der Anfechtbarkeit.** Ein anfechtbarer Hauptversammlungsbeschluss ist zunächst wirksam und bleibt auch wirksam, solange er nicht durch rechtskräftiges Anfechtungsurteil für nichtig erklärt wird (§§ 248 Abs. 1 S. 1, 241 Nr. 5 AktG). Die Nichtigerklärung durch Anfechtungsurteil wirkt *ex tunc* und *inter omnes* (→ Rn. 29, 5). Wenn ein anfechtbarer Hauptversammlungsbeschluss innerhalb der Anfechtungsfrist (§ 246 Abs. 1 AktG) nicht angefochten, wenn die Anfechtungsklage rechtskräftig abgewiesen wird oder wenn ein Freigabebeschluss ergeht (zB gemäß § 246a AktG, dazu noch → Rn. 164), erwächst der bis dahin **schwebend wirksame**[213] Beschluss in dem Sinne in **Bestandskraft**, dass die Anfechtbarkeit fortan ohne rechtliche Folgen bleibt, während andere Wirksamkeitsmängel, wie insbesondere Nichtigkeitsgründe, weiterhin eine Rolle spielen können. Zu den Pflichten von Versammlungsleiter, Notar, Vorstand und Registergericht bei anfechtbaren Hauptversammlungsbeschlüssen → Rn. 3, 6. Ebenso wie Teilnichtigkeit (→ Rn. 36) gibt es auch **Teilanfechtbarkeit**. Im Zweifel erfasst die Nichtigkeitsfolge eines rechtskräftigen stattgebenden Anfechtungsurteils den Hauptversammlungsbeschluss jedoch in vollem Umfang.

75 **5. Bestätigung. a) Begriff und Abgrenzung.** Die Hauptversammlung kann einen anfechtbaren Beschluss gemäß § 244 S. 1 AktG durch einen neuen Beschluss mit der Folge bestätigen, dass die **Anfechtbarkeit des Ausgangsbeschlusses nicht mehr geltend gemacht werden kann.** Mit der Bestätigung erklären die Aktionäre gewissermaßen, dass sie den Ausgangsbeschluss trotz seiner Beschlussmängel in vollem Umfang gelten lassen

---

[210] Statt aller MüKoAktG/*Hüffer/Schäfer* § 243 Rn. 63 mwN.
[211] *Gelhausen/Heinz* WPg 2005, 693 (697); *Hüffer/Koch* AktG § 243 Rn. 44b.
[212] *W. Müller* NZG 2004, 1037 (1039); OLG München AG 2009, 121 (124).
[213] KölnKommAktG/*Zöllner*, 1. Aufl. 1985, § 243 Rn. 4 ("eigenartiger Schwebezustand"); MüKoAktG/*Hüffer/Schäfer* § 243 Rn. 125 ("zeitlich begrenzter Schwebezustand"); für ein prozedurales Verständnis des Schwebezustandes *Noack* DB 2014, 1851, *passim*.

wollen.²¹⁴ Die Bestätigung beendet den Schwebezustand, in dem sich der Ausgangsbeschluss durch die Anfechtung befindet, und verhilft dem Ausgangsbeschluss zur Bestandskraft (→ Rn. 74). Von der Bestätigung ist die gesetzlich nicht geregelte **Neuvornahme zu unterscheiden**. Mit ihr hält die Hauptversammlung am Ausgangsbeschluss gerade nicht fest, sondern flankiert diesen mit einem neuen, nicht notwendig völlig identischen Beschluss. Zuweilen (zB bei einer Kapitalerhöhung) muss sie den Ausgangsbeschluss im Neuvornahmebeschluss sogar ausdrücklich aufheben, um doppelte Wirkungen für den Fall zu vermeiden, dass beide Beschlüsse wirksam bleiben.

Die Neuvornahme geschieht durch einen gewöhnlichen Hauptversammlungsbeschluss, während die Bestätigung besondere Voraussetzungen und Wirkungen hat. Weil in allen Fällen, in denen eine Bestätigung in Betracht kommt, auch eine Neuvornahme möglich ist, muss ggf. durch **Auslegung** ermittelt werden, welche Art von Beschluss die Hauptversammlung fassen wollte.²¹⁵ Im Zweifel ist anzunehmen, dass ein Bestätigungsbeschluss gewollt war.²¹⁶ Auf die **Umdeutung** eines wirkungslosen Bestätigungsbeschlusses in einen wirksamen Neuvornahmebeschluss²¹⁷ sollte man besser nicht vertrauen. In der Praxis empfiehlt es sich deshalb, ausdrücklich zu formulieren, ob eine Bestätigung oder eine Neuvornahme beabsichtigt ist. Zuweilen ist es sogar sinnvoll, beide Beschlüsse kummulativ zu fassen. Dies sollte durch sichtbare Trennung der beiden Beschlussgegenstände (gegebenenfalls in verschiedenen Tagesordnungspunkten, jedenfalls in deutlich abgegrenzten Untergliederungen eines Tagesordnungspunktes) kenntlich gemacht werden. **76**

b) Voraussetzungen und materielle Wirkungen. Nur **anfechtbare** Hauptversammlungsbeschlüsse sind der Bestätigung gemäß § 244 S. 1 AktG zugänglich; für nichtige Beschlüsse kommt nur eine Neuvornahme in Betracht.²¹⁸ Ferner ist die Bestätigung nicht bei allen Anfechtungsgründen sinnvoll, sondern nur bei **Verfahrensfehlern**, die bei Fassung des Bestätigungsbeschlusses vermieden werden können; Inhaltsmängel des Ausgangsbeschlusses würden demgegenüber dem Bestätigungsbeschluss in gleicher Weise anhaften und diesen in gleicher Weise anfechtbar machen.²¹⁹ Auch insoweit bedarf es der Neuvornahme, wenn eine sichere Beschlusslage erreicht werden soll. Die Bestätigung eines unter Inhaltsfehlern leidenden Ausgangsbeschlusses sollte allenfalls taktisch erwogen werden, nämlich wenn damit zu rechnen wäre, dass der Bestätigungsbeschluss nicht angefochten würde und deshalb trotz seines identischen Inhaltsmangels dem Ausgangsbeschluss zur Bestandskraft verhülfe.²²⁰ Der Ausgangsbeschluss muss sich noch im Schwebezustand befinden, um bestätigt werden zu können, so dass ein Bestätigungsbeschluss vor Rechtskraft des Anfechtungsurteils über den Ausgangsbeschluss zu fassen ist. Im Übrigen gibt es für die Bestätigung keine zeitlichen Grenzen,²²¹ so dass sogar ein während des Revisionsverfahrens gefasster Bestätigungsbeschluss vom Revisionsgericht unter gewissen Voraussetzungen zu beachten ist.²²² **77**

Im Vergleich mit einem Neuvornahmebeschluss kann ein Bestätigungsbeschluss unter erleichterten Voraussetzungen wirksam werden. Zunächst müssen die materiellen Voraussetzungen für den Ausgangsbeschluss bei Fassung des Bestätigungsbeschlusses nicht mehr **78**

---

²¹⁴ BGHZ 157, 206 (209–210).
²¹⁵ MüKoAktG/*Hüffer/Schäfer* § 244 Rn. 4; Bürgers/Körber AktG/*Göz* § 244 Rn. 3.
²¹⁶ KölnKommAktG/*Noack/Zetzsche* § 244 Rn. 13; GroßkommAktG/*K. Schmidt* § 244 Rn. 6; MüKoAktG/*Hüffer/Schäfer* § 244 Rn. 4.
²¹⁷ Dafür KölnKommAktG/*Noack/Zetzsche* § 244 Rn. 14; GroßkommAktG/*K. Schmidt* § 244 Rn. 6.
²¹⁸ BGHZ 189, 32 Rn. 23, 27; BGH AG 2012, 680 Rn. 10.
²¹⁹ BGHZ 189, 32 Rn. 27; OLG München AG 2013, 173 (175).
²²⁰ *Grobecker/Kuhlmann* NZG 2007, 1 (3); *Wasmann* FS Riegger, 2008, 47 (55); *Mimberg* FS Hüffer, 2010, 663 (669); *Hüffer* ZGR 2012, 730 (735).
²²¹ OLG München AG 1997, 516 (517); *Klamaris* S. 106–109.
²²² Grundlegend *Zöllner* FS Beusch, 1993, 973 (979–980). Heute hM; siehe nur *Klamaris* S. 184–188 mwN.

vorliegen; vielmehr kommt es auf die **zur Zeit des Ausgangsbeschlusses geltende Rechtslage** an, insbesondere auf die seinerzeit geltenden Gesetzes- und Satzungsnormen.[223] Etwaige für den Ausgangsbeschluss vorgeschriebene **Vorstands- und Prüfungsberichte** brauchen, sofern nicht gerade die Berichte selbst fehlerhaft waren, nicht geändert und keinesfalls aktualisiert zu werden.[224] Wenn ein Verfahrensfehler beim Ausgangsbeschluss darin bestand, dass den Aktionären **Auskünfte** zu Unrecht verweigert wurden, sind diese in der Hauptversammlung über den Bestätigungsbeschluss unaufgefordert nachzuliefern.[225] Im Übrigen brauchen nach hM die in der ersten Hauptversammlung erteilten Auskünfte in der zweiten nicht wiederholt zu werden, wohl aber sind aktualisierende und neue Fragen von Aktionären zu beantworten.[226]

79 Der Bestätigungsbeschluss kann dem Ausgangsbeschluss nur dann zur Bestandskraft verhelfen, wenn er selbst innerhalb der Anfechtungsfrist nicht angefochten oder die Anfechtung rechtskräftig zurückgewiesen worden ist (§ 244 S. 1 AktG), dh wenn er seinerseits die Bestandskraft (→ Rn. 74) erlangt hat. Bestätigungsbeschlüsse werden deshalb von Anfechtungsklägern in der Regel ebenfalls angefochten, um die Bestätigungswirkung zunächst zu vermeiden. Die Anfechtung des Bestätigungsbeschlusses zur Vermeidung der Bestätigungswirkung ist nach der heute herrschenden **Theorie der Doppelanfechtung** auch dann erforderlich, wenn beide Beschlüsse an demselben Mangel leiden.[227] Auch der (wegen Verfahrensfehlern) angefochtene Bestätigungsbeschluss kann wiederum durch neuen Beschluss bestätigt werden, so dass sich möglicherweise eine **Kaskade von Bestätigungsbeschlüssen** ergibt,[228] eine in der Praxis durchaus anzutreffende Konstellation. In gewissen Konstellationen kann ein Hauptaktionär die Anfechtung des Bestätigungsbeschlusses verhindern, nämlich dann, wenn die Beteiligungsverhältnisse und sonstigen Umstände einen Minderheitsausschluss gemäß § 327a AktG erlauben. Nach dem Minderheitsausschluss können die ehemaligen Minderheitsaktionäre den Bestätigungsbeschluss nicht anfechten (ausführlich dazu → § 75 Rn. 117).

80 Die Wirkung der Bestätigung umschreibt § 244 S. 1 AktG damit, dass die Anfechtung nicht mehr geltend gemacht werden kann. Damit ist nach heute hM gemeint, dass der Ausgangsbeschluss **materiell-rechtlich geheilt** wird.[229] Es entfällt also nicht nur das Rechtsschutzbedürfnis für die Anfechtungsklage, so dass diese, wenn der Kläger sie weiterhin aufrecht erhält, nicht nur als unzulässig, sondern als unbegründet abzuweisen ist. Die Heilung wirkt nicht auf den Zeitpunkt des Ausgangsbeschlusses zurück, sondern nach heute hM *ex nunc,* allerdings bereits ab Fassung des Bestätigungsbeschlusses, nicht erst ab seiner Bestandskraft.[230] Bei rechtlichem Interesse kann der Anfechtungskläger den Ausgangsbeschluss gemäß § 244 S. 2 AktG für die Zeit bis zum Bestätigungsbeschluss für nichtig erklären lassen. Rechtliches Interesse liegt vor, wenn der Kläger durch den Aus-

---

[223] BGHZ 157, 206 (211).
[224] KG NZG 2008, 29 (30); OLG Frankfurt a. M. AG 2011, 36 (42); *Hüffer* ZGR 2012, 730 (753); Bürgers/Körber AktG/*Göz* § 244 Rn. 5. Einschränkend Schmidt/Lutter/*Schwab* AktG § 244 Rn. 12 (entbehrlich nur die Aktualisierung von bewertungsrelevanten Informationen).
[225] *Habersack/Schürnbrand* FS Hadding, 2004, 391 (402); *Kocher* NZG 2006, 1 (4); Schmidt/Lutter/*Schwab* AktG § 244 Rn. 11. Einschränkend wohl OLG München AG 1997, 516 (519) (keine Antworten, die durch Zeitablauf überholt sind).
[226] OLG München AG 1997, 516 (519); *Habersack/Schürnbrand* FS Hadding, 2004, 391 (404); *Kocher* NZG 2006, 1 (4); Schmidt/Lutter/*Schwab* AktG § 244 Rn. 11. AA *Grobecker/Kuhlmann* NZG 2007, 1 (5); Heidel AktienR u. KapitalmarktR/*Heidel* § 244 Rn. 5.
[227] LG München I AG 2010, 173 (177); Schmidt/Lutter/*Schwab* AktG § 244 Rn. 16; Spindler/Stilz AktG/*Würthwein* § 244 Rn. 15; *Hüffer* ZGR 2012, 730 (738–739); Hüffer/*Koch* AktG § 244 Rn. 4. AA noch BGHZ 21, 354 (358); *von Caemmerer* FS A. Hueck, 1959, 281 (290–291).
[228] Dazu ausführlich *Zöllner* AG 2004, 397 (398–400, 403–404).
[229] BGHZ 157, 206 (210); aus der Lit. statt aller Hüffer/*Koch* AktG § 244 Rn. 5.
[230] Arg. ex § 244 S. 2 AktG; BGH NJW 1972, 1320 (1321); BGHZ 157, 206 (211); aus der Lit. MüKoAktG/*Hüffer/Schäfer* § 244 Rn. 12 mwN. Grundlegend kritisch *Klamaris* S. 309–324.

gangsbeschluss in seinen mitgliedschaftlichen Rechten (zB dem Dividendenrecht) betroffen ist oder der Ausgangsbeschluss Grundlage für weitere, die Rechte des Klägers betreffende Maßnahmen bildet.[231]

c) Prozessuales. Der Anfechtungskläger, der zur Vermeidung der Heilung auch den Bestätigungsbeschluss anfechten will, kann die Anfechtung **in dem bereits zum Ausgangsbeschluss anhängigen Prozess** vornehmen, indem er dort den Antrag auf Nichtigerklärung des Bestätigungsbeschlusses (Klageerhebung gemäß § 243 Abs. 1 AktG) stellt. Eine verbreitete Auffassung behandelt den zweiten Anfechtungsantrag gemäß § 264 Nr. 2 ZPO nicht als Klageänderung und lässt ihn deshalb ohne Weiteres zu.[232] Die Gegenmeinung kommt im Regelfall zu demselben Ergebnis, indem sie zwar eine Klageänderung im Ausgangsprozess annimmt, diese aber für sachdienlich hält, so dass das Gericht die Klageänderung gemäß § 263 ZPO in der Regel zulassen wird.[233] Wenn der Kläger die Anfechtung des Bestätigungsbeschlusses nicht im selben Prozess geltend macht oder der Bestätigungsbeschluss von einem Anderen angefochten wird, kann das Gericht beide Anfechtungsklagen gemäß § 147 ZPO **verbinden.** In allen vorstehenden Fällen ist über beide Anfechtungsklagen gemeinsam zu verhandeln und zu entscheiden. Wenn die Anfechtungsklagen **in getrennten Prozessen** verbleiben, kann das Gericht gemäß § 148 ZPO das Verfahren über den Ausgangsbeschluss **aussetzen,** bis über die Klage gegen den Bestätigungsbeschluss entschieden ist.[234] Die umgekehrte Aussetzung ist hingegen problematisch, weil jedenfalls die Nichtigerklärung des Ausgangsbeschlusses vor Entscheidung über den Bestätigungsbeschluss diesem die Möglichkeit nähme, den Ausgangsbeschluss gemäß § 244 S. 1 AktG zu heilen.[235] Wenn der Bestätigungsbeschluss nicht angefochten oder die Anfechtungsklage gegen den Bestätigungsbeschluss rechtskräftig abgewiesen wird, muss der Anfechtungskläger im Prozess gegen den Ausgangsbeschluss die Hauptsache für erledigt erklären, wenn er die Klageabweisung vermeiden will.[236] Falls die beklagte AG sich der Erledigungserklärung anschließt, ist gemäß § 91a ZPO nur noch über die Kosten zu entscheiden. Ansonsten ist die Erledigungserklärung des Klägers als zulässige Klageänderung auf Feststellung der Erledigung anzusehen. Der Feststellungsantrag hat nur dann Erfolg, wenn die Klage gegen den Ausgangsbeschluss ohne den Bestätigungsbeschluss zulässig und begründet gewesen wäre.[237]

IV. Anfechtungsklage

1. Anfechtungsbefugnis, insbesondere der Aktionäre. Die nachträgliche Beschlusskontrolle wird in der Praxis fast ausschließlich von den Aktionären geleistet (→ Rn. 7). Diesen räumt § 245 Nr. 1–3 AktG in verschiedenen Konstellationen und unter verschiedenen Voraussetzungen die Befugnis zur Anfechtung eines Hauptversammlungsbeschlusses durch Klage (§ 243 Abs. 1 AktG) ein. Die Anfechtungsbefugnis ist nach hM **materiellrechtliche Voraussetzung** der Anfechtung, so dass die Anfechtungsklage bei Fehlen dieser Voraussetzung nicht unzulässig, sondern **unbegründet** ist.[238] Anfechtungsbefugt sind gemäß § 245 Nr. 4 und Nr. 5 AktG zwar auch der Vorstand und unter bestimmten Voraussetzungen die einzelnen Mitglieder von Vorstand und Aufsichtsrat. Diese sind aber im

---

[231] *Hüffer* ZGR 2012, 730 (741–742). Analyse nach Fallgruppen bei *Butzke* FS Stilz, 2014, 83 (93–97).
[232] GroßkommAktG/*K. Schmidt* § 244 Rn. 17; Wachter AktG/*Epe* § 244 Rn. 15.
[233] OLG Stuttgart AG 2005, 125 (126); *Hüffer* ZGR 2012, 730 (743); Bürgers/Körber AktG/*Göz* § 244 Rn. 9; *Hüffer/Koch* AktG § 244 Rn. 9; Spindler/Stilz AktG/*Drescher* § 244 Rn. 40.
[234] BGH AG 2010, 709.
[235] Bürgers/Körber AktG/*Göz* § 244 Rn. 10; aA *Hüffer* ZGR 2012, 730 (746–747).
[236] OLG Frankfurt a. M. AG 2009, 168 (169).
[237] Ausführlich dazu Hüffer/*Koch* AktG § 244 Rn. 8.
[238] StRspr, zB BGHZ 167, 204 Rn. 15; aus der Lit. statt aller Spindler/Stilz AktG/*Dörr* § 245 Rn. 4 mwN.

Regelfall bereits intensiv in die Beschlussvorbereitung eingebunden, so dass sie auf eine nachträgliche Beschlusskontrolle nicht angewiesen sind. Etwas anderes könnte allenfalls für Beschlüsse gelten, die aufgrund eines Minderheitsverlangens (§ 122 Abs. 1 und 2 AktG) zustande gekommen sind. In der Praxis spielen solche Anfechtungsszenarien indessen keine nachweisbare Rolle. Die folgenden Darstellungen befassen sich deshalb ausschließlich mit der Anfechtungsbefugnis der Aktionäre.

83 Die Anfechtungsbefugnis als materiell-rechtliche Voraussetzung der Anfechtung ist vom **Rechtsschutzbedürfnis** für die Anfechtungsklage zu unterscheiden. Das Rechtsschutzbedürfnis ist allgemeine Voraussetzung für die Zulässigkeit einer Klage, auch einer Anfechtungsklage. Es ist für die Anfechtungsklage in der Regel gegeben, weil gesetz- oder satzungswidrige Beschlüsse nur durch Anfechtungsurteil vernichtet werden können (§ 248 Abs. 1 S. 1 AktG). In seinen eigenen Rechten braucht der Aktionär nicht betroffen zu sein (→ Rn. 7). Nur in besonderen Situationen kann das Rechtsschutzbedürfnis fehlen,[239] beispielsweise nach einer Neuvornahme[240] oder Aufhebung[241] des angefochtenen Beschlusses, nach Verlust der Aktionärseigenschaft[242] oder nach Amtsniederlegung des Aufsichtsratsmitglieds, dessen Wahl angefochten wird.[243]

84 **a) Systematik.** § 245 **Nr. 1** AktG regelt den praktischen Normalfall der Anfechtungsbefugnis: Sie steht Aktionären zu, die ihre Aktien schon vor Bekanntmachung der Tagesordnung erworben haben, in der Hauptversammlung erschienen sind und gegen den anzufechtenden Beschluss Widerspruch zur Niederschrift erklärt haben. Dieser Normalfall eröffnet die weitestgehenden Anfechtungsmöglichkeiten, weil er **alle Beschlüsse** und **alle Anfechtungsgründe** erfasst. Er ist der ausschließliche Gegenstand der unten (→ Rn. 87 ff.) folgenden Erläuterungen zur Anfechtungsbefugnis der Aktionäre.

85 Aktionäre, die in der Hauptversammlung nicht erschienen sind, können gemäß § 245 **Nr. 2** AktG anfechten, wenn sie **zu Unrecht nicht zur Hauptversammlung zugelassen** worden sind, die Versammlung **nicht ordnungsgemäß einberufen** war oder der Gegenstand der Beschlussfassung **nicht ordnungsgemäß bekannt gemacht** worden ist. Weil der Aktionär in dieser Fallgruppe nicht zur Hauptversammlung erschienen ist, braucht er selbstverständlich keinen Widerspruch eingelegt zu haben, um anfechten zu können. Wenn ein Einberufungsfehler (Verstoß gegen §§ 121–123, 125–127 AktG)[244] oder ein Bekanntmachungsfehler (Verstoß gegen § 124 Abs. 1–3 AktG)[245] vorliegt, versteht man auch, dass der Aktionär die Aktien nicht schon vor der Bekanntmachung der Tagesordnung erworben haben musste. Großzügig und teleologisch weniger erklärlich gewährt das Gesetz diese Erleichterung auch demjenigen Aktionär, der zu Unrecht zur Hauptversammlung nicht zugelassen wurde.[246] In allen Fällen der Nr. 2 handelt es sich um schwerwiegende Verfahrensfehler, die eher selten vorkommen. Die praktische Bedeutung der Vorschrift wird weiter dadurch gemindert, dass Aktionäre, sofern ihnen die Hauptversammlung nicht vollständig verborgen geblieben ist, Einberufungs- und Bekanntmachungsfehler auch dann geltend machen können, wenn sie in der Hauptversammlung erschienen sind. Ihre Anfechtungsbefugnis richtet sich dann zwar nach Nr. 1, so dass sie rechtzeitigen Aktienbesitz vorweisen und Widerspruch gegen die Beschlussfassung erklärt

---

[239] Sortierung nach Fallgruppen bei *Drescher* FS Stilz, 2014, 125 (129–133).
[240] BGHZ 157, 206 (210).
[241] BGH AG 2011, 875 (876).
[242] BGHZ 169, 221 Rn. 17 – Massa. Zur Fortsetzung des Prozesses als gesetzlicher Prozessstandschafter des Aktienerwerbers → Rn. 90.
[243] BGH AG 2013, 387 Rn. 10.
[244] Hüffer/*Koch* AktG § 245 Rn. 19; Bürgers/Körber AktG/*Göz* § 245 Rn. 14; jeweils mwN.
[245] GroßkommAktG/*K. Schmidt* § 245 Rn. 28; Bürgers/Körber AktG/*Göz* § 245 Rn. 14; Hüffer/*Koch* AktG § 245 Rn. 20.
[246] Ausführlich zu den in Betracht kommenden Fällen Gärtner/Rose/Reul, Anfechtungs- und Nichtigkeitsgründe im Aktienrecht/*Reul*, 2. Teil, Rn. 108–122.

haben müssen,²⁴⁷ aber dies nehmen die Aktionäre in der Regel in Kauf, weil sich in der Hauptversammlung möglicherweise weitere Anfechtungsgründe auftun und weil sie nach Erscheinen in der Hauptversammlung nicht nur den von einem Bekanntmachungsfehler betroffenen Beschluss,²⁴⁸ sondern auch weitere Beschlüsse anfechten können. Es verbleiben daher die äußerst seltenen Fälle der unberechtigten Verweigerung des Zutritts zur Hauptversammlung²⁴⁹ oder des späteren unberechtigten Ausschlusses aus der Hauptversammlung.²⁵⁰

Nr. 3 gewährt die Befugnis zur Anfechtung von Hauptversammlungsbeschlüssen wegen **86 Sondervorteils** (§ 243 Abs. 2 AktG) jedem Aktionär unter der einzigen Voraussetzung, dass er die Aktien schon vor Bekanntmachung der Tagesordnung erworben haben muss. Es kommt, anders als nach Nr. 1 (sogleich → Rn. 87), nicht einmal darauf an, ob der Aktionär bei Bekanntmachung der Tagesordnung konkret zur Ausübung seiner Mitgliedschaftsrechte befugt war oder diese vorübergehend nicht bestanden, zB gemäß § 20 Abs. 7 S. 1 AktG wegen Verletzung von Mitteilungspflichten betreffend Aktienbesitz, sofern die Mitteilung bei Klageerhebung nachgeholt ist.²⁵¹ Für die Anfechtung wegen Sondervorteils gibt es aber nicht viele praktische Beispiele (→ Rn. 62–65). Außerdem kann auch dieser Anfechtungsgrund mit der Anfechtungsbefugnis nach Nr. 1 geltend gemacht werden.

b) Aktionärseigenschaft. Die Anfechtungsbefugnis nach § 245 Nr. 1 AktG setzt zu- **87** nächst die Aktionärseigenschaft voraus. Dafür genügt grundsätzlich das **Eigentum an einer einzigen Aktie**. Diese Aktie braucht **kein Stimmrecht** zu vermitteln, so dass auch stimmrechtslose Vorzugsaktionäre und gemäß § 136 Abs. 1 AktG vom Stimmrecht ausgeschlossene Aktionäre anfechten können.²⁵² Kein Anfechtungsrecht gewähren Aktien, aus denen zu den maßgeblichen Zeitpunkten (dazu sogleich → Rn. 89, 90) nicht nur kein Stimmrecht, sondern **überhaupt keine Rechte** bestehen. Das sind namentlich die Fälle der Verletzung von Mitteilungspflichten über Aktienbesitz (§ 20 Abs. 7 S. 1 AktG) oder Stimmrechte (§ 28 S. 1 WpHG) und von Veröffentlichungs- oder Angebotspflichten bei Kontrollerwerb (§ 59 S. 1 WpÜG); ebenfalls keinerlei Rechte gewähren eigene Aktien der Gesellschaft (§ 71b AktG).²⁵³ Bei Verletzung von Mitteilungspflichten über Beteiligungen und Stimmrechte kann die Anfechtungsbefugnis auch nicht dadurch wiedererlangt werden, dass die Mitteilung nachgeholt wird, nachdem ein maßgeblicher Zeitpunkt verstrichen ist.²⁵⁴

Wenn das Aktieneigentum **mehreren gemeinschaftlich** zusteht, müssen sie zur An- **88** fechtung grundsätzlich einen gemeinschaftlichen Vertreter bestellen (§ 69 Abs. 1 AktG); dies gilt allerdings nicht für die Girosammelverwahrung und auch nicht für Notgeschäftsführungsmaßnahmen einer Erbengemeinschaft.²⁵⁵ Anfechtungsbefugt ist der **Treuhänder,**²⁵⁶ nicht aber der **Pfandnehmer.**²⁵⁷ Ganz und gar umstritten und mit der Reichweite

---

²⁴⁷ OLG München AG 2010, 677; MüKoAktG/*Hüffer/Schäfer* § 245 Rn. 41; Bürgers/Körber AktG/*Göz* § 245 Rn. 13.
²⁴⁸ So zu Recht die Einschränkung bei Schmidt/Lutter/*Schwab* AktG § 245 Rn. 23; Bürgers/Körber AktG/*Göz* § 245 Rn. 14.
²⁴⁹ OLG Frankfurt a. M. AG 2007, 357 (357–358) (Nichtzulassung berechtigt, wenn Aktionär sich zumutbarer Taschenkontrolle entzieht).
²⁵⁰ BGHZ 44, 245 (250–252); OLG München AG 2010, 842 (843).
²⁵¹ BGH AG 2009, 534 (535).
²⁵² GroßkommAktG/*K. Schmidt* § 245 Rn. 13; Schmidt/Lutter/*Schwab* AktG § 245 Rn. 3; Grigoleit/*Ehmann* AktG § 245 Rn. 6.
²⁵³ MüKoAktG/*Hüffer/Schäfer* § 245 Rn. 21; Grigoleit/*Ehmann* AktG § 245 Rn. 6.
²⁵⁴ BGHZ 167, 204 Rn. 14. Zu der teilweise anderen Rechtslage bei § 245 Nr. 3 AktG → Rn. 86.
²⁵⁵ Zu letzterem BGHZ 108, 21 (30–31) (für GmbH). Siehe im Übrigen Grigoleit/*Ehmann* AktG § 245 Rn. 10; Hüffer/*Koch* AktG § 245 Rn. 6.
²⁵⁶ BGH NJW 1966, 1458 (1459).
²⁵⁷ Bürgers/Körber AktG/*Göz* § 245 Rn. 7; Grigoleit/*Ehmann* AktG § 245 Rn. 6; Hüffer/*Koch* AktG § 245 Rn. 10.

des Nießbrauchs an Gesellschaftsrechten verbunden ist die Frage, ob der **Nießbraucher** ein eigenes Anfechtungsrecht haben kann.[258] Bei der **Legitimationszession** (→ § 37 Rn. 23) ist durch Auslegung zu ermitteln, ob diese sich auf die Wahrnehmung des Stimmrechts in der Hauptversammlung beschränken oder die Anfechtung einschließen soll.[259] Bei Namensaktien allerdings ist gemäß § 67 Abs. 2 S. 1 AktG immer nur der im Aktienrechtsregister eingetragene Zessionar anfechtungsbefugt.[260]

89 Seit dem UMAG muss die Aktionärseigenschaft gemäß § 245 Nr. 1 AktG bereits **vor Bekanntmachung der Tagesordnung,** die Bestandteil der Einberufung ist (§ 121 Abs. 3 S. 1 und 2 AktG), bestehen. Dadurch soll es berufsmäßigen Anfechtungsklägern erschwert werden, Aktien gezielt im Hinblick auf die Anfechtung bestimmter Beschlussgegenstände zu erwerben.[261] Berufsmäßige Anfechtungskläger lassen diese Regelung aber leerlaufen, indem sie vorsorglich mindestens eine Aktie jeder für eine Beschlussanfechtung in Betracht kommenden Gesellschaft durchgehend im Depot halten. Nach allgemeinen Grundsätzen muss die Aktionärseigenschaft **ferner bei der anzufechtenden Beschlussfassung**[262] und nach dem Wortlaut von § 245 Nr. 1 AktG auch im **Zeitpunkt der Klageerhebung,**[263] dh bei Zustellung der Klageschrift an die beklagte Gesellschaft (§ 253 Abs. 1 ZPO), bestehen. Dabei genügt es nicht, die Aktien punktuell zu den drei genannten Zeitpunkten zu halten; vielmehr muss die Aktionärseigenschaft nach hM von der Bekanntmachung der Tagesordnung bis zur Klageerhebung **durchgehend** gegeben sein.[264] Wenn der anfechtende Aktionär Gesamtrechtsnachfolger ist, werden ihm die Zeiten der Aktionärseigenschaft seines Rechtsvorgängers als eigene zugerechnet.[265]

90 Indessen muss der Kläger die Aktien nicht bis zum rechtskräftigen Urteil behalten. **Veräußert** er die Aktien während des Prozesses, behält er die Anfechtungsbefugnis analog § 265 Abs. 2 ZPO und kann den Prozess als **gesetzlicher Prozessstandschafter** des Aktienerwerbers weiterführen, wenn er ein rechtlich anerkanntes Interesse an der Fortsetzung des Prozesses hat.[266] Dies gilt grundsätzlich auch für den Fall, dass die Aktionärseigenschaft während des Prozesses aufgrund eines **Minderheitsausschlusses** gemäß § 327a AktG verloren geht.[267] Das rechtliche Interesse an der weiteren Prozessführung ist in diesem Fall zu bejahen für die Anfechtung des Übertragungsbeschlusses selbst, für Anfechtungs- und Nichtigkeitsklagen, die sich gegen vorangegangene Strukturmaßnahmen richten, deren Durchführung erst die Voraussetzung für den Minderheitsausschluss geschaffen haben, bei der Verfolgung von Vermögensinteressen, die im Spruchverfahren nicht geltend gemacht werden können, und schließlich auch schon dann, wenn das Anfechtungsurteil präjudizielle Wirkung im Spruchverfahren entfalten kann (ausführlich → § 75 Rn. 115–116).

91 Wenn die Gesellschaft die Aktionärseigenschaft bestreitet, hat der Kläger diese nachzuweisen. Bei Namensaktien genügt dafür die Eintragung im Aktienregister (§ 67 Abs. 2 S. 1 AktG). Ansonsten, insbesondere bei Inhaberaktien, wird der **Beweis der Aktionärseigenschaft** üblicherweise mit einer Bestätigung des depotführenden Intermediärs er-

---

[258] Ausführlich unter Differenzierung zwischen Ertragsnießbrauch und Anteilsnießbrauch MüKoAktG/*Hüffer/Schäfer* § 245 Rn. 32 mwN.
[259] OLG Stuttgart AG 2003, 588 (588–589); LG Frankfurt a. M. AG 2013, 529 (530). Aus der Lit. statt aller Hüffer/*Koch* AktG § 245 Rn. 11.
[260] *Bayer/Scholz* NZG 2013, 721 (721–722); Hüffer/*Koch* AktG § 245 Rn. 11. AA LG München I Der Konzern 2009, 488 (491–492).
[261] Begr. RegE UMAG, BT-Drs. 15/5092, 27.
[262] BGH NJW 2008, 69 Rn. 64.
[263] *Goette* FS K. Schmidt, 2009, 469 (476); Hüffer/*Koch* AktG § 245 Rn. 7.
[264] MüKoAktG/*Hüffer/Schäfer* § 245 Rn. 26 mwN.
[265] Hüffer/*Koch* AktG § 245 Rn. 7; zur früheren Gesetzeslage bereits RGZ 66, 134 (135); OLG Celle AG 1984, 266 (271).
[266] BGHZ 169, 221 Rn. 15 – Massa.
[267] BGHZ 169, 221 Rn. 16–17 – Massa.

bracht.[268] Die Bestätigung muss den gesamten Zeitraum von der Bekanntmachung der Tagesordnung bis zur Klageerhebung abdecken. Wenn sie also bereits mit der Einreichung der Klageschrift bei Gericht vorgelegt wird, muss die Bank auch die Sperrung der Aktien bis zur Zustellung der Klageschrift (§ 253 Abs. 1 ZPO) bestätigen.

c) Teilnahme an der Hauptversammlung. Etwas eigentümlich spricht § 245 Nr. 1 AktG davon, dass der Aktionär in der Hauptversammlung erschienen sein muss, um anfechten zu können. Gemeint ist damit, dass er an der Hauptversammlung teilgenommen hat. Dies ist in vielfältiger Form möglich, durch **persönliches Erscheinen,** durch **Online-Teilnahme** bei einer Online-Hauptversammlung, durch einen offenen oder verdeckten **Stellvertreter** (im Teilnehmerverzeichnis als Vollmachtsbesitz ausgewiesen) oder durch einen **Legitimationszessionar**[269] (im Teilnehmerverzeichnis als Fremdbesitz ausgewiesen).[270] Aktionäre, die durch schriftliche oder elektronische Stimmabgabe (Briefwahl, § 118 Abs. 2 S. 1 AktG) lediglich an den Abstimmungen, nicht aber an der Hauptversammlung insgesamt teilnehmen, haben kein Anfechtungsrecht.[271]

d) Widerspruch. Die Anfechtungsbefugnis gemäß § 245 Nr. 1 AktG setzt schließlich voraus, dass der Aktionär gegen die Beschlussfassung „Widerspruch" zur Niederschrift erklärt hat. Fast immer benutzen der Aktionär, sein Stellvertreter oder Legitimationszessionar genau dieses Wort, wenn sie ihre Opposition zu Protokoll geben. Es reicht aber nach einhelliger Auffassung aus, dass der Widersprechende in sonstiger Weise hinreichend deutlich zum Ausdruck bringt, er wende sich gegen den Beschluss (nicht nur gegen verfahrensleitende Maßnahmen)[272] und behalte sich gerichtliche Schritte vor, zB indem er den Beschluss „anficht", sich gegen ihn „verwahrt" oder Ähnliches.[273] Der Widerspruch ist nach heute überwiegender Auffassung auch möglich, wenn der Aktionär für den Beschluss gestimmt hat.[274] Darin zeigt sich, dass der maßgebliche Grund für das Widerspruchserfordernis nicht das Verbot widersprüchlichen Verhaltens ist,[275] sondern die Schaffung von Rechtssicherheit und Herstellung der schnellen Handlungsfähigkeit der Gesellschaft schon während der Anfechtungsfrist bei nicht erhobenem oder zurückgenommenem Widerspruch. Eine **Begründung** braucht der Widersprechende nicht zu geben, und wenn er sie gibt, bindet ihn diese in der späteren Anfechtungsklage nicht.[276] Der Widerspruch kann auch **pauschal** gegen sämtliche Beschlüsse der Hauptversammlung erklärt werden,[277] und dies auch schon vor der Beschlussfassung.[278] Der zeitliche Rahmen für einen Widerspruch ist die **gesamte Hauptversammlung** ab Eröffnung bis zur Schließung; ein danach erklärter Widerspruch ist unbeachtlich.[279] Falls der

---

[268] Die Lit. (zB Bürgers/Körber AktG/*Göz* § 245 Rn. 8; Hüffer/*Koch* AktG § 245 Rn. 9) spricht durchweg von „Hinterlegungsbescheinigung", wohl eine Reminiszenz an die frühere Hinterlegungspflicht als Voraussetzung zur Teilnahme an der Hauptversammlung.
[269] KG AG 2010, 166 (168).
[270] Zum Ganzen statt aller Hüffer/*Koch* AktG § 245 Rn. 12.
[271] Schmidt/Lutter/*Spindler* AktG § 118 Rn. 61; Bürgers/Körber AktG/*Göz* § 245 Rn. 10; Hüffer/*Koch* AktG § 118 Rn. 19.
[272] OLG Oldenburg NJW 1975, 1790 (1790–1791).
[273] Statt aller MüKoAktG/*Hüffer/Schäfer* § 245 Rn. 38 mwN.
[274] MüKoAktG/*Hüffer/Schäfer* § 245 Rn. 36; Bürgers/Körber AktG/*Göz* § 245 Rn. 12; Hüffer/*Koch* AktG § 245 Rn. 13. Differenzierend (Verlust der Anfechtungsbefugnis/des Widerspruchsrechts bei Beschlusszustimmung trotz Kenntnis eines Verfahrensfehlers) in Anlehnung an BGH NZG 2010, 943 Rn. 37 insbesondere *Fleischer* FS Stilz, 2014, 143 (152–153) mwN.
[275] So aber die hL, zB *Noack* AG 1989, 78 (79–80); GroßkommAktG/*K. Schmidt* § 245 Rn. 19; MüKoAktG/*Hüffer/Schäfer* § 245 Rn. 36. Dagegen wie hier Bürgers/Körber AktG/*Göz* § 245 Rn. 11–12.
[276] *Noack* AG 1989, 78 (81); Schmidt/Lutter/*Schwab* AktG § 245 Rn. 13; Bürgers/Körber AktG/*Göz* § 245 Rn. 11.
[277] So schon RGZ 30, 50 (52).
[278] BGHZ 180, 9 Rn. 17 – Kirch/Deutsche Bank.
[279] LG Köln AG 1996, 37.

Widerspruch, aus welchen Gründen auch immer, nicht in die Niederschrift aufgenommen worden ist, steht es dem Aktionär frei, den Widerspruch im Prozess auf andere Art und Weise zu beweisen.[280] Wenn dem Aktionär, seinem Vertreter oder Legitimationszessionar in der Hauptversammlung keine Gelegenheit zum Widerspruch gegeben wurde, etwa weil der Versammlungsleiter diese überraschend geschlossen hat, ist der Widerspruch für die Anfechtungsklage entbehrlich und kann dadurch ersetzt werden, dass der Aktionär unverzüglich nach der Hauptversammlung dem Vorstand mitteilt, er sei am Widerspruch gehindert worden und behalte sich sein Recht auf Anfechtung der Beschlüsse vor.[281]

94 Die hL tritt dafür ein, **auf das Widerspruchserfordernis zu verzichten,** wenn der Anfechtungsgrund in der Hauptversammlung nicht erkennbar war.[282] Mit dem Bedürfnis nach Rechtssicherheit und Handlungsfähigkeit der Gesellschaft, bei widerspruchsloser Beschlussfassung auch schon während der Anfechtungsfrist, ist diese Auffassung nicht in Einklang zu bringen. Was von wem in der Hauptversammlung erkannt werden konnte, wird bis zum rechtkräftigen Anfechtungsurteil streitig bleiben. Die Anfechtungsfrist ist kein Aufhellungszeitraum für bisher nicht bekannte Anfechtungsgründe, sondern dient der Entscheidungsfindung der Aktionäre, ob sie wegen der vor oder in der Hauptversammlung erkannten Rechtsverletzungen anfechten wollen, und ggf. der Abfassung der Anfechtungsklage. Wenn kein Widerspruch erhoben ist, müssen Hauptversammlungsbeschlüsse umgesetzt, insbesondere ins Handelsregister eingetragen werden können, auch ohne dass die Anfechtungsfrist abgelaufen ist. Bei Kapitalmaßnahmen, die stets einem engen Zeitplan unterworfen sind und meistens auch keinen Aufschub dulden, wird dies besonders deutlich. Der Widerspruch ist deshalb auch bei nicht erkannten und nicht erkennbaren Anfechtungsgründen erforderlich.[283] Gegebenenfalls kann ein Widerspruch, der ja keiner Begründung bedarf, in der Hauptversammlung auf Vorrat erklärt werden, und dies geschieht in der Praxis auch.

95 **e) Missbrauch des Anfechtungsrechts.** Die Anfechtungsbefugnis unterliegt den allgemeinen Schranken der privaten Rechtsausübung, insbesondere dem aus § 242 BGB folgenden Verbot des Rechtsmissbrauchs. Für die Anfechtungsbefugnis hat der BGH die Grenze des Rechtsmissbrauchs dort gezogen, wo der Aktionär die Klage mit dem Ziel erhebt, die Gesellschaft in **grob eigennütziger Weise** zu einer Leistung zu veranlassen, auf die er **keinen Anspruch** hat und billigerweise auch nicht erheben kann.[284] Der Hebel der missbräuchlichen Anfechtungsklage liegt in der **Verzögerung von Maßnahmen** der Gesellschaft, vor allem wenn die Maßnahmen zu ihrer Wirksamkeit der Eintragung ins Handelsregister bedürfen. Denn bereits die schlichte Klageerhebung führt zu einer formellen (zB § 16 Abs. 2 UmwG bei Umwandlungsmaßnahmen) oder jedenfalls faktischen (→ § 40 Rn. 83) Registersperre. Solche Klagen haben mehr als, wie es manchmal verniedlichend genannt wird, „Lästigkeitswert",[285] ihnen wohnt vielmehr erhebliches „Erpressungspotential"[286] inne, auch wenn Erpressung oder Nötigung oder ein anderer Straftatbestand keine Voraussetzung für Rechtsmissbrauch sind.[287]

---

[280] BGHZ 205, 319 Rn. 25; Hüffer/*Koch* AktG § 245 Rn. 15 mwN.
[281] *Noack* AG 1989, 78 (81); Bürgers/Körber AktG/*Göz* § 245 Rn. 11; Hüffer/*Koch* AktG § 245 Rn. 14.
[282] Grundlegend KölnKommAktG/*Zöllner*, 1. Aufl. 1985, § 245 Rn. 42. Ebenso heute *Noack* AG 1989, 78 (82); *Kersting* ZGR 2007, 319 (345–346); *Fleischer* FS Stilz, 2014, 143 (146–147); Spindler/Stilz AktG/*Dörr* § 245 Rn. 30; MüKoAktG/*Hüffer/Schäfer* § 245 Rn. 37; KölnKommAktG/*Noack/Zetzsche* § 245 Rn. 85–86; jeweils mwN.
[283] Grigoleit/*Ehmann* AktG § 245 Rn. 13; Bürgers/Körber AktG/*Göz* § 245 Rn. 12 (allerdings einschränkend für den Fall der arglistigen Täuschung des ansonsten anfechtungsbefugten Aktionärs).
[284] BGHZ 107, 296 (311) – Kochs/Adler.
[285] Hüffer/*Koch* AktG § 245 Rn. 27.
[286] Bürgers/Körber AktG/*Göz* § 245 Rn. 19.
[287] BGHZ 107, 296 (309) – Kochs/Adler.

96 Dem Missbrauchskläger geht es in der Regel um **illegale Vermögensvorteile**, er lässt sich seine Klage gewissermaßen abkaufen. Nachdem in den Anfangszeiten der Klageindustrie schlichte Austauschgeschäfte (Rücknahme von Widerspruch oder Klage gegen Zahlung) getätigt wurden und dies zu strafrechtlicher Verfolgung und zivilrechtlichen Rückforderungsansprüchen führte,[288] werden die ungerechtfertigten Vermögenszuwendungen heute subtiler in Beratungsverträgen und in Vergleichen untergebracht, Letzteres unter exzessiver Nutzung des Gebührenrechts, zB durch Vereinbarung von hohen Vergleichsmehrwerten und Vermehrung der Kläger unter Einsatz von Vehikelgesellschaften. Daneben werden missbräuchliche Anfechtungsklagen auch dazu benutzt, die Gesellschaft im Hinblick auf andere Prozesse unter Druck zu setzen.[289] Fälle erpresserischer Anfechtungsklagen werden nur selten öffentlich. Die betroffenen Gesellschaften halten sich in der Regel bedeckt, weil sie befürchten müssen, bei zukünftigen Maßnahmen auf dieselben Missbrauchskläger zu treffen, und dann wieder auf deren Vergleichsbereitschaft angewiesen sind.

97 Weil auch nur einigermaßen getarnter Rechtsmissbrauch von der insoweit beweisbelasteten Gesellschaft[290] im Prozess nur schwer dargelegt und noch schwerer belegt werden kann, ist die Gesellschaft häufig auf **Indizien** angewiesen. Die Rechtsprechung jedenfalls der Instanzgerichte lehnt es aber durchweg ab, Rechtsmissbrauch anzunehmen, nur weil der Kläger in vielen Anfechtungsprozessen aktiv, häufig nur mit wenigen Aktien investiert ist und seine Prozesse typischerweise nicht durchficht, sondern durch Vergleich beendet. Auch erkannter Rechtsmissbrauch in zurückliegenden Fällen stigmatisiert den Kläger nicht für immer.[291] Einige Missbrauchskläger garnieren ihre Anfechtungshistorie bewusst mit dem einen oder anderen altruistisch bis zum rechtskräftigen Urteil durchgeführten Prozess. Viele Gerichte hegen verständlicherweise die Befürchtung, bei Annahme von Rechtsmissbrauch die Kontrollfunktion der Anfechtungsklage doch einmal zu Unrecht zu beschneiden. Trotz umfangreicher empirischer Studien, in denen Berufskläger, ihre Helfer und ihre Verbindungen untereinander genau bezeichnet worden sind,[292] hat sich daher der **Einwand des individuellen Rechtsmissbrauchs** über die Jahre **nicht als wirkungsvolles Verteidigungsmittel erwiesen.** Außerdem kann selbst die speditivste Bearbeitung von Anfechtungsklagen durch die Gerichte den meistens unter hohem Zeit- und Erwartungsdruck der Kapitalmärkte stehenden Kapital- und Strukturmaßnahmen der Gesellschaften selten gerecht werden. Deshalb müssen die Gesellschaften ihr Heil im schnellen Vergleich suchen. Echte Erleichterungen haben infolgedessen erst typisierend gegen missbräuchliche Anfechtungsklagen gerichtete Regelungen des Gesetzgebers gebracht, insbesondere die Stärkung des Freigabeverfahrens durch das ARUG von 2009 (→ Rn. 8 sowie zum Freigabeverfahren im Einzelnen → Rn. 144 ff.).

98 Wenn im Einzelfall doch einmal Rechtsmissbrauch erkannt wird, führt dies zum Verlust der Anfechtungsbefugnis und damit zur Abweisung der Anfechtungsklage wegen **Unbegründetheit.**[293] Dem Mißbrauchskläger zugewandte Vermögensvorteile sind verbotene Einlagenrückgewähr (§ 57 AktG) und begründen einen **Rückgewähranspruch** gemäß § 62 AktG. Daneben kommen **Schadensersatzansprüche** gegen den Berufskläger und auch dessen Helfer[294] gemäß § 823 Abs. 2 BGB iVm § 253 StGB und § 826 BGB[295] in Betracht. Die Literatur zieht daneben auch Schadensersatzansprüche wegen Verletzung der gesellschaftsrechtlichen Treuepflicht in Betracht.[296]

---

[288] ZB BGH NJW 1992, 2821.
[289] ZB OLG Frankfurt a. M. AG 1996, 135 (136–137).
[290] OLG Stuttgart AG 2003, 456 (456–457).
[291] OLG Stuttgart AG 2003, 456 (457); KG AG 2011, 299 (300).
[292] Vor allem *Baums/Keinath/Gajek* ZIP 2007, 1629 und *Baums/Drinhausen/Keinath* ZIP 2011, 2329 sowie *Bayer/Hoffmann/Sawada* ZIP 2012, 897.
[293] BGH AG 1992, 448 (449).
[294] BGH NJW 1992, 2821 (2822–2823).
[295] OLG Frankfurt a. M. NZG 2009, 222 (223).
[296] Statt aller Bürgers/Körber AktG/*Göz* § 245 Rn. 22; Hüffer/*Koch* AktG § 245 Rn. 30.

99 **2. Anfechtungsfrist. a) Fristlauf.** Gemäß § 246 Abs. 1 AktG muss die Anfechtungsklage **innerhalb eines Monats nach der Beschlussfassung** erhoben werden. Der Tag der Hauptversammlung, bei mehrtägigen Hauptversammlungen deren letzter Tag,[297] wird gemäß § 187 Abs. 1 BGB nicht mitgerechnet, so dass der erste Tag der Frist der Tag nach der Hauptversammlung ist. Die Frist endet gemäß § 188 Abs. 2 BGB mit dem Auflauf desjenigen Tages des nächsten Monats, der durch seine Benennung und seine Zahl dem Tag der Hauptversammlung entspricht, oder, wenn es einen solchen Tag im nächsten Monat nicht gibt, mit dem Ablauf des Monatsletzten (§ 188 Abs. 3 BGB). Beispielsweise endet bei einer Hauptversammlung am 31.3. die Anfechtungsfrist mit dem Ablauf des 30.4. Fällt der letzte Tag der Anfechtungsfrist auf einen Samstag, Sonntag oder Feiertag, so endet die Frist erst mit Ablauf des nächsten Werktags (§ 193 BGB).

100 Die Klage muss innerhalb der Monatsfrist erhoben werden, dh die Klageschrift muss grundsätzlich spätestens am letzten Tag der Frist zugestellt werden (§ 253 Abs. 1 ZPO). Zur Fristwahrung genügt gemäß § 167 ZPO allerdings auch die Einreichung der Klageschrift bei Gericht am letzten Tag der Frist, wenn sie **„demnächst" zugestellt** wird. Die Rechtsprechung nimmt hier tendenziell eine zugunsten der Anfechtungskläger großzügige Haltung ein. Im Extremfall hat sie § 167 ZPO auch noch nach mehrmonatigen Verzögerungen bei der Zustellung angewandt, wenn die Verzögerungen nicht durch die Kläger, sondern durch die Geschäftsstelle zu verantworten waren.[298] Dabei werden die Verantwortungsbereiche so abgegrenzt, dass dem Kläger im Wesentlichen nur die Angabe vollständiger Zustellungsanschriften und die Zahlung des Gerichtskostenvorschusses obliegen, ohne dessen Eingang die Gerichte keine Zustellung bewirken.[299] Nicht erforderlich ist es hingegen, dass der Kläger den Gerichtskostenvorschuss selbst berechnet und mit Einreichung der Klageschrift einzahlt. Vielmehr kann er die Anforderung des Vorschusses durch das Gericht abwarten,[300] jedenfalls wenn er sich vor Ablauf von drei Wochen seit Klageeinreichung nach der Vorschussanforderung erkundigt.[301] Ab Eingang der Vorschussanforderung wird dem Kläger in der Regel eine Erledigungsfrist von einer Woche für die Einzahlung zugestanden.[302] Ferner gesteht der BGH, „um eine Überforderung des Klägers sicher auszuschließen",[303] dem Kläger 14 Tage zu, während derer der Kläger etwaige, in seinen Verantwortungsbereich fallende Zustellungsverzögerungen (zB infolge unvollständiger Zustellungsanschriften) zwar zu vertreten hat, seine Mitwirkungshandlungen aber noch nachholen kann. Weil die Hebelwirkung einer Anfechtungsklage vor allem in der Verzögerung der von der Hauptversammlung beschlossenen Maßnahmen liegt (→ Rn. 95), nutzen Berufskläger diese Rechtslage vielfach aus, indem sie am letzten Tag der Klagefrist die Klageschrift ohne Anlagen per Telefax bei Gericht einreichen und es dem Gericht überlassen, zunächst den Streitwert festzusetzen und auf dieser Basis den Gerichtskostenvorschuss vom Kläger anzufordern. Nicht selten gelangt die Gesellschaft deshalb erst viele Wochen nach Ablauf der Anfechtungsfrist in den Besitz der Klageschrift. Die darin liegende Verzögerung nimmt dem Freigabeverfahren einen Teil seiner Beschleunigungswirkung. Der Gesetzgeber des UMAG hat insoweit eine gewisse Abhilfe dadurch geschaffen, dass die Gesellschaft die Klageschrift gemäß § 246 Abs. 3 S. 5 AktG nunmehr **selbst abholen** kann (dazu noch → Rn. 160). Weiteres Mißbrauchspotential für Berufskläger eröffnet sich in

---

[297] KölnKommAktG/*Noack*/*Zetzsche* § 246 Rn. 22; GroßkommAktG/*K. Schmidt* § 246 Rn. 16; Bürgers/Körber AktG/*Göz* § 246 Rn. 8; Hüffer/*Koch* AktG § 246 Rn. 22. AA *Henn* AG 1989, 230 (232) (Tag der Beschlussfassung).
[298] BGH NJW 1974, 1557 (1558).
[299] BGH AG 2011, 335 Rn. 13.
[300] BGH NJW 1993, 2811 (2812).
[301] BGH NJW 2016, 568 Rn. 13.
[302] BGH WM 2020, 276 Rn. 11 (zuzüglich einer Bearbeitungsfrist von drei Werktagen für den Prozessbevollmächtigten (Rn. 10)).
[303] BGH NJW 2016, 568 Rn. 9.

diesem Zusammenhang durch die Einreichung der Klage bei einem unzuständigen Gericht (dazu ausführlich → Rn. 104).

b) Wirkungen. Die Anfechtungsfrist ist eine **materiell-rechtliche Frist,** deren Versäumnis die Anfechtungsklage nicht unzulässig, sondern **unbegründet** macht.[304] Die Frist ist zwingend und kann weder durch die Satzung (§ 23 Abs. 5 AktG) noch durch die Prozessparteien (§ 224 Abs. 1 ZPO)[305] noch durch das Gericht (§ 224 Abs. 2 ZPO)[306] verlängert oder verkürzt werden. Die Fristbestimmungen des Prozessrechts finden keine Anwendung, so dass insbesondere eine Wiedereinsetzung in den vorigen Stand (§ 233 ZPO) ausscheidet.[307] 101

Neben dem Ausschluss verspäteter Anfechtungsklagen liegt die wesentliche Funktion der Anfechtungsfrist darin, **verspätete Anfechtungsrügen auszuschließen.** Nach einhelliger Auffassung müssen die Anfechtungsgründe ihrem wesentlichen Inhalt nach innerhalb der Anfechtungsfrist, dh regelmäßig bereits in der Klageschrift, vorgetragen werden.[308] Dabei kommt es auf den Tatsachenvortrag an, nicht die rechtliche Würdigung.[309] Die Ausführungen in der Klageschrift zu den Anfechtungsgründen können später noch ausgearbeitet und mit Beweisantritten versehen werden; neue nach Ablauf der Anfechtungsfrist nachgeschobene Anfechtungsgründe sind jedoch unbeachtlich.[310] 102

3. Gerichte und Instanzenzug. Eingangsinstanz für die Anfechtungsklage gegen einen Hauptversammlungsbeschluss ist das **Landgericht** (§ 246 Abs. 3 S. 1 AktG). Die örtliche Zuständigkeit richtet sich grundsätzlich danach, in welchem Landgerichtsbezirk die Gesellschaft ihren Sitz hat (§ 246 Abs. 3 S. 1 AktG). Allerdings haben etliche Bundesländer von der in §§ 246 Abs. 3 S. 2, 148 Abs. 2 S. 3 und 4 AktG eingeräumten Möglichkeit Gebrauch gemacht, die **örtliche Zuständigkeit** bei einem oder mehreren Landgerichten zu **konzentrieren,** um dort besondere Sachkunde zu nutzen oder aufzubauen.[311] Einige Bundesländer mit mehreren OLG-Bezirken haben die Konzentration auf den jeweiligen OLG-Bezirk begrenzt,[312] während andere Länder die Eingangszuständigkeit über OLG-Bezirke hinweg konzentriert haben.[313] Die funktionale Zuständigkeit für die Anfechtungsklage liegt jeweils bei der Kammer für Handelssachen (§ 246 Abs. 3 S. 2 AktG). Alle vorgenannten Zuständigkeiten sind ausschließlich (§ 246 Abs. 3 S. 1 AktG). Dies gilt auch für die Zuständigkeit der Kammer für Handelssachen, so dass ein Antrag des Anfechtungsklägers gemäß § 96 Abs. 1 GVG entbehrlich ist.[314] Wenn die Gesellschaft einen Doppelsitz hat, was nur in Ausnahmefällen möglich ist, aber auch heute noch vorkommt (→ § 8 103

---

[304] RGZ 123, 204 (207); BGH NJW 1998, 3344 (3395). Zur dogmatischen Einordnung ausführlich *Wertenbruch* FS E. Vetter, 2019, 857 (871–874).
[305] OLG Karlsruhe AG 2008, 718 (720).
[306] Grigoleit/*Ehmann* AktG § 246 Rn. 6; Hüffer/*Koch* AktG § 246 Rn. 20.
[307] RGZ 123, 204 (207); LG München I NZG 2009, 226 (227) – UniCredit/HVB.
[308] Siehe nur RGZ 170, 83 (94–95); BGHZ 32, 318 (322); *Stilz* GS Winter, 2011, 671 (683).
[309] BGHZ 32, 318 (323).
[310] BGHZ 15, 177 (180–181); 120, 141 (157); MüKoAktG/*Hüffer/Schäfer* § 246 Rn. 44–46 mwN zur hM. AA KölnKommAktG/*Noack/Zetzsche* § 246 Rn. 33–34; Heidel AktienR u. KapitalmarktR/ *Heidel* § 246 Rn. 31.
[311] Auflistung der Zuständigkeitskonzentration bei Hüffer/*Koch* AktG § 246 Rn. 37.
[312] Baden-Württemberg: LG Mannheim für OLG-Bezirk Karlsruhe, LG Stuttgart für OLG-Bezirk Stuttgart; Nordrhein-Westfalen: LG Düsseldorf für OLG-Bezirk Düsseldorf, LG Dortmund für OLG-Bezirk Hamm, LG Köln für OLG-Bezirk Köln; Rheinland-Pfalz: LG Koblenz für OLG-Bezirk Koblenz, LG Frankenthal für OLG-Bezirk Zweibrücken.
[313] Bayern: LG München I für OLG-Bezirk München, LG Nürnberg-Fürth für OLG-Bezirke Nürnberg und Bamberg; Niedersachsen: LG Hannover für alle OLG-Bezirke. Ebenso im Ergebnis die Länder mit nur einem OLG-Bezirk: Hessen: LG Frankfurt a. M.; Mecklenburg-Vorpommern: LG Rostock.
[314] Hüffer/*Koch* AktG § 246 Rn. 37.

Rn. 7), und die beiden Sitze zur Zuständigkeit unterschiedlicher Landgerichte führen, kann der Kläger wählen, vor welchem Landgericht er die Klage erhebt.[315]

104 Falls der Kläger die Klage vor dem sachlich unzuständigen Amtsgericht, vor einem örtlich unzuständigen Landgericht oder vor der funktional unzuständigen Zivilkammer erhebt, muss er einen **Verweisungsantrag** an die zuständige Kammer für Handelssachen stellen, um die Abweisung seiner Anfechtungsklage als unzulässig zu vermeiden (§ 281 Abs. 1 ZPO, § 98 Abs. 1 S. 1 GVG). Fraglich ist lediglich, ob die vor dem unzuständigen Gericht erhobene Klage die einmonatige **Anfechtungsfrist** des § 246 Abs. 1 AktG wahrt, wenn der Rechtsstreit erst nach ihrem Ablauf an das zuständige Gericht verwiesen wird oder, was in solchen Fällen die Regel ist, gar der Verweisungsantrag erst nach Ablauf der Monatsfrist gestellt wird. In anderen Rechtsbereichen ist die Rechtsprechung den Klägern seit jeher behilflich und gesteht der Klage vor dem unzuständigen Gericht bei späterer Verweisung fristwahrende Wirkung zu.[316] Für die aktienrechtliche Anfechtungsklage wird dies von der hM ebenso gesehen.[317] Die von einigen gegen die hM vertretene Differenzierung dahingehend, dass die Anfechtungsfrist nur bei fristwahrendem Verweisungsantrag gewahrt wird, mag der Verweisungsbeschluss auch später ergehen,[318] würde den Anfechtungsklägern in der Praxis wenig helfen. Denn in der Regel schöpfen die Kläger, angesichts des meistens komplexen Prozessstoffes auch verständlich, die Anfechtungsfrist bis zum letzten Tag aus, so dass sie die Unzuständigkeit des angerufenen Gerichts erst durch dessen Hinweisbeschluss bemerken werden.

105 Erwägenswert erscheint jedoch eine andere Differenzierung: Die **sachliche und funktionale Zuständigkeit** des Landgerichts und der Kammer für Handelssachen ergibt sich schlicht aus der Lektüre des § 246 Abs. 3 AktG. Auch von dem Prozessbevollmächtigten (Anwaltszwang, § 78 Abs. 1 S. 1 ZPO) eines Kleinaktionärs, der sich immerhin anschickt, die Beschlussfassung einer Hauptversammlung zu Fall zu bringen, ist das Lesen und Verstehen grundsätzlicher und einfacher Normen des Anfechtungsrechts zu erwarten. Eine insoweit falsche Adressierung der Klage muss er deshalb noch während der Anfechtungsfrist korrigieren. Etwas anderes mag für die **örtliche Zuständigkeit** des Landgerichts gelten, die sich häufig nur aus den in nicht leicht auffindbaren Ministerialblättern abgedruckten und auch inhaltlich nicht leicht verständlichen Konzentrationsregelungen ergibt. Jedenfalls trägt der ein unzuständiges Gericht anrufende Anfechtungskläger das Risiko, dass die Klage die Gesellschaft zu spät erreicht und bereits bestandskräftige Umsetzungsmaßnahmen (zB § 20 Abs. 2 UmwG) durchgeführt worden sind. Auch die hM schränkt ihren großzügigen Umgang mit der Anfechtungsfrist in zweierlei Hinsicht ein: Erstens wird derjenige Kläger nicht geschützt, der seine Klage richtig an das zuständige Landgericht adressiert, sie jedoch fälschlich beim Amtsgericht einreicht.[319] Zweitens werden Missbräuche der fristwahrenden Verweisung an das zuständige Gericht nicht toleriert, zB die wiederholte Anfechtung beim Landgericht am Wohnsitz des Klägers im Vertrauen darauf, dass dieses die Klage schon an die richtige Stelle weiterleiten werde.[320]

106 Das Urteil erster Instanz unterliegt der **Berufung zum Oberlandesgericht** (§ 511 Abs. 2 Nr. 1 ZPO) und eröffnet dem Anfechtungskläger damit eine weitere Tatsacheninstanz. Die **Revision zum BGH** hingegen bedarf der Zulassung durch das Oberlandesgericht oder den BGH (§ 543 Abs. 1 ZPO). Weil Anfechtungsprozesse sich häufig bei

---

[315] KG AG 1996, 421; LG Bonn AG 1995, 44; Heer ZIP 2012, 803 (805) mwN.
[316] Übersicht bei *Schwab* FGPrax 2000, 32 (33).
[317] KölnKommAktG/*Noack*/*Zetzsche* § 246 Rn. 112–113; GroßkommAktG/*K. Schmidt* § 246 Rn. 18; Schmidt/Lutter/*Schwab* AktG § 246 Rn. 12; Spindler/Stilz AktG/*Dörr* § 246 Rn. 18; MüKoAktG/*Hüffer*/*Schäfer* § 246 Rn. 41; Bürgers/Körber AktG/*Göz* § 246 Rn. 11. AA *Henn* AG 1989, 230 (232); *Heuer* AG 1989, 234 (236–237).
[318] Grigoleit/*Ehmann* AktG § 246 Rn. 8; so wohl auch Hüffer/*Koch* AktG § 246 Rn. 24.
[319] LG Hannover AG 1993, 187 (188).
[320] So das Beispiel von *Heuer* AG 1989, 234 (235). Ebenso MüKoAktG/*Hüffer*/*Schäfer* § 246 Rn. 41; Hüffer/*Koch* AktG § 246 Rn. 24a.

weitgehend unstreitigem Sachverhalt um schwierige Rechtsfragen drehen, die zudem von den Oberlandesgerichten zuweilen unterschiedlich gesehen werden, sind die Zulassungsgründe des § 543 Abs. 2 S. 1 Nr. 2 ZPO (Rechtsfortbildung oder Sicherung einheitlicher Rechtsprechung) vielfach nicht fernliegend.

4. Beteiligte. a) Kläger. Eine Anfechtungsklage kann nur erheben, wer gemäß § 245 **107** AktG anfechtungsbefugt ist (Überblick dazu → Rn. 82). In der Praxis klagen **fast ausschließlich Aktionäre,** und zwar in der Regel mit der Anfechtungsbefugnis gemäß § 245 Nr. 1 AktG. Anfechtungsbefugt bleibt auch der ehemalige Aktionär als Prozessstandschafter, nachdem er die Aktien während des anhängigen Rechtsstreits veräußert hat (→ Rn. 90). Mehrere Anfechtungskläger sind notwendige Streitgenossen gemäß § 62 Abs. 1 Alt. 1 ZPO, weil das Urteil den angefochtenen Beschluss nur mit Wirkung für und gegen alle Kläger für nichtig erklären oder die Klage abweisen kann.[321] Deshalb sind mehrere Anfechtungsprozesse gegen denselben Beschluss auch zur gleichzeitigen Verhandlung und Entscheidung zu verbinden (§ 246 Abs. 3 S. 6 AktG). Bei Anfechtung verschiedener Beschlüsse durch verschiedene Kläger bleibt es bei der fakultativen Verbindung gemäß § 147 ZPO.[322]

b) Beklagte. Gemäß § 246 Abs. 2 S. 1 AktG ist die Anfechtungsklage gegen die **Gesell-** **108** **schaft** zu richten. Deren Organe oder andere Personen kommen als Beklagte mit einer Ausnahme nicht in Betracht. Die einzige Ausnahme ist der Fall der Insolvenz, wenn das stattgebende Anfechtungsurteil die Aktiva mindern oder die Passiva mehren würde. Dann muss die Anfechtungsklage gegen den Insolvenzverwalter als Partei kraft Amtes gerichtet werden; im Übrigen, also bei sog. insolvenzneutralen Beschlüssen, ist die AG zu verklagen.[323]

Bei Anfechtungsklagen von Aktionären, also im Regelfall, wird die Gesellschaft gemäß **109** § 246 Abs. 2 S. 2 AktG **gemeinsam durch Vorstand und Aufsichtsrat vertreten.** Die zusätzliche Vertretung durch den Aufsichtsrat soll verhindern, dass der Vorstand im kollusiven Zusammenwirken mit dem Kläger den von der Mehrheit getragenen Beschluss zu Fall bringt, zB durch Anerkenntnis (§ 307 ZPO, zur Zulässigkeit im Anfechtungsprozess noch → Rn. 120) oder Geständnis (§ 288 ZPO). Die Doppelvertretung ist zunächst von dem anfechtenden Aktionär zu beachten, der Vorstand und Aufsichtsrat und deren jeweilige Mitglieder im Rubrum seiner Klageschrift aufführt (§ 130 Nr. 1 ZPO). Sodann muss die Klageschrift (§ 253 Abs. 1 ZPO) Vorstand und Aufsichtsrat zugestellt werden (§ 170 Abs. 1 S. 1 ZPO); dabei genügt gemäß § 170 Abs. 3 ZPO die **Zustellung an jeweils ein Mitglied** der beiden Gremien.[324] Das Ansinnen vieler Anfechtungskläger, die Klage sämtlichen Aufsichtsratsmitgliedern zuzustellen, braucht das Gericht also nicht zu berücksichtigen. Deshalb darf die Gesellschaft dem anfechtungsgeneigten Aktionär auch nicht die Privatadressen aller Aufsichtsratsmitglieder mitteilen; es reicht die Angabe zustellungsfähiger Anschriften für ein Vorstandsmitglied und ein Aufsichtsratsmitglied, üblicherweise jeweils den Vorsitzenden des Gremiums. Entsprechende Auskünfte müssen dem Aktionär ferner nicht, wie vielfach gefordert, quasi-öffentlich in der Hauptversammlung gegeben, sondern können später in exklusiver Kommunikation nachgereicht werden.

Einem Vorstandsmitglied wird die Klage typischerweise durch Übergabe an das Personal **110** der Hauptverwaltung der AG zugestellt (Ersatzzustellung gemäß § 178 Abs. 1 Nr. 2 ZPO). Diese **Art der Zustellung** scheidet für Aufsichtsratsmitglieder allerdings aus, weil sie dem Prinzip der Doppelvertretung widersprechen würde.[325] Möglich und sachgerecht ist die

---

[321] BGHZ 122, 211 (240); 180, 9 Rn. 55 – Kirch/Deutsche Bank; 180, 154 Rn. 5.
[322] OLG Stuttgart AG 1995, 283.
[323] BGHZ 32, 114 (121–122); Bürgers/Körber AktG/ *Göz* § 246 Rn. 17; Hüffer/*Koch* AktG § 246 Rn. 29; jeweils mwN.
[324] BGHZ 32, 114 (119).
[325] BGHZ 107, 296 (299); *Thielmann* ZIP 2002, 1879 (1883); Bürgers/Körber AktG/*Göz* § 246 Rn. 19; Hüffer/*Koch* AktG § 246 Rn. 34. AA *Borsch* AG 2005, 606 (607); Schmidt/Lutter/*Schwab* AktG § 246 Rn. 25.

Ersatzzustellung an Aufsichtsratsmitglieder, die noch anderweitig beruflich tätig sind, in deren sonstigen Geschäftsräumen. Nur als letzte Möglichkeit sollte die Ersatzzustellung in der Privatwohnung (§ 178 Abs. 1 Nr. 1 ZPO) in Betracht gezogen werden. Schließlich kann die Zustellung gemäß § 171 ZPO auch an den künftigen Prozessbevollmächtigten der Gesellschaft (Anwaltszwang, § 78 Abs. 1 S. 1 ZPO) bewirkt werden.[326] Dazu muss dieser aber schon vor Klageerhebung bestellt worden sein, was selten der Fall ist. Die Bestellung des Prozessbevollmächtigten bedarf eines Beschlusses sowohl des Vorstands als auch des Aufsichtsrats.

111 **c) Nebenintervenient.** Im aktienrechtlichen Anfechtungsprozess hatte die Nebenintervention ihre Blütezeit in den zehn Jahren ab etwa Mitte der 90er Jahre. Sie diente seinerzeit vor allem Trittbrettfahrern dazu, bei sich abzeichnendem Vergleich noch rasch aufzuspringen und die im Vergleich für den Kläger vorgesehene Kostenerstattung auch für sich selbst in Anspruch zu nehmen. Derartige Missbräuche gehören der Vergangenheit an, nachdem zunächst im Jahr 2005 das UMAG die Nebenintervention zeitlich befristet hat (§ 246 Abs. 4 S. 2 AktG) und sodann im Jahr 2007 der BGH den Kostenerstattungsanspruch des im Vergleich nicht berücksichtigten Nebenintervenienten bei vergleichsbedingter Klagerücknahme abgelehnt hat.[327]

112 Die Nebenintervention steht gemäß § 66 Abs. 1 ZPO jedem offen, der ein **rechtliches Interesse** daran hat, dass eine Partei in dem Anfechtungsprozess obsiegt; er kann dann dieser Partei zum Zwecke ihrer Unterstützung beitreten. **Aktionäre** können ihr rechtliches Interesse, auch Interventionsinteresse oder Interventionsgrund genannt, für den Beitritt sowohl auf Seiten des Klägers als auch auf Seiten der Gesellschaft bereits damit begründen, dass das stattgebende Anfechtungsurteil gemäß § 248 Abs. 1 S. 1 AktG ihnen gegenüber in Rechtskraft erwachsen würde.[328] Die Voraussetzungen für die Erhebung einer Anfechtungsklage braucht der Nebenintervenient nicht zu erfüllen, insbesondere muss er nicht gemäß § 245 Nr. 1 AktG anfechtungsbefugt sein, dh Vorbesitzzeit, Teilnahme an der Hauptversammlung und Widerspruch sind entbehrlich, und er muss die Anfechtungsfrist des § 246 Abs. 1 AktG nicht beachten.[329]

113 Allerdings muss der beitretende Aktionär die **Nebeninterventionsfrist** des § 246 Abs. 4 S. 2 AktG wahren. Diese beträgt einen Monat nach der Bekanntmachung der Klage durch den Vorstand gemäß § 246 Abs. 4 S. 1 AktG. Die Bekanntmachung hat in den Gesellschaftsblättern, dh mindestens im Bundesanzeiger (§ 25 AktG) zu erfolgen. Bekanntzumachen ist die Erhebung der Klage mit Bezeichnung des angefochtenen Beschlusses,[330] und zwar unverzüglich nach Zustellung der Klageschrift. Weitere, später erhobene Klagen brauchen nicht bekannt gemacht zu werden;[331] eine etwaige Bekanntmachung setzt keine neue Nebeninterventionsfrist in Gang.[332]

114 Interventionsbefugt sind wegen der Rechtskrafterstreckung des § 248 Abs. 1 S. 1 AktG neben den Aktionären die **Mitglieder von Vorstand und Aufsichtsrat,** ferner wegen der Gestaltungswirkung des stattgebenden Anfechtungsurteils der **Vorstand als Organ** (nicht jedoch der in § 245 Nr. 4 AktG nicht erwähnte Aufsichtsrat als Organ), der besondere

---

[326] *Ihrig/Stadtmüller* FS E. Vetter, 2019, 271 (282). OLG München NZG 2008, 599 (600) löst diesen Fall über § 189 ZPO (Heilung von Zustellungsmängeln).
[327] BGH NZG 2007, 789 Rn. 7–9: keine Kostenparallelität; dazu noch → Rn. 115.
[328] BGHZ 172, 136 Rn. 10; *Austmann* ZHR 158 (1994), 495 (497).
[329] BGHZ 172, 136 Rn. 11–19; *Austmann* ZHR 158 (1994), 495 (498–499). Heute ganz hM, siehe nur Hüffer/*Koch* AktG § 246 Rn. 6 mwN. AA trotz der entgegenstehenden BGH-Rspr. immer noch *Wasmann/Kallweit* Der Konzern 2008, 135 (140–141); wohl auch (jedenfalls de lege ferenda) *Goslar/von der Linden* WM 2009, 492 (497–499).
[330] Bürgers/Körber AktG/*Göz* § 246 Rn. 31; Hüffer/*Koch* AktG § 246 Rn. 40.
[331] Spindler/Stilz AktG/*Dörr* § 246 Rn. 53.
[332] *Wasmann/Kallweit* Der Konzern 2008, 135 (139); Hüffer/*Koch* AktG § 246 Rn. 40. AA *Goslar/von der Linden* WM 2009, 492 (494–495).

Vertreter gemäß § 147 Abs. 2 AktG auf Seiten der Gesellschaft im Anfechtungsprozess über den Beschluss zur Verfolgung von Ersatzansprüchen und über seine Bestellung,[333] **Gesellschaftsfremde** nur, wenn sie von der Gestaltungswirkung des stattgebenden Anfechtungsurteils betroffen sind, zB der Vertragspartner eines Unternehmensvertrags beim Zustimmungsbeschluss zu diesem Vertrag.[334] Anders als der anfechtende Aktionär (→ Rn. 90) muss der beitretende Aktionär seine Aktionärseigenschaft bis zu Beendigung des Prozesses behalten, weil er sonst die Interventionsbefugnis verliert.[335]

Formal beteiligt der Nebenintervenient sich am Prozess durch Einreichung eines Schriftsatzes, in dem er den Beitritt auf Seiten des Klägers oder der beklagten Gesellschaft erklärt (§ 70 Abs. 1 ZPO). Der Beitritt kann, da die Nebenintervention streitgenössisch ist (dazu → Rn. 118), bei Unterliegen der unterstützten Partei zu erheblichen **Kostenbelastungen** führen (§§ 101 Abs. 2, 100 ZPO). Außerdem partizipiert der Nebenintervenient von einer vergleichsweisen Kostenregelung zugunsten des Klägers nicht automatisch gemäß § 101 Abs. 1 ZPO, sondern nur wenn er im Vergleich ausdrücklich in die Kostenerstattung einbezogen wird. Denn § 101 Abs. 1 ZPO und der darin kodifizierten Grundsatz der Kostenparallelität gilt nicht für den streitgenössischen Nebenintervenienten und deshalb nicht für den Nebenintervenienten im Anfechtungsprozess.[336]

115

Möglicherweise wegen dieser Kostenrisiken mehren sich neuerdings Fälle, in denen Aktionäre, ohne den Beitritt zu erklären, unter bloßem Hinweis auf ihre Interventionsbefugnis **Einsicht in die Akten des Anfechtungsprozesses** begehren. Solche Gesuche sind abzulehnen. Mangels Beitritts richtet sich das Akteneinsichtsrecht des Aktionärs nach § 299 Abs. 2 ZPO. Das danach erforderliche rechtliche Interesse an der Akteneinsicht ergibt sich aber nicht schon aus der jedem Aktionär zukommenden Interventionsbefugnis. Bei einer Vielzahl von Aktionären könnten die Gerichtsakten sonst quasi öffentlich werden, und der Prozess könnte durch massenhaft gestellte Akteneinsichtsgesuche praktisch lahmgelegt werden. Der interventionsbefugte Aktionär ist in keiner anderen Situation als der anfechtungsbefugte Aktionär: Er muss die Chancen und Risiken des Prozesses einschließlich des Kostenrisikos für sich abschätzen, bevor er das Prozessrechtsverhältnis begründet. Dazu kann er sich gegebenenfalls vor Erklärung des Beitritts mit der zu unterstützenden Partei in Verbindung setzen, um Einblick in deren Prozessakten und weitere Informationen für seine Entscheidungsfindung zu erhalten. Dass ein Akteneinsichtsrecht gemäß § 299 Abs. 2 ZPO für den Streitverkündeten zur Prüfung der Beitrittsfrage bejaht wird,[337] steht dem nicht entgegen. Denn den Streitverkündeten treffen die möglicherweise negativen Wirkungen der Streitverkündung gemäß § 74 ZPO, wenn er dem Rechtsstreit nicht beitritt. In einer solchen Situation befindet sich der eigenständige Nebenintervenient eines aktienrechtlichen Anfechtungsprozesses nicht.

116

Der Nebenintervenient führt keinen eigenen, sondern einen fremden Prozess. Er muss ihn deshalb gemäß § 67 Hs. 1 ZPO in der Lage annehmen, in der er sich zur Zeit seines Beitritts befindet. Der Nebenintervenient **kann über den Streitgegenstand nicht verfügen,** insbesondere nicht anerkennen, verzichten, die Klage zurücknehmen, den Rechtsstreit in der Hauptsache für erledigt erklären, sich einer Erledigungserklärung des Anfechtungsklägers anschließen oder den Rechtsstreit durch Vergleich beenden.[338] Im Übrigen kann der Nebenintervenient Prozesshandlungen vornehmen, auch zB selbständig Rechtsmittel einlegen.[339]

117

---

[333] BGH ZIP 2015, 1286 Rn. 12.
[334] Zum Ganzen ausführlich *Austmann* ZHR 158 (1994), 495 (499–503); konzise aus neuerer Zeit Bürgers/Körber AktG/*Göz* § 246 Rn. 33.
[335] OLG Düsseldorf AG 2004, 677 (678); *Waclawik* WM 2004, 1361 (1364–1365); Bürgers/Körber AktG/*Göz* § 246 Rn. 33.
[336] BGH NZG 2007, 789 Rn. 7–9; WM 2014, 2224 Rn. 8.
[337] Zöller ZPO/*Greger,* 32. Aufl. 2018, § 299 Rn. 6a.
[338] *Austmann* ZHR 158 (1994), 495 (510).
[339] Bürgers/Körber AktG/*Göz* § 246 Rn. 34.

118 Mit seinen Erklärungen und Prozesshandlungen darf der Nebenintervenient sich zu denen der von ihm unterstützten Hauptpartei allerdings nur dann in Widerspruch setzen, wenn seine **Nebenintervention streitgenössisch** ist (§ 69 ZPO im Gegensatz zu § 67 Hs. 2 ZPO). Der BGH hat die Nebenintervention des Aktionärs auf Klägerseite wegen der Rechtskrafterstreckung des stattgebenden Anfechtungsurteils gemäß § 248 Abs. 1 S. 1 AktG als streitgenössisch anerkannt.[340] Dies gilt auch für den Beitritt des Aktionärs auf Beklagtenseite und für den Beitritt anderer Interventionsbefugter (→ Rn. 112–114) im Anfechtungsprozess.[341] Danach kann der aktienrechtliche Nebenintervenient sein **Rechtsmittel** auch gegen den Willen der von ihm unterstützten Hauptpartei einlegen.[342] Ferner ist ein Widerspruch des Nebenintervenienten auf Seiten der beklagten Gesellschaft gegen deren **Anerkenntnis** gemäß § 307 ZPO (sofern man dieses richtigerweise für zulässig hält, dazu → Rn. 120) mit der Folge erheblich, dass kein Anerkenntnisurteil ergehen kann,[343] oder, sofern es bereits ergangen, aber noch nicht rechtskräftig ist, in der Rechtsmittelinstanz wieder aufgehoben werden kann.[344] Fortan führt der Nebenintervenient den Prozess gegen den Anfechtungskläger praktisch allein.[345] **Verzicht** (§ 306 ZPO), **Klagerücknahme** (§ 269 ZPO) und **Erledigungserklärung** (§ 91a ZPO) des Anfechtungsklägers allerdings kann der Nebenintervenient auf Klägerseite nicht verhindern.[346] Denn die daraufhin ergehenden Entscheidungen vernichten den angefochtenen Hauptversammlungsbeschluss im Gegensatz zum Anerkenntnisurteil nicht, so dass diese Entscheidungen keine Gestaltungswirkung haben und für sie auch nicht die Rechtskrafterstreckung des § 248 Abs. 1 S. 1 AktG gelten, mithin das Interventionsinteresse des Nebenintervenienten überhaupt nicht betroffen ist. Für das **Geständnis** (§ 288 ZPO) ist zu unterscheiden: Der Nebenintervenient auf Klägerseite kann nicht widersprechen, weil das ungünstige Zugestehen von Tatsachen durch den Kläger nur zu einem klageabweisenden Urteil führen kann, dem weder Rechtskrafterstreckung noch Gestaltungswirkung zukommt. Der Nebenintervenient auf Seiten der beklagten Gesellschaft hingegen kann deren Geständnis durch Widerspruch aus denselben Gründen verhindern wie ein Anerkenntnis.[347]

119 **5. Verfahrensgrundsätze. a) Dispositionsmaxime.** Wie in jedem Zivilprozess gilt auch im Anfechtungsprozess die Dispositionsmaxime, dh die Parteien können über den Streitgegenstand verfügen. Der **Kläger** kann daher die Klage für erledigt erklären (§ 91a ZPO), die Klage zurücknehmen (§ 269 ZPO), auf die Anfechtung verzichten (§ 306 ZPO), ein die Klage abweisendes Versäumnisurteil gegen sich ergehen lassen (§ 330 ZPO) und von ihm eingelegte Rechtsmittel zurücknehmen oder auf sie verzichten (§§ 515, 516, 565 ZPO).[348] Auch der **beklagten Gesellschaft** kommt die Dispositionsfreiheit zu. Dies ist allgemein akzeptiert für das Nicht-Bestreiten (§ 138 Abs. 3 ZPO) und das Zugestehen (§ 288 ZPO) von ihr ungünstigen Tatsachen, für die Inkaufnahme eines Versäumnisurteils (§ 331 ZPO) und für die Rücknahme und den Verzicht auf Rechtsmittel (§§ 515, 516, 565 ZPO).[349]

---

[340] BGHZ 172, 136 Rn. 9; BGH ZIP 2015, 1286 Rn. 21.
[341] BGH AG 2020, 126 Rn. 8. Ausführlich *Austmann* ZHR 158 (1994), 495 (504–509) (mit Darlegung gewisser Ausnahmefälle); siehe auch *Bayer* FS Maier-Reimer, 2010, 1 (4).
[342] Bürgers/Körber AktG/*Göz* § 246 Rn. 34.
[343] OLG Neustadt NJW 1953, 1266 (1267); LG Hannover WM 1992, 1239 (1243) – Conti/Pirelli; OLG Schleswig ZIP 1993, 680 (681).
[344] OLG Düsseldorf ZIP 2019, 1112 (1116).
[345] *Bork* ZIP 1992, 1205 (1211).
[346] OLG Köln AG 2003, 522 (523) für die Klagerücknahme; siehe im Übrigen *Austmann* ZHR 158 (1994), 495 (510–512).
[347] OLG Düsseldorf ZIP 2019, 1112 (1115–1116). Ausführlich *Austmann* ZHR 158 (1994), 495 (513).
[348] Statt aller GroßkommAktG/*K. Schmidt* § 246 Rn. 68; Bürgers/Körber AktG/*Göz* § 246 Rn. 37; Hüffer/*Koch* AktG § 246 Rn. 15.
[349] Siehe nur GroßkommAktG/*K. Schmidt* § 246 Rn. 71, 72, 79; Bürgers/Körber AktG/*Göz* § 246 Rn. 38; Hüffer/*Koch* AktG § 246 Rn. 16.

In der Literatur sehr umstritten und höchstrichterlich bisher nicht entschieden ist **120** dagegen, ob die beklagte Gesellschaft die Anfechtung gemäß § 307 ZPO mit der Folge **anerkennen** kann, dass der angefochtene Beschluss für nichtig erklärt wird. Eine starke Meinung im Schrifttum verneint dies, weil die Verwaltung nicht ohne richterliche Kontrolle über die Beschlussfassung der Hauptversammlung disponieren könne.[350] Die Anerkenntnisfähigkeit stehe auch im Widerspruch dazu, dass die Gesellschaft unstreitig keinen Vergleich mit der Gestaltungswirkung eines Anfechtungsurteils schließen könne (dazu noch → Rn. 124). Das ist aber eine *petitio principii,* denn mittelbar kann der Vergleich Gestaltungswirkung dadurch erzeugen, dass die Gesellschaft darin ein Anerkenntnis erklärt und daraufhin Anerkenntnisurteil ergeht (wenn dieses denn möglich ist). Unerklärt bleibt auch, warum die Gesellschaft durch andere Prozesshandlungen wie das Geständnis oder den Rechtsmittelverzicht disponieren und damit in etlichen Fällen gleiche Wirkungen wie durch ein Anerkenntnis erzielen kann. Entscheidend jedoch fällt ins Gewicht, dass die Doppelvertretung durch Vorstand und Aufsichtsrat sowie die Möglichkeit jedes Aktionärs, als Nebenintervenient der Gesellschaft beizutreten und einem Anerkenntnis zu widersprechen (→ Rn. 118), hinreichend dagegen schützen, dass ein Organ im kollusiven Zusammenwirken mit dem Kläger gegen die Interessen der Beschlussmehrheit in der Hauptversammlung handelt, und Vorstand und Aufsichtsrat, wenn sie sich einig sind, in der Lage sein müssen, der Gesellschaft die Weiterführung eines aussichtslosen Prozesses zu ersparen. Deshalb ist mit der ebenfalls starken Gegenauffassung daran festzuhalten, dass die Gesellschaft im Anfechtungsprozess gemäß § 307 ZPO anerkennen kann.[351] Wenn ein Aktionär diese Art der Prozessbeendigung verhindern will, muss er der Gesellschaft rechtzeitig als Nebenintervenient beitreten und dem Anerkenntnis widersprechen (→ Rn. 118).

b) Darlegungs- und Beweislast. Auch im Anfechtungsprozess gilt der allgemeine **121** Grundsatz, dass **jede Partei die ihr günstigen,** also diejenigen Tatsachen vortragen und beweisen muss, welche die Voraussetzungen der ihren Antrag stützenden Rechtsnormen erfüllen.[352] Einschränkungen dieses Grundsatzes werden auf das im Prozessrecht auch sonst anerkannte **Prinzip der Tatsachennähe** gestützt.[353] Dadurch sollen vor allem dem Kläger Darlegungs- und Beweiserleichterungen verschafft werden, wenn die maßgeblichen Tatsachen sich typischerweise ausschließlich im Herrschaftsbereich der Gesellschaft befinden, also insbesondere bei Verfahrensfehlern. Tatsachenvortrag ins Blaue hinein hilft dem Kläger aber auch in diesem Bereich nicht; er muss zumindest plausible Indizien vortragen und beweisen, die Unregelmäßigkeiten im Verfahren nahelegen. Als nicht unwichtig kann sich in diesem Zusammenhang das notarielle Protokoll über die Hauptversammlung erweisen, das gemäß § 415 ZPO vollen Beweis über die beurkundeten Vorgänge erbringt.[354]

Nach den vorstehenden Grundsätzen hat der **Kläger** insbesondere vorzutragen und zu **122** beweisen, dass er **anfechtungsbefugt** ist und die Klage **innerhalb der Anfechtungsfrist** erhoben hat.[355] Dasselbe gilt grundsätzlich für die **Anfechtungsgründe.** Beispielsweise

---

[350] GroßkommAktG/*K. Schmidt* § 246 Rn. 78; *Volhard* ZGR 1996, 55 (70–71); Spindler/Stilz AktG/*Dörr* § 246 Rn. 51; Grigoleit/*Ehmann* AktG § 246 Rn. 24; Hölters AktG/*Englisch* § 246 Rn. 61; Hüffer/*Koch* AktG § 246 Rn. 17.
[351] LG Hannover WM 1992, 1239 (1243) – Conti/Pirelli; OLG Düsseldorf ZIP 2019, 1112 (1114–1116) mit zust. Anm. *von der Linden* EWiR 2019, 365 (366) sowie *Göz/Buken* NZG 2019, 1046 (1048–1049); KölnKommAktG/*Noack/Zetzsche* § 246 Rn. 170; *Bork* ZIP 1992, 1205, *passim*; MüKoAktG/*Hüffer/Schäfer* § 246 Rn. 29; Henssler/Strohn GesR/*Drescher* AktG § 246 Rn. 44; Bürgers/Körber AktG/*Göz* § 246 Rn. 38.
[352] Siehe nur *Hüffer* FS Fleck, 1988, 151 (154); OLG München AG 2003, 452 (453); OLG Frankfurt a. M. AG 2011, 36 (39).
[353] GroßkommAktG/*K. Schmidt* § 246 Rn. 81; MüKoAktG/*Hüffer/Schäfer* § 243 Rn. 148.
[354] Siehe nur *Priester* DNotZ 2001, 661 (665).
[355] BGHZ 167, 204 (212); MüKoAktG/*Hüffer/Schäfer* § 243 Rn. 145; Bürgers/Körber AktG/*Göz* § 246 Rn. 42; Hüffer/*Koch* AktG § 243 Rn. 60.

trägt der Aktionär die Darlegungs- und Beweislast für die verfahrensfehlerhafte Berücksichtigung von Stimmen bei der Beschlussfassung, die wegen Verletzung von Mitteilungspflichten einem Stimmrechtsausschluss unterlagen.[356] Der Anfechtungskläger kann sich also nicht darauf zurückziehen, dass die Beteiligungsverhältnisse bei der AG für die Gesellschaft leichter zu durchschauen seien als für ihn selbst. Wenn ein Verfahrensfehler im Prozess etabliert ist, muss man unterscheiden: Soweit es, wie im Regelfall, um die Relevanz des Verfahrensfehlers geht (dazu → Rn. 55–61), handelt es sich fast ausschließlich um reine Rechtsfragen, bei denen es auf die Darlegungs- und Beweislast nicht ankommt. Soweit ausnahmsweise die Kausalität eines Verfahrensfehlers für das Beschlussergebnis entscheidend ist, obliegt der Gesellschaft der Nachweis, dass das Beschlussergebnis auch ohne den Verfahrensfehler nicht anders ausgefallen wäre (→ Rn. 61). Bei angeblichen Inhaltsfehlern von Hauptversammlungsbeschlüssen liegen die entscheidungserheblichen Tatsachen meist offen zutage und wird vor allem um die rechtliche Bewertung gerungen. Soweit doch einmal Tatsachen streitig sein sollten, ist der Kläger insbesondere darlegungs- und beweispflichtig für Maßnahmen, die das aktienrechtliche Gleichbehandlungsgebot (§ 53a AktG) verletzen, während die **Gesellschaft** die **sachliche Rechtfertigung** für solche Verletzungshandlungen darlegen und beweisen muss.[357] Bei dem einzigen bisher in der Rechtsprechung des BGH anerkannten Fall der vollen materiellen Inhaltskontrolle von Hauptversammlungsbeschlüssen, dem Bezugsrechtsausschluss bei der Kapitalerhöhung (→ Rn. 71), wird allgemein der Gesellschaft die Darlegungs- und Beweislast dafür zugewiesen, dass der Bezugsrechtsausschluss sachlich gerechtfertigt war.[358]

123 **6. Urteil und Vergleich. a) Stattgebendes Anfechtungsurteil.** § 248 Abs. 1 S. 1 AktG regelt ausschließlich die **Rechtskraftwirkung** eines stattgebenden Anfechtungsurteils.[359] Angeordnet wird eine Rechtskrafterstreckung auf alle Aktionäre sowie die Mitglieder des Vorstands und des Aufsichtsrats. Damit sind die genannten Personen daran gehindert, erneut Klage gegen den für nichtig erklärten Hauptversammlungsbeschluss zu erheben; gleichwohl erhobene Anfechtungsklagen sind nicht wegen Verfristung als unbegründet, sondern wegen entgegenstehender Rechtskraft bereits als unzulässig abzuweisen.[360] Dies gilt auch für neue Nichtigkeitsklagen[361] sowie für allgemeine Feststellungsklagen (§ 256 ZPO) mit dem umgekehrten Ziel, die Gültigkeit des für nichtig erklärten Beschlusses feststellen zu lassen.[362] Bereits anhängige, nicht verbundene Anfechtungs- oder Nichtigkeitsklagen gegen denselben Hauptversammlungsbeschluss sind mit der Rechtskraft des Anfechtungsurteils in der Hauptsache erledigt[363] und müssen vom Kläger gemäß § 91a ZPO für erledigt erklärt werden, um eine Klageabweisung zu vermeiden.

124 Das rechtskräftige stattgebende Anfechtungsurteil entfaltet darüber hinaus **Gestaltungswirkung,** indem es den angefochtenen Hauptversammlungsbeschluss mit Wirkung *ex tunc* vernichtet, und zwar in der Regel in vollem Umfang (→ Rn. 74). Diese Gestaltungswirkung, die überwiegend aus § 241 Nr. 5 AktG, teilweise aber auch aus § 248 AktG abgeleitet wird (→ Rn. 29), gilt für und gegen jedermann *(inter omnes),* nicht nur den in

---

[356] OLG Stuttgart AG 2009, 204 (212); OLG Düsseldorf NZG 2009, 260 (262).
[357] *Hüffer* FS Fleck, 1988, 151 (164); GroßkommAktG/*K. Schmidt* § 246 Rn. 82; Bürgers/Körber AktG/*Göz* § 246 Rn. 44.
[358] So schon *Lutter* ZGR 1979, 401 (412–415); *Hüffer* FS Fleck, 1988, 151 (167); Hüffer/*Koch* AktG § 243 Rn. 64 mwN. Nicht ganz eindeutig ist, ob BGHZ 71, 40 (48–49) – Kali + Salz der Gesellschaft nur die Darlegungslast für die sachliche Rechtfertigung und dem Kläger die Gegenbeweislast auferlegen wollte; in diesem Sinne versteht das Urteil wohl MüKoAktG/*Hüffer/Schäfer* § 243 Rn. 150.
[359] Statt aller MüKoAktG/*Hüffer/Schäfer* § 248 Rn. 8; Bürgers/Körber AktG/*Göz* § 248 Rn. 2.
[360] BGHZ 34, 337 (339); BGH NJW 1989, 2133 (2134).
[361] KölnKommAktG/*Noack/Zetzsche* § 246 Rn. 186; GroßkommAktG/*K. Schmidt* § 248 Rn. 15; MüKoAktG/*Hüffer/Schäfer* § 246 Rn. 24.
[362] BGHZ 123, 137 (139–140); Spindler/Stilz AktG/*Dörr* § 248 Rn. 18; Hüffer/*Koch* AktG § 248 Rn. 8.
[363] MüKoAktG/*Hüffer/Schäfer* § 248 Rn. 26; Bürgers/Körber AktG/*Göz* § 248 Rn. 4.

§ 248 Abs. 1 S. 1 AktG genannten Personenkreis.[364] Daher sind im Ergebnis auch neue Klagen der in § 248 Abs. 1 S. 1 AktG nicht genannten und nicht von der Rechtskraftwirkung des stattgebenden Anfechtungsurteils erfassten Personen als unzulässig abzuweisen, und zwar weil ihnen infolge der Gestaltungswirkung das Rechtsschutzbedürfnis für eine neue Klage fehlt.[365] Bereits anhängige, nicht verbundene Klagen dieses Personenkreises sind in der Hauptsache erledigt.

Die Nichtigkeit erfasst auch solche **Durchführungsmaßnahmen,** deren Legitimation sich unmittelbar aus dem für nichtig erklärten Hauptversammlungsbeschluss ableitet, sofern das Recht nicht im Einzelfall Bestandsschutz oder Vertrauensschutz gewährt. Für die folgenden Maßnahmen ist festzuhalten: Ein Vertrag, mit dem die Gesellschaft sich zur Übertragung ihres gesamten Vermögens verpflichtet (§ 179a AktG), und ein Nachgründungsvertrag (§ 52 AktG) sind von Anfang an nichtig, wenn der Zustimmungsbeschluss der Hauptversammlung rechtskräftig für nichtig erklärt worden ist.[366] Verschmelzungen und andere Maßnahmen nach dem UmwG genießen nach der Eintragung und dem Wirksamwerden der Maßnahme hingegen Bestandsschutz (§ 20 Abs. 2 UmwG), so dass eine spätere Nichtigerklärung der betreffenden Hauptversammlungsbeschlüsse die Maßnahmen nicht unwirksam macht. Dasselbe gilt für Kapitalerhöhungen, die zur Durchführung einer Verschmelzung beschlossen worden sind.[367] Im Übrigen ist der Bestandsschutz für Kapitalerhöhungen eingeschränkt. Nach heute hM wird die durchgeführte Kapitalerhöhung, deren zugrunde liegender Kapitalerhöhungsbeschluss durch Anfechtungsurteil rechtskräftig für nichtig erklärt worden ist, nach den Regeln über die fehlerhafte Gesellschaft behandelt (→ § 57 Rn. 199). Die Kapitalerhöhung bleibt danach für die Vergangenheit wirksam, ist aber mit Rechtskraft des Anfechtungsurteils *ex nunc* rückabzuwickeln, und zwar durch Einziehung der Aktien gegen Zahlung einer Abfindung, sofern der für nichtig erklärte Kapitalerhöhungsbeschluss nicht durch neuen Hauptversammlungsbeschluss für die Zukunft „repariert" wird. Entsprechendes gilt für Beherrschungs- und Gewinnabführungsverträge und Eingliederungen, wenn die zugrunde liegenden Beschlüsse durch rechtskräftiges Anfechtungsurteil vernichtet sind (→ § 71 Rn. 55). Der Bestandsschutz für Kapitalerhöhungen und die vorgenannten Strukturmaßnahmen sowie auch den Minderheitsausschluss nach § 327a AktG (dazu → § 75 Rn. 95) lässt sich allerdings durch ein erfolgreiches Freigabeverfahren erheblich bis zum Niveau des § 20 Abs. 2 UmwG verbessern (zB gemäß § 246a Abs. 4 S. 2 AktG, dazu noch → Rn. 164). Eine Dividendenzahlung wird nachträglich zur verbotenen Einlagenrückgewähr gemäß § 57 AktG mit der Folge von Rückzahlungspflichten der Aktionäre gemäß § 62 AktG, wenn das rechtskräftige Anfechtungsurteil den zugrunde liegenden Gewinnverwendungsbeschluss vernichtet hat.[368] Wenn der für nichtig erklärte Hauptversammlungsbeschluss nur interne Wirkung hat, dh nur die Geschäftsführungsbefugnis des Vorstands betrifft, wie zB im Fall des § 119 Abs. 2 AktG, wird die Wirksamkeit des Durchführungsgeschäfts vom Anfechtungsurteil nicht berührt, weil die Vertretungsmacht des Vorstands im Außenverhältnis unbeschränkt ist (§ 82 Abs. 1 AktG).[369] Etwas anderes gilt nur dann, wenn ausnahmsweise die Regeln über den Missbrauch der Vertretungsmacht eingreifen oder die Vertragspartner ihr Geschäft ausdrücklich unter die Bedingung eines wirksamen Hauptversammlungsbeschlusses gestellt haben, was meistens nicht zu empfehlen ist und in der Praxis auch selten vorkommt.

---

[364] Siehe nur GroßkommAktG/*K. Schmidt* § 248 Rn. 5; Hüffer/*Koch* AktG § 248 Rn. 5, 7; jeweils mwN.
[365] Spindler/Stilz AktG/*Dörr* § 248 Rn. 19.
[366] Spindler/Stilz AktG/*Dörr* § 248 Rn. 10; Bürgers/Körber AktG/*Göz* § 248 Rn. 8; Hüffer/*Koch* AktG § 248 Rn. 7a.
[367] OLG Frankfurt a. M. Der Konzern 2012, 266 (270); Kallmeier UmwG/*Marsch-Barner* § 20 Rn. 42; Lutter UmwG/*Grunewald* § 20 Rn. 79.
[368] Spindler/Stilz AktG/*Dörr* § 248 Rn. 9; MüKoAktG/*Hüffer/Schäfer* § 248 Rn. 15.
[369] Spindler/Stilz AktG/*Dörr* § 248 Rn. 11; Bürgers/Körber AktG/*Göz* § 248 Rn. 8.

126 b) Klageabweisung. Das abweisende Anfechtungsurteil hat **keine Gestaltungswirkung** und seine **Rechtskraft** erstreckt sich **lediglich auf die Parteien des Rechtsstreits**.[370] Wenn die Klage wegen einer fehlenden Prozessvoraussetzung als unzulässig abgewiesen wird, könnte der Kläger theoretisch eine neue Klage anstrengen, die dann aber wegen Versäumung der Anfechtungsfrist des § 246 Abs. 1 AktG unbegründet wäre. Bei abweisendem Sachurteil wäre eine neue Klage, die auf denselben Lebenssachverhalt gestützt wäre, unzulässig,[371] wegen Versäumung der Anfechtungsfrist aber auch unbegründet. Der Verfristungseinwand macht auch die neuen Klagen anderer Anfechtungskläger unbegründet. Der Anfechtungskläger kann nach Klageabweisung auch keine zulässige Nichtigkeitsklage erheben, die er auf denselben Lebenssachverhalt stützt.[372] Bereits anhängige, nicht verbundene Anfechtungs- oder Nichtigkeitsklagen gegen denselben Hauptversammlungsbeschluss bleiben anhängig.

127 c) Vergleich. Im AktG finden sich keine Regelungen zum Prozessvergleich. Er ist, wie in jedem Zivilprozess, auch im Anfechtungsprozess zulässig (§ 794 Abs. 1 Nr. 1 ZPO). Sein möglicher Inhalt reicht allerdings nicht so weit wie die gerichtliche Beschlusskontrolle im Aktienrecht. Insbesondere kann ein Vergleich nach einhelliger Auffassung **weder Rechtskraft- noch Gestaltungswirkung** eines stattgebenden Anfechtungsurteils haben; §§ 248, 241 Nr. 5 AktG gelten für den Vergleich nicht.[373] Mit aktuellen Anfechtungsklägern, die sich nicht am Vergleich beteiligen, müsste der Prozess deshalb fortgesetzt werden; ein sinnvoller Vergleich bindet daher sämtliche Anfechtungskläger (nicht notwendig die Nebenintervenienten, → Rn. 115) ein. Trotz fehlender Rechtskrafterstreckung wären neue Anfechtungsklagen anderer Anfechtungsbefugter wegen Versäumung der Anfechtungsfrist unbegründet. Als Begründung für die fehlende Gestaltungswirkung wird darauf hingewiesen, dass diese Rechtsfolgen der Parteidisposition entzogen seien. Danach scheidet jedenfalls die Aufhebung des angefochtenen Hauptversammlungsbeschlusses durch Vergleich aus. Dasselbe gilt für Vereinbarungen im Vergleich, mit denen wirtschaftlich ähnliche Ergebnisse angestrebt werden, zB die Übernahme einer Verpflichtung durch die Gesellschaft, den angefochtenen Hauptversammlungsbeschluss, sofern er nicht zugleich nichtig ist, nicht auszuführen.[374] Möglich bleibt mit einer starken und auch hier vertretenen Auffassung (→ Rn. 120), dass die Gesellschaft im Vergleich ein Anerkenntnis erklärt. Der Unterschied liegt darin, dass der Beschluss in diesem Fall nicht durch den Vergleich selbst, sondern erst durch das daraufhin ergehende Anerkenntnisurteil gemäß § 307 ZPO vernichtet wird. Die Herbeiführung der Gestaltungswirkung bleibt also einem richterlichen Akt vorbehalten, auch wenn das Gericht den Beschluss nicht auf Anfechtungsgründe überprüft. Ferner können Nebenintervenienten zwar den Vergleich nicht verhindern, jedoch die Prozessbeendigung durch Anerkenntnisurteil, indem sie dem Anerkenntnis widersprechen (→ Rn. 118).

128 Vergleichsweise Regelungen für den umgekehrten Fall, dass der angefochtene **Hauptversammlungsbeschluss in seinem Bestand erhalten** werden soll, werden grundsätzlich als unproblematisch angesehen.[375] Demnach bestehen keine Bedenken gegen entsprechende Prozesserklärungen im Vergleich, insbesondere nicht gegen Verzicht (§ 306 ZPO),

---

[370] GroßkommAktG/*K. Schmidt* § 248 Rn. 17; MüKoAktG/*Hüffer*/*Schäfer* § 248 Rn. 35.

[371] GroßkommAktG/*K. Schmidt* § 248 Rn. 15; Bürgers/Körber AktG/*Göz* § 248 Rn. 22.

[372] So die hM, Spindler/Stilz AktG/*Dörr* § 248 Rn. 27; Bürgers/Körber AktG/*Göz* § 248 Rn. 22; Hölters AktG/*Englisch* § 248 Rn. 35; Hüffer/*Koch* AktG § 248 Rn. 15. AA Grigoleit/*Ehmann* AktG § 248 Rn. 8 (neue Nichtigkeitsklage stets unzulässig, auch bei abweichendem Lebenssachverhalt).

[373] *Brändel* FS Vieregge, 1995, 69 (70–71); GroßkommAktG/*K. Schmidt* § 246 Rn. 74; Spindler/Stilz AktG/*Dörr* § 248 Rn. 28; Schmidt/Lutter/*Schwab* AktG § 246 Rn. 28; MüKoAktG/*Hüffer*/*Schäfer* § 246 Rn. 30; jeweils mwN.

[374] KölnKommAktG/*Noack*/*Zetzsche* § 248 Rn. 65; Spindler/Stilz AktG/*Dörr* § 248 Rn. 28; Hölters AktG/*Englisch* § 246 Rn. 59; Hüffer/*Koch* AktG § 246 Rn. 16. AA MüKoAktG/*Hüffer*/*Schäfer* § 246 Rn. 30.

[375] Siehe nur Bürgers/Körber AktG/*Göz* § 246 Rn. 40; Hüffer/*Koch* AktG § 246 Rn. 16; jeweils mwN.

Klagerücknahme (§ 269 ZPO) und übereinstimmende Erledigungseklärungen der Parteien (§ 91a ZPO). Diese Prozesserklärungen bleiben auch dann wirksam, wenn die Gesellschaft durch Anfechtungskläger missbräuchlich zum Vergleichsabschluss gedrängt worden (→ Rn. 95–98) und der Vergleich gemäß § 138 Abs. 1 oder 2 BGB nichtig ist oder die dem Kläger zugesagten Leistungen nicht erbracht werden dürfen (zB wegen Verstoßes gegen § 57 AktG).[376]

d) Publizität. Ein stattgebendes rechtskräftiges Anfechtungsurteil hat der Vorstand unverzüglich zum **Handelsregister** einzureichen (§ 248 Abs. 1 S. 2 AktG). Sofern die beschlossene Maßnahme bereits in das Handelsregister eingetragen und bekannt gemacht wurde, muss nunmehr auch das Urteil eingetragen und bekannt gemacht werden (§ 248 Abs. 1 S. 3 und 4 AktG). Wenn der für nichtig erklärte Beschluss auf Satzungsänderung gerichtet war und diese Satzungsänderung bereits in das Handelsregister eingetragen oder jedenfalls zur Eintragung angemeldet[377] war, muss gemäß § 248 Abs. 2 AktG neben dem Urteil auch der aktuelle Satzungswortlaut, der insbesondere die Nichtigerklärung des Beschlusses berücksichtigt, zusammen mit der Notarsbescheinigung zum Handelsregister eingereicht werden. 129

Darüber hinaus hat das UMAG **Bekanntmachungspflichten für börsennotierte Gesellschaften** geschaffen, die nicht nur bei rechtskräftigen stattgebenden Anfechtungsurteilen gelten, sondern bei allen Arten der Verfahrensbeendigung (§ 248a AktG), also auch bei rechtskräftigen abweisenden Anfechtungsurteilen,[378] übereinstimmenden Erledigungserklärungen (§ 91a ZPO), Klagerücknahmen (§ 269 ZPO), Verzichtsurteilen (§ 306 ZPO) und Anerkenntnisurteilen (§ 307 ZPO). Außer der Art der Verfahrensbeendigung müssen im Rahmen von Vergleichen **etwaige Leistungen der Gesellschaft** und ihr zurechenbare Leistungen Dritter in der Bekanntmachung gesondert beschrieben und hervorgehoben werden; diese Leistungspflichten sind nur bei vollständiger Bekanntmachung wirksam (§§ 248a S. 2, 149 Abs. 2 S. 2 und 3 AktG). Von der Unwirksamkeit nicht erfasst werden allerdings die prozessbeendigenden Handlungen, auch wenn sie in demselben Vergleich vorgenommen werden.[379] Die Veröffentlichung hat in den Gesellschaftsblättern, dh mindestens im Bundesanzeiger (§ 25 AktG) zu erfolgen. Das Transparenzgebot und die Sanktionen bei seiner Nichtbeachtung sollen die von Berufsklägern früher vielfach angestrebten „Hinterzimmer-Vereinbarungen" eindämmen und haben dies in der Praxis auch getan. 130

7. Positive Beschlussfeststellungsklage. Dem Kläger, der die Ablehnung eines Antrags durch die Hauptversammlung für gesetz- oder satzungswidrig hält und der Auffassung ist, die Hauptversammlung hätte bei rechtmäßiger Sachbehandlung einen positiven Beschluss gefasst, ist allein mit der Anfechtungsklage gegen die Antragsablehnung, also den negativen formellen Beschluss (→ § 40 Rn. 3) nicht geholfen. Denn sie beseitigt nur die Antragsablehnung, ohne zugleich ihr Gegenteil, die positive Beschlussfassung, zu bewirken. Die Anfechtungsklage ist für das Rechtsschutzziel des Klägers also zwar notwendig, aber nicht hinreichend, so dass dem Kläger für die isolierte Anfechtungsklage gegen einen negativen formellen Beschluss das Rechtsschutzbedürfnis fehlt.[380] Um die Rechtsschutzlücke zu schließen, ist seit langem ganz überwiegend anerkannt, dass der Anfechtungskläger seinen Anfechtungsantrag um einen Antrag ergänzen kann, das **Gericht** möge das **Zustandekommen eines näher zu bezeichnenden positiven Beschlusses feststellen**.[381] Eine 131

---

[376] MüKoAktG/*Hüffer*/*Schäfer* § 246 Rn. 27.
[377] GroßkommAktG/*Zöllner* § 248 Rn. 53; MüKoAktG/*Hüffer*/*Schäfer* § 248 Rn. 33; Bürgers/Körber AktG/*Göz* § 248 Rn. 17.
[378] Schmidt/Lutter/*Schwab* AktG § 248a Rn. 2; MüKoAktG/*Hüffer*/*Schäfer* § 248a Rn. 3. AA Bürgers/Körber AktG/*Göz* § 248a Rn. 2.
[379] Begr. RegE UMAG, BT-Drs. 15/5092, 30; Bürgers/Körber AktG/*Göz* § 248 Rn. 5.
[380] OLG Stuttgart AG 2016, 370 (371–372) – Porsche; *Drescher* FS Stilz, 2014, 125 (128); Bürgers/Körber AktG/*Göz* § 246 Rn. 45.
[381] Grundlegend *Zöllner* S. 405–415; aus der Rspr. statt aller BGHZ 76, 191 (197–201); 88, 320 (329–331); aus der Lit. statt aller MüKoAktG/*Hüffer*/*Schäfer* § 246 Rn. 85 mwN.

positive Beschlussfeststellung kommt natürlich nur in Fällen in Betracht, in denen klar ist, was die Hauptversammlung anstelle der Antragsablehnung bei rechtmäßiger Sachbehandlung beschlossen hätte. Dies sind namentlich die Fälle der fehlerhaften Erfassung des Abstimmungsergebnisses (Zählfehler, Berücksichtigung von nicht stimmberechtigten Aktien, Nichtberücksichtigung von stimmberechtigten Aktien)[382] und der Zugrundelegung falscher Mehrheitserfordernisse,[383] aber auch der treuwidrigen Antragsablehnung.[384] Im letztgenannten Fall kommt eine positive Beschlussfeststellung allerdings nur in Betracht, wenn nicht nur die Antragsablehnung treuwidrig war, sondern auch die Annahme jedes anderen als des vom Gericht festzustellenden Antrags treuwidrig gewesen wäre.[385]

132   Mit seiner Rechtskraft verkehrt das positive Beschlussfeststellungsurteil den vom Versammlungsleiter festgestellten und so protokollierten ablehnenden Hauptversammlungsbeschluss in sein Gegenteil und legt seinen positiven Inhalt bindend fest. Vor diesem Hintergrund kommt dem Urteil über eine Feststellungswirkung hinaus **Gestaltungswirkung** zu.[386] Nach hM sind deshalb die **Vorschriften über die Anfechtungsklage** auf den Beschlussfeststellungsantrag **analog** anzuwenden.[387] Insbesondere muss der Kläger auch die Beschlussfeststellungsklage innerhalb der Monatsfrist des § 246 Abs. 1 AktG erheben. Das Widerspruchserfordernis des § 245 Nr. 1 AktG allerdings ist schon dann erfüllt, wenn der in der Hauptversammlung zur Niederschrift erklärte Widerspruch sich gegen den ablehnenden Beschluss richtet; das mit der späteren Beschlussfeststellungsklage erstrebte Beschlussergebnis hingegen braucht der Kläger in der Hauptversammlung nicht zur Niederschrift zu erklären.[388] Aktionäre, die den negativen Beschluss der Hauptversammlung verteidigen wollen, können sich als Nebenintervenienten auf Seiten der beklagten Gesellschaft am Prozess beteiligen und ihrerseits Anfechtungsgründe gegen den vom Gericht festzustellenden Beschluss geltend machen; dies gilt auch für den Vorstand.[389] Daher ist auch die positive Beschlussfeststellungsklage analog § 246 Abs. 4 AktG unverzüglich bekanntzumachen. Die Rechtskrafterstreckung des § 248 AktG gilt auch für das positive Beschlussfeststellungsurteil.[390] Der mit rechtskräftigem Urteil festgestellte Beschluss kann nicht mehr mit der Anfechtungsklage angegriffen werden.[391]

133   **8. Kosten und Streitwert.** Wie in jedem Zivilprozess trägt die unterliegende Partei auch im Anfechtungsprozess die Kosten des Rechtsstreits (§ 91 Abs. 1 S. 1 ZPO). Diese Kosten setzen sich insbesondere aus den Gerichtsgebühren und den Gebühren des eigenen und des gegnerischen (§ 91 Abs. 2 S. 1 ZPO) Rechtsanwalts zusammen. Maßgeblich für die jeweilige Gebührenbemessung ist der vom Prozessgericht festzusetzende Streitwert. Dafür trifft § 247 AktG eine gegenüber § 3 ZPO spezifischere und das freie Ermessen des Gerichts beschränkende Regelung, die der typischen Interessenlage im Anfechtungsprozess Rechnung tragen soll: Gemäß Abs. 1 Satz 1 kommt es für die Streitwertbemessung nicht nur auf das Interesse des typischerweise vermögensmäßig gering investierten Klägers an, sondern auf die **Bedeutung der Sache für alle Parteien,** auch auf die der beklagten Gesellschaft und die der übrigen, von der Rechtskrafterstreckung des stattgebenden Anfechtungsurteils

---

[382] ZB BGHZ 97, 28 (31).
[383] ZB BGHZ 76, 191 (195).
[384] ZB BGHZ 88, 320 (328–329).
[385] Grigoleit/*Ehmann* AktG § 246 Rn. 25.
[386] BGH NJW 2001, 2176 (2177); Schmidt/Lutter/*Schwab* AktG § 246 Rn. 47; Spindler/Stilz AktG/*Dörr* § 246 Rn. 58.
[387] Spindler/Stilz AktG/*Dörr* § 246 Rn. 60; MüKoAktG/*Hüffer/Schäfer* § 246 Rn. 87; Grigoleit/ Ehmann AktG § 246 Rn. 26; Bürgers/Körber AktG/*Göz* § 246 Rn. 46; *Heer* ZIP 2012, 803 (806–807).
[388] BGHZ 76, 191 (199–200).
[389] BGHZ 76, 191 (201).
[390] BGHZ 76, 191 (200).
[391] *Heer* ZIP 2012, 803 (804); Grigoleit/*Ehmann* AktG § 246 Rn. 26; Hüffer/*Koch* AktG § 246 Rn. 43. AA *Bauschatz* NZG 2002, 317 (319–320).

erfassten **Aktionäre**.[392] Der Kläger wiederum wird gegen ausufernde Streitwertfestsetzungen, die sich aus dem typischerweise großen Interesse der beklagten Gesellschaft an der Erhaltung des angefochtenen Beschlusses ergeben könnten, durch Abs. 1 Satz 2 geschützt. Danach darf der Streitwert nicht mehr als $1/10$ des Grundkapitals, höchstens 500.000 Euro betragen, soweit die Sache nicht für den Kläger eine größere Bedeutung hat. Wenn die **Streitwertgrenze** wegen des größeren klägerischen Interesses überschritten wird, rechtfertigt dies aber nicht eine weitere Erhöhung wegen eines noch größeren Interesses der beklagten Gesellschaft.[393] Die Streitwertgrenze gilt für jeden Streitgegenstand gesondert; werden mehrere Beschlüsse angefochten, sind deren Streitgegenstandswerte zu einem Gesamtstreitwert zusammenzurechnen (§ 5 ZPO), auch wenn dadurch insgesamt die Grenze des § 247 Abs. 1 S. 2 AktG überschritten wird.[394] Einen weiteren Schutz bietet vor allem dem Kläger die **Streitwertspaltung** des § 247 Abs. 2 AktG. Danach kann das Prozessgericht bei erheblicher Gefährdung der wirtschaftlichen Lage einer Partei auf deren Antrag anordnen, dass ihre Kostentragung bei Unterliegen sich nach einem ihrer Wirtschaftslage angepassten Teil des Streitwerts bemisst, während es bei ihrem Obsiegen und in jedem Fall für den Gegner bei dem höheren Streitwert verbleibt. Die Streitwertspaltung zugunsten des Klägers ist allerdings bei aussichtsloser oder mutwilliger Prozessführung ausgeschlossen.[395] Prozesskostenhilfe kann neben der Streitwertspaltung gewährt werden.[396]

Für den Kläger wird die Bedeutung der Sache in der Regel durch den Börsenwert seiner **134** Aktien begrenzt.[397] Sein Interesse wird diese Grenze aber nur erreichen, wenn der Totalverlust des Investments zu befürchten ist.[398] Andererseits kann der Börsenwert überschritten werden, wenn die Anfechtungsklage eine Leistungsklage vorbereiten soll, deren Streitgegenstand höher zu bewerten ist.[399] Für die beklagte Gesellschaft richtet sich die Bedeutung der Sache nach ihrem Interesse an der Aufrechterhaltung des angefochtenen Beschlusses. Zur Quantifizierung dieses Interesses können Kosten und sonstige Schäden der Gesellschaft bei Scheitern der vom Beschluss intendierten Maßnahme herangezogen werden, insbesondere bei Strukturmaßnahmen;[400] hilfsweise orientiert die Rechtsprechung sich an Grundkapital und Bilanzsumme der beklagten Gesellschaft.[401] Wie die Interessen von Kläger und beklagter Gesellschaft bei der Streitwertbemessung auszutarieren sind, wird unterschiedlich gesehen. Einerseits hat sich im Anschluss an das OLG Hamm[402] eine **mathematische Betrachtungsweise** herausgebildet, die den relativen Mittelwert zwischen beiden quantifizierten Interessen ansetzen will. Dieser ergibt sich, indem man das höhere Interesse durch eine Zahl dividiert, mit der man das niedrigere Interesse multiplizieren muss, um dasselbe Ergebnis zu erreichen; mathematisch ist die betreffende Zahl die Quadratwurzel aus dem Quotienten des höheren und des niedrigeren Interesses.[403] Tendenziell wird durch diese Berechnungsweise der Streitwert in Richtung des niedrigeren Interesses verschoben. Andere schlagen den einfachen arithmetischen Mittelwert (die Hälfte

---

[392] BGH NJW-RR 1999, 910.
[393] OLG Düsseldorf ZIP 2019, 1570 (1571).
[394] OLG Frankfurt a. M. AG 1984, 154; Spindler/Stilz AktG/*Dörr* § 247 Rn. 15; Schmidt/Lutter/ *Schwab* AktG § 247 Rn. 16; Hüffer/*Koch* AktG § 247 Rn. 9.
[395] BGH AG 1992, 59.
[396] OLG Hamm AG 1976, 19; OLG Frankfurt a. M. OLGZ 1990, 351 (352); OLG Celle DB 1992, 466.
[397] OLG Düsseldorf AG 2001, 267.
[398] OLG Frankfurt a. M. AG 2005, 122.
[399] OLG Frankfurt a. M. AG 1984, 154 (155).
[400] Spindler/Stilz AktG/*Dörr* § 247 Rn. 9.
[401] OLG Stuttgart AG 1995, 237; BGH AG 1999, 376.
[402] OLG Hamm AG 1976, 19.
[403] So zB auch LG Berlin AG 2001, 543; *Happ/Pfeifer* ZGR 1991, 103 (107); GroßkommAktG/ *K. Schmidt* § 247 Rn. 18; Schmidt/Lutter/*Schwab* AktG § 247 Rn. 6; die letzteren beiden jeweils mit Berechnungsbeispiel.

aus der Summe beider Interessen) vor.[404] Auf diese Weise dürfte häufig der Höchststreitwert erreicht werden. Das vom Gericht anzuwendende billige Ermessen lässt sich aber letztlich nicht in mathematische Formeln fassen; vielmehr hat das Prozessgericht eine **nur begrenzt überprüfbare Wertungsentscheidung** zu treffen.[405] In der instanzgerichtlichen Praxis werden die Ermessenserwägungen nicht immer ganz klar.[406] Jedenfalls folgen die Gerichte generell nicht dem Wunsch der Kläger, angesichts ihres meistens geringen Aktienbesitzes auch bei Anfechtung bedeutsamer Beschlüsse nur geringe Streitwerte festzusetzen, sondern bemühen sich um einen angemessenen Interessenausgleich.

V. Nichtigkeitsklage

135 **1. Anwendungsbereich.** Mit der Nichtigkeitsklage des § 249 AktG werden die in § 241 aufgezählten **Nichtigkeitsgründe** geltend gemacht. Klagebefugt sind gemäß § 249 Abs. 1 S. 1 AktG nur Aktionäre, der Vorstand als Organ und Mitglieder des Vorstands und des Aufsichtsrats. Der klagebefugte Personenkreis wird im Grundsatz genauso abgegrenzt wie bei der Anfechtungsklage (§ 245 AktG), ist nur deshalb etwas größer, weil die zusätzlichen Voraussetzungen, die § 245 AktG für die Anfechtungsbefugnis der Aktionäre und Mitglieder von Vorstand und Aufsichtsrat aufstellt, in § 249 Abs. 1 S. 1 AktG nicht genannt werden (dazu noch näher → Rn. 139). Rechtsschutzziel der Nichtigkeitsklage und Tenor eines stattgebenden Nichtigkeitsurteils ist, wie § 249 Abs. 1 S. 1 AktG unzweideutig sagt, die **Feststellung der Nichtigkeit** eines konkret zu bezeichnenden Hauptversammlungsbeschlusses. Wer dieses Rechtsschutzziel verfolgt und wem das Gesetz die Klagebefugnis einräumt, muss sich der Nichtigkeitsklage bedienen; die allgemeine Feststellungsklage steht ihm nicht zur Verfügung.[407] Alle anderen, die Feststellung der Nichtigkeit eines Hauptversammlungsbeschlusses begehren, müssen die **allgemeine Feststellungsklage** des § 256 ZPO erheben. Dazu müssten sie ein konkretes Feststellungsinteresse darlegen und ggf. beweisen. Zwar ist das Feststellungsinteresse auch für die Nichtigkeitsklage des § 249 AktG Zulässigkeitsvoraussetzung; es folgt jedoch ohne Weiteres aus der Verbandsmitgliedschaft des Klägers oder seinen korporationsrechtlichen Beziehungen zur Gesellschaft (bereits → Rn. 4, 7). Auch ohne Klageerhebung kann die Nichtigkeit eines Hauptversammlungsbeschlusses in jeder geeigneten Weise geltend gemacht werden (§ 249 Abs. 1 S. 2 AktG), insbesondere als Verteidigungseinwand bei Inanspruchnahme.

136 Es gibt Hauptversammlungsbeschlüsse, die in einem gestreckten, mehraktigen Tatbestand zur Wirksamkeit gelangen. Dies ist zB der Fall, wenn das Wirksamwerden einen zustimmenden Sonderbeschluss erfordert. In derartigen Konstellationen tritt zwischen dem Zeitpunkt, in dem alle Wirksamkeitsvoraussetzungen für den eigentlichen Hauptversammlungsbeschluss erfüllt sind, und dem Wirksamwerden des Sonderbeschlusses ein Schwebezustand ein (→ § 40 Rn. 72). In der Literatur ist sehr umstritten, wie man die **schwebende** und, wenn die fehlende Wirksamkeitsvoraussetzung gar nicht oder jedenfalls nicht rechtzeitig eintritt, die **endgültige Unwirksamkeit** eines Hauptversammlungsbeschlusses gerichtlich feststellen lassen kann. Eine starke Meinung geht davon aus, dass auch insoweit die Nichtigkeitsklage des § 249 AktG zur Verfügung steht.[408] Mit der heute überwiegenden und überzeugenderen Gegenauffassung sollte die Nichtigkeitsklage aber nur zugelassen werden, wenn der schwebend unwirksame Hauptversammlungsbeschluss zugleich an einem Nich-

---

[404] ZB OLG Frankfurt a. M. AG 1984, 154 (155); *Baums* FS Lutter, 2000, 283 (294).
[405] OLG Frankfurt a. M. AG 2002, 562 (563); letztlich so auch LG Berlin AG 2001, 543 (544); ebenso Spindler/Stilz AktG/*Dörr* § 247 Rn. 10; MüKoAktG/*Hüffer/Schäfer* § 247 Rn. 13; Hüffer/*Koch* AktG § 247 Rn. 7.
[406] Ausführliche Aufbereitung der Kasuistik bei Schmidt/Lutter/*Schwab* AktG § 247 Rn. 7–13.
[407] BGHZ 70, 384 (388).
[408] *Baums* ZHR 142 (1978), 582 (585–586); KölnKommAktG/*Noack/Zetzsche* § 249 Rn. 62; GroßkommAktG/*K. Schmidt* § 249 Rn. 9; Schmidt/Lutter/*Schwab* AktG § 249 Rn. 14. Dito sogar bei einem Nichtbeschluss Spindler/Stilz AktG/*Drescher* § 241 Rn. 156 (→ Rn. 22).

tigkeitsmangel leidet.⁴⁰⁹ Für eine Nichtigkeitsklage zur Feststellung der Unwirksamkeit in analoger Anwendung des § 249 AktG ist kein Raum, weil die Nichtigkeitsgründe des § 241 AktG abschließend sind und hinreichender Rechtsschutz gegen unwirksame Beschlüsse sowohl während der Schwebezeit als auch nach endgültiger Umwirksamkeit⁴¹⁰ durch die allgemeine Feststellungsklage des § 256 ZPO gewährleistet werden kann.

Während die **Nichtigkeitsklage** eine besondere Form der **Feststellungsklage** ist, gehört die **Anfechtungsklage** zu den **Gestaltungsklagen**.⁴¹¹ Das rechtskräftige Nichtigkeitsurteil stellt die Nichtigkeit eines Hauptversammlungsbeschlusses deklaratorisch fest, das rechtskräftige Anfechtungsurteil vernichtet den Hauptversammlungsbeschluss rückwirkend. Dennoch gehen der BGH und die heutige hM davon aus, dass Nichtigkeits- und Anfechtungsklage einen **identischen Streitgegenstand** haben, indem sie die Nichtigkeit eines Hauptversammlungsbeschlusses mit Bindungswirkung über die Parteien des Rechtsstreits hinaus (dazu näher noch → Rn. 143) richterlich klären lassen wollen.⁴¹² Daraus ergibt sich eine Reihe praktischer Schlussfolgerungen,⁴¹³ vor allem diese: Auch wenn nur Feststellung der Nichtigkeit beantragt ist, prüft das Gericht Anfechtungsgründe und erlässt ggf. Anfechtungsurteil, wenn die sonstigen Voraussetzungen vorliegen, die Anfechtungsgründe insbesondere innerhalb der Anfechtungsfrist im Kern vorgetragen worden sind. Umgekehrt hat das Gericht auch bei einem Anfechtungsantrag die Nichtigkeit festzustellen, wenn Nichtigkeitsgründe gegeben sind. Denn ob eine Entscheidung nach § 248 AktG oder nach § 249 AktG ergeht, ist eine reine Rechtsfrage, die auch noch in der Revisionsinstanz geprüft werden muss.⁴¹⁴ Damit ist die auch heute noch in der Praxis anzutreffende Verbindung von Nichtigkeitsfeststellungsantrag und Anfechtungsantrag in Form von Haupt- und Hilfsantrag obsolet. Das Nachschieben von Nichtigkeitsgründen bei reinem Anfechtungsantrag ist keine Klageänderung, sofern kein neuer Sachverhalt in den Prozess eingeführt wird. Nicht nur mehrere Nichtigkeitsprozesse (§ 249 Abs. 2 S. 1 AktG), sondern auch Nichtigkeits- und Anfechtungsprozesse in Bezug auf denselben Hauptversammlungsbeschluss sind zur gleichzeitigen Verhandlung und Entscheidung zu verbinden; obwohl § 249 Abs. 2 S. 2 AktG als bloße Kann-Vorschrift formuliert ist, wäre jedes andere Ergebnis richterlicher Ermessensausübung unvertretbar.⁴¹⁵ Nach Abweisung seiner Anfechtungsklage kann der Kläger nicht nur keine neue Anfechtungsklage mehr erheben, sondern auch keine auf denselben Sachverhalt gestützte Nichtigkeitsklage (bereits → Rn. 126). Ein Teilurteil, mit dem entweder nur der Nichtigkeitsfeststellungsantrag oder nur der Anfechtungsantrag beschieden wird, ist unzulässig.⁴¹⁶

2. Verfahren. a) Entsprechende Anwendung der Anfechtungsregeln. Gemäß § 249 Abs. 1 S. 1 AktG sind fast alle Regeln des Anfechtungsverfahrens auch auf das Nichtigkeitsfeststellungsverfahren anzuwenden. Dies gilt insbesondere für Gerichte und Instanzenzug (→ Rn. 103–106), die Verfahrensbeteiligten und ihre Vertretung im Prozess (→ Rn. 107–118), die Verfahrensgrundsätze (→ Rn. 119–122), die Publizität von Klageerhebung, Vergleich, Urteil und sonstigen Arten der Prozessbeendigung (→ Rn. 113,

---

⁴⁰⁹ MüKoAktG/*Hüffer/Schäfer* § 249 Rn. 38; Spindler/Stilz AktG/*Dörr* § 249 Rn. 5; Bürgers/Körber AktG/*Göz* § 249 Rn. 16; Hüffer/*Koch* AktG § 249 Rn. 21; Wachter AktG/*Epe* § 249 Rn. 4; grundsätzlich auch Grigoleit/*Ehmann* AktG § 249 Rn. 3.
⁴¹⁰ Für diesen Fall allerdings befürwortet auch Grigoleit/*Ehmann* AktG § 249 Rn. 3 die Analogie zu § 249 AktG.
⁴¹¹ HM; siehe nur MüKoAktG/*Hüffer/Schäfer* § 246 Rn. 14; Bürgers/Körber AktG/*Göz* § 246 Rn. 3; mwN.
⁴¹² BGHZ 134, 364 (366); BGH NJW 1999, 1638; aus der Literatur statt aller Spindler/Stilz AktG/ *Dörr* § 246 Rn. 5; Hüffer/*Koch* AktG § 246 Rn. 12.
⁴¹³ Übersichten bei Spindler/Stilz AktG/*Dörr* § 246 Rn. 6; Hüffer/*Koch* AktG § 246 Rn. 13.
⁴¹⁴ BGHZ 134, 364 (366–367).
⁴¹⁵ HM; siehe nur KölnKommAktG/*Noack/Zetzsche* § 246 Rn. 182; GroßkommAktG/*K. Schmidt* § 249 Rn. 27; Bürgers/Körber AktG/*Göz* § 249 Rn. 11.
⁴¹⁶ BGH NJW 1999, 1638.

§ 42 139, 140   7. Kapitel. Hauptversammlung

129–130) sowie Kosten und Streitwert (→ Rn. 133–134). Über die in § 249 Abs. 1 S. 1 AktG ausdrücklich in Bezug genommenen Vorschriften hinaus gilt auch § 243 Abs. 3 Nr. 3 AktG für die Nichtigkeitsklage.⁴¹⁷ Diese Vorschrift schließt also nicht nur für die Anfechtungsklage (dazu → Rn. 72) sondern auch für die Nichtigkeitsklage gegen die **Abschlussprüferwahl** solche Gründe aus, die in einem **Ersetzungsverfahren nach § 318 Abs. 3 HGB** geltend gemacht werden können. Eine gleichwohl erhobene **Nichtigkeitsklage** ist, wie die Anfechtungsklage, **unzulässig**. Verfahrensmäßige Unterschiede zwischen der Nichtigkeitsklage und der Anfechtungsklage bestehen insbesondere im Hinblick auf die Klagebefugnis der Aktionäre und die Klagefrist; Näheres dazu nachfolgend.

139 **b) Klagebefugnis der Aktionäre.** § 249 Abs. 1 S. 1 AktG verweist nicht auf § 245 Nr. 1–3 AktG. Die besonderen Voraussetzungen für die Anfechtungsbefugnis muss der auf Nichtigkeitsfeststellung klagende Aktionär also nicht erfüllen. Insbesondere braucht er die Aktien nicht bereits vor Bekanntmachung der Tagesordnung erworben zu haben; auch ein Widerspruch gegen die Beschlussfassung in der Hauptversammlung ist entbehrlich.⁴¹⁸ Allein entscheidend für die Befugnis des Aktionärs zur Erhebung der Nichtigkeitsklage ist also seine **Aktionärseigenschaft,** und zwar nach wohl einhelliger Auffassung **zum Zeitpunkt der letzten mündlichen Verhandlung.**⁴¹⁹ Der Kläger muss die Aktien also weder bei Klageerhebung halten noch bei der mit seiner Klage angegriffenen Beschlussfassung gehalten haben.⁴²⁰ Einig ist man sich auch darin, dass die Klagebefugnis des Aktionärs bei der Nichtigkeitsklage – anders als die Anfechtungsbefugnis bei der Anfechtungsklage – keine Frage der Begründetheit ist. Ein für die Praxis nicht relevanter dogmatischer Streit besteht lediglich darüber, ob die Aktionärseigenschaft Zulässigkeitsvoraussetzung ist⁴²¹ oder ob es sich dabei lediglich um ein noch in der Revisionsinstanz von Amts wegen zu prüfendes Merkmal für die Einordnung der Klage als Nichtigkeitsklage oder als allgemeine Feststellungsklage handelt.⁴²²

140 Wenn ein **Nicht-Aktionär** eine Klage auf Feststellung der Nichtigkeit eines Hauptversammlungsbeschlusses gemäß § 256 ZPO erhebt und **anschließend eine Aktie erwirbt,** so wird die allgemeine Feststellungsklage nach hM ohne Weiteres zur Nichtigkeitsklage gemäß § 249 AktG und muss deren besonderen Anforderungen genügen.⁴²³ Eine noch fehlende Zustellung an den Aufsichtsrat (§§ 249 Abs. 1 S. 1, 246 Abs. 2 S. 2 AktG) muss also nachgeholt werden, ebenso eine etwa noch fehlende Bekanntmachung der Klage (§§ 249 Abs. 1 S. 1, 246 Abs. 4 S. 1 AktG). Ist die Klage vor dem unzuständigen Gericht anhängig, weil die Zuständigkeitskonzentration für Anfechtungs- und Nichtigkeitsklagen

---

⁴¹⁷ Schmidt/Lutter/*Schwab* AktG § 249 Rn. 5, 19; Hüffer/*Koch* AktG § 249 Rn. 12a. AA Heidel AktienR u. KapitalmarktR/*Heidel* § 249 Rn. 4.

⁴¹⁸ Heute allgemeine Meinung; siehe nur Grigoleit/*Ehmann* AktG § 249 Rn. 5; Hüffer/*Koch* AktG § 249 Rn. 4.

⁴¹⁹ OLG Stuttgart AG 2001, 315 (316); GroßkommAktG/*K. Schmidt* § 249 Rn. 13; Spindler/Stilz AktG/*Dörr* § 249 Rn. 8; MüKoAktG/*Hüffer/Schäfer* § 249 Rn. 11; Grigoleit/*Ehmann* AktG § 249 Rn. 5; Hüffer/*Koch* AktG § 249 Rn. 5. Sofern ein Rechtsverlust infolge der Verletzung von Mitteilungspflichten überhaupt eine Rolle spielt – offengelassen von OLG München NZG 2009, 1386 (1389) – kann auch dieser bis zur letzten mündlichen Verhandlung geheilt werden; LG Köln BeckRS 2016, 12428 mit zust. Anm. *Wettich* GWR 2016, 320.

⁴²⁰ OLG Celle ZIP 1984, 594 (595).

⁴²¹ So maßgeblich GroßkommAktG/*K. Schmidt* § 249 Rn. 12; Grigoleit/*Ehmann* AktG § 249 Rn. 5.

⁴²² So maßgeblich Spindler/Stilz AktG/*Dörr* § 249 Rn. 7; MüKoAktG/*Hüffer/Schäfer* § 249 Rn. 10; Hüffer/*Koch* AktG § 249 Rn. 4.

⁴²³ Spindler/Stilz AktG/*Dörr* § 249 Rn. 9; MüKoAktG/*Hüffer/Schäfer* § 249 Rn. 12; Bürgers/Körber AktG/*Göz* § 249 Rn. 5; Hüffer/*Koch* AktG § 249 Rn. 6. AA GroßkommAktG/*K. Schmidt* § 249 Rn. 14; Schmidt/Lutter/*Schwab* AktG § 249 Rn. 4 (Übergang zur Nichtigkeitsklage nur im Wege der – allerdings regelmäßig sachdienlichen – Klageänderung gemäß § 263 ZPO möglich).

(→ Rn. 103) für allgemeine Feststellungsklagen nicht gilt, so kann der Kläger gemäß § 281 ZPO Verweisung an das örtlich zuständige Gericht beantragen. Sehr umstritten ist, welche Folgen es hat, wenn der Kläger seine **Aktien während des laufenden Nichtigkeitsprozesses veräußert.** Der BGH hat, allerdings nur durch *obiter dicta* in Entscheidungen zu anderen Rechtsformen, zu erkennen gegeben, dass er an dem Erfordernis der Aktionärseigenschaft im Zeitpunkt der letzten mündlichen Verhandlung ohne Ausnahme festhalten will, so dass die Nichtigkeitsklage bei zwischenzeitlicher Veräußerung der Aktien als unzulässig abzuweisen[424] oder, sofern ein Feststellungsinteresse trotz Veräußerung besteht, als allgemeine Feststellungsklage nach § 256 ZPO fortzuführen ist.[425] Andere ziehen die auch vom BGH bei der Anfechtungsklage (→ Rn. 90) angewandte Lösung vor, dass der Veräußerer die Nichtigkeitsklage als gesetzlicher Prozessstandschafter des Aktienerwerbers analog § 265 Abs. 2 ZPO weiterführt, wenn er ein rechtlich anerkanntes Fortsetzungsinteresse hat.[426] Die schematische Übertragung der Regeln für die Anfechtungsklage auf die Nichtigkeitsklage erscheint jedoch nicht gerechtfertigt. Denn der Veräußerer ist anders als bei der Anfechtungsklage nicht ohne Rechtsschutz, weil er bei fortbestehendem Feststellungsinteresse den Prozess als allgemeine Feststellungsklage fortsetzen kann, so dass für eine Analogie zu § 265 Abs. 2 ZPO kein Raum ist.

c) Klagefrist. Die einmonatige Anfechtungsfrist gilt für die Nichtigkeitsklage **nicht**, weil **141** § 249 Abs. 1 S. 1 AktG gerade nicht auf § 246 Abs. 1 AktG verweist. Diese Rechtslage haben Berufskläger zuweilen ausgenutzt, um ein Freigabeverfahren, in dem sie zu unterliegen drohen, durch eine **nachgeschobene Nichtigkeitsklage** wirkungslos zu machen oder jedenfalls in die Länge zu ziehen (dazu noch → Rn. 160). Durch die (letztlich in anderer Form und mit anderem Inhalt Gesetz gewordene) Aktienrechtsnovelle 2014 sollte diesem Missstand eigentlich abgeholfen werden, indem – vergleichbar der Nebeninterventionsfrist des § 246 Abs. 4 S. 2 AktG (→ Rn. 113) – die Erhebung der Nichtigkeitsklage relativ befristet werden sollte, nämlich auf einen Monat nach der Bekanntmachung einer anderen Anfechtungs- oder Nichtigkeitsklage gemäß § 246 Abs. 4 S. 1 AktG.[427] Auf diese relative Befristung hat der Gesetzgeber in der schließlich umgesetzten Aktienrechtsnovelle 2016[428] jedoch verzichtet, um einer grundlegenderen Reform des Beschlussmängelrechts nicht vorzugreifen.[429]

Ausnahmsweise ordnet das Gesetz doch eine **Befristung** für die Nichtigkeitsklage an, **142** nämlich für eine Klage gegen einen **Verschmelzungsbeschluss.** Eine solche Nichtigkeitsklage muss gemäß § 14 Abs. 1 UmwG, nicht anders als die Anfechtungsklage, innerhalb eines Monats nach der Beschlussfassung erhoben werden.[430] Allerdings verbliebe auch dann noch die Möglichkeit, einen für die Durchführung der Verschmelzung bei der übernehmenden Gesellschaft erforderlichen **Kapitalerhöhungsbeschluss** unbefristet mit einer Nichtigkeitsklage anzugreifen und so der Verschmelzung die Grundlage zu entziehen. Diese Möglichkeit schränkt die mit dem UMAG eingeführte Vorschrift des § 249 Abs. 1

---

[424] BGHZ 43, 261 (266–267) (zur GmbH).
[425] BGH AG 1999, 180 (180–181) (zur Genossenschaft); ebenso OLG München AG 2009, 912 (913); Hölters AktG/*Englisch* § 249 Rn. 17; Hüffer/*Koch* AktG § 249 Rn. 6.
[426] GroßkommAktG/*K. Schmidt* § 249 Rn. 15; *Gärtner/Mark* MDR 2010, 1 (2–3); Spindler/Stilz AktG/*Dörr* § 249 Rn. 10; Schmidt/Lutter/*Schwab* AktG § 249 Rn. 4; Grigoleit/*Ehmann* AktG § 249 Rn. 6; Bürgers/Körber AktG/*Göz* § 249 Rn. 5.
[427] Begr. RegE Aktienrechtsnovelle 2014, BR-Drs. 22/15, 30–34. Dazu instruktiv *Schmidt-Bendum* DB 2015, 419 (423).
[428] Gesetz zur Änderung des Aktiengesetzes (Aktienrechtsnovelle 2016), BGBl. 2015 I S. 2565.
[429] Beschlussempfehlung und Bericht des Ausschusses für Recht und Verbraucherschutz zum RegE Aktienrechtsnovelle 2014, BT-Drs. 18/6681, 12. Zu den Motiven des Gesetzgebers eine ausführliche Innensicht bei *Harbarth/von Plettenberg* AG 2016, 145 (155–156).
[430] Dass § 14 Abs. 1 UmwG auch für aktienrechtliche Nichtigkeitsklagen gilt, entspricht allgemeiner Meinung; siehe nur Spindler/Stilz AktG/*Dörr* § 249 Rn. 27; Grigoleit/*Ehmann* AktG § 249 Rn. 20; jeweils mwN.

§ 42   143, 144   7. Kapitel. Hauptversammlung

S. 3 AktG ein. Danach erfasst die Bestandskraft der in das Handelsregister eingetragenen Verschmelzung gemäß § 20 Abs. 2 UmwG auch den zur Durchführung der Verschmelzung erforderlichen Kapitalerhöhungsbeschluss und macht später erhobene Nichtigkeitsklagen unzulässig.[431]

143 **3. Urteilswirkungen.** § 249 Abs. 1 S. 1 AktG verweist auch auf § 248 Abs. 1 S. 1 AktG, so dass das stattgebende Nichtigkeitsurteil dieselbe **Rechtskraftwirkung** entfaltet wie das stattgebende Anfechtungsurteil (→ Rn. 123). Die Rechtskraft erfasst also nicht nur die Parteien des Nichtigkeitsrechtsstreits, sondern alle Aktionäre sowie Mitglieder des Vorstands und des Aufsichtsrats. Anders als das rechtskräftige stattgebende Anfechtungsurteil (→ Rn. 124) kommt dem stattgebenden rechtskräftigen Nichtigkeitsurteil allerdings keine Gestaltungswirkung zu, denn es stellt die Nichtigkeit des angegriffenen Hauptversammlungsbeschlusses nur fest. Dieser Unterschied zum Anfechtungsurteil wird allgemein als misslich und mit dem einheitlichen Streitgegenstand von Anfechtungs- und Nichtigkeitsklage schwer vereinbar angesehen. Deshalb geht die ganz hM davon aus, dass die **Feststellungswirkung** des Nichtigkeitsurteils ebenso wie die Gestaltungswirkung des Anfechtungsurteils auch für und gegen Dritte gilt, so dass das Nichtigkeitsurteil eine dem Anfechtungsurteil vergleichbare Wirkung *inter omnes* entfaltet.[432] Für das klageabweisende Nichtigkeitsurteil gibt es demgegenüber, genau wie beim Anfechtungsurteil (→ Rn. 126), keine Rechtskrafterstreckung und keine Feststellungswirkung.

VI. Freigabeverfahren

144 **1. Anwendungsbereich.** Mit dem Freigabeverfahren wird der Gesellschaft die Möglichkeit eröffnet, die **Eintragung einer Maßnahme in das Handelsregister** bereits während eines laufenden **Anfechtungs- oder Nichtigkeitsprozesses** gegen den zugrunde liegenden Hauptversammlungsbeschluss zu erreichen (§ 246a Abs. 3 S. 5 AktG) sowie der Maßnahme zur **Bestandskraft** zu verhelfen (§ 246a Abs. 4 S. 2 AktG).[433] Vom Wortlaut des § 246a Abs. 1 S. 1 AktG, der ganz allgemein von „Klage" spricht, und vom Normzweck umfasst wird die Durchführung eines Freigabeverfahrens auch im Fall einer **allgemeinen Feststellungsklage** gemäß § 256 ZPO betreffend den Hauptversammlungsbeschluss selbst,[434] nicht jedoch im Hinblick auf einzelne Wirksamkeitsvoraussetzungen des Hauptversammlungsbeschlusses.[435] Das Verfahren trägt Züge eines an den einstweiligen Rechtsschutz erinnernden Eilverfahrens,[436] mit der Besonderheit allerdings, dass es mit der Bestandskraft der Maßnahme die Hauptsache praktisch vorwegnimmt und die weiter rechtshängige Beschlussmängelklage nur noch Bedeutung für einen Schadensersatzanspruch des Klägers hat (§ 246a Abs. 4 S. 1 AktG).

---

[431] Spindler/Stilz AktG/*Dörr* § 249 Rn. 28; Grigoleit/*Ehmann* AktG § 249 Rn. 20; Hüffer/*Koch* AktG § 249 Rn. 19a. Zu weitgehend, weil gegen den Gesetzeswortlaut, Bürgers/Körber AktG/*Göz* § 249 Rn. 10 (Ausschluss der Nichtigkeitsklage gegen den Kapitalerhöhungsbeschluss bereits nach Ablauf der Monatsfrist des § 14 Abs. 1 UmwG).
[432] KölnKommAktG/*Noack/Zetzsche* § 249 Rn. 51; GroßkommAktG/*K. Schmidt* § 249 Rn. 31; Spindler/Stilz AktG/*Dörr* § 249 Rn. 19; MüKoAktG/*Hüffer/Schäfer* § 249 Rn. 25; jeweils mwN.
[433] Spindler/Stilz AktG/*Dörr* § 246a Rn. 4; Bürgers/Körber AktG/*Göz* § 246a Rn. 1; Hüffer/*Koch* AktG § 246a Rn. 1.
[434] OLG Düsseldorf AG 2017, 900 (901) – METRO; Spindler/Stilz AktG/*Dörr* § 246a Rn. 7; Bürgers/Körber AktG/*Göz* § 246a Rn. 2; wohl auch MüKoAktG/*Hüffer/Schäfer* § 246a Rn. 8; Hüffer/*Koch* AktG § 246a Rn. 5 (die allerdings Feststellungsklagen von Aktionären erwähnen, obwohl diese grundsätzlich auf die Nichtigkeitsklage verwiesen sind, → Rn. 4, 135). So die hM inzwischen auch in Fällen der formellen Registersperre; dazu → § 74 Rn. 18.
[435] OLG Düsseldorf AG 2017, 900 (901–902) – METRO zum Spaltungsvertrag (also in einem Fall mit Registersperre). Zur Problematik sogleich ausführlich in → Rn. 146.
[436] Begr. RegE UMAG, BT-Drs. 15/5092, 28; BGHZ 168, 48 Rn. 8.

Nach einer wegweisenden Entscheidung des BGH[437] hat der Gesetzgeber das Freigabeverfahren 1994 zunächst für Umwandlungsmaßnahmen (§ 16 Abs. 3 UmwG) und Eingliederungen (§ 319 Abs. 6 AktG) geschaffen, also in Fällen, in denen die bloße Erhebung der Beschlussmängelklage die Eintragung der Maßnahmen im Handelsregister sperrt (§ 16 Abs. 2 UmwG, § 319 Abs. 5 AktG). Bei Einführung des aktienrechtlichen Squeeze-out 2002 wurde das Verfahren auch dort eröffnet (§ 327e Abs. 2 AktG). Mit § 246a AktG schließlich schuf der Gesetzgeber 2005 durch das UMAG das im Folgenden allein zu erläuternde Freigabeverfahren für Maßnahmen der **Kapitalbeschaffung,**[438] der **Kapitalherabsetzung**[439] und für **Unternehmensverträge.** Bei diesen Maßnahmen bewirkt die Beschlussmängelklage keine formelle, wohl aber in der Regel eine **faktische Registersperre** (→ § 40 Rn. 83), die durch das Freigabeverfahren des § 246a AktG überwunden werden kann. Für andere als die ausdrücklich genannten Maßnahmen steht das Freigabeverfahren nicht zur Verfügung, insbesondere nicht für allgemeine Satzungsänderungen.[440] Die ARUG-Reformen des Jahres 2009, durch die missbräuchlichen Anfechtungsklagen weitere Riegel vorgeschoben wurden, haben die Freigabevorschriften für alle Anlässe weitgehend vereinheitlicht und den Erlass von Freigabeentscheidungen wesentlich beschleunigt und vereinfacht.[441] Zu den rechtspolitischen Implikationen → Rn. 10. **145**

Um den Wirkungen einer stattgegebenen Freigabeentscheidung (dazu näher → Rn. 164, 165) zu entgehen, haben Beschlussmängelkläger sich flankierend auf die **Unwirksamkeit einzelner Voraussetzungen des Hauptversammlungsbeschlusses** im Wege einer **separaten Klage** berufen. Bekannt geworden sind insoweit Klagen gegen einen Sonderbeschluss der Vorzugsaktionäre und allgemeine Feststellungsklagen gemäß § 256 ZPO betreffend die Wirksamkeit des Vertrages, der Gegenstand des Hauptversammlungsbeschlusses war. Unter Hinweis auf den Wortlaut und die mangelnde Analogiefähigkeit des § 246a AktG haben die damit befassten Oberlandesgerichte derartige Klagen tatsächlich aus dem Freigabeverfahren ausgeklammert.[442] In der Folge hat sich mindestens in einem Fall der Streit vor dem Registerrichter fortgesetzt, der von den Klägern trotz stattgebender Freigabeentscheidung unter Hinweis auf das ihm nicht zukommende Spruchrichterprivileg und sein entsprechend hohes Risiko persönlicher Schadensersatzhaftung (§ 839 Abs. 2 S. 1 BGB) bedrängt wurde, die Eintragung wegen der neben den Beschlussmängelklagen anhängigen separaten Klagen auszusetzen. Der Registerrichter hat dennoch eingetragen, nicht zuletzt weil die separaten Klagen auf materiell dieselben Gründe wie die Beschlussmängelklagen gestützt waren. Weitergehend muss man feststellen, dass derartigen separaten Klagen stets das Rechtsschutzbedürfnis fehlt, weil die Wirksamkeitsvoraussetzungen eines Hauptversammlungsbeschlusses mit der Beschlussmängelklage umfassend thematisiert und damit der vollen gerichtlichen Kontrolle unterworfen werden können. **146**

2. Freigabegründe. Ein Freigabebeschluss ergeht, wenn einer der in § 246a Abs. 2 AktG **abschließend aufgezählten** Freigabegründe vorliegt. Diese sind für alle Freigabeanlässe, auch in den Fällen formeller Registersperre (zB § 16 Abs. 3 UmwG), wortgleich formuliert. § 246a Abs. 2 AktG nennt **vier Freigabegründe,** die in drei Unterabsätze unter- **147**

---

[437] BGHZ 112, 9 (23–24) – Hypothekenbank-Schwestern.
[438] Statthaft auch, wenn die Anfechtung sich nur gegen einen Bezugsrechtsausschluss richtet; OLG Nürnberg ZIP 2018, 527 (529) mit zust. Anm. *Than* WuB 2018, 496 (498).
[439] Statthaft auch bei Zwangseinziehung von Aktien; OLG München NZG 2015, 1027 (1028).
[440] LG München I AG 2008, 340 (341) (für eintragungsbedürftigen Fortsetzungsbeschluss gemäß § 274 AktG); *Veil* AG 2005, 567 (575); Bürgers/Körber AktG/*Göz* § 246a Rn. 2; Hüffer/*Koch* AktG § 246a Rn. 3.
[441] Überblick bei *Seibert/Florstedt* ZIP 2008, 2145 (2151–2153).
[442] OLG Frankfurt a. M. 2.12.2010 – 5 Sch 3/10, BeckRS 2011, 16034 (insoweit in NZG 2012, 351 nicht abgedruckt) – Fresenius 2 zum Sonderbeschluss der Vorzugsaktionäre; OLG Düsseldorf AG 2017, 900 (901–902) – METRO zum Spaltungsvertrag. Zustimmend, angeblich in großer Sorge um die Effizienz des Freigabeverfahrens, ein Beitrag aus dem Umfeld der Beschlussmängelkläger von *Meul/Ritter* AG 2017, 841 *passim*.

gliedert werden: die Unzulässigkeit der Klage, die offensichtliche Unbegründetheit der Klage (jeweils Nr. 1), den nicht rechtzeitigen Nachweis eines Mindestaktienbesitzes des Klägers (Nr. 2) sowie ein vorrangiges Interesse am alsbaldigen Wirksamwerden des angegriffenen Hauptversammlungsbeschlusses (Nr. 3). Auslegung und Handhabung der Freigabegründe sind entscheidend dafür, wie die Interessen der Gesellschaft an der Durchführung der Maßnahme gegen die Interessen der Beschlussmängelkläger, die Durchführung möglicherweise nichtiger oder sonst gesetz- oder satzungswidriger Beschlüsse zu verhindern, austariert werden. Dem Gericht kommt dabei **kein Ermessen** zu; wenn die Voraussetzungen auch nur eines Freigabegrundes erfüllt sind, hat die Freigabe zu erfolgen. Wohl aber hat das Gericht einen **Beurteilungsspielraum** bei der Prüfung der Voraussetzungen des Freigabegrunds gemäß § 246a Abs. 2 Nr. 3 AktG („nach freier Überzeugung des Gerichts").[443]

148 **a) Unzulässigkeit oder offensichtliche Unbegründetheit der Klage.** Die erste Alternative des § 246a Abs. 2 Nr. 1 AktG (Unzulässigkeit der Klage) spielt in der Praxis keine erhebliche Rolle. Unzulässige Beschlussmängelklagen werden höchst selten erhoben. Die zweite Alternative (offensichtliche Unbegründetheit der Klage) hingegen war bis zu den ARUG-Reformen des Jahres 2009 der praktisch bedeutsamste Freigabegrund. Infolgedessen haben sich dazu eine reiche Judikatur und ein buntes Bild im Schrifttum entwickelt. Als vorsichtiges Destillat der vielfältigen Formulierungen sei hier als hM Folgendes festgehalten: Eine Klage gegen einen Hauptversammlungsbeschluss ist dann **offensichtlich unbegründet,** wenn sich die Unbegründetheit nach vollständiger, nicht nur kursorischer Prüfung der Sach- und Rechtslage mit solcher Deutlichkeit ergibt, dass eine **abweichende Beurteilung schlecht vertretbar** erscheint.[444] Auf den Prüfungsaufwand kommt es also nicht an;[445] vielmehr hat das Gericht den Tatsachenstoff zu sichten, ggf. mit Hilfe angebotener Beweismittel zu verifizieren (dazu noch → Rn. 158) und einer vollständigen rechtlichen Würdigung zu unterziehen. Dabei sind ausschließlich solche Tatsachen rechtlich zu würdigen, die auch in entscheidungserheblicher Form in den Beschlussmängelprozess eingeführt worden sind, und zwar von denjenigen Beschlussmängelklägern, die ihren Mindestaktienbesitz im Freigabeverfahren rechtzeitig nachgewiesen haben (dazu sogleich → Rn. 149–152).[446] Insbesondere anfechtungsbegründende Tatsachen sind auch im Freigabeverfahren nur dann von Belang, wenn sie ihrem wesentlichen Inhalt nach innerhalb der einmonatigen Klagefrist vorgetragen worden sind (→ Rn. 102).

149 Ob die Unbegründetheit der Beschlussmängelklage dann im Freigabeverfahren offensichtlich ist, hängt vom **Prüfungsergebnis** ab, das weder leicht erkennbar noch vollständig sicher sein, aber eine abweichende Beurteilung eben doch schlecht vertretbar erscheinen lassen muss. Nicht vertretbar in diesem Sinne ist eine Entscheidung gegen die höchstrichterliche Rechtsprechung, also die des BGH und der anderen Bundesobergerichte,[447] so dass entsprechende Judikate die Klage sowohl offensichtlich begründet als auch offensichtlich unbegründet machen können. Entsprechendes wird man sagen können, wenn es eine festgefügte Rechtsprechung der OLG gibt. Ohne solche Judikate wird es schwer sein,

---

[443] OLG Düsseldorf AG 2009, 538 (540) – Schwarz Pharma.

[444] ZB OLG Düsseldorf NZG 2004, 328 (329) – Edscha (zum aktienrechtlichen Squeeze-out); OLG Frankfurt a. M. AG 2012, 414 (415) (zur Verschmelzung); OLG Hamburg AG 2012, 639 (640) (zum umwandlungsrechtlichen Squeeze-out); OLG Hamm ZIP 2005, 1457 (1458) – GEA (zum aktienrechtlichen Squeeze-out); OLG Karlsruhe WM 2007, 650 (651) (zur Kapitalerhöhung aus Gesellschaftsmitteln); KG AG 2009, 30 (32) (zum Unternehmensvertrag); OLG München ZIP 2011, 2199 (2201) (zum aktienrechtlichen Squeeze-out); OLG Stuttgart AG 2009, 204 (205) – Allianz (zum aktienrechtlichen Squeeze-out). Aus der Literatur statt aller Hüffer/*Koch* AktG § 246a Rn. 16 mwN.

[445] Begr. RegE UMAG, BT-Drs. 15/5092, 29; *Bayer* FS Hoffmann-Becking, 2013, 91 (102).

[446] OLG Rostock AG 2013, 768 (769); OLG München WM 2011, 2288 (2289) *(obiter dictum); Verse* NZG 2009, 1127 (1129); Bürgers/Körber AktG/*Göz* § 246a Rn. 4; Hölters AktG/*Englisch* § 246a Rn. 29; Hüffer/*Koch* AktG § 246a Rn. 20b–20 f.

[447] OLG Hamburg AG 2012, 639 (640); Hüffer/*Koch* AktG § 246a Rn. 17.

lediglich auf die seltene und auch nicht immer sicher feststellbare einheitliche Auffassung im Schrifttum zu vertrauen. In derartigen Fällen und erst recht bei streitigen Rechtsfragen darf der Freigaberichter die Offensichtlichkeit der Rechtslage aber nicht ohne Weiteres verneinen, sondern muss den Rechtsstoff selbständig durchdringen und sich die Frage vorlegen, ob ein anderes als das von ihm gefundene Ergebnis nur schwer vertretbar erscheint.[448] Meistens, aber auch das kann nicht mehr als eine vorsichtige grundsätzliche Linie sein, wird eine Entscheidung mit der hM eher die Ansicht stützen, dass ein abweichendes Ergebnis schlecht vertretbar erscheint, als eine Entscheidung gegen die hM. Einen **Bestätigungsbeschluss** gemäß § 244 AktG (→ Rn. 75–81), auch wenn dieser seinerseits angefochten ist, hat der Freigaberichter daraufhin zu prüfen, ob der Bestätigungsbeschluss nach seiner Auffassung Bestand haben wird und einen bislang der Freigabe entgegenstehenden Mangel des Ausgangsbeschlusses endgültig beseitigt, so dass die Klage nunmehr unbegründet ist.[449]

b) Mindestaktienbesitz nicht rechtzeitig nachgewiesen. Seit Inkrafttreten des ARUG im Jahr 2009 ergeht ein Freigabebeschluss auch dann, wenn der Kläger nicht binnen einer Woche nach Zustellung des Freigabeantrags durch Urkunden nachgewiesen hat, dass er seit Bekanntmachung der Einberufung einen anteiligen Betrag des Grundkapitals von **mindestens 1.000 Euro** hält (§ 246a Abs. 2 Nr. 2 AktG). Der Beteiligungsbesitz mehrerer Kläger darf für Zwecke des Freigabeverfahrens **nicht zusammengerechnet** werden.[450] Ebensowenig darf der Beteiligungsbesitz von Nebenintervenienten einem Kläger zugerechnet werden.[451] 1.000 Euro Nennkapital entsprechen in der Regel substantiellen Börsenwerten im unteren fünfstelligen Eurobereich.[452] Dadurch wird ein wesentliches Ziel der Reform erreicht, den häufig nur gering beteiligten sogenannten „Berufsklägern" und „räuberischen Aktionären" die Hebelwirkung ihrer Klagen gegen die Eintragung der mit dem Hauptversammlungsbeschluss verfolgten Maßnahme zu nehmen. Verfassungsrechtlich ist dies nicht zu beanstanden, weil der individuelle Vermögensschutz der vom Freigabeverfahren ausgeschlossenen Kläger durch die Gewährung eines Schadensersatzanspruchs gemäß § 246a Abs. 4 S. 1 AktG erhalten bleibt.[453]

Nach dem Wortlaut von § 246a Abs. 2 Nr. 2 AktG muss der Kläger den Mindestaktienbesitz „seit" Bekanntmachung der Einberufung halten. Im Zusammenhang mit der Regelung zur Klagebefugnis in § 245 Nr. 1 AktG, wo es deutlicher heißt, dass die Aktien schon „vor" der Bekanntmachung der Tagesordnung erworben worden sein müssen, ist auch für das Freigabeverfahren ein Aktienbesitz des Klägers schon **vor der Bekanntmachung der Einberufung** zu verlangen, wenn die Freigabe mangels Nachweises des Aktienbesitzes vermieden werden soll.[454] Klar ist nach dem Wortlaut von § 246a Abs. 2 Nr. 2 AktG auch, dass die Aktienbesitzzeit des Klägers nicht nur stichtagsbezogen ist, sondern fortdauern muss. Ein Umkehrschluss aus § 142 Abs. 2 S. 2 AktG (Aktienbesitz beim Sonderprüfungs-

---

[448] OLG Stuttgart AG 2008, 464 – Aesculap; OLG Frankfurt a. M. ZIP 2008, 1968 – Eurohypo (beide zum aktienrechtlichen Squeeze-out); *Riegger* FS Bechtold, 2006, 375 (381); Hüffer/*Koch* AktG § 246a Rn. 17.
[449] OLG München NZG 2013, 459 (461); *Kocher* NZG 2006, 1 (6); Schmidt/Lutter/*Schwab* AktG § 246a Rn. 17.
[450] OLG Stuttgart AG 2010, 89 (90) – BERU; OLG Hamburg AG 2010, 214 (215) – Conergy; OLG Frankfurt a. M. AG 2010, 596 (597) – Commerzbank; *Verse* NZG 2009, 1127 (1129).
[451] *Florstedt* AG 2009, 465 (472–473); Bürgers/Körber AktG/*Göz* § 246a Rn. 4b.
[452] Der Gesetzgeber geht von einem typischen Anlagevolumen zwischen 10.000 und 20.000 Euro aus; Beschlussempfehlung und Bericht des Rechtsausschusses zum RegE ARUG, BT-Drs. 16/13 098, 41.
[453] OLG Stuttgart AG 2010, 89 (90) – BERU; OLG Hamburg AG 2010, 214 (215) – Conergy; OLG Frankfurt a. M. AG 2010, 596 (597) – Commerzbank; *Bayer* FS Hoffmann-Becking, 2013, 91 (104); *Verse* FS Stilz, 2014, 651 (654–656); jeweils mwN.
[454] *Wilsing/Saß* DB 2011, 919 (921–922); *Verse* FS Stilz, 2014, 651 (658–659); Hüffer/*Koch* AktG § 246a Rn. 20b. AA *Bayer* FS Hoffmann-Becking, 2013, 91 (105–106).

§ 42   152, 153   7. Kapitel. Hauptversammlung

antrag „bis zur Entscheidung über den Antrag") ergibt ebenso klar, dass die **Mindesthaltefrist** nicht erst mit der Entscheidung im Freigabeverfahren **endet**.[455] Im Übrigen ist keine hM auszumachen. Es erscheint jedenfalls weder interessen- noch systemgerecht, den Kläger bis zur Zustellung des Freigabeantrags,[456] oder gar bis zum Nachweis seines Quorums[457] zum Aktienbesitz anzuhalten, um ein Freigabeverfahren führen zu können. Vielmehr sollte die Mindesthaltefrist bereits **mit Einreichung der Klageschrift** enden.[458] Die anderen Endzeitpunkte kann der Kläger nicht beherrschen, so dass ihm der Nachweis seines Aktienbesitzes bis zu diesen Zeitpunkten innerhalb der kurzen Wochenfrist nicht zuzumuten ist. Außerdem kollidieren die längeren Haltefristen bei der Anfechtungsklage mit dem Grundsatz, dass der Kläger seine Aktien während des Prozesses veräußern darf, ohne seine Anfechtungsbefugnis zu verlieren (→ Rn. 90), und passen auch nicht zu den Regeln über die Klagebefugnis bei der Nichtigkeitsklage (→ Rn. 139–140).

152 Der **Nachweis des Aktienbesitzes** für den besagten Zeitraum ist durch „Urkunden" oder einen **speziellen Anteilsbesitznachweis in Textform** gemäß dem durch das ARUG II eingeführten § 67c Abs. 3 AktG zu erbringen. Als „Urkunde" wird überlicherweise eine **bankmäßige Depotbescheinigung**[459] im Original[460] vorgelegt. Die Vertretungsberechtigung der unterzeichneten Bankmitarbeiter braucht nicht urkundlich nachgewiesen zu werden.[461] Die Vorlage einer Aktienurkunde genügt nicht, weil die Aktienurkunde nur den aktuellen Aktienbesitz belegt, nicht aber den Zeitraum seit Bekanntmachung der Einberufung abdeckt.[462] Trotz der unwiderleglichen Vermutung des § 67 Abs. 2 S. 1 AktG kommt auch der Namensaktionär um den Urkundsnachweis nicht herum.[463] Allerdings kann der Namensaktionär diesen Nachweis auch durch Vorlage eines Auszugs aus dem Aktienregister führen,[464] soweit der Auszug auch die erforderliche Aktienbesitzzeit erkennen lässt. Ausreichend ist es auch, dass der Namensaktionär gemäß § 421 ZPO die Vorlage des Registerauszugs durch die Gesellschaft beantragt und urkundlich lediglich nachweist, dass er von der Gesellschaft einen aktuellen Registerauszug verlangt hat.[465] Darüber hinaus wird es sogar für ausreichend gehalten, dass der Namensaktionär einen nicht mehr aktuellen Registerauszug vorlegt, sofern er alle nachfolgenden Änderungsmitteilungen an die Gesellschaft beifügt.[466]

153 Vorzulegen sind die urkundlichen Nachweise über die Aktienbesitzzeit **binnen einer Woche nach Zustellung des Freigabeantrags,** dh sie müssen vor Ablauf der Wochenfrist bei Gericht eingehen. Weil es sich um eine materiell-rechtliche Frist handelt, kann das Gericht diese weder verlängern noch Wiedereinsetzung in der vorigen Stand gewähren.[467] Urkundlich nachzuweisen sind auch, soweit die Depotbescheinigung noch auf den Erb-

---

[455] OLG Saarbrücken AG 2011, 343 (343–344) – IDS Scheer; *Bayer* FS Hoffmann-Becking, 2013, 91 (106); Hüffer/*Koch* AktG § 246a Rn. 20b.

[456] So aber OLG Bamberg Der Konzern 2014, 37 (39); *Wilsing/Saß* DB 2011, 919 (922); wohl auch Bürgers/Körber AktG/*Göz* § 246a Rn. 4b. Dagegen zu Recht KG NZG 2015, 1312 (1313–1314).

[457] So aber OLG Frankfurt a. M. ZIP 2018, 1027 (1029); *Verse* FS Stilz, 2014, 651 (660).

[458] Ausführlich *Bayer* FS Hoffmann-Becking, 2013, 91 (106); implizit auch OLG Köln BeckRS 2012, 03266; OLG Nürnberg AG 2012, 758 (760) (die beide auf die Möglichkeit verweisen, den Nachweis über den Mindestaktienbesitz bereits der Klageschrift beizufügen). Zu spät, da vom Kläger nicht beherrschbar, auch die Zustellung der Klageschrift (so aber Grigoleit/*Ehmann* AktG § 246a Rn. 7).

[459] OLG Hamm AG 2011, 826 (828); OLG Nürnberg AG 2012, 758 (761).

[460] OLG Bamberg Der Konzern 2014, 37 (38).

[461] OLG Saarbrücken AG 2011, 343 (344) – IDS Scheer.

[462] AA OLG Nürnberg AG 2012, 758 (761); *Bayer* FS Hoffmann-Becking, 2013, 91 (106).

[463] OLG Hamm AG 2011, 826 (828); OLG Nürnberg AG 2012, 758 (761).

[464] OLG Nürnberg AG 2012, 758 (761); *Bayer* FS Hoffmann-Becking, 2013, 91 (107).

[465] OLG Nürnberg AG 2012, 758 (761); *Bayer* FS Hoffmann-Becking, 2013, 91 (107).

[466] OLG Nürnberg AG 2012, 758 (761); *Bayer* FS Hoffmann-Becking, 2013, 91 (107).

[467] KG AG 2011, 170 (171); OLG Nürnberg AG 2012, 758 (759–760); OLG München ZIP 2019, 568 (569); *Lorenz/Pospiech* BB 2010, 2515 (2518).

lasser lautet, Erbeneigenschaft (durch Erbschein) und Berufung zum Testamentsvollstrecker (durch Testamentsvollstreckerzeugnis).[468] Die rechtzeitige Vorlage der Urkunden kann nach hM auch nicht dadurch ersetzt werden, dass die Gesellschaft den erforderlichen Aktienbesitz des Klägers unstreitig stellt.[469]

c) Vorrangiges Interesse am alsbaldigen Wirksamwerden des Hauptversammlungsbeschlusses. Wenn die Freigabeentscheidung sich auf § 246a Abs. 2 Nr. 3 AktG stützt, muss das alsbaldige Wirksamwerden des Hauptversammlungsbeschlusses vorrangig erscheinen, weil die vom Antragsteller dargelegten wesentlichen Nachteile für die Gesellschaft und ihre Aktionäre **nach freier Überzeugung des Gerichts** die Nachteile für den Antragsgegner überwiegen, es sei denn, es liegt eine besondere Schwere des Rechtsverstoßes vor. Bis zum Inkrafttreten des ARUG im Jahre 2009 hat dieser Freigabegrund der Gesellschaft in der Praxis selten zum Erfolg verholfen. Die Änderungen durch das ARUG haben die Norm jedoch unter zwei Gesichtspunkten sehr viel schneidiger gemacht: Erstens fließen nicht mehr die Nachteile aller Aktionäre, sondern nur noch diejenigen des Antragstellers in die Abwägung ein.[470] Zweitens ist die Schwere des Rechtsverstoßes, nunmehr zur besonderen Schwere erhoben, aus der Abwägung herausgenommen worden.[471] Daraus ergibt sich allerdings nicht das vielfach beschworene Stufenverhältnis zwischen der Nachteilabwägung und der Feststellung eines schwerwiegenden Rechtsverstoßes.[472] Vielmehr könnte das Gericht auf die Nachteilabwägung verzichten und sollte dies im Interesse der Prozessökonomie auch tun, wenn es einen besonders schweren Rechtsverstoß feststellen kann. Außerdem haben Nachteilabwägung und Feststellung des Rechtsverstoßes prozessual unterschiedliche Funktionen. Die Gesellschaft hat, wenn sie eine Freigabe nach § 246a Abs. 2 Nr. 3 AktG erreichen will, die Voraussetzungen für eine ihr günstige Nachteilsabwägung darzulegen und ggf. zu beweisen. Die besondere Schwere des Rechtsverstoßes hingegen ist eine prozessuale Einrede der Antragsgegner im Freigabeverfahren, so dass diese insoweit die Darlegungs- und Beweislast tragen.[473]

Bei der **Abwägung** werden **ausschließlich die wirtschaftlichen Nachteile**[474] einer Verzögerung der Handelsregistereintragung den wirtschaftlichen Nachteilen des Antragsgegners bei alsbaldiger Durchführung der Maßnahme gegenübergestellt. Zu den **Verzögerungsnachteilen der Gesellschaft** gehören zum Beispiel die verzögerte Nutzung von Synergieeffekten,[475] das Entgehen steuerlicher Vorteile,[476] vergebliche Kosten im Zusammenhang mit einer Börseneinführung neuer Aktien,[477] Einschränkung der finanziellen Bewegungsfreiheit mangels genehmigten Kapitals,[478] drohende Insolvenz.[479] Zur Beurtei-

---

[468] OLG München AG 2010, 715 (716); *Wilsing/Saß* DB 2011, 919 (922).
[469] KG AG 2011, 170 (171); OLG Hamm AG 2011, 826 (827); OLG Nürnberg AG 2012, 758 (759–760); OLG Köln BeckRS 2012, 03 266; OLG München ZIP 2019, 568 (569–570); aus der Lit. statt aller Hüffer/*Koch* AktG § 246a Rn. 20e mwN. AA OLG Frankfurt a. M. AG 2010, 508 (509) – Fresenius I; AG 2012, 414 (414–415).
[470] *Verse* NZG 2009, 1127 (1130); *Bayer* FS Hoffmann-Becking, 2013, 91 (112). AA Schmidt/Lutter/*Schwab* AktG § 246a Rn. 20; Bürger/Körber AktG/*Göz* § 246a Rn. 4c (Nachteile aller Kläger).
[471] Wachter AktG/*Epe* § 246a Rn. 12.
[472] ZB *Bayer* FS Hoffmann-Becking, 2013, 91 (108–109); Hüffer/*Koch* AktG § 246a Rn. 21; Bürgers/Körber AktG/*Göz* § 246a Rn. 4c.
[473] *Herrler/Reymann* DNotZ 2009, 815 (825); *Drinhausen/Keinath* BB 2009, 64 (69); *Koch/Wackerbeck* ZIP 2009, 1603 (1607); *Bosse* NZG 2009, 807 (811); *Lorenz/Pospiech* BB 2010, 2515 (2520).
[474] Beschlussempfehlung und Bericht des Rechtsausschusses zum RegE ARUG, BT-Drs. 16/13 098, 42; im Übrigen allgemeine Auffassung, siehe nur *Bayer* FS Hoffmann-Becking, 2013, 91 (109) mwN.
[475] OLG Stuttgart AG 2003, 456 (460); OLG Hamm AG 2005, 361 (364); KG AG 2009, 30 (39); OLG Düsseldorf AG 2009, 538 (540) – Schwarz Pharma.
[476] OLG Frankfurt a. M. AG 2009, 203 (204); OLG Düsseldorf AG 2009, 538 (540).
[477] OLG Jena AG 2007, 31 (37) – Carl Zeiss Meditec.
[478] OLG Frankfurt a. M. AG 2010, 508 (510) – Fresenius I.
[479] KG AG 2011, 170 (172).

lung derartiger Nachteile kommt es möglicherweise auf die Kenntnis **vertraulicher Informationen** (zB Planzahlen) an. Weil im Zivilprozess eine Regelung entsprechend § 7 Abs. 7 S. 2 und 3 SpruchG fehlt, kommt eine Geheimhaltung allein vor den Antragsgegnern nicht in Betracht. Deshalb kann die Gesellschaft nur versuchen, ihrer etwaigen Substantiierungslast durch Vorlage nicht vertraulicher Zusammenfassungen zu genügen.

156 Zum alten Recht wurde ferner die Auffassung vertreten, dass auch diejenigen **Nachteile** zu berücksichtigen seien, die der Gesellschaft **bei Erfolg der Anfechtungsklage** entstehen,[480] zB die Kosten der erneuten Beschlussfassung, ggf. gar in außerordentlicher Hauptversammlung. Diese Auffassung war schon seinerzeit zweifelhaft und sollte jedenfalls unter dem geltenden Recht aufgegeben werden. Denn das Freigabeverfahren soll die Gesellschaft handlungsfähig machen, nicht aber vor den Kosten bewahren, die bei einer Reparatur nichtiger oder anfechtbarer Hauptversammlungsbeschlüsse anfallen.[481] Vereinzelt geblieben ist auch die Auffassung, die Verzögerungsnachteile der Gesellschaft fielen dann nicht mehr ins Gewicht, wenn diese den Freigabeantrag nicht innerhalb von drei Monaten nach Beschlussfassung stelle (spiegelbildliche Anwendung der Fristregelung für das Freigabeverfahren, § 246a Abs. 3 S. 6 AktG).[482] Zwar ist es richtig, dass die Gesellschaft das Verfahren zügig betreiben muss, weil es bei der Freigabe nach § 246a Abs. 2 Nr. 3 AktG um das „alsbaldige" Wirksamwerden des Hauptversammlungsbeschlusses geht. Damit lässt sich aber **keine Höchstfrist für die Verfahrenseinleitung** begründen; vielmehr kommt es ganz auf die Umstände des Einzelfalls an.[483]

157 Die auf der anderen Seite in die Abwägung einzustellenden **wirtschaftlichen Nachteile des Antragsgegners** sind zB die Vermögensverwässerung bei Kapitalerhöhung ohne Bezugsrecht, Beteiligungsverlust aufgrund der Zusammenlegungsverhältnisse bei Kapitalherabsetzung, steuerliche Schäden.[484] Außer Betracht bleiben Nachteile, für die es rechtliche Ausgleichsmechanismen gibt, wie zB das Spruchverfahren bei zu niedrigem Ausgleich oder zu geringer Abfindung im Unternehmensvertrag (§§ 304 Abs. 3 S. 3, 305 Abs. 5 S. 2 AktG).[485] Obwohl die Nachteile aller Antragsgegner, dh aller jeweils den Mindestaktienbesitz haltenden Beschlussmängelkläger, aber eben auch nur dieser, nicht aber aller Kläger und erst recht nicht aller Aktionäre, zusammenzurechnen sind,[486] werden diese in der Regel die von der Gesellschaft geltend gemachten Nachteile nicht erreichen, sofern nicht ein Großaktionär oder Minderheitsaktionäre mit erheblichem Aktienbesitz geklagt haben. Infolgedessen wird die **Nachteilsabwägung meistens zugunsten der Gesellschaft** ausfallen,[487] auch wenn im Schrifttum aus dem Beurteilungsspielraum des Gerichts („nach freier Überzeugung"; → Rn. 146) gefolgert wird, dass ein Vergleich der gegenüberzustellenden Nachteile auf reiner Zahlenbasis durch wertende Gesichtspunkte zu ergänzen sei.[488]

---

[480] Begr. RegE zum UMAG, BT-Drs. 15/5092, 29; OLG Frankfurt a. M. AG 2009, 203; *Rubel* DB 2009, 2027 (2030).

[481] Schmidt/Lutter/*Schwab* AktG § 246a Rn. 30; *Bayer* FS Hoffmann-Becking, 2013, 91 (110–112) mwN.

[482] OLG München AG 2010, 170 (172–173); zust. Schmidt/Lutter/*Schwab* AktG § 246a Rn. 29.

[483] OLG Frankfurt a. M. AG 2010, 508 (510) – Fresenius I; KG AG 2010, 497 (498); *Stilz* FS Hommelhoff, 2012, 1181 (1185); Hüffer/*Koch* AktG § 246a Rn. 21.

[484] *Satzl* S. 215; Hüffer/*Koch* AktG § 246a Rn. 21.

[485] So auch OLG Düsseldorf 22.6.2017 BeckRS 2017, 136416 (insoweit in AG 2017, 900 nicht abgedruckt) – METRO zur Kompensation gemäß § 23 UmwG bei nicht gleichwertigen Rechten im übernehmenden Rechtsträger.

[486] *Verse* NZG 2009, 1127 (1130); *Bayer* FS Hoffmann-Becking, 2013, 91 (112). AA Schmidt/Lutter/*Schwab* AktG § 246a Rn. 20; Bürgers/Körber AktG/*Göz* § 246a Rn. 4c (Nachteile aller Kläger).

[487] So auch *Seibert/Hartmann* FS Stilz, 2014, 585 (589); und so war es auch vom Gesetzgeber beabsichtigt: Beschlussempfehlung und Bericht des Rechtsausschusses zum RegE ARUG, BT-Drs. 16/13098, 42.

[488] *Schatz* S. 195/196; *Bayer* FS Hoffmann-Becking, 2013, 91 (114). AA *Jacobs* S. 163.

Das Gericht darf die Handelsregistereintragung nicht freigeben, wenn **„eine besonde-** 158
re Schwere des Rechtsverstoßes" vorliegt. Ein besonders schwerer Rechtsverstoß ist
nach Auffassung des Gesetzgebers **nicht automatisch jeder Nichtigkeitsgrund**, sondern ein „ganz gravierender Rechtsverstoß", angesichts dessen „es für die Rechtsordnung ‚unerträglich' wäre, den Beschluss ohne vertiefte Prüfung im Hauptsacheverfahren
einzutragen und umsetzen zu lassen".[489] Als Beispiele erwähnt der Gesetzgeber die
Beschlussfassung in einer „Geheimversammlung", absichtliche Verstöße gegen Gleichbehandlungsgebot oder Treuepflicht mit schweren Folgen, völliges Fehlen der notariellen
Beurkundung bei der börsennotierten Gesellschaft, Unvereinbarkeit des Beschlusses mit
grundlegenden Strukturprinzipien des Aktienrechts (zB Herabsetzung des Grundkapitals
endgültig auf einen Nennbetrag unter 50.000 Euro). Grundsätzlich nicht ausreichen
sollen formale Fehler wie zB Einberufungsmängel. Rechtsprechung und Schrifttum
zitieren die Beispiele des Gesetzgebers durchweg zustimmend.[490] In der Praxis versagt
wurden unter Berufung auf eine besondere Schwere des Rechtsverstoßes die Freigabe
von Kapitalerhöhungen wegen Verletzung des Gleichbehandlungsgebots und gleichzeitigen Verstoßes gegen das Eigenkapitalersatzrecht[491] sowie wegen unrechtmäßiger Verweigerung des Stimmrechts der Mehrheitsaktionärin.[492] Wegen besonders schweren
Rechtsverstoßes in Form der Gewährung von Sondervorteilen wurde die Freigabe einer
Verschmelzung (§ 16 Abs. 3 UmwG)[493] abgelehnt.

3. Verfahren. Das Freigabeverfahren wird grundsätzlich nach den Regeln der ZPO 159
geführt (§ 246a Abs. 1 S. 2 AktG). Sein **Eilcharakter** kommt in einer Reihe von Sondervorschriften deutlich zum Ausdruck: Das Verfahren ist seit dem ARUG einzügig ausgestaltet, dh das **OLG,** in dessen Bezirk die Gesellschaft ihren Sitz hat, entscheidet **als
einzige Instanz** (§ 246a Abs. 1 S. 3 AktG). Entschieden wird durch unanfechtbaren
Beschluss (§ 246a Abs. 1 S. 1, Abs. 3 S. 4 AktG), und zwar möglichst **innerhalb von drei
Monaten nach Antragstellung;** Verzögerungen sind durch (ebenfalls unanfechtbaren)
Beschluss zu begründen (§ 246a Abs. 3 S. 6 AktG). Wie auch in den Verfahren des einst-
weiligen Rechtsschutzes nach der ZPO bedarf es keiner Güteverhandlung, kann das OLG
in dringenden Fällen ohne mündliche Verhandlung entscheiden und genügt anstelle des
Strengbeweises die **Glaubhaftmachung** streitiger Tatsachen (§ 246a Abs. 3 S. 1–3 AktG).
Zur Glaubhaftmachung geeignet ist auch die Versicherung an Eides statt.[494]

Den **Freigabeantrag** stellt die Gesellschaft, die in diesem Verfahren, anders als bei der 160
Verteidigung gegen Anfechtungs- und Nichtigkeitsklagen, nach hM **durch den Vorstand
allein vertreten** wird.[495] Der Antrag richtet sich **gegen alle Beschlussmängelkläger**
und nur diese,[496] nicht auch gegen die Nebenintervenienten in den Beschlussmängelpro-
zessen.[497] Letztere können, wie jeder andere auch, bei Vorliegen der allgemeinen Voraus-

---

[489] Beschlussempfehlung und Bericht des Rechtsausschusses zum RegE ARUG, BT-Drs. 16/13098, 42.
[490] Statt aller Hüffer/*Koch* AktG § 246a Rn. 22 mwN. Diskussion aller einschlägigen Gerichtsentscheidungen bis Ende 2012 bei *Bayer* FS Hoffmann-Becking, 2013, 91 (120–122).
[491] KG AG 2010, 494 (496–497).
[492] OLG München WM 2010, 1859 (1860–1861).
[493] OLG Frankfurt a. M. AG 2012, 414 (417).
[494] *Riegger* FS Bechtold, 2006, 375 (382–383); Hüffer/*Koch* AktG § 246a Rn. 24.
[495] OLG Bremen AG 2009, 412 (413); OLG Frankfurt a. M. AG 2012, 414; OLG Düsseldorf AG
2019, 467 (468); Bürgers/Körber AktG/*Göz* § 246a Rn. 3 mwN. AA OLG Köln NZG 2018, 459
Rn. 19 – Strabag. Entgegen § 269 Abs. 1 ZPO kann der Antrag noch nach Beginn der mündlichen
Verhandlung zurückgenommen werden; OLG Frankfurt a. M. ZIP 2020, 462 (463).
[496] OLG Jena AG 2007, 31 (32); Spindler/Stilz AktG/*Dörr* § 246a Rn. 10; Grigoleit/*Ehmann* AktG
§ 246a Rn. 10; Bürgers/Körber AktG/*Göz* § 246a Rn. 3; KölnKommAktG/*Noack*/*Zetzsche* § 246a
Rn. 146–148.
[497] AA Schmidt/Lutter/*Schwab* AktG § 246a Rn. 40.

setzungen und des Mindestaktienbesitzes⁴⁹⁸ als Nebenintervenienten auch dem Freigabeverfahren beitreten.⁴⁹⁹

161 Nicht unproblematisch sind **nachgeschobene Nichtigkeitsklagen** (→ Rn. 141), die während des laufenden Freigabeverfahrens erhoben werden. Auch hier wird man daran festhalten müssen, dass das Freigabeverfahren sämtliche Beschlussmängelklagen erfassen muss. Deshalb hat die Gesellschaft ihren Freigabeantrag auf den Kläger der nachgeschobenen Nichtigkeitsklage zu erstrecken; die darin liegende Klageänderung ist stets sachdienlich (§ 263 ZPO), weil das mit dem Freigabeverfahren verfolgte Rechtsschutzziel anders nicht erreicht werden kann. Der als Antragsgegner später hinzukommende Nichtigkeitskläger wird den Nichtigkeitsprozess allerdings in dem Zustand annehmen müssen, indem dieser sich bei Erhebung der Nichtigkeitsklage befindet. Außer durch das Nachschieben einer Nichtigkeitsklage haben sogenannte „Berufskläger" und „räuberische Aktionäre" das Freigabeverfahren in der Vergangenheit zuweilen auch dadurch zu verzögern versucht, dass sie ihren Prozessbevollmächtigten für die Beschlussmängelklage keine Zustellungsvollmacht für den Freigabeantrag erteilt und Antragszustellung an ihrem Auslandssitz verlangt haben. Derartige Praktiken hat der ARUG-Gesetzgeber dadurch unterbunden, dass er §§ 82, 83 Abs. 1 und 84 ZPO für das Freigabeverfahren entsprechend anwendbar gemacht hat (§ 246a Abs. 1 S. 2 AktG), so dass der Freigabeantrag stets den Prozessbevollmächtigten der Beschlussmängelkläger zugestellt werden kann. Auch den häufigen Versuchen von Beschlussmängelklägern, die Zustellung der Beschlussmängelklage zu verzögern (→ Rn. 100), hat der Gesetzgeber das Störpotential genommen. Gemäß § 246 Abs. 3 S. 5 AktG kann die Gesellschaft unmittelbar nach Ablauf der Monatsfrist für die Erhebung der Anfechtungsklage die **eingereichte, noch nicht zugestellte Klageschrift bereits einsehen** und sich davon **Abschriften erteilen lassen.** Die Gesellschaft wird dadurch in die Lage versetzt, möglichst frühzeitig mit der Erarbeitung des Freigabeantrags zu beginnen. Darüber hinaus sollte die Gesellschaft den Freigabeantrag sogar zustellen lassen können, wenn die Beschlussmängelklage ihrerseits noch nicht zugestellt ist.⁵⁰⁰

162 Der Antrag im Freigabeverfahren kann auch dann noch gestellt werden, wenn der angefochtene Hauptversammlungsbeschluss **bereits in das Handelsregister eingetragen** worden ist.⁵⁰¹ Denn das Freigabeverfahren zielt nicht nur auf das Wirksamwerden des Hauptversammlungsbeschlusses durch Handelsregistereintragung, sondern auch auf sein Wirksambleiben, also die Bestandskraft des eingetragenen Hauptversammlungsbeschlusses (→ Rn. 144 sowie sogleich → Rn. 164).

163 Der unanfechtbare (§ 246a Abs. 3 S. 4 AktG) Beschluss, mit dem das Gericht die Freigabe ablehnt, erwächst in Rechtskraft, mangels einer § 248 AktG entsprechenden Regelung im Freigabeverfahren allerdings nur zwischen den Verfahrensbeteiligten.⁵⁰² Das Registergericht wird nicht gebunden, sondern kann ohne Präjudiz die Eintragung oder die Aussetzung des Registerverfahrens bis zur Beendigung des Beschlussmängelprozesses verfügen.⁵⁰³ Die Ge-

---

⁴⁹⁸ *DAV-Handelsrechtsausschuss* NZG 2008, 534 (542); *Florstedt* AG 2009, 465 (472–473); *Verse* NZG 2009, 1127 (1129).

⁴⁹⁹ OLG Jena AG 2007, 31 (32); OLG Frankfurt a. M. AG 2008, 667 (668–669); *K. Schmidt* FS Happ, 2006, 259 (270–271).

⁵⁰⁰ Sehr str. Wie hier OLG München NZG 2013, 622; *Kösters* WM 2000, 1921 (1923); Hüffer/*Koch* AktG § 246a Rn. 5; KölnKommAktG/*Noack/Zetzsche* § 246a Rn. 139 (alle mit dem *caveat*: Entscheidung über den Freigabeantrag nicht vor Zustellung der Beschlussmängelklage); *Ihrig/Erwin* BB 2005, 1973; *Stohlmeier* NZG 2010, 1011 (1012); Widmann/Mayer UmwG/*Frönhöfer* § 16 Rn. 126; Bürgers/Körber AktG/*Göz* § 246a Rn. 3. AA Faßbender AG 2006, 872 (873); Schmidt/Lutter/*Schwab* AktG § 246a Rn. 37; Spindler/Stilz AktG/*Dörr* § 246a Rn. 14.

⁵⁰¹ OLG Düsseldorf AG 2009, 538 (539); KG AG 2009, 30 (31); NZG 2015, 1312 (1313); OLG Frankfurt a. M. ZIP 2010, 986 (987); *Veil* AG 2005, 567 (571); Bürgers/Körber AktG/*Göz* § 246a Rn. 3. AA *Schütz* NZG 2005, 5 (9).

⁵⁰² Schmidt/Lutter/*Schwab* AktG § 246a Rn. 47.

⁵⁰³ Spindler/Stilz AktG/*Dörr* § 246a Rn. 39; KölnKommAktG/*Noack/Zetzsche* § 246a Rn. 196.

sellschaft kann ein **neues Freigabeverfahren** nur dann anstrengen, wenn wesentliche neue Tatsachen eingetreten sind, beispielsweise nach Abschluss des ersten Freigabeverfahrens ein Bestätigungsbeschluss gemäß § 244 AktG (→ Rn. 75–81) gefasst worden ist.[504] Darüber hinaus ist ein neues Freigabeverfahren auch dann eröffnet, wenn – bei gleichem Sachverhalt – neue Beweismittel aufgefunden werden, die der Gesellschaft im ersten Verfahren ohne ihr Verschulden nicht zur Verfügung standen.[505]

4. Rechtsfolgen der Freigabe. Der Freigabebeschluss stellt zweierlei fest, nämlich erstens, dass die **Erhebung der Klage** (und zwar der Beschlussmängelklage, nicht sonstiger, im Zusammenhang damit erhobener Klagen)[506] **der Eintragung nicht entgegensteht,** und zweitens, dass Mängel des Hauptversammlungsbeschlusses die Wirkung der Eintragung unberührt lassen (§ 246a Abs. 1 S. 1 AktG). Die erste Feststellung **bindet** gemäß § 246a Abs. 3 S. 5 AktG **den Registerrichter.** Ganz im Einklang mit der Gesetzesbegründung[507] schränkt die hM die weite Formulierung des Gesetzes allerdings in mehrfacher Hinsicht ein, wenngleich die Auffassungen sich in Nuancen unterscheiden:[508] Klar ist, dass der Registerrichter bei formellen Fehlern im Eintragungsverfahren, zB nicht nachgewiesener Vertretungsberechtigung der die Eintragung beantragenden Personen, die Handelsregistereintragung ablehnen darf. Darüber hinaus soll er aber auch sein materielles Prüfungsrecht im Hinblick auf das Zustandekommen und den Inhalt des Hauptversammlungsbeschlusses weiter ausüben können, soweit – so lautet die allgemeinste Formulierung –[509] das Freigabegericht mögliche Mängel nicht geprüft hat. Insbesondere soll der Registerrichter bei Freigabe wegen Unzulässigkeit der Klage in vollem Umfang überprüfen können, ob der Hauptversammlungsbeschluss die dem Schutz öffentlicher Interessen dienenden Normen verletzt. Entsprechendes soll für solche dem öffentlichen Interesse dienenden Normen gelten, die bei Freigabe wegen offensichtlicher Unbegründetheit der Klage nicht Streitgegenstand der Klage waren und deshalb auch im Freigabeverfahren keine Rolle spielten. Erst recht müsse der Registerrichter die volle Prüfungskompetenz behalten, wenn die Freigabe auf nicht nachgewiesenem Mindestaktienbesitz der Kläger oder auf der Nachteilsabwägung zugunsten der Gesellschaft beruhe. Letzteres zeigt sehr deutlich die Zweifelhaftigkeit der hM, denn die Freigabe aufgrund der Abwägungsklausel kann bis zur Grenze der besonderen Schwere des Rechtsverstoßes gerade auch dann ausgesprochen werden, wenn der angegriffene Hauptversammlungsbeschluss Gesetz oder Satzung in durchaus erheblichem Umfang verletzt, ja sogar Nichtigkeitsgründe verwirklicht. Insoweit vor dem Registergericht eine zweite Instanz zu eröffnen, in der weiter um die Eintragungsfähigkeit des Hauptversammlungsbeschlusses gerungen werden kann, widerspricht dem Charakter des Freigabeverfahrens als Eilverfahren vor dem besonders sachkundigen Prozessgericht. 164

Zweitens bewirkt die Freigabeentscheidung **die Bestandskraft der Eintragung für und gegen jedermann** (§ 246a Abs. 3 S. 5 Hs. 2 AktG). Damit ist nicht etwa gemeint, dass die Freigabeentscheidung eine noch anhängige Beschlussmängelklage erledigt. Diese kann weitergeführt werden und mit dem Ergebnis enden, dass der angegriffene Hauptversammlungsbeschluss für nichtig erklärt oder seine Nichtigkeit festgestellt wird.[510] Trotzdem kann ein stattgebendes rechtskräftiges Anfechtungs- oder Nichtigkeitsurteil nicht mehr in das Handelsregister eingetragen werden, und die in das Handelsregister eingetragene Maßnahme darf auch nicht mehr von Amts wegen als nichtig gelöscht werden (§ 242 Abs. 2 S. 5 AktG). Trotz Nichtigkeit des Hauptversammlungsbeschlusses behält die einge- 165

---

[504] OLG Frankfurt a. M. NZG 2008, 78 (79); OLG München NZG 2013, 459 (460); Hüffer/*Koch* AktG § 246a Rn. 13.
[505] *Rieckers* BB 2008, 514 (515); Schmidt/Lutter/*Schwab* AktG § 246a Rn. 47.
[506] Dazu → Rn. 144, 146.
[507] Begr. RegE UMAG, BT-Drs. 15/5092, 27–28.
[508] Konzise Übersicht über die Meinungsvielfalt bei Schmidt/Lutter/*Schwab* AktG § 246a Rn. 53.
[509] Bürgers/Körber AktG/*Göz* § 246a Rn. 5.
[510] Statt aller Spindler/Stilz AktG/*Dörr* § 246a Rn. 38; Bürgers/Körber AktG/*Göz* § 246a Rn. 5.

tragene Maßnahme Bestand (§ 246a Abs. 4 S. 2 Hs. 1 AktG). Die Gesellschaft ist jedoch verpflichtet, dem Antragsgegner den Schaden zu ersetzen, der ihm aus einer auf dem Freigabebeschluss beruhenden Eintragung des Hauptversammlungsbeschlusses entstanden ist (§ 246a Abs. 4 S. 1 AktG). Dieser Schadensersatz richtet sich auf Geldleistung, denn Naturalrestitution (§ 249 Abs. 1 BGB) durch Beseitigung der Eintragung oder der Bestandswirkung der Eintragung kann als Schadensersatz nicht verlangt werden (§ 246 Abs. 4 S. 2 Hs. 2 AktG).

VII. Sonderregelungen für spezielle Beschlüsse

166 **1. Wahlen zum Aufsichtsrat. a) Nichtigkeit und Nichtigkeitsklage.** §§ 250, 252 Abs. 1 AktG enthalten eine grundsätzlich eigenständige Regelung für die Nichtigkeit von Aufsichtsratswahlen und den Nichtigkeitsfeststellungsprozess. §§ 241, 242 und 249 gelten insoweit nicht.

167 § 250 Abs. 1 AktG modifiziert die **Nichtigkeitsgründe** des § 241 AktG. Deren Aufzählung ist **grundsätzlich abschließend** („nur dann nichtig, wenn"); zur einzigen Ausnahme → Rn. 170. Danach verbleiben von den allgemeinen Nichtigkeitsgründen gemäß § 241 AktG nur Nr. 1 (Einberufungsmängel, → Rn. 14–20), Nr. 2 (Protokollmängel, → Rn. 21–22) und Nr. 5 (Nichtigerklärung durch Anfechtungsurteil, → Rn. 29). Hinzu kommen die vier in § 250 Abs. 1 AktG aufgezählten speziellen Nichtigkeitsgründe.

168 Nach **§ 250 Abs. 1 Nr. 1 AktG** ist eine Aufsichtsratswahl nichtig, wenn diese nicht im Einklang mit den Vorschriften über die **Zusammensetzung des Aufsichtsrats** (§§ 96 Abs. 2, 97 Abs. 2 S. 1, 98 Abs. 4 AktG) steht. Danach setzt sich der Aufsichtsrat nach den bei der letzten Wahl angewandten gesetzlichen Vorschriften zusammen, es sei denn, ein zwischenzeitlich durchgeführtes Statusverfahren (→ § 28 Rn. 54–73) hat die Anwendbarkeit anderer Zusammensetzungsvorschriften ergeben. Im Interesse der Rechtssicherheit kommt es nur auf das formell geltende Aufsichtsratsregime an. Eine Übereinstimmung des Wahlbeschlusses mit den materiell richtigen Zusammensetzungsregeln verhindert die Nichtigkeit der Aufsichtsratswahl ebensowenig wie eine Verletzung der materiell richtigen Zusammensetzungsregeln sie bewirkt.[511]

169 Gemäß **§ 250 Abs. 1 Nr. 2 AktG** ist ein Wahlbeschluss nichtig, wenn er die **gesetzliche Bindung an einen Wahlvorschlag** gemäß §§ 6 und 8 des Montan-MitbestG missachtet. Dies gilt kraft der Verweisung in § 5 Abs. 3 S. 2 Montan-MitbestErgG auch für die Wahl des neutralen Aufsichtsratsmitglieds bei der Holding (siehe zur Montan-Mitbestimmung → § 28 Rn. 26–37).

170 Nichtig ist gemäß **§ 250 Abs. 1 Nr. 3 AktG** ein Wahlbeschluss, durch den die **gesetzliche Höchstzahl der Aufsichtsratsmitglieder** überschritten wird. Es kommt auf die gesetzliche, nicht die satzungsmäßige Regelung an. Die gesetzliche Höchstzahl ergibt sich bei nicht der Mitbestimmung unterliegenden Gesellschaften aus § 95 S. 4 AktG; im Übrigen richtet sie sich gemäß § 95 S. 5 AktG nach den Mitbestimmungsgesetzen (siehe zu Einzelheiten → § 28 Rn. 8, 10, 23, 33).[512] Bei mitbestimmten Gesellschaften ist mit gesetzlicher Höchstzahl nicht die Gesamtzahl der Aufsichtsratsmitglieder, sondern nur die Zahl der von der Hauptversammlung zu wählenden Aufsichtsratsmitglieder gemeint.[513] Wenn mehrere Aufsichtsratsmitglieder zu wählen sind und die Wahl als **Listenwahl** durchgeführt wird (dazu → § 30 Rn. 54, → § 40 Rn. 93), macht die Überschreitung der gesetzlichen Höchstzahl die Wahl aller Aufsichtsratsmitglieder nichtig, während bei **Einzelwahlen** die Nichtigkeitsfolge grundsätzlich nur diejenigen Aufsichts-

---

[511] GroßkommAktG/*K. Schmidt* § 250 Rn. 11; KölnKommAktG/*Kiefner* § 250 Rn. 35; Hüffer/*Koch* AktG § 250 Rn. 4.
[512] LG Flensburg AG 2004, 623 (624); Spindler/Stilz AktG/*Stilz* § 250 Rn. 13; KölnKommAktG/*Kiefner* § 250 Rn. 36.
[513] LG Flensburg AG 2004, 623 (624); Großkomm AktG/*K. Schmidt* § 250 Rn. 18; MüKoAktG/*Koch* § 250 Rn. 12; KölnKommAktG/*Kiefner* § 250 Rn. 41.

ratsmitglieder trifft, durch deren Wahl die gesetzliche Höchstzahl überschritten würde.[514] Allerdings hängt die Rechtsfolge bei Einzelwahlen davon ab, wie diese verfahrensmäßig durchgeführt werden. In der Praxis werden Einzelwahlen nämlich meistens durch Stimmabgaben in einem Sammelgang durchgeführt, so dass sich eine zeitliche Reihenfolge der Wahlakte allenfalls noch bei der Verkündung der Wahlergebnisse, die Voraussetzung für das Wirksamwerden der Wahlbeschlüsse ist (→ § 40 Rn. 51), ergibt. Ob man darauf abstellen kann,[515] erscheint wegen der sich dadurch für den Versammlungsleiter eröffnenden Einflussmöglichkeiten fraglich. Deshalb wird man auch bei Einzelwahlen, die in einem Sammelgang durchgeführt werden, im Zweifel Nichtigkeit aller Wahlbeschlüsse annehmen müssen, wenn die gesetzliche Höchstzahl der Aufsichtsratsmitglieder überschritten wird.[516]

Nichtigkeitsgrund ist gemäß § 250 Abs. 1 Nr. 4 AktG das **Fehlen einer persönlichen** **171** **Voraussetzung** für die Mitgliedschaft im Aufsichtsrat bei Beginn der Amtszeit. Dies gilt nach dem Wortlaut der Norm nur für diejenigen persönlichen Voraussetzungen, die in **§ 100 Abs. 1 und 2 AktG** aufgeführt sind (dazu → § 30 Rn. 1–25), nicht jedoch für das nach § 100 Abs. 5 AktG geltende Erfordernis, dass bei Unternehmen von öffentlichem Interesse mindestens ein Mitglied des Aufsichtsrats über Sachverstand auf den Gebieten Rechnungslegung oder Abschlussprüfung verfügen muss (dazu näher → § 30 Rn. 26–30)[517] und auch nicht für etwaige satzungsmäßige persönliche Voraussetzungen gemäß § 100 Abs. 4 AktG.[518] Eine weitere persönliche Voraussetzung der Aufsichtsratsmitgliedschaft regelt **§ 105 Abs. 1 AktG** (dazu → § 30 Rn. 9–12). Danach kann Aufsichtsratmitglied nicht sein, wer Vorstandsmitglied, dauernd Stellvertreter von Vorstandsmitgliedern, Prokurist oder zum gesamten Geschäftsbetrieb ermächtigter Handlungsbevollmächtigter der Gesellschaft ist. Auf diese Unvereinbarkeitsregel wird § 250 Abs. 1 Nr. 4 AktG nach allgemeiner Auffassung ausnahmsweise analog angewandt.[519]

Zu den Nichtigkeitsgründen zählt schließlich gemäß §§ 250 Abs. 1 Nr. 5, 96 Abs. 2 **172** S. 6 Alt. 1 AktG ein **Verstoß gegen die zwingende Geschlechterquote** (Mindestanteilsgebot) des § 96 Abs. 2 AktG. Die Wahl eines Ersatzmitglieds wird *ex tunc* nichtig, wenn im Zeitpunkt des Nachrückens die Geschlechterquote nicht eingehalten würde.[520]

Maßgeblicher Zeitpunkt für das Vorliegen der **persönlichen Voraussetzungen** der **173** Mitgliedschaft im Aufsichtsrat ist der **Beginn der Amtszeit**.[521] Die Nichtigkeit des Wahlbeschlusses gemäß § 250 Abs. 1 Nr. 4 AktG tritt deshalb nicht ein, wenn das Amtshindernis zwar beim Wahlbeschluss vorliegt, bis Amtsbeginn jedoch beseitigt wird. Umgekehrt bleibt der Wahlbeschluss nichtig, wenn das Amtshindernis bei Amtsbeginn besteht, jedoch später wieder ausgeräumt wird. Infolgedessen kann zB ein ehemaliges Vorstandsmitglied schon vor Ablauf der Cooling-off-Periode gemäß § 100 Abs. 2 Nr. 4 AktG zum Aufsichtsratsmitglied gewählt werden, wenn die Wahl erst nach Ablauf der Sperrfrist wirksam werden soll.[522] Das

---

[514] LG Flensburg AG 2004, 623 (624); Spindler/Stilz AktG/*Stilz* § 250 Rn. 14; MüKoAktG/*Koch* § 250 Rn. 12; Schmidt/Lutter/*Schwab* AktG § 250 Rn. 4; jeweils mwN. AA für die Wahl aufgrund einer Satzungsbestimmung, deren Nichtigkeit durch Zeitablauf gemäß § 242 Abs. 2 AktG geheilt ist, *Göz* FS Stilz, 2014, 179 (183).
[515] So KölnKommAktG/*Kiefner* § 250 Rn. 40.
[516] So zutreffend Hölters AktG/*Simons* § 250 Rn. 15.
[517] LG München ZIP 2010, 2098 (2101); *Wind/Klie* DStR 2010, 1339 (1340); *E. Vetter* FS Maier-Reimer, 2010, 795 (811). Auch kein Anfechtungsgrund; → Rn. 178.
[518] Verstöße gegen Letztere begründen allenfalls die Anfechtbarkeit der Wahl; → Rn. 180.
[519] BGH NJW 1975, 1657 (1658); KölnKommAktG/*Kiefner* § 250 Rn. 53 mwN. Im Ergebnis ebenso, aber mit anderer dogmatischer Herleitung Spindler/Stilz AktG/*Stilz* § 250 Rn. 18; Hölters AktG/*Simons* § 250 Rn. 19.
[520] Begr. RegE MindestquotenG, BT-Drs. 18/3784, 122; Spindler/Stilz AktG/*Stilz* § 250 Rn. 18a.
[521] Statt aller Bürgers/Körber AktG/*Göz* § 250 Rn. 9; KölnKommAktG/*Kiefner* § 250 Rn. 54.
[522] *Ihrig* FS Hoffmann-Becking, 2013, 617 (625–628).

erforderliche Quorum von mehr als 25 % der Stimmrechte an der Gesellschaft muss allerdings bereits beim Wahlbeschluss vorliegen.[523]

174 § 250 Abs. 2 AktG erweitert die Gattungen der **möglichen Kläger** gegenüber der gewöhnlichen Nichtigkeitsklage (dazu → Rn. 135) um eine Reihe von **Arbeitnehmervertretungen.** Anders als **Aktionäre,** der **Vorstand** oder **Mitglieder von Vorstand oder Aufsichtsrat,** die bereits wegen ihrer Verbandsmitgliedschaft oder korporationsrechtlichen Stellung das für die Klageerhebung erforderliche Feststellungsinteresse haben (→ Rn. 4, 7, 135), kommt den Arbeitnehmervertretungen das Feststellungsinteresse nach hM nur dann ohne Weiteres zu, wenn die Nichtigkeit der Aufsichtsratswahl in einer mitbestimmten Gesellschaft festgestellt werden soll, dann aber uneingeschränkt auch für die Anteilseignerbank des Aufsichtsrats.[524] Das Feststellungsinteresse entfällt grundsätzlich auch dann nicht, wenn das Aufsichtsratsmitglied, dessen Wahl angefochten ist, während des Prozesses sein Amt niederlegt.[525] Denn nachdem der BGH die Lehre vom faktischen Organ ablehnt (siehe dazu im Einzelnen → Rn. 181), werden sich aus der Nichtigkeit der Aufsichtsratswahl für die Vergangenheit in der Regel Folgen ergeben, die ein Feststellungsinteresse begründen.

175 Für das **Verfahren** der Nichtigkeitsklage verweist § 250 Abs. 3 AktG auf die ausführlicher. Regelungen für den allgemeinen Anfechtungs- und Nichtigkeitsprozess. Erwähnenswert erscheint vor allem, dass auch insoweit (Verweis auf § 246 Abs. 2 S. 2 AktG) ein Prinzip der **Doppelvertretung** der Gesellschaft durch Vorstand und Aufsichtsrat festgehalten wird. Mindestens einem Mitglied des Aufsichtsrats ist die Klage also auch dann zuzustellen, wenn alle Aufsichtsratsmitglieder neu zu wählen waren und die Nichtigkeit aller Wahlbeschlüsse geltend gemacht wird.[526]

176 **b) Anfechtbarkeit und Anfechtungsklage.** Auch insoweit gibt es eine eigenständige und grundsätzlich abschließende Regelung (§§ 251, 252 Abs. 2 AktG). Der wesentliche Teil des Gesetzestextes beschäftigt sich mit einem **speziellen Anfechtungsgrund** und den dadurch bedingten Besonderheiten des Anfechtungsprozesses. Es geht um die Anfechtung von Wahlbeschlüssen, bei denen die **Hauptversammlung an Wahlvorschläge gebunden** ist (§ 251 Abs. 1 S. 2 AktG). Das sind die Fälle der §§ 6 und 8 Montan-MitbestG (§ 101 Abs. 1 S. 2 AktG) sowie des § 5 Abs. 3 S. 2 Montan-MitbestErgG. Hier kann die Anfechtung auch darauf gestützt werden, dass der Wahlvorschlag gesetzwidrig zustande gekommen ist. Auf diese Weise wird sichergestellt, dass Fehler im Arbeitnehmervorschlagsverfahren auch noch durch Anfechtung des Wahlbeschlusses der Hauptversammlung korrigiert werden können und die Hauptversammlung nicht gezwungen ist, sehenden Auges einen gesetzwidrigen Wahlvorschlag umzusetzen. Konsequent räumt das Gesetz die Anfechtungsbefugnis nicht nur Aktionären und Vorstand (§ 251 Abs. 2 S. 1 AktG), sondern auch den Vorschlagsberechtigten (und weiteren) Arbeitnehmerorganisationen (§ 251 Abs. 2 S. 2 AktG) sowie im Fall des neutralen Mitglieds auch jedem Aufsichtsratsmitglied (§ 251 Abs. 2 S. 3 AktG) ein. Die weiteren Anfechtungsbefugnisse werden jeweils zusätzlich zu den allgemeinen Anfechtungsrechten gewährt.[527]

177 Außer in dem vorgenannten speziellen Fall lässt § 251 Abs. 1 S. 1 AktG die Anfechtung einer Aufsichtsratswahl – genau wie § 243 Abs. 1 AktG – grundsätzlich wegen jeder Gesetzes- oder Satzungsverletzung zu. Auch bei der Aufsichtsratswahl können Verfahrens- und Inhaltsfehler unterschieden werden. Allerdings wird der spezielle Inhaltsmangel des

---

[523] *Krieger* FS Hüffer, 2010, 521 (527); *Ihrig* FS Hoffmann-Becking, 2013, 617 (627–628).
[524] Siehe nur Bürgers/Körber AktG/*Göz* § 250 Rn. 14; KölnKommAktG/*Kiefner* § 250 Rn. 66; Hüffer/*Koch* AktG § 250 Rn. 15; jeweils mwN.
[525] BGHZ 196, 195 (199–201) – IKB zur Nichtigerklärung auf Anfechtungsklage; zustimmend für die Nichtigkeitsklage Bürgers/Körber AktG/*Göz* § 250 Rn. 14; KölnKommAktG/*Kiefner* § 250 Rn. 67.
[526] GroßkommAktG/*K. Schmidt* § 250 Rn. 39; Hüffer/*Koch* AktG § 250 Rn. 14.
[527] Heute hM; siehe nur Spindler/Stilz AktG/*Stilz* § 251 Rn. 16; Schmidt/Lutter/*Schwab* AktG § 251 Rn. 9; KölnKommAktG/*Kiefner* § 251 Rn. 59; Hüffer/*Koch* AktG § 251 Rn. 9.

Sondervorteils (§ 243 Abs. 2 AktG) in § 251 Abs. 1 AktG nicht erwähnt. Deshalb kann eine Aufsichtsratswahl nach hM **nicht wegen Sondervorteils** angefochten werden, auch nicht über den allgemeinen Tatbestand der Gesetzesverletzung.[528] § 251 Abs. 1 S. 2 verweist für den gesetzlich angeordneten Anfechtungsausschluss (→ Rn. 50–54) nicht auf § 243 Abs. 3 Nr. 1 (Verletzung von Teilnahmerechten wegen technischer Störungen des elektronischen Datenverkehrs) und Nr. 2 (Verletzung von Publizitäts- und Mitteilungspflichten bei der Vorbereitung der Hauptversammlung) AktG. Dennoch gelten diese **Ausschlusstatbestände** auch für die Aufsichtsratswahl. Die Verweisungslücke in § 251 Abs. 1 S. 2 AktG wird allgemein als Redaktionsfehler angesehen.[529]

Als zur Anfechtung eines Wahlbeschlusses berechtigende **Gesetzesverletzungen** sind zB **178** zu nennen:[530] Verletzung von Mitteilungspflichten über Aktienbesitz (§ 20 Abs. 7 AktG);[531] fehlende oder fehlerhafte Angabe der Vorschriften über die Zusammensetzung des Aufsichtsrats in der Bekanntmachung der Tagesordnung (§ 124 Abs. 2 S. 1 AktG)[532]; Wahlvorschlag auch durch den insoweit nicht zuständigen Vorstand (§ 124 Abs. 3 S. 1 AktG);[533] fehlende oder fehlerhafte persönliche Angaben zu den Aufsichtsratskandidaten in der Bekanntmachung der Tagesordnung (§ 124 Abs. 3 S. 4 AktG);[534] fehlende oder fehlerhafte Angaben zur Mitgliedschaft der Aufsichtsratskandidaten in anderen gesetzlich zu bildenden Aufsichtsräten in den Aktionärsmitteilungen (§ 125 Abs. 1 S. 5 Hs. 5 AktG);[535] fehlende oder fehlerhafte Zugänglichmachung von Wahlvorschlägen durch Aktionäre (§ 127 AktG); Verletzung der zwingenden Abstimmungsreihenfolge bei Wahlvorschlägen von Aktionären (§ 137 AktG). Von der hM wird bei Schweigen der Satzung auch die Durchführung einer Listenwahl ohne vorherige Abstimmung über einen Aktionärsantrag, eine Einzelwahl durchzuführen, als Anfechtungsgrund angesehen.[536] Darüber hinaus werden in der Praxis vor allem Auskunftspflichtverletzungen (§ 131 AktG) als Anfechtungsgründe vorgetragen.

Nicht zur Anfechtbarkeit von Wahlbeschlüssen führen Verstöße gegen § 100 Abs. 5 **179** AktG, weil die Verpflichtung, ein **Mitglied des Aufsichtsrats** mit Sachverstand auf den Gebieten **Rechnungslegung oder Abschlussprüfung** zu installieren, eine Organisationsanforderung an den gesamten Aufsichtsrat ist und auf die Wahl der einzelnen Mitglieder nicht durchschlagen kann.[537] Ebenfalls keinen Anfechtungsgrund stellt es dar, wenn die

---

[528] OLG Hamburg AG 1972, 183 (187); GroßkommAktG/*K. Schmidt* § 251 Rn. 2; Spindler/Stilz AktG/*Stilz* § 251 Rn. 2; Schmidt/Lutter/*Schwab* AktG § 251 Rn. 7; KölnKommAktG/*Kiefner* § 251 Rn. 7. AA *Rummel*, Die Mangelhaftigkeit von AR-Wahlen, 1969, S. 57–59; 66–69.
[529] KölnKommAktG/*Kiefner* § 251 Rn. 11; Hölters AktG/*Simons* § 251 Rn. 15; Hüffer/*Koch* AktG § 251 Rn. 6.
[530] Überblick bei Hölters AktG/*Simons* § 251 Rn. 5.
[531] OLG Frankfurt a. M. ZIP 2019, 1168 (1169–1170) mit zust. Anm. *Kerstan* EWiR 2019, 587 (588) sowie *Seulen/Krebs* DB 2019, 2792.
[532] BGH NZG 2017, 1374 Rn. 74–75.
[533] BGHZ 153, 32 (35).
[534] OLG Frankfurt a. M. ZIP 2007, 232 (233); LG Hannover ZIP 2010, 833 (838–839) – Continental.
[535] Keine Anfechtbarkeit hingegen bei fehlenden oder fehlerhaften Angaben zu Mitgliedschaften in vergleichbaren in- und ausländischen Kontrollgremien von Wirtschaftsunternehmen (§ 125 Abs. 1 S. 5 Hs. 2 AktG), weil diese Vorschrift wegen der praktischen Abgrenzungsschwierigkeiten bewusst nur als Sollregelung ausgestaltet worden ist; Begr. RegE KonTraG, BT-Drs. 13/9712, 17.
[536] LG München I ZIP 2004, 853 (854) – HypoVereinsbank; Spindler/Stilz AktG/*Rieckers* § 133 Rn. 58; Hüffer/*Koch* AktG § 101 Rn. 7; jeweils mwN. AA *Austmann* FS Hoffmann-Becking, 2013, 45 (64–65) (Entscheidungskompetenz allein beim Versammlungsleiter). Offen gelassen von BGH NJW 2019, 669 Rn. 47 – Mologen. Dazu auch → § 40 Rn. 94.
[537] Sehr str., → § 30 Rn. 29; wie hier *Gruber* NZG 2008, 12 (14); Schmidt/Lutter/*Drygala* AktG § 100 Rn. 62; Grigoleit/*Grigoleit/Tomasic* AktG § 100 Rn. 26; Hölter AktG/*Simons* § 100 Rn. 56; Hüffer/*Koch* AktG § 100 Rn. 31. Einschränkend *Gesell* ZGR 2011, 361 (393–394) (Anfechtbarkeit bei Wahl nur eines Aufsichtsratsmitglieds und fehlender Qualifikation auch bei allen bereits amtieren-

Hauptversammlung in Überschreitung der Drittelgrenze des § 4 Abs. 1 DrittelbG **Arbeitnehmervertreter auf Anteilseignerplätze** im Aufsichtsrat wählt.[538] Denn die überobligationsmäßig gewählten Arbeitnehmervertreter sind rechtlich Vertreter der Aktionäre, wenn sie von der Hauptversammlung gewählt werden, und es ist der Hauptversammlung nicht verboten, ihre Vertreter aus den Reihen der Arbeitnehmer zu rekrutieren.

180 Wie **Verstöße gegen den Deutschen Corporate Governance Kodex** anfechtungsrechtlich zu behandeln sind (dazu → Rn. 42) hat der BGH für die Praxis hinreichend sicher geklärt: Festzuhalten ist auch an dieser Stelle noch einmal, dass der Deutsche Corporate Governance Kodex kein Gesetz ist, so dass Verletzungen seiner Vorschriften als solche nicht anfechtungsbewehrt sind.[539] Verstoßen kann man in anfechtungsrelevanter Weise nur gegen die Pflicht zur Abgabe einer Entsprechenserklärung gemäß **§ 161 AktG** oder zur unterjährigen Korrektur einer falsch gewordenen Entsprechenserklärung. Wegen dieser Gesetzesverletzung lässt der BGH die Anfechtung von Entlastungsbeschlüssen zu.[540] Für Aufsichtsratswahlen gilt dies nicht, weil § 161 AktG weder den Inhalt des Wahlvorschlags des Aufsichtsrats noch den Inhalt des Wahlbeschlusses der Hauptversammlung regelt und auch keine hauptversammlungsspezifischen Informationspflichten begründet.[541]

181 Anfechtungsbegründende **Satzungsverstöße** kommen bei Aufsichtsratswahlen selten vor. Praktisch denkbar ist die Missachtung von (allerdings nicht sehr verbreiteten) Satzungsbestimmungen über persönliche Voraussetzungen für Aufsichtsratsmitglieder (§ 100 Abs. 4 AktG).[542]

182 **c) Folgen der Nichtigkeit.** Ein nichtiger Wahlbeschluss ist von Anfang an nichtig. Die Heilung einer nichtigen Aufsichtsratswahl gemäß § 242 AktG (→ Rn. 37–41) kommt mangels Handelsregistereintragung nicht in Betracht, auch eine analoge Anwendung der Heilungsvorschriften verbietet sich.[543] Ein auf eine Anfechtungsklage für nichtig erklärter Wahlbeschluss wird mit Rechtskraft des Anfechtungsurteils nichtig (§§ 250 Abs. 1, 241 Nr. 5 AktG), und zwar *ex tunc*.[544] Infolgedessen ist das Aufsichtsratsmitglied, dessen Wahl erfolgreich angefochten wird, so zu behandeln, als sei es von Anfang an nicht Mitglied des Aufsichtsrats gewesen. Diesen Grundsatz hält der BGH, indem er der Lehre vom faktischen Organ oder fehlerhaften Bestellungsverhältnis[545] in der IKB-Entscheidung eine Absage erteilt hat, für das **Organschaftsverhältnis** (anders für Pflichten, Haftung und Vergütung)[546] des Aufsichtsratsmitglieds streng durch:[547] Beschlüsse des Aufsichtsrats, an denen das betroffene Mitglied mitgewirkt hat und für deren Ergebnis das Stimmverhalten des betroffenen Mitglieds kausal war, sind folglich „nicht gefasst" oder es „kommt sogar

---

den Mitgliedern). AA *Habersack* AG 2008, 98 (106); *Jaspers* AG 2009, 607 (612–613); *E. Vetter* FS Maier-Reimer, 2010, 795 (811); *Langenbucher* ZGR 2012, 314 (334–335). Einschränkend *Wardenbach* GWR 2010, 207 (208–209) (keine Anfechtbarkeit bei mitbestimmten Gesellschaften oder Bestehen von Entsendungsrechten).

[538] BGH NJW 1975, 1657 (1658); *Wahlers* ZIP 2008, 1897 (1900–1901); Spindler/Stilz AktG/*Stilz* § 251 Rn. 5; Hüffer/*Koch* AktG § 251 Rn. 2; MüKoAktG/*Koch* § 251 Rn. 7.
[539] BGH NJW 2019, 669 Rn. 25 – Mologen.
[540] BGHZ 180, 9 Rn. 18–19 – Kirch/Deutsche Bank; 182, 272 Rn. 18 – Umschreibungsstopp; BGH NZG 2010, 618 (619).
[541] BGH NJW 2019, 669 Rn. 28–39 – Mologen.
[542] MüKoAktG/*Koch* § 250 Rn. 13; KölnKommAktG/*Kiefner* § 250 Rn. 42; Hölters AktG/*Simons* § 250 Rn. 17.
[543] *Pentz* NZG 2017, 1211, passim. Insoweit falsch LG Darmstadt AG 2017, 326 (327).
[544] BGHZ 196, 195 Rn. 20 – IKB.
[545] ZB *Zöllner* AG 2004, 397 (403); *Spindler* NZG 2011, 1007 (1012); *Bayer/Lieder* NZG 2012, 1 (6–7); weitere Nachweise bei KölnKommAktG/*Kiefner* § 252 Rn. 23 Fn. 55. Ebenso OLG Frankfurt a. M. WM 2011, 221 (226).
[546] Insoweit sind die Grundsätze der fehlerhaften Bestellung anwendbar; BGHZ 196, 195 Rn. 19 – IKB unter Verweis auf BGHZ 168, 188 Rn. 14.
[547] Siehe für die folgenden Konsequenzen BGHZ 196, 195 Rn. 21–26 – IKB.

eine Umkehrung des Beschlussergebnisses in Frage." Ab Aufdeckung der Nichtigkeit des Wahlbeschlusses können sich alle Organmitglieder auf die Nichtigkeit berufen, auch gegenüber einem infolge der Wahlanfechtung unwirksam bestellten Vorstandsmitglied, das nur hinsichtlich Vergütung und Befugnis zur Geschäftsführung durch die Grundsätze über die fehlerhafte Bestellung geschützt bleiben soll. Den Schutz des Rechtsverkehrs sieht der BGH nicht gefährdet, weil außenstehende Dritte, denen die Nichtigkeit eines Beschlusses nicht bekannt ist oder sein muss, auf die Wirksamkeit von Vollzugsmaßnahmen vertrauen dürfen. Aber auch interorganliche Maßnahmen will der BGH trotz Nichtigkeit der Aufsichtsratswahl bestehen lassen. Namentlich soll der nachträgliche Wegfall von Beschlussvorschlägen an die Hauptversammlung sowie der nachträgliche Wegfall des satzungsmäßigen Versammlungsleiters nicht relevant sein, so dass eine Anfechtung aus diesem Grunde nicht in Betracht kommt, und soll auch die Feststellung des Jahresabschluss bei fehlerhafter Mitwirkung des Aufsichtsrats angesichts der Sonderregeln in § 256 AktG nicht betroffen sein.

Diese Rechtsprechung ist auf **erhebliche Kritik** vor allem der Praxis gestoßen.[548] Die durch die Spruchpraxis des BGH bewirkte Rechtsunsicherheit wird als misslich empfunden, auch wenn Fehler der Entsprechenserklärung heute als Anfechtungsgründe ausscheiden,[549] so dass Wahlbeschlüsse gegen die Unschärfen des Deutschen Corporate Governance Kodex immun sind (ausführlich dazu → Rn. 42). Im Übrigen aber muss die Praxis sich auf die Geltung der IKB-Entscheidung einstellen und hat dies auch getan. Von den verschiedenen erwogenen **Abhilfemöglichkeiten**[550] sind vor allem zu erwähnen die genaue Dokumentation des Abstimmungsergebnisses im Aufsichtsrat, die Staffelung der Amtszeiten der Aufsichtsratsmitglieder *("Staggered Board")*, die Fassung eines Bestätigungsbeschlusses (§§ 251 Abs. 1 S. 2, 244 AktG)[551] und die gerichtliche Bestellung eines Aufsichtsratsmitglieds (§ 104 AktG). Für die Praxis ist – neben der ohnehin gebotenen **Dokumentation des Abstimmungsergebnisses** – vor allem die **gerichtliche, rückwirkende Bestellung des Aufsichtsratsmitglieds,** dessen Wahl angefochten ist, interessant, und zwar aufschiebend bedingt auf die rechtskräftige Nichtigerklärung der Aufsichtsratswahl (→ § 30 Rn. 74).[552] Ob eine solche (aufschiebend bedingte) gerichtliche Bestellung möglich ist, wird von den Obergerichten unterschiedlich gesehen.[553] Eine umgehende Amtsniederlegung bereits nach Erhebung der Anfechtungsklage mit dem Ziel, dasselbe Aufsichtsratsmitglied durch das Gericht wiederbestellen zu lassen, ist zwar gemäß § 104 AktG rechtlich möglich. Es ist jedoch keineswegs gesichert, dass das Gericht gerade dasjenige Aufsichtsratsmitglied wiederbestellen wird, dessen Wahl angefochten worden ist. Außerdem ist ein derartiges juristisches Manöver nur aus Anlass einer Klageerhebung mit dem insoweit berechtigten Selbstverständnis eines Aufsichtsratsmitglieds kaum zu vereinbaren. Angesichts der erheblichen Unsicherheiten und Unzulänglichkeiten der auf dem geltenden Recht beruhenden Lösungen sind, bislang jedoch ohne Erfolg, weitreichende Forderungen zu gesetzgeberischem Handeln erhoben worden, etwa

---

[548] *Rieckers* VGR 19 (2013), 125 (148); KölnKommAktG/*Kiefner* § 252 Rn. 25–29 mwN. Grundsatzkritik aus Sicht der bisherigen Lehre vom fehlerhaften Bestellungverhältnis insbesondere durch *Lieder* ZHR 178 (2014), 282, *passim*.

[549] BGH NJW 2019, 669 Rn. 28–39 – Mologen.

[550] ZB bei *Arnold/Gayk* DB 2013, 1830; *Thielmann/Struck* BB 2013, 1548; *Kocher* BB 2013, 1170; *Buckel/Vogel* ZIP 2014, 58; *Werner* WM 2014, 2207; *Brock* NZG 2014, 641.

[551] Dazu insbesondere *Schilha/Wolf* NZG 2014, 337 (338–339).

[552] So schon *E. Vetter/van Laack* ZIP 2008, 1806 (1809–1811); *E. Vetter* ZIP 2012, 701 (706–707).

[553] Dagegen OLG Köln ZIP 2008, 508 (509). Anders und weitergehend sogar für eine unbedingte, den angefochtenen Wahlbeschluss verdrängende gerichtliche Bestellung OLG München BeckRS 2007, 04374. Für eine gerichtliche Bestellung im Parallelfall der angefochtenen Abschlussprüferwahl (analog § 318 Abs. 4 S. 2 HGB) OLG Karlsruhe ZIP 2015, 2319 (2319–2322) mit zust. Anm. *Mock* EWiR 2016, 105 (106); *Schockenhoff/Culmann* AG 2016, 23 (25–27).

zur Erstreckung des Freigabeverfahrens gemäß § 246a AktG auf den Fall der angefochtenen Aufsichtsratswahl.[554]

184 **2. Gewinnverwendungsbeschlüsse. a) Nichtigkeit.** § 253 Abs. 1 S. 1 AktG fügt den allgemeinen Nichtigkeitsgründen des § 241 AktG und den Sonderregelungen des § 173 Abs. 3 AktG (Nichtigkeit des Gewinnverwendungsbeschlusses bei verspätetem Vermerk über die Nachtragsprüfung) und § 217 Abs. 2 AktG (Nichtigkeit des Gewinnverwendungsbeschlusses bei verspäteter Eintragung eines Kapitalerhöhungsbeschlusses mit rückwirkender Gewinnberechtigung), wiederum abschließend, einen weiteren Nichtigkeitsgrund hinzu. Dabei geht es dem Gesetzgeber darum, den Gewinnverwendungsbeschluss in seinem Bestand eng an dem Bestand des zugrunde liegenden Jahresabschlusses zu koppeln.[555] Diese Koppelung ist in zweierlei Hinsicht ausgeprägt: Erstens ist nach dem besonderen Nichtigkeitsgrund des § 253 Abs. 1 S. 1 AktG der **Gewinnverwendungsbeschluss nichtig, wenn die Feststellung des Jahresabschlusses, auf dem er beruht, nichtig ist.** Die Nichtigkeit des Jahresabschlusses richtet sich nach § 256 AktG. Sie muss nicht erst durch Nichtigkeitsklage gemäß § 256 Abs. 7 AktG oder, falls die Hauptversammlung den Jahresabschluss feststellt, durch Anfechtungsklage gemäß § 257 AktG erfolgreich geltend gemacht worden sein; vielmehr kann der Kläger die Voraussetzungen des § 256 unabhängig davon im Nichtigkeitsfeststellungsprozess über den Gewinnverwendungsbeschluss darlegen und ggf. beweisen.[556] Der Einwand wird dem Kläger gemäß § 253 Abs. 1 S. 2 AktG jedoch abgeschnitten, wenn die Fristen zur Geltendmachung der Nichtigkeit des Jahresabschlusses (§ 246 Abs. 6 AktG) abgelaufen sind. Zur Vermeidung widersprechender Entscheidungen wird es sich in der Regel empfehlen, den Prozess über die Nichtigkeit des Gewinnverwendungsbeschlusses bis zur rechtskräftigen Entscheidung des Prozesses über die Nichtigkeit des Jahresabschlusses auszusetzen. Zweitens ist ein Gewinnverwendungsbeschluss gemäß § 241 Nr. 3 (Kompetenzverstoß, dazu → Rn. 25) iVm § 174 Abs. 1 S. 2 AktG nichtig, wenn er **mehr oder weniger Bilanzgewinn verteilt als im Jahresabschluss zur Verteilung ausgewiesen ist.**

185 **b) Anfechtung.** Über die allgemeinen Anfechtungsgründe des § 243 Abs. 1 AktG (Verletzung von Gesetz oder Satzung) hinaus kann ein Gewinnverwendungsbeschluss auch mit der Begründung angefochten werden, dass die **gesetzlich garantierte Mindestausschüttung nicht erreicht** wird (§ 254 Abs. 1 AktG). Die Vorschrift schützt die Minderheit gegen das „Aushungern" durch die Mehrheit. Deshalb setzt die Anfechtungsbefugnis voraus, dass die anfechtenden Aktionäre (zusammengerechnet) über Aktien mit einem **anteiligen Betrag des Grundkapitals von mindestens 5 % oder 500.000 Euro verfügen** (§ 254 Abs. 2 S. 3 AktG). Die das Quorum bildenden Aktionäre müssen darüber hinaus jeder für sich auch die weiteren Voraussetzungen der Anfechtungsbefugnis gemäß § 245 AktG erfüllen.[557]

186 Der besondere Anfechtungsgrund des § 254 Abs. 1 AktG setzt voraus, dass die Hauptversammlung mit dem Gewinnverwendungsbeschluss Beträge in Gewinnrücklagen einstellt oder als Gewinn vorträgt, die nicht nach Gesetz oder Satzung von der Verteilung unter die Aktionäre ausgeschlossen sind, obwohl die Einstellung oder der Gewinnvortrag bei vernünftiger kaufmännischer Beurteilung nicht notwendig ist, um die Lebens- und Widerstandsfähigkeit der Gesellschaft für einen hinsichtlich der wirtschaftlichen und finanziellen Notwendigkeiten übersehbaren Zeitraum zu sichern und dadurch unter die Aktionäre kein

---

[554] ZB *Drygala/Gehling* ZIP 2014, 1253; *Florstedt* NZG 2014, 681.
[555] GroßkommAktG/*K. Schmidt* § 253 Rn. 1; Bürgers/Körber AktG/*Göz* § 253 Rn. 1.
[556] OLG München AG 1994, 375; GroßkommAktG/*K. Schmidt* § 253 Rn. 7; MüKoAktG/*Koch* § 253 Rn. 9; Bürgers/Körber AktG/*Göz* § 253 Rn. 3.
[557] KölnKommAktG/*Arnold* § 254 Rn. 21–22; GroßkommAktG/*K. Schmidt* § 254 Rn. 12; Spindler/Stilz AktG/*Stilz* § 254 Rn. 17; Bürgers/Körber AktG/*Göz* § 254 Rn. 9. AA MüKoAktG/*Koch* § 254 Rn. 20; Grigoleit/*Ehmann* AktG § 254 Rn. 9 (allgemeine Klagebefugnis nur eines der Anfechtungskläger soll ausreichen).

Gewinn in Höhe von mindestens 4 vom Hundert des Grundkapitals abzüglich von noch nicht eingeforderten Einlagen verteilt werden kann. Maßgeblich ist die **Gesamtausschüttung;** liegt diese über **4 % des Grundkapitals,** entfällt jedoch auf die Stammaktien weniger als 4 %, weil die Vorzugsaktionäre mehr erhalten, ist der Anfechtungsgrund nicht gegeben.[558] Der Gesamtbetrachtung entspricht es, im umgekehrten Fall, dass die Gesamtausschüttung unter 4 % liegt, auch denjenigen Aktionären ein Anfechtungsrecht zu geben, die mehr als 4 % Dividende erhalten haben.[559] Dreh- und Angelpunkt der Normauslegung ist die Frage, ob die über die gesetzliche Grenze hinausgehende Thesaurierung nach vernünftiger kaufmännischer Beurteilung notwendig ist, die **Lebens- und Widerstandsfähigkeit der Gesellschaft für einen übersehbaren Zeitraum zu sichern.** Diese an sich unternehmerische Entscheidung wird zur vollen Überprüfung des Gerichts gestellt.[560] Auch wenn die Darlegungs- und Beweislast insoweit beim Kläger liegt, ist der Ausgang der richterlichen Subsumtion schwer vorhersehbar. Vor diesem Hintergrund empfiehlt es sich in der Regel nicht, die Mindestdividende des § 254 Abs. 1 AktG zu unterschreiten, und in der Praxis kommt dies auch so gut wie nicht vor.

c) Folgen der Nichtigkeit. Die Nichtigkeit des Gewinnverwendungsbeschlusses gemäß **187** § 253 AktG oder, nach rechtskräftiger Nichtigerklärung, gemäß §§ 254, 241 Nr. 5 AktG führt dazu, dass die Aktionäre von Anfang an **keinen Gewinnauszahlungsanspruch** haben.[561] Der Vorstand durfte demgemäß keinen Gewinn auszahlen. Zu Unrecht empfangene Dividenden haben die Aktionäre gemäß und mit den Privilegierungen des **§ 62 Abs. 1 AktG zurückzugewähren.** Die Rückzahlungsansprüche, über die in der Regel erst nach jahrelangem Rechtsstreit Klarheit besteht, hat die Gesellschaft in demjenigen Jahresabschluss zu aktivieren, in dem das Nichtigkeitsfeststellungs- oder Anfechtungsurteil über den Gewinnverwendungsbeschluss rechtskräftig geworden ist. Eine frühere Aktivierung kommt wegen des bilanziellen Vorsichtsprinzips nicht in Betracht, so dass die Ordnungsmäßigkeit der zwischenzeitlichen Jahresabschlüsse von der Nichtigkeit des Gewinnverwendungsbeschlusses nicht berührt wird.

3. Kapitalerhöhungsbeschlüsse. Der Beschluss über eine Kapitalerhöhung gegen Ein- **188** lagen kann wegen Gesetzes- oder Satzungsverletzung angefochten werden (§§ 255 Abs. 1, 243 Abs. 1 AktG). Dazu gehört auch die Anfechtung wegen Sondervorteils gemäß § 243 Abs. 2 AktG als Unterfall der Gesetzesverletzung (→ Rn. 62). Darüber hinaus enthält **§ 255 Abs. 2 AktG** einen besonderen Anfechtungsgrund für den Fall, dass das **Bezugsrecht** bei der Kapitalerhöhung **ausgeschlossen** wird. Dann kann der Anfechtungskläger geltend machen, der **Ausgabebetrag** oder der Mindestbetrag, unter dem die neuen Aktien nicht ausgegeben werden sollen, sei **unangemessen niedrig.** Dies gilt sowohl für Bar- als auch (analog) für Sachkapitalerhöhungen.[562] In der Praxis geht es zumeist um Sachkapitalerhöhungen. Ausgeschlossen ist die Anfechtung wegen zu niedrigen Ausgabebetrags, wenn bei einer Barkapitalerhöhung ein Dritter, dh in der Praxis eine Bank, die neuen Aktien mit der Verpflichtung übernimmt, sie den Aktionären zum Bezug anzubieten (§ 255 Abs. 2 S. 2 AktG).

Um das Werturteil bei der Anfechtung gemäß § 255 Abs. 2 S. 1 AktG treffen zu **189** können, muss zunächst der wahre, innere Wert des von der Gesellschaft betriebenen

---

[558] Spindler/Stilz AktG/*Stilz* § 254 Rn. 13; MüKoAktG/*Koch* § 254 Rn. 10; Bürgers/Körber AktG/*Göz* § 254 Rn. 4; KölnKommAktG/*Arnold* § 254 Rn. 11–12. AA GroßkommAktG/ *K. Schmidt* § 254 Rn. 7; Schmidt/Lutter/*Schwab* AktG § 254 Rn. 3.
[559] Spindler/Stilz AktG/*Stilz* § 254 Rn. 14; MüKoAktG/*Koch* § 254 Rn. 11; Bürgers/Körber AktG/*Göz* § 254 Rn. 4; KölnKommAktG/*Arnold* § 254 Rn. 11. AA GroßkommAktG/*K. Schmidt* § 254 Rn. 7.
[560] LG Frankfurt a. M. EWiR 2017, 557.
[561] *Volhard/Weber* NZG 2003, 351 (352).
[562] BGHZ 71, 40 (50) – Kali + Salz.

Unternehmens[563] ermittelt werden. Dies ist ohne vollständige Unternehmensbewertung, bei der in Deutschland an der Ertragswertberechnung gemäß IDW S 1 derzeit praktisch kein Weg vorbeiführt, sowie Berücksichtigung der Börsenkursrechtsprechung bei börsennotierten Gesellschaften[564] in der Regel nicht zu leisten. Der sich danach ergebende Unternehmenswert ist auf die bereits ausgegebenen Aktien umzulegen. Dieser Aktienwert wiederum muss mit dem im Kapitalerhöhungsbeschluss festzusetzenden Ausgabe- oder Mindestbetrag verglichen werden. Dabei sind gewisse Unterschreitungen des wahren Aktienwerts erlaubt, weil sonst kein Anreiz für die Zeichnung der jungen Aktien geschaffen werden könnte.[565] Im Fall des § 186 Abs. 3 S. 4 AktG (Barkapitalerhöhung bis 10 % des Grundkapitals ohne Bezugsrecht; dazu → § 57 Rn. 114 ff.), wo der Ausgabebetrag den Börsenpreis nicht wesentlich unterschreiten darf, ist stets auch die Angemessenheitsrelation iSd § 255 Abs. 2 S. 1 AktG gewahrt.[566] Als nicht wesentliche Unterschreitung des Börsenpreises haben sich Abschläge von bis zu 5 % etabliert (→ § 57 Rn. 127, 128). Wann im Übrigen eine unangemessene Unterschreitung des wahren Aktienwerts durch den im Kapitalerhöhungsbeschluss festgesetzten Ausgabebetrag vorliegt, wird allgemein für eine Frage des Einzelfalls gehalten, für deren Beantwortung handfeste Kriterien bisher nicht entwickelt worden sind.[567]

190 Noch unsicherer werden die Verhältnisse, wenn eine Sacheinlage erbracht werden soll. Einen Ausgabebetrag wie bei der Barkapitalerhöhung gibt es dann nicht (→ § 57 Rn. 47, 48). Vielmehr ist dem wahren Wert der an den Sachanleger auszugebenden Aktien der wahre Wert der Sacheinlage gegenüberzustellen. Bei Erwerb von Unternehmen oder Unternehmensbeteiligungen im Wege der Sacheinlage erfordert dies letztlich eine vergleichende Unternehmensbewertung wie bei einer Verschmelzung. In diesem Fall wird die Berechtigung der rechtspolitischen Forderung, Bewertungsfragen nicht im kassatorischen Anfechtungs- sondern im Spruchverfahren auszutragen,[568] besonders augenfällig. Die sich in der Praxis ergebenden Transaktionsunsicherheiten sind nicht einmal durch das Freigabeverfahren des § 246a AktG wirksam abzumildern. Denn Bewertungsrügen gegen eine vergleichende Unternehmensbewertung sind kaum jemals offensichtlich unbegründet und die bei größeren Sacheinlagen erhebliche Verwässerungsgefahr der Altaktionäre wird auch selten durch eine Nachteilsabwägung zugunsten der Gesellschaft zu überwinden sein. Ein freiwillig angebotenes „Schieds-Spruchverfahren" könnte zwar die Aussichten der Gesellschaft im Freigabeverfahren verbessern. Es setzt jedoch, weil die Gesellschaft selbst durch § 57 AktG an der Leistung eines Ausgleichs gehindert ist, die Zahlungsbereitschaft eines Großaktionärs voraus. Der Anfechtungsgrund des § 255 Abs. 2 S. 1 AktG ist deshalb bei Sacheinlagen ein sehr scharfes Schwert. Die Praxis ist gut beraten, Transaktionsstrukturen zu wählen, bei denen dieser Anfechtungsgrund nicht zum Tragen kommt.

---

[563] BGHZ 71, 40 (51) – Kali + Salz.
[564] → § 71 Rn. 138 ff.
[565] GroßkommAktG/*K. Schmidt* § 255 Rn. 12; Spindler/Stilz AktG/*Stilz* § 255 Rn. 19; Bürgers/Körber AktG/*Göz* § 255 Rn. 6.
[566] So zu Recht *Hoffmann-Becking* FS Lieberknecht, 1997, 25 (28–29); kritisch OLG München NJW-RR 2006, 1473 (1477).
[567] Siehe nur Spindler/Stilz/*Stilz* AktG § 255 Rn. 19 mwN.
[568] Siehe insbesondere *J. Vetter* ZHR 168 (2004), 8 (29–33); *DAV-Handelsrechtsausschuss* NZG 2007, 497 (499–500, 503–504); Beschlüsse des 72. DJT, 2018, Wirtschaftsrecht, II 10, S. 28.

§ 43 Sonderprüfung und Ersatzansprüche (§§ 142–149 AktG)

Übersicht

	Rn.		Rn.
I. Überblick	1, 2	2. Pflicht zur Geltendmachung auf Veranlassung der Hauptversammlung	34–45
II. Sonderprüfung	3–29	a) Geltendmachung durch Vorstand oder Aufsichtsrat	35–38
1. Arten	3, 4	b) Geltendmachung durch besondere Vertreter	39–45
2. Veranlassung der Sonderprüfung	5–19	3. Gerichtliche Bestellung besonderer Vertreter	46–50
a) Hauptversammlungsbeschluss	5–12	IV. Aktionärsklage	51–61
b) Gerichtliche Bestellung auf Veranlassung einer Minderheit	13–19	a) Klagezulassung	51–56
3. Stellung der Sonderprüfer	20–25	b) Klageerhebung; Besonderheiten des Verfahrens	57, 58
a) Bestellung; Abberufung	20–22	c) Kosten des Klagezulassungsverfahrens und der Klage	59, 60
b) Persönliche Voraussetzungen und Verantwortlichkeit	23, 24	d) Verfahrensbeendigung; Vereinbarungen zur Vermeidung eines Prozesses	61
c) Vergütung	25		
4. Durchführung der Sonderprüfung; Kosten	26–29		
a) Durchführung	26–28		
b) Kosten	29		
III. Geltendmachung von Ersatzansprüchen	30–50		
1. Überblick	30–33		

Schrifttum: *Bachmann,* Sonderprüfung trotz interner Ermittlung – Zugleich Besprechung OLG Celle v. 8.11.2017 – 9 W 86/17 – VW-Fall, ZIP 2018, 101; *Bayer,* Hauptversammlungsbeschlüsse zu Sonderprüfungen 2011, AG 2012, R 272; *Bayer,* Anforderungen an die Geltendmachung von Ersatzansprüchen gegen den herrschenden Aktionär gem. § 147 AktG durch die Minderheit, AG 2016, 637; *Bayer/Hoffmann,* Der „Besondere Vertreter" i. S. v. § 147 Abs. 2 AktG – Eine rechtstatsächliche Bestandsaufnahme, AG 2018, 337; *Beneke,* Der Besondere Vertreter nach § 147 AktG, 2017; *Bernau,* Konzernrechtliche Ersatzansprüche als Gegenstand des Klageerzwingungsrechts nach § 147 Abs. 1 Satz 1 AktG, AG 2011, 894; *Binder,* Das Informationsstatut des besonderen Vertreters (§ 147 Abs. 2 AktG), ZHR 176 (2012), 380; *Bungert/Rothfuchs,* Vorbereitung und Durchführung der Sonderprüfung nach § 142 Abs. 2 AktG in der Praxis, DB 2011, 1677; *C. Leyens,* System der Aktionärsinformation, ZGR 2019, 544; *Decher,* Die Kontrolle der Verwaltung durch Sonderprüfer, besonderen Vertreter und Aktionärsklage, in FS Baums, 2017, S. 279; *Fabritius,* Der besondere Vertreter gemäß § 147 Abs. 2 AktG, GS Gruson, 2009, S. 133; *Fleischer,* Aktienrechtliche Sonderprüfung und Corporate Governance, RIW 2000, 809; *Gelhausen* in WP-Handbuch, 14. Aufl. 2014, Bd. II, Abschn. H; *Habersack,* Zweck und Gegenstand der Sonderprüfung nach § 142 AktG, FS Wiedemann, 2002, S. 889; *Happ,* Vom besonderen Vertreter zur actio pro socio – Das Klagezulassungsverfahren des § 148 AktG auf dem Prüfstand, FS H. P. Westermann, 2008, S. 971; *Humrich,* Der besondere Vertreter im Aktienrecht, 2013; *Humrich,* Die (vermeintlichen) Informationsrechte des besonderen Vertreters nach § 147 II AktG, NZG 2014, 441; *Hüffer,* Verwaltungskontrolle und Rechtsverfolgung durch Sonderprüfer und besondere Vertreter (§§ 142, 147 Abs. 2 AktG), ZHR 174 (2010), 642; *Jänig,* Aktienrechtliche Sonderprüfung und UMAG, BB 2005, 949; *Jänig,* Die aktienrechtliche Sonderprüfung, 2005; *Kamm,* Die aktienrechtliche Sonderprüfung gemäß §§ 142 ff. AktG, 2015; *Kirschner,* Die Sonderprüfung der Geschäftsführung in der Praxis, 2008; *Kling,* Der besondere Vertreter im Aktienrecht, ZGR 2009, 190; *Kocher/Lönner,* Anforderungen an Bestimmtheit und Verdachtsmomente bei Beschlüssen über die Bestellung eines besonderen Vertreters nach § 147 AktG, ZIP 2016, 653; *Konzen,* Der besondere Vertreter in Kapital- und Personengesellschaften, FS Hommelhoff, 2012, S. 565; *Krieger,* Aktionärsklagen zur Kontrolle des Vorstands- und Aufsichtsratshandelns, ZHR 163 (1999), 343; *Lochner/Beneke,* Der besondere Vertreter in Hauptversammlung und Prozess: aktuelle Praxisfragen, ZIP 2015, 2010; *Lochner/Beneke,* Die Haftung des Besonderen Vertreters, ZIP 2020, 351; *Löbbe,* Rechtsstellung des besonderen Vertreters nach § 147 AktG, in Gesellsch. Vereinigung (Hrsg.), Gesellschaftsrecht in der Diskussion 2016, 2017, S. 25; *Marsch-Barner,* Freiwillige Sonderprüfungen, in FS Baums, 2017, S. 775; *Mock,* Sonderprüfungen bei der Europäischen Aktiengesellschaft, Der Konzern 2010, 455; *Mock,* Der besondere Vertreter zwischen gesetzlicher Vertretung, eigener Klagebefugnis und Nebenintervention, AG 2015, 652; *Mock,* Inhalt und Reichweite der Ersatzansprüche in den §§ 147 f. AktG, NZG 2015, 1013; *Mock,* Informationsbeschaffung durch den besonderen Vertreter, ZHR 181 (2017), 688; *Mock,* Schutzinteressen der Aktiengesellschaft und ihrer Aktionäre bei der Sonderprüfung, ZIP 2018, 201; *Mock,* Stellung und Haftung des fehlerhaft bestellten besonderen Vertreters – die Grundsätze des fehlerhaften Bestellungsverhältnisses im Stresstest, AG 2019, 787; *Mock,* Die Durchsetzung der Rechte des Sonderprüfers, NZG 2019, 1161; *Mock/Gottner,* Kommentar zu LG Heidelberg v. 24.7.2019 – 12 O 8/19 KfH AG 2019, 767; *Mohamed,* Aktienrechtliche Sonderprüfung bei Volkswagen – Vorläufiger Rechtsschutz nach § 32 BVerfGG, CCZ 2018, 152; *Mörsdorf,* Der besondere Vertreter nach § 147 Abs. 2 AktG in Konzernsachverhalten, ZHR 183 (2019), 695; *Müller-Michaels/Wingerter,* Die Wiederbelebung der Sonderprüfung durch die Finanzkrise: IKB und die Folgen, AG 2010, 903; *Nietsch,* Klageinitiative und besondere Vertretung in der Aktiengesellschaft, ZGR 2011, 589; *Paschos/Neumann,* Die Neuregelungen des UMAG im Bereich der Durchsetzung von Haftungsansprüchen der Aktiengesellschaft gegen Organmitglieder, DB 2005, 1779; *Peltzer,* Das Zulassungsverfahren nach § 148 AktG wird von der Praxis nicht angenommen! Warum? Was nun?, FS U. H. Schneider, 2011, 953; *Schmolke,* Die Aktionärsklage nach § 148 AktG, ZGR 2011, 398; *U. H. Schneider,* Der mühsame Weg der Durchsetzung der Organhaftung durch den besonderen Vertreter nach § 147 AktG, ZIP 2013, 1985; *Seibt,* Die Reform des Verfolgungsrechts nach § 147 AktG und des Rechts der Sonderprüfung, WM 2004, 2137; *Slavik,* Ausgewählte Probleme der aktienrechtlichen Sonderprüfung, WM 2017, 1684; *Spindler,* Haftung und Aktionärsklagen nach dem neuen UMAG, NZG 2005, 865; *Stallknecht,* Der besondere Vertreter nach § 147 AktG, 2015; *Trölitzsch/Gunßer,* Grenzen der gerichtlichen Anordnung von Sonderprüfungen nach § 142 Abs. 2 AktG, AG 2008, 833; *Verhoeven,* Der Besondere Vertreter nach § 147 AktG: Erwacht ein schlafender Riese?, ZIP 2008, 245; *J. Vetter,* Reformbedarf bei der Aktionärsklage nach § 148 AktG?, FS Hoffmann-Becking, 2013, S. 1311; *Westermann,* Der Besondere Vertreter im Aktienrecht, AG 2009, 237; *Wilsing,* Der Schutz vor gesellschaftsschädlichen Sonderprüfungen, 2014; *Wilsing/Neumann,* Die Neuregelung der aktienrechtlichen Sonderprüfung durch das UMAG, DB 2006, 31; *Wilsing/Ogorek,* Der Minderheitsantrag auf gerichtliche Einsetzung eines Sonderprüfers gemäß § 142 Abs. 2 AktG – ein neues Betätigungsfeld für professionelle Minderheitsaktionäre, GWR 2009, 75; *Wilsing/von der Linden/Ogorek,* Gerichtliche Inhaltskontrolle von Sonderprüfungsberichten, NZG 2010, 729; *Wirth,* Der „besondere Vertreter" nach § 147 Abs. 2 AktG – Ein neuer Akteur auf der Bühne?, FS Hüffer, 2010, S. 1129; *Zieglmeier,* Die Systematik der Haftung von Aufsichtsratsmitgliedern gegenüber der Gesellschaft, ZGR 2007, 145.

I. Überblick

1 Die Gesellschaft kann aus Vorgängen bei der Gründung der Gesellschaft oder der Geschäftsführung Ansprüche gegen Gründer und weitere Personen (§§ 46 ff. AktG) sowie Ansprüche gegen Mitglieder des Vorstandes (§ 93 AktG, dazu oben § 26) und des Aufsichtsrates (§§ 116, 93 AktG, dazu → § 33 Rn. 71 ff.) haben, wenn diese die ihnen obliegenden Sorgfaltspflichten verletzen. Des Weiteren kommen Ersatzansprüche gegen Personen in Betracht, die im Sinne von § 117 AktG ihren Einfluss zum Schaden der Gesellschaft ausüben. Da die Anspruchsgegner häufig als Vorstands- oder Aufsichtsratsmitglieder zugleich das Handeln der Gesellschaft bestimmen, besteht die Gefahr, dass die Ansprüche nicht mit dem gebotenen Nachdruck durchgesetzt werden. Das Gesetz gibt daher den Aktionären mit den §§ 142–149 AktG gewisse Möglichkeiten, für die Verfolgung derartiger Ansprüche oder die anderweitige Sanktionierung gesellschaftsschädigender Verhaltensweisen zu sorgen. Dabei sind das gleichgerichtete Interesse von Gesellschaft und Aktionären an der Geltendmachung der Ansprüche und das Interesse der Gesellschaft daran, dass ihre Organe nicht mit einer Unzahl von Ansprüchen, die sich als unbegründet erweisen, überzogen werden und die Gesellschaft dadurch in ihrer Geschäftstätigkeit behindert wird, in Ausgleich zu bringen. Auch die betroffenen Organvertreter selbst haben ein legitimes persönliches Interesse daran, nicht mit leichtfertig oder aus sachfremden Gründen erhobenen Klagen überzogen zu werden. Diesen einander zum Teil widersprechenden Zielen trägt das AktG durch das traditionelle Institut der **Sonderprüfung,** die Möglichkeit, die Gesellschaft zur **Geltendmachung von Ersatzansprüchen** zu verpflichten sowie durch das noch junge Institut der **Aktionärsklage** Rechnung.

2 Die **Sonderprüfung** (§§ 142–146 AktG) dient der Aufdeckung bestimmter Sachverhalte, häufig mit dem Ziel, die Gesellschaft zur **Geltendmachung von Ersatzansprüchen** (§ 147 AktG) oder sonstiger Sanktionen, zB der Verweigerung der Entlastung von

Vorstand und Aufsichtsrat zu veranlassen. Ersatzansprüche können auch durch von der Hauptversammlung oder gerichtlich bestellte **besondere Vertreter** (§ 147 Abs. 2 AktG) durchgesetzt werden. Das Institut der **Aktionärsklage** (§§ 148 f. AktG) schließlich gibt den Aktionären die Möglichkeit, Ansprüche der Gesellschaft im eigenen Namen aber mit Wirkung für die Gesellschaft geltend zu machen.

II. Sonderprüfung

1. Arten. Das Aktienrecht kennt Sonderprüfungen
- zur Prüfung von Vorgängen bei der Gründung oder der „Geschäftsführung" (wozu auch Handlungen des Aufsichtsrats gehören), insbesondere auch bei Maßnahmen der Kapitalbeschaffung und Kapitalherabsetzung (§§ 142 ff. AktG);
- zur Prüfung bestimmter Posten des Jahresabschlusses wegen unzulässiger Unterbewertung (§ 258 Abs. 1 Nr. 1 AktG) und des Anhangs zum Jahresabschluss auf Vollständigkeit (§ 258 Abs. 1 Nr. 2 AktG);
- zur Prüfung der geschäftlichen Beziehungen der Gesellschaft zu dem herrschenden oder einem mit diesem verbundenen Unternehmen (§ 315 AktG).

Über den Verweis in Art. 9 Abs. 1 lit. c ii SE-VO sind die §§ 142 ff. AktG auf in Deutschland ansässige Europäische Aktiengesellschaften (SE) anwendbar.[1]

In diesem Abschnitt wird nur auf die Sonderprüfung gemäß §§ 142 ff. AktG eingegangen.[2] Sonderprüfungen gem. §§ 142 ff. waren vor 2005 in der Praxis zwar eher selten, dennoch war die Bedeutung dieses Instituts insbesondere wegen seiner Präventivwirkung nicht unerheblich. Durch das UMAG[3] wurde das Quorum für den Antrag auf gerichtliche Bestellung eines Sonderprüfers auf 1% des Grundkapitals oder den anteiligen Betrag von 100.000 Euro gesenkt. In der Folge ist eine Zunahme der Zahl der Sonderprüfungsanträge und damit auch der praktischen Bedeutung festzustellen.[4] Diese Tendenz hat sich in jüngster Zeit noch einmal intensiviert, auch unter dem Einfluss sog. Activist Shareholder.[5]

2. Veranlassung der Sonderprüfung. a) Hauptversammlungsbeschluss. Die Hauptversammlung kann die Durchführung einer Sonderprüfung insbesondere zur Vorbereitung der Geltendmachung von Ersatzansprüchen der Gesellschaft gegen Gründer und Mitglieder des Vorstandes und des Aufsichtsrates beschließen. Es kommen aber auch andere Sanktionen in Betracht, zB die Verweigerung der Entlastung. Die Hauptversammlung beschließt die Sonderprüfung, indem sie Sonderprüfer bestellt. Der Gegenstand der Sonderprüfung muss in sachlicher und zeitlicher Hinsicht abgegrenzt sein und sich auf konkret bezeichnete Vorgänge beziehen, kann also nicht allgemein die Gründung als solche (dafür gilt § 33 AktG) oder einen bestimmten Zeitraum im Ganzen umfassen.[6] Der Prüfungsgegenstand muss vielmehr zumindest in seinen Grundzügen benannt werden und so weit wie möglich in zeitlicher, örtlicher und personeller Hinsicht eingegrenzt werden (Bestimmtheitsgrundsatz).[7] Da die Sonderprüfung gerade dazu dient, die tatsächlichen Grundlagen aufzudecken,

---

[1] Näher zur Anwendung der §§ 142 ff. AktG auf die Europäische Aktiengesellschaft *Mock* Der Konzern 2010, 455 ff.; Habersack/Drinhausen/*Bücker* SE-VO Art. 52 Rn. 29.

[2] Zu der Sonderprüfung gem. §§ 258 ff. wegen unzulässiger Unterbewertung und der konzernrechtlichen Sonderprüfung gem. § 315 AktG nachstehend → § 48 Rn. 10 ff. und → § 70 Rn. 122 ff.

[3] BGBl. 2005 I S. 2802.

[4] *Bungert/Rothfuchs* DB 2011, 1677; MüKoAktG/*Arnold* § 142 Rn. 12; *Trölitzsch/Gunßer* AG 2008, 833; *Wilsing/Ogorek* GWR 2009, 75; *Kirschner* Sonderprüfung S. 2; *Bayer* AG 2012, R 272.

[5] Dazu etwa *Graßl/Nikoleyczik* AG 2017, 49.

[6] Allg. Auff. vgl. OLG Stuttgart AG 2009, 169 (171); LG München I AG 2008, 720; Hölters AktG/*Hirschmann* § 142 Rn. 9; Hüffer/*Koch* AktG § 142 Rn. 2; MüKoAktG/*Arnold* § 142 Rn. 16 f.; Spindler/Stilz/*Mock* AktG § 142 Rn. 48; ausführlich: KölnKommAktG/*Rieckers/Vetter* § 142 Rn. 100 ff.

[7] Spindler/Stilz AktG/*Mock* § 142 Rn. 48; KölnKommAktG/*Rieckers/Vetter* § 142 Rn. 103; Hüffer/*Koch* AktG § 142 Rn. 2; *C. Leyens* ZGR 2019, 544 (569).

darf der an die Konkretisierung gestellte Maßstab allerdings nicht überzogen werden. Die Vorgänge müssen stets abgeschlossen bzw. jedenfalls begonnen sein, nicht allein geplant.[8] Nicht Gegenstand einer Sonderprüfung können reine Rechtsfragen oder reine Zweckmäßigkeitsfragen sein.[9] Ein mehrdeutiger Bestellungsbeschluss der Hauptversammlung ist vom Sonderprüfer eigenverantwortlich auszulegen. Im Übrigen ist eine Einschränkung oder Erweiterung des von der Hauptversammlung festgelegten Prüfungsgegenstands durch den Sonderprüfer unzulässig.[10]

6 Für den Beschluss zur Bestellung der Sonderprüfer genügt gemäß § 142 Abs. 1 S. 1 AktG die einfache Stimmenmehrheit. Eine größere Mehrheit oder weitere Erfordernisse der Beschlussfassung können von der Satzung nicht bestimmt werden.[11] Der Beschluss muss die üblichen Anforderungen an Hauptversammlungsbeschlüsse erfüllen. Insbesondere muss er also unter Bezeichnung des Gegenstands der Sonderprüfung angekündigt werden oder von einem ordnungsgemäß angekündigten Tagesordnungspunkt gedeckt sein. Die Tagesordnungspunkte „Entlastung des Vorstands" oder „Entlastung des Aufsichtsrates" reichen für einen Beschluss zur Bestellung von Sonderprüfern aus, der sich auf Vorgänge innerhalb des Entlastungszeitraums bezieht.[12]

7 Jeder Aktionär kann – wie auch sonst – unabhängig von der Höhe seiner Beteiligung einen Antrag zu dem in der Tagesordnung angekündigten Beschlussgegenstand „Bestellung von Sonderprüfern" stellen. Die Aufnahme in die Tagesordnung einer anderweitig einberufenen Hauptversammlung können Aktionäre erzwingen, deren Anteile zusammen mindestens 5 % am Grundkapital oder den anteiligen Betrag von 500.000 Euro erreichen (§ 122 Abs. 2 AktG). Für ein Minderheitsverlangen auf Einberufung einer Hauptversammlung gilt § 122 Abs. 1 AktG. Bei Vorliegen der Voraussetzungen des § 142 Abs. 1 AktG entscheidet die Hauptversammlung in freiem Ermessen über die Durchführung einer Sonderprüfung.[13] Im Rahmen ihres allgemeinen Antragsrechts (dazu → § 40 Rn. 6) können auch Vorstand und Aufsichtsrat beantragen, dass die Hauptversammlung Sonderprüfer bestellt. Darüber hinaus können beide Organe auch unabhängig von der Hauptversammlung sonstige Prüfungen beschließen (**„informelle Sonderprüfung"**, zB durch den Aufsichtsrat nach § 111 Abs. 2 S. 2 AktG, → § 29 Rn. 46 ff.).[14] Die §§ 142 ff. AktG gelten dafür zwar nicht.[15] Sie werden umgekehrt aber auch nicht gesperrt, sofern das Informationsbedürfnis für einen Sonderprüfungsantrag weiterhin besteht.[16] Beide Verfahren können unter dieser Voraussetzung nebeneinander geführt werden.[17] Wird dagegen eine interne Untersuchung nach denselben Maßstäben einer Sonderprüfung durchgeführt und der abschließende Bericht in einer § 145 Abs. 6 AktG entsprechenden Weise den Aktionären zugänglich gemacht, dürfte das Rechtsschutzbedürfnis für eine Sonderprüfung fehlen.[18]

---

[8] KölnKommAktG/*Rieckers/Vetter* § 142 Rn. 110; MüKoAktG/*Arnold* § 142 Rn. 30. Zur 5- bzw. 10-Jahresfrist → Rn. 13.

[9] OLG München AG 2018, 761 (763); Hüffer/*Koch* AktG § 142 Rn. 2; *Bachmann* ZIP 2018, 101 (103).

[10] KölnKommAktG/*Rieckers/Vetter* § 142 Rn. 141; Spindler/Stilz AktG/*Mock* § 142 Rn. 91 f.

[11] Allg. Auffassung, vgl. Hölters AktG/*Hirschmann* § 142 Rn. 20; Hüffer/*Koch* AktG § 142 Rn. 9; MüKoAktG/*Arnold* § 142 Rn. 41; Spindler/Stilz/*Mock* AktG § 142 Rn. 89.

[12] OLG Köln AG 1960, 46 (48); *Butzke* Hauptversammlung der AG Rn. M 6 S. 461 f.; MüKoAktG/*Arnold* § 142 Rn. 46; Hölters AktG/*Hirschmann* § 142 Rn. 19; Hüffer/*Koch* AktG § 142 Rn. 9; Spindler/Stilz/*Mock* AktG § 142 Rn. 85; *Slavik* WM 2017, 1684 f.

[13] OLG Düsseldorf NZG 2013, 546 (548).

[14] Dazu ausführlich *Marsch-Barner* FS Baums, 2017, 775 ff.; *Wilsing/von der Linden* AG 2017, 568 ff.

[15] GroßkommAktG/*Bezzenberger* § 142 Rn. 24 f.; MüKoAktG/*Arnold* § 142 Rn. 33.

[16] Spindler/Stilz/*Mock* AktG § 142 Rn. 30 f.; Schmidt/Lutter/*Spindler* AktG § 142 Rn. 11; KölnKommAktG/*Rieckers/Vetter* § 142 Rn. 81.

[17] OLG Celle DB 2017, 2726 (2728 f.) (konkret ging es um *interne Untersuchungen*); *Weber* ZHR 179 (2015), 267 (272); *Bachmann* ZHR 180 (2016), 563 (576).

[18] *Bachmann* ZIP 2018, 101 (105); vom Sachverhalt her dagegen anders OLG Celle DB 2017, 2726 – VW-Abgasskandal.

§ 43 Sonderprüfung und Ersatzansprüche (§§ 142–149 AktG)

Mitglieder des Vorstands und des Aufsichtsrats unterliegen als Aktionäre oder Aktionärsvertreter bei der Abstimmung gemäß § 142 Abs. 1 S. 2 AktG einem **Stimmverbot,** wenn der Gegenstand der Sonderprüfung mit ihrer eigenen **Entlastung** oder der Entlastung eines anderen – auch ehemaligen[19] – Verwaltungsmitglieds oder der Einleitung eines Rechtsstreits gegen diese Personen zusammenhängt. Sie können auch nicht als bevollmächtigte Vertreter von Aktionären mitstimmen.[20] Der Stimmrechtsausschluss gilt ferner für Aktionäre, die zugleich ehemalige Vorstands- oder Aufsichtsratsmitglieder sind, wenn die Sonderprüfung Vorgänge betrifft, die sich in ihrer Amtszeit abgespielt haben, gleichgültig, ob sie selbst davon betroffen waren oder nicht.[21] Eine Umgehung des Stimmverbots durch Überlassung der eigenen Aktien an einen Dritten zum Zwecke der Ausübung des Stimmrechts ist gem. § 142 Abs. 1 S. 2 AktG verboten und nach § 405 Abs. 3 Nr. 5 AktG als Ordnungswidrigkeit mit Geldbuße bis zu 25.000 Euro (§ 405 Abs. 4 AktG) bedroht. Verstöße gegen das Verbot, das Stimmrecht auszuüben, führen nach den allgemeinen Regeln zur Anfechtbarkeit des Beschlusses, wenn dieser ohne die Stimmen der ausgeschlossenen Personen nicht zustande gekommen wäre.[22]

Ist ein Verwaltungsmitglied, das selbst von der Abstimmung ausgeschlossen ist, **gesetzlicher Vertreter** eines Aktionärs, zB als dessen Vorstandsmitglied oder Geschäftsführer, ist zweifelhaft, ob auch dieser Aktionär von der Abstimmung ausgeschlossen ist. Im Einklang mit der für § 136 AktG geltenden Lösung ist Stimmrechtsausschluss dann anzunehmen, wenn das betroffene Verwaltungsmitglied den Aktionär derart beherrscht, dass es maßgeblichen Einfluss auf dessen Stimmverhalten nehmen kann.[23]

Aktionäre, die nicht Verwaltungsmitglieder sind oder waren, können dagegen an der Abstimmung über die Bestellung von Sonderprüfern auch dann mitwirken, wenn sie aufgrund einer Kapital- oder Stimmenmehrheit beherrschenden Einfluss auf die Gesellschaft und ihre Verwaltung ausüben können oder wenn die Sonderprüfung Vorgänge betrifft, aus denen sich möglicherweise ein Ersatzanspruch der Gesellschaft gegen sie ergeben mag.[24] Sie sind aufgrund des allgemeinen Stimmverbots nach § 136 Abs. 1 AktG lediglich von der Abstimmung über die Geltendmachung des Ersatzanspruchs gegen sie ausgeschlossen.[25] Eine Erstreckung des Stimmverbots in diesen Fällen bereits auf den Beschluss über die Sonderprüfung ist mangels planwidriger Regelungslücke abzulehnen.[26] Die Belange der anderen Aktionäre werden durch das Minderheitenrecht auf gerichtliche Bestellung von Sonderprüfern oder eines anderen Sonderprüfers hinreichend geschützt

---

[19] *Butzke* Hauptversammlung der AG Rn. M 11 S. 463; MüKoAktG/*Arnold* § 142 Rn. 54.
[20] OLG Köln DB 2002, 2316; Spindler/Stilz/*Mock* AktG § 142 Rn. 100; KölnKommAktG/*Rieckers/Vetter* § 142 Rn. 159.
[21] KölnKommAktG/*Rieckers/Vetter* § 142 Rn. 157; MüKoAktG/*Arnold* § 142 Rn. 54; Hölters AktG/*Hirschmann* § 142 Rn. 23; Hüffer/*Koch* AktG § 142 Rn. 14; Spindler/Stilz AktG/*Mock* § 142 Rn. 82.
[22] Spindler/Stilz AktG/*Mock* § 142 Rn. 104; Hüffer/*Koch* AktG § 142 Rn. 17.
[23] OLG Frankfurt a. M. AG 2005, 545 (547); OLG Düsseldorf AG 2006, 202 (205); LG München I AG 2018, 206 (209), bestätigt durch OLG München AG 2018, 761 (764 f.); GroßkommAktG/*Bezzenberger* § 142 Rn. 32; Hüffer/*Koch* AktG § 142 Rn. 14, § 136 Rn. 14; Spindler/Stilz/*Mock* AktG § 142 Rn. 102; dazu näher → § 39 Rn. 42 f.
[24] OLG München AG 2001, 193 (197); OLG Hamburg AG 2003, 46 (48); LG München I ZIP 2008, 2124; GroßkommAktG/*Bezzenberger* § 142 Rn. 34; Hölters/*Hirschmann* AktG § 142 Rn. 25; Hüffer/*Koch* AktG § 142 Rn. 15; MüKoAktG/*Arnold* § 142 Rn. 58; Spindler/Stilz/*Mock* AktG § 142 Rn. 102; *Decher* FS Baums, 2017, 279 (284 f.).
[25] OLG München AG 2001, 193 (197); OLG Düsseldorf AG 2006, 202 (205 f.); LG München I ZIP 2008, 2124; GroßkommAktG/*Bezzenberger* § 142 Rn. 34; Hüffer/*Koch* AktG § 142 Rn. 15; MüKoAktG/*Arnold* § 142 Rn. 58.
[26] OLG Köln ZIP 2017, 1211 (1218 f.) – STRABAG; OLG Düsseldorf AG 2013, 264 (267); LG Heidelberg AG 2017, 162 (167); Schmidt/Lutter/*Spindler* AktG § 142 Rn. 30; KölnKommAktG/*Rieckers/Vetter* § 142 Rn. 171; MüKoAktG/*Arnold* § 142 Rn. 58; Hüffer/*Koch* AktG § 142 Rn. 15; aA OLG Brandenburg AG 2003, 328 (329); LG Frankfurt a. M. AG 2005, 545 (547).

(§ 142 Abs. 2, 4 AktG). Aufgrund dieser Rechtslage sind in der Praxis viele Ad hoc-Sonderprüfungsanträge von Minderheitsaktionären wegen des Mehrheitserfordernisses nicht erfolgreich. Die unterlegenen Minderheitsaktionäre fechten häufig den Hauptversammlungsbeschluss mittels Anfechtungsklage an und verbinden dies mit einer positiven Beschlussfeststellungsklage. Nur selten hat eine solche kombinierte Klage Erfolg.

11 Die Bestellung von Sonderprüfern durch die Hauptversammlung wird durch das allgemeine Verbot des **Rechtsmissbrauchs** begrenzt, etwa wenn die Sonderprüfung offensichtlich folgenlos wäre[27] oder offensichtlich nicht im verständigen Aktionärsinteresse liegenden Zwecken dienen soll[28] oder die betreffenden Vorgänge bereits auf andere Weise aufgeklärt worden oder allgemein bekannt sind.[29]

12 Der Hauptversammlungsbeschluss über einen nicht hinreichend bestimmten oder sonst unstatthaften Prüfungsgegenstand ist gemäß § 243 Abs. 1 AktG zumindest **anfechtbar.** Er ist nach § 241 Nr. 3 AktG **nichtig,** wenn in die Zuständigkeit anderer Organe oder vom Gesetz besonders bestimmter Prüfer eingegriffen wird.[30]

13 **b) Gerichtliche Bestellung auf Veranlassung einer Minderheit.** Wegen der häufig engen Verbindung zwischen Großaktionär und Verwaltung sieht der Gesetzgeber die Gefahr, dass die Hauptversammlungsmehrheit die Bestellung von Sonderprüfern ablehnt oder einen Sonderprüfer bestellt, der nicht das Vertrauen der Minderheitsaktionäre genießt, obwohl – oder gerade weil – zu besorgen ist, dass sich aus der Sonderprüfung Anhaltspunkte für Ersatzansprüche gegen Gründer oder Verwaltungsmitglieder ergeben können. Das Gesetz räumt daher einer Aktionärsminderheit die Möglichkeit ein, unter bestimmten Voraussetzungen gegen einen ablehnenden Beschluss der Hauptversammlung die Bestellung von Sonderprüfern zur Prüfung von Gründungsvorgängen sowie von Geschäftsführungsmaßnahmen der letzten 5 Jahre bzw. 10 Jahre bei börsennotierten Gesellschaften zu erzwingen (§ 142 Abs. 2 AktG) oder andere Sonderprüfer als die von der Hauptversammlung bestellten einsetzen zu lassen (§ 142 Abs. 4 AktG). Somit ist die Bestellung eines Sonderprüfers durch das Gericht subsidiär gegenüber der Bestellung durch die Hauptversammlung.

14 Das **Verfahren zur gerichtlichen Bestellung** von Sonderprüfern richtet sich gem. § 142 Abs. 8 AktG nach den Vorschriften des Gesetzes über das Verfahren in Familiensachen und in den Angelegenheiten der freiwilligen Gerichtsbarkeit. Im Einzelnen erfolgt die Bestellung durch das Landgericht – Kammer für Handelssachen –, in dessen Bezirk die Gesellschaft ihren Sitz hat (§ 142 Abs. 5 AktG). Die Landesregierungen können gem. § 71 Abs. 4 GVG die örtliche Zuständigkeit für die Bezirke mehrerer Landgerichte konzentrieren.[31]

---

[27] GroßkommAktG/*Bezzenberger* § 142 Rn. 37; *Kirschner* Sonderprüfung S. 65; MüKoAktG/*Arnold* § 142 Rn. 92.
[28] *Kirschner* Sonderprüfung S. 65; MüKoAktG/*Arnold* § 142 Rn. 91, 93; KölnKommAktG/*Rieckers/Vetter* § 142 Rn. 151; *Mock* ZIP 2018, 201 (202).
[29] KölnKommAktG/*Rieckers/Vetter* § 142 Rn. 151; vertiefend *Wilsing,* Der Schutz vor gesellschaftsschädlichen Sonderprüfungen, S. 143 ff.
[30] MüKoAktG/*Arnold* § 142 Rn. 74; Schmidt/Lutter/*Spindler* AktG § 142 Rn. 33; stets für Nichtigkeit: KölnKommAktG/*Rieckers/Vetter* § 142 Rn. 184.
[31] Davon Gebrauch gemacht haben auf der Grundlage von § 142 Abs. 5 S. 5 AktG aF Baden-Württemberg (LG Mannheim für die Landgerichtsbezirke des OLG Karlsruhe) Bayern (LG München I für die Landgerichtsbezirke des OLG München; LG Nürnberg-Fürth für die Landgerichtsbezirke der OLGe Nürnberg und Bamberg), Hessen (LG Frankfurt a. M.), Niedersachsen (LG Hannover), Nordrhein-Westfalen (LG Düsseldorf für die Landgerichtsbezirke des OLG Düsseldorf; LG Dortmund für die Landgerichtsbezirke des OLG Hamm; LG Köln für die Landgerichtsbezirke des OLG Köln) und Sachsen (LG Leipzig). Auf der Basis der neuen Rechtslage (Ermächtigungsnorm § 71 Abs. 4 S. 1 GVG) haben bislang Bayern, Hessen, Niedersachsen und Nordrhein-Westfalen die Konzentration erneut normiert. In den zwei übrigen Bundesländern gelten die bisherigen Rechtsverordnungen fort.

§ 43 Sonderprüfung und Ersatzansprüche (§§ 142–149 AktG)   15–17   § 43

Antragsberechtigt sind Aktionäre, deren Anteile zusammen mindestens 1 % des Grundkapitals oder einen anteiligen Betrag von 100.000 Euro erreichen (§ 142 Abs. 2 S. 1 AktG). Auf den Börsenwert der Aktien kommt es nicht an. Der Antrag auf gerichtliche Bestellung kann nur gestellt werden, nachdem die Hauptversammlung einen zulässigen Antrag auf Bestellung von Sonderprüfern abgelehnt hat oder die Sachabstimmung über einen zulässigen Antrag auf Bestellung von Sonderprüfern unterblieben ist.[32] Die Antragsteller müssen nachweisen, dass sie seit mindestens drei Monaten vor dem Tag der Hauptversammlung Inhaber von Aktien in der erforderlichen Zahl sind und diese im Zeitpunkt der Entscheidung über ihren Antrag noch halten (§ 142 Abs. 2 AktG). Der Regelungszweck dieser Vorschrift besteht darin, den kurzfristigen Zukauf von Aktien mit dem ausschließlichen Ziel, das Quorum zu erreichen, zu verhindern.[33] Der Nachweis kann bei Namensaktien mittels des Aktienregisters, bei Inhaberaktien durch Hinterlegung der Aktien oder mittels Bestätigung der Depotbank auf den Tag der Antragstellung und auf das Ende des Verfahrens ebenso wie durch eine (in der Praxis übliche) Depotbestätigung mit Sperrvermerk oder mit der Verpflichtungserklärung des depotführenden Instituts, das Gericht über jegliche Änderungen des Aktienbestands zu unterrichten, erbracht werden.[34] Eine besondere Frist ist für die Antragstellung nicht vorgeschrieben. **15**

Dem Antrag auf Bestellung von Sonderprüfern ist stattzugeben, wenn Tatsachen substantiiert vorgebracht oder ergänzend vom Gericht ermittelt werden (vgl. § 26 FamFG), die den **Verdacht auf Unredlichkeiten** oder **grobe Verletzungen** von Gesetz oder Satzung rechtfertigen (§ 142 Abs. 2 AktG). „Unredlichkeit" ist ein sittlich anstößiges Verhalten,[35] das in der Regel einen schweren, „ins Kriminelle gehenden Treupflichtverstoß" darstellen wird,[36] allerdings nicht notwendigerweise ein tatbestandlicher Rechtsverstoß sein muss. Die hierfür erforderliche Gesamtwürdigung des Einzelfalls muss im Ergebnis eine Nichtverfolgung als unerträglich erscheinen lassen.[37] **16**

Die vom Antragsteller behaupteten Tatsachen dürfen sich nicht in bloßen Verdächtigungen oder Vermutungen erschöpfen, müssen aber andererseits weder glaubhaft gemacht noch bewiesen werden.[38] Über den Wortlaut des § 142 Abs. 2 AktG hinaus ist ein qualifizierter Verdacht erforderlich, welcher bejaht wird, wenn das Gericht das Vorliegen von Unredlichkeiten oder groben Verletzungen von Gesetz oder Satzung für wahrscheinlich hält, dh wenn im Ergebnis mehr für als gegen das Vorliegen einer Unredlichkeit oder groben Pflichtverletzung spricht.[39] Die bloße Denkbarkeit oder Möglichkeit reicht nicht aus.[40] Ob der **17**

---

[32] OLG München AG 2008, 33 (35); LG Frankfurt a. M. ZIP 2016, 575; GroßkommAktG/*Bezzenberger* § 142 Rn. 53 ff.; Hüffer/*Koch* AktG § 142 Rn. 18; MüKoAktG/*Arnold* § 142 Rn. 80; Spindler/Stilz/*Mock* AktG § 142 Rn. 136.

[33] BayObLG AG 2005, 244 (245); *Butzke* Hauptversammlung der AG Rn. M 15 S. 466; Hüffer/*Koch* AktG § 142 Rn. 23; Schmidt/Lutter/*Spindler* AktG § 142 Rn. 42; MüKoAktG/*Arnold* § 142 Rn. 100.

[34] OLG München AG 2008, 33 (34); *Butzke* Hauptversammlung der AG Rn. M 15 S. 466; GroßkommAktG/*Bezzenberger* § 142 Rn. 49 ff.; Hölters/*Hirschmann* AktG § 142 Rn. 40; Hüffer/*Koch* AktG § 142 Rn. 23 f.; MüKoAktG/*Arnold* § 142 Rn. 100 f.; Spindler/Stilz/*Mock* AktG § 142 Rn. 171.

[35] GroßkommAktG/*Bezzenberger* § 142 Rn. 60; Hölters/*Hirschmann* AktG § 142 Rn. 36; *Jänig* Sonderprüfung 279 f.; MüKoAktG/*Arnold* § 142 Rn. 86.

[36] Begr. RegE zum UMAG BT-Drs. 15/5092, 22; *Spindler* NZG 2005, 865 (867).

[37] OLG Düsseldorf ZIP 2010, 28 (30); OLG Köln AG 2010, 414 (415); LG München AG 2017, 84 (86).

[38] OLG Frankfurt a. M. AG 2011, 755; OLG München AG 2010, 840 (841); 2010, 598 (599); OLG Düsseldorf AG 2010, 126 (127); OLG München AG 2008, 33 (35); GroßkommAktG/*Bezzenberger* § 142 Rn. 62; MüKoAktG/*Arnold* § 142 Rn. 88; *Trölitzsch/Gunßer* AG 2008, 833 (836).

[39] OLG Stuttgart AG 2019, 527 (529 f.); OLG Celle DB 2017, 2726 (2728); OLG Frankfurt a. M. BeckRS 2012, 10249; zu Praxisfällen vgl. *Decher* FS Baums, 2017, 279 (286–288).

[40] OLG Frankfurt a. M. AG 2011, 755 f.; OLG München AG 2010, 840 (841); OLG Köln AG 2010, 414 (415); Hüffer/*Koch* AktG § 142 Rn. 20; MüKoAktG/*Arnold* § 142 Rn. 88; Spindler/Stilz/*Mock* AktG § 142 Rn. 152.

Verdacht begründet ist, hat das Gericht hingegen nicht zu prüfen. Dies ist vielmehr gerade der Gegenstand der Sonderprüfung.

18 Stellt das Gericht jedoch fest, dass der Antrag auf Bestellung von Sonderprüfern **unverhältnismäßig** oder **rechtsmissbräuchlich** ist, ist dieser zurückzuweisen.[41] Unverhältnismäßig ist ein Antrag, wenn die Kosten und negativen Auswirkungen einer Sonderprüfung für die Gesellschaft nicht in angemessenem Verhältnis zu dem durch das Fehlverhalten ausgelösten Schaden stehen.[42] Da der mit einer Sonderprüfung verbundenen Gefahr von erheblichen Nachteilen für die Gesellschaft bereits durch das Erfordernis eines qualifizierten Verdachts Rechnung getragen wird, soll nach OLG Celle *(VW-Abgasskandal)* ein entgegenstehendes Interesse der Gesellschaft allein nicht zur Unverhältnismäßigkeit der Sonderprüfung führen.[43] Die Rechtsmissbräuchlichkeit des Antrags ist zumindest dann anzunehmen, wenn illoyale, grob eigensüchtige Zwecke verfolgt werden[44], es an einem Informationsbedürfnis fehlt[45] oder die Sonderprüfung offensichtlich folgenlos bleiben wird.[46]

19 Unabhängig von dem Minderheitenrecht, die gerichtliche Bestellung von Sonderprüfern oder eines anderen Sonderprüfers zu betreiben, besteht die Möglichkeit, unter den allgemeinen Voraussetzungen (→ § 42 Rn. 42 ff.) Anfechtungsklage oder eine positive Beschlussfeststellungsklage gegen die Ablehnung des Antrags auf Bestellung von Sonderprüfern oder gegen den Bestellungsbeschluss zu erheben.[47]

20 **3. Stellung der Sonderprüfer. a) Bestellung; Abberufung.** Die Hauptversammlung bestellt die Sonderprüfer selbst, dh sie bezeichnet diejenigen Personen, die die Sonderprüfung durchführen sollen, namentlich. Unzulässig wäre es, nur die Durchführung der Sonderprüfung als solche zu beschließen und die Bestellung der Sonderprüfer dem Vorstand vorzubehalten oder einem Dritten zu überlassen.[48] Aufgrund der Bestellung ist ein **Geschäftsbesorgungsvertrag** mit den bestellten Sonderprüfern abzuschließen. Dogmatisch ist umstritten, ob die Gesellschaft beim Abschluss dieses Vertrages durch den Vorstand vertreten wird oder durch die Hauptversammlung, die freilich die Regelung von Einzelfragen an den Vorstand delegieren kann.[49] Praktisch wird unbeanstandet so verfahren, dass der Vorstand in Durchführung des Beschlusses den Prüfungsvertrag abschließt.[50] Da der im

---

[41] *Hüffer/Koch* AktG § 142 Rn. 21; *Trölitzsch/Gunßer* AG 2008, 833.

[42] OLG Düsseldorf AG 2010, 126; Begr. RegE zum UMAG BT-Drs. 15/5092, 18; MüKoAktG/*Arnold* § 142 Rn. 89; *Trölitzsch/Gunßer* AG 2008, 833. Allg. zur Einschränkung des Minderheitsbegehrens aus Gründen eines entgegenstehenden Gesellschaftswohls *Holle* ZHR 182 (2018), 569 (588 ff.).

[43] OLG Celle DB 2017, 2726 (2729); dazu Besprechung bei *Bachmann* ZIP 2018, 101; auch eine einstweilige Anordnung im Vorgriff auf eine Verfassungsbeschwerde wurde aus entsprechenden Gründen abgelehnt: BVerfG ZIP 2018, 119, dazu *Mohamed* CCZ 2018, 152 (153 f.). – Die Fallkonstellation dürfte recht speziell gewesen sein (paralleles staatsanwaltschaftliches Ermittlungsverfahren, dessen Ergebnisse wegen Verwertungsverboten in absehbarer Zeit nicht zu erwarten waren/parallele freiwillige Sonderprüfung, deren Ergebnisse im Hinblick auf Besonderheiten des US-amerikanischen Rechts von der Gesellschaft nicht veröffentlicht wurden).

[44] OLG München AG 2010, 598; *Butzke* Hauptversammlung der AG Rn. M 15; Hölters/*Hirschmann* AktG § 142 Rn. 42; *Hüffer/Koch* AktG § 142 Rn. 21; MüKoAktG/*Arnold* § 142 Rn. 91; Spindler/Stilz/*Mock* AktG § 142 Rn. 167; KölnKommAktG/*Rieckers/Vetter* § 142 Rn. 307 ff.; *Slavik* WM 2017, 1684 (1689).

[45] LG München I AG 2017, 84 (87); MüKoAktG/*Arnold* § 142 Rn. 92; Bürgers/Körber/*Holzborn/Jänig* AktG § 142 Rn. 21; KölnKommAktG/*Rieckers/Vetter* § 142 Rn. 256 u. 313.

[46] *Hüffer/Koch* AktG § 142 Rn. 21; MüKoAktG/*Arnold* § 142 Rn. 92; KölnKommAktG/*Rieckers/Vetter* § 142 Rn. 314.

[47] OLG Stuttgart AG 2003, 588 (in casu verneinend); AG Ingolstadt AG 2002, 110.

[48] *Hüffer/Koch* AktG § 142 Rn. 10; MüKoAktG/*Arnold* § 142 Rn. 36; Spindler/Stilz/*Mock* AktG § 142 Rn. 94.

[49] Vgl. etwa Hölters/*Hirschmann* AktG § 142 Rn. 28; *Hüffer/Koch* AktG § 142 Rn. 11; MüKoAktG/*Arnold* § 142 Rn. 67 f.; Spindler/Stilz/*Mock* AktG § 142 Rn. 113.

[50] *Gelhausen* WP-Handbuch Bd. II (2014) Abschn. H Rn. 9; Hölters AktG/*Hirschmann* § 142 Rn. 28; *Hüffer/Koch* AktG § 142 Rn. 11; Spindler/Stilz AktG/*Mock* § 142 Rn. 113.

Hauptversammlungsbeschluss bezeichnete Prüfer keine Pflicht zur Annahme der Bestellung hat, versichert man sich in der Praxis vor der Hauptversammlung bereits der Bereitschaft zur Annahme des Mandats. Die konkret erforderlichen Prüfungshandlungen im Rahmen des von der Hauptversammlung vorgegebenen Prüfungsgegenstands legt der Sonderprüfer nach eigenem Ermessen fest. Ein Weisungsrecht der Gesellschaft besteht nicht und kann nicht vereinbart werden.[51]

§ 142 Abs. 4 AktG räumt einer **Minderheit** das Recht ein, vom Gericht die Bestellung 21 eines **anderen** als des von der Hauptversammlung bestellten **Sonderprüfers** zu verlangen, wenn dies aus Gründen, die in der Person des bestellten Sonderprüfers liegen, „geboten erscheint". Das Gesetz nennt als solche Gründe beispielhaft Bedenken hinsichtlich seiner Qualifikation, Unbefangenheit oder Zuverlässigkeit. Antragsbefugt ist nur eine Minderheit, die mindestens über die gleiche Beteiligung verfügt, wie sie für einen Antrag auf gerichtliche Bestellung von Sonderprüfern erforderlich ist (1 % des Grundkapitals oder Aktien mit einem anteiligen Betrag von 100.000 Euro). Der Antrag kann nur innerhalb von **2 Wochen** nach dem Tag der Hauptversammlung gestellt werden, in der der abzulösende Sonderprüfer bestellt wurde (§ 142 Abs. 4 S. 2 AktG). Für die Zuständigkeit und das Verfahren gilt das Gleiche wie für die ursprüngliche Bestellung von Sonderprüfern durch das Gericht (→ Rn. 13 ff.). Nimmt der gerichtlich bestellte Sonderprüfer die Bestellung an, so entsteht dadurch zwischen ihm und der Gesellschaft ein Geschäftsbesorgungsvertrag.[52]

Das Gesetz trifft keine Aussage über den **Widerruf** der Bestellung. Soweit Sonderprüfer 22 von der Hauptversammlung bestellt worden sind, kann diese auch die Bestellung ohne besonderen Grund durch die Hauptversammlung abberufen werden.[53] Wenn die Bestellung durch das Gericht auf Antrag einer Minderheit erfolgt ist, ist auch eine Abberufung durch das Gericht jedenfalls bei Vorliegen einer der Gründe des Abs. 4 Satz 1 in der Person des Sonderprüfers auf Antrag dieser Minderheit in analoger Anwendung von § 142 Abs. 4 AktG möglich.[54] Im Hinblick auf das Interesse der Gesellschaft am Austausch eines gesetzwidrigen Prüfers, ist es sachgerecht, auch dem auf das Wohl der Gesellschaft verpflichteten Vorstand ein Antragsrecht bei Gericht einzuräumen.[55] Von der Abberufung bleibt der Prüfungsvertrag jedoch zunächst unberührt und muss gesondert gekündigt werden.[56]

b) Persönliche Voraussetzungen und Verantwortlichkeit. Es ist nicht notwendig, 23 wenn auch zumeist zweckmäßig, als Sonderprüfer einen **Wirtschaftsprüfer** oder eine Wirtschaftsprüfungsgesellschaft zu bestellen. Nach § 143 AktG genügt es, wenn die bestellten Personen ausreichende Kenntnisse und Erfahrungen in der Buchführung haben. Sofern die Berufsbezeichnung nicht bereits auf die Eignung des Sonderprüfers schließen lässt, müssen die erforderlichen Kenntnisse durch den Antragsteller plausibel dargelegt werden.[57] Setzt der Gegenstand der Prüfung technisches Wissen voraus, kommt auch die Bestellung von technisch ausgebildeten Personen und von Prüfungsgesellschaften mit entsprechender

---

[51] Spindler/Stilz/*Mock* AktG § 142 Rn. 114; KölnKommAktG/*Rieckers/Vetter* § 142 Rn. 199.
[52] OLG Düsseldorf BeckRS 2011, 11600 Rn. 35; K Schmidt/Lutter AktG/*Spindler* § 142 Rn. 36.
[53] GroßkommAktG/*Bezzenberger* § 142 Rn. 43; *Kirschner* Sonderprüfung, 184 f.; MüKoAktG/*Arnold* § 142 Rn. 131 ff.; Spindler/Stilz/*Mock* AktG § 142 Rn. 120; OLG Düsseldorf NZG 2013, 546 (548).
[54] MüKoAktG/*Arnold* § 142 Rn. 134; GroßkommAktG/*Bezzenberger* § 142 Rn. 80; aA Hüffer/ Koch AktG § 142 Rn. 34; KölnKommAktG/*Rieckers/Vetter* § 142 Rn. 323, die auf Analogie zu § 142 Abs. 4 AktG verzichten und Abberufung ohne wichtigen Grund zulassen.
[55] GroßkommAktG/*Bezzenberger* § 142 Rn. 80; MüKoAktG/*Arnold* § 142 Rn. 134.
[56] MüKoAktG/*Arnold* § 142 Rn. 132, 133; Schmidt/Lutter/*Spindler* AktG § 142 Rn. 75; Spindler/ Stilz/*Mock* AktG § 142 Rn. 115.
[57] *Slavik* WM 2017, 1684 (1686 f.).

Expertise in Betracht.[58] Selbstverständlich kann auch ein bilanzrechtlich qualifizierter Prüfer technische Fachleute als Hilfskräfte hinzuziehen.[59]

24 Für Sonderprüfer gelten dieselben Ausschlussgründe wie für Abschlussprüfer, im Wesentlichen also die im Einzelnen vom Gesetz aufgeführten Befangenheitsgründe des § 319 Abs. 2, 3 HGB, auf die § 143 Abs. 2 AktG verweist. Auch für die Verantwortlichkeit der Sonderprüfer verweist das Gesetz auf die für Abschlussprüfer geltenden Bestimmungen (§ 144 AktG).

25 **c) Vergütung.** Die Sonderprüfer haben aufgrund des Prüfungsvertrags einen Anspruch auf Vergütung. Schuldner ist die Gesellschaft. Der Vergütungsanspruch bemisst sich nach der getroffenen Vereinbarung. Soweit es an einer solchen fehlt, ist die **übliche Vergütung** geschuldet (§§ 632 Abs. 2, 675 BGB). Das gilt auch für die vom Gericht bestellten Sonderprüfer.[60] Das Gericht setzt diesen Anspruch auf Antrag fest (§ 142 Abs. 6 AktG).

26 **4. Durchführung der Sonderprüfung; Kosten. a) Durchführung.** § 145 AktG regelt die Durchführung der Sonderprüfung. Der Vorstand hat die Durchführung der Prüfung nicht nur zu „gestatten", sondern aktiv zu **unterstützen,** indem etwa Zugang zu benötigten Nachweisen, Informationen oder Unterlagen gewährt wird und gegebenenfalls Räumlichkeiten, (technische) Hilfsmittel oder Hilfskräfte gestellt werden.[61] Unterlagen können dem Sonderprüfer in einem physischen oder virtuellen Datenraum zugänglich gemacht werden.[62] Der Sonderprüfer darf von den ihm vorgelegten Unterlagen Kopien anfertigen, die Originalunterlagen jedoch nicht aus den Geschäftsräumen entfernen.[63]

27 Zur Unterstützung gehört ferner, dass Mitarbeiter durch den Vorstand angewiesen werden, die erforderlichen **Auskünfte** zu erteilen.[64] Von den amtierenden (nicht von ehemaligen[65]) Mitgliedern des Vorstands und des Aufsichtsrats selbst können die Sonderprüfer **Aufklärungen** und **Nachweise** gemäß § 145 Abs. 2 AktG verlangen.[66] Sie haben kein **Auskunftsverweigerungsrecht** zu Gunsten der Gesellschaft.[67] Analog § 384 Nr. 2 Alt. 2 ZPO bzw. § 55 Abs. 1 StPO kann ein Auskunftsverpflichteter jedoch die Auskunft verweigern, würde er sich durch die Auskunftserteilung selbst strafbar machen oder durch

---

[58] Hüffer/Koch AktG § 143 Rn. 2; MüKoAktG/Arnold § 143 Rn. 9; Spindler/Stilz/Mock AktG § 143 Rn. 7.

[59] GroßkommAktG/Bezzenberger § 143 Rn. 7; Jänig Sonderprüfung, 344; MüKoAktG/Arnold § 143 Rn. 10; K. Schmidt/Lutter/Spindler AktG § 143 Rn. 6; Spindler/Stilz/Mock AktG § 142 Rn. 94, § 143 Rn. 7.

[60] OLG München BeckRS 2008, 48639; Hölters/Hirschmann AktG § 142 Rn. 57 f.; GroßkommAktG/Bezzenberger § 142 Rn. 90 f.; MüKoAktG/Arnold § 142 Rn. 126; Spindler/Stilz AktG/Mock § 142 Rn. 237.

[61] BayObLG NZG 2000, 424 (425); GroßkommAktG/Bezzenberger § 145 Rn. 9; Hüffer/Koch AktG § 145 Rn. 2; Jänig Sonderprüfung, 359; MüKoAktG/Arnold § 145 Rn. 13; Schmidt/Lutter/Spindler AktG § 145 Rn. 8; Spindler/Stilz/Mock AktG § 145 Rn. 13.

[62] Bungert/Rothfuchs DB 2011, 1677 (1679).

[63] Spindler/Stilz/Mock AktG § 145 Rn. 11; Bungert/Rothfuchs DB 2011, 1677 (1680).

[64] GroßkommAktG/Bezzenberger § 145 Rn. 18; Hölters/Hirschmann AktG § 145 Rn. 5; MüKoAktG/Arnold § 145 Rn. 13, 22; Schmidt/Lutter/Spindler AktG § 145 Rn. 11; Spindler/Stilz AktG/Mock § 145 Rn. 15.

[65] Hölters/Hirschmann AktG § 145 Rn. 5; Hüffer/Koch AktG § 145 Rn. 3; MüKoAktG/Arnold § 145 Rn. 21; Spindler/Stilz/Mock AktG § 145 Rn. 15.

[66] Der Anspruch nach § 145 Abs. 2 AktG kann nicht im Wege der einstweiligen Verfügung durchgesetzt werden, gegen die Mitglieder des Aufsichtsrats gibt es keine unmittelbare Möglichkeit zur zwangsweisen Anspruchsdurchsetzung, LG München I ZIP 2019, 2010; bestätigt durch OLG München ZIP 2019, 1352; ausführlich zur Durchsetzungsthematik Mock NZG 2019, 1161.

[67] Vgl. auch § 145 Abs. 6 S. 2 und Abs. 4 S. 1 AktG, der die Gesellschaft insofern ausreichend schützt; GroßkommAktG/Bezzenberger § 145 Rn. 20; Hölters/Hirschmann AktG § 145 Rn. 8; MüKoAktG/Arnold § 145 Rn. 25; Schmidt/Lutter/Spindler AktG § 145 Rn. 13; Spindler/Stilz/Mock AktG § 145 Rn. 17.

die Auskunftserteilung sich oder einen nahen Angehörigen in die Gefahr bringen, wegen einer Straftat oder Ordnungswidrigkeit verfolgt zu werden.[68] Vorstandsmitglieder können durch Zwangsgelder zur Erteilung der Auskünfte und Nachweise angehalten werden (§ 407 Abs. 1 AktG). Die Erteilung unrichtiger Auskünfte durch Vorstands- oder Aufsichtsratsmitglieder ist als solche nach § 400 Abs. 1 Nr. 2 AktG mit Freiheitsstrafe bis zu 3 Jahren oder mit Geldstrafe bedroht. Schadenersatzpflichten der Vorstands- und Aufsichtsratsmitglieder bei Verletzung ihrer Aufklärungs- und Nachweispflichten ergeben sich aus §§ 93, 116 AktG. Inhaltlich ist das Auskunftsrecht auf den Rahmen des von der Hauptversammlung oder dem Gericht vorgegebenen Prüfungsthema begrenzt, wobei dem Sonderprüfer ein gewisser Beurteilungsspielraum zusteht, er die Erforderlichkeit der konkreten Auskunft aber plausibel machen muss.[69]

Die Sonderprüfer erstellen über das Ergebnis ihrer Prüfung einen **Prüfungsbericht,** der grundsätzlich auch solche Tatsachen nicht verschweigen darf, deren Bekanntwerden der Gesellschaft oder einem verbundenen Unternehmen nachteilig sein können (§ 145 Abs. 6 S. 2 AktG). Das Gericht hat jedoch gemäß § 145 Abs. 4 AktG auf Antrag des Vorstandes zu gestatten, dass zur **Wahrung überwiegender Belange** der Gesellschaft bestimmte Tatsachen nicht in den Bericht aufgenommen werden.[70] Zuständig ist das für die Bestellung der Sonderprüfer zuständige Gericht; das Verfahren ist ebenfalls eines der freiwilligen Gerichtsbarkeit (§ 145 Abs. 5 AktG). Der Bericht ist dem Vorstand vorzulegen und zum Handelsregister einzureichen. Er steht damit jedermann zur Einsicht offen (vgl. § 9 Abs. 1 HGB). Zu Recht wird es als zulässig angesehen, dass der Bericht zum Zwecke der Durchführung eines Schwärzungsverfahrens nach § 145 Abs. 4 AktG zunächst dem Vorstand zugeleitet wird.[71] Der Vorstand hat den Prüfungsbericht dem Aufsichtsrat zu übermitteln sowie jedem Aktionär auf Verlangen eine Abschrift zu erteilen (§ 145 Abs. 6 S. 4 und 5 AktG). Der Bericht ist ferner als **Gegenstand der Tagesordnung** der nächsten Hauptversammlung bekannt zu machen. In der Praxis geschieht dies durch die Aufnahme des Tagesordnungspunkts „Vorlage des Sonderprüfungsberichts" mit Hinweis auf die Bekanntmachung als Gegenstand der Tagesordnung gemäß § 145 Abs. 6 S. 5 AktG sowie auf die Möglichkeit der Erteilung einer Abschrift. Eine Pflicht zur Einberufung einer **außerordentlichen Hauptversammlung** zur Vorlage des Sonderprüfungsberichts sieht das Gesetz nicht vor.[72] Eine Auslegung während der Hauptversammlung ist nicht vorgeschrieben, aber in der Praxis zweckmäßig.[73]

b) Kosten. Wenn die Gesellschaft aufgrund eines Hauptversammlungsbeschlusses den Auftrag zur Durchführung der Sonderprüfung erteilt, fallen ihr auch die Kosten zur Last. Bestellt das Gericht Sonderprüfer, so gilt:

– Grundsätzlich trägt die Gesellschaft sowohl die **Gerichtskosten** als auch die Kosten der Prüfung (§ 146 S. 1 AktG). Ihre außergerichtlichen Kosten trägt jede Partei selbst, soweit nicht das Gericht aus Billigkeitsgründen anders entscheidet (§ 81 FamFG).[74] Auf das Ergebnis der Prüfung kommt es nicht an.

– Hat der Antragsteller die Bestellung der Sonderprüfer durch **vorsätzlich** oder **grob fahrlässig unrichtigen Vortrag** erwirkt, hat er der Gesellschaft die Kosten des Bestellungsverfahrens und der Prüfung zu erstatten (§ 146 S. 2 AktG).

---

[68] GroßkommAktG/*Bezzenberger* § 145 Rn. 20; MüKoAktG/*Arnold* § 145 Rn. 26.
[69] KölnKommAktG/*Rieckers/Vetter* § 145 Rn. 61; MüKoAktG/*Arnold* § 145 Rn. 23.
[70] Vgl. hierzu vertiefend *Wilsing,* Der Schutz vor gesellschaftsschädlichen Sonderprüfungen, 113 ff.
[71] OLG Düsseldorf ZIP 2016, 1022 (1024 f.): dadurch kein Verstoß gegen § 145 Abs. 6 S. 3 AktG; ebenso KölnKommAktG/*Rieckers/Vetter* § 145 Rn. 138; *Wilsing/von der Linden/Ogorek* NZG 2010, 729 (733).
[72] Spindler/Stilz AktG/*Mock* § 145 Rn. 61.
[73] MüKoAktG/*Arnold* § 145 Rn. 58; Spindler/Stilz AktG/*Mock* § 145 Rn. 62.
[74] Siehe dazu die Kommentierungen zu § 81 FamFG, insbesondere Keidel FamFG/*Zimmermann* § 81 Rn. 28 f.

Wird der Antrag auf Bestellung von Sonderprüfern **abgelehnt,** gehen die Gerichtskosten zu Lasten des Antragstellers (§ 22 Abs. 1 GNotKG). Für die Verpflichtung zur Erstattung der der Gesellschaft erwachsenen **außergerichtlichen Kosten** gilt wiederum § 81 FamFG.

III. Geltendmachung von Ersatzansprüchen

30 **1. Überblick.** Die Sonderprüfung gem. §§ 142 ff. AktG dient in der Regel – aber nicht notwendigerweise[75] – der Vorbereitung der gerichtlichen oder außergerichtlichen Geltendmachung von **Ersatzansprüchen.** Der mit Wirkung vom 1.11.2005 durch das UMAG neu gefasste § 147 AktG regelt die Geltendmachung von Ersatzansprüchen der Gesellschaft auf Veranlassung der Hauptversammlung **durch die Gesellschaft.** Nach § 147 Abs. 2 können die Aktionäre über die Hauptversammlung durch Bestellung besonderer Vertreter Einfluss auf dieses Verfahren nehmen. Die ebenfalls neu gefassten §§ 148 f. AktG bieten die Möglichkeit der Geltendmachung von Ersatzansprüchen der Gesellschaft **durch die Aktionäre** selbst.

31 Bei den Ersatzansprüchen handelt es sich zwar oft, aber nicht immer, um **Schadensersatzansprüche,** nicht jedoch um Erfüllungsansprüche.[76] In § 147 Abs. 1 S. 1 AktG genannt sind **Ansprüche aus der Gründung** der Gesellschaft (§§ 46, 47, 48, 53 AktG) sowie **Schadenersatzansprüche wegen Pflichtverletzung** von Vorstandsmitgliedern (§§ 88 Abs. 2 S. 1, 93 AktG) und Aufsichtsratsmitgliedern (§ 117 AktG). Mit Verweis auf die Rechtsprechung zur Parallelnorm § 46 Nr. 8 GmbHG soll § 147 Abs. 1 S. 1 AktG **analog** auch etwa auf Ausgleichs-, Herausgabe- und Unterlassungsansprüche einschließlich der damit in Verbindung stehenden Auskunfts- und Rechnungslegungsansprüche angewendet werden können.[77] Gegen die analoge Anwendung auch auf Unterlassungsansprüche spricht jedoch, dass dadurch die Hauptversammlung einen im Kompetenzgefüge der AG unzulässigen Einfluss auf die Geschäftsführung ausüben könnte.[78] Überwiegend werden auch **konzernrechtliche Ersatzansprüche** (§§ 309, 317 AktG) gegen das herrschende Unternehmen und seine gesetzlichen Vertreter als von § 147 AktG erfasst angesehen.[79] Die Hauptversammlung kann so die Geltendmachung dieser Ansprüche durch die Gesellschaft erzwingen. Ersatzansprüche gegen Aktionäre können nur, soweit sie in § 147 Abs. 1 ausdrücklich genannt sind, von einem besonderen Vertreter geltend gemacht werden, also insbesondere nicht Ansprüche aus §§ 57, 62 AktG.[80] Werden nicht von § 147 Abs., 1 AktG

---

[75] LG Duisburg ZIP 2013, 1379 mit Anm. *Mock* in EWiR 2013, 701.

[76] GroßkommAktG/*Bezzenberger* § 147 Rn. 14; Henssler/Strohn AktG/*Liebscher* § 147 Rn. 3; Hölters AktG/*Hirschmann* § 147 Rn. 2; Hüffer/*Koch* AktG § 147 Rn. 2; Schmidt/Lutter/*Spindler* AktG § 147 Rn. 3; Spindler/Stilz/*Mock* AktG § 147 Rn. 21.

[77] GroßkommAktG/*Bezzenberger* § 147 Rn. 14; Hölters AktG/*Hirschmann* § 147 Rn. 2; Hüffer/*Koch* AktG § 147 Rn. 2; Spindler/Stilz AktG/*Mock* § 147 Rn. 21; *Mock* NZG 2015, 1013 (1014 ff.).

[78] KölnKommAktG/*Rieckers*/*Vetter* § 147 Rn. 132 ff.; Schmidt/Lutter/*Spindler* AktG § 147 Rn. 3; MüKoAktG/*Arnold* § 147 Rn. 23; Hüffer/*Koch* AktG § 147 Rn. 2; vgl. auch *Spindler* NZG 2005, 865 (867); aA GroßkommAktG/*Bezzenberger* § 148 Rn. 99.

[79] OLG Düsseldorf ZIP 2019, 1112 (1120 f.); OLG München AG 2008, 172 (173 f.); LG Frankfurt a. M. NZG 2013, 1181 (1182 f.); OLG Köln ZIP 2017, 1211 (1217) – STRABAG; *Bernau* AG 2011, 894 ff.; MüKoAktG/*Altmeppen* § 317 Rn. 63 ff.; MüKoAktG/*Arnold* § 147 Rn. 26; Schmidt/Lutter/ *Spindler* AktG § 147 Rn. 4; Hüffer/*Koch* AktG § 147 Rn. 3; KölnKommAktG/*Rieckers*/*Vetter* § 147 Rn. 143 ff.; *Nietsch* ZGR 2011, 589 (598 f.). Gegen Einbeziehung etwa Bürgers/Körber/*Fett* AktG § 309 Rn. 22, § 317 Rn. 16; Hölters/*Hirschmann* AktG § 147 Rn. 3; *Kling* ZGR 2009, 190 (202 ff.); KölnKommAktG/*Koppensteiner* § 317 Rn. 35; *Humrich*, Der besondere Vertreter im Aktienrecht, 49 ff. Hierzu auch *Mörsdorf*, ZHR 183 (2019), 695.

[80] OLG Karlsruhe ZIP 2018, 627 (631), dazu Besprechung bei *Paul* BB 2018, 908 f.; LG Heidelberg ZIP 2017, 1160 (1161–1162), dazu Anm. *Paul* BB 2017, 980; KölnKommAktG/*Rieckers*/*Vetter* § 147 Rn. 137 u. 154.

erfasste Ansprüche im Geltendmachungsbeschluss aufgeführt, so folgt daraus die Anfechtbarkeit des Bestellungsbeschlusses nach § 243 Abs. 1 AktG.[81]

Die Durchführung einer Sonderprüfung ist weder Voraussetzung für die Geltendmachung von Ersatzansprüchen, noch braucht sie notwendigerweise in die Geltendmachung von Ersatzansprüchen einzumünden. Aktionäre können Klagen zur Geltendmachung von Ersatzansprüchen der Gesellschaft nur als Aktionärsklagen gemäß §§ 148 f. AktG erheben.[82] Die Normen sind insofern abschließend. Die Bedeutung der §§ 148 f. AktG ist in der Praxis – jedenfalls bislang – gering.[83] Dies mag daran liegen, dass der Lästigkeitswert fehlt, da die Aktionärsklage Strukturmaßnahmen nicht aufhalten kann, und ein „Incentive" fehlt, da der Schadenersatz im Erfolgsfall allein der Gesellschaft zusteht.[84] Außerdem ist der Aufsichtsrat gemäß der **ARAG/Garmenbeck**-Entscheidung der BGH verpflichtet, das Bestehen von Schadenersatzansprüchen gegenüber Vorstandsmitgliedern eigenverantwortlich zu prüfen und diese grundsätzlich auch gerichtlich zu verfolgen.[85] Infolge der Finanzkrise ist eine Zunahme solcher Rechtsstreitigkeiten zu beobachten.

Daneben können Aktionäre dem Verfahren nach § 147 Abs. 1 S. 1 AktG als **Nebenintervenienten** gemäß § 66 ZPO beitreten.[86] Zudem bleibt ihnen die Möglichkeit, rechtswidriges Handeln insbesondere des Vorstands aber auch des Aufsichtsrats durch eine allgemeine, gegen die Gesellschaft zu richtende **Feststellungsklage** (§ 256 ZPO) anzugreifen, die ihrerseits der Vorbereitung unter anderem von Schadenersatzansprüchen dienen kann.[87] Von der Geltendmachung von Ersatzansprüchen zu unterscheiden ist die vorbeugende Unterlassungsklage gegen drohendes rechtswidriges Handeln des Vorstandes (→ § 18 Rn. 8 ff., → § 35 Rn. 69).

2. Pflicht zur Geltendmachung auf Veranlassung der Hauptversammlung. Die Hauptversammlung kann mit einfacher Stimmenmehrheit die **Erhebung von Ersatzansprüchen** gegen Gründer und andere im Rahmen der Gründung ersatzpflichtige Personen sowie gegen amtierende oder ausgeschiedene[88] Mitglieder des Vorstandes oder des Aufsichtsrats und gegen die aus § 117 AktG verpflichteten Personen beschließen. Der Beschluss kann die Folge einer Sonderprüfung sein. Er kann aber auch unabhängig davon gefasst werden.

a) Geltendmachung durch Vorstand oder Aufsichtsrat. Gesetzlicher Regelfall ist die Geltendmachung von Ersatzansprüchen durch Vorstand oder Aufsichtsrat nach Beschluss der Hauptversammlung (§ 147 Abs. 1 S. 1 AktG). Die Geltendmachung von Ersatzansprüchen muss Gegenstand der **Tagesordnung** sein (§ 124 Abs. 1 AktG), sofern sie nicht ausnahmsweise bekanntmachungsfrei ist (§ 124 Abs. 4 S. 2 AktG). Letzteres ist etwa dann der Fall, wenn die Geltendmachung in unmittelbarem Zusammenhang mit einem gemäß

---

[81] OLG München AG 2008, 864 (866 f.); aA (Nichtigkeit) OLG Karlsruhe ZIP 2018, 627 (631 ff.), dazu Besprechung bei *Paul* BB 2018, 908 f.; LG Heidelberg ZIP 2017, 1160 (1162), dazu Anm. *Paul* BB 2017, 980; KölnKommAktG/*Rieckers/Vetter* § 147 Rn. 261.
[82] Vgl. Hölters/*Hirschmann* AktG § 148 Rn. 2; Hüffer/*Koch* AktG § 148 Rn. 2 f.
[83] Der einzige echte Fall eines Klagezulassungsverfahrens scheint bislang LG München I AG 2007, 458 zu sein, in dem das Gericht dem Antrag auf Klagezulassung auch wegen Fehlens der Voraussetzungen des § 148 Abs. 1 S. 2 Nr. 3 AktG nicht stattgegeben hat. Zur praktischen Bedeutung des § 148 AktG vgl. auch *J. Vetter* FS Hoffmann-Becking, 2013, 1317 (1319 f.); *Bachmann*, Verhandlungen des 40. DJT, Bd. I 2014, E 12 f., der unter Verweis auf *M. Peltzer* FS Schneider, 2011, 953 (955) die Anzahl von drei Verfahren nennt.
[84] Vgl. auch MüKoAktG/*Arnold* § 148 Rn. 8; näher *Schmolke* ZGR 2011, 398 (402 f.).
[85] BGHZ 135, 244 Leitsatz 2 = NJW 1997, 1926; siehe dazu auch oben § 26 und → § 29 Rn. 38 ff.
[86] MüKoAktG/*Arnold* § 147 Rn. 30; *Trescher* DB 1995, 661 (663).
[87] BGHZ 164, 249 = AG 2006, 38 – Mangusta/Commerzbank II.
[88] Hölters/*Hirschmann* AktG § 147 Rn. 2; Hüffer/*Koch* AktG § 147 Rn. 2; MüKoAktG/*Arnold* § 147 Rn. 29; Schmidt/Lutter/*Spindler* AktG § 147 Rn. 3; Spindler/Stilz/*Mock* AktG § 147 Rn. 26.

§ 145 Abs. 6 S. 5 AktG vorgelegten Sonderprüfungsbericht steht.[89] Eine Beschlussfassung unter dem Tagesordnungspunkt „Entlastung" ist jedoch nicht zulässig.[90] Der Beschluss hat die geltend zu machenden Ansprüche (nicht: Anspruchsgrundlagen oder Bezifferung Schadensersatzbetrag) und den zugrunde liegenden Lebenssachverhalt „hinreichend konkret" zu umreißen.[91] Der Grund für dieses Bestimmtheitserfordernis besteht in der notwendigen Abgrenzung des Instituts des besonderen Vertreters von demjenigen der Sonderprüfung. Der Schwerpunkt der Aufgabe des besonderen Vertreters liegt nicht in der Aufklärung noch unklarer Sachverhalte, sondern in der Durchsetzung von Ansprüchen aus im Kern bereits bekannten Sachverhalten. Eine Beschlussfassung nach § 147 AktG kann damit nur auf Basis eines Sachverhalts erfolgen, aus dem sich der geltend zu machende Ersatzanspruch schlüssig ergibt.[92] Behauptungen ins Blaue hinein genügen nicht.[93] Bei Bestimmtheitsmängeln hinsichtlich des anspruchsbegründenden Sachverhalts ist der Beschluss nach § 243 Abs. 1 AktG anfechtbar.[94] In der Praxis wird daher typischerweise die Geltendmachung von Ersatzansprüchen der Gesellschaft sowie die Bestellung eines besonderen Vertreters im Wege eines Ergänzungsverlangens einer Aktionärsminderheit gemäß § 122 Abs. 2 AktG geltend gemacht, was das entsprechende Quorum des § 122 Abs. 2 S. 1 AktG voraussetzt.

36 Aktionäre, gegen die sich die Rechtsverfolgung richten soll, unterliegen dem Stimmverbot gemäß § 136 Abs. 1 AktG. Dies ist anders als bei der Sonderprüfung (→ Rn. 10) und führt oft zu dem Interesse von Minderheitsaktionären, Sachverhalte vorzugsweise als Beschlussfassung über die Geltendmachung von Ersatzansprüchen mittels besonderen Vertreters qualifizieren zu wollen. Das Stimmverbot gilt grundsätzlich auch dann, wenn in einem Abstimmungsvorgang über die Rechtsverfolgung gegen mehrere Anspruchsgegner wegen desselben Sachverhalts entschieden werden soll und die Aktionäre sich darunter befinden.[95] Dagegen ist es rechtsmissbräuchlich, wenn offensichtlich unbegründete Ansprüche gegen den Mehrheitsaktionär ohne tatsächliche Anhaltspunkte für ihr Bestehen in den Beschlussantrag nur deshalb mit aufgenommen werden, um das Stimmverbot herbeizuführen.[96] Außerdem greift das Stimmverbot nur dann, wenn der Schadenersatzanspruch gegen den Mehrheitsaktionär hinreichend konkretisiert ist.[97] In einem Verfahrensbeschluss der Hauptversammlung über die Zusammenfassung oder Trennung von Ansprüchen gegen mehrere Anspruchsgegner ist der entsprechende Aktionär stimmberechtigt. Bei Ablehnung

---

[89] GroßkommAktG/*Bezzenberger* § 147 Rn. 18; Hölters/*Hirschmann* AktG § 147 Rn. 4; Bürgers/Körber/*Holzborn/Jänig* AktG § 147 Rn. 6; Hüffer/*Koch* AktG § 147 Rn. 4; MüKoAktG/*Arnold* § 147 Rn. 34; Schmidt/Lutter/*Spindler* AktG § 147 Rn. 8; Spindler/Stilz/*Mock* AktG § 147 Rn. 46.
[90] GroßkommAktG/*Bezzenberger* § 147 Rn. 18; Hölters/*Hirschmann* AktG § 147 Rn. 4; Hüffer/*Koch* AktG § 147 Rn. 8; MüKoAktG/*Arnold* § 147 Rn. 34; Schmidt/Lutter/*Spindler* AktG § 147 Rn. 8; Spindler/Stilz/*Mock* AktG § 147 Rn. 46.
[91] OLG Düsseldorf ZIP 2019, 1112 (1120 ff.); OLG Karlsruhe ZIP 2018, 627 (629), dazu Besprechung bei *Paul* BB 2018, 908 f.; OLG Stuttgart AG 2009, 169 (170); OLG München WM 2008, 1971 (1976); AG 2008, 172; OLG Frankfurt a. M. NJW-RR 2004, 686; LG Duisburg ZIP 2013, 1379; LG Stuttgart ZIP 2010, 329; MüKoAktG/*Arnold* § 147 Rn. 36; Schmidt/Lutter/*Spindler* AktG § 147 Rn. 9; *Westermann* AG 2009, 237 (240); *Löbbe* in VGR, Gesellschaftsrecht in der Diskussion 2016 (2017) 25 (45).
[92] OLG Düsseldorf ZIP 2019, 1112 (1121 f.); OLG Köln ZIP 2017, 1211 (1216 f.) – STRABAG; umfassend zum Bestimmtheitserfordernis *Kocher/Lönner* ZIP 2016, 653 ff.; zum Meinungsstand *Bayer* AG 2016, 637 (645 ff.).
[93] OLG Düsseldorf ZIP 2019, 1112 (1120); LG Köln ZIP 2016, 162 (164); *Decher* FS Baums, 2017, 279 (294–298); *Löbbe* in VGR, Gesellschaftsrecht in der Diskussion 2016 (2017) 25 (45); *C. Leyens* ZGR 2019, 544 (568 ff.).
[94] OLG München AG 2008, 864 (869); OLG Köln NZG 2016, 147 (148); LG Duisburg AG 2016, 795 (796); *Hüffer* ZHR 174 (2010), 642 (667); Schmidt/Lutter/*Spindler* AktG § 147 Rn. 9; aA: stets Nichtigkeit *Kocher/Lönner* ZIP 2016, 653 (657); KölnKommAktG/*Rieckers/Vetter* § 147 Rn. 262 ff.
[95] OLG München WM 2008, 1971 (1972); AG 2008, 172.
[96] OLG München WM 2008, 1971 (1972); Spindler/Stilz/*Mock* AktG § 147 Rn. 47; *Decher* FS Baums, 2017, 279 (292–293).

einer einheitlichen Abstimmung ist bei der anschließenden Sachabstimmung der Aktionär nur bei demjenigen Einzelbeschluss ausgeschlossen, in dem es um die gegen ihn gerichteten Ansprüche geht.[98] Auch der Versammlungsleiter kann im Rahmen der Verfahrensleitung entscheiden, dass der Tagesordnungspunkt Geltendmachung von Ersatzansprüchen gegen verschiedene Anspruchsgegner wegen desselben Sachverhalts in getrennten Abstimmungsvorgängen erfolgt.[99]

Beschließt die Hauptversammlung die Geltendmachung von Ersatzansprüchen, müssen diese geltend gemacht werden, und zwar nach der Sollvorschrift des § 147 Abs. 1 S. 2 AktG innerhalb einer **Frist** von sechs Monaten seit dem Tage der Hauptversammlung. Organschaftlich verpflichtet ist dazu in der Regel der Vorstand (§ 78 AktG), gegenüber gegenwärtigen oder ehemaligen[100] Vorstandsmitgliedern der Aufsichtsrat (§ 112 AktG). Vorstand bzw. Aufsichtsrat sind hinsichtlich des Wie der Geltendmachung grundsätzlich frei, es sei denn, es wurden durch die Hauptversammlung besondere, verbindliche Vorgaben gemacht.[101] Ihnen obliegt es daher grundsätzlich auch, den „richtigen" unter mehreren möglichen Anspruchsgegnern auszuwählen.[102] Ausreichend ist jedenfalls das Einleiten gerichtlicher Schritte (Klagerhebung, Mahnbescheid). Ausschließlich **außergerichtliche Schritte** reichen angesichts der langen Frist nicht aus.[103] Die Frist ist keine Ausschlussfrist. Das Verstreichenlassen kann jedoch Schadenersatzansprüche gemäß §§ 93 bzw. 116 AktG begründen.[104] 37

Ein nach § 147 Abs. 1 S. 1 AktG gefasster Beschluss kann mit ebenfalls einfacher Stimmenmehrheit wieder **zurückgenommen** werden.[105] Vorstand und Aufsichtsrat erhalten dadurch jedoch lediglich ihre Entscheidungsfreiheit im Hinblick auf die Geltendmachung von Ersatzansprüchen zurück.[106] 38

b) Geltendmachung durch besondere Vertreter. Zur Geltendmachung der Ersatzansprüche kann die Hauptversammlung besondere Vertreter bestellen (§ 147 Abs. 2 S. 1 AktG). Sinnvoll ist dies dann, wenn zu befürchten ist, dass Vorstand bzw. Aufsichtsrat voreingenommen sind und deshalb nicht das zur Geltendmachung nötige Vertrauen der Hauptversammlung genießen. Sollen **Vorstand und Aufsichtsrat als Gesamtschuldner** in Anspruch genommen werden, kann dies ausschließlich durch einen besonderen Vertreter geschehen.[107] 39

---

[97] LG Aachen 21.10.2011 – 42 O 74/08, unter C. III; vgl. auch KölnKommAktG/*Rieckers/Vetter* § 147 Rn. 206. Zur dennoch verbreiteten Praxis mithilfe weit gefasster Beschlussanträge ein Stimmverbot des Mehrheitsaktionärs herbeizuführen, *Bayer/Hoffmann* AG 2018, 337 ff.

[98] *Tielmann/Gahr* AG 2016, 199 (202 ff.); OLG Köln ZIP 2017, 1211 (1218 ff.) – STRABAG; aA *Lochner/Beneke* ZIP 2015, 2010 (2013 f.).

[99] *Tielmann/Gahr* AG 2016, 199 (200 f.).

[100] Vgl. BGHZ 130, 108 (111 f.) = NJW 1995, 2559 (2560); Hölters/*Hirschmann* AktG § 147 Rn. 6; Hüffer/*Koch* AktG § 147 Rn. 9; siehe allgemein etwa MüKoAktG/*Habersack* § 112 Rn. 12 mwN.

[101] MüKoAktG/*Arnold* § 147 Rn. 50.

[102] OLG München WM 2008, 1971 (1976); *Kling* ZGR 2009, 190 (200); Schmidt/Lutter/*Spindler* AktG § 147 Rn. 25; ausführlich *Westermann* AG 2009, 237 (240 f.). Wohl weniger weitgehend (bloß „namentliche Nennung ... nicht erforderlich") Spindler/Stilz/*Mock* AktG § 147 Rn. 36.

[103] GroßkommAktG/*Bezzenberger* § 147 Rn. 40; Hölters AktG/*Hirschmann* § 147 Rn. 7; Hüffer/*Koch* AktG § 147 Rn. 6; MüKoAktG/*Arnold* § 147 Rn. 57; Schmidt/Lutter/*Spindler* AktG § 147 Rn. 12.

[104] Hölters/*Hirschmann* AktG § 147 Rn. 8; Hüffer/*Koch* AktG § 147 Rn. 9; MüKoAktG/*Arnold* § 147 Rn. 56; Schmidt/Lutter/*Spindler* AktG § 147 Rn. 12; Spindler/Stilz/*Mock* AktG § 147 Rn. 57.

[105] MüKoAktG/*Arnold* § 147 Rn. 44; Spindler/Stilz/*Mock* AktG § 147 Rn. 58.

[106] MüKoAktG/*Arnold* § 147 Rn. 44; vgl. auch Spindler/Stilz/*Mock* AktG § 147 Rn. 162.

[107] *Kling* ZGR 2009, 190 (195); *Linnerz* NZG 2004, 307 (308); MüKoAktG/*Arnold* § 147 Rn. 58; Schmidt/Lutter/*Spindler* AktG § 147 Rn. 13.

40 Besonderer Vertreter kann jede unbeschränkt geschäfts- und prozessfähige Person sein,[108] insbesondere auch Aktionäre[109] oder unbeteiligte Vorstands- und Aufsichtsratsmitglieder.[110] In der Regel wird es sinnvoll sein, einen Rechtsanwalt zum besonderen Vertreter zu bestellen, so auch in dem bislang aufsehenerregendsten Fall Hypovereinsbank/UniCredito,[111] der die Einrichtung des besonderen Vertreters aus ihrem „Dornröschenschlaf"[112] erweckt hat. In jüngerer Zeit haben Gerichtsverfahren um die Bestellung besonderer Vertreter bei EASY SOFTWARE. GELITA, mobilcom, Ed. Züblin sowie STRABAG Aufmerksamkeit beansprucht.[113] Eine besondere „Überparteilichkeit" oder Neutralität des besonderen Vertreters soll nicht vorausgesetzt sein.[114] Im Bestellungsbeschluss sollten auch die **Vergütung** und **Auslagenerstattung** einschließlich eines von der Gesellschaft zu leistenden **Vorschusses** festgelegt werden, ansonsten erhält der besondere Vertreter gemäß §§ 675, 612 Abs. 1 und 2 BGB eine übliche, an seiner fachlichen Qualifikation und dem Umfang der Tätigkeit ausgerichtete Vergütung.[115]

41 Die **Rechte** des besonderen Vertreters gegenüber der Gesellschaft bleiben hinter denen des Sonderprüfers zurück. Sie sind nämlich auf das zur Durchsetzung der Ersatzansprüche im Rahmen der Vorgaben des Hauptversammlungsbeschlusses Erforderliche beschränkt. Eine umfassende Überprüfung des Sachverhalts in alle Richtungen wie beim Sonderprüfer kommt nicht in Betracht. Dies folgt bereits aus dem Fehlen einer § 145 Abs. 1–3 AktG entsprechenden Regelung.[116] Der besondere Vertreter hat vielmehr im Schwerpunkt die Ansprüche aus dem im Kern bereits bekannten Sachverhalt durchzusetzen.[117] Zu diesem Zweck darf er sich auch ohne ausdrückliche Anordnung im Bestellungsbeschluss der Unterstützung qualifizierter und zur Verschwiegenheit verpflichteter Dritter bedienen.[118] Der besondere Vertreter ist ausschließlich dem Wohl der Gesellschaft verpflichtet.[119]

42 Grundsätzlich ergibt sich aus dem Bestellungsbeschluss eine Ausführungspflicht.[120] Falls der besondere Vertreter jedoch zu der Auffassung gelangt, dass ein **Prozess offensichtlich aussichtslos** ist[121] bzw. sich der Anspruch nicht mit vertretbarem Aufwand realisieren

---

[108] MüKoAktG/*Arnold* § 147 Rn. 59; *Kling* ZGR 2009, 190 (198 f.); Schmidt/Lutter/*Spindler* AktG § 147 Rn. 22; Spindler/Stilz/*Mock* AktG § 147 Rn. 98.

[109] Hölters/*Hirschmann* AktG § 147 Rn. 9; Hüffer/*Koch* AktG § 147 Rn. 11; *Kling* ZGR 2009, 190 (198); MüKoAktG/*Arnold* § 147 Rn. 59; Schmidt/Lutter/*Spindler* AktG § 147 Rn. 22.

[110] KG AG 2012, 328 (329); GroßkommAktG/*Bezzenberger* § 147 Rn. 43; Bürgers/Körber/*Holzborn/Jänig* AktG § 147 Rn. 11; MüKoAktG/*Arnold* § 147 Rn. 59; Spindler/Stilz *Mock*/AktG § 147 Rn. 101.

[111] OLG München AG 2010, 673.

[112] *Kling* ZGR 2009, 190 (196).

[113] Näher dazu *Fabritius* FS Gruson, 2009, 133 ff.; Bayer AG 2016, 637 (643 ff.); *Beneke,* Der Besondere Vertreter nach § 147 AktG, 2017, 58 ff.; *Bayer/Hoffmann* AG 2018, 337 ff.

[114] KG AG 2012, 328 (329); Spindler/Stilz AktG/*Mock* § 147 Rn. 98; anders MüKoAktG/*Arnold* § 147 Rn. 59.

[115] *Kling* ZGR 2009, 190 (226 f.); MüKoAktG/*Arnold* § 147 Rn. 86; *Schneider* ZIP 2013, 1985 (1989); Schmidt/Lutter/*Spindler* AktG § 147 Rn. 38.

[116] *Binder* ZHR 176 (2012), 380 (393 ff.); *Humrich* NZG 2014, 441 (444); aA *Mock* ZHR 181 (2017), 688 (722): analoge Anwendung von § 145 Abs. 1–3 AktG auf besonderen Vertreter.

[117] OLG München WM 2008, 1971 (1975 f.); AG 2008, 172 (174 f.); MüKoAktG/*Arnold* § 147 Rn. 69 f.; Schmidt/Lutter/*Spindler* AktG § 147 Rn. 33; *Wirth* FS Hüffer, 2010, 1129 (1143); noch strenger *Humrich* NZG 2014, 441 (446), der keinerlei über eine abgeschlossene Sonderprüfung hinausgehende Sachverhaltsaufklärung durch den besonderen Vertreter zulassen will.

[118] *Kling* ZGR 2009, 190 (199); MüKoAktG/*Arnold* § 147 Rn. 71.

[119] *Kling* ZGR 2009, 190 (213); MüKoAktG/*Arnold* § 147 Rn. 63; Schmidt/Lutter/*Spindler* AktG § 147 Rn. 23.

[120] *Rubner/Leuering* NJW-Spezial 2014, 399 (400); *Löbbe* in VGR, Gesellschaftsrecht in der Diskussion 2016 (2017) S. 25/49.

[121] Spindler/Stilz/*Mock* AktG § 147 Rn. 115; *Rubner/Leuering* NJW-Spezial 2014, 399 (400); ähnlich OLG Hamburg AG 2007, 331 (332); MüKoAktG/*Arnold* § 147 Rn. 64 f.

§ 43 Sonderprüfung und Ersatzansprüche (§§ 142–149 AktG)

lasse[122], muss er von der (weiteren) Anspruchsverfolgung absehen, um Schaden für die Gesellschaft zu vermeiden. Aus Gründen des Schutzes der Hauptversammlungsrechte sollte der besondere Vertreter in diesem Fall aber zunächst auf eine Revision des Geltendmachungsbeschlusses der Hauptversammlung hinwirken. Gelingt dies nicht, bleibt ihm nur die Niederlegung seines Amtes, falls er nicht entgegen seiner Überzeugung den Anspruch geltend machen will.[123] Demgegenüber kann eine Ausführungspflicht bestehen, wenn die Hauptversammlung ausdrücklich beschlossen hat, dass die Klage unabhängig von den Erfolgsaussichten zu verfolgen ist.[124] Ein Absehen der Anspruchsverfolgung aufgrund entgegenstehender überwiegender Belange des Gesellschaftswohl iSd ARAG/Garmenbeck-Grundsätze kommt für den besonderen Vertreter nicht in Betracht.[125]

Lediglich als Annex-Kompetenz zu der Geltendmachung von Ersatzansprüchen und in dem dafür erforderlichen Rahmen und Umfang hat der besondere Vertreter **Auskunfts- und Einsichtnahmerechte** in Unterlagen der Gesellschaft.[126] Dadurch wird eine investigative Prüfung von Geschäftsunterlagen ins Blaue hinein ausgeschlossen und der besondere Vertreter verpflichtet, die Notwendigkeit der begehrten Auskunft oder Einsichtnahme für die Erfüllung seiner Aufgabe konkret und plausibel darzulegen.[127] Dagegen hat er kein Recht auf ungehinderten Zugang zu den Geschäftsräumen der Gesellschaft und keine Direktionsbefugnisse gegenüber den Mitarbeitern der Gesellschaft. Vielmehr bestehen die Einsichts- und Auskunftsrechte nur gegenüber der Gesellschaft, sodass er stets den Vorstand ansprechen muss, der dann im Innenverhältnis Mitarbeiter anweisen kann, dem besonderen Vertreter bestimmte Auskünfte zu erteilen oder Einsichtnahme zu gewähren.[128] Damit korrespondiert eine Verpflichtung des Vorstands zur aktiven Unterstützung des besonderen Vertreters (vgl. auch bei der Sonderprüfung → Rn. 26). Nach allgemeinen Grundsätzen kann sich für die befragten Personen ein Auskunftsverweigerungsrecht ergeben, soweit sie sich durch ihre Aussage strafbar machen oder der Strafverfolgung aussetzen würden.[129]

Der besondere Vertreter wird im Rahmen seines Aufgabenkreises als Organ der Gesellschaft betrachtet, jedoch mit eng umgrenzten Befugnissen[130] und im Rahmen seiner

---

[122] *Stallknecht,* Der besondere Vertreter nach § 147 AktG, 310; KölnKommAktG/*Rieckers/Vetter* § 147 Rn. 540.
[123] KG AG 2012, 328 (329); OLG München AG 2008, 864 (867 f.); GroßkommAktG/*Bezzenberger* § 147 Rn. 56; KölnKommAktG/*Rieckers/Vetter* § 147 Rn. 541.
[124] *Stallknecht,* Der besondere Vertreter nach § 147 AktG, S. 310; *U. H. Schneider* ZIP 2013, 1985 (1990).
[125] *Rubner/Leuering* NJW-Spezial 2014, 399 (400).
[126] OLG München AG 2008, 172 (174); OLG Köln ZIP 2017, 1211 (1216) – STRABAG; LG Heidelberg ZIP 2016, 471; AG 2016, 868 (869); LG Stuttgart ZIP 2010, 329; MüKoAktG/*Arnold* § 147 Rn. 70; Schmidt/Lutter/*Spindler* AktG § 147 Rn. 28; *Kling* ZGR 2009, 190 (216 ff.); KölnKommAktG/*Rieckers/Vetter* § 147 Rn. 613 ff.; *Kocher/Lönner* ZIP 2016, 653 (655); *Löbbe* in VGR, Gesellschaftsrecht in der Diskussion 2016 (2017), 25 (47); *Beneke,* Der Besondere Vertreter nach § 147 AktG, 2017, S. 192 ff. AA für ein umfassendes Prüfungs- und Auskunftsrecht: OLG Köln NZG 2016, 147 (148); LG München I AG 2007, 756 (757); Hölters/*Hirschmann* AktG § 147 Rn. 10; Spindler/Stilz/*Mock* AktG § 147 Rn. 135; GroßkommAktG/*Bezzenberger* § 147 Rn. 57; *Mock* ZHR 181 (2017), 688 (721 ff.). Dagegen noch strenger *Humrich* NZG 2014, 441 (446): keinerlei Informationsrechte des besonderen Vertreters.
[127] Für ein Erforderlichkeitskriterium ebenso Spindler/Stilz/*Mock* AktG § 147 Rn. 135.
[128] OLG München AG 2008, 172 (176); *Kling* ZGR 2009, 190 (218); MüKoAktG/*Arnold* § 147 Rn. 73; Schmidt/Lutter/*Spindler* AktG § 147 Rn. 29; Hüffer/*Koch* AktG § 147 Rn. 16; *Binder* ZHR 176 (2012), 380 (393); KölnKommAktG/*Rieckers/Vetter* § 147 Rn. 634; *Beneke,* Der Besondere Vertreter nach § 147 AktG, 2017, 202 (202 f.).
[129] KölnKommAktG/*Rieckers/Vetter* § 147 Rn. 657 ff.
[130] BGH NJW-RR 2012, 106; ausführlich *Kling* ZGR 2009, 190 (209 ff.); Hölters/*Hirschmann* AktG § 147 Rn. 10; MüKoAktG/*Arnold* § 147 Rn. 67; Schmidt/Lutter/*Spindler* AktG § 147 Rn. 23; Spindler/Stilz/*Mock* AktG § 147 Rn. 121; *Rubner/Levering* NJW-Spezial 2014, 339.

Aufgaben (ausschließlicher) gesetzlicher Vertreter der Gesellschaft.[131] Er wird jedoch nicht ins **Handelsregister** eingetragen.[132] Seine Vertretungsberechtigung weist der besondere Vertreter durch Vorlage des Hauptversammlungsbeschlusses nach.[133] Mangels Parteifähigkeit und Anfechtungsbefugnis hat der besondere Vertreter in Nichtigkeits- bzw. Anfechtungsklageverfahren gegen Beschlüsse der Hauptversammlung kein Anfechtungsrecht[134] und auch kein Nebeninterventionsrecht auf Seiten der Anfechtungskläger.[135] Auf Seiten der Gesellschaft kann er jedoch in einem Verfahren gegen den Beschluss über seine Bestellung bzw. über die Verfolgung von Ersatzansprüchen als Nebenintervenient auftreten.[136] Nach einer neuen Entscheidung des LG Heidelberg soll dem besonderen Vertreter analog § 245 Nr. 5 3. Var AktG die Befugnis zustehen, den Beschluss, mit dem er eingesetzt wurde, gerichtlich überprüfen zu lassen.[137] Dass eine planwidrige Regelungslücke vorliegt, ist aber angesichts dessen, dass der besondere Vertreter auch andere Möglichkeiten hat, eine Ersatzpflicht abzuwehren (Mitteilung an Hauptversammlung, dass Ersatzansprüche nicht bestehen, Abberufung vorschlagen, Amt niederlegen), nicht anzunehmen.[138] Der besondere Vertreter ist zur **Verschwiegenheit** verpflichtet.[139] Er ist analog § 666 BGB gegenüber der Hauptversammlung auf Verlangen **auskunftspflichtig,**[140] falls die Tagesordnung einen Bericht über die Tätigkeit des besonderen Vertreters vorsieht.[141] Gegenüber Vorstand und Aufsichtsrat hat er dagegen keine Berichtspflichten.[142]

45 Die **Bestellung endet,** sobald die Geltendmachung der Ersatzansprüche beendet ist,[143] spätestens jedoch mit der jederzeit und ohne besonderen Grund mit einfacher Mehrheit möglichen Abberufung durch die Hauptversammlung.[144] Im Falle einer Verschmelzung endet das Amt des besonderen Vertreters eines übertragenden Rechtsträgers automatisch.[145] Damit entfällt auch das Rechtsschutzbedürfnis für eine Anfechtung des Bestellungsbeschlusses.[146] Die **vertragliche Stellung** des besonderen Vertreters richtet sich wie beim Sonderprüfer nach dem Recht der entgeltlichen Geschäftsbesorgung (§§ 675 ff. BGB).[147] Entsprechend

---

[131] LG München I AG 2007, 756 (757); *Kling* ZGR 2009, 190 (211 f.); MüKoAktG/*Arnold* § 147 Rn. 67; Schmidt/Lutter/*Spindler* AktG § 147 Rn. 23; Spindler/Stilz/*Mock* AktG § 147 Rn. 121.

[132] GroßkommAktG/*Bezzenberger* § 147 Rn. 53; MüKoAktG/*Arnold* § 147 Rn. 67; Schmidt/Lutter/*Spindler* AktG § 147 Rn. 21; Spindler/Stilz/*Mock* AktG § 147 Rn. 102.

[133] MüKoAktG/*Arnold* § 147 Rn. 67.

[134] OLG München AG 2009, 119 (120); KölnKommAktG/*Rieckers/Vetter* § 147 Rn. 679; MüKoAktG/*Arnold* § 147 Rn. 75.

[135] OLG München AG 2009, 119 (120); KölnKommAktG/*Rieckers/Vetter* § 147 Rn. 329 f., 684; Hüffer/*Koch* AktG § 147 Rn. 17.

[136] BGH ZIP 2015, 1286 (1288 f.); ähnlich und etwas weitergehend OLG Köln ZIP 2017, 1211 (1214) – STRABAG; *Lochner/Beneke* ZIP 2015, 2010 (2015 f.); so zuvor auch *H. P. Westermann* AG 2009, 237 (244); siehe auch *Mock* AG 2015, 652 (657).

[137] LG Heidelberg ZIP 2020, 167 (179 f.).

[138] *Lochner/Beneke,* ZIP 2020, 351 (353).

[139] Ganz hM, jedoch unterschiedlich begründet, vgl. MüKoAktG/*Arnold* § 147 Rn. 82; Schmidt/Lutter/*Spindler* AktG § 147 Rn. 34; Spindler/Stilz AktG/*Mock* § 147 Rn. 122.

[140] *Kling* ZGR 2009, 190 (219); MüKoAktG/*Arnold* § 147 Rn. 81; Schmidt/Lutter/*Spindler* AktG § 147 Rn. 36.

[141] LG München I WM 2008, 1977 (1979).

[142] MüKoAktG/*Arnold* § 147 Rn. 80; Schmidt/Lutter/*Spindler* AktG § 147 Rn. 36; Spindler/Stilz AktG/*Mock* § 147 Rn. 130; *Westermann* AG 2009, 237 (241).

[143] MüKoAktG/*Arnold* § 147 Rn. 100; Schmidt/Lutter/*Spindler* AktG § 147 Rn. 41.

[144] OLG München AG 2010, 673 (676) – Hypovereinsbank/UniCredito; GroßkommAktG/*Bezzenberger* § 147 Rn. 61; Hüffer/*Koch* AktG § 147 Rn. 12; MüKoAktG/*Arnold* § 147 Rn. 100; Schmidt/Lutter/*Spindler* AktG § 147 Rn. 39; Spindler/Stilz AktG/*Mock* § 147 Rn. 161.

[145] BGH AG 2013, 634 – mobilcom; AG 2019, 682.

[146] BGH AG 2019, 682.

[147] GroßkommAktG/*Bezzenberger* § 147 Rn. 54 f.; *Kling* ZGR 2009, 190 (226 f.); MüKoAktG/*Arnold* § 147 Rn. 86; Schmidt/Lutter/*Spindler* AktG § 147 Rn. 23; Spindler/Stilz/*Mock* AktG § 147 Rn. 100.

§ 93 Abs. 1 S. 1 AktG und § 276 BGB schuldet der besondere Vertreter die sorgfältige Prüfung der tatsächlichen und rechtlichen Grundlagen des Anspruchs und die sorgfältige Vorbereitung der Geltendmachung der Ansprüche.[148] So handelt er sorgfaltswidrig, wenn er trotz erkennbar nichtiger Bestellung eine mangels Prozessfähigkeit unzulässige Klage gegen Vorstand oder Aufsichtsrat erhebt.[149] Auch ist es sorgfaltswidrig, wenn der besondere Vertreter die Hauptversammlung nicht darüber informiert, dass seine Prozessfähigkeit bestenfalls zweifelhaft ist.[150] Die **Haftung des besonderen Vertreters** richtet sich nach wohl überwiegender Auffassung nach § 93 Abs. 2 AktG analog.[151] Daher kann er sich auf die Business Judgement Rule des § 93 Abs. 1 S. 2 AktG (→ § 25 Rn. 57) berufen.[152] Jedoch können an besonders sachkundige besondere Vertreter auch höhere Sorgfaltsanforderungen zu stellen sein.[153]

3. Gerichtliche Bestellung besonderer Vertreter. Eine qualifizierte Minderheit von **46** Aktionären kann besondere Vertreter **gerichtlich bestellen** lassen. Allerdings kann die Aktionärsminderheit so nicht die Geltendmachung von Ersatzansprüchen erzwingen, sondern nur auf die Identität der zur Geltendmachung verpflichteten Person Einfluss nehmen. Ein Hauptversammlungsbeschluss gemäß § 147 Abs. 1 S. 1 AktG ist demnach zwingende Voraussetzung für die gerichtliche Bestellung von besonderen Vertretern.[154] Falls die Hauptversammlung bereits einen besonderen Vertreter bestellt hatte, erlöschen seine Befugnisse mit der Bestellung eines *anderen* besonderen Vertreters (§ 147 Abs. 2 S. 2 AktG), ein Nebeneinander ist nicht möglich.[155] Die Bestimmung korrespondiert mit § 142 Abs. 4 S. 1 AktG (Bestellung anderer Sonderprüfer), jedoch ist eine größere Minderheit erforderlich: Die **Antragsbefugnis** setzt eine Beteiligung von mindestens 10 % des Grundkapitals oder Anteile mit einem anteiligen Betrag von einer Million Euro voraus (§ 147 Abs. 2 S. 2 AktG).

Das Gericht bestellt einen (anderen) besonderen Vertreter, „wenn ihm dies für eine **47** gehörige Geltendmachung zweckmäßig erscheint" (§ 147 Abs. 2 S. 2 AktG). Das ist nur dann der Fall, wenn das grundsätzliche Bestehen von Ersatzansprüchen glaubhaft gemacht wird und zusätzlich objektive Anhaltspunkte dafür beigebracht werden, dass Zweifel an der Vertrauenswürdigkeit des mit der Geltendmachung betrauten Organs (Vorstand oder Aufsichtsrat bzw. von der Hauptversammlung bestellter besonderer Vertreter) berechtigt sind. Bei Untätigkeit des betrauten Organs wird dies in der Regel anzunehmen sein.[156] Misstrauen aufgrund bloßer subjektiver Empfindung genügt nicht.[157] Bei der Bestellung des besonderen Vertreters wird vom Gericht dagegen nicht geprüft, ob die vom besonderen Vertreter zu verfolgenden Ansprüche tatsächlich bestehen.[158]

---

[148] Spindler/Stilz *Mock*/AktG § 147 Rn. 127; KölnKommAktG/*Rieckers*/*Vetter* § 147 Rn. 578 f.

[149] LG Heidelberg ZIP 2020, 167 (174 ff.); zu Unrecht kritisch hierzu *Mock*/*Goltner* AG 2019, 787 (789) unter Hinweis darauf, dass dem besonderen Vertreter so vollständig die Gefahren aus der Unsicherheit bei der Bestimmung der Nichtigkeit zugewiesen werden.

[150] LG Heidelberg ZIP 2020, 167 (176).

[151] LG Heidelberg ZIP 2020, 167 (174); Spindler/Stilz/*Mock* AktG § 147 Rn. 127; *Uwe H. Schneider* ZIP 2013, 1985 (1991); *Kling* ZGR 2009, 190 (225).

[152] Spindler/Stilz/*Mock* AktG § 147 Rdn. 127; Kölner KommAktG/*Rieckers*/*Vetter* § 147 Rdn. 735; aA *Kling* ZGR 2009, 190/225.

[153] LG Heidelberg ZIP 2020, 167 (175); zu Unrecht kritisch hierzu *Mock*/*Goltner* AG 2019, 787 (789) und *Theißen* GWR 2019, 446 (446) unter Hinweis darauf, dass der besondere Vertreter als solcher und nicht als Angehöriger einer bestimmten Berufsgruppe bestellt wurde.

[154] Hölters AktG/*Hirschmann* § 147 Rn. 12; Hüffer/*Koch* AktG § 147 Rn. 19; *Kling* ZGR 2009, 190 (195); MüKoAktG/*Arnold* § 147 Rn. 92; Schmidt/Lutter/*Spindler* AktG § 147 Rn. 15; Spindler/Stilz AktG/*Mock* § 147 Rn. 80.

[155] MüKoAktG/*Arnold* § 147 Rn. 98; Schmidt/Lutter/*Spindler* AktG § 147 Rn. 21; Spindler/Stilz *Mock* AktG § 147 Rn. 101; *Westermann* AG 2009, 237 (239).

[156] MüKoAktG/*Arnold* § 147 Rn. 97; Spindler/Stilz/*Mock* AktG § 147 Rn. 96.

[157] MüKoAktG/*Arnold* § 147 Rn. 97.

[158] OLG Frankfurt a. M. AG 2004, 104, KG AG 2005, 246 (247); MüKoAktG/*Arnold* § 147 Rn. 97; Ausnahme ggf. wenn die Beschreibung des Ersatzanspruchs rein spekulativ ist: LG Stuttgart AG 2008, 757 (758) – Züblin; bestätigt durch OLG Stuttgart AG 2009, 169 (170).

48 Der Antrag auf gerichtliche Bestellung eines besonderen Vertreters ist abzulehnen, wenn er nicht hinreichend bestimmt ist.[159] Besondere **Form- oder Fristerfordernisse** sieht das Gesetz nicht vor, jedoch müssen die Antragsteller ihr Quorum bei Antragstellung nachweisen.[160] Im Gegensatz zu § 142 Abs. 2 AktG verlangt § 147 Abs. 2 S. 2 AktG nicht, dass die Antragsteller eine entsprechende Beteiligung bis zur Entscheidung über den Antrag halten. Aktionäre, die einen besonderen Vertreter bestellen wollen, können über das **Aktionärsforum** (§ 127a AktG) bei anderen Aktionären darum werben, dass diese sich an dem Antrag beteiligen. Bevollmächtigungen zur Antragstellung sind formlos möglich; die bloße Stimmrechtsvollmacht umfasst eine Antragstellung in der Regel wohl nicht.[161] An **Personenvorschläge** der Antragsteller ist das Gericht nicht gebunden.[162] Der gerichtlich bestellte besondere Vertreter handelt mangels Abhängigkeit von der Hauptversammlung **weisungsfrei**.[163] Für den gerichtlich bestellten besonderen Vertreter richtet sich die **Vergütung** nach § 147 Abs. 2 S. 5 AktG und wird gemäß § 147 Abs. 2 S. 6 AktG vom Gericht festgesetzt. Schuldner ist die Gesellschaft.

49 Der gerichtlich bestellte besondere Vertreter kann von der Hauptversammlung nicht **abberufen** werden. Ein **Widerruf der gerichtlichen Bestellung** ist nur durch Gerichtsbeschluss analog §§ 626 Abs. 1, 627 Abs. 1 BGB möglich, wenn stattdessen ein neuer besonderer Vertreter bestellt wird.[164] Einen Antrag hierauf kann jedoch nach zutreffender Auffassung auch die Gesellschaft stellen.[165]

50 Das **Verfahren** der gerichtlichen Bestellung von besonderen Vertretern ist wie auch das Verfahren der gerichtlichen Bestellung von Sonderprüfern eines der freiwilligen Gerichtsbarkeit. **Zuständig** ist, anders als bei der Sonderprüfung, das Amtsgericht am Sitz der Gesellschaft (§ 375 Nr. 3 FamFG, § 14 AktG). Gegen den stattgebenden Beschluss kann die Gesellschaft mit der Beschwerde zum Oberlandesgericht vorgehen (§ 147 Abs. 2 S. 4 AktG, §§ 402 Abs. 1, 3, 58 ff. FamFG). Die Rechtsbeschwerde zum BGH ist danach nur statthaft, wenn das Beschwerdegericht sie zugelassen hat (§ 70 Abs. 1 FamFG). Eine Nichtzulassungsbeschwerde gibt es nicht.

IV. Aktionärsklage

51 a) **Klagezulassung.** § 148 AktG ermächtigt Aktionäre Ersatzansprüche **im eigenen Namen** gerichtlich geltend zu machen (,,**Aktionärsklage**"). **Anspruchsinhaberin** bleibt wie bei § 147 AktG die Gesellschaft. Die Klage ist daher auf Leistung an die Gesellschaft zu richten. Anders als der besondere Vertreter hat die Aktionärsklage bisher keine Praxisrelevanz.[166] Um willkürliche oder missbräuchliche Klagen zu unterbinden, ist der Aktionärsklage ein detailliert geregeltes **gerichtliches Zulassungsverfahren** vorgeschaltet. Seine Grundzüge sind:

52 Nur Aktionäre, deren Anteile bei Antragstellung das **Quorum** von zusammen mindestens 1 % des Grundkapitals oder einen anteiligen Betrag von 100.000 Euro ausmachen, können

---

[159] MüKoAktG/*Arnold* § 147 Rn. 96; *Bachmann* ZIP 2018, 101 (103 f.); Hüffer/*Koch* AktG § 147 Rn. 5 f.

[160] Hüffer/*Koch* AktG § 147 Rn. 12; MüKoAktG/*Arnold* § 147 Rn. 94; Schmidt/Lutter/*Spindler* AktG § 147 Rn. 20; Spindler/Stilz/*Mock* AktG § 147 Rn. 90.

[161] MüKoAktG/*Arnold* § 147 Rn. 95.

[162] OLG Frankfurt a. M. AG 2004, 104 (105); AG Nürtingen AG 1995, 287 f.; Hüffer/*Koch* AktG § 147 Rn. 20; MüKoAktG/*Arnold* § 147 Rn. 98; Spindler/Stilz/*Mock* AktG § 147 Rn. 99.

[163] MüKoAktG/*Arnold* § 147 Rn. 84.

[164] GroßkommAktG/*Bezzenberger* § 147 Rn. 62; MüKoAktG/*Arnold* § 147 Rn. 101; Schmidt/Lutter/*Spindler* AktG § 147 Rn. 40; Spindler/Stilz/*Mock* AktG § 147 Rn. 107.

[165] GroßkommAktG/*Bezzenberger* § 147 Rn. 62; Schmidt/Lutter/*Spindler* AktG § 147 Rn. 40; Spindler/Stilz/*Mock* AktG § 147 Rn. 107.

[166] Bislang einzige obergerichtliche (in der Sache ablehnende) Entscheidung OLG Köln NZG 2019, 582 mit Besprechung *Mock* AG 2019, 385. Reformvorschläge bei *Brommer* AG 2013, 121; *Heer/Grechenig* AG 2013, 653; *Kahnert* AG 2013, 663; *J. Vetter* FS Hoffmann-Becking, 2013, 1317.

die Klagezulassung erreichen. Im Gegensatz zu § 142 Abs. 2 AktG verlangt § 148 Abs. 1 AktG nicht, dass die Antragsteller eine entsprechende Beteiligung bis zur Entscheidung über den Antrag halten. Aktionäre, die ein Klagezulassungsverfahren betreiben wollen, können über das **Aktionärsforum** (§ 127a AktG) bei anderen Aktionären darum werben, dass diese sich an dem Klagezulassungsbegehren beteiligen. Schließen sich Aktionäre zusammen, um gemeinsam das erforderliche Quorum zu erreichen, handeln sie regelmäßig als (Innen-) GbR.[167] Vorzugsaktionäre ohne Stimmrecht oder Inhaber nicht voll eingezahlter Aktien sind – da es sich nicht um eine Stimmrechtsausübung handelt – ebenfalls antragsbefugt.[168]

Mitwirkungswillige Aktionäre können im Zulassungsverfahren auch als **Nebeninterve-** 53 **nienten** gemäß § 66 ZPO beitreten. Die die Zulassung begehrenden Aktionäre müssen nachweisen, dass sie die Aktien vor dem Zeitpunkt erworben haben, in dem sie von dem behaupteten Pflichtverstoß oder dem Schaden aufgrund einer Veröffentlichung Kenntnis erlangen mussten (§ 148 Abs. 1 Nr. 1 AktG).[169] Haben Aktionäre die Aktien im Wege der **Gesamtrechtsnachfolge** erlangt, kommt es darauf an, ob ihr Rechtsvorgänger die Aktien vor diesem Zeitpunkt erworben hatte. Zur Vermeidung langwieriger Beweisaufnahmen kann der Nachweis des vorherigen Erwerbs ausweislich der Regierungsbegründung durch Depotauszüge oder durch Kaufunterlagen erbracht werden.[170] Da das Gesetz nicht verlangt, dass der Mindestanteilsbesitz bis zur Entscheidung über den Zulassungsantrag vorhanden ist, kommt es nicht darauf an, ob durch das **Ausscheiden von Aktionären** das Quorum unterschritten wird. Die die Klagezulassung begehrenden Aktionäre müssen ferner nachweisen, dass sie die Gesellschaft unter Setzung einer angemessenen Frist aufgefordert haben, selbst Klage zu erheben. Nach den Gesetzesmaterialien wird jedenfalls eine Frist von 2 Monaten für ausreichend gehalten. Eine Fristsetzung ist entbehrlich, wenn die Gesellschaft die Klageerhebung ernstlich und endgültig abgelehnt hat (Rechtsgedanke des § 286 Abs. 2 Nr. 3 BGB).[171]

Zu diesen formalen Voraussetzungen tritt **materiell** hinzu, dass Tatsachen substantiiert 54 nachgewiesen werden müssen, die den Verdacht rechtfertigen, dass der Gesellschaft durch **Unredlichkeit** oder **grobe Verletzung von Gesetz oder Satzung**[172] ein Schaden entstanden ist. Bloße Vermutungen, pauschale Behauptungen oder Verdächtigungen reichen jedenfalls nicht aus.[173] Die Antragsteller tragen die volle **Beweislast** für die verdachtsbegründenden Tatsachen.[174] Auch wenn die genannten Voraussetzungen vorliegen, ist die Klagezulassung zu **versagen,** wenn der Klage **überwiegende Gründe** des Gesellschaftswohls entgegenstehen (§ 148 Abs. 1 S. 2 Nr. 4 AktG). Bloß gleich starke **„gewichtige Gründe",** die nach der ARAG/Garmenbeck-Entscheidung die Pflicht des Aufsichtsrats entfallen lassen, Ersatzansprüche geltend zu machen,[175] reichen demnach bei § 148 AktG nicht aus für die Versagung der Klagezulassung.[176] Bei der Interessenabwägung kann gegen

---

[167] Vgl. RegBegr. zum UMAG BR-Drs. 3/05, 43; MüKoAktG/*Arnold* § 148 Rn. 11, *Spindler* NZG 2005, 865 (866); Spindler/Stilz/*Mock* AktG § 148 Rn. 62.
[168] KölnKommAktG/*Rieckers/Vetter* § 148 Rn. 191; MüKoAktG/*Arnold* § 148 Rn. 9; Spindler/Stilz/*Mock* AktG § 148 Rn. 50.
[169] Für die Frage, wann von einem Kennenmüssen auszugehen ist vgl. Schmidt/Lutter/*Spindler* AktG § 148 Rn. 18 MüKoAktG/*Arnold* § 148 Rn. 14 ff.; *Happ* FS H. P. Westermann, 2008, 971 (982).
[170] RegBegr. zum UMAG BR-Drs. 3/05, 43.
[171] RegBegr. zum UMAG BR-Drs. 3/05, 43; ebenso MüKoAktG/*Arnold* § 148 Rn. 29.
[172] Dasselbe Tatbestandsmerkmal findet sich auch in § 142 Abs. 2 AktG wieder, → Rn. 16.
[173] GroßkommAktG/*Bezzenberger* § 148 Rn. 142; MüKoAktG/*Arnold* § 148 Rn. 44; Schmidt/Lutter/*Spindler* AktG § 148 Rn. 28.
[174] GroßkommAktG/*Bezzenberger* § 148 Rn. 149; MüKoAktG/*Arnold* § 148 Rn. 44; Schmidt/Lutter/*Spindler* AktG § 148 Rn. 28; Hüffer/*Koch* AktG § 148 Rn. 8; differenzierend Spindler/Stilz/*Mock* AktG § 148 Rn. 85; vgl. auch OLG Köln NZG 2019, 582 (584).
[175] BGHZ 135, 244 = ZIP 1997, 883 Leitsatz 4 und unter II.2.b. cc.
[176] MüKoAktG/*Arnold* § 148 Rn. 45; Schmidt/Lutter/*Spindler* AktG § 148 Rn. 29; Spindler/Stilz/*Mock* AktG § 148 Rn. 90.

die Klagezulassung insbesondere die Geringfügigkeit des Anlasses (etwa geringe Schadenssummen), das Kosteninteresse der Gesellschaft (etwa bei Mehrfachklagen), die faktische Nichterlangbarkeit substantieller Ersatzleistungen oder ein Reputationsschaden für die Gesellschaft sprechen.[177] Da es sich bei § 148 Abs. 1 S. 2 Nr. 4 AktG nach zutreffender Auffassung um eine Einwendung der Gesellschaft handelt, liegt die Beweislast bei dieser.[178] Nach § 148 Abs. 4 AktG sind mehrere Klagen zur gleichzeitigen Verhandlung und Entscheidung zu verbinden, was die Zulässigkeit mehrerer Klagen voraussetzt.

55 Das Klagezulassungsverfahren ist ein **Verfahren** nach der ZPO.[179] **Zuständig** ist das Landgericht – Kammer für Handelssachen –, in dessen Bezirk die Gesellschaft ihren Sitz hat. Die Entscheidung ergeht durch Beschluss, der mit der sofortigen Beschwerde angegriffen werden kann. Die Rechtsbeschwerde ist ausgeschlossen (§ 148 Abs. 2 AktG). Die Länder können die Zuständigkeit für die Klagezulassungsverfahren bei einem von mehreren an sich zuständigen Landgerichten konzentrieren.[180] **Antragsgegner** sind diejenigen Personen, gegen die Ansprüche geltend gemacht werden sollen. Die Gesellschaft ist **„beizuladen".** Das Gesetz sagt nicht, welche Wirkungen die Beiladung in dem der ZPO unterliegenden Verfahren im Einzelnen hat. Die Regierungsbegründung verweist auf §§ 65 Abs. 2, 66 VwGO,[181] also auf die Vorschriften über die notwendige Beiladung. Die Beiladung führt erst nach Beitrittserklärung dazu, dass die Gesellschaft Beteiligte des Verfahrens wird.[182] Die Gesellschaft kann dann eigene Sach- und Verfahrensanträge stellen und somit insbesondere überwiegende Gründe des Gesellschaftswohles geltend machen, die einer Klagezulassung entgegenstehen würden.[183] Sie kann sich aber zB auch aufgrund des Verfahrensstandes im Klagezulassungsverfahren entschließen, selbst Klage zu erheben. Damit wird das Klagezulassungsverfahren **unzulässig,** doch sind die Antragsteller im Klageverfahren beizuladen (§ 148 Abs. 3 AktG).

56 Eine **Bekanntmachung** des Klagezulassungsverfahrens ist gemäß § 149 Abs. 1 AktG erst nach rechtskräftiger Zulassung und nur für börsennotierte Gesellschaften vorgeschrieben. Bei nicht börsennotierten Gesellschaften besteht keine Bekanntmachungspflicht.

57 **b) Klageerhebung; Besonderheiten des Verfahrens.** Nach rechtskräftiger Zulassung der Klage können die Antragsteller gemäß § 148 Abs. 4 AktG binnen drei Monaten die **Klage erheben,** sofern sie zuvor die Gesellschaft nochmals unter Setzung einer angemessenen Frist aufgefordert haben, selbst Klage zu erheben. Eine Frist von einem Monat wird angesichts des vorausgegangenen Klagezulassungsverfahrens als ausreichend angesehen.[184]

---

[177] Näher dazu MüKoAktG/*Arnold* § 148 Rn. 47–50.
[178] RegBegr. zum UMAG BR-Drs. 3/05, 45; Hüffer/*Koch* AktG § 148 Rn. 9; *Happ* FS H. P. Westermann, 2008, 971 (997); MüKoAktG/*Arnold* § 148 Rn. 52; aA KölnKommAktG/*Rieckers/Vetter* § 148 Rn. 359; GroßkommAktG/*Bezzenberger* § 148 Rn. 161, die die entgegenstehenden Gründe des Gesellschaftswohls als prozessuale Einrede behandeln und deshalb den Antragsgegner in der Beweispflicht sehen.
[179] Vgl. RegBegr. zum UMAG BR-Drs. 3/05, 40; Hölters/Hirschmann AktG § 148 Rn. 15; Hüffer/*Koch* AktG § 148 Rn. 10; MüKoAktG/*Arnold* § 148 Rn. 54; Schmidt/Lutter/*Spindler* AktG § 148 Rn. 14; Spindler/Stilz/*Mock* AktG § 148 Rn. 44.
[180] Davon Gebrauch gemacht haben bislang Baden-Württemberg (LG Mannheim für die Landgerichtsbezirke des OLG Karlsruhe; LG Stuttgart für die Landgerichtsbezirke des OLG Stuttgart), Bayern (LG München I für die Landgerichtsbezirke des OLG München; LG Nürnberg-Fürth für die Landgerichtsbezirke der OLGe Nürnberg und Bamberg), Hessen (LG Frankfurt a. M.), Niedersachsen (LG Hannover) und Sachsen (LG Leipzig).
[181] RegBegr. zum UMAG BR-Drs. 3/05, 40; vgl. MüKoAktG/*Arnold* § 148 Rn. 66; *Paschos/Neumann* DB 2005, 1779 (1783 f.); *Ziegelmeier* ZGR 2007, 145 (153 ff.).
[182] GroßkommAktG/*Bezzenberger* § 148 Rn. 184; Spindler/Stilz AktG/*Mock* § 148 Rn. 100.
[183] Hölters/*Hirschmann* AktG § 148 Rn. 19; Hüffer/*Koch* AktG § 148 Rn. 12; MüKoAktG/*Arnold* § 148 Rn. 66.
[184] Spindler/Stilz/*Mock* AktG § 148 Rn. 154; MüKoAktG/*Arnold* § 148 Rn. 84; GroßkommAktG/*Bezzenberger* § 148 Rn. 231.

§ 43 Sonderprüfung und Ersatzansprüche (§§ 142–149 AktG)   58–61 § 43

Die Antragsteller klagen im eigenen Namen als **Prozessstandschafter** einen Anspruch der Gesellschaft ein und können nur Leistung an diese verlangen. Aktionäre, die im Klagezulassungsverfahren als Nebenintervenienten beigetreten sind, können sich auch am Klageverfahren als **Nebenintervenienten** beteiligen. Sie sind notwendige Streitgenossen gemäß § 62 ZPO, weil das auf die Klage ergehende Urteil **Rechtskraft** gegenüber allen Aktionären entfaltet. Nach Zulassung der Klage ist gemäß § 148 Abs. 4 S. 3 AktG jedoch keine Nebenintervention von Aktionären mehr möglich. Die Gesellschaft ist auch im Klageverfahren **beizuladen** (§ 148 Abs. 2 AktG). Sie bleibt jederzeit berechtigt, die klagegegenständlichen Ansprüche selbst geltend zu machen, sei es durch Erhebung einer eigenen Klage, sei es durch Übernahme der anhängigen Aktionärsklage. Macht die Gesellschaft von diesem Recht Gebrauch, wird die Aktionärsklage gemäß § 148 Abs. 3 AktG unzulässig. Die „**bisherigen Kläger**" sind **beizuladen**.

Das **Urteil** in der von den Antragstellern erhobenen Klage **wirkt** gemäß § 145 Abs. 5 **58** S. 1 AktG für und gegen die Gesellschaft. Es wirkt überdies für und gegen alle Aktionäre, hindert also die Erhebung einer weiteren Klage mit **demselben Streitgegenstand** durch andere Aktionäre. Die **Rechtskraft** der (zulassenden oder ablehnenden) Entscheidung im Klagezulassungsverfahren erstreckt sich demgegenüber ausschließlich auf die Kläger.[185]

c) **Kosten des Klagezulassungsverfahrens und der Klage.** Wird dem Zulassungsantrag **59** stattgegeben, hat der Antragsgegner nach § 91 ZPO die Kosten zu tragen. Wird der Zulassungsantrag abgewiesen, trifft die prozessuale Kostentragungspflicht den Antragsteller; ihm steht grundsätzlich kein materieller **Kostenerstattungsanspruch** gegen die Gesellschaft zu. Anders verhält es sich, wenn der Zulassungsantrag wegen entgegenstehender Gründe des Gesellschaftswohls nach § 148 Abs. 1 Nr. 4 AktG abgewiesen wird: In diesem Fall muss die Gesellschaft die Kosten gemäß § 148 Abs. 6 AktG erstatten, wenn sie die Gründe vor Einbringung des Zulassungsantrags hätte vorbringen können, insbesondere also im Zusammenhang mit der an sie ergangenen Aufforderung, Klage zu erheben. Wird das Klage(zulassungs)verfahren unzulässig, weil die Gesellschaft selbst Klage erhoben hat oder sie das anhängige Klageverfahren in dem Stadium übernimmt, in dem es sich befindet, muss die Gesellschaft nur die dem Antragsteller bis zu diesem Zeitpunkt entstandenen Kosten erstatten. Der Antragsteller wird also im Kosteninteresse gut daran tun, die Erledigung der Hauptsache zu erklären (§ 91a ZPO).

Soweit die **Klage erfolgreich** ist, hat der Beklagte ebenfalls nach allgemeinen Grund- **60** sätzen die Kosten zu tragen. Soweit die **Klage abgewiesen** wird, trifft die Antragsteller gegenüber dem Beklagten die prozessuale Kostentragungspflicht. Sie können jedoch von der Gesellschaft gemäß § 148 Abs. 6 AktG **Erstattung** dieser Kosten verlangen. Ein Erstattungsanspruch besteht nicht, wenn der Kläger die Zulassung der Klage durch vorsätzlich oder grob fahrlässig falschen Vortrag erwirkt hatte. Über einen etwaigen Anspruch auf Erstattung der Kosten, die den Aktionären als Beigeladenen entstehen, wenn sich die Gesellschaft entschließt, ihren Anspruch selbst geltend zu machen, sagen Gesetz und Regierungsbegründung nichts. Die beigeladenen Aktionäre haben diese Kosten also grundsätzlich selbst zu tragen.[186]

d) **Verfahrensbeendigung; Vereinbarungen zur Vermeidung eines Prozesses.** Au- **61** ßer durch Urteil kann eine Klage auch durch **Klagerücknahme** oder durch **Vergleich** beendet werden. Hier könnte ein Einfallstor für **missbräuchliches Verhalten von Aktionären** liegen, die sich die Beendigung des Rechtsstreites durch Leistungen der Gesellschaft abkaufen lassen mögen, wie dies im Zusammenhang mit missbräuchlichen Anfech-

---

[185] MüKoAktG/*Arnold* § 148 Rn. 71; *Paschos/Neumann* DB 2005, 1779 (1782); Spindler/Stilz/ *Mock* AktG § 148 Rn. 105.
[186] Vgl. Gegenäußerung der Bundesregierung zur Stellungnahme des Bundesrates zum UMAG BT-Drs. 15/5092, 43; Hölters/*Hirschmann* AktG § 148 Rn. 38; *Paschos/Neumann* DB 2005, 1779 (1784); Schmidt/Lutter/*Spindler* AktG § 148 Rn. 53; Spindler/Stilz/*Mock* AktG § 148 Rn. 175.

tungsklagen bekannt ist (→ § 42 Rn. 95 ff.). Das Gesetz sucht dem bei börsennotierten Gesellschaften, bei denen diese Gefahr in erster Linie besteht, entgegenzuwirken, indem die Verfahrensbeendigung und alle damit in Zusammenhang stehenden Leistungen nach näherer Maßgabe von § 149 AktG bekannt zu machen sind. Das Gleiche gilt für **Vereinbarungen** zwischen der Gesellschaft und Aktionären, die gemäß § 149 Abs. 3 AktG **zur Vermeidung eines Prozesses** abgeschlossen werden. In allen Fällen kann die Gesellschaft die Klage nur **zurücknehmen,** wenn die Hauptversammlung dem zustimmt und nicht eine Minderheit, deren Anteile zusammen 10 % des Grundkapitals erreichen, widerspricht (§ 148 Abs. 6 iVm § 93 Abs. 4 AktG). Für einen **Anspruchsverzicht durch Vergleich** gilt § 93 Abs. 4 S. 3 AktG unmittelbar. Er bedarf also der Zustimmung der Hauptversammlung. Davon sieht das Gesetz auch dann keine Ausnahme vor, wenn die als Prozessstandschafter klagenden Aktionäre einen Vergleich abschließen wollen.[187]

---

[187] *Paschos/Neumann* DB 2005, 1779 (1785 f.); Schmidt/Lutter/*Spindler* AktG § 148 Rn. 51; Spindler/Stilz/*Mock* AktG § 148 Rn. 167.

8. Kapitel. Jahresabschluss

§ 44 Aufstellung des Jahresabschlusses

Übersicht

	Rn.		Rn.
I. Vorbemerkung	1	V. Zusätzliche Pflichtangaben und Erklärungen	14–25
II. Sonderregeln zur gesetzlichen Rücklage und Kapitalrücklage, § 150 AktG	2–7	1. Angaben zu Vorstandsbezügen, § 285 S. 1 Nr. 9, § 314 Abs. 1 Nr. 6 HGB	14
1. Gesetzliche Rücklage	2–4		
2. Kapitalrücklage	5, 6		
3. Verwendung der gesetzlichen Rücklage und der Kapitalrücklage	7	2. Angaben zu übernahmerelevanten Umständen, § 289a Abs. 1, § 315a Abs. 1 HGB	15
III. Sonderregeln zum Bilanzausweis des Eigenkapitals, § 152 AktG	8–10	3. Nichtfinanzielle Erklärung/Bericht, §§ 289b–e, §§ 315b und c HGB	16–21
1. Grundkapital	8, 9		
2. Rücklagenveränderung	10		
IV. Sonderregeln für Gewinn- und Verlustrechnung, § 158 AktG	11–13	4. Erklärung zur Unternehmensführung, § 289 f., § 315d HGB	22, 23
1. Ausweis der Rücklagenveränderungen	12	5. Vergütungsbericht, § 162 AktG	24
2. Ausgleichszahlung bei Gewinnabführungsvertrag	13	6. Zusätzliche Pflichtangaben im Anhang, § 160 Abs. 1 AktG	25

Schrifttum: *Adler/Düring/Schmaltz,* Rechnungslegung und Prüfung der Unternehmen, 6. Aufl. 1995 ff.; Beck'scher Bilanzkommentar, hrsg. von *Grottel* u. a., 12. Aufl. 2020; *Hennrichs/Pöschke,* Die Pflicht des Aufsichtsrats zur Prüfung des „CSR-Berichts", NZG 2017, 121–127; *Hommelhoff,* CSR-Vorstands- und Aufsichtsratspflichten, NZG 2017, 1361–1366; *Fleischer,* Corporate Social Responsibility, AG 2017, 509–525; Münchener Kommentar zum Bilanzrecht, Band 2, 2013, hrsg. von *Hennrichs/Kleindiek/Watrin;* WP-Handbuch 2012 Bd. I, 14. Aufl. 2012, hrsg. von *Burghardt/Ellenbürger/Gelhausen* u. a.

I. Vorbemerkung

Das für die Kapitalgesellschaften (AG, KGaA, GmbH) geltende Recht der Rechnungslegung ist seit dem Bilanzrichtliniengesetz (BiRiLiG) vom 19.12.1985 in den §§ 264–335 HGB einheitlich geregelt. Die nachfolgende Darstellung beschränkt sich auf die im AktG verbliebenen und nur für die AG geltenden Sonderregeln zur Aufstellung, Prüfung und Feststellung des Jahresabschlusses, zur Gewinnverwendung und zur Nichtigkeit des Jahresabschlusses. Für die Aufstellung des Konzernabschlusses einer AG enthält das AktG keine Sonderregeln. 1

II. Sonderregeln zur gesetzlichen Rücklage und Kapitalrücklage, § 150 AktG

1. Gesetzliche Rücklage. Die gesetzliche Rücklage ist eine auf Grund zwingender gesetzlicher Anordnung aus dem Ergebnis zu bildende Gewinnrücklage iSv § 272 Abs. 3 HGB. Durch den gesetzlichen Zwang zur Rücklagenbildung unterscheidet sie sich von den satzungsmäßigen und den „anderen", dh frei gebildeten Gewinnrücklagen. 2

Die Verpflichtung zur Bildung einer gesetzlichen Gewinnrücklage besteht nur bei der AG und der KGaA und ist in § 150 Abs. 1 und 2 AktG geregelt. In die gesetzliche Rücklage sind 5 % des um einen Verlustvortrag aus dem Vorjahr gekürzten Jahresüberschusses einzustellen, bis die gesetzliche Rücklage und die nach § 272 Abs. 2 Nr. 1–3 HGB gebildeten Kapitalrücklagen zusammen 10 % – oder den in der Satzung bestimmten höheren Prozentsatz – des Grundkapitals erreichen. Die Hauptversammlung kann im 3

Beschluss über die Verwendung des Bilanzgewinns nach §§ 58 Abs. 3 S. 1, 174 Abs. 2 Nr. 3 AktG über die Quote von 5% des Jahresüberschusses hinaus einen zusätzlichen Betrag in die gesetzliche Rücklage einstellen, um rascher die Obergrenze und damit ein Ende der Pflichtzuführungen zu erreichen; Vorstand und Aufsichtsrat sind dagegen bei der Feststellung des Jahresabschlusses an die Zuführungsgrenze von 5% gebunden.[1]

4 Für die AG als Untergesellschaft eines Vertragskonzerns ist die Zuführung zur gesetzlichen Rücklage in § 300 AktG abweichend von § 150 Abs. 2 AktG geregelt (→ § 71 Rn. 59).

5 **2. Kapitalrücklage.** Auch die Zuführung zur Kapitalrücklage ist gesetzlich zwingend vorgeschrieben, ohne dass sie deshalb als gesetzliche Rücklage bezeichnet würde. Nach der für alle Kapitalgesellschaften geltenden Vorschrift des § 272 Abs. 2 HGB ist insbesondere der Mehrbetrag, der bei der Ausgabe von Aktien über den Nennbetrag hinaus erzielt wird, nach § 272 Abs. 2 Nr. 1 HGB in vollem Umfang in die Kapitalrücklage einzustellen. Das gilt auch dann, wenn kein entsprechendes Aufgeld (Agio) festgesetzt worden ist (→ § 4 Rn. 16). Auch ein Mehrbetrag, der bei der Ausgabe von Wandel- und Optionsanleihen für das Wandlungs- oder Optionsrecht[2] erzielt worden ist, muss in die Kapitalrücklage eingestellt werden, § 272 Abs. 2 Nr. 2 HGB. Der Betrag in Höhe von 10% des Grundkapitals, der gemäß § 150 Abs. 2 AktG in der gesetzlichen Rücklage und den Kapitalrücklagen nach § 272 Abs. 2 Nr. 1–3 HGB gebunden werden muss, kann als **gesetzlicher Reservefonds** bezeichnet werden.[3] Zu diesem besonders gebundenen Reservefonds gehören nicht Kapitalrücklagen nach § 272 Abs. 2 Nr. 4 HGB, die durch freiwillige Zuzahlungen in das Eigenkapital gebildet worden sind.

6 Nach dem Wortlaut des Gesetzes gehören, soweit es um Kapitalrücklagen geht, nur die nach § 272 Abs. 2 Nr. 1–3 HGB zu bildenden Kapitalrücklagen zu diesem gesetzlichen Reservefonds. Es ist jedoch anerkannt, dass bei Anwendung der Sonderregeln des § 150 AktG über den Wortlaut hinaus auch die Kapitalrücklagen zu berücksichtigen sind, die bei Kapitalherabsetzungen zu bilden sind (§ 232, § 237 Abs. 5 AktG).[4]

7 **3. Verwendung der gesetzlichen Rücklage und der Kapitalrücklage.** Die in der gesetzlichen Rücklage und den Kapitalrücklagen nach § 272 Abs. 2 Nr. 1–3 HGB reservierten Beträge dürfen nur für bestimmte Zwecke verwendet werden. Soweit dieser Reservefonds nicht 10% (oder einen in der Satzung bestimmten höheren Prozentsatz) des Grundkapitals übersteigt, darf er nach § 150 Abs. 3 AktG nur zum Ausgleich eines nicht durch einen Gewinnvortrag gedeckten Jahresfehlbetrags oder eines nicht durch einen Jahresüberschuss gedeckten Verlustvortrags aus dem Vorjahr verwendet werden, und auch dieses nur, soweit der Fehlbetrag oder Verlustvortrag nicht durch Auflösung anderer Gewinnrücklagen ausgeglichen werden kann. Wenn der Reservefonds 10% (oder einen in der Satzung bestimmten höheren Prozentsatz) des Grundkapitals übersteigt, darf der übersteigende Betrag nach § 150 Abs. 4 AktG auch dann zum Ausgleich eines Jahresfehlbetrags oder eines Verlustvortrags verwendet werden, wenn zu diesem Zweck andere Gewinnrücklagen aufgelöst werden könnten; die anderen Rücklagen dürfen dann aber nicht ihrerseits zur Gewinnausschüttung verwendet werden. Außerdem kann der übersteigende Betrag

---

[1] *Adler/Düring/Schmaltz* Rechnungslegung AktG § 150 Rn. 43; Beck'scher BilKomm/*Störk/Kliem/Meyer* HGB § 272, Rn. 236, 238; KölnKommAktG/*Ekkenga* § 150 Rn. 15; MüKoAktG/*Kropff* § 150 Rn. 22 f.

[2] Zu der schwierigen Bestimmung des rücklagepflichtigen Mehrbetrags bei Optionsanleihen s. Beck'scher BilKomm/*Störk/Kliem/Meyer* HGB § 272 Rn. 181; MünchKommBilR/*Kropff* HGB § 272 Rn. 117 ff.

[3] So *Adler/Düring/Schmaltz* Rechnungslegung AktG § 150 Rn. 2; KölnKommAktG/*Ekkenga* § 150 Rn. 9; Hüffer/*Koch* AktG § 150 Rn. 6.

[4] *Ebeling* Wpg 1988, 502 (503 f.); *Adler/Düring/Schmaltz* Rechnungslegung AktG § 150 Rn. 38; Hüffer/*Koch* AktG § 150 Rn. 6.

§ 44 Aufstellung des Jahresabschlusses

nach § 150 Abs. 4 Nr. 3 AktG zur Kapitalerhöhung aus Gesellschaftsmitteln nach § 208 Abs. 1 S. 2 AktG verwendet werden (→ § 60 Rn. 44).

III. Sonderregeln zum Bilanzausweis des Eigenkapitals, § 152 AktG

1. Grundkapital. Für den Ausweis des Eigenkapitals auf der Passivseite der Bilanz der AG gilt das Gliederungsschema des § 266 Abs. 3 A. HGB:

  I. Gezeichnetes Kapital
 II. Kapitalrücklage
III. Gewinnrücklagen
  1. Gesetzliche Rücklage
  2. Rücklage für eigene Anteile
  3. Satzungsmäßige Rücklagen
  4. Andere Gewinnrücklagen
IV. Gewinnvortrag/Verlustvortrag
 V. Jahresüberschuss/Jahresfehlbetrag.

An die Stelle der Posten IV. und V. tritt der Posten „Bilanzgewinn/Bilanzverlust", wenn die Bilanz – was meist geschieht – nach § 268 Abs. 1 HGB von Vorstand und Aufsichtsrat bereits unter teilweiser Verwendung des Jahresergebnisses aufgestellt und festgestellt wird.

Das Grundkapital wird im Posten I. im Interesse einer international einheitlichen Begriffsbildung als **„gezeichnetes Kapital"** ausgewiesen, § 152 Abs. 1 S. 1 AktG, § 272 Abs. 1 HGB. § 152 Abs. 1 S. 2–4 AktG verlangt zu diesem Posten besondere Vermerke mit den Gesamtnennbeträgen der Aktien der einzelnen Aktiengattungen und eines etwaigen bedingten Kapitals sowie der Gesamtstimmenzahl etwa vorhandener Mehrstimmrechtsaktien.

2. Rücklagenveränderung. Nach § 152 Abs. 3 AktG sind in der Bilanz oder im Anhang gesonderte Angaben zur Veränderung der Kapitalrücklage und der Gewinnrücklagen zu machen. Bei der Kapitalrücklage ist anzugeben, welcher Betrag während des Geschäftsjahres eingestellt wurde und welcher für das Geschäftsjahr entnommen wird. Bei den einzelnen Arten der Gewinnrücklagen ist anzugeben, welche Beträge durch die Hauptversammlung aus dem Bilanzgewinn des Vorjahres oder durch Vorstand und Aufsichtsrat aus dem Jahresüberschuss des Geschäftsjahres eingestellt wurden und welche Beträge für das Geschäftsjahr entnommen werden.

IV. Sonderregeln zur Gewinn- und Verlustrechnung, § 158 AktG

Die Gesellschaft hat nach § 275 HGB bei der Aufstellung der Gewinn- und Verlustrechnung die Wahl zwischen dem Gesamtkosten- und dem Umsatzkostenverfahren.[5] § 158 AktG regelt nur wenige Besonderheiten für die AG:

1. Ausweis der Rücklagenveränderungen. § 275 Abs. 4 HGB bestimmt allgemein, dass Veränderungen der Kapital- und Gewinnrücklagen erst nach dem Posten „Jahresüberschuss/Jahresfehlbetrag" ausgewiesen werden dürfen. Da bei der AG die teilweise oder – bei entsprechender Ermächtigung nach § 58 Abs. 2 S. 2 AktG – sogar vollständige Verwendung des Ergebnisses durch Vorstand und Aufsichtsrat nach § 58 AktG (dazu → § 47 Rn. 6 ff.) eher die Regel als die Ausnahme bildet, enthält § 158 Abs. 1 AktG eine detaillierte Regelung über die Posten, die für diesen Fall in der Gewinn- und Verlustrechnung (oder zumindest im Anhang) nach dem Posten „Jahresüberschuss/Jahresfehlbetrag" auszuweisen sind: Gewinnvortrag/Verlustvortrag aus dem Vorjahr, Entnahmen aus der Kapitalrücklage, Entnahmen aus und Einstellungen in Gewinnrücklagen. Im Anschluss an diese Posten ergibt sich als letzter Posten der Gewinn- und Verlustrechnung der Bilanz-

---

[5] Zu den Unterschieden der beiden Verfahren s. Beck'scher BilKomm/*Schmidt/Kliem* HGB § 272 Rn. 6 ff.

gewinn/Bilanzverlust, wie er nach § 268 Abs. 1 HGB auch in der Bilanz erscheint. Einstellungen in die Kapitalrücklage, insbesondere also ein erzieltes Agio bei der Aktienausgabe, sind nicht in die Gewinn- und Verlustrechnung aufzunehmen, sondern erfolgsneutral ausschließlich in der Bilanz auszuweisen, § 270 Abs. 1 S. 1 HGB.

13 **2. Ausgleichszahlung bei Gewinnabführungsvertrag.** Nach § 158 Abs. 2 AktG ist in der Gewinn- und Verlustrechnung von dem Ertrag aus einem Gewinnabführungs- oder Teilgewinnabführungsvertrag der Betrag abzusetzen, der als Ausgleich für außenstehende Gesellschafter zu leisten ist. Wenn der Ausgleich höher ist als der Ertrag, ist der übersteigende Betrag als Aufwendung aus Verlustübernahme anzusetzen.

V. Zusätzliche Pflichtangaben und Erklärungen

14 **1. Angaben zu Vorstandsbezügen, § 285 S. 1 Nr. 9, § 314 Abs. 1 Nr. 6 HGB.** In § 285 S. 1 Nr. 9 Buchst. a S. 5–8 HGB ist auf Grund des Gesetzes zur Offenlegung der Vorstandsvergütung von 2005 (VorstOG) und der Ergänzung im Gesetz zur Angemessenheit der Vorstandsvergütung von 2009 (VorstAG) als Sondererfordernis für börsennotierte Aktiengesellschaften vorgeschrieben, im Anhang des Einzelabschlusses zusätzlich zu den Gesamtbezügen des Vorstands unter Namensnennung die **Bezüge jedes einzelnen Vorstandsmitglieds**, aufgeteilt nach erfolgsunabhängigen und erfolgsbezogenen Komponenten sowie Komponenten mit langfristiger Anreizwirkung, gesondert anzugeben. Anzugeben sind auch Leistungen, die dem Vorstandsmitglied für den Fall der regulären oder vorzeitigen Beendigung seiner Tätigkeit zugesagt worden sind, vor allem also Abfindungs- und Ruhegeldzusagen, sowie Leistungen, die dem Vorstandsmitglied von einem Dritten im Hinblick auf die Vorstandstätigkeit zugesagt oder gewährt worden sind. Zu den Zusagen für den Fall der Beendigung der Vorstandstätigkeit gehören auch die Zusagen besonderer Leistungen für den Fall, dass das Vorstandsmitglied infolge einer Übernahme der Gesellschaft ausscheidet (sog. Change of Control-Klauseln).[6] Die Angaben zu den Bezügen der einzelnen Vorstandsmitglieder unterbleiben, wenn die Hauptversammlung dies mit einer 75 %-Kapitalmehrheit beschlossen hat (opt-out nach § 286 Abs. 5 HGB). Für den Anhang des Konzernabschlusses enthält § 314 Abs. 1 Nr. 6 Buchst. a und Abs. 2 S. 2 HGB entsprechende Regelungen zur Offenlegung der Vorstandsbezüge.

15 **2. Angaben zu übernahmerelevanten Umständen, § 289a Abs. 1, § 315a Abs. 1 HGB.** Die im Jahr 2006 zur Umsetzung der Übernahmerichtlinie angefügten §§ 289a Abs. 1, 315a Abs. 1 HGB (§ 289a Abs. 4, § 315a Abs. 4 HGB) verlangen für den Lagebericht und den Konzernlagebericht der börsennotierten Gesellschaft Angaben zu zahlreichen Themen, die für eine Übernahme von Belang sein können. Dazu gehören nach Nr. 8 und 9 auch Change of Control-Vereinbarungen mit Geschäftspartnern und Vorstandsmitgliedern. Zusätzlich hat der Vorstand nach § 176 Abs. 1 S. 1 AktG der Hauptversammlung einen „erläuternden Bericht" zu den von ihm gemachten Angaben nach § 289a Abs. 1, § 315a Abs. 1 HGB zugänglich zu machen.[7]

16 **3. Nichtfinanzielle Erklärung/Bericht, §§ 289b–e, §§ 315b und c HGB.** Im April 2017 wurde die CSR-Richtlinie 2014/95/EU umgesetzt und die Pflicht zur Abgabe zu einer sog. nichtfinanziellen Erklärung bzw. eines nichtfinanziellen Berichts eingeführt (sog. Corporate Social Responsibility-Bericht oder kurz CSR-Bericht). Entsprechend der Zielsetzung der Richtlinie soll auf die Weise die Transparenz über ökologische und soziale Belange der Geschäftstätigkeit von Unternehmen und ihren Auswirkungen auf die Gesellschaft erhöht werden. Erfasst werden durch die Regelungen zur AG in §§ 289b–e HGB

---

[6] Begr. des VorstAG-Entwurfs BT-Drs. 16/12278, 8 f.

[7] Zur Kritik an dieser unnötig komplizierten Umsetzung von § 10 Abs. 3 der Übernahmerichtlinie s. DAV-Handelsrechtsausschuss NZG 2006, 177 (182 f.) u. NZG 2011, 217 (220); *Horn/Parameswaran* NZG 2007, 248; *Arnold* AG 2007, R 243; ausf. *Hoffmann-Becking/Breyer* FS Goette, 2011, 161 ff.

und entsprechend für den Konzern in §§ 315b und c HGB große kapitalmarktorientierte Kapitalgesellschaften iSv § 267 Abs. 3 S. 1, § 264d HGB, die mehr als 500 Arbeitnehmer beschäftigen (§ 289b Abs. 1 HGB).

Die Verpflichtung ist erstmals für das nach dem 31.12.2016 beginnende Geschäftsjahr zu erfüllen. Sie kann nach Wahl der Gesellschaft entweder durch Erklärung im Lagebericht (§ 289b Abs. 1 HGB) oder durch gesonderten Bericht außerhalb des Lageberichts (§ 289b Abs. 3 HGB) erfüllt werden. Bei Aufnahme in den Lagebericht steht es dem Vorstand frei, ob die geforderten Angaben in den laufenden Text integriert werden oder die Erklärung einen besonderen Abschnitt des Lageberichts bildet (§ 289b Abs. 1 S. 2 HGB). Bei gesonderter Berichterstattung außerhalb des Lageberichts genügt es, wenn der Bericht auf der Internetseite der Gesellschaft zugänglich gemacht wird (§ 289b Abs. 3 S. 1 Nr. 2 HGB). In allen Fällen hat der Abschlussprüfer nur zu prüfen, ob die Erklärung bzw. der Bericht tatsächlich vorgelegt wurde (§ 317 Abs. 2 S. 4 und 5 HGB).

Inhaltlich muss die Erklärung bzw. der Bericht zumindest auf die fünf in § 289c Abs. 2 HGB aufgelisteten und mit Beispielen versehenen Belange eingehen, nämlich Umweltbelange, Arbeitnehmerbelange, Sozialbelange, Achtung der Menschenrechte und Bekämpfung von Korruption und Bestechung. Im Hinblick auf jeden dieser Aspekte sind insbesondere die Auswirkungen der Tätigkeit der Gesellschaft auf die genannten Aspekte und die insoweit bestehenden wesentlichen Risiken sowie die von der Gesellschaft im Hinblick auf diese Belange verfolgten Konzepte darzulegen.[8] Es bleibt abzuwarten, inwieweit sich in der Praxis der deutschen Gesellschaften übliche Standards für den Inhalt der CSR-Berichte herausbilden.[9] Das Gesetz erlaubt ausdrücklich in § 289d HGB die Nutzung von anerkannten Rahmenwerken für den Inhalt des CSR-Berichts; anerkannte Rahmenwerke sind derzeit insbesondere die Leitfäden der Global Reporting Intitiative (GRI) und des Deutschen Nachhaltigkeitskodex (DNK).

Die Verpflichtung zur Abgabe der Erklärung bzw. Erstattung des Berichts ist vom gesetzlichen Vertretungsorgan der Gesellschaft, also vom Vorstand, zu erfüllen. Wenn die Erklärung im Rahmen des Lageberichts abgegeben wird, wird sie dem Aufsichtsrat mit dem Jahresabschluss und Lagebericht nach § 170 Abs. 1 S. 1 AktG vorgelegt. Nach § 170 Abs. 1 S. 3 AktG ist dem Aufsichtsrat auch der gesondert erstattete CSR-Bericht vorzulegen. In jedem Fall hat der Aufsichtsrat den CSR-Bericht inhaltlich zu prüfen, sei es im Rahmen seiner Prüfung des Lageberichts nach § 171 Abs. 1 S. 1 AktG oder aufgrund der in § 171 Abs. 1 S. 4 AktG angeordneten Prüfung des außerhalb des Lageberichts erstatteten Berichts. Zur Vorlage der Erklärung bzw. des Berichts an die Hauptversammlung → § 36 Rn. 58.

Die Verortung der Prüfungspflicht in § 171 AktG scheint dafür zu sprechen, dass für die Prüfung die gleichen Anforderungen gelten wie für die Prüfung des Jahresabschlusses, nämlich eine Prüfung der Rechtmäßigkeit und Zweckmäßigkeit erfolgen muss (→ § 45 Rn. 13). Die Prüfung des CSR-Berichts durch den Aufsichtsrat unterscheidet sich jedoch schon deshalb wesentlich von seiner Prüfung des Jahresabschlusses, weil der CSR-Bericht bestimmte Aspekte der Geschäftstätigkeit des Unternehmens beleuchtet, die sich nicht notwendig in der Rechnungslegung niederschlagen und auch nicht durch den für die Rechnungslegung maßgeblichen Jahresturnus abgegrenzt werden. Deshalb ist davon auszugehen, dass es sich bei der Prüfung um eine spezielle Maßnahme im Rahmen der dem Aufsichtsrat nach § 111 AktG allgemein obliegenden Aufsicht handelt.[10] Es kommt hinzu, dass der CSR-Bericht nicht Gegenstand der obligatorischen Abschlussprüfung ist und sich

---

[8] Zum notwendigen Inhalt näher Beck'scher BilKomm/*Störk/Schäfer/Schönberger* HGB § 289c Rn. ff.; *Kajüter* DB 2017, 617 (619 ff.); *Hommelhoff* FS Seibert, 2019, 371 ff.; *E. Vetter* FS Seibert, 2019, 1007 (1009 ff.).
[9] Zu ersten Erfahrungen s. *M. Schmidt/Strenger* NZG 2019, 481 ff.
[10] *Hennrichs/Pöschke* NZG 2017, 121 (127); *Hennrichs* NZG 2017, 841 (845 f.); Arbeitskreis BilanzR Hochschullehrer Rechtswissenschaft NZG 2016, 1337 (1338).

der Aufsichtsrat bei seiner Prüfung des Berichts anders als bei der Prüfung des Jahresabschlusses nicht auf die intensive (Vor-)Prüfung durch den Abschlussprüfer abstützen kann. Aus alledem wird gefolgert, dass der Aufsichtsrat nur zu einer Plausibilitätskontrolle und jedenfalls nicht zu eigenen Prüfungshandlungen verpflichtet ist.[11]

21 Zu der Einordnung als Maßnahme der Aufsicht nach § 111 AktG passt es, dass der Gesetzgeber den Aufsichtsrat nicht in § 171 AktG sondern in der neuen Vorschrift des § 111 Abs. 2 S. 4 AktG ermächtigt, freiwillig einem externen Prüfer den Auftrag zur inhaltlichen Überprüfung des CSR-Berichts zu erteilen. Der Aufsichtsrat kann, muss aber nicht diese Hilfe in Anspruch nehmen. Der für den Aufsichtsrat geltende Maßstab einer bloßen Plausibilitätskontrolle ändert sich durch die Beauftragung eines Prüfers nicht.[12] Der Auftrag kann dem Abschlussprüfer, aber auch einer anderen sachkundigen Person oder Institution erteilt werden.[13] Wenn der Aufsichtsrat einen entsprechenden Prüfungsauftrag erteilt, ist das Prüfungsergebnis in gleicher Weise wie die CSR-Erklärung bzw. der gesonderte CSR-Bericht öffentlich zugänglich zu machen (§ 289b Abs. 4 HGB).

22 **4. Erklärung zur Unternehmensführung, § 289 f., § 315d HGB.** Im Jahr 2009 wurden die börsennotierten sowie weitere kapitalmarktorientierte Aktiengesellschaften durch das BilMoG in § 289 ff. HGB (§ 289a HGB aF) verpflichtet, in den Lagebericht des Vorstands in einem gesonderten Abschnitt des Lageberichts eine **Erklärung zur Unternehmensführung** aufzunehmen.[14] Die Erklärung muss die Arbeitsweise von Vorstand und Aufsichtsrat sowie die Zusammensetzung und Arbeitsweise von deren Ausschüssen beschreiben (Abs. 2 Nr. 3) und relevante Angaben zu solchen Unternehmensführungspraktiken enthalten, die über die gesetzlichen Anforderungen hinaus angewendet werden (Abs. 2 Nr. 2). Außerdem ist die Entsprechenserklärung gemäß § 161 AktG zu den Empfehlungen des Deutschen Corporate Governance Kodex (dazu → § 34 Rn. 15 ff.) in die Erklärung aufzunehmen (Abs. 2 Nr. 1). Seit 2017 ist bei Aktiengesellschaften, die große Kapitalgesellschaften nach § 267 HGB sind, nach Abs. 2 Nr. 6 auch das Diversitätskonzept für die Besetzung von Vorstand und Aufsichtsrat zu beschreiben. Der Abschlussprüfer prüft nur, ob die Erklärungen gemacht wurden, nicht dagegen ihren Inhalt, § 317 Abs. 2 S. 6 HGB. Nur der Vorstand ist zur Abgabe der Erklärung verpflichtet, die Mitunterzeichnung durch den Aufsichtsrat ist aber zulässig.[15]

23 Bis zur Neufassung des Kodex in 2019 empfahl der Kodex in Ziff. 3.10 DCGK die Erstattung eines **Corporate Governance-Berichts** durch Vorstand und Aufsichtsrat, der im Zusammenhang mit der Erklärung zur Unternehmensführung veröffentlicht werden sollte. Diese Empfehlung ist mit Recht als überflüssig gestrichen worden. Der Kodex 2019 stellt in Grundsatz 22 fest, dass Aufsichtsrat und Vorstand in der Erklärung zur Unternehmensführung über die Corporate Governance der Gesellschaft berichten.

24 **5. Vergütungsbericht, § 162 AktG.** Nach dem neuen § 162 AktG, der durch das Gesetz zur Umsetzung der geänderten Aktionärsrechterichtlinie (ARUG II) eingefügt wurde, müssen Vorstand und Aufsichtsrat jährlich einen Bericht über die im letzten Geschäftsjahr den Mitgliedern des Vorstands und des Aufsichtsrats gewährten Vergütungen erstatten. Zum Vergütungsbericht → § 21 Rn. 158 ff.

25 **6. Zusätzliche Pflichtangaben im Anhang, § 160 Abs. 1 AktG.** Nach Nr. 1 ist im Anhang des Jahresabschlusses über Bestand, Zugang und Verwertung von sogenannten

---

[11] *Hennrichs/Pöschke* NZG 2017, 121 (127); *Hüffer/Koch* AktG § 111 Rn. 24a, § 171 Rn. 8a; *Hennrichs* NZG 2017, 841 (845); Arbeitskreis BilanzR NZG 2016, 1337 (1338); *Hecker/ Bröcker* AG 2017, 761 (766 f.); zu abw. M. s. *Velte* AG 2018, 266 (269 ff.).

[12] *Hüffer/Koch* AktG § 111 Rn. 24a; *Hennrichs* NZG 2017, 841 (845).

[13] Zur Prüfungstiefe der externen Prüfung s. *Tröger/Müssig* BOARD 2018, 32 (34 f.).

[14] Zum Inhalt der Vorschrift näher *Bachmann* ZIP 2010, 1517 ff. u. MünchKommBilR/*Kleindiek* § 289a HGB.

[15] *Leyens* FS E. Vetter, 2019, 397 ff.

Vorratsaktien zu berichten, die ein Aktionär oder ein verbundenes Unternehmen für Rechnung der Gesellschaft oder eines verbundenen Unternehmens übernommen hat. Zur rechtlichen Behandlung von Vorratsaktien s. §§ 56, 71d AktG u. → § 15 Rn. 6f. Nach Nr. 2 sind Angaben zu machen über Bestand, Erwerb und Veräußerung von **eigenen Aktien.** Zu den Ausnahmen vom grundsätzlichen Verbot eigener Aktien → § 15 Rn. 14ff. Nr. 3 verlangt Einzelangaben zu Zahl und Nennbetrag der Aktien der einzelnen **Aktiengattungen,** sofern sich diese Angaben nicht schon aus der Bilanz ergeben. Zum **genehmigten Kapital** ist nach Nr. 4 anzugeben, in welcher Höhe am Bilanzstichtag noch nicht ausgenutztes genehmigtes Kapital besteht. Falls von der Ermächtigung im abgelaufenen Jahr ganz oder teilweise Gebrauch gemacht wurde, sind die gezeichneten Aktien nach Nr. 3 zu beziffern.[16] Nach Nr. 5 ist die Zahl der nach § 192 Abs. 2 Nr. 3 AktG an Arbeitnehmer, Vorstandsmitglieder oder Geschäftsführer verbundener Unternehmen gewährten Bezugsrechte anzugeben. Nach Nr. 7 ist eine etwa bestehende **wechselseitige Beteiligung** (dazu → § 69 Rn. 94ff.) anzugeben. Nr. 8 verlangt Angaben zu den nach § 20 Abs. 1 und 4 AktG oder § 33 Abs. 1 und 2 WpHG mitgeteilten Beteiligungen an der Gesellschaft; zu den Mitteilungspflichten nach § 20 AktG → § 69 Rn. 115ff.

§ 45 Prüfung des Jahresabschlusses

Übersicht

	Rn.		Rn.
I. Prüfung durch den Abschlussprüfer ...	1–7	II. Prüfung durch den Aufsichtsrat	8–23
1. Abschlussprüfung nach §§ 316 ff. HGB	1	1. Vorlagen des Vorstands nach § 170 AktG	8–12
2. Wahl des Abschlussprüfers	2–4	2. Prüfungsumfang und -maßstab	13–16
3. Erteilung des Prüfungsauftrags ...	5	3. Bericht des Aufsichtsrats	17–23
4. Gerichtliche Ersetzung des gewählten Prüfers nach § 318 Abs. 3 HGB	6, 7		

Schrifttum: *Adler/Düring/Schmaltz,* Rechnungslegung und Prüfung der Unternehmen, 6. Aufl. 1995 ff.; *von Falkenhausen/Kocher,* Erneute Bestellung desselben Abschlußprüfers durch das Registergericht, ZIP 2005, 602–604; *Gelhausen/Heinz,* Der befangene Abschlußprüfer, seine Ersetzung und sein Honoraranspruch, WPg 2005, 693–703; *Hennrichs,* Corporate Governance und Abschlussprüfung, FS Hommelhoff, 2012, S. 383–400; *Hüffer,* Bestellung, Mandatierung und Ersetzung von Abschlussprüfern, FS Hommelhoff, 2012, S. 483–494; *Kropff,* Der Abschlußprüfer in der Bilanzsitzung des Aufsichtsrats, FS Welf Müller, 2001, S. 481–502; *Lutter,* Der doppelte Wirtschaftsprüfer, FS J. Semler, 1993, S. 835–852; *Marsch-Barner,* Zur Anfechtung der Wahl des Abschlussprüfers wegen Verletzung von Informationsrechten, FS Hommelhoff, 2012, S. 691–709; *ders.,* Zur Berichterstattung des Aufsichtsrats, FS Stilz, 2014, S. 397–410; *E. Vetter,* Die Berichterstattung des Aufsichtsrats an die Hauptversammlung als Bestandteil seiner Überwachungsaufgabe, ZIP 2006, 257–265.

I. Prüfung durch den Abschlussprüfer

1. Abschlussprüfung nach §§ 316 ff. HGB. Die Prüfung des Jahresabschlusses der AG durch den von der Hauptversammlung gewählten Abschlussprüfer erfolgt nach den in §§ 316–324 HGB bestimmten Regeln für die Abschlussprüfung von Kapitalgesellschaften. Insoweit gelten keine Sonderregeln für die AG. Bei einer AG, die eine kleine Kapitalgesellschaft oder eine Kleinstkapitalgesellschaft iSv § 267 Abs. 1, § 267a HGB ist, besteht keine Verpflichtung zur Prüfung durch einen Abschlussprüfer (§ 316 Abs. 1 S. 1 HGB).

2. Wahl des Abschlussprüfers. Der Abschlussprüfer wird auf Vorschlag des Aufsichtsrats durch Beschluss der Hauptversammlung bestellt, § 119 Abs. 1 Nr. 4 AktG. Nur bei Ver-

---

[16] *Adler/Düring/Schmaltz* Rechnungslegung AktG § 160 Rn. 49; MüKoAktG/*Kessler* AktG § 160 Rn. 4.

sicherungsgesellschaften wird er vom Aufsichtsrat bestellt (§ 341k Abs. 2 S. 1 HGB). Bei kapitalmarktorientierten Gesellschaften und bestimmten Kreditinstituten und Versicherungen (Unternehmen von öffentlichem Interesse) muss sich der Vorschlag des Aufsichtsrats auf die Empfehlung des Prüfungsausschusses stützen (§ 124 Abs. 3 S. 2 AktG). Die Wahl durch die Hauptversammlung erfolgt regelmäßig, aber nicht notwendig in der ordentlichen Hauptversammlung (§ 175 AktG) des zu prüfenden Geschäftsjahres; sie kann statt dessen zB schon in der vorangehenden ordentlichen Hauptversammlung erfolgen. Das Gesetz schreibt in § 318 Abs. 1 S. 3 HGB nur vor, dass der Abschlussprüfer vor Ablauf des zu prüfenden Geschäftsjahres gewählt werden soll.[1] Wenn die Hauptversammlung einen Abschlussprüfer wählt, der weder ein Wirtschaftsprüfer noch eine Wirtschaftsprüfungsgesellschaft ist und deshalb nach § 319 Abs. 1 S. 1 HGB nicht Abschlussprüfer sein kann, ist die Wahl nach § 241 Nr. 3 AktG nichtig.[2] Wird die gewählte Person dennoch als Prüfer tätig, führt das zur Nichtigkeit des festgestellten Jahresabschlusses einer prüfungspflichtigen AG nach § 256 Abs. 1 Nr. 3 AktG; die Nichtigkeit kann allerdings nur innerhalb der Sechsmonatsfrist des § 256 Abs. 6 S. 1 AktG geltend gemacht werden.

3 Falls der gewählte Wirtschaftsprüfer (oder die gewählte Wirtschaftsprüfungsgesellschaft) nicht Abschlussprüfer sein darf, weil einer der persönlichen Hinderungsgründe des § 319 Abs. 2–5 oder § 319a und § 319b HGB vorliegt oder gegen die Vorschriften der Verordnung (EU) Nr. 537/2014 zur Prüferbestellung bei Unternehmen von öffentlichem Interesse (APr-VO) verstoßen wurde, kann dieser Mangel des Wahlbeschlusses gemäß § 243 Abs. 3 Nr. 2, § 249 Abs. 1 S. 1 AktG nicht durch Anfechtungs- oder Nichtigkeitsklage, sondern nur durch einen Antrag nach § 318 Abs. 3 HGB auf Ersetzung des gewählten Prüfers durch einen anderen Prüfer geltend gemacht werden.[3] Der Gesetzgeber hat außerdem durch Änderung des § 256 Abs. 1 Nr. 3 AktG klargestellt, dass ein Verstoß gegen § 319 Abs. 2, 3 oder 4 oder § 319a Abs. 1 HGB nicht zur Nichtigkeit des Jahresabschlusses führt.[4] Nichtig ist dagegen gemäß § 134 BGB die Honorarvereinbarung mit dem unter Verstoß gegen die genannten Vorschriften gewählten Prüfer.[5]

4 Wenn eine Anfechtungs- und/oder Nichtigkeitsklage gegen die Prüferbestellung anhängig ist, die auf andere Mängel als einen in der Person des Prüfers liegenden Verstoß gegen § 319 Abs. 2–5, § 319a HGB gestützt wird, kann es ratsam sein, vorsorglich einen **zweiten Abschlussprüfer** durch Beschluss der Hauptversammlung zu bestellen oder in analoger Anwendung von § 318 Abs. 4 S. 2 HGB gerichtlich bestellen zu lassen, damit trotz eines etwaigen Erfolgs der Klage gegen die Bestellung des ersten Prüfers ohne zeitliche Verzögerung eine ordnungsgemäße Prüfung gewährleistet ist.[6] Der zweite Prüfer muss unbedingt und nicht nur aufschiebend bedingt als Ersatzprüfer für den Fall des negativen Ausgangs des Rechtsstreits bestellt werden, damit er sogleich neben dem „angefochtenen" Prüfer tätig werden kann und gegebenenfalls seine Prüfung und sein Testat ausreichen. Weitergehend sind die Registergerichte in solchen Fällen mittlerweile auch bereit, **denselben Prüfer** zu bestellen, wenn keine Einwendungen gegen die Person des Prüfers erhoben werden.[7]

---

[1] Zu einer Bestellung des Abschlussprüfers für mehrere Geschäftsjahre s. *Welf Müller* FS Marsch-Barner, 2018, 375 ff. u. *Schüppen* FS E. Vetter, 2019, 737 ff.
[2] So die hM, s. MüKoHGB/*Ebke* § 319 Rn. 16; 92; KölnKommRLR/*Welf Müller* § 319 Rn. 113.
[3] Anders BGHZ 153, 32 – HVB zur alten Rechtslage, auch → Rn. 6 f.
[4] So schon zuvor die hM, Nachw. bei *Habersack* NZG 2003, 659 (665 f.).
[5] *Gelhausen/Heinz* Wpg. 2005, 693 (700); KölnKommRLR/*Welf Müller* § 319 Rn. 125; aA LG München AG 2005, 623 – HVB (nach altem Recht).
[6] *Forster* FS J. Semler, 1993, 819 (829 f.); *Lutter* FS J. Semler, 1993, 835 (849 ff.); Baumbach/Hopt HGB/*Merkt* § 318 Rn. 16; *v. Falkenhausen/Kocher* ZIP 2005, 602; MüKoHGB/*Ebke* § 318 Rn. 77; AG Wolfsburg AG 1992, 205; aA KölnKommRLR/*Welf Müller* § 318 Rn. 27; *Adler/Düring/Schmaltz* Rechnungslegung und Prüfung HGB § 318 Rn. 101.
[7] OLG Karlsruhe ZIP 2015, 2319; *Schockenhoff/Culmann* AG 2016, 23 ff.; *v. Falkenhausen/Kocher* ZiP 2005, 602; Baumbach/Hopt HGB/*Merkt* § 318 Rn. 6.

3. Erteilung des Prüfungsauftrags. Unverzüglich nach der Wahl des Abschlussprüfers ist 5
nach § 318 Abs. 1 S. 4 HGB der Prüfungsauftrag zu erteilen, dh der schuldrechtliche
Vertrag mit dem von der Hauptversammlung gewählten Prüfer abzuschließen. Nach § 111
Abs. 2 S. 3 AktG wird der Prüfungsauftrag nicht durch den Vorstand, sondern durch den
Aufsichtsrat erteilt, der insoweit ausschließlich zur Vertretung der Gesellschaft berechtigt ist.
Das Aufsichtsratsplenum kann diese Aufgabe auf einen Ausschuss übertragen (→ § 32
Rn. 50). Der Prüfungsauftrag kann nur widerrufen werden, wenn nach § 318 Abs. 3 HGB
ein anderer Prüfer bestellt worden ist, § 318 Abs. 1 S. 5 HGB. Im Prüfungsauftrag ist die
Vergütung des Prüfers zu vereinbaren. Außerdem kann der Aufsichtsrat im Prüfungsauftrag
einzelne Prüfungsthemen festlegen, die schwerpunktmäßig geprüft werden sollen. Der
Aufsichtsrat kann die Entscheidung über den Inhalt des Prüfungsauftrags nicht auf den
Vorstand delegieren, sondern den Vorstand nur zur Vorbereitung seiner Entscheidung
einschalten.[8] § 111 Abs. 2 S. 3 AktG ist auch zu beachten, wenn die AG als kleine Kapitalgesellschaft iSv § 267 Abs. 1 HGB nicht kraft Gesetzes prüfungspflichtig ist, sondern die
Abschlussprüfung nur durch die Satzung vorgeschrieben ist. Auch bei Führung eines
Rechtsstreits mit dem Abschlussprüfer über das Honorar oder einen Schadensersatzanspruch wegen Verletzung der Pflichten aus dem Prüfungsauftrag wird die AG vom
Aufsichtsrat vertreten.[9]

4. Gerichtliche Ersetzung des gewählten Prüfers nach § 318 Abs. 3 HGB. Auf 6
Antrag des Vorstands oder des Aufsichtsrats oder von Aktionären, deren Anteile zusammen
5 % des Grundkapitals oder einen Börsenwert von 500.000 Euro erreichen, hat das Gericht
einen anderen Abschlussprüfer zu bestellen, wenn dieses aus einem in der Person des
gewählten Prüfers liegenden Grund geboten erscheint, insbesondere wenn ein Ausschlussgrund nach § 319 Abs. 2–5, § 319a und § 319b HGB besteht. Der Antrag kann nur
innerhalb von zwei Wochen seit der Wahl gestellt werden. Aktionäre sind nur antragsbefugt,
wenn sie gegen die Wahl Widerspruch zur Niederschrift erklärt haben und glaubhaft
machen, dass sie seit mindestens drei Monaten vor der Hauptversammlung Inhaber der
Aktien sind. Wenn der Befangenheitsgrund erst nach der Wahl eintritt oder bekannt wird,
kann der Antrag innerhalb von zwei Wochen seit Kenntnis oder Kennenmüssen der
tatsächlichen Umstände gestellt werden.

Umstritten war früher das Verhältnis zwischen dem Ersetzungsverfahren nach § 318 7
Abs. 3 HGB und einer Anfechtungs- oder Nichtigkeitsklage gegen den Wahlbeschluss.
Nach Auffassung des BGH gab es keinen Vorrang des Ersetzungsverfahrens;[10] der Gesetzgeber hat daraufhin im Jahre 2004 durch § 243 Abs. 3 Nr. 2, § 249 Abs. 1 S. 1 AktG den
Vorrang des Antrags nach § 318 Abs. 3 HGB bestimmt (→ Rn. 3).

II. Prüfung durch den Aufsichtsrat

1. Vorlagen des Vorstands nach § 170 AktG. Der Vorstand hat dem Aufsichtsrat den 8
Jahresabschluss – Bilanz, Gewinn- und Verlustrechnung und Anhang – und den Lagebericht
unverzüglich nach ihrer Aufstellung vorzulegen, § 170 Abs. 1 AktG. Der Abschlussprüfer
hat seinen Prüfungsbericht dem Aufsichtsrat vorzulegen, nachdem er dem Vorstand Gelegenheit zur Stellungnahme gegeben hat, § 321 Abs. 5 HGB iVm § 111 Abs. 2 S. 3 AktG.
Das gilt entsprechend, wenn bei einer kleinen AG iSv § 267 Abs. 1 HGB gemäß einer
Anordnung in der Satzung eine Prüfung durch den Abschlussprüfer erfolgt.

Gleichzeitig mit der Vorlage des Jahresabschlusses und des Lageberichts hat der Vorstand 9
dem Aufsichtsrat seinen **Vorschlag für die Gewinnverwendung** durch die Hauptver-

---

[8] Begr. des RegE zum KonTraG, BT-Drs. 13/9712, 16.
[9] *E. Vetter* AG 2019, 595 ff.; aA MüKoAktG/*Habersack* § 111 Rn. 95 für Ersatzansprüche. Zur
Vertretung der AG durch den Aufsichtsrat bei Rechtsstreit mit beauftragtem Sachverständigen → § 29
Rn. 54.
[10] BGHZ 153, 32 = ZIP 2003, 290 – HVB.

sammlung vorzulegen, § 170 Abs. 2 S. 1 AktG. Der Vorschlag muss im Regelfall wie folgt gegliedert sein:
(1) Verteilung an die Aktionäre
(2) Einstellung in Gewinnrücklagen
(3) Gewinnvortrag
(4) Bilanzgewinn.

Von dieser Gliederung darf zwar nur abgewichen werden, soweit dies durch den Inhalt des Vorschlags bedingt ist (zB keine Einstellung in die Gewinnrücklagen durch die Hauptversammlung). Es ist jedoch unbedenklich, wenn – entsprechend der Gliederung des späteren Beschlusses der Hauptversammlung nach § 174 Abs. 2 AktG – schon im Verwendungsvorschlag die Ziffer des Bilanzgewinns vorangestellt und sodann aufgeschlüsselt wird, wie dieser Bilanzgewinn verwendet werden soll.[11]

10 Wenn der Vorstand nach § 312 AktG zur Aufstellung eines **Abhängigkeitsberichts** verpflichtet ist (dazu → § 70 Rn. 95 ff.), hat er – zusammen mit den Unterlagen nach § 170 Abs. 1 AktG – auch den Abhängigkeitsbericht und den diesbezüglichen Prüfungsbericht des Abschlussprüfers dem Aufsichtsrat zur Prüfung vorzulegen, § 314 Abs. 1 AktG. Obwohl die Schlusserklärung des Vorstands im Abhängigkeitsbericht nach § 312 Abs. 3 S. 3 AktG auch in den Lagebericht aufzunehmen ist, und zwar mit ihrem vollen Wortlaut, ist der Abhängigkeitsbericht nicht Bestandteil des Jahresabschlusses, sondern ein eigenständiger Teil der Rechnungslegung.[12]

11 Ist die Gesellschaft als Muttergesellschaft nach § 290 HGB zur Konzernrechnungslegung verpflichtet, muss der Vorstand dem Aufsichtsrat nach § 170 Abs. 1 S. 2 AktG unverzüglich nach ihrer Aufstellung auch den **Konzernabschluss** und den Konzernlagebericht vorlegen. Der Lagebericht der Gesellschaft und der Konzernlagebericht können in einem Bericht verbunden werden (§§ 298 Abs. 3, 315 Abs. 3 HGB), was in der Praxis häufig geschieht, und auch der Anhang zum Jahresabschluss der Gesellschaft und der Anhang zum Konzernabschluss können zusammengefasst werden (§ 298 Abs. 3 HGB). Der Prüfungsbericht über die Konzernabschlussprüfung wird dem Aufsichtsrat durch den Abschlussprüfer vorgelegt, § 321 Abs. 5 HGB iVm § 111 Abs. 2 S. 3 AktG.

12 Jedes Aufsichtsratsmitglied hat zwingend das Recht, von den Vorlagen des Vorstands und den Prüfungsberichten des Abschlussprüfers Kenntnis zu nehmen, § 170 Abs. 3 S. 1 AktG. Die Vorlagen und Prüfungsberichte sind auch jedem Aufsichtsratsmitglied auszuhändigen, es sei denn, der Aufsichtsrat hat beschlossen, dass diese Unterlagen nur den Mitgliedern eines bestimmten Ausschusses ausgehändigt werden sollen, § 170 Abs. 3 S. 2 AktG.[13] Das einzelne Aufsichtsratsmitglied kann die Rechte auf Kenntnisnahme und Aushändigung durch Klage gegen die Gesellschaft, vertreten durch den Vorstand, geltend machen (→ § 33 Rn. 94 f.).[14] Es ist im Regelfall nicht befugt, bei der Einsichtnahme in den Prüfungsbericht einen externen Sachverständigen zuzuziehen, sondern muss sich zur Klärung der Fragen und Probleme, die sich für ihn aus der Lektüre des Prüfungsberichtes ergeben, vorrangig an den Vorstand und den Abschlussprüfer halten (→ § 33 Rn. 5).[15]

---

[11] KölnKommAktG/*Ekkenga* § 170 Rn. 22; *Adler/Düring/Schmaltz* Rechnungslegung AktG § 170 Rn. 24.

[12] BGHZ 124, 111 (121 f.) – Vereinte Krankenversicherung; BGH ZIP 1997, 887 (888 f.) – VW/Niedersachsen; OLG Köln WM 1993, 647 (664). Auch → Rn. 21 und → § 46 Rn. 5.

[13] Hüffer/*Koch* AktG § 170 Rn. 13; für einschränkende Auslegung der „Übermittlungssperre" Schmidt/Lutter/*Drygala* AktG § 170 Rn. 19; KölnKommAktG/*Ekkenga* § 170 Rn. 51; MüKoAktG/*Hennrichs/Pöschke* § 170 Rn. 89, 101; Spindler/Stilz AktG/*Euler/Klein* § 170 Rn. 54; GroßkommAktG/*E. Vetter* § 170 Rn. 174 ff.

[14] BGHZ 85, 293 – Hertie; Hüffer/*Koch* AktG § 170 Rn. 15; MüKoAktG/*Hennrichs/Pöschke* § 170 Rn. 112.

[15] BGHZ 85, 293 – Hertie; *Hommelhoff* ZGR 1983, 551 ff.

2. Prüfungsumfang und -maßstab. Das Plenum des Aufsichtsrats muss den vorgelegten 13
Jahresabschluss, den Lagebericht, den Vorschlag für die Gewinnverwendung und den
gegebenenfalls vom Vorstand erstatteten Abhängigkeitsbericht prüfen. Die Prüfungspflicht
erstreckt sich auch auf den **Konzernabschluss** und Konzernlagebericht. Eine Delegation
dieser Aufgaben an einen Ausschuss zur abschließenden Erledigung ist nicht möglich, § 107
Abs. 3 S. 3 AktG; möglich ist nur eine Vorbereitung der Prüfung des Plenums durch einen
Prüfungs- oder Bilanzausschuss.[16] Der **Prüfungsbericht** des Abschlussprüfers ist nicht
Gegenstand der Prüfung durch den Aufsichtsrat, sondern nur ein wesentliches Hilfsmittel
für die eigenständige Prüfung des Jahresabschlusses durch den Aufsichtsrat. Demgemäß hat
der Aufsichtsrat in seinem Bericht nach § 171 Abs. 2 S. 3 AktG nicht zum Bericht des
Abschlussprüfers, sondern nur zum Ergebnis der Prüfung des Jahresabschlusses durch den
Abschlussprüfer Stellung zu nehmen. Der Aufsichtsrat muss auch die **Nichtfinanzielle
Erklärung** des Vorstands (dazu → § 44 Rn. 16 ff.) prüfen. Wenn sie im Lagebericht
enthalten ist, ergibt sich das aus der Pflicht zur Prüfung des Lageberichts, bei gesonderter
Berichterstattung außerhalb des Lageberichts folgt die Prüfungspflicht aus § 171 Abs. 1 S. 4
AktG.

Der Aufsichtsrat hat den Jahresabschluss und den Konzernabschluss auf ihre **Recht-** 14
mäßigkeit zu prüfen, also darauf, ob sie Gesetz und Satzung entsprechen.[17] Insoweit deckt
sich der – im Gesetz nicht ausdrücklich formulierte – Maßstab für die Prüfung des
Aufsichtsrats mit dem für die Prüfung des Abschlussprüfers geltenden Maßstab, § 317
Abs. 1 S. 2 HGB. Der Prüfungsauftrag an den Aufsichtsrat geht jedoch weiter: Der Aufsichtsrat hat über die Prüfung der Rechtmäßigkeit des Abschlusses hinaus auch die **Zweckmäßigkeit** der vom Vorstand bei der Aufstellung des Jahresabschlusses und des Konzernabschlusses getroffenen bilanzpolitischen Entscheidungen zu prüfen. Er hat also insbesondere zu prüfen, ob der Vorstand von den bilanzrechtlich bestehenden Ermessensspielräumen,
zB bei der Ausübung von Bilanzierungs- und Bewertungswahlrechten, bei der Festlegung
der Abschreibungsmethoden und bei der Bemessung von Rückstellungen und Wertberichtigungen, sachgerecht Gebrauch gemacht hat.[18]

Wenngleich der Aufsichtsrat ebenso wie der Abschlussprüfer den Jahresabschluss und den 15
Konzernabschluss auf die Übereinstimmung mit Gesetz und Satzung zu prüfen hat, bedeutet dies nicht, dass eine vollständige Doppelprüfung stattzufinden hat und der Aufsichtsrat
mit entsprechender Intensität wie der Abschlussprüfer prüfen muss. Der Aufsichtsrat kann
vielmehr auf Grund der Prüfung durch den Abschlussprüfer davon ausgehen, dass – soweit
der Prüfungsbericht des Abschlussprüfers keine Beanstandungen enthält – das Zahlenwerk
des Jahresabschlusses ordnungsgemäß aus den Büchern der Gesellschaft entwickelt worden
ist und die Gebote einer ordnungsgemäßen Buchführung und Bilanzierung beachtet
wurden.[19] Demgemäß genügt es für die Prüfung der Rechtmäßigkeit des Abschlusses durch
den Aufsichtsrat, wenn er Bedenken nachgeht, die aus dem Bericht des Abschlussprüfers
hervorgehen oder sich aus anderen Quellen gegen die Richtigkeit der Feststellungen des
Abschlussprüfers ergeben. Sind keine solchen Bedenken ersichtlich, so sind über das
Studium und die Auswertung des Prüfungsberichts hinaus keine Prüfungshandlungen des
Aufsichtsrats, auch keine Stichproben im Hinblick auf die Ordnungsmäßigkeit des Abschlusses erforderlich.[20] Das Schwergewicht der eigenständigen Prüfung des Jahresabschlusses durch den Aufsichtsrat liegt demgemäß im Regelfall nicht in der Prüfung der Ordnungsmäßigkeit des Abschlusses, sondern in der Analyse und Erörterung der in dem

---

[16] Zum Prüfungsausschuss → § 32 Rn. 19 ff.
[17] MüKoAktG/*Hennrichs/Pöschke* § 171 Rn. 32 f., 73 f.; *Hüffer/Koch* AktG § 171 Rn. 4.
[18] *Hüffer/Koch* AktG § 171 Rn. 3, 6 f.; *Adler/Düring/Schmaltz* Rechnungslegung AktG § 171
Rn. 21; MüKoAktG/*Hennrichs/Pöschke* § 171 Rn. 36 ff., 75; GroßkommAktG/*E. Vetter* § 171
Rn. 51 ff.
[19] MüKoAktG/*Hennrichs/Pöschke* § 171 Rn. 33, 74; *Hüffer/Koch* AktG § 171 Rn. 9.
[20] *Adler/Düring/Schmaltz* Rechnungslegung AktG § 171 Rn. 23; MüKoAktG/*Hennrichs/Pöschke*
§ 171 Rn. 35.

Abschluss enthaltenen bilanzpolitischen Entscheidungen. Insoweit verfügt der Aufsichtsrat auf Grund der laufenden Berichte des Vorstandes zur Geschäftspolitik und zu einzelnen Geschäften häufig sogar über größere Sachkunde als der Abschlussprüfer.

16 Das **einzelne Aufsichtsratsmitglied** muss nicht über Spezialkenntnisse im Bilanzrecht verfügen, um seinen Pflichten bei der Abschlussprüfung entsprechen zu können.[21] Anders verhält es sich mit dem durch § 100 Abs. 5 AktG geforderten unabhängigen Finanzexperten im Aufsichtsrat einer kapitalmarktorientierten Gesellschaft (dazu → § 30 Rn. 26). Jedes Aufsichtsratsmitglied muss sich so intensiv mit dem Jahresabschluss befassen, dass es zu einem verantwortlichen eigenen Urteil gelangt. Dazu kann und muss es sich vorrangig der gesellschaftsintern zur Verfügung stehenden Informations- und Hilfsmittel bedienen, also den Prüfungsbericht des Abschlussprüfers studieren und ergänzende Erläuterungen durch den Vorstand und den Abschlussprüfer einholen. Einen externen Sachverständigen darf das Aufsichtsratsmitglied nur dann hinzuziehen, wenn die im Aufsichtsrat selbst gebotenen Beratungsmöglichkeiten nicht ausreichen oder pflichtwidrig verweigert werden.[22]

17 **3. Bericht des Aufsichtsrats.** § 171 Abs. 2 AktG schreibt im Einzelnen vor, welche Mindestangaben der Bericht des Aufsichtsrats an die Hauptversammlung zu enthalten hat. In der Praxis haben sich dafür formularmäßige Wendungen herausgebildet, und früher enthielt der Bericht nur selten mehr als diese wenig aussagekräftigen Formeln. Das hat sich geändert, seit die Rechtsprechung schärfere Anforderungen stellt[23] und der Corporate Governance **Kodex** zusätzliche Berichtsgegenstände empfiehlt (Sitzungsteilnahme von Aufsichtsratsmitgliedern nach Empfehlung D.8 und Interessenkonflikte nach Empfehlung E.1). Inzwischen wird in der Praxis der großen börsennotierten Gesellschaften derart ausführlich und konkret über die in den einzelnen Sitzungen behandelten Themen und Probleme berichtet, dass nicht selten das Beratungsgeheimnis des Aufsichtsrats und seiner Ausschüsse (dazu → § 33 Rn. 63) in Gefahr gerät.[24] Deshalb kann und muss sich insbesondere die vom Kodex in der Empfehlung E.1 empfohlene Berichterstattung über aufgetretene Interessenkonflikte und deren Behandlung auf allgemeine Aussagen ohne wesentlichen Informationsgehalt beschränken und auf die Darlegung von Einzelheiten verzichten.[25] Es gib keinen Vorrang der Berichtspflicht nach § 171 Abs. 2 AktG gegenüber der durch § 116 S. 2 AktG betonten Geheimhaltungspflicht bezüglich der Beratungen des Aufsichtsrats[26], sondern die Berichtspflicht wird durch das Beratungsgeheimnis begrenzt.[27] Jedoch steht es im pflichtgemäßen Ermessen des Aufsichtsrats, ob er in seinem Bericht insoweit auf die Einhaltung des Beratungsgeheimnisses verzichtet, als er dies im internen einer sogenannten Information der Aktionäre für sinnvoll hält.[28]

---

[21] *Adler/Düring/Schmaltz* Rechnungslegung AktG § 171 Rn. 29 ff.; MüKoAktG/*Hennrichs/Pöschke* § 171 Rn. 94; *Hommelhoff* ZGR 1983, 551 (576); Hüffer/*Koch* AktG § 171 Rn. 9.
[22] BGHZ 85, 293 – Hertie.
[23] OLG Stuttgart ZIP 2006, 756; OLG Düsseldorf NZG 2013, 178; LG München ZIP 2005, 1031 u. WM 2008, 81 (84 f.); LG Berlin DB 2005, 1320. Dazu *Maser/Bäumler* AG 2005, 906 ff.; *E. Vetter* ZIP 2006, 257 ff.; *Kiethe* NZG 2006, 888 ff.; *Lutter* AG 2008, 1; *Sünner* AG 2008, 411; *Marsch-Barner* FS Stilz, 2014, 397 (399 ff.).
[24] Vgl. Schmidt/Lutter/*Drygala* AktG § 171 Rn. 15; *Drygala* AG 2007, 381 (386 f.); *Liese/Theusinger* BB 2007, 2528 (2530). Dagegen Hüffer/*Koch* AktG § 171 Rn. 18; KölnKommAktG/*Ekkenga* § 171 Rn. 69 („kein greifbares Konfliktpotential"); MüKoAktG/*Hennrichs/Pöschke* § 171 Rn. 195 („Ausgleich nach Gebot der praktischen Konkordanz").
[25] BGH NZG 2013, 783 (784) – Deutsche Bank gegen OLG Frankfurt a. M. NZG 2011, 1029 (1030); *Wilsing/von der Linden* ZHR 178 (2014), 419 (436 f.). Vgl. auch BGHZ 194, 14 Rn. 31 f. – Fresenius u. OLG Düsseldorf NZG 2013, 178 (179 f.).
[26] Insoweit hM, s. Hüffer/*Koch* AktG § 171 Rn. 18; KölnKommAktG/*Ekkenga* § 171 Rn. 69.
[27] *Hoffmann-Becking* NZG 2017, 281 (284 f.). Anders Hüffer/*Koch* AktG § 171 Rn. 18 u. GroßkommAktG/*E. Vetter* § 171 Rn. 220: Keine Berichtspflicht, soweit Ankunft nach § 131 Abs. 3 AktG verweigert werden dürfte.
[28] *Hoffmann-Becking* NZG 2017, 281 (285); auch → § 33 Rn. 65.

Der Bericht beginnt in der Regel mit einer Darstellung von Art und Umfang der 18
Prüfung der Geschäftsführung der Gesellschaft durch den Aufsichtsrat, wie sie § 171 Abs. 2
S. 2 AktG verlangt. Wie eingehend darüber zu berichten ist hängt wesentlich von der Lage
der Gesellschaft ab. Nur bei einer aufs Ganze gesehen positiven und planmäßigen Entwicklung genügt die Feststellung, dass der Vorstand den Aufsichtsrat während des Geschäftsjahres
regelmäßig schriftlich und mündlich über die Lage des Unternehmens und die wesentlichen geschäftlichen Ereignisse und Vorhaben unterrichtet hat und der Aufsichtsrat mit dem
Vorstand darüber in mehreren Sitzungen beraten hat.[29] Jedenfalls bei einer börsennotierten
Gesellschaft ist darüber hinaus anzugeben, welche Ausschüsse des Aufsichtsrats gebildet
worden sind und wie häufig das Plenum und die Ausschüsse zu Sitzungen zusammengekommen sind, § 171 Abs. 2 S. 2 Hs. 2 AktG. Aber auch bei nicht börsennotierten Gesellschaften sollte der Bericht vorsorglich die Zahl der Sitzungen und die wesentlichen
Beratungsthemen nennen. Nach dem **Kodex** (Empfehlung D.8) soll auch angegeben
werden, an wie vielen Sitzungen des Aufsichtsrats und der Ausschüsse die einzelnen Mitglieder jeweils teilgenommen haben.

Sodann folgt die Stellungnahme zum Ergebnis der Prüfung des Jahresabschlusses (und 19
gegebenenfalls des Konzernabschlusses, § 171 Abs. 2 S. 5 AktG) durch den Abschlussprüfer, § 171 Abs. 2 S. 3 AktG. Dazu genügt es, wenn im Anschluss an einen Hinweis auf
den Bestätigungsvermerk des Abschlussprüfers festgestellt wird, dass auch die Prüfung durch
den Aufsichtsrat keine Beanstandungen ergeben hat und sich der Aufsichtsrat auf Grund
seiner eigenen Prüfung dem Ergebnis der Prüfung durch den Abschlussprüfer anschließt.[30]
Falls der Abschlussprüfer das Testat eingeschränkt oder verweigert hat und der Aufsichtsrat
dennoch den Jahresabschluss billigt, muss der Aufsichtsrat seine Entscheidung im Bericht
begründen.[31]

Schließlich hat der Aufsichtsrat zu erklären, ob nach dem abschließenden Ergebnis seiner 20
eigenen Prüfung des Jahresabschlusses, des Lageberichts und des Gewinnverwendungsvorschlags Einwendungen zu erheben sind und ob er den vom Vorstand aufgestellten Jahresabschluss (und gegebenenfalls den Konzernabschluss) billigt. Auch hier genügt, wenn keine
Einwendungen zu erheben sind, die Wiedergabe der gesetzlichen Formulierung.

Wenn der Vorstand einen **Abhängigkeitsbericht** nach § 312 AktG aufgestellt hat 21
(→ Rn. 10), muss der Aufsichtsrat auch über das Ergebnis seiner Prüfung des Abhängigkeitsberichts berichten und zum Ergebnis der Prüfung des Abhängigkeitsberichts durch den
Abschlussprüfer Stellung nehmen, § 314 Abs. 2 u. 3 AktG. Dabei muss er den vom
Abschlussprüfer erteilten Bestätigungsvermerk in seinen Bericht aufnehmen, und zwar mit
dem vollständigen und genauen Wortlaut des Vermerks.[32]

Gesetzlich nicht unbedingt erforderlich, aber üblich ist schließlich die Erwähnung der 22
während des Geschäftsjahres eingetretenen Änderungen in der personellen Besetzung von
Vorstand und Aufsichtsrat.

Der Bericht muss vom Aufsichtsrat durch Beschluss festgestellt und durch den Vor- 23
sitzenden in der Urschrift unterschrieben werden.[33] Der Aufsichtsrat hat seinen Bericht
innerhalb eines Monats, nachdem ihm die Vorlagen zugegangen sind, dem Vorstand
zuzuleiten. Die Frist beginnt erst mit dem Zugang des Prüfungsberichts des Abschlussprüfers.[34]

---

[29] Hüffer/*Koch* AktG § 171 Rn. 20; *E. Vetter* ZIP 2006, 257 (262); MüKoAktG/*Hennrichs/Pöschke*
§ 171 Rn. 196 ff.
[30] Hüffer/*Koch* AktG § 171 Rn. 22; MüKoAktG/*Hennrichs/Pöschke* § 171 Rn. 206.
[31] Hüffer/*Koch* AktG § 171 Rn. 22; *Adler/Düring/Schmaltz* Rechnungslegung AktG § 171 Rn. 72;
MüKoAktG/*Hennrichs/Pöschke* § 171 Rn. 207; GroßkommAktG/*E. Vetter* § 171 Rn. 233.
[32] BGHZ 153, 47 (50 ff.); OLG Dresden AG 2003, 433 (435 f.).
[33] BGH NZG 2010, 943.
[34] *Strieder* AG 2006, 363 ff.

§ 46 Feststellung des Jahresabschlusses

Übersicht

	Rn.		Rn.
I. Feststellung durch Vorstand und Aufsichtsrat, § 172 AktG	1–6	a) Nichtiger Jahresabschluss	15
		b) Fehlerhafter Jahresabschluss	16
II. Feststellung durch die Hauptversammlung, § 173 AktG	7–11	4. Änderung des fehlerfreien Jahresabschlusses	17
III. Änderung des festgestellten Jahresabschlusses	12–17	IV. Steuerliche Bedeutung des Jahresabschlusses	18–26
1. Änderung vor Feststellung	12	1. Grundlagen der Gewinnermittlung; Maßgeblichkeitsgrundsatz	18–22
2. Änderung vor oder nach Einberufung der Hauptversammlung	13, 14	2. Steuerliche Besonderheiten bei Berichtigung und Änderung des Jahresabschlusses	23–26
3. Änderung des fehlerhaften Jahresabschlusses	15, 16		

Schrifttum: *Hennrichs*, Zum Fehlbegriff im Bilanzrecht, NZG 2013, 681–687; *Hans-Peter Müller*, Bilanzrecht und Organverantwortung, FS Quack, 1991, S. 345–357; *ders.*, Rechtsfolgen unzulässiger Änderungen von festgestellten Jahresabschlüssen, FS Budde, 1995, S. 431–443; *Welf Müller*, Die Änderung von Jahresabschlüssen, Möglichkeiten und Grenzen, FS Quack, 1991, S. 359–372; *Priester*, Aufstellung und Feststellung des Jahresabschlusses bei unterbesetztem Vorstand, FS Kropff, 1997, S. 592–604; *Schulze-Osterloh*, Bilanzberichtigung bei Verkennung der Grundsätze ordnungsmäßiger Buchführung, BB 2007, 2335–2337; *Stapperfend*, Die Änderbarkeit der Steuerfestsetzung als Voraussetzung für die Bilanzberichtigung, FR 2008, 937. Vgl. auch die Literaturhinweise zu §§ 44, 45.

I. Feststellung durch Vorstand und Aufsichtsrat, § 172 AktG

1 Im Regelfall wird der Jahresabschluss durch Vorstand und Aufsichtsrat festgestellt. Die beiden Organe wirken dabei wie folgt zusammen: Der Vorstand erklärt sein Einverständnis, indem er dem Aufsichtsrat den Jahresabschluss als Vorlage des Vorstands zuleitet; der Aufsichtsrat erklärt sein Einverständnis, indem er den Jahresabschluss billigt. § 172 Abs. 1 S. 1 AktG nennt unter der Überschrift „Feststellung durch Vorstand und Aufsichtsrat" nur den zweiten Akt des korporationsinternen Rechtsgeschäfts der beiden Organe: Billigt der Aufsichtsrat den Jahresabschluss, so ist dieser festgestellt.

2 Die Billigung des Aufsichtsrats erfolgt durch Beschluss des Plenums. Die Entscheidung kann nicht einem Ausschuss überlassen werden, wie sich aus § 107 Abs. 3 iVm § 171 Abs. 2 S. 4 AktG ergibt.[1] Sobald der billigende Beschluss des Aufsichtsrats dem Vorstand mitgeteilt worden ist – was regelmäßig in der **Bilanzsitzung** des Aufsichtsrats geschieht –, ist die Feststellung abgeschlossen. Von diesem Zeitpunkt an sind die beiden Organe im Verhältnis zueinander an die Feststellung gebunden. Weder der Vorstand noch der Aufsichtsrat kann einseitig sein Einverständnis mit dem festgestellten Jahresabschluss rückgängig machen; Vorstand und Aufsichtsrat können nur gemeinsam zu dem Schluss kommen, den bereits festgestellten Jahresabschluss zu ändern (→ Rn. 13). Der Abschlussprüfer hat an der Bilanzsitzung des Aufsichtsratsplenums teilzunehmen und über die wesentlichen Ergebnisse seiner Prüfung zu berichten. Falls eine Vorprüfung des Abschlusses durch einen Ausschuss stattfindet, hat der Abschlussprüfer auch an der betreffenden Sitzung des Ausschusses teilzunehmen, § 171 Abs. 1 S. 2 AktG.

3 Die Billigung des vom Vorstand vorgelegten Jahresabschlusses durch den Aufsichtsrat bewirkt nicht notwendig die Feststellung des Abschlusses. Trotz der Billigung des vom Vorstand vorgelegten Jahresabschlusses durch den Aufsichtsrat können die beiden Organe nach § 172 Abs. 1 S. 1 AktG beschließen, die Feststellung des Jahresabschlusses der Haupt-

---

[1] *Adler/Düring/Schmaltz* Rechnungslegung AktG § 172 Rn. 5; Hüffer AktG/*Koch* § 172 Rn. 4.

versammlung zu überlassen. Der Wortlaut des Gesetzes deutet darauf hin, dass dieser Beschluss gleichzeitig mit der Billigung erfolgen muss; Vorstand und Aufsichtsrat können aber, wie sich aus § 175 Abs. 4 AktG ergibt, auch noch nachträglich, also nach Eintritt der Feststellungswirkung durch die Billigung des Aufsichtsrats, in der Zeit bis zur Einberufung der Hauptversammlung einvernehmlich beschließen, die Feststellung des Jahresabschlusses der Hauptversammlung zu überlassen.[2]

Umstritten ist die Frage, ob der Aufsichtsrat den Jahresabschluss unter **Auflagen** oder unter **Bedingungen** billigen kann.[3] Wenn der Aufsichtsrat zB sein Einverständnis mit dem vorgelegten Jahresabschluss nur unter der Bedingung oder Auflage erklärt, dass der Vorstand bestimmte Positionen ändert, muss zumindest in Fällen, in denen eine Nachtragsprüfung durch den Abschlussprüfer nach § 316 Abs. 3 HGB erforderlich ist, auch eine erneute und nunmehr unbedingte Billigung durch den Aufsichtsrat erfolgen, um jede Unklarheit auszuschließen. 4

Die Feststellung des Jahresabschlusses durch den Aufsichtsrat kann mit der Billigung des vom Vorstand erstellten und vom Abschlussprüfer geprüften **Abhängigkeitsberichts** als Ergebnis der eigenen Prüfung des Aufsichtsrats (→ § 45 Rn. 21) verbunden werden. Die Beschlüsse können jedoch auch getrennt gefasst werden, da der Abhängigkeitsbericht nicht Teil des Jahresabschlusses ist (→ § 45 Rn. 10). 5

Der **Konzernabschluss** wird zwar nach der Gesetzesfassung (§ 171 Abs. 2 S. 5, § 173 Abs. 1 S. 2 AktG) nicht festgestellt, sondern nur gebilligt,[4] da er keine Rechtswirkung im Verhältnis zwischen der Gesellschaft und ihren Aktionären entfaltet. Aber wegen seiner großen Bedeutung als Informationsmittel muss der Aufsichtsrat ihn ebenso prüfen wie den Jahresabschluss (→ § 45 Rn. 11), über das Ergebnis seiner Prüfung an die Hauptversammlung berichten (→ § 45 Rn. 19) und darüber beschließen, ob er den Konzernabschluss billigt (§ 171 Abs. 2 S. 5 AktG). 6

II. Feststellung durch die Hauptversammlung, § 173 AktG

Nur ausnahmsweise ist die Hauptversammlung für die Feststellung des Jahresabschlusses zuständig: wenn entweder Vorstand und Aufsichtsrat einvernehmlich beschlossen haben, die Feststellung der Hauptversammlung zu überlassen, oder der Aufsichtsrat den Jahresabschluss nicht gebilligt hat, § 173 Abs. 1 S. 1 AktG. Über die Billigung des **Konzernabschlusses** entscheidet die Hauptversammlung nur dann, wenn der Aufsichtsrat den Konzernabschluss nicht gebilligt hat, § 173 Abs. 1 S. 2 AktG; Vorstand und Aufsichtsrat können diese Entscheidung also anders als die Feststellung des Jahresabschlusses nicht einvernehmlich der Hauptversammlung überlassen.[5] 7

Bei der Feststellung des **Jahresabschlusses** durch die Hauptversammlung sind nach § 173 Abs. 2 S. 1 AktG die für die Aufstellung des Abschlusses geltenden Vorschriften anzuwenden. Daraus wird deutlich, dass die Hauptversammlung – anders als der Aufsichtsrat bei der Feststellung nach § 172 AktG – in keiner Weise an die Vorlage des Vorstands gebunden ist, sondern die sonst zwischen Vorstand und Aufsichtsrat aufgeteilten Kompetenzen zur Aufstellung und Feststellung vereinigt. Die Hauptversammlung kann demgemäß, wenn sie für die Feststellung des Jahresabschlusses zuständig wird, den vom Vorstand aufgestellten Abschluss im Hinblick auf die Ausübung von Wahlrechten und bilanzpoliti- 8

---

[2] *Adler/Düring/Schmaltz* Rechnungslegung AktG § 172 Rn. 14; Hüffer AktG/*Koch* § 175 Rn. 10; KölnKommAktG/*Ekkenga* § 172 Rn. 16; aA MüKoAktG/*Hennrichs/Pöschke* § 172 Rn. 28 f.

[3] Ablehnend Hüffer AktG/*Koch* § 172 Rn. 4; MüKoAktG/*Hennrichs/Pöschke* § 172 Rn. 30; GroßkommAktG/*E. Vetter* § 172 Rn. 32; KölnKommAktG/*Ekkenga* § 172 Rn. 15; großzügiger dagegen *Adler/Düring/Schmaltz* Rechnungslegung AktG § 172 Rn. 19.

[4] Zur Kritik an dieser Terminologie s. MüKoAktG/*Hennrichs/Pöschke* § 172 Rn. 105; DAV-Handelsrechtsausschuss NZG 2002, 115 (118). Widersprüchlich ist die Terminologie zum Konzernabschluss der GmbH in § 42a Abs. 4 (Feststellung) und § 46 Nr. 1b) GmbHG (Billigung).

[5] MüKoAktG/*Hennrichs/Pöschke* § 173 Rn. 68; GroßkommAktG/*E. Vetter* § 173 Rn. 110.

sche Ermessensentscheidungen beliebig ändern.[6] Sie kann im Rahmen der Feststellung des Jahresabschlusses auch Entnahmen aus den Kapital- oder Gewinnrücklagen beschließen, soweit nicht die Verwendungsbeschränkungen des § 150 AktG entgegenstehen (dazu → § 44 Rn. 2 ff.). Anders verhält es sich, soweit die Hauptversammlung ausnahmsweise nach § 173 Abs. 1 S. 2 AktG über die Billigung des **Konzernabschlusses** entscheidet; dabei ist sie an die Aufstellung durch den Vorstand gebunden und kann den Konzernabschluss nur billigen oder ablehnen.[7]

9 Zur **Rücklagenbildung** bestimmt § 173 Abs. 2 S. 2 AktG, dass die Hauptversammlung bei der Feststellung des Jahresabschlusses nur die Beträge in Gewinnrücklagen einstellen darf, die nach Gesetz oder Satzung einzustellen sind. Die gesetzliche Ermächtigung zur Rücklagenbildung nach § 58 Abs. 2 S. 1 AktG und die gegebenenfalls in der Satzung erteilte Ermächtigung nach § 58 Abs. 2 S. 2 AktG gelten nur zugunsten von Vorstand und Aufsichtsrat, nicht aber zugunsten der Hauptversammlung, wenn sie ausnahmsweise nach § 173 AktG den Jahresabschluss feststellt. Eine Zuführung zu den Gewinnrücklagen über das Maß der zwingend vorgeschriebenen Zuführung hinaus kann die Hauptversammlung somit nicht schon bei der Feststellung des Abschlusses, sondern erst im Rahmen der Verwendung des Bilanzgewinns nach § 174 Abs. 2 AktG beschließen (→ § 47 Rn. 16).

10 Wenn die Hauptversammlung bei ihrer Feststellung des Jahresabschlusses von dem Abschluss abweicht, wie ihn der Abschlussprüfer im Anschluss an die Aufstellung durch den Vorstand geprüft hat, muss eine **Nachtragsprüfung** nach § 316 Abs. 3 HGB erfolgen. Das Gesetz lässt es jedoch zu, dass die Hauptversammlung schon vor dieser Nachtragsprüfung endgültig über die Feststellung des Jahresabschlusses und auch über die Verwendung des darin festgestellten Bilanzgewinns beschließt. Die beiden Beschlüsse werden gemäß § 173 Abs. 3 S. 1 AktG allerdings erst wirksam, wenn die Nachtragsprüfung erfolgt ist und mit einem uneingeschränkten Testat abgeschlossen wurde. Falls dies nicht innerhalb von zwei Wochen seit der Beschlussfassung der Hauptversammlung geschieht, werden die Feststellungs- und Gewinnverwendungsbeschlüsse der Hauptversammlung endgültig unwirksam, § 173 Abs. 3 S. 2 AktG.

11 Für den Feststellungsbeschluss der Hauptversammlung genügt nach § 133 Abs. 1 AktG die einfache Mehrheit der abgegebenen Stimmen, wenn die Satzung keine größere Mehrheit oder andere Erfordernisse vorschreibt. Die **Anfechtung** eines Feststellungsbeschlusses nach § 243 AktG kann nur auf Verfahrensmängel gestützt werden, § 257 AktG. Für inhaltliche Mängel gilt die abschließende Regelung der Nichtigkeit des Jahresabschlusses nach § 256 AktG (→ § 48 Rn. 3).

III. Änderung des festgestellten Jahresabschlusses

12 **1. Änderung vor Feststellung.** Solange der Jahresabschluss noch nicht durch den billigenden Beschluss des Aufsichtsrats nach § 172 Abs. 1 S. 1 AktG festgestellt ist, steht es dem Vorstand frei, den von ihm aufgestellten Jahresabschluss zu ändern.[8] Erfolgt die Änderung nach Abschluss der Prüfung und Vorlage des Prüfungsberichts, muss nach § 316 Abs. 3 HGB eine Nachtragsprüfung erfolgen, soweit es die Änderung erfordert.

13 **2. Änderung vor oder nach Einberufung der Hauptversammlung.** Bis zur Bekanntmachung der Einberufung der ordentlichen Hauptversammlung sind Vorstand und Aufsichtsrat nach hM uneingeschränkt befugt, den von ihnen festgestellten Jahresabschluss ein-

---

[6] Hüffer AktG/*Koch* § 173 Rn. 4; MüKoAktG/*Hennrichs/Pöschke* § 173 Rn. 33; KölnKommAktG/*Ekkenga* § 173 Rn. 14; rechtspolitisch ablehnend *Adler/Düring/Schmaltz* Rechnungslegung AktG § 173 Rn. 16 ff.

[7] Zur Kritik an dieser nicht durchdachten Regelung s. MüKoAktG/*Hennrichs/Pöschke* § 173 Rn. 69 ff.; KölnKommAktG/*Ekkenga* § 173 Rn. 26.

[8] *Adler/Düring/Schmaltz* Rechnungslegung AktG § 172 Rn. 33; KölnKommAktG/*Ekkenga* § 172 Rn. 22; *H. P. Müller* FS Budde, 1995, 431 (433 f.).

vernehmlich zu ändern, und zwar ganz gleich, ob rechtliche Mängel des Abschlusses korrigiert oder neue Erkenntnisse über die am Abschlussstichtag vorhandenen Verhältnisse berücksichtigt werden sollen oder die Verwaltung ihr bilanzpolitisches Ermessen anders ausüben will.[9] Die später für die Änderung eines fehlerfrei festgestellten Abschlusses geltende Einschränkung, dass gewichtige wirtschaftliche oder rechtliche Gründe die Änderung erfordern müssen (→ Rn. 17), soll nicht für Änderungen in dem Stadium vor Einberufung der Hauptversammlung gelten, da zu dieser Zeit noch nicht ein Interesse der Aktionäre und der Öffentlichkeit an der Aufrechterhaltung des festgestellten Abschlusses beachtlich sei. Das trifft jedoch nur zu, wenn Aktionäre und Öffentlichkeit erstmals durch die Einberufung der Hauptversammlung und die zeitgleiche Auslegung des Abschlusses nach § 175 AktG von dessen Inhalt erfahren. Wenn die wesentlichen Zahlen dagegen bereits zuvor – wie das jedenfalls bei Publikumsgesellschaften üblich und teilweise durch Art. 17 MMVO auch rechtlich geboten ist – über die Presse veröffentlicht worden sind, darf der festgestellte Jahresabschluss auch schon vor der Einberufung der Hauptversammlung nur aus gewichtigen wirtschaftlichen Gründen oder rechtlichen Gründen geändert werden.[10]

Nach der Einberufung der Hauptversammlung sind Vorstand und Aufsichtsrat gemäß § 175 Abs. 4 AktG „an die in dem Bericht des Aufsichtsrats enthaltenen Erklärungen über den Jahresabschluss (§§ 172, 173 Abs. 1 AktG)" gebunden. Diese Bindung betrifft entgegen dem missverständlichen Wortlaut der Vorschrift nicht den Inhalt des Abschlusses, sondern nur die Feststellungskompetenz von Vorstand und Aufsichtsrat: Nach der Einberufung der Hauptversammlung können Vorstand und Aufsichtsrat nicht mehr beschließen, die Feststellung der Hauptversammlung zu überlassen, sondern müssen sich an ihrer Zuständigkeit und Verantwortung für den Inhalt des Abschlusses festhalten lassen.[11] Demgemäß kann der festgestellte Abschluss auch noch in der Zeit zwischen Einberufung und Hauptversammlung durch Vorstand und Aufsichtsrat einvernehmlich geändert werden, wenn die allgemeinen Voraussetzungen für eine nachträgliche Änderung (→ Rn. 17) erfüllt sind.[12] Um Verfahrensmängel zu vermeiden, die zur Anfechtbarkeit des Gewinnverwendungsbeschlusses führen würden, muss allerdings bei erheblichen Änderungen des Abschlusses die Hauptversammlung verlegt werden, damit der geänderte Abschluss von der (erneuten) Einberufung an ausgelegt werden kann, § 175 Abs. 2 AktG, und sich die in der Einberufung mitgeteilten Verwaltungsvorschläge zur Gewinnverwendung auf den geänderten Abschluss beziehen.[13]

3. Änderung des fehlerhaften Jahresabschlusses. a) Nichtiger Jahresabschluss.
Wenn der Jahresabschluss mit Mängeln behaftet ist, die seine Nichtigkeit nach § 256 AktG begründen, liegt im rechtlichen Sinne kein festgestellter Jahresabschluss vor. Demgemäß ist die Korrektur des nichtigen Abschlusses keine Änderung eines verbindlich festgestellten Abschlusses, sondern Teil der erneuten Aufstellung und erstmaligen Feststellung des Abschlusses, die auch eine Änderung fehlerfreier Posten umfassen kann.[14] Sie ist bis zum Ablauf der Heilungsfristen des § 256 Abs. 6 AktG uneingeschränkt zulässig. Nach Ablauf

---

[9] *Adler/Düring/Schmaltz* Rechnungslegung AktG § 172 Rn. 45; *Hüffer AktG/Koch* § 172 Rn. 10; MüKoAktG/*Hennrichs/Pöschke* § 172 Rn. 47; aA *H. P. Müller* FS Budde, 1995, 431 (433 f.); GroßkommAktG/*Brönner* § 175 Rn. 26.

[10] *Hüffer/Koch* AktG § 173 Rn. 10; ähnlich MüKoAktG/*Hennrichs/Pöschke* § 172 Rn. 47; aA KölnKommAktG/*Ekkenga* § 172 Rn. 26 ff.

[11] *Adler/Düring/Schmaltz* Rechnungslegung AktG § 175 Rn. 25 f.; *Hüffer AktG/Koch* § 175 Rn. 10; KölnKommAktG/*Ekkenga* § 175 Rn. 34 f; MüKoAktG/*Hennrichs/Pöschke* § 175 Rn. 49.

[12] *Adler/Düring/Schmaltz* Rechnungslegung AktG § 172 Rn. 58; *Hüffer AktG/Koch* § 172 Rn. 10; MüKoAktG/*Hennrichs/Pöschke* § 175 Rn. 51; aA KölnKommAktG/*Ekkenga* § 172 Rn. 26.

[13] *Adler/Düring/Schmaltz* Rechnungslegung AktG § 172 Rn. 59.

[14] *Hüffer AktG/Koch* § 172 Rn. 9; *Adler/Düring/Schmaltz* Rechnungslegung AktG § 172 Rn. 36 f.; KölnKommAktG/*Ekkenga* § 172 Rn. 21; MüKoAktG/*Hennrichs/Pöschke* § 172 Rn. 56; *W. Müller* FS Quack, 1991, 359 (368 f.). Zu den Auswirkungen der Nichtigkeit auf Folgeabschlüsse und Gewinnverwendung s. *Henrichs* FS Bergmann, 2018, 303 ff.

der Heilungsfristen unterliegt die Korrektur den nachfolgend genannten Regeln für die Änderung fehlerhafter Jahresabschlüsse.[15]

16 **b) Fehlerhafter Jahresabschluss.** Mängel des festgestellten Abschlusses, die nicht seine Nichtigkeit nach § 256 AktG begründen, können korrigiert werden, es sei denn, der Fehler fällt nicht ins Gewicht.[16] Dabei ist zu beachten, dass ein objektiv unrichtiger Wertansatz nur dann zur Fehlerhaftigkeit des Abschlusses führt, wenn der Vorstand die Unrichtigkeit vor der Feststellung des Abschlusses erkannt hat oder erkennen konnte.[17] Wenn die maßgeblichen wertaufhellenden Erkenntnisse erst nach der Feststellung des Abschlusses gewonnen werden und vorher nicht erkennbar waren, handelt es sich um die Änderung eines fehlerfreien Jahresabschlusses.

17 **4. Änderung des fehlerfreien Jahresabschlusses.** Wenn der Jahresabschluss rechtlich fehlerfrei festgestellt worden ist, kann seine spätere Änderung darauf abzielen, neue wertaufhellende Erkenntnisse über die am Bilanzstichtag objektiv vorhandenen Verhältnisse zu berücksichtigen. Es kann aber auch darum gehen, das bilanzpolitische Ermessen insbesondere im Rahmen von Bewertungswahlrechten anders als zuvor auszuüben. Nach hM darf ein fehlerfrei festgestellter Jahresabschluss geändert werden, wenn wirtschaftliche oder rechtliche Gründe vorliegen, die so gewichtig sind, dass bei verständiger Würdigung das Interesse der Aktionäre und der Öffentlichkeit an der Aufrechterhaltung des festgestellten Jahresabschlusses zurückzutreten hat.[18] Bei neuen wertaufhellenden Erkenntnissen ist eine Änderung insbesondere dann zulässig, wenn sich aus den neuen Erkenntnissen erheblich höhere Risiken oder Verluste ergeben und es wirtschaftlich nicht vertretbar wäre, diese Sachverhalte erst im folgenden Jahresabschluss zu berücksichtigen. Eine Änderungspflicht der Organe lässt sich auch bei gravierenden Sachverhalten nicht aus dem Bilanzrecht herleiten; sie kann sich aber aus den allgemeinen Sorgfaltspflichten der Mitglieder von Vorstand und Aufsichtsrat ergeben.[19]

IV. Steuerliche Bedeutung des Jahresabschlusses

18 **1. Grundlagen der Gewinnermittlung; Maßgeblichkeitsgrundsatz.** Die AG ist als Kaufmann kraft Rechtsform nach § 6 Abs. 2 HGB zur Buchführung nach §§ 238 ff. HGB verpflichtet. Als zur Buchführung verpflichteter Steuerpflichtiger erzielt die AG ausschließlich **Einkünfte aus Gewerbebetrieb**, § 8 Abs. 2 KStG. Für die steuerliche Gewinnermittlung einer Körperschaft ergibt sich infolge der allgemeinen Verweisung des § 8 Abs. 1 KStG auf die Vorschriften des EStG, dass der Gewinn der AG durch Betriebsvermögensvergleich zu ermitteln ist. Nach den einkommensteuerlichen Vorschriften bedeutet der Gewinn den um bestimmte Zu- und Abrechnungen bereinigten Unterschiedsbetrag des Betriebsvermögens am Schluss des Wirtschaftsjahres und dem Schluss des vorangegangenen Wirtschaftsjahres, § 4 Abs. 1 S. 1 EStG. Bei der AG, die auf Grund gesetzlicher Vorschriften verpflichtet ist, Bücher zu führen und regelmäßig Abschlüsse aufzustellen, ist zum Schluss des Wirtschaftsjahres das Betriebsvermögen anzusetzen, das nach den handelsrechtlichen Grundsätzen ordnungsmäßiger Buchführung auszuweisen ist, § 5 Abs. 1 S. 1 EStG.[20]

---

[15] *W. Müller* FS Quack, 1991, 359 (369); *H. P. Müller* FS Budde, 1995, 431 (432); *Adler/Düring/Schmaltz* Rechnungslegung AktG § 172 Rn. 40; Hüffer AktG/*Koch* § 172 Rn. 10.

[16] *Adler/Düring/Schmaltz* Rechnungslegung AktG § 172 Rn. 43; Hüffer AktG/*Koch* § 172 Rn. 10.

[17] Sog. normativ-subjektiver Fehlerbegriff, s. MüKoAktG/*Hennrichs/Pöschke* § 172 Rn. 75 f.; *Schulze-Osterloh* BB 2007, 2335. Zum objektiven Fehlerbegriff bei der Steuerbilanz s. BFH NZG 2013, 476 u. *Hennrichs* NZG 2013, 681.

[18] MüKoAktG/*Hennrichs/Pöschke* § 172 Rn. 65 ff.; *Adler/Düring/Schmaltz* Rechnungslegung AktG § 172 Rn. 49 ff.; Hüffer AktG/*Koch* § 172 Rn. 10; GroßkommAktG/*E. Vetter* § 172 Rn. 118.

[19] *Adler/Düring/Schmaltz* Rechnungslegung AktG § 172 Rn. 54; *H. P. Müller* FS Quack, 1991, 345 (355 f.).

[20] BFH BStBl. II 2006 S. 928; L. Schmidt/*Weber-Grellet* EStG § 5 Rn. 26.

Bei einer Körperschaft bestehen die bei natürlichen Personen notwendigen Abgrenzungsfragen zwischen dem Betriebsvermögen und dem Privatvermögen nicht. Die Körperschaft verfügt ausschließlich über eine betriebliche Sphäre. Das in den Betriebsvermögensvergleich eingehende Vermögen bestimmt sich auf der Grundlage des handelsrechtlichen Jahresabschlusses. Maßnahmen der Eigenkapitalzufuhr (zB Erhöhung des Nennkapitals und andere Gesellschaftereinlagen) und Vermögensminderungen infolge von Gewinnausschüttungen, die als Einkommensverwendung zu betrachten sind, sind bei der Gewinnermittlung auszuscheiden, § 8 Abs. 3 KStG.[21] Offene Einlagen erhöhen nicht das steuerliche Einkommen der Gesellschaft, für verdeckte Einlagen gilt im Grundsatz das Gleiche, § 8 Abs. 3 S. 3 KStG; die Vorschriften über Einlagen und Entnahmen finden auf Körperschaften keine Anwendung.[22]

Der Grundsatz der **Maßgeblichkeit der Handelsbilanz** für die Steuerbilanz nach § 5 Abs. 1 S. 1 EStG erstreckt sich im materiellen Sinn auf die Ansatzentscheidung und die Bewertungsvorschriften. Danach sind die handelsrechtlichen Vorschriften über den Bilanzansatz auch für die steuerliche Gewinnermittlung maßgebend, jedoch mit Ausnahmen. Dies gilt zB für die GoB, für Vorschriften über die äußere Form des Jahresabschlusses sowie für den materiellen Inhalt, es sei denn, dass sich aus den Steuervorschriften Abweichendes ergibt.[23] Bei handelsrechtlichen Aktivierungswahlrechten gilt steuerlich eine Aktivierungspflicht, bei handelsrechtlichen Passivierungswahlrechten gilt ein steuerliches Passivierungsverbot.[24] Enthält das Steuerrecht jedoch ein gleichartiges Wahlrecht, wird dieses steuerlich im Einklang mit der Handelsbilanz ausgeübt. Enthält das Steuerrecht eigenständige Vorschriften über den Bilanzansatz, wird die Maßgeblichkeit der Handelsbilanz durchbrochen,[25] wie die zB in Form der Ansatzverbote in § 5 Abs. 2a–5 EStG vorgesehen ist. Für die Praxis von Bedeutung ist das Verbot der Passivierung von Verbindlichkeiten, nur aus einem Bilanzgewinn und Liquidationsüberschuss getilgt zu werden brauchen, § 5 Abs. 2a EStG.[26] Weitere Durchbrechungen des Maßgeblichkeitsgrundsatzes finden sich in § 4f und § 5 Abs. 7 EStG mit den Beschränkungen des Ansatzes von transaktionsbedingten Passivposten, für die beim Überträger ein Passivierungsverbot oder besondere Bewertungsvorschriften anzuwenden war.[27] Nicht maßgeblich für die Steuerbilanz sind die handelsrechtlichen Bilanzierungshilfen, die in der Steuerbilanz nicht angesetzt werden dürfen. Der Grundsatz der formellen Maßgeblichkeit, also der Notwendigkeit eines handelsrechtlichen Ansatzes als Voraussetzung für dessen steuerbilanzielle Anerkennung wurde durch Änderung von § 5 Abs. 1 S. 2 EStG aufgegeben;[28] dies hat auch für den Bereich des Umwandlungssteuerrechts infolge des SEStEG weitergehende Bedeutung. Abweichungen können sich ferner ergeben, weill die handelsrechtliche und die steuerliche Zuordnung von Vermögensgegenständen/Wirtschaftsgütern nach Maßgabe der Zuordnung des wirtschaftlichen Eigentums nicht deckungsgleich ist.[29]

Die handelsrechtlichen Vorschriften über die Bewertung stehen unter dem allgemeinen **steuerrechtlichen Bewertungsvorbehalt** des § 5 Abs. 6 EStG; im Übrigen erfolgt die

---

[21] *Jacobs,* Unternehmensbesteuerung, 5. Aufl. 2015, S. 167 f.
[22] BFH GmbHR 1997, 317; BFH BStBl. II 1997 S. 548.
[23] L. Schmidt/*Weber-Grellet* EStG § 5 Rn. 29.
[24] L. Schmidt/*Weber-Grellet* EStG § 5 Rn. 30, 31; BFH GrS BStBl. II 1969 S. 291; BFH BStBl. II 1994 S. 176.
[25] L. Schmidt/*Weber-Grellet* EStG § 5 Rn. 30 zB zu Rückstellungen und Abgrenzungsposten.
[26] BFH BStBl. II 2015 S. 769; BFH BStBl. II 2017 S. 900; BMF 8.9.2006, BStBl. I 2006 S. 497; *Müller* BB 2016, 491; *Hoffmann* StuB 2016, 881; *Oser* DStR 2017, 1889; aM *Wolf* StuB 2017, 333; IDW HFA IDW Life 2016, 1000; *Scheifele/Nees* Der Konzern 2015, 417.
[27] BFH FR 2017, 957; BFH BStBl. II 2017 S. 1232; BMF 30.11.2017, BStBl. I 2017 S. 1619; *Adrian/Frey* StuB 2018, 85; *Kahle/Braun* FR 2018, 197; *Kahle* DStR 2018, 976; *Bolik/Selig-Kraft* NWB 2018, 851; *Bachmann/Richter/Risse* DB 2017, 2301; *Riedel* FR 2017, 949.
[28] L. Schmidt/*Weber-Grellet* EStG § 5 Rn. 60 mwN.
[29] Beispiele dazu aus dem Leasingbereich; vgl. BFH BStBl. II 2018 S. 81.

Bewertung für steuerliche Zwecke primär nach § 6 EStG. Die allgemeinen Bewertungsgrundsätze der GoB, wie sie in § 252 HGB kodifiziert wurden, gelten subsidiär.[30] Handelsrechtliche Bewertungswahlrechte haben für die Steuerbilanz nur insoweit Bedeutung, als § 6 EStG vergleichbare Wahlrechte gewährt; die steuerlichen Bewertungsvorschriften gehen den handelsrechtlichen vor;[31] handelsrechtliche Bewertungswahlrechte werden zu steuerlichen Bewertungspflichten.[32] Eine konkrete Ausprägung der Maßgeblichkeit ergibt sich aus § 5 Abs. 1a S. 2 EStG für Bewertungseinheiten, die, wenn sie in der Handelsbilanz gebildet wurden, auch steuerlich anzusetzen sind.[33] Unter dem Eindruck der nachhaltig niedrigen Zinsen wird aktuell die durch Steuervorschriften gebotene Abzinsung von Verbindlichkeiten oder Rückstellungen mit 6 % oder 5,5 % kritisiert;[34] Bewertungsabweichungen ergeben sich auch bei der Bewertung von Pensionsrückstellungen nach § 6a EStG für die der Abzinsungssatz in Höhe von 6 % auch nicht mehr als zeitgemäß angesehen wird.[35]

22 Der Grundsatz der formellen Maßgeblichkeit der Handelsbilanz für die Steuerbilanz nach § 5 Abs. 1 S. 2 EStG wurde durch das BilMoG[36] aufgehoben. Steuerliche Wahlrechte können jetzt unabhängig von der Ausübung in der Handelsbilanz ausgeübt werden. Das gilt zB auch für die Ausübung steuerlicher Bewertungswahlrechte wie der Bildung einer steuerfreien Rücklage nach § 6b EStG oder die Vornahme erhöhter Abschreibungen oder von Sonderabschreibungen, die in der Handelsbilanz nicht aufgeführt werden dürfen und nunmehr ausschließlich in der Steuerbilanz ihren Niederschlag finden.[37] Von Bedeutung ist dies zB für die Nutzung steuerlicher Wahlrechte zur Vornahme von Teilwertabschreibungen (zB § 6 Abs. 1 Nr. 1 S. 2 oder Nr. 2, Abs. 2 EStG), die für die steuerliche Gewinnermittlung ausgeübt (unterlassen) werden können, auch wenn eine handelsrechtliche Pflicht zur Vornahme besteht.[38]

23 2. Steuerliche Besonderheiten bei Berichtigung und Änderung des Jahresabschlusses. Die Ermittlung des zutreffenden Periodengewinns setzt den Ansatz der einzelnen Bilanzposten in deren zutreffender Höhe voraus. Zur Änderung des handelsrechtlichen Jahresabschlusses → Rn. 12 ff.

24 Für die Steuerbilanz wird zwischen der Bilanzberichtigung und der Bilanzänderung unterschieden. Eine Bilanzberichtigung beinhaltet die Beseitigung von Bilanzierungsfehlern, durch die ein fehlerhafter Ansatz durch einen richtigen ersetzt wird.[39] Eine Bilanz ist fehlerhaft, wenn ein Bilanzansatz objektiv gegen ein handelsrechtliches oder steuerliches Bilanzierungsgebot oder -verbot verstößt und der Steuerpflichtige den Bilanzverstoß nach den im Zeitpunkt der Bilanzerstellung bestehenden Erkenntnismöglichkeiten über die zum Bilanzstichtag gegebenen objektiven Verhältnisse bei pflichtgemäßer und gewissenhafter

---

[30] BFH BStBl. II 2006 S. 298; L. Schmidt/*Weber-Grellet* EStG § 5 Rn. 33; *Förster/Schmidtmann* BB 2009, 1342 (1343).
[31] BMF 12.3.2010, BStBl. I 2010 S. 239 Rn. 8; L. Schmidt/*Weber-Grellet* EStG § 5 Rn. 33.
[32] BFH BStBl. II 1994 S. 176.
[33] L. Schmidt/*Weber-Grellet* EStG § 5 Rn. 70; *Helios/Meinert* Ubg 2011, 592.
[34] FG Köln 12.10.2017 EFG 2018, 287 (BVerfG Az. – 2 BvL 22/17); *Pagels* FR 2018, 114; *Doralt* FR 2018, 347; *Binnewies/Bertrand* AG 2018, 480; anders FG Münster EFG 2017, 1638 für Nachzahlungszinsen.
[35] BMF 19.10.2018, DB 2018, 2667; FG Köln FR 2018, 24; *Eilers/Bleifeld* Ubg 2018, 65; *Melan* FR 2018, 577.
[36] G v. 25.5.2009 BGBl. 2009 S. 1102.
[37] L. Schmidt/*Weber-Grellet* EStG § 5 Rn. 60; zum bisherigen Recht BFH BStBl. II 1992 S. 958; BFH BStBl. II 1992 S. 488; *Weber-Grellet* DB 1994, 2405 (2406).
[38] L. Schmidt/*Weber-Grellet* EStG § 5 Rn. 60; L. Schmidt/*Kulosa* EStG § 6 Rn. 361; *Ortmann-Babel/Bolik/Gageur* DStR 2009, 934; *Herzig/Briesemeister* DB 2009, 926 (930) sowie DB 2009, 976 (978); *Prinz* GmbHR 2009, 1027 (1030); *Förster/Schmidtmann* BB 2009, 1342 (1345).
[39] L. Schmidt/*Heinicke* EStG § 4 Rn. 680.

Prüfung erkennen konnte.[40] War diese Erkenntnis nicht möglich, war die Bilanz trotz objektiver Unrichtigkeit nicht fehlerhaft.[41] Von dieser weithin herrschenden Auffassung ist der Große Senat des BFH[42] zT abgewichen und stellt für steuerliche Zwecke abweichend vom Handelsrecht stets auf die objektiv richtige Rechtslage ab. Wird zB ein Bilanzansatz infolge einer Änderung der Rechtsprechung fehlerhaft, erfolgt, wenn dies Ansätze der Vergangenheit betrifft, die Berichtigung in der Schlussbilanz des ersten Jahres, dessen Veranlagung nachgeändert werden kann; die spätere Erkenntnis der richtigen Verhältnisse muss in der nächstfolgenden Bilanz berücksichtigt werden.[43]

Für die Steuerbilanz gelten weitergehende zeitliche Grenzen für eine **Bilanzberichtigung**. Im Grundsatz gilt, dass der Steuerpflichtige bis zur Bilanzeinreichung einen Bilanzierungsfehler stets zu berichtigen hat. Nach der Bilanzeinreichung muss er Bilanzierungsfehler, die zu einer Steuerverkürzung führen können, nach § 153 AO bis zum Ablauf der Festsetzungsfrist richtig stellen. Fehler, die zu seinen Lasten gehen, kann er der Finanzbehörde anzeigen. Das Finanzamt hat alle bekannten Bilanzierungsfehler im Rahmen der Veranlagung und eines außergerichtlichen Rechtsbehelfsverfahrens zu korrigieren.[44] Nach einer bestandskräftigen Veranlagung ist eine Berichtigung von Bilanzfehlern nur noch im Rahmen einer Berichtigung der Veranlagung möglich.[45]

Eine **Bilanzänderung** ist gegeben, wenn ein Bilanzansatz, der weder dem Grunde nach noch der Höhe nach fehlerhaft ist, verändert wird, also zB durch einen anderen, ebenfalls gesetzlich zulässigen Ansatz ersetzt wird.[46] Dies gilt zB für die Wahl der Behandlung von steuerfreien Zuschüssen, der Wahl einer anderen Abschreibungsmethode, der Bildung einer Rückstellung bei bestehendem Wahlrecht oder der Bildung einer Rücklage nach § 6b EStG.[47] Bis zur Einreichung der Bilanz beim Finanzamt kann der Steuerpflichtige die Steuerbilanz (beliebig) ändern, § 4 Abs. 2 EStG steht nicht entgegen. Auch nach der Einreichung beim Finanzamt darf die Bilanz noch geändert werden, wenn sie dem GoB oder den gesetzlichen Vorschriften nicht entspricht; dies gilt nicht, wenn die Bilanz einer Steuerfestsetzung zugrunde gelegen hat, die nicht mehr geändert werden kann.[48] Darüber hinaus ist die Änderung der Bilanz nach der Einreichung beim Finanzamt nur noch im engen zeitlichen und sachlichen Zusammenhang mit einer Bilanzberichtigung nach § 4 Abs. 2 S. 1 EStG zulässig, und zwar nur wenn und soweit die durch Satz 1 zugelassene Berichtigung Auswirkungen auf den Gewinn hat. Nach bestandskräftiger Festsetzung kann eine Berichtigung von Bilanzansätzen nur im Rahmen der Änderung/Berichtigung der Veranlagung erfolgen.[49]

---

[40] BFH BStBl. II 1993 S. 392; BFH BStBl. II 2006 S. 688; FG Münster EFG 2007, 528; FG Baden-Württemberg EFG 1998, 268; L. Schmidt/*Heinicke* EStG § 4 Rn. 681. Auch → Rn. 16.
[41] L. Schmidt/*Heinicke* EStG § 4 Rn. 681; zum subj. Fehlerbegriff BFH BStBl. II 2007 S. 818; BFH/NV 2007, 2254; BFH BStBl. II 2006 S. 688.
[42] BStBl. II 2013 S. 317; ferner BFH BStBl. II 2013 S. 730; dazu *Weber-Grellet* DStR 2013, 729; *Drüen* GmbHR 2013, 505; *Schlotter* FR 2013, 835.
[43] BFH BFH/NV 1990, 630.
[44] BFH BStBl. II 1975 S. 206; L. Schmidt/*Heinicke* EStG § 4 Rn. 683.
[45] BFH BStBl. II 1989 S. 407 und II 1990 S. 905; im Einzelnen vieles str., vgl. zu weiteren Fragen L. Schmidt/*Heinicke* EStG § 4 Rn. 684 ff.; *Stapperfend* FR 2008, 937.
[46] BFH BStBl. II 1990 S. 195.
[47] BFH BStBl. II 1999 S. 272; BStBl. II 2001 S. 282.
[48] L. Schmidt/*Heinicke* EStG § 4 Rn. 683 f.
[49] BFH BStBl. 1989 S. 407; BStBl. 1990 S. 905; ferner L. Schmidt/*Heinicke* EStG § 4 Rn. 685.

§ 47 Gewinnverwendung

Übersicht

	Rn.		Rn.
I. Allgemeines	1–3	V. Gewinnanspruch des Aktionärs	26–31
II. Rücklagenbildung im Rahmen der Feststellung des Jahresabschlusses, § 58 AktG	4–15	1. Inhalt und Grundlage	26–28
		2. Fälligkeit	29
		3. Dividendenverzicht	30
1. Einstellung in gesetzliche und satzungsmäßige Rücklagen	4, 5	4. Gewinnanteilschein	31
		VI. Sachdividende	32, 33
a) Gesetzliche Rücklage	4	VII. Aktiendividende	34
b) Satzungsmäßige Rücklage	5	VIII. Besteuerung der Gewinnverwendung	35–53
2. Freie Rücklagenbildung durch Vorstand und Aufsichtsrat	6–10	1. Besteuerung der Aktionäre	35–44
		a) Grundlagen	35
a) Gesetzliche Ermächtigung nach § 58 Abs. 2 S. 1 AktG	6	b) Besteuerung nach dem Einkommensteuergesetz	36–40
b) Satzungsmäßige Ermächtigung nach § 58 Abs. 2 S. 2 AktG	7	c) Dividendenerträge im Betriebsvermögen	41
c) Gesetzliche Ermächtigung nach § 58 Abs. 2a AktG	8–10	d) Besteuerung nach dem Körperschaftsteuergesetz	42
3. Rücklagenbildung im Konzern	11–15	e) Besteuerung nach dem InvStG 2018	43, 44
a) Problem	11, 12	2. Belastung mit Kapitalertragsteuer	45–49
b) Stand der Meinungen	13–15	3. Besteuerung von Dividenden bei der Veräußerung von Aktien oder von Dividendenscheinen	50, 51
III. Verwendung des Bilanzgewinns, § 174 AktG	16–21		
IV. Gewinnverteilung	22–25		
1. Gesetzliche Regeln	22, 23	4. Besonderheiten bei disproportionaler Ausschüttung	52, 53
2. Abweichende Bestimmungen	24, 25		

Schrifttum: *Behrens,* Änderung von § 50d Abs. 3 durch das Beitreibungsrichtlinie-Umsetzungsgesetz, AG 2011, 863; *Berger/Matuszewski,* Dividendensripping im Fokus der Finanzverwaltung, BB 2011, 3097; *Beusch,* Rücklagenbildung im Konzern, FS Goerdeler, 1987, S. 25–44; *Busse von Colbe,* Der Konzernabschluß als Bemessungsgrundlage für die Gewinnverwendung, FS Goerdeler, 1987, S. 61–77; *Englisch,* Wirtschaftliches Eigentum beim Kauf girosammelverwahrter Aktien, FR 2010, 1023; *Geßler,* Rücklagenbildung bei Gewinnabführungsverträgen, FS Meilicke, 1985, S. 18–30; *ders.,* Rücklagenbildung im Konzern, AG 1985, 257–263; *Goerdeler,* Rücklagenbildung nach § 58 Abs. 2 AktG 1965 im Konzern, WPg 1986, 229–237; *Götz,* Die Sicherung der Rechte der Aktionäre der Konzernobergesellschaft bei Konzernbildung und Konzernleitung, AG 1984, 85–94; *ders.,* Rücklagenbildung in der Unternehmensgruppe, FS Moxter, 1994, S. 575–600; *Grieser/Faller,* Europarechtswidrigkeit der Nichtanrechenbarkeit deutscher Quellensteuern bei beschränkt steuerpflichtigen Kapitalgesellschaften, DB 2011, 2798; *dies.,* Verfahrensrechtliche Fragen zur KapESt-Entlastung bei Dividenden an EU-/EWR-KapGes, DB 2012, 1296; *Gross,* Zulässigkeit der Ausgabe neuer Aktien mit Gewinnanteilsberechtigung für ein bereits abgelaufenes Geschäftsjahr auch bei Bezugsrechtsausschluss, FS Hoffmann-Becking, 2013, S. 395–411; *Groh,* disquotale Gewinnverteilung in Kapitalgesellschaften – Ein Freibrief des BFH? DB 2000, 1433; *Häuselmann,* Die kapitalertragsteuerliche Erfassung von Wertpapierleih- und Wertpapierpensionsgeschäften, FR 2010, 200; *Jacobs* Unternehmensbesteuerung, 4. Aufl. 2009; *Jakobs/Wittmann,* Steuersenkungsgesetz – Besteuerung von Anteilsveräußerungen, GmbHR 2000, 910; *Kraft/Gerhardt,* Ist die Treaty Shopping-Klausel des § 50d Abs. 3 EStG de lege ferenda unions- und abkommenskompatibel? DB 2012, 80; *R. Krause,* Atypische Kapitalerhöhungen im Aktienrecht, ZHR 171 (2017), 641–687; *Lüdicke,* Entlastungsberechtigung ausländischer Gesellschaften (§ 50d Abs. 3 EStG); Entscheidung des EuGH zu Streubesitzdividenden vom 20.10.2011 (C-284/09), IStR 2012, 540; *Lutter,* Rücklagenbildung im Konzern, FS Goerdeler, 1987, S. 327–348; *Patzner/Nagler,* Besteuerung von Ausschüttungen an ausländische Körperschaften als Verstoß gegen die Niederlassungsfreiheit, GmbHR 2011, 1190; *Pellens/Amshoff/Schmidt,* Konzernsichtweisen in der Rechnungslegung: Zur Übertragbarkeit des betriebswirtschaftlichen Konzernverständnisses auf Ausschüttungsregulierungen, ZGR 2009, 231–276; *Priester,* Gewinnthesaurierung im Konzern, ZHR 176 (2012), 268–285; *Rau,* Das neue Kapitalertragsteuererhebungssystem für inländische, von einer Wertpapiersammelbank verwahrte Aktien, DStR 2011, 2325; *Rau,* Wirtschaftliches Eigentum beim Kauf girosammelverwahrter

Aktien über den Dividendenstichtag („cum/ex"-Geschäfte), DStR 2011, 510; *Ritter,* Perspektiven für die Fortentwicklung des deutschen internationalen Steuerrechts, IStR 2001, 430; *Rose,* Zur steuerlichen Beurteilung einvernehmlicher inkongruenter Gewinnverteilungen in Personen- und Kapitalgesellschaften, FR 2002, 1; *Schlitt/Kreymborg* Aktiendividende – ausgewählte gesellschafts- und kapitalmarktrechtliche Aspekte, AG 2018, 685–694; *Schön,* Die Abzugsschranken des § 3c EStG zwischen Verfassungs- und Europarecht, FR 2001, 381; *Schnittger,* Anwendung des § 8b Abs. 1 KStG beim Kapitalertragsteuerabzug – Auswirkungen der Entscheidung des EuGH vom 20.10.2011, DB 2012, 305; *Schwedhelm/Binnewies,* Realisierung von Körperschaftsteuerguthaben zum Systemwechsel, DB 2001, 503; *Seifried,* Unternehmensteuerreform 2001: Ausgewählte Zweifelsfragen, DStR 2001, 240; *Theisen,* Rücklagenbildung im Konzern, ZHR 156 (1992), 174–184; *Thömmes,* § 8b KStG und EG-Recht, DB 2001, 775; *Thomas,* Rücklagenbildung im Konzern, ZGR 1985, 365–385; *Werner,* Gewinnverwendung im Konzern, FS Stimpel, 1985, S. 935–953; *Wiegand,* Die Auskehrung von Sachwerten in der AG durch Sachdividende, Kapitalherabsetzung und Abspaltung, Diss. Bonn 2012.

I. Allgemeines

Über die Verwendung des Bilanzgewinns entscheidet ausschließlich die Hauptversammlung, § 174 AktG. Sie kann dabei von dem Gewinnverwendungsvorschlag, den Vorstand und Aufsichtsrat mit der Einberufung der Hauptversammlung nach § 124 Abs. 3 AktG gemacht haben (dazu → § 36 Rn. 80), abweichen, ist aber an den festgestellten Jahresabschluss und den darin ausgewiesenen Bilanzgewinn gebunden. Wenn der festgestellte Jahresabschluss keinen Bilanzgewinn, sondern einen Bilanzverlust oder ein ausgeglichenes Bilanzergebnis ausweist, kann die Hauptversammlung nicht durch Entnahmen aus den Gewinnrücklagen einen verwendungsfähigen Bilanzgewinn herstellen. 1

Der Bilanzgewinn oder -verlust des festgestellten Jahresabschlusses kann wesentlich abweichen von dem gemäß Gewinn- und Verlustrechnung erzielten Jahresüberschuss oder -fehlbetrag der Gesellschaft. Bevor die Hauptversammlung mit der Entscheidung über die Verwendung eines Bilanzgewinns befasst wird, entscheiden nämlich zunächst und vorrangig Vorstand und Aufsichtsrat in den durch § 58 AktG bestimmten Grenzen über die Verwendung des Jahresergebnisses im Zuge der Feststellung des Jahresabschlusses. 2

Soweit der Jahresüberschuss bereits im Rahmen der Feststellung des Abschlusses in Gewinnrücklagen eingestellt wurde, verbleibt ein geringerer Bilanzgewinn, über dessen Verwendung alsdann die Hauptversammlung zu entscheiden hat. Umgekehrt kann der Bilanzgewinn auch höher ausfallen als der Jahresüberschuss und sogar ein Bilanzgewinn trotz Jahresfehlbetrags zustande kommen, weil ein Gewinnvortrag aus dem Vorjahr hinzuzurechnen ist oder Vorstand und Aufsichtsrat im Rahmen der Feststellung Entnahmen aus Gewinnrücklagen beschlossen haben. Diese – zum Teil gesetzlich vorgegebenen – Entscheidungen von Vorstand und Aufsichtsrat über die Verwendung des Jahresergebnisses finden ihren Niederschlag in den Positionen, die § 158 AktG für die Gewinn- und Verlustrechnung der AG im Anschluss an den Posten „Jahresüberschuss/Jahresfehlbetrag" bis zum Posten „Bilanzgewinn/Bilanzverlust" vorschreibt. Vgl. dazu → § 44 Rn. 11. 3

II. Rücklagenbildung im Rahmen der Feststellung des Jahresabschlusses, § 58 AktG

1. Einstellung in gesetzliche und satzungsmäßige Rücklagen. a) Gesetzliche Rücklage. Soweit nach § 150 Abs. 1 und 2 AktG ein Teil des Jahresüberschusses in die gesetzliche Gewinnrücklage eingestellt werden muss, geschieht dies bereits im Rahmen der Feststellung des Jahresabschlusses. Vgl. dazu → § 44 Rn. 2 ff. 4

b) Satzungsmäßige Rücklage. Vorstand und Aufsichtsrat können nicht durch die Satzung verpflichtet werden, im Rahmen der Feststellung des Jahresabschlusses andere Gewinnrücklagen zu bilden[1] (zur Verpflichtung der Hauptversammlung → Rn. 18). Nach 5

---

[1] MüKoAktG/*Bayer* § 58 Rn. 40; GroßkommAktG/*Henze* § 58 Rn. 36; KölnKommAktG/*Drygala* § 58 Rn. 49; Spindler/Stilz AktG/*Cahn/v. Spannenberg* § 58 Rn. 34.

§ 58 Abs. 1 AktG kann die Satzung lediglich für den seltenen Ausnahmefall, dass die Hauptversammlung den Jahresabschluss feststellt, vorschreiben, dass dabei ein bestimmter Teil des Jahresüberschusses in Gewinnrücklagen einzustellen ist. Dieser Teil muss durch einen absoluten Betrag oder einen Prozentsatz des Jahresüberschusses bestimmt sein und darf die Hälfte des Jahresüberschusses, wie er sich nach Verrechnung mit einem Verlustvortrag und der Einstellung in die gesetzliche Rücklage ergibt, nicht übersteigen, § 58 Abs. 1 S. 2 und 3 AktG. Falls die Hauptversammlung ausnahmsweise für die Feststellung des Jahresabschlusses zuständig ist, kann sie im Übrigen im Rahmen der Feststellung nur die zwingend vorgeschriebene Zuführung zur gesetzlichen Rücklage vornehmen; eine Bildung freier Rücklagen durch die Hauptversammlung ist auch in diesem Fall erst in dem anschließenden Beschluss über die Verwendung des Bilanzgewinns möglich, § 173 Abs. 2 S. 2 AktG (→ § 46 Rn. 9).

6 **2. Freie Rücklagenbildung durch Vorstand und Aufsichtsrat. a) Gesetzliche Ermächtigung nach § 58 Abs. 2 S. 1 AktG.** Das Gesetz ermächtigt Vorstand und Aufsichtsrat, im Rahmen ihrer Feststellung des Jahresabschlusses einen Teil des Jahresüberschusses, höchstens 50 %, in „andere" – also nicht gesetzlich vorgeschriebene – Gewinnrücklagen einzustellen. Dabei ist von dem Jahresüberschuss nach Verrechnung mit einem Verlustvortrag und nach Dotierung der gesetzlichen Rücklage auszugehen, § 58 Abs. 2 S. 4 iVm Abs. 1 S. 3 AktG. Die gesetzliche Ermächtigung nach Abs. 2 Satz 1 gilt auch dann uneingeschränkt, wenn die anderen Gewinnrücklagen bereits zuvor die Hälfte des Grundkapitals übersteigen oder nach der Einstellung übersteigen würden; die Einschränkung des Abs. 2 Satz 3 betrifft nur eine weitergehende satzungsmäßige Ermächtigung zur Rücklagenbildung nach Satz 2, begrenzt dagegen nicht den Umfang der gesetzlichen Ermächtigung nach Satz 1 der Vorschrift.[2] Falls die Satzung die Verwaltung nach Abs. 2 Satz 2 nur zur Thesaurierung eines kleineren Teils als 50 % des Jahresüberschusses ermächtigt hat, hat die satzungsmäßige Beschränkung der Ermächtigung Vorrang vor der weitergehenden gesetzlichen Ermächtigung in Abs. 2 Satz 1.

7 **b) Satzungsmäßige Ermächtigung nach § 58 Abs. 2 S. 2 AktG.** Die Satzung kann Vorstand und Aufsichtsrat zur Einstellung eines größeren oder kleineren Teils als der Hälfte des Jahresüberschusses ermächtigen. Aufgrund einer solchen Satzungsbestimmung dürfen Vorstand und Aufsichtsrat jedoch keine Beträge in die Gewinnrücklagen einstellen, wenn die anderen Rücklagen die Hälfte des Grundkapitals bereits übersteigen oder soweit sie nach der Einstellung die Hälfte übersteigen würden, § 58 Abs. 2 S. 3 AktG. Ein „kleinerer Teil als die Hälfte" ist der Prozentsatz zwischen 50 % und 0 %. Die Satzung kann also die Befugnis der Verwaltung zur Bildung anderer Gewinnrücklagen auch ganz ausschließen.[3] Ein „größerer Teil als die Hälfte" ist jeder Prozentsatz über 50 % bis einschließlich 100 %. Das Gesetz gewährt damit dem Satzungsgeber einen großen Gestaltungsfreiraum und gestattet auch eine Satzungsklausel, durch die Vorstand und Aufsichtsrat ermächtigt werden, den **gesamten** Jahresüberschuss – nach Verrechnung mit einem Verlustvortrag und Dotierung der gesetzlichen Rücklage – den anderen Gewinnrücklagen zuzuweisen.[4] Die Ermächtigung kann mit der für gewöhnliche Satzungsänderungen erforderlichen Mehrheit beschlossen werden, muss aber schon zurzeit der Feststellung des Jahresabschlusses in Kraft sein, so dass es nicht genügt, wenn sie in der anschließenden ordentlichen Hauptversammlung beschlossen wird.[5]

---

[2] KölnKommAktG/*Drygala* § 58 Rn. 50; Spindler/Stilz AktG/*Cahn/v. Spannenberg* § 58 Rn. 36, 43; Hüffer AktG/*Koch* § 58 Rn. 13.
[3] Hüffer AktG/*Koch* § 58 Rn. 12; *Hoffmann-Becking* ZIP 1995, 1 (5); KölnKommAktG/*Drygala* § 58 Rn. 42; MüKoAktG/*Bayer* § 58 Rn. 45.
[4] BGHZ 55, 359 (364); Hüffer AktG/*Koch* § 58 Rn. 12; MüKoAktG/*Bayer* § 58 Rn. 45.
[5] Hüffer AktG/*Koch* § 58 Rn. 11; MüKoAktG/*Bayer* § 58 Rn. 46.

c) Gesetzliche Ermächtigung nach § 58 Abs. 2a AktG. Die Vorschrift ermächtigt 8
Vorstand und Aufsichtsrat, „unbeschadet der Absätze 1 und 2", also gegebenenfalls über das
Ausmaß der nach § 58 Abs. 2 AktG zulässigen Rücklagenbildung hinaus, zur Bildung von
Gewinnrücklagen aus dem Jahresüberschuss aus ursprünglich zwei besonderen Gründen,
seit der Änderung in 2015 nur noch aus einem Grund:

(1) Wertaufholungsrücklage. Wenn die Gründe für die außerplanmäßige Abschrei- 9
bung eines Vermögensgegenstandes in einem späteren Geschäftsjahr wegfallen, muss nach
§ 280 Abs. 1 HGB bei dem Vermögensgegenstand eine Zuschreibung auf den Wert
erfolgen, der sich bei lediglich planmäßigen Abschreibungen in der Zwischenzeit ergeben
hätte (Wertaufholungsgebot). § 58 Abs. 2a AktG ermächtigt Vorstand und Aufsichtsrat, die
durch die Wertaufholung entstehende Erhöhung des Jahresüberschusses der Rücklage
zuzuweisen und dadurch im Unternehmen zu halten. Die so begründete Rücklagenzuweisung darf höchstens dem Eigenkapitalanteil der Wertaufholung entsprechen, also dem
Betrag der Zuschreibung abzüglich der dadurch ausgelösten Steuerbelastung.[6]

(2) Rücklage zur Anpassung an steuerliche Passivposten. Nach § 247 Abs. 3 HGB 10
aF durften Passivposten, die auf Grund besonderer steuerlicher Vorschriften in der Steuerbilanz zulässig sind (zB eine Rücklage nach § 6b EStG), nach den allgemeinen Ansatz- und
Bewertungsvorschriften des Handelsrechts dagegen unzulässig wären, auch in der Handelsbilanz in die Position „Sonderposten mit Rücklageanteil" aufgenommen werden. Der
Posten durfte allerdings nach § 273 HGB aF nur insoweit gebildet werden, als das Steuerrecht die Anerkennung des Passivpostens davon abhängig macht, dass er auch in der
Handelsbilanz gebildet wird (sog. umgekehrte Maßgeblichkeit). Seit Aufhebung der „umgekehrten Maßgeblichkeit" und Beseitigung des Sonderpostens mit Rücklageanteil durch
das BilMoG in 2009 hatte die 2. Alternative des § 58 Abs. 2a AktG keinen Anwendungsbereich mehr und wurde deshalb durch das BilRUG gestrichen.[7]

3. Rücklagenbildung im Konzern. a) Problem. Nach § 58 Abs. 2 AktG können Vor- 11
stand und Aufsichtsrat 50 % und bei entsprechender Ermächtigung durch die Satzung bis zu
100 % des Jahresüberschusses in andere Rücklagen einstellen. Die Verwaltung einer Konzernobergesellschaft entscheidet jedoch nicht nur über die Verwendung des Jahresüberschusses der Obergesellschaft nach § 58 AktG, sondern mit den Mitteln der Konzernleitung
auch über das Ausmaß der Rücklagenbildung auf den unteren Ebenen des Konzerns. Durch
die Thesaurierung bei nachgeordneten Konzernunternehmen kann die Verwaltung den
Jahresüberschuss und mittelbar auch den Bilanzgewinn der Obergesellschaft vermindern
und dadurch die Entscheidungskompetenz der Hauptversammlung der Sache nach beschneiden, ohne gegen den Wortlaut des § 58 Abs. 2 AktG zu verstoßen.

Im Anschluss an die „Holzmüller"-Entscheidung des BGH aus dem Jahre 1982 (BGHZ 12
83, 122), die sich erstmals – wenn auch für andere Fallgestaltungen – mit der Gefahr einer
Verkürzung der Aktionärsrechte bei der Konzernobergesellschaft durch die Verlagerung
von Entscheidungen auf die Ebene der Konzerntöchter befasst hat (vgl. → § 35 Rn. 51 ff.),
hat sich eine intensive Diskussion entwickelt, ob und wie sich die Rücklagenbildung bei
nachgeordneten Konzerngesellschaften auf die Befugnisse der Verwaltung der Obergesellschaft aus § 58 Abs. 2 AktG auswirkt. Eine höchstrichterliche Klärung dieses Streits steht
noch aus.[8]

b) Stand der Meinungen. Im Wesentlichen lassen sich drei Auffassungen unterscheiden: 13
Am weitesten geht die Auffassung, § 58 Abs. 2 AktG enthalte eine verdeckte Regelungslücke und sei bei einer Konzernobergesellschaft mit dem folgenden veränderten Inhalt

---

[6] Näher dazu Spindler/Stilz AktG/*Cahn/v. Spannenberg* § 58 Rn. 49 f.; GroßkommAktG/*Bayer* § 58 Rn. 72 ff.

[7] Zur Gesetzesgeschichte s. MüKoAktG/*Bayer* § 58 Rn. 76.

[8] BGHZ 170, 283 – Otto zur Rechtslage bei einer KG als Obergesellschaft behandelt das Problem nur unzureichend.

anzuwenden: Vorstand und Aufsichtsrat können höchstens die Hälfte des Konzernjahresüberschusses in andere Gewinnrücklagen einstellen; bei Konzernuntergesellschaften gebildete Rücklagen sind auf diese Quote anzurechnen.[9] Überschreiten Vorstand und Aufsichtsrat der Obergesellschaft die so bestimmte 50%-Grenze, so ist der Jahresabschluss der Konzernobergesellschaft in entsprechender Anwendung von § 256 Abs. 1 Nr. 4 AktG nichtig.[10]

14 Die Gegenmeinung hält jede Korrektur des § 58 Abs. 2 AktG in seiner Anwendung auf die Gewinnverwendung einer Konzernobergesellschaft für unzulässig und unnötig.[11] Es liege keine Regelungslücke vor, da sich der Gesetzgeber in Kenntnis der Belange der Aktionäre der Obergesellschaft dafür entschieden habe, die Bildung freier Rücklagen in nachgeordneten Konzerngesellschaften eher zu fördern als zu behindern. Aus der Praxis seien auch keine Missbräuche bekanntgeworden, die eine solche Korrektur des § 58 Abs. 2 AktG im Wege der Lückenfüllung oder offenen Rechtsfortbildung nahelegen würden.

15 Die vermittelnde und heute herrschende Auffassung begnügt sich mit einer aus dem Grundgedanken des § 58 Abs. 2 AktG hergeleiteten Pflicht der Verwaltung, die Bildung von Rücklagen auf unteren Konzernebenen bei der Rücklagenbildung im Einzelabschluss der Obergesellschaft angemessen zu berücksichtigen.[12] Eine strikte „Durchrechnung" der Rücklagenbildung in nachgeordneten Konzernobergesellschaften auf eine der Verwaltung der Obergesellschaft zur Disposition stehende Quote von 50% des Konzernjahresüberschusses berücksichtige nicht ausreichend die Vielfalt der Fallgestaltungen mit ihren rechtlichen und faktischen Unsicherheiten (zB unterschiedliche Konzerntatbestände in § 18 AktG und § 290 HGB, Ausschüttungshindernisse bei ausländischen Tochtergesellschaften, unterschiedliche Bilanzstichtage von Mutter und Tochter etc). Die bloße Verpflichtung zur angemessenen Berücksichtigung der im Konzern gebildeten Rücklagen habe den Vorteil einer flexiblen Lösung. Eine Verletzung dieser Verpflichtung führe nicht zur Nichtigkeit des Jahresabschlusses analog § 256 AktG, könne aber Gegenstand einer Sonderprüfung analog § 258 AktG und von Organhaftungsansprüchen sein.

III. Verwendung des Bilanzgewinns, § 174 AktG

16 Die Hauptversammlung beschließt über die Verwendung des im festgestellten Jahresabschluss ausgewiesenen Bilanzgewinns. Ohne Bindung an den Verwendungsvorschlag der Verwaltung (dazu → §§ 42, 45 Rn. 9) steht es der Hauptversammlung frei, den Bilanz-

---

[9] *Götz* AG 1984, 85 (93 f.); *Götz* FS Moxter, 1994, 575 ff.; *Geßler* FS Meilicke, 1985, 18 (26 ff.); *Geßler* AG 1985, 257 (261 f.); *Hübner* FS Stimpel, 1985, 791 (798 f.); *Gollnick*, Gewinnverwendung im Konzern, 1991, S. 101; *Kohl*, Die Kompetenz zur Bildung von Gewinnrücklagen im Aktienkonzern, 1991, S. 193 ff. Wenn man dieser Auffassung im Grundsatz folgt – die *Geßler* übrigens nur für den Vertragskonzern vertritt –, kann es entgegen *Götz* und *Geßler* nicht auf einen im Gesetz nicht geregelten „Gesamtgewinn" des Konzerns ankommen, sondern muss man schon wegen der notwendigen Eliminierung von Zwischengewinnen und der Verrechnung von Fehlbeträgen einzelner Gesellschaften bei dem Konzernjahresüberschuss ansetzen. Vgl. *Busse von Colbe* FS Goerdeler, 1987, 61 (69 ff.), der den anteiligen Konzernjahresüberschuss, also nach Abzug der Gewinnanteile fremder Gesellschafter, de lege ferenda zur Bemessungsgrundlage für die Gewinnverwendung der Muttergesellschaft machen will. Vgl. auch *Schildbach* WPg 1993, 53 ff. (94 ff.); *Theisen* ZHR 156 (1992), 174 ff.; *Pellens/Amshoff/Schmidt* ZGR 2009, 231 ff.
[10] *Götz* FS Moxter, 1994, 575 (596 ff.).
[11] GroßkommAktG/*Henze* § 58 Rn. 59 ff.; *Adler/Düring/Schmaltz* Rechnungslegung AktG § 58 Rn. 85, 88; *Thomas* ZGR 1985, 365 (377 ff.); *Werner* FS Stimpel, 1985, 935 (941 ff.); *Werner* AG 1990, 1 (9 ff.); *H. P. Westermann* FS Pleyer, 1986, 421 (437 ff.); *Goerdeler* WPg 1986, 229 (235 f.); *Beusch* FS Goerdeler, 1987, 25 (33 ff.). Vgl. auch Bericht des Rechtsausschusses in BT-Drs. 10/4268, 124 zur Einführung von § 58 Abs. 2a AktG.
[12] *Lutter* FS Goerdeler, 1987, 327 (338 ff.); MüKoAktG/*Bayer* § 58 Rn. 67 ff.; Spindler/Stilz AktG/ *Cahn/v. Spannenberg* § 58 Rn. 78; KölnKommAktG/*Drygala* § 58 Rn. 76; *Priester* ZHR 176 (2012), 268 (276 f.); Schmidt/Lutter/*Fleischer* AktG § 58 Rn. 29; Hüffer AktG/*Koch* § 58 Rn. 17.

gewinn an die Aktionäre auszuschütten, in Gewinnrücklagen einzustellen oder als Gewinn vorzutragen. Zwischen diesen drei Möglichkeiten kann die Hauptversammlung, wie sich aus §§ 174 Abs. 2, 58 Abs. 3 S. 1 AktG ergibt, beliebig wählen und die Möglichkeiten beliebig kombinieren; sie darf dabei den Betrag des Bilanzgewinns nicht überschreiten, also zB nicht Rücklagen auflösen und als zusätzlichen Bilanzgewinn ausschütten, muss aber andererseits auch vollständig über den festgestellten Bilanzgewinn verfügen. Wenn die Hauptversammlung den Bilanzgewinn ganz oder teilweise in Rücklagen einstellt, sind diese Rücklagen erst im nächsten Jahresabschluss auszuweisen; der festgestellte Jahresabschluss wird nicht mehr geändert, § 174 Abs. 3 AktG. Ein Gewinnverwendungsbeschluss, der auch Aktionäre berücksichtigt, die aktuell wegen fehlender Stimmrechtsmitteilung nach § 59 WpÜG nicht dividendenberechtigt sind, ist nicht deshalb fehlerhaft.[13]

Das Gesetz bestimmt in § 58 Abs. 3 S. 1 AktG keine Höchstgrenze für eine Thesaurierung des Gewinns durch die Hauptversammlung. Eine Begrenzung ergibt sich jedoch mittelbar aus dem besonderen **Anfechtungsgrund des § 254 AktG:** Der betroffene Minderheitsaktionär kann den Beschluss über die Gewinnverwendung (nicht dagegen die Rücklagenbildung durch Vorstand und Aufsichtsrat) anfechten, wenn die Einstellung in die Rücklage oder der Gewinnvortrag bei vernünftiger kaufmännischer Beurteilung nicht zur Sicherung des Unternehmens erforderlich war und an die Aktionäre wegen dieser Thesaurierung keine Dividende von wenigstens 4 % ausgeschüttet wird. Zur Nichtigkeit und Anfechtung von Gewinnverwendungsbeschlüssen s. näher oben § 42. 17

Die Hauptversammlung kann durch die **Satzung** zur vollständigen Ausschüttung des Bilanzgewinns oder zur Ausschüttung in Höhe einer Mindestquote oder eines Mindestbetrags gezwungen werden.[14] Ob durch die Satzung auch umgekehrt eine Verpflichtung der Hauptversammlung zur Rücklagenbildung begründet werden kann, ist nach hM zu bejahen (arg. § 158 Abs. 1 Nr. 4c, der die Einstellung in satzungsmäßige Rücklagen vorsieht und anderenfalls leerlaufen würde).[15] 18

Nach § 58 Abs. 3 S. 2 AktG kann die Hauptversammlung, wenn die Satzung sie hierzu ermächtigt, auch eine „**andere Verwendung**" des Bilanzgewinns als Ausschüttung, Rücklagenzuweisung oder Gewinnvortrag beschließen. Als „andere Verwendung" kommt nur die Zuwendung an Dritte in Betracht; dabei ist insbesondere an eine Verwendung für gemeinnützige Zwecke gedacht.[16] Die „andere Verwendung" braucht in der Satzung nicht konkret bezeichnet zu werden. 19

Wenn der Vorstand auf Grund einer besonderen Ermächtigung in der Satzung nach § 59 AktG schon vor Feststellung des Jahresabschlusses eine **Abschlagszahlung** auf den Bilanzgewinn an die Aktionäre geleistet hat, muss die Hauptversammlung den Betrag bei der Verwendung des Bilanzgewinns als Ausschüttung berücksichtigen; insoweit kann sie den Bilanzgewinn also nicht mehr in Rücklagen einstellen oder vortragen.[17] 20

Wenn durch die Hauptversammlung abweichend von dem Vorschlag der Verwaltung weitere Beträge in Gewinnrücklagen einstellt oder vorgetragen werden, muss ein dadurch zusätzlich entstehender Steueraufwand nach § 174 Abs. 2 Nr. 5 AktG im Gewinnverwendungsbeschluss angegeben werden. 21

IV. Gewinnverteilung

1. Gesetzliche Regeln. Die Anteile der Aktionäre an dem von der Hauptversammlung zur Ausschüttung bestimmten Bilanzgewinn bestimmen sich nach ihren Anteilen am 22

---

[13] BGH ZIP 2014, 1677.
[14] Hüffer/Koch AktG § 58 Rn. 25a; MüKoAktG/Bayer § 58 Rn. 93; Spindler/Stilz AktG/Cahn/v. Spannenberg § 58 Rn. 87; Schmidt/Lutter/Fleischer AktG § 58 Rn. 42.
[15] Hüffer/Koch AktG § 58 Rn. 25a; MüKoAktG/Bayer § 58 Rn. 95; Spindler/Stilz AktG/Cahn/v. Spannenberg § 58 Rn. 88; KölnKommAktG/Drygala § 58 Rn. 49.
[16] Adler/Düring/Schmaltz Rechnungslegung AktG § 58 Rn. 122; Hüffer AktG/Koch § 58 Rn. 25.
[17] MüKoAktG/Bayer § 59 Rn. 18; KölnKommAktG/Drygala § 59 Rn. 18.

Grundkapital, § 60 Abs. 1 AktG. Für die Gewinnverwendung gilt somit dieselbe Grundregel wie für die Verteilung des Vermögens in der Liquidation (§ 271 Abs. 2 AktG) und für das Stimmrecht (§ 134 Abs. 1 S. 1 AktG): Der Umfang der Rechte aus den Aktien bestimmt sich nach der quotalen Beteiligung am Grundkapital, bei Nennbetragsaktien also nach den Nennbeträgen, soweit nicht die Satzung in dem dafür gegebenen gesetzlichen Rahmen abweichende Regelungen trifft.

23 Wenn die Einlagen auf das Grundkapital nicht auf alle Aktien in demselben Verhältnis geleistet sind oder Einlagen auf einen Teil der Aktien erst im Laufe des Geschäftsjahrs geleistet wurden, gelten im Interesse der Gleichbehandlung der Aktionäre Abweichungen von der allgemeinen Regel. Bei der Höhe nach ungleichen Einlageleistungen auf den Nennbetrag[18] erhält nach § 60 Abs. 2 S. 1 AktG jeder Aktionär aus dem verteilbaren, dh von der Hauptversammlung zur Ausschüttung bestimmten[19] Gewinn vorweg eine Dividende von 4% auf die von ihm geleistete Einlage; erst der danach verbleibende Ausschüttungsbetrag wird nach den Nennbeträgen verteilt. Bei zeitlich ungleichen Einlageleistungen werden nach § 60 Abs. 2 S. 3 AktG die erst während des Geschäftsjahres geleisteten Einlagen bei der Gewinnverteilung pro rata temporis berücksichtigt, so dass zB eine neue Aktie, auf die der Nennbetrag zur Mitte des Geschäftsjahres eingezahlt wurde, nach der gesetzlichen Regel für dieses Geschäftsjahr zur Hälfte gewinnberechtigt ist.

24 **2. Abweichende Bestimmungen.** Die Satzung kann, wie § 60 Abs. 3 AktG bestimmt, eine andere Art der Gewinnverteilung bestimmen. Sie kann insbesondere von den Sonderregeln des § 60 Abs. 2 AktG für die Fälle der ungleichen Einlageleistung abweichen, aber auch die Grundregel der Verteilung nach Nennbeträgen gemäß § 60 Abs. 1 AktG steht zur Disposition des Satzungsgebers.[20] In der Praxis ist es üblich, in der Satzung ausdrücklich vorzusehen, dass bei einer Kapitalerhöhung die Gewinnbeteiligung der neuen Aktien abweichend von § 60 AktG (oder: von § 60 Abs. 2 oder: von § 60 Abs. 2 S. 3 AktG) bestimmt werden kann.[21] Die Klausel soll gewährleisten, dass bei Kapitalerhöhungen ausreichende Gestaltungsfreiheit besteht, insbesondere die Gewinnbeteiligung der neuen Aktien abweichend von der pro rata-temporis-Regel des § 60 Abs. 2 S. 3 AktG geregelt werden kann. Nach richtiger Auffassung ist die Klausel allerdings entbehrlich, da der Kapitalerhöhungsbeschluss ohnehin eine Satzungsänderung enthält und somit auch gemäß § 60 Abs. 3 AktG die Gewinnbeteiligung abweichend regeln kann.[22] Soweit durch die abweichende Regelung für die neuen Aktien die Gewinnrechte der alten Aktien beeinträchtigt werden, ist keine Zustimmung der betroffenen Aktionäre erforderlich. Nach hM gilt dies auch dann, wenn das Bezugsrecht der Aktionäre mit ausreichender sachlicher Rechtfertigung ausgeschlossen wird.[23]

25 Die Gestaltungsfreiheit geht soweit, dass die neuen Aktien sogar am Gewinn des bei ihrer Ausgabe bereits abgelaufenen Geschäftsjahres beteiligt werden können, vorausgesetzt, die Aktien sind entstanden, bevor die Hauptversammlung über die Gewinnverwendung entscheidet (→ § 57 Rn. 34).[24]

---

[18] Ob in und welcher Höhe ein Agio geleistet worden ist, ist unerheblich, KölnKommAktG/*Drygala* § 60 Rn. 10, 14; Hüffer AktG/*Koch* § 60 Rn. 3; MüKoAktG/*Bayer* § 60 Rn. 8; GroßkommAktG/ *Henze* § 60 Rn. 9; Spindler/Stilz AktG/*Cahn* § 60 Rn. 7.
[19] Hüffer AktG/*Koch* § 60 Rn. 1; GroßkommAktG/*Henze* § 60 Rn. 2.
[20] Hüffer AktG/*Koch* § 60 Rn. 7.
[21] Vgl. *Happ* Aktienrecht/*Pühler* Form. 1.01 Rn. 97; Beck'sches Formularbuch/*Hoffmann-Becking*/ *Berger* Form. X.10 Anm. 12.
[22] OLG Celle ZIP 1989, 511 (513); Hüffer AktG/*Koch* § 60 Rn. 9; KölnKommAktG/*Drygala* § 60 Rn. 32.
[23] KölnKommAktG/*Drygala* § 60 Rn. 35; Hüffer AktG/*Koch* § 60 Rn. 9; MüKoAktG/*Bayer* § 60 Rn. 24.
[24] KölnKommAktG/*Drygala* § 60 Rn. 48; Hüffer AktG/*Koch* § 60 Rn. 10; GroßkommAktG/ *Henze* § 60 Rn. 30; *Simon* AG 1960, 148 (150); *Wündisch* AG 1960, 320; *Henssler*/*Glindemann* ZIP

V. Gewinnanspruch des Aktionärs

1. Inhalt und Grundlage. Die in § 58 Abs. 4 AktG angesprochene Gewinnberechtigung 26 des Aktionärs, dh sein allgemeines Recht auf Beteiligung am Gewinn der Gesellschaft, ist ein nicht abspaltbarer Teil des Mitgliedschaftsrechts. Von der **abstrakten Gewinnberechtigung** ist der auf die Auszahlung eines bestimmten Dividendenbetrags gerichtete **konkrete Gewinnanspruch** (Dividendenanspruch, Gewinnauszahlungsanspruch) zu unterscheiden, der erst durch den Gewinnverwendungsbeschluss der Hauptversammlung entsteht.[25] Die Gewinnberechtigung als Teil der Mitgliedschaft ist der „Nährboden", aus dem der einzelne Anspruch auf Auszahlung der Dividende erwächst. Während die Gewinnberechtigung als unlösbarer Teil der Mitgliedschaft deren Schicksal teilt und nicht getrennt übertragen werden kann, ist der konkrete Zahlungsanspruch ein von der Mitgliedschaft gelöstes Gläubigerrecht, das vom Fortbestand der Mitgliedschaft unabhängig ist und über das der Gläubiger beliebig verfügen kann.[26]

Der Zahlungsanspruch des Aktionärs entsteht noch nicht mit der Feststellung des Jahres- 27 abschlusses und des darin ausgewiesenen Bilanzgewinns, sondern erst mit dem Beschluss der Hauptversammlung über die Verwendung des Bilanzgewinns. Nach der Feststellung des Jahresabschlusses besitzt der einzelne Aktionär allerdings einen klagbaren Anspruch auf Herbeiführung des Gewinnverwendungsbeschlusses.[27]

Da der konkrete Gewinnanspruch erst durch den Gewinnverwendungsbeschluss entsteht, 28 entfällt er demgemäß, falls der Gewinnverwendungsbeschluss nichtig ist oder auf Grund einer Anfechtungsklage für nichtig erklärt wird (vgl. oben § 42). Dagegen kann eine spätere Aufhebung oder Änderung des Gewinnverwendungsbeschlusses durch einen neuen Beschluss der Hauptversammlung nichts mehr am Bestand des Gewinnanspruchs ändern.[28]

2. Fälligkeit. Der Gewinnanspruch (Anspruch auf Auszahlung der beschlossenen Dividen- 29 de) wird nach der durch die Aktienrechtsnovelle 2016 eingeführten Regelung in § 58 Abs. 4 S. 2 am dritten auf den Gewinnverwendungsbeschluss folgenden Geschäftstag fällig. Eine spätere Fälligkeit kann entweder allgemein durch die Satzung oder konkret durch den Gewinnverwendungsbeschluss bestimmt werden, § 58 Abs. 4 S. 3 AktG. Für ein Hinausschieben der Fälligkeit im Beschluss der Hauptversammlung ist keine besondere Ermächtigung in der Satzung erforderlich.[29]

3. Dividendenverzicht. In der Praxis kommt es nicht selten vor, dass der Mehrheits- 30 aktionär zugunsten der außenstehenden Aktionäre auf die ihm zustehende Dividende verzichtet. Wenn auch der Rechtscharakter des Verzichts schwer zu bestimmen sein mag, besteht doch im Ergebnis Einigkeit, dass sich durch den Verzicht ohne weiteres der auf die übrigen Aktionäre entfallende und an sie auszuschüttende Gewinnbetrag entsprechend erhöht.[30] Konstruktiv liegt in dem Verzicht ein Erlassvertrag zwischen Großaktionär und Gesellschaft durch den der Großaktionär auf seinen künftigen konkreten Gewinnauszahlungsanspruch mit der Folge verzichtet, dass diese Forderung nicht – auch nicht für eine

---

2012, 949; ausf. *Gross* FS Hoffmann-Becking, 2013, 395 ff.; aA MüKoAktG/*Bayer* § 60 Rn. 30; *Mertens* FS Wiedemann, 2002, 1113 ff.; Spindler/Stilz AktG/*Cahn* § 60 Rn. 28.

[25] BGH AG 1994, 81 (82); ZIP 1998, 1836 (1837).
[26] OLG München ZIP 2014, 1980; MüKoAktG/*Bayer* § 58 Rn. 102; Hüffer AktG/*Koch* § 58 Rn. 28.
[27] BGHZ 124, 111 (123); BGH ZIP 1998, 1836 (1837); Hüffer AktG/*Koch* § 58 Rn. 26; MüKoAktG/*Bayer* § 58 Rn. 100.
[28] Hüffer AktG/*Koch* § 58 Rn. 28; Schmidt/Lutter/*Fleischer* AktG § 58 Rn. 48; MüKoAktG/*Bayer* § 58 Rn. 108.
[29] Hüffer AktG/*Koch* § 58 Rn. 28; MüKoAktG/*Bayer* § 58 Rn. 107; Schmidt/Lutter/*Fleischer* AktG § 58 Rn. 47.
[30] Hüffer AktG/*Koch* § 60 Rn. 12; MüKoAktG/*Bayer* § 60 Rn. 38; Schmidt/Lutter/*Fleischer* AktG § 60 Rn. 20; Spindler/Stilz AktG/*Cahn* § 60 Rn. 29.

juristische Sekunde – entsteht.[31] Der frei werdende Betrag wächst dann ohne weiteres den anderen Aktionären nach dem Maßstab des § 60 Abs. 1 AktG dergestalt an, dass ihre durch den Gewinnverwendungsbeschluss entstehenden Gewinnauszahlungsansprüche entsprechend höher sind.[32]

31 **4. Gewinnanteilschein.** Der Gewinnanteilschein verbrieft das Recht des Aktionärs auf die einzelne Gewinnauszahlung. Dazu ausführlich → § 12 Rn. 27 ff.

VI. Sachdividende

32 Der konkrete Dividendenanspruch des Aktionärs ist ein Anspruch auf Zahlung in Geld. Wenn die AG andere Vermögensgegenstände als Dividende an ihre Aktionäre ausschütten will, benötigt sie dazu – bei fehlender Satzungsklausel nach § 58 Abs. 5 AktG – die Zustimmung jedes einzelnen dividendenberechtigten Aktionärs.[33] Der im Jahre 2002 eingeführte § 58 Abs. 5 AktG gibt der Hauptversammlung nunmehr die Möglichkeit, eine Sachausschüttung aus dem Bilanzgewinn zu beschließen, vorausgesetzt, die Satzung enthält eine entsprechende Ermächtigung.[34] Die Satzungsklausel kann nachträglich durch einen satzungsändernden Beschluss eingeführt werden. Wenn die Satzung – wie jedenfalls bei Publikumsgesellschaften üblich – das Erfordernis einer qualifizierten Kapitalmehrheit für Satzungsänderungen nach § 179 Abs. 2 S. 2 AktG generell auf die einfache Mehrheit herabgesetzt hat, kann auch die Ermächtigung zur Sachausschüttung mit einfacher Kapital- und Stimmenmehrheit in die Satzung aufgenommen werden.[35] Auf der Grundlage der Satzungsklausel kann die Hauptversammlung die Sachausschüttung ebenso wie eine Barausschüttung mit der einfachen Mehrheit der Stimmen beschließen, § 133 AktG.[36]

33 Ungeklärt und hoch umstritten ist die Frage, ob es zulässig ist, die auszuschüttenden Gegenstände, zB Anteile an einer Tochtergesellschaft, mit ihrem Buchwert auf den auszuschüttenden Bilanzgewinn zu verrechnen, oder ob bei einem höheren Marktwert nur zum Marktwert ausgeschüttet werden darf. Die Begründung des Gesetzentwurfs hat die **Streitfrage der Bewertung** der auszuschüttenden Gegenstände zum Buch- oder Marktwert ausdrücklich offen gelassen und für ihre Beantwortung auf die wissenschaftliche Literatur und weitere rechtspolitische Erörterungen verwiesen.[37] In jedem Fall ist es zur Wahrung des Gebots der Gleichbehandlung der Aktionäre geboten, dass es sich bei den ausgeschütteten Gegenständen um gleichartige und gleichwertige Gegenstände handelt. Unter dieser Voraussetzung sollte es zulässig sein, die Gegenstände zum Buchwert auszuschütten und den Aktionären die in den Gegenständen enthaltenen stillen Reserven gleichmäßig nach Maßgabe ihrer Gewinnbeteiligung zuzuwenden.[38] Derselbe Effekt einer

---

[31] Horbach AG 2001, 78 (82 f.); König AG 2001, 399 (404); MüKoAktG/Bayer § 60 Rn. 38; Hüffer AktG/Koch § 58 Rn. 28, § 60 Rn. 11; Schmidt/Lutter/Fleischer AktG § 60 Rn. 20; GroßkommAktG/E. Vetter § 174 Rn. 91.

[32] Hüffer AktG/Koch § 60 Rn. 12; Horbach AG 2001, 78 (83); König AG 2001, 399 (404); Spindler/Stilz AktG/Cahn § 60 Rn. 29.

[33] Hüffer AktG/Koch § 58 Rn. 31; GroßkommAktG/Henze § 58 Rn. 94.

[34] Zur Entstehungsgeschichte s. Bericht der Regierungskommission Corporate Governance, hrsg. von Baums, 2001, Rn. 200; Hoffmann-Becking in Hommelhoff/Lutter/Schmidt/Schön/Ulmer (Hrsg.), Corporate Governance, ZHR-Beiheft 71, 2002, S. 215/220 ff.; DAV-Handelsrechtsausschuss NZG 2002, 115 f.

[35] Hüffer AktG/Koch § 58 Rn. 31; Hoffmann-Becking ZHR-Beiheft 71, 2002, S. 215 (222); DAV-Handelsrechtsausschuss NZG 2002, 115 f.; MüKoAktG/Bayer § 58 Rn. 129.

[36] AllgM, s. MüKoAktG/Bayer § 58 Rn. 128; KölnKommAktG/Drygala § 58 Rn. 174. Kritisch zu dieser Entscheidung des Gesetzgebers Hoffmann-Becking ZHR-Beiheft 71, 2002, S. 215 (222) und DAV-Handelsrechtsausschuss NZG 2002, 115 (116); Hüffer AktG/Koch § 58 Rn. 32.

[37] RegE TransPuG NZG 2002, 212 (219).

[38] Für die Zulässigkeit der Ausschüttung zum Buchwert Leinekugel, Die Sachdividende im deutschen und europäischen Aktienrecht, 2001, S. 150 ff.; Lutter/Leinekugel/Rödder ZGR 2002, 204 (215 ff.); Hoffmann-Becking ZHR-Beiheft 71, 2002, S. 215 (222); MüKoAktG/Bayer § 58 Rn. 131; Holzborn/

Auskehrung stiller Reserven kann sich ohne Verletzung des Verbots der Einlagenrückgewähr auch ergeben, wenn bei einer Einziehung oder Abspaltung das an die Aktionäre ausgekehrte Vermögen nach Maßgabe der handelsrechtlichen Buchwerte zu Lasten des Bilanzgewinns oder der Gewinnrücklagen ausgebucht wird. Entscheidend und ausreichend ist die gleichmäßige Behandlung aller Aktionäre nach dem Maßstab ihrer Gewinnberechtigung gem. § 60 Abs. 1 AktG. Das unterscheidet die Konstellation bei der Sachdividende insbesondere von dem Fall der Sachkapitalerhöhung mit Bezugsrechtsausschluss, bei der die neuen Anteile nach § 255 Abs. 2 AktG an die Zeichner nur gegen eine Einlage ausgegeben werden dürfen, die den stillen Reserven im vorhandenen Gesellschaftsvermögen Rechnung trägt.[39]

VII. Aktiendividende

Bei der neuerdings auch in Deutschland anzutreffenden **Aktiendividende**[40] handelt es sich nicht um eine Sachdividende im Sinne von § 58 Abs. 5 AktG, sondern um eine Bardividende verbunden mit dem innerhalb einer Bezugsfrist auszuübenden Wahlrecht der Aktionäre, anstelle des Barbetrags (oder eines Teils des Barbetrags) Aktien zu erhalten[41]. Meist werden dafür neue Aktien im Wege der Kapitalerhöhung geschaffen, und zwar in Form einer Bezugsrechtsemission gegen Sacheinlage des Anspruchs auf die Bardividende; es können aber auch vorhandene eigene Aktien gegen Abtretung des Anspruchs auf die Bardividende verwendet werden. Anders als die Sachdividende bedarf die Aktiendividende keiner besonderen Ermächtigung in der Satzung. Es handelt sich auch nicht um eine „andere Verwendung" des Bilanzgewinns im Sinne von § 58 Abs. 3 S. 2 AktG (dazu → Rn. 19), sondern um eine Verteilung an die Aktionäre durch Barausschüttung mit Einräumung des Wahlrechts auf Gewährung von Aktien gegen Abtretung des Baranspruchs. 34

VIII. Besteuerung der Gewinnverwendung

1. Besteuerung der Aktionäre. a) Grundlagen. Nach Maßgabe des im geltenden Recht umgesetzten **Trennungsprinzips** erfolgt die Besteuerung einerseits auf der Ebene der Körperschaft mit Körperschaftsteuer und andererseits auf der Ebene des letztendlichen Anteilsinhabers mit Einkommensteuer.[42] Zur Verminderung der Folgen einer Doppelbelastung auf der Ebene der Gesellschaft und des Gesellschafters wurden das Teileinkünfteverfahren und eine weitegehende Steuerbefreiung für bestimmte Körperschaften eingeführt. Zu den steuerlichen Wirkungen der Gewinnausschüttung auf die AG vgl. § 51. 35

b) Besteuerung nach dem Einkommensteuergesetz. Gewinnanteile (Dividenden), Ausbeuten und sonstige Bezüge aus Aktien, Genussrechten, mit denen das Recht am 36

Bunnemann AG 2003, 671 (674); aA Hüffer AktG/*Koch* § 58 Rn. 33; *Welf Müller* NZG 2002, 752 (758); KölnKommAktG/*Drygala* § 58 Rn. 181 f.; Spindler/Stilz AktG/*Cahn/v. Spannenberg* § 58 Rn. 110; Schmidt/Lutter/*Fleischer* AktG § 58 Rn. 60; GroßkommAktG/*Henze/Notz* § 58 Rn. 197 ff.; GroßkommAktG/*E. Vetter* § 174 Rn. 94; *Wiegand*, Die Auskehrung von Sachwerten in der AG, 2012, S. 67 ff.

[39] Die Bezugnahme von Hüffer AktG/*Koch* § 58 Rn. 33 auf § 255 AktG ist deshalb verfehlt. Eine Ausschüttung zum Buchwert hat im Übrigen den praktischen Vorteil, dass man auf diese Weise bei der Sachausschüttung ebenso wie bei der Abspaltung allen Bewertungsproblemen aus dem Weg gehen kann.

[40] Die Deutsche Telekom AG gewährt seit 2013 regelmäßig ihren Aktionären das Wahlrecht auf eine Aktiendividende in Form neuer Aktien aus genehmigtem Kapital. Diesem Beispiel sind inzwischen weitere Gesellschaften gefolgt.

[41] Zu den rechtlichen Grundlagen und der Strukturierung in der Praxis s. *R. Krause* ZHR 181 (2017), 641 (646 ff.); *Schlitt/Kreymborg* AG 2018, 685 ff.; GroßkommAktG/*E. Vetter* § 174 Rn. 126.

[42] *Jacobs*, Unternehmensbesteuerung, 5. Aufl. 2015, S. 102 f.

Gewinn und Liquidationserlös verbunden ist gehören im Grundsatz zu den Einkünften aus Kapitalvermögen, § 20 Abs. 1 S. 1 Nr. 1 EStG. Das Gleiche gilt für verdeckte Gewinnausschüttungen und für Bezüge, die nach der Auflösung einer unbeschränkt steuerpflichtigen Körperschaft im Sinne von Nr. 1 anfallen und die nicht zur Rückzahlung von Nennkapital oder zur Ausschüttung aus dem steuerlichen Einlagekonto der Kapitalgesellschaft nach § 27 KStG gehören;[43] das gleiche gilt auch bei Kapitalrückzahlungen von im EU-Ausland ansässigen Kapitalgesellschaften.[44] Die steuerliche Einkunftsart der Einkünfte aus Kapitalvermögen ist subsidiär, § 20 Abs. 8 EStG. Solange die Einkünfte zu den Einkünften aus Land- und Forstwirtschaft, § 13 EStG, aus Gewerbebetrieb, § 15 EStG, aus freiberuflicher Tätigkeit, § 18 EStG oder aus Vermietung und Verpachtung nach § 21 EStG gehören, geht diese Zuordnung den Einkünften aus Kapitalvermögen vor.[45] Die Dividendeneinkünfte erzielt nach § 20 Abs. 5 S. 1 und 2 EStG der Anteilseigner; das es derjenige, dem zum Zeitpunkt des Fassung des Gewinnverteilungsbeschlusses die Anteile (wirtschaftlich) zuzurechnen sind.[46]

37 Maßgeblich ist jetzt eine pauschale Besteuerung, die einerseits einen erweiterten Kreis von Kapitaleinkünften erfasst (einschließlich der Veräußerungsgewinne nach § 20 Abs. 2 EStG), andererseits der Erhebung in Form der Kapitalertragsteuer unterliegt, durch deren Abzug von den Kapitalerträgen bei Privatanlegern die Steuerschuld abgegolten wird, § 43 Abs. 5 EStG. Der Steuersatz beträgt 25 % zuzüglich des Solidaritätszuschlags (und gegebenenfalls der Kirchensteuer).[47] Dividendenerträge privater Anteilseigner unterliegen nach § 43 Abs. 1 S. 1 Nr. 1, 1a EStG dem Steuerabzug der Abgeltungsteuer. Der Steuerpflichtige kann wählen, die Einkünfte in der Veranlagung geltend zu machen, um zB einen Verlustvortrag nach § 20 Abs. 6 EStG zu nutzen. In diesen Fällen erhöht sich die tarifliche Einkommensteuer nach § 32d Abs. 3 S. 2 EStG um die mit 25 % der Einkünfte bemessene Steuer, die bescheinigte Kapitalertragsteuer wird nach § 36 Abs. 2 Nr. 2 EStG angerechnet.[48]

38 Bezüge im Sinne von § 20 Abs. 1 Nr. 1 EStG, die nicht zu den privaten Kapitalerträgen gehören, sind zu 40 % steuerfrei, § 3 Nr. 40d EStG.[49] Dies betrifft die Einnahmen zB aus Dividenden; mit diesen Einkünften im Zusammenhang stehende Ausgaben dürfen als Werbungskosten ebenfalls nur anteilig abgezogen werden, § 3c Abs. 2 EStG.[50] Mit der Regelung des **Teileinkünfteverfahrens** wird in pauschaler Form berücksichtigt, dass die Gewinne auf der Ebene der Körperschaft bereits zur Körperschaftsteuer herabgezogen wurden, die auf der Ebene der Anteilseigner keine Berücksichtigung mehr findet. Der steuerpflichtige Teil der Kapitaleinkünfte unterliegt der Besteuerung nach den allgemeinen Vorschriften. Diese Regelungen finden auf Dividenden in- und ausländischer Gesellschaften Anwendung;[51] sie gilt für unbeschränkt und beschränkt steuerpflichtige Personen mit Einkünften im Betriebsvermögen.[52] Gleiches gilt für sog. verdeckte Gewinnausschüttungen

---

[43] Zu den Besonderheiten nach § 17 Abs. 4 EStG vgl. § 65 und 68.
[44] FG Hessen IWB 2018, 170.
[45] Gewinnanteilen aus Aktien werden Gewinnanteile aus American Depository Receipts (ADR), die einen Anteil an einem im Inland verwahrten Besand an Aktien verbriefen, weitestgehend gleichgestellt, vgl. BMF 24.5.2013, BStBl. I 2013 S. 718.
[46] Das gilt auch für Vorabgewinnausschüttungen, BFH BFH/NV 2018, 936.
[47] Infolge des Koalitionsvertrags aus 2018 ist vorgesehen, die Beibehaltung der Abgeltungsteuer jedenfalls für bestimmte Kapitalerträge zu überprüfen; dazu auch *Dürr* BB 2017, 854.
[48] BMF v. 22.12.2009 zur Abgeltungsteuer, BStBl. I 2010 S. 94 und 1306 Rn. 145.
[49] ZB *Dötsch/Pung* DB 2000 Beil. 10; *Schumacher/Rödder* DStR 2000, 1453, DStR 2001, (1634 und 1685) und DStR 2002, 105; *Krebühl* DStR 2001, 1730.
[50] *Frotscher* DStR 2001, 2045; *Schön* FR 2001, 381; *Seifried* DStR 2001, 240 (241); *Ritter* IStR 2001, 430; *Krebühl* DStR 2001, 1730.
[51] L. Schmidt/*Levedag* EStG § 3 Rn. 139.
[52] L. Schmidt/*Levedag* EStG § 3 Rn. 139; *Fock* RIW 2001, 108.

§ 47 Gewinnverwendung

unter Beachtung des Korrespondenzprinzips, nicht aber für andere Bezüge des Gesellschafters, zB Zinsen aus Gesellschafterdarlehen.[53]

Bei der Ermittlung der Einkünfte aus Kapitalvermögen bleibt ein Sparer-Pauschbetrag in Höhe von 801 EUR,[54] im Falle der Zusammenveranlagung von Ehegatten ein Sparer-Pauschbetrag in Höhe von 1.602 EUR[55] steuerfrei, § 20 Abs. 4 S. 1 und 2 EStG. Der Abzug von Werbungskosten ist bei privaten Einkünften aus Kapitalvermögen ausgeschlossen, § 20 Abs. 9 S. 1 EStG.[56] 39

Positive und negative Einkünfte aus Kapitalvermögen dürfen verrechnet werden. Verbleibende positive Einkünfte sind nach Verrechnung mit anderen Kapitaleinkünften nach § 43a Abs. 3 EStG zunächst mit Verlusten aus privaten Veräußerungsgeschäften zu verrechnen, § 20 Abs. 6 S. 1 EStG. Verluste aus Kapitalvermögen im privaten Bereich dürfen nicht mit Einkünften aus anderen Einkunftsarten verrechnet werden; sie dürfen vorgetragen werden.[57] 40

c) Dividendenerträge im Betriebsvermögen. Gehören die Dividendeneinkünfte zum Betriebsvermögen oder zu § 17 EStG, gilt das Teileinkünfteverfahren.[58] Betriebsausgaben im Zusammenhang mit diesen Einkünften dürfen abgezogen werden, nach § 3c Abs. 2 EStG jedoch nur anteilig.[59] Bei Einkünften im Betriebsvermögen wird der gewerbliche Gewinn durch die Anwendung von § 3 Nr. 40 EStG gemindert; lediglich der gekürzte Gewinn ist Bemessungsgrundlage für die Gewerbesteuer nach § 7 GewStG. Der steuerfrei gebliebene Teil der Dividendeneinkünfte wird dem gewerblichen Gewinn nach § 8 Nr. 5 GewStG wieder hinzugerechnet,[60] er wird jedoch wieder gekürzt, wenn die Beteiligung an der Kapitalgesellschaft mindestens 15 % zu Beginn des Erhebungszeitraums betragen hat, § 9 Nr. 2a GewStG (bei Dividenden ausländischer Kapitalgesellschaften § 9 Nr. 7 GewStG mit zusätzlichen Voraussetzungen).[61] 41

d) Besteuerung nach dem Körperschaftsteuergesetz. Gehören die Dividendeneinkünfte zum Betriebsvermögen einer Körperschaft, bleiben die Bezüge im Sinne von § 20 Abs. 1 S. 1 EStG nach § 8b Abs. 1 KStG außer Ansatz,[62] doch gelten nach § 8b Abs. 5 S. 1 KStG 5 % der Bezüge als Ausgaben, die nicht als Betriebsausgaben abgezogen werden dürfen.[63] Dies gilt nicht für Anteile, die dem Handelsbestand von Kreditinstituten und Finanzdienstleistungsinstituten nach § 8b Abs. 7 KStG oder Versicherungsunternehmen 42

---

[53] L. Schmidt/*Levedag* EStG § 3 Rn. 139; die Auffassung von OFD Magdeburg 10.9.2004, DStR 2004, 1922, die Behandlung als vGA auf der Ebene der Kapitalgesellschaft sei nicht maßgeblich für die Behandlung beim Anteilseigner, ist durch § 8b Abs. 3 S. 5 KStG überholt.

[54] § 20 Abs. 4 EStG idF HBeglG 2004 v. 29.12.2003, BGBl. 2003 I S. 3076, geändert durch Steueränderungsgesetz 2007, BGBl. 2006 I S. 1652.

[55] § 20 Abs. 4 EStG idF HBeglG 2004 v. 29.12.2003, BGBl. 2003 I S. 3076, geändert durch Steueränderungsgesetz 2007, BGBl. 2006 I S. 1652.

[56] BFH DB 2018, 1442; BFH BStBl. II 2015 S. 387; Vorinstanz FG Köln EFG 2013, 1328.

[57] BMF Schreiben v. 22.12.2009 zur Abgeltungsteuer, BStBl. I 2010 S. 94 und 1306 Rn. 118.

[58] L. Schmidt/*Levedag* EStG § 3 Rn. 139.

[59] L. Schmidt/*Levedag* EStG § 3 Rn. 135, § 3c Rn. 11; zu Besonderheiten wenn tatsächliche Beteiligungseinnahmen fehlen BFH BStBl. II 2014 S. 682; BFH BStBl. II 2010 S. 220; BFH/NV 2010, 399; BStBl. II 2010 S. 627; dazu BMF Nichtanwendungserlass v. 15.2.2010, BStBl. I 2010 S. 599; OFD Niedersachsen 11.5.2012, DStR 2012, 1387; bei Einnahmen von 1 EUR – BFH BStBl. II 2012 S. 8; BFH/NV 2011, 2028; dazu auch *Dötsch/Pung* DB 2010, 977. Ab Vz 2011 gilt § 3c Abs. 2 S. 2 EStG, dass die Absicht der Erzielung von Betriebsvermögensmehrungen oder von Einnahmen nach § 3 Nr. 40 EStG ausreicht.

[60] *Prinz/Simon* DStR 2002, 149.

[61] IdF des Gesetzes v. 14.8.2007 BGBl. 2007 I S. 1912.

[62] Dazu zB *Rödder/Wochinger* FR 2000, 13 und 2001, 1253; *Jakobs/Wittmann* GmbHR 2000, 910; *Eilers/Wienands* GmbHR 2000, 957; *Thömmes* DB 2001, 775.

[63] § 8b Abs. 5 KStG idF G zur Umsetzung der Protokollerklärung v. 22.12.2003, BGBl. 2003 I S. 2840; Dötsch/Pung/Möhlenbrock/*Pung* KStG § 8b Rn. 371 ff.

nach § 8b Abs. 8 KStG zuzuordnen sind. Die (partielle) Steuerbefreiung ist unabhängig von einer bestimmten Haltedauer; sie gilt für Bezüge in- und ausländischer Kapitalgesellschaften. Die begünstigte Besteuerung wird nach § 8b Abs. 1 S. 2 KStG nicht mehr gewährt, wenn der Gewinn bei der ausschüttenden Gesellschaft steuerlich abzugsfähig ist.[64] Die mit den Dividendenerträgen unmittelbar wirtschaftlich verbundenen Aufwendungen dürfen als Betriebsausgaben abgezogen werden, § 3c Abs. 1 EStG gilt bei Dividendeneinkünften dieser Gläubiger nicht mehr. 5 % der Bezüge aus Dividenden gelten als Ausgaben, die nicht als Betriebsausgaben abgezogen werden können, § 8b Abs. 5 KStG. Das bedeutet im Ergebnis, dass 5 % der Dividendenerträge bei der erhaltenden Kapitalgesellschaft steuerpflichtig sind, dass im Übrigen aber die mit den Dividendenbezügen verbundenen Ausgaben in vollen Umfang als Betriebsausgaben abgezogen werden können. Durch G v. 21.3.2013 (BGBl. I S. 561) zur Umsetzung des EuGH-Urteils vom 20.10.2012 in der Rechtssache C-284/09 wurde in § 8b Abs. 4 KStG mit Wirkung ab 1.3.2013 eine Schachtelprivilegsgrenze von 10 % eingeführt[65], bis zu der die Dividendenerträge der Körperschaft der vollen Belastung mit Körperschaftsteuer unterliegen.[66] Die Beteiligung muss idR zum Beginn des Kalenderjahres bestanden haben. Neuerdings werden Zweifel an der Verfassungsmäßigkeit von § 8b Abs. 4 KStG geäußert, da die regelung gegen das Leistungsfähigkeitsprinzip verstoße.[67]

43 **e) Besteuerung nach dem InvStG 2018.** Werden die Aktien einem in- oder ausländischen Investmentfonds iSv § 2 Abs. 2 oder 3 InvStG zugerechnet, gelten Besonderheiten bei der Besteuerung. Seit der Neuregelung durch das InvStG 2018 wurde das bisherige Transparenzprinzip aufgegeben; der Investmentfonds ist nun – im Grundsatz – körperschaft- und gewerbesteuerpflichtig, § 6 Abs. 1, § 15 InvStG. Der Investmentfonds ist steuerpflichtig mit seinen inländischen Einkünften nach § 6 Abs. 2 und 3 InvStG, zu denen auch Dividenden als Einnahmen nach § 43 Abs. 1 S. 1 Nr. 1 und 1a EStG gehören. Die Steuer des Investmentfonds beträgt 15 %, § 7 Abs. 1 InvStG; sie wird durch den Kapitalertragsteuerabzug abgegolten, § 7 Abs. 2 InvStG. Mit den inländischen Beteiligungseinnahmen unterliegt auch ein ausländischer Investmentfonds der inländischen Besteuerung.[68]

44 Der inländische Anleger eines Investmentfonds unterliegt nach § 20 Abs. 1 Nr. 3 EStG mit seinen Erträgen aus Investmentfons der Einkommensteuerpflicht. Zu diesen Erträgen gehören nach § 16 InvStG die Ausschüttungen des Investmentfonds nach § 2 Abs. 11 InvStG, also die dem Anleger ausgezahlten oder gutgeschriebenen Beträge einschließlich des Steuerabzugs auf den Kapitalertrag; ferner ist er steuerpflichtig mit den Vorabpauschalen nach § 18 InvStG, die zu einer Art Mindestbesteuerung führen, um langfristigen Stundungsmodellen entgegen zu wirken. Andererseits erhält der Anleger in Abhängigkeit von seinem steuerlichen Status und der Art des Fondsinvestments eine Teilfreistellung nach § 20 InvStG, die bei Aktienfonds im Privatvermögen 30 %, im Betriebsvermögen 60 % und im Vermögen von Kapitalgesellschaften 80 % beträgt.

45 **2. Belastung mit Kapitalertragsteuer.** Dividenden einer ausschüttenden inländischen Kapitalgesellschaft unterliegen der Kapitalertragsteuer, § 43 Abs. 1 S. 1 Nr. 1 und 1a EStG. Die Kapitalertragsteuer beträgt bei Dividendenausschüttungen 25 % des Kapitalertrags, wenn der Gläubiger die Kapitalertragsteuer schuldet, $33^1/_3$ % in Fällen, in denen der

---

[64] G v. 26.6.2013 BGBl. I S. 1809; von Bedeutung zB für Genussrechtsvergütungen nach luxemburgischem Recht.
[65] Gegenäußerung der Bundesregierung zur Stellungnahme des BRats v. 6.7.2012, (BR-Drs. 302/12) v. 27.8.1012 (Az. IV A 2 – S 1910/11/10076-05) zur Einführung ua von § 8b Abs. 4 KStG durch das JStG 2013.
[66] Dötsch/Pung/Möhlenbrock/*Pung* KStG § 8b Rn. 251 ff.; zur Entwurfsfassung v. § 8b Abs. 4 KStG vgl. BR-Drs. 302/12; dazu *Herlinghaus* FR 2013, 529; *Kessler/Dietrich* DStR 2012, 2101.
[67] FG Hamburg DStRE 2018, 991 (Rev. eingelegt, Az. BFH I R 29/17).
[68] *Klein/Hörner/Adam* ISR 2018, 216; *M. Link* Steueranwaltsmagazin 2018, 49.

§ 47 Gewinnverwendung

Schuldner der Kapitalerträge die Steuer trägt, § 43a Abs. 1 Nr. 1 EStG.[69] Schuldner der Kapitalertragsteuer ist nach § 44 Abs. 1 S. 1 EStG bei Dividendenerträgen der Gläubiger der Kapitalerträge. Die Steuer entsteht in dem Zeitpunkt, in dem sie dem Gläubiger zufließen; bei Ausschüttungen von Dividenden bestimmt § 44 Abs. 2 S. 1 EStG als Zuflusszeitpunkt den Tag, der im Ausschüttungsbeschluss benannt ist und für den Fall, dass ein Ausschüttungstag nicht bestimmt ist, den Tag nach der Beschlussfassung. Der Schuldner der Dividenden, also die ausschüttende Kapitalgesellschaft, hat den Steuerabzug für Rechnung des Gläubigers der Kapitalerträge vorzunehmen und in dem Zeitpunkt, in dem die Kapitalerträge dem Gläubiger zufließen, an das Finanzamt abzuführen. Nach § 43 Abs. 1 Nr. 1a EStG[70] weicht nach § 44 Abs. 1 S. 4 Nr. 3 EStG bei Aktiengesellschaften, deren Aktien sich in Sammelverwahrung befinden, das Verfahren zur Erhebung der Kapitalertragsteuer von der Erhebung bei anderen Körperschaften ab. Nicht die Aktiengesellschaft als Schuldnerin der Dividende, sondern die die Dividende auszahlende Stelle ist zum Einbehalt und zur Abführung der Kapitalertragsteuer verpflichtet.[71]

Für Rechnung bestimmter Dividendenempfänger braucht die Kapitalertragsteuer nicht einbehalten zu werden. Das gilt zB auf Antrag für Dividenden, die an eine Muttergesellschaft, die im Inland weder Sitz noch den Ort der Geschäftsleitung hat oder an eine in einem anderen Mitgliedstaat der EU belegene Betriebsstätte einer solchen Muttergesellschaft, wenn es sich bei diesem Mutterunternehmen um eine EU-Kapitalgesellschaft[72] im Sinne von § 43b Abs. 2 EStG handelt, die an der ausschüttenden Kapitalgesellschaft unmittelbar zumindest zu 10 % beteiligt ist, § 43b Abs. 2 S. 1 und 2, Abs. 3 EStG.[73] Nach § 44b Abs. 6 EStG wird die Kapitalertragsteuer auf Einzelantrag oder Sammelantrag eines Kreditinstituts erstattet, soweit die Freistellung nach einem Freistellungsauftrag reicht. Die ausschüttende Kapitalgesellschaft hat dem Gläubiger der Kapitalerträge ua den Betrag der einbehaltenen Kapitalertragsteuer zu bescheinigen, § 45a Abs. 2 EStG. Schließlich ist der Steuerabzug nicht vorzunehmen bei Dividenden auf Namensaktien einer nicht börsennotierten AG, wenn Gläubiger bestimmte steuerbefreite inländische Körperschaften sind, § 44a Abs. 7 S. 2 EStG.

Die Kapitalertragsteuer ist nach § 36 Abs. 2 Nr. 2 EStG auf die Einkommen- oder Körperschaftsteuerschuld des Anteilseigners anzurechnen. Die Anrechnung gilt auch für die Einkunftsteile, die nach § 3 Nr. 40d EStG oder § 8b Abs. 1 KStG (teilweise) außer Ansatz und steuerfrei bleiben. Infolge des durch das InvStRefG[74] eingefügten § 36a EStG wird, wenn die Kapitalerträge nach § 43 Abs. 1 S. 1 Nr. 1a EStG mindestens 20.000 Euro betragen, die Berechtigung zur Kapitalertragsteueranrechnung an zusätzliche Voraussetzungen geknüpft.[75] Zur Vermeidung von sog. Cum/Cum-Gestaltungen[76] wird nun verlangt, dass der Anteilsinhaber innerhalb eines Zeitraums von 45 Tagen vor oder nach dem Fäl-

---

[69] Jeweils zuzüglich 5,5 % Solidaritätszuschlag und gegebenenfalls Kirchensteuer auf den Steuerbetrag.
[70] G v. 22.6.2011 BGBl. 2011 I S. 1126.
[71] BMF 24.5.2013, BStBl. I 2013 S. 718; L. Schmidt/*Weber-Grellet* EStG § 43 Rn. 20; *Schäfer/Scholz* DStR 2012, 1885; *Rau* DStR 2011, 2335.
[72] Nach Anlage 2 zu § 43b Abs. 2 EStG nach Maßgabe von Artikel 2 der Richtlinie 90/435/EWG des Rates v. 23.7.1990 (ABl. L 225, S. 6).
[73] Minderungen der Kapitalertragsteuer infolge von Abkommen zur Vermeidung der Doppelbesteuerung werden nach Maßgabe von § 50d Abs. 2 EStG berücksichtigt; im Übrigen steht dem Dividendengläubiger ein Erstattungsanspruch gegenüber dem Bundeszentralamt für Steuern (BZSt) zu, § 50a Abs. 1 EStG; nach FG Köln EFG 2018, 383 greift § 43b EStG auch, wenn die Beteiligung über eine Personengesellschaft gehalten wird.
[74] G v. 19.7.2016 BGBl. 2016 I S. 1730.
[75] L. Schmidt/*Weber-Grellet* § 36a Rn. 2 ff.; *Jensch/Rüdiger* RdF 2016, 319; *Salzmann/Heufelder* IStR 2017, 125; *Rau* FR 2017, 1041; *Lamprecht* Ubg 2018, 189; *Hahne/Völker* BB 2017, 858; *Ebner* NWB 2017, 2110; Spengel DB 2016, 2988.
[76] BFH DB 2016, 92; BMF 17.7.2017, BStBl. I 2017 S. 986; Dötsch/Pung/Möhlenbrock/*Werner* KStG § 8 Abs. 1 Anh. Rn. 50 ff.

ligkeitstag der Kapitalerträge insgesamt mindestens 45 Tage ununterbrochen beteiligt gewesen ist, § 36a Abs. 1 Nr. 1, Abs. 2 EStG. Ferner muss der Anleger während der Mindesthaltedauer nach Maßgabe von § 36a Abs. 1 Nr. 2, Abs. 3 EStG das Mindestwertänderungsrisiko getragen haben und nicht verpflichtet sein, die Kapitalerträge ganz oder teilweise unmittelbar oder mittelbar anderen Personen zu vergüten, § 36a Abs. 1 Nr. 3 EStG.[77]

48 Die Erstattung von Kapitalertragsteuer bei beschränkt steuerpflichtigen Anteilseignern nach Maßgabe von DBA oder der Mutter-Tochter-Richtlinie erfolgt durch das Bundeszentralamt für Steuern (BZSt) auf Antrag und nach Maßgabe von § 50d EStG. Bereits durch den durch das Jahressteuergesetz 2007[78] wesentlich geänderten § 50d Abs. 3 EStG wurde die Erstattung dieser Steuer nach Maßgabe von EU-Recht oder Doppelbesteuerungsabkommen von der Erfüllung spezifischer substanz- und tätigkeitsbezogener Anforderungen abhängig gemacht. Die Neuregelung begegnete starken verfassungs- und europarechtlichen Bedenken.[79] Durch das BeitrRLUmsG wurden die Voraussetzungen von § 50d Abs. 3 EStG im Hinblick auf Beanstandung durch die EU-Kommission erneut geändert.[80] Danach wird weiterhin von der ausländischen Gesellschaft eine eigene Wirtschaftstätigkeit und/oder eine angemessener eingerichteter Geschäftsbetrieb verlangt. Ob die europarechtlichen Bedenken damit ausgeräumt wurden, ist zweifelhaft geblieben. Die deutsche Besteuerungspraxis, den Kapitalertragsteuerabzug von Dividenden, die ausländischen Anteilseignern zustehen, vorzunehmen und dem Abgeltungswirkung beizumessen, auch wenn inländische Anteilseigner (mit der Rechtsform einer Kapitalgesellschaft) nach § 8b Abs. 1 KStG einer Steuerbefreiung unterliegen und die Kapitalertragsteuer erstattet oder angerechnet erhalten, verstößt gegen die europarechtliche Grundfreiheit des freien Kapitalverkehrs.[81] Der EuGH hat mit Urteil vom 20.12.2017[82] entschieden, dass § 50d Abs. 3 EStG idF des JStG 2007 sowohl gegen die Mutter-Tochter-Richtlinie als auch gegen die Niederlassungsfreiheit verstößt. Die Finanzverwaltung hat darauf durch ein Schreiben[83] reagiert, durch dass die Anwendung der Vorschriften des § 50d Abs. 3 EStG modifiziert wurden. Durch weiteren Beschluss vom 14.6.2018 hat der EuGH[84] festgestellt, dass auch die im Jahre 2012 modifizierten Vorschriften des § 50d Abs. 3 EStG gegen die Mutter-Tochter-Richtlinie und die Niederlassungsfreiheit verstoße. Eine Reaktion der Finanzverwaltung dazu steht noch aus.[85] Unabhängig von dieser Entwicklung wurde für beschränkt steuerpflichtige Anleger durch § 50j EStG[86] eine dem § 36a EStG vergleichbare Regelung

---

[77] BMF 3.4.2017, BStBl. I 2017 S. 726; Dötsch/Pung/Möhlenbrock/*Werner* KStG § 8 Abs. 1 Anh. Rn. 56; *Knobloch* DB 2016, 1825; *Kußmaul/Kloster* DB 2016, 849; *Niderwettberg/Drinhausen/Kraus* FR 2020, 74.

[78] Jahressteuergesetz 2007 v. 13.12.2006, BGBl. I S. 2878.

[79] *Bünning/Mühle* BB 2006, 2159; Stellungnahme Institut der Wirtschaftsprüfer (IDW), WPg 2006, 1380.

[80] Gesetz vom 7.12.2011 BGBl. 2011 I S. 2792; BMF 24.1.2012, FR 2012, 233; *Behrens* AG 2011, 863 ff.; *G. Kraft/Gebhardt* DB 2012, 80.

[81] EuGH AG 2011, 869; in Weiterentwicklung BFH DB 2012, 838; BMF 23.5.2012, IStR 2012, 552; *Patzner/Nagler* GmbHR 2011, 1190; *Grieser/Faller* DB 2011, 2798 u. DB 2012, 1296; *Schnitger* DB 2012, 305; *Lüdicke* IStR 2012, 540.

[82] EuGH 20.12.2017 – (C-504/16 – Deister Holding; C-613/16 – Juhler Holding) WM 2018, 924 auf Vorlage des FG Köln EFG 2016, 1801 und EFG 2017, 51; *G. Kraft* NWB 2018, 473; ferner EuGH v. 22.11.2018 DStRE 2019, 760.

[83] BMF 4.4.2018, BStBl. I 2018 S. 589; dazu *Kahlenberg* FR 2018, 499; *Gebhardt* BB 2018, 1498; *Sumalvico* DB 2018, 1761; *Beutel/Oppel* DStR 2018, 1469; *Weiss/Brühl* ISR 2018, 238; *Biebinger/Hiller* IWB 2018, 424; *Adrian/Hahn* NWB 2018, 443.

[84] EuGH DStR 2018, 1479 mit Anm. *Weiss* IStR 2018, 550; Vorlage FG Köln EFG 2017, 1518; *Hennigfeld* DB 2018, 1760; *Polatzki/Goldschmidt/Schuhmann* DStR 2018, 641; *Binnewies/Zapf* AG 2018, 612; *Ditz/Tcherveniachki* DB 2016, 615; *Dutt/Spengel/Vay* StuW 2018, 229; *Florstedt* StuW 2018, 216.

[85] FG Köln NWB 2019, 906; *Graf* BB 2018, 2391; *Kahlenberg* NWB 2018, 3524.

[86] G v. 20.12.2016 BGBl. 2016 I S. 3000.

als Anti-Cum/Cum Treaty Shopping geschaffen, die die die die Berechtigung zur Minderung oder Erstattung der Kapitalertragsteuer auf Erträge nach § 43 Abs. 1 S. 1 Nr. 1a EStG einschränkt und an eine Mindesthaltedauer und ein Mindestwertänderungsrisiko bindet.[87]

Die Erhebung und die nur begrenzte Erstattung von Kapitalertragsteuer auf Dividenden **49** wird von Steuerpflichtigen zT als nachteilig angesehen, so dass Gestaltungen zum Dividendenstripping gesucht wurden. Diese stehen zunehmend im Fokus der Finanzverwaltung. Als besonders kritisch gelten die sog. Cum/Ex-Gestaltungen, die durch strukturierte Gestaltungen dazu führen, dass die auf Dividendenzahlungen entrichtete Kapitalertragsteuer sowohl durch den Erwerber eines Dividendenanspruchs als auch durch den Aktionär geltend gemacht wurde.[88] Mittlerweile ist die Auffassung im Vordringen, dass bei den solchen Gestaltungen zugrunde liegenden Wertpapierleihgeschäften das wirtschaftliche Eigentum an den Aktien beim Verleiher verblieben ist, da der Entleiher lediglich eine formale Position erlangt habe.[89] Die Finanzverwaltung hat dazu durch Schreiben Stellung genommen.[90] Insbesondere bei bewusstem (massenhaften und kollusiven) Ausnutzen des vermeintlichen gesetzlichen Defizits könnte Missbrauch iSv § 42 AO vorgelegen haben.[91]

3. Besteuerung von Dividenden bei der Veräußerung von Aktien oder von Divi- 50 dendenscheinen. Die Einkünfte aus Dividendenausschüttungen werden nach § 20 Abs. 5 EStG steuerlich demjenigen zugerechnet, der den Tatbestand der Einkünfteerzielung des § 20 EStG erfüllt. Das ist in der Regel derjenige, der im eigenen Namen und auf eigene Rechnung einem anderen Kapital zur Nutzung überlässt.[92] Nach dem der Dividendenausschüttung zugrunde liegenden Rechtsverhältnis der gesellschaftsrechtlichen Beteiligung kommt es darauf an, wem zum Zeitpunkt des Gewinnverteilungsbeschlusses als Anteilseigner die gesellschaftsrechtliche Beteiligung wirtschaftlich zuzurechnen ist, § 20 Abs. 5 S. 2 EStG. Die Einkünfte aus einer Dividendenausschüttung stehen damit unabhängig von den bei einer Veräußerung von Aktien zivilrechtlich getroffenen Abreden dem wirtschaftlichen Inhaber der Anteile zu; die Regelung weicht von § 101 Nr. 2 BGB ab. Abweichende Regelungen zwischen dem Veräußerer und dem Erwerber von Aktien sind für die Zurechnung der Dividendeneinkünfte nicht maßgeblich. Zurückbehaltene Dividendenansprüche können als Kaufpreisabrede verstanden werden; der Dividendenanspruch steht dem Erwerber zu.[93] Weiterhin gelten nach § 20 Abs. 1 Nr. 1 S. 4 EStG als sonstige (steuerpflichtige) Kapitalerträge auch Einnahmen, die anstelle von Dividenden von einem anderen als dem Anteilseigner nach Abs. 5 bezogen werden. Damit soll Steuerausfällen entgegengewirkt werden, die infolge von Aktiengeschäften in zeitlicher Nähe zum Gewinnverteilungsbeschluss eintreten können.[94] Im Falle von Wertpapierdarlehen wird der Darlehensnehmer idR zivilrechtlicher und wirtschaftlicher Eigentümer, so das ihm der Dividendenanspruch zuzurechnen ist,[95] es sei denn, dass infolge einer besonderen Ausgestaltung der Leihe das

---

[87] L. Schmidt/*Levedag* EStG § 50j Rn. 2 ff.; *Salzmann*/*Heufelder* IStR 2018, 62.
[88] *Eisgruber*/*Spengel* DB 2017, 750; *Spatscheck*/*Spilker* DB 2016, 2920 und DB 2017, 752; *Loritz* WM 2017, 319 und 353; *Ditz*/*Tcherveniachki* DB 2016, 2995; *Korn*/*Kerssenbrock* EStG § 50c Rn. 121 f.; *Englisch* FR 2010, 1023; *Rau* DStR 2011, 510.
[89] BFH DStR 2014, 2012; BFH BStBl. II 2016 S. 961; FG Hessen EFG 2016, 761 (rkr.); FG Hessen EFG 2017, 656 (rkr.); FG Düsseldorf EFG 2017, 602 (rkr.); FG Hamburg EFG 2016, 1845; FG Köln ZiP 2020, 217; L. Schmidt/*Levedag* EStG § 43 Rn. 3 mit zahlreichen Nachweisen.
[90] BMF 11.11.2016, BStBl. I 2016 S. 1324; OFD Frankfurt a. M. 17.2.2016, DStR 2016, 1112; *Ditz* DB 2016, 615; *Spengel* DB 2016, 2998; *Weber-Grellet* BB 2017, 43.
[91] L. Schmidt/*Levedag* EStG § 43 Rn. 3; *Jarass*/*Schick* BB 2019, 1568.
[92] BFH BStBl. II 1990 S. 532; BFH BStBl. II 1990 S. 539; L. Schmidt/*Levedag* EStG § 20 Rn. 230; Kirchhof/*v. Beckerath* EStG § 20 Rn. 165; Dötsch/Pung/Möhlenbrock/*Werner* KStG § 8 Abs. 1 Anh. Rn. 124 ff.
[93] L. Schmidt/*Levedag* EStG § 20 Rn. 232.
[94] Kirchhof/*v. Beckerath* EStG § 20 Rn. 165.
[95] Kirchhof/*v. Beckerath* EStG § 20 Rn. 166.

wirtschaftliche Eigentum beim Verleiher (Darlehensgeber) verblieben ist, vgl. → Rn. 47.[96] bei Wertpapierpensionsgeschäften werden die Dividenden, obwohl das wirtschaftliche Eigentum beim Pensionsgeber verbleibt, dem Pensionsnehmer zugerechnet.[97]

51 Einnahmen aus der Veräußerung von Gewinnanteilen (Dividendenscheinen) ohne Mitveräußerung der Aktien vor dem Zeitpunkt des Gewinnverwendungsbeschlusses führen beim Veräußerer nach § 20 Abs. 2 S. 1 Nr. 2a EStG zu steuerpflichtigen Einnahmen im Zeitpunkt der Veräußerung. Diese Besteuerung tritt an die Stelle der Besteuerung nach Abs. 1 Nr. 1. Auf den Veräußerungsgewinn erfolgt bei einkommensteuerpflichtigen Privataktionären die Besteuerung durch die Abgeltungsteuer. Kapitalertragsteuer ist auf den Veräußerungserlös einzubehalten, da § 43 Abs. 1 Nr. 1 S. 2 EStG den Fall der Veräußerung nunmehr erfasst.[98] Ist der Inhaber der Aktien beschränkt steuerpflichtig, gehören diese zu den inländischen Einkünften nach § 49 Abs. 1 Nr. 5a EStG; die erhobene Kapitalertragsteuer wird gegebenenfalls definitiv. Der Gestaltung, solche Dividendenansprüche zuvor zu veräußern und damit steuerfreie Einkünfte zu erzielen, da § 49 Abs. 1 Nr. 5a EStG nur auf § 20 Abs. 1, nicht aber auf Abs. 2 EStG verweist, ist das BMF durch Schreiben v. 26.7.2013[99] entgegengetreten. Darin wird bestätigt, dass eine Steuerpflicht nach § 49 Abs. 1 Nr. 5a iVm § 20 Abs. 2 S. 1 Nr. 2a EStG nicht besteht, dass jedoch die in § 20 Abs. 2 S. 1 Nr. 2a S. 2 EStG geregelte Sperrwirkung keine Anwendung findet.

52 **4. Besonderheiten bei disproportionaler Ausschüttung.** Die Beteiligung des Gesellschafters an den Gewinnen der Gesellschaft bestimmt sich in der Regel nach dem Anteil des einzelnen Gesellschafters am Kapital der Gesellschaft; satzungsmäßige Regelungen über von diesem Grundsatz abweichende Gewinnbeteiligungen sind – in gewissen Grenzen – zulässig. Nach Ansicht der Finanzverwaltung können disquotale Gewinnausschüttungen zu einer Zuwendung iSv § 7 Abs. 1 Nr. 1 ErbStG führen, Ländererlass vom 14.3.2012, BStBl. I 2012 S. 231, Nr. 2.6.4, die Rechtsprechung teilt diese Auffassung nicht.[100] Auch Zahlungen von überhöhten Entgelten durch eine Körperschaft an eine einem Gesellschafter nahe stehende Person kann eine verdeckte Gewinnausschüttung darstellen, stellt aber keine freigebige Zuwendung der Körperschaft an die nahe stehende Person dar, auch wenn der Gesellschafter bei Abschluss der Vereinbarung mitgewirkt hat.[101] Die steuerliche Zulässigkeit von Gewinnausschüttungen, die von der Beteiligungsquote abweichen und gegebenenfalls jährlich verändert werden können, hat sich die Rechtsprechung zu befassen gehabt.[102] Zuvor waren abweichende Gewinnverteilungsregelungen, insbesondere im Fall der Beteiligung naher Angehöriger auch als Rechtsmissbrauch betrachtet worden.[103] Disproportionale Ausschüttungen und die anschließende Wiedereinlage der ausgeschütteten Beträge sind insbesondere in Fällen der Nutzung eines Verlustvortrags bei einzelnen Gesellschaftern von steuerlichem Interesse; die steuerliche Bedeutung disproportionaler Ausschüttungen hat nach dem Systemwechsel der Körperschaftsteuer nachgelassen. Die Finanzverwaltung lässt nun inkongruente Gewinnausschüttungen dann zu, wenn es durch beachtliche Gesellschafterleistungen gerechtfertigt ist oder zB satzungsmäßige Klauseln nach § 60 Abs. 3 AktG vorliegen. Eine allgemeine Öffnungsklausel soll hingegen nicht ausreichend sein.[104]

---

[96] BFH BFH/NV 2011, 1512; BFH BStBl. II 2016 S. 961.
[97] Kirchhof/*v. Beckerath* EStG § 20 Rn. 166; BFH (GrS) BStBl. II 1983 S. 272 (275, 277); OFD Frankfurt a. M. 17.5.2004, DStR 2004, 181; *Häuselmann* FR 2010, 200 (201).
[98] Kirchhof/*Knaupp* EStG § 43 Rn. 7.
[99] BStBl. I 2013 S. 938; dazu *Bisle* NWB 2013, 4108.
[100] BFH BStBl. II 2013 S. 930.
[101] BFH BStBl. II 2018 S. 292 (296 und 299).
[102] BFH BStBl. 2001 S. 43.
[103] BFH BStBl. II 1982 S. 248; FG Baden-Württemberg EFG 1989, 292; dggü FG Köln EFG 1997, 291.
[104] BMF 17.12.2013, BStBl. I 2014 S. 63.

Der Erste Senat des BFH hat die Bedenken gegen disquotale Ausschüttungen zurück- 53 gewiesen.[105] Die Entscheidung hat eine (disproportionale) Ausschüttung in Abweichung von der üblichen Quote der Gewinnbeteiligung und die anschließende Wiedereinlage des Eigenkapitals durch den Gesellschafter nicht beanstandet. Der achte Senat will diese Rechtsprechung indes nicht für die Gesellschafterbesteuerung verallgemeinern.[106] Die Finanzverwaltung hat die Grundsätze der Entscheidung des ersten Senats über den entschiedenen Einzelfall hinaus zunächst nicht angewendet.[107] Die Ablehnung durch die Finanzverwaltung wird für Fälle der isolierten vGA und von Einlagen, die über den Kreis nahe stehender Personen hinausgehen, als zu allgemein und weit gefasst kritisiert.[108] Voraussetzung ist idR eine in der Satzung/dem Gesellschaftsvertrag festgelegte Öffnung für einen abweichenden Verteilungsschlüssel; Gewinnausschüttungen infolge satzungsdurchbrechender Beschlüsse werden beanstandet;[109] die Instanzgerichte bliebt indes bei der Linie des BFH.[110] Der BFH hat in Kenntnis der entgegenstehenden Auffassung der Finanzverwaltung seine Auffassung nochmals bestätigt[111] und dabei auf die bisherige Rechtsprechung Bezug genommen; auch ein Gestaltungsmissbrauch wird in Fällen disquotaler Ausschüttungen nur infolge einer Einzelfallprüfung in Betracht kommen. Diese Auffassung wird durch die Instanzgerichte angewendet.[112] Das BMF hat mit Schreiben vom 17.12.2013[113] zur steuerlichen Anerkennung von inkongruenten Gewinnausschüttungen (erneut) Stellung genommen. Bei Aktiengesellschaften werden inkongruente Ausschüttungen anerkannt, wenn in der Satzung nach § 60 Abs. 3 AktG ein vom Verhältnis der Anteile am Grundkapital abweichender Gewinnverteilungsschlüssel festgelegt wurde. Wird dieser indes nur kurzzeitig angewendet oder wiederholt geändert, soll dies ein Indiz für eine unangemessene Gestaltung und damit für einen Missbrauch rechtlicher Gestaltungsmöglichkeiten (§ 42 AO) sein[114].

§ 48 Nichtigkeit des Jahresabschlusses und Sonderprüfung wegen Unterbewertung

Übersicht

	Rn.		Rn.
I. Nichtigkeit des festgestellten Jahresabschlusses, § 256 AktG	1–11	c) Fehlerhafte Gliederung, § 256 Abs. 4 AktG	9
1. Allgemeines	1–4	d) Fehlerhafte Bewertung, § 256 Abs. 5 AktG	10
2. Nichtigkeitsgründe	5–10	3. Geltendmachung und Heilung	11
a) Inhalts- und Prüfungsmängel, § 256 Abs. 1 AktG	5–7	II. Sonderprüfung wegen unzulässiger Unterbewertung, §§ 258 ff. AktG	12–17
b) Verfahrensfehler bei der Feststellung durch die Verwaltung, § 256 Abs. 2 AktG	8	1. Funktion und systematische Stellung	12–15
		2. Gang des Verfahrens	16, 17

Schrifttum: *Habersack*, Die Auswirkungen der Nichtigkeit des Beschlusses über die Bestellung des Abschlußprüfers auf den festgestellten Jahresabschluß, NZG 2003, 659–667; *Hense*, Rechtsfolgen nichtiger Jahresabschlüsse und Konsequenzen für Folgeabschlüsse WPg 1993, 716–722; *Lutter*, Der

---

[105] BFH BStBl. 2001 S. 43.
[106] BFH BFH/NV 2004, 925; dazu auch *Groh* DB 2000, 1433; aA *Rose* FR 2002, 1.
[107] BMF 7.12.2000, BStBl. I 2001 S. 47; 2.11.2000, DStR 2000, 2188.
[108] *Barthmuss/Möser* BB 2001, 1329; ferner *Schwedhelm/Binnewies* DB 2001, 503.
[109] *L. Schmidt/Levedag* EStG § 20 Rn. 31; *Bender/Braksiek* DStR 2014, 121; *Werner* NWB 2019, 959.
[110] FG Köln EFG 2016, 1875 (nrkr, BFH VIII R 28/16); dazu *Pörschke* DB 2017, 1165.
[111] BFH BFH/NV 2015, 495; 2012, 1330; BFHE 214, 278 = DB 2006, 2327; BFH BStBl. II 2003 S. 923; BFH/NV 2010, 1865.
[112] FG Baden-Württemberg EFG 2008, 1206 (rkr.).
[113] BStBl. I 2014 S. 63.
[114] ZB BFH BFH/NV 2012, 1330.

Streit um die Gültigkeit des Jahresabschlusses einer Aktiengesellschaft, FS Helmrich, 1994, S. 685–707; *Kowalski*, Der nichtige Jahresabschluß – was nun?, AG 1993, 502–508; *Kropff*, Die Beschlüsse des Aufsichtsrats zum Jahresabschluß und zum Abhängigkeitsbericht, ZGR 1994, 628–643; *ders.*, Rechtsfragen in der Abschlußprüfung, FS Havermann, 1995, S. 322–342; *ders.*, Auswirkungen der Nichtigkeit eines Jahresabschlusses auf die Folgeabschlüsse, FS Budde, 1995, S. 341–360.

I. Nichtigkeit des festgestellten Jahresabschlusses, § 256 AktG

1 **1. Allgemeines.** Die Feststellung des Jahresabschlusses durch Vorstand und Aufsichtsrat kann, wenn sie verfahrensmäßig oder inhaltlich fehlerhaft ist, nicht nach § 243 AktG durch Klage angefochten werden, da sich die Anfechtungsklage nur gegen einen Hauptversammlungsbeschluss richten kann. Auch die Regelung der Nichtigkeitsgründe in § 241 AktG und der Nichtigkeitsklage in § 249 AktG betrifft ausschließlich die Nichtigkeit von Hauptversammlungsbeschlüssen, nicht aber die Fehlerhaftigkeit von Beschlüssen der Verwaltung. § 256 AktG regelt deshalb außerhalb der §§ 241 ff. AktG, wenn auch zum Teil in inhaltlicher Anlehnung an die dort geregelten Nichtigkeitsgründe, abschließend die Fälle, in denen ein festgestellter Jahresabschluss nichtig ist. Genau genommen geht es dabei nicht um die Nichtigkeit des Jahresabschlusses, sondern um die Nichtigkeit des korporationsrechtlichen Rechtsgeschäfts der Feststellung dieses Jahresabschlusses.[1] Daraus folgt, dass eine Klage auf Feststellung der Nichtigkeit des Aufsichtsratsbeschlusses nach § 172 AktG über die Billigung des Jahresabschlusses nur als Klage auf Feststellung der Nichtigkeit des Jahresabschlusses nach § 256 Abs. 7 AktG zulässig ist und nur aus einem der in § 256 AktG genannten Gründen begründet sein kann.[2]

2 Die Aufzählung der Gründe, die nach § 256 AktG zur Nichtigkeit des Jahresabschlusses führen, ist aus Gründen der Rechtssicherheit abschließend. Der fehlerhafte Jahresabschluss ist entweder wegen eines in § 256 AktG aufgeführten besonders schwerwiegenden Mangels nichtig oder er ist voll wirksam.[3] Eine dritte Lösung, nämlich eine bloße Anfechtbarkeit mit der Möglichkeit der Nichtigerklärung, gibt es nicht, wenn Vorstand und Aufsichtsrat den Jahresabschluss festgestellt haben.

3 Wenn der Jahresabschluss ausnahmsweise von der Hauptversammlung nach § 173 AktG festgestellt worden ist, kann der Feststellungsbeschluss der Hauptversammlung nach § 243 AktG angefochten werden. Aufgrund der Sonderregelung in § 257 Abs. 1 S. 2 AktG kann die Anfechtung jedoch nicht auf inhaltliche Mängel des Jahresabschlusses gestützt werden, da § 256 AktG auch insoweit die Inhaltsmängel und ihre Folgen für den Bestand des Abschlusses abschließend regelt. Eine Nichtigkeitsklage gegen den Feststellungsbeschluss der Hauptversammlung ist nur als Klage auf Feststellung der Nichtigkeit des Jahresabschlusses nach § 256 Abs. 7 AktG möglich. § 256 Abs. 3 AktG regelt dazu besondere Nichtigkeitsgründe in Anlehnung an § 241 Nr. 1 und 2 AktG.

4 Der **Abhängigkeitsbericht** des Vorstands nach § 312 AktG ist nicht Bestandteil des Jahresabschlusses, sondern ein eigenständiger Teil der Rechnungslegung (→ § 45 Rn. 10). Demgemäß folgt aus der Nichtigkeit des festgestellten Jahresabschlusses nicht notwendig auch die Nichtigkeit der vom Aufsichtsrat beschlossenen und gegenüber der Hauptversammlung (s. § 314 Abs. 3 AktG) erklärten Billigung des Abhängigkeitsberichts. Die Beschlüsse des Aufsichtsrats zur Feststellung des Jahresabschlusses und zur Billigung des Abhängigkeitsberichts sind allerdings häufig Teile eines einheitlichen Rechtsgeschäfts iSv § 139 BGB.[4] Demgemäß kann nach der Auslegungsregel des § 139 BGB die Nichtigkeit

---

[1] BGHZ 124, 111 (116) – Vereinte Krankenversicherung; OLG Frankfurt a. M. ZIP 2007, 72 (73); MüKoAktG/*Koch* § 256 Rn. 6; Schmidt/Lutter/*Schwab* AktG § 256 Rn. 2.
[2] BGHZ 124, 111 (116 f.); *Kropff* ZGR 1994, 628 (635).
[3] BGHZ 124, 111 (116 f.); MüKoAktG/*Koch* § 256 Rn. 3.
[4] BGHZ 124, 111 (122 ff.); *Kropff* ZGR 1994, 628 (640); Emmerich/Habersack Aktien- und GmbH-Konzernrecht/*Habersack* § 312 Rn. 20; aA *Adler/Düring/Schmaltz* Rechnungslegung AktG § 256 Rn. 75; *H. P. Müller* AG 1994, 410 (411).

des Jahresabschlusses – abhängig von Art und Inhalt des konkreten Nichtigkeitsgrundes – auch zur Nichtigkeit der Billigung des Abhängigkeitsberichts führen,[5] während umgekehrt aus einem Mangel des Abhängigkeitsberichts und einer daraus folgenden Nichtigkeit des Beschlusses des Aufsichtsrats über den Abhängigkeitsbericht nicht die Nichtigkeit des Jahresabschlusses folgen kann, da sonst die abschließende Regelung der Nichtigkeitsgründe in § 256 AktG missachtet würde.[6]

Die Nichtigkeit des **Konzernabschlusses** kann nicht durch Nichtigkeitsklage analog § 256 AktG festgestellt werden, da er keine Rechtswirkung im Verhältnis zwischen der Gesellschaft und den Aktionären entfaltet.[7] Das schließt allerdings nicht aus, dass der Beschluss des Aufsichtsrats zur Billigung des Konzernabschlusses rechtswidrig und deshalb nichtig ist.[8]

2. Nichtigkeitsgründe. a) Inhalts- und Prüfungsmängel, § 256 Abs. 1 AktG. Der Abschluss ist nach Nr. 1 nichtig, wenn er durch seinen Inhalt gegen Vorschriften verstößt, die ausschließlich oder überwiegend zum Schutz der Gläubiger gegeben sind. Dieser Nichtigkeitsgrund ist § 241 Nr. 3 AktG nachgebildet. Nur Gesetzesverstöße, nicht auch Verstöße gegen Satzungsbestimmungen können die Nichtigkeit begründen.[9] Der Inhalt des Jahresabschlusses muss gesetzeswidrig sein; ein Inhaltsverstoß ergibt sich nicht daraus, dass der Abschluss die finanziellen Auswirkungen eines gesetzwidrigen Rechtsgeschäfts ausweist.[10] Als verletzte Vorschriften mit dem bezeichneten Schutzzweck kommen über § 264 Abs. 2 HGB auch die nicht kodifizierten Grundsätze ordnungsmäßiger Buchführung (GoB) in Betracht; jedoch begründet ein Verstoß nur dann die Nichtigkeit, wenn er die Darstellung der Vermögens- und Ertragslage wesentlich beeinträchtigt.[11] Die Nichtigkeitsfolge bei Verstößen gegen Gliederungs- und Bewertungsvorschriften bestimmt sich ausschließlich nach den einschränkenden Regelungen in § 256 Abs. 4 und 5 AktG.[12]

Nach Nr. 2 und 3 ist der Abschluss nichtig, wenn er entgegen § 316 HGB überhaupt nicht oder entgegen § 319 HGB oder Art. 25 EGHGB durch einen Prüfer geprüft worden ist, der nicht Abschlussprüfer ist oder aus anderen Gründen als einem Verstoß gegen § 319 Abs. 2, 3 oder 4 oder § 319a Abs. 1 HGB nicht zum Abschlussprüfer bestellt ist. Zu Mängeln der Prüferbestellung → § 45 Rn. 3. Die fehlende Prüfung des Abhängigkeitsberichts hat nicht die Nichtigkeit des Jahresabschlusses zur Folge, da der Abhängigkeitsbericht nicht Teil des Jahresabschlusses ist.[13]

Wenn der Abschluss inhaltlich gegen zwingende Gesetzes- oder Satzungsregeln zur Bildung und Auflösung von Rücklagen verstößt, führt dies nach Nr. 4 zur Nichtigkeit.

b) Verfahrensfehler bei der Feststellung durch die Verwaltung, § 256 Abs. 2 AktG. Für die ordnungsmäßige Mitwirkung von Vorstand und Aufsichtsrat ist erforderlich, dass beide Organe verfahrensfehlerfreie Beschlüsse gefasst haben. Soweit die Satzung oder die Geschäftsordnung Mehrheitsbeschlüsse des Vorstands vorsieht, kann der Vorstand den Jahresabschluss durch einen Beschluss mit der dafür vorgesehenen Mehrheit aufstellen.[14] Wenn der Jahresabschluss entgegen der gesetzlichen Verpflichtung aus § 245 HGB nicht

---

[5] BGHZ 124, 111 (123); kritisch zum konkreten Fall *Kropff* ZGR 1994, 628 (640 f.).
[6] MüKoAktG/*Koch* § 256 Rn. 5.
[7] BGH AG 2008, 325; MüKoAktG/*Koch* § 256 Rn. 7; Schmidt/Lutter/*Schwab* AktG § 256 Rn. 3.
[8] Dazu näher MüKoAktG/*Hennrichs/Pöschke* § 172 Rn. 113 ff.
[9] MüKoAktG/*Koch* § 256 Rn. 12; *Adler/Düring/Schmaltz* Rechnungslegung AktG § 256 Rn. 6.
[10] BGHZ 124, 111 (117).
[11] Hüffer/*Koch* AktG § 256 Rn. 12; Schmidt/Lutter/*Schwab* AktG § 256 Rn. 7; *Adler/Düring/Schmaltz* Rechnungslegung AktG § 256 Rn. 12.
[12] BGHZ 124, 111 (117 f.); *Adler/Düring/Schmaltz* Rechnungslegung AktG § 256 Rn. 7; Hüffer/*Koch* AktG § 256 Rn. 7.
[13] BGHZ 124, 111 (121 f.); BGH ZIP 1997, 887 (888); OLG Köln ZIP 1993, 110 (112); auch → § 45 Rn. 10.
[14] MüKoAktG/*Koch* § 256 Rn. 35; *Adler/Düring/Schmaltz* Rechnungslegung AktG § 256 Rn. 62.

von allen Vorstandsmitgliedern unterzeichnet wird, folgt daraus nicht die Nichtigkeit nach § 256 Abs. 2 AktG.[15] Der Aufsichtsrat hat nicht ordnungsgemäß mitgewirkt, wenn zB entgegen § 107 Abs. 3 S. 2 AktG nur ein Ausschuss den Abschluss gebilligt hat.

9 **c) Fehlerhafte Gliederung, § 256 Abs. 4 AktG.** Sie führt nur dann zur Nichtigkeit, wenn dadurch Klarheit und Übersichtlichkeit des Jahresabschlusses wesentlich beeinträchtigt sind.[16]

10 **d) Fehlerhafte Bewertung, § 256 Abs. 5 AktG.** Dieses ist der für die Praxis bedeutsamste Nichtigkeitsgrund. Abs. 5 regelt die Rechtsfolgen einer fehlerhaften Bewertung abschließend; wenn seine Voraussetzungen nicht erfüllt sind, kann ein Bewertungsfehler somit nicht nach der Generalklausel des Abs. 1 Nr. 1 die Nichtigkeit begründen.[17] Der Gesetzestext verlangt nur für den Fall der Unterbewertung als zusätzliche Voraussetzung, dass dadurch die Vermögens- und Ertragslage vorsätzlich unrichtig wiedergegeben oder verschleiert wird. Aber auch im Fall der Überbewertung führt nicht jeder Verstoß zur Nichtigkeit, sondern nur ein im Hinblick auf das Gesamtvolumen des Abschlusses wesentlicher Verstoß.[18] Eine Überbewertung liegt auch dann vor, wenn ein Vermögensgegenstand unzulässig aktiviert oder die gebotene Bildung eines Passivpostens unterblieben ist. Ebenso handelt es sich um eine Unterbewertung, wenn ein Vermögensgegenstand pflichtwidrig gar nicht aktiviert oder entgegen einem Bilanzierungsverbot passiviert wurde.[19]

11 **3. Geltendmachung und Heilung.** Die Nichtigkeit des Jahresabschlusses wird nach § 256 Abs. 7 AktG durch die Nichtigkeitsklage in sinngemäßer Anwendung von § 249 AktG geltend gemacht. Zum Verhältnis zwischen der Nichtigkeitsklage wegen Unterbewertung und einer Sonderprüfung nach § 258 AktG → Rn. 14. In Anlehnung an § 242 Abs. 2 AktG regelt § 256 Abs. 6 AktG die Voraussetzungen für eine Heilung der Nichtigkeit durch Zeitablauf. Unheilbar ist die Nichtigkeit wegen unterbliebener Pflichtprüfung nach § 256 Abs. 1 Nr. 2 AktG. Die Heilungsfrist beginnt mit der Bekanntmachung des Abschlusses im Bundesanzeiger und beträgt bei den übrigen Mängeln der Abs. 1 und 2 sechs Monate und bei den Gliederungs- und Bewertungsverstößen der Abs. 4 und 5 drei Jahre.

II. Sonderprüfung wegen unzulässiger Unterbewertung, §§ 258 ff. AktG

12 **1. Funktion und systematische Stellung.** Wenn Anlass für die Annahme besteht, dass bestimmte Posten des festgestellten Jahresabschlusses nicht unwesentlich unterbewertet sind oder bestimmte Angaben im Anhang nicht oder nicht vollständig gemacht sind, hat das Registergericht auf den Antrag von Aktionären, denen seit mindestens drei Monaten vor dem Tage der Hauptversammlung Aktien im Umfang von 1 % des Grundkapitals oder im Nennbetrag von 100.000 Euro gehören, einen Sonderprüfer zu bestellen, § 258 Abs. 1 S. 1, Abs. 2 S. 3 u. 4 AktG. Der Antrag kann nur innerhalb eines Monats nach der Hauptversammlung, welcher der Jahresabschluss vorgelegen hat, gestellt werden, § 258 Abs. 2 S. 1 AktG.

13 Dieser Rechtsbehelf, von dem die Praxis fast keinen Gebrauch macht, soll insbesondere dazu beitragen, dass das **Verbot der Bildung stiller Reserven** durch unzulässige Unterbewertungen beachtet wird. Er dient mittelbar dem Schutz der Kompetenz der Hauptversammlung zur Entscheidung über die Gewinnverwendung.[20]

---

[15] *Adler/Düring/Schmaltz* Rechnungslegung § 256 Rn. 63; MüKoAktG/*Koch* § 256 Rn. 39.
[16] Beispiele in LG Mainz DB 1991, 2361, LG Stuttgart AG 1994, 473 u. LG München Der Konzern 2008, 59.
[17] BGHZ 124, 111 (117).
[18] BGHZ 83, 341 (347); MüKoAktG/*Koch* § 256 Rn. 56; Schmidt/Lutter/*Schwab* AktG § 256 Rn. 15; zurückhaltender *Adler/Düring/Schmaltz* Rechnungslegung AktG § 256 Rn. 49.
[19] BGHZ 124, 111 (119) mablAnm *Schön* JZ 1994, 684; BGH ZIP 1991, 1427 (1428).
[20] MüKoAktG/*Koch* § 258 Rn. 2; *Adler/Düring/Schmaltz* Rechnungslegung AktG § 258 Rn. 3.

Der Unterschied zur **Nichtigkeitsklage wegen Unterbewertung nach § 256 AktG** 14 liegt vor allem im Folgenden: Die Sonderprüfung richtet sich nicht gegen die Verbindlichkeit des Jahresabschlusses insgesamt, sondern nur gegen den Wertansatz einzelner Bilanzpositionen. Für den Erfolg des Antrags genügt demgemäß der substantiiert und plausibel begründete Verdacht einer unzulässigen Unterbewertung; die erschwerende Voraussetzung einer vorsätzlich unrichtigen Wiedergabe oder Verschleierung der Vermögens- und Ertragslage gilt nur für die Nichtigkeitsfolge nach § 256 Abs. 5 AktG und nicht für die Sonderprüfung nach § 258 AktG. Die beiden Verfahren können deshalb nebeneinander betrieben werden.[21] Wenn die Nichtigkeitsklage beim Prozessgericht anhängig ist, empfiehlt sich jedoch im Regelfall die Aussetzung des Antragsverfahrens vor dem Registergericht.

Gegenüber einer **Sonderprüfung nach § 142 AktG** (dazu oben § 43) hat die Sonderprüfung nach § 258 AktG als spezielles Verfahren den Vorrang: Nach § 142 Abs. 3 AktG gelten die Absätze 1 und 2 dieser Vorschrift nicht für Vorgänge, die Gegenstand einer Sonderprüfung nach § 258 AktG sein können. Der mögliche Antrag nach § 258 AktG verdrängt also nicht nur den Antrag auf gerichtliche Bestellung eines Sonderprüfers nach § 142 Abs. 2 AktG, sondern auch die Bestellung eines Sonderprüfers durch die Hauptversammlung nach § 142 Abs. 1 AktG. Der Grund liegt in der Bindung des besonderen Rechtsbehelfs aus § 258 AktG an die Monatsfrist des § 258 Abs. 2 AktG, während die Anträge nach § 142 AktG nicht fristgebunden sind. Das Verfahren nach § 142 Abs. 1 und 2 AktG ist auch dann ausgeschlossen, wenn der Antrag nach § 258 AktG tatsächlich nicht gestellt wird und die Monatsfrist abgelaufen ist.[22]

2. Gang des Verfahrens. Wenn der Registerrichter auf Grund eines substantiierten Vortrags des oder der Antragsteller, auf Grund der Anhörung von Vorstand, Aufsichtsrat und Abschlussprüfer nach § 258 Abs. 3 AktG und gegebenenfalls auf Grund weiterer Amtsermittlungen zu der Überzeugung gelangt, dass eine wesentliche Unterbewertung in der Bilanz oder eine Unvollständigkeit der Angaben im Anhang zumindest naheliegt,[23] bestellt er den unabhängigen Sonderprüfer, der nach § 258 Abs. 4 S. 2 AktG nicht mit dem Abschlussprüfer identisch sein darf. Der Verdacht einer groben Pflichtverletzung der Verwaltung, wie ihn § 142 Abs. 2 AktG voraussetzt, ist nicht erforderlich.

Die Sonderprüfung wegen unvollständiger Angaben endet stets mit dem Prüfungsbericht. Bei einer Sonderprüfung wegen Unterbewertung kann die Gesellschaft oder eine Aktionärsminderheit (5 % des Grundkapitals oder Nennbetrag von 500.000 Euro), die mit dem Prüfungsbericht nicht einverstanden ist, nach § 260 AktG ein gerichtliches Nachverfahren vor dem Landgericht beantragen. Wenn der Bericht des Sonderprüfers nach § 259 AktG oder die gerichtliche Entscheidung nach § 260 AktG eine Unterbewertung festgestellt hat, ist die Korrektur bei der nächsten Bilanzaufstellung vorzunehmen, § 261 Abs. 1 AktG. Über die Verwendung des daraus folgenden Ertrags entscheidet ausschließlich die Hauptversammlung, § 261 Abs. 3 AktG.

---

[21] MüKoAktG/*Koch* § 258 Rn. 65; Schmidt/Lutter/*Kleindiek* AktG § 258 Rn. 4; *Adler/Düring/Schmaltz* Rechnungslegung AktG § 258 Rn. 2.
[22] MüKoAktG/*Koch* § 258 Rn. 66; Schmidt/Lutter/*Kleindiek* AktG § 258 Rn. 4.
[23] OLG München NZG 2006, 628; *Jäger* NZG 2008, 257.

9. Kapitel. Steuerrecht

§ 49 Grundzüge der Besteuerung der Aktiengesellschaft

Übersicht

	Rn.		Rn.
I. Unbeschränkte Steuerpflicht der Aktiengesellschaft	1–17	2. Ende der unbeschränkten Steuerpflicht	9–17
1. Entstehung der unbeschränkten Steuerpflicht	1–8	a) Körperschaftsteuer	10–12
a) Körperschaftsteuer	1–3	b) Gewerbesteuer	13–15
b) Gewerbesteuer	4–6	c) Umsatzsteuer	16, 17
c) Umsatzsteuer	7, 8	II. Beschränkte Steuerpflicht einer Körperschaft	18–21

Schrifttum: *Kahle/Beinert*, Zur Diskussion um die Europarechtswidrigkeit der Entstrickungstatbestände nach Verder Labtec, FR 2015, 585; *Kahle/Braun* Aktuelle Entwicklungen des Betriebsstättenbegriffs, Ubg 2018, 365; *Martini*, Das Verhältnis der Körperschaftsteuerpflicht der Vorgesellschaften zur späteren Eintragung, DStR 2011, 337; *Micker/Schwarz*, Europarechtskonforme Entstrickung von Privat- und Betriebsvermögen, NWB 2017, 344..

I. Unbeschränkte Steuerpflicht der Aktiengesellschaft

1. Entstehung der unbeschränkten Steuerpflicht. a) Körperschaftsteuer. Die AG ist 1 nach § 1 Abs. 1 Nr. 1 KStG als Körperschaft unbeschränkt steuerpflichtig, wenn sie ihre Geschäftsleitung oder ihren Sitz im Inland hat, §§ 10, 11 AO. Dazu im Einzelnen § 50. Der Ort der Geschäftsleitung entspricht dem Mittelpunkt der geschäftlichen Oberleitung, die an dem Ort ist, an dem nach den tatsächlichen Verhältnissen die leitenden Personen den wesentlichen die Leitung im Tagesgeschäft betreffenden Willen treffen.[1] Das Gleiche gilt für die KGaA und die SE. Die AG gehört zu den gesetzlichen Regeltypen, die der Körperschaftsteuer unterliegen. Die unbeschränkte Steuerpflicht erstreckt sich auf alle Einkünfte der AG, die diese im In- oder Ausland erzielt, § 1 Abs. 2 KStG;[2] das Besteuerungsrecht der Bundesrepublik Deutschland kann durch Doppelbesteuerungsabkommen zB bei Einkünften, die in einer ausländischen Betriebsstätte erzielt werden, beschränkt werden. Eine Erweiterung der Zurechnung von im Ausland erzielten Einkünften tritt nach Maßgabe der Vorschriften des Außensteuergesetzes (AStG) ein.

Die Steuerpflicht der AG (KGaA, SE) entsteht nicht erst mit Erlangung ihrer Rechts- 2 fähigkeit durch Eintragung der Gesellschaft im Handelsregister, §§ 41, 278 AktG. Sie erstreckt sich auch auf die Einkünfte, die durch die durch notarielle Feststellung der Satzung entstandene Vorgesellschaft erzielt werden, H 1.1 KStR (Beginn der Steuerpflicht);[3] Die in dem Stadium vor Gründung der AG bestehende Vorgründungsgesellschaft ist hingegen davon zu unterscheiden.[4] Die Vorgesellschaft und die durch die Eintragung im Handelsregister entstandene AG werden steuerlich als ein körperschaftsteuerpflichtiger Rechtsträger behandelt.

---

[1] *Koenig*, AO, 3. Aufl. 2014, § 10 Rn. 5 f.; Dötsch/Pung/Möhlenbrock/*Graffe* KStG § 1 Rn. 22; *Sauter* in Erle/Sauter KStG § 1 Rn. 47 ff.

[2] Vgl. im Einzelnen § 50.

[3] Vgl. auch → § 5 Rn. 4 ff.; BFH DStR 2010, 1072; Dötsch/Pung/Möhlenbrock/*Graffe* KStG § 1 Rn. 103 ff.; *Sauter* in Erle/Sauter KStG § 1 Rn. 83; *Martini* DStR 2011, 337.

[4] BFH BFH/NV 2002, 158; H 1.1 (Vorgründungsgesellschaft) KStR; Dötsch/Pung/Möhlenbrock/*Graffe* KStG § 1 Rn. 106; *Sauter* in Erle/Sauter KStG § 1 Rn. 81 ff.

3 Ausnahmen von der subjektiven (unbeschränkten) Steuerpflicht der AG bestehen bei Körperschaften, die unter die Befreiungstatbestände des § 5 Abs. 1 KStG fallen. Dies kommt zB für Körperschaften in Betracht, die im Sinne von § 5 Abs. 1 Nr. 9 KStG nach ihrer Satzung und der tatsächlichen Geschäftsführung ausschließlich und unmittelbar gemeinnützigen, mildtätigen oder kirchlichen Zwecken im Sinne der §§ 51–68 der Abgabenordnung dienen, ohne dass ein wirtschaftlicher Geschäftsbetrieb unterhalten wird. Solche Einrichtungen, die die Rechtsform einer AG aufweisen, sind indes selten anzutreffen.

4 b) Gewerbesteuer. Die Tätigkeit einer Kapitalgesellschaft und damit auch einer Aktiengesellschaft gilt stets und in vollem Umfang als Gewerbebetrieb, § 2 Abs. 2 GewStG. Ein im Inland betriebener Gewerbebetrieb unterliegt der Gewerbesteuer; der Begriff des Gewerbebetriebs entspricht dem Betrieb eines gewerblichen Unternehmens im Sinne des EStG, § 2 Abs. 1 GewStG.[5]

5 Ist ein Gewerbebetrieb kraft Rechtsform durch die Eintragung der AG im Handelsregister entstanden,[6] gilt die gesamte Tätigkeit der AG, gleichgültig welcher Art sie ist und ob es sich überhaupt um eine gewerbliche Tätigkeit im Sinne des EStG handelt, als gewerblich.[7] Zum Zeitpunkt der Eintragung im Handelsregister beginnt die Steuerpflicht kraft Rechtsform, R 2.5 Abs. 2 S. 1 GewStR. In der Phase der Vorgründungsgesellschaft besteht keine Identität mit der nachfolgenden Gesellschaft.[8] Wird die Gesellschaft bereits in der Phase der Vorgesellschaft nach außen im Sinne des späteren Betriebs der AG gewerblich tätig, beginnt die Steuerpflicht bereits zu diesem früheren Zeitpunkt.[9] Die Verwaltung des eingezahlten Grundkapitals löst die Gewerbesteuerpflicht noch nicht aus. Die nach außen tätig gewordene Vorgesellschaft bildet zusammen mit der später eingetragenen AG einen einheitlichen Steuergegenstand.[10]

6 Die subjektiven Steuerbefreiungen für den Bereich der Gewerbesteuer ergeben sich nach § 3 GewStG.

7 c) Umsatzsteuer. Als juristische Person ist die AG in der Regel Unternehmer im Sinne von § 2 UStG.[11] Auf die Rechtsform oder die Rechtsfähigkeit des Leistenden kommt es nicht an.[12] Ist die AG Unternehmer, ist sie mit ihren Lieferungen und Leistungen im Grundsatz umsatzsteuerpflichtig, sobald sie eine nachhaltige Tätigkeit zur Erzielung von Einnahmen entfaltet, § 2 Abs. 1 S. 3 UStG. Im Rahmen dieses Kriteriums unterliegt bereits die Vorgesellschaft der Umsatzsteuer;[13] sie wird nach den gleichen Grundsätzen behandelt wie die später eingetragene Gesellschaft.[14] Die Unternehmereigenschaft in der Umsatzsteuer beginnt bereits mit dem ersten, nach außen gerichteten auf eine Unternehmertätigkeit gerichtete Tätigwerden, wenn die spätere Ausführung entgeltlicher Leistungen ernsthaft beabsichtigt ist und diese Ernsthaftigkeit anhand objektiver Merkmale nachgewiesen werden kann. Somit wird die Unternehmereigenschaft bereits durch unternehmensbezogene Vorbereitungshandlungen begründet.[15]

---

[5] Vgl. im Einzelnen § 52.
[6] Bei Zuzug einer doppelt ansässigen Gesellschaft besteht Gewerbesteuerpflicht ab Begründung der Geschäftsleitung im Inland, vgl. R 2.1 (4) Abs. 4 sowie H 2.1 (4) GewStR; FM Nordrhein-Westfalen v. 20.5.2005, DB 2005, 2439 unter Bezugnahme auf EuGH DB 1999, 625 und DB 2002, 2425.
[7] R 2.1 Abs. 4 S. 1 GewStR; BFH BStBl. III 1961 S. 66; BFH BStBl. III 1963 S. 69; BFH BStBl. II 1977 S. 10; BFH BStBl. II 1977 S. 668; BFH BStBl. II 1991 S. 250.
[8] *Güroff* in Glanegger/Güroff GewStG § 2 Rn. 472.
[9] BFH BStBl. II 2010 S. 60; *Güroff* in Glanegger/Güroff GewStG § 2 Rn. 470.
[10] BFH BStBl. II 2005 S. 405; BFH BStBl. II 2010 S. 60; H 2.5 Abs. 2 (Vorgesellschaft) GewStR.
[11] Vgl. im Einzelnen § 54.
[12] BFH BStBl. II 1994 S. 671.
[13] BMF 2.12.1996, BStBl. I 1996 S. 1461.
[14] *Korn* in Bunjes UStG § 2 Rn. 172.
[15] Abschn. 2.6 Abs. 2 S. 1 UStAE.

Die aus vorbereitenden Umsätzen sich ergebenden Vorsteuern können, wenn sie sich auf **8** nicht vom Vorsteuerabzug ausgeschlossene Umsätze beziehen, abgezogen werden.[16] Das gilt auch in Bezug auf die von einer Vorgründungsgesellschaft als Unternehmerin bezogenen Leistungen. Werden diese nach Gründung der Gesellschaft in einem Akt an diese veräußert, ist diese zum Abzug der Vorsteuern ungeachtet der Nichtsteuerbarkeit des Geschäftsveräußerung nach § 1 Abs. 1a UStG berechtigt.[17] Besonderheiten gelten bei Unternehmen, deren Tätigkeit auf das Halten und Verwalten von Anteilen an anderen Unternehmen ausgerichtet ist. Solche Unternehmen sind im Regelfall nicht Unternehmer im Sinne des UStG, da Dividenden und andere Beteiligungserträge nicht als umsatzsteuerliches Entgelt im Rahmen eines Leistungsaustauschs angesehen werden.[18]

2. Ende der unbeschränkten Steuerpflicht. Die AG endet zivilrechtlich mit der Lö- **9** schung im Handelsregister. Das Ende der subjektiven Steuerpflicht ist von der zivilrechtlichen Beendigung der Existenz der Gesellschaft unabhängig und stellt, abhängig von den Regelungen der einzelnen Steuergesetze grundsätzlich auf die tatsächliche Einstellung der geschäftlichen Tätigkeit ab.

a) Körperschaftsteuer. Das Körperschaftsteuerrecht regelt in § 11 KStG die Besteuerung **10** während des Liquidationsverfahrens, also in der Phase nach Auflösung, aber vor Abwicklung, enthält aber keine konkrete Aussage zur Beendigung der Steuerpflicht. Solange die AG noch über Vermögen verfügt, gegebenenfalls abgesehen von dem Vermögen, welches zur Begleichung von Steuerverbindlichkeiten zurückgehalten wurde, ist die subjektive Steuerpflicht noch nicht beendet. Im Grundsatz endet die Steuerpflicht erst, wenn die Liquidation durch Verteilung des Vermögens nach Schuldenbefriedigung rechtsgültig abgeschlossen ist,.[19]

Die Steuerpflicht der Gesellschaft endet auch, wenn das Vermögen der AG zB durch **11** Verschmelzung oder Aufspaltung auf einen oder mehrere andere Rechtsträger ohne Abwicklung der AG übertragen wurde. Die Steuerpflicht der AG endet in diesen Fällen nach zivilrechtlichem Wirksamwerden des Umwandlungsvorgangs mit Ablauf des Tages, der dem handelsrechtlichen Umwandlungsstichtag vorausgeht.[20]

Ein weiterer Grund für die Beendigung der subjektiven Steuerpflicht ist die Verlegung **12** des Orts der Geschäftsleitung oder des Sitzes der Gesellschaft oder von beidem ins Ausland, wenn die Gesellschaft danach nicht mehr in einem Mitgliedstaat der Europäischen Union oder des EWR unbeschränkt steuerpflichtig sein sollte, § 12 Abs. 3 KStG. Infolge der EuGH-Entscheidungen v. 5.11.2002 (Überseering/NCC) und v. 30.9.2003 (Inspire Art) war zweifelhaft geworden, ob die bisherigen Regelungen noch mit dem EU-Recht im Einklang stehen.[21] Die BFH-Rechtsprechung hat die Bedeutung dieser Entwicklungen und für den „Zuzug" von Gesellschaften anerkannt.[22] Für die Begründung der unbeschränkten Steuerpflicht ist das Vorhandensein eines dieser Merkmale im Inland ausreichend. Für den „Wegzug" einer unbeschränkt steuerpflichtigen AG in ein Land außerhalb der EU oder des EWR gilt § 12 Abs. 3 KStG.[23] Es gilt § 11 KStG entsprechend; es ist ein Abwicklungsergebnis zu ermitteln. In Fällen des Wegzugs in einen Mitgliedstaat der EU oder des EWR gilt § 12 Abs. 1 KStG mit der Folge, dass bei Beschränkung des Besteue-

---

[16] EuGH BStBl. II 1996 S. 655.
[17] BFH BStBl. II 2005 S. 155; FG Düsseldorf MwStR 2017, 34 (Rev. anh. BFH XI R 13/16); Abschn. 15.2 Abs. 17 S. 9 UStAE; *Korn* in Bunjes UStG § 2 Rn. 170.
[18] Vgl. im Einzelnen § 54; EuGH DStRE 2000, 1268; DStR 2001, 1795; DStRE 2004, 1095; 2.3 Abs. 2 UStAE.
[19] BFH BFH/NV 2001, 1284; R 51 Abs. 2 S. 1 KStR; *Sauter* in Erle/Sauter KStG § 1 Rn. 86; Dötsch/Pung/Möhlenbrock/*Graffe* KStG § 1 Rn. 112.
[20] § 2 Abs. 1 UmwStG; Tz. 02.02 UmwStE 2011.
[21] Im Einzelnen dazu § 5 I.
[22] BFH DB 2003, 1200 mit Anm. v. *Thömmes*.
[23] IdF des Gesetzes v. 7.12.2006 BGBl. 2006 I S. 2782; *Lenz* in Erle/Sauter KStG § 12 Rn. 7, 86.

rungsrechts der Bundesrepublik Deutschland hinsichtlich des Gewinns aus der Veräußerung oder Nutzung von Wirtschaftsgütern diese(s) als zum gemeinen Wert veräußert oder überlassen gilt. Allerdings findet die Ausgleichspostenmethode nach § 4g EStG Anwendung, derzufolge es zu einer aufgeschobenen Versteuerung des Entstrickungsgewinns über maximal 5 Jahre kommen kann.[24] Vor dem Hintergrund des deutschen Verfassungsrechts ist noch ungeklärt, ob die Unterscheidung zwischen EU/EWR- und anderen Staaten mit Art. 3 GG vereinbar ist.[25] Das EU-Recht hingegen akzeptiert die aufgeschobene Besteuerung, wie sie in § 4g EStG angelegt ist.[26]

13 b) **Gewerbesteuer.** Die subjektive Gewerbesteuerpflicht besteht ebenfalls unabhängig von der zivilrechtlichen Vollbeendigung der Gesellschaft. Die Steuerpflicht erlischt mit der tatsächlichen Einstellung des wirtschaftlichen Geschäftsbetriebs. Die Beendigung der Steuerpflicht kann somit durch die Einstellung des Geschäftsbetriebs der AG vor dem Ende der Rechtsfähigkeit der Gesellschaft erfolgen, sofern die Verwertung des Vermögens abgeschlossen ist; in Einzelnen vgl. § 52.[27]

14 Die Verschmelzung oder Aufspaltung der AG führt mit Ablauf des dem steuerlichen Spaltungsstichtag vorausgehenden Tages zur Beendigung der subjektiven Gewerbesteuerpflicht.

15 Die Verlegung des Orts der Geschäftsleitung und des Sitzes oder eines von beidem in das Ausland führt gewerbesteuerlich nach derzeitiger Auffassung zur Beendigung des Gewerbebetriebs der AG und zur Neugründung des Betriebs durch einen neuen Rechtsträger. Zu diesem Zeitpunkt erlischt die Steuerpflicht des übergegangenen Betriebs.[28]

16 c) **Umsatzsteuer.** Die Umsatzsteuerpflicht besteht unabhängig von der rechtlichen Existenz der Gesellschaft. Sie ist bei einer Kapitalgesellschaft weder vom Vermögensstand, noch vom Fortbestand ihrer Eintragung im Handelsregister abhängig; selbst eine aufgelöste Gesellschaft kann nach ihrer Löschung im Handelsregister Umsätze im Rahmen ihres Unternehmens ausführen.[29] Die Umsatzsteuerpflicht besteht fort, solange Rechtsbeziehungen der Gesellschaft mit Dritten oder den Finanzbehörden fortbestehen.[30] Das Unternehmen und die Unternehmereigenschaft erlöschen, wenn alle Rechtsbeziehungen des Unternehmens abgewickelt wurden.[31] Auch die Eröffnung eines Insolvenzverfahrens beendet die Unternehmereigenschaft des Gemeinschuldners nicht.[32]

17 Die Umwandlung der Gesellschaft durch Verschmelzung oder Aufspaltung führt mit dem Zeitpunkt der zivilrechtlichen Wirksamkeit der Maßnahme zur Beendigung der Umsatzsteuerpflicht. In der Zeitspanne zwischen dem steuerlichen Umwandlungsstichtag und dem Zeitpunkt der Eintragung im Handelsregister bleibt die AG selbst Unternehmer und für die Umsatzsteuer steuerpflichtig. Anders als für die Ertragsteuern bewirkt nicht bereits der schuldrechtliche Rückbezugszeitpunkt den Übergang der Umsatzsteuerpflicht.

---

[24] *Lenz* in Erle/Sauter KStG § 12 Rn. 58 ff.
[25] *Benecke/Staats* in Dötsch/Pung/Möhlenbroch KStG § 12 Rn. 35a.
[26] EuGH EuWZ 2017, 180; DStR 2015, 1166; IStR 2014, 106 – DMC; *Micker/Schwarz* NWB 2017, 344; *Kahle/Beinert* FR 2015, 585; Dötsch/Pung/Möhlenbrock/*Benecke/Staats* KStG § 12 Rn. 37 ff.
[27] BFH BFH/NV 2013, 84; R 2.6 Abs. 2 S. 1 GewStR; *Güroff* in Glanegger/Güroff GewStG § 2 Rn. 474.
[28] Abschn. R 2.7 Abs. 1 GewStR.
[29] BFH BStBl. II 1994 S. 483.
[30] BFH BStBl. II 1971 S. 540.
[31] BFH BStBl. II 1993 S. 696; *Korn* in Bunjes UStG § 2 Rn. 173.
[32] BFH BStBl. II 2000 S. 639; *Korn* in Bunjes UStG § 2 Rn. 176.

II. Beschränkte Steuerpflicht einer Körperschaft

Eine Körperschaft, die im Inland weder den Ort ihrer Geschäftsleitung noch ihren Sitz **18** unterhält,[33] ist mit den der Besteuerung unterliegenden Einkünften beschränkt steuerpflichtig, § 2 Nr. 1 KStG. Für den Ort der Geschäftsleitung ist nach § 10 AO der Mittelpunkt der geschäftlichen Oberleitung entscheidend. Wo sich dieser befindet, entscheidet sich nach tatsächlichen Umständen, nicht nach rechtlichen Kriterien. Von Bedeutung ist der Ort, wo der für die laufende Geschäftsführung maßgebende Wille gebildet wird.[34] Dabei muss es sich nicht um die Grundlagengeschäfte für die Gesellschaft als solche handeln. Zur laufenden Geschäftsführung gehören die tatsächlichen und rechtsgeschäftlichen Handlungen des gewöhnlichen Betriebs des Handelsgeschäfts und die zur gewöhnlichen Verwaltung gehörenden organisatorischen Maßnahmen.[35] Es kommt auf den Ort an, an dem nach den tatsächlichen Gegebenheiten die für die Geschäftsführung notwendigen Maßnahmen von einiger Wichtigkeit angeordnet werden. Bei einer Körperschaft ist das regelmäßig dort, wo die zur Vertretung befugten Personen die ihnen obliegende laufende Geschäftsführertätigkeit entfalten.[36] Maßgebend ist der Ort, an dem die Tagesgeschäfte der Gesellschaft erledigt werden.[37] Sind die technische und kaufmännische Leitung aufgeteilt, ist insbesondere der Ort von Bedeutung, an dem die kaufmännische Geschäftsführung ausgeführt wird;[38] einzelne Teilbestandteile der kaufmännischen Verwaltung, wie zB die Buchhaltung sind nicht entscheidend. Kommen mehrere Orte als Ort der Geschäftsleitung in Betracht, ist grundsätzlich eine Gewichtung der Tätigkeiten vorzunehmen und danach der Mittelpunkt der geschäftlichen Oberleitung zu bestimmen.[39] Als Sitz der Gesellschaft gilt nach § 11 AO der in der Satzung bestimmte Ort. Im Falle der beschränkten Steuerpflicht ist die ausländische Körperschaft mit ihren inländischen Einkünften iSd § 49 EStG steuerpflichtig. Die auf die inländischen Einkünfte erhobene Steuer beträgt 15 %, § 23 Abs. 1 KStG. Das Vorhandensein eines dieser Orte im Inland führt zur unbeschränkten Steuerpflicht.

Das Unterhalten einer inländischen Betriebsstätte durch ein Unternehmen, dessen Ort **19** der Geschäftsleitung oder Sitz sich nicht im Inland befindet und somit eine unbeschränkte Steuerpflicht nicht begründet wurde, begründet die beschränkte Körperschaftsteuerpflicht und die Gewerbesteuerpflicht, wenn ein inländischer Gewerbebetrieb unterhalten wird. Eine solche Betriebsstätte setzt eine feste Geschäftseinrichtung im Inland voraus, die der Tätigkeit des Unternehmens dient. Eine Vertreterbetriebsstätte, die durch einen selbstständigen Vertreter oder nach neuerer Rechtsprechung auch durch ein Organmitglied der Kapitalgesellschaft[40] begründet werden kann und ausgeübt wird, reicht zur Begründung der Gewerbesteuerpflicht im Inland nicht aus.[41]

Bei inländischen Einkünften zB aus Kapitalvermögen ist die Körperschaft nach § 2 Nr. 1 **20** KStG, § 49 Abs. 1 Nr. 5 EStG steuerpflichtig. Unterliegen die Einkünfte dem Steuerabzug, gilt die Steuerpflicht durch den Steuerabzug als abgegolten, § 50 Abs. 2 EStG. Da die Abzugsteuer bei Kapitaleinkünften in der Regel 25 % beträgt (§ 43a Abs. 1 Nr. 5 EStG), ist in § 44a Abs. 9 EStG vorgesehen, dass $^2/_5$ der einbehaltenen und abgeführten Kapitalertragsteuer zu erstatten sind; die Voraussetzungen von § 50d Abs. 1 S. 3–9, 3 und 4

---

[33] Zum Sitz vgl. § 8 Abschnitt V.
[34] BFH BStBl. II 2010 S. 492; BFH BStBl. II 2004 S. 602; Betriebsstättenerlass v. 24.12.1999 zul. geändert v. 26.9.2014 BStBl. I 2014 S. 1258; *Koenig,* AO, 3. Aufl. 2014, § 10 Rn. 4 ff.
[35] BFH BStBl. II 1995 S. 175.
[36] BFH BStBl. II 1991 S. 554; BB 1999, 1416.
[37] BFH BStBl. II 2004 S. 602; BB 1999, 1416; *Geils* Ubg 2018, 377; *Kahle/Braun* UbG 2018, 365.
[38] BFH BStBl. II 1991 S. 554; *Koenig* AO § 10 Rn. 7.
[39] BFH BFH/NV 2015, 615.
[40] BFH DStR 2019, 914.
[41] R 2.9 Abs. 4 GewStR; BFH DStR 2019, 914; Vorinstanz FG Rheinland-Pfalz DStRE 2017, 612.

§ 50   21   9. Kapitel. Steuerrecht

EStG, bei Dividenden auch von § 50j EStG sind zu beachten.[42] Zu weiteren Details vgl. § 47 Abschnitt VII. Beschränkt steuerpflichtige Kapitalgesellschaften, die nach ausländischem Recht buchführungspflichtig sind, unterliegen dieser Pflicht nach § 140 AO auch im Inland.[43] Für beschränkt steuerpflichtige Kapitalgesellschaften mit Immobilien im Inland ergeben sich Änderungen infolge der Verschärfung der Besteuerung von stillen Reserven in Anteilen sowie von Gewinnen bei Verzicht auf Darlehensforderungen durch das G zur Vermeidung von Umsatzsteuerausfällen.[44]

21   Die beschränkte Steuerpflicht der Körperschaft in der Bundesrepublik Deutschland kann nach Maßgabe von Doppelbesteuerungsabkommen eingeschränkt oder ausgeschlossen sein.[45]

§ 50 Körperschaftsteuer

Übersicht

	Rn.		Rn.
I. Einkommensermittlung bei der AG	1–59	d) Verursachung durch das Gesellschaftsverhältnis	72, 73
1. Überblick	1–8	e) Auswirkungen auf den Unterschiedsbetrag nach § 4 Abs. 1 S. 1 EStG der Kapitalgesellschaft	74, 75
2. Vom Betriebsausgabenabzug ausgeschlossene Aufwendungen	9–18		
a) Abzugsverbote nach allgemeinen Vorschriften	9, 10		
b) Körperschaftsteuerliche Abzugsverbote	11–18	f) Kein Zusammenhang mit einer offenen Gewinnausschüttung	76
3. Steuerfreie Einkünfte nach § 8b Abs. 1 und 2 KStG	19–37	g) Kriterium der Vorteilsgeneigtheit	77
a) Grundlagen	19, 20	h) Beweislast	78
b) Dividendeneinkünfte	21–23	2. Besonderheiten bei beherrschenden Gesellschaftern	79–91
c) Veräußerungsgewinne	24–31	3. Verdeckte Gewinnausschüttung beim Anstellungsvertrag eines an der AG beteiligten Vorstands	92–96
d) Nicht zu berücksichtigende Gewinnminderungen	32, 33		
e) Rückausnahmen von der Steuerfreiheit	34–37	a) Steuerliche Anforderungen an den Anstellungsvertrag	92, 93
4. Ertragsteuerliche Behandlung von Sanierungsgewinnen	38, 39	b) Einzelne Aspekte der Vergütung des Vorstands	94–96
5. Einkommensermittlung bei Auslandsbezug	40–59	4. Beispiele für verdeckte Gewinnausschüttungen	97–101
a) Grenzüberschreitende Geschäftsbeziehungen bei Lieferungen oder Leistungen	41–44	5. Korrespondenzprinzip	102
b) Ausländische Betriebsstätte der AG	45–50	6. Rechtsfolgen einer verdeckten Gewinnausschüttung	103–106
c) Beteiligung an einer ausländischen Personengesellschaft	51–53	7. Rückgängigmachen der verdeckten Gewinnausschüttung	107, 108
d) Beteiligung der AG an einer ausländischen Kapitalgesellschaft	54–59	III. Verdeckte Einlagen	109–122
II. Verdeckte Gewinnausschüttungen	60–108	1. Begriff	109–111
1. Begriffsbestimmung	61–78	2. Gegenstand der Einlage	112–114
a) Allgemeine Begriffsmerkmale	62–65	3. Bewertung der verdeckten Einlage; Korrespondenzprinzip; Rechtsfolgen	115–119
b) Vermögensminderung und verhinderte Vermögensmehrung	66–69	4. Rückgängigmachen einer verdeckten Einlage	120
c) Gesellschafter oder nahe stehende Person	70, 71	5. Schenkungsteuer bei Einlagen	121, 122

---

[42] § 50d EStG wurde zuletzt durch G v. 20.12.2016 BGBl. 2016 I S. 3000 geändert.
[43] BFH DStR 2019, 876; Vorinstanz FG Sachsen-Anhalt EFG 2016, 2024; dazu *Weiss* NWB 2019, 1352.
[44] *Ortmann-Babel/Bolik* DB 2018, 2891; *Cloer/Hagemann/Lichel/Schmitt* BB 2018, 1751; *R. Meier* ISR 2018, 347; *Binnewies/Finke* AG 2019, 248.
[45] *Dötsch/Pung/Möhlenbrock/Siegers* KStG § 2 Rn. 26.

	Rn.		Rn.
IV. Beschränkungen des Betriebsausgabenabzugs für Zinsaufwendungen	123–147	V. Beschränkungen des Betriebsausgabenabzugs bei Rechteüberlassung	148–153
1. Allgemeines	123–126	1. Allgemeines	148
a) Grundlagen	123	2. Tatbestandsvoraussetzungen im Einzelnen	149–151
b) Charakter der Norm	124	3. Rechtsfolgen	152, 153
c) Persönlicher Anwendungsbereich	125	VI. Verlustnutzung bei der AG	154–185
d) Verfassungsmäßigkeit	126	1. Behandlung von Verlusten bei Kapitalgesellschaften	154–159
2. Zinsabzugsbegrenzung	127–132	a) Grundlagen	154, 155
a) Tatbestände	127–129	b) Der steuerrechtliche Verlustvor- und -rücktrag bei der AG	156–158
b) Rechtsfolgen	130	c) Verfahrensrechtliche Besonderheiten	159
c) Zinsvortrag	131		
d) EBITDA-Vortrag	132	2. Körperschaftsteuerrechtliche Voraussetzungen des Verlustabzugs der AG	160–185
3. Ausnahmeregelungen	133–145	a) Entwicklung	161–164
a) Grundlagen	133	b) Einschränkungen des Verlustabzugs durch § 8c KStG	165–174
b) Freigrenze	134	c) Ausnahmen	175–177
c) Konzernungebundener Betrieb	135, 136	d) Weitere Ausnahmeregelungen	178, 179
d) Eigenkapitalvergleich bei konzernangehörigen Unternehmen	137–145	e) Der fortführungsgebundene Verlustvortrag	180–185
4. Besonderheiten der Zinsschrankenregelungen bei Personengesellschaften	146, 147		

Schrifttum: *Ballwieser/Frase,* Zur (Un-)Anwendbarkeit von § 8c KStG bei konzerninternen Umstrukturierungen – oder: Die Jurisprudenz als „verstehende Wissenschaft", BB 2009, 1502; *Beußer,* Der Zinsvortrag bei der Zinsschranke, FR 2009, 49 ff.; *Binnewies,* Verdeckte Gewinnausschüttungen im (Steuer-)Recht der Aktiengesellschaft, DStR 2003, 2105; *Bock,* Verlust der wirtschaftlichen Identität einer GmbH i. S. d. § 8 Abs. 4 S. 2 KStG bei konzerninterner Umstrukturierung, GmbHR 2004, 128; *Breuninger/Schade,* Entwurf eines BMF-Schreibens zu § 8c KStG – „Verlustvernichtung" ohne Ende? Ubg 2008, 261; *Briese,* Fragwürdige Korrespondenz bei verdeckten Gewinnausschüttungen und verdeckten Einlagen durch den Gesetzentwurf des Jahressteuergesetzes 2007, BB 2006, 2110; *Buchna/ Sombrowski,* Aufwendungen mit Eigenkapitalersatzcharakter als nicht zu berücksichtigende Gewinnminderungen nach § 8b Abs. 3 KStG n. F., DB 2004, 1956; *Ditz,* Aufgabe der finalen Entnahmetheorie – Analyse des BFH-Urteils vom 17.7.2008 und seiner Konsequenzen, IStR 2009, 115; *Ditz/ Quilitzsch* Verrechnungspreise: Europarechtswidrigkeit des § 1 AStG, DB 2018, 2009; *Döllerer,* Verdeckte Gewinnausschüttungen, verdeckte Einlage – neue Rechtsprechung, neue Fragen, DStR 1989, 331; *Dörr,* Mantelkaufregelung 1997 zum Teil verfassungswidrig, NWB 2009, 692 (698 f.); *Dötsch/ Pung,* JStG 2008: Die Änderungen des KStG, des UmwStG und des GewStG, DB 2007, 2670; *dies.,* § 8c KStG: Verlustabzugsbeschränkung für Körperschaften, DB 2008, 1703; *Dorenkamp* Mantelkaufsvorschrift in einer Welt nach § 8c KStG, FR 2018, 83; *Drüen,* Das Unternehmenssteuerrecht unter verfassungsgerichtlicher Kontrolle – Zur Gestaltungsfreiheit des Steuergesetzgebers zwischen Folgerichtigkeit und Systemwechsel, Ubg 2009, 23 (29); *Eilers/Bühring,* Das Ende des Schönwetter-Steuerrechts, DStR 2009, 137 (140); *Fey/Neyer,* Entschärfung der Mantelkaufregelung für Sanierungsfälle, DB 2009, 1368; *Fischer,* Zinsschranke in der Anwendung – Zwei verfehlte Verfügungen der Finanzverwaltung, DStR 2012, 2000; *Förster/v. Cölln,* Die Neuregelung des § 8d KStG beim schädlichen Beteiligungserwerb, DStR 2017, 8; *Förster/Staaden,* Übertragung von Verpflichtungen mit Ansatz- und Bewertungsvorbehalten (§§ 4f, 5 Abs. 7 EStG), Ubg 2014, 1; *Franzen,* Zum Verhältnis des § 8 Abs. 4 Satz 1 KStG zur gesonderten Feststellung des verbleibenden Verlustabzugs gem. § 10d EStG sowie weitere Fragestellungen zu § 8 Abs. 4 KStG, DB 2000, 847; *Frey/Mückl,* Sanierungen – steuerliche Fallstricke und Gestaltungsmöglichkeiten in der Praxis, GmbHR 2010, 1193; *Frotscher,* Die Ausgabenabzugsbeschränkung nach § 3c EStG und ihre Auswirkung auf Finanzierungsentscheidungen, DStR 2001, 2045; *Füger/Rieger,* Verdeckte Einlage in eine Kapitalgesellschaft zu Buchwerten, DStR 2003, 628; *Fuhrmann,* Rechtsprechungsbrechende Gesetzgebung zur steuerlichen Behandlung von Verpflichtungsübernahmen durch das AIFM-StAnpG, DB 2014, 9; *Ganssauge/Mattern,* Der Eigenkapitaltest im Rahmen der Zinsschranke, DStR 2008, 219; *Groh,* Fragen zum Abzinsungsgebot, DB 2007, 2275; *Groß/Klein,* Kein Untergang von Verlusten nach § 8c KStG beim Börsengang, AG 2007, 896; *Hackemann/Momen,* Sanierungsklausel (§ 8c Abs. 1a KStG) – Analyse der Entscheidungsbegründung der

EU-Kommission, BB 2011, 2135; *Häuselmann*, Zum Zinsbegriff der Zinsschranke als Steueroptimierungsfaktor (§ 4h Abs. 3 EStG), FR 2009, 401 ff.; *ders.*, Möglichkeiten und Grenzen des Zinsschrankenmanagements beim Einsatz von Wertpapieren, Ubg 2009, 225; *Häuselmann/Wagner*, Pensions- und Wertpapierleihgeschäfte unter dem Halbeinkünfteverfahren, FR 2003, 331; *Hans*, Unternehmenssteuerreform 2008: Kritik der Neuregelung über die Nutzung körperschaftsteuerlicher Verluste (§ 8c KStG), FR 2007, 775; *Harle/Kulemann*, Forderungsverzicht gegen Besserungsschein – ein Gestaltungsmodell wird eingeschränkt, GmbHR 2004, 733 ff.; *Hennrichs*, Zinsschranke, Eigenkapitalvergleich und IFRS, DB 2007, 2101; *Herzig/Wagner*, Mindestbesteuerung durch die Begrenzung der Verrechnung von Verlustvorträgen, WPg 2004, 53; *Höfer*, Zweifel an der Verfassungsmäßigkeit des 6%igen Rechnungszinses für Pensionsrückstellungen, DB 2018, 1698; *Hörhammer*, Die Entscheidung des Bundesverfassungsgerichts zu § 8c KStG, FR 2018, 49; *Hoffmann*, Forderungsverzicht des Gesellschafters einer Kapitalgesellschaft gegen Besserungsschein bei Gesellschafterwechsel, DStR 2004, 293; *ders.*, Weitere Verlustvernichtung im JStG 2009, DStR 2009, 257; *ders.*, Zinsschranke: Fremdfinanzierung nach dem Unternehmensteuerreformgesetz 2008, Stuttgart, Schäffer-Poeschel, 2008; *Honert/Obser*, Steuerlich nicht genutzte Verluste und/oder Zinsvorträge in der Gesellschaft – Vorsicht beim Abschluss von Stimmrechtsvereinbarungen, BB 2009, 1161; *Intemann*, Berücksichtigung finaler ausländischer Betriebsstättenverluste, IWB 2010, 713; *Jacob/Scheifele*, § 8b Abs. 7 Satz 2 KStG auf dem Prüfstand des BFH: Welche Auswirkungen ergeben sich für ausländische Holdinggesellschaften mit Beteiligung an inländischen (Grundstücks-)Kapitalgesellschaften? IStR 2009, 304; *Jacobs*, Unternehmensbesteuerung, 5. Aufl., 2015; *ders.*, Internationale Unternehmensbesteuerung, 8. Aufl. 2016; *Jochum*, Systemfragen zu Mantelkauf und Sanierungsklausel, FR 2011, 497; *Kahle/Dahlke/Schulz*, Zunehmende Bedeutung der IFRS für die Unternehmensbesteuerung, StuW 2008, 266; *Klein/Nosky*, Verlustabzugsverbot bei unterjährigem schädlichem Beteiligungserwerb, FR 2012, 312; *Klöpping/Ball*, Die ertragsteuerliche Behandlung von IPO-Kosten, BB 2006, 466; *Knebel*, Der Forderungsverzicht als Sanierungsmaßnahme, DB 2009, 1094; *Kölbl/Neumann*, Gewinne und Verluste bei der Sanierung von Unternehmen, Teil I Ubg 2018, 273, Teil II Ubg 2018, 324; *Köplin/Sedemund* § 8c KStG verstößt gegen das Leistungsfähigkeitsprinzip, BB 2011, 1894; *Körner*, § 4 Abs. 5a EStG-E – treffgenaue Spezialregelung oder überschießendes Korrespondenzprinzip? IStR 2015, 449; *Kollruss*, Ist die Zinsschranke verfassungswidrig? WPg 2017, 918; *Kraft*, Die Abgrenzung von Eigen- und Fremdkapital nach IFRS, ZGR 2008, 339; *Kußmaul/Licht*, Richtungswechsel bei der beihilferechtlichen Würdigung von § 8c Abs. 1a KStG – Die EuGH-Urteile zur Sanierungsklausel, BB 2018, 1948; *Linn*, Rechtsbehelfe gegen Negativentscheidungen der Kommission im Beihilferecht, IStR 2011, 481; *v. Lishaut/Schumacher/Heinemann*, Besonderheiten der Zinsschranke bei Personengesellschaften, DStR 2008, 2341; *Littmann/Bitz/Putz*, Das Einkommensteuerrecht (Loseblatt); *Lohmann/Windhöfel*, Das Signal bei Holdings steht auf langfristiges Halten – der BFH zu § 8b Abs. 7 Satz 2 KStG, DB 2009, 1043; *Marquardt*, Die Möglichkeit der Verlustverrechnung als selektive Begünstigung sanierungsbedürftiger Unternehmen? IStR 2011, 445; *Möhlenbrock*, Detailfragen der Zinsschranke aus Sicht der Finanzverwaltung, Ubg 2008, 1; *Mückl*, Der Debt-Equity-Swap als Sanierungsinstrument im Steuerrecht, FR 2009, 497; *Müller*, Vereinbarkeit der Mindestbesteuerung in §§ 8b Abs. 3 Satz 1, 8b Abs. 5 Satz 1 KStG mit dem allgemeinen Gleichheitssatz, FR 2011, 309; *W. Müller*, Bilanzierung des qualifizierten Rangrücktritts, BB 2016, 491; *Neyer*, Verlustnutzung nach Anteilsübertragung: Die Neuregelung des Mantelkaufs durch § 8c n. F., BB 2007, 1415, 1419; *ders.*, Der neue § 8d KStG: Verluststreter mit Schwachstellen, BB 2017, 415; *Oenings*, FR 2009, 606; *Ott*, Finanzierungshilfen bei der GmbH, Forderungsverzicht und Ausfall von Gesellschafterdarlehen, DStZ 2010, 623; *Ortmann-Babel/Bolik*, Verlustrettung durch fortführungsgebundenen Verlustvortrag nach § 8d KStG, DB 2016, 2984; *Oser*, Auflösung von Verbindlichkeiten mit Rangrücktritt in Handels- und Steuerbilanz, DStR 2017, 1889; *Pawelzik*, Unzureichende Eliminierung von Konzernforderungen beim Eigenkapitaltest nach § 4h EStG (Zinsschranke), DB 2008, 2439; *ders.*, Die Zuordnung von Firmenwerten und Akquisitionsschulden beim Eigenkapitaltest nach § 4h EStG (Zinsschranke) – Implikationen für die Akquisitionsstruktur, Ubg 2009, 50; *Pezzer*, Keine analoge Anwendung des § 8 Abs. 4 KStG bei der Veräußerung von Geschäftsanteilen an einer Holdinggesellschaft, FR 2004, 30; *ders.*, Verdeckte Gewinnausschüttung durch Geldentnahme eines GmbH-Geschäftsführers, der angehöriger eines Gesellschafters ist, ist möglich, FR 2007, 1160; *Pohl*, Zweifelsfragen zu § 8d KStG im Kontext der Organschaft, BB 2018, 796; *Pott/Wittkowski*, Fortführung steuerlicher Verlustvorträge trotz § 8c KStG in Höhe übergehender stiller Reserven – Aufdeckung steuerlicher Vorteile auf Grundlage empirischer Evidenz, StuW 2009, 139 ff.; *Richter*, Aktuelle Entwicklungen zur Berücksichtigung finaler ausländischer Betriebsstättenverluste im Ansässigkeitsstaat, BB 2010, 2734; *Rödder/Schumacher*, Auch der Begriff des schädlichen Beteiligungserwerbs muss nach dem Beschluss des BVerfG in § 8c KStG neu geregelt werden; Ubg 2018, 5; *Rödder/Stangl*, Zur geplanten Zinsschranke,

DB 2007, 479; *Rödding,* Änderungen der Zinsschranke durch das Wachstumsbeschleunigungsgesetz, DStR 2009, 2649; *Röder,* Weiterentwicklung der Regelungen zur Verhinderung von Mantelkaufgestaltungen nach der Entscheidung des BVerfG zu § 8c KStG, FR 2018, 52; *Rohrer/Orth,* Zinsschranke: Belastungswirkungen bei der atypisch ausgeprägten KGaA, BB 2007, 2266; *Roser,* Verlustabzüge nach § 8c KStG – ein ernüchterndes Anwendungsschreiben, DStR 2008, 1561; *Roth,* Ist die Verlustabzugsbeschränkungsregelung des § 8c KStG verfassungswidrig? – Zugleich Anmerkung zu dem Vorlagebeschluss des FG Hamburg vom 4.4.2011 – 2 K 33/10, Ubg 2011, 527; *ders.,* Verlustabzug bei unterjährigem schädlichem Beteiligungserwerb – eine Bestandsaufnahme zu § 8c KStG, Ubg 2012, 300; *Schaumburg/Rödder,* Unternehmensteuerreform 2008; *Scheifele,* Passivierung von Verbindlichkeiten bei Rangrücktritt, FR 2017, 390; *K. Schmidt,* Der unspezifizierte Rangrücktritt: unerfüllte Bringschuld des Insolvenz- und des Steuerrechts, BB 2016, 2; *Schmitz-Herscheidt,* Zinsschranke und Gesellschafterfremdfinanzierung bei nachgeordneten Mitunternehmerschaften, BB 2008, 703; *Schneider/Oepen,* Finale Entnahme, Sicherstellung stiller Reserven und Entstrickung, FR 2009, 22; *Schnitger,* Unionsrechtliche Würdigung der Lizenzschranke gem. § 4j EStG, DB 2018, 147; *Schreiber/Syré,* Gewinnminderungen im Zusammenhang mit „Up-stream"-Darlehen, DStR 2011, 1254; *Schröder,* Zur verdeckten Gewinnausschüttung sowie zur Voraussetzung der zivilrechtlichen Wirksamkeit einer Treuhandvereinbarung für deren steuerrechtliche Anerkennung, GmbHR 2007, 1054; *Schulz,* Zinsschranke und IFRS – Geklärte, ungeklärte und neue Fragen nach dem Anwendungserlass vom 4.7.2008, DB 2008, 2043; *Schwedhelm/Binnewies,* Kommentar zu BFH v. 25.5.2004, GmbHR 2005, 65; *dies.,* Nochmals: Rückgängigmachung verdeckter Gewinnausschüttungen, GmbHR, 2005 151; *Sistermann/Brinkmann,* BB 2008, 1928; *Sommer/Sediqi,* Ausgewählte Aspekte des aktualisierten Schreibens zu § 8c KStG, FR 2018, 67; *Stibi/Thiele,* IFRS und Zinsschranke nach dem BMF-Schreiben vom 4.7.2008 – Ausweg oder Irrweg?, BB 2008, 2507; *Suchanek,* Verlustabzugsbeschränkung für Körperschaften, GmbHR 2008, 292; *ders.,* Verlustabzugsbeschränkung für Körperschaften (§ 8c Abs. 1 KStG): Das BMF-Schreiben v. 4.7.2008 aus Beratersicht, FR 2008, 904; *ders.,* Ertragsteuerliche Änderungen im Jahressteuergesetz 2009 zur Verhinderung von Gestaltungen im Zusammenhang mit § 8c KStG – Die „Verlustvernichtung" geht weiter, Ubg 2009, 178; *Tiedchen,* Das Merkmal der „Zuführung neuen Betriebsvermögens" in § 8 Abs. 4 KStG, FR 2008, 201; *Wacker,* Zu den steuerbilanziellen Folgen eines Rangrücktritts nach der jüngeren Rechtsprechung des I. BFH-Senats, DB 2017, 26; *Wagner,* § 8c KStG: Verschonungsregelung bei stillen Reserven, DB 2010, 2751; *ders.,* „Steuerstundung und Steuererlass geboten", BB 2010, 2612; *Wassermeyer,* Nochmals: Rückgängigmachung verdeckter Gewinnausschüttungen, GmbHR 2005, 149; *Watermeyer,* Der neue § 8a KStG, GmbH-StB 2004, 110; *Weber-Grellet,* Der Konzernbegriff des § 4h EStG, DStR 2009, 557; *ders.,* Bilanzierung von Verbindlichkeiten bei Rangrücktritt: Tilgung aus Bilanzgewinn und Liquidationsüberschuss, FR 2017, 1088; *M. Weiss,* Aktuelle Rechtsprechung zu § 8b KStG, Ubg 2017, 671; *Wißborn,* Verlustabzugsbeschränkung für Verluste aus atypisch stillen Beteiligungen, NWB 2009, 199.

I. Einkommensermittlung bei der AG

1. Überblick. Das Einkommen und die Einkommensermittlung einer AG (Gleiches gilt für KGaA und SE) bestimmt sich infolge der Verweisung in § 8 Abs. 1 S. 1 KStG nach den Vorschriften des Körperschaftsteuer- und des Einkommensteuergesetzes. Die **Generalverweisung** auf die Vorschriften des EStG gilt nicht ohne Einschränkungen; die Finanzverwaltung hat in R 8.1 Abs. 1 Nr. 1 KStR konkretisiert, welche Vorschriften des EStG bei der Einkommensermittlung zur Anwendung kommen. Nach R 8.1 Abs. 1 Nr. 2 KStR werden auch bestimmte Vorschriften der EStDV in Bezug genommen, obwohl hierfür eine ausdrückliche Verweisungsnorm im KStG fehlt.[1] DBA hingegen begründen keine inländische Steuerpflicht, wenn diese nicht nach nationalem Recht angeordnet ist. Sie dienen grundsätzlich eher der Einkünftezurechnung, der Einkünfteabgrenzung oder –qualifikation im jeweiligen Vertragsstaat.[2]

Durch die Generalverweisung auf die einkommensteuerlichen Gewinnermittlungsvorschriften gilt für die Gewinnermittlung einer Körperschaft der Grundsatz des Betriebsvermögensvergleichs und bei zur Buchführung verpflichteten Steuerpflichtigen (dazu → § 46 Rn. 18 ff.) der Grundsatz der Maßgeblichkeit der Handelsbilanz für die Steuer-

---

[1] Herrmann/Heuer/Raupach/*Schallmoser* KStG § 8 Rn. 19; Blümich/*Rengers* KStG § 8 Rn. 30.
[2] BFH BStBl. II 2000 S. 399.

bilanz, §§ 4 Abs. 1 iVm 5 Abs. 1 S. 1 EStG. Die der Gewinnermittlung der AG zugrunde zu legende Steuerbilanz ist unter Berücksichtigung der steuerlichen Vorschriften des KStG und des EStG aus der nach den Grundsätzen ordnungsmäßiger Buchführung und Bilanzierung aufgestellten Handelsbilanz abzuleiten. Der Maßgeblichkeitsgrundsatz gilt für den Bilanzansatz und grundsätzlich auch für die Bewertung; nach § 5 Abs. 6 EStG wird den steuerlichen Vorschriften, die von den handelsrechtlichen Vorschriften und Grundsätzen ordnungsmäßiger Buchführung abweichen, Vorrang eingeräumt, wie dies zB für die Vorschriften über die Bewertung nach § 6 EStG gilt,[3] gegenüber § 6 EStG haben wiederum spezielle steuerliche Bewertungsvorschriften Vorrang.[4] Die formelle (Umgekehrte) Maßgeblichkeit wurde abgeschafft; steuerliche Wahlrechte können nun grundsätzlich abweichend von handelsrechtlichen GoB wahrgenommen werden.[5]

3 Die AG erzielt ausschließlich Einkünfte aus Gewerbebetrieb, § 8 Abs. 2 KStG, wobei es gleichgültig ist, ob die tatsächlich erzielten Einkünfte bei einer dem EStG unterliegenden Person als Einkünfte aus Land- und Forstwirtschaft, freiberuflicher Tätigkeit, Kapitalvermögen, Vermietung und Verpachtung oder als sonstige Einkünfte zu qualifizieren wären.[6] Durch diese Vorschrift werden alle Einkünfte aus anderen Einkunftsarten in solche aus Gewerbebetrieb umqualifiziert.[7] Das gilt auch für Einkünfte aus Einkunftsquellen, an denen andere Personen beteiligt sind und die nicht als gewerblich zu qualifizieren sind, so dass die AG gewerbliche Einkünfte auch dann erzielt, wenn andere Beteiligte an der Einkunftsquelle nicht gewerbliche Einkünfte erzielen, wie zB bei Beteiligung an sog. Zebragesellschaften.[8]

4 Strittig war, ob die AG eine private Sphäre haben kann, die neben der gewerblichen Tätigkeitssphäre steht, zB die die AG ohne die Absicht der Einkunftserzielung, also wie eine Liebhaberei betreibt.[9] Seit der „Segeljacht"-Entscheidung hat der BFH stets entschieden, dass eine Kapitalgesellschaft nicht über eine außerbetriebliche Sphäre verfügt.[10] Die früheren Entscheidungen sind überholt. Die für die AG maßgeblichen Regelungen über die Abgrenzung der gesellschaftlichen Sphäre zum Gesellschafter ergeben sich ausschließlich aus § 8 Abs. 3 KStG und im Übrigen aus den gesetzlichen Vorschriften des KStG und EStG über nichtabzugsfähige Aufwendungen. Die Verlagerung von Vermögenswerten der AG in einen nicht betrieblichen Vermögensbereich in anderen Fällen kommt nicht in Betracht.[11]

5 Auf die Ermittlung des Einkommens der AG wirken sich nach § 8 Abs. 3 KStG Maßnahmen der **Verteilung** des **Gewinns** nicht aus.[12] Das gilt gleichermaßen für verdeckte Gewinnausschüttungen[13] oder Zahlungen auf eigenkapitalgleiche Genussrechte, § 8 Abs. 3 S. 2 KStG. Ebenfalls ohne Auswirkungen bleiben andere Vorgänge, die ihre Ursache in der gesellschaftsrechtlichen Sphäre der AG haben, wie zB gesellschaftsrechtliche Einlagen in das

---

[3] L. Schmidt/*Kulosa* EStG § 6 Rn. 5; BFH BStBl. II 1994 S. 176.
[4] Wie zB § 6b EStG, H 35 EStR; L. Schmidt/*Kulosa* EStG § 6 Rn. 1.
[5] L. Schmidt/*Weber-Grellet* EStG § 5 Rn. 60, 64; vgl. zum UmwStG → § 5 Rn. 30; BMF 12.3.2010, BStBl. I 2010 S. 239.
[6] BFH BStBl. II 1977 S. 96.
[7] Dazu BFH BStBl. II 1977 S. 10; BVerfG HFR 1977, 255 zur Verfassungsmäßigkeit; R 8.1 Abs. 3 KStR; Dötsch/Pung/Möhlenbrock/*Lang* KStG § 8 Abs. 2 Rn. 18 ff.
[8] GrS BFH BStBl. II 2005 S. 679; dazu *Lüdicke* DB 2005, 1813; Erle/Sauter/*Schulte* KStR § 8 Rn. 45 ff.
[9] BFH BStBl. II 1970 S. 470.
[10] BFH GmbHR 1997, 317; BFH BStBl. II 1997 S. 548; BFH BB 1998, 2350; BFH BStBl. II 2003 S. 487; BFH DStR 2010, 319; BFH BStBl. II 2007 S. 961, BFH DStR 2005, 594, BFH BStBl. II 2002 S. 490.
[11] Blümich/*Rengers* KStG § 8 Rn. 63; Dötsch/Pung/Möhlenbrock/*Lang* KStG § 8 Abs. 2 Rn. 25 ff.; *Wassermeyer* GmbHR 2002, 1.
[12] Dazu § 51.
[13] Dazu unten § 50 II.

Grundkapital oder ein Agio, Zuzahlungen zur Erlangung eines Vorzugsrechts oder Kapitalrückzahlungen bei Kapitalherabsetzungen.[14] Verdeckte Einlagen erhöhen nach Maßgabe von § 8 Abs. 3 S. 3–6 KStG nicht das Einkommen der Körperschaft, vorausgesetzt, dass die verdeckte Einlage das Einkommen des Gesellschafters (gleichgültig, ob In- oder Ausländer) nicht gemindert hat. Nach umstr. Auffassung der Finanzverwaltung[15] sollen Genussrechte einer strengen Anwendung des Maßgeblichkeitsgrundsatzes unterliegen, so dass nach handelsrechtlichen Grundsätzen als Eigenkapital[16] ausgewiesene Genussrechte in der Steuerbilanz Eigenkapital darstellen. Bei dieser Betrachtung sollte für den werthaltigen Teil dieser Finanzierung eine Einlage vorliegen. Auch Erbschaften und Schenkungen gehören zu den Erwerben außerhalb der betrieblichen Sphäre.[17]

Weitere Besonderheiten ergeben sich bei der **Beteiligung** der AG an **Personengesellschaften als Mitunternehmer.** In der Steuerbilanz ist der Bilanzposten der Beteiligung an der Personengesellschaft zwar enthalten, doch hat er keine eigenständige Bedeutung für die steuerliche Einkommensermittlung der AG, da der Gewinnanteil der AG an der Personengesellschaft infolge der einheitlichen und gesonderten Gewinnfeststellung für die Personengesellschaft festgestellt wird.[18]

Zwischen einer Aktiengesellschaft und ihrem Mehrheitsaktionär kann eine steuerliche **Betriebsaufspaltung** bestehen. Die dafür erforderliche sachliche und personelle Verflechtung kann auch zwischen dem Mehrheitsaktionär und der AG zu bejahen sein.[19] Die personelle Verflechtung wird bei bestehender Abhängigkeit nicht durch die aktienrechtliche Gesellschaftsstruktur oder die Eigenverantwortlichkeit des Vorstands beeinträchtigt, da der Mehrheitsaktionär die gesellschaftsrechtlich abgesicherte Möglichkeit besitzt, die Zusammensetzung der Gesellschaftsorgane zu bestimmen, so dass sich auf Dauer in der AG ein geschäftlicher Betätigungswille entfalten kann, der vom Vertrauen des Mehrheitsaktionärs getragen ist.[20]

Die Ableitung des zu **versteuernden Einkommens** der AG aus dem Jahresüberschuss, der sich aus der Steuerbilanz ergibt, erfolgt nach folgendem Schema.[21]

Steuerbilanzieller Jahresüberschuss/-fehlbetrag (korrigierter JÜ nach § 60 Abs. 2 EStDV)

+ Hinzurechnung nicht ausgleichsfähiger Verluste ua nach § 15 Abs. 4 S. 1, 3 und 6; § 15a Abs. 1 und 1a; § 15b Abs. 1 S. 1 EStG, § 2 Abs. 4 S. 1, § 20 Abs. 6 S. 4 UmwStG

+ Hinzurechnungen nach § 15a Abs. 3 EStG

− Kürzungen nach § 15 Abs. 4 S. 2, 3 und 7, § 15a Abs. 2, Abs. 3 S. 4, § 15b Abs. 1 S. 2 EStG

+ Gewinnzuschläge nach § 6b Abs. 7 EStG

+/− Bildung und Auflösung von Investitionsabgabenbeträgen iSd § 7g EStG

+ Verdeckte Gewinnausschüttungen, § 8 Abs. 3 S. 2 KStG und Ausschüttungen auf Genussrechte iSd § 8 Abs. 3 S. 2 KStG

− Abzug von Gewinnerhöhungen im Zusammenhang mit in vorangegangenen Veranlagungszeitraum versteuerten verdeckten Gewinnausschüttungen

---

[14] Zu Besonderheiten bei der Verwendung von Beträgen aus einer Kapitalerhöhung aus Gesellschaftsmitteln vgl. → § 65 Rn. 10 ff.
[15] OFD Nordrhein-Westfalen 12.5.2016, DStR 2016, 1816; *Altvater/Hübner* RdF 2017, 65; *Kotyrba/Schlottbohm* Der Konzern 2016, 445; *Stegemann* DStR 2016, 2151.
[16] IDW HFA 1/1994.
[17] BFH BStBl. III 1956 S. 154; BFH BStBl. II 1970 S. 470.
[18] L. Schmidt/*Wacker* EStG § 15 Rn. 400 ff.
[19] BFH BStBl. II 2011 S. 778; BFH BStBl. II 1982 S. 479; L. Schmidt/*Wacker* EStG § 15 Rn. 832.
[20] BFH BStBl. II 2011 S. 778.
[21] In Anlehnung an R 7.1 KStR; vgl. Dötsch/Pung/Möhlenbrock/*Klingebiel* KStG § 7 Rn. 7 ff.; Gosch/*Roser* KStG § 8 Rn. 21; Erle/Sauter/*Schulte* KStG § 8 Rn. 69.

−	verdeckte Einlagen, § 4 Abs. 1 Nr. 8 EStG, § 8 Abs. 3 S. 3–6 KStG
+	nicht abziehbare Aufwendungen, zB nach § 10 KStG, § 4 Abs. 5–8 EStG, § 160 AO
+	Gesamtbetrag der Zuwendungen nach § 9 Abs. 1 Nr. 2 KStG
+/−	Hinzurechnungen/Kürzungen nach § 8b KStG, § 3c Abs. 1 EStG
−	sonstige inländische steuerfreie Einnahmen (zB Investitionszulagen)
+	Hinzurechnungen nach § 3c EStG
+/−	Hinzurechnungen/Kürzungen bei Umwandlungen ua nach § 4 Abs. 6 oder § 12 Abs. 2 S. 1 UmwStG nicht zu berücksichtigender Übernahmeverlust oder -gewinn, Einbringungsgewinn I nach § 22 Abs. 1 UmwStG
+/−	Hinzurechnungen und Kürzungen bei ausländischen Einkünften, ua Korrektur um nach DBA steuerfreie Einkünfte unter Berücksichtigung des § 3c Abs. 1 EStG, Abzug ausländischer Steuern nach § 26 KStG oder § 12 Abs. 3 AStG, Hinzurechnungsbetrag nach § 10 AStG einschließlich Aufstockungsbetrag nach § 12 Abs. 1 AStG, Hinzurechnungen und Kürzungen von nicht nach DBA steuerfreien negativen Einkünften nach § 2a Abs. 1 EStG,
+	Berichtigungsbetrag nach § 1 AStG,
+/-	Kürzungen/Hinzurechnungen nach § 8b KStG
+/-	Korrekturen bei Organschaft iSd §§ 14, 17 KStG (zB gebuchte Gewinnabführung, Verlustübernahme, Ausgleichszahlungen iSd § 16 KStG)
+/−	Hinzurechnung der nicht abziehbaren Zinsen und Kürzungen um den abziehbaren Zinsvortrag nach § 4h EStG iVm § 8a KStG
+/−	sonstige Hinzurechnungen/Kürzungen
=	steuerlicher Gewinn (Summe der Einkünfte in den Fällen der R. 7.1 Abs. 2 S. 1 KStR)
-	Zuwendungen und Zuwendungsvortrag soweit nach § 9 Abs. 1 Nr. 2 KStG abziehbar
+	Sonstige Hinzurechnungen bei ausländischen Einkünften Hinzurechnung nach § 52 Abs. 2 EStG iVm § 2a Abs. 3 und 4 EStG 1997 Hinzurechnung nach § 8 Abs. 5 S. 2 AuslInvG (aF)
+	nicht zu berücksichtigender/wegfallender Verlust des laufenden VZ soweit Hinzurechnungen nach § 8c KStG ggf. iVm § 2 Abs. 4 S. 1 und 2, § 20 Abs. 6 S. 4 UmwStG oder im Falle einer Abspaltung nach § 15 Abs. 3, § 16 UmwStG vor den Korrekturen nach Nr. 25 oder 26 vorzunehmen sind
+/-	bei Organträgern Zurechnung des Einkommens von Organgesellschaften (§§ 14 und 17 KStG) Kürzungen/Hinzurechnungen bezogen auf das dem Organträger zugerechnete Einkommen der Organgesellschaften (§ 15 KStG), Abzug der der Organgesellschaft nach § 16 S. 2 KStG zuzurechnenden Einkommens des Organträgers
+/-	bei Organgesellschaften: Zurechnung von Einkommen des Organträgers nach § 16 S. 2 KStG Abzug des dem Organträger zuzurechnenden Einkommens (§§ 14 und 17 KStG)
+	nicht zu berücksichtigender/wegfallender Verlust des laufenden VZ, soweit Hinzurechnungen nach § 8c KStG ggf. iVm § 2 Abs. 4 S. 1 und 2, § 20 Abs. 6 S. 4 UmwStG oder im Falle einer Abspaltung nach § 15 Abs. 3, § 16 UmwStG nicht bereits nach Nr. 24 vorzunehmen sind
+	Hinzurechnung der nach § 2 Abs. 4 S. 3 und 4 UmwStG nicht ausgleichsfähigen Verluste des laufenden VZ des übernehmenden Rechtsträgers
=	Gesamtbetrag der Einkünfte iSd § 10d EStG
-	Verlustabzug nach § 10d EStG

§ 50 Körperschaftsteuer 9 § 50

= Einkommen
- Freibetrag für bestimmte Körperschaften, § 24 KStG
- Freibetrag für Erwerbs- und Wirtschaftsgenossenschaften sowie Vereine, die Land- und Forstwirtschaft betreiben, § 25 KStG
= zu versteuerndes Einkommen.

2. Vom Betriebsausgabenabzug ausgeschlossene Aufwendungen. a) Abzugsverbote nach allgemeinen Vorschriften. Die AG unterliegt wie andere Steuerpflichtige einer Vielzahl allgemein geregelter Verbote des Abzugs von Betriebsausgaben. Außerhalb der körperschaftsteuerlichen Vorschriften gehört dazu zB das Verbot zum Abzug von Ausgaben, die in unmittelbarem wirtschaftlichen Zusammenhang mit steuerfreien Einnahmen stehen, § 3c Abs. 1 EStG.[22] Diese Vorschrift hat für Körperschaften generelle Bedeutung; sie wurde um Abs. 4 im Zusammenhang mit begünstigten Sanierungserträgen iSv § 3a EStG[23] ergänzt.[24] Ihre Bedeutung für steuerfreie Dividenden der AG ist entfallen. Ausgaben im Zusammenhang mit steuerfreien Dividenden nach § 8b Abs. 1 KStG sind abzugsfähig; demgegenüber werden 5 % der Dividenden als nicht abzugsfähige Betriebsausgaben fingiert, § 8b Abs. 5 KStG.[25] Weitere Abzugsverbote bestehen für Körperschaften nach § 4 Abs. 5 S. 1 Nr. 1–4, 7–13 EStG[26] oder § 160 AO (Abzugsverbot bei nicht benannten Gläubigern und Zahlungsempfängern). Für die Gewerbesteuer gilt nach § 4 Abs. 5b EStG ein Betriebsausgabenabzugsverbot.[27] Weitere Abzugsverbote gelten zB für Verluste aus bestimmten in § 15 Abs. 4 S. 3 EStG aufgeführten Geschäften.[28] Für Körperschaften gelten auch die Bilanzierungs- und Abzugsbeschränkungen des § 5 EStG, die Vorschriften über die Bewertung (§ 6 EStG, einschließlich des Wahlrechts zur Vornahme von außerplanmäßigen Abschreibungen[29] und von Bewertungseinheiten nach § 5 Abs. 1a EStG.[30]) und die Bemessung von Abschreibungen (§ 7 EStG) sowie zB die besonderen Bewertungsvorschriften für Pensionsrückstellungen, § 6a EStG.[31] Ausgelöst durch die Phase der nachhaltig niedrigen Zinsen wurde die Angemessenheit der gesetzlichen Abzinsungssätze[32] in Zweifel gezogen.[33] Höchstrichterliche Entscheidungen stehen noch aus. Rücklagen nach § 6b EStG dürfen auch von Körperschaften gebildet werden. Auch an der Verfassungsmäßigkeit von Nachzahlungszinsen wird gezweifelt.[34]

9

---

[22] Ab VZ 2004 vgl. § 8b Abs. 5 KStG idF Gesetz zur Umsetzung der Protokollerklärung v. 22.12.2003 BGBl. 2003 I S. 2840; BMF 23.10.2013, BStBl. I 2013 S. 1269.

[23] Vgl. dazu → Rn. 38 ff.

[24] G v. 27.6.2017 BGBl. 2017 I S. 2074.

[25] Dazu vgl. → § 47 Rn. 35 ff.; L. Schmidt/*Levedag* EStG § 3c Rn. 2 ff.; *Frotscher* DStR 2001, 2045 zur unterschiedlichen Behandlung in- und ausländischer Dividendeneinkünfte; ferner Beck'sches AG-HdB/*Rödder* § 12 Rn. 18; Dötsch/Pung/Möhlenbrock/*Dötsch/Pung* KStG § 8b Rn. 217.

[26] Zum Abzugsverbot nach Nr. 4 BFH BStBl. II 2017 S. 161; zu Nr. 8 *Schönfeld/Haus/Bergmann* DStR 2014, 2323; zu Nr. 13 FG München DStRK 2018, 324 (Rev. eingelegt Az. BFH XI R 20/18).

[27] Eingeführt durch Gesetz v. 14.8.2007 BGBl. 2007 I S. 1912; L. Schmidt/*Heinicke* EStG § 4 Rn. 618.

[28] BFH BStBl. II 2018 S. 124; BFH/NV 2018, 852.

[29] BMF 2.9.2016, DStR 2016, 2107; *Meyering/Brodersen/Gröne* DStR 2017, 1175; *Atilgan* NWB 2017, 456.

[30] *Rau* DStR 2017, 737; *Meinert* DStR 2017, 1401.

[31] Ua zu § 253 Abs. 6 HGB vgl. BMF 23.12.2016, BStBl. I 2017 S. 41; *Hoffjan/Hövelborn* BB 2017, 1323; *Fuhrmann* NWB 2017, 1003; *Pohl* NWB 2017, 2290; *Veit* BB 2019, 684.

[32] § 6 Abs. 1 Nr. 3 EStG: 5,5 %; dazu FG Hamburg DStR 2019, 603 (rkr.); § 6a Abs. 3 S. 3 EStG: 6 Prozent.

[33] Zur Angemessenheit des Zinssatzes *Höfer* DB 2018, 1698; *Zwirner* DB 2018, 2066; *Moritz/v. Cölln* FR 2018, 684.

[34] BFH BStBl. II 2018 S. 415; abw. BFH BStBl. II 2018 S. 255; aM FG Münster DStRE 2018, 1069 (Rev. BFH Az. III R 25/17); *Mack/Gomes* DB 2018, 2014; *Borggräfe/Staud* FR 2018, 8567; *Binnewies/Bertrand* AG 2018, 481.

10 Von Bedeutung für Körperschaften ist insbesondere auch das Verbot, Passivposten anzusetzen, wenn die Verpflichtungen nur aus künftigen Einnahmen oder Gewinnen zu erfüllen sind, § 5 Abs. 2a EStG.[35] Diese Regelung kann bereits bei bestimmten Nachrang- und Tilgungsbestimmungen zur Anwendung kommen, wenn diese dazu führen, dass keine gegenwärtige wirtschaftliche Betrachtung vorliegt, nicht jedoch bereits bei Vermögenslosigkeit des Schuldners;[36] die dadurch bewirkte Vermögensmehrung kann jedoch in Höhe des werthaltigen Teils der Forderung eine (zu neutralisierende, verdeckte) Einlage darstellen. Nicht passiviert werden dürfen Verbindlichkeiten, die nach Maßgabe von Rangrücktrittsvereinbarungen nur aus einem Bilanzgewinn oder Liquidationsüberschuss zu tilgen sind.[37] Mit Wirkung ab 2014 sind § 4f sowie § 5 Abs. 7 EStG[38] in der Fassung des AIFM-StAnpG zu beachten. Danach dürfen Verpflichtungen, die Ansatzverboten, Ansatzbeschränkungen oder Bewertungsvorbehalten unterlegen haben, nach einer Übertragung auf einen anderen beim Übertragenden nicht sofort, sondern nur verteilt über einen Zeitraum vom 15 Jahren als Betriebsausgabe angesetzt werden. Der Übernehmer einer solchen Verpflichtung muss in der ersten auf die Übernahme folgenden Bilanz die ansatz- oder bewertungsbeschränkenden Vorschriften anwenden. Der Unterschiedsbetrag erhöht den Gewinn; er darf eine den Gewinn mindernde Rücklage bilden, jährlich zu $1/14$ aufzulösen ist. Hiermit reagierte der Gesetzgeber auf die die bisherige Praxis und GoB bestätigende Entscheidung des BFH.[39] Die Ausschussempfehlung zum Entwurf eines G zur Anpassung der AO an den Zollkodex der Union (ua), die in § 4 Abs. 5a EStG eine Regelung vorsah, Aufwendungen aus hybriden Finanzierungen nicht mehr als Betriebsausgaben abziehen zu dürfen, wenn die daraus resultierenden Einnahmen beim Empfänger nicht der Besteuerung unterliegen,[40] ist bis jetzt noch nicht umgesetzt worden, so dass bis jetzt eine gesetzliche Grundlage fehlt.[41] Weitere Korrespondenzregelungen finden sich zB in § 4i, § 4j, § 50d Abs. 9 EStG, § 8 Abs. 3 S. 4 und 5, § 8b Abs. 1 S. 2, § 14 Abs. 1 Nr. 5 KStG sowie im verfahrensrechtlichen Zusammenhang nach § 160 AO, § 32a KStG oder bei Kontrollmitteilungen.[42]

11 b) Körperschaftsteuerliche Abzugsverbote. aa) Beschränkter Spendenabzug. Die Ausgaben der AG für mildtätige, kirchliche, religiöse und wissenschaftliche Zwecke und der als besonders förderungswürdig anerkannten, gemeinnützigen Zwecke[43] (Spenden) werden durch § 9 Abs. 1 Nr. 2 KStG besonderen Regelungen unterworfen. Aufwendungen zu diesen Zwecken darf die AG bis zu einem Betrag von höchstens 20 % des Einkommens oder 4 von Tausend der Summe der gesamten Umsätze und der im Kalenderjahr aufgewendeten Löhne und Gehälter abziehen. Zuwendungen an politische Parteien sind

---

[35] FG Münster DStRK 2019, 41 (Rev. eingel., Az. BFH XI R 32/18).
[36] BFH BStBl. II 2017 S. 670; BFH BStBl. II 2015 S. 769; BFH BStBl. II 2012 S. 332; demgegenüber führen Rangrücktrittserklärungen nicht zu einem Passivierungsausschluss, BFH BStBl. II 2005 S. 581; BMF 8.9.2006, BStBl. I 2006 S. 497; *Wacker* DB 2017, 26; *Scheifele* FR 2017, 390; *Weber-Grellet* FR 2017, 1088; *K. Schmidt* BB 2016, 2; *Oser* BB 2015, 1904; *ders.* DStR 2017, 1889; *W. Müller* BB 2016, 491; *Helios/Kröger* DStR 2015, 2478; *Kahlert* IStR 2016, 209; *Höfer* DB 2018, 1698.
[37] BFH BStBl. II 2017 S. 670; BFH BStBl. II 2015 S. 769; *Pöschke* NZG 2017, 1408.
[38] AIFM-StAnpG v. 18.12.2013 BGBl. I S. 4318; BMF 30.11.2017, BStBl. I 2017 S. 1619; *Riedel* FR 2014, 6; *Fuhrmann* DB 2014, 9; *Förster/Staaden* Ubg 2014, 1; *Förster/Werthebach* BB 2019, 299; *Schulenburg/Lüder* FR 2019, 213.
[39] BFH DStR 2013, 570; BFH BStBl. II 2008 S. 555; BFH BStBl. II 2017 S. 1228 zu Fällen der rechtlichen oder wirtschaftlichen Übernahme von Verpflichtungen sowie BFH BStBl. II 2011 S. 566; BFH BStBl. II 2017 S. 1226 mit der Bestätigung, dass Passivierungsbeschränkungen nicht zu beachten sind; *Melan/Wecke* Ubg 2017, 253; *Schulenburg/Lüder* DB 2017, 1157 und 1217.
[40] BR-Drs. 432/1/14, 12; *Körner* IStR 2015, 449.
[41] FG Münster ISR 2018, 306.
[42] *Radmanesh/Gebhardt* NWB 2018, 580.
[43] Abs. § 10b EStG der auf §§ 52–54 AO verweist.

nicht mehr abzugsfähig.⁴⁴ Geeignete Zuwendungsempfänger sind juristische Personen des öffentlichen Rechts in einem Mitgliedstaat der EU oder des EWR oder nach § 5 Abs. 1 Nr. 9 KStG steuerbefreite Körperschaften, Personenvereinigungen oder Vermögensmassen.⁴⁵ Zuwendungen an Stiftungen des privaten Rechts zur Förderung steuerbegünstigter Zwecke im Sinne der §§ 52–54 AO (mit Ausnahme der Zwecke nach § 52 Abs. 2 Nr. 4 AO) unterliegen, anders als natürliche Personen nach § 10b Abs. 1a EStG, keiner erweiterten Abzugsfähigkeit; es gilt lediglich der in § 9 Abs. 1 Nr. 2 KStG festgelegte Höchstbetrag.⁴⁶ Übersteigen die abzugsfähigen Zuwendungen die Höchstbeträge, sind die übersteigenden Beträge ohne zeitliche Grenze in den folgenden VZ abzugsfähig, § 9 Abs. 1 Nr. 2 S. 9, 10 KStG. Der Betriebsausgabenabzug ist ausgeschlossen, wenn es sich bei den Zuwendungen um verdeckte Gewinnausschüttungen iSv § 8 Abs. 3 KStG handelt. Der Behandlung als Spenden gehen Aufwendungen vor, die die AG als Sponsoring für zB sportliche, kulturelle, soziale, ökologische oder wirtschaftliche Zwecke aufwendet, wenn sich die AG aus der Zuwendung wirtschaftliche Vorteile zB durch die Sicherung oder Erhöhung des Ansehens der Unternehmung erwartet oder dadurch für Produkte des Unternehmens werben will. In solchen Fällen handelt es sich nicht um Spenden oder Geschenke, sondern um abzugsfähige Betriebsausgaben.⁴⁷ Diese Frage ist im Sinne der Verwaltungsauffassung entschieden.⁴⁸

Der AG ist es durch § 10 Nr. 1 KStG untersagt, Aufwendungen für die Erfüllung von Zwecken des Steuerpflichtigen, die sich aus der Satzung ergeben, als Betriebsausgaben abzuziehen. Der Abzug als Spende im Sinne von § 9 Abs. 1 Nr. 2 KStG bleibt indes unberührt. **12**

bb) Steuern. Zu den nicht abzugsfähigen Aufwendungen gehören nach § 10 Nr. 2 KStG die Steuern vom Einkommen und sonstige Personensteuern, die Umsatzsteuer auf Umsätze, die Entnahmen oder verdeckte Gewinnausschüttungen sind und die Vorsteuerbeträge auf Aufwendungen, die dem Betriebsausgabenabzug nach § 4 Abs. 5 S. 1 Nr. 1–4, 7 und Abs. 7 EStG unterliegen. Das gilt zB für die Körperschaftsteuer, den Solidaritätszuschlag,⁴⁹ gegebenenfalls anfallende Erbschaftsteuer oder Steuerzuschläge.⁵⁰ Das Abzugsverbot gilt auch für ausländische Steuern vom Einkommen einschließlich ausländischer Quellensteuern,⁵¹ welche der inländischen Körperschaft zugerechnet werden, vorbehaltlich der Anrechnungsregelungen des § 26 KStG. Das Abzugsverbot gilt auch für steuerliche Nebenleistungen, die mit den vom Abzug ausgeschlossenen Steuern in Zusammenhang stehen, wie zB Säumniszuschläge, Stundungszinsen, Hinterziehungszinsen, Aussetzungszinsen, Verspätungszuschläge, Zwangsgelder,⁵² vorausgesetzt, dass diese Aufwendungen nicht bereits nach § 8 Abs. 1 KStG iVm § 4 Abs. 5 Nr. 8 EStG vom Betriebsausgabenabzug ausgeschlossen waren. Werden nicht abziehbare Ausgaben erstattet oder ein Anspruch darauf aktiviert und entsteht dadurch ein Ertrag, ist dieser bei der Ermittlung des steuerpflichtigen Einkommens entsprechend der vorherigen Nichtabzugsfähigkeit wieder ab- **13**

---

⁴⁴ BVerfG BStBl. II 1992 S. 766 zur Parteienfinanzierung; StandortsicherungsG v. 28.1.1994 ab Veranlagungszeitraum 1994; dazu auch *Hahn* AG 2018, 472.
⁴⁵ Seit JStG 2009 v. 19.12.2008 BGBl. 2008 I S. 2794 sind auch Zuwendungen an Körperschaften in EU/EWR-Staaten begünstigt, wenn diese nach § 5 Abs. 1 Nr. 9 iVm § 5 Abs. 2 Nr. 2 KStG steuerbefreit wären, wenn sie inländische Einkünfte erzielen würden.
⁴⁶ Dötsch/Pung/Möhlenbrock/*Krämer* KStG § 9 Rn. 215 f.
⁴⁷ BMF 18.2.1998, BStBl. I 1998 S. 212; BFH BStBl. II 1993 S. 441 (445); Dötsch/Pung/Möhlenbrock/*Krämer* KStG § 9 Rn. 113 ff.; Blümich/*Brandl* KStG § 9 Rn. 60; Erle/Sauter/*Schulte* KStG § 9 Rn. 64 f.
⁴⁸ Erle/Sauter/*Schulte* KStG § 9 Rn. 65; Dötsch/Pung/Möhlenbrock/*Krämer* KStG § 9 Rn. 115 f.
⁴⁹ BFH BStBl. II 1995 S. 305.
⁵⁰ R 10.1 Abs. 2 KStR; Dötsch/Pung/Möhlenbrock/*Münch* KStG § 10 Rn. 23.
⁵¹ H 10.1 KStR (Nichtabziehbare Steuern).
⁵² R 10.1 Abs. 2 KStR; BFH BStBl. II 1995 S. 477; BFH BStBl. II 1989 S. 116; weitere Beispiele bei Dötsch/Pung/Möhlenbrock/*Münch* KStG § 10 Rn. 35 f.

zusetzen.⁵³ Anderes gilt für Prozesszinsen auf Erstattungsbeträge, die zu den steuerpflichtigen Einnahmen gehören.⁵⁴ Die Finanzverwaltung lässt aber einen Erlass aus Billigkeitsgründen zu, wenn die Zinstatbestände auf ein und demselben Ereignis beruhen.⁵⁵ Zu den steuerpflichtigen Einnahmen der AG gehören auch Schadensersatzleistungen, die die AG von einem Dritten, zB einem Steuerberater als Ersatz für eine entgangene Steuererstattung erhält.⁵⁶ Die Entscheidungspraxis ist nicht eindeutig, da es unterschiedliche Auffassungen gibt.⁵⁷ Abzugsfähig sind hingegen Säumniszuschläge, die wegen der verspäteten Abgabe einer Kapitalertragsteueranmeldung zu entrichten waren, da sich das Abzugsverbot nicht auf Nebenleistungen für Steuern erstreckt, die die Gesellschaft für ihre Gesellschafter einzubehalten hat.⁵⁸ Nach § 4 Abs. 5b EStG sind die Gewerbesteuer und die darauf entfallenden Nebenleistungen nicht abzugsfähig.⁵⁹

14 **cc) Geldstrafen, Geldbußen.** Nicht abziehbar sind in einem Strafverfahren festgesetzte Geldstrafen, sonstige Rechtsfolgen vermögensrechtlicher Art, bei denen der Strafcharakter überwiegt⁶⁰ und Leistungen zur Erfüllung von Weisungen und Auflagen, die nicht vorrangig der Wiedergutmachung dienen, sowie damit zusammenhängende Aufwendungen, § 10 Nr. 3 KStG.⁶¹ Infolge der Verweisung des § 8 Abs. 1 KStG auf § 4 Abs. 5 S. 1 Nr. 8 EStG sind außerdem Geldbußen, Ordnungsgelder und Verwarnungsgelder vom Abzug als Betriebsausgaben ausgeschlossen. Das Abzugsverbot gilt nur für Straf- und Ordnungsmaßnahmen, die von einem deutschen Gericht, einer deutschen Behörde oder einer EU-Behörde verhängt wurden.⁶² Das Abzugsverbot aus § 10 Nr. 3 KStG gilt nicht für die mit der betrieblich veranlassten Sanktion verbundenen Verfahrens- und Verteidigungskosten.⁶³

15 **dd) Aufsichtsratsvergütungen.** Nichtabziehbar ist nach § 10 Nr. 4 KStG die **Hälfte der Vergütungen** jeder Art, die an Mitglieder eines Aufsichtsrats, Verwaltungsrats oder andere mit der Überwachung der Geschäftsführung beauftragte Personen gewährt werden. Das teilweise Abzugsverbot gilt den Vergütungen von Personen, die eine Überwachungsfunktion ausüben, nicht für Personen mit reiner Repräsentativfunktion (zB bei Vergütungen an einen nicht in die Überwachung der AG eingebundenen Beirat⁶⁴). Die Finanzverwaltung legt den Begriff der Überwachungsfunktion weit aus.⁶⁵ Sie betrifft jede Tätigkeit der betreffenden Person, die im Rahmen ihrer Überwachungsfunktion liegt.⁶⁶ Dazu gehört auch die Tätigkeit in einem Ausschuss des Aufsichtsrats. Vom Abzugsverbot wird auch die Vergütung eines Aufsichtsratsmitglieds in seiner Funktion als Mitglied eines

---

⁵³ BFH BStBl. II 1992 S. 686.
⁵⁴ BFH BStBl. II 2012 S. 697; BFH BStBl. II 1975 S. 568.
⁵⁵ BMF 5.10.2000, BStBl. I 2000 S. 1508; R 10.1 Abs. 2 S. 3 KStR; Dötsch/Pung/Möhlenbrock/*Münch* KStG § 10 Rn. 42.
⁵⁶ BFH BStBl. II 1979 S. 120; BFH BStBl. II 1993 S. 96; Dötsch/Pung/Möhlenbrock/*Münch* KStG § 10 Rn. 43; Erle/Sauter/*Schulte* KStG § 10 Rn. 48 f.; dagegen Streck/*Olgemöller* KStG § 10 Rn. 14; L. Schmidt/*Loschelder* EStG § 4 Rn. 460; *Ehmke* in Widmann (Hrg.) DStJG 20 (1997), 264.
⁵⁷ Einerseits BFH BStBl. II 1992 S. 686; andererseits BFH BStBl. II 1998 S. 621; zum Streitstand L. Schmidt/*Loschelder* EStG § 4 Rn. 460.
⁵⁸ BFH BStBl. II 1997 S. 548.
⁵⁹ § 4 Abs. 5b EStG idF des UntStRefG 2008.
⁶⁰ Dazu R 10.2 S. 3–5 KStR.
⁶¹ In der Fassung des G v. 12.12.2019, BGBl. I 2019, 2451; BFH BStBl. II 1984 S. 160; BFH GrS BStBl. II 1984 S. 166; Dötsch/Pung/Möhlenbrock/*Münch* KStG § 10 Rn. 47 ff.; Erle/Sauter/*Schulte* KStG § 10 Rn. 51 ff.
⁶² Zum Umfang des Abzugsverbots bei EU-Bußen BFH BStBl. II 2014 S. 306; *Haus* DB 2014, 2066.
⁶³ BFH BStBl. II 1982 S. 467.
⁶⁴ Dötsch/Pung/Möhlenbrock/*Münch* KStG § 10 Rn. 64.
⁶⁵ Abs. R 10.3 Abs. 3 S. 1 KStR.
⁶⁶ BFH BStBl. III 1966 S. 688 zur Finanzierungsberatung eines Aufsichtsratsmitglieds.

Kreditausschusses erfasst.⁶⁷ Das hälftige Abzugsverbot wird, auch wenn die Rechtsprechung dies als verfassungskonform betrachtet hat, als systemfremd und überholt angesehen.⁶⁸

Nimmt ein Mitglied des Aufsichtsrats über seine Organfunktion hinaus andere Tätigkeiten für die AG wahr, stellt sich die Frage nach der Abgrenzbarkeit der Vergütung. Bei nicht klar geregelten Aufgaben und Vergütungen wird die Aufteilung abgelehnt,⁶⁹ doch ist fraglich, ob diese Auffassung der Rechtsprechung angesichts der Abkehr vom Aufteilungsverbot in anderen Fällen aufrechterhalten werden kann.⁷⁰ Liegt der weiteren Tätigkeit eine klare vertragliche Vereinbarung zugrunde, ist die dafür gewährte Vergütung abzugsfähig, soweit es sich hierbei nicht ebenfalls um eine Tätigkeit mit dem Zweck der Überwachung handelt.⁷¹ **16**

Das hälftige Abzugsverbot gilt für die vereinbarte **Tätigkeitsvergütung,** für Tagegelder, Sitzungsgelder, Reisegelder und sonstige Aufwandsentschädigungen (auch Sachbezüge oder geldwerte Vorteile bei Preisminderungen), nicht jedoch für die Erstattung des tatsächlichen Aufwands, der einem Aufsichtsratsmitglied erwachsen ist.⁷² Vergütungen an ein ehemaliges Mitglied des Beirats fallen unter das Abzugsverbot, wenn sie für die Tätigkeit des ehemaligen Mitglieds in seiner damaligen Funktion entrichtet werden; andere Vergütungen an ehemalige Mitglieder in anderer Funktion sind von dem Abzugsverbot nicht betroffen. Die Rückzahlung einer Aufsichtsratsvergütung führt nur in Höhe der Hälfte des Betrags zu steuerpflichtigen Betriebseinnahmen.⁷³ **17**

Unterliegt die Aufsichtsratsvergütung der umsatzsteuerlichen Regelbesteuerung, ermittelt sich der nichtabzugsfähige Betrag bei der AG, die den Vorsteuerabzug in Anspruch nimmt, nach der Nettovergütung. Ist die AG nicht oder nur teilweise zum Vorsteuerabzug berechtigt, ist die nicht abziehbare Vorsteuer oder die den Vorsteuerabzug übersteigende Vorsteuer in die Bemessungsgrundlage nach § 10 Nr. 4 KStG einzubeziehen.⁷⁴ Bei beschränkt steuerpflichtigen Aufsichtsratsmitgliedern unterliegt die Vergütung nach § 50a Abs. 1 Nr. 4 EStG einem Steuerabzug von 30 Prozent. **18**

3. Steuerfreie Einkünfte nach § 8b Abs. 1 und 2 KStG. a) Grundlagen. Für die Besteuerung von Körperschaften und deren Anteilseigner bestehen für Kapitalgesellschaften spezielle Regelungen Behandlung von bestimmten Kapitalerträgen und Veräußerungsgewinnen. Im Einzelnen geht es nach § 8b Abs. 1 KStG um die Steuerbefreiung von Bezügen im Sinne von § 20 Abs. 1 Nr. 1, 2, 9 und 10a EStG einschließlich der Einnahmen aus der Veräußerung von Dividendenscheinen und sonstigen Ansprüchen iSd § 20 Abs. 2 S. 1 Nr. 2a EStG sowie Einnahmen aus der Abtretung von Dividendenansprüchen oder sonstigen Ansprüchen iSd § 20 Abs. 2 S. 2 EStG. Die Steuerbefreiung soll eine mehrfache Belastung von Ergebnisbestandteilen mit Körperschaftsteuer vermeiden. Sie gilt für Bezüge von in- und ausländischen Körperschaften.⁷⁵ Infolge dieser Sonderregelung⁷⁶ sind Bezüge iSv Abs. 1 zwar steuerbefreit, doch werden wegen Abs. 5 nicht abziehbare Betriebsausgaben in Höhe von 5% des Dividendenbetrags fingiert und damit wirtschaftlich solche **19**

---

⁶⁷ BFH BStBl. II 1971 S. 310; BFH BStBl. II 1979 S. 193; H 10.3 KStR (Doppelfunktion).
⁶⁸ BFH BStBl. II 1968 S. 392; BVerfG DB 1973, 360; Dötsch/Pung/Möhlenbrock/*Münch* KStG § 10 Rn. 65; aM Erle/Sauter/*Schulte* KStG § 10 Rn. 64 ff.
⁶⁹ BFH BStBl. II 1973 S. 872.
⁷⁰ BFH GrS BStBl. II 2010 S. 672; die Verwaltung wendet die Grundsätze an, BMF 6.7.2010, BStBl. I 2010 S. 614.
⁷¹ BFH BStBl. III 1966 S. 688; Dötsch/Pung/Möhlenbrock/*Münch* KStG § 10 Rn. 77.
⁷² BFH BStBl. III 1966 S. 206; R 10.3 Abs. 1 S. 2, 3 KStR; Dötsch/Pung/Möhlenbrock/*Münch* KStG § 10 Rn. 79.
⁷³ Erle/Sauter/*Schulte* KStG § 10 Rn. 79.
⁷⁴ R 10.3 Abs. 2 KStR.
⁷⁵ Dötsch/Pung/Möhlenbrock/*Pung* KStG § 8b Rn. 25; *Jacobs,* Unternehmensbesteuerung, 5. Aufl. 2015, S. 169 f.
⁷⁶ V. 22.12.2003 BGBl. 2003 I S. 2840; dazu *Watermeyer* GmbH-StB 2004, 110 ff.

Bezüge nur zu 95% steuerbefreit.[77] Diese Regelung bewirkt, dass mit den steuerfreien Bezügen verbundene Aufwendungen als Betriebsausgaben abgezogen werden können und § 3c Abs. 1 EStG insoweit nicht zur Anwendung kommt. Durch das Gesetz zur Umsetzung des EuGH-Urteils vom 20.10.2011 wurden mit Wirkung ab dem 1.3.2013 Streubesitzdividenden unterhalb einer Beteiligung bis zu 10% zum Beginn des Kalenderjahres regulär steuerpflichtig gemacht, § 8b Abs. 4 KStG nF.[78] Wird eine Beteiligung von 10% unterjährig erworben, gilt sie als zu Beginn des Jahres vorhanden. Auf Veräußerungsgewinne findet die Streubesitzregelung keine Anwendung. Die steuerliche Begünstigung von Dividenden kommt ferner dann nicht zum Tragen, wenn die Bezüge das Einkommen der leistenden Körperschaft gemindert haben.[79]

20 Durch § 8b Abs. 2 KStG werden Gewinne aus der Veräußerung von Anteilen an einer in- oder ausländischen Kapitalgesellschaft ebenfalls von der Steuer befreit. Hierdurch soll der Tatsache Rechnung getragen werden, dass der Anteilsinhaber nicht nur durch eine Ausschüttung, sondern auch durch eine Veräußerung der Beteiligung an der Kapitalgesellschaft insgesamt über die in dieser liegenden stillen Reserven verfügen kann.[80] Das gilt auch, wenn es sich bei dem Unternehmen, an dem die Beteiligung besteht, um eine Organgesellschaft handelt. Von der Steuerfreiheit werden auch Gewinne aus der Auflösung oder der Herabsetzung des Nennkapitals, aus dem Ansatz eines höheren Werts nach § 6 Abs. 1 S. 1 Nr. 2 EStG oder nach § 21 Abs. 2 UmwStG erfasst. Gewinne nach Abs. 2 sind steuerbefreit, doch werden wegen Abs. 3 5% des Veräußerungsgewinns als nicht abziehbare Betriebsausgaben fingiert, so dass im wirtschaftlichen Ergebnis nur 95% steuerbefreit sind.[81] Die Besteuerung nicht abziehbarer Betriebsausgaben in Höhe von 5% von Dividendenerträgen nach § 8b Abs. 1 KStG durch § 8b Abs. 5 KStG und von Veräußerungsgewinnen nach § 8b Abs. 2 KStG durch § 8b Abs. 3 S. 1 KStG verstößt nicht gegen den allgemeinen Gleichheitssatz und ist deswegen nicht verfassungswidrig.[82] § 8b Abs. 5 KStG gilt auch im Bereich von nach DBA-Schachtelprivileg befreiten Dividenden.[83]

21 **b) Dividendeneinkünfte.** Zu den steuerfreien Bezügen nach § 8b Abs. 1 KStG gehören ua Bezüge aus Dividenden (gleichgültig, ob Bar- oder Sachdividende oder ob eine verdeckte oder eine inkongruente Gewinnausschüttung vorliegt)[84] oder beteiligungsgleichen Genussrechten im Sinne von § 8 Abs. 3 S. 2 KStG.[85] Zu diesen Bezügen gehören auch die Bezüge, die die AG aus einer verdeckten Gewinnausschüttung erhält, § 20 Abs. 1 S. 1 Nr. 1 S. 2 EStG. Auch Ausschüttungen einer Kapitalgesellschaft aus dem steuerlichen Einlagekonto nach § 27 KStG sind nach § 8b Abs. 1 KStG steuerfrei, auch wenn sie den Buchwert der Beteiligung bei der erhaltenden Kapitalgesellschaft übersteigt.[86] Bis zur Grenze des Buchwerts werden die Bezüge erfolgsneutral gegen den Buchwert verrechnet. Nach dem Wortlaut von § 20 Abs. 1 Nr. 1 S. 3 EStG gilt dies nur bei Kapitalrückzahlungen inländischer und nach § 27 Abs. 8 KStG solcher Körperschaften, die ihren Sitz in einem Mitgliedstaat der EU oder des EWR haben.[87] Diese Abgrenzung wird für verfehlt

---

[77] Das gilt auch für nach § 3 Nr. 41 EStG außer Ansatz bleibende Hinzurechnungsbeträge, BFH BStBl. II 2018 S. 492; FG Bremen FR 2017, 1142.
[78] Gesetzesentwurf v. 23.5.2012, dazu Gegenäußerung des Bundesrats, BR-Drs. 302/12; nunmehr AmtshilfeRLUmsG v. 21.3.2013 BGBl. I S. 561.
[79] Urteil vom 26.6.2013 BGBl. I S. 1809.
[80] *Jacobs*, Unternehmensbesteuerung, 5. Aufl. 2015, S. 169 ff.
[81] G v. 22.12.2003 BGBl. 2003 I S. 2840.
[82] BVerfG FR 2010, 1141 ff.; dazu s. *Müller* FR 2011, 309 ff.
[83] FG Köln ISR 2017, 2016; DStRK 2017, 244.
[84] BMF 17.12.2013, BStBl. I 2014 S. 63; Dötsch/Pung/Möhlenbrock/*Pung* KStG § 8b Rn. 20, 22.
[85] Mit Beteiligung am Gewinn und einem Liquidationserlös.
[86] Nach BMF 28.4.2003, BStBl. I 2003 S. 292 Rn. 6 sollen Einkünfte nach § 8b Abs. 2 KStG vorliegen; krit. dazu Erle/Sauter/*Gröbl/Adrian* KStG § 8b Rn. 56.
[87] BMF 4.4.2016, DStR 2016, 812; *Arjes/Foddanu* DB 2017, 688; *Berninghaus* in HHR KStG § 27 Rn. 164.

gehalten.[88] Der BFH hat in neueren Entscheidungen nunmehr den Weg aufgezeigt, auch bei Kapitalrückzahlungen aus Körperschaften in Drittländern zu einer steuerbefreiten Einlagerückzahlung zu gelangen.[89] Im Falle einer Liquidation der Gesellschaft, bei der die Rückzahlung nicht aus Nennkapital oder dem steuerlichen Einlagekonto besteht, gehört die Rückzahlung von Eigenkapital nach § 20 Abs. 1 S. 1 Nr. 2 EStG zu den Bezügen nach § 8b Abs. 1 KStG; die Liquidation sei steuerlich nicht als Veräußerungsvorgang zu behandeln.[90] Die Beteiligungsertragsbefreiung erstreckt sich ferner auch auf Erlöse aus der Veräußerung von Dividendenscheinen und ähnlichen Erträgen im Sinne von § 20 Abs. 2 EStG. Sie umfasst allerdings nicht Erträge aus dem cash-settlement von Aktienoptionen und von Kompensationszahlungen bei Wertpapierleihe.[91] Nach § 8b Abs. 5 KStG gelten von den in- und ausländischen Dividendeneinkünften 5 % als Ausgaben, die nicht als Betriebsausgaben abgezogen werden dürfen.[92] Betriebsausgaben, die mit den in- und ausländischen Dividenden in Zusammenhang stehen, dürfen abgezogen werden; § 3c Abs. 1 EStG findet keine Anwendung.[93] Die Steuerbefreiung nach § 8b Abs. 1 KStG und nach DBA stehen nebeneinander. Dem deutschen Gesetzgeber steht es frei, im nationalen Recht Vorschriften vorzusehen, die die Abzugsfähigkeit von Betriebsausgaben betreffen, ohne dass es sich um einen Treaty Override handelt.[94] Durch die Einfügung von § 8b Abs. 4 KStG[95] ist § 8b Abs. 1 KStG auf Streubesitzdividenden nicht mehr anzuwenden. Die Vergünstigung gilt erst ab einer unmittelbaren Beteiligung von mindestens 10 % am Grund- oder Stammkapital. Maßgebend für die Beurteilung sind die Verhältnisse am Beginn des Kalenderjahres;[96] wird hingegen eine Beteiligung von mindestens 10 % während des Kalenderjahres erworben, gilt der Erwerb als zum Beginn des Kalenderjahres als erfolgt.[97] Die Aufstockung einer unter 10 % liegenden Beteiligung soll hingegen nicht berücksichtigt werden.[98] Rechtsfolge der Regelung ist die volle Versteuerung der Dividende; die weiteren Bestimmungen des § 8b KStG bleiben anwendbar, nach § 8b Abs. 4 S. 7 KStG jedoch nicht das Abzugsverbot nach Abs. 5. Die Regelung des Abs. 4 ist verfassungsrechtlich nicht frei von Zweifeln.[99]

Die Steuerbefreiung nach § 8b Abs. 1 S. 1 KStG findet in bestimmten Konstellationen **22** keine Anwendung. Das Korrespondenzprinzip gilt zum einen nach Abs. 1 Satz 2 für Bezüge nach § 20 Abs. 1 Nr. 1 S. 2 sowie Nr. 9 Hs. 2 und Nr. 10a Hs. 2 EStG, wenn die

---

[88] *Stimpel* in Rödder/Herlinghaus/Neumann KStG § 27 Rn. 217; Erle/Sauter/*Gröbl/Adrian* KStG § 8b Rn. 57.
[89] BFH DStR 2016, 812; DStRE 2016, 1416.
[90] BMF 28.4.2003, BStBl. I 2003 S. 292 Rn. 7.
[91] BMF 28.4.2003, BStBl. I 2003 S. 292 Rn. 8, 9; *Häuselmann/Wagner* FR 2003, 331 (332); Dötsch/Pung/Möhlenbrock/*Pung* KStG § 8b Rn. 33; Erle/Sauter/*Gröbl/Adrian* KStG § 8b Rn. 52; nach der umfangreichen Literatur und Rechtsprechung zu cum/ex-Gestaltungen kann es zweifelhaft sein, ob bei Wertpapierleihegeschäften das wirtschaftliche Eigentum an den Aktien auf den Entleiher übergegangen ist, vgl. BFH BStBl. II 2016 S. 961; BMF 11.11.2016, BStBl. I 2016 S. 1324; Dötsch/Pung/Möhlenbrock/*Pung* KStG § 8b Rn. 33.
[92] § 8b Abs. 5 KStG idF des Gesetz zur Umsetzung der Protokollerklärung v. 22.12.2003 BGBl. 2003 I S. 2840; BFH BB 2009, 1513; FR 2017, 1142: Hinzurechnungsbeträge, die nach § 3 Nr. 41a EStG steuerfrei sind, schließen die Anwendung von § 8b Abs. 5 KStG nicht aus.
[93] Dazu *Rogall* DB 2003, 2185.
[94] BFH IStR 2017, 194; FG Köln IStR 2017, 196; *Weiss* Ubg 2017, 671.
[95] G v. 21.3.2013 BGBl. I S. 561 als Reaktion auf EuGH DStR 2011, 2038; BR-Drs. 302/12; *Joisten/Vossel* FR 2014, 794 diskutieren für diese Fälle die Anwendung von § 3 Nr. 40 EStG.
[96] Dötsch/Pung/Möhlenbrock/*Pung* KStG § 8b Rn. 256 f.
[97] Dötsch/Pung/Möhlenbrock/*Pung* KStG § 8b Rn. 286.
[98] Dötsch/Pung/Möhlenbrock/*Pung* KStG § 8b Rn. 288.
[99] FG Hamburg EFG 2017, 1117 (Rev. eingelegt, Az. BFH I R 29/17 zur Klärung von verfassungsrechtlichen Fragen); Dötsch/Pung/Möhlenbrock/*Pung* KStG § 8b Rn. 245; *Watermeyer* in HHR KStG § 8b Rn. 7; *Gosch* KStG § 8b Rn. 287b; *Intemann* BB 2013, 1239; aM *Melkonyan/Kudert* Ubg 2015, 132.

Bezüge das Einkommen der leistenden Körperschaft gemindert haben.[100] Das galt zunächst bei verdeckten Gewinnausschüttungen nach § 8 Abs. 3 S. 2 KStG, wenn diese bei der leistenden Körperschaft als Betriebsausgaben abgezogen werden konnten.[101] Diese Ausnahme greift indes dann nicht, wenn die verdeckte Gewinnausschüttung bei einer nahestehenden Person, zB einem Gesellschafter als Einkommen erfasst wurde, Satz 4. § 8b Abs. 1 S. 3 KStG schließt die Anwendung auch des abkommensrechtlichen Schachtelprivilegs aus; die Gegenausnahme nach Satz 4 greift auch hier.[102] Das Korrespondenzprinzip in § 8b Abs. 1 S. 2 KStG greift allerdings wesentlich weiter [103] und schließt die Steuerbefreiung generell dann aus, wenn die Bezüge (iSv § 20 Abs. 1 Nr. 1, 2, 9 und 10 Buchst. a EStG) das Einkommen der leistenden Körperschaft – gleichgültig, ob es sich um eine in- oder ausländische handelt – und an der die empfangende Körperschaft unmittelbar beteiligt ist,[104] gemindert haben. Damit wird die Regelung zB auf bestimmte grenzüberschreitende Dividendenzahlungen und Erträge, die wie Dividenden behandelt werden (zB bestimmte Genussrechtsvergütungen), beim Schuldner indes abgezogen werden können, ausgedehnt. Die Bezüge sind dann in voller Höhe steuerpflichtig.

23 Dividenden, die die inländische Körperschaft aus inländischen Beteiligungen erhält, unterliegt nach § 43 Abs. 1 Nr. 1a EStG bei Kapitalerträgen aus Aktien oder zur Sammelverwahrung zugelassenen Genussscheinen und bei anderen Kapitalerträgen iSv § 20 Abs. 1 Nr. 1 EStG nach § 43 Abs. 1 Nr. 1 EStG dem Kapitalertragsteuerabzug. Die Steuer beläuft sich auf 25 % und wird in Fällen der Nr. 1a durch inländische Kredit- oder Finanzdienstleistungsinstitute (oder vergleichbare Unternehmen) nach § 44 Abs. 1 S. 4 Nr. 3 EStG und in anderen Fällen durch den Schuldner (§ 44 Abs. 1 S. 3 EStG) einbehalten. Die Steuer wird nach § 31 Abs. 1 iVm 36 Abs. 2 Nr. 2 EStG bei der Veranlagung der Körperschaft als wirtschaftlicher Eigentümerin auf deren Steuerschuld angerechnet, wenn nicht in Fällen von § 43 Abs. 1 S. 1 Nr. 1a EStG Anrechnungsausschlüsse nach § 36a oder § 50j EStG bestehen. Sollte die Kapitalertragsteuer infolge der Eigenart des Geschäfts der die Dividende empfangenden Körperschaft – zB als Holdinggesellschaft – die festzusetzende Körperschaft auf Dauer und nachhaltig übersteigen, ist nach Maßgabe von § 44a Abs. 5 EStG ein Steuerabzug nicht vorzunehmen. Quellensteuern auf ausländische Dividenden können von der Körperschaft nicht auf die inländische Steuerschuld angerechnet werden.

24 c) **Veräußerungsgewinne.** Die Steuerbefreiung nach § 8b Abs. 2 KStG gilt für Veräußerungen und bestimmte andere gleichgestellte Vorgänge, die Anteile an Kapitalgesellschaften oder Mitgliedschaftsrechte an Personenvereinigungen betreffen, deren Ausschüttungen zu den Einnahmen nach § 20 Abs. 1 S. 1 Nr. 1, 2, 9 und 10a EStG führen.[105] Die Begünstigung setzt weder eine Mindestbeteiligung noch eine Mindesthaltedauer voraus, sie gilt zugunsten von unbeschränkt und beschränkt steuerpflichtigen Kapitalgesellschaften.[106] Auf die Veräußerung eigener Anteile durch die Gesellschaft findet § 8b Abs. 2 KStG keine Anwendung mehr.[107] Seit der Änderung von § 272 Abs. 1b HGB wird die Veräußerung eigener Anteile durch die AG mangels Vorliegens eines Anschaffungs- oder Veräußerungsvorgangs als erfolgsneutraler Vorgang, bei Veräußerung als Zuführung von Eigenkapital betrachtet wird, so dass lediglich angemessene Aufwendungen im Zusammenhang mit

---

[100] Zu weiteren Einschränkungen vgl. §§ 4i und 50 Abs. 9 EStG, dazu → Rn. (44); ferner *Körner* IStR 2015, 449 zu § 4 Abs. 5a EStG-E.
[101] *Gosch* KStG § 8b Rn. 144; Erle/Sauter/*Gröbl*/*Adrian* KStG § 8b Rn. 81.
[102] *Gosch* KStG § 8b Rn. 149g; Erle/Sauter/*Gröbl*/*Adrian* KStG § 8b Rn. 95.
[103] AmtshilfeRLUmsG v. 26.6.2013 BGBl. I S. 1809.
[104] Dötsch/Pung/Möhlenbrock/*Pung* KStG § 8b Rn. 77.
[105] Maßgeblicher Zeitpunkt einer Veräußerung auf den Ablauf des 31.12. ist der 31.12. und nicht der 1.1., vgl. FG Nürnberg DStRK 2018, 281 mit Bespr. v. *Weiss.*
[106] BFH DB 2017, 2582; *Weiss* Ubg 2017, 671 (674).
[107] *Gröbl*/*Adrian* in Erle/Sauter KStG § 8b Rn. 109; *Herzig*/*Briesemeister* Wpg 2010, 63; *Breuninger*/*Müller* GmbHR 2011, 10; *Ditz*/*Tscherveniacki* Ubg 2010, 875.

solchen Geschäften Erfolgswirkungen haben.[108] Auch Gewinne aus der Veräußerung von Genussrechten fallen hierunter, wenn die Genussrechte die Kriterien von § 8 Abs. 3 S. 2 KStG erfüllen.[109] Zur Veräußerung gehören alle Übertragungen infolge eines Kaufs oder eines Tauschs, wie auch die Einbringung gegen Gewährung von Gesellschaftsrechten. Eine steuerfreie Veräußerung im Sinne von § 8b Abs. 2 KStG liegt nach Auffassung der Finanzverwaltung ebenfalls vor, wenn Anteile an einer Kapitalgesellschaft an einen Gesellschafter übertragen werden und dabei eine verdeckte Gewinnausschüttung entsteht, die den Gewinn der ausschüttenden Kapitalgesellschaft nicht mindern darf, § 8 Abs. 3 KStG.[110] Klargestellt wurde auch die Behandlung der Übertragung von Anteilen an Aktionäre im Wege einer Sachdividende.[111] Die Finanzverwaltung ließ zunächst die Sachdividende nicht unter die Veräußerungsgewinnbefreiung fallen. Diese Auffassung ist mit dem Sinn und Zweck von § 8b Abs. 2 KStG und der durch § 8b Abs. 1 KStG zugelassenen Gleichstellung der offenen mit der verdeckten Gewinnausschüttung nicht mehr zu vereinbaren und wurde aufgegeben.[112] Infolge der gesetzlichen Regelung in § 8b Abs. 2 S. 6 KStG gilt als Veräußerung auch die verdeckte Einlage, so dass der Gewinn aus dem Abgang der Anteile bei der übertragenden Kapitalgesellschaft infolge der Einbringung von Anteilen an einer Kapitalgesellschaft in ein anderes Betriebsvermögen ebenfalls steuerfrei ist.[113]

25 Anteile an Optionsanleihen oder Wandelschuldverschreibungen sowie Bezugsrechte sind hingegen keine Anteile iSv § 8b Abs. 2 KStG.[114] Stillhalterprämien aus Optionsgeschäften im Zusammenhang mit Anteilsan- und -verkäufen oder andere Aktienderivate fallen nicht unter § 8b Abs. 2 KStG und sind voll steuerpflichtig.[115] Das gleiche gilt für Ausschüttungen aus einer REIT-AG sowie auf Anlegerebene nach § 16 Abs. 3 InvStG 2018 für Anteile an Investmentfonds.[116]

26 Erlöse aus der Herabsetzung des Nennkapitals oder Liquidationsraten einer Kapitalgesellschaft sind nach § 8b Abs. 2 S. 3 KStG steuerbefreit, soweit der Liquidationserlös das Nennkapital übersteigt und insoweit ein Gewinn bei dem Mutterunternehmen entsteht. Soweit der Liquidationserlös jedoch aus sog. freien Vermögen der Tochtergesellschaft gespeist wird, fällt der Gewinn nicht unter § 8b Abs. 2, sondern Abs. 1 KStG.[117]

27 Die Steuerbefreiung von Veräußerungsgewinnen nach § 8b Abs. 2 KStG gilt auch für den Gewinn, den ein Organträger aus der Veräußerung seiner Beteiligung an der Organgesellschaft erzielt. § 8b Abs. 2 S. 1 KStG stellt dies durch die Bezugnahme auf §§ 14 und 17 KStG ausdrücklich klar.[118]

28 Von dem Veräußerungsgewinn wird ein Betrag in Höhe von 5 % als Ausgaben, die nicht als Betriebsausgaben abgezogen werden dürfen, behandelt, § 8b Abs. 3 S. 1 KStG.[119] Diese Regelung geht indes bei beschränkt steuerpflichtigen Körperschaften, die im Inland keine Betriebsstätte oder einen ständigen Vertreter unterhalten, ins Leere.[120] Damit führt § 8b

---

[108] So hM, vgl. BMF 27.11.2013, BStBl. I 2013 S. 1615; *Watermeyer* in HHR KStG § 8b Rn. 64; *Mayer/Wagner* DStR 2014, 571; *Blumenberg/Lechner* DB 2014, 141; aM Dötsch/Pung/Möhlenbrock/*Pung* KStG § 8b Rn. 129b; Gosch KStG § 8b Rn. 163a.
[109] Erle/Sauter/*Gröbl/Adrian* KStG § 8b Rn. 117.
[110] BMF 28.4.2003, BStBl. I 2003 S. 292 Rn. 21.
[111] Dötsch/Pung/Möhlenbrock/*Pung* KStG § 8b Rn. 131; *Orth* WPg 2004, 841.
[112] BMF 28.4.2003, BStBl. I 2003 S. 292 Rn. 22; Dötsch/Pung/Möhlenbrock/*Pung* KStG § 8b Rn. 133.
[113] Dötsch/Pung/Möhlenbrock/*Pung* KStG § 8b Rn. 164.
[114] BMF 28.4.2003, BStBl. I 2003 S. 292 Rn. 24; zu Bezugsrechten BFH DStR 2008, 862.
[115] BFH BStBl. II 2013 S. 588; dazu *Schnitger* DStR 2013, 1771; *Schmid/Renner* DStR 2013, 2734.
[116] Dötsch/Pung/Möhlenbrock/*Pung* KStG § 8b Rn. 26 und 120.
[117] BMF 28.4.2003, BStBl. I 2003 S. 292 Rn. 7; krit. dazu *Schwedhelm/Olbing/Binnewies* GmbHR 2002, 1157 (1158).
[118] Dötsch/Pung/Möhlenbrock/*Pung* KStG § 8b Rn. 126.
[119] V. 22.12.2003 BGBl. 2003 I S. 2840.
[120] BFH DB 2017, 2582 = BStBl. II 2018 S. 144.

Abs. 2 KStG im wirtschaftlichen Ergebnis zu einer Steuerbefreiung von 95 % der Veräußerungsgewinne. Im Hinblick auf diese Regelung findet § 3c Abs. 1 EStG keine Anwendung.

29 Veräußerungsgewinn im Sinne von § 8b Abs. 2 S. 2 KStG ist der Betrag, um den der Veräußerungspreis oder der in Nichtveräußerungsfällen an seine Stelle tretende Wert nach Abzug der Veräußerungskosten den sich nach den steuerlichen Vorschriften über die Gewinnermittlung ergebenden Buchwert übersteigt.[121] Währungs-, Zins- oder Abzinsungsverluste können nur dann als nachträgliche Veränderung des Veräußerungsgewinns nach § 8b Abs. 2 KStG gesehen werden, soweit sie im Veräußerungsgeschäft selbst angelegt sind.[122]

30 Als Vorgänge außerhalb einer Veräußerung werden einzelne Sachverhalte durch § 8b Abs. 2 KStG aufgegriffen und den (teilweise) steuerbefreiten Vorgängen gleichgestellt. Das gilt zB für einen Gewinn aus dem Ansatz des gemeinen Werts bei der Einbringung von Anteilen an einer Kapitalgesellschaft nach §§ 20, 21 UmwStG, ferner in Fällen des § 22 Abs. 1 UmwStG, wenn und soweit ein Einbringungsgewinn I auf Anteile an einer Körperschaft entfällt.[123] Diesen Fällen vergleichbar, nämlich ohne Veräußerungsvorgang im Rechtssinne realisiert sind Gewinnrealisierungen infolge eines Vermögensübergangs nach § 3 UmwStG, bei Verschmelzungen, bei denen der Ansatz der Buchwerte nach § 11 Abs. 2 UmwStG nicht zur Anwendung kommt oder bei einem Verschmelzungsgewinn iSv § 12 Abs. 2 UmwStG, sowie bei Spaltungen, bei denen vor Ablauf der gebotenen Wartefristen sog. schädliche Verfügungen im Sinne von § 15 Abs. 3 UmwStG getroffen werden.[124]

31 Steuerfrei ist auch der Gewinn aus der Auflösung oder der Herabsetzung des Nennkapital oder aus dem Ansatz des in § 6 Abs. 1 Nr. 2 S. 3 EStG bezeichneten Werts (Wertaufholung), § 8b Abs. 2 S. 3 KStG. War die Abschreibung auf den niedrigeren Teilwert in der Vergangenheit mit steuerlicher Wirkung vorgenommen worden, finden nach § 8b Abs. 2 S. 4 KStG die Ausnahmen nach § 8b Abs. 2 S. 1 und 3 KStG keine Anwendung, so dass, soweit die Gewinnminderung nicht durch den (steuerwirksamen) Ansatz mit dem höheren Wert bereits ausgeglichen ist, in Höhe der verbliebenen Abschreibung die Zuschreibung steuerpflichtig ist.[125] Nach § 8b Abs. 2 S. 5 KStG wird die Steuerpflicht auch auf Gewinne ausgedehnt, die aus steuerwirksam vorgenommenen Abzügen nach § 6b EStG oder ähnlichen Regelungen vorgenommen werden. In Fällen von Abschreibungen, die nicht mit steuerlicher Wirkung vorgenommen wurden, gilt infolge der eingeschränkten Verweisung in Abs. 3 Satz 1 Abs. 3 nicht.

32 **d) Nicht zu berücksichtigende Gewinnminderungen.** Bei der Gewinnermittlung sind Gewinnminderungen, die im Zusammenhang mit dem in Abs. 2 genannten Anteil stehen, nicht zu berücksichtigen, § 8b Abs. 3 S. 3 KStG. Das gilt für den Verlust bei der Veräußerung eines Anteils, der nach Abs. 2 steuerfrei veräußert werden darf.[126] Ferner sind Gewinnminderungen nicht zu berücksichtigen, die sich zB aus dem Ansatz des niedrigeren Teilwerts eines solchen Anteils[127] oder als Gewinnminderung oder Verlust sich infolge der Auflösung der Gesellschaft, der Herabsetzung des Nennkapitals oder anderer von § 8b

---

[121] Dötsch/Pung/Möhlenbrock/*Pung* KStG § 8b Rn. 109, weitere Nachweise zu Zinseffekten in Rn. 109a sowie Währungsgewinnen/-verlusten in Rn. 110.
[122] FG Schleswig-Holstein DStRE 2016, 1457 (Rev. BFH Az. I R 43/16 erledigt durch Rücknahme); zu Währungssicherungsgeschäften *Rödder/Schumacher* DStR 2018, 705 zu BFH v. 10.4.2019 BB 2019, 2862.
[123] Dötsch/Pung/Möhlenbrock/*Pung* KStG § 8b Rn. 124.
[124] BMF 28.4.2003, BStBl. I 2003 S. 292 Rn. 18, 19 und 23; Erle/Sauter/*Gröbl/Adrian* KStG § 8b Rn. 112 f.; zweifelnd *Gosch* KStG § 8b Rn. 188.
[125] Dötsch/Pung/Möhlenbrock/*Pung* KStG § 8b Rn. 151 ff.
[126] Zu Gestaltungsmodellen im Zusammenhang mit Finanzmarktprodukten OFD Nordrhein-Westfalen 14.7.2017, DB 2017, 1938.
[127] *Gosch* KStG KStG § 8b Rn. 266 ff. und 280.

Abs. 2 KStG erfasster Realisierungstatbestände ergeben.[128] Das Abzugsverbot gilt indes nicht für laufende Aufwendungen wie zB Aufwendungen aus der Refinanzierung oder für Verwaltungskosten.[129] Diese Einschränkungen werden nicht als verfassungs- oder EU-rechtswidrig angesehen.[130]

Nach § 8b Abs. 3 S. 4–8 KStG bestehen zusätzliche Abzugsverbote für Gewinnminderungen aus bestimmten Gesellschafterdarlehen.[131] Gewinnminderungen im Zusammenhang mit Darlehensforderungen oder der Inanspruchnahme von Sicherheiten, die für ein Darlehen gegeben wurden, sind nicht abzugsfähig, wenn das Darlehen oder die Sicherheit von einem Gesellschafter gegeben wurde, der zu mehr als einem Viertel unmittelbar oder mittelbar am Grund- oder Stammkapital der Gesellschaft beteiligt ist oder war.[132] Die Vorschrift bezieht sich auf Darlehen sowohl gegenüber inländischen wie ausländischen Tochterunternehmen.[133] Damit werden Gesellschafterdarlehen qualifiziert beteiligter Gesellschafter erfasst, unabhängig davon, ob es sich um eigenkapitalersetzende Gesellschafterdarlehen handelt oder nicht. Die Regelung hat ua Bedeutung bei Ausfall, der Abtretung des Darlehensanspruchs mit Verlust oder dem Verzicht auf Darlehensansprüche eines Mutterunternehmens zum Zweck der Sanierung des Tochterunternehmens, die, soweit die Darlehensforderung nicht werthaltig ist, nicht mehr als Verlust abgezogen werden können.[134] Satz 5 erweitert den Anwendungsbereich auf Gewinnminderungen aus Darlehensansprüchen von im Sinne von § 1 Abs. 2 AStG nahestehenden Personen oder aus dem Rückgriff eines Dritten auf einen qualifiziert beteiligten Gesellschafter oder eine nahestehende Person. Letzteres erfasst back-to-back-Finanzierungen.[135] Durch den weit gefassten Wortlaut der Vorschrift werden – unsinnigerweise – auch upstream-Darlehen eines Tochterunternehmens an das Mutterunternehmen erfasst, obwohl in dieser Relation § 8b Abs. 2 KStG überhaupt nicht zur Anwendung gelangt. Die vorgenannten Restriktionen kommen nach § 8b Abs. 3 S. 6 KStG nicht zur Anwendung, wenn nachgewiesen werden kann, dass ein Dritter das Darlehen bei sonst gleichen Umständen gewährt oder noch nicht zurückgefordert hätte, wobei nur die eigenen Sicherungsmittel der Gesellschaft zu berücksichtigen sind.[136] Maßgeblich für den Drittvergleich ist der Zeitpunkt der Darlehensgewährung oder der Nichtausübung eines Kündigungsrechts.[137] Die spätere Wertaufholung bei solchen Darlehen ist steuerfrei, § 8b Abs. 3 S. 8 KStG.

e) Rückausnahmen von der Steuerfreiheit. Die Regelungen insbes. über die Steuerfreiheit von Bezügen nach § 8b Abs. 1 und von Veräußerungsgewinnen nach § 8b Abs. 2 KStG kommen nach § 8b Abs. 7 S. 1 KStG[138] bei Anteilen nicht zur Anwendung, die von

---

[128] Zu Fallgruppen vgl. BMF 28.4.2003, BStBl. I 2003 S. 292 Rn. 26; *Rödder/Schumacher* DStR 2002, 105.

[129] Dötsch/Pung/Möhlenbrock/*Pung* KStG § 8b Rn. 173.

[130] BFH BStBl. II 2014 S. 943; BVerfG StEd 2011, 770; EuGH IStR 2015, 557.

[131] *Herzig* WPg 2001, 253 (269); *Beinert/v. Lishaut* FR 2001, 1037; nicht behandelt im BMF-Schreiben zu § 8a KStG, BStBl. I 2003 S. 292; aM jedoch *Buchna/Sombrowski* DB 2004, 1956; dggü. *Watermeyer* in Herrmann/Heuer/Raupach KStG § 8b Anm. 85; Dötsch/Pung/Möhlenbrock/*Pung* KStG § 8b Rn. 214 ff.; *Gosch* KStG § 8b Rn. 276 ff.

[132] Zur Verfassungsmäßigkeit BFH BStBl. II 2014 S. 859; FG Hamburg EFG 2017, 763 (Rev. eingel.); dazu *Lorenz* NWB 2014, 2810.

[133] Dötsch/Pung/Möhlenbrock/*Pung* KStG § 8b Rn. 227a; FG Berlin-Brandenburg DStRE 2018, 733; auf Beschwerde (BFH 15.5.2018 – I B 102/17) wurde der Beschluss des FG aufgehoben und die Vollziehung bis zur abschließenden erstinstanzlichen Entscheidung ausgesetzt; zur Wirkung in DBA-Fällen vgl. Steiner/Ullmann FR 2018, 1065 zu BFH BStBl. II 2016 S. 261 und BStBl. II 2016 S. 258.

[134] Erle/Sauter/*Gröbl/Adrian* KStG § 8b Rn. 176; BFH HFR 2009, 498.

[135] *Gosch* KStG § 8b Rn. 279d; BMF 29.3.2011, BStBl. I 2011 S. 277.

[136] Dötsch/Pung/Möhlenbrock/*Pung* KStG § 8b Rn. 232.

[137] BFH GmbHR 2017, 199.

[138] In der durch G v. 20.12.2016 BGBl. 2016 I S. 3000 geänderten Fassung.

Kreditinstituten[139] und Finanzdienstleistungsinstituten[140] nach § 340e Abs. 3 HGB dem Handelsbestand zuzuordnen sind. Die Einnahmen sind in diesen Fällen steuerpflichtig. Infolge des Wegfalls der Steuerbefreiung werden die mit den Einnahmen in Zusammenhang stehenden Betriebsausgaben zum Abzug zugelassen. Für die Zuordnung zum, Handelsbestand sind die handelsrechtlichen Grundsätze maßgeblich. Entscheidend für die Zuordnung ist der Erwerbszeitpunkt, so dass Umwidmungen jedenfalls aus steuerlichen Gründen irrelevant werden.[141] Die Ausnahmeregelung nach Abs. 7 gilt die diejenigen Anteile, die nach den institutsinternen Regelungen dem Handelsbestand zuzuordnen sind. Umwidmungen von Positionen vom Anlagebuch in das Handelsbuch sind nach § 340e Abs. 3 S. 2 HGB ausgeschlossen; umgekehrt ist das nur bei Vorliegen außergewöhnlicher Umstände oder schwerwiegender Beeinträchtigung der Handelbarkeit der Finanzinstrumente möglich; sie bedürfen ferner der Aufgabe der Handelsabsicht durch das Kreditinstitut, § 340e Abs. 3 S. 3 HGB; sie sind für die steuerliche Einordnung ohne Bedeutung.

35 Bei Finanzunternehmen im Sinne des KWG findet nach § 8b Abs. 7 S. 2 KStG nach Maßgabe der gesetzlichen Voraussetzungen eine vergleichbare Regelung Anwendung. Finanzunternehmen sind nach § 1 Abs. 3 KWG Unternehmen, die keine Kreditinstitute oder Finanzdienstleistungsinstitute, noch Kapitalverwaltungsgesellschaften oder extern verwaltete Investmentgesellschaften sind. Sie werden durch ihre Haupttätigkeit charakterisiert, die darin bestehen muss, zB Beteiligungen zu erwerben und zu halten,[142] Geldforderungen entgeltlich zu erwerben, Leasingobjektgesellschaften iSv § 2 Abs. 6 S. 1 Nr. 17 KWG zu sein, mit Finanzinstrumenten für eigene Rechnung zu handeln oder andere bei der Anlage in Finanzinstrumenten oder Unternehmen über die Kapitalstruktur uä zu beraten oder Geldmaklergeschäfte zu betreiben. Ob ein solches Unternehmen vorliegt, ist nach der kreditwesenrechtlichen Einordnung zu entscheiden.[143] Eine Haupttätigkeit wird dann angenommen, wenn sie mehr als 50 % der Gesamttätigkeit ausmacht. Auf der Grundlage solcher Haupttätigkeiten können Holding-, Factoring-, Leasing-, Anlageberatungs- und bestimmte Unternehmensberatungsunternehmen sowie bestimmte vermögensverwaltende Kapitalgesellschaften zu diesen Unternehmen gehören.[144] Voraussetzung für die Anwendung von § 8b Abs. 7 S. 2 KStG[145] ist nunmehr, dass Kreditinstitute oder Finanzdienstleistungsinstitute unmittelbar oder mittelbar zu mehr als 50 % an diesen Unternehmen beteiligt sind. Bei diesen Unternehmen wird die Steuerfreiheit dann versagt, wenn die Anteile zum Zeitpunkt des Zugangs als Umlaufvermögen auszuweisen sind. Die Auffassung der Finanzverwaltung der Maßgeblichkeit des Umlaufvermögens[146] wurde in den neuen Gesetzeswortlaut aufgenommen. Damit wird die den Grundsätzen ordnungsmäßiger Buchführung entsprechende Zuordnung der Anteile zum Anlage- oder Umlaufvermögen zum Zeitpunkt des Erwerbs für die Anwendung der steuerlichen Befreiungsvorschriften maßgeblich.[147] Infolge der

---

[139] Kreditinstitut iSv § 1 Abs. 1 KWG, die in § 1 Abs. 1 S. 2 Nr. 1–12 KWG abschließend aufgezählte Bankgeschäfte gewerbsmäßig betreiben.

[140] Finanzdienstleistungsinstitute nach § 1 Abs. 1a KWG, die in § 1 Abs. 1a S. 2 Nr. 1–12 KWG abschließend genannte Finanzdienstleistungen gewerbsmäßig betreiben.

[141] Dötsch/Pung/Möhlenbrock/*Pung* KStG § 8b Rn. 434a.

[142] BFH IStR 2009, 282; DStR 2009, 635; FG Hamburg EFG 2008, 304 (306); BMF 25.7.2002, BStBl. I 2002 S. 712 mit Verweis auf BMF 15.12.1994, BStBl. I 1995 S. 25, sowie S. 176; Erle/Sauter/*Feyerabend* KStG § 8b Rn. 364; *Lohmann/Windhöfel* DB 2009, 1043.

[143] BFH BStBl. II 2009 S. 671; BFH/NV 2012, 349; Dötsch/Pung/Möhlenbrock/*Pung* KStG § 8b Rn. 441.

[144] BMF 25.7.2002, BStBl. I 2002 S. 712, Abschn. C I; Dötsch/Pung/Möhlenbrock/*Pung* KStG § 8b Rn. 443.

[145] In der durch G v. 20.12.2016 BGBl. 2016 I S. 3000 geänderten Fassung.

[146] BMF 25.7.2002, BStBl. I 2002 S. 712, Abschn. C II; dazu Erle/Sauter/*Feyerabend* KStG § 8b Rn. 370.

[147] Dötsch/Pung/Möhlenbrock/Pung KStG § 8b Rn. 445b ff.; zur traditionellen Diskussion in der Literatur *Bogenschütz/Tibo* DB 2001, 8 ff.; *Milatz* BB 2001, 1066 (1073).

Änderung von § 8b Abs. 7 S. 2 KStG ist nunmehr klar, dass eine geschäftsleitende Holding, an der Kredit- und Finanzdienstleistungsinstitute nicht mehrheitlich beteiligt sind und deren Haupttätigkeit in der Konzernleitung liegt, nicht zu den betroffenen Unternehmen gehören. Zu beachten ist, dass die Neuregelung für Erwerbe ab dem 1.1.2017 gilt; für zuvor erworbene Beteiligungen gilt die bisherige Fassung des Gesetzes, § 34 Abs. 5 S. 2 Hs. 2 KStG.[148]

Die Regelungen von § 8b Abs. 1–7 KStG finden nach Maßgabe von § 8b Abs. 8 KStG **36** auf Anteile, die bei Lebens- und Krankenversicherungsunternehmen den Kapitalanlagen zuzurechnen sind, keine Anwendung. Dazu gehören Anteile an verbundenen Unternehmen, Beteiligungen, sonstige Kapitalanlagen in Aktien, mittelbar über Personengesellschaften gehaltene Aktien oder eigenkapitalähnlich ausgestaltete Genussrechte. Diese Sonderregelung steht im Zusammenhang mit der Besonderheit, dass Versicherungsunternehmen aus ihren Erträgen steuerlich anzuerkennende Rückstellungen für Beitragsrückerstattung zu bilden haben. Weitere Besonderheiten gelten für diese Unternehmen bei der Behandlung von Veräußerungsgewinnen.[149] In § 8b Abs. 9 KStG besteht eine Rückausnahme zu Abs. 7 und 8 in Bezug auf Bezüge nach Abs. 1, die unter Art. 4 Abs. 1 der Mutter-/Tochterrichtlinie fallen,.[150] Eine weitere Beschränkung erfolgt in Bezug auf die Überlassung von Anteilen, auf die bei der überlassenden Körperschaft § 8b Abs. 4, 7 oder 8 KStG anzuwenden sind oder die Begünstigungen im Zusammenhang mit § 8b Abs. 1 und 2 KStG sowie vergleichbaren ausländischen Vorschriften nicht anzuwenden sind, an eine andere Kapitalgesellschaft sowie nach Abs. 10 S. 7 an bestimmte Personengesellschaften, bei denen § 8b Abs. 4, 7 oder 8 nicht anzuwenden sind, die diese oder vergleichbare Anteile zurück zu geben haben. Bei solchen Wertpapierleihgeschäften und Wertpapierpensionsgeschäften iSd § 340b Abs. 2 HGB gilt das Verbot zum Abzug von Betriebsausgaben für Entgelte, die die andere Körperschaft an die überlassende Körperschaft entrichtet, nicht als Betriebsausgaben abgezogen werden.[151] Dadurch wird verhindert, dass der Entleiher in Bezug auf die verliehenen Anteile einen Steuervorteil erzielt.[152] Die Vorschriften der § 8b Abs. 1–10 KStG finden keine Anwendung auf Anteile an Unterstützungskassen, § 8b Abs. 11 KStG.[153]

Weitere Abzugsbeschränkungen folgen zB aus § 4h EStG iVm § 8a KStG (dazu **37** → Rn. 123 ff.), aus § 4j EStG (dazu → Rn. 148 ff.) oder § 15 Abs. 4 EStG. Bei Letzteren geht es um Verluste aus Termingeschäften, durch die der Steuerpflichtige einen Differenzausgleich oder einen durch den Wert einer veränderlichen Bezugsgröße bestimmten Geldbetrag oder Vorteil erlangt, die nur mit Gewinnen aus gleichwertigen Geschäften ausgleichsfähig sind.[154] Weitere Einschränkungen sind nach Maßgabe der ATAD-Richtlinie[155] in Bezug auf „hybrid mismatches" zu erwarten.[156]

4. Ertragsteuerliche Behandlung von Sanierungsgewinnen. Die steuerliche Behand- **38** lung von Sanierungsgewinnen hat eine bewegte Geschichte. Sie waren zunächst nach Maßgabe von § 3 Nr. 66 EStG steuerfrei. Die Regelung galt auch für die AG.[157] Die

---

[148] Zur Frage der Eignung einer geschäftsleitenden Holding als Unternehmen iSd § 8b Abs. 7 S. 2 KStG vgl. *Jacob/Scheifele* IStR 2009, 304 (306); *Erle/Sauter/Feyerabend* KStG § 8b Rn. 366 aE; aM Dötsch/Pung/Möhlenbrock/*Pung* KStG § 8b Rn. 443.

[149] Regelung eingefügt durch Gesetz v. 22.12.2003 BGBl. 2003 I S. 2840; zur Anwendung vgl. § 34 Abs. 7 S. 8 KStG; zur Abzugsfähigkeit von Verlusten aus Termingeschäften Bayerisches Landesamt für Steuern v. 18.2.2009, DStR 2009, 533.

[150] Gesetz v. 9.12.2004 BGBl. 2004 I S. 3310.

[151] Dötsch/Pung/Möhlenbrock/*Pung* KStG § 8b Rn. 474 ff.

[152] Dötsch/Pung/Möhlenbrock/*Pung* KStG § 8b Rn. 477.

[153] IdF G v. 2.11.2015 BGBl. 2015 I S. 1834.

[154] *Crezelius* DB 2000, 1631; *Schmittmann/Wepler* DStR 2001, 1783; *Tibo* DB 2001, 2369; Bayerisches Landesamt für Steuern v. 18.2.2009, Ubg 2009, 280; *Wißborn* NWB 2009, 199.

[155] RL EU 2016/1164 (ATAD).

[156] *Kahlenberg/Oppel* IStR 2017, 205; *Grotherr* BB 2017, 1367; zu § 4 Abs. 5a EStG-E *Körner* IStR 2015, 449.

[157] Dazu BFH DB 2003, 2470.

Regelung wurde zur Vermeidung einer Doppelbegünstigung durch unbegrenzten Verlustabzug ab Veranlagungszeitraum 1998 aufgehoben.[158] Die Problematik resultiert daraus, dass in einer Sanierungsphase häufig auf gegen die Gesellschaft gerichtete Ansprüche verzichtet werden muss. Ein koordinierter Forderungsverzicht von Drittgläubigern und Gesellschaftern ist betrieblich veranlasst und wird als gewinnerhöhende Vermögensmehrung betrachtet.[159] Erlässt ein Gesellschafter der Gesellschaft eine ihr gegenüber bestehende Forderung, ergibt sich ebenfalls eine Vermögensmehrung, die nur dann (außerbilanziell) als steuerneutrale Einlage behandelt wird, soweit der Anspruch werthaltig war.[160] Im Übrigen führt der Verzicht zu einer Erhöhung des Gewinns.[161] Die Finanzverwaltung ließ nach Maßgabe eines Erlasses eine Steuerstundung oder einen Steuererlass aus Billigkeitsgründen zu.[162] Danach werden Sanierungsgewinne begünstigt, wenn das Unternehmen sanierungsbedürftig und sanierungsfähig ist und die Sanierungseignung des Schuldners und die Sanierungsabsicht der Gläubiger vorliegen. Die Erhebung von Ertragsteuern infolge der Mindestbesteuerung oder auf einen nach Ausschöpfen steuerrechtlicher Verlustverrechnungsmöglichkeiten verbleibenden Sanierungsgewinn kann eine erhebliche Härte darstellen. Die Steuer auf einen solchen Gewinn war mit dem Ziel des späteren Erlasses zu stunden.[163] Die Anwendbarkeit der Verwaltungsregelung war durch die Gerichte zunehmend in Zweifel gezogen worden, auch wennes widersprüchliche Entscheidungen von Finanzgerichten, die die Anwendbarkeit des Erlasses für zulässig erachteten[164] oder in Frage stellten, gab[165] Der BFH hatte die Anwendbarkeit des Erlasses zunächst in einem obiter dictum bestätigt; dann aber ebenfalls Zweifel angemerkt[166] Erneute Zweifel ergaben sich im Zusammenhang mit der Beanstandung der Sanierungsregelung in § 8c Abs. 1a KStG durch die Europäische Kommission als unzulässige staatliche Beihilfe.[167] Das BMF hatte im Hinblick auf die Einleitung des Prüfungsverfahrens bereits die Anwendung der Sanierungsklausel in § 8c Abs. 1a KStG ausgesetzt.[168] Die Anfechtungsklage der Bundesregierung gegen die Entscheidung der Kommission [169] wurde von EuGH wegen nicht fristgerechter Klageeinreichung abgewiesen.[170] Verfahren und Ergebnis der Kommission wurden einhellig kritisiert.[171] Der BFH entschied schließlich, dass der Sanierungserlass und seine Anwendung rechtswidrig sind.[172] Der Versuch des BMF[173], durch Erlass die Behandlung von Sanierungs-

---

[158] UntRefG 1997.
[159] BFH DB 1992, 20.
[160] Zur bilanziellen Behandlung *Heinz/Sand* BB 2011, 2795.
[161] BFH GrS BStBl. II 1998 S. 307; BFH BStBl. II 1998 S. 652; BFH BStBl. II 2006 S. 132; BFH BStBl. II 2005 S. 707; *Knebel* DB 2009, 1094; *Mückl* FR 2009, 497; *Ott* DStZ 2010, 623 (627 ff.).
[162] §§ 163, 222, 227 AO; BMF 27.3.2003, BStBl. I 2003, 240.
[163] BMF 27.3.2003, BStBl. I 2003 S. 240 Rn. 8; bestätigt durch OFD Niedersachsen 29.6.2010, DStR 2010, 2407.
[164] FG Köln DStRE 2008, 1445; FG Münster EFG 2004, 1572.
[165] FG München EFG 2008, 615; *Krumm* DB 2015, 2714.
[166] BFH DB 2010, 2033; ferner BFH Beschluss BFH/NV 2010, 1135; dazu *Frey/Mückl* GmbHR 2010, 1193 (1195); *Wagner* BB 2010, 2612 (2614).
[167] Europ. Kommission ABl. 2011 L 235, S. 26; offen nach BFH DStR 2012, 1544.
[168] BMF 30.4.2010, BStBl. I 2010 S. 488; EU-Kommission ABl. 2010 C 90, S. 8.
[169] Pressemitteilung v. 9.3.2011; Klageerhebung erfolgte am 7.4.2011.
[170] EuGH DStR 2013, 132.
[171] *Marquardt* IStR 2011, 445; *Jochum* FR 2011, 497; *Linn* IStR 2011, 481.
[172] BFH GrS BStBl. II 2017 S. 393; BFH BStBl. II 2015 S. 696 zu BMF 27.3.2003, BStBl. I 2003 S. 240 und 22.12.2009, BStBl. I 2010 S. 18; dazu *Roth* FR 2018, 1; ferner *Kreft* zu FG Niedersachen DB 2017, 1237; *Weiss* NWG 2017, 264; *Desens* ZIP 2017, 645; *Geerling/Hartmann* DStR 2017, 752; *Sistermann* DStR 2017, 689; *Mohr* BB 2017, 673; *Beutel/Eilers* FR 2017, 266; *Kahlert/Schmidt* ZIP 2017, 503; *Werth* DB 2017, 337; *Hölzle/Kahlert* ZIP 2017, 510.
[173] BMF 27.4.2017, BStBl. I 2017 S. 741, nochmals 29.3.2018, BStBl. I 2018 S. 588; *Sistermann/Beutel* DStR 2017, 1065.

gewinnen in Altfällen aufrecht zu erhalten, wurde vom BFH durch weitere Entscheidungen zunichte gemacht.[174]

Durch das G gegen schädliche Steuerpraktiken im Zusammenhang mit Rechteüberlassungen[175] wurde eine gesetzliche Grundlage für die Steuerfreiheit von Sanierungserträgen geschaffen. Nach § 3a Abs. 1 EStG ist der Sanierungsertrag bei einer unternehmensbezogenen Sanierung nunmehr ohne Antrag steuerfrei. Die bisher im Sanierungserlass enthaltenen Voraussetzungen (Sanierungsbedürftigkeit, Sanierungsfähigkeit und Sanierungseignung) wurden in § 3a Abs. 2 EStG kodifiziert. Die neue Regelung soll für alle Sanierungserträge ab dem 8.2.2017 eingreifen; sie steht allerdings unter dem Vorbehalt, dass die EU-Kommission beschließt, dass es sich hierbei nicht um eine staatliche Beihilfe handelt.[176] Der EuGH hat am 28.6.2018 die Vorentscheidung des EuG aufgehoben, wonach § 8c Abs. 1a KStG gegen das Beihilfeverbot des Art. 107 AEUV verstieße. Die EU-Kommission hat daraufhin jedoch nicht beschlossen, dass § 8c Abs. 1a KStG keinen Beihilfeverstoß darstellt, sondern hat in einem nicht veröffentlichten Comfort-Letter ihre Auffassung mitgeteilt. Nach Art. 19 des G zur Vermeidung von Umsatzsteuerausfällen und zur Änderung weiterer steuerlicher Vorschriften[177] wurde § 3a EStG mit Wirkung ab dem 8.2.2017 in Kraft gesetzt. Ist nach Maßgabe der gesetzlichen Bestimmungen ein Sanierungsertrag gegeben, hat der Steuerpflichtige im Sanierungsjahr und dem Folgejahr steuerliche Wahlrechte gewinnmindernd auszuüben und insbesondere einen nach § 6 Abs. 1 Nr. 1 S. 2 und Nr. 2 S. 2 EStG möglichen niedrigeren Teilwert anzusetzen. Aufwendungen, die in unmittelbarem Zusammenhang mit dem Schuldenerlass stehen, mindern nach § 3c Abs. 4 EStG den sanierungsgewinn. Von einem (verbleibenden) Sanierungsgewinn sind in der gesetzlichen Reihenfolge des § 3a Abs. 3 S. 2 EStG Verluste, Verlustvorträge sowie andere verrechenbare Abzugsposten abzuziehen, bis der Sanierungsertrag Null ist; dazu gehört bei Körperschaften auch weiter bestehende Verlustvorträge nach § 8c Abs. 2 KStG oder Beträge des fortführungsgebundenen Verlustvortrags, § 8d Abs. 1 S. 9 KStG. Bei danach verbleibenden Sanierungserträgen mindern diese uU entsprechende Abzugsposten bei nahestehenden Unternehmen; bei Organgesellschaften wurde ferner vorgesehen, dass zunächst vororganschaftliche (Abzugs-)Beträge der Organgesellschaft zur Verrechnung herangezogen werden, bevor die entsprechenden Beträge des Organträgers herangezogen werden, § 15 S. 1 Nr. 1a sowie S. 2 und 3 KStG. Nach § 7b GewStG wirken diese Regelungen auch für einen Gewerbeertrag.

5. Einkommensermittlung bei Auslandsbezug. Die AG mit Geschäftsleitung oder Sitz im Inland unterliegt bei allen Erscheinungsformen des Auslandsbezuges der deutschen Besteuerung mit ihrem **Welteinkommen** (§ 1 Abs. 2 KStG). Dies betrifft in sachlicher Hinsicht die Erstreckung auf sämtliche Einkünfte iSv § 2 Abs. 1 EStG iVm §§ 7, 8 KStG.[178] Gewisse Ausnahmen ergeben sich aus nationalen wie internationalen Regelungen; so beschränkt § 2a EStG iVm § 8 Abs. 1 KStG die Berücksichtigung der dort beschriebenen negativen ausländischen Einkünfte. Diese können nicht mit positiven inländischen Einkünften verrechnet werden.[179] Des Weiteren ergeben sich Ausnahmen vom Grundsatz

---

[174] BFH BStBl. II 2018 S. 232 und 236 = DStR 2017, 2322 und 2326; BFH DStR 2018, 1283; BFH/NV 2018, 822; *Uhländer* DB 2017, 2761; *Kanzler* NWB 2017, 3472; *Förster* FR 2017, 1002; *Bartelt/Gebert* DB 2018, 1699; *Rodermond* WPg 2017, 1420.

[175] G v. 27.6.2017 BGBl. 2017 I S. 2074; *Binnewies* AG 2017, 853; *Desens* FR 2017, 981; *Möhlenbrock/Gragert* FR 2017, 994; *Richter/Welling* FR 2017, 998; *Kölbl/Neumann* Ubg 2018, 324; *Kanzler* NWB 2017, 2260; *ders.* NWB 2019, 626; *Hechter* NWB 2018, 2536.

[176] Art. 6 Abs. 2 S. 1 des og G v. 27.6.2017 BGBl. 2017 I S. 2074; *de Weerth* DB 2017, 2575; *Kußmaul/Licht* DB 2017, 1797.

[177] G v. 11.12.2018 BGBl. 2018 I S. 2338; *Uhländer* DB 2018, 2788; *Möhlenkamp* ZIP 2018, 1907; *Skauradszun* ZIP 2018, 1901; *Uhländer* DB 2018, 854.

[178] *Sauter* in Erle/Sauter KStG § 1 Rn. 57.

[179] Ernst & Young/*Lang* KStG § 8 Rn. 183 ff.

der Besteuerung des Welteinkommens aus Doppelbesteuerungsabkommen[180], soweit diese das Besteuerungsrecht dem ausländischen Staat, zB dem Staat der Belegenheit von Betriebsstätten und Grundstücken zuweisen und von der Besteuerung im Inland freistellen (Freistellungsmethode). Zu beachten ist indes, dass neuere nationale Gesetze ältere internationale Abkommen überholen können (treaty override).[181] Das internationale Schachtelprivileg befreit Dividendeneinkünfte von der deutschen Körperschaftsteuer auf der Rechtsgrundlage zahlreicher deutscher DBA, soweit die Beteiligung mindestens 10 oder 25 % beträgt[182] (hierzu → Rn. 49 f.). Gewisse Bedeutung für die Anwendung von DBA kann sich aus dem Multilateralen Übereinkommen (MLI) zur Umsetzung der BEPS-Vorschläge ergeben, durch die Änderungen der DBA fixiert werden.[183]

41 a) Grenzüberschreitende Geschäftsbeziehungen bei Lieferungen oder Leistungen.
Der Absatz von Waren oder Dienstleistungen im In- oder Ausland oder deren Erwerb aus dem In- oder Ausland ist in der Regel für die deutsche Gewinnermittlung gleich zu behandeln. Betrieblich veranlasste Aufwendungen sind abzugsfähig, § 4 Abs. 4 EStG; sind die Beziehungen nicht angemessen, bestehen die allgemeinen Korrekturregelungen der verdeckten Gewinnausschüttung und Einlage oder der Entnahme.[184] Neben diese treten die Regelungen von § 1 AStG in Idealkonkurrenz.[185] Das gilt zB für den Lieferungs- und Leistungsverkehr mit verbundenen ausländischen Unternehmen oder Betriebsstätten, wenn dieser nach dem Arm's-Length-Prinzip organisiert ist. Die Austauschbedingungen haben dem Fremdvergleich standzuhalten,[186] dh sie müssen so vereinbart worden sein, wie sie nach verkehrsüblicher Sorgfalt von einem ordentlichen und gewissenhaften Geschäftsleiter auch mit Fremden vereinbart worden wären. Der grenzüberschreitende Lieferungs- und Leistungsaustausch zwischen international verbundenen Unternehmen ist durch die Verwaltungsgrundsätze geregelt.[187] Die besonderen Vorschriften des § 1 Abs. 1 AStG [188]sind bei Geschäftsbeziehungen mit einer nahestehenden Person anzuwenden, die angenommen wird, wenn zB eine unmittelbare oder mittelbare Beteiligung von mindestens einem Viertel besteht, wenn unmittelbar oder mittelbar ein beherrschender Einfluss ausgeübt werden kann oder wenn an den Parteien des Lieferungs- oder Leistungsverkehrs eine dritte Person in dieser Form beteiligt ist oder auf die Geschäftsbeziehung Einfluss ausübt, § 1 Abs. 2 Nr. 1–3 AStG. Eine Geschäftsbeziehung besteht nach § 1 Abs. 4 AStG bei einzelnen oder mehrfachen zusammenhängenden wirtschaftlichen Vorgängen (Geschäftsvorfälle), denen keine gesellschaftsvertragliche Vereinbarung zugrunde liegt.[189] Eine Geschäftsbeziehung

---

[180] Zum deutschen Musterabkommen v. 17.4.2013 (idF 22.8.2013) *Rotter/Welz* IWB 2013, 628; *Ley/Stöcker* IWB 2013, 368.
[181] BVerfG DStR 2016, 359.
[182] In einigen DBA 10 %; zur Bedeutung von § 8b Abs. 1 iVm Abs. 5 vgl. → Rn. 55.
[183] *Benz/Böhmer* DB 2017, 2308; *Kroniger/Linn* DB 2017, 2509; *Gradl/Kiesewetter* IStR 2018, 1.
[184] *Pohl* in Blümich AStG § 1 Rn. 16, 17; BMF 30.12.1999, BStBl. I 1999 S. 1122 Rz. 1.3.1.1 und 1.3.1.2; BFH BStBl. II 1998 S. 321; FG München DStRE 2003, 868 (Rev. zurückgewiesen, BFH BStBl. II 2006 S. 564); zur vGA BFH BStBl. II 2004 S. 131; BFH/NV 2005, 1266; dazu auch *Jacobs* Int. Unternehmensbesteuerung, 7. Aufl. 2011, 862; Beck'sches AG-HdB/*Zehnpfennig* § 16 Rn. 178 ff.
[185] *Pohl* in Blümich AStG § 1 Rn. 18.
[186] Beck'sches AG-HdB/*Zehnpfennig* § 16 Rn. 28.
[187] BMF idF v. 30.12.1999, BStBl. I 1999 S. 1122 sowie v. 12.4.2005, BStBl. I 2005 S. 570.
[188] Der EuGH hat keine europarechtlichen Bedenken gegen Einkünftekorrekturvorschriften bei marktabweichenden Bedingungen; vgl. IStR 2018, 461 – Hornbach; *v. Brocke* DStRK 2018, 177; *Cloer/Hagemann* DStR 2018, 1221 (1226); *dies.* NWB 2018, 3238; *Glabe* DStR 2018, 1535; *Graw* DB 2018, 2655; *Schreiber* DB 2018, 2527; *Rasch/Chwalek/Bühl* ISR 2018, 48; *Wrede/Eberhardt* ISR 2018, 728.
[189] Letztere muss nach § 1 Abs. 4 Nr. 1b) AStG jetzt unmittelbar zu einer rechtlichen Veränderung der Gesellschafterstellung führen; *Pohl* in Blümich AStG § 1 Rn. 188 f.; bereits durch StVergAbG v. 16.5.2003 BGBl. 2003 I S. 660 (666) wurden die Anforderungen durch Einfügen von § 1 Abs. 4 AStG erweitert; zum damaligen Begriff der Geschäftsbeziehung BFH BStBl. II 2002 S. 720; Nichtanwendungserlass v. 17.10.2002, BStBl. I 2002 S. 1025.

§ 50 Körperschaftsteuer

wird nach § 1 Abs. 4 Nr. 2 AStG zwischen dem Stammhaus und seinen Betriebsstätten fingiert.[190] Der Begriff der Geschäftsbeziehung ist recht weit gefasst.[191] Eine Regelung wie in § 1 AStG widerspricht im Grundsatz nicht der europarechtlichen Niederlassungsfreiheit, wenn die Norm auch im Einzelfall angemessen ist.[192] Das BMF hat mit Schreiben v. 6.12.2018 auf die Entscheidung reagiert und festgestellt, dass Einkünftekorrekturen unterbleiben, wenn sachbezogene, wirtschaftliche Gründe für ein Abweichen vom Fremdvergleichsmaßstab nachgewiesen werden können.[193] Für den dann anzustellenden Preisvergleich werden drei, im Grundsatz gleichrangige Standardmethoden herangezogen, die nach § 1 Abs. 3 S. 1 AStG gegenüber anderen Methoden vorrangig heranzuziehen sind.[194] Bei der Preisvergleichsmethode *(comparable uncontrolled price method)* wird der zur Prüfung anstehende Preis mit vergleichbaren marktüblichen Fremdgeschäften verglichen. Die Wiederverkaufspreismethode *(resale price method)* vergleicht den Preis zwischen den verbundenen Unternehmen einerseits und dem in der Folge erzielten Preis aus dem Wiederverkauf der Ware an fremde Dritte. Aus diesem Wiederverkaufspreis wird retrograd der angemessene Preis für die verbundenen Unternehmen ermittelt. Nach der Kostenaufschlagsmethode *(cost plus method)* darf ein Preis vereinbart werden, der sich aus Selbstkosten zuzüglich eines angemessenen Gewinnaufschlags ermittelt.[195] Unterfälle dazu sind die globale oder die geschäftsfallbezogene Gewinnaufteilungsmethode.[196] Können keine eingeschränkt vergleichbaren Fremdvergleichswerte festgestellt werden, ist ein hypothetischer Fremdvergleich anzustellen, wie objektive fremde Dritte die Geschäftsbeziehung gestalten würden, § 1 Abs. 3 S. 5 AStG.[197] Keine Hinzurechnung bei den Einkünften soll stattfinden, wenn die inländische AG im Zusammenhang mit dem nachteiligen Geschäft einen kompensierenden Vorteil erhält.[198] Anders als bei der verdeckten Gewinnausschüttung muss die Vor- und Nachteilskompensation nicht vertraglich geregelt sein. Die Einkünftekorrektur erfolgt grundsätzlich auch bei gewinnmindernder Ausbuchung einer Darlehensforderung im Konzern.[199]

Für Funktionsverlagerungen iSv § 1 Abs. 3 S. 9 AStG gelten besondere Regelungen. Bei Fehlen von Fremdvergleichswerten ist der Einigungsbereich auf der Grundlage des Transferpakets unter Berücksichtigung funktions- und risikoadäquater Kapitalisierungszinssätze zu bestimmen. Bei der Übertragung wesentlicher immaterieller Wirtschaftsgüter kommt für einen Zeitraum von 10 Jahren eine Anpassung des Verrechnungspreises in Betracht; § 1 Abs. 3 S. 11 ff. AStG. Weitere Einzelheiten sind in einer Rechtsverordnung enthalten.[200]

---

[190] Regierungsentwurf v. 23.5.2012, Art. 5 zu § 1 Abs. 4–6 AStG; AmtshilfeRLUmsG v. 26.6.2013 BGBl. I S. 1809.
[191] *Sabel/Knebel/Schmidt* IStR 2012, 42.
[192] EuGH DStR 2018, 1221 – Hornbach; *Ditz/Quilitzsch* DB 2018, 2009; *dies.* DB 2019, 456; *Rasch/Chwalek/Bühl* ISR 2018, 275.
[193] BMF 6.12.2018, BStBl. I 2018 S. 3089; dazu *Ditz/Quilitzsch* DB 2019, 456; *Kahlenberg* IStR 2019, 335.
[194] *Pohl* in Blümich AStG § 1 Rn. 101; Jacobs Int. Unternehmensbesteuerung, 8. Aufl. 2016, 576 ff.
[195] Verwaltungsgrundsätze BStBl. I 1983 S. 218 idF v. 30.12.1999, BStBl. I 1999 S. 1122 Rz. 2.2.2.–2.2.4.; zur Prüfung der Verrechnungspreise FM Baden-Württemberg 10.8.1995, IStR 1995, 539; ferner: BMF-Schreiben v. 12.4.2005, BStBl. I 2005 S. 570 über Grundsätze für die Prüfung der Einkunftsabgrenzung (Verwaltungsgrundsätze-Verfahren); OECD Leitsätze für multinationale Unternehmen, 2011, Tz. 2.4.
[196] *Jacobs,* Int. Unternehmensbesteuerung, 8. Aufl. 2016, 575 ff.
[197] *Pohl* in Blümich AStG § 1 Rn. 114 ff.
[198] BMF 23.2.1983, BStBl. I 1983 S. 218; krit. BFH BStBl. II 2007 S. 961; *Pohl* in Blümich AStG § 1 Rn. 45.
[199] BFH DB 2019, 1120.
[200] Funktionsverlagerungsverordnung (FVerlV) v. 12.8.2008 BGBl. 2008 I S. 1680; BMF 13.10.2010, BStBl. I 2010 S. 774; *Pohl* in Blümich AStG § 1 Rn. 130 ff.

43 Werden Wirtschaftsgüter zB in das Ausland verlagert und (dadurch) das Besteuerungsrecht der Bundesrepublik Deutschland ausgeschlossen oder beschränkt, wird dies als Entnahme fingiert. Die zentralen Entstrickungsregelungen sind durch § 12 Abs. 1 KStG iVm § 4 Abs. 1 S. 3 EStG geregelt.[201] Danach gilt der Ausschluss oder die Beschränkung des Besteuerungsrechts der Bundesrepublik Deutschland hinsichtlich des Gewinns aus der Veräußerung oder Nutzung eines Wirtschaftsguts als Veräußerung oder Überlassung zum gemeinen Wert.[202] Die Übertragung eines Wirtschaftsguts der AG aus dem Stammhaus in eine ausländische Betriebsstätte unter Ausschluss oder Beschränkung des deutschen Besteuerungsrechts führt zur Aufdeckung der in dem Wirtschaftsgut vorhandenen stillen Reserven und deren sofortiger Versteuerung; nach Maßgabe von § 4g EStG kommt in den Fällen des § 4 Abs. 1 S. 3 EStG bei Verlagerung in eine Betriebsstätte des Steuerpflichtigen in einem anderen Mitgliedstaat der EU die gewinnmindernde Bildung eines Ausgleichspostens in Betracht, der im Wirtschaftsjahr seiner Bildung und den folgenden 4 Jahren gewinnerhöhend aufzulösen ist, so dass hierdurch eine zeitlich begrenzte Steuerstundung gewährt wird.[203] Dem Petitum der Unternehmen nach einer dauerhaften Steuerstundungsregelung (Steuerstundung bis zur tatsächlichen Veräußerung) hat der Gesetzgeber abgesehen von § 6 AStG keine Beachtung geschenkt. Nach der Auffassung des BFH[204] ist die Besteuerung im Inland entstandener stiller Reserven nicht beeinträchtigt, auch wenn der Gegenstand in eine ausländische Betriebsstätte verbracht und das inländische Besteuerungsrecht für zukünftige stille Reserven eingeschränkt wäre, da das deutsche Besteuerungsrecht für die bis zur Überführung entstandenen stillen Reserven unberührt bleibt.[205]

44 Der inländische Steuerpflichtige unterliegt bei Auslandsbeziehungen einer erhöhten **Mitwirkungspflicht,** ua nach §§ 78, 90 Abs. 2 und 3 AO.[206] Dies kann dazu führen, dass Informationen zu beschaffen sind, über die nur der ausländische Vertragspartner verfügt. Hierfür ist rechtzeitig vertraglich Vorsorge zu leisten.[207] Bei mangelnder Informationsbeschaffung kann nach § 162 AO geschätzt werden. Die Aufzeichnungsverpflichtungen zB bei Verrechnungspreisgestaltungen nach § 1 Abs. 5 AStG oder der bisherigen GAufzV[208] wurden erweitert. Mit Wirkung für nach dem 31.12.2016 beginnende Wirtschaftsjahre ist die GAufzV in neuer Fassung zu beachten;[209] ferner wurden durch das Erste BEPS-Umsetzungsgesetz[210] weitere Dokumentationspflichten begründet. Die Unternehmen haben neben und über die bisherigen Verpflichtungen zur Darstellung der rechtlichen und wirtschaftlichen Grundlagen hinaus eine Dokumentation vorzuhalten, die Informationen insbesondere zum Zeitpunkt der Verrechnungspreisbestimmung und zur Anwendung der verschiedenen Verrechnungspreismethoden zu machen, § 90 Abs. 3 S. 2 AO, § 4 GAufzV.[211] Dieser *Local File* hat Informationen über Beteiligungsverhältnisse, den Ge-

---

[201] Dazu BMF 22.12.2016, BStBl. I 2017 S. 182 ff.
[202] *Jacobs*, Int. Unternehmensbesteuerung, 8. Aufl. 2016, 800 ff.
[203] Nach EuGH DStR 2011, 2334 – National Grid Indus sowie EuGH DStR 2014, 406 widerspricht eine solche Regelung wohl nicht dem EU-Recht; L. Schmidt/*Heinicke* EStG § 4g Rn. 1.
[204] BFH BStBl. II 2009 S. 464; dagegen BMF 20.5.2009, BStBl. I 2009 S. 671; *Ditz* IStR 2009, 115; *Schneider/Oepen* FR 2009, 22 ff.
[205] *Jacobs*, Int. Unternehmensbesteuerung, 8. Aufl. 2016, S. 767, 779 f.
[206] Dazu auch → § 25 Rn. 95; *Jacobs*, Int. Unternehmensbesteuerung, 8. Aufl. 2016, S. 850 ff.
[207] Verwaltungsgrundsätze v. 23.2.1983, BStBl. I 1983 S. 218 idF v. 30.12.1999, BStBl. I 1999 S. 1122.
[208] Gewinnaufzeichnungsverordnung v. 13.11.2003, BStBl. I 2003 S. 789; *Jacobs* Int. Unternehmensbesteuerung, 8. Aufl. 2016, 816.
[209] VO zu Art, Inhalt und Umfang der Aufzeichnungen iSd § 90 Abs. 3 AO, v. 12.7.2017, BStBl. I 2017 S. 1220; dazu *Schnitger* IStR 2016, 637.
[210] G v. 20.12.2016 BGBl. 2016 I S. 3000; dazu *Rasch/Tomson* IWB 2016, 483; *Hörster* NWB 2017, 22; *Bärsch/Böhmer* DB 2017, 567; *Schnitger* IStR 2017, 214; *Lück* BB 2017, 2524; *Mank/Salihn* IWB 2017, 902.
[211] Zur Verrechnungspreisdokumentation vgl. *Ditz/Eberenz/Bärsch/Kluge/Müller/Palmer/Schröder* DB 2019, 1044; *Braun/Enders* BB 2019, 599; *Schöneborn* DB 2019, 737.

schäftsbetrieb und den Organisationsaufbau, die Geschäftsbeziehungen des Unternehmens sowie eine Funktions- und Risikoanalyse und eine Verrechnungspreisanalyse zu enthalten. Unternehmen, die einen Umsatz von mindestens 100 Mio. EUR im vorangegangenen Kalenderjahr erzielt haben, haben ferner einen Überblick über die weltweite Geschäftstätigkeit der Unternehmensgruppe und die angewandte Systematik der Verrechnungspreisbestimmung zu geben, § 90 Abs. 3 S. 3 und 4 AO, § 6 GAufzV *(Master File)*. Inländische Konzernobergesellschaften, deren konsolidierter Gesamtumsatz im vorangegangenen Geschäftsjahr mindestens 750 Mio. EUR betragen hat, haben weiterhin einen *Country-by-Country-Report* zu erstellen, in dem aufzuzeigen ist, wie sich die Geschäftstätigkeit des Konzerns nach Steuerhoheitsgebieten verteilt, § 138a AO.[212] Nach § 7 Abs. 3 ff. EU-AmtshilfeG sind im Wege des automatischen Informationsaustauschs Informationen über grenzüberschreitende Vorbescheide und Vorabverständigungen *(Tax Rulings)* an die zuständigen Behörden der anderen EU-Mitgliedsstaaten und die Kommission zu übermitteln, wenn sie nicht ausschließlich Angelegenheiten natürlicher Personen betreffen oder der Informationsaustausch infolge internationaler Vereinbarungen ausgeschlossen ist.[213]

b) Ausländische Betriebsstätte der AG. Das Ergebnis und, soweit eine Versteuerung **45** des Vermögens vorgenommen wird, auch das Vermögen ausländischer Betriebsstätten stehen unter der Steuerhoheit des ausländischen Staates. Zur Abgrenzung von Vermögen und Geschäftsvorfällen ist grundsätzlich der Betriebsstättenbegriff des besteuernden Staates maßgeblich. In der Regel führen zu einer Betriebsstätte nach Maßgabe der üblicherweise verwendeten Begriffe Geschäftseinrichtungen wie zB Zweigniederlassungen, Geschäftsstellen, Fabrikations- oder Werkstätten, Warenlager, Ein- oder Verkaufsstellen uam.[214] Von Land zu Land unterschiedlich ist die Beurteilung von Baustellen und solcher Montagen, die nicht nur kurzfristig sind. Hierbei ist die Unterscheidung zum grenzüberschreitenden Liefer- und Leistungsverkehr nicht bei allen Staaten in gleicher Weise vorzunehmen. In jüngerer Zeit kommt unter dem Einfluss des BEPS-Projekts die Thematik der Begründung einer Betriebsstätte im In- oder Ausland zB auch durch Vertreter oder das Erbringen von Dienstleistungen in die Diskussion.[215]

Daneben besteht das Recht der Bundesrepublik Deutschland, auch die im Ausland **46** erzielten Einkunftsteile der Betriebsstätten zu besteuern (§ 8 Abs. 1 S. 1 KStG iVm § 1 Abs. 1 und 2 Abs. 1 EStG, Welteinkommensprinzip vgl. → Rn. 33), es sei denn, dass dieses Recht durch ein mit dem anderen Staat abgeschlossenes DBA eingeschränkt ist. Auf die steuerliche Beurteilung von Geschäftsbeziehungen des inländischen Steuerpflichtigen zu Betriebsstätten im Ausland finden zudem § 1 Abs. 5 und 6 AStG Anwendung.[216]

Die Ermittlung des Betriebsstättenergebnisses wurde durch die Betriebsstättengewinn- **47** aufteilungsverordnung (BsGaV) umfassend neu geregelt.[217] Sie beruht auf § 1 Abs. 5 AStG und setzt die international entwickelten Grundsätze, den *Authorized OECD Approach* – AOA – um. Sie dienen dem Ziel, unter Anwendung der Fremdvergleichsgrundsätze grenzüberschreitend die Einkünfte einer Betriebsstätte zu ermitteln, die in einem anderen Staat ihre Geschäftstätigkeit ausübt als dem Staat, in dem das Unternehmen

---

[212] Dazu BMF 11.7.2017, BStBl. I 2017 S. 974; *Höreth/Stelzer* DStZ 2017, 62; *Eigelshoven/Tomson* IStR 2019, 242; *Sopp/Baumüller* WPg 2019, 271; *Dahlke/Erdogan-Fischer* BB 2019, 1323.
[213] Erfahrungen dazu bei *Mank/Tötzek* NWB 2017, 922; *G. Kraft/Ditz/Heider* DB 2017, 2243.
[214] Im nationalen Recht vgl. § 12 AO; seitens der Finanzverwaltung wird der Betriebsstättenbegriff nicht erläutert; zu Bankbilanzen *Engelen/Tcherveniachki* IWB 2018, 89.
[215] Vgl. Ziffer 4.5 OECD-Musterabkommen sowie einzelne DBA; *G. Kraft/Weiß* ISR 2016, 30; *Kahle/Braun* Ubg 2018, 365; *Kahle/Braun/Burger* FR 2018, 717.
[216] IdF des AmthilfeRLUmsG v. 26.6.2013 BGBl. I S. 1809.
[217] BsGaV v. 13.10.2014 BGBl. 2014 I S. 1603 idFv 12.7.2017 BGBl. 2017 I S. 2360; dazu *Sommer/Retzer* ISR 2016, 283; *Sennewald/Gebert* DB 2017, 31; *Schnorberger/Haverkamp/Etzig* BB 2017, 1111; *Blumers* BB 2017, 1118; *Heinsen* DB 2017, 85; *Geils* DB 2019, 1466.

ansässig ist.[218] Dabei gilt der Grundsatz, dass die Gewinne und Verluste der Betriebsstätte auf der Grundlage ihrer wirtschaftlichen Beziehungen so zuzurechnen sind, als ob es sich um ein selbständiges und unabhängiges Unternehmen handelte, § 1 Abs. 5 S. 2 AStG. Das macht es erforderlich, zu entscheiden, welche Funktionen, Vermögenswerte, Chancen und Risiken, also auch bestimmte Geschäftsvorfälle des (Gesamt-) Unternehmens der Betriebsstätte zuzuordnen sind und welcher Anteil des Eigenkapitals als Dotationskapital der Betriebsstätte zuzurechnen ist, § 1 Abs. 5 S. 3 AStG, §§ 4–15 BsGaV.[219] Diese Zielsetzung ist nur zu erreichen, weil es zugelassen wird, zwischen dem Unternehmen und der Betriebsstätte Geschäftsvorfälle und damit auch Vertragsbeziehungen zu fingieren, § 1 Abs. 4 S. 1 AStG, § 16 BsGaV.[220] Welche schuldrechtlichen Beziehungen im Einzelnen angenommen werden können, zB Kauf-, Dienstleistungs- oder Nutzungsvereinbarungen, hängt von der Funktions- und Risikoanalyse ab, die die geschäftlichen Vorgänge zwischen dem Unternehmen und der Betriebsstätte zu betrachten hat, ab. Entsprechend dieser Maßgabe ist es, mit bestimmten Einschränkungen auch zugelassen, Darlehens- und Finanzierungsbeziehungen anzunehmen und nach Art von Kostenumlagevereinbarungen Verrechnungsbeziehungen anzunehmen.[221] Dem rechtlichen und wirtschaftlichen Charakter der Betriebsstätte als unselbständiger Teil des Unternehmens entsprechend bedarf es klarer Zuordnungsregeln für die der Betriebsstätte zuzuordnenden Gegenstände und Passivposten, die gegebenenfalls in Hilfs- und Nebenrechnungen abzubilden sind.[222]

48 Die Ermittlung des Ergebnisses der Betriebsstätte beruht auf den nach der BsGaV vorzunehmenden Zuordnungen. Diese geht zweistufig vor und betrifft zunächst die Zuordnung von Personalfunktionen, § 4 BsGaV, materiellen und immateriellen Wirtschaftsgüter, §§ 5, 6 BsGaV, Beteiligungen, Finanzanlagen und sonstigen Vermögensgegenstände, §§ 7, 8 BsGaV, Sicherungsgeschäften, § 11 BsGaV sowie der Geschäftsvorfälle, § 9 BsGaV und von Chancen und Risiken, § 10 BsGaV. Unter Beachtung von § 12 BsGaV sind die Passivposten (einschließlich Finanzierung und Dotationskapital) zuzuordnen. In dem zweiten Schritt sind die zugeordneten Geschäftsbeziehungen einem Fremdvergleich zu unterziehen, § 1 Abs. 5 S. 4 AStG, die auf der Grundlage fiktiver und fremdvergleichskonformer Verrechnungspreise im Sinne von § 16 Abs. 2 BsGaV zu den fiktiven Betriebseinnahmen und –ausgaben und damit zum Betriebsstättenergebnis führen.[223]

49 Befindet sich die Betriebsstätte eines deutschen Steuerpflichtigen in einem **DBA-Staat** mit Freistellungsmethode, so wird ihr Ergebnis aus dem steuerlichen Einkommen der AG herausgerechnet und damit von der deutschen Körperschaftsteuer freigestellt, soweit es positiv ist.[224] Die Möglichkeit, Verluste aus aktiven DBA-Betriebsstätten im Inland nach § 2a Abs. 2 EStG abzuziehen, besteht an sich nach nationalem Recht. Bei DBA, die die Freistellungsmethode vorsehen, gilt infolge der Symmetriethese des BFH ein Geltendmachungsverbot;[225] es verbleibt der zT eingeschränkte negative Progressionsvorbehalt.[226] Dem

---

[218] VWG BsGA v. 22.12.2016 BStBl. I 2017 S. 182 Rn. 1.
[219] Dazu *Nientimp/Stein/Schwarz/Holinski* BB 2017, 407; zu Beteiligungen *C. Kraft/Hohage* DB 2017, 2565.
[220] VWG BsGaV v. 22.12.2016 BStBl. I 2017 S. 182 Rn. 3, 164 ff.; *Pohl* in Blümich AStG § 1 Rn. 196 f.
[221] VWG BsGaV v. 22.12.2016 BStBl. I 2017 S. 182 Rn. 4, 5; BMF 7.4.2017, DB 2017, 939; zur Namensnutzung im Konzern BFH BB 2016, 1376; *Beermann* BB 2017, 1431; *Birnbaum/Nientimp* DB 2017, 1673; *Bär* StBp 2018, 67; zu OECD *Greil/Greil* StuW 2018, 184.
[222] VWG BsGaV v. 22.12.2016 BStBl. I 2017 S. 182 Rn. 6, 7; *Heidecke/v. Perger* IWB 2016, 702.
[223] *Pohl* in Blümich AStG § 1 Rn. 198.
[224] *Jacobs,* Int. Unternehmensbesteuerung, 8. Aufl. 2016, S. 466 ff., 469, 471 f.
[225] BFH BStBl. II 2007 S. 398; BFH BStBl. II 2009 S. 630; *Jacobs* Int. Unternehmensbesteuerung, 8. Aufl. 2016, 475.
[226] Gewisse Einschränkungen von § 2a EStG erfolgten bei bestimmten Auslandsgeschäften durch das AmtshilfeRLUmsG v. 26.6.2013 BStBl. I 2013 S. 1809.

ist der EuGH gefolgt.²²⁷ Aus der EU-Rechtsprechung²²⁸ folgt die Möglichkeit, dass in bestimmten Fällen ein Verlustabzug von Auslandsverlusten im Inland dann zu gewähren ist, wenn der Nachweis geführt werden kann, dass Verluste aus tatsächlichen Gründen im Quellenstaat nicht verwertet werden können.²²⁹ Dies soll jedoch nach jüngerer EuGH-Rechtsprechung in Sachen Timac Agro, der sich der BFH angeschlossen hat, nicht gelten, wenn Gewinne aus dem gleichen Staat nach der Freistellungsmethode in Inland nicht zur Versteuerung kommen,²³⁰ die Entscheidung des EuGH vom 12.6.2018 setzt indes diese restriktive Tendenz nicht fort.²³¹

Gewinne von Betriebsstätten in **Nicht-DBA-Staaten** gehen in das Einkommen der AG 50 ein, sie werden in der BRD besteuert. Fallen in der Betriebsstätte in einem Nicht-DBA-Staat Verluste an, so können diese mit dem Einkommen der AG nur verrechnet werden, wenn sie aus einer aktiven Tätigkeit der ausländischen Betriebsstätte stammen,²³² ferner dürfen sie bei Drittstaatenverlusten nur mit Gewinnen aus demselben Staat verrechnet werden. Die von der Betriebsstätte gezahlten, ausländischen Ertragsteuern werden auf die deutschen Steuern angerechnet, soweit dies auf die Einkünfte aus dem betreffenden Staat entfällt. Die Anrechnung ist der Höhe nach begrenzt auf die Körperschaftsteuer, die im Inland auf das ausländische Betriebsstättenergebnis entfällt (§ 26 KStG). Wird in der ausländischen Betriebsstätte ein positives Ergebnis erwirtschaftet, im Inland jedoch ein negatives Gesamtergebnis oder liegen im Inland Verlustvorträge vor, fällt keine inländische Steuer an, auf die angerechnet werden könnte. Es kann dann die ausländische Steuer nach § 26 Abs. 6 KStG iVm § 34c Abs. 2 EStG auf Antrag auch als Betriebsausgabe abgezogen werden.

c) Beteiligung an einer ausländischen Personengesellschaft. In Abhängigkeit von der 51 Lösung von verschiedenen Qualifikationskonflikten bei ausländischen (gewerblichen) Personengesellschaften behandeln das OECD-Musterabkommen und ihm folgend die überwiegende Anzahl der deutsche DBA die Beteiligung an einer ausländischen Personengesellschaft wie einen Anteil an einer **Betriebsstätte** in dem betreffenden ausländischen Staat.²³³ Welche ausländische Gesellschaftsform als Personengesellschaft in diesem Sinne zu qualifizieren ist, hängt davon ab, ob das Gebilde auf Grund des Vergleichs der Gesellschaftsstruktur nach deutschen steuerlichen Kriterien als Mitunternehmerschaft anzusehen ist.²³⁴ Eine weitere Vorfrage ist, ob die ausländische Personengesellschaft als Mitunternehmerschaft oder als Körperschaft behandelt und besteuert wird.

Die Ermittlung des **Gewinnanteils** der unbeschränkt steuerpflichtigen AG an der aus- 52 ländischen Personengesellschaft erfolgt im Grundsatz nach § 4 Abs. 1 EStG. Grundlage dafür ist die nach ausländischem Recht geführte Buchführung der Personengesellschaft, aus

---

²²⁷ EuGH BStBl. II 2009 S. 692 – Lidl; EuGH BStBl. II 2009 S. 566 – Wannsee.
²²⁸ EuGH BStBl. II 2009 S. 692 – Lidl Belgium; EuGH Slg. 2005, I-10837 – Marks & Spencer; L.Schmidt/*Heinicke*, EStG, EStG § 2a Rn. 9.
²²⁹ EuGH IStR 2008, 769 – KR Wannsee; BFH BStBl. II 2009 S. 630; IStR 2010, 663 und 670; *Jacobs* Int. Unternehmensbesteuerung, 8. Aufl. 2016, 469; *Jungbluth/Lohmann* EuGH EWIR § 2a EStG aF 1/09, 299; *Richter* BB 2010, 2734 ff.; *Intemann* IWB 2010, 713; *Eisendle* ISR 2016, 37; *Schulz-Trieglaff* StuB 2018, 432; *Heckenrodt/Schulz* DStR 2018, 1457; *Heckenrodt* IWB 2018, 521.
²³⁰ EuGH DStR 2018, 1353 – Bevola und Jens W. Trock; EuGH BStBl. II 2016 S. 362 – Timac Agro; BFH BStBl. II 2017 S. 709; dazu *Benecke/Staats* IStR 2016, 80; *Kahlenberg* NWB 2017, 3056; *Linn/Pignot* IWB 2017, 578; *Micker/Schwarz* IWB 2017, 448; *Schiefer* IStR 216, 74 (79); *Schiefer/Scheuch* NWB 2016, 701; *S. Müller* ISR 2018, 281; *G. Kraft* NWB 2018, 2384; *Schulz-Trieglaff* NWB 2017, 593.
²³¹ Zu den EuGH-Rechtssachen C-607/17 (Memira-Holding) und C-608/17 (Holmen) vgl. *Schülke* ISR 2019, 132; *Kopec/Wellmann* IWB 2019, 341.
²³² L.Schmidt/*Heinicke* EStG § 2a Rn. 14 ff.; *Jacobs* Int. Unternehmensbesteuerung, 8. Aufl. 2016, 469 ff.
²³³ Im Einzelnen *Jacobs*, Int. Unternehmensbesteuerung, 8. Aufl. 2016, S. 483 ff., 488 f.
²³⁴ BFH BStBl. II 2014 S. 172; BMF v. 26.9.2014, BStBl. I 2014 S. 1258; OFD Frankfurt a. M. 15.6.2016, IStR 2016, 860; *Jacobs*, Int. Unternehmensbesteuerung, 8. Aufl. 2016, S. 500 ff.

der unter Anpassung an die deutschen steuerlichen Verhältnisse der Gewinn im Sinne der §§ 4 Abs. 1, 15 Abs. 1 Nr. 2 EStG abzuziehen ist.[235] Ist die Haftung des inländischen Gesellschafters für die Schulden der Gesellschaft beschränkt, gilt § 15a EStG. Sondervergütungen für die Überlassung von Kapital, Wirtschaftsgütern oder Arbeitskraft gehören nach § 15 Abs. 1 S. 1 Nr. 2 EStG an sich aus deutscher Sicht zum gewerblichen Gewinnanteil, doch kann die ausländische Rechtsordnung oder ein DBA zu einem anderen Ergebnis führen.[236] Auch der BFH behandelt Sondervergütungen nicht einheitlich.[237] Der Versuch der Verwaltung, durch § 50d Abs. 10 EStG klarstellend abzugrenzen, scheiterte.[238] Die Änderung von § 50d Abs. 10 EStG[239] verstößt gegen das Rückwirkungsverbot;[240] das in der Regelung indes enthaltene *Treaty Overriding* wird indes als verfassungsmäßig angesehen.[241]

53 Entsprechend der Handhabung bei Betriebsstätten richtet sich die steuerliche Behandlung danach, ob die Personengesellschaft in einem DBA- oder in einem Nicht-DBA-Staat ansässig ist. Befindet sie sich in einem **DBA-Staat,**[242] richtet sich die Zuordnung und Aufteilung des Unternehmensvermögens und der Unternehmensgewinne sowie die Zuordnung bestimmter anderer Einkünfte unter Berücksichtigung von § 1 Abs. 1 AStG[243] nach dem DBA.[244] Im Grundsatz wird das Ergebnis nach der Freistellungsmethode von der deutschen Ertragsteuer freigestellt, dh ausschließlich in dem anderen Staat besteuert. DBA wie zB dasjenige mit der Schweiz oder Argentinien verlangen als Voraussetzung für die Freistellung eine aktive Tätigkeit der ausländischen Gesellschaft. Erfolgt die Vermeidung der Doppelbesteuerung nach der Anrechnungsmethode, wird die bezahlte und keinem Erstattungsanspruch mehr unterliegende ausländische Steuer auf die deutsche Steuer angerechnet. Das gleiche gilt unter den Voraussetzungen von § 20 Abs. 2 AStG. Der Anteil der AG an dem Personengesellschaftsergebnis in einem Nicht-DBA-Staat wird im Inland besteuert. Die ausländische Steuer kann auf die den Ergebnisanteil betreffende inländische Körperschaftsteuer angerechnet werden oder kann auch als Betriebsausgabe abgezogen werden, § 26 KStG.[245]

54 **d) Beteiligung der AG an einer ausländischen Kapitalgesellschaft.** Bei der ausländischen Kapitalgesellschaft, die nach dem Typenvergleich als Körperschaft qualifiziert wird, besteuert nicht der Gesellschafter das Einkommen und das ggf. der Besteuerung unterliegende Vermögen, sondern die Kapitalgesellschaft selbst, vgl. zB § 1 KStG. Hierauf ist bei der ausländischen Kapitalgesellschaft das jeweilige ausländische Steuerrecht anzuwenden. Schüttet die Kapitalgesellschaft aus, so behält die ausländische Kapitalgesell-

---

[235] BMF 24.12.1999, BStBl. I 1999 S. 1122 Rz. 1.1.5.4.
[236] L.Schmidt/*Wacker* EStG § 15 Rn. 565; *Jacobs,* Int. Unternehmensbesteuerung, 8. Aufl. 2016, S. 513 f.
[237] ZB für Outbound-Fälle BFH BStBl. II 2000 S. 336; BFH BStBl. II 2003 S. 631; BFH BStBl. II 2009 S. 766; für Inbound-Fälle BFH BStBl. II 2009 S. 356; BFH BStBl. II 2014 S. 759.
[238] BFH IStR 2012, 222.
[239] Durch AmtshilfeRLUmsG v. 26.6.2013 BGBl. 2013 I S. 1809; BMF 26.9.2014, BStBl. I 2014 S. 1258; L.Schmidt/*Wacker* EStG § 15 Rn. 565.
[240] BFH BStBl. II 2014 S. 791 (Vorlage zum BVerfG).
[241] BVerfG IStR 2016, 191.
[242] BMF 17.1.2018 – IV B 2 – S 1301/07/10017-09, BStBl. I 2018, 239 zum Stand der Doppelbesteuerungsabkommen und anderer Abkommen im Steuerbereich sowie der Abkommensverhandlungen am 1.1.2018.
[243] Nach § 1 Abs. 5 S. 7 AStG finden die AOA und BsGaV auf die Einkunftsabgrenzung zwischen Gesellschafter und Personengesellschaft keine Anwendung; es gelten die Regelungen wie zwischen selbständigen Unternehmen; BMF 22.12.2016, BStBl. I 2017 S. 182 Rn. 15; *Pohl* in Blümich AStG § 1 Rn. 204.
[244] BMF 16.4.2010, BStBl. I 2010 S. 354.
[245] Zum Verfahren bei Verlusten der AG oder der Personengesellschaften → Rn. 49 ff.

schaft nach Maßgabe des anzuwendenden ausländischen Steuerrechts gegebenenfalls Quellensteuer ein.[246]

Diese Grundsätze werden überlagert durch die Regelungen eines DBA und die inländischen Vorschriften über die Besteuerung zB von Dividendenbezügen. Abgesehen von der Streubesitzgrenze in § 8b Abs. 4 KStG werden durch das internationale Schachtelprivileg in DBA-Regelungen, das in zahlreichen DBA nur bei Tochtergesellschaften mit einer aktiven Tätigkeit gewährt wird, ausländische Dividenden oberhalb einer bestimmten Beteiligungsschwelle von der Besteuerung im Inland ausgenommen. Im Übrigen gilt oberhalb der Schachtelschwelle des § 8b Abs. 4 KStG[247] für die Körperschaftsteuer die Steuerbefreiung nach § 8b Abs. 1 KStG und die Besteuerung von 5 % des Dividendenbetrags als nicht abzugsfähige Betriebsausgabe nach § 8b Abs. 5 KStG, die auch bei Weiterschüttung an andere inländische Kapitalgesellschaften erhalten bleibt. Die Steuerbegünstigung kommt nach § 8b Abs. 1 S. 2 KStG jedoch nur zur Anwendung, wenn die Bezüge das Einkommen der die Dividende leistenden Kapitalgesellschaft nicht gemindert haben.[248] Bei Weiterschüttung an eine natürliche Person erfolgt Versteuerung bei dieser nach Maßgabe der Abgeltungssteuer (§§ 43 Abs. 5, 32d EStG) oder nach dem Teileinkünfteverfahren (§§ 3 Nr. 40 lit. d, 3c Abs. 2 EStG) mit inländischer Einkommensteuer und damit eine zusätzliche Belastung zur ausländischen Besteuerung; die ausländische Quellensteuer kann in der Regel angerechnet werden. Im Ausnahmefall dürfen Verluste ausländischer Beteiligungsunternehmen im Inland abgezogen werden.[249]

Die deutsche AG darf ihren Beteiligungsansatz an der ausländischen Gesellschaft nicht mit steuerlicher Wirkung abschreiben, § 8b Abs. 3 KStG. Das Gleiche gilt für Verluste bei der Anteilsveräußerung oder bei der Liquidation und Kapitalherabsetzung[250] oder bei Verlusten auf ausgegebene Gesellschafterdarlehen.[251] Der BFH hat nun entschieden, dass im Konzern ohne Absicherung gewährte Darlehen iS. v. § 1 Abs. 1 AStG nicht fremdüblich sind.[252]

Gewinne aus der **Veräußerung** einer Beteiligung an der ausländischen Kapitalgesellschaft, der Auflösung der Herabsetzung von deren Nennkapital bleiben außer Ansatz, und zwar entweder nach Maßgabe eines DBA (zB internationales Schachtelprivileg) oder infolge der Steuerbefreiung nach § 8b Abs. 2 KStG, doch werden 5 % des Veräußerungsgewinns werden als nichtabzugsfähige Betriebsausgabe behandelt, vgl. → Rn. 20 f. Eine Streubesitzregelungen wie bei Dividenden wurde nicht aufgenommen. Zu weiteren Einzelheiten der Steuerbefreiung nach § 8b KStG vgl. → Rn. 18 ff.

Auch unabhängig von Ausschüttungen können in ausländischen Tochterunternehmen erzielte Ergebnisse unmittelbar der deutschen Besteuerung unterliegen. Das gilt nach Maßgabe von §§ 7 ff. AStG für Einkünfte, die Zwischengesellschaften oder nachgeschaltete Zwischengesellschaften erzielen und die der inländischen Hinzurechnungsbesteuerung

---

[246] Bei EU-Kapitalgesellschaften ist Art. 2 der Richtlinie 90/495 des Rates v. 23.7.1990 (ABl. L 225, S. 6) über den Ausschluss des Abzugs von Quellensteuern zu beachten; in Deutschland umgesetzt durch § 43b Abs. 2 EStG.
[247] IdF des G zur Umsetzung des EuGH-Urteils v. 20.10.2011 in der Rechtssache C-284/09 v. 21.3.2013 BGBl. I S. 561.
[248] § 8b Abs. 1 S. 2 KStG idFv 26.6.2013 BGBl. 2013 I S. 1809.
[249] EuGH v. 13.12.2005, DStR 2005, 2168; EuGH v. 19.6.2019, ZIP 2019, 1369; EuGH v. 19.6.2019, ZIP 2019, 1371; dazu *Heckerodt/Titze/Peter* IStR 2019, 571; *Cloer/Niemeyer* DStRK 2019, 233.
[250] *Pung* in Dötsch/ Pung/Möhlenbrock KStG § 8b Rn. 200; *Rödder/Schumacher* DStR 2002, 105; *Blumers/Beinert/Witt* DStR 2001, 233.
[251] § 8b Abs. 3 S. 4 KStG gilt auch bei up-stream-Darlehen; FG München DStRE 2016, 1111; BFH v. 17.1.2018 DWiR 2018, 381 zu unbestimmter Zinsabrede; *Gosch* KStG § 8b Rn. 279d; Dötsch/Pung/Möhlenbrock/*Pung* KStG § 8b Rn. 229; *Frotscher* in Frotscher/Drüen KStG § 8b Rn. 386); aM *Bohne* DStR 2008, 2447; zum Streitstand *Schreiber/Syré* DStR 2011, 1254 (1256).
[252] BFH v. 27.2.2019 HFR 2019, 556; *Maetz* IStR 2019, 481.

unterliegen. Voraussetzung nach § 7 Abs. 2 AStG ist, dass inländische Steuerpflichtige zu mehr als 50% an der ausländischen Gesellschaft beteiligt sind; für Zwischeneinkünfte mit Kapitalanlagecharakter gelten deutlich niedrigere Schwellen, § 7 Abs. 6 AStG;[253] die Rechtsprechung dazu setzt sich fort.[254] Der Hinzurechnung unterliegen Einkünfte einer Zwischengesellschaft, die nicht schädliche Einkünfte iSv § 8 Abs. 1 AStG sein dürfen und die nicht einer niedrigen Besteuerung unterliegen darf, die nach § 8 Abs. 3 AStG als Belastung mit Ertragsteuern von weniger als 25% festgelegt ist. Der Hinzurechnungsbetrag ermittelt sich nach § 10 AStG nach dem in entsprechender Anwendung inländischer Vorschriften ermittelten Ergebnis nach Steuern; der Betrag gilt als Einkunft aus § 20 Abs. 1 S. 1 EStG, wobei § 8b Abs. 1 KStG und § 3 Nr. 40 EStG nicht zur Anwendung kommen. Infolge der EU-rechtlichen *Anti-Tax-Avoidance*-Richtlinien (ATAD)[255] wird die nationale Hinzurechnungsbesteuerung auf den Prüfstand kommen; mittlerweile liegt ein Referentenentwurf des BMF vor.[256]

59 **Ausländische Steuern** auf Dividenden bleiben nach § 10 Nr. 2 KStG vom Betriebsausgabenabzug ausgeschlossen; bei steuerfreien Dividenden erfolgt keine Anrechnung ausländischer Quellensteuern.

II. Verdeckte Gewinnausschüttungen

60 Verdeckte Gewinnausschüttungen mindern nach § 8 Abs. 3 S. 2 KStG das Einkommen der Körperschaft genauso wenig wie ordentliche Ausschüttungen nach S. 1.[257] Gewinnausschüttungen sind Gewinnverwendung und berühren als solche nicht die Einkommensermittlung. Die Grundfragen im Zusammenhang mit vGA gehören weiterhin zu den umstrittenen Fragen des Körperschaftsteuerrechts, wie zB die Voraussetzungen und die Anwendung von § 8 Abs. 3 S. 2 KStG im Einzelfall (dazu die nachfolgenden Abschnitte).

61 **1. Begriffsbestimmung.** Der **Begriff** der vGA wird im KStG nicht definiert, das Gesetz enthält nur eine Rechtsfolgebestimmung.[258] Das Gesetz erwähnt oder setzt an mehreren Stellen die Erscheinung einer vGA voraus, wie zB in § 8 Abs. 3 S. 2 KStG, wonach verdeckte Gewinnausschüttungen das Einkommen der Kapitalgesellschaft nicht mindern dürfen; nach § 20 Abs. 1 Nr. 1 S. 2 EStG zählen vGA wie Dividenden zu den Einkünften aus Kapitalvermögen. Der Begriff wird inhaltlich weiterhin in Bezug genommen zB in § 36 Abs. 2 S. 1 KStG als „sonstige Leistung" der Kapitalgesellschaft. Die Problematik der Erfassung verdeckter Gewinnausschüttungen liegt darin, dass es in der Regel um handelsrechtlich als Aufwand behandelte Vermögensminderungen geht, die aber das steuerliche Einkommen nicht mindern dürfen, wie bestimmte Leistungen der Kapitalgesellschaft an bestimmte Personen, insbesondere ihre Anteilseigner. Die gesetzliche Regelung zeigt die Rechtsfolge, dass es sich bei solchen Leistungen um Tatbestandselemente der Einkommens-

---

[253] BFH BStBl. II 2017 S. 615 stellt die EU-Rechtskonformität der Vorschrift in Frage; dazu *Weber* DStR 2017, 1302; *Cortez/S. Schmidt* NWB 2017, 1957; *M. Weiss* IWB 2017, 383; zu Grenzen von § 8 Abs. 2 AStG *Köhler* ISR 2018, 453.
[254] BFH BB 2018, 2609; EuGH IStR 2019, 347; dazu *Ditz/Engelen/Quilitzsch* DStR 2019, 361; *Schönfeld* IStR 2019, 397; *Kortendiek/Joisten/Ekinci* BB 2018, 3031.
[255] Insbes. Art. 7 und 8 der Richtlinie (EU) 2016/1164 des Rates v. 12.7.2016 ABl. 2016 L 193, S. 1 (DE); Richtlinie (EU) 2017/952 des Rates v. 29.5.2017 ABl. 2017 L 144, S. 1 (DE); dazu *Becker/Loose* BB 2018, 215; *Linn* IStR 2016, 645; *Jacobsen* IStR 2018, 433; *Quilitzsch/Engelen* FR 2018, 293; *Dehne* ISR 2018, 132; *G. Kraft* IWB 2019, 104.
[256] BMF v. 10.12.2019 für ein G zur Umsetzung der Anti-Steuervermeidungsrichtlinie (ATAD UmsG); dazu *Engelke/Hoffmann*, BB 2019, 1564; *Krause* DB 2019, 1097; *G. Kraft* FR 2020, 105; *Ditz/Bärsch/Engelen/Guilitzsch* DStR 2020, 73; *Haase/Nürnberg* Ubg 2020, 1; *Busch* DB 2020, 191; *Linn* IStR 2020, 77; Stein/Schwarz/Burger IStR 2020, 83; *Haase/Hofacker* Ubg 2019, 260.
[257] Beck'sches AG-HdB/*Rödder* § 12 Rn. 46; Dötsch/Pung/Möhlenbrock/*Lang* KStG § 8 Abs. 3 Teil c Rn. 4.
[258] *Gosch*/KStG § 8 Rn. 166.

ermittlung geht, so dass solche Leistungen, die ihrem Charakter nach eine Einkommensverwendung darstellen, die die Bemessungsgrundlage für die Körperschaftsteuer nicht beeinflusst haben dürfen.[259]

a) Allgemeine Begriffsmerkmale. Die Definition der vGA beruht im Wesentlichen auf 62 der Konkretisierung und Entwicklung, die sich im Laufe der Zeit in der Rechtsprechung herausgebildet hat. Die jetzt maßgebliche Definition hat der BFH mit Urteil v. 22.2.1989[260] entwickelt und seit dem in zahlreichen weiteren Entscheidungen bekräftigt.[261] Danach ist eine vGA
(1) eine Vermögensminderung oder verhinderte Vermögensmehrung bei der Kapitalgesellschaft, die
(2) durch das Gesellschaftsverhältnis veranlasst ist, sich
(3) auf die Höhe des Unterschiedsbetrags iSd § 4 Abs. 1 S. 1 EStG der Kapitalgesellschaft auswirkt[262] und
(4) nicht im Zusammenhang mit einem auf den gesellschaftsrechtlichen Vorschriften beruhenden Gewinnverteilungsbeschluss steht.

Eine gewisse Einschränkung hat das erstgenannte Kriterium erfahren, als eine verdeckte 63 Gewinnausschüttung nur dann vorliegen soll, wenn der Vermögensminderung/verhinderten Vermögensmehrung bei der Gesellschaft die Eignung aufweist, beim Gesellschafter einen Vorteil im Sinne eines sonstigen Bezugs nach § 20 Abs. 1 Nr. 1 EStG auszulösen.[263]

Diese Definition ist Grundlage der Auffassung der Finanzverwaltung[264] und Ausgangs- 64 punkt verschiedener Versuche zur Interpretation und Systematisierung der Rechtsprechung.[265] Eine für alle Fälle klare Abgrenzung ist damit noch nicht gefunden worden. Insbesondere die zahlreichen weiteren Erlasse der Finanzverwaltung nicht zuletzt zB zur Vergütung von Gesellschaftergeschäftsführern zeigen die nach wie vor offenen Probleme.[266]

Für § 8 Abs. 3 S. 2 KStG als Grundlage für die Ermittlung des Gewinns kommt es in 65 einem ersten Schritt darauf an, festzustellen, der bilanzielle Gewinn zutreffend ermittelt wurde.[267] Wenn nicht, sind gegebenenfalls bereits hier Korrekturen als Bilanzberichtigung vorzunehmen. Auf der Grundlage einer richtigen Bilanz können dann auf einer zweiten Stufe außerbilanzielle Zu- oder Abrechnungen vorzunehmen sein.[268] Beteiligt an einer vGA ist stets eine Körperschaft als die auf einen Vermögensvorteil verzichtende oder einen Vermögensnachteil hinnehmende Einheit. Ihr zurechenbar sind Rechtshandlungen oder tatsächliche Maßnahmen ihrer Organe, der Gesellschafterversammlung oder eines beherrschenden Gesellschafters,[269] selbst dann, wenn sie Rückgewähransprüche oder Schadensersatzansprüche auslösen oder strafbare Handlungen darstellen.

---

[259] Dötsch/Pung/Möhlenbrock/*Lang* KStG § 8 Abs. 3 Teil C Rn. 4; *Schulze zur Wiesche* StBp 2018, 328.
[260] BFH BStBl. II 1989 S. 475.
[261] BFH BStBl. II 1990 S. 89; BFH BStBl. II 1993 S. 352; BFH BStBl. II 1998 S. 545; BFH BStBl. II 2001 S. 612; BFH DB 2003, 2470; BFH BStBl. II 2017 S. 214; *Gosch* KStG § 8 Rn. 166.
[262] Ausdehnung seit BFH BStBl. II 2004 S. 131; dazu *Reiß* StuW 2003, 21 (30); *Gosch* KStG § 8 Rn. 169.
[263] BFH BStBl. II 2004 S. 131; ferner BFH DStR 2004, 1519 (= BFH/NV 2004, 1482); BFH BFH/NV 2006, 1729; BFH DStRE 2008, 1138; BFH BStBl. II 2013 S. 186; H 8.5 I (Zuflusseignung/Vorteilsgeneigtheit); Dötsch/Pung/Möhlenbrock/*Lang* KStG § 8 Abs. 3 Teil C Rn. 8; *Gosch* KStG § 8 Rn. 170; Erle/Sauter/*Schulte* KStG § 8 Rn. 143; *Wassermeyer* FR 1997, 563.
[264] R 8.5 Abs. 1 S. 1 KStR.
[265] *Döllerer* DStR 1989, 331; *Wassermeyer* DStR 1990, 158; *Scholtz* FR 1990, 321.
[266] ZB BMF 1.2.2002, BStBl. I 2002 S. 219; 14.10.2002, BStBl. I 2002 S. 972.
[267] BFH BStBl. II 2011 S. 62; Dötsch/Pung/Möhlenbrock/*Lang* KStG § 8 Abs. 3 Teil C Rn. 10.
[268] Vgl. das Einkommensermittlungsschema nach R 7.1 KStR, → Rn. 8 f.; Dötsch/Pung/Möhlenbrock/*Lang* KStG § 8 Abs. 3 Teil C Rn. 11.
[269] BFH BStBl. II 1993 S. 352; BFH BStBl. II 1989 S. 1029; BFH DStR 2004, 2143; Dötsch/Pung/Möhlenbrock/*Lang* KStG § 8 Abs. 3 Teil C Rn. 24 f.

66 **b) Vermögensminderung und verhinderte Vermögensmehrung.** Grundlage der vGA ist eine **Vermögensminderung** oder **verhinderte Vermögensmehrung** auf der Ebene der AG. Es ist anhand des bilanziellen Vermögens zu messen, ob es zu einer Verminderung durch Verminderung eines Aktivpostens oder Erhöhung eines Passivpostens gekommen ist oder ob im Falle der verhinderten Vermögensmehrung ein Aktivposten nicht erhöht oder ein Passivposten nicht vermindert wurde. Kommt eine Bilanzberichtigung in Betracht, wird die Vermögensminderung/verhinderte Vermögensmehrung vermieden. Diese Betrachtung ist ausschließlich auf der Ebene der Gesellschaft anzustellen; Wirkungen beim Anteilseigner oder bei nahe stehenden Personen sind unerheblich. Für die Annahme einer vGA infolge einer Vermögensminderung oder verhinderten Vermögensmehrung wird nicht vorausgesetzt, dass zugleich Einnahmen bei anderen Personen vorliegen.[270] Maßgeblich ist jedoch, dass die Vermögensminderung oder verhinderte Vermögensmehrung die Eignung besitzen, letztlich zu einem Vorteil bei demjenigen zu führen, der über Mitgliedschaftsrechte oder mitgliedschaftsähnliche Rechte dem Einfluss auf die den Vorteil gewährende Körperschaft hat (Merkmal der Vorteilsgeeignetheit); Nachteil und Vorteil müssen nicht zeitlich kongruent entstehen; es genügt, dass sie zeitversetzt eintreten.[271] Handelsrechtlich unzulässige Leistungen einer Kapitalgesellschaft an ihre Gesellschafter sind verdeckte Gewinnausschüttungen.[272]

67 Eine Vermögensminderung beinhaltet zB die Zuwendung von Geld oder geldwerten Vorteilen an den Anteilseigner oder ihm nahestehende Personen (→ Rn. 70). Hierbei kann es sich um materielle oder immaterielle Wirtschaftsgüter handeln. Dazu gehört zB die Überlassung von Wirtschaftsgütern der AG ohne Gegenleistung oder zu einem nicht angemessen niedrigen Wert; gleiches gilt auch für die unentgeltliche Überlassung zur Nutzung durch den Gesellschafter. Bei der Überlassung von Gegenständen an einen Gesellschafter wird ein ordentlicher und gewissenhafter Geschäftsleiter vollständige Aufwandsdeckung und einen angemessenen Gewinnaufschlag verlangen müssen.[273] Austauschbeziehungen müssen zu angemessenen Bedingungen ausgestaltet werden; auch der Erwerb eines Gegenstands durch die AG zu einem überhöhten Preis führt entweder sofort in Höhe des Überpreises oder über die sukzessiven Erfolgswirkungen der Abschreibungen oder bei Weiterveräußerung zu einer Vermögensminderung.[274] Eine verhinderte Vermögensmehrung liegt in der Vereinbarung unangemessen niedriger Entgelte bei Austauschgeschäften, der Nichtwahrnehmung von Geschäftschancen[275] oder bei der Übernahme von risikobehafteten Geschäften in einer Unternehmensgruppe ohne die Chance auf eine angemessene Eigenkapitalverzinsung.[276] Zur verdeckten Gewinnausschüttung führen ferner Forderungsverzichte einer Tochtergesellschaft gegenüber dem Mutterunternehmen.[277] In diesen Fällen ist die Auswirkung auf die Bilanz nicht ohne weiteres festzustellen; die verhinderte Vermögensmehrung kann nicht innerhalb der Bilanz abgebildet werden und muss außerhalb der Bilanz dem Unterschiedsbetrag iSv § 4 Abs. 1 S. 1 EStG hinzugerechnet werden.[278] Hier sind der Gesellschaft Einnahmen entgangen, die sie bei angemessener Vertragsgestaltung erzielt hätte, wodurch ihr eine Geschäftschance entgangen ist. Stattdessen hat sich der Gesellschafter Aufwendungen erspart.

---

[270] BFH BStBl. II 2013 S. 771; BFH BStBl. II 2004 S. 131.
[271] H 8.5 I (Zuflusseignung/Vorteilsgeneigtheit) KStG; Erle/Sauter/*Schulte* KStG § 8 Rn. 143.
[272] BFH BStBl. II 1985 S. 69.
[273] BFH BStBl. II 2017 S. 214.
[274] Dötsch/Pung/Möhlenbrock/*Lang* KStG § 8 Abs. 3 Teil C Rn. 69, 72; Ernst & Young/*Lang* KStG § 8 Rn. 617; *Wassermeyer* FS Welf Müller, 2001, 397 ff.; ders. GmbHR 1989, 298.
[275] BFH DB 2003, 2470.
[276] BFH BStBl. II 1993 S. 457; ferner FG München EFG 1994, 998; BFH DStR 1999, 795 zum Ratenkauf.
[277] BFH DB 2018, 820; *Haase/Geib* DStR 2019, 445 und 486; dazu *Schwarz* DStR 2019, 483.
[278] BFH BStBl. II 2002 S. 366; Dötsch/Pung/Möhlenbrock/*Lang* KStG § 8 Abs. 3 Teil C Rn. 79 f.

Für die **Bemessung** einer vGA ist bei der Hingabe von Wirtschaftsgütern von deren **68** gemeinem Wert auszugehen, der durch Fremdvergleich zu ermitteln ist.[279] Bei Nutzungsüberlassungen ist von der erzielbaren Vergütung auszugehen.[280] Bei der Bewertung ist ein angemessener Gewinnaufschlag zu berücksichtigen.[281] In allen Fällen ist nicht der Vermögensvorteil beim empfangenden Gesellschafter, sondern die einkommensrelevante Vermögensminderung auf der Ebene der Gesellschaft festzustellen.

Die Vermögensminderung oder verhinderte Vermögensmehrung kann in geeigneten **69** Fällen durch einen **Vorteilsausgleich** kompensiert werden.[282] Dies gilt stets in Austauschverhältnissen, bei denen die Gesamtheit der Haupt- und Nebenleistungen und der Nebenbedingungen des Schuldverhältnisses zu betrachten ist und diese ausgeglichen sind. Das gilt aber auch für getrennte Rechtsgeschäfte, die zusammenhängen und wirtschaftlich als einheitliches Geschäft betrachtet werden können. Voraussetzung eines Vorteilsausgleichs ist, dass Leistung und Gegenleistung an sich zu quantifizieren und in sich angemessen sind und dass die Geschäfte in einem personellen und zeitlichen Zusammenhang abgeschlossen werden;[283] Es ist nicht erforderlich, dass der gegenläufige Vorteil bilanzierbar ist, wie zB bei Nutzungsüberlassungen.[284] Der Zusammenhang zwischen den Geschäften muss erkennbar sein und sollte in den zugrunde liegenden Verträgen zum Ausdruck kommen. Bei beherrschenden Gesellschaftern sind an den Nachweis höhere Anforderungen zu stellen.[285] Der maßgebende Zeitpunkt für die Feststellung der Angemessenheit ist der des Abschlusses des Verpflichtungsgeschäfts. Eine später eintretende Unangemessenheit ist grundsätzlich unerheblich. Anderes gilt bei kündbaren Rechtsverhältnissen, insbesondere bei Dauerschuldverhältnissen, bei denen eine vGA auch zu einem späteren Zeitpunkt eintreten kann, wenn ein sorgfältiger Geschäftsleiter eine Kündigung aussprechen oder den Wegfall der Geschäftsgrundlage geltend machen würde.[286]

c) Gesellschafter oder nahe stehende Person. Eine Vermögensminderung oder ver- **70** hinderte Vermögensmehrung führt zur vGA, wenn diese, ua durch das **Gesellschaftsverhältnis** veranlasst ist. Dieses Erfordernis berührt sich mit der Feststellung, dass das zur Geschäftsführung zuständige Organ eine Vermögensminderung oder das Ausbleiben einer Vermögensmehrung zugelassen hat, die unter sonst gleichen Umständen im Verhältnis zu Nichtgesellschaftern nicht vereinbart worden wäre. Die Zuwendung eines Vorteils kann an jeden Gesellschafter erfolgen; die Höhe der Beteiligung ist dafür nicht maßgeblich.[287] Bei dem Gesellschafter muss es sich nicht um einen beherrschenden Gesellschafter handeln. Gesellschafter ist jeder, der in einem gesellschaftsrechtlichen Mitgliedschaftsverhältnis zur Gesellschaft steht. Die Gesellschaftereigenschaft kann auch bei Personen bejaht werden, die noch nicht Gesellschafter sind, die Vorteilszuwendung aber im Zusammenhang mit dem Erwerb der Gesellschafterstellung steht.[288] Allein die Absicht, eine Person als künftigen

---

[279] BFH BStBl. II 1968 S. 105; BFH BStBl. II 1975 S. 306; H 8.6 (Hingabe von Wirtschaftsgütern) KStR; Dötsch/Pung/Möhlenbrock/*Klingebiel* KStG § 8 Abs. 3 Teil C Rn. 423; Erle/Sauter/*Schulte* KStG § 8 Rn. 155.
[280] BFH BStBl. II 1977 S. 569; BFH BStBl. II 1990 S. 649; H 8.6 (Nutzungsüberlassung) KStR.
[281] Dötsch/Pung/Möhlenbrock/*Klingebiel* KStG § 8 Abs. 3 Teil C Rn. 42.
[282] BFH BStBl. II 1977 S. 704; BFH BStBl. II 1985 S. 18; BFH BStBl. II 1990 S. 244; BFH BStBl. II 1991 S. 593; BFH BFH/NV 2006, 1515; H 8.5 II KStR (Vorteilsausgleich); zu Grenzen des Vorteilsausgleichs BFH BStBl. II 2007 S. 961; Dötsch/Pung/Möhlenbrock/*Lang* KStG § 8 Abs. 3 Teil C Rn. 82 ff., 88; *Gosch* KStG § 8 Rn. 260 ff.
[283] BFH BStBl. III 1965 S. 598; *Gosch* KStG § 8 Rn. 267; Erle/Sauter/*Schulte* KStG § 8 Rn. 156 f.
[284] BFH BStBl. II 1990 S. 649; Dötsch/Pung/Möhlenbrock/*Lang* KStG § 8 Abs. 3 Teil C Rn. 90 gegen BFH BStBl. II 1989 S. 633 und BStBl. II 1990 S. 244.
[285] BFH BFH/NV 2000, 750; BFH BStBl. II 2007 S. 961.
[286] BFH BB 1989, 761; BFH BStBl. II 1984 S. 84.
[287] Erle/Sauter/*Schulte* KStG § 8 Rn. 167; *Gosch* KStG § 8 Rn. 212.
[288] BFH BStBl. II 1989 S. 419; FG Berlin EFG 2004, 1712; *Gosch* KStG § 8 Rn. 211; Dötsch/Pung/Möhlenbrock/*Lang* KStG § 8 Abs. 3 Teil C Rn. 42.

§ 50 71

Gesellschafter zu gewinnen, reicht indes noch nicht aus. Aus der Gesellschaft ausscheidende Personen können ebenfalls noch Gesellschafter sein,[289] auch bleibt die Behandlung als vGA bestehen, wenn die maßgebliche Entscheidung über die Zuwendung noch zu Zeiten der Gesellschafterstellung getroffen wurde, auch wenn sie nach dem Ausscheiden erst oder weiter bezogen wird.[290]

71 Der Zuwendung an einen Gesellschafter ist die Zuwendung an eine **nahe stehende Person** gleichgestellt. Der Begriff der nahestehenden Person ist bei der vGA nicht der gleiche wie in § 1 AStG, sondern umfasst Dritte, die in irgendeiner schuldrechtlichen, gesellschaftsrechtlichen, familienrechtlichen oder tatsächlichen Beziehung zu einem Gesellschafter stehen.[291] Hierzu können sowohl natürliche als auch juristische Personen gehören.[292] Die nahestehende Person ist nur, wer selbst nicht Gesellschafter ist.[293] Nicht erforderlich ist, dass in solchen Fällen der Gesellschafter in der einen oder anderen Gesellschaft eine beherrschende Stellung innehat.[294] Nahestehend sind zB Eheleute, Kinder, andere Verwandte, auch der geschiedene Ehegatte, Angestellte des Gesellschafters, insbesondere aber auch Schwestergesellschaften[295] oder andere Konzernunternehmen. Es genügt eine Beziehung des Anteilseigners zu einer anderen Person, die den Schluss zulässt, sie habe die Vorteilszuwendung an die andere Person beeinflusst.[296] Die Zuwendung besteht in diesem Fällen in einer Vorteilsziehung durch den Dritten, wodurch entweder eine Verpflichtung des Gesellschafters gegenüber dem Dritten erfüllt oder eine freiwillige Leistung erbracht wird oder aus anderen Gründen die Leistung an den Dritten dem Gesellschafter zugutekommt.[297] Der BFH hat die Frage offen gelassen, ob eine vGA, die einer Person zufließt, dem Gesellschafter, dem die Person nahe steht, nur dann steuerrechtlich zugerechnet werden darf, wenn er selbst durch sie einen Vermögensvorteil erlangt.[298] Es hat sich die Auffassung durchgesetzt, dass die der nahe stehenden Person zugeflossene vGA steuerrechtlich stets dem Gesellschafter zugerechnet wird, dem die Person nahe steht.[299] Ob der Gesellschafter selbst dadurch einen Vermögensvorteils erlangt, kommt es nicht an. Dem Gesellschafter kommt der Vorteil durch die Vorteilsgewährung an den Nahestehenden gegebenenfalls mittelbar zu indem die Zuwendung an eine andere Kapitalgesellschaft oder eine Personengesellschaft gewährt wird, an der der Gesellschafter (auch nur mit einer Quote) beteiligt ist.[300] Eine Vorteilsgewährung an den Gesellschafter kommt indes nicht in Betracht, wenn er daran keinerlei Interesse und von der Gewährung keine Kenntnis hat oder sie gegebenenfalls sogar gegen seinen Willen erfolgt.[301] Durch die Rechtsprechung des BFH abgelehnt wird die Frage, ob solche Zuwendungen als freigebige Zuwendungen angesehen und der Schenkungsteuer unterworfen werden können.[302] Durch das BeitrRLUmsG v. 7.12.2011[303] wurde in § 7 Abs. 8 S. 2 ErbStG die Regelung auf-

---

[289] BFH BStBl. II 1977 S. 572; BFH BStBl. II 1997 S. 301; BFH GmbHR 2008, 940; Dötsch/Pung/Möhlenbrock/*Lang* KStG § 8 Abs. 3 Teil C Rn. 40.
[290] BFH BStBl. II 1978 S. 33; BFH BStBl. II 1995 S. 419; BMF 20.5.1999, BStBl. I 1999 S. 544.
[291] BFH BStBl. II 1997 S. 301; H 8.5 III KStR (Nahestehende Person).
[292] H 8.5 III KStR (Nahestehende Person).
[293] BFH BStBl. II 2015 S. 687.
[294] BFH BStBl. II 2011 S. 62 = DB 2009, 317.
[295] Grundlegend BFH BStBl. II 1988 S. 786.
[296] BFH BStBl. II 1997 S. 301; Erle/Sauter/*Schulte* KStG § 8 Rn. 169.
[297] Dazu auch BFH BStBl. II 1988 S. 786.
[298] BFH BStBl. II 1997 S. 301.
[299] BFH BFH/NV 2017, 1174; H 8.5 III KStR (Nahestehende Person).
[300] BFH BStBl. II 1968 S. 322; BFH BStBl. II 1986 S. 195; BFH BStBl. II 1987 S. 459.
[301] BFH v. 22.2.2005 GmbHR 2005, 945 (*„Schwarzverkäufe"*); BFH BStBl. II 2007 S. 830; *Pezzer* FR 2007, 1160; Erle/Sauter/*Schulte* KStG § 8 Rn. 170.
[302] Abl. BFH BStBl. II 2008 S. 258; keine Schenkung und vGA nur zum Gesellschafter BFH BStBl. II 2018 S. 292; BStBl. II 2018 S. 296; BStBl. II 2018 S. 299; Dötsch/Pung/Möhlenbrock/*Klingebiel* KStG § 8 Abs. 3 Teil C Rn. 528; Erle/Sauter/*Schulte* KStG § 8 Rn. 173.
[303] BGBl. 2011 I S. 2592.

genommen, dass Vermögensverschiebungen zwischen Kapitalgesellschaften nicht zu freigiebigen Zuwendungen führen, wenn sie nicht in der Absicht erfolgen, Gesellschafter zu bereichern und nicht dieselben Gesellschafter unmittelbar oder mittelbar beteiligt sind. Das Gericht verneint bei vGA eine Schenkung an den Empfänger der Begünstigung; eine Schenkung könne ausschließlich im Verhältnis zwischen dem Gesellschafter und dem Dritten begründet sein.

d) Verursachung durch das Gesellschaftsverhältnis. Die Vorteilszuwendung muss 72 durch das **Gesellschaftsverhältnis** verursacht sein. Das ist der Fall, wenn die Kapitalgesellschaft bei Anwendung der Sorgfalt eines ordentlichen und gewissenhaften Geschäftsleiters die Vermögensminderung oder die verhinderte Vermögensmehrung unter sonst gleichen Umständen auch gegenüber einem Nichtgesellschafter nicht hingenommen hätte und sie somit nicht primär auf einer betrieblichen Veranlassung beruht, § 4 Abs. 4 EStG.[304] Dies läuft im Wesentlichen auf eine vergleichende Betrachtung nach dem Fremdvergleich hinaus. Es muss ein vom Fremdvergleich abweichendes Verhalten des Geschäftsleiters vorliegen.[305] Von einem solchermaßen handelnden Geschäftsleiter wird erwartet, dass er dafür Sorge trägt, dass der Kapitalgesellschaft kein Vorteil entgeht und kein Nachteil entsteht und dass bei Geschäften ein angemessener Gewinn verbleibt.[306] Er wird deswegen zB ein neues Produkt der Gesellschaft nur dann am Markt einführen und vertreiben, wenn er bei vorsichtiger und vorheriger kaufmännischer Prognose innerhalb eines überschaubaren Zeitraums und unter Berücksichtigung der voraussichtlichen Marktentwicklung einen angemessenen Gesamtgewinn erwarten kann.[307] Auch würde er Aufgaben, die vorrangig im Interesse des (Allein-)Gesellschafters liegen, nur dann übernehmen, wenn sich der Gesellschaft die Chance eines angemessenen Gewinns stellt.[308] Der Handlungsmaßstab des ordentlichen und gewissenhaften Geschäftsleiters orientiert sich an wirtschaftlich und kaufmännisch vernünftigen Prinzipien. Wie im Gesellschaftsrecht kommt ihm ein gewisser unternehmerischer Ermessensspielraum zugute. Sein Handeln muss sich an unternehmerischen Maßstäben orientieren, kostengünstige Alternativen sind zu erwägen und das Handeln muss gewinnorientiert ausgerichtet sein und darf sich nicht zu falschen Anreizen führen.[309]

Im Regelfall scheidet eine vGA danach aus, wenn die im Zusammenhang mit der 73 Zuwendung abgeschlossenen Vereinbarungen dem **Fremdvergleich** entsprechen.[310] Am Beispiel einer Nur-Pensionszusage an einen Gesellschafter-Geschäftsführer hat der BHF entschieden, dass eine vGA auch bei einer für die Gesellschaft an sich günstigen Vereinbarung gegeben ist, wenn ein gedachter fremder Dritter eine solche Vereinbarung nie abgeschlossen hätte.[311] Ob der Fremdvergleichsmaßstab eingehalten ist, ergibt sich aus einer Würdigung aller Umstände des Einzelfalles.[312] Kriterien zur Beurteilung sind Begriffe wie Ernsthaftigkeit, Üblichkeit und Angemessenheit dem Gunde und der Höhe nach.[313] Der fremdvergleich ist relativ einfach zu führen, wenn es für das Geschäft Fremdpreise wie einen Börsenkurs oÄ gibt. Für die Beurteilung werden Grundsätze herangezogen, wie sie auch bei der Einkunftsabgrenzung bei Geschäften zwischen verbundenen Unternehmen gelten,

---

[304] BFH DB 2008, 2336; H 8.5 III (Allgemeines) KStG.
[305] Dötsch/Pung/Möhlenbrock/*Lang* KStG Abs. 3 Teil C Rn. 101.
[306] H 8.5 V (Markteinführungskosten) KStR.
[307] BFH BStBl. II 1993 S. 457.
[308] BFH BStBl. II 1994 S. 479.
[309] Dötsch/Pung/Möhlenbrock/*Lang* KStG § 8 Abs. 3 Teil C Rn. 109 mit Beispielen aus der Rechtsprechung.
[310] BFH BStBl. II 2005 S. 657; BFH BStBl. II 2005 S. 664; BFH BStBl. II 2005 S. 841; BFH BStBl. II 2006 S. 928 (929); BFH BStBl. II 2008 S. 314.
[311] BFH BStBl. II 1996 S. 204.
[312] BFH BStBl. II 2005 S. 841; BFH/NV 2015, 704.
[313] Dötsch/Pung/Möhlenbrock/*Lang* KStG § 8 Abs. 3 Teil C Rn. 111.

§ 1 Abs. 3 AStG, ohne dass diese ausdrücklich in Bezug genommen werden.[314] Bestehen, wie häufig, keine exakt vergleichbaren Preise sind Bewertungsspielräume und Bandbreiten zu berücksichtigen. Der Gesellschaft wird zugebilligt, innerhalb einer Bandbreite von Werten den jeweils günstigsten Mindest- oder Höchstwert zu nutzen;[315] bei Werten außerhalb der Bandbreite stellt die Verwaltung indes auf den Wert innerhalb der Bandbreite ab, für den die größte Wahrscheinlichkeit spricht.[316] Diese Grundsätze sind gleichfalls heran zu ziehen, wenn Rechtsverhältnisse zu beurteilen sind, die im Rahmen der Erstausstattung der Kapitalgesellschaft zustande gekommen sind;[317] eine vGA liegt dann vor, wenn die Kapitalgesellschaft keine Chance hat, den Gewinn über eine angemessene Verzinsung des Nennkapitals hinaus zu steigern.

74 **e) Auswirkungen auf den Unterschiedsbetrag nach § 4 Abs. 1 S. 1 EStG der Kapitalgesellschaft.** Der überwiegende Teil von Tatbeständen einer vGA zieht eine **Beeinträchtigung** des Unterschiedsbetrags nach § 4 Abs. 1 S. 1 EStG und nicht mehr notwendigerweise eine Einkommensbeeinträchtigung bei der Kapitalgesellschaft nach sich. Das ist im Regelfall bei Vorteilsgewährungen im Zusammenhang mit aufwands- und ertragswirksamen Geschäftsvorfällen gegeben, wie zB bei Nutzungsverhältnissen oder der Vergütung von Organmitgliedern, die zugleich Gesellschafter sind. Das Gleiche gilt bei Veräußerungsgeschäften der Kapitalgesellschaft an ihren Gesellschafter oder eine ihm nahe stehende Person, bei denen eine den Wert des Gegenstands nicht erreichende Gegenleistung gewährt wird.

75 Keine unmittelbare Auswirkung auf die Bilanz, wohl aber die 2. Stufe der Einkommensermittlung der Kapitalgesellschaft haben Anschaffungsgeschäfte der Kapitalgesellschaft, bei denen ein aktivierungspflichtiges Wirtschaftsgut erworben wird, für das ein überhöhter Kaufpreis an einen Gesellschafter entrichtet wird, wenn nicht bereits zum Erwerbszeitpunkt eine Teilwertabschreibung erforderlich ist.[318] In der Regel ist das Wirtschaftsgut nur mit dem angemessenen Teil der Anschaffungskosten anzusetzen;[319] sind die Anschaffungskosten angemessen, ist fraglich, ob überhaupt eine vGA vorliegt. Keine Auswirkungen auf das Einkommen, wohl aber auf den Unterschiedsbetrag haben Rechtsgeschäfte, die bei der Kapitalgesellschaft zu steuerfreien Erträgen[320] führen. Sie ist jedoch erkennbar als Auswirkung auf den Unterschiedsbetrag iSv § 4 Abs. 1 S. 1 KStG. Dies betrifft zB nicht abzugsfähige Betriebsausgaben nach § 4 Abs. 5 Nr. 7 EStG oder den Erwerb einer Beteiligung an einer anderen Kapitalgesellschaft oder von eigenen Aktien zu einem Überpreis, der nach allgemeinen Grundsätzen zu einer vGA führen kann.[321] Gleiches gilt im Grundsatz bei der Veräußerung solcher Anteile durch die Kapitalgesellschaft an die Anteilseigner zu einer den Wert der Anteile nicht erreichenden Gegenleistung. Auch wenn die Veräußerung eigener Aktien nicht mehr zu einem Gewinn der Kapitalgesellschaft führt, kann der zu geringe Erlös nach allgemeinen Grundsätzen zu einer vGA führen, auch wenn er das Einkommen nicht berührt.[322] Keine Auswirkungen auf das Einkommen ergeben sich bei

---

[314] BMF 12.4.2005, BStBl. I 2005 S. 570; Dötsch/Pung/Möhlenbrock/*Lang* KStG § 8 Abs. 3 Teil C Rn. 112; *Pohl* in Blümich AStG § 1 Rn. 76 ff.

[315] BFH BStBl. II 2004 S. 171; DStR 2005, 1307.

[316] BMF 26.2.2004, BStBl. I 2004 S. 270; Dötsch/Pung/Möhlenbrock/*Lang* KStG § 8 Abs. 3 Teil C Rn. 114.

[317] BFH BStBl. II 1984 S. 673; BFH BStBl. II 1994 S. 479; H 8.5 V (Erstausstattung der Kapitalgesellschaft) KStG.

[318] Dötsch/Pung/Möhlenbrock/*Lang* KStG § 8 Abs. 3 Teil C Rn. 146 ff.

[319] Dazu *Lang* in Frotscher/Drüen KStG § 8 Rn. 620 m. w. Varianten.

[320] Dötsch/Pung/Möhlenbrock/*Lang* KStG § 8 Abs. 3 Teil C Rn. 146 zB zu steuerfreien Erträgen, wie bei InvZulagen.

[321] BMF 27.11.2013, BStBl. I 2013 S. 1615 Rn. 12; Dötsch/Pung/Möhlenbrock/*Klingebiel* KStG § 8 Abs. 1 Rn. 109.

[322] BMF 27.11.2013, BStBl. I 2013 S. 1615 Rn. 15 zur vGA; Dötsch/Pung/Möhlenbrock/*Klingebiel* KStG § 8 Abs. 1 Rn. 142.

der Zuwendung von Barmitteln, die mit den sonstigen Rücklagen der Gesellschaft verrechnet werden können.

f) Kein Zusammenhang mit einer offenen Gewinnausschüttung. Eine vGA ist nur bei einer Vorteilsgewährung außerhalb der gesellschaftsrechtlichen Gewinnverteilung gegeben. **76**

g) Kriterium der Vorteilsgeneigtheit. Dieses Kriterium wurde im Laufe der Zeit durch die Rechtsprechung geschaffen. Es zeigt die Ausschüttungseignung des Vorgangs an, ohne eine zwingende Verknüpfung zu einer Ausschüttung herzustellen.[323] Zu einer vGA kann nur führen, was als Gewinnverteilung zu einer Einkunft aus Kapitalvermögen führen kann. Damit scheiden Vermögensminderungen der Kapitalgesellschaft aus, die nicht zu einem Vorteil auf der Gesellschafterebene führen können. **77**

h) Beweislast. Die **Beweislast** für das objektive Vorliegen einer vGA obliegt dem Finanzamt.[324] Diese Grundregel wird in einigen Fällen durchbrochen. So hat die Kapitalgesellschaft die betriebliche Veranlassung der in der Buchführung als Aufwendungen behandelten Leistungen nachzuweisen. Sprechen alle relevanten Beweisanzeichen für eine gesellschaftsrechtliche Veranlassung, geht ein verbleibender Rest der Ungewissheit zu Lasten der AG. Gleiches gilt, wenn der Maßstab des Handelns des ordentlichen und gewissenhaften Geschäftsleiters eher für eine gesellschaftsrechtliche Veranlassung spricht. Bei einem beherrschenden Gesellschafter muss die Kapitalgesellschaft den Nachweis für die klare und eindeutige Vereinbarung und deren Durchführung erbringen; bei international verbundenen Unternehmen sind die Mitwirkungs- und Nachweispflichten nach § 90 Abs. 3 AO und nach der GAufzV zu beachten.[325] **78**

2. Besonderheiten bei beherrschenden Gesellschaftern. Bei beherrschenden Gesellschaftern haben die Finanzverwaltung[326] und die Rechtsprechung[327] stets die Gefahr gesehen, dass das steuerliche Ergebnis in nicht angemessener Weise oder, gegebenenfalls auch nachträglich beeinflusst und gestaltet werden kann. Im Falle einer beherrschenden Stellung eines Gesellschafters werden deswegen an die Ausgestaltung von Rechtsverhältnissen weitere Anforderungen gestellt. **79**

Die Grundsätze sind auch bei **AG** anwendbar. Der BFH hatte zwar entschieden, dass die zur GmbH entwickelten Grundlagen nicht generell auf AG übertragen werden können,[328] und dass an die Feststellung der Voraussetzungen einer verdeckten Gewinnausschüttung zwischen der AG und ihrem Mehrheitsaktionär strengere Anforderungen zu stellen seien. Die Berechtigung der Differenzierung wird mittlerweile in Zweifel gezogen,[329] da die veränderten Rahmenbedingungen für AG und die Zunahme stärker personalistisch strukturierter Gesellschaften zu beobachten sind. Das FG Niedersachsen geht von der grundsätzlichen Gleichstellung von GmbH und AG aus; der BFH hat dem im Grundsatz zugestimmt, hält aber an der Möglichkeit der Differenzierung zur GmbH fest.[330] Zutreffend **80**

---

[323] BFH BStBl. II 2004 S. 131; BFH BStBl. II 2006 S. 190; BFH BFH/NV 2016, 1496; Dötsch/Pung/Möhlenbrock/*Lang* KStG § 8 Abs. 3 Teil C Rn. 153.

[324] BFH BStBl. II 1993 S. 569; H 8.6 (Beweislast) KStR; Dötsch/Pung/Möhlenbrock/*Lang* KStG § 8 Abs. 3 Teil C Rn. 700 ff.

[325] H 8.6 (Beweislast) KStR.

[326] H 8.5 (Beherrschender Gesellschafter) KStR.

[327] ZB BFH BStBl. II 1988 S. 301; BFH BStBl. II 1991 S. 933; gewisse Korrekturen seit BVerfG BStBl. II 1996 S. 34; BFH BStBl. II 1997 S. 577; BFH BStBl. II 1998 S. 573; BFH DB 2003, 2470 (2471 f.); BFH BStBl. II 2004 S. 307; BFH DStR 2004, 1691 (1692); BFH BStBl. II 2006 S. 928 (929); BFH BStBl. II 2008 S. 314.

[328] BFH BStBl. II 1972 S. 436; dazu BFH BFH/NV 2003, 946.

[329] Dötsch/Pung/Möhlenbrock/*Lang* KStG § 8 Abs. 3 Teil C Rn. 228 f.; demgegenüber *Binnewies/Ruske* AG 2019, 418.

[330] BFH EFG 2002, 220; BFH/NV 2003, 946; 2011, 1565 unter II. 3.d).

ist es, die gesellschaftsrechtlich bedingten strukturellen Unterschiede zu respektieren. Das schließt indes nicht aus, dass ein allein oder mit Mehrheit beteiligter Aktionär einen ihm passenden Aufsichtsrat bestellen kann. So kann die Beherrschung durch den Aktionär auch bei der AG nicht ausgeschlossen werden.[331]

81 Ein Gesellschafter hat in der Regel eine **beherrschende Stellung,** wenn er über mehr als 50 % der Stimmen verfügt. Bei einer in der Satzung geregelten abweichenden Mehrheit ist diese maßgeblich und deshalb in der Gesellschafter-/Hauptversammlung ein entscheidender Einfluss ausgeübt werden kann.[332] Das kann dazu führen, dass eine höhere Beteiligung erforderlich ist, aber auch bei besonderen Umständen eine unter 50 % liegende Beteiligung ausreichen lassen, wenn bereits unterhalb der Schwelle von 50 % eine Beherrschung der AG möglich ist.[333] Andererseits hindern besondere Fachkenntnisse der Minderheitsgesellschafter nicht die beherrschende Stellung des Mehrheitsgesellschafters.[334] Eine unmittelbare Beteiligung ist nicht erforderlich. Eine mittelbare Beteiligung steht gleich, wenn auch die vermittelnde Beteiligung beherrschend ist.[335]

82 Beherrschung ist auch gegeben bei Zusammenwirken mehrerer, jeweils nicht beherrschender Gesellschafter mit **gleichgerichteten Interessen,** um eine diesen Interessen entsprechende einheitliche Willensbildung herbei zu führen.[336] Die Tatsache, dass Gesellschafter nahe Angehörige sind, reicht alleine nicht aus, um gleichgerichtete Interessen anzunehmen oder zu vermuten. Um eine solche Annahme begründen zu können, müssen weitere Anhaltspunkte dazu kommen.[337]

83 Der für die Beurteilung maßgebende Zeitpunkt für das Bestehen einer Beherrschung ist der des Abschlusses der Vereinbarung. Von Bedeutung ist aber ebenfalls der Zeitpunkt des Vollzugs, wenn die Vereinbarung zwar vor Bestehen der Beherrschung abgeschlossen, aber erst danach vollzogen wird.[338] In solchen Fällen wird empfohlen, eine den Anforderungen entsprechende Vereinbarung noch vor der Begründung der Beherrschung zu treffen.[339] Die beherrschende Stellung eines Gesellschafters kann fortwirken und auch für Rechtsgeschäfte von Bedeutung sein, die erst nach dem Ausscheiden des Gesellschafters vollzogen werden.[340]

84 Die Beherrschung durch den Gesellschafter ist nur dann entscheidend, wenn sie in Bezug auf die zur Disposition stehenden Leistungsbeziehungen gegeben ist. Das kann bei den Vorstandsbezügen bei einer AG in der Regel nicht der Fall sein, da über die der Aufsichtsrat entscheidet.[341] Das soll jedoch dann nicht von Bedeutung sein, wenn der Aktionär auch den Aufsichtsrat beherrscht, so dass die Mitglieder des Aufsichtsrats kein ernsthaftes Gegengewicht darstellen,[342] anders jedoch im mitbestimmten Aufsichtsrat.[343]

---

[331] BFH BStBl. II 2016 S. 219; Dötsch/Pung/Möhlenbrock/*Lang* KStG § 8 Abs. 3 Teil C Rn. 230; *Böhmer* FR 2012, 862.
[332] BFH BStBl. II 1974 S. 179; BFH BStBl. II 1978 S. 569; BFH BStBl. II 1990 S. 454.
[333] H 8.5 III (Beteiligungsquote) KStR; Dötsch/Pung/Möhlenbrock/*Lang* KStG § 8 Abs. 3 Teil C Rn. 213, 216.
[334] BFH GmbHR 2005, 176 (178).
[335] BFH BStBl. II 1998 S. 573; Dötsch/Pung/Möhlenbrock/*Lang* KStG § 8 Abs. 3 Teil C Rn. 215; *Lang* in Frotscher/Drüen KStG § 8 Rn. 500 ff.
[336] BFH BStBl. II 1978 S. 659; BFH BStBl. II 1986 S. 469; BFH BStBl. II 1987 S. 797; BFH BStBl. II 1993 S. 247; BFH BStBl. II 2003 S. 418 (420); BFH BStBl. II 2005 S. 524; BFH BFH/NV 2015, 33; H 8.5 III (Gleichgerichtete Interessen) KStR; dazu auch Erle/Sauter/*Schulte* KStG § 8 Rn. 201.
[337] Seit BVerfG-Beschluss v. 12.3.1985 BStBl. II 1985 S. 475; BFH BStBl. II 1986 S. 195; BFH BStBl. II 1989 S. 522; BFH BFH/NV 1999, 1384; Dötsch/Pung/Möhlenbrock/*Lang* KStG § 8 Abs. 3 Teil C Rn. 220 mit Verweis auf H 15.7 EStR.
[338] R 8.5 Abs. 2 S. 2 KStR; keine Rückwirkung, BFH BFH/NV 1997, 827.
[339] Dazu *Streck/Schwedhelm/Olbing* KStG § 8 Rn. 409.
[340] BFH BStBl. II 1997 S. 301; Dötsch/Pung/Möhlenbrock/*Lang* KStG § 8 Abs. 3 Teil C Rn. 209.
[341] BFH BStBl. II 1972 S. 438.
[342] *Lang* in Frotscher/Drüen KStG § 8 Rn. 554; Erle/Sauter/*Schulte* KStG § 8 Rn. 204; *Binnewies* DStR 2003, 2105 (2107).
[343] BFH BFH/NV 2003, 946.

§ 50 Körperschaftsteuer

Vereinbarungen mit einem beherrschenden Gesellschafter werden steuerlich als durch das **85** Gesellschaftsverhältnis veranlasst bewertet, wenn es an einer zivilrechtlich wirksamen, klaren und im Voraus getroffenen **Vereinbarung** darüber fehlt, ob und in welcher Höhe ein Entgelt für eine Leistung des Gesellschafters zu zahlen ist oder wenn nicht einer klaren Vereinbarung entsprechend verfahren wird (Grundsatz des formellen Fremdvergleichs).[344] Daran fehlt es, wenn im Rahmen konzerninterner Cash-Pool-Vereinbarungen lediglich ein Höchst- und ein Mindestwert vereinbart wird und danach ein erheblicher Spielraum für die Bemessung einer Vergütung verbleibt.[345]

Vereinbarungen mit beherrschenden Gesellschaftern müssen **zivilrechtlich wirksam** **86** abgeschlossen sein. Es ist herrschende Auffassung des BFH[346] und der Finanzverwaltung,[347] dass dem Kriterium der zivilrechtlichen Wirksamkeit eigenständige Bedeutung neben dem Erfordernis einer klaren und im Voraus getroffenen Vereinbarung zukommt. Der beherrschende Gesellschafter muss zivilrechtlich wirksam und im Voraus klar vereinbaren, ob für eine Leistung an die Gesellschaft ein schuldrechtlicher oder ein gesellschaftsrechtlicher Ausgleich erstrebt wird. Dies stellt eines der Prüfkriterien für den Fremdvergleich dar, da davon auszugehen ist, dass ein ordentlicher und gewissenhafter Geschäftsleiter keine Leistungen auf der Grundlage eines unwirksamen Rechtsverhältnisses erbringt. Nach der Rechtsprechung veranlasst das Fehlen einer wirksamen schuldrechtlichen Vereinbarung dazu, die Leistung der gesellschaftsrechtlichen Ebene zuzuordnen, da dadurch die fehlende Ernsthaftigkeit einer schuldrechtlichen Leistungsvereinbarung indiziert wird; das BVerfG hält die Rechtsprechungsentwicklung des BFH zur Betriebsaufspaltung mit dem Grundgesetz vereinbar; beanstandet wurde indes die Vermutung gleichgerichteter Interessen bei Ehegatten.[348] Im Einzelfall kann der Nachweis erbracht werden, dass trotz einer unwirksamen schriftlichen eine zivilrechtlich wirksame Vereinbarung vorliegt.[349]

Die Vereinbarung zwischen der Gesellschaft und dem Gesellschafter darf nicht gegen das **87** **Selbstkontrahierungsverbot** des § 181 BGB verstoßen. Für einen Alleingesellschafter ist eine Befreiung von § 181 BGB in der Satzung der Gesellschaft zu regeln.[350] Auch bei einer mehrgliedrigen Gesellschaft ist die Befreiung in der Satzung zu regeln. Nach der Rechtsprechung des BFH ist es zulässig, dass die Befreiung nachträglich erteilt und im Wege der Satzungsänderung herbeigeführt wird.[351]

Das Erfordernis der **Klarheit** der Vereinbarung beinhaltet einen Schutz gegen beliebig **88** festzusetzende und gestaltbare Regelungen. Hierdurch soll verhindert werden, dass der Gewinn der Gesellschaft zugunsten des Gesellschafters und zulasten der Gesellschaft beeinflusst werden kann.[352] Die Vereinbarung muss so ausgestaltet sein, dass sich aus ihr oder infolge einer rechnerischen Ermittlung nach Maßgabe einer definierten Methode die Art und der Umfang der Leistung der Gesellschaft an den Gesellschafter ableiten lässt. Eine klare Vereinbarung liegt jedoch nicht vor, wenn die Bemessung einer Tantieme eines beherrschenden Gesellschafter-Geschäftsführers nach dem Gewinn gemäß den Grundsätzen ordnungsmäßiger Buchführung unter Berücksichtigung aller steuerlich zulässigen Maßnahmen oder nach dem Ergebnis der Steuerbilanz bemessen werden soll, da in diesem Fall

---

[344] H 8.5 III KStR (Beherrschender Gesellschafter/Klare und eindeutige Vereinbarung).
[345] BFH BFH/NV 2018, 836.
[346] ZB BFH BStBl. II 1993 S. 139; BFH BStBl. II 1996 S. 246; DStR 1995, 1791; BFH/NV 2003, 1613; Dötsch/Pung/Möhlenbrock/*Lang* KStG § 8 Abs. 3 Teil C Rn. 234 ff.
[347] H 8.5 I KStR (Zivilrechtliche Wirksamkeit) und H 8.5 III KStR (Beherrschender Gesellschafter/Klare und eindeutige Vereinbarung).
[348] BVerfG BStBl. II 1985 S. 475.
[349] Eine schriftliche Vereinbarung ist entbehrlich, wenn die Rechte und Pflichten hinreichend klar festgelegt werden, BFH DB 2003, 2470 (2472).
[350] BFH BFH/NV 1998, 746; R 8.5 I KStR (Zivilrechtliche Wirksamkeit/Änderung des Gesellschaftsvertrags): Eintragung im Handelsregister erforderlich.
[351] BFH BFH/NV 1997, 802; 1998, 746; Erle/Sauter/*Schulte* KStG § 8 Rn. 209.
[352] BFH BStBl. II 1989 S. 673; BFH BStBl. II 1990 S. 795; BFH BStBl. II 1994 S. 479.

§ 50   89, 90   9. Kapitel. Steuerrecht

Gestaltungsmöglichkeiten offen bleiben;[353] nach der Rechtsprechung wird auch die Inhaltsbestimmung einer Vereinbarung durch Auslegung und Beweiserhebung zugelassen.[354] Unklarheiten können nur in engen Grenzen, zB bei Dauerschuldverhältnissen oder anderen lang laufenden Vereinbarungen durch eine ständige tatsächliche Übung beseitigt werden.[355]

89   Zur Vermeidung von vGA dürfen in ihren wesentlichen Kernpunkten Vereinbarungen nicht mit **Rückwirkung** abgeschlossen oder für abgeschlossene Perioden Leistungen nachentrichtet werden. Die Vereinbarung muss vor dem Beginn des Wirtschaftsjahres vorliegen, in dem die Leistung erbracht werden soll.[356] Der beherrschende Gesellschafter darf nicht durch zurück wirkende Gestaltungen das Einkommen der Gesellschaft beeinflussen können. So muss zB auch eine Abfindungsklausel für einen Pensionsanspruch bereits von Anfang an vereinbart sein.[357]

90   Zu den Erfordernissen der **Form** einer Vereinbarung hat sich die Auffassung der Rechtsprechung im Laufe der Zeit ein wenig gewandelt. Ein Vertrag mit einem beherrschenden Gesellschafter muss zivilrechtlich wirksam sein, um steuerlich Beachtung zu finden. Dazu gehört die Beachtung bestehender Schriftformerfordernisse.[358] Die Nichteinhaltung gesetzlich vorgeschriebener Formerfordernisse nach die Vereinbarung im Zweifel (§ 125 Abs. 2 BGB) nichtig. Entscheidend ist, ob das Schriftformerfordernis konstitutive oder deklaratorische Bedeutung hat.[359] Solange sich aus gesetzlichen Vorschriften ein besonderes Formerfordernis nicht ergibt, wird auch für die steuerliche Anerkennung nicht stets die Schriftform verlangt.[360] Ist in der Satzung eine qualifizierte Schriftformklausel enthalten, ist diese auch bei der Beurteilung der steuerlichen Wirksamkeit der Veränderung einer Vereinbarung zu beachten;[361] die mündliche Vertragsänderung bei Vereinbarung einer qualifizierten Schriftformklausel ist zivilrechtlich unwirksam. Dies kann ein Indiz für eine verdeckte Gewinnausschüttung sein.[362] Mündliche Vereinbarungen werden anerkannt, die langjährige Übung allein ersetzt eine Vereinbarung im Regelfall nicht (vgl. → Rn. 88). Will sich der Steuerpflichtige auf eine mündlich abgeschlossene Vereinbarung berufen, kann aber den erforderlichen Nachweis nicht führen, hat er den Nachteil eines fehlenden Nachweises zu tragen, will er sich zum Zwecke des Betriebsausgabenabzugs auf die Vereinbarung berufen.[363] Die Berufung auf eine (Änderungs-)Abrede ist nur dann zweifelsfrei, wenn ein außenstehender Dritter ohne weiteres erkennen kann, dass die Leistungen auf Grund einer entsprechenden Vereinbarung erbracht werden.[364] Entsprechende Nachweise können zB durch pünktliche und regelmäßige Auszahlung, ordnungsmäßige Verbuchung und die regelmäßige Abführung von Abzugssteuern und Sozialabgaben geführt werden.[365] Bei Dauerschuldverhältnissen kann aus einer jahrelangen Übung auf eine klare Vereinbarung geschlossen werden,[366] und zwar ab dem Zeitpunkt, ab dem die Vereinbarung durch entsprechende Durchführung nach außen in Erscheinung tritt.

---

[353] H 8.5 III KStR (Klare und eindeutige Vereinbarung).
[354] BFH BStBl. II 2001 S. 612; Dötsch/Pung/Möhlenbrock/*Lang* KStG § 8 Abs. 3 Teil C Rn. 269.
[355] Dötsch/Pung/Möhlenbrock/*Lang* KStG § 8 Abs. 3 Teil C Rn. 239 f. und 271 mwN.
[356] BFH BStBl. II 1992 S. 434; Dötsch/Pung/Möhlenbrock/*Lang* KStG § 8 Abs. 3 Teil C Rn. 276 ff.; Erle/Sauter/*Schulte* KStG § 8 Rn. 212.
[357] BFH GmbHR 2014, 489.
[358] BFH BStBl. II 1993 S. 141; H 8.5 I (Zivilrechtliche Wirksamkeit) KStG.
[359] H 8.5 I (Zivilrechtliche Wirksamkeit) KStG.
[360] BFH BStBl. II 1990 S. 645; BFH BStBl. II 1993 S. 139.
[361] BFH BStBl. II 1991 S. 933; BFH BStBl. II 1997 S. 138.
[362] FG Düsseldorf EFG 2010, 1531.
[363] BFH BStBl. II 1993 S. 247; H 8.5 I KStR (Mündliche Vereinbarung); Erle/Sauter/*Schulte* KStG § 8 Rn. 207.
[364] BFH BStBl. II 1990 S. 645; BFH BStBl. II 1993 S. 139.
[365] H 8.5 I KStR (Zivilrechtliche Wirksamkeit, Dienstverträge); BFH BFH/NV 1993, 385.
[366] BFH DStR 1996, 339.

Auch eine klare und rechtzeitig abgeschlossene Vereinbarung wird nur anerkannt, wenn **91** dem die **tatsächliche Durchführung** entspricht. Das Fehlen der tatsächlichen Durchführung ist ein Indiz für die fehlende Ernsthaftigkeit.[367] Entgelte, die an den Gesellschafter nicht ausbezahlt oder zurückgestellt werden, können nicht nachträglich als betrieblicher Aufwand nachgeholt werden

3. Verdeckte Gewinnausschüttung beim Anstellungsvertrag eines an der AG be- 92 teiligten Vorstands. a) Steuerliche Anforderungen an den Anstellungsvertrag. Anstellungsvereinbarungen mit dem Vorstand, der zugleich Aktionär der Gesellschaft ist, müssen aus steuerlichen Gründen wie unter fremden Dritten gestaltet sein, wenn der Vorstand an der AG beteiligt ist.[368] Ihm darf kein Vermögensvorteil zugewendet werden, der bei Anwendung der Sorgfalt eines ordentlichen und gewissenhaften Geschäftsleiters einem Nichtgesellschafter nicht gewährt würde. Bei einem beherrschenden Aktionär muss eine wirksame Vereinbarung gegeben sein; sie bedarf nicht notwendigerweise der Schriftform.[369] Das gilt auch für Änderungen. Regelmäßige Zahlungen und Buchungen (unter Abführung von Lohnsteuer und Sozialabgaben) sind Beweisanzeichen für eine wirksame Vereinbarung. Eine vGA kann bei nicht regelmäßigen Leistungen (zB Tantieme) vorliegen, wenn deren Grundlagen nicht von vorne herein klar vereinbart sind, so dass Teile der Vergütung ganz oder zeitweilig als vGA gelten können.[370]

In der Rechtsprechung der Finanzgerichte und in der Finanzverwaltung wurden Grund- **93** sätze für die materielle Angemessenheit der Vereinbarungen von Gesellschafter-Geschäftsführern bei GmbH entwickelt. Sie betreffen in erster Linie die Komponenten der Bezüge im Einzelnen (wie die Pensionszusagen[371] oder die Gewinntantiemen[372]), die jeweils dem Grunde und der Höhe nach angemessen zu sein haben. Anschließend ist die Angemessenheit der Gesamtbezüge zu beurteilen.[373] Unangemessen sind Bezüge im Einzelnen oder insgesamt, wenn sie den oberen Rand der jeweils zu beachtenden Bandbreite überschreiten.[374] Die Grundsätze beziehen sich nach dem Wortlaut zT auf Gesellschafter-Geschäftsführer einer GmbH, zT sind sie allgemein formuliert. Spezielle Regelungen über die Bezüge des Vorstands der AG sind nicht erkennbar; die Rechtsprechung tut sich mit der Differenzierung schwer.[375] Die Beachtung der allgemein formulierten Regelungen sowie der Grundprinzipien der für Geschäftsführer spezifischen Regelungen ist gleichwohl empfehlenswert. Im Unterschied zur GmbH ist zu beachten, dass für die Festsetzung der Vergütung des Vorstands der AG der Aufsichtsrat zuständig ist. Der Aufsichtsrat handelt in eigener Verantwortung und unterliegt nicht den Weisungen eines Aktionärs, gleichwohl kann er durch die Interessen eines beherrschenden Aktionärs beeinflusst sein. Die für die GmbH typische Interessengleichheit des Geschäftsführers und (Haupt-)Gesellschafters ist wegen der unterschiedlichen Organkompetenzen bei der AG nur im Ausnahmefall denkbar; bei Publikumsgesellschaften ist zu erwarten, dass auch bei einer Aktionärsstellung von Mitgliedern des Vorstands infolge des nach anderen Prinzipien zusammengesetzten Aufsichtsrats dem Fremdvergleich entsprechende Vergütungsabreden vereinbart werden. Ver-

---

[367] BFH BStBl. II 1988 S. 301; BFH BStBl. II 1993 S. 247.
[368] Vgl. → Rn. 80 zur Übertragbarkeit der für GmbH entwickelten Grundsätze auf AG.
[369] H 8.5 I (Zivilrechtliche Wirksamkeit/Dienstverträge) KStG.
[370] BFH BStBl. II 1993 S. 139; H 8.5 I (Zivilrechtliche Wirksamkeit/Dienstverträge) KStG; Dötsch/Pung/Möhlenbrock/*Lang* KStG § 8 Abs. 3 Teil D Rn. 447 f.
[371] BFH FR 2010, 1087; FG Düsseldorf EFG 2010, 1720; R 8.7 und H 8.7 KStR; BMF 28.5.2002, BStBl. I 2002 S. 603; OFD Frankfurt a. M. 10.9.2010, DB 2010, 2584 ff.; Dötsch/Pung/Möhlenbrock/*Lang* § 8 Abs. 3 Teil D Rn. 550 ff.; *Schönwald* StBP 2010, 342 (343 ff.).
[372] BFH BStBl. II 1985 S. 345; BFH BStBl. II 1992 S. 851; H 8.8 KStR; BMF 1.2.2002, BStBl. I 2002 S. 219; Dötsch/Pung/Möhlenbrock/*Lang* KStG § 8 Abs. 3 Teil D Rn. 445 ff.
[373] BMF 14.10.2002, BStBl. I 2002 S. 972; Dötsch/Pung/Möhlenbrock/*Lang* KStG § 8 Abs. 3 Teil D Rn. 385.
[374] BFH BStBl. II 2004 S. 132; BFH BStBl. II 2004 S. 136.
[375] *Stahl/Potsch* NZG 2011, 1017.

einbarungen, die mit einem nicht zuständigen Organ getroffen werden, sind zivilrechtlich unwirksam und führen zur vGA.[376]

94 b) Einzelne Aspekte der Vergütung des Vorstands. Die Vergütung eines Mitglieds des Vorstands muss auch aus steuerlicher Sicht in ihrer Gesamthöhe sowie in der Höhe der die Gesamtvergütung ausmachenden Teilbestandteils angemessen sein.[377] Ein unangemessen hohes Gehalt stellt eine vGA dar.[378] In die Beurteilung der Angemessenheit werden alle Teile der Vergütung einbezogen, wie das Festgehalt, zusätzliche feste Einmalzahlungen, variable Gehaltsbestandteile, Pensionszusagen, Beiträge zu Versicherungen und Sachbezüge. Die Angemessenheit wird nach Art und Umfang der Tätigkeit, der Größe und den künftigen Ertragsaussichten der Gesellschaft, dem Verhältnis des Gesamtgehalts zum Gesamtgewinn und zur verbleibenden Kapitalverzinsung und der Art und Höhe der Vergütungen, die gleichartige Betriebe an Organmitglieder für entsprechende Leistungen beurteilt.[379] **Art und Umfang** der Tätigkeit werden vorrangig durch die Größe des Unternehmens bestimmt, in der Annahme, dass mit der Größe eines Unternehmens auch der Arbeitseinsatz, Anforderungen und Verantwortung steigen.[380] Der Ausbildung und Berufserfahrung des Organmitglieds wird insbesondere bei berufsspezifischen Anforderungen Bedeutung beigemessen.[381] Von Bedeutung ist auch, ob sich mehrere Mitglieder des Organs die Verantwortung teilen und ob ein Organmitglied neben der Tätigkeit in der Kapitalgesellschaft noch anderweitige unternehmerische Tätigkeiten ausübt. Die **Ertragsaussichten** der Gesellschaft sind von Bedeutung. Maßgebend für die Angemessenheitsprüfung ist das Verhältnis der Gesamtausstattung des Geschäftsführergehalts zum Gesamtgewinn der Kapitalgesellschaft und zur verbleibenden Kapitalverzinsung.[382] Die Finanzverwaltung geht von der Annahme aus, dass ein ordentlicher und gewissenhafter Geschäftsleiter sicher zu stellen habe, dass der Gesellschaft nach Zahlung der Organbezüge eine angemessene Kapitalverzinsung, nach einer Entscheidung des BFH ein Jahresüberschuss vor Ertragsteuern in mindestens gleicher Höhe verbleibt.[383] Bei ertragstarken Unternehmen ist es gleichwohl nicht gerechtfertigt, die Bezüge beliebig zu steigern; die Obergrenze bestimmt sich dann nach den Umständen des Einzelfalles. Bei ertragsschwachen Unternehmen braucht umgekehrt auch in Verlustjahren auf ein angemessenes Gehalt nicht verzichtet zu werden, es ist auch zu berücksichtigen, ob das Organmitglied für die Entstehung der Verluste verantwortlich war.[384] Als **Vergleichsmaßstab** sind zum einen die Bezüge von Geschäftsführern, die nicht zugleich Gesellschafter sind, heran zu ziehen, zum anderen aber auch Gehaltsstrukturuntersuchungen, die einen externen Betriebsvergleich ermöglichen.[385]

95 Zusätzliche Regelungen gelten für **Tantiemevereinbarungen.** Rechtsprechung und Finanzverwaltung sind bestrebt, Gewinntantiemen zu begrenzen, die materiell einen gesellschaftsrechtlichen Gewinnanspruch beinhalten.[386] Grundlegend ist die Entscheidung des BFH v. 5.10.1994,[387] zu der die Finanzverwaltung durch mehrere Schreiben Stellung genommen hatte.[388] Die Überlegungen wurden infolge der Entscheidung des BFH v.

---

[376] Dötsch/Pung/Möhlenbrock/*Lang* KStG § 8 Abs. 3 Teil D Rn. 365.
[377] H 8.7 (Angemessenheit) KStR; BMF 14.10.2002, BStBl. I 2002 S. 972.
[378] BFH BStBl. II 2004 S. 136; *Lang* In Dötsch/Pung/Möhlenbrock KStG § 8 Abs. 3 Teil D Rn. 383; Beck'sches AG-HdB/*Liebscher* § 6 Rn. 83; Beck'sches AG-HdB/*Rödder* § 12 Rn. 53.
[379] BFH BStBl. II 1995 S. 549; *Lang* In Dötsch/Pung/Möhlenbrock KStG § 8 Abs. 3 Teil D Rn. 388.
[380] BMF 14.10.2002, BStBl. I 2002 S. 972 Rn. 11; *Tänzer* GmbHR 2000, 596.
[381] Dötsch/Pung/Möhlenbrock/*Lang* KStG § 8 Abs. 3 Teil D Rn. 401.
[382] BFH DB 2003, 1989.
[383] BFH BStBl. II 2001 S. 168; BMF 14.10.2002, BStBl. I 2002 S. 972 Rn. 14.
[384] BFH BStBl. II 2008 S. 314.
[385] BFH BFH/NV 1999, 1645; GmbHR 2002, 752.
[386] H 8.8 KStR; BFH BStBl. II 1993 S. 311.
[387] BStBl. II 1995 S. 549.
[388] BMF 3.1.1996, BStBl. I 1996 S. 53; 5.1.1998, BStBl. I 1998 S. 90.

27.3.2001[389] teilweise modifiziert.[390] Danach sind Tantiemen an einen oder mehrere Gesellschafter-Geschäftsführer eine vGA, soweit sie insgesamt 50% des handelsrechtlichen Jahresüberschusses vor Abzug der Tantiemen und vor ertragsabhängigen Steuern übersteigen.[391] Eine weitere Grenze ergibt sich aus der Höhe der Festvergütung, deren Anteil an der insgesamt als angemessen zu betrachtenden Gesamtvergütung[392] regelmäßig 75%, der Anteil der Tantieme 25% ausmachen soll.[393] Es handelt sich bei diesen Parametern nicht um eine starre Grenze;. Wird diese überschritten, muss im Einzelfall geprüft werden, ob eine vGA vorliegt.[394] Das geht auf die Rechtsprechung zurück, die bei einer 25% übersteigenden Tantieme nicht stets, sondern nur im Einzelfall eine vGA annimmt, weil die gewählte Gestaltung in ihrer Gesamtheit oder in Teilen durch das Gesellschaftsverhältnis veranlasst ist.[395] Durch diese Entscheidungen wurden zugleich Vereinbarungen über eine Nur-Tantieme als vGA verschärft. Eine „Nur-Tantieme" ist nicht per se unzulässig, sondern bedarf einer besonderen Rechtfertigung.[396] Wird die Höhe der Tantieme nicht an den Gewinn, sondern an anderen Parametern, zB den Umsatz gebunden, gelten weitere Restriktionen. Nach der Rechtsprechung[397] wird eine Umsatztantieme anerkannt, wenn im Ausnahmefall eine Gewinntantieme nicht zum angestrebten unternehmerischen Ziel führt, als besonderer Anreiz ist sie in Aufbau- oder Umstellungsphasen denkbar, doch muss sichergestellt sein, dass die Zahlung auf diese Phase beschränkt bleibt.[398] Eine am Umsatz ausgerichtete Tantieme muss einer Begrenzung der Höhe nach unterliegen[399] und es muss gewährleistet werden können, dass die besonderen Risiken der Umsatztantieme (Gewinnabsaugung) beherrschbar bleiben. Bei solchen Tantiemeregelungen kommt es nicht auf eine Betriebs- oder Branchenüblichkeit an.[400]

Pensionszusagen sind in die Angemessenheitsprüfung als Einzelkomponente sowie im Rahmen der Gesamtvergütung bei Organmitgliedern, die zugleich Aktionäre sind, einzubeziehen. Pensionszusagen werden anerkannt, wenn nach Maßgabe der Regelungen des § 6a EStG gewährt worden sind, dessen Anforderungen eingehalten werden und die Zusage betrieblich veranlasst ist. Sie setzt bereits nach § 6a EStG einen wirksamen, schriftlichen Anstellungsvertrag und eine klare und eindeutige, im Voraus erteilte schriftliche Zusage voraus.[401] Die erteilte Zusage muss darüber hinaus ernsthaft, erdienbar, finanzierbar und angemessen sein.[402] Die im allgemeinen für GmbH entwickelten Grundsätze sind auf Pensionszusagen an Vorstandsmitglieder einer AG nicht unbesehen zu übernehmen. Es wird zusätzlich zu prüfen sein, ob die Vereinbarung einseitig die Interessen des Vorstands-Aktionärs berücksichtigt und nicht auf einen gerechten Ausgleich der Interessen angelegt ist.[403] Versorgungsleistungen in Abhängigkeit von gewinnabhängigen Gehaltsbestandteilen

---

[389] BFH BStBl. II 2002 S. 111.
[390] BMF 1.2.2002, BStBl. I 2002 S. 219.
[391] BFH BStBl. II 1995 S. 549; „Faustregel", vgl. *Gosch* KStG § 8 Rn. 804.
[392] BFH BStBl. II 1998 S. 689.
[393] BFH BStBl. II 2000 S. 547.
[394] H 8.8 (Grundsätze) KStR; BMF 1.2.2002, BStBl. I 2002 S. 219; Dötsch/Pung/Möhlenbrock/*Lang* KStG § 8 Abs. 3 Teil D Rn. 472.
[395] BFH DB 2003, 1989 (1991).
[396] BFH GmbHR 2002, 793; Dötsch/Pung/Möhlenbrock/*Lang* KStG § 8 Abs. 3 Teil D Rn. 475.
[397] BFH BStBl. II 1989 S. 854; BFH BFH/NV 1994, 124; BFH BFH/NV 1996, 265; BFH BStBl. II 1999 S. 321; BFH DB 2002, 2304; vgl. auch H 8.8 KStR (Umsatztantieme).
[398] Weitergehend BFH BFH/NV 2004, 1424 zur Zulässigkeit der Umsatztantieme bei AG; Dötsch/Pung/Möhlenbrock/*Lang* KStG § 8 Abs. 3 Teil D Rn. 499; *Gosch* KStG § 8 Rn. 1273 ff.
[399] BFH GmbHR 1999, 485.
[400] ZB BFH BStBl. II 1989 S. 854; BFH/NV 1994, 124; 1996, 265; 1998, 353; H 8.8 (Umsatztantieme) KStR.
[401] § 6a Abs. 1 Nr. 3 EStG; FG Berlin EFG 1998, 688; R 8.7 KStR; *Gosch* KStG § 8 Rn. 1074.
[402] R 8.7 S. 6 KStR; *Gosch* KStG § 8 Rn. 1090 ff.
[403] FG Berlin-Brandenburg EFG 2012, 873; Dötsch/Pung/Möhlenbrock/*Klingebiel* KStG Anh. zu § 8 Abs. 3 (Aktiengesellschaft).

sind nicht zulässig. Eine Pensionszusage wird als vGA betrachtet, wenn die Versorgungsansprüche in der verbleibenden Beschäftigungszeit nicht erdient werden können, ferner hält der BFH an seiner Überversorgungsrechtsprechung fest.[404] Das ist bei einem beherrschenden Gesellschafter der Fall, wenn der Zeitraum zwischen der Zusage der Pension und dem vorgesehenen Zeitpunkt des Eintritts in den Ruhestand weniger als 10 Jahre beträgt; der beherrschende Gesellschafter darf zum Zeitpunkt der Erteilung der Zusage das 60. Lebensjahr noch nicht vollendet haben,[405] doch wird diese Festlegung im Hinblick auf die allgemeine Anhebung des Renteneintrittsalters kritisert.[406] Bei einem nicht beherrschenden Gesellschafter führt entweder ebenfalls das Nichterreichen der 10-jährigen Wartezeit zur vGA oder, wenn der verbleibende Zeitraum nicht mindestens drei Jahre beträgt, wenn der Berechtigte dem Betrieb weniger als 12 Jahre angehört.[407] In einer jüngsten Entscheidung hat der BFH die Berechtigung der 10-Jahresfrist in Frage gestellt und jedenfalls für die Fallgruppe, dass Ansprüche über eine Gehaltsumwandlung vom Arbeitnehmer selbst finanziert wurden, für nicht sachgerecht gehalten.[408] Nach Auffassung der Finanzverwaltung reicht ein Gesamtzeitraum für die Erdienung von insgesamt 12 Jahren aus, so dass die Erteilung einer Pensionszusage nach Ablauf von 6 Jahren und die Ansammlung über die verbleibenden 6 Jahre unbedenklich sind;[409] dies gilt indes nicht bei einem beherrschenden Gesellschaftern.[410] Diese Fristen haben allerdings nur indizielle Bedeutung; sie sind nicht in allen Fällen unabdingbar.[411] Für die Berechnung der Zeitdauer ist die vereinbarte Altersgrenze, mindestens aber ein Alter von 65 Jahren zugrunde zu legen. Ein früheres Pensionsalter kann nur bei Vorliegen besonderer Umstände anerkannt werden. Die Erteilung einer Pensionszusage unmittelbar nach Beginn der Tätigkeit des Gesellschafter-Geschäftsführers sieht der BFH als vGA an.[412] Die Dauer der Wartezeit wurde von der Rechtsprechung unterschiedlich beurteilt. Im Allgemeinen reicht eine Wartezeit von fünf Jahren aus;[413] eine kürzere Wartezeit von zB 12 Monaten kann bei einem Organmitglied mit Branchenerfahrung ausreichen.[414] Mit dem Kriterium der Finanzierbarkeit einer Pensionszusage wird berücksichtigt, dass eine Kapitalgesellschaft eine Pensionszusage nur erteilen wird, wenn sie diese, aus Sicht des Zusagezeitpunkts, auch tatsächlich finanzieren kann. Sie wird verneint, wenn bei einem unmittelbar nach dem Bilanzstichtag eintretenden Versorgungsfall der Barwert der künftigen Pensionsleistungen am Ende des Wirtschaftsjahres zu einer bilanziellen Überschuldung führen würde.[415] Die Rechtsprechung sieht dieses Kriterium als Teilelement der Prüfung der Ersthaftigkeit einer Zusage[416] die Finanzverwaltung hat sich dieser Linie angenähert.[417]

---

[404] BFH DB 2017, 570 zu FG Berlin-Brandenburg EFG 2015, 321; dazu *Kohlhepp* DB 2017, 3019.
[405] BFH BFH/NV 1993, 52; GmbHR 1999, 667; BStBl. II 2003 S. 926.
[406] *Gosch* KStG § 8 Rn. 1094; ferner BMF 8.2.2008, BStBl. I 2008 S. 420 Rn. 185; 5.5.2008, BStBl. I 2008 S. 569.
[407] BFH BStBl. II 1997 S. 440; BFH BStBl. II 2003 S. 926; H 8.7 (Erdienbarkeit) KStR.
[408] BFH BFH/NV 2018, 887; Paus NWB 2018, 2956; *Wellisch/Kutzner* BB 2016, 2135.
[409] H 8.7 (Erdienbarkeit) KStR; BMF 7.3.1997, BStBl. I 1997 S. 637.
[410] ZB BFH BStBl. II 1995 S. 419; BFH/NV 2005, 2252; 2006, 616.
[411] BFH BStBl. II 2003 S. 134; BFH/NV 2005, 245.
[412] BFH BStBl. II 1999 S. 316; BFH BStBl. II 1999 S. 318; BFH BStBl. II 2002 S. 670; BFH BStBl. II 2005 S. 882; BFH BStBl. II 2013 S. 41; BFH BStBl. II 2014 S. 174; H 8.7 (Warte-/Probezeit) KStR; BMF 14.12.2012, BStBl. I 2013 S. 58.
[413] BFH GmbHR 1998, 424 (430); Dötsch/Pung/Möhlenbrock/*Lang* KStG § 8 Abs. 3 Teil D Rn. 618.
[414] BFH GmbHR 1998, 1049 nach FG Berlin EFG 1998, 137; BFH BStBl. II 2002 S. 670; BMF 9.12.2002, BStBl. I 2002 S. 1393.
[415] Dötsch/Pung/Möhlenbrock/*Lang* KStG § 8 Abs. 3 Teil D Rn. 631.
[416] BFH BStBl. II 2005 S. 657; BFH BStBl. II 2005 S. 659; BFH BStBl. II 2005, S. 662; BFH BStBl. II 2005 S. 664.
[417] BMF 6.9.2005, BStBl. I 2005 S. 875; H 8.7 (Finanzierbarkeit) KStR.

4. Beispiele für verdeckte Gewinnausschüttungen. Aufwendungen der Gründung **97** **oder Kapitalerhöhung.** Aufwendungen der Gründung einer AG sind im Grundsatz von den Aktionären zu tragen, es sei denn, dass die Satzung nach § 26 Abs. 2 AktG die Übernahme durch die Gesellschaft vorsieht. Nicht in der Satzung enthaltene oder darüber hinausgehende Aufwendungen werden als verdeckte Gewinnausschüttungen behandelt. Bei einer Kapitalerhöhung gilt im Grundsatz das gleiche, soweit es um Aufwendungen der Aktionäre geht. Aufwendungen, die in die Sphäre der AG fallen, dürfen von dieser getragen werden.[418]

Börseneinführungskosten. Kosten der Einführung der Aktien einer Gesellschaft zum **98** Handel an einer Börse fallen im Allgemeinen in die Sphäre der Gesellschaft und dürfen von dieser getragen werden. Das gilt insoweit auch für Aufwendungen die anfallen, auch wenn ein Teil der eingeführten Aktien nicht durch Neuemission, sondern aus dem Bestand von Aktionären stammt; bei Ausgabe neuer Aktien ist bei den Kosten zu differenzieren, ob sie in die Sphäre der Gesellschaft oder der Aktionäre fallen.[419]

Darlehensgewährung, Sicherheiten. Darlehensgewährungen zwischen Gesellschaft **99** und Aktionär(en) können nach allgemeinen Grundsätzen bei unangemessenen Bedingungen verdeckte Gewinnausschüttungen darstellen. Darüber hinaus wird die Gewährung eines up-stream Darlehens insgesamt nicht anerkannt, wenn bereits zum Zeitpunkt der Hingabe des Darlehens dessen Rückzahlung unwahrscheinlich ist;[420] auch der Verzicht auf einen solchen Darlehensanspruch stellt eine verdeckte Gewinnausschüttung dar. Das Gleiche gilt bei der Gewährung von Sicherheiten der AG zugunsten von Aktionären, zB zur Absicherung der Finanzierung des Anteilserwerbs. Erforderlich ist die Vereinbarung einer dem Fremdvergleich entsprechenden Vergütung. Ist die Inanspruchnahme aus der Sicherheit bereits bei Hingabe wahrscheinlich, stellt bereits die Sicherheitengewährung eine verdeckte Gewinnausschüttung dar.

Gesellschafterfremdfinanzierung. Für Darlehen eines Aktionärs an die Gesellschaft **100** gelten die allgemeinen Regelungen über die Ausgestaltung angemessener Bedingungen Angemessene Vergütungen für vom Gesellschafter ausgereichtes Fremdkapital stellen keine verdeckte Gewinnausschüttung dar.[421] Hiervon unabhängig bestehen Regelungen nach § 4h EStG, § 8a KStG über die Begrenzung der Abzugsfähigkeit der Finanzierungsaufwendungen, dazu vgl. → Rn. 123.

Übernahme dauerdefizitärer Aufgaben. Der BFH hat die Übernahme dauerdefizitä- **101** rer Aufgaben durch Körperschaften ohne Verlustausgleich als verdeckte Gewinnausschüttung qualifiziert.[422] Das gleiche gilt bei einer Schuldübernahme durch die Gesellschaft im Interesse des Gesellschafters oder der Übernahme von Risikogeschäften, durch die der Gesellschafter von Risiken entlastet werden soll.[423]

5. Korrespondenzprinzip. Das nationale Steuerrecht kennt keinen allgemeinen Grund- **102** satz der korrespondierenden Behandlung von Ergebnissen bei unterschiedlichen Steuerpflichtigen. Das Konzept einer materiellen Verknüpfung ist ansatzweise in § 8b Abs. 1 S. 2 und § 14 Abs. 1 S. 1 Nr. 5 KStG sowie § 4i und § 50d Abs. 9 EStG umgesetzt.[424] Infolge

---

[418] BFH BFH/NV 1997, 711; Dötsch/Pung/Möhlenbrock/*Klingebiel* KStG Anh. zu § 8 Abs. 3 (Gründungskosten); Erle/Sauter/*Schulte* KStG § 8 Rn. 224.
[419] *Klöpping/Ball* BB 2006, 466 (468 ff.); Dötsch/Pung/Möhlenbrock/*Klingebiel* KStG § 8 Abs. 3 Teil D Rn. 1464; Erle/Sauter/*Schulte* KStG § 8 Rn. 225.
[420] BFH BStBl. II 2009 S. 674 (675); H 8.5 V (Darlehensgewährung) KStR; Beck'sches AG-HdB/ *Rödder* § 12 Rn. 53; *Dötsch/Pung* DB 2007, 2670; Dötsch/Pung/Möhlenbrock/*Lang* KStG § 8b Abs. 3 Teil D Rn. 1044 ff., 1051; *Gosch* KStG § 8b Rn. 279d, g, h; *Schreiber/Syré* DStR 2011, 1254.
[421] H 8.5 II (Darlehenszinsen) KStR.
[422] BFH BStBl. II 2007 S. 961; H 8.5 V (Verlustgeschäfte) KStR.
[423] BFH BStBl. II 2003 S. 487.
[424] Vgl. dazu → Rn. 22; Dötsch/Pung/Möhlenbrock/*Pung* KStG § 8b Rn. 64 ff.; *Jehl-Magnus* NWB 2017, 179.

der ATAD-Directive werden weitere Regelungen folgen. Verdeckte Gewinnausschüttungen haben Rechtswirkungen zum einen bei der Körperschaft, zum anderen beim Anteilseigner. Bei korrespondierender Behandlung entspricht der steuerlichen Nichtberücksichtigung bei der Gesellschaft die Behandlung als Dividendenbezug beim Anteilseigner nach dem Teileinkünfteverfahren oder der Besteuerung mit der Abgeltungssteuer, vgl. § 3 Nr. 40 lit. d EStG, § 8b Abs. 1 und 5 KStG. Die Wirkung des Korrespondenzprinzips wurde durch § 3 Nr. 40d EStG sowie von § 8b Abs. 1 S. 2 KStG ausgeweitet. Die Vergünstigungen dieser Bestimmungen sind nur noch anwendbar, wenn die Bezüge bei der leistenden Gesellschaft nicht als Betriebsausgabe abgezogen wurden; vgl. AmtshilfeRLUmsG v. 26.6.2013, BGBl. I S. 1809. Verfahrenstechnisch können die Veranlagung von AG und Aktionären jedoch auseinander laufen. Durch § 32a KStG und § 3 Nr. 40 lit. d S. 2, 3 EStG soll eine steuerlich korrespondierende Behandlung gewährleistet sein.[425] Im Ergebnis wird die begünstigende Besteuerung des Aktionärs nur zur Anwendung kommen, wenn die Aufwendungen bei der AG den Unterschiedsbetrag nach § 4 Abs. 1 S. 1 EStG nicht gemindert haben.[426]

103 **6. Rechtsfolgen einer verdeckten Gewinnausschüttung.** Nach der Regelung in § 8 Abs. 3 S. 2 KStG darf eine vGA den Gewinn der Körperschaft nicht mindern. Ist das Einkommen der Körperschaft infolge einer vGA zu niedrig ausgewiesen, ist der fehlende Betrag dem Einkommen hinzuzurechnen. Dabei erfolgt nicht eine fiktive Besteuerung unter der Annahme einer angemessenen Gestaltung des Leistungsverhältnisses und dazu einer offenen Gewinnausschüttung; dem hat der BFH eine Absage erteilt.[427]

104 Die Gewinnerhöhung ist idR **außerhalb der Steuerbilanz** zum Steuerbilanzgewinn hinzuzurechnen,[428] da bei der Korrektur im Grundsatz von wirksamen zivilrechtlichen Vereinbarungen und Verpflichtungen der Kapitalgesellschaft ausgegangen werden muss. Eine Ausbuchung oder Umqualifikation der dem Gesellschafter gegenüber bestehenden Verpflichtung kommt daher nicht in Betracht.[429]

105 Auf der Ebene der Kapitalgesellschaft unterliegt die der vGA entsprechende Hinzurechnung nach Maßgabe der allgemeinen Bestimmungen zum Einkommen der Gesellschaft der Körperschaftsteuerbelastung in Höhe von 15 % (zuzüglich des Solidaritätszuschlags von 5,5 % darauf). Danach bleiben steuerfreie Beträge steuerfrei; Mehrgewinne aus der Veräußerung einer Beteiligung an einer Kapitalgesellschaft bei Verkauf zum Minderpreis an einen Aktionär ist nach § 8b Abs. 2 iVm Abs. 3 KStG im Ergebnis zu 95 % steuerbefreit.[430] Der nach Abzug der Körperschaftsteuer verbleibende Betrag erhöht das steuerliche Eigenkapital, das durch den Mittelabfluss infolge der vGA wiederum zu mindern ist. Auf der Ebene der Gesellschaft entsteht durch die Aufdeckung der vGA ein Nachteil in Höhe der Steuerbelastung auf den Betrag, der als vGA abgeflossen ist.[431] Die vGA unterliegt als Leistung iSd § 27 Abs. 1 S. 3 KStG wie die offene Gewinnausschüttung dem Abzug von Kapitalertragsteuer in Höhe von 25 %, § 43 Abs. 1 S. 1 Nr. 1 EStG. Die Erhebung der Kapitalertragsteuer entfällt de facto bei nachträglich aufgedeckter vGA, die beim Empfänger steuerpflichtig ist; sie entfällt nach der Rechtsprechung des BFH, wenn die auf die vGA entfallende Einkommensteuer des Empfängers bereits in anderer Form, zB durch den Einbehalt von Lohnsteuer bei nicht angemessenen Vergütungen, erhoben worden ist.[432] Ist

---

[425] BMF 28.5.2002, BStBl. I 2002 S. 603; Dötsch/Pung/Möhlenbrock/*Klingebiel* KStG Anh. zu § 8 Abs. 3 (Korrespondenzprinzip der verdeckten Gewinnausschüttung).
[426] Vgl. auch Beck'sches AG-HdB/*Rödder* § 12 Rn. 60.
[427] BFH GrS BStBl. II 1988 S. 348.
[428] BFH BStBl. II 2002 S. 366; dazu BMF 28.5.2002, BStBl. I 2002 S. 603; Dötsch/Pung/Möhlenbrock/*Klingebiel* KStG § 8 Abs. 3 Teil C Rn. 355 ff.
[429] BFH GmbHR 1996, 221.
[430] Erle/Sauter/*Schulte* KStG § 8 Rn. 249.
[431] *Jacobs*, Unternehmensbesteuerung, 5. Aufl. 2015, S. 196 f.
[432] BFH BStBl. II 1971 S. 53.

der Ausschüttungsempfänger ein ausländischer Anteilseigner oder eine steuerbefreite Körperschaft, ist die Kapitalertragsteuer zu erheben. Zahlt die Kapitalgesellschaft die Steuer selbst, liegt hierin eine weitere vGA; der Steuersatz beträgt dann 33,3 %. Beim Empfänger führt die vGA zu einem Bezug nach § 20 Abs. 1 Nr. 1 S. 2 EStG, der gegebenenfalls nach § 3 Nr. 40d EStG oder § 8b Abs. 1 KStG begünstigt ist. Zur Besteuerung der vGA beim Empfänger im Einzelnen vgl. → § 47 Rn. 35.

Eine vGA kann nach Auffassung des BFH keine freigebige Zuwendung der Gesellschaft an den Gesellschafter, also eine Schenkung sein. In mehreren Entscheidungen ist der BFH damit der Auffassung der Finanzverwaltung entgegen getreten.[433] Das Gericht verfolgt konsequent die Linie, dass gesellschaftsrechtlich veranlasste Vermögensvorteile lediglich offene oder verdeckte Gewinnausschüttungen oder Kapitalrückzahlungen, nicht aber Schenkungen darstellen.[434] Das gilt auch bei einer Zuwendung an eine nahestehende Person; auch hier liegt eine vGA der Gesellschaft an den Gesellschafter und gegebenenfalls eine Zuwendung (Schenkung) des Gesellschafters an die nahestehende Person vor.

7. Rückgängigmachen der verdeckten Gewinnausschüttung. Bei der AG sind Vorteilszuwendungen an einen Aktionär außerhalb der Gewinnverwendung grundsätzlich nicht zulässig, §§ 57, 58 AktG. Infolge des Gesetzesverstoßes entstehen gesetzliche Rückgewähransprüche; abgesehen von diesen kann ein Anspruch auch auf gegebenenfalls bestehende Satzungsregelungen oder eine vertragliche Regelung, zB eine Steuerklausel gestützt werden, derzufolge die Leistung zurück zu gewähren ist, wenn eine vGA vorliegt. Der BFH hat, ungeachtet der zivilrechtlichen Anspruchsgrundlage[435] die steuerlich wirkende Rückabwicklung einer vGA im Grundsatz abgelehnt. Die Leistung an den Gesellschafter, die sich als vGA erweist, ist abgeschlossen; der Anspruch auf Rückabwicklung ist ein neuer Tatbestand.[436] Der Anspruch auf Rückgewähr des durch die vGA erlangten hat daher steuerlich idR den Charakter einer Einlageforderung;[437] eine Rückgängigmachung soll nur im Ausnahmefall zulässig sein.[438] Der Anspruch auf Rückgewähr hat wiederum seine Grundlage im Gesellschaftsrechtsverhältnis[439] und erhöht nicht das nach § 8 Abs. 1 KStG zu ermittelnde Einkommen, er ist aber auch ungeeignet, die Wirkungen des § 8 Abs. 3 S. 2 KStG wieder rückgängig zu machen. Die Literatur steht dieser Auffassung des BFH kritisch gegenüber.[440]

Der Rückgewähranspruch wird durch die Rechtsprechung als **Einlageforderung** behandelt.[441] Die Vermögensmehrung wird Teil des steuerlichen Einlagekontos im Sinne von § 27 Abs. 1 und 2 KStG.[442]

---

[433] Gleichlautender Ländererlasse v. 14.3.2012, BStBl. I 2012 S. 331.
[434] BFH BStBl. II 2013 S. 930; BFH/NV 2015, 1586; StEd 2018, 71.
[435] Auch bei gesetzlichem Rückgewähranspruch, BFH BStBl. II 1989 S. 741; BFH BStBl. II 1997 S. 92; zur Satzungsklausel BFH BStBl. II 2001 S. 226; BMF 28.5.2002, BStBl. I 2002 S. 603; BFH GmbHR 2004, 430.
[436] BFHE 207, 103; BFH DStR 2009, 2142; *Wassermeyer* GmbHR 2005, 149; aA *Schwedhelm/ Binnewies* GmbHR 2005, 65 f.
[437] BFH BFH/NV 1997, 151; BFH BStBl. II 2001 S. 173; BFH BStBl. II 2001 S. 226; Dötsch/Pung/Möhlenbrock/*Klingebiel* KStG § 8 Abs. 3 Teil D Rn. 1716.
[438] H 8.6 (Rückgängigmachung) KStR.
[439] H 8.6 (Rückgängigmachung) KStR; BFH BStBl. II 1984 S. 723; BFH BStBl. II 1985 S. 345; BFH BStBl. II 1987 S. 733; BFH BStBl. II 1989 S. 1029; BFH BStBl. II 1993 S. 635; BFH BStBl. II 1994 S. 561; BMF 6.8.1981, BStBl. I 1981 S. 599.
[440] *Streck/Schwedhelm* KStG § 8 Rn. 112; Erle/Sauter/*Schulte* KStG § 8 Rn. 288; *Wichmann* GmbHR 1993, 337; *Schnorr* GmbHR 2003, 861 ff.; aA *Gosch* KStG § 8 Rn. 517.
[441] Dazu FG Münster EFG 2005, 563 mit Anm. *Trossen*.
[442] Dötsch/Pung/Möhlenbrock/*Klingebiel* KStG § 8 Abs. 3 Teil D Rn. 1703; *Ackermann/Strnad* GmbHR 2002, 584.

III. Verdeckte Einlagen

109 1. Begriff. Die Übertragung von Vermögen eines Gesellschafters an die Gesellschaft, der kein vertragliches Leistungsaustauschverhältnis zugrunde liegt und ohne dass die Leistung auf Grund einer gesellschaftsrechtlichen Abrede gegen Gewährung von Gesellschaftsrechten (bei Leistung auf das Nennkapital, Aufgeld, gesellschaftsrechtlicher Nachschuss) erfolgt, wird als **verdeckte Einlage** bezeichnet.[443] Die verdeckte Einlage hat ihre Ursache im Gesellschaftsrechtsverhältnis, wenn die Zuwendung des Vermögensvorteils durch das Gesellschaftsverhältnis veranlasst ist. Die gesellschaftsrechtliche Veranlassung ist gegeben, wenn ein Nichtgesellschafter bei Anwendung der Sorgfalt eines ordentlichen Kaufmanns den Vermögensvorteil der Gesellschaft nicht eingeräumt hätte.[444] Wie eine offene Einlage erhöht auch die verdeckte Einlage – im Grundsatz – das Einkommen der Gesellschaft nicht, § 8 Abs. 3 S. 3 KStG, es sei denn, dass die verdeckte Einlage das Einkommen des Gesellschafters gemindert hat.

110 Die **Vorteilszuwendung** kann auch durch einen dem Gesellschafter nahe stehenden Dritten erfolgen. Die Problematik war Gegenstand einer Entscheidung des GrS des BFH.[445] Die Zuwendung eines Vermögensvorteils durch einen Nichtgesellschafter, der ohne wirtschaftliches Eigeninteresse handelt, führt ebenfalls zu einer verdeckten Einlage, wenn anzunehmen ist, dass eine dem Gesellschafter nahe stehende Person dessen Beteiligungsrechte stärken wollte. Die verdeckte Einlage wird in solchen Fällen dem Gesellschafter zugerechnet. Solche Fälle können auch bei Leistungen im Dreiecksverhältnis, also zB zwischen Schwestergesellschaften entstehen.[446] In einer mehrgliedrigen Gesellschaft stellt die verdeckte Einlage durch einen Gesellschafter zB bei disquotaler Einlage[447] keine freigiebige Zuwendung des leistenden Gesellschafters an seine Mitgesellschafter im Sinne von § 7 Abs. 1 Nr. 1 ErbStG dar.[448]

111 In der **handelsrechtlichen Buchführung** kann die verdeckte Einlage entweder nach § 272 Abs. 2 Nr. 4 HGB in die Kapitalrücklage eingestellt oder als Ertrag ausgewiesen werden. Entscheidend hierfür ist die Zweckrichtung der Zuwendung.[449] Bleibt die Bestimmung der Zweckrichtung offen, soll der Zufluss als Kapitalrücklage erfasst werden.[450] Hiervon weicht die steuerliche Behandlung ab. Verdeckte Einlagen werden steuerlich stets nach den allgemeinen Regeln der § 8 Abs. 1 KStG iVm § 4 Abs. 1 S. 1 EStG, ferner durch ausdrückliche Regelung in § 8 Abs. 3 S. 3 KStG beurteilt; sie dürfen das Einkommen der Körperschaft nicht erhöhen und sind, falls der Betrag den Steuerbilanzgewinn erhöht haben sollte, außerbilanziell vom Gewinn der Kapitalgesellschaft abzusetzen.[451] Selbst in Fällen, in denen eine Einlage nach Maßgabe von § 272 Abs. 2 Nr. 4 HGB nicht vorliegt, kann eine steuerliche Einlage gegeben sein.

112 2. Gegenstand der Einlage. Die steuerliche verdeckte Einlage setzt voraus, dass der als Gegenstand der verdeckten Einlage erhaltene Vermögensvorteil einlagefähig ist, was der Fall ist, wenn es sich um einen **aktivierbaren Vermögensgegenstand** handelt. Ohne

---

[443] BFH BFH/NV 2010, 375 *Kußmaul* DStR 2001, 189; Dötsch/Pung/Möhlenbrock/*Lang* KStG § 8 Abs. 3 Teil B Rn. 13 und 15 ff.

[444] BFH BStBl. II 1970 S. 442; BFH BStBl. II 1981 S. 181; BFH BStBl. II 1984 S. 535; BFH BStBl. II 1987 S. 705; BFH GrS BStBl. II 1988 S. 348; R 8.9 Abs. 1 und Abs. 3 S. 1 KStR.

[445] BFH GrS BStBl. II 1998 S. 307; BFH BStBl. II 2001 S. 234.

[446] BFH BStBl. II 1998 S. 307; Dötsch/Pung/Möhlenbrock/*Lang* KStG § 8 Abs. 3 Teil B Rn. 25.

[447] Dötsch/Pung/Möhlenbrock/*Lang* KStG § 8 Abs. 3 Teil B Rn. 22; zur disquotalen Einlage ansatzweise BFH BB 2017, 2478; *Schulze-Osterloh* BB 2018, 427.

[448] BFH BStBl. II 1996 S. 456; BFH BStBl. II 1996 S. 616.

[449] *Adler/Düring/Schmaltz* § 272 Rn. 137; Beck'scher BilKomm/*Winkeljohann/K. Hoffmann* § 272 Anm. 195.

[450] *Adler/Düring/Schmaltz* § 272 Rn. 132; Beck'scher BilKomm/*Winkeljohann/K. Hoffmann* § 272 Anm. 195.

[451] R 8.9 Abs. 1 KStR.

Probleme einlagefähig sind materielle Vermögensgegenstände und bestehende Rechte (zB Forderungen, Guthaben). Dazu gehören auch Nutzungsrechte, die von einem Dritten entgeltlich erworben wurden.[452] Einlagefähig unter bestimmten Voraussetzungen sind auch immaterielle Vermögensgegenstände, wie zB die Firma oder der Geschäfts- oder Firmenwert.[453] Zur verdeckten Einlage führt auch der Verzicht des Gesellschafters auf eine bestehende Forderung oder die Tilgung einer Schuld oder eines anderen Passivpostens der Gesellschaft. Nicht einlagefähig sind hingegen Nutzungsvorteile.[454] Die Einlage einer Nutzung von Kapital durch zinslose oder zinsverbilligte Überlassung, die unentgeltliche oder verbilligte Überlassung oder Gewährung von Dienstleistungen oder die unentgeltliche oder verbilligte Nutzungsüberlassung von anderen materiellen Wirtschaftsgütern begründet kein selbstständig aktivierbares Wirtschaftsgut. Die mangelnde Einlagefähigkeit solcher Nutzungsvorteile ist seit dem Beschluss des GrS des BFH herrschende Auffassung.[455] Bei der Gewährung eines zinslosen Darlehens des Gesellschafters an die Gesellschaft ergeben sich indes infolge der Abzinsungspflicht in § 6 Abs. 1 Nr. 3 EStG auf der Ebene der Gesellschaft Auswirkungen der Nutzungseinlage.[456] So hat die Rechtsprechung sich für die Abzinsung ausgesprochen, wodurch der wirtschaftliche Effekt der Zinslosigkeit vorneweg genommen wird.[457] Der die Nutzungseinlage leistende Gesellschafter kann seine Aufwendungen, die mit der unentgeltlichen oder verbilligten Nutzungsüberlassung im Zusammenhang stehen, als Betriebsausgaben abziehen. Gleichwohl bleibt Konsequenz der Verneinung der Einlagemöglichkeit für Nutzungseinlagen, dass dadurch Einkünfte aus der Sphäre des Gesellschafters in die der Gesellschaft verlagert werden können.[458]

Wird eine Nutzungseinlage in einer **mehrgliedrigen Gesellschaft** geleistet und entspricht der gewährte Nutzungsvorteil nicht der Quote des einbringenden Gesellschafters, kann nach Auffassung des BFH bei einer überquotalen Einlage eine private Veranlassung ursächlich sein, die die ergebnisneutrale Behandlung bei der Gesellschaft beeinträchtigen kann.[459]

Besonderheiten gelten bei der Einlage (oder dem Verzicht auf) einer nicht mehr (vollständig) werthaltigen **Forderung** gegenüber der Gesellschaft. Die Rechtsprechung nimmt in solchen Fällen eine Einlage nur in Höhe des werthaltigen Teils der Forderung an, während die Forderung bei der Gesellschaft im Übrigen erfolgswirksam auszubuchen ist.[460] Kein Verzicht auf eine (wertlose) Forderung liegt vor bei der Übernahme der Verbindlichkeit durch den Gesellschafter unter Befreiung der Gesellschaft von Ersatzansprüchen.[461] Die Forderung ist mit dem Teilwert zu bewerten, so dass sich bei einer überschuldeten Kapitalgesellschaft ein Teilwert von 0 EUR ergeben wird.[462] Einlagen sind im Grundsatz mit dem Teilwert anzusetzen, § 6 Abs. 1 Nr. 5 EStG. Auch wenn der Teilwert/gemeine

---

[452] BFH BStBl. II 1984 S. 747; H 8.9 (Einlagefähiger Vermögensgegenstand) KStR; *Thiel* DStJG 14, 178; *Seibold* DStR 1990, 719 (720); *Weber-Grellet* DB 1995, 2550;.

[453] BFH BStBl. II 1987 S. 705; DB 1996, 914; Einschränkungen gelten bei Einlage aus dem nichtbetrieblichen Bereich, BFH BStBl. II 2001 S. 71; Dötsch/Pung/Möhlenbrock/*Lang* KStG § 8 Abs. 3 Teil B Rn. 31.

[454] BFH BStBl. II 2008 S. 575; Dötsch/Pung/Möhlenbrock/*Lang* KStG § 8 Abs. 3 Teil B Rn. 42 ff.

[455] BFH GrS BStBl. II 1988 S. 348; BFH BFH/NV 2000, 1278. H 8.9 (Nutzungsvorteile) KStR.

[456] Dazu *van de Loo* DStR 2000, 508; aM L. Schmidt/*Kulosa* EStG § 6 Rn. 457.

[457] BFH BStBl. II 2010 S. 177; BFH BStBl. II 2010 S. 478; dazu *Groh* DB 2007, 2275 (2276); L. Schmidt/*Kulosa* EStG § 6 Rn. 457.

[458] *Raupach* FS v. Wallis, 1985, 309; bei Darlehensgewährung bei kurzer Laufzeit oder niedrigem Zinssatz weiterhin möglich, L. Schmidt/*Kulosa* EStG § 6 Rn. 457.

[459] BFH BStBl. II 2001 S. 66; BFH BStBl. II 2000 S. 698; mit Hinweis auf BMF 17.12.2013, BStBl. I 2014 S. 63 weiter Dötsch/Pung/Möhlenbrock/*Lang* KStG § 8 Abs. 3 Teil B Rn. 22.

[460] BFH GrS 9.6.1997, BStBl. II 1998 S. 307.

[461] BFH BFH/NV 2002, 678.

[462] BFH BFH/NV 1998, 572; zum Wert FG Münster EFG 2001, 684 (rkr.); FG Hamburg DStRE 2002, 193 (rkr.); FG Köln EFG 2001, 1392 (rkr.); bei kapitalersetzender Forderung BFH BStBl. II

Wert der eingelegten/verzichteten Forderung niedrig oder nahe Null ist, ergibt sich bei der aufnehmenden Gesellschaft ein Entlastungsertrag infolge der Ausbuchung der Verbindlichkeit. Anderes kann bei der Schuldübernahme durch den Gesellschafter ohne Geltendmachung eines Ersatzanspruchs gelten.[463] Die vorgenannten Grundsätze gelten auch bei einem Darlehensverzicht gegen Besserungsschein. Bei späterer Werterholung ist die Bedienung des Besserungsscheins keine vGA, sondern Rückgewähr der Einlage.[464] Für den Gesellschafter entstehen nachträgliche Anschaffungskosten auf seine Beteiligung an der Kapitalgesellschaft nur in Höhe des werthaltigen Teils der Forderung. Der Verzicht auf den nicht werthaltigen Teil führt beim Gesellschafter zu einem Zufluss und damit zu gegebenenfalls steuerpflichtigen Einnahmen.[465]

115 **3. Bewertung der verdeckten Einlage; Korrespondenzprinzip; Rechtsfolgen.** Verdeckte Einlagen werden mit entweder dem **gemeinen Wert** oder dem **Teilwert** bewertet. Für die Bewertung mit dem gemeinen Wert wird angeführt, dass der Drittvergleich die Grundlage für die Bewertung einer verdeckten Einlage bildet;[466] für den Teilwert spricht, dass dieser Maßstab bei der Ermittlung des Gewinns der Körperschaft durch Betriebsvermögensvergleich gilt und Einlagen eines Gesellschafters von dem sich ergebenden Vermögensunterschied abzusetzen sind, § 4 Abs. 1 S. 1 EStG.[467] Bei der Bewertung der eingelegten Wirtschaftsgüter ist grundsätzlich der Teilwert anzusetzen, § 6 Abs. 1 Nr. 5 und Abs. 6 EStG iVm § 8 Abs. 1 KStG.[468]

116 Die Bewertung auf der Ebene der die Einlage[469] erhaltenden **Kapitalgesellschaft** erfolgt nach § 6 Abs. 1 Nr. 5 EStG also grundsätzlich zum Teilwert, in bestimmten Fällen mit niedrigeren Anschaffungs- oder Herstellungskosten,[470] in Fällen des § 6 Abs. 6 S. 1 EStG ist in Tauschfällen der gemeine Wert maßgeblich. Der Vermögenszugang wird vergleichbar der offenen Einlage als Zugang auf dem Beteiligungskonto abgebildet. Da durch die Einlage das Grundkapital (steuerliches Nennkapital) unberührt bleibt, ist die Einlage auf einem steuerlichen Einlagekonto im Sinne von § 27 Abs. 1 und 2 KStG zu erfassen. Wie die offene Einlage erhöht auch die verdeckte Einlage das Einkommen der Kapitalgesellschaft nicht, § 8 Abs. 3 S. 3 KStG. Etwas anderes gilt, soweit die verdeckte Einlage das Einkommen des Gesellschafters vermindert hat, § 8 Abs. 3 S. 4 KStG. Mit diesen Regelungen wurde in die steuerliche Behandlung der verdeckten Einlage bei der Gesellschaft und beim leistenden Gesellschafter in gewissem Umfang ein Korrespondenzprinzip eingeführt.[471] Dabei ist gleichgültig, ob es sich um einen in- oder ausländischen Anteilseigner handelt, ob die Gewinnminderung inländische Steuern verringert hat. Gleiches gilt bei einer dem Gesellschafter nahe stehenden Person, § 8 Abs. 3 S. 5 KStG.[472]

2002 S. 436; krit. zur Rspr. des GrS Dötsch/Pung/Möhlenbrock/*Lang* KStG § 8 Abs. 3 Teil B Rn. 60.
[463] BFH BFH/NV 2001, 1353.
[464] H 8.9 (Forderungsverzicht gegen Besserungsschein) KStR; BMF 2.12.2003, BStBl. I 2003 S. 648; jetzt BFH FR 2018, 755; dazu *Klein* FR 2018, 748.
[465] BFH BStBl. II 1998 S. 307; BFH BStBl. II 2001 S. 747; zum Verzicht auf eine zugesagte Pension BFH BStBl. II 1998 S. 305.
[466] *Jacobs,* Unternehmensbesteuerung, 5. Aufl. 2015, S. 205 ff.
[467] BFH BStBl. II 1998 S. 307.
[468] Auch bei Kapitalgesellschaften; dazu BFH BStBl. II 1998 S. 307; R 8.9 Abs. 4 KStR; *Dorn* Ubg 2018, 636 sowie Ubg 2019, 157.
[469] Dötsch/Pung/Möhlenbrock/*Lang* KStG § 8 Abs. 3 Teil B Rn. 57 ff.; L. Schmidt/*Kulosa* EStG § 6 Rn. 742, 746.
[470] BFH BStBl. II 1998 S. 691; BMF 2.11.1998, BStBl. I 1998 S. 1227; L. Schmidt/*Loschelder* EStG § 4 Rn. 270 (Verdeckte Einlagen, Entnahmen und Gewinnausschüttungen); Dötsch/Pung/Möhlenbrock/*Lang* KStG § 8 Abs. 3 Teil B Rn. 58; ferner *Füger/Rieger* DStR 2003, 628.
[471] Gesetz v. 13.12.2006 BGBl. I S. 2878; dazu *Briese* BB 2006, 2110.
[472] *Gosch/Roser* KStG § 8 Rn. 124.

Bei dem die verdeckte Einlage **leistenden Gesellschafter** wird nach § 6 Abs. 1 Nr. 5 **117** und § 6 Abs. 6 S. 2 EStG der Teilwert der Einlage als Zugang zur Beteiligung behandelt, wodurch sich nachträgliche Anschaffungskosten auf die Beteiligung ergeben.[473] Wegen der Gefahr, dass infolge der verdeckten Einlage beim Gesellschafter stille Reserven der Besteuerung entzogen werden könnten, ist wegen der steuerlichen Behandlung zu unterscheiden. Befand sich das Einlagegut und der Kapitalanteil in einem Betriebsvermögen,[474] gilt § 6 Abs. 6 S. 2 und 3 EStG, und es erhöht sich der Beteiligungsbuchwert um den Teilwert des eingelegten Vermögensgegenstands, wenn nicht nach § 6 Abs. 6 S. 3 EStG der durch § 6 Abs. 1 Nr. 5a EStG bestimmte Einlagewert anzusetzen ist. Bei dem einlegenden Gesellschafter kommt es in Höhe der Differenz zwischen dem Buchwert des eingelegten Gegenstands und des anzusetzenden Werts zur Realisierung eines Gewinns.[475] Ist der Gegenstand der verdeckten Einlage die Beteiligung an einer Kapitalgesellschaft, findet bei einem einkommensteuerpflichtigen Gesellschafter das Teileinkünfteverfahren nach § 3 Nr. 40a EStG Anwendung, bei einer einlegenden Kapitalgesellschaft ist der Gewinn nach Maßgabe der weiteren Voraussetzungen nach § 8b Abs. 2 und 3 KStG zu 95 % steuerfrei.

Befinden sich die Beteiligung und der Einlagegegenstand im **Privatvermögen** des **118** Gesellschafters, findet § 6 Abs. 6 EStG keine Anwendung. Ein Einlagegewinn ist unter den Voraussetzungen des § 23 Abs. 1 Nr. 1 und 2 bei bestimmten Wirtschaftsgütern, nach § 17 Abs. 1 S. 2 oder § 20 Abs. 2 Nr. 1 EStG bei Anteilen an Kapitalgesellschaften steuerpflichtig;[476] § 20 Abs. 4a EStG findet bei verdeckter Einlage keine Anwendung. Handelt es sich bei dem Einlagegegenstand um eine wesentliche Beteiligung an einer Kapitalgesellschaft, wird die verdeckte Einlage als Veräußerung behandelt, § 17 Abs. 1 S. 2 EStG; ein dabei entstehender Veräußerungsgewinn ist unter Anwendung von § 3 Nr. 40a EStG steuerpflichtig; § 6 Abs. 1 Nr. 5b) EStG findet keine Anwendung.[477] Gleiches gilt bei der verdeckten Einlage eines nachfristbehafteten Anteils an einer Kapitalgesellschaft in eine andere Kapitalgesellschaft, § 22 Abs. 1 S. 6 Nr. 1, UmwStG. Beim einlegenden Gesellschafter ergeben sich nachträgliche Anschaffungskosten der Beteiligung in Höhe des gemeinen Werts.[478] Besonderheiten gelten bei notleidenden Gesellschafterkrediten.[479] Seit der Entscheidung des Großen Senats des BFH v. 9.6.1997[480] ist beim Verzicht auf Gesellschafterdarlehen eine Aufteilung in einen werthaltigen Teil und einen nicht werthaltigen Teil vorzunehmen. Der werthaltige Teil wird nach vorstehenden Grundsätzen als Einlage behandelt; in Höhe des nicht werthaltigen Teils entsteht bei der Gesellschaft ein steuerpflichtiger Ertrag.[481] Beim einlegenden Gesellschafter erhöhen sich die Anschaffungskosten für die Anteile um den werthaltigen Teil der Forderung. Ist die Forderung ganz oder zum Teil nicht (mehr) werthaltig, ergibt sich ein laufender Aufwand, der indes nach Maßgabe von § 8b Abs. 3 S. 4 KStG nicht mehr abzugsfähig ist.[482] Erfolgt der Forderungsverzicht

---

[473] BFH BFH/NV 2016, 536; L. Schmidt/*Kulosa* EStG § 6 Rn. 748.
[474] In gleicher Weise ist zu verfahren, wenn das Einlagegut aus dem Privatvermögen stammt, die Beteiligung aber zum BV gehört, L. Schmidt/*Loschelder* EStG § 4 Rn. 270 (Verdeckte Einlagen, Entnahmen und Gewinnausschüttungen).
[475] L. Schmidt/*Kulosa* EStG § 6 Rn. 748 ff.
[476] Erle/Sauter/*Schulte* KStG § 8 Rn. 349.
[477] R 8.9 Abs. 4 S. 2 KStR.
[478] L. Schmidt/*Kulosa* EStG § 6 Rn. 741 ff. (Verdeckte Einlagen); bei Umwandlungsfällen *Schmitt* in Schmitt/Hörtnagel/Stratz UmwStG § 22 Rn. 76 f.
[479] Nachträgliche Anschaffungskosten für die Anteile in Höhe des Nennwerts der Forderung bei Kreditgewährung in der Krise, bei zuvor gewährten Darlehen in Höhe des Werts der Forderung bei Kriseneintritt; vgl. BFH BStBl. II 2001 S. 234; BFH BStBl. II 2001 S. 286; BFH BStBl. I 1999 S. 545.
[480] GrS BFH BStBl. II 1998 S. 307.
[481] BFH BStBl. II 2005 S. 694.
[482] L. Schmidt/*Kulosa* EStG § 6 Rn. 757.

gegen Gewährung eines Besserungsscheins, sind nach Auffassung des BMF weitere Besonderheiten zu beachten.[483]

119 Wird bei dem einlegenden Gesellschafter ein höherer Wert für die Beteiligung angesetzt, muss geprüft werden, ob der höhere Wertansatz unter Berücksichtigung der Beteiligungsquote des Gesellschafters noch dem Teilwert entspricht oder ob eine Abschreibung auf den Beteiligungswert erforderlich wird; die Abzugsfähigkeit einer eventuellen Abschreibung richtet sich nach den allgemeinen Vorschriften, ua § 8b Abs. 3 S. 3 KStG.

120 4. Rückgängigmachen einer verdeckten Einlage. Wird der der Gesellschaft gewährte Vorteil an den Gesellschafter zurück gewährt, ohne dass dafür eine von vorn herein vereinbarte schuldrechtliche Verpflichtung besteht, wird auch die Vermögensminderung auf eine gesellschaftsrechtliche Veranlassung zurück geführt. Die Vorteilszuwendung an den Gesellschafter erfolgt hier auf Grund des Gesellschaftsverhältnisses. Die Rückführung der verdeckten Einlage an den Gesellschafter ist eine vGA im Sinne von § 8 Abs. 3 S. 2 KStG, die den Gewinn der Kapitalgesellschaft nicht vermindern darf.[484] Für die vGA gelten die allgemeinen Grundsätze (vgl. → Rn. 107). Die stillen Reserven in dem ehemals eingelegten Vermögensgegenstand sind auf der Ebene der Kapitalgesellschaft steuerverhaftet. Die Besteuerung erfolgt auf der Ebene der Körperschaft; der Abgang des Vermögens vermindert das sonstige Eigenkapital der Gesellschaft.

121 5. Schenkungsteuer bei Einlagen. Durch § 7 Abs. 8 S. 1 ErbStG[485] wurde die durch Rechtsprechung des BFH[486] fragwürdig gewordene Verwaltungsauffassung H 18 ErbStR (2003) festgeschrieben, dass als Schenkung die Werterhöhung von Anteilen an einer Kapitalgesellschaft gilt, die eine an der Gesellschaft beteiligte natürliche Person oder Stiftung durch Leistung einer anderen Person an die Gesellschaft unabhängig von einer Bereicherungsabsicht erhält. Solche Zuwendungen können zB im Rahmen offener oder verdeckter Einlagen erfolgen,[487] bei Nutzungseinlagen kommt dies indes nicht in Betracht.

122 Durch Satz 2 stellen nunmehr Vermögensverschiebungen zwischen Kapitalgesellschaften freigiebige Zuwendungen dar, wenn sie in der Absicht erfolgen, Gesellschafter zu bereichern und an den beteiligten Gesellschaften nicht dieselben Gesellschafter unmittelbar oder mittelbar in genau demselben Verhältnis beteiligt sind.[488] Dies gilt unabhängig davon, solche Leistungen zwischen den Kapitalgesellschaften zugleich eine vGA darstellen könnten.

IV. Beschränkungen des Betriebsausgabenabzugs für Zinsaufwendungen

123 1. Allgemeines. a) Grundlagen. Die Unternehmensfinanzierung ist seit langem Gegenstand gesetzgeberischer und administrativer Regelungsbemühungen. Die früheren Regelungen in § 8a KStG beinhalteten Beschränkungen der Gesellschafterfremdfinanzierung sowie naheliegender Umgehungsgestaltungen. Seit der Unternehmensteuerreform 2008 trat an die Stelle der Beschränkung der Gesellschafterfremdfinanzierung eine allgemein wirkende Begrenzung des Zinsausgabenabzugs in § 4h EStG[489] mit ergänzenden Regelungen für Kapitalgesellschaften in § 8a KStG. Die Hinzurechnungsregelungen in § 8 Nr. 1 GewStG wurden ebenfalls angepasst und beziehen sich nunmehr nur auf den abzugsfähigen Teilbetrag der Zinsaufwendungen;[490] im Verhältnis zur vGA soll nach einer Entscheidung

---

[483] BMF-Schreiben v. 2.12.2003, BStBl. I 2003 S. 648; dazu *Harle/Kulemann* GmbHR 2004, 733 ff.; *W.-D. Hoffmann* DStR 2004, 293 ff.
[484] BFH BStBl. II 2001 S. 173.
[485] BeitrRLUmsG v. 7.12.2011 BGBl. 2011 I S. 2592.
[486] BFH BStBl. II 2010 S. 566; DStR 2016, 743.
[487] *Loose* in v. Oertzen/Loose ErbStG § 7 Rn. 571 ff.
[488] *Loose* in v. Oertzen/Loose ErbStG § 7 Rn. 578 ff.
[489] § 4h EStG nun in der Fassung des G v. 22.12.2009 BGBl. 2009 I S. 3950.
[490] Dötsch/Pung/Möhlenbrock/*Möhlenbrock/Pung* KStG § 8a Rn. 253.

des BFH kein Rangverhältnis bestehen, so dass (zunächst) auch überhöhte Zinsen in die Berechnung eingehen.[491] Nach Auffassung der Finanzverwaltung sind als vGA zu qualifizierende Beträge hingegen aus dem Zinsaufwand auszuscheiden, so dass nur der angemessene Teil in die Zinsberechnung eingeht.[492] Im Rahmen der BEPS-Debatte[493] wurden durch die ATAD ebenfalls Regelungen zur Begrenzung des Zinsabzugs vorgesehen, deren Umsetzung Anpassungen bei den Regelungen über die Zinsschranke zur Folge haben kann.[494]

b) Charakter der Norm. Als Gewinnermittlungsvorschrift[495] beschränkt § 4h EStG iVm § 8a KStG die Abzugsfähigkeit von Zinsaufwendungen jeder Art. Die Grenze bemisst sich als vom-Hundert-Satz (in Höhe von 30%) des steuerlichen Einkommens vor Zinsen, Absetzungen für Abnutzung und anderen Abschreibungen und Steuern (Verrechenbares EBITDA). Das Gesetz sieht enge Ausnahmen in Fällen der Geringfügigkeit (Freigrenze, § 4h Abs. 2 (a) EStG), für alleinstehende Unternehmen (§ 4h Abs. 2 (b) EStG) und für Konzernunternehmen mit angemessener Eigenkapitalausstattung (§ 4h Abs. 2 (c) KStG) vor. Nicht abgezogene Zinsbeträge können vorgetragen werden (Zinsvortrag, § 4h Abs. 1 S. 4, 5 EStG). Ziel der Regelung ist die Begrenzung der Unterkapitalisierung und der Minderung der Einnahmen durch Zinsaufwendungen. Mit der Abkehr von der reinen Gesellschafterfremdfinanzierung sollen übermäßige Zinsbelastungen inländischer Unternehmen „up-stream" bei Investitionen ins Inland und „down-stream" bei Finanzierung von Investitionen durch ausländische Tochterunternehmen verhindert werden.[496]

c) Persönlicher Anwendungsbereich. Die Zinsschrankenregelung gilt für die Gewinnermittlung natürlicher Personen und von Körperschaften. Bei Personengesellschaften greift die Zinsschranke nicht auf der Ebene der Gesellschaft, sondern der Gesellschafter. Bei Körperschaften gilt die Regelung über § 8a KStG iVm § 4h unmittelbar.[497]

d) Verfassungsmäßigkeit. Die Verfassungsmäßigkeit der Regelung wird angezweifelt. Bedenken werden zum einen wegen des Verstoßes gegen das Gebot der Besteuerung nach Leistungsfähigkeit geäußert, da Aufwendungen, die sich nicht von anderen Betriebsausgaben unterscheiden, ausgeschlossen werden. Bedenken bestehen auch vor dem Gleichbehandlungsgrundsatz, da Überschussermittler abgesehen von § 8a Abs. 1 S. 4 KStG nicht erfasst werden. Die Regelungen sind auch vor dem Hintergrund des objektiven Nettoprinzips bedenklich; ferner wird die Regelung wegen ihrer Komplexität auch als zu unbestimmt charakterisiert.[498] Entscheidungen liegen hierzu indes noch nicht vor. Gleichwohl hat der BFH im Beschluss v. 18.12.2013 ernstliche Zweifel an der Verfassungsmäßigkeit der Zinsschranke geltend gemacht[499] und mit Beschluss vom 14.10.2015[500] die Regelung als ver-

---

[491] BFH BFH/NV 2007, 1230.
[492] BMF 4.7.2008, BStBl. I 2008 S. 718 Rn. 18; Dötsch/Pung/Möhlenbrock/*Möhlenbrock/Pung* KStG § 8a Rn. 25.
[493] *Eilers/Oppen* IStR 2016, 312; *Staats* IStR 2016, 135; *Dorenkamp* StuW 2015, 345.
[494] Beruhend auf Aktionsplan 4 des BEPS-Projekts; *Bannes/Cloer* BB 2016, 1815.
[495] Gosch/*Förster* KStG § 8a Rn. 1; Dötsch/Pung/Möhlenbrock/*Möhlenbrock/Pung* KStG § 8a Rn. 41.
[496] Dötsch/Pung/Möhlenbrock/*Möhlenbrock/Pung* KStG § 8a Rn. 11; Beck'sches AG-HdB/*Rödder* § 13 Rn. 245; Gosch/*Förster* KStG § 8a Rn. 6.
[497] Dötsch/Pung/Möhlenbrock/*Möhlenbrock/Pung* KStG § 8a Rn. 3 ff.; zur erstmaligen Anwendung ab dem 1.1.2008 oder bei abweichendem Wirtschaftsjahr für Wirtschaftsjahre, die nach dem 25.5.2007 beginnen, § 52 Abs. 12d EStG, § 34 Abs. 6a S. 3 KStG; dazu Gosch/*Förster* KStG § 4h Exkurs Rn. 12.
[498] Gosch/*Förster* KStG § 8a Rn. 50 ff.
[499] BFH BStBl. II 2014 S. 947 = DStR 2014, 788; dazu *München/Mückl* DStR 2014, 1469; ferner BFH BStBl. II 2012 S. 611 = DStR 2012, 955; dazu Dötsch/Pung/Möhlenbrock/*Möhlenbrock/Pung* KStG § 8a Rn. 22 mit zahlreichen Nachweisen.
[500] BFH BStBl. II 2017 S. 1240; L. Schmidt/*Loschelder* EStG § 4h Rn. 4; *Ismer* FR 2014, 777; *Kollruss* WPg 2017, 918; *Märtens* DB 2016, 382.

fassungswidrig beurteilt und dem BVerfG[501] zur Prüfung vorgelegt. Die Entscheidung steht noch aus. Das BMF hat auf den BFH-Beschluss vom 18.12.2013[502] mit einem Nichtanwendungserlass reagiert.[503]

127 **2. Zinsabzugsbegrenzung. a) Tatbestände.** § 4h Abs. 1 S. 1 und 2 EStG begrenzen den Abzug des negativen Zinssaldo des Betriebs in Höhe des verrechenbaren EBITDA, das als ein Anteil von 30 Prozent des um das Zinsergebnis und bestimmte Abschreibungen bereinigten maßgeblichen Gewinns definiert ist. Satz 1 erlaubt die Verrechnung von Zinsaufwendungen bis zur Höhe des Zinsertrags in voller Höhe, so dass letztlich nur ein negativer Zinssaldo von Belang ist. Dieser Betrag ist ins Verhältnis zu setzen zum maßgeblichen Gewinn, der um den Betrag der nicht durch Zinserträge gedeckten Aufwendungen sowie um nach steuerlichen Vorschriften bemessene Abschreibungen erhöht wird. Das hier maßgebliche EBITDA entspricht daher nicht dem für Finanzierungszwecke oder nach den Rechnungslegungsvorschriften ermittelten EBITDA.[504] Als Abschreibungen sind die Sofortabschreibungen bei geringwertigen Wirtschaftsgütern, § 6 Abs. 2 S. 1 EStG, Poolabschreibungen nach § 6 Abs. 2a S. 2 EStG, planmäßige Abschreibungen nach § 7 EStG sowie Absetzungen für außergewöhnliche technische oder wirtschaftliche Abnutzung nach § 7 Abs. 1 S. 7 EStG anzusetzen. Erhöhte Absetzungen, Sonderabschreibungen, Teilwertabschreibungen oder zulässige Bewertungsabschläge dürfen der Bemessungsgrundlage für den Zinsabzug nicht hinzugesetzt werden.[505]

128 Die Zinsschranke wirkt betriebsbezogen. Das bedeutet, dass für jeden Betrieb eines Steuerpflichtigen die Zinsschranke gesondert zu ermitteln ist. Während natürliche Personen mehrere Betriebe unterhalten können, bildet bei unbeschränkt steuerpflichtigen Kapitalgesellschaften und anderen Körperschaften das gesamte Vermögen den Gewerbebetrieb, auch eine KGaA soll nur einen Betrieb haben;[506] beschränkt steuerpflichtige Körperschaften haben ebenfalls nur einen Betrieb.[507] Auf Zinsen eines Darlehens eines Stammhauses an die inländische Betriebsstätte ist § 4h EStG hingegen nicht anwendbar; es ist jetzt nach der BsGaV zu verfahren.[508] Ausländische Betriebsstätten eines inländischen Unternehmens bilden hingegen keinen selbständigen Betrieb. Organgesellschaften bilden zusammen mit dem Organträger einen Betrieb, die Zinsschranke greift auf der Ebene des Organträgers, § 15 Abs. 1 Nr. 3 S. 2 KStG.[509] Bei Personengesellschaften, die eine Mitunternehmerschaft bilden, gehören zum Betrieb das Gesamthandsvermögen sowie Sonder- und Ergänzungsbilanzen; sie bilden hingegen nicht einen Betrieb beim oder zusammen mit dem Mitunternehmer. Anderes gilt bei Beteiligungen an vermögensverwaltenden Personengesellschaften, bei denen Zinsaufwendungen anteilig den Gesellschaftern zugerechnet werden oder im Treuhandmodell, bei dem ein Gesellschafter den Anteil für den anderen treuhänderisch hält. Da in diesen Fällen keine Mitunternehmerschaft gegeben ist, liegt auch kein eigener Betrieb vor.[510]

---

[501] Normenkontrollverfahren, anhängig beim BVerfG Az. 2 BvL 1/16.
[502] BFH BStBl. II 2014 S. 947; *Prinz* DB 2014, 1102.
[503] BMF 13.11.2014, BStBl. I 2014 S. 1516; bestätigt durch OFD Frankfurt a. M. 24.6.2016, S 2742a A-3-St 51.
[504] Gosch/*Förster* KStG § 8a Rn. 59 ff.; *Rödder/Stangl* DB 2007, 479 f.
[505] L.Schmidt/*Loschelder* EStG § 4h Rn. 10; Gosch/*Förster* KStG § 8a Rn. 75.
[506] BMF 4.7.2008, BStBl. I 2008 S. 718 Rn. 8; L.Schmidt/*Loschelder* EStG § 4h Rn. 8 ff.; *Möhlenbrock* Ubg 2008, 5; für mehrere Betriebe *Rohrer/Orth* BB 2007, 2268; *Schaumburg/Rödder* Unternehmensteuerreform 2008, 456; *Frotscher* in Frotscher/Drüen KStG § 8a Rn. 25.
[507] BMF 16.5.2011, BStBl. I 2011 S. 530; Dötsch/Pung/Möhlenbrock/*Möhlenbrock/Pung* KStG § 8a Rn. 49; aA Gosch/*Förster* KStG § 8a Rn. 83 ff.
[508] Dötsch/Pung/Möhlenbrock/*Möhlenbrock/Pung* KStG § 8a Rn. 49.
[509] L.Schmidt/*Loschelder* EStG § 4h Rn. 8.
[510] BFH BStBl. II 2010 S. 751, Vorinstanz FG Düsseldorf EFG 2007, 1097; BMF 4.7.2008, BStBl. I 2008 S. 718 Rn. 5; OFD Hannover 22.3.2005, DB 2005, 858; Gosch/*Förster* KStG § 8a Rn. 80 ff.

Die relevanten und in § 4h Abs. 1 S. 1 EStG verwendeten Begriffe werden in Abs. 3 **129** definiert. Maßgeblicher Gewinn ist der mit den Ausnahmen des Abs. 1 ermittelte steuerpflichtige Gewinn, Ausgangsgröße für die Zinsschrankenberechnung ist der sonst zur Besteuerung heranzuziehende Gewinn. Zinsaufwendungen sind nach Abs. 3 Satz 2 Vergütungen für Fremdkapital, die den maßgeblichen Gewinn gemindert haben.[511] Zinsaufwendungen, die nach anderen Vorschriften, zB wegen Unangemessenheit als verdeckte Gewinnausschüttung den Gewinn nicht gemindert haben, rechnen nicht zu den Zinsaufwendungen (vgl. auch → Rn. 123). Im Übrigen kommen Zinsaufwendungen jeder Art in Betracht, unabhängig davon, aus welcher Art der Fremdfinanzierung und von welchem Darlehensgeber sie stammen. Zu den Zinsaufwendungen gehören auch ein Damnum und uU Provisionen und Vorfälligkeitsentschädigungen, ferner nach Abs. 3 Satz 4 der rechnerische Zins aus der Auf- oder Abzinsung bei zinslosen oder niedrig verzinsliche Darlehen.[512] Zinsen nach § 233 AO, Dividenden, Skonti und Boni gehören hingegen nicht dazu,[513] Besonderheiten gelten bei Factoring;[514] ferner zählen nicht Vergütungen für Sachdarlehen[515] oder Zinsanteile in Leasingraten oder Zuführungen zu Pensionsrückstellungen.[516] Bei Leasingraten gilt anderes, wenn das Wirtschaftsgut dem Leasingnehmer zugerechnet und das Leasingverhältnis als Finanzierung behandelt wird;[517] ferner lässt das BMF zu, dass auf übereinstimmenden Antrag von Leasinggeber und Leasingnehmer die in den Leasingraten enthaltenen Zinsanteile angesetzt werden.[518] Aufwendungen für Swapprämien zur Währungskurssicherung gehören grundsätzlich nicht zu den Zinsaufwendungen; umstr. ist dies für Aufwendungen eines Zinsswap. Werden Zinsen als Bauzeitzinsen aktiviert, gelten sie nicht als Zinsaufwendungen. Zinserträge sind nach § 4h Abs. 3 S. 3 EStG Erträge aus Kapitalforderungen jeder Art, die den maßgeblichen Gewinn erhöht haben; dazu gehören auch Erträge aus der Abzinsung von Verbindlichkeiten.[519] Es gelten die oben gemachten Abgrenzungen entsprechend; die Art der Kapitalüberlassung und die Art des Zinses ist gleichgültig.

b) Rechtsfolgen. Ergibt sich aus der Verhältnisrechnung von Zinsaufwand und zum **130** verrechenbaren EBITDA weiterentwickelten maßgeblichem Gewinn, dass der Zinsaufwand die Größenordnung von 30% übersteigt, ist der übersteigende Zinsaufwand nicht abzugsfähig, § 4h Abs. 1 S. 1 EStG. Die Rechtsfolge der Zinsschrankenregelung ist hierauf beschränkt; es kommt nicht zu einer Umqualifikation darüber hinausgehender Zinseinnahmen als verdeckte Gewinnausschüttung beim Gesellschafter.

c) Zinsvortrag. Der den abzugsfähigen Zinsaufwand übersteigende Betrag darf als Zins- **131** vortrag in den folgenden Wirtschaftsjahren zum Abzug genutzt werden; Zinsbeträge sind dann, wenn es zum späteren Abzug kommt, nur temporär nicht abzugsfähig gewesen. Der jeweils abzugsfähige Betrag erhöht den Zinsaufwand des maßgeblichen (folgenden) Wirtschaftsjahres, nicht hingegen den Gewinn, § 4h Abs. 1 S. 5 EStG.[520] Der Zinsvortrag kann indes nur dann zum Einsatz kommen, solange bei der Körperschaft kein schädlicher Beteiligungserwerb stattgefunden hat, denn § 8c KStG (dazu → Rn. 154 ff.) gilt auch hier, § 4h Abs. 5 S. 3 EStG. Bei einem Erwerb von mindestens 25% der Anteile der Kapitalge-

---

[511] *Häuselmann* FR 2009, 401 ff.; *ders.* Ubg 2009, 225 f.
[512] *Häuselmann* Ubg 2009, 225 (228 ff.).
[513] BMF 4.7.2008, BStBl. I 2008 S. 718 Rn. 11 ff. und 15 ff.; Beck'sches AG-HdB/*Rödder* § 13 Rn. 253; Gosch/*Förster* KStG § 8a Rn. 271.
[514] BMF 4.7.2008, BStBl. I 2008 S. 718 Rn. 14; L. Schmidt/*Loschelder* EStG § 4h Rn. 24; Gosch/*Förster* KStG § 8a Rn. 217.
[515] Gosch/*Förster* KStG § 8a Rn. 271.
[516] BMF 4.7.2008, BStBl. I 2008 S. 718 Rn. 22; Gosch/*Förster* KStG § 8a Rn. 275.
[517] BMF 4.7.2008, BStBl. I 2008 S. 718 Rn. 25 mit Verweis auf die BMF-Schreiben zu Leasing.
[518] BMF 4.7.2008, BStBl. I 2008 S. 718 Rn. 26.
[519] FG Münster FR 2018, 137 mit Anm. *Ludwig* FR 2018, 139.
[520] L. Schmidt/*Loschelder* EStG § 4h Rn. 13.

sellschaft geht der Zinsvortrag anteilig, bei Erwerb von mehr als 50 % vollständig unter.[521] Diese Rechtsfolge steht ebenfalls unter dem Einfluss der Entscheidung des BVerfG über die Verfassungswidrigkeit von § 8c Abs. 1 S. 1 KStG.[522]

132 **d) EBITDA-Vortrag.** Ist der Zinsaufwand niedriger als das verrechenbare EBITDA, darf nach § 4h Abs. 1 S. 3 EStG der Unterschiedsbetrag in die folgenden fünf Wirtschaftsjahre vorgetragen werden. In den Folgejahren können Zinsaufwendungen, die nicht abgezogen werden können, bis zur Höhe der EBITDA-Vorträge aus den vorangegangenen Wirtschaftsjahren verrechnet werden.[523] Diese Regelung kommt indes nicht zur Anwendung, wenn die Anwendung der Zinsschrankenregelung wegen Eingreifens einer Ausnahmeregelung nach Abs. 2 ausgeschlossen ist. Der EBITDA-Vortrag geht im Falle eines schädlichen Anteilseignerwechsels nach § 8c Abs. 1 S. 1 oder 2 KStG nicht unter, da sowohl § 4h Abs. 5 S. 3 EStG als auch § 8a Abs. 1 S. 3 iVm § 8c KStG nur einen Verweis auf den Zins-, nicht aber den EBITDA-Vortrag enthalten.[524]

133 **3. Ausnahmeregelungen. a) Grundlagen.** § 4h Abs. 2 S. 1 EStG enthält drei Ausnahmen von der Anwendung der Zinsschranke („Escape-Klauseln"). Sie zielen auf Finanzierungsgestaltungen, die nicht im Verdacht stehen, durch übermäßige Zinsbelastungen inländische Gewinne mindern zu wollen. Gegenausnahmen zu den Ausnahmetatbeständen finden sich für Körperschaften in § 8a Abs. 2 und 3 KStG.

134 **b) Freigrenze.** Die Beschränkung des Zinsausgabenabzugs nach § 4h Abs. 1 EStG kommt nicht zu Anwendung, wenn der Betrag der Zinsaufwendungen, soweit er den Betrag der Zinseinnahmen übersteigt, weniger als drei Millionen Euro beträgt, § 4h Abs. 2 S. 1 lit. a EStG.[525] Bei dem Betrag handelt es sich um eine Freigrenze, dh bei Überschreiten des Betrags von 2.999.999,99 EUR entfällt die betragsmäßige Freistellung vollständig. Die Freigrenze gilt betriebsbezogen.[526] Derzeit ist zulässig, durch Verteilung des Geschäftsbetriebs eines Unternehmens auf mehrere Betriebe (Personengesellschaften oder Kapitalgesellschaften) bei jeder dieser Gesellschaften auszunutzen.

135 **c) Konzernungebundener Betrieb.** Gehört der Betrieb nicht oder nur anteilmäßig zu einem Konzern, findet die Zinsschranke keine Anwendung, § 4h Abs. 2 S. 1 lit. b EStG. Nach der Definition des Konzerns für die Zinsschranke in § 4h Abs. 3 S. 5 EStG gehört ein Betrieb zu einem Konzern, wenn er in Anwendung des nach Abs. 2 Satz 1 lit. c zugrunde gelegten Rechnungslegungsstandards mit einem oder mehreren anderen Betrieben konsolidiert wird oder konsolidiert werden könnte oder wenn seine Finanz- oder Geschäftspolitik mit einem oder mehreren anderen Betrieben einheitlich bestimmt werden kann, § 4h Abs. 5 S. 6 EStG.[527] Diese Voraussetzungen sind nur bei Betrieben gegeben, die weder als Tochterunternehmen in den Konzernabschluss eines anderen Unternehmens einbezogen werden noch als Mutterunternehmen ein oder mehrere Tochterunternehmen in ihren Konzernabschluss einzubeziehen haben. Etwas anderes gilt nur dann, wenn diese Unternehmen zugleich einen Organkreis bilden, so dass sie ein Unternehmen darstellen.[528] Als Ausnahme gilt die anteilmäßige Einbeziehung nach § 310 HGB oder IFRS 11, wobei letzterer auf vertragliche Vereinbarungen zur gemeinschaftlichen Kontrolle abzielt, die zur

---

[521] *Beußer* FR 2009, 49 ff.; *Hoffmann* DStR 2009, 257 f.
[522] BVerfG HFR 2017, 636.
[523] *Rödding* DStR 2009, 2649 (2650).
[524] *Dötsch/Pung/Möhlenbrock/Möhlenbrock/Pung* KStG § 8a Rn. 243; *Frotscher* in Frotscher/Drüen KStG § 8a Rn. 67m; *Herzig/Bohn* DStR 2009, 2341.
[525] Zunächst zeitlich begrenzt, G v. 16.7.2009 BGBl. 2009 I S. 1959, durch G v. 22.12.2009 BGBl. 2009 I S. 3950 dauerhaft auf 3 Mio. EUR angehoben.
[526] L. Schmidt/*Loschelder* EStG § 4h Rn. 9, 15.
[527] Zum Konzernbegriff *Weber-Grellet* DStR 2009, 557 ff.
[528] BMF 4.7.2008, BStBl. I 2008 S. 718 Rn. 65; L. Schmidt/*Loschelder* EStG § 4h Rn. 27; Beck'sches AG-HdB/*Rödder* § 13 Rn. 264.

anteiligen Konsolidierung nach Maßgabe der Beteiligungsquote bei gemeinschaftlich geführten Unternehmen führt.[529] Im Übrigen gilt infolge der Formulierung „einbezogen werden oder werden könnten" ein weiter Konzernbegriff.[530] Er wird noch zusätzlich erweitert durch die rechtlich unklare Erweiterung auf Betriebe, die unter einheitlicher Bestimmung der Finanz- und Geschäftspolitik stehen. Hierunter könnten Unternehmen fallen, die einen Gleichordnungskonzern bilden. Gedacht wurde dabei wohl an die Führung mehrerer Betriebe durch eine Person, die aber nicht selbst Unternehmen und deswegen nicht zur Aufstellung eines Konzernabschlusses verpflichtet ist. Diese Gestaltung ist bei Kapitalgesellschaften eher ungewöhnlich. Hingegen wird in nicht nachvollziehbarer Weise diskutiert, ob die GmbH & Co. KG einen Anwendungsfall bildet.[531]

Bei Kapitalgesellschaften kommt die Ausnahme nach lit. b nur zur Anwendung, wenn **136** nicht zugleich die Gegenausnahme nach § 8a Abs. 2 KStG erfüllt ist. Danach dürfen Vergütungen für Fremdkapital an einen mit mehr als einem Viertel unmittelbar oder mittelbar am Grund- oder Stammkapital beteiligten Anteilseigner, eine diesem nahestehende Person iSv § 1 Abs. 2 AStG oder einen Dritten, der auf den zu mehr als einem Viertel beteiligten Anteilseigner oder eine diesem nahe stehende Person zurück greifen kann, nicht mehr als 10 Prozent der die Zinserträge übersteigenden Zinsaufwendungen der Körperschaft iSd § 4h Abs. 3 EStG betragen; die Körperschaft muss dies nachweisen. Die wirtschaftliche Logik der Vorschrift ist kaum nachvollziehbar. Da auf den Zinssaldo als Bemessungsgrundlage für die Gegenausnahme abgestellt wird, können im Vergleich zur Gesamtfremdfinanzierung der Gesellschaft unbedeutende Beträge zum Verlust der Ausnahme nach § 4h Abs. 2 S. 1 lit. b EStG führen. Der Anwendungsbereich der Gegenausnahme wird durch eine weite Interpretation der Rückgriffsdefinition zusätzlich erweitert; als Rückgriff soll es genügen, wenn der Anteilseigner oder ein Nahestehender dem Dritten gegenüber faktisch für die Erfüllung der Schuld einsteht.[532]

d) Eigenkapitalvergleich bei konzernangehörigen Unternehmen. Eine dritte Aus- **137** nahmevorschrift enthält § 4h Abs. 2 S. 1 lit. c EStG mit der Regelung, dass die Zinsabzugsbegrenzungen nicht zur Anwendung kommen, wenn der Betrieb (zwar) zu einem Konzern gehört, die Eigenkapitalquote des Betriebs am Schluss des vorangegangenen Abschlussstichtags aber gleich hoch oder höher als die des Konzerns ist (Eigenkapitalvergleich). Lit. c lässt zu, dass die Eigenkapitalquote des Konzerns durch die des Betriebs um bis zu 2 Prozentpunkte unschädlich unterschritten werden darf.[533] Die Höhe des unschädlichen prozentualen Abweichung ist durch Gesetz v. 22.12.2009[534] ab VZ 2010 von einem auf zwei Prozentpunkte angehoben werden. Für Kapitalgesellschaften besteht zu dieser Ausnahme durch § 8a Abs. 3 KStG eine Gegenausnahme. Die Konzernausnahme durch Eigenkapitalvergleich kommt nicht zur Anwendung, wenn bei einem Konzernunternehmen eine schädliche Gesellschafterfremdfinanzierung vorliegt (dazu → Rn. 136). Bei der Prüfung der 10%-Grenze dürfen Vergütungen für einzelne qualifiziert beteiligte Gesellschafter nicht zusammen gezählt werden.[535]

---

[529] L. Schmidt/*Loschelder* EStG § 4h Rn. 27; Dötsch/Pung/Möhlenbrock/*Möhlenbrock/Pung* KStG § 8a Rn. 84; IAS 31 wurde durch IFRS 11 ersetzt.
[530] Beck'sches AG-HdB/*Rödder* § 13 Rn. 263.
[531] Zutr. verneint in BMF 4.7.2008, BStBl. I 2008 S. 718 Rn. 66; dazu Beck'sches AG-HdB/*Rödder* § 13 Rn. 164.
[532] Beck'sches AG-HdB/*Rödder* § 13 Rn. 266; im Vergleich dazu enger BMF 15.7.2004, BStBl. I 2004 S. 593; 22.7.2005, BStBl. I 2005 S. 829.
[533] L. Schmidt/*Loschelder* EStG § 4h Rn. 17; *Hennrichs* DB 2007, 2101; *Hoffmann* Zinsschranke Rn. 521 ff.; Littmann/Bitz/*Pust* EStG § 4h Rn. 208 ff.; *Pawelzik* DB 2008, 2439; *ders.* Ubg 2009, 50; *Schulz* DB 2008, 2043.
[534] BGBl. 2009 I S. 3950.
[535] BFH 11.11.2015 – I R 57/13, BStBl. II 2017, 319 gegen BMF 4.7.2008, BStBl. I 2008 S. 718 Rn. 82 Satz 2.

138 Konzernangehörig ist ein Betrieb, wenn er nach dem in Abs. 2 zugrunde gelegten Rechnungslegungsstandard mit einem oder mehreren anderen Betrieben konsolidiert wird oder werden kann oder wenn seine Finanz- oder Geschäftspolitik mit anderen Betrieben einheitlich koordiniert wird, § 4h Abs. 3 S. 5 und 6 EStG. Für den Eigenkapitalvergleich wird auf den Konzernabschluss abgestellt, wobei für Zwecke des § 4h Abs. 3 S. 5 und 6 EStG auf den weitest möglichen Konsolidierungskreis abgestellt wird.[536] Maßgeblich für die Bestimmung des Konsolidierungskreises ist der anzuwendende Rechnungslegungsstandard. Dieser bestimmt auch, welches Unternehmen (Betrieb) das Mutterunternehmen und damit der oberste Rechtsträger im Konzern ist, der den Konzernabschluss aufzustellen hat oder dies könnte. Das Steuerrecht bestimmt den Betrachtungskreis der für die Zinsschranke maßgeblichen Unternehmen nicht autonom, sondern lehnt sich an in anderen Rechtsvorschriften enthaltene Regelungen an. Da nach § 4h Abs. 3 S. 5 EStG auch ein möglicher Konsolidierungskreis von Bedeutung ist, kann der Konzern, dem der für die Zinsschranke zu betrachtende Betrieb angehört, gegebenenfalls verpflichtet sein, für Zwecke der Zinsschranke den Konsolidierungskreis zu erweitern.[537]

139 Die für den Konzernabschluss maßgeblichen Rechnungslegungsgrundsätze werden durch § 4h Abs. 2 S. 1 lit. c S. 8 ff. EStG bestimmt. In erster Linie ist auf die Rechnungslegungsgrundsätze der International Financial Reporting Standards (IFRS) abzustellen.[538] Das für die Anwendung nationaler Steuervorschriften die Anwendung internationaler Rechnungslegungsgrundsätze vorgreiflich ist, ist kritisch zu sehen.[539] Nach Art. 4 IAS-VO sind Konzernabschlüsse nach IFRS durch kapitalmarktorientierte Unternehmen aufzustellen. Deutsche kapitalmarktorientierte Unternehmen sind nach § 315a Abs. 1 und 2 HGB verpflichtet, nach den IFRS-Rechnungslegungsgrundsätzen in deren jeweils geltenden Fassung einen Konzernabschluss aufzustellen,[540] andere Mutterunternehmen dürfen nach diesen Vorschriften einen Konzernabschluss aufstellen, § 315a Abs. 3 HGB. Ist kein Konzernabschluss nach IFRS-Grundsätzen aufgestellt und offenzulegen und wurde auch für keines der letzten fünf Wirtschaftsjahre gegebenenfalls auch freiwillig[541] kein solcher Abschluss erstellt, darf nach § 4h Abs. 2 lit. c S. 9 EStG auch ein Abschluss nach dem Handelsrecht eines EU-Mitgliedstaates, in Deutschland also nach §§ 290 ff. HGB, verwendet werden. Schließlich ist auf einen Konzernabschluss nach den Generally Accepted Accounting Principles der Vereinigten Staaten von Amerika (US-GAAP) abzustellen, wenn weder ein Konzernabschluss nach IFRS- noch nach landesrechtlichen Vorschriften zu erstellen und offen zu legen ist. Besteht nach den anzuwendenden Vorschriften über die Rechnungslegung keine Verpflichtung, einen Konzernabschluss nach IFRS, US-GAAP oder HGB aufzustellen, kann für den konzernangehörigen Betrieb von § 4h Abs. 2 lit. c EStG nur Gebrauch gemacht werden, wenn freiwillig für den Konzern ein solcher Abschluss aufgestellt wird. Wird dieser nach IFRS erstellt, schließt das die Anwendung der landesrechtlichen Vorschriften aus.[542] Der Konzernabschluss muss nach § 4h Abs. 2 S. 1 lit. c S. 10 EStG den handelsrechtlichen Anforderungen entsprechen oder die Voraussetzungen für die befreiende Wirkung nach §§ 291, 292 HGB entfalten. Das erfordert, dass der Abschluss von einem Abschlussprüfer geprüft und in deutscher Sprache offen gelegt wird.

140 Für die Einbeziehung in den Konzernabschluss gelten die jeweils maßgeblichen Standards, insbesondere somit IFRS. Die Einbeziehung nach IFRS erfolgt nunmehr nach IFRS 10 (bisher IAS 27 iVm SIC 12), der die Konsolidierungspflicht derjenigen Einheit zuweist,

---

[536] BT-Drs. 16/4841, 50; Gosch/*Förster* KStG § 8a Rn. 173 ff.
[537] Gosch/*Förster* KStG § 8a Rn. 186 f.
[538] EG-VO Nr. 1606/2002 v. 19.7.2002 ABl. 2002 L 243, S. 1 zuletzt geändert durch Art. 1 ÄndVO (EG) 297/2008 v. 11.3.2008 ABl. 2008 L 97, S. 62.
[539] *Kahle/Dahlke/Schulz* StuW 2008, 266 (269); *Stibi/Thiele* BB 2008, 2507 (2509); L. Schmidt/ Loschelder EStG § 4h Rn. 17.
[540] Beck'scher BilKomm./*Ellrott/Kozikowski/Ritter* § 315a Rn. 1 f.
[541] Gosch/*Förster* KStG § 8a Rn. 181 f.
[542] Gosch/*Förster* KStG § 8a Rn. 185.

die die Fähigkeit und Machtstellung (Verfügungsgewalt) hat, die andere Einheit insbesondere im Hinblick auf die Höhe der deren variablen (dh idR gewinnabhängigen) Rückflüsse zu beeinflussen und dadurch auch dem Risiko schwankender Renditen ausgesetzt zu sein, IFRS 10.7. Diese Machtstellung beinhaltet die Verfügungsgewalt, wen er die gegenwärtige Fähigkeit aufweist, die für die Höhe der Renditen maßgeblichen Tätigkeiten zu beeinflussen, IFRS 10.10, die zB auf einer gesellschaftsrechtlich vermittelten Stimmrechtsmacht oder anderen gesellschaftsrechtlichen Mechanismen der Einflussnahme beruht (IFRS 10. 11 ff.), kann aber auch auf nicht gesellschaftsrechtlichen Mechanismen, wie einer wirtschaftlichen Abhängigkeiten des anderen Unternehmens beruhen. Infolge dessen können Unternehmen auch ohne gesellschaftsrechtliche Verflechtung einbezogen werden, wenn die herrschende Einheit den Zugriff auf deren *variable returns* besitzt (IFRS 10.14). Zu letzteren Unternehmen gehören zB Verbriefungsgesellschaften, die in der Regel in den Konzernabschluss des Originators einbezogen werden. Diese Unternehmen sollen jedoch gleichwohl nicht zum Konsolidierungsbereich des Konzerns für Zwecke der Zinsschranke gehören.[543]

141 Da die internationalen Rechnungslegungsgrundsätze oder US-GAAP in Deutschland lediglich für den Konzernabschluss anzuwenden sind, kann es vorkommen, dass dieser von den Rechnungslegungsvorschriften abweicht, nach denen der Jahresabschluss (oder Einzelabschluss) erstellt wurde. In diesem Fall muss der Jahresabschluss in einer Überleitungsrechnung angeglichen werden, um die Vergleichbarkeit herzustellen. Diese Überleitungsrechnung ist einer prüferischen Durchsicht zu unterziehen und gegebenenfalls durch einen Abschlussprüfer zu testieren, § 4h Abs. 2 S. 1 lit. c S. 11–13 EStG.[544]

142 Konzernabschluss und Jahresabschluss oder Einzelabschluss müssen, um den Eigenkapitalvergleich zu ermöglichen, vergleichbar sein. Dementsprechend gilt das Einheitlichkeitsgebot in § 4h Abs. 2 S. 1 lit. c S. 4 EStG, der zumindest regelt, dass in beiden Abschlüssen ausübbare Wahlrechte gleich ausgeübt werden müssen. Das gilt nur, wenn in beiden Abschlüssen dasselbe Wahlrecht zur Verfügung steht.[545] Ferner sind bestimmte Anpassungen erforderlich, wenn die Eigenart der IFRS-Rechnungslegung mit dem Verständnis der steuerrelevanten Rechnungslegung nicht in Einklang zu bringen ist. Da nach IAS 32.18b (in der ab 1.1.2005 anzuwendenden Fassung mit nachfolgenden Änderungen) und in Einzelfällen auch nach IAS 32.16A und 32.16B (rev. 2008) bei Personengesellschaften wegen des Bestehen von Kündigungsrechten kein Eigenkapital, sondern eine Verbindlichkeit anzusetzen ist, sieht § 4h Abs. 2 S. 1 lit. c S. 4 Hs. 2 EStG vor, dass in diesen Fällen das Eigenkapital stets mit dem Betrag anzusetzen ist, der nach den Vorschriften des HGB anzusetzen wäre.[546]

143 Das maßgebliche Verhältnis der Eigenkapitalquoten ermittelt sich durch Vergleich der jeweils für den Konzernabschluss, in den der betreffende Betrieb einbezogen wurde, und für den Jahres- oder Einzelabschluss des Betriebs festgestellten Eigenkapitalquote. Die Eigenkapitalquote bestimmt sich aus dem Verhältnis des Eigenkapitals zur Bilanzsumme, § 4h Abs. 2 S. 1 lit. c S. 4 EStG. Die zu vergleichenden Abschlüsse sind nach denselben Rechnungslegungsregelungen aufzustellen, bestehende Wahlrechte sind einheitlich auszuüben.[547] Das Eigenkapital des einbezogenen Betriebs ist nach Satz 5 um einen im Konzernabschluss enthaltenen Firmenwert zu erhöhen, soweit er auf den Betrieb entfällt; nach Auffassung der Finanzverwaltung sind auch andere mitbezahlte stille Reserven zu

---

[543] BMF 4.7.2008, BStBl. I 2008 S. 718 Rn. 67; L. Schmidt/Loschelder EStG § 4h Rn. 27; Dötsch/Pung/Möhlenbrock/*Möhlenbrock*/*Pung* KStG § 8a Rn. 83 f.

[544] *Hennrichs* DStR 2007, 1926.

[545] Gosch/*Förster* KStG § 8a Rn. 193; L. Schmidt/*Loschelder* EStG § 4h Rn. 17.

[546] BT-Drs. 16/5491, 40, ferner BT-Drs. 16/4841, 49; *IDW* IDW-FN 2007, 641; *Hennrichs* DB 2007, 2106; *Dörfler* BB 2007, 1084; *Ganssauge*/*Mattern* DStR 2008, 219; *v. Lishaut*/*Schumacher*/*Heinemann* DStR 2008, 2345 f.; Gosch/*Förster* KStG § 8a Rn. 193 f.; *Baetge*/*Winkeljohann*/*Haenelt* DB 2008, 1519 ff.; *Kraft* ZGR 2008, 339.

[547] L. Schmidt/Loschelder EStG § 4h Rn. 17.

berücksichtigen.⁵⁴⁸ Das ist konsequent, als der selbst geschaffene Firmenwert und andere durch den Erwerb aufgedeckte stille Reserven sonst nur im Konzernabschluss enthalten wären. Der Verweis auf den Ansatz der Hälfte des Betrags von Sonderposten mit Rücklageanteil nach § 273 HGB ist seit dem Wegfall von § 273 HGB nach Maßgabe des BilMoG gegenstandslos geworden. Eine Verringerung des Eigenkapitals des Betriebs ist vorgeschrieben für das Eigenkapital, das keine Stimmrechte vermittelt, Satz 5 Hs. 2, bei einer AG oder KGaA geht es somit auch um den Betrag des Eigenkapitals, für den Vorzugsaktien ausgegeben wurden. Diese Auslegung erscheint widersinnig; der einschränkenden Auslegung der Finanzverwaltung, dies auf Eigenkapital, das wie Mezzanine-Kapital keine Stimmrechte vermittelt unter Ausnahme der Vorzugsaktien zu beschränken, ist sachgerecht, wenn es darum geht, als Eigenkapital ausgewiesenes Kapital, auf das Vergütungen wie für Fremdkapital entrichtet werden, zu konkretisieren.⁵⁴⁹ Zu kürzen sind weiterhin im Abschluss des Betriebs die Anteile an anderen Konzerngesellschaften (gleichgültig, ob Personen- oder Kapitalgesellschaften⁵⁵⁰). Hierdurch soll ein Kaskadeneffekt vermieden werden,⁵⁵¹ doch ist die Regelung fragwürdig, da ein korrespondierender Abzug bei den Verbindlichkeiten unterbleibt und somit unterstellt wird, die Beteiligung sei ausschließlich mit Eigenkapital refinanziert worden.⁵⁵² Eine weitere Restriktion gilt für nur vorübergehend dem Betrieb überlassenes Eigenkapital. Einlagen, die in den letzten sechs Monaten vor dem Abschlussstichtag geleistet wurden, sind nicht als Eigenkapital zu berücksichtigen, soweit diesen Entnahmen oder Ausschüttungen innerhalb der ersten sechs Monate nach dem maßgeblichen Abschlussstichtag entgegenstehen. Diese Regelung soll der Vermeidung von Missbräuchen dienen.

144 Die Anwendung der konzernbezogenen Ausnahmeregelung hat zu unterbleiben, wenn der Nachweis nicht gelingt, dass bei keinem der in den Konzernabschluss einbezogenen Rechtsträger keine schädliche Gesellschafterfremdfinanzierung vorliegt, § 8a Abs. 3 S. 1 KStG. Danach dürfen Vergütungen für Fremdkapital, das ein zu demselben Konzern gehörender Rechtsträger von einem mit mindestens 25 % unmittelbar oder mittelbar beteiligten Gesellschafter oder einer diesem im Sinne von § 1 Abs. 2 AStG nahestehenden Person erhält, oder von Dritten, die auf den wesentlich beteiligten Gesellschafter oder die nahestehende Person zB aus einer Bürgschaft, einer Garantie oder einer Patronatserklärung zurückgreifen können,⁵⁵³ nicht mehr als 10 % der die Zinserträge des Rechtsträgers übersteigenden Zinsaufwendungen betragen. Es ist gleichgültig, wie die Finanzierung ausgestaltet ist.⁵⁵⁴ Der das Gesellschafterdarlehen erhaltende Betrieb braucht mit dem, um dessen Ermittlung der Zinsschranke es geht, nichts zu tun haben, es kann auch ein Betrieb im Ausland sein. Als Besonderheit des Konzern gilt, dass Satz 1 nur für die im Konzernabschluss ausgewiesenen Verbindlichkeiten gilt, nicht hingegen für Finanzierungen, die der Schuldenkonsolidierung unterlegen haben und demzufolge im Konzernabschluss nicht ausgewiesen werden. Im Ergebnis bleiben nur Finanzierungsvorgänge durch nicht konsolidierte Gesellschafter (und Nahestehende sowie zum Rückgriff berechtigte Dritte), die aber mit mindestens 25 % an einem einbezogenen Betrieb beteiligt sind.⁵⁵⁵ Da im weit gezogenen Konzern der Nachweis schwerlich zu erbringen ist, wird der Ausnahmeregelung des § 4h Abs. 2 S. 1 lit. c EStG in der Praxis keine Bedeutung beigemessen.

145 § 4h Abs. 2 S. 1 lit. c S. 14 KStG verlangt von den Betrieben ein hohes Maß an Richtigkeitsgewähr bei der Erstellung der Abschlüsse für den Konzern oder den Betrieb. Sollten

---

⁵⁴⁸ BMF 4.7.2008, BStBl. I 2008 S. 718 Rn. 73; Gosch/*Förster* KStG § 8a Rn. 210; *Pawelzik* Ubg 2009, 50 ff.
⁵⁴⁹ BMF 4.7.2008, BStBl. I 2008 S. 718 Rn. 75; Gosch/*Förster* KStG § 8a Rn. 214.
⁵⁵⁰ BMF 4.7.2008, BStBl. I 2008 S. 718 Rn. 74.
⁵⁵¹ BT-Drs. 16/4835, 2; Gosch/*Förster* KStG § 8a Rn. 213.
⁵⁵² Gosch/*Förster* KStG § 8a Rn. 213.
⁵⁵³ BFH BStBl. II 2007 S. 384 (385); Gosch/*Förster* KStG § 8a Rn. 242 f.
⁵⁵⁴ Gosch/*Förster* KStG § 8a Rn. 228 ff.
⁵⁵⁵ Beck'sches AG-HdB/*Rödder* § 13 Rn. 271.

durch einen unzutreffenden Abschluss höhere Zinsen abgezogen worden sein als zulässig, ist ein Zuschlag nach § 162 Abs. 4 S. 4–6 AO festzusetzen.

4. Besonderheiten der Zinsschrankenregelungen bei Personengesellschaften. 146
Nach dem Transparenzprinzip sind Personengesellschaften, bei denen die Partner Mitunternehmer sind, nicht selbst von der Zinsschranke betroffen. Die Wirkungen zeigen sich bei den einzelnen Mitunternehmern. Eine Personengesellschaft hat nur einen Betrieb, der jedenfalls für steuerliche Zwecke das gesamte Vermögen der Personengesellschaft als auch das Vermögen in Ergänzungs- und Sonderbilanzen der Gesellschafter umfasst;[556] hierdurch werden Zinsaufwendungen des Gesellschafters der Personengesellschaft zugerechnet. Bei der Ermittlung des von der Zinsschranke betroffenen Zinsaufwands werden Sonderbetriebsausgaben in Form von Zinsen eines Gesellschafters dem steuerlichen Gewinn aller Gesellschafter hinzugerechnet, was zu erheblichen Verschiebungen der Steuerbelastung führen kann.

Ist eine Personengesellschaft, bei der die Gesellschafter als Mitunternehmer anzusehen 147
sind, einer Körperschaft unmittelbar nachgeordnet, gilt für die Gesellschaft § 8a Abs. 2 und 3 KStG entsprechend, § 4h Abs. 2 S. 2 EStG. Durch die Regelung sollen sonst gegebene Gestaltungsspielräume in der Finanzierung geschlossen werden.[557] Sie betrifft eine Umgehung der Gesellschafterfremdfinanzierungsregelungen in Bezug auf die beteiligte Körperschaft, die sich nicht mittelbar über die Personengesellschaft fremd finanzieren soll. Die entsprechende Anwendung von § 8a Abs. 2 und 3 KStG greift, wenn die Personengesellschaft von einem Anteilseigner, der an der Körperschaft zu mindestens 25 % beteiligt ist oder einer diesem nahestehenden Person oder einem Dritten, der auf die vorgenannten Rückgriff nehmen kann, Fremdkapital aufnimmt, auf das Vergütungen geleistet werden, die die 10 %-Grenze überschreiten. Bei der Hinzurechnung der Zinsbeträge sind allerdings nur diejenigen zu erfassen, die nach dem Gewinnverteilungsschlüssel auf die übergeordnete Kapitalgesellschaft entfallen.[558]

V. Beschränkungen des Betriebsausgabenabzugs bei Rechteüberlassung

1. Allgemeines. Durch das G gegen schädliche Steuerpraktiken im Zusammenhang mit 148
Rechteüberlassungen[559] wurde § 4j EStG eingefügt. Die Vorschrift schränkt die Abzugsfähigkeit von Aufwendungen für überlassene Rechte ein; sie ist eine nationale Abwehrmaßnahme und Reaktion auf den BEPS-Aktionspunkt Nr. 5 zur wirksamen Bekämpfung schädlicher Steuerpraktiken und auf die Praxis verschiedener Staaten, die zT auch Mitgliedstaaten der EU sind, durch steuerliche Präferenzen das Überlassen von Rechten an Dritte zu begünstigen (zB Lizenzboxen). Im Rahmen solcher Regelungen werden Einkünfte aus Rechteüberlassungen entweder partiell steuerbefreit[560] oder für solche Einkünfte kommen begünstigte Steuersätze zur Anwendung.[561] Die internationalen Vorgaben zielen indes, anders als § 4j EStG auf die Begrenzung der Gewährung von Präferenzregelungen ab, die Lizenzeinnahmen begünstigen dürfen, die Unternehmen erzielen, die im eigenen Land Forschungs- und Entwicklungsausgaben tätigen. Für die bestehenden Regelungen gibt es eine Übergangsfrist bis zum 30.6.2021. Die neue Regelung begrenzt nach Maßgabe der

---

[556] BMF 4.7.2008, BStBl. I 2008 S. 718 Rn. 6 und 52; L. Schmidt/*Loschelder* EStG § 4h Rn. 17; Dötsch/Pung/Möhlenbrock/*Möhlenbrock*/*Pung* KStG § 8a Rn. 56, 158; Beck'sches AG-HdB/*Rödder* § 13 Rn. 248.
[557] Gosch/*Förster* KStG § 8a Rn. 239.
[558] Gosch/*Förster* KStG § 8a Rn. 246; Schmitz-Herscheidt BB 2008, 703; Hermann/Heuer/Raupach/*Prinz* KStG § 8a Anm. J 07–15; *van Lishaut/Schumacher/Heinemann* DStR 2008, 2347; aA Ernst & Young/BDI Unternehmensteuerreform 2008, Kap. II D Rn. 162.
[559] G v. 27.6.2017 BGBl. 2017 I S. 2074.
[560] ZB Zypern mit einer Steuerfreistellung iHv 80 %.
[561] ZB Niederlande 5 %, Großbritannien 10 %.

Einzelvorschriften den Betriebsausgabenabzug von Aufwendungen für überlassene Rechte; sie findet ab dem 1.1.2018 Anwendung.[562]

149 **2. Tatbestandsvoraussetzungen im Einzelnen.** Die Lizenzschranke nach § 4j Abs. 1 EStG betrifft die Abzugsfähigkeit bestimmter Aufwendungen für die Überlassung der Nutzung oder des Rechts auf Nutzung von Rechten, und zwar insbesondere von Urheberrechten und gewerblichen Schutzrechten, von gewerblichen, technischen, wissenschaftlichen und ähnlichen Erfahrungen, Kenntnissen und Fertigkeiten.[563] Die Unionsrechts- sowie die Verfassungsmäßigkeit der Regelungen wird angezweifelt.[564] Das gilt zB für die Nutzung von oder des Rechts zur Nutzung von Plänen, Mustern und Verfahren. Solche Aufwendungen sind, wenn sie nach allgemeinen Kriterien als Betriebsausgabe abzugsfähig wären, nur nach Maßgabe von § 4j Abs. 3 EStG, also eingeschränkt abzugsfähig (dazu → Rn. 152 f.), wenn die Einnahmen des Gläubigers dieser Entgelte einer niedrigen Besteuerung, wie sie in Abs. 2 beschrieben wird, unterliegt. Das Gesetz bezeichnet diese niedrige Besteuerung als Präferenzbesteuerung. Voraussetzung der Einschränkung ist ferner, dass der Gläubiger eine dem Schuldner im Sinne von § 1 Abs. 2 AStG nahestehende Person ist; Vergütungen dieser Art zwischen fremden Dritten unterliegen solchen Abzugseinschränkungen nicht. Hat der Gläubiger die Rechte seinerseits ebenfalls überlassen bekommen, kommt es darauf an, dass dessen Gläubiger nahestehende Person ist und einer Präferenzbesteuerung unterliegt. Damit soll unterbunden werden, dass die Rechte bei Durchleitungsfällen Aufwendungen aus der Weitergabe abzugsfähig wären; Betriebsstätten werden gleichbehandelt, § 4j Abs. 1 S. 3 EStG. Eine Ausnahme gilt, wenn bei sonst gegebenen Voraussetzungen die Einnahmen des Gläubigers oder eines weiteren Gläubigers einer Präferenzregelung unterliegen, die dem Nexus-Ansatz nach Kapitel 4 des Abschlussberichts 2015 zu Aktionspunkt 5, OECD (2016) entspricht. Nach diesem Ansatz werden bestimmte Präferenzregime zugelassen, wenn sie Steuervergünstigungen nur für solche Einnahmen gewähren, die aus geistigem Eigentum auf Grund einer (eigenen) wesentlichen Geschäftstätigkeit des Lizenzgebers resultieren. Ob das der Fall ist, bestimmt sich nach den dafür aufgewendeten Ausgaben. Es geht vor allem um Ausgaben für Forschung und Entwicklung, die durch das Unternehmen selbst oder durch fremde Dritte geleistet sein müssen.

150 Nach § 4j Abs. 2 S. 1 EStG liegt eine niedrige Besteuerung des Gläubigers oder weiterer Gläubiger vor, wenn dieser einer Belastung mit Ertragsteuern von weniger als 25 % unterliegt. Bei der Bemessung der Steuerbelastung sind alle Regelungen zu berücksichtigen, die für die Besteuerung von Bedeutung sind, insbesondere solche, die sich auf die Besteuerung der Einnahmen aus der Rechtsüberlassung zB durch Kürzungen, Befreiungen, Gutschriften oder Ermäßigungen auswirken. Sind mehrere Gläubiger in einer Kette tätig, gilt die niedrigste Besteuerung als maßgeblich.

151 Die Regelungen des § 4j EStG finden nur bei Gläubigern Anwendung, die nicht ebenfalls im Inland ansässig sind. Kommt es infolge der Unternehmensverbindung zu dem Gläubigerunternehmen zu einer Hinzurechnung im Sinne von § 10 Abs. 1 S. 1 AStG, geht die Hinzurechnung der Anwendung des § 4j EStG vor, § 4j Abs. 1 S. 5 EStG.[565]

152 **3. Rechtsfolgen.** Die Rechtsfolge besteht in einer Abzugsbeschränkung für die Aufwendungen aus der Nutzung der Rechte nach § 4j Abs. 1 S. 1 EStG. Die Höhe der Abzugsbeschränkung ergibt sich aus § 4j Abs. 3 EStG und richtet sich nach dem Verhältnis er

---

[562] § 52 Abs. 8a EStG; *van Lück* IWB 2017, 565; *Heil/Pupeter* BB 2017, 1947.
[563] Zu den Tatbeständen *Grotherr* Ubg 2017, 233; *Benz/Böhmer* DB 2017, 206; *Schneider/Junior* DStR 2017, 417; *Ditz/Quilitzsch* DStR 2017, 1561; *C. Link* DB 2017, 2372; *Schnitger* DB 2017, 147; *Hagemann/Kahlenberg* ISR 2017, 413; *dies.* IStR 2017, 1001; *Loose* RIW 2017, 655; *Moritz/Baumgartner* DB 2018, 2135.
[564] *Pötsch* DStR 2018, 761; *Richter/John* ISR 2018, 109; *Hagemann/Kahlenberg* FR 2017, 1125; *Schnitger* DB 2018, 147.
[565] *Moser* FR 2018, 309; *ders.* IStR 2018, 313; *Kramer* ISR 2018, 1.

ermittelten Steuerbelastung zu 25 %, dh der abzugsfähige Teil wird immer kleiner, je größer die Präferenz und damit je niedriger die tatsächliche Steuerbelastung ist. Unterliegt der Gläubiger keiner Steuer, entfällt demnach der Betriebsausgabenabzug gänzlich.

Der infolge des verringerten Abzugs ermittelte Gewinn ist nach § 7 Abs. 1 GewStG 153 auch für die Ermittlung des Gewerbeertrags maßgeblich und wirkt sich somit auch auf den Gewerbeertrag aus. Aufwendungen, die infolge der Lizenzschrankenregelung nicht abzugsfähig sind, finden bei der gewerbesteuerlichen Hinzurechnung nach § 8 Abs. 1 Nr. 1 Buchstabe f GewStG keinen Niederschlag.[566]

VI. Verlustnutzung bei der AG

1. Behandlung von Verlusten bei Kapitalgesellschaften. a) Grundlagen. Die Ermittlung des für steuerrechtliche Zwecke maßgeblichen Einkommens der AG nach Maßgabe der durch steuerrechtliche Vorschriften modifizierten Gewinnermittlungsregelungen des HGB (vgl. § 8 Abs. 1, 2 KStG) kann zu einem Jahresfehlbetrag und damit zu „negativen Einkünften" oder einem „Verlust" führen. Da eine AG als Körperschaft ausschließlich Einkünfte aus Gewerbebetrieb erzielt (§ 8 Abs. 2 KStG), besteht bei ihr nicht die Möglichkeit zur Verrechnung des aus gewerblicher Tätigkeit erzielten Verlusts mit anderen Einkünften. Die negativen Einkünfte der AG sind, abgesehen von Sonderfällen,[567] infolge des gesellschafts- und steuerrechtlichen Trennungsprinzips mit Ausnahme von Organschaftsgestaltungen nicht mit den Einkünften der Gesellschafter verrechenbar. Die nachstehende Darstellung befasst sich ausschließlich mit der Verlustnutzung auf der Ebene der Aktiengesellschaft selbst. 154

Maßgeblich für die Ermittlung des steuerrechtlichen Verlusts der AG sind die einkommensteuerrechtlichen Vorschriften über die Gewinnermittlung, die durch die körperschaftsteuerrechtlichen Sondervorschriften ergänzt werden, § 8 Abs. 1 KStG.[568] Die abziehbaren Aufwendungen nach § 9 KStG und die nichtabziehbaren Aufwendungen nach § 10 KStG sind bereits vor der Ermittlung des Gesamtbetrags der Einkünfte zu berücksichtigen und erhöhen oder verringern den steuerlichen Verlust.[569] Einkünfte, die (ganz oder teilweise) einer sachlichen Steuerbefreiung unterliegen oder bei der Ermittlung des Einkommens außer Ansatz bleiben (zB § 8b KStG) dürfen nicht mit einem ohne sie entstehenden Verlust verrechnet werden. 155

b) Der steuerrechtliche Verlustvor- und -rücktrag bei der AG. Das KStG enthält keine eigenständigen, abschließenden Vorschriften über die Behandlung eines entstandenen Verlustbetrags. Nach § 8 Abs. 1 KStG[570] gehört zu den bei der körperschaftsteuerrechtlichen Einkommensermittlung zu beachtenden Vorschriften auch § 10d EStG mit den dort getroffenen Regelungen über den Verlustabzug. § 10d EStG wurde in den letzten Jahren immer wieder geändert[571] und durch weitere Vorschriften über die Begrenzung der Verlustnutzung ergänzt.[572] Die Begrenzung des sachlichen Verlustausgleichs nach § 15b EStG kann als Begrenzung des objektiven Nettoprinzips auch eine AG betreffen.[573] 156

---

[566] *Benz/Böhmer* DB 2017, 206 (210).
[567] Vgl. zB die steuerliche Organschaft, dazu § 72 Abschn. V oder der Abschluss einer stillen Gesellschaft mit einem Aktionär.
[568] § 8 Abs. 1 KStG iVm R 8.1 KStR, §§ 9, 10 KStG; Dötsch/Pung/Möhlenbrock/*Dötsch* KStG § 8 Abs. 4 Rn. 2.
[569] BFH BStBl. II 1982 S. 177; R 7.1 KStR; vgl. → Rn. 8.
[570] R 8.1 Abs. 1 Nr. 1 KStR und → Rn. 1 ff.
[571] ZB durch StEntlG 1999/2000/2002 v. 24.3.1999 BGBl. 1999 I S. 402; StSenkG v. 23.10.2000 BGBl. 2000 I S. 1433; G. 20.2.2013, BGBl. 2013 I S. 285.
[572] ZB durch Begrenzung des horizontalen Verlustausgleichs durch § 15b EStG.
[573] BMF 29.1.2008, BStBl. I 2007 S. 542; L. Schmidt/*Seeger* EStG § 15b Rn. 3; *Söffing* DB 2000, 2340 ff.

157 Nach § 10d Abs. 1 EStG in seiner ab dem Gesetz v. 20.2.2013 geltenden Fassung[574] sieht vor, dass negative Einkünfte, die bei der Ermittlung des Gesamtbetrags der Einkünfte nicht ausgeglichen waren, bis zu einem Betrag in Höhe von 1.000.000 EUR vom Gesamtbetrag der Einkünfte des unmittelbar vorangegangenen Veranlagungszeitraums abgezogen werden dürfen (**Verlustrücktrag**). Nach § 10d Abs. 1 S. 5 und 6 EStG ist auf Antrag des Steuerpflichtigen ganz oder teilweise von der Anwendung des Verlustrücktrags abzusehen.[575]

158 Nicht nach § 10d Abs. 1 S. 1 EStG abgezogene und nicht ausgeglichene negative Einkünfte durften in den folgenden Veranlagungszeiträumen vom Gesamtbetrag der Einkünfte abgezogen werden (**Verlustvortrag**). Auf einen Verlustvortrag kann der Steuerpflichtige hingegen nicht verzichten. Der Verlustvortrag ist nach der derzeitigen Rechtslage zeitlich unbegrenzt.[576] Durch das Gesetz v. 22.12.2003 (BGBl. 2003 I S. 2840) wurde die Verrechnung von nicht ausgeglichenen negativen Einkünften in den nachfolgenden Veranlagungszeiträumen der Höhe nach begrenzt. Nach § 10d Abs. 2 EStG dürfen bis zu einem Gesamtbetrag der Einkünfte in Höhe von 1 Mio. EUR Verlustbeträge unbegrenzt, darüber hinaus nur bis zu 60 von Hundert des 1 Mio. EUR übersteigenden Gesamtbetrags der Einkünfte abgezogen werden (**Mindestbesteuerung**). Die Regelung beabsichtigt die Verstetigung des Steueraufkommens.[577]

159 **c) Verfahrensrechtliche Besonderheiten.** § 10d Abs. 4 S. 1 EStG schreibt vor, dass der am Schluss eines Veranlagungszeitraums verbleibende Verlustvortrag gesondert festzustellen ist. Dies gilt auch die die AG. Der verbleibende Verlustvortrag ist der Betrag, der im Verlustjahr als steuerlicher Verlust nach Verminderung um einen in einen früheren Veranlagungszeitraum zurückgetragenen Betrag und, in einem dem Verlustentstehungsjahr folgenden Jahr um den als Verlustvortrag aus dem Vorjahr abgezogenen Betrag zum Ende des Veranlagungszeitraums verbleibt.[578] Das Feststellungsverfahren folgt den Regelungen des § 179 Abs. 1 AO. Die Feststellung ist Grundlagenbescheid für die folgenden Veranlagungen der Körperschaftsteuer und für folgende Verlustvortragsfeststellungsbescheide.[579] Durch den Feststellungsbescheid wird neben der Höhe auch die steuerliche Abzugsfähigkeit des Verlustbetrags nach Maßgabe der zum Feststellungszeitpunkt geltenden Rechtslage festgestellt.[580] Wird der zugrundeliegende Körperschaftsteuerbescheid mit Auswirkung auf den festzustellenden Verlust geändert, erfolgt eine Folgeänderung des Feststellungsbescheids.[581]

160 **2. Körperschaftsteuerrechtliche Voraussetzungen des Verlustabzugs der AG.** Ein nach einkommensteuerrechtlichen und körperschaftsteuerrechtlichen Vorschriften ermittelter Verlust der AG kann nur unter den Voraussetzungen des § 8c KStG abgezogen werden. Durch § 8c KStG[582] wurde zugleich die bisherige Regelung in § 8 Abs. 4 KStG aufgehoben und das Recht über die Regelungen zum Verlustabzug im Wesentlichen neu gestaltet. Mit der Neuregelung wurde eine Abkehr von dem Prinzip vollzogen, dass ein

---

[574] G v. 20.2.2013 BGBl. 2013 I S. 285.
[575] Dötsch/Pung/Möhlenbrock/*Dötsch* KStG § 8 Abs. 4 Rn. 8; L. Schmidt/*Heinicke* EStG § 10d Rn. 20, 27 mwN.
[576] Die Vorschläge des Kabinettsentwurfs eines StVergAbG v. 21.11.2002 (BR-Drs. 15/287) zu § 10d Abs. 2 EStG, den Verlustvortrag auf einen Zeitraum von sieben Jahren zu beschränken, wurden nicht umgesetzt.
[577] Begr. zu § 10d EStG-E, BT-Drs. 15/1518 und 15/1665; dazu *Herzig/Wagner* WPg 2004, 53; die Regelungen über die Mindestbesteuerung sind grundsätzlich verfassungsgemäß, BFH AG 2017, 243; NZG 2018, 1357 mit Anm. *Crezelius*.
[578] Dötsch/Pung/Möhlenbrock/*Dötsch*, KStG § 8 Abs. 4 Rn. 9 f.; L. Schmidt/*Heinicke* EStG § 10d Rn. 40 ff. mwN.
[579] BFH BStBl. II 1999 S. 731; BFH/NV 1999, 469; 2000, 948; 2001, 589; BStBl. II 2004 S. 551.
[580] BFH BStBl. II 2004 S. 468.
[581] BFH BFH/NV 2004, 905; L. Schmidt/*Heinicke* EStG § 10d Rn. 41.
[582] Eingef. durch Gesetz v. 14.8.2007 BGBl. 2007 I S. 1912.

Verlustbetrag nur von derjenigen Person abgezogen werden darf, die den Verlust erlitten hat. Für den Bereich der natürlichen Personen hat der BFH dieses Prinzip bestätigt.[583] § 8 Abs. 4 KStG hatte noch sowohl die rechtliche, als auch die wirtschaftliche Identität der den Verlustbetrag abziehenden Körperschaft mit der, die den Verlust erlitten hat, verlangt. § 8c KStG verzichtet auf derartige Regelungen und stellt ausschließlich auf Veränderungen in der Anteilsinhaberschaft ab.

a) Entwicklung. Die Rechtsentwicklung in Bezug auf die Nutzung von Verlustvorträgen **161** durch eine Kapitalgesellschaft vollzog sich über lange Perioden anhand der Rechtsprechung zum sog. **Mantelkauf.** Die Rechtsprechung bezieht sich auf den Erwerb der Anteile an Verlustgesellschaften, die durch den Erwerber genutzt werden, um die vorhandenen Verlustabzüge mit neuen Gewinnen zu verrechnen. Sie war der Ausnutzung in solchen Fällen in der Vergangenheit mit Missbrauchsüberlegungen begegnet und die Anerkennung eines Mantelkaufs abgelehnt.[584] Später versagte der BFH den Verlustabzug dann, wenn der Erwerb zur Veränderung der wirtschaftlichen Identität der Gesellschaft führte,[585] entschied aber später, dass der Rechtsordnung nicht zu entnehmen sei, dass neben der zivilrechtlichen auch die wirtschaftliche Identität gegeben sein müsse.[586] Die Verlustnutzung war danach nur vom Fortbestand der rechtlichen Identität abhängig.[587]

Der Gesetzgeber hat es daraufhin zunächst unternommen, durch § 8 Abs. 4 KStG aF die **162** **Voraussetzungen** des Verlustabzugs zu regeln.[588] Der Verlustabzug war danach nur der Körperschaft möglich, die rechtlich und wirtschaftlich mit derjenigen, die den Verlust erlitten hat, identisch war. Die Regelung führte faktisch dazu, dass es zur Versagung des Verlustabzugs nur in Fällen kam, in denen der den Verlust verursachende Geschäftsbetrieb bereits eingestellt war.[589] In der Folgezeit kam es zu Verschärfungen der Regelung durch das UntStFG v. 29.10.1997;[590] das Zustandekommen der Regelung war verfassungsrechtlich zweifelhaft[591] und wurde durch Entscheidungen des BFH zunehmend eingeengt.[592]

Die zwischenzeitlich neueste Entwicklung trat durch die Einfügung von § 8c KStG durch **163** das UntStRefG v. 14.8.2007[593] ein. Die bisherige Mantelkaufregelung, die ihre gesetzliche Ausprägung in § 8 Abs. 4 KStG gefunden hatte, wurde aufgegeben und mit der Zielsetzung, eine vereinfachte Regelung zu schaffen, ersetzt.[594] Die neue Regelung stellt alleine auf die unmittelbare und mittelbare Veränderung von Anteilen an der Körperschaft ab, was Zweifel aufkommen ließ, ob das Prinzip der Aufrechterhaltung der wirtschaftlichen Identität mit dem Abstellen auf den Einfluss der Veränderung des Anteilseigners fortbesteht[595] oder ob die Konzeption durch Pönalisierung der durch einen Anteilserwerb geschaffenen Verlustverwertungsmöglichkeiten entwickelt wurde[596]. Auch die Neuregelung in § 8c

---

[583] BFH BStBl. II 2002 S. 487 = DB 2001, 1862 mit leichten Korrekturen zu BFH BStBl. II 2000 S. 622.
[584] BFH BStBl. III 1958 S. 97; BFH BStBl. III 1961 S. 540.
[585] BFH BStBl. II 1974 S. 181.
[586] BFH BStBl. II 1987 S. 308 (310).
[587] Ernst & Young/*Lang* KStG § 8 Rn. 1247 ff.; *Crezelius* BB 2002, 2613.
[588] § 8 Abs. 4 KStG idF des StRefG 1990 v. 25.7.1988 BGBl. 1988 I S. 1093.
[589] Dötsch/Pung/Möhlenbrock/*Dötsch* KStG § 8 Abs. 4 Rn. 22.
[590] BGBl. 1997 I S. 2590; Erle/Sauter/*Brendt* KStG § 8 Abs. 4 aF/Anh. § 8c Rn. 5.
[591] BFH BStBl. II 2002 S. 27, entschieden durch BVerfG DStR 2008, 556, dass die Regelung formell verfassungswidrig ist, die Norm aber gültig blieb; erneut BFH DB 2006, 2495, Vorlage erledigt durch Rücknahme der Revision; FG Schleswig-Holstein Der Konzern 2003, 421 (424); krit. zur Änderung zB Erle/Sauter/*Brendt* KStG § 8 Abs. 4 aF/Anh. § 8c Rn. 14.
[592] BFH BStBl. II 2004 S. 616; BFH BStBl. II 2007 S. 602; dazu BMF 2.8.2007, BStBl. I 2007 S. 624.
[593] BGBl. 2007 I S. 1912.
[594] BR-Drs. 220/07, 108; Erle/Sauter/*Brendt* KStG § 8c Rn. 1.
[595] BFH BStBl. II 2012 S. 360.
[596] *Möhlenbrock* Ubg 2008, 595; Dötsch/Pung/Möhlenbrock/*Dötsch*/*Leibner* KStG § 8c Rn. 23 f.

KStG wurde ihrerseits mehrfach geändert. Durch das MoRaKG[597] wurde mit Abs. 2 eine Sonderregelung für bestimmte Wagniskapitalbeteiligungen schaffen. Die Regelung trat indes mangels Genehmigung durch die EU-Kommission nach Art. 8 Abs. 2 MoRaKG nicht in Kraft. Durch Gesetz v. 16.7.2009[598] wurde Abs. 1a angefügt, der als Folge der Finanzmarktkrise eine zunächst zeitlich begrenzte Sanierungsregelung eingeführte. Dessen zeitliche Begrenzung wurde durch das WachstumsBG[599] aufgehoben; die Regelung war ausgesetzt, da sie als unzulässige Beihilfe betrachtet wurde. Der EuGH hat in seiner Entscheidung vom 28.6.2018 § 8c Abs. 1a KStG[600] nicht als Beihilfe angesehen; nachdem die EU-Kommission dazu einen Comfort-Letter erteilt hat, wurde im G zur Vermeidung von Umsatzsteuerausfällen.. und zur Änderung anderer steuerlicher Vorschriften[601] § 8c Abs. 1a KStG mit Wirkung ab 2009 in Kraft gesetzt, § 34 Abs. 6 S. 3 KStG. Ferner wurde die Verlustabzugsregelung durch eine zwischenzeitlich bereits revidierte Konzernklausel erweitert.[602] Diese wurde wiederum durch Gesetz v. 8.12.2010[603] geändert. Die Verfassungsmäßigkeit der Vorschriften wurde ua angesichts der systematischen Durchbrechungen (zB bish. § 8c Abs. 2 KStG, Anwendungsausschluss nach § 14 Abs. 3 FMStFG bezweifelt.[604]

164 Mittlerweile hatte das BVerfG Gelegenheit, Teile des § 8c Abs. 1 KStG zu überprüfen. Auf Vorlage des FG Hamburg[605] hat das BVerfG entschieden, dass die Regelung des § 8c Abs. 1 S. 1 KStG, wonach bei einer Übertragung von mehr als 25% aber weniger als 50% der Anteile an einer Kapitalgesellschaft der Verlustvortrag in entsprechendem Umfang untergeht, verfassungswidrig ist.[606] Danach hat des Gericht dem Gesetzgeber bis zum Ablauf des 31.12.2018 Zeit gegeben, rückwirkend für die Zeit vom 1.1.2008 bis zum 31.12.2015 den Verfassungsverstoß zu beseitigen. Erfolgt dies nicht, tritt rückwirkend die Nichtigkeit der beanstandeten Vorschrift ein. Die Entscheidung beschränkt sich zunächst auf die Regelung in § 8c Abs. 1 S. 1 KStG. Infolge der Entscheidung dürfen Gerichte und Verwaltungsbehörden die Norm im Umfange der festgestellten Unvereinbarkeit nicht mehr anwenden, offene Verfahren sind auszusetzen;[607] durch das G zur Vermeidung von Umsatzsteuerausfällen uam wurde § 8c Abs. 1 KStG neu gefasst und die bisher in S. 1 enthaltene Regelung gestrichen.[608] Für die verbleibenden Fälle bleibt offen, ob die in § 8d KStG geschaffene weitere

---

[597] G v. 12.8.2008 BGBl. 2008 I S. 1672.
[598] BGBl. 2009 I S. 1959.
[599] BGBl. 2009 I S. 3950.
[600] EuGH DB 2018, 1639; dazu *Kußmaul/Licht* BB 2018, 1948; *Kessler/Egelhof/Probst* DStR 2018, 1951.
[601] G v. 11.12.2018 BGBl. 2018 I S. 2338.
[602] G v. 20.11.2015 BGBl. 2015 I S. 1834; *Ritzer/Stangl* DStR 2015, 849; *Suchanek/Hesse* DStZ 2016, 27; zur ursprünglichen Fassung *Eisgruber/Schaden* Ubg 2010, 73.
[603] BGBl. 2010 I S. 1768.
[604] *Drüen* Ubg 2009, 23 (29); *Eilers/Bühring* DStR 2009, 137 (140); *Dörr* NWB 2009, 692 (698 f.); *Oenings* FR 2009, 606 ff.
[605] EFG 2011, 1460; in weiteren Entscheidungen wurde die Verfassungsmäßigkeit als zweifelhaft bezeichnet, vgl. FG Hamburg EFG 2012, 1586; der BFH hat die Rechtsbehelfsverfahren gegen Entscheidungen des FG Münster DStR 2011, 1507, FG Sachsen EFG 2011, 1457 (Rev. I R 31/11, ausgesetzt bis zur Entscheidung des BVerfG Az. 2 BvL 6/11); FG Berlin-Brandenburg 18.10.2011 – Rev. I R 79/11, jetzt I R 5/19, ausgesetzt bis zur Entscheidung des BVerfG Az. 2 BvL 19/17.
[606] BVerfG HFR 2017, 636; dazu *Kessler/Egelhof/Probst* DStR 2017, 1289; *Suchanek* FR 2017, 587; *Gosch* GmbHR 2017, 695; *Blumenberg/Crezelius* DB 2017, 1405; *Kenk/Uhl-Ludäscher* BB 2017, 1623; *Demuth* BeSt 2017, 25; *Kahlert/Schmitt* FR 2017, 758; *Dörr/Eggert/Plum* NWB 2017, 2661; *Dorenkamp* FR 2018, 83; *Richter/Welling* FR 2018, 64; *Hörhammer* FR 2018, 49; *Röder* FR 2018, 52; *Rödder/Schumacher* Ubg 2018, 5; *O. Rohde* FR 2018, 344; *Moritz/Helios* BB 2018, 343.
[607] *Dötsch/Pung/Möhlenbrock/Dötsch/Leibner* KStG § 8c Rn. 37a; *Ortmann-Babel/Bolik* DB 2018, 1876; *Hörster* NWB 2018, 2469.
[608] G v. 11.12.2018 BGBl. 2018 I S. 2338; *Jauch/Hörhammer* NWB 2018, 3890; *Binnewies/Lemmer* AG 2018, 703; *Kunas/Przybilka* Ubg 2019, 282; *Tiedchen* StuW 2019, 173; *Hörhammer* DStR 2019, 847; *Holle/Weiss* DB 2018, 3008; *Heerdt/Mühling* FR 2019, 208.

Möglichkeit zum fortführungsgebundenen Verlustvortrag eine Heilung darstellen könnte. Beim BFH sind Verfahren anhängig, die die Verfassungsmäßigkeit von § 8c Abs. 1 S. 2 KStG anzweifeln; das FG Hamburg hat durch weiteren Beschluss dem BVerfG diese Norm ebenfalls zur Prüfung vorgelegt, die Entscheidung steht noch aus.[609] Im Entwurf eines Gesetzes zur Vermeidung von Umsatzsteuerausfällen beim Handel mit Waren im Internet und Änderung weiterer steuerlicher Vorschriften wird vorgesehen, die Anwendung von § 8c Abs. 1 S. 1 KStG in der vom BVerfG behandelten Fassung auf schädliche Beteiligungserwerbe nach dem 31.12.2007 und vor dem 1.1.2016 nicht anzuwenden, § 34 Abs. 6 S. 1 KStG-E.[610] Damit wird für die Vorschrift im Übrigen die weitergehende Anwendung vorgesehen.

b) Einschränkungen des Verlustabzugs durch § 8c KStG. aa) Anwendungsbereich. Die Regelungen von § 8c KStG finden für alle unbeschränkt steuerpflichtigen Körperschaften sowie für beschränkt steuerpflichtige Körperschaften in Bezug auf deren inländischen Besteuerung unterliegenden Einkünfte Anwendung.[611] Die Regelung gilt – vorbehaltlich der Unvereinbarkeit mit dem GG – ab dem Veranlagungszeitraum 2008 und betrifft alle Anteilsübertragungen nach dem 31.12.2007, § 34 Abs. 7b KStG. Die erst später eingefügte Sanierungsklausel gilt ebenfalls rückwirkend für nach dem 31.12.2007 erfolgte Anteilserwerbe; die Konzernklausel gilt für Erwerbe nach dem 31.12.2009. Für Anteilsübertragungen vor dem 1.1.2008 verbleibt es bei der Anwendung der Regelungen des § 8 Abs. 4 KStG[612]. Die neue Vorschrift bezieht sich auf alle nicht genutzten Verlustvorträge, die zum Zeitpunkt des relevanten Anteilserwerbs vorhanden waren. Sie gilt auch für nicht genutzte Verluste nach §§ 2a, 10d, 15 Abs. 4, 15a und 15b EStG, § 10 Abs. 3 S. 5 AStG[613] sowie entsprechend für den Zinsvortrag nach § 4h Abs. 1 S. 5 EStG.[614] Zur GewSt vgl. → § 52 Rn. 37 f. Die Finanzverwaltung hat den Erlass zum Verlustabzug v. 4.7.2008 nunmehr durch ein neues BMF-Schreibens zu § 8c KStG ersetzt.[615] 165

bb) Schädliche Beteiligungserwerbe. Im Sinne der Vereinfachung der Regelungen knüpft der Tatbestand von § 8c KStG allein an die Übertragung von Mitgliedschaftsrechten, Beteiligungsrechten oder Stimmrechten an einer Körperschaft im Sinne von § 1 Abs. 1 KStG an. In Betracht kommen entgeltliche und unentgeltliche Erwerbe, zB durch Schenkung. Ein Erbfall stellt keinen solchen Erwerb dar.[616] Nach § 8c Abs. 1 S. 1 KStG gehen Verlustvorträge nach einem Erwerb von mehr als 50% vollständig unter. 166

(1) Anteilsrechte an einer Verlustkörperschaft. § 8c Abs. 1 KStG knüpft Rechtsfolgen an die Übertragung von einer bestimmten Quote des gezeichneten Kapitals, der Mitgliedschaftsrechte, Beteiligungsrechte oder der Stimmrechte sowie vergleichbarer Sachverhalte an einer Körperschaft. Im Vergleich zu der Regelung in § 8 Abs. 4 KStG aF ist diese Regelung differenzierter.[617] Der Begriff des (genauer: Anteils am) gezeichneten 167

---

[609] FG Hamburg DStR 2017, 2377; EFG 2018, 1128; *Linn/Pignot* NWB 2018, 363; *Dreßler* DB 2017, 2629; *Kaminski/Melhem/Hundrieser* ISR 2018, 301.
[610] IdF des Gesetzesentwurfs der Bundesregierung; *Kahlert* ZIP 2018, 719.
[611] Nach § 14 Abs. 3 FinanzmarktmodernisierungsG wird der persönliche Anwendungsbereich der Norm für den Stabilisierungsfonds des Bundes für den Erwerb von Stabilisierungselementen oder bei Rückübertragung ausgeschlossen.
[612] Dazu vgl. Vorauflage → § 50 Rn. 165 ff.
[613] Dötsch/Pung/Möhlenbrock/*Dötsch/Leibner* KStG § 8c Rn. 39; *Dennisen/Frankus* DB 2017, 443; *Mühlhausen* Ubg 2015, 207.
[614] BMF-Schreiben § 8c KStG v. 28.11.2017, BStBl. I 2017 S. 1645 Rn. 2; Erle/Sauter/*Brendt* KStG § 8c Rn. 7.
[615] BMF 28.11.2017, BStBl. I 2017 S. 1645; dazu *Suchanek/Rüsch* Ubg 2018, 10; *Gläser/Zöller* BB 2018, 87; *Sommer/Sediqi* FR 2018, 67; *Dörr/Eggert* NWB 2018, 1218; zum BMF-Entwurf vom 15.4.2014 *Schneider/Sommer* FR 2014, 537; *Brenninger* GmbHR 2014, R 162; *Ritzer/Staage* DStR 2014, 977.
[616] BMF-Schreiben § 8c KStG v. 28.11.2017, BStBl. I 2017 S. 1645 Rn. 4.
[617] Erle/Sauter/*Brendt* KStG § 8c Rn. 21.

Kapitals entstammt nicht dem Gesellschaftsrecht, sondern § 272 Abs. 1 S. 1 HGB und bezeichnet rechtsformunabhängig das Kapital, auf das die Haftung der Gesellschafter für die Verbindlichkeiten der Gesellschaft gegenüber den Gläubigern beschränkt ist. Ein solches Kapital ist zB das Stammkapital bei der GmbH (§ 5 Abs. 1 GmbHG) oder das Grundkapital bei der AG (§ 8 Abs. 1 AktG). Der Anteil an dem Kapital bestimmt sich aus dem Verhältnis der Größe des einzelnen Anteils im Verhältnis zum Gesamtkapital. Maßgeblich ist die Kapitalbeteiligung; bei einer AG/KGaA ist die Summe des aus Stamm- und Vorzugsaktien gebildeten Kapitals zu berücksichtigen.[618] Stimmrechtslose Vorzugsaktien vermitteln in gleicher Weise einen Anteil am Kapital, so dass die Übertragung der entsprechenden Quote zum Untergang von Verlustvorträgen führen kann.[619] Bei Gesellschaften in Rechtsformen nach ausländischer Rechtsordnung ist entsprechend zu verfahren; Schwierigkeiten bereitet die Berechnung, wenn ein festes Haftkapital fehlt.[620] Mitgliedschaftsrechte werden durch § 8c Abs. 1 KStG nicht definiert. Der Begriff ist nicht klar konturiert und umfasst Individualrechte der Gesellschafter in Bezug auf ihre Rechtsstellung in der Gesellschaft, wie zB Teilnahmerecht an der Gesellschafterversammlung, Stimmrecht, Dividendenbezugsrecht oÄ. Damit überschneidet sich der Begriff zT mit anderen enumerierten Begriffen. Seine Bedeutung erstreckt sich im Wesentlichen auf Anteile an Personengesellschaften oder VVaG sowie Körperschaften, die nicht Kapitalgesellschaften sind.[621] Erfasst werden ferner Beteiligungsrechte. Auch dieser Begriff ist nicht definiert und unklar. Sein Anwendungsbereich dürfte sich auf die SCE, wirtschaftliche Vereine oder Genossenschaften beschränken.[622] Letztlich unklar ist, was unter „vergleichbare Sachverhalte" zu subsumieren ist. Umstritten ist, ob dazu auch Gewinnbeteiligungsrechte [623] wie Gewinnschuldverschreibungen, Genussrechte oder atypisch stille Beteiligungen zählen.[624] Bei Genussscheinen mit Rechten iSv § 8 Abs. 3 S. 2 KStG wird das von der Verwaltung bejaht, ist indes umstritten. Abzulehnen ist die Einbeziehung von schuldrechtlichen Kapitalüberlassungen wie Fremdkapitalgenussrechten, partiarischen Darlehen oder stillen Beteiligungen, ferner von Bezugsrechten oder Optionen.[625] In Betracht kommen kann dies indes bei Stimmrechtsvereinbarungen oder Stimmrechtsverzicht.[626] Stimmrechte sind die gesellschaftsrechtlichen Mitwirkungsmöglichkeiten zur Herrschaftsausübung. Der Umfang der Stimmrechte ergibt sich aus dem Gesetz oder dem Gesellschaftsvertrag. Mehrstimmrechte haben bei AG, KGaA und GmbH keine Bedeutung mehr. Liegen Rechte in unterschiedlichen Kategorien vor, soll nach bedenklicher Auffassung des BMF diejenige maßgeblich sein, die zu einer weitest möglichen Anwendung von § 8c Abs. 1 führt.[627]

168 (2) Übertragung. Die Rechtsfolgen von § 8c Abs. 1 S. 1 KStG werden durch Übertragung oder durch einen vergleichbaren Sachverhalt ausgelöst. Das ist in erster Linie die

---

[618] Gosch/*Roser* KStG § 8c Rn. 31; Erle/Sauter/*Brendt* KStG § 8c Rn. 21; *Suchanek* FR 2008, 904; Breuninger/Schade Ubg 2008, 261; BMF-Schreiben § 8c KStG v. 28.11.2017, BStBl. I 2017 S. 1645 Rn. 8.

[619] BMF-Schreiben § 8c KStG v. 28.11.2017, BStBl. I 2017 S. 1645 Rn. 5; Dötsch/Pung/Möhlenbrock/*Dötsch/Leibner* KStG § 8c Rn. 63.

[620] Gosch/*Roser* KStG § 8c Rn. 31; BMF 19.3.2004, BStBl. I 2004 S. 411.

[621] Gosch/*Roser* KStG § 8c Rn. 32; *Sistermann/Brinkmann* BB 2008, 1928.

[622] Gosch/*Roser* KStG § 8c Rn. 33; Blümich/*Brandis* KStG § 8c Rn. 40.

[623] BMF-Schreiben § 8c KStG v. 28.11.2017, BStBl. I 2017 S. 1645 Rn. 7; aM Breuninger/Schade Ubg 2008, 261.

[624] Gosch/*Roser* KStG § 8c Rn. 33 ablehnend für Genussrechte unter Verweis auf BFH BStBl. II 2008 S. 852; Erle/Sauter/*Brendt* KStG § 8c Rn. 21.

[625] Dötsch/Pung/Möhlenbrock/*Dötsch/Leibner* KStG § 8c Rn. 65 ff.

[626] *Möhlenbrock* Ubg 2008, 595; *Frotscher* in Frotscher/Drüen KStG § 8c Rn. 26b; aM *Rödder* Ubg 2008, 595; *Honert/Obser* BB 2009, 1161; *Richter/Escher* FR 2011, 760.

[627] BMF-Schreiben § 8c KStG v. 28.11.2017, BStBl. I 2017 S. 1645 Rn. 5; abl. *Roser* DStR 2008, 1561.

rechtsgeschäftliche Übertragung des zivilrechtlichen Eigentums an Anteilen, die zugleich auch zu einer Veränderung der Zuordnung des wirtschaftlichen Eigentums führen.[628] Zur Übertragung gehören auch Veränderungen des Anteilsinhabers durch umwandlungsrechtliche Maßnahmen (Übertragung von Anteilen durch Verschmelzung, Spaltung, Einbringung); ein Formwechsel hingegen verändert die Zuordnung der Anteile nicht.[629] Der Erbfall wird nicht als solche Übertragung angesehen.[630] Im Gesetzeswortlaut nicht angelegt, materiell aber zutreffend wird verlangt, dass sich die Übertragung als dauerhafte Maßnahme darstellen muss. Demzufolge sollen kurzfristige Schwankungen in der Höhe der Anteile nicht genügen.[631] Gleiches soll bei der kurzfristigen Übernahme von Anteilen durch ein Bankenkonsortium bei Aktienemissionen gelten.[632] Die Übertragung von Stimmrechten kommt, da Stimmrechte in der Regel eine vom Anteil nicht trennbare Rechtsposition beinhalten, abgesehen von Stimmbindungs- oder Stimmrechtsverzichtsvereinbarungen keine eigentliche Bedeutung zu. Die Aufgabe von Stimmrechten oder die Ausgabe von Vorzugsaktien bewirkt keine Übertragung von Stimmrechten.[633] In Betracht kommen hingegen schuldrechtliche Vereinbarungen über die Ausübung oder Nichtausübung von Stimmrechten; fraglich ist dies bei der Errichtung eines Stimmenpools.[634] Da bei diesen die Stimmrechtszuordnung im Grunde nicht berührt wird, sind solche Vereinbarungen treffender als vergleichbare Sachverhalte (dazu → Rn. 172) zu beurteilen.[635] Die Übertragung von Beteiligungs- oder Mitgliedschaftsrechten kommt nur in Betracht, wenn es sich um Anteile an bestimmten Personenvereinigungen oder Rechtssubjekten handelt. Die Übertragung von einzelnen Rechtskomponenten der umfassenden Mitgliedschaft scheidet bei Beteiligungen an GmbH, AG oder KGaA jedenfalls aus.

Schwierig zu fassen ist der Anwendungsbereich der ähnlich einer Generalklausel ausgestalteten Inbezugnahme „vergleichbarer Sachverhalte". Insbesondere hierher gehören, abgesehen von den oben angesprochenen, Fälle, in denen die Anteile an der Verlustgesellschaft nicht übertragen werden, aber durch umwandlungsrechtliche Maßnahmen (zB Verschmelzung oder Spaltung auf oder Einbringung in die Verlustgesellschaft) eine Veränderung in der Anteilseignerstruktur herbeigeführt wird.[636] Der Erwerb eigener Anteile gehört zu den relevanten Maßnahmen, wenn sich dadurch eine Verschiebung der relevanten Beteiligungsquoten ergibt.[637] Nach § 8c Abs. 1 S. 3 KStG gehört eine Kapitalerhöhung bei der Verlustgesellschaft, durch die eine Veränderung der Beteiligungsquoten am Kapital herbei geführt wird, zu den für Satz 1 bedeutsamen Übertragungen,[638] ferner auch der Erwerb von Genussrechten nach § 8 Abs. 3 S. 2 KStG.[639] Nach BMF sollen weitere Fälle zu schädlichen Übertragungen führen, wie zB der Erwerb von Bezugsrechten, die Gewährung von Darlehen iSd § 8 Abs. 3 S. 4 KStG, die Gewährung von Optionen zum Erwerb

---

[628] Erle/Sauter/*Brendt* KStG § 8c Rn. 23; Gosch/*Roser* KStG § 8c Rn. 37; enger zu § 8 Abs. 4 KStG aF BFH BStBl. II 2004 S. 614; maßgeblich wirtschaftliches Eigentum, BMF-Schreiben § 8c KStG v. 28.11.2017, BStBl. I 2017 S. 1645 Rn. 6.
[629] Erle/Sauter/*Brendt* KStG § 8c Rn. 28.
[630] BMF-Schreiben § 8c KStG v. 28.11.2017, BStBl. I 2017 S. 1645 Rn. 4.
[631] Gosch/*Roser* KStG § 8c Rn. 38.
[632] *Groß/Klein* AG 2007, 896; bestätigt durch BMF-Schreiben § 8c KStG v. 28.11.2017, BStBl. I 2017 S. 1645 Rn. 6.
[633] Gosch/*Roser* KStG § 8c Rn. 40.
[634] Erle/Sauter/*Brendt* KStG § 8c Rn. 40; *Honert/Obser* BB 2009, 1161 f., die den Abschluss eines Poolvertrags iSd Erbschaftsteuerrechts als nicht vergleichbaren Sachverhalt ansehen.
[635] So BMF-Schreiben § 8c KStG v. 28.11.2017, BStBl. I 2017 S. 1645 Rn. 7; dazu kritisch Gosch/*Roser* KStG § 8c Rn. 41.
[636] Erle/Sauter/*Brendt* KStG § 8c Rn. 28, 35; Gosch/*Roser* KStG § 8c Rn. 43, 56.
[637] Weitere Beispiele bei Gosch/*Roser* KStG § 8c Rn. 56; Dötsch/Pung/Möhlenbrock/*Dötsch/Leibner* KStG § 8c Rn. 66.
[638] Erle/Sauter/*Brendt* KStG § 8c Rn. 35; Gosch/*Roser* KStG § 8c Rn. 56.
[639] BMF-Schreiben § 8c KStG v. 28.11.2017, BStBl. I 2017 S. 1645 Rn. 7.

von Aktien oder die Verpfändung von Anteilen.⁶⁴⁰ Diese Ausdehnung ist ohne sachlichen Grund zu weit gezogen und abzulehnen.⁶⁴¹

170 **(3) Unmittelbare oder mittelbare Übertragung.** Mit dem Ziel einer möglichst umfassenden Regelung wird in § 8c Abs. 1 KStG auf unmittelbare und mittelbare Übertragungsfälle abgestellt. Dies stellt ua eine Reaktion auf die Verneinung der Berücksichtigung mittelbarer Übertragungen durch den BFH⁶⁴² dar. Bei der unmittelbaren Übertragung sind die Anteile an der Verlustgesellschaft selbst Gegenstand des Transfers; eine mittelbare Übertragung im Rechtssinne ist nicht denkbar; gemeint sind Gestaltungen, die die Übertragung von Anteilen an Gesellschafterunternehmen betreffen.⁶⁴³ Die Ansässigkeit und Rechtsform des Gesellschafterunternehmens sind irrelevant.⁶⁴⁴ Bei mittelbaren Übertragungen ist auf die mittels multiplikativer Ermittlung festgestellte durchgerechnete Beteiligungsquote abzustellen. Nach hM sind mittelbare und unmittelbare Erwerbe durch denselben Erwerber zusammen zu fassen.⁶⁴⁵ Bisher nicht eindeutig entschieden sind die Auswirkungen bei unmittelbarem Erwerb von Anteilen durch einen mittelbar beteiligten Anteilsinhaber. Nach Meinung der Finanzverwaltung sind unmittelbare Veränderungen schädlich, auch wenn sich aus Konzernsicht keine mittelbare Veränderung ergibt;⁶⁴⁶ zur Konzernausnahme vgl. → Rn. 176. Hier ist eine teleologische Reduktion der Vorschrift geboten. Entgegen BMF⁶⁴⁷ kommt FG Berlin-Brandenburg unter Verweis auf die Rechtsprechung des BFH zu Recht zu der Auffassung, dass bei einer Verkürzung der Beteiligungskette kein Erwerb iSv § 8c Abs. 1 KStG vorliegt.⁶⁴⁸

171 **(4) Maßgebliche Veränderung der Beteiligungsquote.** Die in den bisherigen Regelungen von § 8c Abs. 1 S. 1 und 2 KStG enthaltenen Differenzierungen in der Rechtsfolge zwischen Quotenveränderungen von mehr als 25% oder mehr als 50% sind nunmehr gegenstandslos. Daraus folgt, dass bis zu einer Quotenveränderung von 50% keine schädlichen Wirkungen eintreten. Ab 50% entfällt der Verlustabzug vollständig. Abzulehnen ist die Auffassung des BMF, bei der Übertragung von Stammaktien nur das Stammkapital, bei der Übertragung von Vorzugsaktien das gesamte Kapital heranzuziehen.⁶⁴⁹ Diese Regelungen dienen durch ihre Einfachheit zwar der Klarheit, sie verlassen aber die das bisherige Recht zum Problemkreis des Mantelkaufs prägende Abwehr eines Missbrauchs. Das alleinige Anknüpfen der Einschränkung des Verlustabzugs an einen Beteiligungserwerb hat wegen des Verstoßes gegen das Trennungsprinzip zur Feststellung der Norm als verfassungswidrig wegen Verstoßes gegen Art. 3 Abs. 1 GG (Grundsatz der Besteuerung nach der wirtschaftlichen Leistungsfähigkeit) geführt.⁶⁵⁰

---

⁶⁴⁰ BMF-Schreiben § 8c KStG v. 28.11.2017, BStBl. I 2017 S. 1645 Rn. 7.
⁶⁴¹ Erle/Sauter/*Brendt* KStG § 8c Rn. 44; zu den Fallgruppen ferner Dötsch/Pung/Möhlenbrock/ *Dötsch/Leibner* KStG § 8c Rn. 65 ff.
⁶⁴² BFH BStBl. II 2004 S. 616; dagegen noch BMF 16.4.1999, BStBl. I 1999 S. 455 Rn. 28.
⁶⁴³ Zur Ratio Dötsch/Pung/Möhlenbrock/*Dötsch/Leibner* KStG § 8c Rn. 84.
⁶⁴⁴ Beispiele bei *Suchaneck* Ubg 2009, 178.
⁶⁴⁵ Erle/Sauter/*Brendt* KStG § 8c Rn. 25; Gosch/*Roser* KStG § 8c Rn. 60 ff.; BMF-Schreiben § 8c KStG v. 28.11.2017, BStBl. I 2017 S. 1645 Rn. 11.
⁶⁴⁶ BMF-Schreiben § 8c KStG v. 28.11.2017, BStBl. I 2017 S. 1645 Rn. 11; dagegen *Breuninger/ Schade* Ubg 2008, 261; *Sistermann/Brinkmann* DStR 2008, 897; *Ballwieser/Frase* BB 2009, 1502.
⁶⁴⁷ BMF-Schreiben § 8c KStG v. 28.11.2017, BStBl. I 2017 S. 1645 Rn. 11.
⁶⁴⁸ FG Berlin-Brandenburg BB 2012, 1327 mit Verweis auf BFH BStBl. II 2005 S. 436 (Rev. eingelegt I R 79/11, vom BFH bis zum 31.12.2018 ausgesetzt).
⁶⁴⁹ BMF-Schreiben § 8c KStG v. 28.11.2017, BStBl. I 2017 S. 1645 Rn. 8; Gosch/*Roser* KStG § 8c Rn. 79; *Dötsch/Pung* DB 2008, 1703; *Suchanek* GmbHR 2008, 292.
⁶⁵⁰ Vorlageentscheidung des FG Hamburg DStR 2011, 1172 (1175); BVerfG HFR 2017, 636; dazu zB *Blumenberg/Crezelius* DB 2017, 1405; *De Weerth* DB 2017, 1124; *Gosch* GmbHR 2017, 695; *Prinz* DB 2017, M5; *Suchanek* FR 2017, 577; *Roth* Ubg 2011, 527 ff.; *Köplin/Sedemund* BB 2011, 1894; *Oenings* FR 2009, 606 ff.

(5) Erwerber, Erwerbergruppen. Anders als die frühere Regelung sind Anteilserwerbe 172 jetzt nur schädlich, wenn die Anteile an einen Erwerber oder diesem nahestehende Personen übertragen werden. Als ein Erwerber gilt nach Satz 2 auch eine Gruppe von Erwerbern mit gleichgerichteten Interessen. Jeder Erwerber wird, solange nicht Zurechnungsvorschriften greifen, selbständig behandelt; jeder Erwerber kann unabhängige Betrachtungszeiträume auslösen. Erwerbe durch eine Erwerbergruppe werden zusammengerechnet; diese gelten als ein Erwerber. Der Begriff der nahestehenden Person ist für § 8c Abs. 1 KStG nicht bestimmt; auf § 1 Abs. 2 AStG wird indes nicht verwiesen; in der Finanzverwaltung besteht die Neigung, auf die Grundsätze der vGA zur Auslegung zurück zu greifen.[651] Die Erwerbergruppe mit gleichgerichteten Interessen wurde aufgenommen, um geeignete „Quartettlösungen" zu verhindern.[652] Die Interessen der Gruppe müssen gleichgerichtet, nicht nur gleichartig sein, da sonst typische Gesellschafterinteressen bereits eine Gruppe formen würden. Bedeutsam ist eine kausal-finale Verknüpfung von Interessen, die über eine mehr zufällige Koordination von Interessen hinausgeht; eine vertragliche Verhinderung wird nicht vorausgesetzt. Die Personen müssen im Hinblick auf den Erwerb der Anteile an der Verlustgesellschaft zusammenwirken und im Anschluss an den Erwerb einen beherrschenden einheitlichen Einfluss ausüben können.[653] Absprachen im Hinblick auf den Erwerb alleine reichten nicht aus. Das Gesetz definiert den Begriff nicht; Anleihen zur Interpretation können indes bei vergleichbaren Überlegungen in § 30 WpÜG oder § 22 WpHG oder auch IAS 24.5 und DRS 13 entnommen werden.[654] Hierfür bedarf es in der Regel einer im Voraus freiwillig abgeschlossenen Vereinbarung, die darauf abzielt, gemeinsam zu erwerben; es ist weniger von Bedeutung, ob im Abschluss daran die Interessen gegenüber dem Verlustunternehmen gemeinschaftlich gebündelt werden sollen, wobei die hierauf gerichtete Absicht ein Indiz für gemeinsame Erwerbsinteressen darstellen kann.[655] Gleichgerichtete Interessen können zB vorliegen bei Absprachen zum gemeinsamen Erwerb mit dem Zweck der Sanierung und der Zielrichtung, deswegen maßgebenden Einfluss oder Kontrolle über die Verlustgesellschaft ausüben zu können. Die Repräsentanz im Aufsichtsrat nach dem Erwerb oder die Verabredung zu parallelem Weiterverkauf (zB tag-along oder drag-along Vereinbarungen) sind keine auf die Verlustnutzung ausgerichteten gleichgerichteten Interessen.

(6) Zeitlicher Rahmen. Maßgebender Zeitpunkt für einen Erwerb ist der des Übergangs 173 des wirtschaftlichen Eigentums,[656] bei Kapitalerhöhungen der Zeitpunkt der Entstehung der Gesellschaftsrechte, also der Eintragung. Satz 1 sieht für den Erwerb einer schädlichen Beteiligungsquote eine Frist von 5 Jahren vor. Innerhalb des Zeitraums sind Erwerbe zusammen zu rechnen. Werden infolge mehrere Erwerbsvorgänge insgesamt mehr als 50 % der Anteile übertragen, beginnt ab dann ein neuer Betrachtungszeitraum; es findet keine Aufstockung nach erfolgten Erwerb statt,[657] so dass sukzessive Erwerbe (nach einem für Satz 1 unschädlichen Erwerb von 30 % werden 21 % hinzuerworben) die relevante Grenze überschreiten können.[658] Die Frist beginnt mit dem jeweiligen Anteilserwerb zu laufen; jeder Erwerb zieht im Grunde eine eigene Frist nach sich. Für die Fristberechnung gelten

---

[651] BMF-Schreiben § 8c KStG v. 28.11.2017, BStBl. I 2017 S. 1645 Rn. 26; FM Schleswig-Holstein v. 5.4.2018, DB 2018, 861; Dötsch/Pung/Möhlenbrock/*Dötsch*/*Leibner* KStG § 8c Rn. 143; *Ronneberger* NWB 2017, 3135; zur Diskussion Erle/Sauter/*Brendt* KStG § 8c Rn. 14 ff.; für Berücksichtigung von § 1 Abs. 2 AStG Gosch/*Roser* KStG § 8c Rn. 73.

[652] BT-Drs. 16/5491, 22.

[653] BFH BStBl. II 2017 S. 921; *Ronneberger* NWB 2017, 1055; *Frase* BeSt 2017, 37.

[654] Gosch/*Roser* KStG § 8c Rn. 74; dggü für die Anwendung der vGA-Grundsätze Erle/Sauter/*Brendt* KStG § 8c Rn. 18 ff.

[655] Gosch/*Roser* KStG § 8c Rn. 74.

[656] BMF-Schreiben § 8c KStG v. 28.11.2017, BStBl. I 2017 S. 1645 Rn. 13.

[657] BMF-Schreiben § 8c KStG v. 28.11.2017, BStBl. I 2017 S. 1645 Rn. 18.

[658] Erle/Sauter/*Brendt* KStG § 8c Rn. 50; Gosch/*Roser* KStG § 8c Rn. 83 ff.; BMF-Schreiben § 8c KStG v. 28.11.2017, BStBl. I 2017 S. 1645 Rn. 20.

die allgemeinen Grundsätze der § 108 AO iVm §§ 187 ff. BGB. Die Wirkung des Verlusts der Verlustnutzung tritt ein zu dem Stichtag, zu dem die Übertragung erfolgt. Bei Übertragungen mit Rückbezug (§ 2 UmwStG) ist der Zeitpunkt des Übergangs des wirtschaftlichen Eigentums entscheidend.[659] § 2 Abs. 4 UmwStG lässt eine Verrechnung von umwandlungsbedingten Gewinnen nur zu, wenn nach vorhergehendem Anteilserwerb dem übertragenden Rechtsträger die Nutzung der Verluste noch möglich wäre. Erfolgt der Beteiligungserwerb unterjährig, ist ein im Wirtschaftsjahr entstandener Verlust nach § 8c Abs. 1 KStG nicht oder nur eingeschränkt abzugsfähig.[660]

174 cc) Rechtsfolge: Abzugsverbot. Die Rechtsfolge eines schädlichen Anteilserwerbs nach § 8c Abs. 1 S. 1 KStG ist das vollständige Abzugsverbot von nicht ausgeglichenen oder abgezogenen negativen Einkünften, im Gesetz als „ungenutzte Verluste" definiert. Erfasst werden sämtliche ungenutzten Verluste, losgelöst davon, ob diese, zB wegen einer bestehenden Organschaft bei der Organgesellschaft gar nicht genutzt werden könnten.[661] Bei einem unterjährigen Beteiligungserwerb sind die im Laufe des Geschäftsjahres entstandenen Verluste aufzuteilen. bis zum Erwerbstag entstandene Verluste unterliegen der Abzugsbeschränkung;[662] bis zum Erwerbstag entstandene Gewinne dürfen mit in vorangegangenen Veranlagungszeiträumen entstandenen Verlusten verrechnet werden.[663] Bei Verlusten einer Organgesellschaft, die infolge einer mittelbaren Anteilsübertragung vom Abzug ausgeschlossen werden, ist die Wirkung der zeitlichen Abgrenzung zu modifizieren. Das negative Ergebnis der Organgesellschaft wird dem Organträger erst zum Ende des Geschäftsjahres zugewiesen. Das Abzugsverbot schließt dann den zeitanteiligen oder im begründeten Einzelfall nach sachgerechten Kriterien ermittelten Verlustbetrag vom Abzug aus.[664] Dem Abzugsverbot kann in bestimmten Grenzen durch Gestaltungsmaßnahmen zur Gewinnverlagerung entgegen gewirkt werden.[665] Bei unterjährigem Anteilserwerb ist der bis zur Anteilsübertragung entstandene, laufende Verlust zu berücksichtigen; ein bis dahin erzielter Gewinn kann mit noch nicht genutzten Verlusten verrechnet werden.[666] Voraussetzung soll nach BMF allerdings sein, dass das Ergebnis in dem Wirtschaftsjahr insgesamt positiv ist. Die Mindestgewinnbesteuerung nach § 10d Abs. 2 EStG bleibt anzuwenden.

175 c) Ausnahmen. Die Neuregelung über den Verlustabzug war wegen ihrer rigiden Konsequenzen insbesondere auch bei Übertragungen innerhalb desselben Konzerns stark kritisiert worden. Der Gesetzgeber hat die Kritik ansatzweise aufgegriffen und Ausnahmen für konzerninterne Übertragungen und bei Vorhandensein stiller Reserven im Betriebsvermögen der Verlustgesellschaft eingefügt.[667]

---

[659] Erle/Sauter/*Brendt* KStG § 8c Rn. 57; BMF-Schreiben § 8c KStG v. 28.11.2017, BStBl. I 2017 S. 1645 Rn. 15.

[660] BFH BStBl. II 2012 S. 360; BMF-Schreiben § 8c KStG v. 28.11.2017, BStBl. I 2017 S. 1645 Rn. 33; Erle/Sauter/*Brendt* KStG § 8c Rn. 59 mit Anregung, im Einzelfall eine andere Aufteilung zuzulassen; dazu *Neyer* BB 2007, 1415 (1419); *ders.* DStR 2018, 2245; *Hans* FR 2007, 775 (778).

[661] Gosch/*Roser* KStG § 8c Rn. 92.

[662] BMF-Schreiben § 8c KStG v. 28.11.2017, BStBl. I 2017 S. 1645 Rn. 33; Erle/Sauter/*Brendt* KStG § 8c Rn. 59; Gosch/*Roser* KStG § 8c Rn. 97.

[663] BFH BStBl. II 2012 S. 360; BMF-Schreiben § 8c KStG v. 28.11.2017, BStBl. I 2017 S. 1645 Rn. 34; *Klein/Nosky* FR 2012, 312 f.; *Roth* Ubg 2012, 300; *Fischer* DStR 2012, 2000.

[664] BMF-Schreiben § 8c KStG v. 28.11.2017, BStBl. I 2017 S. 1645 Rn. 35; Gosch/*Roser* KStG § 8c Rn. 98.

[665] Gosch/*Roser* KStG § 8c Rn. 101 f.; Erle/Sauter/*Brendt* KStG § 8c Rn. 77 f.; bei Forderungsverzichten mit Besserungsabrede sind BFH BStBl. II 2003 S. 768 und BMF 2.12.2003, BStBl. I 2003 S. 648 Rn. 2d zu beachten.

[666] BFH BStBl. II 2012 S. 360; so jetzt auch die Finanzverwaltung, BMF-Schreiben § 8c KStG v. 28.11.2017, BStBl. I 2017 S. 1645 Rn. 33 ff.

[667] Gesetz v. 22.12.2009 BGBl. 2009 I S. 3950, ergänzt durch Gesetz v. 8.12.2010 BGBl. 2010 I S. 1768.

aa) Konzernsachverhalte. Ein schädlicher Beteiligungserwerb liegt nach § 8c Abs. 1 S. 4 **176**
KStG[668] nicht vor, wenn (1) an dem übertragenden Rechtsträger der Erwerber zu 100 %
unmittelbar oder mittelbar beteiligt ist, (2) an dem übernehmenden Rechtsträger der
Veräußerer zu 100 % mittelbar oder unmittelbar beteiligt ist oder (3) an dem übertragenden
und an dem übernehmenden Rechtsträger dieselbe Person zu jeweils 100 % unmittelbar
oder mittelbar beteiligt ist; dies gilt für eine natürliche oder juristische Person oder für eine
Personengesellschaft.[669] Durch diese Regelung werden konzerninterne Maßnahmen privilegiert, da ausgeschlossen ist, dass Konzernfremde davon begünstigt werden können. Sie
begünstigt Maßnahmen, die sich unterhalb der Konzernspitze oder einer Teilkonzernspitze
ergeben. Bei Bestehen einer 100%igen Beteiligungskette zum übertragenden und übernehmenden Rechtsträger können die Anteile an einer Verlustgesellschaft in der dritten
Konzernstufe auf andere 100 % zu dem Konzern gehörende Unternehmen übertragen
werden, auch wenn an der Verlustgesellschaft keine 100 %-Beteiligung besteht; die Übertragung einer solchen Beteiligung an das Mutterunternehmen ist nunmehr auch begünstigt.[670] Die Konzernspitze kann eine natürliche oder juristische Person sein; auch eine
Mitunternehmerschaft ist geeignet; da es auf die handelsrechtliche Betrachtung ankommt,
spielt es keine Rolle mehr, ob es sich um eine vermögensverwaltende Personengesellschaft
handelt, auch wenn deren Vermögen den Gesellschaftern unmittelbar zugerechnet wird.[671]

bb) Stille Reserven. Nach § 8c Abs. 1 S. 5–8 KStG kann ein nicht genutzter Verlust **177**
gleichwohl abgezogen werden, soweit er bei einem sonst schädlichen Beteiligungserwerb
die gesamten im Zeitpunkt des schädlichen Beteiligungserwerbs vorhandenen im Inland
steuerpflichtigen stillen Reserven im Betriebsvermögen der Körperschaft nicht übersteigt.[672] Stille Reserven, die zB nach § 8b Abs. 2 KStG steuerfrei sind sowie stille Reserven
in dem im Inland nicht steuerpflichtigen Vermögen sind folglich nicht zu berücksichtigen.[673] Der Betrag der stillen Reserven ermittelt sich nach Satz 6 aus der Gegenüberstellung des gesamten in der steuerlichen Gewinnermittlung ausgewiesenen Eigenkapitals
und dem auf dieses Eigenkapital jeweils entfallenden gemeinen Wert der Anteile an der
Körperschaft, soweit dieses im Inland steuerpflichtig ist. Maßgebend dafür ist vorrangig ein
Kaufpreis; ein Wahlrecht, die stillen Reserven durch Unternehmensbewertung zu ermitteln, besteht nicht.[674] Der Vergleich mit dem gemeinen Wert der Anteile erscheint sachgerecht, die doppelte Inlandsanknüpfung auch für die Anteile ist verfehlt, da die Steuerbarkeit
der in den Anteilen liegenden stillen Reserven in keinem Verhältnis zur Verlustnutzung bei
Auflösung stiller Reserven im der inländischen Steuerpflicht unterliegenden Betriebsvermögen steht.[675] Die stillen Reserven sind für jede Verlustgesellschaft gesondert zu ermitteln;
das gilt auch für Organschaftsgestaltungen. Die Regelung weist damit eine gewisse Diskrepanz in Bezug auf Organschaften aus. Das der inländischen Besteuerung unterliegende
Betriebsvermögen der Organgesellschaften geht in das Eigenkapital des Organträgers nicht
ein, die durch die Organgesellschaften erlittenen Verluste werden hingegen allein dem
Organträger zugerechnet, der Organgesellschaft verbleiben allein vororganschaftliche Verluste. Hierdurch ergeben sich nicht sachgerechte Einschränkungen der Ausnahmeregelung

---

[668] In der durch das StÄndG 2015 erweiterten Fassung, vgl. G v. 2.11.2015 BGBl. 2015 I S. 1834;
dazu *Ritzer/Stangl* DStR 2015, 849; *Gläser/Zöller* BB 2015, 1117.
[669] BMF-Schreiben § 8c KStG v. 28.11.2017, BStBl. I 2017 S. 1645 Rn. 39 ff.; FG Düsseldorf v.
15.10.2018, DStRE 2019, 817; *Gohr/Richter* DB 2016, 127; *Ballwieser/Frase* BB 2009, 1502 ff.
[670] Erle/Sauter/*Brendt* KStG § 8c Rn. 45; BMF-Schreiben § 8c KStG v. 28.11.2017, BStBl. I 2017
S. 1645 Rn. 45 f.
[671] BMF-Schreiben § 8c KStG v. 28.11.2017, BStBl. I 2017 S. 1645 Rn. 42; zur bisherigen
Regelung Erle/Sauter/*Brendt* KStG § 8c Rn. 47 mit Hinweis auf BFH BStBl. II 2004 S. 614 zu § 8
Abs. 4 KStG aF; *Lang* SteuK 2011, 135.
[672] *Dube/Schilling* DB 2019, 212; *Pott/Wittkowski* StuW 2009, 139 ff.; *Wagner* DB 2010, 2751 ff.
[673] Erle/Sauter/*Brendt* KStG § 8c Rn. 71 f.
[674] FG Köln DStRK 2017, 38 m. Anm *M. Weiss*.
[675] Kritisch Erle/Sauter/*Brendt* KStG § 8c Rn. 71.

für den Organschaftskonzern.[676] Bei der Ermittlung darf nur Betriebsvermögen berücksichtigt werden, das der Verlustgesellschaft ohne die Rückwirkungsgrundsätze nach § 2 Abs. 1 UmwStG zB aus Vermögensübergängen bei Spaltung oder Verschmelzung zuzurechnen ist, Satz 8. Hierdurch soll verhindert werden, die stillen Reserven durch Zuführung von Betriebsvermögen nach der schädlichen Übertragung zu vergrößern.

178 d) Weitere Ausnahmeregelungen. aa) Sanierungsausnahme. Erfolgt der Anteilserwerb zum Zweck der Sanierung des Geschäftsbetriebs einer Verlustgesellschaft, sollte nach § 8c Abs. 1a KStG Abs. 1 nicht zur Anwendung gelangen.[677] Dadurch sollten Maßnahmen zur Vermeidung der Zahlungsunfähigkeit oder Überschuldung und zum Erhalt bestehender betrieblicher Strukturen begünstigt werden. Die wohlgemeinte Regelung durfte zwischenzeitlich nicht mehr angewendet werden, da die EU-Kommission die Regelung als unzulässige staatliche Beihilfe betrachtet und der Bundesrepublik Deutschland die Anwendung untersagt hat. Die Bundesregierung hat Klage gegen diese Entscheidung ergriffen.[678] Die Klage der Bundesrepublik Deutschland wurde wegen nicht fristgerechter Klageeinreichung abgewiesen.[679] Weitere Klagen gegen die EU-Kommission waren beim EuGH anhängig.[680] Der EuG hatte § 8c Abs. 1a KStG als unionsrechtswidrige Beihilfe eingestuft.[681] Der EuGH hat die Entscheidung aufgehoben und die Feststellung der Kommission v. 26.1.2011 für nichtig erklärt.[682] § 34 Abs. 6 S. 3 KStG des JStG 2018[683] sieht vor, die suspendierte Regelung mit Wirkung ab dem VZ 2008 wieder anzuwenden.[684]

179 bb) Wagniskapitalgesellschaften. § 8c Abs. 2 KStG in der Fassung des MoRaKG war eingefügt worden, um bestimmten Wagniskapitalgesellschaften in der Aufbauphase die Nutzung ihrer ungenutzten Verluste auch nach signifikanter Beteiligung von Investoren zu ermöglichen. Die Vorschrift ist nicht in Kraft getreten, da die EU-Kommission die Genehmigung für diese Regelung nicht erteilt hat.[685]

180 e) Der fortführungsgebundene Verlustvortrag. Durch Gesetz vom 20.12.2016[686] wurde mit § 8d KStG eine Regelung über den fortführungsgebundenen Verlustvortrag geschaffen. Unter bestimmten Voraussetzungen erlaubt die Vorschrift auf Antrag trotz des Vorliegens der Voraussetzungen von § 8c KStG die Fortführung und Nutzung eines vorhandenen Verlustvortrags. Sie greift wiederum Überlegungen auf, die dem Gedanken der

---

[676] BMF-Schreiben § 8c KStG v. 28.11.2017, BStBl. I 2017 S. 1645 Rn. 59 f.

[677] BMF 30.4.2010, BStBl. I 2010 S. 488 mit Hinweis auf die Nichtanwendung von § 8c Abs. 1a KStG; Beschluss der Kommission v. 26.1.2011 DB 2011, 2069; dazu OFD Magdeburg 28.9.2011, DStR 2011, 2253.

[678] Ablehnung der Sanierungsklausel durch die EU-Kommission v. 26.1.2011 C7/2010 (ex NN 5/10); Anfechtungsklage der Bundesregierung v. 7.4.2011; OFD Magdeburg 28.9.2011, DStR 2011, 2253; gegenteiliger Auffassung FG Münster ZIP 2011, 163; *Drüen* DStR 2011, 289; *Hackemann/Momen* BB 2011, 2135; *Fey/Neyer* DB 2009, 1368.

[679] EuG DStR 2013, 132, bestätigt durch EuGH 3.7.2014, ABl EU 2014, Nr. C 315, 27.

[680] EuG DStR 2016, 390 (Klageabweisung); Dötsch/Pung/Möhlenbrock/*Dötsch/Leibner* KStG § 8c Rn. 374 ff.; *Gosch* GmbHR 2017, 695 mwN.

[681] EuG DStR 2016, 390.

[682] EuGH DStR 2018, 1434; zuvor Schlussantrag des GA v. 20.12.2017, DStRK 2018, 55; *Balbinot* DStR 2018, 334; *Cloer/Vogel* IWB 2018, 69; *Kußmaul/Licht* BB 2018, 1948; *Knebelsberger/Loose* NWB 2018, 2772; *Burwitz* NZG 2018, 978; *T. Müller* DB 2018, 1630; *Weiss* StuB 2018, 693.

[683] G zur Vermeidung von Umsatzsteuerausfällen beim Handel mit Waren im Internet und zur Änderung weiterer steuerlicher Vorschriften v. 11.12.2018, BGBl. I S. 2338; dazu OFD Nordrhein-Westfalen 20.12.2018, DB 2019, 26; OFD Nordrhein-Westfalen 20.12.2018 – S 2745a-2015/0011-St 135, DB 2019, 26; dazu *Weiss* StuB 2019, 309; im Übrigen *Fetzer/Böser* DStR 2019, 1177; *Suchanek/Herbst* Ubg 2019, 146.

[684] Dazu *Ortmann-Babel/Bolik* DB 2018, 1876; *Hörster* NWB 2018, 2469; *Ronneberger* NWB 2016, 3300; *Kahlert* ZIP 2018, 1709.

[685] Pressemitteilung der Europäischen Kommission v. 1.10.2009.

[686] G v. 20.12.2016 BGBl. 2016 I S. 2998.

Verhinderung von Mantelkäufen gelten.[687] Nach § 34 Abs. 6a KStG gilt die Regelung für schädliche Beteiligungserwerbe, die nach dem 31.12.2015 erfolgten.[688] Der Beschluss des BVerfG vom 29.3.2017 zu § 8c Abs. 1 S. 1 KStG hat offengelassen, ob die Regelungen des § 8d KStG die Aufrechterhaltung der beanstandeten Regelungen von § 8c Abs. 1 S. 1 KStG rechtfertigen könnten.[689] Grundvoraussetzung für die Anwendung dieser Regelung ist nach § 8d Abs. 1 S. 1 KStG, dass die Körperschaft seit ihrer Gründung oder zumindest seit dem Beginn des dritten Veranlagungszeitraums, der dem Veranlagungszeitraum vorausgeht, in dem der schädliche Beteiligungswechsel erfolgt ist, ausschließlich denselben Geschäftsbetrieb unterhalten hat. Die Körperschaft darf Verluste aus einer Zeit vor einer Einstellung oder Ruhendstellen des Geschäftsbetriebs nicht nutzen; ferner darf sie zu Beginn des dritten Veranlagungszeitraums vor der schädlichen Anteilsübertragung weder Organträger noch an einer Mitunternehmerschaft beteiligt sein. Schließlich darf auch in dem zurückliegenden Beobachtungszeitraum kein (schädliches) Ereignis iSv § 8d Abs. 2 KStG erfolgt sein, § 8d Abs. 1 S. 1 KStG.[690]

181 Der Begriff des Geschäftsbetriebs wird in § 8d Abs. 1 S. 3 und 4 KStG umrissen. Er umfasst die von einer einheitlichen Gewinnerzielungsabsicht getragenen, nachhaltigen, sich gegenseitig ergänzenden und fördernden Betätigungen der Körperschaft. Was zu diesem Geschäftsbetrieb gehört, bestimmt sich nach qualitativen Merkmalen in einer Gesamtbetrachtung. Die qualitativen Merkmale ergeben sich insbesondere aus den angebotenen Dienstleistungen oder Produkten, dem Kunden- oder Lieferantenkreis, den bedienten Märkten und der Qualifikation der Arbeitnehmer. Die Bindung an denselben Geschäftsbetrieb nach Maßgabe der gesetzlichen Kriterien für die Vorlauf- als auch die Nachlaufzeit führt im Ergebnis dazu, dass die Verluste nur mit Gewinnen aus – im Grunde – derselben wirtschaftlichen Betätigung verrechnet werden dürfen.[691]

182 Die Rechtsfolge, die sich nach Antragstellung in der Steuererklärung für den Veranlagungszeitraum, in den der schädliche Beteiligungserwerb fällt, ergibt, ist die Fortführung des zum Schluss des vorangegangenen Veranlagungszeitraums verbliebenen Verlustvortrags (= fortführungsgebundener Verlustvortrag), § 8d Abs. 1 S. 6 KStG. Dieser ist gesondert festzustellen; er ist vor dem nach § 10d Abs. 4 EStG festgestellten Verlustvortrag abzuziehen und unterliegt dem Verbrauch nach § 3a Abs. 3 EStG im Sanierungsfall. Der Antrag umfasst den gesamten verblieben Verlustvortrag;[692] nach Auffassung der Finanzverwaltung ist er nicht widerruflich. Die Stellung des Antrags hat zur Folge, dass § 8c KStG auf diese Verluste keine Anwendung findet.[693] Nach Auffassung des FG Thüringen kann das Wahlrecht, den fortführungsgebundenen Verlustvortrag nach § 8d KStG geltend zu machen, bis zur materiellen Bestandskraft des KSt-Bescheids ausgeübt werden.[694]

183 Wird in nachgelagerten Veranlagungszeiträumen bis zum Verbrauch des Verlustvortrags der Geschäftsbetrieb hingegen eingestellt, geht der zuletzt festgestellte (fortführungsgebundene) Verlustvortrag unter, § 8d Abs. 2 S. 1 KStG.[695] Das gleich gilt, wen der Geschäftsbetrieb ruhend gestellt oder einer anderen Zweckbestimmung zugeführt wird; es ist schädlich, wenn

---

[687] *Neyer* FR 2016, 928; *ders.* BB 2017, 415; *Ortmann-Babel/Bolik* DB 2016, 2984; *Röder* DStR 2017, 1737; *Zinowsky/Jochimsen* StBp 2017, 35.
[688] Voraussetzung ist ferner, dass die Körperschaft vor dem 1.1.2016 ihren Geschäftsbetrieb zu keinem Zeitpunkt eingestellt oder ruhend gestellt hat.
[689] BVerfG HFR 2017, 636; *Moritz/Helios* BB 2018, 343.
[690] *Dötsch/Pung/Möhlenbrock/Leibner/Dötsch* KStG § 8d Rn. 14 ff.; *Dörr/Reisich/Plum* NWB 2017, 496; *Neyer* BB 2017, 415; *ders.* FR 2016, 928; *Ferdinand* BB 2017, 87; *Ortmann-Babel/Bolik* DB 2016, 2984; *Förster/van Cölln* DStR 2017, 8; *Röder* DStR 2017, 1737; *Kaminski/Melhem/Hundrieser* ISR 2018, 341.
[691] „Schedulenbesteuerung", vgl. *Dötsch/Pung/Möhlenbrock/Leibner/Dötsch* KStG § 8d Rn. 33.
[692] *Berger/Tetzlaff* NWB 2019, 1214.
[693] *Dötsch/Pung/Möhlenbrock/Leibner/Dötsch* KStG § 8d Rn. 29.
[694] FG Thüringen EFG 2018, 1907 (nrkr).
[695] *Dötsch/Pung/Möhlenbrock/Leibner/Dötsch* KStG § 8d Rn. 50 f.

die Körperschaft einen zusätzlichen Geschäftsbetrieb aufnimmt, sich an einer Mitunternehmerschaft beteiligt, die Stellung eines Organträgers nach § 14 Abs. 1 KStG übernimmt oder Wirtschaftsgüter übertragen erhält, die zu einem geringeren als dem gemeinen Wert angesetzt werden.[696] Auch in diesen Fällen bleibt der fortführungsgebundene Verlustvortrag erhalten, soweit er den zum Schluss des vorangegangenen Veranlagungszeitraum vorhandenen stillen Reserven entspricht; § 8c Abs. 1 S. 6–9 KStG gelten entsprechend.

184 Nach § 10a Abs. 10 GewStG ist § 8d KStG für gewerbesteuerliche Verlustvorträge entsprechend anzuwenden.[697]

185 Infolge der gegebenen gesetzlichen Einschränkungen hat das Institut des fortführungsgebundenen Verlustvortrags noch keine weite Verbreitung gefunden.

§ 51 Besteuerung der AG, Gewinnausschüttungen

Übersicht

	Rn.		Rn.
I. Allgemeines	1	c) Steuerliche Folgen von Gewinnausschüttungen	11–15
II. Körperschaftsteuer der AG	2–18	3. Verbliebene Besonderheiten aus dem Übergang vom Anrechnungsverfahren zum Halb-/Teileinkünfteverfahren	16–18
1. Steuersätze	2–4		
2. Steuerliche Auswirkungen der Gewinnausschüttung der AG; steuerliches Eigenkapital	5–15		
a) Das körperschaftsteuerliche Eigenkapital	5–8	a) Allgemeines	16
		b) Körperschaftsteuerminderungen, Körperschaftsteuererhöhungen	17, 18
b) Verfahrensrechtliche Verpflichtungen	9, 10		

Schrifttum: *Baumhoff,* Vorgezogene Auszahlung von Körperschaftsteuerguthaben, Ubg 2010, 182; *Dötsch/Pung,* SEStEG: Die Änderungen des KStG, DB 2006, 2648; *Gebhardt,* § 50d Abs. 3 EStG: Stolperstein bei grenzüberschreitenden Gewinnausschüttungen in Inboundfällen, BB 2017, 2007; *Haisch/Hüniken,* Erhebliche Verschärfung der Steueranrechnung bei deutschen Aktien geplant, BB 2016, 345; *Helios/Lenz,* Steuerliche Behandlung von Cum/Cum-Transaktionen nach dem BMF-Schreiben vom 17.7.2017, DB 2017, 1738; *Gundlach/Rautmann,* Aufrechnung des Finanzamts mit dem Erstattungsanspruch gemäß § 37 Abs. 5 KStG, DStR 2011, 1404; *Harenberg,* Ausländische private Kapitaleinkünfte und Abgeltungsteuer, IWB 2009, 1561; *Hubertus/Fürwentsches,* Das Körperschaftsteuerguthaben in der Insolvenz, DStR 2010, 2382; *Jacobs,* Unternehmensbesteuerung, 5. Aufl. 2015; *Rau,* Das neue Kapitalertragsteuererhebungssystem für inländische, von einer Wertpapiersammelbank verwahrte Aktien, DStR 2011, 2325; *Spilker/Peschke,* Erfordernis der Steuerneutralität der Einlagenrückgewähr aus ausländischen Gesellschaften.

I. Allgemeines

1 Die Besteuerung der AG muss berücksichtigen, dass nach dem deutschen Steuersystem die AG als Körperschaft im steuerlichen Sinn und der Aktionär unterschiedliche Steuersubjekte sind. Die AG unterliegt mit ihrem Einkommen der Körperschaftsteuer, der Aktionär mit seinem Einkommen der Einkommen- oder Körperschaftsteuer. Das Einkommen wird auf allen Ebenen selbstständig ermittelt und, abgesehen von der steuerlichen Organschaft (dazu vgl. § 72) selbstständig der Steuer unterworfen.[1] Die Besteuerung des Einkommens sowohl auf der Ebene der Gesellschaft als auch auf der Ebene des Aktionärs kann zu einer Doppelbelastung führen. Zur Vermeidung einer solchen Doppelbelastung sehen die nationalen Steuersysteme eine Vielzahl von Möglichkeiten vor.[2] Zuvor galt das

---
[696] *Pohl* BB 2018, 796.
[697] Dötsch/Pung/Möhlenbrock/*Leibner/Dötsch* KStG § 8d Rn. 86.
[1] Sog. Trennungsprinzip; vgl. *Jacobs,* Unternehmensbesteuerung, 5. Aufl. 2015, S. 102.
[2] *Jacobs,* Unternehmensbesteuerung, 5. Aufl. 2015, S. 101 ff.

§ 51 Besteuerung der AG, Gewinnausschüttungen 2–5 § 51

Vollanrechnungsverfahren,[3] infolge dessen eine Doppelbelastung auf der Ebene des Aktionärs durch die Vollanrechnung der auf der Ebene der AG entrichteten und auf die Dividende entfallenden Körperschaftsteuer vermieden wurde. Seit dem körperschaftsteuerlichen Systemwechsel verfolgt das deutsche Steuerrecht Regelungen über die rechtsformabhängige Freistellung des Dividendeneinkommens bei Empfängern, die Körperschaften sind (zB nach § 8b Abs. 1 und 2 KStG) und die Minderung der Steuerbelastung des Dividendenbezugs bei einkommensteuerpflichtigen Aktionären durch das Teileinkünfteverfahren (zB § 3 Nr. 40d) EStG); im Übrigen unterliegen Dividendenbezüge natürlicher Personen der pauschalierten Besteuerung durch die Abgeltungssteuer, §§ 32d, 43 Abs. 5 S. 1 EStG. Die nachfolgende Darstellung behandelt die Besteuerung auf der Ebene der AG.

II. Körperschaftsteuer der AG

1. Steuersätze. Die Aktiengesellschaft mit dem Ort ihrer Geschäftsleitung oder dem Sitz 2 im Inland ist nach § 1 Abs. 1 Nr. 1 KStG unbeschränkt steuerpflichtig. Die Körperschaftsteuer bemisst sich nach dem zu versteuernden Einkommen, das nach den Vorschriften des EStG und des KStG ermittelt wird. Der **Steuersatz** der Körperschaftsteuer beträgt 15 %, § 23 Abs. 1 KStG.[4]

Die **tatsächlich** von der AG **zu entrichtende Körperschaftsteuer** kann von der 3 tariflichen Körperschaftsteuer abweichen. Nach § 26 Abs. 1 KStG iVm § 34 EStG wird bei einer unbeschränkt steuerpflichtigen AG, die mit ausländischen Einkünften in dem Staat, aus dem die Einkünfte stammen, zu einer der deutschen KSt vergleichbaren Steuer herabgezogen wird, die festgesetzte und gezahlte und keinem Erstattungsanspruch mehr unterliegende ausländische Steuer auf die deutsche Körperschaftsteuer angerechnet, soweit diese auf die Einkünfte aus den betreffenden Staat entfällt. Die gleiche Folge tritt bei pauschal besteuerten Einkunftsteilen nach § 26 Abs. 6 KStG iVm § 34c EStG ein; eine Erhöhung der Bemessungsgrundlage der sonst zu entrichtenden Körperschaftsteuer ergibt sich bei Vorliegen von Hinzurechnungen nach dem AStG (zB § 10 Abs. 2 AStG). Die Höhe der tatsächlich zu entrichtenden Körperschaftsteuer wird bis zum VZ 2017 durch Minderungen nach § 37 KStG und Erhöhungen nach § 38 KStG beeinflusst.

Als Zuschlag zur Körperschaftsteuer wird der **Solidaritätszuschlag** erhoben, § 1 SolzG. 4 Er beträgt 5,5 % auf die für den Veranlagungszeitraum festgesetzte Körperschaftsteuer, die die Bemessungsgrundlage für den Solidaritätszuschlag bildet, §§ 3, 4 SolzG. Die Erhebung des Solidaritätszuschlags zur Körperschaftsteuer ist verfassungsgemäß.[5,6]

2. Steuerliche Auswirkungen der Gewinnausschüttung der AG; steuerliches Ei- 5 **genkapital. a) Das körperschaftsteuerliche Eigenkapital.** Das Körperschaftsteuerrecht kann auf eine Unterscheidung bestimmter Bestandteile des Eigenkapitals nicht vollständig verzichten. Die Unterscheidung setzt an der unterschiedlichen steuerlichen Qualität bestimmter **Eigenkapitalbestandteile** an. So lässt die Ausschüttung von Gewinnen bei dem einkommensteuerpflichtigen Aktionär steuerpflichtige Einnahmen nach § 20 Abs. 1 Nr. 1 EStG entstehen. Die Rückzahlung von Einlagen jedenfalls von unbeschränkt steuerpflichtigen Kapitalgesellschaften[7] an den Aktionär führt nicht zu Einnahmen nach § 20 Abs. 1 S. 3 EStG, sondern zu einer Verrechnung mit den Anschaffungskosten der Anteile.[8] Dement-

---

[3] Abgesehen von Übergangs- und Auslaufregelungen, dazu zB § 34 Abs. 12 KStG.
[4] BGBl. 2007 I S. 1912.
[5] BFH DB 2011, 1842; dto für 2005 BFH BFH/NV 2011, 1685.
[6] BFH DStRE 2011, 1550.
[7] BMF 4.6.2003, DStR 2003, 1027 sowie BMF 4.4.2016, BStBl. I 2016 S. 468; zur Ausdehnung auf Körperschaften, die in einem EU-Mitgliedstaat unbeschränkt steuerpflichtig sind vgl. SEStEG v. 7.12.2006 BGBl. 2006 I S. 2782; zur Steuerbarkeit bei Kapitalrückzahlungen beschränkt steuerpflichtiger Körperschaften im EWR-Bereich *Spilker/Peschke* DStR 2011, 385; weitergehend BFH BStBl. II 2013 S. 560; IStR 2016, 812; *Endert* IStR 2017, 185.
[8] *Förster/van Lieshaut* FR 2002, 1205; *v. Beckerath* in Kirchhof EStG § 20 Rn. 53.

sprechend unterscheidet § 27 Abs. 1 KStG das Nennkapital, die nicht in das Nennkapital geleisteten Einlagen sowie den ausschüttbaren Gewinn. Die Terminologie ist nicht einheitlich. Die letztgenannten Teilbeträge des verwendbaren Eigenkapitals werden in § 28 Abs. 1 KStG auch als „sonstige Rücklagen" bezeichnet.

6 Der Betrag des **Nennkapitals** ergibt sich in aller Regel aus der Satzung und stimmt mit dem im handelsrechtlichen Jahresabschluss nach § 272 Abs. 1 HGB ausgewiesenen gezeichneten Kapital überein. Das gilt auch im Falle einer Kapitalerhöhung aus Gesellschaftsmitteln unter Verwendung sonstiger Rücklagen (§ 28 Abs. 1 KStG); die Verwendung solcher Rücklagen führt steuerlich zu einem Sonderausweis (dazu vgl. § 64). Bei den anderen steuerlichen Eigenkapitalteilen besteht nicht notwendigerweise eine Übereinstimmung mit dem handelsrechtlichen Ausweis von Einlagen (§ 272 Abs. 2 HGB) oder anderen Rücklagen (§ 272 Abs. 3 HGB). Da das Steuerrecht auch bei der Entwicklung der Eigenkapitalbeträge eigenständigen Regelungen folgt, können sich die Beträge unterscheiden. Die nicht in das Nennkapital geleisteten Einlagen beinhalten zum einen die von den Gesellschaftern (offen) in die Kapitalrücklage der Gesellschaft geleisteten Einlagen (zB Agiobeträge oder andere Zuzahlungen eines Gesellschafters). Aus steuerlicher Sicht erhöhen sich diese Beträge um verdeckt eingelegte Beträge.[9] Der ausschüttbare Gewinn im Sinne von § 27 Abs. 1 KStG (sonstige Rücklagen nach § 28 Abs. 1 KStG) bestimmt sich als Residualgröße: es handelt sich um das in der Steuerbilanz ausgewiesene (steuerliche) Eigenkapital nach Abzug des gezeichneten Kapitals und des Bestands des steuerlichen Einlagekontos. Positiv beschrieben beinhaltet es den Bilanzgewinn/-verlust, gegebenenfalls gemindert um Ausschüttungen jeder Art und die Gewinnrücklagen, zuzüglich der sich aus der steuerlichen Gewinnermittlung ergebenden Abweichungen. Handelsrechtliche Ausschüttungsbeschränkungen wie zB nach § 150 AktG sind für die steuerliche Einordnung ohne Belang.

7 Das **steuerliche Einlagekonto** nach § 27 Abs. 1 KStG ist zum Schluss eines jeden Wirtschaftsjahres zu ermitteln und sein Bestand auszuweisen. Es ist, ausgehend von dem Bestand zum Ende des vorangegangenen Wirtschaftsjahres um die jeweiligen Zu- und Abgänge des Wirtschaftsjahres fortzuschreiben. Die Verwendung des steuerlichen Einlagekontos ist stets – und ungeachtet unterjähriger Zugänge – auf den zum Ende des vorangegangenen Wirtschaftsjahres festgestellten Bestand beschränkt.[10] Der Anfangsbestand ergibt sich bei einer Körperschaft, die nach dem Systemwechsel gegründet wurde, aus der Summe der in der Vergangenheit geleisteten Einlagebeträge im steuerlichen Sinn. Bei bereits vor dem Systemwechsel existenten Gesellschaften ergibt sich das steuerliche Einlagekonto nach § 39 Abs. 1 KStG aus dem nach § 36 Abs. 7 KStG festgestellten Bestand des bisherigen EK 04, wenn dieses positiv war.[11] Zugänge zum steuerlichen Einlagekonto ergeben sich aus Einlagen der Gesellschafter nach § 272 Abs. 2 HGB, den anderen (verdeckten) steuerlich zu berücksichtigenden Einlagen, Vermögenszugängen zB bei Verschmelzungen oder Spaltungen (§ 29 Abs. 2 KStG), Umbuchungen aus dem Nennkapital, zB bei Kapitalherabsetzungen bei § 28 Abs. 2 KStG sowie Minderabführungen bei einer steuerlichen Organschaft (§ 27 Abs. 6 KStG).[12] Abgänge aus dem steuerlichen Einlagekonto ergeben sich unmittelbar und unabhängig von Leistungen iSv § 27 Abs. 1 KStG bei der Umwandlung von Beträgen aus dem steuerlichen Eigenkapital in Nennkapital nach § 28 Abs. 1 KStG, der Rückzahlung von Nachschüssen nach § 26 GmbHG, bei Vermögensabgängen infolge von Spaltungen, bei Erfüllung nach Wiederaufleben von Darlehensverpflichtungen gegenüber Gesellschaftern, die unter Besserungsvorbehalt stan-

---

[9] *Förster/van Lieshaut* FR 2002, 1205 (1208); → § 50 Rn. 109 ff.
[10] BFH BFH/NV 2018, 237; BFH BStBl. II 2013 S. 560.
[11] BFH BFH/NV 2015, 353; BMF 4.6.2003, BStBl. I 2003 S. 362 Rn. 1 ff.; 6.11.2003, BStBl. I 2003 S. 575 Rn. 17 ff.
[12] *Förster/van Lieshaut* FR 2002, 1205 (1209) nennen ferner Zugänge aus dem Verkauf nicht aktivierter eigener Aktien.

den[13] oder organschaftlichen Mehrabführungen aus vertraglicher Zeit, § 27 Abs. 6 KStG.[14] Das steuerliche Einlagekonto kann durch Leistungen nicht negativ werden, § 27 Abs. 1 S. 4 KStG.[15]

Weitere Abgänge von dem steuerlichen Einlagekonto ergeben sich bei **„Leistungen"** 8 der Kapitalgesellschaft, zB bei offenen oder verdeckten Gewinnausschüttungen oder anderen Leistungen mit Ausnahme von Rückzahlungen auf das Nennkapital, wenn für diese Leistungen der Gesamtbetrag des auf den Schluss des vorangegangenen Wirtschaftsjahres ermittelten Betrags des ausschüttbaren Gewinns überstiegen wird, § 27 Abs. 1 S. 3 KStG. Das Gesetz regelt insoweit eine Verwendungsreihenfolge und bestimmt den Vorrang der Verwendung des ausschüttbaren Gewinns; nur wenn ein ausschüttbarer Gewinn nicht zur Verfügung steht (der Betrag kann nicht negativ werden), erfolgt die Reduktion des steuerlichen Einlagekontos.[16] Nach § 27 Abs. 1 S. 4 KStG kann außer in Fällen von § 27 Abs. 6 KStG das steuerliche Einlagekonto nicht negativ werden. Eine Leistung iSd § 27 Abs. 1 KStG liegt nach einer Änderung der Vorschrift durch das SEStEG unabhängig von der handelsrechtlichen Einordnung der Leistung vor, so dass eine handelsrechtliche Rückzahlung der Kapitalrücklage steuerlich eine Leistung iSv § 27 Abs. 1 KStG sein kann.[17]

b) Verfahrensrechtliche Verpflichtungen. Der Bestand des steuerlichen Einlagekontos 9 wird unter Berücksichtigung der Zu- und Abgänge des Wirtschaftsjahres gesondert festgestellt, § 27 Abs. 2 S. 1 KStG. Die AG ist verpflichtet, die für die Feststellung erforderlichen Steuererklärungen abzugeben, §§ 27 Abs. 2 S. 3, 31 Abs. 1 KStG. Der Bescheid über die Feststellung ist Grundlagenbescheid für den Bestand zum Feststellungszeitpunkt. Die nachträgliche Korrektur ist nur eingeschränkt möglich.[18]

Erbringt die AG Leistungen an ihre Aktionäre, die als Abgang nach § 27 Abs. 1 S. 3 10 KStG vom steuerlichen Einlagekonto zu berücksichtigen sind, ist sie verpflichtet, den Aktionären ua die Höhe der Leistungen, die einen Abgang vom steuerlichen Einlagekonto darstellen, zu bescheinigen, § 27 Abs. 3 KStG.[19] Die Bescheinigung ermöglicht den Aktionären die zutreffende steuerliche Beurteilung der Leistung der AG, bei denen es sich insoweit nicht um eine steuerpflichtige Dividende handelt. Die in einer Bescheinigung zugrunde gelegte Verwendung von Beträgen des steuerlichen Einlagekontos bleibt für die Besteuerung des Aktionärs maßgeblich, auch wenn sich nachträglich, zB durch eine steuerliche Außenprüfung ergeben sollte, dass für die Leistung der AG (zB Dividendenausschüttung) Beträge zur Verfügung gestanden hätten, die nach § 27 Abs. 1 S. 3 KStG vorrangig zu verwenden gewesen wären, § 27 Abs. 1 S. 5 KStG. Die Festschreibung der Verwendung der Beträge im Falle einer zu niedrigen Bescheinigung ergibt sich aus § 27 Abs. 5 KStG; im Falle einer zu hohen Bescheinigung wird die ausstellende Körperschaft durch Haftungsbescheid in Anspruch genommen werden.[20]

c) Steuerliche Folgen von Gewinnausschüttungen. Die Beschlussfassung der Haupt- 11 versammlung der AG bewirkt, jedenfalls bei einer Bardividende keine Veränderung der steuerlichen Belastung der AG; der Steuersatz bleibt unberührt. Finanziert die Kapitalgesell-

---

[13] BFH BStBl. II 1991 S. 588; Dötsch/Pung/Möhlenbrock/*Dötsch* KStG § 27 Rn. 63; Erle/Sauter/ *Lornsen-Veit* KStG § 27 Rn. 60.
[14] Erle/Sauter/*Lornsen-Veit* KStG § 27 Rn. 45.
[15] Erle/Sauter/*Lornsen-Veit* KStG § 27 Rn. 71.
[16] BFH BStBl. II 2015 S. 816: keine verfassungsrechtlichen Bedenken gegen die Einschränkung des Direktzugriffs auf das steuerliche Einlagenkonto; BMF 4.6.2003, BStBl. I 2003 S. 362 Rn. 9 ff.
[17] Dazu *Dötsch/Pung* DB 2006, 2648 (2652).
[18] BFH BStBl. II 2015 S. 816; Ott NWB 2018, 273; *Schmitz-Herscheidt* NWB 2017, 3196; Hohage/ *Schäfer* NWB 2019, 1592.
[19] Zur Ausstellung der Bescheinigung durch ein inländisches Kreditinstitut als Zahlstelle § 27 Abs. 4 KStG; ferner FG Sachsen DStRK 2017, 93.
[20] BFH BStBl. II 2015 S. 816: keine verfassungsrechtlichen Bedenken; Erle/Sauter/*Lornsen-Veit* KStG § 27 Rn. 98 ff.; *Neyer* BB 2017, 3036.

schaft die Dividende durch Aufnahme von Fremdkapital, stellt dieses eine Betriebsschuld und dessen Kosten eine – im Grundsatz – abzugsfähige Betriebsausgabe dar.[21] Wird eine Sachausschüttung vorgenommen, ist der Gegenstand der Sachausschüttung mit dem gemeinen Wert anzusetzen; auf den Wert, der im Gewinnverwendungsbeschluss angesetzt ist, kommt es nicht an.[22]

12 Losgelöst hiervon besteht nach Maßgabe von § 43 Abs. 1 Nr. 1 EStG die Verpflichtung der AG, von dem Dividendenbezug Steuern durch Abzug vom Kapitalertrag einzubehalten. Dies gilt für Dividendenzahlungen iSv § 20 Abs. 1 Nr. 1 und 2 EStG. Bei Aktien, die nach § 5 DepotG zur Sammelverwahrung durch eine Wertpapiersammelbank zugelassen sind und dieser Sammelverwahrung anvertraut wurden, hat die Kapitalertragsteuer die die Kapitalerträge auszahlende Stelle einzubehalten, § 43 Abs. 1 Nr. 1a iVm § 44 Abs. 1 S. 3 EStG. Auch die Veräußerung von Dividendenscheinen iSv § 20 Abs. 2 S. 1 Nr. 2a und S. 2 EStG unterliegen ebenfalls dem Kapitalertragsteuerabzug. Die Kapitalertragsteuer beträgt 25% (zuzüglich Solidaritätszuschlag) des Kapitalertrags, § 43a Abs. 1 Nr. 1 EStG. Für inländische Privataktionäre ist nach § 43 Abs. 5 S. 1 EStG die Einkommensteuer durch den Kapitalertragsteuerabzug abgegolten, es sei denn, dass der Steuerpflichtige eine niedrigere Festsetzung nach § 32d EStG beantragt. Stellen die Dividendenerträge Betriebseinnahmen des Gläubigers dar, kann nach § 44a Abs. 5 EStG (auf Antrag) im Falle einer Dauerüberzahlersituation die Befreiung von der Einbehaltungspflicht für Kapitalertragsteuer gewährt werden. Schuldner der Kapitalertragsteuer ist im Grundsatz der Gläubiger der Kapitalerträge; nach § 44 Abs. 1 EStG ist indes der Schuldner der Kapitalerträge zum Steuerabzug verpflichtet. Nicht zuletzt als Reaktion auf Steuervermeidungsgestaltungen wurde § 36a EStG[23] geschaffen, der die Berechtigung zur Anrechnung von Kapitalertragsteuer an weitere Voraussetzungen knüpft. So muss der Anrechnungsberechtigte die Anteile über einen Zeitraum von ununterbrochen 45 Tagen als unmittelbarer wirtschaftlicher Eigentümer innerhalb einer Zeitspanne von 45 Tagen vor oder nach dem Dividendenstichtag gehalten haben.

13 Werden die Dividenden aus Aktien, die entweder nach § 5 DepotG zur Sammelverwahrung durch eine Wertpapiersammelbank zugelassen sind und dieser zur Sammelverwahrung im Inland anvertraut wurden, bei denen eine Sonderverwahrung nach § 2 S. 1 DepotG erfolgt oder bei denen die Erträge gegen Aushändigung der Dividendenscheine ausgezahlt oder gutgeschrieben werden, ist nicht die AG, sondern das inländische Kredit- oder Finanzdienstleistungsinstitut im Sinne von § 43 Abs. 1 S. 1 Nr. 7 Buchst. b, das inländische Wertpapierhandelsunternehmen oder die inländische Wertpapiersammelbank, welche die Anteile verwahrt oder verwaltet und die Kapitalerträge auszahlt oder gutschreibt oder gegen Aushändigung der Dividendenscheine auszahlt oder gutschreibt oder die Kapitalerträge an eine ausländische Stelle auszahlt, § 44 Abs. 1 S. 3 iVm S. 4 Nr. 3 EStG.[24]

14 Der Kapitalertragsteuerabzug ist für Dividenden in dem Zeitpunkt abzuführen, in dem die Kapitalerträge dem Gläubiger zufließen; das ist bei Dividenden iSv § 43 Abs. 1 Nr. 1 EStG der Tag, der im Gewinnausschüttungsbeschluss als Tag der Auszahlung bestimmt ist, sowohl am Tag nach der Beschlussfassung, § 44 Abs. 1 S. 5, Abs. 2 EStG;[25] dies gilt insbes. bei Ausschüttungen an beherrschende Gesellschafter, auch wenn der Beschluss eine spätere Fälligkeit vorsieht.[26]

15 Dividendenbezüge nicht im Inland unbeschränkt steuerpflichtiger Aktionäre unterliegen nach § 49 Abs. 1 Nr. 5a EStG der beschränkten Steuerpflicht, die durch den Steuerabzug

---

[21] *Ettinger* DStR 2018, 1058.
[22] BFH DStR 2018, 2419; dazu *Moritz* DB 2019, 460.
[23] G v. 19.7.2016 BGBl. 2016 I S. 1730; BMF 17.7.2017, BStBl. I 2017 S. 986; OFD Frankfurt a. M. 25.8.2017, StEd 2017, 632; *Helios/Lenz* DB 2017, 1738; *Haisch/Hüniken* BB 2016, 345.
[24] Eingefügt d. Gr. v. 22.6.2011 BGBl. 2011 I S. 1126; *Rau* DStR 2011, 2325 ff.
[25] *Schmidtmann* DB 2017, 2685.
[26] BFH NZG 2015, 566.

§ 51 Besteuerung der AG, Gewinnausschüttungen **16, 17** § 51

vom Kapitalertrag abgegolten ist, § 50 Abs. 2 S. 1 EStG.[27] Ist der Dividendenberechtigte eine mit mindestens 10% beteiligte Muttergesellschaft im Sinne der Mutter-/Tochterrichtlinie[28] wird auf Antrag die Kapitalertragsteuer nicht erhoben, § 43b EStG. Die Muttergesellschaft muss ihre Berechtigung hierzu durch einen Freistellungsbescheid des BZSt nachweisen, § 50d Abs. 1 EStG. Durch Doppelbesteuerungsabkommen kann der Steuerabzug durch die Bundesrepublik Deutschland beschränkt oder ausgeschlossen sein. Durch § 50d Abs. 3 EStG wird die Entlastung von Kapitalertragsteuer – sei es infolge der Mutter/Tochter-Richtlinie oder von DBA – an qualifizierende Voraussetzungen gebunden. Laut FG Köln soll der vollständigen Entlastung nicht entgegen stehen, dass die Beteiligung nicht unmittelbar, sondern über eine Personengesellschaft gehalten wird.[29] Die Besteuerung von Dividenden an ausländische Mutterunternehmen, die nicht unter die Mutter-/Tochterrichtlinie fallen, wurde vom EuGH jüngst beanstandet.[30] Nunmehr hat der EuGH[31] auf Vorlage des FG Köln[32] die einschränkenden Voraussetzungen des § 50d Abs. 3 EStG für europarechtswidrig erklärt. Die Belastung ausländischer Aktionäre mit deutscher Kapitalertragsteuer hat in zahlreichen legalen und grenzwertigen Bemühungen zur Vermeidung geführt.[33] Durch Schreiben v. 26.7.2013 versucht das BMF, die Veräußerung von Dividendenansprüchen durch Steuerausländer zur Vermeidung des inländischen Steuerabzugs einzuschränken.[34] Entsprechend der für unbeschränkt steuerpflichtige Aktionäre geschaffenen Regelung in § 36a EStG wurde für beschränkt steuerpflichtige Aktionäre eine Regelung in § 50j EStG nachgeholt[35], derzufolge die Entlastung von Kapitalertragsteuer nach § 50d Abs. 1 EStG nach Maßgabe der Mutter/Tochterrichtlinie oder von DBA an vergleichbare Voraussetzungen geknüpft wurden.[36]

3. Verbliebene Besonderheiten aus dem Übergang vom Anrechnungsverfahren **16** **zum Halb-/Teileinkünfteverfahren. a) Allgemeines.** Die von der Kapitalgesellschaft in der Vergangenheit entrichtete Körperschaftsteuer sollte infolge des Systemwechsels nicht definitiv werden, sondern auf den standardisierten Steuersatz von 30% eingestellt werden. Hierzu sahen die Übergangsvorschriften des KStG eine nach Maßgabe der bisherigen Zusammensetzung des verwendbaren Eigenkapitals erfolgende Reduktion oder Erhöhung der Körperschaftsteuer der Körperschaft vor. Zur Ermittlung dieser Steuerbeträge wurden die Endbestände des früheren verwendbaren Eigenkapitals festgestellt.

b) Körperschaftsteuerminderungen, Körperschaftsteuererhöhungen. Auf eine **17** **Körperschaftsteuerminderung** besteht seit dem Ablauf des 31.12.2006 ein Anspruch auf die ratierliche Auszahlung des Körperschaftsteuerguthabens unabhängig von Ausschüttungen, beginnend mit dem Jahr 2008 und letztmals für den Auszahlungszeitraum 2017, § 37 Abs. 5 KStG. Der Auszahlungsanspruch bezieht sich auf die Körperschaftsteuer; der seiner-

---

[27] L. Schmidt/*Loschelder* EStG § 50 Rn. 26 ff.
[28] Richtlinie 90/435/EWG des Rates v. 23.7.1990 über das gemeinsame Steuersystem der Mutter- und Tochtergesellschaften verschiedener Mitgliedstaaten, ABl. EU L 225, S. 6, EU L 266, S. 20, 1997 L 16, S. 98, zul. Geändert durch Richtlinie 2006/98/EG des Rates vom 20.11.2006 ABl. EU L 363, S. 129.
[29] FG Köln EFG 2018, 383 (Rev. eingelegt BFH Az. I R 77/17); *Berger/Tetzlaff* NWB 2018, 2103.
[30] EuGH AG 2011, 869; BFH DStR 2012, 742; dazu → § 47 Rn. 45 ff.; *Lemaitre* IWB 2013, 269; *Herlinghaus* FR 2013, 529; *Ernst* DB 2014, 329.
[31] EuGH WM 2018, 924.
[32] FG Köln EFG 2017, 1518; *Gebhardt* BB 2017, 2007; *G. Kraft* NWB 2017, 2400; *Böhmer* ISR 2017, 374.
[33] Zum Dividendenstripping BFH BStBl. II 2000 S. 527; DStRE 2009, 76; dazu § 47 Rn. 45.
[34] BMF 26.7.2013, BStBl. I 2013 S. 939.
[35] G v. 20.12.2016 BGBl. 2016 I S. 3000; BMF 3.4.2017, DB 2017, 997; *Haisch* BB 2016, 345; *Helios/Lenz* DB 2017, 1738.
[36] Zu Wertpapierdarlehen und -pensionsgeschäften von Investmentfonds BMF 15.5.2018, DStR 2018, 1176; *Lechner* BB 2018, 1691; *Haarmann* BB 2018, 1623.

zeit erhobene Solidaritätszuschlag wird nicht erwähnt, so dass dessen Erstattung strittig ist.[37] Umstritten ist ebenfalls die Zulässigkeit der Aufrechnung von Steuerforderungen gegen das Körperschaftsteuerguthaben in der Insolvenz.[38] Nach überwiegender Auffassung ist der Steuererstattungsanspruch abgezinst in der Handelsbilanz anzusetzen; die Beträge gehören nicht zu den steuerlichen Einkünften, § 37 Abs. 7 KStG.[39]

18 Abgesehen von wenigen anderen Fällen entsteht eine Körperschaftsteuererhöhung in Höhe von 3% des letztmals festgestellten Betrags an EK02, § 38 Abs. 4, 5 KStG jedoch nicht höher als der Betrag, der sich nach der bisherigen Regelung ergeben hätte. Nach § 38 Abs. 6 S. 1 KStG ist der Steuerbetrag in 10 gleichen Jahresbeträgen in den Jahren 2008 bis 2017 zu entrichten. Auf Antrag kann die Körperschaft den Erhöhungsbetrag in einer Summe entrichten; noch nicht fällige Raten werden mit einem Zinssatz in Höhe von 5,5% abgezinst, § 38 Abs. 7 KStG.

§ 52 Gewerbesteuer

Übersicht

	Rn.		Rn.
I. Gewerbesteuerpflicht der Aktiengesellschaft	1–4	c) Kürzung um Gewinne aus Beteiligungen an Kapitalgesellschaften	34
II. Bemessungsgrundlage der Gewerbesteuer	5–37	d) Kürzung um Gewinnanteil bei der Kommanditgesellschaft auf Aktien	35
1. Gewerbeertrag	6–11		
2. Hinzurechnungen	12–30	e) Gewerbeertrag ausländischer Betriebsstätten	36
a) Hinzurechnung eines Viertels bestimmter Finanzierungsaufwendungen	13–24	f) Spendenabzug	37
		III. Gewerbeverlust	38–43
b) Hinzurechnung der Gewinnanteile an persönlich haftende Gesellschafter einer Kommanditgesellschaft auf Aktien	25	IV. Ermittlung der Gewerbesteuer	44–50
		1. Bildung des Gewerbesteuermessbetrages, Steuererhebung	44, 45
c) Hinzurechnung von außer Ansatz gebliebenen Gewinnanteilen (Dividenden)	26	2. Zerlegung des Gewerbesteuermessbetrages bei Hebeberechtigung mehrerer Gemeinden	46–49
d) Hinzurechnung des Verlustanteils an einer in- oder ausländischen Mitunternehmerschaft	27	3. Maßnahmen gegen „Gewerbesteueroasen"	50
e) Spendenhinzurechnung	28	V. Besteuerungsverfahren	51–56
f) Teilwertabschreibungen, Verluste	29	VI. Rechtsmittelverfahren	57–62
g) Ausländische Steuern	30	1. Rechtsmittel gegen den Gewerbesteuermessbescheid	57–60
3. Kürzungen	31–37		
a) Kürzungen bei Grundbesitz	31, 32	2. Rechtsmittel gegen den Gewerbesteuerbescheid	61
b) Kürzung um Gewinne aus Mitunternehmerschaften	33	3. Überblick über die Rechtsbehelfe bei der Gewerbesteuer	62

Schrifttum: *Dallwitz/Mattern/Schnitger*, Beeinträchtigung grenzüberschreitender Finanzierung durch das JStG 2007, DStR 2007, 1697; *Derlien/Wittkowski*, Neuerungen bei der Gewerbesteuer – Auswirkungen in der Praxis, DB 2008, 835; *Dötsch/Pung*, Die Neuerungen bei der Körperschaftsteuer und bei der Gewerbesteuer durch das Steuergesetzgebungspaket vom Dezember 2003, DB 2004, 91 und 151; *dies.*, JStG 2006: Die Änderungen des KStG und des GewStG, DB 2007, 11; *Englisch/Lang*, Zur Verfassungswidrigkeit der neuen Mindestbesteuerung, StuW 2005, 3; *Fahrenhorst*, Gewerbesteuerliche Behandlung von Dividenden, die Körperschaften mittelbar über eine PersGes.-Holding beziehen, DB

---

[37] BFH DStR 2016, 1522; DB 2011, 2691; OFD Münster 20.12.2012, DB 2013, 150; Dötsch/Pung/Möhlenbrock/*Dötsch* KStG § 37 Rn. 110a; *Baumhoff* Ubg 2010, 182 ff.
[38] FG Thüringen EFG 2010, 750; dazu BFH DStR 2011, 1029; FG Niedersachsen DStRE 2010, 1377 (nrkr.); OFD Koblenz 7.12.2007, DStR 2008, 354; *Hubertus/Fürwentsches* DStR 2010, 2382; *Gundlach/Rautmann* DStR 2011, 1404.
[39] *Dötsch/Pung* DB 2006, 2648 (2654).

2015, 2779; *Gebhardt/Quilitzsch,* Berücksichtigung finaler Betriebsstättenverluste im Rahmen der Gewerbesteuer, FR 2011, 359; *Glanegger/Güroff,* Gewerbesteuergesetz, 9. Aufl. 2017; *Göbel/Küntscher,* Gewerbesteuerliche Hinzurechnung von Zinsen auf dem europarechtlichen Prüfstand, IStR 2011, 630; *Greiser/Rotter,* Gewerbesteuerliche Fallstricke bei der Immobilienbesteuerung, NWB 2017, 1084; *Grotherr,* Außensteuerrechtliche Bezüge im Jahressteuergesetz 2007, RIW 2006, 898, *Günkel/Levedag,* Die Gewerbesteuer bei der Veräußerung von Mitunternehmeranteilen durch Kapitalgesellschaften, FR 2004, 261; *Hahne,* Steuerrisiken aus einer gewerbesteuerlichen Hinzurechnung entgehender Zinserträge beim Verkauf verzinslicher Forderungen, BB 2008, 2546; *Hidien,* Gewerbesteuerliche Hinzurechnung von Know-how-Entgelten nach der Unternehmensteuerreform 2008?, DB 2008, 257; *Horn,* Einschränkungen der steuerlichen Verlustnutzung durch Kapitalgesellschaften und anderen Körperschaften, GmbHR 2004, 1077; *Huland/Dickhöfer,* Reichweite und Möglichkeiten zur erweiterten Grundbesitzkürzung im Organkreis, BB 2013, 2583; *Keilhoff/Sejdija,* Das Lizenzmodell im Lichte der Verschärfungen bei der Gewerbesteuer, FR 2017, 653; *Köhler,* Einzelprobleme der Hinzurechnung von Finanzierungskosten gem. § 8 Nr. 1 GewStG, StBP 2011, 343; *Kollruss,* Europarechtswidrigkeit der gewerbesteuerlichen Schachtelprivilegien bei doppelt ansässigen ausländischen EU-Kapitalgesellschaften, IStR 2014, 51; *Kupfer/Göller/Leibner,* Droht der Untergang von Gewerbeverlusten nach § 10a GewStG bei Mitunternehmerschaften? Ubg 2014, 361; *Rapp,* Die gewerbesteuerliche Hinzurechnung im Zusammenhang mit digitalen Services und Produkten, FR 2017, 563; *Rengier,* Gewerbesteuerliche Hinzurechnung von Mietaufwendungen – BFH klärt mehrere Grundsatzfragen, NWB 2017, 2820; *Ritzer,* Anwendungsfragen zur Hinzurechnung von Finanzierungsanteilen nach § 8 Nr. 1 GewStG i. d. F. des UntStRefG 2008, DStR 2008, 1613; *Rödder/Schumacher,* Ertragsteuerliche Änderungen für Unternehmen zum Jahreswechsel 2003/2004, DStR 2004, 207; *Schneider/Redeker,* Hinzurechnung von Miet- und Pachtzinsen: Fiktives Anlagevermögen bei kurzzeitigen Anmietungen, DB 2017, 2254; *Watermeyer,* Der neue § 8b KStG, GmbH-StB 2004, 110.

I. Gewerbesteuerpflicht der Aktiengesellschaft

Die Aktiengesellschaft ist **gewerbesteuerpflichtig kraft Rechtsform.** Stets und in vollem Umfang gilt ihre Tätigkeit als Gewerbebetrieb (§ 2 Abs. 2 S. 1 GewStG, R 2.1 (4) GewStR).[1] Die Gewerbesteuerpflicht beginnt bereits nach Abschluss der Satzung und vor Eintragung, wenn die Vorgesellschaft eine nach außen in Erscheinung tretende Tätigkeit aufgenommen hat. Das gilt auch für eine nur vermögensverwaltende Vorgesellschaft, wenn deren Tätigkeiten über reine Vorbereitungsmaßnahmen hinaus gehen.[2] Auch wenn die Aktiengesellschaft keine gewerbliche Tätigkeit ausübt, greift die Gewerbebetriebsfiktion ein.[3] Die GewSt wird als verfassungsmäßig betrachtet und sie beinhaltet keinen Verstoß gegen Unionsrecht.[4] Auch das Abzugsverbot für die Gewerbesteuer begegnet keinen verfassungsrechtlichen Bedenken.[5] Auch die Vorschriften über die gewerbesteuerliche Hinzurechnung gaben dem BVerfG keinen Anlass zur Verwerfung des GewStG.[6] 1

Die Aktiengesellschaft kann nicht **verschiedene Gewerbebetriebe** als jeweils selbstständige Besteuerungsobjekte betreiben. Betreibt eine natürliche Person mehrere ungleichartige Betriebe, so sind dies in der Regel selbstständige Betriebe.[7] Diese Aufteilung beruht auf dem Grundsatz der Objektbesteuerung nach § 2 Abs. 1 GewStG, wonach der Gewerbesteuer der „stehende Gewerbebetrieb", also **nicht die natürliche oder juristische Person,** unterliegt. Bei den in § 2 Abs. 2 GewStG genannten Gesellschaften, somit auch bei der 2

---

[1] Die zwischenzeitliche Umgestaltung der Gewerbesteuer zur Gemeindewirtschaftsteuer (vgl. BT-Drs. 15/1517; 15/1664, 15/1727) wurde zurückgezogen; zum Entwurf *Broer* BB 2003, 1930 ff.
[2] BFH DStR 2017, 1591.
[3] H 2.1 (4) GewStR; BFH BStBl. III 1961 S. 66. BFH BStBl. II 1977 S. 10, ferner BFH BStBl. II 1983 S. 77 bejaht die Verfassungsmäßigkeit dieser Vorschrift.
[4] BVerfG BStBl. II 1969 S. 424; BVerfG BStBl. II 1978 S. 125; BVerfG BStBl. II 1985 S. 475; BVerfGE 120, 1 (24) = BeckRS 2008, 35885; BFH BFH/NV 2005, 2195; 2004, 141; BStBl. II 2004 S. 303; *Keß* FR 2004, 80 ff. mwN; zu § 8 Nr. 7 GewStG *Herlinghaus* EFG 2004, 141; *Hey* FR 2004, 876 ff.
[5] BFH HFR 2014, 534; Vorinstanz FG Hamburg EFG 2012, 933.
[6] FG Hamburg EFG 2012, 960; BVerfG NVwZ 2013, 935; BeckRS 2016, 43571.
[7] BFH BStBl. III 1965 S. 656; Blümich/*Drüen* GewStG § 2 Rn. 36.

Aktiengesellschaft, gilt diese gesonderte Behandlung der selbstständigen Betriebe jedoch nicht; die Gesamtheit der Tätigkeit der Aktiengesellschaft gilt als ein Gewerbebetrieb.

3 Bei einer **Organschaft** gilt die Organgesellschaft als Betriebsstätte der Organträgerin, § 2 Abs. 2 S. 2 GewStG; ihre persönliche, nicht hingegen die sachliche Steuerpflicht erlischt für die Dauer der Organschaft.[8] Die Besteuerungsgrundlagen (Gewerbeertrag) werden getrennt ermittelt und durch die Organträgerin versteuert (R 2.3 (1) Allgemeines; H 2.3 (1) Ermittlung des Gewerbeertrags von Organträger und Organgesellschaft). Nach dem neuen § 7a GewStG[9] sind bei der Ermittlung des Gewerbeertrags einer Organgesellschaft § 9 Nr. 2a, 7 und 8 nicht anzuwenden; mit solchen Dividenden zusammenhängende Aufwendungen sind nicht hinzuzurechnen. Beim Organträger kommt es zur Kürzung der Dividenden nach § 15 S. 1 Nr. 2 S. 2–4 KStG nach § 8b Abs. 1 KStG oder nach dem Teileinkünfteverfahren und gegebenenfalls zur Hinzurechnung von Aufwendungen nach § 8 Nr. 1 GewStG. Damit wurde der BFH-Entscheidung v. 17.12.2014[10] entgegen getreten. Zu den Voraussetzungen der Organschaft s. unten § 72. Voraussetzung einer gewerbesteuerlichen Organschaft ist die finanzielle Eingliederung der Organgesellschaft in den Organträger sowie das Bestehen eines Gewinnabführungsvertrags.[11] Die finanzielle Eingliederung erfolgt in das herrschende Unternehmen, nicht hingegen eine vermögensverwaltende Zwischengesellschaft. Die Eingliederung kann nach Maßgabe von Art. XX Abs. 4 und 5 des DBA Großbritannien auch in einen in UK ansässigen Organträger erfolgen.[12]

4 Die **Gewerbesteuerpflicht endet** bei Kapitalgesellschaften nicht schon mit Einstellung der gewerblichen Tätigkeit, sondern erst mit Beendigung der Liquidation, § 4 Abs. 1 GewStDV, das heißt in der Regel dann, wenn das verbleibende Vermögen an die Gesellschafter verteilt worden ist.[13]

II. Bemessungsgrundlage der Gewerbesteuer

5 Die Bemessungsgrundlage der Gewerbesteuer ergibt sich unter Berücksichtigung der Hinzurechnungen und Kürzungen aus dem Gewerbeertrag (§ 7 mit § 11 GewStG).[14] Der Gewerbeertrag geht ein in den Gewerbesteuermessbetrag (§ 14 GewStG). Auf den Gewerbesteuermessbetrag als direkte Bemessungsgrundlage wird unter Heranziehung des jeweils geltenden gemeindlichen Hebesatzes (§ 16 GewStG) die Gewerbesteuer ermittelt.

6 **1. Gewerbeertrag.** Die Bemessungsgrundlage Gewerbeertrag leitet sich ab aus dem
- nach Vorschriften des Einkommensteuer- bzw. Körperschaftsteuergesetzes ermittelten Gewinn (§ 7 S. 1 GewStG unter Beachtung der Sonderregelungen nach § 7a und 7b GewStG),
- den Hinzurechnungen nach § 8 GewStG und
- den Kürzungen nach § 9 GewStG.

7 Der Gewerbeertrag wird zB durch die körperschaftsteuerlichen Regelungen zu § 8a und des § 8b KStG (§ 7 S. 4 GewStG), aber auch durch die Regelungen zB des UmwStG, AIG oder AStG beeinflusst.[15] Als Folge der BFH-Entscheidung vom 11.3.2015[16] wurde durch das

---

[8] *Glanegger/Güroff* GewStG § 2 Rn. 488.
[9] Erstes BEPS-UmsetzungsG v. 20.12.2016 BGBl. 2016 I S. 3000 mit Wirkung ab 1.1.2017; dazu *Blümich/Gosch* GewStG § 7a Rn. 15 ff.
[10] BFH BStBl. II 2015 S. 1052; OFD Nordrhein-Westfalen 2.10.2017, DB 2017, 2640.
[11] Dazu FG Münster EFG 2017, 1970.
[12] BFH DStR 2011, 762 ff.
[13] BFH BFH/NV 2013, 84; *Glanegger/Güroff* GewStG § 2 Rn. 474; *Blümich/Drüen* GewStG § 2 Rn. 256; BFH BFH/NV 2001, 816; R 2.6 (4) GewStR.
[14] Bemessung nach dem Gewerbekapital aufgehoben ab Erhebungszeitraum 1998.
[15] BFH BStBl. II 2007 S. 279; BMF 21.3.2007, BStBl. I 2007 S. 302; *Blümich/Drüen* GewStG § 7 Rn. 25 ff. und 86 ff.; *Herzig/Lohmann* DB 2004, 1001 ff. zu § 8a KStG; *Watermeyer* GmbH-StB 2004, 110, sowie *Buge/Goksch* DStR 2004, 1549 ff. zu § 8b KStG.
[16] BFH BStBl. II 2015 S. 1049.

erste BEPS-Umsetzungsgesetz § 7 S. 7 GewStG eingefügt, infolge dessen Hinzurechnungsbeträge nach § 10 Abs. 1 AStG als Einkünfte in einer inländischen Betriebsstätte gelten.[17]

Die Gewinnermittlung nach den Regeln des Einkommen- bzw. Körperschaftsteuerrechtes ist selbstständig, das heißt, der im Körperschaftsteuerbescheid festgesetzte Gewinn wird in der Regel zwar übernommen, entfaltet jedoch keine formale Bindung für die Gewerbesteuer.[18] So findet der Verlustabzug nicht nach § 10d EStG statt, sondern nach § 10a GewStG.[19] Nach der Gewerbeverlustabzugsregelung findet nur ein Verlustvortrag statt; ein Verlustrücktrag erfolgt nicht.[20] **8**

Von der Aktiengesellschaft erzielte **Veräußerungsgewinne** sind in den Gewerbeertrag einzubeziehen. Dies gilt nicht für die Veräußerungsgewinne, soweit sie zB nach § 8b Abs. 2 KStG bei der Ermittlung des steuerlichen Gewinns nicht berücksichtigt werden.[21] Bezüglich der **Veräußerung des gesamten Gewerbebetriebes,** eines Teilbetriebes oder des Anteils an einer Personengesellschaft[22] oder bezüglich des Gewinns bei der Aufgabe eines Gewerbebetriebes unterscheidet sich die Behandlung bei der Aktiengesellschaft von der Behandlung bei natürlichen Personen, Personengesellschaften und Genossenschaften.[23] Die bei diesen Vorgängen erzielten Gewinne sind bei der Aktiengesellschaft gewerbesteuerpflichtig; demgegenüber unterfallen sie insbesondere bei natürlichen Personen nicht der Gewerbesteuer, vgl. dazu auch § 7 S. 2 GewStG. Diese Differenzierung wird für verfassungsgemäß gehalten.[24] **9**

Durch Gesetz v. 27.6.2017[25] wurde durch § 7b GewStG eine Sonderregelung bei der Ermittlung des Gewerbeertrags bei unternehmensbezogener Sanierung geschaffen. Sie dient der Schaffung einer gesetzlichen Rechtsgrundlage für Regelungen zur Behandlung von Sanierungsmaßnahmen, nachdem die Anwendbarkeit des Sanierungserlasses gescheitert war.[26] Nach § 7b Abs. 2 GewStG ist ein verbleibender geminderter Sanierungsertrag zunächst mit dem negativen Sanierungsertrag des Sanierungsjahres, dann mit einem nicht ausgeglichenen vororganschaftlichen Verlustvortrag und danach mit Verlustvorträgen der Vorjahre zu verrechnen, wobei die Mindestbesteuerung keine Anwendung findet. Auf die Darstellung der Voraussetzungen und Rechtsfolgen von § 3a und § 3c Abs. 4 EStG wird verwiesen.[27] **10**

Die Gewerbesteuer war in der Vergangenheit als Kostensteuer von ihrer eigenen Bemessungsgrundlage abzugsfähig; sie minderte ferner die Körperschaftsteuer.[28] Die Ge- **11**

---

[17] G v. 20.12.2016 BGBl. 2016 I S. 3000; gleiches gilt für Einkünfte iSd § 20 Abs. 2 S. 1 AStG, die Zwischeneinkünfte darstellen, nach § 7 S. 8 GewStG; Blümich/*Drüen* GewStG § 7 Rn. 91 und 91b; *Keilhoff/Sejdija* FR 2017, 653.
[18] *Deloitte/Voßkuhl* GewStG § 7 Rn. 2; Blümich/*Drüen* GewStG § 7 Rn. 37 f. Die Aufhebungsvorschriften des § 35b GewStG begründen nicht den Grundlagencharakter des Körperschaftsteuerbescheids.
[19] Blümich/*Drüen* GewStG § 7 Rn. 39.
[20] Zu Liquidationsgewinnen BFH BFH/NV 2006, 364; zu Sanierungsgewinnen BayLfSt v. 11.2.2019, DB 2019, 399.
[21] Die im Jahre 2013 eingeführte körperschaftsteuerliche Schachtelschwelle in Höhe von 10 % (§ 8b Abs. 4 KStG idF des G v. 21.3.2013, BGBl. 2013 I S. 561)) betrifft nur Dividenden.
[22] Dazu *Günkel/Levedag* FR 2004, 261 ff.; Blümich/*Drüen* GewStG § 7 Rn. 128 ff.; BFH BB 2010, 2999.
[23] BFH BStBl. II 2002 S. 155; Blümich/*Drüen* GewStG § 7 Rn. 135 f.
[24] BVerfG BStBl. II 2018 S. 303; *Burwitz* NZG 2018, 729; *Herbst* DStRK 2018, 140; *Roser* FR 2018, 421.
[25] G v. 26.7.2017 BGBl. 2017 I S. 2074; das Inkrafttreten steht nach Art. 6 Abs. 2 unter dem Vorbehalt der Feststellung der Europäischen Kommission, dass die Regelung entweder keine oder eine mit dem Binnenmarkt vereinbare Beihilfe handelt.
[26] Sanierungserlass v. 27.3.2003, BStBl. I 2003 S. 240 erg. v. 22.12.2009 BStBl. I 2010 S. 18; BFH GrS DStR 2017, 305.
[27] Vgl. § 50 Körperschaftsteuer.
[28] Zur Ermittlung der effektiven Gewerbesteuerbelastung vgl. *Jacobs* Unternehmensbesteuerung, 5. Aufl., 220 ff.

werbesteuer ist steuerlich nicht abzugsfähig; sie mindert weder ihre Bemessungsgrundlage noch den körperschaftsteuerlichen Gewinn, § 4 Abs. 5b EStG.[29]

12 **2. Hinzurechnungen.** Durch Hinzurechnungen soll nach Maßgabe des Objektsteuercharakters des GewStG der objektive Gewerbeertrag des Gewerbebetriebs festgestellt werden. Ermittelt werden soll der volle Nutzen des Gewerbebetriebes unabhängig von seiner Finanzierung und seiner Ausstattung.[30] Die Hinzurechnungen erfolgen unabhängig davon, ob körperschaftsteuerlich oder gewerbesteuerlich ein Verlust vorliegt. Die Hinzurechnung nach § 8 Nr. 1 GewStG erfolgt nur, wenn der Gesamtbetrag der Hinzurechnungsbeträge aus den Hinzurechnungstatbeständen der Nr. 1 100.000 EUR übersteigt (Freibetrag).[31] Die Regelungen wurden durch die Unternehmensteuerreform 2008 zT deutlich verändert.[32] Die unterschiedliche Finanzierungswirkung der einbezogenen Sachverhalte wird durch unterschiedliche Hinzurechnungssätze berücksichtigt.[33]

a) Hinzurechnung eines Viertels bestimmter Finanzierungsaufwendungen.
13 **(1) Entgelte für Schulden.** Nach der Neufassung von § 8 Nr. 1 lit. a GewStG sind Entgelte für Schulden hinzuzurechnen. Von Bedeutung sind alle Schulden (= Verbindlichkeiten) des Betriebs. Das betrifft sowohl Verbindlichkeiten als auch Verbindlichkeitsrückstellungen.[34] Auch Entgelte für durchlaufende Kredite sind hinzuzurechnen,[35] bei Cash-Pooling dürfen Zinsaufwendungen und Zinserträge unter bestimmten Umständen verrechnet werden.[36] Bestehen Forderungen und Verbindlichkeiten zwischen denselben Personen, können diese ausnahmsweise verrechnet werden; sonst gilt das Saldierungsverbot.[37] Die Hinzurechnung von Zinsen widerspricht nicht der Richtlinie 2003/49/EG des Rates vom 3.6.2003 über gemeinsame Steuerregelungen für Zahlungen von Zinsen und Lizenzgebühren zwischen verbundenen Unternehmen in verschiedenen Mitgliedstaaten. Der EuGH hält die Hinzurechnungsvorschriften nicht für europarechtswidrig.[38]

14 Der Hinzurechnung in Höhe von nunmehr einem Viertel unterliegen die Entgelte, also die Gegenleistung für die Überlassung des Fremdkapitals zur Nutzung.[39] Dazu gehören außer Zinsen auch ein Disagio, das sich auf den Finanzierungsanteil bezieht;[40] es ist gleichgültig, ob es sich um feste, variable oder erfolgsabhängige Entgelte (zB bei Gewinn-

---

[29] FG Hamburg EFG 2012, 933 zu verfassungsrechtlichen Zweifeln an der Verfassungsmäßigkeit des Abzugsverbots, BFH HFR 2014, 534; dazu FM Schleswig-Holstein 31.7.2012 – VI 304-S 2137-229; erledigt durch BVerfG BStBl. II 2016 S. 812.
[30] *Lenski/Steinberg/Köster* GewStG § 8 Nr. 1 Buchst. a Rn. 1; *Glanegger/Güroff* GewStG § 8 Nr. 1 Buchst. a Rn. 1; *Blümich/Hofmeister* GewStG § 8 Rn. 21.
[31] *Blümich/Hofmeister* GewStG § 8 Rn. 311.
[32] Übersicht bei *Derlien/Wittkowski* DB 2008, 836 ff.; dazu *Köhler* StBP 2014, 170; Ländererlass v. 2.7.2012, BStBl. I 2012 S. 654.
[33] BFH BStBl. II 2018 S. 662; *Homuth* NWB 2018, 3307.
[34] *Blümich/Hofmeister* GewStG § 8 Rn. 36; einschränkend *Glanegger/Güroff* GewSt § 8 Nr. 1a Rn. 4 wonach Rückstellungen für drohende Verluste aus schwebenden Geschäften keine Schulden in diesem Sinne sind; *Köhler* StBp 2016, 283; nach FG Baden-Württemberg EFG 2018, 1121 sollen nach § 8 Nr. 1 GewStG aF auch Entgelte für Sachdarlehen, nicht hingegen Stückzinsen zu erfassen sein.
[35] FG Hamburg EFG 2016, 1460 (Rev. eingelegt BFH Az. I R 39/13).
[36] Zur Zulässigkeit unter bestimmten Bedingungen BFH DB 2019, 520; ablehnend FG Niedersachsen EFG 2018, 1381; dazu *Wendt* DStRK 2019, 117; *Roser* WPg 2019, 745.
[37] H 8.1 (1) „Saldierung mit Guthaben" GewStR; BMF 4.7.2008, BStBl. I 2008 S. 730 Rn. 1; BFH BStBl. II 1991 S. 474.
[38] EuGH IStR 2011, 590 – Scheuten Solar Technology GmbH/FA Gelsenkirchen-Süd; *Göbel/Küntscher* IStR 2011, 630; Vorlage durch BFH DStR 2009, 2191; FG Münster DStRE 2009, 228; FG Hamburg EFG 2012, 960, abgelehnt d. BVerfG BeckRS 2016, 43571.
[39] Gegenleistung im weiteren Sinn: BFH BFH/NV 2014, 1588; BFH BStBl. II 1999 S. 473; BFH BStBl. II 2004 S. 192; BFH BStBl. II 2007 S. 655; *Glanegger/Güroff* GewStG § 8 Nr. 1a Rn. 6; *Blümich/Hofmeister* GewStG § 8 Rn. 41;.
[40] H 8.1 (1) „ABC/Diskontbeträge" GewStR; BMF 4.7.2008, BStBl. I 2008 S. 730.

ausschüttungen auf Genussrecht oder andere Erfolgsbeteiligungen) handelt.[41] Zu den Entgelten gehören auch Vorfälligkeitsentschädigungen, die im Falle vorzeitiger Kündigung eines Kredits zu entrichten sind. Nicht zu den Entgelten gehören Verwaltungskosten, die nicht prozentual nach dem Darlehensbetrag bemessen sind oder die für besondere, über die Kapitalüberlassung hinausgehende Leistungen des Kreditgebers zu erbringen sind.[42] Ebenfalls nicht zu den Entgelten gehören Bereitstellungszinsen, Avalgebühren für Ausfallbürgschaften, Vergütungen für die Gestellung oder Verwaltung von Sicherheiten, bei Absicherung durch einen Dritten Vergütungen für einen Zinsswap oder Aufwendungen für die Kurssicherung.[43] Aktivierte Bauzeitzinsen unterliegen nicht der Hinzurechnung.[44]

§ 8 Nr. 1 lit. a S. 2 und 3 GewStG weiten den Entgeltbegriff durch Fiktionen aus. Als **15** Entgelt gilt auch der Aufwand aus nicht im gewöhnlichen Geschäftsverkehr gewährten Skonti oder wirtschaftlich vergleichbaren Vorteilen, wie zB Rabatte, Zugaben oder andere geldwerte Vergünstigungen.[45] Diese sind abzugrenzen von Nachlässen, die nicht im Zusammenhang mit der Erfüllung einer Forderung vor Fälligkeit gewährt werden, wie Nachlässe bei Wertminderung oder zur Kundenbindung.[46] Nach der weiteren Fiktion zählen auch Diskontbeträge bei der Veräußerung von Wechsel- und anderen Geldforderungen zu den Entgelten. Das gilt für den Diskontbetrag, der darauf beruht, dass der Barwert der veräußerten Forderung niedriger ist als der voraussichtliche Wert der Forderung; Entgelte, die auf die Übernahme des Bonitätsrisikos entfallen, sind keine Entgelte iSv § 8 Nr. 1 lit. a S. 2 GewStG.[47] Teilwertabschreibungen und Nebenkosten des Forderungsverkaufs sind keine Diskontbeträge.[48] Nach Satz 3 unterliegen der Hinzurechnung auch der Unterschiedsbetrag zwischen dem Wert einer Forderung und dem vereinbarten Kaufpreis bei Veräußerung von Forderungen aus schwebenden Vertragsverhältnissen bei Forfaitierung.[49]

Sonderregelungen gelten bei der Entgelthinzurechnung für Kreditinstitute nach § 19 **16** Abs. 1 GewStDV sowie bestimmte andere Unternehmenszweige, wie nach § 19 Abs. 3 Nr. 2 und 3 sowie Abs. 4 GewStDV in bestimmtem Umfang für Verbriefungsgesellschaften oder bestimmte Finanzdienstleistungsgesellschaften,[50] wenn und soweit dadurch nicht bestimmtes Anlagevermögen finanziert wird. Durch Entscheidung des BFH wurde die Anwendung der Bestimmung auch auf Konzernfinanzierungsgesellschaften ausgedehnt, die in einem Umfang Bankgeschäfte betreiben, der einen in kaufmännischer Weise eingerichteten Geschäftsbetrieb erfordert.[51]

Eine Hinzurechnung unterbleibt, wenn und soweit die Entgelte bei der körperschaft- **17** steuerlichen Gewinnermittlung nicht als Betriebsausgaben abgezogen werden dürfen. Das ist der Fall bei Entgelten, die als verdeckte Gewinnausschüttung nach § 8 Abs. 3 S. 2 KStG gelten oder nach Maßgabe der Regelungen über die Zinsschranke in § 4h EStG und § 8a

---

[41] BT-Drs. 11/2157, 175; R 8.1 Abs. 1 und H 8.1 Abs. 1 „ABC" GewStR; *Blümich/Hofmeister* GewStG § 8 Rn. 42.
[42] BFH BStBl. II 2001 S. 609.
[43] BFH BStBl. II 1997 S. 253; BFH BStBl. II 2007 S. 655; BMF 2.7.2012, BStBl. I 2012 S. 654 Rn. 14 f.; H 8.1 „ABC"GewStR; Gleichl. Ländererlasse v. 17.11.2015, BStBl. I 2015 S. 896; *Blümich/Hofmeister* GewStG § 8 Rn. 43; *Köhler* StBP 2011, 343.
[44] BFH BStBl. II 2004 S. 192; BMF 2.7.2012, BStBl. I 2012 S. 654 Rn. 13.
[45] *Blümich/Hofmeister* GewStG § 8 Rn. 46 ff.; *Glanegger/Güroff* GewSt § 8 Nr. 1a Rn. 13.
[46] BMF 4.7.2008, BStBl. I 2008 S. 730 Rn. 16.
[47] *Blümich/Hofmeister* GewStG § 8 Rn. 70.
[48] *Ritzer* DStR 2008, 1613; *Lenski/Steinberg* GewStG § 8 Nr. 1 Buchst. a Rn. 166.
[49] FG Hamburg DStRE 2018, 234; BMF 4.7.2008, BStBl. I 2008 S. 730 Rn. 18; *Blümich/Hofmeister* GewStG § 8 Rn. 75; *Hahne* BB 2008, 2546; *Ritzer* DStR 2008, 1613.
[50] Dazu R 8.8 GewStR; § 19 Abs. 4 GewStDV wurde zuletzt durch das AmtshilfeRLUmsG v. 26.6.2013 BStBl. I S. 1809 geändert.
[51] BFH HFR 2017; 420.

KStG vom (teilweisen) Ausschluss des Abzugs der Entgelte als Betriebsausgaben erfasst werden.

18 **(2) Hinzurechnung bestimmter Renten und dauernde Lasten.** Renten und dauernde Lasten im Sinne des Einkommensteuerrechts sind in Höhe von einem Viertel hinzuzurechnen. Die im bisherigen Recht enthaltenen Qualifikationen – Zusammenhang mit der Errichtung des Betriebs oder gewerbesteuerliche Korrespondenz – sind entfallen.

19 Von dieser Vorschrift erfasst werden insbesondere Renten als gleichmäßige Leistungen auf längere Zeit oder ungleichmäßige Leistungen, die auf längere Zeit oder Lebenszeit zu erbringen sind. Eine differenzierende Betrachtung ist geboten bei Kaufpreisraten; Erbbauzinsen, Förderzinsen und Wartegelder gehören nicht zu den Renten oder dauernden Lasten.[52] Nicht von der Hinzurechnung erfasst werden Pensionszahlungen auf Grund einer unmittelbar vom Arbeitgeber erteilten Versorgungszusage.[53]

20 Die Hinzurechnung betrifft nur denjenigen Anteil der Zahlung der Rente oder dauernden Last, der bei der Gewinnermittlung als Betriebsausgabe abgezogen wurde.[54]

21 **(3) Hinzurechnung der Gewinnanteile eines stillen Gesellschafters.** Gewinnanteile eines stillen Gesellschafters an einer AG (zu behandeln als Teilgewinnabführung nach § 292 Abs. 1 Nr. 2 AktG) sind bei der Ermittlung des Gewerbeertrags ebenfalls zu einem Viertel hinzuzurechnen.[55] Verlustanteile eines stillen Gesellschafters sind negativ hinzu zu rechnen.[56] Die Vorschrift verfolgt wie Nr. 1 die Intention der Ermittlung des Gewerbeertrags unabhängig von der Art der Finanzierung. Mit der Neufassung wurden unionsrechtlichen Bedenken wegen der tendenziellen Benachteiligung grenzüberschreitender Finanzierungen wegen Verstoßes gegen das Diskriminierungsverbot des Art. 56 AEUV (ex-Art. 49 EGV) Rechnung getragen. Die Vorschrift betrifft nur den Gewinnanteil des typischen stillen Gesellschafters.

22 **(4) Hinzurechnung von Miet- und Pachtzinsen.** Nach § 8 Nr. 1 lit. d und lit. e GewStG unterliegen ein Fünftel der Miet- und Pachtzinsen für bewegliche Wirtschaftsgüter und die Hälfte der Miet- und Pachtzinsen für unbewegliche Wirtschaftsgüter des Anlagevermögens, die im Eigentum eines anderen stehen, der Hinzurechnung zu einem Viertel.[57] Zu den Miet- und Pachtzinsen gehören auch Leasingraten; die Entgelte bei kurzfristiger Überlassung sind nicht hinzurechnungspflichtig, was der BFH mittlerweile bezweifelt.[58] Maßgeblich ist die Fiktion, ob der Mietgegenstand, wäre er im Eigentum, zum Anlagevermögen gehörte.[59] Die Hinzurechnung gilt auch bei Leasingverhältnissen im Doppelstockmodell[60] sowie bei Zwischenvermietungen;[61] zu den erfassten Vertragstypen gehören auch Ausbeuteverträge oder Erbbaurechtsverträge.[62] Der Hinzurechnung unterliegen die jeweiligen Anteile an den Aufwendungen, die bei der Gewinnermittlung abgezogen wurden. Von den Entgelten sind Aufwendungen abzugrenzen, die nicht mit den Leistungspflichten eines Mieters oder Pächters zusammenhängen. Aufwendungen wie Instandhaltung oder -setzung, vereinbarte Sachleistungen oder übernommene Erneue-

---

[52] *Blümich/Hofmeister* GewStG § 8 Rn. 152; BFH DStR 2007, 1033; H 8.1 (2) GewStR.
[53] BT-Drs. 16/4841, 80.
[54] *Blümich/Hofmeister* GewStG § 8 Rn. 159 ff.; R 8.1 (2) GewStR.
[55] R 8.1 (3) GewStR.
[56] BFH BStBl. II 2017 S. 59; H 8.1 Abs. 3 (Verlustanteile) GewStR.
[57] R 8.1 (4) GewStR.
[58] Erlass v. 2.7.2012 BStBl. I 2012 S. 654 Rn. 29b; anders BFH BFH/NV 2017, 985; *Rengier* NWB 2017, 2820.
[59] Verneint bei Messehallen, BFH HFR 2017, 154; bejaht für Konzertsaal, BFH HFR 2017, 620 oder bei Weitervermietung, BFH BStBl. II 2017 S. 722; *Schneider/Redeker* DB 2017, 2254; *Rengier* NWB 2017, 2820.
[60] BFH DStR 2019, 981.
[61] BFH BStBl. II 2017 S. 722; *Rengier* NWB 2017, 2820.
[62] *Blümich/Hofmeister* GewStG § 8 Rn. 204.

rungsverpflichtungen gehören mit zu den erfassten Aufwendungen, nicht hingegen reine Betriebskosten.[63] Der BFH hält die Regelung für verfassungsgemäß.[64]

In den Hinzurechnungsbetrag gehen ein Fünftel der als Betriebsausgabe abgezogenen **23** Aufwendungen für bewegliche und die Hälfte der Aufwendungen für unbewegliche Wirtschaftsgüter. Mit dieser Differenzierung wird dem unterschiedlichen Finanzierungsanteil bei diesen Investitionsgütern typisierend[65] Rechnung getragen. Bei einheitlichen Miet- und Pachtgegenständen muss zwischen den die beweglichen und die unbeweglichen Wirtschaftsgüter betreffenden Anteilen aufgeteilt werden.[66]

(5) Hinzurechnung von Aufwendungen für die befristete Überlassung von **24** **Rechten.** Nach § 8 Nr. 1 lit. f GewStG unterliegen ein Viertel der Aufwendungen für die zeitlich befristete Überlassung von Rechten, insbesondere Konzessionen und Lizenzen der Hinzurechnung. Ausgenommen sind Aufwendungen die nach § 25 des Künstlersozialversicherungsgesetzes Bemessungsgrundlage für die Künstlersozialabgabe sind. Mit diesem Tatbestand wird der dritte Teilbereich des früheren § 8 Nr. 7 GewStG umgestaltet. Bei den Rechten handelt es sich um Patente, Urheber-, Marken-, Warenzeichen- und Gebrauchsmusterrechte sowie Rechte aus öffentlich-rechtlichen Konzessionen (auch Emissionsrechte).[67] Betroffen von der Hinzurechnungsvorschrift sind die Leistungen zum Beispiel für Absatzmöglichkeiten, Ausbeuterechte, Gestattungen, Zahlungen für Kundenstamm, Zahlungen für Benutzung der Betriebsvorrichtungen, auch wenn diese zivilrechtlich zum Grundstück gehören, insbesondere aber Leasingraten, Charterverträge (ohne Personalüberlassung); zu differenzieren ist bei digitalen Services.[68] Nicht hinzuzurechnen sind die Lizenzgebühren oder Franchiseentgelte, die auf Grund eines Vertrages über die Nutzung gewerblicher Schutzrechte, betrieblicher Erfahrungen, Geheimverfahren, Erfindungen, Rezepten, Know-How an den Lizenzgeber gezahlt werden.[69] Nicht einbezogen sind Lizenzen, die ausschließlich dazu berechtigen, daraus abgeleitete Rechte Dritten zu überlassen, wie zB Vertriebslizenzen.[70]

b) Hinzurechnung der Gewinnanteile an persönlich haftende Gesellschafter ei- **25** **ner Kommanditgesellschaft auf Aktien.** Gewinnanteile, die an persönlich haftende Gesellschafter einer KGaA auf ihre nicht auf das Grundkapital gemachten Einlagen oder die Vergütung einschließlich Tantieme für die Geschäftsführung verteilt worden sind, sind hinzuzurechnen. Zurechnungspflichtig sind nicht nur die etwa geleisteten Geschäftsführervergütungen, sondern auch die Gewinnanteile (Tantiemen und andere Vergütungen) auf die Komplementäreinlage (§ 8 Nr. 4 GewStG), und zwar auch dann, wenn Empfänger eine Kapitalgesellschaft ist.[71] Diese bei der Gewinnermittlung der KGaA abgezogenen Beträge sind für die Ermittlung des Gewerbeertrags in voller Höhe wieder hinzuzusetzen.

c) Hinzurechnung von außer Ansatz gebliebenen Gewinnanteilen (Dividenden). In der Folge des körperschaftsteuerlichen Systemwechsels wurde § 8 Nr. 5 GewStG einge- **26** fügt, der die (teilweise) gewerbesteuerliche Freistellung von Dividendenerträgen rückgängig machte und in Verbindung mit § 9 Nr. 2a und 7 auf Schachteldividenden beschränk-

---

[63] *Blümich/Hofmeister* GewStG § 8 Rn. 210 ff.; *Deloitte/Brokamp* GewStG § 8 Nr. 1d Rn. 19 ff.
[64] BFH DStR 2014, 1912; 2018, 1814.
[65] Krit. *Bergemann/Markl/Althof* DStR 2007, 693; *Blümich/Hofmeister* GewStG § 8 Rn. 226.
[66] *Blümich/Hofmeister* GewStG § 8 Rn. 220.
[67] BMF 6.12.2005, BStBl. I 2005 S. 1047; H 8.1 (5) GewStR; *Hidien* DB 2008, 257; *Blümich/Hofmeister* GewStG § 8 Rn. 274 ff.
[68] *Rapp* FR 2017, 563.
[69] BFH BStBl. II 2017 S. 725; BFH BStBl. III 1965 S. 230; BFH BStBl. II 1976 S. 721 zu Ausbeuterechte.
[70] *Blümich/Hofmeister* GewStG § 8 Rn. 290.
[71] FG Münster EFG 2017, 1686; R 8.2 GewStR; ferner *Heuel/Schmincke* FR 2004, 861 ff.; *Blümich/Hofmeister* GewStG § 8 Rn. 532 ff.

te.⁷² Die Regelung dient der Beschränkung der Auswirkung der körperschaftsteuerlichen Befreiungen auf die Gewerbesteuer. Danach sind Dividendenerträge der Aktiengesellschaft, soweit sie nach § 8b Abs. 1 KStG bei der körperschaftsteuerlichen Gewinnermittlung außer Ansatz bleiben, nach Abzug der damit zusammenhängenden Betriebsausgaben hinzuzurechnen, soweit sie nicht die Voraussetzungen für das gewerbesteuerliche Schachtelprivileg des § 9 Nr. 2a oder 7 erfüllen; Streubesitzdividenden, die nach § 8b Abs. 4 KStG körperschaftsteuerlich nicht begünstigt sind, fallen nicht unter die Hinzurechnung.⁷³ Bei Beteiligung über eine Personengesellschaft wird nach § 7 S. 4 GewStG auf die Schachtelberechtigung der Gesellschafter abgestellt.⁷⁴ Ausgenommen von der Hinzurechnung sind Beteiligungserträge, die infolge eines DBA-Schachtelprivilegs bei der Gewinnermittlung außer Ansatz bleiben.⁷⁵ Die gewerbesteuerliche Hinzurechnung nach § 8 Nr. 5 GewStG für körperschaftsteuerbefreite Dividenden wird nicht um Teilwertabschreibungen auf Aktien im Streubesitz, die sem Abzugsverbot des § 8b Abs. 3 KStG unterliegen, gemindert.⁷⁶

27 d) Hinzurechnung des Verlustanteils an einer in- oder ausländischen Mitunternehmerschaft. Die negativen Erfolgsbeiträge von in- oder ausländischen Mitunternehmerschaften sind wieder zu neutralisieren. Dies führt zur Hinzurechnung des Verlustes nach § 8 Nr. 8 GewStG.

28 e) Spendenhinzurechnung. Sämtliche gem. § 9 Abs. 1 Nr. 2 KStG abgezogenen Spenden sind dem Gewerbeertrag wieder hinzuzurechnen (§ 8 Nr. 9 GewStG).

29 f) Teilwertabschreibungen, Verluste. Gewinnminderungen infolge von ausschüttungsbedingten Wertminderungen oder infolge von Veräußerungen, der Auflösung oder von Kapitalherabsetzungen einer anderen Körperschaft sind nach § 8 Nr. 10 lit. a oder lit. b GewStG hinzuzurechnen, soweit der Ansatz des niedrigeren Teilwerts oder der sonstigen Gewinnminderung entweder auf Gewinnausschüttungen der Körperschaft, um die der Gewerbeertrag nach § 9 Nr. 2a, 7 oder 8 zu kürzen ist, oder auf organschaftliche Gewinnabführungen zurückzuführen ist. Die Vorschrift soll die Ergebnisneutralität von Ausschüttungen der Körperschaft gewährleisten.⁷⁷ Erfasst werden offene und verdeckte Gewinnausschüttungen. Der Hinzurechnungsbetrag entspricht der Gewinnminderung, soweit sie durch die Gewinnausschüttung oder die Gewinnabführung entstanden, dh auf sie zurück zu führen ist.⁷⁸ Teilwertzuschreibungen nach einer ausschüttungsbedingten Teilwertabschreibung sind dem Gewerbeertrag auch dann hinzuzurechnen, wenn die Teilwertabschreibung dem Gewinn wieder hinzugerechnet worden war.⁷⁹

30 g) Ausländische Steuern. Ausländische Steuern, die auf Einkünfte entfallen, die nicht im Gewinn enthalten sind oder gekürzt werden, und die bei der Einkünfteermittlung nach § 34c EStG abgezogen werden konnten, sind nach § 8 Nr. 12 hinzuzurechnen.

31 3. Kürzungen. a) Kürzungen bei Grundbesitz. Bei Aktiengesellschaften mit Grundbesitz wird der Gewerbeertrag um 1,2% des Einheitswertes des zum Betriebsvermögen gehörenden Grundbesitzes gekürzt. Damit soll erreicht werden, dass betrieblicher Grund-

---

⁷² R 8.2 GewStR; ferner *Kollruss* IStR 2014, 51; *Rödder/Schumacher* DStR 2002, 105; *Stuhrmann* NJW 2002, 638; *Haas* DB 2002, 549.

⁷³ Das gilt auch für Erträge aus Investmentanteilen nach § 2 Abs. 2 S. 1 InvStG aF, BFH BStBl. II 2013 S. 486; FG Düsseldorf IStR 2009, 284.

⁷⁴ *Fahrenhorst* DB 2015, 2779.

⁷⁵ *Blümich/Hofmeister* GewStG § 8 Rn. 576; *Prinz/Simon* DStR 2002, 149; *Dallwitz/Mattern/Schnitger* DStR 2007, 1697.

⁷⁶ BFH DStR 2018, 20.

⁷⁷ R 8.6 GewStR; *Blümich/Hofmeister* GewStG § 8 Rn. 690; krit. *Herzig/Hötzel* DB 1988, 2265; *Breidenbach* DB 1991, 2157; *Hönle* BB 1993, 252.

⁷⁸ *Blümich/Hofmeister* GewStG § 8 Rn. 700 ff.

⁷⁹ *Heger* zu BFH jurisPR-Steuerjournal 9/2009 Nr. 1.

besitz nicht sowohl mit Grundsteuer als auch mit Gewerbesteuer belastet ist (§ 9 Nr. 1 S. 1 GewStG).[80]

Gesellschaften, die ausschließlich eigenen Grundbesitz oder neben eigenem Grundbesitz nur eigenes Kapitalvermögen besitzen, können auf Antrag den Teil des Gewerbeertrages, der auf den Grundbesitz entfällt, bei der Ermittlung des Gewerbeertrages kürzen („**erweiterte Gewerbeertragskürzung**"[81]) (§ 9 Nr. 1 S. 2 GewStG). Begünstigt ist ausschließlich der Teil des Gewerbeertrags, der auf die Nutzung und Verwaltung des eigenen Grundbesitzes entfällt. Wirtschaftsgüter, die bewertungsrechtlich nicht Grundbesitz sondern zB Bodenschätze oder Betriebsvorrichtungen sind, scheiden aus.[82] Offen war, ob die Beteiligung an einer grundstücksverwaltenden Personengesellschaft die erweiterte Kürzung nach sich ziehen kann.[83] Nach der Entscheidung des Großen Senats darf einer nur wegen ihrer Rechtsform der GewSt unterliegenden Gesellschaft die erweiterte Kürzung nicht verwehrt werden, wenn sie an einer rein grundstücksverwaltenden und nicht gewerblich geprägten Personengesellschaft beteiligt ist.[84] Auch die geringfügige Mitvermietung von Betriebsvorrichtungen, die sich weder auf dem vermieteten Grundstück befinden noch einen funktionierenden Zusammenhang damit aufweisen, steht der Anwendung von § 9 Nr. 1 S. 2 GewStG entgegen.[85] Dies setzt eine ausschließlich auf die Verwaltung des eigenen Grundbesitzes ausgerichtete Tätigkeit der AG während des gesamten Erhebungszeitraums voraus;[86] bestimmte weitere Tätigkeiten, wie die Verwaltung und Nutzung eigenen Kapitalvermögens sind zwar nicht begünstigt, schließen aber die erweiterte Kürzung im Übrigen nicht aus. Die erweiterte Kürzung wird indes ausgeschlossen für den Grundbesitz, der ganz oder zum Teil dem Gewerbebetrieb eines Gesellschafters dient (§ 9 Nr. 1 S. 5 Nr. 1 GewStG),[87] für Sondervergütungen aus Mitunternehmerschaften, an denen die Gesellschaft beteiligt ist (Nr. 1a) oder für bestimmte Gewinne aus der Auflösung stiller Reserven (Nr. 2) aus unter ihrem Teilwert in das Betriebsvermögen überführtem oder übertragenem Grundbesitz. Der BFH hat wegen sonst möglicher Doppelbegünstigung die erweiterte Kürzung bei Vermietungen/Verpachtungen im Organkreis ausgeschlossen.[88] Eine Kürzung kommt nach § 9 Nr. 1 S. 6 auch für den auf Veräußerungs- oder Aufgabegewinne nach § 7 S. 2 Nr. 2 und 3 GewStG entfallenden Teil des Gewerbeertrags nicht in Betracht.[89]

b) Kürzung um Gewinne aus Mitunternehmerschaften. Nach § 9 Nr. 2 GewStG sind Gewinnanteile aus in- oder ausländischen Mitunternehmerschaften (OHG, KG, atypische stille Gesellschaft) durch Kürzung wieder zu neutralisieren, damit keine gewerbe-

---

[80] R 9.1 GewStR.
[81] BFH DB 2002, 2577; BFH Report 2005, 590 zur Nichtanwendung bei Betriebsaufspaltung; FG Niedersachsen StE 2005, 422 zu geringfügigen anderen Tätigkeiten; FG Niedersachsen 19.9.2018 – 10 K 174/16, EFG 2019, 63 mit enger Auslegung von § 9 Nr. 1 S. 2 GewStG; Lenski/Steinberg/*Roser* GewStG § 9 Rn. 124 ff.
[82] Blümich/*Gosch* GewStG § 9 Rn. 64; zu Ausnahmen Lenski/Steinberg/*Roser* GewStG § 9 Nr. 1 Rn. 24; FG Düsseldorf EFG 2018, 465 (Rev. eingelegt BFH Az. III R 36/17); zur erweiterten Kürzung bei Bauträgertätigkeit FG Düsseldorf DB 2018, 1124 (Rev. eingelegt); *Riedel/Korff* DB 2018, 1687; *Rode* FR 2018, 545.
[83] Vorlage zum GrS v. 21.7.2016 BStBl. II 2017 S. 202; dazu *Greiser/Rotter* NWB 2017, 1084.
[84] BFH (GrS) DB 2019, 762; dazu *Wagner* DB 2019, 865; *Dorn* NWB 2019, 1536.
[85] BFH BStBl. II 2006 S. 659; H 9.2 (2) (Betriebsvorrichtungen) GewStR; zu Photovoltaikanlagen FG Berlin-Brandenburg DStRE 2012, 366; FG Düsseldorf EFG 2018, 465 (Rev. eingel., BFH Az. III R 36/17).
[86] R 9.2 Abs. 1 und 2 GewStR; BFH BB 2014, 2466; Vorinstanz FG Sachsen DStRE 2014, 859.
[87] FG Sachsen BB 2009, 940.
[88] BFH BStBl. II 2011 S. 887; *Huland/Dickhofer* BB 2013, 2583; zur Anwendung bei Umstrukturierungen *Broemel/Kölle* Ubg 2018, 431.
[89] Blümich/*Gosch* GewStG § 9 Rn. 112; Deloitte/*Paprotuy* GewStG § 9 Nr. 1 Rn. 70; im Allgemeinen BFH BStBl. II 1987 S. 603; zu Ausnahmen BFH BStBl. II 1982 S. 478; BFH BStBl. II 2004 S. 1080; H 9.2 (3) (Veräußerungsgewinne) sowie H 9.2 (1) GewStR.

steuerliche Doppelbesteuerung erfolgt. Die Mitunternehmerschaft muss gewerblich und darf nicht nur vermögensverwaltend tätig sein;[90] im Falle der Beteiligung an einer vermögensverwaltenden Personengesellschaft werden die Einkünfte für den gewerblichen Gesellschafter in Gewerbeerträge umqualifiziert. Bei Lebens- und Krankenversicherungsunternehmen sowie Pensionsfonds ist Satz 1 nicht anzuwenden. Die Kürzung bezieht sich auf den gesamten Gewinnanteil aus der Mitunternehmerschaft unter Einschluss der zu den Einkünften aus Gewerbebetrieb gehörenden Sondervergütungen.

34 c) Kürzung um Gewinne aus Beteiligungen an Kapitalgesellschaften. Nach § 9 Nr. 2a GewStG sind Gewinnanteile ua aus nicht steuerbefreiten, unmittelbar oder mittelbar gehaltenen inländischen Kapitalgesellschaften, Kreditanstalten des öffentlichen Rechts oder Erwerbs- und Wirtschaftsgenossenschaften dann vom Gewinn abzuziehen, wenn an diesen das Unternehmen eine Beteiligung von mindestens mittelbar oder unmittelbar 15 % des Grund- oder Stammkapitals besitzt[91] und wenn die Gewinnanteile bei der Ermittlung des Gewinns angesetzt worden sind.[92] Die Beteiligung muss zu Beginn des Erhebungszeitraums in der erforderlichen Höhe bestanden haben.[93] Diese Voraussetzung ist bei einem unterjährigen qualifizierten Anteilstausch nicht gegeben.[94] Diese Vorschrift führt zur Besteuerung von Dividenden aus Nichtschachtelbeteiligungen in Verbindung mit der Hinzurechnung nach § 8 Nr. 5. Veräußerungsgewinne sind nicht begünstigt.[95] Die Kürzung der Gewinnanteile von Kapitalgesellschaften mit Sitz im Ausland ist nach § 9 Nr. 7 an die Erfüllung der Aktivitätskriterien von § 8 Abs. 1 Nr. 1–6 AStG geknüpft, es sei denn, dass es sich um eine EU-Kapitalgesellschaft handelt. Nach § 9 Nr. 8 wird festgelegt, dass eine in DBA festgelegte Beteiligungsquote unmaßgeblich ist, wenn sie 15 % übersteigt. Der EuGH hält die restriktivere Fassung des § 9 Nr. 7 GewStG für unionsrechtswidrig, durch das JStG 2019 wird nun vorgeschrieben, dass 15 % für Beteiligungen in der EU und in Drittländern maßgeblich sind.[96, 97] Die Kürzung wird gemindert um die in unmittelbarem Zusammenhang mit der Beteiligung stehenden Aufwendungen, Satz 3, allerdings soll es nicht zu einer Doppelberücksichtigung von Aufwendungen, zB nach § 8 Nr. 1 GewStG kommen. Der Gesetzgeber hat durch das Jahressteuergesetz 2007[98] auf die Rechtsprechung reagiert, die grundsätzlich die Bruttodividende zur Kürzung zugelassen hat.[99] Nunmehr ist sichergestellt, dass lediglich die Nettodividende gekürzt wird, § 9 Nr. 2a S. 3 GewStG;[100] das Gesetz sieht jetzt vor, dass die zu kürzenden Gewinnanteile um die damit in unmittelbarem Zusammenhang stehenden Aufwendungen zu kürzen sind.[101]

35 d) Kürzung um Gewinnanteil bei der Kommanditgesellschaft auf Aktien. Nach § 9 Nr. 4 werden Gewinnanteile, die nach § 8 Nr. 4 GewStG dem Gewerbeertrag der KGaA hinzugerechnet wurden, gekürzt, sollten sie bei der Gewinnermittlung angesetzt worden sein. Das Gesetz enthält eine Korrespondenzregelung, um zu verhindern, dass der

---

[90] Blümich/*Gosch* GewStG § 9 Rn. 135 f.; BFH BStBl. II 1985 S. 372; Deloitte/*Schreiber* GewStG § 9 Nr. 2 Rn. 23.
[91] Schachtelgrenze verändert durch Gesetz v. 14.8.2007 BGBl. 2007 I S. 1912; Erlass FM Saarland 10.2.2003, IDW-FN 2003, 184 f.; R 9.3 GewStR.
[92] Zum Gewinnanteil gehört auch die Liquidationsrate, BFH BB 2003, 2552.
[93] Blümich/*Gosch* GewStG § 9 Rn. 174 f.; *Glanegger/Güroff* GewStG § 9 Nr. 2a Rn. 5.
[94] BFH BStBl. II 2015 S. 303 = DStR 2014, 1229, H 9.3 (Besitzzeitanrechnung) GewStR.
[95] H 9.3 GewStR „Veräußerungsgewinne".
[96] *Bolik/Gauß/Zawodsky* NWB 2019, 765; *Richter/Ekinci* DB 2019, 1987.
[97] EuGH IStR 2018, 802 – EV; dazu BMF 25.1.2019, BStBl. I 2019 S. 91; ferner *Köhler* ISR 2018, 387; *G. Kraft/Hohage* IStR 2018, 799; *Desens* BB 2018, 2647; *Linn/Pignot* IWB 2018, 787.
[98] Gesetz v. 13.12.2006 BGBl. 2006 I S. 2878; ferner R 9.5 GewStR.
[99] BFH BStBl. II 2006 S. 844.
[100] Blümich/*Gosch* GewStG § 9 Rn. 184b; *Grotherr* RIW 2006, 898 (911).
[101] Dazu auch *Dötsch/Pung* DB 2007, 11 (16).

Gewinnanteil des persönlich haftenden Gesellschafters doppelt der Gewerbesteuer unterworfen wird.

e) Gewerbeertrag ausländischer Betriebsstätten. Die Besteuerung des Gewerbebetriebes erfolgt nach § 2 Abs. 1 S. 1 GewStG nur, soweit er im Inland betrieben wird. In § 9 Nr. 3 GewStG wird daher der auf eine nicht im Inland gelegene Betriebsstätte entfallende Gewerbeertrag eines inländischen Unternehmens ausgeklammert.[102] Das betrifft Erträge ausländischer Betriebsstätten, wie auch Bauausführungen oder Montagen. Dies gilt sowohl für positive als auch für negative Ergebnisbeiträge.[103] 36

f) Spendenabzug. Die aus den Mitteln des Gewerbebetriebs geleisteten Ausgaben zur Förderung steuerbegünstigter Zwecke im Sinne von §§ 52–54 AO sind bis zur Höhe von 20 % des um die Hinzurechnungen nach § 8 Nr. 9 GewStG erhöhten Gewinns aus Gewerbebetrieb oder 4 vT der Summe der gesamten Umsätze und der im Wirtschaftsjahr aufgewendeten Löhne und Gehälter zu kürzen[104] (§ 9 Nr. 5 GewStG). Die Zuwendungen müssen an bestimmte Zahlungsempfänger im Inland oder unter weiteren Umständen auch im Ausland geleistet werden. § 9 Nr. 5 S. 13 ff. GewStG enthalten Vorschriften über die Haftung. 37

III. Gewerbeverlust

Ist der maßgebende Gewerbeertrag nach § 10 GewStG negativ, entsteht ein Gewerbeverlust. Er unterscheidet sich vom körperschaftsteuerlichen Verlust durch die Hinzurechnungen nach § 8 GewStG und die Kürzungen nach § 9 GewStG, so dass trotz körperschaftsteuerlichen Gewinns ein Gewerbeverlust (und umgekehrt) entstehen kann.[105] Der Gewerbeverlust ist nach § 10a GewStG nur vortragsfähig und mindert den maßgebenden Gewerbeertrag des oder der folgenden Erhebungszeiträume; ein Verlustrücktrag ist für den Gewerbeverlust ausgeschlossen. Die Vortragsfähigkeit ist zeitlich unbegrenzt. 38

§ 10a GewStG regelt Einschränkungen der Verlustnutzung. § 10d Abs. 2 EStG und § 10a S. 1 und 2 GewStG beschränken den unbeschränkt abzugsfähigen Gewerbeverlust auf 1 Mio. EUR. Darüberhinausgehende Verlustbeträge dürfen nur in Höhe von 60 % mit dem 1 Mio. EUR übersteigenden Gewinn verrechnet werden. Der BFH hat gegen diese Konzeption keine verfassungsrechtlichen Bedenken.[106] Der sich aus dieser Mindestbesteuerung ergebende Effekt rechtfertigt auch bei Gewinnen im letzten Jahr der Geschäftstätigkeit keinen Erlass der GewSt aus Billigkeitsgründen.[107] 39

[108] Voraussetzung für den Verlustabzug ist, dass die Körperschaft nicht nur rechtlich, sondern auch wirtschaftlich mit der Körperschaft identisch ist, die den Verlust erlitten hat; im Bereich der GewSt gilt im Übrigen die Notwendigkeit der Identität des Unternehmens und des Unternehmers.[109] Die wirtschaftliche Identität bei Körperschaften wird im Falle des Wechsels von Anteilsinhabern der Körperschaft eingeschränkt; das gilt auch, wenn und soweit Körperschaften an einer Mitunternehmerschaft beteiligt sind, § 10a Abs. 10 Hs. 2 GewStG.[110] Durch den Verweis in § 10a S. 10 GewStG auf § 8c KStG gelten die körper- 40

---

[102] Blümich/*Gosch* GewStG § 9 Rn. 217.
[103] Die in § 9 Nr. 3 GewStG enthaltenen Sondervorschriften für den Betrieb von Handelsschiffen bleiben unberücksichtigt.
[104] Blümich/*Gosch* GewStG § 9 Rn. 249 ff.
[105] R 10a.1 (1) GewStR.
[106] BFH BStBl. II 2013 S. 498 sowie BStBl. II 2013 S. 512 und BStBl. II 2013 S. 505; *Herzig/Wagner* WPg 2004, 53 ff.; *Rödder/Schumacher* DStR 2004, 207 ff.; *Dötsch/Pung* DB 2004, 91 ff. und 151 ff.; *Horn* GmbHR 2004, 1077 ff.; *Englisch/Lang* StuW 2005, 3 ff.
[107] BVerwG BB 2015 (Beilage), 535.
[108] .
[109] R 10a (2) GewStR zur Unternehmensidentität; R 10a (3) GewStR zur Unternehmeridentität. Blümich/*Drüen* GewStG § 10a Rn. 56 ff.; Glanegger/*Güroff* GewStG § 10a Rn. 90 ff.; BFH DB 2017, 2393 (zur gewerbl. geprägten Pers.-Gesellschaft).
[110] *Kupfer/Göller/Leibner* Ubg 2014, 361.

schaftsteuerlichen Beschränkungen entsprechend.[111] Erwirbt ein Aktionär mindestens 25 % des Kapitals der Gesellschaft, sollte nach der gesetzlichen Regelung der Verlustvortrag anteilig entsprechend dem Prozentsatz des Anteilserwerbs verloren gehen. Diese Regelung in § 8c S. 1 KStG hat das BVerfG mit Beschluss vom 29.3.2017[112] für mit Art. 3 Abs. 1 GG unvereinbar gehalten. Die Regelung tritt mit Wirkung ab dem 1.1.2019 außer Kraft, wenn der Gesetzgeber nicht bis zum 31.12.2018 eine Neuregelung getroffen hat. Geplant ist nun, § 8c Abs. 1 S. 1 KStG für Unternehmenserwerbe nach dem 13.12.2006 und vor dem 1.1.2016 nicht anzuwenden.[113] Nach § 8c S. 2 KStG soll bei einem Anteilserwerb von mehr als 50 % der Verlustabzug vollständig entfallen. Zu dieser Regelung liegt erneut eine Vorlage an das BVerfG zur Entscheidung vor.[114] Bei der bisherigen Regelung steht dem Erwerb durch einen Gesellschafter der Erwerb durch eine Gruppe von Gesellschaftern gleich. In § 8d KStG wurde mit Wirkung ab 1.1.2016 eine Sonderregelung für den fortführungsgebundenen Verlustvortrag eingeführt, der nach § 10a S. 10 GewStG auch für die Gewerbesteuer gilt.[115] Für bis zum Ende des Erhebungszeitraums 2008 entstandene Verluste findet die bisherige Regelung nach § 8 Abs. 4 KStG weiter Anwendung; die Regelungen gelten parallel.[116] Ein Verlustabzug ist danach insbesondere dann nicht möglich, wenn mehr als 50 % der Anteile an einer Kapitalgesellschaft übertragen werden und die Gesellschaft danach ihren Geschäftsbetrieb mit überwiegend neuem Betriebsvermögen wieder aufnimmt.[117] Die Ausnahme für Erwerbe im Sanierungszusammenhang in § 8c Abs. 1a KStG soll nach geplanter Gesetzesänderung wieder aufleben.[118] Besonderheiten gelten bei Beteiligungen an Mitunternehmerschaften, § 10a S. 10 Hs. 2 GewStG. Zu den weiteren Einzelheiten wird auf die Darstellung des körperschaftsteuerlichen Verlustabzugs verwiesen. Finale Betriebsstättenverluste aus dem Ausland können nach engen Voraussetzungen im Inland Berücksichtigung finden.[119]

41 Im Rahmen einer gewerbesteuerlichen Organschaft werden zunächst die positiven und negativen Gewerbeerträge der zum Organkreis gehörenden Betriebe zusammengefasst. Erst ein danach verbleibender Fehlbetrag ist mit dem Gewerbeverlustvortrag allein bei dem Organträger zu verrechnen.[120]

42 Der gewerbesteuerliche Verlustabzug ist nach einem Unternehmerwechsel ausgeschlossen. Ein Unternehmerwechsel ist anteilig auch beim Wechsel der Gesellschafter gegeben, wenn es sich um eine Personengesellschaft handelt, nicht hingegen bei Körperschaften[121] (dazu aber § 8c KStG), wohl aber bei der Übertragung des gesamten Betriebs an einen anderen. Bei einer Teilbetriebsveräußerung stehen Verluste, die auf den veräußerten Teilbetrieb entfallen, mangels Unternehmensidentität nicht für eine Kürzung von Gewerbeer-

---

[111] BFH BStBl. II 2012 S. 360; dazu BMF 28.11.2017, DStR 2017, 2670 zur partiellen Nichtanwendung von R 10a.1 Abs. 3 S. 7, 8 GewStR.

[112] BVerfG BGBl. 2017 I S. 1289; dazu BMF 29.11.2017, BStBl. I 2017 S. 1634.

[113] Entw. der Bundesregierung eines G zur Vermeidung von Umsatzsteuerausfällen beim Handel mit Waren im Internet und zur Änderung weiterer steuerlicher Vorschriften, Art. 6 Ziff. 2 S. 1 zu § 34 Abs. 6 GewStG.

[114] FG Hamburg EFG 2017, 1906.

[115] Blümich/*Drüen* GewStG § 10a Rn. 90 f.; Glanegger/*Güroff* GewStG § 10a Rn. 88; *Förster/v. Cölln* DStR 2017, 8.

[116] Blümich/*Drüen* GewStG § 10a Rn. 27, 87.

[117] Zum Fehlen des sachlichen Zusammenhangs zwischen Anteilsübertragung und Betriebsvermögenszuführung bei Zeitraum von mehr als drei Jahren BFH DB 2005, 644 ff.

[118] Entw. der Bundesregierung eines G zur Vermeidung von Umsatzsteuerausfällen beim Handel mit Waren im Internet und zur Änderung weiterer steuerlicher Vorschriften, Art. 6 Ziff. 2 S. 2 zu § 34 Abs. 6 GewStG.

[119] BFH FR 2010, 896 sowie 901; dazu *Gebhardt/Quilitzsch* FR 2011, 359 ff.

[120] BFH BStBl. II 2001 S. 114; Blümich/*Drüen* GewStG § 10a Rn. 93; dazu auch R 10a (4) GewStR.

[121] Glanegger/*Güroff* GewStG § 10a Rn. 90 ff., 103 ff.; Blümich/*Drüen* GewStG § 10a Rn. 66 ff., 84 f.

tragen in späteren Erhebungszeiträumen zur Verfügung.¹²² Die Verschmelzung der AG mit einer anderen Kapitalgesellschaft führt nach § 19 Abs. 2 iVm § 12 Abs. 2 S. 3, § 4 Abs. 2 S. 2 UmwStG, die Spaltung nach § 15 Abs. 4 UmwStG zum Untergang des Gewerbeverlusts.¹²³

Die Höhe des vortragsfähigen Gewerbeverlusts wird nach § 10a S. 6 GewStG iVm §§ 179 ff. AO gesondert festgestellt. Zuständig für die Feststellung ist nach § 35b Abs. 2 S. 1 GewStG das auch für den Erlass des GewSt-Messbescheids zuständige Finanzamt. **43**

IV. Ermittlung der Gewerbesteuer

1. Bildung des Gewerbesteuermessbetrages, Steuererhebung. Der Betrag von 3,5% des Gewerbeertrags bildet den Gewerbesteuermessbetrag für den Gewerbeertrag, der Steuermessbetrag wird nach § 11 GewStG ermittelt.¹²⁴ Der Steuermessbetrag ist erforderlichenfalls auf volle 100,– EUR nach unten abzurunden, § 11 Abs. 1 S. 3 GewStG. Im Gegensatz zu natürlichen Personen und Personengesellschaften, die nach § 11 Abs. 1 S. 3 Nr. 1 GewStG den Gewerbeertrag um einen Freibetrag von 24.500,– EUR kürzen, steht den Kapitalgesellschaften kein Freibetrag zu. **44**

Die Gewerbesteuer wird auf der Grundlage des Steuermessbetrags mit einem Hundertsatz (Hebesatz) festgesetzt und erhoben, § 16 Abs. 1 GewStG. Den Hebesatz bestimmt die hebeberechtigte Gemeinde, §§ 4, 35a GewStG. Die Gewerbesteuer ist weder bei ihrer eigenen Bemessungsgrundlage noch für Ertragsteuern im Allgemeinen eine abzugsfähige Betriebsausgabe. Diese Regelung verstößt nicht gegen die Verfassung.¹²⁵ **45**

2. Zerlegung des Gewerbesteuermessbetrages bei Hebeberechtigung mehrerer Gemeinden. Die Zerlegung des Steuermessbetrages ist erforderlich, wenn ein Unternehmen Betriebsstätten in mehreren Gemeinden unterhält, sich eine Betriebsstätte über mehrere Gemeinden erstreckt oder eine Betriebsstätte innerhalb des Ergebungszeitraumes von einer Gemeinde in eine andere verlegt wurde, § 28 GewStG. **46**

Der Gewerbesteuermessbetrag ist auf die Gemeinden zu verteilen, in denen eine Betriebsstätte während des Ergebungszeitraumes unterhalten wurde.¹²⁶ Betriebsstätte ist nach der Definition des § 12 AO jede feste örtliche Anlage oder Einrichtung, die der Ausübung des Betriebes dient. **47**

Die Zerlegung erfolgt nach unterschiedlichen Zerlegungsmaßstäben. Als allgemeiner Zerlegungsmaßstab ist in § 29 Abs. 1 GewStG die Zerlegung im Verhältnis der Arbeitslöhne als regelmäßiger Zerlegungsmaßstab enthalten. Bei der Zerlegungsberechnung sind die Arbeitslöhne auf volle 1.000,– EUR abzurunden. Die Arbeitslöhne sind dabei unter Berücksichtigung des § 31 GewStG herzuleiten. Diese Zerlegungsmaßstäbe sind für bestimmte Branchen nicht in jedem Fall anzuwenden. Die Zerlegung hat zu einem billigen Ergebnis zu führen. Zerlegungsmaßstäbe, die ein unbilliges Ergebnis herstellen, sind nicht anzuwenden (§ 33 Abs. 1 GewStG). Die Gemeinden haben die Möglichkeit, mit den Steuerschuldnern die Zerlegung zu regeln (§ 33 Abs. 2 GewStG). **48**

Die Zerlegungsgrundlagen sind vom Steuerpflichtigen zu erklären, § 14a S. 1 GewStG. Die Zerlegung erfolgt durch das Finanzamt, das den Gewerbesteuermessbescheid erlässt (§ 22 Abs. 1 iVm § 18 Abs. 1 Nr. 2 AO). **49**

---

¹²² BFH BStBl. II 2012 S. 145 = FR 2009, 243; H 10a (2) (Teilbetriebsveräußerung) GewStR; OFD Münster 27.6.2012, DStR 2012, 2019.
¹²³ R 10a.3 Abs. 4 GewStR.
¹²⁴ UntStReformG 2008 (v. 14.7.2007 BGBl. 2007 I S. 1912) als Kompensation für den Wegfall der Abzugsfähigkeit.
¹²⁵ BVerfG BStBl. II 2016 S. 812 auf Vorlage des BFH BStBl. II 2014 S. 531.
¹²⁶ R 28.1 Abs. 1 GewStR; zu mehrgemeindlichen Betriebsstätten *Heurung/Ferdinand/Gibson* BB 2019, 411.

50 **3. Maßnahmen gegen „Gewerbesteueroasen".** Nach § 16 Abs. 4 S. 2 GewStG[127] gilt ein Mindesthebesatz in Höhe von 200 vom Hundert, wenn die Gemeinde nicht einen höheren Hebesatz bestimmt hat.[128] Sie dienten zur Hebung des Gewerbesteueraufkommens und der Verhinderung von zu niedriger Gewerbesteuerbelastung. Die Festsetzung eines Mindesthebesatzes gilt nicht als verfassungswidrig.[129]

V. Besteuerungsverfahren

51 Verfahrensmäßig ist zwischen der **Feststellung des Gewerbesteuermessbetrages** durch das Finanzamt und der **Festsetzung der Gewerbesteuer** selbst durch die Gemeinde zu unterscheiden. Die Aufteilung hat ihren Grund darin, dass über die Körperschaftsteuererklärung beim Betriebsfinanzamt bereits wesentliche Daten, nämlich der nach den Vorschriften des Körperschaftsteuergesetzes ermittelte Gewinn vorliegen und geprüft sind oder werden.

52 Das Betriebsstättenfinanzamt ist auch zuständig für die Zerlegung des Gewerbesteuermessbescheides, wenn mehrere Gemeinden betroffen sind (§ 22 Abs. 1 AO iVm § 188 AO). Es erlässt den Zerlegungsbescheid.

53 Der **Gewerbesteuermessbescheid** wie auch der Zerlegungsbescheid werden vom Betriebsstättenfinanzamt festgesetzt, auch wenn für die Festsetzung und Erhebung der Gewerbesteuer die Gemeinden zuständig sein sollten, R 1.2 (1) GewStR. Soweit die oberste Finanzbehörde des Landes dies bestimmt, ist das Betriebsstättenfinanzamt auch für die Festsetzung und Erhebung der Gewerbesteuer zuständig, R 1.2 (2) GewStR. Ein Gewerbesteuermessbescheid hat für einen Verlustfeststellungsbescheid keine Bindungswirkung.[130] Eine für die Gewinnfeststellung getroffene Billigkeitsentscheidung wirkt auch für die Ermittlung des Gewerbeertrags.[131] Die Gemeinde erhält in jedem Fall Mitteilung über den festgesetzten einheitlichen Gewerbesteuermessbetrag nach § 184 Abs. 3 AO.

54 Etwaige **Verspätungszuschläge** fließen der Gemeinde zu. Sind mehrere Gemeinden an der Gewerbesteuer beteiligt, so fließt der Verspätungszuschlag der Gemeinde mit dem höchsten Zerlegungsanteil zu (§ 14b GewStG).

55 **Vorauszahlungen** sind in Höhe von einem Viertel der Steuer, die sich bei der letzten Veranlagung ergeben hat zu den Vorauszahlungsterminen 15.2., 15.5., 15.8. und 15.11. zu entrichten (§ 19 Abs. 1 und 2 GewStG). Die Vorauszahlungen können an die Steuer, die sich voraussichtlich im laufenden Erhebungszeitraum ergeben wird, angepasst werden. Die Anpassung obliegt grundsätzlich der Gemeinde. Auch das Finanzamt kann eine Anpassung veranlassen; es setzt in derartigen Fällen einen Gewerbesteuermessbetrag für Zwecke der Vorauszahlungen fest, an den die Gemeinde gebunden ist,[132] § 19 Abs. 3 GewStG. Dies erfordert eine sinnvolle Zusammenarbeit beider Behörden. Die Gemeinde hat über Stundung, Niederschlagung und Erlass der GewSt zu entscheiden, es sei denn, die Gewerbesteuer wird vom Finanzamt festgesetzt und erhoben.[133]

56 Nach § 35b Abs. 1 GewStG sind ein Gewerbesteuermessbescheid oder ein Verlustfeststellungsbescheid von Amts wegen aufzuheben oder durch einen neuen Bescheid zu ersetzen, wenn der Einkommensteuerbescheid, der Körperschaftsteuerbescheid oder ein Feststellungsbescheid die Höhe des Gewinns aus Gewerbebetrieb oder den Einheitswert

---

[127] Gesetz v. 22.12.2003 BGBl. 2003 I S. 2922.
[128] Blümich/*Gosch* GewStG § 16 Rn. 16; Deloitte/*Ley* GewStG § 16 Rn. 2.
[129] BVerfGE 112, 216; zur Hauptsacheentscheidung BVerfGE 125, 141.
[130] BFH HFR 2017, 337.
[131] BFH DB 2017, 2523.
[132] NWB Fach 5 S. 1070 R 19.2 Abs. 4 GewStR.
[133] R 1.6 Abs. 1 und 2 GewStR; Ländererlass v. 2.1.2004 BStBl. I 2004 S. 29 sowie v. 15.4.2008 BStBl. I 2008 S. 534; dazu BVerwG BB 2015 (Beilage), 535 zum Erlass; VerwG Münster DStR 2015, 626 Zur Verneinung der Anwendung des Sanierungserlasses.

des gewerblichen Betriebes berührt.[134] Von dem Erlass eines neuen Gewerbesteuermessbescheides zum Nachteil des Steuerpflichtigen wird abgesehen, wenn die Abweichung zur bisherigen Festsetzung nicht mindestens 2,– EUR beträgt, § 2 KleinbetragsVO.[135]

VI. Rechtsmittelverfahren

1. Rechtsmittel gegen den Gewerbesteuermessbescheid. Der Steuerpflichtige kann gegen den Gewerbesteuermessbescheid Einspruch einlegen. Er sollte dies auch dann tun, wenn er im Rechtsbehelfsverfahren gegen den Einkommensteuer-, Körperschaftsteuer- oder Gewinnfeststellungsbescheid Einwendungen erhoben hat, die den einkommensteuerlich oder körperschaftsteuerlich maßgebenden Gewinn in gleicher Weise beeinflussen. Obschon der Einkommen- oder Körperschaftsteuerbescheid kein Grundlagenbescheid für den Gewerbesteuermessbescheid ist, muss von Amts wegen die Änderung des Gewerbesteuermessbescheids nach § 35b Abs. 1 GewStG erfolgen.[136] Erstrebt der Steuerpflichtige dagegen eine Änderung des Gewinns aus Gewerbebetrieb nur für Zwecke der Gewerbesteuer, weil seine Einwendungen die Höhe des Gewinns aus Gewerbebetrieb im Sinne des Einkommensteuergesetzes oder des Körperschaftsteuergesetzes nicht beeinflussen (zB wegen des gewerbesteuerlichen Schachtelprivilegs), muss er den Einspruch gegen den Gewerbesteuermessbescheid einlegen. Ein vortragsfähiger Gewerbeverlust ist nach § 35b Abs. 2 GewStG festzustellen. Auch ein Verlustfeststellungsbescheid kann wegen der ihm innewohnenden Bindungswirkung Beschwer für einen Rechtsbehelf auslösen.[137]

Gegen Bescheide, durch die ein Antrag auf Änderung des Gewerbesteuermessbescheides oder eines Verlustfeststellungsbescheids nach § 35b Abs. 1 GewStG abgelehnt wird, ist der Einspruch nach § 348 Abs. 2 AO gegeben.

Da möglich ist, dass bei einem Einspruch gegen den Körperschaftsteuerbescheid der Gewerbesteuermessbescheid nicht automatisch geändert wird, darf, wer sicher gehen will, dass seine Einwendungen gegen die Gewinnfeststellung auch bei der Gewerbesteuer zum Tragen kommen, sich nicht auf einen Einspruch gegen den Körperschaftsteuerbescheid beschränken, sondern sollte die Einwendungen auch durch Einspruch gegen den Gewerbesteuermessbescheid geltend machen.[138] Der Rechtsbehelf gegen die Festsetzung von Nachzahlungszinsen ist gegen den Gewerbesteuerbescheid zu richten.

Nach § 361 Abs. 1 AO wird durch Einlegung des Rechtsbehelfs gegen den Gewerbesteuermessbescheid die Vollziehung des Gewerbesteuermessbescheides und des Gewerbesteuerbescheides nicht gehemmt. Es muss Aussetzung der Vollziehung beantragt werden. Setzt das Finanzamt die Vollziehung des Gewerbesteuermessbescheides aus, so hat nach § 361 Abs. 3 AO die Gemeinde auch den Gewerbesteuerbescheid auszusetzen.

2. Rechtsmittel gegen den Gewerbesteuerbescheid. Der Gewerbesteuermessbescheid ist Grundlagenbescheid für den Gewerbesteuerbescheid. In dem Rechtsmittelverfahren gegen den gemeindlichen Gewerbesteuerbescheid können deshalb keine Einwendungen gegen Entscheidungen vorgebracht werden, die das Finanzamt in dem Steuermessbescheid getroffen hat und die für die Gemeinde nach §§ 182, 184 AO bindend sind. Diese Einwendungen können nur in dem Rechtsmittelverfahren gegen den Gewerbesteuermessbescheid erhoben werden (§ 351 Abs. 2 AO).

3. Überblick über die Rechtsbehelfe bei der Gewerbesteuer. Rechtsgrundlage für den außergerichtlichen Rechtsbehelf sind die §§ 347 ff. AO. Das finanzgerichtliche Ver-

---

[134] Zur Berichtigung s. *Lenski/Steinberg/Sarrazin* GewStG § 35b Rn. 11 f.
[135] Blümich/*Hofmeister* GewStG § 35b Rn. 26.
[136] R 35b.1 Abs. 1 GewStR; keine Änderung nach § 35b Abs. 1 GewStG nach rechtskr. Entscheidung über Gewerbesteuermessbescheid, BVerwG HFR 2017, 773.
[137] BFH BFH/NV 2017, 851 = BStBl. II 2019 S. 173.
[138] Blümich/*Hofmeister* GewStG § 35b Rn. 5; *Glanegger/Gelder* GewStG § 35b Rn. 2.

fahren ist in der FGO geregelt. Soweit für das Verfahren die Verwaltungsgerichte zuständig sind, ist Rechtsgrundlage die VwGO.

Steuerbescheid	Rechtsmittel
– Gewerbesteuermessbescheid, Verlustfeststellungsbescheid	– Einspruch nach § 347 Abs. 1 AO – Anfechtungsklage Finanzgericht – Revision BFH
– Gewerbesteuerbescheid	Zuständigkeit Gemeinde: – Widerspruch gem. § 44 VwGO – Anfechtungsklage § 42 Abs. 1 VwGO – Berufung OVG – Revision beim Bundesverwaltungsgericht Zuständigkeit Finanzamt: – Einspruch nach § 347 Abs. 1 AO – Anfechtungsklage Finanzgericht – Revision BFH
– Zerlegungsbescheid	– wie bei Gewerbesteuermessbescheid
– Zuteilungsbescheid	– wie bei Gewerbesteuermessbescheid
– Gewerbesteuervorauszahlungsbescheid	– wie Gewerbesteuerbescheid
– Gewerbesteuermessbescheid für Vorauszahlungen	– wie Gewerbesteuermessbescheid
– Aufforderung zur Bearbeitung der Steuererklärung	– Einspruch gem. § 347 Abs. 1 S. 2 AO – Klage Finanzgericht – Revision BFH

§ 53 Erbschaftsteuer

Übersicht

	Rn.		Rn.
I. Aktien als erbschaft-/schenkungsteuerpflichtige Zuwendungen	1–36	6. Steuerbemessungsgrundlage	25–34
1. Erwerb von Todes wegen	2–4	7. Entstehen der Steuer, Bewertungsstichtag	35
2. Schenkung unter Lebenden	5, 6	8. Tarif	36
3. Steuerschuldner	7	II. Besonderheiten des Verfahrens	37
4. Internationale Abgrenzung der Steuerpflicht	8–10	III. Leistungen von Aktionären und Dritten an die Aktiengesellschaft	38
5. Steuerverschonungen und Steuerbefreiungen	11–24		

Schrifttum: *Balmes/Felten,* Hoch bewertet und dennoch verschont? FR 2009, 258; *Berizzi/Guldan,* Verdeckte Gewinnausschüttung – neue Brisanz durch Schenkungsteuerpflicht, BB 2011, 1052; *Billig,* Erbschaft- und schenkungsteuerliche Konsequenzen der Lastentragung bei einer Grundstücksschenkung unter Nießbrauchsvorbehalt, UVR 2016, 314; *Burandt/Rojahn,* Erbrecht 2011; *Creutzmann,* Unternehmensbewertung im Steuerrecht – Neuregelungen des Bewertungsgesetzes ab 1.1.2009, DB 2008, 2784; *Burwitz/Wobst,* Das neue Erbschaftsteuerrecht, NZG 2016, 1176; *Crezelius,* Das neue Erbschafts- und Schenkungsteuerrecht im Rechtssystem, ZEV 2009, 1; *Eisele,* Unternehmenserbschaftsteuerrecht: Die Anwendungserlasse zur Umsetzung der Erbschaftsteuerreform 2016, NWB 2017, 2670; *Fraedrich,* Aktien als begünstigtes Vermögen i. R. d. Erbschaftsteuer, AG 2009, 280; *Frieling,* Erbschaft- und Schenkungsteuerplanung im Rahmen von Vermögensübertragungen auf Familienstiftungen, DB 2017, 317; *Götzenburger,* Konsequenzen des neuen Erbschaftsteuer- und Bewertungsrechts bei Ausscheiden eines Gesellschafters aus einer Personen- oder Kapitalgesellschaft, BB 2009, 131; *Hannes/Onderka,* Die Übertragung von Betriebsvermögen nach dem neuen Erbschaftsteuergesetz, ZEV 2009, 10; *Hübner,* Das Erbschaftsteuerreformgesetz – ein erster Überblick, Ubg 2009, 1; *Kamps,* Erbschaftsteuerreform: Begünstigtes Vermögen und Verwaltungsvermögen i. S. d. neuen §§ 13a, 13b, 19a ErbStG, FR 2009, 353; *Korezkij,* Schenkungen unter Beteiligung von Kapitalgesellschaften: Die Ländererlasse vom 20.10.2010 in Beispielen – Teil 1 und Teil 2, DStR 2011, 1454 und 1496; *ders.,* Ausgewählte Erbschaftsteuerreform: Ausgewählte Zweifelsfragen rund um die Betriebsvermögensnachfolge, DStR 2017, 745; *ders.,* Anwendungserlasse Zur Erbschaftsteuerreform: Eine erste Bestandsaufnahme, DStR 2017, 1729; *Kotzenberg/Jülicher,* Erbschaftsteuerreform – Die gesetzlichen Neuregelungen für die Unternehmensnachfolge, GmbHR 2016, 1135; *Kummer/ Wangler,* Wahl der Unternehmensbewertungsmethode nach der Erbschaftsteuerreform 2016, DB 2017, 1917; *Lahme/Zikesch,* Erbschaftsteuerliche Begünstigung von Kapitalgesellschaftsanteilen mittels Poolvereinbarungen, DB 2009, 527; *Maiterth,* ErbSt-Reform 2016: Belastungswirkungen und Gestaltungsansätze bei der Unternehmensnachfolge, DB 2017, 1037; *Meincke/Hannes/Holtz,* Erbschaftsteuer- und Schenkungsteuergesetz, 17. Aufl. 2018; *Milatz/Kämper,* Nachbesteuerung bei „Überausschüttungen" im Rahmen der Erbschafts- und Schenkungsbesteuerung, GmbHR 2009, 762; *Olbing/ Stenert,* Der neue Verwaltungsvermögenstest im Detail, FR 2017, 701; *Piltz,* Der gemeine Wert von Unternehmen und Anteilen im neuen ErbStG, Ubg 2009, 13; *ders.,* Wird das Erbschaftsteuergesetz 2009 verfassungsmäßig Bestand haben, DStR 2010, 1913; *Reich,* Der koordinierte Ländererlass vom 22.6.2017 zur Unternehmenserbschaftsteuer, BB 2017, 1879; *ders.,* Der koordinierte Ländererlass zum Unternehmenserbschaftsteuerrecht aus Sicht der Beratungs- und Gestaltungspraxis, DStR 2017, 1858; *Richter/Viskorf/Philipp* DB 2009 Beil. 2; *Riegel/Heynen,* Erbschaftsteuerreform 2016 – das vorläufige Ende einer Hängepartie, BB 2017, 23; *Scholten/Korezkij,* Begünstigung für Betriebsvermögen nach der Erbschaftsteuerreform – Begünstigte Erwerbe und begünstigtes Vermögen, DStR 2009, 73; *dies.,* Begünstigungen für Betriebsvermögen nach der Erbschaftsteuerreform – Verwaltungsvermögen, DStR 2009, 147 ff.; *dies.* Begünstigungen für Betriebsvermögen nach der Erbschaftsteuerreform – Behaltensregelungen und Nachversteuerung, DStR 2009, 304; *Schulte/Birnbaum/Hinkers,* Unternehmensvermögen im neuen Erbschaftsteuer- und Bewertungsrecht – Zweifelsfragen und Gestaltungsansätze, BB 2009, 300; *Schwind/Schmidt,* Verwaltungsvermögen – Neuer Stolperstein im Erbschaftsteuergesetz, NWB 2009, 609; *Schulze zur Wiesche,* Gesetz zur Anpassung des Erbschaft- und Schenkungsteuergesetzes, StBp 2017, 117; *v. Campenhausen,* Stiftungsrechts-Handbuch 4. Aufl. 2014; *Siegmung/Zipfel,* Die Nachversteuerung nach dem neuen Erbschaftsteuergesetz, BB 2009, 641; *Stalleiken,* Erbschaftsteuerreform 2016, Ubg 2016, 569; *ders.,* Unternehmenserbschaftsreform 2016, DK 2016, 439; *Stalleiken/Stenger* Umstrukturierungen im Konzern nach Erbfall/Schenkung – Wann kommt es auf die Reinvestitionsklausel an? DStR 2011, 1353 ff.; *Steger/Königer,* Der Wertabschlag für Familienunternehmen nach § 13a Abs. 9 ErbStG – Papiertiger oder notwendiges Gestaltungsmittel?, BB 2016, 3099; *Viskorf/Löcherbach/Jehke,* Die Erbschaftsteuerreform 2016 – Ein erster Überblick, DStR 2016, 2425; *Wachter,* Mögliche Verfassungswidrigkeit des Erbschaft- und Schenkungsteuergesetzes, DStR 2011, 2331; *ders.,* Erste Konturen des neuen Erbschaftsteuerrechts, FR 2016, 690; *ders.,* Ausgewählte Fallbeispiele zur Erbschaftsteuerreform 2016, DB 2017, 804; *Watrin/Linnemann,* Vorwegabschlag nach § 13a Abs. 9 ErbStG als Gestaltungsziel für Großerwerbe – eine Analyse der steuerlichen Vor- und Nachteile anhang typischer Szenarien, Ubg 2017, 461; *Wienbrake,* Überblick über das Erbschaftsteuer- und Schenkungsteuergesetz i. d. F. des ErbStRG v. 24.12.2008, FR 2009, 197.

I. Aktien als erbschaft-/schenkungsteuerpflichtige Zuwendungen

Die Erbschaftsteuer besteuert den Vermögensanfall, der sich **von Todes wegen** oder **durch Schenkung unter Lebenden** vollzieht (§ 1 ErbStG). Es handelt sich um eine Erbanfallsteuer, die sich auf den Erwerb des Erben oder einer anderen Person richtet.[1] Das zum 1.1.2009 reformierte ErbStG, das zu wesentlichen Änderungen im Bereich der Verschonungs- und Bewertungsvorschriften führte, wurde auf Vorlage der BFH[2] durch das BVerfG für verfassungswidrig erklärt.[3] Zwar wurde die Begünstigung bestimmter Teile des betrieblichen und land- und forstwirtschaftlichen Vermögens grundsätzlich anerkannt, doch wurden die Verschonungsregelungen des betrieblichen Vermögens in §§ 13a und b ErbStG angesichts des Ausmaßes und möglicher Gestaltungsspielräume als nicht vereinbar mit dem Gleichheitssatz angesehen. Nach zum Teil kontroversem Gesetzgebungsverfahren wurde am 4.11.2016 das Gesetz zur Anpassung des Erbschaftsteuer- und Schenkungsteuergesetzes an die Rechtsprechung des BVerfG beschlossen.[4] Durch das StUmgBG wurde das Erb-

---

[1] BVerfG BStBl. II 2007 S. 192.
[2] BFH BStBl. II 2012 S. 899; dazu *Halaczinsky* UVR 2013, 16.
[3] BVerfG BStBl. II 2015 S. 50.
[4] Verkündet in BGBl. 2016 I S. 2464 v. 9.11.2016; von der Darstellung der Entwürfe im Gesetzgebungsverfahren wird abgesehen.

schaft- und Schenkungsteuergesetz erneut in Teilen geändert.[5] Am 22.6.2017 wurde ein koordinierter Ländererlass zum neuen Unternehmenserbschaftsteuerrecht erlassen und am 13.7.2017 veröffentlicht.[6]

2 1. Erwerb von Todes wegen. Der in § 1 Abs. 1 Nr. 1 und § 3 ErbStG geregelte Erwerb durch Erbanfall knüpft an die zivilrechtliche Stellung des Erben an. Der Erwerb verwirklicht sich unmittelbar mit dem **Erbanfall,** ohne dass es einer Erwerbshandlung des Erben bedarf (§§ 1922 Abs. 1, 1942 Abs. 1 BGB)[7]. Dies gilt unabhängig davon, ob das Erbrecht auf gesetzlicher oder gewillkürter Erbfolge beruht. Der Erbschaftsteuer unterliegen auch Zweckzuwendungen nach § 1 Abs. 1 Nr. 3 ErbStG und in Zeitabständen von je 30 Jahren wiederkehrend das Vermögen einer Familienstiftung oder eines Familienvereins, § 1 Abs. 1 Nr. 4 ErbStG.[8] Das Erbschaftsteuerrecht folgt dem Zivilrecht auch insoweit, als eine **Ausschlagung** nach §§ 1942 ff. BGB die **Steuerpflicht rückwirkend** entfallen lässt (vgl. § 175 Abs. 1 Nr. 2 AO).

3 Nach § 3 Abs. 1 Nr. 1 ErbStG gilt der Erwerb durch Vermächtnis (§§ 2147 ff. BGB) oder auf Grund eines geltend gemachten Pflichtteilsanspruchs (§§ 2303 ff. BGB) als ein Erwerb von Todes wegen, wobei Pflichtteilsansprüche erst dann zur Steuerpflicht führen, wenn sie geltend gemacht werden.

4 Als ein Erwerb von Todes wegen iSv § 3 Abs. 1 Nr. 2 S. 1 ErbStG ist auch eine bereits **zu Lebzeiten vollzogene Schenkung** (§ 2301 Abs. 2 BGB) zu behandeln, bei der die **Rechtsfolgen** des Erfüllungsgeschäfts mit dem **Tode des Schenkers** eintreten, ohne dass eine weitere Rechtshandlung hinzukommt.[9] Ferner stellen der Erwerb durch Vertrag zu Gunsten Dritter auf den Todesfall (§ 3 Abs. 1 Nr. 4 ErbStG) und die in § 3 Abs. 2 ErbStG geregelten Ergänzungs- und Ersatztatbestände einen Erwerb von Todes wegen dar.[10]

5 2. Schenkung unter Lebenden. Der Schenkungsteuer unterliegen nach § 1 Abs. 1 Nr. 2 ErbStG die **Schenkungen unter Lebenden,** die in § 7 ErbStG abschließend aufgeführt sind. Dazu gehören nach dem Grundtatbestand des § 7 Abs. 1 Nr. 1 ErbStG vornehmlich **freigebige Zuwendungen unter Lebenden,** soweit der Bedachte durch sie auf Kosten des Zuwendenden bereichert wird. Daneben sind die Fälle der **gemischten Schenkung**[11] und der **Schenkung unter Auflage**[12] voneinander abzugrenzen. Während bei der Schenkung unter Auflage (§ 525 BGB) in der Regel der ganze Gegenstand verschenkt wird, liegt bei der gemischten Schenkung ein objektives Missverhältnis von Leistung und Gegenleistung und der subjektive Wille der Bereicherung vor,[13] steuerlich setzt sich die gemischte Schenkung aus einem unentgeltlichen und einem entgeltlichen Rechtsgeschäft zusammen. In Anknüpfung an diese zivilrechtliche Behandlung zerlegt der BFH die gemischte Schenkung in einen unentgeltlichen und einen entgeltlichen Teil, so dass nach § 7 Abs. 1 Nr. 1 ErbStG nur der unentgeltliche Teil der Erbschaftsteuer unterliegt. Eine Schenkung liegt nicht vor, wenn die Leistung auf der Grundlage eines Aus-

---

[5] G v. 23.6.2017 BGBl. 2017 I S. 1682; dazu OFD Frankfurt a. M. 21.7.2017, DB 2017, 1940.
[6] BStBl. I 2017 S. 902; in Bayern findet der Erlass mit zwei Ausnahmen Anwendung, vgl. LfSt Bayern 14.11.2017, DStR 2017, 2554; dazu *Reich* DStR 2017, 1858.
[7] v. *Oertzen/Loose* ErbStG § 1 Rn. 18, 21.
[8] *Burandt/Rojahn/Milatz* ErbR ErbStG § 1 Rn. 3 ff.; v. *Campenhausen/Hof* Stiftungsrecht § 8 Rn. 1 ff.; zur Verfassungsmäßigkeit der Erbersatzsteuer für Familienstiftung BVerfG BStBl. II 1983 S. 779; *Frieling* DB 2017, 317.
[9] BFH BStBl. II 1991 S. 181.
[10] Hierunter fällt insbesondere der Übergang von Vermögen auf eine v. Erblasser angeordnete Stiftung (§ 3 Abs. 2 Nr. 1 ErbStG). Vgl. auch *Meincke/Hannes/Holtz* ErbStG § 1 Rn. 12 f.; Burandt/Rojahn/*Milatz* ErbR ErbStG § 3 Rn. 47 ff.
[11] BFH BStBl. II 1980 S. 260, BFH BStBl. II 1982 S. 83; *Meincke/Hannes/Holtz* ErbStG § 7 Rn. 30 ff.; v. Oertzen/Loose-*Esskanderi* ErbStG § 7 Rn. 41 ff.
[12] *Meincke/Hannes/Holtz* ErbStG § 7 Rn. 40 ff. und 102 ff.
[13] v. Oertzen/Loose-*Esskanderi* ErbStG § 7 Rn. 46 ff.

tauschvertrags geleistet wird. Sind die danach zu erbringenden Leistungen unausgewogen, wird zB eine überhöhte Vergütung erbracht, liegt, wenn die Leistung an eine einem Gesellschafter einer Gesellschaft nahestehende Person erbracht wird, eine vGA, aber keine freigebige Zuwendung vor.[14]

Eine steuerpflichtige Schenkung liegt nach § 7 Abs. 1 Nr. 1 ErbStG auch dann vor, wenn der Zuwendende einem anderen mit seinen Mitteln einen Gegenstand von einem Dritten verschafft, ohne dass er selbst zunächst Eigentümer geworden ist (**mittelbare Schenkung**).[15] Daneben sind in § 7 Abs. 1 Nr. 2–10, Abs. 5–7 ErbStG Ergänzungs- und Ersatztatbestände geregelt.[16] Durch § 7 Abs. 8 ErbStG in der Fassung des BeitrRLUmsG wurde eine verdeckte Einlage in bestimmten Fällen als Schenkung angesehen. Für eine verdeckte Gewinnausschüttung hat der BFH – im Falle des Verkaufs einer wertlosen Forderung mit Besserungsschein an eine Kapitalgesellschaft, bei der Besserungsfall eintrat – keine Schenkung angenommen.[17]

3. Steuerschuldner. Anknüpfend an die unter Ziffern 1 und 2 aufgeführten Erwerbsvorgänge zählt § 20 Abs. 1 ErbStG die **Steuerschuldner** auf. Beim Erwerb von Todes wegen ist der **Erwerber** des Vermögens Steuerschuldner, während bei einer Schenkung unter Lebenden **sowohl der Erwerber als auch der Schenker** als **Gesamtschuldner** (§ 44 AO) die Erbschaftsteuer schulden. Das Finanzamt muss sich jedoch zunächst an den Erwerber halten.[18] Die **Aktiengesellschaft** als juristische Person wird für Zwecke der Erbschaft- und Schenkungsteuer als eigenständiges, von ihren Gesellschaftern zu unterscheidendes **Steuersubjekt** angesehen.

4. Internationale Abgrenzung der Steuerpflicht. Die **unbeschränkte Steuerpflicht** knüpft für die Tatbestände des § 1 Abs. 1 Nr. 1–3 ErbStG (Erwerb von Todes wegen, Schenkungen unter Lebenden, Zweckzuwendungen) an zwei persönliche Merkmale an (§ 2 Abs. 1 Nr. 1 S. 1 ErbStG). **Erblasser/Schenker** oder **Erwerber** müssen **im Zeitpunkt des Erbfalls** oder der **Ausführung der Schenkung Steuerinländer** sein. Ist dies der Fall, so ist im Rahmen der Tatbestände des § 1 Abs. 1 Nr. 1–3 ErbStG der **weltweite Vermögensanfall** zu erfassen. Steuerinländer sind alle natürlichen Personen, die im Inland einen Wohnsitz oder ihren gewöhnlichen Aufenthalt (§§ 8, 9 AO) haben. Die **Aktiengesellschaft** ist Steuerinländer, wenn sie ihre **Geschäftsleitung oder ihren Sitz** (§§ 10, 11 AO) im Inland hat. Daneben erweitert § 2 den Kreis der Steuerinländer auf deutsche Staatsangehörige, die sich ohne einen Wohnsitz im Inland zu unterhalten, nicht länger als fünf Jahre im Ausland aufgehalten haben.

§ 2 Abs. 1 Nr. 3 ErbStG sieht für bestimmtes **Inlandsvermögen** iSd § 121 BewG eine **beschränkte Steuerpflicht** vor. Dazu zählen ua Aktien, wenn die Aktiengesellschaft ihren Sitz oder ihre Geschäftsleitung im Inland hat und der Erblasser oder Schenker entweder alleine oder zusammen mit anderen ihm **nahe stehenden Personen** iSd § 1 Abs. 2 AStG mindestens zu einem Zehntel unmittelbar oder mittelbar am Grundkapital der Aktiengesellschaft beteiligt ist. Nach dieser Vorschrift ist eine Person dem Steuerpflichtigen insbesondere dann nahe stehend, wenn die Person zu einem Viertel unmittelbar oder mittelbar

---

[14] BFH BStBl. II 2018 S. 282 (gleichlautend BFH II R 32/16 und II R 42/16); *Werth* DB 2018, 413.

[15] BFH BStBl. II 1979 S. 533; BFH BStBl. II 1986 S. 460; *Meincke/Hannes/Holtz* ErbStG § 7 Rn. 19 ff.; Burandt/Rojahn/*Milatz* ErbR ErbStG § 7 Rn. 12; v. Oertzen/Loose-*Esskanderi* ErbStG § 7 Rn. 56 ff.

[16] Hierunter fällt insbesondere der Übergang von Vermögen auf Grund eines Stiftungsgeschäfts unter Lebenden und was bei Aufhebung einer Stiftung erworben wird (§ 7 Abs. 1 Nr. 8 und 9 ErbStG).

[17] BFH BStBl. II 2013 S. 930; dazu Nichtanwendungserlass der obersten Finanzbehörden der Länder v. 5.6.2013 BStBl. I 2013 S. 1465; ferner *Borggräfe/Staud* DB 2020, 77.

[18] BFH BStBl. III 1962 S. 323.

an dem Steuerpflichtigen beteiligt ist oder auf diesen unmittelbar oder mittelbar einen beherrschenden Einfluss ausüben kann oder umgekehrt.

10 Zur **internationalen Abgrenzung der Steuerpflicht** sind daneben noch die Doppelbesteuerungsabkommen auf dem Gebiet der Erbschaftsteuer, die die Bundesrepublik Deutschland mit einigen Staaten abgeschlossen hat[19] und § 4 iVm § 2 Abs. 1 AStG, der die beschränkte Steuerpflicht für Personen erweitert, die in den letzten 10 Jahren vor dem Ende der unbeschränkten Steuerpflicht mindestens 5 Jahre unbeschränkt einkommensteuerpflichtig waren, zu berücksichtigen.

11 **5. Steuerverschonungen und Steuerbefreiungen.** Das Erbschaftsteuergesetz[20] sieht in §§ 13, 13a, b, c und d, 16 f. und 19a ErbStG eine Reihe sachlicher und persönlicher Steuerbefreiungen vor. Nach der Entscheidung des BVerfG[21] müssen die der Erbschaftsteuer unterliegenden Gegenstände gleich, und zwar mit dem gemeinen Wert bewertet werden, da nur auf diese Weise der Zuwachs an Leistungsfähigkeit festgestellt werden kann. Auf einer zweiten Stufe darf der Gesetzgeber durch Verschonungsnormen Entlastungen regeln, mit denen auch außerfiskalische Förderungs- und Lenkungsziele verfolgt werden dürfen, soweit dafür ausreichende Gemeinwohlgründe sprechen. Die Absicht, die Verschonungsnormen mit dem ErbStG 2009 zielgenauer auszugestalten.[22], ist indes nicht gelungen. Mit Beschluss vom 27.9.2012 hat der BFH dem BVerfG die Frage vorgelegt, ob das ErbStG verfassungsgemäß ist. Die obersten Finanzbehörden der Länder haben beschlossen, sämtliche Festsetzungen für nach dem 31.12.2008 entstandene Erbschaftsteuer nach § 165 Abs. 1 S. 2 Nr. 3 AO vorläufig durchzuführen.[23] Mit der am 17.12.2014 verkündeten Entscheidung hat das BVerfG festgestellt, dass die durch §§ 13a und 13b ErbStG eingeräumte Privilegierung des Betriebsvermögens in der bisherigen Ausgestaltung nicht in jeder Hinsicht mit der Verfassung vereinbar ist. Das Gericht bestätigt zwar den weiten Gestaltungsspielraum des Gesetzgebers und dessen Befugnis, Privilegierungen aus sachlichen Gründen vorzusehen. Es hält es aber mit dem GG für unvereinbar, dass die Privilegierung über den Bereich kleiner und mittlerer Unternehmen ohne eine Bedürfnisprüfung hinausgeht. Bei kleinen und mittleren Unternehmen ist es nicht verfassungskonform, Betriebe mit bis zu 20 Beschäftigten von dem Nachweis der Einhaltung von Mindestlohnsummen in der Folgezeit frei zu stellen. Als weiteres werden die Regelungen über die Freistellung von Unternehmen mit hohen Anteilen an Verwaltungsvermögen beanstandet. Diese führten im mehrstufigen Konzern, aber auch bei bestimmten Gestaltungen wie „Cash-GmbHs" zu gleichheitswidrigen Ergebnissen; es spreche kein Grund dafür, betriebliches gegenüber nicht betrieblichem Geldvermögen in dieser Weise zu privilegieren. Das BVerfG hat dem Gesetzgeber eine Frist bis zum 30.6.2016 für eine Neuregelung gesetzt. Es hat indes den klaren Hinweis gegeben, dass im Falle rückbezogener Änderungen des Gesetzes sich die Rechtsanwender seit dem Tag der Urteilsverkündung nicht auf Vertrauensschutz berufen können. Durch die Entscheidung des BVerfG v. 17.12.2014[24] wurde im Ergebnis somit erneut beanstandet, dass die Verschonungsregelungen eine ungleichmäßige Steuerbelastung verursachen und deswegen dem Gleichheitssatz (Art. 3 Abs. 1 GG) widersprechen; solche Ausnahmen unterliegen der Kontrolle der Verhältnismäßigkeit.

---

[19] ZB mit Dänemark, Frankreich, Griechenland, Schweiz und U. S. A.; das Abkommen mit Schweden hat nur noch rechtshistorische Bedeutung; vgl. Burandt/Rojahn/*Milatz* ErbR ErbStG § 2 Rn. 17; Tiedtke/*Böge* ErbStG § 2 Rn. 52 f.; Übersicht in Abschn. H E 2.1 ErbStH 2019.

[20] IdFv 4.11.2016.

[21] BVerfG BStBl. II 2007 S. 192.

[22] Burandt/Rojahn/*Milatz* ErbR ErbStG § 13a Rn. 6; *Schulte/Birnbaum/Hinkers* BB 2009, 300 (306); *Crezelius* ZEV 2009, 1.

[23] Koordinierter Ländererlass v. 14.11.2012 (FM Baden-Württemberg 3 – S – 033.8/69).

[24] BStBl. II 2015 S. 50; dazu *Zipfel/Regierer/Vosseler* DStR Beiheft 35/2014, 83; *Reich* BB 2016, 1879; *Lüdicke* DB 2015, 1491; *Buchner* FR 2014, 784.

Die daraufhin erfolgten Anpassungsregelungen[25] versuchen, die Beanstandungen zu beseitigen. Betriebsvermögen[26], land- und forstwirtschaftliches Vermögen und Anteile an Kapitalgesellschaften berechtigen unter bestimmten Voraussetzungen zur Verschonung von Erbschaft-/Schenkungsteuer. In der Regelverschonung nach § 13a Abs. 1 S. 1 ErbStG beträgt der Verschonungsabschlag 85 % des begünstigten Vermögens iSv § 13b Abs. 2 ErbStG bei Erwerben bis zum Betrag von 26 Mio. EUR. Nach § 13a Abs. 10 ErbStG kann der Erwerber der begünstigten Einheit für einen Verschonungsabschlag in Höhe von 100 % optieren (Optionsverschonung); dies ist an die Einhaltung verschärfter Voraussetzungen gebunden. Damit soll verfassungsrechtlichen Vorgaben Rechnung getragen werden.[27] Der Antrag auf Optionsverschonung kann bis zum Zeitpunkt des Eintritts der materiellen Bestandskraft der Erbschafts- oder Schenkungsteuerfestsetzung erfolgen,[28] Von dem nicht unter den Verschonungsabschlag der Regelverschonung fallenden Teil des Vermögens, bleibt im Grundsatz ein Abzugsbetrag in Höhe von 150.000 EUR außer Ansatz, § 13a Abs. 2 S. 1 ErbStG. Der Abzugsbetrag verringert sich anteilig um den Wert des Vermögens, der den Betrag von 150.000 EUR übersteigt.[29]

Das begünstigte Vermögen wird durch § 13b Abs. 1 ErbStG bestimmt. Es handelt sich nach Nr. 1 um den inländischen Wirtschaftsanteil des land- und forstwirtschaftlichen Vermögens (§ 168 Abs. 1 Nr. 1 BewG), selbst bewirtschaftete Grundstücke iSv § 159 BewG und entsprechendes Vermögen, das einer Betriebsstätte in einem Mitgliedstaat der EU oder des EWR dient. Nr. 2 bezieht sich auf Betriebsvermögen, gleichgültig ob ganzer Gewerbebetrieb, Teilbetrieb, Anteil an einer Gesellschaft iSv § 15 Abs. 1 S. 1 Nr. 2 und Abs. 3 oder § 18 Abs. 4 EStG oder des Anteils eines persönlich haftenden Gesellschafters einer KGaA im Inland oder Betriebsvermögen das einer Betriebsstätte in einem Mitgliedstaat der EU oder des EWR dient; Nr. 3 umfasst Anteile an Kapitalgesellschaften mit Sitz oder Geschäftsleitung im Inland oder einem Mitgliedstaat der EU oder des EWR, an deren Nennkapital der Schenker oder Erblasser zu mehr als 25 % unmittelbar beteiligt war (Mindestbeteiligung).[30] Der Gesamtumfang der Beteiligung, die dem Schenker zugerechnet wird, kann unter Berücksichtigung von weiteren Gesellschaftern bestimmt werden, wenn der Erblasser/Schenker und die weiteren Gesellschafter untereinander verpflichtet sind, über die Anteile nur einheitlich zu verfügen oder ausschließlich auf andere, derselben Verpflichtung unterliegende Anteilseigner zu übertragen und das Stimmrecht gegenüber nicht gebundenen Gesellschaftern einheitlich auszuüben (Poolbildung),[31] eine bestimmte Form

---

[25] G v. 4.11.2016 BGBl. 2016 I S. 2464; dazu *Meincke/Hannes/Holtz* ErbStG § 13a Rn. 17 ff.; *Maiterth* DB 2017, 1037; *Wachter* FR 2016, 690; *ders.* GmbHR 2016, R 321; *Reich* BB 2016, 2647; *Viskorf/Löcherbach/Jehle* DStR 2016, 2425; *Burwitz/Wobst* NZG 2016, 1176; *Stalleiken* Der Konzern 2016, 439; *ders.* Ubg 2016, 569; *Kotzenberg/Jülicher* GmbHR 2016, 1135; *Riegel/Heynen* BB 2017, 23; *Schulze zur Wiesche* StBp 2017, 177; *Bäuml* NWB 2016, 3516; *Höne* NWB-EV 2016, 336 und 370 sowie 2017, 14; *Thonemann-Micker/Krogoll* NWB-EV 2016, 378.

[26] FM Baden-Württemberg 9.4.2009, DB 2009, 878 zu typischen und atypischen Beteiligungen iSv § 13 Abs. 1 Nr. 2 ErbStG.

[27] *Spiegelberger/Wartenburger* ErbStB 2009, 98; Burandt/Rojahn/*Milatz* ErbR ErbStG § 13a Rn. 9; v. Oertzen/Loose-*Stalleiken* ErbStG § 13a Rn. 30.

[28] R E 13a.21 Abs. 2 S. 2 ErbStR 2019; in Bayern: erst nach gesonderter Feststellung der Besteuerungsgrundlagen.

[29] Bei einem Vermögen von über 450.000 EUR entfällt der Abzugsbetrag; das entspricht einem Vermögenswert vor Verschonungsabschlag von 3 Mio. EUR: dazu Burandt/Rojahn/*Milatz* ErbR ErbStG § 13a Rn. 12; v. Oertzen/Loose-*Stalleiken* ErbStG § 13a Rn. 38.

[30] Zu Aktien *Friedrich* AG 2009, 280; *Kamps* FR 2009, 353; v. Oertzen/Loose-*Stalleiken* ErbStG § 13a Rn. 49 ff.; Troll/Gebel/Jülicher/Gottschalk/*Jülicher* ErbStG § 13a Rn. 46 ff.; *Meincke/Hannes/Holtz* ErbStG § 13a Rn. 31; *Förster* FR 2019, 500.

[31] Fischer/Jüptner/Pahlke/*Wachter* ErbStG § 13b Rn. 51 ff.; Burandt/Rojahn/*Milatz* ErbR ErbStG § 13b Rn. 14 f.; v. Oertzen/Loose-*Stalleiken* ErbStG § 13a Rn. 61 ff.; Troll/Gebel/Jülicher/Gottschalk/*Jülicher* ErbStG § 13b Rn. 27; *Scholten/Korezkij* DStR 2009, 73 (76); *Lahme/Zikesch* DB 2009, 527; *Schwind/Schmidt* NWB 2009, 609 ff.

§ 53   14, 15

soll für eine solche Vereinbarung nicht erforderlich sein.[32] Eine solche Poolbildung soll, nach umstrittener Auffassung der Finanzverwaltung, nicht mit stimmrechtslosen Anteilen erfolgen können,[33] Stimmrechte nach Maßgabe unterschiedlicher Stimmrechtsgewichtungen sind zulässig.

14   Nach der Neuregelung wird, abgesehen von wenigen Rückausnahmen, ausschließlich begünstigungsfähiges Vermögen verschont, Verwaltungsvermögen nimmt an der Begünstigung nicht teil. Die Ermittlung des begünstigten Vermögens bedarf nun sehr differenzierter Berechnungen, da die Begünstigung zT von der Einhaltung bestimmter Verhältniszahlen abhängig ist und es positive und negative Rückausnahmen gibt.[34] Die Begünstigung wird nach § 13b Abs. 2 S. 1 ErbStG nur gewährt, wenn der gemeine Wert des begünstigten Vermögens[35] den um das unschädliche Verwaltungsvermögen nach § 13b Abs. 7 ErbStG gekürzten Nettowert des Verwaltungsvermögens übersteigt; anderenfalls scheidet die Begünstigung aus. Im Rahmen der Optionsverschonung beträgt diese Grenze 20 %, § 13a Abs. 10 S. 2 ErbStG. Verwaltungsvermögen wird allerdings bis zum Wert von 10 % des gemeinen Werts des Betriebsvermögens nach Abzug des Nettowerts des Verwaltungsvermögens als unschädliches Verwaltungsvermögen wie begünstigtes Vermögen behandelt, § 13b Abs. 7 ErbStG. Übersteigt hingegen der Bruttowert des Verwaltungsvermögens 90 % des gemeinen Werts des begünstigungsfähigen Vermögens, scheidet die Begünstigung ebenfalls aus, § 13b Abs. 2 S. 2 ErbStG. Junges Verwaltungsvermögen ist von besonderer Bedeutung; dieses entsteht nicht nur aus Einlagen, sondern auch durch Anschaffung oder Herstellung aus betrieblichen Mitteln (Aktivtausch).[36] Die Bestimmung des Verwaltungsvermögens und der Verhältniszahlen erfolgt nicht mehr nur auf der einfachen betrieblichen Ebene, sondern nach § 13b Abs. 9 ErbStG im Konzern nach einer Verbundbetrachtung. An die Stelle von Beteiligungen an Personen- oder Kapitalgesellschaften im In- und Ausland treten die gemeinen Werte der diesen Gesellschaften zuzurechnenden Vermögensgegenstände und Schulden.[37] Dies gilt für Beteiligungen, die nicht ohnehin Verwaltungsvermögen darstellen; nicht belastende Schulden (zB Verbindlichkeiten mit Rangrücktritt[38]) sind nicht anzusetzen. Der 90 %-Test ist auf der Grundlage der Verbundvermögensaufstellung vorzunehmen.[39]

15   Zum schädlichen Verwaltungsvermögen gehören nach § 13b Abs. 4 ErbStG Vermögensgegenstände, die der Vermietung und Verpachtung dienen (Nr. 1) außer bei Betriebsaufspaltung oder Betriebsverpachtung im Ganzen,[40] Konzernvermietung oder Wohnungsunternehmen. Zum Verwaltungsvermögen gehören ferner Beteiligungen an Kapitalgesellschaften von oder unter 25 % ohne Poolvertrag[41] sowie der gemeine Wert von Zahlungsmitteln, Geschäftsguthaben, Geldforderungen und andere Forderungen nach Abzug des gemeinen Werts von Schulden, wenn der saldierte Wert 15 % des Werts des Betriebsvermögens übersteigt.[42] Zur Bestimmung, welche Finanzmittel als Verwaltungs-

---

[32] BFH 20.2.2019 – II R 25/16, BStBl. II 2019, 779.
[33] A 13b.6 Abs. 5 AEErbSt (idF des koord. Ländererlasses v. 22.6.2017 BStBl. I 2017 S. 902); jetzt R E 13b.6 Abs. 5 S. 1 ErbStR 2019 Troll/Gebel/Jülicher/Gottschalk/*Jülicher* ErbStG § 13b Rn. 211.
[34] Dazu *Maiterth* DB 2017, 1037; Kapp/Ebeling/*Geck* ErbStG § 13b Rn. 71 ff.; *Meincke/Hannes/Holtz* ErbStG § 13b Rn. 33 ff.
[35] H E 13b.5 sowie 13b.6 ErbStH 2019.
[36] FG Rheinland-Pfalz EFG 2018, 382 (Rev. eingelegt, BFH Az. II R 13/18).
[37] *Zipfel* DStZ 2015, 526; *Geck* ZEV 2017, 481; *Korezkij* DStR 2017, 1729; *Linnemann/Watrin* DStR 2017, 569; Althof NWB 2019, 2034.
[38] R E 13b.29 ErbStR 2019; Koord. Ländererlass v. 22.7.2017 BStBl. I 2017 S. 902.
[39] Zur Ermittlung *Ramb* NWB 2017, 3519 (Teil I), 3592 (Teil II) und 3878 (Teil III).
[40] *Betz/Zillmer* NWB-EV 2017, 9; *Balmes/Felten* FR 2009, 258 (264); *Geck* ZEV 2008, 557 (561); *Hannes/Onderka* ZEV 2009, 11; zur Begünstigung von Wohnungsvermietungsgesellschaften BFH BStBl. II 2018 S. 358; *Schönfeld/Riedel* FR 2018, 341; *Bäuml/Bauer* BB 2018, 1757.
[41] A 13b.6 Abs. 1, zum Pooling Abs. 3 ErbStR.
[42] Zuvor infolge der Änderung durch das AmtshilfeRLUmsG v. 26.6.2013 BGBl. I S. 1809: 20 %.

vermögen zu betrachten sind, vgl. § 13b Abs. 4 Nr. 5 ErbStG sowie Ländererlass v. 22.7.2017.[43] Ob und inwieweit Finanzmittel begünstigt sind, ist durch den Finanzmitteltest nach § 13b Abs. 4 Nr. 5 ErbStG zu ermitteln.[44] Eine besondere Rolle spielen „junge Finanzmittel" iSv § 13b Abs. 4 Nr. 5 S. 2 ErbStG;[45] diese sind ohne Verrechnung mit Schulden (Abs. 8) stets Verwaltungsvermögen.[46] Verwaltungsvermögen, das der Deckung von Altersversorgungsansprüchen zB im Rahmen von CTA Vereinbarungen dient, wird nicht als Verwaltungsvermögen berücksichtigt, § 13b Abs. 2 S. 2 und Abs. 3 ErbStG.[47] Mit Schulden aus Altersversorgungsverpflichtungen werden somit vorrangig Verwaltungsvermögen verrechnet; danach erfolgt eine Verrechnung von Schulden mit Finanzmittel. Danach verbliebene Schulden werden anteilig vom begünstigungsfähigen Vermögen und vom Verwaltungsvermögen abgezogen.

Schließlich gehören dazu Wertpapiere und vergleichbare Forderungen (außer als Hauptzweck bei Kreditinstituten oder Versicherungsunternehmen) nach § 13b Abs. 4 Nr. 4 ErbStG sowie Kunstgegenstände, es sei denn, dies stellt den Hauptzweck eines Gewerbes dar, vgl. Nr. 5. **16**

Für begünstigtes Vermögen wurde ein weiterer Abschlag vorgesehen, wenn der Gesellschaftsvertrag oder die Satzung Entnahmen oder Ausschüttungen auf höchstens 37,5 % des um die Steuern vom Einkommen gekürzten steuerlichen Gewinns beschränken und die Verfügung über die Beteiligung/den Anteil auf Mitgesellschafter, auf Angehörige iSv § 15 AO oder auf eine Familienstiftung nach § 1 Abs. 1 Nr. 4 ErbStG beschränkt ist und im Falle des Ausscheidens aus der Gesellschaft vorgesehen ist, dass die Abfindung unter dem gemeinen Wert der Beteiligung/des Anteils liegt, § 13a Abs. 9 S. 1 ErbStG.[48] Die Höhe des Abschlags bemisst sich nach der statutarisch vorgesehenen Minderung der Abfindung unter den gemeinen Wert; er beträgt höchstens 30 %.[49] Die Beschränkungen müssen zwei Jahre vor der Entstehung der Steuer vereinbart sein und über 20 Jahre danach beibehalten werden. **17**

Neu eingeführt wurde eine Begrenzung der Verschonung bei Großerwerben. Überschreitet der Erwerb von begünstigtem Vermögen 26 Mio. EUR, kommt der besondere Verschonungsabschlag nach § 13c ErbStG in Betracht. Danach verringert sich der Verschonungsabschlag in Höhe von 85 % (Regelverschonung) oder 100 % (Optionsverschonung) um jeweils einen Prozentpunkt je 750.000 EUR, die der Wert des begünstigten Vermögens über der Grenze von 26 Mio. EUR liegt mit der Folge, dass bei Erwerben oberhalb von 89,75 Mio. EUR bei Regelverschonung und 90 Mio. EUR bei Optionsverschonung kein Verschonungsabschlag mehr gewährt wird.[50] Statt der abschmelzenden Verschonung kann der Erwerber einen Steuererlass nach Maßgabe der Verschonungsbedarfsprüfung beantragen. § 28a Abs. 1 S. 1 ErbStG setzt einen Mangel an verfügbarem **18**

---

[43] Erlasse der obersten Finanzbehörden der Länder v. 10.10.2013 BStBl. I 2013 S. 1273, neu gefasst am 22.7.2017 BStBl. I 2017 S. 902, erneut in Überarbeitung durch Entwurf ErbStR 2019 v. 20.12.2018; LfSt Bayern 14.11.2017, DStR 2017, 2554; *Hubert* StuB 2017, 777; *Reich* DStR 2017, 1858; *ders.* BB 2017, 1879; *Korezkij* DStR 2017, 745; *Kummer/Wangler* DB 2017, 1917; *Saecker/Gelhaar* NWB 2017, 2447; *Wälzholz* NWG-EV 2017, 285; *Höne* NWB-EV 2017, 265; *Eisele* NWB 2017, 2670 und 2751.
[44] *Olbing/Stenert* FR 2017, 701.
[45] Auch durch betriebliche Mittel angeschafftes Verwaltungsvermögen kann zum jungen Verwaltungsvermögen gehören, FG Münster EFG 2018, 576; FG Rheinland-Pfalz EFG 2018, 1378 (Rev. eingelegt BFH Az. II R 13/18); *Wachter* DB 2018, 1632.
[46] Dazu R E 13b.27 sowie R E 13b.29 Abs. 4 ErbStR 2019, nach dem auch konzerninterne Mitteltransfers zu „jungen Finanzmitteln" führen; dazu *Reich* DStR 2019, 145.
[47] A 13b.11 Abs. 2 ErbStR 2019.
[48] *Steger/Königer* BB 2016, 3099; *Watrin/Linnemann* Ubg 2017, 461.
[49] *Bäuml* DB 2018, 521.
[50] Dazu *Korezkij* DStR 2017, 1729; *Kapp/Ebeling/Geck* ErbStG § 13c Rn. 8 f.; *Meincke/Hannes/Holtz* ErbStG § 13c Rn. 3 f.

Vermögen voraus. Dieser liegt vor, wenn die durch den Erwerb des begünstigten Vermögens entstandene Steuer nicht aus der Hälfte des verfügbaren Vermögens (mit übergegangenes, nicht begünstigtes Vermögen oder bereits vorhandenes Vermögen, welches im Falle eines Übergangs nicht begünstigt wäre, § 28a Abs. 2 ErbStG) oder solchem Vermögen, das innerhalb der folgenden 10 Jahre erworben wird, bestritten werden kann; der Erlass gilt der die Hälfte übersteigenden Steuerlast.

19 Die Gewährung des Verschonungsabschlags und des Abzugsbetrags hängt davon ab (dh seine Gewährung fällt anderenfalls mit Wirkung für die Vergangenheit weg), dass innerhalb der Behaltensfrist von 5 Jahren[51] nach § 13a Abs. 6 ErbStG das begünstigte Vermögen (ua Gewerbebetrieb, land- und forstwirtschaftliches Vermögen, Mitunternehmeranteil, Anteil an Kapitalgesellschaft oder bei Aufhebung der Verfügungsbeschränkung oder Stimmrechtsbündelung bei Anteilen an einer Kapitalgesellschaft) veräußert, aufgelöst oder Stimmrechtsvereinbarungen aufgehoben werden, § 13a Abs. 6 ErbStG[52], es sei denn, dass Reinvestitionen in der begünstigten Vermögensart vorgenommen werden.[53] Schädlich sind Überentnahmen iSv § 13a Abs. 6 Nr. 3 ErbStG sowie die verdeckte Einlage in eine andere Kapitalgesellschaft oder die Auflösung oder die Herabsetzung des Nennkapitals der Kapitalgesellschaft, § 13a Abs. 6 Nr. 4 ErbStG. Weitere grundlegende Voraussetzung ist die Einhaltung eines Mindestlohnsummenbetrags, der nach § 13a Abs. 3 S. 1 ErbStG im Falle der Regelverschonung 400 % der Ausgangslohnsumme innerhalb von 5 Jahren nach Erwerb nicht unterschreitet; bei Betrieben mit geringer Beschäftigtenanzahl verringert sich die Mindestlohnsumme, § 13a Abs. 3 S. 4 ErbStG. Im Falle der Unterschreitung mindert sich der Verschonungsabschlag im selben prozentualen Verhältnis der Unterschreitung.[54] Die maßgebliche Lohnsumme wird in § 13a Abs. 4 S. 6 ErbStG definiert. Im Rahmen der Optionsverschonung erhöht sich die Mindestlohnsumme auf 700 % für einen Zeitraum von 7 Jahren, § 13a Abs. 10 Nr. 2 und 3 ErbStG. Die Mindestlohnsumme bei kleineren Betrieben verändert sich auf 500 % oder 565 %; die Behaltensfrist nach Abs. 6 verlängert sich auf 7 Jahre.

20, 21 Die Gewährung des Verschonungsabschlags und des Abzugsbetrags verpflichtet bei Beteiligungen an Mitunternehmerschaften und Kapitalgesellschaften nach § 13a Abs. 6 Nr. 3 ErbStG zu einer Begrenzung von Entnahmen und Ausschüttungen. Bis zum Ende der 5- oder 7-jährigen Behaltensfrist dürfen Entnahmen und Gewinnausschüttungen nur bis zu einer Höhe von 150.000 EUR über den Betrag der dem Inhaber oder Gesellschafter zuzurechnenden Summe von Einlagen und Gewinnen/Gewinnanteilen liegen; Verluste bleiben unberücksichtigt.[55] Im Falle von Überentnahmen kommt es, anders als bei den anderen Voraussetzungen zum vollständigen Entfall der Vergünstigung.[56]

22 Da §§ 13a und b ErbStG die Fortführung von Unternehmen im Rahmen der Generationennachfolge erbschaftsteuerlich schonen wollen, weist § 13a Abs. 5 ErbStG den Freibetrag und Abzugsbetrag (Abs. 2) demjenigen zu, der auf Grund eines Sachvermächtnisses das Betriebsvermögen oder die Aktien letztlich erhält. Daher wird der Erbe, der mit einem Sachvermächtnis belastet ist, als bloßer Durchgangserwerber nicht begünstigt.

23 Daneben enthält § 13 ErbStG weitere sachliche Steuerbefreiungen. Danach sind ua Zuwendungen an Pensions- und Unterstützungskassen iSv § 5 Abs. 1 Nr. 3 KStG und

---

[51] Dazu v. Oertzen/Loose-*Stalleiken* ErbStG § 13a Rn. 133 ff.; *Siegmung/Zipfel* BB 2009, 641 ff.
[52] v. Oertzen/Loose-*Stalleiken* ErbStG § 13a Rn. 180.
[53] Dazu Burandt/Rojahn/*Milatz* ErbR ErbStG § 13a Rn. 22; *Scholten/Korezkij* DStR 2009, 304 (305); *Stalleiken/Stenger* DStR 2011, 1353 ff.; R E 13b.24 Abs. 2 ErbStR 2019.
[54] Burandt/Rojahn/*Milatz* ErbR ErbStG § 13a Rn. 14; v. Oertzen/Loose-*Stalleiken* ErbStG § 13a Rn. 256.
[55] Burandt/Rojahn/*Milatz* ErbR ErbStG § 13a Rn. 24; v. Oertzen/Loose-*Stalleiken* ErbStG § 13a Rn. 156 ff.; Kapp/Ebeling/*Geck* ErbStG § 13a Rn. 95; zur Auflösung von Rücklagen *Milatz/Kämper* GmbHR 2009, 762.
[56] Burandt/Rojahn/*Milatz* ErbR ErbStG § 13a Rn. 25.

Zuwendungen zu ausschließlich kirchlichen, gemeinnützigen oder mildtätigen Zwecken steuerfrei (§ 13 Abs. 1 Nr. 13 und 16 ErbStG).[57]

Die in § 16 iVm § 15 ErbStG geregelten **persönlichen Freibeträge** sehen für Zuwen- **24** dungen unter nahen Familienangehörigen persönliche Freibeträge in unterschiedlicher Höhe je nach Verwandtschaftsgrad vor. Die Freibeträge wurden durch das ErbStRG mit Wirkung zum 1.1.2009 geändert.[58] Daneben gibt es weitere sachliche und persönliche Steuerbefreiungen.[59]

6. Steuerbemessungsgrundlage. Steuerbemessungsgrundlage der Erbschaftsteuer ist **25** nach § 10 Abs. 1 S. 1 ErbStG der **Wert der Bereicherung** des Erwerbers, soweit dieser nicht steuerfrei ist. Der Wert der Bereicherung bestimmt sich nach § 12 ErbStG und den dort in Bezug genommenen Vorschriften des Bewertungsgesetzes. Die Vorschriften über die Bewertung sind infolge der Erbschaftsteuerreform (2009) reformiert worden.[60] Die Bewertung hat sich an der Leistungsfähigkeit und dem Gleichheitssatz auszurichten. Dem folgt die Bewertung der Vermögensgegenstände einheitlich mit dem gemeinen Wert, der in geeigneten Fällen dem Verkehrswert entspricht. Dem Bewertungsrecht wohnt Gegenstands- und Rechtsformneutralität inne.[61]

Nach § 11 Abs. 1 Bewertungsgesetz (BewG) iVm § 12 Abs. 1 ErbStG sind Aktien, die **26** am Bewertungsstichtag an einer deutschen Börse zum Handel im regulierten Markt zugelassen sind, mit dem niedrigsten am Stichtag für sie in diesem **regulierten Markt notierten Kurs** anzusetzen. Liegt am Stichtag keine Notierung vor, so ist der Letzte innerhalb von 30 Tagen vor dem Stichtag im regulierten Markt notierte Kurs maßgebend. Aktien, die am Stichtag in den **Freiverkehr** einbezogen waren, sind mit diesem **niedrigsten Kurs** vom Bewertungsstichtag oder bei Fehlen eines solchen Kurses mit dem innerhalb von 30 Tagen davor notierten Kurs anzusetzen. Als maßgebende Kurse iSd § 11 Abs. 1 BewG sind außer den sog. „Bezahlt-Kursen", dh Kursen, zu denen tatsächlich Umsätze stattgefunden haben, auch die bloßen Geld-, Brief- und Taxkurse anzusehen.[62] Soweit für **Vorzugsaktien** eines Unternehmens keine Kursnotierung erfolgt, jedoch ein Kurs für die Stammaktien vorliegt, sind die Vorzugsaktien mit dem aus diesem Kurs herzuleitenden gemeinen Wert anzusetzen.[63] Das Gleiche gilt für **junge Aktien,** die am Bewertungsstichtag noch nicht an der Börse eingeführt waren.[64]

Bei **ausländischen Aktien** ist, wenn ein **Telefonkurs** im inländischen Bankverkehr **27** vorliegt, dieser maßgebend. Lässt sich der gemeine Wert nicht auf dieser Grundlage ermitteln, ist er möglichst aus den **Kursen des Emissionslandes** abzuleiten.[65]

Nicht notierte Aktien sind nach § 11 Abs. 2 BewG mit ihrem gemeinen Wert anzuset- **28** zen. Der **gemeine Wert der Aktien** ist in erster Linie aus Verkäufen abzuleiten, wobei jedoch nur Verkäufe zu berücksichtigen sind, die **innerhalb des letzten Jahres** vor dem Bewertungsstichtag stattgefunden haben.[66] Kann der gemeine Wert nicht aus Verkäufen abgeleitet werden, ist er unter Berücksichtigung der Ertragsaussichten der Kapitalgesellschaft oder einer anderen anerkannten, auch im gewöhnlichen Geschäftsverkehr für nichtsteuerliche Zwecke üblichen Methode zu ermitteln; dabei kommt es auf die Methode an,

---

[57] *Meincke/Hannes/Holtz* ErbStG § 13 Rn. 63 f., 69 ff. und 77 ff.
[58] BGBl. 2009 I S. 3950.
[59] Vgl. *Meincke/Hannes/Holtz* ErbStG § 16 Rn. 3; Burandt/Rojahn/*Milatz* ErbR ErbStG § 16 Rn. 1.
[60] „Paradigmenwechsel", vgl. Burandt/Rojahn/*Milatz* ErbR ErbStG § 12 Rn. 1.
[61] v. Oertzen/Loose-*Manneck* ErbStG § 12 Rn. 20 ff.; Burandt/Rojahn/*Milatz* ErbR ErbStG § 12 Rn. 4.
[62] R B 11.1 ErbStR 2019; BFH BStBl. II 1990 S. 490.
[63] R B 11.1 Abs. 4 S. 1 ErbStR 2019.
[64] R B 11.1 Abs. 4 S. 1 ErbStR 2019.
[65] R B 11.1 Abs. 3 S. 1 ErbStR 2019.
[66] R B 11.2 Abs. 1 S. 1 und 2 ErbStR 2019; BFH BFH/NV 2013, 1233; 2015, 959.

die auch ein Erwerber zugrunde legen würde. Die Untergrenze für den anzusetzenden Wert bildet der Substanzwert, § 11 Abs. 2 S. 3 BewG. Anstelle des Stuttgarter Verfahrens,[67] das vom BFH seinerzeit als ein brauchbares Hilfsmittel zur Ermittlung des gemeinen Wertes nicht notierter Aktien anerkannt worden war,[68] ist sind die Grundsätze des IDW S 1 oder Discounted Cash Flow Verfahren getreten.[69]

29 Den Wert nicht notierter Anteile kann der Steuerpflichtige nunmehr durch ein „methodisch nicht zu beanstandendes Gutachten"[70] oder durch ein „vereinfachtes Ertragswertverfahren" nach §§ 199–203 BewG nachweisen; zwischen den beiden Methoden besteht ein Wahlrecht.[71] Anerkannte übliche Methoden sind zB[72] Ertragswertverfahren nach der „Discounted Cash-flow" Methode oder die Bewertung nach Maßgabe des IDW Standards S 1[73] Beim vereinfachten Bewertungsverfahren wird nach § 200 Abs. 1 BewG der nachhaltig erzielbare Jahresertrag mit einem Kapitalisierungsfaktor multipliziert. Aus Vereinfachungsgründen wird bei dieser Methode der zukünftig erzielbare, nachhaltige Jahresertrag aus dem in der Vergangenheit tatsächlich erzielten Durchschnittsertrag abgeleitet, der für die drei letzten vor dem Bewertungsstichtag abgelaufenen Wirtschaftsjahre sich ergibt, § 201 Abs. 2 BewG. Besonderheiten gelten, wenn sich der Charakter des Unternehmens in dem dreijährigen Betrachtungszeitraum nachhaltig verändert haben sollte. Ausgangswert für die Berechnung ist der Gewinn im Sinne von § 4 Abs. 1 S. 1 EStG, der um bestimmte Abschreibungsbeträge, Absetzungen auf einen Geschäfts- oder Firmenwert, bestimmte einmalige Aufwendungen oder den Ertragsteueraufwand zu erhöhen und um bestimmte einmalige Erträge, Auflösungsbeträge steuerfreier Rücklagen, Steuererstattungen oder einen angemessenen Unternehmerlohn zu ermäßigen ist, § 202 Abs. 1 BewG.[74]

30 Bei der Bewertung sind ungewöhnliche oder persönliche Verhältnisse nicht zu berücksichtigen, § 9 Abs. 2 S. 3 BewG.

31 Der im vereinfachten Bewertungsverfahren zu verwendende Kapitalisierungsfaktor beträgt seit der Rechtsänderung in 2016 13,75 %, § 203 Abs. 1 BewG.

32 Mehrere **innerhalb von 10 Jahren** von derselben Person anfallende **Vermögensvorteile** werden nach § 14 Abs. 1 S. 1 ErbStG **zusammengerechnet.** Die Vorschrift soll verhindern, dass ein zugedachter größerer Erwerb in mehrere kleinere Erwerbe zerlegt wird, um so den persönlichen Freibetrag mehrfach in Anspruch nehmen zu können und zugleich eine niedrigere Steuerstufe innerhalb des Progressionstarifs zu erreichen. Um hier für Gleichmäßigkeit zu sorgen, sieht § 14 ErbStG vor, dass alle Erwerbe, die derselbe Empfänger innerhalb von 10 Jahren von demselben Geber erhält, im Ergebnis so besteuert werden, als seien sie als Teil eines **einheitlich zu besteuernden Gesamterwerbs** an den Empfänger gelangt. Dies hat zur Folge, dass für alle Erwerbe innerhalb des 10-Jahres-Zeitraums zusammengenommen **nur ein Freibetrag** zur Verfügung steht und dass auch der Steuersatz so bemessen wird, dass er auf dem Gesamterwerb berechnet ist. Dabei wird den Einzelerwerben nicht der Charakter von selbstständigen steuerpflichtigen Vorgängen genommen und die bestandskräftig gewordenen Veranlagungen werden nicht wieder aufgerollt.[75] Vielmehr wird nur die Berechnung der Steuer für den jeweils letzten Erwerb

---

[67] Abschn. R B 11.2 Abs. 2 S. 1 ErbStR 2019; *Piltz* Ubg 2009, 13 ff.
[68] BFH BStBl. II 1975 S. 222; BFH BStBl. II 1980 S. 405.
[69] v. Oertzen/Loose-*Manneck* ErbStG § 12 Rn. 53; *Kummer/Wangler* DB 2017, 1917; Burandt/Rojahn/*Milatz* ErbR ErbStG § 12 Rn. 4.
[70] R B 11.2 Abs. 2 S. 2 ErbStR 2019.
[71] R B 199.1 Abs. 1 S. 1 ErbStR 2019; Burandt/Rojahn/*Milatz* ErbR ErbStG § 12 Rn. 5.
[72] R B 11.2 Abs. 1 ErbStR 2019; *Creutzmann* DB 2008, 2784; Burandt/Rojahn/*Milatz* ErbR ErbStG § 12 Rn. 5.
[73] Vgl. IDW S 1 idF 2008 (Stand 4.7.2016) Grundsätze zur Durchführung von Unternehmensbewertungen IDW Life 2016, 731.
[74] R B 202 Abs. 3 ErbStR 2019; *Creutzmann* DB 2008, 2784; Burandt/Rojahn/*Milatz* ErbR ErbStG § 12 Rn. 7.
[75] BFH BStBl. II 1999 S. 25; DStR 2007, 2060.

gegenüber den aus den §§ 16, 19 und 19a ErbStG folgenden allgemeinen Grundsätzen abgeändert. Bei der Besteuerung des weiteren Erwerbs wird berücksichtigt, dass der Freibetrag oder ein Teil desselben bei der Besteuerung des ersten Erwerbs schon genutzt worden ist und innerhalb des 10-Jahres-Zeitraums nicht ein weiteres Mal gewährt werden kann. Außerdem wird die Steuerstufe nunmehr nach dem Betrag ermittelt, der sich aus der Zusammenfassung der beiden Erwerbe ergibt. Dabei enthält § 14 ErbStG eine besondere Art von **Progressionsvorbehalt,** der den Letzterwerb auf die Stufe des Gesamterwerbs hebt. Im Ergebnis wird damit der weitere Erwerb höher besteuert, als dies ohne Berücksichtigung des Ersterwerbs der Fall gewesen wäre. Dieses Verfahren setzt sich bei allen weiteren Erwerben fort.[76]

Die früheren Erwerbe sind mit ihrem Bruttobetrag vor Abzug des persönlichen Freibetrages dem späteren Erwerb hinzuzurechnen, und von dem sich für den Gesamterwerb ergebenden Steuerbetrag wird nach § 14 Abs. 2 ErbStG die Steuer abgezogen, die die früheren Erwerbe nach den persönlichen Verhältnissen des letzten Erwerbs und auf der Grundlage der im Zeitpunkt des Letzterwerbs geltenden Vorschriften ergeben würden (sog. **Abzugsteuer**). Aufgrund des Abstellens auf die Verhältnisse im Zeitpunkt des Letzterwerbs handelt es sich um eine **fiktive Steuer,** die von der für die Vorerwerbe tatsächlich angefallenen Steuer erheblich abweichen kann. Übersteigt letztere die fiktive Abzugsteuer, so ist die tatsächlich geschuldete Steuer abzuziehen (§ 14 Abs. 1 S. 3 ErbStG).[77] Durch die Berücksichtigung des weiteren Erwerbs darf die Steuer, die sich ohne Hinzurechnung des letzten Erwerbs ergeben würde, nicht unterschritten werden, § 14 Abs. 1 S. 4 ErbStG. Die durch den weiteren Erwerb ausgelöste Steuer darf nicht mehr als 50% des Werts dieses Erwerbs betragen, § 14 Abs. 3 ErbStG.

Sind Aktien Gegenstand einer Schenkung und behält sich der Schenker den **Nießbrauch** an den Aktien vor, so ist deren **Wert am Bewertungsstichtag** zur Ermittlung der schenkungsteuerlichen Bemessungsgrundlage vom Steuerwert der Zuwendung **abzuziehen.**[78] Das gilt auch für den Fall, dass dem **Schenker** oder dessen **Ehegatten** ein Nießbrauchsrecht vorbehalten worden ist. Der Kapitalwert des Nießbrauchsrechts ist nach §§ 13–16 Bewertungsgesetz (BewG) zu ermitteln.[79] Er richtet sich nach der am Bewertungsstichtag laufenden Bezugsberechtigung. Bei **zeitlich beschränktem Nießbrauch** ist der Kapitalwert mit dem jeweils maßgebenden Vielfachen[80] des Jahreswerts anzusetzen (§ 13 BewG). Bei **lebenslänglichem Nießbrauch** erfolgte der Ansatz nach § 14 BewG. Später eintretende Umstände können bei der Ermittlung des Kapitalwerts nur dann berücksichtigt werden, wenn sie zum Zeitpunkt der Besteuerung bereits voraussehbar waren. Bei lebenslänglichem Nießbrauch erfolgt der Ansatz nach § 14 Abs. 1 BewG.

7. Entstehen der Steuer, Bewertungsstichtag. Die Erbschaftsteuer entsteht beim Erwerb von Todes wegen grundsätzlich im **Zeitpunkt des Todes** des Erblassers und bei der Schenkung unter Lebenden im Zeitpunkt der **Ausführung der Zuwendung.** Der Wert der Bereicherung ist nach § 11 ErbStG grundsätzlich im Zeitpunkt der Entstehung der Steuer zu ermitteln **(Stichtagsprinzip).** Danach eintretende Wertveränderungen (zB Kursgewinne oder -verluste bei Aktien) spielen sich bereits im Vermögen des Erwerbers ab und sind daher unbeachtlich.[81] Die Anknüpfung an den Erbfallzeitpunkt führt allerdings dann zu Härten, wenn der Erwerber im Todeszeitpunkt rechtlich oder faktisch außer Stande ist, über den geerbten Gegenstand zu verfügen, und sich in der Zwischenzeit bis zur

---

[76] *Meincke* ErbStG § 14 Rn. 2 ff.; v.Oertzen/Loose-*Fumi* ErbStG § 14 Rn. 15 ff.
[77] BFH BStBl. II 2009 S. 969.
[78] Die frühere Regelung von § 25 ErbStG gilt für Altfälle, die bis zum 31.12.2008 vollzogen wurden, weiter, dazu *Meincke* ErbStG § 25 Rn. 1, 10.
[79] Zur Bewertung von Nießbrauchsrechten vgl. auch Abschn. R B 13 ErbStR 2019 und H B 13 ErbStH 2019; *Billig* UVR 2016, 314.
[80] Anlage 9a zum BewG.
[81] BFH BStBl. II 1991 S. 310; BFH BStBl. II 1992 S. 298.

Erlangung der Verfügungsmacht der Wert des übernommenen Vermögens vermindert. In atypischen, krassen Einzelfällen kommt eine **abweichende Steuerfestsetzung** oder ein **Teilerlass** wegen **sachlicher Unbilligkeit** nach §§ 163, 227 AO in Betracht.[82]

36 **8. Tarif.** Der Tarif und seine Stufung ist seit dem ErbStRG 2009 unverändert geblieben, die Steuersätze in Steuerklasse II und III waren angeglichen worden. Die Höhe der Steuerbelastung hängt zum einen von der verwandtschaftlichen Beziehung zwischen Erwerber und Erblasser/Schenker und zum anderen von der Höhe des steuerpflichtigen Erwerbs (progressiver Tarif) ab. Durch unterschiedliche **Steuerklassen** (§ 15 Abs. 1 ErbStG), persönliche Freibeträge (§§ 16, 17 ErbStG) und Steuersätze (§ 19 ErbStG) wird dem Familienprinzip Rechnung getragen. Beim Erwerb von Betriebsvermögen, von Betrieben der Land- und Forstwirtschaft und bei Anteilen an Kapitalgesellschaften wird bei Erwerben durch natürliche Personen in den Steuerklassen II und III ein Entlastungsbetrag gewährt, § 19a ErbStG. Er betrifft das nach Anwendung der Regelverschonung der Besteuerung unterliegende begünstigte Vermögen, § 19a Abs. 2 ErbStG. Der Entlastungsbetrag ist der nach Maßgabe von § 19a Abs. 3 und 4 ErbStG ermittelte Unterschiedsbetrag der tatsächlichen Steuer und der Steuer, die nach Steuerklasse I anfiele. Die Begünstigung entfällt, wenn die Behaltefristen nach § 13a ErbStG nicht eingehalten werden.[83]

II. Besonderheiten des Verfahrens

37 Das Erbschaftsteuergesetz enthält **keine allgemeine Steuererklärungspflicht** für den Erwerber, sondern statuiert in §§ 30, 33, 34 ErbStG ein System von Anzeigepflichten. Nach § 30 Abs. 1 ErbStG hat jeder Erwerber einen steuerbaren Erwerb iSd § 1 ErbStG innerhalb einer **Frist von drei Monaten** nach erlangter Kenntnis dem für die Verwaltung der Erbschaftsteuer zuständigen Finanzamt schriftlich anzuzeigen.[84] Erfolgt der Erwerb durch **Rechtsgeschäft unter Lebenden,** ist zur Anzeige auch derjenige verpflichtet, aus dessen Vermögen der Erwerb stammt. Nach § 33 ErbStG bestehen Anzeigepflichten für Vermögensverwahrer (insbesondere Kreditinstitute), Vermögensverwalter und Versicherungsunternehmen. Nach § 33 Abs. 2 ErbStG ist der Ausgeber von Namensaktien zur Anzeige verpflichtet, wenn er um die Umschreibung der Namenspapiere des Verstorbenen gebeten wird.[85] Eine Steuererklärungspflicht besteht für den Erwerber und Schenker, wenn sie vom Finanzamt zur Abgabe aufgefordert werden. Für bestimmte Vermögensteile (zB nach § 13b Abs. 10 ErbStG) können gesonderte Feststellungen erfolgen.

III. Leistungen von Aktionären und Dritten an die Aktiengesellschaft

38 Bei der schenkungsteuerlichen Behandlung von Leistungen an eine Aktiengesellschaft ist zwischen **Leistungen des Aktionärs** an die Gesellschaft und **Leistungen eines Dritten** an die Gesellschaft zu differenzieren.[86] Leistungen eines Aktionärs an die Aktiengesellschaft sind in der Regel. keine freigebigen Zuwendungen an die Gesellschaft, wenn die Zuwendung in rechtlichem Zusammenhang mit der Gesellschafterstellung und dem **Gesellschaftszweck** steht.[87] In der Leistung eines Aktionärs an die Gesellschaft kann eine freigebige Zuwendung an einen oder mehrere andere Aktionäre zu sehen sein, die zur **Abkür-**

---

[82] FG München ZEV 2003, 127; FG Berlin EFG 1990, 323; Burandt/Rojahn/*Milatz* ErbR ErbStG § 11 Rn. 2.
[83] Burandt/Rojahn/*Milatz* ErbR ErbStG § 19a Rn. 8.
[84] R E 30 ErbStR 2019; Gleichlautender Erlass der Länder v. 7.12.2017 BStBl. I 2018 S. 53.
[85] § 2 ErbStDV; *Meincke/Hannes/Holtz* ErbStG § 33 Rn. 9 f.
[86] Leistungen der Gesellschaft an Aktionäre oder nahestehende Personen sind keine Zuwendungen, wenn sie im Gesellschafterverhältnis veranlasst sind, vgl. BFH BStBl. II 2018 S. 299 und BStBl. II 2018 S. 292; Gleichl. Erlass der Länder v. 20.4.2018 BStBl. I 2018 S. 632; *Löcherbach/Völkel* NWB 2018, 1368; *Neufang/Merz* BB 2011, 2397.
[87] Burandt/Rojahn/*Milatz* ErbR ErbStG § 7 Rn. 29.

zung des Leistungsweges direkt an die Gesellschaft erbracht wird, wenn der Leistende mit seiner Zuwendung das Ziel verfolgt, diese durch die Werterhöhung der Gesellschaftsrechte unentgeltlich zu bereichern. Hierfür ist jedoch erforderlich, dass der Aktionär mit seiner Leistung nicht nur die Förderung des Gesellschaftszwecks, sondern zumindest auch eine freigebige **Zuwendung an seine Mitaktionäre** beabsichtigt. Bei der Prüfung dieser Absicht ist insbesondere zu berücksichtigen, ob sich die verschiedenen Gesellschafter als fremde Dritte gegenüber stehen oder verwandtschaftlich verbunden sind.[88] Erbringt ein nicht an der Aktiengesellschaft beteiligter Dritter an die Gesellschaft eine unentgeltliche Leistung, ist zu unterscheiden ob eine Zuwendung an einen, mehrere oder alle Aktionäre oder ob eine Zuwendung an die Gesellschaft selbst vorliegt. Maßgeblich ist der **Wille des Zuwendenden,** wobei in der Regel davon auszugehen ist, dass der Zuwendende natürliche Personen bereichern möchte. Die Problematik von Schenkungen unter Aktionären oder von Zuwendungen an die Gesellschaft, in denen schenkungsteuerlich relevante Zuwendungen bei Maßnahmen zwischen Gesellschaftern und Kapitalgesellschaft in Betracht kommen können, wurden in den damaligen H 18 Abs. 6 ErbStR geregelt.[89] Die Regelungen beruhten auf Entscheidungen des BFH;[90] sie wurden indes durch § 7 Abs. 8 ErbStG, idF des BeitrRLUmsG[91] zT überholt; nach denen als Schenkung die Werterhöhung von Anteilen an einer Kapitalgesellschaft angesehen wird, die eine an der Gesellschaft beteiligte natürliche Person oder Stiftung durch Leistung einer anderen Person an die Gesellschaft erhält. Solche Zuwendungen können durch offene oder verdeckte Einlagen erfolgen. Nach § 7 Abs. 8 S. 2 ErbStG stellen Vermögensverschiebungen zwischen Kapitalgesellschaften, an denen nicht dieselben Gesellschafter unmittelbar oder mittelbar beteiligt sind, eine freigebige Zuwendung dar, wenn sie in der Absicht erfolgen, Gesellschafter zu bereichern.

§ 54 Umsatzsteuer

Übersicht

	Rn.		Rn.
I. Vorbemerkung	1, 2	2. Besteuerung der Einfuhr nach § 1 Abs. 1 Nr. 4 UStG	38
1. Ziel der Umsatzbesteuerung	1	3. Innergemeinschaftlicher Erwerb im Inland gegen Entgelt nach § 1 Abs. 1 Nr. 5 UStG	39
2. Umsatzsteuer im Europäischen Binnenmarkt	2	4. Steuerbefreiungen	40–44
II. Umsatzbesteuerung betrieblicher Vorgänge	3–50	a) Grundsätzliches	40
1. Entgeltliche Leistungen (Lieferungen und sonstige Leistungen) von Unternehmern im Inland (§ 1 Abs. 1 Nr. 1 UStG)	6–37	b) Die wichtigsten Steuerbefreiungen	41–44
a) Leistungsaustausch als Voraussetzung der Steuerbarkeit	7–9	5. Bemessungsgrundlage	45–49
		a) Allgemeines	45
b) Lieferung iSd § 3 UStG	10–12	b) Besondere Bemessungsgrundlagen	46, 47
c) Sonstige Leistung	13	c) Änderung der Bemessungsgrundlage	48, 49
d) Sonderfälle der Lieferung und sonstigen Leistung	14–24	6. Umsatzsteuersätze	50
e) Leistungen des Unternehmers im Rahmen seines Unternehmens	25–34	III. Vorsteuerabzug	51–69
		1. Funktion	51–53
f) Leistungsort im Inland	35–37	2. Unternehmereigenschaft des Empfängers	54

---

[88] Gleichlautender Ländererlass v. 20.4.2018 BStBl. I 2018 S. 632 Abschnitt 3; *Sievert/Nürnberg* Ubg 2018, 226.

[89] Abschn. H 18 ErbStH v. 20.10.2010; dazu krit. *IDW* WPg 2011, 555; ferner *Korezkij* DStR 2011, 1454 ff. und 1496 ff.; Gleichlautender Ländererlass v. 20.4.2018 BStBl. I 2018 S. 632 Abschnitt 3.

[90] BFH BStBl. II 2008 S. 258; BFH BStBl. II 2005 S. 845.

[91] Gesetz v. 7.11.2011 BGBl. 2011 I S. 2592; dazu *Berizzi/Guldan* BB 2011, 1052; *Götzenburger* BB 2009, 131.

	Rn.		Rn.
3. Leistung für sein Unternehmen ..	55	10. Ausschluss des Vorsteuerabzugs für Unternehmer.......................	66, 67
4. Leistungen von einem anderen Unternehmer.......................	56	11. Berichtigung des Vorsteuerabzugs	68
5. Rechnung mit offenem Steuerausweis	57, 58	12. Bekämpfung missbräuchlichen Vorsteuerabzugs	69
6. Fehlerhafte Rechnungen	59, 60	IV. Entstehen der Steuer, Steuerschuldner und Verfahren	70–72
7. Gutschriften	61	1. Steuerschuldner	70
8. Ausschluss des Vorsteuerabzugs ...	62, 63	2. Entstehen der Steuer	71
9. Aufteilung von Vorsteuerbeträgen nach § 15 Abs. 4 UStG	64, 65	3. Verfahren	72

Schrifttum: *Bittermann,* Vorsteuerrisiken durch eine zeitliche Beschränkung der Optionsausübung bei Immobilientransaktionen im Wege des Forward Deals, UR 2017, 908; *Büchter-Hole,* Bestimmung der umsatzsteuerlichen Bemessungsgrundlage beim echten Factoring, EFG 2010, 177; *Bunjes,* Umsatzsteuergesetz, 17. Aufl. 2018; *Dahm/Hamacher,* Steuerfreier Zusammenschluss, UR 2009, 869; *Diemer,* Vorsteueraufteilung bei Holdinggesellschaften und umsatzsteuerliche Organschaft, DB 2015, 1748; *Eberhard/Mai,* Änderung der Rechtsprechung zur finanziellen Eingliederung bei der umsatzsteuerlichen Organschaft, UR 2010, 881; *Endres-Reich,* Antragswahlrecht für die umsatzsteuerliche Organschaft in Deutschland? UR 2016, 660; *Feldgen,* Umsatzsteuerliche Organschaft – Neuordnung der Konzernbesteuerung? BB 2016, 606; *Fleckenstein-Weiland/Mick,* Umsatzsteuer bei Corporate Finance-Dienstleistungen, BB 2009, 1508; *Fleckenstein-Weiland/Stiehr,* Reform des Mehrwertsteuersystems – Teil I, BB 2017, 2969; *Friedrich-Vache/Endres-Reich,* Vorsteuerabzug der Funktions-/Führungsholdings, UR 2017, 649; *Güldner/Pflanzer/Voith,* § 13b UStG – Risikokumulation für den Fiskus bei Bauleistungen, DStR 2004, 1163; *Hahne,* Umsatzsteuerliche Behandlung des Verkaufs notleidender Bankforderungen, UR 2008, 194; *Hahne,* „Vorsteuerabzug beim Beteiligungsverkauf im konkreten Einzelfall zulässig", BB 2011, 999; *Hammerl/Fietz,* Vorsteuerabzug des Immobilienerwerbers im Fall der Teiloption, DStR 2017, 758; *Höink/Janott,* Non-Performing Loans, Factoring und USt, DB 2012, 943; *Jessen/Lohbeck/Strüber,* Der Handel mit Kreditportfolios in Deutschland vor dem Hintergrund aktueller Rechtsprechung und Marktentwicklungen, CF 2012, 183; *Korn,* Bedeutsame Änderungen des Umsatzsteuer-Anwendungserlasses zur Organschaft, NWB 2017, 1856; *Kirchhof,* 40 Jahre Umsatzsteuergesetz – Eine Steuer im Umbruch, DStR 2008, 1; *Langer,* Neuregelung der Besteuerung von Dienstleistungen ab 1.1.2010, DB 2009, 419; *Lehmann-Björnekärr,* Wer haftet für Umsatzsteuer bei der Abtretung von Forderungen? FLF 2017, 172; *Lohse,* Nicht steuerbare Geschäftsveräußerung im Umsatzsteuerrecht (f), BB 2004, 479 ff.; *Marchal,* Vorsteuerabzug bei Anteilsveräußerungen – Zum Urteil des BFH vom 27.1.2011, BB 2011, 1815; *Michel,* Vorsteuerabzug einer geschäftsleitenden Holding und Organschaft mit einer GmbH & Co KG als Organgesellschaft, DB 2016, 1959; *Montfort,* JStG 2009: Der neue Ort der sonstigen Leistung ab 2010, DStR 2009, 297; *Nieskens,* Umsatzsteuer 2009, UR 2009, 253; *Prätzler/Stuber,* Vorsteuerabzug bei Holdings – eine Bestandsaufnahme, BB 2016, 2903; *Philipowski,* Ist die Veräußerung von Kreditverträgen steuerpflichtig? UR 2010, 45; *Schwarz/Widmann/Radeisen,* Umsatzsteuergesetz, Stand 201. Lfg., Juli 2018; *Rau/Dürrwächter* UStG, Stand 177. Lfg., Juli 2018; *Rieg/Bosbach,* Elektronische (Dauer-)Dienstleistungen an Nichtunternehmer innerhalb der EU, NWB 2015, 1463; *Schwerin/Ahrens,* Umsatzsteuerliche Organschaft – organisatorische Eingliederung, UR 2013, 481; *Slapio,* Umsatzsteuerliche Organschaft – auf zu neuen Ufern?, UR 2013, 407; *Slotty-Harms,* Umsatzsteuerliche Problemstellungen im Zusammenhang mit ABS-Transaktionen, UVR 2008, 115; *Sölch/Ringleb,* Umsatzsteuergesetz, Stand 83. Lfg., Juni 2018; *Steiner,* Die umsatzsteuerliche Organschaft – Neue Entwicklung bei der organisatorischen Eingliederung, NZG 2011, 1413; *Straßburger,* Der Forderungskauf in der Umsatzsteuer, StuW 2016, 63; *Trapp/Muhlmann,* Die umsatzsteuerliche Behandlung einer Vertragsübertragung, DStR 2009, 1941; *Wäger,* Organschaft – Neuausrichtung unter Berücksichtigung unionsrechtlicher Erfordernisse, UR 2016, 173; *ders.,* Organschaft im Umsatzsteuerrecht, FS Schaumburg, 1189; *Wagner,* Umsatzsteuer bei Vermietung und Verkauf von Immobilien – Update, Ubg 2016, 83; *Wagner/Gallert,* Die Rechtsstellung des Erwerbers nach einer Geschäftsveräußerung im Ganzen gemäß § 1 Abs. 1a Satz 3 UStG, DStR 2010, 2017; *Wagner/Marchal,* BMF-Schreiben v. 26.5.2017 zur umsatzsteuerlichen Organschaft und zum Vorsteuerabzug bei gesellschaftsrechtlichen Beteiligungen, DStR 2017, 2150.

§ 54 Umsatzsteuer

I. Vorbemerkung

1. Ziel der Umsatzbesteuerung. Das Umsatzsteuerrecht regelt die Verpflichtung des 1 Unternehmens zur Entrichtung von Umsatzsteuer für betriebliche Vorgänge. Ziel der Umsatzsteuer ist die Belastung des Verbrauchs, Steuerträger sind die Verbraucher. Die Verbraucher werden jedoch aus Praktikabilitätsgründen nicht direkt besteuert, sondern das Umsatzsteuergesetz hält sich technisch an die Unternehmer, die die steuerpflichtigen Umsätze ausführen. Die Umsatzsteuer ist daher eine indirekte Steuer. Die Unternehmer führen die Umsatzsteuer, die sie ihren Kunden in Rechnung stellen, an das Finanzamt ab, es sei denn, der Lieferungs- oder Leistungsempfänger ist nach § 13b UStG Steuerschuldner. Da im Grundsatz jeder Unternehmer, der Waren oder Dienstleistungen aus seinem Unternehmen gegen Entgelt abgibt, Umsatzsteuer schuldet, wird erreicht, dass von dem Umsatz der Ware oder Dienstleistung auf allen Produktions- und Handelsstufen Umsatzsteuer erhoben wird (sog. Allphasensteuer). Soweit den Unternehmern (bspw. von Lieferanten) Umsatzsteuer in Rechnung gestellt wird, können sich die Unternehmer durch den Vorsteuerabzug entlasten. Der Vorsteuerabzug (§ 15 UStG) gewährleistet im Grundsatz, dass der Unternehmer nicht mit Umsatzsteuer belastet wird.

2. Umsatzsteuer im Europäischen Binnenmarkt. Das nationale Umsatzsteuerrecht 2 wird im besonderen Maße durch das **Gemeinschaftsrecht der Europäischen Union (EU)** beeinflusst; die Umsatzsteuer ist in der EU harmonisiert. Von grundlegender Bedeutung für die Harmonisierung des Umsatzsteuerrechts sind die **6. EG-Richtlinie zum** gemeinsamen **Mehrwertsteuersystem** (6. EG-Richtlinie) sowie die Mehrwertsteuersystemrichtlinie.[1] Der EuGH und der BFH messen den Bestimmungen in EU-Richtlinien den Charakter von unmittelbar geltendem nationalen Recht bei, wenn die Richtlinie eine Regelung zu Gunsten des Steuerpflichtigen enthält, die vollständig, rechtlich in sich abgeschlossen und daher geeignet ist, dass sich der Steuerpflichtige vor den nationalen Gerichten darauf berufen kann.[2] Ziel des EU-Binnenmarktkonzeptes ist die Herstellung eines Binnenmarktes ohne Binnengrenzen, in denen der freie Verkehr von Waren, Personen, Dienstleistungen und Kapital möglich ist (Art. 26 Abs. 2 AEUV). Bei Verwirklichung des Binnenmarktkonzeptes sollte die Umsatzsteuer somit nicht mehr in dem EU-Staat anfallen, in dem die Ware verbraucht wird **(Bestimmungslandprinzip)**, sondern in dem EU-Staat, von dem aus die Ware geliefert wurde **(Ursprungslandprinzip)**. Da ein solcher Übergang vom Bestimmungslandprinzip zum Ursprungslandprinzip zu erheblichen Aufkommensverschiebungen zwischen den EU-Staaten geführt hätte, wurde mit dem Institut der innergemeinschaftlichen Lieferung die Beseitigung der Grenzkontrollen und eine Art eine Übergangsregelung[3] eingeführt, die das Bestimmungslandprinzip in bestimmten Bereichen aufrecht erhält.[4] Diese Regelungen finden sich auch in der MwStSystRL wieder. Sonderregelungen für Telekommunikations-, Rundfunk- und Fernsehdienstleistungen sowie elektronisch erbrachte Leistungen wurden auf EU-rechtlicher Grundlage eingeführt.[5] Der Ort solcher Leistungen wurde ins Bestimmungsland verlegt, wenn Empfänger Nichtunternehmen (ua) ist;[6] dazu ersetzte § 3a Abs. 5 UStG die bisherige Regelung für das Besteuerungsverfahren wurde § 18h UStG eingefügt. Weiterentwicklungen des Mehrwert-

---

[1] 77/388/EWG des Rates, ABl. 1977 L 145, S. 1, mit Wirkung ab 1.1.2007 neugefasst durch Richtlinie 2006/112/EG (MwStSystRL), ABl. 2006 L 347, S. 1; zu den Rechtsgrundlagen vgl. Sölch/Ringleb/*Klenk* UStG vor § 1 Rn. 5 ff.
[2] EuGH Slg. 1984, I-1075 (1085) – Kloppenburg; EuGH Slg. 1989, I-1925 (1956) – Kühne; BFH UR 2001, 65 (67); BVerfG UR 1987, 355; DVBl 2004, 1411; *Kirchhof* DStR 2008, 1.
[3] Richtlinie 91/680/EWG des Rates, ABl. 1991 L 376, S. 1. In Deutschland eingeführt durch das Umsatzsteuer-Binnenmarktgesetz, BGBl. 1992 I S. 1548 = BStBl. I 1992 S. 552.
[4] Dazu weiterführend etwa *Rau/Dürrwächter* UStG Einf. Rn. 735 ff.
[5] EU-VO Nr. 967/2012 v. 9.10.2012, ABl. 2012 L 290, S. 1; EU-DVO Nr. 1042/2013 v. 7.10.2013, ABl. 2013 L 284, S. 1.
[6] *Dohrmann* StBp 2017, 110 ff.; *Rieg/Bosbach* NWB 2015, 1463. *Huschens* NWB 2014, 2969.

steuersystems sind von der EU-Kommission vorgesehen.[7] Aktuelle Regelungsinteressen betreffen den digitalen Handel, insbesondere die Haftung elektronischer Marktplätze.[8]

II. Umsatzbesteuerung betrieblicher Vorgänge

3   Für die Beantwortung der Frage, ob bzw. in welcher Höhe die Aktiengesellschaft Umsatzsteuer einzubehalten und an das Finanzamt abzuführen hat, sind folgende Umstände zu prüfen:
– Umsatzsteuerbarkeit des betrieblichen Vorgangs (§ 1 UStG),
– Umsatzsteuerpflichtigkeit des betrieblichen Vorgangs (§ 4 UStG),
– Bemessungsgrundlage für die Umsatzsteuer (§ 10 UStG),
– Steuersatz (§ 12 UStG).

4   Der Umsatzsteuer unterliegen nach § 1 Abs. 1 UStG folgende Umsätze:
– **Lieferungen** und sonstige **Leistungen,** die ein **Unternehmer**[9] im **Inland gegen Entgelt** und **im Rahmen seines Unternehmens** ausführt (§ 1 Abs. 1 Nr. 1 UStG),
– die **Einfuhr** von Gegenständen aus dem Drittlandsgebiet ins Inland (§ 1 Abs. 1 Nr. 4 UStG),
– der **innergemeinschaftliche Erwerb** im Inland gegen Entgelt (§ 1 Abs. 1 Nr. 5 UStG).

5   Das Gesetz fasst diese Tatbestände unter dem Oberbegriff „**steuerbare Umsätze**" zusammen. Werden durch betriebliche Vorgänge die Voraussetzungen einer der Tatbestände erfüllt, so handelt es sich um steuerbare Umsätze. Fehlt dagegen ein Tatbestandsmerkmal, wird zB eine Leistung nicht von einem Unternehmer ausgeführt oder nicht im Inland erbracht, so liegt hingegen ein nicht steuerbarer Umsatz vor. Steuerbare Umsätze können entweder steuerpflichtig oder steuerfrei sein. Sie sind steuerpflichtig, wenn keine besonderen Befreiungsvorschriften (§ 4 UStG) greifen.

6   **1. Entgeltliche Leistungen (Lieferungen und sonstige Leistungen) von Unternehmern im Inland (§ 1 Abs. 1 Nr. 1 UStG).** Hauptbesteuerungstatbestand sind Leistungen, die ein Unternehmer im Inland gegen Entgelt erbringt. Das Umsatzsteuergesetz unterscheidet zwischen **Lieferungen**[10] (§ 3 Abs. 1 UStG) und **sonstigen Leistungen**[11] (siehe § 3 Abs. 9 UStG). Diese Unterscheidung ist insbesondere wegen der nach Lieferungen und sonstigen Leistungen differenzierenden Bestimmungen über den Leistungsort (§ 3 Abs. 6, Abs. 8; §§ 3a–g UStG) von Bedeutung. Einen gemeinsamen Oberbegriff „**Leistung**" gibt es im Umsatzsteuergesetz nicht; die Einzelheiten ergeben sich aus dem Zusammenhang des § 3 UStG.[12]

7   **a) Leistungsaustausch als Voraussetzung der Steuerbarkeit.** Lieferungen und Leistungen sind nur dann nach § 1 Abs. 1 Nr. 1 UStG steuerbar, wenn die Leistung **gegen Entgelt** erfolgt („**Leistungsaustausch**"). Entgelt ist auch ein Aufwendungsersatz.[13] Ein Leistungsaustausch setzt voraus, dass Leistender und Leistungsempfänger vorhanden sind und der Leistung eine Gegenleistung (Entgelt) gegenüber steht. Für die Annahme eines Leistungsaustauschs müssen Leistung und Gegenleistung im unmittelbaren wechselseitigen Zusammenhang stehen.[14] Nach der Definition des Bundesfinanzhofes führt demzufolge ein

---

[7] *Fleckenstein-Weiland/Stiehr* BB 2017, 2969.
[8] G-Entwurf der Bundesreg. zur Vermeidung von Umsatzsteuerausfällen beim Handel mit Waren im Internet und Änderung weiterer steuerlicher Vorschriften, Art. 8 mit §§ 22f und 25e UStG-E zu Pflichten von Betreibern eines elektronischen Marktplatzes.
[9] Zur Unternehmerschaft einer Vorgründungsgesellschaft BFH BStBl. II 2005 S. 155.
[10] Hierzu → Rn. 10 ff.
[11] Hierzu → Rn. 13 ff.
[12] *Schwarz/Widmann/Radeisen* UStG § 1 Rn. 37.
[13] BFH DStRE 2013, 1306.
[14] Abschn. 1.1 Abs. 1 S. 1–3 UStAE; *Sölch/Ringleb/Oelmaier* UStG § 1 Rn. 36.

Unternehmer steuerbare Leistungen iSd § 1 Abs. 1 Nr. 1 UStG nur aus, wenn sich seine Leistungen auf den Erhalt einer (möglichen) – in der Regel vereinbarten – Gegenleistung richtet.[15] Fehlt es am Entgelt, so fällt die Leistung nicht unter den Steuertatbestand des § 1 Abs. 1 Nr. 1 UStG. Allerdings kann der Vorgang einen der Tatbestände des § 3 Abs. 1b, 9a UStG erfüllen oder als **unentgeltliche Wertabgabe**[16] steuerbar sein.

Der **Leistungsaustausch** kann **rückgängig** gemacht werden, indem der gelieferte **8** Gegenstand dem Verkäufer zurückgegeben wird, während der Käufer den Kaufpreis zurückerhält, etwa im Falle des Rücktritts oder des Umtauschs. Dann entfällt auch umsatzsteuerlich der Leistungsaustausch.[17] Hiervon ist der Fall der **Rücklieferung,** die einen Leistungsaustausch darstellt, zu unterscheiden.[18] Kauft ein Unternehmer bspw. von einem Abnehmer einen Gegenstand zurück, den er früher geliefert hat, so muss der Abnehmer in Erfüllung des Rückkaufs eine weitere Lieferung ausführen, die Rücklieferung.

Keine steuerbaren Leistungen mangels Leistungsaustauschs liegen bei **Schadensersatz**[19] **9** und **Vertragsstrafen,**[20] die wegen Nichterfüllung oder wegen nicht gehöriger Erfüllung geleistet werden, vor.

b) Lieferung iSd § 3 UStG. Lieferung ist nach § 3 Abs. 1 UStG eine Leistung, durch die **10** der Unternehmer oder in seinem Auftrag ein Dritter den Abnehmer oder in dessen Auftrag einen Dritten befähigt, im eigenen Namen über einen Gegenstand zu verfügen **(Verschaffung der Verfügungsmacht).** Gegenstand in diesem Sinne sind körperliche Sachen und sonstige Wirtschaftsgüter, die im Verkehr wie Sachen umgesetzt werden, **nicht** jedoch **Rechte oder Berechtigungen** (oder Aktien oder ein Geschäfts- oder Firmenwert);[21] die Übertragung oder Einräumung von Rechten oder Berechtigungen stellen sonstige Leistungen dar.[22] Die Verschaffung der Verfügungsmacht setzt nicht die Übertragung des Besitzes oder des rechtlichen Eigentums voraus. Maßgebend ist allein, dass der Abnehmer durch den Leistenden tatsächlich/wirtschaftlich befähigt wird, wie ein Eigentümer über den Gegenstand zu verfügen.[23] Demzufolge ist die Übertragung von **Sicherungseigentum** zu Sicherungszwecken keine Lieferung,[24] sondern erst mit der Verwertung nach Eintritt der Verwertungsreife liefert der Sicherungsgeber an den Sicherungsnehmer und dieser dann an den Abnehmer des Sicherungsgutes.[25] Dagegen stellt die Übertragung eines Gegenstandes unter **Eigentumsvorbehalt** eine Lieferung iSv § 3 Abs. 1 UStG dar.[26]

Ein **Reihengeschäft** liegt vor, wenn mehrere Unternehmer über ein und denselben **11** Gegenstand mehrere Umsatzgeschäfte dergestalt abschließen, dass der erste Unternehmer dem letzten in der Reihe die Verfügungsmacht über den Gegenstand verschafft. Zum Leistungsort bei innergemeinschaftlichem Erwerb vgl. → Rn. 37. In diesem Fall handelt es sich kraft gesetzlicher Fiktion gleichzeitig um Umsatzgeschäfte aller Unternehmer in der

---

[15] BFH BStBl. II 1981 S. 495 (496); BFH/BMF 10.8.1989, UR 1990, 147 (148); BFH BStBl. II 1997 S. 335; BFH BStBl. II 2010 S. 879.
[16] Hierzu → Rn. 21; vgl. ferner Abschn. 3.2 Abs. 1 UStAE.
[17] Vergleichbares gilt auch bei sonstigen Leistungen, s. FG München EFG 1998, 1545 f.
[18] Maßgeblich ist dabei die Sicht des ursprünglichen Lieferers, BFH BStBl. II 1995 S. 756 (757 f.); Abschn. 1.1 Abs. 4 UStAE.
[19] BFH BStBl. II 1971 S. 38 (39); BB 2014, 1574; vgl. Abschn. 1.3 Abs. 1 UStAE; FG Hamburg FG Report 2004, 43.
[20] BFH BStBl. II 1987 S. 228 (230 f.); BFH BStBl. II 1997 S. 707; vgl. Abschn. 1.3 Abs. 3 UStAE.
[21] EuGH UR 2005, 382 – Kretztechnik; EuGH BStBl. II 2011 S. 559 – SwissRe; vgl. auch → Rn. 13.
[22] Abschn. 3.1 Abs. 1 und 4 UStAE.
[23] BFH UR 1998, 101 (102); BFH BStBl. II 1999 S. 628 (629).
[24] BFH BStBl. II 1997 S. 585 (587); Sölch/Ringleb/*Martin* UStG § 3 Rn. 103.
[25] Dazu BFH BStBl. II 1997 S. 585 (587); BFH BStBl. II 2008 S. 163; Sölch/Ringleb/*Martin* UStG § 3 Rn. 104 ff. und 116 ff. für die Verwertung in der Insolvenz; *de Weerth* UR 2003, 161; vgl. auch Abschn. 1.2 Abs. 1 UStAE.
[26] Sölch/Ringleb/*Martin* UStG § 3 Rn. 95.

Kette (§ 3 Abs. 6 S. 5 UStG). Beim **Kommissionsgeschäft** (§§ 383 ff. HGB) weicht die umsatzsteuerliche Behandlung von der zivilrechtlichen Struktur des Geschäfts ab. Während zivilrechtlich zwischen dem Kommissionär und dem Kommittenten ein Geschäftsbesorgungsvertrag bzgl. der Übernahme von An- oder Verkauf von Waren besteht, bestimmt § 3 Abs. 3 UStG für das Umsatzsteuerrecht, dass beim Kommissionsgeschäft zwischen dem Kommittenten und dem Kommissionär eine Lieferung vorliegt. Bei der Verkaufskommission gilt der Kommissionär als Abnehmer des Kommittenten, bei der Einkaufskommission der Kommittent als Abnehmer des Kommissionärs. Die Gegenleistung für die Lieferung an den Kommittenten besteht bei der Einkaufskommission im Ersatz der Aufwendungen (zB Kaufpreis) und der vereinbarten Provision; bei der Verkaufskommission erhält der Kommittent als Gegenleistung für die Lieferung an den Kommissionär den Kaufpreis (Herausgabe des Erlangten) abzüglich der vereinbarten Provision.[27]

12 Die Regelung der **Werklieferung** in § 3 Abs. 4 UStG hat ihre besondere Bedeutung in der Abgrenzung zur sog. **Werkleistung,** die als sonstige Leistung iSd § 3 Abs. 9 UStG zu behandeln ist. Eine Werklieferung liegt vor, wenn der Unternehmer die **Be- oder Verarbeitung eines Gegenstandes** übernommen hat und dabei Stoffe verwendet, die er selbst beschafft hat, vorausgesetzt, dass es sich bei den Stoffen nicht nur um Zutaten oder sonstige Nebensachen handelt. Hauptanwendungsfälle sind die Errichtung von Bauwerken sowie die Herstellung von Gütern in Fabrikationsunternehmen oder Handwerksbetrieben. In diesen Fällen ist die gesamte Leistungserbringung als Lieferung anzusehen. Eine Aufteilung in Lieferung einerseits und sonstige Leistung andererseits kommt wegen des **Grundsatzes der Einheitlichkeit der Leistung** nicht in Betracht.[28] Hat der Unternehmer die be- oder verarbeiteten Hauptstoffe hingegen nicht selbst beschafft, so liegt eine **Werkleistung** und damit eine sonstige Leistung vor; die Verwendung eigener Zutaten oder Nebensachen fällt nicht ins Gewicht.[29] § 3 Abs. 4 UStG ist richtlinienkonform auszulegen. Maßgebend dafür, ob eine Lieferung oder Leistung vorliegt, ist das Wesen der Lieferung oder Leistung;[30] das Wertverhältnis kann nur einen Anhaltspunkt liefern.

13 **c) Sonstige Leistung.** Der Begriff der sonstigen Leistung ist in § 3 Abs. 9 UStG negativ dahingehend bestimmt, dass alle Leistungen, die nicht Lieferungen sind, sonstige Leistungen darstellen. Sonstige Leistungen können in einem **Handeln,** aber auch in einem **Unterlassen** oder **Dulden** bestehen (§ 3 Abs. 9 S. 2 UStG). Eine steuerbare sonstige Leistung setzt wie eine steuerbare Lieferung das Bestehen eines unmittelbaren Zusammenhangs zwischen der erbrachten Leistung und dem empfangenen Gegenwert voraus, dh der Leistungsempfänger muss einen **Verbrauchsvorteil zur eigenen Verwendung** (den er auch einer anderen Person zuwenden kann) erhalten.[31] Sonstige Leistungen iSv § 3 Abs. 9 UStG sind zB Vermietung und Verpachtung, Dienstleistungen aller Art, Darlehensgewährung, Beförderungsgeschäfte, Werkleistungen, Einräumung eines Nießbrauchs, Einräumung, Übertragung und Wahrnehmung von Patenten und ähnlichen Rechten,[32] ferner die Übertragung immaterieller Wirtschaftsgüter wie zB Firmenwert, Kundenstamm oder Lebensrückversicherungsverträge,[33] der Verzicht auf die Ausübung einer Tätigkeit,[34] oder die

---

[27] Vgl. Sölch/Ringleb/*Martin* UStG § 3 Rn. 400 ff.
[28] Abschn. 3.10 UStAE.
[29] Umstritten ist, ob diese Kriterien für die Abgrenzung zwischen Werklieferung und Werkleistung mit der Rechtsprechung des EuGH zu vereinbaren sind; vgl. dazu Sölch/Ringleb/*Martin* UStG § 3 Rn. 432 ff.
[30] BFH BStBl. II 2010 S. 239; BFH BStBl. II 2006 S. 98; EuGH IStR 2007, 401.
[31] Sölch/Ringleb/*Martin* UStG § 3 Rn. 522.
[32] Bunjes/*Leonard* UStG § 3 Rn. 230 ff.; Abschn. 3.1 Abs. 4 S. 2 UStAE.
[33] EuGH BStBl. II 2011 S. 559 – Swiss Re; dazu BMF 8.6.2011, BStBl. I 2011 S. 582; Abschn. 3.1 Abs. 4 UStAE; für Übertragungen vor dem 1.7.2011 verbleibt es bei einer Lieferung iSv Abschn. 3.1 Abs. 1.
[34] BFH BStBl. II 2004 S. 854; BFH BStBl. II 2007 S. 187.

entgeltliche Unterlassung von Wettbewerb.[35] **Besorgungsleistungen** werden nach § 3 Abs. 11 UStG den besorgten Leistungen gleichgestellt. Zwar ist der Regelungsbereich nach dem Wortlaut der Vorschrift auf den Leistungseinkauf beschränkt, aber der BFH hat den Anwendungsbereich des § 3 Abs. 11 UStG im Wege richtlinienkonformer Auslegung auf Geschäftsbesorgungen, bei denen der Geschäftsbesorger Leistungen ausführt (**Leistungsverkauf**) erweitert.[36] In allen diesen Fällen wird nicht eine Geschäftsbesorgungsleistung erbracht, sondern sonstige Leistungen an und durch den Leistungskommissionär, der im eigenen Namen, jedoch für fremde Rechnung handelt.[37]

d) Sonderfälle der Lieferung und sonstigen Leistung. aa) Gründung und Umwandlung von Unternehmen. Eine **Bareinlage** eines Gesellschafters ist umsatzsteuerlich keine Leistung und daher nicht steuerbar.[38] Besteht der Beitrag des Gesellschafters bei der Gründung der (Aktien)Gesellschaft oder einer Kapitalerhöhung in einer **Sacheinlage,** liegt für den Gesellschafter, der Unternehmer ist, eine Einlage gegen Entgelt (tauschähnlicher Umsatz) vor.[39] Zwischen Gesellschafter und Gesellschaft ist ein Leistungsaustausch möglich,[40] Der entweder einen nicht steuerbaren Gesellschafterbeitrag oder eine Leistung infolge einer Sonderbeziehung darstellt.[41] Steuerbar ist dieser Vorgang jedoch nur, wenn die eingelegten Wirtschaftsgüter vorher zu einem Unternehmen des Gesellschafters gehört haben. Waren sie im Privatvermögen, so hat der Gesellschafter nicht im Rahmen seines Unternehmens geleistet und es liegt kein steuerbarer Vorgang vor. Wird ein **Unternehmen** oder ein **gesondert geführter Betrieb eines Unternehmens** in die (Aktien)Gesellschaft eingebracht, so liegt auf Seiten des einbringenden Gesellschafters eine Geschäftsveräußerung im Ganzen vor, die nach § 1 Abs. 1a UStG nicht steuerbar ist.[42]

Die **Einräumung von Gesellschaftsrechten** bei der **Gründung** und **Kapitalerhöhung** bei einer (Aktien-)Gesellschaft stellte nach früher herrschender Auffassung in Rechtsprechung und Literatur eine steuerbare Leistung der Gesellschaft an den Gesellschafter dar, die aber nach § 4 Nr. 8e) oder f) UStG steuerfrei sein sollte. Im Falle der **Gründung der Aktiengesellschaft** wurde die Umsatzsteuer, die auf dem Gründungsaufwand (Beratungskosten für Rechtsanwälte, Steuerberater, Notarkosten) lastet, jedoch nicht dem steuerfreien Umsatz der Einräumung von Gesellschafterrechten sondern den allgemeinen Umsätzen der (Aktien-)Gesellschaft zugeordnet, so dass der Vorsteuerabzug für die Gründungskosten regelmäßig erhalten blieb.[43] Dagegen sollten bei der **Ausgabe junger Aktien** im Rahmen einer **Kapitalerhöhung** und bei der **Emission** von Aktien im Rahmen eines **Börsengangs** die Vorsteuerbeträge aus den Eingangsleistungen im unmittelbaren Zusammenhang mit der steuerfreien Einräumung von Gesellschafterrechten stehen, so dass der Vorsteuerabzug aus den Eingangsleistungen ausgeschlossen ist (§ 15 Abs. 2 Nr. 1 UStG).[44] Dem Bundesfinanzhof sind gemeinschaftsrechtliche Zweifel an der Steuerfreiheit der Aufnahme von Gesellschaftern und dem damit verbundenen Ausschluss vom Vorsteuerabzug gekommen und dem EuGH mit Beschluss v. 27.9.2001[45] verschiedene Fragen zu diesem Thema zur Vorabentscheidung vorgelegt. Die Entscheidung des EuGH v. 26.6.2003 stellte fest, dass

---

[35] BFH BStBl. II 2004 S. 472.
[36] BFH UR 2000, 26 f.; 2002, 268.
[37] Abschn. 3.15 UStAE; Sölch/Ringleb/*Martin* UStG § 3 Rn. 718 ff.
[38] Sölch/Ringleb-*Oelmaier* UStG § 1 Rn. 82 mwN.
[39] Bunjes/*Robisch* UStG § 1 Rn. 70; nach der Rspr. besteht das Entgelt im Erwerb von Gesellschaftsrechten, vgl. BFH BStBl. II 1996 S. 114 (116).
[40] BFH BStBl. II 2009 S. 486.
[41] Abschn. 1.6 Abs. 3 UStAE.
[42] Abschn. 1.6 Abs. 2 S. 4 UStAE.
[43] OFD Frankfurt a. M. 6.1.1999, UR 1999, 336 (337). Weiterführend *Grett* DStR 2001, 968.
[44] OFD München 25.5.2000, UR 2000, 353 f.; OFD Frankfurt a. M. 6.1.1999, UR 1999, 336 (337); vgl. auch FM Nordrhein-Westfalen 10.7.2001, UR 2001, 460 f.; BFH v. 30.9.1999 BFH/NV 2000, 607 für Publikumsgesellschaften.
[45] BFH UR 2002, 81.

die Aufnahme eines Gesellschafters in eine Gesellschaft nicht steuerbar ist. Damit bleibt für die Gesellschaft der Vorsteuerabzug erhalten.[46] Die Finanzverwaltung hat sich der Entscheidung angeschlossen.[47]

16 Bei einem **Formwechsel** nach §§ 190 ff. UmwG der Aktiengesellschaft in eine Personengesellschaft ändert sich nur die Rechtsform des Unternehmens, die Identität des Rechtsträgers bleibt bestehen. Daher findet bei einem Formwechsel kein Leistungsaustausch statt. Entsprechendes gilt für den Formwechsel der Aktiengesellschaft in eine andere Kapitalgesellschaft.[48] In beiden Fällen liegt keine steuerbare Leistung vor.

17 Die **Verschmelzung** zweier Unternehmen ist nicht steuerbar, § 1 Abs. 1a UStG. Soweit im Rahmen der **Spaltung** und der **Vermögensübertragung** die Voraussetzungen des § 1 Abs. 1a UStG vorliegen, also ein in der Gliederung eines Unternehmens gesondert geführter Betrieb im Ganzen übertragen wird, sind Spaltung und Vermögensübertragung nach § 1 Abs. 1a UStG ebenfalls nicht steuerbar.[49]

18 **Wechsel im Gesellschafterbestand.** Die Veräußerung von Gesellschaftsanteilen (Aktien) ist, vorausgesetzt, der Verkäufer erfüllt die Unternehmereigenschaft,[50] ein steuerbarer, aber nach § 4 Nr. 8e) oder f) UStG steuerfreier Umsatz. Ein Anteilsverkauf ist auch bei gleichzeitigem Wechsel aller Gesellschafter („**Share Deal**") grundsätzlich keine Geschäftsveräußerung im Ganzen, es sei denn, dass die mit mittelbaren oder unmittelbaren Eingriffen in die Verwaltung des Unternehmens verbundene Managementtätigkeit veräußert und erworben wird.[51] Im Übrigen ist eine Veräußerung von Gesellschaftsanteilen nach § 4 Nr. 8e) oder f) steuerbefreit.[52]

19 **bb) Geschäftsveräußerung.** Die Umsätze im Rahmen von Geschäftsveräußerungen durch einen Veräußerer an einen anderen Unternehmer sind nach § 1 Abs. 1a UStG nicht steuerbar, wenn entweder das **Unternehmen im Ganzen** (GiG) oder ein in der Gliederung eines Unternehmens gesondert geführter Betrieb im Ganzen[53] entgeltlich oder unentgeltlich übereignet oder in eine Gesellschaft eingebracht wird; dies kann auch eine grenzüberschreitende Übertragung sein.[54] Eine GiG liegt auch vor, wenn nach Veräußerung einen verpachtetes Geschäftshauses die Verpachtung fortgeführt wird; bei nur teilweise Fortführung beschränkt sich die GiG auf den verpachteten Teil.[55] Dies gilt auch dann, wenn der Erwerber mit dem Erwerb des Unternehmens seine unternehmerische Tätigkeit beginnt oder diese nach dem Erwerb in veränderter Form fortführt.[56] Von dieser Vorschrift werden **Unternehmenskäufe („Asset Deals"), Einbringungen** von Unternehmen in Gesellschaften durch **Einzelrechtsübertragung** und **Umwandlungen** nach dem Umwandlungsgesetz (→ Rn. 14, 16), in Ausnahmefällen auch die Veräußerung von Beteiligungen von 100 % des Kapitals oder solcher, bei denen die Managementfunktion, wie zB die eine Organschaft begründenden wirtschaftlichen Beziehungen übertragen

---

[46] Sölch/Ringleb/*Wäger* UStG § 4 Nr. 8 Rn. 177.
[47] EuGH UR 2003, 443 – KapHag; EuGH DStR 2005, 965 – Kretztechnik; Abschn. 1.6 Abs. 2 S. 2 UStAE.
[48] Bunjes/*Robisch* UStG § 1 Rn. 71; Sölch/Ringleb/*Oelmaier* UStG § 1 Rn. 196 (Umwandlung).
[49] Sölch/Ringleb/*Oelmaier* UStG § 1 Rn. 196 (Verschmelzung).
[50] EuGH HFR 1993, 48; 2001, 1213; BMF 26.1.2007, BStBl. I 2007 S. 211; Abschn. 2.3 Abs. 3, 4 UStAE.
[51] Rau/Dürrwächter/*Husmann* UStG § 1 Rn. 274; anders zunächst BFH BB 2011, 995; *Hahne* BB 2011, 999; *Marchal* BB 2011, 1815; nunmehr EuGH DStR 2013, 1166, in der der EuGH gleichwohl den Anteilsverkauf als separate Transaktion betrachtet; dazu mit Recht kritisch Sölch/Ringleb-*Oelmaier* UStG § 1 Rn. 188.
[52] Rau/Dürrwächter/*Husmann* UStG § 1 Rn. 272.
[53] Dazu Abschn. 1.5 Abs. 6 UStAE.
[54] *Slapio/Polok* UR 2018, 703.
[55] BFH BStBl. II 2016 S. 909; UR 2015, 98; Abschn. 1.5 UStAE.
[56] Abschn. 1.5 Abs. 1 S. 1 UStAE; *Lohse* BB 2004, 479 ff.

werden, erfasst.[57] Eine Geschäftsveräußerung im Ganzen liegt vor, wenn die **wesentlichen Grundlagen** eines Unternehmens oder eines gesondert geführten Betriebs in der Weise übertragen werden, dass der erwerbende Unternehmer das Unternehmen bzw. den Betrieb ohne nennenswerte Investitionen weiterführen kann.[58] Entscheidend ist, dass dem Erwerber die Fortsetzung der unternehmerischen Tätigkeit des Veräußerers beabsichtigt und ihm dies ermöglicht wird.[59] Die Fortführung erfordert nicht die Beibehaltung derselben Art der Betriebsführung, sie soll sich indes ähneln. Die Fortführung durch einen Erwerber[60] muss nicht höchstpersönlich erfolgen; bei der Weiterübertragung müssen jedoch die Voraussetzungen jeweils gegeben sein.[61] Ein gesondert geführter Betrieb setzt die wirtschaftliche Selbstständigkeit eines Unternehmensteils voraus.[62] Der Erwerber tritt an die Stelle des Veräußerers, § 1 Abs. 1a S. 3 UStG;[63] dies gilt insbesondere für die Vorsteuerberichtigung. Der Berichtigungszeitraum nach § 15a Abs. 1 UStG wird durch die Unternehmensveräußerung nicht unterbrochen (§ 15a Abs. 6a UStG). Für Fragen des Vorsteuerabzugs bzgl. der anlässlich der Geschäftsveräußerung an den Veräußerer erbrachten Leistungen, zB Beratungsleistungen, notarielle Beurkundung, ist auf die Verwendung der übertragenen Gegenstände beim Veräußerer abzustellen.[64] Der EuGH hat zum **Vorsteuerabzug** bzgl. der Übertragungskosten bei der Geschäftsveräußerung ausgeführt, dass sie zu den allgemeinen Kosten des Übertragenden gehören und damit einen unmittelbaren Zusammenhang mit seiner gesamten wirtschaftlichen Tätigkeit aufweisen. Sofern der Übertragende ausschließlich Umsätze ausführt, die zum Vorsteuerabzug berechtigen, sind alle Vorsteuern abziehbar. Führt der Übertragende sowohl Umsätze aus, die zum Vorsteuerabzug berechtigen, als auch solche, für die dieses Recht nicht besteht, kann er nur den Teil der Vorsteuern abziehen, der auf den ersten Bereich entfällt.[65] Bei der Veräußerung einer Beteiligung kommt es darauf an, ob es sich um einen steuerbaren und gegebenenfalls steuerfreien Umsatz handelt.[66]

cc) **Gesellschafterbeiträge.** Bei **Gesellschafterbeiträgen** ist zu differenzieren. Erbringt der Gesellschafter an seine (Aktien-)Gesellschaft sonstige Leistungen durch Nutzungsüberlassung oder Dienstleistung, wird danach differenziert, ob er dafür ein gewinnunabhängiges Sonderentgelt erhält (sog. **unechter Beitrag**)[67] oder die sonstige Leistung durch seinen Gewinnanteil abgegolten wird (sog. **echter Beitrag**).[68] Im letzteren Fall fehlt es am Entgelt, da der Gewinnanteil nicht als Entgelt für die Leistung des Gesellschafters gewährt worden ist.[69] Nur im ersten Fall liegt daher eine steuerbare Leistung vor.

---

[57] BFH BStBl. II 2012 S. 68; dazu BMF 3.1.2012, BStBl. I 2012 S. 160; EuGH DStR 2013, 1166; Abschn. 1.5 Abs. 9 UStAE; krit. *Stadie* UStG § 1 Rn. 132.

[58] Abschn. 1.5 Abs. 1 UStAE; Bunjes/*Robisch* UStG § 1 Rn. 121.

[59] BFH BStBl. II 2009 S. 254; BFH BStBl. II 2008 S. 165; dazu auch BFH DStR 2010, 1937 (EuGH-Vorlage); OFD Niedersachsen 19.9.2017, DStR 2017, 2285; Sölch/Ringleb-*Oelmaier* UStG § 1 Rn. 189.

[60] BFH UVR 2015, 291; BFH BStBl. II 2017 S. 563 gegen FG Nürnberg EFG 2014, 970; BMF 26.5.2017, BStBl. I 2017 S. 790; krit. zu FG Nürnberg *Meisel/Walzer* DB 2014, 83.

[61] BFH BFH/NV 2010, 1873; Änderungen und Modernisierung sind zulässig, BFH BStBl. II 2016 S. 909; Abschn. 1.5 Abs. 1a UStAE; Sölch/Ringleb-*Oelmaier* UStG § 1 Rn. 190.

[62] Abschn. 1.5 Abs. 6 S. 1 UStAE; Bunjes/*Robisch* UStG § 1 Rn. 133.

[63] *Wagner/Gallert* DStR 2010, 2017 ff.

[64] EuGH UR 2001, 164 – Abbey National; FM Hessen 25.3.1996, UR 1996, 243; OFD Berlin 17.5.1999, UR 2000, 172 f.

[65] EuGH UR 2001, 164 – Abbey National; keine Notwendigkeit zur Vorsteuerberichtigung nach § 15a UStG BFH BStBl. II 2016 S. 909; Sölch/Ringleb-*Oelmaier* UStG § 1 Rn. 173, 199.

[66] BFH BB 2011, 995.

[67] BFH BStBl. II 1996 S. 176 (177); BFH BStBl. II 2003 S. 36 und BStBl. II 2003 S. 732; Abschn. 1.6 Abs. 3 S. 2 UStAE.

[68] BFH BStBl. II 1996 S. 176 (177); Abschn. 1.6 Abs. 3 S. 2 UStAE.

[69] So auch EuGH UR 2000, 121 (122) – Heerma.

21 dd) Unentgeltliche Wertabgaben aus dem Unternehmen. Die Besteuerung unentgeltlicher Wertabgaben in § 3 Abs. 1b UStG (unentgeltliche Wertabgabe durch Gegenstandsentnahme) und § 3 Abs. 9a UStG (unentgeltliche Wertabgaben durch Leistungsentnahme) hat die bisherige Eigenverbrauchsbesteuerung, die nicht mit den Vorgaben der 6. EG-Richtlinie in Einklang stand, ersetzt. Die Besteuerung unentgeltlicher Wertabgaben nach § 3 Abs. 1b Nr. 1 und § 3 Abs. 9a Nr. 1 und 2 UStG belastet die Einkommensverwendung des Unternehmers für seinen außerunternehmerischen Verbrauch. Die (unentgeltliche) Entnahme eines Gegenstands für außerhalb des Unternehmens liegende Zwecke wird einer Lieferung gleichgestellt.[70]

22 Unentgeltliche Sachzuwendungen an das Personal iSd § 3 Abs. 1b S. 1 Nr. 2 UStG sind unentgeltliche Zuwendungen von Gegenständen an das Personal für dessen privaten Bedarf. Sie werden trotz fehlenden Entgelts einer Lieferung gegen Entgelt gleichgestellt.[71] Von einer Besteuerung ausgeschlossen sind Sachzuwendungen, die bloße Aufmerksamkeiten darstellen, wie etwa geringfügige Sachzuwendungen aus privatem Anlass bis zu einem Wert von 40 Euro (zB Blumen zum Geburtstag des Arbeitnehmers).[72]

23 Daneben sind **andere unentgeltliche Zuwendungen** nach § 3 Abs. 1b S. 1 Nr. 2 UStG steuerbar, wenn es um Sachzuwendungen für den privaten Bedarf geht. Sie sind steuerbar, auch wenn der Unternehmer sie **aus unternehmerischen Erwägungen** für den privaten, außerhalb des Dienstverhältnisses liegenden Bedarf tätigt.[73] Die Regelung erfasst Sachspenden an Vereine, Warenabgaben anlässlich von Preisausschreiben zu Werbezwecken etc. Nicht erfasst werden Geschenke von geringem Wert (40 Euro (Nettobetrag ohne Umsatzsteuer))[74] und die Abgabe von Warenmustern für Zwecke des Unternehmens, ferner Leistungen, die durch das betriebliche Interesse des Arbeitgebers veranlasst sind, auch wenn sie zugleich der Deckung des persönlichen Bedarfs des Arbeitnehmers dienen.[75] Die unentgeltlichen Wertabgaben nach § 3 Abs. 1b UStG werden nur dann einer entgeltlichen Lieferung gleichgestellt, wenn der entnommene oder zugewendete Gegenstand oder seine Bestandteile zum vollen oder teilweisen Vorsteuerabzug berechtigt haben. (§ 3 Abs. 1b S. 2 UStG). Denn soweit die entnommenen Gegenstände bereits durch die Versagung des Vorsteuerabzugs mit Umsatzsteuer belastet sind, bedarf es keiner erneuten Besteuerung.[76]

24 Unentgeltliche Wertabgaben durch Leistungsentnahme und unentgeltliche sonstige Leistung. In § 3 Abs. 9a UStG werden unentgeltliche Wertabgaben aus dem Unternehmen durch Leistungsentnahmen zu Zwecken, die außerhalb des Unternehmens liegen, sowie durch unentgeltliche Erbringung sonstiger Leistungen für den privaten Bedarf von Arbeitnehmern einer sonstigen Leistung gegen Entgelt gleichgestellt.[77] Nach § 3 Abs. 9a Nr. 1 UStG ist die Verwendung eines zum Unternehmen zugeordneten Gegenstands für Zwecke außerhalb des Unternehmens oder dem privaten Bedarf des Personals grundsätzlich als eine unentgeltliche sonstige Leistung anzusehen, die einer entgeltlichen Leistung gleichgestellt ist. Daneben ist auch die Erbringung anderer sonstiger Leistungen steuerbar, wenn sie unentgeltlich für **Zwecke außerhalb des Unternehmens** oder für **private Zwecke des Personals** erfolgt. Anders als bei unentgeltlichen Lieferungen iSv § 3 Abs. 1b UStG sind also unentgeltliche sonstige Leistungen für Zwecke des Unternehmens nicht steuerbar. § 3 Abs. 9a UStG greift nur ein, wenn die Vorsteuer für den verwendeten Gegenstand abgezogen werden konnte.

---

[70] Abschn. 3.3 Abs. 5 ff. UStAE; Sölch/Ringleb/*Heuermann* UStG § 3 Rn. 310 ff.
[71] Abschn. 1.8 Abs. 2 UStAE.
[72] Abschn. 1.8 Abs. 3 UStAE; R 19.6 LStR.
[73] Abschn. 1.8 Abs. 2 S. 1 UStAE; BFH BStBl. II 1988 S. 643.
[74] Abschn. 1.8 Abs. 3 UStAE.
[75] EuGH DStRE 2009, 16 – Danfoss und AstraZeneca; Abschn. 1.8 Abs. 4 UStAE.
[76] BFH BStBl. II 2012 S. 53 und Verwaltung in Abschn. 15.2b Abs. 2 S. 5 UStAE vertreten die Auffassung, dass Lieferung oder Leistungsbezug zur unentgeltlichen Weitergabe den Vorsteuerabzug ausschließen, so dass § 3 Abs. 1b und 9b UStG insoweit leer laufen.
[77] Abschn. 3.4 UStAE.

e) **Leistungen des Unternehmers im Rahmen seines Unternehmens.** Steuerbar sind grundsätzlich nur Leistungen von Unternehmern. Die Leistungen von Privatpersonen und des nichtunternehmerischen bzw. unternehmensfremden Bereichs werden von der Besteuerung ausgenommen.

aa) **Unternehmer.** Unternehmer ist jeder, der eine gewerbliche oder berufliche Tätigkeit selbstständig ausübt (§ 2 Abs. 1 S. 1 UStG). Gewerblich oder beruflich ist jede **nachhaltige Tätigkeit** zur Erzielung von Einnahmen, auch wenn die Absicht, Gewinn zu erzielen, fehlt. Nachhaltig ist sie, wenn sie auf eine bestimmte Dauer oder Wiederholung in gleicher oder ähnlicher Weise angelegt ist. Für die Frage, ob ein Unternehmer iSd Umsatzsteuergesetzes vorliegt, kommt es nicht auf die Unternehmensform an, sondern auf die unternehmerische Tätigkeit. Bei der Aktiengesellschaft wird die Unternehmereigenschaft regelmäßig vorliegen. Zweifelhaft ist die Unternehmereigenschaft bei Holdinggesellschaften, da Erwerb, Halten, Veräußerung und Verwalten von Beteiligungen keine unternehmerische Tätigkeit darstellt.[78] Die reine Beteiligungsverwaltung stellt einen nichtunternehmerischen Bereich dar.[79] Das ist anders zB bei gewerblichem Wertpapierhandel,[80] wenn die Beteiligung der Förderung einer bestehenden oder beabsichtigten Tätigkeit dient[81] oder wenn die Beteiligung zum Eingreifen in die Verwaltung der Gesellschaft erfolgt und notwendigerweise das (entgeltliche) Erbringen von administrativen finanziellen, kaufmännischen oder technischen Dienstleistungen (auch nicht steuerbefreiten Vermietungsleistungen) zum Gegenstand hat.[82] Wird die Dienstleistung nur gegenüber einem Teil der Beteiligungen an Tochterunternehmen erbracht, ist die Vorsteuer insoweit aufzuteilen.[83] Unternehmer ist i. d. R. auch das **Aufsichtsratsmitglied,** regelmäßig nicht aber das **Vorstandsmitglied.**[84]

bb) **Organschaft.** Die Aktiengesellschaft ist, wenn sie als Organgesellschaft einem Organträger eingegliedert ist, kein Unternehmer iSd Umsatzsteuerrechtes, da sie in diesem Fall keine selbstständige Tätigkeit ausübt. Die Organschaft ist in § 2 Abs. 2 Nr. 2 UStG geregelt. Eine Gesellschaft ist danach Organgesellschaft, wenn sie eine juristische Person[85] ist, die nach dem Gesamtbild der tatsächlichen Verhältnisse **finanziell, wirtschaftlich und organisatorisch** in ein Unternehmen **eingegliedert** ist.[86] Liegen die gesetzlichen Voraussetzungen vor, treten die Rechtsfolgen der Organschaft ohne Wahlmöglichkeit ein. [87]Unter bestimmten Voraussetzungen kann nicht nur eine juristische Person, sondern auch eine Personengesellschaft Organgesellschaft sein kann; das gilt im Falle einer Personenge-

---

[78] Abschn. 1.6 Abs. 3 UStAE; EuGH BFH/NV 2001 Beil. 2, 6 – Cibo Participations; EuGH DStR 2015, 1673 – Larentia + Minerva; BFH DStR 2016, 674; EuGH DStR 2017, 2806 – MVM; Sölch/Ringleb-*Oelmaier* UStG § 1 Rn. 75.

[79] EuGH Slg. 1997, I-745 – Harnas & Helm; Abschn. 2.3 Abs. 3 UStAE; Sölch/Ringleb/*Oelmaier* UStG § 1 Rn. 75.

[80] EuGH DStR 2009, 2311 – SKF; BFH BStBl. II 2012 S. 844.

[81] EuGH Slg. 1996, I-3695 – Régie dauphinoise.

[82] EuGH Slg. 1991, I-3111 – Polysar Investments; EuGH Slg. 2001, I-6663 – Cibo Participations; EuGH Slg. 2001, I-5679 – Welthgrove; EuGH DStR 2018, 1713 – Marle Participations SARL; Balbinot/*Berner* DStR 2018, 648.

[83] EuGH DStR 2018, 1713; *Oldiges* NWB 2018, 2328.

[84] Bunjes/*Korn* UStG § 2 Rn. 104; nach Abschn. 2.2 Abs. 2 UStAE kann die Geschäftsführungs- und Vertretungsleistung eines Organs auch selbständig ausgeübt sein, BFH BStBl. II 2005 S. 730; zum Aufsichtsrat BFH BStBl. II 2010 S. 88; verneinend jetzt BFH v. 27.11.2019 DB 2020, 265 bei Vergütung ohne Vergütungsrisiko.

[85] Zur Ausdehnung der Eigenschaft als Organgesellschaft auch auf Personengesellschaften EuGH DStR 2015, 1673 – Larentia + Minerva; BFH BStBl. II 2014 S. 417.

[86] Zu den Voraussetzungen im Einzelnen vgl. Sölch/Ringleb/*Treiber* UStG § 2 Rn. 130 ff.; *Heidner* DB 2019, 626; keine Organschaft zwischen Schwestergesellschaften, BFH DB 2016, 2944; zur Matrixorganisation *Haarmann* BB 2019, 407.

[87] BFH DB 2009, 37; Abschn. 2.8 Abs. 4 UStAE; dagegen kritisch *Endres-Reich* UR 2016, 660.

sellschaft, an der neben dem Organträger nur Personen beteiligt sind, die nach § 2 Abs. 2 Nr. 2 UStG in das Unternehmen des Organträgers finanziell eingegliedert sind[88], ferner infolge einer richtlinienkonformen Auslegung auch Personengesellschaften, insbes. GmbH&Co KG.[89] Organträger und Organgesellschaft müssen Unternehmer sein, Nicht-Unternehmer scheiden als Teil einer Organschaft aus.[90] Die **finanzielle** Eingliederung kann durch unmittelbare oder mittelbare Beteiligungen der Kapital- oder Personengesellschaft als Organträger begründet werden; bei mittelbarer Beteiligung kann die Organschaft auch über nichtunternehmerisch tätige Tochterunternehmen vermittelt werden.[91] In jedem Falle muss es sich um eine Mehrheitsbeteiligung handeln.[92] Es reicht nicht aus, wenn eine Personengesellschaft die Anteile an der Organgesellschaft nicht selbst hält, sondern nur ihre Gesellschafter beteiligt sind;[93] eine, auch durch einen Beherrschungs- und Gewinnabführungsvertrag gestärkte Verbindung zwischen Schwestergesellschaften genügt nicht.[94] Die finanzielle Eingliederung bedeutet den Besitz der entscheidenden Anteilsmehrheit an der Organgesellschaft, die es dem Organträger ermöglicht, durch Mehrheitsbeschlüsse seinen Willen durchzusetzen.[95] Die **wirtschaftliche** Eingliederung kann bereits vorliegen, wenn zwischen Organträger und Organgesellschaft auf Grund gegenseitiger Förderung und Ergänzung mehr als nur unerhebliche wirtschaftliche Beziehungen bestehen; sind die finanzielle und organisatorische Eingliederung deutlich ausgeprägt, kann die wirtschaftliche Eingliederung bereits bei einer schwach ausgeprägten Geschäftsbeziehung vorliegen, allerdings ist erforderlich, dass die Beteiligung bei einer Kapitalgesellschaft dem unternehmerischen Bereich zugeordnet werden kann.[96] Die Organgesellschaft braucht vom Organträger nicht wirtschaftlich abhängig zu sein.[97] Die EU-Kommission sieht das bei gleicher Haupttätigkeit der Unternehmen als gegeben an, ferner wenn die Tätigkeiten der Gruppenunternehmen voneinander abhängen oder sich ergänzen oder bei Tätigkeiten, die den übrigen Mitgliedern der Gruppe in vollem oder wesentlichem Umfang zugutekommen.[98] Der BFH sieht die wirtschaftliche Eingliederung auch bei der Verflechtung der Unternehmensbereiche verschiedener Organgesellschaften gegeben.[99] Bei wirtschaftlicher Eingliederung in den Organträger infolge von entgeltlichen Leistungen darf diesen eine nicht nur untergeordnete Rolle zukommen.[100] Die **organisatorische** Eingliederung setzt voraus, dass in der Organgesellschaft der Wille des Organträgers tatsächlich ausgeführt wird; die Finanzverwaltung hält es nicht für ausreichend, dass eine abweichende Willensbildung verhindert werden kann.[101] Vielmehr ist es erforderlich, dass die mit der finanziellen Eingliederung verbundene Möglichkeit der Beherrschung in der laufenden Geschäftsführung tatsächlich wahrgenommen wird. Der aktienrechtlichen Abhängigkeitsvermutung

---

[88] BFH ZIP 2016, 463.
[89] BFH BStBl. II 2017 S. 547; ferner BFH BStBl. II 2017 S. 567; DStR 2016, 1668; Abschn. 2.8 UStAE, BMF 5.5.2014, BStBl. I 2014 S. 820 in der bis zum 31.12.2018 geltenden Fassung; nunmehr auch Abschn. 2.8 Abs. 2 sowie Abs. 5a UStAE (nF); *Feldgen* BB 2016, 606; *Wäger* UR 2016, 173; *Korn* NWB 2017, 1856; zur Beendigung Abschn. 2.8 Abs. 5a UStAE; OFD Niedersachsen 27.7.2017, DStR 2017, 1826.
[90] BFH BStBl. II 2017 S. 560; DStR 2016, 2959.
[91] BFH UR 2016, 209; Abschn. 2.8 Abs. 5b S. 2 (nF) UStAE.
[92] BFH BStBl. II 2017 S. 554.
[93] BFH DB 2011, 745; dazu BMF 5.7.2011, UVR 2011, 232.
[94] BMF 5.7.2011, BStBl. I 2011 S. 703 mit Verweis auf BFH HFR 2011, 674 und BFH UR 2010, 579 sowie BFH UR 2010, 907; *Eberhard/Mai* UR 2010, 881 ff.
[95] BFH BStBl. II 2017 S. 553; FG München DStRE 2015, 473; Abschn. 2.8 Abs. 5 S. 1 (nF) UStAE.
[96] BFH BStBl. II 2009 S. 256; Abschn. 2.8 Abs. 6 S. 3 UStAE; *Steiner* NZG 2011, 1413 (1414).
[97] BFH DStR 2003, 1166 ff.; Abschn. 2.8 Abs. 6 UStAE.
[98] EG-Kommission UR 2009, 632; aus der Rechtsprechung BFH DStRE 2009, 29; 2009, 1389.
[99] BFH BStBl. II 2010 S. 863.
[100] BFH BStBl. II 2010 S. 310; BFH BStBl. II 2010 S. 1114.
[101] BFH BStBl. II 2017 S. 543; BFH BStBl. II 2017 S. 553; Abschn. 2.8 Abs. 7 S. 2 (nF) UStAE.

kommt im Hinblick auf die organisatorische Eingliederung keine Bedeutung zu.[102] Das soll in der Regel durch die personelle Verflechtung der Geschäftsführung des Organträgers und der Organgesellschaft erfolgen,[103] was auch durch leitende Mitarbeiter des Organträgers erfolgen kann.[104] Bei einer AG ist die personelle Verflechtung problematisch; geeigneter ist der Abschluss eines Beherrschungsvertrags und dessen Ausführung im regulären Geschäftsablauf. Die organisatorische Eingliederung kann auch durch einen Beherrschungsvertrag hergestellt werden kann;[105] die Finanzverwaltung hat sich dem angeschlossen.[106] Gesellschaftsrechtliche Weisungsrechte, die Verpflichtung zur Berichterstattung oder Zustimmungsvorbehalte infolge des Gesellschaftsvertrags oder einer Geschäftsordnung sollen die organisatorische Eingliederung hingegen nicht begründen können.[107] Als **Rechtsfolge** der Organschaft werden die Umsätze der Organgesellschaft dem Organträger zugerechnet, also als Umsätze des Organträgers angesehen werden. Das gilt auch für Leistungen, die während der Zeit der Organschaft erbracht, aber erst nachher abgerechnet werden.[108] Der Organträger muss umsatzsteuerlich Unternehmer sein; Innenumsätze an die Organgesellschaft genügen.[109] Innerhalb des Organkreises werden keine steuerbaren Umsätze ausgeführt. Die Wirkungen der Organschaft beschränken sich auf das Inland (§ 2 Abs. 2 Nr. 2 S. 2–4 UStG), beziehen also die inländischen Organunternehmen und Betriebsstätten ein, auch wenn der Organträger oder einzelne Gruppenunternehmen nicht im Inland ansässig sind.[110] Etwas anderes gilt hinsichtlich der Leistungen, die durch eine inländische Hauptniederlassung an eine, in einem Mitgliedstaat der EU befindliche Zweigniederlassung erbracht werden. Ist die Hauptniederlassung Teil einer umsatzsteuerlichen Organschaft, werden gegenüber der ausländischen Zweigniederlassung steuerbare Umsätze erbracht.[111] Die umsatzsteuerliche Organschaft bietet insbesondere den Vorteil der technischen Vereinfachung. Daneben können sich materielle Vorteile im Zusammenhang mit dem Vorsteuerausschluss bei der Ausführung steuerfreier Umsätze ergeben, indem Organgesellschaften mit steuerfreien, den Vorsteuerabzug ausschließenden Umsätzen so in die Organschaft eingegliedert werden, dass aus diesen Umsätzen nichtvorsteuerabzugsschädliche Innenumsätze werden.[112]

cc) Unternehmenseinheit. Das Unternehmen umfasst die **gesamte gewerbliche oder berufliche Tätigkeit** des Unternehmers (§ 2 Abs. 1 S. 2 UStG). Daraus folgt, dass ein Unternehmer immer nur ein Unternehmen haben kann. Mehrere Betriebe, Betriebsstätten derselben Aktiengesellschaft bilden daher umsatzsteuerlich ein Unternehmen. Zwischen den einzelnen Unternehmensteilen kann weder ein Leistungsaustausch stattfinden, noch führt die Überführung von Gegenständen aus einem Bereich in den anderen zu unentgeltlichen Wertabgaben nach § 3 Abs. 1b Nr. 1 und § 3 Abs. 9a Nr. 1 UStG. Es handelt sich um (nicht steuerbare) Innenumsätze.[113]

---

[102] Abschn. 2.8 Abs. 7 S. 2, 4 (nF) UStAE.
[103] Abschn. 2.8 Abs. 7 S. 1 und 2 UStAE; BFH BStBl. II 2008 S. 905; BFH BStBl. II 2017 S. 553.
[104] BFH DStR 2016, 198; BFH BStBl. II 2010 S. 863; Abschn. 2.8 Abs. 9 UStAE.
[105] BFH DStR 2017, 1653; BFH BStBl. II 2008 S. 905; BFH BStBl. II 2010 S. 391.
[106] Abschn. 2.8 Abs. 10 S. 4 UStAE dazu *Schwerin/Ahrens* UR 2013, 481; *Slapio* UR 2013, 407.
[107] BFH BStBl. II 2017 S. 553; BFH BStBl. II 2013 S. 218; BFH BStBl. II 2008 S. 905; Abschn. 2.8 Abs. 11 UStAE.
[108] BFH BStBl. II 2009 S. 868; OFD Hannover 11.10.2004, DStR 2005, 157; Sölch/Ringleb/*Treiber* UStG § 2 Rn. 245.
[109] BFH DStR 2010, 323; Sölch/Ringleb/*Treiber* UStG § 2 Rn. 152 f.: eine nicht geschäftsleitende Holding kann nicht Organträgerin sein.
[110] BFH UVR 2017, 194 und 289, Abschn. 2.9 UStAE.
[111] EuGH UR 2014, 847 – Skandia/VAT mit Anm. *Maunz*.
[112] Sölch/Ringleb/*Treiber* UStG § 2 Rn. 140; *Steppert* UR 1994, 343 (345).
[113] Sölch/Ringleb/*Treiber* UStG § 2 Rn. 260 ff.

29 dd) Sonderfälle. Aktiengesellschaft in der Insolvenz. Die Unternehmereigenschaft der Aktiengesellschaft endet nicht mit der **Eröffnung des Insolvenzverfahrens**.[114] Der Insolvenzverwalter wird als gesetzlicher Vertreter des Gemeinschuldners tätig,[115] der trotz des durch die Insolvenz über ihn verhängten gesetzlichen Verwaltungs- und Verfügungsverbots materiell Unternehmer hinsichtlich aller Einnahmen ist, die der Insolvenzmasse aus der Verwaltung und Versilberung des Insolvenzvermögens zufließen.[116] Bei Eröffnung des Insolvenzverfahrens endet die umsatzsteuerliche Organschaft;[117] bei einem vorläufig bestellten „schwachen" Insolvenzverwalter kann die Organschaft bis dahin bestehen bleiben.[118]

30 Factor. Bis zum Urteil des EuGH v. 26.6.2003,[119] das auf ein Vorabentscheidungsersuchen des BFH[120] hin erging, gingen Rechtsprechung und Finanzverwaltung davon aus, dass der (echte) Factor, der Forderungen mit dem vollen Risiko des Forderungsausfalls gegen ein unter dem Nennwert liegendes Entgelt ankauft (sog. **echtes Factoring**), nicht unternehmerisch tätig werde, weil er keine Leistung gegen Entgelt ausführe.[121] Die Rechtsprechung nahm lediglich beim **unechten Factoring** an, der (unechte) Factor erbringe ein Bündel unterschiedlicher Leistungen, die teils steuerbar, teils nicht steuerbar seien und durch den steuerbaren Teil zu einer unternehmerischen Tätigkeit führten.[122] Seit dem Urteil des EuGH v. 26.6.2003 ist davon auszugehen, dass der Factor auch beim echten Factoring unternehmerisch tätig wird und somit die Eigenschaft eines Steuerpflichtiger iSd 6. EG-Richtlinie hat. Die Tätigkeit besteht im Wesentlichen darin, den Anschlusskunden von der Einziehung der Forderungen und dem Risiko der Nichterfüllung zu entlasten.[123] Der BFH hat entschieden[124], dass bei echtem Factoring durch die Dienstleistungen der Finanzierung, des Forderungseinzugs und der Haftungsübernahme keine Umsätze des Anschlusskunden an den Factor, sondern des Factors an den Anschlusskunden vorliegen. Die Gebühr für die Übernahme des Ausfallrisikos uam ist als Entgelt für die steuerpflichtige Einziehung von Forderungen zu betrachten.[125] Eine Reihe von Zweifelsfragen werden von der Rechtsprechung kontrovers beurteilt.[126] Der EuGH hat mittlerweile klargestellt, dass der Erwerb zahlungsgestörter Forderungen zu einem unter ihrem Nennwert liegenden Preis keine entgeltliche Dienstleistung des Erwerbers darstellt, wenn die Differenz zwischen Nennwert und Kaufpreis den tatsächlichen Wert widerspiegelt.[127] In diesen Fällen liegt der wirtschaftliche Gehalt in der Entlastung des Verkäufers vom wirtschaftlichen Risiko und nicht in einer Einziehungsleistung. Der Erwerber erbringt bei einem Kaufpreis, der der Werthaltigkeit der Forderung entspricht, keine Leistung gegen Entgelt.[128] Wenn die weiteren Voraussetzungen des § 13c UStG gegeben sind, haftet der Factor für die Umsatzsteuer des Anschlusskunden, die dieser

---

[114] BFH UR 2000, 533 (534); BFH BStBl. II 2007 S. 745.
[115] BFH BStBl. II 2005 S. 848; Sölch/Ringleb-*Leipold* UStG § 13 Rn. 205.
[116] BFH UR 2000, 467 (468).
[117] BFH ZIP 2017, 619; dies gilt auch bei Eigenverwaltung.
[118] BFH BStBl. II 2017 S. 543; DB 2016, 2944; UR 2009, 346; DB 2009, 1443; auch Zweifel bei BFH BB 2014, 1508; OFD Frankfurt a. M. 12.7.2017, DB 2017, 2000.
[119] EuGH BStBl. II 2004 S. 688 – MKG-Fahrzeuge-Factoring.
[120] BFH UR 2001, 393.
[121] Abschn. 18 Abs. 4 S. 3 UStR aF; BFH UR 1993, 354 f.
[122] Vgl. Bunjes/*Korn* UStG § 2 Rn. 72.
[123] Zur Abgrenzung der Leistungen BFH UR 2012, 719.
[124] BFH DB 2012, 611; BB 2003, 1665; *Höink/Janott* DB 2012, 943; *Jessen/Lohbeck* CF 2012, 183.
[125] Abschn. 2.4 Abs. 3–5 UStAE.
[126] FG Düsseldorf EFG 2008, 887 ff.; FG Hessen EFG 2010, 907; Vorlage zum EuGH durch BFH UVR 2010, 162; dazu *Büchter-Hole* EFG 2010, 177; *Hahne* UR 2008, 194; *Philipowski* UR 2010, 45; *Slotty-Harms* UVR 2008, 115; *Straßburger* StuW 2016, 63 ff.
[127] EuGH BStBl. II 2015 S. 978 – GFKL.
[128] Unabhängig davon, ob der Verkäufer von der Verwaltung oder Vollstreckung entlastet wird, BFH BStBl. II 2015 S. 969.

nicht bezahlt; die Entscheidung des BFH, dass dies selbst dann gilt, wenn der Factor dem Verkäufer liquide Mittel zur Verfügung gestellt hat, aus denen dieser seine Umsatzsteuerschuld hätte begleichen können,[129] wurde durch die Ergänzung von § 13c Abs. 1 S. 4 und 4 UStG wieder korrigiert.[130]

Holdinggesellschaft. Keine Tätigkeit iSd § 2 Abs. 1 S. 3 UStG stellt das Erwerben, Halten und Veräußern von Beteiligungen an Personen- oder Kapitalgesellschaften dar (vgl. auch → Rn. 26). Eine Holdinggesellschaft als solche ist daher nicht Unternehmer, es sei denn, die Beteiligung geht mit unmittelbaren oder mittelbaren **Eingriffen in die Verwaltung** der Gesellschaften, an denen die Beteiligung besteht, einher. Allerdings müssen diese Eingriffe die Ausübung von Tätigkeiten einschließen, die der Umsatzsteuer unterliegen, dh Lieferungen und administrative, finanzielle, kaufmännische oder technische Leistungen, die die Holdinggesellschaft **gegen Entgelt** ausführt. Es müssen nachhaltig Leistungen gegen Entgelt erbracht werden.[131] Insoweit ist die Gesellschaft wirtschaftlich tätig. Dabei stellen die **Dividenden** kein solches Entgelt dar, weil sie ihrem Wesen nach Ertrag der Beteiligung und **Ausfluss aus der Gesellschafterstellung** sind.[132] Ein (steuerfreier) Beteiligungsverkauf stellt nach Auffassung des EuGH keine relevante wirtschaftliche Betätigung dar, so dass der Vorsteuerabzug für Eingangsleistungen zu versagen ist.[133] Soweit allerdings wegen nachhaltig entgeltlich erbrachter Leistungen die Unternehmereigenschaft der Holding zu bejahen ist, ordnet der EuGH Vorsteuern, auch soweit sie im Zusammenhang mit dem Dividendenbezug anfallen, weder den steuerfreien Umsätzen zu, noch versagt er den Vorsteuerabzug wegen eines Bezugs für die außerunternehmerische Sphäre, sondern ordnet sie den allgemeinen Kosten zu. Hat die Holding einen wirtschaftlichen Bereich und führt sowohl Umsätze aus, für die der Vorsteuerabzug besteht, als auch solche, für die er nicht besteht, muss eine entsprechende Aufteilung der Vorsteuern erfolgen.[134] Der Vorsteuerabzug für Kosten von neu eingeworbenen Kapital der Gesellschaft ist trotz unternehmerischer Tätigkeit der Gesellschaft (teilweise) ausgeschlossen, wenn das Einwerben nicht in einem Zusammenhang zu der unternehmerischen Tätigkeit steht.[135] Eine wirtschaftliche, umsatzsteuerpflichtige Tätigkeit einer Holdinggesellschaft zB aus Vermietungsleistungen kommt sowohl bei der Aufnahme als auch bei der Beendigung einer steuerpflichtigen Tätigkeit in Betracht.[136]

Vorgründungsgesellschaft und Vorgesellschaft. Mit der Existenz der **Vor-Aktiengesellschaft** beginnt die Unternehmereigenschaft. Umstritten ist, ob die **Vorgründungsgesellschaft** bereits Unternehmereigenschaft aufweist, weil sie eine eigene wirtschaftliche Tätigkeit weder ausübt noch auszuüben beabsichtigt. Die Unternehmereigenschaft der Vorgründungsgesellschaft wird deshalb von der Finanzverwaltung verneint.[137] Der Bundesfinanzhof scheint dagegen die Unternehmereigenschaft der Vorgründungsgesellschaft bejahen zu wollen und hat dem EuGH die Frage der Berechtigung der Vorgründungsgesellschaft zum Vorsteuerabzug und damit mittelbar die Frage nach deren Unternehmereigen-

---

[129] BFH DStR 2016, 669; BFH BStBl. II 2016 S. 107; Bunjes/*Korn* UStG § 2 Rn. 73.
[130] G v. 30.6.2017 BGBl. 2017 I S. 2143; dazu *Lehmann-Björnekärr* FLF 2017, 172.
[131] BFH DB 2012, 614; dazu auch Vorlage des BFH an den EuGH DStR 2014, 466; 2015, 1673 – Larentia + Minerva.
[132] EuGH UR 2001, 500 – Cibo Participations; EuGH UR 2001, 533 – Welthgrove BV; Abschn. 1.6 Abs. 3 S. 4 UStAE; Bunjes/*Korn* UStG § 2 Rn. 83; Sölch/Ringleb/*Oelmann* UStG § 1 Rn. 75 sowie *Treiber* UStG § 1 Rn. 310 (Holding).
[133] EuGH UR 2018, 966 – C&D Fonds; dazu *Oldiges* NWB 2018, 3712; *Grebe* Ubg 2019, 41.
[134] EuGH DStR 2018, 1713 – Marle Participations; EuGH DStR 2015, 1673 – Larentia + Minerva; EuGH UR 2001, 500 – Cibo Participations; EuGH DStR 2008, 615 – Securenta mit Anm. *Langer/Zugmaier* HFR 2008, 526; *Rohde* EWiR 2019, 197; *Meller/Kiera-Nöllen* UR 2019, 521. Zu EuGH 17.10.2018 – C-249/17, DStR 2018, 2263 – Ryanair.
[135] BFH BFH/NV 2016, 706; 2016, 706.
[136] EuGH UR 2018, 843; DStR 2018, 1713; *Jacobs* DStRK 2018, 284.
[137] OFD Frankfurt a. M. 6.1.1999, UR 1999, 336; Sölch/Ringleb/*Oelmann* UStG § 1 Rn. 82.

schaft zur Vorabentscheidung vorgelegt.[138] Der EuGH hat die Unternehmerfähigkeit der Vorgründungsgesellschaft bejaht.[139]

33   **Erfolgloser Unternehmer.** Problematisch war lange Zeit, ob für die Unternehmereigenschaft ausreicht, dass die Tätigkeit auf einen **nachhaltigen Leistungsaustausch** gerichtet ist (Absicht) oder ob es **tatsächlich** zu einem nachhaltigen Leistungsaustausch gekommen sein muss. Der BFH hatte dem „**erfolglosen Unternehmer**" den Vorsteuerabzug versagt, weil es nicht tatsächlich zu einem nachhaltigen Leistungsaustausch gekommen ist. Dem ist der EuGH entgegengetreten und hat ausgeführt, dass eine Entlastung durch den Vorsteuerabzug auch dann möglich sein muss, wenn vergebliche Investitionen getätigt werden.[140] Dem folgte der BFH.[141] Wird also die Vor-Aktiengesellschaft nicht in das Handelsregister eingetragen, kann sie hinsichtlich des von ihr geplanten Unternehmens als erfolgloser Unternehmer behandelt werden und daher den Vorsteuerabzug geltend machen.

34   **ee) Im Rahmen seines Unternehmens.** Die Leistungen müssen im Rahmen des Unternehmens erbracht werden. Dieses Kriterium wird bei der Aktiengesellschaft regelmäßig vorliegen. Allerdings ist nach der Rechtsprechung des BFH auch bei privaten Erwerbsgesellschaften (Personen- und Kapitalgesellschaften) das Vorliegen eines nichtunternehmerischen Bereichs möglich. Außerhalb des Unternehmens liegt alles, was außerhalb der gewerblichen oder beruflichen Tätigkeit des Unternehmers liegt.[142] Als nichtunternehmerischer Bereich ist bei der Aktiengesellschaft bspw. Liebhaberei oder Forschungstätigkeit aus Zuschüssen denkbar. Auch **Holdinggesellschaften** verfügen über eine nichtunternehmerische Sphäre, soweit sie gegenüber ihren Tochtergesellschaften keine entgeltlichen Leistungen erbringen.[143] Zur Problematik der Unternehmereigenschaft von Holdinggesellschaften siehe die Ausführung unter → Rn. 31.

35   **f) Leistungsort im Inland.** Die Lieferungen und sonstigen Leistungen sind nur dann umsatzsteuerbar, wenn sie im Inland erfolgen (§ 1 Abs. 1 Nr. 1 UStG). Ob eine Leistung im Inland oder im Ausland vorliegt, hängt davon ab, **wo** die Leistung erbracht wird. Durch die Beschränkung auf Umsätze im Inland wird vermieden, dass Umsätze im In- und Ausland doppelt besteuert werden. Zu unterscheiden ist der Ort der Lieferung und der Ort der sonstigen Leistung.

36   **aa) Ort der Lieferung.** Nach § 3 Abs. 7 S. 1 UStG wird die Lieferung dort ausgeführt, wo sich der Liefergegenstand zurzeit der Verschaffung der Verfügungsmacht befindet. Diese Grundregel gilt immer dann, wenn keine **Beförderung** oder **Versendung** des Liefergegenstandes erfolgt. Diese Regel ist bei Liefergegenständen anwendbar, die nach ihrer Beschaffenheit nicht für eine Beförderung in Betracht kommen, insbesondere bei unbeweglichen Sachen oder wenn bei beweglichen Sachen die Übereignung nach § 929 S. 2 iVm § 930 oder § 931 BGB erfolgt. Für die **Beförderungs- und Versendungslieferung** bestimmt nach der Regelungssystematik in § 3 Abs. 5a UStG, die den §§ 3c, e, f, g UStG den Vorrang einräumen, im Grundsatz § 3 Abs. 6 S. 1 UStG, dass der Lieferort sich dort befindet, wo die Beförderung oder Versendung an den Abnehmer **beginnt**.[144] Dies gilt auch dann, wenn der Gegenstand vom Erwerber versandt oder befördert wird. Für das **Reihengeschäft** enthalten § 3 Abs. 6 und Abs. 7 UStG spezielle Vorschriften zur Bestim-

---

[138] BFH UR 2002, 265.
[139] EuGH UR 2004, 362 – Faxworld; nachf. BFH BStBl. II 2005 S. 155; BFH/NV 2002, 1181; *Zugmaier* DStR 2000, 2176.
[140] EuGH UR 1996, 116 – Inzo mAnm *Widmann* 118; EuGH BStBl. II 2003 S. 446 – Schloßstraße; BFH BStBl. II 2003 S. 426.
[141] BFH UR 2001, 260 (262 ff.).
[142] BFH BStBl. II 1985 S. 176 (178).
[143] Sölch/Ringleb/*Treiber* UStG § 1 Rn. 75 f.
[144] Sölch/Ringleb–*Heuermann* UStG § 3 Rn. 452 ff.

mung des Orts der Lieferung; dabei ist zwischen der bewegten und der Ruhenden Lieferung zu unterscheiden.[145]

bb) Ort der sonstigen Leistung. Der Ort der **sonstigen Leistung** ist grundsätzlich der Ort, von dem aus der **Unternehmer** sein **Unternehmen betreibt,** ggf. von einer Betriebsstätte (§ 3a Abs. 1 UStG). Wird die Leistung hingegen an einen Unternehmer für dessen Unternehmen ausgeführt, wird sie im Grundsatz an dem Ort erbracht, von dem aus der Empfänger sein Unternehmen oder eine Betriebsstätte, an die die Leistung erbracht wird, betreibt, § 3a Abs. 2 S. 1, 2 UStG. Die Grundregel des § 3a Abs. 1 UStG findet somit im Grundsatz nur auf Leistungen an Nichtunternehmer Anwendung.[146] Das jetzt geltende Unternehmensortprinzip gilt ab 2010, es sei denn, dass die Leistungen einem Sondertatbestand unterliegen.[147] Es führt im Grundsatz dazu, dass alle Leistungen an Unternehmer oder ihnen gleichgestellte juristische Personen am Empfängerort erbracht werden.[148]

– Für sonstige Leistungen im Zusammenhang mit einem Grundstück kommt es auf die **Lage des Grundstücks** an. Das betrifft ua Vermietungen, Vermittlungsleistungen beim Erwerb von Grundstücken, Beurkundungen durch den Notar, Leistungen des Architekten und Bauleistungen auf Grundstücken (§ 3a Abs. 3 Nr. 1 UStG)[149].
– Bei bestimmten, i. e. aufgezählten Leistungen kommt es auf den **Ort der jeweiligen Tätigkeit** an. Das betrifft vor allem kulturelle, künstlerische, wissenschaftliche und sportliche Leistungen einschließlich der Leistungen der Veranstalter, so dass weite Teile der Unterhaltungsbranche erfasst sind, § 3a Abs. 3 Nr. 3 UStG.
– § 3a Abs. 4 UStG führt eine Reihe von Leistungen an Unternehmer auf, für die es auf den Wohnsitz oder Sitz des **Leistungsempfängers** ankommt. Dies gilt für Leistungsempfänger, die nicht Unternehmer, für deren Unternehmen die Leistung bezogen wird, sind noch eine nicht unternehmerisch tätige juristische Person. Hat ein solcher Leistungsempfänger seinen Wohnsitz oder Sitz in einem Drittland, wird die sonstige Leistung an seinem Wohnsitz oder Sitz ausgeführt.[150] Hier sind vor allem die Einräumung oder Überlassung von Katalogleistungen, wie zB geschützten Rechten (Urheber-, Patent-, Warenzeichenrechten) und von ungeschützten Erfahrungen (Know how) sowie die Überlassung jeder Art von Informationen und Leistungen auf dem Gebiet der Werbung und Öffentlichkeitsarbeit zu nennen. Außerdem fallen hierunter rechtliche, wirtschaftliche und technische Beratungsleistungen, ua der Rechtsanwälte, Steuerberater und Ingenieure. Besondere Regelungen gelten in Bezug auf die Gewährung von Zugang zu Erdgas- und Elektrizitätsnetzen und die Fernleitung ua über diese Netze und damit zusammenhängende Leistungen, §§ 3a Abs. 4, 3g UStG.[151] Der Leistungsort ist für Telekommunikations-, Rundfunk- und Fernsehdienstleistungen sowie auf elektronischem Wege erbrachte Leistungen[152] an Nichtunternehmer deren Ansässigkeitsort, § 3 Abs. 5 UStG.[153]

---

[145] EuGH DStR 2018, 461 – Kreuzmayr; EuGH DStR 2018, 865 – Firma Hans Bühler KG; BFH DB 2015, 845; 2015, 901.
[146] Sölch/Ringleb/*Wäger* UStG § 3a Rn. 50.
[147] *Langer* DB 2009, 419 ff.; *Montfort* DStR 2009, 297 ff.; *Nieskens* UR 2009, 253 ff.
[148] Sölch/Ringleb/*Wäger* UStG § 3a Rn. 22.
[149] Zur Beachtung infolge der Änderung von Art. 31a MwStSystRL-DVO (DVO des Rates Nr. 1042/2013 v. 7.10.2013 ABl. 2013 L 284, S. 1) mit Wirkung ab 1.1.2017; dazu BMF 10.2.2017, DStR 2017, 396 sowie 5.12.2017, DStR 2017, 2741; *Hammerl/Fietz* DStR 2016, 2881.
[150] Sölch/Ringleb/*Wäger* UStG § 3a Rn. 22.
[151] Gesetz v. 9.12.2004 BGBl. 2004 I S. 3310 idFv 8.12.2010 BGBl. 2010 I S. 1768.
[152] Dazu BFH BStBl. II 2016 S. 905.
[153] Kroatien Beitrittsgesetz v. 25.7.2014 BGBl. 2014 I S. 1266.

Weitere drittlandsbezogene Sonderregelungen gelten für die Vermietung von Beförderungsmitteln, § 3a Abs. 6 Nr. 1 und Abs. 7 UStG sowie für im Drittlandsgebiet genutzte oder ausgewertete Leistungen, § 3a Abs. 8 UStG.

38 **2. Besteuerung der Einfuhr nach § 1 Abs. 1 Nr. 4 UStG.** Erfasst ist die **Einfuhr**, dh das Verbringen von Gegenständen aus dem Drittlandsgebiet in das Inland. Die Einfuhrumsatzsteuer wird von den Zollbehörden verwaltet; nach § 21 Abs. 2 UStG gelten die Vorschriften für Zölle sinngemäß. Für die Einfuhrumsatzsteuer gelten besondere Vorschriften wie bspw. § 5 UStG (Steuerbefreiungen bei der Einfuhr), § 11 UStG (Bemessungsgrundlage für die Einfuhr) und § 13 Abs. 3 UStG in Verbindung mit § 21 Abs. 2 UStG (Entstehung der Steuer und Steuerschuldner).

39 **3. Innergemeinschaftlicher Erwerb im Inland gegen Entgelt nach § 1 Abs. 1 Nr. 5 UStG.** Da der Einfuhrumsatzsteuer nur die Einfuhr von Gegenständen aus Staaten außerhalb der EU (Drittlandsgebiet (§ 1 Abs. 2a S. 3 UStG)) in das Inland unterliegt, sieht § 1 Abs. 1 Nr. 5 iVm § 1a UStG bei Warenbewegungen zwischen Unternehmern aus verschiedenen Mitgliedsstaaten der EU bei bestimmten Empfängern als Steuertatbestand anstelle der Einfuhr den innergemeinschaftlichen Erwerb gegen Entgelt an. Dieser Tatbestand ist dadurch gekennzeichnet, dass der Abnehmer – nicht der Lieferer – einen steuerbaren Umsatz erbringt.[154]

40 **4. Steuerbefreiungen. a) Grundsätzliches.** § 4 UStG enthält einen umfassenden Katalog der Steuerbefreiungen bei Lieferungen und sonstigen Leistungen. Dieser Katalog bezieht sich in erster Linie nicht unmittelbar auf einzelne Berufsgruppen, sondern auf **bestimmte Umsätze oder Tätigkeiten.** Auf einzelne Umsatzsteuerbefreiungen kann nach § 9 UStG **verzichtet** werden; die Option kann bei der Lieferung von Grundstücken nur in dem notariell beurkundeten Vertrag erfolgen, § 9 Abs. 3 S. 2 UStG. Die vorsorgliche Option bei sonst angenommener Geschäftsveräußerung im Ganzen ist ebenfalls im notariellen Kaufvertrag zu erklären.[155] Steuerbefreiungen führen dazu, dass der Vorsteuerabzug nach § 15 Abs. 2 Nr. 1 UStG ausgeschlossen ist, während dies für nichtsteuerbare Umsätze nur dann der Fall ist, wenn diese außerhalb des Unternehmens erfolgen. Der wirtschaftliche Effekt der Steuerbefreiung ist unterschiedlich je nachdem, ob trotz Umsatzsteuerbefreiung der Vorsteuerabzug möglich ist oder nicht. Besteht die Möglichkeit zum Vorsteuerabzug, so tritt mit Vornahme des umsatzsteuerfreien Umsatzes eine völlige **Entlastung** der bis zu dieser Handels- oder Produktionsstufe aufgelaufenen Umsatzsteuer ein.[156] Im Falle der Umsatzsteuerfreiheit bei gleichzeitigem Ausschluss des Vorsteuerabzugs kommt es entweder zu einer Belastung des Unternehmers oder zu einer Nicht-Entlastung des Verbrauchers, wenn die nichtabziehbare Vorsteuer in den Preis mit eingeht und der Unternehmer die nichtabziehbare Vorsteuer so auf den Abnehmer abwälzt.

41 **b) Die wichtigsten Steuerbefreiungen. Ausfuhrlieferungen** nach § 4 Nr. 1a) UStG. Die Ausfuhrlieferung ist in § 6 UStG definiert. Sie liegt regelmäßig vor, wenn bei einer Lieferung der Unternehmer oder der Abnehmer den Gegenstand der Lieferung in Staaten außerhalb der EU (sog. **Drittlandsgebiet**) befördert oder versendet hat. Bei der Ausfuhrlieferung ist der Vorsteuerabzug nicht ausgeschlossen (§ 15 Abs. 3 Nr. 1a) UStG). Eine vergleichbare Steuerbefreiung tritt bei **Lohnveredelung** an Gegenständen der Ausfuhr **ein** (§ 7 UStG). Erfasst ist die Bearbeitung oder Verarbeitung eines Gegenstandes, der zum Zwecke der Bearbeitung oder Verarbeitung in das Gemeinschaftsgebiet eingeführt wird oder zu diesem Zwecke in diesem Gebiet erworben wurde. Im innergemeinschaftlichen

---

[154] Sölch/Ringleb/*Oelmann* UStG § 1 Rn. 168.
[155] BFH BStBl. II 2017 S. 852; BMF 2.8.2017, BStBl. 2017 S. 1240 zur Änderung von Abschn. 9.1 Abs. 3 S. 1–4 UStAE, hier maßgeblich S. 3; *Wäger* Ubg 2016, 83 (87); *Bittermann* UR 2017, 908.
[156] Sölch/Ringleb/*Treiber* UStG § 4 Rn. 4.

Handel ist an die Stelle der Ausfuhrbefreiung die **Befreiung der innergemeinschaftlichen Lieferung** (§ 4 Nr. 1b) iVm § 6a UStG) getreten.[157]

§ 4 UStG enthält weitere Befreiungstatbestände insbesondere bzgl. heilberuflicher, sozialer und kultureller Leistungen. Wichtig für die Aktiengesellschaft ist die Steuerbefreiung bzgl. der **Umsätze des Geld- und Kreditverkehrs.** Steuerfrei sind hier ua:

– **Umsätze im Geschäft mit Wertpapieren** und die Vermittlung dieser Umsätze (§ 4 Nr. 8e) UStG),[158]
– **Umsätze von Anteilen** und **Vermittlung** der Umsätze von Anteilen an Gesellschaften und anderen Vereinigungen (§ 4 Nr. 8f) UStG),[159]
– **Übernahme von Verbindlichkeiten, Bürgschaften** und anderen **Sicherheiten** (§ 4 Nr. 8g) UStG),[160]
– **typische Bankumsätze,** wie die Gewährung und Vermittlung von Krediten, die Umsätze und die Vermittlung von Umsätzen von gesetzlichen Zahlungsmitteln, die Umsätze im Zahlungs- und Überweisungsverkehr (§ 4 Nr. 8a), b), d) UStG);[161] die Begebung einer Inhaberschuldverschreibung durch ein Unternehmen, das dadurch seine umsatzsteuerpflichtige Unternehmenstätigkeit finanziert, schließt den Vorsteuerabzug nicht aus;[162]
– **Umsätze im Geschäft mit Forderungen** (§ 4 Nr. 8c) UStG).

Die Befreiung setzt nicht voraus, dass die genannten Finanzdienstleistungen von Banken oder sonstigen typischen Finanzdienstleistern gegenüber ihren Kunden erbracht werden.[163] Erbringen etwa selbstständige Dienstleistungszentren in § 4 Nr. 8a)–f) UStG genannte Leistungen an Finanzdienstleister (sog. **Outsourcing**), sind auch diese Leistungen befreit. Die Erbringung rein administrativer Dienstleistungen (etwa Buchhaltungsarbeiten, Herstellung von Kundenkontakten durch sog. Call Centers) ist aber nicht von der Umsatzsteuer befreit.[164] Die Steuerbefreiung wird erlangt bei Leistungen, die ein „eigenständiges Ganzes" für Banken oder Finanzdienstleister erbringen.[165] Nicht als Geschäft mit Forderungen stellt sich die Übernahme von Verträgen (Rückversicherung von Lebensversicherungen) dar.[166]

Daneben sind Umsätze steuerbefreit, die unter spezielle **Verkehrsteuergesetze** fallen wie etwa Umsätze, die unter das **Grunderwerbsteuergesetz** fallen (§ 4 Nr. 9a UStG)[167] und Leistungen von Versicherungsunternehmen auf Grund eines Versicherungsverhältnisses iSd **Versicherungsteuergesetzes** und die Verschaffung von Versicherungsschutz für andere Personen (§ 4 Nr. 10 UStG); ferner sind steuerbefreit die Vermietungsleistungen.[168]

---

[157] Zu Nachweispflichten BFH BStBl. II 2009 S. 49 sowie 52 und 55; BFH/NV 2013, 596; Abschn. 6a.2 und 3 UStAE.
[158] Zur Portfolioverwaltung BFH BStBl. II 2008 S. 993; BFH BStBl. II 2012 S. 945; sowie Abschn. 4.8.9 UStAE; zur Verwaltung von Investmentfonds uä Abschn. 4.8.13 UStAE.
[159] Zu Vermittlungsumsätzen BFH DStR 2008, 2474; weiter Abschn. 4.8.9 UStAE.
[160] BFH DStR 2017, 250; Abschn. 4.8.11 und 12 UStAE; *Möller* DStRK 2017, 79.
[161] BFH UR 2018, 193 – Vorlage zum EuGH zur Steuerfreiheit im Bankbereich.FG Hessen ZIP 2010, 1938; Abschn. 4.8.10 UStAE.
[162] BFH DB 2010, 1978.
[163] *Fleckenstein-Weiland/Mick* BB 2009, 1508 ff.
[164] EuGH UR 2002, 84 ff. – CSC Financial Services; Sölch/Ringleb/*Wäger* UStG § 4 Nr. 8 Rn. 52 ff.
[165] BFH BStBl. II 2008 S. 777; Voraussetzungen nicht erfüllt bei BFH BStBl. II 2007 S. 14; EuGH UR 2011, 265 – AXA; *Dahm/Hammacher* UR 2009, 869.
[166] EuGH UR 2009, 891 ff. – Swiss RE; Vorlageentscheidung d. BFH BStBl. II 2008 S. 772; *Trapp/Muhlmann* DStR 2009, 1941.
[167] Abschn. 4.9.1 UStAE; im BFH-Urteil v. 20.12.2005, DB 2006, 1255 wurde die bisherige Auffassung aufgegeben, dass bei Umsatzsteueroption die Hälfte der GrESt die Bemessungsgrundlage der USt erhöht.
[168] BFH DStR 2009, 265; Abschn. 4.10.1 UStAE.

45 5. Bemessungsgrundlage. a) Allgemeines. Bemessungsgrundlage für Lieferungen, sonstige Leistungen und den innergemeinschaftlichen Erwerb ist das **Entgelt,** also alles das der Leistungsempfänger aufwendet, um die Leistung zu erhalten, jedoch **abzüglich der Umsatzsteuer** (§ 10 Abs. 1 S. 2 UStG). Nicht zum Entgelt gehören Beträge, die der Unternehmer im Namen und für Rechnung eines anderen vereinnahmt und verausgabt (durchlaufende Posten, § 10 Abs. 1 S. 6 UStG). Das Entgelt vermindert sich durch Boni, Skonti und Rabatte;[169] es erhöht sich durch Preisaufschläge und freiwillige Sonderhonorare. Auch wenn die Gegenleistung im Verhältnis zum allgemeinen Preis überhöht ist (wie etwa bei **verdeckten Gewinnausschüttungen**) stellt das Entgelt die Bemessungsgrundlage für die Umsatzsteuer dar. Verzugszinsen und Prozesszinsen sind nicht Teil des Entgelts, sondern Schadensersatz.[170] § 10 Abs. 1 S. 4 und 5 UStG regeln Besonderheiten beim innergemeinschaftlichen Erwerb.

46 b) Besondere Bemessungsgrundlagen. Beim Tausch nach § 3 Abs. 12 S. 1 UStG oder bei tauschähnlichen Umsätzen nach § 3 Abs. 12 S. 2 UStG und bei Hingabe an Zahlungsstatt gilt der Wert jedes Umsatzes als Entgelt für den anderen Umsatz, § 10 Abs. 2 UStG. Bei den nach § 3 Abs. 1b und § 3 Abs. 9a UStG steuerbaren unentgeltlichen Wertabgaben fehlt es an einem Entgelt. Daher sind gemäß § 10 Abs. 4 UStG für Lieferungen (Gegenstandsentnahmen) der **Einkaufspreis zzgl. Nebenkosten** oder die **Selbstkosten** zum Zeitpunkt der Lieferung oder Entnahme anzusetzen. Für sonstige Leistungen (Leistungsentnahmen) sind die entstandenen Kosten als Entgelt anzusetzen. Nach § 10 Abs. 5 Nr. 2 UStG sind für die Entnahme oder für unentgeltliche Leistungen an Arbeitnehmer die Mindestbemessungsgrundlage anzusetzen, wenn von Unternehmern an ihnen **nahe stehende Personen oder Arbeitnehmer entgeltliche Leistungen** erbracht werden. Wegen des Vorliegens eines Entgelts liegt in diesen Fällen keine unentgeltliche Wertabgabe vor, sondern ein echter Leistungsaustausch iSd § 1 Abs. 1 Nr. 1 UStG. Daher wäre als Bemessungsgrundlage an sich das tatsächlich gezahlte (niedrige) Entgelt anzusetzen und die darauf entfallende Umsatzsteuer entsprechend niedrig. § 10 Abs. 5 UStG soll gewährleisten, dass auch bei der Vereinbarung eines niedrigen Entgelts für die Berechnung der Umsatzsteuer zumindest ein Entgelt iSv § 10 Abs. 4 UStG angesetzt wird. Diese Regelung entspricht im Grundsatz der Behandlung verdeckter Gewinnausschüttungen im Ertragsteuerrecht.[171] Besondere Regelungen gelten bei der Bestimmung der Bemessungsgrundlage beim Factoring, insbesondere bei Abtretung von Forderungsportfolien.[172]

47 Bei der **Einfuhr** aus Drittländern stellt nach § 11 Abs. 1 UStG der Zollwert die Bemessungsgrundlage für die Umsatzsteuer dar. Der Zollwert leitet sich aus dem Entgelt ab.

48 c) Änderung der Bemessungsgrundlage. Nach § 17 UStG hat der Unternehmer den geschuldeten Steuerbetrag zu berichtigen, wenn sich die Bemessungsgrundlage für den steuerpflichtigen Umsatz nachträglich geändert hat. Dadurch soll erreicht werden, dass der Unternehmer nur diejenigen **Entgelte** zu versteuern hat, die ihm auch **tatsächlich zugeflossen** sind. Eine Änderung der Bemessungsgrundlage liegt zB bei Minderung, nachträglicher Gewährung von Boni und Skonti oder bei Forderungsausfall vor.[173] Die Grundsätze gelten auch bei unentgeltlichen Wertabgaben.[174] Bei Änderung der Bemessungsgrundlage ist nicht nur die **Umsatzsteuer** durch den leistenden Unternehmer entsprechend zu **berichtigen,** sondern auch seitens des empfangenden Unternehmers die geltend gemachte **Vorsteuer.** Soweit sich das Entgelt und damit Umsatzsteuer und Vor-

---

[169] BFH BStBl. II 1993 S. 360 (362); *Freemans* UR 2001, 349 ff.
[170] Abschn. 10.1 Abs. 3 S. 9 UStAE; zu Gesellschafterbeiträgen BFH BFH/NV 2008, 1072.
[171] Bunjes/*Korn* UStG § 10 Rn. 96.
[172] Abschn. 10.5 Abs. 6 UStAE; Sölch/Ringleb/*Wagner* UStG § 10 Rn. 105 ff.
[173] Bunjes/*Korn* UStG § 17 Rn. 31; Sölch/Ringleb/*Wäger* UStG § 17 Rn. 20 ff.
[174] BFH UR 2010, 265.

steuer vermindert haben, bedarf es für die Berichtigung keines neuen Abrechnungspapiers oder eines sonstigen Belegs. Wenn sich Entgelt, Umsatzsteuer und Vorsteuer jedoch erhöht haben, braucht der Leistungsempfänger über den Unterschiedsbetrag zwischen ursprünglicher und erhöhter Steuer ein Abrechnungspapier, um diesen Betrag als Vorsteuer abziehen zu können.[175]

Eine Berichtigung von Umsatzsteuer und Vorsteuer erfolgt auch, wenn das vereinbarte **Entgelt uneinbringlich** geworden ist (§ 17 Abs. 2 UStG). Das ist bei Forderungen der Fall, wenn sie der Gläubiger weder **rechtlich** noch **tatsächlich durchsetzen** kann. Hauptfälle mangelnder Durchsetzbarkeit aus tatsächlichen Gründen sind die **Zahlungsunfähigkeit** und der **mangelnde Zahlungswille** des Schuldners. Aus Rechtsgründen mangelt es an der Durchsetzbarkeit, wenn der Forderung eine **Einrede** gegenübersteht.[176] Eine Forderung gegen den Gemeinschuldner ist spätestens mit **Eröffnung des Insolvenzverfahrens** tatsächlich uneinbringlich und die Umsatzsteuer und die für die uneinbringlich gewordene Forderung abgezogene Vorsteuer sind entsprechend zu kürzen.

6. Umsatzsteuersätze. § 12 UStG kennt den Regelsteuersatz iHv 19 vH (§ 12 Abs. 1 UStG) und den ermäßigten Steuersatz iHv 7 vH (§ 12 Abs. 2 UStG).[177] Der ermäßigte Steuersatz findet im Wesentlichen bei der Lieferung von Waren des täglichen Bedarfs wie zB Lebensmitteln und kulturellen Leistungen Anwendung.[178]

III. Vorsteuerabzug

1. Funktion. Die Aktiengesellschaft kann von ihrer Umsatzsteuerschuld die ihr von anderen Unternehmern für Lieferungen und sonstige Leistungen gesondert in Rechnung gestellte und geschuldete Umsatzsteuer nach deutschem UStG[179] (sog. **Vorsteuer**) und die von ihr entrichtete Steuer auf den innergemeinschaftlichen Erwerb sowie die Einfuhrumsatzsteuer abziehen (§ 15 Abs. 1 UStG). Dadurch wird gewährleistet, dass die Aktiengesellschaft nicht mit Umsatzsteuer belastet wird und nur der Endverbraucher letztlich die Umsatzsteuer zu tragen hat.[180] Ausländische Vorsteuer ist im Inland nicht abziehbar.[181] Wegen einer eventuellen Erstattung im EU-Ausland erhobener Umsatzsteuer hat sich die Aktiengesellschaft an den Staat zu wenden, der die Steuer erhoben hat. Die EU-Mitgliedstaaten vergüten nach Maßgabe einer EG-Richtlinie[182] der in einem anderen Mitgliedstaat ansässigen Aktiengesellschaft die ausländische Umsatzsteuer in einem besonderen Verfahren (**Vorsteuervergütungsverfahren**).

Die Möglichkeit des Vorsteuerabzugs ist nach § 15 Abs. 1 Nr. 1 UStG an folgende Voraussetzungen geknüpft:
– Der Leistungsempfänger muss Unternehmer sein.
– Die Lieferung oder sonstige Leistung muss für sein Unternehmen ausgeführt worden sein.
– Die Lieferung oder sonstige Leistung muss von einem Unternehmer ausgeführt worden sein.
– Die Steuer muss gesondert in Rechnung gestellt worden sein, die bestimmten Anforderungen, ua nach §§ 14, 14a UStG genügen muss.

---

[175] Bunjes/*Korn* UStG § 17 Rn. 90.
[176] BFH BStBl. II 1983 S. 389 (391).
[177] Vgl. Haushaltsbegleitgesetz 2006 BGBl. 2006 I S. 1402.
[178] Katalog geändert durch Gesetz v. 25.7.2014 BGBl. 2014 I S. 1266.
[179] BFH BStBl. II 1998 S. 695; BFH BStBl. II 2009 S. 203.
[180] Zum Vorsteuerabzug EuGH BFH/NV 2009, 2099; Sölch/Ringleb-*Oelmaier* UStG § 15 Rn. 16 ff.
[181] Abschn. 15.2 Abs. 1 UStAE.
[182] Richtlinie 79/1072/EWG des Rates, ABl. EU L 331, S. 11 ersetzt durch RL 2008/9/EG v. 12.2.2008, ABl. 2008 L 44, S. 23.

53 Sämtliche dieser Voraussetzungen müssen kumulativ vorliegen.[183] Ist bereits vor Ausführung der Leistung gezahlt worden, kann die Vorsteuer abgezogen werden, sobald die Rechnung vorliegt (§ 15 Abs. 1 Nr. 1 UStG). Bei Beteiligungen im nichtunternehmerischen Bereich sind Vorsteuern, die Lieferungen oder sonstige Leistungen hierfür betreffen, nicht abzugsfähig; bei einer gemischten Holding sind die Eingangsleistungen für Zwecke des Vorsteuerabzugs aufzuteilen.[184] Übt eine geschäftsleitende Holding eine wirtschaftliche Tätigkeit aus, steht ihr für Vorsteuerbeträge, die (zB) mit dem Erwerb von Beteiligungen an Tochtergesellschaften in Zusammenhang stehen, grundsätzlich der volle Vorsteuerabzug zu.[185]

54 **2. Unternehmereigenschaft des Empfängers.** Abzugsberechtigte Unternehmer sind sowohl inländische als auch ausländische Unternehmer.[186]

55 **3. Leistung für sein Unternehmen.** Die Leistung muss für das Unternehmen des Leistungsempfängers ausgeführt worden sein. Ausgeschlossen wird damit der Vorsteuerabzug für Lieferungen und sonstige Leistungen, die zwar an einen Unternehmer ausgeführt werden aber nicht für sein Unternehmen, also insbesondere für private oder außerunternehmerische Zwecke. Dies kann auch die Aktiengesellschaft betreffen, denn auch nicht natürliche Personen als Unternehmer können eine außerunternehmerische, wenn auch keine private Sphäre haben.[187]

56 **4. Leistungen von einem anderen Unternehmer.** Ein Vorsteuerabzug ist bei rein innerstaatlichen Vorgängen nur möglich, wenn ein anderer Unternehmer eine Leistung iSd § 1 Abs. 1 Nr. 1 UStG erbracht hat. Ein guter Glaube an das Vorliegen dieses Merkmals wird nicht geschützt.[188]

57 **5. Rechnung mit offenem Steuerausweis.** Um den Vorsteuerabzug geltend machen zu können, bedarf es einer Rechnung des leistenden Unternehmers. Die Rechnung muss den Anforderungen der §§ 14 und 14a UStG genügen und die Umsatzsteuer gesondert ausweisen (§ 15 Abs. 1 Nr. 1 UStG).[189] Jeder Unternehmer kann von dem Vorunternehmer eine Rechnung verlangen, in der die Steuer auf den steuerpflichtigen Umsatz gesondert ausgewiesen ist; in Fällen von § 14 Abs. 2 Nr. 1 und 2 UStG ist der Unternehmer verpflichtet innerhalb von 6 Monaten nach Ausführung seiner Leistung eine Rechnung auszustellen; Rechnungen über sonstige Leistungen nach § 3a Abs. 2 UStG im Inland sollen bis zum 15. Tag des Folgemonats erteilt werden, § 14a Abs. 1 S. 2. Rechnungen müssen folgende Angaben enthalten:[190]

– Name und Anschrift des leistenden Unternehmers,[191]
– Name und Anschrift des Leistungsempfängers,

---

[183] Abschn. 15.2 Abs. 2 S. 2 UStAE.
[184] BFH BStBl. II 2017 S. 577; BFH BStBl. II 2017 S. 581; BMF 12.4.2017, UVR 2017, 197; Abschn. 15.22 Abs. 1 S. 4 UStAE.
[185] EuGH DStR 2015, 1673 = BStBl. II 2017 S. 604 – Larentia + Minerva; BFH DStR 2016, 587 = BStBl. II 2017 S. 567; BFH BStBl. II 2017 S. 577; BFH BStBl. II 2017 S. 561; BFH BStBl. II 2014 S. 428; dazu *Wagner/Marschal* DStR 2017, 2150; *Friedrich-Vacke/Endres-Reich* UR 2017, 649; *Prätzler* BB 2016, 2903; *Michel* DB 2016, 1959; *Diemer* DB 2015, 1748; *Friedrich-Vache* BB 2019, 993; *Esch* NWB USt-direkt 2019, 9; ferner FG Niedersachsen EFG 2019, 653 (Rev. eingelegt Az. BFH XI R 22/18).
[186] Zur Unternehmereigenschaft BFH BFH/NV 2004, 1674; EuGH BFH/NV 2005 Beil. 323; Sölch/Ringleb/*Oelmaier* UStG § 15 Rn. 225 ff.
[187] Sölch/Ringleb/*Oelmaier* UStG § 15 Rn. 229 ff.
[188] BFH BStBl. II 1989 S. 250 (252); Sölch/Ringleb/*Oelmaier* UStG UStG § 15 Rn. 278 ff.
[189] Nach StÄndG 2003 v. 15.12.2003 BGBl. 2003 I S. 2645 bestehen verschärfte Anforderungen; BFH BStBl. II 2004 S. 861.
[190] BFH BStBl. II 2008 S. 695; Abschn. 14.5 UStAE.
[191] Zur Anschrift BFH BFH/NV 2018, 1053 sowie BFH/NV 2018, 1055 unter Aufgabe der zu hohen Anforderungen aus BFH BStBl. II 2015 S. 914.

– Ausstellungsdatum,
– die Steuer- oder die USt-Ident-Nummer,[192]
– eine fortlaufende Nummer,
– Menge und handelsübliche Bezeichnung des Gegenstandes der Lieferung oder Art und Umfang der sonstigen Leistung,
– Zeitpunkt der Lieferung oder der sonstigen Leistung,
– Entgelt für die Lieferung oder sonstige Leistung,
– den anzuwendenden Steuersatz,
– den auf das Entgelt entfallenden Steuerbetrag, der gesondert auszuweisen ist, oder einen Hinweis auf die Steuerbefreiung;
– den Hinweis auf die Aufbewahrungspflicht des Leistungsempfängers.

Nach der Rechtsprechung des BFH muss auch das **Nettoentgelt** offen ausgewiesen sein.[193] **Elektronische Rechnungen** werden als Rechnungen anerkannt, soweit sie mit einer qualifizierten elektronischen Signatur mit Anbieter-Akkreditierung versehen sind, § 14 Abs. 3 UStG. Vereinfachungen und andere Sonderregeln bestehen auf Grund der Ermächtigung des § 14 Abs. 6 UStG für Rechnungen über **Kleinbeträge** bis 250 Euro (§ 33 UStDV) und für Fahrausweise (§ 34 UStDV). 58

6. Fehlerhafte Rechnungen. Rechnungen können fehlerhaft sein, weil die Voraussetzungen der §§ 14, 14a UStG nicht erfüllt sind oder weil sie das Liefergeschäft nicht richtig wiedergeben. Fehlt eine der nach §§ 14, 14a UStG vorgeschriebenen Angaben, so kann der Aussteller die fehlenden Angaben nach Maßgabe von § 31 Abs. 5 UStDV ergänzen. Rechnungen, die den §§ 14, 14a UStG nicht entsprechen, berechtigen nach § 15 Abs. 1 S. 1 Nr. 1 UStG grundsätzlich nicht zum Vorsteuerabzug. Der Empfänger kann die Ergänzung fordern, darf sie jedoch nicht selbst vornehmen.[194] Für formal vollständige Rechnungen, die falsche Angaben enthalten, gilt grundsätzlich dasselbe wie für unvollständige Rechnungen. Hat der Unternehmer einen **höheren Steuerbetrag** in der Rechnung ausgewiesen als den an sich geschuldeten, schuldet er nach § 14c Abs. 1 UStG auch den **Mehrbetrag.** § 14c Abs. 1 UStG ist nach der Rechtsprechung auch dann anwendbar, wenn trotz Nichtsteuerbarkeit oder Steuerfreiheit eines Umsatzes fälschlicherweise eine Steuer ausgewiesen wird.[195] Der leistende Unternehmer darf die Rechnung aber berichtigen, dann entfällt auch die Steuer gemäß § 14c Abs. 1 UStG iVm § 17 Abs. 1 UStG. 59

§ 14c Abs. 2 UStG regelt den Fall des (vollständig) **unberechtigten Steuerausweises** durch **Nichtunternehmer, Kleinunternehmer** nach § 19 UStG, oder wenn überhaupt kein Umsatz ausgeführt wird (Luft- oder Scheinrechnung); hier schuldet der Rechnungsaussteller den Steuerbetrag.[196] In § 14c Abs. 1 UStG ist vorgesehen, dass bei nachträglicher Berichtigung die Steuerschuld entfällt, vorausgesetzt, dass die Gefährdung für das Steueraufkommen beseitigt worden ist. Das ist nach Satz 4 dann der Fall, wenn ein Vorsteuerabzug nicht geltend gemacht wurde oder wenn die geltend gemachte Vorsteuer an die Finanzbehörde zurück gezahlt wurde. Der EuGH hatte mittlerweile entschieden, dass jede zu Unrecht in Rechnung gestellte Steuer berichtigt werden kann, wenn die damit ausgelöste Gefährdung des Steueraufkommens rechtzeitig und vollständig beseitigt worden ist.[197] Im Anschluss an dieses Urteil geht der BFH nunmehr davon aus, dass unter der genannten Bedingung jede zu Unrecht in Rechnung gestellte Steuer berichtigt werden kann. Er sieht die Gefährdung des Steueraufkommens als vollständig beseitigt an, wenn beispielsweise eine Rückgabe oder Stornierung der Rechnung erfolgt, bevor der Empfänger den Vorsteuerabzug vorgenommen hat oder das Finanzamt dem Rechnungsemp- 60

---

[192] Dazu Abschn. 15.2a Abs. 6 UStAE.
[193] BFH BStBl. II 2001 S. 426.
[194] BFH BStBl. II 1980 S. 228 f.
[195] BFH BStBl. II 1981 S. 547 ff.
[196] Abschn. 15.2a Abs. 2 UStAE.
[197] EuGH UR 2000, 470 (472 ff.) – Schmeinck & Cofreth u. Strobe.

fänger die Vorsteuer versagt hat. Unter den Voraussetzungen der Entscheidungen des EuGH und des BFH[198] entfaltet eine Rechnungsberichtigung in Bezug auf die Inanspruchnahme des Vorsteuerabzugs zeitliche Rückwirkung.

61 **7. Gutschriften.** Nur wenn die **zivilrechtliche Abrechnungslast** beim Leistungsempfänger liegt, muss dieser das Abrechnungspapier in Form einer Gutschrift ausstellen, § 14 Abs. 2 S. 2 UStG. Nur in diesen Fällen kann unter den Voraussetzungen des § 14 Abs. 4 UStG die Rechnung unter der Kennzeichnung als „Gutschrift" nach Nr. 10 zum Vorsteuerabzug berechtigen.

62 **8. Ausschluss des Vorsteuerabzugs.** Nach § 15 Abs. 2 UStG ist der Vorsteuerabzug ua ausgeschlossen, wenn der Unternehmer die dem Vorsteuerausweis zugrundeliegende Leistung zur Ausführung folgender Umsätze verwendet:
– steuerfreie Umsätze (§ 15 Abs. 2 Nr. 1 UStG),
– Umsätze im Ausland, die steuerfrei wären, wenn sie im Inland ausgeführt würden (§ 15 Abs. 2 Nr. 2 UStG).

63 Wie unter → Rn. 50 ausgeführt, führt die Versagung des Vorsteuerabzugs zur Belastung des Unternehmers, der versuchen wird, die nicht abziehbare Vorsteuer auf seinen Abnehmer abzuwälzen. Der Ausschluss bezieht sich auf die Steuer für Lieferungen und sonstige Leistungen, die Einfuhr und innergemeinschaftliche Erwerbe für den Erwerb von Gegenständen, die der Unternehmer zur Ausführung der betreffenden Umsätze verwendet sowie für sonstige Leistungen, die er dafür in Anspruch nimmt.[199] Der Ausschluss vom Vorsteuerabzug tritt bei der Ausführung bestimmter steuerfreier Umsätze nicht ein, insbesondere nicht bei Ausfuhrumsätzen und innergemeinschaftlichen Lieferungen (§ 15 Abs. 3 UStG). Dies entspricht dem Bestimmungslandprinzip, wonach der Endverbraucher mit der Steuer des Bestimmungslandes belastet werden soll. Eine Gesellschaft, die als Unternehmer umsatzsteuerbare und -pflichtige Leistungen erbringt, wie zB eine Führungsholding, die in ihrem Konzern gegen Entgelt die Geschäftsführung bei oder andere Leistungen gegenüber den Tochterunternehmen übernommen hat, ist zum Vorsteuerabzug, ua auch aus Aktienemissionskosten berechtigt.[200]

64 **9. Aufteilung von Vorsteuerbeträgen nach § 15 Abs. 4 UStG.** Führt eine Aktiengesellschaft nur steuerpflichtige Umsätze aus, so steht ihr für alle Eingangsleistungen, die für ihr Unternehmen erbracht wurden, der Vorsteuerabzug zu, sofern auch die übrigen Voraussetzungen des § 15 Abs. 1 UStG erfüllt sind. Umgekehrt steht der Aktiengesellschaft kein Vorsteuerabzug zu, wenn sie nur Umsätze iSv § 15 Abs. 2 UStG ausführt. Häufig führen Aktiengesellschaften jedoch einerseits Umsätze aus, die den Vorsteuerabzug zulassen, andererseits auch solche Umsätze, die ihn ausschließen.

65 Dann ist nach § 15 Abs. 4 UStG der Teil der Vorsteuerbeträge nicht abziehbar, der den zum Ausschluss des Vorsteuerabzugs führenden Umsätzen **wirtschaftlich zuzuordnen** ist. Der Unternehmer darf die nichtabziehbaren Beträge im Wege einer sachgerechten Schätzung ermitteln (§ 15 Abs. 4 S. 2 UStG).[201] Daneben sieht § 43 UStDV Aufteilungserleichterungen vor. Veräußert die Aktiengesellschaft eine Beteiligung, kann dies dem nichtunternehmerischen Bereich zuzuordnen sein, so dass ein Vorsteuerabzug ausscheidet. Handelt es sich um eine unternehmerische Beteiligung, da gegebenenfalls die eine Organgesellschaft der Verkäuferin darstellte, ist die Anteilsveräußerung steuerbar aber steuerfrei, so dass der Vorsteuerabzug für Umsatzsteuern aus bezogenen Eingangsleistungen (zB

---

[198] EuGH StuB 2016, 758; BFH StuB 2017, 252; dazu *Grambeck* StuB 2017, 260.
[199] Abschn. 15.12 Abs. 1 S. 2 UStAE; zum Vorsteuerabzug bei Teiloption BFH DStR 2016, 2280; *Hammerl/Fietz* DStR 2017, 758.
[200] FG Hamburg MwStR 2013, 100; EuGH DStR 2005, 965 – Kretztechnik; Abschn. 15.21 Abs. 2 ff. UStAE.
[201] Zu den zulässigen Aufteilungsmethoden BFH BFH/NV 2014, 1177; BFH BStBl. II 2010 S. 885; Abschn. 15.16 bis.18 UStAE.

Beratungsleistungen) ausscheidet, wenn die Beteiligungsveräußerung nicht im konkreten Fall eine Geschäftsveräußerung im Ganzen darstellt, was bei der Veräußerung von 100 % der Anteile oder bei Fortführung der eine Organschaft vermittelnden wirtschaftlichen Beziehungen im Einzelfall gegeben sein kann.[202]

10. Ausschluss des Vorsteuerabzugs für Unternehmer. Kraft Gesetzes sind bestimmte Eingangsleistungen generell vom Vorsteuerabzug ausgeschlossen, wie zB nach § 15 Abs. 1a UStG **Repräsentationsaufwendungen** und für **Reise- sowie Umzugskosten**. Bei den in § 15 Abs. 1a UStG genannten Repräsentationsaufwendungen handelt es sich um bestimmte nach § 4 Abs. 5, Abs. 7 EStG nicht abziehbare Betriebsausgaben und private Aufwendungen betrieblicher Mitveranlassung nach § 12 Nr. 1 EStG. Ausgeschlossen ist der Vorsteuerabzug für:

– Geschäftsfreundgeschenke über 35 Euro (§ 4 Abs. 5 Nr. 1 EStG),
– 30 % angemessener Bewirtungsaufwendungen für Geschäftsfreunde (§ 4 Abs. 5 Nr. 2 EStG); für unangemessene Bewirtungskosten ergibt sich insgesamt ein Ausschluss vom Vorsteuerabzug (§ 4 Abs. 5 Nr. 7 EStG).
– Gästehäuser, Jagden, Jachten und Fischerei (§ 4 Abs. 5 Nr. 3, 4 EStG),[203]
– untrennbar gemischt private/betriebliche Aufwendungen (§ 12 Nr. 1 EStG),[204]
– Aufwendungen, bei denen das Gebot zur gesonderten Aufzeichnung nach § 4 Abs. 7 EStG verletzt wurde.

Der Vorsteuerabzug ist nach § 15 Abs. 1b UStG eingeschränkt bei Verwendung eines Grundstücks sowohl für unternehmerische als auch nicht-unternehmerische Zwecke.[205]

11. Berichtigung des Vorsteuerabzugs. Da sich die Verhältnisse, die für den Vorsteuerabzug maßgebend sind, im Laufe der Jahre ändern könnten, sieht § 15a UStG eine Korrektur des Vorsteuerabzugs (zu Gunsten oder zu Ungunsten) des Unternehmers vor.[206] Im Falle einer Geschäftsveräußerung im Ganzen (§ 1 Abs. 1a UStG) tritt der Erwerber in die umsatzsteuerliche Stellung des Veräußerers ein, der maßgebliche Berichtigungszeitraum wird nicht unterbrochen, § 15a Abs. 10 UStG. Wird ein Wirtschaftsgut angeschafft, dessen Nutzungsdauer sich auf mehrere Jahre erstreckt, so sind für den Vorsteuerabzug zunächst die Verhältnisse bei Erwerb des Wirtschaftsgutes maßgebend. Änderungen werden nur dann berücksichtigt, wenn sie innerhalb des **Berichtigungszeitraumes** eintreten. Dieser beträgt für Grundstücke 10 Jahre, für alle übrigen Wirtschaftsgüter 5 Jahre, soweit nicht die Verwendungsdauer ohnehin kürzer ist. Für jedes Kalenderjahr der Änderung innerhalb des Berichtigungszeitraumes ist von $1/10$ bzw. $1/5$ der auf das Wirtschaftsgut entfallenden Vorsteuerbeträge auszugehen, sofern nicht der Zeitraum der tatsächlichen Verwendung kürzer ist.[207] Entsprechend dem durch Vergleich mit dem ersten Jahr zu ermittelnden Umfang der Änderung wird für Änderungsjahre ein zusätzlicher Vorsteueranspruch gewährt oder umgekehrt eine Kürzung des Vorsteuerabzugs vorgenommen.

12. Bekämpfung missbräuchlichen Vorsteuerabzugs. Der Vorsteuerabzug birgt erhebliche Missbrauchsmöglichkeiten, da nicht ausgeschlossen werden kann, dass es zu einem Auseinanderfallen der Gewährung des Vorsteuerabzugs einerseits und der Entrichtung der korrespondierenden Umsatzsteuer andererseits kommt. Daher wurden verschiedene Sanktionsnormen eingefügt.[208] Nach § 25d UStG haftet die leistungsempfangende Aktiengesell-

---

[202] BFH BStBl. II 2012 S. 68; Abschn. 15.22 Abs. 1 UStAE; BMF 3.1.2012, BStBl. I 2012 S. 1160 der die Fortführung einer Organschaft verlangt; dazu *Hahne* BB 2011, 999; *Marchal* BB 2011, 1815 (1817).
[203] BFH BFH/NV 2008, 2139.
[204] Die Regelung wird als zu unbestimmt kritisiert, EuGH BFH/NV 2010, 1218.
[205] BGBl. 2010 I S. 1768 zur Beseitigung des „Seeling"-Modells; EuGH BFH/NV Beil. 2003, 157; EuGH BFH/NV 2009, 1056; *Sölch/Ringleb/Oelmaier* UStG § 15 Rn. 530 ff.
[206] Zu § 15a UStG vgl. Abschn. 15a UStAE.
[207] Abschn. 15a.4 Abs. 1 UStAE.
[208] ZB Steuerverkürzungsbekämpfungsgesetz v. 19.12.2001 BGBl. 2001 I S. 3922.

schaft für die Steuerschuld des an sie leistenden Unternehmers und die Steuerschuld der Vorlieferanten. Voraussetzung ist, dass der Leistende oder ein Vorlieferant als eigentlicher Steuerschuldner die in einer Rechnung ausgewiesenen Steuern nicht entrichtet hat. Diese Nichtentrichtung muss entsprechend einer vorgefassten Absicht erfolgt sein und die haftende Aktiengesellschaft als Leistungsempfängerin muss ihrerseits davon Kenntnis gehabt haben oder nach der Sorgfalt eines ordentlichen Kaufmanns Kenntnis gehabt haben müssen. Davon ist nach § 25d Abs. 2 S. 1 UStG auszugehen, wenn für den Umsatz ein Preis in Rechnung gestellt wird, der unter dem marktüblichen Preis liegt.[209] Daneben wurde in § 18f UStG eine **Sicherheitsleistung** für die Zustimmung des Finanzamts zu Voranmeldungen eingeführt, wenn sich aus dieser eine Vorsteuervergütung oder eine Erstattung ergibt. In § 27b UStG ist eine spezielle örtliche **Umsatzsteuer-Nachschau** außerhalb einer Außenprüfung ohne vorherige Ankündigung mit **Auskunfts- und Vorlagepflichten** wie bei einer regulären Außenprüfung und einem Auswertungsrecht auch bzgl. anderer Steuerarten und anderer Personen eingeführt worden. Durch das StÄndG[210] wurde ferner durch § 13c UStG eine Haftungsnorm geschaffen, im Falle der Abtretung von Forderungen über umsatzsteuerpflichtige Lieferungen oder Leistungen sowie im Falle der Pfändung und Verpfändung den Abtretungsempfänger oder den Pfandgläubiger für nicht entrichtete Umsatzsteuer haftbar zu machen.

IV. Entstehen der Steuer, Steuerschuldner und Verfahren

70 **1. Steuerschuldner.** Steuerschuldner ist bei Lieferungen und sonstigen Leistungen iSv § 1 Abs. 1 Nr. 1 UStG der Unternehmer (§ 13a Abs. 1 Nr. 1 UStG). Beim innergemeinschaftlichen Erwerb iSv § 1 Abs. 1 Nr. 5 UStG ist Steuerschuldner der Erwerber (§ 13a Abs. 1 Nr. 2 UStG). Der durch das Steueränderungsgesetz[211] eingefügte § 13b UStG[212] verlagert die **Steuerschuldnerschaft** auf den **Leistungsempfänger**, zunächst im Wesentlichen für die Tatbestände, die bisher unter das Abzugsverfahren gemäß § 18 Abs. 3 UStG, 51–58 UStDV fielen. Es handelt sich um folgende Umsätze:[213]

- Nach § 3a Abs. 2 UStG im Inland steuerpflichtige Leistungen eines im übrigen Gemeinschaftsgebiet ansässigen Unternehmers, § 13b Abs. 1 UStG,
- Werklieferungen und sonstige Leistungen eines im Ausland ansässigen Unternehmers an einen im Inland ansässigen Unternehmer,
- Lieferungen sicherungsübereigneter Gegenstände durch den Sicherungsgeber an den Sicherungsnehmer außerhalb des Insolvenzverfahrens,
- Umsätze, die unter das Grunderwerbsteuergesetz fallen,[214]
- Bauleistungen, insbes. Werklieferungen und sonstige Leistungen im Zusammenhang mit Bauwerken,[215]
- Lieferungen von Gas und Elektrizität eines im Ausland ansässigen Unternehmens nach Maßgabe von § 3g UStG,
- Übertragungen von Emissionsrechten nach § 3 Abs. 4 des Treibhausgas-Emissionshandelsgesetzes,
- Lieferung der in Anlage 3 des UStG aufgeführten Gegenstände,
- Reinigen von Gebäuden und Gebäudeteilen,
- Lieferung von (Rein-)Gold
- Lieferung von Mobilfunkgeräten, Tablet Computern, Spielekonsolen uam, wenn die Summe der Entgelte mindestens 5.000 EUR beträgt;

---

[209] Sölch/Ringleb/*Jatzke* UStG § 25d Rn. 2.
[210] StÄndG 2003 v. 15.12.2003 BGBl. 2003 I S. 2645.
[211] BGBl. 2001 I S. 3794.
[212] Erweitert durch Gesetz v. 8.12.2010 BGBl. 2010 I S. 1768.
[213] Abschn. 13b.1 UStAE.
[214] HBeglG v. 29.12.2003 (BGBl. 2003 I S. 3076) mit Ergänzung zu § 13b UStG.
[215] *Güldner/Pflanzer/Voith* DStR 2004, 1163 f.

Lieferung der in Anlage 4 zum UStG bezeichneten Gegenstände, wenn die Summe der in Rechnung gestellten Entgelte mindestens 5.000 EUR betragen.

Der Leistungsempfänger ist nicht Haftender, sondern er schuldet die Umsatzsteuer selbst und allein.[216] Der Aussteller der Rechnung ist nunmehr verpflichtet, die Steuerschuldnerschaft des Leistungsempfängers in der Rechnung anzugeben.

2. Entstehen der Steuer. Die Steuer entsteht in der Regel mit Ablauf des Voranmeldungszeitraums, in dem die Leistungen ausgeführt worden sind (§ 13 Abs. 1 UStG). **71**

3. Verfahren. Obwohl die Umsatzsteuer an den einzelnen Umsatz anknüpft, handelt es sich um eine Jahressteuer (§ 16 Abs. 1 UStG). Besteuerungszeitraum ist das **Kalenderjahr**. Der Unternehmer macht den Vorsteuerabzug bei dem für ihn zuständigen Finanzamt geltend, indem er von der von ihm abzuführenden Umsatzsteuer die Vorsteuer abzieht (§ 16 Abs. 2 S. 1 UStG). Die verbleibende Differenz ist die **Zahllast** und damit die Steuerschuld iSd Abgabenordnung. Übersteigt der Vorsteuerabzug die Steuerschuld, so hat der Unternehmer einen **Erstattungsanspruch** gegen das Finanzamt. Bereits vor Ablauf des Kalenderjahres hat der Unternehmer monatliche oder vierteljährliche **Voranmeldungen** abzugeben und dementsprechende Vorauszahlungen zu leisten. Die **Vorauszahlungen** werden am zehnten Tag nach Ablauf des Voranmeldezeitraums fällig (§ 18 Abs. 1, 2 UStG).[217] **72**

§ 55 Sonstige Steuern

Übersicht

	Rn.		Rn.
I. Grundsteuer	1, 2	II. Grunderwerbsteuer	3–15

Schrifttum: *Behrens,* Neue RETT-Blocker-Vermeidungsvorschrift in § 1 Abs. 3a GrEStG durch AmtshilfeRLUmsG, DStR 2013, 1405; *ders.,* Mittelbarer Gesellschafterwechsel bei § 1 Abs. 2a GrEStG nach dessen Änderung durch das StÄndG 2015, BB 2017, 1046; *ders.,* Zur Reichweite der teleologischen Reduktion des § 6 Abs. 4 GrEStG, BB 2016, 340; *Behrens/Waadt* Grunderwerbsteuer bei sog. Share Deals nach dem Referentenentwurf des BMF vom 8.5.2019 – Anmerkungen insbes. zu den Übergangsregelungen, BB 2019, 1367; *Behrens/Wachter,* GrEStG Kommentar 2018; *Broemel/Mörwald,* Grunderwerbsteuerreform im Bereich der „Share-Deals" – Beschlüsse der Finanzministerkonferenz, Praxisfolgen, verfassungsrechtliche Probleme, DStR 2018, 1521; *dies.,* Grunderwerbsteuerreform im Bereich der Share Deals – ein kritischer Überblick zum Referentenentwurf des BMF, DStR 2019, 1113; *Broer/Jarass,* Verfassungsfeste Erhebung der Grundsteuer mittels Grundsteuererklärung, BB 2018, 919; *Drüen,* Verfassungsfragen bei der Reform der Grunderwerbsteuer, Ubg 2019, 65; *Graessner/Franzen,* Praktische Fragestellungen zur grunderwerbsteuerlichen Konzernklausel des § 6a GrEStG bei Einbringungsfällen mi Auslandsbezug, Ubg 2016, 1; *Hofmann,* Aktuelle Entwicklungen im Grunderwerbsteuerrecht, FR 2016, 766; *Joisten,* Die wirtschaftliche Betrachtungsweise im Anwendungsbereich von § 1 Abs. 2a GrEStG, DStZ 2016, 277; *Joisten/Liekenbrock,* Die neue Anti-RETT-Blocker-regelung nach § 1 Abs. 3a GrEStG, Ubg 2013, 469; *Klaas/Möller,* Die neuen koordinierten Erlasse zu § 1 Abs. 2a GrEStG aus Sicht der Transaktionspraxis, BB 2010, 3060; *Köhler/Wagner,* BB-Rechtsprechungsreport Grundsteuer 2010, BB 2011, 477; *Lange/Broemel,* Zweifelsfragen zum mittelbaren Gesellschafterwechsel in § 1 Abs. 2a GrEStG, DStR 2017, 360; *Loose,* Nachträgliche Erhebung von GrESt nach formwechselnder Umwandlung einer Personengesellschaft in eine Kapitalgesellschaft, DB 2014, 207; *ders.,* Neuregelung der Ersatzbemessungsgrundlage bei der GrESt (§ 8 Abs. 2 GrEStG), DB 2016, 75; *Mayer/Wagner,* Transaktionspraxis: Die Rechtsprechung des BFH im Grunderwerbsteuerrecht 2014/15, BB 2016, 2519; *Mies/Greskamp,* Grunderwerbsteuer bei Abtretung des Anspruchs auf Übertragung eines Gesellschaftsanteils, DStR 2016, 2741; *Pahlke,* GrEStG Kommentar 6. Aufl., 2018;

---

[216] Abschn. 13b.12 Abs. 1 UStAE; Bunjes/*Leonard* UStG § 13b Rn. 2; *Hüffner/Ingmaier* DStR 2004, 712 ff.; *Seifert* StuB 2004, 439.

[217] Zur Haftung eines Geschäftsführers einer GmbH für USt FG Berlin EFG 2004, 957 ff.

Schaflitzl/Schrade, Die geplante Anti-„RETT-Blocker"-Regelung im Grunderwerbsteuerrecht, BB 2013, 343; *Schober/Kuhnke,* Die „Anti-RETT-Blocker"-Regelung des § 1 Abs. 3a GrEStG, NWB 2013, 2225; *Schwedhelm/Zapf,* Die Grunderwerbsteuerbefreiung bei Umstrukturierungen im Konzern gemäß § 6a GrEStG – Fallstricke und Problemfelder, Teil I DStR 2016, 1906; Teil II DStR 2016, 1967; *Seer* Grundsteuer nach dem Urteil des BVerfG vom 10.4.2018 – Analyse und Folgerungen, DB 2018, 1488; *Stegmann,* Grunderwerbsteuerrechtliche Zweifelsfragen an der Schnittstelle von § 1 Abs. 2a und §§ 5, 6 GrEStG, Ubg 2009, 194; *Vossel/Peter/*Hellstern, Ausweitung der grunderwerbsteuerlichen Organschaft durch das EuGH-Urteil vom 16.7.2015? Ubg 2016, 271.

I. Grundsteuer

1   Steuergegenstand der Grundsteuer ist nach § 2 GrStG der Grundbesitz. Schuldner der Grundsteuer ist der Grundstückseigentümer (§ 10 Abs. 1 GrStG). Das Grundstück haftet für die Grundsteuer, die als öffentliche Last auf dem Grundstück ruht (§ 12 GrStG).

2   Das Besteuerungsverfahren erfolgt zweistufig. Vom Finanzamt wird die Steuermesszahl auf den Einheitswert des Grundstückes mit 3,5 ‰ festgesetzt (§ 15 Abs. 1 GrStG). Für diese Zwecke werden die Einheitswerte für Grundstücke verwendet. Die Einheitsbewertung für das Grundvermögen wird wegen der Mängel des Bewertungsverfahrens zunehmend in Zweifel gezogen. Der BFH hat bereits in der Vergangenheit Zweifel geäußert, nun aber das BVerfG zur Prüfung der Verfassungswidrigkeit angerufen.[1] Das BVerfG wurde durch BFH-Vorlagen und Verfassungsbeschwerden mit der Frage befasst, ob die Einheitsbewertung mit dem Gleichheitsgrundsatz vereinbar ist. Mit Urteil vom 10.4.2018 hat das Gericht die Regelungen des BewG zur Einheitsbewertung von Grundvermögen in den „alten" Bundesländern für verfassungswidrig erklärt;[2] die Entscheidung hat Gesetzeskraft. Der Gesetzgeber wurde aufgefordert, bis zum 31.12.2019 eine Neuregelung zu treffen; die zum Ende des Jahres 2018 angestellten Überlegungen gehen dahin, die Steuer entweder nach dem Wert oder der Fläche zu bemessen. Die bisherigen Regelungen dürfen bis dahin und, wenn eine Neuregelung getroffen wurde, übergangsweise bis zum 31.12.2024 angewandt werden. Es lagen erste Vorschläge zur Ausgestaltung des GrStG vor,[3] ua vom BMF[4], das ein wertunabhängiges (flächenbezogenes) und ein wertabhängiges Modell anregt; bei letzterem bedarf es einer Wertermittlung nach Maßgabe vereinfachter Verfahren.[5] Die Diskussion wurde durch 3 Gesetzeswerke abgeschlossen, die am 8.11.2019 den Bundesrat passierten. Sie sehen eine Änderung des Grundgesetzes vor, das die Gesetzgebungskompetenz des Bundes absichert und den Ländern die Möglichkeit einräumt, eigene abweichende Regelungen zu treffen. Mit der Änderung des GrStG und des BewG[6] werden neue Bewertungsregelungen festgelegt, die für bebaute Grundstücke auf ein vereinfachtes Ertragswertverfahren hinaus laufen. Den Ländern wird das Recht eingeräumt, Regelungen über ein wertunabhängiges Flächenmodell zu schaffen.[7] Durch eine weitere Änderung des GrStG wird die Möglichkeit geschaffen, einen erhöhten Hebesatz für baureife Grundstücke festzusetzen. Nach den bisherigen Regelungen, die bis zum 21.12.2024 weiter anzuwenden sind, erfolgt die Festsetzung des Einheitswerts zu den Hauptfeststellungszeitpunkten nach § 16 GrStG. Bei Änderung des Wertes, der Art oder der Zurechnung erfolgt eine entsprechende Fortschreibung nach § 22 BewG. Bei Grundstücken, die sich über mehrere

---

[1] BFH BStBl. II 2014 S. 957.
[2] BVerfG DStR 2018, 791; *Broer/Jarass* BB 2018, 919; *Barthel* DB 2018, 1161; *Seer* DB 2018, 1488.
[3] DIHK v. 30.7.2018 NWB 2018, 2383.
[4] BMF 29.11.2018, NWB 2018, 3809.
[5] *Löhr/Kempny* DStR 2019, 537; *Jarass* BB 2018, 3041; *Stöckel* NWB 2019, 652; *Maiterth/Lutz* StuW 2019, 22.
[6] G zur Reform des Grundsteuer- und Bewertungsrechts (Grundsteuer-Reformgesetz – GrStRefG) v. 26.11.2019, BGBl. I 2019, 1794.
[7] *Seer* FR 2019, 941; *Freund* FR 2019, 931; *Jarass/Trautvetter* BB 2019, 1751; *Eisele* NWB 2019, 2043 und 2127; *Wünsch* BB 2019, 1821; *Lüdicke* BB 2019, 1436; *Wünnemann/Koller* BB 2020, 215; zur Verfassungsmäßigkeit der Flächensteuer *Th. Schmidt* DStR 2020, 249.

Gemeinden erstrecken, wird der Messbetrag entsprechend der Flächengröße zerlegt (§§ 22, 23 GrStG). Auf der Basis des Grundsteuermessbetrages setzt die Gemeinde unter Anwendung ihres Hebesatzes die Grundsteuer fest (§ 25 GrStG). Die Hebesätze werden in kommunaler Hoheit festgesetzt und schwanken – zT sehr stark – zwischen den einzelnen Gemeinden. Insbesondere in jüngster Zeit wurden die gemeindlichen Hebesätze angehoben. Die Grundsteuer ist eine Jahressteuer (§ 27 GrStG) und in Vierteljahresbeträgen (§ 28 GrStG) zu entrichten. Ein Erlass der Grundsteuer kommt nur bei wesentlicher Ertragsminderung des Grundstücks in Betracht, § 33 GrStG.[8]

II. Grunderwerbsteuer

Steuergegenstand der Grunderwerbsteuer sind bestimmte Rechtsvorgänge, die sich auf inländische Grundstücke beziehen. Grunderwerbsteuer wird ausgelöst im Grundsatz bei Abschluss eines Vertrages, der den Anspruch auf Eigentumsverschaffung begründet (Verpflichtungsgeschäft), sie entsteht spätestens bei Übertragung des Grundstücks (Verfügungsgeschäft), wenn kein Verpflichtungsvertrag abgeschlossen worden ist. Des Weiteren sind grunderwerbsteuerbegründende Tatbestände das Meistgebot im Zwangsversteigerungsverfahren, die Auflassung, wenn kein Rechtsgeschäft vorausgegangen ist, das den Anspruch auf Übereignung begründet, sowie weitere in § 1 GrEStG genannte Tatbestände, die wirtschaftlich die Verfügung über ein Grundstück beinhalten. Zur Grunderwerbsteuer führt auch der Erwerb einer Verwertungsbefugnis nach § 1 Abs. 2 GrEStG.[9]

Zur Grunderwerbsteuer führt nach § 1 Abs. 2a GrEStG eine Änderung von 95 vHd. oder mehr im Bestand einer grundbesitzenden Personengesellschaft.[10] Von Bedeutung sind Anteilserwerbe durch neue Gesellschafter innerhalb eines Zeitraums von 5 Jahren.[11] Neu ist ein Gesellschafter, der erstmals ein Mitgliedschaftsrecht erwirbt oder der es innerhalb von fünf Jahren danach durch Erwerb weiterer Anteile aufstockt.[12] Von Bedeutung sind unmittelbare und mittelbare Veränderungen der Gesellschafterstruktur. Seit dem StÄndG 2015[13] werden mittelbare Veränderungen im Gesellschafterbestand bei beteiligten Personengesellschaften durch Multiplikation der jeweiligen Prozentsätze am Gesellschaftsvermögen anteilig berücksichtigt; eine Kapitalgesellschaft[14] gilt stets als neue Gesellschafterin, wenn an ihr mindestens 95 % der Anteile auf neue Gesellschafter übergehen.[15] Mit dieser Rechtsänderung wurde auf die Rechtsprechung des BFH[16] reagiert. Diese Rechtsprechung wurde durch weitere Entscheidungen dahin gehend entwickelt, dass bei mittelbaren Änderungen des Gesellschafterbestands nicht eine rechtliche, sondern eine wirtschaftliche Betrachtungsweise zur Anwendung kommt, so dass auch schuldrechtliche Bindungen oder

---

[8] FG Bremen EFG 2010, 1813; *Köhler/Wagner* BB 2011, 477 (478).

[9] FG Baden-Württemberg DStRE 2009, 41.

[10] Dazu Ländererlasse v. 24.6.1998 BStBl. I 1998 S. 925; Gleichlautender Ländererlass v. 7.2.2000 BStBl. I S. 344; FM Baden-Württemberg 18.2.2014, DB 2014, 867 ff.

[11] BFH BStBl. II 2013 S. 963; Gleichlautender Ländererlass v. 25.2.2010 BStBl. I 2010 S. 245; Boruttau/*Meßbacher-Hönsch,* GrEStG[18.] § 1 Rn. 910 ff.; Stegmann Ubg 2009, 194; *Klaas/Möller* BB 2010, 3060; zum Verlust der Altgesellschaftereigenschaft BFH DB 2013, 2192; zur Reichweite bei mittelbaren Gesellschaftsveränderungen BFH NWB 2013, 3130.

[12] BFH BStBl. II 2017 S. 966.

[13] StÄndG v. 2.11.2015 BGBl. 2015 I S. 1840 ff.; *Pahlke* GrEStG § 1 Rn. 305; *Behrens* GrEStG § 1 Rn. 426 ff.

[14] BFH BStBl. II 2016 S. 57; DStR 2016, 242; dazu *Lange/Broemel* DStR 2017, 360; *Pahlke* GrEStG § 1 Rn. 307 f.; *Behrens* GrEStG § 1 Rn. 446 ff.

[15] Ausschussempfehlungen BR-Drs. 432/1/14; BFH BStBl. II 2013 S. 833; weitere Änderungen werden vorgeschlagen im RefE v. 19.2.2015 für ein weiteres G zur Umsetzung der Protokollerklärung; gleich lautende Erlasse der Länder v. 9.12.2015 BStBl. I 2016 S. 136.

[16] BFH BB 2018, 355 mit Anm. *Behrens;* BFH BStBl. II 2013 S. 833; dazu zunächst Nichtanwendungserlass FM Baden-Württemberg 9.10.2013, Ubg 2014, 406.

§ 55 5

5 der Abschluss von Treuhandverträgen[17] zu einer geänderten Zuordnung führen können.[18] Dieser Auffassung scheint sich die Finanzverwaltung nunmehr anzuschließen.[19]

Ein wesentlicher grunderwerbsteuerbegründender Sachverhalt ist auch die Vereinigung von mindestens 95 vHd. der Anteile einer Gesellschaft (Kapital- oder auch Personengesellschaft)[20] in einer Hand (§ 1 Abs. 3 GrEStG) bezüglich der zu dem Vermögen der Gesellschaft gehörenden Grundstücke.[21] Die hierbei entstehende Grunderwerbsteuer sind keine Anschaffungskosten, sondern Aufwand.[22] Der Erwerb des Grundstücks aus der Gesellschaft durch den Gesellschafter führt nach Auffassung der Finanzverwaltung zur Anwendung von § 1 Abs. 6 GrEStG und damit zur Vermeidung einer Mehrfachbefassung. Erwirbt ein Mutterunternehmen von seinem Tochterunternehmen, an dem sie 100 vHd. der Anteile hält, wiederum mindestens 95 vHd. der Anteile an einer grundstücksbesitzenden Enkelgesellschaft, liegt bei Verstärkung einer Anteilsvereinigung kein grunderwerbsteuerpflichtiger Vorgang nach § 1 Abs. 3 Nr. 3 GrEStG vor.[23] Unmittelbare und mittelbare Beteiligungen werden zusammengerechnet, wenn an der Zwischengesellschaft eine Beteiligung von mindestens 95 % besteht, wenn an der Gesellschaft mit Grundbesitz insgesamt mindestens 95 % der Anteile gehalten werden, es sei denn, dass diese Gesellschaft iSv § 1 Abs. 4 Nr. 2b GrEStG abhängig ist (grunderwerbsteuerliche Organschaft).[24] Die Übertragung von 87,5 % der Anteile an einer Gesellschaft, der 100 % der Anteile an einer Gesellschaft mit Grundbesitz gehören oder zugerechnet werden, führt nicht zu einem grunderwerbsteuerpflichtigen Erwerb.[25] Bei Änderungen des mittelbaren Gesellschafters gelten die Überlegungen zur wirtschaftlichen Betrachtung (dazu oben zu § 1 Abs. 2a GrEStG) in gleicher Weise.[26] In seiner Entscheidung vom 27.9.2017 zu sog. RETT-Blocker-Strukturen hat der BFH entschieden,[27] dass bei mittelbarem Anteilsbesitz durch Zwischenschalten einer Personengesellschaft es nicht auf die gesamthänderische Mitberechtigung eines Gesellschafters ankommt, sondern auf den Anteil am Gesellschaftskapital. Die Finanzverwaltung hat sich dem in zahlreichen koordinierten Ländererlassen angeschlossen.[28] Nicht der GrESt unterliegt die Abtretung des kaufvertraglichen Anspruchs auf Übertragung von mindestens 95 % der

---

[17] BFH DStR 2016, 242; Gleich lautende Erlasse der Länder v. 19.9.2018 DB 2018, 2602.
[18] Dazu *Hofmann* FR 2016, 766; *Behrens* BB 2017, 1046; *Mayer/Wagner* BB 2016, 2519; *Behrens/Wagner* DB 2019, 1868.
[19] Gleich lautende Erlasse der ob. Finanzbehörden der Länder v. 12.11.2018 sowie v. 19.9.2018, DB 2018, 2601 (mittelbare Änderung des Gesellschafterbestands), 2602 (Treuhandgeschäfte ua) sowie 2605 (Anwendung v. § 3 und § 6 GrEStG).
[20] BFH ZflR 2003, 831; EWiR § 1 GrEStG aF 1/03, 969 *(Naujok)*.
[21] Eingef. durch StEntlG 1999.
[22] BFH DB 2011, 1533; ebenso bei Spaltung, FG Sachsen DStRE 2017, 596.
[23] BFH BFH/NV 1998, 81; BFH BStBl. II 2003 S. 320; auch gleich lautende Erlasse v. 2.12.1999 BStBl. I 1999 S. 991; FG Münster EFG 2003, 1187 (rkr.); zur Beteiligung von Personengesellschaften BFH BStBl. II 2002 S. 156; BFH BStBl. II 2011 S. 225; Boruttau/*Meßbacher-Hönsch*, GrEStG[18,] Rn. 1017.
[24] Erlass v. 19.9.2018 BStBl. I S. 1056, durch den der Erlass v. 21.3.2007 zur Anwendung des § 1 Abs. 4 iVm Abs. 4 GrEStG auf Organschaftsfälle BStBl. I 2007 S. 422 aufgehoben wird; zur Bedeutung der Entwicklungen in der umsatzsteuerlichen Organschaft im Grunderwerbsteuerrecht *Vossel/Peter/Hellstern* Ubg 2016, 271; *Satisk/Weiß* DStR 2018, 1257.
[25] BFH DB 2005, 2562; dazu *Willibald/Widmayer* DB 2005, 2543; *Behrens* BB 2005, 2621.
[26] Boruttau/*Meßbacher-Hönsch*, GrEStG[18,] § 1 Rn. 1013.
[27] BFH BStBl. II 2018 S. 667; dazu *Graessner* NWB 2018, 3722.
[28] Erlasse zur Anwendung von § 1 Abs. 3 GrEStG v. 19.9.2018 BStBl. I 2018 S. 1053; v. 19.9.2018 zu Treuhandgestaltungen BStBl. I 2018 S. 1074; zu § 1 Abs. 3a GrEStG BStBl. I 2018 S. 1078; zur Anwendung von §§ 3 und 6 GrEStG BStBl. I 2018 S. 1069; zu Organschaftsfällen BStBl. I 2018 S. 1056; v. 12.11.2018 zu § 1 Abs. 2a GrEStG BStBl. I 2018 S. 1312 und 1314; zur Anwendung von §§ 5 und 6 GrEStG BStBl. I 2018 S. 1334; Dazu *Joisten* Ubg 2018, 654; *Behrens* BB 2019, 30; *Wischott/Graessner* Ubg 2019, 84; *Saecker* NWB 2019, 738.

Anteile an einer grundbesitzenden Gesellschaft und die Begründung der Verpflichtung dazu.[29]

Angestoßen durch Überlegungen „gefühlter" Steuergerechtigkeit[30] wird eine Verschärfung der Regelungen beim Erwerb von Anteilen an Personen- oder Kapitalgesellschaften, denen oder deren Tochterunternehmen Immobilien gehören, erwartet. Nach dem derzeitigen Stand der Diskussion wird erwartet, dass eine Anteilsvereinigung bereits ab einer Schwelle von 90 % erreicht werden wird. Bei der Ermittlung der Schwelle ist zu erwarten, dass Erwerbe innerhalb der zurückliegenden 10 (statt 5) Jahre berücksichtigt werden. Die bisher nur in § 1 Abs. 2a GrEStG für Personengesellschaften geltende Regelung soll zum einen auf einen Betrachtungszeitraum von 10 bis 15 Jahren ausgedehnt und auch auf Transaktionen mit Beteiligungen an Kapitalgesellschaften erstreckt werden.[31] Ein Regierungsentwurf v. 31.7.2019 liegt vor, der Bundesrat hat am 20.9.2019 Stellung genommen. Die Umsetzung steht noch aus.[32] **6**

Durch Art. 26 des Amtshilferichtlinieumsetzungsgesetzes[33] wurde durch den neuen § 1 Abs. 3a GrEStG der Grundsatz der wirtschaftlichen Zusammenrechnung von Beteiligungen eingeführt, um damit verbreitete Strukturen zur Grunderwerbsteuervermeidung zu erschweren.[34] Infolge der wirtschaftlichen Zusammenrechnung (Durchrechnung) werden bis dahin praktizierte Strukturen zur Vermeidung von Grunderwerbsteuer bei nahezu vollständiger Anteilsinhaberschaft nicht mehr möglich sein.[35] Mit dieser Regelung ist in Fällen, in denen (sonst) eine Besteuerung nach § 1 Abs. 3 oder 2a GrEStG nicht in Betracht kommt, zu ermitteln, ob eine wirtschaftliche Beteiligung in Höhe von mindestens 95 % an einer Gesellschaft erworben oder erreicht wird. Dazu wird die Summe aus allen mittelbaren und unmittelbaren Beteiligungen am Kapital oder Vermögen einer Gesellschaft gebildet.[36] Die derzeitige gesetzliche Schwelle von 95 % ist in die rechtspolitische Diskussion geraten. Im Jahre 2018 muss mit der Umsetzung von Überlegungen gerechnet werden, die Grenze herabzusetzen;[37] statt der zunächst geplanten Schwelle bei 75 oder 50 % wird es voraussichtlich eine neue Schwelle bei 90 % geben.[38] Allerdings soll eine dem § 1 Abs. 2a GrEStG vergleichbare Regelung auch für Beteiligungen an Kapitalgesellschaften kommen, die auch zurückliegende Erwerbe berücksichtigen soll.[39] Die derzeitigen Regelungsvorstellungen sind im sog. JStG 2019 enthalten;[40] derzeit zeichnet sich allerdings ab, dass mit einer Umsetzung kurzfristig noch nicht gerechnet werden kann. Mit den Begriffen der Beteiligung am Kapital oder Vermögen wird in erster Linie auf gesellschaftsrechtliche Beteiligungen abgestellt; hybride Beteiligungsformen wie atypische stille Beteiligungen, partiarische Darlehen oder eigenkapitalähnliche Genussrechte werden nicht als wirtschaftliche Beteiligung iSv § 1 Abs. 3a GrEStG **7**

---

[29] BFH BStBl. II 2016 S. 748; *Mies/Greskamp* DStR 2016, 2741.
[30] Pressemitteilung des HessMdF v. 16.10.2017.
[31] Presseerklärung des HessMdF *Schäfer* v. 29.11.2018; *Broemel/Mörwald* DStR 2018, 1521; *Behrens* UVR 2017, 15; *Heurung/Tigges* Ubg 2018, 110; zu verfassungsrechtlichen Fragen *Drüen* Ubg 2018, 605 und 673.
[32] *Wagner* DB 2019, 1409; *Eichholz* Ubg 2019, 368; *Lüdicke* DB 2019, 1864; *Hirschberg/Schaflitzl* Ubg 2019, 315; *Bastell/Bock* DB 2019, 1767.
[33] AmtshilfeRLUmsG v. 26.6.2013 BGBl. I S. 1809.
[34] Vgl. den Gesetzesentwurf eines JStG 2013 der Bundesländer, Begr. zu Art. 26.
[35] Dazu *Hierstätter* BB 2014, 727.
[36] Dazu *Schaflitzl/Schrade* BB 2013, 343; *Behrens* DStR 2013, 1405; *Schober/Kuhnke* NWB 2013, 2225; *Joisten/Liekenbrock* Ubg 2013, 469.
[37] Pressemitteilung des HessMdF v. 16.10.2017; *Behrens* UVR 2017, 15.
[38] Zur Verfassungsmäßigkeit der weitergehenden Herabsetzung krit. *Drüen* Ubg 2019, 65.
[39] Zu verfassungsrechtlichen Zweifeln *Behrens/Dworog* BB 2018, 1943.
[40] Entw. eines G zur weiteren steuerlichen Förderung der Elektromobilität und Änderung weiterer steuerlicher Vorschriften v. 8.5.2019, Art. 19; dazu *Behrens/Waadt* BB 2019, 1367; *Broemel/Mörwald* DStR 2019, 1113; *Wagner* DB 2019, 1286; *Wischott/Graessner* NWB 2019, 1658; *Hirschberg/Schaflitzl* Ubg 2019, 253.

qualifiziert.⁴¹ dem gleichgestellt werden müssen. Die Regelung hat eine überschießende Tendenz. Sie soll zB bei einer Verkürzung der Beteiligungskette zur Anwendung kommen, auch wenn die Anteile bereits zuvor vereinigt waren.⁴²

8 Zu dem grunderwerbsteuerpflichtigen Vorgängen gehören auch der Übergang von Grundstücken bei Umwandlungen, Einbringungen und anderen Erwerbsvorgängen auf umwandlungsrechtlicher Grundlage, jedoch mit Ausnahme des Formwechsels nach §§ 190 ff. UmwG.⁴³ Der Formwechsel einer Personengesellschaft in eine Kapitalgesellschaft kann indes zu einer Anteilsvereinigung (dh Erwerb von mindestens 95 % in Händen eines Gesellschafters führen.

9 Grunderwerbsteuer wird nach § 5 GrEStG nicht erhoben, wenn und soweit ein Grundstück von mehreren Miteigentümern oder von einem Alleineigentümer auf eine Gesamthand übergeht. Dies gilt auch bei Übergang auf eine ausländische Gesamthand.⁴⁴ Nach § 6 Abs. 1 und 2 GrEStG wird bei Übergang eines Grundstücks von einer Gesamthand an einen oder mehrere an der Gesamthand beteiligte Personen Grunderwerbsteuer nicht erhoben, soweit der Bruchteil, den der einzelne Erwerber hält, dem Anteil entspricht, mit dem er an der Gesamthand beteiligt ist. Die Nichterhebung betrifft den Anteil, mit dem der oder die Miteigentümer an der Gesamthand beteiligt sind. Zur Missbrauchsvermeidung sind in § 5 Abs. 3 sowie § 6 Abs. 3 und 4 GrEStG 5-jährige Haltefristen vorgesehen;⁴⁵ Diese gelten auch für den Fall der der Einbringung nachfolgenden Umwandlung der Personengesellschaft in eine Kapitalgesellschaft.⁴⁶

10 Durch das Wachstumsförderungsgesetz v. 22.12.2009⁴⁷ war mit § 6a GrEStG eine Ausnahmeregelung für Umstrukturierungen innerhalb von Konzernen geschaffen worden.⁴⁸ Bei an sich zur Grunderwerbsteuer nach § 1 Abs. 1 Nr. 3, Abs. 2a, Abs. 3 oder Abs. 3a GrEStG führendem Vorgang infolge einer Umwandlung iSd UmwG⁴⁹ wird die Steuer nicht erhoben. Voraussetzung ist, dass an dem Umwandlungserfolg ausschließlich ein herrschendes und von diesem abhängiges oder mehrere von demselben Unternehmen abhängige Unternehmen beteiligt sind. Als abhängig gilt ein Unternehmen, wenn ein herrschendes Unternehmen innerhalb von 5 Jahren vor und von 5 Jahren nach dem Rechtsübergang unmittelbar oder mittelbar oder teils unmittelbar und mittelbar zu mindestens 95 % ununterbrochen beteiligt ist. Als Beteiligung gilt eine gesellschaftsrechtliche, dh verhältnismäßige dingliche Mitberechtigung am Vermögen.⁵⁰ Herrschendes Unternehmen iSd § 6a GrEStG ist der oberste Rechtsträger, der die Voraussetzungen des § 6a Abs. 4 GrEStG erfüllt und zB Unternehmer im umsatzsteuerlichen Sinne ist.⁵¹ Der BFH hat dem EuGH die Frage zur Entscheidung vorgelegt, ob die Regelungen des § 6a GrEStG zur Steuerfreiheit von Umwandlungen im Konzern eine nach Art. 107 AEUV verbotene Beihilfe

---

⁴¹ Boruttau/*Meßbacher-Hönsch,* GrEStG¹⁸, § 1 Rn. 1227 mwN.
⁴² Gleich lautende Erlasse v. 9.10.2013 BStBl. I 2013 S. 1364 Rn. 6; dazu Boruttau/*Meßbacher-Hönsch,* GrEStG¹⁸, § 1 Rn. 1239 mit kritischen Nachweisen.
⁴³ BFH BStBl. II 1997 S. 661; Koord. Ländererlass v. 12.12.1997 (geändert durch FM Bayern v. 2.11.1999 und v. 14.2.2000), zB BB 1998, 146; Erl. FM Hessen 9.10.2003, DStR 2003, 1981.
⁴⁴ Sen. Verw. Fin. Berlin 19.11.2008, UVR 2009, 134.
⁴⁵ Dazu OFD Nordrhein-Westfalen 22.8.2013, DB 2013, 2058.
⁴⁶ BFH DB 2014, 221; *Loose* DB 2014, 207; *Behrens* BB 2016, 340.
⁴⁷ BGBl. 2009 I S. 3950.
⁴⁸ Keine Anwendung von § 6a GrEStG auf Erwerbsvorgänge nach § 1 Abs. 1 Nr. 1 GrEStG, BFH DStR 2018, 2636.
⁴⁹ Gleiches gilt bei Umwandlungsvorgängen aufgrund des Rechts eines Mitgliedstaats der EU oder des EWR; zu Detailfragen *Schwedhelm/Zapf* DStR 2016, 1906 und 1967; zu Fällen mit Auslandsbezug *Graessner/Franzen* Ubg 2016, 1.
⁵⁰ FG Berlin-Brandenburg DStRE 2013, 1314.
⁵¹ Gleichl. Erlasse der Länder v. 1.12.2010 BStBl. I 2010 S. 1312; v. 22.6.2011 BStBl. I S. 673; OFD Frankfurt a. M. 19.7.2011, DStR 2011, 2254; *Behrens* Ubg 2010, 845.

darstellen.[52] In seiner Entscheidung beurteilte der EuGH § 6a GrEStG nicht als Beihilfe iSv Art. 107 AEUV.[53]

Unentgeltliche Verfügungen begründen keine Grunderwerbsteuerpflicht. **11**

Besteuert wird der Wert der Gegenleistung, zu der auch Leistungen gehören, die der Erwerber zusätzlich gewährt, § 9 Abs. 1 und 2 GrEStG. Wird mit dem Grundstück gleichzeitig Zubehör übertragen, so ist die Gegenleistung für das Zubehör nicht grunderwerbsteuerpflichtig. Zum Wert des Grundstückes gehört allerdings das aufstehende Gebäude. Fehlt eine Gegenleistung, wie zB bei umwandlungsrechtlichen Maßnahmen, wird auf den nach den Vorschriften des BewG ermittelten Wert abgestellt. Die zwischenzeitlich anzuwendende Ersatzbemessungsgrundlage nach § 138 Abs. 2–4 BewG hat das BVerfG[54] nach Vorlage durch den BFH[55] für verfassungswidrig erklärt. Durch das StÄndG 2015 wurde daraufhin die Anwendung der allgemeinen Bewertungsvorschriften des BewG vorgeschrieben. **12**

Die Grunderwerbsteuer betrug im Allgemeinen 3,5 % (§ 11 GrEStG). Nahezu alle Bundesländer (mit Ausnahme von Bayern und Sachsen) haben von dem Recht Gebrauch gemacht, einen höheren Steuersatz festzusetzen. Er beträgt ab 1.1.2017 6,5 % in Schleswig-Holstein, Nordrhein-Westfalen, Saarland, Brandenburg und Thüringen, 6 % in Berlin und Hessen, 5 % in Baden-Württemberg, Bremen, Mecklenburg-Vorpommern, Niedersachsen, Rheinland-Pfalz, Sachsen-Anhalt und Thüringen, 4,5 % gelten in Hamburg. Schuldner sind Käufer und Verkäufer als Gesamtschuldner (§ 13 GrEStG).[56] **13**

Die Besteuerung entfällt, wenn das Geschäft rückgängig gemacht wird, bevor das Grundeigentum auf den Erwerber übergegangen ist. Voraussetzung ist jedoch, dass die Rückgängigmachung innerhalb von 2 Jahren seit Entstehen der Steuer erfolgt und dass ein Rücktrittsrecht oder ein Wiederkaufsrecht vorbehalten war oder dass Vertragsbedingungen nicht erfüllt wurden und deshalb rückabgewickelt wurde (§ 16 GrEStG). Nach § 16 Abs. 2 GrEStG wird die Steuer mit den dort genannten besonderen Bedingungen auch nach Übertragung des Grundeigentums nicht erhoben beziehungsweise wird eine Steuerfestsetzung aufgehoben, wenn ein Rückerwerb des Grundstückes innerhalb einer 2-Jahres-Frist seit Entstehung der Steuer erfolgt. Dies gilt auch, wenn der Rückgängigmachung des Kaufvertrags ein weiterer Vertrag und die Übertragung des Grundstücks auf einen Dritten erfolgt, vorausgesetzt, dass der Ersterwerber seine Rechtsposition aus dem Erwerb aufgegeben hat.[57] § 16 GrEStG gilt auch für die Rückgängigmachung von Erwerbsvorgängen über Anteile (§ 1 Abs. 2a, 3 und 3a GrEStG).[58] **14**

Gerichte, Behörden und Notare haben nach § 18 GrEStG dem zuständigen Finanzamt Anzeige über Rechtsvorgänge im Zusammenhang mit Grundstücken oder Anteilen zu machen. Daneben sind nach § 19 GrEStG auch die Steuerschuldner verpflichtet, Anzeigen über Rechtsvorgänge zu erstatten; diese Verpflichtung gilt unabhängig davon, ob eine Anzeigepflicht nach § 18 GrEStG bestand. Sie ist insbesondere bedeutsam bei Vorgängen, über die keine notarielle Urkunde erstellt wurde. Die Anzeige ist innerhalb von zwei Wochen nach Kenntniserlangung von dem Vorgang zu erstatten, § 19 Abs. 2 GrEStG.[59] **15**

---

[52] BFH DStR 2017, 1324; zur Beitrittsaufforderung an das BMF BFH BStBl. II 2016 S. 170.
[53] EuGH IStR 2019, 70; *Cloer/Vogel* BB 2019, 151; dazu *Schönfeld/Ellenrieder* IStR 2018, 682; *Greiser/Rotter* IWB 2017, 662; *Kittl/Lorenz* DStR 2019, 897; *Grondorf* DB 2019, 1633.
[54] BVerfG BStBl. II 2015 S. 871; *Pahlke* GrEStG § 8 Rn. 72 ff.
[55] BFH BStBl. II 2011 S. 932 sowie BFH/NV 2011, 1009 zur Vorlage zur Entscheidung über die Verfassungsmäßigkeit der GrESt nach Grundbesitzwerten; dazu *Loose* DB 2016, 75.
[56] Zur ertragsteuerlichen Behandlung der GrESt *Schmitz* NWB 2014, 2466.
[57] BFH DStRE 2013, 1507; zur Nutzung der Rechtsposition durch den Ersterwerber BFH NZG 2019, 431.
[58] Boruttau/Loose, GrEStG[18.] § 16 Rn. 251.
[59] *Halaczinsky* UVR 2018, 263 zu Erweiterung der Anzeigepflicht durch den Entwurf des G zur Vermeidung von Umsatzsteuerausfällen ua der BReg v. 1.8.2018 BR-Drs. 372/18.

10. Kapitel. Kapitalmaßnahmen

§ 56 Überblick zu Kapitalmaßnahmen

Übersicht

	Rn.		Rn.
I. Maßnahmen der Kapitalbeschaffung	1–6	3. Kapitalerhöhung aus Gesellschaftsmitteln	6
1. Beschaffung von Eigenkapital und Fremdkapital	1	II. Maßnahmen der Kapitalherabsetzung	7–10
2. Beschaffung neuen Eigenkapitals durch Kapitalerhöhung	2–5		

Schrifttum: Vgl. die Literaturhinweise zu §§ 57–65.

I. Maßnahmen der Kapitalbeschaffung

1. Beschaffung von Eigenkapital und Fremdkapital. Die Aktiengesellschaft kann **Eigenkapital** beschaffen durch Maßnahmen der Innenfinanzierung (Gewinnthesaurierung, Abschreibungsfinanzierung), durch freiwillige Leistungen der Aktionäre außerhalb von Kapitalerhöhungen und durch Erhöhung des Grundkapitals. Daneben stehen vielfältige Möglichkeiten zur Beschaffung von **Fremdkapital**, teilweise auch mit eigenkapitalähnlichem Charakter, offen (vgl. unten § 64).[1]

2. Beschaffung neuen Eigenkapitals durch Kapitalerhöhung. Für die Beschaffung neuen Eigenkapitals durch Kapitalerhöhung kennt das Gesetz drei Formen:
– die (reguläre) Kapitalerhöhung gegen Einlagen (§§ 182–191 AktG),
– die bedingte Kapitalerhöhung (§§ 192–201 AktG),
– das genehmigte Kapital (§§ 202–206 AktG).

Bei der regulären **Kapitalerhöhung gegen Einlagen** (vgl. unten § 57) wird das Grundkapital gegen Bar- oder Sacheinlagen unter Ausgabe neuer Aktien erhöht. Zuständig für die Entscheidung, das Kapital zu erhöhen, ist die Hauptversammlung.

Die **bedingte Kapitalerhöhung** (vgl. unten § 58) ist gegenüber der regulären Kapitalerhöhung erleichtert, allerdings nach der gesetzlichen Konzeption auch nur für besondere Zwecke vorgesehen, nämlich
– zur Gewährung von Umtausch- oder Bezugsrechten an Gläubiger von Wandelschuldverschreibungen,
– zur Vorbereitung von Unternehmenszusammenschlüssen und
– zur Schaffung von Aktien für Arbeitnehmer, Vorstandsmitglieder und Geschäftsführer der Gesellschaft und verbundener Unternehmen.

Die Kapitalerhöhung steht unter der Bedingung, dass sie nur insoweit durchgeführt wird, als von den eingeräumten Bezugs- oder Umtauschrechten Gebrauch gemacht wird. Zuständig für die Schaffung eines bedingten Kapitals ist ebenfalls die Hauptversammlung.

Bei dem **genehmigten Kapital** (vgl. unten § 59) wird der Vorstand durch die Hauptversammlung ermächtigt, selbst das Grundkapital durch Ausgabe neuer Aktien gegen Bar- oder Sacheinlagen zu erhöhen. Die Ermächtigung setzt keine besonderen Zwecke voraus. Die Entscheidung, ob und inwieweit das genehmigte Kapital ausgenutzt und das Grundkapital tatsächlich erhöht wird, trifft der Vorstand mit Zustimmung des Aufsichtsrats.

---

[1] Zur Eigen- und Fremdkapitalfinanzierung im Allgemeinen informativ HdB AG-Finanzierung/*Parmentier* Kap. 1 Rn. 1 ff.

6 3. Kapitalerhöhung aus Gesellschaftsmitteln. Daneben steht die **Kapitalerhöhung aus Gesellschaftsmitteln** (§§ 207–220 AktG; vgl. unten § 60). Hierbei werden der Gesellschaft jedoch keine neuen Mittel zugeführt, sondern es wird lediglich bisher schon vorhandenes Vermögen der Gesellschaft in Grundkapital umgewandelt.

II. Maßnahmen der Kapitalherabsetzung

7 Auch für die Herabsetzung des Grundkapitals kennt das Gesetz drei Formen:
- die ordentliche Kapitalherabsetzung (§§ 222–228, 240 AktG),
- die vereinfachte Kapitalherabsetzung (§§ 229–236, 240 AktG),
- die Kapitalherabsetzung durch Einziehung von Aktien (§§ 237–239, 240 AktG).

8 Die **ordentliche Kapitalherabsetzung** (vgl. unten § 61) geschieht bei Gesellschaften mit Stückaktien durch bloße Herabsetzung des Grundkapitals; bei Gesellschaften mit Nennbetragsaktien wird das Grundkapital durch Herabsetzung des Nennbetrags der Aktien oder durch Zusammenlegung von Aktien herabgesetzt. Die ordentliche Kapitalherabsetzung ist zu allen Zwecken erlaubt. Insbesondere macht sie es möglich, einen als überflüssig angesehenen Teil des Grundkapitals von den Vorschriften über die Kapitalbindung zu befreien und in andere Gewinnrücklagen umzuwandeln oder auszuschütten. Im Gegenzug sind jedoch strenge Vorschriften über den Gläubigerschutz einzuhalten. Zuständig für die Entscheidung, das Kapital herabzusetzen, ist die Hauptversammlung. In der Praxis kommen ordentliche Kapitalherabsetzungen selten vor.

9 Die **vereinfachte Kapitalherabsetzung** (vgl. unten § 62) ist ausschließlich zu Sanierungszwecken zulässig, um
- Wertminderungen auszugleichen,
- sonstige Verluste zu decken oder
- Beträge (in beschränktem Umfang) in die Kapitalrücklage einzustellen.

Sie ist von den strengen Gläubigerschutzvorschriften, die bei einer ordentlichen Kapitalherabsetzung einzuhalten sind, befreit und kann – ebenso wie eine gleichzeitige Wiedererhöhung des Grundkapitals – mit Rückwirkung auf das letzte Geschäftsjahr vorgenommen werden. Auch die vereinfachte Kapitalherabsetzung wird bei Gesellschaften mit Stückaktien durch bloße Herabsetzung des Grundkapitals durchgeführt, während sie bei Gesellschaften mit Nennbetragsaktien entweder durch Herabsetzung der Aktiennennbeträge oder durch Zusammenlegung der Aktien geschieht. Zuständig ist auch hierfür die Hauptversammlung. In der Praxis dient die vereinfachte Kapitalherabsetzung zumeist der Beseitigung einer Unterbilanz. Sie wird häufig mit einer sofortigen Wiedererhöhung des herabgesetzten Kapitals verbunden, um vor der Zuführung neuen Kapitals die Voraussetzungen für eine Ausgabe der neuen Aktien zu dem geringsten Ausgabebetrag (§ 9 Abs. 1 AktG) zu schaffen.

10 Bei der **Kapitalherabsetzung durch Einziehung** von Aktien (vgl. unten § 63) handelt es sich im Grundsatz um einen besonderen Durchführungsweg einer ordentlichen Kapitalherabsetzung. Unter bestimmten Voraussetzungen sind die Vorschriften über die ordentliche Kapitalerhöhung, vor allem die strengen Gläubigerschutzbestimmungen, jedoch nicht zu beachten. Darüber hinaus betrifft die Einziehung nicht (notwendig) alle Aktien gleichmäßig, sondern ist darauf gerichtet, einzelne Aktien ganz untergehen zu lassen, während die anderen unangetastet bleiben. Die Einziehung kann daher über die bloße Herabsetzung des Grundkapitals hinaus weiteren Zwecken dienen, etwa der Beseitigung bestimmter Aktiengattungen, dem Ausschluss oder der Abfindung einzelner Aktionäre usw. Sie ist nur zulässig, wenn sie schon vor Übernahme oder Zeichnung der Aktien in der Satzung angeordnet war oder wenn die Aktien zuvor von der Gesellschaft erworben wurden. Zuständig ist die Hauptversammlung. Eine in der Satzung angeordnete Zwangseinziehung kann auch der Vorstand allein durchführen; ebenso kann der Vorstand auf Grund Ermächtigung durch die Hauptversammlung eigene Aktien ohne weiteren Hauptversammlungsbeschluss einziehen (§ 71 Abs. 1 Nr. 8 S. 6 AktG). In der Praxis sind Kapitalherabsetzungen durch Einziehung außer in den Fällen des § 71 Abs. 1 Nr. 8 S. 6 AktG selten.

§ 57 (Reguläre) Kapitalerhöhung gegen Einlagen

Übersicht

	Rn.		Rn.
I. Allgemeines	1–14	8. Verdeckte Sacheinlagen; Hin- und Herzahlen	65–78
1. Überblick	1, 2	a) Verdeckte Sacheinlage	66–71
2. Allgemeine Zulässigkeitsvoraussetzungen	3–12	b) Hin- und Herzahlen	72–78
a) Einzahlung der bisherigen Einlagen	3–7	9. „Schütt-aus-hol-zurück"-Verfahren	79, 80
b) Sachliche Rechtfertigung der Kapitalerhöhung	8, 9	10. Steuerliche Wirkungen des „Schütt-aus-hol-zurück"-Verfahrens	81, 82
c) Kapitalerhöhung nach Auflösung und bei Insolvenz	10	11. Gemischte Sacheinlage	83, 84
d) Kapitalerhöhung bei Übernahmeangebot	11	12. Debt Equity-Swap	85–87
		IV. Anmeldung und Eintragung des Kapitalerhöhungsbeschlusses	88–93
e) Ordnungsgemäße Durchführung früherer Kapitalmaßnahmen	12	1. Anmeldung zur Eintragung ins Handelsregister	88, 89
		2. Prüfung durch das Registergericht	90–92
3. Verpflichtung zur Durchführung oder Unterlassung einer Kapitalerhöhung	13, 14	3. Eintragung	93
		V. Bezugsrecht	94–165
II. Kapitalerhöhungsbeschluss	15–40	1. Gesetzliches Bezugsrecht	94–113
1. Beschlussfassung	15–25	a) Inhalt und Bedeutung	94
a) Zuständigkeit	15	b) Zwingender Charakter; Ausnahmen	95
b) Mehrheitserfordernis	16–19	c) Entstehung	96
c) Sonderbeschlüsse	20–24	d) Bezugsberechtigte	97–99
d) Änderung und Aufhebung des Kapitalerhöhungsbeschlusses	25	e) Verfügungen über den Bezugsanspruch	100–102
2. Beschlussinhalt	26–39	f) Gegenstand des Bezugsrechts	103–105
a) Erhöhungsbetrag	27	g) Ausübung	106, 107
b) Neue Aktien	28	h) Verwertung nicht bezogener Aktien; Über- und Nachbezugsrechte	108–110
c) Ausgabebetrag	29–32		
d) Sacheinlagen; Bezugsverhältnis und Bezugsrechtsausschluss	33	i) Vorgehen bei Überzeichnung	111
		j) Bekanntmachung des Bezugsrechts	112, 113
e) Fakultativer Inhalt	34–39	2. Ausschluss des gesetzlichen Bezugsrechts	114–145
3. Mängel der Beschlussfassung	40	a) Materielle Anforderungen	115–118
III. Sacheinlagen	41–87	b) Einzelfälle bei Barkapitalerhöhungen	119–119l
1. Allgemeines	41, 42		
2. Kapitalerhöhungsbeschluss	43–45	c) Bezugsrechtsausschluss bei Sachkapitalerhöhungen	120–122
3. Ausgabebetrag und Einlagewert	46–50		
a) Angaben zum Ausgabebetrag im Kapitalerhöhungsbeschluss	46	d) Vereinfachter Bezugsrechtsausschluss (§ 186 Abs. 3 S. 4 AktG)	123–129
b) Bewertung der Sacheinlage und § 255 Abs. 2 AktG	47–49	e) Förmliche Voraussetzungen	130–138
c) Bilanzierung	50	f) Umfang des Bezugsrechtsausschlusses; faktischer Bezugsrechtsausschluss	139–142
4. Prüfung	51, 52		
5. Einbringung der Sacheinlage	53–59	g) Mängel des Ausschlusses	143–145
a) Einbringungsvertrag	53	3. Mittelbares Bezugsrecht	146–157
b) Gewährleistung	54, 55	a) Mittelbarer Bezug von Emissionsinstituten	146–154
c) Zeitpunkt	56		
d) Form	57, 58	b) Mittelbarer Bezug von Dritten	155, 156
e) Unwirksamkeit der Sacheinlagevereinbarung; Leistungsstörungen	59	c) Verdeckte Sacheinlage und mittelbares Bezugsrecht	157
6. Differenzhaftung des Einbringenden	60–63		
7. Sachkapitalerhöhung als Nachgründung	64		

	Rn.		Rn.
4. Rechtsgeschäftliches Bezugsrecht	158, 159	c) Fehlen eines wirksamen Kapitalerhöhungsbeschlusses	180
5. Bezugsrecht und Bezugsrechtsausschluss im Konzern	160, 161	d) Leistungsstörungen auf Seiten des Zeichners	181
6. Steuerliche Behandlung der Veräußerung oder Ausübung des Bezugsrechts	162–165	VII. Weitere Abwicklung	182–201
		1. Einlageleistung	182–185
		a) Bareinlage, Sacheinlage	182, 183
VI. Zeichnung der Aktien	166–181	b) Voreinzahlung auf künftige Bareinlagepflicht	184, 185
1. Allgemeines	166, 167		
2. Zeichnungserklärung und Zeichnungsvertrag	168–177	2. Anmeldung, Eintragung und Bekanntmachung	186–191
a) Form des Zeichnungsscheins	168	3. Wirksamwerden	192
b) Inhalt des Zeichnungsscheins	169–171	4. Ausgabe der neuen Aktien	193, 194
c) Zeitpunkt	172	5. Auswirkung auf vertragliche Beziehungen zu Dritten	195–197
d) Stellvertretung	173		
e) Zustandekommen des Zeichnungsvertrages	174–176	6. Fehlerhafte Kapitalerhöhungen	198–201
		VIII. Kapitalmarktrechtliche Aspekte	202–213
f) Vorvertrag zur Zeichnung der Aktien	177	1. Prospektpflicht	202, 203
3. Mängel der Zeichnung; Leistungsstörungen	178–181	2. Informationspflichten nach MAR und WpHG	204–209
a) Mängel der Zeichnungserklärung	178	3. Übernahmerecht	210–213
b) Inhaltsmängel der Zeichnung und Fristablauf	179, 179a		

Schrifttum: *Baums,* Agio und sonstige Zuzahlungen im Aktienrecht, Liber Amicorum M. Winter, 2012, S. 61; *Bayer,* Materielle Schranken und Kontrollinstrumente beim Einsatz des genehmigten Kapitals mit Bezugsrechtsausschluss, ZHR 168 (2004), 132; *ders.,* Empfehlen sich besondere Regeln für börsennotierte und für geschlossene Gesellschaften?, Gutachten E zum 67. Deutschen Juristentag, 2008; *Bayer/Schmidt,* Die Reform der Kapitalaufbringung bei der Aktiengesellschaft durch das ARUG, ZGR 2009, 805; *Becker,* Bezugsrechtsausschluß gemäß § 186 Absatz 4 Satz 2 des Aktiengesetzes in der Fassung der 2. EG-Richtlinie, BB 1981, 394; *ders.,* Aktienrechtliches und handelsrechtliches Agio, NZG 2003, 510; *Benz,* Verdeckte Sacheinlage und Einlagenrückzahlung im reformierten GmbH-Recht (MoMiG), 2010; *Berkle,* Mittelbares Bezugsrecht – zur Dogmatik des § 186 Abs. 5 AktG, 2019; *T. Bezzenberger,* Das Bezugsrecht der Aktionäre und sein Ausschluss, ZIP 2002, 1917; *Blaurock,* Der Vorvertrag zur Zeichnung von Aktien, FS Rittner, 1991, S. 33; *Born,* Berichtspflichten nach Ausnutzung genehmigten Kapitals mit Ausschluss des Bezugsrechts, ZIP 2011, 1793; *Brandi,* Gewährleistungen durch die Aktiengesellschaft bei Anteilserwerb durch Kapitalerhöhung, NZG 2004, 600; *Bücker,* Umsetzung einer ordentlichen Kapitalerhöhung in Teilschritten, NZG 2009, 1339; *ders.,* Unternehmenskauf mit Aktien, CFL 2010, 177; *Bungert/Wansleben,* Vertragliche Verpflichtungen einer Aktiengesellschaft zur Nichtdurchführung von Kapitalerhöhung, ZIP 2013, 1841; *Bunnemann,* Anwendung der Grundsätze der „verdeckten Sacheinlage" bei einer Sachkapitalerhöhung?, NZG 2005, 955; *Busch,* Bezugsrecht und Bezugsrechtsausschluß bei Wandel- und Optionsanleihen, AG 1999, 58; *ders.,* Eigene Aktien in der Kapitalerhöhung, AG 2005, 429; *Butzke,* Zur Entstehung des Bezugsanspruchs bei der Kapitalerhöhung der Aktiengesellschaft als selbständiges Gläubigerrecht, Liber Amicorum M. Winter, 2011, S. 59; *Cahn,* „Andere Zuzahlungen" im Aktienrecht, FS Baums, 2017, S. 169; *ders.,* Pflichten des Vorstands beim genehmigten Kapital mit Bezugsrechtsausschluss, ZHR 163 (1999), 554; *Cahn/Simon/Theiselmann,* Forderungen gegen die Gesellschaft als Sacheinlage? – Erfordernis der Forderungsbewertung beim Debt Equity Swap, CFL 2010, 238; *dies.,* Debt Equity Swap zum Nennwert! – Erwiderung auf Prof. Dr. Priester, DB 2010, 1629; *dies.,* Nennwertanrechnung beim Debt-Equity Swap – Replik zu Prof. Dr. Ekkenga, DB 2012, 501; *Cannivé/Suerbaum,* Die Fairness Opinion bei Sachkapitalerhöhungen von Aktiengesellschaften: Rechtliche Anforderungen und Ausgestaltung nach IDW S 8, AG 2011, 317; *Cavin,* Kapitalaufbringung in GmbH und AG, 2012; *Decher,* Die Fairness Opinion in der aktien- und übernahmerechtlichen Praxis, Liber Amicorum M. Winter, 2011, S. 99; *ders.,* Von der Kontrolle des Bezugsrechtsausschlusses nach Kali+Salz zur (eingeschränkten) Kontrolle nach allgemeinen Schranken?, ZGR 2019, 1122; *Eimer,* Zeichnungsverträge und Zeichnungsvorverträge, 2009; *Ekkenga,* Kapitalmarktrechtliche Aspekte des Bezugsrechts und Bezugsrechtsausschlusses, AG 1994, 59; *ders.,* Neuerliche Vorschläge zur Nennwertanrechnung beim Debt-Equity-Swap – Erkenntnisfortschritt oder Wiederbelebungsversuche am untauglichen Objekt, DB 2012, 331; *Fastricht,* Funktionales

Rechtsdenken am Beispiel des Gesellschaftsrechts, 2001; *Findeisen,* Kapitalmaßnahmen börsennotierter Unternehmen im Zeichen der Finanzmarktkrise, ZIP 2009, 1647; *dies.,* Beteiligungserwerb durch genehmigte Sachkapitalerhöhung, 2009; *Friedl,* Der Tausch von Anleihen in Aktien, BB 2012, 1102; *Gehling,* Bezugspreis und faktischer Bezugsrechtsausschluss, ZIP 2011, 1699; *Goette,* Zur Zuteilung der Aktien beim vereinfachten Bezugsrechtsausschluss nach § 186 Abs. 3 Satz 4 AktG, ZGR 2012, 505; *Groß,* Verdeckte Sacheinlage, Vorfinanzierung und Emissionskonsortium, AG 1993, 108; *ders.,* Der Inhalt des Bezugsrechts nach § 186 AktG – Ein Beitrag zum gekreuzten und faktischen Bezugsrechtsausschluss, AG 1993, 449; *ders.,* Bezugsrechtsausschluß bei Barkapitalerhöhungen: Offene Fragen bei der Anwendung des neuen § 186 Abs. 3 Satz 4 AktG, DB 1994, 2431; *ders.,* Bookbuilding, ZHR 162 (1998), 318; *ders.,* Zulässigkeit der Ausgabe neuer Aktien mit Gewinnanteilsberechtigung für ein bereits abgelaufenes Geschäftsjahr auch bei Bezugsrechtsausschluss, FS Hoffmann-Becking, 2013, S. 395; *Grürmann* Die verdeckte Sacheinlage im Kapitalaufbringungsrecht der Aktiengesellschaft, 2017; *Günkel/Fenzl/Hagen,* Diskussionsforum Unternehmenssteuerreform: Steuerliche Überlegungen zum Übergang auf ein neues Körperschaftsteuersystem, insbesondere zum Ausschüttungsverhalten bei Kapitalgesellschaften, DStR 2000, 445; *Habersack,* Schutz des Bieters vor einer Kapitalerhöhung der Zielgesellschaft, FS Marsch-Barner, 2018, 203; *ders.,* Die Finanzierung der AG – gestern und heute, AG 2015, 613; *ders.,* „Holzmüller" und die schönen Töchter, WM 2001, 545; *ders.,* Verdeckte Sacheinlage und Hin- und Herzahlen nach dem ARUG – gemeinschaftsrechtlich betrachtet, AG 2009, 557; *ders.,* Verdeckte (gemischte) Sacheinlage, Sachübernahme und Nachgründung im Aktienrecht, ZGR 2008, 48; *Hauser,* Fast-Track-Kapitalerhöhungen in der Krise der Aktiengesellschaft, 2010; *Heinemann,* Verdeckte Sacheinlagen im Recht der Kapitalgesellschaften, 2014; *Heidinger/Knaier,* Die Heilung einer verdeckten Sacheinlage und der Austausch des Einlagegegenstandes nach dem MoMiG, GmbHR 2015, 1; *Henze,* Zur Problematik der „verdeckten (verschleierten) Sacheinlage" im Aktien- und GmbH-Recht, ZHR 154 (1990), 105; *Herchen,* Agio und verdecktes Agio im Recht der Kapitalgesellschaften, 2004; *Hergeth/Eberl,* Wirksamkeitsvoraussetzungen des Zeichnungsvertrags, NZG 2003, 205; *Hermanns,* Gestaltungsmöglichkeiten bei der Kapitalerhöhung mit Agio, ZIP 2003, 788; *Herrler/Reymann,* Die Neuerungen im Aktienrecht durch das ARUG – unter besonderer Berücksichtigung der Neuregelungen zur Hauptversammlung und zur Kapitalaufbringung bei der AG, DNotZ 2009, 914; *Hirte,* Bezugsrechtsausschluß und Konzernbildung, 1986; *ders.,* Anmerkungen und Anregungen zur geplanten gesetzlichen Neuregelung des Bezugsrechts, ZIP 1994, 356; *Hoffmann-Becking,* Gesetz zur „kleinen AG" – unwesentliche Randkorrekturen oder grundlegende Reform?, ZIP 1995, 1; *ders.,* Neue Formen der Aktienemission, FS Lieberknecht, 1997, S. 25; *ders.,* Der Einbringungsvertrag zur Sacheinlage eines Unternehmens oder Unternehmensteils in die Kapitalgesellschaft, FS Lutter, 2000, S. 453; *ders.,* Ausgabebetrag bei Sacheinlagen, FS Wiedemann, 2002, S. 999; *ders.,* Fehlerhafte offene Sacheinlage versus verdeckte Sacheinlage, Liber Amicorum M. Winter, 2011, S. 237; *Hofmeister,* Der Ausschluß des aktiengesetzlichen Bezugsrechts bei börsennotierten AG, NZG 2000, 713; *Holzmann/Eichstädt,* Die „Bis zu"-Kapitalerhöhung im System der Kapitalmaßnahmen des Aktiengesetzes, DStR 2010, 277; *Hoppe,* Gewährung zusätzlicher Aktien bei Unternehmenskäufen und Umwandlungen, 2015; *Huber,* Die Abfindung der neuen Aktionäre bei Nichtigkeit der Kapitalerhöhung, FS Claussen, 1997, S. 147; *Hüffer,* Die gesetzliche Schriftform bei Berichten des Vorstands gegenüber der Hauptversammlung, FS Claussen, 1997, S. 171; *Hunecke,* Der Zeichnungsvertrag, 2011; *Ihrig,* Geklärtes und Ungeklärtes zum Vereinfachten Bezugsrechtsausschluß nach § 186 Abs. 3 Satz 4 AktG, Liber Amicorum Wilhelm Happ, 2006, S. 109; *Ihrig/Wagner,* Volumengrenzen für Kapitalmaßnahmen der AG, NZG 2002, 657; *Immenga,* Einlagenschutz beim mittelbaren Bezugsrecht, FS Beusch, 1993, S. 413; *Kaminski,* Ausgewählte Überlegungen zur Rechtsformwahl nach der Unternehmensteuerreform 2008, StuB 2008, 6; *Kiefner,* Konzernbildung und Börsengang der Tochter, 2005; *Kiefner/Seibel,* Reichweite und Grenzen des Wertverwässerungsschutzes nach § 255 Abs. 2 AktG, AG 2016, 301; *Kiem,* Investorenvereinbarung im Lichte des Aktien- und Übernahmerechts, AG 2009, 301; *Kindler,* Die sachliche Rechtfertigung des aktienrechtlichen Bezugsrechtsausschlusses im Lichte der Zweiten Gesellschaftsrechtlichen Richtlinie der Europäischen Gemeinschaft, ZHR 158 (1994), 339; *ders.,* Bezugsrechtsausschluß und unternehmerisches Ermessen nach deutschem und europäischem Recht, ZGR 1998, 35; *ders.,* Vereinfachter Bezugsrechtsausschluss und Gleichbehandlung der Aktionäre – Eine Nachlese zu BGH AG 2018, 706 („Hyrican Informationssysteme AG"), FS E. Vetter, 2019, 307; *Klaaßen/van Lier,* Auswirkungen nichtiger Kapitalerhöhungsbeschlüsse auf nachfolgende Kapitalmaßnahmen, NZG 2014, 1250; *Klein,* Zur Sacheinlagefähigkeit von Anteilen an in Mehrheitsbesitz der Gesellschaft stehenden oder sonst von ihr abhängigen Unternehmen, GmbHR 2016, 461; *Klie,* Informationspflichten des Vorstands einer AG bei der Ausnutzung genehmigten Kapitals unter Bezugsrechtsausschluss und Folgen ihrer Missachtung, DStR 2013, 530; *Klöhn/Verse,* Ist das „Verhandlungsmodell" zur Bestimmung der Verschmelzungswertrelation verfassungswidrig?, AG 2013, 1; *Koch,* Die Nachgründung, 2002; *ders.,* Kapitalerhöhungen „unter Wert" als Anwendungsfall des § 216 Abs. 3 AktG, AG 2017, 6; *Kocher/Feigen,* Materielle Grenzen für Ausgabebetrag und Bezugspreis bei Bezugsrechtsemissionen, CFL 2013, 116; *Kocher/ v. Falkenhausen,* Aktuelles und Ungeklärtes zur Kapitalerhöhung mit vereinfachtem Bezugsrechtsausschluss nach § 186 Abs. 3 Satz 4 AktG, ZIP 2018, 1949; *König,* Business Combination Agreements in der Rechtsprechung im Fall W. E. T., NZG 2013, 452; *Koppensteiner,* Ordentliche Kapitalerhöhungen und dividendenabhängige Ansprüche Dritter, ZHR 139 (1975), 191; *Kort,* Aktien aus vernichteten Kapitalerhöhungen, ZGR 1994, 291; *ders.,* Voreinzahlung auf künftige Kapitalerhöhungen bei AG und GmbH, DStR 2002, 1223; *Kossmann/Heinrich,* Durchführung einer regulären Kapitalerhöhung nach ARUG und zur Finanzierung eines Unternehmenskaufs, Der Konzern 2010, 27; *H. Krause,* Business Combination Agreements im Spiegel der Rechtsprechung – Selbstbindungen der Zielgesellschaft und Organkompetenzen –, CFL 2013, 192; *R. Krause,* Atypische Kapitalerhöhungen im Aktienrecht, ZHR 181 (2017), 641; *ders.,* Die Gewährung von Aktien beim Unternehmenskauf, RWS-Forum Gesellschaftsrecht 2003, 2004, S. 301; *Krieger,* Fehlerhafte Satzungsänderungen – Fallgruppen und Bestandskraft, ZHR 158 (1994), 35; *Kübler/Mendelsohn/Mundheim,* Die Kosten des Bezugsrechts, Eine rechtsökonomische Analyse des amerikanischen Erfahrungsmaterials, AG 1990, 461; *Kumpan,* Gestreckte Vorgänge und Insiderrecht, Jahrestagung VGR 2018, 2019, 109; *Kuntz,* Gestaltung von Kapitalgesellschaften zwischen Freiheit und Zwang: Venture Capital in Deutschland und in den USA, 2016; *ders.,* Grundlagen und Grenzen der aktienrechtlichen Leitungsautonomie, AG 2016, 101; *ders.,* Die Kapitalerhöhung in der Insolvenz, DStR 2006, 519; *Kuntz/Stegemann,* Grundfragen des faktischen Bezugsrechtsausschlusses, ZIP 2016, 2341; *dies.,* Zur Dogmatik des mittelbaren Bezugsrechts, AG 2016, 837; *Lamb,* Die „Vorfinanzierung" von Kapitalerhöhungen durch Voreinzahlungen auf eine künftige Einlageverpflichtung, 1991; *Liebert,* Der Bezugsrechtsausschluß bei Kapitalerhöhungen von Aktiengesellschaften, 2003; *Linhard,* Die Kompetenzordnung der Aktiengesellschaft und schuldrechtliche Vereinbarungen mit Dritten, 2019; *Löbbe,* Gesellschaftsrechtliche Gestaltungsmöglichkeiten des Debt Equity Swap, Liber Amicorum M. Winter, 2011, S. 423; *Loges/Zimmermann,* Aktienrechtliche Ansprüche beim Erwerb von Unternehmen gegen Gewährung von Aktien, WM 2005, 349; *Lutter,* Materielle und förmliche Erfordernisse eines Bezugsrechtsausschlusses, ZGR 1979, 401; *ders.,* Vorleistungsrisiko der Zeichner und „freie Verfügbarkeit" bei Gründung und Kapitalerhöhung, FS Heinsius, 1991, S. 497; *ders.,* Zum Bezugsrechtsausschluß bei der Kapitalerhöhung im Rahmen des genehmigten Kapitals, JZ 1998, 50; *ders.,* Das Vor-Erwerbsrecht/Bezugsrecht der Aktionäre beim Verkauf von Tochtergesellschaften über die Börse, AG 2000, 342; *ders.,* Noch einmal: Zum Vorerwerbsrecht der Aktionäre beim Verkauf von Tochtergesellschaften über die Börse, AG 2001, 349; *ders.,* Die Rückabwicklung fehlerhafter Kapitalübernahmen, FS Röhricht, 2005, S. 369; *Lutter/Friedewald,* Kapitalerhöhung, Eintragung im Handelsregister und Amtslöschung, ZIP 1986, 691; *Lutter/Gehling,* Verdeckte Sacheinlagen, Zur Entwicklung der Lehre und zu den europäischen Aspekten, WM 1989, 1445; *Lutter/ Hommelhoff/Timm,* Finanzierungsmaßnahmen zur Krisenabwehr in der Aktiengesellschaft, BB 1980, 737; *Maier,* Faktischer Bezugsrechtsausschluss, 2014; *Maier-Reimer,* Wert der Sacheinlage und Ausgabebetrag, FS Bezzenberger, 2000, S. 253; *ders.,* Zwangswandlung von Schuldverschreibungen in deutsche Aktien, FS Goette, 2011, S. 299; *ders.,* Debt Equity Swap, in Gesellschaftsrecht in der Diskussion 2011, 2012, S. 107; *ders.,* Die verdeckte gemischte Sacheinlage, FS Hoffmann-Becking, 2013, S. 755; *Maier-Reimer/Wenzel,* Kapitalaufbringung in der GmbH nach dem MoMiG, ZIP 2008, 1449; *dies.,* Nochmals – Die Anrechnung der verdeckten Sacheinlage nach dem MoMiG, ZIP 2009, 1185; *Marsch,* Zum Bericht des Vorstands nach § 186 Abs 4 Satz 2 AktG beim genehmigten Kapital, AG 1981, 211; *Marsch-Barner,* Die Erleichterung des Bezugsrechtsausschlusses nach § 186 Abs. 3 Satz 4 AktG, AG 1994, 532; *Martens,* Der Ausschluß des Bezugsrechts, BGHZ 33, 175, FS Fischer, 1979, 437; *ders.,* Der Bezugsrechtsausschluß anläßlich eines ausländischen Beteiligungserwerbs, FS Steindorff, 1990, S. 151; *ders.,* Der Ausschluß des Bezugsrechts, ZIP 1992, 1677; *ders.,* Richterliche und gesetzliche Konkretisierungen des Bezugsrechtsausschlusses, ZIP 1994, 669; *ders.,* Die Bewertung eines Beteiligungserwerbs nach § 255 Abs. 2 AktG – Unternehmenswert kontra Börsenkurs, FS Bezzenberger, 2000, S. 267; *Merkt/Mylich,* Einlage eigener Aktien und Rechtsrat durch den Aufsichtsrat, NZG 2012, 525; *Mestmäcker,* Zur aktienrechtlichen Stellung der Verwaltung bei Kapitalerhöhungen, BB 1961, 945; *Meyer,* Erleichterungen im Recht der Stimmrechtsmitteilungen bei Aktienemissionen, BB 2016, 771; *Meyer/Weber,* Kurzfristige Eigenkapitalaufnahme de lege ferenda – Denkstöße zur Deregulierung der rechtlichen Anforderungen an Eigenkapitalmaßnahmen börsennotierter Gesellschaften im Lichte der Finanzkrise, CFL 2012, 249; *Meyer-Panhuysen,* Die fehlerhafte Kapitalerhöhung, 2003; *Mölls/Didderich,* Bewertung von Debt-Equity-Swaps in kritischer Betrachtung, ZHR 183 (2019), 617; *Mülbert,* Aktiengesellschaft, Unternehmensgruppe und Kapitalmarkt, 1995; *H. F. Müller,* Die Kapitalerhöhung in der

Insolvenz, ZGR 2004, 842; *ders.*, Der Debt-Equity-Swap als Sanierungsinstrument, KSzW 2013, 65; *Natterer,* Kapitalveränderung der Aktiengesellschaft, Bezugsrecht der Aktionäre und „Sachlicher Grund", 2000; *Niggemann/Wansleben,* Berichtspflichten und Folgen ihrer Verletzung bei der bezugsrechtsfreien Ausnutzung genehmigten Kapitals, AG 2013, 269; *Paefgen,* Unternehmerische Entscheidungen und Rechtsbindung der Organe in der AG, 2002; *Pentz,* Differenzhaftung und verdeckte Mischeinlage/verdeckte gemischte Sacheinlage, FS Bergmann, 2018, 541; *ders.,* Die verdeckte Sacheinlage im GmbH-Recht nach dem MoMiG, FS K. Schmidt, 2009, S. 1265; *Picot/Land,* Going Public – Typische Rechtsfragen des Ganges an die Börse, DB 1999, 570; *Priester,* Kapitalaufbringung bei korrespondierenden Zahlungsvorgängen – Zur Präzisierung des Tatbestands „verdeckte Sacheinlage", ZIP 1991, 345; *ders.,* Kapitalaufbringungspflicht und Gestaltungsspielräume beim Agio, FS Lutter, 2000, S. 617; *ders.,* Schuldrechtliche Zusatzleistungen bei Kapitalerhöhung im Aktienrecht, FS Röhricht, 2005, S. 467; *ders.,* Kapitalaufbringung nach Gutdünken? Ein Zwischenruf zum MoMiG, ZIP 2008, 55; *ders.,* Emissions-Tranchen bei ordentlicher Kapitalerhöhung?, NZG 2010, 81; *ders.,* Vorausleistungen auf die Kapitalerhöhung nach MoMiG und ARUG, DStR 2010, 494; *ders.,* Debt-Equity-Swap zum Nennwert?, DB 2010, 1445; *ders.,* Vergleich über Einlageforderungen – Zustimmungserfordernis der Hauptversammlung, AG 2012, 525; *ders.,* Grenzen des vereinfachten Bezugsrechtsausschlusses, FS E. Vetter, 2019, 587; *Prinz,* Die geplante Unternehmenssteuerreform – Konzeptionelle Bestandsaufnahme bei national und international tätigen Unternehmen, erste Probleme, Gestaltungen, FR 1999, 1265; *Richter,* Die Verpflichtung des Inferenten zur Übertragung eines Vermögensgegenstandes als Gegenstand der Sacheinlage, ZGR 2009, 721; *Rittig,* Der gekreuzte Bezugsrechtsausschluss in der Höchstbetragskapitalerhöhung, NZG 2012, 1292; *Roggenkemper,* Der Unternehmenserwerb im Wege der Sachkapitalerhöhung bei der nicht börsennotierten Aktiengesellschaft, 2018; *Schäfer,* Schuldrechtliches Agio im Aktienrecht – Kapitalaufbringung ad libitum, ZIP 2016, 953; *ders.,* Zur Einbeziehung des Agios in die aktienrechtliche Kapitalaufbringung – Konsequenzen aus der „Babcock"-Entscheidung des BGH, FS Stilz, 2014, S. 525; *ders.,* Zum Vorstandsbericht über die Inanspruchnahme eines genehmigten Kapitals und zu möglichen Folgen unvollständiger Berichterstattung, CFL 2011, 399; *ders.,* Vereinbarungen bei Aktienemissionen, ZGR 2008, 455; *ders.,* Die Lehre vom fehlerhaften Verband, 2002; *Scharff,* Der Nießbrauch an Aktien im Zivil- und Steuerrecht, 1982; *Schiessl,* Fairness Opinions im Übernahme- und Gesellschaftsrecht, ZGR 2003, 814; *Schippel,* Die Leistung der Bareinlage bei der Erhöhung des Kapitals von Aktiengesellschaften, FS Steindorff, 1990, S. 249; *Schlitt,* Die GmbH & Co. KG in der Insolvenz nach neuem Recht (2. Teil), NZG 1998, 755; *Schlitt/Schäfer,* Alte und neue Fragen im Zusammenhang mit 10%-Kapitalerhöhungen, AG 2005, 67; *dies.,* Aktuelle Entwicklungen bei Bezugsrechtskapitalerhöhungen, CFL 2011, 410; *Schlitt/Schäfer/Basnage,* Aktuelle rechtliche Entwicklungen und Gestaltungen in der Praxis bei Euity- und Equity-linked-Transaktionen, CFL 2013, 49; *Schlitt/Seiler,* Aktuelle Rechtsfragen bei Bezugsrechtsemissionen, WM 2003, 2175; *Schlitt/Seiler/Singhof,* Aktuelle Rechtsfragen und Gestaltungsmöglichkeiten im Zusammenhang mit Wandelschuldverschreibungen, AG 2003, 254; *Schlösser/Pfeiffer,* Wegfall der kapitalgesellschaftsrechtlichen Differenzhaftung durch Nacherfüllung der mangelhaften Sacheinlage, NZG 2012, 1047; *K. Schmidt,* Die sanierende Kapitalerhöhung im Recht der Aktiengesellschaft, GmbH und Personengesellschaft, ZGR 1982, 519; *ders.,* Fehlerhafte Verschmelzung und allgemeines Verbandsrecht, Eine Analyse nach geltendem und kommendem Recht, ZGR 1991, 373; *Schmidt/Schlitt,* Debt Equity Swap – Eine attraktive Form der Restrukturierung?, Der Konzern 2009, 279; *J. Schneider,* Kollektive Investitionsentscheidungen als öffentliches Angebot i. S. d. § 2 Nr. 4 WpPG, AG 2016, 341; *Schnorbus,* Die Rechtsstellung der Emissionsbank bei der Aktienemission, AG 2004, 113; *Schnorbus/Plassmann,* Bilanzierung eines schuldrechtlichen Agios als andere Zuzahlung gemäß § 272 Abs. 2 Nr. 4 HGB, ZIP 2016, 693; *Schockenhoff,* Gesellschaftsinteresse und Gleichbehandlung beim Bezugsrechtsausschluß, 1988; *Scholz,* Vereinfachter Bezugsrechtsausschluss und Gleichbehandlungsgrundsatz bei Kapitalerhöhung aus genehmigtem Kapital, DB 2018, 2352; *Schürnbrand,* Geschriebener und ungeschriebener Bestandsschutz beim aktienrechtlichen Zeichnungsvertrag, AG 2014, 73; *ders.,* Die überzeichnete Kapitalerhöhung, FS Stilz, 2014, S. 569; *Schumann,* Optionsanleihen, 1990; *ders.,* Bezugsrecht und Bezugsrechtsausschluß bei Kapitalbeschaffungsmaßnahmen von Aktiengesellschaften, 2001; *Schwab,* Die Nachgründung im Aktienrecht, 2003; *Schwark,* Der vereinfachte Bezugsrechtsausschluß – Zur Auslegung des § 186 Abs. 3 Satz 4 AktG, FS Claussen, 1997, S. 357; *Seibt,* Sanierungsgesellschaftsrecht: Dogmatische Überlegungen und Praxisgestaltungen, Der Konzern 2009, 261; *ders.,* Barkapitalemissionen mit erleichtertem Bezugsrechtsausschluss deutscher Emittenten nach § 186 Abs. 3 Satz 4 AktG, CFL 2011, 74; *ders.,* Sanierungsgesellschaftsrecht: Mitgliedschaftliche Treuepflichten und Grenzen der Stimmrechtsausübung in der Aktiengesellschaft, ZIP 2014, 1909; *Seibt/Schulz,* Sachkapitalerhöhungen bei Aktiengesellschaften im Transaktionskontext, CFL 2012, 313; *Seibt/Voigt,* Kapitalerhöhungen zu

Sanierungszwecken, AG 2009, 133; *Seibert,* Das „TransPuG", NZG 2002, 608; *Sieger/Hasselbach,* Die Übernahme von Gewährleistungen durch die Aktiengesellschaft bei Kapitalerhöhung und Aktientausch, BB 2004, 60; *Sinewe,* Der Ausschluß des Bezugsrechts bei geschlossenen und börsennotierten Aktiengesellschaften, 2001; *Singhof,* Der „erleichterte" Bezugsrechtsausschluss im Rahmen von § 221 AktG, ZHR 170 (2006), 673; *Stein,* Rechtsschutz gegen gesetzeswidrige Satzungsnormen bei Kapitalgesellschaften, ZGR 1994, 472; *Sustmann,* Contingent Value Rights als alternative Gegenleistung im Rahmen von öffentlichen Angeboten nach dem WpÜG, CFL 2011, 381; *Technau,* Rechtsfragen bei der Gestaltung von Übernahmeverträgen („Underwriting Agreements") im Zusammenhang mit Aktienemissionen, AG 1998, 445; *Terstege,* Bezugsrechte bei Kapitalerhöhungen, 2001; *Tettinger,* Materielle Anforderungen an den Bezugsrechtsausschluß, 2003; *Tielmann,* Der Bezugspreis – Ein Beitrag zu den rechtlichen Maßgaben für seine Festsetzung –, FS E. Vetter, 2019, S. 819; *Timm,* Die Aktiengesellschaft als Konzernspitze, 1980; *ders.,* Der Bezugsrechtsausschluß beim genehmigten Kapital, DB 1982, 211; *Trapp,* Erleichterter Bezugsrechtsausschluss nach § 186 Abs. 3 S. 4 AktG und Greenshoe, AG 1997, 115; *Trapp/Schlitt/Becker,* Die CoMEN-Transaktion der Commerzbank und die Möglichkeit ihrer Umsetzung durch andere Emittenten, AG 2012, 57; *Trendelenburg,* Auswirkungen einer nichtigen Kapitalerhöhung auf die Wirksamkeit nachfolgender Kapitalerhöhungen bei Aktiengesellschaften, NZG 2003, 860; *Ulmer,* Die „Anrechnung" (MoMiG) des Wertes verdeckter Sacheinlagen auf die Bareinlageforderung der GmbH – ein neues Erfüllungssurrogat, ZIP 2009, 293; *Vaupel/Reers,* Kapitalerhöhungen bei börsennotierten Aktiengesellschaften in der Krise, AG 2010, 93; *Veil,* Klagemöglichkeiten bei Beschlussmängeln der Hauptversammlung nach dem UMAG, AG 2005, 567; *Verse,* Der Gleichbehandlungsgrundsatz im Recht der Kapitalgesellschaften, 2006; *ders.,* (Gemischte) Sacheinlagen, Differenzhaftung und Vergleich über Einlageforderungen, ZGR 2012, 875; *J. Vetter,* Bewertungsrügen im Freigabeverfahren, FS Maier-Reimer, 2010, S. 819; *J. Vetter/Engel/Lauterbach,* Zwischenschritte als ad-hoc-veröffentlichungspflichtige Insiderinformation, AG 2019, 160; *Vogelmann,* Die Rechtsfolgen fehlerhafter Strukturänderungen im Aktienrecht, 2005; *Wagner,* Gründung bzw. Kapitalerhöhung von Kapitalgesellschaften: Aufgeld auf satzungsmäßiger bzw. schuldrechtlicher Grundlage, DB 2004, 293; *S. Wagner,* Die verwirrende Rechtsprechung des BFH zur steuerlichen Beurteilung der Veräußerung von Bezugsrechten auch vor dem Hintergrund der Abgeltungssteuer, DStR 2009, 626; *Wandrey,* Materielle Beschlusskontrolle im Aktienrecht, 2012; *Weisner,* Zeichnungsschein und Ziele des TransPuG, NZG 2005, 578; *Wiedemann,* Rechtsethische Maßstäbe im Unternehmens- und Gesellschaftsrecht, ZGR 1980, 147; *ders.,* Debt Equity Swap-Gedanken zur Umwandlung von Schulden in Eigenkapital, FS Hoffmann-Becking, 2013, S. 1387; *Wieneke,* Praxisfragen im Zusammenhang mit Bezugsangeboten bei börsennotierten Gesellschaften, GWR 2017, 239; *ders.,* Die Festsetzung des Gegenstands der Sacheinlage nach §§ 27, 183 AktG, AG 2013, 437; *ders.,* Die Differenzhaftung des Inferenten und die Zulässigkeit eines Vergleichs über ihre Höhe, NZG 2012, 136; *ders.,* Der Einsatz von Aktien als Akquisitionswährung, NZG 2004, 61; *Winter,* Gesellschaftsrechtliche Schranken für „Wertgarantien" der AG auf eigene Aktien, FS Röhricht, 2005, S. 709; *Wittschen,* Die Zulässigkeit der zweistufigen Aktienemission, 2005; *Zöllner,* Die Anpassung dividendensatzbezogener Verpflichtungen von Kapitalgesellschaften bei effektiver Kapitalerhöhung, ZGR 1986, 288; *ders.,* Folgen der Nichtigerklärung durchgeführter Kapitalerhöhungsbeschlüsse, AG 1993, 68; *ders.,* Gerechtigkeit bei der Kapitalerhöhung, AG 2002, 585; *ders.,* Folgen der Nichtigkeit einer Kapitalerhöhung für nachfolgende Kapitalerhöhungen. Zur Anwendung der Geschäftsgrundlagenlehre auf strukturändernde Beschlüsse bei Kapitalgesellschaften, FS Hadding, 2004, S. 725; *Zöllner/Winter,* Folgen der Nichtigerklärung durchgeführter Kapitalerhöhungsbeschlüsse, ZHR 158 (1994), 50. Vgl. daneben die Literaturhinweise zu § 4 sowie zu §§ 58 u. 59.

I. Allgemeines

1. Überblick. Bei der (regulären) Kapitalerhöhung gegen Einlagen wird das Grundkapital durch **Ausgabe neuer Aktien** gegen Bar- oder Sacheinlagen erhöht. Eine Kapitalerhöhung durch Heraufsetzung der Nennbeträge der bisherigen Aktien ist nicht möglich (§ 182 Abs. 1 S. 4 AktG). Die Kapitalerhöhung kann mit anderen Kapitalmaßnahmen **verbunden** werden. Besondere praktische Bedeutung hat die Verbindung einer vereinfachten Kapitalherabsetzung mit einer gleichzeitigen Wiedererhöhung des herabgesetzten Kapitals; vgl. dazu näher → § 61 Rn. 16 ff.

Die Kapitalerhöhung vollzieht sich in den folgenden **Schritten:**
– Beschlussfassung der Hauptversammlung,

– Anmeldung des Kapitalerhöhungsbeschlusses zur Eintragung ins Handelsregister (kann mit der Anmeldung und Eintragung der Durchführung der Kapitalerhöhung verbunden werden),
– Zeichnung der Aktien,
– Leistung der Mindesteinlagen,
– Schaffung weiterer Eintragungsvoraussetzungen (uU kartellrechtliche Freigabe),
– Anmeldung und Eintragung der Durchführung der Kapitalerhöhung ins Handelsregister,
– Ausgabe der neuen Aktien.

In der Praxis werden bei Publikumsgesellschaften die gesamten Aktien aus der Kapitalerhöhung üblicherweise zunächst von einem Emissionskonsortium übernommen, welches sie sodann nach Weisung der Gesellschaft weitergibt (mittelbare Bezugsrechtsemission); näher → Rn. 146 ff.

2. Allgemeine Zulässigkeitsvoraussetzungen. a) Einzahlung der bisherigen Einlagen. Eine Erhöhung des Kapitals soll nicht erfolgen, solange **noch Einlagen** auf das bisherige Kapital **ausstehen** und erlangt werden können (§ 182 Abs. 4 S. 1 AktG). Das Verbot gilt sowohl bei Bar- als auch bei Sachkapitalerhöhungen. Keine Anwendung findet es bei Kapitalerhöhungen zur Durchführung einer Verschmelzung, Spaltung oder Vermögensübertragung (§ 69 Abs. 1 S. 1 UmwG ua) und auf Versicherungsgesellschaften, wenn die Satzung dies bestimmt (§ 182 Abs. 4 S. 2 AktG). Ausstehende Einlagen können Resteinlagen in der Form von Bar- oder Sacheinlagen sein. Nach weit verbreiteter Auffassung greift § 182 Abs. 4 S. 1 AktG daher auch, wenn Sacheinlagegegenstände gemäß § 36a Abs. 2 S. 2 AktG noch nicht eingebracht worden sind.[1] Das ist aufgrund des Normzwecks von § 182 Abs. 4 S. 1 AktG insbesondere dann zweifelhaft, wenn die für die Übertragung erforderlichen Rechtsakte bereits vorgenommen sind.[2] Darüber hinaus liegt grundsätzlich ein Fall der mangelnden Fälligkeit der Einlage vor, in dem § 182 Abs. 4 S. 1 AktG richtigerweise nicht einschlägig ist (→ Rn. 5). Versteht man § 36a Abs. 2 S. 2 AktG entgegen der hM (vgl. dazu → § 4 Rn. 44) dahin, dass die Sacheinlage in dem Anspruch auf Übertragung des Eigentums an der Sacheinlage besteht, der sacheinlagefähig ist, wenn er innerhalb von fünf Jahren zu erfüllen ist,[3] kommt eine Anwendung von § 182 Abs. 4 S. 1 AktG schließlich überhaupt nicht in Betracht, da die Sacheinlage sofort (mit Begründung des Übertragungsanspruchs) erfüllt wird. Einlagen stehen auch dann aus, wenn ein gesellschaftsrechtliches (nicht: ein schuldrechtliches) Agio (vgl. → Rn. 32) noch nicht geleistet worden ist, sowie bei Kaduzierungsansprüchen (§§ 64, 65 AktG) oder Ansprüchen aus Differenzhaftung (vgl. → Rn. 60 ff.). Gleiches gilt wohl auch im Fall einer **verdeckten Sacheinlage**, wenn die Anrechnung nach § 27 Abs. 3 S. 3 AktG nicht zu einem Erlöschen der Bareinlagepflicht des Aktionärs geführt hat. **Rückerstattungsansprüche** wegen verbotener Einlagenrückgewähr (§§ 57, 62 AktG) stellen hingegen keine ausstehende Einlage dar.[4] Der Begriff der ausstehenden Einlage bezieht sich auf die erstmalige vollständige Einlageerbringung und gehört damit der Kapitalaufbringung an. Der Erstattungsanspruch hingegen betrifft nicht die Einlageerbringung und ist vielmehr Teil der Kapitalerhaltung. Nach Wortlaut und Systematik findet § 182 Abs. 4 S. 1 AktG auf ihn keine Anwendung.

Ob § 182 Abs. 4 AktG analog anzuwenden ist, wenn die Gesellschaft **eigene Aktien** hält, ist umstritten. Nach einer Ansicht ist das zu bejahen. Ob das für jeden Fall des Besitzes eigener

---

[1] MüKoAktG/*Schürnbrand* § 182 Rn. 65; Hüffer/*Koch* AktG § 182 Rn. 26.
[2] HdB börsennotierte AG/*Busch* Rn. 42.3.
[3] Vgl. *Stefan Richter* ZGR 2009, 721 (726 ff.); ausführlich zu § 36a Abs. 2 AktG *Cavin*, Kapitalaufbringung, 2012, S. 68 ff.
[4] Str.; wie hier Hölters AktG/*Apfelbacher/Niggemann* § 182 Rn. 66; MüKoAktG/*Schürnbrand* § 182 Rn. 65; Spindler/Stilz AktG/*Servatius* § 182 Rn. 60; HdB AG-Finanzierung/*Ekkenga/Jaspers* Kap. 4 Rn. 86; aA Hüffer/*Koch* AktG § 182 Rn. 26; Schmidt/Lutter/*Veil* AktG § 182 Rn. 36; Bürgers/Körber AktG/*Marsch-Barner* § 182 Rn. 39; für eine funktionale Gleichstellung von Einlage- und Rückerstattungsanspruch im GmbH-Recht BGH NJW 2000, 2577 (2578) – Balsam/Procedo.

Aktien gilt, nur dann, wenn die Einlagen auf die eigenen Aktien nicht voll eingezahlt worden sind, oder lediglich für Fälle, in denen eigene Aktien unter Verstoß gegen § 71 Abs. 1 oder 2 AktG erworben worden sind, wird uneinheitlich und nicht immer klar beantwortet.[5] Diese Auffassungen sind abzulehnen. Sind die Einlagen nicht vollständig erbracht, ruht der Einlageanspruch der Gesellschaft gemäß § 71b AktG. Dass sie durch den Verkauf der eigenen Aktien Barmittel einnehmen kann, ändert an der fortbestehenden Einlagepflicht im Grundsatz nichts. Ein Verkauf ist daher kein Ersatz für die Einlageleistung. Werden eigene Aktien unter Verstoß gegen § 71 Abs. 1 und 2 AktG erworben, erlangt die Gesellschaft zwar einen Erstattungsanspruch gemäß § 62 AktG (vgl. § 57 Abs. 1 S. 2 AktG) für die im Rahmen des Erwerbs erbrachte Gegenleistung. Der Erstattungsanspruch stellt jedoch keine ausstehende Einlage im Sinne von § 182 Abs. 4 S. 1 AktG dar (vgl. → Rn. 3). Überzeugender ist es daher, beim Vorliegen eigener Aktien umfassend auf eine Analogie zu § 182 Abs. 4 AktG zu verzichten und § 71c AktG insoweit als abschließende Regelung anzusehen.[6]

5 Auch wenn Einlagen noch ausstehen, ist die Kapitalerhöhung zulässig, wenn diese Einlagen **nicht mehr erlangt** werden können (§ 182 Abs. 4 S. 1 AktG). Eine endgültige Nichterlangbarkeit ist dafür nicht erforderlich. Es genügt vielmehr, wenn die Einlage aus tatsächlichen oder rechtlichen Gründen (etwa vorübergehende Leistungsunfähigkeit des Schuldners) nur vorläufig nicht und daher nicht so rechtzeitig erlangt werden kann, dass die Kapitalerhöhung überflüssig wird.[7] Entscheidend kann nur sein, ob die Kapitalerhöhung entbehrlich ist, weil die Gesellschaft die erforderlichen Mittel anderweitig erlangen kann. Ob sie dazu gar nicht oder nur nicht rechtzeitig in der Lage ist, macht keinen Unterschied. Auch die **mangelnde Fälligkeit** einer Einlageleistung kann der Einbringlichkeit im Rahmen des § 182 Abs. 4 S. 1 AktG daher entgegen stehen.[8]

6 Stehen nur Einlagen in verhältnismäßig **geringem Umfang** aus, ist eine Kapitalerhöhung ebenfalls zulässig (§ 182 Abs. 4 S. 3 AktG). Maßgeblich ist das Verhältnis der Rückstände zum bisherigen Grundkapital,[9] nicht zum Betrag der geplanten Kapitalerhöhung. In der Literatur wird als Grenze bei Kapitalziffern bis zu 250.000 EUR eine Quote von 5 %, bei größeren Kapitalziffern eine Quote von 1 % genannt.[10]

---

[5] Für eine analoge Anwendung von § 182 Abs. 4 AktG bei unzulässigem Erwerb eigener Aktien Hüffer/*Koch* AktG § 182 Rn. 27; Bürgers/Körber AktG/*Marsch-Barner* § 182 Rn. 41; für eine Analogie im Fall nicht voll eingezahlter eigener Aktien (unabhängig von der Zulässigkeit des Erwerbs eigener Aktien) Hölters AktG/*Apfelbacher/Niggemann* § 182 Rn. 69; Spindler/Stilz AktG/*Servatius* § 182 Rn. 60; Schmidt/Lutter/*Veil* AktG § 182 Rn. 38; wohl für generelle analoge Anwendung von § 182 Abs. 4 AktG im Fall eigener Aktien Grigoleit/*Rieder/Holzmann* AktG § 182 Rn. 29.
[6] Ebenso GroßkommAktG/*Wiedemann* § 182 Rn. 85 ff.; MüKoAktG/*Schürnbrand* § 182 Rn. 66; KölnKommAktG/*Ekkenga* § 182 Rn. 73 ist § 182 Abs. 4; HdB AG-Finanzierung/*Ekkenga/Jasper* Kap. 4 Rn. 86; HdB börsennotierte AG/*Busch* Rn. 42.3; *Busch* AG 2005, 429 (430).
[7] Ebenso Spindler/Stilz AktG/*Servatius* § 182 Rn. 61; Schmidt/Lutter/*Veil* AktG § 182 Rn. 37; Bürgers/Körber AktG/*Marsch-Barner* § 182 Rn. 40; HdB börsennotierte AG/*Busch* Rn. 42.4; HdB AG-Finanzierung/*Ekkenga/Jaspers* Kap. 4 Rn. 82; eine dauerhafte Uneinbringlichkeit verlangen demgegenüber zB KölnKommAktG/*Ekkenga* § 182 Rn. 74; GroßkommAktG/*Wiedemann* § 182 Rn. 82; MüKoAktG/*Schürnbrand* § 182 Rn. 67.
[8] Spindler/Stilz AktG/*Servatius* § 182 Rn. 61; Schmidt/Lutter/*Veil* AktG § 182 Rn. 37; Hüffer/ *Koch* AktG § 182 Rn. 27; aA MüKoAktG/*Schürnbrand* § 182 Rn. 67 aE.
[9] GroßkommAktG/*Wiedemann* § 182 Rn. 88; Bürgers/Körber AktG/*Marsch-Barner* § 182 Rn. 43; geringfügig anders MüKoAktG/*Schürnbrand* § 182 Rn. 69, KölnKommAktG/*Ekkenga* § 182 Rn. 75, Schmidt/Lutter/*Veil* AktG § 182 Rn. 40, Hölters AktG/*Apfelbacher/Niggemann* § 182 Rn. 72, Grigoleit/*Rieder/Holzmann* AktG § 182 Rn. 32 u. Hüffer/*Koch* AktG § 182 Rn. 28, die auf das Verhältnis der ausstehenden Einlagen zu den geleisteten Einlagen abstellen. Unter Umständen nennenswerte Abweichungen können sich ergeben, wenn mit Spindler/Stilz AktG/*Servatius* § 182 Rn. 62; Wachter AktG/*Dürr* § 182 Rn. 37 u. HdB AG-Finanzierung/*Ekkenga/Jaspers* Kap. 4 Rn. 83 als Vergleichsmaßstab der Gesamtbetrag der Einlagen im Rahmen der geplanten Kapitalerhöhung herangezogen wird.
[10] KölnKommAktG/*Ekkenga* § 182 Rn. 75; GroßkommAktG/*Wiedemann* § 182 Rn. 88; MüKoAktG/*Schürnbrand* § 182 Rn. 70; Hüffer/*Koch* AktG § 182 Rn. 28. Geringfügige Unterschiede er-

§ 57 (Reguläre) Kapitalerhöhung gegen Einlagen 7–9 § 57

Ein **Verstoß** gegen das Verbot des § 182 Abs. 4 AktG führt, da es sich nur um eine Soll-Vorschrift handelt, weder zur Nichtigkeit des Kapitalerhöhungsbeschlusses noch zu seiner Anfechtbarkeit.[11] Das Registergericht muss jedoch die Eintragung ablehnen.[12] Deshalb ist bei der Anmeldung anzugeben, welche Einlagen noch nicht geleistet sind (§ 184 Abs. 1 S. 2 AktG); unrichtige Angaben sind strafbar (§ 399 Abs. 1 Nr. 4 AktG). Eine gleichwohl erfolgte Eintragung ist jedoch wirksam und kann auch nicht gem. § 398 FamFG von Amts wegen gelöscht werden.[13] 7

b) Sachliche Rechtfertigung der Kapitalerhöhung. Die Zulässigkeit der Kapitalerhöhung ist nicht von einem besonderen sachlichen Grund abhängig.[14] Zwar kann eine Kapitalerhöhung für überstimmte Minderheiten zu Belastungen führen, da diese vor den Zwang gestellt werden, entweder weiter zu investieren oder ein Absinken ihrer Beteiligungsquote hinzunehmen. Der zunächst für den Fall des Bezugsrechtsausschlusses von der Rechtsprechung entwickelte Grundsatz, dass ein Eingriff in Positionen der Minderheit einer besonderen sachlichen Rechtfertigung bedarf,[15] gilt für die Kapitalerhöhung gleichwohl nicht. Die Lehre vom sachlichen Grund überzeugt schon im Grundsatz nicht.[16] Jedenfalls bedürfen Mehrheitsentscheidungen nach der Rechtsprechung eines besonderen sachlichen Grundes nur, wenn nicht bereits das Gesetz selbst die notwendige Abwägung zwischen den Belangen etwa betroffener Aktionäre und dem Interesse der Gesellschaft vorweggenommen hat.[17] Das Gesetz hat diese Interessenabwägung für die Kapitalerhöhung getroffen und den Aktionärsschutz durch Einräumung des gesetzlichen Bezugsrechts (§ 186 AktG) für ausreichend erachtet. 8

Davon zu unterscheiden ist die Frage der Angemessenheit der Bezugsbedingungen; sind diese nachteilig, kann darin ein **faktischer Ausschluss des Bezugsrechts** liegen, der den allgemeinen Voraussetzungen eines Bezugsrechtsausschlusses genügen muss; vgl. dazu → Rn. 140. Überdies unterliegt die Kapitalerhöhung, wie jeder Mehrheitsbeschluss, einer **allgemeinen Missbrauchskontrolle**.[18] Ein solcher Missbrauch, der zur Anfechtung des 9

---

geben sich insoweit, weil sich diese Quoten auf unterschiedliche Bezugsgrößen beziehen, vgl. Fn. 9. Für eine Unerheblichkeit bereits oberhalb von 5 %, allerdings auf der Grundlage eines unter Umständen strengeren Maßstabs (vgl. Fn. 9) Spindler/Stilz AktG/*Servatius* § 182 Rn. 62.
[11] KölnKommAktG/*Ekkenga* § 182 Rn. 78; GroßkommAktG/*Wiedemann* § 182 Rn. 91; HdB börsennotierte AG/*Busch* Rn. 42.4; Bürgers/Körber AktG/*Marsch-Barner* § 182 Rn. 45; Schmidt/Lutter/*Veil* AktG § 182 Rn. 42; aA Hüffer/*Koch* AktG § 182 Rn. 29; MüKoAktG/*Schürnbrand* § 182 Rn. 73, die den Beschluss für anfechtbar halten; grundsätzlich ebenso Hölters AktG/*Apfelbacher/Niggemann* § 182 Rn. 75; Spindler/Stilz AktG/*Servatius* § 182 Rn. 65.
[12] Allgemeine Ansicht, zB KölnKommAktG/*Ekkenga* § 182 Rn. 79; GroßkommAktG/*Wiedemann* § 182 Rn. 92; MüKoAktG/*Schürnbrand* § 182 Rn. 74; Hüffer/*Koch* AktG § 182 Rn. 30.
[13] MüKoAktG/*Schürnbrand* § 182 Rn. 74; Hüffer/*Koch* AktG § 182 Rn. 30.
[14] BGHZ 138, 71 (77) – Sachsenmilch; OLG Stuttgart AG 2013, 604 (insofern dort nicht abgedruckt) = BeckRS 2013, 00660; LG München I ZIP 2008, 562 (insofern dort nicht abgedruckt); *Hirte*, Bezugsrechtsausschluss, 1986, S. 95 f.; mittelbar auch KölnKommAktG/*Ekkenga* § 182 Rn. 110; MüKoAktG/*Schürnbrand* § 182 Rn. 28; *Kocher/Feigen* CFL 2013, 116 (120).
[15] BGHZ 71, 40 – Kali & Salz; BGHZ 83, 319 – Holzmann; vgl. näher → Rn. 115 ff.
[16] Eingehend und zu Recht ablehnend *Mülbert*, Aktiengesellschaft, 1995, S. 303 ff.; *Paefgen*, Unternehmerische Entscheidungen, 2002, S. 66 ff., 569 („Hypertrophie des Minderheitenschutzes"); *Fastricht*, Funktionales Rechtsdenken, 2001, S. 15 ff. u. 48 ff.; *Verse*, Gleichbehandlungsgrundsatz, 2006, S. 54 ff.; *Wandrey*, Materielle Beschlusskontrolle, 2012, S. 273 ff. jeweils mwN.
[17] BGHZ 71, 40 (45) – Kali & Salz; BGHZ 83, 319 (321) – Holzmann; BGHZ 120, 141 (145 f.); vgl. auch BGHZ 70, 117 – Mannesmann; BGHZ 76, 352 (353 ff.) u. BGHZ 103, 184; ebenso zB MüKoAktG/*Hüffer/Schäfer* § 243 Rn. 63; Hüffer/*Koch* AktG § 243 Rn. 24; Lutter ZGR 1979, 401 (411). AA zB *Wiedemann* ZGR 1980, 147 (157); *Martens* FS Fischer, 1979, 437 (445), die stets eine sachliche Rechtfertigung verlangen, sowie *Hirte*, Bezugsrechtsausschluss, 1986, S. 129 ff., der den Gedanken der gesetzlich vorweggenommen Abwägung als Abgrenzungskriterium für ungeeignet hält und danach unterscheiden will, ob ein Eingriff in die Beteiligungsverhältnisse vorliege.
[18] Spindler/Stilz AktG/*Würthwein* § 243 Rn. 177 f.; Bürgers/Körber AktG/*Göz* § 243 Rn. 15; ferner *Hirte*, Bezugsrechtsausschluss, 1986, S. 150 f.

Kapitalerhöhungsbeschlusses berechtigt, kann im Einzelfall vorliegen, wenn die Bezugsbedingungen ohne sachlichen Grund gezielt in einer solchen Weise ausgestaltet werden, dass Aktionäre, die das Bezugsrecht nicht ausüben wollen, außergewöhnliche Nachteile in Kauf nehmen müssen (zur Rechtsmissbräuchlichkeit bei Festsetzung eines unter dem Unternehmenswert liegenden Ausgabebetrages vgl. → Rn. 29); missbräuchlich kann es im Einzelfall auch sein, wenn eine Kapitalerhöhung gezielt eingesetzt wird, um Aktionäre, die das Bezugsrecht nicht ausüben können, aus ihrer bisherigen Anteilsquote herauszudrängen.[19]

10 c) Kapitalerhöhung nach Auflösung und bei Insolvenz. Eine Auflösung der Gesellschaft durch Zeitablauf oder Hauptversammlungsbeschluss steht einer Erhöhung des Grundkapitals nicht entgegen (vgl. auch → § 67 Rn. 2).[20] Ein vorher gefasster Kapitalerhöhungsbeschluss, der im Zeitpunkt der Auflösung noch nicht durchgeführt ist, wird durch die Auflösung jedoch in aller Regel hinfällig, sofern nicht auf Grund besonderer Umstände anzunehmen ist, dass er auch für den Fall der Auflösung Bestand haben sollte.[21] Ein bedingtes Kapital besteht wegen § 192 Abs. 4 AktG fort, wenn auf seiner Grundlage Bezugs- oder Umtauschrechte begeben worden sind.[22] Auch nach **Insolvenzeröffnung** kann eine Kapitalerhöhung beschlossen werden.[23] Die Einlageforderung fällt dann gemäß § 35 InsO in die Insolvenzmasse.[24] Folglich ist nicht sichergestellt, dass die neuen Mittel (uneingeschränkt) der Unternehmenssanierung zugute kommen. Eine Kapitalerhöhung wird daher regelmäßig nur dann sinnvoll sein, wenn sie im Rahmen eines Insolvenzplans erfolgt.[25] Ein vor Insolvenzeröffnung gefasster, aber noch nicht eingetragener Kapitalerhöhungsbeschluss besteht nach heute weitgehend einhelliger Ansicht fort.[26] Die Hauptversammlung hat jedoch die Möglichkeit, den Beschluss bis zur Eintragung aufzuheben.[27]

---

[19] Vgl. MüKoAktG/*Schürnbrand* § 182 Rn. 28.
[20] BGHZ 24, 279 (286); MüKoAktG/*Schürnbrand* § 182 Rn. 76; Hüffer/*Koch* AktG § 182 Rn. 31; Spindler/Stilz AktG/*Servatius* § 182 Rn. 68; vgl. auch Hölters AktG/*Apfelbacher*/*Niggemann* § 182 Rn. 76.
[21] Vgl. dazu näher KölnKommAktG/*Ekkenga* § 182 Rn. 101; MüKoAktG/*Schürnbrand* § 182 Rn. 77; Hüffer/*Koch* AktG § 182 Rn. 31; Spindler/Stilz AktG/*Servatius* § 182 Rn. 67; Schmidt/Lutter/*Veil* AktG § 182 Rn. 43.
[22] Hölters AktG/*Apfelbacher*/*Niggemann* § 182 Rn. 77.
[23] KölnKommAktG/*Ekkenga* § 182 Rn. 102; Schmidt/Lutter/*Veil* AktG § 182 Rn. 44; Bürgers/Körber AktG/*Marsch-Barner* § 182 Rn. 49; MüKoAktG/*Schürnbrand* § 182 Rn. 83; Hüffer/*Koch* AktG § 182 Rn. 32; *Müller* ZGR 2004, 842 (843); vgl. auch LG Heidelberg ZIP 1988, 1257 f. – Rückfort, das eine Kapitalerhöhung im Konkurs jedenfalls dann zuließ, wenn dadurch die Mittel für einen Zwangsvergleich beschafft werden sollten; aA noch OLG Hamm AG 1981, 53; OLG Bremen NJW 1957, 1560 f.; RGZ 85, 205 (207); *Baumbach*/*Hueck* AktG § 184 Rn. 4.
[24] KG NZG 2000, 103 (104) (zur GmbH); Uhlenbruck/*Hirte* InsO § 35 Rn. 304; Hüffer AktG/*Koch* § 182 Rn. 32b; Bürgers/Körber AktG/*Marsch-Barner* § 182 Rn. 49; Schmidt/Lutter/*Veil* AktG § 182 Rn. 45; *Kuntz* DStR 2006, 519; aA *Schlitt* NZG 1998, 755 f. mwN zur Gegenansicht (zur GmbH).
[25] Vgl. Hüffer/*Koch* AktG § 182 Rn. 32b; Bürgers/Körber AktG/*Marsch-Barner* § 182 Rn. 49; Hölters AktG/*Apfelbacher*/*Niggemann* § 182 Rn. 78. AA *Thole*, Gesellschaftsrechtliche Maßnahmen in der Insolvenz, 2015, Rn. 102, wonach im Planverfahren allein die Beteiligtenversammlung und nicht die Hauptversammlung für effektive Kapitalerhöhungen zuständig ist; s. ferner zu Kapitalmaßnahmen im Planverfahren KommAktG/*Ekkenga* § 182 Rn. 88.
[26] BGH ZIP 1995, 28 (29); KG NZG 2000, 103 (104) (jeweils zur GmbH); Bürgers/Körber AktG/*Marsch-Barner* § 182 Rn. 48; Jaeger InsO/*Müller* § 35 Rn. 164; Schmidt/Lutter/*Veil* AktG § 183 Rn. 47; Spindler/Stilz AktG/*Servatius* § 182 Rn. 70; MüKoAktG/*Schürnbrand* § 182 Rn. 80; *Thole*, Gesellschaftsrechtliche Maßnahmen in der Insolvenz, 2015, Rn. 103; nach KölnKommAktG/*Ekkenga* § 182 Rn. 101 f. u. GroßkommAktG/*Wiedemann* § 182 Rn. 95 ist ein erneuter Beschluss der Hauptversammlung erforderlich; aA Wachter AktG/*Dürr* § 182 Rn. 39: im Zweifel Erlöschen des Kapitalerhöhungsbeschlusses.
[27] BGH ZIP 1995, 28 (29); OLG Zweibrücken NZG 2014, 472; KG NZG 2000, 103 (104) (jeweils zur GmbH); Schmidt/Lutter/*Veil* AktG § 183 Rn. 47; Bürgers/Körber AktG/*Marsch-Barner*

Nicht der Insolvenzverwalter, sondern allein der Vorstand kann die Kapitalerhöhung und ihre Eintragung weiterbetreiben.[28] Der Vorstand wird dabei im Rahmen seiner Sorgfaltspflicht zu prüfen haben, ob er eine erneute Entscheidung der Hauptversammlung über die Weiterverfolgung der Kapitalerhöhung herbeiführt. Es ist auch eine Regelung im Erhöhungsbeschluss möglich, wonach die Anmeldung im Insolvenzfall zu unterlassen oder zurückzunehmen ist.[29] Bei Insolvenzeintritt bereits geschlossene Zeichnungsverträge können aus wichtigem Grund gekündigt werden, es sei denn, der Aktionär kannte die Insolvenzgefahr bei Vertragsabschluss.[30]

d) Kapitalerhöhung bei Übernahmeangebot. Ist ein Übernahme- oder Pflichtangebot für die Aktien der Gesellschaft veröffentlicht worden, sind nach § 33 WpÜG Maßnahmen zu unterlassen, die den Erfolg des Angebots zu verhindern geeignet sind. Die Ausgabe neuer Aktien fällt hierunter, da sie zur Verteuerung des Angebots führt und der Bieter zur Kontrollerlangung eine höhere Aktienanzahl erwerben muss.[31] Kapitalerhöhungen sind deshalb jedoch in der Übernahmesituation nicht umfassend ausgeschlossen. Das Verhinderungsverbot richtet sich allein an den Vorstand (und eingeschränkt an den Aufsichtsrat). Maßnahmen durch die Hauptversammlung werden dadurch, wie auch § 33 Abs. 2 S. 1 WpÜG belegt, nicht berührt.[32] **Ordentliche Kapitalerhöhungsbeschlüsse** bleiben daher in der Übernahmesituation zulässig (dazu, ob eine drohende Abhängigkeitsbegründung einen Bezugsrechtsausschluss rechtfertigt, vgl. → Rn. 119k). Die **Ausnutzung eines genehmigten Kapitals** durch die Verwaltung unterfällt demgegenüber im Grundsatz dem Verhinderungsverbot. Anders liegt das jedoch, wenn einer der in § 33 Abs. 1 S. 2 WpÜG geregelten Ausnahmetatbestände eingreift. Danach sind Maßnahmen insbesondere dann zulässig, wenn sie auch ein gewissenhafter Geschäftsleiter eines Unternehmens, das nicht von einem Übernahmeangebot betroffen ist, vorgenommen hätte oder sie mit Zustimmung des Aufsichtsrats erfolgen. Die Ausnutzung des genehmigten Kapitals bedarf gemäß § 202 Abs. 3 S. 2 AktG der Aufsichtsratszustimmung. Ferner kann sie in Verfolgung operativer oder strategischer Ziele erfolgen, die unabhängig von dem Angebot sind. Die Ausnutzung ist in diesen Fällen daher zulässig. § 33 Abs. 2 S. 1 WpÜG, der Verteidigungsmaßnahmen aufgrund einer entsprechenden speziellen Hauptversammlungsermächtigung erlaubt, steht dem nicht entgegen und schränkt die Ausnahmetatbestände des § 33 Abs. 1 S. 2 WpÜG nicht ein.[33]

---

§ 182 Rn. 48; *Kuntz* DStR 2006, 519 (521 f.); aA Jaeger InsO/*Müller* § 35 Rn. 165; *Müller* ZGR 2004, 842 (848 ff., 851 f.); nach Zeitabschnitten differenzierend *Thole*, Gesellschaftsrechtliche Maßnahmen in der Insolvenz, 2015, Rn. 105.

[28] BayObLG NZG 2004, 582 (583); KG NZG 2000, 103 (104) (jeweils zur GmbH); Bürgers/Körber AktG/*Marsch-Barner* § 182 Rn. 48; Hölters AktG/*Apfelbacher/Niggemann* § 182 Rn. 79; Wachter AktG/*Dürr* § 182 Rn. 39; aA Spindler/Stilz AktG/*Servatius* § 182 Rn. 71; *Thole*, Gesellschaftsrechtliche Maßnahmen in der Insolvenz, 2015, Rn. 103.

[29] Hüffer/*Koch* AktG § 182 Rn. 32.

[30] BGHZ 24, 279 (286); KG NZG 2000, 103 (104) (jeweils zur GmbH); Uhlenbruck InsO/*Hirte* § 11 Rn. 194; *Kuntz* DStR 2006, 519 (522 ff.); für Lösungsmöglichkeit gemäß § 313 BGB Schmidt/Lutter/*Veil* AktG § 183 Rn. 47; MüKoGmbHG/*Lieder* § 55 Rn. 59 (zur GmbH); ein Kündigungsrecht ablehnend Spindler/Stilz AktG/*Servatius* § 182 Rn. 71 mwN.

[31] Assmann/Pötzsch/Uwe H. Schneider WpÜG/*H. Krause/Pötzsch/Stephan* § 33 Rn. 88; MüKoAktG/*Schlitt* WpÜG § 33 Rn. 83. Zu der Frage, ob eine Kapitalerhöhung unterhalb des Börsenkurses zu einer Anpassung des Angebotspreises führen kann, *Habersack* FS Marsch-Barner, 2018, 203 (207 f.).

[32] MüKoAktG/*Schlitt* WpÜG § 33 Rn. 64; KölnKommWpÜG/*Hirte* § 33 Rn. 46.

[33] Str.; wie hier zB MüKoAktG/*Schlitt* WpÜG § 33 Rn. 143, 171; Assmann/Pötzsch/Uwe H. Schneider WpÜG/*H. Krause/Pötzsch/Stephan* § 33 Rn. 138 ff.; Geibel/Süßmann WpÜG/*Brandi* § 33 Rn. 59; Emmerich/Habersack AG/GmbH-Konzernrecht/*Habersack* Vor § 311 Rn. 22; *Habersack* FS Marsch-Barner, 2018, 203 (209 f.); offen gelassen in OLG Stuttgart ZIP 2019, 520 (insofern nicht abgedruckt) = BeckRS 2018, 35625 Rn. 173. Nach aA setzt die Ausnutzung eines genehmigten

12 e) Ordnungsgemäße Durchführung früherer Kapitalmaßnahmen. Die rechtmäßige Durchführung früherer Kapitalerhöhungen durch die Verwaltung ist grundsätzlich **keine Wirksamkeitsvoraussetzung** für die Beschlussfassung der Hauptversammlung über weitere Kapitalerhöhungen (zur davon zu trennenden Wirksamkeit früherer Kapitalerhöhungen vgl. → Rn. 201). Das gilt insbesondere auch bei der Schaffung genehmigter Kapitalia. Die Gegenauffassung, wonach die fehlerhafte Abwicklung von Kapitalerhöhungen in der Vergangenheit die Anfechtbarkeit späterer Beschlüsse begründet,[34] ist abzulehnen.[35] Ein Anfechtungsgrund liegt nicht vor. Frühere Umsetzungsfehler begründen nicht einen Gesetzesverstoß des neuen Kapitalerhöhungsbeschlusses (§ 243 Abs. 1 AktG). Eine relevante Informationspflichtverletzung (§ 243 Abs. 4 AktG) in Bezug auf den neuen Beschluss ergibt sich aus ihnen ebenso wenig. Es überzeugt auch nicht, dass die Verletzung seiner Pflichten durch den Vorstand die Hauptversammlung für die Zukunft daran hindern soll, Kapitalerhöhungen zu beschließen. Unklar bleibt zudem, wie lange ein solches Kapitalerhöhungshindernis bestehen und ob und inwiefern es davon abhängen soll, dass der Vorstand, dem der Umsetzungsfehler unterlaufen ist, (vollständig, mehrheitlich, teilweise) noch im Amt ist. Wird eine Kapitalerhöhungsmaßnahme nicht ordnungsgemäß abgewickelt, stehen dem Aktionär gerade bei der Ausnutzung genehmigter Kapitalia andere Rechtsmittel zur Verfügung, die sich gegen die betreffende Maßnahmen richten (vgl. → § 59 Rn. 65), und kann unter Umständen die Entlastung des Vorstands anfechtbar sein (vgl. auch → § 59 Rn. 63). Eine Vorwirkung auf die Rechtmäßigkeit zukünftiger Kapitalerhöhungsbeschlüsse gibt es hingegen nicht.

13 3. Verpflichtung zur Durchführung oder Unterlassung einer Kapitalerhöhung. Eine gesellschaftsrechtliche **Verpflichtung der Aktionäre**, einem Kapitalerhöhungsbeschluss zuzustimmen, besteht grundsätzlich nicht.[36] Allerdings kann sich in besonderen Ausnahmefällen auf Grund der gesellschaftsrechtlichen Treuepflicht des Aktionärs[37] die Verpflichtung ergeben, an einem Kapitalerhöhungsbeschluss mitzuwirken, soweit dieser zur Rettung des Unternehmens dringend erforderlich und dem Aktionär zumutbar ist.[38] Treupflichtwidrig abgegebene Stimmen sind nichtig und als solche vom Versammlungsleiter nicht mitzuzählen.[39] Eine Pflicht, an für den Fortbestand der Gesellschaft erforderlichen Rekapitalisierungsmaßnahmen mitzuwirken, ist erstmals durch § 7 Abs. 7 FMStBG (nunmehr Stabilisierungsfondsgesetz) für den Finanzsektor kodifiziert. Es liegt nahe, hierin einen

---

Kapitals einen Hauptversammlungsbeschluss gemäß § 33 Abs. 2 WpÜG voraus; so etwa KölnKomm-WpÜG/*Hirte* § 33 Rn. 47, 101 u. MüKoAktG/*Bayer* § 202 Rn. 75 jeweils mwN.

[34] So OLG Frankfurt a. M. AG 2011, 713 Rn. 133 ff. – Kirch ua/Deutsche Bank für das genehmigte Kapital mit der Ermächtigung des Vorstands zum Bezugsrechtsausschluss, wonach die Anfechtbarkeit aber wohl unabhängig davon eingreift, ob der neue Beschluss einen Bezugsrechtsausschluss erlaubt; ferner OLG München AG 2009, 121 (122 f.).

[35] Ebenso HdB AG-Finanzierung/*Stöber* Kap. 5 Rn. 109; *Schäfer* CFL 2011, 399 (402); *Born* ZIP 2011, 1793 (1798 f.); *Klie* DStR 2013, 530 (533 f.); *Niggemann/Wansleben* AG 2013, 269 (276 ff.).

[36] BGHZ 90, 381 (389 ff.); Spindler/Stilz AktG/*Servatius* § 182 Rn. 15a; Bürgers/Körber AktG/*Marsch-Barner* § 182 Rn. 7; MüKoAktG/*Schürnbrand* § 182 Rn. 12.

[37] Zur Treupflicht des Aktionärs BGHZ 103, 184 – Linotype; BGHZ 129, 136 – Girmes; näher → § 17 Rn. 19 ff.

[38] LG München I NZI 2007, 609 (611); MüKoAktG/*Schürnband* § 182 Rn. 12; *K. Schmidt* ZGR 1982, 519 (524 f.); *Seibt* ZIP 2014, 1909 (1912 ff.); vgl. auch BGHZ 183, 1 – Sanieren oder Ausscheiden (zum Personengesellschaftsrecht); ferner OLG Stuttgart NZG 2003, 1025 (1027).

[39] OLG Stuttgart AG 2016, 370 (371) – Porsche/VW; Spindler/Stilz AktG/*Rieckers* § 133 Rn. 29; ausführlich *Wandrey*, Materielle Beschlusskontrolle, 2012, S. 45 ff.; ferner BGH ZIP 2016, 1220 f. Rn. 13 u. 17 – Media-Saturn; BGH AG 1993, 514 (515); OLG Hamburg ZIP 1991, 1430 (1432); OLG Stuttgart AG 2000, 369 (371) – DASA/Dornier (jeweils zur GmbH); BGHZ 102, 172 (176) (zu Personengesellschaften). S. aber auch OLG München ZIP 2014, 472 (476): Wurden Stimmen zu Unrecht wegen Treupflichtwidrigkeit nicht mitgezählt, liege darin ein besonders schwerer Rechtsverstoß iSv § 246a Abs. 2 Nr. 3 AktG.

über den Finanzsektor hinaus verallgemeinerungsfähigen Grundsatz zu sehen.[40] Eine Verpflichtung, selbst neue Aktien zu zeichnen, besteht in keinem Fall.[41] Möglich sind jedoch Vereinbarungen von Aktionären mit der Gesellschaft, anderen Aktionären oder Dritten, durch die eine schuldrechtliche Verpflichtung zur Mitwirkung am Kapitalerhöhungsbeschluss oder zur Übernahme neuer Aktien begründet wird.[42] Gleiches gilt für die Pflicht zur Unterlassung einer Kapitalerhöhung: Sie besteht kraft Gesetzes nur im Rahmen des Missbrauchsverbots (vgl. → Rn. 9), kann aber für den einzelnen Aktionär durch Vereinbarung schuldrechtlich begründet werden.

Verpflichtungen der Gesellschaft, Kapitalisierungsmaßnahmen durchzuführen oder zu unterlassen, sind nicht mit gesellschaftsrechtlicher Wirkung möglich. Eine dennoch eingegangene schuldrechtliche Pflicht verstößt zwar nicht gegen § 187 Abs. 2 und ist wirksam; ihre Einhaltung kann jedoch nicht durchgesetzt werden.[43] Entsprechendes ist anzunehmen für Sekundäransprüche (Schadenersatzansprüche, Vertragsstrafen), die an eine Verletzung der Pflicht anknüpfen. Grund hierfür ist die unabdingbare Entscheidungsfreiheit der Hauptversammlung (dh der Aktionäre). Daraus ergeben sich aber auch gleichzeitig die Grenzen des Verbots einer Selbstbindung der Gesellschaft. Die Hauptversammlung kann einen entsprechenden Beschluss fassen, auf dessen Grundlage der Vorstand die Gesellschaft verpflichtet.[44] Betrifft die Bindung nur den Vorstand im Rahmen seiner Befugnisse (Einberufungs- und Beschlussvorschlagsrecht, Ausnutzung von Ermächtigungen gemäß §§ 202, 221 AktG), sollte sie zulässig sein, wenn sie nach Maßgabe der Business Judgement Rule im Unternehmensinteresse liegt.[45] Unbeschadet hiervon bliebe die Möglichkeit der Hauptversammlung, Kapitalerhöhungen zu beschließen. **Marktschutzklauseln** (lock-up) in Aktienübernahmeverträgen mit Emissionsbanken sind danach zulässig, wenn sie zeitlich befristet sind und der Gesellschaft die Kapitalaufnahme erlauben, wenn hierfür ein dringender Bedarf auftritt.[46] Die vorstehenden Grundsätze und Beschränkungen sind auch bei Sanierungs- oder Zusammenschlussvereinbarungen **(Business Combination Agreement)** zu beachten.[47]

---

[40] Vgl. Spindler/Stilz AktG/*Servatius* § 182 Rn. 15a; Bürgers/Körber AktG/*Marsch-Barner* § 182 Rn. 7.

[41] Bürgers/Körber AktG/*Marsch-Barner* § 182 Rn. 7; MüKoAktG/*Schürnbrand* § 182 Rn. 13; HdB börsennotierte AG/*Busch* Rn. 42.19; *K. Schmidt* ZGR 1982, 519 (525).

[42] Bürgers/Körber AktG/*Marsch-Barner* § 182 Rn. 8; Geßler/Hefermehl AktG/*Hefermehl/Bungeroth* § 182 Rn. 7.

[43] Str.; ebenso MüKoAktG/*Schürnbrand* § 182 Rn. 10 f.; Bürgers/Körber AktG/*Marsch-Barner* § 182 Rn. 8; aA, dh für auch schuldrechtliche Unzulässigkeit, Schmidt/Lutter/*Veil* AktG § 182 Rn. 13; KölnKommAktG/*Ekkenga* § 182 Rn. 18; für schwebende Unwirksamkeit wegen Verstoß gegen die Kompetenzordnung *Linhard*, Kompetenzordnung, 2019, S. 152 f.

[44] Schmidt/Lutter/*Veil* AktG § 182 Rn. 13; MüKoAktG/*Schürnbrand* § 182 Rn. 11; *Schäfer* ZGR 2008, 455 (464); *Linhard*, Kompetenzordnung, 2019, S. 155 f.

[45] Str.; ebenso zB *Schäfer* ZGR 2008, 455 (464); Spindler/Stilz AktG/*Fleischer* § 76 Rn. 78; Hölters AktG/*Apfelbacher/Niggemann* § 182 Rn. 2; Happ AktienR/*Groß* Form. 15.02 Anm. 21.3; Unternehmensfinanzierung am Kapitalmarkt/*Singhof/Weber* Rn. 3.38; KölnKommAktG/*Ekkenga* § 182 Rn. 14 (zum Beschlussvorschlagsrecht des Vorstands); *Linhard*, Kompetenzordnung, 2019, S. 158 ff. (schuldrechtliche Bindung); aA OLG München ZIP 2012, 2439 (2443) u. LG München I NZG 2012, 1152 (1153) – WET: Ein Zustimmungserfordernis zugunsten eines Aktionärs iR. eines Business Combination Agreement verstoße gegen die aktienrechtliche Kompetenzordnung und sei gemäß § 134 BGB nichtig; ebenso MüKoAktG/*Bayer* 202 Rn. 35; HdB AG-Finanzierung/*Kuntz* Kap. 8 Rn. 88; *Kuntz* AG 2016, 101 (112 ff.); hingegen zu Recht kritisch zu der „WET"-Rechtsprechung *Bungert/Wansleben* ZIP 2013, 1841 (1843 ff.); *König* NZG 2013, 452 (453 f.); *H. Krause* CFL 2013, 192 (194 ff.).

[46] Vgl. HdB börsennotierte AG/*Busch* Rn. 42.5; Unternehmensfinanzierung am Kapitalmarkt/*Singhof/Weber* Rn. 3.38; Happ AktienR/*Groß* Form. 15.02 Anm. 21.3; Unternehmensfinanzierung am Kapitalmarkt/*Haag* Rn. 29.50; ferner *Bungert/Wansleben* ZIP 2013, 1841 (1844); aA Schmidt/Lutter/*Veil* AktG § 182 Rn. 13; HdB AG-Finanzierung/*Kuntz* Kap. 8 Rn. 88; *Technau* AG 1998, 445 (457); *Picot/Land* DB 1999, 570 (573).

[47] Ausführlich *Reichert* ZGR 2015, 1 (21 ff.).

II. Kapitalerhöhungsbeschluss

15 **1. Beschlussfassung. a) Zuständigkeit.** Kapitalerhöhungen sind Satzungsänderungen (§ 23 Abs. 3 Nr. 3 u. 4 AktG). Zuständig für die Beschlussfassung ist daher allein die **Hauptversammlung**.[48] Eine Übertragung der Entscheidungszuständigkeit auf andere Stellen ist – außer im Rahmen eines genehmigten Kapitals (vgl. § 59) – nicht möglich. Bei der Einberufung der Hauptversammlung ist der beabsichtigte Kapitalerhöhungsbeschluss seinem vollen Wortlaut nach bekannt zu machen (§ 124 Abs. 2 S. 3 AktG); sind Sacheinlagen oder ein Ausschluss des Bezugsrechts der Aktionäre beabsichtigt, müssen auch diese Beschlussgegenstände ausdrücklich bekanntgemacht werden (§§ 183 Abs. 1 S. 2, 186 Abs. 4 S. 1 AktG).

16 **b) Mehrheitserfordernis.** Der Beschluss bedarf einer Mehrheit von **mindestens drei Vierteln** des bei der Beschlussfassung vertretenen Grundkapitals (§ 182 Abs. 1 S. 1 AktG). Zugleich muss, wie bei jeder Beschlussfassung mit Kapitalmehrheit, die einfache Stimmenmehrheit gegeben sein.[49] Bei der Berechnung sowohl der Kapital- als auch der Stimmenmehrheit zählen nur die abgegebenen Ja- und Nein-Stimmen mit; Enthaltungen werden nicht berücksichtigt, ebenso wenig Aktien, die zwar in der Hauptversammlung vertreten sind, sich aber an der Abstimmung nicht beteiligen.[50] Auch stimmrechtslose Vorzugsaktien sind bei der Berechnung der Kapitalmehrheit nicht zu berücksichtigen.[51]

17 Die Satzung kann die erforderliche Kapitalmehrheit **erhöhen** oder bis zur einfachen Mehrheit des vertretenen Grundkapitals **herabsetzen** (§ 182 Abs. 1 S. 2 AktG). Sie kann ferner **zusätzliche Erfordernisse** (zB Zustimmung aller Aktionäre, bestimmte Mindestpräsenz)[52] anordnen (§ 182 Abs. 1 S. 3 AktG). Zulässig ist insbesondere, als zusätzliches Erfordernis die Zustimmung einzelner Aktionäre vorzusehen.[53] Eine Einschränkung der Zulässigkeit zusätzlicher Erfordernisse für den Fall, dass hierdurch die Kapitalerhöhung de facto unmöglich gemacht wird,[54] ist sachlich nicht gerechtfertigt.[55] Ausgeschlossen ist es jedoch, die Kapitalerhöhung an die Zustimmung eines anderen Gesellschaftsorgans oder Dritter zu binden (vgl. auch → Rn. 14).[56] Die Satzung kann auch nicht auf eine Kapitalmehrheit ganz verzichten und etwa ausschließlich die Stimmenmehrheit genügen lassen;[57] ebenso wenig kann sie auf das zusätzliche Erfordernis der einfachen Stimmenmehrheit verzichten.[58] Für die Ausgabe **stimmrechtsloser Vorzugsaktien** kann die erforderliche

---

[48] Ein Hauptversammlungsbeschluss ist auch europarechtlich vorgeschrieben; s. Art. 25 Zweite RL 77/91/EWG. Zur ausnahmsweisen europarechtlichen Zulässigkeit einer Kapitalerhöhung (unterhalb des Nennbetrags und mit Ausschluss des Bezugsrechts der Aktionäre) zur Vermeidung der Insolvenz der Gesellschaft, welche die finanzielle Stabilität der EU bedroht hätte, EuGH ZIP 2016, 2215 ff. – Dowling ua.

[49] Schmidt/Lutter/*Veil* AktG § 182 Rn. 27; Hüffer/*Koch* AktG § 182 Rn. 7.

[50] MüKoAktG/*Schürnbrand* § 182 Rn. 23; Bürgers/Körber AktG/*Marsch-Barner* § 182 Rn. 13; Hüffer/*Koch* AktG § 179 Rn. 14; vgl. auch → § 39 Rn. 24.

[51] MüKoAktG/*Schürnbrand* § 182 Rn. 24; Hüffer/*Koch* AktG § 182 Rn. 7; vgl. auch → § 39 Rn. 24.

[52] MüKoAktG/*Schürnbrand* § 182 Rn. 27; Hüffer/*Koch* AktG § 179 Rn. 23.

[53] MüKoAktG/*Schürnbrand* § 182 Rn. 27; Bürgers/Körber AktG/*Marsch-Barner* § 182 Rn. 16; Hölters AktG/*Apfelbacher/Niggemann* § 182 Rn. 26; aA Wachter AktG/*Dürr* § 182 Rn. 5; Spindler/Stilz AktG/*Servatius* § 182 Rn. 24.

[54] So insbesondere MüKoAktG/*Schürnbrand* § 182 Rn. 25 u. 27; Hüffer/*Koch* AktG § 179 Rn. 23; Bürgers/Körber AktG/*Marsch-Barner* § 182 Rn. 14; Spindler/Stilz AktG/*Servatius* § 182 Rn. 21; Hölters AktG/*Apfelbacher/Niggemann* § 182 Rn. 26.

[55] Überzeugend GroßkommAktG/*Wiedemann* § 179 Rn. 121; KölnKommAktG/*Ekkenga* § 182 Rn. 8; Schmidt/Lutter/*Veil* AktG § 182 Rn. 29.

[56] KölnKommAktG/*Ekkenga* § 182 Rn. 56; MüKoAktG/*Schürnbrand* § 182 Rn. 27; Hüffer/*Koch* AktG § 179 Rn. 23.

[57] MüKoAktG/*Schürnbrand* § 182 Rn. 26; Hüffer/*Koch* AktG § 182 Rn. 8.

[58] MüKoAktG/*Schürnbrand* § 182 Rn. 5 u. 25; Hüffer/*Koch* AktG § 182 Rn. 8.

Kapitalmehrheit von 75 % nur herauf-, jedoch nicht herabgesetzt werden (§ 182 Abs. 1 S. 2 AktG). In der Praxis weit verbreitete Satzungsregelungen, wonach für Hauptversammlungsbeschlüsse die einfache Mehrheit der abgegebenen Stimmen und des vertretenen Grundkapitals genügt, soweit nicht gesetzlich zwingend eine höhere Mehrheit vorgeschrieben ist, gelten auch für Kapitalerhöhungsbeschlüsse, ohne dass diese ausdrücklich gennant zu werden brauchen.[59] Ob das auch für eine Satzungsbestimmung gilt, wonach für Satzungsänderungen die einfache Mehrheit des vertretenen Grundkapitals ausreicht, ist umstritten, aber zu bejahen.[60] Wird die **Gewinnberechtigung** neuer Aktien abweichend von § 60 Abs. 1 und 2 AktG zum Nachteil der Altaktien festgelegt, löst das kein Zustimmungserfordernis zugunsten der Altaktionäre aus (auch → Rn. 34). Das gilt bei Bezugsrechtsemissionen[61] (der Schutz der Aktionäre wird hier durch das Bezugsrecht gesichert), aber auch bei Bezugsrechtsausschluss. Im letzteren Fall ist der Eingriff in das Gewinnrecht im Rahmen der Prüfung der Rechtmäßigkeit des Bezugsrechtsausschlusses zu berücksichtigen.[62]

Bei **Ausgabe vinkulierter Namensaktien** ist zu unterscheiden. Waren alle Altaktien vinkuliert, bestehen keine Besonderheiten. Unterlagen die Altaktien nur teilweise oder gar nicht der Vinkulierung, so soll die Ausgabe vinkulierter Neuaktien gemäß § 180 Abs. 2 AktG nach verbreiteter Ansicht zusätzlich der Zustimmung der Aktionäre bedürfen, die nicht vinkulierte Altaktien halten.[63] Das überzeugt nicht; ein individuelles Zustimmungserfordernis der Inhaber von Inhaber- oder nicht vinkulierten Namensaktien besteht nicht.[64] Ein Eingriff in die Altaktien liegt nicht vor; die Altaktien sind unverändert nicht vinkuliert. § 180 Abs. 2 AktG ist damit nicht eröffnet. Die von der hM behauptete Einschränkung des Bezugsrechts besteht nicht; das Bezugsrecht gewährt einen Anspruch auf quotale Beteiligung an Kapitalerhöhungen, nicht auf Bezug von Aktien derselben Gattung oder Ausstattung (→ Rn. 104 f.). Selbst wenn man eine Einschränkung des Bezugsrechts annähme, könnte dies nicht zur Anwendung von § 180 Abs. 2 AktG, sondern allenfalls von § 186 AktG führen. Erhalten nur Dritte die jungen Aktien (zB wegen eines Bezugsrechtsausschlusses oder unter Umständen in den Fällen des § 192

---

[59] BGHZ 76, 191 (194 f.) = NJW 1980, 1465 (1466); OLG Stuttgart AG 2013, 604 (insofern dort nicht abgedruckt) = BeckRS 2013, 00660; Hüffer/*Koch* AktG § 179 Rn. 18; Bürgers/Körber AktG/ *Marsch-Barner* § 182 Rn. 15; KölnKommAktG/*Ekkenga* § 182 Rn. 6.
[60] Str.; ebenso MüKoAktG/*Schürnbrand* § 182 Rn. 25; Grigoleit/*Rieder/Holzmann* § 182 Rn. 11; Spindler/Stilz AktG/*Servatius* § 182 Rn. 17 MüKoAktG/*Stein* § 179 Rn. 88; in eine Richtung deutet auch BGHZ 76, 191 (195) = NJW 1980, 1465 (1466): allgemeine Mehrheitsklausel (iSd der vorstehenden Fn.) sei „unverkennbar auf Satzungsänderungen zugeschnitten [...], zu denen auch die Kapitalerhöhung (§§ 182 Abs. 1, 207 Abs. 2 AktG) zu rechnen ist"; aA Hüffer/*Koch* AktG § 182 Rn. 8, § 179 Rn. 18; Bürgers/Körber AktG/*Marsch-Barner* § 182 Rn. 15 aE; KölnKommAktG/*Zetzsche* § 179 Rn. 309; Grigoleit/*Ehmann* AktG § 179 Rn. 14; vgl. auch BGH NJW 1975, 212 (213): für Beschlüsse mit unter Umständen einschneidender Bedeutung müsse sich eine Herabsetzung eines qualifizierten Mehrheitserfordernisses eindeutig aus der Satzung ergeben; offen gelassen in OLG Stuttgart AG 2013, 604 (insofern dort nicht abgedruckt) = BeckRS 2013, 00660.
[61] MüKoAktG/*Bayer* § 60 Rn. 22 ff.; Hüffer/*Koch* AktG § 60 Rn. 9; Hölters AktG/*Laubert* § 60 Rn. 7.
[62] MüKoAktG/*Bayer* § 60 Rn. 24; Hüffer/*Koch* AktG § 60 Rn. 9, der aber eine klarstellende Satzungsregelung empfiehlt; Hölters AktG/*Laubert* § 60 Rn. 7; Grigoleit/*Grigoleit/Rachlitz* AktG § 60 Rn. 13; GroßkommAktG/*Henze* § 60 Rn. 24; KölnKommAktG/*Drygala* § 60 Rn. 35; *Groß* FS Hoffmann-Becking, 2013, 395 (406 f.); aA noch Geßler/Hefermehl AktG/*Hefermehl/Bungeroth* § 60 Rn. 25.
[63] Hüffer/*Koch* AktG § 180 Rn. 7; Bürgers/Körber AktG/*Körber* § 180 Rn. 9; Hölters AktG/ *Haberstock/Greitemann* § 180 Rn. 7; Schmidt/Lutter/*Seibt* § 180 Rn. 12 f.; MüKoAktG/*Bayer* § 68 Rn. 48 ff.; Hölters AktG/*Laubert* § 68 Rn. 16; → § 14 Rn. 18.
[64] Ebenso KölnKommAktG/*Lutter/Drygala* § 68 Rn. 62; Spindler/Stilz AktG/*Cahn* § 68 Rn. 43; Schmidt/Lutter/*Bezzenberger* AktG § 68 Rn. 18.

Abs. 2 Nr. 2 u. 3 AktG), greift das Zustimmungserfordernis nach § 180 Abs. 2 AktG von vornherein nicht.[65]

19 Besondere Mehrheitserfordernisse enthält **§ 7 Abs. 2** Wirtschaftsstabilisierungsbeschleunigungsgesetz. Ordentliche Kapitalerhöhungen im Zusammenhang mit einer Rekapitalisierung nach § 7 oder § 22 Stabilisierungsfondsgesetz bedürfen zwingend nur der einfachen Mehrheit der abgegebenen Stimmen.[66]

20 c) **Sonderbeschlüsse.** Sind **mehrere stimmberechtigte Aktiengattungen** (§ 11 AktG) vorhanden, bedarf der Kapitalerhöhungsbeschluss zu seiner Wirksamkeit der Zustimmung der Aktionäre jeder Gattung (§ 182 Abs. 2 S. 1 AktG), unabhängig davon, ob eine der Gattungen benachteiligt wird oder nicht (vgl. auch → Rn. 34).[67] Für jede Aktiengattung muss ein gesonderter Zustimmungsbeschluss (Sonderbeschluss) gefasst werden (§ 182 Abs. 2 S. 2 AktG), selbst wenn der Kapitalerhöhungsbeschluss einstimmig gefasst wurde.[68]

21 Sind **stimmrechtslose Vorzugsaktien** vorhanden, ist für diese ein Sonderbeschluss nach § 182 Abs. 2 AktG nicht erforderlich. Damit entfällt naturgemäß auch ein Sonderbeschluss der Stammaktionäre, wenn neben Stamm- nur stimmrechtslose Vorzugsaktien vorhanden sind.[69] Auch wenn die Vorzugsaktionäre gemäß § 140 Abs. 2 AktG das Stimmrecht haben, ist weder ein Sonderbeschluss der Vorzugs- noch der Stammaktionäre erforderlich.[70] Bei Ausgabe neuer Vorzugsaktien ist § 141 Abs. 2 AktG zu beachten; vgl. → Rn. 24.

22 Solange nicht alle erforderlichen Sonderbeschlüsse vorliegen, ist der Kapitalerhöhungsbeschluss **schwebend unwirksam;** haben die Aktionäre einer Gattung die Zustimmung verweigert, wird er endgültig unwirksam.[71] Solange die Sonderbeschlüsse fehlen, darf das Gericht die Kapitalerhöhung nicht eintragen.[72] Erfolgt die Eintragung gleichwohl, können die Sonderbeschlüsse noch nachgeholt werden; geschieht das nicht, bleibt der Kapitalerhöhungsbeschluss unwirksam und tritt Heilung erst analog § 242 Abs. 2 AktG nach Ablauf von drei Jahren ein.[73] Vgl. im Übrigen zu den Rechtsfolgen einer trotz schwebender Unwirksamkeit des Kapitalerhöhungsbeschlusses durchgeführten Kapitalerhöhung → Rn. 198.

23 Die Sonderbeschlüsse können in derselben Hauptversammlung in einer gesonderten Abstimmung gefasst werden (§ 138 S. 1 AktG), sofern diese gesonderte Abstimmung als Gegenstand der Tagesordnung ordnungsgemäß bekannt gemacht wurde (§ 121 Abs. 3 S. 2 AktG). Sonst sind sie in einer **gesonderten Versammlung** der Aktionäre der jeweiligen Gattung zu fassen, für deren Einberufung und Durchführung die Bestimmungen über die Hauptversammlung entsprechend gelten (§ 138 S. 2 AktG). Aktionäre mit 10% der bei

---

[65] Schmidt/Lutter/*Seibt* AktG § 180 Rn. 12 f.; MüKoAktG/*Stein* § 180 Rn. 25 f.; Bürgers/Körber AktG/*Körber* § 180 Rn. 9.
[66] Vgl. Bürgers/Körber AktG/*Marsch-Barner* § 182 Rn. 13a.
[67] KölnKommAktG/*Ekkenga* § 182 Rn. 19; MüKoAktG/*Schürnband* § 182 Rn. 29; Hüffer/*Koch* AktG § 182 Rn. 18.
[68] RGZ 148, 175 (186); KölnKommAktG/*Ekkenga* § 182 Rn. 19; MüKoAktG/*Schürnband* § 182 Rn. 29; Hüffer/*Koch* AktG § 182 Rn. 18.
[69] Hüffer/*Koch* AktG § 182 Rn. 19; MüKoAktG/*Schürnband* § 182 Rn. 30.
[70] Str.; wie hier Hölters AktG/*Apfelbacher/Niggemann* § 182 Rn. 51; Schmidt/Lutter/*Veil* AktG § 182 Rn. 33; Hüffer/*Koch* AktG § 182 Rn. 19; MüKoAktG/*Volhard* § 141 Rn. 18; Großkomm-AktG/*Bezzenberger* § 141 Rn. 23; Grigoleit/*Rieder/Holzmann* AktG § 182 Rn. 22; HdB börsennotierte AG/*Butzke* Rn. 6.29; MüKoAktG/*Schürnbrand* § 182 Rn. 30; aA Bürgers/Körber AktG/*Marsch-Barner* § 182 Rn. 30; Frodermann/Becker in Henn/Frodermann/Jannott HdB AktienR 5. Kap. Rn. 32; zweifelnd HdB börsennotierte AG/*Busch* Rn. 42.9.
[71] RGZ 148, 175 (186); OLG Stuttgart AG 1993, 94; KölnKommAktG/*Ekkenga* § 182 Rn. 24; MüKoAktG/*Schürnbrand* § 182 Rn. 33; Hüffer/*Koch* AktG § 182 Rn. 21.
[72] KölnKommAktG/*Ekkenga* § 182 Rn. 24; MüKoAktG/*Schürnbrand* § 182 Rn. 33; Hüffer/*Koch* AktG § 182 Rn. 21.
[73] MüKoAktG/*Schürnbrand* § 182 Rn. 33; KölnKommAktG/Ekkenga § 182 Rn. 24; HüfferAktG/*Koch* § 182 Rn. 21.

dem jeweiligen Sonderbeschluss stimmberechtigten Anteile können stets die Einberufung einer gesonderten Versammlung verlangen (§ 138 S. 3 AktG). Für die Sonderbeschlüsse gelten die Vorschriften über den Kapitalerhöhungsbeschluss sinngemäß (§ 138 S. 2 AktG), namentlich sind die gleichen Stimmen- und Kapitalmehrheiten – berechnet nach den abgegebenen Stimmen und dem vertretenen Kapital bei Fassung des jeweiligen Sonderbeschlusses – nötig, soweit nicht die Satzung speziell für die Sonderbeschlüsse andere Mehrheiten oder weitere Erfordernisse als für den Kapitalerhöhungsbeschluss festsetzt[74] (§ 182 Abs. 2 S. 3, Abs. 1 AktG). Vgl. dazu auch → § 40 Rn. 67 ff.

Besondere Anforderungen an die Beschlussfassung gelten bei **Ausgabe von Vorzugs-** 24 **aktien:** Sind im Zeitpunkt des Kapitalerhöhungsbeschlusses stimmrechtslose Vorzugsaktien vorhanden, bedarf es für die Ausgabe neuer Vorzugsaktien, die den vorhandenen bei der Verteilung des Gewinns oder des Liquidationserlöses vorgehen oder gleichstehen sollen, eines Sonderbeschlusses auch der stimmrechtslosen Vorzugsaktionäre (§ 141 Abs. 2 S. 1 AktG). Das gilt jedoch nicht, wenn – was in der Praxis regelmäßig der Fall ist – die Ausgabe weiterer Vorzugsaktien ausdrücklich vorbehalten war und das Bezugsrecht der Vorzugsaktionäre nicht ausgeschlossen wird (§ 141 Abs. 2 S. 2 AktG). Näher dazu → § 39 Rn. 34 f.

d) Änderung und Aufhebung des Kapitalerhöhungsbeschlusses. Zu Änderung und 25 Aufhebung des Kapitalerhöhungsbeschlusses vgl. → Rn. 93.

2. Beschlussinhalt. Der Kapitalerhöhungsbeschluss muss den wesentlichen Inhalt der 26 Kapitalerhöhung selbst bestimmen; die Ausfüllung von Einzelheiten kann der Verwaltung überlassen werden:[75]

a) Erhöhungsbetrag. Stets erforderlich ist die Festlegung des Erhöhungsbetrags. Übli- 27 cherweise wird dieser von der Hauptversammlung genau bestimmt. Dabei stellt ein besonders hoher Erhöhungsbetrag keinen Sondervorteil zugunsten bestimmter Aktionär dar (zB des Mehrheitsaktionärs), da die Notwendigkeit, zur Vermeidung einer Verwässerung neue Aktien zu zeichnen, alle Aktionäre gleichermaßen trifft.[76] Die Hauptversammlung kann sich aber auch damit begnügen, eine Mindest- und Höchstgrenze oder auch nur eine Höchstgrenze[77] festzulegen und für die Bestimmung des endgültigen Erhöhungsbetrags genaue Maßstäbe zu setzen, die dem Vorstand kein eigenes Ermessen überlassen (**„bis zu"-Kapitalerhöhung**). Zulässig ist es namentlich, den endgültigen Erhöhungsbetrag davon abhängig zu machen, wieviele neue Aktien innerhalb einer bestimmten Zeichnungsfrist gezeichnet werden; diese **Durchführungsfrist** muss von der Hauptversammlung bestimmt und darf nicht zu weiträumig gesetzt werden.[78] Nicht erforderlich ist,

---

[74] Zur Zulässigkeit abweichender Festsetzungen MüKoAktG/*Schürnbrand* § 182 Rn. 32; Hüffer/Koch AktG § 182 Rn. 20.

[75] Muster in Beck'sches Formularbuch/*Hoffmann-Becking/Berger* Form. X.25; Münch. Vertragshandbuch Bd. 1/*Favoccia* Form. V.106, 111 u. 114; Happ AktienR/*Herchen* Form. 12.01a u. 12.03a; Hopt Vertrags- und Formularbuch/*Herfs/Scholz* Form. II. E.5.1.

[76] OLG Frankfurt a. M. ZIP 2017, 1714 (1716).

[77] KG AG 2011, 170 (172) – Vanguard AG; LG Hamburg AG 1995, 92 (93); Hüffer/Koch AktG § 182 Rn. 12; Spindler/Stilz AktG/*Servatius* § 182 Rn. 41; Henssler/Strohn/*Hermanns* AktG § 182 Rn. 15; Hölters AktG/*Apfelbacher/Niggemann* § 182 Rn. 34; *Findeisen* ZIP 2009, 1647 (1649); Seibt/Voigt AG 2009, 133 (135); zweifelnd MüKoAktG/*Schürnbrand* § 182 Rn. 42. Wohl nur scheinbar aA OLG Hamburg AG 2000, 326 (327) – Trikon Belco AG, das zwar zunächst von der Notwendigkeit eines Mindestbetrags spricht, dann aber zu Recht ausführt, entscheidend sei, dass der Vorstand hinsichtlich des Erhöhungsbetrages kein Ermessen gehabt habe, weil er bis zur festgelegten Höchstgrenze ein bestmögliches Ergebnis habe anstreben müssen. Ähnlich das OLG München NZG 2009, 1274 f., das ebenfalls einen Mindest- und einen Höchstbetrag verlangt, aber maßgeblich darauf abstellt, dass dem Vorstand nicht die Entscheidung über den Umfang der Erhöhung überlassen werden darf.

[78] RGZ 85, 205 (207); OLG München NZG 2009, 1274 (1275) (bis zu 6 Monate); OLG Hamburg AG 2000, 326 (327) – Trikon Belco AG; LG Hamburg AG 1995, 92 (93); KölnKommAktG/*Ekkenga*

dass sie vor der nächsten Hauptversammlung endet; findet während der festgelegten Frist eine weitere Hauptversammlung statt, muss diese den Kapitalerhöhungsbeschluss nicht bestätigen.[79] Um Verzögerungen aufgrund von Aktionärsklagen Rechnung zu tragen, sollte es zugelassen werden, dass sich die Durchführungsfrist in diesem Fall verlängert (zB auf neun oder zehn Monate)[80] oder als Anfangszeitpunkt für den Fristlauf der Tag der Freigabeentscheidung (§ 246a AktG) oder die Eintragung des Kapitalerhöhungsbeschlusses festgelegt wird.[81] Eine Durchführungsfrist ist nicht zwingender Inhalt des Erhöhungsbeschlusses; wird keine Frist vorgesehen, ist die Kapitalerhöhung vielmehr unverzüglich durchzuführen (vgl. auch → Rn. 35).[82] Da dies str. ist, sollte eine Durchführungsfrist jedoch vorsorglich aufgenommen werden. Die Höchstgrenze des § 202 Abs. 3 AktG, wonach ein genehmigtes Kapital maximal 50% des Grundkapitals betragen darf, gilt für die „bis zu"-Kapitalerhöhung nicht.[83] Unzulässig wäre es, die Festlegung des genauen Erhöhungsbetrages dem **Ermessen des Vorstands** zu überlassen; eigenes Entscheidungsermessen für den Vorstand ist nur beim genehmigten Kapital (vgl. § 59) zulässig.[84] Zulässig ist es allerdings, das Volumen der auszugebenden Aktien bei der „bis zu"-Kapitalerhöhung von dem erzielbaren Bezugspreis abhängig zu machen, obwohl der Vorstand dann durch die Festlegung des Bezugspreises mittelbar auch die Zahl der auszugebenden Aktien bestimmt.[85] Empfehlenswert ist in diesem Fall die zusätzliche Angabe des angestrebten Gesamtemissionserlöses.[86] Eine „bis zu"-Kapitalerhöhung kann im Grundsatz nur einmal durchgeführt werden. Eine **Durchführung in Tranchen** kommt dann nicht in Betracht. Das ist jedenfalls anzunehmen, wenn der Hauptversammlungsbeschluss nichts Abweichendes vorsieht.[87] Anderenfalls würde die Entscheidung über den Umfang der Kapitalerhö-

---

§ 182 Rn. 30 (max. etwa 6 Monate); MüKoAktG/*Schnürnband* § 182 Rn. 44 (max. 6 Monate); Hüffer/*Koch* AktG § 182 Rn. 12; *Seibt/Voigt* AG 2009, 133 (135) sowie HdB RestrukturierungsR/ *Seibt* Kap. 6 Rn. 19 (max. 6 Monate, bei schwierigem Marktumfeld aber auch 6 bis 9 Monate); großzügiger *Hoppe,* Gewährung zusätzlicher Aktien, 2015, S. 78 ff., der für den Fall von *Contingent Value Rights* eine Frist von bis zu mehr als drei Jahren für zulässig hält.

[79] Ebenso zur Anmeldung von Satzungsänderungen zB KölnKommAktG/*Zetzsche* § 181 Rn. 94; insofern aA, dh für zwingendes Erfordernis der Anmeldung von Satzungsänderungen bis zur nächsten Hauptversammlung, MüKoAktG/*Stein* § 179 Rn. 46 u. 49; Hüffer/*Koch* AktG § 179 Rn. 25 u. § 181 Rn. 13; Schmidt/Lutter/*Seibt* AktG § 179 Rn. 40.

[80] S. *Bücker* NZG 2010, 1339 (1341); Hüffer/*Koch* AktG § 182 Rn. 14.

[81] Schmidt/Lutter/*Veil* AktG § 182 Rn. 17; Wachter AktG/*Dürr* § 182 Rn. 19; HdB RestrukturierungsR/*Seibt* Kap. 6 Rn. 19 aE; *Vaupel/Reers* AG 2009, 93 (94); *Kossmann/Heinrich* Der Konzern 2010, 27 (31 f.).

[82] Str.; ebenso Bürgers/Körber AktG/*Marsch-Barner* § 182 Rn. 22; MüKoAktG/*Schürnbrand* § 182 Rn. 44; Hölters AktG/*Apfelbacher/Niggemann* § 182 Rn. 39; Schmidt/Lutter/*Veil* AktG § 182 Rn. 17; HdB AG-Finanzierung/*Ekkenga/Jaspers* Kap. 4 Rn. 106; wohl ebenso OLG München NZG 2009, 1274 (1275), wonach eine Durchführungsfrist zwar notwendig sein soll, die Durchführung bei ihrem Fehlen aber unverzüglich zu erfolgen hat. Nach aA soll der Beschluss bei fehlender Durchführungsfrist nichtig oder jedenfalls anfechtbar sein; so LG Hamburg AG 1995, 92 (93); LG Mannheim 2.7.2009 – 23 O 05/09 n. v.; Spindler/Stilz AktG/*Servatius* § 182 Rn. 44; ferner KG AG 2011, 170 (172) – Vanguard AG u. Hüffer/*Koch* AktG § 182 Rn. 12 u. 14: Angabe einer Durchführungsfrist ist zwingend.

[83] OLG Hamburg AG 2000, 326 (327) – Trikon Belco AG.

[84] MüKoAktG/*Schürnbrand* § 182 Rn. 41 ff.; KölnKommAktG/*Ekkenga* § 182 Rn. 28. Zur Gestaltung bei Contingent Value Rights *Hoppe,* Gewährung zusätzlicher Aktien, 2015, S. 76 f.

[85] Zustimmend Hüffer/*Koch* AktG § 182 Rn. 12; Hölters AktG/*Apfelbacher/Niggemann* § 182 Rn. 34.

[86] Vgl. Hölters AktG/*Apfelbacher/Niggemann* § 182 Rn. 34; HdB RestrukturierungsR/*Seibt* Kap. 6 Rn. 24; *Seibt/Voigt* AG 2009, 133 (135); *Findeisen* ZIP 2009, 1647 (1649).

[87] OLG München NZG 2009, 1274 (1275); Spindler/Stilz AktG/*Servatius* § 182 Rn. 42; K. Schmidt/Lutter AG/*Veil* § 182 Rn. 17; *Holzmann/Eichstädt* DStR 2010, 277 (280); *Priester* NZG 2010, 81 (85 f.).

hung im Ermessen des Vorstands liegen. Daher kommt es in diesem Fall wohl auch nicht darauf an, ob sich der Vorstand bei Anmeldung der Durchführung die weitere „Ausnutzung" des Beschlusses vorbehält.[88] Wenn der Hauptversammlungsbeschluss die Durchführung in mehreren Tranchen ausdrücklich vorsieht und die Einzelheiten (insbesondere die Anzahl der Tranchen) regelt, greifen die vorstehenden Bedenken hingegen nicht und die mehrmalige Durchführung in Teilschritten ist zulässig.[89] Dabei ist die Durchführungsfrist einzuhalten und darf das Gesamtvolumen aus allen Durchführungen den beschlossenen Höchstbetrag nicht überschreiten. Ebenso ist es zuzulassen, dass die Hauptversammlung mehrere, durch eine unterschiedlich lange Durchführungsfrist zeitlich hintereinander geschaltete „bis zu"-Kapitalerhöhungen beschließt.

b) Neue Aktien. Die Kapitalerhöhung kann nur durch **Ausgabe neuer Aktien** erfolgen (§ 182 Abs. 1 S. 4 AktG). Es ist also nicht möglich, die bisherige Anzahl der Aktien beizubehalten und bei Gesellschaften mit Stückaktien lediglich die Grundkapitalziffer oder bei Gesellschaften mit Nennbetragsaktien die Nennbeträge zu erhöhen. Außerdem ist bei Gesellschaften mit Stückaktien vorgeschrieben, die Zahl der Aktien in demselben Verhältnis wie das Grundkapital zu erhöhen (§ 182 Abs. 1 S. 5 AktG). Das ist auch eingehalten, wenn der auf die einzelne Stückaktie entfallende anteilige Betrag des Grundkapitals (zB infolge der Umstellung auf Euro) auf einen Betrag mit einer Vielzahl an Nachkommastellen lautet und eine Kapitalerhöhung in diesem Fall zwar zu mathematisch vorhandenen, aber praktisch nicht relevanten Abweichungen im Bereich von Nachkommastellen führt. Der Kapitalerhöhungsbeschluss hat die **Zahl** der neuen Aktien, bei Gesellschaften mit Nennbetragsaktien auch deren **Nennbeträge** (zur Stückelung der neuen Aktien bei einer Kapitalerhöhung nach einer Kapitalherabsetzung auf Null → § 61 Rn. 16), sowie die Art der neuen Aktien **(Inhaber- oder Namensaktien)** zu bestimmen (§ 23 Abs. 3 Nr. 5 AktG). Entfallen kann die Angabe der Art der neuen Aktien, wenn die Gesellschaft nur einen Aktientyp ausgegeben hat, und die Zahl der neuen Aktien, wenn es sich um Stückaktien handelt, so dass sich ihr rechnerischer Betrag wegen § 182 Abs. 1 S. 5 AktG aus dem Erhöhungsbetrag ableiten lässt.[90] Werden Namensaktien ausgegeben und sind die alten Namensaktien nicht durchgehend vinkuliert bzw. nicht vinkuliert, ist zudem anzugeben, ob die jungen Aktien vinkuliert sind. Die Angaben sind entbehrlich, wenn die Satzung diese Fragen auch für künftige Aktien bereits regelt. Sind verschiedene Aktiengattungen vorhanden, sind die **Gattungen** der neuen Aktien und die Zahl der neuen Aktien jeder Gattung anzugeben (§ 23 Abs. 3 Nr. 4 AktG), wird eine Gattung neu geschaffen, sind zusätzlich die Gattungsmerkmale festzulegen.[91] Da die Gesellschaft nur **Nennbetrags- oder Stückaktien** haben kann (§ 8 Abs. 1 AktG), was in der Satzung geregelt sein muss (§ 23 Abs. 3 Nr. 4 AktG), ist es nicht erforderlich, dass der Kapitalerhöhungsbeschluss dazu eine Festsetzung trifft. Tut der Beschluss dies aber dennoch und widerspricht diese Festlegung der Regelung in der Satzung, soll der Beschluss nichtig sein.[92]

---

[88] Ebenso K. Schmidt/Lutter AG/*Veil* § 182 Rn. 17; Hölters AktG/*Apfelbacher/Niggemann* § 182 Rn. 34; zweifelnd auch Bürgers/Körber AktG/*Marsch-Barner* § 182 Rn. 22; offen gelassen in OLG München NZG 2009, 1274 (1275); aA für den Fall, dass die Durchführung in Tranchen eindeutig und wesentlich dem Unternehmensinteresse dient HdB RestrukturierungsR/*Seibt* Kap. 6 Rn. 45 aE.
[89] Str.; wie hier Bürgers/Körber AktG/*Marsch-Barner* § 182 Rn. 22; Spindler/Stilz AktG/*Servatius* § 182 Rn. 42; HdB RestrukturierungsR/*Seibt* Kap. 6 Rn. 45; *Bücker* NZG 2009, 1339 (1340); *Holzmann/Eichstädt* DStR 2010, 277 (281); aA KG AG 2011, 170 (172) – Vanguard AG; *Priester* NZG 2010, 81 (86); Wachter AktG/*Dürr* § 182 Rn. 14; wohl auch K. Schmidt/Lutter AG/*Veil* § 182 Rn. 17.
[90] BGH ZIP 2009, 1566 Rn. 23 – Mindestausgabebetrag.
[91] Hüffer/*Koch* AktG § 182 Rn. 13; HdB AG-Finanzierung/*Ekkenga/Jaspers* Kap. 4 Rn. 114.
[92] LG München I AG 2015, 639 (640): wegen Perplexität; KölnKommAktG/*Ekkenga* § 182 Rn. 34; s. aber auch KG ZIP 2016, 1441 (1442).

29 c) Ausgabebetrag. Der Ausgabebetrag kann von der Hauptversammlung bestimmt werden. Die Ausgabe muss mindestens zum Nennbetrag oder zum anteiligen Betrag des Grundkapitals (geringster Ausgabebetrag) erfolgen (§ 9 Abs. 1 AktG). Die Festsetzung eines höheren Kurses steht im Ermessen der Hauptversammlung, ebenso wie es der Hauptversammlung freisteht, es bei einer Ausgabe zum geringsten Ausgabebetrag zu belassen.[93] Dazu, ob die Festsetzung eines unangemessen hohen Kurses als faktischer Ausschluss des gesetzlichen Bezugsrechts der Aktionäre anzusehen ist, vgl. → Rn. 141. Soll das gesetzliche Bezugsrecht der Aktionäre ausgeschlossen werden, muss ein angemessener Ausgabekurs gewählt werden; eine Ausgabe unter Wert ist in diesem Fall unzulässig (§ 255 Abs. 2 AktG).[94] Für die GmbH wird darüber hinaus vertreten, dass der festgesetzte Ausgabebetrag auch bei einer Bezugsrechtsemission **angemessen** sein muss. Anderenfalls seien die überstimmten Aktionäre faktisch zur Teilnahme gezwungen. Es ergebe sich eine gesetzlich verbotene Nachschusspflicht. Der Beschluss verstoße daher gegen die gesellschaftsrechtliche Treupflicht.[95] Bei der Übertragung dieser Auffassung auf die AG ist Zurückhaltung geboten. Können die Aktionäre ihre Bezugsrechte veräußern, droht ihnen keine Vermögenseinbuße. Ein Zwang zur Teilnahme besteht nicht.[96] Das ist der Fall, wenn ein börslicher Bezugsrechtshandel organisiert oder die Veräußerung von Bezugsrechten zwischen den Altaktionären vermittelt wird.[97] Dasselbe ist darüber hinaus aber auch bei fehlender Einrichtung eines organisierten Bezugsrechtshandels anzunehmen, wenn aus Sicht der Gesellschaft die Festlegung eines Ausgabebetrages unter Wert zur erfolgreichen Platzierung der Kapitalerhöhung notwendig erscheint oder aus anderen Gründen im Unternehmensinteresse liegt.[98]

30 Die Hauptversammlung kann den Ausgabebetrag ziffernmäßig oder in der Berechnungsweise genau festlegen, sich aber auch darauf beschränken, einen **Mindestbetrag,** evtl. zusätzlich auch einen Höchstbetrag, für die Ausgabe **festzusetzen** (§ 182 Abs. 3 AktG). Dabei kann auch der geringste Ausgabebetrag (§ 9 Abs. 1 AktG) als Mindestausgabebetrag vorgesehen und damit der Vorstand ermächtigt werden, die Aktien zu pari oder über pari auszugeben.[99] Den genauen Kurs hat der Vorstand sodann innerhalb des ihm vorgegebenen Rahmens nach pflichtgemäßem Ermessen festzulegen; vgl. dazu auch → Rn. 112 u. 149. Es kann auch bestimmt werden, dass die Festlegung des Ausgabekurses durch den Vorstand mit Zustimmung des Aufsichtsrats zu erfolgen habe.[100] Die Zulässigkeit einer Ermächtigung allein des Aufsichtsrats ist hingegen umstritten (§ 111 Abs. 4 S. 1 AktG).[101]

31 Umstritten ist die Höhe des Ausgabekurses, wenn der **Kapitalerhöhungsbeschluss** dazu **schweigt.** Nach früher hM sind die Aktien dann zum geringsten Ausgabebetrag

---

[93] KölnKommAktG/*Ekkenga* § 182 Rn. 41; MüKoAktG/*Schürnbrand* § 182 Rn. 53; Hüffer/*Koch* AktG § 182 Rn. 23.

[94] BGHZ 71, 40 (51) – Kali & Salz; BGHZ 21, 354 (357) – Minimax I; Hüffer/*Koch* AktG § 182 Rn. 23; KölnKommAktG/*Ekkenga* § 182 Rn. 41; MüKoAktG/*Schürnbrand* § 182 Rn. 53.

[95] Für die GmbH OLG Stuttgart NZG 2000, 156; MüKoGmbHG/*Lieder* § 55 Rn. 50.

[96] Vgl. HdB börsennotierte AG/*Busch* Rn. 42.16; MüKoAktG/*Bayer* § 204 Rn. 14 ff.; Spindler/Stilz AktG/*Servatius* § 182 Rn. 53; *Tielmann* FS E. Vetter, 2019, 819 (828); für grundsätzliche Übertragbarkeit auf die AG demgegenüber wohl *Wagner* DB 2004, 293 (294); *Hermanns* ZIP 2003, 788 (790).

[97] HdB RestrukturierungsR/*Seibt* Kap. 6 Rn. 34 f.; *Seibt* Der Konzern 2009, 261 (266); *Seibt/Voigt* AG 2009, 133 (139); *Schlitt/Schäfer* CFL 2011, 410 (413); HdB börsennotierte AG/*Busch* Rn. 42.16; *Kocher/Feigen* CFL 2013, 116 (123); *Tielmann* FS E. Vetter, 2019, 819 (828).

[98] In diesem Sinn auch *Vaupel/Reers* AG 2010, 93 (94); *Kocher/Feigen* CFL 2013, 116 (123); ferner *Schlitt/Schäfer* CFL 2011, 410 (413), die darüber hinaus verlangen, dass keine gleichwertige Finanzierungsalternative besteht.

[99] OLG Hamburg AG 2000, 326 (327) – Tricon Belco AG.

[100] KölnKommAktG/*Ekkenga* § 182 Rn. 49; MüKoAktG/*Schürnbrand* § 182 Rn. 55; Hüffer/*Koch* § 182 Rn. 24.

[101] Ablehnend MüKoAktG/Schürnbrand § 182 Rn. 55; Hölters AktG/*Apfelbacher/Niggemann* § 182 Rn. 60; bejahend KölnKommAktG/*Ekkenga* § 182 Rn. 49; Schmidt/Lutter/*Veil* AktG § 182 Rn. 22.

(Nennbetrag oder anteiliger Betrag des Grundkapitals, § 9 Abs. 1 AktG) auszugeben.[102] Das kann jedoch nicht gelten, wenn zugleich das gesetzliche Bezugsrecht der Aktionäre ausgeschlossen wird; in diesem Fall hat der Vorstand die neuen Aktien vielmehr zu einem angemessenen Kurs auszugeben.[103] Eine weitergehende Auffassung will auch bei Aufrechterhaltung des Bezugsrechts eine Verpflichtung annehmen, die Aktien mit einem angemessenen Aufgeld auszugeben.[104] Dem ist jedoch nur beizupflichten, wenn sich im Einzelfall durch Auslegung des Hauptversammlungsbeschlusses ergibt, dass die Verwaltung zur Festsetzung eines Aufgeldes berechtigt sein soll;[105] lässt sich das nicht feststellen, folgt aus § 182 Abs. 3 AktG die Verpflichtung zur Ausgabe zum geringsten Ausgabebetrag.

Die Differenz zwischen dem festgesetzten Ausgabebetrag und dem geringsten Ausgabebetrag ist das **Aufgeld** (korporatives Agio), das vor Anmeldung der Durchführung der Kapitalerhöhung in voller Höhe einzuzahlen ist (§§ 188 Abs. 2, 36a Abs. 1 AktG). Bilanziell ist es in die Kapitalrücklage gemäß § 272 Abs. 2 Nr. 1 HGB einzustellen. Von diesem aktienrechtlichen Aufgeld zu unterscheiden sind **schuldrechtliche Zusatzleistungen** (schuldrechtliches Agio). Sie sind insbesondere bei Fremdemissionen üblich, bei denen die Emissionsinstitute die jungen Aktien zu pari übernehmen und verpflichtet sind, einen darüber hinausgehenden Erlös als schuldrechtliches Agio an die Gesellschaft abzuführen.[106] Auch die Festsetzung eines schuldrechtlichen Agios ist grundsätzlich zulässig.[107] Der Vorstand ist dazu berechtigt, soweit er nach eigenem Ermessen auch ein aktienrechtliches Agio festsetzen dürfte. Für die Abgrenzung kommt es auf den Parteiwillen an; allein die Tatsache, dass die Gesellschaft einen eigenen Anspruch auf die Zusatzleistung erwirbt, macht diese nicht zu einem Aufgeld im aktienrechtlichen Sinne.[108] Auf das schuldrechtliche Agio findet § 36a Abs. 1 (iVm § 188 Abs. 2 S. 1) AktG keine Anwendung, es muss also nicht bei Eintragung der Durchführung der Kapitalerhöhung gezahlt sein.[109] Bei der Beurteilung der Angemessenheit des Ausgabebetrags nach § 255 Abs. 2 AktG zählt es hingegen mit.[110] Vom Registergericht ist nicht zu prüfen, ob schuldrechtliche Zusatzleis-

---

[102] BGHZ 33, 175 (178) – Minimax II; Geßler/Hefermehl AktG/*Hefermehl/Bungeroth* § 182 Rn. 72 ff.; *Baumbach/Hueck* AktG § 182 Anm. 3c.

[103] Hüffer/*Koch* AktG § 182 Rn. 25; Hölters AktG/*Apfelbacher/Niggemann* § 182 Rn. 61; *Ekkenga* AG 1994, 59 (65).

[104] KölnKommAktG/*Ekkenga* § 182 Rn. 41; MüKoAktG/*Schürnbrand* § 182 Rn. 60; Schmidt/Lutter/*Veil* AktG § 182 Rn. 23; HdB AG-Finanzierung/*Ekkenga/Jaspers* Kap. 4 Rn. 117; *Hirte*, Bezugsrechtsausschluss, 1986, S. 98; aA Spindler/Stilz AktG/*Servatius* § 182 Rn. 57, der den Beschluss für anfechtbar und die Durchführung der Kapitalerhöhung daher für unzulässig hält.

[105] In diesem Sinne auch GroßkommAktG/*Wiedemann* § 182 Rn. 67; Spindler/Stilz AktG/*Servatius* § 182 Rn. 57; Henssler/Strohn/*Hermanns* AktG § 182 Rn. 22.

[106] Vgl. Hölters AktG/*Apfelbacher/Niggemann* § 182 Rn. 55; HdB börsennotierte AG/*Busch* Rn. 42.17; *Schäfer* ZGR 2008, 455 (476).

[107] OLG München ZIP 2007, 126 (129) – Kirch Media; KölnKommAktG/*Ekkenga* § 182 Rn. 45 ff.; Spindler/Stilz AktG/*Servatius* § 182 Rn. 50; *Cahn* FS Baums, 2017, 169 (173 ff.); *Priester* FS Röhricht, 2005, 467 (468 ff.); *Priester* FS Lutter, 2000, 617 (624 ff.); *Baums* Liber Amicorum M. Winter, 2012, 61 (76 ff.); *Wagner* DB 2004, 293 (294 f.); *Hermanns* ZIP 2003, 788 (791 f.); *Becker* NZG 2003, 510 (513 f.); *Schnorbus/Plassmann* ZIP 2016, 693 (702 f.); aA *Herchen*, Agio, 2004, S. 315 ff.

[108] So aber BayObLG ZIP 2002, 1484 (1486); wie hier *Kuntz*, Gestaltung von Kapitalgesellschaften, 2016, S. 664 f.; *Priester* FS Röhricht, 2005, 467 (469 f.); *Gerber* MittBayNot 2002, 305 (307); *Schlitt/Seiler* WM 2003, 2175 (2183); *Wagner* DB 2004, 293 (295); *Cahn* FS Baums, 2017, 169 (175 f.).

[109] OLG München ZIP 2007, 126 (129) – Kirch Media; KölnKommAktG/*Ekkenga* § 182 Rn. 47; Hölters AktG/*Apfelbacher/Niggemann* § 182 Rn. 55; *Baums* Liber Amicorum M. Winter, 2012, 61 (80 u. 82); *Cahn* FS Baums, 2017, 169 (172); *Schäfer* ZGR 2008, 455 (476 f.); *Schnorbus/Plassmann* ZIP 2016, 693 (702 f.); zum Bezugspreis bei Fremdemissionen *Berkle*, Mittelbares Bezugsrecht, 2019, S. 76 f.

[110] Str., ebenso KölnKommAktG/*Ekkenga* § 182 Rn. 46; Hölters AktG/*Apfelbacher/Niggemann* § 182 Rn. 55; *Kuntz*, Gestaltung von Kapitalgesellschaften, 2016, S. 648 ff.; *Cahn* FS Baums, 2017, 169 (175); *Priester* FS Röhricht, 2005, 467 (472 f.); *Baums* Liber Amicorum M. Winter, 2012, 61

tungen vereinbart sind.[111] Bilanziell sind sie der Kapitalrücklage gem. § 272 Abs. 2 Nr. 4 HGB zuzuführen.[112] Eine Ausnahme hiervon gilt bei Fremdemissionen. Bei diesen beruht die Unterscheidung von Ausgabebetrag und Bezugs- bzw. Ausgabepreis auf technischen Gründen, und es liegt ein einheitlicher Kapitalerhöhungsvorgang vor. Der von den Emissionsbanken abzuführende Mehrerlös ist folglich in die Kapitalrücklage gemäß § 272 Abs. 2 Nr. 1 HGB zu buchen.[113]

33 **d) Sacheinlagen; Bezugsverhältnis und Bezugsrechtsausschluss.** Gegebenenfalls sind Sacheinlagen festzusetzen; vgl. dazu → Rn. 43 ff. Ferner ist das Bezugsverhältnis bzw. ein Ausschluss des Bezugsrechts anzugeben; dazu näher → Rn. 103, 114 ff.

34 **e) Fakultativer Inhalt.** Der Zeitpunkt für den **Beginn der Gewinnberechtigung** sollte der Klarheit halber festgelegt werden. Fehlt es daran, wird man entsprechend § 60 Abs. 2 S. 3 AktG davon auszugehen haben, dass die Aktien nicht für das gesamte Geschäftsjahr, sondern nur zeitanteilig gewinnberechtigt sind.[114] Der Kapitalerhöhungsbeschluss kann die Gewinnberechtigung aber für das gesamte Geschäftsjahr vorsehen[115] und auch auf ein schon abgelaufenes Geschäftsjahr rückbeziehen, sofern über die Gewinnverteilung noch nicht beschlossen wurde.[116] Wird die Gewinnberechtigung nicht auf das abgelaufene Geschäftsjahr zurückbezogen, für das noch nicht über die Gewinnverwendung beschlossen ist, so gibt es bis zu diesem Zeitpunkt Aktien mit unterschiedlicher Gewinnausstattung. Dennoch bedürfen Kapitalerhöhungsbeschlüsse, die vor oder in der Hauptversammlung gefasst wer-

---

(81 f.); *Schnorbus/Plassmann* ZIP 2016, 693 (703); enger *Hermanns* ZIP 2003, 788 (791), der es nur mitzählen will, wenn die Vereinbarung mit allen Altaktionären geschlossen wird; aA *Roggenkemper*, Unternehmenserwerb im Wege der Sachkapitalerhöhung, 2018, S. 234 f.; *Becker* NZG 2003, 510 (514). Möglicherweise aA BGHZ 191, 364 Rn. 18 – Babcock Borsig, wonach das korporative Agio für den Verwässerungsschutz der Aktionäre gemäß § 255 Abs. 2 AktG von Bedeutung ist; aA daher im Anschluss an die „Babcock Borsig"-Entscheidung auch *Schäfer* ZIP 2016, 953 (954 f.).

[111] *Priester* FS Röhricht, 2005, 467 (474 f.); *Baums* Liber Amicorum M. Winter, 2012, 61 (81); *Hermanns* ZIP 2003, 788 (792); aA BayObLG ZIP 2002, 1484 (1485 f.), das auf der Basis seiner unrichtigen Abgrenzung zwischen (echtem) Aufgeld und schuldrechtlicher Zusatzleistung (vgl. oben bei Fn. 108) die Prüfung zulassen will, ob außerhalb der aktienrechtlichen Festsetzungen ein vermeintliches Aufgeld vereinbart sei; ebenso Wachter AktG/*Dürr* § 182 Rn. 34; Schmidt/Lutter/*Veil* AktG § 182 Rn. 26, § 188 Rn. 35.

[112] Str.; ebenso OLG München ZIP 2007, 126 (129) – Kirch Media; LG Mainz ZIP 1986, 1323 (1328); Spindler/Stilz AktG/*Servatius* § 182 Rn. 50; *Kuntz*, Gestaltung von Kapitalgesellschaften, 2016, S. 665 ff.; *Cahn* FS Baums, 2017, 169 (177 ff.); *Priester* FS Röhricht, 2005, 467 (475 f.); *Priester* FS Lutter, 2000, 617 (629); *Schnorbus/Plassmann* ZIP 2016, 693 (698 f.); *Wagner* DB 2004, 293 (297); MüKoHGB/*Reiner* § 272 Rn. 67; *R. Krause* ZHR 181 (2017), 641 (680); nach aA sind sie nach § 272 Abs. 2 Nr. 1 HGB zu buchen, vgl. KölnKommAktG/*Ekkenga* Vorb. § 182 Rn. 22; MüKoAktG/*Pentz* § 23 Rn. 60; *Adler/Düring/Schmaltz* Rechnungslegung § 272 Rn. 90; *Baums* Liber Amicorum M. Winter, 2012, 61 (83 ff.); *Baums* Recht der Unternehmensfinanzierung, 2017, § 11 Rn. 13; *Becker* NZG 2003, 510 (515 f.); wohl auch HdB börsennotierte AG/*Busch* Rn. 42.17.

[113] Ebenso HdB börsennotierte AG/*Busch* Rn. 42.17; Wachter AktG/*Dürr* § 182 Rn. 35; *Tielmann* FS E. Vetter, 2019, 819 (820 f.).

[114] Bürgers/Körber AktG/*Marsch-Barner* § 182 Rn. 23; Schmidt/Lutter/*Veil* AktG § 182 Rn. 25; MüKoAktG/*Schürnbrand* § 182 Rn. 63; Hüffer/*Koch* AktG § 182 Rn. 15. Zur Anfechtbarkeit eines abweichenden Gewinnverwendungsbeschlusses vgl. OLG Celle ZIP 1989, 511.

[115] KölnKommAktG/*Ekkenga* § 182 Rn. 31; MüKoAktG/*Schürnbrand* § 182 Rn. 63; Hüffer/*Koch* AktG § 182 Rn. 15.

[116] Str.; wie hier KölnKommAktG/*Drygala* § 60 Rn. 47; GroßkommAktG/*Henze* § 60 Rn. 30 ff.; Hüffer/*Koch* AktG § 60 Rn. 10 u. § 182 Rn. 15; HdB börsennotierte AG/*Busch* Rn. 42.15; Bürgers/Körber AktG/*Marsch-Barner* § 182 Rn. 23; Wachter AktG/*Dürr* § 182 Rn. 20; Grigoleit/*Grigoleit/Rachlitz* AktG § 60 Rn. 12; *Seibt* CFL 2011, 74 (78 f.); *Groß* FS Hoffmann-Becking, 2013, 395 (397 ff.); aA zB MüKoAktG/*Schürnbrand* § 182 Rn. 63; MüKoAktG/*Bayer* § 60 Rn. 30; Spindler/Stilz AktG/*Cahn* § 60 Rn. 28; Schmidt/Lutter/*Veil* AktG § 182 Rn. 25. Zur Rechtslage beim bedingten Kapital → § 58 Rn. 42 und beim genehmigten Kapital → § 59 Rn. 51.

den, die über die Gewinnverwendung beschließt, keiner Sonderbeschlüsse gemäß § 182 Abs. 2 AktG. Richtigerweise handelt es sich bereits nicht um verschiedene Aktiengattungen im Sinne von § 11 AktG.[117] Jedenfalls ist § 182 Abs. 2 AktG auf einen solchen Fall nur kurzfristig unterschiedlicher Gewinnberechtigung nicht anzuwenden. Um die verbleibende Rechtsunsicherheit zu vermeiden, sollte allerdings überlegt werden, die Gewinnberechtigung junger Aktien so zu gestalten, dass sie derjenigen der Altaktien entspricht.

Eine **Durchführungsfrist** für die Durchführung der Kapitalerhöhung durch den Vorstand braucht nicht festgesetzt zu werden. Enthält der Beschluss keine abweichende Regelung, ist die Kapitalerhöhung vom Vorstand unverzüglich durchzuführen (vgl. zur „bis zu"-Kapitalerhöhung auch → Rn. 27).[118]

Eine **Verfallfrist,** nach deren Ablauf die Zeichnungen unverbindlich werden, wenn bis dahin die Durchführung der Erhöhung des Grundkapitals nicht ins Handelsregister eingetragen ist (§ 185 Abs. 1 S. 3 Nr. 4 AktG), kann im Kapitalerhöhungsbeschluss festgelegt werden. Enthält dieser keine Regelung, bestimmt der Vorstand die Verfallfrist.[119]

Die **Fälligkeit der Einlagen** kann geregelt werden, soweit diese nicht schon vor Eintragung der Durchführung der Kapitalerhöhung eingezahlt sein müssen (§ 188 Abs. 2 S. 1 AktG).[120] Enthält der Kapitalerhöhungsbeschluss keine Regelung, bestimmt der Vorstand den Zeitpunkt der Einforderung der Einlagen (§ 63 Abs. 1 AktG).

Mit Wirksamwerden der Kapitalerhöhung wird der bisherige Satzungswortlaut in den Regelungen über die Höhe des Grundkapitals, die Zahl der Aktien usw (§ 23 Abs. 3 Nr. 3 und 4 AktG) unrichtig. Es muss daher eine **Neufassung des Satzungswortlauts** vorgenommen werden, wozu es nach der zum Aktienrecht hM zusätzlich zur Kapitalerhöhung einer gesonderten formellen Satzungsänderung bedürfen soll.[121] Es empfiehlt sich daher, die Neufassung des Satzungswortlauts in dem Kapitalerhöhungsbeschluss vorzunehmen oder gemäß § 179 Abs. 1 S. 2 AktG die Befugnis zur Änderung des Wortlauts dem Aufsichtsrat zu übertragen.[122]

Schließlich wird im Allgemeinen eine Ermächtigung aufgenommen, dass der Vorstand – ggf. mit Zustimmung des Aufsichtsrats – berechtigt sein soll, **weitere Einzelheiten** der Kapitalerhöhung und ihrer Durchführung festzusetzen; auch ohne ausdrückliche Ermächtigung ist der Vorstand dazu allerdings befugt.

3. Mängel der Beschlussfassung. Die Rechtsfolgen etwaiger Mängel der Beschlussfassung richten sich nach den **allgemeinen Vorschriften** über die Anfechtbarkeit und Nichtigkeit von Hauptversammlungsbeschlüssen (§§ 241 ff., 255 AktG; vgl. dazu § 42). Zur Nichtigkeit soll es insbesondere führen, wenn dem Vorstand ein wesentlich zu weiter Spielraum bei der Festsetzung des Erhöhungsbetrages eingeräumt oder eine wesentlich zu

---

[117] Ebenso HdB börsennotierte AG/*Butzke* Rn. 6.5a; KölnKommAktG/*Drygala/Staake* § 193 Rn. 33; Spindler/Stilz AktG/*Rieckers* § 193 Rn. 7a; *Trapp/Schlitt/Becker* AG 2012, 57 (61); aA Schmidt/Lutter/*Ziemons* AktG § 11 Rn. 5; Happ AktienR/*Herchen* Form. 12.01 Anm. 7.3; MAH AktienR/*Sickinger/Kuthe* § 33 Rn. 32; *Groß* DB 1994, 2341.
[118] RGZ 144, 138 (141); MüKoAktG/*Schürnbrand* § 182 Rn. 44; Hüffer/*Koch* AktG § 182 Rn. 14.
[119] Bürgers/Körber AktG/*Marsch-Barner* § 182 Rn. 22.
[120] Str.; wie hier Spindler/Stilz AktG/*Servatius* § 182 Rn. 10; Bürgers/Körber AktG/*Marsch-Barner* § 182 Rn. 24; KölnKommAktG/*Ekkenga* § 182 Rn. 55; GroßkommAktG/*Wiedemann* § 182 Rn. 76; Grigoleit/*Rieder/Holzmann* AktG § 182 Rn. 8 f. Nach aA kann die Hauptversammlung nur einen höheren Mindestbetrag festlegen, im Übrigen entscheide zwingend der Vorstand; vgl. MüKoAktG/ *Schürnbrand* § 182 Rn. 62; Hüffer/*Koch* AktG § 182 Rn. 14; Wachter AktG/*Dürr* § 182 Rn. 23.
[121] MüKoAktG/*Schürnbrand* § 182 Rn. 4, § 188 Rn. 40; Hüffer/*Koch* AktG § 182 Rn. 15. Anders hingegen die hM zum GmbH-Recht, wonach die Kapitalerhöhung zugleich die Anpassung des Satzungstextes an die geänderten Ziffern umfasst; vgl. zB Scholz GmbHG/*Priester* § 55 Rn. 37; GroßkommGmbHG/*Ulmer/Casper* GmbHG § 53 Rn. 119.
[122] Muster bei Münch. Vertragshandbuch Bd. 1/*Favoccia* Form. V.111; Happ AktienR Bd. II/*Herchen* Form. 12.01a, 12.03a.

lange, die Grenze zum genehmigten Kapital überschreitende Durchführungsfrist festgesetzt wurde; bei nur geringfügigen Verstößen dieser Art soll der Beschluss lediglich anfechtbar sein.[123] Eine Anfechtung des Kapitalerhöhungsbeschlusses kann bei Ausschluss des Bezugsrechts der Aktionäre auch darauf gestützt werden, dass der Ausgabebetrag der Aktien unangemessen niedrig ist (§ 255 Abs. 2 AktG). Vgl. → Rn. 47 ff. sowie → § 4 Rn. 17. Zur Auswirkung von Beschlussmängeln auf die Wirksamkeit der Zeichnung vgl. → Rn. 180; zur Behandlung fehlerhafter Kapitalerhöhungen nach Eintragung und Durchführung in das Handelsregister vgl. → Rn. 198 ff.

III. Sacheinlagen

41 **1. Allgemeines.** Um eine Kapitalerhöhung mit Sacheinlagen handelt es sich, wenn die Einlage nicht durch Bareinzahlung des Ausgabebetrags der Aktien, sondern durch Übertragung eines anderen Vermögensgegenstandes zu leisten ist (§ 27 Abs. 1 S. 2 AktG). § 183 AktG stellt hierfür **besondere Anforderungen** auf, um zum Schutz der Aktionäre und des Geschäftsverkehrs die Vollwertigkeit der Sacheinlage zu gewährleisten und Überbewertungen zu verhindern.[124]

42 **Gegenstand der Sacheinlage** kann jeder Gegenstand sein, der einen feststellbaren Vermögenswert besitzt, jedoch mit Ausnahme von Verpflichtungen zu Dienstleistungen (§§ 183 Abs. 1 S. 1, 27 Abs. 2 AktG).[125] In der Praxis ist vor allen Dingen die Einbringung von Beteiligungen an anderen Unternehmen oder von Betrieben und Teilbetrieben von Bedeutung. Sacheinlagefähig sind auch stille Beteiligungen[126] sowie Beteiligungen an von der Gesellschaft abhängigen bzw. in ihrem Mehrheitsbesitz stehenden Unternehmen.[127] Nicht sacheinlagefähig sind hingegen eigene Aktien der Gesellschaft oder darauf bezogene Surrogate.[128]

43 **2. Kapitalerhöhungsbeschluss**[129]**.** Die beabsichtigte Festsetzung von Sacheinlagen ist bei **Einberufung der Hauptversammlung** ausdrücklich bekannt zu machen. Dabei sind der Gegenstand der Sacheinlage, die Person, die die Einlage erbringen soll, sowie der Nennbetrag, bei Stückaktien die Zahl der zu gewährenden Aktien gemäß §§ 183 Abs. 1 S. 2, 121 Abs. 3 S. 2 AktG mitzuteilen. Tendenziell werden an die Bestimmtheit der Angaben strenge Maßstäbe angelegt (zB Angabe von Namen, Vornamen und Anschrift bzw. Firma und Sitz des Einlegers).[130] Das ist abzulehnen. Es genügt objektive **Bestimmbarkeit**

---

[123] Vgl. RGZ 144, 138 (142); OLG München NZG 2009, 1274 (1275); OLG Hamburg AG 2000, 326 (327 f.) – Trikon Belco AG; MüKoAktG/*Schürnbrand* § 182 Rn. 45; Hüffer/*Koch* AktG § 182 Rn. 17; Hölters AktG/*Apfelbacher/Niggemann* § 182 Rn. 39.

[124] BGH NJW 1992, 3167 (3169).

[125] Zur Einlagefähigkeit näher KölnKommAktG/*Ekkenga* § 183 Rn. 15 ff.; MüKoAktG/*Schürnbrand* § 183 Rn. 7 ff., 13; *Cavin*, Kapitalaufbringung, 2012, S. 194 ff., 214 ff., 240 ff. u. 275 ff.; auch → § 4 Rn. 3. Zur Einlagefähigkeit obligatorischer Nutzungsrechte vgl. BGHZ 144, 290 – adidas; BGH GmbHR 2004, 1219.

[126] BGH ZIP 2015, 2315 Rn. 18 (zur GmbH): Das gelte jedenfalls für eine atypische stille Beteiligung; KölnKommAktG/*Ekkenga* § 183 Rn. 47, es sei denn, es handelt sich um eine stille Beteiligung am Unternehmen des Einbringenden.

[127] OLG Jena ZIP 2018, 814 (815); *Klein* GmbHR 2016, 461 (462); Baumbach/Hueck GmbHG/*Zöllner/Fastrich* § 56 Rn. 7 (alle jeweils zur GmbH).

[128] BGH AG 2011, 876 Rn. 14 – ISION; MüKoAktG/*Schürnbrand* § 183 Rn. 22; *Merkt/Mylich* NZG 2012, 525.

[129] Muster Beck'sches Formularbuch/*Hoffmann-Becking/Berger* Form. X.27; Happ AktienR/*Herchen* Form. 12.02a; Münch. Vertragshandbuch Bd. 1/*Favoccia* Form. V.115; Beck'sches Formularbuch M&A/*Kleinstück* Form. F. II.1.

[130] Vgl. exemplarisch für eine tendenziell strenge Sichtweise Spindler/Stilz AktG/*Servatius* § 183 Rn. 15; *Roggenkemper*, Unternehmenserwerb im Wege der Sachkapitalerhöhung, 2018, S. 214; *Bücker* CFL 2010, 177 (184), der daher die Abwicklung über ein Kreditinstitut, das dann alleiniger Sacheinleger ist, empfiehlt.

(→ § 4 Rn. 6) und zwar sowohl für die Angabe der Sacheinlage[131] als auch der Sacheinleger.[132] Eine bestimmbare Erfassung der Sacheinleger reicht insbesondere dann aus, wenn eine Vielzahl von (uU noch nicht endgültig feststehenden) Personen die Einlagen erbringen, zB bei Forderungseinbringungen durch die Inhaber von (börsennotierten) Schuldverschreibungen. Bestimmbarkeit genügt auch bzgl. der Angabe der zu gewährenden Aktien. Bei Forderungseinbringungen reicht daher die Angabe aus, welcher Nominalbetrag der Forderungen für jeweils eine neue Aktie einzubringen ist; ebenso ist in solchen Fällen eine „bis-zu"-Sachkapitalerhöhung möglich.[133] Unsicherheiten darüber, in welcher Höhe die Forderungen tatsächlich eingebracht werden, stünden der Sachkapitalerhöhung andernfalls entgegen, ohne dass dafür ein sachlicher Grund ersichtlich wäre. Die für den Wert der Sacheinlage maßgeblichen Elemente – dazu zählen auch wertbildende Regelungen im Einbringungsvertrag – sind nicht im Einzelnen in den Beschluss aufzunehmen.[134] Anzugeben ist jedoch ein etwa **höherer Ausgabebetrag** (vgl. → Rn. 46). Wird eine Kapitalerhöhung gegen Sacheinlagen in der Einberufung bekannt gemacht, kann die Hauptversammlung (infolge eines geänderten Verwaltungsvorschlags oder eines Gegenantrags) auch eine Barkapitalerhöhung beschließen; ein solcher Beschluss ist gemäß § 124 Abs. 4 S. 2 Alt. 2 AktG bekanntmachungsfrei.[135]

Im Kapitalerhöhungsbeschluss müssen der **Gegenstand** der Sacheinlage, die **Person** des Übernehmers und der **Nennbetrag,** bei Stückaktien die **Zahl** der zu gewährenden Aktien festgesetzt werden. Auch hier genügt Bestimmbarkeit (vgl. → Rn. 43); zum **Ausgabebetrag** vgl. → Rn. 46. Im Übrigen gilt für den Inhalt des Erhöhungsbeschlusses das Gleiche wie bei der Sachgründung, vgl. daher näher → § 4 Rn. 1 ff.[136] Anders als bei der Sachgründung nach § 27 AktG brauchen die Festsetzungen allerdings nicht in den Satzungstext aufgenommen zu werden; es genügt die Aufnahme in den Kapitalerhöhungsbeschluss.

Soll nur einzelnen Aktionären das Recht eingeräumt werden, eine Sacheinlage zu erbringen oder zwischen Geld- und Sacheinlage zu wählen, während die übrigen Aktionäre ihre Einlage in bar zu leisten haben (zur gemischten Bar-/Sachkapitalerhöhung vgl. auch → Rn. 120), ist **§ 53a AktG** zu beachten.[137] Unproblematisch sind danach Fälle, in denen die Sacheinlage ein Vermögensgegenstand ist, den nur ein bestimmter Aktionär hat. Ein sachlicher Grund für die Ungleichbehandlung liegt aber zB auch dann vor, wenn die (Möglichkeit der) Einbringung von Forderungen durch einzelne Aktionäre Bestandteil eines Sanierungsplans ist und dessen Inhalt auch mit Drittgläubigern ausverhandelt worden ist oder die Berechtigung aller Aktionäre, ihre Forderungen einzubringen, den Sanierungsplan oder seine rechtssichere Umsetzung gefährden würde.

---

[131] Wohl einhellige Ansicht; s. zB Spindler/Stilz AktG/*Servatius* § 183 Rn. 15; KölnKommAktG/ *A. Arnold* § 27 Rn. 38; Hüffer/*Koch* AktG § 27 Rn. 10; *Roggenkemper,* Unternehmenserwerb im Wege der Sachkapitalerhöhung, 2018, S. 214.

[132] Wie hier *Seibt/Schulz* CFL 2012, 313 (320 f.). Die vorliegend vertretene Ansicht wird durch die bei der Holding-Gründung einer SE gemäß Art. 32 ff. SE-VO angewandten Grundsätze bestätigt, wonach dort eine bestimmbare Angabe der Sacheinleger und der Sacheinlagen ausreichend ist; vgl. KölnKommAktG/*Paefgen* SE-VO Art. 32 Rn. 60; Habersack/Drinhausen SE-Recht/*Scholz* SE-VO Art. 32 Rn. 55.

[133] *Seibt/Schulz* CFL 2012, 313 (321).

[134] So zutreffend zum Inhalt des Erhöhungsbeschlusses *Wieneke* AG 2013, 437 (441 ff.). Nach hM sind hingegen Nebenabsprachen bzw. Belastungen in den Beschluss aufzunehmen; s. Hölters AktG/ *Solveen* § 27 Rn. 20 f.; Schmidt/Lutter/*Bayer* AktG § 27 Rn. 34 f.; Spindler/Stilz AktG/*Servatius* § 183 Rn. 15; Hüffer/*Koch* AktG § 27 Rn. 9; Bürgers/Körber AktG/*Lohse* § 27 Rn. 15; Köln-KommAktG/*A. Arnold* § 27 Rn. 39; MüKoAktG/*Pentz* § 27 Rn. 70.

[135] Zutreffend LG München I ZIP 2008, 562.

[136] Zu den Rechtsfolgen fehlerhafter Festsetzungen → § 4 Rn. 12; *Hoffmann-Becking* Liber Amicorum M. Winter, 2011, 237 (245 ff.); Spindler/Stilz AktG//*Benz* § 27 Rn. 67 ff.

[137] KG ZIP 2010, 1849 (1852), allerdings mit zu strengen Anforderungen.

46 **3. Ausgabebetrag und Einlagewert. a) Angaben zum Ausgabebetrag im Kapitalerhöhungsbeschluss.** Werden Aktien zu einem höheren Betrag als dem geringsten Ausgabebetrag ausgegeben, so ist gemäß § 182 Abs. 3 AktG der darüber liegende Mindestbetrag im Kapitalerhöhungsbeschluss festzusetzen. Nach dieser Regelung sind drei Beträge zu unterscheiden: der geringste Ausgabebetrag gemäß § 9 Abs. 1 AktG, bei einer Über-pari-Emission der Mindestausgabebetrag iSd § 182 Abs. 3 AktG und schließlich der tatsächliche Ausgabebetrag. Wird der Ausgabebetrag im Kapitalerhöhungsbeschluss genau bestimmt, fallen bei einer Über-pari-Emission dieser Betrag und der Mindestausgabebetrag iSd § 182 Abs. 3 AktG zusammen. Für die Sachkapitalerhöhung gilt das im Grundsatz auch. Soll die Erhöhung über pari erfolgen, ist der höhere (Mindest-)Ausgabebetrag im Beschluss festzusetzen. Fraglich ist demgegenüber, ob, wenn der Wert der Sacheinlage den geringsten Ausgabebetrag der für die Sacheinlage ausgegebenen Aktien überschreitet, der Differenzbetrag notwendig als korporatives Agio im Beschluss festzulegen und die Erhöhung somit als Über-pari-Emission mit einem entsprechend hohen Ausgabebetrag erfolgen muss. Nach einer Ansicht[138] ist das zu bejahen. Das überzeugt aber nicht. Vielmehr kann die Erhöhung auch dann zu pari beschlossen werden.[139] Angaben zum Ausgabebetrag sind überhaupt **nicht erforderlich;**[140] § 183 Abs. 1 S. 1 AktG ist insofern abschließend. Wird kein Ausgabebetrag bestimmt, erfolgt die Emission zu pari. § 182 Abs. 3 AktG verlangt keine Über-pari-Emission, sondern setzt sie voraus. Darüber hinaus ist die Frage, ob ein über den Nennbetrag hinausgehender Ausgabekurs festgesetzt wird, vor allem für die Differenzhaftung des Sacheinlegers von Bedeutung. Diese beschränkt sich auf den geringsten Ausgabebetrag, wenn ein korporatives Agio nicht festgesetzt wird, erfasst jedoch auch das korporative Agio, wenn ein höherer Ausgabekurs festgelegt ist; vgl. dazu → Rn. 61. Das zwingt jedoch nicht zur Festsetzung eines korporativen Agios. Der insoweit allein in Frage stehende Verwässerungsschutz der Altaktionäre ist durch § 255 Abs. 2 AktG ausreichend gewährleistet;[141] vgl. dazu sogleich → Rn. 47. Zur Vereinbarung schuldrechtlicher Zusatzleistungen, die auch bei einer Sachkapitalerhöhung möglich sind, vgl. → Rn. 32.

47 **b) Bewertung der Sacheinlage und § 255 Abs. 2 AktG.** Auch bei einer Kapitalerhöhung mit Sacheinlagen gilt der Grundsatz, dass bei einem Ausschluss des Bezugsrechts der Aktionäre der **Wert der Sacheinlage** in einem angemessenen Verhältnis zum Wert der

---

[138] GroßkommAktG/*Wiedemann* § 183 Rn. 51; Schmidt/Lutter/*Veil* AktG § 183 Rn. 13; Spindler/Stilz AktG/*Servatius* § 183 Rn. 19; *Roggenkemper*, Unternehmenserwerb im Wege der Sachkapitalerhöhung, 2018, S. 215; *Schäfer* FS Stilz, 2014, 525 (528 ff.).

[139] MüKoAktG/*Schürnbrand* § 183 Rn. 37; KölnKommAktG/*Ekkenga* § 183 Rn. 99; Bürgers/Körber AktG/*Marsch-Barner* § 183 Rn. 15; Wachter AktG/*Dürr* § 183 Rn. 12; HdB börsennotierte AG/*Busch* Rn. 42.28; *Verse* ZGR 2012, 875 (883 ff.); *Baums* Liber Amicorum M. Winter, 2012, 61 (69); *Wieneke* NZG 2004, 61 (65 f.); *Hoffmann-Becking* FS Lutter, 2000, 453 (465 ff.); *Hoffmann-Becking* FS Wiedemann, 2002, 999 ff.; *Priester* FS Lutter, 2000, 617 (631); *Maier-Reimer* FS Bezzenberger, 2000, 253 (257 ff.); *R. Krause* ZHR 181 (2017), 641 (657); eingehend *Findeisen*, Beteiligungserwerb, 2009, S. 114 ff. Auch → § 4 Rn. 16.

[140] BGHZ 71, 40 (50 f.) – Kali & Salz; Hüffer/*Koch* AktG § 183 Rn. 9; Hölters AktG/*Apfelbacher*/*Niggemann* § 183 Rn. 24; MüKoAktG/*Schürnbrand* § 183 Rn. 37; Spindler/Stilz AktG/*Stilz* § 255 Rn. 12; Wachter AktG/*Dürr* § 183 Rn. 12; Arbeitshdb. HV/*Schröer* § 21 Rn. 4; *Hoppe*, Gewährung zusätzlicher Aktien, 2015, S. 67 f.; *Hoffmann-Becking* FS Lutter, 2000, 453 (465); *Bücker* CFL 2010, 177 (184); aA die in Fn. 138 Genannten sowie KölnKommAktG/*Ekkenga* § 183 Rn. 99.

[141] Vgl. aber BGHZ 191, 364 Rn. 18 – Babcock Borsig, wonach die Differenzhaftung auch dem Verwässerungsschutz der Altaktionäre nach § 255 Abs. 2 AktG dient. Daran anknüpfend soll nach *Schäfer* FS Stilz, 2014, 525 (527 ff.), und *Schäfer* ZIP 2016, 953 (954 f.) ein über dem Ausgabebetrag liegender Sachwert zwingend ein korporationsrechtliches und damit der Differenzhaftung unterliegendes Agio darstellen und daher der Ausgabebetrag in dieser Höhe festgelegt werden müssen. S. jedoch andererseits *Wieneke* NZG 2012, 136 (138); *Verse* ZGR 2012, 875 (883 ff.); *Schnorbus*/*Plassmann* ZIP 2016, 693 (703).

§ 57 (Reguläre) Kapitalerhöhung gegen Einlagen

Aktien stehen muss. Fehlt es daran, ist der Kapitalerhöhungsbeschluss analog § 255 Abs. 2 AktG anfechtbar.[142] Wird bei einer Kapitalerhöhung einem Teil der Aktionäre das Recht zur Sacheinlage und den übrigen Aktionären das Recht zur Bareinlage eingeräumt (gemischte Bar-/Sachkapitalerhöhung), handelt es sich nicht um einen Fall des Bezugsrechtsausschlusses (vgl. → Rn. 120); gleichwohl ist auch in einem solchen Fall bei Abweichungen zwischen dem Wert der Sacheinlage und dem Betrag der Bareinlage eine Anfechtung analog § 255 Abs. 2 AktG möglich.[143]

Für die Beurteilung der Angemessenheit des Einlagewerts kommt es auf den **tatsächlichen Wert der Sacheinlage** an, nicht auf den Ausgabebetrag.[144] Maßgeblich ist der Wert in der Hand der Gesellschaft, so dass zB Synergien aus der Einlage berücksichtigt werden können.[145] Eine förmliche Unternehmensbewertung verlangt das Gesetz nicht.[146] Dem Beschlussvorschlag der Verwaltung muss jedoch eine nachvollziehbare Werteinschätzung zugrunde liegen,[147] über die auch im Bericht des Vorstands zum Bezugsrechtsausschluss (vgl. → Rn. 132 ff.) zu informieren ist. Erforderlich ist nicht eine punktgenaue Richtigkeit der Bewertung. Es genügt vielmehr, dass der Wert innerhalb einer vertretbaren Bandbreite liegt.[148] Erst wenn diese überschritten wird, greift § 255 Abs. 2 AktG ein. Ist ein **Börsenkurs** vorhanden, kann dieser im Allgemeinen herangezogen werden. Fraglich kann das sein, wenn der Börsenkurs nicht belastbar ist, zB weil er ein nur geringfügiges Handelsvolumen aufweist oder eindeutig von Sonderfaktoren geprägt worden ist. Ist der Wert der Sacheinlage danach nicht unangemessen niedrig, ist umstritten, ob es zusätzlich auf den inneren „wahren" Wert ankommt.[149] Die Frage ist nicht geklärt. Für ihre Verneinung und damit für die Irrelevanz des inneren Werts spricht das „DAT/Altana"-Urteil des BVerfG[150] zur Maßgeblichkeit des Börsenkurses bei der Unternehmensbewertung iR. von Strukturmaßnahmen. Ist der Börsenkurs danach für die Angemessenheitsbetrachtung maßgeblich, ist dann aber in der Regel in Anlehnung an die „Stollwerck"-Rechtsprechung

---

[142] BGHZ 71, 40 (50) – Kali & Salz; OLG Frankfurt a. M. NZG 1999, 119 (121); OLG Jena ZIP 2006, 1989 (1994) – Carl Zeiss Meditec AG; MüKoAktG/*Schürnbrand* § 183 Rn. 72; Spindler/Stilz AktG/*Stilz* § 255 Rn. 12; Hüffer/*Koch* AktG § 183 Rn. 20.

[143] OLG Jena ZIP 2006, 1989 (1993 ff.) – Carl Zeiss Meditec AG; MüKoAktG/*Schnürband* § 186 Rn. 123; Hüffer/*Koch* AktG § 255 Rn. 16; Spindler/Stilz AktG/*Stilz* § 255 Rn. 12; HdB börsennotierte AG/*Busch* Rn. 42.41; *Kiefner/Seibel* AG 2016, 301 (302); aA Bürgers/Körber AktG/*Göz* § 255 Rn. 4.

[144] BGHZ 71, 40 (50 f.) – Kali & Salz; Hüffer/*Koch* AktG § 255 Rn. 16; Schmidt/Lutter/*Schwab* AktG § 255 Rn. 6; *Schiessl* ZGR 2003, 814 (840); *Wieneke* NZG 2004, 61 (66); aA anscheinend GroßkommAktG/*Wiedemann* § 183 Rn. 51.

[145] OLG Jena ZIP 2006, 1989 (1995) – Carl Zeiss Meditec AG; OLG Frankfurt a. M. AG 2011, 631 Rn. 138 u. 145 – Kirch ua/Deutsche Bank; Spindler/Stilz AktG/*Stilz* § 255 Rn. 19; *Martens* FS Bezzenberger, 2000, 267 (287); *Seibt/Schulz* CFL 2012, 313 (322 u. 325); *Kiefner/Seibel* AG 2016, 301 (311 f.).

[146] OLG Frankfurt a. M. NZG 1999, 119 (121); AG 2011, 631 Rn. 142 – Kirch ua/Deutsche Bank; Hüffer/*Koch* AktG § 255 Rn. 6; Bürgers/Körber AktG/*Göz* § 255 Rn. 5; *Weber/Kersjes* Hauptversammlungsbeschlüsse vor Gericht § 1 Rn. 502; ferner *Decher* Liber Amicorum M. Winter, 2011, 99 (113) u. *Cannivé/Suerbaum* AG 2011, 317 (322), jeweils auch zur Verwendung von Fairness Opinions; dazu auch *Schiessl* ZGR 2003, 814 (842).

[147] OLG Stuttgart NZG 2000, 156 (157 f.); Hüffer/*Koch* AktG § 255 Rn. 6.

[148] OLG Frankfurt a. M. AG 2011, 631 Rn. 142 – Kirch ua/Deutsche Bank; *Decher* Liber Amicorum M. Winter, 2011, 99 (113); Hüffer/*Koch* AktG § 255 Rn. 17; Spindler/Stilz AktG/*Stilz* § 255 Rn. 19 *Kiefner/Seibel* AG 2016, 301 (306).

[149] Verneinend Spindler/Stilz AktG/*Stilz* § 255 Rn. 24 mwN; Henssler/Strohn/*Drescher* AktG § 255 Rn. 6; Hölters AktG/*Englisch* § 255 Rn. 23; eingehend *Findeisen*, Beteiligungserwerb, 2009, S. 66 ff.; vgl. auch *Martens* FS Bezzenberger, 2000, 267 (279 ff.); aA OLG Köln ZIP 2014, 263 (266) – Solarworld; Hüffer/*Koch* AktG § 255 Rn. 11; MüKoAktG/*J. Koch* § 255 Rn. 23; Schmidt/Lutter/*Schwab* AktG § 255 Rn. 6; aA auch – vor der „Börsenkurs"-Rspr. des BVerfG in Sachen „DAT/Altana" (BVerfGE 100, 289) – BGHZ 71, 40 (51) – Kali & Salz.

[150] BVerfGE 100, 289 – DAT/Altana; im Anschluss BGHZ 122, 108 – DAT/Altana.

des BGH[151] auf den Börsenkurs vor Bekanntgabe der Kapitalmaßnahme abzustellen. Umgekehrt liegt es zudem nahe, dass eine sich auf Grundlage des Börsenkurses ergebende Angemessenheit nicht mit dem Argument angegriffen werden kann, der innere Wert der Gesellschaft liege oberhalb des Börsenkurses. Ein Meistbegünstigungsgrundsatz der Aktionäre, dass sie notwendig einen über dem Börsenkurs liegenden inneren Wert erhalten müssen, ergibt sich aus der „DAT/Altana"-Rechtsprechung nicht.[152] Besteht die Sacheinlage in einem Unternehmen oder einer Beteiligung und handeln die AG und der Einbringende die Wert- und damit die Umtauschverhältnisse als gleichwertige Parteien aus, ist die Angemessenheit iSd § 255 Abs. 2 AktG ferner grundsätzlich zu vermuten.[153] Richtigerweise gilt das auch für andere Sacheinlagen. Zur Prüfung des Wertes der Sacheinlage vgl. → Rn. 51 f.

49 Das **Risiko der Anfechtungsklage** mit Bewertungsrüge führte in der Vergangenheit zu erheblicher Rechtsunsicherheit und – auch heute noch – zu einem Ausweichen auf das weniger anfällige genehmigte Kapital (vgl. → § 59 Rn. 23, 37 u. 39). Nach der Änderung von § 246a AktG durch das ARUG stellt sich das jedoch anders dar; danach dürften Bewertungsrügen einer Freigabe in der Regel nicht mehr entgegenstehen, da ein überwiegendes Vollzugsinteresse der AG nahe liegt.[154] Die wirtschaftlichen Interessen der AG an der Kapitalerhöhung werden die ökonomischen Nachteile der Antragsgegner überwiegen, zumal diesen bei Erfolg ihrer Bewertungsrüge ein Schadenersatzanspruch zusteht (§ 246a Abs. 4 AktG); ein besonders schwerer Rechtsverstoß kann aufgrund der Bewertungsrüge nur in evidenten Ausnahmefällen in Betracht kommen.

50 **c) Bilanzierung.** Die Sacheinlage ist grundsätzlich mit dem **Ausgabebetrag** zu aktivieren. Ein etwaiges Agio ist der Kapitalrücklage zuzuführen (§ 272 Abs. 2 Nr. 1 HGB). Bei Sacheinlage von **Unternehmen** oder Unternehmensteilen wird man allerdings auch die Fortführung der Buchwerte oder unterhalb des Ausgabebetrages liegender Zwischenwerte zulassen können.[155] Übersteigt der Zeitwert der Sacheinlage den Nenn- oder Ausgabe-

---

[151] BGH ZIP 2010, 1487 Rn. 10 ff. – Stollwerck unter Aufgabe von BGHZ 122, 108 (118 ff.) – DAT/Altana; bereits zuvor für Anknüpfen an den Zeitpunkt der Bekanntgabe der Maßnahme OLG Stuttgart AG 2010, 513 (514 ff.); OLG Frankfurt a. M. Der Konzern 2011, 59 (62 ff.).
[152] BVerfG ZIP 2011, 1051 Rn. 24 – Telekom/T-Systems; OLG Düsseldorf ZIP 2019, 370 (373); OLG Stuttgart AG 2009, 707 (712); OLG Frankfurt a. M. AG 2010, 751 Rn. 44 ff. – Telekom/T-Systems; Schmidt/Lutter/*Stephan* AktG § 305 Rn. 99; *Kiefner/Seibel* AG 2016, 301 (308).
[153] Vgl. OLG Jena ZIP 2006, 1989 (1995) – Carl Zeiss Meditec AG; OLG Frankfurt a. M. AG 2011, 631 Rn. 141 u. 143 – Kirch ua/Deutsche Bank; OLG München BeckRS 2014, 03440: aber keine Geltung der Vermutung, wenn der Sacheinleger Mehrheitsaktionär ist; MüKoAktG/*J. Koch* § 255 Rn. 28; *Martens* FS Bezzenberger, 2000, 267 (282 f.); *Wieneke* NZG 2012, 136 (138); *J. Vetter* FS Maier-Reimer, 2010, 819 (825) mwN; *Kiefner/Seibel* AG 2016, 301 (313); zur Verschmelzung OLG Stuttgart AG 2006, 420 (423 f.) – Wüstenrot & Württembergische AG. Das BVerfG hat zwar in Sachen „Daimler/Chrysler" (AG 2012, 674 (675)) entschieden, dass die gerichtliche Prüfung in Spruchverfahren nicht auf die Ordnungsmäßigkeit des Verhandlungsprozesses der voneinander unabhängigen Parteien beschränkt werden darf. Eine Vermutung der Angemessenheit des dort erzielten Ergebnisses ist dadurch aber nicht ausgeschlossen; s. auch *Klöhn/Verse* AG 2013, 1 (4 ff.).
[154] Vgl. ausführlich *J. Vetter* FS Maier-Reimer, 2010, 819 (824 f.); ferner OLG Jena ZIP 2006, 1989 1197 – Carl Zeiss Meditec AG, KG AG 2007, 359 (361), OLG Köln ZIP 2014, 263 (265 u. 267) – Solarworld u. OLG Stuttgart AG 2013, 604 (insofern dort nicht abgedruckt) = BeckRS 2013, 00660: Verwässerungsschaden sei durch Schadenersatz ausgleichbarer monetärer Nachteil, der einer Eintragung nicht entgegen steht; *Bücker* CFL 2010, 177 (182 f.); aA OLG München BeckRS 2014, 03440; skeptisch gegenüber § 246a AktG Unternehmensfinanzierung am Kapitalmarkt/*R. Krause* § 17 Rn. 28; kritisch zur Ersatzfähigkeit von Verwässerungsschäden zB *Veil* AG 2005, 567 (572); zur Abwägung s. auch KG ZIP 2010, 1849. Vgl. ferner die Übersicht bei *Seibt/Schulz* CFL 2012, 313 (314 ff.).
[155] MüKoAktG/*Pentz* § 27 Rn. 38; Hüffer/*Koch* AktG § 27 Rn. 20; Hölters AktG/*Apfelbacher/Niggemann* § 183 Rn. 25; Bürgers/Körber AktG/*Marsch-Barner* § 183 Rn. 16; HdB börsennotierte AG/*Busch* Rn. 42.30; *Hoffmann-Becking* FS Wiedemann, 2002, 999 (1009); str., aA zB Baetge/Kirsch/

betrag der neuen Aktien, ist eine Aktivierung mit dem höheren Zeitwert zulässig;[156] der Differenzbetrag ist auch dann gemäß § 272 Abs. 2 HGB der Kapitalrücklage zuzuführen und zwar nach Nr. 1.[157] Vgl. dazu näher → § 4 Rn. 13 ff.

4. Prüfung. Bei der Kapitalerhöhung mit Sacheinlagen hat eine Einlagenprüfung durch einen gerichtlich zu bestellenden Prüfer zu erfolgen (§ 183 Abs. 3 AktG), soweit sie nicht ausnahmsweise gemäß § 183a iVm § 33a AktG entbehrlich ist (dazu → § 4 Rn. 41 ff.). Die Prüfung soll sich nach verbreiteter Auffassung auf die Frage beschränken, ob der Wert der Sacheinlage den **geringsten Ausgabebetrag,** dh den Nennbetrag oder den anteiligen Betrag des Grundkapitals (§ 9 Abs. 1 AktG), der zu gewährenden Aktien erreicht.[158] Dafür spricht § 184 Abs. 3 S. 1 AktG (früher § 183 Abs. 3 S. 3 AktG). Art. 27 Abs. 2 S. 3 iVm Art. 10 Abs. 2 der Kapitalrichtlinie verlangt jedoch, wie der BGH[159] bestätigt hat, zudem die Prüfung eines etwaigen korporativen Agios, so dass bei richtlinienkonformer Auslegung auch die Deckung eines etwaigen höheren Ausgabebetrages zum Prüfungsumfang gehören muss.[160] 51

Im Übrigen gelten für die Prüfung die **Vorschriften über die Gründungsprüfung** entsprechend; vgl. dazu näher → § 4 Rn. 36 ff. Die Bestellung des Prüfers durch das Gericht (§§ 183 Abs. 3, 33 Abs. 3 AktG) ist schon vor der Beschlussfassung der Hauptversammlung möglich. Bei kapitalmarktorientierten Gesellschaften (§ 264d HGB) wird der Abschlussprüfer die Sacheinlageprüfung wegen § 319a Abs. 1 Nr. 2 HGB regelmäßig nicht durchführen können.[161] Im Übrigen schließt die Stellung als Abschlussprüfer die Tätigkeit als Sacheinlageprüfer nicht per se aus.[162] § 319 HGB ist jedoch zu beachten; insbesondere § 319 Abs. 3 Nr. 3d HGB kann der Bestellung des Abschlussprüfers entgegenstehen.[163] 52

5. Einbringung der Sacheinlage. a) Einbringungsvertrag. Über die **Einbringung** der Sacheinlage wird zwischen der Gesellschaft und dem Einleger in aller Regel ein Einbringungsvertrag (Sacheinlagenvertrag) geschlossen, der den Gegenstand der Sacheinlage im Einzelnen konkretisiert und die näheren Modalitäten der Einbringung regelt;[164] wegen der Einzelheiten zu Rechtsnatur und Inhalt des Einbringungsvertrages vgl. → § 4 Rn. 8 ff. Unabhängig von dem Abschluss des Einbringungsvertrags muss auch der Sacheinleger die von ihm zu übernehmenden Aktien zeichnen; vgl. → Rn. 165 ff. Daneben 53

Thiele BilanzR/*Thiele* HGB § 272 Rn. 110 f.; MüKoHGB/*Reiner* § 272 Rn. 40 mwN zur Gegenansicht.

[156] *Adler/Düring/Schmaltz* Rechnungslegung HGB § 255 Rn. 97; HdB börsennotierte AG/*Busch* Rn. 42.31; *Maier-Reimer* FS Bezzenberger, 2000, 253 (261); *Hoffmann-Becking* FS Wiedemann, 2002, 999 (1009); wohl auch *Müller* FS Hoffmann-Becking, 2013, 835 (839 ff.).

[157] HdB börsennotierte AG/*Busch* Rn. 42.31; *Hoffmann-Becking* FS Lutter, 2000, 453 (476) mwN; aA KölnKommAktG/*Ekkenga* § 189 Rn. 10 u. Vorb. § 182 Rn. 25; *Bunnemann* NZG 2005, 955 (956); *Cahn* FS Baums, 2017, 169 (188 ff.); *Wieneke* NZG 2012, 136 (137); *Schnorbus/Plassmann* ZIP 2016, 693 (700).

[158] KölnKommAktG/*Ekkenga* § 183 Rn. 222; MüKoAktG/*Schürnbrand* § 183 Rn. 62; HdB börsennotierte AG/*Busch* Rn. 42.35; Wachter AktG/*Dürr* § 183 Rn. 22; wohl auch Hölters AktG/*Apfelbacher/Niggemann* § 183 Rn. 41.

[159] BGHZ 191, 364 Rn. 19 – Babcock Borsig.

[160] *Hüffer/Koch* AktG § 183 Rn. 16; Schmidt/Lutter/*Veil* AktG § 183 Rn. 26; Spindler/Stilz AktG/*Servatius* § 183 Rn. 41; GroßkommAktG/*Frey* § 194 Rn. 104; GroßkommAktG/*Hirte* § 205 Rn. 16; *Verse* ZGR 2012, 875 (880 f.); *Baums* Liber Amicorum M. Winter, 2012, 61 (69 f.); *Bücker* CFL 2010, 177 (180); *Priester* FS Lutter, 2000, 617 (623); *Bayer* ZHR 168 (2004), 132 (161 f.); *Herchen,* Agio, 2004, S. 128 ff., 134 f. Ebenso → § 4 Rn. 38 zur Gründungsprüfung.

[161] Bürgers/Körber AktG/*Marsch-Barner* § 183 Rn. 26; Hölters AktG/*Apfelbacher/Niggemann* § 183 Rn. 42; Wachter AktG/*Dürr* § 183 Rn. 21.

[162] Vgl. Hölters AktG/*Apfelbacher/Niggemann* § 183 Rn. 42; Wachter AktG/*Dürr* § 183 Rn. 21.

[163] HdB börsennotierte AG/*Busch* Rn. 42.34.

[164] Dazu eingehend *Hoffmann-Becking* FS Lutter, 2000, 453 ff.; Muster in Beck'sches Formularbuch/*Hoffmann-Becking/Berger* Form. X.28.

bedarf es des dinglichen Vollzuges. Rechtlich ist der Abschluss eines Einbringungsvertrages nicht zwingend erforderlich.[165] In einfach gelagerten Fällen kann es stattdessen auch mit der Zeichnungsvereinbarung und dem dinglichen Vollzug sein Bewenden haben.

54 **b) Gewährleistung.** Im Rahmen des Einbringungsvertrages werden AG und Inferent uU Gewährleistungen oder Zusicherungen verlangen, mit denen sie die Werthaltigkeit der jeweiligen Gegenleistung abzusichern suchen. Gibt die AG solche Zusicherungen, kann dies bei ihrer Verletzung in der Folge zu Schadenersatz- oder anderen Ausgleichsansprüchen des Inferenten führen. Daher werden Zusicherungen vielfach am Kapitalerhaltungsgrundsatz gemessen (§ 57 AktG).[166] Das ist unzutreffend. Berührt ist der Grundsatz der effektiven **Kapitalaufbringung**.[167] Einschlägig ist § 56 Abs. 3 AktG, da die Zusicherungen das wirtschaftliche Risiko aus der Aktienzeichnung der AG aufbürden.[168] Um die vor allem für den Inferenten unliebsamen Rechtsfolgen des § 56 Abs. 3 AktG zu vermeiden, kommen zwei Wege in Betracht: Der Vorgang wird wie eine gemischte Sacheinlage (vgl. → Rn. 83) behandelt[169] oder die Ansprüche des Inferenten werden betragsmäßig so beschränkt, dass die AG in jedem Fall den Ausgabebetrag erhält; Rückzahlungen dürfen dann ausschließlich aus einem schuldrechtlichen Agio erfolgen.[170]

55 Umgekehrt kann sich auch die Gesellschaft Zusicherungen in Bezug auf den Einlagegegenstand geben lassen. Die gesetzliche **Differenzhaftung** (vgl. → Rn. 60 ff.) kann dadurch aber nicht zugunsten des Inferenten abbedungen oder eingeschränkt werden (auch → Rn. 63). Modifikationen zugunsten der AG sind jedoch möglich.[171]

56 **c) Zeitpunkt.** Der Einbringungsvertrag ist der Anmeldung der Durchführung der Kapitalerhöhung beizufügen (§ 188 Abs. 3 Nr. 2 AktG). Spätestens dann muss er somit abgeschlossen sein. IÜ kann er sowohl **vor Fassung des Kapitalerhöhungsbeschlusses** als auch danach eingegangen werden (→ § 4 Rn. 8).[172] Im ersten Fall ist seine Wirksamkeit aufschiebend bedingt durch den Kapitalerhöhungsbeschluss (§ 158 Abs. 1 BGB);[173] die Bedingung kann, muss aber nicht im Vertrag ausdrücklich geregelt sein.[174] Im zweiten Fall kann die Kapitalerhöhung ohne Festlegung der konkreten Inferenten beschlossen wer-

---

[165] So die heute wohl ganz hM; vgl. Hüffer/*Koch* AktG § 183 Rn. 6; MüKoAktG/*Schürnbrand* § 183 Rn. 25; Wachter AktG/*Dürr* § 183 Rn. 15; *Hoppe,* Gewährung zusätzlicher Aktien, 2015, S. 96, 104; KölnKommAktG/*Ekkenga* § 185 Rn. 95, der aber meint, dass sich der Vorstand pflichtwidrig verhält, wenn er nicht vor der Beschlussfassung eine vertragliche Einbringungspflicht des Sacheinlegers begründet.
[166] *Sieger/Hasselbach* BB 2004, 60 (61 ff.); *Brandi* NZG 2004, 600; *Wienecke* NZG 2004, 61 (68).
[167] *Winter* FS Röhricht, 2005, 709 (712); ebenso *Roggenkemper,* Unternehmenserwerb im Wege der Sachkapitalerhöhung, 2018, S. 279.
[168] KölnKommAktG/*Drygala* § 56 Rn. 58; Hüffer/*Koch* AktG § 56 Rn. 12; *Winter* FS Röhricht, 2005, 709 (712 ff.); *R. Krause* RWS-Forum Gesellschaftsrecht 2003, 2004, S. 301/320 ff.; *Roggenkemper,* Unternehmenserwerb im Wege der Sachkapitalerhöhung, 2018, S. 279 f. Für eine durch Aktien auszugleichende Wertzusage der Gesellschaft *Hoppe,* Gewährung zusätzlicher Aktien, 2015, S. 39 f.; *R. Krause* ZHR 181 (2017), 641 (665 f.).
[169] *R. Krause* RWS-Forum Gesellschaftsrecht 2003, 2004, S. 301/321 f.; *Winter* FS Röhricht, 2005, 709 (721 ff.); KölnKommAktG/*Drygala* § 56 Rn. 60; *Sustmann* CFL 2011, 381 (390).
[170] KölnKommAktG/*Drygala* § 56 Rn. 59; *Brandi* NZG 2004, 600 (604); s. auch OLG München ZIP 2007, 126 (130) – Kirch Media.
[171] *Wieneke* NZG 2004, 61 (64 ff.); MüKoAktG/*Schürnbrand* § 183 Rn. 29, 71.
[172] Hüffer/*Koch* AktG § 183 Rn. 6; Bürgers/Körber AktG/*Marsch-Barner* § 183 Rn. 10; Hölters AktG/*Apfelbacher/Niggemann* § 183 Rn. 29; Schmidt/Lutter/*Veil* AktG § 183 Rn. 20; aA LG Heidelberg AG 2002, 298 (301) – MLP AG, wonach die Verträge zwingend vorab vorliegen müssen.
[173] LG Heidelberg AG 2002, 298 (301) – MLP AG: Schmidt/Lutter/*Veil* AktG § 183 Rn. 20; Hölters AktG/*Apfelbacher/Niggemann* § 183 Rn. 29; MüKoAktG/*Schürnbrand* § 183 Rn. 27, 70.
[174] Vgl. OLG Oldenburg AG 1997, 424 (427) – KM Europa Metall AG; Bürgers/Körber AktG/*Marsch-Barner* § 183 Rn. 10.

den.¹⁷⁵ § 183 Abs. 1 S. 1 AktG steht dem nicht entgegen. Vielmehr genügt es, die **Inferenten bestimmbar** zu beschreiben.

d) Form. Der Einbringungsvertrag bedarf der **Schriftform** (arg. e § 188 Abs. 3 Nr. 2 AktG).¹⁷⁶ Liegt im Zeichnungsschein zugleich der Einbringungsvertrag, ergibt sich dies auch aus § 185 Abs. 1 AktG (analog).¹⁷⁷ Vgl. näher → Rn. 167.

Strengere **allgemeine Formvorschriften** bleiben unberührt.¹⁷⁸ Der Einbringungsvertrag ist demnach notariell zu beurkunden, wenn Sacheinlagegegenstand zB Grundstücke (§ 311b Abs. 1 S. 1 BGB), GmbH-Anteile (§ 15 GmbHG) oder das Gesamtvermögen (§ 311b Abs. 3 BGB) sind. Zudem sind etwaige **Zustimmungserfordernisse** (etwa nach § 1365 BGB) zu beachten.

e) Unwirksamkeit der Sacheinlagevereinbarung; Leistungsstörungen. Ist der Einbringungsvertrag unwirksam, die Leistungspflicht des Sacheinlegers ausgeschlossen (§ 275 BGB) oder tritt die Gesellschaft zurück (§§ 440, 323 BGB), führt dies **nach Eintragung der Kapitalerhöhung** nicht zur Befreiung des Einlegers von der Einlagepflicht, sondern macht ihn **bareinlagepflichtig**.¹⁷⁹ Bis zur Eintragung gelten hingegen die allgemeinen Vorschriften, die zu einer Befreiung des Zeichners von seiner Leistungspflicht führen und dann einer Eintragung der Durchführung der Kapitalerhöhung entgegenstehen können.¹⁸⁰

6. Differenzhaftung des Einbringenden. Erreicht die Sacheinlage nicht den Nennwert, bei Stückaktien den anteiligen Betrag des Grundkapitals der dafür gewährten Aktien, ist der Einleger verpflichtet, den Differenzbetrag in bar zu leisten. Diese von der Rechtsprechung für die Sachgründung entwickelte **Differenzhaftung**¹⁸¹ muss auch bei der Sachkapitalerhöhung eingreifen.¹⁸² Eine gesetzliche Ausnahme enthält § 254 Abs. 4 InsO für den Fall eines Debt Equity-Swap gemäß § 225a Abs. 2 InsO.¹⁸³

Umstritten ist, ob sich die Haftung nur auf die Differenz bis zum geringsten Ausgabebetrag (§ 9 Abs. 1 AktG) der gewährten Aktien richtet oder auch ein darüber hinausgehendes **korporatives Aufgeld** erfasst. Das Verbot der Unterpari-Emission (§ 9 Abs. 1 AktG) verbietet nur Aktienausgaben unter dem geringsten Ausgabebetrag, während das

---

¹⁷⁵ Hüffer/*Koch* AktG § 183 Rn. 6; Schmidt/Lutter/*Veil* AktG § 183 Rn. 20; MüKoAktG/*Schnürbrand* § 183 Rn. 35.

¹⁷⁶ Hölters AktG/*Apfelbacher/Niggemann* § 183 Rn. 30; Hüffer/*Koch* AktG § 183 Rn. 6; aA wohl GroßkommAktG/*Wiedemann* § 183 Rn. 71, vgl. jedoch Rn. 73 aE.

¹⁷⁷ Hölters AktG/*Apfelbacher/Niggemann* § 183 Rn. 30; Hüffer/*Koch* AktG § 183 Rn. 6; MüKoAktG/*Schürnbrand* § 183 Rn. 27.

¹⁷⁸ MüKoAktG/*Schürnbrand* § 183 Rn. 27; Hölters AktG/*Apfelbacher/Niggemann* § 183 Rn. 30; Hüffer/*Koch* AktG § 183 Rn. 6.

¹⁷⁹ Vgl. BGHZ 45, 338 (345); OLG Hamburg AG 2010, 502 Rn. 90; Hüffer/*Koch* AktG § 183 Rn. 7; Hölters AktG/*Apfelbacher/Niggemann* § 183 Rn. 31; *Hoffmann-Becking* Liber Amicorum M. Winter, 2011, 237 (248).

¹⁸⁰ Vgl. etwa OLG Schleswig NZG 2004, 1006; KölnKommAktG/*Ekkenga* § 183 Rn. 109; Hüffer/*Koch* AktG § 188 Rn. 10.

¹⁸¹ BGHZ 64, 52 (62); 68, 191 (195). Vgl. → § 4 Rn. 48.

¹⁸² BGHZ 171, 293 Rn. 5; 191, 364 Rn. 16 – Babcock Borsig; OLG Düsseldorf AG 2011, 823 Rn. 42; OLG Frankfurt a. M. AG 2010, 793 (794) – Babcock Borsig; KölnKommAktG/*Ekkenga* § 189 Rn. 14; MüKoAktG/*Schürnbrand* § 183 Rn. 69; Hüffer/*Koch* AktG § 183 Rn. 21. Als Rechtsgrundlage werden die in der Zeichnung liegende Wertdeckungszusage iVm dem Verbot der Unterparieemission gemäß § 9 Abs. 1 AktG, der Grundsatz der realen Kapitalaufbringung, §§ 188 Abs. 2 S. 1 iVm 36a Abs. 2 S. 3 AktG sowie eine Analogie zu §§ 56 Abs. 2 iVm 9 Abs. 1 GmbHG genannt. Bei Verschmelzungen mit Kapitalerhöhung gilt das für die Gesellschafter des übertragenden Rechtsträgers mangels Kapitaldeckungszusage durch diese und aufgrund des Ausschlusses von § 188 Abs. 2 AktG durch § 69 Abs. 1 S. 1 UmwG nicht, vgl. BGH ZIP 2019, 114 Rn. 10; BGHZ 171, 293 Rn. 6 ff.; OLG München NZG 2006, 73; Hölters AktG/*Apfelbacher/Niggemann* AktG § 188 Rn. 48 ff.; KölnKommUmwG/*Simon* § 69 Rn. 40.

¹⁸³ Vgl. dazu Begr. RegE ESUG 17/5712, S. 54.

Agio nicht geschützt ist. Gemäß §§ 188 Abs. 2 S. 1, 36a Abs. 2 S. 3 AktG muss der Wert der Sacheinlage aber auch das Aufgeld decken. Daraus sowie aus der Wertung des § 27 Abs. 3 S. 3 AktG, wonach bei einer verdeckten Sacheinlage der Wert der erbrachten Leistung auf den Ausgabebetrag anzurechnen ist, wird man folgern müssen, dass sich die gesetzliche Differenzhaftung zwingend auch auf das Aufgeld erstreckt;[184] die Gegenmeinung will eine Haftung für das Aufgeld nur als vertraglichen Anspruch anerkennen, sofern der Einbringungsvertrag entsprechende Wertzusagen enthält.[185] Im Falle einer unteilbaren **gemischten Sacheinlage** (vgl. → Rn. 83) erfasst die Differenzhaftung den Minderwert der gesamten Sachleistungen des Inferenten gegenüber Ausgabebetrag der Aktien zuzüglich der Barleistung der AG, bei einer teilbaren gemischten Sacheinlage hingegen nur den Minderwert des Teils der Sachleistungen des Inferenten, für den Aktien gewährt werden.[186] Hat die geleistete Sacheinlage einen **negativen Wert,** verpflichtet die Differenzhaftung, auch diesen abzudecken.[187] Für ein **schuldrechtliches Agio** besteht keine Differenzhaftung.[188]

62 Die Werthaftung setzt voraus, dass die Durchführung der Kapitalerhöhung ins Handelsregister eingetragen und die Kapitalerhöhung damit wirksam geworden ist. **Stichtag** für die Berechnung der von der Haftung erfassten Wertdifferenz ist, wie auch § 27 Abs. 3 S. 3 AktG belegt, der Tag der Anmeldung der Durchführung der Kapitalerhöhung.[189] Die Beweislast für das Vorliegen und die Höhe einer Differenzhaftung liegt bei der AG, wobei zu ihren Gunsten jedoch Beweiserleichterungen eingreifen können.[190] Maßgeblicher Wert ist der Zeitwert, dh der „wahre" Wert der Sacheinlage aus Sicht der Gesellschaft.[191]

63 Die Differenzhaftung ist **zwingend** und kann nicht zulasten der AG modifiziert werden.[192] Ein Verzicht ist ebenso wenig möglich wie eine Aufrechnung durch den Inferenten (**§ 66 Abs. 1 AktG**).[193] Zulässig ist jedoch ein **Vergleich,** wenn und soweit die Rechtslage tatsächlich oder rechtlich ungewiss ist, so dass der Vergleich keinen versteckten Verzicht darstellt.[194] Der Vergleich bedarf nicht der Zustimmung der Hauptversamm-

---

[184] BGHZ 191, 364 Rn. 17 ff. – Babcock Borsig; OLG Jena ZIP 2006, 1989 (1997) – Carl Zeiss Meditec AG; Hüffer/*Koch* AktG § 183 Rn. 21; Hölters AktG/*Apfelbacher/Niggemann* § 188 Rn. 19; GroßkommAktG/*Schall* § 27 Rn. 211 ff.; Schmidt/Lutter/*Veil* AktG § 183 Rn. 8; HdB börsennotierte AG/*Busch* Rn. 42.39; *Verse* ZGR 2012, 875 (879 ff.); *Hoffmann-Becking* FS Wiedemann, 2000, 999 (1002); *Loges/Zimmermann* WM 2005, 349 (350 f.); ferner Spindler/Stilz AktG/*Servatius* § 183 Rn. 73 ff.; vgl. dazu auch → § 4 Rn. 48.

[185] So KölnKommAktG/*Ekkenga* § 189 Rn. 17; MüKoAktG/*Schürnbrand* § 183 Rn. 71; Hüffer/ *Koch* AktG § 183 Rn. 21; Bürgers/Körber AktG/*Marsch-Barner* § 188 Rn. 10.

[186] S. BGHZ 191, 364 Rn. 47 ff. – Babcock Borsig.

[187] GroßkommAktG/*Schall* § 27 Rn. 213; Schmidt/Lutter/*Veil* AktG § 183 Rn. 8; aA KölnKommAktG/*Ekkenga* § 189 Rn. 19,.

[188] *Priester* FS Lutter, 2000, 617 (626 f.); Schmidt/Lutter/*Ziemons* AktG § 9 Rn. 14 ff.; *Wieneke* NZG 2012, 136 (138); s. auch BFH NZG 2011, 118 Rn. 31 (zur GmbH); aA Spindler/Stilz AktG/ *Servatius* § 183 Rn. 75; *Schäfer* FS Stilz, 2014, 525 (530).

[189] KölnKommAktG/*Ekkenga* § 189 Rn. 18; Hüffer/*Koch* AktG § 183 Rn. 21; Schmidt/Lutter/ *Veil* AktG § 183 Rn. 8; aA *Cavin*, Kapitalaufbringung, 2012, S. 445.

[190] Ausführlich OLG Düsseldorf AG 2011, 823 Rn. 55 ff.; ferner MüKoAktG/*Pentz* § 27 Rn. 44; *Loges/Zimmermann* WM 2005, 349 (353 f.).

[191] S. iE MüKoAktG/*Pentz* § 27 Rn. 37; Spindler/Stilz AktG//*Benz* § 27 Rn. 35 ff.; zur Bewertung eines eingebrachten Unternehmens s. auch OLG Düsseldorf AG 2011, 823 f. Rn. 46 ff.

[192] BGHZ 191, 364 Rn. 42 – Babcock Borsig; *Wienecke* NZG 2012, 136 (137 f.); Spindler/Stilz AktG/*Servatius* § 183 Rn. 75; zur GmbH MüKoGmbHG/*Schwandtner* § 9 Rn. 6.

[193] BGHZ 191, 364 Rn. 21 – Babcock Borsig; Spindler/Stilz AktG/*Vatter* § 9 Rn. 20; *Loges/ Zimmermann* WM 2005, 349 (352 f.).

[194] S. iE BGH ZIP 2012, 73 Rn. 23 u. 29 ff.; ferner BGHZ 160, 127 (133) (zur GmbH); OLG Frankfurt a. M. AG 2010, 793 (795) – Babcock Borsig; Hölters AktG/*Laubert* § 66 Rn. 5; Spindler/Stilz AktG/*Cahn* § 66 Rn. 16; *Wieneke* NZG 2012, 136 (138); *Priester* AG 2012, 525 (526); *Verse* ZGR 2012, 875 (886); s. aber auch KölnKommAktG/*Drygala* § 66 Rn. 14; MüKoAktG/*Bayer* § 66 Rn. 29.

lung¹⁹⁵ – und zwar weder analog §§ 50 S. 1, 93 Abs. 4 S. 3, 117 Abs. 4 AktG¹⁹⁶ noch nach Maßgabe der „Holzmüller/Gelatine"-Rechtsprechung.¹⁹⁷ Die **Verjährung** richtet sich nach § 9 Abs. 2 GmbHG analog und beginnt mit der Eintragung der Durchführung der Kapitalerhöhung im Handelsregister.¹⁹⁸ Die Erfüllung des Differenzhaftungsanspruchs erfolgt durch Barleistung; die Erbringung von Sachleistungen ist ausgeschlossen,¹⁹⁹ es sei denn, die AG rechnet ihrerseits auf oder der Anspruch wird zulässigerweise durch einen Vergleich beigelegt. Die Aufrechnung durch die AG oder eine **Aufrechnungsvereinbarung** soll voraussetzen, dass die Forderung des Inferenten vollwertig, fällig und liquide ist.²⁰⁰

7. Sachkapitalerhöhung als Nachgründung. Nach zutreffender hM finden bei Durchführung einer Sachkapitalerhöhung in den ersten zwei Jahren seit der Eintragung der Gesellschaft in das Handelsregister auch die **Nachgründungsvorschriften** des § 52 AktG (analog) Anwendung.²⁰¹ Str. ist, ob das auch gilt, wenn der Sacheinleger Alleinaktionär ist.²⁰² Die Geltung der Nachgründungsregeln bedeutet: Führt die Gesellschaft innerhalb der Zweijahresfrist eine Kapitalerhöhung gegen Sacheinlagen durch und sind für die Sacheinlagen Aktien im Nennbetrag von mehr als 10% des Grundkapitals zu gewähren, finden neben § 183 AktG auch die Sonderregelungen des § 52 AktG Anwendung. Für die Berechnung der 10%-Quote ist entsprechend § 67 S. 3 UmwG nicht auf das bisherige, sondern auf das erhöhte Grundkapital abzustellen.²⁰³ Ob die gewährten Aktien diese Quote erreichen, ist entsprechend § 67 S. 2 UmwG nach dem Nennbetrag der gewährten Aktien zu berechnen; ein über den Nennbetrag der Kapitalerhöhung hinausgehender Wert der neuen Aktien bleibt unberücksichtigt.²⁰⁴ Die Anwendung von § 52 AktG setzt ferner voraus, dass der Sacheinleger, der im Rahmen der Sachkapitalerhöhung Aktien von mehr als 10% des

---

¹⁹⁵ BGHZ 191, 364 Rn. 25 ff. – Babcock Borsig; OLG Frankfurt a. M. AG 2010, 793 (795 f.) – Babcock Borsig; *Wieneke* NZG 2012, 136 (138); *Verse* ZGR 2012, 875 (888 ff.); *Seibt/Schulz* CFL 2012, 313 (330).
¹⁹⁶ AA Spindler/Stilz AktG/*Cahn* § 66 Rn. 16; *Priester* AG 2012, 525 (526 f.).
¹⁹⁷ Insofern ebenso *Priester* AG 2012, 525 (526); aA OLG Schleswig ZIP 2006, 421 (424) – mobil-com.
¹⁹⁸ BGHZ 191, 364 Rn. 41 – Babcock Borsig; Hölters AktG/*Solveen* § 27 Rn. 12; Spindler/Stilz AktG/ *Benz* § 27 Rn. 47; ebenso *Verse* ZGR 2012, 875 (893 f.), allerdings mit dem Hinweis, dass der Verjährungsbeginn erst mit Bewirkung der Sacheinlage eintritt, wenn diese nach der Eintragung eintritt.
¹⁹⁹ BGHZ 191, 364 Rn. 32 – Babcock Borsig. Dazu, ob der Gesellschaft neben der Differenzhaftung Mängelgewährleistungsansprüche zustehen und sie zwischen diesen Ansprüchen wählen kann, s. *Schlösser/Pfeiffer* NZG 2012, 1047 (1048 ff.).
²⁰⁰ Statt aller BGH ZIP 2012, 73 Rn. 77; BGHZ 125, 141 (143) (zur GmbH); MüKoAktG/*Bayer* § 66 Rn. 47 ff.; s. auch näher *Verse* ZGR 2012, 875 (891 ff.); zu Recht kritisch *Schäfer* FS Stilz, 2014, 525 (531), der eine Anrechnung analog § 27 Abs. 3 S. 3 AktG befürwortet ohne dass die Vollwertigkeit Wirksamkeitsvoraussetzung ist.
²⁰¹ OLG Dresden AG 2018, 277 (279); KG ZIP 2016, 161 (162); OLG Oldenburg AG 2002, 620; Hölters AktG/*Solveen* § 52 Rn. 19; Hölters AktG/*Apfelbacher/Niggemann* § 183 Rn. 22; Bürgers/ Körber AktG/*Körber* § 52 Rn. 10; KölnKommAktG/*M. Arnold* § 52 Rn. 9; Spindler/Stilz AktG/ *Heidinger* § 52 Rn. 48; Schmidt/Lutter/*Bayer* AktG § 52 Rn. 10; Hüffer/*Koch* AktG § 183 Rn. 5; GroßkommAktG/*Priester* § 52 Rn. 23; MüKoAktG/*Pentz* § 52 Rn. 68 ff.; offen gelassen in BGHZ 173, 145 Rn. 19 – Lurgi; BGHZ 175, 265 Rn. 11 – Rheinmöve; OLG Hamm AG 2008, 713 (715); aA Spindler/Stilz AktG/*Servatius* § 183 Rn. 68; KölnKommAktG/*Ekkenga* § 183 Rn. 14; MüKoAktG/*Schürnbrand* § 183 Rn. 31, es sei denn, es liegt eine gemischte Sacheinlage vor; Unternehmensfinanzierung am Kapitalmarkt/*Singhof/Weber* Rn. 3.66; *Eimer*, Zeichnungsverträge, 2009, S. 42; *Habersack* ZGR 2008, 48 (60).
²⁰² Bejahend Spindler/Stilz AktG/*Heidinger* § 52 Rn. 48; Schmidt/Lutter/*Bayer* AktG § 52 Rn. 10; verneinend aber OLG Hamm AG 2008, 713 (715).
²⁰³ Hüffer/*Koch* AktG § 183 Rn. 5; GroßkommAktG/*Priester* § 52 Rn. 25; MüKoAktG/*Pentz* § 52 Rn. 69 f.; KölnKommAktG/*M. Arnold* § 52 Rn. 12; HdB börsennotierte AG/*Busch* Rn. 42.24.
²⁰⁴ Vgl. die Nachweise in der vorangehenden Fn.; aA Spindler/Stilz AktG/*Servatius* § 183 Rn. 69.

erhöhten Grundkapitals erhält, Gründer der Gesellschaft ist oder bereits vor der Kapitalerhöhung mehr als 10% des Grundkapitals hielt.[205] Vgl. im Übrigen → § 4 Rn. 50 ff.

65 **8. Verdeckte Sacheinlagen; Hin- und Herzahlen.** Durch das ARUG sind in § 27 Abs. 3 u. 4 AktG die verdeckte Sacheinlage kodifiziert und neu geregelt sowie in Übereinstimmung mit der jüngeren Rechtsprechung[206] das Hin- und Herzahlen als eigenständiges Rechtsinstitut erfasst worden (dazu ferner → § 16 Rn. 34 ff. u. 49 ff.). Über § 183 Abs. 2 AktG finden § 27 Abs. 3 u. 4 AktG auch auf die Kapitalerhöhung Anwendung. Eine gesetzliche Ausnahme von der Geltung der Grundsätze der verdeckten Sacheinlage enthält § 17 Abs. 4 Wirtschaftsstabilisierungsbeschleunigungsgesetz.

66 **a) Verdeckte Sacheinlage.** § 27 Abs. 3 S. 1 AktG enthält erstmals für die AG (s. schon zuvor § 19 Abs. 4 GmbHG nF) eine gesetzliche **Definition** der verdeckten Sacheinlage. Eine Änderung gegenüber dem zuvor erreichten Rechtsstand ist damit nicht verbunden. Unverändert muss eine Barkapitalerhöhung beschlossen werden, aufgrund einer entsprechenden Abrede im wirtschaftlichen Ergebnis aber eine Sacheinlage erbracht werden. Die Barkapitalerhöhung und ein Verkehrsgeschäft werden so miteinander verknüpft, dass der AG letztendlich kein Bargeld, sondern eine Sacheinlage zufließt. Daran fehlt es, wenn der Rückfluss von der AG an den Inferenten ausschließlich aus einem vom Inferenten erbrachten schuldrechtlichen Agio erfolgt.[207] Einer Nämlichkeit der Bareinlage und der iRd Verkehrsgeschäfts für die Gegenleistung von der AG verwendeten Mittel bedarf es für die Annahme einer verdeckten Sacheinlage jedoch nicht.[208] Wird die Gegenleistung aber vollständig fremdfinanziert, so dass sichergestellt ist, dass die Bareinlage hierfür nicht verwendet wird, liegt eine verdeckte Sacheinlage entgegen der hM[209] nicht vor. Unproblematisch sind ferner Absprachen zwischen dem Inferenten und der AG über die Verwendung der Bareinlage, „wenn sie nur zur Erreichung bestimmter geschäftlicher Zwecke dienen und nicht dazu bestimmt sind, die eingezahlten Mittel wieder an den Inferenten zurückfließen zu lassen", wobei es unschädlich ist, wenn die Verwendung der Bareinlage dem Inferenten mittelbar zugute kommt.[210] § 27 Abs. 3 S. 1 AktG findet unabhängig von der zeitlichen Abfolge der Einlageleistung und des Rückflusses der Einlage über ein Verkehrsgeschäft Anwendung.[211]

67 Das **Verkehrsgeschäft** muss nicht notwendig mit dem Inferenten abgeschlossen sein; es kann auch eine Vereinbarung mit einem verbundenen Unternehmen oder einer nahestehenden Person genügen.[212] Eine Personenverschiedenheit von Inferent und Partei des Verkehrsgeschäfts steht insbesondere auch dann nicht der Annahme einer verdeckten Sacheinlage entgegen, wenn es absprachegemäß zu einem Zahlungskreislauf kommt (Zahlung der AG an den Dritten, Weiterleitung durch den Dritten an den Inferenten, Begleichung

---

[205] Ebenso Hölters AktG/*Solveen* § 52 Rn. 19; MüKoAktG/*Pentz* § 52 Rn. 70; *Koch,* Nachgründung, 2002, S. 237 f.; aA Schmidt/Lutter/*Bayer* AktG § 52 Rn. 17; GroßkommAktG/*Priester* § 52 Rn. 36; *Schwab,* Nachgründung, 2003, S. 158 f.; aA, soweit der Sacheinleger vor der Kapitalerhöhung Aktionär und nicht unbeteiligter Dritter ist, auch KölnKommAktG/*M. Arnold* § 52 Rn. 10.
[206] Vgl. BGHZ 165, 113 (116 f.); 165, 352 (356).
[207] BGH ZIP 2010, 978 Rn. 48 – AdCoCom (zur GmbH); OLG München ZIP 2007, 126 (130) – Kirch Media.
[208] BGHZ 175, 265 Rn. 13 – Rheinmöve; BGH ZIP 2009, 1155 Rn. 11 – Lurgi II; OLG Dresden AG 2018, 277 (280); *Heinemann,* Verdeckte Sacheinlagen, 2014, S. 50.
[209] S. Spindler/Stilz AktG/*Benz* § 27 Rn. 138; Henssler/Strohn/*Hermanns* AktG § 183 Rn. 12.
[210] BGHZ 171, 113 Rn. 8 u. 10 – Flender; s. ferner BGH ZIP 2010, 978 Rn. 15 – AdCoCom; BGHZ 153, 107 (110); KG AG 2011, 170 (173) – Vanguard AG; KölnKommAktG/*A. Arnold* § 27 Rn. 93 f.
[211] BGH ZIP 2015, 615 Rn. 30 (zur GmbH); OLG Dresden AG 2018, 277 (280).
[212] Vgl. BGHZ 81, 311 (315); 125, 141 (144 f.); 153, 107 (111); 171, 113 Rn. 8 – Flender; BGH ZIP 2011, 1101 Rn. 15; Spindler/Stilz AktG/*Benz* § 27 Rn. 162 ff.; Hüffer/*Koch* AktG § 27 Rn. 31 mwN.

der Bareinlage durch den Inferenten).²¹³ Zu den Verkehrsgeschäften sollen auch zu marktüblichen Bedingungen abgeschlossene gewöhnliche Umsatzgeschäfte zählen.²¹⁴ Aufgrund des Verkehrsgeschäfts muss die AG ferner einen **sacheinlagetauglichen Vermögensgegenstand** erhalten. Fehlt es daran, kommen die Grundsätze zur verdeckten Sacheinlage nicht zur Anwendung.²¹⁵ Es kann jedoch ein Hin- und Herzahlen iSv §§ 183 Abs. 2, 27 Abs. 4 AktG vorliegen. Zur erforderlichen **Umgehungsabrede** vgl. → § 16 Rn. 41.

Die **Rechtsfolgen** einer verdeckten Sacheinlage sind durch das ARUG neu geregelt **68** worden, um die nach alter Rechtslage regelmäßig eintretenden „drakonischen" Konsequenzen abzumildern. Unverändert stellt die verdeckte Sacheinlage einen Verstoß gegen die Kapitalaufbringungsgrundsätze dar.²¹⁶ Die Einlageleistung hat keine Erfüllungswirkung; der Inferent schuldet weiterhin die vereinbarte Bareinlage (§ 183 Abs. 2 iVm § 27 Abs. 3 S. 1 AktG). Bei der Anmeldung kann die Erklärung, die Bareinlage sei ordnungsgemäß und zur freien Verfügung erbracht (§ 188 Abs. 2 S. 1 iVm §§ 37 Abs. 1 S. 1, 36 Abs. 2 AktG), nicht abgegeben werden; kommt es vorsätzlich zu einer falschen Erklärung, ist das gemäß § 399 Abs. 1 Nr. 4 AktG strafrechtlich sanktioniert. Das Registergericht hat die Eintragung der Kapitalerhöhung abzulehnen, wenn es die verdeckte Sacheinlage entdeckt (vgl. auch § 38 Abs. 1 S. 2 AktG).²¹⁷ Das Verkehrsgeschäft und die dinglichen Erfüllungsgeschäfte sind jedoch wirksam (§ 183 Abs. 2 iVm § 27 Abs. 3 S. 2 AktG). Ist die Barkapitalerhöhung eingetragen und damit wirksam geworden (§ 189 AktG), schuldet der Inferent zwar noch seine Bareinlage. Auf diese Verbindlichkeit wird aber kraft Gesetzes mit Wirksamwerden oder, wenn dieser Zeitpunkt später liegt, mit Überlassung der Sacheinlage der Wert der (verdeckten) Sacheinlage angerechnet (§ 189 Abs. 2 iVm § 27 Abs. 3 S. 3 AktG). Die Anrechnung führt im Ergebnis dazu, dass den Inferenten eine **Differenzhaftung** für den Betrag trifft, um den der Wert der (verdeckten) Sacheinlage hinter der Bareinlage zurückbleibt.²¹⁸ Beweispflichtig für den Wert der Sacheinlage ist der Inferent (§ 183 Abs. 2 iVm § 27 Abs. 3 S. 5 AktG). Maßgeblich ist der objektive Wert der Sacheinlage im Zeitpunkt des Zugangs der Anmeldung der Durchführung der Kapitalerhöhung beim Registergericht oder, wenn diese nachfolgt, die Überlassung der Sacheinlage, dh der Zeitpunkt des Eigentumserwerbs (bzw. der Verrechnung).²¹⁹ Der objektive Wert bestimmt sich aus Sicht der Gesellschaft und nicht des Inferenten.²²⁰ Nach dem Bewertungszeitpunkt liegende Wertänderungen bleiben unberücksichtigt. Das Risiko aus vorher eintretenden Wertminderungen trägt der Inferent; das gilt auch für den Totalverlust.

---

²¹³ BGHZ 113, 335 (345 f.); 125, 141 (144 f.); 171, 113 Rn. 8 – Flender; BGH ZIP 2011, 1101 Rn. 15; s. auch BGH ZIP 2012, 1857 Rn. 17.
²¹⁴ BGHZ 170, 47 Rn. 22 ff.; Hölters AktG/Solveen § 27 Rn. 33; Spindler/Stilz AktG/Benz § 27 Rn. 160; Grigoleit/Vedder AktG § 27 Rn. 52; Heinemann, Verdeckte Sacheinlagen, 2014, S. 46 f.; aA OLG Hamm NZG 2005, 184 (185 f.); Henze ZHR 154 (1990), 105 (112 f.).
²¹⁵ BGHZ 184, 158 Rn. 15 – Eurobike; BGHZ 180, 38 Rn. 9 ff. – Quivive (jeweils für Dienstleistungen); BGH AG 2011, 876 Rn. 15 – ISION (für eigene Aktien); BGH NZG 2005, 24 f.; ZIP 2006, 331 Rn. 9 (jeweils für Forderungen gegen den Inferenten).
²¹⁶ BGH ZIP 2009, 1561 Rn. 12 – Cash-Pool II.
²¹⁷ Hüffer/Koch AktG § 188 Rn. 21; MüKoAktG/Schürnbrand § 188 Rn. 48; Grigoleit/Rieder/Holzmann AktG § 183 Rn. 21.
²¹⁸ BGH DStR 2016, 923 Rn. 33; kritisch zu dem Konzept einer Differenzhaftung zB Hüffer/Koch AktG § 27 Rn. 38; Schmidt/Lutter/Bayer AktG § 27 Rn. 56.
²¹⁹ GroßkommGmbHG/Casper § 19 Rn. 141; Benz, Verdeckte Sacheinlage, 2010, S. 141 ff. (jeweils zu § 19 Abs. 4 GmbHG); Spindler/Stilz AktG/Benz § 27 Rn. 186; Heinemann, Verdeckte Sacheinlagen, 2014, S. 147; auf Eigentums- und Besitzübergang stellen zB ab Baumbach/Hueck GmbHG/Fastrich § 19 Rn. 64.
²²⁰ Spindler/Stilz AktG/Benz § 27 Rn. 188; Benz, Verdeckte Sacheinlage, 2010, S. 147 (zu § 19 Abs. 4 GmbHG); zur Bewertung, wenn die (verdeckte) Sacheinlage in einer Forderung gegen die Gesellschaft besteht BGH ZIP 2012, 1857 Rn. 19: entscheidend ist vollständige Deckung durch Vermögen der Gesellschaft, wobei stille Reserven berücksichtigt werden können.

69 Die **Rechtsnatur der Anrechnung** ist nicht geklärt und str.[221] Nach wohl vorwiegender und überzeugender Ansicht ist die Anrechnung parallel zur Differenzhaftung bei offener Sachübernahme zu behandeln. Danach werden Bareinlage und Vergütung aus dem Verkehrsgeschäft zum Nominalwert verrechnet (vgl. § 27 Abs. 1 S. 2 AktG), und einen Minderwert der Sacheinlage gegenüber der Bareinlage hat der Inferent (wie bei der Differenzhaftung) in bar auszugleichen.[222] Die praktische Bedeutung dieses Meinungsstreits ist begrenzt. Zur Anrechnung bei verdeckter gemischter Sacheinlage → Rn. 84.[223] Ist das **Verkehrsgeschäft unwirksam** oder ist eine Partei wegen Leistungsstörungen zurückgetreten, scheidet eine Anrechnung aus.[224] **Scheitert die Kapitalerhöhung,** so erfolgt keine Anrechnung. Eine bereits geleistete Bareinlage ist zurückzugewähren. Ein vollzogenes Verkehrsgeschäft kann im Regelfall jedenfalls von der AG gemäß § 313 BGB rückabgewickelt werden.[225]

70 Nach der Neuregelung der verdeckten Sacheinlage kommt aufgrund der Streichung der §§ 27 Abs. 4, 183 Abs. 2 S. 4 AktG aF eine **Heilung** in Betracht.[226] Die Heilung soll nach Maßgabe der Rechtsprechung des BGH[227] zum GmbH-Recht erfolgen. Erforderlich ist damit die Umwandlung der anfänglichen Bar- in eine Sacheinlage durch satzungsändernden Beschluss sowie die Einhaltung der Kautelen einer Sachkapitalerhöhung, insbesondere die Werthaltigkeitsprüfung.[228] Da das Verkehrsgeschäft nach § 27 Abs. 3 AktG wirksam ist, hat der Inferent anders als nach altem Recht, zu dem der BGH seine „Heilungs"-Rechtsprechung entwickelt hat, keine Forderung, die er einbringen könnte. Die Umwandlung der Bar- in eine Sacheinlage beinhaltet daher keine erneute Einlageleistung. Vielmehr sind im Gesellschafterbeschluss die Einbringung der ursprünglichen (verdeckten) Sacheinlage und die Rechtsfolge des § 27 Abs. 3 S. 2 und 3 AktG festzustellen.[229] Maßgeblich für die Bestimmung der Werthaltigkeit ist nicht der Zeitpunkt der Heilung, sondern der Zeitpunkt gemäß § 27 Abs. 3 S. 3 AktG.[230] Eine Heilung ist vor diesem Hintergrund nur noch sinnvoll, um die Beweislastverteilung des § 27 Abs. 3 S. 5 AktG umzukehren.[231]

71 §§ 183 Abs. 2 iVm 27 Abs. 3 AktG gelten auch für vor Inkrafttreten des ARUG verwirklichte verdeckte Sacheinlagen (§ 20 Abs. 7 EGAktG). Darin liegt keine unzulässige

---

[221] Vgl. dazu Bürgers/Körber AktG/*Lohse* § 27 Rn. 38; ausführlich *Grürmann,* Die verdeckte Sacheinlage im Kapitalaufbringungsrecht der Aktiengesellschaft, 2017, S. 162 ff.

[222] Grundlegend *Benz,* Verdeckte Sacheinlage, 2010, S. 114; ebenso etwa Hölters AktG/*Solveen* § 27 Rn. 38a; Spindler/Stilz AktG/*Benz* § 27 Rn. 180; Schmidt/Lutter/*Bayer* AktG § 27 Rn. 75; *Bayer/Schmidt* ZGR 2009, 805 (827); aA zB Hüffer/*Koch* AktG § 27 Rn. 39 u. *Ulmer* ZIP 2009, 293 (297) (gesetzliche Vorteilsabschöpfung); *Pentz* FS K. Schmidt, 2009, 1265 (1275) (verrechnungsähnliches Erfüllungssurrogat eigener Art); *Maier-Reimer/Wenzel* ZIP 2008, 1449 (1451 f.); *Maier-Reimer/Wenzel* ZIP 2009, 1185 (1189 ff.) (Leistung an Erfüllung statt); *Grürmann,* Die verdeckte Sacheinlage im Kapitalaufbringungsrecht der Aktiengesellschaft, 2017, S. 162 ff. (Anrechnung sei Rechtsinstitut sui generis).

[223] Zu weiteren Sonderfällen vgl. KölnKommAktG/*A. Arnold* § 27 Rn. 115; Spindler/Stilz AktG/*Benz* § 27 Rn. 193 ff.

[224] Bürgers/Körber AktG/*Lohse* § 27 Rn. 43; KölnKommAktG/*A. Arnold* § 27 Rn. 117; GroßkommGmbHG/*Casper* § 19 Rn. 164 f.; *Heinemann,* Verdeckte Sacheinlagen, 2014, S. 107.

[225] GroßkommGmbHG/*Casper* § 19 Rn. 84; ferner *Ulmer* ZIP 2009, 293 (299).

[226] BT-Rechtsausschuss BT-Drs. 16/13098, 54; Hölters AktG/*Apfelbacher/Niggemann* § 183 Rn. 37; MüKoAktG/*Schürnbrand* § 183 Rn. 47; K. Schmit/Lutter AktG/*Bayer* § 27 Rn. 84 ff.; Grigoleit/*Rieder/Holzmann* AktG § 183 Rn. 33; *Bayer/Schmidt* ZGR 2009, 805 (829 f.); *Cavin,* Kapitalaufbringung, 2012, S. 600 f.; ablehnend *Heidinger/Knaier* GmbHR 2015, 1 (2 ff.) (zur GmbH).

[227] BGHZ 132, 141.

[228] BT-Rechtsausschuss BT-Drs. 16/13098, 54; KölnKommAktG/*A. Arnold* § 27 Rn. 124 f.

[229] Schmidt/Lutter/*Bayer* AktG § 27 Rn. 84; KölnKommAktG/*A. Arnold* § 27 Rn. 124; GroßkommGmbHG/*Casper* § 19 Rn. 173; aA Spindler/Stilz AktG/*Benz* § 27 Rn. 207.

[230] Hüffer/*Koch* AktG § 27 Rn. 46; KölnKommAktG/*A. Arnold* § 27 Rn. 125; Hölters AktG/*Solveen* § 27 Rn. 42; GroßkommGmbHG/*Casper* § 19 Rn. 174; *Bayer/Schmidt* ZGR 2009, 805 (830); aA Roth/Altmeppen GmbHG/*Roth* § 19 Rn. 93.

[231] Hölters AktG/*Solveen* § 27 Rn. 42; Spindler/Stilz AktG/*Benz* § 27 Rn. 204; GroßkommGmbHG/*Casper* § 19 Rn. 172.

echte Rückwirkung, sondern eine unechte **Rückwirkung,** dh ein Fall der tatbestandlichen Rückanknüpfung.[232] Die abgeschlossenen Verkehrsgeschäfte sind ex-tunc wirksam, und die Einlageforderung ist bei Werthaltigkeit der (verdeckten) Sacheinlage von Anfang an erloschen. Abschlüsse der AG, die auf der Annahme eines wirksamen Kapitalerhöhungsvorgangs beruhen, sind damit von Anfang an ordnungsgemäß. Die Rückwirkung greift nach § 20 Abs. 7 S. 2 EGAktG nicht, wenn vor Inkrafttreten des ARUG über die nach alter Rechtslage bestehenden Ansprüche zwischen AG und Inferent ein rechtskräftiges Urteil ergangen oder eine wirksame Vereinbarung zwischen AG und Inferent getroffen worden ist.

b) Hin- und Herzahlen. Eine Erbringung der Bareinlage zur freien Verfügung des Vorstands erfolgt auch dann nicht, wenn die Bareinlage zwar geleistet wird, sie jedoch absprachegemäß umgehend wieder an den Einleger oder einen diesem zurechenbaren Dritten (vgl. → Rn. 67) – im Regelfall als Darlehen oder auf Grundlage einer Treuhandabrede – zurückfließt.[233] Die Einlageforderung würde durch eine schuldrechtliche Forderung ersetzt.[234] Die Gesellschaft finanzierte die Einlage zunächst selbst, was mit dem Grundsatz der realen Kapitalaufbringung nicht vereinbar ist.[235] Die jeweiligen Zahlungsvorgänge und die schuldrechtliche Abrede sind deshalb unwirksam; die Einlageschuld besteht in vollem Umfang fort.[236] Zahlt der Inferent die erhaltene Leistung zurück, so erfüllt er seine Einlagepflicht allerdings auch dann, wenn er fälschlicherweise annimmt, dass er auf seine (unwirksame) Verpflichtung aus dem Darlehen oder der Treuhand leistet.[237] Die Zahlung lässt sich in diesem Fall eindeutig der offenen Bareinlagepflicht zuordnen. § 27 Abs. 4 AktG nF modifiziert diese Rechtsfolgen, indem er der Bareinlageleistung bei Vorliegen bestimmter Voraussetzungen **Erfüllungswirkung** zuerkennt. Diese **Privilegierung** bewirkt wirtschaftlich einen vollständigen Forderungstausch, bei dem der Rückgewähranspruch an die Stelle des Einlageanspruches tritt.[238] Sind die Voraussetzungen des § 27 Abs. 4 S. 1 AktG nicht erfüllt, bleibt es bei der bisherigen Rechtslage. Ungeklärt ist die Abgrenzung der Neuregelung von § 71a Abs. 1 AktG, der auf Art. 23 KapRL beruht, und damit zusammenhängend die Frage, ob und inwieweit der Anwendungsbereich von § 27 Abs. 4 AktG durch § 71a AktG eingeschränkt ist.[239]

Die Beweislast für das Vorliegen der **Voraussetzungen** eines Hin- und Herzahlens trägt die Gesellschaft. Das gilt zunächst für das Vorliegen einer **Leistung der Gesellschaft an den Aktionär.** Die Reihenfolge der wechselseitigen Leistungen spielt dabei keine Rolle. Erfasst wird auch der Fall, dass die Zahlung der Gesellschaft der Bareinlageleistung durch

---

[232] BGH ZIP 2010, 978 Rn. 21 ff. – AdCoCom; OLG Köln GmbHR 2010, 1213 (1215 f.) (jeweils zur Parallelnorm in § 3 Abs. 4 EGGmbHG); BT-Rechtsausschuss BT-Drs. 16/13098, 61 f.; KölnKommAktG/*A. Arnold* § 27 Rn. 85; aA zB *Habersack* AG 2009, 557 (558); zweifelnd ferner etwa Hölters AktG/*Solveen* § 27 Rn. 39.

[233] StRspr; vgl. BGHZ 174, 370 (373 f.) – Darlehen; BGHZ 165, 352 (355 f.) – Treuhand; zusammenfassend BGHZ 180, 38 (45) – Quivive; *Herrler/Reymann* DNotZ 2009, 914 (923 f.).

[234] BGHZ 180, 38 (45) – Quivive; BGHZ 165, 113 (116); Hölters AktG/*Solveen* § 27 Rn. 43; Spindler/Stilz AktG/*Herrler* § 27 Rn. 213; Schmidt/Lutter/*Bayer* AktG § 27 Rn. 92.

[235] BGHZ 180, 38 (46) – Quivive; BGHZ 153, 107 (110); Spindler/Stilz AktG/*Herrler* § 27 Rn. 213; Hölters AktG/*Solveen* § 27 Rn. 43.

[236] BGHZ 165, 113 (116); ferner Spindler/Stilz AktG/*Servatius* § 183 Rn. 28; Hölters AktG/*Solveen* § 27 Rn. 43; Hüffer/*Koch* AktG § 27 Rn. 51.

[237] BGH NZG 2006, 24 (25); ZIP 2006, 331 (333).

[238] Kritisch Hüffer/*Koch* AktG § 27 Rn. 52; *Goette,* Einführung in das neue GmbH-Recht, 2008, Rn. 23.

[239] Vgl. BT-Rechtsausschuss BT-Drs. 16/13098, 56; Hüffer/*Koch* AktG § 27 Rn. 53; Spindler/Stilz AktG/*Herrler* § 27 Rn. 263 ff.; KölnKommAktG/*A. Arnold* § 27 Rn. 134 ff.; Hölters AktG/*Solveen* § 27 Rn. 54; Schmidt/Lutter/*Bayer* AktG § 27 Rn. 94; *Bayer/Schmidt* ZGR 2009, 805 (839 f.). Art. 9 KapRL, der eine Einlageleistung in Höhe von mindestens 25 % verlangt (vgl. § 36a Abs. 1 AktG), gilt nur für die Gründung und schränkt die Anwendung von § 27 Abs. 4 AktG auf Kapitalerhöhungen daher nicht ein.

den Inferenten vorangeht.²⁴⁰ Ausreichen soll es darüber hinaus, wenn die Gesellschaft eine Sicherheit bestellt, damit der Aktionär ein Darlehen zur Finanzierung seiner im Anschluss geleisteten Einlage aufnehmen kann.²⁴¹ Erfasst werden nicht alle Fälle gegenläufiger Zahlungsvorgänge; § 27 Abs. 4 AktG greift vielmehr nur ein, wenn die Gesellschaft mit ihrer Zahlung an den Aktionär einen Anspruch gegen diesen erwirbt.²⁴² Leistungen im Rahmen eines Austauschvertrags fallen daher nicht unter § 27 Abs. 4 AktG.²⁴³ Das gilt insbesondere auch für Dienstleistungs- oder Beratungsverträge;²⁴⁴ diese unterliegen damit im Grundsatz weder § 27 Abs. 3 (vgl. → Rn. 67) noch § 27 Abs. 4 AktG. Ist der Dienstleistungs- bzw. Beratungsvertrag hingegen nur vorgeschoben, weil tatsächlich keine Leistung erbracht wird oder deren Wert in einem Missverhältnis zur gezahlten Vergütung steht, soll § 27 Abs. 4 AktG nach Ansicht des BGH zur Anwendung kommen können.²⁴⁵ Im Übrigen kommt es auf eine Nämlichkeit der hin- und hergezahlten Mittel ebenso wenig an wie darauf, ob sich die gegenseitigen Leistungen betragsmäßig entsprechen.²⁴⁶ Eine (erhebliche) betragsmäßige Diskrepanz kann jedoch gegen das Vorliegen einer Abrede sprechen.

74 § 27 Abs. 4 AktG ist **subsidiär gegenüber § 27 Abs. 3 AktG**. In Fällen einer verdeckten Sacheinlage kommt ein Hin- und Herzahlen nicht in Betracht.²⁴⁷ Die Abgrenzung ist insbesondere bei **Cash-Pools** von Bedeutung, die in Konzernen weit verbreitet sind. Kern des (physischen) Cash-Pools ist, dass die Bestände auf den Konten der Tochtergesellschaften (Quellkonten) bankarbeitstäglich auf das bei der Konzernmutter oder einer Finanzierungsgesellschaft (die regelmäßig eine Tochtergesellschaft der Konzernmutter ist) geführte Zentralkonto überwiesen werden. Erbringt der herrschende Aktionär eine Bareinlage bei der Tochter, wird diese folglich tagglich auf das Zentralkonto und damit zumeist an den Inferenten (oder eine seiner Tochtergesellschaften) weitergeleitet. Die rechtliche Einordnung dieses Vorgangs hängt davon ab, ob die Gesellschaft in Bezug auf das Zentralkonto im Zeitpunkt der Weiterleitung der Bareinlage eine Verbindlichkeit (negativer Saldo) oder Forderung (positiver Saldo) hat. Im ersten Fall wird durch die Bareinlage eine Forderung der Inferentin gegen die AG getilgt und damit im Ergebnis diese Forderung eingebracht, so dass eine verdeckte Sacheinlage mit der Rechtsfolge des § 27 Abs. 3 AktG anzunehmen ist. Im zweiten Fall (und ebenso im Fall eines ausgeglichenen Saldos) liegt hingegen ein Fall des Hin- und Herzahlens vor, weil die Einlage dem Inferenten zurückgezahlt und die Einlageforderung wirtschaftlich durch eine schuldrechtliche Forderung „gegen" das Zentralkonto ersetzt wird. Ist der Saldo zwar negativ, wird er jedoch aufgrund der Einzahlung der Bareinlage positiv, so ist der Vorgang aufzuspalten. In Höhe des Betrags, der zum Ausgleich des Saldo erforderlich ist, liegt eine verdeckte Sacheinlage und darüber hinaus ein Hin- und Herzahlen vor.²⁴⁸ Soweit danach ein Hin- und Herzahlen anzunehmen ist, ist der Anwendungsbereich des § 27 Abs. 4 AktG nur dann erfüllt, wenn die dort geregelten Privilegierungsvoraussetzungen eingehalten werden (zu

---

[240] Schmidt/Lutter/*Bayer* AktG § 27 Rn. 110 mwN; KölnKommAktG/*A. Arnold* § 27 Rn. 139; Würzburger NotarHdb/*Reul* Teil 5 Kap. 4 Rn. 144; *Herrler/Reymann* DNotZ 2009, 914 (923) Fn. 47; *Bayer/Schmidt* ZGR 2009, 805 (838); aA Baumbach/Hueck GmbHG/*Hueck/Fastrich* § 19 Rn. 75.

[241] So Würzburger NotarHdb/*Reul* Teil 5 Kap. 4 Rn. 144.

[242] BGH ZIP 2012, 1857 Rn. 18.

[243] Bürgers/Körber AktG/*Lohse* § 27 Rn. 52; Spindler/Stilz AktG/*Herrler* § 27 Rn. 227; GroßkommGmbHG/*Casper* § 19 Rn. 184.

[244] Ausführlich Spindler/Stilz AktG/*Herrler* § 27 Rn. 228 ff.

[245] BGH ZIP 2010, 423 Rn. 24 – Eurobike Str.; ebenso Hölters AktG/*Solveen* § 27 Rn. 46; aA zB Spindler/Stilz AktG/*Herrler* § 27 Rn. 229a: für Anrechnung des Werts der erbrachten Dienst- bzw. Beratungsleistung entsprechend § 27 Abs. 3 AktG.

[246] Spindler/Stilz AktG/*Herrler* § 27 Rn. 226; zur nicht erforderlichen Nämlichkeit s. auch bereits → Rn. 66 sowie OLG München ZIP 2007, 126 (129) – Kirch Media.

[247] BGH ZIP 2010, 423 Rn. 23 – Eurobike; BGHZ 191, 364 Rn. 46 – Babcock Borsig; BGH ZIP 2012, 1858 Rn. 15; OLG Dresden AG 2018, 277 (279); *Bayer/Schmidt* ZGR 2009, 805 (834).

[248] S. dazu BGH ZIP 2009, 1561 Rn. 9 ff. – Cash Pool II; Hölters AktG/*Solveen* § 27 Rn. 53; Spindler/Stilz AktG/*Herrler* § 27 Rn. 278 ff.

§ 57 (Reguläre) Kapitalerhöhung gegen Einlagen

diesen → Rn. 76). Ist das nicht der Fall, wird auch eine spätere Leistung aus dem Cash-Pool an die AG regelmäßig keine Tilgungswirkung haben, da nach Ansicht des BGH eine Zuordnung dieser Leistung zur Erfüllung der Bareinlagepflicht nicht möglich ist (vgl. dazu → Rn. 72).[249]

Der Leistungsaustausch muss ferner auf einer entsprechenden **Abrede** beruhen, die vor Erbringung der Einlageleistung getroffen worden ist. Erfolgt sie erst im Anschluss, gelten hingegen die Grundsätze der Kapitalerhaltung gemäß § 57 Abs. 1 AktG.[250] Das Vorliegen einer solchen vorherigen Abrede ist ähnlich wie bei der verdeckten Sacheinlage bei einem engen sachlichen und zeitlichen Zusammenhang zwischen Einlage und Rückgewähr widerleglich zu vermuten (vgl. → § 16 Rn. 50). 75

Liegt ein Hin- und Herzahlen vor, hat die erbrachte Bareinlage nur dann Erfüllungswirkung, wenn die zwei **Privilegierungsvoraussetzungen** des § 27 Abs. 4 AktG eingehalten sind: (1) Der Gesellschaft muss ein **vollwertiger und liquider Rückgewährsanspruch** zustehen. Durch dieses Kriterium wird die durch das ARUG für die Kapitalerhaltung in § 57 Abs. 1 S. 3 AktG verankerte bilanzielle Betrachtungsweise auch in den Bereich der Kapitalaufbringung übernommen. Die Vollwertigkeit verlangt, dass die Gesellschaft den Anspruch in voller Höhe aktivieren kann. Das hängt von der Solvenz des Inferenten ab. Die Vermögensverhältnisse des Inferenten müssen im Zeitpunkt des Rückflusses der Einlage zur Erfüllung des Rückgewähranspruches ausreichend sein, und eine Prognose muss dafür sprechen, dass er auch im Zeitpunkt der Fälligkeit sicher imstande sein wird, diesen vollständig zu erfüllen.[251] Maßgeblicher Zeitpunkt für die Beurteilung der Vollwertigkeit ist die Begründung des Rückgewähranspruchs; nachfolgende Verschlechterungen der Solvenz bleiben außer Betracht. Darüber hinaus soll die Vollwertigkeit eine angemessene Verzinsung voraussetzen.[252] Eine Besicherung des Anspruchs ist nicht erforderlich, es sei denn, nur durch sie wird die Vollwertigkeit hergestellt.[253] Darüber hinaus ist durch schuldrechtliche Gestaltung sicherzustellen, dass der Anspruch liquide ist. Dafür muss er jederzeit fällig iSd § 271 Abs. 1 BGB sein oder durch die Gesellschaft ohne Kündigungsfrist fällig gestellt werden können.[254] Das gilt auch für den Fall eines Cash-Pools.[255] Zusätzlich hat der Anspruch nach verbreiteter Ansicht frei von Einwendungen und Einreden zu sein.[256] (2) § 27 Abs. 4 S. 2 AktG setzt ferner eine **Offenlegung** des Hin- und Herzahlvorganges bei der Anmeldung der Kapitalerhöhung voraus. Das Erfordernis der Offenlegung stellt eine Tatbestandsvoraussetzung für die Privilegierung des § 27 Abs. 4 S. 1 AktG dar und dient nicht allein der Vermeidung der Strafbarkeit nach § 399 Abs. 1 Nr. 1, 4 AktG.[257] Die Offenlegung muss 76

---

[249] BGH ZIP 2009, 1561 Rn. 22 – Cash Pool II; BGH ZIP 2006, 665 Rn. 25 – Cash Pool I; KölnKommAktG/*A. Arnold* § 27 Rn. 151; Hölters AktG/*Solveen* § 27 Rn. 53.

[250] Hölters AktG/*Solveen* § 27 Rn. 47; Spindler/Stilz AktG/*Herrler* § 27 Rn. 245; Schmidt/Lutter/ Bayer AktG § 27 Rn. 100; *Herrler/Reymann* DNotZ 2009, 914 (923 f.); aA KölnKommAktG/*A. Arnold* § 27 Rn. 138.

[251] Hüffer/*Koch* AktG § 27 Rn. 50; KölnKommAktG/*A. Arnold* § 27 Rn. 142; Hölters AktG/ *Solveen* § 27 Rn. 48; Spindler/Stilz AktG/*Herrler* § 27 Rn. 237; Lutter/Hommelhoff GmbHG/*Bayer* § 19 Rn. 106, 114 ff.

[252] Bürgers/Körber AktG/*Lohse* § 27 Rn. 54; KölnKommAktG/*A. Arnold* § 27 Rn. 143; Hölters AktG/*Solveen* § 27 Rn. 48; Spindler/Stilz AktG/*Herrler* § 27 Rn. 240; Schmidt/Lutter/Bayer AktG § 27 Rn. 103; aA Roth/Altmeppen GmbHG/*Roth* § 19 Rn. 104.

[253] Hölters AktG/*Solveen* § 27 Rn. 48; KölnKommAktG/*A. Arnold* § 27 Rn. 143; Großkomm-GmbHG/*Casper* § 19 Rn. 187.

[254] BGH ZIP 2009, 1561 Rn. 28 – Cash Pool II; Hüffer/*Koch* AktG § 27 Rn. 50; Spindler/Stilz AktG/*Herrler* § 27 Rn. 243; Hölters AktG/*Solveen* § 27 Rn. 48; Grigoleit/*Vedder* AktG § 27 Rn. 77.

[255] Vgl. BGH ZIP 2009, 1561 Rn. 26 ff. – Cash Pool II.

[256] Hüffer/*Koch* AktG § 27 Rn. 50; KölnKommAktG/*A. Arnold* § 27 Rn. 145; Hölters AktG/ *Solveen* § 27 Rn. 48; Bürgers/Körber AktG/*Lohse* § 27 Rn. 54; *Bayer/Schmidt* ZGR 2009, 805 (835).

[257] BGHZ 180, 38 Rn. 16 – Quivive; BGH ZIP 2009, 1561 Rn. 24 f. – Cash Pool II; Hüffer/*Koch* AktG § 27 Rn. 50; ebenso, aber für Ausnahme in Bezug auf Altfälle KölnKommAktG/*A. Arnold* § 27 Rn. 152; GroßkommGmbHG/*Casper* § 19 Rn. 191 f.; s. auch *Bayer/Schmidt* ZGR 2009, 805 (836 f.); grundsätzlich aA Spindler/Stilz AktG/*Herrler* § 27 Rn. 248 mwN.

sowohl die schuldrechtliche Vereinbarung als auch einen Vollwertigkeitsnachweis umfassen.[258] Die Beweislast für die Privilegierungsvoraussetzungen trifft den Inferenten.[259]

77 Für die Frage, ob die Bareinlage gemäß § 27 Abs. 4 S. 1 AktG Erfüllungswirkung hat, gilt das **„Alles-oder-Nichts-Prinzip"**. Eine teilweise Tilgung der Einlageverbindlichkeit scheidet aus.[260] Eine Anrechnung des Rückgewähranspruchs auf die Bareinlagepflichtung in Höhe seines tatsächlichen Werts erfolgt nicht.

78 Die **Rückwirkungsregelung** in § 20 Abs. 7 EGAktG (vgl. → Rn. 71) gilt auch für § 27 Abs. 4 AktG, hat hier jedoch in der Praxis kaum Bedeutung, da es für Altfälle regelmäßig an der Offenlegung des Hin- und Herzahlens als konstitutiver Voraussetzung der Privilegierung und vielfach auch an einem werthaltigen und liquiden Rückgewähranspruch fehlen wird.[261]

79 **9. „Schütt-aus-hol-zurück"-Verfahren.** Tauglicher Einlagegegenstand ist auch der konkrete Dividendenanspruch der Aktionäre (nicht: der mitgliedschaftliche Gewinnanspruch als Stammrecht); zur Einlage von Forderungen gegen die AG vgl. auch → Rn. 85 ff.[262] Bei seiner Einbringung sind die **Sacheinlagekautelen** zu beachten. Das gilt auch, wenn der Auszahlungseinspruch nicht stehen gelassen, sondern ausgezahlt und sodann der Barbetrag wieder eingelegt wird.[263] Geschieht das nicht, liegt eine verdeckte Sacheinlage vor.

80 Alternativ kann das „Schütt-aus-hol-zurück"-Verfahren auch bei der AG nach den vom BGH[264] zur GmbH entwickelten Grundsätzen als **Kapitalerhöhung aus Gesellschaftsmitteln** durchgeführt werden.[265] Im Einzelnen bedeutet das:

(1) Im Kapitalerhöhungsbeschluss muss festgelegt werden, dass die Einlage durch Einbringung von Dividendenansprüchen oder ausgeschütteter Gewinne erbracht wird.

(2) Dem Beschluss ist entsprechend § 209 AktG eine geprüfte und mit einem uneingeschränkten Bestätigungsvermerk versehene Bilanz zugrunde zu legen, deren Stichtag nicht mehr als acht Monate vor der Anmeldung liegt (§ 210 Abs. 2 AktG).[266] Aus der Bilanz muss sich ergeben, dass die AG einen entsprechenden Bilanzgewinn ausschütten kann. Eine Einstellung in Gewinn- oder Kapitalrücklagen gemäß § 208 AktG ist nicht erforderlich. Darüber hinaus sollte auch eine entsprechende Anwendung von § 150 Abs. 4 Nr. 3 AktG bejaht werden (s. aber auch nachstehend unter (6)). Danach wäre das „Schütt-aus-hol-zurück"-Verfahren auch möglich, wenn und soweit die Bilanz zwar keinen ausschüttungsfähigen Gewinn ausweist, aber die Summe aus gesetzlicher Rück-

---

[258] OLG München Der Konzern 2011, 178 f. (zur Parallelnorm des § 19 Abs. 5 GmbHG), wonach positive Bewertungen des Inferenten durch international anerkannte Rating-Agenturen für den Vollwertigkeitsnachweis genügen; Hölters AktG/*Solveen* § 27 Rn. 49; KölnKommAktG/*A. Arnold* § 27 Rn. 145; *Herrler/Reymann* DNotZ 2009, 914 (925).

[259] BGH ZIP 2009, 1561 Rn. 25 – Cash Pool II; Hölters AktG/*Solveen* § 27 Rn. 50; Spindler/Stilz AktG/*Herrler* § 27 Rn. 245; Schmidt/Lutter/*Bayer* AktG § 27 Rn. 104; *Herrler/Reymann* DNotZ 2009, 914 (925).

[260] Hölters AktG/*Solveen* § 27 Rn. 51; Spindler/Stilz AktG/*Herrler* § 27 Rn. 251 ff.; Grigoleit/ Vedder AktG § 27 Rn. 73; *Bayer/Schmidt* ZGR 2009, 805 (837).

[261] BGH ZIP 2009, 1561 Rn. 24 f. – Cash Pool II; iErg ebenso Spindler/Stilz AktG/*Herrler* § 27 Rn. 271; KölnKommAktG/*A. Arnold* § 27 Rn. 152.

[262] Statt aller MüKoAktG/*Schürnbrand* § 183 Rn. 20; ausführlich *R. Krause* ZHR 181 (2017), 641 (646 ff.).

[263] BGHZ 113, 335 (342); 132, 141 (143 ff.); 135, 381 (383 f.); BGH NJW 2000, 725 (726) (jeweils zur GmbH); zur AG Spindler/Stilz AktG/*Servatius* § 188 Rn. 77; Schmidt/Lutter/*Veil* AktG § 183 Rn. 4; Hüffer/*Koch* AktG § 183 Rn. 12; zur KGaA OLG Dresden AG 2018, 277 (280).

[264] BGHZ 135, 381; ferner BGH NJW 2000, 725 (726).

[265] Hüffer/*Koch* AktG § 27 Rn. 27 u. § 183 Rn. 12; Spindler/Stilz AktG/*Servatius* § 188 Rn. 77; HdB börsennotierte AG/*Busch* Rn. 42.26; Bürgers/Körber AktG/*Marsch-Barner* § 207 Rn. 1; *R. Krause* ZHR 181 (2017), 641 (650 f.).

[266] BGHZ 135, 381 (385) spricht davon, die Bilanz „solle" nicht älter als acht Monate sein.

lage und Kapitalrücklagen gemäß § 272 Abs. 2 Nr. 1–3 HGB zehn Prozent (oder – was in der Praxis aber keine relevante Rolle spielt – einen in der Satzung festgelegten höheren Betrag) des Grundkapitals übersteigt.
(3) Bei der Anmeldung ist anzugeben, dass es sich um eine Kapitalerhöhung aus Gesellschaftsmitteln idF des „Schütt-aus-hol-zurück"-Verfahrens handelt (vgl. § 210 Abs. 4 AktG).
(4) Der Vorstand hat in der Anmeldung entsprechend § 210 Abs. 1 S. 2 AktG zu erklären, dass seit dem Stichtag der Bilanz keine Vermögensminderung eingetreten ist, die der Kapitalerhöhung entgegenstünde, wenn sie am Tag der Anmeldung beschlossen würde.
(5) Schließlich hat der Vorstand entsprechend § 188 Abs. 2 S. 1 iVm § 37 Abs. 1 S. 1 AktG zu versichern, dass die Einlagen in voller Höhe zu seiner freien Verfügung geleistet worden sind.
(6) § 212 AktG findet keine entsprechende Anwendung; die Aktionäre müssen an der Kapitalerhöhung nicht notwendig proportional zu ihrer Beteiligung teilnehmen.[267] Anders wäre das jedoch, wenn das „Schütt-aus-hol-zurück"-Verfahren unter ansprechender Anwendung von § 150 Abs. 4 Nr. 3 AktG durchgeführt wird (s. oben unter (2)).

10. Steuerliche Wirkungen des „Schütt-aus-hol-zurück"-Verfahrens. Das „Schüttaus-hol-zurück-Verfahren" wurde unter der Geltung des körperschaftsteuerlichen Anrechnungsverfahrens auch aus steuerlichen Gründen praktiziert, um bei der ausschüttenden Gesellschaft in den Genuss der Körperschaftsteuerminderung infolge einer Gewinnausschüttung zu gelangen und beim Empfänger das Körperschaftsteuerguthaben nutzen zu können. Letzteres konnte zu positiven Liquiditätseffekten bei dem Ausschüttungsempfänger führen. Die erhaltene Dividende wurde als steuerfreie Einlage (ganz oder teilweise) der ausschüttenden Gesellschaft wieder zur Verfügung gestellt. Weitere Beweggründe für das „Schütt-aus-hol-zurück-Verfahren" konnte die Nutzung von Verlusten oder Verlustvorträgen des Anteilsinhabers sein, um anschließend die Gesellschaft wieder zu rekapitalisieren. Die Finanzverwaltung hat das „Schütt-aus-hol-zurück-Verfahren" anerkannt, und zwar selbst dann, wenn die Wiedereinlage auf einer vertraglichen Verpflichtung des Anteilseigners beruhte.[268] Von der Rechtsprechung wurde dieses Verfahren sogar in Fällen disquotaler Ausschüttungen akzeptiert.[269]

Mit dem Systemwechsel zum Halbeinkünfteverfahren und den weiteren Entwicklungen wurde das „Schütt-aus-hol-zurück-Verfahren" aus steuerlicher Sicht bedeutungslos, da Ausschüttungen kein Anrechnungsguthaben mehr vermitteln.[270] Nach geltendem deutschen Steuerrecht besteht eine steuerliche Begünstigung thesaurierter Gewinne, so dass der Anreiz für „Schütt-aus-hol-zurück"-Maßnahmen entfallen ist. Durch den Körperschaftsteuersatz von 15% verbleibt bei der Körperschaft unter Berücksichtigung der Gewerbesteuer eine Gesamtsteuerbelastung (bezogen auf inländische Einkünfte ohne Dividenden) von rd. 30%; die Ausschüttung bewirkt eine weitere Besteuerung beim Anteilseigner, wenn auch begünstigt durch die Abgeltungssteuer, § 32d Abs. 1 EStG oder das Teileinkünfteverfahren nach § 3 Nr. 40 Buchst. a EStG oder die körperschaftsteuerlichen Regelungen in

---

[267] Ebenso R. Krause ZHR 181 (2017), 641 (651).
[268] Kein Missbrauch; BFH BFH/NV 2000, 112; zur Ausschüttung bei abweichender Beteiligungsquote BFH BStBl. II 2001 S. 43; bestätigt durch BFH BFH/NV 2006, 2207; BMF Nichtanwendungserlass v. 19.9.1999, BStBl. I 2001 S. 47; ferner BMF 17.12.2013, BStBl. I 2014 S. 63.
[269] BFH BStBl. II 2001 S. 43; BFHE 214, 276; BFH BStBl. II 2003 S. 923; BFH/NV 2010, 1865; FG Baden-Württemberg EFG 2008, 1206; dggü. BMF 7.12.2000, BStBl. I 2001 S. 47; Dötsch/Pung/Möhlenbrock/Lang KStG § 8 Abs. 3 Teil B Rn. 22.
[270] Zu den Übergangsregelungen Erle/Sauter/Lornsen-Veit KStG § 34 Rn. 92 ff.; FG Köln EFG 2003, 880 mit Anm. v. Neu; zum Kapitalertragsteuerabzug L. Schmidt/Weber-Grellet EStG § 43 Rn. 20.

§ 8b Abs. 1 bei Schachtelbeteiligung, sonst nach Abs. 4 KStG (trotz der fiktiven Besteuerung nicht abziehbarer Betriebsausgaben nach § 8b Abs. 5 KStG).[271]

83 **11. Gemischte Sacheinlage.** Erbringt die Gesellschaft im Gegenzug für eine Sacheinlage über die Ausgabe neuer Aktien hinaus eine weitere Leistung (häufig eine Barkomponente) an den Inferenten, liegt eine gemischte Sacheinlage vor (→ § 4 Rn. 4). Die gemischte Sacheinlage kann auch zur Begebung von **Contingent Value Rights** bzw. zur Gewährung von Zusatzaktien *(Contingent Shares)* nutzbar gemacht werden.[272] Jedenfalls bei tatsächlicher oder auf Parteivereinbarung beruhender **Unteilbarkeit** der Sachleistung kommen auf eine gemischte Sacheinlage sowohl bei der Gründung[273] als auch bei einer Kapitalerhöhung[274] insgesamt die Regeln über Sacheinlagen zur Anwendung. Ist die Sachleistung tatsächlich und nach dem Parteiwillen **teilbar,** gilt nach hM bei der Gründung das Gleiche.[275] Bei einer Kapitalerhöhung ist das hingegen abzulehnen. Die gemischte Sacheinlage stellt eine Kombination aus Sacheinlage (Aktien für Sachgegenstand) und Sachübernahme (andere Gegenleistung als Aktien für Sachgegenstand) dar. Für die Gründung sind Sacheinlage und -übernahme gleichgestellt, die Sachübernahme ist aber keine Sacheinlage (vgl. § 27 Abs. 1 S. 2 AktG). Da § 183 Abs. 1 AktG die Sachübernahme nicht erfasst,[276] unterliegt die teilbare gemischte Sacheinlage nur mit ihrer Sacheinlagekomponente den Kautelen der Sachkapitalerhöhung. Für den Sachübernahmeanteil gelten hingegen allein kaufvertragliche Regelungen sowie ergänzend § 57 AktG.[277] Bei Unteilbarkeit erstrecken sich die Sacheinlagekautelen hingegen auf das gesamte Geschäft.[278] Es ist umfassend in Kapitalerhöhungsbeschluss und Zeichnungsschein aufzunehmen. Bei der Sacheinlageprüfung sind alle Leistungen zu berücksichtigen, ebenso iRd Differenzhaftung.

84 Im Fall einer **verdeckten gemischten Sacheinlage,** wenn also die Sacheinlagekautelen bei einem unteilbaren Vorgang nicht eingehalten werden und die durch die AG iRd Verkehrsgeschäfts erbrachte Barleistung die Bareinlage für die neuen Aktien überschreitet, ist die Anrechnung nach § 183 Abs. 2 iVm § 27 Abs. 3 S. 3 AktG zu modifizieren. Von dem Wert der (verdeckten) Sacheinlage ist zunächst der Differenzbetrag zwischen Barleistung der AG und Bareinlage des Inferenten abzuziehen. Lediglich der danach verbleibende Restwert der (verdeckten) Sacheinlage kommt zur Anrechnung.[279] Ist der verbleibende

---

[271] Erle/Sauter/*Wiesmann* KStG § 23 Rn. 23 ff.; *Kaminski* StuB 2008, 6; *Günkel/Fenzl/Hagen* DStR 2000, 445; *Prinz* FR 1999, 1272.

[272] Dazu ausführlich *Hoppe* Gewährung zusätzlicher Aktien, 2015; ferner *R. Krause* ZHR 181 (2017), 641 (658 ff.).

[273] Vgl. RGZ 159, 321 (326); BGHZ 170, 47 Rn. 17; GroßkommAktG/*Schall* § 27 Rn. 217; MüKoAktG/*Pentz* § 27 Rn. 68; Hüffer/*Koch* AktG § 27 Rn. 8a; KölnKommAktG/*A. Arnold* § 27 Rn. 35.

[274] BGHZ 173, 145 Rn. 15 – Lurgi I; BGH ZIP 2009, 1155 Rn. 10 – Lurgi II; BGH ZIP 2010, 978 Rn. 12 – AdCoCom (zur GmbH).

[275] RGZ 159, 321 (326); GroßkommAktG/*Schall* § 27 Rn. 328 ff.; MüKoAktG/*Pentz* § 27 Rn. 68; KölnKommAktG/*A. Arnold* § 27 Rn. 35; Spindler/Stilz AktG/*Benz* § 27 Rn. 65; offen gelassen in BGHZ 170, 47 Rn. 17; zweifelnd Hüffer/*Koch* AktG § 27 Rn. 8a; *Verse* ZGR 2012, 875 (898).

[276] Vgl. BGHZ 191, 364 Rn. 49 – Babcock Borsig, auch dazu, dass sich BGHZ 173, 145 Rn. 15 – Lurgi I, wonach nur Sachübernahmen mit Nichtaktionären nicht erfasst sein sollen, allein auf Fälle der Unteilbarkeit kraft Parteivereinbarung bezieht.

[277] Ebenso BGHZ 191, 364 Rn. 49 – Babcock Borsig; Hüffer/*Koch* AktG § 183 Rn. 3; MüKoAktG/*Schürnbrand* § 183 Rn. 11; *Habersack* ZGR 2008, 48 (55 ff.); Schmidt/Lutter/*Veil* AktG § 183 Rn. 4; Spindler/Stilz AktG/*Servatius* § 183 Rn. 9; *Verse* ZGR 2012, 875 (897); *R. Krause* ZHR 181 (2017), 641 (654); aA KölnKommAktG/*Ekkenga* § 183 Rn. 208.

[278] BGHZ 173, 145 Rn. 15 – Lurgi I; OLG Frankfurt a. M. AG 2010, 793 (794) – Babcock Borsig.

[279] BGH ZIP 2010, 978 Rn. 58 – AdCoCom (zu § 19 Abs. 4 GmbHG); Spindler/Stilz AktG/*Benz* § 27 Rn. 195 (Mindestwert als Anrechnungssperre); Schmidt/Lutter/*Bayer* AktG § 27 Rn. 81; GroßkommGmbHG/*Casper* § 19 Rn. 153; Das MoMiG in Wissenschaft und Praxis/*M. Winter* Rn. 2.37;

Restwert der (verdeckten) Sacheinlage negativ, scheidet eine Anrechnung aus und der Inferent haftet auf den Fehlbetrag.[280] Eines Rückgriffs auf § 57 AktG bedarf es insofern nicht.[281]

12. Debt Equity-Swap. Forderungen gegen die AG sind tauglicher Sacheinlagegegenstand;[282] gesetzlich ist das nunmehr durch den iRd ESUG neu geschaffenen § 225a Abs. 2 S. 1 InsO anerkannt. Die **Einbringung** erfolgt durch Abtretung der Forderung an die AG, durch Erlassvertrag oder – in der Praxis eher unüblich – Verrechnungsabrede. Bei durch Inhaber- oder Orderpapiere verbrieften Forderungen soll es infolge einer Abtretung jedoch nicht zum Erlöschen der Forderungen durch Konfusion kommen, so dass dieser Einbringungsweg nicht ohne Weiteres zur Verfügung steht.[283] 85

Anders als bei anderen Einlagen führt die Forderungseinbringung nicht zur Zuführung zusätzlichen Vermögens. Die Bilanz wird nicht verlängert. Vielmehr kommt es auf der Passivseite zu einer Umwandlung von Fremd- in Eigenkapital. Dabei bucht die AG die Forderungen (aus Sicht der AG: die Verbindlichkeiten) in Höhe ihres Buch- und damit ihres Nominalwerts aus. Sind die Forderungen werthaltig, erhöht sich das Eigenkapital im selben Umfang. ZT wird vertreten, dass nichts anderes auch dann gilt, wenn die Forderungen nicht werthaltig sind; Forderungen werden danach stets in Höhe ihres Nennwerts und ohne Beachtung der Sachkapitalerhöhungskautelen eingebracht.[284] Die hM lehnt dieses Nennwertprinzip ab und nimmt an, dass Forderungen nur nach Maßgabe der Sachkapitalerhöhungsbestimmungen in Höhe ihres **tatsächlichen Werts** eingebracht werden können.[285] Das verlange der Grundsatz der realen Kapitalaufbringung. Erforderlich ist danach eine Bewertung der Forderung. Diese hängt von der Solvenz der AG ab. Entscheidend ist, ob und in welcher Höhe die AG in der Lage ist, ihre fälligen Verbindlichkeiten zu begleichen.[286] Dafür kommt es nicht auf die Liquiditätslage der AG, sondern ihren Vermögensstatus an, also darauf, ob das Vermögen der AG ihre Schulden 86

---

eingehend sowie zur Behandlung einer verschwiegenen Zusatzvergütung („verdeckt gemischte Sacheinlage") *Maier-Reimer* FS Hoffmann-Becking, 2013, 755 (763 ff. u. 766 ff.).

[280] Spindler/Stilz AktG/*Benz* § 27 Rn. 196; Hüffer/*Koch* AktG § 27 Rn. 9; Schmidt/Lutter/*Bayer* AktG § 27 Rn. 81; *Grürmann*, Die verdeckte Sacheinlage im Kapitalaufbringungsrecht der Aktiengesellschaft, 2017, S. 198 f.

[281] So aber zur GmbH (§§ 30 f. GmbHG) BGH ZIP 2010, 978 Rn. 49 f. – AdCoCom; dem folgend auch für die AG KölnKommAktG/*Ekkenga* § 183 Rn. 210 u. § 189 Rn. 24; *Pentz* FS Bergmann, 2018, 541 (558 ff.); für bereicherungsrechtliche Abwicklung *Maier-Reimer/Wenzel* ZIP 2008, 1449 (1452).

[282] AllgM; s. zB BGHZ 110, 47 (60) – IBH/Lemmerz; BGHZ 113, 335 (341); OLG Oldenburg AG 1997, 424 (426) – KM Europa Metall AG; KölnKommAktG/*A. Arnold* § 27 Rn. 54; *Löbbe* Liber Amicorum M. Winter, 2011, 423 (428); *Habersack* FS Kübler, 2015, 219 ff.

[283] RGZ 147, 233 (243 f.); *Friedl* BB 2012, 1102 (1106); Palandt/*Grüneberg* Überbl. v. § 362 Rn. 4; Staudinger/*Olzen* Einl. zu §§ 362 ff. Rn. 32.

[284] *Cahn/Simon/Theiselmann* CFL 2010, 238 (242 ff.); und DB 2010, 1629 ff.; *Cahn/Simon/Theiselmann* DB 2012, 501 ff.; ferner K. Schmidt InsO/*Spliedt* § 225a Rn. 23; *Maier-Reimer* FS Goette, 2011, 299 (305 f. u. 308 ff.) zu Forderungseinbringungen nach § 5 Abs. 1 SchVG; ebenso *Maier-Reimer* Debt Equity Swap, 2012, S. 107/125 ff., wenn durch die Einbringung Zahlungsunfähigkeit und Überschuldung zuverlässig beseitigt werden; s. auch *Löbbe* Liber Amicorum M. Winter, 2011, 423 (429 f.); *Cavin*, Kapitalaufbringung, 2012, S. 312 ff.

[285] Vgl. zB BGHZ 110, 47 (61) – IBH/Lemmerz; OLG Oldenburg AG 1997, 424 (426) – KM Europa Metall AG; KölnKommAktG/*A. Arnold* § 27 Rn. 55 ff.; *Ekkenga* DB 2012, 331 ff.; *Habersack* FS Kübler, 2015, 219 ff.; *Priester* DB 2010, 1445 ff.; *H. F. Müller* KSzW 2013, 65 (66); eingehend zum Meinungsstand *Wiedemann* FS Hoffmann-Becking, 2013, 1387 (1389 ff.). Ebenso der Gesetzgeber für den Debt Equity-Swap nach § 225a Abs. 2 InsO; s. Begr. RegE ESUG BT-Drs. 17/5712, 47. Instruktiv zu den Bewertungsmöglichkeiten *Mölls/Diderrich* ZHR 183 (2019), 617 (633 ff.).

[286] RGZ 54, 389 (392); BGHZ 90, 370 (373); 125, 141 (145 f.); OLG Oldenburg AG 1997, 424 (426) – KM Europa Metall AG; *Baums*, Recht der Unternehmensfinanzierung, 2017, Rn. 42.14; *Friedl* BB 2012, 1102 (1105); *Schmidt/Schlitt* Der Konzern 2009, 279 (282).

deckt.²⁸⁷ Das Vermögen bemisst sich dabei nach Verkehrs- und nicht nach Buchwerten,²⁸⁸ wobei auch bei wirtschaftlichen Schwierigkeiten der Gesellschaft Fortführungswerte anzusetzen sind, da die Einbringung der Forderungen in dieser Situation gerade der Sicherstellung des Unternehmensfortbestands dient.²⁸⁹ Eine Forderung ist danach dann nicht voll werthaltig, wenn sich auf der Grundlage des so ermittelten Vermögensstatus eine Überschuldung der Gesellschaft ergibt; eine bloße Unterbilanz beeinträchtigt die Werthaltigkeit hingegen im Grundsatz nicht.²⁹⁰ Dennoch lassen sich insbesondere in Sanierungsfällen damit Forderungen gegen die AG uU nur zu einem Teilbetrag des Nominalwerts einbringen. Für das **Nennwertprinzip** sprechen gute Gründe. So ist für den Wert einer Sacheinlage richtigerweise nicht ihr Wert für den Inferenten entscheidend, sondern welchen Wert sie in der Hand der Gesellschaft (und damit für die Gesellschaftsgläubiger) hat.²⁹¹ Daran anknüpfend fragt sich, ob nicht selbst auf dem Boden der das Nennwertprinzip ablehnenden hM alternativ zu den vorstehenden Grundsätzen eine andere Vorgehensweise in Betracht kommt. Danach würde der Unternehmenswert der AG vor bzw. ohne Forderungseinbringung mit dem Wert nach bzw. mit der Einbringung verglichen. Die dabei ermittelte Steigerung des Unternehmenswerts ergibt den Wert der eingebrachten Forderungen.

87   Infolge der Abschaffung bzw. Modifizierung des früheren Eigenkapitalersatzrechts durch das MoMiG und das ARUG sind auch solche Forderungen tauglicher Einlagegegenstand, die nach alter Rechtslage **eigenkapitalersetzend** gewesen wären und nach neuer Rechtslage nachrangig sind.²⁹² Die in dieser Situation vorliegende Schieflage der Gesellschaft ist allein für die Frage der Bewertung der Forderungen relevant.

IV. Anmeldung und Eintragung des Kapitalerhöhungsbeschlusses

88   **1. Anmeldung zur Eintragung ins Handelsregister.** Der Kapitalerhöhungsbeschluss ist zur Eintragung in das Handelsregister anzumelden (§ 184 AktG).²⁹³ Von der Anmeldung des Kapitalerhöhungsbeschlusses zu unterscheiden ist die spätere Anmeldung der Durchführung der Kapitalerhöhung gemäß § 188 AktG. Beide Anmeldungen können miteinander verbunden werden (§ 188 Abs. 4 AktG), was in der Praxis auch regelmäßig geschieht. Die Anmeldung erfolgt durch den **Vorstand** und den **Aufsichtsratsvorsitzenden** bzw. – bei dessen Verhinderung – den stellvertretenden Aufsichtsratsvorsitzenden (§ 107 Abs. 1 S. 3 AktG) gemeinsam (§ 184 Abs. 1 S. 1 AktG). Für den Vorstand müssen Vorstands-

---

²⁸⁷ So ausdrücklich BGH DStR 2016, 923 Rn. 33 (zur GmbH); BGHZ 90, 370 (373); ebenso *Ekkenga* DB 2012, 331 (336); *Priester* DB 2010, 1445 (1448); *Schmidt/Schlitt* Der Konzern 2009, 279 (282); *Seibt/Schulz* CFL 2012, 313 (327), die zusätzliche eine „Verprobung" durch eine liquiditätsbezogene Betrachtung verlangen.

²⁸⁸ BGH DStR 2016, 923 Rn. 34 (zur GmbH); stille Reserven dürfen berücksichtigt werden; *Priester* DB 2010, 1445 (1448); *Maier-Reimer*, Debt Equity Swap, 2012, S. 107/122 f.; *Mölls/Diderrich* ZHR 183 (2019), 617 (640 f.); aA *Ekkenga* DB 2012, 331 (336).

²⁸⁹ Zur Bewertung bei einem Debt-Equity-Swap gemäß § 225a Abs. 2 ESUG vgl. Begr. RegE ESUG BT-Drs. 17/5712, 47; MüKoInsO/*Eidenmüller* § 225a Rn. 51 ff.; Uhlenbruck Inso/*Hirte* § 225a Rn. 33 ff.

²⁹⁰ BGH DStR 2016, 923 Rn. 34 (zur GmbH).

²⁹¹ *Maier-Reimer* FS Goette, 2011, 299 (309); *Maier-Reimer* Debt Equity Swap, 2012, S. 107/124; s. ferner zu § 255 AktG die Nachweise in Fn. 145; im Ergebnis aA, aber nicht überzeugend, zB *H. F. Müller* KSzW 2013, 65 (66).

²⁹² MüKoAktG/*Schürnbrand* § 183 Rn. 14; Spindler/Stilz AktG/*Servatius* § 183 Rn. 13; KölnKommAktG/*Ekkenga* § 183 Rn. 64; *Benz*, Verdeckte Sacheinlage, 2010, S. 44; *Habersack* FS Kübler, 2015, 219 (222); unzutreffend demgegenüber KG ZIP 2010, 1849 (1851 f.); kritisch auch *Priester* ZIP 2008, 55 f. (zur GmbH).

²⁹³ Muster in Beck'sches Formularbuch/*Hoffmann-Becking/Berger* Form. X.26 u. 29; Münch. Vertragshandbuch Bd. 1/*Favoccia* Form. V.109 u. 117; Happ AktienR/*Herchen* Form. 12.01c u. 1, 12.02l, 12.03i; Beck'sches Formularbuch M&A/*Kleinstück* Form. F. II.6.

§ 57 (Reguläre) Kapitalerhöhung gegen Einlagen

mitglieder in vertretungsberechtigter Zahl mitwirken; bei unechter Gesamtvertretung (§ 78 Abs. 3 AktG) genügt diese.[294] Eine Anmeldung durch **Bevollmächtigte** ist unzulässig.[295] Die Anmeldung ist elektronisch in öffentlich beglaubigter Form (§ 12 HGB, § 129 BGB, § 39a BeurkG) beim zuständigen Registergericht einzureichen.

Der Anmeldung sind die Niederschrift über die Hauptversammlung mit dem Kapital- 89 erhöhungsbeschluss (vgl. § 130 AktG), die Niederschrift über die etwa erforderlichen Sonderbeschlüsse (vgl. → Rn. 20 ff.) sowie ggf. der Bericht über die Prüfung von Sacheinlagen (§ 184 Abs. 2 AktG) als **Anlagen** beizufügen. Wird nach §§ 183a Abs. 1 S. 1, 33a AktG von einer externen Werthaltigkeitsprüfung abgesehen, so sind stattdessen die Unterlagen beizufügen, die nach §§ 184 Abs. 2, 37a Abs. 3 AktG als Substitute für den Nachweis der Werthaltigkeit dienen. Zudem haben die Anmeldenden in diesem Fall die Versicherung nach §§ 184 Abs. 1 S. 3, 37a Abs. 2 AktG in der Anmeldung abzugeben. Die Einreichung des vollständigen Wortlauts der Satzung nach § 181 Abs. 1 S. 2 AktG ist erst bei Anmeldung der Durchführung der Kapitalerhöhung nach § 188 AktG erforderlich. In der Anmeldung ist anzugeben, ob und ggf. welche Einlagen auf das bisherige Grundkapital noch nicht geleistet sind und warum sie nicht erlangt werden können (§ 184 Abs. 1 S. 2 AktG). Bei Versicherungsgesellschaften ist diese Erklärung nicht erforderlich, sofern deren Satzung eine Sonderregelung nach § 182 Abs. 4 S. 2 AktG enthält. Unrichtigkeit steht unter Strafandrohung nach § 399 Abs. 1 Nr. 4 AktG.

2. Prüfung durch das Registergericht. Der Registerrichter **prüft** neben der Ordnungs- 90 mäßigkeit der Anmeldung, ob die gesetzlichen und satzungsmäßigen Voraussetzungen für die Kapitalerhöhung in förmlicher und sachlicher Hinsicht erfüllt sind.[296] Er kann dabei mangels entgegenstehender Anhaltspunkte von der Richtigkeit der Angaben und Unterlagen zur Anmeldung ausgehen.[297] Ist der Kapitalerhöhungsbeschluss nichtig (§ 241 AktG) oder wegen Fehlens eines Sonderbeschlusses nach § 182 Abs. 2 AktG unwirksam, darf der Registerrichter nicht **eintragen**.[298] Das Gleiche gilt, wenn § 182 Abs. 4 AktG der Kapitalerhöhung entgegensteht (vgl. → Rn. 3 ff.).[299] Ist der Kapitalerhöhungsbeschluss lediglich anfechtbar, darf der Registerrichter nicht eintragen, wenn Vorschriften verletzt sind, deren Einhaltung im Interesse Dritter (Allgemeinheit, künftige Aktionäre) liegt.[300] In anderen Fällen darf der Registerrichter die Eintragung hingegen nicht ablehnen,[301] er kann jedoch die Eintragung bis zum Ablauf der Anfechtungsfrist aussetzen.[302] Ist **Anfechtungsklage**

---

[294] KölnKommAktG/*Ekkenga* § 184 Rn. 11; Hüffer/*Koch* AktG § 184 Rn. 3; MüKoAktG/*Schürbrand* § 184 Rn. 9 ff.; *Krafka/Kühn* RegisterR Rn. 1401; Schmidt/Lutter/*Veil* AktG § 184 Rn. 4; siehe auch KG JW 1938, 3121; aA GroßkommAktG/*Wiedemann* § 184 Rn. 11; Spindler/Stilz AktG/*Servatius* § 184 Rn. 13; HdB börsennotierte AG/*Busch* Rn. 42.108; Henssler/Strohn/*Herrmanns* AktG § 184 Rn. 7.
[295] KölnKommAktG/*Ekkenga* § 184 Rn. 11; MüKoAktG/*Schürbrand* § 184 Rn. 9 ff.; Hüffer/*Koch* AktG § 184 Rn. 3.
[296] AllgM; s. zB BGH ZIP 2016, 1724 Rn. 6; OLG Karlsruhe EWiR 2002, 739.
[297] KölnKommAktG/*Ekkenga* § 184 Rn. 21; MüKoAktG/*Schürbrand* § 184 Rn. 24; ebenso BGH ZIP 2016, 1724 Rn. 6 für Prüfung der Erbringung der Bareinlage; wird eine Bankbestätigung gemäß §§ 188 Abs. 2 S. 1, 37 Abs. 1 S. 3 AktG vorgelegt, ist zudem grundsätzlich keine weitere Prüfung erforderlich.
[298] KölnKommAktG/*Ekkenga* § 184 Rn. 23 u. 36; MüKoAktG/*Schürbrand* § 184 Rn. 26; Hüffer/*Koch* AktG § 184 Rn. 7.
[299] KölnKommAktG/*Ekkenga* § 184 Rn. 23; Hüffer/*Koch* AktG § 184 Rn. 7.
[300] KölnKommAktG/*Ekkenga* § 184 Rn. 24; MüKoAktG/*Schürbrand* § 184 Rn. 28; Hüffer/*Koch* AktG § 184 Rn. 6b.
[301] KölnKommAktG/*Ekkenga* § 184 Rn. 24; Spindler/Stilz AktG/*Servatius* § 184 Rn. 26; Bürgers/Körber AktG/*Marsch-Barner* § 184 Rn. 15; Schmidt/Lutter/*Veil* AktG § 181 Rn. 26; Hüffer/*Koch* AktG § 184 Rn. 6b u. § 181 Rn. 14.
[302] KölnKommAktG/*Ekkenga* § 184 Rn. 24; Bürgers/Körber AktG/*Marsch-Barner* § 184 Rn. 15; MüKoAktG/*Schürbrand* § 184 Rn. 28, 37.

erhoben, so muss das Gericht in seinem pflichtgemäßen Ermessen entscheiden, ob es die Eintragung vornimmt, ablehnt oder das Verfahren bis zur Erledigung des Anfechtungsverfahrens aussetzt (§ 21 Abs. 1 FamFG).[303] Bei dieser Entscheidung hat es maßgeblich auf seine Einschätzung der Rechtmäßigkeit des Beschlusses und, soweit diese nicht eindeutig ausfällt, auf die Folgen der Eintragung bzw. ihrer Verzögerung oder Ablehnung abzustellen, wobei eine Ablehnung der Eintragung regelmäßig nicht in Betracht kommt.[304] Zur Freigabe der Eintragung eines angefochtenen Kapitalerhöhungsbeschlusses gem. § 246a AktG vgl. → § 42 Rn. 74. Bei behebbaren Eintragungshindernissen (Mängel der Anmeldung, Fehlen eines Sonderbeschlusses) kann das Registergericht auch durch Zwischenverfügung eine Frist zur Behebung des Mangels setzen.[305]

91 Bei einer Kapitalerhöhung mit Sacheinlagen und erfolgter externer Werthaltigkeitsprüfung ist jedenfalls zu prüfen, ob der **Wert der Sacheinlage** den geringsten Ausgabebetrag (Nennbetrag oder anteiliger Betrag des Grundkapitals) der Aktien erreicht; ist das nicht der Fall, muss das Gericht wegen des Verbots der Unterpari-Emission (§ 9 Abs. 1 AktG) die Eintragung ablehnen (§ 184 Abs. 3 S. 1 AktG).[306] Darüber hinaus hat der Registerrichter auch die Deckung eines korporativen Agios zu prüfen und bei einer Unterdeckung die Eintragung abzulehnen.[307] Das Registergericht kann sich bei seiner Prüfung im Allgemeinen mit einer kritischen Durchsicht des Prüfungsberichts begnügen. Es ist an diesen jedoch nicht gebunden, sondern kann, wenn dazu im Einzelfall konkreter Anlass besteht, davon abweichen.[308] Nach dem Gesetzeswortlaut muss die Wertdifferenz „nicht unwesentlich" sein, um eine Ablehnung der Eintragung zu rechtfertigen. Gemeint sind damit jedoch nur Fälle, die sich innerhalb einer Bandbreite bewegen, bei der wegen allgemeiner Bewertungsunsicherheiten nicht sicher ist, ob wirklich eine Wertunterdeckung vorliegt; steht die Unterdeckung hingegen fest, ist die Eintragung abzulehnen, auch wenn die Unterdeckung gering ist.[309]

92 Bei der erleichterten Sachkapitalerhöhung ohne externe Werthaltigkeitsprüfung hat das Registergericht dagegen nach §§ 184 Abs. 3 S. 2, 38 Abs. 3, 37a AktG nur eine formale, in materieller Hinsicht dagegen **verkürzte Prüfungsbefugnis**. In formaler Hinsicht sind, zusätzlich zu den in §§ 184 Abs. 1 u. 2 AktG genannten, insbesondere die Voraussetzungen des § 37a AktG zu prüfen. Hinsichtlich der Werthaltigkeit der Sacheinlagen ist das Registergericht bei Vorliegen der Erklärung nach § 37a Abs. 1 S. 1 AktG gemäß § 38 Abs. 3 S. 2 auf eine Offenkundigkeitsprüfung (vgl. § 291 ZPO) bezüglich der Überbewertung beschränkt.[310]

---

[303] AG Dresden ZIP 1995, 285 (286); Schmidt/Lutter/*Veil* AktG § 181 Rn. 26; MüKoAktG/*Stein* § 181 Rn. 50; Hüffer/*Koch* AktG § 181 Rn. 17.

[304] S. BGHZ 112, 9 (23 ff.); AG Dresden ZIP 1995, 285 (286); MüKoAktG/*Stein* § 181 Rn. 50 f.; Hüffer/*Koch* AktG § 181 Rn. 17; Bürgers/Körber AktG/*Marsch-Barner* § 181 Rn. 20; für notwendige Aussetzung ohne Abwägung bei offener Rechtslage OLG Köln NJW-RR 1995, 555 f. (zur GmbH).

[305] MüKoAktG/*Schürnbrand* § 184 Rn. 38; KölnKommAktG/*Ekkenga* § 184 Rn. 35 f.

[306] KölnKommAktG/*Ekkenga* § 184 Rn. 28, 34; MüKoAktG/*Schürnbrand* § 183 Rn. 30 ff.; Hüffer/*Koch* AktG § 183 Rn. 18.

[307] BGHZ 191, 364 Rn. 19 – Babcock Borsig; ferner GroßkommAktG/*Schall* § 27 Rn. 209; KölnKommAktG/*A. Arnold* § 38 Rn. 18; Spindler/Stilz AktG/*Döbereiner* § 38 Rn. 9; *Herchen*, Agio, 2004, S. 132 ff.; vgl. auch → § 4 Rn. 38; aA KölnKommAktG/*Ekkenga* § 184 Rn. 28; MüKoAktG/*Schürnbrand* § 183 Rn. 66 u. § 184 Rn. 30 f.; Hüffer/*Koch* AktG § 184 Rn. 6; Bürgers/Körber AktG/*Marsch-Barner* § 184 Rn. 14; Spindler/Stilz AktG/*Servatius* § 183 Rn. 61; Schmidt/Lutter/*Veil* AktG § 184 Rn. 11; Grigoleit/*Rieder/Holzmann* AktG § 184 Rn. 12.

[308] Vgl. näher KölnKommAktG/*Ekkenga* § 184 Rn. 21, 23; MüKoAktG/*Schürnbrand* § 184 Rn. 32.

[309] Ebenso MüKoAktG/*Schürnbrand* § 184 Rn. 32 aE; GroßkommAktG/*Röhricht/Schall* § 38 Rn. 35; wohl auch GroßkommAktG/*Wiedemann* § 183 Rn. 86; aA HdB börsennotierte AG/*Busch* Rn. 42.114.

[310] KG ZIP 2016, 161 (162).

3. Eintragung. Mit Eintragung wird der Kapitalerhöhungsbeschluss bindend. Bis zu diesem 93 Zeitpunkt ist seine **Aufhebung** durch einen erneuten Hauptversammlungsbeschluss mit einfacher Mehrheit möglich. Das gilt auch nach Eintragung des Beschlusses.[311] **Änderungen** hingegen bedürfen der gleichen Voraussetzungen wie der Kapitalerhöhungsbeschluss.[312] Die Kapitalerhöhung selbst wird erst mit Eintragung ihrer Durchführung wirksam (§ 189 AktG).

V. Bezugsrecht

1. Gesetzliches Bezugsrecht. a) Inhalt und Bedeutung. Jeder Aktionär hat Anspruch 94 auf einen seiner bisherigen Beteiligungsquote entsprechenden Teil der neuen Aktien (§ 186 Abs. 1 AktG). Dieses Bezugsrecht schützt den Aktionär gegen eine Verwässerung seiner Beteiligungsquote und – für den Fall, dass die neuen Aktien zu einem Betrag unterhalb des Werts der Altaktien ausgegeben werden – seines Beteiligungswerts. Ihm wird deshalb traditionell eine erhebliche rechtliche Bedeutung zugemessen.[313] Das Bezugsrecht ist allerdings rechtspolitisch nicht unumstritten.[314]

b) Zwingender Charakter; Ausnahmen. Die Regelungen des § 186 AktG über das 95 Bezugsrecht sind **zwingend**. Änderungen des Bezugsrechts durch die Satzung sind unzulässig.[315] Auch die Schaffung bezugsrechtsloser Vorzugsaktien ist nicht möglich.[316] Ein Bezugsrecht besteht nicht bei einer Kapitalerhöhung zum Zwecke der Verschmelzung oder Spaltung (§§ 69 Abs. 1, 142 Abs. 1 UmwG) und einer bedingten Kapitalerhöhung (vgl. → § 58 Rn. 18). Es kann darüber hinaus im Rahmen des § 186 Abs. 3 AktG durch Beschluss der Hauptversammlung ausgeschlossen werden (vgl. → Rn. 114 ff.).

c) Entstehung. Zu unterscheiden sind das **allgemeine Bezugsrecht** als mit der Mit- 96 gliedschaft notwendig verbundenes Stammrecht, über das nicht isoliert verfügt werden kann, sowie das konkrete Bezugsrecht, der **Bezugsanspruch,** der nach hM mit Wirksamwerden des Kapitalerhöhungsbeschlusses entsteht.[317] Zu diesem Zeitpunkt ist aber noch nicht sicher, ob die Erhöhung tatsächlich durchgeführt wird, so dass das Bezugsrecht mit dem Vorbehalt der tatsächlichen Durchführung entsteht.[318] Der Bezugsanspruch ist auf Abschluss eines Zeichnungsvertrages gerichtet.[319] Dieser ist seinerseits durch die Eintragung der Durch-

---

[311] Str.; wie hier zB MüKoAktG/*Schürnbrand* § 184 Rn. 41 f.; Spindler/Stilz AktG/*Servatius* § 182 Rn. 34; Hölters AktG/*Apfelbacher/Niggemann* § 182 Rn. 47; Wachter AktG/*Dürr* § 182 Rn. 25; Schmidt/Lutter/*Veil* AktG § 182 Rn. 31; Henssler/Strohn/*Herrmanns* AktG § 182 Rn. 24; Grigoleit/ Rieder/Holzmann AktG § 182 Rn. 15; *Butzke* Liber Amicorum M. Winter, 2011, 59 (69); nach aA findet ab Eintragung § 179 Abs. 2 AktG Anwendung; s. etwa Hüffer/*Koch* AktG § 182 Rn. 16; Bürgers/Körber AktG/*Marsch-Barner* § 182 Rn. 27; HdB börsennotierte AG/*Busch* Rn. 42.20.
[312] Hölters AktG/*Apfelbacher/Niggemann* § 182 Rn. 45; Bürgers/Körber AktG/*Marsch-Barner* § 182 Rn. 27; MüKoAktG/*Schürnbrand* § 182 Rn. 39; Hüffer/*Koch* AktG § 182 Rn. 16.
[313] Vgl. nur BGHZ 71, 40 (44) – Kali & Salz; MüKoAktG/*Schürnbrand* § 186 Rn. 1; *Zöllner* AG 2002, 585 ff.
[314] Kritisch etwa *T. Bezzenberger* ZIP 2002, 1917; *Martens* ZIP 1992, 1677; *Martens* ZIP 1994, 669; Kübler/Mendelson/Mundheim AG 1990, 461.
[315] KölnKommAktG/*Ekkenga* § 186 Rn. 3 f.; Hölters AktG/*Apfelbacher/Niggemann* § 186 Rn. 14; MüKoAktG/*Schürnbrand* § 186 Rn. 19, 25.
[316] Hüffer/*Koch* AktG § 186 Rn. 8; MüKoAktG/*Schürnbrand* § 186 Rn. 48.
[317] Hölters AktG/*Apfelbacher/Niggemann* § 186 Rn. 14; MüKoAktG/*Schürnbrand* § 186 Rn. 26; Unternehmensfinanzierung am Kapitalmarkt/*Herfs* Rn. 5.28; Spindler/Stilz AktG/*Servatius* § 186 Rn. 19; HdB börsennotierte AG/*Busch* Rn. 42.47. AA mit guten Gründen *Butzke* Liber Amicorum M. Winter, 2011, 59 (65 ff.), wonach der Bezugsanspruch mit Veröffentlichung des Bezugsangebots (§ 186 Abs. 2 AktG) entsteht; zustimmend *Wieneke* GWR 2017, 239 f.; ferner Hüffer/*Koch* AktG § 186 Rn. 6 („erwägenswert").
[318] Hüffer/*Koch* AktG § 186 Rn. 6; MüKoAktG/*Schürnbrand* § 186 Rn. 26; Hölters AktG/*Apfelbacher/Niggemann* § 186 Rn. 14.
[319] MüKoAktG/*Schürnbrand* § 186 Rn. 26; Unternehmensfinanzierung am Kapitalmarkt/*Herfs* Rn. 5.28.

führung der Kapitalerhöhung bedingt, und die Gesellschaft kann die Kapitalerhöhung auch dann noch abbrechen (vgl. → Rn. 174). Aus dem Bezugsanspruch folgt daher noch keine gesicherte Rechtsposition auf Durchführung der Erhöhung und Erhalt der neuen Aktien.

97 **d) Bezugsberechtigte.** Bezugsberechtigt sind alle Aktionäre[320] ungeachtet ihrer Aktiengattung. Bei **Namensaktien** steht das Bezugsrecht den Personen zu, die im Aktienregister eingetragen sind (§ 67 Abs. 2 S. 1 AktG); das gilt trotz des dort nur rechtsgeschäftlich vermittelten Erwerbsrechts auch bei mittelbaren Bezugsrechtsemissionen.[321] Sind die Bezugsrechte jedoch in einem – regelmäßig auf den Inhaber lautenden – Globalgewinnanteilsschein verbrieft, ist bezugsberechtigt der Miteigentümer des Globalgewinnanteilsscheins. Bei Verwahrung von Aktien in einem **Depot** ist der Aktionär (Depotinhaber) bezugsberechtigt. Die Depotbank übt das Bezugsrecht nach seinen Weisungen aus; erhält sie bis zum vorletzten Tag des Bezugsrechtshandels keine anderslautende Weisung, hat sie die Bezugsrechte bestens zu verkaufen (Nr. 15 Abs. 1 S. 2 Sonderbedingungen Wertpapiergeschäfte).[322] Bei der Ausgabe von Aktien vertretenden American Depository Receipts **(ADRs)** an amerikanische Investoren ist die Depotbank (depository bank) Aktionärin und Inhaberin des Bezugsrechts; ob sie den Inhabern die Ausübung des Bezugsrechts ermöglichen muss, richtet sich nach dem Innenverhältnis zwischen Depotbank und ADR-Inhabern, wird aber regelmäßig der Fall sein, wenn die Ausübung nach amerikanischem Kapitalmarktrecht zulässig ist.[323]

98 Die Gesellschaft selbst besitzt für **eigene Aktien** kein Bezugsrecht (§ 71b AktG).[324] Ebenso wenig besteht ein Bezugsrecht für Aktien, die einem Dritten für Rechnung der Gesellschaft gehören (§§ 71d S. 1 und 4, 71b AktG). Die auf diese Aktien an sich entfallenden Bezugsrechte stehen den übrigen Aktionären verhältnismäßig zu. Gleiches gilt für Aktien der Gesellschaft, die einem abhängigen oder im Mehrheitsbesitz der Gesellschaft stehenden Unternehmen oder einem Dritten für Rechnung eines solchen Unternehmens gehören (§§ 71d S. 1 u. 4, 71b AktG).[325] Zwischen Kapitalerhöhungsbeschluss (in dem das Bezugsverhältnis festgelegt wird) und Beginn der Bezugsfrist (die für das tatsächliche Bezugsverhältnis maßgeblich ist; zu beidem → Rn. 103) ist daher darauf zu achten, dass es nicht zu **Veränderungen** der bezugsberechtigten Aktien kommt, da anderenfalls das Bezugsverhältnis unrichtig wird. Lässt sich das nicht gewährleisten, kann die Erhöhung als eine „bis-zu"-Kapitalerhöhung beschlossen werden mit der Maßgabe, dass sich der tatsächliche Erhöhungsbetrag aus der Anzahl der bei Beginn der Bezugsfrist nach vorstehenden Grundsätzen bezugsberechtigten Aktien und dem festgelegten Bezugsverhältnis ergibt. Besteht ein Bezugsrecht wegen (vorübergehenden) Verlusts der Aktionärsrechte nach **§ 20 AktG, § 44 WpHG** (früher § 28 WpHG aF), **§ 59 WpÜG** nicht, stellen sich die vorstehenden Probleme demgegenüber nicht, da die nicht ausübbaren Bezugsrechte zutreffender Weise nicht den übrigen Aktionären anwachsen, sondern von der Gesellschaft verwertet werden können.[326]

---

[320] Bei Barkapitalerhöhungen wäre es mit Art. 29 Abs. 4 der Zweiten RL unvereinbar, gesetzlich anderen Personen als Aktionären ein Bezugsrecht zu gewähren; s. EuGH AG 2009, 283 (285).
[321] KölnKommAktG/*Lutter/Drygala* § 67 Rn. 48 f.; Spindler/Stilz AktG/*Cahn* § 67 Rn. 41; Bürgers/Körber AktG/*Wieneke* § 67 Rn. 20 f.
[322] S. Scherer DepotG/*Scherer* Vor § 1 Rn. 26; MüKoAktG/*Schürnbrand* § 186 Rn. 47.
[323] Vgl. näher Unternehmensfinanzierung am Kapitalmarkt/*Herfs* Rn. 5.45; Hölters AktG/*Apfelbacher/Niggemann* § 186 Rn. 25; *Schlitt/Seiler* WM 2003, 2175 (2177).
[324] Ganz hM; vgl. zB Hüffer/*Koch* AktG § 186 Rn. 9; MüKoAktG/*Oechsler* § 71b Rn. 12; Unternehmensfinanzierung am Kapitalmarkt/*Herfs* Rn. 5.42; *Schlitt/Seiler* WM 2003, 2175 (2177); aA *Busch* AG 2005, 429 (430 ff.).
[325] Wie hier MüKoAktG/*Schürnbrand* § 186 Rn. 35 f.; Hüffer/*Koch* AktG § 186 Rn. 9; Unternehmensfinanzierung am Kapitalmarkt/*Herfs* Rn. 5.42; aA KölnKommAktG/*Ekkenga* § 186 Rn. 28 f., der in diesen Fällen von der Existenz eines Bezugsrechts ausgeht, das zwar nicht ausgeübt (§ 56 Abs. 2 AktG), jedoch veräußert werden könne.
[326] HM, s. HdB börsennotierte AG/*Busch* Rn. 42.46; Hbd. AG-Finanzierung/*Ekkenga/Jaspers* Kap. 4 Rn. 162; Hüffer/*Koch* AktG § 20 Rn. 16; *Emmerich* in Emmerich/Habersack Aktien- und

Der **Nießbrauch** an Aktien erstreckt sich nicht auf das Bezugsrecht.[327] Bei Ausübung des **99** Bezugsrechts ist der Aktionär jedoch auf Verlangen verpflichtet, an den neuen Aktien einen Nießbrauch mit einer Quote zu bestellen, die dem Verhältnis zwischen dem Wert der neuen Aktien und dem Wert des Bezugsrechts entspricht;[328] bei Veräußerung des Bezugsrechts ist auf Verlangen ein Nießbrauch am Erlös zu bestellen.[329] Auch das **Pfandrecht** an Aktien berechtigt nicht zur Ausübung oder Verwertung des Bezugsrechts. Der Pfandgläubiger muss dem Aktionär die Ausübung oder Verwertung des Bezugsrechts ermöglichen. Im Übrigen gelten die gleichen Grundsätze wie beim Nießbrauch.[330] Bei **Vor- und Nacherbschaft** an Aktien gehört das Bezugsrecht zum Nachlass. Der Vorerbe ist zur Ausübung oder Verwertung verpflichtet; der Erlös bzw. die neuen Aktien fallen in den Nachlass. Der zum Bezug erforderliche Betrag kann dem Nachlass entnommen (§ 2124 Abs. 2 S. 1 BGB) werden.[331] Der **Sicherungseigentümer** ist Inhaber auch des Bezugsrechts. Enthält der Sicherungsvertrag keine besonderen Bestimmungen, ist der Sicherungsnehmer verpflichtet, das Bezugsrecht für den Sicherungsgeber auszuüben, wenn dieser den Bezugspreis zur Verfügung stellt;[332] in Höhe des Werts des Bezugsrechts ist ein Teil der neuen Aktien dem Sicherungsgut hinzuzufügen.[333] Anderenfalls ist der Sicherungsnehmer berechtigt und verpflichtet, das Bezugsrecht für sich selbst auszuüben oder zu veräußern; der Wert des Bezugsrechts (nicht der jungen Aktien) bzw. dessen Veräußerungserlös sind mit der gesicherten Forderung zu verrechnen oder mit zum Sicherungsgut zu nehmen.[334]

e) **Verfügungen über den Bezugsanspruch.** Das auf Grund einer konkreten Kapital- **100** erhöhung entstandene Bezugsrecht (Bezugsanspruch) ist **veräußerlich und übertragbar**.[335] Ist die Ausübung des Bezugsrechts an die Vorlage eines Dividendenscheins geknüpft, erfolgt die Übertragung durch Übereignung des Dividendenscheins, bei Verbriefung in einem (regelmäßig auf den Inhaber lautenden) Globalgewinnanteilsschein durch Übertragung des Miteigentumsanteils an diesem und im Übrigen durch einfache Abtretung (§§ 413, 398 BGB).[336] Der Kapitalerhöhungsbeschluss kann die Übertragbarkeit der Be-

---

GmbH-Konzernrecht § 20 Rn. 61; KölnKommWpHG/*Kremer/Oesterhaus* § 28 Rn. 61; Fuchs WpHG/*Zimmermann* § 28 Rn. 48; MüKoAktG/*Schlitt/Ries* WpÜG § 59 Rn. 44; Geibel/Süßmann WpÜG/*Tschauner* § 59 Rn. 57; aA KölnKommAktG/*Koppensteiner* § 20 Rn. 70; Assmann/ U. H. Schneider/Mülbert WertpapierhandelsR/*Uwe H. Schneider* § 44 Rn. 71.

[327] BGHZ 58, 316 (319); Staudinger/*Heinze* BGB Anh. zu §§ 1068, 1069 Rn. 113 mwN; Hölters AktG/*Apfelbacher/Niggemann* § 186 Rn. 23; Unternehmensfinanzierung am Kapitalmarkt/*Herfs* Rn. 5.43; MüKoAktG/*Schürnbrand* § 186 Rn. 40; Hüffer/*Koch* AktG § 186 Rn. 10.

[328] MüKoAktG/*Schürnbrand* § 186 Rn. 41; Hüffer/*Koch* AktG § 186 Rn. 10; Unternehmensfinanzierung am Kapitalmarkt/*Herfs* Rn. 5.43; Staudinger/*Heinze* BGB Anh. zu §§ 1068, 1069 Rn. 114; KölnKommAktG/*Ekkenga* § 186 Rn. 31. Zu weiteren Pflichten des Aktionärs gegenüber dem Nießbraucher vgl. MüKoAktG/*Schürnbrand* § 186 Rn. 41 aE; *Scharff*, Nießbrauch, 1982, S. 52 f.

[329] Vgl. die Nachweise in der vorangehenden Fn.

[330] Näher Bürgers/Körber AktG/*Marsch-Barner* § 186 Rn. 9 f.; MüKoAktG/*Schürnbrand* § 186 Rn. 42; Hüffer/*Koch* AktG § 186 Rn. 11; s. auch LG Kiel ZIP 2015, 1730 (1732).

[331] Näher MüKoAktG/*Schürnbrand* § 186 Rn. 46; Bürgers/Körber AktG/*Marsch-Barner* § 186 Rn. 12; Hüffer/*Koch* AktG § 186 Rn. 13.

[332] Hölters AktG/*Apfelbacher/Niggemann* § 186 Rn. 23; Bürgers/Körber AktG/*Marsch-Barner* § 186 Rn. 11; MüKoAktG/*Shürnbrand* § 186 Rn. 45; Hüffer/*Koch* AktG § 186 Rn. 12.

[333] Ebenso MüKoAktG/*Schürnbrand* § 186 Rn. 45; Bürgers/Körber AktG/*Marsch-Barner* § 186 Rn. 11; GroßkommAktG/*Wiedemann* § 186 Rn. 83. Nach aA werden die neuen Aktien vollständig Treugut; so zB Hölters AktG/*Apfelbacher/Niggemann* § 186 Rn. 23; Hüffer/*Koch* AktG § 186 Rn. 12.

[334] KölnKommAktG/*Ekkenga* § 186 Rn. 34 aE; MüKoAktG/*Schürnbrand* § 186 Rn. 45; Hüffer/ *Koch* AktG § 186 Rn. 12.

[335] Ganz hM, vgl. die Nachweise in der folgenden Fußnote.

[336] KölnKommAktG/*Ekkenga* § 186 Rn. 11; MüKoAktG/*Schürnbrand* § 186 Rn. 23; Hüffer/*Koch* AktG § 186 Rn. 7.

zugsrechte ausschließen oder beschränken; es sind dafür jedoch die gleichen formellen und materiellen Voraussetzungen einzuhalten wie für einen Ausschluss des Bezugsrechts.[337] Sollen vinkulierte Aktien ausgegeben werden, bedarf es zu einer Veräußerung des Bezugsrechts der Zustimmung der Gesellschaft nach § 68 Abs. 2 AktG, und zwar auch dann, wenn die alten Aktien nicht vinkuliert waren;[338] der Kapitalerhöhungsbeschluss kann jedoch die freie Übertragung der Bezugsrechte erlauben.[339] Auch **nach Ausübung des Bezugsrechts** ist der dann bestehende Anspruch auf Abschluss eines Zeichnungsvertrages gemäß §§ 413, 398 BGB abtretbar.[340] Sind die neuen Aktien vinkuliert, greift auch hier das Zustimmungserfordernis nach § 68 Abs. 2 AktG. Mit Abschluss des Zeichnungsvertrags kommt eine Abtretung des Bezugsrechts hingegen nicht mehr in Betracht; eine Abtretung der Position aus dem Zeichnungsvertrag bzw. der zukünftigen Aktien scheitert an § 191 AktG (→ Rn. 192 f.). Nach §§ 413, 398 BGB sind darüber hinaus auch **zukünftige Bezugsrechte** abtretbar.

101 Die Gesellschaft ist nicht verpflichtet, einen **Bezugsrechtshandel** zu organisieren.[341] Dem stehen die Grundsätze des faktischen Bezugsrechtausschlusses (vgl. → Rn. 140) nicht entgegen.[342] Auch aus der früheren „Macroton"-Rechtsprechung des BGH[343] zum Delisting ließ sich nichts anderes herleiten.[344] Zwar werden ohne organisierten Bezugsrechtshandel sowohl der Hinzuerwerb von Spitzenbezugsrechten als auch die Veräußerung von Bezugsrechten erschwert. Das Gesetz kennt das Erfordernis eines Bezugsrechtshandels jedoch nicht. Aus den Grundsätzen des faktischen Bezugsrechtausschlusses lässt sich ableiten, dass der Kapitalerhöhungsbeschluss die Ausübung des Bezugsrechts nicht ohne sachlichen Grund einschränken darf; aktive übergesetzliche Handlungspflichten ergeben sich aus ihm aber nicht. Zudem wäre ein Bezugsrechtsausschluss gerechtfertigt, da der Eingriff nur Bruchteile einer Aktie beträfe. Die „Macroton"-Rechtsprechung, wonach der Entzug der Veräußerungsmöglichkeit über die Börse einen zur Abfindung verpflichtenden Eingriff in das Aktieneigentum darstellte, verlangte einen gesonderten Bezugsrechtshandel in der Regel nicht, weil die zumutbare Alternative besteht, das Bezugsrecht auszuüben und sodann die Aktie zu verkaufen. Nachdem das BVerfG[345] entschieden hat, dass nur die rechtliche, nicht jedoch die durch eine Börsenzulassung faktisch gesteigerte Verkehrsfähigkeit von Aktien zum durch Art. 14 GG geschützten Anteilseigentum gehört, damit der der „Macroton"-Entscheidung die Grundlage entzogen und der BGH[346] daraufhin seine Rechtsprechung aufgegeben hat, lässt sich ein Erfordernis der Einrichtung eines Bezugsrechtshandels nicht mehr begründen.

---

[337] Ebenso Hüffer/*Koch* AktG § 186 Rn. 7; Unternehmensfinanzierung am Kapitalmarkt/*Herfs* Rn. 5.46; Bürgers/Körber AktG/*Marsch-Barner* § 186 Rn. 6 aE; aA GroßkommAktG/*Wiedemann* § 186 Rn. 63 der Übertragungsbeschränkungen für unzulässig hält.

[338] KölnKommAktG/*Ekkenga* § 186 Rn. 12; MüKoAktG/*Schürnbrand* § 186 Rn. 24.

[339] Bürgers/Körber AktG/*Marsch-Barner* § 186 Rn. 6; MüKoAktG/*Schürnbrand* § 186 Rn. 24.

[340] Schmidt/Lutter/*Veil* AktG § 186 Rn. 11; Bürgers/Körber AktG/*Marsch-Barner* § 186 Rn. 6; Spindler/Stilz AktG/*Servatius* § 186 Rn. 18.

[341] LG Hamburg DB 2000, 1053; Hüffer/*Koch* AktG § 186 Rn. 7; Bürgers/Körber AktG/*Marsch-Barner* § 186 Rn. 6; KölnKommAktG/*Ekkenga* § 186 Rn. 76; HdB AG-Finanzierung/*Ekkenga/Jaspers* Kap. 4 Rn. 167; MAH AktienR/*Sickinger/Kuthe* § 33 Rn. 86; HdB RestrukturierungsR/*Seibt* Kap. 6 Rn. 36; *Schlitt/Seiler* WM 2003, 2175 (2181); *Schlitt/Schäfer* CFL 2011, 4410 (4413); *Vaupel/Reers* AG 2010, 93 (96 f.); wohl auch *Seibt/Voigt* AG 2009, 133 (142); str., zur Gegenansicht vgl. die nachfolgenden Fn.

[342] AA GroßkommAktG/*Wiedemann* § 186 Rn. 176; für Einzelfallentscheidung HdB börsennotierte AG/*Busch* Rn. 42.69, 42.95 u. Hölters AktG/*Apfelbacher/Niggemann* § 186 Rn. 34.

[343] BGHZ 153, 47 (54 ff.) – Macrotron.

[344] AA, jeweils vor Aufgabe der „Macroton"-Rechtsprechung, HdB börsennotierte AG/*Busch* Rn. 42.69; Spindler/Stilz AktG/*Servatius* § 186 Rn. 17; HdB RestrukturierungsR/*Seibt* Kap. 6 Rn. 41 f.; wie hier hingegen *Maier*, Faktischer Bezugsrechtsausschluss, 2014, S. 146 ff.

[345] BVerfG AG 2012, 557 Rn. 75 ff.

[346] BGH ZIP 2013, 2254 – Frosta.

Der Aktionär kann auf den Bezugsanspruch verzichten.[347] Der **Verzicht** (§ 397 BGB) **102** kann vor oder nach Fassung des Kapitalerhöhungsbeschlusses vereinbart werden. Die Folgen eines Verzichts sind str. Während einerseits angenommen wird, die Bezugsrechte wüchsen den übrigen Aktionären anteilig an,[348] lehnt die Gegenansicht das ab und geht davon aus, dass die Bezugsrechte durch den Vorstand grundsätzlich frei platzierbar sind.[349] Richtigerweise hängt es vom Willen der Beteiligten ab, ob und zu welchem Zweck die Verwaltung über die freigewordenen Aktien verfügen kann oder ob die Bezugsrechte den übrigen Aktionären anwachsen.[350] Ein Fall der Anwachsung liegt dabei zB vor, wenn ein Aktionär (anteilig) auf sein Bezugsrecht verzichtet, um ein glattes Bezugsverhältnis herzustellen und einen anderenfalls erforderlichen Bezugsrechtsausschluss für Spitzenbeträge zu vermeiden.

f) Gegenstand des Bezugsrechts. Quantitativ gibt das Bezugsrecht jedem bezugs- **103** berechtigten Aktionär einen Anspruch darauf, im Rahmen einer Kapitalerhöhung eine solche Anzahl der neuen Aktien zu zeichnen, die seinem bisherigen Anteil am Grundkapital der Gesellschaft entspricht. Jede Aktie gewährt dabei ein Bezugsrecht. Aus dem Verhältnis des bisherigen Grundkapitals und dem (maximalen) Erhöhungsbetrag ergibt sich das rechnerische **Bezugsverhältnis,** zu dem die Aktionäre neue Aktien beziehen können (zB 8:1, dh für acht alte Aktien kann ein Aktionär eine neue Aktie beziehen). Festgelegt wird das Bezugsverhältnis notwendig im **Erhöhungsbeschluss,**[351] maßgeblich für das Grundkapital und damit für das tatsächliche Bezugsverhältnis ist jedoch der erste Tag der Bezugsfrist; kann es zwischen Erhöhungsbeschluss und Beginn der Bezugsfrist noch zu Veränderungen des Grundkapitals kommen, ist dafür im Beschluss Vorsorge zu treffen (zB durch eine „bis-zu"-Kapitalerhöhung).[352] Wird das Grundkapital nicht um 100% oder ein Vielfaches davon erhöht, steht den Aktionären regelmäßig ein Bezugsrecht (auch) auf Bruchteile einer Aktie zu. In diesem Fall können sie das entsprechende Bezugsrecht veräußern, Bezugsrechte hinzuerwerben (zur Übertragbarkeit → Rn. 100) oder mit anderen Aktionären eine Bruchteilsgemeinschaft bilden (§ 69 AktG). Geht das Bezugsverhältnis nicht glatt auf (beträgt es zB 8,1693:1), ist die technische Umsetzung der Emission praktisch erschwert oder sogar unmöglich. Daher ist in diesen Fällen das Bezugsrecht für die **Spitzenbeträge** auszuschließen, um ein glattes Bezugsrechtsverhältnis herzustellen (dazu auch → Rn. 119a).

Qualitativ gibt das Bezugsrecht keinen Anspruch darauf, dass die neuen Aktien mit **104** gleichen Rechten ausgestattet sind wie die alten. Sind **Aktien unterschiedlicher Gattungen** vorhanden, kann sich die Kapitalerhöhung also grundsätzlich gleichwohl auf die Schaffung von Aktien einer dieser oder anderer Gattungen beschränken. Es steht dann allen Aktionären, auch den Inhabern anderer Aktiengattungen, ein Bezugsrecht auf die neu geschaffenen Aktien zu.[353]

Str. ist demgegenüber, worauf sich das Bezugsrecht bezieht, wenn die Gesellschaft **105** verschiedene Aktiengattungen ausgegeben hat und iRd Kapitalerhöhung Aktien dieser Gattungen ausgibt. Nach einer Ansicht bezieht sich das Bezugsrecht der Aktionär anteilig auf Aktien aller Gattungen **(Mischbezugsrecht).**[354] Richtigerweise besteht in diesem Fall im Grundsatz jedoch nur ein Bezugsrecht auf die Aktien der jeweils selben Gattung

---

[347] MüKoAktG/*Schürnbrand* § 186 Rn. 26, 63; HdB börsennotierte AG/*Busch* Rn. 42.46.
[348] *Groß* ZHR 162 (1998), 318 (333).
[349] Hölters AktG/*Apfelbacher/Niggemann* § 186 Rn. 28; *Schlitt/Seiler/Singhof* AG 2003, 254 (262) Fn. 103.
[350] Überzeugend HdB börsennotierte AG/*Busch* Rn. 42.49.
[351] Unternehmensfinanzierung am Kapitalmarkt/*Herfs* Rn. 5.66; *Seibt/Voigt* AG 2009, 133 (135); aA MAH AktienR/*Sickinger/Kuthe* § 33 Rn. 46.
[352] HdB börsennotierte AG/*Busch* Rn. 42.45.
[353] MüKoAktG/*Schürnbrand* § 186 Rn. 48; Hüffer/*Koch* AktG § 186 Rn. 4; Bürgers/Körber AktG/*Marsch-Barner* § 186 Rn. 7.
[354] KölnKommAktG/*Ekkenga* § 186 Rn. 15; Hüffer/*Koch* AktG § 186 Rn. 4; *Rittig* NZG 2012, 1292 (1293).

(Gattungsbezugsrecht).[355] Diese unterschiedlichen Ansichten wirken sich vor allem dann aus, wenn die Kapitalerhöhung für die verschiedenen Aktiengattungen verhältniswahrend erfolgt. Sollen in diesem Fall die Aktionäre jeweils nur zum Bezug von Aktien derselben Gattung zugelassen werden, die sie bereits halten, ist bei Annahme eines Mischbezugsrechts ein **„gekreuzter Bezugsrechtsausschluss"** erforderlich, der aber ohne weiteres zulässig ist (vgl. → Rn. 119d). Auf der Grundlage eines Gattungsbezugsrechts ist ein Bezugsrechtsausschluss hingegen entbehrlich. Ist die Kapitalerhöhung nicht verhältniswahrend, beschränkt sich das Gattungsbezugsrecht auf den verhältniswahrenden Teil der neuen Aktien, während es für den darüber hinausgehenden Anteil beim Mischbezugsrecht bleibt.[356] Da die Frage nicht abschließend geklärt ist, kann es sich für die Praxis empfehlen, sowohl bei einer verhältniswahrenden als auch einer nicht verhältniswahrenden Erhöhung vorsorglich einen gekreuzten Bezugsrechtsausschluss zu beschließen.[357]

106 **g) Ausübung.** Das Bezugsrecht wird ausgeübt durch die sogenannte **Bezugserklärung.**[358] Sie ist eine einseitige empfangsbedürftige geschäftsähnliche Erklärung, die formlos gültig und von der Zeichnung der neuen Aktien zu unterscheiden ist. Auf die Erklärung sollen die §§ 174, 180 BGB Anwendung finden.[359] Mit der Bezugserklärung bekundet der Bezugsberechtigte nur die Absicht zum Abschluss eines Zeichnungsvertrags. Er wird dadurch noch nicht zur Zeichnung verpflichtet,[360] die Ablehnung der späteren Zeichnung kann allerdings einen Schadenersatzanspruch aus cic nach sich ziehen.[361] Vor diesem Hintergrund sollte aus der Bezugserklärung klar hervorgehen, in welchem Umfang der Aktionär sein Bezugsrecht ausüben will. Zur Ausübung des Bezugsrechts muss der Berechtigte sich gegenüber der Gesellschaft **legitimieren.** Dies geschieht, sofern Aktienurkunden auszugeben sind, in der Regel durch Vorlage eines Gewinnanteilscheins, den die Gesellschaft im Bezugsangebot bestimmt, sonst durch Depotnachweis (über die Aktionärsstellung oder – bei Verbriefung des Bezugsrechts in einem Globalgewinnanteilschein – über das Miteigentum an diesem) oder Eintragung im Aktienregister.

107 Für die Ausübung des Bezugsrechts ist eine Frist **(Bezugsfrist)** zu bestimmen, die mindestens zwei Wochen betragen muss (§ 186 Abs. 1 S. 2 AktG). Für die **Fristberechnung** gelten die §§ 187 ff. BGB.[362] Die Frist beginnt somit am Tag nach der Veröffentlichung des **Bezugsangebots** (§ 187 Abs. 1 BGB) im Bundesanzeiger (§ 187 Abs. 2 S. 1 AktG iVm § 25 AktG, § 26h Abs. 3 S. 2 EGAktG). Das Erfordernis der Mindestdauer von zwei Wochen ist eingehalten, wenn die Bezugsfrist in der zweiten Woche nach Veröffentlichung des Bezugsangebots an dem Tag endet, der nach seiner Bezeichnung (Montag, Dienstag etc) dem Tag entspricht, an dem das Bezugsangebot veröffentlicht worden ist (§ 188 Abs. 2 BGB); handelt es sich dabei nicht um einen Werktag, darf die Bezugsfrist jedoch erst am nächsten darauffolgenden Werktag enden (§ 193 BGB). Börsennotierte AGs

---

[355] Hüffer/*Koch* AktG § 186 Rn. 4; MüKoAktG/*Schürnbrand* § 186 Rn. 49; Bürgers/Körber AktG/*Marsch-Barner* § 186 Rn. 7; *Groß* AG 1993, 449 (452).

[356] Bürgers/Körber AktG/*Marsch-Barner* § 186 Rn. 7; GroßkommAktG/*Wiedemann* § 186 Rn. 70; MüKoAktG/*Schürnbrand* § 186 Rn. 49 aE.

[357] Ebenso Unternehmensfinanzierung am Kapitalmarkt/*Herfs* Rn. 5.40; HdB börsennotierte AG/*Busch* Rn. 42.52.

[358] Muster in Happ AktienR/*Herchen* Form. 12.01 f.

[359] KG AG 2006, 201; MüKoAktG/*Schürnbrand* § 186 Rn. 52; Spindler/Stilz AktG/*Servatius* § 186 Rn. 13.

[360] Heute hM; vgl. zB MüKoAktG/*Schürnbrand* § 186 Rn. 53; Hüffer/*Koch* AktG § 186 Rn. 14; Hölters AktG/*Apfelbacher/Niggemann* § 186 Rn. 15; anders noch Baumbach/Hueck AktG § 186 Rn. 10.

[361] MüKoAktG/*Schürnbrand* § 186 Rn. 53; HdB börsennotierte AG/*Busch* Rn. 42.57.

[362] KölnKommAktG/*Ekkenga* § 186 Rn. 43; MüKoAktG/*Schürnbrand* § 186 Rn. 56; *Wieneke* GWR 2017, 239 (241) auch dazu, dass der Umstand, dass die Bezugsrechte ggf. erst nach dem Beginn der Bezugsfrist den Depots der Aktionäre eingebucht werden (Payment Date), keine unzulässige Verkürzung der Bezugsfrist darstellt.

(§ 3 Abs. 2 AktG) haben das Bezugsangebot infolge des ARUG II nicht nur in den Gesellschaftsblättern bekannt zu machen, sondern gemäß **§ 67a AktG** auch (i) wenn die Gesellschaft nicht ausschließlich Namensaktien ausgegeben hat, elektronisch (§ 67a Abs. 2 AktG) an die Intermediäre (s. § 67a Abs. 4 AktG), die Aktien der Gesellschaft verwahren, und (ii) bei Namensaktien an die im Aktienregister eingetragenen Personen zu übermitteln. Die Intermediäre sind ihrerseits verpflichtet, das erhaltene Bezugsangebot durch die Verwahrkette an die Aktionäre weiterzuleiten (§§ 67a Abs. 3, 67b AktG). Für den Beginn der Bezugsfrist kann diese Übermittlung nicht relevant sein, da er anderenfalls nicht (rechtssicher) bestimmbar wäre. Ferner hat der Gesetzgeber iRd ARUG II für die Aufforderung nach § 214 AktG zwar zusätzlich zu der Bekanntmachung in den Gesellschaftsblättern ebenfalls die Übermittlung nach § 67a AktG eingeführt (§ 214 Abs. 1 S. 2 AktG), die Regelung der dadurch ausgelösten Jahresfrist in § 214 Abs. 2 AktG, die allein auf die Bekanntmachung in den Gesellschaftsblättern abstellt, jedoch unverändert gelassen (→ § 60 Rn. 99). Ferner würde ein zusätzliches Anknüpfen an die Übermittlung gemäß § 67a AktG den mit den §§ 67a ff. AktG verfolgten Regelungszielen widersprechen und für börsennotierte AGs einerseits und nicht börsennotierte AGs andererseits zu – sachlich nicht veranlassten – unterschiedlichen Fristberechnungen führen. Auch nach Änderung des § 187 Abs. 2 S. 1 AktG kommt es daher für den Fristbeginn unverändert allein auf die Veröffentlichung in den Gesellschaftsblättern an. Die **Fristbestimmung** erfolgt, was allerdings in der Praxis selten ist, in der Satzung und anderenfalls im Erhöhungsbeschluss. Schweigt auch dieser, ist der Vorstand für die Festlegung zuständig. Legt auch dieser keine Frist fest, kann das Bezugsrecht bis zu dem Zeitpunkt ausgeübt werden, zu dem die Durchführung der Kapitalerhöhung mit Blick auf § 185 Abs. 1 S. 3 Nr. 4 AktG anzumelden ist.[363] Die förmliche Zeichnungserklärung (vgl. → Rn. 167 ff.) innerhalb der Frist ist nicht erforderlich. Im Bezugsangebot kann jedoch auch für die Zeichnung eine Frist bestimmt werden, die gleichzeitig oder später als die Bezugsfrist, jedoch nicht früher als diese ablaufen darf.[364] Für die Rechtzeitigkeit kommt es auf den Zugang der Bezugserklärung an (§ 130 Abs. 1 S. 1 BGB).

h) Verwertung nicht bezogener Aktien; Über- und Nachbezugsrechte. Das Bezugsrecht **verfällt**, wenn es nicht oder nicht rechtzeitig ausgeübt wird. Auf die dadurch freiwerdenden neuen Aktien haben die übrigen Aktionäre kein Bezugsrecht; sie sind, wenn sie ihr Bezugsrecht verspätet ausüben, auch nicht bevorrechtigt bei der Platzierung der nicht bezogenen Aktien zu berücksichtigen.[365] Diese Aktien kann der Vorstand vielmehr nach eigenem Ermessen vergeben, sofern nicht der Kapitalerhöhungsbeschluss etwas anderes bestimmt; die Verwertung der nicht bezogenen Aktien muss dann allerdings zum **bestmöglichen Kurs** erfolgen.[366] Der im Kapitalerhöhungsbeschluss festgesetzte Ausgabebetrag stellt dabei die Untergrenze dar, es sei denn, es liegt ein Fall gemäß § 7 Abs. 3a Wirtschaftsstabilisierungsfondsgesetz vor. Ein von der Verwaltung selbst festgesetzter Ausgabebetrag (vgl. → Rn. 30 f.) kann unterschritten werden, wenn zuvor zu dem niedrigeren Ausgabebetrag ein erneutes Bezugsangebot an die bezugsberechtigten Aktionäre gemacht wurde.[367] Zur Rechtslage bei Abschluss von Zeichnungsverträgen und

---

[363] Hüffer/*Koch* AktG § 186 Rn. 15; Spindler/Stilz AktG/*Servatius* § 186 Rn. 15.
[364] Hüffer/*Koch* AktG § 186 Rn. 15; MüKoAktG/*Schürnbrand* § 186 Rn. 55.
[365] Ebenso MAH AktienR/*Sickinger/Kuthe* § 33 Rn. 87; Hüffer/*Koch* AktG § 186 Rn. 16; MüKoAktG/*Schürnbrand* § 186 Rn. 62; *Schürnbrand* FS Stilz, 2014, 569 (575); aA Spindler/Stilz AktG/*Servatius* § 186 Rn. 15.
[366] KölnKommAktG/*Ekkenga* § 186 Rn. 45; MüKoAktG/*Schürnbrand* § 186 Rn. 64; Hüffer/*Koch* AktG § 186 Rn. 16.
[367] KölnKommAktG/*Ekkenga* § 186 Rn. 45; MüKoAktG/*Schürnbrand* § 186 Rn. 64; Hölters AktG/*Apfelbacher/Niggemann* § 186 Rn. 28; teilweise aA HdB börsennotierte AG/*Busch* Rn. 42.71, der hinsichtlich der Erforderlichkeit eines erneuten Angebots an die Aktionäre danach differenzieren will, ob der niedrigere Ausgabebetrag auf sinkenden Börsenkursen beruht.

Ausgabe von Aktien unter **Übergehung des Bezugsrechts** der Aktionäre vgl. → Rn. 111.

109 Der Erhöhungsbeschluss oder der Vorstand können **Nach- oder Überbezugsrechte** zugunsten der Aktionäre vorsehen. In diesem Fall können die Aktionäre über ihr Bezugsrecht hinaus entweder gleichzeitig mit der Ausübung des Bezugsrechts oder gesondert nach Ablauf der Bezugsfrist weitere Aktien beziehen. § 186 AktG findet hierauf keine Anwendung, da eine entsprechende Gestaltung nicht das gesetzliche Bezugsrecht der Aktionäre erweitert, sondern ihnen ein schuldrechtliches Bezugsrecht (dazu auch → Rn. 158) einräumt; zu beachten ist jedoch § 53a AktG.[368] Das Über- oder Nachbezugsrecht muss allen Aktionären gleichermaßen zustehen. Beim Nachbezugsrecht bedeutet das auch, dass Aktionäre, die ihr Bezugsrecht ganz oder teilweise ausgeübt haben, und solche, bei denen das nicht der Fall ist, grundsätzlich gleich zu behandeln sind.[369] Ferner ist ein angemessener Maßstab festzulegen, nach dem die Über- oder Nachbezugswünsche für den Fall, dass sie die nicht bezogenen Aktien übersteigen, berücksichtigt werden. Das ist insbesondere gewährleistet, wenn die Verteilung nach dem Verhältnis der jeweils geltend gemachten Über- oder Nachbezugsrechte oder gleichmäßig nach Köpfen erfolgt. Zulässiger Verteilungsmaßstab ist aber auch die Beteiligungsquote der jeweiligen Aktionäre an der Gesellschaft vor der Kapitalerhöhung.

110 Auch eine **bevorrechtigte Zuteilung** nicht bezogener Aktien **an einzelne Aktionäre** bedarf eines sachlichen Grunds iSd § 53a AktG. Sie ist danach zB zulässig, wenn sie iR. eines Anfechtungsvergleichs vereinbart wird.[370] Ferner bestehen gegen sie keine Bedenken, wenn sich der Aktionär im Gegenzug zur Zeichnung neuer Aktien in einem bestimmten Volumen verpflichtet **(Backstop-Vereinbarung)** und die damit begründete Finanzierungspflicht aus Sicht des Vorstands im Interesse der Gesellschaft liegt, weil sie zB die Sanierung des Unternehmens sicherstellt[371] oder die erfolgreiche Platzierung der Kapitalerhöhung (zu einem bestimmten Preis oder in einem bestimmten Mindestvolumen) gewährleistet.[372]

111 i) Vorgehen bei Überzeichnung. Gehen mehr Zeichnungserklärungen ein als Aktien aus der Kapitalerhöhung zur Verfügung stehen (Überzeichnung), hat die Gesellschaft zunächst das gesetzliche **Bezugsrecht der Aktionäre** zu beachten, sofern dieses nicht wirksam ausgeschlossen ist. Danach sind etwaige **vertragliche Bezugsrechte** zu bedienen (vgl. dazu bereits vorstehend → Rn. 109 sowie → Rn. 158). Im Übrigen liegt die Zuteilung im Ermessen des Vorstands. Werden mehr Zeichnungsverträge geschlossen, als neue Aktien aus der Kapitalerhöhung zur Verfügung stehen, gelten die vorstehenden Grundsätze für die Zuteilung entsprechend.[373] Die übrigen Zeichnungsverträge sind zwar wirksam (§ 311a Abs. 1 BGB); eine Leistungspflicht der Gesellschaft besteht gemäß §§ 311a Abs. 1 iVm 275 Abs. 1 BGB hingegen nicht.[374] Den Betroffenen kann sie jedoch – allerdings beschränkt auf den Vertrauensschaden – ersatzpflichtig

---

[368] *Schlitt/Schäfer* CFL 2011, 410 (412); *Seibt/Voigt* AG 2009, 133 (137); zur grundsätzlichen Zulässigkeit der Regelung von Überbezugsrechten OLG Stuttgart AG 2013, 604 (insofern dort nicht abgedruckt) = BeckRS 2013, 00660.

[369] *Hüffer/Koch* AktG § 186 Rn. 16; *Bürgers/Körber* AktG/*Marsch-Barner* § 186 Rn. 16.

[370] *Hölters* AktG/*vApfelbacher/Niggemann* § 186 Rn. 30; *Seibt/Vogt* AG 2009, 133 (137).

[371] *Schlitt/Schäfer* CFL 2011, 410 (416).

[372] Vgl. *Schlitt/Schäfer/Basnage* CFL 2013, 49 (53); *Kiem* AG 2009, 301 (310 f.); s. auch *Decker* ZGR 2019, 1122 (1166).

[373] *Spindler/Stilz* AktG/*Servatius* § 185 Rn. 9; *Bürgers/Körber* AktG/*Marsch-Barner* § 185 Rn. 25; *Grigoleit/Rieder/Holzmann* AktG § 186 Rn. 28; aA einen Schutz vertraglicher Bezugsrechte und ein Prioritätsprinzip ablehnend, hingegen *Schürnbrand* FS Stilz, 2014, 559 (578 ff.); *Hunecke*, Zeichnungsvertrag, 2011, S. 283 ff.

[374] *Hüffer/Koch* AktG § 185 Rn. 26; *Bürgers/Körber* AktG/*Marsch-Barner* § 185 Rn. 26; MüKo-AktG/*Schürnbrand* § 185 Rn. 47; Spindler/Stilz AktG/*Servatius* § 185 Rn. 14; Schmidt/Lutter/*Veil* AktG § 186 Rn. 26.

sein.³⁷⁵ Daneben kommen Schadenersatzansprüche der Gesellschaft gegen ihren Vorstand in Betracht (§ 93 Abs. 2 AktG). Gleiches gilt, wenn unter **Verletzung des Bezugsrechts** der Aktionäre Aktien ausgegeben werden. Die Aktienausgabe ist nach Eintragung der Durchführung der Kapitalerhöhung wirksam, begründet jedoch Schadenersatzansprüche der betroffenen Aktionäre gegen die Gesellschaft.³⁷⁶

j) Bekanntmachung des Bezugsrechts. Der Vorstand hat durch eine Bezugsaufforderung **(Bezugsangebot)** in den Gesellschaftsblättern (dh im Bundesanzeiger und, soweit eine Satzung in ihrer Fassung zum 30.12.2015 weitere Gesellschaftsblätter vorsah und weiterhin vorsieht, dort; § 25 AktG, § 26 Abs. 3 S. 1 EGAktG) den Ausgabebetrag und die Frist für die Ausübung des Bezugsrechts bekanntzumachen gemäß § 67a AktG (→ Rn. 107) an die dort genannten Personen zu übermitteln (§ 186 Abs. 2 AktG).³⁷⁷ Daraus ergibt sich zugleich die Verpflichtung, auch die Kapitalerhöhung als solche, den Erhöhungsbetrag und das Bezugsverhältnis zu veröffentlichen; darüber hinaus sind etwa weiter bestimmte Anforderungen an die Ausübung des Bezugsrechts und eine etwaige Zeichnungsfrist bekanntzumachen.³⁷⁸ Während das Bezugsangebot früher nach hM einen ziffermäßig bestimmten **Ausgabebetrag** enthalten musste,³⁷⁹ genügt es nach § 186 Abs. 2, Abs. 5 S. 2 AktG heute, im Bezugsangebot lediglich die **Grundlagen für die Festlegung** des Ausgabebetrags bzw. (im Fall der mittelbaren Bezugsrechtsemission) des Bezugspreises anzugeben. Der Ausgabebetrag (Bezugspreis) muss dann erst spätestens am dritten Tag vor Ablauf der Bezugsfrist³⁸⁰ beziffert und in den Gesellschaftsblättern der Gesellschaft (dh Bundesanzeiger und, soweit eine Satzung in ihrer Fassung zum 30.12.2015 weitere Gesellschaftsblätter vorsah und weiterhin vorsieht, dort; § 25 AktG, § 26 Abs. 3 S. 1 EGAktG) sowie über ein elektronisches Informationsmedium (regelmäßig die Internetseite der Gesellschaft)³⁸¹ bekanntgemacht werden (§ 186 Abs. 2 S. 2 AktG). Dadurch wird der Zeitraum zwischen Festlegung des Ausgabebetrags (Bezugspreis) und Aktienbezug verkürzt; das ermöglicht eine marktnähere Bestimmung und hilft damit, den wegen des Marktrisikos regelmäßig erforderlichen Abschlag auf den Börsenkurs zu reduzieren. Die im Bezugsangebot aufzunehmenden Grundlagen für die Festlegung erfordern nicht die Angabe einer mathematischen Berechnungsformel.³⁸² Vielmehr können sie insbesondere in der Preisermittlung im Wege eines Bookbuilding-Verfahrens,³⁸³ im Durchschnittspreis der Aktie innerhalb eines bestimmten zeitnahen Zeitraums oder im Börsenkurs im Zeitpunkt der Festlegung des Ausgabebetrags bestehen.³⁸⁴ Von dem (Durchschnitts-)Börsenkurs kann ein marktüblicher Abschlag vorgenommen werden; ob dieser im Bezugsangebot durch eine Bandbreite oder einen Höchstbetrag zu quantifizieren

---

³⁷⁵ Dazu näher Schmidt/Lutter/*Veil* AktG § 186 Rn. 26; MüKoAktG/*Schürnbrand* § 185 Rn. 49; Hüffer/*Koch* AktG § 185 Rn. 26; *Schürnbrand* FS Stilz, 2014, 569 (582 f.).
³⁷⁶ OLG Koblenz ZIP 1993, 772 (773); KG AG 2006, 201; Bürgers/Körber AktG/*Marsch-Barner* § 186 Rn. 18; *Schürnbrand* FS Stilz, 2014, 569 (577).
³⁷⁷ Muster in Münch. Vertragshandbuch Bd. 1/*Favoccia* Form. V.110 u. 112; Happ AktienR/*Herchen* Form. 12.01e; Hopt Vertrags- und Formularbuch/*Herfs/Scholz* Form. II. E.5.3.
³⁷⁸ Unternehmensfinanzierung am Kapitalmarkt/*Herfs* Rn. 5.96 f.; KölnKommAktG/*Ekkenga* § 186 Rn. 47 ff.; MüKoAktG/*Schürnbrand* § 186 Rn. 66; Hüffer/*Koch* AktG § 186 Rn. 19.
³⁷⁹ Vgl. etwa *Groß* ZHR 162 (1998), 318 (333); *Martens* ZIP 1992, 1677 (1678).
³⁸⁰ Zur Fristberechnung *Schlitt/Seiler* WM 2003, 2175 (2181).
³⁸¹ Da Gesellschaftsblatt jedenfalls der (heute nur noch elektronische) Bundesanzeiger ist, erscheint eine zusätzliche Veröffentlichung in einem elektronischen Medium überflüssig, wegen des Wortlauts des Gesetzes eine Einstellung auf die Internetseite der AG aber ratsam; vgl. zB Hüffer/*Koch* AktG § 186 Rn. 19a.
³⁸² Unternehmensfinanzierung am Kapitalmarkt/*Herfs* Rn. 5.104; *Schlitt/Schäfer* CFL 2011, 410 (411).
³⁸³ Zum Bookbuildingverfahren eingehend *Groß* ZHR 162 (1998), 318 ff.
³⁸⁴ Vgl. Schmidt/Lutter/*Veil* AktG § 186 Rn. 10; HdB börsennotierte AG/*Busch* Rn. 42.55; *Schlitt/Schäfer* CFL 2011, 410 (412); nach MAH AktienR/*Sickinger/Kuthe* § 33 Rn. 79 soll es auch genügen, als Grundlage der Festsetzung die Entscheidung des Vorstands anzugeben.

ist, wird unterschiedlich beurteilt.[385] Wird auf ein Bookbuilding-Verfahren rekurriert, bedarf es keiner Angabe einer Preisspanne oder eines Höchstbetrags.[386] Prospektrechtlich ist zu beachten, dass jeder wichtige neue Umstand eine Nachtragspflicht und damit ein Rücktrittsrecht der Anleger auslöst, das innerhalb von zwei Werktagen nach Veröffentlichung des – zuvor von der BaFin zu billigenden – Nachtrags ausgeübt werden kann (Art. 17 Abs. 1 lit. a ProspektVO; § 16 Abs. 3 WpPG). Das kann die Abwicklung des Angebots erschweren oder gefährden. Die Angaben zur Ermittlung des Ausgabebetrags (bzw. des Bezugspreises) im Bezugsangebots sollten daher so gestaltet werden, dass eine Nachtragspflicht bei Festlegung des Ausgabebetrags (bzw. Bezugspreises) vermieden wird.[387] Ob vor dem Hintergrund der Regelung in § 186 Abs. 2, Abs. 5 S. 2 AktG noch das zuvor zT für zulässig gehaltene Vorgehen, im Bezugsangebot lediglich einen Höchstbetrag und erst am Ende der Bezugsfrist den konkreten Ausgabebetrag (Bezugspreis) festzusetzen, noch in Betracht kommt, sollte erwogen werden, ist aber unsicher.[388]

113 In der Praxis wird vielfach mittels technischer Richtlinien für die Depotbanken die Veröffentlichung eines Bezugsangebots **im Ausland** untersagt, um auf diese Weise die Anwendbarkeit ausländischen Kapitalmarktrechts mit lokalen Prospekt- und Registrierungspflichten zu vermeiden. Das ist aktienrechtlich unproblematisch, da die inländischen Bekanntmachungspflichten eingehalten werden (dazu, dass darin kein faktischer Bezugsrechtsausschluss liegt, vgl. auch → Rn. 140).[389]

114 **2. Ausschluss des gesetzlichen Bezugsrechts.** Das gesetzliche Bezugsrecht der Aktionäre kann ausgeschlossen werden. Da Rechtsprechung und Literatur darin einen besonders schweren Eingriff in die Mitgliedschaft sehen, wird ein Bezugsrechtsausschluss aber nur unter engen materiellen und besonderen förmlichen Voraussetzungen zugelassen:

115 **a) Materielle Anforderungen.** Der Ausschluss des Bezugsrechts ist – sofern es sich nicht um einen vereinfachten Bezugsrechtsausschluss nach § 186 Abs. 3 S. 4 AktG handelt (dazu → Rn. 123 ff.) – nach hM am Grundsatz der Verhältnismäßigkeit zu messen.[390] Danach ist ein Bezugsrechtsausschluss nur zulässig, wenn die Hauptversammlung der Überzeugung sein darf, der Bezugsrechtsausschluss sei das angemessene und am besten geeignete Mittel zur Verfolgung überwiegender Gesellschaftsinteressen.[391] Diese von Rechtsprechung und Literatur entwickelte **Inhaltskontrolle** ist EU-rechtlich zulässig.[392] Für den Sonderfall von Rekapitalisierungen nach § 7 oder § 22 Stabilisierungsfondsgesetz ist die materielle Rechtfertigung des Bezugsrechtsausschlusses gesetzlich angeordnet (§ 7 Abs. 3 S. 4 Wirtschaftsstabilisierungsgesetz).[393]

---

[385] Bejahend zB HdB börsennotierte AG/*Busch* Rn. 42.55; anders Hölters AktG/*vApfelbacher/Niggemann* § 186 Rn. 19; wohl auch *Schlitt/Schäfer* CFL 2011, 410 (412).

[386] So zu Recht Hölters AktG/*Apfelbacher/Niggemann* § 186 Rn. 19; *Schlitt/Schäfer* CFL 2011, 410 (412); wohl auch Grigoleit/*Rieder/Holzmann* AktG § 186 Rn. 39.

[387] Vgl. dazu Frankfurter KommWpPG/*Berrar* § 16 Rn. 26; *Groß* Kapitalmarktrecht WpPG § 16 Rn. 8.

[388] Aufgeschlossen HdB börsennotierte AG/*Busch* Rn. 42.55; vgl. auch *Seibert* NZG 2002, 608 (612): Mit dieser Frage befasse sich die Neuregelung in § 186 AktG nicht; ablehnend *Schlitt/Seiler* WM 2003, 2175 (2181).

[389] HdB börsennotierte AG/*Busch* Rn. 42.50 f.; *R. Krause* ZHR 181 (2017), 641 (648 f.).

[390] BGHZ 71, 40 (46) – Kali & Salz; BGHZ 83, 319 (320) – Holzmann; BGHZ 120, 141 (145 f.) – Bremer Bankverein; BGHZ 125, 239 (241) – Deutsche Bank; ausführlich dazu *Lutter* ZGR 1979, 401 ff. sowie die Nachweise in den folgenden Fußnoten.

[391] BGHZ 71, 40 (44 ff.) – Kali & Salz; BGHZ 83, 319 (321) – Holzmann; vgl. ferner BGHZ 120, 141 (145 f.) – Bremer Bankverein u. BGHZ 125, 239 (244) – Deutsche Bank.

[392] Zur Vereinbarkeit dieser Inhaltskontrolle mit der EG-Kapitalrichtlinie vgl. EuGH ZIP 1996, 2015 (für Sachkapitalerhöhung) sowie die Schlussanträge des GA *Tesauro* ZIP 1996, 2017; MüKo-AktG/*Schürnbrand* § 186 Rn. 19, 76, 80, 90 aE.

[393] S. dazu jeweils bzgl. des FMStBG LG München I AG 2010, 378 (380 f.) – HRE; LG München I ZIP 2012, 674 ff. – HRE; vertiefend zum Verfassungsrecht *Uechtritz* NVwZ 2010, 1472.

Das mit der Kapitalerhöhung gegen Bezugsrechtsausschluss verfolgte Ziel muss dem **116 Gesellschaftsinteresse** dienen. Dazu reicht jedes der Förderung des Gesellschaftszwecks dienende Interesse der Gesellschaft.[394] Eine besondere Bedeutung des verfolgten Interesses ist nicht erforderlich; sein Gewicht wird jedoch bei der Frage der Angemessenheit des Bezugsrechtsausschlusses relevant (dazu → Rn. 117). Keine relevanten Gesellschaftsinteressen sind individuelle Interessen einzelner Aktionäre oder einer Aktionärsmehrheit.[395] Dementsprechend sind auch konzernpolitische Belange der Obergesellschaft kein ausreichender Grund, das Bezugsrecht zu Lasten außenstehender Aktionäre auszuschließen.[396] Ein Bezugsrechtsausschluss zur Erreichung einer Eingliederungs- oder Squeeze Out-Mehrheit ist unzulässig;[397] dasselbe gilt für eine Sachkapitalerhöhung mit Bezugsrechtsausschluss, die dem Ziel dient, dadurch die Voraussetzungen für eine erleichterte Verschmelzung (§ 62 UmwG) zu schaffen.[398]

Der Bezugsrechtsausschluss muss desweiteren **geeignet** sein, den zur Förderung des **117** Gesellschaftsinteresses angestrebten Zweck zu erreichen.[399] Darüber hinaus hat er **erforderlich** zu sein. Die Erforderlichkeit wird zT mit der Frage der Angemessenheit vermengt, so dass die Übergänge fließend sind. Nach einer Ansicht betrifft sie die Frage, ob die gewählte Lösung die schonendste ist, nach aA, ob sie für die Verfolgung des Zwecks am besten geeignet ist.[400] Jedenfalls fehlt es an der Erforderlichkeit, wenn gleichwertige Alternativen bestehen, die für die Aktionäre schonender sind. Das letzte Kriterium ist die **Angemessenheit** (Verhältnismäßigkeit im engeren Sinn). Ins Verhältnis zu setzen sind dabei die mit dem Ausschluss verfolgten Interessen der Gesellschaft und die konkreten, also für den jeweiligen Einzelfall festzustellenden Nachteile für die Aktionäre (insbesondere Verminderung der Beteiligungsquote, Verwässerung des Anteilswerts). Str. ist dabei, ob die Interessen der Gesellschaft überwiegen müssen oder ob es genügt, dass sie in einem angemessenen Verhältnis zu den den Aktionären drohenden Nachteilen stehen.[401] Gibt es zumutbare Möglichkeiten, die Nachteile der Aktionäre zu mildern, sind diese auszuschöpfen. Eine mit Blick auf das Gesellschaftsinteresse „zweitbeste" Lösung soll vorzugswürdig sein, wenn sie für die Aktionäre schonender und in der Gesamtabwägung gegenüber der „besten" Lösung vor-

---

[394] KölnKommAktG/*Ekkenga* § 186 Rn. 66; MüKoAktG/*Schürnbrand* § 186 Rn. 89 ff.; Hüffer/ Koch AktG § 186 Rn. 26; eingehend *Schockenhoff*, Gesellschaftsinteresse, 1988, S. 15 ff.; enger *Hirte*, Bezugsrechtsausschluss, 1986, S. 27 ff.

[395] LG Kiel NJOZ 2010, 1330 (1333); MüKoAktG/*Schürnbrand* § 186 Rn. 98; Spindler/Stilz AktG/*Servatius* § 186 Rn. 44; Bürgers/Körber AktG/*Marsch-Barner* § 186 Rn. 29; *Wiedemann* ZGR 1980, 147 (158).

[396] MüKoAktG/*Schürnbrand* § 186 Rn. 99; Hüffer/*Koch* AktG § 186 Rn. 26; Bürgers/Körber AktG/*Marsch-Barner* § 186 Rn. 29; *Wiedemann* ZGR 1980, 147 (158); eingehend *Hirte*, Bezugsrechtsausschluss, 1986, S. 47 ff.; aA für den Vertragskonzern *Martens* FS Fischer, 1979, 437 (448 ff.); Spindler/Stilz AktG/*Servatius* § 186 Rn. 46.

[397] OLG Schleswig AG 2004, 155 (158); LG München I ZIP 1995, 1013 (1014 f.); MüKoAktG/ *Schürnbrand* § 186 Rn. 99 aE.

[398] OLG Karlsruhe ZIP 1991, 1145 (1148).

[399] Hüffer/*Koch* AktG § 186 Rn. 27; GroßkommAktG/*Wiedemann* § 186 Rn. 144. Zu Recht kritisch gegenüber diesem Kriterium mangels eigenständiger Bedeutung Spindler/Stilz AktG/*Servatius* § 186 Rn. 47.

[400] Instruktiv BGHZ 125, 239 (244) – Deutsche Bank; vgl. ferner mit unterschiedlichen Akzentsetzungen zB BGHZ 83, 319 (321) – Holzmann; *Lutter* ZGR 1979, 401 (404); auf beides abstellend MüKoAktG/*Schürnbrand* § 186 Rn. 102; Hüffer/*Koch* AktG § 186 Rn. 27; Spindler/Stilz AktG/*Servatius* § 186 Rn. 48.

[401] Für ein Überwiegen MüKoAktG/*Schürnbrand* § 186 Rn. 103; Hüffer/*Koch* AktG § 186 Rn. 28; Bürgers/Körber AktG/*Marsch-Barner* § 186 Rn. 31; wohl auch BGHZ 83, 319 (322): „im übergeordneten Gesellschaftsinteresse"; unklar BGHZ 71, 40 (46 f.) – Kali & Salz: „aufwiegen"; aA Spindler/ Stilz AktG/*Servatius* § 186 Rn. 49; in diese Richtung auch BGHZ 125, 239 (246) – Deutsche Bank: „nicht […] außer Verhältnis zu der Beeinträchtigung".

§ 57   118   10. Kapitel. Kapitalmaßnahmen

zugswürdig erscheint.⁴⁰² Ist das Interesse der Gesellschaft zu schwach, um die den Aktionären drohenden Nachteile zu rechtfertigen, ist der Bezugsrechtsausschluss ebenfalls unzulässig.

118   Diese strengen Anforderungen lassen einen Bezugsrechtsausschluss bei einer Barkapitalerhöhung nur selten zu.⁴⁰³ Der Gesetzgeber hat mit der Möglichkeit des vereinfachten Bezugsrechtsausschlusses (§ 186 Abs. 3 S. 4 AktG; vgl. → Rn. 123 ff.) für teilweise Abhilfe gesorgt. Der BGH hat darüber hinaus für die Ermächtigung zum Bezugsrechtsausschluss beim genehmigten Kapital und für die Ausnutzung dieser Ermächtigung die Anforderungen gelockert (vgl. → § 59 Rn. 31 ff. u. 60 ff.) und diese Rechtsprechung sodann auf Ermächtigungen iRd § 221 AktG übertragen (vgl. → § 64 Rn. 32).⁴⁰⁴ Im Anschluss hieran wurde und wird in der Literatur zT die Auffassung vertreten, aus der BGH-Rechtsprechung folge auch für die Kapitalerhöhung nach §§ 182 ff. AktG eine Aufgabe der strengen Anforderungen des Bezugsrechtsausschlusses.⁴⁰⁵ Diese Ansicht hat sich jedoch nicht durchgesetzt, und die Rechtsprechung hält iRd ordentlichen Kapitalerhöhung unverändert an den Maßstäben für die Sachkontrolle des Bezugsrechtsausschlusses fest.⁴⁰⁶ Verschiedentlich wird ferner dafür plädiert, das Erfordernis der sachlichen Rechtfertigung aufzugeben (vgl. auch → Rn. 8).⁴⁰⁷ Solche Stimmen sind bislang in der Minderheit geblieben, obwohl für sie überzeugende Gründe sprechen. Will man jedoch nicht so weit gehen, erscheint es zumindest notwendig, auch auf der Grundlage der von der Rechtsprechung entwickelten Kriterien, einen Ausgleich zwischen dem Finanzierungsinteresse der Gesellschaft sowie den Interessen der Aktionärsmehrheit einerseits und den Belangen der Aktionärsminderheit andererseits zu finden. Zentraler Aspekt der Prüfung eines Bezugsrechtsausschlusses ist seine Angemessenheit. Dabei sind – auch auf der Grundlage der oben dargestellten Grundsätze – die relevanten wirtschaftlichen und rechtlichen Parameter des Einzelfalls sachgerecht zu berücksichtigen. Ausgangspunkt dafür ist, dass das Bezugsrecht in doppelter Hinsicht dem Verwässerungsschutz der Aktionäre dient. Geschützt werden sollen ihre Beteiligungsquote und der Wert ihrer Beteiligung. Zu letzterer besagt die sachliche Rechtfertigung bei näherer Betrachtung

---

⁴⁰² *Lutter* ZGR 1979, 401 (404); KölnKommAktG/*Ekkenga* § 186 Rn. 87; Hüffer/*Koch* AktG § 186 Rn. 28; Spindler/Stilz AktG/*Servatius* § 186 Rn. 48; Bürgers/Körber AktG/*Marsch-Barner* § 186 Rn. 31.

⁴⁰³ So ausdrücklich BGH NJW 1982, 2444 (2446) – Holzmann (insoweit in BGHZ 83, 319 nicht abgedruckt); OLG Celle AG 2002, 292; ebenso MüKoAktG/*Schürnbrand* § 186 Rn. 107 aE; Grigoleit/*Rieder/Holzmann* AktG § 186 Rn. 58; großzügiger *Decker* ZGR 2019, 1122 (1165).

⁴⁰⁴ Vgl. zum genehmigten Kapital BGHZ 136, 133 – Siemens/Nold u. BGH ZIP 2005, 2205 – Commerzbank/Mangusta I sowie zu § 221 AktG BGH ZIP 2006, 368 u. BGH ZIP 2007, 2122.

⁴⁰⁵ In diese Richtung namentlich *Kindler* ZGR 1998, 35 (39, 64 f.); *Hofmeister* NZG 2000, 713 (717 ff.); *Goette* ZGR 2012, 505 (510 f.); *Paefgen*, Unternehmerische Entscheidungen, 2002, S. 74 f.; anscheinend auch, allerdings kritisch, *Lutter* JZ 1998, 50 („Wie lange noch?").

⁴⁰⁶ Vgl. etwa OLG Schleswig AG 2004, 155 (158); OLG München AG 2003, 451 (452); OLG Celle AG 2002, 292; s. auch deutlich BGHZ 164, 249 (254 f.) – Commerzbank/Mangusta II; ferner BGH ZIP 2006, 368 Rn. 4 u. 6; 2007, 2122 Rn. 3; aus der Literatur zB MüKoAktG/*Schürnbrand* § 186 Rn. 19, 89 ff.

⁴⁰⁷ Vgl. insbes. *Mülbert*, Aktiengesellschaft, 1995, S. 330 ff., der den Beschluss nur daraufhin überprüfen will, ob die Entscheidung im Gesellschaftsinteresse liegt und ob Minderheitsinteressen wider Treu und Glauben beeinträchtigt werden; ähnlich *Paefgen*, Unternehmerische Entscheidungen, 2002, S. 94 ff., 569; *Fastrich*, Funktionales Rechtsdenken, 2001, S. 48 ff., der eine Beschlusskontrolle nur dann für denkbar hält, wenn das Mehrheitsprinzip mangels Interessengleichrichtung versagt und keine anderen Regulierungsmechanismen eingreifen; *Tettinger*, Bezugsrechtsausschluss, 2003, S. 65 ff., 90 ff., der eine Verhältnismäßigkeitskontrolle auf Fälle der Aktionärsgleichbehandlung beschränken will; *Verse*, Gleichbehandlungsgrundsatz, 2006, S. 54 ff., 457 ff., der den Bezugsrechtsausschluss am Gleichbehandlungsgrundsatz messen will; *Ekkenga* AG 1994, 59 (65), der eine über § 255 Abs. 2 AktG hinausgehende Sachkontrolle ganz ablehnt; ähnlich *Wandrey*, Materielle Beschlusskontrolle, 2012, S. 317 f.; *T. Bezzenberger* ZIP 2002, 1917 (1924 ff.); *Kindler* ZHR 158 (1994), 339 (367 f.); ferner *Roggenkemper*, Unternehmenserwerb im Wege der Sachkapitalerhöhung, 2018, S. 225 ff.; *Decker* ZGR 2019, 1122 (1150 ff.); aus der früheren Rspr. auch RGZ 105, 373 (375) – Union AG; RGZ 119, 248 (254) – Hamburg Süd AG.

nichts. Der Beteiligungswert wird vielmehr durch § 255 Abs. 2 AktG geschützt. Maßgeblicher Gegenstand der Abwägung ist daher eine etwaige **Verwässerung der Beteiligungsquoten.** Grundlage für die insofern erforderliche Abwägung ist der konkrete Sachverhalt (vgl. → Rn. 117). Berücksichtigung findet damit die Zusammensetzung des Aktionärskreises. Ein Schutz der Beteiligungsquote setzt dabei eine **unternehmerische Beteiligung** voraus; anderenfalls fehlt es an dem das Erfordernis der sachlichen Rechtfertigung tragenden Grund. Haben Aktionäre nur eine geringfügige Beteiligung, was bei Publikumsgesellschaften für die meisten Aktionäre zutrifft, spielt eine Verwässerung ihrer Beteiligungsquote regelmäßig keine Rolle; sie sind vor allem gegen eine Verwässerung des Werts ihrer Beteiligung zu schützen.[408] Hierzu dient die sachliche Rechtfertigung jedoch nicht und ist sie auch nicht geeignet. Andererseits ist das Bezugsrecht für das Unternehmen ein erheblicher Kosten- und Risikofaktor.[409] Bei börsennotierten Gesellschaften, die keine unternehmerisch beteiligten Aktionäre haben oder bei denen die unternehmerisch beteiligten Aktionäre die Kapitalerhöhung unterstützen,[410] sollte daher eine sachgerechte Abwägung regelmäßig zu dem Ergebnis gelangen, dass ein Bezugsrechtsausschluss auch bei Barkapitalerhöhungen mangels spürbarer Nachteile für die Aktionäre sachlich gerechtfertigt ist.[411] Auch wenn unternehmerisch beteiligte Aktionäre betroffen sind, ist der Ausschluss bei einem entsprechend nachhaltigen Interesse der Gesellschaft gerechtfertigt; das gilt im Besonderen, wenn die Opposition des Aktionärs auf der Verfolgung eigener Belange beruht.

b) Einzelfälle bei Barkapitalerhöhungen. Die Rechtfertigung eines Bezugsrechtsausschlusses ist eine Frage des konkreten Einzelfalls. Dennoch lassen sich für die Praxis verschiedene Fallgruppen zusammenfassen, in denen die Zulässigkeit eines Bezugsrechtsausschlusses anzunehmen ist oder nahe liegt:

- **Ausgleich von Spitzenbeträgen:**[412] Darunter werden tatsächlich zwei verschiedene Fälle behandelt. Zum einen geht es darum, dass das Bezugsverhältnis gebrochen ist (vgl. → Rn. 103). Davon zu trennen ist die Situation, dass sich zwar ein glattes Bezugsverhältnis ergibt, dieses aber jeweils das Halten einer Mehrzahl von Aktien voraussetzt und daher durch ein kleineres Bezugsverhältnis ersetzt werden soll. Hier ist im Einzelfall zu prüfen, welcher Weg für die Aktionäre weniger einschneidend ist, wobei auch zu

---

[408] Vgl. insbes. BVerfG NZG 2000, 117 (118 f.) – Moto Meter; LG Frankfurt a. M. WM 1992, 437 (438 f.); *Martens* ZIP 1992, 1677 (1690 ff.); s. auch BVerfGE 100, 289 (305) – DAT/Altana, wonach Art. 14 GG zwar sowohl die Verwaltungsrechte als auch die Vermögensposition aus der Aktionärsstellung schützt, letztere aber „vielfach im Vordergrund" steht; ferner *Butzke* Liber Amicorum M. Winter, 2011, 59 (64); *Goette* ZGR 2012, 505 (514). Zur Unterscheidung von Unternehmer- und Anleger-Aktionären auch OLG München BeckRS 2011, 03440 (Nachteile von Aktionären, die „in durchaus relevantem Umfang betroffen sind, [sind] hoch zu gewichten"); *Bayer* Gutachten E, 2008, S. E 101 ff.; kritisch dazu *Meyer/Weber* CFL 2012, 249 (251). Vgl. aber auch BGH ZIP 2016, 666 (669 f.): Verwaltungsrechte seien „nicht ohne Gewicht".

[409] Vgl. dazu nur *Kübler/Mendelson/Mundheim* AG 1990, 461; *Ekkenga* AG 1994, 59; ferner *Schlitt/Schäfer* CFL 2011, 410 u. *Seibt* CFL 2011, 74, jeweils zu den mit der zweiwöchigen Bezugsfrist verbundenen wirtschaftlichen Risiken; aA *Terstege*, Bezugsrechte bei Kapitalerhöhungen, 2001, S. 194 ff.; *Zöllner* AG 2002, 585 (588 ff.).

[410] Warum zB ein Aktionär, der eine Aktie hält, die Rechtsposition eines Großaktionärs, der den Bezugsrechtsausschluss trotz des möglichen Verlusts seines unternehmerischen Einflusses mitträgt, mit Hilfe der Verhältnismäßigkeitsprüfung schützen können soll, ist nicht einsichtig.

[411] In diese Richtung auch Spindler/Stilz AktG/*Servatius* § 186 Rn. 43: „keine überzogenen Anforderungen zu stellen"; die unternehmerische Entscheidungsfreiheit betonend *Mertens* ZIP 1992, 1677 (1695); *Kindler* ZHR (158) 1994, 339 (367).

[412] BGHZ 83, 319 (323) – Holzmann; OLG Stuttgart AG 2001, 200; OLG Frankfurt a. M. AG 1986, 233 (234); KölnKommAktG/*Ekkenga* § 186 Rn. 95; MüKoAktG/*Schürnbrand* § 186 Rn. 114; Hüffer/*Koch* AktG § 186 Rn. 29; *Liebert*, Bezugsrechtsausschluss, 2003, S. 111. S. auch OLG München AG 2012, 802 (803), das einen teilweisen Bezugsrechtsausschluss für gerechtfertigt hielt, da es sich um einen „eher minimalen Bezugsrechtsausschluss in der Spitze handelte".

beachten ist, ob die Bezugsrechte an der Börse gehandelt werden, so dass Veräußerung und Zukauf möglich sind.[413]

119b • **Bedienung von Wandel- und Optionsanleihen**[414] (oder -genussrechten): Das Bezugsrecht ist hier bereits bei Ausgabe der Anleihen bzw. Genussrechte gemäß § 221 Abs. 4 S. 2 AktG gewahrt ((vorverlagertes) Ersatzbezugsrecht). In der Praxis hat diese Konstellation nur geringe Bedeutung, da zur Unterlegung der Anleihen regelmäßig ein bedingtes Kapital verwendet wird (vgl. → § 58 Rn. 6 ff.). Der Bezugsrechtsausschluss ist darüber hinaus regelmäßig gerechtfertigt, wenn den Inhabern der Anleihen bzw. Genussrechte bei späteren Kapitalerhöhungen zur Vermeidung einer Verwässerung Bezugsrechte eingeräumt werden sollen.[415] Hieran dürfte sich auch nichts durch die Entscheidung des EuGH geändert haben, wonach in der Einräumung eines gesetzlichen Bezugsrechts an Inhaber von Wandelschuldverschreibungen bei Barkapitalerhöhungen ein Verstoß gegen Art. 29 Abs. 1 u. 6 Zweite RL liegt.[416]

119c • **Belegschaftsaktien:** Die mit der Ausgabe von Aktien an Mitarbeiter und Geschäftsleiter verbundene Bindung an das Unternehmen stellt grundsätzlich ein legitimes Gesellschaftsinteresse dar.[417] Die Ausgabe soll nach heute wohl vorherrschender Ansicht[418] darüber hinaus einer sachlichen Rechtfertigung bedürfen, an die jedoch nur geringe Anforderungen zu stellen sind. Die Zulässigkeit des Bezugsrechtsausschlusses ist daher regelmäßig zu bejahen, wenn sich das Volumen neuer Aktien in einem angemessenen Rahmen bewegt.[419] Das gilt auch für die Aktienausgabe an Arbeitnehmer und Mitglieder der Geschäftsführung verbundener Unternehmen.[420]

119d • **Gekreuzter Bezugsrechtsausschluss:** Geht man bei Bestehen mehrerer Aktiengattungen von einem Mischbezugsrecht aus (→ Rn. 105), richtet sich das Bezugsrecht für jeden Aktionär auf den Bezug von Aktien jeder Gattung. In diesem Fall ist es jedoch zulässig, zur Aufrechterhaltung des bisherigen Verhältnisses der Aktiengattungen das Bezugsrecht auf Aktien der jeweils anderen Gattung auszuschließen.[421]

119e • **Kooperation mit einem anderen Unternehmen:** Der Bezugsrechtsausschluss ist gerechtfertigt, wenn die Kooperation im Gesellschaftsinteresse liegt und das andere

---

[413] Vgl. HdB börsennotierte AG/*Busch* Rn. 42.83; Arbeitshdb. HV/*Schröer/Hensel* § 20 Rn. 52.

[414] BGHZ 83, 319 (323) – Holzmann; Hüffer/*Koch* AktG § 186 Rn. 30; Hölters AktG/*vApfelbacher/Niggemann* § 186 Rn. 67; *Liebert*, Bezugsrechtsausschluss, 2003, S. 114; kritisch Spindler/Stilz AktG/*Servatius* § 186 Rn. 45.

[415] KölnKommAktG/*Ekkenga* § 186 Rn. 86 mwN; Hölters AktG/*Apfelbacher/Niggemann* § 186 Rn. 67; HdB börsennotierte AG/*Busch* Rn. 42.84; MüKoAktG/*Habersack* § 221 Rn. 189, 294; Spindler/Stilz AktG/*Seiler* § 221 Rn. 154; grundsätzlich auch Großkomm AktG/*Hirte* § 221 Rn. 182; *Liebert*, Bezugsrechtsausschluss, 2003, S. 115; aA *Schumann*, Optionsanleihen, 1990, S. 183 ff.

[416] EuGH AG 2009, 283 (284 f.); dazu GroßkommAktG/*Hirte* § 221 Rn. 182.

[417] BGHZ 144, 290 (292) – adidas; MüKoAktG/*Schürnbrand* § 186 Rn. 115; KölnKommAktG/*Ekkenga* § 186 Rn. 96; Hüffer/*Koch* AktG § 186 Rn. 29; *Hirte*, Bezugsrechtsausschluss, 1986, S. 59 ff.; *Liebert*, Bezugsrechtsausschluss, 2003, S. 112.

[418] MüKoAktG/*Schürnbrand* § 186 Rn. 115; Hüffer/*Koch* AktG § 186 Rn. 29; Spindler/Stilz AktG/*Servatius* § 186 Rn. 45; Bürgers/Körber AktG/*Marsch-Barner* § 186 Rn. 40; *Liebert*, Bezugsrechtsausschluss, 2003, S. 112 f.; *Hirte*, Bezugsrechtsausschluss, 1986, S. 61 f.; aA KölnKommAktG/*Ekkenga* § 186 Rn. 96.

[419] BGHZ 144, 290 (292) – adidas; s. auch BGHZ 83, 319 (323) – Holzmann; ferner MüKoAktG/*Schürnbrand* § 186 Rn. 115; Bürgers/Körber AktG/*Marsch-Barner* § 186 Rn. 40; *Liebert*, Bezugsrechtsausschluss, 2003, S. 113.

[420] KölnKommAktG/*Ekkenga* § 186 Rn. 96; Hölters AktG/*Apfelbacher/Niggemann* § 186 Rn. 67; Arbeitshdb. HV/*Schröer/Hensel* § 20 Rn. 57.

[421] Schmidt/Lutter/*Veil* AktG § 186 Rn. 38; MüKoAktG/*Schürnbrand* § 186 Rn. 49 f. u. 117; Hüffer/*Koch* AktG § 186 Rn. 30; HdB börsennotierte AG/Busch Rn. 42.85; *Rittig* NZG 2012, 1292 (1293 ff.) auch zur Zulässigkeit bei „bis-zu"-Kapitalerhöhungen; im Ergebnis ebenso LG Tübingen ZIP 1991, 169 (171 f.).

§ 57 (Reguläre) Kapitalerhöhung gegen Einlagen   119f–119i   § 57

Unternehmen eine Beteiligung verlangt.[422] Dabei wird das Interesse der Gesellschaft an der Kooperation umso nachhaltiger sein müssen, desto stärker die Nachteile für die Aktionäre im konkreten Fall wiegen.

- **Erstmalige Börseneinführung:** Ein Ausschluss des Bezugsrechts zum Zwecke der Börseneinführung ist zulässig, wenn die erforderlichen Aktienstücke anders nicht beschafft werden können und das Interesse des Unternehmens an der Börsennotierung die Bezugsinteressen der bisherigen Aktionäre überwiegt.[423] Aktien können insbesondere dann nicht anderweitig beschafft werden, wenn der Börsenplatz iRd erstmaligen Zulassung eine Kapitalerhöhung verlangt. Desto größer der Aktionärskreis ist und umso geringer damit die Nachteile eines Bezugsrechtsausschlusses für die Aktionäre sind, umso eher wird die sachliche Rechtfertigung zu bejahen sein.[424] Auch bei einem geschlossenen Aktionärskreis kann der Ausschluss aber rechtmäßig sein, wenn das Unternehmen zB dringend Eigenkapital benötigt und die Altaktionäre nicht bereit sind, die erforderlichen Mittel zur Verfügung zu stellen.[425] Wird das Bezugsrecht iR. eines Börsengangs ausgeschlossen, steht den dissentierenden Aktionäre kein Austrittsrecht gegen Barabfindung analog §§ 305, 306 AktG zu.[426]   119f

- **Zusätzliche Zulassung an Auslandsbörse:** Der Bezugsrechtsausschluss für Zwecke der Einführung der Aktie an weiteren (vor allem ausländischen) Börsenplätzen, an denen sie bislang nicht gehandelt wird, oder der Verstärkung der Präsenz der Aktie an einzelnen Börsenplätzen ist gerechtfertigt, wenn dadurch die Anlegerbasis erweitert werden kann, eine breite Streuung der Aktie erfolgt und die neuen Aktien nicht anderweitig zur Verfügung stehen.[427]   119g

- **Situation des Kapitalmarkts:** Nach hM[428] soll ein Bezugsrechtsausschluss nicht zulässig sein, wenn nach der Lage des Kapitalmarkts eine Kapitalerhöhung mit Bezugsrecht voraussichtlich scheitern würde, die Gesellschaft dringend auf die Zuführung von Kapital angewiesen und bei Ausschluss des Bezugsrechts eine Platzierung möglich ist. Das überzeugt nicht, wenn die oben in → Rn. 118 dargestellten Voraussetzungen vorliegen. In diesem Fall sollte der Bezugsrechtsausschluss anerkannt werden, wenn die Gesellschaft einen stichhaltigen Eigenkapitalbedarf hat.   119h

- **Höherer Ausgabekurs:** Unter den vorgenannten Voraussetzungen sollte entgegen weit verbreiteter Ansicht[429] dasselbe für den Fall gelten, dass der Bezugsrechtsausschluss dem   119i

---

[422] BGHZ 83, 319 (323) – Holzmann; MüKoAktG/*Schürnbrand* § 186 Rn. 119; Hüffer/*Koch* AktG § 186 Rn. 31; Arbeitshdb. HV/*Schröer*/*Hensel* § 20 Rn. 62; *Liebert*, Bezugsrechtsausschluss, 2003, S. 125; s. auch BGH NZG 2018, 1019 Rn. 52 f. u. 56.
[423] MüKoAktG/*Schürnbrand* § 186 Rn. 118; Hüffer/*Koch* AktG § 186 Rn. 31; Spindler/Stilz AktG/*Servatius* § 186 Rn. 45a; GroßkommAktG/*Wiedemann* § 186 Rn. 159; aA *Hirte*, Bezugsrechtsausschluss, 1986, S. 65 f.
[424] Vgl. *Liebert*, Bezugsrechtsausschluss, 2003, S. 119 f.
[425] S. MüKoAktG/*Schürnbrand* § 186 Rn. 118; s. auch Bürgers/Körber AktG/*Marsch-Barner* § 186 Rn. 44.
[426] So aber GroßkommAktG/*Wiedemann* § 186 Rn. 159; wie hier Hüffer/*Koch* AktG § 186 Rn. 31.
[427] BGHZ 125, 239 (241 ff.) – Deutsche Bank, wo zudem die Anlehnung an den aktuellen Börsenkurs genannt wird, was jedoch eine Frage des § 255 Abs. 2 AktG und nicht der sachlichen Rechtfertigung ist; ferner LG München I AG 1991, 73 (74); MüKoAktG/*Schürnbrand* § 186 Rn. 118 aE; Arbeitshdb. HV/*Schröer*/*Hensel* § 20 Rn. 59; Hüffer/*Koch* AktG § 186 Rn. 31; *Liebert*, Bezugsrechtsausschluss, 2003, S. 121 f.; *Decker* ZGR 2019, 1122 (1166); *Martens* ZIP 1994, 669 (670 ff.). Nach GroßkommAktG/*Wiedemann* § 186 Rn. 160 soll der Vorstand in diesen Fällen später im Anhang zum Jahresabschluss über das Ergebnis der Streuung der jungen Aktien zu berichten haben (§ 160 Nr. 3 AktG analog).
[428] KölnKommAktG/*Ekkenga* § 186 Rn. 77; MüKoAktG/*Schürnbrand* § 186 Rn. 113, 118; Hüffer/*Koch* AktG § 186 Rn. 33; Arbeitshdb. HV/*Schröer*/*Hensel* § 20 Rn. 64; aA wohl *Timm* DB 1982, 211 (215); s. dazu auch BGH NJW 1982, 2444 (2446) – Holzmann (insoweit in BGHZ 83, 319 nicht abgedruckt).
[429] KölnKommAktG/*Ekkenga* § 186 Rn. 120; Arbeitshdb. HV/*Schröer*/*Hensel* § 20 Rn. 61; *Liebert*, Bezugsrechtsausschluss, 2003, S. 116; *Decker* ZGR 2019, 1122 (1168).

Zweck dient, einen höheren Ausgabekurs zu erzielen,[430] und dadurch ein Kapitalbedürfnis gedeckt wird, das durch die Möglichkeit des vereinfachten Bezugsrechtsausschlusses (vgl. → Rn. 123 ff.) nicht hinreichend befriedigt werden kann.

119j • **Sanierungssituationen:** In Sanierungssituationen wird ein Bezugsrechtsausschluss häufig zulässig sein. Das gilt insbesondere dann, wenn Aktien „en bloc" vergeben werden sollen, um auf diese Weise einen vorteilhaften Ausgabekurs zu erzielen[431] oder weil die Sanierung die Anlehnung an ein anderes Unternehmen erfordert, die dieses von einer Beteiligung abhängig macht.[432] Das kann selbst dann anzunehmen sein, wenn dadurch eine Squeeze Out-Mehrheit des Großaktionärs herbeigeführt wird; allerdings sind in einem solchen Fall erhöhte Anforderungen an die Angemessenheitsprüfung und den Vorstandsbericht (→ Rn. 132 ff.) zu stellen.[433]

119k • **Abwendung drohender Abhängigkeit:** Schließlich kann ein Bezugsrechtsausschluss zulässig sein, soweit er erforderlich ist, um die wirtschaftliche Selbstständigkeit der Gesellschaft zu erhalten. Das gilt jedenfalls dann, wenn der Gesellschaft andernfalls eine Schädigung oder die Vernichtung droht.[434] Verbreitet wird ein Bezugsrechtsausschluss zur Abwehr eines Abhängigkeitsverhältnisses darüber hinaus auch unabhängig von konkreten Schädigungsgefahren zugelassen.[435] Jedenfalls dann, wenn die Übernahme durch öffentliches Übernahmeangebot erfolgen oder die Verpflichtung zur Abgabe eines Pflichtangebots (§ 35 WpÜG) nach sich ziehen würde, ist das jedoch wegen des Eingriffs in die Interessen der veräußerungswilligen Aktionäre zweifelhaft und eher abzulehnen.[436] Unterhalb der Schwelle drohender Abhängigkeit ist der Bezugsrechtsausschluss zur Verteidigung der wirtschaftlichen Selbstständigkeit und Überfremdung hingegen in der Regel unzulässig; die Aufrechterhaltung der bisherigen Aktionärsstruktur wird nur in Ausnahmefällen im Interesse der Gesellschaft liegen.[437]

119l • **Mittelbare Bezugsrechtsemission über Nicht-Kreditinstitut** (vgl. → Rn. 155 f.).

---

[430] BGH NJW 1982, 2444 (2446) – Holzmann (insoweit in BGHZ 83, 319 nicht abgedruckt); Hüffer/*Koch* AktG § 186 Rn. 33; MüKoAktG/*Peifer* § 186 Rn. 95; Bürgers/Körber AktG/*Marsch-Barner* § 186 Rn. 43; s. auch BGH NZG 2018, 1019 Rn. 56: Konkrete Anhaltspunkte erforderlich, dass die Aktionäre nicht bereit sein werden, den höheren Ausgabebetrag zu bezahlen.

[431] BGH NJW 1982, 2444 (2446) – Holzmann (insoweit in BGHZ 83, 319 nicht abgedruckt); MüKoAktG/*Schürnbrand* § 186 Rn. 113; *Liebert,* Bezugsrechtsausschluss, 2003, S. 117 f.; Hüffer/*Koch* AktG § 186 Rn. 33. S. auch RegE Aktienrechtsnovelle 2016 BT-Drs. 18/4349, 27, wonach in den in § 192 Abs. 3 S. 3 und 4 AktG genannten Fällen ein Bezugsrechtsausschluss „in der Regel" gerechtfertigt ist.

[432] LG Heidelberg ZIP 1988, 1257 (1258) – Rückforth; LG Frankfurt a. M. DB 2003, 2541; KölnKommAktG/*Ekkenga* § 186 Rn. 100; MüKoAktG/*Schürnbrand* § 186 Rn. 113; *Hüffer* § 186 Rn. 31; Bürgers/Körber AktG/*Marsch-Barner* § 186 Rn. 43; Arbeitshdb. HV/*Schröer/Hensel* § 20 Rn. 61; *Decker* ZGR 2019, 1122 (1168).

[433] Vgl. dazu OLG Schleswig AG 2004, 155 (158 f.); LG Frankfurt a. M. DB 2003, 2541 f.; s. auch OLG Köln ZIP 2014, 263 (266) – Solarworld; *Decker* ZGR 2019, 1122 (1168 f.); für den Fall, dass die „en bloc"-Vergabe iRd Sanierung eine Abhängigkeit begründet, wird die Rechtfertigung des Bezugsrechtsausschlusses zT verneint; vgl. LG München I ZIP 1995, 1013 ff.; Schmidt/Lutter/*Veil* AktG § 186 Rn. 38.

[434] BGHZ 33, 175 (186 ff.) – Minimax II; MüKoAktG/*Schürnbrand* § 186 Rn. 120; Bürgers/Körber AktG/*Marsch-Barner* § 186 Rn. 46; *Liebert,* Bezugsrechtsausschluss, 2003, S. 122; aA *Hirte,* Bezugsrechtsausschluss, 1986, S. 43, 50 ff.; *Mestmäcker* BB 1961, 945.

[435] GroßkommAktG/*Wiedemann* § 186 Rn. 161 ff.; KölnKommAktG/*Ekkenga* § 186 Rn. 102; Hüffer/*Koch* AktG § 186 Rn. 32; *Martens* FS Fischer, 1979, 437 (452 ff.); *Martens* FS Steindorff, 1990, 151 (160); *Liebert,* Bezugsrechtsausschluss, 2003, S. 123 f.; aA MüKoAktG/*Schürnbrand* § 186 Rn. 121; *Mestmäcker* BB 1961, 945; *Hirte,* Bezugsrechtsausschluss, 1986, S. 43.

[436] MüKoAktG/*Schürnbrand* § 186 Rn. 121 aE; Hölters AktG/*Apfelbacher/Niggemann* § 186 Rn. 67; Bürgers/Körber AktG/*Marsch-Barner* § 186 Rn. 46; in diese Richtung auch bereits KölnKommAktG/*Ekkenga* § 186 Rn. 103 aE.

[437] KölnKommAktG/*Ekkenga* § 186 Rn. 99; MüKoAktG/*Schürnbrand* § 186 Rn. 121; Hüffer/*Koch* AktG § 186 Rn. 32; aA GroßkommAktG/*Wiedemann* § 186 Rn. 161 ff.; Bürgers/Körber AktG/*Marsch-Barner* § 186 Rn. 46.

c) **Bezugsrechtsausschluss bei Sachkapitalerhöhungen.** Nach hM gelten die vorste- **120** henden Grundsätze auch bei einer Kapitalerhöhung mit Sacheinlagen.[438] Es genüge nicht, dass die Gesellschaft nach vernünftigen kaufmännischen Erwägungen ein dringendes Interesse am Erwerb des Gegenstandes habe.[439] Vielmehr sei zusätzlich zu prüfen, ob der Gegenstand nicht auch auf andere Weise erworben werden könne[440] oder ob es nicht zumindest möglich sei, im Wege einer Barkapitalerhöhung die erforderlichen Mittel aufzunehmen und damit die bisherigen Quoten aufrecht oder ihre Verschiebung jedenfalls in Grenzen zu halten.[441] Ist der **Sacheinleger** bereits **Aktionär,** ist es vor diesem Hintergrund empfehlenswert, eine **gemischte Bar-/Sachkapitalerhöhung** durchzuführen.[442] Das kann in der Weise geschehen, dass die Hauptversammlung eine Bar- und eine Sachkapitalerhöhung beschließt und das Bezugsrecht jeweils ausgeschlossen wird; dieser Bezugsrechtsausschluss ist grundsätzlich gerechtfertigt.[443] Möglich und zulässig ist es aber auch, nur einen Beschluss zu fassen, bei dem einzelne Aktionäre die Möglichkeit erhalten, ihre Einlagepflicht durch eine Sacheinlage zu erfüllen; ein Bezugsrechtsausschluss liegt in diesem Fall nicht vor.[444] § 255 Abs. 2 AktG findet jedoch Anwendung (vgl. → Rn. 47).

Die vorstehenden Grundsätze sollen auch bei einer Sachkapitalerhöhung zum Zwecke **121** eines **Unternehmenszusammenschlusses** (Einbringung eines Betriebs oder Unternehmens oder von Beteiligungen) gelten;[445] an die sachliche Rechtfertigung seien dabei hohe Anforderungen zu stellen, wenn die Gesellschaft durch die Kapitalerhöhung in eine Abhängigkeitssituation gerate.[446] Dass bei einer Kapitalerhöhung zum Zwecke einer Verschmelzung und Spaltung (§§ 69 Abs. 1 S. 1, 142 UmwG) und bei einer bedingten Kapitalerhöhung zur Vorbereitung eines Unternehmenszusammenschlusses (§ 192 Abs. 2 Nr. 2 AktG) ein Bezugsrecht kraft Gesetzes nicht existiert, stehe nicht entgegen;[447] viel-

---

[438] BGHZ 71, 40 (45 f.) – Kali & Salz; OLG Schleswig AG 2005, 48 (50); OLG München AG 1993, 283 (285); LG Kiel NJOZ 2010 1330 (1332); s. ferner die Nachweise in den folgenden Fußnoten. Zur Vereinbarkeit mit der EG-Kapitalrichtlinie vgl. EuGH ZIP 1996, 2015.

[439] So aber BGHZ 71, 40 (46 f.) – Kali & Salz.

[440] OLG Schleswig AG 2005, 48 (50); LG München I BB 2001, 748 (749); *Lutter* ZGR 1979, 401 (406 ff.); MüKoAktG/*Schürnbrand* § 186 Rn. 122 f.; Hölters AktG/*Apfelbacher/Niggemann* § 186 Rn. 68; *Hüffer/Koch* AktG § 186 Rn. 34; KölnKommAktG/*Ekkenga* § 186 Rn. 111; Bürgers/Körber AktG/*Marsch-Barner* § 186 Rn. 38; Arbeitshdb. HV/*Schröer/Hensel* § 21 Rn. 9; näher *Schumann,* Bezugsrecht, 2001, S. 188 f.; *Natterer,* Kapitalveränderung, 2000, S. 107 ff.; *Liebert,* Bezugsrechtsausschluss, 2003, S. 126 f.

[441] KG AG 2007, 359 (360) – IMW Immobilien AG; *Lutter* ZGR 1979, 401 (406 ff.); KölnKomm-AktG/*Ekkenga* § 186 Rn. 111; *Hüffer/Koch* AktG § 186 Rn. 34; Schmidt/Lutter/*Veil* AktG § 186 Rn. 35; Wachter AktG/*Dürr* § 186 Rn. 24; Arbeitshdb. HV/*Schröer/Hensel* § 21 Rn. 9; *Schumann,* Bezugsrecht, 2001, S. 189 ff.; *Natterer,* Kapitalveränderung, 2000, S. 113 f.; *Liebert,* Bezugsrechtsausschluss, 2003, S. 127.

[442] Hüffer/*Koch* AktG § 186 Rn. 34; *Lutter* ZGR 1979, 401 (406 f.); *Schockenhoff,* Gesellschaftsinteresse, 1988, S. 65 ff.; s. auch OLG Jena ZIP 2006, 1989 (1993 f.) – Carl Zeiss Meditec AG u. OLG Nürnberg AG 2018, 406 Rn. 93; zu Recht kritisch *Decker* ZGR 2019, 1122 (1161 ff.).

[443] OLG Jena ZIP 2006, 1989 (1993) – Carl Zeiss Meditec AG; *Lutter* ZGR 1979, 401 (406 f.); Wachter AktG/*Dürr* § 186 Rn. 24.

[444] Vgl. OLG Stuttgart AG 2001, 200; GroßkommAktG/*Wiedemann* § 186 Rn. 183; Wachter AktG/*Dürr* § 186 Rn. 24; HdB börsennotierte AG/*Busch* Rn. 42.40; *Groß* AG 1993, 449 (453); wohl auch OLG Jena ZIP 2006, 1989 (1993 f.); – Carl Zeiss Meditec AG; ferner LG Frankfurt a. M. ZIP 2014, 322 (325) – Commerzbank; aA MüKoAktG/*Schürnbrand* § 186 Rn. 124; wohl auch OLG Nürnberg AG 2018, 406 Rn. 93.

[445] BGHZ 71, 40 (46) – Kali & Salz; OLG Schleswig AG 2005, 48 (50); OLG München AG 1993, 283 (285); LG Aachen AG 1995, 45 f.; MüKoAktG/*Schürnbrand* § 186 Rn. 126; *Hüffer*/AktG § 186 Rn. 34; Arbeitshdb. HV/*Schröer/Hensel* § 21 Rn. 9; *Liebert,* Bezugsrechtsausschluss, 2003, S. 133.

[446] GroßkommAktG/*Wiedemann* § 186 Rn. 172; KölnKommAktG/*Ekkenga* § 186 Rn. 112; aA MüKoAktG/*Schürnbrand* § 186 Rn. 126; Grigoleit/*Rieder/Holzmann* AktG § 186 Rn. 67.

[447] GroßkommAktG/*Wiedemann* § 186 Rn. 173; aA KölnKommAktG/*Ekkenga* § 186 Rn. 112 f.

mehr sei umgekehrt auch in diesen Fällen für die Kapitalerhöhung eine sachliche Rechtfertigung zu fordern.[448] Zur Einbringung von **Forderungen gegen die Gesellschaft** (zur Einbringung als Sacheinlage sowie zur Bewertung auch → Rn. 85 f.) sei ein Bezugsrechtsausschluss im Allgemeinen nicht gerechtfertigt, weil die zur Tilgung nötigen Mittel auch durch eine Barkapitalerhöhung beschafft werden könnten sondern oder eine gemischte Bar-/Sachkapitalerhöhung in Betracht komme.[449] Ist die Alternative der Barkapitalerhöhung jedoch verschlossen, ist der Bezugsrechtsausschluss richtigerweise, insbesondere in Sanierungssituationen, regelmäßig gerechtfertigt.[450] Das gilt insbesondere dann, wenn der Forderungsinhaber eine Beteiligung zur Voraussetzung für seinen Sanierungsbeitrag macht. Verlangt der Gläubiger hingegen keine Beteiligung bzw. keine Beteiligung in einer bestimmten Höhe, kann es in Betracht kommen, eine **Kombination einer Bar- mit einer subsidiären Sachkapitalerhöhung** zu beschließen.[451] Dabei können zunächst die Aktionäre die neuen Aktien gegen Bareinlage zeichnen. Aus den Erlösen werden die Forderungen bedient; in der verbleibenden Höhe bringt der Gläubiger seine Forderungen ein. Probleme des Bezugsrechtsausschlusses stellen sich hier richtigerweise nicht; § 255 Abs. 2 AktG findet jedoch im Grundsatz Anwendung.

122 Die von der hM aufgestellten Maßstäbe gehen in der Tendenz zu weit. Im Grundsatz sollte man es für den Bezugsrechtsausschluss bei der Sachkapitalerhöhung genügen lassen, dass ein **nachvollziehbares Interesse** der Gesellschaft am Erwerb der Sache besteht.[452] Demgegenüber ist es überzogen, die Gesellschaft stets vorrangig auf alternative Erwerbswege oder eine parallele Barkapitalerhöhung zu verweisen. Bei der Sacheinlage sollten die obigen Überlegungen (vgl. → Rn. 118) erst recht Anwendung finden. Jedenfalls dann, wenn Aktionäre durch den Bezugsrechtsausschluss nicht in ihrer unternehmerischen Beteiligung betroffen werden (etwa durch den Verlust relevanter Beteiligungsquoten) oder die betroffenen unternehmerisch beteiligten Aktionäre die Maßnahme mittragen und durch die Kapitalerhöhung kein Abhängigkeitsverhältnis begründet wird, ist der Ausschluss in der Regel gerechtfertigt, wenn die Gesellschaft ein nachvollziehbares Interesse am Erwerb der Sacheinlage hat. Aber auch soweit unternehmerisch beteiligte Aktionäre die Sachkapitalerhöhung nicht unterstützen und dennoch die erforderliche qualifizierte Mehrheit zustande kommt, steht das dem Bezugsrechtsausschluss regelmäßig nicht entgegen (vgl. → Rn. 118).

---

[448] MüKoAktG/*Schürnbrand* § 183 Rn. 126; GroßkommAktG/*Wiedemann* § 186 Rn. 173; *Hirte*, Bezugsrechtsausschluss, 1986, S. 70 ff.; aA Hölters AktG/*Apfelbacher/Niggemann* § 186 Rn. 73 f., die die Prüfung daher auf eine bloße Missbrauchskontrolle beschränken wollen; *Liebert*, Bezugsrechtsausschluss, 2003, S. 128 ff., die allerdings in den Fällen des § 192 Abs. 2 Nr. 2 AktG eine Sachprüfung verlangt (S. 131 f.); *Timm*, Aktiengesellschaft als Konzernspitze, 1980, S. 81 ff.; zu § 69 UmwG auch Lutter UmwG/*Grunewald* § 69 Rn. 15; Kallmeyer UmwG/*Marsch-Barner* § 69 Rn. 12; vgl. dazu auch noch → § 58 Rn. 19.

[449] MüKoAktG/*Schürnbrand* § 186 Rn. 123; Hüffer/*Koch* AktG § 186 Rn. 35; KölnKommAktG/*Ekkenga* § 186 Rn. 109; *Liebert*, Bezugsrechtsausschluss, 2003, S. 134; *H. F. Müller* KSzW 2013, 65 (67).

[450] OLG Köln ZIP 2014, 263 (266) – Solarworld; *Hirte*, Bezugsrechtsausschluss, 1986, S. 75; MüKoAktG/*Schürnbrand* § 186 Rn. 125; Hüffer/*Koch* AktG § 186 Rn. 35; GroßkommAktG/*Wiedemann* § 186 Rn. 169. Ebenso, jeweils für Bareinlagen, LG Heidelberg ZIP 1998, 1257 (1258) – Rückforth, für den Fall, dass der Gläubiger zu der Sanierung nur unter der Bedingung des Erhalts einer 95 %-Beteiligung bereit war und die Sanierung anderenfalls nach dem unternehmerischen Urteil des Vorstands gescheitert wäre; LG Frankfurt a. M. DB 2003, 2541, allerdings mit erhöhten Anforderungen für den Fall, dass der Sacheinleger bereits mit über 75 % beteiligt ist.

[451] Ausführlich *Löbbe* Liber Amicorum M. Winter, 2011, 423 ff.; ferner Hüffer/*Koch* AktG § 186 Rn. 35; *Maier-Reimer* FS Goette, 2011, 299 (307 f.).

[452] So wohl auch BGHZ 71, 40 (46 f.) – Kali & Salz; *Decker* ZGR 2019, 1122 (1160 ff.); s. auch *Wandrey*, Materielle Beschlusskontrolle, 2012, S. 264: allenfalls im Einzelfall Berufung auf Unverhältnismäßigkeit.

d) Vereinfachter Bezugsrechtsausschluss (§ 186 Abs. 3 S. 4 AktG). Nach § 186 **123** Abs. 3 S. 4 AktG ist ein Bezugsrechtsausschluss zulässig, wenn eine Kapitalerhöhung gegen Bareinlagen 10% des Grundkapitals nicht übersteigt und der Ausgabebetrag den Börsenpreis nicht wesentlich unterschreitet. Die Vorschrift wurde durch das Gesetz über die kleine AG eingefügt, um die Unternehmensfinanzierung durch Eigenkapitalaufnahme zu erleichtern und Wettbewerbsnachteilen deutscher Gesellschaften bei der Finanzierung entgegenzuwirken.[453] Das Gesetz geht davon aus, dass ein Schutzbedürfnis der Altaktionäre in den geregelten Fällen nicht gegeben sei, weil weder ein Einflussverlust noch eine Wertverwässerung drohe.[454]

§ 186 Abs. 3 S. 4 AktG hat **drei Voraussetzungen.** Die Regelung betrifft nur Kapital- **124** erhöhungen gegen **Bareinlagen.**[455] Auf Sachkapitalerhöhungen findet sie keine unmittelbare Anwendung. Werden Bar- und Sachkapitalerhöhung gleichzeitig beschlossen, was zulässig ist, soll der vereinfachte Bezugsrechtsausschluss nur für die Barkapitalerhöhung gelten.[456] Das überzeugt nicht. Die dem § 186 Abs. 3 S. 4 zugrunde liegende Wertung sollte (erst recht) auf die Sachkapitalerhöhung übertragbar sein. Der Bezugsrechtsausschluss ist danach gerechtfertigt, wenn die Gesellschaft ein vernünftiges Interesse an der Sacheinlage hat, die 10%-Grenze eingehalten wird und der Wert der Sacheinlage (vgl. → Rn. 47 f.) den Börsenkurs der für sie ausgegebenen Aktien nicht wesentlich unterschreitet.[457]

Die Kapitalerhöhung darf zum Zweiten **10% des Grundkapitals** nicht übersteigen. **125** Gemeint ist das im Zeitpunkt des Erhöhungsbeschlusses vorhandene, nicht das erhöhte Grundkapital.[458] Aufgrund eines bedingten Kapitals ausgegebene Aktien sind gemäß § 200 AktG mitzurechnen, auch wenn die Kapitalerhöhung noch nicht eingetragen ist. Sind nicht alle Aktien börsennotiert, ist dennoch das gesamte Grundkapital maßgeblich.[459] Dasselbe gilt, wenn mehrere Aktiengattungen bestehen und zwar unabhängig davon, ob bei der Kapitalerhöhung neue Aktien nur einer oder aller Gattungen begeben werden. Daneben sind weitere Kapitalerhöhungen über die 10%-Quote hinaus zulässig; soll dabei das Bezugsrecht ausgeschlossen werden, muss der Bezugsrechtsausschluss insoweit jedoch nach hM den allgemeinen Anforderungen des Verhältnismäßigkeitsgrundsatzes genügen (aber → Rn. 119).

Das Gesetz lässt ungeregelt, welche Grenzen für eine **wiederholte Ausnutzung** der **126** 10%-Klausel gelten. Durch Gesetzesauslegung lassen sich hierzu keine festen Schranken ableiten. Vielmehr hilft nur eine Missbrauchskontrolle im Einzelfall: bei missbräuchlich häufiger Inanspruchnahme greifen die Erleichterungen des § 186 Abs. 3 S. 4 AktG nicht ein, sondern es bleibt bei den allgemeinen Anforderungen des Verhältnismäßigkeitsgrundsatzes (→ Rn. 115 ff.).[460] Im Allgemeinen wird nichts entgegenstehen, die 10%-Klausel

---

[453] Vgl. Begr. RegE BT-Drs. 12/6721, 10/11; Beschlussempfehlung des Rechtsausschusses BT-Drs. 12/7848, 16.

[454] Begr. RegE BT-Drs. 12/6721, 11; s. auch OLG München ZIP 2006, 1440 (1441); kritisch demgegenüber zB *Zöllner* AG 2002, 585 (591 f.); Hüffer/*Koch* AktG § 186 Rn. 39b.

[455] Ausschussbericht BT-Drs. 12/7848, 16; OLG München WM 1995, 60 (61); Hüffer AktG/*Koch* § 186 Rn. 39c; KölnKommAktG/*Ekkenga* § 186 Rn. 149; MüKoAktG/*Schürnbrand* § 186 Rn. 6, 130.

[456] Hüffer/*Koch* AktG § 186 Rn. 39b; MüKoAktG/*Schürnbrand* § 186 Rn. 130; Schmidt/Lutter/ *Veil* AktG § 186 Rn. 40.

[457] *Schäfer* CFL 2011, 399 (401); *Ihrig* Liber Amicorum Happ, 2006, 109 (111 f.).

[458] Hüffer/*Koch* AktG § 186 Rn. 39b; Spindler/Stilz AktG/*Servatius* § 186 Rn. 57; MüKoAktG/ *Schürnbrand* § 186 Rn. 131; Unternehmensfinanzierung am Kapitalmarkt/*R. Krause* Rn. 6.30; *Groß* DB 1994, 2431 (2432); *Ihrig/Wagner* NZG 2002, 657 (660 f.).

[459] *Seibt* CFL 2011, 74 (77); *Schlitt/Schäfer* AG 2005, 67 (68 f.).

[460] Hölters AktG/*Apfelbacher/Niggemann* § 186 Rn. 80; Bürgers/Körber AktG/*Marsch-Barner* § 186 Rn. 33; MüKoAktG/*Schürnbrand* § 186 Rn. 132; Unternehmensfinanzierung am Kapitalmarkt/ *R. Krause* Rn. 6.31; wohl strenger Hüffer/*Koch* AktG § 186 Rn. 39g; offengelassen von OLG München WM 1996, 1910 (1911).

jährlich einmal in Anspruch zu nehmen.⁴⁶¹ Zu Stufenermächtigungen beim genehmigten Kapital vgl. aber → § 59 Rn. 34. Dementsprechend steht es dem Direktausschluss nach § 186 Abs. 3 S. 4 AktG auch nicht entgegen, wenn im Jahr zuvor aufgrund von Ermächtigungen nach §§ 203, 221, 71 Abs. 1 Nr. 8 AktG Aktien oder Wandelschuldverschreibungen ausgegeben bzw. veräußert worden sind; eine Anrechnung scheidet insofern aus.⁴⁶² Problematisch soll demgegenüber sein die gleichzeitige Beschlussfassung über einen Direktausschluss gemäß § 186 Abs. 3 S. 4 AktG, der die 10%-Grenze ausschöpft, sowie über Ermächtigungen gemäß §§ 203, 221, 71 Abs. 1 Nr. 8 AktG, die ebenfalls einen vereinfachten Bezugsrechtsausschluss erlauben.⁴⁶³

127 Der **Ausgabebetrag** darf schließlich den Börsenpreis nicht wesentlich unterschreiten. Das schließt es nicht aus, dass die jungen Aktien zunächst zum Nennbetrag an ein Emissionskonsortium zur Platzierung ausgegeben werden. Als „Ausgabebetrag" ist in diesem Fall das bei der Platzierung für die Aktien zu leistende Entgelt anzusehen. Erst dieses darf den Börsenkurs nicht wesentlich unterschreiten.⁴⁶⁴ Seine Höhe darf nicht vom Emissionskonsortium, sondern muss vom Vorstand festgesetzt werden;⁴⁶⁵ das kann auch im Wege des Bookbuilding-Verfahrens geschehen.⁴⁶⁶ Der vereinfachte Bezugsrechtsausschluss setzt voraus, dass ein Börsenpreis existiert. Eine Kursfeststellung im Freiverkehr reicht aus (s. § 24 Abs. 1 BörsG);⁴⁶⁷ ebenso dürfte die Preisfeststellung an einer ausländischen Börse genügen.⁴⁶⁸ Ist die Aktie an mehreren Börsen notiert, ist die mit den größten Umsätzen zugrundezulegen.⁴⁶⁹ Bestehen verschiedene Aktiengattungen, kommt es auf den Börsen-

---

⁴⁶¹ KölnKommAktG/*Ekkenga* § 186 Rn. 152; Bürgers/Körber AktG/*Marsch-Barner* § 186 Rn. 33; HdB börsennotierte AG/*Busch* Rn. 42.89; Unternehmensfinanzierung am Kapitalmarkt/*R. Krause* Rn. 6.31; *Schwark* FS Claussen, 1997, 357 (376); *Schlitt/Schäfer* AG 2005, 67 (69).

⁴⁶² So zutreffend Unternehmensfinanzierung am Kapitalmarkt/*R. Krause* Rn. 6.31a.

⁴⁶³ Vgl. HdB börsennotierte AG/*Busch* Rn. 42.89; *Ihrig/Wagner* NZG 2002, 657 (662); zu Recht aA *Groß* DB 1994, 2431 (2432).

⁴⁶⁴ Hölters AktG/*Apfelbacher/Niggemann* § 186 Rn. 75; *Trapp* AG 1997, 115 (119); *Groß* DB 1994, 2431 (2433); *Schlitt/Schäfer* AG 2005, 67 (70); *Hoffmann-Becking* FS Lieberknecht, 1997, 25 (30); ebenso *Seibt* CFL 2011, 74 (79), der zudem verlangt, dass der Vorstand im Underwriting Agreement Vorkehrungen zum Aktionärsschutz vorsieht, sollte die Platzierung nicht zum Börsenkurs erfolgen können; ähnlich *Ihrig* Liber Amicorum Happ, 2006, 109 (121). Wohl aA, dh Maßgeblichkeit des Ausgabebetrages im Sinne von § 182 Abs. 3 AktG, Hüffer/*Koch* AktG § 186 Rn. 39d.

⁴⁶⁵ KölnKommAktG/*Ekkenga* § 186 Rn. 161, 163; *Hoffmann-Becking* FS Lieberknecht, 1997, 25 (31).

⁴⁶⁶ Eingehend *Groß* ZHR 162 (1998), 318 (335 ff.).

⁴⁶⁷ Hüffer/*Koch* AktG § 186 Rn. 39c; MüKoAktG/*Schürnbrand* § 186 Rn. 129; *Schlitt/Schäfer* AG 2005, 67 (68); *Marsch-Barner* AG 1994, 532 (533); *Kocher/v. Falkenhausen* ZIP 2018, 1949 (1950); *Groß* DB 1994, 2431 (2433 f.); davon geht offenkundig auch BGH NZG 2018, 1019 Rn. 21 ff. aus; dazu *Scholz* DB 2018, 2352 (2355); aA GroßkommAktG/*Wiedemann* § 186 Rn. 53; *Liebert,* Bezugsrechtsausschluss, 2003, S. 154, die eine Kursfeststellung im amtlichen Handel oder im geregelten Markt verlangen.

⁴⁶⁸ KölnKommAktG/*Ekkenga* § 186 Rn. 159; *Liebert,* Bezugsrechtsausschluss, 2003, S. 154; *Marsch-Barner* AG 1994, 532 (534); *Groß* DB 1994, 2431 (2434); grundsätzlich auch Spindler/Stilz AktG/*Servatius* § 186 Rn. 58; Grigoleit/*Rieder/Holzmann* AktG § 186 Rn. 72; aA GroßkommAktG/*Wiedemann* § 186 Rn. 153; einschränkend auf geregelte Märkte im Europäischen Wirtschaftsraum MüKoAktG/*Schürnbrand* § 186 Rn. 129 aE; Hüffer/*Koch* AktG § 186 Rn. 39c; Hölters AktG/*Apfelbacher/Niggemann* § 186 Rn. 76; *Ihrig* Liber Amicorum Happ, 2006, 109 (117); Unternehmensfinanzierung am Kapitalmarkt/*R. Krause* Rn. 6.33; *Schlitt/Schäfer* AG 2005, 67 (68).

⁴⁶⁹ Hölters AktG/*Apfelbacher/Niggemann* § 186 Rn. 76; Hüffer/*Koch* AktG § 186 Rn. 39d; KölnKommAktG/*Ekkenga* § 186 Rn. 159; Unternehmensfinanzierung am Kapitalmarkt/*R. Krause* Rn. 6.33; *Scholz* DB 2018, 2352 (2355); *Groß* DB 1994, 2431 (2434); *Schlitt/Schäfer* AG 2005, 67 (70); *Seibt* CFL 2011, 74 (80): bei mehreren Handelssystemen an einer Börse sei ferner das System mit dem liquidesten Kurs maßgeblich. Nach aA ist auf das „Spektrum der Börsenpreise (sog. Preisniveau)" abzustellen; so Bürgers/Körber AktG/*Marsch-Barner* § 186 Rn. 35; wohl ebenso OLG Jena BeckRS 2016, 132573 Rn. 72.

§ 57 (Reguläre) Kapitalerhöhung gegen Einlagen

preis der jeweiligen Gattung an; sind einzelne Gattungen nicht börsennotiert, kann insoweit ein vereinfachter Bezugsrechtsausschluss nicht erfolgen.[470] Bei der Bestimmung des Börsenkurses ist nicht auf den Zeitpunkt des Hautversammlungsbeschlusses (bzw. die Einladung zur Hauptversammlung), sondern der Ausgabe – genauer: der Preisfestsetzung durch die Verwaltung – abzustellen.[471] So wird der Überlegung des Gesetzgebers, dass den Aktionären ein Nachkauf zum Emissionspreis möglich sei, am besten Rechnung getragen. Die Hauptversammlung kann folglich nur einen Mindestausgabebetrag bzw. -bezugspreis beschließen. Dabei kann auf einen Durchschnittskurs vor der Preisfestsetzung während eines Referenzzeitraums abgestellt werden, der in der Regel zwischen drei und fünf Tagen beträgt. Zwingend ist das jedoch nicht. Möglich ist es vielmehr auch, auf einen Kurs zu einem Stichzeitpunkt oder den Durchschnittskurs während eines kürzeren Zeitraums abzustellen.[472] Zu denken ist an den Zeitpunkt der Preisfestsetzung selbst oder die Phasen von der Ankündigung der Transaktion bis zum Abschluss der Platzierung.[473] Entscheidend sollte sein, dass der Vorstand anhand der konkreten Umstände des Einzelfalls die Emission rechtssicher und zu einem Kurs durchführen kann, der für die Gesellschaft vorteilhaft ist und nach seiner Überzeugung den Aktionären tatsächlich einen Zukauf zu einem entsprechenden Preis erlaubt.

Der Ausgabepreis darf diesen Börsenpreis nicht wesentlich unterschreiten. Dafür wird in Anknüpfung an eine Äußerung im Gesetzgebungsverfahren[474] auf feste Prozentsätze in der Höhe von 3% im Regel- und von 5% im Höchstfall abgestellt.[475] Für die Praxis ist das eine hilfreiche Richtschnur. Eine starre Grenze sollte daraus aber nicht hergeleitet werden. Vielmehr sind für die Bestimmung, was eine **nicht wesentliche Unterschreitung** ist, die Marktverhältnisse, insbesondere die Kursvolatilität, die Marge, die für die Schaffung eines Kaufanreizes notwendig ist, und die Ausstattung der neuen Aktien (zB die zeitliche Ausgestaltung der Dividendenberechtigung), zu berücksichtigen.[476] Der Ab-

---

[470] Zur Frage, ob in diesem Fall ein gekreuzter Bezugsrechtsausschluss (vgl. → Rn. 105) dergestalt möglich ist, dass die Inhaber der börsennotierten Gattung auch vom Bezugsrecht auf Aktien der nicht börsennotierten Gattung ausgeschlossen werden, vgl. *Groß* DB 1994, 2431 f.; kritisch HdB börsennotierte AG/*Busch* Rn. 42.88.

[471] HM; vgl. MüKoAktG/*Schürnbrand* § 186 Rn. 134; Hüffer/*Koch* AktG § 186 Rn. 39d; *Ihrig* Liber Amicorum Happ, 2006, 109 (118 f.); *Schlitt/Schäfer* AG 2005, 67 (71); Schmidt/Lutter/*Veil* AktG § 186 Rn. 42; HdB börsennotierte AG/*Busch* Rn. 42.90; *Meyer/Weber* CFL 2012, 249 (252); aA Spindler/Stilz AktG/*Servatius* § 186 Rn. 59; grundsätzlich auch Bürgers/Körber AktG/*Marsch-Barner* § 186 Rn. 35.

[472] Str.; ebenso HdB börsennotierte AG/*Busch* Rn. 42.90; *Scholz* DB 2018, 2352 (2356); *Schlitt/Schäfer* AG 2005, 67 (71); *Meyer/Weber* CFL 2012, 249 (252); *Trapp* AG 1997, 115 (120), der eine Referenzperiode in der Regel aber nicht für sinnvoll hält; *Seibt* CFL 2011, 74 (80); in diese Richtung auch Hüffer/*Koch* AktG § 186 Rn. 39c. Nach OLG Stuttgart ZIP 2019, 520 (insofern nicht abgedruckt) = BeckRS 2018, 35625 Rn. 287 ist das Abstellen auf einen Durchschnittskurs vertretbar. Nach aA ist zwingend auf einen Stichzeitpunkt abzustellen, so zB Bürgers/Körber AktG/*Marsch-Barner* § 186 Rn. 35; *Ihrig* Liber Amicorum Happ, 2006, 109 (121); *Habersack* AG 2015, 613 (617): zwingendes Abstellen auf Börsenkurs bei Preisfestsetzung, es sei denn, die Aktie weist eine ungewöhnlich hohe Volatilität auf. Wiederum aA, dh notwendig für Referenzperiode, MüKoAktG/*Schürnbrand* § 186 Rn. 133 f.; Schmidt/Lutter/*Veil* AktG § 186 Rn. 42; für Referenzzeitraum, der aber auch nur einen Tag umfassen kann, Hölters AktG/*Apfelbacher/Niggemann* § 186 Rn. 76.

[473] Vgl. näher *Seibt* CFL 2011, 74 (80 f.); *Schlitt/Schäfer* AG 2005, 67 (71).

[474] Ausschuss-Bericht BT-Drs. 12/7848, 16.

[475] OLG Stuttgart ZIP 2019, 521 (insoweit dort nicht abgedruckt) = BeckRS 2018, 35625 Rn. 272; Bürgers/Körber AktG/*Marsch-Barner* § 186 Rn. 34; Hölters AktG/*Apfelbacher/Niggemann* § 186 Rn. 76; Spindler/Stilz AktG/*Servatius* § 186 Rn. 59; *Ihrig* Liber Amicorum Happ, 2006, 109 (121 f.); *Trapp* AG 1997, 115 (118 f.); im Ergebnis auch HdB börsennotierte AG/*Busch* Rn. 42.91.

[476] Unternehmensfinanzierung am Kapitalmarkt/*R. Krause* Rn. 6.32a; Schmidt/Lutter/*Veil* AktG § 186 Rn. 42; *Seibt* CFL 2011, 74 (79 f.); *Schlitt/Schäfer* AG 2005, 67 (70); *Scholz* DB 2018, 2352 (2355); siehe auch MüKoAktG/*Schürnbrand* § 186 Rn. 135: Zulässigkeit einer höheren Abweichung zur Gewährleistung einer vollständigen Platzierung oder eines möglichst hohen Zuflusses. Vgl. auch

schlag kann daher auch über 5 % liegen; umgekehrt muss sich der Vorstand um eine bestmögliche Platzierung bemühen und kann die 3 % bzw. 5 % nicht grundlos ausschöpfen, wenn die Aktien zu einem höheren Betrag platzierbar sind.[477] Bei der Berechnung des Abschlags sind Emissionskosten (zB für Emissionsbanken) nicht vom Ausgabepreis abzuziehen.[478]

129   Liegen die Voraussetzungen des § 186 Abs. 3 S. 4 AktG vor, ist der Hauptversammlungsbeschluss sachlich gerechtfertigt. Zum Teil wird angenommen, damit stehe die **sachliche Rechtfertigung** unwiderleglich fest,[479] während andere nur von einer widerleglichen Vermutung ausgehen.[480] Die Frage hängt eng damit zusammen, ob über die geschriebenen Voraussetzungen hinaus weitere Anforderungen gelten, bei deren Nichterfüllung § 186 Abs. 3 S. 4 AktG nicht eingreift und die allgemeinen Voraussetzungen für einen Bezugsrechtsausschluss Anwendung finden. Das ist zu verneinen; in diesem Sinn enthält die Regelung eine unwiderlegliche Vermutung. Der vereinfachte Bezugsrechtsausschluss darf jedoch nicht treuwidrig oder missbräuchlich sein. Im Einzelnen folgt daraus: (1) Ist § 186 Abs. 3 S. 4 AktG eingehalten, liegt der Ausgabepreis jedoch unterhalb des inneren „wahren" Aktienwerts, kommt eine Anwendung von **§ 255 Abs. 2 AktG** (Unangemessenheit des Ausgabebetrages) nicht in Betracht.[481] (2) Ist der Markt nicht hinreichend liquide, um den Aktionären einen **Nachkauf** zu ermöglichen, greift die Grundannahme, auf der der vereinfachte Bezugsrechtsausschluss beruht, nicht. Im Grundsatz erscheint es daher richtig, dass § 186 Abs. 3 S. 4 AktG hier nicht einschlägig ist.[482] Eine auf ihn gestützte Kapital-

---

Habersack AG 2015, 613 (617 f.) zu der Frage, ob ein infolge der Kapitalerhöhung zu erwartender Kursanstieg bei der Bemessung des Ausgabebetrags erhöhend zu berücksichtigen ist.

[477] *Ihrig* Liber Amicorum Happ, 2006, 109 (122); *Schlitt/Schäfer* AG 2005, 67 (70).

[478] *Groß* DB 1994, 2431 (2435).

[479] OLG Hamburg AG 2005, 355 (359) – AGIV Real Estate II; Spindler/Stilz AktG/*Servatius* § 186 Rn. 61; Hölters AktG/*Apfelbacher/Niggemann* § 186 Rn. 66, 75; Wachter AktG/*Dürr* § 186 Rn. 31; *Liebert*, Bezugsrechtsausschluss, 2003, S. 160; *Kindler* FS E. Vetter, 2019, 307 (315); *Hoffmann-Becking* ZIP 1995, 1 (10); *Schlitt/Schäfer* AG 2005, 67; im Grundsatz auch HdB börsennotierte AG/*Busch* Rn. 42.93; *Ihrig* Liber Amicorum Happ, 2006, 109 (124 f.); wohl auch OLG Stuttgart ZIP 2019, 520 (insofern dort nicht abgedruckt) = BeckRS 2018, 35625 Rn. 279: Bei Vorliegen der Voraussetzungen des § 186 Abs. 3 S. 4 AktG bedürfe es keiner weiteren sachlichen Rechtfertigung; vgl. ferner Unternehmensfinanzierung am Kapitalmarkt/*R. Krause* Rn. 6.34; offen gelassen in BGH NZG 2018, 1019 Rn. 37 ff.

[480] Bürgers/Körber AktG/*Marsch-Barner* § 186 Rn. 36; MüKoAktG/*Schürnbrand* § 186 Rn. 137; Hüffer/*Koch* AktG § 186 Rn. 39e, 39g; *Natterer*, Kapitalveränderung, 2000, S. 188 f.; *Schumann*, Bezugsrecht, 2001, S. 203 ff., 212 ff.; *Zöllner* AG 2002, 585 (592); noch enger anscheinend KölnKommAktG/*Ekkenga* § 186 Rn. 144.

[481] BT-Drs. 12/6721, 10 u. 11; Bürgers/Körber AktG/*Marsch-Barner* § 186 Rn. 36; Unternehmensfinanzierung am Kapitalmarkt/*R. Krause* Rn. 6.34; *Decker* ZGR 2019, 1122 (1146); *Kocher/v. Falkenhausen* ZIP 2018, 1949 (1953); *Schlitt/Schäfer* AG 2005, 67 (72); *Busch* AG 1999, 58 (59); *Hoffmann-Becking* FS Lieberknecht, 1997, 25 (27 ff.); *Martens* FS Bezzenberger, 2000, 276 (277 f.); einschränkend auch *Seibt* CFL 2011, 74 (81 f.); *Kiefner/Seibel* AG 2016, 301 (309); s. auch OLG Stuttgart ZIP 2019, 520 (insofern dort nicht abgedruckt) = BeckRS 2018, 35625 Rn. 316; aA Spindler/Stilz AktG/*Servatius* § 186 Rn. 61; Hüffer/*Koch* AktG § 186 Rn. 39e; MüKoAktG/*Schürnbrand* § 186 Rn. 138; Wachter AktG/*Dürr* § 186 Rn. 31; Schmidt/Lutter/*Schwab* AktG § 255 Rn. 4; Grigoleit/*Rieder/Holzmann* AktG § 186 Rn. 76; zweifelnd auch OLG München ZIP 2006, 1440 (1444).

[482] IErg ebenso OLG München ZIP 2006, 1440 (1443); Bürgers/Körber AktG/*Marsch-Barner* § 186 Rn. 36; Hüffer/*Koch* AktG § 186 Rn. 39g; MüKoAktG/*Schürnbrand* § 186 Rn. 136, 128; Grigoleit/*Rieder/Holzmann* AktG § 186 Rn. 77; Unternehmensfinanzierung am Kapitalmarkt/*R. Krause* Rn. 6.34; *Schumann*, Bezugsrecht, 2001, S. 214 f.; *Kindler* FS E. Vetter, 2019, 307 (311); *Zöllner* AG 2002, 585 (592); aA HdB börsennotierte AG/*Busch* Rn. 42.93; *Ihrig* Liber Amicorum Happ, 2006, 109 (115 f.); *Liebert*, Bezugsrechtsausschluss, 2003, S. 157 ff.; *Hoffmann-Becking* FS Lieberknecht, 1997, 25 (26 f.); *Kocher/v. Falkenhausen* ZIP 2018, 1949 (1951); *Singhof* ZHR 170 (2006), 673 (696 f.); *Goette* ZGR 2012, 505 (513); *Decker* ZGR 2019, 1122 (1145); offen gelassen in OLG Stuttgart ZIP 2019, 520 (insofern dort nicht abgedruckt) = BeckRS 2018, 35625 Rn. 280 ff.

erhöhung wäre anfechtbar, da der überstimmte Minderheitsaktionär seine Beteiligungs- bzw. mögliche Wertverwässerung nicht ausgleichen könnte. Für die Bejahung mangelnder Liquidität muss jedoch ein strenger Maßstab gelten. (3) Eine breit gestreute **Platzierung** der neuen Aktien ist nicht erforderlich.[483] Die Ausgabe an einen oder einige wenige Investoren ist möglich. Etwas anderes gilt, wenn der Hauptversammlungsbeschluss eine breite Streuung vorschreibt.[484] Rechtsmissbräuchlich kann die Zuteilung der neuen Aktien ferner sein, wenn mit ihr weder Finanzierungszwecke noch operative Ziele (zB die Aufnahme eines strategischen Partners) verfolgt werden und sie allein der Beseitigung von Einflussmöglichkeiten von Aktionären dient.[485] Ein darüber hinausgehender besonderer Schutz von Paketaktionären (zB durch Zulassung zum Bezug oder die Gewährung der Möglichkeit, Aktien zuzukaufen) besteht nicht.[486] Die Platzierung an einen oder mehrere (Mehrheits-)Aktionäre ist demgegenüber an **§ 53a AktG** zu messen (vgl. → Rn. 139).[487],[488] Jedenfalls dann, wenn die Zeichnung neuer Aktien durch einen bestimmten Aktionär für die Sanierung oder die Abwendung der Insolvenz der Gesellschaft notwendig ist, wird eine Zuteilung der Aktien an diesen zulässig sein.[489] In der Praxis wird das allerdings vor allem bei Ausnutzung eines genehmigten Kapitals in Betracht kommen, wenn die Gesellschaft schnell und sicher neue Barmittel benötigt, während bei einer direkten Kapitalerhöhung gemäß § 182 AktG grundsätzlich auch eine Bezugsrechtsemission denkbar ist. Auch dann kann jedoch die Zuteilung an einen Aktionär zulässig sein, wenn sie Bestandteil eines von den Gläubigern verlangten Refinanzierungskonzepts ist.

e) Förmliche Voraussetzungen. Der Ausschluss des Bezugsrechts kann nur im Kapital- 130 erhöhungsbeschluss selbst erfolgen (§ 186 Abs. 3 S. 1 AktG); es handelt sich also um einen einzigen Beschluss. Der Beschluss sollte den Ausschluss ausdrücklich erklären, muss das aber nicht; ein konkludenter Ausschluss (zB, indem nur bestimmte Personen zur Zeichnung zugelassen werden) genügt.[490] Erforderlich ist, wie für den Kapitalerhöhungsbeschluss,

---

[483] Hölters AktG/*Apfelbacher/Niggemann* § 186 Rn. 82; *Habersack* AG 2015, 613 (617f.); *Groß* DB 1994, 2431 (2439); *Seibt* CFL 2011, 74 (82); *Ihrig* Liber Amicorum Happ, 2006, 109 (125); *Kocher/v. Falkenhausen* ZIP 2018, 1949 (1951); *Schlitt/Schäfer/Basnage* CFL 2013, 49 (52); *Schlitt/Schäfer* AG 2005, 67 (72); *Seibt/Voigt* AG 2009, 133 (144); *Marsch-Barner* AG 1994, 532 (538); *Verse*, Gleichbehandlungsgrundsatz, 2006, S. 462 ff.; *Goette* ZGR 2012, 505 (515); grundsätzlich auch *Priester* FS E. Vetter, 2019, 587 (592); *Trapp* AG 1997, 115 f. So wohl auch BGH NZG 2018, 1019 Rn. 37 ff.; dazu *Scholz* DB 2018, 2352 (2356) einerseits und *Decker* ZGR 2019, 1122 (1141) andererseits. AA KölnKommAktG/*Ekkenga* § 186 Rn. 156; *Schumann*, Bezugsrecht, 2001, S. 216 ff.; *Hirte* ZIP 1994, 356 (358).

[484] *Martens* ZIP 1994, 669 (677); *Groß* DB 1994, 2431 (2439).

[485] Ähnlich *Seibt* CFL 2011, 74 (82); *Schlitt/Schäfer* AG 2005, 67 (72); *Ihrig* Liber Amicorum Happ, 2006, 109 (125); *Groß* DB 1994, 2431 (2439); *Kocher/v. Falkenhausen* ZIP 2018, 1949 (1951 f.).

[486] *Schlitt/Schäfer* AG 2005, 67 (72); *Seibt* CFL 2011, 74 (82); *Cahn* ZHR 163 (1999), 554 (587 f.); aA *Trapp* AG 1997, 115 (116); *Schwark* FS Claussen, 1997, 357 (373 ff.).

[487] BGH NZG 2018, 1019 Rn. 41 ff.; OLG Jena BeckRS 2016, 132573 Rn. 78 ff.; HdB börsennotierte AG/*Busch* Rn. 42.92; *Scholz* DB 2018, 2352 (2356); *Goette* ZGR 2012, 505 (515, 516 f.); *Verse*, Gleichbehandlungsgrundsatz, 2006, S. 461; s. auch OLG Köln ZIP 2014, 263 (267 f.); aA, eine Zuteilung an Altaktionäre grundsätzlich ablehnend, *Ihrig* Liber Amicorum Happ, 2006, 109 (124 f.); KölnKommAktG/*Ekkenga* § 186 Rn. 155, 157; aA, keine Geltung von § 53a AktG, sondern der Business Judgment Rule, *Seibt* CFL 2011, 74 (82); *Schlitt/Schäfer* AG 2005, 67 (72); s. auch *Schlitt/Schäfer/Basnage* CFL 2013, 49 (52 f.) u. *Kindler* FS E. Vetter, 2019, 307 (314).

[488] Zum Maßstab des Vorliegens einer objektiven Ungleichbehandlung und ihrer Rechtfertigung sowie zur Beweislast vgl. BGH NZG 2018, 1019 Rn. 41 ff.; OLG Jena BeckRS 2016, 132573 Rn. 78 ff.; *Kocher/v. Falkenhausen* ZIP 2018, 1949 (1952 ff.); *Priester* FS E. Vetter, 2019, 587 (592 f.); *Decker* ZGR 2019, 1122 (1149 f.); *Scholz* DB 2018, 2352 (2357 ff.).

[489] HdB börsennotierte AG/*Busch* Rn. 42.92; *Goette* ZGR 2012, 505 (517); aA *Ihrig* Liber Amicorum Happ, 2006, 109 (124 f.).

[490] Vgl. zB Hüffer/*Koch* AktG § 186 Rn. 20; KölnKommAktG/*Ekkenga* § 186 Rn. 128; Spindler/Stilz AktG/*Servatius* § 186 Rn. 36.

neben der Stimmenmehrheit eine **Mehrheit** von drei Vierteln des bei der Beschlussfassung vertretenen Grundkapitals (§ 186 Abs. 3 S. 2 AktG). Die Satzung kann eine größere Kapitalmehrheit und weitere Erfordernisse festsetzen, anders als für den Kapitalerhöhungsbeschluss jedoch keine kleinere Kapitalmehrheit (§ 186 Abs. 3 S. 3 AktG). Niedrigere Mehrheitserfordernisse gelten für den Bezugsrechtsausschluss iRv Rekapitalisierungen nach § 7 oder § 22 Stabilisierungsfondsgesetz (vgl. § 7 Abs. 3 S. 1–3 Wirtschaftsstabilisierungsbeschleunigungsgesetz).

131 Der beabsichtigte Ausschluss des Bezugsrechts muss bei **Einberufung der Hauptversammlung** ausdrücklich bekanntgemacht werden (§ 186 Abs. 4 S. 1 AktG), soweit nicht § 121 Abs. 6 AktG eingreift (Vollversammlung).[491] Dabei sollte er im Tagesordnungspunkt selbst hinreichend deutlich Erwähnung finden und nicht nur im Beschlussvorschlag enthalten sein.[492] Wird die Kapitalerhöhung, nicht aber der Bezugsrechtsausschluss bekannt gemacht, ist ein dennoch mit Bezugsrechtsausschluss gefasster Erhöhungsbeschluss anfechtbar (§§ 186 Abs. 4 S. 1, 124 Abs. 4 S. 2 iVm § 243 Abs. 1 AktG).

132 Der Hauptversammlung ist überdies vom Vorstand ein schriftlicher **Bericht** über den Grund für den Bezugsrechtsausschluss vorzulegen (§ 186 Abs. 4 S. 2 AktG).[493] Sein Zweck ist es, den Aktionären eine abgewogene Entscheidung über den Bezugsrechtsausschluss zu ermöglichen; zugleich ist er in einem etwaigen Anfechtungsprozess die Ausgangsbasis für die gerichtliche Nachprüfung.[494] Dazu reichen – außer im Sonderfall des vereinfachten Bezugsrechtsausschlusses (vgl. → Rn. 138) – bloß formelhafte Wendungen nicht, sondern es sind die wesentlichen Abwägungskriterien darzulegen.[495] Die Ausführungen müssen für den durchschnittlichen Aktionär verständlich sein;[496] dabei sind die Anforderungen aber nicht zu überspannen, da der Bericht gleichzeitig inhaltlich richtig und damit sprachlich und regelmäßig auch terminologisch präzise sein muss. Der Bericht ist entbehrlich, wenn sämtliche Aktionäre auf seine Erstattung verzichten.[497] Für den Bericht ist **Schriftform** erforderlich. Entgegen der hM[498] bedarf es dazu keiner Unterzeichnung, da sich der Gesetzeszweck in einer körperlichen Fixierung des Berichts erschöpft.[499] Wird, was ratsam erscheint, in der Praxis (vorsorglich) der hM gefolgt, hat es jedenfalls zu genügen, dass die Unterzeichnung durch die Vorstände in vertretungsberechtigter Zahl erfolgt.[500] Auch das wird aber bestritten; erforderlich sei die Unterzeichnung

---

[491] Hüffer/*Koch* AktG § 186 Rn. 22; MAH AktienR/*Sickinger/Kuthe* § 33 Rn. 93.

[492] Vgl. Hüffer/*Koch* AktG § 186 Rn. 22; MüKoAktG/*Schürnbrand* § 186 Rn. 79; Spindler/Stilz AktG/*Servatius* § 186 Rn. 23; HdB AG-Finanzierung/*Ekkenga/Jaspers* Kap. 4 Rn. 172.

[493] Muster eines solchen Berichts in Happ AktienR/*Herchen* Form. 12.02d; zur Abstimmung des Berichts mit der Angebotsunterlage (§ 11 WpÜG), wenn die Kapitalerhöhung der Durchführung eines öffentlichen Tauschangebots dient, *Bücker* CFL 2010, 177 (186).

[494] BGHZ 83, 319 (326) – Holzmann; OLG Celle AG 2002, 292 (293); LG Heidelberg ZIP 1988, 1257 (1258) – Rückforth; MüKoAktG/*Schürnbrand* § 186 Rn. 79, 147; Hüffer/*Koch* AktG § 186 Rn. 23; KölnKommAktG/*Ekkenga* § 186 Rn. 136, 167; Bürgers/Körber AktG/*Marsch-Barner* § 186 Rn. 24; Arbeitshdb. HV/*Schröer* § 20 Rn. 43.

[495] Instruktiv OLG Schleswig AG 2004, 155 (158 f.).

[496] OLG München ZIP 2009, 718 (721) – MWG Biotech AG; LG München I AG 2010, 47 (48); Hölters AktG/*Apfelbacher/Niggemann* § 186 Rn. 53; Wachter AktG/*Dürr* § 186 Rn. 18.

[497] MüKoAktG/*Schürnbrand* § 186 Rn. 80 aE; Hüffer/*Koch* AktG § 186 Rn. 23; *Hoffmann-Becking* ZIP 1995, 1 (7); Bürgers/Körber AktG/*Marsch-Barner* § 186 Rn. 24; Arbeitshdb. HV/*Schröer* § 20 Rn. 43; Arbeitshdb. HV/*Reichert/Balke* § 5 Rn. 11; Spindler/Stilz AktG/*Servatius* § 186 Rn. 33.

[498] Bürgers/Körber AktG/*Marsch-Barner* § 186 Rn. 25; Schmidt/Lutter/*Veil* AktG § 186 Rn. 19; Spindler/Stilz AktG/*Servatius* § 186 Rn. 30; *Liebert*, Bezugsrechtsausschluss, 2003, S. 52.

[499] KG ZIP 2005, 167 f. – Vattenfall; OLG Frankfurt a. M. 13.11.2007 – 5 U 26/06 nv; Unternehmensfinanzierung am Kapitalmarkt/*R. Krause* Rn. 6.38; *Butzke* Hauptversammlung Rn. L 7 Fn. 16; s. auch Arbeitshdb. HV/*Reichert/Balke* § 5 Rn. 8.

[500] Schmidt/Lutter/*Veil* AktG § 186 Rn. 19; *Butzke* Hauptversammlung Rn. L 7 Fn. 16; Arbeitshdb. HV/*Reichert/Balke* § 5 Rn. 8; HdB AG-Finanzierung/*Ekkenga/Jaspers* Kap. 4 Rn. 174; für § 8 UmwG BGH DStR 2007, 1688 Rn. 26 ff. – Vattenfall.

durch alle Vorstandsmitglieder.⁵⁰¹ Da es sich um eine Wissens- und nicht um eine Willenserklärung handelt, ist rechtsgeschäftliche Stellvertretung bei einer Unterzeichnung nicht möglich.⁵⁰² Selbst wenn man zu Unrecht ein Unterzeichnungserfordernis der Vorstände annimmt, ist jedoch davon auszugehen, dass eine fehlende oder unvollständige Unterzeichnung des Berichts mangels Relevanz für die Beschlussfassung nicht zur Anfechtbarkeit des Kapitalerhöhungsbeschlusses führt.⁵⁰³ Unabhängig von der Frage eines Unterschriftenerfordernisses muss der **Vorstand** über den Bericht **Beschluss** fassen.⁵⁰⁴ Wird wie üblich der Bericht in die Einberufung aufgenommen (vgl. sogleich → Rn. 133 f.), liegt in der Verabschiedung der Einberufung durch den Vorstand auch sogleich die Beschlussfassung über den Bericht; durch eine Unterzeichnung des Berichts durch alle Vorstände wird das Beschlusserfordernis ebenfalls erfüllt.

Für die **Bekanntgabe des Berichts** gilt nach hM Folgendes: (1) Analog § 124 Abs. 2 **133** S. 3 AktG soll der wesentliche Berichtsinhalt mit der **Einberufung** bekanntzumachen sein.⁵⁰⁵ In der Praxis empfiehlt es sich, den gesamten Bericht in die Einberufung aufzunehmen. (2) Analog § 175 Abs. 2 AktG ist der Bericht ab Einberufung in den Geschäftsräumen der Gesellschaft **auszulegen** und jedem Aktionär auf Verlangen unverzüglich eine **Abschrift** zu erteilen.⁵⁰⁶ Diese Pflichten entfallen analog § 175 Abs. 2 S. 4 AktG, wenn der Bericht ab Einberufung über die Internetseite der Gesellschaft zugänglich ist.⁵⁰⁷ In kritischen Fällen sollte hiervon jedoch vorsorglich kein Gebrauch gemacht werden. (3) Gemäß **§ 124a S. 1 Nr. 3 AktG** ist der Bericht bei börsennotierten Gesellschaften alsbald nach der Einberufung über die Internetseite der Gesellschaft zugänglich zu machen⁵⁰⁸. (4) Wird der Bericht in die Einberufung aufgenommen, gelten für ihn auch die Mitteilungspflichten nach **§ 125 AktG**.⁵⁰⁹ (5) Der Bericht ist schließlich **in der Hauptversammlung zugänglich** zu machen (§ 186 Abs. 4 S. 2 AktG). Das kann durch das Auslegen einer Abschrift (empfehlenswert ist es, eine hinreichende Anzahl von Abschriften vorzuhalten) oder einen Zugang über elektronische Medien erfüllt werden.⁵¹⁰ Für Hauptversammlungen im Zusammenhang mit einem Übernahmeangebot oder einer Rekapitalisierung nach § 7 oder § 22 Stabilisierungsfondsgesetz gelten Erleichterungen (s. § 16 Abs. 4 S. 7 WpÜG, § 7 Abs. 1 Wirtschaftsstabilisierungsbeschleunigungsgesetz).

---

⁵⁰¹ Bürgers/Körber AktG/*Marsch-Barner* § 186 Rn. 25; Spindler/Stilz AktG/*Servatius* § 186 Rn. 30; *Liebert,* Bezugsrechtsausschluss, 2003, S. 52.
⁵⁰² Vgl. Arbeitshdb, HV/*Reichert/Balke* § 5 Rn. 9 mwN.
⁵⁰³ OLG Frankfurt a. M. 13.11.2007 – 5 U 26/06 nv; *Hüffer* FS Claussen, 1997, 171 (173 ff.); *Liebert,* Bezugsrechtsausschluss, 2003, S. 52.
⁵⁰⁴ S. Arbeitshdb. HV/*Reichert/Balke* § 5 Rn. 9.
⁵⁰⁵ BGHZ 120, 141 (155 f.) – Bremer Bankenverein; LG Berlin DB 2005, 1320 (1321); Bürgers/Körber AktG/*Marsch-Barner* § 186 Rn. 25; MüKoAktG/*Schürnbrand* § 186 Rn. 79, 81 ff.; Spindler/Stilz/*Servatius* § 186 Rn. 32; Arbeitshdb. HV/*Reichert/Balke* § 5 Rn. 12; *Liebert,* Bezugsrechtsausschluss, 2003, S. 52; aA zu Recht Hüffer/*Koch* AktG § 186 Rn. 23: Bekanntmachung gemäß § 124a S. 1 Nr. 3 AktG genügt.
⁵⁰⁶ LG Berlin DB 2005, 1320 (1321); LG Heidelberg ZIP 1998, 1257 (1258) – Rückforth; Bürgers/Körber AktG/*Marsch-Barner* § 186 Rn. 25; MüKoAktG/*Schürnbrand* § 186 Rn. 86; *Liebert,* Bezugsrechtsausschluss, 2003, S. 52; ebenso, aber analog § 293f Abs. 1 u. 2 AktG Schmidt/Lutter/*Veil* AktG § 186 Rn. 20; Spindler/Stilz AktG/*Servatius* § 186 Rn. 31.
⁵⁰⁷ Bürgers/Körber AktG/*Marsch-Barner* § 186 Rn. 25; Schmidt/Lutter/*Veil* AktG § 186 Rn. 20 (analog § 293 Abs. 3 AktG); MAH AktienR/*Sickinger/Kuthe* § 33 Rn. 94; *Butzke* Hauptversammlung Rn. L 7; Arbeitshdb. HV/*Reichert/Balke* § 5 Rn. 3 u. 7.
⁵⁰⁸ MAH AktienR/*Sickinger/Kuthe* § 33 Rn. 94; Arbeitshdb. HV/*Reichert/Balke* § 5 Rn. 6.
⁵⁰⁹ Str.; so *Butzke* Hauptversammlung Rn. L 7; HdB AG-Finanzierung/*Ekkenga/Jaspers* Kap. 4 Rn. 176; *Timm* DB 1982, 211 (217); aA KölnKommAktG/*Ekkenga* § 186 Rn. 182; Hüffer/*Koch* AktG § 186 Rn. 23; Bürgers/Körber AktG/*Marsch-Barner* § 186 Rn. 25; Henssler/Strohn/*Hermanns* AktG § 186 Rn. 11.
⁵¹⁰ Hüffer/*Koch* AktG § 186 Rn. 23; Bürgers/Körber AktG/*Marsch-Barner* § 186 Rn. 25; Arbeitshdb. HV/*Reichert/Balke* § 5 Rn. 4.

134 Die Praxis ist gut beraten, sich nach diesen Vorgaben zu verhalten. Überzeugend sind diese aber nicht. Das Gesetz verlangt nach seinem Wortlaut nur das Zugänglichmachen alsbald nach Einberufung (§ 124a AktG) und in der Hauptversammlung (§ 186 Abs. 4 S. 2 AktG). Auch ein systematischer Vergleich zeigt, dass das Gesetz klar zwischen einem Auslegen ab Einberufung (vgl. zB §§ 52 Abs. 2 S. 2, 175 Abs. 2, 293f Abs. 1, 319 Abs. 3, 320 Abs. 4, 327c Abs. 3 AktG) und dem Zugänglichnachen nur in der Hauptversammlung (§ 186 Abs. 4 S. 2 AktG) unterscheidet. Die Angleichung der Bekanntmachungspflichten im Wege des **Analogieschlusses** ist daher richtigerweise **abzulehnen**.[511]

135 Verstöße gegen die Bekanntmachungspflichten können zur **Anfechtung** des Erhöhungsbeschlusses führen. Dafür muss der Verstoß die erforderliche Relevanz haben (s. § 243 Abs. 4 S. 1 AktG);[512] vgl. dazu → § 42 Rn. 55 f. In einfach gelagerten Fällen, bei denen der Grund für den Bezugsrechtsausschluss offensichtlich ist, fehlt es daran.[513] Gleiches gilt, wenn der Bericht nicht analog § 175 Abs. 2 AktG ausgelegt wird, aber auch kein Aktionär Einsicht nehmen will. Ist der Bericht (ganz oder mit seinem wesentlichen Inhalt) in der Einberufung enthalten, ist eine Relevanz von Verstößen gegen von der hM vor der Hauptversammlung angenommene Bekanntmachungspflichten ebenfalls abzulehnen. Eine Heilung schwerwiegender relevanter Fehler durch mündliche Erläuterungen in der Hauptversammlung ist nach hM nicht möglich.[514] Dass Jahresabschlüsse unter Verstoß gegen gesetzliche oder statutarische Vorgaben im Zeitpunkt der Beschlussfassung noch nicht auf- bzw. festgestellt sind, berechtigt nicht zur Anfechtung eines Kapitalerhöhungsbeschlusses.[515] Bekanntmachungsfehler sind formaler Natur und stellen als solche grundsätzlich keine schwerwiegenden Gesetzesverstöße iSv § 246a Abs. 2 Nr. 3 AktG dar, so dass sie einer Eintragung des Erhöhungsbeschlusses bei überwiegendem Vollzugsinteresse regelmäßig nicht entgegen stehen.[516]

136 Der **Inhalt des Berichts** muss alle entscheidungserheblichen Informationen so ausführlich enthalten, dass die Hauptversammlung in die Lage versetzt wird, sachgerecht über die Frage der Erforderlichkeit und Angemessenheit des Bezugsrechtsausschlusses zu befinden. Bei einem regulären Bezugsrechtsausschluss muss der Bericht also auf die Frage eingehen, welchen Zweck die Kapitalerhöhung mit Bezugsrechtsausschluss verfolgt, warum dieser Zweck im Interesse der Gesellschaft liegt und der Bezugsrechtsausschluss zur Zweckerreichung geeignet und erforderlich ist; desweiteren sind die Auswirkungen des Bezugsrechtsausschlusses auf die Interessen der Altaktionäre zu schildern, und es ist darzulegen, warum nach Auffassung der Verwaltung in Abwägung der Interessen der Gesellschaft gegen die Interessen der Altaktionäre der Bezugsrechtsausschluss angemessen ist. Auf etwa in Betracht kommende mildere Mittel ist einzugehen.[517] Dass der BGH mit der Siemens/Nold-Entscheidung die Berichtsanforderungen beim genehmigten Kapital gelockert hat (vgl. → § 59

---

[511] Kritisch früher auch *Becker* BB 1981, 394 (395); *Marsch* AG 1981, 211 (213 f.).
[512] § 243 Abs. 4 S. 1 AktG gilt nicht nur für Auskunftspflichtverletzungen in der Hauptversammlung, sondern auch für Verstöße gegen (schriftliche) Informationspflichten im Vorlauf; s. Hüffer/*Koch* AktG § 243 Rn. 47a; Spindler/Stilz AktG/*Würthwein* § 243 Rn. 248.
[513] OLG Stuttgart AG 2001, 200 (201) für Bezugsrechtsausschluss von Spitzenbeträgen.
[514] OLG München AG 1991, 210 (211) – PWA; OLG Schleswig AG 2004, 155 (157); Hüffer AktG/*Koch* § 186 Rn. 24; MüKoAktG/*Schürnbrand* § 186 Rn. 204; *Liebert*, Bezugsrechtsausschluss, 2003, S. 55 f.; Spindler/Stilz AktG/*Servatius* § 186 Rn. 34; Schmidt/Lutter/*Veil* AktG § 186 Rn. 21; aA aber *Becker* BB 1981, 394 (396); *Martens* ZIP 1992, 1677 (1685); kritisch auch Arbeitshdb. HV/ *Schröer* § 20 Rn. 44.
[515] OLG München AG 2012, 802 (803).
[516] Vgl. KG AG 2007, 359 (361) – IMW Immobilien AG.
[517] Zu den Anforderungen an einen ordnungsgemäßen Bericht s. insbes. OLG Hamm AG 1989, 31 (32 f.); OLG München AG 1991, 210 (211) – PWA; OLG Frankfurt a. M. WM 1991, 2155 (2156) – AGAB; OLG München WM 1993, 840 (845) – Siemens; OLG Celle AG 2002, 292 f.; OLG Schleswig AG 2004, 155 (158 f.); KG AG 2007, 359 (360) – IMW Immobilien AG; LG München I AG 2010, 47 (48); MüKoAktG/*Schürnbrand* § 186 Rn. 81; Hüffer/*Koch* AktG § 186 Rn. 24; *Lutter* ZGR 1979, 401 (407 ff.).

Rn. 32 f.), hat die Berichtsanforderungen bei der regulären Kapitalerhöhung nicht reduziert.[518] Demzufolge genügen auch keine abstrakten Ausführungen, sondern es ist eine **konkrete Darstellung** erforderlich.[519] Analog § 131 Abs. 3 AktG besteht keine Berichtspflicht, soweit in der Hauptversammlung eine Auskunft verweigert werden könnte.[520]

Weiterhin ist der vorgeschlagene **Ausgabebetrag** zu begründen (§ 186 Abs. 4 S. 2 Hs. 2 AktG). Dazu gehören konkrete Angaben zu den Berechnungsgrundlagen und Bewertungskriterien.[521] Aus der Regelung ist jedoch nicht zu schließen, dass der Vorstand beim Bezugsrechtsausschluss verpflichtet sei, einen bestimmten Ausgabebetrag vorzuschlagen.[522] Er kann sich auch hier auf den Vorschlag eines Höchst- oder Mindestbetrags beschränken und hat dann diese Beträge zu erläutern und Angaben dazu zu machen, nach welchen Kriterien er bei der Festlegung des genauen Ausgabebetrags vorgehen will.[523] Ebensogut kann er auf den Vorschlag eines besonderen Ausgabebetrags verzichten. Das hat nach verbreiteter Meinung zur Folge, dass die Aktien dann zum geringsten Ausgabebetrag (§ 9 Abs. 1 AktG) auszugeben sind (vgl. → Rn. 31) und der Vorstand die Angemessenheit dieses Ausgabebetrags begründen muss;[524] nach aA ist in diesem Fall vom Vorstand ein angemessenes Aufgeld festzusetzen (vgl. → Rn. 31), und man wird dann Angaben zu den Kriterien zu fordern haben, die der Vorstand hierbei anwenden will.

Der Vorstandsbericht ist auch beim **vereinfachten Bezugsrechtsausschluss** nach § 186 Abs. 3 S. 4 AktG nötig. Die Berichtspflicht ist jedoch erheblich reduziert.[525] Im Regelfall sind daher keine umfassenden Ausführungen erforderlich.[526] Inhaltlich ist die Praxis gut beraten, zu den Voraussetzungen des § 186 Abs. 3 S. 4 AktG (10%-Volumengrenze sowie Ausgabebetrag im Wesentlichen zum Börsenkurs) sowie zum Grund für den Bezugsrechtsausschluss Stellung zu nehmen.[527] Letzteres ist rechtlich aber nicht erforderlich.[528] Der Berichtsinhalt muss sich auf die Zulässigkeitsvoraussetzungen beziehen, zu denen beim vereinfachten Bezugsrechtsausschluss weder eine inhaltliche Begründung noch eine sachliche Rechtfertigung zählen. Ein Erfordernis darzulegen, dass und warum der Bezugsrechtsausschluss dem Gesellschaftsinteresse an möglichst hohen Erlösen dient, besteht ebenfalls

---

[518] Vgl. nur OLG Schleswig AG 2004, 155 (158); OLG Celle AG 2002, 292 f.; LG Frankfurt a. M. DB 2003, 2541; aA *Hofmeister* NZG 2000, 713 (717 ff.); *Sinewe*, Ausschluss des Bezugsrechts, 2001, S. 247 ff.

[519] BGHZ 83, 319 (324) – Holzmann; OLG Hamm AG 1989, 31 (32 f.); KG AG 2007, 359 (360) – IMW Immobilien AG; OLG München ZIP 2009, 718 (721) – MWG Biotech AG; LG München I AG 2010, 47 (48); Hüffer/*Koch* AktG § 186 Rn. 24.

[520] Hüffer/*Koch* AktG § 186 Rn. 24; Schmidt/Lutter/*Veil* AktG § 186 Rn. 17; Hölters AktG/ *Apfelbacher/Niggemann* § 186 Rn. 53; HdB AG-Finanzierung/*Ekkenga/Jaspers* Kap. 4 Rn. 176.

[521] LG Frankfurt a. M. DB 2003, 2541; Hüffer/*Koch* AktG § 186 Rn. 24; MüKoAktG/*Schürnbrand* § 186 Rn. 83; Hölters AktG/*Apfelbacher/Niggemann* § 186 Rn. 53; Arbeitshdb. HV/*Reichert/Balke* § 5 Rn. 13.

[522] So aber GroßkommAktG/*Wiedemann* § 186 Rn. 127.

[523] Hüffer/*Koch* AktG § 186 Rn. 24; HdB börsennotierte AG/*Busch* Rn. 42.76.

[524] Hüffer/*Koch* AktG § 186 Rn. 24; MüKoAktG/*Schürnbrand* § 186 Rn. 83 aE.

[525] BT-Drs. 12/6721, 10; OLG Hamburg AG 2005, 355 (359) – AGIV Real Estate AG II; OLG München ZIP 2006, 1440 (1444); Spindler/Stilz AktG/*Servatius* § 186 Rn. 60; *Hoffmann-Becking* ZIP 1995, 1 (9); *Schlitt/Schäfer* AG 2005, 67 (75); *Trapp* AG 1997, 115 (120); Arbeitshdb. HV/*Schröer* § 20 Rn. 67; *Goette* ZGR 2012, 505 (513).

[526] AA KölnKommAktG/*Ekkenga* § 186 Rn. 186 f.; Hüffer/*Koch* AktG § 186 Rn. 39a f.; *Hirte* ZIP 1994, 356 (361); zu weitgehend auch OLG Frankfurt a. M. AG 2011, 713 Rn. 71 f. – Kirch ua/ Deutsche Bank; LG München I AG 1996, 138 (139).

[527] So im Anschluss an BT-Drs. 12/6721, 10 die hM; vgl. OLG Hamburg AG 2005, 355 (359) – AGIV Real Estate AG II; Wachter AktG/*Dürr* § 186 Rn. 30; Bürgers/Körber AktG/*Marsch-Barner* § 186 Rn. 37; Unternehmensfinanzierung am Kapitalmarkt/*R. Krause* Rn. 6.42; *Hoffmann-Becking* ZIP 1995, 1 (9); *Schwark* FS Claussen, 1997, 357 (366 ff.). Für Erläuterungen des Grunds für den Bezugsrechtsausschluss auch OLG Frankfurt a. M. AG 2011, 713 Rn. 71 f. – Kirch ua/Deutsche Bank.

[528] Spindler/Stilz AktG/*Servatius* § 186 Rn. 60; Schmidt/Lutter/*Veil* AktG § 186 Rn. 43; *Schäfer* CFL 2011, 399 (400 f.).

nicht.⁵²⁹ Da der Ausgabebetrag bei Beschlussfassung nicht feststeht (vgl. → Rn. 127), sind die Bemessung des Börsenkurses und die Kriterien für die nicht wesentliche Unterschreitung des Börsenkurses darzustellen. Für Letzteres genügt, wenn allein hierauf abgestellt werden soll (→ Rn. 128), ein Verweis auf die maximalen Prozentsätze, um die der Börsenkurs unterschritten werden kann.⁵³⁰ Ausführungen zum Verhältnis von Ausgabepreis und innerem Wert der Aktien sind nicht erforderlich (vgl. → Rn. 129).⁵³¹ Dasselbe gilt für die Frage, ob ein Zukauf durch die Aktionäre möglich ist,⁵³² sowie für die Darstellung etwaiger Alternativen⁵³³ und eine Erläuterung des konkret gewählten Volumens der Kapitalerhöhung.⁵³⁴ Anders kann das nur bei besonderen Umständen liegen, etwa wenn wegen mangelnder Umsätze ein Nachkauf zweifelhaft ist. Dann ist es ratsam, die Berichtstiefe zu erhöhen.⁵³⁵

139 **f) Umfang des Bezugsrechtsausschlusses; faktischer Bezugsrechtsausschluss.** Das Bezugsrecht kann für den gesamten Erhöhungsbetrag oder für einen Teil desselben ausgeschlossen werden. Auch ein **teilweiser Ausschluss** muss aber den Voraussetzungen des Verhältnismäßigkeitgrundsatzes (→ Rn. 115 ff.) oder des vereinfachten Bezugsrechtsausschlusses (→ Rn. 123 ff.) entsprechen. Ein Ausschluss des Bezugsrechts nur für einen Teil der Aktionäre oder für unterschiedliche Aktionäre in verschiedenem Umfang, wird in aller Regel gegen das Gebot der **Gleichbehandlung** der Aktionäre (§ 53a AktG) verstoßen.⁵³⁶ Im Einzelfall kann eine Differenzierung sachlich gerechtfertigt sein,⁵³⁷ etwa wenn verschiedene Aktiengattungen vorhanden sind und durch Bezugsrechtsausschlüsse sichergestellt werden soll, dass das Verhältnis der verschiedenen Gattungen zueinander gewahrt wird (vgl. → Rn. 105 u. 119). Berührt ist der Gleichbehandlungsgrundsatz bei einer Zulassung nur eines bestimmten Aktionärs zum Bezug allerdings nur dann, wenn der Aktionär der Gesellschaft nicht wie ein Dritter gegenübertritt. Ist der Aktionär nur geringfügig an der Gesellschaft beteiligt, wird es hieran regelmäßig fehlen, weil die Zulassung des Aktionärs zum Bezug hier nicht in seiner Eigenschaft als Aktionär, sondern als Drittinvestor erfolgt. § 53a AktG ist dann nicht einschlägig.⁵³⁸ Ein Verstoß gegen § 53a AktG liegt ferner auch dann nicht vor, wenn die Aktien nach Maßgabe bestimmter Kriterien oder eines bestimmten Verfahrens (zB Bookbuilding) zugeteilt und dabei auch Aktionäre berücksichtigt werden.⁵³⁹

140 Wird die Ausübung des Bezugsrechts durch faktische Erschwerungen wesentlich behindert (zB ungewöhnlich hohe Nennbeträge, Übernahme zusätzlicher Pflichten uä), steht dies einem Bezugsrechtsausschluss gleich **(faktischer Bezugsrechtsausschluss).**⁵⁴⁰ Nicht

---

⁵²⁹ Arbeitshdb. HV/*Schröer* § 20 Rn. 67; *Hoffmann-Becking* ZIP 1995, 1 (9 u. 10); *Trapp* AG 1997, 115 (120); aA LG München I AG 1996, 138 (139); KölnKommAktG/*Ekkenga* § 186 Rn. 187; Bürgers/Körber AktG/*Marsch-Barner* § 186 Rn. 37; Hüffer/*Koch* AktG § 186 Rn. 39a f.

⁵³⁰ *Seibt* CFL 2011, 74 (87); Bürgers/Körber AktG/*Marsch-Barner* § 186 Rn. 37; *Schlitt/Schäfer* AG 2005, 67 (75).

⁵³¹ Arbeitshdb. HV/*Schröer* § 20 Rn. 68; aA MüKoAktG/*Schürnbrand* § 186 Rn. 140, 135.

⁵³² AA OLG München ZIP 2006, 1440 (1444); KölnKommAktG/*Ekkenga* § 186 Rn. 22; MüKoAktG/*Schürnbrand* § 186 Rn. 140.

⁵³³ AA LG München I AG 1996, 138 (139).

⁵³⁴ AA KölnKommAktG/*Ekkenga* § 186 Rn. 187.

⁵³⁵ Ähnlich Bürgers/Körber AktG/*Marsch-Barner* § 186 Rn. 37; *Trapp* AG 1997, 115 (120); Arbeitshdb. HV/*Schröer* § 20 Rn. 68; auf der Grundlage einer strengeren Ansicht ebenso Hüffer AktG/*Koch* § 186 Rn. 39 f.

⁵³⁶ BGHZ 33, 175 (186); LG Kassel WM 1989, 789; Hüffer/*Koch* AktG § 186 Rn. 39; Spindler/Stilz AktG/*Servatius* § 186 Rn. 62.

⁵³⁷ KölnKommAktG/*Ekkenga* § 186 Rn. 120; Hüffer/*Koch* AktG § 186 Rn. 39.

⁵³⁸ So zutreffend *Verse*, Gleichbehandlungsgrundsatz, 2006, S. 196 u. 458 f.; offen *T. Bezzenberger* ZIP 2002, 1917 (1929).

⁵³⁹ Vgl. *Decker* ZGR 2019, 1122 (1166); *Scholz* DB 2018 2352 (2357).

⁵⁴⁰ LG Düsseldorf AG 1999, 134; KölnKommAktG/*Ekkenga* § 186 Rn. 121; MüKoAktG/*Schürnbrand* § 186 Rn. 142; Hüffer/*Koch* AktG § 186 Rn. 43; eingehend *Maier* Faktischer Bezugsrechtsausschluss, 2014. S. 26 ff.; *Verse*, Gleichbehandlungsgrundsatz, 2006, S. 465 ff. u., teilweise großzügiger, *Groß* AG 1993, 449 (454 ff.).

§ 57 (Reguläre) Kapitalerhöhung gegen Einlagen

darunter fällt jedoch der Fall, dass kein organisierter Bezugsrechtshandel eingerichtet wird (vgl. → Rn. 101). Ein faktischer Bezugsrechtsausschluss liegt ferner nicht vor, wenn das Bezugsrecht nur bei Übernahme bestimmter **Nebenpflichten,** die auf alle Beteiligten Anwendung finden, ausgeübt werden kann; die Aktionäre können in diesem Fall an der Kapitalerhöhung in ihrer konkreten Ausgestaltung teilnehmen.[541] Die bloße **Kombination mehrerer Emissionen** (zB Kapitalerhöhung und Ausgabe von Wandel- oder Optionsanleihen) in der Weise, dass alle Instrumente nur gemeinsam gezeichnet werden können, beinhaltet damit keinen (faktischen) Bezugsrechtsausschluss. Aus prospektrechtlichen Gründen erfolgende Einschränkungen der Verbreitung des Bezugsangebots im Ausland stellen ebenfalls keinen faktischen Bezugsrechtsausschluss dar (vgl. dazu auch → Rn. 113).[542]

Keinen faktischen Bezugsrechtsausschluss stellt auch die Festlegung eines **Ausgabebetrags oberhalb des Werts der neuen Aktien** dar.[543] Die Frage ist jedoch umstritten. Wonach sich nach der Gegenansicht der maßgebliche Wert der neuen Aktien bemisst, wird unterschiedlich beurteilt. Zum Teil wird allein auf den Börsenkurs abgestellt.[544] Andere Stimmen ziehen zusätzlich den „wahren" inneren Wert der neuen Aktien heran, so dass kein Bezugsrechtsausschluss vorliegt, wenn der Ausgabebetrag über dem Börsenkurs, aber nicht über dem inneren Wert liegt.[545] Soweit danach der Börsenkurs relevant wird, ist nicht abschließend geklärt, wie dieser zu bestimmen ist.[546] Diese Ansichten überzeugen nicht. Wird (zB in Sanierungssituationen) der Ausgabebetrag in Höhe des geringsten Ausgabebetrags festgelegt, obwohl der Börsenkurs geringer ist, kommt ein faktischer Bezugsrechtsausschluss nicht in Betracht, da der Ausgabebetrag dem Verbot der Unterpari-Emission Rechnung trägt.[547] Aber auch im Übrigen ist ein Ausgabebetrag oberhalb des Aktienwerts unschädlich. Ein Bezugsrechtsausschluss liegt darin nicht, weil kein entsprechender Eingriff in die Rechtsposition der Aktionäre eintritt. Ist der Ausgabebetrag höher als der innere Wert, aber niedriger als der Börsenkurs, kann der Aktionär auf die Teilnahme an der Kapitalerhöhung verzichten und am Markt Aktien einkaufen. Bei einem Ausgabebetrag oberhalb des inneren Werts und oberhalb des Börsenkurses kommt es, wenn ein Aktionär sein Bezugsrecht nicht ausübt, zu einer Wertsteigerung der von ihm bereits gehaltenen Aktien. Beteiligt sich ein Aktionär an der Kapitalerhöhung, zahlt er zwar unter Umständen für seine neuen Aktien zu viel; dieser Einbuße steht jedoch eine (jedenfalls teilweise) Wertaufstockung der von ihm zuvor gehaltenen Aktien gegenüber.[548] Ein faktischer Bezugsrechtsausschluss scheidet damit aus. Eine

---

[541] So zutreffend *Groß* AG 1993, 449 (455); *Maier,* Faktischer Bezugsrechtsausschluss, 2014, S. 130 ff. auch mwN zur Gegenansicht.
[542] Vgl. HdB börsennotierte AG/*Busch* Rn. 42.51; Hölters AktG/*Apfelbacher/Niggemann* § 186 Rn. 49; *R. Krause* ZHR 181 (2017), 641 (648 f.); *Kuntz/Stegemann* ZIP 2016, 2341 (2342).
[543] *Gehling* ZIP 2011, 1699 (1700 f.); grundsätzlich ebenso Hölters AktG/*Apfelbacher/Niggemann* § 186 Rn. 44 ff.; *Wagner* DB 2004, 293 (294); *Maier,* Faktischer Bezugsrechtsausschluss, 2014, S. 37 ff.; *Tielmann* FS E. Vetter, 2019, 819 (824 f.).
[544] HdB börsennotierte AG/*Busch* Rn. 42.95 (jeweils unter Verweis auf § 186 Abs. 3 S. 4 AktG); Unternehmensfinanzierung am Kapitalmarkt/*R. Krause* Rn. 6.7; Unternehmensfinanzierung am Kapitalmarkt/*Herfs* Rn. 5.48.
[545] KölnKommAktG/*Ekkenga* § 186 Rn. 123 f.; Spindler/Stilz AktG/*Servatius* § 186 Rn. 77; HdB RestrukturierungsR/*Seibt* Kap. 6 Rn. 30 f.; HdB AG-Finanzierung/*Ekkenga/Jaspers* Kap. 4 Rn. 170; *Groß* AG 1993, 449 (455); *Seibt* Der Konzern 2009, 261 (266); *Seibt/Voigt* AG 2009, 133 (138); *Schlitt/Schäfer* CFL 2011, 410 (413); *Kocher/Feigen* CFL 2013, 116 (121); nicht eindeutig Hüffer/*Koch* AktG § 186 Rn. 43 u. MüKoAktG/*Schürnbrand* § 186 Rn. 144.
[546] HdB börsennotierte AG/*Busch* Rn. 42.95 stellt auf die Marktlage kurz vor Beginn der Bezugsfrist ab; nach *Seibt/Voigt* AG 2009, 133 (138) kommt es auf den bei Veröffentlichung des Bezugsangebots geltenden Börsenkurs an; *Kocher/Feigen* CFL 2013, 116 (121) rekurrieren auf den volumengewichteten Durchschnittskurs der drei Monate vor Festlegung des Ausgabebetrages.
[547] Hölters AktG/*Apfelbacher/Niggemann* § 186 Rn. 41; HdB börsennotierte AG/*Busch* Rn. 42.95; *Vaupel/Reers* AG 2010, 93 (96).
[548] *Gehling* ZIP 2011, 1699 (1700 f.); Hölters AktG/*Apfelbacher/Niggemann* § 186 Rn. 44; *Wagner* DB 2004, 293 (294); *Tielmann* FS E. Vetter, 2019, 819 (825).

Anfechtbarkeit aufgrund einer überhöhten Festlegung des Ausgabebetrages kommt vielmehr nur ausnahmsweise in Betracht, wenn sie sachfremden Erwägungen folgt.[549]

142 Ist ein faktischer Bezugsrechtsausschluss gegeben, ist er nur zulässig, wenn – was wohl nur in Ausnahmefällen vorstellbar ist – die besonderen **materiellen und förmlichen Erfordernisse des Bezugsrechtsausschlusses** gewahrt werden.[550]

143 **g) Mängel des Ausschlusses.** Fehlt es an den **materiellen Voraussetzungen** für den Ausschluss des Bezugsrechts, ist die Beschlussfassung der Hauptversammlung anfechtbar (§ 243 Abs. 1 AktG). Die gerichtliche Prüfung richtet sich allerdings nur darauf, ob der Bezugsrechtsausschluss in Anerkennung eines unternehmerischen Beurteilungsspielraums der Hauptversammlung vertretbar erscheint.[551] Dabei kann an die Grundsätze der **Business Judgement Rule** in § 93 Abs. 1 S. 2 AktG angeknüpft werden; überprüfbar ist damit lediglich, ob eine angemessene Informationsgrundlage bestand, keine sachfremden Erwägungen eingeflossen sind und der verfolgte Zweck legitim ist.[552] Sind diese Voraussetzungen erfüllt, kann das Gericht den Bezugsrechtsausschluss nicht mit dem Argument kassieren, eine andere Handlungsalternative sei zielführender.[553] Grundlage der Beurteilung ist der an die Hauptversammlung erstattete Vorstandsbericht;[554] auf neue Rechtfertigungsgründe kann sich die Gesellschaft im Anfechtungsprozess nicht berufen, sondern sie ist im Prozess darauf beschränkt, die Gründe des Vorstandsberichts zu erläutern und zu vertiefen. Die Darlegungs- und **Beweislast** für die sachliche Rechtfertigung des Bezugsrechtsausschlusses im Anfechtungsprozess liegt nach der bisherigen Rechtsprechung beim Aktionär.[555] Insofern zeichnet sich jedoch möglicherweise ein Umschwung an, dass die Darlegungs- und Beweislast bei der Gesellschaft liegt;[556] davon geht auch die hA in der Literatur aus.[557] Beim vereinfachten Bezugsrechtsausschluss ist es jedoch richtigerweise Sache des Anfechtungsklägers, Anfechtungsgründe darzulegen und zu beweisen, wenn den Anforderungen des Gesetzeswortlauts genüge getan ist.[558]

144 Ist der nach § 186 Abs. 4 S. 2 AktG zu erstattende **Bericht** inhaltlich nicht ordnungsgemäß oder hat er nicht ordnungsgemäß vor und in der Hauptversammlung ausgelegen, kann das zur Anfechtbarkeit des Erhöhungsbeschlusses führen; insofern gelten die oben in → Rn. 135 aufgestellten Grundsätze. In Ausnahmefällen kann ein Bezugsrechtsausschluss

---

[549] Vgl. *Gehling* ZIP 2011, 1699 (1700 f.) (wegen Verletzung der gesellschaftsrechtlichen Treupflicht) sowie Hölters AktG/*Apfelbacher/Niggemann* § 186 Rn. 46 und *Tielmann* FS E. Vetter, 2019, 819 (825) (jeweils wegen faktischen Bezugsrechtsausschlusses), die als Anwendungsfälle die Verschaffung oder Beseitigung von Mehrheits- oder Minderheitsbeteiligungen zugunsten oder zulasten einzelner Aktionäre nennen. Ferner *Kuntz/Stegemann* ZIP 2016, 2341 (2344) im Fall des Fehlens eines sachlichen Grunds für den gewählten Ausgabebetrag.

[550] OLG Oldenburg NJW-RR 1995, 1313 (1314); Hüffer/*Koch* AktG § 186 Rn. 43; HdB AG-Finanzierung/*Ekkenga/Jaspers* Kap. 4 Rn. 170; *Kuntz/Stegemann* ZIP 2016, 2341 (2344 f.).

[551] BGHZ 71, 40 (49 f.) – Kali & Salz; *Lutter* ZGR 1979, 401 (409); *Schumann*, Bezugsrecht, 2001, S. 140 ff.; KölnKommAktG/*Ekkenga* § 186 Rn. 70 f. u. 73; MüKoAktG/*Schürnbrand* § 186 Rn. 108.

[552] Vgl. Hüffer/*Koch* AktG § 186 Rn. 36; Spindler/Stilz AktG/*Servatius* § 186 Rn. 54; Wachter AktG/*Dürr* § 186 Rn. 25; Bürgers/Körber AktG/*Marsch-Barner* § 186 Rn. 47.

[553] Spindler/Stilz AktG/*Servatius* § 186 Rn. 54.

[554] BGHZ 83, 319 (326) – Holzmann; OLG Celle AG 2002, 293 (294); *Liebert*, Bezugsrechtsausschluss, 2003, S. 51; *Lutter* ZGR 1979, 401 (408 f.).

[555] BGHZ 71, 40 (48 f.) – Kali & Salz; OLG Frankfurt a. M. AG 1976, 298 (301); 2011, 631 Rn. 119 – Kirch ua/Deutsche Bank.

[556] S. BGH NZG 2018, 1019 Rn. 47: Bei einer Feststellungsklage bzgl. der Rechtmäßigkeit der Ausnutzung einer Ermächtigung zum Ausschluss des Bezugsrechts iR. eines genehmigten Kapitals trage die Gesellschaft die Darlegungs- und Beweislast.

[557] Spindler/Stilz AktG/*Servatius* § 186 Rn. 51; MüKoAktG/*Schürnbrand* § 186 Rn. 111; Bürgers/Körber AktG/*Marsch-Barner* § 186 Rn. 48; ausführlich *Lutter* ZGR 1979, 401 (412 ff.); *Hirte*, Bezugsrechtsausschluss, 1986, S. 220 ff.

[558] Zutreffend GroßkommAktG/*Wiedemann* § 186 Rn. 188; ebenso Bürgers/Körber AktG/*Marsch-Barner* § 186 Rn. 48; aA wohl KölnKommAktG/*Ekkenga* § 186 Rn. 139.

auch wegen Verfolgung von Sondervorteilen der Anfechtung nach § 243 Abs. 2 AktG unterliegen[559] oder gegen §§ 241 Nr. 3 oder 4 verstoßen und damit nichtig sein.[560] Wird der Bezugsrechtsausschluss entgegen § 186 Abs. 3 S. 1 AktG außerhalb des Kapitalerhöhungsbeschlusses beschlossen, ist er unwirksam, und es bleibt bei der Kapitalerhöhung mit gesetzlichem Bezugsrecht.[561]

Ist der Bezugsrechtsausschluss anfechtbar oder nichtig, hat dies nach hM stets die Anfechtbarkeit oder Nichtigkeit des **gesamten Kapitalerhöhungsbeschlusses** zur Folge. Es sei weder eine Teilanfechtung nur des Bezugsrechtsausschlusses möglich,[562] noch könne bei einer Anfechtung des gesamten Kapitalerhöhungsbeschlusses dieser ohne den Bezugsrechtsausschluss aufrechterhalten werden.[563] Das wird im Ergebnis in der Regel zutreffen. Sollte jedoch ausnahmsweise anzunehmen sein, dass die Kapitalerhöhung in Kenntnis der rechtlichen Unzulässigkeit des Bezugsrechtsausschlusses auch ohne diesen beschlossen worden wäre, wird man eine Teilanfechtung zulassen bzw. bei einer Gesamtanfechtung den Ausspruch der Nichtigkeitsfolge auf den Bezugsrechtsausschluss beschränken können.[564]

3. Mittelbares Bezugsrecht. a) Mittelbarer Bezug von Emissionsinstituten. In der gesellschaftsrechtlichen **Praxis** finden Kapitalerhöhungen von Publikumsgesellschaften fast ausschließlich unter Einschaltung eines Kreditinstituts oder eines anderen Emissionsinstituts bzw. eines Konsortiums mehrerer solcher Institute statt. Die neuen Aktien aus der Kapitalerhöhung werden ganz oder zum Teil durch das Emissionsinstitut zum geringsten Ausgabebetrag (§ 9 Abs. 1 AktG) übernommen. Dieses bietet die von ihm übernommenen Aktien mit einem mit der Gesellschaft vereinbarten Aufgeld den Aktionären entsprechend deren bisheriger Beteiligungsquote zum Bezug an. Der Erlös wird an die Gesellschaft abgeführt. Dem Emissionsinstitut wird für seine Tätigkeit eine Provision gezahlt. Die Gesellschaft erspart sich damit die komplizierte und aufwändige Durchführung einer Kapitalerhöhung mit vielen Bezugsberechtigten. Außerdem vermeidet sie das Risiko, dass der Erhöhungsbetrag nicht in voller Höhe oder nicht rechtzeitig vor Ablauf der Verfallfrist nach § 185 Abs. 1 Nr. 4 AktG aufgebracht wird. Für die Gesellschaft ist die Kapitalerhöhung bereits mit Übernahme der Aktien durch das Emissionsinstitut durchgeführt.

§ 186 Abs. 5 AktG setzt nicht voraus, dass die gesamte Kapitalerhöhung im Wege des mittelbaren Bezugsrechts durchgeführt wird; zulässig ist vielmehr auch eine **Kombination mit einem Direktbezug**.[565] Das kommt zB in Betracht bei einer gemischten Bar-/Sachkapitalerhöhung oder, wenn einzelne Großaktionäre ihre Aktien direkt zeichnen und die übrigen Aktionäre ihre Aktien gemäß § 186 Abs. 5 AktG. Letzteres kann neben der Kostensenkung dem Zweck dienen, das Haftungsrisiko für die Emissionsbank zu reduzieren und dadurch die Emission (zu besseren) Konditionen sicherzustellen. Möglich ist ferner

---

[559] MüKoAktG/*Schürnbrand* § 186 Rn. 147; KölnKommAktG/*Ekkenga* § 186 Rn. 137.
[560] KölnKommAktG/*Ekkenga* § 186 Rn. 137; MüKoAktG/*Schürnbrand* § 186 Rn. 147; Hüffer/*Koch* AktG § 186 Rn. 42.
[561] MüKoAktG/*Schürnbrand* § 186 Rn. 147; Hüffer/*Koch* AktG § 186 Rn. 42; HdB börsennotierte AG/*Busch* Rn. 42.96.
[562] OLG Oldenburg NJW-RR 1995, 1313 (1314); LG Braunschweig AG 1993, 194 f.; LG München I WM 1992, 1151 (1153); Hüffer/*Koch* AktG § 186 Rn. 42; MüKoAktG/*Schürnbrand* § 186 Rn. 148; Bürgers/Körber AktG/*Marsch-Barner* § 186 Rn. 51; HdB börsennotierte AG/*Busch* Rn. 42.96.
[563] KölnKommAktG/*Ekkenga* § 186 Rn. 141 aE; Hüffer/*Koch* AktG § 186 Rn. 42; HdB börsennotierte AG/*Busch* Rn. 42.96.
[564] Ebenso für den Fall des genehmigten Kapitals mit Ermächtigung zum Bezugsrechtsausschluss BGH NJW 1982, 2444 (2446) – Holzmann (insoweit in BGHZ 83, 319 nicht abgedruckt); OLG Nürnberg AG 2018, 406 Rn. 29 ff.; OLG Frankfurt a. M. AG 1993, 281 (283); OLG München AG 1993, 283 (284).
[565] HdB börsennotierte AG/*Busch* Rn. 42.58; Hüffer/*Koch* AktG § 186 Rn. 45; *Groß* AG 1993, 449 (454); KölnKommAktG/*Ekkenga* § 186 Rn. 197.

eine **Kombination** einer mittelbaren Bezugsrechtsemission **mit einem teilweisen Bezugsrechtsausschluss.**[566]

148 Das Gesetz hat mittelbare Bezugsrechtsemissionen von den strengen materiellen und förmlichen Anforderungen eines Bezugsrechtsausschlusses befreit (§ 186 Abs. 5 AktG). Dazu muss der **Kapitalerhöhungsbeschluss** das Bezugsrecht der Aktionäre ausschließen und festlegen, dass die neuen Aktien von einem oder mehreren Kreditinstituten (§ 1 Abs. 1 KWG) mit der Verpflichtung übernommen werden sollen, sie den Aktionären zum Bezug anzubieten; die Entscheidung kann nicht dem Vorstand überlassen werden.[567] Den Kreditinstituten gleichgestellt sind die in § 53 Abs. 1 S. 1 KWG genannten Zweigstellen ausländischer Kreditinstitute sowie die in § 53b Abs. 1 S. 1 und Abs. 7 KWG genannten ausländischen Finanzdienstleister.[568] Finanzdienstleistungsinstitute und Finanzunternehmen iSv § 1 Abs. 1a und 3 KWG sind nicht gleichzustellen.[569] Bei einem Emissionskonsortium müssen alle Mitglieder die Voraussetzungen nach § 186 Abs. 5 AktG erfüllen.[570] Welches Emissionsinstitut bzw. Emissionskonsortium einzuschalten ist, kann im Kapitalerhöhungsbeschluss festgelegt werden; andernfalls entscheidet hierüber der Vorstand.[571]

149 Die Ausgabe an das Emissionsinstitut kann zu einem niedrigeren **Ausgabebetrag** erfolgen als dem späteren **Bezugskurs,** zu dem die Aktionäre vom Emissionsinstitut beziehen können. Es ist deshalb üblich, die Aktien zum geringsten Ausgabebetrag (§ 9 Abs. 1 AktG) an das Emissionsinstitut auszugeben, welches der Gesellschaft lediglich die Mindesteinlage von 25 % des geringsten Ausgabebetrages (§§ 188 Abs. 2 S. 1, 36a Abs. 1 AktG) gutschreiben muss, damit die Durchführung der Kapitalerhöhung zur Eintragung ins Handelsregister angemeldet werden kann. Das später von den Aktionären zu zahlende Aufgeld bleibt bei diesem Verfahren außer Betracht; zur Bilanzierung → Rn. 32.[572] Dieses **zweistufige Verfahren** ist trotz der dagegen verschiedentlich erhobenen Bedenken als zulässig anzusehen, wobei das Emissionsinstitut sich verpflichten muss, den über eine angemessene Vergütung für die Abwicklung der Emission hinausgehenden Betrag an die Gesellschaft abzuführen.[573]

---

[566] Hüffer/*Koch* AktG § 186 Rn. 45; Hölters AktG/*Apfelbacher*/*Niggemann* § 186 Rn. 93; *Schlitt*/*Seiler* WM 2003, 2175 (2178 f.).

[567] OLG Hamburg AG 2000, 326 (328) – Trikon Belco AG; OLG Koblenz NZG 1998, 552 (553) – Hilgers; Hölters AktG/*Apfelbacher*/*Niggemann* § 186 Rn. 92; MüKoAktG/*Schürnbrand* § 186 Rn. 151; Hüffer/*Koch* AktG § 186 Rn. 45; *Berkle*, Mittelbares Bezugsrecht 2019, S. 68 f.

[568] Vgl. Hölters AktG/*Apfelbacher*/*Niggemann* § 186 Rn. 99; einschränkend HdB börsennotierte AG/*Busch* Rn. 42.59, der ausländische Finanzdienstleister im Sinne von § 53b Abs. 1 S. 1 u. Abs. 7 KWG nur gleichstellen will, wenn sie im Inland Bankgeschäfte betreiben.

[569] MüKoAktG/*Schürnbrand* § 186 Rn. 153; HdB börsennotierte AG/*Busch* Rn. 42.59; Spindler/Stilz AktG/*Servatius* § 186 Rn. 68; Hölters AktG/*Apfelbacher*/*Niggemann* § 186 Rn. 98; *Liebert*, Bezugsrechtsausschluss, 2003, S. 148; aA LG Düsseldorf AG 1999, 134.

[570] Hüffer/*Koch* AktG § 186 Rn. 46; Spindler/Stilz AktG/*Servatius* § 186 Rn. 69; MüKoAktG/*Schürnbrand* § 186 Rn. 154.

[571] MüKoAktG/*Schürnbrand* § 186 Rn. 151; Hüffer/*Koch* AktG § 186 Rn. 49; Hölters AktG/*Apfelbacher*/*Niggemann* § 186 Rn. 96; HdB börsennotierte AG/*Busch* Rn. 42.58; dazu, dass die Emissionsunternehmen im Beschluss nicht festgelegt werden müssen, s. auch OLG Stuttgart AG 2013, 604 (610).

[572] Anders wäre dies möglicherweise nach der verfehlten Entscheidung BayObLG ZIP 2002, 1484 (1486) zu beurteilen, die auch schuldrechtliche Zusatzleistungen, auf die der Gesellschaft ein Anspruch eingeräumt wird, als Aufgeld ansieht, welches vor Anmeldung der Durchführung eingezahlt sein muss; vgl. dazu *Schlitt*/*Seiler* WM 2003, 2175 (2183) sowie → Rn. 32.

[573] OLG Stuttgart AG 2013, 604 (610); KölnKommAktG/*Ekkenga* § 186 Rn. 224; Hüffer/*Koch* AktG § 186 Rn. 48; GroßkommAktG/*Wiedemann* § 186 Rn. 202 f.; MüKoAktG/*Schürnbrand* § 186 Rn. 150; *Hoffmann-Becking* FS Lieberknecht, 1997, 25 (31 ff.); *Schlitt*/*Seiler* WM 2003, 2175 (2182 f.); eingehend *Berkle*, Mittelbares Bezugsrecht 2019, S. 74 ff.; *Wittschen*, Zulässigkeit, 2005, S. 247 ff.; aA *Schippel* FS Steindorff, 1990, 249 (254 ff.); *Immenga* FS Beusch, 1993, 413 (419 ff.), die eine Ausgabe an

§ 57 (Reguläre) Kapitalerhöhung gegen Einlagen 150–152 § 57

Die Hauptversammlung sollte, muss aber nicht im Erhöhungsbeschluss den Ausgabebetrag sowie den Bezugspreis oder die Grundlagen für seine Bestimmung regeln bzw. den Vorstand zu seiner Festlegung ermächtigen. Enthält der **Beschluss keine Regelung,** ist der Vorstand zur Festlegung berechtigt.[574] Dabei stellt sich die oben in → Rn. 31 dargestellte Problematik, ob der Vorstand einen Bezugspreis oberhalb des geringsten Ausgabebetrages festsetzen kann. Aufbauend auf der dort vertretenen Auffassung ist bei einer mittelbaren Bezugsrechtsemission regelmäßig davon auszugehen, dass der Vorstand dazu berechtigt ist.[575] Auch beim mittelbaren Bezugsrecht liegt in einem „zu hohen" Bezugspreis richtigerweise kein faktischer Bezugsrechtsausschluss (→ Rn. 141).

150

Das Emissionsinstitut muss sich in einer **Vereinbarung mit der Gesellschaft** verpflichten, die übernommenen Aktien den Aktionären entsprechend deren bisherigen Beteiligungen zu dem festgelegten Kurs unverzüglich[576] zum Bezug anzubieten.[577] Erforderlich ist ein Vertrag zu Gunsten Dritter (§ 328 BGB), auf Grund dessen die Aktionäre einen eigenen Anspruch auf ein entsprechendes Bezugsangebot durch das Kreditinstitut erwerben.[578] Zur Frage, ob der Vertrag mit dem Emissionsinstitut ein Zeichnungsvorvertrag ist, vgl. → Rn. 176. Die **Vergütung** des Emissionsinstituts wird üblicherweise aus dem von den Aktionären gezahlten Bezugspreis entnommen. Eine Zahlung direkt durch die Gesellschaft soll ausgeschlossen sein (§ 54 Abs. 2 AktG).[579] Wenn die Bank die Aktien nur aufgrund ihrer Abwicklungsfunktion vorübergehend als fremdnütziger Treuhänder zugunsten der Aktionäre hält und die Vergütung angemessen ist, kann die Vergütung jedoch richtigerweise auch direkt durch die Gesellschaft erbracht werden, ohne dass darin eine verdeckte Sacheinlage oder ein Hin- und Herzahlen (§ 27 Abs. 3 u. 4 AktG)[580] oder ein Verstoß gegen § 54 Abs. 2 AktG liegt. Soll die Emission zum geringsten Ausgabebetrag erfolgen (zB in Sanierungssituationen, bei denen der Wert der Aktien vielfach noch darunter liegt), ist es infolgedessen nicht erforderlich, den Bezugspreis leicht höher festzulegen, um sicherzustellen, dass die Vergütung und Kosten nicht „aus" dem Ausgabebetrag erbracht wird. Die Gesellschaft ist aber nicht gehindert, so vorzugehen, zumal die Frage nicht geklärt ist und nach aA möglicherweise eine Unterpari-Emission (Verstoß gegen § 9 Abs. 1 AktG) vorliegt.[581]

151

Das Emissionsinstitut unterbreitet sodann den Aktionären ein entsprechendes **Bezugsangebot.** Es wird von der Gesellschaft veröffentlicht, ist aber ein Angebot des Emis-

152

---

das Kreditinstitut zum geringsten Ausgabebetrag und ein Bezugsangebot an die Aktionäre mit Aufgeld auch bei Verpflichtung zur Abführung des Mehrerlöses für unzulässig halten.

[574] S. zB OLG Stuttgart AG 2013, 604 (611).
[575] Ebenso OLG Stuttgart AG 2013, 604 (611); Hüffer/Koch AktG § 186 Rn. 49; Bürgers/Körber AktG/*Marsch-Barner* § 186 Rn. 56.
[576] BGHZ 118, 83 (97) – BuM.
[577] Muster bei *Hellner/Steuer,* Bankrecht und Bankpraxis, Teil 10 Rn. 325.
[578] BGHZ 114, 203 (208); 118, 83 (96) – BuM; BGHZ 122, 180 (186); OLG Düsseldorf ZIP 2000, 2025 (2027) – Nordhäuser Tabakfabriken; OLG Stuttgart AG 2013, 604 (610); MüKoAktG/*Schürnbrand* § 186 Rn. 156; Hüffer/*Koch* AktG § 186 Rn. 47; ausführlich zu den vertraglichen Verhältnissen *Berkle,* Mittelbares Bezugsrecht 2019, S. 40 ff., 115 ff.; *Kuntz/Stegemann* AG 2016, 837 (838 ff.).
[579] Hüffer/*Koch* AktG § 186 Rn. 47; Wachter AktG/*Dürr* § 186 Rn. 37.
[580] Ebenso Bürgers/Körber AktG/*Marsch-Barner* § 186 Rn. 58; vgl. auch BGH ZIP 2010, 423 – Eurobike u. dazu → Rn. 73. Wohl aA Schmidt/Lutter/*Ziemons* AktG § 9 Rn. 10; Wachter AktG/*Franz* § 9 Rn. 9.
[581] Vom Vorliegen einer Unterpari-Emission bei Entnahme der Vergütung aus dem in Höhe des Mindestausgabebetrags festgelegten Ausgabebetrag geht das OLG Stuttgart AG 2013, 604 (609 f.), aus. Vgl. ferner KölnKommAktG/*Dauner-Lieb* § 9 Rn. 16 f.; Hüffer/*Koch* AktG § 9 Rn. 2; MüKoAktG/ *Heider* § 9 Rn. 26; Hölters AktG/*Solveen* § 9 Rn. 4; Spindler/Stilz AktG/*Vatter* § 9 Rn. 10, wobei jeweils nicht klar ist, ob die Annahme einer Unterpari-Emission auch für den vorliegenden Fall gelten soll; wie hier hingegen, dh für Abstellen auf den Bruttoemissionszufluss, HdB RestrukturierungsR/ *Seibt* Kap. 6 Rn. 50.

sionsinstituts.[582] Seine Kosten trägt die Gesellschaft. Das Bezugsangebot setzt die Beschlussfassung über die Kapitalerhöhung und den Abschluss des Übernahmevertrages *(underwriting agreement)* zwischen Gesellschaft und Emissionsinstitut voraus. Es kann somit entgegen der früheren Praxis vor Zeichnung der jungen Aktien sowie Anmeldung und Durchführung der Kapitalerhöhung veröffentlicht werden.[583] Für die Annahme des Angebots können eine Bezugsfrist und die Einhaltung von Formalien zum Nachweis des Bezugsrecht (zB Einreichung eines Dividendenscheins) bestimmt werden. Zulässig ist es zudem, die wirksame Angebotsannahme von der Zahlung des Bezugspreises innerhalb der Bezugsfrist abhängig zu machen. Wird eine Bezugsfrist bestimmt, was nicht vorgeschrieben,[584] aber dringend ratsam ist, muss diese entsprechend § 186 Abs. 1 S. 2 AktG mindestens zwei Wochen betragen;[585] zuständig für die Fristbestimmung ist der Vorstand (zur Fristberechnung → Rn. 107).[586] Der Vorstand der Gesellschaft hat das Bezugsangebot des Emissionsinstituts unter Angabe des für die Aktien zu leistenden Entgelts und einer für die Annahme des Angebots gesetzten Frist in den Gesellschaftsblättern (dh im Bundesanzeiger und, soweit eine Satzung in ihrer Fassung zum 30.12.2015 weitere Gesellschaftsblätter vorsah und weiterhin vorsieht, dort; § 25 AktG, § 26 Abs. 3 S. 1 EGAktG) **bekanntzumachen** (§ 186 Abs. 5 S. 2 AktG).[587] Ob das Bezugsangebot gemäß § 67a AktG an die dort genannten Personen zu übermitteln ist, liegt sachlich nahe, ist jedoch zweifelhaft, weil § 186 Abs. 5 S. 2 AktG anders als die Parallelregelung in § 186 Abs. 2 S. 1 AktG (→ Rn. 107, 112) nur von der Bekanntmachung des Angebots und nicht seiner Übermittlung spricht. Wird zunächst kein ziffernmäßig **bestimmter Bezugspreis** benannt, sondern nur die Grundlagen der Festlegung des Bezugspreises mitgeteilt, so ist der genaue Betrag spätestens drei Tage vor Ablauf der Bezugsfrist in den Gesellschaftsblättern und über ein elektronisches Informationsmedium bekanntzumachen; vgl. → Rn. 112. Das Bezugsangebot ist **veräußerlich und übertragbar.**[588]

153 Die Behandlung **nicht bezogener neuer Aktien** richtet sich nach den zwischen der Gesellschaft und dem Kreditinstitut getroffenen Vereinbarungen.[589] Dabei sind verschiedene Gestaltungsmöglichkeiten denkbar. Das Emissionsinstitut kann verpflichtet sein, die Aktien selbst zum Bezugspreis zu übernehmen *(hard underwriting)*.[590] Nach Entrichtung des Bezugspreises kann das Institut dann die Aktien ohne erneutes Angebot an die Aktionäre auch zu einem niedrigeren Betrag verwerten.[591] Es können Nachbezugsrechte der Aktionä-

---

[582] OLG Düsseldorf ZIP 2000, 2025 (2027) – Nordhäuser Tabakfabriken; OLG Karlsruhe NZG 2001, 889 (900); HdB börsennotierte AG/*Busch* Rn. 42.61; Hölters AktG/*Apfelbacher/Niggemann* § 186 Rn. 102; *Kuntz/Stegemann* AG 2016, 837 (839).

[583] HdB börsennotierte AG/*Busch* Rn. 42.62; *Seibt/Voigt* AG 2009, 133 (136); *Schlitt/Seiler* WM 2003, 2175 (2184); Schmidt/Lutter/*Veil* AktG § 186 Rn. 48.

[584] OLG Karlsruhe NZG 2001, 899 (900); Hüffer/*Koch* AktG § 186 Rn. 52; aA, dh für notwendige Angabe einer Bezugsfrist wohl Wachter AktG/*Dürr* § 186 Rn. 38 und KölnKommAktG/*Ekkenga* § 186 Rn. 249.

[585] KölnKommAktG/*Ekkenga* § 186 Rn. 249; Bürgers/Körber AktG/*Marsch-Barner* § 186 Rn. 60; MüKoAktG/*Schürnbrand* § 186 Rn. 165; Hüffer/*Koch* AktG § 186 Rn. 52; Hölters AktG/*Apfelbacher/Niggemann* § 186 Rn. 103.

[586] OLG Karlsruhe AG 2002, 91 (92); Hüffer/*Koch* AktG § 186 Rn. 15.

[587] Muster in Münch. Vertragshandbuch Bd. 1/*Favoccia* Form. V.110; Happ AktienR/*Herchen* Form. 12.03j; Hopt Vertrags- und Formularbuch/*Herfs/Scholz* Form. II. E.5.3.

[588] Vgl. dazu näher KölnKommAktG/*Ekkenga* § 186 Rn. 261 f.; Bürgers/Körber AktG/*Marsch-Barner* § 186 Rn. 62; MüKoAktG/*Schürnbrand* § 186 Rn. 169; Hüffer/*Koch* AktG § 186 Rn. 54; aA *Butzke* Liber Amicorum M. Winter, 2009, 56 (71).

[589] OLG Stuttgart AG 2013, 604 (610).

[590] Unternehmensfinanzierung am Kapitalmarkt/*Herfs* Rn. 5.12; MüKoAktG/*Schürnbrand* § 186 Rn. 158, 160 und § 182 Rn. 7; HdB börsennotierte AG/*Busch* Rn. 42.61, 71; *Seibt/Voigt* AG 2009, 133 (145).

[591] HdB börsennotierte AG/*Busch* Rn. 42.71; Hölters AktG/*Apfelbacher/Niggemann* § 186 Rn. 28.

re (→ Rn. 109) vereinbart werden.[592] Eine Verpflichtung hierzu besteht aber nicht,[593] und eine Anwachsung bei den Aktionären tritt nicht ein.[594] Die Verwertung kann nach Weisung des Vorstands erfolgen.[595] Häufig wird das Emissionsinstitut beauftragt sein, die Aktien bestmöglich zu verwerten.[596] Bei der Verwertung gelten die oben in → Rn. 108 ff. dargestellten Grundsätze auch für das Emissionsinstitut. Abweichende Vereinbarungen zwischen Gesellschaft und Emissionsinstitut sollen unwirksam sein.[597] Das Emissionsinstitut hat den bei der Verwertung erzielten Mehrerlös (abzüglich seiner Vergütung) an die Gesellschaft abzuführen.[598]

Zeichnung der Aktien, (Eintragung der) **Durchführung** der Erhöhung und Ausgabe der 154 Aktien können auch erst **nach dem Ende der Bezugsfrist** erfolgen;[599] hierauf ist im Bezugsangebot hinzuweisen. Dementsprechend kann auch eine **„bis zu"-Kapitalerhöhung** als mittelbare Bezugsrechtsemission gestaltet werden.[600] Das Emissionsinstitut zeichnet die jungen Aktien und leistet die Einlage nach Ablauf der Bezugsfrist. Sodann wird die Durchführung angemeldet und eingetragen, und die jungen Aktien werden vom Emissionsinstitut an die Aktionäre ausgekehrt. Die Kaufverträge stehen unter dem Vorbehalt der Eintragung der Durchführung der Kapitalerhöhung. Dass das Emissionsinstitut damit kein Platzierungsrisiko übernimmt, sondern eine reine Abwicklungsfunktion, steht dem nicht entgegen, da § 186 Abs. 5 AktG eine Vereinfachung der Abwicklung von Bezugsrechtsemissionen unter Beibehaltung der Rechtstellung der Aktionäre anstrebt. Das erfordert eine entsprechende Ausgestaltung der Abwicklungsfunktion des Emissionsinstituts, aber nicht die Übernahme eines Platzierungsrisikos.

b) Mittelbarer Bezug von Dritten. Sollen die neuen Aktien von einem anderen als 155 einem nach § 186 Abs. 5 AktG zugelassenen Emissionsinstitut mit der Verpflichtung übernommen werden, sie den Aktionären zum Bezug anzubieten, bleibt es bei den formellen und materiellen Voraussetzungen eines Bezugsrechtsausschlusses. Ob dieses Vorgehen den **Verhältnismäßigkeitsgrundsatz** wahrt, wird insbesondere von der Bonität und Seriosität des Dritten abhängen; bestehen insoweit keine Zweifel und sind die übrigen Voraussetzungen eines mittelbaren Bezugsrechts erfüllt, kommt es auf die Gründe für die Wahl eines Nicht-Kreditinstituts nicht mehr weiter an.[601] Gem. § 186 Abs. 5 S. 2 Hs. 2 AktG hat der Vorstand das Bezugsangebot auch in einem solchen Fall bekanntzumachen.

---

[592] Hölters AktG/*Apfelbacher/Niggemann* § 186 Rn. 104.
[593] AA Spindler/Stilz AktG/*Servatius* § 186 Rn. 74.
[594] Hüffer/*Koch* AktG § 186 Rn. 53; Bürgers/Körber AktG/*Marsch-Barner* § 186 Rn. 61.
[595] Vgl. BGH NJW 1995, 2486.
[596] Hüffer/*Koch* AktG § 186 Rn. 53; MüKoAktG/*Schürnbrand* § 186 Rn. 150; *Seibt/Voigt* AG 2009, 133 (145).
[597] KölnKommAktG/*Ekkenga* § 186 Rn. 255; Hüffer/*Koch* AktG § 186 Rn. 53; Bürgers/Körber AktG/*Marsch-Barner* § 186 Rn. 61.
[598] BGH NJW 1995, 2486; KölnKommAktG/*Ekkenga* § 186 Rn. 150 mwN; Hüffer/*Koch* AktG § 186 Rn. 53.
[599] Hölters AktG/*vApfelbacher/Niggemann* § 186 Rn. 94; *Hauser*, Fast-Track-Kapitalerhöhungen, 2010, S. 191.
[600] OLG Stuttgart AG 2013, 604 (610); Spindler/Stilz AktG/*Servatius* § 186 Rn. 67; Hölters AktG/*Apfelbacher/Niggemann* § 186 Rn. 94; *Seibt/Voigt* AG 2009, 133 (135 f.); Schmidt/Lutter/*Veil* AktG § 182 Rn. 16; HdB RestrukturierungsR/*Seibt* Kap. 6 Rn. 21; *Findeisen* ZIP 2009, 1647 (1649); Bürgers/Körber AktG/*Marsch-Barner* § 186 Rn. 52; Hüffer/*Koch* AktG § 182 Rn. 12; *Hauser*, Fast-Track-Kapitalerhöhungen, 2010, S. 191; vgl. auch Unternehmensfinanzierung am Kapitalmarkt/*Herfs* Rn. 5.30 u. 5.63, der seine frühere ablehnende Haltung aufgegeben hat.
[601] Wie hier wohl MüKoAktG/*Schürnbrand* § 186 Rn. 170; Bürgers/Körber AktG/*Marsch-Barner* § 186 Rn. 63; *Liebert*, Bezugsrechtsausschluss, 2003, S. 150 f.; enger Hölters AktG/*Apfelbacher/Niggemann* § 186 Rn. 101; KölnKommAktG/*Ekkenga* § 186 Rn. 264 ff.; Hüffer/*Koch* AktG § 186 Rn. 55, welche die Gründe für die Auswahl eines Nicht-Kreditinstituts wohl in jedem Fall mit berücksichtigen wollen.

156 Eine Spielart der mittelbaren Fremdemission kann sich auch anbieten, wenn (zB zu Sanierungszwecken) eine Kapitalerhöhung durchgeführt werden, jedoch aus Kosten- und Haftungsgründen **keine Börseneinführung** der neuen Aktien erfolgen soll (s. allerdings § 69 BörsZulV; dazu auch → Rn. 203). In diesem Fall kann ein Großaktionär unter Ausschluss des Bezugsrechts der übrigen Aktionäre allein zur Zeichnung mit der Maßgabe zugelassen werden, dass er sich verpflichtet, den übrigen Aktionären im Verhältnis ihrer bisherigen Beteiligung börseneingeführte **Altaktien** zum Tageskurs zur Verfügung zu stellen. Ein derartiges Vorgehen ist nicht nach § 186 Abs. 5 AktG privilegiert, sondern unterliegt den allgemeinen Voraussetzungen des Bezugsrechtsausschlusses.[602] Insbesondere sind also die förmlichen Anforderungen an einen Bezugsrechtsausschluss zu wahren. Die sachliche Rechtfertigung ist hingegen bei hinreichender Solidität des Großaktionärs in aller Regel gegeben.[603] Den übrigen Aktionären entsteht kein Nachteil. Ihr Interesse an einer Aufrechterhaltung der Beteiligungsquote können sie durch Bezug vom Großaktionär wahren. Es entgeht ihnen lediglich die Möglichkeit, über ihr Bezugsrecht durch Veräußerung zu verfügen. Erfolgt die Ausgabe der neuen Aktien über dem aktuellen Börsenkurs, wäre dieses Bezugsrecht jedoch rechnerisch wertlos. § 186 Abs. 5 S. 2 Hs. 2 AktG gilt in einem solchen Fall entsprechend.

157 **c) Verdeckte Sacheinlage und mittelbares Bezugsrecht.** Bei einer Aktienausgabe im Wege des mittelbaren Bezugsrechts handelt es sich bei wirtschaftlicher Betrachtung um eine Emission im Verhältnis zu den Aktionären unter Einschaltung der Bank als treuhänderisch tätige Abwicklungsstelle. Das rechtfertigt es, für die Frage der verdeckten Sacheinlage bzw. des Hin- und Herzahlens (vgl. → Rn. 65 ff.) grundsätzlich nicht auf das Emissionsinstitut, sondern auf die **Aktionäre** abzustellen, die im Wege des mittelbaren Bezugsrechts Aktien erworben haben.[604] Werden die Mittel aus der Kapitalerhöhung von der Gesellschaft auf Grund einer entsprechenden Absprache benutzt, um Forderungen des Kreditinstituts zu tilgen, liegt darin also grundsätzlich keine verdeckte Sacheinlage bzw. kein Hin- und Herzahlen.[605] Fließen die Mittel auf Grund einer entsprechenden Absprache hingegen den ihr mittelbares Bezugsrecht ausübenden Aktionären zu, ist dies als verdeckte Sacheinlage (oder uU als Hin- und Herzahlen) der Aktionäre zu beurteilen.[606] Die Freistellung des Kreditinstituts reicht allerdings nur so weit, wie es sich auf die Stellung eines fremdnützigen Treuhänders beschränkt.[607] Unter diesen Voraussetzungen spricht einiges dafür, Emissionsinstitute auch von **anderen Kapitalschutzregeln** auszunehmen.[608] Überdies wird man diese Grundsätze über die Fälle des mittelbaren Bezugsrechts hinaus wohl auch auf die Aktienübernahme durch ein Kreditinstitut zum Zwecke der Börsenplatzierung übertragen können.[609] Ob das auch gilt, wenn das Emissionsinstitut iR. eines hard underwriting zunächst den Bezugspreis selbst erbringt und die Aktien sodann verwertet, sobald das wirtschaftlich sinnvoll ist, ist ungeklärt, sollte im Grundsatz aber bejaht werden.[610]

---

[602] OLG Koblenz NZG 1998, 552 (553) – Hilgers.
[603] Ähnlich HdB börsennotierte AG/*Busch* Rn. 42.60.
[604] Grundlegend BGHZ 118, 83 (95 ff.) – BuM; BGHZ 122, 180 (185 f.) – co op; BGH NJW 1995, 2486; ZIP 2010, 423 Rn. 11 – Eurobike; MüKoAktG/*Schürnbrand* § 183 Rn. 162; *Lutter/Gehling* WM 1989, 1445 (1447); *Groß* AG 1993, 108 (115 f.); aA *Priester* ZIP 1991, 345 (354); *Priester* FS Brandner, 1996, 97 (105 ff.).
[605] BGHZ 118, 83 (92 ff.) – BuM.
[606] BGHZ 122, 180 (185 ff.) – co op.
[607] Dazu näher BGHZ 118, 83 (99) – BuM; *Lutter/Gehling* WM 1989, 1445 (1447); KölnKomm-AktG/*Ekkenga* § 183 Rn. 163.
[608] Eingehend *Schnorbus* AG 2004, 113 (122 ff.).
[609] Näher *Hoffmann-Becking* FS Lieberknecht, 1997, 25 (35 f.); *Schnorbus* AG 2004, 113 (115 ff.); Hölters AktG/*Apfelbacher/Niggemann* § 186 Rn. 108; vgl. auch BGH ZIP 2010, 423 Rn. 11 – Eurobike.
[610] S. dazu HdB börsennotierte AG/*Busch* Rn. 42.67; *Groß* AG 1993, 108 (115 f.).

4. Rechtsgeschäftliches Bezugsrecht. Bezugsrechte können auch durch **rechts-** 158 **geschäftliche Verpflichtungen** der Gesellschaft begründet werden. Erfolgen sie gegenüber Aktionären, ist **§ 53a AktG** zu beachten (→ Rn. 109). Ferner stehen sie unter dem Vorbehalt von **§ 187 AktG**. Verpflichtungen der Gesellschaft werden nach § 187 Abs. 1 AktG nur begründet, soweit dem nicht das **gesetzliche Bezugsrecht der Aktionäre** entgegen steht. Bezugsrechte des Investors unterliegen der aufschiebenden Bedingung (§ 158 Abs. 1 BGB), dass das gesetzliche Bezugsrecht der Aktionäre ausgeschlossen oder nicht ausgeübt worden ist.[611] Ein Vorbehalt in diesem Sinn ist dafür nicht erforderlich. Er gilt vielmehr kraft Gesetzes,[612] so dass eine fehlende ausdrückliche Regelung nicht zur Nichtigkeit der Vereinbarung führt.[613] Auch begründet sie keine Schadenersatzansprüche des Investors, wenn das rechtsgeschäftlich vereinbarte Bezugsrecht wegen der vorrangigen Bedienung des gesetzlichen Aktionärsbezugsrechts nicht erfüllt wird.[614] Die explizite Vereinbarung des Vorrangs kann jedoch sinnvoll sein, um auch den Vorstand vor etwaigen Schadenersatzrisiken zu schützen.[615]

Darüber hinaus schließt § 187 Abs. 2 AktG die Begründung schuldrechtlicher Bezugs- 159 rechte **vor Fassung des Erhöhungsbeschlusses** aus. Das bedeutet nicht, dass eine Vereinbarung nicht wirksam möglich wäre. Gegenüber der Gesellschaft ist sie aber schwebend unwirksam (relative Unwirksamkeit); die Gesellschaft ist nicht zur Erfüllung verpflichtet, sie kann die Kapitalerhöhung gar nicht oder mit gesetzlichem Bezugsrecht beschließen, und eine Nichterfüllung begründet keine Sekundäransprüche des Investors gegen die Gesellschaft.[616] Wie bei § 187 Abs. 1 AktG ist kein ausdrücklicher Vorbehalt notwendig. Dieselben Grundsätze finden auf vor Beschlussfassung abgeschlossene Zeichnungs(vor)verträge Anwendung (vgl. auch → Rn. 177 f.).

5. Bezugsrecht und Bezugsrechtsausschluss im Konzern. Bei **Kapitalerhöhungen** 160 **in Tochtergesellschaften** steht das Bezugsrecht der Muttergesellschaft zu. Bei der Entscheidung, ob dieses Bezugsrecht ausgeübt oder ausgeschlossen werden soll, haben die Aktionäre der Muttergesellschaft grundsätzlich keine Mitwirkungsbefugnisse. Nach hM soll es jedoch in Ausnahmefällen nach den Grundsätzen der Holzmüller-Rechtsprechung des BGH[617] erforderlich sein, dass der Vorstand der Obergesellschaft die Zustimmung seiner Hauptversammlung einholt, bevor er in der Tochtergesellschaft einer Kapitalerhöhung mit Bezugsrechtsausschluss zustimmt; vgl. dazu näher → § 70 Rn. 43. Auf der Basis dieser Ansicht muss auch die Zustimmung der Hauptversammlung der Obergesellschaft den formellen und materiellen Anforderungen eines Bezugsrechtsausschlusses genügen.[618]

---

[611] So zutreffend *Wieneke* NZG 2004, 61 (62); Hölters AktG/*Apfelbacher/Niggemann* § 187 Rn. 7.
[612] Hüffer/*Koch* AktG § 187 Rn. 4; MüKoAktG/*Schürnbrand* § 187 Rn. 9f.; Bürgers/Körber AktG/*Marsch-Barner* § 187 Rn. 5; Schmidt/Lutter/*Veil* AktG § 187 Rn. 7; aA GroßkommAktG/ *Wiedemann* § 187 Rn. 14; Spindler/Stilz AktG/*Servatius* § 187 Rn. 14.
[613] HM; aA GroßkommAktG/*Wiedemann* § 187 Rn. 15.
[614] Vgl. zB Hüffer/*Koch* AktG § 187 Rn. 3; Schmidt/Lutter/*Veil* AktG § 187 Rn. 7; aA Spindler/ Stilz AktG/*Servatius* § 187 Rn. 16, der einen ausdrücklichen Vorbehalt verlangt.
[615] Vgl. MüKoAktG/*Schürnbrand* § 187 Rn. 10; Wachter AktG/*Dürr* § 187 Rn. 5. Eine solche Haftung wird allerdings kaum relevant werden können, da der Investor nur dann schutzwürdig ist, wenn der Vorstand ihm gegenüber das Vertrauen geschaffen hat, § 187 Abs. 1 AktG stünde dem vertraglichen Bezugsrecht ausnahmsweise nicht entgegen.
[616] Vgl. MüKoAktG/*Schürnbrand* § 187 Rn. 8 ff.; Hölters AktG/*Apfelbacher/Niggemann* § 187 Rn. 8; KölnKommAktG/*Ekkenga* § 187 Rn. 23; Schmidt/Lutter/*Veil* AktG § 187 Rn. 9; Hüffer/ *Koch* AktG § 187 Rn. 5; Grigoleit/*Rieder/Holzmann* AktG § 187 Rn. 7; *Wieneke* NZG 2004, 61 (62 f.); s. auch OLG Koblenz OLGReport Koblenz 2002, 33 (34): keine Nichtigkeit gemäß § 134 BGB, sondern relative Unwirksamkeit; aA Spindler/Stilz AktG/*Servatius* § 186 Rn. 11, wonach jede Vereinbarung vor Erhöhungsbeschluss unheilbar unwirksam ist.
[617] BGHZ 83, 122 (141 ff.) – Holzmüller.
[618] BGHZ 83, 122 (143) – Holzmüller; Hüffer/*Koch* AktG § 186 Rn. 56; MüKoAktG/*Schürnbrand* § 186 Rn. 172, 38; Spindler/Stilz AktG/*Servatius* § 182 Rn. 78.

161 In der Literatur wird zT die Auffassung vertreten, bei einem **Börsengang von Tochtergesellschaften,** sei es durch Kapitalerhöhung mit Bezugsrechtsausschluss der Mutter, sei es durch Veräußerung vorhandener Aktien der Mutter, bestehe ein eigenes Bezugsrecht der Aktionäre der Obergesellschaft oder eine Verpflichtung der Mutter, diesen eine Bezugsmöglichkeit zu verschaffen.[619] Ein solches konzerndimensionales Bezugsrecht ist mit der mitgliedschaftlichen Verankerung des Bezugsrechts jedoch nicht vereinbar. Die ganz hM lehnt diese Auffassung daher zu Recht ab.[620]

6. Steuerliche Behandlung der Veräußerung oder Ausübung des Bezugsrechts.

162 Dem Bezugsrecht wird im allgemeinen Wirtschaftsverkehr ein Wert beigemessen, der sich aus den Bedingungen der Aktienausgabe und dem Wert der vorhandenen Aktie bestimmt. Für die steuerliche Behandlung ist von Bedeutung, dass der Wert des Bezugsrechts nicht einen Ertrag aus der Aktie im Sinne von § 20 Abs. 1 Nr. 1 EStG darstellt, sondern eine Wertkomponente des Aktienstammrechts verkörpert. Von steuerlicher Bedeutung ist die Veräußerung oder Ausübung des Bezugsrechts bei den Aktionären, deren Aktien in einem Betriebsvermögen sind oder bei denen der Gewinn aus der Veräußerung von Aktien steuerpflichtig ist. Die Nichtausübung eines Bezugsrechts durch eine Kapitalgesellschaft kann eine verdeckte Gewinnausschüttung oder eine verdeckte Einlage darstellen, wenn die Nichtausübung den Gesellschaftern dieser Gesellschaft zugutekommt,[621] die nicht den realen Wertverhältnissen entsprechende Kapitalerhöhung, im entschiedenen Fall bei einer Verschmelzung, kann zu einer verdeckten Einlage führen.[622]

163 Die Steuerfolgen der Veräußerung oder Ausübung eines Bezugsrechts ist je nach Art der Besteuerung des Aktionärs unterschiedlich. Die Veräußerung von Bezugsrechten durch Aktionäre, deren Aktien nicht Betriebsvermögen sind und die nicht unter § 17 Abs. 1 EStG fallen, unterliegen der Besteuerung nach § 20 Abs. 2 S. 1 Nr. 1 EStG. Sie gehören zu den Anwartschaften auf solche Beteiligungen.[623] Der Gewinn ermittelt sich nach § 20 Abs. 4a S. 4 EStG. Bei solchen Bezugsrechten unterbleibt eine Feststellung des auf die Aktien entfallenden Wertanteils der Bezugsrechte; deren Wert wird bei der Ermittlung des Gewinns mit 0 angesetzt.[624] Daraus folgt die unbeschränkte Besteuerung dieses Gewinns; der Wert der Altaktien bleibt ungeschmälert.[625] Der Gewinn unterliegt der Abgeltungsteuer, § 32d Abs. 1 EStG. Die Veräußerung von Bezugsrechten auf Aktien, die § 17 Abs. 1 EStG unterfallen, sind steuerpflichtig, wenn eine Beteiligung am Grundkapital von mindestens 1 % bestand.[626] Der Veräußerungsgewinn ist nach § 17 Abs. 2 EStG der Betrag, um den der Veräußerungspreis nach Abzug der Veräußerungskosten die Anschaffungskosten übersteigt. Die Anschaffungskosten werden nach Maßgabe der unten beschriebenen Formel ermittelt. Der Gewinn bleibt zu 40 % steuerfrei, § 3 Nr. 40c EStG (Teileinkünfteverfahren).[627] Er unterliegt der Besteuerung zum regulären Steuersatz. Das Gleiche gilt bei

---

[619] So insbesondere *Lutter* AG 2000, 342 (343); *Lutter* AG 2001, 349 ff.; mit Einschränkungen auch GroßkommAktG/*Hirte* § 202 Rn. 207 ff.; eingehend *Kiefner*, Konzernumbildung, 2005, S. 305 ff., 452 ff., der bei Kapitalerhöhungen der Tochter ein Vorerwerbsrecht der Aktionäre der Mutter bejaht, es bei Veräußerung bestehender Aktien jedoch verneint.

[620] LG Kassel DB 2002, 1097 (1098); Hölters AktG/*Apfelbacher/Niggemann* § 186 Rn. 13; Hüffer/*Koch* AktG § 186 Rn. 5a; Bürgers/Körber AktG/*Marsch-Barner* § 186 Rn. 64; MüKoAktG/*Schürnbrand* § 186 Rn. 38; Schmidt/Lutter/*Veil* AktG § 186 Rn. 5; Spindler/Stilz AktG/*Servatius* § 186 Rn. 7; *Habersack* WM 2001, 545 ff.; *Liebert*, Bezugsrechtsausschluss, 2003, S. 41 ff.

[621] BFH BStBl. II 2009 S. 197; DB 2011, 209.

[622] BFH DB 2011, 209.

[623] L. Schmidt/*Weber-Grellet* EStG § 20 Rn. 127; Kirchof/*v. Beckerath* EStG § 20 Rn. 121; Erle/Sauter/*Feyerabend* KStG § 20 Rn. 50; BFH DStR 2005, 2162.

[624] Krit. dazu *Meilicke* DB 2009, 476.

[625] L. Schmidt/*Weber-Grellet* EStG § 20 Rn. 163; Kirchof/*v. Beckerath* EStG § 20 Rn. 162; *S. Wagner* DStR 2009, 626.

[626] L. Schmidt/*Weber-Grellet* EStG § 17 Rn. 44; BFH BStBl. II 2006 S. 746.

[627] BFH BStBl. II 2006 S. 171; *S. Wagner* DStR 2009, 626 (628).

Aktien im Betriebsvermögen, deren Vermögensgewinn den betrieblichen Gewinn (§§ 4, 5 EStG) erhöht; nach § 3 Nr. 40a EStG findet das Teileinkünfteverfahren Anwendung. Der bei Veräußerung von Bezugsrechten im Vermögen einer steuerpflichtigen Körperschaft erzielte Gewinn unterliegt der Körperschaftsteuer. § 8b Abs. 2 KStG ist nicht anzuwenden. Bezugsrechte sind keine gesellschaftsrechtlichen Anteile im Sinne dieser Vorschrift.[628] Seit der UntStRef 2008 unterliegen unabhängig von der Haltefrist Gewinne aus der Veräußerung von Bezugsrechten der Besteuerung.[629] Bemessungsgrundlage für die Steuer ist der Gewinn, also der Unterschiedsbetrag zwischen dem Veräußerungserlös für das Bezugsrecht (gegebenenfalls abzüglich der Veräußerungskosten) und den Anschaffungskosten des Bezugsrechts. Diese sind nach Maßgabe der Gesamtwertmethode aus den Anschaffungskosten der Altanteile zu ermitteln.[630] Für Aktien im Betriebsvermögen gilt die Formel:

$$\text{Buchwert des Bezugsrechts} = \frac{\text{Buchwert der Altaktien} \cdot \text{Kurswert des Bezugsrechts}}{\text{Kurswert der Altaktien}}$$

Das Bezugsrecht gilt als selbstständiges Wirtschaftsgut, das selbstständig bewertbar ist. **164** Infolge der Wertabspaltung des Werts des Bezugsrechts vermindert sich der (Buch-)Wert der Altanteile entsprechend.

Bei Ausübung eines Bezugsrechts erhöht, abgesehen von den Fällen des § 20 Abs. 4a S. 4 **165** EStG, der Wert des entgeltlich erworbenen oder des aus dem Gesamtwert der Altaktien abgespaltenen Bezugsrechts die Anschaffungskosten für die neuen Aktien.[631]

VI. Zeichnung der Aktien

1. Allgemeines. Der Erwerb neuer Aktien aus der Kapitalerhöhung geschieht durch **166** Zeichnung (aber → Rn. 192). Das gilt für Bar- wie Sachkapitalerhöhungen und unabhängig davon, ob dem Aktienerwerb ein Bezugsrecht zugrundeliegt oder nicht. Als **Zeichner** können alle natürlichen und juristischen Personen sowie OHG und KG auftreten, ebenso Gesellschaften bürgerlichen Rechts[632] und nach zutreffender Ansicht auch nicht rechtsfähige Vereine und Erbengemeinschaften sowie Vor-AG und Vor-GmbH;[633] vgl. dazu näher → § 3 Rn. 4. Die Gesellschaft selbst darf keine eigenen Aktien zeichnen, ebenso wenig ein von ihr abhängiges oder in ihrem Mehrheitsbesitz stehendes Unternehmen (§ 56 AktG). Bei dem für Publikumsgesellschaften üblichen Weg, dass die neuen Aktien von einem Kreditinstitut oder einem sonstigen **Emissionsunternehmen** übernommen und sodann im Wege des mittelbaren Bezugsrechts von diesem den Aktionären zum Bezug angeboten werden, findet eine Zeichnung nur durch das Emissionsunternehmen statt; für die spätere Übertragung der Aktien auf die Aktionäre gelten die Vorschriften über die Zeichnung nicht (vgl. → Rn. 146).

Zu unterscheiden sind die Zeichnungserklärung, der Zeichnungsschein und der Zeich- **167** nungsvertrag. Die **Zeichnungserklärung** ist das Angebot (oder, wenn die AG die Zeichnung angeboten hat, die Annahme) des Zeichners, eine bestimmte Anzahl an Aktien zu erwerben und dafür die festgelegte Bar- oder Sacheinlage zu erbringen.[634] Die Erklärung ist

---

[628] BMF 28.4.2003, BStBl. I 2003 S. 292 Rn. 24; BFH DStR 2008, 862; Erle/Sauter/*Gröbl/Adrians* KStG § 8b Rn. 117.

[629] Erle/Sauter/*Feyerabend* KStG II § 20 Rn. 50; Erle/Sauer/*Schulte/Behnes* KStG II § 17 Rn. 39.

[630] Dötsch/Pung/Möhlenbrock/*Pung/Werner* KStG EStG § 17 Rn. 353; L. Schmidt/*Weber-Grellet* EStG § 17 Rn. 157; BFH BStBl. II 2001 S. 345 zu § 23 EStG, BStBl. II 1992 S. 764 zu § 21 UmwStG.

[631] L. Schmidt/*Weber-Grellet* EStG § 17 Rn. 157.

[632] BGHZ 118, 83 (99 f.); BGH NJW 1994, 2356 (2358); MüKoAktG/*Schürnbrand* § 185 Rn. 10; Hüffer/*Koch* AktG § 185 Rn. 5 iVm § 2 Rn. 10.

[633] Hüffer/*Koch* AktG § 185 Rn. 5 iVm § 2 Rn. 10; MüKoAktG/*Heider* § 2 Rn. 15 ff.; Wachter AktG/*Franz* § 2 Rn. 10, 12 f.

[634] Schmidt/Lutter/*Veil* AktG § 185 Rn. 4; Wachter AktG/*Dürr* § 185 Rn. 3.

im **Zeichnungsschein** verkörpert. Er ist bloße Beweisurkunde und kein Wertpapier.[635] Mit Annahme der Zeichnungserklärung durch die AG (oder, wenn das Angebot von der AG ausgeht, mit Zugang der Zeichnungserklärung bei der AG) kommt ein **Zeichnungsvertrag** zustande (dazu → Rn. 174 ff.).

2. Zeichnungserklärung und Zeichnungsvertrag. a) Form des Zeichnungsscheins.
168 Die Zeichnung der neuen Aktien erfolgt durch die Ausstellung des Zeichnungsscheins.[636] Der Zeichnungsschein enthält die Erklärung, Aktien aus der Kapitalerhöhung erwerben zu wollen. Er bedarf der **Schriftform** (§§ 185 Abs. 1 S. 1 AktG, 126 BGB; aber auch → Rn. 57 u. 175) und soll **doppelt** ausgestellt werden (§ 185 Abs. 1 S. 2 AktG). Bei inhaltlichen Divergenzen der beiden Exemplare ist der Inhalt durch Auslegung zu ermitteln. Die AG hat kein Wahlrecht, welchen Zeichnungsschein sie für maßgeblich hält. Der Zeichnungsschein ist zwar auf Abschluss des Zeichnungsvertrags gerichtet, der jedenfalls auch körperschaftlichen und nicht bloß schuldrechtlichen Charakter hat.[637] Der Auslegungsmaßstab ist dennoch nicht durchgängig objektiv; vielmehr ist zwischen Angaben nach § 185 Abs. 1 S. 1 AktG und solchen nach § 185 Abs. 1 S. 3 AktG zu unterscheiden (→ Rn. 168 u. 169). Ein wesentliches Auslegungselement ist dabei der Umstand, dass ein Zeichnungsschein als Erstschrift bezeichnet ist, was nahe legt, dass diese maßgeblich sein soll.[638] Eine Anfechtung des nicht maßgeblichen Zeichnungsscheins scheidet aus.[639] Lässt sich im Wege der Auslegung kein Wille ermitteln, fehlt es wegen Perplexität an einer wirksamen Erklärung und damit an einer wirksamen Zeichnung.[640] Wird die Zweitschrift als beglaubigte Abschrift oder Ausfertigung erstellt, was ausreichend ist, und weicht sie von der Erstschrift ab, ist die Erstschrift allein maßgeblich.[641]

169 **b) Inhalt des Zeichnungsscheins.** Für den Inhalt des Zeichnungsscheins schreibt § 185 Abs. 1 S. 1 eine Reihe **individueller Angaben** vor, zu denen noch die Angabe der Person des Zeichners hinzutreten muss. Mit der geforderten Angabe des Nennbetrags zu erwerbender Nennbetragsaktien dürfte der Nennbetrag der einzelnen Aktien gemeint sein, nicht der Gesamtnennbetrag.[642] Die Zeichnungserklärungen sind jedoch in Bezug auf die in § 185 Abs. 1 S. 1 AktG genannten Angaben gemäß §§ 133, 157 BGB auslegungsfähig.[643] Daher genügt auch die Angabe des Gesamtnennbetrags, wenn, was regelmäßig der Fall ist, sich daraus unter Heranziehung des Kapitalerhöhungsbeschlusses die einzelnen Nennbeträge ergeben.[644] Ebenso ist die fehlende Angabe der Zahl der Aktien entbehrlich, wenn sich diese aus dem angegebenen Gesamtnennbetrag errechnen lässt.[645] In der Zeichnung einer bestimmten Zahl von Aktien ist, sofern kein anderer Wille des Zeichners zum Ausdruck kommt, das Einverständnis enthalten, auch eine geringere Stückzahl zu übernehmen.[646] Betrifft der Kapitalerhöhungsbeschluss die Ausgabe verschiedener Aktiengattungen, so muss

---

[635] Bürgers/Körber AktG/*Marsch-Barner* § 185 Rn. 3; Hölters AktG/*Apfelbacher/Niggemann* § 185 Rn. 4.
[636] Muster in Münch. Vertragshandbuch Bd. 1/*Favoccia* Form. V.107, 113 u. 116; Happ AktienR/*Herchen* Form. 12.01g, 12.02e u. 12.03e; Hopt Vertrags- und Formularbuch/*Herfs/Scholz* Form. II. E.5.2; Beck'sches Formularbuch M&A/*Kleinstück* Form. F. II.3.
[637] Vgl. Schmidt/Lutter/*Veil* AktG § 185 Rn. 4; MüKoAktG/*Schürnbrand* § 185 Rn. 7 ff., 32; Hüffer/*Koch* AktG § 185 Rn. 4; Spindler/Stilz AktG/*Servatius* § 185 Rn. 12.
[638] MüKoAktG/*Schürnbrand* § 185 Rn. 14 ff.
[639] Hüffer/*Koch* AktG § 185 Rn. 8; MüKoAktG/*Schürnbrand* § 185 Rn. 13.
[640] Vgl. MüKoAktG/*Schürnbrand* § 185 Rn. 14.
[641] Zutreffend Spindler/Stilz AktG/*Servatius* § 185 Rn. 24.
[642] Ebenso MüKoAktG/*Schürnbrand* § 185 Rn. 17; Hüffer/*Koch* AktG § 185 Rn. 11; Grigoleit/Rieder/Holzmann AktG § 185 Rn. 13; aA KölnKommAktG/*Ekkenga* § 185 Rn. 37.
[643] Statt aller Hölters AktG/*Apfelbacher/Niggemann* § 185 Rn. 19.
[644] MüKoAktG/*Schürnbrand* § 185 Rn. 17; Hüffer/*Koch* AktG § 185 Rn. 11.
[645] MüKoAktG/*Schürnbrand* § 185 Rn. 17.
[646] Hölters AktG/*Apfelbacher/Niggemann* § 185 Rn. 19; Schmidt/Lutter/*Veil* AktG § 185 Rn. 13; MüKoAktG/*Schürnbrand* § 185 Rn. 18; Hüffer/*Koch* AktG § 185 Rn. 11.

§ 57 (Reguläre) Kapitalerhöhung gegen Einlagen

sich aus dem Zeichnungsschein die Gattung ergeben. Die vorstehenden Grundsätze gelten auch bei **Sacheinlagen**. Darüber hinausgehende individuelle Angaben sind nicht erforderlich, auch nicht die Nennung der von dem jeweiligen Zeichner zu erbringenden Sacheinlage (zu den allgemeinen Angaben bei Sacheinlagegen gemäß § 185 Abs. 1 S. 3 Nr. 3 AktG sogleich unter → Rn. 170).[647]

Neben den individuellen Angaben hat der Zeichnungsschein die in § 185 Abs. 1 S. 3 **170** Nr. 1–4 AktG aufgeführten **allgemeinen Angaben** zu enthalten. Diese sollen keiner Auslegung zugänglich sein.[648] Das überzeugt nicht. Eine Auslegung ist nicht ausgeschlossen. Nur der Maßstab ändert sich. Anstelle der §§ 133, 157 BGB findet eine objektive Auslegung Anwendung.[649] Zu den allgemeinen Angaben zählen iE:

- **Nr. 1:** Anzugeben ist der **Tag des Hauptversammlungsbeschlusses über die Kapitalerhöhung** und nicht der Tag, an dem etwaige Sonderbeschlüsse gefasst werden und der Kapitalerhöhungsbeschluss wirksam geworden ist.[650] Die Angabe ist auch dann erforderlich, wenn die Zeichnung vor dem Kapitalerhöhungsbeschluss erfolgt (→ Rn. 171). Wird der Beschluss durch nachfolgende Beschlüsse geändert, liegt es nahe, dass die Tage aller Beschlüsse anzugeben sind.
- **Nr. 2:** Der Zeichnungsschein hat den Ausgabebetrag, den Betrag der festgesetzten Einzahlungen sowie den Umfang von Nebenverpflichtungen zu enthalten. Der **Ausgabebetrag** ist je Aktie zu verstehen. Er umfasst auch ein korporatives, nicht jedoch ein schuldrechtliches Agio.[651] Die Angabe soll nach hM auch bei Sacheinlagen erforderlich sein.[652] Grundsätzlich muss der Ausgabebetrag beziffert werden; sind gemäß § 186 Abs. 2 S. 1 AktG nur die Grundlagen seiner Berechnung bekannt gemacht, genügt aber richtigerweise die Angabe dieser Grundlagen auch im Zeichnungsschein.[653] Zu dem Fall, dass im Kapitalerhöhungsbeschluss kein Ausgabebetrag festgesetzt ist, vgl. → Rn. 31. Bei mittelbaren Bezugsrechtsemissionen ist der von der Bank gezahlte und nicht der von den Aktionären zu entrichtende Bezugspreis maßgeblich.[654] Die Bezeichnung als Ausgabepreis ist unschädlich.[655] Die Nennung von **Einzahlungen** ist nur bei Bareinlagen relevant[656] und – in Bezug auf die Barkomponente – bei gemischten

---

[647] Str.; ebenso Hüffer/*Koch* AktG § 185 Rn. 10; MüKoAktG/*Schürnbrand* § 185 Rn. 20; Grigoleit/*Rieder/Holzmann* AktG § 185 Rn. 13; Wachter AktG/*Dürr* § 185 Rn. 12; Bürgers/Körber AktG/*Marsch-Barner* § 185 Rn. 6; aA, dh für Angabe des Sacheinlagegenstands des jeweiligen Sacheinlegers, Schmidt/Lutter/*Veil* AktG § 185 Rn. 12; Spindler/Stilz AktG/*Servatius* § 185 Rn. 26; *Hoppe*, Gewährung zusätzlicher Aktien, 2015, S. 104; im Grundsatz wie hier, aber für weitergehende Angaben im Fall von Mischeinlagen und gemischten Sacheinlagen KölnKommAktG/*Ekkenga* § 185 Rn. 40.

[648] Hüffer/*Koch* AktG § 185 Rn. 9; MüKoAktG/*Schürnbrand* § 185 Rn. 15; einschränkend Hölters AktG/*Apfelbacher/Niggemann* § 185 Rn. 19.

[649] In diese Richtung auch Spindler/Stilz AktG/*Servatius* § 185 Rn. 28.

[650] MüKoAktG/*Schürnbrand* § 185 Rn. 21; Spindler/Stilz AktG/*Servatius* § 185 Rn. 29.

[651] Hölters AktG/*Apfelbacher/Niggemann* § 185 Rn. 21; *Baums*, Recht der Unternehmensfinanzierung, 2017, § 11 Rn. 7; *Roggenkemper*, Unternehmenserwerb im Wege der Sachkapitalerhöhung, 2018, S. 246.

[652] Bürgers/Körber AktG/*Marsch-Barner* § 185 Rn. 8; MüKoAktG/*Schürnbrand* § 185 Rn. 20; Hüffer/*Koch* AktG § 185 Rn. 12; Grigoleit/*Rieder/Holzmann* AktG § 185 Rn. 18; *Roggenkemper*, Unternehmenserwerb im Wege der Sachkapitalerhöhung, 2018, S. 246; *Findeisen*, Beteiligungserwerb, 2009, S. 111 ff.; *Hoppe*, Gewährung zusätzlicher Aktien, 2015, S. 105; aA Happ AktienR/*Herchen* Form. 12.02 Anm. 9.5.

[653] *Weisner* NZG 2005, 578 (579); wohl auch *Eimer*, Zeichnungsverträge, 2009, S. 35. AA die wohl hM, die stets die genaue Bezifferung verlangt; s. zB Hüffer/*Koch* AktG § 185 Rn. 12; Spindler/Stilz AktG/*Servatius* § 185 Rn. 30.

[654] Hölters AktG/*Apfelbacher/Niggemann* § 185 Rn. 20; Wachter AktG/*Dürr* § 185 Rn. 14; MüKoAktG/*Schürnbrand* § 185 Rn. 22.

[655] LG Frankfurt a. M. AG 1992, 240.

[656] MüKoAktG/*Schürnbrand* § 185 Rn. 22; Bürgers/Körber AktG/*Marsch-Barner* § 185 Rn. 8; Hüffer/*Koch* AktG § 185 Rn. 12.

Einlagen.⁶⁵⁷ Gemeint ist der Betrag, der nach Gesetz (§ 188 Abs. 2 S. 1 iVm § 36a Abs. 1 AktG) oder darüber hinaus durch den Erhöhungsbeschluss bis zur Anmeldung der Durchführung der Kapitalerhöhung zur Zahlung fällig ist.⁶⁵⁸ Die Angabe ist auch dann erforderlich, wenn es mangels abweichender Bestimmung im Erhöhungsbeschluss bei der gesetzlichen Regel des § 36a Abs. 1 AktG bleibt.⁶⁵⁹ **Nebenverpflichtungen** sind allein korporative iSv § 55 AktG, nicht jedoch schuldrechtliche Nebenverpflichtungen.⁶⁶⁰

- **Nr. 3:** Anzugeben sind danach bei Sachkapitalerhöhungen die dazu getroffenen (allgemeinen, nicht individuellen; dazu → Rn. 169 aE) **Festsetzungen iSv § 183 Abs. 1 S. 1 AktG**, dh der Sacheinlagegegenstand, die Person, von der dieser erworben wird und der Nennbetrag bzw. bei Stückaktien die Zahl der für die Sacheinlage zu gewährenden Aktien. Bei gemischten Bar-/Sachkapitalerhöhungen sollen diese Angaben in sämtliche Zeichnungsscheine (dh auch der Barzeichner) aufzunehmen sein.⁶⁶¹ Werden die Personen, von denen die Sacheinlage erworben wird, im Beschluss nur bestimmbar erfasst und nicht namentlich aufgeführt (→ Rn. 43), genügt eine entsprechende Darstellung auch im Zeichnungsschein. Werden iRd Kapitalerhöhung mehrere **Aktiengattungen** ausgegeben, ist im Zeichnungsschein der Gesamtnennbetrag bzw. bei Stückaktien der gesamte anteilige Betrag des neu ausgegebenen Grundkapitals anzugeben, der auf die jeweilige Gattung entfällt. Dieses Erfordernis gilt sowohl für Bar- wie auch Sachkapitalerhöhungen.⁶⁶² Bei einer „bis zu"-Kapitalerhöhung ist der jeweilige Höchstbetrag zu nennen.

- **Nr. 4:** Der Zeichnungsschein muss eine **Verfallfrist** enthalten, bei deren Ablauf ohne Eintragung der Durchführung der Kapitalerhöhung die Zeichnung (dh der gesamte Zeichnungsvertrag) unverbindlich wird. Die Frist soll notwendig für alle Zeichner einheitlich lang und kalendermäßig bestimmbar sein.⁶⁶³ Rechtlich handelt es sich um eine auflösende Rechtsbedingung mit einer Zeitbestimmung, für die § 158 Abs. 2 BGB entsprechend gilt.⁶⁶⁴ Zur Festlegung der Frist vgl. → Rn. 36. Sie darf nicht überlang gewählt werden.⁶⁶⁵ Wie bei der Durchführungsfrist iR. einer „bis-zu"-Kapitalerhöhung sollte jedenfalls eine Frist von sechs bis neun Monaten noch zulässig und es zudem möglich sein, den Fristbeginn bei Aktionärsklagen an die Eintragung des Kapitalerhöhungsbeschlusses zu knüpfen, die in diesem Fall unverzüglich zu betreiben ist, nachdem die Aktionärsklagen überwunden sind.

171 Über die Verfallfrist hinaus darf der Zeichnungsschein **keine weiteren Einschränkungen** der Pflichten des Zeichners enthalten (§ 185 Abs. 2 AktG). Möglich sind jedoch

---

⁶⁵⁷ Hüffer/*Koch* AktG § 185 Rn. 12; Hölters AktG/*Apfelbacher/Niggemann* § 185 Rn. 21.
⁶⁵⁸ MüKoAktG/*Schürnbrand* § 185 Rn. 22; Hüffer/*Koch* AktG § 185 Rn. 12.
⁶⁵⁹ Wachter AktG/*Dürr* § 185 Rn. 15; Hüffer/*Koch* AktG § 185 Rn. 12; aA Spindler/Stilz AktG/ *Servatius* § 185 Rn. 32.
⁶⁶⁰ Bürgers/Körber AktG/*Marsch-Barner* § 185 Rn. 8; Hüffer/*Koch* AktG § 185 Rn. 12.
⁶⁶¹ HdB börsennotierte AG/*Busch* Rn. 42.99; Hüffer/*Koch* AktG § 185 Rn. 13; Hölters AktG/ *Apfelbacher/Niggemann* § 185 Rn. 22; *Hergeth/Eberl* NZG 2003, 205 (207).
⁶⁶² Schmidt/Lutter/*Veil* AktG § 185 Rn. 17; Spindler/Stilz AktG/*Servatius* § 185 Rn. 35.
⁶⁶³ Schmidt/Lutter/*Veil* AktG § 185 Rn. 18; Bürgers/Körber AktG/*Marsch-Barner* § 185 Rn. 10; Spindler/Stilz AktG/*Servatius* § 185 Rn. 36; nach OLG Frankfurt a. M. ZIP 2001, 1048 f. muss die Frist einheitlich sein, aber mit einem bestimmten Tag bezeichnet werden, so dass kalendermäßige Bestimmbarkeit nicht genüge; mit guten Gründen gegen das Erfordernis einer einheitlich langen Frist *Roggenkemper*, Unternehmenserwerb im Wege der Sachkapitalerhöhung, 2018, S. 248 f.; Henssler/ Strohn/*Hermanns* AktG § 185 Rn. 11.
⁶⁶⁴ OLG Stuttgart ZIP 2012, 921 (922); Bürgers/Körber AktG/*Marsch-Barner* § 185 Rn. 10; Hüffer/*Koch* AktG § 185 Rn. 14; s. auch BGH NJW 1999, 1252 (1253); für direkte Anwendung von § 158 Abs. 2 BGB OLG Düsseldorf AG 2010, 878 (879); HdB börsennotierte AG/*Busch* Rn. 42.101.
⁶⁶⁵ Hüffer/*Koch* AktG § 185 Rn. 14; Hölters AktG/*Apfelbacher/Niggemann* § 185 Rn. 23; Wachter AktG/*Dürr* § 185 Rn. 18.

Einschränkungen, die sich auf den Abschluss und nicht auf den Inhalt des Zeichnungsvertrages beziehen, wie zB eine Annahmefrist oder ein Widerrufsvorbehalt.[666] Gleiches gilt für die Bestimmung, dass die Zeichnung nur für eine bestimmte und nicht eine geringere Aktienanzahl verbindlich ist (dazu bereits → Rn. 168).[667] Wirksam sind auf dieser Grundlage zB Klauseln in Übernahmeverträgen mit Emissionsbanken, wonach diese unter bestimmten Umständen nach Zeichnung und bis zur Eintragung den Abbruch der Anmeldung und die Herausgabe der Zeichnungsscheine verlangen können.[668] Ferner ist es mit § 185 Abs. 2 AktG vereinbar, wenn die Einbringung einer Sacheinlage aufschiebend bedingt auf die Eintragung der Durchführung der Kapitalerhöhung oder auflösend bedingt auf das Scheitern der Kapitalerhöhung ist (dazu auch → Rn. 182). Werden gemäß § 185 Abs. 2 AktG unzulässige Beschränkungen außerhalb des Zeichnungsscheins vereinbart, sind diese der AG gegenüber unwirksam (§ 185 Abs. 4 AktG).

c) Zeitpunkt. Der Zeichnungsschein kann schon **vor dem Kapitalerhöhungsbeschluss** ausgestellt werden, sobald der Tag der Beschlussfassung feststeht und im Zeichnungsschein angegeben werden kann (§ 185 Abs. 1 Nr. 1 AktG).[669] Eine darüber hinaus gehende ausdrückliche Angabe im Zeichnungsschein, dass die Hauptversammlung noch die Kapitalerhöhung beschließen muss, ist nicht erforderlich,[670] zumal sich dies im Regelfall ohnehin bereits mittelbar aus dem Zeichnungsschein ergeben wird. Der wirksamen Annahme der Zeichnung durch die AG vor Fassung des Kapitalerhöhungsbeschlusses steht allerdings § 187 Abs. 1 AktG entgegen. Nach Fassung des Kapitalerhöhungsbeschlusses kann die Zeichnung jederzeit erfolgen; spätestens bei Anmeldung der Durchführung der Kapitalerhöhung müssen die Zeichnungsscheine vorliegen (vgl. § 188 Abs. 3 Nr. 1 AktG). Die Zeichnung kann zeitlich befristet werden; die Frist darf aber frühestens mit Ablauf der Bezugsfrist enden (vgl. → Rn. 107). 172

d) Stellvertretung. Bei Abgabe der Zeichnungserklärung ist rechtsgeschäftliche Vertretung möglich. Für die Vollmacht besteht **kein Formerfordernis** (§ 167 Abs. 2 BGB). Das Registergericht kann bei Zweifeln aber einen Nachweis über die Vertretungsbefugnis verlangen.[671] § 174 BGB findet keine Anwendung, da es sich nicht um ein einseitiges Rechtsgeschäft handelt.[672] Bei vollmachtloser Vertretung ist eine **Genehmigung** formlos möglich (§ 182 Abs. 2 BGB);[673] sie kann gegenüber der AG oder dem vollmachtlosen Vertreter erklärt werden (vgl. § 182 Abs. 1 BGB), soweit nicht § 177 Abs. 2 S. 1 BGB greift. Auch eine **mittelbare Stellvertretung** ist möglich.[674] Verpflichtet wird dabei der Stellvertreter, der auch Zeichner ist. 173

---

[666] LG Frankfurt a. M. AG 1999, 472 mit zust. Anm. v. *Hornstein;* Hüffer/*Koch* AktG § 185 Rn. 15; Wachter AktG/*Dürr* § 185 Rn. 19; MüKoAktG/*Schürnbrand* § 185 Rn. 27; Grigoleit/*Rieder/Holzmann* AktG § 185 Rn. 25; aA Spindler/Stilz AktG/*Servatius* § 185 Rn. 37; kritisch auch HdB börsennotierte AG/*Busch* Rn. 42.100.

[667] Wachter AktG/*Dürr* § 185 Rn. 19; MüKoAktG/*Schürnbrand* § 185 Rn. 27, 18 aE.

[668] Zu solchen Force Majeure-Klauseln s. zB HdB börsennotierte AG/*Busch* Rn. 42.100; Unternehmensfinanzierung am Kapitalmarkt/*Haag* § 29 Rn. 74 ff.; Hölters AktG/*Apfelbacher/Niggemann* § 185 Rn. 34.

[669] KölnKommAktG/*Ekkenga* § 185 Rn. 35; MüKoAktG/*Schürnbrand* § 185 Rn. 29; Hüffer/*Koch* AktG § 185 Rn. 6; *Roggenkemper,* Unternehmenserwerb im Wege der Sachkapitalerhöhung, 2018, S. 251 f.; *Blaurock* FS Rittner, 1991, 33 (36); aA KGJ 19, 5 (9).

[670] AA Schmidt/Lutter/*Veil* AktG § 185 Rn. 8; Wachter AktG/*Dürr* § 185 Rn. 7.

[671] MüKoAktG/*Schürnbrand* § 185 Rn. 11; HdB börsennotierte AG/*Busch* Rn. 42.98.

[672] KG AG 2006, 201.

[673] Hüffer/*Koch* AktG § 185 Rn. 5; Hölters AktG/*Apfelbacher/Niggemann* § 185 Rn. 6; MüKoAktG/*Schürnbrand* § 185 Rn. 11.

[674] Hüffer/*Koch* AktG § 185 Rn. 5; MüKoAktG/*Schürnbrand* § 185 Rn. 11; Hölters AktG/*Apfelbacher/Niggemann* § 185 Rn. 6.

174 **e) Zustandekommen des Zeichnungsvertrages.** Die Zeichnungserklärung bedarf, zumindest konkludent, der **Annahme** durch die Gesellschaft. Die Annahme braucht dem Zeichner nicht zuzugehen (§ 151 S. 1 BGB). Mit ihr kommt ein Zeichnungsvertrag über die Ausgabe neuer Aktien an den Zeichner gegen Erbringung der Einlage zustande; zur Rechtsnatur → Rn. 167 u. → Rn. 181. Aktionär wird er jedoch erst mit Eintragung der Durchführung der Kapitalerhöhung ins Handelsregister. Der Zeichnungsvertrag steht unter dem Vorbehalt, dass die Kapitalerhöhung durchgeführt wird. Die Gesellschaft bleibt frei, die Kapitalerhöhung abzubrechen.[675]

175 Die Annahme durch die AG ist **formlos** möglich; § 185 Abs. 1 S. 1 AktG gilt für sie nicht. Der Zeichnungsvertrag begründet aber auch die Verpflichtung, die Einlage zu erbringen.[676] **Allgemeine Formerfordernisse** sind daher einzuhalten. Bei einer Sacheinlage zB in Form von Grundstücken (§ 311b Abs. 1; s. auch § 4 Abs. 3 WEG) oder Geschäftsanteilen (§ 15 Abs. 4 GmbHG) bedarf der Zeichnungsvertrag daher insgesamt der notariellen Beurkundung.[677] Auch **Zustimmungserfordernisse,** zB nach § 1365 BGB, sind zu wahren.

176 Eine **Verpflichtung der AG zur Annahme** von Zeichnungserklärungen besteht im Grundsatz nicht. Zu dieser Regel gibt es jedoch Ausnahmen. Zeichnungsscheine von Aktionären, die ihr Bezugsrecht wirksam ausgeübt haben, muss die AG annehmen, da sie sonst das Bezugsrecht verletzen würde.[678] Vorgaben im Hauptversammlungsbeschluss binden allein den Vorstand im Innenverhältnis, begründen aber keinen Anspruch auf Vertragsabschluss zugunsten des Zeichnenden.[679] Eine Annahmepflicht besteht ferner bei bindender Vereinbarung schuldrechtlicher Bezugsrechte, zB durch einen (Zeichnungs-)Vorvertrag, was nur nach Maßgabe von § 187 AktG möglich ist (→ Rn. 158 f.).[680]

177 **f) Vorvertrag zur Zeichnung der Aktien.** Ein Vorvertrag zur Zeichnung von Aktien ist zulässig.[681] Eine Verpflichtung der AG zum Abschluss eines Zeichnungsvertrags ist hingegen nur nach Maßgabe des **§ 187 AktG** möglich, dh insbesondere nur vorbehaltlich der Beschlussfassung der Hauptversammlung über die Kapitalerhöhung. Eine Pflicht zur Abgabe einer Zeichnungserklärung kann jedoch schon vorher begründet werden. Der Vorvertrag bedarf der **Schriftform.**[682] Entsprechend **§ 185 Abs. 1 S. 3 Nr. 4 AktG** muss die Laufzeit des Vorvertrages beschränkt sein.[683] Aus dem Inhalt des Vorvertrags muss erkennbar sein, wozu sich der Partner verpflichten will. Die zu erwerbende Beteiligung muss deshalb später nach Zahl, ggf. Nennbetrag und Gattung der Aktien bestimmbar sein.[684] Es geht jedoch zu weit, zusätzlich die Angaben nach § 185 Abs. 1 S. 3 Nr. 2 und 3 zu

---

[675] OLG Schleswig NZG 2004, 1006; KölnKommAktG/*Ekkenga* § 185 Rn. 125; MüKoAktG/*Schürnbrand* § 185 Rn. 34 u. § 187 Rn. 15 f.; Hüffer/*Koch* AktG § 185 Rn. 4; *Schürnbrand* FS Stilz, 2014, 569 (570 ff.); vgl. auch BGH NZG 1999, 495 (496). AA, dh für Verschaffungspflicht der Gesellschaft, *Eimer,* Zeichnungsverträge, 2009, S. 118 ff.; *Roggenkemper,* Unternehmenserwerb im Wege der Sachkapitalerhöhung, 2018, S. 258 f.
[676] S. zB Spindler/Stilz AktG/*Servatius* § 185 Rn. 12; Schmidt/Lutter/*Veil* AktG § 185 Rn. 4.
[677] HdB börsennotierte AG/*Busch* Rn. 42.99; Schmidt/Lutter/*Veil* AktG § 185 Rn. 12; Hölters AktG/*Apfelbacher/Niggemann* § 185 Rn. 9; *Mülbert* AG 2003, 281 (282 ff.).
[678] KG AG 2006, 201; HdB börsennotierte AG/*Busch* Rn. 42.98; MüKoAktG/*Schürnbrand* § 186 Rn. 26; Hüffer/*Koch* AktG § 185 Rn. 25.
[679] KölnKommAktG/*Ekkenga* § 185 Rn. 125.
[680] Vgl. Hüffer/*Koch* AktG § 187 Rn. 6; Bürgers/Körber AktG/*Marsch-Barner* § 185 Rn. 13.
[681] Zum Widerruf nach dem HWiG vgl. LG Schwerin NZG 2004, 876 und zur möglichen AGB-rechtlichen Kontrolle OLG Koblenz OLGReport Koblenz 2002, 33 (34 f.).
[682] OLG Frankfurt a. M. ZIP 2001, 1048; MüKoAktG/*Schürnbrand* § 185 Rn. 45; Hüffer/*Koch* AktG § 185 Rn. 31; *Blaurock* FS Rittner, 1991, 33 (43 ff. u. 52); *Hergeth/Eberl* NZG 2003, 205 (207).
[683] OLG Frankfurt a. M. ZIP 2001, 1048 (1049); OLG Koblenz OLGReport Koblenz 2002, 33 (34); *Blaurock* FS Rittner, 1991, 33 (47 f.); MüKoAktG/*Schürnbrand* § 185 Rn. 45; Hüffer/*Koch* AktG § 185 Rn. 31; *Hergeth/Eberl* NZG 2003, 205 (208).
[684] Insoweit zutreffend *Blaurock* FS Rittner, 1991, 33 (43 ff.); Hüffer/*Koch* AktG § 185 Rn. 31.

fordern.⁶⁸⁵ Enthält der Vertrag die erforderlichen Angaben nicht, ist er entsprechend § 185 Abs. 2 AktG nichtig.⁶⁸⁶ Eine Heilung kann gemäß § 185 Abs. 3 AktG erfolgen.⁶⁸⁷ Keine Zeichnungsvorverträge sind Sacheinlagevereinbarungen,⁶⁸⁸ Vereinbarungen mit einem Zeichner über den Erwerb von dessen (zukünftigen) Aktien und, wenn sie keine Zeichnungspflicht begründen, Aktienübernahmeverträge mit Emissionsbanken.⁶⁸⁹

3. Mängel der Zeichnung; Leistungsstörungen. a) Mängel der Zeichnungserklärung. Die Zeichnungserklärung unterliegt zunächst den allgemeinen Regeln über **Mängel der Willenserklärungen.** Nach Eintragung der Durchführung der Kapitalerhöhung ist jedoch im Interesse des Verkehrsschutzes eine Berufung auf Mängel der Willenserklärung beschränkt.⁶⁹⁰ Zur Überzeichnung vgl. → Rn. 111. 178

b) Inhaltsmängel der Zeichnung und Fristablauf. Der Zeichnungsschein ist **nichtig,** wenn eine der in § 185 Abs. 1 AktG genannten Angaben fehlt, die Schriftform nicht eingehalten ist oder wenn er außer der Fristbestimmung nach § 185 Abs. 1 S. 3 Nr. 4 AktG weitere Beschränkungen der Verpflichtung des Zeichners enthält (§ 185 Abs. 2 AktG). Ist die Zeichnung nichtig oder gemäß § 185 Abs. 1 S. 3 Nr. 4 AktG unverbindlich, hat das Registergericht die Eintragung der Durchführung der Kapitalerhöhung abzulehnen.⁶⁹¹ Die Gesellschaft hat allerdings die Möglichkeit, die Mängel bzw. die Unverbindlichkeit durch neue Zeichnung zu beheben und im Fall von § 185 Abs. 1 S. 3 Nr. 4 AktG eine neue Anmeldung vorzunehmen bzw. in den übrigen Fällen die neuen Zeichnungsscheine nachzureichen.⁶⁹² 179

Die Nichtigkeit oder die Unverbindlichkeit des Zeichnungsscheins wird **geheilt,** wenn die Durchführung der Kapitalerhöhung gleichwohl in das Handelsregister eingetragen ist und der Zeichner Rechte als Aktionär ausgeübt (zB Teilnahme an Hauptversammlung, Entgegennahme von Aktienurkunden, Dividendenbezug usw) oder Pflichten als Aktionär erfüllt (zB Einlageleistung, Erfüllung einer Nebenverpflichtung) hat (§ 185 Abs. 3 AktG).⁶⁹³ Die Rechtsausübung oder Pflichterfüllung muss nach Eintragung erfolgen, die Zahlung der Mindesteinlage oder eine höhere Vorleistung auf die Einlage⁶⁹⁴ vor Eintragung genügen nicht.⁶⁹⁵ Die Heilungswirkung erfasst fehlende Angaben nach § 185 Abs. 1 S. 1 179a

---

⁶⁸⁵ AA aber die hM; vgl. *Blaurock* FS Rittner, 1991, 33 (45 ff.); Hüffer/*Koch* AktG § 185 Rn. 31; Schmidt/Lutter/*Veil* AktG § 185 Rn. 29; Bürgers/Körber AktG/*Marsch-Barner* § 185 Rn. 15; Wachter AktG/*Dürr* § 185 Rn. 30; Grigoleit/*Rieder*/Holzmann AktG § 185 Rn. 7; *Hergeth/Eberl* NZG 2003, 205 (207 f.).

⁶⁸⁶ OLG Frankfurt a. M. ZIP 2001, 1048 (zu § 185 Abs. 1 S. 3 Nr. 4 AktG); Schmidt/Lutter/*Veil* AktG § 185 Rn. 29; Henssler/Strohn/*Hermanns* AktG § 185 Rn. 14; *Hergeth/Eberl* NZG 2003, 205 (208). ZT (s. etwa OLG Frankfurt a. M. u. *Hergeth/Eberl*) wird vertreten, dass im Vorvertrag ein bestimmtes Datum enthalten sein muss, eine kalendermäßige Bestimmbarkeit des Fristendes hingegen nicht genügen soll; auch → Rn. 170 zu § 185 Abs. 1 S. 3 Nr. 4 AktG.

⁶⁸⁷ Ebenso Hüffer/*Koch* AktG § 185 Rn. 31; aA Spindler/Stilz AktG/*Servatius* § 185 Rn. 54; Wachter AktG/*Dürr* § 185 Rn. 30.

⁶⁸⁸ Hüffer/*Koch* AktG § 185 Rn. 31; Hölters AktG/*Apfelbacher/Niggemann* § 185 Rn. 13.

⁶⁸⁹ Vgl. Hölters AktG/*Apfelbacher/Niggemann* § 186 Rn. 13.

⁶⁹⁰ Vgl. BGH ZIP 2017, 2295 Rn. 35 – ConsulTrust (zur Übernahmeerklärung nach § 55 GmbHG); näher Schmidt/Lutter/*Veil* AktG § 185 Rn. 24 f.; MüKoAktG/*Schürnbrand* § 185 Rn. 70 ff.; Hüffer/*Koch* AktG § 185 Rn. 28 f.; Bürgers/Körber AktG/*Marsch-Barner* § 185 Rn. 23; *Lutter* FS Röhricht, 2005, 369 ff.

⁶⁹¹ KölnKommAktG/*Ekkenga* § 185 Rn. 69; MüKoAktG/*Schürnbrand* § 185 Rn. 58.

⁶⁹² OLG Stuttgart ZIP 2012, 921 (922); für Nachschieben neuer Zeichnungsscheine auch iFd. § 185 Abs. 1 S. 3 Nr. 4 AktG MüKoAktG/*Schürnbrand* § 185 Rn. 58.

⁶⁹³ Weitere Beispiele bei KölnKommAktG/*Ekkenga* § 185 Rn. 132, 144 ff.; MüKoAktG/*Schürnbrand* § 185 Rn. 62; Bürgers/Körber AktG/*Marsch-Barner* § 185 Rn. 19.

⁶⁹⁴ Zur Zulässigkeit solcher Vorauszahlungen vgl. → Rn. 184.

⁶⁹⁵ Bürgers/Körber AktG/*Marsch-Barner* § 185 Rn. 19; Hölters AktG/*Apfelbacher/Niggemann* § 185 Rn. 32; MüKoAktG/*Schürnbrand* § 185 Rn. 64; Hüffer/*Koch* AktG § 185 Rn. 19; Grigoleit/*Rieder*/

und S. 3 Nr. 1–4 AktG[696] sowie eine etwaige Formnichtigkeit des Zeichnungsscheins.[697] Tritt Heilung ein, wird der nichtige Zeichnungsvertrag für beide Seiten wirksam. Fehlende Angaben gelten als ergänzt. Unzulässige Beschränkungen gelten als nicht vorhanden.[698]

180 **c) Fehlen eines wirksamen Kapitalerhöhungsbeschlusses.** Ist der **Kapitalerhöhungsbeschluss nichtig** oder wirksam angefochten oder wird er aufgehoben, so sind auch die Zeichnungsverträge unverbindlich.[699] Zur Rechtslage, wenn die Durchführung der Kapitalerhöhung gleichwohl ins Handelsregister eingetragen wird, vgl. → Rn. 198 ff.

181 **d) Leistungsstörungen auf Seiten des Zeichners.** Der Zeichnungsvertrag ist kein gegenseitiger, sondern ein nur unvollkommen zweiseitig verpflichtender Vertrag.[700] Dennoch finden die §§ 320 ff., 280 ff. BGB eingeschränkt analog Anwendung.[701] Das bedeutet insbesondere: Bei Leistungsverzug des Zeichners mit seiner **Bareinlage** kann die Gesellschaft bis zur Eintragung der Durchführung der Kapitalerhöhung nach erfolgloser Fristsetzung gem. § 323 Abs. 1 BGB vom Zeichnungsvertrag zurücktreten, während nach Eintragung ausschließlich die §§ 63 ff. AktG zur Anwendung kommen.[702] Bei **Sacheinlagen** sind bis zur Eintragung der Durchführung der Kapitalerhöhung die allgemeinen Regeln über die Unmöglichkeit der Leistung sowie die für die jeweilige Sacheinlage passenden Gewährleistungsregeln anwendbar; nach Eintragung der Durchführung der Kapitalerhöhung bleibt der Zeichner geldeinlagepflichtig, soweit er nach allgemeinen Vorschriften von seiner Sacheinlagepflicht frei wird,[703] oder der Wert der Sacheinlage den vereinbarten Ausgabebetrag nicht erreicht (dazu → Rn. 60 ff.).

VII. Weitere Abwicklung

182 **1. Einlageleistung. a) Bareinlage, Sacheinlage.** Nach Zeichnung der Aktien sind die Einlagen auf die neuen Aktien ganz oder zum Teil einzufordern. Als Mindesteinlage sind bei **Bareinlagen** 25 % des geringsten Ausgabebetrags (§ 9 Abs. 1 AktG) sowie das gesamte Aufgeld zu entrichten (§§ 188 Abs. 2, 36a Abs. 1 AktG). Die Einzahlung muss so erfolgen, dass der eingezahlte Betrag endgültig **zur freien Verfügung des Vorstands** steht (§§ 188 Abs. 2, 37 Abs. 1 AktG); vgl. dazu im Einzelnen → § 16 Rn. 6 ff. Bei Kapitalerhöhungen unter Einschaltung einer Emissionsbank wird in der Praxis die von der **Emissionsbank** zu

---

Holzmann AktG § 185 Rn. 31; *Schürnbrand* AG 2014, 73 (74); aA GroßkommAktG/*Wiedemann* § 185 Rn. 56; Spindler/Stilz AktG/*Servatius* § 185 Rn. 43.

[696] MüKoAktG/*Schürnbrand* § 185 Rn. 61; Hüffer/*Koch* AktG § 185 Rn. 17.

[697] Wie hier Schmidt/Lutter/*Veil* AktG § 185 Rn. 20, 23; für analoge Anwendung von § 185 Abs. 3 AktG Bürgers/Körber AktG/*Marsch-Barner* § 185 Rn. 21; MüKoAktG/*Schürnbrand* § 185 Rn. 61, 66; *Schürnbrand* AG 2014, 73 (75 f.); ebenso zur Übernahmeerklärung nach § 55 GmbHG BGH ZIP 2017, 2295 Rn. 35 – ConsulTrust; aA, aber im Ergebnis ähnlich, KölnKommAktG/*Ekkenga* § 185 Rn. 131 f.; Hüffer/*Koch* AktG § 185 Rn. 21; Grigoleit/*Rieder/Holzmann* AktG § 185 Rn. 34 u. *Hunecke*, Zeichnungsvertrag, 2011, S. 194 f., die in diesen Fällen aus § 242 BGB ein Verbot ableiten, sich auf den Formmangel zu berufen; gegen Heilung und gegen § 242 BGB Spindler/Stilz AktG/*Servatius* § 185 Rn. 39.

[698] MüKoAktG/*Schürnbrand* § 185 Rn. 65; Hüffer/*Koch* AktG § 185 Rn. 20; Bürgers/Körber AktG/*Marsch-Barner* § 185 Rn. 20.

[699] KölnKommAktG/*Ekkenga* § 185 Rn. 155, 157; MüKoAktG/*Schürnbrand* § 185 Rn. 76; Hüffer/*Koch* AktG § 185 Rn. 27.

[700] Hüffer/*Koch* AktG § 185 Rn. 4; Bürgers/Körber AktG/*Marsch-Barner* § 185 Rn. 3; MüKoAktG/*Schürnbrand* § 185 Rn. 32 f.; Schmidt/Lutter/*Veil* AktG § 185 Rn. 4.

[701] Hölters AktG/*Apfelbacher/Niggemann* § 185 Rn. 35; Hüffer/*Koch* AktG § 185 Rn. 30; Bürgers/Körber AktG/*Marsch-Barner* § 185 Rn. 27.

[702] Bürgers/Körber AktG/*Marsch-Barner* § 185 Rn. 27; Hölters AktG/*Apfelbacher/Niggemann* § 185 Rn. 36; MüKoAktG/*Schürnbrand* § 185 Rn. 52; Hüffer/*Koch* AktG § 185 Rn. 30.

[703] Vgl. im Einzelnen Bürgers/Körber AktG/*Marsch-Barner* § 185 Rn. 27; MüKoAktG/*Schürnbrand* § 185 Rn. 53 f.; Hüffer/*Koch* AktG § 185 Rn. 30.

§ 57 (Reguläre) Kapitalerhöhung gegen Einlagen

leistende Einlage einem bei dieser Bank für die Gesellschaft eingerichteten unverzinslichen Sonderkonto gutgeschrieben und dort bis zur endgültigen Platzierung der Aktien durch die Emissionsbank belassen. Diese Handhabung ist nicht zu beanstanden[704] und zwar auch insofern, als sich der Vorstand verpflichtet, die Einzahlungen bis zur Abwicklung der Platzierung der Kapitalerhöhung auf dem Konto stehen zu lassen.[705] Vorsorglich sollte allerdings die Bank ausdrücklich auf etwaige Sicherheiten (AGB-Pfandrecht) und Zurückbehaltungsrechte in Bezug auf das Sonderkonto verzichten.[706] Für **Sacheinlagen** verweist § 188 Abs. 2 S. 1 AktG auf § 36a Abs. 2 AktG. Dessen Bedeutung ist str. Nach hM verlangt er keine Leistung vor Anmeldung, sondern lediglich, dass vor Anmeldung die Verpflichtung zur Einbringung begründet ist, die innerhalb von fünf Jahren erfüllt werden muss (vgl. → 4 Rn. 44). Die bei Sacheinlagen zur Vermeidung von Vorleistungsrisiken und Rückabwicklungsproblemen naheliegende Einbringung unter der **aufschiebenden Bedingung der Eintragung** der Durchführung der Kapitalerhöhung steht der freien Verfügbarkeit nicht entgegen.[707] Das gilt zumal in Anbetracht der hM zu § 36a AktG. Genügt danach eine Leistung innerhalb von fünf Jahren, muss eine Leistung im Zeitpunkt des Wirksamwerdens der Kapitalerhöhung erst recht ausreichen. Umgekehrt kann die Einbringung unter der **auflösenden Bedingung** stehen, dass die Kapitalerhöhung nicht bis zu einem bestimmten Zeitpunkt wirksam geworden ist.[708] Die Verpflichtung zur Einlageleistung ist grundsätzlich nicht höchstpersönlicher Natur (es sei denn, die Höchstpersönlichkeit ist vertraglich vereinbart oder ergibt sich ausnahmsweise aus der Natur der Einlage); sie kann daher gemäß § 267 BGB auch durch einen Dritten erfüllt werden.

Der Vorstand der Gesellschaft kann über die Einlageleistung schon vor Anmeldung der Durchführung der Kapitalerhöhung **verfügen.** Die früher hM ließ das allerdings nur unter der Voraussetzung zu, dass eine wertgleiche Gegenleistung erfolgte, die im Zeitpunkt der Anmeldung noch vorhanden war.[709] Dieses Erfordernis hat der BGH für die Kapitalerhöhung inzwischen zu Recht aufgegeben. Die Einlageleistung muss danach bei Anmeldung nicht mehr wertgleich vorhanden sein, sondern es reicht, wenn die Einlage einmal ordnungsgemäß zur freien Verfügung des Vorstands geleistet war und nicht an den Einleger zurückgeflossen ist.[710] Ebenso können vor Anmeldung der Durchführung der Kapitalerhö-

---

[704] OLG Köln AG 2002, 92 (93); Hüffer/*Koch* AktG § 54 Rn. 17; HdB börsennotierte AG/*Busch* Rn. 42.103; GroßkommAktG/*Schall* § 36 Rn. 197; Hölters AktG/*Apfelbacher/Niggemann* § 188 Rn. 12; Unternehmensfinanzierung am Kapitalmarkt/*Herfs* Rn. 6.80f.; KölnKommAktG/*Drygala* § 54 Rn. 77 ff.; Schmidt/Lutter/*Fleischer* AktG § 54 Rn. 32; Spindler/Stilz AktG/*Cahn/v. Spannenberg* § 54 Rn. 65 f.; aA MüKoAktG/*Bungeroth* § 54 Rn. 65; MüKoAktG/*Pentz* § 36 Rn. 69.
[705] *Hoffmann-Becking* FS Lieberknecht, 1997, 25 (34); Unternehmensfinanzierung am Kapitalmarkt/*Herfs* Rn. 6.81; aA Hölters AktG/*Apfelbacher/Niggemann* § 188 Rn. 12 (zeitlich nur bis Eintragung möglich).
[706] S. Hüffer/*Koch* AktG § 54 Rn. 18; Spindler/Stilz AktG/*Cahn/v. Spannenberg* § 54 Rn. 72; KölnKommAktG/*Drygala* § 54 Rn. 79; Schmidt/Lutter/*Fleischer* AktG § 54 Rn. 32.
[707] Grundlegend *Lutter* FS Heinsius, 1991, 497 (512 ff.); ebenso Hölters AktG/*Apfelbacher/Niggemann* § 188 Rn. 11; *Bücker* CFL 2010, 177 (178). Zur GmbH, wo es keine dem § 36a Abs. 2 AktG vergleichbare Bestimmung gibt, ist die Frage heftig umstr.; auch dort die freie Verfügbarkeit bejahend Lutter/Hommelhoff GmbHG/*Lutter* § 56a Rn. 3; Scholz GmbHG/*Priester* § 56a Rn. 43; Bork/Schäfer GmbHG/*M. Arnold/Born* § 56a Rn. 4; aA GroßkommGmbHG/*Ulmer/Casper* § 7 Rn. 61; Michalski GmbHG/*Tebben* § 7 Rn. 49; Rowedder/Schmidt-Leithoff GmbHG/*Schmidt-Leithoff* § 7 Rn. 26.
[708] *Lutter* FS Heinsius, 1991, 497 (510 ff.); Hölters AktG/*Apfelbacher/Niggemann* § 188 Rn. 11; zur GmbH auch Michalski GmbHG/*Tebben* § 7 Rn. 49; Gehrlein/Ekkenga/Simon GmbHG/*Bormann* § 56a Rn. 15; Michalski GmbHG/*Hermanns* § 56a Rn. 47.
[709] BGHZ 119, 177 (186 ff.); BGH ZIP 1996, 1466 (1467); KölnKommAktG/*Ekkenga* § 188 Rn. 24 u. für Sacheinlagen Rn. 44; Hüffer/*Koch* AktG § 188 Rn. 6.
[710] BGHZ 150, 197 (201); ebenso Hölters AktG/*Apfelbacher/Niggemann* § 188 Rn. 13 f.; Bürgers/Körber AktG/*Marsch-Barner* § 188 Rn. 8; zurückhaltend MüKoAktG/*Schürnbrand* § 188 Rn. 18.

hung auch **höhere Beträge** als die gesetzlich vorgeschriebenen Mindesteinzahlungen geleistet und vom Vorstand verwendet werden.[711]

184 b) Voreinzahlung auf künftige Bareinlagepflicht. Problematisch ist demgegenüber die Frage, ob auch schon **vor der Beschlussfassung** befreiende Zahlungen auf eine künftige Barkapitalerhöhung erbracht werden können. Grundsätzlich haben derartige Voreinzahlungen vor dem Kapitalerhöhungsbeschluss keine befreiende Wirkung. Von dieser Regel gibt es drei Ausnahmen: (1) Befreiende Wirkung tritt ein, wenn und soweit der Einlagebetrag im Zeitpunkt des Erhöhungsbeschlusses **noch als solcher** (und nicht nur wertmäßig) **vorhanden** ist.[712] Das setzt voraus, dass sich die Barmittel bis zur Beschlussfassung in der Kasse der Gesellschaft befinden oder auf ein Konto eingezahlt worden sind, das durchgehend einen positiven Saldo in der entsprechenden Höhe ausgewiesen hat.[713] (2) Gesetzliche Ausnahmefälle finden sich in § 235 Abs. 1 S. 2 AktG (→ § 62 Rn. 43) und in §§ 5 Abs. 5, 7 Abs. 4, 7e Wirtschaftsstabilisierungsbeschleunigungsgesetz. (3) Schließlich gilt nach hM eine weitere Ausnahme in **dringenden Sanierungsfällen**.[714] In solchen Eilfällen ist die Zulässigkeit von Voreinzahlungen, die schon vor dem Kapitalerhöhungsbeschluss geleistet und bis zur Anmeldung der Durchführung der späteren Kapitalerhöhung verbraucht werden können, anzuerkennen, wenn verschiedene – von der Rspr. allerdings restriktiv gehandhabte – **Voraussetzungen,** für deren Vorliegen der Gesellschafter beweispflichtig ist,[715] erfüllt sind:

- Die Voreinzahlung muss zur Krisenbewältigung notwendig und objektiv geeignet sein.[716] Ein gesondertes Kriterium, wonach § 186 AktG auf die Vorausleistung analog Anwendung findet und die danach maßgeblichen Voraussetzungen für einen Bezugsrechtsausschluss erfüllt sein müssen, hat demgegenüber keine eigenständige Bedeutung und ist daher abzulehnen.[717]
- Es muss sich um eine unmittelbar bevorstehende und mit aller gebotenen Beschleunigung eingeleitete Kapitalerhöhung handeln.[718]

---

[711] BGH ZIP 1996, 1466 (1467); Hüffer/Koch AktG § 188 Rn. 6; Lutter/Hommelhoff/Timm BB 1980, 737 (747 ff.); K. Schmidt ZGR 1982, 519 (529 f.); zweifelnd noch BGHZ 51, 157 (159 f.).

[712] BGH DStR 2016, 923 Rn. 18; BGHZ 168, 201; 158, 283; OLG Celle ZIP 2010, 2298 (2299) (jeweils zur GmbH).

[713] BGH DStR 2016, 923 Rn. 18; BGHZ 158, 283 (285); OLG Nürnberg DZWiR 2001, 167 (169) (jeweils zur GmbH).

[714] Grundlegend Lutter/Hommelhoff/Timm BB 1980, 737 (744 ff.); ferner BGHZ 168, 201 Rn. 15 ff.; OLG Düsseldorf WM 1981, 960 (963 f.); 1989, 1512 (1513); OLG Hamm GmbHR 1991, 198 (199); OLG Köln ZIP 1991, 928 (929); OLG Stuttgart ZIP 1994, 1532; OLG Celle ZIP 2010, 2298 (2299); Spindler/Stilz AktG/Servatius § 188 Rn. 60; Hölters AktG/Apfelbacher/Niggemann § 188 Rn. 17; Bürgers/Körber AktG/Marsch-Barner § 188 Rn. 9; KölnKommAktG/Schürnbrand § 188 Rn. 25 ff.; Hüffer/Koch AktG § 188 Rn. 8; MüKoAktG/Schürnbrand § 188 Rn. 27 f.; Schmidt/Lutter/Veil AktG § 188 Rn. 14; Henze ZHR 154 (1990), 105 (124 ff.); ablehnend früher zB LG Düsseldorf WM 1986, 792 ff.; GroßkommAktG/Wiedemann § 188 Rn. 37; weitergehend Priester DStR 2010, 494 (498 f.) u. Lamb, Vorfinanzierung, 1991, S. 54 ff., die Voreinzahlungen auch außerhalb von Krisensituationen zulassen wollen.

[715] BGHZ 168, 201 Rn. 15; OLG Nürnberg DZWiR 2011, 167 (169); Schmidt/Lutter/Veil AktG § 188 Rn. 15; Priester DStR 2010, 494 (499).

[716] BGHZ 168, 201 Rn. 16 f.; OLG Celle ZIP 2010, 2298 (2299); OLG Nürnberg DZWiR 2011, 167 (169); MüKoAktG/Schürnbrand § 188 Rn. 28; Hüffer/Koch AktG § 188 Rn. 8; Schmidt/Lutter/Veil AktG § 188 Rn. 17; Hölters AktG/Apfelbacher/Niggemann § 188 Rn. 17; Kort DStR 2002, 1223 (1225); großzügiger Lamb, Vorfinanzierung, 1991, S. 48 ff.

[717] Wohl aA Spindler/Stilz AktG/Servatius § 188 Rn. 60.

[718] Zur GmbH BGHZ 168, 201 Rn. 20; BGH ZIP 1995, 28 (30), wo jeweils für den Regelfall verlangt wird, dass die Gesellschafterversammlung schon einberufen ist; ferner OLG Celle ZIP 2010, 2298 (2299), wonach bei der GmbH jedenfalls die gesetzliche Einladungsfrist nicht überschritten werden darf und drei Wochen zu lang sind; OLG Düsseldorf ZIP 2000, 837 (838); Priester DStR 2010, 494 (497): Einberufung muss bei Einzahlung erfolgt sein; zur AG ebenso Spindler/Stilz AktG/Servatius § 188 Rn. 60; mit Recht großzügiger KölnKommAktG/Ekkenga § 188 Rn. 27: „alsbaldige Einladung

- Die Zahlung muss unmissverständlich als Einzahlung auf die künftige Einlagepflicht gekennzeichnet werden.[719]
- Darüberhinaus ist die bereits erfolgte Voreinzahlung sowohl im Kapitalerhöhungsbeschluss (unter Angabe des Zahlungsdatums und Darlegung der finanziellen Schwierigkeiten der Gesellschaft) als auch in der Anmeldung der Durchführung der Kapitalerhöhung (ebenfalls unter Angabe des Zahlungsdatums und des Umstands, dass die Voreinzahlung zur Überwindung der Schwierigkeit der Gesellschaft erfolgt ist) offenzulegen.[720]

Hingegen ist eine Rangrücktrittserklärung im Zusammenhang mit der Voreinzahlung nicht nötig; vielmehr ist die Voreinzahlung bereits auf Grund ihrer Zweckbestimmung auch im Falle des Scheiterns der Kapitalerhöhung nur nachrangig rückzahlbar.[721]

2. Anmeldung, Eintragung und Bekanntmachung. Die Durchführung der Kapitalerhöhung ist zum Handelsregister anzumelden (§ 188 AktG).[722] Die **Anmeldung** setzt voraus, dass der Erhöhungsbetrag in vollem Umfang wirksam gezeichnet ist, die Zeichnungen nicht durch Fristablauf unverbindlich geworden und die Mindesteinlagen ordnungsgemäß geleistet sind; zur Anmeldung bei einer „bis zu"-Kapitalerhöhung vgl. auch → Rn. 27. Die Anmeldung der Durchführung ist von der Anmeldung des Kapitalerhöhungsbeschlusses nach § 184 AktG zu unterscheiden. Beide Anmeldungen werden aber üblicherweise miteinander verbunden (§ 188 Abs. 4 AktG). Soweit eine Frist (Durchführungsfrist bei einer „bis zu"-Kapitalerhöhung, → Rn. 27, oder Verfallfrist gemäß § 185 Abs. 1 S. 3 Nr. 4 AktG, → Rn. 169) an die Eintragung des Erhöhungsbeschlusses anknüpft, ist die AG jedoch verpflichtet, diese zu betreiben, sobald die Voraussetzungen für sie vorliegen, ohne die Anmeldung der Durchführung abzuwarten. Die Anmeldung erfolgt durch den Vorstand in vertretungsberechtigter Anzahl und den Vorsitzenden des Aufsichtsrats oder, wenn dieser verhindert ist (§ 107 Abs. 1 S. 3 AktG), durch seinen Stellvertreter (§ 188 Abs. 1 AktG).[723] Bei unechter Gesamtvertretung kann die Anmeldung auch durch einen Vorstand und einen Prokuristen vorgenommen werden (auch → Rn. 88).[724]

In der Anmeldung ist in Bezug auf Bareinlagen **zu erklären,** dass die Voraussetzungen der §§ 36 Abs. 2 und 36a AktG über die Einzahlung der Mindesteinlagen erfüllt sind; darüber hinaus ist – in der Regel durch eine Bankbestätigung[725] – nachzuweisen, dass die Leistungen zur freien Verfügung des Vorstands erbracht wurden (§§ 188 Abs. 2 S. 1, 37

---

zur HV"; Hüffer/Koch AktG § 188 Rn. 8: Einberufung konkret geplant und mit gebotener Beschleunigung betreiben.

[719] BGHZ 168, 201 Rn. 18 f.; OLG Celle ZIP 2010, 2298 (2299); OLG Nürnberg DZWiR 2011, 167 (169); OLG Hamm WM 1987, 17; Hüffer/Koch AktG § 188 Rn. 8; Schmidt/Lutter/Veil AktG § 188 Rn. 18; MüKoAktG/Schürnbrand § 188 Rn. 28; aA Kort DStR 2002, 1223 (1226).

[720] BGHZ 168, 201 Rn. 21; OLG Celle ZIP 2010, 2298 (2299); OLG Nürnberg DZWiR 2011, 167 (169); Hüffer/Koch AktG § 188 Rn. 8; Schmidt/Lutter/Veil AktG § 188 Rn. 20.

[721] BGHZ 168, 201 Rn. 18; Hüffer/Koch AktG § 188 Rn. 8; Schmidt/Lutter/Veil AktG § 188 Rn. 18; MüKoAktG/Schürnbrand § 188 Rn. 28; Priester DStR 2010, 494 (497); aA LG Düsseldorf WM 1986, 792 (794); Spindler/Stilz AktG/Servatius § 188 Rn. 60.

[722] Muster in Beck'sches Formularbuch/Hoffmann-Becking/Berger Form. X.26 u. 29; Münch. Vertragshandbuch Bd. 1/Favoccia Form. V.109 u. 117; Beck'sches Formularbuch M&A/Kleinstück Form. F. II.6.

[723] Vgl. nur KölnKommAktG/Ekkenga § 188 Rn. 6; Wachter AktG/Dürr § 188 Rn. 12.

[724] Str.; wie hier zB Hüffer/Koch AktG § 188 Rn. 2 iVm § 184 Rn. 3; MüKoAktG/Schürnbrand § 188 Rn. 6; Grigoleit/Rieder/Holzmann AktG § 188 Rn. 4 iVm § 184 Rn. 3; Krafka/Kühn RegisterR Rn. 1401; Schmidt/Lutter/Veil AktG § 188 Rn. 21 iVm § 184 Rn. 4; aA wegen § 399 Abs. 1 Nr. 4 AktG etwa KölnKommAktG/Ekkenga § 188 Rn. 6; HdB AG-Finanzierung/Ekkenga/Jaspers Kap. 4 Rn. 386; Spindler/Stilz AktG/Servatius § 188 Rn. 6 iVm § 184 Rn. 13; Henssler/Strohn/Herrmanns AktG § 188 Rn. 3; HdB börsennotierte AG/Busch Rn. 42.108.

[725] Muster in Münch. Vertragshandbuch Bd. 1/Favoccia Form. V.108 (für mittelbare Bezugsrechtsemission). Zur Haftung der Bank für die Richtigkeit der Bestätigung vgl. BGHZ 113, 335 (355); 119, 177 (180 f.); BGH ZIP 1997, 281.

§ 57   188, 189

Abs. 1 AktG); vgl. dazu im Einzelnen → § 16 Rn. 6 ff. Nachdem der BGH das frühere Erfordernis wertgleicher Deckung bei Verwendung der Einlage vor Anmeldung aufgegeben hat, ist in die Anmeldung die Erklärung aufzunehmen, dass die Einlage nicht an den Einleger zurückgewährt wurde (vgl. → Rn. 183); eine Darlegung unter Vorlage der entsprechenden Unterlagen, für welche geschäftlichen Maßnahmen der Einlagebetrag verwendet worden ist, muss hingegen richtigerweise nicht erfolgen.[726] Bei Sacheinlagen ist zu erklären, ob sie geleistet sind und wenn nicht, wann sie geleistet werden, und dass ihr Wert (mindestens) dem Ausgabebetrag entspricht (§ 188 Abs. 2 S. 1, 37 Abs. 1 S. 1, 36a Abs. 2 S. 3 AktG). Eine unrichtige Erklärung ist strafbar (§ 399 Abs. 1 Nr. 4 AktG) und kann gegenüber Personen, die im Vertrauen auf die Richtigkeit der Angaben einen Schaden erleiden, Ersatzpflichten begründen (§ 823 Abs. 2 BGB).[727] Sie berechtigt jedoch nicht zur Amtslöschung einer auf dieser Basis erfolgten Eintragung ins Handelsregister.[728]

188   Gleichzeitig mit der Durchführung der Kapitalerhöhung ist nach hM die **Satzungsänderung** anzumelden.[729]

189   Der Anmeldung sind die in § 188 Abs. 3 AktG im Einzelnen genannten **Anlagen** beizufügen. Dazu zählen:

- **Nr. 1:** Einzureichen sind die **Zweitschriften der Zeichnungsscheine** bzw., wenn es nur ein Exemplar gibt, dieses sowie ein **Verzeichnis der Zeichner.** Im Verzeichnis sind die Namen der Zeichner, die Zahl der von ihnen jeweils gezeichneten Einlagen sowie die jeweils erbrachten Einzahlungen aufzuführen. Dabei sind entgegen des Wortlauts nicht nur die geleisteten Bareinlagen, sondern auch die erbrachten Sacheinlagen anzugeben.[730] Werden die Angaben durch eine Emissionsbank gezeichnet, sind die Angaben zu dieser und nicht zu den Aktionären zu machen, welche die Aktien sodann beziehen. Angaben zum Ausgabebetrag und zur Gattung der Aktien sind möglich, aber nicht erforderlich.[731] Das Verzeichnis ist vom Vorstand in vertretungsberechtigter Zahl im eigenen Namen zu unterschreiben; wegen der Strafbewehrung (§ 399 Abs. 1 Nr. 4 AktG) ist eine rechtsgeschäftliche Stellvertretung ausgeschlossen. Eine öffentliche Beglaubigung der Unterschriften ist nicht erforderlich.[732]

- **Nr. 2: Verträge über Sacheinlagen** iSv § 188 Abs. 3 Nr. 2 AktG sind sowohl etwaige verpflichtende Sacheinlagevereinbarungen als auch die dinglichen Vollzugsgeschäfte.[733] Ein Schriftformerfordernis für die Vollzugsgeschäfte wird dadurch nicht begründet; ist der Vollzug mündlich (formlos) erfolgt, ist das in der Anmeldung darzustellen.[734] Nicht hierher gehören die Zeichnungsscheine, da diese bereits nach Nr. 1 einzureichen sind. Dritte können die Verträge über Sacheinlagen beim Handelsregister einsehen (§ 9 Abs. 1 HGB, § 385 FamFG, § 10 Abs. 3 HRV). § 13 Abs. 2 S. 1 FamFG schränkt das Einsichtsrecht bei schutzwürdigen Interessen eines Beteiligten zwar ein, findet jedoch nur auf die

---

[726] So noch BGHZ 119, 177 (188).
[727] BGH NJW 1986, 837 (840) – BuM II.
[728] OLG Karlsruhe ZIP 1986, 711; *Lutter/Friedewald* ZIP 1986, 691.
[729] Hüffer/*Koch* AktG § 188 Rn. 11; KölnKommAktG/*Ekkenga* § 188 Rn. 3 aE; MüKoAktG/*Schürnbrand* § 188 Rn. 8 f.; Spindler/Stilz AktG/*Servatius* § 188 Rn. 31; aA, dh für Zulässigkeit getrennter Anmeldungen, zB Wachter AktG/*Dürr* § 188 Rn. 17.
[730] Heute allgM; vgl. Hüffer/*Koch* AktG § 188 Rn. 13; Bürgers/Körber AktG/*Marsch-Barner* § 188 Rn. 15; MüKoAktG/*Schürnbrand* § 188 Rn. 40; Spindler/Stilz AktG/*Servatius* § 188 Rn. 25.
[731] Vgl. MüKoAktG/*Schürnbrand* § 188 Rn. 40; Hüffer/*Koch* AktG § 188 Rn. 13.
[732] Hüffer/*Koch* AktG § 188 Rn. 13; MüKoAktG/*Schürnbrand* § 188 Rn. 41; Spindler/Stilz AktG/*Servatius* § 188 Rn. 26.
[733] Hüffer/*Koch* AktG § 188 Rn. 14; MüKoAktG/*Schürnbrand* § 188 Rn. 42 f.; Wachter AktG/*Dürr* § 188 Rn. 20.
[734] Wachter AktG/*Dürr* § 188 Rn. 20; MüKoAktG/*Schürnbrand* § 188 Rn. 43; Bürgers/Körber AktG/*Marsch-Barner* § 188 Rn. 16; aA Hölters AktG/*Apfelbacher/Niggemann* § 183 Rn. 25; ferner Spindler/Stilz AktG/*Servatius* § 188 Rn. 25, der aus § 188 Abs. 3 Nr. 2 AktG eine Dokumentationspflicht ableitet.

Registerakte iSd § 8 Abs. 1 HRV Anwendung. Dennoch sollte das Einsichtsrecht insoweit ausgeschlossen sein, als die Sacheinlageverträge Betriebs- oder Geschäftsgeheimnisse beinhalten. Der Schutz von Betriebs- und Geschäftsgeheimnissen ist im nationalen Recht anerkannt (s. § 131 Abs. 3 S. 1 Nr. 1 AktG, § 13 Abs. 2 S. 1 FamFG, § 6 S. 2 IFG, § 2 Nr. 2 lit. C VIG, § 9 Abs. 1 Nr. 3 UIG) und stellt auch europarechtlich einen allgemeinen Grundsatz dar.[735]

- **Nr. 3:** Vorzulegen ist eine Berechnung der **Kosten** der Kapitalerhöhung. Dazu zählen sämtliche Kosten für die Vorbereitung und Durchführung der Kapitalerhöhung.[736] Soweit die Beträge nicht feststehen oder nicht bekannt sind, genügt eine Schätzung; Belege über die Kosten sind nicht erforderlich.[737] Die Kostenberechnung ist nicht zu unterzeichnen.[738]

Darüber hinaus ist der vollständige Wortlaut der neu gefassten **Satzung** (vgl. → Rn. 38) **190** mit der Bescheinigung des Notars gemäß § 181 Abs. 1 S. 2 AktG beizufügen. Im Fall einer „bis zu"-Kapitalerhöhung sind als Anlagen ferner beglaubigte Abschriften des Vorstandsbeschlusses über die Durchführung der Erhöhung und eines etwaigen Zustimmungsbeschlusses des Aufsichtsrats sowie des Beschlusses des Aufsichtsrats über die Anpassung der Satzung (vgl. § 179 Abs. 1 S. 2 AktG) vorzusehen.

Sind die Eintragungsvoraussetzungen erfüllt, wird die Durchführung der Kapitalerhö- **191** hung ins Handelsregister **eingetragen** (s. § 43 Nr. 3 u. Nr. 6 lit. a HRV). Das Registergericht macht die Eintragung sodann unverzüglich (§ 32 HRV) gemäß § 10 HGB bekannt sowie gemäß § 8b Abs. 2 Nr. 1 HGB im Unternehmensregister zugänglich.

3. Wirksamwerden. Mit **Eintragung der Durchführung** wird die Kapitalerhöhung **192** wirksam. Von diesem Zeitpunkt an ist das Grundkapital erhöht und mit dem erhöhten Betrag in der Bilanz auszuweisen (§ 189 AktG). Mit Eintragung entstehen die **neuen Aktienrechte,** unabhängig von der Ausgabe entsprechender Aktienurkunden. Vor der Eintragung sind keinerlei dingliche Verfügungen – auch nicht bedingte Verfügungen[739] – über die neuen Aktienrechte bzw. die Rechtsposition aus dem Zeichnungsvertrag[740] möglich (§ 191 S. 1 AktG); das schließt auch eine Verpfändung oder Pfändung aus.[741] Da es sich um ein Verfügungsverbot handelt, findet § 191 S. 1 AktG auf Fälle der gesetzlichen (Gesamt-)Rechtsnachfolge keine Anwendung. Durch die nachfolgende Eintragung werden vorher getroffene Verfügungen nicht geheilt.[742] Schuldrechtliche Verpflichtungen sind wirksam, können jedoch erst nach Eintragung erfüllt werden.[743] Im Zweifel sind vorher abgeschlossene schuldrechtliche Vereinbarungen in diesem Sinne auszulegen.

4. Ausgabe der neuen Aktien. Erst nach Eintragung der Durchführung der Kapital- **193** erhöhung können die neuen Aktienurkunden oder Zwischenscheine ausgegeben werden

---

[735] EuGH Slg. 1986, I-1965 ff. – AKZO Chemie/Kommission; EuGH Slg. 1994, I-1911 ff. = EuZW 1994, 631 ff. – SEP/Kommission.
[736] Vgl. iE MüKoAktG/*Schürnbrand* § 188 Rn. 44; Hüffer/*Koch* AktG § 188 Rn. 15; Muster bei Beck'sches Formularbuch M&A/*Kleinstück* Form. F. II.5.
[737] Hüffer/*Koch* AktG § 188 Rn. 15; Spindler/Stilz AktG/*Servatius* § 188 Rn. 29; Bürgers/Körber AktG/*Marsch-Barner* § 188 Rn. 17; Beck'sches Formularbuch M&A/*Kleinstück* Form. F. II.5 Anm. 1.
[738] Happ AktienR/*Herchen* Form. 12.01 Anm. 29.2; Beck'sches Formularbuch M&A/*Kleinstück* Form. F. II.5 Anm. 4 (allerdings mit dem Hinweis, einzelne Registergerichte würden eine Unterzeichnung dennoch verlangen).
[739] MüKoAktG/*Schürnbrand* § 191 Rn. 4; Hüffer/*Koch* AktG § 191 Rn. 2; Hölters AktG/*Apfelbacher/Niggemann* § 191 Rn. 3; aA Spindler/Stilz AktG/*Servatius* § 191 Rn. 11.
[740] BGH wistra 2006, 391 (392); OLG Frankfurt a. M. ZIP 2006, 1726 (1727) – Hunzinger.
[741] Hölters AktG/*Apfelbacher/Niggemann* § 191 Rn. 3; MüKoAktG/*Schürnbrand* § 191 Rn. 4; Hüffer/*Koch* AktG § 191 Rn. 2; Bürgers/Körber AktG/*Marsch-Barner* § 191 Rn. 2.
[742] OLG Frankfurt a. M. ZIP 2006, 1726 (1727) – Hunzinger.
[743] OLG Frankfurt a. M. ZIP 2006, 1726 (1727) – Hunzinger; Schmidt/Lutter/*Veil* AktG § 191 Rn. 3; Bürgers/Körber AktG/*Marsch-Barner* § 191 Rn. 2; Hüffer/*Koch* AktG § 191 Rn. 2.

(§ 191 S. 1 AktG). **Ausgabe** ist das Inverkehrbringen der Aktienurkunde (oder des Zwischenscheins) durch der Gesellschaft zurechenbare Handlungen oder pflichtwidrige Unterlassungen, zB die nicht genügend sichere Verwahrung der Urkunden.[744] Keine Ausgabe stellen daher Vorbereitungshandlungen für das Inverkehrbringen (zB die Herstellung und Unterzeichnung der Urkunde) dar.[745] Ob die Übergabe an eine Depotbank (zB Clearstream Banking AG) bereits eine Ausgabe darstellt, ist umstritten. Jedenfalls dann, wenn die Depotbank vertraglich verpflichtet ist, die Urkunde erst nach Freigabe durch die Gesellschaft zu verwenden, liegt mangels Begebung bis zur Erteilung der Freigabe keine Ausgabe vor.[746] Vor der Eintragung ausgegebene Urkunden sind **nichtig** (§ 191 S. 2 AktG). Sie verbriefen keinerlei Rechte. Auch ein gutgläubiger Erwerb irgendwelcher Rechte aus einem solchen Papier ist nicht möglich.[747] Mit Eintragung der Durchführung tritt keine automatische **Heilung** verfrüht ausgegebener Urkunden ein. Die Gesellschaft kann die Urkunden jedoch für eine erneute Ausgabe (neuer Begebungsvertrag mit dem Inhaber) verwenden; eine einseitige Gültigkeitserklärung der Gesellschaft wird man hingegen auch dann nicht genügen lassen können, wenn diese in geeigneter Form verlautbart wird.[748]

194 Bei vorzeitiger Ausgabe von Aktienurkunden haften die Ausgeber als Gesamtschuldner den Inhabern der Urkunden auf **Schadenersatz** (§ 191 S. 3 AktG).[749] Überdies kann die vorzeitige Ausgabe gem. § 405 Abs. 1 Nr. 2 AktG als **Ordnungswidrigkeit** geahndet werden. Ausgeber ist, wer für die Gesellschaft verantwortlich handelt, insbesondere also die Vorstandsmitglieder und Prokuristen.[750] Die Schadensersatzpflicht setzt kein Verschulden voraus, es handelt sich vielmehr um eine gesetzliche Gefährdungshaftung.[751] Die Verpflichtung besteht gegenüber jedem Inhaber, insbesondere also auch gegenüber späteren Erwerbern nichtiger Aktienurkunden.

195 **5. Auswirkung auf vertragliche Beziehungen zu Dritten.** Vertragliche Rechte Dritter, die vom Dividendensatz abhängig sind (zB dividendenabhängige Verzinsung von Genussrechten, Gewinnschuldverschreibungen, Wandel- und Optionsanleihen, dividendensatzabhängige Tantiemezusagen, Dividendengarantien bei Beherrschungs- und Gewinnabführungsverträgen), können **durch eine Kapitalerhöhung verwässert** werden, wenn der Ausgabebetrag der neuen Aktien hinter deren wahrem Wert zurückbleibt. Das gleiche Problem ergibt sich für Umtausch- und Bezugsrechte aus Wandel- und Optionsanleihen, deren Wert durch eine Kapitalerhöhung verwässert wird. Eine gesetzliche Regelung enthält allein § 216 Abs. 3 AktG für den Fall von Kapitalerhöhungen aus Gesellschaftsmitteln.

---

[744] BGH AG 1977, 295 (296); OLG Frankfurt a. M. AG 1976, 77 (78); KölnKommAktG/*Ekkenga* § 191 Rn. 7.

[745] Vgl. zB Hüffer/*Koch* AktG § 191 Rn. 3; KölnKommAktG/*Ekkenga* § 191 Rn. 7.

[746] Zutreffend HdB börsennotierte AG/*Busch* Rn. 42.118; wie hier ferner etwa Hölters AktG/*Apfelbacher/Niggemann* § 191 Rn. 7; zu § 405 Abs. 1 AktG ebenso KölnKommAktG/*Altenhain* § 405 Rn. 5 mwN. Nach aA soll die Übergabe an eine Depotbank stets Ausgabe sein; vgl. zB MüKoAktG/*Schürnbrand* § 191 Rn. 4; KölnKommAktG/*Ekkenga* § 191 Rn. 7; wohl auch Hüffer/*Koch* AktG § 191 Rn. 3.

[747] BGH AG 1988, 76 (78); KölnKommAktG/*Ekkenga* § 191 Rn. 8; Hüffer/*Koch* AktG § 191 Rn. 4; Spindler/Stilz AktG/*Servatius* § 191 Rn. 9.

[748] KölnKommAktG/*Ekkenga* § 191 Rn. 9; Bürgers/Körber AktG/*Marsch-Barner* § 191 Rn. 4; MüKoAktG/*Schürnbrand* § 191 Rn. 7; Hüffer/*Koch* AktG § 191 Rn. 4; vgl. auch BGH AG 1977, 295 (296); aA OLG Frankfurt a. M. AG 1976, 77 (78); Baumbach/Hueck AktG § 191 Rn. 2.

[749] Zur Frage des Schadens s. BGH AG 1977, 295 (296).

[750] Vgl. BGH AG 1977, 295 (296); LG Düsseldorf NJOZ 2011, 1111; Bürgers/Körber AktG/*Marsch-Barner* § 191 Rn. 5; Schmidt/Lutter/*Veil* AktG § 191 Rn. 6.

[751] OLG Frankfurt a. M. AG 1976, 77 (78); Schmidt/Lutter/*Veil* AktG § 191 Rn. 7; zur Verschuldensunabhängigkeit s. auch LG Düsseldorf NJOZ 2010, 1111; für verschuldensunabhängige Veranlassungshaftung Spindler/Stilz AktG/*Servatius* § 191 Rn. 13.

Ohne vertragliche Regelungen sollte der Gläubiger nach früher hM im Regelfall nicht **196** vor einer Verwässerung seiner Rechte durch eine effektive Kapitalerhöhung geschützt sein.[752] Nach heute vorherrschender Ansicht ist der Verwässerung hingegen richtigerweise durch eine **Vertragsanpassung** Rechnung zu tragen. Dies wird zT auf eine entsprechende Anwendung von § 216 Abs. 3 AktG gestützt.[753] Da es um die Frage geht, ob im Einzelfall ein angemessener Interessenausgleich zu erfolgen hat, und damit eine von den konkreten Umständen unabhängige, generell anzunehmende Anpassung unvereinbar ist, erscheint jedoch die ergänzende Vertragsauslegung als die geeignetere Grundlage.[754] Führt diese nicht weiter, kommt eine Anpassung auch auf Grundlage von § 313 BGB in Betracht.[755] Die praktische Umsetzung bereitet allerdings Probleme.[756] Ausdrückliche vertragliche Regelungen, in welcher Weise die getroffenen Vereinbarungen im Falle einer Kapitalerhöhung angepasst werden sollen, sind daher ratsam; zu solchen Verwässerungsschutzklauseln auch → § 64 Rn. 46. Ob dabei bestimmt werden kann, dass Kapitalerhöhungen unberücksichtigt bleiben und nicht zu einer Anpassung führen sollen, ist str.[757]

Nicht geklärt ist, ob eine Anpassungspflicht – sofern vertraglich nicht etwas anderes **197** vereinbart ist – auch dann in Betracht kommt, wenn das **Bezugsrecht** der Aktionäre **ausgeschlossen** ist. In diesem Fall trifft eine Kapitalverwässerung auch die Aktionäre, wenn diese sich dagegen nicht durch Anfechtungsklage zur Wehr setzen (§ 255 Abs. 2 AktG). Andererseits wirken die Inhaber der Drittansprüche bei der Beschlussfassung über die Kapitalerhöhung nicht mit. Jedenfalls bei einem Bezugsrechtsausschluss nach § 186 Abs. 3 S. 4 AktG (→ Rn. 123 ff.) scheidet eine Anpassung jedoch aus; die damit uU verbundene geringfügige Wertverwässerung haben die Aktionäre hinzunehmen und ist auch den Anleihegläubigern zuzumuten.[758] Aber auch darüber hinaus sprechen auf der Grundlage einer ergänzenden Vertragsauslegung die besseren Gründe wohl dafür, dass eine Anpassung ausscheidet. Es ist nicht anzunehmen, dass die Vertragsparteien für den Fall einer Emission mit Bezugsrechtsausschluss und zu einem Ausgabebetrag unter dem tatsächlichen

---

[752] RGZ 83, 295 (298 f.); BGHZ 28, 259 (277) – Harpen Bonds; GroßkommAktG/*Schilling*, 3. Aufl., § 221 Anm. 6; umfassende Nachw. bei *Zöllner* ZGR 1986, 288 (291 ff.); heute ebenso Bürgers/Körber AktG/*Stadler* § 221 Rn. 128.

[753] Hölters AktG/*Apfelbacher/Niggemann* § 189 Rn. 17; *Koppensteiner* ZHR 139 (1975), 191 (197 ff.); ebenso, soweit dividendenabhängige Ansprüche betroffen sind, Bürgers/Körber AktG/*Marsch-Barner* § 189 Rn. 6.

[754] Ebenso *Zöllner* ZGR 1986, 288 (305); Spindler/Stilz AktG/*Servatius* § 189 Rn. 13; KölnKommAktG/*Ekkenga* § 189 Rn. 31; MüKoAktG/*Schürnbrand* § 189 Rn. 12, 15; MüKoAktG/*Habersack* § 221 Rn. 289 ff.; Hüffer/*Koch* AktG § 189 Rn. 9; HdB börsennotierte AG/*Busch* Rn. 42.123; Happ AktienR/*Groß* Form. 12.04 Anm. 7.3; Spindler/Stilz AktG/*Seiler* § 221 Rn. 158; Grigoleit/*Rieder*/Holzmann AktG § 189 Rn. 12; ausführlich *Koch* AG 2017, 6 ff. Ebenfalls gegen eine analoge Anwendung von § 216 Abs. 3 AktG und für eine ergänzende Vertragauslegung BAG ZIP 2018, 1969 Rn. 16 ff.; LAG Hessen ZIP 2017, 1855 (1857 ff.).

[755] BAG ZIP 2018, 1969 Rn. 46 ff., wonach allerdings bei größeren Gesellschaften effektive Kapitalerhöhungen häufig wiederkehrende Vorgänge seien, weshalb im entschiedenen Fall das Unterbleiben von effektiven Kapitalerhöhungen nicht als Vertragsgrundlage angesehen wurde; LAG Hessen ZIP 2017, 1855 (1859); *Koch* AG 2017, 6 (15 f.).

[756] Zum Bewertungsmaßstab für eine etwaige Anpassung vgl. KölnKommAktG/*Ekkenga* § 189 Rn. 31 f.; MüKoAktG/*Schürnbrand* § 189 Rn. 12 u. 15; *Zöllner* ZGR 1986, 288 (307 ff.); *Koppensteiner* ZHR 139 (1975), 191 (204 ff.).

[757] Verneinend zB GroßKommAktG/*Hirte* § 221 Rn. 191 (für Wandel- und Optionsanleihen) mwN; MüKoAktG/*Habersack* § 221 Rn. 305 (für Genussrechte); s. auch Bürgers/Körber AktG/*Stadler* § 221 Rn. 129; bejahend demgegenüber *Zöllner* ZGR 1986, 288 (305); *Koppensteiner* ZHR 139 (1975), 191 (195); wohl auch Grigoleit/*Rieder*/Holzmann AktG § 189 Rn. 11.

[758] MüKoAktG/*Habersack* § 221 Rn. 291; Happ AktienR/*Groß* Form. 12.04 Anm. 7.3; Spindler/Stilz AktG/*Seiler* § 221 Rn. 158.

Wert eine Besserstellung der Dritten gegenüber den Aktionären und damit eine doppelte Benachteiligung der Aktionäre vereinbaren wollten.[759]

6. Fehlerhafte Kapitalerhöhungen. Nach Eintragung der Durchführung der Kapitalerhöhung lassen etwaige Mängel der **Anmeldung** die Wirksamkeit der Kapitalerhöhung unberührt.[760] Anders liegt der Fall, wenn eine Anmeldung nicht erfolgt oder vor Eintragung wirksam zurückgenommen worden ist; die Eintragung führt hier nicht zur Wirksamkeit der Kapitalerhöhung.[761] Eine Berufung auf Willensmängel der **Zeichnungserklärung** ist beschränkt, und es wird uU die Nichtigkeit oder Unverbindlichkeit des Zeichnungsscheins geheilt (vgl. → Rn. 178 ff.). Keine Wirksamkeit tritt ferner ein, wenn es an einem Erhöhungsbeschluss fehlt oder die eingetragene Kapitalerhöhung nicht mit dem Inhalt des Beschlusses übereinstimmt.[762] Schwierigkeiten bereitete darüber hinaus – vor allem in der Vergangenheit – die Situation, dass die Durchführung einer Kapitalerhöhung eingetragen und im Anschluss aufgrund von Anfechtungs- oder Nichtigkeitsklagen für nichtig erklärt wird. Die Frage hat jedoch nunmehr infolge der Einführung von § 246a AktG an praktischer Bedeutung verloren. Ist eine Kapitalerhöhung nach Durchführung eines erfolgreichen Freigabeverfahrens eingetragen worden, bleibt sie auch im Fall einer erfolgreichen Aktionärsklage wirksam; vgl. zu § 246a AktG → § 42 Rn. 144 ff. Dasselbe gilt, wenn eine Kapitalerhöhung zur Durchführung einer Verschmelzung beschlossen wird (s. § 69 UmwG) und die Verschmelzung eingetragen und wirksam geworden ist; in diesem Fall genießt auch die Kapitalerhöhung als Annex zur Verschmelzung nach § 20 Abs. 2 UmwG Bestandsschutz.[763] Ferner stellen sich Wirksamkeitsfragen dann nicht mehr, wenn eine Nichtigkeit gemäß § 242 Abs. 2 AktG geheilt ist.

Soweit eine eingetragene Kapitalerhöhung nach dem Vorstehenden an Wirksamkeitsmängeln leidet, wurde – vor allem früher – angenommen, dass die Kapitalerhöhung trotz Eintragung ihrer Durchführung von Anfang an nichtig sei.[764] Nach heute hM sind in solchen Fällen hingegen die Regeln über die **fehlerhafte Gesellschaft** anzuwenden mit der Folge, dass die fehlerhafte Kapitalerhöhung nach Eintragung ihrer Durchführung in das Handelsregister für die Vergangenheit als wirksam angesehen wird und eine Rückabwicklung lediglich für die Zukunft stattzufinden hat.[765] Für Sonderfälle (zB Kapitalerhöhung gegen Sacheinlage mit Einbringung eines Unternehmens) wird man darüber hinausgehend

---

[759] Ebenso GroßkommAktG/*Hirte* § 221 Rn. 181; Bürgers/Körber AktG/*Stadler* § 221 Rn. 132; in diese Richtung wohl auch HdB börsennotierte AG/*Groß* § 52 Rn. 18; Happ AktienR/*Groß* Form. 12.04 Anm. 7.3; aA MüKoAktG/*Habersack* § 221 Rn. 291; Zöllner ZGR 1986, 288 (309), der allerdings anders entscheiden will, wenn ausnahmsweise die Gesellschaft aus besonderen Gründen gezwungen ist, die neuen Aktien unter Wert zu begeben.

[760] MüKoAktG/*Schürnbrand* § 189 Rn. 18; Hüffer/*Koch* AktG § 189 Rn. 4.

[761] Spindler/Stilz AktG/*Servatius* § 189 Rn. 7; MüKoAktG/*Schürnbrand* § 189 Rn. 17; Hüffer/*Koch* AktG § 189 Rn. 4.

[762] Hüffer/*Koch* AktG § 189 Rn. 4; Spindler/Stilz AktG/*Servatius* § 189 Rn. 5.

[763] OLG Frankfurt a. M. Der Konzern 2012, 266 (270); Kallmeyer UmwG/*Marsch-Barner* § 20 Rn. 42; Lutter UmwG/*Grunewald* § 20 Rn. 79; KölnKommUmwG/*Simon* § 20 Rn. 50; s. auch BGH DStR 2007, 1688 Rn. 13 – Vattenfall.

[764] Vgl. etwa KölnKommAktG/*Ekkenga* § 189 Rn. 4 f., 43 u. § 191 Rn. 5; vgl. auch Hüffer/*Koch* AktG § 189 Rn. 6 (mit Einschränkungen in § 248 Rn. 7a).

[765] Grundlegend Zöllner AG 1993, 68 ff., und im Anschluss daran GroßkommAktG/*Wiedemann* § 189 Rn. 34 ff.; Hüffer/*Koch* AktG § 248 Rn. 7a (für die Fälle erfolgreicher Anfechtung); HdB börsennotierte AG/*Busch* Rn. 42.120; Spindler/Stilz AktG/*Servatius* § 189 Rn. 6; Schmidt/Lutter/*Veil* AktG § 189 Rn. 7; Hölters AktG/*Apfelbacher/Niggemann* § 189 Rn. 15; *Meyer-Panhuysen*, Die fehlerhafte Kapitalerhöhung, 2003, S. 54 ff.; *Vogelmann*, Rechtsfolgen fehlerhafter Strukturänderungen, 2005, S. 277 ff.; Kort ZGR 1994, 291 (306 ff.); Krieger ZHR 158 (1994), 35 (47 ff.); Zöllner/Winter ZHR 158 (1994), 59 ff.; Huber FS Claussen, 1997, 147 ff.; Lutter FS Röhricht, 2005, 369 (370 f.); im Grundsatz auch MüKoAktG/*Schürnbrand* § 189 Rn. 24 aE.

sogar eine Bestandskraft auch für die Zukunft erwägen müssen.[766] Die **Rückabwicklung** für die Zukunft erfolgt durch Einziehung der Aktien gegen Zahlung einer Abfindung,[767] soweit nicht eine „Reparatur" der Mängel des Kapitalerhöhungsbeschlusses erfolgt.[768] Die Gesellschaft hat die Wahl zwischen einer Abfindung in fehlerfreien Aktien und einer Barabfindung.[769] Das gilt auch im Falle einer fehlerhaften Kapitalerhöhung mit Sacheinlage; der Einleger hat keinen Anspruch auf Rückgabe der Sacheinlage und die Gesellschaft kein entsprechendes Recht.[770] Die Barabfindung ist nach dem Wert der Aktien zu ermitteln, wobei die Berücksichtigung stiller Reserven umstritten ist;[771] existiert ein Börsenkurs, kann dieser der Abfindung zugrunde gelegt werden.[772] Um die Rückabwicklung technisch umsetzen zu können, sollte die Gesellschaft, wenn sie börsennotiert ist, für die mit einem Wirksamkeitsrisiko behafteten Aktien eine **eigene Wertpapierkennnummer** vorsehen; anderenfalls erscheint eine Rückabwicklung nur in der Weise möglich, dass sie sämtliche Aktionäre anteilig trifft.[773]

Eine **Amtslöschung** der Eintragung der Durchführung der Kapitalerhöhung ist analog **200** § 398 FamFG möglich.[774] Jedoch werden dazu im Allgemeinen die gesetzlichen Voraussetzungen nicht erfüllt sein.[775] Auf der Grundlage der Grundsätze der fehlerhaften Gesellschaft kommt eine verschuldensunabhängige **Ausgeberhaftung** entsprechend § 191 S. 3 AktG nicht in Betracht; nur im Falle des Verschuldens können den Erwerbern danach Schadenersatzansprüche gegen die Ausgeber zustehen.[776]

---

[766] Vgl. hierzu *Krieger* ZHR 158 (1994), 35 (49); ferner auch *Stein* ZGR 1994, 472 (485 f.); aA Schmidt/Lutter/*Veil* AktG § 189 Rn. 7; *Vogelmann,* Rechtsfolgen fehlerhafter Strukturänderungen, 2005, S. 287 ff.; *Meyer-Panhuysen,* Die fehlerhafte Kapitalerhöhung, 2003, S. 277; *Huber* FS Claussen, 1997, 147 (150). Zur Frage des Bestandsschutzes für die Zukunft nach den Regeln der fehlerhaften Gesellschaft grundlegend *K. Schmidt* ZGR 1991, 373 ff.

[767] Eingehend dazu *Zöllner/Winter* ZHR 158 (1994), 59 ff.; *Kort* ZGR 1994, 291 (312 ff.); *Vogelmann,* Rechtsfolgen fehlerhafter Strukturänderungen, 2005, S. 308 ff.; MüKoAktG/*Schürnbrand* § 189 Rn. 26 f.; etwas anders *Huber* FS Claussen, 1997, 147 ff.; *Meyer-Panhuysen,* Die fehlerhafte Kapitalerhöhung, 2003, S. 107 ff., 119 ff.

[768] Zu den damit verbundenen Fragen eingehend *Zöllner/Winter* ZHR 158 (1994), 59 (79 ff.); *Kort* ZGR 1994, 291 (319 ff.); *Vogelmann,* Rechtsfolgen fehlerhafter Strukturänderungen, 2005, S. 374 ff.; *Meyer-Panhuysen,* Die fehlerhafte Kapitalerhöhung, 2003, S. 167 ff.

[769] *Huber* FS Claussen, 1997, 147 (153 f., 163 f.); *Vogelmann,* Rechtsfolgen fehlerhafter Strukturänderungen, 2005, S. 315 ff., 317 ff.; *Meyer-Panhuysen,* Die fehlerhafte Kapitalerhöhung, 2003, S. 127 ff.; aA *Schäfer,* Die Lehre vom fehlerhaften Verband, 2002, S. 435 f.; Hüffer/*Koch* AktG § 248 Rn. 7a, der Anleger habe Anspruch auf eine Barabfindung.

[770] *Zöllner/Winter* ZHR 158 (1994), 59 (64 f.); *Huber* FS Claussen, 1997, 147 (154 f.); Hüffer/*Koch* AktG § 248 Rn. 7a; aA GroßkommAktG/*Wiedemann* § 189 Rn. 42.

[771] Für eine Abfindung zum vollen Wert die hM, etwa GroßkommAktG/*Wiedemann* § 189 Rn. 42; *Zöllner/Winter* ZHR 158 (1994), 49 (62); *Vogelmann,* Rechtsfolgen fehlerhafter Strukturänderungen, 2005, S. 324 ff.; *Meyer-Panhuysen,* Die fehlerhafte Kapitalerhöhung, 2003, S. 132 ff.; Hüffer/*Koch* AktG § 248 Rn. 7a; aA *Huber* FS Claussen, 1997, 147 (155 ff.).

[772] *Huber* FS Claussen, 1997, 147 (154); *Meyer-Panhuysen,* Die fehlerhafte Kapitalerhöhung, 2003, S. 123 ff.; aA *Vogelmann,* Rechtsfolgen fehlerhafter Strukturänderungen, 2005, S. 333 ff.

[773] HdB börsennotierte AG/*Busch* Rn. 42.121; Hölters AktG/*Apfelbacher/Niggemann* § 189 Rn. 15; *Zöllner/Winter* ZHR 158 (1994), 59 (91 ff.); *Meyer-Panhuysen,* Die fehlerhafte Kapitalerhöhung, 2003, S. 144 f.

[774] OLG Karlsruhe AG 1986, 167 f. (zu § 144 Abs. 2 FGG); *Lutter/Friedewald* ZIP 1986, 691 (693) (jeweils noch zu § 144 Abs. 2 FGG); Hüffer/*Koch* AktG § 189 Rn. 7; MüKoAktG/*Schürnbrand* § 189 Rn. 31; Bürgers/Körber AktG/*Marsch-Barner* § 189 Rn. 5.

[775] *Zöllner/Winter* ZHR 158 (1994), 59 (70 f.); vgl. ferner MüKoAktG/*Schürnbrand* § 189 Rn. 31; Hüffer/*Koch* AktG § 189 Rn. 7.

[776] *Zöllner* AG 1993, 68 (76 f.); *Zöllner/Winter* ZHR 158 (1994), 59 (76); *Kort* ZGR 1994, 291 (317 f.); *Vogelmann,* Rechtsfolgen fehlerhafter Strukturänderungen, 2005, S. 361 ff.; *Meyer-Panhuysen,* Die fehlerhafte Kapitalerhöhung, 2003, S. 154 ff.; MüKoAktG/*Schürnbrand* § 191 Rn. 12; aA die ältere

201 Wurde im Anschluss an die fehlerhafte Kapitalerhöhung eine **nachfolgende Kapitalerhöhung** durchgeführt, ist diese fehlerfrei, da die vorangegangene Kapitalerhöhung für die Vergangenheit wirksam ist.[777] Für Sonderfälle wird allerdings erwogen, den Fortbestand der vorangegangenen Erhöhung als Geschäftsgrundlage der nachfolgenden Erhöhung anzusehen.[778]

VIII. Kapitalmarktrechtliche Aspekte

202 **1. Prospektpflicht.** Kapitalerhöhungen können nach Maßgabe der ProspektVO[779] und des WpPG prospektpflichtig sein (zu Beschränkungen der Verbreitung des Bezugsangebots im Ausland aus prospektrechtlichen Gründen vgl. → Rn. 113 u. 140; zur Nachtragspflicht bei späterer Festsetzung des Ausgabebetrags bzw. Bezugspreises → Rn. 112). Die Prospektpflicht wird dadurch ausgelöst, dass Aktien öffentlich angeboten werden oder die Aktien zum Handel an einem organisierten Handel zugelassen werden sollen (Art. 1 Abs. 1 u. 3 Abs. 1 u. 3 ProspektVO). Ein öffentliches Angebot setzt eine Mitteilung an die „Öffentlichkeit" voraus (Art. 2 lit. d ProspektVO). Auch **Bezugsrechtsemissionen** stellen ein Angebot in diesem Sinn dar und sind daher prospektpflichtig.[780] Das öffentliche Angebot liegt dabei nicht in der Einladung zur Hauptversammlung, die über eine Kapitalerhöhung beschließt, oder in der Beschlussfassung der Hauptversammlung, sondern im Bezugsangebot; erst mit dessen Veröffentlichung kann das Bezugsrecht ausgeübt und damit eine Investitionsentscheidung getroffen werden.[781]

203 **Prospektfreie Kapitalerhöhungen** kommen damit nur in Betracht, wenn (1) es an einem öffentlichen Angebot fehlt oder ein Ausnahmetatbestand gemäß § 3 Nr. 1 WpPG iVm Art. 3 Abs. 2 ProspektVO (Angebote in einem Volumen von insgesamt nicht mehr als 8 Mio. EUR innerhalb von zwölf Monaten[782]) oder gemäß Art. 1 Abs. 4 ProspektVO

Meinung, die die Kapitalerhöhung für ex tunc nichtig ansah und den Inhabern nichtiger Aktien einen Schadenersatzanspruch analog § 191 S. 3 AktG zubilligen wollte.

[777] *Zöllner* FS Hadding, 2004, 725 (728 f.); Schmidt/Lutter/*Veil* AktG § 189 Rn. 7; Hölters AktG/*Apfelbacher/Niggemann* § 189 Rn. 14; Wachter AktG/*Dürr* § 189 Rn. 10; grundsätzlich auch *Klaaßen/van Lier* NZG 2014, 1250; aA *Trendelenburg* NZG 2003, 860 (861 ff.), die auf der Basis der überholten Ansicht von der Nichtigkeit der vorangegangenen Kapitalerhöhung danach differenzieren will, ob bei der nachfolgenden Erhöhung ein bestimmter Endbetrag oder nur ein bestimmter Erhöhungsbetrag gewollt sei.

[778] So *Zöllner* FS Hadding, 2004, 725 (731 ff.); ferner Wachter AktG/*Dürr* § 189 Rn. 10, wenn die vorherige Kapitalerhöhung nach dem Willen der Aktionäre Voraussetzung für die nachfolgende Erhöhung gewesen ist; ähnlich Hölters AktG/*Apfelbacher/Niggemann* § 189 Rn. 14; *Klaaßen/van Lier* NZG 2014, 1250 (1251 ff.).

[779] Verordnung (EU) 2017/1129 vom 14.6.2017, die mit Ausnahme einzelner Vorschriften, die schon seit dem 21.7.2018 bzw. ab dem 20.7.2017 gelten, seit dem 21.7.2019 gilt (s. Art. 49 ProspektVO).

[780] Vgl. Schwark/Zimmer KMRK/*Preuße* § 2 WpPG Rn. 20; *Berkle*, Mittelbares Bezugsrecht, 2019, S. 136 f.; *Groß* Kapitalmarktrecht WpPG § 2 Rn. 18a; Frankfurter KommWpPG/*Schnorbus* § 4 Rn. 60 ff.; *J. Schneider* AG 2016, 341 (349). Bis zum Inkrafttreten der Änderungsrichtlinie zur Prospekt-RL (RL 2010/73/EU v. 24.11.2010, ABl. 2010 L 327, S. 1 ff.) beinhaltete eine Bezugsrechtsemission hingen nach Verwaltungspraxis und hM dann kein prospektpflichtiges öffentliches Angebot, wenn die Gesellschaft keinen Bezugsrechtshandel organisierte oder diesen auf die Aktionäre beschränkte; siehe dazu Voraufl. → § 57 Rn. 202.

[781] Assmann/Schlitt/v. Kopp-Colomb WpPG/*v. Kopp-Colomb/J. Schneider* § 2 Rn. 67; Frankfurter KommWpPG/*Schnorbus* § 2 Rn. 51; *J. Schneider* AG 2016, 341 (343); ferner *Groß* Kapitalmarktrecht WpPG § 2 Rn. 10.

[782] Bei der Berechnung werden nur solche Emissionen zusammengerechnet, die auf der Grundlage des § 3 Nr. 1 WpPG prospektfrei erfolgt sind, nicht hingegen Emissionen, die unter Verwendung anderer Ausnahmen oder auf der Grundlage eines Prospekts durchgeführt worden sind (s. Schwark/Zimmer KMRK/*Preuße* § 3 WpPG Rn. 6; zur Rechtslage vor Geltung der ProspektVO *ESMA* Questions and Answers – Prospectuses, 29th updated version January 2019, questions 26b u. 26c; Frankfurter KommWpPG/*Schnorbus* § 1 Rn. 19) oder kein öffentliches Angebot dargestellt haben.

eingreift und (2) eine Zulassung der neuen Aktien nicht erfolgt oder insofern eine Ausnahme gemäß Art. 1 Abs. 5 ProspektVO vorliegt; eine prospektfreie Zulassung ist danach insbesondere möglich, wenn die Aktien, die über einen Zeitraum von zwölf Monaten zugelassen werden, insgesamt weniger als 20 % der bereits zum Handel an demselben geregelten Markt zugelassenen Aktien betragen (Art. 1 Abs. 5 S. 1 lit. a u. Abs. 6 S. 2 ProspektVO). Eine Zulassung der neuen Aktien muss allerdings zwingend binnen eines Jahres erfolgen, wenn bereits Altaktien zugelassen sind und nicht ein Fall des § 7 Abs. 1 S. 2 u. 3 BörsZulV eingreift (§ 69 BörsZulV). Prospektfreiheit ist damit va bei **nicht börsennotierten Gesellschaften mit einem geschlossenen Aktionärskreis** denkbar. In diesem Fall richtet sich die Kapitalerhöhung regelmäßig nicht an die Öffentlichkeit und wird auch nicht verlautbart; das Angebot auf Zeichnung der neuen Aktien ist also nicht öffentlich. Darüber hinaus dürften weniger als 150 Aktionäre (pro EU-Mitgliedsstaat) betroffen sein, so dass ein Angebotsprospekt jedenfalls nach Art. 1 Abs. 4 lit. b ProspektVO entfällt.[783] Ein Zulassungsprospekt ist mangels Zulassung entbehrlich. Prospektfrei umsetzbar ist in der Regel auch eine Aktiendividende **(scrip dividend)**; ein Prospekt kann hier nach Maßgabe von Art. 1 Abs. 4 lit. h und Abs. 5 lit. g ProspektVO entfallen, wenn die Gesellschaft ein prospektersetzende Dokument veröffentlicht.[784]

2. Informationspflichten nach MAR und WpHG. Eine geplante Kapitalerhöhung kann – und wird häufig – eine Insiderinformation (Art. 7 MMVO) darstellen. Ist das der Fall, muss die Gesellschaft die Kapitalerhöhung (1) gem. Art. 17 Abs. 1 UAbs. 1 MMVO sobald wie möglich, dh unverzüglich, veröffentlichen **(Ad hoc-Mitteilung)**, (2) die anstehende Veröffentlichung der BaFin und den Geschäftsführungen der Börsen, an denen Wertpapiere der Gesellschaft zum Handel zugelassen oder einbezogen sind, vorab übermitteln (§ 26 Abs. 1 WpHG) und die erfolgte Veröffentlichung (3) auf ihrer Internetseite veröffentlichen und dort für mindestens fünf Jahre zeigen (Art. 17 Abs. 1 UAbs. 2 S. 3 MMVO) sowie (4) dem Unternehmensregister zur Speicherung übermitteln (§ 26 Abs. 1 WpHG). Die Vorabmittelung über die anstehende Veröffentlichung setzt die Börsen in die Lage zu entscheiden, ob der Börsenhandel mit den Wertpapieren ausgesetzt oder eingestellt wird. Eine Verpflichtung, der BaFin und den Börsen einen Beleg über die erfolgte Veröffentlichung zuzuleiten, besteht unter Geltung der MMVO nicht mehr (s. auch § 3c S. 2 WpAV). Zu **Inhalt und Form** der ad hoc-Mitteilung s. Art. 17 Abs. 1 UAbs. 2 S. 1 u. 2 MMVO, Art. 2 u. 3 Durchführungs-VO 2016/1055, §§ 3a-4 WpAV[785] und der Vorabmitteilung §§ 8 u. 9 WpAV.

Der **Zeitpunkt** der ad hoc-Mitteilung hängt davon ab, wann iRd Planung und Vorbereitung der Kapitalerhöhung eine Insiderinformation eintritt. Insiderinformation kann sowohl ein bereits eingetretener Umstand oder, wenn mit seinem Eintritt vernünftiger Weise zu rechnen ist, auch ein zukünftiger Umstand sein (Art. 7 Abs. 2 MMVO). Die Entscheidung, der Hauptversammlung eine Kapitalerhöhung vorzuschlagen, ist ein mehrstufiger Prozess. Bei solchen Prozessen können auch Zwischenschritte eine Insiderinforma-

---

[783] Die in Art. 1 Abs. 4 lit. b ProspektVO genannte Zahl von 150 Angebotsadressaten je Mitgliedsstaat definiert nicht, ab wann ein Angebot öffentlich ist. Vielmehr kann ein Angebot schon bei geringerer Zahl öffentlich sein, ein öffentliches Angebot aber auch ausscheiden, wenn es sich an eine größere Anzahl richtet; vgl. zur Vorgängervorschrift § 3 Abs. 2 Nr. 2 WpPG aF *Groß* Kapitalmarktrecht WpPG § 2 Rn. 16; Assmann/Schlitt/v. Kopp-Colomb WpPG/*v. Kopp-Colomb/J. Schneider* § 2 Rn. 47; Frankfurter KommWpPG/*Schnorbus* § 2 Rn. 34.

[784] Vgl. insofern zu den Vorgängervorschriften § 4 Abs. 1 Nr. 4 und Abs. 2 Nr. 5 WpPG aF *Groß* Kapitalmarktrecht WpPG § 4 Rn. 5 u. 17; Assmann/Schlitt/v. Kopp-Colomb WpPG/*Schlitt* § 4 Rn. 20 u. 49; *R. Krause* ZHR 181 (2017), 641 (649 f.); zum Inhalt des prospektersetzenden Dokuments s. *ESMA* Update of the CESR recommendations – The consistent implementation of Commission Regulation (EC) No 809/2004 implementing the Prospectus Directive, ESMA/2013/319, Tz. 173 ff.

[785] S. auch *BaFin* FAQs zu Art. 17 MAR – Veröffentlichungen von Insiderinformationen, Fragen IV.1 ff.

tion darstellen (Art. 7 Abs. 3 MMVO).[786] Zu prüfen ist daher bei jedem Zwischenschritt, ob eine Insiderinformation liegt in (1) dem eingetretenen Zwischenschritt (das ist im Wesentlichen eine Frage der Kursrelevanz), (2) dem Endergebnis (das hängt, wenn die Kapitalerhöhung – wie häufig – kursrelevant ist, maßgeblich davon ab, ob mit ihrem Eintritt vernünftiger Weise zu rechnen ist) oder (3) in weiteren, noch nicht eingetretenen Zwischenschritten (das hängt davon ab, mit dem Eintritt welcher Zwischenschritte jeweils vernünftigerweise zu rechnen ist und ob diesen Zwischenschritten Kursrelevanz zukommt). Der Zeitpunkt der ad hoc-Pflicht verlagert sich damit in der Tendenz nach vorne. Bei einer Kapitalerhöhung liegt eine Insiderinformation in der Regel richtigerweise erst vor, wenn und sobald der Vorstand über sie Beschluss gefasst hat, so dass vorbereitende Zwischenschritte wie die Beauftragung von Banken oder ein *pilot fishing*, dh die gezielte Ansprache einzelner Investoren zur Klärung, ob und unter welchen Bedingungen die Kapitalerhöhung durchführbar ist, noch keine Insiderinformation darstellen.[787] Die BaFin vertritt allerdings eine strenge Auffassung dazu, wann Zwischenschritte eine Insiderinformation darstellen. Ihre Kursrelevanz soll umso eher anzunehmen sein, je gewichtiger und wahrscheinlicher das Endergebnis (vorliegend: die Kapitalerhöhung) ist. Dabei soll für den Eintritt des Endergebnisses keine Mindestwahrscheinlichkeit erforderlich sein; vielmehr soll es genügen, dass er nur nicht völlig ausgeschlossen ist.[788] Diese Auffassung der BaFin ist umstritten. Überzeugend ist sie nicht, insbesondere weil sie – vor allem bei einem besonders gewichtigen Endergebnis – zur Folge hat, dass bereits erste, in ihrer insiderrechtlichen Bedeutung ungesicherte Umstände zu Insiderinformationen werden können.[789] In der Praxis sind Vorstände jedoch gut beraten, ihr Rechnung zu tragen und bereits früh zu prüfen, ob sie die Veröffentlichung der geplanten Kapitalerhöhung aufschieben (Art. 17 Abs. 4 u. 5–6 MMVO).[790] Ein solcher **Aufschub** kommt zB in Betracht, wenn und solange noch die Zustimmung des Aufsichtsrats aussteht (s. § 6 S. 2 Nr. 2 WpAV). Der Zeitraum zwischen den Entscheidungen von Vorstand und Aufsichtsrat soll dabei jedoch nach Vorstellung des europäischen Gesetzgebers möglichst kurz zu halten sein.[791]

206 Sobald eine Insiderinformation vorliegt, hat die Gesellschaft für die Kapitalmaßnahme zudem in ihrer **Insiderliste** einen entsprechenden Abschnitt für die Maßnahme anzulegen, in der alle Personen, die Zugang zu der Information haben, aufzunehmen sind (Art. 18 MMVO; zu Gestaltung u. Inhalt ferner Durchführungs-VO 2016/347).

207 Eine Kapitalerhöhung einer börsennotierten AG löst über eine etwaige ad hoc-Pflicht hinaus regelmäßig verschiedene **weitere Mitteilungs- bzw. Veröffentlichungspflichten** nach Maßgabe der MMVO und des WpHG aus:[792]

---

[786] Das war früher str., ist aber vom EuGH in seinem auf Vorlage des BGH (ZIP 2011, 72) ergangenen „Geltl"-Urteil (ZIP 2012, 1282) so entschieden, in der Folge vom BGH (ZIP 2013, 1165 Rn. 13 ff.) entsprechend angewendet und durch die MMVO in Art. 7 kodifiziert worden. Die BaFin legt dabei einen strengen Maßstab an; s. *BaFin* FAQs zu Art. 17 MAR – Veröffentlichungen von Insiderinformationen, Frage III.5. Ausführlich dazu und mit anderem Ansatz zB *J. Vetter/Engel/Lauterbach* AG 2019, 160 ff.

[787] Klöhn MMVO/*Klöhn* Art. 17 Rn. 393, 396 u. Art. 17 Rn. 412 ff.; Meyer/Veil/Rönnau HdB MarktmissbrauchsR/*H. Krause* § 6 Rn. 140 ff., insbesondere Rn. 141; ferner Fuchs WpHG/*Pfüller* § 15 Rn. 230.

[788] *BaFin* FAQs zu Art. 17 MAR – Veröffentlichungen von Insiderinformationen, Frage III.7.

[789] Vgl. zur insiderrechtlichen Prüfung gestreckter Vorgänge zB Assmann/U. H. Schneider/Mülbert WertpapierhandelsR/*Assmann* MMVO Art. 17 Rn. 49 ff.; Meyer/Veil/Rönnau HdB MarktmissbrauchsR/*H. Krause* § 6 Rn. 66 ff.; *J. Vetter/Engel/Lauterbach* AG 2019, 160 ff.; Kumpan Jahrestagung VGR 2018, 2019, 109 ff.

[790] Das gilt insbesondere dann, wenn die Kapitalerhöhung nicht nur der Eigenkapitalaufnahme dient, sondern Bestandteil einer M&A-Transaktion ist (zB dem Erwerb eines anderen Unternehmens dient).

[791] Vgl. *ESMA* MAR-Leitlinien – Aufschub der Offenlegung von Insiderinformationen, ESMA/2016/1478, Tz. 8; allgemein zu möglichen Aufschubgründen zB Klöhn MMVO/*Klöhn* Art. 17 Rn. 198 ff.; Assmann/U. H. Schneider/Mülbert WertpapierhandelsR/*Assmann* MMVO Art. 17 Rn. 89 ff.

[792] Zu den Einzelheiten s. den Emittentenleitfaden der BaFin sowie die MMVO- und WpHG-Kommentare.

Thema	Primäre Mitteilungs-, Veröffentlichungspflicht	Zeitpunkt	Form u. Inhalt; Folgepflichten
Directors' Dealings (Art. 19 MMVO)	Vorstände, Aufsichtsräte und andere Personen mit Führungsaufgaben (Art. 3 Abs. 1 Nr. 25 MMVO) oder zu ihnen in enger Beziehung stehende Personen (Art. 3 Abs. 1 Nr. 26 MMVO) müssen der AG und der BaFin iR. einer Kapitalerhöhung verschiedene Vorgänge melden:[793] Im Fall einer Bezugsrechtsemission Gewährung von Bezugsrechten; Veräußerung oder Erwerb von Bezugsrechten; Erwerb von Aktien durch Ausübung von Bezugsrechten. Im Fall des Bezugsrechtsausschlusses Zeichnung von Aktien. Die Pflicht gilt, sobald alle Geschäfte iSv Art. 19 MMVO des jeweiligen Meldepflichtigen[794] im Kalenderjahr 5.000 EUR erreichen (Art. 19 Abs. 8 MMVO).	Grundsätzlich unverzüglich, spätestens drei Geschäftstage nach dem Abschluss des schuldrechtlichen Geschäfts (Art. 19 Abs. 1 S. 2, Abs. 2 UAbs. 2 MMVO).[795] Fristbeginn:[796] Im Fall einer Bezugsrechtsemission bzgl. der Gewährung von Bezugsrechten mit ihrer Einbuchung im Depot und bzgl. des Erwerbs von Aktien durch die Eintragung der Kapitalerhöhung im Handelsregister (§ 189 AktG). Bei Bezugsrechtsausschluss bzgl. der Zeichnung von Aktien mit Kenntnis von der Annahme der Zeichnung bzw. des Zeichnungsauftrags.	Meldung des Meldepflichtigen: Zwingende Verwendung des Formulars gemäß Anhang zur Durchführungs-VO 2016/523 (zum Inhalt s. auch Art. 19 Abs. 6 MAR).[797] Die AG hat die Mitteilung unverzüglich, spätestens binnen drei Geschäftstagen nach dem Geschäft[798] zu veröffentlichen sowie die Veröffentlichung der BaFin mitzuteilen und dem Unternehmensregister zu übermitteln (§ 26 Abs. 2 WpHG, Art. 19 Abs. 3 MMVO).

---

[793] *BaFin* FAQ zu Eigengeschäften von Führungskräften nach Art. 19 der MMVO, Nr. II.14 und II.15; Klöhn MMVO/*Semrau* Art. 19 Rn. 53; Meyer/Veil/Rönnau HdB MarktmissbrauchsR/*Stegmaier* § 19 Rn. 76.

[794] Geschäfte der jeweiligen Führungsperson und der zu ihr in enger Beziehung stehenden Personen werden nicht addiert. Vielmehr wird die Schwelle von 5.000 EUR für jeden Meldepflichtigen einzeln berechnet. Vgl. ESMA Q&A on MMVO, ESMA70–145-111, version 14 last updated on 29 March 2019, question 7.3; *BaFin* FAQ zu Eigengeschäften von Führungskräften nach Art. 19 der MMVO, Nr. III.1; Assmann/Uwe H. Schneider/Mülbert WertpapierhandelsR/*Sethe/Hellgardt* MMVO Art. 19 Rn. 113.

[795] Zur Maßgeblichkeit des schuldrechtlichen Geschäfts *BaFin* FAQ zu Eigengeschäften von Führungskräften nach Art. 19 der MMVO, Nr. IV.1; Meyer/Veil/Rönnau HdB MarktmissbrauchsR/*Stegmaier* § 19 Rn. 118. Ein Geschäftstag (oder Arbeitstag, so Art. 19 Abs. 2 UAbs. 2 MAR) ist jeder Tag außer Samstagen, Sonntagen und gesetzlichen Feiertagen am Sitz der AG oder einem der Dienstsitze der BaFin (Bonn und Frankfurt/Main); s. *BaFin* FAQ zu Eigengeschäften von Führungskräften nach Art. 19 der MMVO, Nr. IV.4.

[796] *BaFin* FAQ zu Eigengeschäften von Führungskräften nach Art. 19 der MMVO, Nr. II.14 und II.15; Klöhn MMVO/*Semrau* Art. 19 Rn. 53.

[797] Vgl. dazu auch *BaFin* FAQ zu Eigengeschäften von Führungskräften nach Art. 19 der MMVO, Nr. VIII.1 sowie die Musterbeispiele unter X.

[798] Die Frist für die Mitteilung durch den Meldepflichtigen und die Veröffentlichung durch die AG sind identisch. In der Praxis kann es sich daher empfehlen, dass die AG interne Regelungen erlässt, wonach die Meldungen an sie vor Ablauf des dritten Tags erfolgen müssen.

Thema	Primäre Mitteilungs-, Veröffentlichungspflicht	Zeitpunkt	Form u. Inhalt; Folgepflichten
Stimmrechtsmitteilungen von Aktionären[799] (§§ 33 f. WpHG)	Überschreitet, erreicht oder unterschreitet der Stimmrechtsanteil eines Aktionärs infolge der Durchführung einer Kapitalerhöhung eine oder mehrere relevante Stimmrechtsschwellen, hat er dies der AG und der BaFin mitzuteilen. Relevante Stimmrechtsschwellen: 3, 5, 10, 15, 20, 25, 30, 50, 75 %. Bei der Berechnung des Stimmrechtsanteils sind die Zurechnung- und die Nichtberücksichtigungstatbestände der §§ 33, 36 WpHG zu beachten.	Unverzüglich, spätestens aber innerhalb von vier Handelstagen nach Kenntnis bzw. Kennenmüssen des dinglichen Erwerbs (bzw. der Verwirklichung des Zurechnungstatbestands) (§ 33 Abs. 1 S. 1 u. 3–5 WpHG).	Mitteilung des Aktionärs: Zwingende Verwendung des Formulars zur WpAV (s. § 12 Abs. 1 WpAV); Vornahme in deutscher oder englischer Sprache (§ 14 WpAV);[800] zur Form s. §§ 2 ff. StimmRMV. Veröffentlichung durch die AG: Unverzüglich, spätestens binnen drei Handelstagen nach Zugang Veröffentlichung gemäß § 16 iVm § 3a WpAV sowie Übermittlung an das Unternehmensregister und Mitteilung der Veröffentlichung an die BaFin (§ 40 Abs. 1 S. 1, Abs. 2 WpHG, §§ 15 ff. WpAV).
Mitteilungen über Instrumente (§ 38 WpHG)	Überschreiten, erreichen oder unterschreiten die von einem Aktionär oder Dritten gehaltenen Instrumente iSv § 38 WpHG infolge einer Kapitalerhöhung eine relevante Schwelle, hat der Aktionär oder Dritte dies der Gesellschaft und der BaFin mitzuteilen. Die Schwellen sind dieselben wie iRd §§ 33 f. WpHG mit Ausnahme der 3 %-Schwelle, die hier keine Anwendung findet.	Zum Zeitpunkt s. vorstehend zu §§ 33 f. WpHG.	Für die Mitteilung des Aktionärs und die Veröffentlichung durch die AG s. vorstehend zu §§ 33 f. WpHG.

---

[799] Zu Stimmrechtsmitteilungen durch Emissionsbanken s. *Meyer* BB 2016, 771 ff.
[800] Vgl. *BaFin* Emittentenleitfaden, Modul B I.2.2.3 ff. (S. 9 f.).

Thema	Primäre Mitteilungs-, Veröffentlichungspflicht	Zeitpunkt	Form u. Inhalt; Folgepflichten
Mitteilungen über Gesamtbestand an Stimmrechten und Instrumenten (§ 39 WpHG)	Überschreiten, erreichen oder unterschreiten die von einem Aktionär gehaltenen Stimmrechte und die von ihm gehaltenen Instrumente iSv § 39 WpHG zusammengerechnet infolge einer Kapitalerhöhung eine relevante Schwelle, hat der Aktionär oder Dritte dies der Gesellschaft und der BaFin mitzuteilen. Die Schwellen sind dieselben wie iRd §§ 33 f. WpHG mit Ausnahme der 3%-Schwelle, die hier keine Anwendung findet.	Zum Zeitpunkt s. vorstehend zu §§ 33 f. WpHG.	Für die Mitteilung des Aktionärs und die Veröffentlichung durch die AG s. vorstehend zu §§ 33 f. WpHG.
Mitteilung der AG über eigene Aktien (§ 40 WpHG)	Unterschreitet der Bestand an eigenen Aktien der AG infolge der Durchführung einer Kapitalerhöhung die Schwellen von 3, 5 oder 10%, hat die AG dies zu veröffentlichen und der BaFin mitzuteilen.	Spätestens innerhalb von vier Handelstagen nach Wirksamwerden der Kapitalerhöhung (§ 189 AktG) (§ 40 Abs. 1 S. 2 WpHG).	Für die Veröffentlichung durch die AG gilt das oben zu §§ 33 f. WpHG Gesagte entsprechend mit Maßgabe, dass die Veröffentlichung und die Mitteilung/Weiterleitung der Veröffentlichung binnen vier Handelstagen nach Eintritt der Schwellenberührung erfolgen muss (§ 40 Abs. 1 S. 2 WpHG).
Veröffentlichung der Gesamtzahl der Stimmrechte durch die AG (§ 41 WpHG)	Da sich infolge der Kapitalerhöhung die Gesamtzahl der Stimmrechte ändert, muss die AG die neue Gesamtzahl der Stimmrechte veröffentlichen, der BaFin mitteilen und dem Unternehmensregister übermitteln.	Innerhalb von zwei Handelstagen, nachdem die Kapitalherabsetzung wirksam (§ 189 AktG) geworden ist (§ 41 Abs. 1 S. 1 WpHG).	Veröffentlichung gemäß § 41 Abs. 1 S. 1 iVm § 40 Abs. 1 S. 1 WpHG u. §§ 15 f. WpAV.[801]

---

[801] Assmann/U. H. Schneider/Mülbert WertpapierhandelsR/*U. H. Schneider* WpHG § 41 Rn. 10 f.; Schwark/Zimmer KMRK/*v. Hein* § 43 WpHG Rn. 7.

Thema	Primäre Mitteilungs-, Veröffentlichungspflicht	Zeitpunkt	Form u. Inhalt; Folgepflichten
Berichtspflichten der Inhaber wesentlicher Beteiligungen (§ 43 WpHG)	Erreicht oder überschreitet der Stimmrechtsanteil eines gemäß §§ 33 f. WpHG meldepflichten Aktionärs[802] infolge einer Kapitalerhöhung eine oder mehrere relevante Stimmrechtsschwellen, muss er der AG über die mit dem Erwerb verfolgten Ziele sowie die Herkunft der für den Erwerb verwendeten Mittel berichten. Relevante Stimmrechtsschwellen: 10, 15, 20, 25, 30, 50, 75 %. Die Zurechnungs- und die Nichtberücksichtigungstatbestände der §§ 34, 36 WpHG finden Anwendung. In der Satzung der AG kann § 43 WpHG abbedungen werden (§ 43 Abs. 3 WpHG). Eine nachfolgende Änderung der Ziele ist ebenfalls mitteilungspflichtig.	Binnen 20 Handelstagen nach der Schwellenberührung, dh nach dem dinglichen Erwerb bzw. der Verwirklichung des Zurechnungstatbestands (§ 43 Abs. 1 S. 1 WpHG).	Keine gesetzlichen Vorgaben für die Mitteilung des Inhabers einer wesentlichen Beteiligung. Die AG hat die Mitteilung oder, wenn eine Mitteilung unterbleibt, dies unverzüglich, spätestens binnen drei Handelstagen zu veröffentlichen (§ 43 Abs. 2 iVm § 40 Abs. 1 S. 1 WpHG u. §§ 15 f. WpAV) sowie die Veröffentlichung dem Unternehmensregister zu übermitteln (§ 43 Abs. 2 WpHG).

---

[802] § 43 WpHG setzt einen „Meldepflichtigen im Sinne der §§ 33 und 34" WpHG voraus. Die Meldepflicht nach § 43 WpHG greift daher nicht bei einer Meldepflicht nur nach Maßgabe von § 38 und/oder § 39 WpHG, nach denen die Mitteilungspflicht nach § 33 WpHG nur „entsprechend" gilt; Schwark/Zimmer KMRK/*v. Hein* § 43 WpHG Rn. 3; aA Assmann/U. H. Schneider/Mülbert WertpapierhandelsR/*U. H. Schneider* WpHG § 43 Rn. 4.

Thema	Primäre Mitteilungs-, Veröffentlichungspflicht	Zeitpunkt	Form u. Inhalt; Folgepflichten
Mitteilungspflichten der AG über die Ausgabe neuer Aktien und die Vereinbarung von Bezugsrechten (§ 49 Abs. 1 S. 1 Nr. 2 WpHG)	Die AG hat im Bundesanzeiger die Ausgabe neuer Aktien sowie die Vereinbarung von Bezugsrechten zu veröffentlichen. Das bedeutet:[803] Im Fall einer Bezugsrechtsemission bei unverzüglicher Veröffentlichung des Bezugsangebots gemäß § 186 Abs. 5 S. 2 AktG keine separate Veröffentlichungspflicht gemäß § 49 WpHG erforderlich; anderenfalls Veröffentlichung über die Gewährung der Bezugsrechte und die Ankündigung der Aktienausgabe. Im Fall des Bezugsrechtsausschlusses Veröffentlichung gemäß § 49 WpHG über den Bezugsrechtsausschluss und die Ankündigung der Aktienausgabe.	Unverzüglich nach wirksamer Beschlussfassung der Hauptversammlung über die Kapitalerhöhung.[804]	Das Gesetz enthält hierzu keine näheren Vorgaben.

Art. 19 Abs. 11 MMVO sieht **Handelsverbote** für Personen vor, die bei einer AG Führungsaufgaben wahrnehmen (dh insbesondere Vorstands- und Aufsichtsratsmitglieder). Diese dürfen während eines Monats vor Veröffentlichung[805] des Jahresabschlusses und des Halbjahresabschlusses **(Closed Periods)**[806] weder direkt noch indirekt Eigengeschäfte oder Geschäfte für Dritte im Zusammenhang mit Aktien der Gesellschaft oder darauf gerichteten Derivaten abschließen (Art. 19 Abs. 11 MMVO). Das Verbot gilt nicht für Personen, die in

---

[803] Vgl. *BaFin* Emittentenleitfaden, Modul B II.3.3.2.2 u. II. 3.3.4 (S. 58 u. 60).

[804] Vgl. *BaFin* Emittentenleitfaden, Modul B II.3.3.2.2 u. II. 3.3.4 (S. 58 u. 60); Assmann/U. H. Schneider/Mülbert WertpapierhandelsR/*Mülbert* WpHG § 49 Rn. 18.

[805] Art. 19 Abs. 1 MMVO spricht zwar von der *Ankündigung* eines Finanzberichts, gemeint ist jedoch die Veröffentlichung. Vgl. *ESMA* Q&A on MMVO, ESMA70–145-111, version 14 last updated on 29 March 2019, question 7.2; *BaFin* FAQ zu Eigengeschäften von Führungskräften nach Art. 19 der MMVO, Nr. VI.2, jeweils auch dazu, dass im Fall der vorherigen Veröffentlichung der wesentlichen Zahlen bereits diese und nicht erst die nachfolgende Veröffentlichung des vollständigen Berichts Bezugspunkt für die Berechnung der Closed Period sein kann; ferner Assmann/U. H. Schneider/Mülbert WertpapierhandelsR/*Sethe/Hellgardt* Art. 19 Rn. 161.

[806] Keine Closed Period besteht vor Veröffentlichung einer Quartalsmitteilung oder eines Quartalsberichts gemäß § 53 Abs. 1 bzw. 6 BörsO FWB; s. *BaFin* FAQ zu Eigengeschäften von Führungskräften nach Art. 19 der MMVO, Nr. VI.3 und VI.4; Klöhn MMVO/*Semrau* Art. 19 Rn. 85. Besteht keine gesetzliche Verpflichtung zur Veröffentlichung eines Jahres- oder Quartalsabschlusses, wird eine solche Pflicht aber durch für die Gesellschaft geltende Börsenregelungen begründet (so zB uU für im Freiverkehr gelistete Emittenten), löst dies nach der Praxis der BaFin jedoch eine einmonatige Closed Period aus; s. *BaFin* FAQ zu Eigengeschäften von Führungskräften nach Art. 19 der MMVO, Nr. VI.5; ebenso Assmann/U. H. Schneider/Mülbert WertpapierhandelsR/*Sethe/Hellgardt* Art. 19 Rn. 164.

enger Beziehung zu Führungspersonen stehen.[807] Das Handelsverbot hindert Vorstand und Aufsichtsrat nicht, während der Closed Periods Kapitalerhöhungen durchzuführen. Die Kapitalerhöhung stellt weder ein Eigengeschäft noch – auch wenn die Organe dabei für die Gesellschaft tätig werden – ein Geschäft für einen Dritten dar, da die Gesellschaft nicht Dritter iSd Art. 19 Abs. 11 MMVO ist.[808] Davon zu trennen ist die Frage, ob sich Führungspersonen an einer Kapitalerhöhung, die in eine Closed Period fällt, beteiligen dürfen. Das dürfte zu verneinen sein. Führungspersonen können damit während der Closed Periods weder Aktien zeichnen noch Bezugsrechte erwerben, veräußern oder ausüben. An der sachlichen Rechtfertigung dieser Lösung lässt sich – insbesondere bei prospektpflichtigen Kapitalerhöhungen – durchaus zweifeln. Sie dürfte aber, wie auch ein Umkehrschluss zu Art. 19 Abs. 12 lit. b MMVO und Art. 9 lit. f Delegierte VO 2016/522 nahe legt,[809] dem gesetzgeberischen Willen entsprechen. Zudem steht sie in Übereinstimmung damit, dass die Zeichnung von Aktien und der Handel bzw. die Ausübung von Bezugsrechten eine Meldepflicht gemäß Art. 19 Abs. 1 MMVO auslösen (→ Rn. 207) und die dem Handelsverbot unterliegenden Geschäftsarten grundsätzlich identisch sind mit den die Meldepflicht auslösenden Geschäften.[810]

209 Sind die **Aktien** – auf Antrag oder mit Zustimmung der Gesellschaft – zwar nicht zu einem organisierten Markt, aber **zum Freiverkehr** zugelassen, finden (nur) die Pflichten gemäß Art. 17 u. 19 MMVO, nicht aber die Pflichten gemäß §§ 33 ff., 43 u. 49 WpHG Anwendung. Sind nicht die Aktien der Gesellschaft, sondern **nur andere von der Gesellschaft emittierte Wertpapiere** (zB Anleihen, Pfandbriefe etc) **zum Handel an einer Börse zugelassen,** so finden im Zusammenhang mit einer Kapitalerhöhung die in → Rn. 204–208 dargestellten Pflichten mit Ausnahme von Art. 17 MMVO, der relevant werden kann, wenn die Kapitalerhöhung Kursrelevanz für die zugelassenen Wertpapiere hat, keine Anwendung. Auch Art. 19 MMVO ist in dieser Konstellation nicht einschlägig. Dieser setzt über seinen Wortlaut hinaus voraus, dass das meldepflichtige Geschäft gerade die Wertpapiere betrifft, die zu einem organisierten Markt oder auf Antrag oder Mitwirkung der Gesellschaft zum Freiverkehr zugelassen sind.[811] Das ist bei einer Kapitalerhöhung, in deren Rahmen ausschließlich Geschäfte in Bezug auf Aktien der Gesellschaft stattfinden, nicht der Fall, wenn nur andere Wertpapiere der Gesellschaft, nicht aber ihre Aktien zum Handel an einer Börse zugelassen sind. Auf Emittenten, deren Aktien nicht zu

---

[807] Dabei ist jedoch im Einzelfall Achtung geboten, da das Handelsverbot auch indirekte Eigengeschäfte erfasst. Insbesondere dann, wenn die Führungsperson eine in enger Beziehung stehende Person und deren Handelsentscheidungen kontrolliert, kann das Handelsverbot auch auf Transaktionen solcher Personen Anwendung finden. Vgl. *BaFin* FAQ zu Eigengeschäften von Führungskräften nach Art. 19 der MMVO, Nr. VI.1; Meyer/Veil/Rönnau HdB MarktmissbrauchsR/*Stegmaier* § 20 Rn. 7; Klöhn MMVO/*Semrau* Art. 19 Rn. 82; kritisch zu einer solchen Erweiterung Schwark/Zimmer KMRK/*Kumpan/Schmidt* § 1 MMVO Rn. 196.

[808] *BaFin* FAQ zu Eigengeschäften von Führungskräften nach Art. 19 der MMVO, Nr. VII.4; Meyer/Veil/Rönnau HdB MarktmissbrauchsR/*Stegmaier* § 20 Rn. 10; Assmann/U. H. Schneider/Mülbert WertpapierhandelsR/*Sethe/Hellgardt* Art. 19 Rn. 159; Klöhn MMVO/*Semrau* Art. 19 Rn. 80.

[809] Diese Regelungen erlauben unter bestimmten Umständen eine Befreiung vom Handelsverbot für Pflichtaktien oder Bezugsberechtigungen. Dabei handelt es sich jedoch lediglich um Aktien bzw. Bezugsrechte, die Voraussetzung für die Übernahme des Vorstands- oder Aufsichtsratsamts sind; s. Klöhn MMVO/*Semrau* Art. 19 Rn. 104; Assmann/U. H. Schneider/Mülbert WertpapierhandelsR/ *Sethe/Hellgardt* Art. 19 Rn. 183 Fn. 4.

[810] Vgl. *ESMA* Q&A on MMVO, ESMA70-145-111, version 14 last updated on 29 March 2019, question 7.9; Meyer/Veil/Rönnau HdB MarktmissbrauchsR/*Stegmaier* § 20 Rn. 11; Assmann/ U. H. Schneider/Mülbert WertpapierhandelsR/*Sethe/Hellgardt* Art. 19 Rn. 158.

[811] *BaFin* FAQ zu Eigengeschäften von Führungskräften nach Art. 19 der MMVO, Nr. II.11; Klöhn MMVO/*Semrau* Art. 19 Rn. 45; differenzierend, für den Fall, dass ausschließlich Fremdkapital verbriefende Wertpapiere zum Börsenhandel zugelassen sind, aber Assmann/U. H. Schneider/Mülbert WertpapierhandelsR/*Sethe/Hellgardt* Art. 19 Rn. 61.

einem organisierten Markt zugelassen sind, finden auch die Bestimmungen über Stimmrechtsmitteilungen (§§ 33 ff. WpHG) keine Anwendung. Es kann sich aber eine Mitteilungspflicht nach Maßgabe von § 20 AktG ergeben. Das setzt voraus, dass die Beteiligung eines Aktionärs infolge der Durchführung einer Kapitalerhöhung die Schwellen von 25 oder 50 % der Aktien über- oder unterschreitet; zu § 20 AktG → § 69 Rn. 118 ff.

3. Übernahmerecht. Eine Kapitalerhöhung kann zur Folge haben, dass ein Aktionär mehr als 30 % der Stimmrechte an der Gesellschaft hält und damit **Kontrolle** iSv § 29 Abs. 2 WpÜG erwirbt. Sind die Aktien zum Handel an einem organisierten Markt zugelassen (s. § 2 Abs. 7 WpÜG; zur Zulassung der Aktien ausschließlich im europäischen bzw. im EWR-Ausland vgl. § 1 Abs. 2 WpÜG), ist der Aktionär in diesem Fall gemäß § 35 WpÜG grundsätzlich zur Abgabe eines Pflichtangebots für sämtliche Aktien der AG verpflichtet. Entsprechendes gilt, wenn die Kapitalerhöhung zu einem **mittelbaren Kontrollerwerb,** dh zu einem Kontrollerwerb an einer börsennotierten Beteiligungsgesellschaft der AG führt. Das ist zB denkbar, wenn die AG an der Beteiligungsgesellschaft mindestens 30 % der Stimmrechte hält und die AG infolge der Kapitalerhöhung zu einer Tochtergesellschaft (s. § 2 Abs. 6 WpÜG) des Aktionärs wird. In diesem Fall werden die Stimmrechte der AG an der Beteiligungsgesellschaft dem Aktionär zugerechnet (§ 30 Abs. 1 Nr. 2 WpÜG), so dass er Kontrolle an der Beteiligungsgesellschaft erlangt.[812] Die Art der Erlangung der Kontrolle ist übernahmerechtlich grundsätzlich nicht entscheidend, so dass auch der Kontrollerwerb iR. einer Kapitalerhöhung ein Pflichtangebot auslöst.[813] Liegen die Voraussetzungen eines Pflichtangebots vor, kann der Aktionär die Angebotspflicht uU aufgrund einer **Befreiung** durch die BaFin gemäß § 36 oder § 37 WpÜG vermeiden. In Betracht kommt das zB bei Kapitalerhöhungen (Kontrollerwerben) im Zusammenhang mit einer Sanierung der AG (§ 37 WpÜG iVm § 9 S. 1 Nr. 3 WpÜG-AngVO).

Zur **Vermeidung** eines Pflichtangebots ist es wegen § 191 AktG (vgl. → Rn. 192) nicht möglich, nach Zeichnung und vor Wirksamwerden der Kapitalerhöhung die (oder einen Teil der) zukünftigen Aktien an einen Dritten abzutreten, um so unter der 30 %-Schwelle zu bleiben.[814] Bezugsrechte könnten hingegen abgetreten werden (→ Rn. 100); das Erreichen der 30 %-Schwelle kann daher dadurch verhindert werden, dass eine entsprechende Anzahl an Bezugsrechten veräußert oder nicht ausgeübt werden. Kommt es versehentlich zu einem Kontrollerwerb, kann eine Befreiung beantragt werden, wenn die 30 %-Schwelle unverzüglich wieder unterschritten wird (§ 9 S. 1 Nr. 6 WpÜG-AngVO).

Wird eine Kapitalerhöhung ein Pflichtangebot auslösen, kann der Aktionär überlegen, anstelle eines Pflichtangebotes nach Abschluss der Kapitalerhöhung bereits zu einem früheren Zeitpunkt ein nach § 35 Abs. 3 WpÜG vom Pflichtangebot **befreiendes Übernahmeangebot** durchzuführen.[815] Dadurch kann der Bieter versuchen zu verhindern, dass er im Pflichtangebot eine **Gegenleistung** erbringen muss, die aufgrund von Übernahmespekulationen (deutlich) erhöht ist (s. § 31 WpÜG, §§ 4 ff. WpÜG-AngVO). Bei der Ermittlung der Gegenleistung ist zu beachten, dass der Angebotspreis regelmäßig mindestens dem höchsten Betrag entsprechen muss, den der Aktionär iRd Kapitalerhöhung für

---

[812] Zum mittelbaren Kontrollerwerb s. Assmann/Pötzsch/Uwe H. Schneider WpÜG/*H. Krause/ Pötzsch* § 35 Rn. 95 ff.; MüKoAktG/*Schlitt* WpÜG § 35 Rn. 110 ff.
[813] KölnKommWpÜG/*Hasselbach* § 35 Rn. 82; MüKoAktG/*Schlitt* WpÜG § 35 Rn. 76; vgl. auch BGH wistra 2006, 391; OLG Frankfurt a. M. ZIP 2006, 1726 – Hunzinger.
[814] BGH wistra 2006, 391; OLG Frankfurt a. M. ZIP 2006, 1726 – Hunzinger.
[815] Dazu und zur zeitlichen Taktung *BaFin* Merkblatt – Auslegung des § 35 Abs. 3 WpÜG vom 12.7.2007; ferner OLG Düsseldorf DB 2006, 2223 (2228); LG München I Der Konzern 2007, 279 (283); KölnKommWpÜG/*Hasselbach* § 35 Rn. 247 ff. Die von der BaFin in ihrem Merkblatt für Verschmelzungsfälle aufgestellten Grundsätze müssen dabei auch für Kapitalerhöhungen gelten: Erfolgt der Kontrollerwerb iRd Kapitalerhöhung außerhalb der Angebotsfrist und beruht das auf Verzögerungen der Handelsregistereintragung (zB aufgrund von Aktionärsklagen), steht das der Anwendung von § 35 Abs. 3 WpHG nicht entgegen.

§ 58

eine Aktie erbringt (vgl. § 31 Abs. 4 u. 5 WpÜG, § 4 WpÜG-AngVO); nicht berücksichtigt werden dabei allein im Zuge der Ausübung eines gesetzlichen Bezugsrechts vom Aktionär gezahlte Beträge (§ 31 Abs. 6 S. 2 WpÜG).[816]

213 Zu **Kapitalerhöhungen in einer Übernahmesituation** vgl. → Rn. 11.

§ 58 Bedingte Kapitalerhöhung

Übersicht

	Rn.		Rn.
I. Überblick	1–4	Gewinnbeteiligungen von Arbeitnehmern	52
II. Voraussetzungen und Umfang	5–24	4. Verstöße gegen Sacheinlagekautelen	53, 54
1. Zulässige Zwecke	5–16	V. Anmeldung, Eintragung und Bekanntmachung	55–58
a) Wandel- und Optionsanleihen	6–9	VI. Bezugsrechte	59–64
b) Unternehmenszusammenschlüsse	10	1. Entstehung	59–61
c) Stock Options und Arbeitnehmeraktien	11–15	a) Einräumung der Bezugsrechte	59
d) Abschließende Aufzählung	16	b) Zeitpunkt der Einräumung des Bezugsrechts	60, 61
2. Volleinzahlung bisheriger Einlagen	17	2. Schutz der Bezugsrechte; Aufhebung und Änderung des bedingten Kapitals	62–64
3. Bezugsrecht	18–22	VII. Ausübung des Bezugsrechts	65–76
a) Gesetzlicher Bezugsrechtsausschluss; sachliche Rechtfertigung	18, 19	1. Bezugserklärung	65–72
b) Berichtspflicht analog § 186 Abs. 4 S. 2 AktG	20, 21	a) Form	66
c) Anwendung von § 255 Abs. 2 AktG	22	b) Inhalt	67–70
4. Zulässiger Umfang	23–24	c) Zeitpunkt	71
III. Erhöhungsbeschluss	25–43	d) Stellvertretung	72
1. Beschlussfassung	25–28	2. Wirkung der Bezugserklärung	73, 74
2. Inhalt des Beschlusses	29–42	3. Mängel der Bezugserklärung	75, 76
a) Allgemeine notwendige Festsetzungen	30, 31	VIII. Aktienausgabe	77–92
b) Zweck der bedingten Kapitalerhöhung (§ 193 Abs. 2 Nr. 1 AktG)	32	1. Bedeutung und Tatbestand der Aktienausgabe	77–79
		a) Verbriefung	78
c) Kreis der Umtausch- und Bezugsberechtigten (§ 193 Abs. 2 Nr. 2 AktG)	33	b) Begebung	79
		2. Voraussetzungen der Aktienausgabe	80–83
d) Ausgabebetrag (§ 193 Abs. 2 Nr. 3 AktG)	34–39	3. Besondere Voraussetzungen bei Wandelschuldverschreibungen und -genussrechten	84–92
e) Zusätzliche Angaben bei Aktienoptionsprogrammen (§ 193 Abs. 2 Nr. 4 AktG)	40, 41	a) Anwendungsbereich	85, 86
		b) Ausgleich der Differenz (§ 199 Abs. 2 S. 1 AktG)	87–90
f) Fakultativer Inhalt	42	c) Gesamtsaldierung (§ 199 Abs. 2 S. 2 AktG)	91
3. Mängel der Beschlussfassung	43	d) Rechtsfolgen bei Unterdeckung	92
IV. Sacheinlagen	44–54	IX. Wirksamwerden der Kapitalerhöhung	93, 94
1. Sacheinlagekautelen	45–47	X. Anmeldung, Eintragung und Bekanntmachung der Aktienausgabe	95–98
a) Gesetzliche Konzeption	45	XI. Kapitalmarktrechtliche Aspekte	99–105
b) Modifikation der Anforderungen	46	1. Wandel- und Optionsanleihen bzw. -genussrechte	100–103
c) Differenzhaftung	47	2. Aktienoptionen	104, 105
2. Sonderregelungen für Wandel- und Optionsanleihen	48–51		
3. Sonderregelungen für die Einbringung von Forderungen aus			

---

[816] Vgl. dazu Paschos/Fleischer HdB ÜbernahmeR/*Reinhardt/Kocher* § 15 Rn. 142; KölnKomm-WpÜG/*Hasselbach* § 31 Rn. 102; Assmann/Pötzsch/Uwe H. Schneider WpÜG/*H. Krause* § 31 Rn. 158 ff.

§ 58 Bedingte Kapitalerhöhung

Schrifttum: vgl. die Literaturhinweise zu §§ 57 u. 64; ferner: *Apfelbacher/Kopp*, Pflichtwandelanleihen als sonstiges (hybrides) Kernkapital, CFL 2011, 21; *Bachmann*, Der Verwaltungsrat der monistischen SE, ZGR 2008, 779; *Bader*, Contingent Convertible, Wandelanleihe und Pflichtwandelanleihe im Aktienrecht, AG 2014, 472; *Barta*, Die Kompetenzordnung für die Ausgabe von Umtausch- und Bezugsrechten in der Aktiengesellschaft, 2012; *Ph. Baums*, Ausschluss von Minderheitsaktionären, 2001; *Böhringer/Mihm/Schaffelhuber/Seiler*, Contingent Convertible Bonds als regulatorisches Kernkapital, RdF 2011, 48; *Broichhausen*, Zusammengesetzte Finanzierungsinstrumente der Aktiengesellschaft, 2010; *F. Dreher*, Bedingte Pflichtwandelanleihen, Contingent Convertible Bonds (CoCo-Bonds) zwischen Bankaufsichts-, Schuld- und Aktienrecht, 2018; *Drygala*, Wandelanleihen mit Wandlungsrecht des Anleiheschuldners nach dem Entwurf für eine Aktienrechtsnovelle 2011, WM 2011, 1637; *Engelhardt*, Convertible Bonds im Squeeze-out, 2007; *Fehling/Arens*, Der „Ausschluss" von Bezugsrechtsinhabern im Rahmen des übernahmerechtlichen Squeeze-out, Der Konzern 2012, 160; *Florstedt*, Die umgekehrte Wandelschuldverschreibung – Eine Kapitalklasse im Spannungsfeld zwischen europäischem Bankrecht und deutschem Aktienrecht, ZHR 180 (2016), 152; *Friedrichsen*, Aktienprogramme für Führungskräfte, 2000; *Gleske/Ströbele*, Bedingte Pflichtwandelanleihen – aktuelle bankaufsichtsrechtliche Anforderungen und Aktienrechtsnovelle 2012, CFL 2012, 49; *Habersack*, Anwendungsvoraussetzungen und -grenzen des § 221 AktG, dargestellt am Beispiel von Pflichtwandelanleihen, Aktienanleihen und „warrants", FS Nobbe, 2009, S. 539; *Herfs/Leyendecker*, Sacheinlageprüfung und Differenzhaftung beim *Debt-to-Convertible Swap*, AG 2018, 213; *Ihrig/Wagner*, Volumengrenzen für Kapitalmaßnahmen der AG, NZG 2002, 657; *Juretzek*, Bedingte Kapitalerhöhung zur Unterlegung einer (auch) gegen Sacheinlage auszugebenen Schuldverschreibung, DStR 2014, 431; *Klein*, Die Rechtsstellung der Emissionsbank bei der Aktien- und Wandelanleiheemission und ihre Auswirkung auf die Unterpariemission nach § 199 Abs. 2 Satz 1 AktG, AG 2017, 415; *Maier-Reimer*, Bedingtes Kapital für Wandelanleihen, GS Bosch, 2006, S. 85; *ders.*, Zwangswandlung von Schuldverschreibungen in deutsche Aktien, FS Goette, 2011, S. 299; *Martens*, Die mit Optionsrechten gekoppelte Aktienemission, AG 1989, 69; *ders.*, Die rechtliche Behandlung von Options- und Wandlungsrechten anläßlich der Eingliederung der verpflichteten Gesellschaft, AG 1992, 209; *Nodoushani*, Contingent Convertible Bonds – Eine Bestandsaufnahme –, WM 2016, 589; *Reiswich*, Das Rechtsprinzip des Verwässerungsschutzes, 2016; *Schlitt/Brandi/Schröder/Gemmel/Ernst*, Aktuelle Entwicklungen bei Hybridanleihen, CFL 2011, 105; *Schlitt/Schäfer*, Wandel- und Optionsanleihen – Aktuelle Rechts- und Praxisfragen, CFL 2010, 252; *Schlitt/Seiler/Singhof*, Aktuelle Rechtsfragen und Gestaltungsmöglichkeiten im Zusammenhang mit Wandelschuldverschreibungen, AG 2003, 254; *Schnorbus/Trapp*, Die Ermächtigung des Vorstands zur Ausgabe von Wandelschuldverschreibungen gegen Sacheinlage, ZGR 2010, 1023; *Seidensticker*, Mitarbeiteraktienoptionsprogramme – Einführung in das Arbeitsverhältnis und Behandlung in der Unternehmensumstrukturierung, 2019; *Singhof*, Ausgabe von Aktien aus bedingtem Kapital, FS Hoffmann-Becking, 2013, S. 1163; *Spiering/Grabbe*, Bedingtes Kapital und Wandelschuldverschreibungen – Mindestausgabebetrag und Errechnungsgrundlagen im Rahmen des § 193 Abs. 2 Nr. 3 AktG, AG 2004, 91; *Staake*, Unverkörperte Mitgliedschaften beim bedingten Kapital, AG 2017, 188; *Weiß*, Aktienoptionspläne für Führungskräfte, 1999; *ders.*, Aktienoptionsprogramme nach dem KonTraG, WM 1999, 353; *Wulff*, Aktienoptionen für das Management, 2000; *Ziemons*, Options- und Wandlungsrechte bei Squeeze out und Eingliederung, FS K. Schmidt, 2009, S. 1777.

I. Überblick

Die in §§ 192 ff. AktG geregelte bedingte Kapitalerhöhung dient der Unterlegung von Umtausch- oder Bezugsrechten auf Aktien. Die Hauptversammlung beschließt selbst über die Kapitalerhöhung. Mit der Ausübung der Umtausch- oder Bezugsrechte sowie der Ausgabe der jungen Aktien ist das Grundkapital erhöht. Die nachfolgende Eintragung der Erhöhung ist nur deklaratorisch. Der Hauptversammlungsbeschluss über die Kapitalerhöhung ist unbedingt.[1] Lediglich das Wirksamwerden der Erhöhung ist durch die wirksame Ausübung der Umtausch- bzw. Bezugsrechte bedingt. **Rechtstechnisch** ist das bedingte Kapital damit etwas grundlegend Anderes als das genehmigte Kapital (§§ 202 ff. AktG). Dort wird das Kapital durch den Hauptversammlungsbeschluss nicht erhöht; vielmehr wird

---

[1] Spindler/Stilz AktG/*Rieckers* § 192 Rn. 15; Hölters AktG/*Apfelbacher/Niggemann* § 192 Rn. 1; HdB börsennotierte AG/*Busch* Rn. 44.1.

der Vorstand ermächtigt, eine Kapitalerhöhung zu beschließen und durchzuführen. Während das genehmigte Kapital zudem auf fünf Jahre begrenzt ist, gibt es eine solche Beschränkung beim bedingten Kapital nicht. Wann die Umtausch- oder Bezugsrechte ausgeübt werden, ist nicht bestimmt.

2   Die bedingte Kapitalerhöhung ist nur für **bestimmte Zwecke** zulässig, nämlich zur Einräumung von Umtausch- oder Bezugsrechten für Gläubiger von Wandelschuldverschreibungen, zur Vorbereitung von Unternehmenszusammenschlüssen und zur Gewährung von Bezugsrechten an Arbeitnehmer und Mitglieder der Geschäftsführung der Gesellschaft oder eines verbundenen Unternehmens (§ 192 Abs. 2 AktG). Ein gesetzliches Bezugsrecht der Aktionäre auf Aktien aus der Kapitalerhöhung besteht daher nicht. Die auf Grund eines bedingten Kapitals eingeräumten Umtausch- oder Bezugsrechte sind unantastbar und gegen etwaige beeinträchtigende Hauptversammlungsbeschlüsse durch § 192 Abs. 4 AktG besonders geschützt.

3   **Praktische Bedeutung** hat die bedingte Kapitalerhöhung insbesondere zur Bedienung von Wandel- und Optionsanleihen und -genussrechten, zur Bereitstellung von Aktien als Abfindung bei Abschluss von Beherrschungs- und Gewinnabführungsverträgen sowie für Aktienoptionsprogramme. Andere zulässige Zwecke eines bedingten Kapitals lassen sich häufig besser mit einem genehmigten Kapital erreichen. Das bedingte Kapital ist vielfach zu unbeweglich und zwingt zu oftmals unerwünschter Publizität unternehmerischer Vorhaben, weil die Hauptversammlung selbst den Zweck und Ausgabekurs festsetzen muss.

4   Die Kapitalerhöhung vollzieht sich in den folgenden **Schritten:**
– Kapitalerhöhungsbeschluss der Hauptversammlung,
– Anmeldung und Eintragung des Erhöhungsbeschlusses,
– Einräumung der Bezugs- und Umtauschrechte durch die Verwaltung,
– Abgabe einer Bezugserklärung durch die Berechtigten,
– Volle Leistung des Gegenwertes für die Bezugsaktien,
– Ausgabe von Bezugsaktien durch die Verwaltung sowie
– Anmeldung und Eintragung der Aktienausgabe.

II. Voraussetzungen und Umfang

5   **1. Zulässige Zwecke.** Die bedingte Kapitalerhöhung ist nur für die folgenden Zwecke zulässig:

6   **a) Wandel- und Optionsanleihen.** Der nach wie vor wohl wichtigste Anwendungsfall ist die Ausgabe von **Wandel- und Optionsanleihen** (§ 192 Abs. 2 Nr. 1 AktG). Den Gläubigern wird dabei das Recht eingeräumt, die Schuldverschreibung in Aktien umzutauschen oder zusätzlich zur Schuldverschreibung Aktien zu beziehen (§ 221 AktG; vgl. näher → § 64 Rn. 5 ff.). Die im Fall der Ausübung dieser Umtausch- oder Bezugsrechte zu gewährenden Aktien können durch die bedingte Kapitalerhöhung bereitgestellt werden.

7   Unter § 192 Abs. 2 Nr. 1 AktG fallen auch **Wandel- und Optionsanleihen mit Tilgungswahlrecht der Gesellschaft, umgekehrte Options- oder Wandelanleihen** (bei denen die Gesellschaft die Ausübung des Bezugs- oder Wandlungsrechts verlangen und der Gläubiger daraufhin zum Bezug bzw. zur Wandlung verpflichtet ist) und **Pflichtwandelanleihen** *(mandatory convertible).* Das ergibt sich seit der Änderung des § 192 Abs. 2 Nr. 1 AktG durch die Aktienrechtsnovelle 2016[2] aus dem geänderten Wortlaut, der nicht mehr darauf abstellt, ob dem Gläubiger Umtausch- oder Bezugsrechte zustehen.[3] Vor der

---

[2] Gesetz zur Änderung des Aktiengesetzes (Aktienrechtsnovelle 2016) v. 22.12.2015, BGBl. 2015 I S. 2565 ff.
[3] Vgl. statt vieler Hölters AktG/*Apfelbacher/Niggemann* § 192 Rn. 25 f.; KölnKommAktG/*Drygala/Staake* § 192 Rn. 30; Spindler/Stilz AktG/*Rieckers* § 192 Rn. 29a ff.; HdB AG-Finanzierung/*Jaspers* Kap. 6 Rn. 21 ff.; Hopt/Seibt SchuldverschreibungsR/*Fest* AktG § 221 Rn. 145, 171 u. 197; kritisch zu der Neuregelung durch die Aktienrechtsnovelle *Drygala* WM 2011, 1637 (1641 ff.).

Aktienrechtsnovelle 2016, als der Wortlaut der Vorschrift Umtausch- oder Bezugsrechte der Gläubiger voraussetzte, galt bereits dasselbe, was jedoch zT bestritten wurde.[4] Dass die Aktienrechtsnovelle § 192 Abs. 2 Nr. 1 AktG geändert und ausdrücklich geregelt hat, dass die Vorschrift kein Umtausch- oder Bezugsrecht des Gläubigers erfordert, erlaubt nicht den Umkehrschluss, dass sie vorher unzulässig war. Vielmehr hat der Gesetzgeber die Zulässigkeit umgekehrter Wandelanleihen und von Pflichtwandelanleihen ausdrücklich nur klargestellt.[5] Zulässig sind daher insbesondere auch Wandelanleihen mit bedingter Wandlungspflicht **(contingent convertible bonds)**, bei denen die Wandlungspflicht nur greift, wenn bestimmte – vor allem bank- oder versicherungsaufsichtsrechtlich vorgegebene – Ereignisse eintreten.[6] Zu achten ist jedoch darauf, dass auch bei einer (bedingten) Pflichtwandelanleihe ein Rückzahlungsanspruch besteht. Anderenfalls liegt unter Umständen keine Schuldverschreibung, sondern ein Terminkauf vor, was die Anwendung von § 192 Abs. 2 Nr. 1 AktG gefährden kann.[7] Ausreichen muss es insofern allerdings, wenn der Rückzahlungsanspruch nur in begrenzten Fällen oder unter engen Bedingungen besteht. Folge der Neuregelung des § 192 Abs. 2 Nr. 1 AktG durch die Aktienrechtsnovelle ist ferner, dass die Zulässigkeit von Pflichtwandelanleihen nicht mehr voraussetzt, dass dem Gläubiger auch ein Wandlungsrecht zusteht.[8] **Anleihen mit beiderseitigem Options- bzw. Wandlungsrecht** können unverändert durch ein bedingtes Kapital unterlegt werden.[9]

Die bedingte Kapitalerhöhung kann auch zulässig sein, um Gläubigern von Wandel- oder **8** Optionsanleihen anderer Gesellschaften **(Drittemissionen)** ein Umtausch- oder Bezugsrecht zu gewähren. Zu den damit verbundenen Fragen vgl. näher → Rn. 50 und → § 64 Rn. 61 ff.

In der Praxis wird das bedingte Kapital auch für **Wandel-** und **Optionsgenussrechte 9** benutzt. Das ist zumindest analog § 192 Abs. 2 Nr. 1 AktG als zulässig anzusehen.[10] Um Wandel- oder Optionsgenussrechte handelt es sich auch im Fall von **Options- oder Wandeldarlehen,** die nicht verbrieft sind und daher keine Anleihen darstellen (s. § 793 BGB), im Übrigen aber Options- oder Wandelanleihen entsprechen.[11] Umstritten ist, ob

---

[4] Zur Zulässigkeit von Anleihen mit Tilgungswahlrecht vor Inkrafttreten der Aktienrechtsnovelle 2016 zB *Habersack* FS Nobbe, 2009, 539 (551); *Schlitt/Seiler/Singhof* AG 2003, 254 (266 f.); *Nodoushani* ZBB 2011, 143 (145). Zur Zulässigkeit von Pflichtwandelanleihen vor Inkrafttreten der Aktienrechtsnovelle 2016 jedenfalls, wenn dem Gläubiger auch ein Wandlungsrecht zusteht, zB *Schlitt/Seiler/Singhof* AG 2003, 254 (256); *Habersack* FS Nobbe, 2009, 539 (550); *Schlitt/Schäfer/Basnage* CFL 2013, 49 (53); weitergehend *Apfelbacher/Kopp* CFL 2011, 21 (27): Wandlungsrecht des Gläubigers sei entbehrlich. Zur Zulässigkeit umgekehrter Wandelanleihen vor Inkrafttreten der Aktienrechtsnovelle 2016 zB Spindler/Stilz AktG/*Rieckers* § 192 Rn. 29a mwN. AA GroßkommAktG/*Frey* § 192 Rn. 84.

[5] Vgl. RegE Aktienrechtsnovelle 2016 BT-Drs. 18/4349, 25.

[6] Vgl. Hölters AktG/*Apfelbacher/Niggemann* § 192 Rn. 25b; *F. Dreher,* Bedingte Pflichtwandelanleihen, 2018, S. 183 f.; *Nodoushani* WM 2016, 589 (591 f.); zur Rechtslage vor der Aktienrechtsnovelle 2016 zB *Böhringer/Mihm/Schaffelhuber/Seiler* RdF 2011, 48 ff.; *Gleske/Ströbele* CFL 2012, 49 ff.; *Schlitt/Schäfer/Basnage* CFL 2013, 49 (54); s. auch RegE Aktienrechtsnovelle 2016 BT-Drs. 18/4349, 25.

[7] S. HdB börsennotierte AG/*Busch* Rn. 44.7; Hölters AktG/*Apfelbacher/Niggemann* § 192 Rn. 25 aE; Spindler/Stilz AktG/*Seiler* § 221 Rn. 151; einen Rückzahlungsanspruch nicht für erforderlich haltend *Apfelbacher/Kopp* CFL 2011, 21 (27); Hüffer/*Koch* AktG § 192 Rn. 9a, welcher der Praxis jedoch die Vereinbarung eines Rückzahlungsanspruchs empfiehlt.

[8] Hüffer/*Koch* AktG § 192 Rn. 9a aE; Spindler/Stilz AktG/*Rieckers* § 192 Rn. 29e. Das war vor der Aktienrechtsnovelle str.; s. die Nachweise in Fn. 4.

[9] RegE Aktienrechtsnovelle 2016 BT-Drs. 18/4349, 25; Spindler/Stilz AktG/*Rieckers* § 192 Rn. 29b.

[10] OLG Stuttgart ZIP 2002, 1807 (1808); KölnKommAktG/*Drygala/Staake* § 192 Rn. 60, 71; MüKoAktG/*Fuchs* § 192 Rn. 47; GroßkommAktG/*Frey* § 192 Rn. 58; Hüffer/*Koch* AktG § 192 Rn. 10; Hopt/Seibt SchuldverschreibungsR/*Fest* AktG § 221 Rn. 486.

[11] Dazu, dass ein Wandlungs- oder Optionsrecht die Eigenschaft als Genussrecht begründet, MüKoAktG/*Habersack* § 221 Rn. 116; GroßkommAktG/*Hirte* § 221 Rn. 355; HdB AG-Finanzierung/*Fischer* Kap. 11 Rn. 47; aA Hopt/Seibt SchuldverschreibungsR/*Fest* AktG § 221 Rn. 367.

das bedingte Kapital auch für die Ausgabe von **Optionsaktien,** die Optionsrechte auf den Bezug weiterer Aktien gewähren (sog. „Huckepack" Emission),[12] und für die Ausgabe **„nackter" Optionen** *(„naked warrants")*[13] verwendet werden kann. Lässt man solche Gestaltungen richtigerweise zu (vgl. zu diesem Problem näher → § 64 Rn. 53), ist es sachgerecht, zur Gewährung der Bezugsrechte auch eine bedingte Kapitalerhöhung zu akzeptieren. Wandel-/Optionsanleihen einerseits und Wandel-/Optionsgenussscheine, Optionsaktien und „nackte" Optionen andererseits sind so eng miteinander verwandt, dass eine Gleichstellung im Rahmen von § 192 Abs. 2 AktG gerechtfertigt ist. Namentlich ist in allen Fällen für die Schaffung der Rechte die Mitwirkung der Hauptversammlung nach den gleichen Regeln erforderlich (§ 221 Abs. 1 und 3 bzw. § 182 Abs. 1 AktG) und besteht in allen Fällen ein gesetzliches Bezugsrecht der Aktionäre (§ 221 Abs. 4 und § 186 AktG).

10   b) Unternehmenszusammenschlüsse. Die bedingte Kapitalerhöhung ist weiter zulässig zur Vorbereitung von Unternehmenszusammenschlüssen (§ 192 Abs. 2 Nr. 2 AktG). Jeder Unternehmenszusammenschluss, zu dessen Durchführung Aktien der Gesellschaft zur Verfügung zu stellen sind, ist ausreichend; es kommt weder auf die Rechtsform des anderen Unternehmens noch darauf an, ob die rechtliche Selbständigkeit der Unternehmen erhalten bleibt und ob die Gesellschaft infolge des Zusammenschlusses die Kontrolle über das andere Unternehmen erlangt.[14] In der Praxis spielt dabei namentlich der Abschluss eines **Beherrschungs- oder Gewinnabführungsvertrages** eine Rolle, bei welchem die als Abfindung zu gewährenden Aktien (§ 305 Abs. 2 Nr. 1 und 2 AktG) durch eine bedingte Kapitalerhöhung zur Verfügung gestellt werden können. Hingegen ist die bedingte Kapitalerhöhung – insbesondere weil der Zusammenschluss im Beschluss konkret zu bezeichnen sein soll (→ Rn. 32) – für andere Fälle von Unternehmenszusammenschlüssen nur von geringer praktischer Bedeutung. In Betracht kommen namentlich die **Verschmelzung durch Aufnahme** einer anderen Gesellschaft (§§ 4 ff., 60 ff., 122a ff. UmwG), die **Spaltung und Ausgliederung zur Aufnahme** (§§ 126 ff., 141 ff., 153 ff. UmwG) und die **Eingliederung** einer anderen Gesellschaft in die Aktiengesellschaft (§§ 319 ff. AktG).[15] Durch die bedingte Kapitalerhöhung können in diesen Fällen die den Gesellschaftern der übertragen-

---

[12] Ganz hM; vgl. Hüffer/*Koch* AktG § 192 Rn. 10 u. § 221 Rn. 76; MüKoAktG/*Fuchs* § 192 Rn. 53; KölnKommAktG/*Drygala/Staake* § 192 Rn. 60, 77; MüKoAktG/*Habersack* § 221 Rn. 39; GroßKommAktG/*Hirte* § 221 Rn. 318 ff.; Spindler/Stilz AktG/*Rieckers* § 192 Rn. 32; Großkomm-AktG/*Frey* § 192 Rn. 81; Bürgers/Körber AktG/*Marsch-Barner* § 192 Rn. 10; Bürgers/Körber AktG/*Stadler* § 221 Rn. 18; Grigoleit/*Rieder/Holzmann* AktG § 192 Rn. 22; Hopt/Seibt SchuldverschreibungsR/*Fest* AktG § 221 Rn. 286; HdB AG-Finanzierung/*Jaspers* Kap. 6 Rn. 28; *Habersack* FS Nobbe, 2009, 539 (562); *Martens* AG 1989, 69 (71 ff.); aA KölnKommAktG/*Florstedt* § 221 Rn. 499.

[13] Bejahend MüKoAktG/*Fuchs* § 192 Rn. 53; KölnKommAktG/*Drygala/Staake* § 192 Rn. 75; MüKoAktG/*Habersack* § 221 Rn. 36 ff.; GroßKommAktG/*Hirte* § 221 Rn. 312 f.; Spindler/Stilz AktG/*Rieckers* § 192 Rn. 31; Spindler/Stilz AktG/*Seiler* § 221 Rn. 40; Bürgers/Körber AktG/*Marsch-Barner* § 192 Rn. 11; Bürgers/Körber AktG/*Stadler* § 221 Rn. 17; Hölters AktG/*Apfelbacher/Niggemann* § 192 Rn. 28; Grigoleit/*Rieder/Holzmann* AktG § 192 Rn. 21; Hüffer/*Koch* AktG § 221 Rn. 75; Hopt/Seibt SchuldverschreibungsR/*Fest* AktG § 221 Rn. 261; HdB börsennotierte AG/*Busch* Rn. 44.8; HdB AG-Finanzierung/*Jaspers* Kap. 6 Rn. 26; *Habersack* FS Nobbe, 2009, 539 (560 f.); *Roth/Schoneweg* WM 2002, 677 ff.; aA OLG Stuttgart ZIP 2002, 1807 (1808 f.); LG Stuttgart ZIP 1998, 422 (425) – *Wenger/Daimler-Benz*; LG Braunschweig AG 1998, 289 (291) – VW; GroßkommAktG/*Frey* § 192 Rn. 65 ff.; Schmidt/Lutter/*Veil* AktG § 192 Rn. 13; KölnKommAktG/*Florstedt* § 221 Rn. 496; *Baums* Recht der Unternehmensfinanzierung § 9 Rn. 9.

[14] MüKoAktG/*Fuchs* § 192 Rn. 60; GroßkommAktG/*Frey* § 192 Rn. 87; Hüffer AktG/*Koch* § 192 Rn. 14; Hölters AktG/*Apfelbacher/Niggemann* § 192 Rn. 41; etwas einschränkend HdB börsennotierte AG/*Busch* Rn. 44.8.

[15] MüKoAktG/*Fuchs* § 192 Rn. 60 f.; GroßkommAktG/*Frey* § 192 Rn. 87; Hüffer/*Koch* AktG § 192 Rn. 14; Hölters AktG/*Apfelbacher/Niggemann* § 192 Rn. 41; Grigoleit/*Rieder/Holzmann* AktG § 192 Rn. 25.

§ 58 Bedingte Kapitalerhöhung

den bzw. eingegliederten Gesellschaft zu gewähren oder die für die Abfindung der Inhaber von Options- und Wandlungsrechten des anderen Teils benötigten[16] Aktien bereitgestellt werden. Das Gleiche gilt für Aktien, die benötigt werden, um eine durch eine Beteiligung unterlegte **Interessengemeinschaft** zu gründen,[17] oder die als Gegenleistung für den Erwerb eines Unternehmens oder Betriebs im Wege eines *Asset Deals* oder *Share Deals* dienen,[18] um als Gegenleistung den Gesellschaftern eines anderen Unternehmens ein **Angebot auf Übernahme** ihrer Anteile gegen Gewährung von Aktien der Gesellschaft zu unterbreiten.[19] Wegen der erforderlichen konkreten Angabe des anderen Unternehmens im Beschluss (→ Rn. 32) und der zeitlichen Taktung der Schaffung eines bedingten Kapitals einerseits sowie eines Übernahmeangebots andererseits dürfte das bedingte Kapital für Zwecke des WpÜG jedoch regelmäßig ausscheiden.

c) Stock Options und Arbeitnehmeraktien. Schließlich ist die bedingte Kapitalerhöhung zur Gewährung von Bezugsrechten an Arbeitnehmer und Mitglieder der Geschäftsführung der Gesellschaft oder eines verbundenen Unternehmens zulässig (§ 192 Abs. 2 Nr. 3 AktG). Die Vorschrift geht in ihrer heutigen Form auf das KonTraG zurück.[20] Zuvor erlaubte sie nur die Ausgabe von Arbeitnehmeraktien gegen Einlage von Geldforderungen, die Arbeitnehmern der Gesellschaft aus einer ihnen eingeräumten Gewinnbeteiligung zustehen. Die Gewährung von Aktien an Organmitglieder erfolgte über den wenig praktikablen und nicht völlig rechtssicheren Umweg der Ausgabe von Wandel- oder Optionsanleihen (§§ 192 Abs. 2 Nr. 1, 221 AktG).[21] Durch das KonTraG hat sich die Rechtslage grundlegend geändert. 11

§ 192 Abs. 2 Nr. 3 AktG ermöglicht nunmehr die Ausgabe schlichter, nicht durch eine Anleihe unterlegter Bezugsrechte (**„naked warrants"**; vgl. bereits → Rn. 9).[22] Der Kreis der möglichen **Bezugsberechtigten** ist erweitert. Erfasst sind nicht nur Arbeitnehmer, sondern auch Mitglieder der Geschäftsführung. Das sind bei der AG die Vorstände, bei der monistischen SE die Verwaltungsratsmitglieder sowie die geschäftsführenden Direktoren,[23] bei der KGaA die persönlich haftenden Gesellschafter[24] und bei ausländischen Gesellschaften die Personen, denen Leitungs- oder Geschäftsführungsbefugnisse zustehen. Die Arbeitnehmer- oder Geschäftsführereigenschaft muss im Zeitpunkt der Gewährung der Bezugsrechte bestehen; ehemalige Mitarbeiter oder Organmitglieder sind nicht erfasst.[25] Auf die 12

---

[16] OLG München WM 1993, 1285 (1288); HdB börsennotierte AG/*Busch* Rn. 44.10; *Martens* AG 1992, 209 (214).
[17] BGHZ 24, 279.
[18] KölnKommAktG/*Drygala/Staake* § 192 Rn. 91; Hüffer/*Koch* AktG § 192 Rn. 14.
[19] Bürgers/Körber AktG/*Marsch-Barner* § 192 Rn. 13; MüKoAktG/*Fuchs* § 192 Rn. 60; KölnKommAktG/*Drygala/Staake* § 192 Rn. 91; Hüffer/*Koch* AktG § 192 Rn. 14.
[20] Gesetz zur Kontrolle und Transparenz im Unternehmensbereich vom 27.4.1998, BGBl. I S. 786.
[21] Vgl. dazu *Weiß*, Aktienoptionspläne, 1999, S. 152 ff.; Harrer/Roschmann/*Erwe* Mitarbeiterbeteiligungen Rn. 180 ff. Zur Zulässigkeit dieses Vorgehens auch nach der Neuregelung durch das KonTraG s. Begr. RegE KonTraG BT-Drs. 13/9712, 23; OLG Stuttgart AG 1998, 529 (530) – Wenger/Daimler-Benz; OLG Braunschweig AG 1999, 84 (88) – VW; *Friedrichsen*, Aktienoptionsprogramme, 2000, S. 65; Spindler/Stilz AktG/*Rieckers* § 192 Rn. 39.
[22] Begr. RegE KonTraG BT-Drs. 13/9712, 23; BGHZ 158, 122 (125) – Mobilcom; MüKoAktG/*Fuchs* § 192 Rn. 63; Hölters AktG/*Apfelbacher/Niggemann* § 192 Rn. 44; Hüffer/*Koch* AktG § 192 Rn. 16; *Habersack* FS Nobbe, 2009, 539 (558).
[23] Str.; wie hier Habersack/Drinhausen SE-Recht/*Verse* Anh. Art. 43 SE-VO SEAG § 38 Rn. 13 ff.; KölnKommAktG/*Siems* Anh. Art. 51 SE-VO SEAG § 38 Rn. 8; *Schwarz* SE-VO Art. 5 Rn. 29, Anh. Art. 43 Rn. 250; Lutter/Hommelhoff SE-VO/*Teichmann* Anh. Art. 43 (§ 22 SEAG) Rn. 44; *Bachmann* ZGR 2008, 779 (796); aA, dh für Zulässigkeit nur in Bezug auf geschäftsführende Direktoren, Spindler/Stilz AktG/*Casper* SE-VO Art. 5 Rn. 4; Lutter/Hommelhoff/*Fleischer* Art. 5 Rn. 8; MüKoAktG/*Oechsler/Mihaylova* SE-VO Art. 5 Rn. 32; noch aA Hölters AktG/*Apfelbacher/Niggemann* § 192 Rn. 48, die nur die Verwaltungsratsmitglieder erfassen wollen.
[24] KölnKommAktG/*Drygala/Staake* § 192 Rn. 113; Wachter AktG/*Dürr* § 192 Rn. 18.
[25] MüKoAktG/*Fuchs* § 192 Rn. 63; Hölters AktG/*Apfelbacher/Niggemann* § 192 Rn. 47; Grigoleit/*Rieder/Holzmann* AktG § 192 Rn. 29.

Einordnung der Arbeitnehmer in der betrieblichen Organisation kommt es nicht an.[26] Aufsichtsratsmitglieder fallen nicht unter § 192 Abs. 2 Nr. 3 AktG (auch → § 64 Rn. 135).[27] Sind Vorstände aber zugleich Aufsichtsratsmitglieder von Beteiligungsgesellschaften, steht das ihrer Bezugsberechtigung nicht entgegen. Zu den Bezugsberechtigten zählen auch die Arbeitnehmer und Geschäftsführungsmitglieder verbundener Unternehmen (dazu → § 64 Rn. 105 f.).[28] Ob ein Unternehmen verbunden ist, richtet sich nach § 15 AktG.

13 § 192 Abs. 2 Nr. 3 AktG spricht von einer Beschlussfassung im Wege des Zustimmungs- oder Ermächtigungsbeschlusses. Die Formulierung ist wenig glücklich. Sie bezieht sich, wie schon der Wortlaut nahe legt, nicht auf die Schaffung des bedingten Kapitals, sondern die Gewährung von Bezugsrechten im Rahmen eines Aktienoptionsprogramms. Die bedingte Kapitalerhöhung wird unmittelbar durch die Hauptversammlung beschlossen; eine Ermächtigung hierzu an die Verwaltung gibt es nicht.[29] Nach der gesetzlichen Konzeption sind folglich – wie bei Wandel- und Optionsanleihen (§ 192 Abs. 2 Nr. 1 u. § 221 AktG) – **zwei Beschlüsse** zu unterscheiden: der Beschluss über die bedingte Kapitalerhöhung und der Beschluss über die Gewährung von Aktienoptionen.

14 Letzterer kann dem Vorstand (in Bezug auf die Arbeitnehmer) bzw. dem Aufsichtsrat (in Bezug auf den Vorstand) die Entscheidung über das Ob und das Wann der Einrichtung eines Aktienoptionsprogramms überlassen (**Ermächtigungsbeschluss**) oder ihnen die Einrichtung vorgeben (**Zustimmungsbeschluss**), so dass die Verwaltung zur Umsetzung verpflichtet ist (§ 83 Abs. 2 AktG).[30] Auch insofern ähnelt die Situation derjenigen bei der Ausgabe von Wandel- und Optionsanleihen (s. § 221 Abs. 1 S. 1 u. Abs. 2 S. 1 AktG).[31] § 192 Abs. 2 Nr. 3 AktG beschränkt die Ermächtigung anders als § 221 Abs. 2 S. 1 AktG (und auch § 202 Abs. 2 S. 1 AktG) nicht auf fünf Jahre. Die hM[32] wendet diese Vorschriften jedoch analog an. Das überzeugt zwar nicht, sollte von der Praxis aber berücksichtigt werden. Ermächtigungs- wie Zustimmungsbeschluss müssen mindestens die Angaben nach § 193 Abs. 2 AktG enthalten. Für den Zustimmungsbeschluss wird darüber hinaus verlangt, dass er konkrete zeitliche Vorgaben zu den Eckpunkten[33] bzw. weitergehende Details des Programms festlegt.[34] Das ist abzulehnen. Die Hauptversammlung kann über den Mindestinhalt des § 193 Abs. 2 AktG hinausgehen. Erforderlich ist das jedoch – auch bei einem Zustimmungsbeschluss – nicht. Auch wenn die Hauptversammlung der Verwaltung die Umsetzung eines Programms vorgibt, kann sie diese ermächtigen, die über den gesetzlichen Mindestinhalt hinausgehenden Einzelheiten festzulegen. Maßgeblich für die **Abgrenzung** von Zustimmungs- und Ermächtigungsbeschluss ist allein, ob die Haupt-

---

[26] Begr. RegE KonTraG BT-Drs. 13/9712, 24; Bürgers/Körber AktG/*Marsch-Barner* § 192 Rn. 16; Spindler/Stilz AktG/*Rieckers* § 192 Rn. 58.

[27] Begr. RegE KonTraG BT-Drs. 13/9712, 24; BGHZ 158, 122 (125 ff.) – Mobilcom; Hüffer/*Koch* AktG § 192 Rn. 21.

[28] Hölters AktG/*Apfelbacher/Niggemann* § 192 Rn. 49; Schmidt/Lutter/*Veil* AktG § 192 Rn. 23; Henssler/Strohn/*Hermanns* AktG § 192 Rn. 12; Grigoleit/*Rieder/Holzmann* AktG § 192 Rn. 31.

[29] HdB börsennotierte AG/*Busch* Rn. 44. 15 f.; Bürgers/Körber AktG/*Marsch-Barner* § 192 Rn. 19; Hüffer/*Koch* AktG § 192 Rn. 22.

[30] Begr. RegE KonTraG BT-Drs. 13/9712, 24; Hüffer/*Koch* AktG § 192 Rn. 22; Spindler/Stilz AktG/*Rieckers* § 192 Rn. 63 f.

[31] HdB börsennotierte AG/*Busch* Rn. 44.15.

[32] MüKoAktG/*Fuchs* § 192 Rn. 101; Spindler/Stilz AktG/*Rieckers* § 192 Rn. 64; Bürgers/Körber AktG/*Marsch-Barner* § 192 Rn. 19; Grigoleit/*Rieder/Holzmann* AktG § 192 Rn. 32; KölnKomm-AktG/*Drygala/Staake* § 192 Rn. 129; wie hier demgegenüber *Friedrichsen*, Aktienoptionsprogramme, 2000, S. 82 Fn. 309.

[33] Begr. RegE KonTraG BT-Drs. 13/9712, 24; Bürgers/Körber AktG/*Marsch-Barner* § 192 Rn. 19: „bestimmbare Angaben".

[34] Hölters AktG/*Apfelbacher/Niggemann* § 192 Rn. 55 f.; Wachter AktG/*Dürr* § 192 Rn. 20; Arbeitshdb. HV/*Schröer* § 24 Rn. 30; *Friedrichsen*, Aktienoptionsprogramme, 2000, S. 80 f.

versammlung der Verwaltung die Entscheidung über das Ob und Wann der Einrichtung des Programms überlässt oder diese Entscheidung selbst trifft.

Die vor dem KonTraG von § 192 Abs. 2 Nr. 3 AktG allein gedeckte Ausgabe von **Arbeitnehmeraktien** gegen Einlage von Ansprüchen der Arbeitnehmer auf Gewinnbeteiligung ist, wie § 194 Abs. 3 AktG belegt, weiterhin möglich (→ Rn. 11).[35] In diesem Fall können Bezugsrechte auch ehemaligen Arbeitnehmern gewährt werden. Anders als bei „naked warrants" handelt es sich um eine Sacheinlage, für welche die Sacheinlagekautelen gemäß § 194 Abs. 3 AktG nur eingeschränkt gelten (→ Rn. 52). Als Gewinnbeteiligung im Sinne der Vorschrift sind auch Umsatzbeteiligungen, Gratifikationen, Leistungsprämien und ähnliche vom Unternehmenserfolg abhängige Zahlungen anzusehen.[36] Darüber hinaus wird man auch kursabhängige Vergütungen hierzu zählen können.[37] Auf nicht erfolgsabhängige Vergütungsansprüche ist die Privilegierung nach Abs. 3 analog anzuwenden.[38] Gewinnansprüche von Vorstandsmitgliedern der Gesellschaft und Geschäftsführungsmitgliedern fallen nicht unter § 194 Abs. 3 AktG.[39] Zu der Frage, ob § 193 Abs. 2 Nr. 4 AktG auf Arbeitnehmeraktien Anwendung findet, → Rn. 41. 15

d) Abschließende Aufzählung. Die drei in § 192 Abs. 2 AktG zugelassenen Zwecke sind grundsätzlich abschließend. Für Gestaltungen, die denen des § 192 Abs. 2 AktG in Inhalt und Auswirkungen entsprechen, ist jedoch eine **einzelfallbezogene Analogie** zulässig.[40] Das bedingte Kapital kann daher insbesondere auch zur Unterlegung von Options-Genussrechten, Options-Aktien und nackten Optionen (dazu → Rn. 9) sowie für die Umwandlung von Komplementäranteilen in Aktien bei einer KGaA (dazu → § 80 Rn. 12) verwendet werden. Hält man iRd Holding-Gründung einer SE (Art. 32 ff. SE-VO) nicht richtigerweise eine Stufengründung für zulässig, kommt das bedingte Kapital dort – wenn man diesen Fall nicht ohnehin unter § 192 Abs. 2 Nr. 2 AktG subsumiert – zur Unterlegung der neuen SE-Aktien in Betracht.[41] Ein weiterer, gesetzlich angeordneter Anwendungsfall ist die Bedienung von Umtausch- oder Bezugsrechten, die dem SoFFin als stillem Gesellschafter iR. einer Rekapitalisierung gemäß § 7 oder § 22 Stabilisierungsfondsgesetz gewährt werden (s. §§ 7a, 10 Abs. 2 S. 1 Wirtschaftsstabilisierungsbeschleunigungsgesetz). 16

2. Volleinzahlung bisheriger Einlagen. Die bedingte Kapitalerhöhung ist – anders als die reguläre Kapitalerhöhung – auch schon vor Volleinzahlung der bisherigen Einlagen zulässig. **§ 182 Abs. 4 AktG** findet auf die bedingte Kapitalerhöhung **keine Anwendung.**[42] Bis zur Aktienrechtsnovelle verwies der durch das ARUG geänderte § 195 Abs. 1 S. 2 AktG aF zwar auf § 184 Abs. 1 S. 2 AktG. Dabei handelte es sich jedoch um ein 17

---

[35] MüKoAktG/*Fuchs* § 192 Rn. 87; Hüffer/*Koch* AktG § 192 Rn. 19.
[36] KölnKommAktG/*Drygala/Staake* § 194 Rn. 37; MüKoAktG/*Fuchs* § 194 Rn. 16; Hölters AktG/*Apfelbacher/Niggemann* § 194 Rn. 17; Spindler/Stilz/*Rieckers* § 194 Rn. 15.
[37] MüKoAktG/*Fuchs* § 194 Rn. 16; GroßkommAktG/*Frey* § 194 Rn. 89; Hölters AktG/*Apfelbacher/Niggemann* § 194 Rn. 17; Spindler/Stilz/*Rieckers* § 194 Rn. 15.
[38] GroßkommAktG/*Frey* § 194 Rn. 90; Spindler/Stilz/*Rieckers* § 194 Rn. 15; aA MüKoAktG/*Fuchs* § 194 Rn. 17; Hölters AktG/*Apfelbacher/Niggemann* § 194 Rn. 17.
[39] GroßkommAktG/*Frey* § 194 Rn. 91; MüKoAktG/*Fuchs* § 194 Rn. 17; differenzierend Hölters AktG/*Apfelbacher/Niggemann* § 194 Rn. 17.
[40] OLG Stuttgart ZIP 2002, 1807 (1808): Zweck muss mit den in Abs. 2 Genannten „verwandt" sein; MüKoAktG/*Fuchs* § 192 Rn. 37; GroßkommAktG/*Frey* § 192 Rn. 49; Hüffer/*Koch* AktG § 192 Rn. 8; Hölters AktG/*Apfelbacher/Niggemann* § 192 Rn. 22; Grigoleit/*Rieder/Holzmann* AktG § 192 Rn. 14; weitergehend früher GroßkommAktG/*Schilling* 3. Aufl., § 192 Anm. 7.
[41] Vgl. dazu Habersack/Drinhausen SE-Recht/*Scholz* Art. 32 Rn. 66 ff.; MüKoAktG/*Schäfer* SE-VO Art. 32 Rn. 14, Art. 33 Rn. 22 f.; Lutter/Hommelhoff SE-VO/*Bayer* Art. 32 Rn. 34; auch → § 84 Rn. 52 f.
[42] GroßkommAktG/*Frey* § 192 Rn. 16; MüKoAktG/*Fuchs* § 192 Rn. 4; Hüffer/*Koch* AktG § 192 Rn. 7; Spindler/Stilz AktG/*Rieckers* § 193 Rn. 17.

Redaktionsversehen, da § 184 Abs. 1 S. 3 AktG gemeint war.[43] Die Aktienrechtsnovelle 2016 hat dieses Versehen repariert.

18 **3. Bezugsrecht. a) Gesetzlicher Bezugsrechtsausschluss; sachliche Rechtfertigung.** Bei Ausgabe von Aktien iR. einer bedingten Kapitalerhöhung besteht **kein Bezugsrecht** der Aktionäre.[44] Es ist von Gesetzes wegen ausgeschlossen. Eine ausdrückliche Ankündigung des Ausschlusses und seine gesonderte Nennung im Erhöhungsbeschluss (vgl. § 186 Abs. 3 S. 1 u. Abs. 4 S. 1 AktG) sind nicht erforderlich.[45]

19 Auch das **Erfordernis einer sachlichen Rechtfertigung** ist abzulehnen. Es sollte bei einer allgemeinen Missbrauchskontrolle sowie der Prüfung anhand des Gleichbehandlungsgrundsatzes bleiben. Rechtsprechung und hM in der Literatur sehen das jedoch anders. Eine sachliche Kontrolle ist danach erforderlich, wenn das Gesetz nicht bereits die erforderliche Interessenabwägung vorgenommen hat (s. zum Vorstehenden bereits → § 57 Rn. 8, 118). Auf dieser Grundlage ergibt sich folgendes Bild für die einzelnen Zwecke des bedingten Kapitals: (1) Auf **Wandel- und Optionsanleihen** (§ 192 Abs. 2 Nr. 1 AktG) steht den Aktionären ein Bezugsrecht zu, für dessen Ausschluss § 186 AktG gilt (§ 221 Abs. 4 S. 2 AktG). Eine zusätzliche Sachkontrolle des Beschlusses über die bedingte Kapitalerhöhung scheidet daher aus.[46] (2) Bei **Aktienoptionen** (§ 192 Abs. 2 Nr. 3 AktG) ist das Volumen auf 10 % beschränkt (§ 192 Abs. 3 S. 1 AktG) und muss die Hauptversammlung die wesentlichen Eckpunkte festlegen (§ 193 Abs. 2 Nr. 4 AktG). Einer weiteren sachlichen Rechtfertigung bedarf es daher nicht.[47] Auch ein Verstoß gegen den Gleichbehandlungsgrundsatz scheidet aus, wenn – was vielfach der Fall sein wird – Bezugsberechtigte des Aktienoptionsprogramms bereits Aktionäre sind. Sie erhalten die Bezugsrechte nicht mit Blick auf ihre Aktionärsstellung, sondern als Vergütungsbestandteil. Die bereits gehaltene Beteiligung dürfte zudem regelmäßig gering sein. Zu **Arbeitnehmeraktien** → § 57 Rn. 119c. (3) Beschlüsse über bedingte Kapitalerhöhungen zur **Vorbereitung von Unternehmenszusammenschlüssen** (§ 192 Abs. 2 Nr. 2 AktG) sollen nach hM hingegen eine sachliche Rechtfertigung erfordern, wenn nicht der Unternehmenszusammenschluss eines Hauptversammlungsbeschlusses bedarf.[48] (4) Die **Holding-Gründung einer SE** (→ Rn. 16) erfolgt durch Zustimmung der Hauptversammlung zum Gründungsplan (Art. 32 Abs. 6 SE-VO). Eine gesonderte sachliche Kontrolle eines bedingten Kapitals scheidet aus. (5) Im Fall der **§§ 7a, 10 Abs. 2 S. 1 Wirtschaftsstabilisierungsbeschleunigungsgesetz** (vgl. → Rn. 16) hat der Gesetzgeber ebenfalls bereits die erforderliche Abwägung getroffen.

---

[43] S. Begr. RegE ARUG BT-Drs. 16/11642, 59; Hüffer/*Koch* AktG § 195 Rn. 2; Spindler/Stilz AktG/*Rieckers* § 195 Rn. 5a.

[44] BGH ZIP 2006, 368 Rn. 6.

[45] Vgl. zu § 192 Abs. 2 Nr. 3 AktG Begr. RegE KonTraG BT-Drs. 13/9712, 24: Der Ausschluss liege in der Natur der Erhöhung und sei daher nicht nochmals ausdrücklich zu verlangen. Diese Überlegung gilt für alle Zwecke des § 192 Abs. 2 AktG und ist daher verallgemeinerungsfähig. S. ferner LG Berlin 6.12.2006 – 99 O 219/06, nv; Hüffer/*Koch* AktG § 192 Rn. 18; Bürgers/Körber AktG/*Marsch-Barner* § 192 Rn. 15.

[46] MüKoAktG/*Fuchs* § 192 Rn. 33; *Hirte*, Bezugsrechtsausschluss, 1986, S. 51.

[47] OLG Stuttgart AG 2001, 540 f. – DaimlerChrysler; Hüffer/*Koch* AktG § 192 Rn. 18; Spindler/Stilz AktG/*Rieckers* § 193 Rn. 17; Wachter AktG/*Dürr* § 192 Rn. 4; Schmidt/Lutter/*Veil* AktG § 192 Rn. 20; Grigoleit/*Rieder/Holzmann* AktG § 192 Rn. 28; HdB börsennotierte AG/*Busch* Rn. 44.33; MAH AktienR/*Dißars/Lönner* § 35 Rn. 40; *Weiß*, Aktienoptionspläne, 1999, S. 126 ff.; *Weiß* WM 1999, 353 (359 f.); aA MüKoAktG/*Fuchs* § 192 Rn. 35, der jedoch von einer tatsächlichen Vermutung der sachlichen Rechtfertigung ausgeht; GroßkommAktG/*Frey* § 192 Rn. 124 ff.; *Wulff*, Aktienoptionen, 2000, S. 119 ff.; *Friedrichsen*, Aktienoptionsprogramme, 2000, S. 110 ff.

[48] MüKoAktG/*Fuchs* § 192 Rn. 34; GroßkommAktG/*Frey* § 192 Rn. 123; Spindler/Stilz AktG/*Rieckers* § 193 Rn. 17; HdB börsennotierte AG/*Busch* Rn. 44.34; MAH AktienR/*Dißars/Lönner* § 35 Rn. 41; *Hirte*, Bezugsrechtsausschluss, 1986, S. 70 ff.; *Lutter* ZGR 1979, 401 (411 ff.). AA OLG München WM 1993, 1285 (1288).

b) Berichtspflicht analog § 186 Abs. 4 S. 2 AktG. Anders als beim Ausschluss des 20
Bezugsrechts im Rahmen einer regulären Kapitalerhöhung schreibt das Gesetz bei Schaffung eines bedingten Kapitals **keinen förmlichen Bericht des Vorstands** an die Hauptversammlung über den Grund für die Schaffung des bedingten Kapitals vor. Eine Berichterstattung ist daher grundsätzlich nicht erforderlich. Das gilt auch bei einem bedingten Kapital nach § 192 Abs. 2 Nr. 3 AktG zur Auflegung eines Aktienoptionsplans.[49] Der Gesetzgeber hat auf eine förmliche Berichterstattung mit Recht verzichtet, da gemäß § 193 Abs. 2 Nr. 4 AktG die Aufnahme der wesentlichen Eckdaten des Optionsplans in den Hauptversammlungsbeschluss nötig ist. Nach Meinung der Gesetzesbegründung soll es sich aber von selbst verstehen, dass der Vorstand der Hauptversammlung eine ausführliche Begründung und nähere Erläuterungen zum Vorschlag über die Schaffung eines bedingten Kapitals gibt.[50] Eine Rechtspflicht zu einer förmlichen Berichterstattung folgt daraus jedoch nicht. Die Informationspflicht des Vorstandes richtet sich ausschließlich nach § 131 AktG.

Anders soll es nach hM[51] im Fall des **§ 192 Abs. 2 Nr. 2 AktG** liegen. Da der Beschluss 21
über das bedingte Kapital hier einer sachlichen Rechtfertigung bedürfe (→ Rn. 19), sei der Hauptversammlung analog § 186 Abs. 4 S. 2 AktG ein **schriftlicher Bericht** über den Grund für den beabsichtigten Unternehmenszusammenschluss zu erstatten, soweit nicht schon spezielle Berichtspflichten bestehen (zB §§ 293a, 319 Abs. 3 S. 1 Nr. 3 AktG, § 8 UmwG), die diese Frage mit erfassen. Das ist mit der Gegenansicht[52] abzulehnen. Schon ein Erfordernis sachlicher Rechtfertigung besteht nicht (→ Rn. 19). Für eine Berichtspflicht fehlt es an einer tragfähigen Rechtsgrundlage.

c) Anwendung von § 255 Abs. 2 AktG. Wegen des fehlenden Bezugsrechts der Aktio- 22
näre muss der **Ausgabebetrag** grundsätzlich angemessen sein. Andernfalls ist die bedingte Kapitalerhöhung gemäß oder analog § 255 Abs. 2 AktG anfechtbar.[53] Das gilt jedoch nicht, wenn das bedingte Kapital der Bedienung von Wandel- oder Optionsanleihen/-genussrechten dient, bei deren Ausgabe den Aktionären das Bezugsrecht nach § 221 Abs. 4 AktG zustand.[54] Es gilt auch nicht bei Aktienoptionsprogrammen für Führungskräfte, deren Anreiz gerade in der Chance liegt, Aktien zu günstigen Kursen beziehen zu können; vgl.

---

[49] OLG Stuttgart AG 2001, 540 (541 f.) – DaimlerChrysler; LG Berlin 6.12.2006 – 99 O 219/06 nv; Spindler/Stilz AktG/*Rieckers* § 192 Rn. 24; Grigoleit/*Rieder*/*Holzmann* AktG § 192 Rn. 28; HdB börsennotierte AG/*Busch* Rn. 41.33; *Butzke* Hauptversammlung Rn. L 30; ebenso Hölters AktG/*Apfelbacher*/*Niggemann* § 193 Rn. 7 sowie Wachter AktG/*Dürr* § 193 Rn. 2, die jedoch zudem eine solche Information der Hauptversammlung verlangen, dass ihr eine sachgerechte Beurteilung möglich ist; ferner, aber mit kritischer Würdigung *Weiß*, Aktienoptionspläne, 1999, S. 236 ff.; *Friedrichsen*, Aktienoptionsprogramme, 2000, S. 100 ff., der jedoch im Beschlussvorschlag über § 193 Abs. 2 Nr. 4 AktG hinaus eine Begründung der nach § 186 Abs. 4 S. 2 AktG relevanten Parameter verlangt; aA MüKoAktG/*Fuchs* § 192 Rn. 34; *Wulff*, Aktienoptionen, 2000, S. 119.

[50] Begr. RegE KonTraG BT-Drs. 13/9712, 24.

[51] MüKoAktG/*Fuchs* § 192 Rn. 34; Spindler/Stilz AktG/*Rieckers* § 192 Rn. 24; HdB börsennotierte AG/*Busch* Rn. 44.34; *Hirte*, Bezugsrechtsausschluss, 1986, S. 202 f.; näher zur Berichtspflicht und den Rechtsfolgen mangelhafter Berichterstattung → § 57 Rn. 132 ff.

[52] Hölters AktG/*Apfelbacher*/*Niggemann* § 193 Rn. 5; ebenso wohl OLG München WM 1993, 1285 (1288).

[53] OLG Koblenz ZIP 2002, 1845 (1848); OLG Braunschweig AG 1999, 84 (88 f.) – VW; MüKoAktG/*Fuchs* § 193 Rn. 16; Hüffer/*Koch* AktG § 255 Rn. 17; Henssler/Strohn/*Drescher* AktG § 255 Rn. 5; GroßkommAktG/*K. Schmidt* § 255 Rn. 4; Hölters AktG/*Apfelbacher*/*Niggemann* § 193 Rn. 21; Hölters AktG/*Englisch* § 255 Rn. 3; Spindler/Stilz AktG/*Rieckers* § 193 Rn. 17; Spindler/Stilz AktG/*Stilz* § 255 Rn. 3; Schmidt/Lutter/*Schwab* AktG § 255 Rn. 9; *Spiering*/*Grabbe* AG 2004, 91 (95).

[54] KölnKommAktG/*Drygala*/*Staake* § 193 Rn. 69; MüKoAktG/*Fuchs* § 193 Rn. 17; Hölters AktG/*Apfelbacher*/*Niggemann* § 193 Rn. 21; Spindler/Stilz AktG/*Rieckers* § 193 Rn. 17.

dazu → § 64 Rn. 100 ff. Bei Arbeitnehmeraktien sind im angemessenen Umfang Abschläge beim Ausgabebetrag zulässig.[55]

23 **4. Zulässiger Umfang.** Der Nennbetrag des bedingten Kapitals darf grds. **höchstens 50%** des Grundkapitals betragen,[56] und der Nennbetrag eines bedingten Kapitals nach § 192 Abs. 2 Nr. 3 AktG ist auf **höchstens 10%** des Grundkapitals begrenzt (§ 192 Abs. 3 AktG). Beide Schranken sind nebeneinander anwendbar.[57] Bereits bestehende bedingte Kapitalia sind mitzurechnen, soweit sie noch nicht ausgeschöpft sind.[58] Sie brauchen nicht mitgerechnet zu werden, wenn sie zugleich aufgehoben werden (vgl. dazu → Rn. 62).[59] Nicht mitzurechnen sind ferner beschlossene und ggf. sogar eingetragene, aber nichtige bedingte Kapitalia. Maßgeblich für die Berechnung ist das im Zeitpunkt der Beschlussfassung über die Kapitalerhöhung existierende Grundkapital. Eine gleichzeitig beschlossene reguläre Kapitalerhöhung zählt daher für den Höchstbetrag des bedingten Kapitals nicht mit.[60] Das gilt auch dann, wenn, die Beschlussfassung über das bedingte Kapital aufschiebend bedingt auf die Eintragung der Durchführung der regulären Kapitalerhöhung erfolgt oder eine entsprechende Eintragungsanweisung enthält.[61] Sachlich überzeugt das nicht; ein vernünftiger Grund dafür, dass gleichzeitig beschlossene Kapitalerhöhungen beim genehmigten Kapital berücksichtigt werden (vgl. → § 59 Rn. 17), beim bedingten Kapital hingegen nicht, ist nicht erkennbar. Aufgrund eines bedingten Kapitals bereits ausgegebene Aktien sind hingegen wegen § 200 AktG auch dann mitzuzählen, wenn die Erhöhung noch nicht im Handelsregister eingetragen worden ist.[62] Nachträglich eingetragene Kapitalherabsetzungen sind unschädlich (→ Rn. 62); das gilt auch dann, wenn sie in derselben Hauptversammlung beschlossen werden.[63] § 192 Abs. 3 AktG steht selbständig neben § 202 Abs. 3 AktG; eine Anrechnung aufeinander erfolgt nicht, so dass ein bedingtes Kapital in Höhe von 50% und ein genehmigtes Kapital ebenfalls in Höhe von 50% nebeneinander beschlossen werden können.[64]

23a Das Gesetz enthält verschiedene **Ausnahmen von der 50%-Grenze:**

23b • **Sanierungssituation (§ 192 Abs. 3 S. 3 AktG):** Nach dieser durch die Aktienrechtsnovelle 2016 eingeführten Ausnahme gilt die 50%-Grenze nicht für bedingte Kapitalia, wenn die Gesellschaft zum Umtausch oder zur Wandlung für den Fall ihrer **drohenden Zahlungsunfähigkeit oder** zum Zweck der **Abwendung einer Überschuldung** berechtigt ist. Ob eine drohende Zahlungsunfähigkeit vorliegt, richtet sich nach § 18

---

[55] MüKoAktG/*Fuchs* § 193 Rn. 16; Hüffer/*Koch* AktG § 193 Rn. 6a; Hölters AktG/*Apfelbacher/Niggemann* § 193 Rn. 21; Spindler/Stilz AktG/*Rieckers* § 193 Rn. 17.

[56] Zu den Ausnahmen hiervon vgl. → Rn. 23a ff.

[57] MüKoAktG/*Fuchs* § 192 Rn. 144; Hüffer/*Koch* AktG § 192 Rn. 24; Grigoleit/*Rieder/Holzmann* AktG § 192 Rn. 34; *Ihrig/Wagner* NZG 2002, 657 (663).

[58] OLG München DB 2011, 2370 f.; MüKoAktG/*Fuchs* § 192 Rn. 146; GroßkommAktG/*Frey* § 192 Rn. 135; Hüffer/*Koch* AktG § 192 Rn. 23; Grigoleit/*Rieder/Holzmann* AktG § 192 Rn. 33.

[59] Ebenso MüKoAktG/*Fuchs* § 192 Rn. 146; KölnKommAktG/*Drygala/Staake* § 192 Rn. 160; Spindler/Stilz AktG/*Rieckers* § 192 Rn. 75; Grigoleit/*Rieder/Holzmann* AktG § 192 Rn. 33; HdB AG-Finanzierung/*Jaspers* Kap. 6 Rn. 79; *Ihrig/Wagner* NZG 2002, 657 (658); s. aber auch *Butzke* Hauptversammlung Rn. L 32; Arbeitshdb. HV/*Schröer/Heusel* § 23 Rn. 26.

[60] MüKoAktG/*Fuchs* § 192 Rn. 146; GroßkommAktG/*Frey* § 192 Rn. 138; KölnKommAktG/*Drygala/Staake* § 192 Rn. 157; Hüffer/*Koch* AktG § 192 Rn. 23; Grigoleit/*Rieder/Holzmann* AktG § 192 Rn. 33.

[61] Spindler/Stilz AktG/*Rieckers* § 192 Rn. 75; Hüffer/*Koch* AktG § 192 Rn. 23; KölnKommAktG/*Drygala/Staake* § 192 Rn. 157; Schmidt/Lutter/*Veil* AktG § 192 Rn. 28.

[62] Hüffer/*Koch* AktG § 192 Rn. 23; KölnKommAktG/*Drygala/Staake* § 192 Rn. 157; Schmidt/Lutter/*Veil* AktG § 192 Rn. 28; HdB AG-Finanzierung/*Jaspers* Kap. 6 Rn. 78.

[63] KölnKommAktG/*Drygala/Staake* § 192 Rn. 158; Spindler/Stilz AktG/*Rieckers* § 192 Rn. 75; Arbeitshdb. HV/*Schröer/Heusel* § 23 Rn. 5; HdB AG-Finanzierung/*Jaspers* Kap. 6 Rn. 77.

[64] BGH ZIP 2006, 368 (370); Hüffer/*Koch* AktG § 192 Rn. 23; MüKoAktG/*Bayer* § 202 Rn. 70; Grigoleit/*Rieder/Holzmann* AktG § 192 Rn. 33.

Abs. 2 InsO; die Überschuldung ist iSv § 19 Abs. 2 InsO zu verstehen.[65] Es ist nicht erforderlich, dass die Überschuldung bereits „eingetreten oder festgestellt sein muss".[66] Anderenfalls würde der Zweck der Ausnahme verfehlt. Danach soll sie „ein wirkungsvolles Mittel zur Sanierung sein und helfen, eine drohende Insolvenz abzuwenden".[67] Beide Tatbestandsalternativen werfen die Frage auf, (ab) wann sie jeweils vorliegen. Die Abgrenzungsschwierigkeiten ergeben sich bzgl. der drohenden Zahlungsunfähigkeit vor allem daraus, dass iRv § 18 Abs. 2 InsO eine mit rechtlichen und faktischen Unsicherheiten verbundene Prognose erforderlich ist, und bzgl. der Überschuldung daraus, dass diese gerade noch nicht eingetreten bzw. festgestellt sein muss. Bei der Subsumption ist einerseits darauf zu achten, dass es dem Vorstand nicht allein ohne jede rechtliche Rückkopplung überlassen sein kann, die 50%-Grenze außer Kraft zu setzen,[68] andererseits aber die Anforderungen nicht zu eng gezogen werden dürfen, da sonst das gesetzgeberische Ziel, ein wirkungsvolles Sanierungsmittel zur Verfügung zu stellen, vereitelt wird. Ausreichend sollte es daher zB sein, wenn die Gesellschaft das Gutachten eines unabhängigen externen (Sanierungs-)Beraters eingeholt hat, welches das Erfordernis einer Sanierung (wegen einer drohenden Zahlungsunfähigkeit oder einer möglichen Überschuldung) bejaht und bestätigt, dass die Ausgabe der Options- oder Wandelanleihen ohne Berücksichtigung der 50%-Grenze eigenständig oder als Bestandteil eines weitergehenden Sanierungskonzepts geeignet ist, die Gesellschaft zu sanieren. Beruht das Gutachten auf einer zutreffenden Informationsgrundlage und ist es inhaltlich vertretbar, hat es damit sein Bewenden. Anderenfalls würden die rechtlichen und faktischen Unsicherheiten bei der Bestimmung, ob die Voraussetzungen des § 192 Abs. 3 S. 3 AktG erfüllt sind, zur Folge haben, dass die Ausnahme praktisch keine Anwendung mehr finden kann.

- **Regulatorische Anforderungen bei Kreditinstituten (§ 192 Abs. 3 S. 4 AktG):** 23c Diese Ausnahme ist ebenfalls durch die Aktienrechtsnovelle 2016 eingeführt worden. Danach findet die 50%-Grenze keine Anwendung auf bedingte Kapitalia von Instituten iSd § 1 Abs. 1b KWG, die dem Zweck dienen, dem Institut den Umtausch bzw. die Wandlung zur Erfüllung bankaufsichtsrechtlicher oder zum Zweck der Restrukturierung oder Abwicklung erlassener Anforderungen zu ermöglichen. Sie trägt den regulatorischen Eigenmittelanforderungen an Banken Rechnung[69] und ist nach dem gesetzgeberischen Willen zur Vermeidung der anderenfalls drohenden Inanspruchnahme von Steuergeldern aus Gründen des Allgemeininteresses gerechtfertigt.[70] Nicht geklärt, aber zu bejahen ist die **analoge Anwendung** der Vorschrift **auf Versicherungsgesellschaften.**[71]

- **Gemeinsame Regelungen für die Ausnahmen nach § 192 Abs. 3 S. 3 und 4** 23d **AktG:** (1) Beide Ausnahme greifen nach ihrem Wortlaut allein im Fall einer umgekehrten Options- oder Wandelanleihe. Es ist aber kein Grund ersichtlich, warum sie nicht auch gelten sollten für Wandel- und Optionsanleihen mit Tilgungswahlrecht der Gesellschaft, Pflichtwandelanleihen oder *contingent convertible bonds,* wenn der Bezugs- oder Wandlungsfall unter § 192 Abs. 3 S. 3 oder 4 AktG fällt und dem Inhaber der

---

[65] Hüffer/*Koch* AktG § 192 Rn. 24a; Spindler/Stilz AktG/*Rieckers* § 192 Rn. 75b; KölnKomm-AktG/*Drygala/Staake* § 192 Rn. 171.
[66] RegE Aktienrechtsnovelle 2016 BT-Drs. 18/4349, 26.
[67] RegE Aktienrechtsnovelle 2016 BT-Drs. 18/4349, 26.
[68] In diese Richtung aber KölnKommAktG/*Florstedt* § 221 Rn. 306 und *Florstedt* ZHR 180 (2016), 152 (185 f.), wonach der Vorstand die Bedingungen in den Grenzen des Rechtsmissbrauchs frei festsetzen kann; ablehnend Hüffer/*Koch* AktG § 192 Rn. 24a; Spindler/Stilz AktG/*Rieckers* § 192 Rn. 75b.
[69] Vgl. dazu zB Bürgers/Körber AktG/*Marsch-Barner* § 192 Rn. 23c; Spindler/Stilz AktG/*Rieckers* § 192 Rn. 75d ff.
[70] RegE Aktienrechtsnovelle 2016 BT-Drs. 18/4349, 27.
[71] So zutreffend KölnKommAktG/*Florstedt* § 221 Rn. 304; *Florstedt* ZHR 180 (2016), 152 (185); zustimmend HdB AG-Finanzierung/*Jaspers* Kap. 6 Rn. 86.

Anleihe kein Options- oder Wandlungsrecht zusteht. Eine **(analoge) Anwendung** auf diese Fälle ist daher zu bejahen.[72] (2) Die Gesellschaft kann **ein oder mehrere bedingte Kapitalia für die Zwecke nach § 192 Abs. 3 S. 3 und 4 AktG** schaffen. (3) Bei Schaffung des bedingten Kapitals muss der konkrete Sanierungsfall bzw. der konkrete regulatorische Privilegierungsfall weder bereits eingetreten noch angegeben werden; es genügt vielmehr, bei der Beschlussfassung die gesetzlichen Fälle wiederzugeben.[73] Mit Blick auf § 192 Abs. 3 S. 5 AktG scheint das sogar empfehlenswert (dazu auch → Rn. 24). In diesem Sinn können bedingte Kapitalia iSd § 192 Abs. 3 S. 3 und 4 AktG **auf Vorrat** beschlossen werden. (4) Die Ausnahmen greifen jedoch jeweils nur, wenn und soweit ihre Voraussetzungen erfüllt sind. Das schließt eine **Kombination** von gemäß § 192 Abs. 2 S. 3 und 4 AktG privilegierten Zwecken **mit anderen nicht privilegierten Zwecken in einem bedingten Kapital** nicht aus.[74] Voraussetzung ist lediglich, dass das bedingte Kapital für die nicht privilegierten Fälle die 50%- und – soweit einschlägig – die 10%-Grenze wahrt. (5) Bedingte Kapitalia iSd § 192 Abs. 3 und 4 AktG sind **nicht auf andere bedingte Kapitalia anzurechnen** (§ 192 Abs. 3 S. 5 AktG). Diese können daher zusätzlich unter Beachtung der 50%- und – soweit einschlägig – der 10%-Grenze geschaffen werden. Werden in einem bedingten Kapital aber Zwecke im Sinne der Ausnahmen und weitere Zwecke kombiniert, ist das bedingte Kapital in der Höhe, in der es für andere Zwecke verwendet werden kann, anzurechnen; § 192 Abs. 3 S. 5 AktG findet insofern keine Anwendung.

23e • **Rekapitalisierungen nach § 7 oder § 22 Stabilisierungsfondsgesetz (§ 7a Abs. 1 S. 3 Wirtschaftsstabilisierungsbeschleunigungsgesetz).**

24 Ein **Verstoß** gegen die Höchstgrenzen des bedingten Kapitals führt zur Nichtigkeit des gesamten Kapitalerhöhungsbeschlusses nach § 241 Nr. 3 AktG; eine auf den die Höchstgrenze überschreitenden Betrag begrenzte Nichtigkeit scheidet aus.[75] Aufgrund des bedingten Kapitals können daher Aktien nicht wirksam ausgegeben werden. Eine Heilung der Nichtigkeit kann nach Maßgabe von § 242 Abs. 2 AktG eintreten; zuvor ausgegebene Aktien werden mit ihr wirksam.[76] Wird ein bedingtes Kapital von mehr als 50% geschaffen und bewegt sich das bedingte Kapital innerhalb der **Ausnahmen in § 192 Abs. 3 S. 3 und 4 AktG** (wofür die Wiederholung des Gesetzestextes genügt; → Rn. 23d), scheidet eine Nichtigkeit wegen der Überschreitung der Höchstgrenze aus (zur Aktienausgabe vgl. → Rn. 82a). Erfüllt das bedingte Kapital nicht die Voraussetzungen des § 192 Abs. 3 S. 3 und 4 AktG, ist es wegen Überschreitens der 50%-Grenze – vorbehaltlich einer Heilung gemäß § 242 Abs. 2 AktG – nichtig. Eine Nichtigkeit weiterer bedingter Kapitalia, die gleichzeitig oder später geschaffen werden, wegen Überschreitens der 50%-Grenze aller bedingten Kapitalia zusammen ist hingegen abzulehnen, solange diese bedingten Kapital allein und in Summe die 50%- und – soweit einschlägig – die 10%-Grenze einhalten. § 192 Abs. 3 S. 5 AktG dürfte in diesem Fall zwar nicht eingreifen; für die Bemessung der Einhaltung der 50%-Grenze kann es aber nur auf wirksame, nicht auch auf nichtige bedingte Kapitalia ankommen (vgl. → Rn. 23). Das gilt auch dann, wenn das wegen Verfehlens der Voraussetzungen des § 192 Abs. 3 S. 3 und 4 AktG anfänglich nichtige bedingte Kapital später gemäß § 242 Abs. 2 AktG wirksam wird; anderenfalls würden ordnungsgemäße bedingte Kapitalia schlechter behandelt als anfänglich nichtige bedingte

---

[72] Ebenso Hölters AktG/*Apfelbacher/Niggemann* § 192 Rn. 61a; *F. Dreher*, Bedingte Pflichtwandelanleihen, 2018, S. 187 f.; in diese Richtung auch Wachter AktG/*Dürr* § 192 Rn. 26.

[73] Vgl. dazu zB Spindler/Stilz AktG/*Rieckers* § 192 Rn. 75b u. 75e.

[74] Ebenso Spindler/Stilz AktG/*Rieckers* § 192 Rn. 75c u. 75f; möglicherweise aA Bürgers/Körber AktG/*Marsch-Barner* § 192 Rn. 23b.

[75] OLG München DB 2011, 2370 f.; Spindler/Stilz AktG/*Rieckers* § 192 Rn. 78; MüKoAktG/*Fuchs* § 192 Rn. 153; GroßkommAktG/*Frey* § 192 Rn. 143; Hüffer/*Koch* AktG § 192 Rn. 23 aE.

[76] Hüffer/*Koch* AktG § 192 Rn. 23 aE; MüKoAktG/*Fuchs* § 192 Rn. 154; Bürgers/Körber AktG/*Marsch-Barner* § 192 Rn. 25; Spindler/Stilz AktG/*Rieckers* § 192 Rn. 78.

Kapitalia, die nur aufgrund der Heilung durch Zeitablauf wirksam werden. Um insofern verbleibende Unsicherheiten zu vermeiden, erscheint es jedoch in der Praxis ratsam, bei Ausnutzung der Ausnahmen gemäß § 192 Abs. 3 S. 3 und 4 AktG den gesetzlichen Wortlaut der Ausnahmen zu verwenden.

III. Erhöhungsbeschluss

1. Beschlussfassung[77]. Die hM leitet aus einem Vergleich des Wortlauts von § 192 Abs. 1 AktG und § 202 Abs. 1 AktG ab, dass ein bedingtes Kapital nicht in der **Gründungssatzung** geschaffen werden kann.[78] Diese Auffassung überzeugt nicht. Vom Gesetzeszweck ist sie kaum gedeckt. Da das bedingte Kapital erst mit seiner Eintragung (vgl. § 197 AktG) und somit erst mit Entstehung der AG als solcher wirksam würde, läge auch keine unzulässige Stufengründung vor. Ein bedingtes Kapital ist daher auch in der Gründungssatzung zuzulassen. Zuständig für die Kapitalerhöhung ist allein die **Hauptversammlung**, eine Übertragung auf die Verwaltung ist nicht möglich. 25

Der Beschluss bedarf einer **Mehrheit** von drei Vierteln des bei der Beschlussfassung vertretenen Grundkapitals (§ 193 Abs. 1 S. 1 AktG). Die Satzung kann eine größere Kapitalmehrheit und weitere Erfordernisse bestimmen (§ 193 Abs. 1 S. 2 AktG), da das Bezugsrecht der Aktionär notwendig ausgeschlossen ist, aber keine kleinere Mehrheit. Für ein bedingtes Kapital nach § 7a und Wirtschaftsstabilisierungsbeschleunigungsgesetz genügt die Mehrheit der abgegebenen Stimmen (§ 7a Abs. 1 S. 2 Wirtschaftsstabilisierungsbeschleunigungsgesetz). Im Übrigen gilt das Gleiche wie bei der regulären Kapitalerhöhung; vgl. dazu näher → § 57 Rn. 16 ff. 26

Bestehen mehrere Gattungen stimmberechtigter Aktien (§ 11 AktG), müssen die Aktionäre jeder dieser Gattungen der Kapitalerhöhung durch **Sonderbeschluss** zustimmen (§§ 193 Abs. 1 S. 3, 182 Abs. 2 AktG); vgl. dazu näher → § 57 Rn. 20 ff. Bestehen stimmrechtslose Vorzugsaktien, ist unter den Voraussetzungen des § 141 Abs. 2 AktG ein Sonderbeschluss der Inhaber der stimmrechtslosen Vorzugsaktien erforderlich, wenn neue Vorzugsaktien ausgegeben werden sollen. Die Ausnahme des § 141 Abs. 2 S. 2 AktG greift nicht.[79] Zwar besteht ein Bezugsrecht der Aktionäre bereits kraft Gesetzes nicht. Der Bezugsrechtsausschluss realisiert sich aber erst durch die Beschlussfassung der Hauptversammlung. 27

In der Praxis ist es üblich, neben der Schaffung des bedingten Kapitals (sowie der Ermächtigung zur Ausgabe von Wandel- oder Optionsanleihen bzw. der Einrichtung eines Aktienoptionsprogramms) zusätzlich eine entsprechende **Satzungsänderung** zu beschließen. Erforderlich ist das aber nicht.[80] Das belegen § 195 Abs. 1 S. 1 AktG und ein Vergleich von § 192 Abs. 1 AktG mit § 202 Abs. 1 AktG. Eine Änderung der Satzung tritt erst mit Wirksamwerden der Kapitalerhöhung gemäß § 200 AktG ein. Ausreichend ist dementsprechend im Beschluss die Aufnahme einer Ermächtigung des Aufsichtsrats zur 28

---

[77] Muster in Beck'sches Formularbuch/*Hoffmann-Becking*/*Berger* Form. X.30; Münch. Vertragshandbuch Bd. 1/*Favoccia* Form. V.118; Happ AktienR/*Groß* Form. 12.04a; Hopt Vertrags- und Formularbuch/*Herfs*/*Scholz* Form. II. E.5.3.

[78] KölnKommAktG/*Drygala*/*Staake* § 192 Rn. 16 ff.; MüKoAktG/*Fuchs* § 192 Rn. 22; Bürgers/Körber AktG/*Marsch-Barner* § 192 Rn. 5; Spindler/Stilz AktG/*Rieckers* § 192 Rn. 19; aA GroßkommAktG/*Frey* § 192 Anm. 25; Grigoleit/*Rieder*/*Holzmann* AktG § 192 Rn. 10; zweifelnd und für die Fälle des § 192 Abs. 2 Nr. 3 AktG abweichend auch Hüffer/*Koch* AktG § 192 Rn. 7.

[79] Hüffer/*Koch* AktG § 141 Rn. 17; Spindler/Stilz AktG/*Bormann* § 141 Rn. 44; Wachter AktG/*Dürr* § 141 Rn. 16, § 193 Rn. 3; Spindler/Stilz AktG/*Rieckers* § 193 Rn. 4; MüKoAktG/*Fuchs* § 193 Rn. 10; HdB börsennotierte AG/*Busch* Rn. 44.16.

[80] Str.; ebenso Hüffer/*Koch* AktG § 192 Rn. 5; Spindler/Stilz AktG/*Rieckers* § 192 Rn. 19; Wachter AktG/*Dürr* § 192 Rn. 6; Grigoleit/*Rieder*/*Holzmann* AktG § 192 Rn. 11; *Butzke* Hauptversammlung Rn. L 32; Arbeitshdb. HV/*Schröer*/*Heusel* § 23 Rn. 25; aA MüKoAktG/*Fuchs* § 192 Rn. 21; Happ AktienR/*Groß* Form. 12.05 Anm. 8.1; KölnKommAktG/*Drygala*/*Staake* § 192 Rn. 10.

Anpassung der Satzung (§ 179 Abs. 1 S. 2 AktG). Auch das ist aber entbehrlich, wenn eine solche Ermächtigung bereits in allgemeiner Form in der Satzung enthalten ist.

29 **2. Inhalt des Beschlusses.** Der Inhalt des Kapitalerhöhungsbeschlusses ist in § 193 Abs. 2 AktG geregelt. Diese Anforderungen sind jedoch nicht abschließend. Hinzukommen eine Reihe weiterer notwendiger sowie fakultativer Festsetzungen.

30 a) Allgemeine notwendige Festsetzungen. Wie bei jedem Kapitalerhöhungsbeschluss bedarf es zunächst der Festlegung des **Erhöhungsbetrages.** Das ist der Höchstbetrag, bis zu welchem das Grundkapital durch Ausgabe von Bezugsaktien erhöht werden kann. Die Angabe eines Mindestbetrages ist zulässig, kommt aber praktisch kaum in Frage.[81]

31 Der Kapitalerhöhungsbeschluss hat die **Nennbeträge** der neuen Aktien, bei Stückaktien die **Zahl,** und deren **Art** (Inhaber- oder Namensaktien) zu bestimmen (§ 23 Abs. 3 Nr. 4 und 5 AktG). Die Angaben sind entbehrlich, wenn die Satzung diese Fragen bereits auch für künftige Aktien regelt. Hat die Gesellschaft nach ihrer Satzung nur einen Aktientyp, sind Angaben zur Art der Aktien nicht erforderlich.[82] Dasselbe gilt für die Zahl der neuen Aktien, wenn sie sich wegen §§ 192 Abs. 3 S. 2, 182 Abs. 1 S. 5 AktG aus dem Erhöhungsbetrag rechnerisch ableiten lässt.[83] Sind verschiedene **Aktiengattungen** vorhanden oder sollen verschiedene Aktiengattungen geschaffen werden, sind die Gattungen der neuen Aktien und die Aktiennennbeträge bzw. bei Stückaktien die Zahl der Aktien der einzelnen Gattungen anzugeben (§ 23 Abs. 3 Nr. 4 AktG). Bei Schaffung einer neuen Aktiengattung ist in dem Beschluss ihre Ausgestaltung festzulegen.[84] Bei den Festsetzungen ist **§ 8 Abs. 1 AktG** zu beachten, wonach eine AG nicht Nennbetrags- und Stückaktien ausgeben kann. Verstößt ein bedingtes Kapital hiergegen, steht das der Wirksamkeit aber nicht entgegen, wenn sich aus einer objektiven Auslegung ergibt, dass es sich offensichtlich um eine Fehlbezeichnung handelt.[85]

32 b) Zweck der bedingten Kapitalerhöhung (§ 193 Abs. 2 Nr. 1 AktG). Der Zweck ist im Kapitalerhöhungsbeschluss zwingend zu nennen. Es muss sich um einen der nach § 192 Abs. 2 AktG zulässigen Zwecke handeln. Erforderlich sind konkrete Angaben. Bei einem bedingten Kapital zur Bedienung von Wandel- und Optionsanleihen genügt die Bezugnahme auf den gleichzeitig gefassten Beschluss nach § 221 AktG.[86] Auch bei der Unterlegung eines Aktienoptionsprogramms reicht im bedingten Kapital der Verweis auf das betreffende Programm aus oder – insbesondere wenn es noch kein Programm bzw. noch keinen Zustimmungs- oder Ermächtigungsbeschluss gibt – die Wiederholung der Formulierung des § 192 Abs. 2 Nr. 3 AktG.[87] Bei der Vorbereitung eines Unternehmens-

---

[81] Schmidt/Lutter/*Veil* AktG § 193 Rn. 4; Spindler/Stilz AktG/*Rieckers* § 193 Rn. 7; Wachter AktG/*Dürr* § 193 Rn. 5; GroßkommAktG/*Frey* § 193 Rn. 20; Grigoleit/*Rieder*/Holzmann AktG § 193 Rn. 7; MAH AktienR/*Dißars*/Lönner § 35 Rn. 28; aA Hüffer/*Koch* AktG § 193 Rn. 4; MüKoAktG/*Fuchs* § 193 Rn. 7.
[82] BGH ZIP 2009, 1566 Rn. 23 – Mindestausgabebetrag; GroßkommAktG/*Frey* § 193 Rn. 17; Spindler/Stilz AktG/*Rieckers* § 193 Rn. 7; Grigoleit/*Rieder*/Holzmann AktG § 193 Rn. 8; ArbeitsHdb. HV/*Schröer*/Heusel § 23 Rn. 14; aA Hüffer/*Koch* AktG § 193 Rn. 4 iVm § 182 Rn. 13; enger wohl auch MüKoAktG/*Fuchs* § 193 Rn. 7.
[83] BGH ZIP 2009, 1566 Rn. 23 – Mindestausgabebetrag; GroßkommAktG/*Frey* § 193 Rn. 15; Spindler/Stilz AktG/*Rieckers* § 193 Rn. 7; enger wohl MüKoAktG/*Fuchs* § 193 Rn. 7; Hüffer/*Koch* AktG § 193 Rn. 4 iVm § 182 Rn. 13a.
[84] Spindler/Stilz AktG/*Rieckers* § 193 Rn. 7; MüKoAktG/*Fuchs* § 193 Rn. 7.
[85] Vgl. KG ZIP 2016, 1441 (1442).
[86] MüKoAktG/*Fuchs* § 193 Rn. 10; GroßkommAktG/*Frey* § 193 Rn. 22; HdB börsennotierte AG/*Busch* Rn. 44.22; Schmidt/Lutter/*Veil* AktG § 193 Rn. 6; Spindler/Stilz AktG/*Rieckers* § 193 Rn. 9; Henssler/Strohn/*Hermanns* AktG § 193 Rn. 5 aE.
[87] GroßkommAktG/*Frey* § 193 Rn. 26; Spindler/Stilz AktG/*Rieckers* § 193 Rn. 9.

zusammenschlusses sollen das anzuschließende Unternehmen und, soweit möglich, die Art des beabsichtigten Zusammenschlusses zu nennen sein.[88]

c) Kreis der Umtausch- und Bezugsberechtigten (§ 193 Abs. 2 Nr. 2 AktG). Die 33 Umtausch- und Bezugsberechtigten brauchen nicht namentlich genannt, sondern nur bestimmbar bezeichnet zu werden. Dazu genügt (1) bei der Ausgabe von Wandelschuldverschreibungen die Bezeichnung der Schuldverschreibungen, deren Inhaber umtausch- oder bezugsberechtigt sein sollen, (2) bei der Vorbereitung eines Unternehmenszusammenschlusses die Bezeichnung des Unternehmens, dessen Gesellschafter das Bezugsrecht erwerben sollen, sowie ggf. der Kriterien, anhand derer die berechtigten Gesellschafter ermittelt werden können, (3) bei Aktienoptionsprogrammen eine abstrakte Abgrenzung des berechtigten Personenkreises (was durch Bezugnahme auf ein bestimmtes Programm erfolgen kann) und (4) bei der Ausgabe von Arbeitnehmeraktien der Hinweis, dass die Bezugsrechte den gewinnbeteiligten Arbeitnehmern zustehen sollen.[89]

d) Ausgabebetrag (§ 193 Abs. 2 Nr. 3 AktG). Anzugeben sind der Ausgabebetrag oder 34 die Grundlagen seiner Errechnung (§ 193 Abs. 2 Nr. 3 AktG). Der Ausgabebetrag ermittelt sich grundsätzlich aus dem **Gesamtwert der Leistungen,** für welche die neuen Aktien ausgegeben werden.[90] Der Ausgabebetrag darf bei Nennbetragsaktien nicht unter dem Nennbetrag, bei Stückaktien nicht unter dem anteiligen Betrag des Grundkapitals der neuen Aktien liegen (§ 9 Abs. 1 AktG); zur Geltung von § 255 Abs. 2 AktG → Rn. 22.

Bei Ausgabe von **Wandelanleihen** ist festzusetzen, in welchem Verhältnis und ggf. unter 35 welchen baren Zuzahlungen die Schuldverschreibungen gegen Aktien umzutauschen sind.[91] Dabei ist es zulässig, dass der Gesamtnennbetrag der umzutauschenden Schuldverschreibungen hinter dem geringsten Ausgabebetrag (§ 9 Abs. 1 AktG) der zu gewährenden Aktien zurückbleibt (§ 199 Abs. 2 AktG; vgl. näher → Rn. 84 ff.). Bei **Optionsanleihen** ist außer dem Bezugsverhältnis festzulegen, zu welchem Kurs (Optionspreis) die neuen Aktien bezogen werden können;[92] Gleiches gilt bei einem bedingten Kapital für Aktienoptionen nach § 192 Abs. 2 Nr. 3 AktG,[93] naked warrants uä (vgl. dazu sowie zum *repricing* → § 64 Rn. 108, 113 ff.). Stehen der Bezugskurs oder das Umtauschverhältnis noch nicht genau fest, genügt es, die **Grundlagen der Berechnung** anzugeben. Möglich ist zB die Berechnung nach dem (durchschnittlichen gewichteten) Börsenkurs zu einem bestimmten Stichtag oder während eines bestimmten Zeitraums, nach Aktienindizes oder anderen bestimmbaren Kriterien oder die Festlegung durch einen Sachverständigen, wobei die Maßstäbe, anhand derer der Sachverständige die Festlegung trifft, bestimmbar vorgegeben werden sollten.[94] Sieht der Beschluss eine Festlegung durch einen Sachverständigen vor, kann er diesen bestimmen, die Auswahl aber auch dem Vorstand überlassen.

---

[88] MüKoAktG/*Fuchs* § 193 Rn. 10; GroßkommAktG/*Frey* § 193 Rn. 22 ff.; Hüffer/*Koch* AktG § 193 Rn. 5; Schmidt/Lutter/*Veil* AktG § 193 Rn. 6; Spindler/Stilz AktG/*Rieckers* § 193 Rn. 9; Hölters AktG/*Apfelbacher/Niggemann* § 193 Rn. 16; *Butzke* Hauptversammlung Rn. L 29.
[89] MüKoAktG/*Fuchs* § 193 Rn. 11; GroßkommAktG/*Frey* § 193 Rn. 27 ff.; Hüffer/*Koch* AktG § 193 Rn. 5; Henssler/Strohn/*Hermanns* AktG § 193 Rn. 6; Spindler/Stilz AktG/*Rieckers* § 193 Rn. 10; Hölters AktG/*Apfelbacher/Niggemann* § 193 Rn. 17.
[90] Bürgers/Körber AktG/*Marsch-Barner* § 193 Rn. 7; GroßkommAktG/*Frey* § 193 Rn. 37; MüKoAktG/*Fuchs* § 193 Rn. 12.
[91] MüKoAktG/*Fuchs* § 193 Rn. 12; Hüffer/*Koch* AktG § 193 Rn. 6; Schmidt/Lutter/*Veil* AktG § 193 Rn. 8; Spindler/Stilz AktG/*Rieckers* § 193 Rn. 12.
[92] KölnKommAktG/*Drygala/Staake* § 193 Rn. 56; MüKoAktG/*Fuchs* § 193 Rn. 12; Hüffer/*Koch* AktG § 193 Rn. 6a; Hölters AktG/*Apfelbacher/Niggemann* § 193 Rn. 20; Schmidt/Lutter/*Veil* AktG § 193 Rn. 8; Spindler/Stilz AktG/*Rieckers* § 193 Rn. 12; Grigoleit/*Rieder/Holzmann* AktG § 193 Rn. 11.
[93] *Weiß* WM 1999, 353 (357).
[94] Hölters AktG/*Apfelbacher/Niggemann* § 193 Rn. 22; Schmidt/Lutter/*Veil* AktG § 193 Rn. 9; Spindler/Stilz AktG/*Rieckers* § 193 Rn. 13; MüKoAktG/*Fuchs* § 193 Rn. 12; Hüffer/*Koch* AktG § 193 Rn. 6a; Grigoleit/*Rieder/Holzmann* AktG § 193 Rn. 12; *Weiß* WM 1999, 353 (357).

36 Wird der Vorstand gemäß § 221 Abs. 2 AktG ermächtigt, Wandelschuldverschreibungen auszugeben, entspricht es der Praxis, in dem Beschluss über das bedingte Kapital nur einen **Mindestausgabebetrag** festzulegen und den genauen Betrag in das Ermessen des Vorstands zu stellen. Die Zulässigkeit dieser Verfahrensweise wurde zwischenzeitlich bestritten.[95] Der BGH hat die Zulässigkeit jedoch zu Recht bejaht,[96] und der Gesetzgeber hat sie durch die Änderung von § 193 Abs. 2 Nr. 3 AktG iRd ARUG klargestellt.[97] Möglich ist damit insbesondere die Ermittlung des Ausgabebetrages im Bookbuildingverfahren. Ob auch in den anderen Fällen des § 192 Abs. 2 AktG die Angabe eines Mindestbetrages zulässig ist, wird unterschiedlich beurteilt.[98] Dass die Neufassung des § 193 Abs. 2 Nr. 3 AktG den Mindestausgabebetrag nur für Wandel- bzw. Optionsanleihen vorsieht, steht dem nicht zwingend entgegen, da sie der Klarstellung der aufgrund instanzgerichtlicher Entscheidungen für § 192 Abs. 2 Nr. 1 AktG entstandenen Rechtsunsicherheit diente. Der BGH hat die Frage nicht entschieden. Seine Argumentation (Vergleich mit dem genehmigten Kapital; hinreichender Verwässerungs- und Gläubigerschutz durch Mindestausgabebetrag; flexible Reaktionsmöglichkeiten für den Vorstand)[99] spricht jedoch für die Zulässigkeit.

37 Auch **Verwässerungsschutzklauseln** in den Anleihebedingungen, die zu einer Veränderung des Ausgabebetrages führen können (vgl. → § 64 Rn. 46), sind mit § 193 Abs. 2 Nr. 3 AktG vereinbar.[100]

38 Im Fall von § 192 Abs. 2 Nr. 1 u. 3 AktG genügt es, die erforderlichen Angaben in den **Ermächtigungsbeschluss** nach § 221 Abs. 2 bzw. § 192 Abs. 2 Nr. 3 AktG aufzunehmen und auf diesen im bedingten Kapital zu verweisen; eine zusätzliche Nennung im bedingten Kapital ist dann nicht erforderlich.[101]

39 Bei der Vorbereitung eines **Unternehmenszusammenschlusses** sind anstelle eines genauen Ausgabekurses entweder ein bestimmtes Umtauschverhältnis von Aktien gegen Gesellschaftsanteile an dem anderen Unternehmen oder sonstige Grundlagen für die Berechnung festzulegen.[102] Beim Unternehmenszusammenschluss werden Sacheinlagen erbracht. Daher sollten hier und in allen anderen **Sacheinlagefällen** die gleichen Grundsätze wie bei der ordentlichen Kapitalerhöhung und der Sachgründung gelten: Eine Über-Pari-

---

[95] Ablehnend KG ZIP 2008, 648 f.; OLG Celle AG 2008, 85 (86) – Continental; OLG Hamm AG 2008, 506 (507) – Arcandor; LG Coburg 21.6.2006 – 1 HK O 43/05, nv; LG Hamburg NJOZ 2006, 2334; aus der Literatur zB GroßkommAktG/*Frey* § 193 Rn. 512.

[96] BGH ZIP 2009, 1566 (1568 f.) – Mindestausgabebetrag; BGH ZIP 2009, 1624 – Arcandor; ebenso die wohl hM in der Literatur; vgl. *Maier-Reimer* GS Bosch, 2006, 85 (94 ff.); *Spiering/Grabbe* AG 2004, 91 (92 ff.); MüKoAktG/*Fuchs* § 193 Rn. 13 ff.; HdB börsennotierte AG/*Busch* Rn. 44.25; *Weiß* WM 1999, 353 (357); s. auch Hölters AktG/*Apfelbacher/Niggemann* § 193 Rn. 24 ff.; Spindler/Stilz AktG/*Rieckers* § 193 Rn. 14 ff.; Schmidt/Lutter/*Veil* AktG § 193 Rn. 9 f.; Grigoleit/*Rieder/Holzmann* AktG § 193 Rn. 15.

[97] Durch die Änderung wollte der Gesetzgeber die eingetretene Rechtsunsicherheit für eine in der Praxis erprobte und bewährte Gestaltung beseitigen; vgl. Begr. RegE ARUG BT-Drs. 16/11642, 57. Aus der Änderung lässt sich daher nicht entnehmen, dass die Angabe nur eines Mindestausgabebetrages vor Inkrafttreten des ARUG unzulässig gewesen wäre.

[98] Bejahend MüKoAktG/*Fuchs* § 193 Rn. 14; verneinend Schmidt/Lutter/*Veil* AktG § 193 Rn. 10; Grigoleit/*Rieder/Holzmann* AktG § 193 Rn. 15.

[99] BGH ZIP 2009, 1566 Rn. 14, 16, 19 f. – Mindestausgabebetrag.

[100] OLG Frankfurt a. M. AG 2009, 549 (550) – Kirch/Deutsche Bank II; MüKoAktG/*Fuchs* § 193 Rn. 15; Hölters AktG/*Apfelbacher/Niggemann* § 193 Rn. 26; Spindler/Stilz AktG/*Rieckers* § 193 Rn. 16; HdB börsennotierte AG/*Busch* Rn. 44.26; *Spiering/Grabbe* AG 2004, 91 (95 f.).

[101] Begr. RegE ARUG BT-Drs. 16/11642, 58; Spindler/Stilz AktG/*Rieckers* § 193 Rn. 11 jeweils zu § 221 AktG.

[102] Hölters AktG/*Apfelbacher/Niggemann* § 193 Rn. 22; Spindler/Stilz AktG/*Rieckers* § 193 Rn. 13; GroßkommAktG/*Frey* § 193 Rn. 52; Hüffer/*Koch* AktG § 193 Rn. 6a; MAH AktienR/*Dißars/Lönner* § 35 Rn. 35.

Emission ist nicht erforderlich; die Festsetzung eines Ausgabebetrages kann entfallen (→ § 57 Rn. 46 u. → § 4 Rn. 16 ff.).[103]

e) Zusätzliche Angaben bei Aktienoptionsprogrammen (§ 193 Abs. 2 Nr. 4 AktG). Bei Schaffung eines bedingten Kapitals für Aktienoptionsprogramme nach § 192 Abs. 2 Nr. 3 AktG sind schließlich genaue Angaben über die Ausgestaltung des Programms erforderlich. § 193 Abs. 2 Nr. 4 AktG schreibt deshalb als Inhalt des Hauptversammlungsbeschlusses Angaben über die Aufteilung der Bezugsrechte auf Mitglieder der Geschäftsführungen und der Arbeitnehmer, über Erfolgsziele, Erwerbs- und Ausübungszeiträume sowie die Wartezeit für die erstmalige Ausübung (mindestens vier Jahre[104]) vor. Vgl. hierzu im Einzelnen → § 64 Rn. 107 ff.

Für **Arbeitnehmeraktien** (Bezugsrechte auf Aktien gegen Einlage von Gewinnbeteiligungen) sollte es bei der Rechtslage vor Inkrafttreten des KonTraG bleiben. § 193 Abs. 2 Nr. 4 AktG findet dann keine Anwendung. Die Bestimmung ist 1998 gemeinsam mit der Erweiterung des Kreises der Bezugsberechtigten in § 192 Abs. 2 Nr. 3 AktG eingeführt worden, weil der Gesetzgeber eine Befangenheit der durch die Aktienoptionen „begünstigten Organe" befürchtete.[105] Bei Arbeitnehmeraktien greift diese Befürchtung nicht.

f) Fakultativer Inhalt. Die Hauptversammlung kann weitere Regelungen treffen. In Betracht kommen namentlich Bestimmungen über den Inhalt der Umtausch- und Bezugsrechte, etwa Befristungen oder aufschiebende und auflösende Bedingungen;[106] zu Wandel- und Optionsanleihen → § 64 Rn. 17 ff., zu Genussrechten → § 64 Rn. 76 ff. und zu Aktienoptionsprogrammen → § 64 Rn. 121 ff. Üblich und zweckmäßig ist es, den Aufsichtsrat nach § 179 Abs. 1 S. 2 AktG zu ermächtigen, den Wortlaut der Satzung entsprechend der durchgeführten Kapitalerhöhung anzupassen; vgl. dazu → Rn. 98. Möglich ist auch eine von § 60 Abs. 2 S. 3 AktG abweichende Festlegung des zeitlichen Beginns der **Gewinnberechtigung** der neuen Aktien. Dabei kann insbesondere geregelt werden, dass die neuen Aktien ab dem Beginn des Geschäftsjahres ihrer Ausgabe gewinnberechtigt sind. Zulässig es ist aber auch, eine Gewinnberechtigung für das vorhergehende Geschäftsjahr zu bestimmen, wenn über die Gewinnverwendung für dieses Jahr im Zeitpunkt der Aktienausgabe noch nicht Beschluss gefasst worden ist, oder den Vorstand zu ermächtigen, in diesem Fall eine Gewinnberechtigung für das vorhergehende Jahr festzulegen.[107] Das wird häufig sinnvoll sein, da anderenfalls alte und neue Aktien bis zur Beschlussfassung über die Gewinnverwendung unter separaten WKN-/ISIN-Nummern zu führen sind. Darüber hinaus wird teilweise die Ansicht vertreten, alte und neue Aktien würden im Fall eines unterschiedlichen Beginns ihrer Gewinnberechtigung unterschiedliche Aktiengattungen bilden; dem ist zwar nicht zu folgen (→ § 57 Rn. 34). Dennoch verbleibt insofern Rechtsunsicherheit. Diese kann durch eine gleichlaufende Ausgestaltung der Gewinnberechtigung vermieden werden. Darüber hinaus wird im Allgemeinen eine **Ermächtigung** aufgenommen, dass der Vorstand – ggf. mit Zustimmung des Aufsichtsrats – befugt sein soll, weitere Einzelheiten der bedingten Kapitalerhöhung und ihrer Durchführung festzusetzen; auch ohne ausdrückliche Ermächtigung ist der Vorstand dazu allerdings

---

[103] Wachter AktG/*Dürr* § 194 Rn. 7; MüKoAktG/*Fuchs* § 194 Rn. 18; Hüffer/*Koch* AktG § 194 Rn. 6; KölnKommAktG/*Drygala/Staake* § 194 Rn. 39.

[104] Die Wartezeit ist durch das VorstAG v. 31.7.2009 (BGBl. I S. 2509) von zwei auf vier Jahre verlängert worden.

[105] Begr. RegE KonTraG BT-Drs. 13/9712, 23.

[106] Vgl. BGHZ 24, 279 (289); KölnKommAktG/*Drygala/Staake* § 192 Rn. 15; MüKoAktG/*Fuchs* § 193 Rn. 8; Hüffer/*Koch* AktG § 193 Rn. 4; Schmidt/Lutter/*Veil* AktG § 193 Rn. 5; Hölters AktG/*Apfelbacher/Niggemann* § 193 Rn. 14; Spindler/Stilz AktG/*Rieckers* § 193 Rn. 8.

[107] Ebenso KölnKommAktG/*Drygala/Staake* § 193 Rn. 33; Spindler/Stilz AktG/*Rieckers* § 193 Rn. 7; HdB börsennotierte AG/*Busch* Rn. 44.21; *Singhof* FS Hoffmann-Becking, 2013, 1163 (1181 ff.); s. aber auch die Nachweise in → § 57 Rn. 34 Fn. 116.

berechtigt.[108] Eine gesetzliche Ermächtigung enthält § 7a Abs. 2 iVm § 5 Wirtschaftsstabilisierungsbeschleunigungsgesetz.

43 **3. Mängel der Beschlussfassung.** Die Rechtsfolgen etwaiger Mängel der Beschlussfassung richten sich nach den allgemeinen Vorschriften über Anfechtbarkeit und Nichtigkeit von Hauptversammlungsbeschlüssen (s. § 42). In Bezug auf die besonderen Vorgaben der §§ 192 ff. AktG gilt: (1) Ist der Beschluss auf die Schaffung eines bedingten Kapitals zu einem **unzulässigen Zweck** gerichtet, ist er anfechtbar (§ 243 Abs. 1 AktG); Nichtigkeit tritt nicht ein.[109] (2) Die Rechtsfolgen einer **Verletzung der Festsetzungen gemäß § 193 Abs. 2 AktG** sind nicht abschließend geklärt und zum Teil str. Fehlt jede Zweckangabe, ist der Beschluss wegen Verletzung von § 193 Abs. 2 Nr. 1 AktG nichtig.[110] Ob Verstöße gegen § 193 Abs. 2 Nr. 2–4 AktG die Nichtigkeit oder die Anfechtbarkeit bedingen, wird hingegen unterschiedlich beurteilt.[111] Richtigerweise liegt entgegen der wohl überwiegenden Ansicht nur ein Gesetzesverstoß iSd § 243 Abs. 1 AktG vor, der zur Anfechtung berechtigen kann. Ein Nichtigkeitsgrund gemäß § 241 Nr. 3 oder 4 AktG greift nicht ein; insbesondere dienen die Festsetzungen nicht dem öffentlichen Interesse, sondern dem Aktionärsschutz.[112] (3) Die **Überschreitung des zulässigen Umfangs** (§ 192 Abs. 3 AktG) führt zur Nichtigkeit (→ Rn. 24). (4) Ein **unangemessen niedriger Ausgabebetrag** kann nach § 255 Abs. 2 AktG zur Anfechtung berechtigen (vgl. → Rn. 22 sowie → § 64 Rn. 20 f., 108 u. 126). (5) Zu den Rechtsfolgen etwaiger Verstöße im Zusammenhang mit **Sacheinlagen** → Rn. 53 f.

IV. Sacheinlagen

44 Für die bedingte Kapitalerhöhung mit Sacheinlagen gelten gleichartige Sonderregelungen wie bei einer regulären Kapitalerhöhung mit Sacheinlagen (§ 194 AktG; → § 57 Rn. 41 ff.). Zu beachten sind jedoch eine Reihe von Besonderheiten und Einschränkungen.

45 **1. Sacheinlagekautelen. a) Gesetzliche Konzeption.** Sollen Sacheinlagen festgesetzt werden, sind nach der gesetzlichen Konzeption die folgenden Kautelen einzuhalten: (1) Die beabsichtigte Festsetzung von Sacheinlagen ist bei **Einberufung** der Hauptversammlung unter Angabe des Gegenstands der Sacheinlage, der Person des Einlegers und des

---

[108] Hüffer/*Koch* AktG § 193 Rn. 4; Spindler/Stilz AktG/*Rieckers* § 193 Rn. 8; MüKoAktG/*Fuchs* § 193 Rn. 8; Bürgers/Körber AktG/*Marsch-Barner* § 193 Rn. 3.

[109] Spindler/Stilz AktG/*Rieckers* § 192 Rn. 26; Hüffer/*Koch* AktG § 192 Rn. 8; Bürgers/Körber AktG/*Marsch-Barner* § 192 Rn. 6; Schmidt/Lutter/*Veil* AktG § 192 Rn. 11; Grigoleit/*Rieder/Holzmann* AktG § 192 Rn. 16.

[110] Schmidt/Lutter/*Veil* AktG § 193 Nr. 17; Spindler/Stilz AktG/*Rieckers* § 193 Rn. 37; Hüffer/*Koch* AktG § 193 Rn. 10; Grigoleit/*Rieder/Holzmann* AktG § 192 Rn. 24; HdB AG-Finanzierung/*Jaspers* Kap. 6 Rn. 164.

[111] Wie hier in allen Fällen für Anfechtbarkeit Bürgers/Körber AktG/*Marsch-Barner* § 193 Rn. 14; GroßkommAktG/*Frey* § 193 Rn. 77; für Nichtigkeit bei Verstößen gegen § 193 Abs. 2 Nr. 2 u. 3 AktG und Anfechtbarkeit iFv. § 193 Abs. 2 Nr. 4 AktG Spindler/Stilz AktG/*Rieckers* § 193 Rn. 37; Hüffer/*Koch* AktG § 193 Rn. 10; Grigoleit/*Rieder/Holzmann* AktG § 193 Rn. 24 f.; HdB AG-Finanzierung/*Jaspers* Kap. 6 Rn. 165; MAH AktienR/*Dißars/Lönner* § 35 Rn. 42; für Nichtigkeit bei Verstößen gegen § 193 Abs. 2–4 AktG Schmidt/Lutter/*Veil* AktG § 193 Nr. 17; Wachter AktG/*Dürr* § 193 Rn. 18; Hölters AktG/*Apfelbacher/Niggemann* § 193 Rn. 37; ebenso, soweit die Angaben nach § 193 Abs. 2 Nr. 4 AktG die Festsetzungen gemäß § 193 Abs. 2 Nr. 1–3 AktG zu konkretisieren bestimmt sind, MüKoAktG/*Fuchs* § 193 Rn. 38 f.; danach differenzierend, ob die Festsetzungen fehlerhaft sind oder gänzlich fehlen, HdB börsennotierte AG/*Busch* Rn. 44.37.

[112] S. BGH ZIP 2009, 1566 Rn. 19 f. – Mindestausgabebetrag, wonach § 193 Abs. 2 Nr. 3 AktG primär dem Verwässerungsschutz der Aktionäre dient. AA noch OLG Hamm ZIP 2008, 923 (925) – Arcandor u. KG ZIP 2008, 648 (649), die in § 193 Abs. 2 Nr. 3 AktG eine kompetenzabgrenzende bzw. gläubigerschützende Norm gesehen und daher bei einem Verstoß Nichtigkeit angenommen haben.

Nennbetrags, bei Stückaktien der Zahl, der zu gewährenden Aktien ausdrücklich bekanntzumachen (§ 194 Abs. 1 S. 3 AktG). Die Neufassung von § 194 Abs. 1 S. 3 AktG durch das ARUG, die hinter § 183 Abs. 1 S. 2 AktG zurückbleibt und lediglich die Bekanntmachung der Erbringung von Sacheinlagen, nicht aber der Festsetzungen nach Satz 1 verlangt, dürfte ein Redaktionsversehen sein.[113] Ausreichend ist dabei, dass Einlagegegenstand und Sacheinleger bestimmbar angegeben werden. Eine namentliche Nennung der Sacheinleger ist dementsprechend nicht nötig, sondern es genügt die Festsetzung von Merkmalen, die die Person bestimmbar machen. Die hM, die bei der ordentlichen Kapitalerhöhung zu Unrecht (→ § 57 Rn. 43) strengere Anforderungen anstellt, erkennt das für das bedingte Kapital an.[114] (2) Im **Kapitalerhöhungsbeschluss** sind ebenfalls der Gegenstand der Einlage, die Person des Sacheinlegers und der Nennbetrag bzw. die Zahl der zu gewährenden Aktien festzusetzen (§ 194 Abs. 1 S. 1 AktG). Auch insofern genügt Bestimmbarkeit. Ausreichend ist ferner, dass die Festsetzungen im Fall des § 192 Abs. 2 Nr. 1 AktG im Ermächtigungsbeschluss nach § 221 Abs. 2 AktG enthalten sind und das bedingte Kapital auf diesen verweist (bereits → Rn. 38). Zur Entbehrlichkeit der Angabe eines Ausgabebetrages bei Sacheinlagen vgl. → Rn. 39. (3) Es hat eine **Prüfung** durch einen sachverständigen Prüfer und das Registergericht stattzufinden (§§ 194 Abs. 4, 195 Abs. 3 AktG). Die Prüfung entfällt im Fall des § 183a AktG (s. §§ 194 Abs. 5 u. 195 Abs. 3 S. 2 AktG; dazu → § 57 Rn. 51 u. ausführlich → § 4 Rn. 41 ff.) sowie entsprechend § 69 UmwG, wenn bei einer Verschmelzung die aufnehmende AG zur Durchführung ein bedingtes Kapital schafft und keiner der in § 69 Abs. 1 S. 1 Hs. 2 UmwG vorliegt.[115] Dasselbe sollte auch gelten, wenn das bedingte Kapital im Rahmen eines Unternehmensvertrages oder einer Eingliederung für den Zweck geschaffen wird, eine in Aktien zu erbringende Abfindung zu bedienen (s. §§ 305 Abs. 2 Nr. 1 u. 2, 320b Abs. 1 S. 2 AktG).[116] In diesen Fällen erfolgt eine Prüfung bereits gemäß §§ 293b ff. u. 320 Abs. 3 AktG. Maßgeblicher Zeitpunkt für die Prüfung ist – wie § 195 Abs. 2 Nr. 1 u. Abs. 3 AktG belegt – die Anmeldung des bedingten Kapitals zum Handelsregister;[117] eine erneute Prüfung bei Ausgabe der Bezugsaktien findet grundsätzlich nicht statt.[118]

b) Modifikation der Anforderungen. Die vorstehenden Grundsätze führen dazu, dass **46** ein bedingtes Kapital praktisch nicht zur **Unterlegung von Wandel- und Optionsanleihen** verwendet werden kann, die nicht § 194 Abs. 1 S. 2 AktG unterfallen (dazu → Rn. 48 ff.). Wird der Vorstand wie üblich zur Ausgabe einer Anleihe ermächtigt, sind die Angaben nach § 194 Abs. 1 S. 1 u. 3 AktG sowie die Prüfung nach § 194 Abs. 4 AktG kaum möglich. Das steht in Widerspruch zu dem Umstand, dass die Ausgabe von Wandel- und Optionsanleihen gegen Sacheinlagen und ihre Unterlegung durch ein bedingtes Kapital anerkannt sind.[119] Vor diesem Hintergrund erscheint es in Anlehnung an § 205 AktG zutreffend, für diesen Fall die Angabepflichten im Beschluss über das bedingte Kapital zu reduzieren und die Prüfung auf den Zeitpunkt der Anleihebegebung und damit der

---

[113] MüKoAktG/*Fuchs* § 194 Rn. 19; Hüffer/*Koch* AktG § 194 Rn. 7; Hölters AktG/*Apfelbacher*/*Niggemann* § 194 Rn. 18; Grigoleit/*Rieder*/*Holzmann* AktG § 194 Rn. 11.

[114] MüKoAktG/*Fuchs* § 194 Rn. 18; GroßkommAktG/*Frey* § 194 Rn. 96; Hüffer/*Koch* AktG § 194 Rn. 6; Hölters AktG/*Apfelbacher*/*Niggemann* § 194 Rn. 19; Grigoleit/*Rieder*/*Holzmann* AktG § 194 Rn. 10.

[115] Lutter UmwG/*Grunewald* § 69 Rn. 23; KölnKommUmwG/*Simon* § 69 Rn. 6; Semler/Stengel UmwG/*Diekmann* § 69 Rn. 22; Habersack/Wicke UmwG/*Habersack* § 69 Rn. 24.

[116] GroßkommAktG/*Frey* § 194 Rn. 87; HdB börsennotierte AG/*Busch* Rn. 44.40.

[117] Vgl. GroßkommAktG/*Frey* § 194 Rn. 106; Bürgers/Körber AktG/*Marsch-Barner* § 194 Rn. 10; MüKoAktG/*Fuchs* § 194 Rn. 25; Schnorbus/Trapp ZGR 2010, 1023 (1032).

[118] HdB börsennotierte AG/*Busch* Rn. 44.40 u. 44.43; KölnKommAktG/*Drygala*/*Staake* § 194 Rn. 63 ff. u. § 195 Rn. 41; aA GroßkommAktG/*Frey* § 194 Rn. 107, § 199 Rn. 32, der eine nachträgliche Überprüfung durch das Registergericht fordert.

[119] Vgl. zB OLG München ZIP 2013, 1913 (1914); Hüffer/*Koch* AktG § 194 Rn. 6; Hölters AktG/*Apfelbacher*/*Niggemann* § 194 Rn. 6; GroßkommAktG/*Hirte* § 221 Rn. 110.

Erbringung der Sacheinlage zu verschieben.[120] Eine (erneute) Prüfung bei Ausübung des Wandlungs- oder Optionsrechts bzw. der Ausgabe der neuen Aktien erfolgt dann wegen § 194 Abs. 1 S. 2 AktG nicht.[121] Die Bedeutung der Vorschrift besteht insofern folglich darin, dass sie die Annahme einer erneuten Sacheinlage bei Aktienausgabe ausschließt.

47 **c) Differenzhaftung.** Den Sacheinleger trifft eine Differenzhaftung, wenn der Wert der Einlage nicht die Summe aus Nennbetrag (bzw. aus dem rechnerischen Anteil am Grundkapital) der neuen Aktien und einem körperschaftlichen Agio erreicht (eingehend → § 57 Rn. 60 ff.).[122] Maßgeblicher Zeitpunkt ist grundsätzlich die Ausgabe der neuen Aktien, bei Wandel- und Optionsanleihen (und -genussrechten) hingegen die Erbringung der Sacheinlage, wobei eine Differenzhaftung jedoch nur zur Anwendung gelangen kann, wenn das Wandlungs- oder Optionsrecht später tatsächlich ausgeübt wird.[123]

48 **2. Sonderregelungen für Wandel- und Optionsanleihen.** Keine Sacheinlage ist hingegen der Umtausch von Wandelschuldverschreibungen gegen Bezugsaktien (**§ 194 Abs. 1 S. 2 AktG**); eine bedingte Kapitalerhöhung zur Gewährung von Umtauschrechten für Wandelobligationäre unterfällt den Regelungen für Sacheinlagen also nicht. Das beruht darauf, dass bei Wandlung nicht die Darlehensforderung eingebracht wird, sondern der Gläubiger mit Wandlung das bestehende Rechtsverhältnis umgestaltet *(facultas alternativa)*. Die ursprüngliche Barzahlung ist nicht mehr Auszahlung eines Darlehens, sondern Bareinlage, die voreingezahlt worden ist.[124] Maßgebliche Einlageleistung ist die ursprüngliche Barleistung; ob die dadurch anfänglich begründete Darlehensforderung bei Wandlung (noch) vollwertig ist, ist irrelevant.[125] Voraussetzung ist folglich, dass die Schuldverschreibung ihrerseits gegen Barzahlung ausgegeben worden sein muss. Erfolgte die Ausgabe der Schuldverschreibung gegen Sacheinlage, sind bei der bedingten Kapitalerhöhung die Regeln über Sacheinlagen anwendbar.[126] Das gilt auch, wenn zu einer bereits bestehenden Anleihe nachträglich ein Wandlungsrecht geschaffen wird[127] oder soweit das Wandlungs-

---

[120] S. ausführlich *Schnorbus/Trapp* ZGR 2010, 1023 (1033 ff. u. 1039 ff.); ferner Hüffer/*Koch* AktG § 194 Rn. 6; GroßkommAktG/*Hirte* § 221 Rn. 218; *Juretzek* DStR 2014, 431 (432 f.); zur Bewertung im Zeitpunkt der Einbringung der Sacheinlage auch Spindler/Stilz AktG/*Seiler* § 221 Rn. 14; HdB börsennotierte AG/*Groß* § 51 Rn. 64; Hölters AktG/*Apfelbacher/Niggemann* § 194 Rn. 15; *Böhringer/Mihm/Schaffelhuber/Seiler* RdF 2011, 48 (51); eine Werthaltigkeitsprüfung für den Fall eines *Debt-to-Convertible Swaps* ablehnend *Herfs/Leyendecker* AG 2018, 213 (216).

[121] GroßkommAktG/*Hirte* § 221 Rn. 218; Hölters AktG/*Apfelbacher/Niggemann* § 194 Rn. 15; HdB börsennotierte AG/*Groß* § 51 Rn. 64; Schmidt/Lutter/*Merkt* AktG § 221 Rn. 26; Spindler/Stilz AktG/*Seiler* § 221 Rn. 14; MüKoAktG/*Habersack* § 221 Rn. 231; *Herfs/Leyendecker* AG 2018, 213 (217); *Schnorbus/Trapp* ZGR 2010, 1023 (1043); nicht eindeutig OLG München ZIP 2013, 1913 (1914): Prüfung habe „spätestens bei Anmeldung der Ausgabe von Bezugsaktien gem. § 201 AktG" stattzufinden.

[122] *Schnorbus/Trapp* ZGR 2010, 1023 (1047); GroßkommAktG/*Hirte* § 221 Rn. 219; Spindler/Stilz AktG/*Seiler* § 221 Rn. 8, 14.

[123] Spindler/Stilz AktG/*Seiler* § 221 Rn. 8, 14; *Herfs/Leyendecker* AG 2018, 213 (217); *Schnorbus/Trapp* ZGR 2010, 1023 (1047) mit Fn. 55.

[124] KölnKommAktG/*Drygala/Staake* § 194 Rn. 13; Bürgers/Körber AktG/*Marsch-Barner* § 194 Rn. 4; Spindler/Stilz AktG/*Rieckers* § 194 Rn. 6; Grigoleit/*Rieder/Holzmann* AktG § 194 Rn. 5 f.; HdB börsennotierte AG/*Busch* Rn. 44.41; *Schnorbus/Trapp* ZGR 2010, 1023 (1029).

[125] MüKoAktG/*Fuchs* § 194 Rn. 12; Schmidt/Lutter/*Veil* AktG § 194 Rn. 5; Schmidt/Lutter/*Merkt* AktG § 221 Rn. 26; *Florstedt* ZHR 180 (2016), 152 (183 ff.).

[126] OLG München ZIP 2013, 1913 (1914); MüKoAktG/*Fuchs* § 194 Rn. 8; Hüffer/*Koch* AktG § 194 Rn. 3; HdB börsennotierte AG/*Busch* Rn. 44.41; *Gleske/Ströbele* CFL 2012, 49 (55); *Schnorbus/Trapp* ZGR 2010, 1023 (1029). AA *Herfs/Leyendecker* AG 2018, 213 (215) für den Fall des *Debt-to Convertible Swap* (dh, wenn die Anleihe gegen Einbringung einer Kreditforderung ausgegeben wird).

[127] MüKoAktG/*Fuchs* § 194 Rn. 8; KölnKommAktG/*Drygala/Staake* § 194 Rn. 14 aE; Hölters AktG/*Apfelbacher/Niggemann* § 194 Rn. 5; aA *Bader* AG 2014, 472 (483) sowie für die nachträgliche Ausstattung von Schuldverschreibungen nach dem SchVG mit einem Wandlungsrecht infolge eines Mehrheitsbeschlusses der Gläubiger *Maier-Reimer* FS Goette, 2011, 299 (307).

recht einen nicht ausgeschütteten Zinsanteil umfasst (dazu sowie zur Bedeutung des § 194 Abs. 1 S. 2 AktG in diesem Fall → Rn. 46).[128] Hat der Inhaber einer Optionsanleihe das Recht, bei Ausübung der Option statt Zahlung des Optionspreises die Anleihe zu übertragen **(Optionsanleihe mit Inzahlunggabe)** oder sehen die Optionsbedingungen vor, dass die Anleihe bei Optionsausübung fällig gestellt und die Einlageforderung der Gesellschaft mit dem Rückzahlungsanspruch aus der Anleihe verrechnet wird **(Optionsanleihe mit Verrechnung)**, findet § 194 Abs. 1 S. 2 AktG analog Anwendung.[129] Für **Wandelgenussrechte** gelten die vorstehenden Grundsätze entsprechend.[130]

§ 194 Abs. 1 S. 2 AktG steht es nicht entgegen, wenn Wandel- und Optionsschuldverschreibungen bzw. -genussrechte mit einem **Rangrücktritt** versehen[131] oder mit einer **Verlustbeteiligung** ausgestattet[132] sind. Die Frage ist insbesondere für Versicherungen und Banken von Bedeutung, da die Anerkennung hybrider Finanzierungen als (Tier 1-)Eigenmittel regelmäßig Rangrücktritt und Verlustbeteiligung voraussetzt. Die Gegenansicht, nach der eine Sacheinlage vorliegt, ist mit der Struktur von § 194 Abs. 1 S. 2 AktG nicht vereinbar. Danach kommt es wie dargestellt auf die Barleistung bei Ausgabe der Schuldverschreibung bzw. des -genussrechts und nicht die Werthaltigkeit der dadurch begründeten Darlehensforderung bei Ausübung des Wandlungs- oder Optionsrechts an. Die auflösende Bedingung einer Nachrangabrede mag daher zur Vermeidung der bestehenden Rechtsunsicherheit empfehlenswert sein;[133] rechtlich erforderlich ist sie nicht. Nicht geklärt ist damit, was geschieht, wenn eine Verlustbeteiligung tatsächlich eingetreten, der Nominalbetrag der Schuldverschreibungen bzw. -genussrechte also abgeschrieben worden ist. Eine Aufbringung der Einlage und damit die Bildung von Eigenkapital in der Bilanz ist in Höhe dieses Betrages ausgeschlossen. Dem ist Rechnung zu tragen durch eine in den Emissionsbedingungen vorzusehende Anpassung des Wandlungsverhältnisses oder eine bare Nachzahlung.[134]

Drittemittierte Wandelanleihen/-genussrechte, die nicht von der Gesellschaft selbst, sondern von einer Tochtergesellschaft mit dem Recht auf Wandlung in Aktien der Mutter begeben wurden, können ebenfalls unter § 194 Abs. 1 S. 2 AktG fallen; Gleiches gilt für

---

[128] HdB börsennotierte AG/*Busch* Rn. 44.41; *Schlitt/Seiler/Singhof* AG 2003, 254 Fn. 4.

[129] MüKoAktG/*Habersack* § 221 Rn. 237; KölnKommAktG/*Florstedt* § 221 Rn. 473 f.; HdB börsennotierte AG/*Groß* § 51 Rn. 62; HdB AG-Finanzierung/*Jaspers* Kap. 6 Rn. 133; *Broichhausen*, Zusammengesetzte Finanzierungsinstrumente, 2010, S. 250 ff.

[130] KölnKommAktG/*Drygala/Staake* § 194 Rn. 22; Spindler/Stilz AktG/*Rieckers* § 194 Rn. 11; MüKoAktG/*Fuchs* § 194 Rn. 11; HdB AG-Finanzierung/*Jaspers* Kap. 6 Rn. 137.

[131] Heute ganz hM; vgl. KölnKommAktG/*Drygala/Staake* § 194 Rn. 25; Hüffer/*Koch* AktG § 194 Rn. 4b; Hölters AktG/*Apfelbacher/Niggemann* § 194 Rn. 12; MüKoAktG/*Habersack* § 221 Rn. 233, 244; Spindler/Stilz AktG/*Rieckers* § 194 Rn. 12; Hopt/Seibt SchuldverschreibungsR/*Fest* AktG § 221 Rn. 125; *F. Dreher*, Bedingte Pflichtwandelanleihen, 2018, S. 211 ff.; *Apfelbacher/Kopp* CFL 2011, 21 (28); *Bader* AG 2014, 472 (483); *Böhringer/Mihm/Schaffelhuber/Seiler* RdF 2011, 48 (51); *Florstedt* ZHR 180 (2016), 152 (183 f.); *Gleske/Ströbele* CFL 2012, 49 (56); *Schlitt/Brandi/Schröder/Gemmel/Ernst* CFL 2011, 105 (129).

[132] Str.; ebenso Hüffer/*Koch* AktG § 194 Rn. 4b; KölnKommAktG/*Drygala/Staake* § 194 Rn. 24; Spindler/Stilz AktG/*Rieckers* § 194 Rn. 11a; Hölters AktG/*Apfelbacher/Niggemann* § 194 Rn. 11; Bürgers/Körber AktG/*Stadler* § 221 Rn. 47; MüKoAktG/*Habersack* § 221 Rn. 233, 244; Hopt/Seibt SchuldverschreibungsR/*Fest* AktG § 221 Rn. 125; HdB AG-Finanzierung/*Jaspers* Kap. 6 Rn. 137; *Böhringer/Mihm/Schaffelhuber/Seiler* RdF 2011, 48 (51); *Florstedt* ZHR 180 (2016), 152 (184); *Gleske/Ströbele* CFL 2012, 49 (56); *Schlitt/Brandi/Schröder/Gemmel/Ernst* CFL 2011, 105 (129); ferner MüKoAktG/*Fuchs* § 194 Rn. 13, solange sich noch keine Verlustbeteiligung realisiert hat; aA Schmidt/Lutter/*Merkt* AktG § 221 Rn. 26; Grigoleit/*Rieder/Holzmann* AktG § 194 Rn. 6; Wachter AktG/*Dürr* § 194 Rn. 4.

[133] So HdB börsennotierte AG/*Busch* Rn. 44.43; Spindler/Stilz AktG/*Rieckers* § 194 Rn. 12; Bürgers/Körber AktG/*Marsch-Barner* § 194 Rn. 4.

[134] Vgl. *Böhringer/Mihm/Schaffelhuber/Seiler* RdF 2011, 48 (51); HdB börsennotierte AG/*Busch* Rn. 44.43.

drittemittierte Optionsanleihen mit der Möglichkeit der Inzahlunggabe oder Verrechnung. Nach hM[135] sind hierfür verschiedene Voraussetzungen zu erfüllen (vgl. dazu auch → § 64 Rn. 63): (1) Der Erlös aus der Begebung der Wandel- oder Optionsanleihe ist von der Tochtergesellschaft im Wege eines Darlehens an die Muttergesellschaft weiterzuleiten. (2) Die Tochtergesellschaft tritt den Darlehensrückzahlungsanspruch an die Anleihegläubiger ab, und (3) die Abtretung des Darlehensrückzahlungsanspruchs durch die Anleihegläubiger ist nur möglich bei gleichzeitiger Abtretung der Wandelschuldverschreibungen. Die Gegenauffassung[136] will § 194 Abs. 1 S. 2 AktG hingegen unabhängig von der Erfüllung der vorgenannten Voraussetzungen auf Emissionen durch Tochtergesellschaften anwenden; die Drittemission diene der Konzernfinanzierung und die Zahlung an die Tochtergesellschaft sei eine schuldbefreiende Leistung an einen Dritten auf Weisung der AG. Diese Sichtweise erscheint jedoch mit Blick auf die rechtliche Struktur von Drittemissionen und den hinter § 194 Abs. 1 S. 2 AktG stehenden Grundsatz der effektiven Kapitalaufbringung zu weitgehend. Im Besonderen gilt das bei Tochtergesellschaften, an denen die AG keine 100 %-Beteiligung hält (vgl. → § 64 Rn. 62 f.).

51 § 194 Abs. 1 S. 2 AktG findet auch auf Wandel- und Optionsanleihen mit **Tilgungswahlrecht des Emittenten,**[137] **umgekehrte Options- oder Wandelanleihen**[138] sowie auf **Pflichtwandelanleihen** und so genannte *contingent convertible bonds* Anwendung.[139] Allerdings sollte dem Gläubiger ein – wenn auch sachlich beschränkter – Rückzahlungsanspruch zustehen (vgl. → Rn. 7).

52 **3. Sonderregelungen für die Einbringung von Forderungen aus Gewinnbeteiligungen von Arbeitnehmern.** Die Einbringung solcher Forderungen gegen Bezug von Aktien ist zwar an sich eine Sacheinlage. Gemäß § 194 Abs. 3 AktG sind in diesem Fall von den Vorschriften über die bedingte Kapitalerhöhung mit Sacheinlagen jedoch nur die Prüfungsvorschriften des § 194 Abs. 4 u. 5 AktG anwendbar.[140]

53 **4. Verstöße gegen Sacheinlagekautelen.** Gemäß § 194 Abs. 2 AktG gilt § 27 Abs. 3 u. 4 AktG für das bedingte Kapital entsprechend. Die Grundsätze über die **verdeckte Sacheinlage** und das **Hin- und Herzahlen** finden somit Anwendung; auf ihre Darstellung iRd ordentlichen Kapitalerhöhung (→ § 57 Rn. 66 ff. u. 72 ff.) kann verwiesen werden. § 27 Abs. 3 AktG ist jedoch in zweierlei Hinsicht modifiziert (s. § 194 Abs. 2 AktG). Für die Bestimmung des Werts der (verdeckten) Sacheinlage, der auf die ausstehende Bareinlage angerechnet wird, kommt es entgegen § 27 Abs. 3 S. 3 AktG nicht auf die Anmeldung der Kapitalerhöhung, sondern auf die Ausgabe der Bezugsaktien an (dazu → Rn. 77 ff.), und

---

[135] OLG Stuttgart ZIP 2002, 1807 (1808); HdB börsennotierte AG/*Groß* § 51 Rn. 63, 65; Hölters AktG/*Apfelbacher/Niggemann* § 194 Rn. 9; Spindler/Stilz AktG/*Seiler* § 221 Rn. 127; Grigoleit/Rieder/*Holzmann* AktG § 194 Rn. 6; Hopt Vertrags- und Formularbuch/*Herfs/Scholz* Form. F.6.1 Anm. 7; *Broichhausen*, Zusammengesetzte Finanzierungsinstrumente, 2010, S. 239 ff., 244 ff.

[136] GroßkommAktG/*Frey* § 194 Rn. 36 ff.; MüKoAktG/*Fuchs* § 194 Rn. 10; Spindler/Stilz AktG/*Rieckers* § 194 Rn. 10; KölnKommAktG/*Drygala/Staake* § 194 Rn. 19.

[137] RegE Aktienrechtsnovelle 2016, BT-Drs. 18/4349, 27; Hüffer/*Koch* AktG § 194 Rn. 4a; GroßkommAktG/*Hirte* § 221 Rn. 215; HdB AG-Finanzierung/*Jaspers* Kap. 6 Rn. 133; *Habersack* FS Nobbe, 2009, 539 (551).

[138] RegE Aktienrechtsnovelle 2016, BT-Drs. 18/4349, 27; KölnKommAktG/*Drygala/Staake* § 194 Rn. 16; Hüffer/*Koch* AktG § 194 Rn. 4; Hopt/Seibt SchuldverschreibungsR/*Fest* AktG § 221 Rn. 148 ff.

[139] RegE Aktienrechtsnovelle 2016, BT-Drs. 18/4349, 27; Hüffer/*Koch* AktG § 194 Rn. 4a; Hölters AktG/*Apfelbacher/Niggemann* § 194 Rn. 10; Hopt/Seibt SchuldverschreibungsR/*Fest* AktG § 221 Rn. 171 u. 199; *F. Dreher*, Bedingte Pflichtwandelanleihen, 2018, S. 211 ff.; *Nodoushani* WM 2016, 589 (593); zur Rechtslage vor der Aktienrechtsnovelle 2016 zB *Bader* AG 2014, 472 (483); *Böhringer/Mihm/Schaffelhuber/Seiler* RdF 2011, 48 (50); *Habersack* FS Nobbe, 2009, 539 (550 f.).

[140] Hölters AktG/*Apfelbacher/Niggemann* § 194 Rn. 16; Spindler/Stilz/*Rieckers* § 194 Rn. 14; MüKoAktG/*Fuchs* § 194 Rn. 15; GroßkommAktG/*Frey* § 194 Rn. 93; Hüffer/*Koch* AktG § 194 Rn. 5; Grigoleit/Rieder/*Holzmann* AktG § 194 Rn. 9.

die Anrechnung kann abweichend von § 27 Abs. 3 S. 4 AktG frühestens zu diesem Zeitpunkt – und nicht mit Eintragung der Kapitalerhöhung – erfolgen. Eine **Heilung** durch Änderung des Beschlusses über das bedingte Kapital bzw. die Ermächtigung nach § 221 Abs. 2 AktG kann nicht nur wie bisher vor der Aktienausgabe, sondern infolge der Änderung von § 194 Abs. 2 AktG durch das ARUG auch danach erfolgen (zur Heilung → § 57 Rn. 70).[141] Die der Aktienausgabe nachfolgende Anmeldung nach § 201 AktG kann das Registergericht nicht wegen einer verdeckten Sacheinlage zurückweisen;[142] da der Vorstand bei der Anmeldung nur die Erklärung nach § 201 Abs. 3 AktG, nicht aber eine Versicherung über die Leistung zu seiner freien Verfügung abgeben muss, scheidet bei einer verdeckten Sacheinlage auch eine Strafbarkeit gemäß § 399 Abs. 1 Nr. 4 AktG anders als bei der ordentlichen Kapitalerhöhung tatbestandlich aus.[143] Etwas anderes gilt gemäß § 194 Abs. 2 iVm § 27 Abs. 4 S. 2 AktG wohl für den Fall des Hin- und Herzahlens.[144]

Ist die Bekanntmachung der **Festsetzungen** gemäß § 194 Abs. 1 S. 3 AktG unterblieben oder fehlerhaft, ist der Beschluss über die bedingte Kapitalerhöhung anfechtbar.[145] Dabei gelten die allgemeinen Grundsätze; der Bekanntmachungsfehler muss folglich die erforderliche Relevanz aufweisen. Das Registergericht kann, wenn eine Verletzung des § 194 Abs. 1 S. 3 vorliegt, die Eintragung des bedingten Kapitals zurückweisen, ist dazu aber nicht verpflichtet.[146] Sind die Festsetzungen im Beschluss fehlerbehaftet, ist der Beschluss ebenfalls anfechtbar;[147] zu den Rechtsfolgen auch → § 4 Rn. 12. **54**

V. Anmeldung, Eintragung und Bekanntmachung

Der Kapitalerhöhungsbeschluss ist zur Eintragung ins Handelsregister anzumelden (§ 195 **55** AktG).[148] Anders als bei der regulären Kapitalerhöhung kann diese Anmeldung nicht mit der Anmeldung der Durchführung der Kapitalerhöhung nach § 201 AktG verbunden werden, da die Ausgabe von Bezugsaktien erst nach Eintragung des Kapitalerhöhungsbeschlusses zulässig ist (§ 197 Abs. 1 S. 1 AktG). Die **Anmeldung** erfolgt durch den Vorstand und den Vorsitzenden des Aufsichtsrats gemeinsam (§ 195 Abs. 1 AktG); vgl. näher → § 57 Rn. 88.

In die Anmeldung ist keine Angabe aufzunehmen, ob und welche Einlagen auf das **56** bisherige Grundkapital noch nicht geleistet sind.[149] Der Anmeldung sind als **Anlagen** beizufügen (1) bei Sacheinlagen die zugrunde liegenden Verträge (vgl. dazu → § 57 Rn. 189) sowie der Bericht über die Sacheinlageprüfung oder die in § 37a Abs. 3 AktG bezeichneten Unterlagen (§ 195 Abs. 2 Nr. 1 AktG; s. aber einschränkend → Rn. 46); (2) eine Berechnung der Kosten der Kapitalerhöhung (§ 195 Abs. 2 Nr. 2 AktG; vgl.

---

[141] Hölters AktG/*Apfelbacher/Niggemann* § 194 Rn. 22; MüKoAktG/*Fuchs* § 194 Rn. 22f.; aA Bürgers/Körber AktG/*Marsch-Barner* § 194 Rn. 8.
[142] Hüffer/*Koch* AktG § 194 Rn. 8 aE; MüKoAktG/*Fuchs* § 194 Rn. 21.
[143] Beschlussempfehlung und Bericht des Rechtsausschusses zum ARUG BT-Drs. 16/13098, 59; Spindler/Stilz AktG/*Rieckers* § 194 Rn. 23; Hüffer/*Koch* AktG § 194 Rn. 8; Grigoleit/*Rieder/Holzmann* AktG § 194 Rn. 14.
[144] Spindler/Stilz AktG/*Rieckers* § 194 Rn. 23.
[145] Hüffer/*Koch* AktG § 194 Rn. 7; Hölters AktG/*Apfelbacher/Niggemann* § 194 Rn. 20; MüKoAktG/*Fuchs* § 194 Rn. 24.
[146] Ebenso GroßkommAktG/*Frey* § 194 Rn. 98; aA, dh für Ablehnungspflicht, Wachter AktG/*Dürr* § 194 Rn. 11; Spindler/Stilz AktG/*Rieckers* § 194 Rn. 19; Bürgers/Körber AktG/*Marsch-Barner* § 194 Rn. 7.
[147] Schmidt/Lutter/*Veil* AktG § 194 Rn. 9; Wachter AktG/*Dürr* § 194 Rn. 11, die aber zu Unrecht bei „gravierenden Mängeln" Nichtigkeit annehmen.
[148] Muster in Beck'sches Formularbuch/*Hoffmann-Becking/Berger* Form. X.31; Münch. Vertragshandbuch Bd. 1/*Favoccia* Form. V.119; Happ AktienR/*Groß* Form. 12.04d.
[149] Infolge des ARUG verwies § 195 Abs. 1 S. 2 AktG aF zwar auf § 184 Abs. 1 S. 2 AktG. Dabei handelte es sich jedoch um ein Redaktionsversehen (gemeint war § 184 Abs. 1 S. 3 AktG), das durch die Aktienrechtsnovelle 2016 beseitigt worden ist; → Rn. 17.

§ 58 57–60   10. Kapitel. Kapitalmaßnahmen

→ § 57 Rn. 189); sowie (3) die Niederschriften über den Kapitalerhöhungsbeschluss und etwaige Sonderbeschlüsse (§ 130 AktG; → Rn. 25 ff.).

57 Der Registerrichter **prüft,** ob die gesetzlichen und satzungsgemäßen Voraussetzungen für die Kapitalerhöhung erfüllt sind (vgl. näher → § 57 Rn. 90 ff.). Sind die Eintragungsvoraussetzungen erfüllt, wird der Kapitalerhöhungsbeschluss ins Handelsregister eingetragen und gemäß § 10 HGB bekannt sowie gemäß § 8b Abs. 2 Nr. 1 HGB im Unternehmensregister zugänglich gemacht. Mit der Eintragung wird der Kapitalerhöhungsbeschluss bindend; vgl. → Rn. 62 ff.

58 Üblicherweise wird das Bestehen des bedingten Kapitals in den Text der Satzung aufgenommen. In diesem Fall ist auch die Neufassung des **Satzungswortlauts** unter Beifügung einer vollständigen Satzungsfassung (§ 181 Abs. 1 S. 2 AktG) anzumelden. Notwendig ist eine solche Änderung des Satzungswortlauts jedoch nicht; erst nach Wirksamwerden der Kapitalerhöhung ist die Satzungsfassung zwingend zu ändern (→ Rn. 28 und → Rn. 98).

VI. Bezugsrechte

59 **1. Entstehung. a) Einräumung der Bezugsrechte.** Bei der bedingten Kapitalerhöhung besteht kein gesetzliches Bezugsrecht der Aktionäre (bereits → Rn. 18). Vielmehr ergibt sich aus dem im Kapitalerhöhungsbeschluss festgesetzten Zweck der bedingten Kapitalerhöhung, wer bezugsberechtigt sein soll. Der Hauptversammlungsbeschluss begründet jedoch keine Bezugsrechte. Hierfür bedarf es vielmehr einer rechtsgeschäftlichen **Vereinbarung** zwischen dem Berechtigten und der Gesellschaft.[150] Der Vorstand ist dabei an den Inhalt des Kapitalerhöhungsbeschlusses gebunden und darf Bezugsrechte nur nach dessen Maßgabe, namentlich zu dem dort konkret vorgesehenen Zweck, einräumen.[151] Die Vereinbarung unterliegt keinem besonderen Formerfordernis.[152] Bedingungen und Befristungen sind möglich, wenn sie sich im Rahmen der von der Hauptversammlung beschlossenen Vorgaben halten.[153] Inhaltlich ist die Vereinbarung ein **Vorvertrag,** der auf Abschluss eines Zeichnungsvertrages gerichtet ist. In der Regel verpflichtet der Vorvertrag nur einseitig die AG. Steht ihr im Fall des § 192 Abs. 2 Nr. 1 AktG allerdings ein Wandlungs- bzw. Tilgungswahlrecht zu oder ist eine Wandlungs- bzw. Optionspflicht vereinbart, ist der Vorvertrag insofern auch für den Bezugsberechtigten bindend. In diesem Fall muss der Vorvertrag analog §§ 185 Abs. 1 S. 1, 198 Abs. 1 S. 1 AktG schriftlich erfolgen (auch → § 57 Rn. 177).[154] Im Fall des § 192 Abs. 2 Nr. 2 AktG kann das Bezugsrecht auch kraft Gesetzes entstehen oder durch einen – insofern zugunsten der außenstehenden Aktionäre wirkenden[155] – Unternehmensvertrag begründet werden.[156] Die eingeräumten Bezugsrechte sind abtretbar, vererbbar, pfändbar und verpfändbar, soweit nicht etwas Abweichendes vereinbart ist.[157]

60 **b) Zeitpunkt der Einräumung des Bezugsrechts.** Ein Bezugsrecht kann **frühestens** mit Eintragung des Kapitalerhöhungsbeschlusses ins Handelsregister entstehen (§ 197 S. 2

---

[150] MüKoAktG/*Fuchs* § 197 Rn. 18 ff.; Hüffer/*Koch* AktG § 197 Rn. 5; Hölters AktG/*Apfelbacher/ Niggemann* § 197 Rn. 13; Spindler/Stilz AktG/*Rieckers* § 195 Rn. 13 f.; Grigoleit/*Rieder/Holzmann* AktG § 197 Rn. 4; HdB börsennotierte AG/*Busch* Rn. 44.48; *Barta,* Kompetenzordnung, 2012, S. 36 ff.
[151] Zu den Rechtsfolgen einer Überschreitung dieser Grenzen vgl. MüKoAktG/*Fuchs* § 197 Rn. 22 f.; GroßkommAktG/*Frey* § 197 Rn. 43; Hölters AktG/*Apfelbacher/Niggemann* § 197 Rn. 15; Spindler/Stilz AktG/*Rieckers* § 197 Rn. 17; Schmidt/Lutter/*Veil* AktG § 195 Rn. 9 f.
[152] MüKoAktG/*Fuchs* § 197 Rn. 19; Wachter AktG/*Dürr* § 197 Rn. 5; Spindler/Stilz AktG/*Rieckers* § 197 Rn. 14.
[153] Spindler/Stilz AktG/*Rieckers* § 197 Rn. 14; MüKoAktG/*Fuchs* § 197 Rn. 19; GroßkommAktG/*Frey* § 197 Rn. 37.
[154] MüKoAktG/*Fuchs* § 197 Rn. 19 Fn. 42.
[155] BGHZ 135, 374 (380) – Guano; LG Stuttgart AG 1998, 103 – Gestra; Hüffer/*Koch* AktG § 305 Rn. 3.
[156] S. HdB börsennotierte AG/*Busch* Rn. 44.48; GroßkommAktG/*Frey* § 197 Rn. 37.
[157] Hüffer/*Koch* AktG § 198 Rn. 6; GroßkommAktG/*Frey* § 197 Rn. 37.

AktG). Der Vorstand kann jedoch bereits vorher Vereinbarungen über die Einräumung der Bezugsrechte schließen; diese stehen dann unter dem Vorbehalt der Eintragung eines entsprechenden Erhöhungsbeschlusses.[158] Dies gilt trotz §§ 193 Abs. 1 S. 3, 187 Abs. 2 AktG auch schon vor der Beschlussfassung der Hauptversammlung über die Kapitalerhöhung mit der Maßgabe, dass das Bezugsrecht dann einem doppelten Vorbehalt der Beschlussfassung und der Eintragung unterliegt.[159]

Soweit der Bezugsanspruch auch durch **eigene Aktien** bedient werden kann, gelten **61** insofern die vorstehenden Vorbehalte nicht. Der Anspruch des Bezugsberechtigten ist dann unbedingt, und seine Nichterfüllung ist schadenersatzbewehrt.[160] Wie und woraus Bezugsrechte bedient werden können, ist eine Frage der Auslegung der zwischen der AG und dem Bezugsberechtigten getroffenen Vereinbarungen; die Bedienung muss nicht zwingend aus alten Aktien oder einer bestimmten Kapitalmaßnahme erfolgen.[161] Fehlt eine eindeutige Regelung, sprechen die besseren Gründe dafür, der Gesellschaft ein Wahlrecht zuzuerkennen, Bezugsrechte auch durch Lieferung von Altaktien zu erfüllen.[162]

2. Schutz der Bezugsrechte; Aufhebung und Änderung des bedingten Kapitals. 62
Die Bezugsrechte werden durch **§ 192 Abs. 4 AktG** geschützt. Dem Beschluss über die bedingte Kapitalerhöhung entgegenstehende Beschlüsse sind nichtig. Eine Heilung der Nichtigkeit durch Eintragung oder gemäß § 242 AktG scheidet nach hM aus.[163] Die Vorschrift greift erst ab Eintragung der bedingten Kapitalerhöhung. **Vor der Eintragung** ist der Beschluss über sie mit einfacher Mehrheit aufhebbar;[164] für eine Änderung gilt § 193 Abs. 1 AktG.[165] **Nach Eintragung** verbietet § 192 Abs. 4 AktG hingegen grundsätzlich jede Aufhebung oder Änderung des Beschlusses über das bedingte Kapital. Das gilt aber nur, wenn und soweit der Schutz von Bezugsrechten dies erfordert. Der Beschluss kann daher aufgehoben oder geändert werden, wenn (1) noch keine Bezugsrechte eingeräumt sind,[166] (2) die Bezugsrechte verfallen sind, etwa weil bei aufschiebend bedingter Gewährung eine aufschiebende Bedingung oder bei Befristung Fristablauf eingetreten ist[167] oder

---

[158] MüKoAktG/*Fuchs* § 197 Rn. 20; Hölters AktG/*Apfelbacher/Niggemann* § 197 Rn. 13; Spindler/Stilz AktG/*Rieckers* § 197 Rn. 15; Hüffer/*Koch* AktG § 197 Rn. 5; Grigoleit/*Rieder/Holzmann* AktG § 197 Rn. 4; HdB AG-Finanzierung/*Jaspers* Kap. 6 Rn. 234.

[159] Hölters AktG/*Apfelbacher/Niggemann* § 197 Rn. 13; Spindler/Stilz AktG/*Rieckers* § 197 Rn. 15; Henssler/Strohn/*Hermanns* AktG § 197 Rn. 3; MüKoAktG/*Fuchs* § 197 Rn. 20; Hüffer/*Koch* AktG § 197 Rn. 5; Schmidt/Lutter/*Veil* AktG § 197 Rn. 5; Bürgers/Körber AktG/*Marsch-Barner* § 197 Rn. 5; Grigoleit/*Rieder/Holzmann* AktG § 197 Rn. 4.

[160] GroßkommAktG/*Frey* § 197 Rn. 40; Hölters AktG/*Apfelbacher/Niggemann* § 197 Rn. 14; Spindler/Stilz AktG/*Rieckers* § 197 Rn. 16; MüKoAktG/*Fuchs* § 197 Rn. 21; HdB börsennotierte AG/*Busch* Rn. 44.49.

[161] MüKoAktG/*Fuchs* § 197 Rn. 21; GroßkommAktG/*Frey* § 197 Rn. 39; Spindler/Stilz AktG/*Rieckers* § 197 Rn. 16.

[162] Ebenso Spindler/Stilz AktG/*Rieckers* § 197 Rn. 16, § 198 Rn. 6; KölnKommAktG/*Drygala/Staake* § 198 Rn. 49; s. auch *Barta*, Kompetenzordnung, 2012, S. 39 f.; aA MüKoAktG/*Fuchs* § 198 Rn. 5; zweifelnd auch HdB börsennotierte AG/*Busch* Rn. 44.49.

[163] Hüffer/*Koch* AktG § 192 Rn. 28; Schmidt/Lutter/*Veil* AktG § 192 Rn. 33; Hölters AktG/*Apfelbacher/Niggemann* § 192 Rn. 71; MüKoAktG/*Fuchs* § 192 Rn. 168; Grigoleit/*Rieder/Holzmann* AktG § 192 Rn. 42; *Butzke* Hauptversammlung Rn. L 33.

[164] MüKoAktG/*Fuchs* § 192 Rn. 156; Hölters AktG/*Apfelbacher/Niggemann* § 192 Rn. 66; Spindler/Stilz AktG/*Rieckers* § 192 Rn. 79; Grigoleit/*Rieder/Holzmann* AktG § 192 Rn. 39; HdB AG-Finanzierung/*Schröer* Kap. 6 Rn. 105.

[165] Spindler/Stilz AktG/*Rieckers* § 192 Rn. 79.

[166] MüKoAktG/*Fuchs* § 192 Rn. 157; Hüffer/*Koch* AktG § 192 Rn. 26; GroßkommAktG/*Frey* § 192 Rn. 148; Hölters AktG/*Apfelbacher/Niggemann* § 192 Rn. 67; Spindler/Stilz AktG/*Rieckers* § 192 Rn. 80.

[167] KölnKommAktG/*Drygala/Staake* § 192 Rn. 188; Hölters AktG/*Apfelbacher/Niggemann* § 192 Rn. 67; Spindler/Stilz AktG/*Rieckers* § 192 Rn. 80; MüKoAktG/*Fuchs* § 192 Rn. 157; Hüffer/*Koch* AktG § 192 Rn. 26.

(3) alle Bezugsberechtigten auf ihre Rechte verzichtet oder dem Aufhebungs- bzw. Änderungsbeschluss zugestimmt haben.[168] Eine Erweiterung des Zwecks des bedingten Kapitals zur Bedienung zusätzlicher Bezugsrechte sollte ebenfalls möglich sein, wenn sichergestellt ist, dass das bedingte Kapital ausreicht, um alle Bezugsrechte zu bedienen. Die rechtliche **Durchsetzbarkeit** der Bezugsrechte, die durch § 192 Abs. 4 AktG geschützt wird,[169] ist in diesem Fall nicht betroffen. In Betracht kommt ein solches Vorgehen zB, wenn die Gesellschaft weitere Bezugsrechte begeben will, aufgrund bereits bestehender bedingter Kapitalia aber die Volumengrenzen des § 192 Abs. 3 AktG ausgeschöpft sind. Dementsprechend ist auch eine Herabsetzung des Betrags eines bedingten Kapitals zulässig, wenn der verbleibende Betrag für die Unterlegung aller begebenen Bezugsrechte ausreicht.[170] Ob § 192 Abs. 4 AktG eine Aufhebung auch dann verbietet, wenn die Gesellschaft die Bezugsrechte durch **Altaktien** erfüllen kann, ist nicht geklärt. Dagegen spricht, dass in diesem Fall unbedingte Bezugsrechte auch schon vor Beschlussfassung und Eintragung des bedingten Kapitals gewährt werden können (→ Rn. 61) und die Bezugsberechtigten somit in diesem Fall mit der Begründung ihrer Bezugsrechte unabhängig von dem Bestehen eines bedingten Kapitals einverstanden gewesen sind. Aufhebung und Änderung des Beschlusses über ein bedingtes Kapital bedürfen nach der Eintragung der **satzungsändernden Mehrheit**;[171] der Beschluss ist zwar nicht Bestandteil der Satzung, wird aber im Handelsregister eingetragen und seine Aufhebung oder Änderung kommt einer Satzungsänderung gleich. Dem Handelsregister sollten die Voraussetzungen dafür, dass § 192 Abs. 4 AktG keine Anwendung findet, bei der Anmeldung in geeigneter Weise nachgewiesen werden.[172]

63 Da § 192 Abs. 4 AktG dem Schutz der rechtlichen Durchsetzbarkeit der Bezugsrechte dient, hindert er eine Änderung der jungen Aktien in Bezug darauf, ob es sich um Inhaber- oder Namensaktien bzw. um Nennbetrags- oder Stückaktien handelt, nicht.[173] Eine **wirtschaftliche Beeinträchtigung** der Bezugsrechte verbietet § 192 Abs. 4 AktG nicht.[174] Möglich sind daher insbesondere (1) **effektive Kapitalerhöhungen** und zwar selbst dann, wenn sie zu einer Entwertung des Bezugsrechts führen, weil der Aktienkurs unter den Bezugskurs sinkt,[175] (2) **Kapitalerhöhungen aus Gesellschaftsmitteln,** bei denen es nach §§ 218, 216 Abs. 3 AktG zu einer gesetzlichen Anpassung kommt,[176] (3) **Kapital-**

---

[168] KölnKommAktG/*Drygala/Staake* § 192 Rn. 189; MüKoAktG/*Fuchs* § 192 Rn. 157; Hölters AktG/*Apfelbacher/Niggemann* § 192 Rn. 67; Spindler/Stilz AktG/*Rieckers* § 192 Rn. 80; Hüffer/*Koch* AktG § 192 Rn. 26; Grigoleit/*Rieder/Holzmann* AktG § 192 Rn. 39.
[169] Hüffer/*Koch* AktG § 192 Rn. 27; Spindler/Stilz AktG/*Rieckers* § 192 Rn. 79; MüKoAktG/ *Fuchs* § 192 Rn. 156; Grigoleit/*Rieder/Holzmann* AktG § 192 Rn. 40.
[170] GroßkommAktG/*Frey* § 192 Rn. 151; *Butzke* Hauptversammlung Rn. L 33; zu undifferenziert demgegenüber Schmidt/Lutter/*Veil* AktG § 192 Rn. 32; MüKoAktG/*Fuchs* § 192 Rn. 158; Wachter AktG/*Dürr* § 192 Rn. 23; Hüffer/*Koch* AktG § 192 Rn. 27, wonach Herabsetzungen allgemein gegen § 192 Abs. 4 AktG verstoßen.
[171] Spindler/Stilz AktG/*Rieckers* § 192 Rn. 80; GroßkommAktG/*Frey* § 192 Rn. 154; Hölters AktG/*Apfelbacher/Niggemann* § 192 Rn. 67.
[172] HdB börsennotierte AG/*Busch* Rn. 44.50; Spindler/Stilz AktG/*Rieckers* § 192 Rn. 80; Bürgers/Körber AktG/*Marsch-Barner* § 192 Rn. 26; GroßkommAktG/*Frey* § 192 Rn. 152: eidesstattliche Versicherung von Vorstand und Aufsichtsratsvorsitzendem.
[173] GroßkommAktG/*Frey* § 192 Rn. 150.
[174] Henssler/Strohn/*Hermanns* AktG § 192 Rn. 16; MüKoAktG/*Fuchs* § 192 Rn. 159; Hölters AktG/*Apfelbacher/Niggemann* § 192 Rn. 68; Spindler/Stilz AktG/*Rieckers* § 192 Rn. 81; Grigoleit/ *Rieder/Holzmann* AktG § 192 Rn. 40.
[175] Bürgers/Körber AktG/*Marsch-Barner* § 192 Rn. 27; MAH AktienR/*Dißars/Lönner* § 35 Rn. 55; Hüffer/*Koch* AktG § 192 Rn. 27; Schmidt/Lutter/*Veil* AktG § 192 Rn. 32; Spindler/Stilz AktG/ *Rieckers* § 192 Rn. 81; GroßkommAktG/*Frey* § 192 Rn. 160; KölnKommAktG/*Drygala/Staake* § 192 Rn. 192ff.: Schutz der Anleihegläubiger über Verwässerungsschutzklauseln, die auch dann, wenn sie nicht ausdrücklich vereinbart sind, im Wege der ergänzenden Auslegung Anwendung finden sollen.
[176] MüKoAktG/*Fuchs* § 192 Rn. 159; HdB börsennotierte AG/*Busch* Rn. 44.51; GroßkommAktG/*Frey* § 192 Rn. 159.

herabsetzungen,[177] bei denen es zudem unschädlich ist, wenn sie zu einer nachträglichen Überschreitung der Volumengrenzen des § 192 Abs. 3 AktG führen (bereits → Rn. 23),[178] sowie (4) (ungewöhnlich) hohe **Dividendenausschüttungen.**[179] Anleihe- und Optionsbedingungen enthalten daher regelmäßig **Verwässerungsschutzklauseln;** fehlt es daran, ist der Bezugsberechtigte durch eine Vertragsanpassung geschützt (ausführlich → § 57 Rn. 195 ff.).

Das Bestehen eines bedingten Kapitals hindert nicht die Vornahme struktureller Änderungen. Im Falle der **Auflösung** besteht das Bezugsrecht bis zur Beendigung der Abwicklung fort;[180] ist das Bezugsrecht noch nicht fällig, kann es vorzeitig ausgeübt werden.[181] Bei **Verschmelzung, Spaltung und Formwechsel** besteht die Pflicht, vergleichbare Rechtspositionen neu zu begründen.[182] Gleiches wird man entsprechend §§ 23, 36 UmwG im Fall der **Eingliederung** annehmen müssen. An die Stelle des Bezugsrechts auf Aktien der eingegliederten Gesellschaft tritt ein äquivalenter Abfindungsanspruch gegen die Hauptgesellschaft mit dem Inhalt nach § 320b AktG.[183] Ebenso tritt im Falle des **Squeeze Out** nach §§ 327a ff. AktG an die Stelle des Bezugsrechts ein Barabfindungsanspruch, der sich nach § 327b AktG richtet;[184] dasselbe gilt für einen Squeeze Out nach § 62 Abs. 5 UmwG und nach §§ 39a f. WpÜG.[185] Bei einer **Vermögensübertragung** besteht ein Anspruch auf Barabfindung.[186] Vgl. zu diesen Fragen noch näher → § 64 Rn. 47 ff. u. 83 ff., → § 75 Rn. 113 f.

64

---

[177] Bürgers/Körber AktG/*Marsch-Barner* § 192 Rn. 27; MüKoAktG/*Fuchs* § 192 Rn. 159; HdB börsennotierte AG/*Busch* Rn. 44.52.

[178] GroßkommAktG/*Frey* § 192 Rn. 136; Spindler/Stilz AktG/*Rieckers* § 192 Rn. 75.

[179] Bürgers/Körber AktG/*Marsch-Barner* § 192 Rn. 27; Hölters AktG/*Apfelbacher/Niggemann* § 192 Rn. 68; Spindler/Stilz AktG/*Rieckers* § 192 Rn. 81; GroßkommAktG/*Frey* § 192 Rn. 160; Wachter AktG/*Dürr* § 192 Rn. 29.

[180] BGHZ 24, 279 (286); MüKoAktG/*Fuchs* § 192 Rn. 161; Hölters AktG/*Apfelbacher/Niggemann* § 192 Rn. 69; Spindler/Stilz AktG/*Rieckers* § 192 Rn. 82; HdB börsennotierte AG/*Busch* § 44 Rn. 51.

[181] MüKoAktG/*Fuchs* § 192 Rn. 161; MüKoAktG/*Habersack* § 221 Rn. 315.

[182] Vgl. §§ 23, 125, 204 UmwG. auch → § 64 Rn. 50 sowie Spindler/Stilz AktG/*Rieckers* § 192 Rn. 82; Schmidt/Lutter/*Veil* AktG § 192 Rn. 32; Bürgers/Körber AktG/*Marsch-Barner* § 192 Rn. 28; MüKoAktG/*Fuchs* § 192 Rn. 162; Hüffer/*Koch* AktG § 192 Rn. 27; Grigoleit/*Rieder/Holzmann* AktG § 192 Rn. 42; zu Aktienoptionen ausführlich *Seidensticker*, Mitarbeiteraktienoptionsprogramme, 2019, S. 131 ff.

[183] BGH ZIP 1998, 560 f. – Siemens/Nixdorf; Hüffer/*Koch* AktG § 320b Rn. 5; MüKoAktG/*Fuchs* § 192 Rn. 163; GroßkommAktG/*Frey* § 192 Rn. 161; Spindler/Stilz AktG/*Rieckers* § 192 Rn. 82; Hölters AktG/*Apfelbacher/Niggemann* § 192 Rn. 69; Martens AG 1992, 209 (210).

[184] HM; LG Düsseldorf ZIP 2004, 1755 (1757) – Kamps; MüKoAktG/*Fuchs* § 192 Rn. 166 f.; Hüffer/*Koch* AktG § 327b Rn. 3; Hölters AktG/*Apfelbacher/Niggemann* § 192 Rn. 69; Bürgers/Körber AktG/*Marsch-Barner* § 192 Rn. 28; Spindler/Stilz AktG/*Rieckers* § 192 Rn. 83; HdB börsennotierte AG/*Busch* Rn. 44.50; *I. Fuchs*, Squeeze-out, 2009, S. 386 ff.; KölnKommWpÜG/*Koppensteiner* AktG § 327e Rn. 17; *Schlitt/Seiler/Singhof* AG 2003, 254 (268); *F. Dreher*, Bedingte Pflichtwandelanleihen, 2018, S. 264 ff., wenn die Bezugsrechte auf Aktien in Höhe von nicht mehr als 5 % des Grundkapitals gerichtet sind u. mit Ausnahme für CoCo-Bonds; zu Aktienoptionen *Seidensticker*, Mitarbeiteraktienoptionsprogramme, 2019, S. 168 ff. (ausübungsreife Optionen sollen für die Bemessung, ob die 95 %-Schwelle erreicht wird, zu berücksichtigen sein); aA *Ph. Baums*, Ausschluss von Minderheitsaktionären, 2001, S. 156 ff.; *Ziemons* FS K. Schmidt, 2009, 1777 (1779 ff.).

[185] Spindler/Stilz AktG/*Rieckers* § 192 Rn. 83; Wachter AktG/*Dürr* § 192 Rn. 30; Bürgers/Körber AktG/*Marsch-Barner* § 192 Rn. 28; *Engelhardt*, Convertible Bonds im Squeeze out, 2007, S. 165 f.; *Kießling*, Der übernahmerechtliche Squeeze-out gemäß §§ 39a, 39b WpÜG, 2008, S. 56 ff.; eingehend *Fehling/Arens* Der Konzern 2012, 160 (161 ff.).

[186] Vgl. § 176 Abs. 2 S. 4 UmwG; Spindler/Stilz AktG/*Rieckers* § 192 Rn. 82.

VII. Ausübung des Bezugsrechts

65 **1. Bezugserklärung.** Das Bezugsrecht wird durch die Erklärung[187] ausgeübt, die neuen Aktien erwerben zu wollen (s. § 198 Abs. 1 S. 1 AktG).

66 **a) Form.** Die Erklärung bedarf der **Schriftform** (§ 198 Abs. 1 S. 1 AktG, § 126 BGB), wofür auch die elektronische Form (§ 126a BGB) genügt.[188] Sie soll **doppelt** ausgestellt werden (§ 198 Abs. 1 S. 2 AktG). Die Zweitschrift ist der Anmeldung der Aktienausgabe als Anlage beizufügen (§ 201 Abs. 2 S. 1 AktG). Das entspricht der Rechtslage bei der ordentlichen Kapitalerhöhung; → § 57 Rn. 168.

67 **b) Inhalt.** Zentraler Inhalt muss die Willenserklärung sein, die genannten Aktien beziehen, dh einen entsprechenden Zeichnungsvertrag abschließen zu wollen. Darüber hinaus sind die notwendigen Angaben der Bezugserklärung in § 198 Abs. 1 S. 3 AktG geregelt. Danach muss sie zum einen – der Auslegung zugängliche[189] – **individuelle Angaben** enthalten. Das sind die Zahl der bezogenen Aktien, bei Nennbetragsaktien ihr Nennbetrag[190] und bei Vorliegen mehrerer Aktiengattungen die Gattung der bezogenen Aktien sowie die Identität des Erklärenden und die Adressierung an die AG. Die Grundsätze zu § 185 Abs. 1 S. 3 AktG gelten entsprechend; vgl. → § 57 Rn. 169. Ob eine teilweise Ausübung des Bezugsrechts in Betracht kommt, hängt von der rechtsgeschäftlichen Ausgestaltung ab.[191]

68 Darüber hinaus sind **allgemeine Angaben** zwingend. Eine (ergänzende) Auslegung soll insofern nicht möglich sein.[192] Ebenso wie bei der ordentlichen Kapitalerhöhung ist das abzulehnen. Vielmehr ändert sich nur der Auslegungsmaßstab (vgl. → § 57 Rn. 170). Zu den allgemeinen Angaben zählen:

- **Feststellungen nach § 193 Abs. 2 AktG:** Zu nennen sind der Zweck der bedingten Kapitalerhöhung und der Kreis der Bezugsberechtigten (§ 193 Abs. 2 Nr. 1 u. 2 AktG). Es empfiehlt sich die wortgleiche Übernahme der entsprechenden Passagen aus dem Beschluss, da diese Angaben nach ihrem ganzen Inhalt aufzunehmen sein sollen.[193] Anzugeben ist ferner der Ausgabebetrag (§ 193 Abs. 2 Nr. 3 AktG). Erforderlich ist dafür die Angabe eines konkreten Betrages; die für den Beschluss ausreichenden Grundlagen seiner Festlegung genügen nicht.[194] Nach dem Wortlaut von § 198 Abs. 1 S. 3 AktG wären bei Aktienoptionen auch die Angaben gemäß § 193 Abs. 2 Nr. 4 AktG erforderlich. Die ganz hM[195] lehnt das jedoch zu Recht ab und nimmt insofern eine teleologische Reduktion vor.

---

[187] Muster in Münch. Vertragshandbuch Bd. 1/*Favoccia* Form. V.120; Happ AktienR/*Groß* Form. 12.04k; zum praktischen Erfordernis der Bezugserklärung vor dem Hintergrund der Vorverlegung der für den Umtausch relevanten Entscheidungen *Singhof* FS Hoffmann-Becking, 2013, 1163 (1165 ff.).

[188] Str.; ebenso KölnKommAktG/*Drygala/Staake* § 198 Rn. 22; aA MüKoAktG/*Fuchs* § 198 Rn. 6; Wachter AktG/*Dürr* § 198 Rn. 6.

[189] Spindler/Stilz AktG/*Rieckers* § 198 Rn. 18; MüKoAktG/*Fuchs* § 198 Rn. 10; Grigoleit/*Rieder/Holzmann* AktG § 198 Rn. 5.

[190] Gemeint ist wohl der Nennbetrag der einzelnen Aktien; s. MüKoAktG/*Fuchs* § 198 Rn. 9. Wird nur der Gesamtnennbetrag genannt, lässt sich daraus aber, auch unter Heranziehung des Kapitalerhöhungsbeschlusses der einzelne Nennbetrag ableiten, ist das ausreichend; → § 57 Rn. 169.

[191] S. Hüffer/*Koch* AktG § 198 Rn. 7; Spindler/Stilz AktG/*Rieckers* § 198 Rn. 22; vertiefend Grigoleit/*Rieder/Holzmann* AktG § 198 Rn. 3.

[192] MüKoAktG/*Fuchs* § 198 Rn. 12; GroßkommAktG/*Frey* § 198 Rn. 33; Spindler/Stilz AktG/*Rieckers* § 198 Rn. 12; Grigoleit/*Rieder/Holzmann* AktG § 198 Rn. 5.

[193] GroßkommAktG/*Frey* § 198 Rn. 28; MüKoAktG/*Fuchs* § 198 Rn. 14; Spindler/Stilz AktG/*Rieckers* § 198 Rn. 14.

[194] MüKoAktG/*Fuchs* § 198 Rn. 14; GroßkommAktG/*Frey* § 198 Rn. 27; Wachter AktG/*Dürr* § 198 Rn. 8; Spindler/Stilz AktG/*Rieckers* § 198 Rn. 14; Bürgers/Körber AktG/*Marsch-Barner* § 198 Rn. 6; wohl aA Hüffer/*Koch* AktG § 198 Rn. 9.

[195] Hüffer/*Koch* AktG § 198 Rn. 9; MüKoAktG/*Fuchs* § 198 Rn. 13; Wachter AktG/*Dürr* § 198 Rn. 8; Spindler/Stilz AktG/*Rieckers* § 198 Rn. 13; Bürgers/Körber AktG/*Marsch-Barner* § 198 Rn. 6; Schmidt/Lutter/*Veil* AktG § 198 Rn. 7; aA GroßkommAktG/*Frey* § 198 Rn. 28.

- **Festlegungen nach § 194 AktG bei Sacheinlagen:** Die Bezugserklärung hat den Gegenstand der Sacheinlage, die Person, von der die Einlage erworben wird, sowie die Zahl bzw. den Nennbetrag der für die Sacheinlage zu gewährenden Aktien zu enthalten. Im Fall des § 194 Abs. 1 S. 2 AktG liegt keine Sacheinlage vor, so dass auch keine Festsetzungen nach § 198 Abs. 1 S. 3 iVm § 194 Abs. 1 S. 1 AktG erforderlich sind; dasselbe gilt im Fall des § 194 Abs. 3 AktG.[196]
- **Tag der Beschlussfassung über das bedingte Kapital:** Maßgeblich ist der Tag des Beschlusses der Hauptversammlung, bei Änderung des bedingten Kapitals auch der Tag des Änderungsbeschlusses. Nicht aufzunehmen sind die Daten etwaiger Sonderbeschlüsse (→ Rn. 27).[197]

Darüber hinaus sind **weitere Angaben** denkbar. Für die Wirksamkeit der Bezugserklärung nicht erforderlich, aber empfehlenswert ist die Nennung etwaiger Zusatzverpflichtungen iSv § 55 AktG, da nur so gewährleistet ist, dass sie für den Bezugsberechtigten verbindlich sind.[198] Für sinnvoll, aber nicht notwendig wird iFd. § 192 Abs. 2 Nr. 1 AktG die Angabe der Anleihen gehalten, die das Bezugs- bzw. Umtauschrecht gewähren.[199] 69

Die Bezugserklärung darf keine **Beschränkungen** der Bezugspflicht enthalten (§ 198 Abs. 2 S. 2 AktG); insofern gelten die gleichen Grundsätze wie zu § 185 Abs. 2 AktG (→ § 57 Rn. 171). Eine **Verfallsfrist** nach dem Vorbild des § 185 Abs. 1 S. 3 Nr. 4 AktG kann hingegen nicht vorgesehen werden.[200] Möglich ist somit eine Annahmefrist oder ein Widerrufsvorbehalt bis zur Annahme, jedoch keine nach Zustandekommen des Zeichnungsvertrags wirkende Verfallsfrist. 70

c) Zeitpunkt. Im Regelfall wird die Bezugserklärung nach der Eintragung des Beschlusses über die bedingte Kapitalerhöhung erklärt. Sie kann jedoch auch bereits vorher und – wenn der Tag der Beschlussfassung feststeht – sogar vor dieser erfolgen. In diesem Fall steht sie unter den für die Einräumung von Bezugsrechten geltenden Vorbehalten (→ Rn. 60 f.).[201] 71

d) Stellvertretung. Die Bezugserklärung ist Willenserklärung. Die allgemeinen Regeln zur Stellvertretung finden Anwendung. Auch mittelbare Stellvertretung ist zulässig.[202] Da die Erklärung auf Abschluss eines Zeichnungsvertrages gerichtet ist, liegt kein einseitiges Rechtsgeschäft vor, und § 174 BGB findet keine Anwendung.[203] Gemäß § 167 Abs. 2 BGB besteht für die Vollmacht kein Formerfordernis, insbesondere nicht das Schriftformerfordernis des § 198 Abs. 1 S. 1 AktG.[204] Zur vollmachtlosen Vertretung → § 57 Rn. 173. 72

---

[196] GroßkommAktG/*Frey* § 198 Rn. 29; Spindler/Stilz AktG/*Rieckers* § 198 Rn. 15; MüKoAktG/*Fuchs* § 198 Rn. 16; Wachter AktG/*Dürr* § 198 Rn. 9.

[197] Bürgers/Körber AktG/*Marsch-Barner* § 198 Rn. 6; Hüffer/*Koch* AktG § 198 Rn. 9 iVm § 185 Rn. 12; Spindler/Stilz AktG/*Rieckers* § 198 Rn. 16; KölnKommAktG/*Drygala/Staake* § 198 Rn. 37; zu § 185 Abs. 1 S. 3 Nr. 1 AktG auch → § 57 Rn. 170; aA MüKoAktG/*Fuchs* § 198 Rn. 17; v. Godin/Wilhelmi § 198 Anm. 3 iVm § 185 Anm. 8.

[198] Hölters AktG/*Apfelbacher/Niggemann* § 198 Rn. 10; Bürgers/Körber AktG/*Marsch-Barner* § 198 Rn. 6; MüKoAktG/*Fuchs* § 198 Rn. 15; Spindler/Stilz AktG/*Rieckers* § 198 Rn. 17; Grigoleit/Rieder/Holzmann AktG § 198 Rn. 6.

[199] Schmidt/Lutter/*Veil* AktG § 198 Rn. 7; Hüffer/*Koch* AktG § 198 Rn. 9; Hölters AktG/*Apfelbacher/Niggemann* § 198 Rn. 10; Grigoleit/Rieder/Holzmann AktG § 198 Rn. 7.

[200] Spindler/Stilz AktG/*Rieckers* § 185 Rn. 28; Hüffer/*Koch* AktG § 198 Rn. 11; Hölters AktG/*Apfelbacher/Niggemann* § 198 Rn. 18.

[201] K. Schmit/Lutter AktG/*Veil* § 198 Rn. 12; wohl aA MüKoAktG/*Fuchs* § 198 Rn. 19; Spindler/Stilz AktG/*Rieckers* § 198 Rn. 21.

[202] Spindler/Stilz AktG/*Rieckers* § 198 Rn. 20; HdB börsennotierte AG/*Busch* Rn. 44.53.

[203] MüKoAktG/*Fuchs* § 198 Rn. 18; Bürgers/Körber AktG/*Marsch-Barner* § 198 Rn. 4; auch → § 57 Rn. 173.

[204] MüKoAktG/*Fuchs* § 198 Rn. 18; Wachter AktG/*Dürr* § 198 Rn. 12; Spindler/Stilz AktG/*Rieckers* § 198 Rn. 20.

§ 58   73–76   10. Kapitel. Kapitalmaßnahmen

73 **2. Wirkung der Bezugserklärung.** Die Bezugserklärung ist auf den Abschluss eines Zeichnungsvertrages gerichtet (s. § 198 Abs. 2 S. 1 AktG). Sie kann **Annahme oder Angebot** sein. Für die korrespondierende Willenserklärung der AG besteht, soweit sich aus allgemeinen Regeln (§ 15 GmbHG) nicht Abweichendes ergibt, kein Formerfordernis.[205] Liegt in der Bezugserklärung das Angebot auf Abschluss eines Zeichnungsvertrages, braucht die Annahme durch die Gesellschaft dem Bezugsberechtigten regelmäßig nicht zuzugehen (§ 151 BGB).[206] Bei Wandel- und Optionsanleihen beinhalten die Optionsbedingungen häufig bereits das Angebot, das durch die Bezugsberechtigten – regelmäßig über eine zentrale Optionsstelle als Stellvertreter[207] – angenommen wird.[208] Aufgrund der (rechtsgeschäftlichen) Einräumung des Bezugsrechts steht dem Bezugsberechtigten nach wirksamer Abgabe der Bezugserklärung gegen die Gesellschaft ein einklagbarer und vollstreckbarer (§ 894 ZPO) Anspruch auf Abschluss eines Zeichnungsvertrages zu.[209] Bei Vereinbarung einer Wandlungs- bzw. Optionspflicht oder eines Wandlungs- bzw. Tilgungswahlrechts der Gesellschaft kann aber auch der Bezugsberechtigte zur Begründung eines Zeichnungsvertrags verpflichtet sein (→ Rn. 59).

74 Mit Zustandekommen des **Zeichnungsvertrags** ist die Gesellschaft zur Ausgabe der Bezugsaktien und der Bezugsberechtigte zur Einbringung seiner Einlage verpflichtet. Wegen § 199 Abs. 1 AktG besteht dabei regelmäßig eine Vorleistungspflicht des Bezugsberechtigten; mit dem Wortlaut und Zweck der Norm ist aber auch eine Zug-um-Zug Erfüllung vereinbar.[210] Die **Bindungswirkung** des Zeichnungsvertrages ist anders als bei der ordentlichen Kapitalerhöhung endgültig, da die Regelung einer Verfallsfrist iSv § 185 Abs. 1 S. 3 Nr. 4 AktG nicht möglich ist (bereits → Rn. 70);[211] vgl. aber zur Einschränkung der Bindungswirkung vor Eintragung des bedingten Kapitals → Rn. 60 f.

75 **3. Mängel der Bezugserklärung.** Die Bezugserklärung untersteht bis zur Ausgabe der Bezugsaktien den allgemeinen Regeln über Willenserklärungen. Nach Ausgabe der Bezugsaktien ist jedoch im Interesse des Verkehrsschutzes eine Berufung auf **Mängel der Willenserklärung** beschränkt. Es können dann nur Geschäftsunfähigkeit, beschränkte Geschäftsfähigkeit und das völlige Fehlen einer Willenserklärung (Fälschung, physischer Zwang) geltend gemacht werden.[212]

76 Die Bezugserklärung ist **nichtig,** wenn die Schriftform (§ 125 BGB) oder eine der nach § 198 Abs. 1 S. 3 AktG erforderlichen Angaben fehlen oder wenn sie irgendwelche Beschränkungen der Verpflichtung des Erklärenden enthält (§ 198 Abs. 2 S. 2 AktG). Beschränkungen der Verpflichtung des Zeichners, die nicht in der Bezugserklärung enthalten sind, sind unwirksam (§ 198 Abs. 4 AktG), lassen aber die Wirksamkeit der Bezugserklä-

---

[205] Spindler/Stilz AktG/*Rieckers* § 198 Rn. 5; MüKoAktG/*Fuchs* § 198 Rn. 4.

[206] Spindler/Stilz AktG/*Rieckers* § 198 Rn. 5; Wachter AktG/*Dürr* § 198 Rn. 5; MüKoAktG/*Fuchs* § 198 Rn. 4; Grigoleit/*Rieder/Holzmann* AktG § 198 Rn. 3.

[207] HdB börsennotierte AG/*Busch* Rn. 44.53; Hölters AktG/*Apfelbacher/Niggemann* § 198 Rn. 8; vertiefend *Singhof* FS Hoffmann-Beking, 2013, 1163 (1168 ff. u. 1173 ff.).

[208] Hüffer/*Koch* AktG § 198 Rn. 2 u. 3; Hölters AktG/*Apfelbacher/Niggemann* § 198 Rn. 8; MüKoAktG/*Fuchs* § 198 Rn. 4; Schmidt/Lutter/*Veil* AktG § 198 Rn. 3.

[209] MAH AktienR/*Dißars/Lönner* § 35 Rn. 58; Bürgers/Körber AktG/*Marsch-Barner* § 198 Rn. 7; Spindler/Stilz AktG/*Rieckers* § 198 Rn. 25; MüKoAktG/*Fuchs* § 198 Rn. 24; GroßkommAktG/*Frey* § 198 Rn. 14; → Rn. 59.

[210] GroßkommAktG/*Frey* § 199 Rn. 33; Spindler/Stilz AktG/*Rieckers* § 199 Rn. 10; Hüffer/*Koch* AktG § 199 Rn. 7; MüKoAktG/*Fuchs* § 199 Rn. 11; Bürgers/Körber AktG/*Marsch-Barner* § 199 Rn. 5.

[211] Bürgers/Körber AktG/*Marsch-Barner* § 198 Rn. 7; Spindler/Stilz AktG/*Rieckers* § 198 Rn. 25; Schmidt/Lutter/*Veil* AktG § 198 Rn. 13; MüKoAktG/*Fuchs* § 198 Rn. 24; Hüffer/*Koch* AktG § 198 Rn. 10; Grigoleit/*Rieder/Holzmann* AktG § 198 Rn. 9.

[212] MüKoAktG/*Fuchs* § 198 Rn. 44 ff.; Hüffer/*Koch* AktG § 198 Rn. 15; Hölters AktG/*Apfelbacher/Niggemann* § 198 Rn. 16; Spindler/Stilz AktG/*Rieckers* § 198 Rn. 38; Grigoleit/*Rieder/Holzmann* AktG § 198 Rn. 10.

rung unberührt. Ist die Bezugserklärung nichtig, darf die Gesellschaft keine Bezugsaktien ausgeben. Werden gleichwohl Bezugsaktien ausgegeben, wird die Nichtigkeit **geheilt,** sofern der Betreffende als Aktionär Rechte ausgeübt oder Verpflichtungen erfüllt hat (§ 198 Abs. 3 AktG). Das kann richtigerweise nicht nur für die Nichtigkeitsgründe nach § 198 Abs. 2 AktG gelten, sondern muss auch die Nichtigkeit wegen fehlender Schriftform erfassen.[213] Allein die Entgegennahme der Aktienurkunden reicht zur Heilung – anders als bei einer regulären Kapitalerhöhung – nicht.[214] Im Übrigen gilt das Gleiche wie für die Heilung einer nichtigen Zeichnung bei einer regulären Kapitalerhöhung; vgl. näher → § 57 Rn. 180.

VIII. Aktienausgabe

1. Bedeutung und Tatbestand der Aktienausgabe. Mit der Aktienausgabe wird die **Erhöhung des Grundkapitals** wirksam (§ 200 AktG; → Rn. 93 f.). Ihr kommt damit zentrale Bedeutung zu. Die Ausgabe setzt die Verbriefung der neuen Mitgliedschaftsrechte sowie die Begebung der die Mitgliedschaftsrechte verbriefenden Wertpapiere voraus. 77

a) Verbriefung. Nach hM müssen über die neuen Mitgliedschaftsrechte Aktienurkunden erstellt werden.[215] Die Ausstellung von Zwischenscheinen genügt.[216] Die Ausgabe unverkörperter Aktien und die ansonsten anerkannte Entstehung unverbriefter Mitgliedschaftsrechte scheiden damit aus. Vor dem Hintergrund von § 10 Abs. 5 AktG genügt die Verbriefung in einer **Globalurkunde.** Möglich ist dabei – wie in der Praxis üblich – auch die Verwendung einer „bis zu"-Globalurkunde, die nach und nach den tatsächlichen Aktienbestand verbrieft.[217] Die Aktienurkunde ist vom Vorstand in vertretungsberechtigter Zahl zu unterschreiben. Maßgeblich ist die Sachlage bei Unterzeichnung; Veränderungen im Vorstand bis zur Begebung der Urkunde sind unschädlich.[218] 78

b) Begebung. Die verbrieften Mitgliedschaftsrechte bedürfen nach der heute vorherrschenden modifizierten Vertragstheorie zu ihrer Entstehung nicht nur der Ausstellung des Wertpapiers, sondern auch des Abschlusses eines **Begebungsvertrages.**[219] Neben der Übergabe des Wertpapiers ist dafür die Einigung über die Verbriefung der Mitgliedschaftsrechte durch das Wertpapier erforderlich. Ein Formerfordernis besteht für die Einigung 79

---

[213] Spindler/Stilz AktG/*Rieckers* § 198 Rn. 38; Hölters AktG/*Apfelbacher/Niggemann* § 198 Rn. 11; Schmidt/Lutter/*Veil* AktG § 198 Rn. 17; Bürgers/Körber AktG/*Marsch-Barner* § 198 Rn. 10; GroßkommAktG/*Frey* § 198 Rn. 56; MüKoAktG/*Fuchs* § 198 Rn. 34; Grigoleit/*Rieder/Holzmann* AktG § 198 Rn. 12; aA Hüffer/*Koch* AktG § 198 Rn. 12 f.

[214] MüKoAktG/*Fuchs* § 198 Rn. 37; Hüffer/*Koch* AktG § 198 Rn. 12; Spindler/Stilz AktG/*Rieckers* § 198 Rn. 32; Hölters AktG/*Apfelbacher/Niggemann* § 198 Rn. 16; Schmidt/Lutter/*Veil* AktG § 198 Rn. 17; Bürgers/Körber AktG/*Marsch-Barner* § 198 Rn. 10; Grigoleit/*Rieder/Holzmann* AktG § 198 Rn. 13; aA GroßkommAktG/*Frey* § 198 Rn. 51; KölnKommAktG/*Drygala/Staake* § 198 Rn. 63 f.; HdB börsennotierte AG/*Busch* Rn. 44.54.

[215] Hüffer/*Koch* AktG § 199 Rn. 2; MüKoAktG/*Fuchs* § 199 Rn. 5; GroßkommAktG/*Frey* § 199 Rn. 14; Bürgers/Körber AktG/*Marsch-Barner* § 199 Rn. 2; Wachter AktG/*Dürr* § 199 Rn. 3; HdB börsennotierte AG/*Busch* Rn. 44.55; aA *Staake* AG 2017, 188 (191), der bei unverbrieften Aktien die Eintragung im Aktienregister für ausreichend hält.

[216] Spindler/Stilz AktG/*Rieckers* § 199 Rn. 6; Bürgers/Körber AktG/*Marsch-Barner* § 199 Rn. 2; Hölters AktG/*Apfelbacher/Niggemann* § 199 Rn. 6; Grigoleit/*Rieder/Holzmann* AktG § 199 Rn. 3; *Staake* AG 2017, 188 (190); aA MüKoAktG/*Fuchs* § 200 Rn. 8.

[217] MüKoAktG/*Fuchs* § 199 Rn. 5; Spindler/Stilz AktG/*Rieckers* § 199 Rn. 5; Hölters AktG/*Apfelbacher/Niggemann* § 199 Rn. 5; HdB börsennotierte AG/*Busch* Rn. 44.55; *Staake* AG 2017, 188 (190).

[218] GroßkommAktG/*Frey* § 200 Rn. 6; Hüffer/*Koch* AktG § 199 Rn. 3.

[219] Allgemein *Hueck/Canaris* Recht der Wertpapiere § 3 I u. II; Staudinger/*Marburger* BGB Vorb. zu §§ 793 ff. Rn. 18 f.; zu § 199 BGB zB Hüffer/*Koch* AktG § 199 Rn. 3; Spindler/Stilz AktG/*Rieckers* § 199 Rn. 4; MüKoAktG/*Fuchs* § 199 Rn. 4; Grigoleit/*Rieder/Holzmann* AktG § 199 Rn. 2; *Staake* AG 2017, 188 (190).

nicht. Bei Globalurkunden vollzieht sich die Einigung durch die Anweisung der Gesellschaft, dass eine bestimmte Anzahl von Aktien zugunsten einer bestimmten Person verbrieft ist und dieser Umstand – durch die Depotbanken und die Clearstream Banking AG vermittelt – dem Aktionär im Wege einer gesonderten Erklärung oder der Depotgutschrift, die zudem die Besitzmittlung der Clearstream Banking AG für den Aktionär und damit den Erwerb eines Miteigentumsanteils dokumentiert, mitgeteilt wird. Die Gesellschaft handelt durch ihren Vorstand in vertretungsberechtigter Zahl. Eine Ausnahme gilt bei der Ausgabe von Aktien an Vorstandsmitglieder (zB iRv Aktienoptionsprogrammen). Hier wird die Gesellschaft zwingend durch den Aufsichtsrat vertreten (§ 112 AktG).[220]

80 **2. Voraussetzungen der Aktienausgabe.** Die Ausgabe von Aktien kann nicht vor **Eintragung des Kapitalerhöhungsbeschlusses** ins Handelsregister erfolgen (§ 197 S. 1 AktG). Vorher ausgegebene Aktienurkunden sind nichtig (§ 197 S. 3 AktG). Die Ausgeber haften den Inhabern gesamtschuldnerisch auf Schadensersatz (§ 197 S. 4 AktG). Vgl. dazu näher → § 57 Rn. 194 f.

81 Die Aktienausgabe darf nicht ohne **ordnungsgemäße Bezugserklärung** (→ Rn. 65 ff.) erfolgen. Eine inhaltlich oder förmlich unzureichende Bezugserklärung ist nichtig und von der Gesellschaft zurückzuweisen; erfolgt die Aktienausgabe gleichwohl, ist diese allerdings wirksam.[221]

82 Der Vorstand darf Bezugsaktien nur zu dem im Kapitalerhöhungsbeschluss konkret **vorgesehenen Zweck** ausgeben (§ 199 Abs. 1 AktG). Bei einer bedingten Kapitalerhöhung zur Vorbereitung des Zusammenschlusses mit einem bestimmten Unternehmen dürfen also zB nicht Aktien zum Zusammenschluss mit einem anderen Unternehmen oder als Belegschaftsaktien ausgegeben werden.[222] Die zweckwidrige Aktienausgabe ist gleichwohl wirksam, es sei denn, der Vorstand habe Aktien über den Betrag der Kapitalerhöhung hinaus ausgegeben.[223] Der Vorstand, der Aktien zweckwidrig ausgibt, ist der Gesellschaft zum Ersatz eines etwaigen Schadens verpflichtet (§ 93 Abs. 3 Nr. 9 AktG); eine Haftung des Aufsichtsrats kann nach Maßgabe des § 116 AktG eingreifen.[224] Darüber hinaus können Schadenersatzpflichten gegenüber den Bezugsberechtigten und gegenüber den Altaktionären in Betracht kommen.[225]

82a Sieht das bedingte Kapital auf Grundlage der **Ausnahmen in § 192 Abs. 3 S. 3 und 4 AktG** ein Volumen von mehr als 50 % des Grundkapitals vor und werden später auf dieser Grundlage Aktien oberhalb der 50 %-Grenze ausgegeben, ohne dass die Voraussetzungen der im bedingten Kapital niedergelegten Ausnahmen erfüllt sind, ist nicht geklärt, ob die Ausgabe der neuen Aktien wirksam oder nichtig ist. Für Nichtigkeit könnte sprechen, dass eine Aktienausgabe oberhalb des im bedingten Kapital vorgesehenen Volumens nichtig ist (→ Rn. 82). Das Volumen hängt in der vorliegenden Konstellation jedoch davon ab, zu welchem Zweck die neuen Aktien ausgegeben werden. Dabei gilt, dass ein bedingtes Kapital, das zu einem nicht zulässigen Zweck beschlossen wird, nur anfechtbar und nicht nichtig ist (→ Rn. 43) und eine zweckwidrige Aktienausgabe grundsätzlich wirksam ist (→ Rn. 82). Auch mit Blick auf die anderenfalls drohende Rechtsunsicherheit ist daher davon auszugehen, dass die Aktienausgabe wirksam ist, jedoch Schadenersatzansprüche in Betracht kommen können (→ Rn. 82).

83 Die Aktienausgabe ist nicht vor der **vollen Leistung des Gegenwerts** durch den Bezugsberechtigten zulässig (§ 199 Abs. 1 S. 1 AktG). Die Verpflichtung zu voller Leistung

---

[220] GroßkommAktG/*Frey* § 199 Rn. 23.
[221] MüKoAktG/*Fuchs* § 200 Rn. 22; Hölters AktG/*Apfelbacher/Niggemann* § 200 Rn. 6.
[222] Näher KölnKommAktG/*Drygala/Staake* § 199 Rn. 20; MüKoAktG/*Fuchs* § 199 Rn. 6 f.; Hüffer/*Koch* AktG § 199 Rn. 6; Grigoleit/*Rieder/Holzmann* AktG § 199 Rn. 5.
[223] KölnKommAktG/*Drygala/Staake* § 199 Rn. 60 f.; MüKoAktG/*Fuchs* § 199 Rn. 32 ff.; Hüffer/*Koch* AktG § 199 Rn. 8.
[224] Hüffer/*Koch* AktG § 199 Rn. 9; Hölters AktG/*Apfelbacher/Niggemann* § 199 Rn. 13.
[225] S. Hüffer/*Koch* AktG § 199 Rn. 9; Hölters AktG/*Apfelbacher/Niggemann* § 199 Rn. 14.

der Einlage vor Aktienausgabe ist zwingend; der Kapitalerhöhungsbeschluss kann nichts Abweichendes bestimmen.[226] Sacheinlagen müssen der Gesellschaft in vollem Umfang übertragen, Bareinlagen einschließlich etwaiger Zuzahlungen in voller Höhe gezahlt sein. Für die Leistung der Sacheinlage gilt § 36a Abs. 2 S. 2 AktG also nicht.[227] Bei der Leistung der Bareinlage finden §§ 188 Abs. 2, 54 Abs. 3, 36 Abs. 2 AktG entsprechende Anwendung; die Zahlung kann nur in der dort zugelassenen Art und Weise erfolgen.[228] Eine vorzeitige Aktienausgabe ist wirksam,[229] aber pflichtwidrig. Der Bezieher der Aktien bleibt einlagepflichtig.[230] Die Vorstandsmitglieder sind für etwaige Schäden der Gesellschaft zum Ersatz verpflichtet (§ 93 Abs. 3 Nr. 9 AktG).

3. Besondere Voraussetzungen bei Wandelschuldverschreibungen und -genuss- **84** **rechten.** § 199 Abs. 2 AktG enthält eine Sonderregelung für die Ausgabe von Bezugsaktien gegen Umtausch von Wandelanleihen. Ist der Ausgabebetrag der Anleihe niedriger als der geringste Ausgabebetrag der Bezugsaktien (§ 9 Abs. 1 AktG), dürfen die Bezugsaktien nur ausgegeben werden, wenn die Differenz nach § 199 Abs. 2 S. 1 AktG ausgeglichen wird oder ein Fall des § 199 Abs. 2 S. 2 AktG vorliegt. Die Regelung schützt damit vor **Unterpariemissionen**, lockert aber gleichzeitig das grundsätzliche Verbot solcher Emissionen auf.

a) Anwendungsbereich. § 199 Abs. 2 AktG knüpft an **§ 194 Abs. 1 S. 2 AktG** an. **85** Voraussetzung für seine Anwendung ist, dass der Bezugsaktionär eine Bareinlage (die ursprüngliche Barzahlung auf die Anleihe) und keine Sacheinlage erbringt. § 199 Abs. 2 AktG gilt daher in den in → Rn. 48 ff. dargestellten Fällen. Insbesondere erfasst er auch Anleihen mit Verlustbeteiligung oder Nachrang (→ Rn. 49).[231] Die Regelung spricht ferner von Wandelschuldverschreibungen und setzt somit den **Umtausch** von Anleihen in Bezugsaktien voraus. Auf Wandelgenussrechte findet sie jedoch entsprechend Anwendung.[232] Dasselbe gilt für Optionsanleihen mit Inzahlunggabe oder Verrechnung (→ Rn. 48);[233] In diesen Fällen wird die Anleihe bzw. das Genussrecht ebenfalls, wenn auch rechtstechnisch anders als bei der Wandlung, in Bezugsaktien „umgewandelt".

Ferner muss der **Ausgabebetrag der Anleihe** (oder des Genussrechts) niedriger sein als **86** der geringste Ausgabebetrag der für sie gewährten Bezugsaktien. Irrelevant für den Vergleich ist der Nennbetrag der Anleihe. Ihr Ausgabebetrag ist der vom Bezugsaktionär tatsächlich aufgebrachte Gegenwert. Etwaige Rückflüsse oder wirtschaftliche Vorteile an

---

[226] Hüffer/*Koch* AktG § 199 Rn. 7; GroßkommAktG/*Frey* § 199 Rn. 33; Grigoleit/*Rieder/Holzmann* AktG § 199 Rn. 6.

[227] Hüffer/*Koch* AktG § 199 Rn. 7; MüKoAktG/*Fuchs* § 199 Rn. 9; Hölters AktG/*Apfelbacher/Niggemann* § 199 Rn. 8; Grigoleit/*Rieder/Holzmann* AktG § 199 Rn. 6; aA Stefan Richter ZGR 2009, 721 (761 f.).

[228] Ebenso KölnKommAktG/*Drygala/Staake* § 199 Rn. 27; MüKoAktG/*Fuchs* § 199 Rn. 13 f.; Hüffer/*Koch* AktG § 199 Rn. 7; HdB börsennotierte AG/*Busch* Rn. 44.56; aA *Baumbach/Hueck* AktG § 199 Rn. 2; GroßkommAktG/*Frey* § 199 Rn. 35 ff.

[229] MüKoAktG/*Fuchs* § 199 Rn. 32 f.; GroßkommAktG/*Frey* § 199 Rn. 68; Hüffer/*Koch* AktG § 199 Rn. 8.

[230] KölnKommAktG/*Drygala/Staake* § 199 Rn. 62; MüKoAktG/*Fuchs* § 199 Rn. 36; GroßkommAktG/*Frey* § 199 Rn. 68; Hüffer/*Koch* AktG § 199 Rn. 8.

[231] Ebenso zu § 194 Abs. 1 S. 2 AktG *Singhof* FS Hoffmann-Becking, 2013, 1163 (1177 ff.); zu § 199 Abs. 2 AktG GroßkommAktG/*Frey* § 199 Rn. 42; grundsätzlich auch MüKoAktG/*Fuchs* § 199 Rn. 17; Hüffer/*Koch* AktG § 199 Rn. 10; aA Spindler/Stilz AktG/*Rieckers* § 199 Rn. 15; Bürgers/Körber AktG/*Marsch-Barner* § 199 Rn. 7; Grigoleit/*Rieder/Holzmann* AktG § 199 Rn. 9.

[232] Hüffer/*Koch* AktG § 199 Rn. 10; GroßkommAktG/*Frey* § 199 Rn. 42; MüKoAktG/*Fuchs* § 199 Rn. 17; Bürgers/Körber AktG/*Marsch-Barner* § 199 Rn. 7.

[233] Str.; ebenso GroßkommAktG/*Frey* § 199 Rn. 39; HdB börsennotierte AG/*Groß* § 51 Rn. 62; KölnKommAktG/*Florstedt* 221 Rn. 473 f.; aA Spindler/Stilz AktG/*Rieckers* § 199 Rn. 15; MüKoAktG/*Fuchs* § 199 Rn. 16; Wachter AktG/*Dürr* § 199 Rn. 11; Schmidt/Lutter/*Merkt* AktG § 221 Rn. 35.

den Bezugsaktionär sind daher abzuziehen; Kosten, Steuern und andere Abzüge, die den Zufluss bei der Gesellschaft mindern, zählen hingegen zu dem vom Bezugsaktionär erbrachten Gegenwert.[234] Das gilt auch für von Anfang an vereinbarte bare Zuzahlungen; ist der ursprüngliche Betrag, zu dem die Anleihe ausgegeben wird, zuzüglich einer solchen Zuzahlung größer als der geringste Ausgabebetrag der Bezugsaktien, ist § 199 Abs. 2 AktG nicht einschlägig.[235]

87 **b) Ausgleich der Differenz (§ 199 Abs. 2 S. 1 AktG).** Ist der Ausgabebetrag der Anleihe (oder des Genussrechts) niedriger als der geringste Ausgabebetrag der Bezugsaktien (Unterdeckung), muss die Differenz ausgeglichen werden. Vorher darf der Vorstand die Aktien nicht ausgeben. Für den Ausgleich sieht § 199 Abs. 2 S. 1 AktG **zwei Wege** vor. Die Wahl zwischen diesen trifft der Vorstand.[236] Eine Regelung, zB in Optionsbedingungen, wie ein Ausgleich zu erfolgen hat, ist aber möglich.

88 Der Ausgleich kann durch bare **Zuzahlung** erfolgen. Sie ist Bestandteil des Gegenwerts iSv § 199 Abs. 1 AktG, so dass sie vor Aktienausgabe vollständig nach Maßgabe der §§ 188 Abs. 2, 54 Abs. 3, 36 Abs. 2 AktG geleistet sein muss.[237]

89 Alternativ kann die Differenz aus **anderen Gewinnrücklagen** gedeckt werden. **Bilanziell** wird der Ausgleich durch Umbuchung auf der Passivseite vollzogen, wobei zwei Fälle zu unterscheiden sind.[238] Die Verbindlichkeiten aus den Schuldverschreibungen sind – auch bei Ausgabe zu einem niedrigeren Betrag (Disagio) – zu ihrem Nennbetrag zu passivieren (§ 253 Abs. 1 S. 2 HGB). Beruht die Unterdeckung darauf, dass eine Anleihe zwar zu par ausgegeben worden ist, aber zum Bezug von Aktien mit einem höheren Ausgabebetrag berechtigt, würde die Aktienausgabe zu einer Bilanzverlängerung führen, die durch eine Reduzierung der anderen Gewinnrücklagen kompensiert wird. Resultiert die Unterdeckung hingegen daraus, dass die Anleihe unter par begeben wurde und der geringste Ausgabebetrag der Bezugsaktien höher als der Ausgabebetrag, aber nicht höher als der Nennbetrag der Anleihe ist, muss die Differenz von den anderen Gewinnrücklagen in die Kapitalrücklage umgebucht werden. Andere Gewinnrücklagen sind die gemäß **§ 266 Abs. 3 A. III. 4. HGB** bilanzierten Beträge. Nicht zur Kompensation verwendet werden können Kapitalrücklagen, Gewinnrücklagen gemäß § 266 Abs. 3 A. III. 1. bis 3. HGB sowie ein Jahresüberschuss bzw. Bilanzgewinn. Ob ein **Gewinnvortrag** zum Ausgleich dienen kann, ist str., aber richtigerweise zu bejahen.[239] Die anderen Gewinnrücklagen müssen für die Kompensation der Unterdeckung verwendet werden können und dürfen nicht anderweitig gebunden sein. Soweit die Gesellschaft einen Bilanzgewinn oder Verlustvortrag aufweist, der die anderen Gewinnrücklagen zuzüglich der Kapitalrücklagen überschreitet, scheidet ein Rückgriff auf die anderen Gewinnrücklagen zur Beseitigung der Unterdeckung analog § 208 Abs. 1 S. 1 AktG aus.[240]

---

[234] Hüffer/*Koch* AktG § 199 Rn. 11; Spindler/Stilz AktG/*Rieckers* § 199 Rn. 16; MüKoAktG/*Fuchs* § 199 Rn. 20; Hölters AktG/*Apfelbacher/Niggemann* § 199 Rn. 17; Schmidt/Lutter/*Veil* AktG § 199 Rn. 10; Grigoleit/*Rieder/Holzmann* AktG § 199 Rn. 10; *Klein* AG 2017, 415 (419 ff.): nicht zu den Rückflüssen, sondern zu den Kosten gehört auch die an eine Emissionsbank gezahlt Vergütung.

[235] Spindler/Stilz AktG/*Rieckers* § 199 Rn. 19; GroßKommAktG/*Frey* § 199 Rn. 46.

[236] MüKoAktG/*Fuchs* § 199 Rn. 21; Bürgers/Körber AktG/*Marsch-Barner* § 199 Rn. 9; Spindler/Stilz AktG/*Rieckers* § 199 Rn. 18; Hölters AktG/*Apfelbacher/Niggemann* § 199 Rn. 19; Grigoleit/*Rieder/Holzmann* AktG § 199 Rn. 11.

[237] Hüffer/*Koch* AktG § 199 Rn. 12; Hölters AktG/*Apfelbacher/Niggemann* § 199 Rn. 21; Spindler/Stilz AktG/*Rieckers* § 199 Rn. 19; Schmidt/Lutter/*Veil* AktG § 199 Rn. 11.

[238] Vgl. KölnKommAktG/*Drygala/Staake* § 199 Rn. 50 ff.; GroßKommAktG/*Frey* § 199 Rn. 62 f.

[239] Ebenso Hüffer/*Koch* AktG § 199 Rn. 12; Hölters AktG/*Apfelbacher/Niggemann* § 199 Rn. 20; Schmidt/Lutter/*Veil* AktG § 199 Rn. 11; Wachter AktG/*Dürr* § 199 Rn. 12; Bürgers/Körber AktG/*Marsch-Barner* § 199 Rn. 9; Grigoleit/*Rieder/Holzmann* AktG § 199 Rn. 11; aA Spindler/Stilz AktG/*Rieckers* § 199 Rn. 22; GroßKommAktG/*Frey* § 199 Rn. 56; MüKoAktG/*Fuchs* § 199 Rn. 24.

[240] GroßKommAktG/*Frey* § 199 Rn. 54; strenger, dh gegen die Berücksichtigung von Kapitalrücklagen, Geßler/Hefermehl AktG/*Bungeroth* § 199 Rn. 25.

Ein Ausgleich nach § 199 Abs. 2 S. 1 AktG ist nicht (mehr) erforderlich, wenn die **90** Anleihe zu einem Betrag unterhalb ihres Nennbetrags ausgegeben worden ist, der geringste Ausgabebetrag der Bezugsaktien den Nennbetrag der Anleihe nicht überschreitet und die Differenz zwischen Ausgabe- und Nennbetrag der Anleihe (Disagio) bereits durch **Abschreibung** nach § 250 Abs. 3 HGB oder sofortige ergebniswirksame Buchung in voller Höhe gedeckt worden ist.[241] Voraussetzung ist, dass die Abschreibung bzw. die sofortige ergebniswirksame Buchung nicht zu einem ungedeckten Verlust der Gesellschaft geführt hat.[242] Soweit die Abschreibung nur teilweise erfolgt ist, muss für den verbleibenden Betrag ein Ausgleich nach § 199 Abs. 2 S. 1 AktG erfolgen.

c) Gesamtsaldierung (§ 199 Abs. 2 S. 2 AktG). Die Kompensationsregelung des § 199 **91** Abs. 2 S. 1 AktG stellt für den Ausgabebetrag der Anleihe und der Bezugsaktien auf die einzelne Anleihe und die aufgrund ihres Umtauschs zu gewährenden Aktien ab. Im Rahmen einer Emission werden aber nicht notwendig alle Anleihen zu demselben Betrag begeben. Sie können vielmehr zT über pari, zT zu pari und zT darunter bezogen werden. Dem trägt § 199 Abs. 2 S. 2 AktG durch eine Gesamtsaldierung Rechnung. Deckt der Gesamtausgabebetrag aller Anleihen den geringsten Ausgabebetrag aller Bezugsaktien, liegt keine zu kompensierende Unterdeckung vor. Abzustellen ist dabei nicht auf die bereits umgetauschten, sondern alle ursprünglich **umtauschbaren Anleihen**.[243] Naheliegend ist es dann, für die Gesamtsaldierung sämtliche Emissionen, die durch ein bedingtes Kapital unterlegt sind, einzubeziehen; verschiedene bedingte Kapitalia sind hingegen getrennt zu betrachten.[244]

d) Rechtsfolgen bei Unterdeckung. Ist ein Differenzbetrag nicht gedeckt, darf der **92** Vorstand die Bezugsaktien nicht ausgeben. Eine gleichwohl erfolgte Ausgabe ist wirksam. Der Erwerber haftet auf Einlage der Differenz, ein späterer Erwerber kann jedoch bei Inhaberaktien gutgläubig lastenfrei erwerben.[245] Außerdem ist der Vorstand hinsichtlich eines Differenzschadens nach § 93 Abs. 3 Nr. 9 AktG ersatzpflichtig.[246]

IX. Wirksamwerden der Kapitalerhöhung

Mit **Ausgabe der Bezugsaktien** wird die Kapitalerhöhung wirksam (§ 200 AktG). Es **93** ist deshalb nach jeder Aktienausgabe eine entsprechende Berichtigung der Grundkapitalziffer in den Büchern der Gesellschaft erforderlich; bei Umtausch von Wandelschuldverschreibungen ist auch der Anleihebetrag entsprechend zu korrigieren. Die spätere Eintragung hat – anders als bei der regulären Kapitalerhöhung – nur noch deklaratorische Bedeutung.

Eine etwaige Unwirksamkeit der Bezugserklärung wird durch die Aktienausgabe geheilt; **94** vgl. → Rn. 75. Ist der Kapitalerhöhungsbeschluss **nichtig,** entstehen durch die Aktienausgabe nach bislang hM keine Mitgliedschaftsrechte. Auch ein gutgläubiger Aktienerwerb durch Dritte komme nicht in Betracht. Die Aktionäre seien aber entsprechend § 277 Abs. 3 AktG verpflichtet, die Einlage zu leisten, soweit diese zur Erfüllung der seit Aktien-

---

[241] GroßKommAktG/*Frey* § 199 Rn. 60; Spindler/Stilz AktG/*Rieckers* § 199 Rn. 23; MüKoAktG/*Fuchs* § 199 Rn. 27.
[242] S. die Nachweise in der vorhergehenden Fn.
[243] MüKoAktG/*Fuchs* § 199 Rn. 30; GroßKommAktG/*Frey* § 199 Rn. 65; Spindler/Stilz AktG/*Rieckers* § 199 Rn. 25; Hüffer/*Koch* AktG § 199 Rn. 13; Bürgers/Körber AktG/*Marsch-Barner* § 199 Rn. 10; Grigoleit/*Rieder/Holzmann* AktG § 199 Rn. 12.
[244] MüKoAktG/*Fuchs* § 199 Rn. 31; GroßKommAktG/*Frey* § 199 Rn. 65; Bürgers/Körber AktG/*Marsch-Barner* § 199 Rn. 10.
[245] Näher MüKoAktG/*Fuchs* § 199 Rn. 36 f.; GroßkommAktG/*Frey* § 199 Rn. 68; Hüffer/*Koch* AktG § 199 Rn. 14; Hölters AktG/*Apfelbacher/Niggemann* § 199 Rn. 22.
[246] Hölters AktG/*Apfelbacher/Niggemann* § 199 Rn. 22; MüKoAktG/*Fuchs* § 199 Rn. 38; GroßkommAktG/*Frey* § 199 Rn. 72; Hüffer/*Koch* AktG § 199 Rn. 14; Grigoleit/*Rieder/Holzmann* AktG § 199 Rn. 13.

ausgabe eingegangenen Verbindlichkeiten erforderlich sei.[247] Nach neuerer und zutreffender Auffassung sind hingegen die Regeln über die fehlerhafte Gesellschaft anwendbar;[248] vgl. dazu näher → § 57 Rn. 199. Mängel der Aktienausgabe richten sich nach allgemeinen wertpapierrechtlichen Grundsätzen.[249]

X. Anmeldung, Eintragung und Bekanntmachung der Aktienausgabe

95   Binnen eines Monats nach Ablauf des Geschäftsjahres ist zur – nur deklaratorisch wirkenden – Eintragung ins Handelsregister **anzumelden,** in welchem Umfang im abgelaufenen Geschäftsjahr Bezugsaktien ausgegeben worden sind (§ 201 Abs. 1 AktG).[250] Die früher umstrittene Frage, ob Anmeldungen im laufenden Geschäftsjahr zulässig sind,[251] ist durch die Aktienrechtsnovelle 2016 geklärt worden. Unterjährige Anmeldungen sind nicht erforderlich, aber zulässig (und in der Praxis regelmäßig – zB, wenn anmeldepflichtige Kapitalerhöhungen durchgeführt werden – sinnvoll); anzumelden sind dabei sämtliche seit der letzten Anmeldung ausgegebene Bezugsaktien.[252] Der Vorstand hat nach pflichtgemäßem Ermessen zu entscheiden, ob und wann er unterjährige Anmeldungen vornimmt. Sind in einem Geschäftsjahr keine Bezugsaktien ausgegeben worden, bedarf es keiner Anmeldung (Fehlanzeige).[253]

96   Anmeldepflichtig ist der Vorstand. Anders als bei der regulären Kapitalerhöhung bedarf es nicht der Mitwirkung des Aufsichtsratsvorsitzenden. Der Anmeldung sind die in § 201 Abs. 2 AktG genannten **Unterlagen beizufügen:** (1) die **Zweitschriften** der Bezugserklärungen; (2) ein **Verzeichnis** der Personen, die das Bezugsrecht ausgeübt haben. Das Verzeichnis muss die auf jeden Aktionär entfallenden Aktien und die auf sie jeweils gemachten Einlagen angeben (→ § 57 Rn. 189). Erfasst sind Bar- und Sacheinlagen.[254] Gemeint ist der geleistete Gegenwert iSv § 199 Abs. 1 AktG. Korporative Agios, aber auch schuldrechtliche Zusatzleistungen sind daher ebenfalls anzugeben.[255] Bei Sacheinlagen soll zudem ihr Wert im Zeitpunkt der Einlageleistung aufzunehmen sein.[256] Dem ist für den in → Rn. 46 beschriebenen Fall zuzustimmen, im Übrigen aber nicht (→ Rn. 45 aE). Bei Wandelanleihen oder -genussrechten sind die Anzahl der eingereichten Anleihen bzw. Genussrechte, ihr Ausgabebetrag sowie etwaige Zuzahlungen aufzunehmen.[257] Im Fall des § 199 Abs. 2 AktG sind die Deckung des Differenzbetrages bzw. das Vorliegen der Voraussetzungen des § 199 Abs. 2 S. 2 AktG darzulegen; (3) soweit bei **Sacheinlagen** die Vereinbarungen und die Prüfung erst bei Anleihebegebung erfolgen (→ Rn. 46), die entsprechenden Unterlagen.

---

[247] MüKoAktG/*Fuchs* § 200 Rn. 20; Hüffer/*Koch* AktG § 200 Rn. 4; Hölters AktG/*Apfelbacher/Niggemann* § 200 Rn. 5.
[248] So jetzt auch GroßkommAktG/*Frey* § 198 Rn. 57, § 200 Rn. 10; Grigoleit/*Rieder/Holzmann* AktG § 199 Rn. 5.
[249] Näher MüKoAktG/*Fuchs* § 200 Rn. 17 ff.; Hüffer/*Koch* AktG § 200 Rn. 4; Hölters AktG/ *Apfelbacher/Niggemann* § 200 Rn. 7 f.
[250] Muster in Münch. Vertragshandbuch/*Favoccia* Form. V.121; Happ AktienR/*Groß* Form. 12.04n; Krafka/Willer/*Kühn* Registerrecht Rn. 1518.
[251] Vgl. zB KölnKommAktG/*Drygala/Staake* § 194 Rn. 16.
[252] RegE Aktienrechtsnovelle 2016 BT-Drs. 18/4349, 27; Spindler/Stilz AktG/*Rieckers* § 201 Rn. 4.
[253] KölnKommAktG/*Drygala/Staake* § 194 Rn. 15; Spindler/Stilz AktG/*Rieckers* § 201 Rn. 4; HdB AG-Finanzierung/*Jaspers* Kap. 6 Rn. 305.
[254] Hüffer/*Koch* AktG § 201 Rn. 4; GroßkommAktG/*Frey* § 201 Rn. 25; MüKoAktG/*Fuchs* § 201 Rn. 13.
[255] Hölters AktG/*Apfelbacher/Niggemann* § 201 Rn. 11; GroßkommAktG/*Frey* § 201 Rn. 25; Spindler/Stilz AktG/*Rieckers* § 201 Rn. 14; MüKoAktG/*Fuchs* § 201 Rn. 13.
[256] GroßkommAktG/*Frey* § 201 Rn. 25; Hölters AktG/*Apfelbacher/Niggemann* § 201 Rn. 11; aA KölnKommAktG/*Drygala/Staake* § 194 Rn. 39 aE.
[257] Spindler/Stilz AktG/*Rieckers* § 201 Rn. 14; Hölters AktG/*Apfelbacher/Niggemann* § 201 Rn. 11; MüKoAktG/*Fuchs* § 201 Rn. 13.

In der Anmeldung (oder separat in der Form des § 12 Abs. 2 HGB) hat der Vorstand zu **97** **erklären,** dass die Aktienausgabe nur zu den im Kapitalerhöhungsbeschluss festgesetzten Zwecken und erst nach voller Leistung der Einlage erfolgt ist (§ 201 Abs. 3 AktG). Eine unrichtige Erklärung kann strafbar sein (§ 399 Abs. 1 Nr. 4 AktG). Stellvertretung ist daher bei der Abgabe der Erklärung nicht möglich. Eine Versicherung der Leistung zur freien Verfügung gibt der Vorstand nicht ab (→ Rn. 53). Auch auf § 199 Abs. 2 AktG erstreckt sich die Erklärung nicht.[258] Aufgrund der Anmeldung wird ins Handelsregister **eingetragen,** dass das Grundkapital in dem angemeldeten Umfang erhöht ist. Die Eintragung richtet sich nach § 43 Nr. 3 u. 6 Buchst. a u. b gg HRV. Sie ist gemäß § 10 HGB elektronisch bekannt und gemäß § 8b Abs. 2 Nr. 1 HGB im Unternehmensregister zugänglich zu machen.

Eine **Anpassung des Satzungswortlauts** an die durch Ausgabe von Bezugsaktien **98** jeweils wirksam gewordene Kapitalerhöhung und die Beifügung einer entsprechenden Neufassung der Satzung nach § 181 Abs. 1 S. 2 AktG bei Anmeldung sind nicht unbedingt erforderlich. Die Gesellschaft kann die Änderung des Satzungswortlauts bis zum endgültigen Ablauf der Bezugsfrist oder bis zu der Ausübung aller Bezugsrechte zurückstellen.[259] Danach muss der bisherige Satzungswortlaut in den Regelungen über die Höhe des Grundkapitals, die Zahl der Aktien usw (§ 23 Abs. 3 Nr. 3 und 4 AktG) den neuen Verhältnissen angepasst werden (§ 181 Abs. 1 S. 2 AktG entspr.).[260] Gemäß § 179 Abs. 1 S. 2 AktG kann der Aufsichtsrat die Neufassung vornehmen.

XI. Kapitalmarktrechtliche Aspekte

Planung, Beschlussfassung und Durchführung einer bedingten Kapitalerhöhung haben **99** verschiedene Implikationen nach **WpPG, WpHG und WpÜG.** Grundsätzlich gelten dieselben Regeln wie bei der ordentlichen Kapitalerhöhung; → § 57 Rn. 202 ff. Es bestehen jedoch eine Reihe von Besonderheiten.

1. Wandel- und Optionsanleihen bzw. -genussrechte. Wandel- und Optionsanleihen **100** bzw. -genussrechte können und werden in der Praxis regelmäßig Wertpapiere im Sinn von Art. 2 lit. a ProspektVO § 2 S. 1 Nr. 1 WpPG sein, so dass ihr öffentliches Angebot (auch bei reinen Bezugsrechtsemissionen) und ihre Zulassung an einem organisierten Markt einen **Angebots- bzw. Zulassungsprospekt** erfordern können. Die Prospektpflicht entfällt, wenn einer der Ausnahmetatbestände gemäß Art. 1 Abs. 4, 5 ProspektVO und Art. 3 Abs. 2 ProspektVO iVm § 3 WpPG eingreift. Die Prospektpflicht kann zB vermieden werden durch eine Mindeststückelung von 100.000 EUR oder die Platzierung ausschließlich bei institutionellen Investoren (Art. 1 Abs. 4 lit. a, c ProspektVO) sowie die Notierung außerhalb regulierter Märkte. Die Zulassung der bei Ausübung des Wandlungs- oder Optionsrechts ausgegebenen Bezugsaktien bedarf gemäß Art. 1 Abs. 5 lit. b ProspektVO keines Prospekts, wenn die im Zeitraum von zwölf Monaten zugelassenen Aktien insgesamt nicht 20 % der zu Beginns des Zeitraums zum Handel an demselben geregelten Markt zugelassenen Aktien überschreiten.

Hat eine Gesellschaft **Anleihen** emittiert, die **zum Handel an einem organisierten** **101** **Markt zugelassen** werden, gelten für die Gesellschaft auch dann, wenn ihre **Aktien nicht börsennotiert** sind, verschiedene Pflichten der **MMVO** und des **WpHG.** Das gilt zB für die Ad hoc-Publizität (Art. 17 Abs. 1 S. 1 MMVO),[261] die Führung von Insiderverzeich-

---

[258] GroßkommAktG/*Frey* § 201 Rn. 30; Spindler/Stilz AktG/*Rieckers* § 201 Rn. 16.
[259] MüKoAktG/*Fuchs* § 201 Rn. 9; Hölters AktG/*Apfelbacher/Niggemann* § 201 Rn. 7; Hüffer/*Koch* AktG § 201 Rn. 5; Grigoleit/*Rieder/Holzmann* AktG § 201 Rn. 5.
[260] Vgl. die Nachweise in der vorangegangenen Fußnote. Zur Anpassung durch den Aufsichtsrat (§ 179 Abs. 1 S. 2 AktG) s. OLG München AG 2014, 674 (675).
[261] Siehe dazu BGH ZIP 2018, 2307, insbesondere 2313 f. Rn. 61 ff. zur Kursrelevanz für börsennotierte Genussrechte.

nissen (Art. 18 MAR), das Verbot der Marktmanipulation (Art. 15 MAR) sowie die Informationspflichten gemäß §§ 48–50 WpHG.

102 Der Beschluss gemäß § 221 AktG und die Schaffung eines bedingten Kapitals lösen nach der Praxis der BaFin die folgenden **Veröffentlichungspflichten gemäß § 49 Abs. 1 S. 1 Nr. 2 WpHG** aus:[262] (1) Der Beschluss über das bedingte Kapital stellt die Ankündigung der Ausgabe neuer Aktien dar und regelt, wer die Bezugsrechte auf die neuen Aktien erhalten soll. Beides ist daher unverzüglich nach dem Beschluss der Hauptversammlung zu veröffentlichen. (2) Legt der Beschluss gemäß § 221 AktG fest, wer zum Bezug der Anleihen berechtigt ist, ist auch das unverzüglich nach der Beschlussfassung der Hauptversammlung zu veröffentlichen. (3) Ermächtigt der § 221 AktG-Beschluss die Organe zur Festlegung des Bezugsrechts, ist diese unverzüglich nach der Entscheidung der Organe über die Ausnutzung der Ermächtigung zu veröffentlichen.

103 Bei der Berechnung des **übernahmerechtlichen Mindestpreises** (§ 31 Abs. 1 S. 2 WpÜG, § 4 WpÜG-AngVO) ist auch die Gegenleistung zu berücksichtigen, welcher der Bieter (oder gemeinsam mit ihm handelnde Personen) in den sechs Monaten vor Veröffentlichung der Angebotsunterlage für Wandelanleihen gezahlt oder vereinbart hat. Wandelanleihen stellen Vereinbarungen dar, aufgrund derer die Übereignung von Aktien verlangt werden kann und fallen daher unter § 31 Abs. 6 WpÜG, der gemäß § 4 S. 2 WpÜG-AngVO auch bei der Bestimmung der höchsten Gegenleistung gilt, die der Bieter (oder gemeinsam mit ihm handelnd Personen) in den sechs Monaten vor Veröffentlichung der Angebotsunterlage gezahlt oder vereinbart haben. Für den originären Erwerb (bei Ausgabe der Anleihen) von Anleihen war das grundsätzlich anerkannt. Ungeklärt war jedoch, ob das auch für den derivativen Erwerb gilt. Der BGH[263] hat die Frage nunmehr bejaht und damit für die Praxis entschieden.

104 **2. Aktienoptionen.** Aktienoptionen sind regelmäßig nicht übertragbar (→ § 64 Rn. 121) und stellen bereits deshalb **keine Wertpapiere iSd ProspektVO** dar. Ihr Angebot an Geschäftsleitungsmitglieder und Mitarbeiter löst daher keine Prospektpflicht aus.[264] Ein öffentliches Angebot für die Bezugsaktien liegt auch nicht bei Ausübung bzw. dann vor, wenn die Optionen ausübbar werden.[265] Soweit (zB wegen ihrer Übertragbarkeit) die Ausgabe von Aktienoptionen einen Angebotsprospekt erfordert, kann hiervon abgesehen werden, wenn die Gesellschaft ein prospektersetzende Dokument erstellt (Art. 4 Abs. 4 lit. i ProspektVO). Die Zulassung der Bezugsaktien kann insbesondere gemäß Art. 1 Abs. 5 lit. a (20%-Grenze innerhalb eines Zwölf-Monatszeitraums) oder h (in diesem Fall ist ein prospektersetzendes Dokument zu veröffentlichen) ProspektVO prospektfrei erfolgen.

105 Sind die Aktien der Gesellschaft börsennotiert, müssen die Mitglieder des Vorstands Geschäfte in Wertpapieren der Gesellschaft sowie damit verbundenen Derivaten und Finanzinstrumenten bekanntmachen (Art. 19 Abs. 1 lit. a MMVO; **Directors' Dealings-Meldungen**), wenn und sobald die Geschäfte des Vorstandsmitglieds im Kalenderjahr 5.000 EUR erreichen (Art. 19 Abs. 8 MAR). Zu den in Art. 2 Abs. 1 MMVO definierten Finanzinstrumenten zählen auch Aktienoptionen.[266] Abweichend von der früheren Ver-

---

[262] Vgl. *BaFin* Emittentenleitfaden, Modul B II.3.3.2.3 (S. 58) u. II.3.3.4 (S. 60).
[263] BGHZ 216, 347 = AG 2018, 105 Rn. 14 ff. – Celesio mit eingehender Darstellung des Meinungsstands; ebenso die Vorinstanz OLG Frankfurt a. M. ZIP 2016, 316 (317 ff.). Vgl. ferner zB. Schwarz/Zimmer KMRK/*Noack/Zetzsche* § 31 WpHG Rn. 95 u. 97.
[264] Vgl. zur Prospekt-RL *ESMA* Questions and Answers – Prospectuses, 30th updated version April 2019, question 5.
[265] Vgl. zur Prospekt-RL *ESMA* Questions and Answers – Prospectuses, 30th updated version April 2019, question 5. Die BaFin hat ihre abweichende Praxis, s. Just/Voß/Ritz/Zeising WpPG/*Ritz/Zeising* § 2 Rn. 145, wohl zwischenzeitlich aufgegeben; vgl. Assmann/Schlitt/v. Kopp-Colomb WpPG/*Schlitt* § 4 Rn. 27.
[266] Klöhn MMVO/*Klöhn* Art. 2 Rn. 100; s. auch Assmann/U. H. Schneider/Mülbert WertpapierhandelsR/*Assmann* WpHG § 2 Rn. 86 zu § 2 Abs. 4 Nr. 6 WpHG.

waltungspraxis der BaFin[267] lösen der Erwerb und die Ausübung von Aktienoptionen daher – wie Art. 10 Abs. 2 lit. b DelVO (EU) 2016/522 ausdrücklich bestimmt – die Verpflichtung zur Bekanntmachung einer Directors' Dealings-Meldung aus, vorausgesetzt die betragsmäßige Schwelle des Art. 19 Abs. 8 MMVO ist oder wird infolge des Erwerbs bzw. der Ausübung erreicht. Erfolgt der Erwerb – was häufig der Fall ist – ohne Zahlung einer Gegenleistung, ist für die Feststellung, ob der Schwellenwert erreicht ist bzw. wird, der Wert anzulegen, den die Gesellschaft der Option beimisst; anderenfalls ist der Wert anhand von marktüblichen Optionsbewertungsmodellen zu ermitteln.[268] In der Meldung ist hingegen als Preis 0 EUR anzugeben.[269] Auch die **Closed Periods** in Art. 19 Abs. 11 MMVO finden Anwendung auf den Erwerb und die Ausübung von Aktienoptionen. Eine Ausnahme hiervon ist jedoch für den Erwerb anzunehmen, wenn dieser durch einseitige Gewährung der Gesellschaft erfolgt, auf die das Vorstandsmitglied keinen Einfluss nehmen kann.[270] Darüber hinaus darf die Gesellschaft dem Vorstand den Erwerb oder die Ausübung nach Maßgabe von Art. 19 Abs. 12 MMVO, Art. 7–9 DelVO (EU) 2016/522 gestatten.

§ 59 Genehmigtes Kapital

Übersicht

	Rn.		Rn.
I. Überblick	1–7	c) Kein Erfordernis der Zustimmung durch die Hauptversammlung	45, 46
II. Ermächtigung des Vorstands	8–41		
1. Erteilung der Ermächtigung	8–12		
2. Inhalt und Grenzen der Ermächtigung	13–26	d) Keine Durchführung bei ausstehenden Einlagen	47
a) Reguläre Kapitalerhöhung	13	3. Festsetzung von Aktieninhalt und Ausgabebedingungen	48–52
b) Nennbetrag	14–18	4. Aktienausgabe gegen Sacheinlagen	53–57
c) Sacheinlagen	19	a) Allgemeines	53
d) Bezugsrechtsausschluss	20	b) Erforderliche Festsetzungen	54
e) Mittelbares Bezugsrecht	21	c) Mängel der Sachkapitalerhöhung	55
f) Weiterer Inhalt	22–24		
g) Frist	25	d) Prüfung	56
h) Mehrere genehmigte Kapitalien	26	e) Sacheinlagevereinbarungen vor Eintragung der Gesellschaft	57
3. Bezugsrechtsausschluss	27–40	5. Bezugsrechte	58–66
a) Allgemeines	27–30	a) Gesetzliches Bezugsrecht	58
b) Materielle Prüfung und Berichterstattung	31–33	b) Ausschluss des Bezugsrechts	59–65
c) Vereinfachter Bezugsrechtsausschluss	34, 35	c) Rechtsgeschäftliches Bezugsrecht	66
d) Arbeitnehmeraktien	36	6. Durchführung der Kapitalerhöhung	67–74
e) Zusätzlicher Beschlussinhalt	37, 38	a) Zeichnung	67, 68
f) Anfechtbarkeit der Ermächtigung	39, 40	b) Mindesteinlagen	69
4. Anmeldung und Eintragung ins Handelsregister	41	c) Neufassung des Satzungswortlauts	70
III. Durchführung der Kapitalerhöhung durch den Vorstand	42–83	d) Anmeldung und Eintragung der Durchführung	71–73
1. Allgemeines	42	e) Wirksamwerden; Ausgabe neuer Aktien	74
2. Voraussetzungen der Aktienausgabe	43–47	7. Fehlerhafte Kapitalerhöhung	75, 76
a) Eintragung der Ermächtigung	43	8. Belegschaftsaktien	77–83
b) Zustimmung des Aufsichtsrats	44		

---

[267] Vgl. *BaFin* Emittentenleitfaden S. 84.
[268] *ESMA* Questions and Answers – On the Marked Abuse Regulation, version 14 last updated on 29 March 2019, question 7.6.
[269] *ESMA* Questions and Answers – On the Marked Abuse Regulation, version 14 last updated on 29 March 2019, question 7.6.
[270] Allgemein dazu Klöhn MMVO/*Semrau* Art. 19 Rn. 81; Assmann/U. H. Schneider/Mülbert WertpapierhandelsR/*Sethe/Hellgardt* MMVO Art. 19 Rn. 158.

§ 59 1   10. Kapitel. Kapitalmaßnahmen

	Rn.		Rn.
a) Grundlagen	77–79	c) Deckung der Einlagen durch Leistung eigener Mittel	82
b) Deckung der Einlagen aus dem Jahresüberschuss	80, 81	d) Durchführung in der Praxis	83

Schrifttum: Vgl. die Literaturhinweise zu §§ 57 u. 58; ferner: *Bezzenberger*, Der Greenshoe und die Angemessenheit des Aktienausgabebetrages beim Börsengang, AG 2010, 765; *Böttger*, Der Bezugsrechtsausschluß beim genehmigten Kapital, 2005; *Bungert*, Vorstandsbericht bei Bezugsrechtsausschluss bei Genehmigtem Kapital – Siemens/Nold in der Praxis, BB 2001, 742; *ders.*, Bezugsrechtsausschluss bei erheblicher Sachkapitalerhöhung: Keine gesteigerten Anforderungen an Inhalt und Umfang der Berichtspflicht, BB 2001, 1812; *ders.*, Ausnutzung eines genehmigten Kapitals mit Bezugsrechtsausschluß – Anmerkung zu den BGH-Urteilen Mangusta/Commerzbank I und II, BB 2005, 2757; *Busch*, *ders.*, Mangusta/Commerzbank – Rechtsschutz nach Ausnutzung eines genehmigten Kapitals, NZG 2006, 81; *ders.*, Refreshing the Shoe, FS Hoffmann-Becking, 2013, S. 211; *Freitag*, Die aktienrechtliche Zulässigkeit der Ausnutzung einer Tranche eines genehmigten Kapitals in mehreren Teilbeträgen, AG 2009, 473; *Groh*, Einlage wertgeminderter Gesellschafterforderungen in Kapitalgesellschaften, BB 1997, 2523; *Groß*, Das Ende des so genannten „Greenshoe", Zugleich Besprechung des Urteils des Kammergerichts vom 22.8.2001, ZIP 2002, 160; *Henze*, Schranken für den Bezugsrechtsausschluss – Rechtsprechung des BGH im Wandel?, ZHR 167 (2003), 1; *Klaaßen-Kaiser/Heneweer*, Kapitalerhöhung aus genehmigtem Kapital bei vereinfachtem Bezugsrechtsausschluss – Klagefrist und Beachtung des Gleichbehandlungsgebots aus § 53a AktG, NZG 2018, 41; *Kau/Leverenz*, Mitarbeiterbeteiligung und leistungsgerechte Vergütung durch Aktien-Options-Pläne, BB 1998, 2269; *Kiefner*, Beteiligungserwerb und ungeschriebene Hauptversammlungszuständigkeit, ZIP 2011, 545; *Kley*, Bezugsrechtsausschluß und Deregulierungsforderungen, 1998; *Knepper*, Die Belegschaftsaktie in Theorie und Praxis, ZGR 1985, 419; *Kossmann*, Schriftform des Vorstandsberichts nach Ausnutzung eines genehmigten Kapitals mit Ausschluss des Bezugsrechts, NZG 2012, 1129; *Krieger*, Vorstandsbericht vor Ausnutzung eines genehmigten Kapitals mit Bezugsrechtsausschluss?, FS Wiedemann, 2002, 1081; *Kubis*, Information und Rechtsschutz der Aktionäre beim genehmigten Kapital, DStR 2006, 188; *Lutter*, Gesellschaftsrecht und Kapitalmarkt, FS Zöllner, 1998, 363; *Paschos*, Berichtspflichten des Vorstands bei der Ermächtigung zum Bezugsrechtsausschluß und deren Ausübung im Rahmen eines genehmigten Kapitals, WM 2005, 356; *Pentz*, Genehmigtes Kapital, Belegschaftsaktien und Sacheinlagefähigkeit obligatorischer Nutzungsrechte – das adidas-Urteil des BGH, ZGR 2001, 901; *Quack*, Die Schaffung genehmigten Kapitals unter Ausschluß des Bezugsrechts der Aktionäre, Besprechung der Entscheidung BGHZ 83, 319 ff., ZGR 1983, 257; *Reichert/Senger*, Berichtspflicht des Vorstands und Rechtsschutz der Aktionäre gegen Beschlüsse der Verwaltung über die Ausnutzung eines genehmigten Kapitals im Wege der allgemeinen Feststellungsklage, Konzern 2006, 338; *Rottnauer*, Geltungsdauer der Ermächtigungsbefugnis bei genehmigtem Kapital: Dispositionsspielraum des Vorstands?, BB 1999, 330; *Simon*, Zeitliche Begrenzung des Bezugsrechtsausschlusses beim genehmigten Kapital, AG 1985, 237; *Tollkühn*, Die Schaffung von Mitarbeiteraktien durch kombinierte Nutzung von genehmigtem Kapital und Erwerb eigener Aktien unter Einschaltung eines Kreditinstituts, NZG 2004, 594; *Waclawik*, Die Aktionärskontrolle des Verwaltungshandelns bei der Ausnutzung des genehmigten Kapitals der Aktiengesellschaft, ZIP 2006, 397; *Werner*, Bekanntmachung der Tagesordnung und bekanntmachungsfreie Anträge, FS Fleck, 1988, 401; *Wilsing*, Berichtspflichten des Vorstands und Rechtsschutz der Aktionäre bei der Ausübung der Ermächtigung zum Bezugsrechtsausschluß im Rahmen eines genehmigten Kapitals, ZGR 2006, 722.

I. Überblick

1   Die Satzung kann gem. § 202 Abs. 1 und 2 S. 1 AktG den **Vorstand ermächtigen,** innerhalb einer Frist von bis zu fünf Jahren das Grundkapital durch Ausgabe neuer Aktien gegen Einlagen bis zu einem bestimmten Betrag zu erhöhen (genehmigtes Kapital). Die Entscheidung, ob, wann und in welchem Umfang von dieser Ermächtigung Gebrauch gemacht werden soll, trifft der Vorstand nach eigenem Ermessen mit Zustimmung des Aufsichtsrats. Auch die Festsetzung der Bedingungen der Kapitalerhöhung kann weitestgehend der Verwaltung überlassen werden; ebenso kann ein Ausschluss des Bezugsrechts der Aktionäre gestattet werden.

Das genehmigte Kapital ermöglicht die Ausgabe neuer Aktien ohne die aufwändige 2
Durchführung einer Hauptversammlung. Dem Vorstand kann auf diese Weise namentlich
für eine Verbindung mit anderen Unternehmen und für die Ausnutzung günstiger Kapitalmarktsituationen die erforderliche Flexibilität zu schnellem Handeln gegeben werden. Das
genehmigte Kapital wird in der Unternehmenspraxis vielfach für Zwecke benutzt, für
welche auch ein **bedingtes Kapital** geschaffen werden könnte, namentlich zur Vorbereitung von Unternehmenszusammenschlüssen. Gegenüber dem bedingten Kapital hat das
genehmigte Kapital unter anderem den Vorteil, dass im Zeitpunkt der Beschlussfassung
durch die Hauptversammlung die konkrete Zusammenschlussabsicht noch nicht bekannt
zu werden braucht. Daneben erlaubt das genehmigte Kapital einen größeren Handlungsspielraum für die Verwaltung als das bedingte Kapital; namentlich kann der Verwaltung
beim genehmigten Kapital die Festsetzung des Ausgabekurses für die neuen Aktien überlassen werden. Andererseits bedarf die Entstehung der neuen Aktien beim genehmigten
Kapital der Eintragung der Durchführung der Erhöhung im Handelsregister, während die
Erhöhung beim bedingten Kapital nur die Aktienausgabe erfordert. Das bedingte Kapital ist
insofern schneller und weniger aufwändig. In Fällen, in denen es fortlaufend zu Erhöhungen kommen kann (zB Aktienoptionsprogramme sowie Wandel- und Optionsanleihen),
erweist sich das genehmigte Kapital daher als weniger praktikabel. Zu den rechtstechnischen Unterschieden zwischen beiden Instrumenten → § 58 Rn. 1.

Das genehmigte Kapital ist noch **nicht Grundkapital.** Das Grundkapital ist erst erhöht, 3
wenn der Vorstand seine Ermächtigung zur Kapitalerhöhung ausgenutzt hat und die
Durchführung der Kapitalerhöhung im Handelsregister eingetragen ist. Das genehmigte
Kapital ist daher auch nicht zu bilanzieren.

Die Kapitalerhöhung auf Grund eines genehmigten Kapitals entspricht in ihrer Abwick- 4
lung weitgehend der regulären Kapitalerhöhung. Ihre einzelnen **Stadien** sind:
– Ermächtigung des Vorstands durch die Hauptversammlung,
– Anmeldung und Eintragung der Ermächtigung ins Handelsregister,
– Beschluss des Vorstands über die Ausgabe neuer Aktien,
– Zustimmung des Aufsichtsrats,
– Zeichnung der neuen Aktien,
– Leistung der Mindesteinlagen,
– Schaffung weiterer Eintragungsvoraussetzungen (zB behördliche Genehmigungen oder
  Freigaben),
– Anmeldung und Eintragung der Durchführung der Kapitalerhöhung ins Handelsregister,
– Ausgabe der neuen Aktien.

Wie bei der regulären Kapitalerhöhung werden auch bei einer Kapitalerhöhung auf 5
Grund eines genehmigten Kapitals die neuen Aktien, wenn sie bei einem größeren Personenkreis bzw. am Kapitalmarkt platziert werden, üblicherweise zunächst von einem
Emissionskonsortium übernommen, welches sie sodann nach Weisung der Gesellschaft
weitergibt.

Bzgl. der **kapitalmarktrechtlichen Aspekte** kann auf die Ausführungen zur regulären 6
Kapitalerhöhung verwiesen werden (vgl. → § 57 Rn. 202 ff.); zur Ausnutzung eines genehmigten Kapitals iR. eines Übernahmeangebots → § 57 Rn. 11. Eine **Veröffentlichungspflicht gemäß § 49 Abs. 1 S. 1 Nr. 2 WpHG** wird jedoch nicht durch den Beschluss
der Hauptversammlung über die Schaffung des genehmigten Kapitals, sondern erst durch
die Entscheidung von Vorstand und Aufsichtsrat über die Ausnutzung ausgelöst; veröffentlicht die Gesellschaft unverzüglich nach den Beschlüssen von Vorstand und Aufsichtsrat ein
Bezugsangebot im Bundesanzeiger (§ 186 Abs. 2 AktG), ist eine zusätzliche Veröffentlichung gemäß § 49 Abs. 1 S. 1 Nr. 2 WpHG nicht erforderlich.[1]

---

[1] *BaFin* Emittentenleitfaden, Modul B II.3.3.2.4 (S. 58 f.) u. II.3.3.4 (S. 60).

7 Ein gesetzliches genehmigtes Kapital, bei dem auch das Bezugsrecht der Aktionäre kraft Gesetzes ausgeschlossen war, bestand gemäß § 3 FMStBG aF bis zum 31.12.2010 für Unternehmen des Finanzsektors im Fall einer Rekapitalisierung iSv § 7 FMStFG aF.[2] Auf im Zeitpunkt des Inkrafttretens des FMStBG bestehende genehmigte Kapitalia war das gesetzliche genehmigte Kapital in dem Umfang anzurechnen, in dem auf seiner Grundlage neue Aktien ausgegeben wurden (§ 4 FMStBG aF). §§ 5 und 7b des am 28.3.2020 in Kraft getretenen **Wirtschaftsstabilisierungsbeschleunigungsgesetzes** regeln im Zusammenhang mit Rekapitalisierungen nach § 7 oder § 22 Stabilisierungsfondsgesetz verschiedene Abweichungen von den aktienrechtlichen Bestimmungen über das genehmigte Kapital.

II. Ermächtigung des Vorstands

8 1. Erteilung der Ermächtigung. Die Ermächtigung des Vorstands zur Kapitalerhöhung ist nur in der **Satzung** möglich. Sie kann bereits in der Gründungssatzung enthalten sein (§ 202 Abs. 1 AktG) oder durch spätere Satzungsänderung erteilt werden (§ 202 Abs. 2 AktG). Für die Erteilung der Ermächtigung durch Satzungsänderung[3] ist allein die **Hauptversammlung** zuständig; eine Übertragung auf die Verwaltung ist nicht möglich. In der Praxis enthält der Hauptversammlungsbeschluss häufig kumulativ eine Ermächtigung des Vorstands und eine praktisch wortgleiche Änderung der Satzung. Das ist zulässig, aber – wie der Wortlaut von § 202 Abs. 1 AktG ausdrücklich bestimmt („Die Satzung kann den Vorstand […] ermächtigen, […]") – unnötig. Erforderlich ist allein die Satzungsänderung.[4]

9 Der Beschluss bedarf einer **Mehrheit** von mindestens drei Vierteln des vertretenen Grundkapitals (§ 202 Abs. 2 S. 2 AktG). Die Satzung kann die erforderliche Kapitalmehrheit erhöhen und weitere Erfordernisse festsetzen, anders als bei der regulären Kapitalerhöhung aber keine geringere Kapitalmehrheit zulassen (§ 202 Abs. 2 S. 3 AktG). § 7b Abs. 1 Satz 1 und 2 sowie § 7b Abs. 2 iVm § 7 Abs. 3 Wirtschaftsstabilisierungsbeschleunigungsgesetz sehen geringere Mehrheitserfordernisse vor. Im Übrigen gilt das Gleiche wie bei der regulären Kapitalerhöhung; vgl. näher → § 57 Rn. 16 ff. Bei Bestehen mehrerer stimmberechtigter Aktiengattungen (§ 11 AktG) müssen die Aktionäre jeder Gattung der Ermächtigung durch **Sonderbeschluss** zustimmen (§§ 202 Abs. 2 S. 4, 182 Abs. 2 AktG); vgl. näher → § 57 Rn. 20 ff.

10 Ein **Rangverhältnis** zwischen einer unmittelbaren Kapitalerhöhung durch die Hauptversammlung gem. §§ 182 ff. AktG und der Schaffung eines genehmigten Kapitals besteht grundsätzlich nicht. Die Hauptversammlung ist also nicht etwa gehalten, vorrangig eine reguläre Kapitalerhöhung durchzuführen, soweit das möglich ist.[5] Die Frage kann sich insbesondere in Fällen des Bezugsrechtsausschlusses stellen, da hier das genehmigte Kapital einen etwas geringeren Aktionärsschutz bietet als die reguläre Kapitalerhöhung (vgl.

---

[2] S. dazu MüKoAktG/*Bayer* § 202 Rn. 121 ff.; Grigoleit/*Rieder/Holzmann* AktG § 202 Rn. 5 f.; ferner auch BVerfG AG 2009, 325 – Commerzbank.

[3] Muster in Beck'sches Formularbuch/*Hoffmann-Becking/Berger* Form. X.32; Münch. Vertragshandbuch Bd. 1/*Favoccia* Form. V.122; Happ AktienR/*Groß* Form. 12.06a; Hopt Vertrags- und Formularbuch/*Herfs/Scholz* Form. II. E.5.5; Beck'sches Formularbuch M&A/*Kleinstück* Form. F. III.1.

[4] Happ AktienR/*Groß* Form. 12.06 Anm. 20.2; Hopt Vertrags- und Formularbuch/*Herfs/Scholz* Form. II. E.5.5 Anm. 3; HdB börsennotierte AG/*Busch* Rn. 43.7.

[5] OLG Karlsruhe AG 2003, 444 (445) – MLP; LG Kiel NJOZ 2010 1330 (1332); LG Düsseldorf AG 1999, 134 (135) – Nordhäuser Tabakfabriken AG/AHAG; LG Heidelberg AG 2002, 298 (301 f.) – MLP; MüKoAktG/*Bayer* § 202 Rn. 82 f.; GroßkommAktG/*Hirte* § 203 Rn. 61; Hölters AktG/*Apfelbacher/Niggemann* § 202 Rn. 5; Schmidt/Lutter/*Veil* AktG § 202 Rn. 20; Spindler/Stilz AktG/*Wamser* § 202 Rn. 11; Bürgers/Körber AktG/*Marsch-Barner* § 202 Rn. 1; Hopt Vertrags- und Formularbuch/*Herfs/Scholz* Form. II. E.5.5 Anm. 11; HdB AG-Finanzierung/*Stöber* Kap. 5 Rn. 23; *Bayer* ZHR 168 (2004), 132 (163 ff.); für Sanierungssituationen *Seibt/Voigt* AG 2009, 133 (144); aA *Pentz* ZGR 2001, 901 (907); einschränkend auch HdB börsennotierte AG/*Busch* Rn. 43.3; *Happ* FS Ulmer, 2003, 175 (192).

→ Rn. 27 ff.). Gleichwohl ist auch in diesen Fällen schon aus Gründen der Rechtssicherheit ein Vorrang der regulären Kapitalerhöhung abzulehnen.

Die ordnungsgemäße **Umsetzung früherer Ermächtigungen** ist nicht Voraussetzung **11** für die Schaffung eines neuen genehmigten Kapitals. Sind bei der Ausübung von Ermächtigungen in der Vergangenheit Fehler unterlaufen, berechtigt das insbesondere nicht zur Anfechtung von Beschlüssen, mit denen neue genehmigte Kapitalia geschaffen werden (eingehend → § 57 Rn. 12; vgl. auch → Rn. 63). Voraussetzung für die Erteilung der Ermächtigung ist ferner nicht, dass auf das bisherige Grundkapital keine **Einlagen** ausstehen. Das spielt erst für die Ausnutzung der Ermächtigung eine Rolle (§ 203 Abs. 3 AktG; dazu auch → Rn. 47).

Eine spätere **Aufhebung** der Ermächtigung ist bis zur Eintragung des Ermächtigungs- **12** beschlusses ins Handelsregister durch einen mit einfacher Mehrheit zu fassenden Aufhebungsbeschluss, nach der Eintragung durch einen satzungsändernden Beschluss möglich; zustimmende Sonderbeschlüsse sind nicht erforderlich.[6] Gleiches gilt für eine Reduzierung des Umfangs des genehmigten Kapitals.[7] Sonstige **Änderungen** der Ermächtigung unterliegen hingegen denselben Voraussetzungen wie die Erteilung selbst.[8]

2. Inhalt und Grenzen der Ermächtigung. a) Reguläre Kapitalerhöhung. Die **Er- 13 mächtigung** ist darauf gerichtet, dass der Vorstand mit Zustimmung des Aufsichtsrats innerhalb einer bestimmten Frist das Grundkapital bis zu einem bestimmten Betrag erhöhen darf. Die Ermächtigung richtet sich nur auf eine reguläre Kapitalerhöhung durch den Vorstand. Zur Durchführung einer bedingten Kapitalerhöhung oder zu einer Kapitalerhöhung aus Gesellschaftsmitteln (auch → § 60 Rn. 9) kann der Vorstand nicht ermächtigt werden.[9] Ob der Vorstand von der Ermächtigung Gebrauch macht, bleibt seinem **Ermessen** überlassen. Eine Pflicht zur Durchführung der Kapitalerhöhung durch den Vorstand kann nicht begründet werden.[10]

b) Nennbetrag. Die Ermächtigung muss den **Nennbetrag des genehmigten Kapitals 14** festlegen, dh den Höchstbetrag, bis zu welchem der Vorstand das Grundkapital soll erhöhen dürfen (§ 202 Abs. 1 AktG). Hierfür genügen nach einer Ansicht prozentuale Angaben.[11] Die hM verlangt hingegen eine ziffernmäßige Betragsangabe.[12] Fehlt diese Festsetzung, ist

---

[6] Bürgers/Körber AktG/*Marsch-Barner* § 202 Rn. 9; MüKoAktG/*Bayer* § 202 Rn. 47; Hüffer/*Koch* AktG § 202 Rn. 18; Grigoleit/*Rieder/Holzmann* AktG § 202 Rn. 11.
[7] MüKoAktG/*Bayer* § 202 Rn. 48; GroßkommAktG/*Hirte* § 202 Rn. 104; Spindler/Stilz AktG/ *Wamser* § 202 Rn. 36; aA KölnKommAktG/*Lutter* § 202 Rn. 7 und Grigoleit/*Rieder/Holzmann* AktG § 202 Rn. 12, die auch hierbei § 202 Abs. 2 AktG für anwendbar halten.
[8] OLG Hamm AG 1985, 108 (109) für die Neufestsetzung der Ermächtigungsdauer; MüKoAktG/*Bayer* § 202 Rn. 48; Hüffer/*Koch* AktG § 202 Rn. 18; Hölters AktG/*Apfelbacher/Niggemann* § 202 Rn. 39; Spindler/Stilz AktG/*Wamser* § 202 Rn. 36; Grigoleit/*Rieder/Holzmann* AktG § 202 Rn. 12.
[9] MüKoAktG/*Bayer* § 202 Rn. 74; Hüffer/*Koch* AktG § 202 Rn. 6; Hölters AktG/*Apfelbacher/ Niggemann* § 202 Rn. 6; Wachter AktG/*Dürr* § 202 Rn. 8; Schmidt/Lutter/*Veil* AktG § 202 Rn. 13; Grigoleit/*Rieder/Holzmann* AktG § 202 Rn. 7; für bedingtes Kapital zweifelnd, im Ergebnis aber ebenso, für Kapitalerhöhung aus Gesellschaftsmitteln hingegen aA GroßkommAktG/*Hirte* § 202 Rn. 140, § 207 Rn. 145 ff.
[10] MüKoAktG/*Bayer* § 202 Rn. 34; Hüffer/*Koch* AktG § 202 Rn. 6; Hölters AktG/*Apfelbacher/ Niggemann* § 202 Rn. 3; Schmidt/Lutter/*Veil* AktG § 202 Rn. 13; Grigoleit/*Rieder/Holzmann* AktG § 202 Rn. 7; Happ AktienR/*Groß* Form. 12.06 Anm. 7.6; s. auch OLG Hamm AG 1985, 108.
[11] KölnKommAktG/*Lutter* § 202 Rn. 11.
[12] MüKoAktG/*Bayer* § 202 Rn. 64; GroßkommAktG/*Hirte* § 202 Rn. 133; Hüffer AktG/*Koch* § 202 Rn. 13; Bürgers/Körber AktG/*Marsch-Barner* § 202 Rn. 12; Schmidt/Lutter/*Veil* AktG § 202 Rn. 18; Spindler/Stilz AktG/*Wamser* § 202 Rn. 69; Hölters AktG/*Apfelbacher/Niggemann* § 202 Rn. 41; Grigoleit/*Rieder/Holzmann* AktG § 202 Rn. 7.

der Ermächtigungsbeschluss nichtig[13] und kann nach hM auch nicht gem. § 242 Abs. 2 AktG geheilt werden.[14]

15 Wird ein genehmigtes Kapital gleichzeitig mit einer **„bis zu"-Kapitalerhöhung** beschlossen und knüpft das Volumen des genehmigten Kapitals an die Kapitalerhöhung an, steht bei Beschlussfassung unter Umständen nicht fest, ob die Volumengrenze von 50 % (dazu sogleich unter → Rn. 16 f.) eingehalten wird. So liegt der Fall etwa, wenn der Nennbetrag des genehmigten Kapitals der Hälfte des Grundkapitals nach vollständiger Durchführung der „bis zu"-Kapitalerhöhung entspricht; wird die Kapitalerhöhung nur teilweise durchgeführt, würde die 50 %-Schwelle überschritten. Hier muss auch eine prozentuale Angabe (50 % des Grundkapitals nach Eintragung der Durchführung der Kapitalerhöhung) in der Satzung genügen. Alternativ kann die Hauptversammlung der Sache nach beschließen, dass das Volumen 50 % des Grundkapitals nach Eintragung der bis zu-Kapitalerhöhung beträgt, und den Aufsichtsrat ermächtigen, den konkreten Satzungstext mit der sich danach ergebenden Zahl zu beschließen. Eine solche Ermächtigung ist durch § 179 Abs. 1 S. 2 AktG gedeckt.[15]

16 Der Nennbetrag des genehmigten Kapitals darf die **Hälfte des Grundkapitals,** das zur Zeit der Ermächtigung vorhanden ist, nicht überschreiten (§ 202 Abs. 3 S. 1 AktG). Maßgeblich ist das vorhandene, nicht das eingetragene Grundkapital. Aktien, die auf der Grundlage eines bedingten Kapitals ausgegeben sind (§ 200 AktG), sind daher auch dann einzubeziehen, wenn die entsprechende Erhöhung des Grundkapitals noch nicht eingetragen worden ist (vgl. § 201 AktG).[16] Bei dem Nennbetrag des genehmigten Kapitals ist ein etwa bereits bestehendes genehmigtes Kapital mitzurechnen, soweit dieses noch nicht ausgenutzt ist; ebenso zählt ein etwa gleichzeitig beschlossenes weiteres genehmigtes Kapital mit.[17] Ein daneben etwa noch bestehendes bedingtes Kapital rechnet nicht mit; es ist also möglich, dass ein genehmigtes Kapital und ein bedingtes Kapital in Höhe von jeweils 50 % des Grundkapitals zusammentreffen (auch → § 58 Rn. 23).[18] Auch die Möglichkeit der Gesellschaft, etwa vorhandene eigene Aktien zu veräußern, rechnet nicht mit.[19] Nach verbreiteter Auffassung soll die 10 %-Grenze des § 192 Abs. 3 S. 1 Alt. 2 AktG hingegen umfassend auch für das genehmigte Kapital und den Erwerb eigener Aktien gelten.[20]

---

[13] MüKoAktG/*Bayer* § 202 Rn. 64; GroßkommAktG/*Hirte* § 202 Rn. 134; Hüffer AktG/*Koch* § 202 Rn. 12; Grigoleit/*Rieder*/*Holzmann* AktG § 202 Rn. 7.

[14] Schmidt/Lutter/*Veil* AktG § 202 Rn. 18; MüKoAktG/*Bayer* § 202 Rn. 64; GroßkommAktG/ *Hirte* § 202 Rn. 134; Hüffer/*Koch* AktG § 202 Rn. 12; Grigoleit/*Rieder*/*Holzmann* AktG § 202 Rn. 17; aA noch GroßkommAktG/*Schilling*, 3. Aufl., § 202 Anm. 11 u. 8.

[15] Vgl. dazu, dass die Hauptversammlung den Aufsichtsrat ermächtigen kann, den Satzungstext zu einer von ihr (nur) inhaltlich vorgegebenen Regelung zu beschließen, Hüffer/*Koch* AktG § 179 Rn. 11; MüKoAktG/*Stein* § 179 Rn. 161; Bürgers/Körber AktG/*Körber* § 179 Rn. 28; Spindler/Stilz AktG/*Holzborn* § 179 Rn. 109; Hölters AktG/*Haberstock/Greitemann* § 179 Rn. 40.

[16] Hüffer/*Koch* AktG § 202 Rn. 13; Bürgers/Körber AktG/*Marsch-Barner* § 202 Rn. 12; Grigoleit/ *Rieder*/*Holzmann* AktG § 202 Rn. 19; *Ihrig/Wagner* NZG 2002, 657 (658); wohl aA Schmidt/Lutter/ *Veil* AktG § 202 Rn. 18, der auf das eingetragene Grundkapital abstellt.

[17] MüKoAktG/*Bayer* § 202 Rn. 69; GroßkommAktG/*Hirte* § 202 Rn. 148 u. 153; Hüffer/*Koch* AktG § 202 Rn. 13; Hölters AktG/*Apfelbacher*/*Niggemann* § 202 Rn. 13; Grigoleit/*Rieder*/*Holzmann* AktG § 202 Rn. 19.

[18] BGH ZIP 2006, 368 (370); Bürgers/Körber AktG/*Marsch-Barner* § 202 Rn. 12; MüKoAktG/ *Bayer* § 202 Rn. 70; Hüffer/*Koch* AktG § 202 Rn. 13; Grigoleit/*Rieder*/*Holzmann* AktG § 202 Rn. 19; HdB AG-Finanzierung/*Ekkenga*/*Bernau* Kap. 5 Rn. 49; einschränkend GroßkommAktG/ *Hirte* § 202 Rn. 150 f., der ein genehmigtes Kapital für unzulässig hält, soweit es für die Zwecke des § 192 Abs. 2 AktG bestimmt ist und zusammen mit einem parallel bestehenden bedingten Kapital die 50 %-Grenze überschreitet.

[19] GroßkommAktG/*Hirte* § 202 Rn. 150, 152; HdB börsennotierte AG/*Busch* Rn. 43.9; HdB AG-Finanzierung/*Ekkenga*/*Bernau* Kap. 5 Rn. 49; *Ihrig/Wagner* NZG 2002, 657 (658).

[20] MüKoAktG/*Bayer* § 202 Rn. 71; GroßkommAktG/*Hirte* § 202 Rn. 151; GroßkommAktG/*Frey* § 192 Rn. 140; aA *Kau/Leverenz* BB 1998, 2269 (2273).

Für die Höhe des Grundkapitals ist der **Zeitpunkt der Eintragung** des Ermächtigungs- 17
beschlusses im Handelsregister entscheidend. Spätere Kapitalveränderungen bleiben außer
Betracht.[21] Unschädlich ist folglich, dass ein bereits eingetragenes genehmigtes Kapital aufgrund nachfolgender Kapitalherabsetzungen den Höchstbetrag überschreitet. Eine etwa
gleichzeitig eingetragene Kapitalerhöhung oder -herabsetzung zählt hingegen – anders als
beim bedingten Kapital (vgl. → § 58 Rn. 23) – mit.[22] Das gilt auch in Bezug auf existierende
weitere genehmigte Kapitalia. Werden diese aufgehoben und wird die Aufhebung spätestens
zeitgleich mit der Schaffung des neuen genehmigten Kapitals im Handelsregister eingetragen, zählen sie auch dann nicht für die Berechnung der 50%-Schwelle mit, wenn
Aufhebung und Schaffung des neuen genehmigten Kapitals in derselben Hauptversammlung
beschlossen werden.[23] Für die Herabsetzung genehmigter Kapitalia gilt das entsprechend.
Die Maßgeblichkeit des Zeitpunkts der Eintragung des genehmigten Kapitals spricht zudem
dafür, auch nach der Beschlussfassung über ein genehmigtes Kapital, aber vor seiner Eintragung beschlossene Kapitalmaßnahmen zu berücksichtigen, wenn sie nur spätestens gleichzeitig mit der neuen Ermächtigung eingetragen werden. Ist der Höchstbetrag bereits ausgeschöpft, kann demnach durch gleichzeitige Abschaffung eines alten und Schaffung eines
neuen genehmigten Kapitals sichergestellt werden, dass die Gesellschaft ununterbrochen
über eine Ermächtigung verfügt. Dasselbe Ergebnis lässt sich auch durch die Änderung eines
bestehenden genehmigten Kapitals erreichen, indem zB die Geltungsdauer neu festgesetzt
oder die Möglichkeiten zum Ausschluss des Bezugsrechts erweitert werden. Soweit der
Höchstbetrag nicht ausgeschöpft ist, kann ein genehmigtes Kapital aufgestockt oder ein
weiteres genehmigtes Kapital beschlossen werden (auch → Rn. 26). Wird der zulässige
Höchstbetrag des genehmigten Kapitals **überschritten,** ist der Beschluss nichtig, jedoch
nach § 242 Abs. 2 AktG mit der Folge heilbar, dass die gesetzlichen Höchstgrenzen gelten.[24]

Soll der Vorstand zur **Ausgabe stimmrechtsloser Vorzugsaktien** ermächtigt werden, 18
ist außerdem der Höchstbetrag des § 139 Abs. 2 AktG zu beachten. Insoweit bedarf es
allerdings keiner besonderen Festsetzung in der Ermächtigung; es genügt, dass die Grenzen
des § 139 Abs. 2 AktG bei Ausübung der Ermächtigung gewahrt werden.[25] Im Zusammenhang mit Rekapitalisierungen nach § 7 oder § 22 **Stabilisierungsfondsgesetz** findet
die 50%-Grenze keine Anwendung (§ 7b Abs. 1 Satz 3 Wirtschaftsstabilisierungsbeschleunigungsgesetz).

c) Sacheinlagen. Soll der Vorstand ermächtigt werden, eine Kapitalerhöhung gegen Sach- 19
einlagen durchzuführen, ist dies besonders festzusetzen (§ 205 Abs. 1 AktG). Es genügt,
wenn die Ermächtigung ganz allgemein die Ausgabe gegen Sacheinlagen gestattet. Nähere
Festsetzungen über die Gegenstände der Sacheinlagen usw sind nicht erforderlich, aber
zulässig. Verzichtet die Hauptversammlung auf solche Festsetzungen, werden sie vom Vorstand mit Zustimmung des Aufsichtsrats getroffen (§ 205 Abs. 2 AktG). Die Ermächtigung
zur Kapitalerhöhung gegen Sacheinlagen kann von der Hauptversammlung eingeschränkt
werden, zB auf einen bestimmten Teil des genehmigten Kapitals, auf bestimmte Zwecke,
bestimmte Gegenstände usw.[26]

---

[21] MüKoAktG/*Bayer* § 202 Rn. 66; Hüffer/*Koch* AktG § 202 Rn. 14; Hölters AktG/*Apfelbacher*/
Niggemann § 202 Rn. 43; Grigoleit/*Rieder*/*Holzmann* AktG § 202 Rn. 18; HdB börsennotierte AG/
Busch Rn. 43.9.
[22] MüKoAktG/*Bayer* § 202 Rn. 66; Hüffer/*Koch* AktG § 202 Rn. 14; Bürgers/Körber AktG/
Marsch-Barner § 202 Rn. 12; Grigoleit/*Rieder*/*Holzmann* AktG § 202 Rn. 19; *Ihrig*/*Wagner*
NZG 2002, 657 (658).
[23] OLG Frankfurt a. M. MittBayNot 2011, 165 (167).
[24] OLG Jena ZIP 2014, 2136 (2138) (zur Nichtigkeitsfolge); Hüffer/*Koch* AktG § 202 Rn. 14;
Schmidt/Lutter/*Veil* AktG § 202 Rn. 18; Bürgers/Körber AktG/*Marsch-Barner* § 202 Rn. 12; Grigoleit/*Rieder*/*Holzmann* AktG § 202 Rn. 18.
[25] MüKoAktG/*Bayer* § 202 Rn. 67; GroßkommAktG/*Hirte* § 202 Rn. 149.
[26] MüKoAktG/*Bayer* § 205 Rn. 10; Hüffer/*Koch* AktG § 205 Rn. 3.

20 d) Bezugsrechtsausschluss. Soll das Bezugsrecht ausgeschlossen oder der Vorstand zum Bezugsrechtsausschluss ermächtigt werden, ist auch dies in der Ermächtigung besonders festzusetzen (§ 203 Abs. 1 iVm § 186 Abs. 3 S. 1 bzw. § 203 Abs. 2 AktG; vgl. näher → Rn. 27 ff.).

21 e) Mittelbares Bezugsrecht. Die Gewährung des Bezugsrechts durch Einräumung eines mittelbaren Bezugsrechts ist auch beim genehmigten Kapital möglich (§ 203 Abs. 1 S. 1 iVm § 186 Abs. 5 AktG). Insofern kann auf die Ausführungen zur ordentlichen Kapitalerhöhung verwiesen werden; vgl. → § 57 Rn. 146 ff. Anders als dort muss der Ermächtigungsbeschluss jedoch **keine Regelungen** zum mittelbaren Bezugsrecht enthalten. Die Wahrung des Bezugsrechts durch Einräumung eines mittelbaren Bezugsrechts ist auch dann möglich, wenn das genehmigte Kapital dazu schweigt.[27]

22 f) Weiterer Inhalt. Einer besonderen Festsetzung bedarf es auch, wenn der Vorstand ermächtigt werden soll, **Vorzugsaktien auszugeben,** welche bereits vorhandenen stimmrechtslosen Vorzugsaktien gleichstehen oder vorgehen sollen (§ 204 Abs. 2 AktG); sonst bedarf es einer besonderen Ermächtigung zur Ausgabe nicht (vgl. → Rn. 50). Der Vorstand kann ermächtigt werden, die neuen Aktien ganz oder teilweise an **Arbeitnehmer der Gesellschaft** auszugeben (§ 202 Abs. 4 AktG). Die Ermächtigung kann auch dahingehend beschränkt werden, dass die neuen Aktien nur zur Ausgabe an die Belegschaft verwendet werden können. Hingegen kann der Vorstand im Rahmen eines genehmigten Kapitals nicht verpflichtet werden, von der Ermächtigung zur Ausgabe von Belegschaftsaktien auch tatsächlich Gebrauch zu machen (→ Rn. 13). Vgl. im Übrigen näher → Rn. 77 ff.

23 Darüber hinaus kann der Ermächtigungsbeschluss Festsetzungen über den **Inhalt der Aktienrechte** und die **Bedingungen der Aktienausgabe** enthalten, zB den Ausgabebetrag, die Stückelung der neuen Aktien, ihre Art und ihre Gattung (§ 11 AktG). Die Ermächtigung kann auch auf **bestimmte Zwecke** beschränkt werden.[28] Trifft die Hauptversammlung Bestimmungen über die Höhe des **Ausgabebetrags,** gelten dafür die gleichen Grundsätze, wie bei einer regulären Kapitalerhöhung; vgl. → § 57 Rn. 29 f. Die Ermächtigung kann von Vorgaben für den Ausgabebetrag jedoch absehen und die Entscheidung über seine Festsetzung dem Vorstand mit Zustimmung des Aufsichtsrats (§ 204 Abs. 1 AktG) überlassen (vgl. auch → Rn. 49).[29]

24 Üblich und zweckmäßig ist es schließlich, den Aufsichtsrat zu ermächtigen, nach Durchführung der Kapitalerhöhung durch den Vorstand den **Satzungswortlaut** den neuen Kapitalverhältnissen entsprechend zu ändern (§ 179 Abs. 1 S. 2 AktG); vgl. näher → Rn. 70.

25 g) Frist. Die Ermächtigung darf **für höchstens fünf Jahre** erteilt werden. Die Frist muss in der Ermächtigung konkret bestimmt werden. Das kann durch Nennung eines Kalendertages, aber auch – entsprechend § 202 Abs. 2 S. 1 AktG – einer ab der Eintragung des genehmigten Kapitals gerechneten Frist geschehen.[30] Für die Fristberechnung gelten §§ 187 ff. BGB. Der Tag der Eintragung wird danach nicht mitgerechnet (§ 187 Abs. 1 BGB), und die Frist endet an dem Tag im fünften Kalenderjahr nach der Eintragung, der

---

[27] Hüffer/*Koch* AktG § 204 Rn. 5; HdB börsennotierte AG/*Busch* Rn. 43.17; GroßkommAktG/*Hirte* § 204 Rn. 69; HdB AG-Finanzierung/*Stöber* Kap. 5 Rn. 65; *Berkle,* Mittelbares Bezugsrecht, 2019 S. 69 f.
[28] LG Berlin WM 1994, 1246 (1248) – VIAG; KG WM 1996, 1454 (1458) – VIAG; MüKoAktG/*Bayer* § 202 Rn. 77; GroßkommAktG/*Hirte* § 202 Rn. 138; Hüffer/*Koch* AktG § 202 Rn. 16; Grigoleit/*Rieder/Holzmann* AktG § 202 Rn. 22; *Schlitt/Seiler/Singhof* AG 2003, 254 (256).
[29] BGHZ 136, 133 (141) – Siemens/Nold; BGHZ 144, 290 (295) – adidas; BGH ZIP 2009, 913 Rn. 6 – Senator Entertainment AG II; KG ZIP 2001, 2178 (2180) – Senator Entertainment AG.
[30] OLG Hamm AG 2009, 791; Hölters AktG/*Apfelbacher/Niggemann* § 202 Rn. 40; Hüffer AktG/*Koch* § 202 Rn. 11; MüKoAktG/*Bayer* § 202 Rn. 58; Grigoleit/*Rieder/Holzmann* AktG § 202 Rn. 13; Happ AktienR/*Groß* Form. 12.06 Anm. 9.4; offen gelassen in OLG Celle BB 1962, 975.

dem Tag der Eintragung entspricht (§ 188 Abs. 2 BGB; Bsp.: Erfolgt die Eintragung am 24.6.2019, beginnt die Frist am 25.5.2019 und endet am 24.6.2024).[31] Fällt dieser Tag auf einen Samstag, Sonntag oder Feierabend, dürfte § 193 BGB keine Anwendung finden, weil dieser nur für die Abgabe einer Willenserklärung und die Bewirkung einer Leistung gilt. Eine unbestimmte Angabe (zB „höchstens 5 Jahre") oder eine bloße Verweisung auf § 202 AktG genügen hingegen nicht.[32] Ist dem Ermächtigungsbeschluss auch im Wege der Auslegung keine bestimmte Befristung zu entnehmen oder ist die gesetzliche Höchstfrist überschritten, ist der Beschluss nichtig (§ 241 Nr. 3 AktG).[33] Das Registergericht hat die Eintragung abzulehnen. Ob bei dennoch erfolgter Eintragung eine Heilung (§ 242 Abs. 2 AktG) in Betracht kommt mit der Folge, dass die gesetzliche Höchstfrist Anwendung findet, ist umstr. Richtigerweise ist die Frage zu bejahen, wenn die Höchstfrist überschritten wurde, und zu verneinen, wenn eine Fristangabe vollständig fehlt.[34] Die Frist **beginnt** mit Eintragung der Gesellschaft, sofern das genehmigte Kapital schon in der Gründungssatzung geschaffen wird (§ 202 Abs. 1 AktG), sonst mit Eintragung der Ermächtigung ins Handelsregister (§ 202 Abs. 2 S. 1 AktG).[35] Eine Verzögerung der Eintragung, etwa auf Grund einer Anfechtungsklage, schiebt den Fristbeginn also hinaus; der Vorstand darf die Eintragung jedoch nicht durch Verzögerung der Anmeldung künstlich hinausschieben, sondern hat unverzüglich anzumelden.[36] Vor Fristablauf muss die Durchführung der Kapitalerhöhung ins Handelsregister eingetragen sein.[37]

h) Mehrere genehmigte Kapitalien. In der Praxis bestehen häufig mehrere genehmigte Kapitalien nebeneinander, die sich hinsichtlich des Zwecks, der Laufzeit usw unterscheiden können. Insbesondere wird häufig ein genehmigtes Kapital unter Aufrechterhaltung des Bezugsrechts der Aktionäre und ein weiteres genehmigtes Kapital mit Ermächtigung zum Bezugsrechtsausschluss geschaffen **(Genehmigtes Kapital I und II).** Das ist rechtlich unproblematisch. Zu beachten ist nur, dass mehrere genehmigte Kapitalien insgesamt nicht mehr als 50 % des Grundkapitals ausmachen dürfen; vgl. → Rn. 16.

3. Bezugsrechtsausschluss. a) Allgemeines. Auch bei der Kapitalerhöhung auf Grund eines genehmigten Kapitals besteht grundsätzlich ein Bezugsrecht der Aktionäre (§§ 203 Abs. 1, 186 AktG); näher dazu → Rn. 58. Dieses Bezugsrecht kann bereits durch die Hauptversammlung selbst in dem Beschluss über die Ermächtigung des Vorstands ausgeschlossen werden **(Direktausschluss; §§ 203 Abs. 1, 186 Abs. 3 AktG).** Stattdessen kann die Hauptversammlung auch den Vorstand ermächtigen, bei Ausnutzung des genehmigten Kapitals das Bezugsrecht der Aktionäre auszuschließen **(Ausschlussermächtigung; § 203 Abs. 2 AktG).**

---

[31] MüKoAktG/*Bayer* § 202 Rn. 60, 62.
[32] OLG Celle BB 1962, 975; LG Mannheim BB 1957, 689 (690); MüKoAktG/*Bayer* § 202 Rn. 58; Hüffer/*Koch* AktG § 202 Rn. 11; Grigoleit/*Rieder*/*Holzmann* AktG § 202 Rn. 13.
[33] OLG Jena ZIP 2014, 2136 (2138); OLG Celle BB 1962, 975; LG Mannheim BB 1957, 689 (690); MüKoAktG/*Bayer* § 202 Rn. 58; Hüffer/*Koch* AktG § 202 Rn. 11; Grigoleit/*Rieder*/*Holzmann* AktG § 202 Rn. 13.
[34] Wie hier im Wesentlichen Hüffer/*Koch* AktG § 202 Rn. 11; GroßkommAktG/*Hirte* § 202 Rn. 134; Hölters AktG/*Apfelbacher*/*Niggemann* § 202 Rn. 40; Bürgers/Körber AktG/*Marsch-Barner* § 202 Rn. 11; Schmidt/Lutter/*Veil* AktG § 202 Rn. 17; Grigoleit/*Rieder*/*Holzmann* AktG § 202 Rn. 13; grundsätzlich Heilung bezweifelnd MüKoAktG/*Bayer* § 202 Rn. 17; für Heilung auch bei fehlender Regelung früher GroßkommAktG/*Schilling*, 3. Aufl., § 202 Anm. 11; *Baumbach*/*Hueck* AktG § 202 Rn. 4.
[35] Zur Vereinbarkeit der Fristberechnung mit Art. 25 Abs. 2 S. 3 der Zweiten Kapitalrichtlinie s. OLG Hamm AG 2009, 791 (792 f.).
[36] OLG Hamm AG 2009, 791 (792); Grigoleit/*Rieder*/*Holzmann* AktG § 202 Rn. 15; *Rottnauer* BB 1999, 330 (331 f.); großzügiger GroßkommAktG/*Hirte* § 202 Rn. 145, der einen Spielraum bis zu 3 Monaten akzeptiert.
[37] MüKoAktG/*Bayer* § 202 Rn. 62; GroßkommAktG/*Hirte* § 202 Rn. 146; Hüffer AktG/*Koch* § 202 Rn. 17; Grigoleit/*Rieder*/*Holzmann* AktG § 202 Rn. 16.

28 Sowohl der Bezugsrechtsausschluss durch die Hauptversammlung selbst als auch die Ermächtigung des Vorstands zum Ausschluss des Bezugsrechts unterliegen einer **materiellen Kontrolle**; vgl. → Rn. 31, 33 u. 60 ff. Im Übrigen gelten für sie die gleichen **förmlichen Voraussetzungen** wie für den Bezugsrechtsausschluss bei der regulären Kapitalerhöhung: Der **Direktausschluss** des Bezugsrechts muss im Kapitalerhöhungsbeschluss selbst erfolgen (§§ 203 Abs. 1, 186 Abs. 3 S. 1 AktG) und bei der Einberufung der Hauptversammlung ausdrücklich – am besten bereits in der Bezeichnung des Tagesordnungspunkts – bekanntgemacht werden (§ 186 Abs. 4 S. 1 AktG); vgl. → § 57 Rn. 130 f. Auch eine Ermächtigung zur Sachkapitalerhöhung enthält nicht bereits konkludent die Ermächtigung zum Bezugsrechtsausschluss.[38] Die Mehrheits- und weiteren Beschlusserfordernisse ergeben sich aus § 203 Abs. 1 S. 1 iVm § 186 Abs. 3 AktG; diese entsprechen den in § 202 Abs. 2 S. 2 und 3 AktG für die Schaffung des genehmigten Kapitals aufgestellten Anforderungen, soweit nicht § 7b Wirtschaftsstabilisierungsbeschleunigungsgesetz Anwendung findet (vgl. → Rn. 9). Darüber hinaus ist der Hauptversammlung ein schriftlicher Bericht über den Grund für den Ausschluss des Bezugsrechts vorzulegen (§§ 203 Abs. 1, 186 Abs. 4 S. 2 AktG); zu den formalen Anforderungen an den Bericht und zu seiner Bekanntgabe vgl. → § 57 Rn. 132 ff., zum Inhalt → Rn. 32.

29 Für eine **Ausschlussermächtigung** gelten die vorstehenden Grundsätze ebenfalls. § 203 Abs. 2 AktG verweist zwar nicht auf § 186 Abs. 3 AktG, so dass sich die Beschlussmehrheiten und weiteren Beschlusserfordernisse nach § 202 Abs. 2 S. 2–4 AktG richten.[39] Während sich hieraus insofern keine Unterschiede von Direktausschluss und Ausschlussermächtigung ergeben, da die Anforderungen gemäß § 186 Abs. 3 und § 202 Abs. 2 AktG inhaltsgleich sind, führt die fehlende Verweisung in § 203 Abs. 2 S. 2 AktG auf § 186 Abs. 3 AktG zu einer Abweichung in Bezug auf den Zeitpunkt der Schaffung der Ausschlussermächtigung. Die Ausschlussermächtigung kann – anders als der Direktausschluss – auch nachträglich im Wege der Satzungsänderung in ein bereits geschaffenes genehmigtes Kapitals eingefügt werden.[40]

30 Direktausschluss und Ausschlussermächtigung können für das genehmigte Kapital in voller **Höhe** oder beschränkt auf einen Teil beschlossen werden. Ihre Kombination jeweils für Teilvolumina des genehmigten Kapitals ist möglich, praktisch jedoch nicht üblich. Im Fall des vereinfachten Bezugsrechtsausschlusses gilt die 10 %-Grenze des § 186 Abs. 3 S. 4 AktG (dazu auch → Rn. 34). In der Praxis ist zudem zu beachten, dass **Proxy Advisor** (Stimmrechtsberater) ihren Kunden (regelmäßig institutionelle Investoren) regelmäßig empfehlen, die Möglichkeit eines Bezugsrechtsausschlusses nur in begrenztem Umfang zu unterstützen, der deutlich unter der Höchstgrenze des genehmigten Kapitals von 50 % liegt.[41] Aufgrund der erforderlichen 75 %-Mehrheit können Gesellschaften mit nennenswerter Beteiligung institutioneller Investoren daher gut beraten sein, diese Beschränkungen einzuhalten. Stellt sich heraus, dass die erforderliche Beschlussmehrheit (allein) aufgrund des Volumens des Bezugsrechtsausschlusses nicht erreichbar sein wird, kann die Verwaltung oder ein Aktionär in der Hauptversammlung einen – gemäß § 124 Abs. 4 S. 2 Alt. 2 AktG bekanntmachungsfreien –[42] modifizierten Beschlussvorschlag mit einem geringeren Ausschlussvolumen unterbreiten.

---

[38] OLG Stuttgart AG 2001, 200.
[39] OLG Nürnberg AG 2018, 406 Rn. 60; Hüffer/Koch AktG § 203 Rn. 23; MüKoAktG/Bayer § 203 Rn. 91; Hölters AktG/Apfelbacher/Niggemann § 203 Rn. 42; Grigoleit/Rieder/Holzmann AktG § 203 Rn. 24.
[40] Hüffer/Koch AktG § 203 Rn. 40; GroßkommAktG/Hirte § 203 Rn. 58; Schmidt/Lutter/Veil AktG § 203 Rn. 27; Hölters AktG/Apfelbacher/Niggemann § 203 Rn. 43; Grigoleit/Rieder/Holzmann AktG § 203 Rn. 24; im Ergebnis ebenso KölnKommAktG/Lutter § 203 Rn. 17; kritisch MüKoAktG/Bayer § 203 Rn. 92; aA Ekkenga/Sittmann AG 1989, 213.
[41] Zu den Empfehlungen von Risk Metrics s. zB Hölters AktG/Apfelbacher/Niggemann § 202 Rn. 29.
[42] Werner FS Fleck, 1988, 401 (416 f.); s. ferner MüKoAktG/Kubis § 124 Rn. 61; Hölters AktG/Drinhausen § 124 Rn. 25.

b) Materielle Prüfung und Berichterstattung. Bei einem direkten Bezugsrechtsausschluss durch die Hauptversammlung mussten nach der **früheren Rechtsprechung** und Literatur dieselben strengen Anforderungen erfüllt sein, wie bei einer regulären Kapitalerhöhung (vgl. → § 57 Rn. 115 ff.). Danach kam ein genehmigtes Kapital mit Bezugsrechtsausschluss nur in Frage, wenn die Ermächtigung zur Kapitalerhöhung von vornherein auf bestimmte Tatbestände begrenzt wurde, die in ihren Einzelheiten so konkret feststanden und offengelegt werden konnten, dass bereits eine Beurteilung der Angemessenheit und Erforderlichkeit des Bezugsrechtsausschlusses möglich war.[43] Diese strengen Anforderungen hatten zur Folge, dass das Instrument des genehmigten Kapitals mit Bezugsrechtsausschluss für die Praxis kaum zur Verfügung stand. Der BGH hat diese vielfach kritisierte[44] Rechtsprechung im Interesse der Flexibilität der Unternehmen in der **„Siemens/Nold"-Entscheidung**[45] aufgegeben. Nach dieser neuen Rechtsprechung kann die Hauptversammlung beim genehmigten Kapital das Bezugsrecht der Aktionäre ausschließen oder den Vorstand zum Bezugsrechtsausschluss ermächtigen, wenn die Maßnahme, zu deren Durchführung der Vorstand ermächtigt werden soll, im wohlverstandenen Interesse der Gesellschaft liegt. Eine sachliche Rechtfertigung iSd Geeignetheit, Erforderlichkeit und Angemessenheit ist nicht erforderlich. Zudem genügt eine **abstrakt-allgemeine Umschreibung** der Zwecke, für die ein Bezugsrechtsausschluss möglich ist.[46] Die Umschreibung muss nicht im Hauptversammlungsbeschluss enthalten sein, sondern kann sich allein aus dem Vorstandsbericht gemäß §§ 203 Abs. 1 S. 1 bzw. Abs. 2 S. 2, 186 Abs. 4 S. 2 AktG ergeben.[47] Die „Siemens/Nold"-Entscheidung betraf den Fall einer Kapitalerhöhung mit **Sacheinlagen;** ihre Grundsätze gelten aber auch für ein genehmigtes Kapital mit **Bareinlage.**[48]

Der Vorstand hat der Hauptversammlung einen **schriftlichen Bericht** über den Grund für den Bezugsrechtsausschluss bzw. die Ermächtigung zum Bezugsrechtsausschluss zu erstatten (§§ 203 Abs. 2 S. 2, 186 Abs. 4 S. 2 AktG), kann sich dabei aber auf allgemein gehaltene Angaben dazu beschränken, für welche Maßnahmen der Bezugsrechtsausschluss zulässig sein soll (zB Erwerb von Unternehmensbeteiligungen), warum diese Maßnahmen im Interesse der Gesellschaft liegen und warum hierzu ein Bezugsrechtsausschluss vor-

---

[43] Vgl. zu den früheren Anforderungen grundlegend BGHZ 83, 319 (321 f.) – Holzmann; BGH ZIP 1995, 372 (373) – Siemens.

[44] Zur Kritik an der damaligen Rechtsprechung vgl. etwa *Martens* ZIP 1992, 1677 (1681 ff.); und ZIP 1994, 669; *Martens* FS Steindorff, 1990, 151 ff.; *Kallmeyer* AG 1993, 249.

[45] BGHZ 136, 133 – Siemens/Nold; seither ständige Rechtsprechung, zB BGHZ 144, 290 (294 f.) – adidas; BGHZ 164, 241 (246 f.) – Commerzbank/Mangusta I; BGHZ 164, 249 (254 f.) – Commerzbank/Mangusta II; BGH ZIP 2006, 368 (369); 2007, 2122 (2123); 2009, 913 Rn. 8 – Senator Entertainment AG II; ferner etwa OLG München AG 2015, 677 (679); OLG Schleswig AG 2005, 48 (50) – J. Fr. Behrens AG; kritisch zB OLG München ZIP 2002, 1580 (1582 f.) – MHM; *Lutter* JZ 1998, 50; *Lutter* FS Zöllner, 1999, 363 (372 f.).

[46] BGHZ 136, 133 (139 f.) – Siemens/Nold; BGH ZIP 2006, 368 (369); 2007, 2122 (2123); 2009, 913 Rn. 8 – Senator Entertainment AG II; OLG Stuttgart ZIP 2019, 520 (insofern nicht abgedruckt) = BeckRS 2018, 35625 Rn. 260 f.; OLG Nürnberg AG 2018, 406 Rn. 65; OLG München AG 2015, 677 (679); KG ZIP 2006, 1660 (1661) – Senator Entertainment AG II.

[47] Vgl. die Sachverhalte BGH ZIP 1995, 372 f. – Siemens u. BGHZ 144, 290 (291) – adidas.

[48] OLG Frankfurt a. M. ZIP 2003, 902 (907) – Commerzbank; GroßkommAktG/*Hirte* § 203 Rn. 67; Spindler/Stilz AktG/*Wamser* § 203 Rn. 81; HdB börsennotierte AG/*Busch* Rn. 43.18; Unternehmensfinanzierung am Kapitalmarkt/*Krause* Rn. 6.54; HdB AG-Finanzierung/*Stöber* Kap. 5 Rn. 60; *Böttger,* Bezugsrechtsausschluss, 2005, S. 31; *Liebert,* Bezugsrechtsausschluss, 2003, S. 175; *Henze* ZHR 167 (2003), 1 (4); *Kindler* ZGR 1998, 35 (64); *Findeisen,* Beteiligungserwerb, 2009, S. 20; *Hofmeister* NZG 2000, 713 (715); *Goette* ZGR 2012, 505 (511); aA OLG Celle AG 2002, 292 f.; möglicherweise aA auch OLG Nürnberg AG 1999, 381 (382) – adidas: Die Bedeutung der „Siemens/Nold"-Entscheidung liege in der Herabsetzung der Anforderungen an den Bezugsrechtsausschluss bei Sacheinlagen.

geschlagen wird.⁴⁹ Solche allgemein gehaltenen Angaben genügen unabhängig vom Volumen und der Laufzeit des genehmigten Kapitals.⁵⁰ Ob sich die Berichtserfordernisse erhöhen, wenn der Vorstand bereits konkrete Pläne zur Ausnutzung des genehmigten Kapitals hat, ist umstritten, richtigerweise aber zu verneinen.⁵¹

33 Die Prüfung der **materiellen Rechtfertigung** des Hauptversammlungsbeschlusses hat sich an diesen allgemein gehaltenen Angaben auszurichten. Sie beschränkt sich auf die Frage, ob die abstrakt umschriebenen Maßnahmen, zu denen der Vorstand das genehmigte Kapital mit Bezugsrechtsausschluss soll verwenden dürfen, im Interesse der Gesellschaft liegen. Nur wenn ein solches Interesse fehlt oder von vornherein feststeht, dass dieses Interesse zu schwach ist, um eine Ausnutzung des genehmigten Kapitals mit Bezugsrechtsausschluss zu gegebener Zeit rechtfertigen zu können, ist bereits die Schaffung eines genehmigten Kapitals mit Bezugsrechtsausschluss bzw. eine Ermächtigung hierzu unzulässig. Andernfalls ist der Hauptversammlungsbeschluss als solcher gerechtfertigt. Die weitere Prüfung der sachlichen Rechtfertigung des Bezugsrechtsausschlusses verlagert sich dann auf die spätere Entscheidung des Vorstands über die Ausnutzung des genehmigten Kapitals mit Ausschluss des Bezugsrechts; vgl. dazu → Rn. 59 ff. Kraft Gesetzes gerechtfertigt ist der Bezugsrechtsausschluss für Rekapitalisierungen nach § 7 oder § 22 Stabilisierungsfondsgesetz (§ 7 b Abs. 2 iVm § 7 Abs. 3 Satz 4 Wirtschaftsstabilisierungsbeschleunigungsgesetz).

34 **c) Vereinfachter Bezugsrechtsausschluss.** Auch beim genehmigten Kapital besteht die Möglichkeit des vereinfachten Bezugsrechtsausschlusses nach § 186 Abs. 3 S. 4 AktG (vgl. iE → § 57 Rn. 123 ff.). Das gilt nicht nur für den Direktausschluss (s. § 202 Abs. 1 S. 1 AktG), sondern auch für die Ausschlussermächtigung. Dass § 202 Abs. 2 S. 2 AktG nicht auf § 186 Abs. 3 verweist, steht dem nicht entgegen, da es sich dabei um ein gesetzgeberisches Versehen handelt.⁵² Die dem Vorstand erteilte Ermächtigung zum vereinfachten Bezugsrechtsausschluss ist von vornherein auf **10 % des Grundkapitals** beschränkt. Auf welchen **Zeitpunkt** es für die Berechnung der 10 % ankommt, wird unterschiedlich

---

⁴⁹ BGHZ 136, 133 (139 ff.) – Siemens/Nold; BGHZ 144, 290 (294 f.) – adidas; BGH ZIP 2006, 368 Rn. 4; OLG Schleswig AG 2005, 48 (50 f.) – J. Fr. Behrens AG; OLG Nürnberg AG 2018, 406 Rn. 81; OLG Karlsruhe AG 2003, 444 (445) – MLP; LG Kempten AG 2006, 168 – A. Moksl AG; LG Heidelberg AG 2002, 298 – MLP; *Liebert*, Bezugsrechtsausschluss, 2003, S. 216 ff. Unzutreffend demgegenüber OLG München ZIP 2002, 1580 – MHM; LG München I AG 2001, 319 – MHM mit deutlich höheren Berichtsanforderungen; diese Entscheidungen ablehnend auch *Bungert* BB 2001, 742 (743); *Liebert*, Bezugsrechtsausschluss, 2003, S. 218 ff. Muster in Hopt Vertrags- und Formularbuch/ *Herfs/Scholz* Form. II. E.5.6; Beck'sches Formularbuch M&A/*Kleinstück* Form. F. III.3.

⁵⁰ BGH ZIP 2006, 368 Rn. 5; LG Heidelberg AG 2002, 298 – MLP; Hölters AktG/*Apfelbacher/Niggemann* § 203 Rn. 23; *Böttger*, Bezugsrechtsausschluss, 2005, S. 45 ff.; *Liebert*, Bezugsrechtsausschluss, 2003, S. 220 f.; *Findeisen*, Beteiligungserwerb, 2009, S. 22; *Bungert* BB 2001, 742 (743); aA LG München I AG 2001, 319 – MHM; OLG München ZIP 2002, 1580 – MHM; damit sympathisierend, jedoch unter Hinweis, dass dies den Intentionen des BGH zuwider laufe, MüKoAktG/*Bayer* § 203 Rn. 149 f. Zu weitgehend auch LG München I ZIP 2005, 352 (354) – IM Internationalmedia für eine Ermächtigung iRv § 33 WpÜG.

⁵¹ Ebenso *Liebert*, Bezugsrechtsausschluss, 2003, S. 217; *Schumann*, Bezugsrecht, 2001, S. 134; s. auch BGHZ 136, 133 (139) – Siemens/Nold, wo der BGH die Kenntnis der Hauptversammlung von konkreten Einzelumständen für möglich hält, aber nicht verlangt. AA LG München I AG 2010, 47 (48), für einen Fall, in dem der Vorstandsbericht unter anderem eine konkrete Ausnutzung der Ermächtigung darstellte; ebenso aA, soweit der Offenlegung nicht Geheimhaltungsgründe entgegenstehen, OLG Nürnberg AG 2018, 406 Rn. 65; MüKoAktG/*Bayer* § 203 Rn. 151; Grigoleit/*Rieder/Holzmann* AktG § 203 Rn. 20; *Böttger*, Bezugsrechtsausschluss, 2005, S. 50 ff.; *Findeisen*, Beteiligungserwerb, 2009, S. 21.

⁵² OLG München BB 1996, 2162; MüKoAktG/*Bayer* § 203 Rn. 161; GroßkommAktG/*Hirte* § 203 Rn. 114; Hüffer/*Koch* AktG § 203 Rn. 27; *Ihrig* Liber Amicorum Happ, 2006, 109 (112); *Schwark* FS Claussen, 1997, 357 (377 f.); *Scholz* DB 2018, 2352 (2355); davon geht auch BGH NZG 2018, 1019 aus; offen gelassen in OLG Nürnberg AG 2018, 406 Rn. 75.

beurteilt. Nach hM ist das Grundkapital bei Eintragung der Ermächtigung und, wenn es dann niedriger ist, bei ihrer Ausübung maßgeblich.[53] Nach aA soll allein auf den Betrag des Grundkapitals im Zeitpunkt der Ausnutzung der Ermächtigung abzustellen sein.[54] Das überzeugt, weil es aus Sicht der Aktionäre nicht auf die Schaffung des genehmigten Kapitals, sondern seine Ausnutzung ankommt und dieser Zeitpunkt zudem dem Telos sowie der Anwendung des § 186 Abs. 3 S. 4 AktG bei der regulären Kapitalerhöhung (→ § 57 Rn. 123 u. 125) entspricht. Jedenfalls muss es der Hauptversammlung möglich sein, in der Ermächtigung für die Berechnung der 10 %-Schwelle allein auf die Ausnutzung durch den Vorstand abzustellen.[55] Eine Ermächtigung zur Ausnutzung von jährlich 10 % bis zur Gesamtmaximalhöhe des genehmigten Kapitals von 50 % ist jedoch nicht zulässig.[56] Auf das Volumen von 10 % sind Aktien anzurechnen, die aufgrund anderer Ermächtigungen (§ 71 Abs. 1 Nr. 8 AktG, § 221 Abs. 4 AktG) – nicht also aufgrund einer regulären Kapitalerhöhung durch die Hauptversammlung –[57] gemäß oder analog § 186 Abs. 3 S. 4 AktG veräußert werden bzw. aufgrund der Emission von Wandel- oder Optionsanleihen bzw. -genussrechten erworben werden können (zur **Anrechnung** auch → § 57 Rn. 126). Fraglich ist der zeitliche Anwendungsbereich einer solchen Anrechnung. Nach einer Ansicht erstreckt sie sich auf sämtliche Emissionen während der Laufzeit der Ermächtigung.[58] Mit der Gegenansicht ist jedoch davon auszugehen, dass jeweils zwischen zwei Hauptversammlungen von der Möglichkeit des Bezugsrechtsausschlusses gemäß § 186 Abs. 3 S. 4 AktG aus allen Ermächtigungen insgesamt nur in Höhe von 10 % Gebrauch gemacht werden kann.[59] Das steht in Übereinstimmung damit, dass die Aktionäre in jeder Hauptversammlung über die Schaffung neuer und die Aufhebung bestehender Ermächtigungen entscheiden können. Für einen zeitlich darüber hinausgehenden Aktionärsschutz besteht daher kein Anlass, zumal das Gesetz keine Anrechnungsregelung enthält. Eine Anrechnung erfolgt nur und erst, wenn von der Möglichkeit zu einem vereinfachten Bezugsrechtsausschluss Gebrauch gemacht worden ist; eine Anrechnung nicht ausgeübter Ermächtigungen findet nicht statt. Im Ermächtigungsbeschluss erscheint es sinnvoll, eine entsprechende Anrechnungsklausel vorzusehen, soweit es bereits mindestens eine weitere Ermächtigung gibt, die einen vereinfachten Bezugsrechtsausschluss erlaubt.[60]

---

[53] Hüffer/*Koch* AktG § 203 Rn. 10a; *Ihrig/Wagner* NZG 2002, 657 (660); Schmidt/Lutter/*Veil* AktG § 203 Rn. 10; Unternehmensfinanzierung am Kapitalmarkt/*Krause* Rn. 6.56; HdB börsennotierte AG/*Busch* Rn. 43.22; Hölters AktG/*Apfelbacher/Niggemann* § 186 Rn. 77.
[54] *Schlitt/Schäfer* AG 2005, 67 (69); Happ AktienR/*Groß* Form. 12.07 Anm. 10.1; GroßkommAktG/*Hirte* § 203 Rn. 115; HdB AG-Finanzierung/*Stöber* Kap. 5 Rn. 63; *Groß* DB 1994, 2431 (2432); *Marsch-Barner* AG 1994, 532 (534); *Trapp* AG 1997, 115 (117).
[55] Hölters AktG/*Apfelbacher/Niggemann* § 186 Rn. 77; *Seibt* CFL 2011, 74 (78); *Schlitt/Schäfer* AG 2005, 67 (69).
[56] Str.; ebenso OLG München BB 1996, 2162; MüKoAktG/*Bayer* § 203 Rn. 164; Spindler/Stilz AktG/*Servatius* § 186 Rn. 57; Hölters AktG/*Apfelbacher/Niggemann* § 186 Rn. 81; Schmidt/Lutter/*Veil* AktG § 186 Rn. 41; HdB börsennotierte AG/*Busch* Rn. 43.22; Unternehmensfinanzierung am Kapitalmarkt/*Krause* Rn. 6.57; *Hoffmann-Becking* FS Lieberknecht, 1997, 25 (26); *Ihrig/Wagner* NZG 2002, 657 (661); aA Bürgers/Körber AktG/*Marsch-Barner* § 203 Rn. 11; GroßkommAktG/*Hirte* § 203 Rn. 115; Arbeitshdb. HV/*Schröer/Heusel* § 22 Rn. 34; HdB AG-Finanzierung/*Stöber* Kap. 5 Rn. 63; Schlitt/*Schäfer* AG 2005, 67 (69); *Schwark* FS Claussen, 1997, 357 (377 f.); *Marsch-Barner* AG 1994, 532 (534); wohl auch OLG Nürnberg AG 2018, 406 Rn. 78.
[57] Str.; auch → § 57 Rn. 126; wie hier Hölters AktG/*Apfelbacher/Niggemann* § 186 Rn. 84; HdB börsennotierte AG/*Busch* Rn. 43.22, die in die Anrechnung nur Ermächtigungen einbeziehen; aA MüKoAktG/*Bayer* § 203 Rn. 166; *Ihrig/Wagner* NZG 2002, 657 (662).
[58] *Ihrig/Wagner* NZG 2002, 657 (662); Hölters AktG/*Apfelbacher/Niggemann* § 186 Rn. 84; Hbd. börsennotierte AG/*Busch* § 44 Rn. 19 f.
[59] Happ AktienR/*Groß* Form. 12.07 Anm. 9.4; *Seibt* CFL 2011, 74 (78); *Schlitt/Schäfer* AG 2005, 65 (70).
[60] Gegen eine Anrechnung Unternehmensfinanzierung am Kapitalmarkt/*Krause* Rn. 6.58, es sei denn, die Ermächtigungen werden in derselben Hauptversammlung beschlossen.

35 Für den **Vorstandsbericht** gelten die gleichen Grundsätze wie bei der regulären Kapitalerhöhung (vgl. → § 57 Rn. 138).

36 **d) Arbeitnehmeraktien.** In der Ermächtigung zur Ausgabe von **Arbeitnehmeraktien** nach § 202 Abs. 4 AktG liegt zugleich die Ermächtigung zum Ausschluss des gesetzlichen Bezugsrechts der Aktionäre. Die Ermächtigung ist zu diesem Zweck – auch zu Gunsten der Arbeitnehmer verbundener Unternehmen –[61] zulässig, solange sich die Ausgabe von Arbeitnehmeraktien im Rahmen des Angemessenen hält (vgl. näher → Rn. 77). Ein Bericht nach §§ 186 Abs. 4 S. 2, 203 Abs. 1 AktG ist auch in diesem Fall zu erstatten.

37 **e) Zusätzlicher Beschlussinhalt.** Auch beim genehmigten Kapital mit Bezugsrechtsausschluss bzw. Ermächtigung hierzu braucht die Hauptversammlung den beabsichtigten **Ausgabebetrag** nicht festzusetzen, sondern kann dies, wie üblich, der Verwaltung überlassen (§ 204 Abs. 1 AktG).[62] In diesem Fall bedarf es auch in dem Vorstandsbericht an die Hauptversammlung keiner Angaben über den beabsichtigten Ausgabebetrag oder die Grundsätze seiner Ermittlung.[63]

38 Die Ermächtigung zum Bezugsrechtsausschluss braucht von der Hauptversammlung **nicht zeitlich beschränkt** zu werden.[64] Der Vorstand kann von der Ermächtigung zum Bezugsrechtsausschluss ohnehin nur im Rahmen der von der Hauptversammlung zugrunde gelegten Zwecksetzung Gebrauch machen. Hat diese Zwecksetzung sich nach einer gewissen Zeit erledigt, kann auch die Ermächtigung zum Bezugsrechtsausschluss nicht mehr ausgenutzt werden. Ein Bedürfnis für einen Zwang zur Festsetzung eines besonderen Ermächtigungszeitraums besteht nicht.

39 **f) Anfechtbarkeit der Ermächtigung.** Liegen die **materiellen Voraussetzungen** für den Bezugsrechtsausschluss oder die Ermächtigung zum Bezugsrechtsausschluss nicht vor oder wird der Bericht nach §§ 186 Abs. 4 S. 2, 203 Abs. 1 AktG nicht ordnungsgemäß erstattet, sind der Bezugsrechtsausschluss bzw. die Ermächtigung hierzu anfechtbar.[65] Der Ermächtigungsbeschluss muss weder den Ausgabebetrag noch die Grundlagen seiner Berechnung festlegen (→ Rn. 23). Seine Anfechtung gemäß **§ 255 Abs. 2 AktG** scheidet daher aus, wenn diese Angaben unterbleiben.[66] Enthält der Beschluss hingegen Vorgaben, so findet § 255 Abs. 2 AktG dann Anwendung, wenn feststeht, dass sich aufgrund der

---

[61] MüKoAktG/*Bayer* § 202 Rn. 104; Hüffer/*Koch* AktG § 203 Rn. 45; Spindler/Stilz AktG/*Wamser* § 202 Rn. 109; Hölters AktG/*Apfelbacher/Niggemann* § 202 Rn. 73; Grigoleit/*Rieder/Holzmann* AktG § 202 Rn. 30.

[62] BGHZ 136, 133 (141 f.) – Siemens/Nold; BGHZ 144, 290 (295) – adidas; OLG Schleswig AG 2005, 48 (50) – J. Fr. Behrens AG; OLG Stuttgart AG 2001, 200 (201); KG ZIP 2001, 2178 (2180) – Senator Entertainment AG; MüKoAktG/*Bayer* § 204 Rn. 54; Hüffer/*Koch* AktG § 203 Rn. 26; Hölters AktG/*Apfelbacher/Niggemann* § 204 Rn. 6 f.; Spindler/Stilz AktG/*Wamser* § 204 Rn. 14 ff.; *Findeisen*, Beteiligungserwerb, 2009, S. 21.

[63] Vgl. die Nachweise in der vorangegangenen Fußnote; aA *Becker* BB 1981, 394 (396).

[64] Ebenso Hüffer/*Koch* AktG § 203 Rn. 30; Grigoleit/*Rieder/Holzmann* AktG § 203 Rn. 27; GroßkommAktG/*Hirte* § 203 Rn. 59 ff.; aA KölnKommAktG/*Lutter* § 203 Rn. 35; *Simon* AG 1985, 237 (238 f.), die den Ermächtigungsbeschluss bei Festsetzung eines zu langen Zeitraums für anfechtbar halten.

[65] BGHZ 83, 319 (327) – Holzmann; BGHZ 71, 40 – Kali & Salz; MüKoAktG/*Bayer* § 203 Rn. 168; Hüffer/*Koch* AktG § 203 Rn. 31; Hölters AktG/*Apfelbacher/Niggemann* § 203 Rn. 24 u. 45; Grigoleit/*Rieder/Holzmann* AktG § 203 Rn. 32; *Quack* ZGR 1983, 257 (266). Zur Darlegungs- und Beweislast im Anfechtungsprozess vgl. → § 57 Rn. 143.

[66] BGH ZIP 2009, 913 Rn. 7 u. 16 – Senator Entertainment AG II; OLG Karlsruhe AG 2003, 444 (447) – MLP; KG ZIP 2007, 1660 (1663) – Senator Entertainment AG II; OLG München ZIP 2006, 1440 (1444); Hölters AktG/*Apfelbacher/Niggemann* § 203 Rn. 24 u. 45; Spindler/Stilz AktG/*Stilz* § 255 Rn. 10; Hüffer/*Koch* AktG § 255 Rn. 17; Grigoleit/*Rieder/Holzmann* AktG § 203 Rn. 32; *Findeisen*, Beteiligungserwerb, 2009, S. 24 u. 27.

Festsetzungen ein unangemessen niedriger Ausgabebetrag ergeben muss.[67] Drüber hinausgehend wird zwar häufig eine – scheinbar – uneingeschränkte Geltung des § 255 Abs. 2 AktG formuliert, wenn der Beschluss den Ausgabebetrag festsetzt oder Vorgaben zu seiner Festsetzung enthält.[68] Eine umfassende Geltung kann damit jedoch nicht gemeint sein. Maßgeblicher Zeitpunkt für die Bestimmung der Angemessenheit ist notwendig die Ausübung der Ermächtigung durch den Vorstand.[69] Vorher lässt sich, auch wenn der Beschluss einen bestimmten (Mindest-)Ausgabebetrag vorsieht, grundsätzlich nicht beurteilen, ob der Betrag, wenn der Vorstand von der Ermächtigung Gebrauch macht, angemessen ist. Eine Anfechtung gemäß § 255 Abs. 2 AktG scheidet folglich aus, es sei denn, es greift der eingangs erwähnte Ausnahmefall, dass der Ausgabebetrag aufgrund der Vorgaben bei einer Ausnutzung des genehmigten Kapitals nur unangemessen sein kann. Darüber hinaus sind die Aktionäre dadurch geschützt, dass der Vorstand bei Ausübung der Ermächtigung § 255 Abs. 2 AktG beachten muss (→ Rn. 62). Der weitgehende Ausschluss der Anfechtung nach § 255 Abs. 2 AktG ist der Grund, dass die Praxis für die Durchführung einer Sachkapitalerhöhung regelmäßig das genehmigte Kapital anstatt einer direkten Sachkapitalerhöhung wählt (allerdings auch → § 57 Rn. 49).

40 Eine etwaige Anfechtbarkeit hat nicht notwendig die Anfechtbarkeit des **gesamten Ermächtigungsbeschlusses** zur Folge. Sofern anzunehmen ist, dass das genehmigte Kapital auch ohne den Bezugsrechtsausschluss bzw. die Ermächtigung zum Bezugsrechtsausschluss geschaffen worden wäre, bleibt der Hauptversammlungsbeschluss insoweit wirksam.[70] Ob diese Voraussetzungen erfüllt sind, ist im Einzelfall zu beurteilen. Bei einer Ermächtigung des Vorstands zum Bezugsrechtsausschluss wird das in aller Regel der Fall sein,[71] während bei einem unmittelbaren Bezugsrechtsausschluss durch die Hauptversammlung für den Regelfall der gesamte Kapitalerhöhungsbeschluss als fehlerhaft anzusehen sein wird.[72] Erfolgt eine Anfechtung nicht, ist die Verwaltung berechtigt, bei Ausnutzung des genehmigten Kapitals das Bezugsrecht auszuschließen.[73] Richtet sich eine Anfechtungsklage nicht gegen den Beschluss über ein genehmigtes Kapital ingesamt, sondern nur gegen die darin enthaltene Ermächtigung zum Ausschluss des Bezugsrechts, ist auch in diesem Fall die Durchführung eines Freigabeverfahrens (§ 246a AktG) zulässig.[74]

4. Anmeldung und Eintragung ins Handelsregister. Wird die Ermächtigung des Vorstands zur Kapitalerhöhung in der ursprünglichen Satzung erteilt, so wird sie mit der Gesell-

---

[67] KG ZIP 2001, 2178 (2180) – Senator Entertainment AG (vgl. zu der Entscheidung noch → Rn. 52); Hölters AktG/*Apfelbacher/Niggemann* § 203 Rn. 24; *Schumann,* Bezugsrecht, 2001, S. 97; *Tettinger,* Bezugsrechtsausschluss, 2003, S. 76; *Bezzenberger* AG 2010, 765 (769).

[68] Vgl. zB BGH ZIP 2009, 913 Rn. 7 – Senator Entertainment AG II; Spindler/Stilz AktG/*Stilz* § 255 Rn. 10; Schmidt/Lutter/*Schwab* AktG § 255 Rn. 7; Hüffer/*Koch* AktG § 255 Rn. 17; *Schumann,* Bezugsrecht, 2001, S. 97.

[69] Schmidt/Lutter/*Schwab* AktG § 255 Rn. 7; *v. Falkenhausen/Bruckner* AG 2009, 732 (736); *Liebert,* Bezugsrechtsausschluss, 2003, S. 208.

[70] BGH NJW 1982, 2444 (2446) – Holzmann (insoweit in BGHZ 83, 319 nicht abgedruckt); OLG Nürnberg AG 2018, 406 Rn. 26 ff.; OLG München WM 1991, 1763 (1767); LG München I WM 1992, 1151 (1153); LG Tübingen AG 1991, 406 (408); LG Hof DB 1992, 2431; MüKoAktG/*Bayer* § 203 Rn. 169; Hüffer/*Koch* AktG § 203 Rn. 32; Hölters AktG/*Apfelbacher/Niggemann* § 203 Rn. 46; Grigoleit/*Rieder/Holzmann* AktG § 203 Rn. 33; *Groß* AG 1991, 201 (205); aA LG Bochum AG 1991, 213.

[71] Zutreffend *Simon* AG 1985, 237 (239 f.); vgl. im Übrigen die Nachweise in der vorangegangenen Fußnote.

[72] OLG Frankfurt a.M. WM 1993, 373 (375 f.); OLG München WM 1993, 840 (843 f.); LG München I WM 1992, 1151 (1154); MüKoAktG/*Bayer* § 203 Rn. 169; Grigoleit/*Rieder/Holzmann* AktG § 203 Rn. 33; vgl. auch Hüffer/*Koch* AktG § 203 Rn. 32; aA GroßkommAktG/*Hirte* § 103 Rn. 126; *Kley* Bezugsrechtsausschluss S. 87 ff.

[73] KölnKommAktG/*Lutter,* 2. Aufl., § 203 Rn. 43; *Semler* BB 1983, 1566 (1568 f.); *Quack* ZGR 1983, 257 (267).

[74] OLG Nürnberg AG 2018, 406 Rn. 24 ff.

schaft eingetragen (§ 39 Abs. 2 AktG) und gemäß §§ 10, 8b Abs. 2 Nr. 1 HGB bekanntgemacht. Die Eintragung erfolgt gemäß § 43 Nr. 6a) und Nr. 6b) hh) HRV in Spalte 6 des Handelsregisters. Die durch Satzungsänderung erteilte Ermächtigung ist zur Eintragung in das Handelsregister anzumelden;[75] die Anmeldung richtet sich nach **§ 181 AktG**. Sie erfolgt allein durch den Vorstand, ohne Mitwirkung des Aufsichtsratsvorsitzenden. Ihr sind als **Anlagen** beizufügen: (1) vollständige Niederschrift über die Hauptversammlung, die das genehmigte Kapital beschlossen hat, soweit diese nicht bereits gemäß § 130 Abs. 5 AktG eingereicht worden ist; (2) bei einer Fassungsänderung durch den Aufsichtsrat (§ 179 Abs. 1 S. 2 AktG; vgl. → Rn. 24) die Niederschrift über den Aufsichtsratsbeschluss sowie die Niederschrift über den Hauptversammlungsbeschluss, mit dem dem Aufsichtsrat die Ermächtigung zur Fassungsänderung erteilt worden ist, es sei denn, die Niederschrift ist bereits eingereicht oder die Ermächtigung ergibt sich aus der Satzung; (3) Niederschriften über etwaige Sonderbeschlüsse (→ Rn. 9); und (4) vollständiger Wortlaut der neuen Satzung mit der Bescheinigung des Notars gemäß § 181 Abs. 1 S. 2 AktG.[76] Die Anmeldung hat unverzüglich nach der Beschlussfassung zu erfolgen.[77] Anmeldung und Eintragung können, obwohl § 188 Abs. 4 AktG von der Verweisung in § 203 Abs. 1 AktG erfasst wird, nicht mit der Anmeldung und Eintragung der Durchführung der Kapitalerhöhung verbunden werden.[78] Zur Prüfungspflicht des Registergerichts vgl. → § 57 Rn. 90 f.

III. Durchführung der Kapitalerhöhung durch den Vorstand

42 **1. Allgemeines.** Der Vorstand entscheidet nach pflichtgemäßem **Ermessen,** ob und wann er von der Ermächtigung zur Kapitalerhöhung Gebrauch macht. Ihm steht es, sofern die Ermächtigung nichts anderes bestimmt, frei, das genehmigte Kapital ganz oder teilweise, auf einmal oder in mehreren Tranchen auszunutzen.[79] Zu vertraglichen Bindungen des Vorstands in Bezug auf die Ausnutzung eines genehmigten Kapitals vgl. → § 57 Rn. 14. Die **Beschlussfassung des Vorstands**[80] über die Ausübung der Ermächtigung zur Kapitalerhöhung ist eine Maßnahme seiner Geschäftsführung. Sie untersteht den allgemeinen Regeln über die Geschäftsführung durch den Vorstand (§ 77 AktG); zuständig ist der Gesamtvorstand.[81] Für die Durchführung der Kapitalerhöhung gelten im Wesentlichen die Vorschriften über die **reguläre Kapitalerhöhung** entsprechend (§ 203 Abs. 1 AktG).

43 **2. Voraussetzungen der Aktienausgabe. a) Eintragung der Ermächtigung.** Das genehmigte Kapital entsteht erst mit seiner Eintragung im Handelsregister. Eine Ausnutzung durch den Vorstand **vor diesem Zeitpunkt** sollte man dennoch zulassen, wenn sie – ausdrücklich oder im Wege der Auslegung – durch die Eintragung aufschiebend bedingt

---

[75] Muster in Beck'sches Formularbuch/*Hoffmann-Becking/Berger* Form. X.33; Münch. Vertragshandbuch Bd. 1/*Favoccia* Form. V.123; Happ AktienR/*Groß* Form. 12.06d.

[76] MüKoAktG/*Bayer* § 202 Rn. 50; GroßkommAktG/*Hirte* § 202 Rn. 113; Hüffer/*Koch* AktG § 202 Rn. 8; Bürgers/Körber AktG/*Marsch-Barner* § 202 Rn. 8; Spindler/Stilz AktG/*Wamser* § 202 Rn. 42; Grigoleit/*Rieder/Holzmann* AktG § 202 Rn. 11; aA KölnKommAktG/*Lutter* § 202 Rn. 9.

[77] MüKoAktG/*Bayer* § 202 Rn. 87; Hüffer/*Koch* AktG § 202 Rn. 11; Spindler/Stilz AktG/*Wamser* § 202 Rn. 41; *Rottnauer* BB 1999, 330 (332); etwas großzügiger GroßkommAktG/*Hirte* § 202 Rn. 108 u. 145.

[78] Hüffer/*Koch* AktG § 203 Rn. 15; GroßkommAktG/*Hirte* § 202 Rn. 109, § 203 Rn. 35; Hölters AktG/*Apfelbacher/Niggemann* § 202 Rn. 52; Bürgers/Körber AktG/*Marsch-Barner* § 202 Rn. 8; Spindler/Stilz AktG/*Wamser* § 202 Rn. 45.

[79] MüKoAktG/*Bayer* § 202 Rn. 86; Hüffer/*Koch* AktG § 202 Rn. 20; Schmidt/Lutter/*Veil* AktG § 202 Rn. 21; Hölters AktG/*Apfelbacher/Niggemann* § 202 Rn. 54; Grigoleit/*Rieder/Holzmann* AktG § 202 Rn. 23; zu Teilbeträgen innerhalb einer Tranche → Rn. 67.

[80] Muster in Beck'sches Formularbuch/*Hoffmann-Becking/Berger* Form. X.34; Münch. Vertragshandbuch Bd. 1/*Favoccia* Form. V.124; Happ AktienR Bd. II/*Groß* Form. 12.06e u. 12.06m; Hopt Vertrags- und Formularbuch/*Herfs/Scholz* Form. II. E.5.7; Beck'sches Formularbuch M&A/*Kleinstück* Form. F. III.2.

[81] *Seyfarth* VorstandsR § 15 Rn. 57; Fleischer HdB VorstandsR/*Ekkenga* § 21 Rn. 44.

ist.[82] Die Zeichnung ist hingegen erst nach der Eintragung möglich, da der Zeichnungsschein den Tag der Eintragung enthalten muss (§ 203 Abs. 1 S. 1 u. 2 iVm § 185 Abs. 1 S. 3 Nr. 1 AktG; → Rn. 67).[83]

b) Zustimmung des Aufsichtsrats. Der Vorstand soll neue Aktien nur mit Zustimmung des Aufsichtsrats[84] ausgeben (§ 202 Abs. 3 S. 2 AktG). Die Zustimmung bezieht sich auf den Beschluss des Vorstands, das genehmigte Kapital auszunutzen. Sie ist von der ebenfalls erforderlichen Zustimmung des Aufsichtsrats nach § 204 Abs. 1 S. 2 AktG (Inhalt der Aktienrechte, Ausgabebedingungen, Bezugsrechtsausschluss; vgl. → Rn. 48 u. 64) und § 205 Abs. 2 S. 2 AktG (Sacheinlagen; vgl. → Rn. 54) zu unterscheiden. In der nach § 204 Abs. 1 S. 2 AktG zwingenden Zustimmung des Aufsichtsrats liegt aber zugleich die Zustimmung nach § 202 Abs. 3 S. 2 AktG.[85] Der Aufsichtsrat hat über die Zustimmung **zu jedem Kapitalerhöhungsbeschluss** des Vorstands besonders zu entscheiden. Es ist nicht zulässig, durch einen generellen Zustimmungsbeschluss alle oder mehrere künftige Kapitalerhöhungen des Vorstands zu billigen.[86] Der Aufsichtsrat kann jedoch die Beschlussfassung auf einen Ausschuss delegieren (§ 107 Abs. 3 AktG).[87] Der Zustimmungsbeschluss des Aufsichtsrats oder des Ausschusses bedarf der einfachen Mehrheit der abgegebenen Stimmen; da es sich um eine durch Gesetz dem Aufsichtsrat zugewiesene Aufgabe handelt, kann weder in der Satzung noch in der Geschäftsordnung eine qualifizierte Mehrheit vorgesehen werden.[88] Fehlt eine ordnungsgemäße Zustimmung, berührt dies die Beschlussfassung des Vorstands und die übrigen Durchführungsmaßnahmen des Vorstands nicht; § 202 Abs. 3 S. 2 AktG ist lediglich eine **Sollvorschrift**.[89] Allerdings wird der Vorstand im Allgemeinen pflichtwidrig handeln, wenn er das genehmigte Kapital ohne Zustimmung des Aufsichtsrats ausnutzt.[90] Außerdem darf der Registerrichter die Durchführung der Kapitalerhöhung nicht eintragen, wenn ihm das Fehlen der Zustimmung bekannt ist;[91] zur Prüfung durch das Registergericht vgl. → Rn. 73.

c) Kein Erfordernis der Zustimmung durch die Hauptversammlung. Die Ausnutzung eines genehmigten Kapitals bedarf keiner (erneuten) Zustimmung der Hauptversammlung. Eine Ausnahme hiervon besteht, wenn die Maßnahme, in deren Rahmen die Ausnutzung erfolgen soll, ihrerseits einen Hauptversammlungsbeschluss erfordert. So kann es zB bei einer **Verschmelzung** auf die Gesellschaft liegen. Wenn nicht § 62 UmwG greift, setzt die Verschmelzung die Zustimmung der Hauptversammlung voraus (§§ 13, 65

---

[82] MüKoAktG/*Bayer* § 203 Rn. 11; Happ AktienR Bd. II/*Groß* Form. 12.06 Anm. 32.2.
[83] So zutreffend Happ AktienR Bd. II/*Groß* Form. 12.06 Anm. 32.2.
[84] Muster in Münch. Vertragshandbuch Bd. 1/*Favoccia* Form. V.125; Happ AktienR Bd. II/*Groß* Form. 12.06f; Hopt Vertrags- und Formularbuch/*Herfs/Scholz* Form. II. E.5.8; Beck'sches Formularbuch M&A/*Kleinstück* Form. F. III.5.
[85] Bürgers/Körber AktG/*Marsch-Barner* § 202 Rn. 16; MüKoAktG/*Bayer* § 202 Rn. 91; Grigoleit/*Rieder/Holzmann* AktG § 202 Rn. 24.
[86] MüKoAktG/*Bayer* § 202 Rn. 92; Hüffer/*Koch* AktG § 202 Rn. 21; Schmidt/Lutter/*Veil* AktG § 202 Rn. 22; Hölters AktG/*Apfelbacher/Niggemann* § 202 Rn. 61; Grigoleit/*Rieder/Holzmann* AktG § 202 Rn. 24.
[87] OLG Frankfurt a. M. AG 2011, 631 Rn. 78 – Kirch ua/Deutsche Bank; GroßkommAktG/*Hirte* § 202 Rn. 167; Spindler/Stilz AktG/*Wamser* § 202 Rn. 92; MüKoAktG/*Bayer* § 202 Rn. 92; Hüffer/*Koch* AktG § 202 Rn. 21; Grigoleit/*Rieder/Holzmann* AktG § 202 Rn. 24.
[88] Vgl. dazu allgemein Hüffer/*Koch* AktG § 108 Rn. 8; Schmidt/Lutter/*Drygala* AktG § 108 Rn. 29; aA zu § 202 Abs. 3 S. 2 AktG GroßkommAktG/*Hirte* § 202 Rn. 167; MüKoAktG/*Bayer* § 202 Rn. 92, die eine abw. Satzungsregelung für möglich halten.
[89] MüKoAktG/*Bayer* § 202 Rn. 93; Hüffer/*Koch* AktG § 202 Rn. 22; Spindler/Stilz AktG/*Wamser* § 202 Rn. 91; Hölters AktG/*Apfelbacher/Niggemann* § 202 Rn. 62; Grigoleit/*Rieder/Holzmann* AktG § 202 Rn. 25.
[90] MüKoAktG/*Bayer* § 202 Rn. 94; Wachter/*Dürr* § 202 Rn. 17.
[91] MüKoAktG/*Bayer* § 202 Rn. 94; Hüffer/*Koch* AktG § 202 Rn. 22; Bürgers/Körber AktG/*Marsch-Barner* § 202 Rn. 16; Grigoleit/*Rieder/Holzmann* AktG § 202 Rn. 25.

UmwG). Sollen die Aktien, die den Anteilsinhabern der übertragenden Gesellschaft gewährt werden, aus einem genehmigten Kapital genommen werden, erfordert dessen Ausnutzung selbst zwar rechtlich keinen Hauptversammlungsbeschluss; die Ausnutzung hängt jedoch davon ab, dass ein Verschmelzungsbeschluss gefasst und vollziehbar (vgl. § 16 UmwG) wird.

46 Ein Zustimmungserfordernis zugunsten der Hauptversammlung iRd Ausnutzung eines genehmigten Kapitals kann sich hingegen nicht aus der **Holzmüller-/Gelatine-Rechtsprechung** des BGH ergeben. Danach sollen in engen Grenzen ungeschriebene Hauptversammlungskompetenzen bestehen bei Maßnahmen, die so tief in die Aktionärsrechte eingreifen, dass ihre Auswirkungen an die Notwendigkeit einer Satzungsänderung heranreichen (vgl. näher → § 35 Rn. 51 ff.).[92] Die erforderlichen qualitativen und quantitativen Anforderungen werden bei Ausnutzung eines genehmigten Kapitals nicht erreicht. Quantitativ muss eine „Holzmüller"-Maßnahme eine Größenordnung von rund 75 bis 80 % des Vermögens bzw. des Werts der AG ausmachen.[93] Aufgrund der Beschränkung des genehmigten Kapitals auf 50 % des Grundkapitals (vgl. → Rn. 16 f.) kann diese Schwelle regelmäßig nicht erreicht werden. Anders kann das nur liegen, wenn die von der Gesellschaft erbrachte Gegenleistung nicht nur in Aktien (aus dem genehmigten Kapital), sondern zusätzlich in Barmitteln besteht (gemischte Sacheinlage). Auch dann ist eine ungeschriebene Mitwirkungspflicht der Hauptversammlung jedoch abzulehnen. Die Barkomponente ist eine Maßnahme der Mittelverwendung. Ihr fehlt grundsätzlich der nach der Rspr. erforderliche Eingriff in die Mitgliedschaft der Aktionäre; insbesondere beinhaltet sie keine Mediatisierung[94] der Aktionärsrechte.[95] Soweit die Gegenleistung in Aktien aus einem genehmigten Kapital besteht, handelt der Vorstand auf der Grundlage der ihm erteilten Ermächtigung. Die Hauptversammlung hat hier ihre Befugnis, über Kapitalmaßnahmen zu befinden, auf die Verwaltung delegiert. Für eine ungeschriebene Mitwirkungsbefugnis ist kein Raum.[96] Besteht die Einlage in einer Unternehmensbeteiligung, setzt deren Erwerb ohne Satzungsänderung – und damit ohne Beteiligung der Hauptversammlung – allerdings voraus, dass die Satzung eine Konzern(öffnungs)klausel enthält (dazu → § 70 Rn. 5 f.) und sich die Tätigkeit der erworbenen Gesellschaft innerhalb des statutarischen Unternehmensgegenstands der AG bewegt.

47 d) Keine Durchführung bei ausstehenden Einlagen. Neue Aktien auf Grund des genehmigten Kapitals sollen nicht ausgegeben werden, solange ausstehende Einlagen auf das bisherige Grundkapital noch erlangt werden können (§ 203 Abs. 3 AktG). Ausnahmebestimmungen bestehen für Versicherungsgesellschaften (§ 203 Abs. 3 S. 2 AktG), für Arbeitnehmeraktien (§ 203 Abs. 4 AktG) sowie für Verschmelzungen, Auf- und Abspaltungen (§§ 69 Abs. 1 S. 2 und 3, 125 S. 1 UmwG). Im Übrigen gilt das Gleiche wie für die reguläre Kapitalerhöhung; vgl. näher → § 57 Rn. 3 ff. Die Einschränkung des § 203

---

[92] BGHZ 159, 30 (40) – Gelatine; BGHZ 83, 122 (131) – Holzmüller.
[93] BGHZ 159, 30 (45) – Gelatine; OLG Hamm ZIP 2008, 832 (833) – Arcandor; OLG Frankfurt a. M. AG 2011, 173 Rn. 73 – Allianz/Commerzbank/Dresdner Bank; OLG Stuttgart ZIP 2005, 1415 (1418); Hüffer/*Koch* AktG § 119 Rn. 18.
[94] Zur Bedeutung der Mediatisierung s. BGHZ 159, 30 (41) – Gelatine; BGH NZG 2004, 575 (578) – Gelatine II; BGH ZIP 2007, 24.
[95] Str.; wie hier zB OLG Frankfurt a. M. AG 2011, 173 Rn. 66 f. – Allianz/Commerzbank/Dresdner Bank, MüKoAktG/*Kubis* § 119 Rn. 67; Habersack/Drinhausen SE-Recht/*Scholz* SE-VO Art. 36 Rn. 7; aA etwa Bürgers/Körber AktG/*Reger* § 119 Rn. 20; *Emmerich/Habersack* AG/GmbH-KonzernR Vor § 311 Rn. 42; *Böffel* ZJS 2016, 533 (538 ff.); vgl. näher → § 70 Rn. 10.
[96] Im Ergebnis ebenso HdB börsennotierte AG/*Busch* Rn. 43.29; Hölters AktG/*Apfelbacher/Niggemann* § 202 Rn. 38; *Kiefner* ZIP 2011, 545 (548); grundsätzlich auch GroßkommAktG/*Hirte* § 202 Rn. 162, jedoch anders, falls die Kapitalerhöhung eine „qualifizierte faktische Abhängigkeit" der Gesellschaft begründet; HdB AG-Finanzierung/*Stöber* Kap. 5 Rn. 103; aA LG Frankfurt a. M. AG 2010, 416 (419) – Allianz/Commerzbank/Dresdner Bank; wohl auch MüKoAktG/*Bayer* § 202 Rn. 56 f.

Abs. 3 AktG greift nicht ein, wenn der Vorstand die Ermächtigung zur Kapitalerhöhung in mehreren Teilbeträgen ausnutzt und noch **Einlagen aus früheren Tranchen** erlangt werden können.[97] Bestehen mehrere genehmigte Kapitalia, so kann der Vorstand grundsätzlich frei wählen, von welchem er Gebrauch macht; stehen jedoch Einlagen aus einem genehmigten Kapital aus, kann er das andere nach Maßgabe von § 203 Abs. 3 S. 1 AktG nicht ausnutzen.[98]

3. Festsetzung von Aktieninhalt und Ausgabebedingungen. Über den Inhalt der **48** Aktienrechte und die Ausgabebedingungen kann die Hauptversammlung in dem Ermächtigungsbeschluss Regelungen treffen. Soweit der Ermächtigungsbeschluss keine Bestimmung enthält, entscheidet der **Vorstand** mit Zustimmung des Aufsichtsrats (§ 204 Abs. 1 S. 1 AktG). Mangels vorrangiger Bestimmungen im Ermächtigungsbeschluss oder in der Satzung kann die Verwaltung zB die Stückelung der neuen Aktien, den Ausgabekurs, die Fälligkeit der Einlageleistung, die Aktienart (Inhaber- oder Namensaktien) und Fragen des Stimmrechts (§ 134 Abs. 1 und 2 AktG) regeln. Bei der Stückelung ist im Fall von Stückaktien jedoch § 182 Abs. 1 S. 5 AktG zu beachten (§ 202 Abs. 3 S. 3 AktG; → § 57 Rn. 28). Bei seiner Entscheidung handelt der Vorstand nach pflichtgemäßem Ermessen gemäß § 93 Abs. 1 S. 2 AktG.[99] Die **Zustimmung des Aufsichtsrats** kann dem Vorstandsbeschluss vorangehen oder nachfolgen.[100] Sie kann auch einem Ausschuss übertragen werden (§ 107 Abs. 3 AktG)[101] und bedarf zwingend der einfachen Mehrheit der abgegebenen Stimmen (→ Rn. 44). Sie ist Wirksamkeitsvoraussetzung für die Festsetzungen des Vorstands[102] und muss sich auf die konkreten Festsetzungen beziehen. Eine generelle Zustimmung, etwa zu einer bestimmten Bandbreite für den Ausgabebetrag, ist grundsätzlich nicht möglich;[103] die Zustimmung zu dem Ausgabepreis, der sich als Ergebnis eines Bookbuilding-Verfahrens innerhalb einer festgelegten Preisspanne ergibt, wird man jedoch ausreichen lassen können.[104]

Bleibt das gesetzliche Bezugsrecht der Aktionäre erhalten, ist die Verwaltung – soweit **49** nicht bereits der Ermächtigungsbeschluss oder die Satzung Regelungen treffen – in der Bestimmung des **Ausgabebetrages** frei. Dieser muss in den Beschlüssen von Vorstand und Aufsichtsrat nicht ziffernmäßig bestimmt werden, sondern es genügt die Festlegung einer

---

[97] GroßkommAktG/*Hirte* § 203 Rn. 160; Hüffer/*Koch* AktG § 203 Rn. 41; MüKoAktG/*Bayer* § 203 Rn. 182; Schmidt/Lutter/*Veil* AktG § 203 Rn. 32; Grigoleit/*Rieder/Holzmann* AktG § 203 Rn. 35.

[98] Spindler/Stilz AktG/*Wamser* § 203 Rn. 123; GroßkommAktG/*Hirte* § 203 Rn. 160; MüKoAktG/*Bayer* § 203 Rn. 182; Hölters AktG/*Apfelbacher/Niggemann* § 203 Rn. 69.

[99] OLG Frankfurt a. M. AG 2011, 631 Rn. 121 – Kirch ua/Deutsche Bank; Schmidt/Lutter/*Veil* AktG § 204 Rn. 5; Spindler/Stilz AktG/*Wamser* § 204 Rn. 37; Grigoleit/*Rieder/Holzmann* AktG § 204 Rn. 3.

[100] GroßkommAktG/*Hirte* § 204 Rn. 15; Hölters AktG/*Apfelbacher/Niggemann* § 204 Rn. 10; Spindler/Stilz AktG/*Wamser* § 204 Rn. 40; Grigoleit/*Rieder/Holzmann* AktG § 204 Rn. 8; HdB börsennotierte AG/*Busch* Rn. 43.32; HdB AG-Finanzierung/*Stöber* Kap. 5 Rn. 91. Nach aA soll eine vorherige Zustimmung nicht möglich sein, da sich die Zustimmung auf konkrete Festsetzungen beziehen müsse; so Wachter AktG/*Dürr* § 204 Rn. 6. Das ist jedoch auch bei einer vorangehenden Zustimmung möglich.

[101] OLG Frankfurt a. M. AG 2011, 631 Rn. 78 – Kirch ua/Deutsche Bank; GroßkommAktG/*Hirte* § 204 Rn. 15; Hüffer/*Koch* AktG § 204 Rn. 6; Grigoleit/*Rieder/Holzmann* AktG § 204 Rn. 8.

[102] MüKoAktG/*Bayer* § 204 Rn. 25; GroßkommAktG/*Hirte* § 204 Rn. 15 f.; Hüffer/*Koch* AktG § 204 Rn. 6; Hölters AktG/*Apfelbacher/Niggemann* § 204 Rn. 8; Grigoleit/*Rieder/Holzmann* AktG § 204 Rn. 8; aA *Baumbach/Hueck* AktG § 204 Rn. 3.

[103] MüKoAktG/*Bayer* § 204 Rn. 24; GroßkommAktG/*Hirte* § 204 Rn. 13, 16; *Hoffmann-Becking* FS Lieberknecht, 1997, 25 (38 f.); Technau AG 1998, 445 (450 f.); aA *Marsch-Barner* AG 1994, 532 (537).

[104] MüKoAktG/*Bayer* § 204 Rn. 24; GroßkommAktG/*Hirte* § 204 Rn. 13, 16; Spindler/Stilz AktG/*Wamser* § 204 Rn. 41; HdB AG-Finanzierung/*Stöber* Kap. 5 Rn. 91; Technau AG 1998, 445 (450 f.); aA wohl HdB börsennotierte AG/*Busch* Rn. 43.33.

§ 59   50, 51

Formel, die den Ausgabekurs eindeutig berechenbar macht (zB x% unter dem Durchschnitt der Schlusskurse an den letzten y Börsentagen vor Veröffentlichung des Bezugsangebots).[105] Bei Sacheinlagen kann wie bei der regulären Kapitalerhöhung (→ § 57 Rn. 46) die Emission zu pari erfolgen[106] oder eine Festsetzung des Ausgabebetrages gänzlich unterbleiben.[107] Ein Ausgabekurs oberhalb des Werts der neuen Aktien stellt keinen faktischen Bezugsrechtsausschluss dar (str., vgl. → § 57 Rn. 141). Außerdem ist das Verbot der Unter-Pari-Emission (§ 9 AktG) zu beachten. Wird das Bezugsrecht der Aktionäre ausgeschlossen, ist eine Ausgabe unter Wert entsprechend § 255 Abs. 2 AktG grundsätzlich unzulässig;[108] vgl. näher → § 57 Rn. 47 ff. sowie → Rn. 39 ff.

50 Zur Ausgabe neuer Aktien gegen **Sacheinlagen** und zum **Ausschluss des Bezugsrechts** der Aktionäre ist die Verwaltung nur befugt, wenn dies in der Ermächtigung besonders vorgesehen ist; näher dazu → Rn. 53 ff. u. 59 ff. Die Ausgabe von **Vorzugsaktien,** auch stimmrechtslosen, ist grundsätzlich zulässig. In bestimmten Fällen bedarf der Vorstand hierzu allerdings einer besonderen Ermächtigung: Sind im Zeitpunkt der Schaffung des genehmigten Kapitals stimmrechtslose Vorzugsaktien vorhanden, können Vorzugsaktien, die diesen bei der Verteilung des Gewinns oder des Liquidationserlöses vorgehen oder gleichstehen sollen, nur ausgegeben werden, wenn dies in der Ermächtigung besonders vorgesehen ist (§ 204 Abs. 2 AktG). Ansonsten aber kann die Verwaltung auch ohne eine solche besondere Ermächtigung Vorzugsaktien – insbesondere Aktien mit Vorzügen bei der Verteilung des Gewinns – ausgeben, wenn die Ausgabe von Vorzugsaktien (allgemein) in der Ermächtigung vorgesehen ist, und deren Inhalt festlegen.[109] Das dürfte auch gelten, wenn bei der Ausgabe von Vorzugsaktien das gesetzliche Bezugsrecht der Aktionäre ausgeschlossen wird. Allerdings ist die damit verbundene zusätzliche Benachteiligung der Altaktionäre bei Prüfung der sachlichen Rechtfertigung des Bezugsrechtsausschlusses zu berücksichtigen,[110] da die Ausgabe von Vorzugsaktien in diesem Fall zu einer nachteiligen Veränderung der Rechte der Altaktionäre führt. Die Zustimmung sämtlicher benachteiligten Altaktionäre wird man allerdings nicht verlangen können.

51 Soweit der Hauptversammlungsbeschluss keine Regelungen enthält, entscheidet die Verwaltung über das Gewinnbezugsrecht der neuen Aktien.[111] Ob die neuen Aktien auch mit dem **Gewinnbezugsrecht für ein abgelaufenes Geschäftsjahr** ausgestattet werden können, ist nicht abschließend geklärt (auch → § 57 Rn. 17 u. 34). Bei einer Bezugsrechtsemission ist das nach heute ganz hM zu bejahen, wenn für das abgelaufene Jahr noch nicht

---

[105] Ebenso zB Hölters AktG/*Apfelbacher/Niggemann* § 204 Rn. 7.
[106] Hölters AktG/*Apfelbacher/Niggemann* § 204 Rn. 7; nach *Seibt/Schulz* CFL 2012, 313 (329) soll ein Ausgabebetrag unterhalb des „wahren" Werts nur zulässig sein, wenn dies nach Maßgabe der Business Judgement Rule (§ 93 Abs. 1 S. 2 AktG) gerechtfertigt ist.
[107] Ebenso Spindler/Stilz AktG/*Wamser* § 205 Rn. 15; Happ AktienR/*Groß* Form. 12.06 Anm. 38.1; aA MüKoAktG/*Bayer* § 205 Rn. 13; *Findeisen*, Beteiligungserwerb, 2009, S. 111 ff.; nach GroßkommAktG/*Hirte* § 205 Rn. 9 „sollte" der Ausgabebetrag angegeben werden.
[108] BGHZ 136, 133 (141) – Siemens/Nold; BGHZ 144, 290 (295) – adidas; BGH ZIP 2009, 913 Rn. 6 – Senator Entertainment AG II; OLG Karlsruhe AG 2003, 444 (447) – MLP; Hüffer AktG/*Koch* § 204 Rn. 5; GroßkommAktG/*Hirte* § 203 Rn. 97; Bürgers/Körber AktG/*Marsch-Barner* § 204 Rn. 5; Grigoleit/*Rieder/Holzmann* AktG § 204 Rn. 7; HdB börsennotierte AG/*Busch* Rn. 43.30; *Busch* NZG 2006, 81 (86); *Bayer* ZHR 168 (2004), 132 (140 ff.).
[109] BGHZ 33, 175 (188) – Minimax II; OLG Schleswig AG 2005, 48 (49) – J. Fr. Behrens AG; KölnKommAktG/*J. Vetter* § 139 Rn. 182; MüKoAktG/*Bayer* § 204 Rn. 30 u. 33 f.; GroßkommAktG/*Hirte* § 204 Rn. 22 u. 26; Hölters AktG/*Apfelbacher/Niggemann* § 204 Rn. 18; Grigoleit/*Rieder/Holzmann* AktG § 204 Rn. 12.
[110] MüKoAktG/*Bayer* § 204 Rn. 34; GroßkommAktG/*Hirte* § 204 Rn. 27; Hölters AktG/*Apfelbacher/Niggemann* § 204 Rn. 19; ebenso für den Fall der Ausgabe von Vorzugsaktien bei einer regulären Kapitalerhöhung mit Bezugsrechtsausschluss Hüffer/*Koch* AktG § 60 Rn. 9.
[111] GroßkommAktG/*Henze* § 60 Rn. 30, 32; MüKoAktG/*Bayer* § 60 Rn. 29; Grigoleit/*Rieder/Holzmann* AktG § 204 Rn. 5.

über die Gewinnverwendung entschieden worden ist.[112] Ist das Bezugsrecht ausgeschlossen, gilt nichts anderes. Die rückwirkende Gewinnberechtigung ist dann bei der Prüfung der Rechtmäßigkeit des Bezugsrechtsausschlusses und der Angemessenheit des Ausgabebetrages zu berücksichtigen.[113]

Das genehmigte Kapital kann auch genutzt werden, um bei der Börseneinführung von 52 Aktien eine Mehrzuteilungsoption (**„Greenshoe"**) zu schaffen, die der wertpapiertechnischen Durchführung einer emissionsnahen Kursstabilisierung dient. Den Emissionsbanken wird dazu das Recht eingeräumt, innerhalb einer gewissen Frist in bestimmtem Umfang (häufig 30 Tage nach Notierungsaufnahme bis zu 15 % der Basistranche) weitere Aktien zum ursprünglichen Ausgabebetrag zu beziehen.[114] Der Zweck des Greenshoe rechtfertigt den damit verbundenen Bezugsrechtsausschluss.[115] Die Angemessenheit des Ausgabebetrages beurteilt sich nicht nach den Verhältnissen im Zeitpunkt der Optionsausübung, sondern nach den Umständen im Zeitpunkt des ursprünglichen Beschlusses über die Ausnutzung des genehmigten Kapitals.[116]

4. Aktienausgabe gegen Sacheinlagen. a) Allgemeines. Auch die Kapitalerhöhung 53 aus einem genehmigten Kapital kann gegen Sacheinlagen erfolgen. Wegen der **allgemeinen Grundsätze** über Kapitalerhöhungen mit Sacheinlagen, insbesondere die Gegenstände einer Sacheinlage, die Einbringungsverträge und die Werthaftung des Sacheinlegers vgl. → § 57 Rn. 41 ff. Erfüllt die Erhöhung die Nachgründungskautelen (vgl. → § 57 Rn. 64), sind die Anforderungen des § 52 AktG zu beachten.[117] Der Vorstand kann neue Aktien gegen Sacheinlagen nur ausgeben, wenn die **Ermächtigung** dies besonders vorsieht (§ 205 Abs. 1 AktG). Es genügt, wenn die Ermächtigung ganz allgemein die Ausgabe der Aktien

---

[112] KölnKommAktG/*Drygala* § 60 Rn. 47; GroßkommAktG/*Henze* § 60 Rn. 30 f., 32; Bürgers/Körber AktG/*Marsch-Barner* § 204 Rn. 4; Schmidt/Lutter/*Veil* AktG § 204 Rn. 6; GroßkommAktG/*Hirte* § 204 Rn. 9; Hüffer/*Koch* AktG § 60 Rn. 10, § 204 Rn. 4; Grigoleit/*Rieder/Holzmann* AktG § 204 Rn. 6; *Wündisch* AG 1960, 320; ablehnend MüKoAktG/*Bayer* § 60 Rn. 30 (wie hier aber wohl MüKoAktG/*Bayer* § 204 Rn. 10); *Mertens* FS Wiedemann, 2002, 1113 ff.

[113] Str.; ebenso Bürgers/Körber AktG/*Marsch-Barner* § 204 Rn. 4; Spindler/Stilz AktG/*Wamser* § 204 Rn. 10; Hölters AktG/*Apfelbacher/Niggemann* § 204 Rn. 5; *Groß* FS Hoffmann-Becking, 2013, 395 (407 ff.); aA, dh gegen rückwirkende Gewinnberechtigung bei Bezugsrechtsausschluss, Hüffer/*Koch* AktG § 204 Rn. 4; GroßkommAktG/*Hirte* § 204 Rn. 9; MüKoAktG/*Bayer* § 204 Rn. 10; Wachter AktG/*Dürr* § 204 Rn. 4; Schmidt/Lutter/*Veil* AktG § 204 Rn. 6.

[114] Muster bei *Heller/Steuer* Bankrecht und Bankpraxis Teil 10 Rn. 326 Art. 3. Vgl. zu Zweck und Wirkungsweise eingehend *Meyer* WM 2002, 1106 ff.; *Groß* ZIP 2002, 160 (161 ff.); *Trapp* AG 1997, 115 (120 ff.); *Hein* WM 1996, 1 (6 f.); HdB börsennotierte AG/*Busch* Rn. 43.49; GroßkommAktG/*Hirte* § 203 Rn. 93; zu den kapitalmarktrechtlichen sowie zivil- und aktienrechtlichen Aspekten eines „Refreshing the Shoe" vgl. *Busch* FS Hoffmann-Becking, 2013, 211 ff.; HdB börsennotierte AG/*Busch* Rn. 43.50; HdB Kapitalmarktinformation/*Singhoff* § 22 Rn. 19, 32, 40; Unternehmensfinanzierung am Kapitalmarkt/*Feuring/Berrar* § 39 Rn. 59 ff.; CESR Market Abuse Directive, Level 3 – Third Set of CESR guidance and information on the common operation of the Directive to the market, May 2009, Tz. 45 ff.

[115] BGH ZIP 2009, 913 Rn. 13 – Senator Entertainment AG II; KG ZIP 2006, 1660 (1663) – Senator Entertainment AG II; *Hoffmann-Becking* FS Lieberknecht, 1997, 25 (46); *Hein* WM 1996, 1 (6 f.); GroßkommAktG/*Hirte* § 203 Rn. 94; differenzierend *Bezzenberger* AG 2010, 765 (770 ff.). Zur Frage, ob der Greenshoe durch vereinfachten Bezugsrechtsausschluss gem. § 186 Abs. 3 S. 4 AktG (dazu → Rn. 34) bereitgestellt werden kann, vgl. *Ihrig* Liber Amicorum Happ, 2006, 109 (120); zum „Refreshing the Shoe" *Busch* FS Hoffmann-Becking, 2013, 211 (225 ff.).

[116] KG ZIP 2006, 1660 (1663 f.) – Senator Entertainment AG II; GroßkommAktG/*Hirte* § 203 Rn. 94; Hölters AktG/*Apfelbacher/Niggemann* § 203 Rn. 53; *Busch* FS Hoffmann-Becking, 2013, 211 (226); Unternehmensfinanzierung am Kapitalmarkt/*Krause* Rn. 6.59; HdB börsennotierte AG/*Busch* Rn. 43.49; *Sinewe* DB 2002, 314 f.; *Groß* ZIP 2002, 160 f.; *Meyer* WM 2002, 1106 (1111 ff.); *Schlitt/Schäfer* AG 2005, 67 (76); aA, aber allgemein abgelehnt und zwischenzeitlich aufgehoben, KG ZIP 2001, 2178 (2180 f.) – Senator Entertainment AG.

[117] Vgl. bezogen auf das genehmigte Kapital zB Spindler/Stilz AktG/*Heidinger* § 52 Rn. 48a; Hölters AktG/*Solveen* § 52 Rn. 19; KölnKommAktG/*M. Arnold* § 52 Rn. 11.

gegen Sacheinlagen gestattet; sie kann aber auch eingeschränkt werden, zB auf einen bestimmten Teil des genehmigten Kapitals, bestimmte Zwecke, bestimmte Gegenstände usw.[118] Ebenso kann die Ermächtigung die Ausgabe der Aktien in allgemeiner oder konkreter Form auf Sacheinlagen beschränken und Bareinlagen ausschließen.[119] Eine Kapitalerhöhung im Wege des **„Schütt-aus-hol-zurück-Verfahrens"** kann alternativ als Kapitalerhöhung gegen Sacheinlage oder entsprechend den Regeln der Kapitalerhöhung aus Gesellschaftsmitteln durchgeführt werden (→ § 57 Rn. 79 f.); im letzteren Fall ist eine Ermächtigung zur Sachkapitalerhöhung nicht erforderlich.[120] Bei einer Verwendung des genehmigten Kapitals zum **Umtausch von Wandelschuldverschreibungen** liegt entsprechend § 194 Abs. 1 S. 2 keine Sacheinlage vor;[121] man wird dann allerdings auch § 199 Abs. 2 AktG analog anwenden müssen.

54 **b) Erforderliche Festsetzungen.** Für die Durchführung einer Kapitalerhöhung gegen Sacheinlagen müssen der Gegenstand der Sacheinlage, die Person, von der die Gesellschaft die Einlage erwirbt, und der Nennbetrag der gegen die Sacheinlage zu gewährenden Aktien **festgesetzt** werden (§ 205 Abs. 2 AktG); vgl. dazu näher → § 57 Rn. 43 und zur Festsetzung eines Ausgabebetrages → Rn. 49. Die Festsetzungen können ganz oder teilweise durch die Hauptversammlung in der Ermächtigung zur Kapitalerhöhung getroffen werden. Soweit die Ermächtigung die erforderlichen Festsetzungen nicht enthält, sind sie vom Vorstand zu treffen und in die **Zeichnungsscheine** aufzunehmen (§ 205 Abs. 2 S. 1 AktG). Bei einer gemischten Bar- und Sachkapitalerhöhung reicht es, die Festsetzungen zur Sacheinlage in den Zeichnungsschein des betreffenden Sacheinlegers aufzunehmen.[122] Die Festsetzungen sollen nur mit **Zustimmung des Aufsichtsrats** getroffen werden (§ 205 Abs. 2 S. 2 AktG); die Zuständigkeit für die Zustimmung kann einem Ausschuss übertragen werden (§ 107 Abs. 3 AktG).[123] Die Entscheidung über die Zustimmung bedarf zwingend der einfachen Mehrheit der abgegebenen Stimmen (vgl. → Rn. 44). Die Zustimmung ist keine Wirksamkeitsvoraussetzung, da es sich um eine Sollvorschrift handelt; es gelten die gleichen Grundsätze wie zu § 202 Abs. 3 S. 2 AktG (→ Rn. 44).

55 **c) Mängel der Sachkapitalerhöhung.** Nach § 205 Abs. 4 AktG aF waren Verträge über Sacheinlagen und die Rechtshandlungen zu ihrer Ausführung unwirksam, wenn die Festsetzungen nach § 205 Abs. 2 S. 1 AktG fehlten oder fehlerhaft waren. Durch das ARUG ist § 205 Abs. 4 AktG aF aufgehoben worden; § 205 AktG beschränkt sich nunmehr in Abs. 3 darauf, § 27 Abs. 3 u. 4 AktG für entsprechend anwendbar zu erklären. Für **verdeckte Sacheinlagen** sowie Fälle des **Hin- und Herzahlens** gelten damit die gleichen Grundsätze wie bei der ordentlichen Kapitalerhöhung (vgl. → § 57 Rn. 65 ff.). Eine grundsätzliche Nichtigkeit scheidet danach aus; mit Eintragung sind die Vereinbarungen vielmehr wirksam und greift im Fall der verdeckten Sacheinlage eine Differenzhaftung des Inferenten

---

[118] MüKoAktG/*Bayer* § 205 Rn. 10; Hüffer/*Koch* AktG § 205 Rn. 3; Hölters AktG/*Apfelbacher/Niggemann* § 205 Rn. 6; Grigoleit/*Rieder/Holzmann* AktG § 205 Rn. 3.

[119] MüKoAktG/*Bayer* § 205 Rn. 10; Hüffer/*Koch* AktG § 205 Rn. 3; Hölters AktG/*Apfelbacher/Niggemann* § 205 Rn. 6; Grigoleit/*Rieder/Holzmann* AktG § 205 Rn. 3.

[120] Ebenso MüKoAktG/*Bayer* § 205 Rn. 11; GroßkommAktG/*Hirte* § 205 Rn. 10; Hölters AktG/*Apfelbacher/Niggemann* § 205 Rn. 3.

[121] Str.; ebenso GroßkommAktG/*Hirte* § 205 Rn. 9; Spindler/Stilz AktG/*Seiler* § 221 Rn. 77; Bürger/Körber AktG/*Stadler* § 221 Rn. 53; HdB börsennotierte AG/*Groß* § 51 Rn. 60; *Schumann*, Optionsanleihen, 1990, S. 79 ff.; aA GroßkommAktG/*Habersack* § 221 Rn. 230; *F. Dreher*, Bedingte Pflichtwandelanleihen, 2018, S. 196 f.; *Reiswich* Das Rechtsprinzip des Verwässerungsschutzes, 2016, 101 f.; *Maier-Reimer* GS Bosch, 2006, 85 Fn. 3; *Groh* BB 1997, 2523 (2528).

[122] KölnKommAktG/*Lutter* § 205 Rn. 13; MüKoAktG/*Bayer* § 205 Rn. 19; Hüffer/*Koch* AktG § 205 Rn. 4 f.; Schmidt/Lutter/*Veil* AktG § 205 Rn. 7; Grigoleit/*Rieder/Holzmann* AktG § 205 Rn. 7; aA GroßkommAktG/*Hirte* § 205 Rn. 13, der eine Aufnahme in sämtliche Zeichnungsscheine verlangt.

[123] OLG Frankfurt a. M. AG 2011, 631 Rn. 78 – Kirch ua/Deutsche Bank.

(vgl. → § 57 Rn. 68 f.). Sind die **Festsetzungen** nach § 205 Abs. 2 S. 1 AktG **fehlerhaft oder unvollständig,** kann im Grundsatz nichts anderes gelten (auch → § 4 Rn. 12):[124] Vor Eintragung sind die Verträge über die Sacheinlagen unwirksam, und das Registergericht hat, wenn es den Mangel erkennt, die Eintragung abzulehnen.[125] Mängel der Festsetzungen im Hauptversammlungsbeschluss kann der Vorstand nach hM[126] nicht heilen. Das gilt aber nur, wenn die Hauptversammlung die Festsetzungen tatsächlich abschließend regeln wollte und diese Festsetzungen mangelhaft oder unvollständig sind. Soweit die Hauptversammlung keine Festsetzungen trifft, handelt es sich in der Sache nicht um einen Mangel, sondern um die Delegation der Vornahme der Festsetzungen auf den Vorstand (s. § 205 Abs. 2 S. 1 AktG). Wird die Kapitalerhöhung dennoch eingetragen, besteht zwar die Bareinlagepflicht fort, die Sacheinlagevereinbarungen sind jedoch wirksam und der Wert der Sacheinlage ist auf die Bareinlageverpflichtung analog § 27 Abs. 3 AktG anzurechnen. Zur Heilung nach Eintragung → § 57 Rn. 70.

d) Prüfung[127]. Soweit nicht § 205 Abs. 5 S. 2 iVm § 183a AktG eingreift (→ § 4 **56** Rn. 41 ff.), hat eine Prüfung durch einen oder mehrere Prüfer stattzufinden, die sich bei richtlinienkonformer Gesetzesauslegung auf die Frage erstrecken muss, ob der Wert der Sacheinlagen den vollen Ausgabebetrag – also sowohl den geringsten Ausgabebetrag als auch ein etwaiges Aufgeld – der zu gewährenden Aktien erreicht (§ 205 Abs. 3 AktG). Vgl. dazu und zu den Einzelheiten der Prüfung → § 57 Rn. 51 f. Gegen den gerichtlichen Beschluss über die Bestellung eines Prüfers steht den Aktionären kein Beschwerderecht zu.[128]

e) Sacheinlagevereinbarungen vor Eintragung der Gesellschaft. Besondere Regeln **57** gelten gem. § 206 AktG, wenn schon vor Eintragung der Gesellschaft im Handelsregister konkrete Vereinbarungen mit einem Gründer oder einem Dritten über künftige Sacheinlagen bei Durchführung einer Kapitalerhöhung auf Grund eines genehmigten Kapitals getroffen werden. In einem solchen Fall muss die Gründungssatzung selbst die in § 205 Abs. 2 S. 1 AktG vorgeschriebenen Festsetzungen enthalten (§ 206 S. 1 AktG). Auf die spätere Durchführung der Kapitalerhöhung finden weitgehend die Bestimmungen über die Sachgründung entsprechende Anwendung (§ 206 S. 2 und 3 AktG).[129]

5. Bezugsrechte. a) Gesetzliches Bezugsrecht. Bei Ausnutzung des genehmigten Ka- **58** pitals durch den Vorstand steht den Aktionären ebenso wie bei einer regulären Kapitalerhöhung ein **gesetzliches Bezugsrecht** zu (§§ 203 Abs. 1, 186 Abs. 1 S. 1 AktG). Der Vorstand hat für die Ausübung des Bezugsrechts eine Frist von mindestens 2 Wochen zu bestimmen (§§ 203 Abs. 1, 186 Abs. 1 S. 2 AktG) und die Befristung nach den Regeln des § 186 Abs. 2 AktG bekannt zu machen. Es gelten die gleichen Grundsätze wie bei der regulären Kapitalerhöhung; vgl. näher → § 57 Rn. 94 ff.

b) Ausschluss des Bezugsrechts. Das gesetzliche Bezugsrecht der Aktionäre kann bereits **59** durch die Hauptversammlung in dem Ermächtigungsbeschluss ausgeschlossen werden. Ebenso kann die Hauptversammlung den Vorstand zum Ausschluss des Bezugsrechts ermächtigen. Zu den Voraussetzungen eines Bezugsrechtsausschlusses durch die Hauptver-

---

[124] Hüffer/*Koch* AktG § 205 Rn. 7; MüKoAktG/*Bayer* § 205 Rn. 73 f.; Wachter AktG/*Dürr* § 205 Rn. 10.
[125] Schmidt/Lutter/*Veil* AktG § 205 Rn. 8; MüKoAktG/*Bayer* § 205 Rn. 71; Bürgers/Körber AktG/*Marsch-Barner* § 205 Rn. 9.
[126] MüKoAktG/*Bayer* § 205 Rn. 72; Hölters AktG/*Apfelbacher/Niggemann* § 205 Rn. 14; Bürgers/Körber AktG/*Marsch-Barner* § 205 Rn. 9; Spindler/Stilz AktG/*Wamser* § 205 Rn. 26 f.
[127] Muster zur Prüferbestellung und zum Prüfbericht in Beck'sches Formularbuch M&A/*Kleinstück* Form. F. III.7.
[128] OLG Frankfurt a. M. AG 2009, 550 (551) – Kirch/Deutsche Bank I.
[129] Wegen näherer Einzelheiten vgl. Hüffer/*Koch* AktG § 206 Rn. 3 ff.; MüKoAktG/*Bayer* § 206 Rn. 10 ff.; Spindler/Stilz AktG/*Wamser* § 206 Rn. 15 ff.

sammlung bzw. einer entsprechenden Ermächtigung an den Vorstand vgl. → Rn. 28, 31 ff. Der Vorstand ist zum **Ausschluss des Bezugsrechts** nur befugt, wenn dies in der Ermächtigung vorgesehen ist (§ 203 Abs. 2 AktG).

60 Die Ausnutzung eines genehmigten Kapitals mit Bezugsrechtsausschluss unterliegt **materiellen Schranken.** Das gilt sowohl für den Direktausschluss als auch im Fall einer Ausschlussermächtigung. Zum einen darf der Vorstand von der Ermächtigung zur Kapitalerhöhung bzw. zum Bezugsrechtsausschluss nur im Rahmen der von der Hauptversammlung bei dem Ermächtigungsbeschluss zugrunde gelegten **Zwecksetzung** Gebrauch machen[130] und zum anderen nur dann, wenn die Kapitalerhöhung unter Ausschluss des Bezugsrechts im wohlverstandenen **Gesellschaftsinteresse** liegt.[131]

61 Ob darüber hinausgehend eine **sachliche Rechtfertigung** im Sinne der „Kali & Salz"-sowie der „Holzmann"-Grundsätze (Geeignetheit, Erforderlichkeit, Angemessenheit) wie bei der ordentlichen Kapitalerhöhung erforderlich ist, wird unterschiedlich beurteilt. Zum Teil wird das verneint.[132] Nach aA muss eine sachliche Rechtfertigung in gleicher Weise wie bei der ordentlichen Kapitalerhöhung vorliegen.[133] Das dürfte der Ansicht des BGH entsprechen. Zwar hat dieser in seiner „Siemens/Nold"-Entscheidung davon gesprochen, dass der Vorstand bei Ausnutzung der Ermächtigung nur die Vereinbarkeit des Bezugsrechtsausschlusses mit dem wohlverstandenen Gesellschaftsinteresse prüfen müsse.[134] In der Folgezeit hat er jedoch klargestellt, dass durch die Absenkung der Anforderungen an den Ermächtigungsbeschluss keinesfalls eine Herabsetzung des Aktionärsschutzes beabsichtigt sei,[135] und unter Verweis auf die „Kali & Salz"-Entscheidung verlangt, dass der Vorstand konkret prüfen müsse, ob der „Ausschluss des Bezugsrechts sachlich gerechtfertigt ist".[136]

62 Nach hier vertretener Ansicht (→ § 57 Rn. 8 u. 118) ist das Erfordernis einer sachlichen Rechtfertigung grundsätzlich **abzulehnen.** Wendet man es allerdings mit der hM an, ist davon auszugehen, dass für Direktausschluss und Ausschlussermächtigung **derselbe Maßstab** und damit das Gleiche wie bei einer regulären Kapitalerhöhung mit Bezugsrechtsausschluss gilt. Maßgeblich sind damit die in → § 57 Rn. 115 ff. u. 120 f. dargestellten Grundsätze; aber auch → § 57 Rn. 118 u. 122. Eine Ausnutzung des genehmigten Kapitals mit Bezugsrechtsausschluss kommt daher im Wesentlichen für die in → § 57 Rn. 119 ff., 120 ff. aufgeführten Fallgruppen und den vereinfachten Bezugsrechtsausschluss (vgl. → Rn. 34 f. u. → § 57 Rn. 123 ff.) in Betracht, daneben auch für die sog. Greenshoe-Option (vgl. → Rn. 52). Schließlich bedarf es eines **angemessenen Ausgabebetrages.** Es gelten insoweit die Maßstäbe des § 255 Abs. 2 AktG;[137] vgl. eingehend → § 57 Rn. 47 ff.

---

[130] BGHZ 164, 249 (254) – Commerzbank/Mangusta II; BGHZ 136, 133 (140) – Siemens/Nold; Hüffer/*Koch* AktG § 203 Rn. 35.

[131] BGHZ 136, 133 (139 u. 140) – Siemens/Nold; BGHZ 83, 319 (321) – Holzmann; Hüffer/*Koch* AktG § 203 Rn. 35; Bürgers/Körber AktG/*Marsch-Barner* § 203 Rn. 13 u. 28; Grigoleit/*Rieder/Holzmann* AktG § 203 Rn. 23 u. 29; Happ AktienR/*Groß* Form. 12.06 Anm. 14.1.

[132] Henze ZHR 167 (2003), 1 (3 f.); *Cahn* ZHR 163 (1999), 554 (576 ff.); *Kindler* ZGR 1998, 35 (59 f., 63 u. 64 f.); *Goette* ZGR 2012, 505 (511 f.); in diesem Sinn möglicherweise auch Schmidt/Lutter/*Veil* AktG § 203 Rn. 28 ff., der vom Vorstand die Prüfung verlangt, ob die Ausnutzung der Ermächtigung unter Bezugsrechtsausschluss im Gesellschaftsinteresse liegt.

[133] MüKoAktG/*Bayer* Rn. 116 f.; Wachter AktG/*Dürr* § 203 Rn. 13 u. 19; Spindler/Stilz AktG/*Wamser* § 203 Rn. 83; Unternehmensfinanzierung am Kapitalmarkt/*Krause* Rn. 6.52; HdB AG-Finanzierung/*Stöber* Kap. 5 Rn. 96; MAH AktienR/*Sickinger/Kuthe* § 34 Rn. 47; *Niggemann/Wansleben* AG 2013, 269 (270 f.); wohl auch LG Darmstadt NJW-RR 1999, 1122 (1123); *Pentz* ZGR 2001, 901 (904 f.); Grigoleit/*Rieder/Holzmann* AktG § 203 Rn. 23 u. 29.

[134] BGHZ 136, 133 (139 u. 140) – Siemens/Nold: Prüfung, ob der konkrete Sachverhalt den Bezugsrechtsausschluss „im Gesellschaftsinteresse rechtfertigt" bzw. ob die Durchführung „im wohlverstandenen Interesse der Gesellschaft liegt".

[135] BGHZ 164, 249 (254) – Mangusta/Commerzbank II.

[136] BGH ZIP 2006, 368 Rn. 5.

[137] BGHZ 136, 133 (141) – Siemens/Nold; BGH ZIP 2009, 913 Rn. 6 – Senator Entertainment AG II.

§ 59 Genehmigtes Kapital

u. → Rn. 39. Bei der Beurteilung der sachlichen Rechtfertigung und der Angemessenheit des Ausgabebetrags durch Vorstand und Aufsichtsrat handelt es sich um eine Ermessensentscheidung im Sinne der Business Judgment Rule des § 93 Abs. 1 S. 2 AktG, so dass den Organen ein **unternehmerischer Beurteilungsspielraum** zusteht.[138]

Der Vorstand muss nicht vor Ausübung der Ermächtigung zum Bezugsrechtsausschluss entsprechend § 186 Abs. 4 S. 2 AktG einen schriftlichen **Bericht** über die Gründe für den beabsichtigten Bezugsrechtsausschluss erstatten.[139] Er ist jedoch gehalten, über die Einzelheiten seines Vorgehens auf der nächsten ordentlichen Hauptversammlung zu berichten.[140] Diese Berichtspflicht geht inhaltlich über die Angaben im Anhang zum Jahresabschluss nach § 160 Abs. 1 Nr. 3 AktG hinaus.[141] An den Inhalt sind andererseits keine überzogenen Anforderungen zu stellen. Der Bericht sollte den Aktionären eine Plausibilisierung ermöglichen, ob die Voraussetzungen für den Bezugsrechtsausschluss im konkreten Fall vorlagen. Im Fall eines vereinfachten Bezugsrechtsausschlusses nach § 186 Abs. 3 S. 4 AktG beschränken sich die Ausführungen daher auf die Einhaltung des Volumens von maximal 10 % und die Ausgabe der Aktien zu einem Betrag, der nicht wesentlich unterhalb des Börsenkurs liegt.[142] Darauf, ob der Vorstand mit dem Ausschluss eine „glückliche Hand" bewiesen hat, hat er sich in keinem Fall zu beziehen.[143] Die Berichterstattung kann, muss aber nicht schriftlich erfolgen; ein mündlicher Bericht in der Hauptversammlung genügt.[144] Ein eigener Tagesordnungspunkt für die Berichterstattung ist nicht erforder-

---

[138] BGHZ 136, 133 (139) – Siemens/Nold: „unternehmerisches Ermessen"; BGH ZIP 2006, 368 Rn. 7: „gebundenes, auch gerichtlich überprüfbares Ermessen"; OLG Nürnberg AG 2018, 406 Rn. 69 „Ermessensentscheidung (vgl. § 93 Abs. 1 Satz 2 AktG)"; OLG Frankfurt a. M. AG 2011, 631 Rn. 121 – Kirch ua/Deutsche Bank; Spindler/Stilz AktG/*Wamser* § 203 Rn. 96; Schmidt/Lutter/*Veil* AktG § 203 Rn. 30: „großer Freiraum"; Unternehmensfinanzierung am Kapitalmarkt/*Krause* Rn. 6.52; *Busch* NZG 2006, 81 (85 f.); *Decker* ZGR 2019, 1122 (1148 f.); *Niggemann/Wansleben* AG 2013, 269 (271).

[139] BGHZ 164, 241 – Commerzbank/Mangusta I (s. dazu auch BVerfG ZIP 2006, 1486); tendenziell auch schon BGHZ 136, 133 (139 ff.) – Siemens/Nold; ebenso OLG Nürnberg AG 2018, 406 Rn. 68; OLG Frankfurt a. M. ZIP 2003, 902 (905 f.) – Commerzbank; Hüffer/*Koch* AktG § 203 Rn. 36; Hölters AktG/*Apfelbacher/Niggemann* § 203 Rn. 48; Bürgers/Körber AktG/*Marsch-Barner* § 203 Rn. 31; HdB börsennotierte AG/*Busch* Rn. 43.38 f.; *Reichert/Senger* Konzern 2006, 338 (341 f.); *Kubis* DStR 2006, 188 (190); *Waclawik* ZIP 2006, 397 (399 f.); *Wilsing* ZGR 2006, 722 (728 ff.); *Krieger* FS Wiedemann, 2002, 1081 ff.; *Bosse* ZIP 2001, 104 (107); aA KölnKommAktG/*Lutter* § 203 Rn. 30 ff.; MüKoAktG/*Bayer* § 203 Rn. 157 ff.; GroßkommAktG/*Hirte* § 203 Rn. 84 ff., 106 ff.; *Paefgen* ZIP 2004, 145 (152 ff.); zweifelnd auch Schmidt/Lutter/*Veil* AktG § 203 Rn. 31; differenzierend *Ihrig* Liber Amicorum Happ, 2006, 109 (126 f.), der eine Information der Aktionäre fordert, bevor der Vorstand von einem genehmigten Kapital mit vereinfachtem Bezugsrechtsausschluss gem. § 186 Abs. 3 S. 4 AktG (vgl. → Rn. 34 f.) Gebrauch macht.

[140] BGHZ 164, 241 (244) – Commerzbank/Mangusta I; BGHZ 136, 133 (140) – Siemens/Nold; s. auch § 5 Abs. 1 Satz 2 Wirtschaftsstabilisierungsbeschleunigungsgesetz; für Bericht auf der nächsten Hauptversammlung unabhängig davon, ob es sich um eine ordentliche oder außerordentliche handelt, *Niggemann/Wansleben* AG 2013, 269 (275); ein Recht des Vorstands, auf einer außerordentlichen Hauptversammlung, die vor der nächsten ordentlichen Hauptversammlung stattfindet, zu berichten, bejahend *Scholz* DB 2018, 2352 (2354).

[141] Ebenso Hölters AktG/*Apfelbacher/Niggemann* § 203 Rn. 48; Wachter AktG/*Dürr* § 203 Rn. 18; Hüffer/*Koch* AktG § 203 Rn. 37; *Kossmann* NZG 2012, 1129 (1131); *Niggemann/Wansleben* AG 2013, 269 (273 f.); aA *Born* ZIP 2011, 1793 (1795 f.); *Paschos* WM 2005, 354 (364).

[142] Vgl. näher *Schäfer* CFL 2011, 399 (400). Ein Grund für den vereinfachten Bezugsrechtsausschluss ist richtigerweise nicht anzugeben (vgl. → § 57 Rn. 138); wohl aA *Kossmann* ZIP 2012, 1129 (1133), der eine Darstellung verlangt, warum der vereinfachte Bezugsrechtsausschluss „im besten Unternehmensinteresse" gelegen hat.

[143] Ebenso *Schäfer* CFL 2011, 399 (400); aA OLG Frankfurt a. M. AG 2011, 713 Rn. 72 – Kirch ua/Deutsche Bank.

[144] BGHZ 136, 133 (140) – Siemens/Nold u. BGHZ 164, 241 (244) – Commerzbank/Mangusta I, der Vorstand habe nicht vorab „die Aktionäre (schriftlich) [...] zu unterrichten", sondern auf der nächsten

lich.¹⁴⁵ Ist die Ausnutzung der Ermächtigung zum Bezugsrechtsausschluss inhaltlich ordnungsgemäß gewesen und allein die nachfolgende Berichterstattung unzureichend, kann darin ein zur Anfechtbarkeit des Beschlusses über die Entlastung des Vorstands berechtigender schwerwiegender Rechtsverstoß liegen (vgl. ferner → Rn. 11 u. eingehend → § 57 Rn. 12).¹⁴⁶

64 Der Ausschluss des Bezugsrechts durch den Vorstand bedarf der **Zustimmung des Aufsichtsrats** (§ 204 Abs. 1 S. 2 AktG). Die Zustimmung ist Wirksamkeitsvoraussetzung des Bezugsrechtsausschlusses.¹⁴⁷ Entsprechend § 204 Abs. 1 S. 2 AktG wird man darüber hinaus auch für die Ausnutzung eines genehmigten Kapitals, bei welchem bereits die Hauptversammlung das Bezugsrecht der Aktionäre ausgeschlossen hat, die Zustimmung des Aufsichtsrats fordern müssen.¹⁴⁸ Die Zustimmung des Aufsichtsrats kann einem Ausschuss übertragen werden (§ 107 Abs. 3 AktG).¹⁴⁹ Sie bedarf zwingend der einfachen Mehrheit der abgegebenen Stimmen (→ Rn. 44).

65 Schließt der Vorstand das Bezugsrecht ohne wirksame Ermächtigung oder unter Überschreitung der Grenzen seiner Ermächtigung aus oder sind die materiellen Anforderungen an einen Bezugsrechtsausschluss durch den Vorstand (→ Rn. 60 ff.) nicht erfüllt, haben die betroffenen Aktionäre wegen Verletzung ihres Mitgliedschaftsrechts einen Unterlassungsanspruch, den sie durch **Aktionärsklage auf Unterlassung** der rechtswidrigen Kapitalerhöhung mit Bezugsrechtsausschluss und durch **einstweilige Verfügung** geltend machen können.¹⁵⁰ Daneben lässt der BGH auch eine auf die Feststellung der Rechtswidrigkeit des Bezugsrechtsausschlusses gerichtete allgemeine **Feststellungsklage** (§ 256 ZPO) zu,¹⁵¹ für die auch nach der Eintragung der Kapitalerhöhung ein Rechtsschutzbedürfnis

---

Hauptversammlung zu berichten und „Rede und Antwort zu stehen"; Hüffer/*Koch* AktG § 203 Rn. 37; Hölters AktG/*Apfelbacher/Niggemann* § 203 Rn. 48; Wachter AktG/*Dürr* § 203 Rn. 18; *Born* ZIP 2011, 1793 (1796); *Niggemann/Wansleben* AG 2013, 269 (273); *Happ* FS Ulmer, 2003, 175 (185); *Kubis* DStR 2006, 188 (191 f.); *Schäfer* CFL 2011, 399; *Scholz* DB 2018, 2352 (2354); offen gelassen in OLG Frankfurt a. M. AG 2011, 713 Rn. 70 – Kirch ua/Deutsche Bank; differenzierend *Kossmann* NZG 2012, 1129 (1133 f.): Schriftformerfordernis hänge von der Komplexität der Maßnahme ab; aA OLG Nürnberg AG 2018, 406 Rn. 68; HdB AG-Finanzierung/*Stöber* Kap. 5 Rn. 108, der zudem eine Bekanntmachung des Berichts im Bundesanzeiger analog § 124 Abs. 2 S. 3 AktG verlangt.

¹⁴⁵ Hüffer/*Koch* AktG § 203 Rn. 37; *Born* ZIP 2011, 1793 (1796).

¹⁴⁶ OLG Frankfurt a. M. AG 2011, 713 Rn. 65 ff. – Kirch ua/Deutsche Bank; Hüffer/*Koch* AktG § 203 Rn. 37; *Niggemann/Wansleben* AG 2013, 269 (276).

¹⁴⁷ MüKoAktG/*Bayer* § 204 Rn. 27; Hüffer/*Koch* AktG § 204 Rn. 7; HdB AG-Finanzierung/ *Stöber* Kap. 5 Rn. 102.

¹⁴⁸ BGHZ 136, 133 (140) – Siemens/Nold; MüKoAktG/*Bayer* § 204 Rn. 23; GroßkommAktG/ *Hirte* § 204 Rn. 17; Bürgers/Körber AktG/*Marsch-Barner* § 203 Rn. 13.

¹⁴⁹ OLG Frankfurt a. M. AG 2011, 631 Rn. 78 – Kirch ua/Deutsche Bank; GroßkommAktG/*Hirte* § 204 Rn. 17; Hüffer/*Koch* AktG § 204 Rn. 7; Grigoleit/*Rieder/Holzmann* AktG § 203 Rn. 28.

¹⁵⁰ Vgl. BGHZ 136, 133 (141) – Siemens/Nold; BGHZ 164, 249 (254) – Commerzbank/Mangusta II; BGH NZG 2018, 1019 Rn. 17 ff.; AG 2019, 655 Rn. 17; BVerfG AG 2009, 325 (326) – Commerzbank; MüKoAktG/*Bayer* § 203 Rn. 171; Wachter AktG/*Dürr* § 203 Rn. 20; *Böttger*, Bezugsrechtsausschluss, 2005, S. 244, 247 ff.; *Tettinger*, Bezugsrechtsausschluss, 2003, S. 140 ff.; *Busch* NZG 2006, 81 (83 f.); *Reichert/Senger* Konzern 2006, 338 (344 f.); kritisch *Waclawik* ZIP 2006, 397 (402 f.).

¹⁵¹ Eingehend BGHZ 164, 249 (254 ff.) – Commerzbank/Mangusta II; im Ansatz auch schon BGHZ 136, 133 (141) – Siemens/Nold; ferner BGH AG 2019, 655 Rn. 24; ebenso OLG Frankfurt a. M. AG 2011, 631 Rn. 58 ff. – Kirch ua/Deutsche Bank; Hüffer/*Koch* AktG § 203 Rn. 37; MüKoAktG/Bayer § 203 Rn. 172; Grigoleit/*Rieder/Holzmann* AktG § 203 Rn. 34; *Böttger*, Bezugsrechtsausschluss, 2005, S. 244 ff.; *Liebert*, Bezugsrechtsausschluss, 2003, S. 272 ff.; *Kubis* DStR 2006, 188 (191); *Paefgen* ZIP 2004, 145 (152); *Happ* FS Ulmer, 2003, 175 (181 f.); im Ergebnis auch *Reichert/Senger* Konzern 2006, 338 (345 ff.); für eine restriktive Handhabung plädierend *Wilsing* ZGR 2006, 722 (736 ff.); kritisch *Bungert* BB 2005, 2757 (2758); *Busch* NZG 2006, 81 (85); *Waclawik* ZIP 2006, 397 (402 ff.); *Scholz* DB 2018, 2352 f.

bejaht wird (dazu auch → § 18 Rn. 9).[152] Voraussetzung der Begründetheit der Unterlassungs- oder Feststellungsklage ist, dass sie ohne unangemessene Verzögerung und demnach mit der dem Aktionär zumutbaren Beschleunigung erhoben wird.[153] Dabei lehnt der BGH vor der nächsten Hauptversammlung, in der über den Bezugsrechtsausschluss berichtet wird (→ Rn. 63), die Anwendung einer starren Frist, insbesondere die analoge Anwendung der Monatsfrist des § 246 Abs. 1 AktG ab; vielmehr kommt es auf den konkreten Einzelfall an.[154] Ob § 246 Abs. 1 AktG mit der Hauptversammlung, in der die Nachberichterstattung erfolgt, Anwendung findet, ist offen, aber zu bejahen.[155] Dieses Konzept der Aktionärsklage ist kritisch zu beurteilen, soweit es Klagen auch mit dem Argument ermöglicht, dem Bezugsrechtsausschluss fehle die sachliche Rechtfertigung oder der Ausgabebetrag sei unangemessen niedrig; es bedarf hier einer klugen richterlichen Zurückhaltung unter Anerkennung eines weiten Beurteilungsspielraums der Verwaltung, will man nicht die durch die Siemens/Nold-Rechtsprechung erst zurückgewonnene Flexibilität des genehmigten Kapitals wieder aufs Spiel setzen.[156] Werden auf der Basis eines rechtswidrigen Bezugsrechtsausschlusses Aktien an Dritte ausgegeben, ist die Aktienausgabe nach Eintragung der Durchführung der Kapitalerhöhung jedoch wirksam.[157] Die Verletzung des Bezugsrechts begründet allerdings **Schadenersatzansprüche der Aktionäre** gegen die Gesellschaft und möglicherweise auch gegen die verantwortlichen Organmitglieder;[158] daneben bestehen Ersatzansprüche der Gesellschaft gegen die verantwortlichen Organmitglieder (§§ 93 Abs. 2, 116 AktG), soweit der Gesellschaft ein Schaden entsteht.[159]

c) Rechtsgeschäftliches Bezugsrecht. Für die Einräumung von Bezugsrechten durch rechtsgeschäftliche Verpflichtung der Gesellschaft gelten die gleichen Grundsätze wie bei der regulären Kapitalerhöhung. Vgl. im Einzelnen → § 57 Rn. 158 f. Umstritten ist beim genehmigten Kapital allerdings, bis zu welchem Zeitpunkt der Vorbehalt des **§ 187 Abs. 1 AktG** gilt. Im Fall eines Direktausschlusses des Bezugsrechts der Aktionäre (→ Rn. 27) endet § 187 Abs. 1 AktG nicht erst mit dem Ausnutzungsbeschluss von Vorstand und Aufsichtsrat,[160] sondern mit der Eintragung des genehmigten Kapitals im Handelsregister.[161]

66

---

[152] BGH NZG 2019, 1019 Rn. 18 f.; Hüffer/*Koch* AktG § 203 Rn. 39; HdB AG-Finanzierung/*Stöber* Kap. 5 Rn. 106.
[153] BGHZ 164, 249 (254 ff.) – Commerzbank/Mangusta II; BGH NZG 2018, 1019 Rn. 27, 28, 31; AG 2019, 655 Rn. 14 ff.
[154] BGH NZG 2018, 1019 Rn. 26 ff. mit eingehender Darstellung des Meinungsbilds und der für die Rechtzeitigkeit der Klageerhebung relevanten Gesichtspunkte; s. ferner BGH AG 2019, 655 Rn. 15 ff.
[155] Offen gelassen in BGH NZG 2018, 1019 Rn. 28; bejahend *Klaaßen-Kaiser/Heneweer* NZG 2018, 417 (419); *Scholz* DB 2018, 2352 (2354); wohl verneinend HdB AG-Finanzierung/*Stöber* Kap. 5 Rn. 106.
[156] Bedenkenswert *Waclawik* ZIP 2006, 397 (403 ff.); für die Anerkennung eines Beurteilungsspielraums und die Stellung hoher Anforderungen an den Erlass einer einstweiligen Unterlassungsverfügung auch *Busch* NZG 2006, 81 (84 u. 86).
[157] BGHZ 164, 249 (257) – Commerzbank/Mangusta II; vgl. auch → Rn. 76.
[158] Näher MüKoAktG/*Bayer* § 203 Rn. 173; *Böttger*, Bezugsrechtsausschluss, 2005, S. 285 ff., 309 ff., 320 ff.; *Liebert*, Bezugsrechtsausschluss, 2003, S. 280 ff.; *Schumann*, Bezugsrecht, 2001, S. 174 ff.; *Findeisen*, Beteiligungserwerb, 2009, S. 156 ff. Zur möglichen Schadensberechnung sowie zur Darlegungslast des Aktionärs bzgl. seines Schadens s. BGH AG 2019, 655 Rn. 25 ff.
[159] BGHZ 136, 133 (140 f.) – Siemens/Nold; OLG Nürnberg AG 2018, 406 Rn. 70; MüKoAktG/*Bayer* § 203 Rn. 173; Bürgers/Körber AktG/*Marsch-Barner* § 203 Rn. 33; Grigoleit/*Rieder/Holzmann* AktG § 203 Rn. 34; *Schumann*, Bezugsrecht, 2001, S. 172 ff.
[160] So aber Hüffer/*Koch* AktG § 203 Rn. 13; MüKoAktG/*Bayer* § 203 Rn. 19; Spindler/Stilz AktG/*Wamser* § 203 Rn. 28.
[161] Ebenso Bürgers/Körber AktG/*Marsch-Barner* § 203 Rn. 15; Grigoleit/*Rieder/Holzmann* AktG § 203 Rn. 8, Schmidt/Lutter/*Veil* AktG § 203 Rn. 13; grundsätzlich auch Wachter AktG/*Dürr* § 203 Rn. 6.

Dasselbe gilt entgegen der hM, nach der § 187 Abs. 1 bis zu ihrer Ausnutzung durch Vorstand und Aufsichtsrat zu beachten ist,[162] auch für den Fall der Ausschlussermächtigung (→ Rn. 27).[163]

67 **6. Durchführung der Kapitalerhöhung. a) Zeichnung.** Für die **Zeichnung** der neuen Aktien gelten die Regelungen über die reguläre Kapitalerhöhung entsprechend (§§ 203 Abs. 1, 185 AktG); vgl. daher im Einzelnen → § 57 Rn. 166 ff. Im **Zeichnungsschein** ist als Datum der Kapitalerhöhung (§ 185 Abs. 1 S. 3 Nr. 1 AktG) der Tag anzugeben, an welchem die Ermächtigung des Vorstands in das Handelsregister eingetragen wurde (§ 203 Abs. 1 S. 2 AktG).[164] Die Angaben nach § 185 Abs. 1 S. 3 Nr. 2 und 3 AktG sind nur für den Teil des genehmigten Kapitals zu machen, für welchen die Ermächtigung jeweils ausgeübt wird; früher bereits ausgegebene oder erst später auszugebende Tranchen des genehmigten Kapitals bleiben außer Betracht. Den gemäß § 185 Abs. 1 S. 3 Nr. 4 AktG anzugebenden Zeitpunkt des Unverbindlichwerdens der Zeichnung kann die Hauptversammlung im Ermächtigungsbeschluss oder der Vorstand mit Zustimmung des Aufsichtsrats (§ 204 Abs. 1 AktG) bestimmen;[165] hat die Hauptversammlung keine Festlegung getroffen, wird man es auch zulassen können, dass Vorstand und Aufsichtsrat die Fristbestimmung dem Zeichner überlassen.[166]

68 In die Zeichnungsscheine von Sacheinlegern sind die **Festsetzungen gemäß § 205 Abs. 2 S. 1 AktG** aufzunehmen (dazu → Rn. 54). Inhaltlich liegt darin eine Doppelung mit den nach § 203 Abs. 1 S. 1 iVm § 185 Abs. 1 S. 3 Nr. 3 AktG notwendigen Angaben. Fehlen die Festsetzungen oder sind sie fehlerhaft, gelten die in → § 57 Rn. 178 f. dargestellten Grundsätze.

69 **b) Mindesteinlagen.** Wie bei der regulären Kapitalerhöhung sind nach Zeichnung der Aktien die **Mindesteinlagen** einzufordern (§§ 203 Abs. 1, 188 Abs. 2, 36 Abs. 2, 36a AktG); vgl. dazu näher → § 57 Rn. 182 f. Dies gilt nicht bei Ausgabe von Arbeitnehmeraktien nach Maßgabe von § 204 Abs. 3 AktG.

70 **c) Neufassung des Satzungswortlauts.** Mit Wirksamwerden der Kapitalerhöhung wird der bisherige Satzungswortlaut in den Regelungen über die Höhe des Grundkapitals, die Zahl der Aktien usw (§ 23 Abs. 3 Nr. 3 u. 4 AktG) unrichtig. Es muss daher eine Neufassung des Satzungswortlauts vorgenommen werden, die mit der Anmeldung der Durchführung der Kapitalerhöhung zum Handelsregister einzureichen ist (§ 181 Abs. 1 S. 2 AktG).[167] Liegt eine Ermächtigung nach **§ 179 Abs. 1 S. 2 AktG** vor, kann die Neufassung des Satzungswortlauts vom Aufsichtsrat vorgenommen werden.

71 **d) Anmeldung und Eintragung der Durchführung.** Sind alle Aktien der auszugebenden Tranche gezeichnet und die Mindesteinlagen geleistet, ist die Durchführung der Kapitalerhöhung vom Vorstand gemeinsam mit dem Vorsitzenden des Aufsichtsrats oder – nach Maßgabe von § 107 Abs. 1 S. 3 AktG – mit dessen Stellvertreter zur **Eintragung ins**

---

[162] Hüffer/Koch AktG § 203 Rn. 13; MüKoAktG/Bayer § 203 Rn. 20; Spindler/Stilz AktG/Wamser § 203 Rn. 28; Schmidt/Lutter/Veil AktG § 203 Rn. 13; Hölters AktG/Apfelbacher/Niggemann § 203 Rn. 28; Wachter AktG/Dürr § 203 Rn. 6.
[163] Wie hier HdB börsennotierte AG/Busch Rn. 43.30.
[164] BayObLG DB 2002, 1544 (1545); MüKoAktG/Bayer § 203 Rn. 13; Spindler/Stilz AktG/Wamser § 203 Rn. 16; Hölters AktG/Apfelbacher/Niggemann § 203 Rn. 9; Grigoleit/Rieder/Holzmann AktG § 203 Rn. 4; Muster in Beck'sches Formularbuch M&A/Kleinstück Form. F. III.6.
[165] Hüffer/Koch AktG § 203 Rn. 5 aE; GroßkommAktG/Hirte § 203 Rn. 14; MüKoAktG/Bayer § 203 Rn. 14; Grigoleit/Rieder/Holzmann AktG § 203 Rn. 6.
[166] HdB börsennotierte AG/Busch Rn. 43.40; Grigoleit/Rieder/Holzmann AktG § 203 Rn. 6.
[167] Ebenso Hüffer/Koch AktG § 203 Rn. 15; MüKoAktG/Bayer § 203 Rn. 28; Bürgers/Körber AktG/Marsch-Barner § 203 Rn. 19; Spindler/Stilz AktG/Wamser § 203 Rn. 38 f.; HdB börsennotierte AG/Busch Rn. 43.41; aA KölnKommAktG/Lutter § 203 Rn. 51; GroßkommAktG/Hirte § 203 Rn. 38; Happ AktienR/Groß Form. 12.06 Anm. 35.2.

Handelsregister anzumelden (§§ 203 Abs. 1, 188 AktG).[168] In der Praxis kann unter Umständen ein Interesse daran bestehen, nur einen einzigen Vorstands- und Aufsichtsratsbeschluss über die Ausnutzung eines genehmigten Kapitals zu fassen, die Durchführung dieses Beschlusses jedoch schon **in Teilbeträgen** ins Handelsregister eintragen zu lassen. Das ist möglich, wenn der Beschluss über die Ausnutzung des genehmigten Kapitals nicht auf einen festen Erhöhungsbetrag, sondern auf einen Höchstbetrag lautet und es zulässt, schon nach der Zeichnung von Teilbeträgen hinsichtlich des Teilbetrags die Durchführung der Kapitalerhöhung zur Eintragung anzumelden.[169]

Der Anmeldung sind die gleichen **Anlagen und Erklärungen** beizufügen wie bei der regulären Kapitalerhöhung (vgl. → § 57 Rn. 187 ff.). Zweckmäßig ist daneben die Einreichung der Beschlüsse von Vorstand und Aufsichtsrats.[170] Zusätzlich ist anzugeben, ob und ggf. welche Einlagen auf das bisherige Grundkapital noch ausstehen und warum sie nicht erlangt werden können (§ 203 Abs. 3 S. 4 AktG). Wird die Kapitalerhöhung in mehreren Tranchen durchgeführt, so ist diese Angabe nur bei der ersten Anmeldung erforderlich (§ 203 Abs. 3 S. 4 AktG); sie ist überdies entbehrlich bei Ausgabe von Arbeitnehmeraktien (§ 203 Abs. 4 AktG). Eine unrichtige Erklärung ist strafbar (§ 399 Abs. 1 Nr. 4 AktG). 72

Das **Registergericht prüft,** ob die gesetzlichen und satzungsmäßigen Voraussetzungen für die Kapitalerhöhung erfüllt sind, insbesondere ob der Vorstand sich im Rahmen seiner Ermächtigung gehalten hat und die Zustimmung des Aufsichtsrats vorliegt. Das Gericht kann, muss aber nicht den Nachweis der Zustimmung verlangen; es kann im Allgemeinen auf Grund der Mitwirkung des Aufsichtsratsvorsitzenden bei der Anmeldung davon ausgehen, dass der Aufsichtsrat ordnungsgemäß zugestimmt hat.[171] Bei einer Kapitalerhöhung gegen Sacheinlagen ist auch zu prüfen, ob der Wert der Sacheinlage den Nennbetrag der dafür auszugebenden Aktien erreicht; wird der Nennbetrag der auszugebenden Aktien nicht unwesentlich (vgl. dazu → § 57 Rn. 91) unterschritten, kann das Gericht die Eintragung ablehnen (§ 205 Abs. 7 S. 1 AktG); im Fall der vereinfachten Sachkapitalerhöhung (§ 183a AktG) besteht nur eine verkürzte Prüfbefugnis (§ 205 Abs. 7 S. 2 iVm § 38 Abs. 3 AktG; → § 57 Rn. 92). Sind die Eintragungsvoraussetzungen erfüllt, wird die Durchführung der Kapitalerhöhung ins Handelsregister **eingetragen** (§ 43 Nr. 3, Nr. 6a) u. Nr. 6b) hh) HRV) und gemäß § 10 HGB bekannt sowie gemäß § 8b Abs. 2 Nr. 1 HGB zugänglich gemacht. 73

e) Wirksamwerden; Ausgabe neuer Aktien. Die Kapitalerhöhung wird mit Eintragung ihrer Durchführung ins Handelsregister wirksam (§§ 203 Abs. 1, 189 AktG). Bis zu diesem Zeitpunkt kann der Vorstand den Entschluss zur Durchführung der Kapitalerhöhung wieder zurücknehmen. Erst nach Eintragung können die neuen Aktienurkunden ausgegeben und über die neuen Aktienrechte Verfügungen getroffen werden (§§ 203 Abs. 1, 191 AktG); vgl. hierzu näher → § 57 Rn. 192 ff. 74

7. Fehlerhafte Kapitalerhöhung. Fehlt eine Ermächtigung des Vorstands, ist die Ermächtigung nichtig oder erfolgreich angefochten, kann die Kapitalerhöhung nicht durchgeführt werden. Etwa abgeschlossene Zeichnungsverträge sind nichtig. Die gleichen 75

---

[168] Muster in Beck'sches Formularbuch/*Hoffmann-Becking*/*Berger* Form. X.35; Münch. Vertragshandbuch Bd. 1/*Favoccia* Form. V.126; Happ AktienR/*Groß* Form. 12.06k; Beck'sches Formularbuch M&A/*Kleinstück* Form. F. III.9.
[169] MüKoAktG/*Bayer* § 203 Rn. 22; GroßkommAktG/*Hirte* § 203 Rn. 35; Spindler/Stilz AktG/ *Wamser* § 203 Rn. 34; Schmidt/Lutter/*Veil* AktG § 203 Rn. 15; *Trapp* AG 1997, 115 (122). *Freitag* AG 2009, 473 (474 ff.) hält eine Ausnutzung in Teilbeträgen, wenn der Ermächtigungsbeschluss sie nicht ausdrücklich vorsieht, nur ausnahmsweise für zulässig.
[170] Ebenso Beck'sches Formularbuch M&A/*Kleinstück* Form. F. III.9 Anm. 2; ähnlich Grigoleit/ *Rieder*/*Holzmann* AktG § 203 Rn. 12; aA Happ AktienR/*Groß* Form. 12.06 Anm. 35.1.
[171] MüKoAktG/*Bayer* § 202 Rn. 94; Hüffer/*Koch* AktG § 202 Rn. 22; Bürgers/Körber AktG/ *Marsch-Barner* § 203 Rn. 19 u. 21; Grigoleit/*Rieder*/*Holzmann* AktG § 203 Rn. 13.

Rechtsfolgen gelten, wenn die dem Vorstand erteilte Ermächtigung durch Zeitablauf **erloschen** war oder wenn der Vorstand den genehmigten **Kapitalerhöhungsbetrag überschreitet,** denn auch in diesem Fall fehlt eine Ermächtigung vollkommen. Das Registergericht muss die Eintragung der Durchführung der Kapitalerhöhung ablehnen. Erfolgt die Eintragung gleichwohl, soll nach früher hM keine Heilung eintreten. Etwa ausgegebene Aktien sind nach dieser Ansicht nichtig und verbriefen keinerlei Rechte, ein gutgläubiger Rechtserwerb ist nicht möglich, die Zeichner sollen allerdings entsprechend § 277 Abs. 3 AktG verpflichtet sein, die Einlagen zu leisten, soweit dies zur Erfüllung der nach Eintragung eingegangenen Verbindlichkeiten erforderlich ist.[172] Demgegenüber sprechen sich inzwischen die wohl überwiegenden Stimmen mit Recht dafür aus, die Kapitalerhöhung nach Eintragung ihrer Durchführung nach den Regeln über die fehlerhafte Gesellschaft als wirksam anzusehen;[173] vgl. dazu näher → § 57 Rn. 199 ff. Vorstand und Aufsichtsrat sind unter Umständen schadensersatzpflichtig (§§ 93, 116 AktG).

76 Überschreitet der Vorstand die Ermächtigung in sonstiger Weise (zB Verletzung von Bestimmungen über den Inhalt der neuen Aktien oder die Ausgabebedingungen) oder verstößt er gegen sonstige zwingende Bestimmungen über die **Ausübung der Ermächtigung** (zB Fehlen der Zustimmung des Aufsichtsrats nach § 204 Abs. 1 S. 2 AktG; Überschreitung der Ermächtigung zum Bezugsrechtsausschluss; mangelhafte Beschlussfassung des Vorstands) kann der Registerrichter die Eintragung ebenfalls ablehnen.[174] Da es sich nur um Geschäftsführungsmängel im Innenverhältnis handelt, ist die Kapitalerhöhung mit Eintragung ihrer Durchführung jedoch in vollem Umfang wirksam.[175] Zu den weiteren Folgen einer Verletzung des **gesetzlichen Bezugsrechts** der Aktionäre vgl. → Rn. 65.

77 **8. Belegschaftsaktien. a) Grundlagen.** Die **Ermächtigung des Vorstands** kann vorsehen, dass neue Aktien aus dem genehmigten Kapital ganz oder zum Teil an Arbeitnehmer der Gesellschaft ausgegeben werden (§ 202 Abs. 4 AktG). Darin liegt zugleich die Ermächtigung, das gesetzliche Bezugsrecht der Aktionäre auszuschließen. Der Ausschluss des Bezugsrechts zum Zwecke der Ausgabe von Aktien an Arbeitnehmer der Gesellschaft ist grundsätzlich zulässig.[176] Für die Ausgabe an Arbeitnehmer anderer Konzerngesellschaften gelten diese Grundsätze entsprechend (arg. § 71 Abs. 1 Nr. 2 AktG),[177] nicht jedoch für Organmitglieder.[178] Der **Umfang der Aktienausgabe** muss sich allerdings im Rahmen des Angemessenen halten. Als Grenze wird in der Literatur der steuerliche Freibetrag des

---

[172] KölnKommAktG/*Lutter* § 202 Rn. 21 f.; Hüffer/*Koch* AktG § 202 Rn. 19.
[173] Grundlegend *Zöllner* AG 1993, 68 und im Anschluss daran GroßkommAktG/*Wiedemann* § 189 Rn. 34 ff.; MüKoAktG/*Bayer* § 203 Rn. 31; GroßkommAktG/*Hirte* § 202 Rn. 247 f.; Spindler/Stilz AktG/*Wamser* § 203 Rn. 49; Schmidt/Lutter/*Veil* AktG § 202 Rn. 25; Grigoleit/*Rieder*/*Holzmann* AktG § 202 Rn. 27; *Kort* ZGR 1994, 291 (306 ff.); *Krieger* ZHR 158 (1994), 35 (47 ff.); *Zöllner*/*Winter* ZHR 158 (1994), 59 ff. Weitergehend wohl GroßkommAktG/*Schilling*, 3. Aufl., § 202 Anm. 13 u. *v. Godin*/*Wilhelmi* AktG § 202 Anm. 3, die anscheinend eine Heilung durch Eintragung annehmen.
[174] MüKoAktG/*Bayer* § 203 Rn. 29; GroßkommAktG/*Hirte* § 203 Rn. 40 ff.; aA Hüffer/*Koch* AktG § 204 Rn. 9; KölnKommAktG/*Lutter* § 202 Rn. 24, § 203 Rn. 52 f., der nur ein Prüfungsrecht bzgl. der Zustimmung des Aufsichtsrats annimmt.
[175] BGHZ 164, 249 (257) – Commerzbank/Mangusta II; Schmidt/Lutter/*Veil* AktG § 202 Rn. 26; MüKoAktG/*Bayer* § 203 Rn. 32 f.; GroßkommAktG/*Hirte* § 202 Rn. 250 ff.; Hüffer/*Koch* AktG § 204 Rn. 8; Grigoleit/*Rieder*/*Holzmann* AktG § 202 Rn. 28.
[176] BGHZ 144, 290 (292) – adidas; Hüffer/*Koch* AktG § 202 Rn. 27; MüKoAktG/*Bayer* § 202 Rn. 102; Hölters AktG/*Apfelbacher*/*Niggemann* § 202 Rn. 70; Grigoleit/*Rieder*/*Holzmann* AktG § 202 Rn. 29.
[177] Hölters AktG/*Apfelbacher*/*Niggemann* § 203 Rn. 74; Schmidt/Lutter/*Veil* AktG § 202 Rn. 28; MüKoAktG/*Bayer* § 202 Rn. 104; Hüffer/*Koch* AktG § 202 Rn. 24; Grigoleit/*Rieder*/*Holzmann* AktG § 202 Rn. 30.
[178] MüKoAktG/*Bayer* § 202 Rn. 104; GroßkommAktG/*Hirte* § 202 Rn. 183, 185; Spindler/Stilz AktG/*Wamser* § 202 Rn. 109; Hölters AktG/*Apfelbacher*/*Niggemann* § 202 Rn. 73; Grigoleit/*Rieder*/*Holzmann* AktG § 202 Rn. 30.

früheren § 19a EStG[179] (135 Euro pro Jahr) genannt;[180] das ist jedoch zu starr und allenfalls als eine gewisse Orientierungsgröße für den zulässigen Kursvorteil (nicht den Nenn- oder Ausgabebetrag) geeignet. Auch für Belegschaftsaktien ist der Hauptversammlung der **Bericht** nach §§ 203 Abs. 1, 186 Abs. 4 S. 2 AktG zu erstatten; vgl. dazu näher → Rn. 32.

Ausreichend für § 202 Abs. 4 AktG ist eine **allgemeine Ermächtigung** in der Satzung, die nicht in die konkrete Ermächtigung aufgenommen ist, sondern für alle genehmigten Kapitalia gilt.[181] Ob der Vorstand darüber hinausgehend Arbeitnehmeraktien auch **ohne eine förmliche Ermächtigung** nach § 202 Abs. 4 AktG ausgeben kann, ist nicht geklärt. Da das Gesetz die Ausgabe von Arbeitnehmeraktien nicht erschweren, sondern erleichtern will, wird man eine Ausgabe auch ohne Ermächtigung nach § 202 Abs. 4 AktG zulassen können (aber auch → Rn. 80).[182] Voraussetzung ist dann allerdings, dass der Vorstand ausdrücklich ermächtigt wurde, das gesetzliche Bezugsrecht der Aktionäre auszuschließen; für die Zulässigkeit einer solchen Ermächtigung gilt das in → Rn. 77 Gesagte. 78

Bei der Festsetzung des **Ausgabekurses** für Arbeitnehmeraktien ist der Vorstand – anders als in sonstigen Fällen des Bezugsrechtsausschlusses (vgl. → Rn. 39 u. 62) – frei, günstigere Konditionen zu gewähren und einen niedrigeren Betrag als den vollen Wert festzusetzen.[183] Abweichend von § 203 Abs. 3 S. 1 AktG ist die Ausgabe von Aktien an Arbeitnehmer der Gesellschaft auch dann zulässig, wenn noch **Einlagen** auf das bisherige Grundkapital **ausstehen** und erlangt werden können. Demzufolge sind bei Anmeldung der Durchführung der Kapitalerhöhung auch die Angaben nach § 203 Abs. 3 S. 4 AktG über noch ausstehende Einlagen nicht erforderlich (§ 203 Abs. 4 AktG). 79

b) Deckung der Einlagen aus dem Jahresüberschuss. § 204 Abs. 3 AktG ermöglicht dem Vorstand die Ausgabe von Arbeitnehmeraktien in der Weise, dass die Einlagen nicht von den bezugsberechtigten Arbeitnehmern, zu denen auch insofern Arbeitnehmer verbundener Unternehmen zählen,[184] zu erbringen sind, sondern **aus dem Jahresüberschuss** gedeckt werden. Der Sache nach handelt es sich dabei um eine Kapitalerhöhung aus Gesellschaftsmitteln. Der Vorstand ist dazu nur befugt, wenn ihm ausdrücklich die **Ermächtigung** gemäß § 202 Abs. 4 AktG erteilt ist, neue Aktien an Arbeitnehmer der Gesellschaft auszugeben.[185] Hingegen ist es nicht erforderlich, dass die Ermächtigung auch ausdrücklich die Einlagendeckung aus dem Jahresüberschuss vorsieht.[186] Erforderlich ist 80

---

[179] Aufgehoben durch das MitarbKapBetG v. 1.4.2009, BGBl. 2009 I S. 451.

[180] Hüffer/Koch AktG § 202 Rn. 27; GroßkommAktG/*Hirte* § 202 Rn. 183; Wachter AktG/*Dürr* § 202 Rn. 22.

[181] Str.; ebenso Bürgers/Körber AktG/*Marsch-Barner* § 202 Rn. 20; GroßkommAktG/*Hirte* § 202 Rn. 174; KölnKommAktG/*Lutter* § 202 Rn. 26; HdB AG-Finanzierung/*Stöber* Kap. 5 Rn. 66; aA Hölters AktG/*Apfelbacher/Niggemann* § 202 Rn. 75; MüKoAktG/*Bayer* § 202 Rn. 101; Hüffer/*Koch* AktG § 202 Rn. 25; Spindler/Stilz AktG/*Wamser* § 202 Rn. 105 f.

[182] Wie hier GroßkommAktG/*Hirte* § 202 Rn. 178 ff.; *Knepper* ZGR 1985, 419 (433); aA KölnKommAktG/*Lutter* § 202 Rn. 27; MüKoAktG/*Bayer* § 202 Rn. 101; Hüffer/*Koch* AktG § 202 Rn. 26; Hölters AktG/*Apfelbacher/Niggemann* § 202 Rn. 76; Grigoleit/*Rieder/Holzmann* AktG § 202 Rn. 33; HdB AG-Finanzierung/*Stöber* Kap. 5 Rn. 66.

[183] Hüffer/*Koch* AktG § 202 Rn. 27; Hölters AktG/*Apfelbacher/Niggemann* § 202 Rn. 82; *Knepper* ZGR 1985, 419 (433); für Orientierung an § 3 Nr. 39 EStG Schmidt/Lutter/*Veil* AktG § 202 Rn. 29; Grigoleit/*Rieder/Holzmann* AktG § 202 Rn. 34 f.; sogar für unentgeltliche Ausgabe MüKoAktG/*Bayer* § 202 Rn. 103; ebenso wohl Bürgers/Körber AktG/*Marsch-Barner* § 202 Rn. 21.

[184] Str.; ebenso Hüffer/*Koch* AktG § 204 Rn. 13; Hölters AktG/*Apfelbacher/Niggemann* § 204 Rn. 22; Bürgers/Körber AktG/*Marsch-Barner* § 204 Rn. 12; Henssler/Strohn/*Hermanns* AktG § 204 Rn. 8; Grigoleit/*Rieder/Holzmann* AktG § 204 Rn. 16; grundsätzlich auch Spindler/Stilz AktG/*Wamser* § 204 Rn. 54; aA GroßKommAktG/*Hirte* § 204 Rn. 31; Schmidt/Lutter/*Veil* AktG § 204 Rn. 16; zweifelnd MüKoAktG/*Bayer* § 204 Rn. 42.

[185] MüKoAktG/*Bayer* § 204 Rn. 41; Hüffer/*Koch* AktG § 204 Rn. 14; Grigoleit/*Rieder/Holzmann* AktG § 204 Rn. 15.

[186] Ebenso KölnKommAktG/*Lutter* § 204 Rn. 35; MüKoAktG/*Bayer* § 204 Rn. 41; Hüffer/*Koch* AktG § 204 Rn. 14; Bürgers/Körber AktG/*Marsch-Barner* § 204 Rn. 11; Spindler/Stilz AktG/*Wamser*

weiter, dass ein **Jahresabschluss** vorliegt, der mit einem uneingeschränkten Bestätigungsvermerk versehen ist und einen Jahresüberschuss ausweist (§ 204 Abs. 3 S. 1 AktG). Zur Einlagendeckung kann nur der Teil des Jahresüberschusses verwendet werden, der nach § 58 Abs. 2 AktG in andere Gewinnrücklagen eingestellt werden könnte (§ 204 Abs. 3 S. 1 AktG). Diese Art der Einlagendeckung scheidet daher aus, wenn der betreffende Jahresabschluss ausnahmsweise nicht vom Vorstand und Aufsichtsrat, sondern gemäß § 173 AktG von der Hauptversammlung festgestellt wird (§ 58 Abs. 2 S. 1 AktG).[187]

81 Die Kapitalerhöhung wird – mit Ausnahme von § 188 Abs. 2 AktG – nach den Vorschriften der §§ 185–191 AktG wie eine Kapitalerhöhung mit Bareinlagen **durchgeführt** (§ 204 Abs. 3 S. 2 AktG). Die Arbeitnehmer haben die neuen Aktien zu zeichnen. Die Zeichnungsscheine müssen wegen § 185 Abs. 4 AktG einen Hinweis auf das Vorgehen gemäß § 204 Abs. 3 S. 1 AktG enthalten.[188] Die Einlageleistung entfällt. Bei der **Anmeldung der Durchführung** ist der festgestellte Jahresabschluss mit Bestätigungsvermerk beizufügen (§ 204 Abs. 3 S. 3 AktG). Außerdem ist die Erklärung abzugeben, dass nach Kenntnis der Anmeldenden seit dem Stichtag des Jahresabschlusses bis zum Tag der Anmeldung keine Vermögensminderung eingetreten ist, die der Kapitalerhöhung entgegenstünde, wenn sie am Tag der Anmeldung vom Vorstand beschlossen worden wäre (§§ 204 Abs. 3 S. 4, 210 Abs. 1 S. 2 AktG). Fehlt diese Erklärung oder wird sie unter Einschränkung abgegeben, hat das Registergericht die Eintragung abzulehnen. Eine unrichtige Erklärung ist strafbewehrt (§ 399 Abs. 2 AktG).

82 **c) Deckung der Einlagen durch Leistung eigener Mittel.** Die Ausgabe von Arbeitnehmeraktien ist nicht auf den Weg des § 204 Abs. 3 AktG beschränkt, sondern kann auch gegen Einlageleistung durch die betreffenden Arbeitnehmer erfolgen. Das Gesetz privilegiert dabei die Einlageleistung durch Verrechnung mit Forderungen, die den Arbeitnehmern aus einer von der Gesellschaft gewährten Gewinnbeteiligung zustehen. Eine solche Einlage ist Sacheinlage und daher nur zulässig, wenn die Ermächtigung des Vorstands Sacheinlagen zulässt (§ 205 Abs. 1 AktG). Im Übrigen aber gelten die besonderen Vorschriften des § 205 Abs. 2 und 3 AktG über Sacheinlagen nicht (§ 205 Abs. 4 AktG). Diese Privilegierung erstreckt sich dabei – ebenso wie §§ 202 Abs. 4 u. 204 Abs. 3 AktG (→ Rn. 77 u. 80) – auch auf Arbeitnehmer verbundener Unternehmen.[189] Die Prüfungspflicht des § 205 Abs. 5 AktG und daran anknüpfend § 205 Abs. 6 und 7 AktG finden hingegen nach dem eindeutigen Willens des Gesetzgebers[190] Anwendung.[191]

83 **d) Durchführung in der Praxis.** In der Praxis werden Aktien zur Ausgabe an Arbeitnehmer entweder unter Verwendung eines genehmigten Kapitals bereitgestellt oder ohne Kapitalerhöhung von der Gesellschaft zum Zwecke der Weiterveräußerung an die Arbeitnehmer erworben. Bei der Verwendung eines genehmigten Kapitals wurden die Aktien

---

§ 204 Rn. 53; Wachter AktG/*Dürr* § 204 Rn. 11; Hölters AktG/*Apfelbacher/Niggemann* § 204 Rn. 23; Grigoleit/*Rieder/Holzmann* AktG § 204 Rn. 15; aA GroßkommAktG/*Hirte* § 204 Rn. 30.

[187] Hüffer/*Koch* AktG § 204 Rn. 15; Bürgers/Körber AktG/*Marsch-Barner* § 204 Rn. 13; MüKoAktG/*Bayer* § 204 Rn. 43; Hölters AktG/*Apfelbacher/Niggemann* § 204 Rn. 24; Grigoleit/*Rieder/Holzmann* AktG § 204 Rn. 17.

[188] Hölters AktG/*Apfelbacher/Niggemann* § 204 Rn. 27; Grigoleit/*Rieder/Holzmann* AktG § 204 Rn. 18.

[189] HM, ebenso Hüffer/*Koch* AktG § 205 Rn. 9; Schmidt/Lutter/*Veil* AktG § 205 Rn. 12; GroßkommAktG/*Hirte* § 205 Rn. 25; MüKoAktG/*Bayer* § 205 Rn. 72; Bürgers/Körber AktG/*Marsch-Barner* § 205 Rn. 11; Henssler/Strohn/*Hermanns* AktG § 205 Rn. 8; aA KölnKommAktG/*Lutter* § 205 Rn. 20.

[190] S. Begr. RegE ARUG, BT-Drs. 16/11642, 59.

[191] MüKoAktG/*Bayer* § 205 Rn. 75; Wachter AktG/*Dürr* § 205 Rn. 18; Schmidt/Lutter/*Veil* AktG § 205 Rn. 11; Grigoleit/*Rieder/Holzmann* AktG § 205 Rn. 18; aA Bürgers/Körber AktG/*Marsch-Barner* § 205 Rn. 11; Hölters AktG/*Apfelbacher/Niggemann* § 205 Rn. 22; Hüffer/*Koch* AktG § 205 Rn. 10.

früher gelegentlich nicht direkt von den Arbeitnehmern gezeichnet. Vielmehr wurden die neuen Aktien unter **Zwischenschaltung eines Emissionsinstituts** zunächst durch die Gesellschaft erworben (§ 71 Abs. 1 Nr. 2 AktG) und von dieser sodann zu einem günstigeren Kurs an die Arbeitnehmer weiterveräußert.[192] Dieser Weg hat Vorteile sowohl gegenüber einem Erwerb der Aktien zur Weiterveräußerung an die Arbeitnehmer als auch gegenüber einer Kapitalerhöhung mit direkter Zeichnung der Arbeitnehmer. Die Gesellschaft braucht keine Liquidität aufzuwenden, erhält das volle Aufgeld und kann die Subventionierung bei dem verbilligten Verkauf an die Arbeitnehmer steuerlich als Betriebsausgabe und in der Gewinn- und Verlustrechnung als Aufwand absetzen. Die Befreiung von den Schranken § 203 Abs. 3 S. 1 AktG greift dabei allerdings nicht ein.[193] Zudem unterliegt dieses Vorgehen mit Blick auf § 56 Abs. 3 und § 27 Abs. 4 AktG erheblichen Bedenken. Von ihm ist daher für die Praxis abzuraten.[194] Möglich und zulässig ist jedoch eine Emission mit Zeichnung einer Bank, die sich verpflichtet, die Aktien an die Arbeitnehmer zu übertragen. Da die Zwischenschaltung der Bank hier nur der technischen Abwicklung dient, greift in diesem Fall die Befreiung von der Beschränkung des § 203 Abs. 3 S. 1 AktG.

§ 60 Kapitalerhöhung aus Gesellschaftsmitteln

Übersicht

	Rn.
I. Allgemeines	1–8
1. Überblick	1, 2
2. Art der Kapitalerhöhung	3, 4
3. Verbindung mit sonstigen Kapitalveränderungen	5, 6
4. Schranken der Kapitalerhöhung aus Gesellschaftsmitteln	7
5. „Schütt-aus-hol-zurück"-Verfahren	8
II. Kapitalerhöhungsbeschluss	9–27
1. Beschlussfassung	9–11
2. Beschlussinhalt	12–17
3. Voraussetzungen der Beschlussfassung	18
4. Mängel der Beschlussfassung	19–27
III. Zugrunde zu legende Bilanz	28–38
1. Letzte Jahresbilanz	28–31
2. Zwischenbilanz	32–37
3. Verstöße	38
IV. Umwandlungsfähige Rücklagen	39–48
1. Zulässigkeit der Umwandlung	39–43
a) Kapital-, Gewinnrücklagen	40, 41
b) Zuführungen	42, 43
2. Beschränkung und Ausschluss der Umwandlung	44–48
a) 10 %-Grenze	44, 45
b) Verlust oder Verlustvortrag	46
c) Zweckbestimmte Gewinnrücklagen	47
d) Sonderrücklagen nach §§ 199 Abs. 2, 218 S. 2 AktG	48
V. Anmeldung, Eintragung und Wirksamwerden	49–57
1. Anmeldung	49–51
2. Prüfung und Eintragung	52–54
3. Wirksamwerden der Kapitalerhöhung	55, 56
4. Fehlerhafte Eintragung	57
VI. Berechtigung aus der Kapitalerhöhung	58–74
1. Berechtigung der Altaktionäre	58–61
2. Teilrechte	62–65
a) Rechtsnatur; Verfügungen; Verbriefung	62, 63
b) Vermeidung von Teilrechten	64
c) Ausübung von Mitgliedschaftsrechten	65, 66
3. Teileingezahlte Aktien	67–69
4. Gewinnbeteiligung	70–72
5. Ausstattung der neuen Aktien	73, 74
VII. Wahrung bestehender Rechte	75–93
1. Aufrechterhaltung bestehender Aktionärsrechte	75–82
a) Aktien verschiedener Gattungen	75–80
b) Anpassungen kraft Gesetzes	81
c) Abweichender Kapitalerhöhungsbeschluss	82
2. Besonderheiten teileingezahlter Aktien	83–87
3. Rechtsbeziehungen mit Dritten	88–91
4. Erhöhung bedingten Kapitals	92, 93
VIII. Weitere Abwicklung	94–101

---

[192] Vgl. dazu näher MüKoAktG/*Bayer* § 202 Rn. 107; Wachter AktG/*Dürr* § 202 Rn. 23; Spindler/Stilz AktG/*Wamser* § 202 Rn. 111; Knepper ZGR 1985, 419 (434).
[193] MüKoAktG/*Bayer* § 202 Rn. 107; Wachter AktG/*Dürr* § 202 Rn. 22.
[194] Kritisch auch *Tollkühn* NZG 2004, 594; Hölters AktG/*Apfelbacher/Niggemann* § 202 Rn. 84; Grigoleit/*Rieder/Holzmann* AktG § 202 Rn. 38.

	Rn.		Rn.
1. Verbriefung	94–98	a) Verbriefte Aktien	99
a) Verbriefung bei Ausgabe neuer Aktien	95–97	b) Unverbriefte Aktien	100
b) Verbriefung bei Erhöhung ohne Ausgabe neuer Aktien	98	c) Teilrechte	101
2. Verwertung nicht abgeholter Aktien	99–101	IX. Kapitalmarktrechtliche Aspekte	102–105

Schrifttum: *Börner,* Verbindung von Kapitalerhöhung aus Gesellschaftsmitteln und Kapitalerhöhung gegen Bareinlagen bei Aktiengesellschaften, DB 1988, 1254; *Fett/Spiering,* Typische Probleme bei der Kapitalerhöhung aus Gesellschaftsmitteln, NZG 2002, 358; *Hüffer,* Die Kapitalerhöhung aus Gesellschaftsmitteln bei Ausgabe von Bezugsaktien zwischen dem Erhöhungsbeschluss und seiner Eintragung in das Handelsregister, FS Lüer, 2008, S. 395; *Kerbusch,* Zur Erstreckung des Pfandrechts an einem GmbH-Geschäftsanteil auf den durch Kapitalerhöhung aus Gesellschaftsmitteln erhöhten oder neu gebildeten Geschäftsanteil, GmbHR 1990, 156; *Korsten,* Kapitalerhöhung aus Gesellschaftsmitteln bei unrichtigem Jahresabschluß, AG 2006, 321; *Mülbert,* Die Aktie zwischen mitgliedschafts- und wertpapierrechtlichen Vorstellungen, FS Nobbe, 2009, S. 691; *Weiss,* Kombinierte Kapitalerhöhung aus Gesellschaftsmitteln mit nachfolgender ordentlicher Kapitalherabsetzung – ein Instrument flexiblen Eigenkapitalmanagements der Aktiengesellschaft, BB 2005, 2697.

I. Allgemeines

1. Überblick. Bei der Kapitalerhöhung aus Gesellschaftsmitteln werden die Kapitalrücklage und/oder Gewinnrücklagen in Grundkapital umgewandelt. Dazu müssen entsprechende Rücklagen in einer der Kapitalerhöhung zugrunde zu legenden testierten Bilanz ausgewiesen sein, deren Stichtag höchstens acht Monate vor der Anmeldung des Kapitalerhöhungsbeschlusses liegen darf. Die Kapitalerhöhung führt der Gesellschaft keine neuen Mittel zu („Gratisaktie"). Wohl aber werden die umzuwandelnden Rücklagen den strengen Kapitalbindungsvorschriften für das Grundkapital unterstellt. Es handelt sich deshalb rechtlich um eine **echte Kapitalerhöhung,** nicht um eine „Kapitalberichtigung" oÄ. Sie kommt zwingend den bisherigen Aktionären zugute; vgl. → Rn. 24 u. 58 ff.

Die Kapitalerhöhung aus Gesellschaftsmitteln kann mannigfachen unternehmenspolitischen Zielen dienen. Sie macht es möglich, ohne Liquiditätsverlust für die Gesellschaft eine sog. **stock dividend** auszuschütten, sie kann künftigen dividendenpolitischen Veränderungen dienen (zB insgesamt höhere Ausschüttungen bei gleichem Dividendensatz), den Börsenkurs reduzieren, wenn die Aktie zu „schwer" ist, usw.[1]

2. Art der Kapitalerhöhung. Für die Art und Weise der Durchführung der Kapitalerhöhung ist zwischen Gesellschaften mit Nennbetragsaktien und Gesellschaften mit Stückaktien zu unterscheiden. Bei Gesellschaften mit **Nennbetragsaktien** erfolgt die Kapitalerhöhung grundsätzlich durch Ausgabe neuer Aktien (§§ 207 Abs. 2 S. 1, 182 Abs. 1 S. 4 AktG). Etwas anderes gilt jedoch, wenn teileingezahlte Aktien vorhanden sind. In diesem Fall wird bei den teileingezahlten Aktien der Nennbetrag erhöht (§ 215 Abs. 2 S. 2 AktG). Sind daneben auch voll eingezahlte Aktien vorhanden, kann im Hinblick auf die voll eingezahlten Aktien die Kapitalerhöhung entweder ebenfalls durch Erhöhung des Nennbetrages oder durch Ausgabe neuer Aktien ausgeführt werden; vgl. hierzu näher → Rn. 67 ff. Die Sonderregel des § 4 Abs. 3 EGAktG, wonach eine Kapitalerhöhung aus Gesellschaftsmitteln durch Erhöhung des Nennbetrages der Aktien ausgeführt werden kann, wenn die Kapitalerhöhung dem Zweck dient, die Aktiennennbeträge auf Euro umzustellen, ist heute kaum mehr von praktischer Bedeutung.

---

[1] Näher GroßkommAktG/*Hirte* § 207 Rn. 35 ff.; MüKoAktG/*Arnold* § 207 Rn. 1 ff.; Spindler/Stilz AktG/*Fock/Wüsthoff* § 207 Rn. 4; Hölters AktG/*Simons* § 207 Rn. 3 f.; HdB AG-Finanzierung/*Jaspers* Kap. 7 Rn. 2; s. auch BAG ZIP 2018, 1969 Rn. 35 und LAG Hessen ZIP 2017, 1855 (1857): vorrangig ein Mittel der Dividenpolitik.

Gesellschaften mit **Stückaktien** haben grundsätzlich die Wahl, ob sie neue Aktien 4 ausgeben oder das Grundkapital ohne Ausgabe neuer Aktien erhöhen (§ 207 Abs. 2 S. 2 AktG). Werden neue Aktien ausgegeben, muss sich die Zahl der Aktien in demselben Verhältnis wie das Grundkapital erhöhen (§§ 207 Abs. 2 S. 1, 182 Abs. 1 S. 5 AktG). Sind teileingezahlte Stückaktien vorhanden, kann die Kapitalerhöhung nicht durch Ausgabe neuer Aktien, sondern nur durch bloße Erhöhung der Grundkapitalziffer ausgeführt werden, und zwar unabhängig davon, ob alle Aktien teileingezahlt sind oder neben teileingezahlten Aktien auch volleingezahlte Aktien bestehen (§ 215 Abs. 2 S. 2 u. 3 AktG).

3. Verbindung mit sonstigen Kapitalveränderungen. Die Hauptversammlung kann 5 zugleich eine Kapitalerhöhung aus Gesellschaftsmitteln und daneben eine **Kapitalerhöhung gegen Einlagen** in der Form beschließen, dass beide Kapitalerhöhungen separat nacheinander durchgeführt werden sollen. Die Reihenfolge wird von der Hauptversammlung festgelegt und entspricht, wenn es an einer ausdrücklichen Regelung fehlt, der Reihenfolge der Beschlüsse.[2] Die effektive Kapitalerhöhung kann der Erhöhung aus Gesellschaftsmitteln somit nachfolgen, aber auch vorausgehen (s. zur Festlegung des Erhöhungsbetrages und der Angabe der umgewandelten Rücklagen in diesem Fall auch → Rn. 12 u. 13).[3] Demgegenüber ist es unzulässig, eine Kapitalerhöhung aus Gesellschaftsmitteln und eine Kapitalerhöhung gegen Einlagen in der Weise zu kombinieren, dass es sich um eine einzige Kapitalerhöhung handelt und der Ausgabebetrag der neuen Aktien zum Teil durch Einlagen, zum Teil aus Gesellschaftsmitteln gedeckt wird; Kapitalerhöhungen aus Gesellschaftsmitteln und solche gegen Einlagen sind in ihrer rechtlichen Ausgestaltung zu unterschiedlich, als dass eine Kombination innerhalb einer einzigen Kapitalerhöhung zulässig wäre.[4] Auch eine Kombination in der Weise, dass an der Kapitalerhöhung aus Gesellschaftsmitteln nur die Aktionäre teilnehmen können, die sich an der effektiven Erhöhung beteiligen, ist unzulässig. Das beruht aber nicht darauf, dass dadurch ein unzulässiger Zwang zur Leistung zusätzlicher Einlagen begründet wird.[5] Vielmehr steht dem § 212 AktG entgegen (vgl. auch → Rn. 59). Eine Verknüpfung durch eine unechte Bedingung, so dass die eine Kapitalerhöhung nur eingetragen und damit wirksam werden kann, wenn auch die andere Erhöhung eingetragen wird, ist hingegen möglich.[6]

Die Verbindung einer Kapitalerhöhung aus Gesellschaftsmitteln mit einer **Kapitalherab-** 6 **setzung** ist möglich. Dabei kann die Kapitalherabsetzung der Erhöhung vorangehen oder nachfolgen. Eine vorangehende Kapitalherabsetzung kann sinnvoll sein, wenn vor Durch-

---

[2] Grigoleit AktG/*Rieder/Holzmann* § 207 Rn. 4; MüKoAktG/*Arnold* § 207 Rn. 37; GroßkommAktG/*Hirte* § 207 Rn. 148; Bürgers/Körber AktG/*Marsch-Barner* § 207 Rn. 9; Hüffer/*Koch* AktG § 207 Rn. 7; HdB börsennotierte AG/*Busch* Rn. 45.2.

[3] MüKoAktG/*Arnold* § 207 Rn. 38 f.; GroßkommAktG/*Hirte* § 207 Rn. 148; Grigoleit AktG/*Rieder/Holzmann* § 207 Rn. 4; Hölters AktG/*Simons* § 207 Rn. 34; Bürgers/Körber AktG/*Marsch-Barner* § 207 Rn. 9; K. Schmidt/Lutter AktG/*Veil* § 207 Rn. 7; Hüffer/*Koch* AktG § 207 Rn. 7; aA *Börner* DB 1988, 1254 (1256 ff.): die Kapitalerhöhung aus Gesellschaftsmitteln müsse der effektiven Erhöhung zwingend vorausgehen.

[4] HM; s. zB KölnKommAktG/*Lutter* Vorb. § 207 Rn. 15; Hölters AktG/*Simons* § 207 Rn. 34; Henssler/Strohn/*Hermanns* AktG § 207 Rn. 10 aE; Hüffer/*Koch* AktG § 207 Rn. 6; K. Schmidt/Lutter AktG/*Veil* § 207 Rn. 7; Grigoleit AktG/*Rieder/Holzmann* § 207 Rn. 5; MüKoAktG/*Arnold* § 207 Rn. 35; Bürgers/Körber AktG/*Marsch-Barner* § 207 Rn. 9; HdB börsennotierte AG/*Busch* Rn. 45.2; *Fett/Spiering* NZG 2002, 358 (368); *Börner* DB 1998, 1254 f.; aA GroßkommAktG/*Hirte* § 207 Rn. 145 ff.; zur GmbH OLG Düsseldorf ZIP 1986, 437 f. (für die Konstellation einer personenbezogenen GmbH, bei der alle Gesellschafter an der betroffenen Kapitalerhöhung einverständlich mitgewirkt haben); GroßkommGmbHG/*Ulmer/Casper* Vor. § 57c Rn. 18; Scholz GmbHG/*Priester* Vor § 57c Rn. 20 ff.

[5] So aber MüKoAktG/*Arnold* § 207 Rn. 38; Grigoleit AktG/*Rieder/Holzmann* § 207 Rn. 4; Bürgers/Körber AktG/*Marsch-Barner* § 207 Rn. 9; K. Schmidt/Lutter AktG/*Veil* § 207 Rn. 7.

[6] GroßkommAktG/*Hirte* § 207 Rn. 148; Bürgers/Körber AktG/*Marsch-Barner* § 207 Rn. 9; K. Schmidt/Lutter AktG/*Veil* § 207 Rn. 7; Hüffer/*Koch* AktG § 207 Rn. 7.

führung der Kapitalerhöhung Aktien eingezogen werden sollen (§§ 237 ff. AktG; vgl. § 63), damit diese nicht mehr an der Kapitalerhöhung teilnehmen; unter Umständen kann auch eine ordentliche Kapitalherabsetzung (§§ 222 ff. AktG; vgl. § 61) mit anschließender Wiedererhöhung aus Gesellschaftsmitteln zweckmäßig sein. Eine nachfolgende Kapitalherabsetzung ermöglicht es, die zuvor in Grundkapital umgewandelten Rücklagen an die Aktionäre auszuschütten; dieses Umwegs bedarf es, wenn eine direkte Ausschüttung der Rücklage nicht möglich ist (vgl. § 150 AktG).[7] Die Kapitalherabsetzung und die (vorangehende oder nachfolgende) Kapitalerhöhung können in derselben Hauptversammlung beschlossen werden. Rechtlich handelt es sich um zwei getrennte Maßnahmen, die den jeweiligen Voraussetzungen genügen und in einer klaren zeitlichen Reihenfolge stehen müssen.[8] Die Kombination mit einer vereinfachten Kapitalherabsetzung (§§ 229 ff. AktG) ist wegen § 229 Abs. 1 u. 2 AktG ausgeschlossen.[9]

7 **4. Schranken der Kapitalerhöhung aus Gesellschaftsmitteln.** Die Kapitalerhöhung aus Gesellschaftsmitteln ist unzulässig, wenn das Insolvenzverfahren über das Vermögen der Gesellschaft eröffnet oder die Gesellschaft aus einem der sonstigen Gründe des § 262 AktG **aufgelöst** worden ist. Eine zuvor beschlossene Kapitalerhöhung aus Gesellschaftsmitteln darf nicht mehr eingetragen werden.[10]

8 **5. „Schütt-aus-hol-zurück"-Verfahren.** Eine Kapitalerhöhung durch Stehenlassen oder Wiedereinzahlung der Dividendenausschüttung kann entweder nach den Regeln der Sachkapitalerhöhung oder als Barkapitalerhöhung in Anlehnung an die Grundsätze der Kapitalerhöhung aus Gesellschaftsmitteln durchgeführt werden. Vgl. dazu näher → § 57 Rn. 79 f.

II. Kapitalerhöhungsbeschluss

9 **1. Beschlussfassung.** Auch die Kapitalerhöhung aus Gesellschaftsmitteln ist **Satzungsänderung**. Zuständig für die Beschlussfassung ist daher allein die Hauptversammlung. Eine Übertragung der Entscheidungszuständigkeit auf andere Stellen ist ausgeschlossen. Namentlich ist es nicht möglich, den Vorstand im Rahmen eines genehmigten Kapitals zu ermächtigen, eine Kapitalerhöhung aus Gesellschaftsmitteln durchzuführen (auch → § 59 Rn. 13).[11]

10 Der Beschluss bedarf einer **Mehrheit** von mindestens drei Vierteln des vertretenen Grundkapitals, soweit nicht die Satzung eine andere – niedrigere oder höhere – Kapitalmehrheit bestimmt (§§ 207 Abs. 2 S. 1, 182 Abs. 1 S. 1 u. 2 AktG).[12] § 182 Abs. 1 S. 2 Alt. 2 AktG, wonach für die Ausgabe von Vorzugsaktien nur eine größere Kapitalmehrheit bestimmt werden kann, findet im Rahmen der Kapitalerhöhung aus Gesellschaftsmitteln

---

[7] Eingehend *Weiss* BB 2005, 2697; vgl. auch Hölters AktG/*Simons* § 207 Rn. 7; Bürgers/Körber AktG/*Marsch-Barner* § 207 Rn. 10; MüKoAktG/*Hennrichs/Pöschke* § 150 Rn. 24, 34a; zur Zulässigkeit dieses Vorgehens auch LG Köln 1.10.2004 – 82 O 67/04, BeckRS 2004, 11454 Rn. 15.

[8] OLG Frankfurt a. M. AG 2001, 359; Hüffer/*Koch* AktG § 207 Rn. 7; Wachter AktG/*Wagner* § 207 Rn. 8; HdB AG-Finanzierung/*Jaspers* Kap. 7 Rn. 15; *Weiss* BB 2005, 2697 (2699).

[9] Spindler/Stilz AktG/*Fock/Wüsthoff* § 207 Rn. 6a; Hüffer/*Koch* AktG § 207 Rn. 7; Bürgers/Körber AktG/*Marsch-Barner* § 207 Rn. 10; HdB börsennotierte AG/*Busch* Rn. 45.2.

[10] MüKoAktG/*Arnold* § 207 Rn. 7; Hölters AktG/*Simons* § 207 Rn. 13; K. Schimdt/Lutter AktG/*Veil* § 207 Rn. 8; Spindler/Stilz AktG/*Fock/Wüsthoff* § 207 Rn. 11; Bürgers/Körber AktG/*Marsch-Barner* § 207 Rn. 11; Hüffer/*Koch* AktG § 207 Rn. 16; Wachter AktG/*Wagner* § 207 Rn. 3.

[11] Hölters AktG/*Simons* § 207 Rn. 12, 34; MüKoAktG/*Arnold* § 207 Rn. 12; Spindler/Stilz AktG/*Fock/Wüsthoff* § 207 Rn. 7; Bürgers/Körber AktG/*Marsch-Barner* § 207 Rn. 2, 9; aA Großkomm-AktG/*Hirte* § 207 Rn. 105 u. 146.

[12] Die Sonderregel des § 4 Abs. 2 S. 1 EGAktG, wonach für eine Kapitalerhöhung aus Gesellschaftsmitteln zwecks Umstellung auf Euro abweichend von §§ 207 Abs. 2, 182 Abs. 1 AktG die einfache Mehrheit des bei der Beschlussfassung vertretenen Grundkapitals genügt, ist heute kaum mehr von praktischer Bedeutung.

keine Anwendung.¹³ Das wird man jedoch anders beurteilen müssen, wenn – was die hM für unzulässig hält – stimmrechtslose Vorzüge unter Abweichung vom Prinzip der Gattungsgleichheit der neuen Aktien ausgegeben werden sollen; vgl. dazu → Rn. 74. Die Satzung kann für die Beschlussfassung auch weitere Erfordernisse aufstellen (§§ 207 Abs. 2 S. 1, 182 Abs. 1 S. 3 AktG). Sind für Satzungsänderungen oder Kapitalerhöhungen allgemein besondere Mehrheiten oder sonstige Erfordernisse festgesetzt, gelten diese im Zweifel auch für die Kapitalerhöhung aus Gesellschaftsmitteln.¹⁴

Sonderbeschlüsse der Aktionäre verschiedener Aktiengattungen sind, anders als bei den Kapitalerhöhungen gegen Einlagen (§§ 182 Abs. 2, 193 Abs. 1 S. 3 und 202 Abs. 2 S. 4 AktG), nicht erforderlich, da die Rechte der Aktionäre durch die Regelung des § 216 AktG gewahrt werden.¹⁵ 11

2. Beschlussinhalt¹⁶. Der Kapitalerhöhungsbeschluss muss insbesondere angeben: 12
– den **Betrag,** um den das Grundkapital erhöht werden soll. Das kann, muss aber nicht durch Angabe einer konkreten Zahl erfolgen. Ausreichend ist auch eine Rechenformel oder andere eindeutige Umschreibung, wenn dem Vorstand dadurch keine Handlungs- oder Ermessensspielräume eingeräumt werden.¹⁷ Das kann insbesondere dann unumgänglich sein, wenn wegen einer vorgeschalteten Kapitalerhöhung (vgl. → Rn. 5) oder wegen eines bedingten Kapitals bei Beschlussfassung die Höhe des Grundkapitals im Zeitpunkt der Eintragung der Erhöhung aus Gesellschaftsmitteln nicht feststeht. In einem solchen Fall liegt es nahe, den Erhöhungsbetrag in Relation zum Grundkapital bei Eintragung zu bestimmen. Da der Erhöhungsbetrag in der Anmeldung genau zu beziffern ist, sind zwischen dieser und der Eintragung Veränderungen des Grundkapitals zu vermeiden. Ferner sollte der Aufsichtsrat gemäß § 179 Abs. 1 S. 2 AktG ermächtigt werden, den Satzungstext an die tatsächliche Erhöhung anzupassen.¹⁸ Bei einem solchen „variablen" Erhöhungsbetrag ist ferner darauf zu achten, dass die zur Umwandlung in Grundkapital vorgesehenen Rücklagen in jedem Fall ausreichend sind. Der Erhöhungsbetrag muss den Anforderungen der § 8 Abs. 2 AktG, § 3 EGAktG genügen und sollte so festgelegt werden, dass sich ein möglichst praktikables Kapitalerhöhungsverhältnis ergibt; uU kann es sich empfehlen, durch eine vorgeschaltete Kapitalherabsetzung oder Erhöhung ein entsprechendes Ausgangskapital herzustellen. Die Angabe des **Erhöhungsverhältnisses** (zB X neue Aktien für Y Altaktien) ist möglich, aber nicht erforderlich (auch → Rn. 26).¹⁹ Ausführungen zu etwaigen Teilrechten sind nicht notwendig. Eine Begren-

---

¹³ GroßkommAktG/*Hirte* § 207 Rn. 112; MüKoAktG/*Arnold* § 207 Rn. 15; K. Schmidt/Lutter AktG/*Veil* § 207 Rn. 9; Hüffer/*Koch* AktG § 207 Rn. 9; HdB AG-Finanzierung/*Jaspers* Kap. 7 Rn. 72.
¹⁴ Bürgers/Körber AktG/*Marsch-Barner* § 207 Rn. 2; HdB AG-Finanzierung/*Jaspers* Kap. 7 Rn. 71; aA *Witt* AG 2000, 345 (351).
¹⁵ OLG Stuttgart AG 1993, 94; MüKoAktG/*Arnold* § 207 Rn. 15; Hölters AktG/*Simons* § 207 Rn. 31; Bürgers/Körber AktG/*Marsch-Barner* § 207 Rn. 2. Das gilt auch, wenn im Rahmen der Kapitalerhöhung Gewinnvorzugsrechte herabgesetzt werden müssen (→ Rn. 77); vgl. OLG Stuttgart AG 1993, 94 (95); LG Tübingen AG 1991, 406 (409); Hüffer/*Koch* AktG § 141 Rn. 7, § 216 Rn. 3; MüKoAktG/*Arnold* § 141 Rn. 10, § 216 Rn. 18.
¹⁶ Muster in Beck'sches Formularbuch/*Hoffmann-Becking/Berger* Form. X. 36; Münch. Vertragshandbuch Bd. 1/*Favoccia* Form. V. 127; Happ AktienR/*Herchen* Form. 12.08a.
¹⁷ OLG Karlsruhe ZIP 2007, 270 (272 f.) – SAP; MüKoAktG/*Arnold* § 207 Rn. 17; Wachter AktG/*Wagner* § 207 Rn. 12 f.; Bürgers/Körber AktG/*Marsch-Barner* § 207 Rn. 3; Hölters AktG/ *Simons* § 207 Rn. 22; Grigoleit AktG/*Rieder/Holzmann* § 207 Rn. 8; *Hüffer* FS Lüer, 2008, 395 (400 ff.).
¹⁸ Ausführlich *Hüffer* FS Lüer, 2008, 395 (402 ff.).
¹⁹ MüKoAktG/*Arnold* § 207 Rn. 19; Spindler/Stilz AktG/*Fock/Wüsthoff* § 207 Rn. 15; Bürgers/ Körber AktG/*Marsch-Barner* § 207 Rn. 5; GroßkommAktG/*Hirte* § 207 Rn. 207; *Fett/Spiering* NZG 2002, 358 (359).

zung des Erhöhungsbetrages nach oben ergibt sich allein aus der Höhe der Rücklagen, die für eine Umwandlung zur Verfügung stehen.

13 – dass die Kapitalerhöhung durch Umwandlung der Kapitalrücklage und/oder von Gewinnrücklagen erfolgt und welche **Rücklagen** umgewandelt werden sollen.[20] Eine Kombination der Umwandlung verschiedener Rücklagen ist möglich. Dabei ist der Umfang so festzulegen, dass dem Vorstand keine Spielräume verbleiben. Das kann durch eine ziffernmäßige Angabe oder die Bestimmung des Verhältnisses, in dem die Umwandlung erfolgt, geschehen. Steht der Erhöhungsbetrag bei Beschlussfassung nicht fest, kann auch vorgesehen werden, dass die zur Verfügung stehenden Rücklagen in einer bestimmten Reihenfolge umzuwandeln sind;

14 – die **Bilanz,** die der Kapitalerhöhung zugrunde gelegt werden soll (§§ 207 Abs. 3, 209 AktG); und

15 – die **Art der Erhöhung** des Grundkapitals (Ausgabe neuer Aktien, Erhöhung des Nennbetrages, bloße Erhöhung des Grundkapitals), sofern dabei ein Wahlrecht besteht.[21] Angaben hierzu sind grundsätzlich bei Gesellschaften mit Stückaktien nötig, weil bei diesen die Wahl zwischen der Ausgabe neuer Aktien und einer bloßen Erhöhung des Grundkapitals besteht (§ 207 Abs. 2 S. 2 AktG; vgl. → Rn. 4). Bei Gesellschaften mit Nennbetragsaktien kann die Kapitalerhöhung regelmäßig nur durch Ausgabe neuer Aktien ausgeführt werden (§§ 207 Abs. 2 S. 1, 182 Abs. 1 S. 4 AktG; vgl. → Rn. 3); in diesem Fall sind Angaben zur Art der Erhöhung entbehrlich. Besonderheiten sind insoweit jedoch zu beachten, wenn teileingezahlte Aktien vorhanden sind, weil in diesem Fall andere Regeln für die Art der Erhöhung des Grundkapitals gelten; vgl. dazu eingehend → Rn. 67 ff. Auch soweit Angaben zur Art der Erhöhung rechtlich nicht erforderlich sind, sind sie aus praktischer Sicht gleichwohl wünschenswert.[22]

16 Daneben sind insbesondere Regelungen über die **Stückelung der neuen Aktien** denkbar.[23] Bei Gesellschaften mit Stückaktien ergibt sich die Stückelung der neuen Aktien allerdings zwingend aus dem Kapitalerhöhungsbetrag, da sich die Zahl der Aktien in demselben Verhältnis wie das Grundkapital erhöhen muss (§§ 207 Abs. 2 S. 1, 182 Abs. 1 S. 5 AktG); entsprechende Festsetzungen im Kapitalerhöhungsbeschluss dienen deshalb nur der Klarstellung und sind rechtlich nicht erforderlich. Bei Gesellschaften mit Nennbetragsaktien sind Angaben zu den Nennbeträgen der neuen Aktien entbehrlich, wenn die Satzung diese Fragen auch für künftige Aktien bereits regelt und es dabei bleiben soll; beschränken sich die vorhandenen Satzungsbestimmungen jedoch auf die Altaktien oder soll von den bisherigen Nennbeträgen abgewichen werden, sind entsprechende Festsetzungen im Kapitalerhöhungsbeschluss nötig.

17 Neben diesen Angaben kann **zusätzlich geregelt** werden, dass die neuen Aktien bereits am Gewinn des letzten Geschäftsjahres teilnehmen (§ 217 Abs. 2 AktG); vgl. → Rn. 72. Außerdem können Bestimmungen erforderlich werden, um sicherzustellen, dass das bisherige Verhältnis der mit den Aktien verbundenen Rechte aufrecht erhalten bleibt; vgl. dazu → Rn. 75 ff. Sofern nicht der Aufsichtsrat gem. § 179 Abs. 1 S. 2 AktG hierzu ermächtigt ist,[24] ist schließlich die **Anpassung des Satzungswortlauts** nötig, da die Neufassung der Satzung der Anmeldung beizufügen ist (vgl. → Rn. 50).

---

[20] Hüffer/*Koch* AktG § 207 Rn. 12a; Grigoleit AktG/*Rieder/Holzmann* § 207 Rn. 8; Bürgers/Körber AktG/*Marsch-Barner* § 207 Rn. 3; K. Schmidt/Lutter AktG/*Veil* § 207 Rn. 12.

[21] GroßkommAktG/*Hirte* § 207 Rn. 128 f.; MüKoAktG/*Arnold* § 207 Rn. 21; Hölters AktG/*Simons* § 207 Rn. 23; K. Schmidt/Lutter AktG/*Veil* § 207 Rn. 12; Spindler/Stilz AktG/*Fock/Wüsthoff* § 207 Rn. 13; Bürgers/Körber AktG/*Marsch-Barner* § 207 Rn. 4.

[22] Ebenso HdB börsennotierte AG/*Busch* Rn. 45.4; Hölters AktG/*Simons* § 207 Rn. 23.

[23] MüKoAktG/*Arnold* § 207 Rn. 22; KölnKommAktG/*Lutter* § 207 Rn. 13; Hüffer/*Koch* AktG § 207 Rn. 13.

[24] Näher HdB börsennotierte AG/*Busch* Rn. 45.6; vgl. auch Spindler/Stilz AktG/*Fock/Wüsthoff* § 207 Rn. 17; der Praxis empfiehlt Hölters AktG/*Simons* § 207 Rn. 28 f. dennoch einen Hauptver-

3. Voraussetzungen der Beschlussfassung. Dem Kapitalerhöhungsbeschluss muss eine **18** **Bilanz** zugrunde gelegt werden (§ 207 Abs. 3 AktG), deren Stichtag höchstens acht Monate vor dem Tage der Anmeldung des Kapitalerhöhungsbeschlusses zur Eintragung ins Handelsregister liegt (§ 209 Abs. 1, Abs. 2 S. 2 AktG). Dies muss nicht die letzte Jahresbilanz, sondern kann auch eine gesondert aufgestellte Zwischenbilanz sein. Näher dazu → Rn. 32 ff. Nach früherem Recht konnte der Erhöhungsbeschluss erst gefasst werden, wenn der Jahresabschluss für das letzte vor der Beschlussfassung abgelaufene Geschäftsjahr **festgestellt** war (§ 207 Abs. 3 AktG aF). Die Vorschrift wurde durch das TransPuG aufgehoben, so dass heute eine vorherige Feststellung des Jahresabschlusses nur noch erforderlich ist, wenn sie der Kapitalerhöhung zugrunde liegt (§ 209 Abs. 1 AktG), nicht aber, wenn die Erhöhung auf der Grundlage einer Zwischenbilanz (§ 209 Abs. 2–5 AktG) erfolgt.[25] Etwas anderes gilt allerdings gem. § 208 Abs. 1 S. 1 AktG, wenn der Bilanzgewinn in Grundkapital umgewandelt werden soll (vgl. → Rn. 42 f.). In diesem Fall bedarf es der vorherigen Beschlussfassung über die Verwendung des Bilanzgewinns und dementsprechend auch der vorherigen Feststellung des Abschlusses (§ 174 Abs. 1 S. 2 AktG). Soll bestimmt werden, dass die neuen Aktien auch am Gewinn des letzten Geschäftsjahres teilnehmen, muss der Kapitalerhöhungsbeschluss vor dem **Gewinnverwendungsbeschluss** für das letzte Geschäftsjahr gefasst werden (§ 217 Abs. 2 S. 2 AktG); näher → Rn. 72.

4. Mängel der Beschlussfassung. Die Rechtsfolgen etwaiger Mängel der Beschlussfassung richten sich nach den allgemeinen Vorschriften über die Anfechtbarkeit und Nichtigkeit von Hauptversammlungsbeschlüssen (§§ 241 ff., 255 AktG; vgl. dazu § 42). Im Einzelnen gilt danach: **19**

- Fehlt im Beschluss die Angabe des **Erhöhungsbetrages,** der umgewandelten **Rück-** **20** **lagen** oder der zugrunde gelegten **Bilanz,** ist der Beschluss nichtig.[26]
- Grundsätzlich das Gleiche soll gelten, wenn der Beschluss nicht die **Art der Erhöhung** **21** festlegt.[27] Das setzt aber voraus, dass verschiedene Erhöhungsarten in Betracht kommen. Ist das nicht der Fall, ist die Angabe der Art der Erhöhung entbehrlich (→ Rn. 15), und ihre unterbliebene Nennung im Beschluss begründet weder die Nichtig- noch die Anfechtbarkeit. Darüber hinaus wird bei fehlender Angabe der Art der Durchführung zT nur Anfechtbarkeit angenommen.[28] Dem ist zuzustimmen, da nicht ersichtlich ist, inwiefern die Art der Erhöhung Gläubiger- oder einem öffentlichen Interesse iSv § 241 Nr. 3 AktG dient. Die Festlegung erfolgt bei fehlender Angabe im Beschluss durch den Vorstand nach pflichtgemäßem Ermessen.[29] Der Beschluss ist auch nicht, wie zT vertreten wird,[30] wegen Unvollständigkeit unwirksam. Anfechtbarkeit greift auch dann ein, wenn der Beschluss bei teileingezahlten Nennbetragsaktien entgegen § 215 Abs. 2 S. 3 AktG für volleingezahlte Nennbetragsaktien nicht die Art der Erhöhung bestimmt.[31]

---

sammlungsbeschluss; aA (ausschließliche Zuständigkeit der Hauptversammlung) GroßkommAktG/ *Hirte* § 210 Rn. 19.
[25] Zu den Gründen hierfür Begr. RegE TransPuG, BT-Drs. 14/8769, 24.
[26] Hüffer/*Koch* AktG § 207 Rn. 17; Spindler/Stilz AktG/*Fock/Wüsthoff* § 207 Rn. 20; Grigoleit AktG/*Rieder/Holzmann* § 207 Rn. 14; aA für fehlende Angabe der Rücklagen Hölters AktG/*Simons* § 207 Rn. 46.
[27] Bürgers/Körber AktG/*Marsch-Barner* § 207 Rn. 8; Spindler/Stilz AktG/*Fock/Wüsthoff* § 207 Rn. 13, 20; MüKoAktG/*Arnold* § 207 Rn. 21 aE; HdB AG-Finanzierung/*Jaspers* Kap. 7 Rn. 81.
[28] Hölters AktG/*Simons* § 207 Rn. 46; K. Schmidt/Lutter AktG/*Veil* § 207 Rn. 14; KölnKommAktG/*Lutter* § 215 Rn. 12; GroßkommAktG/*Hirte* § 207 Rn. 124; Happ AktienR/*Herchen* Form. 12.08 Anm. 9.2.
[29] S. die Nachweise in Fn. 28, wobei nach *Herchen* die Ausgabe neuer Aktien die Regel darstellt.
[30] So BayObLG AG 2002, 397 (398); Hüffer/*Koch* AktG § 207 Rn. 13; Grigoleit AktG/*Rieder/Holzmann* § 207 Rn. 11; Wachter AktG/*Wagner* § 207 Rn. 22.
[31] Ebenso Hölters AktG/*Simons* § 207 Rn. 46; KölnKommAktG/*Lutter* § 215 Rn. 12; GroßkommAktG/*Hirte* § 215 Rn. 33; für Nichtigkeit MüKoAktG/*Arnold* § 215 Rn. 14; Spindler/Stilz AktG/*Fock/Wüsthoff* § 215 Rn. 9; *Fett/Spiering* NZG 2002, 358 (365); für Unwirksamkeit wegen Unvoll-

22 – Sieht der Beschluss bei Nennbetragsaktien keine Ausgabe neuer Aktien, sondern die **Erhöhung des Nennbetrags** vor, obwohl die Voraussetzungen, unter denen das zulässig ist (s. § 215 Abs. 2 S. 2 u. 3 AktG), nicht vorliegen, ist der Beschluss ebenfalls anfechtbar.[32] Nichtig ist hingegen ein Beschluss, der unter Verstoß gegen § 215 Abs. 2 S. 2 AktG (→ Rn. 67 f.) bei teileingezahlten Aktien die **Ausgabe neuer Aktien** anordnet.[33]

23 – Nichtigkeit tritt ferner ein, wenn der Beschluss zwar eine Bilanz nennt, diese aber nicht den materiellen Vorgaben des § 209 AktG (Prüfer, Prüfung, Bestätigungsvermerk, Feststellung) genügt.[34] § 209 Abs. 1 u. 2 S. 2 AktG regeln ferner, dass der Stichtag der maßgeblichen Bilanz bei Anmeldung nicht mehr als **acht Monate** zurückliegen darf. Bei Beschlussfassung der Hauptversammlung steht regelmäßig nicht fest, ob die Frist eingehalten wird. Die Einhaltung der Frist wird durch das Handelsregister iRd Eintragungsverfahrens geprüft, und die Anmeldung ist bei Verstreichen der Frist abzulehnen (§ 210 Abs. 2 AktG). Die Frist ist folglich für die Gültigkeit des Beschlusses unbeachtlich.[35] Anders soll das liegen, wenn die Frist bereits bei Beschlussfassung abgelaufen ist.[36] Das überzeugt nicht. Der Gläubigerschutz wird hier durch § 210 Abs. 1 S. 2 u. Abs. 2 AktG sichergestellt (dazu → Rn. 28 u. 30 sowie 51). Die Nichtigkeitsfolge steht zudem in Widerspruch dazu, dass eine trotz Ablaufs der Frist entgegen § 210 Abs. 2 AktG eingetragene Erhöhung jedenfalls dann wirksam ist, wenn der Fristablauf nach der Hauptversammlung eintritt (→ Rn. 38 u. 57). Naheliegender ist daher, bloße Anfechtbarkeit anzunehmen.[37]

24 – Zur Nichtigkeit führt zudem eine von § 212 S. 1 AktG abweichende **Zuteilung** des Erhöhungsbetrages (§ 212 S. 2) und zwar auch dann, wenn die Abweichung nur geringfügig ist bzw. ihr alle Aktionäre zugestimmt haben.[38] Der Umfang der Nichtigkeit bestimmt sich nach § 139 BGB.[39] In der Regel wird der gesamte Beschluss nichtig sein. Nur ausnahmsweise, wenn konkrete Anhaltspunkte vorliegen, dass die Hauptversammlung den Beschluss auch trotz der gesetzlichen Zuteilung getroffen hätte, kann Teilnichtigkeit vorliegen.[40] Wird in letzterem Falle die Erhöhung ins Handelsregister einge-

---

ständigkeit Hüffer/*Koch* AktG § 215 Rn. 5; Bürgers/Körber AktG/*Stadler* § 215 Rn. 12; Grigoleit AktG/*Rieder/Holzmann* § 215 Rn. 7; wohl auch K. Schmidt/Lutter AktG/*Veil* § 215 Rn. 6.

[32] Hüffer/*Koch* AktG § 207 Rn. 11; KölnKommAktG/*Lutter* § 207 Rn. 15; MüKoAktG/*Arnold* § 207 Rn. 11.

[33] Hölters AktG/*Simons* § 207 Rn. 46; Bürgers/Körber AktG/*Marsch-Barner* § 215 Rn. 8; Hüffer/*Koch* AktG § 215 Rn. 4; Spindler/Stilz AktG/*Fock/Wüsthoff* § 215 Rn. 9.

[34] BayObLG AG 2002, 397 (398) (fehlende Prüfung der Bilanz); OLG Jena GmbHR 2016, 291 f. (zur GmbH: bloß vorläufige Bilanz ohne Bestätigungsvermerk); Hölters AktG/*Simons* § 207 Rn. 46; MüKoAktG/*Arnold* § 209 Rn. 43; Hüffer/*Koch* AktG § 209 Rn. 14; K. Schmidt/Lutter AktG/*Veil* § 209 Rn. 15; GroßkommAktG/*Hirte* § 209 Rn. 50 ff.

[35] KölnKommAktG/*Lutter* § 209 Rn. 10; GroßkommAktG/*Hirte* § 209 Rn. 54; MüKoAktG/*Arnold* § 209 Rn. 44; Hüffer/*Koch* AktG § 209 Rn. 14.

[36] GroßkommAktG/*Hirte* § 209 Rn. 55; MüKoAktG/*Arnold* § 209 Rn. 44; Spindler/Stilz AktG/*Fock/Wüsthoff* § 209 Rn. 31.

[37] Möglicherweise ebenso K. Schmidt/Lutter AktG/*Veil* § 209 Rn. 16.

[38] OLG Dresden AG 2001, 532; Hüffer/*Koch* AktG § 212 Rn. 3; Spindler/Stilz AktG/*Fock/Wüsthoff* § 212 Rn. 5; MüKoAktG/*Arnold* § 212 Rn. 11 f.; HdB AG-Finanzierung/*Jaspers* Kap. 7 Rn. 82; aA, dh Disponibilität bei Zustimmung der betroffenen Aktionäre, K. Schmidt/Lutter AktG/*Veil* § 212 Rn. 2; kritisch auch GroßkommAktG/*Hirte* § 212 Rn. 6 u. 15.

[39] MüKoAktG/*Arnold* § 212 Rn. 15; Hüffer/*Koch* AktG § 212 Rn. 4; GroßkommAktG/*Hirte* § 212 Rn. 19; Bürgers/Körber AktG/*Stadler* § 212 Rn. 6; Spindler/Stilz AktG/*Fock/Wüsthoff* § 212 Rn. 6; K. Schmidt/Lutter AktG/*Veil* § 213 Rn. 3; offengelassen von OLG Dresden NZG 2001, 756 (757), das auch zwingende Gesamtnichtigkeit erwägt; aA GroßkommGmbHG/*Ulmer/Casper* § 57j Rn. 9, der den Beschluss im Übrigen im Zweifel für wirksam hält.

[40] MüKoAktG/*Arnold* § 212 Rn. 15; GroßkommAktG/*Hirte* § 212 Rn. 19; Hölters AktG/*Simons* § 212 Rn. 12; Hüffer/*Koch* AktG § 212 Rn. 4; K. Schmidt/Lutter AktG/*Veil* § 212 Rn. 3.

tragen, so wird sie gem. § 211 Abs. 1 AktG wirksam; die Zuteilung erfolgt gem. § 212 S. 1 AktG.[41]

– Weitere Nichtigkeitsgründe bestehen, wenn die zur Umwandlung vorgesehenen Rücklagen der Höhe nach unzureichend sind,[42] in Bezug auf Kapitalrücklagen und die gesetzliche Rücklage der Mindestbetrag gemäß **§ 208 Abs. 1 S. 2 AktG** (vgl. → Rn. 44 f.) nicht gewahrt wird[43] oder bei Verstößen gegen **§ 208 Abs. 1 S. 1 oder Abs. 2 S. 1 AktG** (vgl. → Rn. 39 ff. u. 46).[44] Ein Verstoß gegen **§ 208 Abs. 2 S. 2 AktG** (vgl. → Rn. 47) begründet hingegen nur die Anfechtbarkeit des Beschlusses.[45] 25

– Wird fakultativ (→ Rn. 12) ein **Erhöhungsverhältnis** angegeben und ist dieses falsch, soll darin ein Verstoß gegen § 212 S. 1 AktG liegen, der gemäß § 212 S. 2 AktG, § 139 BGB regelmäßig zur Gesamtnichtigkeit des Beschlusses führen soll.[46] Das ist fragwürdig. Betrifft das (unzutreffende) Erhöhungsverhältnis alle Aktionäre gleichermaßen,[47] ist eine Verletzung von § 212 S. 1 AktG nicht ersichtlich. Vielmehr sind das Verhältnis von Erhöhungsbetrag zu ausgegebenem Grundkapital einerseits und das Erhöhungsverhältnis andererseits widersprüchlich. Beruht das, was nahe liegt, auf einer falschen Berechnung des Erhöhungsverhältnisses, ist dieses unbeachtlich.[48] 26

Zu den Rechtsfolgen weiterer denkbarer Mängel → Rn. 38 (mangelhafte Auslegung der Bilanz), 72 (rückwirkende Gewinnverteilung entgegen § 217 Abs. 2 S. 2 AktG trotz vorhergehenden Gewinnverwendungsbeschlusses), 82 (Anpassung von Aktionärsrechten unter Verstoß gegen § 216 Abs. 1 AktG) u. 90 (Anpassung von Vertragsverhältnissen mit Dritten entgegen § 216 Abs. 3 AktG). 27

III. Zugrunde zu legende Bilanz

1. Letzte Jahresbilanz. Dem Kapitalerhöhungsbeschluss kann die letzte Jahresbilanz zugrunde gelegt werden, wenn (1) sie **geprüft, festgestellt und mit dem uneingeschränkten Bestätigungsvermerk des Abschlussprüfers versehen** ist und (2) ihr **Stichtag** höchstens acht Monate vor der Anmeldung des Kapitalerhöhungsbeschlusses zur Eintragung in das Handelsregister liegt (§ 209 Abs. 1 AktG). Einschränkungen des Bestätigungsvermerks, die nicht die Bilanz, sondern andere Teile des Jahresabschlusses betreffen, sind unschädlich.[49] Die Feststellung des letzten Jahresabschlusses ist nach Streichung von 28

---

[41] Hölters AktG/*Simons* § 212 Rn. 11; Hüffer/*Koch* AktG § 212 Rn. 4; Spindler/Stilz AktG/*Fock*/ *Wüsthoff* § 212 Rn. 6; K. Schmidt/Lutter AktG/*Veil* § 212 Rn. 4; beachte Bürgers/Körber AktG/ *Stadler* § 212 Rn. 7; KölnKommAktG/*Lutter* § 212 Rn. 12; GroßkommAktG/*Hirte* § 212 Rn. 21: Heilung nur des abtrennbaren Teils nach § 242 Abs. 2 AktG.
[42] Hölters AktG/*Simons* § 207 Rn. 46.
[43] OLG München 2.4.2008 – 15 U 3995/07, BeckRS 2008, 7452 Rn. 12 Bürgers/Körber AktG/ *Marsch-Barner* § 208 Rn. 9; Hüffer/*Koch* AktG § 208 Rn. 11; Spindler/Stilz AktG/*Fock*/*Wüsthoff* § 208 Rn. 33; Grigoleit AktG/*Rieder*/*Holzmann* § 208 Rn. 9.
[44] Bürgers/Körber AktG/*Marsch-Barner* § 208 Rn. 9; Hüffer/*Koch* AktG § 208 Rn. 11; Spindler/ Stilz AktG/*Fock*/*Wüsthoff* § 208 Rn. 33; Grigoleit AktG/*Rieder*/*Holzmann* § 208 Rn. 9; MüKoAktG/ *Arnold* § 208 Rn. 37.
[45] K. Schmidt/Lutter AktG/*Veil* § 208 Rn. 10; Grigoleit AktG/*Rieder*/*Holzmann* § 208 Rn. 9; MüKoAktG/*Arnold* § 208 Rn. 39.
[46] MüKoAktG/*Arnold* § 207 Rn. 19; Bürgers/Körber AktG/*Marsch-Barner* § 207 Rn. 5; Spindler/ Stilz AktG/*Fock*/*Wüsthoff* § 207 Rn. 15; KölnKommAktG/*Lutter* § 207 Rn. 14; Grigoleit AktG/ *Rieder*/*Holzmann* § 207 Rn. 8; *Fett*/*Spiering* NZG 2002, 358 (359).
[47] In dem der Entscheidung des OLG Dresden AG 2001, 532 zugrunde liegenden Sachverhalt hatte ein Aktionär auf die Berücksichtigung von einzelnen Altaktien zur Herstellung eines glatten Erhöhungsverhältnisses von 10:1 verzichtet, womit § 212 S. 1 AktG verletzt war.
[48] S. auch GroßkommAktG/*Hirte* § 207 Rn. 120.
[49] MüKoAktG/*Arnold* § 209 Rn. 16; Spindler/Stilz AktG/*Fock*/*Wüsthoff* § 209 Rn. 9; Großkomm-AktG/*Hirte* § 209 Rn. 24; Bürgers/Körber AktG/*Marsch-Barner* § 209 Rn. 2.

§ 207 Abs. 3 AktG aF zwar nicht mehr Voraussetzung für die Kapitalerhöhung, wohl aber nach wie vor Voraussetzung für die Verwendung der letzten Jahresbilanz (vgl. → Rn. 18).

29 Wegen der Notwendigkeit von Prüfung und Testat des Abschlussprüfers können **kleine und Kleinstaktiengesellschaften,** die gem. §§ 316 Abs. 1, 267 Abs. 1, 267a Abs. 2 HGB nicht prüfungspflichtig sind, ihre Jahresbilanz nur benutzen, wenn sie eine Prüfung des Abschlusses durchführen lassen. Die Prüfung kann auch noch nach Feststellung des Abschlusses erfolgen.[50] Eine gemäß § 266 Abs. 1 S. 3 HGB **verkürzte Bilanz** ist schon mit Blick auf § 208 Abs. 1 S. 1 u. 2 AktG nicht ausreichend.[51] Gegenstand der **Prüfung** ist allein die Bilanz, nicht der gesamte Jahresabschluss.[52]

30 Die **8-Monats-Frist** berechnet sich nach dem Stichtag, auf den die Bilanz aufgestellt wurde (nicht etwa dem Tag ihrer Feststellung), und dem Tag des Eingangs der Anmeldung des Kapitalerhöhungsbeschlusses beim Handelsregister. Ist die Anmeldung zunächst nicht ordnungsgemäß, wird der Mangel aber auf Grund einer Zwischenverfügung alsbald behoben, bleibt die Frist durch die ursprüngliche Anmeldung gewahrt.[53] Die Gegenansicht[54] überdehnt den Schutzzweck des Gesetzes. Wird die Frist, selbst nur ganz kurz,[55] überschritten, darf das Registergericht den Kapitalerhöhungsbeschluss nicht eintragen (§ 210 Abs. 2 AktG).

31 Die Bilanz ist den Aktionären ab Einberufung **zugänglich zu machen.** Maßgeblich ist hierfür § 175 Abs. 2 AktG. Dieser findet, wenn die ordentliche Hauptversammlung über die Erhöhung beschließt und ihr der Jahresabschluss für das abgelaufene Geschäftsjahr zugrunde gelegt wird, direkt und, wenn eine andere Bilanz maßgeblich ist, über § 209 Abs. 6 AktG sinngemäß Anwendung. Keine gesetzliche Regelung findet sich, wenn zwar der Jahresabschluss zugrunde gelegt wird, aber nicht die ordentliche Hauptversammlung die Entscheidung trifft. Weder § 175 Abs. 2 AktG (der die ordentliche Hauptversammlung betrifft) noch § 209 Abs. 6 iVm § 175 Abs. 2 AktG (wonach eine andere Bilanz maßgeblich sein muss) finden tatbestandlich Anwendung. Diese Lücke ist durch eine Analogie zu §§ 209 Abs. 6, 175 Abs. 2 AktG zu schließen.[56] Das Zugänglichmachen kann durch Auslegung in den Geschäftsräumen der Gesellschaft[57] sowie bei Verlangen eines Aktionärs

---

[50] KölnKommAktG/*Lutter* § 209 Rn. 4; MüKoAktG/*Arnold* § 209 Rn. 10; Hüffer/*Koch* AktG § 209 Rn. 3; Hölters AktG/*Simons* § 209 Rn. 4; HdB AG-Finanzierung/*Jaspers* Kap. 7 Rn. 45; aA Bürgers/Körber AktG/*Marsch-Barner* § 209 Rn. 2.

[51] Str.; wie hier Bürgers/Körber AktG/*Marsch-Barner* § 209 Rn. 2; Hüffer/*Koch* AktG § 209 Rn. 3; Wachter AktG/*Wagner* § 209 Rn. 3; KölnKommAktG/*Lutter* § 209 Rn. 4; HdB börsennotierte AG/*Busch* Rn. 45.7; HdB AG-Finanzierung/*Jaspers* Kap. 7 Rn. 50; aA Hölters AktG/*Simons* § 209 Rn. 3; Spindler/Stilz AktG/*Fock/Wüsthoff* § 209 Rn. 4; MüKoAktG/*Arnold* § 209 Rn. 7; GroßkommAktG/*Hirte* § 209 Rn. 14; Grigoleit AktG/*Rieder/Holzmann* § 209 Rn. 3.

[52] GroßkommAktG/*Hirte* § 209 Rn. 18; MüKoAktG/*Arnold* § 209 Rn. 10.

[53] Ebenso zu § 209 Abs. 1 AktG Grigoleit AktG/*Rieder/Holzmann* § 210 Rn. 8; HdB börsennotierte AG/*Busch* Rn. 45.8; Hölters AktG/*Simons* § 209 Rn. 7; Spindler/Stilz AktG/*Fock/Wüsthoff* § 209 Rn. 14; Bürgers/Körber AktG/*Marsch-Barner* § 209 Rn. 3; ferner zu § 57e Abs. 1 GmbHG die wohl hM; vgl. Michalski GmbHG/*Hermanns* § 57e Rn. 9; MüKoGmbHG/*Lieder* § 57e Rn. 15; Scholz GmbHG/*Priester* §§ 57e–57g Rn. 16; Baumbach/Hueck GmbHG/*Zöllner/Fastrich* § 57e Rn. 4; ebenso zu § 17 Abs. 2 S. 4 UmwG Kallmeyer UmwG/*Zimmermann* § 17 Rn. 26; Lutter UmwG/*Bork* § 17 Rn. 6; KölnKommUmwG/*Simon* § 17 Rn. 44 f.; Maulbetsch/Klumpp/Rose UmwG/*Gundlach* § 17 Rn. 13 f.; Schmitt/Hörtnagl/Stratz UmwG/*Hörtnagl* UmwG § 17 Rn. 45 ff.

[54] KölnKommAktG/*Lutter* § 209 Rn. 8; MüKoAktG/*Arnold* § 209 Rn. 21; Hüffer/*Koch* AktG § 209 Rn. 5.

[55] OLG Frankfurt a. M. BB 1981, 1253 f.; LG Essen BB 1982, 1901; vgl. auch Spindler/Stilz AktG/*Fock/Wüsthoff* § 209 Rn. 14; K. Schmidt/Lutter AktG/*Veil* § 209 Rn. 6; Bürgers/Körber AktG/*Marsch-Barner* § 209 Rn. 3; Hölters AktG/*Simons* § 209 Rn. 7.

[56] AllgM, wobei zT auch eine Analogie nur zu § 175 Abs. 2 AktG herangezogen wird, was jedoch im Ergebnis keinen Unterschied macht; vgl. MüKoAktG/*Arnold* § 209 Rn. 24; Hüffer/*Koch* AktG § 209 Rn. 2; Spindler/Stilz AktG/*Fock/Wüsthoff* § 209 Rn. 15; K. Schmidt/Lutter AktG/*Veil* § 209 Rn. 2.

[57] Diese müssen sich nicht am statutarischen Gesellschaftssitz (§ 5 AktG) befinden; die Auslegung an einem Ort, an dem sich die Verwaltung befindet, in der Regel in den Geschäftsräumen der Hauptverwaltung, genügt. Vgl. BGH AG 2011, 518 Rn. 16; Hüffer/*Koch* AktG § 175 Rn. 6.

unverzügliche und kostenlose Übersendung einer Abschrift erfolgen (§ 175 Abs. 2 S. 1 u. 2 AktG). Alternativ kann die Gesellschaft die Bilanz ab Einberufung der Hauptversammlung über ihre Internetseite zur Verfügung stellen (§ 175 Abs. 2 S. 4 AktG).

2. Zwischenbilanz. Statt der letzten Jahresbilanz kann der Kapitalerhöhung auch eine 32 gesonderte Zwischenbilanz zugrunde gelegt werden. Dies kommt im Wesentlichen in Betracht, wenn die **8-Monats-Frist** zur Verwendung der letzten Jahresbilanz nicht eingehalten werden kann und die Feststellung der nächsten Jahresbilanz nicht abgewartet werden soll. Da nur Beträge in Grundkapital umwandelbar sind, die auch schon in der letzten Jahresbilanz ausgewiesen waren (→ Rn. 40), können durch eine Zwischenbilanz hingegen nicht zwischenzeitlich gebildete Rücklagen für die Erhöhung nutzbar gemacht werden. Anders liegt es aber bzgl. der „Abzugsposten" gemäß § 208 Abs. 2 AktG. Die Verwendung einer Zwischenbilanz kann sich daher anbieten, wenn bis zum Stichtag der Zwischenbilanz **Verluste beseitigt** oder der Umwandlung entgegenstehende **Zweckbindungen aufgehoben** worden sind.[58] Der **Stichtag** der Zwischenbilanz darf höchstens acht Monate vor der Anmeldung des Kapitalerhöhungsbeschlusses zur Eintragung ins Handelsregister liegen (§ 209 Abs. 2 S. 2 AktG); es gilt das Gleiche wie für die Jahresbilanz (vgl. → Rn. 30).

Die Zwischenbilanz ist vom Vorstand **aufzustellen.** Für ihren Inhalt gelten die gleichen 33 Grundsätze wie für die Aufstellung der Jahresbilanz (§ 209 Abs. 2 S. 1 AktG). Die Zwischenbilanz muss auf der letzten Jahresbilanz aufbauen und den bis zum Stichtag der Zwischenbilanz angefallenen Gewinn oder Verlust ausweisen. Ist der Abschluss für das letzte abgelaufene Geschäftsjahr noch nicht festgestellt – was seit der Streichung von § 207 Abs. 3 AktG aF für die Kapitalerhöhung nicht mehr erforderlich ist (→ Rn. 18) –, ist unklar, auf welchem Abschluss die Zwischenbilanz aufbauen muss; es ist in diesem Fall zweckmäßig, den Abschluss für das vorletzte Geschäftsjahr als Ausgang zu nehmen und einen Stichtag für die Zwischenbilanz im letzten Geschäftsjahr zu wählen.[59] Gewinn- und Verlustrechnung, Anhang und Lagebericht sind nicht erforderlich. Auch ein Gewinnverwendungsvorschlag ist nicht zu machen, da der aus der Zwischenbilanz sich ergebende Gewinn nicht zur Ausschüttung steht.[60]

Die Zwischenbilanz ist durch einen Abschlussprüfer darauf zu prüfen, ob sie den §§ 150, 34 152 AktG, §§ 242–256, 264–274 HGB entspricht (§ 209 Abs. 3 S. 1 AktG). Die **Prüfung** erfolgt durch denjenigen Prüfer, der für die Prüfung des letzten Jahresabschlusses bestellt worden ist, sofern nicht die Hauptversammlung, bei Versicherungsgesellschaften der Aufsichtsrat, einen anderen Prüfer wählt (§ 209 Abs. 4 S. 1, Abs. 5 S. 1 AktG). Das gilt auch bei nicht prüfungspflichtigen kleinen und Kleinstaktiengesellschaften (§§ 316 Abs. 1, 267 Abs. 1, 267a Abs. 2 HGB), sofern diese für eine freiwillige Prüfung des letzten Jahresabschlusses einen Abschlussprüfer bestellt haben; andernfalls haben die Aktionäre in einer Hauptversammlung, bei der Hauptversammlung, die über die Kapitalerhöhung beschließt, vorausgeht, einen Prüfer zu wählen. Für die Auswahl der Prüfer und etwaige Ausschlussgründe gelten §§ 319 Abs. 1–4, 319a Abs. 1 HGB entsprechend (§ 209 Abs. 4 S. 2 AktG). Abschlussprüfer können nur Wirtschaftsprüfer und Wirtschaftsprüfungsgesellschaften sein; eine Prüfung durch vereidigte Buchprüfer und Buchprüfungsgesellschaften reicht nicht (§ 209 Abs. 4 S. 2 AktG, § 319 Abs. 1 HGB; § 209 Abs. 5 S. 2 AktG, §§ 341k Abs. 1 S. 1, 319 Abs. 1 HGB für Versicherungsgesellschaften).[61] Die Erteilung des Prüfauftrags erfolgt durch den Aufsichtsrat (§ 209 Abs. 4 S. 2 AktG iVm § 318 Abs. 1 S. 4 HGB). Für

---

[58] GroßkommAktG/*Hirte* § 209 Rn. 33; Hüffer/*Koch* AktG § 209 Rn. 6; MüKoAktG/*Arnold* § 209 Rn. 28.

[59] Näher HdB börsennotierte AG/*Busch* Rn. 45.10; Hölters AktG/*Simons* § 209 Rn. 21; Bürgers/Körber AktG/*Marsch-Barner* § 209 Rn. 5.

[60] Spindler/Stilz AktG/*Fock/Wüsthoff* § 209 Rn. 17; Bürgers/Körber AktG/*Marsch-Barner* § 209 Rn. 5.

[61] MüKoAktG/*Arnold* § 209 Rn. 31; Hüffer/*Koch* AktG § 209 Rn. 9; Spindler/Stilz AktG/*Fock/Wüsthoff* § 209 Rn. 23; Hölters AktG/*Simons* § 209 Rn. 16; GroßkommAktG/*Hirte* § 209 Rn. 39;

die Prüfung gelten die in § 209 Abs. 4 S. 2 AktG im Einzelnen genannten Vorschriften über die Prüfung des Jahresabschlusses entsprechend; bei Versicherungsgesellschaften gelten einige abweichende Regeln (§ 209 Abs. 5 AktG). Der Zwischenbilanz muss von den Prüfern der uneingeschränkte **Bestätigungsvermerk** (§ 209 Abs. 3 S. 2 AktG) mit dem Inhalt erteilt sein, dass die Bilanz nach ihrer pflichtgemäßen Prüfung den in § 209 Abs. 3 S. 1 AktG zitierten Vorschriften entspricht. Wird die Zwischenbilanz nach ihrer Prüfung vom Vorstand oder von der Hauptversammlung geändert, muss sie erneut geprüft und mit dem uneingeschränkten Bestätigungsvermerk versehen werden.[62]

35 Auch bei nicht prüfungspflichtigen **kleinen und Kleinstaktiengesellschaften** genügt trotz des Verweises in § 209 Abs. 2 S. 1 AktG auf § 266 HGB keine verkürzte Bilanz iSv § 266 Abs. 1 S. 3 HGB.[63] Da auch die letzte Jahresbilanz dem Registergericht vorzulegen ist und die erforderlichen Rücklagen ausweisen muss (→ Rn. 40 u. 50), liegt es nahe, dass auch diese nicht verkürzt sein darf.[64] Einer Prüfung und eines uneingeschränkten Bestätigungsvermerks bedarf hingegen nur die Zwischenbilanz, nicht auch die letzte Jahresbilanz.[65]

36 Ab der Einberufung der Hauptversammlung, die über die Kapitalerhöhung entscheiden soll, ist die Zwischenbilanz den Aktionären **zugänglich zu machen** (§ 209 Abs. 6 iVm § 175 Abs. 2 S. 1, 2 u. 4 AktG; → Rn. 31). Dies kann durch Zugänglichmachen über die Internetseite der Gesellschaft (§§ 209 Abs. 6, 175 Abs. 2 S. 4 AktG) erfolgen. Alternativ kann die Zwischenbilanz in den Geschäftsräumen der Gesellschaft ausgelegt werden; in diesem Fall ist jedem Aktionär auf Verlangen unverzüglich eine Abschrift zu erteilen (§§ 209 Abs. 6, 175 Abs. 2 S. 1, 2 und 4 AktG). Die Bilanz muss zu diesem Zeitpunkt noch nicht geprüft und mit dem Bestätigungsvermerk versehen sein.[66] Die Bilanz muss jedoch in der Form zugänglich gemacht werden, in welcher sie später der Hauptversammlung als Grundlage des Kapitalerhöhungsbeschlusses vorgelegt wird. Während des Verfahrens des Zugänglichmachens sind Änderungen nicht mehr zulässig; andernfalls fehlt es an einem ordnungsgemäßen Zugänglichmachen.[67] Es ist deshalb zweckmäßig, die Zwischenbilanz vorher prüfen und testieren zu lassen.

37 Eine **Feststellung** der Zwischenbilanz nach Maßgabe der §§ 172, 173 AktG, der eine gesonderte Bilanzprüfung und Berichterstattung des Aufsichtsrats nach § 171 AktG vorausgehen müsste, ist nicht erforderlich.[68] Allerdings hat der Aufsichtsrat die Zwischenbilanz im Rahmen seines Überwachungsauftrags (§ 111 Abs. 1 AktG) zu prüfen; einer ausdrücklichen Billigung bedarf es jedoch nicht.[69]

Bürgers/Körber AktG/*Marsch-Barner* § 209 Rn. 7; *Fett/Spiering* NZG 2002, 358 (361); aA KölnKommAktG/*Lutter* § 209 Rn. 13.
[62] MüKoAktG/*Arnold* § 209 Rn. 37; Hüffer/*Koch* AktG § 209 Rn. 10; Hölters AktG/*Simons* § 209 Rn. 19; Bürgers/Körber AktG/*Marsch-Barner* § 209 Rn. 8.
[63] Str.; → Rn. 29.
[64] So richtig Wachter AktG/*Wagner* § 209 Rn. 3.
[65] GroßkommAktG/*Hirte* 210 Rn. 21; Hölters AktG/*Simons* § 209 Rn. 4 aE u. 18.
[66] MüKoAktG/*Arnold* § 209 Rn. 40; Spindler/Stilz AktG/*Fock/Wüsthoff* § 209 Rn. 27; Hüffer/*Koch* AktG § 209 Rn. 13; Hölters AktG/*Simons* § 209 Rn. 22.
[67] MüKoAktG/*Arnold* § 209 Rn. 40; Hüffer/*Koch* AktG § 209 Rn. 13; Hölters AktG/*Simons* § 209 Rn. 22; Bürgers/Körber AktG/*Marsch-Barner* § 209 Rn. 9.
[68] GroßkommAktG/*Hirte* § 209 Rn. 37; K. Schmidt/Lutter AktG/*Veil* § 209 Rn. 12; Bürgers/Körber AktG/*Marsch-Barner* § 209 Rn. 5; HdB börsennotierte AG/*Busch* Rn. 45.12; zweifelnd Hüffer/*Koch* AktG § 209 Rn. 11; Hölters AktG/*Simons* § 209 Rn. 20; aA GroßkommAktG/*Hirte* § 209 Rn. 37.
[69] GroßkommAktG/*Hirte* § 209 Rn. 37; HdB börsennotierte AG/*Busch* Rn. 45.12; K. Schmidt/Lutter AktG/*Veil* § 209 Rn. 12; Bürgers/Körber AktG/*Marsch-Barner* § 209 Rn. 5; Hüffer/*Koch* AktG § 209 Rn. 11 hält Billigung grds. für erforderlich, sieht diese aber konkludent im Erhöhungsbeschluss; für eine „kann"-Lösung Hölters AktG/*Simons* § 209 Rn. 20. Im Grundsatz ähnlich wie hier die überwiegende Meinung zum GmbH-Recht, die eine konkludente Billigung der Zwischenbilanz durch

3. Verstöße. Eine nicht ordnungsgemäße Auslegung der Bilanz führt zur Anfechtbarkeit 38 des Kapitalerhöhungsbeschlusses.[70] Zu den Folgen einer fehlenden Angabe der maßgeblichen Bilanz im Beschluss und von Verstößen gegen die materiellen Anforderungen des § 209 AktG vgl. → Rn. 20 u. 23. Liegt der Stichtag der Bilanz bei Anmeldung des Kapitalerhöhungsbeschlusses länger als acht Monate zurück, darf das Registergericht die Kapitalerhöhung nicht eintragen (§ 210 Abs. 2 AktG); wird gleichwohl eingetragen, ist die Kapitalerhöhung jedoch in vollem Umfang wirksam (auch → Rn. 23).[71]

IV. Umwandlungsfähige Rücklagen

1. Zulässigkeit der Umwandlung. Es muss sichergestellt sein, dass das Gesellschaftsver- 39 mögen, welches in Grundkapital umgewandelt werden soll, auch tatsächlich vorhanden ist. § 208 AktG lässt deshalb nur die Umwandlung solcher Beträge zu, die in der Bilanz unter der Position „**Kapitalrücklage**" oder „**Gewinnrücklagen**" oder im letzten Gewinnverwendungsbeschluss als **Zuführung** zu diesen Rücklagen ausgewiesen sind.

a) Kapital-, Gewinnrücklagen. Umwandlungsfähig sind die Kapitalrücklagen iSv § 266 40 Abs. 3 A. II. HGB (zur Bildung s. § 272 Abs. 2 HGB) und die Gewinnrücklagen iSv § 266 Abs. 3 A. III. HGB (zur Bildung s. § 272 Abs. 3 HGB). Gewinnrücklagen für Anteile an einem beherrschenden oder mehrheitlich beteiligten Unternehmen (§§ 266 Abs. 3 A. III. 2., 272 Abs. 4 HGB) stehen jedoch gemäß § 208 Abs. 2 S. 2 AktG **wegen ihrer Zweckbindung** für die Umwandlung nicht zur Verfügung (→ Rn. 47). Die früher für **eigene Anteile** zu bildende Gewinnrücklage ist durch das BilMoG abgeschafft worden. Nunmehr ist der Nennbetrag bzw. der rechnerische Anteil am Grundkapital, der auf die eigenen Aktien entfällt, vom gezeichneten Kapital abzusetzen, und ein darüber hinausgehender Anschaffungspreis ist mit den frei verfügbaren Rücklagen (andere Gewinnrücklagen, Kapitalrücklage iSv § 272 Abs. 2 Nr. 4 HGB) zu verrechnen (§ 272 Abs. 1a HGB). Eigene Anteile mindern aufgrund der Verrechnung somit den Betrag der umwandlungsfähigen Rücklagen; erfolgt ihr Erwerb nach der für die Kapitalerhöhung maßgeblichen Bilanz, sind sie bei der Abgabe der Erklärung gemäß § 210 Abs. 1 S. 2 AktG zu beachten (→ Rn. 51). **Stille Reserven** sind nicht umwandlungsfähig, solange sie nicht aufgelöst und in der letzten Jahresbilanz in die Gewinnrücklagen eingestellt worden sind.[72] Ebenfalls nicht umwandlungsfähig waren die durch das BilMoG aufgehobenen **Sonderposten mit Rücklageanteil** (§§ 273, 247 Abs. 3 HGB aF).[73] Der **Ausweis** als Teil der umwandlungsfähigen Rücklagen muss in der letzten Jahresbilanz und, wenn der Umwandlung eine andere Bilanz zugrunde gelegt wird (vgl. → Rn. 32 ff.), zusätzlich auch in dieser enthalten sein; bei Veränderungen zwischen den beiden Bilanzen ist also nur der niedrigere Betrag umwandlungsfähig.[74]

---

die Gesellschafterversammlung genügen lässt; Scholz GmbHG/*Priester* §§ 57e–57g Rn. 3; GroßkommGmbHG/*Ulmer*/*Casper* §§ 57e–g Rn. 13; aA Baumbach/Hueck GmbHG/*Zöllner*/*Fastrich* § 57f Rn. 12; Lutter/Hommelhoff GmbHG/*Lutter* §§ 57e–57g Rn. 5, die einen ausdrücklichen Feststellungsbeschluss fordern.

[70] MüKoAktG/*Arnold* § 209 Rn. 46; Bürgers/Körber AktG/*Marsch-Barner* § 209 Rn. 10; Hüffer/Koch AktG § 209 Rn. 14; K. Schmidt/Lutter AktG/*Veil* § 209 Rn. 14; Hölters AktG/*Simons* § 209 Rn. 27.

[71] Hüffer/*Koch* AktG § 209 Rn. 14; K. Schmidt/Lutter AktG/*Veil* § 209 Rn. 15; Hölters AktG/*Simons* § 209 Rn. 26; Bürgers/Körber AktG/*Marsch-Barner* § 209 Rn. 10; GroßkommGmbHG/*Ulmer*/*Casper* §§ 57e–g Rn. 19.

[72] MüKoAktG/*Arnold* § 208 Rn. 18; Spindler/Stilz AktG/*Fock*/*Wüsthoff* § 208 Rn. 9; Bürgers/Körber AktG/*Marsch-Barner* § 208 Rn. 5; Hölters AktG/*Simons* § 208 Rn. 5; Hüffer/*Koch* AktG § 208 Rn. 2; weitergehend (Zwischenbilanz genügt) *Veith* DB 1960, 109 (110).

[73] Vgl. MüKoAktG/*Arnold* § 208 Rn. 17; Hölters AktG/*Simons* § 208 Rn. 5; HdB AG-Finanzierung/*Jaspers* Kap. 7 Rn. 27.

[74] Hüffer/*Koch* AktG § 209 Rn. 6; GroßkommAktG/*Hirte* § 208 Rn. 34; Bürgers/Körber AktG/*Marsch-Barner* § 208 Rn. 2, § 209 Rn. 6; Wachter AktG/*Wagner* § 208 Rn. 2.

41 Die „**Herkunft**" der Kapitalrücklagen ist nicht entscheidend. Sie können auf Bar- oder Sachleistungen beruhen. Eine zusätzliche Anwendung der Vorschriften über eine ordentliche **Kapitalerhöhung gegen Sacheinlagen** (§§ 183 ff. AktG) kommt auch dann nicht in Betracht, wenn die Kapitalrücklagen gemäß § 272 Abs. 2 Nr. 4 HGB kurz vor der Kapitalerhöhung oder sogar für deren Durchführung durch Sacheinlagen geschaffen worden sind; der Gläubigerschutz wird durch die Kautelen der Kapitalerhöhung aus Gesellschaftsmitteln (va §§ 208 u. 209 AktG) sichergestellt.[75] Das entspricht auch der BGH-Rechtsprechung zu den möglichen Durchführungswegen von Kapitalerhöhungen im Wege des „Schütt-aushol-zurück"-Verfahren (dazu → Rn. 8 u. → § 57 Rn. 79 f.). Abzulehnen ist ferner eine analoge Anwendung des **§ 52 AktG,** wenn die Sachleistung in die Kapitalrücklage durch eine Person iSv § 52 Abs. 1 AktG ebenso innerhalb der ersten zwei Jahre des Bestehens der Gesellschaft erfolgt wie die Kapitalerhöhung aus Gesellschaftsmitteln.[76] Neben den Kautelen der Kapitalerhöhung aus Gesellschaftsmitteln gibt es aus Gründen des Gläubigerschutzes keinen Bedarf für eine zusätzliche Anwendung der Nachgründungsregeln. Ein Schutz anderer Aktionäre ist wegen § 212 AktG nicht erforderlich. Bei einer Kombination von Sachleistungen in die Kapitalrücklage und Kapitalerhöhung aus Gesellschaftsmitteln ist jedoch sorgfältig auf eine ordnungsgemäße Bilanzierung und Prüfung zu achten. Anderenfalls kann es beim Eintragungsverfahren zu Problemen kommen (→ Rn. 52 aE). Dient der Vorgang bewusst der Umwandlung von nicht werthaltigen Sachleistungen in Grundkapital, dürfte das zudem mit den Sorgfaltspflichten von Vorstand und Aufsichtsrat nicht vereinbar sein.

42 b) Zuführungen. Nach § 208 Abs. 1 S. 1 AktG können auch Zuführungen zu Kapital- und Gewinnrücklagen umgewandelt werden, wenn sie im letzten Beschluss über die Verwendung des Jahresüberschusses oder Bilanzgewinns als solche Zuführungen ausgewiesen sind. Eine Zuführung zu Kapitalrücklagen erfolgt iRd Verwendung des Jahresüberschusses (s. § 158 Abs. 1 AktG) oder des Bilanzgewinns (s. § 174 Abs. 2 AktG) allerdings nicht. In Betracht kommen somit allein Zuführungen zu den **Gewinnrücklagen**.[77] Im Übrigen ist auch der Verweis auf den Beschluss über die Verwendung des Jahresüberschusses irreführend. Stellt der Aufsichtsrat wie üblich den Jahresabschluss fest, entscheidet er nach Maßgabe der §§ 58, 158 Abs. 1 AktG über den Jahresüberschuss mit. Dabei in die Gewinnrücklagen eingestellte Beträge (s. §§ 152 Abs. 3 Nr. 2, 158 Abs. 1 Nr. 4 AktG) sind keine Zuführungen, sondern gebildete und bilanziell ausgewiesene Gewinnrücklagen.[78] Die Hauptversammlung entscheidet sodann über die **Verwendung** des Bilanzgewinns (§§ 58 Abs. 3, 174 Abs. 1 u. 2 AktG). Allein die Beträge, die danach in die Gewinnrücklagen eingestellt werden (§ 174 Abs. 2 Nr. 3 AktG), sind umwandlungsfähige Zuführungen iSv § 208 Abs. 1 S. 1 AktG. Entsprechendes gilt bei Feststellung des Jahresabschlusses durch die Hauptversammlung.[79] Bei der Feststellung gebildete Gewinnrücklagen (s. § 173 Abs. 2 S. 2 AktG) stehen nicht als Zuführungen, sondern als Gewinnrücklagen für die Umwandlung zur Verfügung. Lediglich die gemäß §§ 58 Abs. 3, 174 Abs. 2 Nr. 3 AktG iRd Verwendung des Bilanzgewinns in die Gewinnrücklagen eingestellten Beträge sind Zuführungen iSv § 208 Abs. 1 S. 1 AktG. Die Regelung betrifft somit allein **Zuführungen in die Gewinnrücklage iRd**

---

[75] OLG Hamm AG 2008, 713 (714 f.); MüKoAktG/*Arnold* § 208 Rn. 13; Hölters AktG/*Apfelbacher/Niggemann* § 183 Rn. 8 aE; zur GmbH MüKoGmbHG/*Lieder* § 57d Rn. 6; *Wicke* GmbHG § 57d Rn. 5; aA Henssler/Strohn/*Hermanns* AktG § 207 Rn. 11.

[76] OLG Hamm AG 2008, 713 (715), wo das Gericht allerdings auch – was str. ist (→ § 57 Rn. 64) – darauf abstellt, dass es keine außenstehenden Aktionäre gibt.

[77] Hölters AktG/*Simons* § 208 Rn. 14; MüKoAktG/*Arnold* § 208 Rn. 6; Spindler/Stilz AktG/*Fock/Wüsthoff* § 208 Rn. 10; Bürgers/Körber AktG/*Marsch-Barner* § 208 Rn. 3 u. 4.

[78] Spindler/Stilz AktG/*Fock/Wüsthoff* § 208 Rn. 11; GroßkommAktG/*Hirte* § 208 Rn. 10; Hölters AktG/*Simons* § 208 Rn. 14; MüKoAktG/*Arnold* § 208 Rn. 10.

[79] GroßkommAktG/*Hirte* § 208 Rn. 10; Hölters AktG/*Simons* § 208 Rn. 14; Spindler/Stilz AktG/*Fock/Wüsthoff* § 208 Rn. 11; aA Wachter AktG/*Wagner* § 208 Rn. 3.

Verwendung des Bilanzgewinns (§§ 58 Abs. 3, 174 Abs. 2 Nr. 3 AktG). Die Zuführung kann auch in der Weise geschehen, dass ein **Gewinnvortrag** iRd Entscheidung über die Verwendung des Bilanzgewinns in die Gewinnrücklagen eingestellt wird.[80] Geschieht das nicht, kann ein Gewinnvortrag nicht in Grundkapital umgewandelt werden.

Die Zuführung zu den Gewinnrücklagen kann **in derselben Hauptversammlung** wie 43 die Kapitalerhöhung aus Gesellschaftsmitteln beschlossen werden, wobei der Gewinnverwendungsbeschluss jedoch dem Kapitalerhöhungsbeschluss in der Hauptversammlung vorangehen muss.[81] Das legt § 208 Abs. 1 S. 1 AktG nahe, der eine Zuführung durch den „letzten" Gewinnverwendungsbeschluss verlangt. Die Zuführung zu den Gewinnrücklagen ist lediglich auf der Grundlage eines **Jahresabschlusses** möglich.[82] Nur auf dessen Grundlage, nicht jedoch auf der Grundlage einer Zwischenbilanz erfolgt eine Gewinnverwendung. Für die Umwandlung stehen nur Beträge zur Verfügung, die im letzten Jahresabschluss als Rücklagen ausgewiesen oder im letzten Beschluss über die Gewinnverwendung in die Gewinnrücklagen eingestellt worden sind. Sollen die neuen Aktien ein **rückwirkendes Gewinnbezugsrecht** für das letzte abgelaufene Geschäftsjahr erhalten, darf die Hauptversammlung über die Verwendung dieses Bilanzgewinns erst nach dem Kapitalerhöhungsbeschluss entscheiden (§ 217 Abs. 2 S. 2 AktG; → Rn. 72). Die Umwandlung dieses Gewinns in Grundkapital iRd zuvor beschlossenen Kapitalerhöhung scheidet dann aus.

2. Beschränkung und Ausschluss der Umwandlung. a) 10 %-Grenze. Die **Kapital-** 44 **rücklage** (§ 266 Abs. 3 A. II. HGB), die **gesetzliche Rücklage** (§ 266 Abs. 3 A. III. 1. HGB) und deren **Zuführung** im Gewinnverwendungsbeschluss können nur insoweit umgewandelt werden, als sie zusammen einen Betrag von 10 % des Grundkapitals überschreiten; Kapitalrücklage, gesetzliche Rücklage und ihre Zuführung müssen also zusammen mindestens in Höhe von 10 % des Grundkapitals bestehen bleiben.[83] Maßgeblich ist das bisherige, nicht das erhöhte Grundkapital.[84] Die Satzung kann eine höhere Mindestquote festsetzen (§ 208 Abs. 1 S. 3 AktG). Möglich ist es, eine Aufhebung oder Reduzierung dieser Satzungsregelung in derselben Hauptversammlung wie die Kapitalerhöhung zu beschließen; trotz § 181 Abs. 3 AktG ist dies für Zwecke des § 208 Abs. 1 S. 2 AktG zu berücksichtigen, wenn – zB durch eine unechte Bedingung – sichergestellt ist, dass die Satzungsänderung spätestens unmittelbar vor der Kapitalerhöhung eingetragen wird.[85]

Die Verwendungsbeschränkung erfasst nur die Kapitalrücklage nach § 272 Abs. 2 45 Nr. 1–3 HGB, während Zuführungen zur Kapitalrücklage nach § 272 Abs. 2 Nr. 4 HGB nicht hierunter fallen; insoweit beruht der weitergehende Gesetzeswortlaut auf einem Redaktionsversehen.[86] **Andere Gewinnrücklagen** (§ 266 Abs. 3 A. III. 4 HGB) und deren Zuführungen können in voller Höhe umgewandelt werden, soweit nicht einer der

---

[80] MüKoAktG/*Arnold* § 208 Rn. 15; Spindler/Stilz AktG/*Fock/Wüsthoff* § 208 Rn. 13; Hölters AktG/*Simons* § 208 Rn. 15; Bürgers/Körber AktG/*Marsch-Barner* § 208 Rn. 5.
[81] Bürgers/Körber AktG/*Marsch-Barner* § 208 Rn. 4; Grigoleit AktG/*Rieder/Holzmann* § 208 Rn. 5; Spindler/Stilz AktG/*Fock/Wüsthoff* § 208 Rn. 12; MüKoAktG/*Arnold* § 208 Rn. 9.
[82] Spindler/Stilz AktG/*Fock/Wüsthoff* § 208 Rn. 16; Grigoleit AktG/*Rieder/Holzmann* § 208 Rn. 5; Hüffer/*Koch* AktG § 208 Rn. 5.
[83] Die Sonderregelung in § 4 Abs. 5 EGAktG, wonach bei Kapitalerhöhungen zur Umstellung auf Euro eine Ausnahme von der 10 %-Grenze gilt, dürfte kaum noch praktische Bedeutung haben.
[84] MüKoAktG/*Arnold* § 208 Rn. 23; Hüffer/*Koch* AktG § 208 Rn. 6; Hölters AktG/*Simons* § 208 Rn. 8; Spindler/Stilz AktG/*Fock/Wüsthoff* § 208 Rn. 19; Bürgers/Körber AktG/*Marsch-Barner* § 208 Rn. 6.
[85] Str.; wie hier GroßkommAktG/*Hirte* § 208 Rn. 20; Hölters AktG/*Simons* § 208 Rn. 9; Bürgers/Körber AktG/*Marsch-Barner* § 208 Rn. 6; MüKoAktG/*Arnold* § 208 Rn. 5; Hüffer/*Koch* AktG § 208 Rn. 6; HdB börsennotierte AG/*Busch* Rn. 45.17 Fn. 3; aA Grigoleit AktG/*Rieder/Holzmann* § 208 Rn. 6; Spindler/Stilz AktG/*Fock/Wüsthoff* § 208 Rn. 23; KölnKommAktG/*Lutter* § 208 Rn. 10.
[86] OLG Hamm AG 2008, 713 (714); MüKoAktG/*Arnold* § 208 Rn. 20 f.; GroßkommAktG/*Hirte* § 208 Rn. 16; Spindler/Stilz AktG/*Fock/Wüsthoff* § 208 Rn. 22; Hölters AktG/*Simons* § 208 Rn. 7; HdB börsennotierte AG/*Busch* Rn. 45.17.

Ausschlusstatbestände nach § 208 Abs. 2 AktG (vgl. → Rn. 47) eingreift (§ 208 Abs. 1 S. 2 AktG); Gleiches gilt für satzungsmäßige Rücklagen (§ 266 Abs. 3 A. III. 3 HGB).

46 **b) Verlust oder Verlustvortrag.** Die Rücklagen und deren Zuführungen können nicht umgewandelt werden, soweit in der zugrunde gelegten Bilanz ein **Verlust,** einschließlich eines Verlustvortrags, ausgewiesen ist (§ 208 Abs. 2 S. 1 AktG). Die umwandlungsfähigen Rücklagen sind um den Betrag des Verlustes zu kürzen. Eine Abdeckung des Verlustes aus nicht umwandlungsfähigen Rücklagen ist unzulässig.[87] In der verbleibenden Höhe kann die Umwandlung erfolgen.

47 **c) Zweckbestimmte Gewinnrücklagen.** Zweckbestimmte Gewinnrücklagen und deren Zuführungen dürfen nur umgewandelt werden, soweit dies mit ihrer Zweckbestimmung vereinbar ist (§ 208 Abs. 2 S. 2 AktG). Aus diesem Grunde sind Rücklagen für Anteile an einem herrschenden oder mehrheitlich beteiligten Unternehmen (§ 266 Abs. 3 A. III. 2 HGB), solange sie nicht aufgelöst werden können (s. § 272 Abs. 4 S. 4 HGB), nicht umwandlungsfähig, da sie der Zweckbindung des § 272 Abs. 4 HGB unterliegen.[88] Bei satzungsmäßigen Rücklagen und anderen Gewinnrücklagen (§ 266 Abs. 3 A. III. 3, 4 HGB) ist die Umwandlung mit der Zweckbestimmung vereinbar, wenn die Rücklage für **aktivierungsfähige Aufwendungen** (zB Ersatzbeschaffungen) bestimmt ist; die Zweckbestimmung steht der Umwandlung entgegen, wenn der Zweck der Rücklage auf nicht aktivierungsfähige, dh **vermögensmindernde Aufwendungen** gerichtet ist (zB Dividendenergänzung, freiwillige Sozialleistungen, Spenden).[89] Die Zweckbestimmung kann sich aus der Satzung ergeben oder durch die Gesellschaftsorgane, welche die Rücklage bilden,[90] bei Bildung der Rücklage vorgenommen werden. Ob die Zweckbestimmung der Bilanz entnommen werden kann, ist für das Eingreifen des Umwandlungsverbots ohne Bedeutung.[91] Durch **Änderung der Zweckbestimmung** kann die Umwandlungsfähigkeit der Rücklage hergestellt werden. Das setzt bei einer satzungsmäßigen Rücklage einen vorherigen satzungsändernden Beschluss voraus. Dabei genügt es trotz § 181 Abs. 3 AktG, wenn dieser in derselben Hauptversammlung gefasst wird, in der über die Kapitalerhöhung beschlossen wird, und spätestens unmittelbar vor der Kapitalerhöhung eingetragen wird.[92]

---

[87] MüKoAktG/*Arnold* AktG § 208 Rn. 32; Hüffer/*Koch* AktG § 208 Rn. 7; Hölters AktG/*Simons* § 208 Rn. 17; Spindler/Stilz AktG/*Fock/Wüsthoff* § 208 Rn. 26; K. Schmidt/Lutter AktG/*Veil* § 208 Rn. 7; Bürgers/Körber AktG/*Marsch-Barner* § 208 Rn. 7.

[88] Spindler/Stilz AktG/*Fock/Wüsthoff* § 208 Rn. 7; Hölters AktG/*Simons* § 208 Rn. 2, 18; Grigoleit AktG/*Rieder/Holzmann* § 208 Rn. 2.

[89] KölnKommAktG/*Lutter* § 208 Rn. 18; MüKoAktG/*Arnold* § 208 Rn. 35; GroßkommAktG/*Hirte* § 208 Rn. 50; Hüffer/*Koch* AktG § 208 Rn. 8; Hölters AktG/*Simons* § 208 Rn. 19; K. Schmidt/Lutter AktG/*Veil* § 208 Rn. 8; Bürgers/Körber AktG/*Marsch-Barner* § 208 Rn. 8. Zweifelnd hinsichtlich der Umwandlungsfähigkeit von Rücklagen für Ersatzbeschaffungen Spindler/Stilz AktG/*Fock/Wüsthoff* § 208 Rn. 32.

[90] MüKoAktG/*Arnold* § 208 Rn. 33; Hüffer/*Koch* AktG § 208 Rn. 9; Hölters AktG/*Simons* § 208 Rn. 18; Spindler/Stilz AktG/*Fock/Wüsthoff* § 208 Rn. 31; Bürgers/Körber AktG/*Marsch-Barner* § 208 Rn. 8; K. Schmidt/Lutter AktG/*Veil* § 208 Rn. 8.

[91] MüKoAktG/*Arnold* § 208 Rn. 34; Hüffer/*Koch* AktG § 208 Rn. 9; GroßkommAktG/*Hirte* § 208 Rn. 45; Hölters AktG/*Simons* § 208 Rn. 18; Bürgers/Körber AktG/*Marsch-Barner* § 208 Rn. 8; zu § 57d Abs. 3 GmbHG ebenso Scholz/*Priester* GmbHG § 57d Rn. 13; GroßkommGmbHG/*Ulmer/Casper* § 57d Rn. 15; aA *v. Buchard* BB 1961, 1186 (1187); KölnKommAktG/*Lutter* § 208 Rn. 19; GroßkommAktG/*Wiedemann*, 3. Aufl., § 208 Anm. 10.

[92] Str.; ebenso GroßkommAktG/*Hirte* § 208 Rn. 46; MüKoAktG/*Arnold* § 208 Rn. 36; Bürgers/Körber AktG/*Marsch-Barner* § 208 Rn. 8; Henssler/Strohn AktG/*Hermanns* AktG § 208 Rn. 14; HdB börsennotierte AG/*Busch* Rn. 45.18; Hölters AktG/*Simons* § 208 Rn. 20; Hüffer/*Koch* AktG § 208 Rn. 9; HdB AG-Finanzierung/*Jaspers* Kap. 7 Rn. 40; ebenso allgM zu § 57d Abs. 3 GmbHG, s. MüKoGmbHG/*Lieder* § 57d Rn. 27; Michalski GmbHG/*Hermanns* § 57d Rn. 27; GroßkommGmbHG/*Ulmer/Casper* § 57d Rn. 6 f.; aA KölnKommAktG/*Lutter* § 208 Rn. 20; Grigoleit AktG/*Rieder/Holzmann* § 208 Rn. 8; K. Schmidt/Lutter AktG/*Veil* § 208 Rn. 9.

Eine entsprechende Eintragungsabfolge sollte daher – zB durch eine unechte Bedingung – in den Beschlüssen vorgesehen werden.

d) Sonderrücklagen nach §§ 199 Abs. 2, 218 S. 2 AktG. Ebenfalls nicht umwandlungsfähig sind die gesetzlichen Sonderrücklagen nach § 199 Abs. 2 AktG (vgl. → § 58 Rn. 89 ff.) und § 218 S. 2 AktG (vgl. → Rn. 93).[93]

V. Anmeldung, Eintragung und Wirksamwerden

1. Anmeldung[94]. Der Kapitalerhöhungsbeschluss ist durch den Vorstand und den Vorsitzenden des Aufsichtsrats gemeinsam zur Eintragung ins Handelsregister **anzumelden** (§ 207 Abs. 2, 184 Abs. 1 S. 1 AktG). Es gelten die gleichen Grundsätze wie bei der regulären Kapitalerhöhung; vgl. → § 57 Rn. 88.

Als **Anlagen** sind der Anmeldung beizufügen: (1) die **notarielle Niederschrift über die Hauptversammlung mit dem Beschluss über die Kapitalerhöhung.** Erfolgt die Erhöhung aus dem Bilanzgewinn des letzten Geschäftsjahres (→ Rn. 42 f.), so muss die Niederschrift auch den Gewinnverwendungsbeschluss enthalten, durch den der Gewinn in Gewinnrücklagen eingestellt worden ist; (2) die **Neufassung der Satzung** mit der Bescheinigung des Notars nach § 181 Abs. 1 S. 2 AktG; (3) die der Kapitalerhöhung **zugrunde gelegte Bilanz;** (4) die **letzte Jahresbilanz,** wenn diese nicht dem Kapitalerhöhungsbeschluss zugrunde gelegt wurde (§ 210 Abs. 1 S. 1 AktG; auch → Rn. 35). Ist der Jahresabschluss für das letzte Geschäftsjahr noch nicht festgestellt und muss die Feststellung nach den maßgeblichen Regelungen auch noch nicht erfolgt sein, genügt die Bilanz des vorangegangenen Geschäftsjahres.[95] Ist die letzte Jahresbilanz gemäß § 325 HGB zum Bundesanzeiger eingereicht, kann ihre Beifügung unterbleiben; und (5) sofern sie nicht in dem Beschlussprotokoll über die Kapitalerhöhung enthalten sind, die **Beschlüsse über etwaige Satzungsänderungen,** die aufgrund der Erhöhung beschlossen worden sind (§§ 216 Abs. 1 u. 3, 218 Abs. 1 AktG; → Rn. 81, 90 u. 92).

Darüber hinaus haben die Anmeldenden zu **erklären,**[96] dass nach ihrer Kenntnis seit dem Stichtag der zugrunde gelegten Bilanz bis zum Tag der Anmeldung keine Vermögensminderung eingetreten ist, die der Kapitalerhöhung entgegenstünde, wenn sie am Tag der Anmeldung beschlossen worden wäre (§ 210 Abs. 1 S. 2 AktG). Gemeint ist, dass die umwandlungsfähigen Rücklagen (zzgl. Gewinnvorträge und Jahresgewinn) den Nominalbetrag der Kapitalerhöhung auch dann decken würden, wenn der Stichtag für ihre Berechnung der Tag der Anmeldung wäre. Das ist insbesondere dann nicht der Fall, wenn zwischenzeitlich Verluste eingetreten sind, die nicht durch andere Rücklagen gedeckt sind und bei deren Deckung aus den umwandlungsfähigen Beträgen diese geringer als der Kapitalerhöhungsbetrag wären.[97] Ferner können sich die umwandlungsfähigen Rücklagen aufgrund eines zwischenzeitlichen Erwerbs eigener Aktien reduzieren (vgl. → Rn. 40). Die Anmeldenden müssen zuvor in angemessener Form prüfen, dass eine solche Vermögens-

---

[93] Bürgers/Körber AktG/*Marsch-Barner* § 208 Rn. 5; Hüffer/*Koch* AktG § 208 Rn. 10; Wachter AktG/*Wagner* § 208 Rn. 10; Hölters AktG/*Simons* § 208 Rn. 21.
[94] Muster in Beck'sches Formularbuch/*Hoffmann-Becking/Berger* Form. X. 37; Münch. Vertragshandbuch Bd. 1/*Favoccia* Form. V. 128; Happ AktienR/*Herchen* Form. 12.08c.
[95] HdB börsennotierte AG/*Busch* Rn. 45.22. Vgl. auch zu den Auslegungspflichten nach §§ 293 Abs. 1 Nr. 2, 327c Abs. 3 Nr. 2 AktG, § 63 Abs. 1 Nr. 2 UmwG zB OLG Hamburg NZG 2003, 539 (542) – PKV; Hüffer/*Koch* AktG § 327c Rn. 6; *Emmerich/Habersack* AG/GmbH-KonzernR AktG § 327c Rn. 14; Kallmeyer UmwG/*Marsch-Barner* § 63 Rn. 3.
[96] Erforderlich ist eine eigene Erklärung der Anmeldenden, so dass eine Unterzeichnung der Erklärung des Vorstands durch den Aufsichtsratsvorsitzenden nicht genügen soll; s. OLG Hamm AG 2008, 713 (716).
[97] Vgl. Hüffer/*Koch* AktG § 210 Rn. 4; MüKoAktG/*Arnold* § 210 Rn. 8; Hölters AktG/*Simons* § 210 Rn. 6.

§ 60 52, 53   10. Kapitel. Kapitalmaßnahmen

minderung nicht eingetreten ist;[98] soweit in der Literatur zT die Verschaffung „positiver Kenntnis" verlangt wird,[99] dürfte damit im Ergebnis das Gleiche gemeint sein. Eine unrichtige Erklärung ist strafbar (§ 399 Abs. 2 AktG). Daneben können zivilrechtliche Schadensersatzansprüche der Gesellschaft (§§ 93, 116 AktG), aber auch von Gesellschaftsgläubigern (§§ 823 Abs. 2 BGB, 399 Abs. 2 AktG)[100] treten.

52 **2. Prüfung und Eintragung.** Das Registergericht prüft, wie bei jeder Satzungsänderung, allgemein die Einhaltung der gesetzlichen und statutarischen Voraussetzungen. Daneben sind die besonderen Voraussetzungen der Kapitalerhöhung aus Gesellschaftsmitteln zu prüfen. Keiner **Prüfung** bedarf die Frage, ob die Umwandlung mit einer etwaigen Zweckbestimmung der Rücklagen vereinbar war.[101] Das Gericht braucht sich auch nicht damit zu befassen, ob die Bilanzen den gesetzlichen Vorschriften entsprechen und inhaltlich richtig sind (§ 210 Abs. 3 AktG). Allerdings bleibt es zu einer solchen Prüfung berechtigt, wenn berechtigte Zweifel (zB bei Umwandlung kurz zuvor durch Sachleistungen gebildeter Kapitalrücklagen und unzureichendem Nachweis der Werthaltigkeit der Sachleistungen) bestehen.[102] Im Rahmen der Prüfung kann das Gericht auch ein gerichtliches Sachverständigengutachten einholen.[103]

53 Bei behebbaren **Mängeln,** insbesondere einer unvollständigen Anmeldung, muss das Registergericht den Anmeldern – regelmäßig durch Zwischenverfügung (§ 382 Abs. 4 FamFG) – die Beseitigung ermöglichen. Ist der Kapitalerhöhungsbeschluss nichtig, ist die 8-Monats-Frist – wenn auch nur kurz – überschritten oder fehlt die Erklärung nach § 210 Abs. 1 S. 2 AktG, darf der Kapitalerhöhungsbeschluss nicht eingetragen werden (§ 210 Abs. 2 AktG); vgl. bereits → Rn. 23 u. 38. Zur Eintragung bei anfechtbaren Beschlüssen vgl. → § 57 Rn. 90. Die Anfechtbarkeit wegen unzulässiger Umwandlung zweckbestimmter Rücklagen (§ 208 Abs. 2 S. 2 AktG) berechtigt nicht zur Zurückweisung des Eintragungsantrags,[104] wohl aber zur Aussetzung nach §§ 21 Abs. 1, 381

---

[98] Ähnlich HdB börsennotierte AG/*Busch* Rn. 45.23; Hüffer/*Koch* AktG § 210 Rn. 4; Großkomm-AktG/*Hirte* § 210 Rn. 24; Hölters AktG/*Simons* § 210 Rn. 7; K. Schmidt/Lutter AktG/*Veil* § 210 Rn. 5; Bürgers/Körber AktG/*Marsch-Barner* § 210 Rn. 5.

[99] MüKoAktG/*Arnold* § 210 Rn. 9; Spindler/Stilz AktG/*Fock*/*Wüsthoff* § 210 Rn. 6; Bürgers/Körber AktG/*Marsch-Barner* § 210 Rn. 5; Henssler/Strohn/*Hermanns* AktG § 210 Rn. 3.

[100] OLG Hamm AG 2008, 713 (716); MüKoAktG/*Arnold* § 210 Rn. 10; Hüffer AktG/*Koch* § 210 Rn. 4; K. Schmidt/Lutter AktG/*Veil* § 210 Rn. 5; Spindler/Stilz AktG/*Fock*/*Wüsthoff* § 210 Rn. 6; GroßkommAktG/*Hirte* § 210 Rn. 26; vgl. auch Hölters AktG/*Simons* § 210 Rn. 6, der darüber hinaus auch § 210 Abs. 1 S. 2 AktG als Schutzgesetz ansieht.

[101] Str.; wie hier Bürgers/Körber AktG/*Marsch-Barner* § 208 Rn. 9, § 210 Rn. 7; HdB AG-Finanzierung/*Jaspers* Kap. 7 Rn. 37; GroßkommGmbHG/*Ulmer*/*Casper* § 57i Rn. 15 f.; Scholz GmbHG/*Priester* § 57i Rn. 13; Baumbach/Hueck GmbHG/*Zöllner*/*Fastrich* § 57i Rn. 13; aA KölnKomm-AktG/*Lutter* § 208 Rn. 27; MüKoAktG/*Arnold* § 210 Rn. 22; GroßkommAktG/*Hirte* § 208 Rn. 56; Hölters AktG/*Simons* § 210 Rn. 9; K. Schmidt/Lutter AktG/*Veil* § 210 Rn. 6; Spindler/Stilz AktG/*Fock*/*Wüsthoff* § 210 Rn. 9; Hüffer/*Koch* AktG § 210 Rn. 6; differenzierend HdB börsennotierte AG/*Busch* Rn. 45.24.

[102] OLG Hamm AG 2008, 713 (716); MüKoAktG/*Arnold* § 210 Rn. 23; Hölters AktG/*Simons* § 210 Rn. 9; Hüffer/*Koch* AktG § 210 Rn. 6; GroßkommAktG/*Hirte* § 210 Rn. 32; Spindler/Stilz AktG/*Fock*/*Wüsthoff* § 210 Rn. 8; K. Schmidt/Lutter AktG/*Veil* § 210 Rn. 6; von einer Pflicht zur Prüfung bei Zweifeln scheint Bürgers/Körber AktG/*Marsch-Barner* § 210 Rn. 6 auszugehen.

[103] OLG Hamm AG 2008, 713 (716); MüKoAktG/*Arnold* § 210 Rn. 23; Hölters AktG/*Simons* § 210 Rn. 9; Grigoleit AktG/*Rieder*/*Holzmann* § 210 Rn. 6.

[104] Str., ebenso Wachter AktG/*Wagner* § 208 Rn. 11; Bürgers/Körber AktG/*Marsch-Barner* § 208 Rn. 9; HdB börsennotierte AG/*Busch* Rn. 45.25; MüKoGmbHG/*Lieder* § 57i Rn. 19; Großkomm-GmbHG/*Ulmer*/*Casper* § 57i Rn. 15, 17; Scholz GmbHG/*Priester* § 57i Rn. 13; aA Hüffer/*Koch* AktG § 208 Rn. 11; KölnKommAktG/*Lutter* § 208 Rn. 27; MüKoAktG/*Arnold* § 208 Rn. 39; GroßkommAktG/*Hirte* § 208 Rn. 56; Spindler/Stilz AktG/*Fock*/*Wüsthoff* § 208 Rn. 34; K. Schmidt/Lutter AktG/*Veil* § 208 Rn. 10; Grigoleit AktG/*Rieder*/*Holzmann* § 208 Rn. 10; Happ AktienR/*Herchen* Form. 12.08 Rn. 6.5.

FamFG.[105] Da auf den Zeitpunkt der Anmeldung des Beschlusses abzustellen ist, führt die Aussetzung nicht zur Überschreitung der 8-Monats-Frist.[106]

Bei der **Eintragung** ist ausdrücklich anzugeben, dass es sich um eine Kapitalerhöhung aus Gesellschaftsmitteln handelt (§ 210 Abs. 4 AktG). Das Registergericht hat die Eintragung **bekanntzumachen** (vgl. § 10 HGB) und im Unternehmensregister zugänglich zu machen (§ 8b Abs. 2 Nr. 1 HGB). 54

3. Wirksamwerden der Kapitalerhöhung. Die **Eintragung** des Kapitalerhöhungsbeschlusses wirkt konstitutiv, mit ihr wird die Kapitalerhöhung ohne weiteres wirksam (§ 211 Abs. 1 AktG). Anders als bei den Kapitalerhöhungsformen gegen Einlagen bedarf es dazu keiner vorherigen Zeichnung der Aktien oder sonstiger Durchführungsmaßnahmen. Mit der Eintragung entstehen die neuen Mitgliedschaftsrechte.[107] Bis zur Begebung von Aktienurkunden (dazu → Rn. 94 ff.) bestehen unverbriefte, gemäß §§ 398, 413 BGB übertragbare Aktien.[108] 55

Mit den neuen Mitgliedschaftsrechten verbinden sich **keinerlei Einlagepflichten.** Erfolgt die Erhöhung unter Ausgabe neuer Aktien, stehen diese in jeder Hinsicht voll eingezahlten Aktien gleich. Soweit sich der Nennbetrag teileingezahlter Aktien erhöht, erhöht sich dadurch nicht die offene Einlageschuld, vielmehr bleibt diese in der bisherigen Höhe bestehen. Das gilt auch, wenn sich herausstellt, dass ein die Kapitalerhöhung deckendes Vermögen nicht oder nicht in voller Höhe vorhanden war (zB **fehlerhafte Bilanzierung;** zwischen Beschlussfassung und Anmeldung aufgetretene Verluste). Auch in diesem Fall sind die Aktionäre nicht zu Einlageleistungen verpflichtet.[109] Ebenso wenig besteht eine Verpflichtung zur Wiederherabsetzung des Kapitals.[110] Die Situation ist nicht anders zu behandeln als jeder andere Fall des Auftretens einer Unterbilanz. 56

4. Fehlerhafte Eintragung. Wird ein **nichtiger** Kapitalerhöhungsbeschluss eingetragen, bleibt die Kapitalerhöhung – außer bei Fehlen der notariellen Beurkundung (§ 242 Abs. 1 AktG) – unwirksam.[111] Eine Heilung der Nichtigkeit kann gemäß § 242 Abs. 2 AktG eintreten.[112] Ein anfechtbarer Kapitalerhöhungsbeschluss wird mit Eintragung wirksam, das Anfechtungsrecht bleibt unberührt. Eine Überschreitung der **8-Monats-Frist** oder sonstige Mängel der Anmeldung hindern die Wirksamkeit einer gleichwohl eingetragenen Kapitalerhöhung nicht; die Eintragung kann auch nicht von Amts wegen nach § 395 57

---

[105] Hüffer/*Koch* AktG § 208 Rn. 11; Wachter AktG/*Wagner* § 208 Rn. 11; HdB börsennotierte AG/*Busch* Rn. 45.25.
[106] HdB börsennotierte AG/*Busch* Rn. 45.25 aE; ähnlich Hüffer/*Koch* AktG § 210 Rn. 7, der bei der Ermessensausübung nach §§ 21 Abs. 1, 381 FamFG die 8-Monats-Frist nicht berücksichtigen möchte.
[107] MüKoAktG/*Arnold* § 211 Rn. 7; Hölters AktG/*Simons* § 211 Rn. 5; Spindler/Stilz AktG/*Fock/Wüsthoff* § 211 Rn. 4; Bürgers/Körber AktG/*Stadler* § 211 Rn. 2; Wachter AktG/*Wagner* § 211 Rn. 4; Henssler/Strohn/*Hermanns* AktG § 211 Rn. 1.
[108] Bürgers/Körber AktG/*Stadler* § 211 Rn. 2; Spindler/Stilz AktG/*Fock/Wüsthoff* § 211 Rn. 4; K. Schmidt/Lutter AktG/*Veil* § 211 Rn. 2; Hölters AktG/*Simons* § 211 Rn. 7.
[109] KölnKommAktG/*Lutter* § 211 Rn. 8; MüKoAktG/*Arnold* § 211 Rn. 10; Hüffer/*Koch* AktG § 211 Rn. 5; Spindler/Stilz AktG/*Fock/Wüsthoff* § 211 Rn. 5; K. Schmidt/Lutter AktG/*Veil* § 211 Rn. 3; Bürgers/Körber AktG/*Stadler* § 211 Rn. 6; Hölters AktG/*Simons* § 211 Rn. 8; Großkomm-AktG/*Hirte* § 211 Rn. 12; Korsten AG 2006, 321 (327 f.); aA zur GmbH Scholz GmbHG/*Priester* § 57i Rn. 20 f.
[110] So aber KölnKommAktG/*Lutter* § 211 Rn. 8; GroßkommAktG/*Hirte* § 211 Rn. 14; Korsten AG 2006, 321 (323 f.); wie hier Hüffer/*Koch* AktG § 211 Rn. 5; MüKoAktG/*Arnold* § 211 Rn. 10; Hölters AktG/*Simons* § 211 Rn. 8; Spindler/Stilz AktG/*Fock/Wüsthoff* § 211 Rn. 5; Bürgers/Körber AktG/*Stadler* § 211 Rn. 6; in diese Richtung auch Bürgers/Körber AktG/*Stadler* § 211 Rn. 3.
[111] Zur Rechtslage, wenn gleichwohl Aktienurkunden ausgegeben werden, vgl. im Einzelnen KölnKommAktG/*Lutter* § 191 Rn. 5 u. HdB AG-Finanzierung/*Jaspers* Kap. 7 Rn. 85.
[112] Siehe OLG Jena GmbHR 2016, 291 (292) (zur GmbH).

FamFG oder § 398 FamFG gelöscht werden.[113] Fehlt bei der Eintragung die Angabe, dass es sich um eine Kapitalerhöhung aus Gesellschaftsmitteln handelt (§ 210 Abs. 4 AktG), wird der Kapitalerhöhungsbeschluss gleichwohl wirksam; das Registergericht kann die fehlende Angabe durch Berichtigung der Eintragung nach § 17 Abs. 1 HRV ergänzen.[114]

VI. Berechtigung aus der Kapitalerhöhung

58 **1. Berechtigung der Altaktionäre.** Die Kapitalerhöhung aus Gesellschaftsmitteln wandelt lediglich Rücklagen um, an denen die Aktionäre auch bislang schon entsprechend ihrer Beteiligungsquote partizipierten. Diese Vermögensbeteiligung darf durch die Umwandlung in Grundkapital nicht verändert werden. Erfolgt die Kapitalerhöhung unter Ausgabe neuer Aktien (vgl. → Rn. 3 f.), stehen die neuen Aktien deshalb den bisherigen Aktionären im Verhältnis ihrer Anteile am bisherigen Grundkapital zu (§ 212 S. 1 AktG). Maßgeblich ist der Zeitpunkt der Eintragung der Kapitalerhöhung in das Handelsregister. Neue Aktien aus bedingtem Kapital nehmen an der Kapitalerhöhung teil, sofern sie vor diesem Zeitpunkt ausgegeben (§ 200 AktG) worden sind.[115] Der **Erwerb** der neuen Aktien geschieht automatisch mit Wirksamwerden der Kapitalerhöhung; irgendwelcher Rechtshandlungen bedarf es dazu nicht. Hält die Gesellschaft eigene Aktien, so nehmen auch diese an der Kapitalerhöhung teil (§ 215 Abs. 1 AktG). Die Gesellschaft kann allerdings bei der Beschlussfassung über die Kapitalerhöhung aus Gesellschaftsmitteln nicht mit abstimmen (§ 71b AktG).

59 Der Erwerb der neuen Anteile durch die Alt-Aktionäre entsprechend der bisherigen Beteiligungsquote ist **zwingend**. Ein abweichender Beschluss ist nichtig (vgl. → Rn. 24). Ebenso wenig kann der Aktienerwerb mit irgendwelchen Bedingungen verknüpft werden (§ 212 S. 2 AktG; dazu auch → Rn. 5). Unzulässig wäre es zB, im Kapitalerhöhungsbeschluss oder in der Satzung eine Verpflichtung zur Weiterabtretung der neuen Aktien zu begründen.[116] Schließlich ist auch jede nur mittelbare Erschwerung des Aktienerwerbs unzulässig.[117]

60 Soweit die Aktien **Rechten Dritter** unterliegen (Nießbrauch, Pfandrecht, Sicherungseigentum), erstrecken sich diese Rechte ohne weiteres auch auf die neuen Aktien; besteht an den alten Aktien Vor- und Nacherbschaft, fallen die neuen Aktien ohne weiteres in den Nachlass.[118] Bei einer Kapitalerhöhung ohne Ausgabe neuer Aktien durch bloße Erhöhung des Grundkapitals oder durch Erhöhung des Nennbetrags der Altaktien (vgl. → Rn. 3 f.) erfassen bestehende Rechte Dritter die alten Aktien mit ihrem erhöhten anteiligen Betrag des Grundkapitals oder ihrem erhöhten Nennbetrag.[119]

---

[113] Hüffer/*Koch* AktG § 210 Rn. 10; MüKoAktG/*Arnold* § 211 Rn. 13, 20; GroßkommAktG/*Hirte* § 210 Rn. 48; Bürgers/Körber AktG/*Stadler* § 211 Rn. 5.

[114] LG Essen BB 1982, 1821; MüKoAktG/*Arnold* § 210 Rn. 33; Hüffer/*Koch* AktG § 210 Rn. 10; Bürgers/Körber AktG/*Marsch-Barner* § 210 Rn. 10; Scholz GmbHG/*Priester* § 57i Rn. 18; aA GroßkommGmbHG/*Ulmer* § 57i Rn. 19 u. 27.

[115] Hölters AktG/*Simons* § 212 Rn. 3; Spindler/Stilz AktG/*Fock/Wüsthoff* § 212 Rn. 4.

[116] MüKoAktG/*Arnold* § 212 Rn. 14; Hüffer/*Koch* AktG § 212 Rn. 3; Hölters AktG/*Simons* § 212 Rn. 7; Wachter AktG/*Wagner* § 212 Rn. 4.

[117] GroßkommAktG/*Hirte* § 212 Rn. 16; MüKoAktG/*Arnold* § 212 Rn. 13; Bürgers/Körber AktG/*Stadler* § 212 Rn. 5; Hölters AktG/*Simons* § 212 Rn. 7; Hüffer/*Koch* AktG § 212 Rn. 3; Spindler/Stilz AktG/*Fock/Wüsthoff* § 212 Rn. 5.

[118] MüKoAktG/*Arnold* § 212 Rn. 6; Hüffer/*Koch* AktG § 212 Rn. 2, § 216 Rn. 16; GroßkommAktG/*Hirte* § 212 Rn. 12; Hölters AktG/*Simons* § 212 Rn. 5; Wachter AktG/*Wagner* § 212 Rn. 3; K. Schmidt/Lutter AktG/*Veil* § 212 Rn. 1; Bürgers/Körber AktG/*Stadler* § 212 Rn. 4; Staudinger BGB/*Heinze* Anh. §§ 1068 f. Rn. 108 ff.; MüKoBGB/*Pohlmann* § 1068 Rn. 44; LG Kiel ZIP 2015, 1730 (1732) (für Pfandrecht an GmbH-Anteilen); aA etwa BGB-RGRK/*Lemke* § 1068 Rn. 25 ff. (für Nießbrauch); *Kerbusch* GmbHR 1990, 156 ff. (für Pfandrecht an GmbH-Anteilen); offen gelassen von BGHZ 58, 316 (319 ff.) (für Nießbrauch an Kommanditanteilen).

[119] MüKoAktG/*Arnold* § 216 Rn. 71; GroßkommAktG/*Hirte* § 212 Rn. 12; Hölters AktG/*Simons* § 212 Rn. 6; Hüffer/*Koch* AktG § 216 Rn. 16.

Zur **Bilanzierung** der neuen Aktien durch bilanzierungspflichtige Aktionäre vgl. § 220 61
AktG.

2. Teilrechte. a) Rechtsnatur; Verfügungen; Verbriefung. Die Verteilung der neuen 62
Aktien auf die Aktionäre im Verhältnis ihrer bisherigen Beteiligung kann zur Entstehung
von Spitzenbeträgen führen, die den Nennbetrag oder bei Stückaktien den anteiligen
Betrag des Grundkapitals einer neuen Aktie nicht erreichen. Gemäß § 213 Abs. 1 AktG
entstehen in einem solchen Fall Teilrechte. Es handelt sich um **selbstständige Mitgliedschaftsrechte,** die sich von einer vollen Aktie nur quantitativ unterscheiden; sie sind
veräußerlich und vererblich (§ 213 Abs. 1 AktG), können gepfändet, verpfändet und in
sonstiger Weise belastet werden.[120] Bei einem Squeeze-out gehen sie genauso wie die
Aktien auf den Hauptaktionär über, in dessen Hand sie sich zu „vollen" Aktien vereinen;
die Gegenleistung entspricht anteilig der für die Aktien festgelegten Gegenleistung. Eine
Verbriefung ist jedoch ausgeschlossen (s. § 213 Abs. 2 AktG). Die Abtretung erfolgt formfrei gem. §§ 398, 413 BGB.[121] Waren die bisherigen Aktien vinkuliert, so sind auch die
Teilrechte nur beschränkt übertragbar.[122] Teilrechte, die auf Inhaber- oder nicht vinkulierte
Namensaktien entfallen, sollen hingegen nur nach Maßgabe von § 180 Abs. 2 AktG
vinkuliert werden können.[123]

Die Teilrechte entstehen ebenso wie die vollen Aktien mit Wirksamwerden der Kapital- 63
erhöhung automatisch. Die Teilrechte errechnen sich von selbst; eine besondere Festsetzung im **Kapitalerhöhungsbeschluss** ist nicht erforderlich. Der Kapitalerhöhungsbetrag
ist so zu wählen, dass alle Teilrechte zusammen volle Aktien ergeben.

b) Vermeidung von Teilrechten. Die Gesellschaft soll nach verbreiteter Meinung gehal- 64
ten sein, die Kapitalerhöhung so auszugestalten, dass möglichst keine Teilrechte entstehen.[124] Dem ist nur im Ansatz zuzustimmen. Die Gesellschaft darf nicht durch **sachwidrige Festsetzungen** einen angemessenen Bezug neuer Aktien durch die Aktionäre verhindern, ebenso wenig wie sie durch sachwidrige Festsetzungen bei einer regulären
Kapitalerhöhung das Bezugsrecht ihrer Aktionäre behindern darf (vgl. → § 57 Rn. 140). Es
wäre jedoch überzogen, der Gesellschaft nur solche Erhöhungsbeträge zu erlauben, welche
die Entstehung von Teilrechten möglichst vermeiden, oder sie zur Wahl des geringstmöglichen Aktiennennbetrages zu verpflichten, wenn dies der Reduzierung von Teilrechten
dient.[125] Die noch weitergehende Meinung, wenn nötig müsse die Gesellschaft ihre Aktien
sogar auf Stückaktien umstellen und die Kapitalerhöhung ohne Ausgabe neuer Aktien
durchführen, um keine Teilrechte entstehen zu lassen,[126] kann schon deshalb nicht zu-

---

[120] Näher zur Rechtsnatur der Teilrechte MüKoAktG/*Arnold* § 213 Rn. 5; Spindler/Stilz AktG/
Fock/Wüsthoff § 213 Rn. 3; Wachter AktG/*Wagner* § 213 Rn. 3; Henssler/Strohn/*Hermanns* AktG
§ 213 Rn. 3.

[121] MüKoAktG/*Arnold* § 213 Rn. 7; Hüffer/*Koch* AktG § 213 Rn. 3; Spindler/Stilz AktG/*Fock/
Wüsthoff* § 213 Rn. 4; Hölters AktG/*Simons* § 213 Rn. 5; K. Schmidt/Lutter AktG/*Veil* § 213 Rn. 2;
Bürgers/Körber AktG/*Stadler* § 213 Rn. 5; Wachter AktG/*Wagner* § 213 Rn. 3.

[122] MüKoAktG/*Arnold* § 213 Rn. 9; GroßkommAktG/*Hirte* § 213 Rn. 11; Hölters AktG/*Simons*
§ 213 Rn. 5; Hüffer/*Koch* AktG § 213 Rn. 3; K. Schmidt/Lutter AktG/*Veil* § 213 Rn. 2; Bürgers/
Körber AktG/*Stadler* § 213 Rn. 5; Wachter AktG/*Wagner* § 213 Rn. 3.

[123] MüKoAktG/*Arnold* § 213 Rn. 9; Spindler/Stilz AktG/*Fock/Wüsthoff* § 213 Rn. 4.

[124] So namentlich GroßkommAktG/*Hirte* § 207 Rn. 113; Grigoleit AktG/*Rieder/Holzmann* § 213
Rn. 1; vgl. auch Henssler/Strohn/*Hermanns* AktG § 213 Rn. 1; zum GmbH-Recht ebenso Scholz
GmbHG/*Priester* § 57k Rn. 4 Baumbach/Hueck GmbHG/*Zöllner/Fastrich* § 57k Rn. 1; aA GroßkommGmbHG/*Ulmer/Casper* § 57k Rn. 5.

[125] So aber GroßkommAktG/*Hirte* § 207 Rn. 113f.; Grigoleit AktG/*Rieder/Holzmann* § 213
Rn. 1; wie hier HdB börsennotierte AG/*Busch* Rn. 45.31; K. Schmidt/Lutter AktG/*Veil* § 213
Rn. 5; Bürgers/Körber AktG/*Stadler* § 213 Rn. 3; Hüffer/*Koch* AktG § 213 Rn. 1; Wachter AktG/
Wagner § 213 Rn. 2; Hölters AktG/*Simons* § 213 Rn. 4; *Fett/Spiering* NZG 2002, 358 (364); ähnlich
auch HdB AG-Finanzierung/*Jaspers* Kap. 7 Rn. 62.

[126] So GroßkommAktG/*Hirte* § 207 Rn. 115.

treffen, weil § 213 AktG dann überflüssig wäre. Hingegen liegt es nahe, die Gesellschaft entsprechend § 266 Abs. 3 S. 2 UmwG als verpflichtet anzusehen, die Zusammenführung von Teilrechten zu vollen Aktien zu vermitteln.[127]

65 **c) Ausübung von Mitgliedschaftsrechten.** Mitgliedschaftsrechte (Stimmrecht, Dividendenanspruch, Bezugsrecht aus einer Kapitalerhöhung gegen Einlagen usw) aus den Teilrechten bestehen zwar an sich, können aber **nicht selbstständig ausgeübt** werden. Der Inhaber eines Teilrechts kann also zB nicht die Auszahlung eines Teils der auf die volle Aktie entfallenden Dividende verlangen.

66 Die **Rechtsausübung** ist **erst möglich, wenn mehrere Teilrechte, die zusammen eine volle Aktie ergeben, zusammengefasst** werden (§ 213 Abs. 2 AktG). Zum einen kann ein Aktionär weitere Teilrechte erwerben und diese – soweit sie rechnerisch volle Aktien ergeben – durch Verbriefung oder bei unverbrieften Aktien gem. § 214 Abs. 4 S. 2 AktG durch Zuteilung zum Vollrecht verschmelzen.[128] Zum anderen können sich mehrere Berechtigte zur Ausübung ihrer Teilrechte (in der Regel in Form einer GbR) zusammenschließen. Werden die Teilrechte auf die GbR übertragen, wird diese selbst Aktionärin; es handelt sich um eine Vereinigung iSv § 213 Abs. 2 Alt. 1 AktG.[129] Verbleiben die Rechte jedoch bei den Aktionären (§ 213 Abs. 2 Alt. 2 AktG), muss entsprechend § 69 Abs. 1 u. 3 AktG ein gemeinsamer Vertreter bestellt werden.[130] Für noch überschüssige Teilrechte gilt weiterhin das Ausübungsverbot des § 213 Abs. 2 AktG.[131] Zur Verwertung durch die Gesellschaft s. unten 99 ff.

67 **3. Teileingezahlte Aktien.** Auch Aktien, die noch nicht in voller Höhe eingezahlt sind, nehmen an der Kapitalerhöhung aus Gesellschaftsmitteln entsprechend ihrem Anteil am Grundkapital (nicht etwa nach dem Betrag der Einzahlung) teil (§ 215 Abs. 2 S. 1 AktG). Anders als bei voll eingezahlten Aktien kann die Kapitalerhöhung bei ihnen jedoch nicht durch Ausgabe neuer Aktien erfolgen (§ 215 Abs. 2 S. 2 AktG). Vielmehr ist sie bei Gesellschaften mit **Nennbetragsaktien** durch Erhöhung des Nennbetrags durchzuführen (§ 215 Abs. 2 S. 2 AktG), während bei Gesellschaften mit **Stückaktien** nur das Grundkapital erhöht wird (§ 207 Abs. 2 S. 2 AktG). Dadurch wird sichergestellt, dass die Aktionäre, die ihre Einlagepflicht nur teilweise erfüllt haben, gegenüber den Aktionären mit voll eingezahlten Aktien nicht begünstigt werden und sich das Zugriffsrecht der Gesellschaft nach § 65 Abs. 3 AktG auch auf die neuen Aktienrechte erstreckt. Die Regelung ist zwingend.[132] Ausgeschlossen ist es daher namentlich, den Erhöhungsbetrag zur Verrechnung mit der offenen Einlageforderung anstatt zur Erhöhung des Nennbetrags der Aktie zu benutzen.[133] Nicht gegen § 215 Abs. 2 S. 2 AktG verstößt ein der Erhöhung (unmittelbar) nachfolgender Aktiensplit, da hierin nur eine Neu-

---

[127] Ebenso HdB börsennotierte AG/*Busch* Rn. 45.31; Wachter AktG/*Wagner* § 213 Rn. 2; GroßkommAktG/*Hirte* § 213 Rn. 14; aA MüKoAktG/*Arnold* § 213 Rn. 16; Fett/*Spiering* NZG 2002, 358 (364).

[128] MüKoAktG/*Arnold* § 213 Rn. 17 ff.; GroßkommAktG/*Hirte* § 213 Rn. 9; Hölters AktG/*Simons* § 213 Rn. 7; Spindler/Stilz AktG/*Fock/Wüsthoff* § 213 Rn. 6; Bürgers/Körber AktG/*Stadler* § 213 Rn. 7; K. Schmidt/Lutter AktG/*Veil* § 213 Rn. 6; *Mülbert* FS Nobbe, 2009, 691 (710).

[129] MüKoAktG/*Arnold* § 213 Rn. 22; Bürgers/Körber AktG/*Stadler* § 213 Rn. 6; GroßkommAktG/*Hirte* § 213 Rn. 22; Spindler/Stilz AktG/*Fock/Wüsthoff* § 213 Rn. 7.

[130] MüKoAktG/*Arnold* § 213 Rn. 21 aE; Hölters AktG/*Simons* § 213 Rn. 8; Spindler/Stilz AktG/*Fock/Wüsthoff* § 213 Rn. 7; aA Hüffer/*Koch* AktG § 213 Rn. 4, der indes nicht zwischen dem Zusammenschluss der Aktionäre und der Übertragung von Teilrechten auf eine GbR differenziert.

[131] Hölters AktG/*Simons* § 213 Rn. 9; Spindler/Stilz AktG/*Fock/Wüsthoff* § 213 Rn. 6; GroßkommAktG/*Hirte* § 213 Rn. 17; K. Schmidt/Lutter AktG/*Veil* § 213 Rn. 4.

[132] MüKoAktG/*Arnold* § 215 Rn. 11; Spindler/Stilz AktG/*Fock/Wüsthoff* § 215 Rn. 7; Hüffer/*Koch* AktG § 215 Rn. 4; GroßkommAktG/*Hirte* § 215 Rn. 32; Bürgers/Körber AktG/*Stadler* § 215 Rn. 8.

[133] MüKoAktG/*Arnold* § 215 Rn. 8, 10; Hölters AktG/*Simons* § 215 Rn. 8; Bürgers/Körber AktG/*Stadler* § 215 Rn. 5; HdB börsennotierte AG/*Busch* Rn. 45.33.

stückelung der Aktien, nicht hingegen die Ausgabe neuer Aktien zu sehen ist.[134] Zu den Rechtsfolgen von Verstößen gegen § 215 Abs. 2 S. 2 AktG → Rn. 22.

Sind neben teileingezahlten auch **volleingezahlte Nennbetragsaktien vorhanden,** ist **68** es ausnahmsweise möglich, auch für die volleingezahlten Aktien die Kapitalerhöhung durch Erhöhung des Nennbetrags anstatt durch Ausgabe neuer Aktien auszuführen; die Hauptversammlung hat insoweit ein Wahlrecht (§ 215 Abs. 2 S. 3 AktG). Dieses Wahlrecht besteht nur für die volleingezahlten Aktien, während es für die teileingezahlten bei der Erhöhung des Nennbetrages bleibt.[135] Als zulässig wird man es auch anzusehen haben, für volleingezahlte Aktien beide Erhöhungsarten miteinander zu verbinden, sei es, dass bei ein und derselben Alt-Aktie für einen Teil des Erhöhungsbetrages neue Aktien ausgegeben und für den verbleibenden Teil der Nennbetrag der Alt-Aktie erhöht wird, sei es, dass – unter Beachtung des Gleichbehandlungsgrundsatzes – für einen Teil der Alt-Aktien neue ausgegeben werden, für einen anderen Teil der Nennbetrag erhöht wird.[136] Sind teileingezahlte Nennbetragsaktien vorhanden, muss der Kapitalerhöhungsbeschluss ausdrücklich angeben, ob für die volleingezahlten Aktien neue Aktien ausgegeben, der Nennwert erhöht oder ob und wie beide Möglichkeiten miteinander kombiniert werden (§ 215 Abs. 2 S. 3 AktG). Zu den Rechtsfolgen eines Verstoßes gegen § 215 Abs. 2 S. 3 AktG → Rn. 22.

Soweit die Kapitalerhöhung durch Erhöhung des Nennbetrags von Aktien ausgeführt **69** wird, muss der Kapitalerhöhungsbetrag insgesamt so bemessen werden, dass auf die Aktien, deren Nennbeträge erhöht werden, **keine freien Spitzenbeträge** entfallen (§ 215 Abs. 2 S. 4 AktG). Der erhöhte Nennbetrag der Aktien muss also auf volle Euro lauten (§ 8 Abs. 2 S. 4 AktG; zur Übergangsregelung vgl. § 3 EGAktG).[137] Reicht der Erhöhungsbetrag dazu nicht aus, bleibt nur die Umstellung auf Stückaktien.[138]

4. Gewinnbeteiligung. Soweit der Kapitalerhöhungsbeschluss nichts anderes bestimmt, **70** nehmen die neuen Aktien am **Gewinn des ganzen Geschäftsjahres** teil, in dem die Erhöhung des Grundkapitals beschlossen wird (§ 217 Abs. 1 AktG). Der Kapitalerhöhungsbeschluss oder die Satzung[139] können unter Beachtung des Gleichbehandlungsgrundsatzes bestimmen, dass die Aktien erst von einem **späteren Zeitpunkt** an gewinnberechtigt sein sollen. Denkbar ist zB eine Gewinnberechtigung erst ab Beschlussfassung über die Kapitalerhöhung, ab ihrer Eintragung oder ab dem nächsten Geschäftsjahr. Zulässig, ohne dass ein Verstoß gegen § 216 Abs. 1 AktG vorläge, wäre auch ein noch späterer Beginn der Gewinnberechtigung.[140] Zweckmäßig und von praktischer Bedeutung sind solche Bestimmungen aber nur in Ausnahmefällen, zumal sie das Risiko begründen, dass die neuen Aktien als neue Aktiengattung eingestuft werden könnten (aber → § 57 Rn. 34). Anders als

---

[134] LG Heidelberg AG 2002, 563; MüKoAktG/*Arnold* § 215 Rn. 8; Hüffer/*Koch* AktG § 215 Rn. 4; K. Schmidt/Lutter AktG/*Veil* § 215 Rn. 5; Hölters AktG/*Simons* § 215 Rn. 7; Bürgers/Körber AktG/*Stadler* § 215 Rn. 9; Wachter AktG/*Wagner* § 215 Rn. 4.

[135] Hölters AktG/*Simons* § 215 Rn. 5; MüKoAktG/*Arnold* § 215 Rn. 12; Spindler/Stilz AktG/*Fock/Wüsthoff* § 215 Rn. 8; K. Schmidt/Lutter AktG/*Veil* § 215 Rn. 6; Bürgers/Körber AktG/*Stadler* § 215 Rn. 11; Wachter AktG/*Wagner* § 215 Rn. 6.

[136] GroßkommAktG/*Hirte* § 215 Rn. 20; Bürgers/Körber AktG/*Stadler* § 215 Rn. 11; Hölters AktG/*Simons* § 215 Rn. 5; zur GmbH Lutter/Hommelhoff GmbHG/*Lutter* § 57h Rn. 5; GroßkommGmbHG/*Ulmer/Casper* § 57h Rn. 10.

[137] MüKoAktG/*Arnold* § 215 Rn. 15; Hölters AktG/*Simons* § 215 Rn. 9; Wachter AktG/*Wagner* § 215 Rn. 8; Bürgers/Körber AktG/*Stadler* § 215 Rn. 13; Spindler/Stilz AktG/*Fock/Wüsthoff* § 215 Rn. 10.

[138] HdB börsennotierte AG/*Busch* Rn. 45.34.

[139] GroßkommAktG/*Hirte* § 217 Rn. 30; Grigoleit AktG/*Rieder/Holzmann* § 217 Rn. 3; Hölters AktG/*Simons* § 217 Rn. 5; MüKoAktG/*Arnold* § 217 Rn. 7.

[140] Str.; ebenso Hüffer/*Koch* AktG § 217 Rn. 3; K. Schmidt/Lutter AktG/*Veil* § 217 Rn. 2; Bürgers/Körber AktG/*Stadler* § 217 Rn. 3; aA GroßkommAktG/*Hirte* § 217 Rn. 32; Hölters AktG/*Simons* § 217 Rn. 6; MüKoAktG/*Arnold* § 217 Rn. 8.

bei der ordentlichen Kapitalerhöhung kann die Festlegung der Gewinnberechtigung nicht dem Vorstand überlassen werden.[141]

71　Die Gewinnbeteiligung nach § 217 Abs. 1 AktG betrifft das Geschäftsjahr der Beschlussfassung auch dann, wenn die Eintragung des Kapitalerhöhungsbeschlusses ins Handelsregister erst im folgenden Geschäftsjahr erfolgt. Maßgeblich ist die Beschlussfassung, nicht die Eintragung der Kapitalerhöhung. Schwierigkeiten können sich ergeben, wenn die Kapitalerhöhung nicht bis zur **ordentlichen Hauptversammlung im folgenden Geschäftsjahr** eingetragen ist. Die neuen Aktien existieren noch nicht, so dass auf sie kein Gewinn ausgeschüttet werden kann. Würde der Gewinn allein auf die ausgegebenen Aktien verteilt, stünde das im Widerspruch zu dem Kapitalerhöhungsbeschluss. Zur Lösung könnte überlegt werden, dass der Kapitalerhöhungsbeschluss hinfällig wird, wenn er nicht bis zur ordentlichen Hauptversammlung des Folgejahres eingetragen ist. Dafür fehlt es jedoch an einer Rechtsgrundlage. Denkbar ist demgegenüber, im Erhöhungsbeschluss vorzusehen, dass die Eintragung nicht weiterzuverfolgen ist, wenn die Erhöhung nicht bis zur ordentlichen Hauptversammlung des Folgejahres eingetragen ist. Ferner kann die Hauptversammlung im Folgejahr den Kapitalerhöhungsbeschluss aufheben und ggf. einen neuen fassen. Zulässig erscheint es aber auch, den Gewinnverwendungsbeschluss so zu gestalten, als ob die neuen Aktien bereits entstanden wären, jedoch ergänzend zu regeln, dass die Dividende auf die neuen Aktien erst mit ihrer Ausgabe zu zahlen ist und der Betrag des auf die neuen Aktien entfallenden Gewinns im Fall des Scheiterns der Kapitalerhöhung auf neue Rechnung vorgetragen wird.

72　§ 217 Abs. 2 AktG eröffnet darüber hinaus die Möglichkeit, im Kapitalerhöhungsbeschluss zu bestimmen, dass die neuen Aktien bereits am **Gewinn des letzten Geschäftsjahres** vor der Beschlussfassung teilnehmen. In diesem Fall muss der Kapitalerhöhungsbeschluss gefasst werden, bevor über die Gewinnverwendung für das letzte Geschäftsjahr beschlossen worden ist (§ 217 Abs. 2 S. 2 AktG). Erfolgen die Beschlussfassungen in derselben Hauptversammlung, was zulässig ist, muss folglich zunächst über die Kapitalerhöhung und sodann über die Gewinnverwendung Beschluss gefasst werden. Liegt bereits ein Gewinnverwendungsbeschluss vor, kann dieser nicht mehr rückgängig gemacht werden; wird gleichwohl die Erstreckung des Gewinnbezugsrechts auf den Gewinn des letzten Geschäftsjahres beschlossen, ist die Regelung der Gewinnbeteiligung nichtig.[142] Die Wirksamkeit des Gesamtbeschlusses bestimmt sich entsprechend § 139 BGB.[143] Eine Ausnahme wird man allerdings machen können, wenn alle Aktionäre zustimmen.[144] Ein späterer Gewinnverwendungsbeschluss wird erst wirksam, wenn auch die Kapitalerhöhung wirksam wird (§ 217 Abs. 2 S. 3 AktG). Sowohl der Kapitalerhöhungsbeschluss als auch der Gewinnverwendungsbeschluss sind nichtig, wenn der Kapitalerhöhungsbeschluss nicht binnen drei Monaten ins Handelsregister eingetragen wird (§ 217 Abs. 2 S. 4 AktG). Der Lauf dieser Frist ist bei Erhebung einer gegen den Kapitalerhöhungsbeschluss gerichteten Anfechtungs- oder Nichtigkeitsklage gehemmt. Endet die Rechtshängigkeit aller Klagen, läuft die Frist weiter.[145] Wird nach Ablauf der Frist dennoch eingetragen, kommt eine Heilung des Kapitalerhöhungsbeschlusses gem. § 242 Abs. 2, 3 AktG in Betracht. Tritt sie ein, erfasst sie entgegen weit verbreiteter Ansicht[146] auch den Gewinnverwendungsbeschluss.[147]

---

[141] GroßkommAktG/*Hirte* § 217 Rn. 30.
[142] MüKoAktG/*Arnold* § 217 Rn. 16; Hüffer/*Koch* AktG § 217 Rn. 4; Bürgers/Körber AktG/ *Stadler* § 217 Rn. 6; Wachter AktG/*Wagner* § 217 Rn. 4.
[143] Spindler/Stilz AktG/*Fock/Wüsthoff* § 217 Rn. 6; MüKoAktG/*Arnold* § 217 Rn. 16; Bürgers/ Körber AktG/*Stadler* § 217 Rn. 6; Hölters AktG/*Simons* § 217 Rn. 11.
[144] GroßkommAktG/*Hirte* § 217 Rn. 22; MüKoAktG/*Arnold* § 217 Rn. 14; aA Wachter AktG/ *Wagner* § 217 Rn. 5.
[145] MüKoAktG/*Arnold* § 217 Rn. 21 f.; Hüffer/*Koch* AktG § 217 Rn. 6; Spindler/Stilz AktG/*Fock/ Wüsthoff* § 217 Rn. 6; Bürgers/Körber AktG/*Stadler* § 217 Rn. 8; Wachter AktG/*Wagner* § 217 Rn. 5.
[146] GroßkommAktG/*Hirte* § 217 Rn. 27; MüKoAktG/*Arnold* § 217 Rn. 20; K. Schmidt/Lutter AktG/*Veil* § 217 Rn. 4; Grigoleit AktG/*Rieder/Holzmann* § 217 Rn. 5 Fn. 17.
[147] Ebenso Bürgers/Körber AktG/*Stadler* § 217 Rn. 8; Hölters AktG/*Simons* § 217 Rn. 11.

5. Ausstattung der neuen Aktien. Die Aktionäre erwerben aus der Kapitalerhöhung **73** grundsätzlich Aktien, die **ebenso ausgestattet** sind, wie ihre bisherigen Aktien. Etwas anderes kann im Einzelfall aus dem Grundsatz folgen, dass die Kapitalerhöhung das Verhältnis der mit den Aktien verbundenen Rechte zueinander nicht verändern darf (§ 216 Abs. 1 AktG; vgl. dazu näher → Rn. 75 ff.).

In der Praxis besteht gelegentlich der Wunsch, auch ohne besondere Notwendigkeit nach **74** § 216 Abs. 1 AktG im Zuge einer Kapitalerhöhung aus Gesellschaftsmitteln Aktien einer **anderen Art oder Gattung** auszugeben. Nach hM soll das unzulässig sein.[148] Diese Ansicht ist so generell nicht überzeugend: Der Grundsatz des Erwerbs entsprechend der bisherigen Beteiligungsquote (§ 212 S. 1 AktG) wird auch bei Ausgabe einer anderen Aktiengattung gewahrt. § 216 Abs. 1 AktG steht nur scheinbar entgegen. Zwar würde sich bei Ausgabe einer neuen Aktiengattung das Verhältnis der mit den Aktien verbundenen Rechte zueinander ändern. Der Zweck der Vorschrift ist aber nur darauf gerichtet, die Rechte der einzelnen Aktionäre zu wahren und Verschiebungen im Verhältnis der Aktionäre zueinander zu verhindern; dieser Zweck wird auch bei Ausgabe einer neuen Aktiengattung nicht berührt.[149] Auch aus § 215 Abs. 2 S. 2 AktG ergibt sich nichts anderes; diese Sonderregelung für teileingezahlte Aktien hat Ausnahmecharakter und wird überdehnt, wenn man daraus den generellen Schluss herleiten will, eine abweichende Ausstattung der neuen Aktien sei immer unzulässig.[150] Zutreffend ist allerdings, dass die vorhandene Beteiligung nicht durch Ausgabe „minderwertiger" Aktien in ihrem Bestand verändert werden darf.[151] Die Ausgabe von Aktien anderer Gattung führt jedoch nicht in jedem Fall zu einer Beeinträchtigung der vorhandenen Beteiligungen. Es steht zB nichts entgegen, auf Grund einer Kapitalerhöhung aus Gesellschaftsmitteln stimmrechtslose Vorzugsaktien auszugeben, wenn bisher nur voll eingezahlte, auf den Inhaber lautende Stammaktien existierten.[152] Dadurch werden die Altbeteiligungen nicht verschlechtert. Allerdings gilt für die Beschlussfassung eine etwaige statutarische Reduzierung des Mehrheitserfordernisses wohl nicht (dazu → Rn. 10).[153] Hingegen soll es nur mit Zustimmung aller betroffenen Aktionäre möglich sein, vinkulierte Namensaktien auszugeben, wenn die Altaktien nicht vinkuliert sind (§ 180 Abs. 2 AktG; auch → Rn. 10 u. 62),[154] oder die neuen Aktien einer Zwangseinziehung zu unterwerfen, wenn diese für die Altaktien nicht gestattet war (§ 237 Abs. 1 S. 2 AktG).[155]

VII. Wahrung bestehender Rechte

1. Aufrechterhaltung bestehender Aktionärsrechte. a) Aktien verschiedener Gat- 75 tungen. Durch die Kapitalerhöhung darf das Verhältnis der mit den Aktien verbundenen Rechte zueinander nicht verändert werden (§ 216 Abs. 1 S. 1 AktG). Das ist automatisch

---

[148] GroßkommAktG/*Hirte* § 216 Rn. 14 ff.; MüKoAktG/*Arnold* § 216 Rn. 5 f.; Hüffer/*Koch* AktG § 216 Rn. 2; Spindler/Stilz AktG/*Fock/Wüsthoff* § 216 Rn. 3; Bürgers/Körber AktG/*Stadler* § 216 Rn. 2; Wachter AktG/*Wagner* § 216 Rn. 2; K. Schmidt/Lutter AktG/*Veil* § 216 Rn. 5; Grigoleit AktG/*Rieder/Holzmann* § 216 Rn. 2; Happ AktienR/*Herchen* Form. 12.08 Anm. 10.1; wie hier HdB börsennotierte AG/*Busch* Rn. 45.38; Geßler/Hefermehl AktG/*Bungeroth* § 216 Rn. 5.

[149] Insoweit zutreffend auch *Eckardt* BB 1967, 99 (100); GroßkommAktG/*Hirte* § 216 Rn. 15.

[150] So aber *Eckardt* BB 1967, 99 (100 f.).

[151] GroßkommAktG/*Hirte* § 216 Rn. 15.

[152] Ebenso HdB börsennotierte AG/*Busch* Rn. 45.38; wohl auch Hölters AktG/*Simons* § 216 Rn. 2; aA MüKoAktG/*Arnold* § 216 Rn. 5; KölnKommAktG/*Lutter* § 216 Rn. 5; Spindler/Stilz AktG/*Fock/Wüsthoff* § 216 Rn. 3; Bürgers/Körber AktG/*Stadler* § 216 Rn. 2; K. Schmidt/Lutter AktG/*Veil* § 216 Rn. 5; Grigoleit AktG/*Rieder/Holzmann* § 216 Rn. 2.

[153] Ebenso HdB börsennotierte AG/*Busch* Rn. 45.38.

[154] MüKoAktG/*Arnold* § 216 Rn. 7; Bürgers/Körber AktG/*Stadler* § 216 Rn. 3; HdB börsennotierte AG/*Busch* Rn. 45.38; ebenso GroßkommAktG/*Hirte* § 216 Rn. 16 u. K. Schmidt/Lutter AktG/*Veil* § 216 Rn. 4, die davon sprechen, dass eine Vinkulierung nicht möglich sei.

[155] MüKoAktG/*Arnold* § 216 Rn. 7; GroßkommAktG/*Hirte* § 216 Rn. 16; aA KölnKommAktG/*Lutter* § 216 Rn. 5.

gewährleistet, wenn die Kapitalerhöhung ohne Ausgabe neuer Aktien erfolgt (vgl. → Rn. 3 f.). Werden neue Aktien ausgegeben und sind alle Aktien mit gleichen Rechten ausgestattet, ergeben sich ebenfalls keine Schwierigkeiten: Sollen neue Aktien gleicher Gattung ausgegeben werden, führt bereits § 212 S. 1 AktG dazu, dass das Verhältnis der Mitgliedschaftsrechte zueinander nicht berührt wird; bei Ausgabe von Aktien anderer Gattung (zur Zulässigkeit vgl. → Rn. 74) erhalten alle Aktionäre gleichermaßen Aktien dieser anderen Gattung. Probleme können sich jedoch ergeben, wenn **Aktien verschiedener Gattungen** bestehen:

76   Richten sich bei Aktien verschiedener Gattungen die unterschiedlichen Berechtigungen nach dem Verhältnis des Anteils am Grundkapital, erwirbt jeder Aktionär im Verhältnis seiner bisherigen Beteiligung Aktien seiner bisherigen Gattung. Das Verhältnis der Gattungen zueinander bleibt unberührt. Als Beispiel hierfür kommen insbesondere **unterschiedliche Stimmrechte** in Betracht: Sind neben Aktien mit einfachem Stimmrecht Mehrstimmrechtsaktien vorhanden (was nach § 5 Abs. 1 S. 1 EGAktG noch möglich ist), so erwerben die Inhaber der Mehrstimmrechtsaktien aus der Kapitalerhöhung wiederum Aktien mit dem gleichen Mehrstimmrecht. Die Stimmverhältnisse untereinander verschieben sich nicht. Abweichend von § 12 Abs. 2 AktG ist die Ausgabe von Mehrstimmrechtsaktien in diesem Fall gestattet. Da der Gesetzgeber die Möglichkeit des Fortbestehens von Mehrstimmrechtsaktien übersehen zu haben scheint,[156] lässt sich aus der im Rahmen des MoMiG erfolgten Streichung des § 216 Abs. 1 S. 2 AktG aF nichts Abweichendes ableiten.[157]

77   Anders verhält es sich bei solchen Vorzugsrechten, die sich nicht nach dem Verhältnis des Anteils am Grundkapital bestimmen. Das Problem stellt sich namentlich bei **Gewinnvorzügen,** die dem Inhaber der Vorzugsaktie eine Vorabdividende gewähren. Würden in diesem Fall die neuen Aktien den gleichen Gewinnvorzug erhalten wie die bisherigen, würde sich die Rechtsstellung der anderen Aktionäre verschlechtern. Sind zB Aktien im Nennbetrag von 100.000,– EUR mit einem Dividendenvorrecht in Höhe von 5 % des Nennbetrags ausgestattet, darf sich diese Vorzugsdividende von 5.000,– EUR durch die Kapitalerhöhung nicht verändern. Vielmehr ist die Quote des Dividendenvorzugs für die alten Vorzugsaktien und für die darauf entfallenden Aktien aus der Kapitalerhöhung einheitlich neu festzulegen. Wird im Beispielsfall das Grundkapital um 25 % aus Gesellschaftsmitteln erhöht, so erhalten die Inhaber der Vorzugsaktien neue Vorzugsaktien im Nennbetrag von 25.000,– EUR. Der Dividendenvorzug von 5.000,– EUR ist nunmehr auf die Vorzugsaktien im Nennbetrag von 125.000,– EUR zu verteilen: die Vorzugsdividende von 5 % ermäßigt sich auf 4 % des Nennbetrags.[158] Existieren zB 100.000 Vorzugs-Stückaktien mit einem Dividendenvorzug von je 2,– EUR und einer Mehrdividende von je 1,– EUR, sind bei einer Kapitalerhöhung aus Gesellschaftsmitteln um 25 % 25.000 neue Vorzugs-Stückaktien auszugeben, und die gesamten dann bestehenden 125.000 Vorzugs-Stückaktien erhalten einen Dividendenvorzug von je 1,60 EUR und eine Mehrdividende von je 0,80 EUR.

78   Hingegen soll es nach ganz hM nicht zulässig sein, den alten Dividendenvorzug aufrecht zu erhalten und **neue Aktien ohne Vorzugsrecht** auszugeben; der Grundsatz, dass das Verhältnis der mit den Aktien verbundenen Rechte zueinander nicht berührt werden dürfe, verlange vielmehr, dass auf die Vorzugsaktien wieder Vorzugsaktien ausgegeben würden.[159]

---

[156] S. Begr. RegE MoMiG, BT-Drs. 16/6140, 52, wo die Streichung von § 216 Abs. 1 S. 2 AktG mit dem Auslaufen der Übergangsfrist nach § 5 EGAktG begründet wird und die in § 5 Abs. 1 S. 1 EGAktG geregelte Möglichkeit der Hauptversammlung, den Fortbestand von Mehrstimmrechtsaktien zu beschließen, nicht beachtet wird.

[157] MüKoAktG/*Arnold* § 216 Rn. 11; HdB börsennotierte AG/*Busch* Rn. 45.39; Spindler/Stilz AktG/*Fock/Wüsthoff* § 216 Rn. 3; Hüffer/*Koch* AktG § 216 Rn. 5; Hölters AktG/*Simons* § 216 Rn. 7; Bürgers/Körber AktG/*Stadler* § 216 Rn. 8; aA K. Schmidt/Lutter AktG/*Veil* § 216 Rn. 7.

[158] Vgl. auch OLG Stuttgart AG 1993, 94 (95).

[159] Hüffer/*Koch* AktG § 216 Rn. 3; GroßkommAktG/*Hirte* § 216 Rn. 24 f.; MüKoAktG/*Arnold* § 216 Rn. 14; K. Schmidt/Lutter AktG/*Veil* § 216 Rn. 4; Spindler/Stilz AktG/*Fock/Wüsthoff* § 216

Diese Auffassung ist nicht überzeugend. Entgegen der hM ist die Gesellschaft – solange nur das Verhältnis der Rechte der einzelnen Aktionäre zueinander gewahrt bleibt und die jeweilige Beteiligung insgesamt nicht beeinträchtigt wird – nicht gehindert, bei einer Kapitalerhöhung aus Gesellschaftsmitteln Aktien auszugeben, die mit anderen Rechten ausgestattet sind als die alten Aktien; vgl. → Rn. 74. Deshalb wäre es im Beispielsfall auch möglich, die alten Vorzugsaktien unberührt zu lassen und auch an die Vorzugsaktionäre neue Stammaktien auszugeben. Dies gilt allerdings nicht, wenn es sich um stimmrechtslose Vorzugsaktien handelt; in diesem Fall müssen zur Wahrung des Gattungsverhältnisses auch die neuen Aktien stimmrechtslos sein und wegen § 139 Abs. 1 AktG mit einem Vorzug ausgestattet sein.

Entsprechende Grundsätze gelten für alle **anderen Fälle,** in denen Aktien verschiedener Gattungen vorhanden sind, deren unterschiedliche Rechte sich nicht nach dem Verhältnis des Anteils am Grundkapital bestimmen. In Einzelfällen ist es allerdings möglich, dass besondere Rechte, die sich mit einer Aktie verbinden, auf die neuen Aktien nicht erstreckt werden können (zB das Recht zur Entsendung von Aufsichtsratsmitgliedern, § 101 Abs. 2 AktG).

Die geschilderten Grundsätze gelten entsprechend für etwaige **Nebenpflichten** nach § 55 AktG (§ 216 Abs. 3 S. 2 AktG). Richtet sich der Umfang der Nebenpflichten nach dem Anteil am Grundkapital, erstrecken sich die Nebenpflichten bei unverändertem Gesamtumfang und reduziertem Umfang pro Aktie ohne weiteres auch auf die neuen Aktien. Richtigerweise wird man es stattdessen aber auch zulassen müssen, die auf den alten Aktien ruhenden Nebenpflichten unberührt zu lassen und neue Aktien ohne Nebenpflichten auszugeben.[160]

b) Anpassungen kraft Gesetzes. Umstritten ist die Frage, inwieweit der Kapitalerhöhungsbeschluss zu diesen Fragen Regelungen treffen muss. Sofern es sich um Vorzugsrechte oder Nebenpflichten handelt, deren Umfang vom Anteil der Aktien am Grundkapital abhängig ist, sind **Festsetzungen im Kapitalerhöhungsbeschluss** nicht erforderlich. Aktien mit den entsprechenden Rechten und Pflichten entstehen mit Wirksamwerden der Kapitalerhöhung automatisch, ohne dass es dazu besonderer Anpassungsregelungen bedarf. Das gilt grundsätzlich auch, wenn Anpassungen der Ausstattung erforderlich sind (vgl. → Rn. 76 ff.). Auch diese Anpassungen vollziehen sich automatisch und erfordern keine entsprechende Satzungsänderung und keinen Sonderbeschluss der Vorzugsaktionäre (vgl. → Rn. 11).[161] Der Kapitalerhöhungsbeschluss kann jedoch (ebenfalls ohne Sonderbeschluss) vorrangige Regelungen treffen, soweit alternative Gestaltungsmöglichkeiten bestehen.[162] Soweit sich die Anpassung automatisch vollzieht, ist zusätzlich eine förmliche Anpassung des Satzungswortlauts erforderlich, die im Rahmen einer Ermächtigung nach § 179 Abs. 1 S. 2 AktG vom Aufsichtsrat vorgenommen werden kann[163] und die zugleich mit dem Kapitalerhöhungsbeschluss zur Eintragung in das Handelsregister **angemeldet** werden muss.[164]

Rn. 6; Hölters AktG/*Simons* § 216 Rn. 5; Bürgers/Körber AktG/*Stadler* § 216 Rn. 2; GroßkommGmbHG/*Ulmer/Casper* § 57m Rn. 6 aE; aA Geßler/Hefermehl AktG/*Bungeroth* § 216 Rn. 14.

[160] Ebenso Geßler/Hefermehl AktG/*Bungeroth* § 216 Rn. 76; Bürgers/Körber AktG/*Stadler* § 216 Rn. 32; GroßkommAktG/*Hirte* § 216 Rn. 85; aA KölnKommAktG/*Lutter* § 216 Rn. 28; Hüffer/Koch AktG § 216 Rn. 17; MüKoAktG/*Arnold* § 216 Rn. 73 f.; Spindler/Stilz AktG/*Fock/Wüsthoff* § 216 Rn. 31; Wachter AktG/*Wagner* § 216 Rn. 9; Hölters AktG/*Simons* § 216 Rn. 21; K. Schmidt/Lutter AktG/*Veil* § 216 Rn. 21.

[161] Hüffer/*Koch* AktG § 216 Rn. 4; MüKoAktG/*Arnold* § 216 Rn. 16; GroßkommAktG/*Hirte* § 216 Rn. 26; Bürgers/Körber AktG/*Stadler* § 216 Rn. 7; Hölters AktG/*Simons* § 216 Rn. 6; Spindler/Stilz AktG/*Fock/Wüsthoff* § 216 Rn. 8; Wachter AktG/*Wagner* § 216 Rn. 3; aA noch *v. Godin/Wilhelmi* AktG § 216 Anm. 3.

[162] HdB börsennotierte AG/*Busch* Rn. 45.40; Geßler/Hefermehl AktG/*Bungeroth* § 216 Rn. 18.

[163] MüKoAktG/*Arnold* § 216 Rn. 17; Bürgers/Körber AktG/*Stadler* § 216 Rn. 7; Hölters AktG/*Simons* § 216 Rn. 6; Hüffer/*Koch* AktG § 216 Rn. 4; GroßkommAktG/*Hirte* § 216 Rn. 29; Spindler/Stilz AktG/*Fock/Wüsthoff* § 216 Rn. 8; K. Schmidt/Lutter AktG/*Veil* § 216 Rn. 5; Wachter

82 **c) Abweichender Kapitalerhöhungsbeschluss.** Die dargelegten Grundsätze sind **zwingend**. Ein von § 216 AktG abweichender Kapitalerhöhungsbeschluss ist allerdings als wirksam anzusehen, soweit alle benachteiligten Aktionäre zustimmen.[165] Fehlt es daran, ist der Beschluss anfechtbar.[166] Die Anfechtbarkeit wird durch spätere Änderung oder Zustimmung aller benachteiligten Aktionäre geheilt.[167] Daneben steht nichts entgegen, in derselben Hauptversammlung das Verhältnis der Aktiengattungen durch einen gesonderten satzungsändernden Beschluss unter Beachtung von § 179 Abs. 3 AktG zu ändern.

83 **2. Besonderheiten teileingezahlter Aktien.** Für teileingezahlte Aktien gelten die vorstehend dargelegten Grundsätze entsprechend. Besondere Regelungen greifen jedoch ein, wenn sich Rechte aus teileingezahlten Aktien nach der Höhe der Einzahlung bestimmen. Auch in diesem Fall soll durch die Kapitalerhöhung das **Verhältnis der Aktionärsrechte** zueinander nicht berührt werden. § 216 Abs. 2 AktG bestimmt daher, dass sich die von der Höhe der Einzahlung abhängigen Aktionärsrechte aus den teileingezahlten Aktien nur um denselben Prozentsatz erhöhen, um den sich auch das Grundkapital erhöht; dem gleichen Zweck dient die Klarstellung, dass bei Verteilung des Liquidationserlöses die Erhöhungsbeträge als voll eingezahlt gelten.

84 Sind die Einlagen nicht auf alle Aktien im selben Verhältnis geleistet, ist den Aktionären bei der **Gewinnverteilung** zunächst aus dem verteilbaren Gewinn vorab ein Betrag in Höhe von 4 % der geleisteten Einlage zu zahlen (§ 60 Abs. 2 AktG). Bei einem Aktiennennbetrag von 100,– EUR und einer Einlageleistung von 50,– EUR sind als Vorabgewinn 4 % von 50,– EUR zu zahlen. Wird das Grundkapital aus Gesellschaftsmitteln um 20 % erhöht, steht dem Aktionär der Vorabgewinn von 4 % nunmehr auf die geleistete Einlage von 50,– EUR, erhöht um 20 %, insgesamt also auf einen Betrag von 60,– EUR zu. Die restliche Einlageschuld von 50,– EUR bleibt unverändert. Werden von dem Aktionär weitere Einzahlungen geleistet, erweitern sich seine Rechte entsprechend (§ 216 Abs. 2 S. 2 AktG). Entsprechendes gilt, wenn die Satzung die Gewinnverteilung bei teileingezahlten Aktien anderweitig von der Höhe der geleisteten Einlage abhängig macht. Sieht die Satzung vor, dass ein Gewinn erst nach voller Einlageleistung ausgeschüttet wird, bleibt es dabei, dass der Aktionär einen Gewinn erst erhält, wenn er seine restliche Einlageschuld getilgt hat. Entsprechendes gilt bei Stückaktien.

85 Die vorstehenden Grundsätze sind zu modifizieren, wenn der auszuschüttende Gewinn den Betrag von 4 % der (erhöhten) Einzahlungen auf die Einlagen übersteigt. Ist eine **höhere Dividende** auszuschütten, würde die Beibehaltung der Vorabausschüttung von 4 % dazu führen, dass Aktien mit höheren Einzahlungen im Verhältnis zu Aktien mit niedrigeren Einzahlungen nach der Kapitalerhöhung eine höhere Quote an der Gesamtdividende erhielten als vorher. Gemäß § 216 Abs. 1 S. 1 AktG ist es in diesen Fällen daher erforderlich, den Prozentsatz der Vorabausschüttung von 4 % so weit zu reduzieren, dass der auf die verschiedenen Aktien entfallende Gesamt-Gewinnanteil durch die Kapitalerhöhung nicht verändert wird.[168]

AktG/*Wagner* § 216 Rn. 3; *Fett/Spiering* NZG 2002, 358 (366); aA KölnKommAktG/*Lutter* § 216 Rn. 7.

[164] MüKoAktG/*Arnold* § 216 Rn. 17; Hüffer/*Koch* AktG § 216 Rn. 4; Bürgers/Körber AktG/*Stadler* § 216 Rn. 7; Wachter AktG/*Wagner* § 216 Rn. 3.

[165] MüKoAktG/*Arnold* § 216 Rn. 21; GroßkommAktG/*Hirte* § 216 Rn. 32; K. Schmidt/Lutter AktG/*Veil* § 216 Rn. 6; Spindler/Stilz AktG/*Fock/Wüsthoff* § 216 Rn. 9; Wachter AktG/*Wagner* § 216 Rn. 4; Bürgers/Körber AktG/*Stadler* § 216 Rn. 9; wohl auch Hölters AktG/*Simons* § 216 Rn. 25.

[166] Hüffer/*Koch* AktG § 216 Rn. 18; GroßkommAktG/*Hirte* § 216 Rn. 31; Bürgers/Körber AktG/*Stadler* § 216 Rn. 9; Spindler/Stilz AktG/*Fock/Wüsthoff* § 216 Rn. 9; K. Schmidt/Lutter AktG/*Veil* § 216 Rn. 6; Wachter AktG/*Wagner* § 216 Rn. 4; Hölters AktG/*Simons* § 216 Rn. 25.

[167] KölnKommAktG/*Lutter* § 216 Rn. 8; GroßkommAktG/*Hirte* § 216 Rn. 32; aA wohl Hüffer/*Koch* AktG § 216 Rn. 18.

Ähnliche Grundsätze können für das **Stimmrecht** teileingezahlter Aktien gelten. Nach 86
der gesetzlichen Regel in § 134 Abs. 2 S. 1 AktG beginnt das Stimmrecht allerdings erst
mit der vollständigen Leistung der Einlage. In diesem Fall ändert sich durch die Kapitalerhöhung nichts. Ist hingegen noch auf keine Aktie die Einlage vollständig geleistet oder
bestimmt die Satzung, dass auch für teileingezahlte Aktien ein Stimmrecht bestehen soll, so
bestimmt sich das Stimmrecht nach der Höhe der geleisteten Einlage. Die Kapitalerhöhung
aus Gesellschaftsmitteln hat dann die gleichen Konsequenzen wie beim Gewinnbezugsrecht; das Stimmrecht aus der jeweils geleisteten Einlage erhöht sich also um den Prozentsatz, um welchen das Kapital heraufgesetzt wurde.[169]

Für die **Verteilung des Liquidationserlöses** gelten die Erhöhungsbeträge als voll 87
eingezahlt (§ 216 Abs. 2 S. 3 AktG). Bei der Verteilung des Liquidationsüberschusses sind
also auch diese Erhöhungsbeträge gemäß § 271 Abs. 3 AktG zunächst zu erstatten, bevor
ein etwa verbleibender Überschuss nach dem Verhältnis der auf die Aktien entfallenden
anteiligen Beträge des Grundkapitals verteilt wird; vgl. dazu → § 67 Rn. 19.

3. Rechtsbeziehungen mit Dritten. Entsprechende Grundsätze gelten gem. § 216 88
Abs. 3 S. 1 AktG für kapital-, dividenden- oder vom Aktienwert abhängige **Ansprüche
Dritter** gegen die Gesellschaft, wie Tantiemeansprüche, Genussrechte und Gewinnschuldverschreibungen, Options- und Wandelschuldverschreibungen, Aktienoptionsprogramme[170] sowie variable Ausgleichszahlungen nach § 304 Abs. 2 AktG (zu Letzteren näher
→ § 71 Rn. 102 ff.). Diese sind anzupassen, soweit sie durch die Kapitalerhöhung betroffen
sind.[171] Erhalten zB Vorstandsmitglieder eine Tantieme von 10.000,- EUR pro Prozent
ausgeschütteter Dividende und wird das Kapital aus Gesellschaftsmitteln um 25 % erhöht,
so erhöht sich der Tantiemesatz auf 12.500,- EUR; richtet sich die Tantieme hingegen
nach der Dividende pro Aktie und erfolgt die Kapitalerhöhung ohne Ausgabe neuer Aktien
(vgl. → Rn. 3 f.), findet eine Anpassung nicht statt.[172] Berechtigt eine Optionsanleihe zum
Bezug von 4 Aktien zum Bezugspreis von 100,- EUR pro Aktie, so besteht nach einer
Erhöhung des Kapitals aus Gesellschaftsmitteln um 25 % ein Bezugsrecht auf 5 Aktien zum
Bezugspreis von je 80,- EUR. Von der Anpassung werden nur die im Zeitpunkt der
Kapitalerhöhung **laufenden Verträge** erfasst. Werden später Verträge neu abgeschlossen,
sind im Zweifel die neuen Kapitalverhältnisse zugrunde zu legen. Werden Verträge verlängert, die auf Grund einer Kapitalerhöhung angepasst wurden, ist im Zweifel davon
auszugehen, dass das Ergebnis der Anpassung weiter gelten soll.

Einen Sonderfall bilden **Aufsichtsratstantiemen.** Obwohl das Rechtsverhältnis zwi- 89
schen Aufsichtsratsmitglied und Gesellschaft nicht vertraglich, sondern korporationsrechtlicher Natur ist, findet § 216 Abs. 3 S. 1 AktG dennoch Anwendung.[173] Dafür spricht
auch, dass die Hauptversammlung sonst die Vergütung des Aufsichtsrats für das laufende
Geschäftsjahr herabsetzen könnte, was rechtlich zweifelhaft ist.[174] Umstritten nur das Verhältnis zu **§ 113 Abs. 3 AktG aF,** der bestimmte, dass eine variable Vergütung, wonach

---

[168] Eingehend dazu MüKoAktG/*Arnold* § 216 Rn. 35 f.; GroßkommAktG/*Hirte* § 216 Rn. 37 ff.;
Spindler/Stilz AktG/*Fock/Wüsthoff* § 216 Rn. 16; HdB börsennotierte AG/*Busch* Rn. 45.35; aA
Bürgers/Körber AktG/*Stadler* § 216 Rn. 15.
[169] Wegen näherer Berechnungsbeispiele vgl. etwa MüKoAktG/*Arnold* § 216 Rn. 27 ff.; Hüffer/
Koch AktG § 216 Rn. 8; Spindler/Stilz AktG/*Fock/Wüsthoff* § 216 Rn. 17; HdB börsennotierte AG/
Busch Rn. 45.36.
[170] Vgl. dazu auch *Fett/Spiering* NZG 2002, 358 (366 f.).
[171] Vgl. näher BAG DB 2006, 451; LAG Nürnberg NZG 2004, 1160 (1161); MüKoAktG/*Arnold*
§ 216 Rn. 51 ff.; Spindler/Stilz AktG/*Fock/Wüsthoff* § 216 Rn. 22 ff.; Hüffer/*Koch* AktG § 216
Rn. 12 ff.; Hölters AktG/*Simons* § 216 Rn. 14 ff.; Wachter AktG/*Wagner* § 216 Rn. 7 f.
[172] BAG DB 2006, 451 (454); LAG Nürnberg NZG 2004, 1160 (1161); HdB AG-Finanzierung/
Jaspers Kap. 7 Rn. 147.
[173] MüKoAktG/*Arnold* § 216 Rn. 53 ff.; Hölters AktG/*Simons* § 216 Rn. 17; Grigoleit AktG/
Rieder/Holzmann § 216 Rn. 12; Bürgers/Körber AktG/*Stadler* § 216 Rn. 25.

der Aufsichtsrat einen „Anteil am Jahresgewinn der Gesellschaft" erhält, zwingend (§ 113 Abs. 3 S. 2 AktG aF) so zu berechnen ist, dass der als Berechnungsgrundlage dienende Bilanzgewinn um einen Betrag in Höhe von 4% des (geleisteten) Grundkapitals gekürzt wird. Der Anwendungsbereich der Vorschrift war unklar.[175] Soweit sie Anwendung fand, ging sie jedoch entgegen anderer Ansicht[176] der Anpassung nach § 216 Abs. 3 AktG vor; die 4% iSv § 113 Abs. 3 AktG aF waren somit von dem durch die Kapitalerhöhung erhöhten Grundkapital zu berechnen und nicht proportional zu kürzen.[177] Maßgeblich erscheint dafür nicht die Spezialität der einen Norm gegenüber der anderen. Vielmehr ist die Anwendung von § 216 Abs. 3 AktG auf die Aufsichtsratstantieme mangels vertraglicher Rechtsbeziehung nur über eine Analogie möglich, die dem zwingenden § 113 Abs. 3 AktG aF in seinem Anwendungsbereich nicht vorgehen konnte. Darüber hinaus musste das erhöhte Grundkapital jedenfalls für die Berechnung der Tantieme von später gewählten Aufsichtsratsmitgliedern maßgeblich sein, was zu einer unterschiedlichen Vergütung und damit einer Ungleichbehandlung innerhalb des Aufsichtsrats führen würde.[178] Dass die Kapitalerhöhung damit zu einer auch unterjährigen Reduzierung der Vergütung führt, war demgegenüber notwendige Folge des § 113 Abs. 3 AktG aF und stand seiner Anwendung nicht entgegen. Infolge der Aufhebung von § 113 Abs. 3 AktG durch das ARUG II hat sich dieses Problem mittlerweile erledigt.

90 § 216 Abs. 3 S. 1 AktG ist **einseitig bindend.** Die Gesellschaft kann nicht einseitig zu Lasten des Dritten in dessen Rechtsposition eingreifen; mit Zustimmung des Dritten ist die Regelung aber abdingbar.[179] Anderweitige Festlegungen im Erhöhungsbeschluss können den Dritten nicht entgegengehalten werden und führen zur Anfechtbarkeit des Beschlusses.[180] Die Anpassung vollzieht sich **kraft Gesetzes** mit Wirksamwerden der Kapitalerhöhung; Änderungsvereinbarungen oder rechtsgestaltende Akte sind nicht erforderlich.[181] Der Erhöhungsbeschluss muss daher auch keine Anpassungsregelungen enthalten.[182]

91 Die Grundsätze des § 216 Abs. 3 AktG gelten auch für **Ansprüche der Gesellschaft gegen Dritte,** die von den bisherigen Kapital- oder Gewinnverhältnissen abhängen.[183] Auf Rechtsverhältnisse **zwischen Aktionären und Dritten** oder nur zwischen Dritten findet § 216 Abs. 3 AktG hingegen grundsätzlich keine Anwendung.[184] Etwas anderes gilt für den Anspruch der außenstehenden Aktionäre auf Ausgleichszahlung nach § 304 Abs. 2 AktG.

---

[174] Für Unzulässigkeit zB LG München I ZIP 2012, 2209 (2211 f.), wo es um eine Festvergütung ging, die Ausführungen des Gerichts aber wohl auch für eine Variable gelten; MüKoAktG/*Habersack* § 113 Rn. 34 mwN; dazu auch → § 33 Rn. 32.

[175] Vgl. dazu → § 33 Rn. 35 ff.

[176] KölnKommAktG/*Lutter* § 216 Rn. 22; MüKoAktG/*Arnold* § 216 Rn. 57; GroßkommAktG/*Hirte* § 216 Rn. 75; K. Schmidt/Lutter AktG/*Veil* § 216 Rn. 18; Grigoleit AktG/*Rieder/Holzmann* § 216 Rn. 13.

[177] Ebenso Spindler/Stilz AktG/*Fock/Wüsthoff* § 216 Rn. 24; Hüffer/*Koch* AktG § 216 Rn. 12; Hölters AktG/*Simons* § 216 Rn. 17; Bürgers/Körber AktG/*Stadler* § 216 Rn. 26; HdB börsennotierte AG/*Busch* Rn. 45.43; zu § 57m Abs. 3 GmbHG GroßkommGmbHG/*Ulmer/Casper* § 57m Rn. 24; MüKoGmbHG/*Lieder* § 57m Rn. 30.

[178] So zutreffend HdB börsennotierte AG/*Busch* Rn. 45.43.

[179] BAG DB 2006, 451 (452): Hierfür sei eine unmissverständliche Vereinbarung erforderlich; Grigoleit AktG/*Rieder/Holzmann* § 216 Rn. 11; Hölters AktG/*Simons* § 216 Rn. 24; Spindler/Stilz AktG/*Fock/Wüsthoff* § 216 Rn. 21.

[180] Hüffer/*Koch* AktG § 216 Rn. 18; Grigoleit AktG/*Rieder/Holzmann* § 216 Rn. 17; Hölters AktG/*Simons* § 216 Rn. 26; K. Schmidt/Lutter AktG/*Veil* § 216 Rn. 22.

[181] BAG DB 2006, 451 (543); Bürgers/Körber AktG/*Stadler* § 216 Rn. 23; MüKoAktG/*Arnold* § 216 Rn. 42.

[182] Hüffer/*Koch* AktG § 216 Rn. 11 u. 18; Grigoleit AktG/*Rieder/Holzmann* § 216 Rn. 17; K. Schmidt/Lutter AktG/*Veil* § 216 Rn. 22; MüKoAktG/*Arnold* § 216 Rn. 42.

[183] Bürgers/Körber AktG/*Stadler* § 216 Rn. 18; Hölters AktG/*Simons* § 216 Rn. 13; K. Schmidt/Lutter AktG/*Veil* § 216 Rn. 12; MüKoAktG/*Arnold* § 216 Rn. 49.

Dieser Anspruch reduziert sich bei einer Kapitalerhöhung aus Gesellschaftsmitteln der abhängigen Gesellschaft (vgl. näher → § 71 Rn. 105). Im Übrigen wird auch, soweit § 216 Abs. 3 AktG keine Anwendung findet, regelmäßig die Vertragsauslegung zu entsprechenden Ergebnissen führen. Sind zB Aktien vor der Kapitalerhöhung verkauft, aber noch nicht übertragen, wird der Verkäufer in aller Regel auch die neuen Aktien ohne Erhöhung des Kaufpreises mitübertragen müssen.[185] **Dingliche Rechte** an Aktien erstrecken sich ohne weiteres auch auf die neuen Anteilsrechte; vgl. → Rn. 60.

4. Erhöhung bedingten Kapitals. Ist ein **bedingtes Kapital** vorhanden, erhöht sich dieses im gleichen Verhältnis wie das Grundkapital (§ 218 S. 1 AktG). Ein bedingtes Kapital von 1 Mio. EUR steigt also zB bei einer Kapitalerhöhung aus Gesellschaftsmitteln um 25 % auf 1,25 Mio. EUR. Diese Anpassung ist erforderlich, weil sich mit dem bedingten Kapital Umtausch- oder Bezugsrechte verbinden, die ohne die Erhöhung des bedingten Kapitals beeinträchtigt würden. Das bedingte Kapital erhöht sich mit Wirksamwerden der Kapitalerhöhung automatisch, ohne dass es dazu irgendwelcher Rechtsakte bedarf. Das Handelsregister muss entsprechend berichtigt werden. Dafür genügt ein Berichtigungsantrag des Vorstands, der zugleich mit der Anmeldung der Kapitalerhöhung zu stellen ist.[186] Eine Berichtigung von Amts wegen ist nicht möglich. **Genehmigtes Kapital** erhöht sich nicht, sondern bleibt von der Kapitalerhöhung unberührt.

Dient das bedingte Kapital der Gewährung von Umtausch- oder Bezugsrechten für Wandel- oder Optionsanleihen, -genussrechte oder naked warrants (s. § 64), so ist bei der Kapitalerhöhung aus Gesellschaftsmitteln uU eine **Sonderrücklage** zu bilden (§ 218 S. 2 AktG). Diese muss einen etwa bestehenden Unterschied zwischen dem Ausgabebetrag (einschließlich Agio) der Schuldverschreibungen und dem höheren geringsten Ausgabebetrag (§ 9 Abs. 1 AktG) der für sie zu gewährenden Bezugsaktien decken. In der Praxis spielt das kaum eine Rolle, da der Ausgabebetrag der Anleihe in aller Regel auch nach einer Kapitalerhöhung den geringsten Ausgabebetrag der zu gewährenden Aktien nicht unterschreitet.[187] Der Sonderrücklage bedarf es nicht, soweit Zuzahlungen der Umtauschberechtigten vereinbart sind, welche den Unterschiedsbetrag ausgleichen. Sie ist außerdem nur erforderlich, wenn und soweit ein Unterschied zwischen dem Gesamtausgabebetrag aller Schuldverschreibungen und dem höheren geringsten Ausgabebetrag aller zu gewährenden Bezugsaktien entsteht[188] und dies gerade infolge der Kapitalerhöhung aus Gesellschaftsmitteln eintritt.[189] Beispiel: Für 100,– EUR Ausgabebetrag der Schuldverschreibungen kann eine Aktie im Nennbetrag von 100,– EUR bezogen werden; nach einer Kapitalerhöhung aus Gesellschaftsmitteln im Verhältnis 1:2 erhöht sich der Nennbetrag der zu

---

[184] MüKoAktG/*Arnold* § 216 Rn. 69; Spindler/Stilz AktG/*Fock/Wüsthoff* § 216 Rn. 29; Hüffer/*Koch* AktG § 216 Rn. 16; K. Schmidt/Lutter AktG/*Veil* § 216 Rn. 20; Hölters AktG/*Simons* § 216 Rn. 23.

[185] MüKoAktG/*Arnold* § 216 Rn. 70; GroßkommAktG/*Hirte* § 216 Rn. 86; Spindler/Stilz AktG/*Fock/Wüsthoff* § 216 Rn. 29; K. Schmidt/Lutter AktG/*Veil* § 216 Rn. 20; Hölters AktG/*Simons* § 216 Rn. 23.

[186] MüKoAktG/*Arnold* § 218 Rn. 9 f.; Hüffer/*Koch* AktG § 218 Rn. 3; Bürgers/Körber AktG/*Stadler* § 218 Rn. 3; Wachter AktG/*Wagner* § 218 Rn. 4; HdB AG-Finanzierung/*Jaspers* Kap. 7 Rn. 139; weniger streng (spätere Anmeldung möglich) KölnKommAktG/*Lutter* § 218 Rn. 4; K. Schmidt/Lutter AktG/*Veil* § 218 Rn. 3; unklar insoweit Spindler/Stilz AktG/*Fock/Wüsthoff* § 218 Rn. 3.

[187] Vgl. auch HdB börsennotierte AG/*Busch* Rn. 45.45; Wachter AktG/*Wagner* § 218 Rn. 5.

[188] MüKoAktG/*Arnold* § 218 Rn. 14; Spindler/Stilz AktG/*Fock/Wüsthoff* § 218 Rn. 5; GroßkommAktG/*Hirte* § 218 Rn. 19; Bürgers/Körber AktG/*Stadler* § 218 Rn. 5; K. Schmidt/Lutter AktG/*Veil* § 218 Rn. 4; Hölters AktG/*Simons* § 218 Rn. 1; Wachter AktG/*Wagner* § 218 Rn. 5; Henssler/Strohn/*Hermanns* AktG § 218 Rn. 3.

[189] Hüffer/*Koch* AktG § 218 Rn. 5; Spindler/Stilz AktG/*Fock/Wüsthoff* § 218 Rn. 5; Bürgers/Körber AktG/*Stadler* § 218 Rn. 5; wohl auch KölnKommAktG/*Lutter* § 218 Rn. 5; aA GroßkommAktG/*Hirte* § 218 Rn. 21; differenzierend MüKoAktG/*Arnold* § 218 Rn. 16 ff.

gewährenden Bezugsaktien auf 150,– EUR, und der Betrag von 50,– EUR ist durch besondere Rücklage zu decken. Die erforderliche Sonderrücklage muss spätestens im Zeitpunkt der Kapitalerhöhung gebildet und im nächsten Jahresabschluss ausgewiesen werden; es ist zweckmäßig, rechtlich aber nicht erforderlich,[190] sie bereits in der der Kapitalerhöhung zugrunde gelegten Bilanz auszuweisen.

VIII. Weitere Abwicklung

94 **1. Verbriefung.** Die neuen Aktienrechte entstehen automatisch mit Eintragung der Kapitalerhöhung ins Handelsregister in der Person der Berechtigten. **Berechtigt** sind grundsätzlich diejenigen, die bei Wirksamwerden der Kapitalerhöhung Aktionäre sind. Erfolgt die Erhöhung unter Ausgabe neuer Aktien, können die neuen Aktienrechte jedoch bereits vor ihrer Entstehung als zukünftige Rechte gemäß §§ 413, 398 BGB vor Eintragung der Kapitalerhöhung **übertragen** werden.[191] Ein dem § 191 S. 1 AktG entsprechendes Verfügungsverbot (vgl. → § 57 Rn. 192) gibt es bei der Kapitalerhöhung aus Gesellschaftsmitteln nicht. Berechtigt ist dann derjenige, der im Zeitpunkt des Wirksamwerdens der Kapitalerhöhung Inhaber des neuen Anteilsrechts ist. Eine **Ausgabe von Aktienurkunden** ist vor Eintragung der Kapitalerhöhung hingegen unzulässig (§ 219 AktG).[192]

95 **a) Verbriefung bei Ausgabe neuer Aktien.** Die Aktionäre haben nach Maßgabe von § 10 Abs. 5 AktG einen Anspruch auf Verbriefung[193] der neuen Aktien. Den neuen Aktien werden die gleichen **Gewinnanteilscheine** beigegeben, die auch für die alten Aktien noch ausstehen, soweit bei dieser Gelegenheit nicht neue und alte Aktien mit einem neuen Gewinnanteilscheinbogen ausgestattet werden. Die Ausgabe der neuen Aktien erfolgt durch Abschluss eines **Begebungsvertrages**.

96 Ist der **Einzelverbriefungsanspruch** nicht nach § 10 Abs. 5 AktG ausgeschlossen, müssen die Aktionäre ihre neuen Aktienurkunden abholen (§ 214 Abs. 1 S. 1 AktG). Zu diesem Zweck muss die Gesellschaft die Aktionäre zur Abholung auffordern. Die Aufforderung ist im Bundesanzeiger und, wenn eine Satzung in ihrer Fassung am 30.12.2015 weitere Gesellschaftsblätter vorsah und unverändert vorsieht, dort (§§ 25, 214 Abs. 1 S. 2 AktG, § 26h Abs. 3 EGAktG) mit dem in § 214 Abs. 1 S. 3 u. 4 AktG festgelegten Inhalt zu veröffentlichen[194]. Börsennotierte AGs (§ 3 Abs. 2 AktG) haben die Aufforderung – aufgrund der durch das ARUG II eingeführten Ergänzung des § 214 Abs. 1 S. 2 AktG – zusätzlich gemäß § 67a AktG Intermediären und bei Namensaktien den im Aktienregister eingetragenen Personen zu übermitteln (dazu auch → § 57 Rn. 107). Zum Nachweis der Berechtigung wird üblicherweise die Vorlage eines bestimmten Gewinnanteilscheins verlangt. Zwischenzeitliche Erwerber der neuen Anteilsrechte (→ Rn. 94) sind jedoch regelmäßig nicht im Besitz der für die alten Aktien ausgegebenen Gewinnanteilscheine; daher sollte daran gedacht werden, für diese Fälle eine andere Möglichkeit des Berechtigungsnachweises (zB die Vorlage des entsprechenden Vertrages) vorzusehen. Mit Abholung der neuen Aktienurkunden kommt formfrei ein entsprechender Begebungsvertrag zustande. Bei Publikumsgesellschaften wird die Abwicklung der Aktienausgabe in der Praxis regel-

---

[190] MüKoAktG/*Arnold* § 218 Rn. 19 f.; GroßkommAktG/*Hirte* § 218 Rn. 23; Spindler/Stilz AktG/*Fock/Wüsthoff* § 218 Rn. 6; K. Schmidt/Lutter AktG/*Veil* § 218 Rn. 5; Hüffer/*Koch* AktG § 218 Rn. 6; Bürgers/Körber AktG/*Stadler* § 218 Rn. 12.

[191] Hüffer/*Koch* AktG § 219 Rn. 3; MüKoAktG/*Arnold* § 219 Rn. 9 f.; Grigoleit AktG/*Rieder/Holzmann* § 219 Rn. 3.

[192] Zur Rechtslage, insbesondere zur Übertragung bei vorzeitiger Aktienausgabe vgl. MüKoAktG/*Arnold* § 219 Rn. 6 ff., 11; Hüffer/*Koch* AktG § 219 Rn. 2 f.; Bürgers/Körber AktG/*Stadler* § 219 Rn. 3 f.; Hölters AktG/*Simons* § 219 Rn. 3; Grigoleit AktG/*Rieder/Holzmann* § 219 Rn. 2 f.

[193] Zu Fragen der Verbriefung vgl. auch *Mülbert* FS Nobbe, 2009, 691 (710 ff.).

[194] Muster in Münch. Vertragshandbuch Bd. 1/*Favoccia* Form. V. 129; Happ AktienR/*Herchen* Form. 12.08d.

mäßig durch eine oder mehrere Banken abgewickelt, die bei Abschluss der Begebungsverträge als Vertreter der Gesellschaft handeln.

Handelt es sich um **girosammelverwahrte Aktien** (vgl. § 9a DepotG), für die eine Einzelverbriefung ausgeschlossen ist (§ 10 Abs. 5 AktG), scheidet eine Abholung der neuen Aktienurkunden aus. Die Begebung der neuen Aktienurkunde(n) vollzieht sich in der Weise, dass die Depotbanken als Vertreter der Vertragsparteien und die Wertpapiersammelbank (Clearstream Banking AG) im Auftrag der Depotbanken handeln; bei den Aktionären vollzieht sich der Eigentumserwerb durch Einbuchung auf ihrem Depot. Die Bekanntmachung nach § 214 AktG kann sich in diesem Fall auf die Mitteilung der Zubuchung bei den Aktionären beschränken; ein Hinweis gemäß § 214 Abs. 1 S. 4 AktG ist entbehrlich.[195]

b) Verbriefung bei Erhöhung ohne Ausgabe neuer Aktien. § 214 AktG findet auf diesen Fall keine Anwendung. Eine Aufforderung zur Abholung neuer Aktienurkunden scheidet naturgemäß aus. Die alten Aktienurkunden werden jedoch infolge der Kapitalerhöhung regelmäßig unrichtig. Die Gesellschaft kann dennoch nicht nach **§ 73 AktG** vorgehen (s. § 73 Abs. 1 S. 2 AktG), es sei denn, die Aktienurkunden sind nicht nur wegen der Änderung des Nennbetrages der Aktien unrichtig. Möglich (aber nicht erforderlich) ist es dann allein, dass die Gesellschaft die Aktionäre auf freiwilliger Basis zur Einreichung der Urkunden zwecks Berichtigung oder Umtausch auffordert. Kommen Aktionäre dem nicht nach, hat die Gesellschaft jedoch keine Handhabe, eine Korrektur zu erzwingen. Bei **girosammelverwahrten Aktien** können die alten Globalurkunden durch eine oder mehrere neue ersetzt werden. Der dafür erforderliche Begebungsvertrag kommt dabei wie in → Rn. 97 beschrieben zustande.

2. Verwertung nicht abgeholter Aktien. a) Verbriefte Aktien. Werden Aktien nicht abgeholt, hat die Gesellschaft nach Ablauf eines Jahres den **Verkauf** der nicht abgeholten Aktien anzudrohen und diese Androhung dreimal in den Gesellschaftsblättern bekannt zu machen.[196] Für den **Beginn der Jahresfrist** kommt es allein auf die Bekanntmachung der Aufforderung gemäß § 214 Abs. 1 AktG in den Gesellschaftsblättern an. Dass börsennotierte AGs die Aufforderung infolge des ARUG II auch gemäß § 67a AktG zu übermitteln haben (→ Rn. 96), ändert daran nichts. § 214 Abs. 2 AktG ist durch das ARUG nicht angepasst worden und stellt unverändert ausschließlich auf die Bekanntmachung in den Gesellschaftsblättern ab. Nach Ablauf eines Jahres seit der letzten Verkaufsandrohung ist die Gesellschaft verpflichtet, immer noch nicht abgeholte Aktien zu veräußern. Die Einzelheiten des Verfahrens richten sich nach §§ 214 Abs. 2 und 3, 226 Abs. 3 S. 2–6 AktG. Der Veräußerungserlös ist dem Berechtigten auszuzahlen. Gerät der Berechtigte in Annahmeverzug oder ist er nicht bekannt, hat die Gesellschaft den Erlös zu hinterlegen (§ 226 Abs. 3 S. 6 AktG, § 372 BGB). Wird die Kapitalerhöhung durch **Erhöhung des Nennbetrags** der Aktien ausgeführt, ist eine Veräußerung der neuen Aktienrechte nicht möglich.

b) Unverbriefte Aktien. Die vorstehenden Regelungen gelten unmittelbar nur dann, wenn die Gesellschaft Aktienurkunden ausgegeben hat. Sind keine Aktienurkunden ausgegeben, hat die Gesellschaft die Aktionäre aufzufordern, sich die neuen Aktien „zuteilen" zu lassen (§ 214 Abs. 4 S. 2 AktG). Der Aktionär muss der Aufforderung folgen und die Gesellschaft schriftlich um **Zuteilung** der neuen Aktien bitten; die Gesellschaft hat sodann die Zuteilung auszusprechen und dem Aktionär damit die neuen Mitgliedschaftsrechte zu bestätigen.[197] Gemäß § 214 Abs. 4 S. 1 AktG gelten im Übrigen die Regelungen über die Ausgabe der neuen Aktien entsprechend. Die Gesellschaft hat mit der Aufforderung an die

---

[195] Muster in Happ AktienR/*Herchen* Form. 12.08 Anm. 21.1.
[196] Muster in Münch. Vertragshandbuch Bd. 1/*Favoccia* Form. V. 130; Happ AktienR/*Herchen* Form. 12.08e.
[197] MüKoAktG/*Arnold* § 214 Rn. 39; Hüffer/*Koch* AktG § 214 Rn. 12; K. Schmidt/Lutter AktG/ *Veil* § 214 Rn. 12; Spindler/Stilz AktG/*Fock*/*Wüsthoff* § 214 Rn. 11; Wachter AktG/*Wagner* § 214 Rn. 12.

Aktionäre, sich die neuen Aktien zuteilen zu lassen, dieselben Bekanntmachungen zu verbinden wie bei verkörperten Aktienrechten. Sie ist in der gleichen Weise verpflichtet, den Verkauf der nicht zugeteilten Aktien anzudrohen und durchzuführen.[198]

101 **c) Teilrechte.** Die vorstehenden Grundsätze gelten sinngemäß für Teilrechte, die nach § 213 AktG auf Grund der Kapitalerhöhung entstanden sind.[199] Erst wenn Teilrechte, die zusammen eine volle Aktie ergeben, in einer Hand vereinigt sind oder sich mehrere Berechtigte, deren Teilrechte zusammen eine volle Aktie ergeben, zur Ausübung der Rechte zusammenschließen, besteht ein Anspruch auf Ausstellung einer Aktienurkunde bzw. auf „Zuteilung" einer nicht verkörperten Aktie (§ 213 Abs. 2 AktG). Werden diese Voraussetzungen nicht innerhalb der Fristen des § 214 geschaffen und werden nicht innerhalb derselben Fristen die neuen Aktien abgeholt bzw. „zugeteilt", sind die Aktien (nicht die Teilrechte) gemäß §§ 214 Abs. 3, 226 Abs. 3 S. 2–6 AktG zu veräußern.[200] Der Erlös steht den Teilrechtsinhabern nach dem Verhältnis ihrer Teilrechte zu.[201]

IX. Kapitalmarktrechtliche Aspekte

102 Eine **Prospektpflicht** besteht bei einer Kapitalerhöhung aus Gesellschaftsmitteln nicht. Erfolgt die Erhöhung ohne Ausgabe neuer Aktien, liegt weder ein öffentliches Angebot vor noch ist eine Neuzulassung der Altaktien aufgrund der Veränderung ihres Nennbetrages bzw. ihres anteiligen Betrags des Grundkapitals erforderlich. Werden neue Aktien ausgegeben, fehlt es wegen § 212 AktG ebenfalls an einem Angebot und greift zudem § 3 Abs. 2 S. 1 Nr. 5 WpPG ein, da die Aktienausgabe unentgeltlich erfolgt. Die neuen Aktien sind ferner gemäß § 33 Abs. 4 EGAktG kraft Gesetzes zugelassen, so dass die Ausnahme von der Erstellung eines Zulassungsprospekts in § 4 Abs. 2 Nr. 5 WpPG überflüssig ist.[202]

103 Das Vorhaben einer Kapitalerhöhung aus Gesellschaftsmitteln kann die Verpflichtung zur Veröffentlichung einer **ad hoc-Mitteilung** (dazu → § 57 Rn. 204) auslösen. Eher als bei einer effektiven Kapitalerhöhung kann es jedoch an der nach Art. 7 MMVO (früher §§ 13 WpHG aF) erforderlichen Kursrelevanz fehlen; diese ist daher im Einzelfall besonders zu prüfen.

104 Darüber hinaus können **weitere Informationspflichten nach dem WpHG** eingreifen: (1) Erfolgt die Kapitalerhöhung unter Ausgabe neuer Aktien, ist das unverzüglich nach Beschlussfassung der Hauptversammlung über die Kapitalerhöhung gemäß **§ 49 Abs. 1 S. 1 Nr. 2 WpHG** mitzuteilen. Die Aufforderungsbekanntmachung gemäß § 214 Abs. 1 S. 2 AktG macht diese Mitteilung nicht gemäß § 49 Abs. 1 S. 2 WpHG entbehrlich.[203] § 49 Abs. 1 S. 1 Nr. 2 WpHG verlangt eine unverzügliche Mitteilung der Ankündigung der Ausgabe der Aktien, dh eine der Ausgabe vorausgehende Mitteilung. Die Aufforderungsbekanntmachung nach § 214 Abs. 1 S. 2 AktG folgt der Ausgabe der Aktien demgegenüber nach. (2) Ferner ist bei Ausgabe neuer Aktien binnen zwei Tagen nach Wirksamwerden der

---

[198] MüKoAktG/*Arnold* § 214 Rn. 42 ff.; Hüffer/*Koch* AktG § 214 Rn. 12; GroßkommAktG/*Hirte* § 214 Rn. 51 ff.; Spindler/Stilz AktG/*Fock/Wüsthoff* § 214 Rn. 7; K. Schmidt/Lutter AktG/*Veil* § 214 Rn. 9; Bürgers/Körber AktG/*Stadler* § 214 Rn. 15; Hölters AktG/*Simons* § 214 Rn. 15; aA anscheinend KölnKommAktG/*Lutter* § 214 Rn. 24, der anrät, von der „Möglichkeit" der Zwangsveräußerung nur in seltensten Fällen Gebrauch zu machen.

[199] MüKoAktG/*Arnold* § 214 Rn. 34; Hüffer/*Koch* AktG § 214 Rn. 13. GroßkommAktG/*Hirte* § 214 Rn. 54 ff.; Hölters AktG/*Simons* § 214 Rn. 16; Spindler/Stilz AktG/*Fock/Wüsthoff* § 214 Rn. 12; K. Schmidt/Lutter AktG/*Veil* § 214 Rn. 2.

[200] MüKoAktG/*Arnold* § 214 Rn. 34 ff.; Hüffer/*Koch* AktG § 214 Rn. 13; Hölters AktG/*Simons* § 214 Rn. 16; Wachter AktG/*Wagner* § 214 Rn. 13; Spindler/Stilz AktG/*Fock/Wüsthoff* § 214 Rn. 12.

[201] Hüffer/*Koch* AktG § 214 Rn. 13; HdB börsennotierte AG/*Busch* Rn. 45.50.

[202] Vgl. zum Vorstehenden *Groß* Kapitalmarktrecht WpPG § 4 Rn. 5 u. 17; Frankfurter KommWpPG/*Schnorbus* § 4 Rn. 32 ff. u. 87.

[203] AA Hölters AktG/*Simons* § 214 Rn. 5.

Kapitalerhöhung aus Gesellschaftsmitteln (Eintragung im Handelsregister; → Rn. 55) die neue **Gesamtzahl der Stimmrechte** unter Angabe des Tages des Wirksamwerdens der Kapitalerhöhung zu veröffentlichen (§ 41 WpHG; dazu auch → § 57 Rn. 205). (3) Gemäß §§ 33 f., 38, 39 relevante **Stimmrechtsveränderungen** dürften im Regelfall wegen § 212 AktG nicht eintreten; dasselbe gilt wegen § 215 Abs. 1 AktG auch für **eigene Aktien** (§ 40 WpHG). Anders kann es ausnahmsweise liegen, wenn es aufgrund des Entstehens von Teilrechten zu Änderungen der Stimmrechtsquoten kommt. An sich tritt eine Veränderung der Stimmrechtsquoten in diesem Fall bereits mit Eintragung der Kapitalerhöhung ein, da aus den Teilrechten keine Mitgliedschaftsrechte ausgeübt werden können. Richtigerweise ist die Gesamtzahl der Stimmrechte jedoch unter Berücksichtigung aller durch die Erhöhung geschaffenen Aktien und nicht abzüglich etwaiger Teilrechte zu berechnen, da weder für die Gesellschaft noch für den Aktionär ersichtlich ist, wie viele Teilrechte infolge der Kapitalerhöhung jeweils existieren. Mitteilungen nach §§ 33 f. bzw. 40 WpHG haben dementsprechend erst zu erfolgen, wenn die Teilrechte des jeweiligen Aktionärs so verwertet sind, dass die Überschreitung einer relevanten Schwelle unter Berücksichtigung aller neu geschaffenen Aktien feststeht. Eine Kapitalerhöhung kann ferner Mitteilungspflichten nach §§ 38, 39 WpHG auslösen, wenn Finanzinstrumente im Sinne von § 38 WpHG nicht so ausgestaltet sind, dass sich die Zahl der Aktien, auf die sie sich beziehen, entsprechend der Kapitalerhöhung aus Gesellschaftsmitteln anpasst. Führt die Kapitalerhöhung daher zur Berührung einer relevanten Stimmrechtsschwelle, muss die Mitteilung spätestens innerhalb von vier Handelstagen nach Eintragung der Kapitalerhöhung im Handelsregister vorgenommen werden. (4) Nehmen Vorstände, Aufsichtsräte oder zu ihnen in enger Beziehung stehende Personen an der Erhöhung teil und erfolgt diese unter Ausgabe neuer Aktien, sollen sie – anders noch als unter Geltung von § 15a WpHG aF – gemäß Art. 19 MMVO zur Vornahme von **Director's Dealings-Mitteilungen** verpflichtet sein, wenn der jeweilige Meldepflichtige in dem betreffenden Kalenderjahr mit Geschäften in Aktien und Schuldtiteln der Gesellschaft ein Gesamtvolumen von 5.000,– EUR erreicht (hat).[204]

Ist schon die Annahme von von Director's Dealings-Mitteilungen in der Sache nicht überzeugend, kann jedenfalls das **Handelsverbot in Art. 19 Abs. 11 MMVO** keine Anwendung auf eine Kapitalerhöhung aus Gesellschaftsmitteln finden. Dogmatisch lässt sich das damit begründen, dass es sich um einen passiven Aktienerwerb handelt, den das Vorstands- oder Aufsichtsratsmitglied nicht oder kaum beeinflussen kann.[205] Praktisch würde die Anwendung von Art. 19 Abs. 11 MMVO zu dem unangemessenen und unverhältnismäßigen Ergebnis führen, dass die Gesellschaft während der dort genannten *closed periods* entweder eine Kapitalerhöhung aus Gesellschaftsmitteln nicht im Handelsregister zur Eintragung bringen darf oder anderenfalls alle vom Handelsverbot erfassten Personen gegen das Verbot verstoßen würden.

---

[204] So Hölters AktG/*Simons* § 207 Rn. 10a aE; wohl auch Assmann/U. H. Schneider/Mülbert Wertpapierhandelsrecht/*Sethe/Hellgardt* MMVO Art. 19 Rn. 73.
[205] Siehe zu der Nichtanwendbarkeit des Handelsverbots auf Geschäfte, auf welche der Mitteilungspflichtige keinen Einfluss nehmen kann, allgemein Assmann/U. H. Schneider/Mülbert Wertpapierhandelsrecht/*Sethe/Hellgardt* MMVO Art. 19 Rn. 158; Klöhn MMVO/*Semrau* Art. 19 Rn. 81.

§ 61 Ordentliche Kapitalherabsetzung

Übersicht

	Rn.		Rn.
I. Allgemeines	1–20	IV. Gläubigerschutz	48–60
1. Inhalt und Zweck der Kapitalherabsetzung; Ausweis im Jahresabschluss	1–4	1. Sicherheitsleistung	49–56
		a) Anspruch auf Sicherheitsleistung	49–50a
2. Durchführungswege	5–9	b) Ausschluss	51–53
3. Verbindung mit anderen Kapitalmaßnahmen	10–14	c) Art und Weise der Sicherheitsleistung	54
a) Sofortige Wiedererhöhung	10–13	d) Klagbarer Anspruch	55
b) Freiwillige Zuzahlungen	14	e) Ausschlussfrist	56
4. Allgemeine Voraussetzungen und Schranken der Kapitalherabsetzung	15–19	2. Auszahlungs- und Erlassverbot	57–60
		V. Abwicklung der Kapitalherabsetzung	61–74
a) Sachliche Rechtfertigung der Kapitalherabsetzung	15	1. Reduzierung der Grundkapitalziffer	61
b) Aktionärsschutz bei Wiedererhöhung nach Kapitalherabsetzung auf Null	16, 17	2. Herabsetzung der Aktiennennbeträge	62–64
c) Gebot der Gleichbehandlung	18	3. Kapitalherabsetzung durch Zusammenlegung von Aktien	65–74
d) Liquidation; Insolvenz	19	a) Zusammenlegungsverfahren	65–67
5. Ablauf der Kapitalherabsetzung	20	b) Zusammenlegung und Spitzenverwertung eingereichter Aktien	68, 69
II. Kapitalherabsetzungsbeschluss	21–33		
1. Beschlussfassung	21–25		
2. Beschlussinhalt	26–32	c) Kraftloserklärung und Spitzenverwertung nicht eingereichter Aktien	70–73
a) Herabsetzungsbetrag	27, 28		
b) Zweck der Herabsetzung	29		
c) Art der Durchführung	30	d) Behandlung unverkörperter Aktien	74
d) Weiterer Beschlussinhalt	31	VI. Anmeldung der Durchführung	75–78
e) Satzungsanpassung	32	VII. Kapitalmarktrechtliche Aspekte	79–86
3. Mängel der Beschlussfassung	33	1. Prospektrechtliche Aspekte	79
III. Anmeldung und Wirksamwerden der Kapitalherabsetzung	34–47	2. Informationspflichten nach WpHG	80, 81
1. Anmeldung, Eintragung und Bekanntmachung	34–38	3. Übernahmerecht	82
2. Wirksamwerden der Kapitalherabsetzung	39–47	4. Besonderheiten beim Kapitalschnitt auf Null	83–86
a) Allgemeines	39–41	a) Neuzulassung nach § 69 BörsZulV	84
b) Auswirkungen auf die Mitgliedschaftsrechte	42, 43		
c) Auswirkungen auf Rechte Dritter	44	b) Meldepflichten nach §§ 33 ff. WpHG	85
d) Aufhebung und Änderung	45, 46	c) Pflichtangebot aufgrund eines „kalten" Delistings?	86
e) Fehlerhafte Kapitalherabsetzung	47		

Schrifttum: *Beuthien,* Wofür ist bei einer Kapitalherabsetzung Sicherheit zu leisten?, GmbHR 2016, 729; *Bork,* Mitgliedschaftsrechte unbekannter Aktionäre während des Zusammenlegungsverfahrens nach § 226 AktG, FS Claussen, 1997, S. 49; *von Bülow/Stephanblome,* Acting in Concert und neue Offenlegungspflichten nach dem Risikobegrenzungsgesetz, ZIP 2008, 1797; *Decher/Voland,* Kapitalschnitt und Bezugsrechtsausschluss im Insolvenzplan – Kalte Enteignung oder Konsequenz des ESUG?, ZIP 2013, 103; *Ekkenga,* Die Kapitalherabsetzung nach der neuen EG-Kapitalrichtlinie: Änderungen, Ergänzungen und Umsetzungsbedarf, Der Konzern 2007, 413; *Geißler,* Rechtliche und unternehmenspolitische Aspekte der vereinfachten Kapitalherabsetzung bei der AG, NZG 2002, 719; *Greven/Fahrenholz,* Die Handhabung der neuen Mitteilungspflichten nach § 27a WpHG, BB 2009, 1487; *Heuber,* Die Befreiung vom Pflichtangebot nach dem WpÜG, 2006; *Jaeger,* Sicherheitsleistung für Ansprüche aus Dauerschuldverhältnissen bei Kapitalherabsetzung, Verschmelzung und Beendigung eines Unternehmensvertrages, DB 1996, 1069; *Kort,* Bestandsschutz fehlerhafter Strukturänderung im Kapitalgesellschaftsrecht, 1998; *Krieger,* Fehlerhafte Satzungsänderungen – Fallgruppen und Bestandskraft, ZHR 158 (1994), 35; *ders.,* Beschlusskontrolle bei Kapitalherabsetzungen, ZGR 2000, 885; *Leinekugel,* Die

Sachdividende im deutschen und europäischen Aktienrecht, 2000; *Lutter/Leinekugel/Rödder*, ECLR – Die Sachdividende, ZGR 2002, 204; *Martens,* Der Ausschluss des Bezugsrechts, BGHZ 33, S. 175, FS Fischer, 1979, S. 437; *Mennicke,* Materielle Beschlußkontrolle bei Kapitalherabsetzung in der AG, NZG 1998, 549; *Natterer,* Kapitalveränderung der Aktiengesellschaft, Bezugsrecht der Aktionäre und „sachlicher Grund", 2000; *ders.,* Materielle Kontrolle von Kapitalherabsetzungsbeschlüssen? Die Sachsenmilch-Rechtsprechung, AG 2001, 629; *Pleister/Kindler,* Kapitalmaßnahmen in der Insolvenz börsennotierter Gesellschaften, ZIP 2010, 503; *Priester,* „Squeeze Out" durch Herabsetzung des Stammkapitals auf Null?, DNotZ 2003, 592; *Reger/Stenzel,* Der Kapitalschnitt auf Null als Mittel zur Sanierung von Unternehmen – gesellschaftsrechtliche, börsenzulassungsrechtliche und kapitalmarktrechtliche Konsequenzen, NZG 2009, 1210; *Rittner,* Die Sicherheitsleistung bei der ordentlichen Kapitalherabsetzung, FS Oppenhoff, 1985, S. 317; *Rottnauer,* Zum Schutz der Minderheitsaktionäre bei der Kapitalherabsetzung auf Null und gleichzeitiger Kapitalerhöhung, NZG 1999, 1159; *Schäfer,* Die Lehre vom fehlerhaften Verband, 2002; *Schröer,* Sicherheitsleistung für Ansprüche aus Dauerschuldverhältnissen, BB 1999, 317; *ders.,* Vorschläge für Hauptversammlungsbeschlüsse zur Euro-Umstellung bei Nennbetragsaktien, ZIP 1998, 529; *Terbrack,* Kapitalherabsetzende Maßnahmen bei Aktiengesellschaften, RNotZ 2003, 89; *Thomas,* Aktienrecht und Delisting, 2009; *Tübke,* Sachausschüttungen im deutschen, französischen und schweizer Aktien- und Steuerrecht, 2002; *Weiler,* Auf und nieder, immer wieder – Teleologische Reduktion der Höchstgrenzen für bedingtes Kapital in § 192 Absatz III 1 AktG bei gleichzeitiger Kapitalherabsetzung?, NZG 2009, 46; *Wiedemann,* Rechtsethische Maßstäbe im Unternehmens- und Gesellschaftsrecht, ZGR 1980, 147; *Wiedemann/Küpper,* Die Rechte des Pensions-Sicherungs-Vereins als Träger der Insolvenzsicherung vor einem Konkursverfahren und bei einer Kapitalherabsetzung, FS Pleyer, 1986, S. 445; *Wirth,* Vereinfachte Kapitalherabsetzung zur Unternehmenssanierung, DB 1996, 867.

I. Allgemeines

1. Inhalt und Zweck der Kapitalherabsetzung; Ausweis im Jahresabschluss. Mit 1 der Herabsetzung des Kapitals wird die auf der Passivseite der Bilanz ausgewiesene Ziffer des Grundkapitals gesenkt. Hat die Gesellschaft eine **Unterbilanz,** dh, ist das noch vorhandene Eigenkapital niedriger als das Grundkapital, kann die Unterbilanz auf diese Weise beseitigt werden. Dies ist der in der Praxis häufigste Zweck der Kapitalherabsetzung (näher dazu → Rn. 10). In aller Regel wird dafür allerdings nicht der Weg der ordentlichen, sondern der vereinfachten Kapitalherabsetzung (§ 62) benutzt.

Ist die Bilanz der Gesellschaft ausgeglichen, befreit die Kapitalherabsetzung bislang 2 gebundenes Gesellschaftsvermögen von den strengen Kapitalbindungsregeln. Dabei ist zu beachten, dass durch Kapitalherabsetzung nur Teile des Grundkapitals zur **Verwendung** freigegeben werden können. Die Kapitalrücklage kann durch Kapitalherabsetzung nicht direkt von der Verwendungsbindung nach § 150 Abs. 3 u. 4 AktG befreit werden. Dazu müsste sie vielmehr zunächst durch eine vorgeschaltete Kapitalerhöhung aus Gesellschaftsmitteln (vgl. § 60) in Grundkapital umgewandelt werden.[1] Das durch die Kapitalherabsetzung frei gewordene Vermögen kann – unter Gleichbehandlung der Aktionäre – in beliebiger Weise verwendet werden, namentlich zur Einstellung in Gewinnrücklagen, zur Vornahme von Ausschüttungen an die Aktionäre oder zur Rückgabe von Sacheinlagen. Schließlich kann die Kapitalherabsetzung dazu dienen, die Aktionäre von rückständigen Einlagepflichten zu befreien. Von praktischer Bedeutung sind solche Zwecksetzungen nur selten.[2]

Erfolgt die Kapitalherabsetzung zur Vornahme von **Sachausschüttungen,** ist ebenso 3 wie bei der Sachdividende[3] unklar, ob die Ausschüttung zu Buchwerten erfolgen kann oder

---

[1] GroßkommAktG/*Sethe* Vor § 222 Rn. 6.
[2] Nähere Angaben zur praktischen Bedeutung von Kapitalherabsetzungen bei MüKoAktG/*Oechsler* § 222 Rn. 2 ff.
[3] Vgl. einerseits *Leinekugel,* Sachdividende, 2000, S. 154 ff. und andererseits Hüffer/*Koch* AktG § 58 Rn. 33. Steuerlich fließt dem Aktionär auch dann, wenn die Sachdividende handelsrechtlich mit dem Buchwert angesetzt wird, ein Gewinn in Höhe des gemeinen Werts der Sachdividende zu; BFH ZIP 2018, 2472 Rn. 22 ff.

der jeweilige Verkehrswert anzusetzen ist. Jedenfalls für die Kapitalherabsetzung sprechen die besseren Argumente für die Annahme, dass die Buchwerte zugrunde zu legen sind, das Kapital also nicht um den Verkehrswert der Sachausschüttung herabgesetzt werden muss.[4] Im Vergleich zur Sachdividende besteht der Vorteil der Sachausschüttung mit Kapitalherabsetzung darin, dass – da § 57 AktG nicht eingreift – kein Bilanzgewinn vorliegen muss, der durch die Kapitalherabsetzung freiwerdende Betrag also auch ausgeschüttet werden kann, wenn ein Verlustvortrag besteht.[5] Zudem ist anders als bei der Sachdividende (§ 58 Abs. 5 AktG) keine Satzungsregelung erforderlich. Nach hM soll der Kapitalherabsetzungsbeschluss jedoch der Zustimmung derjenigen Aktionäre bedürfen, an die Sachausschüttungen erfolgen sollen, da diese anstelle fungibler Geldmittel nicht-fungible Sachmittel erhalten.[6] Dem ist jedenfalls für den Fall zu widersprechen, dass die Sachausschüttung in Wertpapieren besteht, die ihrerseits börsennotiert sind.[7] Individuelle Zustimmungen sind hier nicht erforderlich.[8] Der Beschluss sollte jedoch eindeutig regeln, dass die Ausschüttung, zu deren Durchführung die Kapitalherabsetzung dient, nicht in bar, sondern in der Form von Sachleistungen erfolgen soll.[9] Schließlich ist bei Sachausschüttungen der Gleichbehandlungsgrundsatz (§ 53a AktG) zu beachten.[10]

4 Die Kapitalherabsetzung führt bei der Gesellschaft zu einem Buchertrag. Dieser ist in der **Gewinn- und Verlustrechnung** für das im Zeitpunkt der Kapitalherabsetzung laufende Geschäftsjahr als „Ertrag aus der Kapitalherabsetzung" gesondert auszuweisen (§ 240 S. 1 AktG). Außerdem ist im **Anhang** zu erläutern, ob und in welcher Höhe die aus der Kapitalherabsetzung gewonnenen Beträge zum Ausgleich von Wertminderungen, zur Deckung von sonstigen Verlusten oder zur Einstellung in die Kapitalrücklage verwandt werden; die gleichen Erläuterungen sind für die Beträge zu machen, die im Zusammenhang mit der Kapitalherabsetzung aus der Auflösung von Gewinnrücklagen gewonnen werden (§ 240 S. 3 AktG). Sind die Beträge aus der Kapitalherabsetzung nicht für solche Zwecke verwendet worden, muss der Anhang keine Erläuterungen enthalten; eine Fehlanzeige ist nicht erforderlich.[11] Ein Verstoß gegen diese Grundsätze führt zur Versagung des Bestätigungsvermerks (§ 322 HGB), hat jedoch in aller Regel nicht die Nichtigkeit des Jahresabschlusses zur Folge, da die Klarheit und Übersichtlichkeit des Abschlusses nicht wesentlich beeinträchtigt wird (§ 256 Abs. 4 HGB).[12]

5 **2. Durchführungswege.** Das Gesetz kennt vier reguläre **Durchführungswege** der Kapitalherabsetzung, nämlich

– bei Nennbetragsaktien die Herabsetzung der Aktiennennbeträge (§ 222 Abs. 4 S. 1 AktG),
– bei Stückaktien die bloße Herabsetzung der Grundkapitalziffer,
– die Zusammenlegung der Aktien (§ 222 Abs. 4 S. 2 AktG) und
– die Einziehung von Aktien (§§ 237–239 AktG).[13]

---

[4] Wie hier GroßkommAktG/*Sethe* § 225 Rn. 78; ferner HdB börsennotierte AG/*Busch* Rn. 49.10 für die Kapitalherabsetzung durch Einziehung; aA MüKoAktG/*Oechsler* § 225 Rn. 33; Spindler/Stilz AktG/*Marsch-Barner/Maul* § 225 Rn. 25.
[5] Hüffer/*Koch* AktG § 222 Rn. 20; MüKoAktG/*Oechsler* § 222 Rn. 37.
[6] GroßkommAktG/*Sethe* § 225 Rn. 77; Spindler/Stilz AktG/*Marsch-Barner/Maul* § 225 Rn. 24; MüKoAktG/*Oechsler* § 225 Rn. 33.
[7] Vgl. zur Paralleldiskussion zu § 58 Abs. 5 AktG zB Hüffer/*Koch* AktG § 58 Rn. 32; KölnKommAktG/*Drygala* § 58 Rn. 175 f.
[8] Ebenso KölnKommAktG/*Lutter* § 225 Rn. 50.
[9] Hölters AktG/*Haberstock/Greitemann* § 222 Rn. 45; Wachter AktG/*Früchtl* § 222 Rn. 16.
[10] S. näher GroßkommAktG/*Sethe* § 225 Rn. 77; KölnKommAktG/*Lutter* § 225 Rn. 51.
[11] Ebenso GroßkommAktG/*Sethe* § 240 Rn. 11.
[12] GroßkommAktG/*Sethe* § 240 Rn. 12; MüKoAktG/*Oechsler* § 240 Rn. 8; Hüffer/*Koch* AktG § 240 Rn. 7; Schmidt/Lutter AktG/*Kleindiek* § 240 Rn. 9.
[13] Die Sonderregelung des § 4 Abs. 3 EGAktG, wonach zur Umstellung der Aktiennennbeträge auf Euro eine Kapitalherabsetzung durch Neueinteilung der Aktiennennbeträge ausgeführt werden kann, dürfte kaum noch praktische Bedeutung haben.

Alle diese Wege sind unabhängig davon, ob die Gesellschaft Aktienurkunden ausgegeben hat oder nicht. Andere als diese Wege sind nicht möglich.

Bei **Nennbetragsaktien** erfolgt die ordentliche Kapitalherabsetzung grundsätzlich durch **6 Herabsetzung der Aktiennennbeträge**. Dabei wird lediglich der Nennbetrag der einzelnen Aktien geändert. Hat die Gesellschaft zB Aktien im Nennbetrag von 10 Euro ausgegeben und will sie das Kapital durch Herabsetzung der Aktiennennbeträge um die Hälfte reduzieren, so werden die Aktiennennbeträge in 5 Euro geändert. Die Mitgliedschaftsrechte aus der Aktie bleiben unberührt. Auch die Beteiligungsquote ändert sich nicht, sofern nicht ausnahmsweise eine ungleichmäßige Nennwertherabsetzung erfolgt; vgl. dazu näher → Rn. 14 u. 18. Die Herabsetzung darf nicht zu einem Nennbetrag unterhalb des Mindestnennbetrages von 1 Euro führen; höhere Nennbeträge müssen auf volle Euro lauten (§ 8 Abs. 2 S. 1 u. 4 AktG; zur Übergangsregelung vgl. § 3 EGAktG). Bei **Stückaktien** beschränkt sich die ordentliche Kapitalherabsetzung grundsätzlich auf die **bloße Reduzierung der Grundkapitalziffer**. Damit sinkt automatisch der auf die einzelne Stückaktie entfallende anteilige Betrag des Grundkapitals. Auch dabei darf der auf eine Aktie entfallende Betrag nicht weniger als 1 Euro betragen (§ 8 Abs. 3 S. 3 AktG).

Eine Kapitalherabsetzung durch **Zusammenlegung von Aktien** kann sowohl bei **7** Nennbetrags- als auch bei Stückaktien nötig werden. Sie erfolgt in der Weise, dass mehrere alte Aktien zu einer geringeren Zahl neuer Aktien zusammengelegt werden, zB drei Aktien im Nennbetrag von je 1 Euro in zukünftig zwei Aktien im Nennbetrag von je 1 Euro. Eine solche Zusammenlegung von Aktien greift, anders als die bloße Nennbetragsreduzierung in die Mitgliedschaftsrechte der Aktionäre ein. Sie ist deshalb nur **subsidiär** zulässig, soweit bei Herabsetzung des Nennbetrags der Aktien der gesetzliche Mindestnennbetrag oder im Falle von Stückaktien bei bloßer Herabsetzung des Grundkapitals der für die einzelne Aktie mindestens erforderliche anteilige Betrag des Grundkapitals von 1 Euro nicht eingehalten werden könnte (§ 222 Abs. 4 S. 2 AktG).[14] Hat die Gesellschaft zB Aktien im Nennbetrag von 100,– Euro ausgegeben und will sie das Kapital um ein Drittel herabsetzen, ist es wegen § 8 Abs. 2 S. 4 AktG zwar nicht möglich, Aktien im Nennbetrag von 66,66 Euro zu bilden. Die Gesellschaft darf jedoch auch nicht drei 100,– Euro-Aktien zu zwei 100,– Euro-Aktien zusammenlegen. Vielmehr hat sie für jede 100,– Euro-Aktie eine Aktie im Nennbetrag von 66 Euro zu bilden. Erst die dann noch verbleibenden Spitzenbeträge von je 0,66 Euro können zusammengelegt werden.[15] Einzelne oder alle Aktionäre können auf das Subsidiaritätsprinzip verzichten, da es allein ihrem Schutz dient.[16] Ist sicher, dass die Zusammenlegung nicht zu Spitzen führt, findet das Subsidiaritätsprinzip ebenfalls keine Anwendung.[17]

Während die Herabsetzung der Aktiennennbeträge bei Nennbetragsaktien, die bloße **8** Reduzierung der Grundkapitalziffer bei Stückaktien und die Zusammenlegung alle Aktien gleichmäßig betreffen und die Beteiligungsquote der einzelnen Aktie grundsätzlich nicht verändern, führt die **Einziehung** dazu, dass die betroffenen Aktien untergehen und sich das Grundkapital um deren Anteil vermindert, während alle übrigen Aktien unberührt bleiben. Dieser Weg ist nur nach Erwerb der Aktien durch die Gesellschaft oder dann zulässig, wenn die Einziehung schon vor Übernahme der betroffenen Aktien in der Satzung angeordnet oder gestattet war. Dazu im Einzelnen § 63.

---

[14] BGHZ 138, 71 (76 f.) – Sachsenmilch; BGHZ 142, 167 (170) – Hilgers.
[15] Vgl. KölnKommAktG/*Lutter* § 222 Rn. 26 ff.; Hüffer/*Koch* AktG § 222 Rn. 22 f.; Schmidt/Lutter AktG/*Veil* § 222 Rn. 30 f.
[16] So zutreffend GroßkommAktG/*Sethe* § 222 Rn. 54. Zur Vorgängervorschrift in § 11 der Verordnung über Goldbilanzen vom 28.12.1923 ebenso RGZ 111, 26 (29 f.).
[17] MüKoAktG/*Oechsler* § 222 Rn. 45; GroßkommAktG/*Sethe* § 222 Rn. 54; wohl aA Bürgers/Körber AktG/*Becker* § 222 Rn. 26.

9 Eine Kapitalherabsetzung durch **Neueinteilung der Aktiennennbeträge** ist gemäß § 4 Abs. 3 EGAktG nur Zwecks Umstellung der Aktiennennbeträge auf Euro zulässig. Für eine solche dürfte kaum noch praktischer Bedarf bestehen.[18]

10 **3. Verbindung mit anderen Kapitalmaßnahmen. a) Sofortige Wiedererhöhung.** Neben der Kapitalherabsetzung kann eine sofortige Wiedererhöhung des herabgesetzten Kapitals beschlossen werden. Eine solche Verbindung von Kapitalherabsetzung und -erhöhung ist vielfach in Sanierungsfällen erforderlich. Denn die neuen Aktien dürfen nicht unter ihrem geringsten Ausgabebetrag ausgegeben werden (§ 9 Abs. 1 AktG). Bei Vorliegen einer **Unterbilanz** ist der geringste Ausgabebetrag der Aktien aber nicht durch Vermögen gedeckt, so dass die Aktien mit ihrem geringsten Ausgabebetrag „überbezahlt" wären. Es ist deshalb häufig notwendig, die Unterbilanz durch Kapitalherabsetzung zu beseitigen, bevor Investoren bereit sind, im Rahmen einer Kapitalerhöhung neues Eigenkapital zuzuführen. In der Praxis wird dazu allerdings nicht die ordentliche, sondern die vereinfachte Kapitalherabsetzung benutzt (vgl. § 62). Es ist außerdem auch nicht selten, dass ein Großaktionär die Sanierung durchführt und – gerade um eine Kapitalherabsetzung zu vermeiden – die neuen Aktien auch ohne vorherige Beseitigung der Unterbilanz zum geringsten Ausgabebetrag übernimmt. Zur Verbindung der Kapitalherabsetzung mit einer **vorangehenden Kapitalerhöhung aus Gesellschaftsmitteln** vgl. → § 60 Rn. 6.

11 § 228 Abs. 1 AktG erleichtert die Kapitalherabsetzung mit gleichzeitiger Wiedererhöhung und erlaubt für diesen Zweck eine **Herabsetzung unter den Mindestbetrag** des Grundkapitals von 50.000 Euro (§ 7 AktG). Es muss nicht einmal ein Restbetrag verbleiben, sondern die Herabsetzung kann bis **auf Null** erfolgen (zu den kapitalmarktrechtlichen Folgen vgl. → Rn. 83 ff.);[19] da hierbei alle Aktien vernichtet werden, stellt sich in diesem Fall die Frage, ob die Kapitalherabsetzung durch Zusammenlegung von Aktien oder durch Herabsetzung der Aktiennennbeträge bzw. bei Stückaktien durch bloße Herabsetzung des Grundkapitals erfolgt, nicht. § 228 Abs. 1 AktG befreit nur von § 7 AktG, hingegen nicht von § 8 Abs. 2 u. 3 AktG. Auch wenn das Grundkapital unter 50.000 Euro herabgesetzt wird, darf – solange keine Herabsetzung auf Null erfolgt – der Anteil der einzelnen Aktie am Grundkapital einen Euro nicht unterschreiten. Voraussetzung für eine Herabsetzung des Grundkapitals unter den Mindestbetrag ist ferner, dass gleichzeitig, dh in derselben Hauptversammlung,[20] die Kapitalherabsetzung und die Wiedererhöhung beschlossen werden und durch die Wiedererhöhung der Mindestnennbetrag des Grundkapitals nach § 7 AktG (nicht notwendig die vorherige Grundkapitalziffer) wieder erreicht wird. Der Ausgleich kann gemäß § 228 Abs. 1 AktG nur durch eine Kapitalerhöhung mit Bareinlagen herbeigeführt werden. Die Schaffung eines genehmigten oder bedingten Kapitals oder eine Kapitalerhöhung aus Gesellschaftsmitteln genügen nicht.[21] Ebenso wenig ist eine Kapitalerhöhung mit Sacheinlagen ausreichend. Allerdings braucht nur der Unterschiedsbetrag zwischen dem herabgesetzten Kapital und dem Mindestnennbetrag des

---

[18] S. dazu noch die 2. Aufl. → § 60 Rn. 9 und zu Beschlussvorschlägen für die Hauptversammlung *Schröer* ZIP 1998, 529 (531 f.).

[19] BGHZ 119, 305 (319 f.) – Klöckner; BGHZ 142, 167 (169 f.) – Hilgers; OLG München AG 2010, 715 (717); OLG Koblenz NZG 1998, 552 (553) – Hilgers; LG Kiel GmbHR 2013, 363 (365) (zu § 58a Abs. 4 GmbHG); Bürgers/Körber AktG/*Becker* § 228 Rn. 1; MüKoAktG/*Oechsler* § 228 Rn. 3; Hüffer/*Koch* AktG § 228 Rn. 2; *Krieger* ZGR 2000, 885 (897 f.).

[20] Grigoleit AktG/*Rieder* § 228 Rn. 5; MüKoAktG/*Oechsler* § 228 Rn. 4; Hüffer AktG/*Koch* § 228 Rn. 2; Spindler/Stilz AktG/*Marsch-Barner/Maul* § 228 Rn. 4; Schmidt/Lutter AktG/*Veil* § 228 Rn. 2.

[21] Bürgers/Körber AktG/*Becker* § 228 Rn. 4; Grigoleit AktG/*Rieder* § 228 Rn. 5; MüKoAktG/*Oechsler* § 228 Rn. 8; Hüffer/*Koch* AktG § 228 Rn. 2; Spindler/Stilz AktG/*Marsch-Barner/Maul* § 228 Rn. 5; Schmidt/Lutter AktG/*Veil* § 228 Rn. 2.

Grundkapitals durch Bareinlagen gedeckt zu werden; wird das Kapital über den Mindestnennbetrag hinaus erhöht, kann dies durch Sacheinlagen geschehen.[22]

Bei der Wiedererhöhung des Grundkapitals unterliegt die Gesellschaft Schranken zum **Schutz der Altaktionäre**.[23] Diese betreffen vor allem die Aktienstückelung und die Möglichkeit des Bezugsrechtsausschlusses. Vgl. dazu näher → Rn. 16 f. **12**

Soll von der Möglichkeit einer Herabsetzung unter den Mindestnennbetrag nach § 228 AktG Gebrauch gemacht werden, sind besondere **formelle Erfordernisse** einzuhalten: Der Kapitalherabsetzungs- und der Kapitalerhöhungsbeschluss sowie die Durchführung der Kapitalerhöhung (nicht hingegen die Durchführung der Kapitalherabsetzung) müssen innerhalb einer Frist von 6 Monaten seit dem Tage der Beschlussfassung in das Handelsregister eingetragen werden, andernfalls sind beide Beschlüsse nichtig (§ 228 Abs. 2 S. 1 AktG). Der Fristablauf ist gemäß § 228 Abs. 2 S. 2 AktG für die Dauer von Anfechtungs- oder Nichtigkeitsklagen gegen den Herabsetzungs- oder Erhöhungsbeschluss vorübergehend gehemmt (vgl. § 209 BGB). Da die Kapitalherabsetzung nur mit der gleichzeitigen Kapitalerhöhung zulässig ist, soll das Registergericht die Beschlüsse über die Kapitalherabsetzung und die Kapitalerhöhung sowie die Durchführung der Kapitalerhöhung nur zusammen in das Handelsregister eintragen (§ 228 Abs. 2 S. 3 AktG). Ein etwaiger Verstoß gegen diese Sollvorschrift ändert an der Wirksamkeit der Eintragung jedoch nichts. **13**

b) Freiwillige Zuzahlungen. Die Beseitigung einer Unterbilanz und die Zuführung neuen Eigenkapitals sind auch durch freiwillige Zuzahlungen der Aktionäre möglich.[24] Dabei ist es zulässig, den Aktionären, die Zuzahlungen leisten, in angemessenem Umfang Vorzugsrechte auf ihre Aktien anzubieten. Zulässig ist auch der Beschluss einer Kapitalherabsetzung mit der Maßgabe, dass die Aktionäre die Herabsetzung des Nennwerts oder die Zusammenlegung ihrer Aktien in angemessenem Umfang durch Zuzahlungen abwenden können. Dabei muss der Grundsatz der Gleichbehandlung aller Aktionäre gewahrt werden. Außerdem muss die Höhe der Zuzahlung dem durch die Zusammenlegung entstehenden Nachteil entsprechen, damit kein wirtschaftlicher Zwang zur Zuzahlung entsteht.[25] **14**

4. Allgemeine Voraussetzungen und Schranken der Kapitalherabsetzung. a) Sachliche Rechtfertigung der Kapitalherabsetzung. Ob eine Kapitalherabsetzung – entsprechend den Grundsätzen zum Bezugsrechtsausschluss (vgl. → § 57 Rn. 115 ff.) – einer besonderen sachlichen Rechtfertigung bedarf, wird unterschiedlich beurteilt. Im Ausgangspunkt weitgehend unbestritten ist dabei, dass die Frage für den Fall der **Herabsetzung der Aktiennennbeträge** (§§ 222 Abs. 4 S. 1 AktG) bzw. des anteiligen Betrages des Grundkapitals zu verneinen ist.[26] Anders wird das im Wesentlichen nur beurteilt, soweit für die **15**

---

[22] MüKoAktG/*Oechsler* § 228 Rn. 7; *Hüffer/Koch* AktG § 228 Rn. 3; Henssler/Strohn GesR/ *Galla* AktG § 228 Rn. 2; s. auch LG Kiel GmbHR 2013, 363 (365) (zu § 58a Abs. 4 GmbHG); strenger wohl Hölters AktG/*Haberstock/Greitemann* § 228 Rn. 9.

[23] Interessen von Pfandgläubigern sollen hingegen nicht zu berücksichtigen sein; so LG Kiel ZIP 2015, 1730 (1732) (zur GmbH). Nach der Entscheidung setzt sich ein Pfandrecht nach einer Herabsetzung auf Null nicht an den Anteilen fortsetzt, die ein Gesellschafter iR. einer gleichzeitig beschlossenen effektiven Kapitalerhöhung gezeichnet hat.

[24] GroßkommAktG/*Wiedemann* vor § 182 Rn. 89 f.; allgemein dazu Hölters AktG/*Apfelbacher/ Niggemann* Vorb. § 182 Rn. 9; *Hüffer/Koch* AktG § 222 Rn. 5.

[25] Vgl. dazu näher RGZ 52, 286 (293 f.); 80, 81 (85 ff.); MüKoAktG/*Oechsler* § 222 Rn. 29; *Hüffer/Koch* AktG § 222 Rn. 5; Bürgers/Körber AktG/*Becker* § 222 Rn. 18; *Terbrack* RNotZ 2003, 89 (91); zurückhaltend KölnKommAktG/*Lutter* § 222 Rn. 33, der dieses Vorgehen in der Regel für unzulässig hält, weil der Aktionär die Chance auf Verbesserung seiner Mitgliedschaft durch Zuzahlung nicht selbstständig veräußern könne.

[26] S. statt vieler BGHZ 138, 71 (75 f.) – Sachsenmilch; LG Hannover AG 1995, 285 (286) – Brauhaus Wülfel; *Hüffer/Koch* AktG § 222 Rn. 14; GroßkommAktG/*Sethe* § 222 Rn. 29. Vgl. ferner OLG Frankfurt a. M. AG 2013, 132 Rn. 80: Die Aktionäre erleiden keinen Verlust.

Mehrheitsbeschlüsse grundsätzlich eine materielle Rechtfertigung verlangt wird.[27] Weniger eindeutig ist die Rechtslage bei einer Kapitalerhöhung durch **Zusammenlegung von Aktien**. Entgegen einer zum Teil vertretenen Gegenansicht[28] geht die hM[29] zu Recht davon aus, dass die Kapitalherabsetzung auch in diesem Fall keines sachlichen Grundes bedarf. Nicht geklärt ist, ob das stets gilt. Einschränkungen werden in zwei Fällen gefordert. Zum einen soll ein sachliches Rechtfertigungserfordernis eingreifen, wenn eine vereinfachte Kapitalherabsetzung (s. § 62) eine bestehende Überschuldung nicht vollständig beseitigt und dennoch nicht mit einer Kapitalerhöhung verbunden wird.[30] Noch weitergehender wird eine sachliche Rechtfertigung stets verlangt, wenn wegen der absehbar geringen Anzahl von Spitzen ein Zuerwerb von Teilrechten durch Aktionäre nicht in Betracht kommt und ihnen ein Erhalt ihrer Mitgliedschaft nicht durch eine gleichzeitige Kapitalerhöhung oder einen Zuerwerb von einem Großaktionär ermöglicht wird.[31] Damit droht für Herabsetzungen im Wege der Zusammenlegung ein im Ergebnis flächendeckendes Rechtfertigungserfordernis; die Möglichkeit eines Hinzuerwerbs von Spitzen wird praktisch nie von vorneherein sicher feststehen. Auf der Grundlage der hier vertretenen Ansicht (vgl. → § 57 Rn. 8 u. 118) sind diese Einschränkungen abzulehnen; eine sachliche Rechtfertigung einer Kapitalherabsetzung ist grundsätzlich nicht erforderlich.[32] Es bleibt bei einer Missbrauchskontrolle sowie der Prüfung anhand des Gleichbehandlungsgrundsatzes (→ Rn. 18). Eine Anfechtung kommt danach insbesondere nach § 243 Abs. 1 u. uU Abs. 2 AktG in Betracht, wenn Zweck der Kapitalherabsetzung der Ausschluss von Minderheitsaktionären ist.[33] Mangels Rechtfertigungserfordernisses bedarf es auch nicht (analog § 186 Abs. 4 AktG) eines **schriftlichen Vorstandsberichts**.[34]

16 b) Aktionärsschutz bei Wiedererhöhung nach Kapitalherabsetzung auf Null. Bei einer Wiedererhöhung des Grundkapitals im Zuge der Herabsetzung auf Null ist es grundsätzlich erforderlich, den **Nennbetrag** der neuen Aktien auf den gesetzlichen Mindestbetrag von 1 Euro festzulegen.[35] Allerdings folgt dies nicht erst aus der Treuepflicht des

---

[27] Vgl. *Wiedemann* ZGR 1980, 147 (157); *Martens* FS Fischer, 1979, 437 (445).

[28] OLG Dresden ZIP 1996, 1780 (1784) – Sachsenmilch; LG Dresden ZIP 1995, 1596 (1599 f.) – Sachsenmilch; *Natterer*, Kapitalveränderung, 2000, S. 285 ff.; *Natterer* AG 2001, 629 (633 ff.); ebenso KölnKommAktG/*Lutter* § 222 Rn. 46 ff., es sei denn, die Herabsetzung diene der Teilliquidation.

[29] BGHZ 138, 71 (76 f.) – Sachsenmilch; OLG Schleswig AG 2004, 155 (156 f.); Hüffer/*Koch* AktG § 222 Rn. 14; GroßkommAktG/*Sethe* § 222 Rn. 29; Grigoleit AktG/*Rieder* § 222 Rn. 21; Hölters AktG/*Haberstock*/*Greitemann* § 222 Rn. 18 f.; Wachter AktG/*Früchtl* § 222 Rn. 9; K. Schmidt/Lutter AktG/*Veil* § 222 Rn. 19; MAH AktienR/*Dissars* § 36 Rn. 8; *Butzke* Hauptversammlung Rn. L 37; Happ AktienR/*Stucken*/*Tielmann* Form. 14.01 Anm. 11.5; *Mennicke* NZG 1998, 549 (550); *Wirth* DB 1996, 867 (871 f.).

[30] Hüffer/*Koch* AktG § 222 Rn. 14; Bürgers/Körber AktG/*Becker* § 222 Rn. 15; Spindler/Stilz AktG/*Marsch-Barner*/*Maul* § 222 Rn. 27; K. Schmidt/Lutter AktG/*Veil* § 229 Rn. 4; Grigoleit AktG/*Rieder* § 222 Rn. 22; *Geißler* NZG 2000, 719 (724); offen gelassen in BGHZ 138, 71 (78) – Sachsenmilch, wo der BGH in der Sache aber doch eine materielle Rechtfertigung prüft und bejaht.

[31] *Krieger* ZGR 2000, 885 (892 ff.); HdB börsennotierte AG/*Busch* Rn. 47.12; GroßkommAktG/ *Sethe* § 222 Rn. 29 u. § 229 Rn. 55.

[32] Ebenso Hölters AktG/*Haberstock*/*Greitemann* § 222 Rn. 19 ff.; Wachter AktG/*Früchtl* § 222 Rn. 9; *Wirth* DB 1996, 867 (872); im Ergebnis auch MüKoAktG/*Oechsler* § 222 Rn. 25 u. § 229 Rn. 28; gegen ein grundsätzliches Rechtfertigungserfordernis, wenn ein Hinzuerwerb nicht sichergestellt ist, auch Spindler/Stilz AktG/*Marsch-Barner*/*Maul* § 222 Rn. 27; K. Schmidt/Lutter AktG/*Veil* § 222 Rn. 19; Bürgers/Körber AktG/*Becker* § 222 Rn. 15.

[33] Spindler/Stilz AktG/*Marsch-Barner*/*Maul* § 222 Rn. 27; s. auch LG Hannover AG 1995, 285 (287) – Brauhaus Wülfel; ferner LG Kiel GmbHR 2013, 363 (366) (zur GmbH).

[34] OLG Schleswig AG 2004, 155 (156 f.); MüKoAktG/*Oechsler* § 222 Rn. 24; K. Schmidt/Lutter AktG/*Veil* § 222 Rn. 7; Happ AktienR/*Stucken*/*Tielmann* Form. 14.01 Anm. 11.5; *Butzke* Hauptversammlung Rn. L 37; *Mennicke* NZG 1998, 549 (550); *Wirth* DB 1996, 867 (872); aA, soweit ein sachliches Rechtfertigungserfordernis besteht, GroßkommAktG/*Sethe* § 229 Rn. 55.

[35] BGHZ 142, 167 (170 f.) – Hilgers; BGH NZG 2005, 551 (553); MüKoAktG/*Oechsler* § 228 Rn. 5; *Rottnauer* NZG 1999, 1159; *Krieger* ZGR 2000, 885 (902 ff.).

Großaktionärs,[36] sondern aus einer Analogie zu § 222 Abs. 4 S. 1 AktG.[37] Sachliche Gründe können (unabhängig von der dogmatischen Herleitung) eine andere Aktienstückelung zu Lasten der Altaktionäre rechtfertigen.[38] Solche Gründe werden sich in der Praxis jedoch kaum finden.

Die Rechtmäßigkeit eines **Bezugsrechtsausschlusses** nach einer Kapitalherabsetzung 17 auf Null unterliegt im Ausgangspunkt den allgemeinen Regeln (→ § 57 Rn. 115 ff.). Es gelten jedoch Besonderheiten. Ein vollständiger Ausschluss würde zum Verlust der Mitgliedschaft der Altaktionäre führen. Er kommt daher nur ausnahmsweise in Betracht, wenn die Beteiligung der Altaktionäre wertlos ist (anderenfalls läge ein entschädigungsloser Ausschluss vor) und der vollständige Ausschluss Voraussetzung für eine erfolgreiche Sanierung ist (anderenfalls läge ein materiell voraussetzungsloser Ausschluss vor, was systematisch – s. zB §§ 237 Abs. 1 S. 2, 327a AktG – nicht stimmig wäre).[39] Die Unzulässigkeit eines voraussetzungs- und entschädigungslosen Ausschlusses wird bei einer Kapitalerhöhung nach einer Kapitalherabsetzung auf Null aber auch im Übrigen zu beachten sein. Für einen teilweisen Bezugsrechtsausschluss gelten die allgemeinen Regeln daher nur dann, wenn er so gestaltet ist, dass die Altaktionäre mit einer verwässerten Quote in der Gesellschaft verbleiben können; sonst gelten die vorstehenden strengen Anforderungen an einen vollständigen Bezugsrechtsausschluss.[40] Zudem bedarf ein **Erhöhungsbetrag** der sachlichen Rechtfertigung, bei dem die Altaktionäre nicht die Möglichkeit haben, ihre Mitgliedschaft verwässert fortzusetzen.[41] Ist diese Voraussetzung erfüllt, unterliegt die Wahl des Erhöhungsbetrages hingegen keiner materiellen Prüfung. Wird das Bezugsrecht rechtswidrig ausgeschlossen, führt das auch bei einem Kapitalschnitt auf Null nicht zur Unwirksamkeit, sondern zur Anfechtbarkeit des Beschlusses.[42]

c) Gebot der Gleichbehandlung. Die Kapitalherabsetzung hat den Grundsatz der 18 Gleichbehandlung der Aktionäre zu beachten. Die Herabsetzung des Nennwerts oder die Zusammenlegung von Aktien ist grundsätzlich für alle Aktionäre und Aktiengattungen gleichmäßig festzulegen.[43] Abweichungen zum Nachteil einzelner Aktionäre oder Gattungen sind zulässig, wenn alle Betroffenen **zustimmen**.[44] Eine Auslosung der von der Herabsetzung betroffenen Aktien kommt daher nur in Betracht, wenn alle Aktionäre diesem Verfahren zustimmen.[45] **Satzungsbestimmungen,** die unter Abweichung vom Gleichbehandlungsgrundsatz regeln, dass eine Kapitalherabsetzung (zunächst) bestimmte

---

[36] So jedoch BGHZ 142, 167 (170) – Hilgers; OLG Dresden AG 2006, 671 – Sachsenmilch; Schmidt/Lutter AktG/*Veil* § 222 Rn. 20.
[37] *Krieger* ZGR 2000, 885 (902 ff.); ebenso GroßkommAktG/*Sethe* § 228 Rn. 12; ähnlich *Rottnauer* NZG 1999, 1159 f.; vgl. auch MüKoAktG/*Oechsler* § 228 Rn. 5 („spiegelbildliche Anwendung des Rechtsgedankens aus § 222 Abs. 4 Satz 2").
[38] BGHZ 142, 167 (171) – Hilgers; aA *Krieger* ZGR 2000, 885 (904).
[39] *Krieger* ZGR 2000, 885 (899 f.); *Priester* DNotZ 2003, 592 (597 f.); *Decher/Voland* ZIP 2013, 103 (105); ähnlich KölnKommAktG/*Lutter* § 228 Rn. 12; GroßkommAktG/*Sethe* § 228 Rn. 11; s. auch MüKoAktG/*Oechsler* § 228 Rn. 5 u. Spindler/Stilz AktG/*Marsch-Barner/Maul* § 228 Rn. 6: Rechtfertigung nur „ganz ausnahmsweise" bzw. nur „in besonderen Ausnahmefällen"; ferner *Reger/Stenzel* NZG 2009, 1210 (1211).
[40] LG Frankfurt a. M. DB 2003, 2541; *Krieger* ZGR 2000, 885 (899); *Priester* DNotZ 2003, 592 (598).
[41] *Krieger* ZGR 2000, 885 (905 f.); GroßkommAktG/*Sethe* § 228 Rn. 17.
[42] BGH NZG 2005, 551 (553); GroßkommAktG/*Sethe* § 228 Rn. 14; aA *Priester* DNotZ 2003, 592 (599): Unwirksamkeit.
[43] MüKoAktG/*Oechsler* § 222 Rn. 26; Hüffer/*Koch* AktG § 222 Rn. 15.
[44] Ebenso GroßkommAktG/*Sethe* § 222 Rn. 30; MüKoAktG/*Oechsler* § 222 Rn. 26; Bürgers/Körber AktG/*Becker* § 222 Rn. 16; aA anscheinend HdB börsennotierte AG/*Busch* Rn. 47.14.
[45] Grundsätzlich eine Auslosung ablehnend Hüffer/*Koch* AktG § 222 Rn. 15; K. Schmidt/Lutter AktG/*Veil* § 222 Rn. 21; MüKoAktG/*Oechsler* § 222 Rn. 26; Grigoleit AktG/*Rieder* § 222 Rn. 23; Bürgers/Körber AktG/*Becker* § 222 Rn. 16; HdB börsennotierte AG/*Busch* Rn. 47.14; aA GroßkommAktG/*Schilling*, 3. Aufl., § 222 Anm. 19.

Aktien oder -gattungen betrifft, oder eine Auslosung vorsehen, sind aber möglich, wenn die Voraussetzungen des § 237 Abs. 1 AktG eingehalten werden.[46] Dazu zählt vor allem, dass die Regelung von Anfang existiert, so dass die Mitgliedschaften bereits mit einem entsprechenden Inhalt erworben werden, oder bei nachträglicher Einführung alle betroffenen Aktionäre zustimmen.

19 **d) Liquidation; Insolvenz.** Auch wenn sich die Gesellschaft in Liquidation befindet, ist eine Kapitalherabsetzung möglich, etwa um schon vor endgültigem Abschluss der Liquidation Teile des Gesellschaftsvermögens an die Aktionäre zurückzuzahlen.[47] Neben den Gläubigerschutzbestimmungen des § 225 AktG sind in einem solchen Fall allerdings auch die Beschränkungen des § 272 AktG einzuhalten.[48] Auch in der Insolvenz kann eine Kapitalherabsetzung zum Ausgleich von Verlusten erfolgen; eine Verbindung mit einer gleichzeitigen Kapitalerhöhung ist dazu nicht erforderlich.[49]

20 **5. Ablauf der Kapitalherabsetzung.** Die Kapitalherabsetzung vollzieht sich in den folgenden Schritten:
– Beschlussfassung der Hauptversammlung,
– Anmeldung des Kapitalherabsetzungsbeschlusses zum Handelsregister,
– Prüfung, Eintragung und Bekanntmachung durch das Registergericht,
– Durchführung der Kapitalherabsetzung durch den Vorstand,
– Anmeldung und Eintragung der Durchführung der Kapitalherabsetzung ins Handelsregister.

II. Kapitalherabsetzungsbeschluss

21 **1. Beschlussfassung.** Die Kapitalherabsetzung ist **Satzungsänderung**. Zuständig für die Beschlussfassung ist daher allein die Hauptversammlung. Eine Übertragung der Entscheidungszuständigkeit auf andere Stellen ist ausgeschlossen. Namentlich ist es nicht möglich, den Vorstand zu ermächtigen, eine Kapitalherabsetzung durchzuführen. Bei der Einberufung der Hauptversammlung ist der beabsichtigte Kapitalherabsetzungsbeschluss seinem vollen Wortlaut nach bekanntzumachen (§ 124 Abs. 2 AktG).

22 Der Beschluss bedarf einer **Mehrheit** von mindestens drei Vierteln des vertretenen Grundkapitals (§ 222 Abs. 1 S. 1 AktG). Minderheitsaktionäre können auf Grund der aktienrechtlichen Treuepflicht gehalten sein, für eine zur Sanierung erforderliche Kapitalerhöhung zu stimmen.[50] Zu individuellen Zustimmungserfordernissen bei Kapitalherabsetzungen zum Zwecke von Sachausschüttungen → Rn. 3.

---

[46] Str.; ausführlich GroßkommAktG/*Sethe* § 222 Rn. 31 ff.; aA Spindler/Stilz AktG/*Marsch-Barner/Maul* § 222 Rn. 29; Hüffer/*Koch* AktG § 222 Rn. 15; Bürgers/Körber AktG/*Becker* § 222 Rn. 16; HdB börsennotierte AG/*Busch* Rn. 47.14.

[47] Hüffer/*Koch* AktG § 222 Rn. 24; Grigoleit AktG/*Rieder* § 222 Rn. 38; Spindler/Stilz AktG/*Marsch-Barner* § 222 Rn. 45; *Terbrack* RNotZ 2003, 89 (91); ebenso die ganz hM zum GmbH-Recht; s. zB OLG Frankfurt a. M. NJW 1974, 463; MüKoGmbHG/*J. Vetter* Vorb. § 58 Rn. 97 ff.); Michalski GmbHG/*Waldner* Vorb. §§ 58–58f Rn. 12 f.; kritisch KölnKommAktG/*Lutter* § 222 Rn. 52; MüKo-AktG/*Oechsler* § 229 Rn. 30, die als einzig „relevanten Fall" die Einziehung von Aktien in der Liquidation ansehen.

[48] Hüffer/*Koch* AktG § 222 Rn. 24; Grigoleit AktG/*Rieder* § 222 Rn. 39; Hölters AktG/*Haberstock/Greitemann* § 222 Rn. 32; *Terbrack* RNotZ 2003, 89 (91); zum Fall eines Liquidationsbeschlusses nach vorangegangenem Kapitalherabsetzungsbeschluss vgl. LG Hannover AG 1995, 285 – Brauhaus Wülfel.

[49] BGHZ 138, 71 (78 ff.) – Sachsenmilch; Hüffer/*Koch* AktG § 222 Rn. 24; Grigoleit AktG/*Rieder* § 222 Rn. 39; Hölters AktG/*Haberstock/Greitemann* § 222 Rn. 33; Spindler/Stilz AktG/*Marsch-Barner/Maul* § 222 Rn. 45; *Mennicke* NZG 1998, 549 (550); *Wirth* DB 1996, 867 (869 f.); vgl. auch MüKoAktG/*Oechsler* § 229 Rn. 31; aA KölnKommAktG/*Lutter* § 222 Rn. 53.

[50] BGHZ 129, 136 – Girmes; OLG München ZIP 2014, 472 (474 f.) (im konkreten Fall aber verneinend); Hölters AktG/*Haberstock/Greitemann* § 222 Rn. 27; K. Schmidt/Lutter AktG/*Veil* § 222

Die Satzung kann eine höhere Kapitalmehrheit und weitere Erfordernisse bestimmen, **23** jedoch keine geringere Kapitalmehrheit genügen lassen (§ 222 Abs. 1 S. 2 AktG). Ausnahmsweise genügt bei einer **Euro-Umstellung** gemäß § 4 Abs. 2 S. 1 EGAktG die einfache Mehrheit des bei der Beschlussfassung vertretenen Grundkapitals, sofern die Kapitalherabsetzung erfolgt, um das Grundkapital auf den nächst niedrigeren Betrag herabzusetzen, mit dem die Nennbeträge der Aktien auf volle Euro gestellt werden können; vorausgesetzt ist dabei allerdings, dass zumindest die Hälfte des Grundkapitals vertreten ist. Für Kapitalherabsetzungen im Zusammenhang mit einer **Rekapitalisierung nach § 7** oder § 22 Stabilisierungsfondsgesetz genügt eine Mehrheit von zwei Dritteln der abgegebenen Stimmen oder des vertretenen Grundkapitals; die einfache Mehrheit reicht aus, wenn die Hälfte des Grundkapitals vertreten ist (§ 7 Abs. 6 S. 1 iVm Abs. 3 S. 1 u. 2 Wirtschaftsstabilisierungsbeschleunigungsgesetz). Im Übrigen gilt das Gleiche wie für die reguläre Kapitalerhöhung (vgl. näher → § 57 Rn. 16 f.).

Sind mehrere stimmberechtigte Aktiengattungen (§ 11 AktG) vorhanden, bedarf der **24** Kapitalherabsetzungsbeschluss zu seiner Wirksamkeit der Zustimmung der Aktionäre jeder Gattung durch **Sonderbeschluss** (§ 222 Abs. 2 AktG). Hingegen ist ein Sonderbeschluss stimmrechtsloser Vorzugsaktionäre nicht erforderlich, auch dann nicht, wenn die Kapitalherabsetzung zugleich den Vorzugsbetrag reduziert (so zB bei Zusammenlegung von Aktien).[51] Es gilt im Übrigen insoweit das Gleiche wie für die reguläre Kapitalerhöhung; vgl. daher näher → § 57 Rn. 20 ff.

Zur **Änderung und Aufhebung** des Kapitalherabsetzungsbeschlusses → Rn. 45 f. **25**

2. Beschlussinhalt. Der Kapitalherabsetzungsbeschluss muss zwingend die Höhe des **26** Herabsetzungsbetrages, den Zweck der Kapitalherabsetzung (§ 222 Abs. 3 AktG) und die Art der Durchführung (§ 222 Abs. 4 S. 3 AktG) enthalten.[52]

a) Herabsetzungsbetrag. Der Herabsetzungsbetrag wird üblicherweise von der Haupt- **27** versammlung genau bestimmt. Erforderlich ist das aber nicht; **Bestimmbarkeit** genügt. Die Hauptversammlung kann sich daher auch damit begnügen, eine Höchstgrenze festzusetzen und für die Bestimmung des endgültigen Herabsetzungsbetrages genaue Maßstäbe und Fristen zu setzen. Der Verwaltung darf dabei kein eigenes Ermessen eingeräumt werden.[53] Ein solches Vorgehen kommt in Betracht, wenn beispielsweise die genaue Höhe der Unterbilanz noch nicht feststeht, die durch die Kapitalherabsetzung beseitigt werden soll, oder wenn der Kapitalherabsetzungsbeschluss mit der Aufforderung zur Leistung freiwilliger Zuzahlungen einhergeht und das endgültige Ausmaß der Kapitalherabsetzung von dem Umfang der freiwilligen Zuzahlungen abhängen soll. Ist der Herabsetzungsbetrag im Beschluss nicht konkret bestimmt, legt der Vorstand ihn – mit Zustimmung des Aufsichtsrats, wenn das im Hauptversammlungsbeschluss angeordnet ist – durch Beschluss fest; der Aufsichtsrat sollte ermächtigt werden, die Fassung der Satzung hieran anzupassen (§ 179 Abs. 1 S. 2 AktG; dazu auch → Rn. 32 u. 35).

Bei der **Festlegung** des Herabsetzungsbetrages ist die Hauptversammlung grundsätzlich **28** frei; das gilt auch bei einer Zusammenlegung von Aktien (vgl. → Rn. 15). Aus Gründen der Praktikabilität bietet sich jedoch bei der Zusammenlegung ein glattes Verhältnis an, da

---

Rn. 15; HdB börsennotierte AG/*Busch* Rn. 47.16; s. auch BGHZ 183, 1 Rn. 22 ff. – Sanieren oder Ausscheiden für Publikumspersonengesellschaften.

[51] OLG Frankfurt a. M. DB 1993, 272 (273); Hüffer/*Koch* AktG § 141 Rn. 9; GroßkommAktG/ *Bezzenberger* § 141 Rn. 23; HdB börsennotierte AG/*Busch* Rn. 47.5; Spindler/Stilz AktG/*Marsch-Barner/Maul* § 222 Rn. 35; aA MüKoAktG/*Arnold* § 141 Rn. 16; KölnKommAktG/*Lutter* § 222 Rn. 8.

[52] Muster in Münch. Vertragshandbuch Bd. 1/*Favoccia* Form. V. 131; Happ AktienR/*Stucken/Tielmann* Form. 14.01a.

[53] Vgl. dazu RGZ 80, 81 (83 f.); MüKoAktG/*Oechsler* § 222 Rn. 20; Hüffer/*Koch* AktG § 222 Rn. 12.

sonst eine erhebliche Anzahl von Teilrechten (dazu → Rn. 69 ff.) entsteht. Bei der Herabsetzung durch Reduzierung des Nennbetrags der Aktien ist darauf zu achten, dass der **Nennbetrag je Aktie** nach Herabsetzung auf volle Euro lautet (§ 8 Abs. 2 S. 4 AktG).[54] Bei Stückaktien ist das zwar nicht erforderlich; mit Blick auf § 182 Abs. 1 S. 5 AktG ist es jedoch dringend zu empfehlen, dass der anteilige Betrag des Grundkapitals einem vollen Eurocentbetrag entspricht.

29 **b) Zweck der Herabsetzung.** Der Zweck der Kapitalherabsetzung ist hinreichend konkret anzugeben, also „Ausgleich von Wertminderungen", „Deckung von Verlusten", „Einstellung in die Rücklage", „Rückzahlung von Teilen des Grundkapitals" usw. Wegen der verschiedenen Zwecke der Herabsetzung vgl. → Rn. 1 ff. Werden mehrere Zwecke gleichzeitig verfolgt, sind alle verfolgten Zwecke zu nennen (Verlustdeckung und Einstellung des Rests in die freien Rücklagen). Vorsorglich sollte überdies bestimmt werden, wie etwaige Beträge zu verwenden sind, die für den verfolgten Zweck nicht benötigt werden. Zur nachträglichen Änderung des Zwecks vgl. → Rn. 46.

30 **c) Art der Durchführung.** Bei der Art der Durchführung ist anzugeben, ob die Kapitalherabsetzung durch bloße Herabsetzung des Grundkapitals bei Stückaktien, durch Herabsetzung der Nennbeträge bei Nennbetragsaktien oder durch Zusammenlegung von Aktien erfolgt. Eine **Kombination** (zunächst Herabsetzung des Grundkapitals bzw. der Aktiennennbeträge und sodann Zusammenlegung von Aktien) ist entsprechend im Beschluss darzustellen. Zur Art der Herabsetzung vgl. eingehend → Rn. 5 ff. Zur Kapitalherabsetzung durch Einziehung von Aktien vgl. § 63.

31 **d) Weiterer Beschlussinhalt.** Weitere als diese zwingenden Angaben braucht der Kapitalherabsetzungsbeschluss nicht zu enthalten. Die Regelung der weiteren Einzelheiten der Kapitalherabsetzung obliegt dem Vorstand, sofern die Hauptversammlung nichts anderes bestimmt. Die Hauptversammlung kann jedoch selbst weitere Anordnungen treffen (zB Bestimmung einer Frist für die Einreichung der alten Aktien)[55] oder die Festlegung der Einzelheiten durch den Vorstand an die Zustimmung des Aufsichtsrats binden.

32 **e) Satzungsanpassung.** Nach hM im Aktienrecht ist neben dem Kapitalherabsetzungsbeschluss zusätzlich eine formelle Satzungsänderung zur Anpassung des Satzungstextes an das neue Grundkapital nötig, die gemäß § 179 Abs. 1 S. 2 AktG dem Aufsichtsrat übertragen werden kann.[56] In der Praxis ist dementsprechend eine **gesonderte Beschlussfassung** über die Anpassung des Satzungswortlauts an das herabgesetzte Kapital üblich. Demgegenüber geht die Gegenansicht[57] – mit durchaus erwägenswerten Gründen und in Übereinstimmung mit der zur GmbH hM –[58] davon aus, dass grundsätzlich schon durch den Kapitalherabsetzungsbeschluss selbst zugleich auch die Satzungsbestimmung über das Stammkapital entsprechend geändert wird.

33 **3. Mängel der Beschlussfassung.** Die Rechtsfolgen etwaiger Mängel der Beschlussfassung richten sich nach den allgemeinen Vorschriften über die Anfechtbarkeit und Nichtigkeit von Hauptversammlungsbeschlüssen (§§ 242 ff., 255 AktG; vgl. dazu § 42). Der Kapitalherabsetzungsbeschluss ist namentlich **nichtig,** wenn das Grundkapital ohne gleichzeitige Wiedererhöhung nach den Regeln des § 228 AktG unter den in § 7 AktG bestimmten Mindestnennbetrag herabgesetzt wird; er ist gleichfalls nichtig, wenn in den

---

[54] → Rn. 6 u. ferner Bürgers/Körber AktG/*Becker* § 222 Rn. 27; Hüffer/*Koch* AktG § 222 Rn. 21b; Spindler/Stilz AktG/*Marsch-Barner*/*Maul* § 222 Rn. 40.
[55] RGZ 80, 81 (84).
[56] MüKoAktG/*Oechsler* § 222 Rn. 10; Hüffer/*Koch* AktG § 222 Rn. 6; Hölters AktG/*Haberstock*/ *Greitemann* § 222 Rn. 3; Terbrack RNotZ 2003, 89 (91).
[57] GroßkommAktG/*Sethe* Vor § 222 Rn. 34.
[58] S. zB OLG Düsseldorf GmbHR 1968, 223; GroßkommGmbHG/*Casper* § 58 Rn. 31; Michalski GmbHG/*Waldner* § 58 Rn. 5; MüKoGmbHG/*J. Vetter* § 58 Rn. 58.

§ 61 Ordentliche Kapitalherabsetzung

Fällen des § 228 AktG die sechsmonatige Eintragungsfrist des § 228 Abs. 2 S. 1 AktG nicht eingehalten wird. Ob die mangelnde Festsetzung der Durchführungsart zur Nichtigkeit führt, war früher umstritten; nach zutreffender und heute hM ist der Beschluss nur anfechtbar.[59] Fehlt die erforderliche Zweckangabe, ist der Beschluss ebenfalls **anfechtbar**;[60] wird er nicht angefochten, ist der Ertrag aus der Kapitalherabsetzung entsprechend § 232 AktG in die Kapitalrücklage einzustellen.[61] Ebenfalls nur zur Anfechtung führen die Unmöglichkeit, den angegebenen Zweck zu erreichen,[62] sowie Verstöße gegen den Grundsatz der Gleichbehandlung aller Aktionäre und gegen den Grundsatz der Subsidiarität der Zusammenlegung gegenüber der bloßen Herabsetzung des Grundkapitals bzw. der Herabsetzung des Nennbetrags (§ 222 Abs. 4 S. 2 AktG).[63] Ergibt sich die Unmöglichkeit der Zweckerreichung erst nach der Beschlussfassung (zB weil die auszugleichenden Verluste wider Erwarten nicht eintreten), ist der Beschluss nicht anfechtbar.[64] Der frei werdende Buchertrag muss in die Kapitalrücklage eingestellt werden.[65]

III. Anmeldung und Wirksamwerden der Kapitalherabsetzung

1. Anmeldung, Eintragung und Bekanntmachung. Der Kapitalherabsetzungsbeschluss ist durch den Vorstand und den Vorsitzenden des Aufsichtsrats gemeinsam zur Eintragung ins Handelsregister anzumelden (§ 223 AktG).[66] Anders als bei der Kapitalerhöhung ist bei der Kapitalherabsetzung auch eine Anmeldung durch Bevollmächtigte möglich.[67] Die entsprechende Vollmacht ist gem. § 12 Abs. 2 S. 1 HGB iVm § 129 BGB, §§ 39, 40 BeurkG notariell zu beglaubigen. Im Übrigen gelten die gleichen Grundsätze wie für die **Anmeldung** einer Kapitalerhöhung; vgl. näher → § 57 Rn. 88.

Als **Anlagen** sind der Anmeldung beizufügen: (1) die notariellen Niederschriften über den Herabsetzungsbeschluss mit der Satzungsanpassung und über etwaige Sonderbeschlüsse, soweit die Niederschriften nicht schon gemäß § 130 Abs. 5 AktG eingereicht worden sind; (2) wird der konkrete Herabsetzungsbetrag durch den Vorstand festgelegt (→ Rn. 27), eine beglaubigte Abschrift des Vorstands- und eines etwaigen Zustimmungsbeschlusses des Aufsichtsrats: (3) die Neufassung der Satzung mit der notariellen Bescheinigung gemäß § 181 Abs. 1 S. 2 AktG; und, (4) wenn der Aufsichtsrat zur Anpassung der Satzung ermächtigt worden ist (→ Rn. 27 u. 32), eine beglaubigte Abschrift des entsprechenden Aufsichtsratsbeschlusses.

---

[59] MüKoAktG/*Oechsler* § 222 Rn. 51 f.; Hüffer/*Koch* AktG § 222 Rn. 17; GroßkommAktG/*Sethe* § 222 Rn. 60; Spindler/Stilz AktG/*Marsch-Barner/Maul* § 222 Rn. 31; Hölters AktG/*Haberstock/Greitemann* § 222 Rn. 74; *Terbrack* RNotZ 2003, 89 (95); aA die früher hM, s. zB *Baumbach/Hueck* AktG § 222 Rn. 7.

[60] MüKoAktG/*Oechsler* § 222 Rn. 40; Hüffer/*Koch* AktG § 222 Rn. 17; Schmidt/Lutter AktG/*Veil* § 222 Rn. 28 f.; Spindler/Stilz AktG/*Marsch-Barner/Maul* § 222 Rn. 31; *Terbrack* RNotZ 2003, 89 (95).

[61] BGHZ 119, 305 (324 ff.) – Klöckner; Hüffer/*Koch* AktG § 222 Rn. 17; ähnlich KölnKommAktG/*Lutter* § 222 Rn. 38; GroßkommAktG/*Sethe* § 222 Rn. 44; Schmidt/Lutter AktG/*Veil* § 222 Rn. 28.

[62] LG Hannover AG 1995, 285 f. – Brauhaus Wülfel; Hüffer/*Koch* AktG § 222 Rn. 17; MüKoAktG/*Oechsler* § 222 Rn. 41; *Terbrack* RNotZ 2003, 89 (95).

[63] MüKoAktG/*Oechsler* § 222 Rn. 53; Hüffer/*Koch* AktG § 222 Rn. 17; GroßkommAktG/*Sethe* § 222 Rn. 72, 74; Spindler/Stilz AktG/*Marsch-Barner/Maul* § 222 Rn. 31; *Terbrack* RNotZ 2003, 89 (95).

[64] GroßkommAktG/*Sethe* § 222 Rn. 45; MüKoAktG/*Oechsler* § 222 Rn. 41 f.; Schmidt/Lutter AktG/*Veil* § 222 Rn. 29.

[65] GroßkommAktG/*Sethe* § 222 Rn. 45; MüKoAktG/*Oechsler* § 222 Rn. 41 f.

[66] Muster in Münch. Vertragshandbuch Bd. 1/*Favoccia* Form. V. 132; Happ AktienR/*Stucken/Tielmann* Form. 14.01c.

[67] Hüffer/*Koch* AktG § 223 Rn. 3; MüKoAktG/*Oechsler* § 223 Rn. 2; KölnKommAktG/*Lutter* § 223 Rn. 2; Schmidt/Lutter AktG/*Veil* § 223 Rn. 3; Spindler/Stilz AktG/*Marsch-Barner/Maul* § 223 Rn. 2.

36 Außer dem Kapitalherabsetzungsbeschluss ist nach **Durchführung** der Kapitalherabsetzung auch diese noch zur Eintragung ins Handelsregister anzumelden (§ 227 AktG). Die Anmeldung des Kapitalherabsetzungsbeschlusses kann unter Umständen mit der Anmeldung der Durchführung der Kapitalherabsetzung verbunden werden, vgl. dazu → Rn. 76 f.

37 Die **Prüfung des Registergerichts** erstreckt sich wie bei jeder Satzungsänderung allgemein auf die Einhaltung der gesetzlichen und statutarischen Voraussetzungen und daneben auf die besonderen Voraussetzungen der Kapitalherabsetzung. Ist die Kapitalherabsetzung unter einer Bedingung, Befristung oder unter Festsetzung eines Höchstbetrages erfolgt, kann die Eintragung erst erfolgen, wenn der Kapitalherabsetzungsbeschluss endgültig wirksam ist und der genaue Kapitalherabsetzungsbetrag feststeht.[68] Ist der Kapitalherabsetzungsbeschluss nichtig oder fehlt ein gem. § 222 Abs. 2 AktG erforderlicher Sonderbeschluss, darf er nicht eingetragen werden. Ist er anfechtbar, darf die Eintragung jedenfalls dann nicht erfolgen, wenn Vorschriften verletzt sind, die nicht lediglich die gegenwärtigen Aktionäre schützen, sondern deren Einhaltung im öffentlichen Interesse liegt (vgl. dazu näher → § 57 Rn. 90). Eine Eintragung ist deshalb zB abzulehnen, wenn im Beschluss die Angabe des Herabsetzungszwecks fehlt.[69]

38 Das Registergericht hat die neue Grundkapitalziffer ins Handelsregister einzutragen (§§ 181 Abs. 2, 39 Abs. 1 S. 1 AktG) und diese Eintragung gemäß § 10 HGB und im Unternehmensregister (§ 8b Abs. 2 Nr. 1 HGB) bekanntzumachen. In der **Bekanntmachung** sind die Gläubiger auf ihr Recht auf Sicherheitsleistung nach § 225 Abs. 1 AktG (vgl. → Rn. 49 ff.) besonders hinzuweisen (§ 225 Abs. 1 S. 2 AktG).

39 **2. Wirksamwerden der Kapitalherabsetzung. a) Allgemeines.** Mit der Eintragung des Herabsetzungsbeschlusses wird die Kapitalherabsetzung wirksam (§ 224 AktG). Es ist – anders als bei der vereinfachten Kapitalherabsetzung – nicht möglich, der Kapitalherabsetzung **Rückwirkung** beizumessen[70] oder sie erst zu einem Zeitpunkt nach Eintragung wirksam werden zu lassen.[71]

40 Mit der Eintragung ist das **Grundkapital herabgesetzt.** Wo die Höhe des Grundkapitals rechtlich von Bedeutung ist, ist von diesem Zeitpunkt an von der neuen Grundkapitalziffer auszugehen. Dient die Kapitalherabsetzung der Rückzahlung von Teilen des Grundkapitals an die Aktionäre oder dem Erlass rückständiger Einlageverpflichtungen, so erwerben die Aktionäre mit Wirksamwerden der Kapitalherabsetzung entsprechende Ansprüche auf Zahlung bzw. Abschluss eines Erlassvertrages (§ 397 BGB) gegen die Gesellschaft;[72] wegen § 225 Abs. 2 AktG können diese Ansprüche allerdings erst nach Ablauf des Sperrhalbjahres (vgl. → Rn. 57 ff.) und nach Sicherstellung bzw. Befriedigung der Gläubiger, die sich innerhalb dieser Frist gemeldet haben, erfüllt werden.

41 Ein **bedingtes oder genehmigtes Kapital** wird durch die Herabsetzung nicht berührt.[73] Sie können deshalb auch in der bisherigen Höhe ausgenutzt werden, selbst wenn sie auf der Basis des neuen Grundkapitals die Höchstbeträge der §§ 192 Abs. 3, 202 Abs. 3 AktG überschreiten.[74] Zu der Frage, ob im Fall eines genehmigten Kapitals mit verein-

---

[68] MüKoAktG/*Oechsler* § 223 Rn. 9 u. § 224 Rn. 2; *Hüffer/Koch* AktG § 223 Rn. 2 u. § 224 Rn. 8; GroßkommAktG/*Sethe* § 223 Rn. 18; aA noch *Baumbach/Hueck* AktG § 224 Rn. 4.

[69] MüKoAktG/*Oechsler* § 223 Rn. 8; Spindler/Stilz AktG/*Marsch-Barner/Maul* § 223 Rn. 8.

[70] MüKoAktG/*Oechsler* § 224 Rn. 3; *Hüffer/Koch* AktG § 224 Rn. 8; GroßkommAktG/*Sethe* § 224 Rn. 4; Schmidt/Lutter AktG/*Veil* § 224 Rn. 2; Spindler/Stilz AktG/*Marsch-Barner/Maul* § 224 Rn. 3; Henssler/Strohn GesR/*Galla* AktG § 224 Rn. 1.

[71] MüKoAktG/*Oechsler* § 224 Rn. 2; *Hüffer/Koch* AktG § 224 Rn. 8; GroßkommAktG/*Sethe* § 224 Rn. 5; Schmidt/Lutter AktG/*Veil* § 224 Rn. 2; Spindler/Stilz AktG/*Marsch-Barner/Maul* § 224 Rn. 3; aA noch *Baumbach/Hueck* AktG § 224 Rn. 4.

[72] MüKoAktG/*Oechsler* § 224 Rn. 14; *Hüffer/Koch* AktG § 224 Rn. 7; GroßkommAktG/*Sethe* § 225 Rn. 70; Schmidt/Lutter AktG/*Veil* § 224 Rn. 2.

[73] GroßkommAktG/*Sethe* § 224 Rn. 3; HdB börsennotierte AG/*Busch* Rn. 47.26; Spindler/Stilz AktG/*Marsch-Barner/Maul* § 224 Rn. 11; Hölters AktG/*Haberstock/Greitemann* § 224 Rn. 25.

[74] → § 58 Rn. 23 u. 63 sowie → § 59 Rn. 17; ferner *Weiler* NZG 2009, 46.

fachtem Bezugsrechtsausschluss nach § 186 Abs. 3 S. 4 AktG bei der Berechnung der 10%-Grenze nachfolgende Kapitalherabsetzungen zu berücksichtigen sind, → § 59 Rn. 34.

b) Auswirkungen auf die Mitgliedschaftsrechte. Die Mitgliedschaftsrechte der einzelnen Aktionäre werden mit dem Wirksamwerden der Kapitalherabsetzung entsprechend **vermindert;** eine vorherige Berichtigung oder ein vorheriger Umtausch der alten Aktienurkunden ist dazu nicht erforderlich. Die alten Aktienurkunden verbriefen nach wie vor die Mitgliedschaftsrechte, lediglich nicht mehr in dem alten Umfang, sondern in dem Umfang, wie er sich aus der Kapitalherabsetzung ergibt. Das gilt auch bei einer Kapitalherabsetzung durch Zusammenlegung von Aktien. Werden Aktien zB im Verhältnis 3:2 zusammengelegt, kann ein Aktionär, der über drei alte Aktienurkunden verfügt, daraus bis zum Umtausch in neue Aktienurkunden die Mitgliedschaftsrechte – insbesondere das Stimmrecht und das Gewinnbezugsrecht – für nun zwei Aktien ausüben.[75]

Umstritten ist, ob auch aus verbleibenden **Spitzenbeträgen** Mitgliedschaftsrechte ausgeübt werden können. Nach richtiger Ansicht ist das der Fall. Werden Aktien im Verhältnis 2:1 zusammengelegt, so kann ein Aktionär, der über eine Aktie verfügt, daraus die Mitgliedschaftsrechte zur Hälfte ausüben. § 8 Abs. 1 AktG steht dem für den Übergangszeitraum bis zum Abschluss des Zusammenlegungsverfahrens nicht entgegen.[76] Diese Möglichkeit entfällt, sobald die Gesellschaft die ihr zur Verwertung überlassenen oder nach § 226 Abs. 2 AktG für kraftlos erklärten Spitzenaktien mit anderen Spitzen zusammengelegt hat.[77] Sie entfällt jedoch nicht allein schon durch Kraftloserklärung nach § 226 Abs. 2 AktG;[78] die Kraftloserklärung betrifft nur die Aktienurkunde, nicht aber das Mitgliedschaftsrecht.[79]

c) Auswirkungen auf Rechte Dritter. Vertragliche Rechte Dritter, die vom **Dividendensatz** abhängig sind (zB dividendenabhängige Verzinsung von Genussrechten, Gewinnschuldverschreibungen, Wandel- und Optionsanleihen; dividendenabhängige Tantiemezusagen; Dividendengarantien bei Beherrschungs- und Gewinnabführungsverträgen), werden durch eine Kapitalherabsetzung aufgewertet, so wie umgekehrt eine Kapitalerhöhung zur Verwässerung führt (vgl. näher → § 57 Rn. 195 ff.). Sind Rechte Dritter unmittelbar von der **Kapitalziffer** abhängig (zB Garantie einer Dividende in Höhe eines bestimmten Prozentsatzes vom Grundkapital), werden diese durch eine Kapitalherabsetzung beeinträchtigt. Es stellt sich deshalb die Frage, ob solche Rechte entsprechend anzupassen sind. Die Frage ist in erster Linie durch Auslegung der getroffenen Vereinbarungen zu klären.[80] Ob

---

[75] BGH ZIP 1991, 1423 (1424 f.); OLG Dresden AG 2006, 671 (672) – Sachsenmilch; MüKoAktG/*Oechsler* § 226 Rn. 10 f.; Hüffer/*Koch* AktG § 224 Rn. 4 f.; GroßkommAktG/*Sethe* § 224 Rn. 12; Schmidt/Lutter AktG/*Veil* § 224 Rn. 4; Spindler/Stilz AktG/*Marsch-Barner/Maul* § 224 Rn. 7.

[76] OLG Hamburg ZIP 1991, 305 (307); GroßkommAktG/*Sethe* § 224 Rn. 12; Schmidt/Lutter AktG/*Veil* § 224 Rn. 4; Grigoleit AktG/*Rieder* § 224 Rn. 5; Wachter AktG/*Früchtl* § 224 Rn. 3; Spindler/Stilz AktG/*Marsch-Barner/Maul* § 224 Rn. 8; *Bork* FS Claussen, 1997, 49 (54 ff.); für den Fall einer Restgesellschaft ebenso, im Übrigen aber offen lassend BGH ZIP 1991, 1423 (1426); einschränkend KölnKommAktG/*Lutter* § 224 Rn. 12; MüKoAktG/*Oechsler* § 226 Rn. 11, die zwar anteilige Vermögensrechte zubilligen, jedoch ein Stimmrecht aus Aktienspitzen verneinen.

[77] OLG Hamburg ZIP 1991, 305 (307); Hüffer/*Koch* AktG § 224 Rn. 6; *Bork* FS Claussen, 1997, 49 (54 ff.).

[78] AA *v. Godin/Wilhelmi* AktG § 226 Anm. 4; wie hier wohl Hüffer/*Koch* AktG § 224 Rn. 6; GroßkommAktG/*Sethe* § 226 Rn. 34, 36; Spindler/Stilz AktG/*Marsch-Barner/Maul* § 226 Rn. 18; *Bork* FS Claussen, 1997, 49 (54 ff.).

[79] KölnKommAktG/*Lutter* § 226 Rn. 16; Schmidt/Lutter AktG/*Veil* § 226 Rn. 9; näher zur Kraftloserklärung → Rn. 70 ff.

[80] BGHZ 119, 305 (324 ff.) – Klöckner; KölnKommAktG/*Lutter* § 224 Rn. 19 f.; MünchKommAktG/*Oechsler* § 224 Rn. 21; Hüffer/*Koch* AktG § 224 Rn. 11 f.; GroßkommAktG/*Sethe* § 224 Rn. 17. Teilweise wird auch angenommen, dass eine Vertragsanpassung kraft Gesetzes aufgrund einer Gesamtanalogie zu § 216 Abs. 3 AktG, § 23 UmwG erfolgen muss, wenn eine erweiterte Vertrags-

die Parteien eine Anpassung wollten, hängt maßgeblich vom Ziel der Kapitalherabsetzung ab. Erfolgt diese zu Sanierungszwecken, werden die Rechte an die neue Kapitalziffer anzupassen sein.[81] War das Ziel dagegen eine Ausschüttung an die Aktionäre bzw. Befreiung von der Einlagepflicht, so wird eine Anpassung abzulehnen sein.[82] Die Vereinbarung einer Garantiedividende schließt eine Anpassung regelmäßig aus.[83] Vgl. dazu und zu den Auswirkungen auf Umtausch- und Bezugsrechte aus Wandel- und Optionsanleihen auch → § 64 Rn. 22.

45 d) Aufhebung und Änderung. Eine Aufhebung der Kapitalherabsetzung ist bis zu ihrem Wirksamwerden durch einfachen **Hauptversammlungsbeschluss** möglich,[84] eine Änderung nur durch einen Hauptversammlungsbeschluss, der den Anforderungen des Kapitalherabsetzungsbeschlusses genügen muss.[85] Nach Wirksamwerden der Kapitalherabsetzung kann diese nur noch durch eine förmliche Kapitalerhöhung für die Zukunft ganz oder teilweise wieder rückgängig gemacht werden.

46 Auch **Änderungen des Zwecks** der Kapitalherabsetzung sind stets an die gleichen Anforderungen gebunden, wie die Kapitalherabsetzung selbst.[86] Das gilt auch, wenn der ursprüngliche Zweck weggefallen ist, weil zB die Unterbilanz, die durch die Kapitalherabsetzung beseitigt werden sollte, bereits auf andere Weise beseitigt worden ist.[87] Eine Änderung des Herabsetzungszwecks ist auch noch nach Wirksamwerden der Kapitalherabsetzung möglich.[88] War ursprünglich eine Ausschüttung an die Aktionäre oder ein Erlass restlicher Einlageverpflichtungen bezweckt, bedarf eine Zweckänderung nach Wirksamwerden der Kapitalerhöhung der Zustimmung der benachteiligten Aktionäre.[89] Mit Wirksamwerden der Kapitalerhöhung haben diese einen eigenen Anspruch gegen die Gesellschaft auf Auszahlung bzw. Erlass ihrer Einlageschuld erworben (→ Rn. 40), in welchen nicht mehr einseitig eingegriffen werden kann.

47 e) Fehlerhafte Kapitalherabsetzung. Ist die Kapitalherabsetzung durch Eintragung wirksam geworden und wird der Kapitalherabsetzungsbeschluss später auf Anfechtungsklage

---

auslegung zu keinem Ergebnis führt; vgl. zB KölnKommAktG/*Lutter* § 224 Rn. 17; Spindler/Stilz AktG/*Marsch-Barner*/*Maul* § 224 Rn. 12; dagegen Hüffer/*Koch* AktG § 224 Rn. 12; MüKoAktG/*Oechsler* § 224 Rn. 21; differenzierend Schmidt/Lutter AktG/*Veil* § 224 Rn. 7.

[81] GroßkommAktG/*Sethe* § 224 Rn. 20; Spindler/Stilz AktG/*Marsch-Barner*/*Maul* § 224 Rn. 13; differenzierend nach dem Verfahren der Kapitalherabsetzung HdB börsennotierte AG/*Busch* Rn. 47.30.

[82] GroßkommAktG/*Sethe* § 224 Rn. 20; HdB börsennotierte AG/*Busch* Rn. 47.30.

[83] RGZ 147, 42 (48); MüKoAktG/*Oechsler* § 224 Rn. 22; GroßkommAktG/*Sethe* § 224 Rn. 20; Hüffer/*Koch* AktG § 224 Rn. 12; Spindler/Stilz AktG/*Marsch-Barner*/*Maul* § 224 Rn. 13; HdB börsennotierte AG/*Busch* Rn. 47.30.

[84] Ebenso KölnKommAktG/*Lutter* § 222 Rn. 55; MüKoAktG/*Oechsler* § 222 Rn. 28; Baumbach/Hueck AktG § 222 Rn. 6; GroßkommAktG/*Sethe* § 222 Rn. 69; Spindler/Stilz AktG/*Marsch-Barner* § 222 Rn. 30; Heidel AktG/*Terbrack* § 222 Rn. 34; Bürgers/Körber AktG/*Becker* § 222 Rn. 17; Hüffer/*Koch* AktG § 222 Rn. 16; aA Henssler/Strohn/*Galla* AktG § 222 Rn. 9 u. Schmidt/Lutter AktG/*Veil* § 222 Rn. 22, die dieselben Anforderungen wie an den Kapitalherabsetzungsbeschluss stellen.

[85] MüKoAktG/*Oechsler* § 222 Rn. 28; Hüffer/*Koch* AktG § 222 Rn. 16; GroßkommAktG/*Sethe* § 222 Rn. 70; Spindler/Stilz AktG/*Marsch-Barner*/*Maul* § 222 Rn. 30; Schmidt/Lutter AktG/*Veil* § 222 Rn. 22.

[86] Hüffer/*Koch* AktG § 224 Rn. 3; MüKoAktG/*Oechsler* § 224 Rn. 6; GroßkommAktG/*Sethe* § 224 Rn. 26.

[87] GroßkommAktG/*Sethe* § 224 Rn. 27.

[88] RGZ 103, 367 (370 f.); Hüffer/*Koch* AktG § 224 Rn. 3; MüKoAktG/*Oechsler* § 224 Rn. 5 ff.; GroßkommAktG/*Sethe* § 224 Rn. 27; Spindler/Stilz AktG/*Marsch-Barner*/*Maul* § 224 Rn. 5; Hölters AktG/*Haberstock*/*Greitemann* § 224 Rn. 9; Grigoleit AktG/*Rieder* § 224 Rn. 7.

[89] Ebenso Hüffer/*Koch* AktG § 224 Rn. 3; MüKoAktG/*Oechsler* § 224 Rn. 6; GroßkommAktG/*Sethe* § 224 Rn. 32; Hölters AktG/*Haberstock*/*Greitemann* § 224 Rn. 12.

für nichtig erklärt, ist die Rechtslage unklar. Jedenfalls für die Vergangenheit wird man die Kapitalherabsetzung nach den Regeln der fehlerhaften Gesellschaft als wirksam ansehen müssen;[90] insoweit kann nichts anderes gelten als bei einer fehlerhaften Kapitalerhöhung (dazu näher → § 57 Rn. 199). Für die Zukunft wird zum Teil eine Wiederherstellung des ursprünglichen Grundkapitals verlangt.[91] Aus praktischen Gründen spricht jedoch mehr dafür, der fehlerhaften Kapitalherabsetzung nicht nur für die Vergangenheit, sondern auch für die Zukunft Bestandskraft zuzubilligen.[92]

IV. Gläubigerschutz

48 Da die ordentliche Kapitalherabsetzung zu jedem wirtschaftlichen Zweck, insbesondere auch zur Rückzahlung oder zur Einstellung von Grundkapital in Gewinnrücklagen zulässig ist, gefährdet sie die Interessen der Gläubiger, denen das Grundkapital als Haftungsgrundlage dient. Das Gesetz trifft deshalb Regelungen zum Schutz der Gläubiger.

49 **1. Sicherheitsleistung. a) Anspruch auf Sicherheitsleistung.** Unter den Voraussetzungen des § 225 Abs. 1 AktG können die Gläubiger Sicherheitsleistung für ihre Forderungen beanspruchen. Bei der Bekanntmachung der Eintragung des Kapitalherabsetzungsbeschlusses ist auf dieses Recht besonders hinzuweisen (§ 225 Abs. 1 S. 2 AktG). Zu den **Gläubigern** zählen Dritte, aber auch die Aktionäre. Gleichgültig ist dabei, ob die Forderung des Aktionärs auf einem Drittgeschäft oder der Mitgliedschaft (zB Dividendenanspruch) beruht.[93] Ausgeschlossen sind aber Zahlungs- oder Erlassansprüche, deren Begründung gerade Zweck der Kapitalherabsetzung ist.[94]

50 Geschützt sind **schuldrechtliche Forderungen** aller Art, nicht hingegen dingliche Rechte und Ansprüche.[95] Die Forderung muss vor Bekanntmachung der Eintragung des Kapitalherabsetzungsbeschlusses „begründet" sein. Begründet ist eine Forderung, wenn ihr Rechtsgrund gelegt ist.[96] Auflösend **bedingte Forderungen** berechtigen ebenso zur Sicherheit wie befristete Forderungen. Dasselbe gilt für Forderungen, die unter einer aufschiebenden Bedingung stehen.[97] Etwas anderes kann allerdings gelten, wenn der Bedingungseintritt so ungewiss ist, dass ein anerkennenswertes Schutzbedürfnis nicht besteht.[98] Im Übrigen kann bei Forderungen, die unter einer auflösenden oder aufschiebenden

---

[90] *Krieger* ZHR 158 (1994), 35 (52); Hölters AktG/*Haberstock/Greitemann* § 224 Rn. 16; aA GroßkommAktG/*Sethe* § 224 Rn. 35.
[91] Vgl. etwa *Kort*, Bestandsschutz, 1998, S. 245 ff.; *Schäfer*, Die Lehre vom fehlerhaften Verband, 2002, S. 449.
[92] Vgl. dazu schon *Krieger* ZHR 158 (1994), 35 (52 f.); jetzt auch HdB börsennotierte AG/*Busch* Rn. 47.25; differenzierend danach, ob die Herabsetzung für Ausschüttungszwecke erfolgt und die Ausschüttung bereits erfolgt ist (dann Wirksamkeit für die Zukunft) oder nicht (dann ex-nunc Unwirksamkeit) Hölters AktG/*Haberstock/Greitemann* § 224 Rn. 16.
[93] Spindler/Stilz AktG/*Marsch-Barner/Maul* § 225 Rn. 5; Hüffer/*Koch* AktG § 225 Rn. 2; Hölters AktG/*Haberstock/Greitemann* § 225 Rn. 3.
[94] Ebenso Hölters AktG/*Haberstock/Greitemann* § 225 Rn. 3.
[95] MüKoAktG/*Oechsler* § 225 Rn. 5; Hüffer/*Koch* AktG § 225 Rn. 2; GroßkommAktG/*Sethe* § 225 Rn. 15; Schmidt/Lutter AktG/*Veil* § 225 Rn. 6; Spindler/Stilz AktG/*Marsch-Barner/Maul* § 225 Rn. 4.
[96] BGH Der Konzern 2016, 178 (180) (zu § 133 UmwG); OLG Zweibrücken AG 2004, 568 (569) (zu § 303 AktG); GroßkommAktG/*Sethe* § 225 Rn. 18; Grigoleit AktG/*Rieder* § 225 Rn. 4; Hüffer/*Koch* AktG § 225 Rn. 3.
[97] OLG Zweibrücken AG 2004, 568 (569) (zu § 303 AktG); MüKoAktG/*Oechsler* § 225 Rn. 8; Hüffer/*Koch* AktG § 225 Rn. 3; KölnKommAktG/*Koppensteiner* § 303 Rn. 15; MüKoAktG/*Altmeppen* § 303 Rn. 16; GroßkommAktG/*Sethe* § 225 Rn. 19; Grigoleit AktG/*Rieder* § 225 Rn. 5; *Wiedemann/Küpper* FS Pleyer, 1986, 445 (451); zur GmbH zB MüKoGmbHG/*J. Vetter* § 58 Rn. 117; Michalski GmbHG/*Waldner* § 58 Rn. 19; aA früher zB Geßler/Hefermehl AktG/*Geßler* § 303 Rn. 8; GroßkommAktG/*Würdinger*, 3. Aufl., § 321 Anm. 3.
[98] MüKoAktG/*Oechsler* § 225 Rn. 8; Spindler/Stilz AktG/*Marsch-Barner/Maul* § 225 Rn. 7; Hölters AktG/*Haberstock/Greitemann* § 225 Rn. 4; zur GmbH MüKoGmbHG/*J. Vetter* § 58 Rn. 117.

Bedingung stehen, für die Bemessung der Sicherheit ein angemessener Bewertungsabschlag vorgenommen werden.[99] Zukünftige Ansprüche aus **Dauerschuldverhältnissen** sind „begründet", wenn sie soweit konkretisiert sind, dass sie ohne weiteres Zutun der Parteien entstehen.[100] Allerdings kann in diesen Fällen nicht ohne weiteres in voller Höhe der künftig fällig werdenden Ansprüche Sicherheit verlangt werden, sondern die Höhe der Sicherheitsleistung ist nach dem konkret zu bestimmenden Sicherungsinteresse des Gläubigers zu bemessen.[101] Als Obergrenze ist im Ausgangspunkt entsprechend § 160 HGB ein Zeitraum von fünf Jahren anzusehen.[102] Besteht vor Ablauf der fünf Jahre eine ordentliche Kündigungsmöglichkeit, ist das Sicherungsinteresse des Gläubigers entsprechend zu reduzieren.[103] Bei **Rahmenverträgen** ist zu differenzieren. Ansprüche, die sich aus dem Rahmenvertrag ergeben, sind mit Abschluss des Rahmenvertrages begründet; für Ansprüche, die nur und erst entstehen, wenn ein entsprechender Einzelvertrag zustande kommt, ist hingegen dessen Abschluss maßgeblich.[104] **Schadenersatzansprüche** aus unerlaubter Handlung sind vor der Bekanntmachung der Eintragung der Herabsetzung begründet, wenn vor diesem Zeitpunkt das schadensbegründende Ereignis eingetreten ist; der Eintritt oder die Bezifferbarkeit des Schadens ist nicht erforderlich.[105] Bei vertraglichen Schadenersatzforderungen wegen Pflichtverletzungen ist der Zeitpunkt der Begründung des Anspruchs umstritten. Zum Teil wird auf den Vertragsabschluss abgestellt.[106] Näher liegt es jedoch, dass es auf die Pflichtverletzung ankommt.[107] Zum Sicherungsanspruch für Anwart-

---

[99] Hüffer/*Koch* AktG § 225 Rn. 12; GroßkommAktG/*Sethe* § 225 Rn. 31; Wachter AktG/*Früchtl* § 225 Rn. 6; K. Schmidt/Lutter AktG/*Veil* § 225 Rn. 16; ebenso zur GmbH GroßkommGmbHG/*Casper* § 58 Rn. 50; aA Michalski GmbHG/*Waldner* § 58 Rn. 22.

[100] Hüffer/*Koch* AktG § 225 Rn. 4; MüKoAktG/*Oechsler* § 225 Rn. 9; KölnKommAktG/*Koppensteiner* § 303 Rn. 16; Schmidt/Lutter AktG/*Veil* § 225 Rn. 8; Spindler/Stilz AktG/*Marsch-Barner* § 225 Rn. 8; Grigoleit AktG/*Rieder* § 225 Rn. 7; Hölters AktG/*Haberstock*/*Greitemann* § 225 Rn. 5; aA GroßkommAktG/*Sethe* § 225 Rn. 21; MüKoAktG/*Altmeppen* § 303 Rn. 17, die aus einem Vergleich zu Schadensersatzansprüchen ableiten, dass es auf eine Konkretisierung nicht ankommt; wohl auch aA BGH Der Konzern 2016, 178 (181) (zu § 133 UmwG): Der Rechtsgrund für Ansprüche aus einem Dauerschuldverhältnis ist bereits mit Abschluss des Vertrags gelegt, auch wenn die weiteren Voraussetzungen für ihr Entstehen erst später erfüllt werden.

[101] BGH ZIP 1996, 705 (706 f.) (Sicherheitsleistung bei 30-jährigem Mietvertrag nur für den 3-fachen Jahresmietzins); Hüffer/*Koch* AktG § 225 Rn. 4; *Jaeger* DB 1996, 1069 ff.; *Schröer* BB 1999, 317 (320 ff.); Kallmeyer UmwG/*Marsch-Barner* § 22 Rn. 12; Lutter UmwG/*Grunewald* § 22 Rn. 23; KölnKommUmwG/*Simon* § 22 Rn. 23; aA zu § 303 AktG aber BGH ZIP 2014, 2282 Rn. 18.

[102] Spindler/Stilz AktG/*Marsch-Barner*/*Maul* § 225 Rn. 21; Hüffer/*Koch* AktG § 225 Rn. 4; K. Schmidt/Lutter AktG/*Veil* § 225 Rn. 8; KölnKommAktG/*Koppensteiner* § 303 Rn. 16; HdB des Aktienrechts/*Frodermann*/*Becker* Kap. 5 Rn. 341; *Jaeger* DB 1996, 1069 (1070 f.); zur GmbH MüKoGmbHG/*J. Vetter* § 58 Rn. 122.

[103] Hüffer/*Koch* AktG § 225 Rn. 4; Spindler/Stilz AktG/*Marsch-Barner*/*Maul* § 225 Rn. 21. Nach aA kommt es allein auf die erste Kündigungsmöglichkeit an; s. zB MüKoAktG/*Oechsler* § 225 Rn. 10; Hölters AktG/*Haberstock*/*Greitemann* § 225 Rn. 5. Eine weitere Gegenansicht stellt ausschließlich auf § 160 HGB ab; vgl. etwa BGH ZIP 2014, 2282 Rn. 15 ff. (zu § 303 AktG), Emmerich/Habersack AG/GmbH-Konzernrecht/*Emmerich* § 303 Rn. 13b; *Jaeger* DB 1996, 1069 (1070). Noch anders GroßkommAktG/*Sethe* § 225 Rn. 22 u. KölnKommUmwG/*Simon* § 22 Rn. 23, die auf den Einzelfall abstellen und eine allgemein definierte Obergrenze ablehnen.

[104] Vgl. MüKoAktG/*Oechsler* § 225 Rn. 9; Spindler/Stilz AktG/*Marsch-Barner*/*Maul* § 225 Rn. 8; Grigoleit AktG/*Rieder* § 225 Rn. 7.

[105] Hüffer/*Koch* AktG § 225 Rn. 3; GroßkommAktG/*Sethe* § 225 Rn. 18; MüKoAktG/*Oechsler* § 225 Rn. 14; zu § 22 UmwG zB KölnKommUmwG/*Simon* § 22 Rn. 24; s. aber Hölters AktG/*Haberstock*/*Greitemann* § 225 Rn. 4, die darüber hinaus den Schadenseintritt verlangen; wohl ebenso Spindler/Stilz AktG/*Marsch-Barner*/*Maul* § 225 Rn. 9.

[106] S. KölnKommUmwG/*Simon* § 22 Rn. 19; zu § 128 HGB MüKoHGB/*K. Schmidt* § 128 Rn. 51; GroßkommHGB/*Habersack* § 128 Rn. 68; differenzierend zwischen der Verletzung der Primär- und von Sekundärpflichten Semler/Stengel UmwG/*Seulen* § 22 Rn. 15.

[107] Ebenso GroßkommAktG/*Sethe* § 225 Rn. 19; MüKoGmbHG/*J. Vetter* § 58 Rn. 116.

schaften auf betriebliche Altersversorgungsleistungen vgl. → Rn. 52 und für bestrittene Forderungen → Rn. 55.

Besteht ein Anspruch auf Sicherheitsleistung, soll diese nach hM der **Höhe** nach den gesamten Betrag der Forderung abdecken.[108] Überzeugender ist jedoch die Gegenansicht, nach der die Gläubiger Anspruch nur auf anteilige Sicherheitsleistung in Höhe der durch die Kapitalherabsetzungen eintretenden Reduzierung des haftenden Kapitals haben.[109] Diese Sichtweise korrespondiert damit, dass Grund für die Sicherheitsleistung die Herabsetzung des Grundkapitals ist. Zudem führt sie anders als die hM nicht zu der überschießenden Konsequenz, dass zuvor unbesicherte Gläubiger infolge der Kapitalherabsetzung eine vollständige Besicherung erhalten, obwohl das ihnen haftende Kapital nur in Höhe der Kapitalherabsetzung entzogen wird. 50a

b) Ausschluss. Ein Anspruch auf Sicherheitsleistung ist ausgeschlossen, wenn der Gläubiger nach dem Inhalt des Schuldverhältnisses bereits Befriedigung verlangen kann, weil die Forderung fällig ist und keine Einreden entgegenstehen. Entsteht das Recht, **Erfüllung** zu verlangen, bevor Sicherheit geleistet ist, entfällt der Anspruch auf Sicherheitsleistung. Entsteht das Recht, nachdem die Sicherheit geleistet ist, entfällt dadurch der Rechtsgrund für die Sicherheitsleistung jedoch nicht.[110] 51

Das Recht auf Sicherheitsleistung besteht auch für solche Gläubiger nicht, die im Fall der Insolvenz ein Recht auf **vorzugsweise Befriedigung** aus einer Deckungsmasse haben, die nach gesetzlicher Vorschrift zu ihrem Schutz errichtet und staatlich überwacht ist (§ 225 Abs. 1 S. 3 AktG). Die Vorschrift gilt für Versicherungsgläubiger (§ 77a VAG) und Pfandbriefgläubiger von Pfandbriefbanken (§ 30 PfandBG) sowie analog für die Empfänger laufender Versorgungsleistungen und die Inhaber unverfallbarer Versorgungsanwartschaften einer **betrieblichen Altersversorgung,** soweit die gesetzliche Insolvenzsicherung gem. § 7 BetrAVG reicht; soweit der Anspruch oder die Anwartschaft die Höchstgrenze des § 7 Abs. 3 BetrAVG übersteigt, gilt für den Umfang der Sicherheitsleistung das → Rn. 50 Gesagte.[111] Dem Pensionssicherungsverein steht ein Anspruch auf Sicherheitsleistung nicht zu.[112] Eine Sicherung verfallbarer Anwartschaften kann schon deshalb nicht verlangt werden, weil diese noch nicht im Sinne des Gesetzes „begründet" sind.[113] 52

In sonstigen Fällen besteht der Anspruch auf Sicherheitsleistung grundsätzlich ohne Rücksicht darauf, ob ein **konkretes Sicherungsbedürfnis** besteht oder nicht; das Sicherungsverlangen wird durch die **abstrakte Gefahr** gerechtfertigt, dass die Kapitalherabsetzung das bisherige Erfüllungsrisiko erhöht.[114] Der Sicherungsanspruch besteht auch dann, wenn auf Grund der Kapitalherabsetzung keinerlei Zahlungen an die Aktionäre erfolgen sollen (§ 225 Abs. 3 AktG), und nach allgemeiner Ansicht selbst dann, wenn gleichzeitig mit der Kapitalherabsetzung eine Wiedererhöhung des Kapitals auf die ursprüngliche 53

---

[108] Vgl. zB Hüffer/*Koch* AktG § 225 Rn. 12; Spindler/Stilz AktG/*Marsch-Barner/Maul* § 225 Rn. 21; zur GmbH MüKoGmbHG/*J. Vetter* § 58 Rn. 121.

[109] So *Beuthien* GmbHR 2016, 729 (730), dort auch näher zur Berechnung.

[110] MüKoAktG/*Oechsler* § 225 Rn. 24; Hüffer/*Koch* AktG § 225 Rn. 9; HdB börsennotierte AG/*Busch* Rn. 47.35.

[111] BAG DB 1997, 531 (532 ff.); OLG Zweibrücken AG 2004, 568 (569) (zu § 303 AktG); Begr. RegE UmwG, BR-Drs. 75/94, 92; Spindler/Stilz AktG/*Marsch-Barner/Maul* § 225 Rn. 18; Hölters AktG/*Haberstock/Greitemann* § 225 Rn. 12; GroßkommAktG/*Sethe* § 225 Rn. 44; MüKoAktG/*Oechsler* § 225 Rn. 28; zweifelnd Hüffer/*Koch* AktG § 225 Rn. 10; aA *Rittner* FS Oppenhoff, 1985, 317 (327 f.); *Wiedemann/Küpper* FS Pleyer, 1986, 445 (452 ff.).

[112] MüKoAktG/*Oechsler* § 225 Rn. 29; Spindler/Stilz AktG/*Marsch-Barner/Maul* § 225 Rn. 18; K. Schmidt/Lutter AktG/*Veil* § 225 Rn. 14.

[113] Wohl allg. Meinung; vgl. zB *Wiedemann/Küpper* FS Pleyer, 1986, 445 (451 f.) mit Fn. 20 u. die Nachweise in Fn. 112.

[114] BGH ZIP 1996, 705 (zum ehemaligen § 26 Abs. 1 S. 1 KapErhG); MüKoAktG/*Oechsler* § 225 Rn. 22; Hüffer/*Koch* AktG § 225 Rn. 8; GroßkommAktG/*Sethe* § 225 Rn. 35; Schmidt/Lutter AktG/*Veil* § 225 Rn. 13; Spindler/Stilz AktG/*Marsch-Barner/Maul* § 225 Rn. 15.

Kapitalziffer vorgenommen wird.[115] Allerdings eröffnet das Gesetz für diese Fälle die Möglichkeit der vereinfachten Kapitalherabsetzung, bei der eine Verpflichtung zur Sicherheitsleistung nicht besteht (vgl. → § 62 Rn. 21). Die neuere Rechtsprechung des BGH, nach welcher die Höhe der Sicherheitsleistung uU nach dem konkreten Sicherungsinteresse zu bestimmen ist,[116] steht diesen Grundsätzen nicht entgegen; sie betrifft Dauerschuldverhältnisse und lässt sich, zumal angesichts der Regelung des § 225 Abs. 3 AktG, nicht generell auf andere Fälle übertragen (aber auch → Rn. 50a). Zur Rechtslage, wenn bereits ausreichende Sicherheiten bestehen, vgl. sogleich → Rn. 54.

54 **c) Art und Weise der Sicherheitsleistung.** Die Art und Weise der Sicherheitsleistung bestimmt sich nach §§ 232 ff. BGB.[117] Es sind daher grundsätzlich nur die in § 232 BGB genannten Sicherungsformen ausreichend. Gesellschaft und Gläubiger können sich auf eine andere (geringere) Sicherheit verständigen. Verfügt der Gläubiger bereits über eine ausreichende Sicherheit im Sinne von § 232 BGB, kann eine weitere Sicherheit nicht verlangt werden.[118] Auch Sicherheiten, die nicht den Anforderungen des § 232 BGB entsprechen, aber eindeutig ausreichen, schließen ein weiteres Sicherungsverlangen aus.[119] In solchen Fällen ist das Sicherungsverlangen nicht einmal durch eine abstrakte Gläubigergefährdung gerechtfertigt (vgl. dazu → Rn. 53).

55 **d) Klagbarer Anspruch.** Liegen die gesetzlichen Voraussetzungen vor, besteht ein klagbarer Anspruch auf Sicherheitsleistung. Das gilt auch bei Forderungen, deren Existenz oder Höhe **bestritten** ist. Der Vorstand muss jedoch prüfen, ob und in welcher Höhe angemeldete Forderungen bestehen. Nach weit verbreiteter Formulierung soll er die Besicherung verweigern dürfen, wenn die Unbegründetheit der Forderung offensichtlich oder Ergebnis sorgfältiger Prüfung ist.[120] Dabei steht dem Vorstand ein pflichtgemäß auszuübendes Ermessen zu.[121] Das gilt gerade auch mit Blick auf die denkbaren Rechtsfolgen in beiden Alternativen. Bei Besicherung einer unbegründeten Forderung kann sich der Vorstand nach § 93 AktG gegenüber der Gesellschaft schadenersatzpflichtig machen.[122] Eine Schadenersatzpflicht gegenüber den Gläubigern und der Gesellschaft droht gemäß § 225 Abs. 1 S. 1 AktG iVm § 823 Abs. 2 BGB bzw. gemäß § 93 AktG aber auch,[123] wenn eine Besicherung

---

[115] MüKoAktG/*Oechsler* § 225 Rn. 22; Hüffer/*Koch* AktG § 225 Rn. 8; GroßkommAktG/*Sethe* § 225 Rn. 35; *Geißler* NZG 2002, 719 (723).

[116] Vgl. oben bei Fn. 101.

[117] Allg. Meinung; vgl. zB MüKoAktG/*Oechsler* § 225 Rn. 3; Hüffer/*Koch* AktG § 225 Rn. 13; kritisch *Ekkenga* Der Konzern 2007, 413 (415 ff.).

[118] MüKoAktG/*Oechsler* § 225 Rn. 26; Hüffer/*Koch* AktG § 225 Rn. 11; *Rittner* FS Oppenhoff, 1985, 317 (322, 324); *Wiedemann/Küpper* FS Pleyer, 1986, 445 (452 f.).

[119] Ebenso MüKoAktG/*Oechsler* § 225 Rn. 26; Bürgers/Körber AktG/*Becker* § 225 Rn. 15; GroßkommAktG/*Sethe* § 225 Rn. 49; Spindler/Stilz AktG/*Marsch-Barner/Maul* § 225 Rn. 19; Schmidt/Lutter AktG/*Veil* § 225 Rn. 15; HdB börsennotierte AG/*Busch* Rn. 47.37; aA *Rittner* FS Oppenhoff, 1985, 317 (326 ff.). Nach einer weiteren Gegenansicht soll der Gläubiger Zug-um-Zug gegen Rückgabe der alten Sicherheit eine neue Sicherheit gemäß §§ 232 ff. BGB verlangen können; so Hüffer/*Koch* AktG § 225 Rn. 11; Grigoleit AktG/*Rieder* § 225 Rn. 16; Hölters AktG/*Haberstock/Greitemann* § 225 Rn. 13; MAH AktienR/*Dissars* § 36 Rn. 21.

[120] S. zB Hüffer/*Koch* AktG § 225 Rn. 5; Hölters AktG/*Haberstock/Greitemann* § 225 Rn. 8; Grigoleit AktG/*Rieder* § 225 Rn. 8; K. Schmidt/Lutter AktG/*Veil* § 225 Rn. 10; aA *Ekkenga* Der Konzern 2007, 413 (415): Für Besicherungspflicht genüge die schlüssige Darlegung von Anspruchsgrund und -höhe.

[121] Ebenso wohl Hölters AktG/*Haberstock/Greitemann* § 225 Rn. 8; MüKoAktG/*Oechsler* § 225 Rn. 12 („Abwägung im Einzelfall"); K. Schmidt/Lutter AktG/*Veil* § 225 Rn. 10 (Sorgfaltsmaßstab sei § 93 Abs. 2 AktG); ein Ermessen ablehnend hingegen Hüffer/*Koch* AktG § 225 Rn. 5.

[122] Vgl. Bürgers/Körber AktG/*Becker* § 225 Rn. 8; MüKoAktG/*Oechsler* § 225 Rn. 12; *Ekkenga* Der Konzern 2007, 413 (415).

[123] S. Hüffer/*Koch* AktG § 225 Rn. 5 u. 18; Grigoleit AktG/*Rieder* § 225 Rn. 2; Spindler/Stilz AktG/*Marsch-Barner/Maul* § 225 Rn. 3.

zu Unrecht verweigert wird. Nimmt der Vorstand in diesem Fall sodann Zahlungen an die Aktionäre vor, können sich weitere Schadenersatzpflichten des Vorstands bzw. der Gesellschaft sowie Rückzahlungsverpflichtungen der Aktionäre ergeben (vgl. näher → Rn. 58). Für **verjährte** Forderungen besteht kein Besicherungsanspruch.[124] Wird die Besicherung abgelehnt, kann der Gläubiger seinen Anspruch auf (weitergehende) Sicherheit gerichtlich geltend machen und dabei die Berechtigung seiner Forderung inzident prüfen lassen.[125] Es gelten die allgemeinen Beweislastregeln; der Gläubiger muss danach das Vorliegen der Voraussetzungen des § 225 Abs. 1 S. 1 AktG beweisen.[126]

e) Ausschlussfrist. Der Sicherungsanspruch verfällt, wenn sich der Gläubiger nicht binnen einer Ausschlussfrist von **6 Monaten** seit Bekanntmachung der Eintragung des Kapitalherabsetzungsbeschlusses ins Handelsregister mit dem Verlangen auf Sicherheitsleistung bei der Gesellschaft meldet. Der Kapitalherabsetzungsbeschluss kann diese Frist verlängern,[127] jedoch nicht verkürzen. Die Frist wird auch gewahrt, wenn sich der Gläubiger bereits vor ihrem Beginn mit dem Verlangen nach Sicherheitsleistung bei der Gesellschaft meldet.[128] Die Frist läuft selbst dann, wenn unter Verstoß gegen § 225 Abs. 1 S. 2 AktG bei der Bekanntmachung der Eintragung des Kapitalherabsetzungsbeschlusses auf das Recht zur Sicherheitsleistung nicht hingewiesen wurde. Geschädigte Aktionäre können in einem solchen Fall unter Umständen Schadensersatz wegen Amtspflichtverletzung des Registerrichters beanspruchen.[129]

2. Auszahlungs- und Erlassverbot. Aufgrund der Herabsetzung des Grundkapitals dürfen **Zahlungen an die Aktionäre** erst geleistet werden, wenn seit Bekanntmachung der Eintragung der Kapitalherabsetzung 6 Monate verstrichen sind und wenn außerdem allen Gläubigern, die sich innerhalb der Frist mit dem Anspruch auf Befriedigung oder Sicherheitsleistung gemeldet haben, Befriedigung oder Sicherheit gewährt worden ist (§ 225 Abs. 2 S. 1 AktG). Das Gesetz will auf diese Weise sicherstellen, dass die Gesellschaft nicht durch vorzeitige Kapitalrückzahlung oder Befreiung von Einlagepflichten das für die Befriedigung oder Sicherstellung der Gläubiger erforderliche Vermögen verbraucht. Das Auszahlungsverbot erstreckt sich auf jegliche Leistung an die Aktionäre, die auf Grund der Herabsetzung des Grundkapitals möglich wird. Dies betrifft neben der unmittelbaren Rückzahlung von Grundkapital zB auch die Ausschüttung von Dividenden, wenn und soweit diese erst dadurch möglich wird, dass die Gesellschaft im Wege der Kapitalherabsetzung eine Unterbilanz beseitigt[130] oder freie Rücklagen iSv § 268 Abs. 8 HGB geschaffen hat. Das Verbot betrifft Barzahlungen ebenso wie Sachausschüttungen (zB von Aktien an Tochtergesellschaften).[131] Leistungen an die Aktionäre, die auch ohne die Kapitalherabsetzung möglich gewesen wären, bleiben hingegen zulässig.

---

[124] Spindler/Stilz AktG/*Marsch-Barner/Maul* § 225 Rn. 10; HdB börsennotierte AG/*Busch* Rn. 47.35.
[125] Hüffer/*Koch* AktG § 225 Rn. 5 u. 12; MüKoAktG/*Oechsler* § 225 Rn. 30.
[126] GroßkommAktG/*Sethe* § 225 Rn. 55.
[127] MüKoAktG/*Oechsler* § 225 Rn. 16; Hüffer/*Koch* AktG § 225 Rn. 7; GroßkommAktG/*Sethe* § 225 Rn. 33; Schmidt/Lutter AktG/*Veil* § 225 Rn. 12; aA noch *v. Godin/Wilhelmi* AktG § 225 Anm. 3.
[128] MüKoAktG/*Oechsler* § 225 Rn. 18; Hüffer/*Koch* AktG § 225 Rn. 7; GroßkommAktG/*Sethe* § 225 Rn. 31; Schmidt/Lutter AktG/*Veil* § 225 Rn. 12; Spindler/Stilz AktG/*Marsch-Barner/Maul* § 225 Rn. 12.
[129] MüKoAktG/*Oechsler* § 225 Rn. 19; Hüffer/*Koch* AktG § 225 Rn. 7 u. 14; GroßkommAktG/*Sethe* § 225 Rn. 32.
[130] MüKoAktG/*Oechsler* § 225 Rn. 31, 35; Hüffer/*Koch* AktG § 225 Rn. 15; GroßkommAktG/*Sethe* § 225 Rn. 65; Schmidt/Lutter AktG/*Veil* § 225 Rn. 17; Spindler/Stilz AktG/*Marsch-Barner* § 225 Rn. 23; *Geißler* NZG 2002, 719 (723).
[131] MüKoAktG/*Oechsler* § 225 Rn. 33 f.; Hüffer/*Koch* AktG § 225 Rn. 15; GroßkommAktG/*Sethe* § 225 Rn. 23; Spindler/Stilz AktG/*Marsch-Barner/Maul* § 225 Rn. 24.

58 **Rechtsfolge** eines Verstoßes gegen das Auszahlungsverbot ist nicht die Unwirksamkeit der Zahlungen.[132] Die Aktionäre haben der Gesellschaft solche Leistungen nach Maßgabe des § 62 AktG zurückzugewähren. Daneben haften Vorstand und Aufsichtsrat gegenüber der Gesellschaft (§§ 93, 116 AktG) und unmittelbar gegenüber den Gläubigern (§ 823 Abs. 2 BGB iVm § 225 AktG) auf Schadensersatz.[133] In Betracht kommen kann auch eine Haftung Dritter nach § 117 AktG. Ist die Auszahlung noch nicht oder nur teilweise erfolgt, steht den Gläubigern eine Unterlassungsanspruch gegen die Gesellschaft zu, den sie im Wege einer Klage bzw. einer einstweiligen Verfügung geltend machen können.[134]

59 Dient die Kapitalherabsetzung der **Befreiung von Einlagepflichten**, so kann der Erlass nicht wirksam werden, bevor das Sperrhalbjahr abgelaufen ist und die Gläubiger, die sich rechtzeitig gemeldet haben, befriedigt worden sind oder ihnen Sicherheit gewährt worden ist. Wird der zur Befreiung von der Einlagepflicht erforderliche Erlassvertrag (§ 397 BGB) vorher geschlossen, ist er bis zu diesem Zeitpunkt schwebend unwirksam.[135] Die Aktionäre bleiben verpflichtet, die noch nicht geleisteten Einlagen zu leisten, soweit dies zur Befriedigung bzw. Absicherung der Gläubiger, die sich rechtzeitig gemeldet haben, erforderlich ist; es gelten die gleichen Grundsätze wie bei der Einforderung von Einlagen nach Auflösung der Gesellschaft.[136]

60 **Nach Ablauf des Sperrhalbjahres** und Befriedigung bzw. Absicherung aller Gläubiger, die sich innerhalb der Frist gemeldet haben, können die Aktionäre die bislang gehemmten Leistungen (Rückzahlung des Kapitals, Erlass der restlichen Einlageverpflichtung) beanspruchen. Der Anspruch besteht unabhängig davon, ob noch weitere Altgläubiger, die sich innerhalb des Sperrhalbjahres nicht gemeldet haben, vorhanden sind oder ob vor Erfüllung erneut eine Unterbilanz auftritt.

V. Abwicklung der Kapitalherabsetzung

61 **1. Reduzierung der Grundkapitalziffer.** Erfolgt die Kapitalherabsetzung bei Gesellschaften mit Stückaktien durch bloße Reduzierung der Grundkapitalziffer, sind **keine weiteren Abwicklungsmaßnahmen** erforderlich. Mit Eintragung der Kapitalherabsetzung ist das Grundkapital herabgesetzt, ist der auf die einzelne Aktie entfallende anteilige Betrag des Grundkapitals entsprechend verringert und ist die Kapitalherabsetzung iSv § 227 AktG durchgeführt.

62 **2. Herabsetzung der Aktiennennbeträge.** Im Falle einer Herabsetzung des Nennbetrages der Aktien, ist der Nennbetrag mit dem Wirksamwerden der Kapitalherabsetzung automatisch herabgesetzt und die Kapitalherabsetzung ist iSv § 227 AktG durchgeführt. Die bisherigen **Aktienurkunden** sind allerdings unrichtig geworden und müssen daher berichtigt oder gegen neue Urkunden umgetauscht werden. Werden Aktien trotz Aufforderung nicht zur Berichtigung oder zum Umtausch eingereicht, kann die Gesellschaft

---

[132] Spindler/Stilz AktG/*Marsch-Barner/Maul* § 225 Rn. 26; K. Schmidt/Lutter AktG/*Veil* § 225 Rn. 18; GroßkommAktG/*Sethe* § 225 Rn. 66; MAH AktienR/*Dissars* § 36 Rn. 24.

[133] MüKoAktG/*Oechsler* § 225 Rn. 37; Hüffer/*Koch* AktG § 225 Rn. 18; GroßkommAktG/*Sethe* § 225 Rn. 66; Schmidt/Lutter AktG/*Veil* § 225 Rn. 4 u. 18; Spindler/Stilz AktG/*Marsch-Barner* § 225 Rn. 3 u. 26.

[134] MüKoAktG/*Oechsler* § 225 Rn. 37; Hüffer/*Koch* AktG § 225 Rn. 15; GroßkommAktG/*Sethe* § 225 Rn. 73; Schmidt/Lutter AktG/*Veil* § 225 Rn. 18.

[135] MüKoAktG/*Oechsler* § 225 Rn. 36; Hüffer/*Koch* AktG § 225 Rn. 16; GroßkommAktG/*Sethe* § 225 Rn. 67; Schmidt/Lutter AktG/*Veil* § 225 Rn. 19; Spindler/Stilz AktG/*Marsch-Barner/Maul* § 225 Rn. 27; Hölters AktG/*Haberstock/Greitemann* § 225 Rn. 22; HdB des Aktienrechts/*Frodermann/Becker* Kap. 5 Rn. 344.

[136] Hüffer/*Koch* AktG § 225 Rn. 16; MüKoAktG/*J. Koch* § 264 Rn. 29; GroßkommAktG/*Sethe* § 225 Rn. 67; Spindler/Stilz AktG/*Marsch-Barner/Maul* § 225 Rn. 27; Hölters AktG/*Haberstock/Greitemann* § 225 Rn. 22 halten dies für einen rein theoretischen Fall.

diese Aktienurkunden mit Genehmigung des Registergerichts für **kraftlos erklären.** Die Einzelheiten des Verfahrens bestimmen sich nach §§ 73, 64 Abs. 2 AktG.

Soweit der Verbriefungsanspruch der Aktionäre gemäß **§ 10 Abs. 5 AktG** ausgeschlossen ist, muss die Gesellschaft den Aktionären keine neuen Aktienurkunden aushändigen. Sie kann vielmehr nur eine Aktienurkunde ausgeben und diese in Girosammelverwahrung geben (zum Abschluss des erforderlichen Begebungsvertrages → § 60 Rn. 97). Alternativ kann die Gesellschaft an die einzelnen Aktionäre jeweils neue Aktienurkunden begeben. Ob sie Globalurkunden auch hinterlegen kann, ist str., aber zu bejahen.[137] Ist der **Verbriefungsanspruch** nicht ausgeschlossen, so muss die Gesellschaft den Aktionären neue Aktienurkunden aushändigen oder, soweit das nicht möglich ist, die Urkunden hinterlegen.

Sind die alten Aktienurkunden **girosammelverwahrt,** ist das Verfahren der Kraftloserklärung ohne praktische Bedeutung. Die alten Globalurkunden werden durch neue ersetzt, ohne dass es der Mitwirkung der Aktionäre bedarf. Dasselbe gilt im Übrigen auch, wenn die Aktien im Depot einer Bank verwahrt werden; die Bank kann die Aktien ohne vorherige Benachrichtigung des Kunden zum Umtausch einreichen.[138]

3. Kapitalherabsetzung durch Zusammenlegung von Aktien. a) Zusammenlegungsverfahren. Erfolgt die Kapitalherabsetzung durch Zusammenlegung von Aktien, muss diese durchgeführt werden. Anders als bei den anderen Arten der Herabsetzung ist diese daher nicht mit der Eintragung nach § 224 AktG iSv § 227 AktG durchgeführt. – Die Zusammenlegung erfolgt durch eine **Zusammenlegungsentscheidung** des Vorstands, in der dieser festlegt, welche Aktien jeweils zu welchen neuen Aktien zusammengelegt werden. Es handelt sich um eine einseitige, nicht empfangsbedürftige Willenserklärung.[139] Der Vorstand ist an etwaige Anweisungen im Herabsetzungsbeschluss gebunden; soweit es daran fehlt, entscheidet er nach pflichtgemäßem Ermessen.[140] Der Vorstand ist im Allgemeinen unverzüglich nach Wirksamwerden der Kapitalherabsetzung zur Durchführung verpflichtet;[141] jeder Aktionär hat hierauf einen klagbaren Anspruch gegen die Gesellschaft[142] und kann unter Umständen einen Schadensersatzanspruch nach §§ 280 Abs. 1 u. 2, 286 Abs. 1 BGB iVm § 662 BGB u. § 226 Abs. 1 S. 1 AktG geltend machen.[143] Zu den Mitgliedschaftsrechten der Aktionäre während des Zusammenlegungsverfahrens vgl. → Rn. 43.

Das **Verfahren** beginnt mit der Aufforderung an die Aktionäre, ihre Aktien bei der Gesellschaft zwecks Zusammenlegung und Verwertung von Spitzen einzureichen (vgl. → Rn. 71). Soweit Aktionäre dieser Aufforderung folgen, schließt sich die Zusammenlegung und Verwertung von Spitzen an (vgl. → Rn. 68 f.). Soweit der Aufforderung nicht gefolgt wird, sind die Aktien nach Maßgabe von § 226 AktG für kraftlos zu erklären und

---

[137] Ebenso HdB börsennotierte AG/*Busch* Rn. 47.46; aA Hüffer/*Koch* AktG § 73 Rn. 8; Bürgers/Körber AktG/*Wienecke* § 73 Rn. 14.

[138] Zum Vorstehenden vgl. Langenbucher/Bliesener/Spindler Bankrechts-Komm./*Binder* Kap. 38 Rn. 78 aE; MüKoHGB/*Eisele* Depotgeschäft Rn. 173.

[139] MüKoAktG/*Oechsler* § 226 Rn. 5; Hüffer/*Koch* AktG § 226 Rn. 4; GroßkommAktG/*Sethe* § 226 Rn. 31; Schmidt/Lutter AktG/*Veil* § 226 Rn. 4; Spindler/Stilz AktG/*Marsch-Barner/Maul* § 226 Rn. 6; *Bork* FS Claussen, 1997, 49 (52).

[140] RGZ 80, 81 (83 f.); KölnKommAktG/*Lutter* § 226 Rn. 6; MüKoAktG/*Oechsler* § 226 Rn. 3; Hüffer/*Koch* AktG § 226 Rn. 3; Schmidt/Lutter AktG/*Veil* § 226 Rn. 3 f.; Spindler/Stilz AktG/*Marsch-Barner/Maul* § 226 Rn. 4 u. 6; GroßkommAktG/*Sethe* § 226 Rn. 33 nimmt eine Pflicht zur möglichst schonenden Gestaltung der Zusammenlegung für die Aktionäre an.

[141] BGH ZIP 1991, 1423 (1425), wo für den konkreten Fall einer Restgesellschaft allerdings eine Ausnahme gemacht wird; Hüffer/*Koch* AktG § 226 Rn. 3; MüKoAktG/*Oechsler* § 226 Rn. 3; Schmidt/Lutter AktG/*Veil* § 226 Rn. 3; Spindler/Stilz AktG/*Marsch-Barner/Maul* § 225 Rn. 4.

[142] MüKoAktG/*Oechsler* § 226 Rn. 7; Hüffer/*Koch* AktG § 226 Rn. 6; Schmidt/Lutter AktG/*Veil* § 226 Rn. 3; Spindler/Stilz AktG/*Marsch-Barner/Maul* § 226 Rn. 10; HdB börsennotierte AG/*Busch* Rn. 47.47; MAH AktienR/*Dissars* § 36 Rn. 28.

[143] MüKoAktG/*Oechsler* § 226 Rn. 7; GroßkommAktG/*Sethe* § 226 Rn. 50.

zu verwerten (vgl. → Rn. 70 ff.). Zu den Besonderheiten **unverkörperter Aktien** vgl. → Rn. 74.

67 Bei **girosammelverwahrten Aktien** werden die Aktionäre durch ihre Depotbank über die Aufforderung zur Einreichung informiert und gebeten, Weisung über die Verwertung von Teilrechten zu erteilen (Verkauf oder Zuerwerb).[144] Erteilt der Aktionär keine Weisung, ist davon auszugehen, dass die Bank auch dann zur Einreichung der alten Aktien berechtigt ist, da anderenfalls die Kraftloserklärung droht. Etwaige Spitzen sind dann von der Gesellschaft zu verwerten (→ Rn. 69). Zum Umtausch eingereicht werden nur die girosammelverwahrten Globalurkunden; bei den Aktionären vollzieht sich der Umtausch durch entsprechende Änderung der Depotgutschrift.[145] Eine Kraftloserklärung kommt nicht in Betracht.

68 **b) Zusammenlegung und Spitzenverwertung eingereichter Aktien.** Die Zusammenlegung ist unproblematisch, soweit Aktionäre die für eine Zusammenlegung erforderliche Zahl von Aktien besitzen und diese der Gesellschaft zum Zwecke der **Zusammenlegung** einreichen. Die eingereichten Aktien werden durch eine entsprechende Zusammenlegungsentscheidung vereinigt und gegen neue Urkunden umgetauscht oder abgestempelt. Die überzähligen Aktienurkunden werden entwertet, vernichtet oder von der Gesellschaft einbehalten.

69 Aktionäre, welche nicht genau die für die Zusammenlegung erforderliche Zahl von Aktien besitzen, können die Gesellschaft zur **Verwertung** der Spitzen ermächtigen. Mit der Einreichung der Aktien ist diese Ermächtigung konkludent erteilt, sofern nicht ein entgegenstehender Wille zum Ausdruck kommt.[146] Die Gesellschaft hat in einem solchen Fall die freien Spitzen mit anderen Spitzen so zusammenzulegen, dass neue Aktien entstehen. Erfolgt beispielsweise eine Zusammenlegung im Verhältnis 3:2 und reichen drei Aktionäre jeweils zwei Aktien zur Zusammenlegung und zur Verwertung der Spitzenbeträge ein, so erhält jeder dieser drei Aktionäre eine neue Aktie. Daneben entfällt auf jeden der Aktionäre ein weiteres Drittel einer neuen Aktie. Diese Spitzen werden zu einer neuen Aktie zusammengelegt, die im Miteigentum (§§ 1008 ff., 741 ff. BGB) der betreffenden Aktionäre steht.[147] Die Aktie wird von der Gesellschaft für Rechnung der Beteiligten verwertet; bei Aktien in Depotverwahrung kann sich die Gesellschaft zur Verwertung der Depotbanken bedienen.[148] Die Gesellschaft ist bei Durchführung der Verwertung nicht an die Regeln des § 226 Abs. 3 AktG (vgl. → Rn. 73) gebunden, sondern kann Aktien, die ihr zur Verwertung zur Verfügung gestellt wurden, mit dem Ziel bestmöglicher Verwertung auch freihändig veräußern.[149] Etwaige Verwertungsvorgaben des Aktionärs sind dabei einzuhalten.[150] Die Gesellschaft handelt in diesem Fall aber auch pflichtgemäß, wenn sie die Verwertung nach § 226 Abs. 3 AktG vornimmt.[151]

---

[144] Vgl. HdB börsennotierte AG/*Busch* Rn. 47.44 u. 47.47; Spindler/Stilz AktG/*Marsch-Barner/Maul* § 226 Rn. 9; ferner Scherer DepotG/*Scherer* Vor § 1 Rn. 28 ff.

[145] Spindler/Stilz AktG/*Marsch-Barner/Maul* § 226 Rn. 8; Bürgers/Körber AktG/*Becker* § 226 Rn. 4.

[146] Wachter AktG/*Früchtl* § 226 Rn. 4; Hüffer/*Koch* AktG § 226 Rn. 8; Spindler/Stilz AktG/ *Marsch-Barner* § 226 Rn. 9; HdB börsennotierte AG/*Busch* Rn. 47.47.

[147] K. Schmidt/Lutter AktG/*Veil* § 226 Rn. 5; Grigoleit AktG/*Rieder* § 226 Rn. 7; Hüffer AktG/ *Koch* § 226 Rn. 5.

[148] Spindler/Stilz AktG/*Marsch-Barner/Maul* § 226 Rn. 9; HdB börsennotierte AG/*Busch* Rn. 47.47.

[149] Hüffer/*Koch* AktG § 226 Rn. 14; GroßkommAktG/*Sethe* § 226 Rn. 40; Schmidt/Lutter AktG/ *Veil* § 226 Rn. 5; Spindler/Stilz AktG/*Marsch-Barner/Maul* § 226 Rn. 9; Bürgers/Körber AktG/*Becker* § 226 Rn. 5.

[150] MüKoAktG/*Oechsler* § 226 Rn. 31; GroßkommAktG/*Sethe* § 226 Rn. 40.

[151] GroßkommAktG/*Sethe* § 226 Rn. 40; KölnKommAktG/*Lutter* § 226 Rn. 27.

c) Kraftloserklärung und Spitzenverwertung nicht eingereichter Aktien. Auch 70
soweit Aktionäre Aktien nicht einreichen oder die Gesellschaft nicht ermächtigen, Spitzen für Rechnung der Beteiligten zu verwerten, muss die Zusammenlegung durchgeführt werden können. § 226 Abs. 1 AktG sieht in diesem Fall vor, die Aktien für kraftlos zu erklären. Das **Recht zur Kraftloserklärung** erstreckt sich auf alle Aktien, die der Gesellschaft trotz entsprechender Aufforderung nicht zur Zusammenlegung eingereicht worden sind. Darüber hinaus besteht das Recht insoweit, als Aktien, welche die zum Ersatz durch neue Aktien nötige Zahl nicht erreichen, der Gesellschaft zwar zur Zusammenlegung, jedoch nicht zur Verwertung der Spitzenbeträge zur Verfügung gestellt sind.

Die Gesellschaft hat die Aktionäre aufzufordern, die Aktien innerhalb einer bestimmten 71
Frist einzureichen, und zugleich anzudrohen, dass nach Fristablauf die nicht eingereichten Aktien und die nicht zur Verwertung zur Verfügung gestellten Spitzen für kraftlos erklärt werden.[152] Diese **Androhung** muss drei Mal im Abstand von mindestens 3 Wochen in den Gesellschaftsblättern bekanntgemacht werden. Die Einzelheiten richten sich nach §§ 226 Abs. 2, 64 Abs. 2 AktG. Bei vinkulierten Namensaktien gelten Sonderregelungen (§ 64 Abs. 2 S. 4 AktG). Nach Ablauf der Frist ist die Gesellschaft verpflichtet, die **Kraftloserklärung** auszusprechen.[153] Sie erfolgt durch Bekanntmachung in den Gesellschaftsblättern, wobei die für kraftlos erklärten Aktien, in der Regel nach Nummern, genau zu bezeichnen sind (§ 226 Abs. 2 S. 3 und 4 AktG).[154] Die Kraftloserklärung führt zur Ungültigkeit der Aktienurkunde. Die Urkunde verkörpert keinerlei Rechte mehr; gutgläubiger Rechtserwerb ist nicht möglich.[155] Die Mitgliedsrechte werden durch die Kraftloserklärung nicht betroffen und können bis zur Zusammenlegung nach §§ 398, 413 BGB übertragen werden.[156]

Die Gesellschaft kann nunmehr die Aktienrechte zusammenlegen, **neue Aktienurkun-** 72
den ausgeben und diese **verwerten** (dazu sogleich → Rn. 73). Die neuen Aktien sind nicht eigene Aktien der Gesellschaft, sondern stehen im Miteigentum der Aktionäre bzw. im Alleineigentum eines Aktionärs, wenn mehrere Spitzen eines Aktionärs zu einer Aktie zusammengelegt werden.[157] Sicherheiten an der Altaktie setzen sich am Bruchteilseigentum an der neuen Aktie und nach Verwertung am (anteiligen) Erlös fort.[158] Solange die Verwertung noch nicht erfolgt ist, können Altaktionäre, die über die erforderliche Zahl alter Aktien verfügen, auch nach Kraftloserklärung noch die Übertragung einer entsprechenden Zahl neuer Aktien verlangen.[159] Liegen die Voraussetzungen der Kraftloserklärung nicht vor – sei es, dass die Kapitalherabsetzung nicht wirksam beschlossen wurde, sei es, dass die materiellen oder förmlichen Erfordernisse des § 226 AktG nicht erfüllt sind –, ist eine gleichwohl erfolgte **Kraftloserklärung unwirksam.** Neue Aktien, die anstelle der für kraftlos erklärten und zusammengelegten Aktien ausgegeben werden, sind ebenfalls unwirksam und verkörpern keinerlei Rechte. Auch ein gutgläubiger Rechtserwerb ist nicht möglich.[160]

---

[152] Muster in Münch. Vertragshandbuch Bd. 1/*Favoccia* Form. V. 133; Happ AktienR/*Stucken/ Tielmann* Form. 14.01 f.

[153] MüKoAktG/*Oechsler* § 226 Rn. 18; Hüffer/*Koch* AktG § 226 Rn. 11; Spindler/Stilz AktG/ *Marsch-Barner/Maul* § 226 Rn. 11; Bürgers/Körber AktG/*Becker* § 226 Rn. 6.

[154] Muster in Münch. Vertragshandbuch Bd. 1/*Favoccia* Form. V. 134.

[155] BGH ZIP 1991, 1423 (1426); MüKoAktG/*Oechsler* § 226 Rn. 17; Hüffer/*Koch* AktG § 226 Rn. 12; GroßkommAktG/*Sethe* § 226 Rn. 25; Schmidt/Lutter AktG/*Veil* § 226 Rn. 9; Spindler/Stilz AktG/*Marsch-Barner/Maul* § 226 Rn. 16.

[156] GroßkommAktG/*Sethe* § 226 Rn. 26; Schmidt/Lutter AktG/*Veil* § 226 Rn. 9; Spindler/Stilz AktG/*Marsch-Barner/Maul* § 226 Rn. 16.

[157] Vgl. GroßkommAktG/*Sethe* § 226 Rn. 34 ff.; Hüffer/*Koch* AktG § 226 Rn. 13; Grigoleit AktG/*Rieder* § 226 Rn. 14; Spindler/Stilz AktG/*Marsch-Barner/Maul* § 226 Rn. 17; aA früher *Baumbach/Hueck* AktG § 226 Rn. 8.

[158] Bürgers/Körber AktG/*Becker* § 226 Rn. 5; MüKoAktG/*Oechsler* § 226 Rn. 12.

[159] MüKoAktG/*Oechsler* § 226 Rn. 23; Hüffer/*Koch* AktG § 226 Rn. 13.

[160] MüKoAktG/*Oechsler* § 226 Rn. 19 ff.; Hüffer/*Koch* AktG § 226 Rn. 17; GroßkommAktG/ *Sethe* § 226 Rn. 30; Schmidt/Lutter AktG/*Veil* § 226 Rn. 10; Spindler/Stilz AktG/*Marsch-Barner/ Maul* § 226 Rn. 24.

73 Die Gesellschaft hat die neuen Aktien, die anstelle der für kraftlos erklärten Aktien auszugeben sind, unverzüglich für Rechnung der Beteiligten zu verwerten. Die Einzelheiten des **Verwertungsverfahrens** regelt § 226 Abs. 3 AktG. Ein Bezugsrecht der Aktionäre im Hinblick auf die von der Gesellschaft zu verwertenden Aktien besteht nicht.[161] Bis zur Verwertung ruhen die Mitverwaltungsrechte aus den neuen Aktien, Vermögensrechte hat die Gesellschaft für die Altaktionäre auszuüben.[162] Der Erlös aus der Gesamtheit der verwerteten Aktien ist den Beteiligten nach dem Verhältnis ihrer Beteiligungen auszuzahlen. Die Gesellschaft kann die **Auszahlung des Erlöses** davon abhängig machen, dass die Aktionäre sich durch Vorlage der alten Aktienurkunden legitimieren. Sind Berechtigte unbekannt oder befinden sie sich in Annahmeverzug, ist die Gesellschaft verpflichtet, den Erlös zu hinterlegen (§ 226 Abs. 3 S. 6 AktG, § 372 BGB); dabei kann die Gesellschaft auf ihr Recht zur Rücknahme verzichten (§§ 376 Abs. 2 Nr. 1, 378 BGB), muss das aber nicht.[163] Mit Auskehrung oder Hinterlegung des Erlöses erlischt die Bruchteilsgemeinschaft (§§ 1008 ff., 741 ff. BGB) der Aktionäre.[164] Die Gesellschaft hat nach Abschluss der Verwertung den Altaktionären Rechnung zu legen (§ 666 BGB). Sie kann aus dem Verwertungserlös die ihr entstandenen Aufwendungen einbehalten (§ 670 BGB).[165]

74 **d) Behandlung unverkörperter Aktien.** Entsprechende Grundsätze gelten auch, wenn keine Aktienurkunden ausgegeben sind, es entfällt lediglich die Notwendigkeit, Urkunden einzureichen und umzutauschen oder abzustempeln. Auch unverkörperte Aktien sind unter anschließender Information der Aktionäre durch Zusammenlegungsentscheidung des Vorstands zusammenzulegen und entsprechend umzubuchen.[166] Etwaige Spitzen sind mit anderen Spitzen zusammenzulegen und für Rechnung der Beteiligten zu verwerten. Wird die Gesellschaft zur Verwertung besonders ermächtigt, kann sie die Verwertung nach Maßgabe von § 226 Abs. 3 AktG oder freihändig vornehmen, ohne besondere Ermächtigung ist nach § 226 Abs. 3 AktG vorzugehen. Eine Kraftloserklärung nach § 226 Abs. 2 AktG kommt nicht in Betracht; sie ist weder erforderlich noch möglich.[167]

VI. Anmeldung der Durchführung

75 Die Durchführung der Kapitalherabsetzung ist vom Vorstand – ohne Mitwirkung des Aufsichtsratsvorsitzenden – zur Eintragung ins Handelsregister anzumelden (§ 227 AktG).[168] Die **Pflicht zur Anmeldung** der Durchführung kann vom Registergericht

---

[161] Ebenso GroßkommAktG/*Sethe* § 226 Rn. 44; grundsätzlich auch MüKoAktG/*Oechsler* § 226 Rn. 32 ff.; Bürgers/Körber AktG/*Becker* § 226 Rn. 13, die aber, insoweit zu Unrecht, Ausnahmen annehmen wollen; aA für Aktionäre, deren Aktien für kraftlos erklärt worden sind, Hölters AktG/*Haberstock/Greitemann* § 226 Rn. 20 f.

[162] KölnKommAktG/*Lutter* § 226 Rn. 16; Hüffer/*Koch* AktG § 226 Rn. 13; Grigoleit AktG/*Rieder* § 226 Rn. 16; Wachter AktG/*Früchtl* § 226 Rn. 5; im Ergebnis auch GroßkommAktG/*Sethe* § 226 Rn. 36; Spindler/Stilz AktG/*Marsch-Barner/Maul* § 226 Rn. 18; aA Hölters AktG/*Haberstock/Greitemann* § 226 Rn. 10, die von einem Fortbestand aller Aktionärsrechte in der Hand der Aktionäre bis zur Verwertung ausgehen.

[163] Grigoleit AktG/*Rieder* § 226 Rn. 21; GroßkommAktG/*Sethe* § 226 Rn. 46; Spindler/Stilz AktG/*Marsch-Barner/Maul* § 226 Rn. 23; Hüffer/*Koch* AktG § 226 Rn. 16.

[164] GroßkommAktG/*Sethe* § 226 Rn. 40; Hüffer/*Koch* AktG § 226 Rn. 5.

[165] MüKoAktG/*Oechsler* § 226 Rn. 26; Hüffer/*Koch* AktG § 226 Rn. 15; GroßkommAktG/*Sethe* § 226 Rn. 43.

[166] MüKoAktG/*Oechsler* § 226 Rn. 6; Hüffer/*Koch* AktG § 226 Rn. 5; GroßkommAktG/*Sethe* § 226 Rn. 8; Schmidt/Lutter AktG/*Veil* § 226 Rn. 4; Spindler/Stilz AktG/*Marsch-Barner/Maul* § 226 Rn. 8; Grigoleit AktG/*Rieder* § 226 Rn. 5.

[167] KölnKommAktG/*Lutter* § 226 Rn. 15; Hüffer/*Koch* AktG § 226 Rn. 7; Spindler/Stilz AktG/*Marsch-Barner/Maul* § 226 Rn. 11; Grigoleit AktG/*Rieder* § 226 Rn. 8; GroßkommAktG/*Sethe* § 226 Rn. 16.

[168] Muster in Münch. Vertragshandbuch Bd. 1/*Favoccia* Form. V. 135; Happ AktienR/*Stucken/Tielmann* Form. 14.01h.

durch Zwangsgelder durchgesetzt werden (§ 14 HGB). Anders als die Eintragung der Kapitalherabsetzung ist die Eintragung ihrer Durchführung nur deklaratorisch.

Wann die Kapitalherabsetzung „durchgeführt" ist, hängt von der Art der Herabsetzung 76 ab. Erfolgt sie durch bloße **Herabsetzung des Grundkapitals** oder durch Herabsetzung der **Aktiennennbeträge**, ist die Kapitalherabsetzung durchgeführt, sobald sie durch Eintragung ins Handelsregister wirksam geworden ist (§ 224 AktG). Weitere Durchführungsakte sind in diesem Fall nicht erforderlich. Anmeldung und Eintragung des Kapitalherabsetzungsbeschlusses (§§ 223, 224 AktG) sowie Anmeldung und Eintragung der Durchführung können in diesem Fall miteinander verbunden werden (§ 227 Abs. 2 AktG). Bei einer Verbindung beider Anmeldungen bedarf es der Mitwirkung des Aufsichtsratsvorsitzenden (§ 223 AktG).

Erfolgt die Kapitalherabsetzung durch **Zusammenlegung von Aktien**, muss im Anschluss an die Eintragung des Kapitalherabsetzungsbeschlusses die Zusammenlegung erfolgen. In diesem Fall ist die Kapitalherabsetzung durchgeführt, sobald das Zusammenlegungsverfahren abgeschlossen ist. Dazu bedarf es der Einreichung der alten Aktien oder ihrer Kraftloserklärung sowie der Zusammenlegung durch die Gesellschaft. Nicht erforderlich sind hingegen die Herstellung neuer oder die Berichtigung der alten Aktienurkunden, deren Ausgabe an die Berechtigten, die Verwertung nach § 226 Abs. 3 AktG, die Erfüllung aller angemeldeten Besicherungsansprüche nach § 225 Abs. 1 AktG oder der Ablauf der sechsmonatigen Sperrfrist nach § 225 Abs. 2 AktG.[169] Eine Verbindung der Anmeldung des Kapitalherabsetzungsbeschlusses mit der Anmeldung der Durchführung ist in diesem Fall nicht möglich, da die Durchführungsmaßnahmen erst ergriffen werden können, wenn die Kapitalherabsetzung durch Eintragung ins Handelsregister wirksam geworden ist.[170]

Das Registergericht hat vor der **Eintragung** zu prüfen, ob die erforderlichen Durchführungsmaßnahmen vorgenommen wurden; hingegen ist die Eintragung nicht davon abhängig, dass die nicht zur Durchführung zählenden weiteren Ausführungsmaßnahmen erfolgt sind oder die Sperrfrist nach § 225 Abs. 2 AktG verstrichen ist.[171]

VII. Kapitalmarktrechtliche Aspekte

1. Prospektrechtliche Aspekte. Eine Kapitalherabsetzung führt nicht dazu, dass die 79 Aktien des Emittenten erneut an der Börse zugelassen werden müssen (s. aber zur Herabsetzung auf Null → Rn. 84); bei einer Änderung des Nennbetrags oder der Zusammenlegung von Aktien ist jedoch die Notierung anzupassen.[172]

2. Informationspflichten nach WpHG. Genau wie eine Kapitalerhöhung kann eine 80 Kapitalherabsetzung eine **Insiderinformation** nach Art. 7 MMVO darstellen. In diesem Fall muss sie unverzüglich veröffentlicht werden (Art. 17 Abs. 1 S. 1 MMVO).[173] Dabei gelten dieselben Grundsätze wie bei der Kapitalerhöhung; vgl. → § 57 Rn. 204.

Neben der Verpflichtung zur Veröffentlichung von Insiderinformationen kann eine 81 Kapitalherabsetzung **weitere Meldepflichten** der Gesellschaft, ihrer Organe und Dritter nach Maßgabe des WpHG bzw. der MMVO auslösen:

---

[169] MüKoAktG/*Oechsler* § 227 Rn. 3; Hüffer/*Koch* AktG § 227 Rn. 3; GroßkommAktG/*Sethe* § 227 Rn. 3 f.; Schmidt/Lutter AktG/*Veil* § 227 Rn. 2; Spindler/Stilz AktG/*Marsch-Barner/Maul* § 227 Rn. 4; Henssler/Strohn/*Galla* AktG § 227 Rn. 2.

[170] Bürgers/Körber AktG/*Becker* § 227 Rn. 4; Grigoleit AktG/*Rieder* § 227 Rn. 7; Spindler/Stilz AktG/*Marsch-Barner/Maul* § 227 Rn. 4; Hüffer/*Koch* AktG § 227 Rn. 8.

[171] Bürgers/Körber AktG/*Becker* § 227 Rn. 8; Grigoleit AktG/*Rieder* § 227 Rn. 5; MüKoAktG/*Oechsler* § 227 Rn. 5.

[172] HdB börsennotierte AG/*Busch* Rn. 47.50 f.; GroßkommAktG/*Sethe* Vor § 222 Rn. 61; *Reger/Stenzel* NZG 2009, 1210 (1212 f.).

[173] GroßkommAktG/*Sethe* Vor § 222 Rn. 49 (zu § 15 WpHG aF).

Thema	Primäre Mitteilungs-, Veröffentlichungspflicht	Zeitpunkt	Form u. Inhalt; Folgepflichten
Directors' Dealings (Art. 19 MMVO)	Verlieren Personen, die Führungsaufgaben wahrnehmen, oder ihnen nahestehenden Personen (Art. 3 Abs. 1 Nr. 25 u. 26. MMVO) iR. der Kapitalherabsetzung Aktien (was bei der Zusammenlegung oder Einziehung von Aktien der Fall ist), besteht mangels eines relevanten Geschäfts des Organmitglieds dennoch keine Mitteilungspflicht nach Art. 19 Abs. 1 S. 1 MMVO.[174]		
Mitteilungen über Stimmrechte (§§ 33 f. WpHG)	Überschreitet, erreicht oder unterschreitet der Stimmrechtsanteil eines Aktionärs infolge einer Kapitalherabsetzung eine oder mehrere relevante Stimmrechtsschwellen, hat er dies der Gesellschaft und der BaFin mitzuteilen; vgl. → § 57 Rn. 207. Eine solche Schwellenberührung kann eintreten, wenn die Kapitalherabsetzung durch Einziehung oder Zusammenlegung von Aktien erfolgt.	Unverzüglich, spätestens aber innerhalb von vier Handelstagen nach Kenntnis der Schwellenberührung, spätestens aber mit Veröffentlichung der § 41 WpHG-Mitteilung durch die Gesellschaft (§ 33 Abs. 1 S. 1 u. 5 WpHG).[175]	Mitteilung des Aktionärs: Zwingende Verwendung des Formulars zur WpAV (s. § 12 Abs. 1 WpAV); Vornahme in deutscher oder englischer Sprache (§ 14 WpAV);[176] zur Form s. §§ 2 ff. StimmRMV. Veröffentlichung durch die AG: Unverzüglich, spätestens binnen drei Handelstagen nach Zugang Veröffentlichung gemäß § 16 iVm § 3a WpAV sowie Übermittlung an das Unternehmensregister und Mitteilung der Veröffentlichung an die BaFin (§ 40 Abs. 1 S. 1, Abs. 2 WpHG, §§ 15 ff. WpAV).[177]
Mitteilungen über Instrumente (§ 38 WpHG)	Überschreiten, erreichen oder unterschreiten die von einem Ak-	Zum Zeitpunkt s. vorstehend zu §§ 33 f. WpHG.	Für die Mitteilung des Aktionärs und die Veröffentlichung durch die

---

[174] So zur Rechtslage unter Geltung von § 15a WpHG aF GroßKommAktG/*Sethe* Vor § 222 Rn. 50 f.; *Sethe* ZIP 2010, 1825 (1827). Trotz der Erstreckung von Directors' Dealings-Mitteilungen auf quasi alle Geschäfte über Wertpapiere durch die MMVO sollte hieran auch nach geltendem Recht festgehalten werden.

[175] Kennenmüssen genügt für den Fristbeginn nicht; vgl. *BaFin* Emittentenleitfaden, Modul B I.2.2.7.3 (S. 10); Assmann/U. H. Schneider/Mülbert Wertpapierhandelsrecht/*U. H. Schneider* WpHG § 33 Rn. 120 f.

[176] Vgl. *BaFin* Emittentenleitfaden, Modul B I.2.2.3 ff. (S. 9 f.).

[177] Vgl. *BaFin* Emittentenleitfaden, Modul B I.3.2 (S. 49 ff.).

Thema	Primäre Mitteilungs-, Veröffentlichungspflicht	Zeitpunkt	Form u. Inhalt; Folgepflichten
	tionär oder Dritten gehaltenen Instrumente iSv § 38 WpHG infolge einer Kapitalherabsetzung eine relevante Schwelle, hat der Aktionär oder Dritte dies der Gesellschaft und der BaFin mitzuteilen. Die Schwellen sind dieselben wie iRd §§ 33 f. WpHG mit Ausnahme der 3%-Schwelle, die hier keine Anwendung findet.		AG s. vorstehend zu §§ 33 f. WpHG.
Mitteilungen über Gesamtbestand an Stimmrechten und Instrumenten (§ 39 WpHG)	Überschreiten, erreichen oder unterschreiten die von einem Aktionär gehaltenen Stimmrechte und die von ihm gehaltenen Instrumente iSv § 39 WpHG zusammengerechnet infolge einer Kapitalherabsetzung eine relevante Schwelle, hat der Aktionär oder Dritte dies der Gesellschaft und der BaFin mitzuteilen. Die Schwellen sind dieselben wie iRd §§ 33 f. WpHG mit Ausnahme der 3%-Schwelle, die hier keine Anwendung findet.	Zum Zeitpunkt s. vorstehend zu §§ 33 f. WpHG.	Für die Mitteilung des Aktionärs und die Veröffentlichung durch die AG s. vorstehend zu §§ 33 f. WpHG.
Mitteilung der AG über eigene Aktien (§ 40 Abs. 1 S. 2 WpHG)	Unterschreitet der Bestand an eigenen Aktien der Gesellschaft infolge einer Kapitalherabsetzung die Schwellen von 3, 5 oder 10 %, hat die Gesellschaft dies zu veröffentlichen und der BaFin mitzuteilen.	Spätestens innerhalb von vier Handelstagen nach Wirksamwerden der Kapitalherabsetzung (§§ 224, 238 AktG) (§ 40 Abs. 1 S. 2 WpHG).	Für die Veröffentlichung durch die AG gilt das oben zu §§ 33 f. WpHG Gesagte entsprechend mit Maßgabe, dass die Veröffentlichung und die Mitteilung/Weiterleitung der Veröffentlichung binnen vier Handelstagen nach Eintritt der Schwellenberührung erfolgen muss (§ 40 Abs. 1 S. 2 WpHG).
Veröffentlichung der Gesamtzahl der	Erfolgt die Kapitalherabsetzung durch Einziehung oder Zu-	Innerhalb von zwei Handelstagen, nachdem die Kapitalherabsetzung	Veröffentlichung gemäß § 41 Abs. 1 S. 1 iVm § 40 Abs. 1 S. 1

Thema	Primäre Mitteilungs-, Veröffentlichungspflicht	Zeitpunkt	Form u. Inhalt; Folgepflichten
Stimmrechte durch die AG (§ 41 WpHG)	sammenlegung stimmberechtigter Aktien, ändert sich die Gesamtzahl der Stimmrechte. Die Gesellschaft muss die neue Gesamtzahl der Stimmrechte veröffentlichen, der BaFin mitteilen und dem Unternehmensregister übermitteln.	wirksam geworden ist (§ 41 Abs. 1 S. 1 WpHG). Die Herabsetzung ist grundsätzlich mit Eintragung des Herabsetzungsbeschlusses wirksam (§§ 224 AktG), bei Einziehung mit Eintragung des Einziehungsbeschlusses oder bei nachfolgender Einziehung mit der entsprechenden Einziehungshandlung des Vorstands (§ 238 S. 1 u. 3 AktG).[178]	WpHG u. §§ 15 f. WpAV.[179]
Berichtspflichten der Inhaber wesentlicher Beteiligungen (§ 43 WpHG)	Erfolgt die Kapitalherabsetzung durch Einziehung oder Zusammenlegung von Aktien (bzw. Teilrechten) und erreicht oder überschreitet der Stimmrechtsanteil eines gemäß §§ 33 f. WpHG meldepflichtigen Aktionärs[180] infolgedessen eine oder mehrere relevante Stimmrechtsschwellen, muss er der Gesellschaft über die mit dem Erwerb verfolgten Ziele sowie die Herkunft der für den Erwerb verwendeten Mittel berichten, wenn die Satzung der AG nicht die Geltung des § 43 WpHG ausgeschlossen hat (§ 43 Abs. 3 WpHG); vgl. → § 57 Rn. 207.	Binnen 20 Handelstagen nach der Schwellenberührung (§ 43 Abs. 1 S. 1 WpHG).	Keine gesetzlichen Vorgaben für die Mitteilung des Inhabers einer wesentlichen Beteiligung. Die AG hat die Mitteilung oder, wenn eine Mitteilung unterbleibt, dies unverzüglich, spätestens binnen drei Handelstagen zu veröffentlichen (§ 43 Abs. 2 iVm § 40 Abs. 1 S. 1 WpHG u. §§ 15 f. WpAV) sowie die Veröffentlichung dem Unternehmensregister zu übermitteln (§ 43 Abs. 2 WpHG).
Mitteilungspflicht der AG über Einziehung (§ 49 Abs. 1 S. 1 Nr. 2 WpHG)	Die Einziehung von Aktien löst eine Veröffentlichungspflicht der AG gemäß § 49	Unverzüglich nach (1) Fassung des Einziehungsbeschlusses (bei gestatteter Einziehung), (2) Vorstandsbeschluss	Das Gesetz enthält hierzu keine näheren Vorgaben.

[178] Vgl. *BaFin* Emittentenleitfaden, Modul B I.3.3.1 (S. 52).
[179] Assmann/U. H. Schneider/Mülbert Wertpapierhandelsrecht/*U. H. Schneider* WpHG § 41 Rn. 10 f.
[180] § 43 WpHG setzt einen „Meldepflichtigen im Sinne der §§ 33 und 34" WpHG voraus. Die Meldepflicht nach § 43 WpHG greift daher nicht bei einer Meldepflicht nur nach Maßgabe von § 38 und/oder § 39 WpHG, nach denen die Mitteilungspflicht nach § 33 WpHG nur „entsprechend" gilt; aA Assmann/U. H. Schneider/Mülbert Wertpapierhandelsrecht/*U. H. Schneider* WpHG § 43 Rn. 4.

Thema	Primäre Mitteilungs-, Veröffentlichungspflicht	Zeitpunkt	Form u. Inhalt; Folgepflichten
	Abs. 1 S. 1 Nr. 2 WpHG aus.	über die Einziehung (bei angeordneter Einziehung) oder (3) Vorstands-/Aufsichtsratsbeschluss über die Ausnutzung einer Ermächtigung zur Einziehung eigener Aktien (§ 71 Abs. 1 Nr. 8 S. 6 AktG).[181]	

Das **Handelsverbot in Art. 19 Abs. 11 MMVO** findet keine Anwendung auf eine Kapitalherabsetzung. Gesellschaften sind somit an der Durchführung einer Kapitalherabsetzung nicht dadurch gehindert, dass diese innerhalb der Handelsverbotszeiten des Art. 19 Abs. 11 MMVO stattfindet und zu den von der Kapitalherabsetzung betroffenen Aktionäre Personen mit Führungsaufgaben gehören.

3. Übernahmerecht. Eine Kapitalherabsetzung durch Einziehung oder Zusammenlegung 82 von Aktien (wenn die Zusammenlegung ungleichmäßig oder mit anschließender Verwertung von Teilrechten erfolgt) kann zu einer Erhöhung des Stimmrechtsanteils führen. Wird dadurch Kontrolle iSv § 29 WpÜG erworben, muss der betreffende Aktionär ein **Pflichtangebot** nach § 35 WpÜG abgeben.[182] Da es sich dabei um einen passiven Kontrollerwerb handelt, wird regelmäßig eine **Befreiung** nach § 37 Abs. 2 WpÜG iVm § 9 S. 1 Nr. 5 WpÜG-AngVO zu gewähren sein.[183] Anders kann es liegen, wenn der Aktionär den Kontrollerwerb aktiv gesteuert hat.[184] Denkbar ist das zB, wenn der Aktionär die Durchführung der Herabsetzung initiiert hat oder bei der Verwertung von Teilrechten Hinzuerwerbe vorgenommen hat. Die bloße Unterstützung der Herabsetzung (zB durch Ausübung des Stimmrechts) fällt aber nicht darunter. Ob die BaFin die Befreiung mit der **Auflage** (oder Befristung) versehen kann, dass der Kontrollerwerber seine Kontrollposition (binnen einer bestimmten Frist) wieder abbaut, ist str.,[185] aus systematischen Gründen (Vergleich mit § 9 S. 1 Nr. 6 WpÜG-AngVO; passiver Kontrollerwerb) aber abzulehnen.

---

[181] Vgl. *BaFin* Emittentenleitfaden, Modul B II.3.3.4 (S. 60). Entgegen der früheren Verwaltungspraxis löst der Beschluss der Hauptversammlung über die Ermächtigung zur Einziehung eigener Aktien keine Veröffentlichungspflicht mehr aus; insofern aA Assmann/U. H. Schneider/Mülbert Wertpapierhandelsrecht/*U. H. Schneider* WpHG § 49 Rn. 19.

[182] HdB börsennotierte AG/*Busch* Rn. 46.7; GroßkommAktG/*Sethe* Vor § 222 Rn. 63; Baums/Thoma WpÜG/*Baums/Hecker* § 35 Rn. 103 f.

[183] HdB börsennotierte AG/*Busch* § 46 Rn. 7; GroßkommAktG/*Sethe* Vor § 222 Rn. 63; MüKoAktG/*Schlitt* WpÜG Anh. zu § 37 Rn. 42 ff.; KölnKommWpÜG/*Versteegen* § 37 Anh. – WpÜG-AngVO § 9 Rn. 29.

[184] Vgl. KölnKommWpÜG/*Versteegen* § 37 Anh. – WpÜG-AngVO § 9 Rn. 29; MüKoAktG/*Schlitt* § 37 Anh. §§ 8–12 WpÜG-AngVO Rn. 35; Frankfurter KommWpÜG/*Hommelhoff/Witt* § 37 Rn. 18; Assmann/Pötzsch/Uwe H. Schneider WpÜG/*Krause/Pötzsch/Seiler* WpÜG-AngVO § 9 Rn. 53.

[185] Bejahend RegE WpÜG BT-Drs. 14/7034, 81; Baums/Thoma WpÜG/*Hecker* § 37 Rn. 96; *Heuber,* Befreiung, 2006, S. 162; wie hier hingegen verneinend MüKoAktG/*Schlitt* § 37 Anh. §§ 8–12 WpÜG-AngVO Rn. 36; KölnKommWpÜG/*Versteegen* § 37 Anh. – WpÜG-AngVO § 9 Rn. 30; Frankfurter KommWpÜG/*Hommelhoff/Witt* § 37 Rn. 18; ferner Assmann/Pötzsch/Uwe H. Schneider WpÜG/*Krause/Pötzsch/Seiler* WpÜG-AngVO § 9 Rn. 54, es sei denn, der Aktionär hat die Kapitalherabsetzung gesteuert.

83 **4. Besonderheiten beim Kapitalschnitt auf Null.** Besonderheiten gelten beim Kapitalschnitt auf Null mit anschließender Kapitalerhöhung.

84 **a) Neuzulassung nach § 69 BörsZulV.** Durch den Kapitalschnitt auf Null werden alle bisherigen Aktien der Gesellschaft vernichtet. Die Börsennotierung der Gesellschaft endet wegen Erledigung (§ 43 Abs. 2 VwVfG).[186] Sollen die neuen Aktien aus der gleichzeitigen Kapitalerhöhung wieder börsennotiert sein, muss hierfür ihre **Neuzulassung** beantragt werden. Eine **Rechtspflicht** zur Neuzulassung besteht jedoch nicht – auch nicht aufgrund § 69 BörsZulV, da dieser voraussetzt, dass es bereits zugelassene Aktien der gleichen Gattung gibt, woran es aufgrund der Herabsetzung auf Null fehlt.[187] Eine Neuzulassung ist nach Maßgabe des WpPG prospektpflichtig; die Erhöhung kann zudem einen Angebotsprospekt erfordern (vgl. → § 57 Rn. 202 f.).

85 **b) Meldepflichten nach §§ 33 ff. WpHG.** Aufgrund der durch den Kapitalschnitt auf Null erloschenen Börsennotierung **enden** die Meldepflichten nach §§ 33 Abs. 1, 38, 39, 41, 43 WpHG. Werden die neuen Aktien wieder zugelassen, greift allerdings § 33 Abs. 2 WpHG; § 27a WpHG gilt hingegen bei einer Neuzulassung nicht.[188] Erfolgt keine Neuzulassung, finden die Meldepflichten gemäß § 20 AktG Anwendung.

86 **c) Pflichtangebot aufgrund eines „kalten" Delistings?** Werden die iR. eines Kapitalschnitts auf Null neu emittierten Aktien nicht zum Börsenhandel zugelassen, führt der Vorgang zu einem „kalten" Delisting. Es stellt sich daher die Frage, ob entsprechend der **„Macroton"**-Entscheidung des BGH[189] zum regulären Delisting und § 29 Abs. 1 S. 1 UmwG zum „kalten" Delisting durch Verschmelzung einer börsennotierten auf eine nicht börsennotierte Gesellschaft den Aktionären iRd Kapitalschnitts ein Abfindungsangebot zu unterbreiten ist. Die Erforderlichkeit eines Abfindungsangebotes wird entsprechend der Begründung durch den BGH in Sachen „Macroton"[190] auch für das „kalte" Delisting bejaht, weil der Schutz des Aktieneigentums (Art. 14 GG) die Verkehrsfähigkeit der Aktien umfasse; das „kalte" Delisting stelle daher einen Eingriff dar, der nur gerechtfertigt sei, wenn den Aktionären eine Verkaufsmöglichkeit zum Verkehrswert eröffnet werde.[191] Dieser auf Art. 14 GG gestützten Argumentation hat das BVerfG jedoch die Grundlage entzogen. Die **Fungibilität** der Aktie ist danach „nicht Gegenstand des Eigentums", und das Delisting ist „ein mit dem Aktieneigentum erworbenes Risiko".[192] Ist damit eine verfassungsrechtliche Begründung eines notwendigen Abfindungsangebots entfallen, schließt das zwar seine einfachgesetzliche Herleitung – zB analog § 29 Abs. 1 S. 1 UmwG – nicht aus. Ist der Verlust der Fungibilität aber ein „miterworbenes Risiko", so liegt eine solche einfachgesetzliche Rechtsfortbildung fern, da sie im Widerspruch dazu eine Risikoüberwälzung auf die Gesellschaft herbeiführen würde. Der BGH[193] hat dementsprechend entschieden, dass § 29 Abs. 1 S. 1 UmwG keinen allgemeinen Rechtsgrundsatz enthält. Bei einem „kalten" Delisting im Rahmen eines Kapitalschnitts auf Null scheidet ein Abfindungsangebot folglich aus. Das gilt im Besonderen, wenn der Kapitalschnitt, was der

---

[186] GroßKommAktG/*Sethe* Vor § 222 Rn. 54; *Reger/Stenzel* NZG 2009, 1210 (1213); *Pleister/Kindler* ZIP 2010, 503 (507 u. 510).

[187] GroßKommAktG/*Sethe* Vor § 222 Rn. 54; *Pleister/Kindler* ZIP 2010, 503 (507 u. 510); *Thomas*, Aktienrecht und Delisting, 2009, S. 120.

[188] So zutreffend zu § 27a WpHG aF *von Bülow/Stephanblome* ZIP 2008, 1797 (1801); *Greven/Fahrenholz* BB 2009, 1487 (1488).

[189] BGHZ 153, 47; s. ferner BGH ZIP 2010, 622.

[190] BGHZ 153, 47 (54 ff.); ferner OLG München ZIP 2009, 718 (722) – MWG Biotech AG; KG ZIP 2009, 1116 (1117).

[191] S. zB OLG Düsseldorf ZIP 2005, 300 (301) – Rhenag; LG Köln ZIP 2004, 220 (221) – Rhenag; für die Notwendigkeit eines Vermögensausgleichs LG Hanau AG 2003, 534 – TIAG/Knaus.

[192] BVerfG ZIP 2012, 1402 Rn. 60 u. 61; zustimmend zB *Klöhn* NZG 2012, 1041 (1044); *Bungert/Wettich* BB 2012, 2265 (2267); *Rieger/Schilka* NJW 2012, 3066 (3068).

[193] BGH ZIP 2013, 2254 Rn. 8 f. – Frosta.

Regelfall sein dürfte, der Sanierung dient (vereinfachte Kapitalherabsetzung nach §§ 229 ff. AktG) – der Aktienwert und damit eine Abfindung werden hier vielfach Null sein, und ergibt sich doch ein positiver Wert, wäre dieser von der Gesellschaft zu schultern, die gerade saniert werden soll –, darüber hinaus aus den vorstehenden grundsätzlichen Erwägungen jedoch auch dann, wenn kein Sanierungsfall vorliegt (ordentliche Kapitalherabsetzung nach §§ 222 ff. AktG).[194] Das Erfordernis eines öffentlichen Angebots ergibt sich auch nicht aus § 39 Abs. 2–6 BörsG. Diese Bestimmungen setzen einen Widerruf der Börsenzulassung durch die Geschäftsführung der Börse voraus. Daran fehlt es bei einem Kapitalschnitt auf Null, bei dem die Börsenzulassung nicht widerrufen wird, sondern wegen Erledigung endet (→ Rn. 84).

§ 62 Vereinfachte Kapitalherabsetzung

Übersicht

	Rn.		Rn.
I. Allgemeines	1–6	3. Beschränkung zukünftiger Gewinnausschüttungen	31–37
II. Voraussetzungen und Schranken	7–17	a) Verbot der Gewinnausschüttung	31–33
1. Zulässige Zwecke	7–9	b) Beschränkung der Höhe der Gewinnausschüttung	34–36
2. Vorherige Auflösung von Reserven	10–14	c) Rechtsfolgen bei Verstoß	37
3. Höchstbetrag der Kapitalherabsetzung zur Rücklagendotierung	15, 16	V. Rückwirkungsmöglichkeiten	38–47
4. Minderheitenschutz	17	1. Rückbeziehung der Kapitalherabsetzung	38–41
III. Durchführung der Kapitalherabsetzung	18–21	a) Bedeutung der Rückbeziehung	38
1. Hauptversammlungsbeschluss	18–20	b) Voraussetzungen	39, 40
2. Weitere Abwicklung	21	c) Eintragung binnen drei Monaten	41
IV. Verwendung der gewonnenen Beträge und zukünftige Gewinnausschüttungen	22–37	2. Rückbeziehung einer gleichzeitigen Kapitalerhöhung	42–46
1. Ausschüttungsverbot und Pflicht zu zweckgerechter Verwendung	22–24	a) Bedeutung der Rückbeziehung	42
2. Verwendung der gewonnenen Beträge bei zu hoch angenommenen Verlusten	25–30	b) Voraussetzungen	43–45
a) Pflicht zur Einstellung in die Kapitalrücklage	25–29	c) Eintragung binnen drei Monaten	46
b) Rechtsfolgen bei Verstoß gegen die Einstellungspflicht	30	3. Bekanntmachung des Jahresabschlusses	47

Schrifttum: Vgl. die Literaturhinweise zu § 61; ferner: *Fabis*, Vereinfachte Kapitalherabsetzung bei AG und GmbH, MittRhNotK 1999, 169; *Hirte*, Genüsse zum Versüßen vereinfachter Kapitalherabsetzungen, FS Claussen, 1997, S. 115; *Kessler/Egelhof*, Außerbilanzielle Ausschüttungssperren in der Organschaft, DStR 2017, 998; *K. Schmidt*, Die Umwandlung einer GmbH in eine AG zu Kapitaländerungszwecken, AG 1985, 150.

I. Allgemeines

Die vereinfachte Kapitalherabsetzung ist die in der Praxis **bedeutsamste Form**, das Grundkapital herabzusetzen. Sie ist ausschließlich zu Sanierungszwecken zulässig und schafft zu diesem Zweck gegenüber der ordentlichen Kapitalherabsetzung zwei wesentliche Erleichterungen: Es besteht **keine Verpflichtung zur Sicherheitsleistung** gegenüber den Gläubigern. Stattdessen begnügt das Gesetz sich damit, die vereinfachte Kapitalherabsetzung nur dann zu gestatten, wenn alle Rücklagen bis auf ein Mindestmaß der gesetzli- 1

---

[194] Ebenso *Reger/Stenzel* NZG 2009, 1210 (1213); nach anderen, vor der Aufgabe der „Macroton"-Rechtsprechung liegenden Stimmen soll das Abfindungsangebot nur im Sanierungsfall entbehrlich sein; so GroßkommAktG/*Sethe* Vor § 222 Rn. 70 f.; wohl auch *Pleister/Kindler* ZIP 2010, 503 (507). *Thomas*, Delisting und Aktienrecht, 2009, S. 492 f. verneint ein Abfindungsangebot für den Sanierungsfall, behandelt den Kapitalschnitt im Wege der ordentlichen Kapitalherabsetzung hingegen nicht.

§ 62 2–6   10. Kapitel. Kapitalmaßnahmen

chen Rücklage und der Kapitalrücklage aufgelöst sind (§ 229 Abs. 2 AktG; Ausnahme in § 4 Abs. 5 S. 2 EGAktG), Zahlungen an Aktionäre im Zusammenhang mit der vereinfachten Kapitalherabsetzung zu verbieten (§ 230 AktG) und Dividendenzahlungen aus künftigen Gewinnen zu beschränken (§ 233 AktG). Sowohl die Kapitalherabsetzung als auch eine gleichzeitige Wiedererhöhung des Kapitals können mit **Rückwirkung** auf den letzten Jahresabschluss erfolgen (§ 235 AktG). Das macht es möglich, den durch diese Kapitalmaßnahmen zu beseitigenden Verlust bilanziell gar nicht erst in Erscheinung treten zu lassen.

2   Mit der vereinfachten Kapitalherabsetzung geht in den meisten Fällen eine **gleichzeitige Wiedererhöhung des Kapitals** einher. Die vorgeschaltete Kapitalherabsetzung dient dabei der Beseitigung oder Reduzierung der in der Bilanz aufgelaufenen Verluste. Das kann, abgesehen von Gründen der Bilanzoptik, zweckmäßig sein, um die Zahl der Altaktien zu reduzieren, die danach verbleibenden Altaktien auf diese Weise aufzuwerten und bei der anschließenden Wiedererhöhung des Kapitals einen höheren Ausgabebetrag zu erzielen; liegt der Wert der Altaktien unter ihrem Nennbetrag ist die Kapitalherabsetzung nötig, um diese Unterdeckung zu beseitigen und die neuen Aktien mindestens zum geringsten Ausgabebetrag (§ 9 Abs. 1 AktG) ausgeben zu können.[1] Außerdem ist die Verlustbeseitigung Voraussetzung künftiger Gewinnausschüttungen. Für die Verbindung der vereinfachten Kapitalherabsetzung und der Wiedererhöhung gelten die gleichen Grundsätze wie bei einer ordentlichen Kapitalherabsetzung; insbesondere ist § 228 AktG über die Herabsetzung des Kapitals unter den Mindestnennbetrag anwendbar (§ 229 Abs. 3 AktG). Vgl. näher → § 61 Rn. 10 ff.

3   Im Übrigen vollzieht sich die vereinfachte Kapitalherabsetzung nach den gleichen Regelungen wie die ordentliche Kapitalherabsetzung (§ 229 Abs. 3 AktG). Auch sie ist in den **Formen** der bloßen Herabsetzung des Grundkapitals bei Stückaktien, der Herabsetzung der Aktiennennbeträge bei Nennbetragsaktien und der Zusammenlegung von Aktien möglich. Wie bei der ordentlichen Kapitalherabsetzung ist eine Zusammenlegung nur subsidiär zulässig, soweit bei Herabsetzung des Nennbetrages oder des Grundkapitals der für die einzelne Aktie erforderliche Betrag von 1 Euro nicht eingehalten werden könnte. Vgl. zu den Durchführungswegen → § 61 Rn. 5 ff. Hingegen kann die vereinfachte Kapitalherabsetzung nach §§ 229 ff. AktG nicht durch Einziehung von Aktien durchgeführt werden. Die Kapitalherabsetzung durch Einziehung von Aktien hat vielmehr ein eigenes vereinfachtes Verfahren (§ 237 Abs. 3–5 AktG; vgl. → § 63 Rn. 37 ff.), welches sich von der vereinfachten Kapitalherabsetzung nach §§ 229 ff. AktG wesentlich unterscheidet.

4   Für den Ausweis der Kapitalherabsetzung im **Jahresabschluss** und die Erläuterung im Anhang gilt gem. § 240 AktG das Gleiche wie bei der ordentlichen Kapitalherabsetzung; vgl. → § 61 Rn. 4. Zusätzlich ist § 240 S. 2 AktG zu beachten: Einstellungen in die Kapitalrücklage auf Grund einer vereinfachten Kapitalherabsetzung sind in der Gewinn- und Verlustrechnung gesondert auszuweisen. Es bietet sich an, diesen Posten zwischen den Positionen nach § 158 Abs. 1 Nr. 3 und Nr. 4 AktG einzufügen.[2]

5   In der Insolvenz ist eine sanierende Kapitalherabsetzung auf der Grundlage eines **Insolvenzplans** möglich (§ 225a InsO).[3]

6   Bzgl. der **kapitalmarktrechtlichen Aspekte** gelten die Ausführungen zur ordentlichen Kapitalerhöhung, insbesondere zu den Besonderheiten bei einem Kapitalschnitt auf Null, entsprechend; vgl. → § 61 Rn. 79 ff.

---

[1] Vgl. auch HdB börsennotierte AG/*Busch* Rn. 48.3.
[2] Hüffer/*Koch* AktG § 240 Rn. 4; MüKoAktG/*Oechsler* § 240 Rn. 5; K. Schmidt/Lutter AktG/*Kleindiek* § 240 Rn. 6; Spindler/Stilz AktG/*Marsch-Barner/Maul* § 240 Rn. 4; aA GroßkommAktG/*Sethe* § 240 Rn. 9, der eine Einstellung nach § 158 Abs. 1 Nr. 4 AktG für geeigneter hält.
[3] Vgl. dazu *Decher/Voland* ZIP 2013, 103; Hamburger KommInsO/*Thies* § 225a Rn. 15 ff.

II. Voraussetzungen und Schranken

1. Zulässige Zwecke. Die vereinfachte Kapitalherabsetzung ist nur zu den in § 229 7
Abs. 1 S. 1 AktG genannten **Zwecken** zulässig, nämlich

– zum Ausgleich von Verlusten,
– zur Einstellung von Beträgen in die Kapitalrücklage.

Der im Gesetzestext genannte Anwendungsfall des Ausgleichs von „Wertminderungen" hat demgegenüber keine eigenständige Bedeutung; Wertminderungen lassen eine vereinfachte Kapitalherabsetzung nur zu, wenn sie zu einem Verlust führen.[4] Hierbei handelt es sich um einen Unterfall der Herabsetzung zum Zweck des Ausgleichs von Verlusten.[5] Beide Zwecke, die Deckung von Verlusten und die Auffüllung der Kapitalrücklage, können nebeneinander verfolgt werden. Für andere Zwecke bedarf es einer ordentlichen Kapitalherabsetzung oder einer Kapitalherabsetzung durch Einziehung von Aktien. Ausnahmsweise lässt **§ 145 UmwG** eine vereinfachte Kapitalherabsetzung iR. einer Abspaltung zu, wenn und soweit diese zur Durchführung der Abspaltung notwendig ist.[6]

Die vereinfachte Kapitalherabsetzung zur **Deckung von Verlusten** ist zulässig, ohne dass 8
es auf die Ursache dieser Verluste ankäme. Es ist auch nicht erforderlich, dass die Verluste eine bestimmte Höhe erreichen.[7] Sie müssen auch noch nicht eingetreten sein; vielmehr genügen drohende Verluste iSv § 249 Abs. 1 S. 1 HGB.[8] Die Verluste müssen jedoch so beschaffen sein, dass sie nach kaufmännischen Grundsätzen eine dauernde Veränderung des Grundkapitals rechtfertigen; daran fehlt es bei Verlusten, die voraussichtlich bald wieder ausgeglichen werden können oder die durch bewusst willkürliche Unterbewertung der Aktiva oder Überbewertung der Passiva zustande gekommen sind.[9] Besondere Regeln über die Verlustfeststellung enthält das Gesetz nicht. Insbesondere ist es nicht erforderlich, der Kapitalherabsetzung eine bestimmte Bilanz, aus der sich der Verlust ergibt, förmlich zugrunde zu legen. Notwendig ist nur eine sorgfältige Beurteilung und gewissenhafte Prognose nach den für die Bilanzierung maßgeblichen Grundsätzen und dem Kenntnisstand **bei Beschlussfassung**.[10] Eine Beseitigung der Verluste durch andere Maßnahmen (zB Forderungsverzicht durch Banken iR. einer Sanierung) ändert an der Richtigkeit der Prognose nichts, wenn die Kapitalherabsetzung Voraussetzung für die anderen Maßnahmen ist; unerheblich ist dann auch, ob die anderen Maßnahmen und die dadurch herbeigeführte Beseitigung der Verluste vor oder nach Eintragung der Kapitalherabsetzung erfolgen. Die

---

[4] Vgl. Hüffer/*Koch* AktG § 229 Rn. 7; *Geißler* NZG 2000, 719 (720 f.); *Fabis* MittRhNotK 1999, 169 (172); *Wirth* DB 1996, 867 (868).

[5] OLG München AG 2010, 715 (720 f.); Hüffer/*Koch* AktG § 229 Rn. 7; Spindler/Stilz AktG/ *Marsch-Barner* § 229 Rn. 5; Happ AktienR/*Stucken/Tielmann* Form. 14.02 Anm. 3.6; *Geißler* NZG 2000, 719 (720 f.); *Wirth* DB 1996, 867 (868).

[6] Zu den Einzelheiten s. das umwandlungsrechtliche Schrifttum; vgl. zB KölnKommUmwG/*Simon* § 145 Rn. 2 ff.; Semler/Stengel UmwG/*Diekmann* § 145 Rn. 4 ff.; Lutter UmwG/*Schwab* § 145 Rn. 2 ff.

[7] Ebenso Spindler/Stilz AktG/*Marsch-Barner/Maul* § 229 Rn. 7; K. Schmidt/Lutter AktG/*Veil* § 229 Rn. 6; Hüffer/*Koch* AktG § 229 Rn. 8; Grigoleit AktG/*Rieder* § 229 Rn. 9; MAH AktienR/ *Dissars* § 36 Rn. 46; *Geißler* NZG 2000, 719 (721); enger hingegen KölnKommAktG/*Lutter* § 229 Rn. 17; GroßkommAktG/*Sethe* § 229 Rn. 25; Bürgers/Körber AktG/*Becker* § 229 Rn. 7, die die vereinfachte Kapitalherabsetzung wegen einer nur „geringfügigen" Unterbilanz nicht zulassen wollen.

[8] BGHZ 119, 305 (313) – Klöckner; Hüffer/*Koch* AktG § 229 Rn. 8; Grigoleit AktG/*Rieder* § 229 Rn. 9; *Geißler* NZG 2000, 719 (721).

[9] OLG Frankfurt a. M. AG 1989, 207 (208); MüKoAktG/*Oechsler* § 229 Rn. 22; Hüffer AktG/*Koch* § 229 Rn. 7 f.; *Geißler* NZG 2000, 719 (721); ähnlich KölnKommAktG/*Lutter* § 229 Rn. 17.

[10] BGHZ 119, 305 (313) – Klöckner; OLG Frankfurt a. M. AG 1989, 207 (208); OLG Dresden ZIP 1996, 1780 (1782) – Sachsenmilch; Hüffer/*Koch* AktG § 229 Rn. 7 f.; GroßkommAktG/*Sethe* § 229 Rn. 23 f.; K. Schmidt/Lutter AktG/*Veil* § 229 Rn. 6; Spindler/Stilz AktG/*Marsch-Barner/Maul* § 229 Rn. 6 f.; *Fabis* MittRhNotK 1999, 169 (172); s. auch LG Hamburg AG 2006, 512 – AGIV Real Estate.

Aufstellung einer zeitnahen Zwischenbilanz nach den formellen und materiellen Regeln der Jahresbilanz wird zwar im Allgemeinen praktisch erforderlich sein, um den Verlust zu ermitteln. Eine solche Bilanz braucht aber weder geprüft noch testiert zu sein, sie bedarf keiner besonderen Feststellung und ist nicht Bestandteil der Beschlussfassung.[11]

9   Die vereinfachte Kapitalherabsetzung zur Einstellung von Beträgen in die **Kapitalrücklage** setzt keine konkreten Verluste oder Verlusterwartungen voraus. Sie ist jedoch höchstens bis zu demjenigen Betrag zulässig, der erforderlich ist, um die Kapitalrücklage unter Hinzurechnung der gesetzlichen Rücklage auf 10 % des nach der Herabsetzung verbleibenden Grundkapitals aufzufüllen (§ 231 AktG); näher dazu → Rn. 15 f.

10 **2. Vorherige Auflösung von Reserven.** Die vereinfachte Kapitalherabsetzung setzt – mit Ausnahme einer vereinfachten Kapitalherabsetzung zur Umstellung auf Euro (§ 4 Abs. 5 S. 2 EGAktG) – voraus, dass die **gesetzliche Rücklage** und die **Kapitalrücklage** vorweg insoweit aufgelöst werden, als diese zusammen 10 % des sich nach der Herabsetzung ergebenden Grundkapitals übersteigen (§ 229 Abs. 2 S. 1 AktG). Auch bei einer Verbindung der Kapitalherabsetzung mit einer gleichzeitigen Wiedererhöhung ist der Grundkapitalbetrag maßgebend, der sich vor der Wiedererhöhung ergibt.[12] Dies gilt jedoch nicht, wenn das Grundkapital im Zusammenhang mit einer sofortigen Wiedererhöhung nach § 228 AktG unter den gesetzlichen Mindestbetrag herabgesetzt wird. In diesem Fall berechnet sich die Quote nach dem gesetzlichen Mindestbetrag des Grundkapitals (arg. § 231 S. 2 AktG).[13]

11 Darüber hinaus darf kein **Gewinnvortrag** vorhanden sein (§ 229 Abs. 2 S. 2 AktG). Außerdem müssen nach dem Wortlaut des Gesetzes die **Gewinnrücklagen** vorweg aufgelöst werden (§ 229 Abs. 2 S. 1 AktG). Dabei wird man davon ausgehen können, dass nur die vollständige Auflösung der satzungsmäßigen Rücklagen und der anderen Gewinnrücklagen iSv § 266 Abs. 3 A. III. Nr. 3 u. 4 HGB gemeint ist. Der weitergehende Gesetzeswortlaut beruht auf einem Redaktionsversehen.[14] Das ist im Hinblick auf die gesetzliche Rücklage offenkundig; diese braucht, obwohl auch sie zu den Gewinnrücklagen zählt, gerade nicht in voller Höhe aufgelöst zu werden. Aber auch eine Auflösung der Rücklagen für Anteile an einem herrschenden Unternehmen (§ 266 Abs. 3 A. III. Nr. 2 HGB) kann nicht erforderlich sein. Sie würde gegen § 272 Abs. 4 S. 4 HGB verstoßen. Fraglich ist allenfalls, ob nur die anderen Gewinnrücklagen (§ 266 Abs. 3 A. III. Nr. 4 HGB) oder auch die satzungsmäßigen Rücklagen (§ 266 Abs. 3 A. III. Nr. 3 HGB) aufzulösen sind. Für eine Beschränkung auf andere Gewinnrücklagen scheint § 231 S. 1 AktG zu sprechen. Dagegen spricht jedoch, dass satzungsmäßige Rücklagen nach früherem Recht als freie Rücklagen aufgelöst werden mussten (§ 229 Abs. 2 AktG aF). Daran wollte das Bilanzrichtliniengesetz nichts ändern.[15] Nicht auflösungspflichtig sind **stille Reserven,** der durch das BilMoG

---

[11] BGHZ 138, 71 (80) – Sachsenmilch; Hüffer/*Koch* AktG § 229 Rn. 7; GroßkommAktG/*Sethe* § 229 Rn. 24; K. Schmidt/Lutter AktG/*Veil* § 229 Rn. 6; Spindler/Stilz AktG/*Marsch-Barner/Maul* § 229 Rn. 6; MAH AktienR/*Dissars* § 36 Rn. 46; *Hirte* FS Claussen, 1997, 115 (117).

[12] MüKoAktG/*Oechsler* § 229 Rn. 36; Hüffer/*Koch* AktG § 229 Rn. 13; GroßkommAktG/*Sethe* § 229 Rn. 36; K. Schmidt/Lutter AktG/*Veil* § 229 Rn. 10; Spindler/Stilz AktG/*Marsch-Barner* § 229 Rn. 12; *Terbrack* RNotZ 2003, 89 (102).

[13] Heute hM; vgl. Hüffer/*Koch* AktG § 229 Rn. 13; MüKoAktG/*Oechsler* § 229 Rn. 36; GroßkommAktG/*Sethe* § 229 Rn. 36; K. Schmidt/Lutter AktG/*Veil* § 229 Rn. 10; Spindler/Stilz AktG/*Marsch-Barner/Maul* § 229 Rn. 12; *Terbrack* RNotZ 2003, 89 (102); *Fabis* MittRhNotK 1999, 169 (173); aA noch Geßler/Hefermehl AktG/*Hefermehl* § 229 Rn. 12; *Baumbach/Hueck* AktG § 229 Anm. 4.

[14] KölnKommAktG/*Lutter* § 229 Rn. 7; MüKoAktG/*Oechsler* § 229 Rn. 37 ff.; Hüffer/*Koch* AktG § 229 Rn. 14; GroßkommAktG/*Sethe* § 229 Rn. 38.

[15] Vgl. § 229 Abs. 2 AktG in der Fassung des Regierungsentwurfs des Bilanzrichtliniengesetzes, wo der Ausdruck „freie Rücklagen" versehentlich noch weiterbenutzt wurde (BT-Drs. 10/317, 31), und die Beschlussempfehlung des Rechtsausschusses, die den Regierungsentwurf lediglich „mit einer begrifflichen Anpassung" versehen wollte (BT-Drs. 10/4268, 127).

abgeschaffte **Sonderposten mit Rücklagenanteil** (§§ 247 Abs. 3 aF, 273 aF HGB) und **Rückstellungen** (§ 266 Abs. 3 B. HGB).[16] **Eigene Aktien** brauchen nicht eingezogen oder veräußert zu werden.[17]

Die **Zulässigkeit der Rücklagenauflösung** setzt abweichend von § 150 Abs. 4 AktG **12** nicht voraus, dass ein förmlich festgestellter Jahresabschluss einen Verlustvortrag oder Jahresfehlbetrag ausweist. Vielmehr genügt – ebenso wie für die Kapitalherabsetzung selbst (vgl. → Rn. 8) – eine Verlustfeststellung auf sonstige Weise.[18]

Technisch erfolgt die Auflösung der Rücklagen durch entsprechende Buchungen. Die **13** Erstellung eines besonderen Abschlusses, aus dem sich die Auflösung der Rücklagen ergibt, ist nicht erforderlich. In den Fällen, in denen die Entscheidung über die Auflösung der Rücklagen der Hauptversammlung vorbehalten ist, ist jedoch ein entsprechender Hauptversammlungsbeschluss notwendig. Dieser ist vor dem Herabsetzungsbeschluss zu fassen. Dem ist auch genügt, wenn beide in derselben Hauptversammlung getroffen werden und dabei der Auflösungsbeschluss dem Herabsetzungsbeschluss vorangeht. Dies gilt namentlich für einen Gewinnvortrag sowie für Rücklagen, deren Bildung durch die Satzung angeordnet ist oder über welche nach dem Inhalt der Satzung die Hauptversammlung zu entscheiden hat.[19]

Die Beträge, die aus der Auflösung der Rücklagen gewonnen werden, dürfen **nicht 14 ausgeschüttet,** sondern nur dazu verwandt werden, Verluste zu decken oder in die gesetzliche Rücklage eingestellt zu werden (§ 230 AktG). Vgl. dazu näher → Rn. 22 ff.

3. Höchstbetrag der Kapitalherabsetzung zur Rücklagendotierung. Eine verein- **15** fachte Kapitalherabsetzung zur Einstellung von Beträgen in die Kapitalrücklage ist ebenso wie die vereinfachte Kapitalherabsetzung zum Verlustausgleich erst nach vorheriger Auflösung der Reserven zulässig (vgl. → Rn. 10 ff.). Sie ist darüber hinaus nur in **beschränktem Umfang** zulässig. Die Kapitalrücklage darf auf diese Weise höchstens soweit aufgefüllt werden, dass Kapitalrücklage und gesetzliche Rücklage zusammen 10 % des Grundkapitals nicht übersteigen (§ 231 AktG). Auszugehen ist von dem Stand der Rücklagen im Zeitpunkt der Beschlussfassung über die Kapitalherabsetzung. Spätere Zuweisungen zur gesetzlichen Rücklage oder zur Kapitalrücklage bleiben außer Betracht. Gleichzeitige Zuweisungen zählen mit, jedoch mit Ausnahme der in § 231 S. 3 AktG genannten Fälle; Einstellungen in die Kapitalrücklage aufgrund eines Agios, das im Rahmen einer gleichzeitig beschlossenen Kapitalerhöhung (§§ 229 Abs. 3, 228 AktG) gezahlt worden ist, sind daher unbeachtlich.[20] Eine Kapitalherabsetzung zur Auffüllung der Kapitalrücklage ist daher auch ausgeschlossen, soweit bereits durch die nach § 229 Abs. 2 AktG vorgeschriebene Auflösung der satzungsmäßigen Rücklagen und der anderen Gewinnrücklagen sowie eines etwaigen Gewinnvortrags (nicht nur ein etwaiger Verlust ausgeglichen, sondern auch) die

---

[16] MüKoAktG/*Oechsler* § 229 Rn. 45 f.; Hüffer/*Koch* AktG § 229 Rn. 11; MAH AktienR/*Dissars* § 36 Rn. 50; *Geißler* NZG 2000, 719 (722); differenzierend KölnKommAktG/*Lutter* § 229 Rn. 29 u. 31.

[17] MüKoAktG/*Oechsler* § 229 Rn. 39; Hüffer/*Koch* AktG § 229 Rn. 11; GroßkommAktG/*Sethe* § 229 Rn. 41; Spindler/Stilz AktG/*Marsch-Barner/Maul* § 229 Rn. 19; Grigoleit AktG/*Rieder* § 229 Rn. 17; MAH AktienR/*Dissars* § 36 Rn. 50.

[18] MüKoAktG/*Oechsler* § 229 Rn. 44; Hüffer/*Koch* AktG § 229 Rn. 13; GroßkommAktG/*Sethe* § 229 Rn. 37; Hölters AktG/*Haberstock/Greitemann* § 229 Rn. 8; wohl aA noch *v. Godin/Wilhelmi* AktG § 229 Anm. 1.

[19] MüKoAktG/*Oechsler* § 229 Rn. 43; GroßkommAktG/*Sethe* § 229 Rn. 45; Spindler/Stilz AktG/ *Marsch-Barner* § 229 Rn. 20; KölnKommAktG/*Lutter* § 229 Rn. 32; Hüffer AktG/*Koch* § 229 Rn. 12; hinsichtlich eines Gewinnvortrags zweifelnd HdB börsennotierte AG/*Busch* Rn. 48.10.

[20] Hölters AktG/*Haberstock/Greitemann* § 231 Rn. 14; Spindler/Stilz AktG/*Marsch-Barner/Maul* § 231 Rn. 7; Hüffer/*Koch* AktG § 231 Rn. 6; MüKoAktG/*Oechsler* § 231 Rn. 8; K. Schmidt/Lutter AktG/*Veil* § 231 Rn. 2. GroßkommAktG/*Sethe* § 231 Rn. 8 hält nur solche gleichzeitig beschlossenen Einstellungen in die Kapitalrücklage für unbeachtlich, die in einem unmittelbaren sachlichen Zusammenhang mit der Kapitalherabsetzung stehen.

gesetzliche Rücklage soweit aufgefüllt werden kann, dass sie zusammen mit der Kapitalrücklage 10 % des Grundkapitals erreicht.

16 Für die **Berechnung** ist der Betrag des Grundkapitals nach der Herabsetzung maßgeblich (§ 231 S. 2 AktG). Auch wenn gleichzeitig mit der Herabsetzung eine Wiedererhöhung des Kapitals verbunden wird, kommt es allein auf den Betrag des herabgesetzten Kapitals an. Wird das Grundkapital im Zusammenhang mit einer sofortigen Wiedererhöhung nach § 228 AktG unter den gesetzlichen Mindestbetrag herabgesetzt, ist der gesetzliche Mindestnennbetrag für die Berechnung maßgeblich (§ 231 S. 2 AktG).

17 **4. Minderheitenschutz.** Eine besondere **sachliche Rechtfertigung** der vereinfachten Kapitalherabsetzung unter den Gesichtspunkten der Angemessenheit und Erforderlichkeit ist grundsätzlich nicht erforderlich. Es gilt insoweit das Gleiche wie bei der ordentlichen Kapitalherabsetzung; vgl. näher → § 61 Rn. 15 auch zu dem Sonderfall, dass die vereinfachte Kapitalherabsetzung eine Überschuldung nicht vollständig beseitigt und dennoch nicht mit einer Kapitalerhöhung verbunden wird. Die gleichen Grundsätze wie bei der ordentlichen Kapitalerhöhung gelten auch hinsichtlich des Aktionärsschutzes bei **Wiedererhöhung nach Kapitalherabsetzung auf Null** und hinsichtlich **des Gleichbehandlungsgebotes**; vgl. dazu → § 61 Rn. 16 f. u. 18.

III. Durchführung der Kapitalherabsetzung

18 **1. Hauptversammlungsbeschluss.** Für die **Beschlussfassung** gelten die gleichen Regeln wie bei der ordentlichen Kapitalherabsetzung (§§ 229 Abs. 3, 222 Abs. 1 und 2 AktG). Auch die vereinfachte Kapitalherabsetzung bedarf als Satzungsänderung eines Hauptversammlungsbeschlusses mit einer Mehrheit von mindestens drei Vierteln des vertretenen Grundkapitals (Ausnahmen in § 4 Abs. 2 S. 1 EGAktG für die Umstellung auf Euro und § 7 Abs. 6 iVm Abs. 3 S. 1 u. 2 Wirtschaftsstabilisierungsgesetz für eine Herabsetzung iR. einer Rekapitalisierung nach § 7 oder § 22 Stabilisierungsfondsgesetz); sind mehrere stimmberechtigte Aktiengattungen (also nicht bei stimmrechtslosen Vorzugsaktien) vorhanden, ist die Zustimmung der Aktionäre jeder dieser Gattungen durch Sonderbeschluss erforderlich. Bei einer vereinfachten Kapitalherabsetzung zum Verlustausgleich hat der Vorstand auf Nachfrage über Grund und Höhe der Verluste und die Art ihrer Feststellung Auskunft zu geben (§ 131 Abs. 1 S. 1 AktG); eine Pflicht zu ungefragter Berichterstattung dürfte jedoch nicht bestehen.[21] In der Praxis dürfte die Gesellschaft aber gut beraten sein, der Hauptversammlung aktuelle und aussagekräftige Zahlen zu den Verlusten und ihrer Höhe zu präsentieren.[22] Zur Beschlussfassung vgl. im Übrigen näher → § 61 Rn. 21 ff.

19 Auch für den **Inhalt** des Hauptversammlungsbeschlusses gelten die gleichen Grundsätze wie bei der ordentlichen Kapitalherabsetzung (§§ 229 Abs. 3, 222 Abs. 4 AktG).[23] Der Beschluss muss zusätzlich klarstellen, dass es sich um eine vereinfachte Kapitalherabsetzung handelt[24] und ausdrücklich festsetzen, zu welchem der zulässigen Zwecke die vereinfachte Kapitalherabsetzung erfolgt (§ 229 Abs. 1 S. 2 AktG). Eine Unterscheidung zwischen dem Ausgleich von Verlusten und von Wertminderungen sowie eine Angabe, in welcher Höhe die Herabsetzung dem einen oder anderen Zweck dient, sind nicht erforderlich, da der Ausgleich von Wertminderungen ein Unterfall des Ausgleichs von Verlusten ist (→ Rn. 7).[25] Im Beschluss genügt vielmehr als Zweckangabe der Ausgleich von Verlusten. Vgl. im Übrigen näher → § 61 Rn. 26 ff.

---

[21] *Wirth* DB 1996, 867 (869); MüKoAktG/*Oechsler* § 229 Rn. 25; weitergehend anscheinend KölnKommAktG/*Lutter* § 229 Rn. 15.

[22] S. LG Hamburg AG 2006, 512 f. – AGIV Real Estate.

[23] Muster in Beck'sches Formularbuch/*Hoffmann-Becking/Berger* Form. X. 39; Münch. Vertragshandbuch Bd. 1/*Favoccia* Form. V. 136; Happ AktienR/*Stucken/Tielmann* Form. 14.02a und 14.03a.

[24] KölnKommAktG/*Lutter* § 229 Rn. 22; MüKoAktG/*Oechsler* § 229 Rn. 17.

[25] Vgl. OLG München AG 2010, 715 (717).

Die Rechtsfolgen etwaiger **Mängel der Beschlussfassung** richten sich nach den allgemeinen Vorschriften über die Anfechtbarkeit und Nichtigkeit von Hauptversammlungsbeschlüssen (§§ 241 ff. AktG; vgl. dazu § 41). Verstöße gegen die Zulässigkeitsvoraussetzungen einer vereinfachten Kapitalherabsetzung führen in aller Regel nur zur Anfechtbarkeit des Kapitalherabsetzungsbeschlusses. Anfechtbar ist der Beschluss namentlich, wenn gegen die Vorschriften über die vorherige Auflösung von Rücklagen (§ 229 Abs. 2 AktG) verstoßen wird.[26] Haben durch die Kapitalherabsetzung abzudeckende Verluste in der angenommenen Höhe nicht vorgelegen, führt dies regelmäßig nicht zur Anfechtbarkeit des Beschlusses, sondern nur dazu, dass der Unterschiedsbetrag in die Kapitalrücklage einzustellen ist (§ 232 AktG). Anders verhält es sich hingegen, wenn von vornherein klar war oder bei Anwendung pflichtgemäßer Sorgfalt hätte klar sein müssen, dass dauerhafte (vgl. → Rn. 8) Verluste in der angenommenen Höhe nicht vorhanden waren; entscheidend ist also nicht die Sicht ex post, sondern eine gewissenhafte Prognose im Zeitpunkt der Beschlussfassung.[27] Wegen der Rechtsfolgen weiterer Mängel des Kapitalherabsetzungsbeschlusses vgl. → § 61 Rn. 33. 20

2. Weitere Abwicklung. Die weitere Abwicklung der vereinfachten Kapitalherabsetzung vollzieht sich nach den gleichen Regeln **wie bei der ordentlichen Kapitalherabsetzung**. Der Vorstand und der Vorsitzende des Aufsichtsrats haben den Kapitalherabsetzungsbeschluss zur Eintragung in das Handelsregister anzumelden (§§ 229 Abs. 3, 223 AktG). Mit der Eintragung wird die Kapitalherabsetzung wirksam (§§ 229 Abs. 3, 224 AktG). Für die Herabsetzung der Aktiennennbeträge bzw. die Zusammenlegung der Aktien gelten ebenfalls die gleichen Grundsätze wie bei der ordentlichen Kapitalherabsetzung, insbesondere findet auch hier die Regelung des § 226 AktG über eine evtl. **Kraftloserklärung** Anwendung (§ 229 Abs. 3 AktG). Schließlich ist die Durchführung der Kapitalherabsetzung zur Eintragung ins Handelsregister anzumelden (§ 229 Abs. 3, 227 AktG).[28] Wegen der Einzelheiten vgl. → § 61 Rn. 34 ff., 61 ff. u. 75 ff. Keine Anwendung findet die Gläubigerschutzbestimmung des § 225 AktG (§ 229 Abs. 3 AktG). Gerade diese Befreiung von den strengen Gläubigerschutzregelungen der ordentlichen Kapitalherabsetzung ist der wesentliche Vorteil der vereinfachten Kapitalherabsetzung. 21

IV. Verwendung der gewonnenen Beträge und zukünftige Gewinnausschüttungen

1. Ausschüttungsverbot und Pflicht zu zweckgerechter Verwendung. Die bei der Kapitalherabsetzung gewonnenen Beträge dürfen nicht an die Aktionäre ausgeschüttet oder zum Erlass von Einlageverpflichtungen der Aktionäre benutzt werden; vielmehr sind sie zweckgerecht zu verwenden (§ 230 AktG). Die Regelung bezieht sich sowohl auf den durch die Kapitalherabsetzung selbst gewonnenen Betrag, als auch auf die Beträge, die aus einer nach § 229 Abs. 2 AktG erforderlich gewesenen vorherigen Auflösung von Rücklagen oder eines Gewinnvortrags[29] gewonnen wurden. Beträge aus pflichtwidrig nicht aufgelösten Rücklagen unterfallen der Vorschrift nicht.[30] **Zweckgerechte Verwendung** 22

---

[26] KölnKommAktG/*Lutter* § 229 Rn. 37; MüKoAktG/*Oechsler* § 229 Rn. 47; Hüffer/*Koch* AktG § 229 Rn. 23.
[27] BGHZ 138, 71 (80) – Sachsenmilch; OLG Frankfurt a. M. AG 1989, 207 (208); LG Hamburg AG 2006, 512 – AGIV Real Estate; MüKoAktG/*Oechsler* § 229 Rn. 22 ff.; Hüffer/*Koch* AktG § 229 Rn. 23; GroßKommAktG/*Sethe* § 229 Rn. 64.
[28] Muster in Beck'sches Formularbuch/*Hoffmann-Becking*/*Berger* Form. X. 40; Münch. Vertragshandbuch Bd. 1/*Favoccia* Form. V. 137; *Happ* AktienR/*Stucken*/*Tielmann* Form. 14.03e.
[29] Grigoleit AktG/*Rieder* § 230 Rn. 2; MüKoAktG/*Oechsler* § 230 Rn. 3; Hüffer AktG/*Koch* § 230 Rn. 2; GroßkommAktG/*Sethe* § 230 Rn. 5; Spindler/Stilz AktG/*Marsch-Barner*/*Maul* § 230 Rn. 2; Hölters AktG/*Haberstock*/*Greitemann* § 230 Rn. 5.
[30] Hölters AktG/*Haberstock*/*Greitemann* § 230 Rn. 4; MüKoAktG/*Oechsler* § 230 Rn. 4; Hüffer/*Koch* AktG § 230 Rn. 2; GroßkommAktG/*Sethe* § 230 Rn. 6; K. Schmidt/Lutter AktG/*Veil* § 230 Rn. 2; Spindler/Stilz AktG/*Marsch-Barner*/*Maul* § 230 Rn. 2.

heißt, dass die gewonnenen Beträge nur zur Deckung von Verlusten oder zur Einstellung in die gesetzliche Rücklage oder die Kapitalrücklage verwandt werden dürfen, und zwar auch nur zu dem Zweck, der in dem Kapitalherabsetzungsbeschluss angegeben ist (§ 230 S. 2 u. 3 AktG); zur Behandlung zur Verlustdeckung bestimmter Beträge bei zu hoch angenommenen Verlusten vgl. → Rn. 25 ff.

23 Das **Ausschüttungsverbot** des § 230 S. 1 AktG verbietet, die gewonnenen Beträge für Zahlungen an Aktionäre zu benutzen; ebenso wenig dürfen auf Grund der Kapitalherabsetzung rückständige Einlageverpflichtungen erlassen werden. Das Verbot gilt für jede Form der Zahlung und betrifft nicht nur unmittelbare Ausschüttungen, sondern auch die Auszahlung der fraglichen Beträge durch Gewinnausschüttungen oder in verdeckter Form.[31] Das Verbot gilt ohne zeitliche Begrenzung.[32] Es ist auch unabhängig von den weiteren Beschränkungen der Gewinnausschüttung nach § 233 AktG; auch wenn die Beschränkungen des § 233 AktG eingehalten sind, dürfen die aus der Auflösung von Rücklagen und aus der Kapitalherabsetzung gewonnenen Beträge nicht ausgeschüttet werden (§ 233 Abs. 3 AktG).

24 Empfangen die Aktionäre Leistungen unter **Verstoß** gegen das Verbot des § 230 S. 1 AktG, sind diese der Gesellschaft zurückzugewähren (§ 62 AktG). Vorstand und Aufsichtsrat sind unter den Voraussetzungen der §§ 93, 116 AktG haftbar. Weist ein Jahresabschluss geschützte Beträge unter Verstoß gegen § 230 S. 1 aus (Ausweis bzw. Verwendung als Gewinn), ist er nichtig (§ 256 Abs. 1 Nr. 1 AktG).[33] Das gilt hingegen nicht bei einer Bilanzierung unter Verstoß nur gegen § 230 S. 2 bzw. 3 AktG. Diese Regelungen dienen primär dem Aktionärsschutz, so dass § 256 Abs. 1 Nr. 1 AktG nicht zur Anwendung gelangt.[34]

25 **2. Verwendung der gewonnenen Beträge bei zu hoch angenommenen Verlusten.**
a) Pflicht zur Einstellung in die Kapitalrücklage. Erfolgt die vereinfachte Kapitalherabsetzung zur Abdeckung von Verlusten, so kann sich nachträglich ergeben, dass die Kapitalherabsetzung nicht erforderlich gewesen wäre, weil Verluste in der angenommenen Höhe nicht bestanden, sei es, dass sie gar nicht erst eingetreten oder dass sie bereits anderweitig ausgeglichen waren. Auch in diesem Fall hält das Gesetz an dem in § 230 S. 1 AktG statuierten Ausschüttungsverbot fest und bestimmt, dass die für die Verlustdeckung nicht benötigten Beträge aus der Kapitalherabsetzung in die **Kapitalrücklage** einzustellen sind (§ 232 AktG). Die Verpflichtung nach § 232 AktG ist unabhängig von der Höhe der gesetzlichen Rücklage und der Kapitalrücklage. Sie gilt auch dann, wenn die Kapitalrücklage zusammen mit der gesetzlichen Rücklage bereits 10% des Grundkapitals erreicht; insoweit geht § 232 AktG den Bestimmungen des § 231 AktG vor.[35]

26 Bei der Frage, ob Verluste in der angenommenen Höhe nicht bestanden, kommt es allein auf das **Bilanzergebnis insgesamt** an, die Bewertung von Einzelpositionen der Bilanz ist ohne Belang. War zB ein Verlust in der erwarteten Höhe zwar vorhanden, jedoch aus

---

[31] MüKoAktG/*Oechsler* § 230 Rn. 8; Hüffer/*Koch* AktG § 230 Rn. 3; GroßkommAktG/*Sethe* § 230 Rn. 8 f.; K. Schmidt/Lutter AktG/*Veil* § 230 Rn. 3; Spindler/Stilz AktG/*Marsch-Barner/Maul* § 230 Rn. 3.

[32] MüKoAktG/*Oechsler* § 230 Rn. 9; Hüffer/*Koch* AktG § 230 Rn. 2; Spindler/Stilz AktG/*Marsch-Barner/Maul* § 230 Rn. 4; Bürgers/Körber AktG/*Becker* § 230 Rn. 3; Grigoleit AktG/*Rieder* § 230 Rn. 4.

[33] Hölters AktG/*Haberstock/Greitemann* § 230 Rn. 7; Grigoleit AktG/*Rieder* § 230 Rn. 8; Spindler/Stilz AktG/*Marsch-Barner/Maul* § 230 Rn. 5; HdB börsennotierte AG/*Busch* Rn. 48.19; MAH AktienR/*Dissars* § 36 Rn. 58.

[34] Spindler/Stilz AktG/*Marsch-Barner/Maul* § 230 Rn. 8; Grigoleit AktG/*Rieder* § 230 Rn. 8; Hüffer/*Koch* AktG § 230 Rn. 7; K. Schmidt/Lutter AktG/*Veil* § 230 Rn. 7; MüKoAktG/*Oechsler* § 230 Rn. 11 u. 13; MAH AktienR/*Dissars* § 36 Rn. 58; aA bei Verstoß gegen § 230 S. 2 AktG Hölters AktG/*Haberstock/Greitemann* § 230 Rn. 10.

[35] MüKoAktG/*Oechsler* § 232 Rn. 4; Hüffer/*Koch* AktG § 232 Rn. 6; GroßkommAktG/*Sethe* § 232 Rn. 1; Spindler/Stilz AktG/*Marsch-Barner/Maul* § 232 Rn. 3.

einem anderen als dem angenommenen Grund, so ist der aus der Kapitalherabsetzung gewonnene Betrag gleichwohl zur Deckung dieses Verlustes zu verwenden und nicht etwa gemäß § 232 AktG in die Kapitalrücklage einzustellen.[36]

Entscheidend sind allein die Verhältnisse im **Zeitpunkt der Beschlussfassung,** nicht im Zeitpunkt der Bilanzaufstellung.[37] Zu fragen ist, ob sich nachträglich ergibt, dass im Zeitpunkt der Beschlussfassung ein Verlust in der angenommenen Höhe nicht bestand (vgl. aber → Rn. 29). War der Verlust im Zeitpunkt der Beschlussfassung vorhanden, ist es unschädlich, wenn nach der Beschlussfassung Gewinne angefallen sind, die ebenfalls zur Verlustdeckung genutzt werden könnten. Auch in einem solchen Fall kann mit den aus der Kapitalherabsetzung gewonnenen Beträgen der Verlust gedeckt werden, während die danach angefallenen Gewinne nach den allgemeinen Regeln verwendbar sind.[38] Umgekehrt besteht die Verpflichtung zur Einstellung in die Kapitalrücklage auch dann, wenn Verluste im Zeitpunkt des Kapitalherabsetzungsbeschlusses nicht vorhanden waren, jedoch später aufgetreten sind. Solche Verluste können nicht durch die aus der Kapitalherabsetzung gewonnenen Beträge gedeckt werden.[39] 27

Dass ein Verlust nicht bestand, muss sich bei Aufstellung der **drei dem Herabsetzungsbeschluss nachfolgenden Jahresbilanzen** (Bilanz des Geschäftsjahres des Beschlusses und Bilanzen der beiden Folgejahre) ergeben. Tritt dieser Umstand erst später in Erscheinung, besteht eine Verpflichtung zur Einstellung in die Kapitalrücklage nicht mehr. Die Einstellung in die Kapitalrücklage hat nur in der Bilanz zu geschehen, bei deren Aufstellung sich die Verpflichtung ergibt. Frühere Bilanzen, in denen der Betrag aus der Kapitalherabsetzung noch zur Verlustdeckung bilanziert war, sind nicht zu ändern.[40] 28

Die Grundsätze des § 232 AktG finden in ähnlich gelagerten Fällen **analog Anwendung,** wenn ein entsprechendes Schutzbedürfnis besteht: (1) Das gilt zum einen bei Auflösung ursprünglich berechtigter Rückstellungen für bloß erwartete Verluste. Werden erwartete Verluste berücksichtigt (in Form von Rückstellungen für ungewisse Verbindlichkeiten und für drohende Verluste aus schwebenden Geschäften), so erlaubt der daraus entstehende Verlust zwar eine vereinfachte Kapitalherabsetzung. Ergibt sich jedoch später, dass sich der erwartete Verlust nicht realisiert, so ist die Rückstellung aufzulösen und der Betrag innerhalb des Dreijahreszeitraumes entsprechend § 232 AktG in die Kapitalrücklage einzustellen.[41] (2) Gleiches gilt, wenn der Kapitalherabsetzungsbeschluss, ohne angefochten zu werden (vgl. → Rn. 20), das Kapital von vornherein um einen höheren Betrag herabgesetzt hat, als bei ordnungsgemäßer Beurteilung zur Verlustdeckung erforderlich war.[42] 29

---

[36] KölnKommAktG/*Lutter* § 232 Rn. 5; Hüffer/*Koch* AktG § 232 Rn. 3; MüKoAktG/*Oechsler* § 232 Rn. 6; GroßkommAktG/*Sethe* § 232 Rn. 5; K. Schmidt/Lutter AktG/*Veil* § 232 Rn. 3; Spindler/Stilz AktG/*Marsch-Barner/Maul* § 232 Rn. 4; einschränkend HdB börsennotierte AG/*Busch* Rn. 48.21.
[37] KölnKommAktG/*Lutter* § 232 Rn. 6; Hüffer/*Koch* AktG § 232 Rn. 3; GroßkommAktG/*Sethe* § 232 Rn. 6; Grigoleit AktG/*Rieder* § 232 Rn. 3.
[38] MüKoAktG/*Oechsler* § 232 Rn. 7; Hüffer/*Koch* AktG § 232 Rn. 4; GroßkommAktG/*Sethe* § 232 Rn. 6; Spindler/Stilz AktG/*Marsch-Barner/Maul* § 232 Rn. 4.
[39] MüKoAktG/*Oechsler* § 232 Rn. 6; Hüffer/*Koch* AktG § 232 Rn. 4; GroßkommAktG/*Sethe* § 232 Rn. 6; K. Schmidt/Lutter AktG/*Veil* § 232 Rn. 4; Spindler/Stilz AktG/*Marsch-Barner/Maul* § 232 Rn. 5; aA noch *v. Godin/Wilhelmi* AktG § 232 Anm. 2.
[40] Hüffer/*Koch* AktG § 232 Rn. 5; GroßkommAktG/*Sethe* § 232 Rn. 7; K. Schmidt/Lutter AktG/*Veil* § 232 Rn. 5; Spindler/Stilz AktG/*Marsch-Barner/Maul* § 232 Rn. 6.
[41] BGHZ 119, 305 (321 f.) – Klöckner; Hüffer/*Koch* AktG § 232 Rn. 8; MüKoAktG/*Oechsler* § 232 Rn. 12; GroßkommAktG/*Sethe* § 232 Rn. 16; Spindler/Stilz AktG/*Marsch-Barner/Maul* § 232 Rn. 10; *Fabis* MittRhNotK 1999, 169 (173); im Ergebnis ebenso KölnKommAktG/*Lutter* § 232 Rn. 7 f., der § 232 AktG unmittelbar anwenden will, weil der Verlust in diesen Fällen tatsächlich nicht „eingetreten" gewesen sei.
[42] Hüffer/*Koch* AktG § 232 Rn. 8; MüKoAktG/*Oechsler* § 232 Rn. 10; GroßkommAktG/*Sethe* § 232 Rn. 14; K. Schmidt/Lutter AktG/*Veil* § 232 Rn. 6; Grigoleit AktG/*Rieder* § 232 Rn. 5; aA KölnKommAktG/*Lutter* § 230 Rn. 14, der in diesem Falle nur das Ausschüttungsverbot des § 230 S. 1

(3) § 232 AktG findet ferner dann entsprechend Anwendung, wenn die Kapitalherabsetzung nicht zur Deckung von Verlusten, sondern zur Einstellung von Beträgen in die Kapitalrücklage erfolgte, diese Einstellung jedoch an sich nach § 231 AktG unzulässig war. **Verstöße gegen § 231 AktG** führen lediglich zur Anfechtbarkeit der Kapitalherabsetzung. Wird die Kapitalherabsetzung nicht angefochten, bleibt es bei dem Verbot des § 230 S. 1 AktG, die gewonnenen Beträge an die Aktionäre auszuschütten. Entsprechend § 232 AktG sind sie dann in die Kapitalrücklage einzustellen.[43]

30 b) Rechtsfolgen bei Verstoß gegen die Einstellungspflicht. Steht nach dem Inhalt des Jahresabschlusses fest, dass Beträge aus der Kapitalherabsetzung in die Kapitalrücklage eingestellt werden müssten, unterbleibt diese Einstellung jedoch, so sind der Jahresabschluss und der darauf beruhende Gewinnverwendungsbeschluss nichtig (§§ 241 Nr. 3, 256 Abs. 1 Nr. 1, 253 Abs. 1 S. 1 AktG).[44] Anders ist es dann, wenn der Jahresabschluss wegen fehlerhafter Wertansätze nicht erkennen lässt, dass die Verluste zu hoch angenommen wurden; in diesem Fall fehlt es an den Voraussetzungen für die Anwendbarkeit von § 232 (vgl. → Rn. 28), und es gelten lediglich die allgemeinen Regeln über die Behandlung unrichtiger Abschlüsse (§ 256 Abs. 5 AktG, §§ 258 ff. AktG).[45] Ist der Abschluss danach nichtig und stellt sich bei erneuter ordnungsgemäßer Aufstellung heraus, dass die Verluste zu hoch angenommen worden sind, greift die Einstellungspflicht gemäß § 232 AktG jedoch iRd Neuaufstellung;[46] wird dagegen verstoßen, führt das zur Nichtigkeit auch des neu aufgestellten Jahresabschlusses und des Gewinnverwendungsbeschlusses.

31 3. Beschränkung zukünftiger Gewinnausschüttungen. a) Verbot der Gewinnausschüttung. Nach Wirksamwerden der vereinfachten Kapitalherabsetzung darf die Gesellschaft Gewinne erst wieder ausschütten, wenn die **Kapitalrücklage und die gesetzliche Rücklage zusammen 10 % des Grundkapitals** erreicht haben (§ 233 Abs. 1 S. 1 AktG). Dabei zählen nur Beträge in der Kapitalrücklage nach § 272 Abs. 2 Nr. 1–3 HGB mit, also nicht solche nach § 272 Abs. 2 Nr. 4 HGB.[47] Die Quote ist zwingend, so dass sie durch die Satzung weder heraufgesetzt noch reduziert werden kann.[48] Sie bemisst sich nach dem herabgesetzten Grundkapital; wird das Grundkapital im Zusammenhang mit einer gleichzeitigen Wiedererhöhung gem. § 228 AktG unter den gesetzlichen Mindestnennbetrag herabgesetzt, so ist die Quote nach dem in § 7 AktG bestimmten Mindestnennbetrag von 50.000 Euro zu ermitteln (§ 233 Abs. 1 S. 2 AktG). Die Vorschrift beschränkt sich darauf, Gewinnausschüttungen zu verbieten. Sie enthält nicht etwa eine Verpflichtung, den Gewinn zur Auffüllung der gesetzlichen Rücklage oder der Kapitalrücklage zu verwenden. Vielmehr kann ein sich ergebender Gewinn zu jedem zulässigen Zweck (zB Einstellung in andere Gewinnrücklagen, Gewinnvortrag) verwendet werden, nur nicht zur Ausschüttung an die Aktionäre.[49]

AktG anwenden will; noch anders *Hirte* FS Claussen, 1997, 115 (123), der in solchen Fällen eine Pflicht zur Rückgängigmachung durch eine Kapitalerhöhung vorschlägt.

[43] MüKoAktG/*Oechsler* § 230 Rn. 14 u. § 231 Rn. 10; Hüffer/*Koch* AktG § 232 Rn. 8; GroßkommAktG/*Sethe* § 232 Rn. 15; K. Schmidt/Lutter AktG/*Veil* § 231 Rn. 4; Spindler/Stilz AktG/*Marsch-Barner/Maul* § 231 Rn. 8; Grigoleit AktG/*Rieder* § 232 Rn. 5.

[44] MüKoAktG/*Oechsler* § 232 Rn. 14; Hüffer/*Koch* AktG § 232 Rn. 7; GroßkommAktG/*Sethe* § 232 Rn. 12; K. Schmidt/Lutter AktG/*Veil* § 232 Rn. 8; Spindler/Stilz AktG/*Marsch-Barner* § 232 Rn. 9.

[45] KölnKommAktG/*Lutter* § 232 Rn. 14 f.; GroßkommAktG/*Schilling*, 3. Aufl., § 232 Anm. 6.

[46] GroßkommAktG/*Sethe* § 232 Rn. 9.

[47] MüKoAktG/*Oechsler* § 233 Rn. 7; Hüffer/*Koch* AktG § 233 Rn. 4; GroßkommAktG/*Sethe* § 233 Rn. 11; K. Schmidt/Lutter AktG/*Veil* § 233 Rn. 5; HdB börsennotierte AG/*Busch* Rn. 48.25.

[48] K. Schmidt/Lutter AktG/*Veil* § 233 Rn. 5; Spindler/Stilz AktG/*Marsch-Barner/Maul* § 233 Rn. 7; Hüffer/*Koch* AktG § 233 Rn. 4.

[49] MüKoAktG/*Oechsler* § 233 Rn. 9; Hüffer/*Koch* AktG § 233 Rn. 2; GroßkommAktG/*Sethe* § 233 Rn. 7; K. Schmidt/Lutter AktG/*Veil* § 233 Rn. 2; Spindler/Stilz AktG/*Marsch-Barner/Maul* § 233 Rn. 4.

Verboten sind **Gewinnausschüttungen** an Aktionäre, dh Leistungen der Gesellschaft an ihre Aktionäre ohne Gegenleistung.[50] Im Einzelnen gilt: (1) Nicht erfasst sind **andere Zahlungen** an Dritte oder Aktionäre, mögen diese in ihrer Berechnung auch gewinnabhängig sein; auch Zahlungen auf Grund von Gewinnschuldverschreibungen und Genussrechten werden daher von dem Verbot nicht erfasst.[51] Da eine Gewinnausschüttung an die Aktionäre nicht stattfindet, scheitern andere gewinnabhängige Zahlungen allerdings dann, wenn die jeweiligen Ansprüche sich nicht nach dem erzielten Jahresüberschuss oder Bilanzgewinn, sondern nach dem an die Aktionäre ausgeschütteten Gewinn richten.[52] (2) Nach hM werden auch durch **Gewinnabführungsvertrag** vereinbarte Gewinnabführungen vom Verbot des § 233 Abs. 1 AktG erfasst.[53] Angesichts der fortbestehenden Verlustübernahmepflicht (§ 302 AktG) ist das aber abzulehnen, zumal § 300 Nr. 1 AktG ohnehin die beschleunigte Auffüllung der Rücklagen sicherstellt.[54] (3) Für **Teilgewinnabführungsverträge** (§ 292 Abs. 1 Nr. 2 AktG) und **Gewinngemeinschaften** (§ 292 Abs. 1 Nr. 1 AktG) kann das Verbot des § 233 Abs. 1 AktG jedenfalls dann nicht gelten, wenn die Gesellschaft für ihre Leistung eine entsprechende vertragliche Gegenleistung erhält.[55] (4) Ansprüche der Aktionäre auf Grund von **Dividendengarantien** (insbesondere § 304 Abs. 2 S. 2 AktG) werden durch § 233 AktG ebenfalls nicht berührt.[56]

Das Ausschüttungsverbot **beginnt** mit Wirksamwerden der Kapitalherabsetzung, dh im Zeitpunkt der Eintragung ins Handelsregister (§§ 229 Abs. 3, 224 AktG). Vorher beschlossene Gewinnausschüttungen werden nicht berührt, auch wenn die Auszahlung im Zeitpunkt des Wirksamwerdens der Kapitalherabsetzung noch nicht erfolgt war. Etwas anderes kann gelten, wenn zwischen der Beschlussfassung über die Kapitalherabsetzung und deren Wirksamwerden Gewinnausschüttungen beschlossen werden, um die Schutzvorschrift des § 233 Abs. 1 AktG zu umgehen.[57] Das Verbot **endet,** sobald die 10 %-Quote aufgefüllt ist. Auf welche Weise das geschehen ist, ist unerheblich. Fallen gesetzliche und Kapitalrücklagen nach der Auffüllung wieder unter die 10 %-Grenze, ist das unschädlich; § 233 Abs. 1 AktG kommt dann nicht erneut zur Anwendung.[58]

b) Beschränkung der Höhe der Gewinnausschüttung. Auch wenn die Kapitalrücklage und die gesetzliche Rücklage auf zusammen 10 % des herabgesetzten Grundkapitals aufgefüllt sind, darf für das im Zeitpunkt der Beschlussfassung über die Kapitalherabsetzung laufende Geschäftsjahr und die beiden folgenden Geschäftsjahre höchstens ein **Gewinn-**

---

[50] GroßkommAktG/*Sethe* § 233 Rn. 4; MüKoAktG/*Oechsler* § 233 Rn. 5.

[51] MüKoAktG/*Oechsler* § 233 Rn. 5; Hüffer/*Koch* AktG § 233 Rn. 3; GroßkommAktG/*Sethe* § 233 Rn. 4; Spindler/Stilz AktG/*Marsch-Barner/Maul* § 233 Rn. 2; K. Schmidt/Lutter AktG/*Veil* § 233 Rn. 2.

[52] Hüffer/*Koch* AktG § 233 Rn. 3; GroßkommAktG/*Sethe* § 233 Rn. 4; Spindler/Stilz AktG/ *Marsch-Barner* § 233 Rn. 2.

[53] Hüffer/*Koch* AktG § 233 Rn. 3; GroßkommAktG/*Sethe* § 233 Rn. 5; K. Schmidt/Lutter AktG/ *Veil* § 233 Rn. 3; Spindler/Stilz AktG/*Marsch-Barner/Maul* § 233 Rn. 3; HdB börsennotierte AG/ *Busch* Rn. 48.26; MAH AktienR/*Dissars* § 36 Rn. 61; aA *Kessler/Egelhof* DStR 2017, 998 (1002).

[54] Ebenso MüKoAktG/*Oechsler* § 233 Rn. 6; Grigoleit AktG/*Rieder* § 233 Rn. 6; Bürgers/Körber AktG/*Becker* § 233 Rn. 5; Wachter AktG/*Früchtl* § 233 Rn. 2; *Geißler* NZG 2000, 719 (723).

[55] Ebenso KölnKommAktG/*Lutter* § 233 Rn. 9; MüKoAktG/*Oechsler* § 233 Rn. 5; Hüffer/*Koch* AktG § 233 Rn. 3; vgl. dazu näher → § 72 Rn. 13 u. 23.

[56] MüKoAktG/*Oechsler* § 233 Rn. 5; Hüffer/*Koch* AktG § 233 Rn. 3; GroßkommAktG/*Sethe* § 233 Rn. 5; Grigoleit AktG/*Rieder* § 233 Rn. 7.

[57] KölnKommAktG/*Lutter* § 233 Rn. 7; Hüffer/*Koch* AktG § 233 Rn. 5; Spindler/Stilz AktG/ *Marsch-Barner/Maul* § 233 Rn. 8; Bürgers/Körber AktG/*Becker* § 233 Rn. 6; Wachter AktG/*Früchtl* § 233 Rn. 4; aA MüKoAktG/*Oechsler* § 233 Rn. 10; GroßkommAktG/*Sethe* § 233 Rn. 10, die davon ausgehen, dass kein Umgehungsfall vorliegt.

[58] MüKoAktG/*Oechsler* § 233 Rn. 11; Hüffer/*Koch* AktG § 233 Rn. 5; GroßkommAktG/*Sethe* § 233 Rn. 10; K. Schmidt/Lutter AktG/*Veil* § 233 Rn. 5; Spindler/Stilz AktG/*Marsch-Barner* § 233 Rn. 9; Grigoleit AktG/*Rieder* § 233 Rn. 8.

anteil von 4 % des Grundkapitals je Geschäftsjahr gezahlt werden (§ 233 Abs. 2 S. 1 AktG). Durch eine etwaige Rückwirkung der Kapitalherabsetzung nach § 234 AktG wird der Verbotszeitraum nicht verändert.[59] Für die Bemessung der 4 %-Quote ist das Grundkapital in der Höhe zugrunde zu legen, in der es im Zeitpunkt des Gewinnverwendungsbeschlusses besteht.[60] Auch dieses Verbot beschränkt sich auf Gewinnausschüttungen an Aktionäre, erstreckt sich jedoch nicht auf andere gewinnabhängige Zahlungen (vgl. → Rn. 32).

35 Das Verbot **tritt in Kraft,** sobald die Kapitalherabsetzung wirksam geworden, dh ins Handelsregister eingetragen ist. Vorher gefasste Gewinnverwendungsbeschlüsse können bis zu diesem Zeitpunkt noch ausgeführt werden (selbst wenn die Gewinnverwendung erst nach der Kapitalherabsetzung beschlossen wurde), danach nicht mehr.[61] Der durch § 233 Abs. 2 AktG bezweckte Gläubigerschutz spricht dafür, das Verbot auch auf noch nicht ausgeführte Gewinnverwendungsbeschlüsse für Geschäftsjahre vor der Beschlussfassung über die Kapitalherabsetzung zu erstrecken.

36 Die Beschränkung auf eine 4 %-ige Dividende **entfällt,** wenn die Gesellschaft die Gläubiger, deren Forderungen vor der Bekanntmachung der Eintragung des Kapitalherabsetzungsbeschlusses begründet waren, befriedigt oder sichert (§ 233 Abs. 2 S. 2–4 AktG). Es gelten insoweit die gleichen Regeln wie bei der Gläubigersicherung im Rahmen der ordentlichen Kapitalherabsetzung nach § 225 AktG. Die sechsmonatige Frist beginnt in diesem Fall mit der Bekanntmachung des Jahresabschlusses, auf Grund dessen die Gewinnverteilung beschlossen ist; in der Bekanntmachung des Jahresabschlusses sind die Gläubiger auf die Befriedigung oder Sicherstellung hinzuweisen. Die Hauptversammlung kann bereits während des Laufs der Frist eine die Grenze des § 233 Abs. 2 S. 1 AktG überschreitende Gewinnausschüttung beschließen. In Höhe von 4 % des Grundkapitals kann der Gewinn sofort ausgeschüttet werden. Der darüber hinausgehende Betrag kann hingegen erst und nur ausgezahlt werden, wenn die sechsmonatige Frist abgelaufen ist und die berechtigten Gläubiger, die sich gemeldet haben, befriedigt worden sind oder Sicherheit erhalten haben.[62] Der Dividendenanspruch ist insofern genehmigt und bedingt. Ist die Gesellschaft in einem Jahr nach Maßgabe von § 233 Abs. 2 S. 2 AktG vorgegangen, entfällt dadurch die Beschränkung des § 233 Abs. 2 S. 1 AktG auch in den danach relevanten Folgejahren.[63] Die Gesellschaft muss daher, wenn sie in den nachfolgenden Jahren ebenfalls mehr als 4 % des Grundkapitals ausschütten will, nicht erneut nach § 233 Abs. 2 S. 2 AktG vorgehen. Das ergibt sich aus der Systematik von § 233 Abs. 2 AktG, wonach Satz 1, der sich auf alle drei Jahre bezieht, keine Anwendung findet, wenn die Gesellschaft nach Satz 2 vorgegangen ist. Zudem würde sich anderenfalls ein Widerspruch zu § 225 AktG ergeben; dort wird die Gesellschaft nach einer ordentlichen Kapitalerhöhung von den Ausschüttungssperren abschließend frei, wenn sie die Altgläubiger sichergestellt hat. Vgl. im Übrigen näher → § 61 Rn. 48 ff.

37 **c) Rechtsfolgen bei Verstoß.** Beschließt die Hauptversammlung Gewinnausschüttungen unter Verstoß gegen die Beschränkungen des § 233 AktG, ist der Hauptversammlungs-

---

[59] Hüffer/*Koch* AktG § 233 Rn. 7; Spindler/Stilz AktG/*Marsch-Barner/Maul* § 233 Rn. 11; GroßkommAktG/*Sethe* § 233 Rn. 15.

[60] MüKoAktG/*Oechsler* § 233 Rn. 13; Hüffer/*Koch* AktG § 233 Rn. 6; GroßkommAktG/*Sethe* § 233 Rn. 13; K. Schmidt/Lutter AktG/*Veil* § 233 Rn. 6; Spindler/Stilz AktG/*Marsch-Barner* § 233 Rn. 10.

[61] MüKoAktG/*Oechsler* § 233 Rn. 15; Hüffer/*Koch* AktG § 233 Rn. 7; K. Schmidt/Lutter AktG/ *Veil* § 233 Rn. 8; Spindler/Stilz AktG/*Marsch-Barner/Maul* § 233 Rn. 11; aA GroßkommAktG/*Sethe* § 233 Rn. 13 f., der davon ausgeht, dass auch Zahlungen erfasst sind, die zwischen Beschlussfassung über die Kapitalherabsetzung und deren Wirksamwerden beschlossen und ausgezahlt werden.

[62] GroßkommAktG/*Sethe* § 233 Rn. 21.

[63] Wohl ebenso KölnKommAktG/*Lutter* § 233 Rn. 14. AA zu der Parallelvorschrift in § 58d Abs. 2 MüKoGmbHG/*J. Vetter* § 58d Rn. 43; Scholz GmbHG/*Priester* § 34 Rn. 12.

beschluss nichtig.[64] Die Aktionäre haben der Gesellschaft geleistete Zahlungen zurückzugewähren (§ 62 AktG). Daneben kommt eine Schadensersatzverpflichtung von Vorstand und Aufsichtsrat in Betracht (§§ 93, 116 AktG).

V. Rückwirkungsmöglichkeiten

1. Rückbeziehung der Kapitalherabsetzung. a) Bedeutung der Rückbeziehung. 38
Wird das Grundkapital in vereinfachter Form herabgesetzt, kann die Gesellschaft bereits in dem **Jahresabschluss für das letzte** vor der Beschlussfassung abgelaufene **Geschäftsjahr** das gezeichnete Kapital sowie die Kapital- und Gewinnrücklagen in der Höhe ausweisen, in der diese nach der Kapitalherabsetzung bestehen sollen (§ 234 Abs. 1 AktG). Die Gesellschaft kann auf diese Weise vermeiden, dass die durch die Kapitalherabsetzung beseitigten Verluste zuvor noch bilanziell ausgewiesen werden müssen. Weitergehende Wirkungen verbinden sich damit nicht. Insbesondere wird nicht die Kapitalherabsetzung als solche rückwirkend wirksam. Es kann lediglich der letzte Jahresabschluss so aufgestellt werden, als sei die Kapitalherabsetzung zum Stichtag bereits erfolgt gewesen. Die Möglichkeit beschränkt sich auf den Jahresabschluss für das der Beschlussfassung vorausgegangene Geschäftsjahr und kann nicht auf noch weiter vorher liegende Geschäftsjahre erstreckt werden. Eine Rückbeziehung der Kapitalherabsetzung ist auch möglich, wenn die Gesellschaft im voraufgegangenen Geschäftsjahr noch die Rechtsform der GmbH besaß.[65] Eine Verpflichtung zur Rückbeziehung besteht nicht.

b) Voraussetzungen. Die Rückbeziehung erfolgt durch **Feststellung** des letzten Jahres- 39
abschlusses unter Zugrundelegung des Kapitals und der Rücklagen in der Höhe, in der sie nach der Kapitalherabsetzung bestehen sollen. Soll eine Rückbeziehung erfolgen, muss der Jahresabschluss **durch die Hauptversammlung** festgestellt werden (§ 234 Abs. 2 S. 1 AktG). Daraus folgt zugleich das Recht der Hauptversammlung, zu diesem Zweck die Feststellung des Jahresabschlusses auch ohne eine Vorlage nach § 173 Abs. 1 AktG an sich zu ziehen (§ 83 Abs. 1 S. 1 AktG).[66] Wird der Hauptversammlung der Jahresabschluss zur Feststellung nach § 234 AktG vorgelegt, kann die Hauptversammlung ihn nur mit Rückwirkung beschließen.[67] Ist der Jahresabschluss für das letzte Geschäftsjahr bereits festgestellt, scheidet eine Rückbeziehung der Kapitalherabsetzung daher aus. Ein vom Vorstand und Aufsichtsrat bereits festgestellter Jahresabschluss kann allerdings bis zur Einberufung der Hauptversammlung zur Entgegennahme des Jahresabschlusses wieder aufgehoben werden (§ 175 Abs. 4 AktG); danach kann eine Zuständigkeit der Hauptversammlung nicht mehr begründet werden.[68]

Der Beschluss über die Feststellung des Jahresabschlusses soll zugleich mit dem Beschluss 40
über die Kapitalherabsetzung, dh in derselben Hauptversammlung, gefasst werden (§ 234 Abs. 2 S. 2 AktG). Es handelt sich jedoch lediglich um eine Sollvorschrift, die eine abweichende **Zeitfolge** nicht ausschließt.[69] Die Hauptversammlung kann daher zunächst

---

[64] MüKoAktG/*Oechsler* § 233 Rn. 9 u. 16; Hüffer/*Koch* AktG § 233 Rn. 10; GroßkommAktG/*Sethe* § 233 Rn. 24; K. Schmidt/Lutter AktG/*Veil* § 233 Rn. 11; Spindler/Stilz AktG/*Marsch-Barner/Maul* § 233 Rn. 14.

[65] Hüffer/*Koch* AktG § 234 Rn. 2; MüKoAktG/*Oechsler* § 234 Rn. 4; GroßkommAktG/*Sethe* § 234 Rn. 3; K. Schmidt AG 1985, 150 (156 f.).

[66] KölnKommAktG/*Lutter* § 234 Rn. 11 ff.; Hüffer/*Koch* AktG § 234 Rn. 5; Hölters AktG/*Haberstock/Greitemann* § 234 Rn. 9; HdB börsennotierte AG/*Busch* Rn. 48.30; zu eng MüKoAktG/*Oechsler* § 234 Rn. 12; K. Schmidt/Lutter AktG/*Veil* § 234 Rn. 5; Grigoleit AktG/*Rieder* § 234 Rn. 6, die von einem Anweisungsrecht „bei Untätigkeit" des Vorstands sprechen.

[67] MüKoAktG/*Oechsler* § 234 Rn. 11; Hüffer/*Koch* AktG § 234 Rn. 5; K. Schmidt/Lutter AktG/*Veil* § 234 Rn. 5; Spindler/Stilz AktG/*Marsch-Barner/Maul* § 234 Rn. 8.

[68] Hüffer/*Koch* AktG § 175 Rn. 10; MüKoAktG/*Kropff* § 175 Rn. 41 f.; GroßkommAktG/*Sethe* § 234 Rn. 10; K. Schmidt/Lutter AktG/*Veil* § 234 Rn. 6.

[69] KölnKommAktG/*Lutter* § 234 Rn. 14; MüKoAktG/*Oechsler* § 234 Rn. 13; GroßkommAktG/*Sethe* § 234 Rn. 12; HdB börsennotierte AG/*Busch* Rn. 48.31.

die Kapitalherabsetzung beschließen und – namentlich wenn der Jahresabschluss noch nicht vorliegt – den Jahresabschluss später feststellen. Die Gegenansicht, der Hauptversammlung, die über die rückwirkende Kapitalherabsetzung beschließe, müsse zu Informationszwecken der betroffene Jahresabschluss vorgelegt werden,[70] überzeugt nicht.[71] Auch der umgekehrte Fall ist – jedenfalls theoretisch – denkbar; in diesem Fall steht die Feststellung des Jahresabschlusses unter der aufschiebenden Bedingung einer späteren Beschlussfassung über die Kapitalherabsetzung.[72]

41 **c) Eintragung binnen drei Monaten.** Wird die Kapitalherabsetzung auf den letzten Jahresabschluss zurückbezogen, sind sowohl der Kapitalherabsetzungsbeschluss als auch der Beschluss über die Feststellung des Jahresabschlusses nichtig, wenn der Kapitalherabsetzungsbeschluss nicht binnen drei Monaten nach der Beschlussfassung in das Handelsregister eingetragen wird (§ 234 Abs. 3 S. 1 AktG). Die **Frist** wird insbesondere für die Dauer einer Anfechtungs- oder Nichtigkeitsklage nach Maßgabe von § 234 Abs. 3 S. 2 AktG gehemmt. Werden die Beschlüsse nicht gleichzeitig gefasst, beginnt die Frist mit der ersten Beschlussfassung.[73] Die **Nichtigkeit** beschränkt sich auf den Jahresabschluss, wenn bei der Beschlussfassung über die Kapitalherabsetzung unmissverständlich zum Ausdruck gekommen ist, dass die Kapitalherabsetzung auf jeden Fall und unabhängig von der Rückwirkung wirksam sein soll.[74] Die Nichtigkeit des Kapitalherabsetzungsbeschlusses ist nach Maßgabe von § 242 Abs. 3 AktG heilbar. Tritt Heilung ein, erstreckt sich diese auch auf die Feststellung des Jahresabschlusses.[75]

42 **2. Rückbeziehung einer gleichzeitigen Kapitalerhöhung. a) Bedeutung der Rückbeziehung.** Verbindet sich mit der vereinfachten Kapitalherabsetzung eine gleichzeitige Wiedererhöhung des Grundkapitals, kann gem. § 235 AktG auch die Kapitalerhöhung auf den **letzten Jahresabschluss** rückbezogen werden. In dem Jahresabschluss für das letzte Geschäftsjahr können dann das gezeichnete Kapital sowie die Kapital- und Gewinnrücklagen in der Höhe ausgewiesen werden, in der sie nach der Kapitalherabsetzung und der gleichzeitigen Wiedererhöhung bestehen sollen; die Einlageforderungen aus der Kapitalerhöhung sind nach Maßgabe von § 272 Abs. 1 S. 2 u. 3 HGB zu aktivieren. Das Gesetz kommt hiermit dem Interesse der Gesellschaft noch weiter entgegen, nach erfolgter Sanierung die frühere Sanierungsbedürftigkeit nicht noch bilanziell ausweisen zu müssen. Ebenso wie bei der Herabsetzung steht es auch bei der Wiedererhöhung einer Rückbeziehung nicht entgegen, wenn die Gesellschaft im vorangegangenen Geschäftsjahr noch eine andere Rechtsform besaß.[76] Eine Pflicht zur Rückbeziehung besteht nicht. Die Gesellschaft kann sich also darauf beschränken, lediglich die Kapitalherabsetzung zurückzubeziehen, oder von einer Rückbeziehung ganz absehen.

---

[70] So LG Frankfurt a. M. DB 2003, 2541 (2542).
[71] Näher HdB börsennotierte AG/*Busch* Rn. 45.31.
[72] MüKoAktG/*Oechsler* § 234 Rn. 13; GroßkommAktG/*Sethe* § 234 Rn. 14; Spindler/Stilz AktG/*Marsch-Barner* § 234 Rn. 10.
[73] MüKoAktG/*Oechsler* § 234 Rn. 14; GroßkommAktG/*Sethe* § 234 Rn. 18; K. Schmidt/Lutter AktG/*Veil* § 234 Rn. 10; Spindler/Stilz AktG/*Marsch-Barner/Maul* § 234 Rn. 12; Bürgers/Körber AktG/*Becker* § 234 Rn. 14.
[74] KölnKommAktG/*Lutter* § 234 Rn. 17; MüKoAktG/*Oechsler* § 234 Rn. 17; Hüffer/*Koch* AktG § 234 Rn. 9; GroßkommAktG/*Sethe* § 234 Rn. 20; Spindler/Stilz AktG/*Marsch-Barner/Maul* § 234 Rn. 15; Bürgers/Körber AktG/*Becker* § 234 Rn. 16; Reger/Stenzel NZG 2009, 1210 (1212); aA K. Schmidt/Lutter AktG/*Veil* § 234 Rn. 12.
[75] MüKoAktG/*Oechsler* § 234 Rn. 18; Hüffer/*Koch* AktG § 234 Rn. 10; GroßkommAktG/*Sethe* § 234 Rn. 24; K. Schmidt/Lutter AktG/*Veil* § 234 Rn. 13; Spindler/Stilz AktG/*Marsch-Barner* § 234 Rn. 16.
[76] MüKoAktG/*Oechsler* § 235 Rn. 3; Hüffer/*Koch* AktG § 235 Rn. 4; K. Schmidt/Lutter AktG/*Veil* § 235 Rn. 4; Spindler/Stilz AktG/*Marsch-Barner/Maul* § 235 Rn. 4; Grigoleit AktG/*Rieder* § 235 Rn. 7; vgl. auch → Rn. 38.

b) Voraussetzungen. Die Rückbeziehung der Kapitalerhöhung erfolgt durch die Hauptversammlung in dem nach § 234 Abs. 2 AktG zu fassenden **Beschluss** über die Feststellung des Jahresabschlusses für das letzte Geschäftsjahr.[77] Sie setzt voraus, dass die **Kapitalerhöhung zugleich mit der Kapitalherabsetzung,** dh in derselben Hauptversammlung, beschlossen wird (§ 235 Abs. 1 S. 1 AktG).[78] Die Kapitalerhöhung muss mit **Bareinlagen,** nicht durch Sacheinlagen, erfolgen (§ 235 Abs. 1 S. 2 AktG). Erforderlich ist eine reguläre Kapitalerhöhung; die Schaffung eines genehmigten oder bedingten Kapitals oder eine Kapitalerhöhung aus Gesellschaftsmitteln genügen nicht.[79] Ferner müssen die neuen Aktien aus der Kapitalerhöhung im Zeitpunkt des Kapitalerhöhungsbeschlusses bereits **vollständig gezeichnet** sein. Eine der Beschlussfassung vorausgehende Zeichnung ist grundsätzlich möglich; § 187 Abs. 1 AktG findet jedoch Anwendung (vgl. zur Zeichnung vor Fassung des Kapitalerhöhungsbeschlusses und zu § 187 Abs. 1 AktG → § 57 Rn. 158 u. 171). Zusätzlich müssen auf jede Aktie mindestens ein Viertel des Nennbetrages sowie ein etwaiges Aufgeld in voller Höhe zur freien Verfügung des Vorstands **eingezahlt** sein (§§ 235 Abs. 1 S. 2, 188 Abs. 2, 36a Abs. 1 AktG). Darüber hinaus vom Vorstand geforderte Einlageleistungen müssen ebenfalls erbracht sein.[80] Die darin liegende Voreinzahlung hat ausnahmsweise Erfüllungswirkung (auch → § 57 Rn. 184).[81] Ob die Zahlung bei Beschlussfassung oder Anmeldung der Durchführung der Kapitalerhöhung noch wertmäßig oder gegenständlich im Gesellschaftsvermögen vorhanden ist, spielt dafür keine Rolle; maßgeblich ist allein, dass die Bareinlage einmal zur freien Verfügung des Vorstands geleistet worden ist.[82] Da die Zeichnung unter der aufschiebenden Bedingung steht, dass die Kapitalerhöhung beschlossen und der Zeichner zur Übernahme der neuen Aktien zugelassen wird (vgl. → § 57 Rn. 158), sind die erbrachten Einlageleistungen nach §§ 812 ff. BGB zurückzuzahlen, wenn diese Bedingung ausfällt.[83] Möglich sein muss es in diesem Fall auch, dass im Zeichnungsvertrag geregelt ist, dass die Zeichnung auch dann entfällt, wenn die Kapitalerhöhung nicht mit Rückwirkung beschlossen wird. Werden andere Personen zur Zeichnung zugelassen, kommt eine Rückwirkung nach § 235 AktG nicht in Betracht; Zeichnung und Einlageleistung durch im Beschluss nicht zur Zeichnung zugelassene Personen genügen nicht zur Erfüllung der Voraussetzungen des § 235 Abs. 1 S. 2 AktG.

Zeichnung und Einzahlung sind dem **Notar nachzuweisen,** der den Beschluss über die Erhöhung des Grundkapitals beurkundet (§ 235 Abs. 1 S. 3 AktG). Welche Art von Nachweisen der Notar verlangt, steht in seinem pflichtgemäßen Ermessen. In Betracht kommen insbesondere die Vorlage der Zeichnungsscheine sowie von Einzahlungsbelegen, Kontoauszügen oder Bankbestätigungen. Erhält der Notar keine ausreichenden Nachweise, hat er die Protokollierung des Erhöhungsbeschlusses abzulehnen.[84] Droht bei einer Verzögerung erheblicher Schaden und kann sich der Notar überzeugen, dass die Voraussetzungen des

---

[77] Hüffer/*Koch* AktG § 235 Rn. 3; Grigoleit AktG/*Rieder* § 235 Rn. 7.
[78] KölnKommAktG/*Lutter* § 235 Rn. 7; Hüffer/*Koch* AktG § 235 Rn. 4; GroßkommAktG/*Sethe* § 235 Rn. 17; aA MüKoAktG/*Oechsler* § 235 Rn. 6; K. Schmidt/Lutter AktG/*Veil* § 235 Rn. 4; Spindler/Stilz AktG/*Marsch-Barner/Maul* § 235 Rn. 7, die darin nur eine Sollvorschrift sehen.
[79] MüKoAktG/*Oechsler* § 235 Rn. 7; Hüffer/*Koch* AktG § 235 Rn. 5; GroßkommAktG/*Sethe* § 235 Rn. 10; K. Schmidt/Lutter AktG/*Veil* § 235 Rn. 4; Spindler/Stilz AktG/*Marsch-Barner/Maul* § 235 Rn. 8.
[80] BGHZ 118, 83 (88) – BuM; Hüffer/*Koch* AktG § 235 Rn. 6; K. Schmidt/Lutter AktG/*Veil* § 235 Rn. 5; *Terbrack* RNotZ 2003, 89 (107 f.).
[81] BGHZ 118, 83 (89) – BuM.
[82] OLG Düsseldorf ZIP 1981, 847 (856) – BuM; Hüffer/*Koch* AktG § 235 Rn. 7; *Terbrack* RNotZ 2003, 89 (108).
[83] Grigoleit AktG/*Rieder* § 235 Rn. 8; KölnKommAktG/*Lutter* § 235 Rn. 9; Wachter AktG/*Früchtl* § 235 Rn. 4; Hüffer/*Koch* AktG § 235 Rn. 5.
[84] Hüffer/*Koch* AktG § 235 Rn. 8; K. Schmidt/Lutter AktG/*Veil* § 235 Rn. 6; KölnKommAktG/*Lutter* § 235 Rn. 11; Wachter AktG/*Früchtl* § 235 Rn. 6; *Terbrack* RNotZ 2003, 89 (108).

§ 235 Abs. 1 S. 2 AktG trotz fehlender Nachweise erfüllt sind, kann er die Beurkundung jedoch ausnahmsweise vornehmen.[85]

45 Wird die Rückbeziehung der Kapitalerhöhung beschlossen, ohne dass die Voraussetzungen des § 235 Abs. 1 S. 1 und 2 AktG erfüllt sind, ist der Beschluss über die Feststellung des Jahresabschlusses **nichtig**.[86] Ein etwaiges Fehlen der Nachweise gegenüber dem Notar gem. § 235 Abs. 1 S. 3 AktG ist für die Wirksamkeit des Beschlusses unschädlich.[87]

46 c) Eintragung binnen drei Monaten. Wird auch die gleichzeitige Kapitalerhöhung zurückbezogen, müssen die Beschlüsse über die Kapitalherabsetzung und die Kapitalerhöhung sowie die Durchführung der Kapitalerhöhung innerhalb einer Frist von drei Monaten in das Handelsregister eingetragen werden. Anderenfalls sind die Beschlüsse über die Kapitalherabsetzung und -erhöhung sowie über die Feststellung des Jahresabschlusses **nichtig** (§ 235 Abs. 2 S. 1 AktG). Die Frist wird bei Anfechtungs- und Nichtigkeitsklagen nach Maßgabe von § 235 Abs. 2 S. 2 AktG gehemmt. Im Übrigen gilt das Gleiche wie für die Rückbeziehung der Kapitalherabsetzung; vgl. → Rn. 41. Das Registergericht soll die Beschlüsse über die Kapitalherabsetzung und -erhöhung sowie die Durchführung der Kapitalerhöhung nur gleichzeitig in das Handelsregister eintragen (§ 235 Abs. 2 S. 3 AktG). Ein Abweichen von dieser Regel ist jedoch unschädlich und berührt die Wirksamkeit der Beschlüsse nicht.[88]

47 3. Bekanntmachung des Jahresabschlusses. Bei Rückbeziehung einer Kapitalherabsetzung nach § 234 AktG und einer Kapitalerhöhung nach § 235 AktG darf der Jahresabschluss erst bekanntgemacht werden, wenn die Kapitalherabsetzung und – bei gleichzeitiger Rückbeziehung der Kapitalerhöhung – auch die Kapitalerhöhung **wirksam geworden** sind (§ 236 AktG). Es soll kein Jahresabschluss veröffentlicht werden, der möglicherweise schon kurze Zeit später wegen Ablaufs der Dreimonatsfrist nach §§ 234 Abs. 2 und 235 Abs. 2 AktG nichtig wird. Im Falle vorzeitiger Bekanntmachung des Jahresabschlusses ist die Gesellschaft geschädigten Dritten zum Schadensersatz verpflichtet (§§ 823 Abs. 2, 31 BGB iVm § 236 AktG); Vorstand und Aufsichtsrat haften gegenüber der Gesellschaft nach §§ 93, 116 AktG.[89]

§ 63 Kapitalherabsetzung durch Einziehung

Übersicht

	Rn.		Rn.
I. Allgemeines	1–7	4. Einziehungsentgelt	15–23
II. Zwangseinziehung	8–23	a) Zuständigkeit für die Festlegung	16
1. Zulassung in der Satzung	8	b) Höhe des Entgelts	17–21
2. Angeordnete Zwangseinziehung	9–11	c) Art des Entgelts; Zahlungsmodalitäten	22
a) Voraussetzungen	9, 10	d) Gläubigerschutz	23
b) Sachliche Rechtfertigung	11	III. Einziehung nach Erwerb durch die Gesellschaft	24–27
3. Gestattete Zwangseinziehung	12–14		
a) Voraussetzungen	12		
b) Sachliche Rechtfertigung	13, 14	IV. Einziehungsverfahren	28–44

---

[85] Ähnlich Terbrack RNotZ 2003, 89 (108); wohl auch Grigoleit AktG/*Rieder* § 235 Rn. 10; Spindler/Stilz AktG/*Marsch-Barner/Maul* § 235 Rn. 12.

[86] OLG Düsseldorf ZIP 1981, 847 (856) – BuM; MüKoAktG/*Oechsler* § 235 Rn. 13; Hüffer/*Koch* AktG § 235 Rn. 9; GroßkommAktG/*Sethe* § 235 Rn. 15; K. Schmidt/Lutter AktG/*Veil* § 235 Rn. 7; Spindler/Stilz AktG/*Marsch-Barner/Maul* § 235 Rn. 13.

[87] MüKoAktG/*Oechsler* § 235 Rn. 12; Hüffer/*Koch* AktG § 235 Rn. 8; GroßkommAktG/*Sethe* § 235 Rn. 15.

[88] GroßkommAktG/*Sethe* § 235 Rn. 17; Hüffer/*Koch* AktG § 235 Rn. 13; Terbrack RNotZ 2003, 89 (108).

[89] Hüffer/*Koch* AktG § 236 Rn. 3; Wachter AktG/*Früchtl* § 236 Rn. 2; GroßkommAktG/*Sethe* § 236 Rn. 4; Grigoleit AktG/*Rieder* § 236 Rn. 3.

§ 63 Kapitalherabsetzung durch Einziehung

	Rn.		Rn.
1. Ordentliches Einziehungsverfahren	29–36	2. Einziehungshandlung	47
a) Einziehungsbeschluss	29–32	3. Wirksamwerden der Kapitalherabsetzung	48, 49
b) Gläubigerschutz	33–36	4. Anmeldung der Durchführung	50
2. Vereinfachtes Einziehungsverfahren	37–44	VI. Einziehung von Stückaktien ohne Kapitalherabsetzung	51–55
a) Voraussetzungen	37–41	1. Voraussetzungen	52
b) Einziehungsbeschluss	42	2. Einziehungsbeschluss	53, 54
c) Gläubigerschutz	43, 44	3. Abwicklung	55
V. Weitere Abwicklung der Einziehung	45–50	VII. Ausschluss von Aktionären aus wichtigem Grund	56–58
1. Anmeldung, Eintragung und Bekanntmachung des Einziehungsbeschlusses	45, 46		

Schrifttum: *Becker,* Der Ausschluß aus der Aktiengesellschaft, ZGR 1986, 383; *Cichy/Heins,* Tracking Stocks: Ein Gestaltungsmittel für deutsche Unternehmen (nicht nur) bei Börsengängen, AG 2010, 181; *Cziupka/Kliebisch,* Probleme der Steuerung des Gesellschafterbestandes durch schuldrechtliche Vereinbarungen zwischen Aktiengesellschaft und ihren jeweiligen Aktionären, BB 2013, 715; *DAV-Handelsrechtsausschuss,* Stellungnahme des Deutschen Anwaltvereins zum Referentenentwurf eines Transparenz- und Publizitätsgesetzes, NZG 2002, 115; *Friedewald,* Die personalistische Aktiengesellschaft, 1991; *Fuchs,* ECLR Tracking Stock – Spartenaktien als Finanzierungsinstrument für deutsche Aktiengesellschaften, ZGR 2003, 167; *Grunewald,* Der Ausschluß aus Gesellschaft und Verein, 1987; *Hoffmann-Becking,* Vorschläge der Regierungskommission „Corporate Governance" zum Recht der Unternehmensfinanzierung, ZHR-Sonderheft 71, 2002, S. 215; *Kallweit/Simons,* Aktienrückkauf zum Zweck der Einziehung und Kapitalherabsetzung, AG 2014, 352; *Kessler/Suchan,* Erwerb eigener Aktien und dessen handelsbilanzielle Behandlung, BB 2000, 2529; *Kreklau/Schmalholz,* Die Zwangseinziehung von Aktien bei angespannter Liquidität – der Vorstand im Interessenkonflikt, BB 2011, 778; *Krieger,* Fehlerhafte Satzungsänderungen – Fallgruppen und Bestandskraft, ZHR 158 (1994), 35; *ders.,* Beschlusskontrolle bei Kapitalherabsetzungen, ZGR 2000, 885; *Reinisch,* Der Ausschluß von Aktionären aus der Aktiengesellschaft, 1992; *Rieckers,* Ermächtigung des Vorstands zu Erwerb und Einziehung eigener Aktien, ZIP 2009, 700; *Punte/Klemens,* Die Einziehung von Aktien aus wichtigem Grund, BB 2019, 647; *Sieger/Hasselbach,* „Tracking Stock" im deutschen Aktien- und Kapitalmarktrecht, AG 2001, 391; *Terbrack,* Kapitalherabsetzende Maßnahmen bei Aktiengesellschaften, RNotZ 2003, 89; *ders.,* Kapitalherabsetzung ohne Herabsetzung des Grundkapitals? – Zur Wiedereinführung der Amortisation im Aktienrecht, DNotZ 2003, 734; *Tielmann,* Die Einziehung von Stückaktien ohne Kapitalherabsetzung, DStR 2003, 1796; *Volhard/Goldschmidt,* Nötige und unnötige Sonderbeschlüsse der Inhaber stimmrechtsloser Vorzugsaktien, FS Lutter, 2000, S. Vorher; *Weber/Schmidt,* Die Einziehung von Aktien zu Lasten des Bilanzgewinns oder anderer Gewinnrücklagen nach Erwerb durch die Gesellschaft im vereinfachten Verfahren gem. § 237 Abs. 1 Satz 1 Alt. 2, Abs. 3–5 AktG, ZNotP 2004, 11; *Wicke,* Corporate Governance-Fragen in der Kautelarjurisprudenz kleiner und mittelgroßer Unternehmen, ZGR 2012, 450; *Wieneke/Fett,* REIT AG – Aktienrechtliche Gestaltungsfragen, NZG 2007, 774; *Wieneke/Förl,* Die Einziehung eigener Aktien nach § 237 Abs. 3 Nr. 3 AktG – Eine Lockerung des Grundsatzes der Vermögensbindung?, AG 2005, 189; *Zöllner,* Kapitalherabsetzung durch Einziehung von Aktien im vereinfachten Einziehungsverfahren und vorangehender Erwerb, FS Doralt, 2004, S. 751.

I. Allgemeines

Bei einer Kapitalherabsetzung durch bloße Herabsetzung des Grundkapitals bei Stückaktien, durch Herabsetzung der Nennbeträge bei Nennbetragsaktien oder durch Zusammenlegung werden alle Aktien gleichmäßig betroffen und die Beteiligungsquoten der einzelnen Aktien nicht verändert. Demgegenüber führt die Einziehung von Aktien dazu, dass **einzelne Aktien untergehen** und sich das Grundkapital um den Anteil der eingezogenen Aktien vermindert.[1] Das Gesetz stellt damit einen weiteren Durchführungsweg für Kapitalherabsetzungen zur Verfügung.

---

[1] Zur Abgrenzung der Einziehung von verwandten Erscheinungen (Kaduzierung gem. § 64 AktG, Kraftloserklärung gem. §§ 72, 73 AktG) vgl. MüKoAktG/*Oechsler* § 237 Rn. 5; Hüffer AktG/*Koch* § 237 Rn. 2; GroßkommAktG/*Sethe* § 237 Rn. 21 ff.; K. Schmidt/Lutter AktG/*Veil* § 237 Rn. 4.

2 In Sanierungssituationen kann auf diese Weise zB die Kapitalherabsetzung allein unter Beschränkung auf eigene Aktien der Gesellschaft und solche Aktien durchgeführt werden, die der Gesellschaft zum Zwecke der Einziehung unentgeltlich zur Verfügung gestellt werden. Das unentgeltliche zur Verfügungstellen zur Einziehung kann auch dem **Zweck der Arrondierung** der Gesamtaktienzahl dienen, um für nachfolgende Kapitalmaßnahmen ein glattes Erhöhungs- oder Herabsetzungsverhältnis sicherzustellen. Die Einziehung erlaubt zum anderen den Ausschluss einzelner Aktionäre (zB Einziehung vinkulierter Aktien im Todesfall) und die Beseitigung bestimmter Aktien (zB Einziehung von Vorzugsaktien). In der Praxis wird die Einziehung häufig zur Erhaltung der Gesellschafterkontinuität in personalistisch strukturierten Aktiengesellschaften genutzt.[2] Ferner kann sie ein adäquates Mittel sein, um Tracking Stock Strukturen rückabzuwickeln[3] oder um die notwendige Aktionärsstruktur einer REIT AG zu gewährleisten.[4]

3 Umstritten ist, ob die Hauptversammlung auf Grund einer entsprechenden Satzungsbestimmung anstelle der Einziehung beschließen kann, dass der betroffene Aktionär seine Aktien **auf** Dritte zu übertragen hat **(Abtretung statt Einziehung).** Solchen Satzungsregelungen, wie sie im GmbH-Recht weit verbreitet sind, dürfte für die Aktiengesellschaft wohl § 23 Abs. 5 AktG entgegenstehen.[5] Eine Übertragungspflicht kann aber schuldrechtlich vereinbart werden.[6]

4 Auch bei der Einziehung von Aktien darf der **Mindestnennbetrag** des Grundkapitals von 50.000 Euro (§ 7 AktG) nicht unterschritten werden. Zulässig ist aber auch hier eine Herabsetzung unter den Mindestnennbetrag, wenn dieser nach näherer Maßgabe von § 228 AktG durch eine gleichzeitige Kapitalerhöhung wieder erreicht wird (§ 237 Abs. 2 S. 1 AktG). Im Wege der Einziehung kann auch eine Kapitalherabsetzung auf Null erfolgen.[7] Vgl. im Übrigen näher → § 61 Rn. 11.

5 Die Einziehung von Aktien ist auch **nach Auflösung und in der Insolvenz** der Gesellschaft möglich; vgl. → § 61 Rn. 19.

6 Für den Ausweis der Kapitalherabsetzung im **Jahresabschluss** und die Erläuterung im **Anhang** gilt gem. § 240 AktG das Gleiche wie bei der regulären Kapitalherabsetzung; vgl. → § 61 Rn. 4. Zu den **kapitalmarktrechtlichen Aspekten** → § 61 Rn. 79 ff.

7 Das Gesetz unterscheidet zwei **Arten der Einziehung:** die Zwangseinziehung und die Einziehung nach Erwerb der Aktien durch die Gesellschaft. Für beide Arten der Einziehung stehen wiederum zwei **Einziehungsverfahren** zur Verfügung: das ordentliche Einziehungsverfahren und ein vereinfachtes Einziehungsverfahren. Die Einziehung vollzieht sich in den folgenden Schritten:

– Einziehungsbeschluss der Hauptversammlung oder Einziehungsentscheidung des Vorstands (im Falle des § 71 Abs. 1 Nr. 8 S. 6 AktG und im Falle einer durch die Satzung angeordneten Zwangseinziehung),

---

[2] Vgl. *Kreklau/Schmalholz* BB 2011, 778; *Wicke* ZGR 2012, 450 (473).
[3] S. zB *Cichy/Heins* AG 2010, 181 (190); *Fuchs* ZGR 2003, 167 (212); *Sieger/Hasselbach* AG 2001, 391 (398); zweifelnd Grigoleit AktG/*Rieder* § 237 Rn. 18.
[4] Vgl. *Wieneke/Fett* NZG 2007, 774 (777 f.).
[5] RGZ 49, 77 (79 ff.); BayObLG WM 1989, 139 (140 ff.); Grigoleit AktG/*Rieder* § 237 Rn. 7; Geßler/Hefermehl AktG/*Hefermehl* § 237 Rn. 5; GroßkommAktG/*Barz*, 3. Aufl., § 54 Anm. 7; Spindler/Stilz AktG/*Marsch-Barner/Maul* § 237 Rn. 6; *Würdinger* Aktienrecht und das Recht der verbundenen Unternehmen, 4. Aufl. 1981, S. 206; *Becker* ZGR 1986, 383 (395 f.); zweifelnd auch MüKoAktG/*Oechsler* § 237 Rn. 122; aA RGZ 120, 177 (180 f.); Hüffer/*Koch* AktG § 237 Rn. 7; *Grunewald*, Ausschluss, 1987, S. 199; GroßkommAktG/*Sethe* § 237 Rn. 26; widersprüchlich KölnKommAktG/*Lutter* § 237 Rn. 10 einerseits und Rn. 130 andererseits; offen gelassen in BGH ZIP 2013, 263 Rn. 9.
[6] Grigoleit AktG/*Rieder* § 237 Rn. 7; HdB kleine AG/*Schüppen* Rn. 7.129.
[7] MüKoAktG/*Oechsler* § 237 Rn. 81; K. Schmidt/Lutter AktG/*Veil* § 237 Rn. 28; Spindler/Stilz AktG/*Marsch-Barner/Maul* § 237 Rn. 25; Grigoleit AktG/*Rieder* § 237 Rn. 34; aA Hüffer/*Koch* AktG § 237 Rn. 24; GroßkommAktG/*Sethe* § 237 Rn. 18; Bürgers/Körber AktG/*Becker* § 237 Rn. 33.

§ 63 Kapitalherabsetzung durch Einziehung

- Anmeldung und Eintragung des Einziehungsbeschlusses der Hauptversammlung in das Handelsregister (entfällt, wenn der Vorstand über die Einziehung entscheidet),
- Einziehungshandlung der Gesellschaft,
- Anmeldung und Eintragung der Durchführung der Kapitalherabsetzung ins Handelsregister,
- Zahlung des Einziehungsentgelts.

II. Zwangseinziehung

1. Zulassung in der Satzung. Um eine Zwangseinziehung handelt es sich immer, wenn die eingezogenen **Aktien nicht der Gesellschaft selbst gehören**. Sie ist nur zulässig, wenn sie in der Satzung angeordnet oder gestattet wird. Außerhalb der Satzung (insbesondere in schuldrechtlichen Vereinbarungen zwischen den Aktionären oder diesen und der Gesellschaft) kann eine Zwangseinziehung nicht begründet werden.[8] Die Zulassung in der Satzung muss **vor Übernahme oder Zeichnung** der Aktien erfolgt sein (§ 237 Abs. 1 S. 2 AktG). Für die ursprünglichen Aktien muss sie also bereits in der Gründungssatzung erfolgen. Für später ausgegebene Aktien kann die Einziehung auch durch Satzungsänderung vorgesehen werden, jedoch nur, wenn die Satzungsänderung ins Handelsregister eingetragen ist, bevor die Aktien gezeichnet werden. Entscheidend ist dabei der Zeitpunkt der Abgabe der Zeichnungserklärung (§ 185 AktG), nicht ihres Zugangs bei der Gesellschaft.[9] Bei Zwischenschaltung von Kreditinstituten kommt es auf deren Zeichnung und nicht die Bezugserklärungen der Aktionäre oder von Drittinvestoren an.[10] Bei der Aktienausgabe aus bedingtem Kapital wird man auf den Zeitpunkt der Ausgabe der Bezugsrechte abstellen müssen.[11] Die Gegenansicht,[12] die auf den Zeitpunkt der Abgabe der Bezugserklärung abstellen will, widerspricht dem Zweck von § 237 Abs. 1 S. 2 AktG und führt insbesondere dann zu unzutreffenden Ergebnissen, wenn die Gesellschaft ein Tilgungwahlrecht hat oder eine Wandlungspflicht besteht (→ § 58 Rn. 7). Für Aktien aus einer Kapitalerhöhung aus Gesellschaftsmitteln dürfte es genügen, dass zeitgleich mit der Kapitalerhöhung die Einziehungsregelung geschaffen wird.[13] Darüber hinaus ist es möglich, die Zwangseinziehung für bereits vorhandene Aktien durch entsprechende **Satzungsänderung** mit Zustimmung sämtlicher betroffenen Aktionäre nachträglich zulassen.[14] Zum Ausschluss eines Aktionärs aus wichtigem Grund ohne Zulassung in der Satzung vgl. → Rn. 13 u. 56. Ist die Einziehung nur für einen Teil der Aktien zugelassen, begründet das bei im

---

[8] BGH ZIP 2013, 263 Rn. 13; hierzu *Cziupka/Kliebisch* BB 2013, 715 (716 ff.); vgl. auch Hüffer/Koch AktG § 23 Rn. 47 aE; *Mayer* MittBayNot 2006, 281 (283).
[9] GroßkommAktG/*Sethe* § 237 Rn. 34; MüKoAktG/*Oechsler* § 237 Rn. 19; Grigoleit AktG/*Rieder* § 237 Rn. 11; *Terbrack* RNotZ 2003, 89 (109 f.).
[10] Hüffer/Koch AktG § 237 Rn. 6; MüKoAktG/*Oechsler* § 237 Rn. 20; GroßkommAktG/*Sethe* § 237 Rn. 35; *Terbrack* RNotZ 2003, 89 (110).
[11] GroßkommAktG/*Sethe* § 237 Rn. 36; HdB börsennotierte AG/*Busch* Rn. 49.3.
[12] MüKoAktG/*Oechsler* § 237 Rn. 10; KölnKommAktG/*Lutter* § 237 Rn. 27; Hüffer/Koch AktG § 237 Rn. 6; K. Schmidt/Lutter AktG/*Veil* § 237 Rn. 10; Spindler/Stilz AktG/*Marsch-Barner/Maul* § 237 Rn. 8; Grigoleit AktG/*Rieder* § 237 Rn. 11; Bürgers/Körber AktG/*Becker* § 237 Rn. 8.
[13] MüKoAktG/*Oechsler* § 237 Rn. 21; wohl auch Hüffer/Koch AktG § 237 Rn. 6; aA KölnKommAktG/*Lutter* § 237 Rn. 28, es müsse schon für die Ausgangsaktie eine entsprechende Einziehungsregelung existieren; noch anders GroßkommAktG/*Sethe* § 237 Rn. 10, die Einziehungsermächtigung müsste vor der Kapitalerhöhung beschlossen und eingetragen sein; so wohl auch K. Schmidt/Lutter AktG/*Veil* § 237 Rn. 10; Spindler/Stilz AktG/*Marsch-Barner/Maul* § 237 Rn. 8; unentschieden HdB börsennotierte AG/*Busch* Rn. 49.3.
[14] KölnKommAktG/*Lutter* § 237 Rn. 30; Hüffer/Koch AktG § 237 Rn. 8; GroßkommAktG/*Sethe* § 237 Rn. 38; einschränkend MüKoAktG/*Oechsler* § 237 Rn. 24; K. Schmidt/Lutter AktG/*Veil* § 237 Rn. 8; Spindler/Stilz AktG/*Marsch-Barner/Maul* § 237 Rn. 10; Grigoleit AktG/*Rieder* § 237 Rn. 12, die bei Bestehen von Nießbrauchs- oder Pfandrechten an der Aktie die Zustimmung des Rechtsinhabers fordern.

Übrigen gleicher Ausgestaltung **keine eigene Aktiengattung,** da die Aktien nicht verschiedene Rechte gewähren (§ 11 S. 1 AktG).[15] Sind die Aktien börsennotiert, ist es jedoch erforderlich, eine **gesonderte WKN-/ISIN-Nummer** vorzusehen; anderenfalls lassen sich die Aktien, für welche die Einziehungsmöglichkeit besteht, nicht identifizieren.

9 **2. Angeordnete Zwangseinziehung. a) Voraussetzungen.** Die Satzung kann anordnen, dass die Einziehung unter bestimmten Voraussetzungen erfolgen muss. In diesem Fall kann die Einziehung ohne weitere Einschaltung der Hauptversammlung allein durch den Vorstand erfolgen (vgl. → Rn. 31 u. 42). Die Satzung muss die Umstände der Einziehung – die Voraussetzungen, den Umfang und das Einziehungsentgelt – so genau bestimmen, dass **keinerlei Ermessensspielraum** für den Vorstand mehr verbleibt.[16] Fehlt eine dieser Festsetzungen in der Satzung, so finden nicht die Regelungen über die angeordnete, sondern die Vorschriften über die gestattete Zwangseinziehung Anwendung, da regelmäßig eine Umdeutung der Anordnung nach § 140 BGB in Betracht kommt.[17] Hinsichtlich des Zeitpunkts der Einziehung genügt die Festlegung eines angemessenen Zeitraums, innerhalb dessen der Vorstand frei ist (zB Einziehung einer bestimmten Menge Aktien jährlich).[18]

10 Unter welchen **Voraussetzungen** die Zwangseinziehung angeordnet werden soll, steht der Satzung weitgehend frei. Angeordnet werden kann etwa die Einziehung aller Aktien einer Gattung zu einem bestimmten Zeitpunkt, die Einziehung einer bestimmten Menge von Aktien nach Auslosung uä. Ebenso gut kann die Satzung die Einziehung auf Verlangen von Aktionären anordnen.[19] Es steht auch nichts entgegen, die Einziehung der Aktien nur **bestimmter Aktionäre** anzuordnen oder die Einziehung von Umständen abhängig zu machen, die allein in den persönlichen Verhältnissen einzelner Aktionäre liegen. Die hiergegen früher erhobenen Bedenken im Hinblick auf den Gleichbehandlungsgrundsatz und das Wesen der Aktiengesellschaft schlagen nicht durch.[20] So kann die Satzung die Einziehung im Falle einer Pfändung von Aktien, der Eröffnung des Insolvenzverfahrens über das Vermögen des Aktionärs oder dessen Tode anordnen. Auch für den Fall des Verkaufs oder der Vererbung von Aktien an Familienfremde ist eine Einziehung zulässig.[21] Die angeordnete Einziehung kommt zudem in Betracht, wenn die Mitgliedschaft in der Gesellschaft die Zugehörigkeit zu einer bestimmten Berufsgruppe (zB Wirtschaftsprüfer, Rechtsanwälte) voraussetzt.[22] Mit dem Mittel der Zwangseinziehung darf nicht das aktienrechtliche **Nebenleistungsverbot** (§§ 54, 55 AktG) umgangen werden. Soweit nicht nach § 55 AktG Nebenverpflichtungen der Aktionäre zulässig sind, können solche Verpflichtungen den Aktionären auch nicht mittelbar in der Weise auferlegt werden, dass für den Fall der Nichterbringung bestimmter Leistungen die Zwangseinziehung angeordnet wird.[23]

---

[15] Vgl. allgemein zu den gattungsbegründenden Merkmalen Hölters AktG/*Solveen* § 11 Rn. 15; MüKoAktG/*Heider* § 11 Rn. 29 ff.

[16] OLG München AG 2017, 441 (443).

[17] Hüffer/*Koch* AktG § 237 Rn. 10; MüKoAktG/*Oechsler* § 237 Rn. 35; GroßkommAktG/*Sethe* § 237 Rn. 58; K. Schmidt/Lutter AktG/*Veil* § 237 Rn. 12; Spindler/Stilz AktG/*Marsch-Barner/Maul* § 237 Rn. 14.

[18] Hüffer/*Koch* AktG § 237 Rn. 10; GroßkommAktG/*Sethe* § 237 Rn. 47; unklar K. Schmidt/Lutter AktG/*Veil* § 237 Rn. 13 u. Spindler/Stilz AktG/*Marsch-Barner/Maul* § 237 Rn. 11.

[19] Näher dazu KölnKommAktG/*Lutter* § 237 Rn. 36 f.; Hüffer/*Koch* AktG § 237 Rn. 11 f.; MüKoAktG/*Oechsler* § 237 Rn. 29 u. 33. Zu weiteren Anwendungsmöglichkeiten HdB börsennotierte AG/*Busch* Rn. 49.5 f.

[20] Heute hM; vgl. etwa Hüffer/*Koch* AktG § 237 Rn. 12; MüKoAktG/*Oechsler* § 237 Rn. 36; GroßkommAktG/*Sethe* § 237 Rn. 53; *Grunewald*, Ausschluss, 1987, S. 198; aA noch RGZ 120, 177 (180); Geßler/Hefermehl AktG/*Hefermehl* § 237 Rn. 14.

[21] *Wicke* ZGR 2012, 450 (473).

[22] Vgl. Happ AktienR/*Pühler* Form. 1.05 § 19 u. Anm. 33.1 f.

[23] Hüffer/*Koch* AktG § 237 Rn. 13; MüKoAktG/*Oechsler* § 237 Rn. 38; GroßkommAktG/*Sethe* § 237 Rn. 56; Spindler/Stilz AktG/*Marsch-Barner/Maul* § 237 Rn. 13; *Grunewald*, Ausschluss, 1987, S. 55.

b) Sachliche Rechtfertigung. Einer besonderen Sachkontrolle nach dem Grundsatz, dass 11 schwerwiegende Eingriffe in die Mitgliedschaftsrechte der Aktionäre einer sachlichen Rechtfertigung im Interesse der Gesellschaft bedürfen (→ § 57 Rn. 115 ff.), unterliegt die statutarisch angeordnete Zwangseinziehung nicht.[24] Die Mitgliedschaft steht von vornherein unter dem Vorbehalt, dass bei Eintritt bestimmter Voraussetzungen die Einziehung erfolgen muss.

3. Gestattete Zwangseinziehung. a) Voraussetzungen. Anstatt eine Zwangseinziehung unter bestimmten Voraussetzungen anzuordnen, kann die Satzung eine solche lediglich gestatten. Auch bei der gestatteten Zwangseinziehung kann die Satzung die Voraussetzungen und alle weiteren Umstände der Zwangseinziehung genau regeln. Sie kann sich hier aber auch darauf beschränken, die Einziehung ohne weitere Voraussetzungen in das **Ermessen der Hauptversammlung** zu stellen (§ 237 Abs. 2 S. 2 AktG).[25] Anders als § 34 Abs. 2 GmbHG verlangt § 237 AktG nicht, dass für die zugelassene Zwangseinziehung in der Satzung bestimmte Voraussetzungen formuliert werden, sondern lässt ausdrücklich zu, dass die Hauptversammlung selbst über die Voraussetzungen der Einziehung befindet. Ebenso wie die angeordnete Zwangseinziehung darf das Mittel der gestatteten Zwangseinziehung allerdings nicht benutzt werden, um das aktienrechtliche Nebenleistungsverbot zu umgehen (vgl. → Rn. 10).[26]

b) Sachliche Rechtfertigung. Die Ausübung der Einziehungsbefugnis soll nach hM bei 13 der bloß gestatteten Zwangseinziehung im Einzelfall im Interesse der Gesellschaft einer **sachlichen Rechtfertigung** bedürfen. Der für den Bezugsrechtsausschluss bei Kapitalerhöhungen entwickelte Grundsatz, dass schwerwiegende Eingriffe in die Mitgliedschaftsrechte eine sachliche Rechtfertigung unter den Gesichtspunkten der Angemessenheit und Erforderlichkeit im Gesellschaftsinteresse voraussetzen (→ § 57 Rn. 115 ff.), müsse hier erst recht Anwendung finden, weil die Einziehung die betroffenen Mitgliedschaftsrechte vernichtet. Das gelte selbst dann, wenn die Satzung konkrete Voraussetzungen für die zugelassene Zwangseinziehung formuliert; auch in diesem Fall beruhe die Einziehung – anders als bei der angeordneten Zwangseinziehung – auf einer Ermessensentscheidung der Hauptversammlung.[27] Eine besondere sachliche Rechtfertigung ist danach nur dann entbehrlich, wenn Ziel der Einziehung eine echte Teilliquidation von Gesellschaftsvermögen (Kapitalrückzahlung; Erlass von Einlagepflichten) ist.[28] Zusätzlich sei der Grundsatz der **Gleichbehandlung der Aktionäre** zu beachten.[29] Die zugelassene Zwangseinziehung erlaubt damit im Wesentlichen den Ausschluss von Aktionären aus wichtigem Grund,[30] der jedoch auch ohne Gestattung in der Satzung möglich ist (→ Rn. 56).

---

[24] MüKoAktG/*Oechsler* § 237 Rn. 40; Hüffer/*Koch* AktG § 237 Rn. 11; GroßkommAktG/*Sethe* § 237 Rn. 57; K. Schmidt/Lutter AktG/*Veil* § 237 Rn. 13; Spindler/Stilz AktG/*Marsch-Barner* § 237 Rn. 11; *Reinisch,* Ausschluss von Aktionären, 1992, S. 23.

[25] GroßkommAktG/*Sethe* § 237 Rn. 60; K. Schmidt/Lutter AktG/*Veil* § 237 Rn. 14; Spindler/Stilz AktG/*Marsch-Barner* § 237 Rn. 15; Hüffer/*Koch* AktG § 237 Rn. 15; Grigoleit AktG/*Rieder* § 237 Rn. 20; HdB börsennotierte AG/*Busch* Rn. 49.8; aA *Grunewald,* Ausschluss, 1987, S. 232 f.; zweifelnd auch MüKoAktG/*Oechsler* § 237 Rn. 42 f.

[26] Hüffer/*Koch* AktG § 237 Rn. 16; MüKoAktG/*Oechsler* § 237 Rn. 53; GroßkommAktG/*Sethe* § 237 Rn. 60; K. Schmidt/Lutter AktG/*Veil* § 237 Rn. 14.

[27] MüKoAktG/*Oechsler* § 237 Rn. 44 ff.; Hüffer/*Koch* AktG § 237 Rn. 16; GroßkommAktG/*Sethe* § 237 Rn. 61; K. Schmidt/Lutter AktG/*Veil* § 237 Rn. 14; Spindler/Stilz AktG/*Marsch-Barner/Maul* § 237 Rn. 15; Grigoleit AktG/*Rieder* § 237 Rn. 21; *Grunewald,* Ausschluss, 1987, S. 232 f.; *Reinisch,* Ausschluss von Aktionären, 1992, S. 23.

[28] Vgl. MüKoAktG/*Oechsler* § 237 Rn. 49; Hüffer/*Koch* AktG § 237 Rn. 16; GroßkommAktG/*Sethe* § 237 Rn. 61; K. Schmidt/Lutter AktG/*Veil* § 237 Rn. 14; Spindler/Stilz AktG/*Marsch-Barner/Maul* § 237 Rn. 15; Grigoleit AktG/*Rieder* § 237 Rn. 21.

[29] OLG München AG 2017, 441 (444); MüKoAktG/*Oechsler* § 237 Rn. 46 ff., 54 f.; GroßkommAktG/*Sethe* § 237 Rn. 62 f.

[30] OLG München NZG 2015, 1027 (1028); AG 2017, 441 (443 f.) für mitunternehmerisch (personalistisch) strukturierte AGs: Wann ein wichtiger Grund vorliegt, muss nicht in der Satzung geregelt

14 Die hM überzeugt nicht. Die Grundannahme, Mehrheitsbeschlüsse bedürften der sachlichen Rechtfertigung, ist abzulehnen (→ § 57 Rn. 8 u. 118). Zudem hat das Gesetz in § 237 Abs. 1 S. 2 AktG strenge formale Anforderungen an eine Zwangseinziehung aufgestellt; der einzelne Aktionär kann von der Einziehung nur betroffen sein, wenn er der Satzungsregelung zugestimmt hat oder seine Beteiligung in Kenntnis der Einziehungsmöglichkeit übernommen hat. Es sollte daher bei einer **Missbrauchskontrolle** sowie einer Prüfung anhand des Gleichbehandlungsgrundsatzes bleiben. Insbesondere wenn und soweit die Satzung die Einziehungsgründe und das Einziehungsentgelt im Einzelnen regelt, lässt sich eine weitergehende Kontrolldichte nicht rechtfertigen.

15 **4. Einziehungsentgelt.** Das Gesetz enthält keine Vorgaben zum Einziehungsentgelt.

16 **a) Zuständigkeit für die Festlegung.** Bei der **angeordneten Einziehung** muss die Satzung das Einziehungsentgelt in einer Weise regeln, dass dem Vorstand keine Entscheidungsfreiheit verbleibt.[31] Das erfordert nicht, dass die Satzung das Entgelt betragsmäßig benennt. Die Festlegung der Parameter (zB Börsenkurs, Ertragswert- oder DCF-Methode, Multiple bestimmter Bilanzkennziffern etc) genügt.[32] Umso mehr Spielraum die Parameter bieten (zB bei Fundamentalbewertungsmethoden), desto eher sollten aber die Einzelheiten oder zB eine Ermittlung des Entgelts durch einen Sachverständigen vorgegeben werden. Bei der **gestatteten Einziehung** kann die Satzung Regelungen zum Einziehungsentgelt enthalten; erforderlich ist das jedoch nicht.[33] Eine statutarische Bestimmung, wonach die Hauptversammlung nach freiem Ermessen über die Höhe des Entgelts entscheidet, ist unzulässig.[34] Möglich ist hingegen eine Regelung, wonach die Einziehung gegen Zahlung eines angemessenen Entgelts erfolgt. In diesem Fall soll es dem Vorstand obliegen, das konkrete Entgelt festzulegen.[35] Enthält die Satzung keine Regelung, ist ein angemessenes Entgelt geschuldet.[36]

17 **b) Höhe des Entgelts.** Da der grundgesetzliche Eigentumsschutz der Mitgliedschaft nach Art. 14 GG auch im Fall der Einziehung gilt, muss der von ihr betroffene Aktionär grundsätzlich den **vollen Wert** (Verkehrswert) seiner Aktien erhalten.[37] Dabei gelten dieselben Grundsätze wie für die §§ 305, 327a AktG. Maßgeblich ist damit in der Regel der nach der Ertragsmethode ermittelte Betrag.[38] Als Bewertungsstichtag ist entgegen der hM, die den

---

und kann auch in einer satzungsergänzenden Nebenabrede der Aktionäre festgelegt werden; eingehend MüKoAktG/*Oechsler* § 237 Rn. 52 ff.; GroßkommAktG/*Sethe* § 237 Rn. 62; *Grunewald*, Ausschluss, 1987, S. 79; *Punte/Klemens* BB 2019, 647 ff.

[31] OLG München AG 2017, 441 (443); Hüffer/*Koch* AktG § 237 Rn. 17; MüKoAktG/*Oechsler* § 237 Rn. 63; Bürgers/Körber AktG/*Becker* § 237 Rn. 23.

[32] Hölters AktG/*Haberstock/Greitemann* § 237 Rn. 45; MüKoAktG/*Oechsler* § 237 Rn. 64; Spindler/Stilz AktG/*Marsch-Barner/Maul* § 237 Rn. 16; s. auch BGH ZIP 2013, 263 Rn. 20.

[33] OLG München AG 2017, 441 (443); MüKoAktG/*Oechsler* § 237 Rn. 64; Bürgers/Körber AktG/*Becker* § 237 Rn. 23.

[34] OLG München AG 2017, 441 (443); Hüffer/*Koch* AktG § 237 Rn. 18; Hölters AktG/*Haberstock/Greitemann* § 237 Rn. 46; MüKoAktG/*Oechsler* § 237 Rn. 64; Bürgers/Körber AktG/*Becker* § 237 Rn. 23; MAH AktienR/*Dissars* § 43 Rn. 12.

[35] So zB K. Schmidt/Lutter AktG/*Veil* § 237 Rn. 20; Spindler/Stilz AktG/*Marsch-Barner/Maul* § 237 Rn. 16; Grigoleit/*Rieder* § 237 Rn. 22. S. allerdings BGH ZIP 2012, 263 Rn. 20: Bei „der gestatteten Zwangseinziehung [sei es] der Hauptversammlung vorbehalten, die – angemessene – Abfindung oder jedenfalls deren Bemessungsgrundsätze festzulegen". Als Nachweis für diese Ansicht verweist der BGH auf KölnKommAktG/*Lutter* § 237 Rn. 34, der dort jedoch nicht die gestattete, sondern die angeordnete Zwangseinziehung behandelt.

[36] OLG München AG 2017, 441 (443 u. 445); Hüffer/*Koch* AktG § 237 Rn. 18.

[37] BGH ZIP 2013, 263 Rn. 16; K. Schmidt/Lutter AktG/*Veil* § 237 Rn. 16; GroßkommAktG/*Sethe* § 237 Rn. 68; Hölters AktG/*Haberstock/Greitemann* § 237 Rn. 47.

[38] OLG München AG 2017, 441 (445); Hüffer/*Koch* AktG § 237 Rn. 18; MüKoAktG/*Oechsler* § 237 Rn. 64; Bürgers/Körber AktG/*Becker* § 237 Rn. 23; Wachter AktG/*Früchtl* § 237 Rn. 15.

Zeitpunkt des Wirksamwerdens der Kapitalherabsetzung durch Einziehung für maßgeblich hält,[39] auf den Tag der Beschlussfassung der Hauptversammlung bzw. – in Fällen des § 237 Abs. 6 AktG – der Entscheidung des Vorstandes abzustellen. Sind die Aktien börsennotiert, hat das Entgelt dem Börsenkurs zu entsprechen, wenn sich dieser auf einem funktionierenden Markt bildet (keine Marktenge, keine Manipulationen). Abzustellen sein dürfte – wie bei anderen Strukturmaßnahmen –[40] auf den durchschnittlichen gewichteten **Börsenkurs** während eines Zeitraums von drei Monaten vor der Bekanntgabe der geplanten Einziehung. Ist der Ertragswert höher als der Börsenkurs, hat der betroffene Aktionär entgegen weit verbreiteter Ansicht[41] nicht notwendig Anspruch auf den höheren Betrag. Ein Meistbegünstigungsgrundsatz in diesem Sinn existiert nicht und folgt insbesondere auch nicht aus der „DAT/Altana"-Rechtsprechung von BVerfG und BGH[42].[43] Bildet sich der Börsenkurs in einem funktionierenden Markt, kann das Entgelt vielmehr allein nach ihm bestimmt werden.[44] Die Möglichkeit einer Überprüfung der Abfindung im Spruchverfahren nach den Regeln des SpruchG wäre de lege ferenda wünschenswert, besteht de lege lata jedoch nicht.[45]

Die **Festlegung eines höheren Entgelts,** das den Wert der eingezogenen Aktien übersteigt, ist zulässig.[46] Zu beachten ist hier jedoch besonders die dem Gläubigerschutz dienende Ausschüttungssperre gemäß § § 237 Abs. 2 iVm § 225 Abs. 2 bzw. § 237 Abs. 3 Nr. 2 AktG (→ Rn. 23). Bzgl. der Frage, ob die **Festlegung eines niedrigeren Entgelts** möglich ist, ist nach dem Zweck der Kapitalherabsetzung zu differenzieren:

Dient die Herabsetzung dem **Verlustausgleich** oder der **Einstellung in die Rücklagen,** ist ein völliger Ausschluss der Abfindung möglich, vorausgesetzt, die Aktionäre sind von der Herabsetzung gleichmäßig betroffen oder die betroffenen Aktionäre stimmen der Einziehung unter Ausschluss der Zahlung eines Entgelts zu.[47]

Bezweckt die Herabsetzung die **Einlagenrückgewähr,** entspricht das Entgelt dem Nennbetrag oder anteiligen Betrag des Grundkapitals der Aktien.[48] Scheidet ein Aktionär

---

[39] KölnKommAktG/*Lutter* § 237 Rn. 72; Hüffer/*Koch* AktG § 237 Rn. 18; MüKoAktG/*Oechsler* § 237 Rn. 64; GroßkommAktG/*Sethe* § 237 Rn. 74; Spindler/Stilz AktG/*Marsch-Barner/Maul* § 237 Rn. 17; Bürgers/Körber AktG/*Becker* § 237 Rn. 25; Grigoleit AktG/*Rieder* § 237 Rn. 26; zur GmbH RGZ 125, 114 (121 f.).

[40] BGH ZIP 2010, 1487 ff. – Stollwerck; OLG Frankfurt a. M. ZIP 2010, 1947 (1954) – T-Online/Deutsche Telekom; OLG Stuttgart AG 2010, 510 (513); 2010, 513 (515 f.); 2011, 205 (207); 2011, 560 (561); OLG Düsseldorf AG 2010, 35 (36 ff.).

[41] GroßkommAktG/*Sethe* § 237 Rn. 74; MüKoAktG/*Oechsler* § 237 Rn. 64; Spindler/Stilz AktG/*Marsch-Barner/Maul* § 237 Rn. 17; Bürgers/Körber AktG/*Becker* § 237 Rn. 23; Grigoleit AktG/*Rieder* § 237 Rn. 26; wie hier hingegen grundsätzlich auch Hüffer/*Koch* AktG § 237 Rn. 18.

[42] BVerfGE 100, 289 ff. sowie BGHZ 147, 108 ff. u. im Nachgang BVerfG ZIP 2006, 175 – Siemens/Nixdorf; BVerfG ZIP 2007, 1600 – Wüstenrot & Württembergische AG; BVerfG ZIP 2011, 170 – Kuka AG.

[43] S. BVerfG ZIP 2011, 1051 Rn. 24 – T-Online/Deutsche Telekom; BVerfG ZIP 2012, 1408 Rn. 18 – Deutsche Hypothekenbank; OLG Stuttgart NZG 2009, 950; 2011, 1346 (insofern dort nicht abgedruckt) = BeckRS 2011, 24586; OLG Frankfurt a. M. ZIP 2010, 1947 (1949 f.) – T-Online/Deutsche Telekom; OLG Düsseldorf AG 2019, 92 (94).

[44] Vgl. aus der Rechtsprechung zB OLG Frankfurt a. M. ZIP 2010, 1947 ff. – T-Online/Deutsche Telekom zu § 15 UmwG u. OLG Düsseldorf AG 2011, 459 (462) zu § 305 AktG.

[45] Hüffer/*Koch* AktG § 237 Rn. 18; MAH AktienR/*Dissars* § 43 Rn. 12; tendenziell aA Bürgers/Körber AktG/*Becker* § 237 Rn. 26.

[46] Hüffer/*Koch* AktG § 237 Rn. 17 f.; GroßkommAktG/*Sethe* § 237 Rn. 71; K. Schmidt/Lutter AktG/*Veil* § 237 Rn. 21; *Terbrack* RNotZ 2003, 89 (111).

[47] KölnKommAktG/*Lutter* § 237 Rn. 58; GroßkommAktG/*Sethe* § 237 Rn. 67; K. Schmidt/Lutter AktG/*Veil* § 237 Rn. 18; Spindler/Stilz AktG/*Marsch-Barner/Maul* § 237 Rn. 17; Hölters AktG/*Haberstock/Greitemann* § 237 Rn. 48; Grigoleit AktG/*Rieder* § 237 Rn. 25; Wachter AktG/*Früchtl* § 237 Rn. 16.

[48] KölnKommAktG/*Lutter* § 237 Rn. 59; K. Schmidt/Lutter AktG/*Veil* § 237 Rn. 178; Spindler/Stilz AktG/*Marsch-Barner/Maul* § 237 Rn. 17; Hölters AktG/*Haberstock/Greitemann* § 237 Rn. 49; Wachter AktG/*Früchtl* § 237 Rn. 16; teilweise aA GroßkommAktG/*Sethe* § 237 Rn. 67.

infolge der Einziehung aus der Gesellschaft aus, gelten hingegen die nachstehenden Grundsätze.[49]

21 Ist Zweck der Einziehung der **Ausschluss von Aktionären,** ist ein vollständiger Ausschluss des Einziehungsentgelts wegen Verstoßes gegen Art. 14 GG und § 138 Abs. 1 BGB nicht wirksam möglich.[50] Wegen Gläubigerbenachteiligung nichtig ist auch eine Satzungsregelung, nach der das Entgelt bei Zwangsvollstreckung oder Insolvenz niedriger ist als bei anderen in der Person des Aktionärs liegenden Gründen.[51] Darüber hinaus ist die Zulässigkeit der statutarischen Bestimmung einer unter dem Verkehrswert liegenden Abfindung umstritten. Im Wesentlichen lassen sich drei Auffassungen unterscheiden: (1) Nach einer Ansicht verstößt ein unter dem Verkehrswert liegendes Entgelt stets gegen Art. 14 GG und ist daher grundsätzlich ausgeschlossen.[52] (2) Nach anderen – wohl vorherrschenden – Stimmen ist zu differenzieren.[53] Bei personalistisch geprägten Gesellschaften soll eine niedrigere Abfindung nach den zum GmbH-Recht entwickelten Grundsätzen[54] zulässig sein; im Übrigen, insbesondere bei börsennotierten Gesellschaften, ist die Festsetzung einer unter dem Verkehrswert liegenden Abfindung unzulässig. (3) Nach einer dritten – zutreffenden – Ansicht ist eine Abfindung, die den Verkehrswert unterschreitet, unabhängig vom Realtypus der Gesellschaft nach Maßgabe der GmbH-Grundsätze wirksam möglich.[55] Eine Unterscheidung des grundgesetzlichen Schutzes der Mitgliedschaft nach Art. 14 GG je nach dem Realtypus der Gesellschaft überzeugt nicht. Ein sachlich zwingender Grund dafür, warum in der Aktiengesellschaft ein höheres Schutzniveau als in anderen Rechtsformen gelten soll, ist in Anbetracht der strengen formalen Eingangsvoraussetzungen in § 237 Abs. 1 S. 2 AktG nicht ersichtlich. Dass der Aktionär einer börsennotierten Aktiengesellschaft, der in Kenntnis einer geltenden Einziehungsregelung seine Beteiligung erwirbt, notwendig den Verkehrswert erhalten muss, während der Gesellschafter einer GmbH oder einer Personengesellschaft unter vergleichbaren formalen Voraussetzungen auch auf eine niedrigere Abfindung verwiesen werden kann, leuchtet nicht ein. Voraussetzung für ein unter dem Verkehrswert liegendes Entgelt ist dabei eine klare und präzise Regelung in der Satzung. Trifft die Satzung keine Festlegung, bleibt es daher notwendig bei dem Verkehrswert.

22 **c) Art des Entgelts; Zahlungsmodalitäten.** Die Satzung kann vorsehen, dass das Entgelt auch in anderen Vermögensgegenständen als Geld bestehen kann.[56] Ohne entsprechende

---

[49] KölnKommAktG/*Lutter* § 237 Rn. 59; Hölters AktG/*Haberstock/Greitemann* § 237 Rn. 49.

[50] BGH ZIP 2013, 263 Rn. 15; MüKoAktG/*Oechsler* § 237 Rn. 62, 65 ff.; GroßkommAktG/*Sethe* § 237 Rn. 69; K. Schmidt/Lutter AktG/*Veil* § 237 Rn. 17; Spindler/Stilz AktG/*Marsch-Barner/Maul* § 237 Rn. 17; HdB börsennotierte AG/*Busch* Rn. 49.10; *Grunewald,* Ausschluss, 1987, S. 174 ff. AA die frühere hM; s. dazu Geßler/Hefermehl AktG/*Hefermehl* § 237 Rn. 13; *Terbrack* RNotZ 2003, 89 (111).

[51] Hüffer/*Koch* AktG § 237 Rn. 17; Spindler/Stilz AktG/*Marsch-Barner/Maul* § 237 Rn. 17; Bürgers/Körber AktG/*Becker* § 237 Rn. 24; *Terbrack* RNotZ 2003, 89 (111); ebenso BGHZ 65, 22 (28); 144, 365 (366 f.) zur GmbH; enger MüKoAktG/*Oechsler* § 237 Rn. 68.

[52] K. Schmidt/Lutter AktG/*Veil* § 237 Rn. 17; Hölters AktG/*Haberstock/Greitemann* § 237 Rn. 50; nicht eindeutig Spindler/Stilz AktG/*Marsch-Barner/Maul* § 237 Rn. 17.

[53] OLG München AG 2017, 441 (446); KölnKommAktG/*Lutter* § 237 Rn. 67; GroßkommAktG/*Sethe* § 237 Rn. 69; MüKoAktG/*Oechsler* § 237 Rn. 67; Bürgers/Körber AktG/*Becker* § 237 Rn. 25; in diese Richtung auch Hüffer/*Koch* AktG § 237 Rn. 17; differenzierend zwischen gestatteter Einziehung (grundsätzlich Verkehrswert) und angeordneter Einziehung (größerer Spielraum) HdB börsennotierte AG/*Busch* Rn. 49.10.

[54] Vgl. zB MüKoGmbHG/*Strohn* § 34 Rn. 221 ff.; Scholz GmbHG/*Westermann* § 34 Rn. 29 ff.; Michalski GmbHG/*Sosnitza* § 34 Rn. 71 ff.

[55] Grigoleit AktG/*Rieder* § 237 Rn. 26; Happ AktienR/*Stucken/Tielmann* Form. 14.06 Anm. 5.3.

[56] GroßkommAktG/*Sethe* § 237 Rn. 75; Spindler/Stilz AktG/*Marsch-Barner/Maul* § 237 Rn. 18; HdB börsennotierte AG/*Busch* Rn. 49.10; *Hoffmann-Becking* ZHR-Sonderheft 71 (2002), 215 (221); *Sieger/Hasselbach* AG 2001, 391 (399).

§ 63 Kapitalherabsetzung durch Einziehung

Satzungsregelung wird man eine **Sachabfindung** jedoch – ebenso wie bei der Verteilung des Gewinns oder des Liquidationserlöses –[57] nur mit Zustimmung des Betroffenen für zulässig halten können.[58] Zur Frage, ob eine Sachabfindung zum Buchwert erfolgen kann, vgl. → § 61 Rn. 3. Die Satzung kann ferner die Zahlungsmodalitäten, zB **Ratenzahlungen,** regeln; bei der Festlegung ist insbesondere § 237 Abs. 2 iVm § 225 Abs. 2 AktG zu beachten. Wird Ratenzahlung vorgesehen, ist diese bei der Frage, ob die Höhe des Entgelts den gesetzlichen Anforderungen genügt (vgl. → Rn. 17 ff.) zu berücksichtigen.

d) **Gläubigerschutz.** Unabhängig von der Frage der Angemessenheit des Abfindungsbetrages ist zu beachten, dass auch bei Einziehung von Aktien grundsätzlich die **Ausschüttungssperre** nach § 57 Abs. 1 S. 1, Abs. 3 AktG gilt. Ein Einziehungsentgelt kann daher nur insoweit gezahlt werden, wie das Gesetz dies unter Durchbrechung von § 57 AktG zulässt. Beim ordentlichen Einziehungsverfahren nach § 237 Abs. 2 AktG (vgl. → Rn. 29 ff.) steht dazu der Nominalbetrag der Kapitalherabsetzung zur Verfügung (§ 237 Abs. 2 iVm § 225 Abs. 2 AktG), während beim vereinfachten Einziehungsverfahren nach § 237 Abs. 3 AktG (vgl. → Rn. 37 ff.) der Bilanzgewinn und die anderen Gewinnrücklagen, soweit sie nicht anderweitig gebunden sind, benutzt werden können (§ 237 Abs. 3 Nr. 2 AktG). Den anderen Gewinnrücklagen stehen dabei Kapitalrücklagen gemäß § 272 Abs. 2 Nr. 4 HGB gleich.[59] Ein der Ausschüttungssperre gemäß § 268 Abs. 8 HGB unterliegender Betrag ist in Abzug zu bringen.[60] Stille Reserven sind nicht zu berücksichtigen.[61] Eine darüber hinausgehende Entschädigungszahlung ist unzulässig.[62] Es ist auch nicht möglich, den Nominalbetrag der Kapitalherabsetzung und zusätzlich den Bilanzgewinn oder die anderen Gewinnrücklagen als Entgelt zu verwenden. Eine Verwendung des Gewinns ist nur in den Fällen des § 237 Abs. 3 AktG zulässig, und für diese Fälle schreibt § 237 Abs. 5 AktG vor, dass der Herabsetzungsbetrag in die Kapitalrücklage einzustellen ist (vgl. → Rn. 43). Maßgeblich für die Bestimmung, ob die Abfindung den bilanziellen Anforderungen entspricht, ist der **Zeitpunkt** der Fassung des Einziehungsbeschlusses; ein Abstellen auf den Zeitpunkt der tatsächlichen Zahlung (zB bei Ratenzahlungen oder wegen § 237 Abs. 2 iVm § 225 Abs. 2 S. 1 AktG) oder eine Prognose der Entwicklung bis zur Fälligkeit des Entgelts kommt nicht in Betracht. Liegen die Voraussetzungen bei Beschlussfassung nicht vor, besteht bei der AG[63] auch keine Verpflichtung der Gesellschaft oder der Aktionäre, die bilanziellen Voraussetzungen (zB durch die Hebung stiller Reserven) herbeizuführen. Begründet der Einziehungsbeschluss eine Abfindungsverpflichtung, die nach den vorstehenden Grundsätzen nicht erfüllt werden kann, ist der Beschluss nichtig (§ 241 Nr. 3 AktG).[64] Besteht der Verstoß allein darin, dass eine Gewinnrücklage entgegen ihrer Zweckbindung für die Zahlung des Einziehungsentgelts aufgelöst

---

[57] Vgl. zur Sachdividende § 58 Abs. 5 AktG u. → § 47 Rn. 32 f.; zu Sachausschüttungen bei ordentlichen Kapitalherabsetzungen → § 61 Rn. 3. Zur Frage der Zulässigkeit von Sachausschüttungen bei Verteilung des Liquidationserlöses ebenso zB Hüffer/Koch AktG § 268 Rn. 4; Spindler/Stilz AktG/Bachmann § 271 Rn. 6; Grigoleit AktG/Servatius § 268 Rn. 15; Hölters AktG/Hirschmann § 271 Rn. 2 aE; aA KölnKommAktG/Winnen § 271 Rn. 10.

[58] Ebenso GroßkommAktG/Sethe § 237 Rn. 75.

[59] OLG München ZIP 2012, 1075 (1076); Hüffer/Koch AktG § 237 Rn. 34; Spindler/Stilz AktG/Marsch-Barner § 237 Rn. 31; HdB börsennotierte AG/Busch Rn. 49.19; Kallweit/Simons AG 2014, 352 (354).

[60] Hüffer/Koch AktG § 237 Rn. 34; Spindler/Stilz AktG/Marsch-Barner/Maul § 237 Rn. 31.

[61] Zur GmbH BGH ZIP 2018, 1540 Rn. 14 ff.; MüKoGmbHG/Wertenbruch Anhang § 47 Rn. 80; Gehrlein WM 2019, 1 (4).

[62] KölnKommAktG/Lutter § 237 Rn. 73; MüKoAktG/Oechsler § 237 Rn. 70.

[63] Für die GmbH leitet der BGH unter bestimmten Voraussetzungen aus der Treupflicht der Gesellschafter eine Verpflichtung zur Hebung stiller Reserven ab; vgl. BGH NZG 2006, 341 Rn. 37 f.; ZIP 2018, 1540 Rn. 17.

[64] Grigoleit AktG/Rieder § 237 Rn. 62; Bürgers/Körber AktG/Becker § 237 Rn. 53; GroßkommAktG/Sethe § 237 Rn. 76.

III. Einziehung nach Erwerb durch die Gesellschaft

24 Eigene Aktien kann die Gesellschaft **jederzeit** einziehen, ohne dass es einer besonderen Zulassung in der Satzung bedarf (§ 237 Abs. 1 S. 1 AktG). Die Satzung kann einschränkende Regelungen treffen, die Einziehung eigener Aktien jedoch nicht ganz ausschließen.[66] Unter den Voraussetzungen des § 71c Abs. 3 AktG besteht eine **Pflicht** zur Einziehung eigener Aktien.

25 Die Einziehung setzt voraus, dass die Gesellschaft im Zeitpunkt der Einziehungshandlung (→ Rn. 47) **dinglicher Inhaber** der Aktien ist. Der Einziehungsbeschluss (→ Rn. 29 u. 42) kann jedoch schon vorher für erst noch zu erwerbende Aktien gefasst werden. Ist die Gesellschaft dinglicher Rechtsinhaber, sind die zugrundeliegenden schuldrechtlichen Verhältnisse ohne Belang. Die Einziehung ist namentlich auch möglich – nach Maßgabe von § 71c Abs. 3 AktG sogar geboten –, wenn die Gesellschaft die Aktien unter Verstoß gegen § 71 AktG erworben hat und die schuldrechtlichen Erwerbsgeschäfte deshalb nichtig sind; denn auch in diesem Fall ist der dingliche Rechtserwerb wirksam (§ 71 Abs. 4 AktG).[67]

26 **§ 71 Abs. 1 Nr. 6 AktG** lässt zum Zweck der Einziehung auch den Erwerb eigener Aktien durch die Gesellschaft zu. Voraussetzung dafür ist, dass die Hauptversammlung vor dem Erwerb bereits den Einziehungsbeschluss fasst. Außerdem ist die Zahlung des Erwerbspreises erst nach Ablauf von sechs Monaten und nach Sicherung der dies verlangenden Gläubiger zulässig (§§ 237 Abs. 2 S. 3, 225 Abs. 2 AktG). Das gilt jedoch nicht, wenn die eigenen Aktien nach den Regeln über das vereinfachte Einziehungsverfahren (→ Rn. 37 ff.) eingezogen werden können.[68] In diesem Fall findet § 225 Abs. 2 AktG keine Anwendung (§ 237 Abs. 3 AktG).[69] Zu beachten ist dabei, dass der Hauptversammlungsbeschluss die Anwendung des vereinfachten Verfahrens vorsehen muss.[70]

27 Ein Erwerb eigener Aktien zum Zweck der Einziehung ist auch auf Grund einer Ermächtigung nach **§ 71 Abs. 1 Nr. 8 AktG** möglich; in diesem Fall kann die Hauptversammlung den Vorstand zur Einziehung ohne weiteren Hauptversammlungsbeschluss ermächtigen (§ 71 Abs. 1 Nr. 8 S. 6 AktG). Die Voraussetzungen für die Einziehung ergeben sich dann aus § 71 Abs. 1 Nr. 8, Abs. 2 u. Abs. 3 AktG; § 237 Abs. 3 AktG findet hingegen keine Anwendung.[71] Die Einziehung kann jedoch gemäß § 237 Abs. 3 Nr. 3 AktG umgesetzt werden und dem Vorstand eine Ermächtigung nach dem 2. Halbsatz der Bestimmung erteilt werden. Zu beachten sind ferner §§ 237 Abs. 5, 239 und 240 AktG.[72] Vgl. hierzu auch → Rn. 35 u. 46 sowie → § 15 Rn. 31

---

[65] MüKoAktG/*Oechsler* § 237 Rn. 102; Grigoleit AktG/*Rieder* § 237 Rn. 62; Hüffer/*Koch* AktG § 237 Rn. 34; GroßkommAktG/*Sethe* § 237 Rn. 106; KölnKommAktG/*Lutter* § 237 Rn. 101; auch → § 60 Rn. 25; aA Bürgers/Körber AktG/*Becker* § 237 Rn. 53; *Zöllner* FS Doralt, 2004, 751 (760 f.).

[66] Hüffer/*Koch* AktG § 237 Rn. 19; MüKoAktG/*Oechsler* § 237 Rn. 75; GroßkommAktG/*Sethe* § 237 Rn. 84; Spindler/Stilz AktG/*Marsch-Barner/Maul* § 237 Rn. 19.

[67] MüKoAktG/*Oechsler* § 237 Rn. 73; Hüffer/*Koch* AktG § 237 Rn. 20 f.; GroßkommAktG/*Sethe* § 237 Rn. 82; K. Schmidt/Lutter AktG/*Veil* § 237 Rn. 24; Spindler/Stilz AktG/*Marsch-Barner* § 237 Rn. 20.

[68] Zur Anwendbarkeit des vereinfachten Einziehungsverfahrens auf die Einziehung eigener Aktien vgl. die Nachweise unten Fn. 85.

[69] Zutreffend HdB börsennotierte AG/*Busch* Rn. 49.11; zu undifferenziert KölnKommAktG/*Lutter* § 237 Rn. 81; MüKoAktG/*Oechsler* § 237 Rn. 76.

[70] Vgl. die Nachweise unten Fn. 98.

[71] OLG München ZIP 2012, 1075 (1076); Grigoleit AktG/*Grigoleit/Rachlitz* § 71 Rn. 64; *Kallweit/Simons* AG 2014, 352 (354); aA die Nachweise in Fn. 85 sowie MüKoAktG/*Oechsler* § 71 Rn. 284; HdB börsennotierte AG/*Busch* Rn. 49.2.

[72] S. HdB börsennotierte AG/*Busch* Rn. 49.2; zu § 237 Abs. 5 AktG K. Schmidt/Lutter AktG/*Bezzenberger* § 71 Rn. 28.

IV. Einziehungsverfahren

Sowohl für die Zwangseinziehung als auch für die Einziehung eigener Aktien stehen **28** zwei Einziehungsverfahren zur Verfügung, das **ordentliche** und das **vereinfachte**. Das ordentliche Einziehungsverfahren folgt den Regeln über die ordentliche Kapitalherabsetzung. Das vereinfachte Einziehungsverfahren ist gegenüber dem ordentlichen Verfahren in der Beschlussfassung und im Gläubigerschutz erleichtert.

1. Ordentliches Einziehungsverfahren. a) Einziehungsbeschluss. Die Einziehung **29** richtet sich nach den Vorschriften über die ordentliche Kapitalherabsetzung (§ 237 Abs. 2 S. 1 AktG). Es bedarf daher grundsätzlich eines Einziehungsbeschlusses der Hauptversammlung, für dessen Fassung die gleichen Grundsätze gelten wie bei der ordentlichen Kapitalherabsetzung; vgl. → § 61 Rn. 21 ff. **Stimmberechtigt** sind grundsätzlich auch die Aktionäre, deren Aktien eingezogen werden sollen.[73] Das gilt jedoch nicht, wenn die Einziehung aus einem in der Person des Aktionärs liegenden wichtigen Grund erfolgen soll;[74] nicht stimmberechtigt ist überdies die Gesellschaft bei Einziehung eigener Aktien (§ 71b AktG). Bei der Einziehung stimmrechtsloser Vorzugsaktien soll nach herrschender Auffassung ein **Sonderbeschluss** der Vorzugsaktionäre gemäß § 141 Abs. 1 AktG erforderlich sein, sofern es sich um eine gestattete, nicht um eine angeordnete Zwangseinziehung handelt.[75] Tatsächlich ist ein Sonderbeschluss in keinem Fall erforderlich; die Einziehung von Vorzugsaktien ist gegenüber der Abschaffung des Vorzugs ein aliud, und es ist nicht erkennbar, warum die nicht betroffenen Vorzugsaktionäre daran mitwirken sollten.[76]

Auch für den **Inhalt** des Einziehungsbeschlusses[77] gelten zunächst die Regeln über die **30** ordentliche Kapitalherabsetzung. Der Beschluss muss namentlich angeben, dass das Grundkapital durch Einziehung von Aktien herabgesetzt wird, die Höhe des Herabsetzungsbetrages in bestimmbarer Weise festlegen und den Zweck der Herabsetzung nennen; vgl. näher → § 61 Rn. 26 ff. Darüber hinaus hat der Beschluss die Einzelheiten der Durchführung der Einziehung festzulegen, soweit dies nicht bereits in der Satzung geschehen ist (§ 237 Abs. 2 S. 2 AktG). Namentlich ist anzugeben, welche Aktien eingezogen werden sollen, ob ein Einziehungsentgelt gezahlt wird und wie dieses gegebenenfalls zu ermitteln und auszuzahlen ist. Wird der Einziehungsbeschluss angefochten, kann die Gesellschaft ein **Freigabeverfahren** einleiten (§ 246a AktG), wobei § 246a Abs. 2 Nr. 2 AktG auch dann

---

[73] MüKoAktG/*Oechsler* § 237 Rn. 79; Hüffer/*Koch* AktG § 237 Rn. 23a.; GroßkommAktG/*Sethe* § 237 Rn. 87; Spindler/Stilz AktG/*Marsch-Barner/Maul* § 237 Rn. 24; Hölters AktG/*Haberstock/Greitemann* § 237 Rn. 58.

[74] Str.; ebenso KölnKommAktG/*Lutter* § 237 Rn. 83; K. Schmidt/Lutter AktG/*Veil* § 237 Rn. 28; Spindler/Stilz AktG/*Marsch-Barner/Maul* § 237 Rn. 24; Hölters AktG/*Haberstock/Greitemann* § 237 Rn. 58; HdB börsennotierte AG/*Busch* Rn. 49.14; *Grunewald*, Ausschluss, 1987, S. 117 iVm S. 108 f.; *Punte/Klemens* BB 2019, 647 (650); *Terbrack* RNotZ 2003, 98 (113); *Becker* ZGR 1986, 383 (405); aA MüKoAktG/*Oechsler* § 237 Rn. 79; Hüffer/*Koch* AktG § 237 Rn. 23a; GroßkommAktG/*Sethe* § 237 Rn. 87.

[75] Hüffer/*Koch* AktG § 141 Rn. 5; MüKoAktG/*Oechsler* § 237 Rn. 104; HdB börsennotierte AG/*Busch* Rn. 49.14; Spindler/Stilz AktG/*Marsch-Barner/Maul* § 237 Rn. 24; Hölters AktG/*Haberstock/Greitemann* § 237 Rn. 57; MüKoAktG/*Volhard* § 141 Rn. 12; *Volhard/Goldschmidt* FS Lutter, 2000, 779 (788); Happ AktienR/*Stucken/Tielmann* Form. 14.06 Anm. 6.1 f.; *Weber/Schmidt* ZNotP 2004, 11 (12).

[76] So auch für den vergleichbaren Fall des Squeeze Out gem. §§ 327a ff. AktG OLG Düsseldorf DB 2005, 713; LG Frankfurt a. M. NZG 2004, 672 (675); Emmerich/Habersack AG-/GmbH-Konzernrecht/*Habersack* AktG § 327a Rn. 24. Zur verfassungsrechtlichen Unbedenklichkeit dieser Rechtsprechung BVerfG ZIP 2007, 1987.

[77] Muster in Münch. Vertragshandbuch Bd. 1/*Favoccia* Form. V. 138; Happ AktienR/*Stucken/Tielmann* Form. 14.04a.

gilt, wenn die AG personalistisch geprägt ist und die Einziehung dem Zweck des Ausschluss einzelner Aktionäre aus wichtigem Grund dient.[78]

31 Im Falle einer angeordneten Zwangseinziehung ist eine Beschlussfassung der Hauptversammlung ebenfalls möglich (§ 238 S. 2 AktG), jedoch nicht erforderlich. Anstelle der Hauptversammlung kann vielmehr der **Vorstand** die Entscheidung über die Einziehung treffen (§ 237 Abs. 6 AktG). Bei Einziehung eigener Aktien, die gem. § 71 Abs. 1 Nr. 8 AktG erworben werden, kann ebenfalls der Vorstand über die Einziehung entscheiden, sofern die Hauptversammlung ihn gem. § 71 Abs. 1 Nr. 8 S. 6 AktG hierzu ermächtigt hat; vgl. → § 15 Rn. 45.

32 Liegen die Voraussetzungen für die Einziehung nicht vor, ist eine entsprechende Einziehungsentscheidung des Vorstands nach § 237 Abs. 6 AktG nichtig.[79] Ein die Einziehung aussprechender Hauptversammlungsbeschluss ist nichtig, wenn die Satzung eine Einziehung nicht vorsieht, hingegen nur anfechtbar, wenn die Ermächtigungsvoraussetzungen nicht erfüllt sind.[80] Hinsichtlich sonstiger **Mängel der Beschlussfassung** der Hauptversammlung gilt das Gleiche wie bei der ordentlichen Kapitalherabsetzung; vgl. → § 61 Rn. 33. Die auf einem nichtigen Beschluss der Hauptversammlung oder des Vorstands beruhende Einziehungshandlung (→ Rn. 47) ist nach hM ohne Wirkung, und zwar selbst dann wenn die Kapitalherabsetzung in das Handelsregister eingetragen ist.[81] Dem ist jedoch in dieser Form nicht zu folgen; vielmehr sollte man die fehlerhafte Kapitalherabsetzung nach den Grundsätzen über die fehlerhafte Gesellschaft für die Vergangenheit, in besonders gelagerten Fällen auch für die Zukunft, aufrechterhalten.[82]

33 **b) Gläubigerschutz.** Auch bei der Kapitalherabsetzung durch Einziehung von Aktien sind grundsätzlich die Gläubigerschutzbestimmungen der ordentlichen Kapitalherabsetzung anwendbar (§ 237 Abs. 2 S. 1 AktG). Das heißt zunächst, dass die Gläubiger der Gesellschaft nach näherer Maßgabe von § 225 Abs. 1 AktG für ihre Forderungen, die bei Eintragung des Kapitalherabsetzungsbeschlusses begründet waren, **Sicherheitsleistung** verlangen können; vgl. → § 61 Rn. 49 ff.

34 Ebenfalls Anwendung findet das **Auszahlungsverbot** des § 225 Abs. 2 AktG, welches in § 237 Abs. 2 S. 3 AktG noch auf weitere Fälle erstreckt wird. Solange nicht seit Eintragung des Kapitalherabsetzungsbeschlusses sechs Monate verstrichen sind und allen Gläubigern, die sich innerhalb der Frist gemeldet haben, Befriedigung oder Sicherheit gewährt worden ist, darf die Gesellschaft im Zusammenhang mit der Einziehung keine Zahlungen leisten. Dies gilt sowohl für die Zahlung des Einziehungsentgelts als auch für die Ausschüttung eines Buchgewinns, der sich durch die Einziehung ergibt. Sind Aktien nur teilweise eingezahlt, bleibt die Verpflichtung der Aktionäre zur Leistung der restlichen Einlage trotz der Einziehung bestehen, bis die Voraussetzungen des § 225 Abs. 2 AktG erfüllt sind (§ 237 Abs. 2 S. 3 AktG).

35 Das Auszahlungsverbot erstreckt sich auch auf die Zahlung des Entgelts, welches die Gesellschaft bei einem **Erwerb eigener Aktien** zum Zwecke der Einziehung zu zahlen hat (§ 237 Abs. 2 S. 3 AktG); die Zahlung darf also erst nach Ablauf der 6-Monatsfrist und

---

[78] OLG München NZG 2015, 1027 f. In dem Fall wurde unter einem separaten Tagesordnungspunkt das Einziehungsentgelt festgesetzt; für diesen Beschluss soll nach Ansicht des OLG München ein Freigabeverfahren nicht statthaft sein.
[79] MüKoAktG/*Oechsler* § 237 Rn. 26; Hüffer/*Koch* AktG § 238 Rn. 10; Spindler/Stilz AktG/ *Marsch-Barner*/*Maul* § 237 Rn. 44; *Terbrack* RNotZ 2003, 89 (116); aA GroßkommAktG/*Sethe* § 237 Rn. 43 aE.
[80] Hüffer/*Koch* AktG § 237 Rn. 42; MüKoAktG/*Oechsler* § 237 Rn. 25; GroßkommAktG/*Sethe* § 237 Rn. 43, 124; K. Schmidt/Lutter AktG/*Veil* § 237 Rn. 53 f.; Spindler/Stilz AktG/*Marsch-Barner* § 237 Rn. 43; aA noch *Baumbach*/*Hueck* AktG § 237 Rn. 5, der Nichtigkeit annimmt.
[81] MüKoAktG/*Oechsler* § 238 Rn. 6; Hüffer/*Koch* AktG § 238 Rn. 10; GroßkommAktG/*Sethe* § 238 Rn. 27; Spindler/Stilz AktG/*Marsch-Barner*/*Maul* § 238 Rn. 9.
[82] Näher *Krieger* ZHR 158 (1994), 35 (52 f.).

Befriedigung oder Sicherung der Gläubiger, die sich rechtzeitig gemeldet haben, erfolgen.[83] Erfasst wird hiervon allerdings nur der Aktienerwerb nach vorangegangener Beschlussfassung der Hauptversammlung gemäß § 71 Abs. 1 Nr. 6 AktG. Erwirbt die Gesellschaft vor der Beschlussfassung der Hauptversammlung eigene Aktien oder erwirbt sie nach dem Hauptversammlungsbeschluss Aktien zu einem anderen Zweck als zum Zwecke der Einziehung, greift § 225 Abs. 2 AktG nicht ein.[84] Ebenso wenig ist die Vorschrift anwendbar, wenn eigene Aktien gem. § 71 Abs. 1 Nr. 8 AktG zum Zwecke der Einziehung erworben werden. Selbstverständlich gilt es in diesen Fällen die Gläubigerschutzvorschrift in § 71 Abs. 2 AktG zu beachten. Schließlich greift das Auszahlungsverbot auch nicht ein, wenn eigene Aktien gemäß § 71 Abs. 1 Nr. 6 AktG zum Zwecke der Einziehung im vereinfachten Einziehungsverfahren erworben werden; vgl. → Rn. 26.

Die **Frist** des § 225 Abs. 2 AktG beginnt bei einer Einziehung durch Vorstandsbeschluss 36 nach § 237 Abs. 6 AktG erst mit Bekanntmachung der Durchführung der Kapitalherabsetzung, da der Vorstandsbeschluss nicht ins Handelsregister eingetragen und bekanntgemacht wird (→ Rn. 46).

2. Vereinfachtes Einziehungsverfahren. a) Voraussetzungen. Von den strengen Be- 37 schlusserfordernissen und den strengen Vorschriften zum Gläubigerschutz nach den Regelungen über die ordentliche Kapitalherabsetzung befreit das Gesetz in den Fällen des § 237 Abs. 3 AktG. Diese Regeln der vereinfachten Einziehung gelten für die Zwangseinziehung, richtigerweise aber nicht für die Einziehung eigener Aktien;[85] zur teilweisen Geltung im Fall des § 71 Abs. 1 Nr. 8 AktG iVm § 237 Abs. 3 AktG vgl. aber → Rn. 27. Sie sind nicht zu verwechseln mit der vereinfachten Kapitalherabsetzung nach §§ 229 ff. AktG.

Voraussetzung für die Erleichterungen des vereinfachten Einziehungsverfahrens ist nach 38 § 237 Abs. 3 Nr. 1–3 AktG, dass die Aktien, die eingezogen werden sollen, voll eingezahlt sind und

– der Gesellschaft unentgeltlich zur Verfügung gestellt werden oder
– zu Lasten des Bilanzgewinns oder einer anderen Gewinnrücklage eingezogen werden können oder
– Stückaktien sind, die ohne Herabsetzung des Grundkapitals eingezogen werden sollen.

Diese Voraussetzungen brauchen erst in dem Zeitpunkt erfüllt zu sein, in dem die Kapitalherabsetzung wirksam werden soll (vgl. → Rn. 48). Liegen sie im Zeitpunkt der Beschlussfassung noch nicht vor, ist der Beschluss schwebend unwirksam.

Unentgeltlich zur Verfügung gestellt (Nr. 1) sind die einzuziehenden Aktien, wenn die 39 Gesellschaft dafür keinerlei Gegenleistung erbracht und zu erbringen hat. Das ist der Fall, wenn der Inhaber die Aktien der Gesellschaft zum Zweck der Einziehung unentgeltlich übertragen oder sich ohne dingliche Übertragung mit einer unentgeltlichen Einziehung einverstanden erklärt hat.[86] Soweit eine unentgeltliche Zwangseinziehung für zulässig gehalten wird (→ Rn. 18 ff.), soll es auch genügen, wenn deren Voraussetzungen erfüllt sind.[87] Früher war umstritten, ob die vereinfachte Einziehung von unentgeltlich zur Verfügung gestellten Aktien ausgeschlossen ist, wenn die Gesellschaft diese Aktien zuvor nach § 266 Abs. 2 B III Nr. 2

---

[83] Zu den Auswirkungen dieser Zahlungssperre auf den Aktienkaufvertrag vgl. MüKoAktG/*Oechsler* § 237 Rn. 77.
[84] MüKoAktG/*Oechsler* § 237 Rn. 76; Hüffer/*Koch* AktG § 237 Rn. 28; GroßkommAktG/*Sethe* § 237 Rn. 97; K. Schmidt/Lutter AktG/*Veil* § 237 Rn. 31.
[85] Vgl. → Rn. 27 u. die Nachweise in Fn. 71. AA ferner GroßkommAktG/*Sethe* § 237 Rn. 100; K. Schmidt/Lutter AktG/*Veil* § 237 Rn. 33; Hüffer/*Koch* AktG § 237 Rn. 30.
[86] MüKoAktG/*Oechsler* § 237 Rn. 95; Hüffer/*Koch* AktG § 237 Rn. 32; GroßkommAktG/*Sethe* § 237 Rn. 103; K. Schmidt/Lutter AktG/*Veil* § 237 Rn. 37; Spindler/Stilz AktG/*Marsch-Barner* § 237 Rn. 30.
[87] KölnKommAktG/*Lutter* § 237 Rn. 96; Hüffer/*Koch* AktG § 237 Rn. 32; GroßkommAktG/ *Sethe* § 237 Rn. 103; aA anscheinend noch *Baumbach*/*Hueck* AktG § 237 Rn. 9.

HGB aktiviert hat.[88] Nach dem BilMoG[89] ist eine Aktivierung von eigenen Aktien ausgeschlossen. Eigene Aktien sind nunmehr nach § 272 Abs. 1a HGB auf der Passivseite abgesetzt vom Grundkapital als Korrekturposten darzustellen.[90] Der in dieser Form vorgeschriebene Ausweis bedeutet keine wirtschaftliche Belastung für die Gesellschaft.[91] Der Erwerb ist daher unentgeltlich, und § 237 Abs. 3 Nr. 1 HGB findet Anwendung.[92]

40 Sind die einzuziehenden Aktien der Gesellschaft nicht unentgeltlich zur Verfügung gestellt, ist die vereinfachte Einziehung zulässig, wenn sie **zu Lasten des Bilanzgewinns oder einer anderen Gewinnrücklage** erfolgen kann (Nr. 2). Dazu müssen ein Bilanzgewinn (§ 158 Abs. 1 Nr. 5 AktG), andere Gewinnrücklagen (§ 266 Abs. 3 A. III. 4 HGB) oder **Kapitalrücklagen gemäß § 272 Abs. 2 Nr. 4 HGB** (→ Rn. 23) zur Verfügung stehen, welche ausreichen, um die Kosten für den Erwerb der einzuziehenden Aktien oder für die Auszahlung des Einziehungsentgelts zu decken, und welche für diese Zwecke verwandt werden können. Der Bilanzgewinn ist nicht mehr verfügbar, wenn bereits ein Gewinnverwendungsbeschluss gefasst oder aus sonstigen Gründen eine anderweitige Verwendung vorgeschrieben ist (zB Gewinnabführungsvertrag). Andere Gewinnrücklagen sind nicht verwendungsfähig, soweit sie für bestimmte andere Zwecke gebildet wurden (vgl. auch → § 60 Rn. 47) und diese Zweckbindung nicht aufgehoben wird. Sie sind auch nicht verwendungsfähig, soweit ein Bilanzverlust vorhanden ist. Die Aufstellung eines Zwischenabschlusses zur Überprüfung, ob ausreichender Gewinn vorhanden ist, ist nicht erforderlich.[93]

41 Schließlich ist die vereinfachte Einziehung zulässig, wenn **Stückaktien ohne Kapitalherabsetzung** eingezogen werden sollen (Nr. 3). Diese Vorschrift ist in § 237 AktG systematisch verfehlt. Vgl. dazu näher → Rn. 51 ff.

42 b) Einziehungsbeschluss. Auch im vereinfachten Einziehungsverfahren muss die Kapitalherabsetzung grundsätzlich von der Hauptversammlung beschlossen werden (§ 237 Abs. 4 S. 1 AktG).[94] Bei einer angeordneten Zwangseinziehung kann auch der Vorstand die Einziehungsentscheidung treffen (§ 237 Abs. 6 AktG). Das Gleiche gilt für die Einziehung eigener Aktien, die gem. § 71 Abs. 1 Nr. 8 AktG erworben werden, wenn die Hauptversammlung den Vorstand zur Einziehung ermächtigt hat (§ 71 Abs. 1 Nr. 8 S. 6 AktG). Anders als im ordentlichen Einziehungsverfahren genügt für den Einziehungsbeschluss der Hauptversammlung die **einfache Mehrheit** der abgegebenen Stimmen (§ 237 Abs. 4 S. 2 AktG); das dürfte wohl auch für die Einziehung von Stückaktien ohne Kapitalherabsetzung nach § 237 Abs. 3 Nr. 3 AktG gelten, vgl. näher → Rn. 53. Die Satzung kann eine größere Mehrheit und weitere Erfordernisse bestimmen (§ 237 Abs. 4 S. 3 AktG). Die gleiche Mehrheit genügt auch für die entsprechende **Änderung der Satzungsfassung**[95] oder die Ermächtigung des Aufsichtsrats zur Fassungsänderung nach § 179 Abs. 1 S. 2 AktG.[96] **Sonderbeschlüsse** bei mehreren Aktiengattungen nach § 222 Abs. 2 AktG sind nicht erforderlich.[97] Nach herrschender, aber nicht überzeugender Auf-

---

[88] Vgl. dazu MüKoAktG/*Oechsler* § 237 Rn. 94 f. jeweils mwN.
[89] Bilanzrechtsmodernisierungsgesetz v. 25.5.2009, BGBl. I S. 1102.
[90] S. Beck'scher BilanzKomm/*Winkeljohann*/K. *Hoffmann* § 272 Rn. 130 ff.; Baumbach/Hopt HGB/*Merkt* § 272 Rn. 4.
[91] Ebenso Spindler/Stilz AktG/*Marsch-Barner*/*Maul* § 237 Rn. 29; Hüffer/*Koch* AktG § 237 Rn. 33.
[92] Im Ergebnis ebenso GroßkommAktG/*Sethe* § 237 Rn. 105; Hüffer/*Koch* AktG § 237 Rn. 33; Spindler/Stilz AktG/*Marsch-Barner*/*Maul* § 237 Rn. 29.
[93] Näher HdB börsennotierte AG/*Busch* Rn. 49.20; *Kessler*/*Suchan* BB 2000, 2529 (2530).
[94] Muster bei Happ AktienR/*Stucken*/*Tielmann* Form. 14.05a und 14.06a.
[95] Hüffer/*Koch* AktG § 237 Rn. 35; GroßkommAktG/*Sethe* § 237 Rn. 113; Grigoleit AktG/*Rieder* § 237 Rn. 53; Spindler/Stilz AktG/*Marsch-Barner*/*Maul* § 237 Rn. 34.
[96] Grigoleit AktG/*Rieder* § 237 Rn. 53; Hüffer/*Koch* AktG § 237 Rn. 35; Spindler/Stilz AktG/ *Marsch-Barner* § 237 Rn. 34; HdB börsennotierte AG/*Busch* Rn. 49.25.
[97] Ebenso MüKoAktG/*Oechsler* § 237 Rn. 103; Hüffer/*Koch* AktG § 237 Rn. 35; *Baumbach*/*Hueck* AktG § 237 Rn. 10; GroßkommAktG/*Sethe* § 237 Rn. 114; K. Schmidt/Lutter AktG/*Veil* § 237

fassung soll allerdings für die Einziehung von Vorzugsaktien die Zustimmung der Vorzugsaktionäre nach § 141 Abs. 1 AktG erforderlich sein; vgl. dazu → Rn. 29. Im Übrigen gelten für die Beschlussfassung und etwaige Mängel sowie den Inhalt des Kapitalherabsetzungsbeschlusses die gleichen Grundsätze wie im ordentlichen Einziehungsverfahren. Namentlich ist auch hier im Beschluss der Zweck der Kapitalherabsetzung festzusetzen (§ 237 Abs. 4 S. 4 AktG); außerdem muss der Beschluss zum Ausdruck bringen, dass die Kapitalherabsetzung im vereinfachten Verfahren erfolgt und ob es sich um eine Zwangseinziehung oder eine Einziehung nach Erwerb der Aktien durch die Gesellschaft handelt.[98] Zur Möglichkeit der Durchführung eines Freigabeverfahrens → Rn. 30. Vgl. näher → § 61 Rn. 26 ff. u. → § 62 Rn. 19.

c) **Gläubigerschutz.** An die Stelle des Gläubigerschutzes nach § 225 AktG tritt beim **43** vereinfachten Einziehungsverfahren die Verpflichtung, in den Fällen des § 237 Abs. 3 Nr. 1 u. 2 AktG nach Wirksamwerden der Kapitalherabsetzung in die **Kapitalrücklage** einen Betrag in Höhe des Gesamtnennbetrages der eingezogenen Aktien einzustellen (§ 237 Abs. 5 AktG); zur Einziehung ohne Kapitalherabsetzung nach § 237 Abs. 3 Nr. 3 AktG vgl. → Rn. 55. Das Gesetz verhindert auf diese Weise eine Ausschüttung des durch die Kapitalherabsetzung entstehenden Buchgewinns an die Aktionäre. Die Verpflichtung entsteht mit Wirksamwerden der Kapitalherabsetzung (vgl. → Rn. 48). Die Zuweisung in die Kapitalrücklage muss daher noch nicht in dem Kapitalherabsetzungsbeschluss, sondern erst **im nächsten Jahresabschluss** enthalten sein.[99] Enthält der nächste Jahresabschluss die nach § 237 Abs. 5 AktG erforderliche Einstellung in die Kapitalrücklage nicht, ist er nichtig (§ 256 Abs. 1 Nr. 1 und 4 AktG).[100]

Der in die Kapitalrücklage einzustellende Buchgewinn aus der Einziehung darf nur nach **44** Maßgabe von § 150 Abs. 3 und 4 AktG verwandt werden. Danach bleibt es zulässig, ihn sogleich zu **verwenden,** um damit einen nicht anderweitig ausgleichbaren Jahresfehlbetrag oder Verlustvortrag auszugleichen. Das vereinfachte Einziehungsverfahren kann auf diese Weise als Sanierungsmaßnahme genutzt werden.[101] Das ist jedoch kein Grund, die Gläubigerschutzbestimmung des § 233 AktG analog anzuwenden, wenn der in die Kapitalrücklage gestellte Betrag zur Deckung eines vorhandenen Verlustes oder zum Ausgleich einer bestehenden Wertminderung benutzt wird.[102]

Rn. 44; Spindler/Stilz AktG/*Marsch-Barner/Maul* § 237 Rn. 34; *Weber/Schmidt* ZNotP 2004, 11 (12); aA KölnKommAktG/*Lutter* § 237 Rn. 109.
[98] Hüffer/*Koch* AktG § 237 Rn. 36; MüKoAktG/*Oechsler* § 237 Rn. 106; GroßkommAktG/*Sethe* § 237 Rn. 116; Spindler/Stilz AktG/*Marsch-Barner/Maul* § 237 Rn. 35; Hölters AktG/*Haberstock/Greitemann* § 237 Rn. 78; Bürgers/Körber AktG/*Becker* § 237 Rn. 45; Henssler/Strohn/*Galla* AktG § 237 Rn. 20.
[99] Hüffer/*Koch* AktG § 237 Rn. 36 u. 38; MüKoAktG/*Oechsler* § 237 Rn. 108; GroßkommAktG/*Sethe* § 237 Rn. 121; Spindler/Stilz AktG/*Marsch-Barner/Maul* § 237 Rn. 38; *Weber/Schmidt* ZNotP 2004, 11 (15).
[100] MüKoAktG/*Oechsler* § 237 Rn. 108; Hüffer/*Koch* AktG § 237 Rn. 38; GroßkommAktG/*Sethe* § 237 Rn. 121; Spindler/Stilz AktG/*Marsch-Barner/Maul* § 237 Rn. 38.
[101] Hüffer/*Koch* AktG § 237 Rn. 39; GroßkommAktG/*Sethe* § 237 Rn. 122; K. Schmidt/Lutter AktG/*Veil* § 237 Rn. 49; Spindler/Stilz AktG/*Marsch-Barner/Maul* § 237 Rn. 39; Terbrack RNotZ 2003, 89 (115).
[102] Str.; wie hier KölnKommAktG/*Lutter* § 237 Rn. 113; Hüffer/*Koch* AktG § 237 Rn. 39; GroßkommAktG/*Sethe* § 237 Rn. 122; K. Schmidt/Lutter AktG/*Veil* § 237 Rn. 49; Spindler/Stilz AktG/ *Marsch-Barner/Maul* § 237 Rn. 39; Grigoleit AktG/*Rieder* § 237 Rn. 58; *Terbrack* RNotZ 2003, 89 (115); aA MüKoAktG/*Oechsler* § 237 Rn. 109; *v. Godin/Wilhelmi* AktG § 237 Anm. 23; *Baumbach/Hueck* AktG § 237 Rn. 12.

V. Weitere Abwicklung der Einziehung

1. Anmeldung, Eintragung und Bekanntmachung des Einziehungsbeschlusses.

45 Der **Beschluss der Hauptversammlung** ist zur Eintragung ins Handelsregister anzumelden (§§ 237 Abs. 2 S. 1, 223 AktG sowie § 237 Abs. 4 S. 5 AktG). Die Anmeldung kann mit der Anmeldung der Durchführung der Kapitalherabsetzung verbunden werden (§ 239 Abs. 2 AktG).[103] Für Anmeldung, Eintragung und Bekanntmachung gilt das Gleiche wie bei der ordentlichen Kapitalherabsetzung; vgl. näher → § 61 Rn. 34 f.

46 Anmeldung und Eintragung ins Handelsregister sind nicht erforderlich, wenn im Falle der angeordneten Zwangseinziehung der Vorstand nach § 237 Abs. 6 AktG die Entscheidung über die Einziehung trifft. Das Gesetz geht in § 238 S. 2 AktG davon aus, dass ein **Einziehungsbeschluss des Vorstands** nicht ins Handelsregister eingetragen wird; anderenfalls hätte es der Sonderregelung in Satz 2 gegenüber § 238 S. 1 AktG nicht bedurft.[104] Das hat zur Folge, dass bei einer Einziehung im ordentlichen Einziehungsverfahren die Sperrfrist nach § 225 Abs. 2 AktG erst mit Bekanntmachung der durchgeführten Kapitalherabsetzung beginnen kann.[105] Ebenso wenig wird der Einziehungsbeschluss des Vorstands in den Fällen des § 71 Abs. 1 Nr. 8 S. 6 AktG in das Handelsregister eingetragen; auch eine Eintragung des Ermächtigungsbeschlusses der Hauptversammlung sieht das Gesetz nicht vor.

47 **2. Einziehungshandlung.** Die von der Hauptversammlung oder in den Fällen der §§ 71 Abs. 1 Nr. 8 S. 6, 237 Abs. 6 AktG vom Vorstand beschlossene Einziehung bedarf der Ausführung durch eine „Handlung der Gesellschaft, die auf Vernichtung der Rechte aus bestimmten Aktien gerichtet ist" (§ 238 S. 3 AktG). Die Einziehungshandlung ist **Willenserklärung** der Gesellschaft gegenüber dem Inhaber der einzuziehenden Aktien.[106] Sie muss diese Aktien konkret bezeichnen und dem Empfänger zugehen oder, wenn die Satzung nichts Abweichendes bestimmt und die Einziehung nicht einzelne namentlich bekannte Aktionäre betrifft, in den Gesellschaftsblättern veröffentlicht werden.[107] Die Einziehungshandlung kann auch konkludent erfolgen, zB durch Abstempelung der Aktienurkunden uä. Zuständig ist ausschließlich der Vorstand; es genügt also nicht eine entsprechende Erklärung der Hauptversammlung.[108] Werden (zuvor erworbene) eigene Aktien der Gesellschaft eingezogen, erfolgt die Einziehungshandlung durch eine nichtempfangsbedürftige Willenserklärung. Es genügt mithin jede Handlung, die den Willen zur Vernichtung der Mitgliedschaftsrechte deutlich macht.[109] Ausreichend ist zB die Anweisung zur Ausbuchung der Aktien aus dem Depot der Gesellschaft.[110]

48 **3. Wirksamwerden der Kapitalherabsetzung.** Mit Eintragung des Einziehungsbeschlusses und Vornahme der Einziehungshandlung wird die Kapitalherabsetzung wirk-

---

[103] Muster in Münch. Vertragshandbuch Bd. 1/*Favoccia* Form. V. 139.
[104] Hüffer/Koch AktG § 237 Rn. 41; MüKoAktG/*Oechsler* § 237 Rn. 115; GroßkommAktG/*Sethe* § 237 Rn. 126; K. Schmidt/Lutter AktG/*Veil* § 237 Rn. 52; Spindler/Stilz AktG/*Marsch-Barner* § 237 Rn. 41; aA noch *Baumbach/Hueck* AktG § 237 Rn. 13.
[105] Hüffer/Koch AktG § 237 Rn. 41; MüKoAktG/*Oechsler* § 237 Rn. 115; GroßkommAktG/*Sethe* § 237 Rn. 126; K. Schmidt/Lutter AktG/*Veil* § 237 Rn. 52.
[106] Muster bei Happ AktienR/*Stucken/Tielmann* Form. 14.06 f.
[107] MüKoAktG/*Oechsler* § 238 Rn. 5 f.; Hüffer/Koch AktG § 238 Rn. 8 f.; GroßkommAktG/*Sethe* § 238 Rn. 17; K. Schmidt/Lutter AktG/*Veil* § 238 Rn. 7; Spindler/Stilz AktG/*Marsch-Barner* § 238 Rn. 8; *Weber/Schmidt* ZNotP 2004, 11 (14); *Punte/Klemens* BB 2019, 647 (650).
[108] Hüffer/Koch AktG § 238 Rn. 7; MüKoAktG/*Oechsler* § 238 Rn. 5; GroßkommAktG/*Sethe* § 238 Rn. 14; K. Schmidt/Lutter AktG/*Veil* § 238 Rn. 7; Spindler/Stilz AktG/*Marsch-Barner* § 238 Rn. 7; aA noch *Baumbach/Hueck* AktG § 238 Rn. 3; *v. Godin/Wilhelmi* AktG § 238 Anm. 2.
[109] K. Schmidt/Lutter AktG/*Veil* § 237 Rn. 7; Hüffer/Koch AktG § 237 Rn. 8; *Rieckers* ZIP 2009, 700 (705); *Weber/Schmidt* ZNotP 2004, 11 (14).
[110] *Rieckers* ZIP 2009, 700 (705); Hüffer/Koch AktG § 237 Rn. 8; *Kallweit/Simons* AG 2014, 352 (357).

sam (§ 238 S. 1 AktG). Wird die Entscheidung über die Einziehung nach § 237 Abs. 6 AktG vom Vorstand getroffen, führt allein die Einziehungshandlung zur Wirksamkeit der Kapitalherabsetzung (§ 238 S. 2 AktG), ebenso bei Einziehung durch den Vorstand nach § 71 Abs. 1 Nr. 8 S. 6 AktG. Eine **Rückbeziehung** der Kapitalherabsetzung ist – anders als bei der vereinfachten Kapitalherabsetzung – nicht möglich.[111]

Mit dem Wirksamwerden der Kapitalherabsetzung gehen die Mitgliedschaftsrechte unter. Die alten **Aktienurkunden** verkörpern nur noch den Anspruch auf die Zahlung des Einziehungsentgelts. Werden die Urkunden der Gesellschaft trotz Aufforderung nicht zur Vernichtung oder Abstempelung eingereicht, können sie im Verfahren nach § 73 AktG für kraftlos erklärt werden;[112] ein Anspruch gegen den Aktionär auf Einreichung der Aktienurkunde besteht nicht.[113] **49**

4. Anmeldung der Durchführung. Der Vorstand – ohne Mitwirkung des Aufsichtsratsvorsitzenden – hat die Durchführung der Herabsetzung des Grundkapitals zur Eintragung ins Handelsregister anzumelden (§ 239 Abs. 1 AktG). Die Kapitalherabsetzung ist durchgeführt, sobald der Kapitalherabsetzungsbeschluss ins Handelsregister eingetragen und die Einziehungshandlung vorgenommen ist; ist kein Kapitalherabsetzungsbeschluss erforderlich (vgl. → Rn. 31 u. 42), genügt die Vornahme der Einziehungshandlung. Ist die Einziehungshandlung bereits erfolgt, können der Kapitalherabsetzungsbeschluss und die Durchführung der Kapitalherabsetzung zugleich angemeldet[114] und eingetragen werden (§ 239 Abs. 2 AktG). Bei einer **Verbindung beider Anmeldungen** bedarf es der Mitwirkung des Aufsichtsratsvorsitzenden. Für den Fall, dass der Kapitalherabsetzungsbeschluss auf die Einziehung erst noch zu erwerbender eigener Aktien gerichtet ist, soll nach einer teilweise vertretenen Auffassung eine sofortige Anmeldung des Kapitalherabsetzungsbeschlusses erforderlich und eine Verbindung mit der späteren Anmeldung der Durchführung unzulässig sein. Für diese Auffassung ergibt sich jedoch aus dem Gesetz kein zureichender Anhaltspunkt.[115] Die Eintragung der Durchführung der Kapitalherabsetzung ist keine Voraussetzung für ihre Wirksamkeit.[116] **50**

VI. Einziehung von Stückaktien ohne Kapitalherabsetzung

Nach § 237 Abs. 3 Nr. 3 AktG ist im vereinfachten Einziehungsverfahren eine Einziehung von Stückaktien ohne Kapitalherabsetzung möglich. Diese Vorschrift, die durch das TransPuG eingefügt wurde, ist in § 237 AktG **systematisch verfehlt,** da es hierbei gerade nicht um eine Kapitalherabsetzung geht.[117] Die Folge dessen sind verschiedene rechtliche Unklarheiten. **51**

1. Voraussetzungen. Die Einziehung nach § 237 Abs. 3 Nr. 3 AktG setzt voraus, dass es sich um Stückaktien (§ 8 Abs. 3 AktG) handelt, die voll eingezahlt sind.[118] Auch sie ist nur **52**

---

[111] MüKoAktG/*Oechsler* § 238 Rn. 9; Hüffer/*Koch* AktG § 238 Rn. 6; GroßkommAktG/*Sethe* § 238 Rn. 13; K. Schmidt/Lutter AktG/*Veil* § 238 Rn. 4; Spindler/Stilz AktG/*Marsch-Barner* § 238 Rn. 4; Bürgers/Körber AktG/*Becker* § 238 Rn. 13.
[112] MüKoAktG/*Oechsler* § 238 Rn. 8; Hüffer/*Koch* AktG § 238 Rn. 5; GroßkommAktG/*Sethe* § 238 Rn. 23 f.; Spindler/Stilz AktG/*Marsch-Barner/Maul* § 238 Rn. 5; HdB börsennotierte AG/*Busch* Rn. 49.33.
[113] MüKoAktG/*Oechsler* § 238 Rn. 7; Hüffer/*Koch* AktG § 238 Rn. 5; GroßkommAktG/*Sethe* § 238 Rn. 23; Bürgers/Körber AktG/*Becker* § 238 Rn. 12; aA noch *Baumbach/Hueck* AktG § 238 Rn. 3.
[114] Muster in Münch. Vertragshandbuch Bd. 1/*Favoccia* Form. V. 139.
[115] Wie hier Hüffer/*Koch* AktG § 239 Rn. 9; GroßkommAktG/*Sethe* § 239 Rn. 13; Spindler/Stilz AktG/*Marsch-Barner* § 239 Rn. 2; Bürgers/Körber AktG/*Becker* § 239 Rn. 7; aA KölnKommAktG/*Lutter* § 239 Rn. 4; offen MüKoAktG/*Oechsler* § 239 Rn. 7.
[116] OLG München AG 2017, 441 (442).
[117] Vgl. nur DAV-Handelsrechtsausschuss NZG 2002, 115 (118 f.); Hüffer/*Koch* AktG § 237 Rn. 34b.
[118] Vgl. MüKoAktG/*Oechsler* § 237 Rn. 92, 110c; Hölters AktG/*Haberstock/Greitemann* § 237 Rn. 74.

in den Formen der Zwangseinziehung aufgrund einer entsprechenden Satzungsregelung[119] oder nach vorherigem Erwerb der Aktien möglich (§ 237 Abs. 1 AktG). Der **Erwerb eigener Aktien** kann nach § 71 Abs. 1 Nr. 8 AktG erfolgen;[120] der Vermögensschutz der Gesellschaft wird in diesem Fall durch § 71 Abs. 2 S. 2 AktG gewährleistet (vgl. → Rn. 27). Hingegen ist unklar, ob Aktien, die gemäß § 237 Abs. 3 Nr. 3 AktG eingezogen werden sollen, auch nach § 71 Abs. 1 Nr. 6 AktG erworben werden können. Zum einen setzt diese Vorschrift eine Einziehung „nach den Vorschriften über die Herabsetzung des Grundkapitals" voraus, während es sich hier nicht um eine Kapitalherabsetzung handelt, wohl aber um eine Vorschrift aus dem Gesetzesabschnitt über Maßnahmen der Kapitalherabsetzung. Zum anderen ist fraglich, wie der Vermögensschutz der Gesellschaft in den Fällen des § 71 Abs. 1 Nr. 6 AktG zu gewährleisten ist. Im Ergebnis wird man § 71 Abs. 1 Nr. 6 AktG trotz des unklaren Gesetzeswortlauts anwenden können, da sein Regelungszweck auch die Einziehung ohne Kapitalherabsetzung erfasst; erforderlich ist aber die analoge Anwendung von § 237 Abs. 3 Nr. 1 und 2 AktG mit der Folge, dass die Aktien nur entweder unentgeltlich oder zu Lasten des Bilanzgewinns oder einer verwendungsfähigen anderen Gewinnrücklage erworben werden dürfen.[121] Gleiches muss für eine **Zwangseinziehung** nach § 237 Abs. 3 Nr. 3 AktG gelten; sie kann entsprechend § 237 Abs. 3 Nr. 1 und 2 AktG nur zulässig sein, wenn sie unentgeltlich erfolgen oder das Einziehungsentgelt zu Lasten des Bilanzgewinns, einer anderen Gewinnrücklage oder einer Kapitalrücklage gemäß § 272 Abs. 2 Nr. 4 HGB gezahlt werden kann.[122]

53 2. **Einziehungsbeschluss.** Auch die Einziehung nach § 237 Abs. 3 Nr. 3 AktG erfordert grundsätzlich einen **Beschluss der Hauptversammlung.** Der Beschluss muss bestimmen, dass sich durch die Einziehung der Anteil der übrigen Aktien am Grundkapital gemäß § 8 Abs. 3 AktG erhöht. Eine Angabe des Zwecks der Kapitalherabsetzung ist entgegen § 237 Abs. 4 S. 4 AktG nicht erforderlich.[123] Für den Beschluss dürfte die einfache Mehrheit des § 237 Abs. 4 S. 2 AktG genügen.[124] Der Gesetzeswortlaut ist zwar auch insoweit unklar, weil Satz 2 an Satz 1 anknüpft, der wieder nur die Fälle der Kapitalherabsetzung anspricht. Es ist jedoch nicht erkennbar, welchen Zweck es haben sollte, für das Mehrheitserfordernis zwischen den Fällen des § 237 Abs. 3 Nr. 1 und 2 einerseits und Nr. 3 andererseits zu differenzieren. Aus dem gleichen Grund wird man annehmen müssen, dass auch für die Einziehung ohne Kapitalherabsetzung das Freigabeverfahren des § 246a AktG zur Verfügung steht.

54 Ein Einziehungsbeschluss der Hauptversammlung ist auch in den Fällen des § 237 Abs. 3 Nr. 3 AktG nicht erforderlich, sondern der **Vorstand** kann die Einziehungsentscheidung treffen, wenn es sich um eine angeordnete Zwangseinziehung handelt (§ 237 Abs. 6 AktG); Gleiches gilt, wenn Aktien eingezogen werden sollen, die gemäß § 71 Abs. 1 Nr. 8 AktG

---

[119] Formulierungsvorschlag bei *Terbrack* DNotZ 2003, 734 (747).

[120] Str.; ebenso MüKoAktG/*Oechsler* § 237 Rn. 110 f.; K. Schmidt/Lutter AktG/*Veil* § 237 Rn. 42; Spindler/Stilz AktG/*Marsch-Barner/Maul* § 237 Rn. 33; *Tielmann* DStR 2003, 1796 (1797); *Rieckers* ZIP 2009, 700; aA GroßkommAktG/*Sethe* § 237 Rn. 108; Hüffer/*Koch* AktG § 237 Rn. 34a, weil § 237 Abs. 3 Nr. 3 AktG voraussetze, dass es eines Hauptversammlungsbeschlusses iSv § 237 Abs. 2 AktG bedürfe.

[121] Ebenso MüKoAktG/*Oechsler* § 237 Rn. 110c; K. Schmidt/Lutter AktG/*Veil* § 237 Rn. 42; Spindler/Stilz AktG/*Marsch-Barner/Maul* § 237 Rn. 33; *Wieneke/Förl* AG 2005, 189 (192 ff.); *Kallweit/Simons* AG 2014, 352 (353 u. 356 f.); GroßkommAktG/*Sethe* § 237 Rn. 109 hält eine analoge Anwendung der Vorschriften nicht für notwendig.

[122] Ebenso Hölters AktG/*Haberstock/Greitemann* § 237 Rn. 74; MüKoAktG/*Oechsler* § 237 Rn. 110c.

[123] K. Schmidt/Lutter AktG/*Veil* § 237 Rn. 45; Spindler/Stilz AktG/*Marsch-Barner/Maul* § 237 Rn. 35; aA MüKoAktG/*Oechsler* § 237 Rn. 110e.

[124] *Terbrack* DNotZ 2003, 734 (741 f.); MüKoAktG/*Oechsler* § 237 Rn. 110e; Hüffer AktG/*Koch* § 237 Rn. 35; K. Schmidt/Lutter AktG/*Veil* § 237 Rn. 44; GroßKommAktG/*Sethe* § 237 Rn. 111; *Tielmann* DStR 2003, 1796 (1798); zweifelnd HdB börsennotierte AG/*Busch* Rn. 49.22.

erworben wurden und die Hauptversammlung den Vorstand zur Einziehung ermächtigt hat (§ 71 Abs. 1 Nr. 8 S. 6 AktG). Wird der Vorstand gemäß § 71 Abs. 1 Nr. 8 S. 6 AktG zur Einziehung ermächtigt, kann er auch zur Anpassung der Angabe der Zahl der Aktien in der Satzung ermächtigt werden (§ 237 Abs. 3 Nr. 3 Hs. 2 AktG). Im Übrigen gelten die Ausführungen → Rn. 42.

3. Abwicklung. Eine Einstellung von Beträgen in die Kapitalrücklage gemäß § 237 55 Abs. 5 AktG ist nicht erforderlich; dies stellt Abs. 5 inzwischen klar, nachdem die Vorschrift nach Beseitigung des ursprünglich vorhandenen Redaktionsfehlers nicht mehr alle Fälle des Abs. 3, sondern nur noch die Fälle des Abs. 3 Nr. 1 und 2 in Bezug nimmt. Für die **weitere Abwicklung** der Einziehung gelten auch im Falle von § 237 Abs. 3 Nr. 3 AktG die Regelungen wie für die Kapitalherabsetzung durch Einziehung; vgl. → Rn. 45 ff.

VII. Ausschluss von Aktionären aus wichtigem Grund

Die Satzung kann die Zwangseinziehung von Aktien für den Fall zulassen, dass in der 56 Person des Aktionärs ein wichtiger Grund für seinen Ausschluss eintritt (vgl. → Rn. 10 u. 13). Aber auch ohne Zulassung in der Satzung ist – was im GmbH-Recht seit langem anerkannt ist –[125] der Ausschluss eines Aktionärs aus wichtigem Grund nach zutreffender Auffassung als zulässig anzusehen.[126] Voraussetzung ist ein **wichtiger Grund** in der Person des auszuschließenden Aktionärs, der nur dann vorliegt, wenn den übrigen Aktionären bei Abwägung aller Umstände des Einzelfalls eine Fortsetzung des Gesellschaftsverhältnisses mit dem auszuschließenden Aktionär nicht mehr zumutbar ist.[127] Das wird bei einer Publikumsgesellschaft kaum je der Fall sein können,[128] während bei personalistisch strukturierten Gesellschaften Umstände wie eine schuldhafte Zerrüttung des Vertrauensverhältnisses zwischen den Aktionären, gesellschaftsschädigendes Verhalten uä den Ausschluss rechtfertigen können; für die Beurteilung von Einzelfällen kann insoweit auf das umfangreiche Fallmaterial der Rechtsprechung zum GmbH- und Personengesellschaftsrecht zurückgegriffen werden.[129]

Die **Durchführung der Ausschließung** setzt zunächst einen entsprechenden Haupt- 57 versammlungsbeschluss voraus, der einer Mehrheit von mindestens drei Vierteln des vertretenen Grundkapitals bedarf.[130] Auf der Basis dieses Hauptversammlungsbeschlusses hat die Gesellschaft gegen den auszuschließenden Aktionär eine Ausschließungsklage zu erheben; der Ausschluss vollzieht sich erst durch ein der Klage stattgebendes Ausschließungsurteil.[131] Der auszuschließende Aktionär hat Anspruch auf eine Abfindung in Höhe des vollen wirtschaftlichen Wertes seiner Beteiligung.[132] Diese ist in dem Ausschließungsurteil festzusetzen. Das Urteil soll ein bedingtes Gestaltungsurteil sein und unter der

---

[125] Vgl. nur BGHZ 9, 157 (158 ff.); BGH NJW 1999, 3779; MüKoGmbHG/*Strohn* § 34 Rn. 103.
[126] OLG München NZG 2015, 1027 (1028); KölnKommAktG/*Lutter* § 237 Rn. 118 ff.; HdB börsennotierte AG/*Busch* Rn. 49.12; GroßkommAktG/*Sethe* § 237 Rn. 27; *Becker* ZGR 1986, 383; *Grunewald*, Ausschluss, 1987, S. 50 ff.; *Reinisch,* Ausschluss von Aktionären, 1992, S. 35 ff.; *Friedewald,* Die personalistische AG, 1991, S. 145 ff.; zweifelnd MüKoAktG/*Oechsler* § 237 Rn. 56 ff.; aA BGHZ 9, 157 (163); 18, 350 (361).
[127] KölnKommAktG/*Lutter* § 237 Rn. 122; *Becker* ZGR 1986, 383 (397 ff.); *Friedewald,* Die personalistische AG, 1991, S. 147.
[128] KölnKommAktG/*Lutter* § 237 Rn. 122; HdB börsennotierte AG/*Busch* Rn. 49.4; *Becker* ZGR 1986, 383 (386); *Grunewald*, Ausschluss, 1987, S. 55.
[129] Vgl. dazu nur die Überblicke bei MüKoGmbHG/*Strohn* § 34 Rn. 123 ff.; Michalski GmbHG/ *Sosnitza* Anh. § 34 Rn. 8 ff.
[130] MüKoAktG/*Oechsler* § 237 Rn. 58; *Becker* ZGR 1986, 383 (405); *Grunewald*, Ausschluss, 1987, S. 118.
[131] MüKoAktG/*Oechsler* § 237 Rn. 58; *Becker* ZGR 1986, 383 (406 ff.). Zur Sondersituation einer Zweipersonen-AG vgl. KölnKommAktG/*Lutter* § 237 Rn. 124; *Becker* ZGR 1986, 383 (406 f.).
[132] KölnKommAktG/*Lutter* § 237 Rn. 129; s. auch BGH ZIP 2012, 263 Rn. 16: einen „Aktionär, dessen Aktien eingezogen werden oder der sonst aus der Gesellschaft ausgeschlossen wird, [sei grund-

aufschiebenden Bedingung der Zahlung der im Urteil festgesetzten Abfindung innerhalb einer angemessenen, im Urteil festzusetzenden Zahlungsfrist stehen.[133] Für die Einziehung von GmbH-Anteilen aus wichtigem Grund hat der BGH[134] entschieden, dass die Einziehung sofort wirksam wird und nicht durch die Zahlung des Einziehungsentgelts bedingt ist. Der Verbleib des Gesellschafters in der Zwischenzeit führe zu einer Schwebelage, die mit erheblichen Nachteilen verbunden sei. Der betroffene Gesellschafter sei dadurch geschützt, dass ihm die verbleibenden Gesellschafter für die Zahlung des Entgelts pro rata zu ihrer Beteiligungsquote haften, wenn die Gesellschaft die Zahlung aus Gründen der Kapitalerhaltung nicht leisten kann; die Gesellschafter würden sich treupflichtwidrig verhalten, wenn sie sich durch die Einziehung des Geschäftsanteils dessen Wert aneignen, eine Abfindung aber wegen der Kapitalbindung der Gesellschaft verweigern.[135] Es sprechen gute Gründe dafür, diese Grundsätze auf den Ausschluss eines Aktionärs aus wichtigem Grund zu übertragen. Nach dem BGH unterscheidet sich die Einziehung von dem Ausschluss aus wichtigem Grund zwar dadurch, dass der Gesellschafter der Einziehung durch die Satzungsregelung antizipiert zugestimmt hat, was bei dem durch gerichtliches Urteil eintretenden Ausschluss nicht der Fall sei; bei der Einziehung sei der Gesellschafter daher weniger schutzbedürftig.[136] Die mit der Schwebelage verbundenen Nachteile gelten jedoch gleichermaßen, und der ausgeschlossene Gesellschafter wird durch die pro-ratarische Haftung der verbleibenden Gesellschafter geschützt.[137] Der Übertragung auf die Aktiengesellschaft steht auch nicht entgegen, dass diese häufig eine Vielzahl an Aktionären hat. In diesen Fällen lässt sich bereits kein wichtiger Grund begründen (→ Rn. 56). Das Ausschließungsurteil wird damit sofort wirksam, und der Gesellschafter scheidet mit Rechtskraft des Urteils aus der Gesellschaft aus. Die verbleibenden Gesellschafter müssen die Zahlungsfähigkeit der Gesellschaft herstellen oder die Abfindung pro ratarisch aufbringen. Steht allerdings bereits bei Beschlussfassung über den Ausschluss fest, dass die Abfindung nicht unter Beachtung der Grundsätze der Kapitalerhaltung gezahlt werden kann, ist der Beschluss nichtig[138] und das Ausschließungsurteil kann nicht ergehen.

58 Die Aktien gehen mit **Wirksamwerden** des Ausschlusses auf die Gesellschaft über, welche sie als eigene Aktien behalten (§ 71 Abs. 1 Nr. 1 AktG), unter Beachtung des Gleichbehandlungsgrundsatzes (§ 53a AktG) verwerten oder einziehen (§ 237 Abs. 1 S. 1 AktG) kann.[139]

---

sätzlich] der volle Wert seiner Aktien zu ersetzen." Zum GmbH-Recht etwa BGHZ 9, 157 (168); 16, 317 (325).

[133] KölnKommAktG/*Lutter* § 237 Rn. 125; *Becker* ZGR 1986, 383 (440); MAH AktienR/*Dissars* § 43 Rn. 39; zum GmbH-Recht BGHZ 9, 157 (174, 179); 16, 317 (325); OLG Hamm DB 1992, 2181 (2182).

[134] BGHZ 192, 236 Rn. 13 ff.; 210, 186 Rn. 22.

[135] BGHZ 192, 236 Rn. 21 ff.; 210, 186 Rn. 23.

[136] BGHZ 192, 236 Rn. 16.

[137] Für die GmbH wird die Übertragbarkeit auf den Ausschluss aus wichtigem Grund daher vielfach bejaht; s. zB MüKoGmbHG/*Strohn* § 34 Rn. 174; MünchHdb. GmbH/*Kort* § 29 Rn. 45, 49 jeweils mwN auch zur Gegenansicht.

[138] So zur Einziehung in der GmbH BGHZ 192, 236 Rn. 7 mwN; BGHZ 210, 186 Rn. 13; BGH ZIP 2018, 1540 Rn. 1.

[139] Vgl. auch KölnKommAktG/*Lutter* § 237 Rn. 128; *Becker* ZGR 1986, 383 (409 ff.); zur Anwendung der Kapitalerhaltungsregeln näher KölnKommAktG/*Lutter* § 237 Rn. 127; *Becker* ZGR 1986, 383 (413 ff.). Zu den Durchführungsproblemen auch MüKoAktG/*Oechsler* § 237 Rn. 59 ff.

§ 64 Finanzierung mit Fremdkapital; Aktienoptionen

Übersicht

	Rn.		Rn.
I. Überblick	1–4	11. Wandlungs- und Optionsrechte für Anleihen von Tochtergesellschaften	61–65
II. Wandel- und Optionsanleihen	5–65	a) Gründe	61
1. Inhalt und wirtschaftliche Bedeutung	5–9	b) Strukturierung	62
2. Bilanzielle und steuerliche Behandlung	10	c) Zulässigkeit; Voraussetzungen	63, 64
		d) Bezugsrecht	65
3. Strukturierung und Ablauf der Ausgabe von Wandel- oder Optionsanleihen	11–14	III. Gewinnschuldverschreibungen	66–68
		IV. Genussrechte	69–95
4. Ausgabebeschluss der Hauptversammlung	15–24	1. Allgemeines	69–75
		a) Begriff; Abgrenzung	69–72
a) Beschluss der Hauptversammlung	15, 16	b) Zwecksetzungen	73
		c) Geltung des Schuldverschreibungsgesetzes	74
b) Notwendiger Beschlussinhalt	17, 18	d) Bilanzielle Behandlung	75
c) Insbesondere Ausgabebetrag	19–22	2. Ausgestaltung	76–79
d) Weiterer Beschlussinhalt	23	a) Genussscheinbedingungen	78
e) Bestandsschutz	24	b) „Aktiengleiche" Genussrechte	79
5. Ausgabe der Wandel- und Optionsanleihen	25–28	3. Ausgabe	80–82a
		a) Hauptversammlungsbeschluss	80
a) Anleihebedingungen	26, 27	b) Bezugsrecht	81, 82
b) Schuldverschreibungsgesetz	28	c) Hinterlegungs- und Bekanntmachungspflichten	82a
6. Hinterlegung beim Handelsregister und Bekanntmachung in den Gesellschaftsblättern	29	4. Schutz gegen wirtschaftliche Beeinträchtigungen	83–95
7. Bezugsrecht der Aktionäre	30–41	a) Kapital- und Strukturmaßnahmen	83
a) Bezugsrechtsausschluss	31, 32	b) Gewinnfeststellung und -verwendung	84
b) Erleichterter Bezugsrechtsausschluss	33–37	c) Geschäftsführungsmaßnahmen	85
c) Bezugsrecht bei eigenen Aktien	38	d) Konzern	86, 87
d) Mittelbares Bezugsrecht	39	e) Unternehmensvertrag	88–95
e) Verhältnis von § 221 zu § 187 AktG	40, 41	V. Aktienoptionsprogramme	100–132
		1. Überblick	100–102b
8. Berechtigung aus der Wandel- oder Optionsanleihe	42, 43	2. Selbstständige Optionen mit bedingtem Kapital	103–122
9. Sicherstellung des Wandlungs- oder Optionsrechts	44–52	a) Volumen	104
a) Schaffung bedingten Kapitals	44	b) Berechtigte	105, 106
b) Zeitliche Abfolge	45	c) Ausgabebeschluss	107
c) Verwässerungsschutz	46	d) Ausgabebetrag	108
d) Liquidation, Delisting, Umwandlung, Konzernierung, Squeeze Out, Insolvenz	47–52	e) Aufteilung der Bezugsrechte	109
		f) Erfolgsziele	110–112
		g) Repricing	113–116
10. Sonderformen	53–60	h) Erwerbs- und Ausübungszeiträume	117
a) Aktien mit Optionsrechten; naked warrants	53	i) Wartezeit	118–120
b) Anleihen mit Wandelpflicht oder Tilgungswahlrecht; CoCo-Bonds	54, 55	j) Weitere Bedingungen	121
		k) Bezugsrechtsausschluss	122
c) Going-Public-Anleihen	56	3. Selbstständige Optionen mit Erwerb eigener Aktien	123–125
d) Bezugsrechte auf Altaktien	57, 58	4. Wandel- oder Optionsanleihen	126–128
e) Bezugsrechte auf Drittaktien	59	5. Virtuelle Optionsprogramme	129, 130
f) Optionen mit Kursdifferenzausgleich	60	6. Aktienoptionsprogramme für Aufsichtsratsmitglieder	131, 132

Schrifttum: Wandel-, Options- und Gewinnschuldverschreibungen; Genussrechte. *Apfelbacher/Kopp*, Pflichtwandelanleihen als sonstiges (hybrides) Kernkapital, CFL 2011, 21; *Bader*, Contingent Convertible, Wandelanleihe und Pflichtwandelanleihe im Aktienrecht, AG 2014, 472; *Böhringer/*

Mihm/Schaffelhuber/Seiler, Contingent Convertible Bonds als regulatorisches Kernkapital, RdF 2011, 48; *Broichhausen,* Zusammengesetzte Finanzierungsinstrumente der Aktiengesellschaft, 2010; *ders.,* Mitwirkungskompetenz der Hauptversammlung bei der Ausgabe von Wandelschuldverschreibungen auf eigene Aktien, NZG 2012, 86; *Busch,* Schadensersatzansprüche von Genußrechtsinhabern als Eigenkapitalgeber?, AG 1993, 163; *ders.,* Aktienrechtliche Probleme der Begebung von Genußrechten zwecks Eigenkapitalverbreiterung, AG 1994, 93; *ders.,* Bezugsrecht und Bezugsrechtsausschluß bei Wandel- und Optionsanleihen, AG 1999, 58; *Casper,* Der Optionsvertrag, 2005; *ders.,* Genussscheine von Banken nach einer Konzernierung des Emittenten, ZIP 2012, 497; *Dangelmayer,* Der Schutz von Genussrechtsinhabern im Anwendungsbereich des Kreditwesengesetzes, 2013; *F. Dreher,* Bedingte Pflichtwandelanleihen, 2018; *Ebenroth/Müller,* Die Beeinträchtigung des Aktionärsinteressen beim teilweisen Bezugsrechtsausschluß auf Genußrechte, BB 1993, 509; *Ehmann,* Wegfall der Geschäftsgrundlage von Genussrechten bei Konzernierung der Emittentin, AG 2013, 751; *Eyber,* Die Abgrenzung zwischen Genußrecht und Teilgewinnabführungsvertrag der Aktiengesellschaft, 1997; *Florstedt,* Die umgekehrte Wandelschuldverschreibung – Eine Kapitalklasse im Spannungsfeld zwischen europäischem Bankrecht und deutschem Aktienrecht, ZHR 180 (2016), 152; *Frantzen,* Genußscheine – zugleich eine Analyse der Genußscheinbedingungen deutscher Unternehmen, 1993; *Fuchs,* Selbständige Optionsscheine als Finanzierungsinstrument der Aktiengesellschaft, AG 1995, 433; *Gallego Sánchez,* Das Erwerbsrecht auf Aktien bei Optionsanleihen und Wandelschuldverschreibungen, 1999; *Gleske/Ströbele,* Bedingte Pflichtwandelanleihen – aktuelle bankaufsichtsrechtliche Anforderungen und Aktienrechtsnovelle 2012, CFL 2012, 49; *Groß,* Bezugsrechtsausschluß bei Barkapitalerhöhungen – Offene Fragen bei der Anwendung des neuen § 186 Abs 3 Satz 4 AktG, DB 1994, 2431; *Habersack,* Genußrechte und sorgfaltswidrige Geschäftsführung, ZHR 155 (1991), 378; *ders.,* Anwendungsvoraussetzungen und -grenzen des § 221 AktG, dargestellt am Beispiel von Pflichtwandelanleihen, Aktienanleihen und „warrants", FS Nobbe, 2009, 539; *ders.,* Zur Reichweite des umwandlungsrechtlichen Freigabeverfahrens beim Formwechsel, dargestellt am Beispiel der Umwandlung von stimmrechtslosen Anteilen in Stimmrechte verkörpernde Anteile, Liber Amicorum M. Winter, 2011, S. 177; *Hirte,* Genußscheine mit Eigenkapitalcharakter in der Aktiengesellschaft, ZIP 1988, 477; *IDW,* HFA-Stellungnahme 1/1994 zur Behandlung von Genußrechten im Jahresabschluss von Kapitalgesellschaften, WPg 1994, 419; *Ihrig/Wagner,* Volumengrenzen für Kapitalmaßnahmen der AG, NZG 2002, 657; *Kallrath,* Die Inhaltskontrolle der Wertpapierbedingungen von Wandel- und Optionsanleihen, Gewinnschuldverschreibungen und Genußscheinen, 1994; *Krecek/Röhricht,* Grenzen der Fremdkapitalfinanzierung der AG ohne Zustimmung der Hauptversammlung, ZIP 2010, 413; *Leber,* Der Schutz und die Organisation der Obligationäre nach dem Schuldverschreibungsgesetz, 2012; *Lühn,* Genussrechte, 2013; *Lüttge/Basler,* Neues zur gerichtlichen Freigabe angefochtener Verschmelzungen, Der Konzern 2005, 341; *Lutter,* Genußrechtsfragen – Besprechung der Entscheidungen BGH ZIP 1992, 1542 (Klöckner) und BGH ZIP 1992, 1728 (Bremer Bankverein), ZGR 1993, 291; *Lutter/Drygala,* Die zweite Chance für Spekulanten? – Zur nachträglichen Korrektur der Konditionen von Optionsschuldverschreibungen, FS Claussen, 1997, 261; *Maier-Reimer,* Bedingtes Kapital für Wandelanleihen, GS Bosch, 2006, S. 85; *Martens,* Die bilanzrechtliche Behandlung internationaler Optionsanleihen nach § 150 Abs. 2 AktG, FS Stimpel, 1985, S. 621; *Meiisel/Bokeloh,* Handels- und steuerrechtliche Aspekte der indirekten Emission von Wandelanleihen beim Emittenten, CFL 2010, 35; *Mülbert,* Barzahlungsklauseln in Wandelschuldverschreibungen zugunsten der Anleiheschuldnerin, FS Marsch-Barner, 2018, S. 359; *Müller-Eising/Bode,* Zivilrechtliche Probleme bei der Emission „ewiger Anleihen", BKR 2006, 480; *Natterer,* Kapitalveränderung der Aktiengesellschaft, Bezugsrecht der Aktionäre und „sachlicher" Grund, 2000; *Nodoushani,* CoCo-Bonds in Deutschland – Die neue Wandelschuldverschreibung, ZBB 2011, 143; *Oulds,* Neues zur Emission von Wandelschuldverschreibungen im Lichte des geplanten VorstKoG und der Delegierten Verordnung (EU) 759/2013, CFL 2013, 213; *Pougin,* Genußrechte, FS Oppenhoff, 1985, S. 275; *ders.,* Genußrechte, 1987; *Prosser,* Anlegerschutz bei Genussscheinen, Gewinnschuldverschreibungen, Options- und Wandelanleihen, 2001; *Reiswich,* Das Rechtsprinzip des Verwässerungsschutzes, 2016; *Reusch,* Zur Einordnung der Genußrechte zwischen Vorzugsaktie und Gewinnschuldverschreibung, in: Bundschuh u. a. (Hrsg.), Recht und Praxis der Genußscheine, 1987, S. 21; *Reuter,* Möglichkeiten und Grenzen gesellschaftsrechtlicher und kapitalmarktrechtlicher Maßnahmen mit dem Ziel einer verbesserten Eigenkapitalversorgung der deutschen Wirtschaft, FS Stimpel, 1985, S. 645; *Rozijn,* „Wandelanleihe mit Wandlungspflicht" – eine deutsche Equity Note? ZBB 1998, 77; *Rümker,* Anleihen mit Tilgungswahlrechten des Emittenten unter besonderer Berücksichtigung der Tilgungswahlrechten des Emittenten unter besonderer Berücksichtigung der Tilgung durch Lieferung von Aktien, FS Beusch, 1993; S. 739; *Schanz,* Wandel- und Optionsanleihen – Flexible Finanzierungsinstrumente im Lichte gestiegenen Interesses –, BKR 2011,

410; *ders.,* Wandelanleihen in der Insolvenz des Schuldners, CFL 2012, 26; *Schlede/Kley,* Praxis der Finanzierung deutscher Unternehmen durch Optionsanleihen, in: Busse von Colbe u. a., Bilanzierung von Optionsanleihen im Handelsrecht, 1987, S. 1; *Schlitt/Brandi/Schröder/Gemmel/Ernst,* Aktuelle Entwicklungen bei Hybridanleihen, CFL 2011, 105; *Schlitt/Schäfer,* Wandel- und Optionsanleihen, CFL 2010, 352; *Schlitt/Schäfer/Basnage,* Aktuelle rechtliche Entwicklungen und Gestaltungen in der Praxis bei Equity- und Equity-linked-Transaktionen, CFL 2013, 49; *Schlitt/Seiler/Singhof,* Rechtsfragen und Gestaltungsmöglichkeiten bei Wandelschuldverschreibungen, AG 2003, 254; *U. H. Schneider,* Genußrechte an Konzernunternehmen, FS Goerdeler, 1987, S. 511; *Schrecker,* Mezzanine-Kapital im Handels- und Steuerrecht, 2012; *Schürnbrand,* Gewinnbezogene Schuldtitel in der Umstrukturierung, ZHR 173 (2009), 689; *Schumann,* Optionsanleihen, 1990; *Sethe,* Genussscheine mit Verlustbeteiligung an den Klippen des AGB-Rechts, WM 2012, 577; *Seibt,* Wandelschuldverschreibungen: Marktbericht, Dokumentation und Refinanzierungsoptionen, CFL 2010, 165; *Singhof,* Der erleichterte Bezugsrechtsausschluß im Rahmen von § 221 AktG, ZHR 170 (2006), 673; *Thomas,* Die Unternehmensfinanzierung durch ewige Anleihen zwischen Gesellschaftsrecht und Bürgerlichem Recht, ZHR 171 (2007), 684; *Verse/Wiersch,* Genussrechte nach vertraglicher Konzernierung des Emittenten, NZG 2014, 5; *Vollmer,* Der Genußschein – ein Instrument für mittelständische Unternehmen zur Eigenkapitalbeschaffung an der Börse, ZGR 1983, 445; *Vollmer/Lorch,* Ausschluß des Bezugsrechts von Minderheitsaktionären, Genußscheine und andere stimmrechtslose Titel, DB 1991, 1313; *Wieneke,* Die Incentivierung der vorzeitigen Ausübung des Wandlungsrechts, WM 2017, 698; *Wilk/Schlee,* Incentivised Conversion – Die Incentivierung der Wandlung bei Wandelschuldverschreibungen, ZIP 2016, 2041; *Wohlfarth/Brause,* Die Emission kursorientierter Wertpapiere auf eigene Aktien, WM 1997, 397.

Aktienoptionspläne und Mitarbeiterbeteiligung. *Ackermann/Suchan,* Repricing von Stock Options – aktienrechtliche Zulässigkeit und bilanzielle Behandlung BB 2002, 1497; *Arnold,* Variable Vergütung von Vorstandsmitgliedern im faktischen Konzern, FS Bauer, 2010, S. 35; *Baums,* Aktienoptionen für Vorstandsmitglieder, FS Claussen, 1997, S. 3; *Eggert,* Aktienoptionen für Führungskräfte, 2002; *von Einem/Pajunk,* Zivil- und gesellschaftsrechtliche Anforderungen an die Ausgestaltung von Stock Options nach deutschem Recht und deren Ausstrahlungswirkung auf die steuerliche und bilanzielle Behandlung, in Achleitner/Wollmert, Stock Options, 2. Aufl. 2002, S. 85; *Fach,* Die Zulässigkeit von Bindungsklauseln im Rahmen von Aktienoptionsprogrammen, 2007; *Friedrichsen,* Aktienoptionsprogramme für Führungskräfte, 2000; *Habersack,* Die erfolgsabhängige Vergütung des Aufsichtsrats und ihre Grenzen, ZGR 2004, 721; *Hoffmann-Becking,* Gestaltungsmöglichkeiten bei Anreizsystemen, NZG 1999, 797; *Hohenstatt/Seibt/Wagner,* Einbeziehung von Vorstandsmitgliedern in ergebnisabhängige Vergütungssysteme von Konzernobergesellschaften, ZIP 2008, 2289; *Hoppe,* Zustimmungspflichten der Hauptversammlung bei der Ausgabe von Phantom Stocks und anderen virtuellen Beteiligungsformen, NZG 2018, 811; *Hüffer,* Aktienbezugsrechte als Bestandteil der Vergütung von Vorstandsmitgliedern und Mitarbeitern, ZHR 161 (1997), 214; *M. Käpplinger,* Inhaltskontrolle von Aktienoptionsplänen, 2003; *Käpplinger/Käpplinger,* Möglichkeiten des Repricings von Aktienoptionsplänen, WM 2004, 712; *Kleinmanns,* Genussrechte in Handelsbilanz und Steuerbilanz: Zinsen nicht mehr steuerlich abzugsfähig?, BB 2016, 2543; *Kohler,* Stock Options für Führungskräfte aus der Sicht der Praxis, ZHR 161 (1997), 246; *Lüke,* Stock Options, 2004; *Martens,* Stand und Entwicklung im Recht der Stock-Options, FS Ulmer, 2003, S. 399; *Paefgen,* Börsenpreisorientierte Vergütung und Überwachungsaufgabe des Aufsichtsrats, WM 2004, 1169; *Reichert/Balke,* Die Berücksichtigung von Konzernzielen bei der variablen Vergütung des Vorstands einer abhängigen Gesellschaft im faktischen Konzern, FS Hellwig, 2010, S. 285; *Reuter,* Der Partizipationsschein als Form der Mitarbeiterbeteiligung, FS Fischer, 1979, S. 605; *Richter,* Aktienoptionen für den Aufsichtsrat?, BB 2004, 949; *von Schlabrendorff,* Repricing von Stock Options, 2008; *Seidensticker,* Mitarbeiteraktienoptionsprogramme – Einführung in das Arbeitsverhältnis und Behandlung in der Unternehmensumstrukturierung, 2019; *Semmer,* Repricing – Die nachträgliche Modifikation von Aktienoptionsplänen zugunsten des Managements, 2005; *Spindler,* Konzernbezogene Anstellungsverträge und Vergütungen von Organmitgliedern, FS K. Schmidt, 2009, 1529; *Tröger,* Anreizorientierte Vorstandsvergütung im faktischen Konzern, ZGR 2009, 447; *Waldhausen/Schüller,* Variable Vergütung von Vorständen und weiteren Führungskräften im AG-Konzern, AG 2009, 179; *Weiß,* Aktienoptionspläne für Führungskräfte, 1999; *ders.,* Aktienoptionsprogramme nach dem KonTraG, WM 1999, 353; *Wulff,* Aktienoptionen für das Management, 2000; *Zitzewitz,* Konzernrechtliche Probleme bei Stock Options, NZG 1999, 698.

I. Überblick

1 Neben den Maßnahmen der Eigenkapitalfinanzierung stehen der Aktiengesellschaft verschiedene Möglichkeiten der Finanzierung mit Fremdkapital zur Verfügung. Dazu gehören zunächst allgemeine Formen der Aufnahme von Fremdkapital, die von der Rechtsform der Aktiengesellschaft unabhängig sind und keinen besonderen aktienrechtlichen Regeln unterstehen. Hierzu zählen insbesondere Bankkredite und **Industrieobligationen,** dh Inhaber- oder Orderschuldverschreibungen, die zum Zwecke der mittel- oder langfristigen Deckung des Kapitalbedarfs auf dem Kapitalmarkt ausgegeben werden und den Regelungen der §§ 793 ff. BGB unterstehen.

2 Zu den Mitteln der Fremdkapitalfinanzierung zählen auch **Aktionärsdarlehen.** Bis zum Inkrafttreten des MoMiG[1] galten für diese besondere gesellschaftsrechtliche Regeln, wenn sie eigenkapitalersetzenden Charakter hatten. Die von der Rechtsprechung insofern für die GmbH entwickelten Grundsätze waren auch auf die AG mit Modifikationen übertragbar;[2] vgl. dazu näher 3. Aufl. → § 16 Rn. 50 ff. Durch das MoMiG sind eigenkapitalersetzende Gesellschafterdarlehen nunmehr in den §§ 39 Abs. 1 Nr. 5, 44a, 135, 143 InsO (s. ferner §§ 6, 6a, 11 Abs. 3 AnfG) geregelt, und die vorherige gesellschaftsrechtliche Behandlung eigenkapitalersetzender Darlehen wie Eigenkapital ist durch eine insolvenzrechtliche Lösung ersetzt (s. auch § 57 Abs. 1 S. 4 AktG). Die früheren gesellschaftsrechtlichen Rechtsprechungsregeln finden aber noch Anwendung, wenn ein Insolvenzverfahren vor Inkrafttreten des MoMiG am 1.11.2008 eröffnet worden ist.[3]

3 Neben diesen Mitteln der Kreditfinanzierung ohne aktienrechtliche Besonderheiten steht die Kapitalbeschaffung durch Ausgabe von **Wandel- und Optionsschuldverschreibungen, Gewinnschuldverschreibungen** und **Genussrechten.** Diese Formen der Kapitalbeschaffung unterstehen besonderen aktienrechtlichen Vorschriften; vgl. dazu → Rn. 5 ff., 66 ff. und 69 ff.

4 **Aktienoptionsprogramme** haben demgegenüber nur eine untergeordnete Finanzierungsfunktion; primär dienen sie der Vergütung von Mitgliedern der Geschäftsleitung und von Mitarbeitern; vgl. dazu → Rn. 100 ff.

II. Wandel- und Optionsanleihen

5 **1. Inhalt und wirtschaftliche Bedeutung.** § 221 AktG definiert Wandelschuldverschreibungen als „Schuldverschreibungen, bei denen den Gläubigern ein Umtausch- oder Bezugsrecht auf Aktien eingeräumt wird". Hierunter verbergen sich nach allgemeinem Sprachgebrauch Wandelschuldverschreibungen ieS – diese gewähren ein Umtauschrecht in Aktien – und Optionsschuldverschreibungen – diese räumen dem Inhaber ein Bezugsrecht auf Aktien ein. Gemeinsam ist beiden, dass sie eine **Fremdfinanzierungskomponente** (die Schuldverschreibung bzw. Anleihe) **mit** einem **Eigenkapitalelement** (Erwerb von Aktien) **kombinieren.** Die Fremdfinanzierungskomponente ist dabei im Grundsatz ähnlich gestaltet. Sie muss wegen § 793 BGB **verbrieft** sein.[4] Dabei verbriefen sowohl Wandel- als auch Optionsanleihen typischerweise das Recht auf Rückzahlung des Nennbetrags nach Ablauf der Laufzeit und werden während der Laufzeit in aller Regel fest verzinst; es finden sich allerdings auch variabel verzinsliche Anleihen und Zero-Bonds.[5] Der strukturelle Unterschied besteht in der Ausgestaltung der Verknüpfung von Fremd- und Eigenkapitalelement.

---

[1] Gesetz zur Modernisierung des GmbH-Rechts und zur Bekämpfung von Missbräuchen vom 23.10.2008, BGBl. I S. 2026 ff.

[2] Grundlegend BGHZ 90, 381 (385 ff.). – BuM I; BGH WM 2005, 1461; OLG Düsseldorf AG 1991, 401 f.; MüKoAktG/*Bayer* § 57 Rn. 153; GroßkommAktG/*Henze* § 57 Rn. 98 ff.

[3] BGHZ 179, 249 Rn. 17 ff. (zur GmbH); Hüffer/*Koch* AktG § 57 Rn. 28.

[4] S. BGH NZG 2018, 826 Rn. 15; OLG Stuttgart ZIP 2018, 1727 (1729); MüKoAktG/*Habersack* § 57 Rn. 203.

[5] Vgl. etwa Unternehmensfinanzierung am Kapitalmarkt/*Schlitt* Rn. 11.57.

Bei **Wandelanleihen** *(convertible bonds)* besteht die Befugnis, nach Ablauf der Laufzeit 6
oder auch schon vorher die Schuldverschreibung in eine bestimmte Menge Aktien der
Gesellschaft umzutauschen. An die Stelle der Rückzahlung der verbrieften Forderungen
tritt der Anspruch auf Verschaffung von Aktien der Gesellschaft. Rechtlich handelt es sich
bei der Auswechslung des Rückzahlungsanspruchs aus der Anleihe durch einen Anspruch
auf Abschluss eines (Bar-)Zeichnungsvertrages nicht um einen Tausch (§ 480 BGB),
sondern um eine Ersetzungsbefugnis *(facultas alternativa)*;[6] vgl. auch → § 58 Rn. 48. Die mit
ihrer Ausübung eintretende Gestaltungswirkung erfolgt *ex nunc*.[7] Das Recht auf den Bezug
von Aktien kann mit der Pflicht zur Leistung bestimmter Zuzahlungen verbunden sein.

Bei **Optionsanleihen** *(bonds with warrants)* wird dem Berechtigten neben dem Anspruch 7
auf Verzinsung und Rückzahlung des Nennbetrages die Befugnis eingeräumt, innerhalb
eines bestimmten Zeitraums zu einem bestimmten Preis zusätzlich eine bestimme Menge
Aktien der Gesellschaft zu erwerben; das Recht kann an weitere Bedingungen geknüpft
werden.[8] Anzutreffen sind auch Gestaltungen, nach denen der Gläubiger das Recht hat, bei
Ausübung der Option statt Zahlung des Optionspreises die Anleihe zu übertragen (**Optionsanleihe mit Inzahlunggabe**)[9] oder nach denen die Anleihe bei Optionsausübung
fällig gestellt und die Einlageforderung der Gesellschaft mit dem Rückzahlungsanspruch aus
der Anleihe verrechnet wird (**Optionsanleihe mit Verrechnung**); → § 58 Rn. 48. Das
Optionsrecht ist ein rechtsgeschäftliches Bezugsrecht, das einen (vorvertraglichen) Anspruch auf Abschluss eines Zeichnungsvertrages begründet.[10] Seine Ausübung hat einen
doppelten Inhalt. Sie hat Gestaltungswirkung (Geltendmachung des Anspruchs auf Verschaffung von Aktien) und beinhaltet – wenn das Optionsrecht aus neuen Aktien bedient
wird – die auf Abschluss eines Zeichnungsvertrags gerichtete Willenserklärung.[11] Letztere
kann dabei, wenn die Anleihebedingungen bereits das Angebot der Gesellschaft auf Abschluss eines Zeichnungsvertrages beinhalten, die Annahme dieses Angebots darstellen;
anderenfalls liegt in ihr das Angebot auf Abschluss eines Zeichnungsvertrages. Die Optionsrechte werden in aller Regel in gesonderten Optionsscheinen verbrieft und mit dem Recht
ausgestattet, von einem bestimmten Zeitpunkt an von der eigentlichen Optionsschuldverschreibung abgesondert und getrennt übertragen zu werden. Der Handel in abgetrennten
oder selbstständigen Optionsscheinen stellt ein Finanztermingeschäft iSv § 99 S. 2 WpHG
dar.[12]

---

[6] Hüffer/*Koch* AktG § 221 Rn. 4 aE; GroßkommAktG/*Hirte* § 221 Rn. 207; K. Schmidt/Lutter AktG/*Merkt* § 221 Rn. 24; MüKoAktG/*Habersack* § 221 Rn. 226; *Habersack* FS Nobbe, 2009, 539 (548); *Rozijn* ZBB 1998, 77 (79); *Florstedt* ZHR 180 (2016), 152 (170).

[7] Heute ganz hM; s. BFH AG 2015, 203 Rn. 18; MüKoAktG/*Habersack* § 221 Rn. 227; K. Schmidt/Lutter AktG/*Merkt* § 221 Rn. 24; Grigoleit AktG/*Rieder*/*Holzmann* § 221 Rn. 52; KölnKommAktG/*Florstedt* § 221 Rn. 275; HdB börsennotierte AG/*Groß* Rn. 51.27; *Habersack* FS Nobbe, 2009, 539 (548).

[8] So zB bei der sog. „Going-Public-Optionsanleihe", bei welcher die Option nur im Falle des vorherigen Börsengangs der Gesellschaft ausgeübt werden kann; vgl. → Rn. 56.

[9] Zur aktienrechtlichen Bedenklichkeit von Strukturen, in denen nicht der Nennbetrag der Optionsanleihe, sondern ein diesen übersteigender Marktwert in Zahlung gegeben werden soll, HdB börsennotierte AG/*Busch* Rn. 44.41; *Schlitt*/*Schäfer* CFL 2010, 252 (257).

[10] Hüffer/*Koch* AktG § 221 Rn. 7; Grigoleit AktG/*Rieder*/*Holzmann* § 221 Rn. 6; GroßkommAktG/*Hirte* § 221 Rn. 78; K. Schmidt/Lutter AktG/*Merkt* § 221 Rn. 30; HdB börsennotierte AG/*Groß* Rn. 51.28; Hölters AktG/*Haberstock*/*Greitemann* § 221 Rn. 11.

[11] HdB börsennotierte AG/*Groß* Rn. 51.28; GroßkommAktG/*Hirte* § 221 Rn. 207: Gestaltungswirkung liege darin, dass „die Schuldverschreibung mit Bezugsrecht durch Mitgliedschaft *und* Schuldverschreibung ersetzt" wird.

[12] Assmann/Uwe H. Schneider/Mülbert WertpapierhandelsR/*Mülbert* § 99 Rn. 12. Vor dem Vierten Finanzmarktstabilisierungsgesetz von 2002 wurde der Handel in abgetrennten Optionsscheinen überwiegend noch als Kassa-Geschäft angesehen, vgl. dazu BGHZ 114, 177 (179); BGH WM 1994, 2231; OLG Karlsruhe WM 1995, 1994; so auch heute noch Hölters AktG/*Haberstock*/*Greitemann* § 221 Rn. 91; Wachter AktG/*Früchtl* § 221 Rn. 42.

8 Das Wandlungs- oder Optionsrecht ist zumeist auf den Erwerb von Stammaktien der Gesellschaft gerichtet. Rechtlich erforderlich ist das jedoch nicht. Möglich ist es auch, für die Anleiheinhaber das Recht zum Bezug von Aktien einer besonderen **Gattung,** zB von stimmrechtslosen Vorzugsaktien, zu begründen.[13] Neben den typischen Formen finden sich in der Praxis eine Vielzahl von Sonderformen; vgl. noch dazu → Rn. 53 ff.

9 Wandel- und Optionsanleihen spielen in der Praxis eine große Rolle. Der **wirtschaftliche Vorteil** dieser Anleihen liegt für den Anleger in der Verknüpfung einer gesicherten Festverzinsung und Rückzahlbarkeit des Nennbetrags mit der Möglichkeit, das Wandlungs- oder Optionsrecht spekulativ zu nutzen. Dabei kommt dem Optionsschein die Hebelwirkung *(leverage)* zugute: Kurssteigerungen der Aktie führen zu einer verhältnismäßig höheren Steigerung des Optionsscheinkurses; sie fällt umso stärker aus, je mehr Aktien auf den Optionsschein bezogen werden können und je niedriger der Optionspreis ist. Für die Gesellschaft sind Wandel- und Optionsanleihen kostengünstiger als bloß verzinsliche Industrieobligationen. Wegen des spekulativen Reizes für den Anleger ist es möglich, Wandel- und Optionsanleihen mit einer relativ geringen Festverzinsung zu platzieren. Diese Anleihen pflegen daher im Vergleich zu sonstigen Anleihen erheblich niedriger verzinst zu werden; seltener sind Anleihen, die bei normaler Verzinsung mit einem entsprechend hohen Aufgeld ausgegeben werden.[14]

10 **2. Bilanzielle und steuerliche Behandlung.** In der **Bilanz** ist der Rückzahlungsbetrag der Wandel- oder Optionsanleihe zu passivieren (§§ 266 Abs. 3 C Nr. 1, 253 Abs. 1 S. 2 HGB). Daneben ist der Erlös für das Wandel- oder Optionsrecht, der in einem über den Rückzahlungsbetrag hinausgehenden Agio und/oder dem Wert des Zinsvorteils bei einer unter dem Marktzins liegenden Verzinsung der Anleihe liegen kann, als Kapitalrücklage auszuweisen (§ 272 Abs. 2 Nr. 2 HGB).[15] Die **steuerrechtliche Behandlung** der Wandel- und Optionsanleihen wirft eine Reihe von Zweifelsfragen auf; vgl. hierzu → § 65 Rn. 27 ff.[16]

3. Strukturierung und Ablauf der Ausgabe von Wandel- oder Optionsanleihen.
11 Die Ausgabe von Wandel- oder Optionsanleihen kann als Eigen- oder Fremdemission durchgeführt werden. Bei der **Eigenemission** begibt die Gesellschaft die Anleihen direkt an die Gläubiger. Bei der – in der Praxis den Regelfall darstellenden – **Fremdemission** erfolgt die Ausgabe (ggf. unter Begründung eines mittelbaren Bezugsrechts der Aktionäre; → Rn. 39) an ein Kreditinstitut oder ein Bankenkonsortium, das die Anleihen sodann platziert. Ferner kann die Ausgabe der Anleihen als direkte oder indirekte Emission gestaltet werden. Die **direkte Emission** kennzeichnet sich dadurch, dass die Gesellschaft selbst Emittent der Anleihen ist. Bei der **indirekten Emission** werden die Anleihen demgegenüber durch eine andere Gesellschaft – regelmäßig eine Tochtergesellschaft – ausgegeben, und die Aktiengesellschaft garantiert die Erfüllung des Umtausch- oder Bezugsrechts der Inhaber der Anleihen (vgl. → Rn. 61 ff.).

12 Die wesentlichen Schritte der **Ausgabe** von Wandel- oder Optionsanleihen sind:
– Ermächtigungs- oder Zustimmungsbeschluss der Hauptversammlung (§ 221 AktG; → Rn. 15),

---

[13] Hüffer/*Koch* AktG § 221 Rn. 6; K. Schmidt/Lutter AktG/*Merkt* § 221 Rn. 22; zur fehlenden Akzeptanz im Hinblick auf stimmrechtslose Vorzugsaktien *Nodoushani* ZBB 2011, 143 (144).

[14] Näher dazu HdB börsennotierte AG/*Groß* Rn. 51.24 f.; *Schumann,* Optionsanleihen, 1990, S. 44 ff.; Bilanzierung von Optionsanleihen im Handelsrecht/*Schlede/Kley,* 1987, S. 1/13 ff.

[15] Vgl. hierzu eingehend jeweils mwN Baetge/Kirsch/Thiele BilanzR/*Thiele/Pellens/Crasselt* HGB § 272 Rn. 112 ff.; MüKoAktG/*Mihm* § 221 Rn. 335 ff.; GroßkommAktG/*Hirte* § 221 Rn. 225 jeweils mwN. Zu indirekten Emissionen *Meiisel/Bokeloh* CFL 2010, 35 (37 f.).

[16] Vgl. ferner MüKoAktG/*Mihm* § 221 Rn. 345 ff. mwN; GroßkommAktG/*Hirte* § 221 Rn. 290 ff. u. 457 ff.; Hölters AktG/*Haberstock/Greitemann* § 221 Rn. 117 ff. u. 129 ff. Zu indirekten Emissionen *Meiisel/Bokeloh* CFL 2010, 35 (38 f.).

Finanzierung mit Fremdkapital; Aktienoptionen 13–16 § 64

- regelmäßig Beschluss über die Schaffung eines bedingten Kapitals zur Bedienung der Umtausch- oder Bezugsrechte aus den Anleihen (§ 192 Abs. 1 und 2 Nr. 1 AktG); zur Unterlegung der Anleihen → Rn. 44 ff.,
- Anmeldung und Eintragung des bedingten Kapitals im Handelsregister,
- Beschlussfassung des Vorstands über die Ausgabe von Anleihen unter Festlegung der Anleihebedingungen und – regelmäßig, aber nicht zwingend (→ Rn. 18) – Zustimmungsbeschluss des Aufsichtsrats,
- bei Gewährung des Bezugsrechts Bezugsangebot an die Aktionäre (§ 221 Abs. 4 S. 2 iVm § 186 Abs. 2 S. 1 AktG),
- Ausgabe der Anleihen durch Begebung (§ 793 BGB; → Rn. 25 ff.),
- Hinterlegung des Ermächtigungs- oder Zustimmungsbeschlusses der Hauptversammlung beim Handelsregister und Bekanntmachung in den Gesellschaftsblättern (§ 221 Abs. 2 S. 2 und 3 AktG; → Rn. 29).

Die **Wandlung** bzw. der **Bezug** neuer Aktien erfolgen bei – in der Praxis üblicher – 13 Bedienung durch ein bedingtes Kapital im Wesentlichen wie folgt:
- Wandlungs- oder Optionserklärung des Inhabers der Anleihe bzw. des Optionsscheins (→ Rn. 42),
- Bezugserklärung (§ 198 AktG), die regelmäßig Bestandteil der Wandlungs- oder Optionserklärung ist (→ § 58 Rn. 65 ff.),
- falls bei Ausübung des Wandlungs- oder Optionsrechts weitere (Einlage-)Leistungen vorgesehen sind, Erbringung dieser Leistungen (zB bare Zuzahlung),
- Ausgabe der neuen Aktien durch den Vorstand, womit die Kapitalerhöhung durchgeführt ist (→ § 58 Rn. 77 ff.),
- nachlaufende Eintragung der Kapitalerhöhung im Handelsregister (→ § 58 Rn. 95 ff.).

Hinzukommen können ferner **kapitalmarktrechtliche Maßnahmen** (dazu → § 58 14 Rn. 99 ff.).

4. Ausgabebeschluss der Hauptversammlung. a) Beschluss der Hauptversamm- 15 **lung.** Wandel- und Optionsanleihen dürfen nur auf Grund eines Beschlusses der Hauptversammlung ausgegeben werden (§ 221 Abs. 1 S. 1 AktG).[17] Der Beschluss bedarf einer **Mehrheit** von mindestens drei Vierteln des bei der Beschlussfassung vertretenen Grundkapitals (§ 221 Abs. 1 S. 2 AktG). Die Satzung kann eine höhere Kapitalmehrheit und weitere Erfordernisse bestimmen oder eine geringere Kapitalmehrheit genügen lassen (§ 221 Abs. 1 S. 3 AktG). Schließt der Beschluss das Bezugsrecht der Aktionäre aus oder ermächtigt er den Vorstand zum Bezugsrechtsausschluss, scheidet eine Herabsetzung des Mehrheitserfordernisses hingegen aus (§ 221 Abs. 4 S. 2 iVm § 186 Abs. 3 S. 2 und 3 AktG). Es gilt das Gleiche wie bei der regulären Kapitalerhöhung gegen Einlagen, vgl. → § 57 Rn. 16 ff. und 130. Sind mehrere stimmberechtigte Aktiengattungen (§ 11 AktG) vorhanden, bedarf der Beschluss zu seiner Wirksamkeit der Zustimmung der Aktionäre jeder Gattung durch **Sonderbeschluss** (§ 221 Abs. 1 S. 4, 182 Abs. 2 AktG). Es gilt auch insoweit das Gleiche, wie für die reguläre Kapitalerhöhung gegen Einlagen; vgl. näher → § 57 Rn. 20 ff. Eine nachfolgende Hauptversammlung (nicht dieselbe Hauptversammlung, die den Beschluss gemäß § 221 AktG gefasst hat; → § 40 Rn. 59) kann über die **Änderung oder Aufhebung** des Beschlusses beschließen; als *actus contrarius* gelten dafür dieselben Mehrheitserfordernisse wie für den ursprünglichen Beschluss gemäß § 221 AktG (besondere statutarische Erfordernisse aber nur, wenn sich aus den Satzungsregelungen nichts Abweichendes ergibt).

Für etwaige **Mängel** des Hauptversammlungsbeschlusses gelten die allgemeinen Vor- 16 schriften; vgl. dazu → § 57 Rn. 40. Der Beschluss betrifft nur das **Innenverhältnis** zwischen den Organen, nicht jedoch die **Vertretungsmacht** des Vorstands im Außenverhält-

---

[17] Muster in Münch. Vertragshandbuch Bd. 1/*Favoccia* Form. V.118; Happ AktienR/*Groß* Form. 12.04a; Hopt Vertrags- und Formularbuch/*Herfs/Scholz* Form. II. E.6.1; *Seibt* CFL 2010, 165 (169 ff.).

nis. Etwaige Mängel des Hauptversammlungsbeschlusses oder das Fehlen eines solchen berühren daher die Wirksamkeit der Ausgabe von Wandel- oder Optionsanleihen nicht.[18] In Betracht kommen in diesem Fall jedoch Schadensersatzansprüche gegen Vorstand und Aufsichtsrat (§§ 93, 116 AktG).[19] Führt die Ausgabe zu einer Verletzung des Bezugsrechts der Aktionäre, kann den Aktionären zudem Rechtsschutz nach Maßgabe der Grundsätze aus der „Commerzbank/Mangusta II"-Entscheidung des BGH[20] zustehen (dazu → § 59 Rn. 65).[21] Da § 221 AktG einen der Ausgabe der Anleihe vorhergehenden Hauptversammlungsbeschluss verlangen soll, scheidet eine nachträgliche Beseitigung der Pflichtverletzungen durch eine der Ausgabe nachfolgende Genehmigung nach hM aus.[22] Zum Verhältnis von § 221 AktG und **§ 187 AktG** → Rn. 40 f.

17 b) **Notwendiger Beschlussinhalt.** Das Gesetz unterscheidet zwischen dem Zustimmungsbeschluss (§ 221 Abs. 1 AktG) und dem Ermächtigungsbeschluss (§ 221 Abs. 2 S. 1 AktG). Bei einem **Ermächtigungsbeschluss,** der in der Praxis die Regel darstellt, wird der Vorstand zur Ausgaben von Wandel- oder Optionsanleihen ermächtigt; es bleibt dem Ermessen des Vorstands überlassen, ob und inwieweit er von der ihm erteilten Ermächtigung Gebrauch macht.[23] Fasst die Hauptversammlung hingegen einen **Zustimmungsbeschluss** zu einer vom Vorstand vorgeschlagenen konkreten Emission, ist der Vorstand grundsätzlich zur Umsetzung verpflichtet (§ 83 Abs. 2 AktG).[24] Da die Ausgabe von Wandelschuldverschreibungen zu den Maßnahmen der Kapitalbeschaffung zählt, für welche die Hauptversammlung ganz allgemein die Beschlusskompetenz nach § 119 Abs. 1 Nr. 6 AktG besitzt,[25] kann die Hauptversammlung darüber hinaus in einem Zustimmungsbeschluss die Ausgabe von Wandel- oder Optionsanleihen von sich aus anzuordnen. Auch in diesem Fall hat der Vorstand den Beschluss gemäß § 83 Abs. 2 AktG auszuführen. Aus dem Beschluss muss sich ergeben, ob der Vorstand zur Ausgabe nur ermächtigt oder verpflichtet ist.[26]

18 Zum **notwendigen Inhalt** gehören ferner: (1) Anzugeben ist die **Art der Anleihen,** die aufgrund des Hauptversammlungsbeschlusses ausgegeben werden können (zB Wandelanleihen bzw. Optionsanleihen oder auch eine tranchenweise Ausgabe dieser Instrumente).[27] (2) Der Beschluss hat ferner den **Gesamtbetrag** der Anleihen zu beziffern, wobei die Angabe eines Höchstbetrages genügt.[28] (3) Im Fall eines Ermächtigungsbeschlusses ist dieser

---

[18] OLG Frankfurt a. M. ZIP 2013, 212 (214) – Commerzbank; MüKoAktG/*Habersack* § 221 Rn. 150; Hüffer/*Koch* AktG § 221 Rn. 19 u. 52; Wachter AktG/*Früchtl* § 221 Rn. 15; *Habersack* FS Nobbe, 2009, 539 (540).

[19] MüKoAktG/*Habersack* § 221 Rn. 151; *Habersack* FS Nobbe, 2009, 539 (540); Hüffer/*Koch* AktG § 221 Rn. 52; s. auch OLG Frankfurt a. M. ZIP 2013, 212 (214) – Commerzbank.

[20] BGHZ 164, 249.

[21] *Habersack* FS Nobbe, 2009, 539 (540 f.).

[22] Vgl. Hüffer/*Koch* AktG § 221 Rn. 52; ferner HdB börsennotierte AG/*Groß* Rn. 51.30; Happ AktienR/*Groß* Form. 12.04 Anm. 2.5; aA Bürgers/Körber AktG/*Stadler* § 221 Rn. 42 aE.

[23] K. Schmidt/Lutter AktG/*Merkt* § 221 Rn. 9; Hölters AktG/*Haberstock/Greitemann* § 221 Rn. 59; Bürgers/Körber AktG/*Stadler* § 221 Rn. 21.

[24] Für diesen Fall hM; vgl. MüKoAktG/*Habersack* § 221 Rn. 133 ff.; Spindler/Stilz AktG/*Seiler* § 221 Rn. 59; Hölters AktG/*Haberstock/Greitemann* § 221 Rn. 54; *Reiswich,* Das Rechtsprinzip des Verwässerungsschutzes, 2016, 64.

[25] Wie hier Hüffer/*Koch* AktG § 221 Rn. 9; HdB börsennotierte AG/*Groß* Rn. 51.31; GroßkommAktG/*Hirte* § 221 Rn. 106 und ersichtlich auch die Regierungsbegründung zum Entwurf eines Gesetzes zur Durchführung der Zweiten Richtlinie des Rates der Europäischen Gemeinschaften zur Koordinierung des Gesellschaftsrechts, BT-Drs. 8/1678, 19 zu Nr. 30; aA MüKoAktG/*Habersack* § 221 Rn. 133 f.; KölnKommAktG/*Florstedt* § 221 Rn. 16, 26.

[26] Hüffer/*Koch* AktG § 221 Rn. 10; Happ AktienR/*Groß* Form. 12.04 Anm. 6.1.

[27] MüKoAktG/*Habersack* § 221 Rn. 139 u. 155; Hüffer/*Koch* AktG § 221 Rn. 10; HdB börsennotierte AG/*Groß* Rn. 51.34; Hölters AktG/*Haberstock/Greitemann* § 221 Rn. 52; Happ AktienR/*Groß* Form. 12.04 Anm. 6.1.

[28] BGH ZIP 1994, 1857 f. – Bayerische Handelsbank (für Genussrechte); MüKoAktG/*Habersack* § 221 Rn. 139 u. 155; Hüffer/*Koch* AktG § 221 Rn. 10; HdB börsennotierte AG/*Groß* Rn. 51.34;

Finanzierung mit Fremdkapital; Aktienoptionen 19 § 64

auf maximal fünf Jahre zu befristen (§ 221 Abs. 2 S. 1 AktG). Die **Frist** beginnt mit der Beschlussfassung.[29] Wie bei dem genehmigten Kapital ist davon auszugehen, dass die Frist in der Ermächtigung ausdrücklich bestimmt werden muss; eine unbestimmte Angabe (zB „höchstens fünf Jahre") oder eine bloße Verweisung auf § 221 AktG genügen nicht.[30] Eine Ermächtigung ohne ordnungsgemäße Befristung ist nichtig.[31] Im Übrigen gelten die gleichen Grundsätze wie für die Ermächtigungsfrist beim genehmigten Kapital; vgl. näher → § 59 Rn. 25. (4) Werden die Anleihen durch ein **bedingtes Kapital** unterlegt, sind die hierfür erforderlichen Angaben aufzunehmen (vgl. dazu → § 58 Rn. 30 ff.). Dazu zählen insbesondere die Festlegungen zum Ausgabebetrag der neuen Aktien bzw. der Grundlagen seiner Berechnung (→ Rn. 19 ff.). Aufzunehmen ist ferner, ob die Anleihen gegen Bar- und/oder Sachleistung ausgegeben werden können (dazu näher → § 58 Rn. 46).[32] (5) Der Beschluss kann vorsehen, dass die Ausnutzung der Ermächtigung der **Zustimmung des Aufsichtsrats** bedarf.[33] Ein Zustimmungserfordernis kann ferner durch die Satzung oder den Aufsichtsrat angeordnet werden (§ 111 Abs. 4 S. 2 AktG).[34] Ob ein Zustimmungserfordernis bereits kraft Gesetz besteht, wird unterschiedlich beantwortet. Ein generelles gesetzliches Zustimmungserfordernis, dass zT analog § 204 Abs. 1 S. 2 AktG angenommen wird,[35] ist abzulehnen. Auch wenn der Vorstand über den Ausschluss des Bezugsrechts der Aktionäre beschließt, ist ein zwingendes Zustimmungserfordernis abzulehnen; § 204 Abs. 1 S. 2 Hs. 2 AktG findet keine analoge Anwendung.[36] Soweit die Wandel- oder Optionsanleihen als Vergütung auch an Vorstandsmitglieder verwendet werden können, ist wegen § 87 Abs. 1 AktG im Beschluss zwingend eine Beteiligung des Aufsichtsrats vorzusehen.[37]

c) Insbesondere Ausgabebetrag. Bei der Unterlegung der Wandel- bzw. Optionsanlei- 19 hen durch ein bedingtes Kapital sind gemäß § 193 Abs. 2 Nr. 3 AktG der Ausgabebetrag

---

Happ AktienR/*Groß* Form. 12.04 Anm. 6.1; *Reiswich* Das Rechtsprinzip des Verwässerungsschutzes, 2016, 61; *Seibt* CFL 2010, 165 (167); *Schlitt/Seiler/Singhof* AG 2003, 254 (255).

[29] MüKoAktG/*Habersack* § 221 Rn. 157; Hüffer/*Koch* AktG § 221 Rn. 13; Hölters AktG/*Haberstock/Greitemann* § 221 Rn. 62; HdB börsennotierte AG/*Groß* Rn. 51.32; *Butzke* Hauptversammlung Rn. L 25; abweichend GroßkommAktG/*Hirte* § 221 Rn. 108, der – mit Ausnahme pflichtwidriger Verzögerungen – auf den Zeitpunkt abstellen will, in dem der Beschluss beim Handelsregister hinterlegt wurde.

[30] MüKoAktG/*Habersack* § 221 Rn. 157; Hüffer/*Koch* AktG § 221 Rn. 13; HdB börsennotierte AG/*Groß* Rn. 51.32; Wachter AktG/*Früchtl* § 221 Rn. 8; aA Bürgers/Körber AktG/*Stadler* § 221 Rn. 27.

[31] Ebenso Hüffer/*Koch* AktG § 221 Rn. 13; MüKoAktG/*Habersack* § 221 Rn. 158; Wachter AktG/*Früchtl* § 221 Rn. 8; HdB börsennotierte AG/*Groß* Rn. 51.32; Hopt Vertrags- und Formularbuch/*Herfs/Scholz* Form. II. E.6.1 Anm. 3; KölnKommAktG/*Florstedt* § 221 Rn. 80; aA Geßler/Hefermehl AktG/*Karollus* § 221 Rn. 54; Hölters AktG/*Haberstock/Greitemann* § 221 Rn. 63, die die Ermächtigung auf die gesetzliche Höchstfrist begrenzen wollen; offengelassen von BGH ZIP 1994, 1857 (1858) – Bayerische Handelsbank; zweifelnd auch GroßkommAktG/*Hirte* § 221 Rn. 108.

[32] *Seibt* CFL 2010, 165 (169).

[33] Vgl. zB MüKoAktG/*Habersack* § 221 Rn. 152; Hopt/Seibt SchuldverschreibungsR/*Fest* AktG § 221 Rn. 5; Hopt Vertrags- und Formularbuch/*Herfs/Scholz* Form. II. E.6.1 Anm. 2; *Seibt* CFL 2010, 165 (169).

[34] MüKoAktG/*Habersack* § 221 Rn. 152; Hopt/Seibt SchuldverschreibungsR/*Fest* AktG § 221 Rn. 557.

[35] So GroßkommAktG/*Hirte* § 221 Rn. 116.

[36] Hopt/Seibt SchuldverschreibungsR/*Fest* AktG § 221 Rn. 556; Spindler/Stilz AktG/*Seiler* § 221 Rn. 60; Hopt Vertrags- und Formularbuch/*Herfs/Scholz* Form. II. E.6.1 Anm. 2; aA MüKoAktG/*Habersack* § 221 Rn. 197; für zwingendes Zustimmungserfordernis im Fall der Inanspruchnahme der Ausnahmen von der 50%-Betragsgrenze gemäß § 192 Abs. 3 S. 3 u. 4 AktG KölnKommAktG/*Florstedt* § 221 Rn. 210.

[37] Hopt/Seibt SchuldverschreibungsR/*Fest* AktG § 221 Rn. 561; MüKoAktG/*Habersack* § 221 Rn. 152; KölnKommAktG/*Florstedt* § 221 Rn. 210.

der neuen Aktien oder die Grundlagen seiner Berechnung anzugeben. Der Ausgabebetrag entspricht bei **Wandelanleihen** dem tatsächlichen Kapitalzufluss bei der Gesellschaft je Wandelschuldverschreibung, dh ihrem Nennbetrag abzüglich bzw. zuzüglich eines etwaigen Agios oder Disagios, geteilt durch das Wandlungsverhältnis sowie zuzüglich einer etwaigen baren Zuzahlung bei Ausübung des Wandlungsrechts.[38] Daher ist in Bezug auf Wandelanleihen insbesondere festzusetzen, in welchem Verhältnis und ggf. unter welchen baren Zuzahlungen die Schuldverschreibungen gegen Aktien umzutauschen sind. Wird die Anleihe unter ihrem Nennbetrag ausgegeben und soll das Wandlungsverhältnis dennoch (auch) durch die Division des Nennbetrags durch den Wandlungspreis berechnet werden können, so ist das vorbehaltlich § 9 Abs. 1 AktG und unter Beachtung von § 199 Abs. 2 AktG zulässig, und § 194 Abs. 1 S. 2 AktG findet – obwohl die Möglichkeit zur Wandlung zum Nennbetrag bei Ausgabe unter pari einer Verzinsung ähnelt – Anwendung.[39] Allerdings ist die Möglichkeit der Berechnung des Wandlungsverhältnisses anhand des Nennbetrages auch bei Unter-pari-Emission in den Beschluss aufzunehmen; anderenfalls wird in Höhe der Differenz zwischen Nenn- und Ausgabebetrag der Anleihe ein Barausgleich erforderlich.[40] Auch bei **Optionsanleihen** entspricht der Ausgabebetrag dem tatsächlichen Kapitalzufluss bei der Gesellschaft.[41] Bei ihnen sind daher das Bezugsverhältnis und der Optionspreis, zu dem die neuen Aktien bezogen werden können, festzulegen. Zum Vorstehenden vgl. auch → § 58 Rn. 35.

20 Da § 193 Abs. 2 Nr. 3 AktG mindestens die Angabe der für die Berechnung des Ausgabebetrags maßgeblichen Grundlagen verlangt, wird bei einem **Ermächtigungsbeschluss** ein Mindestausgabebetrag in Form eines Prozentsatzes (idR 80 %) des Börsenkurses der Aktie bei Emission angegeben; dazu und zur Zulässigkeit dieses Vorgehens → § 58 Rn. 36. Überzeugend ist die Anwendung von § 193 Abs. 2 Nr. 3 AktG auf Wandel- und Optionsanleihen nicht. § 193 Abs. 2 Nr. 3 AktG beruht darauf, dass beim bedingten Kapital das Bezugsrecht der Aktionäre ausgeschlossen ist, so dass die Hauptversammlung die wesentlichen Rahmenbedingungen festlegen soll, zu denen ein Bezugsrechtsausschluss erfolgen darf.[42] Bei Wandel- und Optionsanleihen bedarf es dieses Aktionärsschutzes anders als bei den anderen gesetzlichen Zwecken des bedingten Kapitals (Unternehmenszusammenschluss, Aktienoptionsprogramme) jedoch nicht, da den Aktionären gemäß § 221 Abs. 4 AktG ein Bezugsrecht zusteht. Entweder die Aktionäre sind zum Bezug der Anleihen berechtigt – dann ist die Angabe eines Mindestausgabebetrages nicht veranlasst – oder das Bezugsrecht wird ausgeschlossen – dann muss der Ausgabebetrag angemessen sein. Die Situation liegt nicht anders als bei einem genehmigten Kapital, bei dem es weder erforderlich noch üblich ist, dass die Hauptversammlung Vorgaben für den Ausgabebetrag trifft (vgl. → § 59 Rn. 23, 49 u. 62).[43]

21 Bestimmt die Hauptversammlung bei einem **Zustimmungsbeschluss** den Wandlungs- bzw. Optionspreis und das Wandlungs- bzw. Bezugsverhältnis selbst, gelten die gleichen Grundsätze wie für die Festsetzung des Ausgabebetrags bei einer regulären Kapitalerhöhung. Bleibt das gesetzliche Bezugsrecht der Aktionäre erhalten, ist die Hauptversammlung frei, solange nicht durch besonders ungünstige Bedingungen das Bezugsrecht faktisch ausgeschlossen wird. Wird das gesetzliche Bezugsrecht ausgeschlossen, müssen Wandlungs- bzw. Optionspreis und Wandlungs- bzw. Bezugsverhältnis angemessen festgesetzt werden; dazu auch → § 57 Rn. 29. Das Verbot der Unter-pari-Emission (§ 9 AktG) ist zu be-

---

[38] KölnKommAktG/*Drygala*/*Staake* § 193 Rn. 50, 52; Spindler/Stilz AktG/*Rieckers* § 193 Rn. 12; *Apfelbacher*/*Kopp* CFL 2011, 21 (29); *Maier-Reimer* GS Bosch, 2006, 85 (90).

[39] HdB börsennotierte AG/*Busch* Rn. 44.41; Unternehmensfinanzierung am Kapitalmarkt/*Schlitt* Rn. 11.58; aA *Bader* AG 2014, 472 (473).

[40] *Schlitt*/*Schäfer* CFL 2010, 252 (258).

[41] KölnKommAktG/*Drygala*/*Staake* § 193 Rn. 50; *Maier-Reimer* GS Bosch, 2006, 85 (90).

[42] BGH ZIP 2009, 1566 Rn. 19 – Mindestausgabebetrag: § 193 Abs. 2 Nr. 3 AktG dient primär dem Verwässerungsschutz der Aktionäre.

[43] S. auch BGH ZIP 2009, 1566 Rn. 16 – Mindestausgabebetrag.

Finanzierung mit Fremdkapital; Aktienoptionen

achten; für Wandelanleihen gilt in diesem Zusammenhang § 199 Abs. 2 (vgl. → § 58 Rn. 84 ff.).[44]

Eine **nachträgliche Anpassung** des Wandlungspreises (oder Optionspreises) – zB, um 22 die Gläubiger zur Ausübung des Wandlungsrechts (etwa durch Zahlung einer Barprämie durch die Gesellschaft bei Wandlung; *sweetener*) zu motivieren *(incentivised conversion)* – ist grundsätzlich denkbar. Dabei sind aber verschiedene Kautelen zu beachten:[45] Die Vorgaben des Ausgabebeschlusses sind ebenso einzuhalten wie das Verbot einer Unter-pari-Emission (§ 9 Abs. 1 AktG). Erfolgt die Ausgabe unter Verwendung eines vereinfachten Bezugsrechtsausschlusses (§ 221 Abs. 4 S. 2 iVm § 186 Abs. 3 S. 4 AktG), darf auch der nach der Anpassung ergebende Ausgabebetrag der neuen Aktien nicht wesentlich unter dem Börsenkurs liegen. In der Anpassung darf weder eine verbotene Ausschüttung (§ 57 AktG) noch eine unzulässige Finanzierung des Aktienerwerbs (§ 71a AktG) liegen. Schließlich ist der kapitalmarktrechtliche Gleichbehandlungsgrundsatz der Anleihegläubiger (§ 48 Abs. 1 Nr. 1 WpHG) einzuhalten.

d) Weiterer Beschlussinhalt. Der Beschluss kann **weitere fakultative Regelungen** tref- 23 fen. Die Hauptversammlung kann das Bezugsrecht der Aktionäre ausschließen oder hierzu ermächtigen; vgl. → Rn. 31 f. Der Hauptversammlung steht es ferner frei, auch insoweit weitere Regelungen zu der Ausstattung der Anleihen bzw. zu den Anleihebedingungen zu treffen, als diese nicht mit Blick auf ein für die Bedienung der Umtausch- bzw. Bezugsrechte aus den Anleihen geschaffenes bedingtes Kapital erforderlich sind, zB über die **Laufzeit** – dabei sind zeitliche Befristungen, aber auch „ewige" Anleihen *(perpetuals)* denkbar –,[46] die Verzinsung, die Stückelung, die Options- bzw. Wandlungszeiträume, den Rang und eine etwaige Verlustteilnahme (zu Nachrang und Verlustteilnahme auch → § 58 Rn. 49 u. 85). Weit verbreitet sind Regelungen, wonach die Anleihen nicht nur in Euro, sondern auch in einer ausländischen gesetzlichen **Währung** (zB in der gesetzlichen Währung eines OECD-Staates) denominiert sein können. Das ist grundsätzlich zulässig. Zu beachten sind jedoch die Anforderungen, die § 54 Abs. 3 AktG an eine bare Einlageleistung regelt. Werden diese nicht eingehalten, kann es zweifelhaft sein, ob Wandel- bzw. Optionsanleihen, die gegen Zahlung in ausländischer Währung begeben werden, unter das Privileg des § 194 Abs. 1 S. 2 AktG fallen.[47] Der Ausgabebeschluss kann, muss aber nicht vorsehen, dass die Gesellschaft berechtigt ist, die Wandlungs- bzw. Optionsrechte anstatt durch die Ausgabe neuer Aktien in bar zu begleichen *(cash settlement)*. Dabei bietet es sich an, die **Barzahlungsoption** auf Fälle zu beschränken, in denen die Lieferung neuer Aktien nicht möglich oder unsicher ist. Eine generelle, im Ermessen des Emittenten stehende Möglichkeit zur baren Erfüllung kann demgegenüber nach IFRS nachteilige bilanzielle Folgen haben.[48] Zu weiteren Regelungen und der Erforderlichkeit ihrer Aufnahme in den Ausgabebeschluss vgl. insbesondere → Rn. 39 (mittelbares Bezugsrecht), → Rn. 46 (Verwässerungsschutzbestimmungen), → Rn. 54 f. (Pflichtwandlung und Tilgungswahlrecht), → Rn. 59 *(settlement option* der Gesellschaft) sowie → Rn. 64 (indirekte Emission). Soweit die Hauptversammlung keine weiteren Regelungen

---

[44] GroßkommAktG/*Hirte* § 221 Rn. 219; MüKoAktG/*Habersack* § 221 Rn. 230.

[45] Vgl. dazu Unternehmensfinanzierung am Kapitalmarkt/*Schlitt* Rn. 11.90; *Schlitt/Schäfer* CFL 2010, 252 (258); *Seibt* CFL 2010, 165 (175), welche die Umsetzbarkeit daher jeweils zurückhaltend beurteilen; eingehend und die Umsetzbarkeit positiver bewertend *Wilk/Schlee* ZIP 2016, 2041 ff.; *Wieneke* WM 2017, 698 ff.

[46] Zur gesellschafts- und zivilrechtlichen Zulässigkeit „ewiger" Anleihen vgl. *Thomas* ZHR 171 (2007), 684 (689 ff.); *Müller-Eising/Bode* BKR 2006, 480 (481 ff.). Zu den Folgen für die Verwendung eines bedingten Kapitals und die Anwendbarkeit von § 194 Abs. 1 S. 2 AktG, wenn der Gläubiger keinen Rückzahlungsanspruch hat, aber → § 58 Rn. 7 u. 51.

[47] Zu den Währungsfragen bei Barzahlung und Banküberweisung vgl. zB Hüffer/*Koch* AktG § 54 Rn. 13 u. 16; MüKoAktG/*Götze* § 54 Rn. 54 u. 66 f.

[48] *Seibt* CFL 2010, 165 (173); *Schlitt/Schäfer* CFL 2010, 252 (254); Hopt Vertrags- und Formularbuch/*Herfs/Scholz* Form. II. E.6.2 Anm. 12. Auch AGB-rechtlich kann die Einschränkung der Barzahlungsoption empfehlenswert sein; vgl. dazu eingehend *Mülbert* FS Marsch-Barner, 2018, 359 ff.

über den Inhalt der Anleihen trifft, obliegt deren Festsetzung dem Vorstand. Ausgabebeschlüsse enthalten in der Regel entsprechende Ermächtigungen; notwendig ist das jedoch nicht. Der Beschluss der Hauptversammlung kann den Vorstand ermächtigen, die Anleihebedingungen nach der Anleiheemission zu ändern. Aber auch, wenn der Hauptversammlungsbeschluss das nicht ausdrücklich regelt, ist der Vorstand zu **nachträglichen Änderungen der Anleihebedingungen** berechtigt.[49]

24 e) **Bestandsschutz.** Wird ein Ausgabebeschluss gemäß § 221 AktG angefochten, fragt sich, ob die Gesellschaft ein **Freigabeverfahren** durchführen kann. § 246a Abs. 1 AktG verweist auf die §§ 182–240 AktG und damit auch auf § 221 AktG. Nach seinem Wortlaut setzt er jedoch die Eintragung des Beschlusses voraus. Daran fehlt es bei § 221 AktG. Ist ein Freigabeverfahren daher in Bezug auf einen Ausgabebeschluss gemäß § 221 AktG nicht statthaft,[50] kann die Gesellschaft aber ein Freigabeverfahren durchführen, wenn – wie in der Praxis üblich – gleichzeitig ein bedingtes Kapital geschaffen wird, das die Wandel- oder Optionsanleihen aus den Anleihen absichert, und Aktionäre hiergegen klagen. Bei einem positiven Freigabebeschluss kann der Beschluss über das bedingte Kapital eingetragen werden, womit das bedingte Kapital Bestandsschutz erlangt (§ 246a Abs. 4 S. 2 AktG). Dieser **Bestandsschutz des bedingten Kapitals** ist richtigerweise **auf den Ausgabebeschluss zu erstrecken**.[51] Bedingtes Kapital und Ausgabebeschluss bilden eine formale und inhaltliche Einheit. Im Beschluss über das bedingte Kapital ist der Zweck aufzunehmen (§ 193 Abs. 2 Nr. 1 AktG). Zu diesem Zweck wird auf den (gleichzeitig gefassten) Ausgabebeschluss nach § 221 AktG Bezug genommen. Ohne den Ausgabebeschluss läuft das bedingte Kapital inhaltlich leer. Daher ist der Bestandsschutz des bedingten Kapitals sachlich sinnlos, wenn er nicht auf den Ausgabebeschluss gemäß § 221 AktG erstreckt wird. Eine solche Erstreckung auf inhaltlich miteinander verbundene, eine Einheit bildende Beschlüsse ist auch in anderen Zusammenhängen anerkannt.[52] **Verfahrensrechtlich** ist es daher zulässig und sinnvoll, den Antrag, mit dem das Freigabeverfahren eingeleitet wird, auf den Beschluss über die Schaffung des bedingten Kapitals und den Ausgabebeschluss nach § 221 AktG zu beziehen.

25 5. **Ausgabe der Wandel- und Optionsanleihen.** Die Ausgabe der Schuldverschreibungen erfolgt durch den Vorstand und ist eine Maßnahme seiner Geschäftsführung.[53] Die Schuldverschreibung muss urkundlich verbrieft (→ Rn. 5) und vom Vorstand der Gesellschaft unterzeichnet sein (§ 793 BGB). Erforderlich ist ferner der Abschluss eines **Begebungsvertrages** mit dem Erwerber der Anleihe. Ist der Vorstand, wie üblich, zur Ausgabe von Anleihen nicht angewiesen, sondern nur ermächtigt (vgl. → Rn. 17), steht es

---

[49] MüKoAktG/*Habersack* § 221 Rn. 269; *Wilk/Schlee* ZIP 2016, 2041 (2043 f.); *Wieneke* WM 2017, 698 (702); ebenso *Casper*, Optionsvertrag, 2005, S. 342 ff., wenn die Änderung nicht wirtschaftlich die Ausgabe einer neuen Anleihe darstellt; aA *Lutter/Drygala* FS Claussen, 1997, 261 (276 f.).

[50] So zB KölnKommAktG/*Noack/Zetzsche* § 246a Rn. 27; MüKoAktG/*Hüffer/Schäfer* § 221 Rn. 6: Voraussetzung für § 246a AktG sei, dass der angefochtene zu seiner Wirksamkeit der Eintragung im Handelsregister bedarf; wohl aA, dh ein Freigabeverfahren bejahend, OLG Frankfurt a. M. ZIP 2018, 1027 (1028).

[51] Wohl aA *Waclawik*, Prozessführung im Gesellschaftsrecht, Rn. 234.

[52] Vgl. zB BGH NJW-RR 2007, 1409 Rn. 13; OLG Frankfurt a. M. Der Konzern 2012, 266; OLG Hamm Der Konzern 2005, 374 (376) – Vectron/Hansa (jeweils Erstreckung von § 16 Abs. 3 UmwG auf Kapitalmaßnahmen iRv Verschmelzungen); *Lüttge/Basler* Der Konzern 2005, 341 (342) (Erstreckung des § 16 Abs. 3 UmwG auf sonstige Annexbeschlüsse zu einer Verschmelzung, für die es – wie zB für Änderungen des Unternehmensgegenstands in der Satzung – kein Freigabeverfahren gibt); *Habersack* Liber Amicorum M. Winter, 2011, 177 (185 ff.) (Erstreckung von §§ 198 Abs. 3, 16 Abs. 3 UmwG auf Satzungsänderungen iR. von Formwechseln).

[53] MüKoAktG/*Habersack* § 221 Rn. 129; GroßkommAktG/*Hirte* § 221 Rn. 99; Hölters AktG/*Haberstock/Greitemann* § 221 Rn. 82.

Finanzierung mit Fremdkapital; Aktienoptionen   26, 27   § 64

in seinem **pflichtgemäßen Ermessen,** ob und inwieweit er von der Ermächtigung Gebrauch macht.[54]

a) Anleihebedingungen. Über den **Inhalt**[55] der Anleihebedingungen entscheidet der Vorstand, soweit die Hauptversammlung keine Bestimmungen getroffen hat (zu nachträglichen Anpassungen → Rn. 23 aE). Für die Festsetzung des Wandlungs- bzw. Bezugsverhältnisses und des Wandlungs- bzw. Optionspreises durch den Vorstand gelten die gleichen Grundsätze wie für die Hauptversammlung, vgl. → Rn. 21. 26

Seltener werden die Anleihen im Rahmen individueller Vereinbarungen an Einzelinvestoren begeben. Im Regelfall erfolgt die Begebung aufgrund einheitlicher Anleihebedingungen an eine Vielzahl von Investoren. In diesem Fall unterliegen die Anleihebedingungen nach hM der Inhaltskontrolle des **AGB**-Rechts.[56] Das soll auch dann gelten, wenn die Anleihen unter Zwischenschaltung einer Emissionsbank, die zunächst die Anleihen erwirbt (Fremdemission), ausgegeben werden.[57] Die Anwendung des AGB-Rechts überzeugt jedoch nicht und wird mit guten Gründen bestritten.[58] Unabhängig davon sind der AGB-Kontrolle aber jedenfalls die Regelungen entzogen, welche die Hauptleistungspflichten regeln, wozu insbesondere die Bestimmungen zum Aus- und Rückzahlungsbetrag, zur Verzinsung, zu einem Nachtrag und zu einer Verlustteilnahme zählen.[59] Ferner findet § 305 Abs. 2 BGB auf Anleihebedingungen keine Anwendung; vielmehr gelten die §§ 145 ff. BGB, so dass für ihre Vereinbarung unabhängig von der Verbraucher- oder Unternehmereigenschaft des Erwerbers sowie davon, ob es sich um eine Eigen- oder Fremdemission handelt, eine zumindest konkludente Einbeziehungsvereinbarung genügt.[60] Darüber hinaus sind die Bedingungen einheitlich auszulegen. Maßstab für die Auslegung und die Frage, ob eine Klausel gegen das Transparenzgebot verstößt, ist damit nicht der einzelne Anleger; abzustellen ist vielmehr auf die typischerweise an Anleihegeschäften beteiligten Verkehrs- und Wirtschaftskreise.[61] In § 3 SchVG ist dieser Grundsatz gesetzlich kodifiziert; zum Anwendungsbereich → Rn. 28. Dieser stellt auf den hinsichtlich der jeweiligen Art von Schuldverschreibungen sachkundigen Anleger ab. 27

---

[54] GroßkommAktG/*Hirte* § 221 Rn. 107; MüKoAktG/*Habersack* § 221 Rn. 153, 160.

[55] Vgl. Muster in Hopt Vertrags- und Formularbuch/*Herfs/Scholz* Form. II. E.6.2; *Schumann*, Optionsanleihen, 1990, S. 257 ff.; ferner *Seibt* CFL 2010, 165 (172 ff.) mit Checkliste.

[56] BGHZ 163, 311 (314); BGH NJW-RR 2009, 1641 Rn. 20 u. 23; OLG Frankfurt a. M. ZIP 2014, 2176 (2177); GroßkommAktG/*Hirte* § 221 Rn. 131; Spindler/Stilz AktG/*Seiler* § 221 Rn. 168 ff.; KölnKommAktG/*Florstedt* § 221 Rn. 106; Hölters AktG/*Haberstock/Greitemann* § 221 Rn. 16.

[57] GroßkommAktG/*Hirte* § 221 Rn. 132; Hölters AktG/*Haberstock/Greitemann* § 221 Rn. 16; aA HdB AG-Finanzierung/*Hartwig-Jacob* Kap. 12 Rn. 282.

[58] Vgl. zB Bankrechts-Komm./*Bliesener/Schneider* 17. Kap. § 3 SchVG Rn. 21 ff.; Hopt/Seibt SchuldverschreibungsR/*Artzinger-Bolten/Wöckener* SchVG § 3 Rn. 72 ff.; Bürgers/Körber AktG/*Stadler* § 221 Rn. 32a u. 96; *Leber*, Schutz und Organisation der Obligationäre, 2012, S. 65 ff.; *Assmann* WM 2005, 1053 ff.; *Ekkenga* ZHR 160 (1996), 59 (69 ff.), jeweils mit ausführlicher Begründung. Zurückhaltend auch MüKoAktG/*Habersack* § 221 Rn. 255 ff.

[59] S. BGHZ 119, 305 (315) – Klöckner und BGH ZIP 2014, 1166 Rn. 29 – Corealcredit Bank (jeweils zu Genussscheinbedingungen); MüKoAktG/*Habersack* § 221 Rn. 259; Bankrechts-Komm./ *Bliesener/Schneider* 17. Kap. § 3 SchVG Rn. 40; Frankfurter KommSchVG/*Hartwig-Jacob* § 3 Rn. 57, der die in § 5 Abs. 3 SchVG aufgezählten Bereiche den Hauptleistungspflichten zurechnet.

[60] BGHZ 163, 311 (315 ff.); BGH NJW-RR 2009, 1641 Rn. 23; OLG Frankfurt a. M. ZIP 2014, 2176 (2177 f.); GroßkommAktG/*Hirte* § 221 Rn. 132; MüKoAktG/*Habersack* § 221 Rn. 256.

[61] BGH NJW-RR 2009, 1641 Rn. 21 f.; s. auch BGHZ 163, 311 (317); BGH ZIP 2014, 1166 Rn. 27 – Corealcredit Bank; OLG München AG 2018, 331 (332) (zu Genussscheinbedingungen); OLG Frankfurt a. M. ZIP 2014, 2176 (2179); ferner MüKoAktG/*Habersack* § 221 Rn. 258.

28 b) Schuldverschreibungsgesetz. Der **Anwendungsbereich** des SchVG umfasst nach deutschem Recht begebene inhaltsgleiche Schuldverschreibungen[62] aus Gesamtemissionen (§ 1 Abs. 1 SchVG). Entscheidend für den Anwendungsbereich ist danach zum einen, dass das deutsche Recht als Wertpapierrechtsstatut gewählt wird. Die Nationalität des Emittenten ist nicht maßgeblich. Unschädlich ist es ferner, wenn für einzelne Bestimmungen (zB Nachrangklauseln) andere Rechtsordnungen für anwendbar erklärt werden,[63] was zB bei ausländischen Emittenten der Fall sein kann. Zum anderen müssen die einzelnen Schuldverschreibungen inhaltsgleich ausgestaltet sein, so dass sie untereinander austauschbar sind.[64] Für vor dem Inkrafttreten des SchVG ausgegebene Anleihen besteht nach § 24 Abs. 2 SchVG für die Gläubiger die Möglichkeit, mit Zustimmung des Emittenten die Geltung des SchVG zu wählen. Ein solcher **Opt-in** kommt dann in Betracht, wenn die Altanleihe die vorstehend genannten Voraussetzungen des § 1 Abs. 1 SchVG erfüllt. Nicht erforderlich ist hingegen, dass sie vor Inkrafttreten des SchVG in den Anwendungsbereich des SchVG 1899 (das durch das SchVG ersetzt worden ist) fiel; auch Altanleihen von Auslandsemittenten können somit von der Möglichkeit des Opt-in Gebrauch machen.[65] Die Anwendbarkeit des SchVG und die Möglichkeit eines Opt-in kann vor allem deshalb von Bedeutung sein, weil in dem SchVG unterliegenden Anleihebedingungen geregelt werden kann, dass die Gläubiger durch Mehrheitsbeschluss die Anleihebedingungen ändern und einen gemeinsamen Vertreter zur Wahrnehmung ihrer Rechte bestellen können (§ 5 Abs. 1 S. 1 SchVG).[66] § 5 Abs. 3 S. 1 SchVG zählt verschiedene Bereiche auf, in denen **Änderungen durch Mehrheitsbeschluss** möglich sind. Die Aufzählung ist weder verbindlich noch abschließend. Die Änderungsmöglichkeit kann vielmehr auf einzelne Gegenstände beschränkt (s. § 5 Abs. 3 S. 2 SchVG), aber auch auf sämtliche in § 5 Abs. 3 SchVG aufgezählten Maßnahmen und darüber hinaus erstreckt werden.[67]

29 6. Hinterlegung beim Handelsregister und Bekanntmachung in den Gesellschaftsblättern. Der Beschluss über die Ausgabe von Wandel- oder Optionsanleihen wird nicht in das Handelsregister eingetragen. Erst **nach Ausgabe von Anleihen**[68] durch den Vorstand auf Grund des Hauptversammlungsbeschlusses haben dieser und der Vorsitzende des Aufsichtsrats den Beschluss der Hauptversammlung über die Ausgabe der Anleihen sowie eine Erklärung über deren Ausgabe beim Handelsregister zu **hinterlegen** (§ 221 Abs. 2 S. 2 AktG). Das gilt für Wandel- und Optionsanleihen[69] sowie ferner sowohl einen Zu-

---

[62] Wegen § 793 BGB liegt eine Schuldverschreibung nur iF ihrer Verbriefung vor (→ Rn. 5); fehlt es daran, handelt es sich nicht um eine Schuldverschreibung und findet das SchVG keine Anwendung; s. BGH NZG 2018, 826 Rn. 15; OLG Stuttgart ZIP 2018, 1728 (1729).

[63] Bankrechts-Komm./*Bliesener/Schneider* 17. Kap. § 1 SchVG Rn. 4; Frankfurter KommSchVG/ *Hartwig-Jacob* § 1 Rn. 97 ff.; Hopt/Seibt SchuldverschreibungsR/*Artzinger-Bolten/Wöckener* SchVG § 1 Rn. 58; HdB AG-Finanzierung/*Schmidtbleicher* Kap. 12 Rn. 45 ff.; aA LG Frankfurt a. M. NZG 2012, 23 – Pfleiderer; *Leber,* Schutz und Organisation der Obligationäre, 2012, S. 144.

[64] Frankfurter KommSchVG/*Hartwig-Jacob* § 1 Rn. 114; Bankrechts-Komm./*Bliesener/Schneider* 17. Kap. § 1 SchVG Rn. 10 f.

[65] BGH ZIP 2014, 1876 Rn. 9 ff.; LG Frankfurt a. M. NZG 2012, 23 (24 f.) – Pfleiderer; Veranneman SchVG/*Veranneman* § 24 Rn. 6; Bankrechts-Komm./*Bliesener/Schneider* 17. Kap. § 24 SchVG Rn. 6 ff.; Frankfurter KommSchVG/*Hartwig-Jacob/Friedl* § 24 Rn. 13; aA OLG Frankfurt a. M. NZG 2012, 593 – Pfleiderer; *Leber,* Schutz und Organisation der Obligationäre, 2012, S. 146 ff.; offen gelassen in OLG Schleswig ZIP 2014, 221 (223).

[66] Bei Emissionsbedingungen, für die das SchVG (mangels Verbriefung) nicht gilt, soll eine solche Regelung AGB-rechtlich unzulässig sein; s. OLG Stuttgart ZIP 2018, 1728 (1729 ff.).

[67] Frankfurter KommSchVG/*Hartwig-Jacob* § 5 Rn. 16 f.; Bankrechts-Komm./*Bliesener/Schneider* 17. Kap. § 5 SchVG Rn. 20; HdB AG-Finanzierung/*Schmidtbleicher* Kap. 12 Rn. 93; Hopt/Seibt SchuldverschreibungsR/*Thole* SchVG § 5 Rn. 40.

[68] Ebenso Hopt/Seibt SchuldverschreibungsR/*Fest* AktG § 221 Rn. 552.

[69] S. Hüffer/*Koch* AktG § 221 Rn. 20; Hopt/Seibt SchuldverschreibungsR/*Fest* AktG § 221 Rn. 549.

stimmungsbeschluss nach Abs. 1 als auch für einen Ermächtigungsbeschluss nach Abs. 2.[70] Der Beschluss der Hauptversammlung ist in Ausfertigung oder in notariell beglaubigter Abschrift beizufügen, für die Erklärung des Vorstands und des Aufsichtsratsvorsitzenden reicht die einfache Schriftform.[71] Wie bei einer Registeranmeldung haben bei der Erklärung Vorstandsmitglieder in vertretungsberechtigter Zahl zu handeln; bei unechter Gesamtvertretung (§ 78 Abs. 3 AktG) genügt diese.[72] Eine Erklärung durch Bevollmächtigte wird man, wie bei den Registeranmeldungen, für unzulässig halten müssen.[73] Zusätzlich zu der Hinterlegung beim Handelsregister hat die Gesellschaft einen Hinweis auf den Beschluss und die Erklärung von Vorstand und Aufsichtsratsvorsitzendem über die Ausgabe in den Gesellschaftsblätter – dh im Bundesanzeiger § 25 AktG (s. aber § 26h Abs. 3 EGAktG) – **bekanntzumachen** (§ 221 Abs. 2 S. 3 AktG).

7. Bezugsrecht der Aktionäre. Auf Wandel- und Optionsanleihen haben die Aktionäre **30** der Gesellschaft ein Bezugsrecht (§ 221 Abs. 4 S. 1 AktG). Für das Bezugsrecht gelten die gleichen Regeln wie bei der Kapitalerhöhung. Das Gesetz verweist in § 221 Abs. 4 S. 2 AktG in vollem Umfang auf die Regelung des **§ 186 AktG.** Wegen der Einzelheiten vgl. → § 57 Rn. 94 ff.

a) Bezugsrechtsausschluss. Ein Ausschluss des Bezugsrechts ist unter den gleichen mate- **31** riellen und formellen Voraussetzungen möglich wie bei der Kapitalerhöhung. Wenn die Hauptversammlung einen **Zustimmungsbeschluss** über die Ausgabe der Anleihe nach Abs. 1 fasst, kann sie einen Bezugsrechtsausschluss ebenso wie bei der regulären Kapitalerhöhung nur selbst unmittelbar in einem einheitlichen Beschluss fassen;[74] dann gelten hierfür die gleichen Regeln wie bei der regulären Kapitalerhöhung. Der Bezugsrechtsausschluss muss also im Interesse der Gesellschaft sachlich gerechtfertigt sein, und der Vorstand hat der Hauptversammlung gem. § 186 Abs. 4 S. 2 AktG einen ausführlichen schriftlichen Bericht über den Grund des Bezugsrechtsausschlusses und die wesentlichen Konditionen der Anleihe („Ausgabebetrag") vorzulegen (vgl. näher → § 57 Rn. 115 ff., 131 ff.).[75]

Im Fall eines **Ermächtigungsbeschlusses** hat die Hauptversammlung die Wahl, selbst **32** das Bezugsrecht auszuschließen oder den Vorstand zum Bezugsrechtsausschluss zu ermächtigen;[76] es finden dann die gleichen Regeln wie beim genehmigten Kapital Anwendung, insbesondere die gleichen erleichterten Anforderungen an die materielle Rechtfertigung und den Vorstandsbericht (vgl. → § 59 Rn. 27 ff., 59 ff.).[77] Zur Rechtslage bei fehlerhaftem

---

[70] MüKoAktG/*Habersack* § 221 Rn. 148; Hopt/Seibt SchuldverschreibungsR/*Fest* AktG § 221 Rn. 548; HdB börsennotierte AG/*Groß* Rn. 51.45.

[71] Hüffer/*Koch* AktG § 221 Rn. 20; MüKoAktG/*Habersack* § 221 Rn. 146; KölnKommAktG/*Florstedt* § 221 Rn. 214.

[72] Hüffer/*Koch* AktG § 221 Rn. 20; MüKoAktG/*Habersack* § 221 Rn. 146; Hopt/Seibt SchuldverschreibungsR/*Fest* AktG § 221 Rn. 551, KölnKommAktG/*Florstedt* § 221 Rn. 214.

[73] Hüffer/*Koch* AktG § 221 Rn. 20; GroßkommAktG/*Hirte* § 221 Rn. 119.

[74] MüKoAktG/*Habersack* § 221 Rn. 172; Spindler/Stilz AktG/*Seiler* § 221 Rn. 85; Hölters AktG/*Haberstock/Greitemann* § 221 Rn. 99; HdB börsennotierte AG/*Groß* Rn. 51.48.

[75] Vgl. dazu OLG München AG 1994, 372 (374); 1991, 210 (211); OLG Frankfurt a. M. AG 1992, 271; LG Frankfurt a. M. WM 1990, 1745 (1747 f.); MüKoAktG/*Habersack* § 221 Rn. 177 ff.; Hüffer/*Koch* AktG § 221 Rn. 41 f.; Spindler/Stilz AktG/*Seiler* § 221 Rn. 87; *Schumann,* Optionsanleihen, 1990, S. 168 ff.

[76] BGH ZIP 2006, 368 Rn. 6; 2007, 2122 Rn. 2; OLG München AG 1994, 372 (373); MüKoAktG/*Habersack* § 221 Rn. 173; Hüffer/*Koch* AktG § 221 Rn. 39; Spindler/Stilz AktG/*Seiler* § 221 Rn. 85; K. Schmidt/Lutter AktG/*Merkt* § 221 Rn. 97.

[77] BGH ZIP 2006, 368 Rn. 6 ff.; 2007, 2122 Rn. 3 ff.; MüKoAktG/*Habersack* § 221 Rn. 180; Spindler/Stilz AktG/*Seiler* § 221 Rn. 86; Hölters AktG/*Haberstock/Greitemann* § 221 Rn. 100; HdB börsennotierte AG/*Groß* Rn. 51.52; *Florstedt* ZHR 180 (2016), 152 (174 ff.). Die strengere Rechtsprechung aus der Zeit vor der Siemens/Nold-Entscheidung (vgl. → § 59 Rn. 31) ist heute überholt.

Bezugsrechtsausschluss gelten dieselben Grundsätze wie bei der regulären Kapitalerhöhung bzw. beim genehmigten Kapital; vgl. → § 57 Rn. 143 ff. und → § 59 Rn. 39 f., 65.

33 **b) Erleichterter Bezugsrechtsausschluss.** Ob für die Ausgabe von Wandel- und Optionsanleihen die Möglichkeit des erleichterten Bezugsrechtsausschlusses nach §§ 221 Abs. 4 S. 2, 186 Abs. 3 S. 4 AktG (vgl. → § 57 Rn. 123 ff.) besteht, wird **unterschiedlich beurteilt.** Nach einer Auffassung soll ein erleichterter Bezugsrechtsausschluss ausscheiden, weil es in der Praxis keine völlig gleichen Wandel- und Optionsanleihen gebe und damit ein Börsenkurs für eine gleiche Anleihe nicht existiere.[78] Nach anderer Auffassung soll nicht auf die Anleihe als solche, sondern auf die für die Erfüllung des Umtausch- bzw. Bezugsrechts erforderliche Kapitalerhöhung abzustellen sein;[79] aber auch dann scheidet ein erleichterter Bezugsrechtsausschluss praktisch aus, da nach dem Schutzzweck der Vorschrift gewährleistet sein müsste, dass im Zeitpunkt der Ausübung des Umtausch- bzw. Bezugsrechts der Ausgabebetrag der neuen Aktien den Börsenpreis nicht wesentlich unterschreitet.[80] Nach zutreffender inzwischen hM ist § 186 Abs. 3 S. 4 AktG auf die Ausgabe von Wandel- und Optionsanleihen anwendbar, wenn drei **Voraussetzungen** erfüllt sind:[81, 82]

34 (1) Die Konditionen der Anleihe müssen so ausgestaltet sein, dass der **Ausgabebetrag** der Anleihe den hypothetischen Marktpreis für die Anleihe (der sich aus der Anleihe- und der Optionskomponente zusammensetzt) nicht wesentlich unterschreitet, so dass der Wert eines hypothetischen Bezugsrechts auf die Anleihe gegen Null tendiert.

35 (2) Es muss sichergestellt sein, dass die Aktionäre die Möglichkeit haben, durch **Zukauf** von Aktien oder – wenn diese zum Börsenhandel zugelassen werden – die Anleihen über die Börse ihre Beteiligungsquote aufrechtzuerhalten.

36 (3) Umtausch- und Bezugsrechte dürfen nur für **maximal 10 % des Grundkapitals** geschaffen werden. Für die Berechnung der 10 % ist nach hM[83] auf die Beschlussfassung über die Ermächtigung und, wenn das Grundkapital dann niedriger ist, ihre Ausnutzung abzustellen. Das überzeugt nicht. Wie im Rahmen des genehmigten Kapitals (→ § 59

---

[78] *Natterer*, Kapitalveränderung, 2000, S. 223 f.; *Schumann*, Bezugsrecht und Bezugsrechtsausschluss bei Kapitalbeschaffungsmaßnahmen von Aktiengesellschaften, 2001, S. 208; ähnlich der Bericht des Rechtsausschusses, BT-Drs. 12/7848, 9: § 186 Abs. 3 S. 4 AktG passe für die Finanzierungsinstrumente des § 221 AktG nicht.

[79] OLG Braunschweig AG 1999, 84 (85) – VW AG; *Groß* DB 1994, 2431 (2437 f.).

[80] AA OLG Braunschweig AG 1999, 84 (85) – VW AG; *Groß* DB 1994, 2431 (2438), die auf den Zeitpunkt der Ausgabe der Anleihe abstellen wollen; wie hier wohl *Busch* AG 1999, 58 (60).

[81] OLG München ZIP 2006, 1440 (1441 ff.); LG München I AG 2006, 169; eingehend *Busch* AG 1999, 58 (59 ff.); *Singhof* ZHR 170 (2006), 673 ff.; ebenso MüKoAktG/*Habersack* § 221 Rn. 190 f.; Spindler/Stilz AktG/*Seiler* § 221 Rn. 98; Hüffer/*Koch* AktG § 221 Rn. 43a; Bürgers/Körber AktG/ *Stadler* § 221 Rn. 70; Unternehmensfinanzierung am Kapitalmarkt/*Schlitt* Rn. 11.49; KölnKomm-AktG/*Florstedt* § 221 Rn. 259 ff. (für die zweite Voraussetzung sei allerdings nicht eine Wertermittlung anhand finanzwissenschaftlicher Modelle maßgeblich; vielmehr genüge es, ein Bookbuilding-Verfahren durchzuführen); Hopt/Seibt SchuldverschreibungsR/*Fest* AktG § 221 Rn. 673 ff. (es komme auf den Gesamtwert der Anleihe an); Hopt Vertrags- und Formularbuch/*Herfs/Scholz* Form. II. E.6.1 Anm. 12; *F. Dreher*, Bedingte Pflichtwandelanleihen, 2018, S. 238 ff.; *Schanz* BKR 2011, 410 (412); *Schlitt/Seiler/Singhof* AG 2003, 254 (259 f.); nur die erste und die dritte Voraussetzung für erforderlich haltend HdB börsennotierte AG/*Groß* Rn. 51.56; *Bader* AG 2014, 472 (487); nur die erste Voraussetzung für erforderlich haltend Hölters AktG/*Haberstock/Greitemann* § 221 Rn. 109; aA *Schumann*, Optionsanleihen, 1990, S. 208: Der theoretische Marktwert könne nicht mit dem Börsenkurs gleichgesetzt werden.

[82] Der BGH ZIP 2007, 2122 Rn. 5 hat die Frage nicht abschließend entschieden, aber festgestellt, dass ein Beschluss mit der Ermächtigung zum vereinfachten Bezugsrechtsausschluss auch dann nicht anfechtbar ist, wenn ein Börsenkurs iSv § 186 Abs. 3 S. 4 AktG für Wandel- bzw. Optionsanleihen nicht feststellbar sein würde; vielmehr würde die Ermächtigung in diesem Fall insofern leerlaufen.

[83] GroßkommAktG/*Hirte* § 221 Rn. 146; Spindler/Stilz AktG/*Seiler* § 221 Rn. 114; grundsätzlich auch *Ihrig/Wagner* NZG 2002, 657 (660 f.). Für Maßgeblichkeit des Zeitpunkts der Beschlussfassung der Hauptversammlung über die Ermächtigung *Busch* AG 1999, 58 (62).

Rn. 34) ist allein der Zeitpunkt der Ausnutzung maßgeblich.[84] Auf die 10 %-Grenze sind andere Aktien, die auf der Grundlage von § 186 Abs. 3 S. 4 AktG im Rahmen von Kapitalerhöhungen ausgegeben oder nach Erwerb veräußert werden, anzurechnen (vgl. dazu – auch zum maßgeblichen Zeitraum für die Anrechnung – → § 59 Rn. 34 u. ferner → § 57 Rn. 126).[85] Im Ausgabebeschluss sollte daher eine entsprechende **Anrechnungsklausel** vorgesehen werden.

Bei der Ausnutzung des vereinfachten Bezugsrechtsrechtsausschlusses muss der Vorstand 37 das Vorliegen dieser **Voraussetzungen prüfen.** Mit Blick auf die erste Voraussetzung wurde früher im Ausgabebeschluss der Hauptversammlung häufig geregelt, dass der Vorstand ein Bewertungsgutachten oder eine **Fairness Opinion** einholen musste bzw. sollte. Das ist jedoch – insbesondere bei Bestimmung des Emissionspreises im Rahmen des Bookbuilding-Verfahrens – aktienrechtlich nicht notwendig und wird daher in der jüngeren Praxis idR nicht mehr in den Beschlüssen vorgesehen.[86]

c) Bezugsrecht bei eigenen Aktien. Aus eigenen Aktien steht der Gesellschaft **kein** 38 **Bezugsrecht** auf Wandel- und Optionsanleihen zu (§ 71b AktG). Die Gesellschaft kann solche Anleihen auch nicht an sich selbst ausgeben, sie ist jedoch nicht gehindert, im Verkehr befindliche eigene Wandelschuldverschreibungen zu erwerben;[87] zur Ausübung des Wandlungsrechts aus eigenen Anleihen vgl. → Rn. 43.

d) Mittelbares Bezugsrecht. Auch Wandel- und Optionsanleihen können im Wege des 39 mittelbaren Bezugsrechts ausgegeben werden. Dieses muss bei einem **Zustimmungsbeschluss** gem. Abs. 1 im Hauptversammlungsbeschluss selbst festgesetzt sein (§§ 221 Abs. 4 S. 2, 186 Abs. 5 AktG).[88] Bei einem **Ermächtigungsbeschluss** gem. Abs. 2 liegt die Wahl des mittelbaren Bezugsrechts im Ermessen des Vorstands; einer besonderen Zulassung im Hauptversammlungsbeschluss bedarf es nicht.[89] Vgl. im Übrigen → § 57 Rn. 146 ff.

e) Verhältnis von § 221 zu § 187 AktG. Die Bestimmung des § 187 AktG ist auch bei 40 der Begründung von **Bezugsrechten auf Wandel- oder Optionsanleihen** entsprechend **anwendbar.**[90] Eine Verpflichtung der Gesellschaft zur Ausgabe der Anleihen an die Gläubiger besteht danach nur, wenn das Bezugsrecht der Aktionäre auf diese wirksam ausgeschlossen ist und die Hauptversammlung zuvor einen Ausgabebeschluss gemäß § 221 AktG gefasst hat. Fehlt es daran und erfüllt die Gesellschaft rechtsgeschäftlich begründete Verpflichtungen zur Ausgabe von Anleihen nicht, hat der Gläubiger daher auch keine Schadenersatzansprüche gegen die Gesellschaft; vgl. dazu → § 57 Rn. 158 f. Werden die Anleihen jedoch ausgegeben, sind sie wirksam (→ Rn. 16).

Zu trennen ist hiervon das Verhältnis von § 187 AktG und § 221 AktG bzgl. der durch 41 die Anleihen begründeten **Wandel- oder Bezugsrechte auf neue Aktien** der Gesellschaft. Insofern wird § 187 AktG durch **§ 221 AktG** als *lex specialis* modifiziert bzw.

---

[84] In diese Richtung auch Schlitt/Seiler/Singhof AG 2003, 254 (259), anders allerdings in Fn. 75.
[85] GroßkommAktG/*Hirte* § 221 Rn. 146; Spindler/Stilz AktG/*Seiler* § 221 Rn. 115; Happ AktienR/*Groß* Form. 12.04 Anm. 12.2; Ihrig/Wagner NZG 2002, 657 (662); Busch AG 1999, 58 (62).
[86] HdB börsennotierte AG/*Groß* Rn. 52.56 mit Fn. 8; Hopt Vertrags- und Formularbuch/*Herfs*/ Scholz Form. II. E.6.1 Anm. 12; Schlitt/Schäfer CFL 2010, 252 (253); Schanz BKR 2011, 410 (412) Fn. 23; Seibt CFL 2010, 165 (172).
[87] MüKoAktG/*Habersack* § 221 Rn. 205 f., 222; GroßkommAktG/*Hirte* § 221 Rn. 162; Hüffer/ Koch AktG § 71 Rn. 5, § 221 Rn. 49 u. 54.
[88] MüKoAktG/*Habersack* § 221 Rn. 198; Hüffer/*Koch* AktG § 221 Rn. 45; HdB börsennotierte AG/*Groß* Rn. 51.57 f.
[89] MüKoAktG/*Habersack* § 221 Rn. 198; HdB börsennotierte AG/*Groß* Rn. 51.57 f.; Arbeitshdb. HV/*Schröer*/Heusel § 23 Rn. 44; Schlitt/Seiler/Singhof AG 2003, 254 (260).
[90] GroßkommAktG/*Hirte* § 221 Rn. 153; MüKoAktG/*Habersack* § 221 Rn. 168 f.; Hüffer/*Koch* AktG § 221 Rn. 46; K. Schmidt/Lutter AktG/*Merkt* § 221 Rn. 94; Bürgers/Körber AktG/*Stadler* § 221 Rn. 58; Hopt/Seibt SchuldverschreibungsR/*Fest* AktG § 221 Rn. 587.

verdrängt.[91] Abzustellen ist für die Anwendung von § 187 AktG nicht auf den Kapitalerhöhungsbeschluss, sondern den Ausgabebeschluss nach § 221 AktG. Hat die Hauptversammlung einen Ausgabebeschluss gefasst und erfolgt die Ausgabe von Wandel- oder Optionsanleihen in Übereinstimmung mit diesem, so haben die Gläubiger einen Primäranspruch auf Erfüllung ihrer durch die Anleihen begründeten Wandel- bzw. Bezugsrechte. Damit korrespondiert zwar keine Verpflichtung der Hauptversammlung, die für die Bedienung der Wandel- bzw. Bezugsrechte erforderlichen Beschlüsse zu fassen. Werden die Wandel- bzw. Bezugsrechte nicht erfüllt, können den Gläubigern jedoch Schadenersatzansprüche gegen die Gesellschaft zustehen;[92] dazu auch → Rn. 45. Fehlt es demgegenüber an einem Ausgabebeschluss oder deckt ein Ausgabebeschluss nicht die vereinbarten Wandlungs- oder Optionsrechte, so sind die ausgegebenen Anleihen zwar wirksam (→ Rn. 16). Die Gesellschaft ist aber nicht zur Bedienung der Wandlungs- bzw. Optionsrechte verpflichtet, und Schadenersatzansprüche gegen die Gesellschaft scheiden aus.

42 **8. Berechtigung aus der Wandel- oder Optionsanleihe.** Der aus der Anleihe Berechtigte kann von der Gesellschaft unter den in den Anleihe- und Optionsbedingungen geregelten Voraussetzungen den Bezug von Aktien beanspruchen. Das Recht wird durch eine entsprechende Erklärung ausgeübt **(Wandlungs- oder Optionserklärung)**, deren Einzelheiten in den Anleihebedingungen geregelt sind. Üblicherweise muss die Erklärung schriftlich unter Benutzung bestimmter Vordrucke bei einer Bank als Annahmestelle abgegeben werden.[93] Werden die Aktien auf Grund eines bedingten Kapitals zur Verfügung gestellt, bedarf es außerdem einer förmlichen Bezugserklärung nach § 198 AktG (dazu näher → § 58 Rn. 65 ff.); diese Bezugserklärung ist in aller Regel in der Wandlungs- oder Optionserklärung mit enthalten. Werden die Aktien ausnahmsweise durch reguläre Kapitalerhöhung oder aus einem genehmigten Kapital bereitgestellt, bedarf es neben der Wandlungs- oder Optionserklärung der förmlichen Zeichnung (dazu näher → § 57 Rn. 168 ff. u. § 59 Rn. 67 f.).

43 Aus **eigenen Anleihen** kann die Gesellschaft das Wandlungs- oder Optionsrecht nicht ausüben (§ 56 Abs. 1 AktG). Handelt es sich bei der Gesellschaft um ein abhängiges oder in Mehrheitsbesitz stehendes Unternehmen, ist es ihr auch verboten, aus Wandel- oder Optionsanleihen Aktien der herrschenden oder an ihm mit Mehrheit beteiligten Gesellschaft zu erwerben (§ 56 Abs. 2 S. 1 AktG).

44 **9. Sicherstellung des Wandlungs- oder Optionsrechts. a) Schaffung bedingten Kapitals.** Um sicherzustellen, dass die Gesellschaft ihren Verpflichtungen gegenüber den Wandlungs- und Optionsberechtigten nachkommen kann, wird die Ausgabe von Wandel- und Optionsanleihen im Allgemeinen mit der Schaffung eines bedingten Kapitals verbunden. Damit ist gewährleistet, dass der Vorstand jeweils in dem erforderlichen Umfang neue Aktien ausgeben kann. Die Anleihegläubiger sind durch § 192 Abs. 4 AktG geschützt, wonach jeder Beschluss der Hauptversammlung nichtig ist, der dem Beschluss über die bedingte Kapitalerhöhung entgegensteht; vgl. dazu → § 58 Rn. 62 ff. Theoretisch können die für die Bedienung der Wandlungs- und Optionsrechte erforderlichen Aktien auch auf **andere Weise** zur Verfügung gestellt werden, zB durch ein genehmigtes Kapital mit Ermächtigung zum Bezugsrechtsausschluss[94] oder durch eine reguläre Kapitalerhöhung

---

[91] *Schumann*, Optionsanleihen, 1990, S. 171 ff.; *Gallego Sánchez*, Erwerbsrecht, 1999, S. 41; MüKoAktG/*Habersack* § 221 Rn. 117, 214; *Fuchs* AG 1995, 433 (443 f.); Hopt/Seibt SchuldverschreibungsR/*Fest* AktG § 221 Rn. 85; *Reiswich*, Das Rechtsprinzip des Verwässerungsschutzes, 2016, S. 98 f.; teilweise aA GroßkommAktG/*Hirte* § 221 Rn. 151.

[92] Bürgers/Körber AktG/*Stadler* § 221 Rn. 44 u. 50; Grigoleit AktG/*Rieder/Holzmann* § 221 Rn. 54; MüKoAktG/*Habersack* § 221 Rn. 214; Hopt/Seibt SchuldverschreibungsR/*Fest* AktG § 221 Rn. 86; *Gallego Sánchez*, Erwerbsrecht, 1999, S. 41 f.

[93] Muster bei *Schumann*, Optionsanleihen, 1990, S. 298 f.

[94] MüKoAktG/*Habersack* § 221 Rn. 220 f.; GroßkommAktG/*Hirte* § 221 Rn. 166; Spindler/Stilz AktG/*Seiler* § 221 Rn. 71 ff.; ausf. zum genehmigten Kapital *Holland/Goslar* NZG 2006, 892 ff.

Finanzierung mit Fremdkapital; Aktienoptionen **45 § 64**

unter Übernahme aller Aktien durch einen Treuhänder für die Anleihegläubiger.[95] Solche Wege sind jedoch schwerfälliger und bieten den Anleihegläubigern im Vergleich zu § 192 Abs. 4 AktG geringeren Schutz.[96] Ferner ist (1) ein genehmigtes Kapital auf fünf Jahre befristet, während die Bezugsrechte oder -pflichten aus Wandel- bzw. Optionsanleihen uU deutlich länger laufen können, und (2) die Anwendung von § 194 Abs. 1 S. 2 AktG auf das genehmigte Kapital nicht unbestritten (→ § 59 Rn. 53). Der Erwerb eigener Aktien zur Befriedigung der Wandlungs- und Optionsberechtigten ist der Gesellschaft nur bei einer entsprechenden Ermächtigung gem. § 71 Abs. 1 Nr. 8 AktG gestattet. Die Laufzeit der Ermächtigung darf maximal fünf Jahre betragen, und das Volumen ist auf 10 % des Grundkapitals begrenzt (§ 71 Abs. 2 S. 1 AktG).

b) Zeitliche Abfolge. Für praktische Zwecke ist die Absicherung von Bezugsrechten aus **45** Wandel- bzw. Optionsanleihen vor deren Ausgabe regelmäßig unerlässlich, da eine Platzierung der Anleihe ansonsten kaum möglich ist. **In der Praxis** wird ein bedingtes Kapital daher praktisch stets **gleichzeitig** mit dem Beschluss nach § 221 AktG geschaffen. Das ist aber rechtlich nicht erforderlich. Die Schaffung des bedingten Kapitals kann sowohl dem Ausgabebeschluss gemäß § 221 AktG als auch der Ausgabe von Wandel- oder Optionsrechten **nachfolgen**. Aus §§ 193 Abs. 1 S. 2, 187 Abs. 2 AktG ergibt sich nichts anderes. Dieses zutreffende Ergebnis wird zT wenig überzeugend damit begründet, die §§ 193 Abs. 1 S. 2, 187 Abs. 2 AktG fänden zwar Anwendung. Folge sei aber lediglich, dass keine Verpflichtung der Gesellschaft bestehe, die Wandel- oder Optionsrechte zu erfüllen. Vielmehr hänge deren Erfüllbarkeit von der nachfolgenden Schaffung eines bedingten Kapitals durch die Gesellschaft ab.[97] Mangels Primärverpflichtung der Gesellschaft steht dem Gläubiger danach kein Schadenersatzanspruch zu, wenn seine Wandlungs- oder Optionsrechte nicht erfüllt werden.[98] Das überzeugt in der Begründung nicht. § 187 AktG findet iRv § 221 AktG nur Anwendung, soweit es den Bezug der Wandel- bzw. Optionsanleihen betrifft; hinsichtlich der durch die Anleihen begründeten Wandel- bzw. Optionsrechte auf neue Aktien wird § 187 AktG hingegen durch § 221 AktG als lex specialis verdrängt bzw. modifiziert.[99] Hat die Hauptversammlung einen Ausgabebeschluss gemäß § 221 AktG gefasst und sind sodann auf dessen Grundlage Wandel- oder Optionsanleihen begeben worden, gibt es keinen Anlass zu einem Schutz der Aktionäre durch § 187 AktG. Vielmehr besteht dann eine Erfüllungspflicht der Gesellschaft, und die Gläubiger von Wandel- bzw. Optionsrechten können im Fall der Nichterfüllung zur Geltendmachung von Schadenersatzansprüchen gegen die Gesellschaft berechtigt sein.[100] Ungewöhnlich, aber denkbar ist es auch, dass die Schaffung des bedingten Kapitals dem Ausgabebeschluss des § 221 AktG **vorausgeht**. Das bedingte Kapital dient in diesem Fall der Bedienung von Wandel- und Optionsrechten aus einer zukünftig beschlossenen Ermächtigung und ist so auszugestalten, dass es erst mit Fassung des Ausgabebeschlusses wirksam wird (zB durch eine aufschiebende Bedingung oder durch eine Eintragungsanweisung an den Vorstand).[101]

---

[95] GroßkommAktG/*Hirte* § 221 Rn. 163; MüKoAktG/*Habersack* § 221 Rn. 221; Spindler/Stilz AktG/*Seiler* § 221 Rn. 83; Bürgers/Körber AktG/*Stadler* § 221 Rn. 52.

[96] Näher dazu MüKoAktG/*Habersack* § 221 Rn. 213 ff., 216 ff.; HdB börsennotierte AG/*Groß* Rn. 51.60; Hopt/Seibt SchuldverschreibungsR/*Fest* AktG § 221 Rn. 101 ff., 107 ff.

[97] Spindler/Stilz AktG/*Seiler* § 221 Rn. 84; KölnKommAktG/*Florstedt* § 221 Rn. 297; HdB börsennotierte AG/*Busch* Rn. 44.36; Unternehmensfinanzierung am Kapitalmarkt/*Schlitt* Rn. 11.46 Fn. 103; *Schlitt/Seiler/Singhof* AG 2003, 254 (257); aA GroßkommAktG/*Wiedemann* § 187 Rn. 8 f.

[98] Spindler/Stilz AktG/*Seiler* § 221 Rn. 84; Unternehmensfinanzierung am Kapitalmarkt/*Schlitt* Rn. 11.46 Fn. 103; *Maier-Reimer* GS Bosch, 2006, 58 (95) Fn. 51; *Schlitt/Seiler/Singhof* AG 2003, 254 (257).

[99] → Rn. 41 und die Nachweise in Fn. 91.

[100] → Rn. 41 und die Nachweise in Fn. 92. Ebenso ferner KölnKommAktG/*Florstedt* § 221 Rn. 297, 312; GroßkommAktG/*Hirte* § 221 Rn. 151, die jedoch von der grundsätzlichen Geltung des § 187 AktG ausgehen und lediglich eine teilweise Verdrängung durch § 221 AktG annehmen.

[101] Hüffer/*Koch* AktG § 192 Rn. 13; HdB börsennotierte AG/*Busch* Rn. 44.36.

46 c) Verwässerungsschutz. Besonderen Schutzes bedürfen die Anleihegläubiger gegen eine Verwässerung der Wandlungs- und Optionsrechte durch **Kapitalerhöhungen** und durch **Ausgabe weiterer Wandel- oder Optionsanleihen.** Das Gesetz sichert die Anleihegläubiger nur bei einer Kapitalerhöhung aus Gesellschaftsmitteln. In diesem Fall erhöhen sich automatisch auch die Wandlungs- und Optionsrechte (§ 216 Abs. 3 AktG) sowie ein bedingtes Kapital (§ 218 AktG); vgl. näher → § 60 Rn. 92 f. Für die übrigen Fälle enthalten üblicherweise die **Anleihebedingungen** Regelungen, um eine Verwässerung der Anleihen zu vermeiden *(Anti Dilution Protection).* Zu diesem Zweck wird in den Anleihebedingungen regelmäßig eine entsprechende Ermäßigung des Wandlungs- bzw. Optionspreises (bzw. eine Anpassung des Wandlungs- bzw. Bezugsverhältnisses) vorgesehen, sofern den Anleihegläubigern nicht bei der Kapitalerhöhung ein Bezugsrecht eingeräumt wird, welches dem der Aktionäre entspricht.[102] Durch die Ermäßigung ändert sich der Ausgabebetrag der neuen Aktien. Dabei ist § 9 Abs. 1 AktG zu wahren, und wegen § 193 Abs. 2 Nr. 3 AktG sollte ein entsprechender Verwässerungsschutz im Ausgabebeschluss gemäß § 221 AktG vorgesehen werden.[103] Das Vorstehende gilt entsprechend für den Fall, dass weitere Wandel- oder Optionsanleihen oder sonstige Titel mit entsprechendem Umtausch- oder Bezugsrechten ausgegeben werden. Denkbar ist es ferner, den Anleihegläubigern eine dem Bezugsrecht der Aktionäre entsprechende Beteiligung an der Kapitalerhöhung zuzusagen. Wegen § 187 AktG ist das aber nur möglich, wenn die Hauptversammlung bereits über die Kapitalerhöhung Beschluss gefasst und das Bezugsrecht der Aktionäre insofern ausgeschlossen (bzw. dazu ermächtigt) hat. Ob in den Anleihebedingungen ein (umfassender) Ausschluss des Verwässerungsschutzes vorgesehen werden kann, ist auch dann, wenn man ihre AGB-Kontrolle zu Recht ablehnt (→ Rn. 27), zweifelhaft.[104] Fehlt ausnahmsweise ein vertraglicher Verwässerungsschutz, ergibt sich im Wege der **ergänzenden Vertragsauslegung** eine Anpassung der Umtausch- bzw. Bezugsbedingungen mit der Folge, dass sich der Wandlungs- bzw. Optionspreis ermäßigt;[105] vgl. dazu näher → § 57 Rn. 195 ff. Für etwaige **Kapitalherabsetzungen** gilt mit „umgekehrten Vorzeichen" das Gleiche. Sofern nicht die Anleihebedingungen für diesen Fall besondere Regelungen treffen, ist anzunehmen, dass sich die Wandlungs- und Optionsrechte verhältnismäßig reduzieren;[106] vgl. dazu auch → § 61 Rn. 44.

47 d) Liquidation, Delisting, Umwandlung, Konzernierung, Squeeze Out, Insolvenz. Die Ausgabe von Wandel- oder Optionsanleihen hindert eine Liquidation, Umwandlung oder Eingliederung sowie grundsätzlich auch ein Delisting der Gesellschaft nicht.

48 Im Falle der **Liquidation** bleiben die Wandlungs- und Optionsrechte bestehen und können weiterhin ausgeübt werden.[107] Sind die Rechte nach den Anleihebedingungen noch nicht ausübbar, ist den Gläubigern ein vorzeitiges Ausübungsrecht zuzuerkennen.[108]

---

[102] S. dazu und zur Berechnung zB GroßkommAktG/*Hirte* § 221 Rn. 191 ff.; Hopt Vertrags- und Formularbuch/*Herfs/Scholz* Form. II. E.6.2 § 10 u. Anm. 14 ff.; *Gallego Sánchez,* Erwerbsrecht, 1999, S. 159 ff.

[103] Arbeitshdb. HV/*Schröer/Heusel* § 23 Rn. 47; Hopt Vertrags- und Formularbuch/*Herfs/Scholz* Form. II. E.6.1 Anm. 16.

[104] Vgl. Hüffer/*Koch* AktG § 221 Rn. 63; GroßkommAktG/*Florstedt* § 221 Rn. 118, 151 u. 356; *Gallego Sánchez,* Erwerbsrecht, 1999, S. 186 ff.

[105] Heute hM, vgl. etwa MüKoAktG/*Habersack* § 221 Rn. 289 ff.; Hüffer/*Koch* AktG § 221 Rn. 63; HdB börsennotierte AG/*Groß* Rn. 52.18; Hölters AktG/*Haberstock/Greitemann* § 221 Rn. 74; Spindler/Stilz AktG/*Seiler* § 221 Rn. 158; aA Bürgers/Körber AktG/*Stadler* § 221 Rn. 128.

[106] Heute hM; vgl. etwa MüKoAktG/*Habersack* § 221 Rn. 309 f.; Hüffer/*Koch* AktG § 221 Rn. 63; HdB börsennotierte AG/*Busch* Rn. 47.29.

[107] BGHZ 24, 279 (286 ff.); MüKoAktG/*Habersack* § 221 Rn. 314 f.; Hüffer/*Koch* AktG § 221 Rn. 69; Grigoleit AktG/*Rieder/Holzmann* § 221 Rn. 72. Nach aA bestehen die Rechte fort, sind aber nicht länger ausübbar; so GroßkommAktG/*Hirte* § 221 Rn. 177.

[108] MüKoAktG/*Habersack* § 221 Rn. 315; KölnKommAktG/*Florstedt* § 221 Rn. 384; *Casper,* Optionsvertrag, 2005, S. 356.

Stattdessen kann in den Anleihebedingungen auch ein außerordentliches Kündigungsrecht geregelt werden.[109]

Ein **Delisting** berührt die Wandel- und Optionsrechte und ihre Ausübbarkeit nicht. **49** Darüber hinaus haben die Gläubiger wie bei der Liquidation das Recht, ihre Wandel- oder Optionsrechte vorzeitig auszuüben, um die Gelegenheit zu erhalten, die daraufhin erhaltenen Aktien vor Wirksamwerden des Delisting zu veräußern.[110] Den Gläubigern können ferner Ersatzansprüche zustehen, wenn ihnen infolge des Delisting Schäden entstehen.[111] Darüber hinaus ist zweifelhaft, ob ein Delisting der Aktien der Gesellschaft ohne gleichzeitiges Delisting von ihr emittierter Wandel- oder Optionsanleihen zulässig ist.[112]

Bei **Verschmelzung, Spaltung und Formwechsel** sind den Inhabern von Wandel- **50** oder Optionsanleihen im Allgemeinen gleichwertige Rechte in dem übernehmenden Rechtsträger zu gewähren (§§ 23, 36 Abs. 1, 125, 204 UmwG).[113] Im Fall einer **Vermögensübertragung** besteht stattdessen ein Anspruch auf Barabfindung (§§ 176 Abs. 2 S. 4, 177 Abs. 2, 178 Abs. 2, 179 Abs. 2 UmwG).

Wird die Gesellschaft durch **Mehrheitseingliederung** gemäß § 320 AktG in eine **51** Hauptgesellschaft eingegliedert (vgl. dazu → § 74 Rn. 30 ff.), steht den Inhabern von Wandel- oder Optionsanleihen kein Anspruch mehr auf Verschaffung von Aktien der eingegliederten Gesellschaft zu, sondern sie erhalten analog § 320b AktG einen äquivalenten Abfindungsanspruch gegen die Hauptgesellschaft.[114] Ebenso tritt beim **Squeeze out** gemäß §§ 327a ff. AktG ein Anspruch auf Barabfindung an die Stelle des Umtausch- oder Bezugsrechts.[115] Dasselbe gilt im Fall eines Squeeze out gemäß § 62 Abs. 5 UmwG oder § 39a f. WpÜG.[116] Bei der Berechnung der Schwellen von 95 bzw. 90 % werden die Wandel- bzw. Optionsrechte nicht berücksichtigt; richten diese sich auf Aktien von mehr als 5 bzw. 10 %, steht das dem Squeeze out daher nicht entgegen und die Gläubiger erhalten auch dann nur einen Anspruch auf Barabfindung.[117] Die Folgen, wenn die Gesellschaft als abhängiges Unternehmen einen **Beherrschungs- bzw. Gewinnabführungsvertrag** abschließt, werden kontrovers beurteilt. Nach einer Auffassung haben die Anleihegläubiger einen Ausgleichsanspruch analog § 304 AktG[118], nach aA analog § 305 AktG einen Anspruch gegen die beherrschende Gesellschaft auf Erwerb von Aktien bzw. Barausgleich.[119] Eine dritte Auffassung befürwortet hingegen ein Anpassungsanspruch

---

[109] Vgl. Hopt Vertrags- und Formularbuch/*Herfs/Scholz* Form. II. E.6.2 Anm. 31; MüKoAktG/*Habersack* § 221 Rn. 315: Ausübungsrecht kann durch „gleichwertige Schutzvorkehrung" ersetzt werden.

[110] MüKoAktG/*Habersack* § 221 Rn. 315 aE; Unternehmensfinanzierung am Kapitalmarkt/*Habersack* Rn. 40.44; *Casper*, Optionsvertrag, 2005, S. 358.

[111] Spindler/Stilz AktG/*Seiler* § 221 Rn. 164; GroßkommAktG/*Hirte* § 221 Rn. 190; Unternehmensfinanzierung am Kapitalmarkt/*Schlitt* Rn. 11.78; *Schlitt/Seiler/Singhof* AG 2003, 254 (268).

[112] Verneinend Schwark/Zimmer KMRK/*Heidelbach* BörsG § 39 Rn. 32; Unternehmensfinanzierung am Kapitalmarkt/*Habersack* Rn. 40.44; s. auch MüKoAktG/*Habersack* § 221 Rn. 315 aE.

[113] Vgl. dazu etwa GroßkommAktG/*Hirte* § 221 Rn. 176; Lutter UmwG/*Grunewald* § 23 Rn. 14 ff.; Lutter UmwG/*Decher* § 204 Rn. 29; Kallmeyer UmwG/*Marsch-Barner* § 23 Rn. 5 u. 11; KölnKommUmwG/*Simon* § 23 Rn. 12 f., 21 u. 23.

[114] BGH ZIP 1998, 560 – Siemens/Nixdorf; OLG München WM 1993, 1285 (1288); MüKoAktG/*Habersack* § 221 Rn. 318; Hüffer/*Koch* AktG § 320b Rn. 4; GroßkommAktG/*Hirte* § 221 Rn. 188; Bürgers/Körber AktG/*Stadler* § 221 Rn. 137.

[115] Vgl. die Nachweise in → § 58 Rn. 64 Fn. 184.

[116] Vgl. die Nachweise in → § 58 Rn. 64 Fn. 185.

[117] Bürgers/Körber AktG/*Stadler* § 221 Rn. 140; Grigoleit AktG/*Rieder/Holzmann* § 221 Rn. 72; K. Schmidt/Lutter AktG/*Schnorbus* § 327a Rn. 8; KölnKommAktG/*Koppensteiner* AktG § 327a Rn. 6; MüKoAktG/*Habersack* § 221 Rn. 323; *Schlitt/Seiler/Singhof* AG 2003, 254 (267); aA LG Düsseldorf ZIP 2004, 1755 (1757) – Kamps.

[118] So GroßkommAktG/*Hirte* § 221 Rn. 187.

[119] So MüKoAktG/*Habersack* § 221 Rn. 319; Bürgers/Körber AktG/*Stadler* § 221 Rn. 138.

nach § 313 BGB gegen die Gesellschaft (wie ihn der BGH für Genussrechte bejaht hat; → Rn. 88).[120]

52 Auch die **Insolvenz** der Gesellschaft lässt das Umtausch- bzw. Bezugsrecht aus einer Wandel- oder Optionsanleihe als solches unberührt. Das Umtauschrecht aus der Wandelanleihe reduziert sich jedoch in dem Umfang, in dem sich die Zahlungsansprüche aus der Schuldverschreibung auf Grund der Insolvenz reduzieren.[121]

53 10. Sonderformen. a) Aktien mit Optionsrechten; naked warrants. § 221 Abs. 1 AktG sieht nur die Ausgabe von Schuldverschreibungen mit Wandel- oder Optionsrechten vor. Das schließt die Ausgabe anderer Titel mit solchen Rechten zwar nicht aus. Jedoch steht § 187 AktG einer Verpflichtung zur Ausgabe neuer Aktien entgegen, soweit diese Vorschrift nicht durch die Sonderregelung des § 221 AktG verdrängt wird (dazu → Rn. 40 f.). Es stellt sich deshalb die Frage, ob und inwieweit auf die Ausgabe anderer Titel mit Umtausch- oder Bezugsrechten **§ 221 AktG analog** angewandt werden kann. Für Wandel- oder Optionsgenussrechte und -gewinnschuldverschreibungen ist dies heute bereits akzeptiert.[122] Ob es über den Wortlaut des § 221 hinaus zulässig ist, auch Optionsaktien, dh Aktien mit der Option zum Bezug weiterer Aktien („Huckepack-Emission"), oder gar selbstständige Optionsrechte *(naked warrants)* auszugeben, ist umstritten. Der Schutzzweck des Gesetzes dürfte es erlauben, eine entsprechende Anwendung des § 221 AktG sowohl auf Optionsaktien[123] als auch auf selbstständige Optionen[124] zuzulassen. Bei der Ausgabe von Optionsaktien ist die Schaffung des Optionsrechts Bestandteil des Kapitalerhöhungsbeschlusses, so dass man einen zusätzlichen Beschluss der **Hauptversammlung** nach § 221 Abs. 1 AktG nicht zu fordern braucht.[125] Die Ausgabe selbstständiger Optionen muss den Anforderungen des § 221 Abs. 1, 2 und 4 AktG gerecht werden. Es bedarf insbesondere eines Hauptversammlungsbeschlusses; dabei steht den Aktionären ein Bezugsrecht zu, welches nach Maßgabe von § 186 AktG ausgeschlossen werden kann. Entsprechend § 192 Abs. 2 Nr. 1 AktG ist eine **bedingte Kapitalerhöhung** zur Sicherstellung der Bezugsrechte als zulässig anzusehen; vgl. dazu auch → § 58 Rn. 9.[126]

---

[120] So KölnKommAktG/*Florstedt* § 221 Rn. 380; Hüffer/*Koch* AktG § 221 Rn. 61 aE iVm Rn. 68 ff.

[121] OLG Stuttgart AG 1995, 329 (330 f.). – Südmilch (für den Fall eines gerichtlichen Vergleichs zur Abwendung des Konkurses nach altem Recht); GroßkommAktG/*Hirte* § 221 Rn. 206; Bürgers/Körber AktG/*Stadler* § 221 Rn. 143; eingehend *Schanz* CFL 2012, 26 (27 ff.); s. ferner Uhlenbruck InsO/*Hirte* 11 Rn. 197.

[122] OLG Stuttgart ZIP 2002, 1807 (1808); MüKoAktG/*Habersack* § 221 Rn. 40; Hüffer/*Koch* AktG § 192 Rn. 10; HdB börsennotierte AG/*Groß* Rn. 51.3; einschränkend auf Genussrechte mit Fremdkapitalcharakter KölnKommAktG/*Florstedt* § 221 Rn. 500; *Schumann*, Optionsanleihen, 1990, S. 42 f.

[123] Ebenso GroßkommAktG/*Frey* § 192 Rn. 81; GroßkommAktG/*Hirte* § 221 Rn. 318 ff.; Bürgers/Körber AktG/*Stadler* § 221 Rn. 18; Grigoleit AktG/*Rieder/Holzmann* § 221 Rn. 81; MüKoAktG/*Habersack* § 221 Rn. 39; *Habersack* FS Nobbe, 2009, 539 (562); *Fuchs* AG 1995, 433 (437 f.); Hüffer/*Koch* AktG § 221 Rn. 76; ablehnend KölnKommAktG/*Florstedt* § 221 Rn. 499; Wachter AktG/*Früchtl* § 221 Rn. 60.

[124] Ebenso – teils mit anderer Begründung – Hüffer/*Koch* AktG § 221 Rn. 76; Spindler/Stilz AktG/*Seiler* § 221 Rn. 40; Bürgers/Körber AktG/*Stadler* § 221 Rn. 17; GroßkommAktG/*Hirte* § 221 Rn. 298 ff., sofern im Finanzierungsziel zugunsten der Gesellschaft verfolgt wird; Grigoleit AktG/*Rieder/Holzmann* § 221 Rn. 79; MüKoAktG/*Habersack* § 221 Rn. 36 f.; *Habersack* FS Nobbe, 2009, 539 (559 f.); *Fuchs* AG 1995, 433 (439 ff.); *Wohlfarth/Brause* WM 1997, 397 (398); ablehnend LG Stuttgart ZIP 1998, 422 (425); KölnKommAktG/*Florstedt* § 221 Rn. 496; GroßkommAktG/*Frey* § 192 Rn. 65 ff.; Wachter AktG/*Früchtl* § 221 Rn. 60; *Schumann*, Optionsanleihen, 1990, S. 42 f.; *Oulds* CFL 2013, 213 (216); offengelassen von OLG Stuttgart ZIP 2002, 1807 (1808 f.), das aber die Schaffung eines bedingten Kapitals für unzulässig hält.

[125] Hüffer/*Koch* AktG § 221 Rn. 76; GroßkommAktG/*Frey* § 192 Rn. 81; Grigoleit AktG/*Rieder/Holzmann* § 221 Rn. 81; aM MüKoAktG/*Habersack* § 221 Rn. 39; *Fuchs* AG 1995, 433 (437 f.).

[126] Ebenso die in Fn. 123 u. 124 genannten Autoren, soweit sie *naked warrants* und Huckepack-Emissionen für zulässig halten, sowie HdB börsennotierte AG/*Groß* Rn. 51.13: Wenn man solche

b) Anleihen mit Wandelpflicht oder Tilgungswahlrecht; CoCo-Bonds. Ein weiteres 54 Produkt des Wertpapiermarktes sind Wandelanleihen, die nicht mit einem Wandlungsrecht, sondern einer **Wandlungspflicht** ausgestattet sind, so dass an die Stelle des Anspruchs auf Rückzahlung des Nennbetrages ein bloßer Anspruch auf Lieferung von Aktien tritt.[127] Von §§ 221, 192 Abs. 2 Nr. 1 AktG werden auch solche Anleiheformen erfasst, dh sie sind nach Maßgabe von § 221 AktG zulässig, und für sie kann ein bedingtes Kapital geschaffen werden;[128] das Privileg des § 194 Abs. 1 S. 2 AktG gilt für sie ebenfalls (zur Geltung der §§ 192 Abs. 2 Nr. 1 u. 194 Abs. 1 S. 2 AktG vgl. → § 58 Rn. 7 u. 51). Die Ermächtigung zur Ausgabe einer Wandelanleihe deckt auch die Ausstattung mit einer Wandlungspflicht, ohne dass der **Ausgabebeschluss** dies ausdrücklich regeln muss.[129] Zur späteren Abgabe der Bezugserklärung nach § 198 AktG können die Anleihebedingungen eine Bevollmächtigung an die mit der Abwicklung betraute Wandlungsstelle enthalten.[130] Auch bei einer solchen Vollmachtskonstruktion wird man aber annehmen müssen, dass der Bezug derartiger Anleihen von der Gesellschaft den formellen Anforderungen des § 198 Abs. 1 AktG untersteht, da den Anleger die bestehende Wandlungsverpflichtung wie die spätere Bezugserklärung bindet; insoweit gelten die gleichen Erwägungen wie für den Abschluss eines Zeichnungsvorvertrages (vgl. → § 57 Rn. 177).[131] Hingegen dürfte es nicht erforderlich sein, Anleihen mit Wandlungspflicht entsprechend § 185 Abs. 1 S. 3 Nr. 4 AktG nur mit einer kurzen Laufzeit zuzulassen;[132] anders als beim Zeichnungs(vor-)vertrag besteht bei der Wandlungspflicht für den Anleger keine Ungewissheit über die endgültige Durchführung des Geschäfts.[133] Entsprechende Grundsätze gelten für Anleihen, bei denen der Gesellschaft das **Tilgungswahlrecht** zusteht, statt Rückzahlung des Nennbetrages Aktien zu liefern.[134]

Zulässig sind ferner so genannte *Contingent Convertible Bonds* (CoCo-Bonds). Hierbei 55 handelt es sich um vorwiegend von Banken oder Versicherungen emittierte Wandelanleihen, welche so ausgestaltet werden, dass sie die Anforderungen an die Anerkennung als aufsichtsrechtliche Eigenmittel erfüllen. Daher sehen sie insbesondere eine Pflichtwandlung im Fall des Eintritts bestimmter Ereignisse *(Trigger Events)* vor, die aufsichtsrechtlich definiert sind. Die Ausgabe solcher Anleihen mit bedingter Wandlungspflicht ist zulässig und erfordert einen Ausgabebeschluss gemäß § 221 AktG; die Erfüllung der Wandlungspflichten kann durch ein bedingtes Kapital sichergestellt werden;[135] dazu auch → § 58 Rn. 7 u. 51.

Rechte zulasse, müsse man auch ein bedingtes Kapital zu ihrer Sicherung akzeptieren; aA OLG Stuttgart ZIP 2002, 1807 (1808 f.).

[127] GroßkommAktG/*Hirte* § 221 Rn. 210; MüKoAktG/*Habersack* § 221 Rn. 52, Spindler/Stilz AktG/*Seiler* § 221 Rn. 152; Henssler/Strohn/*Hermanns* AktG § 221 Rn. 5.

[128] MüKoAktG/*Habersack* § 221 Rn. 52; Spindler/Stilz AktG/*Seiler* § 221 Rn. 151; HdB börsennotierte AG/*Groß* Rn. 51.7 f.; *Butzke* Hauptversammlung Rn. L 28; Arbeitshdb. HV/*Schröer*/*Heusel* § 23 Rn. 73; *Schlitt*/*Seiler*/*Singhof* AG 2003, 254 (266); *Rozijn* ZBB 1998, 78 (89); für die Geltung von § 221 AktG auch OLG Frankfurt a. M. ZIP 2013, 212 (216) – Commerzbank; aA noch (für die Rechtslage vor der Aktienrechtsnovelle 2016) GroßkommAktG/*Frey* § 192 Rn. 84.

[129] Ebenso Spindler/Stilz AktG/*Seiler* § 221 Rn. 152; *Habersack* FS Nobbe, 2009, 539 (550); *Schlitt*/*Seiler*/*Singhof* AG 2003, 254 (267); *Oulds* CFL 2013, 213 (217); aA Arbeitshandbuch HV/*Schröer*/*Heusel* § 23 Rn. 37.

[130] HdB börsennotierte AG/*Groß* Rn. 51.7; *Rozijn* ZBB 1998, 77 (82).

[131] Ebenso MüKoAktG/*Habersack* § 221 Rn. 52; *Habersack* FS Nobbe, 2009, 539 (551); aA anscheinend HdB börsennotierte AG/*Groß* Rn. 51.7 Fn. 3.

[132] Zur Notwendigkeit, bei einem Zeichnungsvorvertrag § 185 Abs. 1 Nr. 4 AktG zu beachten und die Frist so zu wählen, dass eine unangemessen lange Bindung ausgeschlossen wird, vgl. → § 57 Rn. 177 sowie zB Hüffer/*Koch* AktG § 185 Rn. 14; *Blaurock* FS Rittner, 1991, 33 (48).

[133] Zustimmend MüKoAktG/*Habersack* § 221 Rn. 52.

[134] HdB börsennotierte AG/*Groß* Rn. 51.9; MüKoAktG/*Habersack* § 221 Rn. 52; *Habersack* FS Nobbe, 2009, 539 (551); eingehend *Rümker* FS Beusch, 1993, 739 ff.

[135] Vgl. HdB börsennotierte AG/*Groß* Rn. 51.8a ff.; *F. Dreher* Bedingte Pflichtwandelanleihen, 2018, S. 183 f.; *Bader* AG 2014, 472 (482); *Böhringer*/*Mihm*/*Schaffelhuber*/*Seiler* RdF 2011, 48 (50 f.);

56 c) Going-Public-Anleihen. Hierbei handelt es sich um eine Wandel- oder Optionsanleihe, bei der das Umtausch- bzw. Bezugsrecht unter der aufschiebenden Bedingung gewährt wird, dass Aktien der Gesellschaft im Fälligkeitszeitpunkt zum Börsenhandel zugelassen sind. Solche Anleihen können im Vorfeld eines beabsichtigten Börsengangs sinnvoll sein. Wegen des bedingten Umtausch- bzw. Bezugsrechts unterliegen auch sie den Regelungen des § 221 AktG, und auch für sie kann ein bedingtes Kapital geschaffen werden.[136]

57 d) Bezugsrechte auf Altaktien. Bei der Ausgabe von Wandelschuldverschreibungen und ähnlichen Gestaltungen wird das Umtausch- oder Bezugsrecht des Berechtigten durch Ausgabe neuer Aktien erfüllt, die im Regelfall aus einem bedingten Kapital geschaffen werden. In der Praxis finden sich jedoch auch Gestaltungen, bei denen Umtausch- oder Bezugsrechte auf bereits bestehende **eigene Aktien** der Gesellschaft gewährt werden. Die Ausgabe solcher Rechte wird von § 221 AktG nicht erfasst, so dass es hierfür weder eines Beschlusses der Hauptversammlung bedarf noch den Aktionären ein Bezugsrecht zusteht.[137] Auch § 187 AktG steht der Ausgabe solcher Rechte nicht entgegen, da diese Vorschrift nur den Bezug neuer Aktien erfasst.[138] Zu beachten sind jedoch die §§ 71 ff. AktG.[139] Insbesondere muss der Gleichbehandlungsgrundsatz des § 53a AktG beachtet werden, wenn eigene Aktien verwendet werden sollen, die nach § 71 Abs. 1 Nr. 8 AktG erworben wurden (§ 71 Abs. 1 Nr. 8 S. 3 AktG). Dazu dürfte es jedenfalls ausreichen, wenn die Bezugsrechte als solche über die Börse oder in einer anderen dem Gleichbehandlungsgrundsatz genügenden Weise (zB Bookbuilding-Verfahren)[140] ausgegeben wurden.[141]

58 Nicht unter § 221 AktG fallen auch **synthetische Wandel- oder Optionsanleihen**, bei denen die Gesellschaft das Umtausch- bzw. Bezugsrecht der Anleihegläubiger dadurch absichert, dass sie mit einem Dritten (Stillhalter) eine Erwerbsoption vereinbart, aufgrund derer sie von dem Dritten die erforderlichen Altaktien erwerben kann *(call option)*.[142] Eine Verwässerung der Altaktionäre droht in diesem Fall nicht. Zudem dient § 221 AktG nicht dem Schutz vor einer Veränderung der Beteiligungsverhältnisse.[143] Die Erwerbsoption unterliegt grundsätzlich §§ 71, 71d AktG, so dass sie mangels einer Ermächtigung gemäß § 71 Abs. 1 Nr. 8 AktG unzulässig wäre. Diese Folge kann vermieden werden, wenn ein

---

Gleske/Ströbele CFL 2012, 49 (53 ff.); *Nodoushani* ZBB 2011, 143 (144 ff.); *Schlitt/Brandi/Schröder/Gemmel/Ernst* CFL 2011, 105 (127 ff.); *Schlitt/Schäfer/Basnage* CFL 2013, 49 (54); ferner *Apfelbacher/Kopp* CFL 2011, 21 (26 ff.).
[136] MüKoAktG/*Habersack* § 221 Rn. 33; GroßkommAktG/*Hirte* § 221 Rn. 5, 89; HdB börsennotierte AG/*Groß* Rn. 51.10.
[137] Str.; wie hier Spindler/Stilz AktG/*Seiler* § 221 Rn. 58; K. Schmidt/Lutter AktG/*Merkt* § 221 Rn. 16; *Broichhausen* NZG 2012, 86 (87 ff.); *Oulds* CFL 2013, 213 (216); grundsätzlich auch *Busch* AG 1999, 58 (63 ff.); aA HdB börsennotierte AG/*Groß* Rn. 51.17; Hölters AktG/*Haberstock/Greitemann* § 221 Rn. 12; MüKoAktG/*Habersack* § 221 Rn. 24; *Habersack* FS Nobbe, 2009, 539 (553 f.); *F. Dreher*, Bedingte Pflichtwandelanleihen, 2018, S. 202 ff.; *Schumann*, Optionsanleihen, 1990, S. 23 Fn. 46; GroßkommAktG/*Schilling*, 3. Aufl., § 221 Anm. 2.
[138] HdB börsennotierte AG/*Groß* Rn. 51.15 f.; *Busch* AG 1999, 58 (62 f.).
[139] Näher *Busch* AG 1999, 58 (65); Spindler/Stilz AktG/*Seiler* § 221 Rn. 79 ff.
[140] Siehe dazu etwa Begr. RegE KonTraG BT-Drs. 13/9712, 13 f.; Hölters AktG/*Apfelbacher/Niggemann* § 193 Rn. 24 ff.
[141] So auch *Busch* AG 1999, 58 (65); *Broichhausen* NZG 2012, 86 (88); aA HdB börsennotierte AG/*Groß* Rn. 51.17, der § 221 AktG auf die Ausgabe der Bezugsrechte anwenden will.
[142] OLG Frankfurt a. M. ZIP 2013, 212 (216) – Commerzbank; Spindler/Stilz AktG/*Seiler* § 221 Rn. 82; HdB börsennotierte AG/*Groß* Rn. 51.16; Unternehmensfinanzierung am Kapitalmarkt/*Schlitt* Rn. 11.27 u. 11.42; *Habersack* FS Nobbe, 2009, 539 (555); *Oulds* CFL 2013, 213 (216); iErg wohl auch Hölters AktG/*Haberstock/Greitemann* § 221 Rn. 12 aE.
[143] Unternehmensfinanzierung am Kapitalmarkt/*Schlitt* Rn. 11.27; tendenziell auch *Busch* AG 1999, 58 (65).

Treuhänder zwischengeschaltet wird, an den die Gesellschaft ihre Vertragsposition aus der Erwerbsoption abtritt.[144] Indem der Treuhänder im Fall der Ausübung des Wandlungs- oder Bezugsrechts aus der Anleihe die Erwerbsoption im Namen und auf Rechnung (§ 71d AktG) der Anleihegläubiger ausübt, erfolgt der Erwerb der Aktien direkt im Verhältnis zwischen Stillhalter und Anleihegläubiger. Die Gesellschaft wird weder rechtlich noch wirtschaftlich Eigentümer der Aktien. Damit in der Erwerbsoption keine unzulässige Finanzierungsleistung der Gesellschaft zum Erwerb der Aktien durch die Anleihegläubiger liegt (§§ 71a, 71d S. 4 AktG), muss der Stillhalter ferner die wirtschaftlichen Risiken aus der Erwerbsoption (dh das Risiko aus einer Kursveränderung der Aktien) tragen.[145]

e) Bezugsrechte auf Drittaktien. Wandel- und Optionsanleihen müssen nicht mit dem Recht zum Umtausch oder Bezug von Aktien der ausgebenden Gesellschaft selbst verbunden sein. Möglich ist es auch, ein Umtausch- oder Bezugsrecht auf Aktien anderer Gesellschaften vorzusehen (sog. **Umtauschanleihe;** *exchangeables*) oder zugunsten der Gesellschaft ein Tilgungswahlrecht *(settlement option)* vorzusehen, wonach bei Fälligkeit statt der Rückzahlung des Anleihebetrages Aktien anderer Gesellschaften geleistet werden können (sog. **Aktienanleihe;** *reverse convertible bonds*). Die Vorschrift des § 221 AktG findet in einem solchen Fall für die ausgebende Gesellschaft keine Anwendung.[146] Es bedarf weder einer Ermächtigung der Hauptversammlung, noch besteht ein Bezugsrecht der Aktionäre. § 221 AktG erfasst nur Schuldverschreibungen, bei denen den Gläubigern ein Umtausch- oder Bezugsrecht auf Aktien der ausgebenden Gesellschaft selbst eingeräumt wird.[147] Eine Nennung der *settlement option* in dem Ausgabebeschluss über die Wandel- oder Optionsanleihen ist daher zwar üblich, aber nicht notwendig.[148]

f) Optionen mit Kursdifferenzausgleich. § 221 AktG erfasst ferner nicht Optionen, die den Erwerber nicht zum Bezug von Aktien berechtigen, sondern ihm Anspruch auf eine nach der Kursentwicklung der Aktie zu bemessende Geldzahlung gewähren.[149] Solche Gestaltungen stellen zudem keine **Genussrechte** iSv § 221 Abs. 3 AktG dar (vgl. näher → Rn. 69 ff.).[150] Auch der Zweck des **§ 71 AktG** steht solchen Gestaltungen nicht entgegen. Mit der Zusage einer von der Kursentwicklung abhängigen Geldzahlung sind die typischen Gefahren des Erwerbs eigener Aktien, denen § 71 AktG begegnen will,[151] nicht verbunden. Das Gleiche gilt im Ergebnis für Anleihen, bei denen sich der Rückzahlungsbetrag am Aktienkurs orientiert.[152]

---

[144] *Busch* AG 1999, 58 (66); Unternehmensfinanzierung am Kapitalmarkt/*Schlitt* Rn. 11.43; Spindler/Stilz AktG/*Seiler* § 221 Rn. 83; s. auch HdB börsennotierte AG/*Groß* Rn. 51.16; *Habersack* FS Nobbe, 2009, 539 (555).
[145] *Busch* AG 1999, 58 (66); ebenso Unternehmensfinanzierung am Kapitalmarkt/*Schlitt* Rn. 11.44; Spindler/Stilz AktG/*Seiler* § 221 Rn. 83, dort auch jeweils zu den weiteren Gestaltungsanforderungen, die sich aus § 57 AktG (marktübliche Bedingungen der Erwerbsoption) und § 53a AktG (Handeln des Stillhalters als Finanzdienstleister und nicht als Aktionär) ergeben.
[146] OLG Frankfurt a. M. ZIP 2013, 212 (216) – Commerzbank; Spindler/Stilz AktG/*Seiler* § 221 Rn. 41, 185; K. Schmidt/Lutter AktG/*Merkt* § 221 Rn. 4; Hölters AktG/*Haberstock/Greitemann* § 221 Rn. 49 f.; MüKoAktG/*Habersack* § 221 Rn. 25; *Habersack* FS Nobbe, 2009, 539 (555 f.); *Busch* AG 1999, 58; *Schlitt/Seiler/Singhof* AG 2003, 254 (255); *Oulds* CFL 2013, 213 (219 f.).
[147] MüKoAktG/*Habersack* § 221 Rn. 41; Hüffer/*Koch* AktG § 221 Rn. 70; HdB börsennotierte AG/*Groß* Rn. 51.18 u. 51.20; *Schumann*, Optionsanleihen, 1990, S. 161 ff.
[148] *Schlitt/Schäfer* CFL 2010, 252 (257).
[149] Eingehend *Wohlfarth/Brause* WM 1997, 397 (398 ff.); *Busch* AG 1999, 58 (63 ff.); *Habersack* FS Nobbe, 2009, 539 (556); aA, dh für Analogie zu § 221 AktG, *Bader* AG 2014, 472 (477).
[150] *Wohlfarth/Brause* WM 1997, 397 (399 ff.); *Busch* AG 1999, 58 (63 ff.); Handbuch Stock Options/*Kessler/Suchan*, 2003, Rn. 686; aA Geßler/Hefermehl AktG/*Karollus* § 221 Rn. 39; Großkomm-AktG/*Frey* § 192 Rn. 97.
[151] Zum Schutzzweck des § 71 AktG vgl. näher KölnKommAktG/*Lutter/Drygala* § 71 Rn. 16 ff.; MüKoAktG/*Oechsler* § 71 Rn. 18 ff.
[152] *Habersack* FS Nobbe, 2009, 539 (556); eingehend *Wohlfarth/Brause* WM 1997, 397 (401 ff.).

**61 11. Wandlungs- und Optionsrechte für Anleihen von Tochtergesellschaften.
a) Gründe.** In der Praxis sind Gestaltungen verbreitet, in denen ausländische Tochtergesellschaften deutscher Unternehmen Anleihen mit dem Recht zum Bezug von Aktien der deutschen Muttergesellschaft ausgeben und die Muttergesellschaft die Erfüllung der Anleihe durch die Tochter sicherstellt (indirekte Emission). Solche Konstruktionen haben **finanztechnische und steuerliche Gründe.** Insbesondere soll durch Einschaltung einer ausländischen Tochtergesellschaft die bei einer Emission in Deutschland anfallende Kapitalertragsteuer (nebst SolZ) vermieden werden, die vor allem für ausländische Investoren unattraktiv sein kann. Auf der anderen Seite kann eine indirekte Emission zu erhöhten Kosten führen (Aufwendungen für Erfüllung des steuerlichen Substanzerfordernisses im Ausland, Marge der Tochtergesellschaft für Weitergabe des Darlehens),[153] so dass der Emittent im Einzelfall die Vor- und Nachteile abzuwägen hat.[154]

62 b) Strukturierung[155]**.** Bei indirekten Emissionen gibt die Tochtergesellschaft die Anleihen aus. Zusätzlich übernimmt sie die Verpflichtung, den Inhabern der Wandel- bzw. Optionsrechte Aktien der Muttergesellschaft zu beschaffen. Die Muttergesellschaft **garantiert** die Erfüllung dieser Verschaffungspflicht. Ferner verpflichtet sie sich gegenüber der Bank, die als Abwicklungsstelle für die Anleihe dient, zur Lieferung der erforderlichen Anzahl an Aktien. Zwischen Mutter- und Tochtergesellschaft wird ein Darlehensvertrag geschlossen, aufgrund dessen die Tochter die Zuflüsse aus der Anleihe an die Mutter weiterleitet. Die Tochter tritt ihre Ansprüche aus diesem Darlehen sodann an die Bank ab. Alternativ zur Abgabe der Garantie kann die Muttergesellschaft den Gläubigern der Anleihen **direkt Wandel- oder Optionsrechte** gewähren. Die deutsche Muttergesellschaft schafft zur Erfüllung ihrer Verpflichtungen regelmäßig ein bedingtes Kapital. Zu den Strukturierungsanforderungen, die zu erfüllen sind, damit indirekte Emissionen unter **§ 194 Abs. 1 S. 2 AktG** fallen, vgl. → § 58 Rn. 50.

63 c) Zulässigkeit; Voraussetzungen. Solche Gestaltungen sind zulässig. Entsprechend § 221 AktG sind derart begründete Bezugsrechte wirksam, ohne dass § 187 Abs. 2 AktG entgegenstünde. § 221 AktG geht der Regelung des § 187 Abs. 2 AktG vor.[156] Das von der Muttergesellschaft übernommene oder garantierte Wandlungs- oder Optionsrecht kann durch ein **bedingtes Kapital** gesichert werden.[157] Die Absicherung durch ein bedingtes Kapital setzt entgegen weit verbreiteter Ansicht[158] nicht voraus, dass zwischen den beteiligten Gesellschaften eine **Konzernverbindung** besteht und deshalb die Emission der Anleihe durch die Tochtergesellschaft den Finanzierungsinteressen des Konzerns dient.[159]

---

[153] S. zu diesen Anforderungen aus steuerlicher Sicht *Meiisel/Bokeloh* CFL 2010, 35 (40 ff.).
[154] Vgl. dazu *Schlitt/Schäfer* CFL 2010, 252 (253); *Schanz* BKR 2011, 410 (413 f.); *Seibt* CFL 2010, 165 (168).
[155] S. dazu GroßkommAktG/*Hirte* § 221 Rn. 93 ff.; MüKoAktG/*Habersack* § 221 Rn. 42 f.; Unternehmensfinanzierung am Kapitalmarkt/*Schlitt* Rn. 11.7.
[156] Zum Charakter des § 221 AktG als *lex specialis* zu § 187 AktG vgl. die Nachweise oben Fn. 91.
[157] Ganz hM; vgl. MüKoAktG/*Fuchs* § 192 Rn. 55; MüKoAktG/*Habersack* § 221 Rn. 48; Hüffer/*Koch* AktG § 192 Rn. 12; Hopt Vertrags- und Formularbuch/*Herfs/Scholz* Form. II. E.6.1 Anm. 7; *Martens* FS Stimpel, 1985, 621 (627 ff.).
[158] K. Schmidt/Lutter AktG/*Veil* § 192 Rn. 13; Hüffer/*Koch* AktG § 192 Rn. 12; Grigoleit AktG/*Rieder/Holzmann* § 192 Rn. 20; *Martens* FS Stimpel, 1985, 621 (627 ff.); ferner MüKoAktG/*Fuchs* § 192 Rn. 55 u. Spindler/Stilz AktG/*Rieckers* § 192 Rn. 33: Die Emission müsse dem Konzernfinanzierungsinteresse dienen, was bei einer Konzernverbindung anzunehmen sei.
[159] KölnKommAktG/*Florstedt* § 221 Rn. 484; MüKoAktG/*Habersack* § 221 Rn. 48; Spindler/Stilz AktG/*Seiler* § 221 Rn. 12; Bürgers/Körber/*Stadler* § 221 Rn. 13; Hopt/Seibt SchuldverschreibungsR/*Fest* AktG § 221 Rn. 49; HdB börsennotierte AG/*Groß* Rn. 51.4; Arbeitshdb. HV/*Schröer/Heusel* § 23 Rn. 68; *Broichhausen*, Zusammengesetzte Finanzierungsinstrumente, 2010, S. 272 f. Ebenso GroßkommAktG/*Hirte* § 221 Rn. 122, es sei denn, es liegt ein eigennütziges Anleihemodell vor (dann Erfordernis der Ausgabe durch 100%-ige Tochter).

Eine indirekte Emission dient dann dem (Finanzierungs-)Interesse der das bedingte Kapital schaffenden Gesellschaft, wenn ihr die Erlöse aus der Begebung der Anleihe zufließen. Maßgeblich ist daher die Strukturierung der indirekten Emission und nicht, ob sie durch ein Konzern- oder ein Drittunternehmen erfolgt. Auch für den durch §§ 221, 192 ff. AktG bezweckten Aktionärsschutz ist das Bestehen einer Konzernverbindung nicht maßgeblich. Dieser wird vielmehr durch die Mitwirkung der Hauptversammlung iRd §§ 221, 192 ff. AktG sichergestellt. Wird dennoch eine Konzernverbindung verlangt, muss das emittierende Tochterunternehmen nicht eine 100 %-ige Tochter der Mutter sein; eine ausreichend enge Verbindung besteht vielmehr zwischen allen Konzernunternehmen im Sinne von § 18 AktG.[160]

Weiterhin erforderlich ist entsprechend § 221 Abs. 1 und 2 AktG ein Beschluss der **Hauptversammlung,** der es der Gesellschaft gestattet, Wandel- oder Optionsrechte für Anleihen von Tochtergesellschaften zu gewähren oder zu garantieren.[161] Soll das Wandel- oder Optionsrecht auf Vorzugsaktien gerichtet sein, die vorhandenen stimmrechtslosen Vorzügen gleichstehen oder vorgehen, ist ein **Sonderbeschluss** der Vorzugsaktionäre erforderlich (§ 141 Abs. 2 S. 1 AktG). Zusagen der Gesellschaft ohne Zustimmung der Hauptversammlung sind – ebenso wie die Ausgabe von Wandel- oder Optionsanleihen ohne Zustimmung der Hauptversammlung (vgl. → Rn. 16) – wirksam. Der Vorstand und gegebenenfalls der Aufsichtsrat sind jedoch schadensersatzpflichtig (§§ 93, 116 AktG).

d) Bezugsrecht. Schließlich ist auch § 221 Abs. 4 AktG über das Bezugsrecht der Aktionäre analog anzuwenden. Die Gesellschaft darf deshalb nur dann Wandel- oder Optionsrechte für fremde Anleihen übernehmen oder garantieren, wenn sie mit der ausgebenden Gesellschaft **vertraglich sichergestellt** hat, dass diese den Aktionären der Muttergesellschaft nach Maßgabe von § 186 Abs. 1 AktG Bezugsrechte einräumt; der Vorstand der Muttergesellschaft hat die Modalitäten nach § 186 Abs. 2 AktG bekanntzumachen.[162] Das Bezugsrecht nach § 221 Abs. 4 AktG kann jedoch auch ausgeschlossen werden. Entsprechend kann die Hauptversammlung den Vorstand ermächtigen, für Anleihen Dritter unter Verzicht auf die Schaffung eines Bezugsrechts für die Aktionäre Optionsrechte zu übernehmen oder zu garantieren. Dabei sind für den Ermächtigungsbeschluss die förmlichen Voraussetzungen des **Bezugsrechtsausschlusses** einzuhalten; insbesondere bedarf es des Berichts nach §§ 221 Abs. 4, 186 Abs. 4 S. 2 AktG.[163] Außerdem müssen sowohl der Ermächtigungsbeschluss als auch die spätere Ausnutzung der Ermächtigung durch den Vorstand die materiellen Voraussetzungen eines Bezugsrechtsausschlusses erfüllen. Abzuwägen sind die konkreten Interessen der Gesellschaft an der Platzierung dieser Anleihe (unter Berücksichtigung alternativer Finanzierungsmaßnahmen) gegen die Nachteile, die den Aktionären aus dem fehlenden Bezugsrecht drohen.[164] Vgl. im Übrigen → Rn. 30 ff.

III. Gewinnschuldverschreibungen

Gewinnschuldverschreibungen sind Schuldverschreibungen, die neben einer bestimmten Geldforderung weitere Leistungen verbriefen, die „mit Gewinnanteilen von Aktionären in Verbindung gebracht" sind (§ 221 Abs. 1 S. 1 AktG). Es handelt sich um schuldrechtliche

---

[160] Spindler/Stilz AktG/*Rieckers* § 192 Rn. 33; Grigoleit AktG/*Rieder/Holzmann* § 192 Rn. 20; Hüffer/*Koch* AktG § 192 Rn. 12; dahingestellt bei *Martens* FS Stimpel, 1985, 621 (631).

[161] MüKoAktG/*Habersack* § 221 Rn. 47; Hüffer/*Koch* AktG § 221 Rn. 72; Hopt Vertrags- und Formularbuch/*Herfs/Scholz* Form. II. E.6.1 Anm. 7; *Schumann,* Optionsanleihen, 1990, S. 159 ff.; *Busch* AG 1999, 58; *Seibt* CFL 2010, 165 (168); *Martens* FS Stimpel, 1985, 621 (631); aA Unternehmensfinanzierung am Kapitalmarkt/*Schlitt* Rn. 11.26 Fn. 51.

[162] MüKoAktG/*Habersack* § 221 Rn. 47; Hüffer/*Koch* AktG § 221 Rn. 73; GroßkommAktG/*Hirte* § 221 Rn. 156; *Busch* AG 1999, 58.

[163] OLG München NJW-RR 1991, 1058 f.; GroßkommAktG/*Hirte* § 221 Rn. 156; MüKoAktG/*Habersack* § 221 Rn. 47; Bürgers/Körber/*Stadler* § 221 Rn. 12.

[164] Hüffer/*Koch* AktG § 221 Rn. 73; Bürgers/Körber AktG/*Stadler* § 221 Rn. 12.

Ansprüche – nicht etwa um aktienrechtliche Mitgliedschaftsrechte – gegen die Gesellschaft, deren Berechnung in irgendeiner Form gewinnabhängig ist.[165] Gewinnschuldverschreibungen stellen einen Unterfall des Genussrechts (§ 221 Abs. 3 AktG) dar.[166] In der inhaltlichen Ausgestaltung ist die Gesellschaft frei. Gewinnschuldverschreibungen sollen nach hM[167] nicht nur bei **gewinnorientierten** (die Höhe der Verzinsung variiert ganz oder teilweise mit der Höhe des Gewinns) Anleihen vorliegen, sondern auch bei **gewinnabhängigen** Anleihen (die Verzinsung ist fest, entfällt aber, wenn die Gesellschaft keinen Gewinn ausweist). Für gewinnabhängige Anleihen überzeugt das nicht (auch → Rn. 69).[168] Ein Schutz der Aktionäre gemäß § 221 AktG ist hier nicht geboten. Insbesondere droht ihnen keine Verwässerung ihrer Gewinnansprüche. Der Begriff des **Gewinns** ist dabei weit zu verstehen. Erfasst werden Anknüpfungen an die Dividende, den Bilanzgewinn, den Jahresüberschuss, die Gesamtkapitalrendite oder andere ergebnisabhängige Kennziffern.[169] Erforderlich ist eine Anknüpfung an das Ergebnis der Gesellschaft, einer Sparte, eines Teilbetriebs oder des Konzerns oder auch an das Durchschnittsergebnis mehrerer Unternehmen, zu denen die Gesellschaft gehört; hingegen reicht es nicht, wenn allein auf das Ergebnis anderer Gesellschaften abgestellt wird, weil dann keine Konkurrenz zum Gewinnanspruch der Aktionäre besteht.[170] Die Gesellschaft ist frei in der Bestimmung der Rückzahlungsbedingungen und der Laufzeit der Gewinnschuldverschreibungen, bis hin zur Ausgestaltung als „ewige Anleihe" (dazu auch → Rn. 23). Auch Typenvermischungen von Wandel- oder Optionsanleihe und Gewinnschuldverschreibung sind zulässig, etwa indem der Gewinnschuldverschreibung Optionsscheine beigefügt werden, die zum Bezug von Aktien der Gesellschaft berechtigen.[171] In der Unternehmenspraxis sind Gewinnschuldverschreibungen kaum von Bedeutung.[172]

67 Für die Ausgabe von Gewinnschuldverschreibungen gelten die gleichen Regeln, wie für Wandel- und Optionsanleihen. Der Vorstand bedarf der Zustimmung oder der Ermächtigung durch die **Hauptversammlung,** die höchstens für fünf Jahre erteilt werden kann (näher → Rn. 18).[173] Den Aktionären steht auf Gewinnschuldverschreibungen ein **Bezugsrecht** zu (§ 221 Abs. 4 AktG), das nach allgemeinen Grundsätzen ausgeschlossen werden kann. Wegen der näheren Einzelheiten vgl. → Rn. 31 ff. Sind Gewinnschuldverschreibungen obligationsähnlich ausgestaltet, gelten dieselben Grundsätze wie für entsprechende Genussrechte (→ Rn. 82), so dass ein Bezugsrechtsausschluss ohne weiteres möglich ist.[174]

---

[165] K. Schmidt/Lutter AktG/*Merkt* § 221 Rn. 37; Spindler/Stilz AktG/*Seiler* § 221 Rn. 17; Hüffer/*Koch* AktG § 221 Rn. 8; Spindler/Stilz AktG/*Seiler* § 221 Rn. 17 f.

[166] GroßkommAktG/*Hirte* § 221 Rn. 355; MüKoAktG/*Habersack* § 221 Rn. 58; *Habersack* FS Nobbe, 2009, 539 (545); HdB AG-Finanzierung/*Fischer* Kap. 11 Rn. 47 u. 56; s. auch *Busch* AG 1994, 93 (95).

[167] K. Schmidt/Lutter AktG/*Merkt* § 221 Rn. 39; Grigoleit AktG/*Rieder/Holzmann* § 221 Rn. 8; MüKoAktG/*Habersack* § 221 Rn. 54 aE; *Habersack* FS Nobbe, 2009, 539 (543); zu gewinnabhängigen Genussrechten → Rn. 69.

[168] Ebenso Bürgers/Körber AktG/*Stadler* § 221 Rn. 4; *Krecek/Röhricht* ZIP 2010, 413 (415 ff.).

[169] Hüffer/*Koch* AktG § 221 Rn. 8; K. Schmidt/Lutter AktG/*Merkt* § 221 Rn. 40; Hölters AktG/*Haberstock/Greitemann* § 221 Rn. 34; MüKoAktG/*Habersack* § 221 Rn. 55; *Habersack* FS Nobbe, 2009, 539 (543).

[170] MüKoAktG/*Habersack* § 221 Rn. 56; Hüffer/*Koch* AktG § 221 Rn. 8; K. Schmidt/Lutter AktG/*Merkt* § 221 Rn. 40; Hölters AktG/*Haberstock/Greitemann* § 221 Rn. 17; HdB börsennotierte AG/*Groß* Rn. 51.67; wohl auch K. Schmidt/Lutter AktG/*Merkt* § 221 Rn. 71; s. ferner *Habersack* FS Nobbe, 2009, 539 (543); weiter hingegen Bürgers/Körber AktG/*Stadler* § 221 Rn. 7, wonach der Emittent nicht zum Kreis der verbundenen Unternehmen gehören, sondern lediglich wirtschaftlich Teil des Konzernfinanzierungsinteresses sein muss.

[171] MüKoAktG/*Habersack* § 221 Rn. 59; GroßkommAktG/*Hirte* § 221 Rn. 324; Spindler/Stilz AktG/*Seiler* § 221 Rn. 19; Hüffer/*Koch* AktG § 221 Rn. 8.

[172] Zur Entwicklung und wirtschaftlichen Bedeutung näher MüKoAktG/*Habersack* § 221 Rn. 18 f.

[173] MüKoAktG/*Habersack* § 221 Rn. 53.

[174] Spindler/Stilz AktG/*Seiler* § 221 Rn. 18; HdB börsennotierte AG/*Groß* Rn. 51.71.

Das gilt insbesondere für gewinnabhängige Anleihen,[175] soweit – zu Unrecht – überhaupt angenommen wird, dass diese unter § 221 AktG fallen (→ Rn. 66). Zum Schutz der Inhaber von Gewinnschuldverschreibungen gegen **wirtschaftliche Beeinträchtigungen** durch Kapitalveränderungen oder durch Missbrauch bei der Gewinnfeststellung und -verwendung gilt das Gleiche wie bei Genussrechten, vgl. → Rn. 83 f.; bei Liquidation, Umwandlung oder Eingliederung der Gesellschaft werden Gewinnschuldverschreibungen ebenso behandelt wie Wandel- und Optionsanleihen, vgl. → Rn. 47 ff. Die Hinterlegungs- und Bekanntmachungspflichten gemäß **§ 221 Abs. 2 S. 2 und 3 AktG** (dazu → Rn. 29) gelten auch für Gewinnschuldverschreibungen.[176]

In der **Bilanz** ist der Rückzahlungsbetrag der Gewinnschuldverschreibung zu passivieren (§§ 266 Abs. 3 C Nr. 1, 253 Abs. 1 S. 2 HGB). Zinsansprüche sind mit ihrer Entstehung als Verbindlichkeit auszuweisen, eine etwa gewinnunabhängige Verzinsung also bereits in dem Geschäftsjahr, für das sie zu zahlen ist, eine gewinnabhängige Verzinsung hingegen erst, wenn der maßgebliche Gewinn verbindlich feststeht.[177, 178] **68**

IV. Genussrechte

1. Allgemeines. a) Begriff; Abgrenzung. Der Begriff des Genussrechts ist gesetzlich **69** nicht definiert, sondern nach dem Zweck des § 221 AktG zu bestimmen, die Vermögensinteressen der Aktionäre vor einer Beeinträchtigung durch Genussrechtsemissionen zu schützen.[179] Danach sind als Genussrechte solche Ansprüche gegen die Gesellschaft anzusehen, die inhaltlich **typische Vermögensrechte von Aktionären** sind und daher mit den Rechten der Aktionäre in Konkurrenz treten.[180] In Betracht kommen namentlich eine Beteiligung am Gewinn und/oder am Liquidationserlös der Gesellschaft, aber auch Ansprüche auf die verschiedensten Leistungen sonstiger Art, zB auf Dienstleistungen der Gesellschaft, die Benutzung von deren Einrichtungen usw.[181] Umstritten ist die Behandlung von Rechten, die eine unter dem Vorbehalt eines ausreichenden Gewinns der Gesellschaft stehende Festverzinsung gewähren (obligationsähnliche Genussrechte; auch → Rn. 82). Entgegen wohl überwiegender Ansicht[182] handelt es sich hierbei nicht um Genussrechte, so dass § 221 AktG auf sie keine Anwendung findet (dazu auch → Rn. 66).[183] Das muss insbesondere dann gelten, wenn der Gläubiger ein Nachholungsrecht hat; in diesem Fall ist nicht die Höhe der Vergütung gewinnabhängig, sondern der Zeitpunkt ihrer Fälligkeit.

Die Unschärfe des Genussrechtsbegriffs macht **Einschränkungen** nötig, um Sachverhalte auszunehmen, auf die die Rechtsfolgen des § 221 AktG (Hauptversammlungskom- **70**

---

[175] MüKoAktG/*Habersack* § 221 Rn. 186 f.; GroßkommAktG/*Hirte* § 221 Rn. 409; HdB börsennotierte AG/*Groß* Rn. 51.71.

[176] Hüffer/*Koch* AktG § 221 Rn. 20; Hopt/Seibt SchuldverschreibungsR/*Fest* AktG § 221 Rn. 549, KölnKommAktG/*Florstedt* § 221 Rn. 212, 219.

[177] MüKoAktG/*Habersack* § 221 Rn. 348; GroßkommAktG/*Hirte* § 221 Rn. 447.

[178] Zur steuerlichen Behandlung vgl. MüKoAktG/*Habersack* § 221 Rn. 349.

[179] Hüffer/*Koch* AktG § 221 Rn. 23 f.; Busch AG 1994, 93 (95 f.).

[180] MüKoAktG/*Habersack* § 221 Rn. 62, 94 ff.; Hüffer/*Koch* AktG § 221 Rn. 25; GroßkommAktG/*Hirte* § 221 Rn. 328; K. Schmidt/Lutter AktG/*Merkt* § 221 Rn. 43 f.; Spindler/Stilz AktG/*Seiler* § 221 Rn. 22; Hölters AktG/*Haberstock/Greitemann* § 221 Rn. 18.

[181] MüKoAktG/*Habersack* § 221 Rn. 65, 76 ff., 94 ff., 114 f.; GroßkommAktG/*Hirte* § 221 Rn. 329; K. Schmidt/Lutter AktG/*Merkt* § 221 Rn. 45, 70, 72; Spindler/Stilz AktG/*Seiler* § 221 Rn. 22; Hüffer/*Koch* AktG § 221 Rn. 25; Hölters AktG/*Haberstock/Greitemann* § 221 Rn. 19, 33, 36; Frantzen, Genußscheine, 1993, S. 3 ff., 160.

[182] BGHZ 120, 141 (145 ff.) – Bremer Bankverein; OLG Düsseldorf AG 1991, 438; MüKoAktG/*Habersack* § 221 Rn. 100; Hüffer/*Koch* AktG § 221 Rn. 25 a f.; Spindler/Stilz AktG/*Seiler* § 221 Rn. 64; Grigoleit AktG/*Rieder/Holzmann* § 221 Rn. 22; Busch AG 1994, 93 (95 f.).

[183] K. Schmidt/Lutter AktG/*Merkt* § 221 Rn. 76; Bürgers/Körber AktG/*Stadler* § 221 Rn. 98; KölnKommAktG/*Florstedt* § 221 Rn. 527; HdB AG-Finanzierung/*Fischer* Kap. 10 Rn. 27 u. 54; Krecek/Röhricht ZIP 2010, 413 (415 ff.); Lutter ZGR 1993, 291 (303 ff.).

petenz, Bezugsrecht) nicht passen. Zum Teil wird deshalb angenommen, zu dem genussrechtstypischen Inhalt müsse eine breite **Streuung** oder ein gewisses **Emissionsvolumen** hinzutreten, das der Gewährung des Genussrechts eine eigenständige Bedeutung verleihe; einzelvertragliche Vereinbarungen im Rahmen des **laufenden Geschäftsverkehrs** würden von § 221 AktG nicht erfasst.[184] Das ist jedoch abzulehnen; der durch § 221 AktG bezweckte Schutz der Aktionäre gilt bei individualrechtlich vereinbarten aktionärsgleichen Rechten gleichermaßen wie bei breit gestreuten, fungiblen Instrumenten.[185] Nach anderer Ansicht sollen Gewinnbeteiligungen im Rahmen von Verträgen des laufenden Geschäftsverkehrs oder im Rahmen von Lizenzverträgen entsprechend § 292 Abs. 2 AktG ausgenommen sein.[186] Besonders schwierig ist die Abgrenzung zwischen Genussrechten und **Teilgewinnabführungsverträgen.** Lehnt man das Kriterium der breiten Streuung als Differenzierungskriterium ab, besteht tatbestandlich ein weiter Überschneidungsbereich,[187] der nach hM durch Vorrang des § 221 Abs. 3 AktG und Verdrängung des § 292 Abs. 1 Nr. 2 AktG zu lösen ist.[188]

71 Bei Genussrechten handelt es sich nach hM um **Dauerschuldverhältnisse eigener Art.**[189] Sie gewähren bloß schuldrechtliche Ansprüche. Dazu zählt auch ein Anspruch auf Rechenschaftslegung und Auskunft, soweit der Genussrechtsinhaber diese zur Plausibilisierung eines ihm zustehenden Anspruchs benötigt.[190] Hingegen begründen Genussrechte **keine Mitgliedschaftsrechte.**[191] Deshalb sind stille Beteiligungen an einer Aktiengesellschaft keine Genussrechte.[192] Aufgrund eines Genussrechts bestehen keine mitgliedschaftlichen Rechte, namentlich weder das Recht zur Teilnahme an der Hauptversammlung, das Stimmrecht oder das Recht zur Anfechtung von Hauptversammlungsbeschlüssen. Als Inhalt des Genussrechts kann jedoch vertraglich ein Recht auf Teilnahme an der Hauptversammlung mit Auskunfts-, jedoch ohne Antragsrecht begrün-

---

[184] BFH DStR 2008, 1629 (1631 f.); Geßler/Hefermehl AktG/*Karollus* § 221 Rn. 241 ff. mwN; wohl auch KölnKommAktG/*Florsted* § 221 Rn. 525, wenn er Genussrechte als „inhaltsgleich begebene und deshalb fungible abstrakte Schuldversprechen" definiert.

[185] S. zB MüKoAktG/*Habersack* § 221 Rn. 66; Grigoleit AktG/*Rieder*/*Holzmann* § 221 Rn. 21; HdB AG-Finanzierung/*Fischer* Kap. 11 Rn. 64; *Eyber*, Abgrenzung, 1997, S. 111 ff.

[186] MüKoAktG/*Habersack* § 221 Rn. 67.

[187] Vgl. dazu insbesondere *Eyber*, Abgrenzung, 1997, S. 68 ff.; MüKoAktG/*Habersack* § 221 Rn. 74; *Busch* AG 1994, 93 (97).

[188] *Eyber*, Abgrenzung, 1997, S. 163 ff.; MüKoAktG/*Habersack* § 221 Rn. 74; MüKoAktG/*Altmeppen* § 292 Rn. 71; Spindler/Stilz AktG/*Seiler* § 221 Rn. 67; GroßkommAktG/*Hirte* § 221 Rn. 375; *Hirte* ZIP 1988, 477 (485); *Busch* AG 1994, 93 (97); aA Emmerich/Habersack AG/GmbH-Konzernrecht/*Emmerich* § 292 Rn. 31; *Reuter* FS Fischer, 1979, 605 (617) Fn. 50.

[189] BGH ZIP 2016, 1529 Rn. 11; BGHZ 119, 305 (330) – Klöckner; BGH ZIP 2003, 1788 (1789) – Deutsche Hypothekenbank Actiengesellschaft; Hüffer/*Koch* AktG § 221 Rn. 27; Wachter AktG/*Früchtl* § 221 Rn. 20; *Dangelmayer*, Schutz von Genussrechtsinhabern, 2013, S. 55 ff.; kritisch MüKoAktG/*Habersack* § 221 Rn. 87.

[190] Vgl. dazu BGH ZIP 2016, 1529 ff. Rn. 11 ff.; Spindler/Stilz AktG/*Seiler* § 221 Rn. 24; KölnKommAktG/*Florstedt* § 221 Rn. 144.

[191] BGHZ 119, 305 (309) – Klöckner; BGHZ 120, 141 (146 f.) – Bremer Bankverein; BGH ZIP 2003, 1788 (1789) – Deutsche Hypothekenbank Actiengesellschaft; BGH ZIP 2013, 1570 Rn. 20 – Eurohypo/Rheinhypo/Essenhyp; BFH DStR 2008, 1629 (1631); MüKoAktG/*Habersack* § 221 Rn. 86; Hüffer/*Koch* AktG § 221 Rn. 26; Spindler/Stilz AktG/*Seiler* § 221 Rn. 24; K. Schmidt/Lutter AktG/*Merkt* § 221 Rn. 43; Hölters AktG/*Haberstock*/*Greitemann* § 221 Rn. 21; *Frantzen*, Genußscheine, 1993, S. 9 ff.; *Dangelmayer*, Schutz von Genussrechtsinhabern, 2013, S. 61.

[192] BGH ZIP 2003, 1788 (1789) – Deutsche Hypothekenbank Actiengesellschaft; KölnKommAktG/*Florstedt* § 221 Rn. 531; Spindler/Stilz AktG/*Seiler* § 221 Rn. 30; Bürgers/Körber AktG/*Stadler* § 221 Rn. 94; Hölters AktG/*Haberstock*/*Greitemann* § 221 Rn. 28; *Frantzen*, Genußscheine, 1993, S. 15 ff.; *Dangelmayer*, Schutz von Genussrechtsinhabern, 2013, S. 59 f.; aA MüKoAktG/*Habersack* § 221 Rn. 88 ff.; *Habersack* ZHR 155 (1991), 378 (394); K. Schmidt/Lutter AktG/*Merkt* § 221 Rn. 45, die Genussscheine mit Verlustbeteiligung als stille Gesellschaft einordnen wollen. Zur Qualifizierung der stillen Gesellschaft als Teilgewinnabführungsvertrag vgl. → § 74 Rn. 18.

det werden.[193] Die **vertragliche Begründung** eines Rechts zur Anfechtung von Hauptversammlungsbeschlüssen ist gem. §§ 23 Abs. 5, 243 AktG ausgeschlossen; ebenso wenig kann ein Stimmrecht eingeräumt werden.[194]

Üblicherweise werden die Genussrechte in **Genussscheinen** verbrieft. Dabei handelt es sich im Allgemeinen um Wertpapiere, die auf den Inhaber oder auf den Namen lauten; sie können aber auch als bloße Beweisurkunde dienen.[195] Eine Verbriefung ist aber – anders als bei Schuldverschreibungen (§ 793 BGB; → Rn. 5) – keine tatbestandliche Voraussetzung für das Vorliegen eines Genussrechts.[196] **72**

b) Zwecksetzungen. Die möglichen Zwecksetzungen sind vielfältig. Die hergebrachten Zwecke zielen auf die Gewährung von Gründungsvorteilen für die Gründer, die Gewährung von Lizenzvergütungen (Audi-Wankel-Genussschein), die Entschädigung für Aktionäre, deren Aktien eingezogen werden, uä.[197] Interesse findet der Genussschein heute jedoch vor allem zur **Kapitalbeschaffung**[198] und daneben als Mittel der Mitarbeiterbeteiligung.[199] Der besondere Vorteil liegt darin, dass der Genussschein flexibel ausgestaltet werden kann und es zulässt, Vorteile des Eigen- und des Fremdkapitals zu kombinieren. Auf der einen Seite erhält der Inhaber keine mitgliedschaftlichen Befugnisse, namentlich kein Stimmrecht, auf der anderen Seite kann das Genussscheinkapital im Hinblick auf die Verzinsung und Rückzahlbarkeit dem Eigenkapital angenähert und börsengängig gestaltet werden.[200] Bei Banken und Versicherungen kann das Genusskapital so ausgestaltet werden, dass es dem haftenden Eigenkapital bzw. den **Eigenmitteln** zuzurechnen ist. **73**

c) Geltung des Schuldverschreibungsgesetzes. Das SchVG findet auch auf Genussrechte Anwendung, soweit dessen weitere Voraussetzungen erfüllt, insbesondere die Genussrechte (in einer Sammelurkunde oder Einzelurkunden) verbrieft sind (dazu auch → Rn. 28).[201] **74**

---

[193] MüKoAktG/*Habersack* § 221 Rn. 120; Hüffer/*Koch* AktG § 221 Rn. 26; K. Schmidt/Lutter AktG/*Merkt* § 221 Rn. 78; Spindler/Stilz AktG/*Seiler* § 221 Rn. 24; GroßkommAktG/*Hirte* § 221 Rn. 400; Hölters AktG/*Haberstock/Greitemann* § 221 Rn. 21; offengelassen von BGHZ 119, 305 (317) – Klöckner.

[194] BGHZ 119, 305 (316 f.) – Klöckner; MüKoAktG/*Habersack* § 221 Rn. 119; GroßkommAktG/*Hirte* § 221 Rn. 400; Hüffer/*Koch* AktG § 221 Rn. 26; K. Schmidt/Lutter AktG/*Merkt* § 221 Rn. 77 f.; Spindler/Stilz AktG/*Seiler* § 221 Rn. 24; Hölters AktG/*Haberstock/Greitemann* § 221 Rn. 21; aA zum Anfechtungsrecht *Vollmer* ZGR 1983, 445 (462 ff.); *Hirte* ZIP 1988, 477 (489).

[195] Spindler/Stilz AktG/*Seiler* § 221 Rn. 134; Hüffer/*Koch* AktG § 221 Rn. 28; Bürgers/Körber AktG/*Stadler* § 221 Rn. 120; Wachter AktG/*Früchtl* § 221 Rn. 38; *Pougin* FS Oppenhoff, 1985, 275 (278).

[196] BGH NZG 2018, 826 Rn. 15; MüKoAktG/*Habersack* § 221 Rn. 63; Hüffer/*Koch* AktG § 221 Rn. 28; GroßkommAktG/*Hirte* § 221 Rn. 396; Wachter AktG/*Früchtl* § 221 Rn. 20. AA dürften diejenigen sein, die Genussrechte nur bejahen, wenn sie breit gestreut bzw. fungibel ausgestaltet werden; → Rn. 70.

[197] Vgl. zur geschichtlichen Entwicklung des Genussscheins eingehend *Frantzen*, Genußscheine, 1993, S. 44 ff.; MüKoAktG/*Habersack* § 221 Rn. 15 f.; *Hirte* ZIP 1988, 477 (478 ff.); *Pougin*, Genußrechte, 1987, S. 19.

[198] Vgl. dazu etwa MüKoAktG/*Habersack* § 221 Rn. 80 ff.; *Frantzen*, Genußscheine, 1993, S. 76 f., 81 ff.

[199] Vgl. dazu etwa KölnKommAktG/*Florstedt* § 221 Rn. 563 ff.; MüKoAktG/*Habersack* § 221 Rn. 83; *Frantzen*, Genußscheine, 1993, S. 78 ff.; zu steuerlichen und finanzwirtschaftlichen Aspekten *Sereth/Halberstadt* FB 2006, 677 ff.

[200] Vgl. zum Ganzen näher *Vollmer* ZGR 1983, 445 ff.; *Pougin* FS Oppenhoff, 1985, 275 ff.; *Pougin*, Genußrechte, 1985, S. 22 ff.; Recht und Praxis der Genußscheine/*Reusch*, 1987, S. 21 ff.; *Habersack* ZHR 155 (1991), 378 (381 ff.).

[201] Siehe BGHZ 202, 7 = ZIP 2014, 1876 Rn. 14; BGH NZG 2018, 826 Rn. 15; näher MüKoAktG/*Habersack* § 221 Rn. 252; GroßkommAktG/*Hirte* § 221 Rn. 424; gegen eine Anwendung des durch das SchVG ersetzten SchVG 1899 noch BGHZ 119, 305 (313 ff.); OLG Frankfurt a. M. ZIP 2006, 1388 (1389); KölnKommAktG/*Florstedt* § 221 Rn. 153.

75 d) Bilanzielle Behandlung[202]. In der **HGB**-Bilanz der emittierenden AG ist das Genussrechtskapital (einschließlich eines Agios) als Eigenkapital auszuweisen, wenn es (1) erfolgsabhängig vergütet wird, (2) der Gesellschaft nachhaltig zur Verfügung steht, (3) am Verlust beteiligt ist und (4) im Falle der Liquidation und der Insolvenz im Rang nach den übrigen Gläubigern befriedigt wird.[203] Eine Erfolgsabhängigkeit liegt danach vor, wenn die Vergütung bei einem Jahresfehlbetrag oder Bilanzverlust ausfällt; eine gewinnunabhängige Festverzinsung schadet der Einstufung als Eigenkapital nicht, wenn die Zahlung nur aus Eigenkapitalbestandteilen erfolgen darf, die nach den rechtlichen Vorgaben ausgeschüttet werden können (s. §§ 150, 158 AktG).[204] Unter derselben Voraussetzung ist auch eine Regelung unschädlich, wonach ausgefallene Vergütungen in den Folgejahren nachzuholen sind.[205] Die notwendige Nachhaltigkeit ist zu bejahen, wenn das Genussrechtskapital für mindestens fünf Jahre zur Verfügung gestellt ist; eine zT zusätzlich geforderte Mindestkündigungsfrist von zwei Jahren ist nicht erforderlich.[206] Die Vereinnahmung von als Eigenkapital zu qualifizierendem Genussrechtskapital erfolgt grundsätzlich erfolgsneutral.[207] Sind die vorstehenden Voraussetzungen nicht erfüllt, handelt es sich um Fremdkapital. Die auf das Kapital gezahlte Vergütung ist in der Gewinn- und Verlustrechnung unabhängig von der Einordnung als Eigen- oder Fremdkapital ergebniswirksam als Aufwand zu buchen.[208] Die Eigenkapitalanforderungen nach **IFRS** sind strenger. Die Einordnung hängt davon ab, ob die Gesellschaft an die Genussrechtsinhaber Leistungen (in bar oder in anderer Form) zu erbringen hat, denen sie sich nicht einseitig (und in rechtmäßiger Weise) entziehen kann (vgl. IAS 32.19). Nur wenn das nicht der Fall ist, liegt Eigenkapital vor. Die Laufzeit muss daher unbefristet sein, den Genussrechtsinhabern darf kein Kündigungsrecht zustehen, das zu einer Rückzahlungspflicht führt, und die Vergütung des Kapitals muss an die Dividendenzahlungen der Gesellschaft an ihre Aktionäre gekoppelt sein.[209] Die ersten beiden Voraussetzungen sind zB bei Pflichtwandel- oder Optionsgenussrechten

---

[202] Zur steuerlichen Behandlung von Genussrechten vgl. zB Unternehmensfinanzierung am Kapitalmarkt/*Mihm* Rn. 14.91 ff.; MüKoAktG/*Habersack* § 221 Rn. 425 ff. jeweils mwN; *Schrecker*, Mezzanine-Kapital, 2012, S. 95 ff.

[203] *IDW* WPG 1994, 419 (420 u. 421) Rn. 2.1.1 u. 2.1.4.1.2; MüKoAktG/*Habersack* § 221 Rn. 409 ff.; MüKoBilanzR/*Kropff* HGB § 272 Rn. 252 ff.; HdB AG-Finanzierung/*Thouet* Kap. 11 Rn. 183 ff.; *Kleinmanns* BB 2016, 2543 f.; ausführlich *Schrecker*, Mezzanine-Kapital, 2012, S. 50 ff., der das Kriterium der Dauerhaftigkeit ablehnt. Nach aA kommt es nur auf die Kriterien Nachrang und Verlustbeteiligung an; s. Eilers/Rödding/Schmalenbach Unternehmensfinanzierung/*Mentz* Rn. G 44.

[204] *IDW* WPG 1994, 419 (420) Rn. 2.1.1; MüKoAktG/*Habersack* § 221 Rn. 411, 99 f.; MüKoBilanzR/*Kropff* HGB § 272 Rn. 256; Beck'sches HdB der Rechnungslegung/*Heymann* Abschn. B 231 Rn. 6; *Lühn*, Genussrechte, 2013, S. 75.

[205] *IDW* WPG 1994, 419 (420) Rn. 2.1.1; MüKoBilanzR/*Kropff* HGB § 272 Rn. 257 mwN; *Schrecker*, Mezzanine-Kapital, 2012, S. 56.

[206] Vgl. Beck'sches HdB der Rechnungslegung/*Heymann* Abschn. B 231 Rn. 6. Die Gegenansicht hält eine Kündigungsfrist von mindestens 2 Jahren für erforderlich; s. Kölner KommRechnungslegungsR/*Mock* HGB § 272 Rn. 31 mwN; HdB AG-Finanzierung/*Thouet* Kap. 11 Rn. 188; *Kleinmanns* BB 2016, 2543 (2544). Weitergehend zB *Baetge/Kirsch/Thiele* Bilanzen S. 528 f. u. *Lühn*, Genussrechte, 2013, S. 78, die verlangen, dass das Kapital auf unbestimmte Zeit überlassen werden und die Kündigungsfrist mindestens fünf Jahre betragen muss. Noch strenger MüKoBilanzR/*Kropff* HGB § 272 Rn. 257 mwN, wonach nur permanentes Genussrechtskapital Eigenkapital ist, dh eine Rückzahlbarkeit nach Laufzeitende stets zur Einordnung als Fremdkapital führt.

[207] *IDW* WPG 1994, 419 (421) Rn. 2.1.2; HdB AG-Finanzierung/*Thouet* Kap. 11 Rn. 179; *Lühn*, Genussrechte, 2013, S. 83, jeweils auch zu Ausnahmen.

[208] *IDW* WPg. 1994, 419 (422) Rn. 2.2.1 u. 2.2.2; Unternehmensfinanzierung am Kapitalmarkt/*Mihm* Rn. 14.100. Nach aA sind Vergütungsleistungen auf Genussrechte, die Eigenkapital darstellen, nicht Aufwand, sondern Gewinnverwendung; vgl. *Lühn*, Genussrechte, 2013, S. 86 ff. mwN.

[209] Vgl. näher MüKoBilanzR/*Mentz* IAS 32 Rn. 125; Thiele/v. Keitz/Brücks Internationales BilanzR/*Thiele/Hußmann/Spessert* IAS 32 Rn. 199; *Lühn*, Genussrechte, 2013, S. 104 ff.

gegeben. In der Praxis dürften die Voraussetzungen für die Qualifizierung als Eigenkapital im Übrigen aber eher selten erfüllt sein.

2. Ausgestaltung. In der Ausgestaltung der Genussrechte hat die Gesellschaft einen 76 großen **Spielraum.** Sie kann Gewinnvorrechte nach dem Vorbild der stimmrechtslosen Vorzugsaktie vorsehen, die Laufzeit und Kündigung regeln, Bestimmungen darüber treffen, ob bei Beendigung der Laufzeit ein Nennbetrag zurückgezahlt wird oder nicht usw.[210] Mit dem Genussrecht kann die Befugnis zum Umtausch in Aktien verbunden werden, ebenso ist es zulässig, Genussrechte mit einem Optionsrecht auf den Bezug von Aktien auszustatten.[211]

Genussscheine zur **Kapitalbeschaffung** lauten typischerweise auf den Inhaber und einen 77 bestimmten Nennbetrag. Sie werden gegen Leistung einer Bareinlage ausgegeben und gewähren eine jährliche Ausschüttung, deren Höhe zumeist von der jeweils ausgeschütteten Dividende abhängig ist; verschiedentlich wird daneben eine feste Mindestverzinsung des Genussscheinnennbetrags vorgesehen. Die Beteiligung am Liquidationserlös wird mit Blick auf § 8 Abs. 3 S. 2 KStG so gestaltet, dass die steuerliche Abzugsfähigkeit der gezahlten Vergütung als Betriebsausgabe erhalten bleibt.[212]

a) Genussscheinbedingungen. Die Einzelheiten regeln die Genussscheinbedingun- 78 gen.[213] Diese unterliegen nach Rspr.[214] und hL[215] der Inhaltskontrolle nach den Vorschriften des **AGB-Rechts.** Das ist ebenso wie für Anleihebedingungen abzulehnen;[216] soweit dennoch eine AGB-rechtliche Inhaltskontrolle erfolgt, gelten für diese dieselben Grundsätze wie für Anleihebedingungen (vgl. dazu → Rn. 27).[217] Zulässig sind danach – vorbehaltlich des Transparenzgebots (§ 307 Abs. 1 S. 2 BGB) – insbesondere auch Regelungen zur Verlustbeteiligung[218] und zum Nachrang[219] des Genussrechtskapitals, da diese den Hauptleistungsinhalt der Genussrechte betreffen.

---

[210] Näher dazu MüKoAktG/*Habersack* § 221 Rn. 94 ff.; Hüffer/*Koch* AktG § 221 Rn. 29 f.; *Frantzen*, Genußscheine, 1993, S. 97 ff.

[211] Vgl. → § 58 Rn. 48.

[212] S. Hopt Vertrags- und Formularbuch/*Lang* Form. II. G.5 mit Anm. 13 u. ferner MüKoAktG/*Habersack* § 221 Rn. 425 ff.; GroßkommAktG/*Hirte* § 221 Rn. 459 ff.; Unternehmensfinanzierung am Kapitalmarkt/*Mihm* Rn. 14.109 f.; *Schrecker*, Mezzanine-Kapital, 2012, S. 120 ff.

[213] Abdruck einer Vielzahl von Genussrechtsbedingungen bei *Frantzen*, Genußscheine, 1993, S. 295 ff.; zur Analyse einiger Genussscheinbedingungen vgl. Recht und Praxis der Genußscheine/ *Reusch*, 1987, S. 21 (30 ff.); *Pougin*, Genußrechte, 1985, S. 21 u. 24 ff.

[214] BGH NZG 2018, 826 Rn. 28; BGHZ 119, 305 (312 ff.) – Klöckner; BGH ZIP 2013, 1570 Rn. 32 – Eurohypo/Rheinhypo/Essenhyp; BGH ZIP 2014, 1166 Rn. 24 – Corealcredit Bank; OLG Köln NZG 2014, 227 (228) – Corealcredit Bank; OLG München ZIP 2012, 576 (578 f.); AG 2014, 164 (166); OLG Düsseldorf AG 1991, 438 (439 f.); LG München I ZIP 2011, 1758 (1759).

[215] MüKoAktG/*Habersack* § 221 Rn. 254 ff.; GroßkommAktG/*Hirte* § 221 Rn. 399; Hüffer/*Koch* AktG § 221 Rn. 35; K. Schmidt/Lutter AktG/*Merkt* § 221 Rn. 74; Spindler/Stilz AktG/*Seiler* § 221 Rn. 168; Hölters AktG/*Haberstock/Greitemann* § 221 Rn. 44; HdB börsennotierte AG/*Groß* Rn. 52.5 ff.; *Dangelmayer*, Schutz von Genussrechtsinhabern, 2013, S. 108 ff.; *Sethe* WM 2012, 577 (579).

[216] S. die Nachweise in Fn. 58; ferner Bürgers/Körber AktG/*Stadler* § 221 Rn. 96 u. 135; *Becker* NZG 2012, 1089 (1090); *Ekkenga* ZHR 160 (1996), 59 (69 ff.); für Fremdemissionen grundsätzlich auch *Kallrath*, Inhaltskontrolle, 1994, S. 37 ff.

[217] S. zB BGHZ 119, 305 (312 ff.) – Klöckner; BGH ZIP 2014, 1166 Rn. 27 ff. – Corealcredit Bank; OLG München ZIP 2012, 576 (577 u. 578 f.); AG 2014, 164 (165 u. 166).

[218] BGH NZG 2018, 826 Rn. 31; BGHZ 119, 305 (312 ff.) – Klöckner; BGH ZIP 2006, 2171 f. – Schmidt Bank; BGH ZIP 2014, 1166 Rn. 29 – Corealcredit Bank; OLG München ZIP 2012, 576 (579); AG 2014, 164 (166); LG München I ZIP 2011, 1758 (1759); Hüffer/*Koch* AktG § 221 Rn. 35; Bürgers/Körber AktG/*Stadler* § 221 Rn. 98a, 135; *Kallrath*, Inhaltskontrolle, 1994, S. 152 ff.; differenzierend *Sethe* WM 2012, 577 (580 ff.).

[219] BGH NZG 2018, 826 Rn. 31; MüKoAktG/*Habersack* § 221 Rn. 259.

79 b) „Aktiengleiche" Genussrechte. Umstritten ist die Zulässigkeit „aktiengleicher" Genussrechte. Während teilweise die Auffassung vertreten wird, aktiengleiche Genussrechte seien als Umgehung der Vorschriften über stimmrechtslose Vorzugsaktien (§§ 139 ff. AktG) unzulässig,[220] halten andere auch solche Genussrechte ohne weiteres für zulässig.[221] Die Rechtsprechung hat diese Fragen bisher offengelassen.[222] Der Streit ist recht akademischer Natur, da es wirklich aktiengleiche Genussrechte in der Unternehmenspraxis nicht gibt.[223] Von einem aktiengleichen Genussrecht kann man nur sprechen, wenn die auf das Genussrecht gewährten Ausschüttungen in vollem Umfang dividendenabhängig sind, eine Rückzahlung des Nennbetrages ausscheidet und der Genussrechtsinhaber lediglich im Liquidationsfall einen Anteil am Liquidationserlös beanspruchen kann.[224] Eine solche Gestaltung wäre in der Tat als verdeckte stimmrechtslose Vorzugsaktie **unzulässig.** Aktienähnliche Ausgestaltungen sind hingegen zulässig, wenn das Genussrecht gegenüber der stimmrechtslosen Vorzugsaktie bessergestellt ist;[225] insoweit ist auch die Höhe des zulässigen Genusskapitals nicht entsprechend § 139 Abs. 2 AktG auf die Hälfte des Grundkapitals beschränkt.[226] Dazu genügt es, wenn neben dividendenabhängige Ausschüttungen eine feste Mindestausschüttung tritt,[227] wenn die Gewinnbeteiligung auch auf thesaurierte Gewinnanteile zu leisten ist,[228] wenn das Genussscheinkapital rückzahlbar gestaltet ist (begrenzte Laufzeit, Kündigungsmöglichkeiten)[229] oder wenn der Genussscheininhaber am Liquidationserlös im Rang vor den Aktionären beteiligt ist.[230]

80 3. Ausgabe. a) Hauptversammlungsbeschluss. Die Ausgabe von Genussrechten kann unentgeltlich, gegen Bareinzahlung oder gegen Überlassung von Sachen oder Rechten (zB Lizenzen) erfolgen. Aufgrund der Verweisung in § 221 Abs. 3 AktG gelten die Regelungen in § 221 Abs. 1 AktG entsprechend; auch § 221 Abs. 2 AktG findet entsprechende Anwendung.[231] Der Vorstand bedarf also der Zustimmung oder einer Ermächtigung durch die **Hauptversammlung** (vgl. → Rn. 17).[232] Für die Beschlussfassung der Hauptversammlung

---

[220] Bürgers/Körber AktG/*Stadler* § 221 Rn. 90; MüKoAktG/*Habersack* § 221 Rn. 128; *Habersack* ZHR 155 (1991), 378 (385 f.); *Hirte* ZIP 1988, 477 (478 ff.), der allerdings Genussscheine zur Mitarbeiterbeteiligung von dem Verbot ausnehmen will; s. auch BGH NZG 2018, 826 Rn. 46.

[221] Geßler/Hefermehl AktG/*Karollus* § 221 Rn. 333 f.; Hüffer/*Koch* AktG § 221 Rn. 34; *Kallrath*, Inhaltskontrolle, 1994, S. 19 ff.; Wachter AktG/*Früchtl* § 221 Rn. 23.

[222] BGHZ 119, 305 (311 f.) – Klöckner; OLG Bremen AG 1992, 268; OLG Düsseldorf AG 1991, 438 (439, 440).

[223] Ebenso MüKoAktG/*Habersack* § 221 Rn. 127; Spindler/Stilz AktG/*Seiler* § 221 Rn. 29; K. Schmidt/Lutter AktG/*Merkt* § 221 Rn. 85; Hölters AktG/*Haberstock/Greitemann* § 221 Rn. 43.

[224] So oder ähnlich auch KölnKommAktG/*Florstedt* § 221 Rn. 539; K. Schmidt/Lutter AktG/*Merkt* § 221 Rn. 86; *Habersack* ZHR 155 (1991), 378 (386 f.).

[225] Insoweit heute wohl unbestritten; vgl. etwa BGHZ 119, 305 (311) – Klöckner; MüKoAktG/*Habersack* § 221 Rn. 127; Hölters AktG/*Haberstock/Greitemann* § 221 Rn. 43.

[226] OLG Bremen AG 1992, 268; MüKoAktG/*Habersack* § 221 Rn. 127; aA GroßkommAktG/*Hirte* § 221 Rn. 367; *Hirte* ZIP 1988, 472 (478).

[227] MüKoAktG/*Habersack* § 221 Rn. 128; K. Schmidt/Lutter AktG/*Merkt* § 221 Rn. 83, 86; HdB AG-Finanzierung/*Fischer* Kap. 11 Rn. 73; *Reuter* FS Stimpel, 1985, 645 (654 f.).

[228] MüKoAktG/*Habersack* § 221 Rn. 128; K. Schmidt/Lutter AktG/*Merkt* § 221 Rn. 83, 86.

[229] BGHZ 119, 305 (311) – Klöckner (Kündigungsmöglichkeit); K. Schmidt/Lutter AktG/*Merkt* § 221 Rn. 83; HdB AG-Finanzierung/*Fischer* Kap. 11 Rn. 73.

[230] BGHZ 119, 305 (311) – Klöckner (Rückzahlung bei Liquidation im Rang vor den Aktionären); MüKoAktG/*Habersack* § 221 Rn. 128 aE; Spindler/Stilz AktG/*Seiler* § 221 Rn. 29; K. Schmidt/Lutter AktG/*Merkt* § 221 Rn. 83, 86; HdB AG-Finanzierung/*Fischer* Kap. 11 Rn. 73.

[231] BGH ZIP 1994, 1857 – Bayerische Handelsbank, wo das Erfordernis der Festlegung des Ermächtigungszeitraums offen gelassen ist; MüKoAktG/*Habersack* § 221 Rn. 149, Hüffer/*Koch* AktG § 221 Rn. 36; GroßkommAktG/*Hirte* § 221 Rn. 380; Spindler/Stilz AktG/*Seiler* § 221 Rn. 65; K. Schmidt/Lutter AktG/*Merkt* § 221 Rn. 10; Hölters AktG/*Haberstock/Greitemann* § 221 Rn. 59.

[232] Im Rahmen von Stabilisierungsmaßnahmen iSd Stabilisierungsgesetzes bedarf es gemäß § 8 Abs. 2 Wirtschaftsstabilisierungsbeschleunigungsgesetz für die Ausgabe qualifiziert nachrangiger Ge-

gelten die gleichen Bestimmungen wie bei der Ausgabe von Wandel- und Optionsanleihen sowie Gewinnschuldverschreibungen (§ 221 Abs. 3 AktG; vgl. → Rn. 15 ff.). Der Ermächtigungsbeschluss muss insbesondere den Nennbetrag – zumindest in Form eines Höchstbetrages – der auszugebenden Genussrechte und den Ermächtigungszeitraum festlegen.[233] Die für Teilgewinnabführungsverträge geltenden Regeln über die Beschlussfassung der Hauptversammlung und die Eintragung ins Handelsregister (§§ 293 ff. AktG) finden keine Anwendung; vgl. → Rn. 70.

b) Bezugsrecht. Wie bei Wandel- und Optionsanleihen und Gewinnschuldverschreibungen steht den Aktionären ein gesetzliches **Bezugsrecht** zu (§ 221 Abs. 4 AktG).[234] Das Bezugsrecht kann nach Maßgabe von § 186 Abs. 4 AktG ausgeschlossen werden. Dabei sind die formellen Erfordernisse zu wahren; insbesondere ist ein Vorstandsbericht nach § 186 Abs. 4 S. 2 AktG zu erstatten (vgl. → § 57 Rn. 132 ff.) 81

Ob der Bezugsrechtsausschluss zudem einer besonderen **sachlichen Rechtfertigung** 82
bedarf, wie sie für den Bezugsrechtsausschluss bei Kapitalerhöhungen und der Ausgabe von Wandel- und Optionsanleihen erforderlich ist (vgl. → Rn. 31 f. und → § 57 Rn. 115 ff.), hängt von der konkreten Ausgestaltung des jeweiligen Genussrechts ab.[235] Bei Ausgabe **obligationsähnlich ausgestalteter Genussrechte,** die den Anspruch der Aktionäre auf verhältnismäßige Teilnahme am Gewinn und Liquidationserlös nicht beeinträchtigen, ist ein Bezugsrechtsausschluss ohne weiteres möglich.[236] Demgegenüber wird eine sachliche Rechtfertigung im Grundsatz verlangt, wenn das Genussrecht die Aktionärsrechte berührt, indem es eine gewinnorientierte Verzinsung, eine Beteiligung am Liquidationserlös oder eine Option auf den Bezug von Aktien gewährt.[237] Gleiches soll gelten, wenn das Genussrecht zu einer höheren als der im Zeitpunkt der Ausgabe marktüblichen Verzinsung[238] oder zu einem unangemessen niedrigen Kurs[239] ausgegeben werden soll und dadurch eine Wertverlagerung von den Aktien auf die Genussrechte eintritt. Welche Anforderungen an die Rechtfertigung zu stellen sind, hängt von der Intensität des Eingriffs ab. Das ist für obligationsähnliche Genussrechte schon im Grundsatz abzulehnen; diese stellen entgegen der hM keine Genussrechte dar (vgl. → Rn. 69). In jedem Fall zu beachten ist jedoch der Grundsatz der Gleichbehandlung aller Aktionäre (§ 53a AktG).[240] Ein erleichterter Bezugsrechtsausschluss nach § 186 Abs. 3 S. 4 AktG ist auch bei Genussrechten möglich. Für einfache Genussrechte passt die Regelung zwar nicht;[241] für Wandel- und Optionsgenussrechte

---

nussrechte an den Finanzmarktstabilisierungs- oder Wirtschaftsstabilisierungsfonds keiner Zustimmung der Hauptversammlung.

[233] BGH ZIP 1994, 1857 f. – Bayerische Handelsbank; Spindler/Stilz AktG/*Seiler* § 221 Rn. 59; GroßkommAktG/*Hirte* § 221 Rn. 383.

[234] Abweichendes gilt nach Maßgabe von § 8 Abs. 3 Wirtschaftsstabilisierungsbeschleunigungsgesetz.

[235] BGHZ 120, 141 (145 ff.) – Bremer Bankverein; MüKoAktG/*Habersack* § 221 Rn. 186 f.; Hüffer/*Koch* AktG § 221 Rn. 43; K. Schmidt/Lutter AktG/*Merkt* § 221 Rn. 100; Spindler/Stilz AktG/*Seiler* § 221 Rn. 123; Bürgers/Körber AktG/*Stadler* § 221 Rn. 118.

[236] Eingehend hierzu BGHZ 120, 141 (146 ff.) – Bremer Bankverein; MüKoAktG/*Habersack* § 221 Rn. 186 f.; kritisch *Ebenroth/Müller* BB 1993, 509 (512 ff.).

[237] BGHZ 120, 141 (145 f.) – Bremer Bankverein; Spindler/Stilz AktG/*Seiler* § 221 Rn. 123 ff.; GroßkommAktG/*Hirte* § 221 Rn. 409.

[238] Vgl. zu diesem Gesichtspunkt BGHZ 120, 141 (148) – Bremer Bankverein; MüKoAktG/*Habersack* § 221 Rn. 187.

[239] *Vollmer/Lorch* DB 1991, 1313 (1315); *Ebenroth/Müller* BB 1993, 509 (514); aA *Hirte* ZIP 1988, 477 (486); *Busch* AG 1994, 93 (99), die in diesem Fall § 255 Abs. 2 AktG anwenden wollen; offengelassen von BGHZ 120, 141 (148 f.) – Bremer Bankverein.

[240] BGHZ 120, 141 (149 ff.) – Bremer Bankverein; OLG Bremen AG 1992, 268 (269); MüKoAktG/*Habersack* § 221 Rn. 193; Hüffer/*Koch* AktG § 221 Rn. 43; *Ebenroth/Müller* BB 1993, 509 (514 f.).

[241] MüKoAktG/*Habersack* § 221 Rn. 192; Spindler/Stilz AktG/*Seiler* § 221 Rn. 125; *Groß* DB 1994, 2431 (2437).

kommt sie jedoch unter den gleichen Voraussetzungen in Betracht wie für Wandel- und Optionsanleihen; vgl. dazu → Rn. 33 ff.

82a **c) Hinterlegungs- und Bekanntmachungspflichten. § 221 Abs. 2 S. 2 und 3 AktG** gelten auch für Genussrechte.[242] Nach ihrer Ausgabe sind daher die dort genannten Hinterlegungs- und Bekanntmachungspflichten (dazu → Rn. 29) zu erfüllen.

83 **4. Schutz gegen wirtschaftliche Beeinträchtigungen. a) Kapital- und Strukturmaßnahmen.** Gegen wirtschaftliche Beeinträchtigungen ihrer Rechtsposition durch Kapitalveränderungen sind auch Genussrechtsgläubiger nur im Falle einer **Kapitalerhöhung** aus Gesellschaftsmitteln kraft Gesetzes geschützt (§ 216 Abs. 3 AktG). Die Genussscheinbedingungen enthalten jedoch in der Regel Klauseln zum Schutz der Genussberechtigten gegen eine Verwässerung ihrer Rechte. Bei Genussscheinen mit Umtauschrechten kann dies in der Form geschehen, dass für künftige Kapitalerhöhungen, die künftige Begebung von Wandel- oder Optionsanleihen oder die Ausgabe weiterer Genussrechte eine Änderung des Umtauschverhältnisses oder eine Ermäßigung des Umtauschpreises vorgesehen wird. Bei Genussscheinen ohne Umtauschrecht wird häufig bestimmt, dass in den genannten Fällen den Inhabern – vorbehaltlich eines Beschlusses der Hauptversammlung und des gesetzlichen Bezugsrechts der Aktionäre – das Recht zum Bezug weiterer Genussscheine und für den Fall, dass sich dies nicht verwirklichen lässt, das Recht auf eine angemessene Barabfindung eingeräumt wird. Fehlen solche Regelungen, findet nach heute hM eine Anpassung nach den Grundsätzen der ergänzenden Vertragsauslegung statt;[243] vgl. näher → § 57 Rn. 195 ff. Ebenso ist, sofern nicht die Genussrechtsbedingungen für diesen Fall besondere Regelungen treffen, bei **Kapitalherabsetzungen** eine Anpassung in die umgekehrte Richtung vorzunehmen.[244] Die Genussscheinbedingungen können vorsehen, dass bei einer Kapitalherabsetzung im gleichen Verhältnis das Genussrechtskapital vermindert wird.[245] In einem solchen Fall steht den Genussrechtsinhabern ohne besondere Regelung kein Anspruch auf spätere Auffüllung des Genussrechts zu; es können sich aber uU Ausgleichsansprüche ergeben.[246] Bei **sonstigen Strukturmaßnahmen** sind Genussrechte in gleicher Weise geschützt wie Wandelschuldverschreibungen; vgl. dazu → Rn. 47 ff.

84 **b) Gewinnfeststellung und -verwendung.** Im Falle einer Beeinträchtigung ihrer Rechte durch **Missbrauch** bei der Gewinnfeststellung und -verwendung können die Inhaber von gewinn- oder dividendenabhängigen Genussrechten Zahlung des bei angemessener Rechtsausübung sich ergebenden Betrages verlangen.[247] Grundsätzlich haben Genussrechts-

---

[242] Hüffer/*Koch* AktG § 221 Rn. 20; Hopt/Seibt SchuldverschreibungsR/*Fest* AktG § 221 Rn. 549, KölnKommAktG/*Florstedt* § 221 Rn. 212, 219.

[243] MüKoAktG/*Schürnbrand* § 189 Rn. 11; MüKoAktG/*Habersack* § 221 Rn. 289 ff.; Hüffer/*Koch* AktG § 189 Rn. 9, § 221 Rn. 67; Spindler/Stilz AktG/*Seiler* § 221 Rn. 180; K. Schmidt/Lutter AktG/*Merkt* § 221 Rn. 64; HdB börsennotierte AG/*Groß* Rn. 52.18; aA KölnKommAktG/*Florstedt* § 221 Rn. 623, 149 ff. (Anpassung nach § 313 BGB); Wachter AktG/*Früchtl* § 221 Rn. 50 (§ 216 Abs. 3 AktG analog). Vgl. zu diesen Fragen auch → Rn. 47 mit den dortigen Nachweisen.

[244] Näher MüKoAktG/*Habersack* § 221 Rn. 311; Spindler/Stilz AktG/*Seiler* § 221 Rn. 180; Hölters AktG/*Haberstock/Greitemann* § 221 Rn. 71; *Frantzen*, Genußscheine, 1993, S. 267 ff.

[245] Vgl. → Rn. 78 aE; kritisch zur Konstellation der Herabsetzung des Genussrechtskapitals auf Null K. Schmidt/Lutter AktG/*Merkt* § 221 Rn. 61.

[246] Näher BGHZ 119, 305 (321 ff.) – Klöckner; BGH ZIP 2006, 2171 (2172) – Schmidt Bank; Spindler/Stilz AktG/*Seiler* § 221 Rn. 181 f.; eine Wiederaufwertung alternativ für möglich haltend KölnKommAktG/*Florstedt* § 221 Rn. 374 ff.; *Lutter* ZGR 1993, 291 (298); Hölters AktG/*Haberstock/Greitemann* § 221 Rn. 41; kritisch (für Wiederaufwertung des Genusskapitals) K. Schmidt/Lutter AktG/*Merkt* § 221 Rn. 62; MüKoAktG/*Habersack* § 221 Rn. 109.

[247] Näher MüKoAktG/*Habersack* § 221 Rn. 280 ff.; Spindler/Stilz AktG/*Seiler* § 221 Rn. 178; Hüffer/*Koch* AktG § 221 Rn. 65; HdB börsennotierte AG/*Groß* Rn. 52.14; *Frantzen*, Genußscheine, 1993, S. 205 ff., 220 ff.; *U. H. Schneider* FS Goerdeler, 1987, 511 (517 f. u. 519 f.).

inhaber die Ausübung von Ansatz- und Bewertungswahlrechten und die Bildung von Rücklagen jedoch hinzunehmen.[248]

c) Geschäftsführungsmaßnahmen. Eine Beeinträchtigung der Genussrechte durch **feh-** 85
lerhafte Geschäftsführung führt im Allgemeinen nicht zu Schadensersatzansprüchen des Genussrechtsinhabers.[249] Anders verhält es sich allein bei krassen Pflichtverletzungen, zB Überschreitungen des Unternehmensgegenstands, wobei es sich stets um Maßnahmen handeln muss, die „schlechterdings kein seriöser Kaufmann durchführen würde"; in solchen Fällen kann ein Schadensersatzanspruch nach § 280 Abs. 1 BGB gegen die Gesellschaft in Frage kommen.[250] Das gilt jedenfalls für Genussrechte mit Verlustbeteiligung,[251] nach richtiger Ansicht aber auch für nicht am Verlust teilnehmende Genussrechte.[252] Bei Genüssen von Banken sind Schadenersatzansprüche der Anleger gegen die Gesellschaft auch nicht durch § 10 Abs. 4 und 5 KWG aF ausgeschlossen.[253]

d) Konzern. Sonderfragen stellen sich für **Genussrechte an Konzernunternehmen.** 86
Hat das herrschende Unternehmen Genussrechte ausgegeben, wird vereinzelt angenommen, diese seien auch bei **übermäßigen Rücklagenbildungen** in Tochtergesellschaften[254] sowie bei Ausgabe weiterer Genussrechte in Tochtergesellschaften[255] entsprechend § 216 Abs. 3 AktG anzupassen. Vereinzelt enthalten allerdings bereits die Genussscheinbedingungen Regelungen, die in solchen Fällen wirtschaftlichen Beeinträchtigungen entgegenwirken, indem zB die Gewinnanteile der Genussrechtsinhaber vom Konzerngewinn abhängig gemacht werden.[256] Im Übrigen haben Genussrechtsinhaber bis zur Grenze des Missbrauchs die Bildung von Rücklagen in Tochtergesellschaften ebenso hinzunehmen wie die Bildung von Rücklagen in der Gesellschaft selbst (vgl. → Rn. 84).[257]

Gerät die Gesellschaft, die Genussrechte ausgegeben hat, in ein **faktisches Abhängig-** 87
keitsverhältnis, führt dies nicht zu Ansprüchen der Genussrechtsinhaber.[258] Im Falle der

---

[248] MüKoAktG/*Habersack* § 221 Rn. 283 ff.; Spindler/Stilz AktG/*Seiler* § 221 Rn. 179; HdB börsennotierte AG/*Groß* Rn. 52.14.

[249] RGZ 105, 236 (240 f.); Spindler/Stilz AktG/*Seiler* § 221 Rn. 177; HdB AG-Finanzierung/*Fischer* Kap. 11 Rn. 159 f.

[250] BGHZ 119, 305 (330 ff.) – Klöckner; BGH ZIP 2014, 1166 Rn. 22 u. 47 – Corealcredit Bank; Spindler/Stilz AktG/*Seiler* § 221 Rn. 177; HdB börsennotierte AG/*Groß* Rn. 52.13; *Lutter* ZGR 1993, 291 (300 ff.); tendenziell weitergehend, nämlich für Anwendung von § 93 Abs. 1 AktG als Haftungsmaßstab, MüKoAktG/*Habersack* § 221 Rn. 276; Bürgers/Körber AktG/*Stadler* § 221 Rn. 95; *Dangelmayer*, Schutz von Genussrechtsinhabern, 2013, S. 131 ff.; *Kallrath*, Inhaltskontrolle, 1994, S. 118 f. AA OLG Düsseldorf AG 1991, 438 (441); *Busch* AG 1993, 163 (164 ff.).

[251] So im Falle BGHZ 119, 305 (330 ff.) – Klöckner.

[252] MüKoAktG/*Habersack* § 221 Rn. 274; *Lutter* ZGR 1993, 291 (302); aA HdB börsennotierte AG/*Groß* Rn. 52.13.

[253] BGH ZIP 2014, 1166 Rn. 35 ff. – Corealcredit Bank; AG-Finanzierung/*Fischer* Kap. 11 Rn. 161; *Sethe* WM 2012, 577 (584); aA OLG Köln NZG 2014, 227 (228 f.) – Corealcredit Bank; LG Köln BeckRS 2010, 09855 – Corealcredit Bank; *Busch* AG 1993, 163 (167); ausführlich *Dangelmayer*, Schutz von Genussrechtsinhabern, 2013, S. 152 ff.

[254] *Hirte* ZIP 1988, 477 (487 f.); erheblich zurückhaltender *U. H. Schneider* FS Goerdeler, 1987, 511 (522 ff.); grundsätzlich ablehnend auch Hüffer/*Koch* AktG § 221 Rn. 68. Vgl. auch → § 70 Rn. 56 ff. zur Frage, wie Aktionäre gegen übermäßige Rücklagenbildung in Tochtergesellschaften geschützt sind.

[255] *Hirte* ZIP 1988, 477 (487 f.); *U. H. Schneider* FS Goerdeler, 1987, 511 (524).

[256] Vgl. näher dazu *U. H. Schneider* FS Goerdeler, 1987, 511 (521 f.).

[257] MüKoAktG/*Habersack* § 221 Rn. 322; AG-Finanzierung/*Fischer* Kap. 11 Rn. 173.

[258] MüKoAktG/*Habersack* § 221 Rn. 321; Hüffer/*Koch* AktG § 221 Rn. 68a; *Frantzen*, Genußscheine, 1993, S. 279 ff. Weitergehend *U. H. Schneider* FS Goerdeler, 1987, 511 (527 f. u. 529 f.), der bei einer nachhaltigen Beeinträchtigung nach den Grundsätzen über den Wegfall der Geschäftsgrundlage eine Anpassung der Genussrechtsbedingungen durch Einführung einer Mindestverzinsung oder ein Recht zur Kündigung aus wichtigem Grund befürwortet. Noch weitergehend *Hirte* ZIP 1988, 477 (488), der Genussrechtsinhabern einen Anspruch auf eine Garantiedividende geben will. Ebenfalls aA

Eingliederung des Genussrechtsemittenten besteht ein Anspruch gegen die Hauptgesellschaft auf Gewährung gleichwertiger Genussrechte entsprechend § 23 UmwG.[259]

88 e) Unternehmensvertrag. Zu den Rechtsfolgen, wenn mit der ausgebenden Gesellschaft als abhängigem Unternehmen ein **Beherrschungs- und Gewinnabführungsvertrag** abgeschlossen wird, findet sich eine Vielzahl von Lösungen, die zT auch kumulativ angewendet werden. So soll in dem Abschluss des Unternehmensvertrages eine zum Schadenersatz berechtigende Pflichtverletzung der Gesellschaft liegen können.[260] Verbreitet wird weitergehend angenommen, dass den Genussrechtsinhabern entsprechend § 304 AktG ein Ausgleichsanspruch gegen das herrschende Unternehmen zusteht, der sich nach der Ertragslage der die Genussrechte emittierenden Gesellschaft richtet.[261] Nach anderen Stimmen erfolgt nach den Regeln des Wegfalls der Geschäftsgrundlage oder der ergänzenden Vertragsauslegung eine Anpassung der Genussrechtsbedingungen in der Weise, dass die Genussrechtsinhabern einen Ausgleichsanspruch gegen die Gesellschaft, welche die Genussrechte begeben hat, nach Maßgabe von § 304 AktG haben.[262] Nach einer weiteren Auffassung führt die ergänzende Vertragsausfüllung bzw. die Lückenfüllung dazu, dass sich der Zinsanspruch der Genussrechtsinhaber nach dem Ergebnis der herrschenden Gesellschaft richtet.[263] Darüber hinaus wird vertreten, dass den Genussrechtsinhabern ein Abfindungsanspruch analog § 305 AktG zusteht.[264] Der BGH[265] hat die Frage nunmehr dahin entschieden, dass die Genussrechtsbedingungen nach den Regeln über den **Wegfall der Geschäftsgrundlage** anzupassen sind. Geschäftsgrundlage ist die Konzernfreiheit der Emittentin. Entfällt diese, ist anhand der bisherigen Ertragslage und der zukünftigen Ertragsaussichten unter Berücksichtigung angemessener Abschreibungen und Wertberichtigungen (§ 304 Abs. 2 AktG) eine Prognose zu erstellen, „wie sich die Zahlungen an die Genussscheininhaber ohne die Einbeziehung in den Vertragskonzern entwickelt haben würden".[266] Sieht diese Prognose entsprechende Gewinne der Gesellschaft vor, erhalten die Genussrechtsgläubiger für die gesamte Laufzeit die vertraglich vorgesehene Verzinsung.

Kallrath, Inhaltskontrolle, 1994, S. 182, wonach die Genussrechtsinhaber die Rückzahlung ihres Kapitals verlangen können.

[259] MüKoAktG/*Habersack* § 221 Rn. 317; Emmerich/Habersack AG/GmbH-Konzernrecht/*Habersack* § 320b Rn. 8; AG-Finanzierung/*Fischer* Kap. 11 Rn. 176; *Schürnbrand* ZHR 173 (2009), 689 (706); *Frantzen,* Genußscheine, 1993, S. 278 f.; aA, dh für einen Abfindungsanspruch analog § 320b AktG, Hüffer/*Koch* AktG § 221 Rn. 68a; GroßkommAktG/*Hirte* § 221 Rn. 418; für eine Anpassung nach den Grundsätzen zum Unternehmensvertrag (→ Rn. 88 ff.) *Prosser,* Anlegerschutz, 2001, S. 221 ff.

[260] Bürgers/Körber AktG/*Schenk* § 304 Rn. 14; KölnKommAktG/*Koppensteiner* § 304 Rn. 18 aE; Grigoleit AktG/*Rieder/Holzmann* § 221 Rn. 70; MüKoAktG/*Paulsen* § 304 Rn. 32; K. Schmidt/Lutter AktG/*Stephan* § 304 Rn. 68.

[261] MüKoAktG/*Habersack* § 221 Rn. 320a; *Schürnbrand* ZHR 173 (2009), 689 (707).

[262] OLG Frankfurt a. M. ZIP 2012, 524 (528 f.) – Eurohypo/Rheinhyp/Essenhyp: ergänzende Vertragsauslegung führt zu Lösung analog § 304 AktG; zustimmend Emmerich/Habersack AG/GmbH-Konzernrecht/*Emmerich* § 304 Rn. 14; *Casper* ZIP 2012, 497 (501 f.); ferner, wobei die sich daraus ergebenden Rechtsfolgen häufig nicht näher erläutert werden, MüKoAktG/*Paulsen* § 304 Rn. 32; KölnKommAktG/*Koppensteiner* § 304 Rn. 18 aE; Grigoleit AktG/*Rieder/Holzmann* § 221 Rn. 70; *Dangelmayer,* Schutz von Genussrechtsinhabern, 2013, S. 175 ff.; *Kallrath,* Inhaltskontrolle, 1994, S. 178 ff.; *Frantzen,* Genußscheine, 1993, S. 284 f.; *Prosser,* Anlegerschutz, 2001, S. 158 ff. u. 172 ff.

[263] LG Frankfurt a. M. Der Konzern 2011, 118 Rn. 81 ff.; Unternehmensfinanzierung am Kapitalmarkt *Wöckener/Becker* Rn. 13.54 f. analog § 23 UmwG.

[264] K. Schmidt/Lutter AktG/*Merkt* § 221 Rn. 93; *Vollmer* ZGR 1983, 445 (467); ebenso für Genussrechte iSv § 10 Abs. 5 KWG aF *Schäfer* ZHR 175 (2011), 319 (334 f.).

[265] BGH ZIP 2013, 1570 Rn. 25 ff. – Eurohypo/Rheinhypo/Essenhyp; grundsätzlich zustimmend Hüffer/*Koch* AktG § 221 Rn. 68b f.; KölnKommAktG/*Florstedt* § 221 Rn. 634; AG-Finanzierung/*Fischer* Kap. 11 Rn. 175; *Ehmann* AG 2013, 751 (753); *Verse/Wiersch* NZG 2014, 5 (7 f.).

[266] BGH ZIP 2013, 1570 Rn. 38 – Eurohypo/Rheinhypo/Essenhyp.

Schuldner ist nicht das herrschende Unternehmen, sondern bleibt die Gesellschaft. Im Ergebnis wird den Gläubigern damit das Risiko einer im Vergleich zur Prognose schlechteren tatsächlichen Entwicklung genommen,[267] indem der an sich gewinnorientierte oder -abhängige Zinsanspruch nach Maßgabe der Prognose eingefroren wird. Nachteilige Entwicklungen oder Verluste der Emittentin berühren die Ansprüche der Genussrechtsgläubiger nicht. Eine Verlustteilnahme erfolgt nicht mehr.[268] Die Lösung des BGH lässt verschiedene Fragen zu ihrer Umsetzung und ihrem Anwendungsbereich offen:

(1) Vor allem bei gewinnorientierten Genussrechten (→ Rn. 69 u. 66) kann sich die **89** Frage stellen, von welcher **Ausschüttungshypothese** auf Ebene der Gesellschaft für Zwecke der Bestimmung der Höhe der Verzinsung auszugehen ist. Es liegt nahe, auch insofern auf die ohnehin erforderliche Prognose abzustellen, dabei die erwarteten Rückstellungen zu berücksichtigen und auf dieser Grundlage die Verzinsung zu berechnen.[269] Das würde auch dem Begründungsansatz des BGH entsprechen, wonach die Anpassung gerade nicht über eine Analogie zu § 304 AktG und die dort in Abs. 2 S. 1 AktG festgeschriebene Vollausschüttungsannahme erfolgt. Zudem will der BGH die Genussrechtsgläubiger so stellen, wie sie ohne Abschluss des Unternehmensvertrages stehen würden (→ Rn. 88).[270] Bei zwingender Annahme der Vollausschüttung würden die Genussrechtsinhaber hingegen im Regelfall besser gestellt.

(2) Die **erforderliche Prognose** kann grundsätzlich an die für Zwecke der §§ 304, 305 **90** AktG notwendige Unternehmensbewertung anknüpfen. Anders liegt es jedoch, wenn es keine außenstehenden Aktionäre gibt oder diese auf ihre Rechte aus den §§ 304, 305 AktG verzichten. In diesen Fällen sollte es genügen, auf in den Unternehmen ohnehin vorhandene Unterlagen (zB Mittelfristplanungen) zurückzugreifen.

(3) Bei **negativer Prognose** ist es auf der Grundlage der BGH-Lösung konsequent, dass **91** die Vergütungsansprüche der Genussrechtsgläubiger entsprechend niedriger aus- oder uU ganz entfallen.[271] Weist die Prognose für die Laufzeit der Genussrechte Verluste der Gesellschaft aus, müssten die Genussrechte darüber hinaus an diesen nach Maßgabe der Genussscheinbedingungen teilnehmen.[272] Der BGH hat die Frage allerdings – offenkundig bewusst – nicht entschieden.[273]

(4) Erweist sich die positive oder negative **Prognose** als **unzutreffend,** könnte an eine **92** erneute Anpassung nach den Regeln des Wegfalls der Geschäftsgrundlage oder der ergänzenden Vertragsauslegung gedacht werden.[274] Das ist jedoch im Grundsatz abzulehnen und sollte nur unter strengen Voraussetzungen in Betracht kommen.[275]

---

[267] BGH ZIP 2013, 1570 Rn. 38 – Eurohypo/Rheinhypo/Essenhyp.
[268] Bei Genussrechten von Banken und Versicherungen stellt sich daher die Frage, ob diese aufsichtsrechtlich noch zu den Eigenmitteln zählen; s. dazu zB *Verse/Wiersch* NZG 2014, 5 (11).
[269] *Prosser,* Anlegerschutz, 2001, S. 175; *Schürnbrand* ZHR 173 (2009), 689 (708); *Verse/Wiersch* NZG 2014, 5 (11).
[270] In seiner Entscheidung (ZIP 2013, 1570 Rn. 38 – Eurohypo/Rheinhypo/Essenhyp) gibt der BGH zudem zwar den Wortlaut des § 304 Abs. 2 S. 1 AktG wieder, lässt dabei jedoch die Worte „ohne Bildung anderer Gewinnrücklagen" aus.
[271] OLG Frankfurt a. M. ZIP 2012, 524 (529) – Eurohypo/Rheinhyp/Essenhyp; MüKoAktG/*Habersack* § 221 Rn. 320a; Hüffer/*Koch* AktG § 221 Rn. 68c; *Prosser,* Anlegerschutz, 2001, S. 176; *Verse/Wiersch* NZG 2014, 5 (10); aA *Dangelmayer,* Schutz von Genussrechtsinhabern, 2013, S. 184 f.
[272] OLG Frankfurt a. M. ZIP 2012, 524 (529) – Eurohypo/Rheinhyp/Essenhyp; *Prosser,* Anlegerschutz, 2001, S. 176; zweifelnd *Verse/Wiersch* NZG 2014, 5 (10); offen lassend Hüffer/*Koch* AktG § 221 Rn. 68c.
[273] S. BGH ZIP 2013, 1570 Rn. 28 – Eurohypo/Rheinhypo/Essenhyp.
[274] *Prosser,* Anlegerschutz, 2001, S. 175 f.; *Ehmann* AG 2013, 751 (755); *Verse/Wiersch* NZG 2014, 5 (10) (für negative Prognose); zu § 304 AktG s. zB Emmerich/Habersack AG/GmbH-Konzernrecht/*Emmerich* § 304 Rn. 32 u. 69; Hüffer/*Koch* AktG § 304 Rn. 19.
[275] Zu § 304 AktG ebenso → § 71 Rn. 107; K. Schmidt/Lutter AktG/*Stephan* § 304 Rn. 81 u. 139 f.

93 (5) Wird nur ein **isolierter Gewinnabführungsvertrag** abgeschlossen, findet die BGH-Lösung keine Anwendung. Vielmehr erfolgt die Anpassung in diesem Fall in der Weise, dass für die zukünftigen Zahlungen auf das Ergebnis der Gesellschaft abzustellen ist, wie es sich ohne den Vertrag (Gewinnabführung und Verlustausgleich) darstellen würde.[276]

94 (6) Besteht der **Unternehmensvertrag im Zeitpunkt der Ausgabe der Genussrechte** bereits, ist die Konzernfreiheit nicht Grundlage der Genussrechte und ist demzufolge kein Raum für eine Anpassung.[277] Vielmehr ist der Unternehmensvertrag in den Genussscheinbedingungen abzubilden.

95 (7) In den **Genussscheinbedingungen** können auch Regelungen für den Fall des nachfolgenden Abschlusses eines Unternehmensvertrages getroffen werden. Bei Vornahme einer AGB-rechtlichen Inhaltskontrolle (dazu → Rn. 27 u. 78) sollen jedoch Bestimmungen unwirksam sein, die von den Vorgaben der BGH-Rechtsprechung (substanziell) zu Lasten der Genussrechtsgläubiger abweichen; insbesondere soll wegen § 309 Nr. 10 BGB eine Klausel unwirksam sein, wonach im Fall des Abschlusses eines Unternehmensvertrages auf das Ergebnis des herrschenden Unternehmens abzustellen ist.[278]

V. Aktienoptionsprogramme

100 **1. Überblick.** Aktienbezugsrechte *(stock options)* für Vorstände und Führungskräfte sind seit Mitte der 90er Jahre in der Unternehmenspraxis verbreitet.[279] Ihr Ziel ist die Schaffung eines **variablen Vergütungsbestandteils,** der die Gesellschaft liquiditätsmäßig entlasten und die Führungskräfte motivieren soll, ihre Tätigkeit am Ziel einer Wert- und Kurssteigerung des Unternehmens auszurichten.[280] Die Gewährung von Aktienoptionen steht auch in Übereinstimmung mit der **Empfehlung G.10 DCGK,** wonach langfristig variable Vergütungsbeträge überwiegend in Aktien angelegt oder entsprechend aktienbasiert gewährt werden sollen.

101 Nach einem anfänglichen Boom von Aktienoptionsprogrammen ist in der Unternehmenspraxis zwischenzeitlich eine gewisse **Zurückhaltung** zu verzeichnen, und eine Reihe von Unternehmen ist zu anderen Formen einer variablen Vergütung mit langfristiger Anreizwirkung übergegangen.[281] Neben Zweifeln an der Motivationswirkung und der Sorge vor negativen Anreizwirkungen sowie unerwünschten Fehlsteuerungen[282] wird insbesondere Kritik an unzureichender Transparenz und zu anspruchslosen Erfolgszielen geäußert und werden unangemessen hohe Bezüge[283] befürchtet. Darüber hinaus können

---

[276] MüKoAktG/*Habersack* § 221 Rn. 320b; KölnKommAktG/*Florstedt* § 221 Rn. 633; Hüffer/*Koch* AktG § 221 Rn. 68d; *Kallrath,* Inhaltskontrolle, 1994, S. 178; *Schürnbrand* ZHR 173 (2009), 689 (708); *Verse/Wiersch* NZG 2014, 5 (8) Fn. 33. Siehe auch BGH ZIP 2013, 1570 Rn. 41 – Eurohypo/Rheinhypo/Essenhyp: Bei fehlender Möglichkeit der Erteilung nachteiliger Weisungen durch das herrschende Unternehmen sei die Anpassung im Sinne fester Zahlungsansprüche „zumindest in Frage gestellt"; aA und für Anpassung wie beim Beherrschungsvertrag hingegen GroßkommAktG/*Hirte* § 221 Rn. 418; *Dangelmayer,* Schutz von Genussrechtsinhabern, 2013, S. 182; wohl auch AG-Finanzierung/*Fischer* Kap. 11 Rn. 175.

[277] *Frantzen,* Genußscheine, 1993, S. 286; KölnKommAktG/*Florstedt* § 221 Rn. 380 (zu Wandel-/Optionsanleihen); aA *Prosser,* Anlegerschutz, 2001, S. 170 f.

[278] S. BGH ZIP 2013, 1570 Rn. 32 – Eurohypo/Rheinhypo/Essenhyp; ferner *Dangelmayer,* Schutz von Genussrechtsinhabern, 2013, S. 188; *Casper* ZIP 2012, 497 (503); *Verse/Wiersch* NZG 2014, 5 (11 f.).

[279] Nähere Angaben zur Verbreitung von stock options in Deutschland und im Ausland bei Harrer/*Rosen/Leven* Mitarbeiterbeteiligungen Rn. 57 ff.; Harrer/*Hölscher* Mitarbeiterbeteiligungen Rn. 88 ff.; *Kohler* ZHR 161 (1997), 246 (249 ff.).

[280] Eingehend *Kohler* ZHR 161 (1997), 246 (254 ff.); *Baums* FS Claussen, 1997, 3 (5 ff.); Begr. RegE KonTraG BT-Drs. 13/9712, 23.

[281] Vgl. dazu nur Ringleb/Kremer/Lutter/v. Werder DCGK/*Ringleb* Rn. 751.

[282] Vgl. dazu etwa MüKoAktG/*Fuchs* § 192 Rn. 69 f.

[283] Vgl. etwa Ringleb/Kremer/Lutter/v. Werder DCGK/*Ringleb* Rn. 745 f.; MüKoAktG/*Fuchs* § 192 Rn. 71 f.

Aktienoptionen zu praktischen Problemen führen, wenn im Zeitpunkt ihrer Ausübung für die Berechtigten ein Finanzierungsbedarf entsteht (Erwerbspreis, Einkommensteuer), zu dessen Deckung sie die erworbenen Aktien (teilweise) kurzfristig veräußern müssen, gleichzeitig aber im Unternehmen (potenzielle) Insiderinformationen vorliegen.

Aktienoptionen wurden früher im Wesentlichen durch Wandel- oder Optionsanleihen unterlegt. Das KonTraG von 1998[284] hat in § 192 AktG einen neuen Abs. 2 Nr. 3 AktG eingefügt, der die Schaffung eines **bedingten Kapitals** zur Unterlegung von Aktienoptionen in der Form selbstständiger Bezugsrechte *(naked warrants)* erlaubt. Seitdem werden Aktienoptionsprogramme in der Regel auf dieser Grundlage aufgelegt; vgl. → Rn. 103 ff. Aktienoptionen in der Form von *naked warrants* können ferner durch **eigene Aktien** bedient werden; → Rn. 123 ff. Daneben besteht die Möglichkeit der Unterlegung durch **Wandel- oder Optionsanleihen** weiterhin fort; dazu → Rn. 126 ff. Auch vor dem Hintergrund der mit Aktienoptionsprogrammen verbundenen praktischen Schwierigkeiten (→ Rn. 101) finden sich in der Praxis **virtuelle Programme,** bei denen keine neuen Aktien ausgegeben oder eigene Aktien übertragen werden, sondern ein Aktienoptionsprogramm nur wirtschaftlich abgebildet wird; vgl. → Rn. 129 f.

Durch das **ARUG II** ist für börsennotierte AGs (§ 3 Abs. 2 AktG) die Verpflichtung des Aufsichtsrats neu eingeführt worden, dass er ein Vorstandsvergütungssystem beschließt (§ 87a Abs. 1 AktG) und dieses der Hauptversammlung nach Maßgabe von § 120a AktG zur Billigung vorlegt. Die eigentliche Festsetzung der konkreten Vergütung muss sodann in Übereinstimmung „mit einem der Hauptversammlung [...] vorgelegten Vergütungssystem" erfolgen (§ 87a Abs. 2 AktG). Maßgeblich ist danach, dass das System der Hauptversammlung vorgelegt worden ist, nicht hingegen, dass sie es gebilligt hat.[285] Gehören – wie üblich – Vorstandsmitglieder zu den Teilnehmern eines Aktienoptionsprogramms, muss der Aufsichtsrat aufgrund dieser Neuregelungen zukünftig darauf achten, dass die Ausgestaltung des Aktienoptionsprogramms und die konkrete Gewährung von Optionen an die Vorstandsmitglieder in **Übereinstimmung mit dem vom Aufsichtsrat umgesetzten Vergütungssystem** stehen.

Aktienoptionen stellen Lohn iSv § 87 Abs. 1 Nr. 10 BetrVG dar. Richtet sich ein Aktienoptionsprogramm – wie üblich – auch an Arbeitnehmer, unterliegen seine Einführung und Ausgestaltung grundsätzlich der **betriebsverfassungsrechtlichen Mitbestimmung.**[286]

2. Selbstständige Optionen mit bedingtem Kapital. Gemäß § 192 Abs. 2 Nr. 3 AktG können selbstständige Bezugsrechte auf Aktien begeben und durch ein bedingtes Kapital unterlegt werden. Die Grundlagenentscheidung obliegt dabei zunächst der **Hauptversammlung.** Diese fasst – ähnlich wie bei Wandel- bzw. Optionsanleihen – zwei Beschlüsse: Sie stimmt der Ausgabe von Aktienoptionen zu bzw. ermächtigt die Verwaltung dazu und beschließt über die Schaffung des bedingten Kapitals (→ § 58 Rn. 13 f.). Auf dieser Grundlage erfolgt die rechtsgeschäftliche Einräumung der Bezugsrechte durch die **Verwaltung.** Dabei ist der Aufsichtsrat für die Gewährung von Aktienoptionen an den Vorstand zuständig (§ 112 AktG); im Übrigen erfolgt die Ausgabe durch den Vorstand. Die Festlegung der inhaltlichen Rahmenbedingungen des Optionsprogramms nimmt dabei gemäß § 193 Abs. 2 AktG die Hauptversammlung in ihrem Zustimmungs- bzw. Ermächtigungsbeschluss vor. Für die konkrete Ausgabe werden zumeist einheitliche **Options- oder Ausübungsbedingungen** verwendet, die **AGBs** darstellen und einer entsprechenden

---

[284] Gesetz zur Kontrolle und Transparenz im Unternehmensbereich (KonTraG) vom 27.4.1998, BGBl. I S. 786 ff.

[285] Begr. RegE ARUG II BT-Drs. 19/9739, 72; Hüffer/Koch AktG § 87 a Rn. 13; *Bungert/Berger* DB 2018, 2801 (2804).

[286] ErfK/*Kania* BetrVG § 87 Rn. 97; eingehend *Seidensticker,* Mitarbeiteraktienoptionsprogramme, 2019, S. 106 ff.

Inhaltskontrolle unterliegen.[287] Zu den **kapitalmarktrechtlichen Aspekten** → § 58 Rn. 104 f.

104 **a) Volumen.** Der Nennbetrag eines zu diesem Zweck beschlossenen bedingten Kapitals darf **10 % des Grundkapitals,** das zurzeit der Beschlussfassung vorhanden ist, nicht übersteigen (§ 192 Abs. 3 S. 1 AktG); zur Berechnung näher → § 58 Rn. 23. Eigene Aktien, die gemäß § 71 Abs. 1 Nr. 8 AktG zur Verwendung für Aktienoptionsprogramme verwendet werden dürfen (vgl. → Rn. 124), sind anzurechnen.[288]

105 **b) Berechtigte.** Die Gewährung der Bezugsrechte ist gemäß § 192 Abs. 2 Nr. 3 AktG für **Arbeitnehmer** und **Mitglieder der Geschäftsführung** der Gesellschaft oder eines verbundenen Unternehmens gestattet (dazu auch → § 58 Rn. 12); zur Frage der Einbeziehung von Aufsichtsratsmitgliedern vgl. → Rn. 131 f. Verbundene Unternehmen sind dabei grundsätzlich Tochter- und Enkelgesellschaften. Unzulässig ist es hingegen, Mitarbeitern des herrschenden Unternehmens Stock Options zu gewähren.[289] Vor diesem Hintergrund dürfte es auch nicht möglich sein, Aktienoptionen an Arbeitnehmer und Geschäftsführer anderer Konzernunternehmen auszugeben, an denen die Gesellschaft nicht selbst zumindest mittelbar beteiligt ist.

106 Nicht geklärt ist, ob und unter welchen Voraussetzungen **Tochter- bzw. Enkelgesellschaften** in Aktienoptionspläne der Konzernspitze einbezogen werden können. Bedenken werden hiergegen geäußert, weil die Organe und Führungskräfte der Tochter einseitig auf die wirtschaftliche Situation der Mutter ausgerichtet würden; dies sei weder mit der zwingenden Orientierung am Unternehmensinteresse, dh den Interessen der Tochter, noch damit vereinbar, dass die Vorstandsvergütung gemäß § 87 Abs. 1 AktG in einem angemessenen Verhältnis zur Lage der Gesellschaft stehen muss. Daher wird die Einbeziehung von Tochter- oder Enkelgesellschaften in Aktienoptionsprogramme, die an Erfolgsziele auf Ebene der Konzernspitze (zB deren Aktienkurs) anknüpfen, vielfach im Grundsatz abgelehnt.[290] Der BGH hat die Frage bislang nicht entschieden.[291] Bei Bestehen eines Vertragskonzerns greifen diese Bedenken jedoch nicht.[292] Unbedenklich ist die Einbeziehung auch, wenn die Konzernspitze Alleingesellschafterin ist, dh wenn es auf der Ebene der nachgeordneten Konzernunternehmen

---

[287] BAG AG 2008, 632 (634); *Fach,* Zulässigkeit von Bindungsklauseln, 2007, S. 232 f. u. 249 f.

[288] GroßkommAktG/*Frey* § 192 Rn. 140; MüKoAktG/*Fuchs* § 192 Rn. 149; Grigoleit AktG/ *Rieder/Holzmann* § 192 Rn. 34; *Hoffmann-Becking* NZG 1999, 798 (804); Hüffer/*Koch* AktG § 192 Rn. 24; einschränkend *Ihrig/Wagner* NZG 2002, 657 (663 f.).

[289] MüKoAktG/*Fuchs* § 192 Rn. 89; GroßkommAktG/*Frey* § 192 Rn. 100; Hüffer AktG/*Koch* § 192 Rn. 20; K. Schmidt/Lutter AktG/*Veil* § 192 Rn. 23; Bürgers/Körber AktG/*Marsch-Barner* § 192 Rn. 17; Hölters AktG/*Apfelbacher/Niggemann* § 192 Rn. 49; Spindler/Stilz AktG/*Rieckers* § 192 Rn. 60a, der die Gewährung von Bezugsrechten auf Aktien der Tochter indes zulassen will, „wenn sie ausnahmsweise durch besondere Gründe gerechtfertigt ist"; *Hoffmann-Becking* NZG 1999, 798 (803); *Friedrichsen,* Aktienoptionsprogramme, 2000, S. 203; so auch schon Begr. RegE KonTraG BT-Drs. 13/9712, 24; aA *Zitzewitz* NZG 1999, 698 (704); *Käpplinger,* Inhaltskontrolle, 2003, S. 96; wohl auch *Martens* FS Ulmer, 2003, 399 (415 f.).

[290] OLG München ZIP 2008, 1237 (1239 f.) – REW Energie AG (für eine variable Vergütung ohne Aktienoptionen); MüKoAktG/*Spindler* § 87 Rn. 51; KölnKommAktG/*Mertens/Cahn* § 87 Rn. 25; GroßkommAktG/*Frey* § 192 Rn. 101; *Baums* FS Claussen, 1997, 3 (12); *Tröger* ZGR 2009, 447 (453 ff.); s. auch LG Köln AG 2008, 327 (335) – Strabag AG; für Prüfung im Einzelfall Hüffer/*Koch* AktG § 192 Rn. 20 u. § 87 Rn. 14 f.

[291] S. den Nichtannahmebeschluss BGH DStR 2009, 2692 zur Nichtzulassungsbeschwerde gegen OLG München ZIP 2008, 1237 – REW Energie AG.

[292] S. Begr. RegE KonTraG BT-Drs. 13/9712, 23 f.; Spindler/Stilz AktG/*Rieckers* § 192 Rn. 61; MüKoAktG/*Spindler* § 87 Rn. 51; GroßkommAktG/*Frey* § 192 Rn. 101; Bürgers/Körber AktG/ *Marsch-Barner* § 192 Rn. 17; Hüffer/*Koch* AktG § 192 Rn. 20; Harrer/*Roschmann/Erwe* Mitarbeiterbeteiligungen Rn. 190; *Hohenstatt/Seibt/Wagner* ZIP 2009, 2289 f. u. 2295; *Waldhausen/Schüller* AG 2009, 179 (185): anders aber für reinen Gewinnabführungsvertrag; *Spindler* FS K. Schmidt, 2009, 1529 (1536); aA KölnKommAktG/*Mertens/Cahn* § 87 Rn. 25.

keine außenstehenden Gesellschafter gibt.²⁹³ Im danach allein kritischen faktischen Konzern mit außenstehenden Gesellschaftern kommt ein Verstoß darüber hinaus nur in Betracht, wenn die variable Vergütungskomponente, die auf die Verhältnisse der Muttergesellschaft abstellt, von maßgeblicher Bedeutung ist, insbesondere mehr als 50 % der variablen Vergütung der Geschäftsleitung der Tochter ausmacht.²⁹⁴ Lediglich dann kommt es in Betracht, dass sich die Geschäftsführung der Tochter primär nicht von der Lage und den Interessen des eigenen Unternehmens, sondern der Konzernspitze leiten lässt. Auch darüber hinaus überzeugen die Bedenken aber nicht. Vielmehr ist es **grundsätzlich zulässig,** Arbeitnehmer und Geschäftsführer von Töchtern und Enkeln in Aktienoptionsprogramme der Mutter einzubeziehen.²⁹⁵ § 192 Abs. 2 Nr. 3 AktG beschränkt die Möglichkeit der Einbeziehung verbundener Unternehmen – bewusst –²⁹⁶ gerade nicht auf Vertragskonzernunternehmen oder 100 %-ige Beteiligungen. § 87 Abs. 1 AktG betrifft ferner primär nicht die Zulässigkeit einzelner Vergütungskomponenten, sondern die Angemessenheit, dh die Höhe der Vergütung, wobei die Lage der Gesellschaft eines von mehreren Kriterien ist.²⁹⁷ Zudem bindet die Bestimmung jedenfalls die Hauptversammlung nicht (näher → Rn. 111).²⁹⁸ Darüber hinaus fließen in Erfolgsziele, die auf Konzernkennziffern oder zB den Aktienkurs der Mutter abstellen, die Lage und die Entwicklung der Tochtergesellschaft ein; eine Fehlincentivierung oder das Entstehen von Interessenkonflikten auf Ebene der Tochter liegt dann keineswegs auf der Hand. Schließlich werden die schutzwürdigen Interessen der außenstehenden Aktionäre und der Gläubiger durch das Schutzsystem der §§ 311 ff. AktG (vgl. → § 70 Rn. 66 ff.) gesichert. Für eine grundsätzliche Unzulässigkeit der Einbeziehung von Arbeitnehmern und Geschäftsleitungsmitgliedern faktischer Tochter- und Enkelgesellschaften in Aktienoptionsprogrammen der Mutter ist danach kein Raum. Denkbar ist es allein, dass die Entscheidung des Aufsichtsrats der Tochtergesellschaft über die Einbeziehung im Einzelfall nicht ordnungsgemäß ist; das setzt jedoch voraus, dass die Einbeziehung in der konkreten Situation nicht mehr vertretbar ist. Für die Praxis ist zu überlegen, im faktischen Konzern die variable Vergütung der abhängigen Unternehmen vorsorglich so zu gestalten, dass sie nicht überwiegend, dh zu mehr als 50 %, von Entwicklungen auf Ebene der Mutter abhängt.

c) Ausgabebeschluss. Neben ihrer Entscheidung über die Schaffung eines bedingten **107** Kapitals fasst die Hauptversammlung einen Beschluss über die Ausgabe von Aktienoptionen (→ Rn. 103); zum Beschluss über das bedingte Kapital vgl. → § 58 Rn. 25 ff. Der Ausgabe-

---

²⁹³ Vgl. Begr. RegE KonTraG BT-Drs. 13/9712, 23 f.; Bürgers/Körber AktG/*Marsch-Barner* § 192 Rn. 17; Spindler/Stilz AktG/*Rieckers* § 192 Rn. 61; Hüffer/*Koch* AktG § 192 Rn. 20; *Reichert/Balke* FS Hellwig, 2010, 285 (287 u. 292); aA MüKoAktG/*Spindler* § 87 Rn. 51 aus Gründen des Gläubigerschutzes.
²⁹⁴ So auch KölnKommAktG/*Mertens/Cahn* § 87 Rn. 11; MüKoAktG/*Fuchs* § 192 Rn. 90; Spindler/Stilz AktG/*Rieckers* § 192 Rn. 61b; *Hohenstatt/Seibt/Wagner* ZIP 2009, 2289 (2294); in diese Richtung auch OLG München ZIP 2008, 1237 (1239) – REW Energie AG. Siehe ferner Begr. RegE KonTraG BT-Drs. 13/9712, 24: Prüfung, ob „einseitige Motivation [...] auf die Wertentwicklung bei der Mutter zu rechtfertigen ist"; aA *Tröger* ZGR 2009, 447 (452 ff.).
²⁹⁵ Ebenso K. Schmidt/Lutter AktG/*J. Vetter* § 311 Rn. 33; Bürgers/Körber AktG/*Marsch-Barner* § 192 Rn. 17; Hölters AktG/*Weber* § 87 Rn. 40; *Habersack* NZG 2008, 634 f.; *Martens* FS Ulmer, 2003, 399 (416 f.); *Arnold* FS Bauer, 2010, 35 (41 ff.); *Reichert/Balke* FS Hellwig, 2011, 285 (289 ff.); *Waldhausen/Schüller* AG 2009, 179 (180); grundsätzlich auch Spindler/Stilz AktG/*Rieckers* § 192 Rn. 61a f.; MüKoAktG/*Fuchs* § 192 Rn. 90 (Einbeziehung nur unzulässig bei Nachweis einer konkreten Gefährdung des Wohls der Tochter im konkreten Einzelfall); *Hohenstatt/Seibt/Wagner* ZIP 2009, 2289 (2291 ff.).
²⁹⁶ Vgl. Begr. RegE KonTraG BT-Drs. 13/9712, 23 f.
²⁹⁷ Spindler/Stilz AktG/*Rieckers* § 192 Rn. 61a; *Arnold* FS Bauer, 2010, 35 (40); *Hohenstatt/Seibt/Wagner* ZIP 2009, 2289 (2292); *Waldhausen/Schüller* AG 2009, 179 (182). S. auch BGH DStR 2009, 2692, wonach sich der Ansatz des OLG München (ZIP 2008, 1237 – REW Energie AG) von den Regeln des § 87 AktG „entferne".
²⁹⁸ Vgl. dazu HdB börsennotierte AG/*Busch* Rn. 44.30; HdB börsennotierte AG/*Holzborn* Rn. 53.22.

beschluss kann als **Zustimmungsbeschluss** gefasst werden, zu dessen Umsetzung die Verwaltung dann verpflichtet ist (§ 83 Abs. 2 AktG),[299] oder – was in der Praxis die Regel ist – als **Ermächtigungsbeschluss** (§ 192 Abs. 2 Nr. 3 AktG); zur Abgrenzung → § 58 Rn. 14. Bei einem Ermächtigungsbeschluss besteht keine Ausführungsverpflichtung, sondern Vorstand bzw. Aufsichtsrat bleiben hinsichtlich des Ob und des Zeitpunkts der Auflegung des Optionsplans frei.[300] Zu der Frage, ob die Ermächtigung analog §§ 202 Abs. 1, 221 Abs. 2 AktG zeitlich begrenzt ist, → § 58 Rn. 14. Für den **Inhalt des Beschlusses** gilt § 193 Abs. 2 Nr. 1–4 AktG. Erforderlich sind damit wie bei jedem bedingten Kapital gem. Nr. 1–3 Feststellungen über den Zweck der bedingten Kapitalerhöhung, den Kreis der Bezugsberechtigten und den Ausgabebetrag oder die Grundlagen seiner Berechnung. Zusätzlich sind die in § 193 Abs. 2 Nr. 4 AktG genannten Festsetzungen zu treffen. Zum Beschlussinhalt auch → § 58 Rn. 32, 33, 35 f. und 40.

108 d) **Ausgabebetrag.** Gemäß § 193 Abs. 2 Nr. 3 AktG ist der Ausgabebetrag für die neuen Aktien oder die Grundlagen, nach denen dieser Betrag errechnet wird, festzulegen. Die Hauptversammlung muss daher den **Ausübungspreis (Basispreis)**, zu dem die Berechtigten ihre Optionen und damit die Aktien erwerben können, bestimmen. Dafür stehen verschiedene Methoden zur Verfügung.[301] Die Hauptversammlung kann den Ausübungspreis abschließend festlegen **(Festpreismethode)**. Er kann sich – was in der Praxis wohl die Regel darstellt – nach dem Börsenkurs bei Ausgabe der Optionen bestimmen **(Ausgabemethode)**. Der Ausübungspreis kann dabei über dem Börsenkurs gewählt werden. Ein Abschlag zum Börsenkurs soll demgegenüber mit **§ 255 Abs. 2 AktG** unvereinbar sein.[302] Das überzeugt nicht. Der Verwässerungsschutz der Aktionäre wird durch die im Ausgabebeschluss festzulegenden Erfolgsziele gewährleistet; § 193 Abs. 2 Nr. 4 AktG verdrängt § 255 Abs. 2 AktG.[303] Schließlich kann sich der Ausübungspreis nach dem Börsenkurs bei Ausübung der Optionen richten. Dabei wird von dem Börsenkurs ein Abschlag vorgenommen **(Indexierungs- oder Abschlagsmethode)**. Die Höhe des Abschlags bestimmt sich in der Regel anhand eines relativen Erfolgsziels. Gegen einen solchen Abschlag bestehen unter dem Gesichtspunkt des § 255 Abs. 2 AktG keine Bedenken. Ausreichend ist entsprechend § 193 Abs. 2 Nr. 3 Hs. 2 AktG auch die Angabe eines **Mindestausgabepreises** (Mindestbasispreises).[304] Zulässig ist ferner die Festlegung durch einen **Sachverständigen** anhand von Kriterien, die im Hauptversammlungsbeschluss hinreichend konkret vorgegeben sind; vgl. → § 58 Rn. 35.

109 e) **Aufteilung der Bezugsrechte.** Gemäß § 193 Abs. 2 Nr. 4 AktG muss der Beschluss die Aufteilung der Bezugsrechte auf Mitglieder der Geschäftsführungen und Arbeitnehmer festlegen. Der Gesetzeswortlaut geht von einer Aufteilung der Bezugsrechte in zwei Gruppen aus. Daran anschließend wird aus der Gesetzesbegründung[305] und seinem Zweck zT[306] die Not-

---

[299] Hüffer/*Koch* AktG § 192 Rn. 22; MüKoAktG/*Frey* § 192 Rn. 90; Bürgers/Körber AktG/*Marsch-Barner* § 192 Rn. 19.

[300] Begr. RegE KonTraG BT-Drs. 13/9712, 81; Hüffer/*Koch* AktG § 192 Rn. 22; MüKoAktG/*Fuchs* § 192 Rn. 100; K. Schmidt/Lutter AktG/*Veil* § 192 Rn. 26; Henssler/Strohn/*Hermanns* AktG § 192 Rn. 13; Hölters AktG/*Apfelbacher/Niggemann* § 192 Rn. 56.

[301] Vgl. näher KölnKommAktG/*Mertens/Cahn* § 87 Rn. 51; HdB börsennotierte AG/*Holzborn* Rn. 53.25 ff.; *von Schlabrendorff*, Repricing, 2008, S. 9 ff.; *Friedrichsen*, Aktienoptionsprogramme, 2000, S. 170 ff.

[302] KölnKommAktG/*Mertens/Cahn* § 87 Rn. 52; Bürgers/Körber AktG/*Marsch-Barner* § 193 Rn. 7; *Lüke*, Stock Options, 2004, S. 108; *Hoffmann-Becking* NZG 1999, 798 (803).

[303] So zutreffend K. Schmidt/Lutter AktG/*Schwab* § 255 Rn. 9; *Käpplinger*, Inhaltskontrolle, 2003, S. 144 f.; *von Schlabrendorff*, Repricing, 2008, S. 97 ff.

[304] Vgl. → § 58 Rn. 36 und die dortigen Nachweise sowie ferner wie hier *Weiß*, Aktienoptionspläne, 1999, S. 214, und aA *von Schlabrendorff*, Repricing, 2008, S. 116 f.; *Lüke*, Stock Options, 2004, S. 108.

[305] Begr. RegE KonTraG BT-Drs. 13/9712, 23.

[306] *Eggert*, Aktienoptionen, 2002, S. 353.

wendigkeit einer Aufteilung in drei Gruppen (Vorstandsmitglieder der AG, Geschäftsführung verbundener Unternehmen, Arbeitnehmer) oder – so die hM –[307] in **vier Gruppen** (Vorstandsmitglieder der AG, Geschäftsführung verbundener Unternehmen, Arbeitnehmer der AG, Arbeitnehmer verbundener Unternehmen) abgeleitet. Der Inhalt der Aufteilung steht im Ermessen der Hauptversammlung. Es ist nicht erforderlich, Bezugsrechte für alle Gruppen vorzusehen bzw. zu allen Gruppen Angaben in den Beschluss aufzunehmen; vielmehr genügt die Angabe für diejenige Gruppe bzw. diejenigen Gruppen, die tatsächlich berücksichtigt wird bzw. werden.[308] Die Aufteilung kann in Prozentsätzen des Gesamtvolumens, aber auch in jeder anderen klaren Weise (zB Aktiennennbeträge oder -stückzahlen) erfolgen. Eine namentliche Nennung der Berechtigten ist nicht erforderlich. Eine konkrete Verteilung zwischen den Vorstandsmitgliedern ist durch die Hauptversammlung nicht möglich, da diese Entscheidung ausschließlich dem Aufsichtsrat obliegt.[309] Können Berechtigte mehreren Gruppen angehören (zB Geschäftsleiter von Tochtergesellschaften, die Arbeitnehmer der Mutter sind), sollte im Beschluss klargestellt werden, zu welcher Gruppe in diesem Fall eine Zurechnung erfolgt.

f) **Erfolgsziele.** Die Erfolgsziele, die vor einer Ausübung der Bezugsrechte erreicht sein müssen, sind gemäß § 193 Abs. 2 Nr. 4 AktG im Ausgabebeschluss festzulegen. Dabei genügt es, wenn die Hauptversammlung **Mindestziele** vorgibt, über die die Verwaltung hinausgehen kann.[310] Dass § 193 Abs. 2 Nr. 4 AktG eine Kompetenznorm ist, welche die Zuständigkeit von der Verwaltung auf die Hauptversammlung verlagert, steht dem nicht entgegen; die Kompetenzverlagerung wird mit der Notwendigkeit eines Verwässerungsschutzes der Aktionäre begründet.[311] Dieser Schutz wird durch Vorgaben, die angehoben, aber nicht herabgesetzt werden dürfen, ebenfalls gewährleistet.[312] Danach muss auch die **Festlegung weiterer Ziele** durch die Verwaltung, die nicht von der Hauptversammlung beschlossen worden sind, zulässig sein. **Unterschiedliche Erfolgsziele** für die einzelnen Gruppen der Bezugsberechtigten (→ Rn. 109) sind möglich.[313] Empfehlenswert kann das zB bei der Beteiligung von Geschäftsleitern abhängiger Unternehmen mit Blick auf die umstrittene Zulässigkeit ihrer Beteiligung an Programmen der Konzernspitze (vgl. → Rn. 106) sein.

Bei der Festlegung der Erfolgsziele muss die Hauptversammlung nicht die Vorgaben des § 87 Abs. 1 AktG beachten.[314] Ihr steht vielmehr ein weites Ermessen zu.[315] Ermächtigt der Ausgabebeschluss – wie in der Praxis üblich – zur Ausgabe von Aktienoptionen, ist § 87 Abs. 1 AktG jedoch vom Aufsichtsrat bei seiner Entscheidung über die Gewährung

---

[307] GroßkommAktG/*Frey* § 193 Rn. 59; MüKoAktG/*Fuchs* § 193 Rn. 21; K. Schmidt/Lutter AktG/*Veil* § 193 Rn. 12; Bürgers/Körber AktG/*Marsch-Barner* § 193 Rn. 9; Spindler/Stilz AktG/*Rieckers* § 193 Rn. 21; Grigoleit AktG/*Rieder/Holzmann* § 193 Rn. 19; HdB börsennotierte AG/*Holzborn* Rn. 53.28; AG-Finanzierung/*Jaspers* Kap. 6 Rn. 120; *Lüke*, Stock Options, 2004, S. 109 f.; HdB Stock Options/*Kessler/Suchan* Rn. 143; *Weiß*, Aktienoptionspläne, 1999, S. 215 f.; WM 1999, 353 (357); wohl auch Hüffer/*Koch* AktG § 193 Rn. 9. Für eine Aufteilung in zwei Gruppen OLG Koblenz AG 2003, 453 f.

[308] Spindler/Stilz AktG/Rieckers § 193 Rn. 22; MüKoAktG/*Fuchs* § 193 Rn. 22; Wachter AktG/*Dürr* § 193 Rn. 12; HdB börsennotierte AG/*Holzborn* Rn. 53.28; *Lüke*, Stock Options, 2004, S. 110; *Weiß*, Aktienoptionspläne, 1999, S. 216; *Wulff*, Aktienoptionen, 2000, S. 77 f.

[309] KölnKommAktG/*Mertens/Cahn* § 87 Rn. 54.

[310] *Weiß*, Aktienoptionspläne, 1999, S. 218 f.

[311] Vgl. Hüffer/*Koch* AktG § 193 Rn. 7; Grigoleit AktG/*Rieder/Holzmann* § 193 Rn. 18; Spindler/Stilz AktG/*Rieckers* § 193 Rn. 20.

[312] S. die entsprechende Argumentation von BGH ZIP 2009, 1566 Rn. 19 – Mindestausgabebetrag zu § 193 Abs. 2 Nr. 3 AktG.

[313] Hölters AktG/*Apfelbacher/Niggemann* § 193 Rn. 32; MüKoAktG/*Fuchs* § 193 Rn. 26; Spindler/Stilz AktG/Rieckers § 193 Rn. 25.

[314] Spindler/Stilz AktG/Rieckers § 193 Rn. 28; HdB börsennotierte AG/*Busch* Rn. 44.30; HdB börsennotierte AG/*Holzborn* Rn. 53.22; *von Schlabrendorff*, Repricing, 2008, S. 91 ff.; *Hoffmann-Becking* NZG 1999, 798 (803); aA wohl KölnKommAktG/*Mertens/Cahn* § 87 Rn. 55.

[315] OLG Koblenz AG 2003, 453 (454); BAG AG 2008, 632 (634); Bürgers/Körber AktG/*Marsch-Barner* § 193 Rn. 10; Hölters AktG/*Apfelbacher/Niggemann* § 193 Rn. 32.

von Optionen an den Vorstand zu beachten. In diesem Fall trifft den Aufsichtsrat keine Verpflichtung, die Ermächtigung auszuüben; der Hauptversammlungsbeschluss befreit ihn daher – wie das vorwiegende Verständnis zu § 93 Abs. 4 S. 1 AktG belegt –[316] nicht von der Pflicht, die Anforderungen des § 87 Abs. 1 AktG einzuhalten. Der Aufsichtsrat hat daher darauf zu achten, dass die Vergütung des Vorstands bei Ausübung der Ermächtigung angemessen und – wenn die Gesellschaft börsennotiert ist – die Vergütungsstruktur auf eine **nachhaltige Unternehmensentwicklung** ausgerichtet ist. Stimmt die Hauptversammlung hingegen einem Aktienoptionsprogramm zu, so dass die Verwaltung gemäß § 83 Abs. 2 AktG zur Umsetzung eines konkreten Programms verpflichtet ist, findet § 87 Abs. 1 AktG keine Anwendung und entfällt eine entsprechende Prüfung durch den Aufsichtsrat.

112 Die Erfolgsziele können sich am Börsenkurs oder an anderen Kriterien (zB Gewinn pro Aktie, Eigenkapitalrendite, Gesamtrendite der Aktie usw) orientieren oder auch mehrere Merkmale kombinieren.[317] **Kursorientierte Erfolgsziele** können auf die absolute Kurssteigerung abstellen oder auf eine relative Kursentwicklung im Vergleich zu einem Börsenindex *(Benchmarking)*. Eine rechtliche Verpflichtung zur Anbindung an einen Index besteht nicht,[318] wenngleich sie in aller Regel wünschenswert sein dürfte.[319] Möglich ist es auch, ein Erfolgsziel durch eine entsprechende, anspruchsvolle Ausgestaltung des Ausübungspreises (Basispreises) zu regeln.[320] In Ausnahmefällen kann die Begrenzung einer negativen Entwicklung (Reduzierung anhaltenden Kursverfalls, Begrenzung von Verlusten uä) ein zulässiges Erfolgsziel darstellen.[321] Die Erfolgsziele müssen sich ferner in das (bzw. ein) vom Aufsichtsrat festgelegte(s) und der Hauptversammlung zur Billigung vorgelegte(s) **Vergütungssystem** für den Vorstand einfügen (s. auch → Rn. 102 a).

113 g) **Repricing**[322]. Eine nachträgliche Änderung der Optionsbedingungen *(Repricing)* ist nur in Grenzen möglich.[323] Wird dabei von den bisherigen Festsetzungen im Hauptversammlungsbeschluss (insbesondere zum Ausgabebetrag und den Erfolgszielen) abgewichen, erfordert die Änderung einen entsprechenden Hauptversammlungsbeschluss.[324] Ferner ist die Erstausübungsfrist (Wartezeit) auf mindestens vier Jahre seit dem Zeitpunkt des *Repricing*

---

[316] Eine Haftungsbefreiung nach § 93 Abs. 4 S. 1 AktG greift nach hM nur ein, wenn und soweit der Verwaltung eine Folgepflicht obliegt, den Hauptversammlungsbeschluss umzusetzen (§ 83 Abs. 2 AktG); vgl. K. Schmidt/Lutter AktG/*Krieger/Sailer-Coceani* § 93 Rn. 46; KölnKommAktG/*Mertens/Cahn* § 93 Rn. 149; MüKoAktG/*Spindler* § 93 Rn. 212.

[317] MüKoAktG/*Fuchs* § 193 Rn. 24; GroßkommAktG/*Frey* § 193 Rn. 67; Spindler/Stilz AktG/*Rieckers* § 193 Rn. 24; Bürgers/Körber AktG/*Marsch-Barner* § 193 Rn. 10; Hölters AktG/*Apfelbacher/Niggemann* § 193 Rn. 32; *Hoffmann-Becking* NZG 1999, 798 (802); *Kohler* ZHR 161 (1997), 246 (257 ff.).

[318] Begr. RegE KonTraG BT-Drs. 13/9712, 24; OLG Schleswig AG 2003, 102 (103); OLG Stuttgart AG 2001, 540 (541) – DaimlerChrysler AG; LG Stuttgart ZIP 2000, 2110 (2113); KölnKommAktG/*Mertens/Cahn* § 87 Rn. 56; GroßkommAktG/*Frey* § 193 Rn. 67; Hüffer/*Koch* AktG § 193 Rn. 9a; *Friedrichsen*, Aktienoptionsprogramme, 2000, S. 161 ff.; *Martens* FS Ulmer, 2003, 399 (413 ff.); *Weiß* WM 1999, 353 (358).

[319] Vgl. nur MüKoAktG/*Fuchs* § 193 Rn. 25; Hüffer/*Koch* AktG § 193 Rn. 9a; Spindler/Stilz AktG/*Rieckers* § 193 Rn. 26; *Baums* FS Claussen, 1997, 3 (12 ff.); *Weiß* WM 1999, 353 (358).

[320] KölnKommAktG/*Mertens/Cahn* § 87 Rn. 57; Hüffer/*Koch* AktG § 193 Rn. 9a; Spindler/Stilz AktG/*Rieckers* § 193 Rn. 27; *Friedrichsen*, Aktienoptionsprogramme, 2000, S. 146 f.

[321] OLG Koblenz AG 2003, 453 (454 f.); MüKoAktG/*Fuchs* § 193 Rn. 25; KölnKommAktG/*Mertens/Cahn* § 87 Rn. 52; Wachter AktG/*Dürr* § 193 Rn. 13; kritisch Hüffer AktG/*Koch* § 193 Rn. 9a; Spindler/Stilz AktG/*Rieckers* § 193 Rn. 27.

[322] Zu den kapitalmarktrechtlichen Aspekten des Repricing s. zB *von Schlabrendorff*, Repricing, 2008, S. 151 ff.; KölnKommAktG/*Mertens/Cahn* § 87 Rn. 73 ff.

[323] Eingehend *Semmer*, Repricing, 2005, S. 105 ff.; *von Schlabrendorff*, Repricing, 2008, S. 39 ff.; *Ackermann/Suchan* DB 2002, 1497 (1498 f.); *Käpplinger/Käpplinger* WM 2004, 712 ff.

[324] *Semmer*, Repricing, 2005, S. 106 ff.; MüKoAktG/*Fuchs* § 192 Rn. 73; Spindler/Stilz AktG/*Rieckers* § 192 Rn. 47, § 193 Rn. 18; Bürgers/Körber AktG/*Marsch-Barner* § 193 Rn. 7; Hölters AktG/*Apfelbacher/Niggemann* § 193 Rn. 29; *Hoffmann-Becking* NZG 1999, 797 (803); *Ackermann/Suchan*

neu festzusetzen.³²⁵ **Ermächtigungsklauseln** im Ursprungsbeschluss, die der Verwaltung das Recht zum Repricing geben, sind unzulässig.³²⁶ Dem *Repricing* im engeren Sinn gleichzustellen ist die Ersetzung der bestehenden durch neue Optionen *(Canceling and Reissuing)*. Gleiches gilt ferner für ein sog. **Cash Bonus Arrangement,** wonach dem Optionsberechtigten bei Ausübung der Option eine Bonuszahlung gewährt wird, die wirtschaftlich zu einer Senkung des Ausgabebetrages führt, sowie für einen Rückkauf der Optionen, der den Berechtigten besser stellt, als er bei Ausübung stünde. Auch darin liegen unzulässige Übergriffe in die Kompetenz der Hauptversammlung, weil die Zahlungen dazu dienen, die Festsetzungen der Hauptversammlung zu unterlaufen.³²⁷

Nach der **Empfehlung G.8 DCGK** (zuvor Ziffer 4.2.3 Abs. 2 S. 8 DCGK idF v. 7.2.2017) soll eine nachträgliche Änderung der Erfolgsziele oder Vergleichsparameter ausgeschlossen sein. Die Empfehlung gilt ausschließlich für Optionen, die an Vorstände gewährt werden. Sie dürfte analog auf eine Herabsetzung des Ausübungspreises (Basispreises) Anwendung finden.³²⁸ Neben dem *Repricing* im engeren Sinn erfasst sie auch Fälle des *Canceling and Reissuing*.³²⁹ Wird von ihr abgewichen, ist das unverzüglich – dh ggf. auch unterjährig – gemäß § 161 AktG offen zu legen und zu erklären. Nicht eindeutig ist, wann das *Repricing* im Sinne der Empfehlung ausgeschlossen ist. Ein **Ausschluss** im Hauptversammlungsbeschluss kann grundsätzlich nicht gemeint sein, da eine Ermächtigung zum *Repricing* im Ausgabebeschluss unzulässig ist (→ Rn. 113). Ein vertraglicher Ausschluss (im Anstellungsvertrag bzw. den Optionsbedingungen) kann jederzeit einvernehmlich aufgehoben werden. Gemeint sein dürfte daher schlicht, dass ein *Repricing* nicht vorgenommen wird.³³⁰ Eines ausdrücklichen Ausschlusses bedarf es somit nicht.

Auch wenn der Plan mit **eigenen Aktien** bedient werden soll, ist eine Herabsetzung des Ausgabebetrags nicht ohne entsprechenden Hauptversammlungsbeschluss zulässig.³³¹ Bei einer Verwendungsermächtigung nach § 71 Abs. 1 Nr. 8 AktG gehört der Ausgabebetrag richtigerweise ebenfalls zu den von der Hauptversammlung zu treffenden Festsetzungen, vgl. → Rn. 124.

Gegenüber den Optionsinhabern werden die neuen Konditionen nur auf Grund einer entsprechenden Vereinbarung wirksam, so dass die **Zustimmung der Optionsberechtigten** erforderlich ist. Das folgt jedoch nicht zusätzlich aus **§ 192 Abs. 4 AktG;** diese Bestimmung verhindert einen Beschluss der Hauptversammlung über das *Repricing* grundsätzlich nicht.³³²

DB 2002, 1497 (1498 f.); *Käpplinger/Käpplinger* WM 2004, 712 (713 f.); Stock Options/*von Einem/Pajunk,* 2002, S. 85/104.

³²⁵ Str.; ebenso *von Schlabrendorff,* Repricing, 2008, S. 82 ff.; KölnKommAktG/*Mertens/Cahn* § 87 Rn. 72. AA *Käpplinger/Käpplinger* WM 2004, 712 (714); *Ackermann/Suchan* BB 2002, 1497 (1502); Stock Options/*von Einem/Pajunk,* 2002, S. 85/104.

³²⁶ GroßkommAktG/*Frey* § 193 Rn. 46; Hölters AktG/*Apfelbacher/Niggemann* § 193 Rn. 29; KölnKommAktG/*Mertens/Cahn* § 87 Rn. 71; *von Schlabrendorff,* Repricing, 2008, S. 114 ff.; *Käpplinger/Käpplinger* WM 2004, 712 (714); *Ackermann/Suchan* BB 2002, 1497 (1499); aA *Semmer,* Repricing, 2005, S. 186 ff.; MüKoAktG/*Spindler* § 87 Rn. 55; Spindler/Stilz AktG/*Fleischer* § 87 Rn. 43.

³²⁷ HdB des VorstandsR/*Thüsing* § 6 Rn. 70; im Ergebnis ebenso auch *Käpplinger/Käpplinger* WM 2004, 712 (716 f., 718), die jedoch einen Verstoß gegen § 57 AktG annehmen. Zum Canceling und Reissuing *von Schlabrendorff,* Repricing, 2008, S. 112 f.

³²⁸ *von Schlabrendorff,* Repricing, 2008, S. 106 f. mwN.

³²⁹ MüKoAktG/*Spindler* § 87 Rn. 55; Wilsing DCGK/*Goslar* Ziffer 4.2.3 Rn. 17; *von Schlabrendorff,* Repricing, 2008, S. 113; differenzierend Johannsen-Roth/Illert/Ghassemi-Tabar DCGK/*Kießling* Empf. G.8 Rn. 6.

³³⁰ Ebenso Johannsen-Roth/Illert/Ghassemi-Tabar DCGK/*Kießling* Empf. G.8; ähnlich Wilsing DCGK/*Goslar* Ziffer 4.2.3 Rn. 17.

³³¹ *von Schlabrendorff,* Repricing, 2008, S. 64; *Käpplinger/Käpplinger* WM 2004, 712 (715); aA *Ackermann/Suchan* BB 2002, 1497 (1499 f.).

³³² *von Schlabrendorff,* Repricing, 2008, S. 89 f.; *Ackermann/Suchan* BB 2002, 1497 (1501); *Käpplinger/Käpplinger* WM 2004, 712 (714).

Der Beschluss erschwert die Ausübung der bestehenden Bezugsrechte nicht. Anders liegt es, wenn die Hauptversammlung ein Aktienoptionsprogramm aufheben, das Volumen des Programms vergrößern oder den Betrag des bedingten Kapitals reduzieren will, ohne dass sichergestellt ist, dass sämtliche Optionsrechte bedient werden können; ein darauf gerichteter Beschluss verstößt gegen § 192 Abs. 4 AktG, wenn ihm nicht alle Berechtigten zustimmen.

117 **h) Erwerbs- und Ausübungszeiträume.** Als Erwerbszeitraum ist gemäß § 193 Abs. 2 Nr. 4 AktG ein Zeitraum zu bestimmen, in dem die Möglichkeit besteht, die angebotenen Bezugsrechte zu zeichnen.[333] Bei der Bestimmung sollte die für die Ermittlung des Ausübungspreises (Basispreises) angewandte Methode (dazu → Rn. 108) berücksichtigt werden, um sicherzustellen, dass die mit dem Programm verfolgte Incentivierungswirkung nicht durch die Wahl des Erwerbszeitpunkts unterlaufen wird. Darüber hinaus sind Ausübungszeiträume festzulegen, in denen die Bezugsrechte ausgeübt werden können. Diese Festlegung soll **Insiderverstößen vorbeugen,** indem die Ausübung nur in Zeiten erlaubt wird, in denen der Kapitalmarkt über aktuelle Unternehmensinformationen verfügt (zB nach Vorlage des Geschäftsberichts oder eines Zwischenberichts, nach der Bilanzpressekonferenz usw).[334] Darüber hinaus vereinfacht sie die Abwicklung des Programms. Bei der Festlegung der Erwerbs- und Ausübungszeiträume sind ferner die **Closed Periods** gemäß Art. 19 Abs. 11 MMVO zu berücksichtigen (→ § 58 Rn. 105).

118 **i) Wartezeit.** Schließlich ist gemäß § 193 Abs. 2 Nr. 4 AktG eine Wartezeit für die erstmalige Ausübung der Bezugsrechte zu bestimmen. Die Mindestwartezeit ist durch das VorstAG[335] von zwei auf **mindestens vier Jahre** seit Ausgabe der Bezugsrechte verlängert worden, um einen stärkeren Anreiz zu langfristigem Handeln zum Wohle des Unternehmens zu setzen.[336] Eine Obergrenze ist nicht vorgesehen. Arbeits- und AGB-rechtlich (→ Rn. 103) dürfte jedenfalls eine Wartezeit von fünf Jahren zulässig sein; darin läge keine Abweichung von Grundgedanken der gesetzlichen Regelungen (§ 307 Abs. 2 Nr. 1 BGB), da § 193 Abs. 2 eine Wartezeit von mindestens vier Jahren vorschreibt und Aktienoptionsprogramme auf eine langfristige Anreizwirkung angelegt sind.[337] Jedenfalls deutlich längere Wartezeiten sind jedoch nicht rechtssicher, wenn sie mit einer Verfallklausel verbunden sind, wonach die Optionen bei Beendigung des Arbeitsverhältnisses entfallen.[338]

119 Über die Wartezeit hinaus kann im Ausgabebeschluss eine **Sperrfrist (Haltefrist)** geregelt werden, während der die Berechtigten die durch Optionsausübung erworbenen Aktien nicht veräußern dürfen. Eine Anrechnung einer solchen Frist auf die Wartezeit ist nicht möglich; vielmehr muss die Wartezeit auch in diesem Fall mindestens vier Jahre betragen.[339]

120 Die **Laufzeit** der Bezugsrechte kann durch die Hauptversammlung geregelt werden. Wie Gesetzeswortlaut und Entstehungsgeschichte[340] zeigen, ist das jedoch nicht erforderlich.[341] Zur Frage, ob die durch den Ausgabebeschluss erteilte Ermächtigung analog §§ 202 Abs. 1, 221 Abs. 2 AktG zeitlich begrenzt ist, → § 58 Rn. 14.

---

[333] Begr. RegE KonTraG BT-Drs. 13/9712, 24; MüKoAktG/*Fuchs* § 193 Rn. 28 ff.; Hüffer/*Koch* AktG § 193 Rn. 9b; Spindler/Stilz AktG/*Rieckers* § 193 Rn. 30 f.; Bürgers/Körber AktG/*Marsch-Barner* § 193 Rn. 11.

[334] Begr. RegE KonTraG BT-Drs. 13/9712, 24; MüKoAktG/*Fuchs* § 193 Rn. 35; Spindler/Stilz AktG/*Rieckers* § 193 Rn. 35; KölnKommAktG/*Mertens/Cahn* § 87 Rn. 61; *Weiß* WM 1999, 353 (358).

[335] Gesetz zur Angemessenheit der Vorstandsvergütung vom 31.7.2009, BGBl. I S. 2509.

[336] Begr. RegE VorstAG BT-Drs. 16/12278, 7 iVm 5; rechtspolitisch kritisch insoweit MüKoAktG/*Fuchs* § 193 Rn. 32a; Hüffer/*Koch* AktG § 193 Rn. 9b; Spindler/Stilz AktG/*Rieckers* § 193 Rn. 32a.

[337] Vgl. BAG AG 2008, 632 (635) zu § 193 Abs. 2 Nr. 4 aF.

[338] Vgl. MüKoAktG/*Fuchs* § 193 Rn. 34; Spindler/Stilz AktG/*Rieckers* § 193 Rn. 33.

[339] KölnKommAktG/*Mertens/Cahn* § 87 Rn. 60; Spindler/Stilz AktG/*Rieckers* § 193 Rn. 34.

[340] In der Begründung zum Referentenentwurf zum KonTraG (ZIP 1996, 2129 (2138)) war ursprünglich auch die Laufzeitangabe als Pflichtinhalt des Hauptversammlungsbeschlusses genannt; im Regierungsentwurf ist dies jedoch (ohne nähere Begründung) entfallen.

j) Weitere Bedingungen. Alle weiteren Bedingungen der Bezugsrechte können, brau- 121
chen aber nicht durch die Hauptversammlung festgesetzt zu werden. Soweit der Ausgabebeschluss keine Vorgaben enthält, sind die für die Ausgabe der Bezugsrechte zuständigen
Organe (vgl. → Rn. 103) für ihre Festlegung zuständig, ohne dass es dafür einer ausdrücklichen Regelung im Hauptversammlungsbeschluss bedarf.[342] Zu den weiteren Bedingungen
zählen zB Mindesthaltefristen für die nach Ausübung der Optionsrechte bezogenen Aktien,
Bindungsfristen für die Mitarbeiter,[343] Fragen der technischen Abwicklung der Bezugsrechte, des Ausscheidens der Bezugsberechtigten uä.[344] Daneben sind Regelungen zum
Verwässerungsschutz und zur **Übertragbarkeit** der Optionen üblich. Ohne besondere
Regel wird man davon ausgehen müssen, dass die Optionen für die Dauer der Wartefrist
unübertragbar sind, danach jedoch übertragen werden können.[345] Ferner kann im Ausgabebeschluss ein Verbot für **Hedging**-Maßnahmen, durch welche die Bezugsberechtigten die
mit den Optionen verbundenen Kursrisiken ausgleichen können, vorgesehen werden;
erforderlich ist das jedoch nicht.[346]

k) Bezugsrechtsausschluss. Vgl. hierzu → § 58 Rn. 18 ff. Unterschreitet der Basispreis 122
für die Ausübung der Option den im Zeitpunkt ihrer Ausgabe bestehenden aktuellen
Börsenkurs mehr als nur unwesentlich iSv § 186 Abs. 3 S. 4 AktG, führt das nicht zu einer
Angemessenheitskontrolle des Ausgabebeschlusses;[347] § 255 Abs. 2 AktG findet keine
Anwendung (→ Rn. 108). Auch eine Kontrolle des Hauptversammlungsbeschlusses unter
dem Gesichtspunkt der **Angemessenheit der Vorstandsbezüge** (§ 87 Abs. 1 AktG)
findet nicht statt; → Rn. 111.

3. Selbstständige Optionen mit Erwerb eigener Aktien. Mit Inkrafttreten des Kon- 123
TraG hat das Gesetz auch die Möglichkeit geschaffen, zur Bedienung eines Aktienoptionsprogramms für Vorstände und Führungskräfte eigene Aktien einzusetzen, die gemäß § 71
Abs. 1 Nr. 8 AktG erworben werden. Für den Erwerb eigener Aktien nach § 71 Abs. 1
Nr. 8 AktG gelten die allgemeinen Grundsätze (vgl. dazu → § 15 Rn. 30 ff.). Der **Beschluss der Hauptversammlung** muss den Einsatz der Aktien zur Bedienung des Optionsprogramms ausdrücklich vorsehen, da es sich hierbei um eine vom Gleichbehandlungsgrundsatz des § 71 Abs. 1 Nr. 8 S. 3 AktG abweichende andere Veräußerung iSv Satz 5
der Vorschrift handelt. Die Erwerbsermächtigung und die Ermächtigung, eigene Aktien für
ein Stock Options Programm einzusetzen, müssen nicht zusammenfallen; vielmehr ist es
möglich, die Verwendungsermächtigung erst später zu beschließen.[348]

Auf den Beschluss über die Verwendungsermächtigung ist **§ 193 Abs. 2 Nr. 4 AktG** 124
entsprechend anwendbar, so dass er auch die → Rn. 109 ff. genannten Festsetzungen treffen
muss. § 71 Abs. 1 Nr. 8 AktG regelt nicht explizit, dass eigene Aktien für die Bedienung
eines Stock Option-Programms eingesetzt werden dürften und enthält demgemäß auch

---

[341] Ebenso MüKoAktG/*Fuchs* § 193 Rn. 36; KölnKommAktG/*Mertens/Cahn* § 87 Rn. 62; Spind-
ler/Stilz AktG/*Rieckers* § 193 Rn. 35; HdB börsennotierte AG/*Holzborn* Rn. 53. 40; aA *Weiß* WM
1999, 353 (358); *Weiß*, Aktienoptionspläne, 1999, S. 220 f.
[342] Spindler/Stilz AktG/*Rieckers* § 193 Rn. 26; *Friedrichsen*, Aktienoptionsprogramme, 2000, S. 78.
[343] Dazu BAG AG 2008, 632; HdB börsennotierte AG/*Holzborn* Rn. 53.73 f.; ausführlich *Fach*,
Zulässigkeit von Bindungsklauseln, 2007, S. 35 ff. u. 119 ff.
[344] Begr. RegE KonTraG BT-Drs. 13/9712, 24.
[345] Ebenso KölnKommAktG/*Mertens/Cahn* § 87 Rn. 67; MüKoAktG/*Fuchs* § 193 Rn. 37; s. auch
Begr. RegE KonTraG BT-Drs. 13/9712, 24: Unübertragbarkeit ist „selbstverständlich". Für Übertragbarkeit hingegen *Wulff*, Aktienoptionen, 2000, S. 86; ebenso wohl auch OLG Stuttgart AG 2001, 540
(543) – DaimlerChrysler AG.
[346] OLG Stuttgart AG 2001, 540 (543) – DaimlerChrysler AG.
[347] AA 3. Aufl. → § 63 Rn. 48; s. auch KölnKommAktG/*Mertens/Cahn* § 87 Rn. 52; so wohl auch
OLG Stuttgart AG 2001, 540 (541) – DaimlerChrysler AG.
[348] LG Berlin AG 2000, 328 (329) – Bankgesellschaft Berlin AG; KölnKommAktG/*Lutter/Drygala*
§ 71 Rn. 190; Bürgers/Körber AktG/*Wieneke* § 71 Rn. 42; aA MüKoAktG/*Oechsler* § 71 Rn. 261.

keine Bestimmung über den hierfür in Frage kommenden **Personenkreis**. Dem Verweis auf § 193 Abs. 2 Nr. 4 AktG ist jedoch zu entnehmen, dass insoweit das gleiche Regelungskonzept gelten soll wie bei § 192 Abs. 2 Nr. 3 AktG;[349] vgl. daher insoweit → Rn. 105 f. Ob der Beschluss auch den **Ausgabebetrag** der Aktien, dh den Basispreis für die Optionsausübung, festlegen muss, ist ebenfalls unklar, da § 71 Abs. 1 Nr. 8 S. 5 AktG nicht auf § 193 Abs. 2 Nr. 3 AktG verweist; gleichwohl wird man auch insoweit aus der Verweisung auf § 193 Abs. 2 Nr. 4 AktG, die auf § 193 Abs. 2 Nr. 3 AktG aufbaut, ableiten müssen, dass auch der Ausübungspreis durch die Hauptversammlung zu beschließen ist.[350] Zum Repricing → Rn. 115. Schließlich gilt bei Verwendung eigener Aktien für das Stock Option-Programm ebenfalls die **10%-Grenze** des § 192 Abs. 3 AktG. Beide Ermächtigungen können dabei in Höhe von jeweils 10% beschlossen werden und nebeneinander stehen. Die Ausnutzung einer Ermächtigung führt jedoch jeweils zur Anrechnung auf das 10%-Volumen der anderen Ermächtigung (auch → Rn. 104).[351]

125 § 71 Abs. 1 Nr. 8 S. 5 AktG verweist für die Beschlussfassung über eine andere Veräußerung auch auf die Regelungen über das gesetzliche **Bezugsrecht** in § 186 Abs. 3 und 4 AktG. Welche Bedeutung diese Verweisung für den Fall hat, dass der Einsatz eigener Aktien zur Bedienung eines Aktienoptionsprogrammes beschlossen werden soll, ist unklar. Die beabsichtigte Gleichstellung mit dem Einsatz eines bedingten Kapitals, bei dem ein Bezugsrecht nicht besteht, spricht für die Annahme, dass die Verweisung auf § 186 Abs. 3 und 4 AktG für die Fälle von Aktienoptionsplänen keine Bedeutung hat.[352] Angesichts der entgegenstehenden hM[353] sollte die Praxis jedoch nach Maßgabe von § 186 Abs. 3 und 4 AktG das Bezugsrecht ausschließen und einen entsprechenden Vorstandsbericht erstatten. Selbst wenn man das als erforderlich ansieht, ist eine besondere **sachliche Rechtfertigung** des Bezugsrechtsausschlusses ebenso wenig nötig wie beim Einsatz eines bedingten Kapitals zu demselben Zweck.[354]

126 **4. Wandel- oder Optionsanleihen.** Neben der Möglichkeit, Aktienoptionsprogramme mittels eines bedingten Kapitals oder eigener Aktien abzusichern, ist es **weiterhin zulässig**, entsprechende Programme mit Wandel- oder Optionsanleihen aufzulegen und durch ein normales bedingtes Kapital zu besichern. Der durch das UMAG neue gefasste § 221 Abs. 4 S. 2 AktG erklärt für diesen Durchführungsweg **§ 193 Abs. 2 Nr. 4 AktG** für sinngemäß anwendbar.

127 Der Beschluss der Hauptversammlung über die Schaffung von Wandel- oder Optionsanleihen für ein Aktienbezugsprogramm muss die gleichen **Festsetzungen** über die Aufteilung der Bezugsrechte, die Erfolgsziele, die Erwerbs- und Ausübungszeiträume und die Wartezeiten für die erstmalige Ausübung enthalten wie der Beschluss über die Schaffung eines entsprechenden bedingten Kapitals; vgl. daher insoweit → Rn. 109 ff. Darüber hinaus ist –

---

[349] BGHZ 158, 122 (127 ff.) – Mobilcom; *Weiß* WM 1999, 353 (360 f.); vgl. auch → Rn. 132 zur Unzulässigkeit von Stock Options für Aufsichtsratsmitglieder.

[350] Ebenso K. Schmidt/Lutter AktG/*Bezzenberger* § 71 Rn. 85; MüKoAktG/*Oechsler* § 71 Rn. 270; KölnKommAktG/*Lutter/Drygala* § 71 Rn. 188; MüKoAktG/*Fuchs* § 192 Rn. 82; Grigoleit AktG/ *Grigoleit/Rachlitz* § 71 Rn. 54; *von Schlabrendorff*, Repricing, 2008, S. 57 ff.; aA *Käpplinger/Käpplinger* WM 2004, 712 (714); *Ackermann/Suchan* BB 2002, 1497; Stock Options/*von Einem/Pajunk*, 2002, S. 85/104; *Weiß* WM 1999, 353 (361).

[351] GroßkommAktG/*Frey* § 192 Rn. 140; MüKoAktG/*Fuchs* § 192 Rn. 149; KölnKommAktG/ *Lutter/Drygala* § 71 Rn. 134 ff.; Hüffer/*Koch* AktG § 192 Rn. 24; *Hoffmann-Becking* NZG 1999, 798 (804); aA *Mutter* ZIP 2002, 295 (296 f.); einschränkend *Ihrig/Wagner* NZG 2002, 657 (663 f.).

[352] Ebenso *Weiß* WM 1999, 353 (361 f.); Hüffer/*Koch* AktG § 71 Rn. 19j; Bürgers/Körber AktG/ *Wieneke* § 71 Rn. 42; davon scheint auch Begr. RegE KonTraG BT-Drs. 13/9712, 14 auszugehen; gegen das Erfordernis eines Vorstandsberichts auch K. Schmidt/Lutter AktG/*Bezzenberger* § 71 Rn. 86.

[353] OLG Schleswig AG 2003, 102 (104); MüKoAktG/*Fuchs* § 192 Rn. 82; MüKoAktG/*Oechsler* § 71 Rn. 259; *Käpplinger*, Inhaltskontrolle, 2003, S. 136 f.; offengelassen von LG Berlin AG 2000, 328 (329) – Bankgesellschaft Berlin AG.

[354] Ebenso MüKoAktG/*Oechsler* § 71 Rn. 260.

Finanzierung mit Fremdkapital; Aktienoptionen   **128, 129 § 64**

ebenso wie bei Optionsplänen mit eigenen Aktien (vgl. → Rn. 124) – anzunehmen, dass der zugelassene Personenkreis entsprechend § 192 Abs. 2 Nr. 3 AktG beschränkt ist. Auch für Wandel- und Optionsanleihen wird man darüber hinaus die 10 % Grenze des § 192 Abs. 2 AktG analog anwenden müssen, wobei selbstständige Optionen, die auf der Grundlage eines bedingten Kapitals nach § 192 Abs. 2 Nr. 3 AktG oder einer Ermächtigung nach § 71 Abs. 1 Nr. 8 S. 5 AktG ausgegeben werden, anzurechnen sind (auch → Rn. 104 u. 124).

Anders als bei der Ausgabe von selbstständigen Optionen ist bei der Verwendung von **128** Wandel- oder Optionsanleihen ein förmlicher **Bezugsrechtsausschluss** nach §§ 221 Abs. 4, 186 Abs. 3 AktG nötig. Die erforderliche sachliche Rechtfertigung ist allerdings ohne weiteres zu bejahen.[355] In dem **Vorstandsbericht** zur Begründung des Bezugsrechtsausschlusses sind die mit dem Aktienoptionsprogramm verfolgten Ziele zu schildern, wobei allerdings allgemeine Erwägungen zu den Vorteilen eines Optionsplans genügen.[356] Zur Versendung und Auslegung des Berichts vor und in der Hauptversammlung vgl. → § 57 Rn. 133 f.

5. Virtuelle Optionsprogramme. Die vorstehend geschilderten Regeln gelten nicht für **129** virtuelle Aktienoptionsprogramme, bei denen der Berechtigte kein Bezugsrecht auf Aktien erhält, sondern lediglich einen Geldanspruch, der sich nach der Kursentwicklung richtet *(Stock Appreciation Rights; Phantom Stocks).*[357] Auf solche Gestaltungen finden §§ 192, 193 AktG keine Anwendung.[358] Zum Teil wird jedoch vertreten, die **Vierjahresfrist des § 193 Abs. 2 Nr. 4 AktG** sei auch bei virtuellen Programmen einzuhalten.[359] Das überzeugt nicht.[360] Die Frist von vier Jahren ist keine Mindestfrist für sämtliche Vergütungskomponenten. Maßgeblich für die Ausgestaltung virtueller Optionsprogramme ist § 87 Abs. 1 AktG. Dieser sieht in § 87 Abs. 1 S. 3 Hs. 1 AktG vor, dass variable Vergütungskomponenten eine mehrjährige Bemessungsgrundlage haben „sollen". Darin liegt jedoch kein Selbstzweck. Vielmehr dies – wie das Wort „daher" in § 87 Abs. 1 S. 3 Hs. 1 AktG zeigt – dem übergeordneten Zweck, dass die Vergütungsstruktur auf eine nachhaltige Unternehmensentwicklung ausgerichtet ist (§ 87 Abs. 1 S. 2 AktG). Dementsprechend ist § 87 Abs. 1 S. 3 Hs. 1 AktG auch nur als Soll-Vorschrift ausgestaltet. Entscheidend ist damit, ob das virtuelle Optionsprogramm der nachhaltigen Unternehmensentwicklung dient. Das hängt von seiner Gesamtausgestaltung ab, in die die mehrjährige Bemessungsgrundlage nur als eines von mehreren Elementen einfließt. Das VorstAG behandelt die Vierjahresfrist in Übereinstimmung damit lediglich als „Auslegungshilfe für die Formulierung langfristiger Verhaltensanreize im Sinne des § 87 Absatz 1 AktG".[361] Für die Mehrjährigkeit im Sinne von § 87 Abs. 1 S. 3 Hs. 1 AktG ist vor

---

[355] Ebenso bereits zur Rechtslage vor Erweiterung von § 221 Abs. 4 S. 2 AktG OLG Braunschweig AG 1999, 84 (85 ff.) – VW AG; OLG Stuttgart AG 1998, 529 (531) – Wenger/Daimler-Benz; LG Frankfurt a. M. ZIP 1997, 1030 (1033); *Hüffer* ZHR 161 (1997), 214 (227 ff.); enger *Baums* FS Claussen, 1997, 3 (39 ff.). Zur heutigen Rechtslage MüKoAktG/*Fuchs* § 192 Rn. 79: „Vermutung für die materielle Rechtfertigung"; K. Schmidt/Lutter AktG/*Merkt* § 221 Rn. 99; MüKoAktG/*Habersack* § 221 Rn. 188; s. auch BGHZ 144, 290 (292) – adidas; BGH ZIP 1995, 373 (374).

[356] Vgl. OLG Braunschweig AG 1999, 84 (87 f.) – VW AG; OLG Stuttgart AG 1998, 529 (533 f.) – Wenger/Daimler-Benz; LG Frankfurt a. M. ZIP 1997, 1030; enger MüKoAktG/*Habersack* § 221 Rn. 178; Hüffer/*Koch* AktG § 221 Rn. 41; *Hüffer* ZHR 161 (1997), 214 (229 f.); *Baums* FS Claussen, 1997, 3 (33), die Einzelheiten zu der Prognose verlangen, dass das Programm in seiner konkreten Ausgestaltung die angestrebte Steigerung des Unternehmenswertes erwarten lasse.

[357] Zur Ausgestaltung etwa HdB Stock Options/*Kessler/Suchan* Rn. 680 ff., 777 ff.; *Martens* FS Ulmer, 2003, 399 (402 f.).

[358] MüKoAktG/*Fuchs* § 192 Rn. 86; GroßkommAktG/*Frey* § 192 Rn. 108; Spindler/Stilz AktG/*Rieckers* § 192 Rn. 57.

[359] Vgl. zB KölnKommAktG/*Mertens/Cahn* § 87 Rn. 60; Bürgers/Körber AktG/*Marsch-Barner* § 193 Rn. 12.

[360] In diese Richtung Spindler/Stilz AktG/*Rieckers* § 193 Rn. 32a; MüKoAktG/*Fuchs* § 193 Rn. 32a; Hüffer/*Koch* AktG § 193 Rn. 9b; Hölters AktG/*Weber* § 87 Rn. 37; Wilsing DCGK/*Goslar* Ziffer 4.2.3 Rn. 11.

[361] Begr. RegE VorstAG BT-Drs. 16/12278, 5.

diesem Hintergrund auch nicht geklärt, ob – was zutreffend erscheint – eine Bemessungsgrundlage von zwei Jahren genügen kann oder ob – über den Wortlaut hinaus – längere Bemessungsgrundlagen notwendig sind.[362]

130 Zum Teil werden virtuelle Aktienoptionsprogramme als Genussrechte iSv § 221 Abs. 3 AktG eingestuft[363] mit der Folge, dass für virtuelle Aktienoptionsprogramme genau die gleichen Regelungen gelten würden wie für echte Aktienoptionsprogramme unter Verwendung von Wandel- oder Optionsanleihen (vgl. → Rn. 126 ff.). Die **Einstufung als Genussrecht** ist jedoch **abzulehnen**, weil es an dem für Genussrechte konstitutiven Merkmal der Gewährung aktionärstypischer Vermögensrechte (vgl. → Rn. 69) fehlt. Hierunter fallen Ansprüche, die typischerweise dem Aktionär gegen die Gesellschaft zustehen und deren Gewährung an Dritte demgemäß einen Eingriff in die Vermögensposition des Aktionärs darstellt. Das ist bei kursorientierten Vergütungselementen jedoch nicht der Fall. Hierbei handelt es sich um normale Tantiemen, die am Angemessenheitsgebot des § 87 Abs. 1 AktG zu messen sind, aber vom Aufsichtsrat ohne Mitwirkung der Hauptversammlung gewährt werden können.[364]

131 **6. Aktienoptionsprogramme für Aufsichtsratsmitglieder.** Mitglieder des Aufsichtsrats der Gesellschaft können nicht in ein Aktienoptionsprogramm nach **§ 192 Abs. 2 Nr. 3 AktG** einbezogen werden. Wortlaut und Entstehungsgeschichte des Gesetzes schließen das aus.[365] Ebenso wenig können **eigene Aktien** zur Bedienung von Aktienoptionen für Aufsichtsratsmitglieder verwendet werden; dies folgt aus der Verweisung in § 71 Abs. 1 Nr. 8 AktG auf § 193 Abs. 2 Nr. 4 AktG, der zu entnehmen ist, dass hinsichtlich des in Frage kommenden Personenkreises für die Verwendung eigener Aktien das gleiche Regelungskonzept gelten soll wie bei § 192 Abs. 2 Nr. 3 AktG.[366] Seit § 221 Abs. 4 S. 2 AktG auf Grund der Neufassung durch das UMAG auch für **Wandel- und Optionsanleihen** auf § 193 Abs. 2 Nr. 4 AktG verweist, gilt dasselbe für Aktienoptionen zu Gunsten von Aufsichtsratsmitgliedern in Form von Wandel- oder Optionsanleihen.[367]

132 Offen ist, ob **virtuelle Optionsprogramme** (vgl. → Rn. 129 f.) für Aufsichtsratsmitglieder zulässig sind. ZT[368] wird das verneint. Das überzeugt jedoch nicht. Virtuelle Optionsprogramme für Aufsichtsratsmitglieder sind nicht zu beanstanden.[369] Begründet

---

[362] Vgl. dazu jeweils mwN Hüffer/*Koch* AktG § 87 Rn. 29 f.; Grigoleit AktG/*Schwennicke* § 87 Rn. 22; Wilsing DCGK/*Goslar* Ziffer 4.2.3 Rn. 11.

[363] MüKoAktG/*Fuchs* § 192 Rn. 86; GroßkommAktG/*Frey* § 192 Rn. 108; *Hoppe* NZG 2018, 811 (813 f.): für *Phantom Stocks*, die wegen der Vergütung der während der Laufzeit ausgeschütteten Dividenden Genussrechte und Teilgewinnabführungsverträge seien.

[364] Ebenso KölnKommAktG/*Mertens/Cahn* § 87 Rn. 80; *Wohlfahrt/Brause* WM 1997, 397 (399 ff.); *Busch* AG 1999, 58 (63 ff.); HdB Stock Options/*Kessler/Suchan* Rn. 686, 783.

[365] Begr. RegE KonTraG BT-Drs. 13/9712, 23; BGHZ 158, 122 (126 f.) – Mobilcom; Hüffer/*Koch* AktG § 192 Rn. 21; MüKoAktG/*Fuchs* § 192 Rn. 92; GroßkommAktG/*Frey* § 192 Rn. 97; Spindler/Stilz AktG/*Rieckers* § 192 Rn. 62; Bürgers/Körber AktG/*Marsch-Barner* § 192 Rn. 18; Wachter AktG/*Dürr* § 192 Rn. 18.

[366] BGHZ 158, 122 (127 ff.) – Mobilcom; → § 33 Rn. 38; MüKoAktG/*Oechsler* § 71 Rn. 264; Bürgers/Körber AktG/*Marsch-Barner* § 192 Rn. 18; Bürgers/Körber AktG/*Wieneke* § 71 Rn. 43; Grigoleit AktG/*Grigoleit/Tomasic* § 113 Rn. 14; *Weiß* WM 1999, 353 (360).

[367] Begr. RegE UMAG BR-Drs. 3/05, 52; Spindler/Stilz AktG/*Rieckers* § 192 Rn. 62; Grigoleit AktG/*Grigoleit/Tomasic* § 113 Rn. 14; Bürgers/Körber AktG/*Bürgers/Israel* § 113 Rn. 11; aA MüKoAktG/*Fuchs* § 192 Rn. 80. Zuvor waren Aktienoptionen in der Form von Wandel- oder Optionsanleihen an Aufsichtsräte hingegen nach hM zulässig; vgl. zB OLG München ZIP 2002, 1150 (1151 f.); zweifelnd jedoch BGHZ 158, 122 (129) – Mobilcom; aA MüKoAktG/*Habersack* § 113 Rn. 19; *Habersack* ZGR 2004, 721 (728 f.); *Paefgen* WM 2004, 1169 (1172).

[368] Hölters AktG/*Hambloch-Gesinn/Gesinn* § 113 Rn. 20; K. Schmidt/Lutter AktG/*Drygala* § 113 Rn. 31; KölnKommAktG/*Mertens/Cahn* § 113 Rn. 29; MüKoAktG/*Habersack* § 113 Rn. 19; *Habersack* ZGR 2004, 721 (731); *Paefgen* WM 2004, 1169 (1173); tendenziell auch *Hoppe* NZG 2018, 811 (814 f.).

[369] Ebenso → § 33 Rn. 38; Spindler/Stilz AktG/*Rieckers* § 192 Rn. 62; Spindler/Stilz AktG/*Spindler* § 113 Rn. 56; GroßkommAktG/*Hopt/Roth* § 113 Rn. 47; MüKoAktG/*Fuchs* § 192 Rn. 80, 92 ff.;

wird die Gegenauffassung im Kern damit, dass eine Angleichung der Vergütungsinteressen der Organe und insbesondere die Anknüpfung der Aufsichtsratsvergütung an Kennziffern, die vom Vorstand maßgeblich mitbestimmt werden, zu einer Beeinträchtigung der Kontrollfunktion durch den Aufsichtsrat zu führen droht.[370] § 87 Abs. 1 S. 2 AktG enthält die Kernaussage, dass eine Vergütung strukturell auf die nachhaltige und langfristige Unternehmensentwicklung ausgerichtet sein muss. Trotz der Verankerung bei der Vorstandsvergütung in börsennotierten Gesellschaften ist der Nachhaltigkeitsgedanke von übergreifender Bedeutung[371] und konkretisiert im Bereich der Vergütung den Grundsatz, dass das Organhandeln dem Unternehmensinteresse zu dienen hat. Damit unvereinbar ist die Annahme, dass eine Beteiligung von Aufsichtsratsmitgliedern an virtuellen Optionsprogrammen, die den Anforderungen des § 87 Abs. 1 S. 2 AktG genügen, die Gefahr einer Beeinträchtigung der Kontrollfunktion des Aufsichtsrats begründen soll. Wird ein virtuelles Optionsprogramm unter Beteiligung des Aufsichtsrats aufgelegt, muss die Hauptversammlung, da ihr allein die Kompetenz für die Vergütung des Aufsichtsrats zukommt, die Einzelheiten des virtuellen Optionsprogramms so weitgehend regeln, dass die Verwaltung das Programm in Bezug auf die Beteiligung des Aufsichtsrat nur noch umsetzt, aber keine relevanten inhaltlichen Entscheidungen mehr treffen kann.

§ 65 Steuerliche Behandlung der Kapitalmaßnahmen

Übersicht

	Rn.		Rn.
I. Kapitalerhöhung gegen Einlage	1–9	4. Kapitalherabsetzung als verdeckte Gewinnausschüttung	24
1. Bareinlage	1–3	IV. Vereinfachte Kapitalherabsetzung	25, 26
2. Kapitalerhöhung gegen Sacheinlage	4–9	V. Steuerliche Behandlung von Wandelschuldverschreibungen	27–40
II. Kapitalerhöhung aus Gesellschaftsmitteln	10–12	1. Steuerliche Behandlung der AG	27–33
III. Kapitalherabsetzung	13–24	2. Steuerliche Behandlung der Wandelschuldverschreibung beim Anleihezeichner	34–40
1. Übersicht über die steuerliche Auswirkung der Kapitalherabsetzung	13–15	VI. Steuerliche Behandlung von Genussrechten	41–46
2. Steuerliche Folgen bei der Gesellschaft	16–19	1. Allgemeines	41
3. Behandlung beim Aktionär	20–23	2. Behandlung bei der AG	42–45
a) Kapitalherabsetzung bei Aktien im Betriebsvermögen	20, 21	a) Kriterien für die Ausgestaltung als Eigen- oder Fremdkapital	42–44
b) Kapitalherabsetzung bei Aktien im Privatvermögen	22	b) Behandlung von Vergütungen	45
c) Kapitalherabsetzung bei Aktionären, die iSd § 17 EStG beteiligt sind	23	3. Steuerliche Behandlung des Rechtsinhabers	46

Schrifttum: *Birkhan,* Bilanzierung einer Wandelschuldverschreibung beim Emittenten, JbFfSt 2009/ 2010, 751; *Breuninger/Prinz,* Ausgewählte Bilanz- und Steuerrechtsfragen von Mezzaninefinanzierungen, DStR 2006, 1345; *Bron/Seidel,* Die Besteuerung von Kapitalmaßnahmen (§ 20 Abs. 4a EStG) nach dem JStG 2010, BB 2010, 2599; *Dohrmann,* Vorsteuerabzug im Zusammenhang mit Gesell-

---

Grigoleit AktG/*Grigoleit/Tomasic* § 113 Rn. 15; Bürgers/Körber AktG/*Bürgers/Israel* § 113 Rn. 12 (wenn der Vorstand keinen direkten Einfluss auf die Vergütungshöhe hat); Johannsen-Roth/Illert/ Ghassemi-Tabar DCGK/*H. Schäfer* Empf./Aur. G.18 Rn. 7; *Richter* BB 2004, 949 (956); in diese Richtung auch Hüffer/*Koch* AktG § 113 Rn. 12, der sich dafür ausspricht, dass zumindest erfolgsbezogene Vergütungen, „bei denen Börsenkurs nur ein Parameter von mehreren ist, […] beanstandungsfrei bleiben [sollten]".

[370] Vgl. etwa MüKoAktG/*Habersack* § 113 Rn. 19 unter Verweis auf BGHZ 158, 122 (127) – Mobilcom; K. Schmidt/Lutter AktG/*Drygala* § 113 Rn. 31.

[371] S. Beschlussempfehlung und Bericht des Rechtsausschusses zum VorstAG, BT-Drs. 16/13433, 16 li. Sp.

schaftsrechten, StBp 2010, 241; *Gelhausen/Rimmelspacher,* Wandel- und Optionsanleihen in den handelsrechtlichen Jahresabschlüssen des Emittenten und des Inhabers, AG 2006, 729; *Häuselmann,* Wandelanleihen in der Handels- und Steuerbilanz des Emittenten, BB 2000, 139; *ders.,* Die steuerliche Erfassung von Pflichtwandelanleihen, BB 2003, 1531; *Häuselmann/Wagner,* Steuerbilanzielle Erfassung aktienbezogener Anleihen: Options-, Wandel-, Umtausch- und Aktienanleihen, BB 2002, 2431; *Haisch/Danz,* Besteuerung von Options- und Wandelanleihen, DStZ 2006, 229; *Haisch/Helios,* Corporate Actions, Abgeltungsteuer und Teileinkünfteverfahren, Ubg 2009, 250; *Helios/Birker,* Partiarisches Darlehen und Liquidität bei mezzaninen Finanzierungen, BB 2011, 2327; *Hoffmann,* Börseneinführungskosten, PiR 2006, 79; *Kleinmanns,* Genussrechte in der Handelsbilanz und Steuerbilanz: Zinsen nicht mehr steuerlich abzugsfähig? BB 2016, 2543; *Lechner/Haisch,* Besteuerung von Debt-Mezzanine-Swaps – Kritische Anmerkungen zur Kurzinformation der OFD Rheinland vom 14.12.2011, Ubg 2012, 115; *Meilicke,* Die Neuregelung der Besteuerung des Bezugsrechts, DB 2009, 476; *Pezzer,* Steuerrechtliche Beurteilung einer auf einem nicht den gesellschaftsrechtlichen Vorschriften entsprechenden Gewinnverteilungsbeschluss beruhenden Gewinnausschüttung, FR 2007, 433; *Rau,* Zur steuerbilanziellen Behandlung von Aktienanleihen, DStR 2006, 627; *Rödder/Schumacher,* Das BMF-Schreiben zu § 8b KStG, DStR 2003, 909 (911); *Schulze-Osterloh,* Forderungsverzicht des Gesellschafters einer Kapitalgesellschaft in der Krise, NZG 2017, 641; *Wassermeyer,* Der Ansatz verdeckter Gewinnausschüttungen innerhalb und außerhalb der Steuerbilanz, DB 2010, 1959.

I. Kapitalerhöhung gegen Einlage

1 **1. Bareinlage.** Die **Erhöhung des Grundkapitals** ist ein Vorgang auf der gesellschaftsrechtlichen Ebene und erhöht als Einlage nicht das Einkommen der Aktiengesellschaft.[1] Auf der Seite des Aktionärs ist die Einlage als Anschaffungsvorgang erfolgsneutral. Gleiches gilt für das im Zusammenhang mit einer Kapitalerhöhung geleistete **Aufgeld,** § 272 Abs. 2 Nr. 1 HGB. Auswirkungen auf das Einkommen kann die Kapitalerhöhung nur haben, wenn unter besonderen Bedingungen eine verdeckte Gewinnausschüttung anzuerkennen ist. Eine verdeckte Gewinnausschüttung liegt jedoch nicht schon vor bei einer Kapitalerhöhung ohne angemessenes Aufgeld;[2] sie kommt indes in Betracht, wenn eine Kapitalgesellschaft zugunsten ihrer Gesellschafter auf eine angemessene Teilnahme an einer Kapitalerhöhung verzichtet, wenn sie für ihr Recht zum Bezug neuer Anteile ein Entgelt hätte erhalten können.[3] Nach § 27 Abs. 1 KStG sind das Nennkapital und die nicht auf das Nennkapital geleisteten Einlagen getrennt auszuweisen; letztere sind auf einem besonderen Konto, dem **steuerlichen Einlagekonto,** auszuweisen, zu dessen Führung die AG als unbeschränkt steuerpflichtige Körperschaft verpflichtet ist.[4] Das Einlagekonto ist jährlich fortzuschreiben; für Ausschüttungen steht das steuerliche Einlagekonto nur nachrangig zur Verfügung, § 27 Abs. 1 S. 3, 4 KStG. Die Verwendung dieses Kontos ist beschränkt; es darf im Grundsatz nicht negativ werden. Die Kosten der Kapitalerhöhung können im allgemeinen als Betriebsausgaben abgezogen werden.[5]

2 Das **Bezugsrecht** ist für die Aktiengesellschaft und den Aktionär steuerneutral. Die Veräußerung und der Erwerb von Bezugsrechten an der Börse und taggleicher Ausführung durch einen Börsenmakler kann aufgrund besonderer Umstände sich als Missbrauch von Gestaltungen darstellen.[6] Wurde das Bezugsrecht nach dem 31.12.2008 erworben, führt die

---

[1] *Dötsch* in Dötsch/Pung/Möhlenbrock KStG § 28 Rn. 24.
[2] BFH BStBl. II 1975 S. 230. Anders aber uU aus der Sicht einer Kapitalgesellschaft als Aktionärin. Nicht ausgewogene Verhältnisse bei einer Kapitalerhöhung können zu einer Schenkung nach § 7 Abs. 8 ErbStG führen.
[3] BFH BFH/NV 2005, 798; *Klingebiel* in Dötsch/Pung/Möhlenbrock KStG § 8 Abs. 3 D Rn. 1457 ff.
[4] *Dötsch/Pung/Möhlenbrock* KStG § 27 Rn. 29; BMF 4.6.2003, BStBl. I 2003 S. 362 Rn. 2.
[5] BFH BStBl. II 2000 S. 545; BFH BFH/NV 2001, 343; *Klingebiel* in Dötsch/Pung/Möhlenbrock KStG § 8 Abs. 3 D Rn. 1464; betragsmäßige Festlegung erforderlich: *Piltz* DStR 1991, 1650 (1651); für die GmbH s. bzgl. Gründungskosten BFH BStBl. II 1990 S. 89; BFH BFH/NV 1997, 711; BMF 25.6.1991, BStBl. I 1991 S. 661.
[6] BFH NZG 2017, 998.

Veräußerung des Bezugsrechtes aus dem Privatvermögen zu Einkünften aus Kapitalvermögen, die der Abgeltungsteuer unterliegen, ohne dass es auf eine Haltefrist ankommt, § 20 Abs. 2 Nr. 1 S. 2 EStG.[7] Bei Bezugsrechten aus Aktien des Privatvermögens gilt § 20 Abs. 4a S. 1, 4 EStG. Wurden die Anteile vor dem 1.1.2009 erworben, unterliegt die Veräußerung hierfür zugeteilter Bezugsrechte nicht der Abgeltungsteuer, bei der Ermittlung des Veräußerungsgewinns solcher Aktien sind die Anschaffungskosten der Bezugsrechte in tatsächlicher Höhe zu berücksichtigen; § 20 Abs. 4a S. 4 EStG findet aus diese Aktien keine Anwendung.[8] Steuerpflichtig ist auch die Veräußerung des Bezugsrechts aus einem Betriebsvermögen sowie aus dem Zusammenhang einer Beteiligung iSd § 17 EStG. Bei natürlichen Personen unterliegen die Einnahmen aus der Veräußerung oder der Veräußerungspreis dem Teileinkünfteverfahren (§ 3 Nr. 40a) und b) EStG). Bei Körperschaften ist der gesamte Veräußerungsgewinn steuerpflichtig; § 8b Abs. 2 KStG ist nicht anwendbar.[9] Nach Ansicht der Finanzverwaltung ist die Ausübung eines Bezugsrechts im Privat- oder Betriebsvermögen nicht als Veräußerung anzusehen.[10]

Umsatzsteuer fällt bei der Barkapitalerhöhung nicht an. Die Ausgabe der Gesellschaftsrechte zur Aufbringung von Kapital ist nicht umsatzsteuerbar. Die Vorsteuer auf Leistungen, die die Aktiengesellschaft zur Ausgabe der Gesellschaftsrechte unmittelbar oder mittelbar verbraucht hat, ist grundsätzlich nicht abzugsfähig (§ 15 Abs. 2 UStG).[11] 3

2. Kapitalerhöhung gegen Sacheinlage. Für die einkommensteuerliche, körperschaftsteuerliche und gewerbesteuerliche Behandlung des **Sacheinlagevorgangs** ist zu unterscheiden, ob es sich um die Übertragung eines Betriebs, Teilbetriebs, Mitunternehmeranteils oder einer Beteiligung an einer Kapitalgesellschaft handelt, oder ob andere Wirtschaftsgüter übertragen werden. Für die Besteuerung des Aktionärs ist ferner zu unterscheiden, ob es sich um eine Kapitalgesellschaft handelt oder nicht. 4

Bei Übertragung **anderer Wirtschaftsgüter** liegt ein Tausch dieser Wirtschaftsgüter gegen Anteile an der Kapitalgesellschaft vor. Bei der Aktiengesellschaft sind diese Wirtschaftsgüter mit den Anschaffungskosten anzusetzen. Der anzusetzende Wert wird in der Regel dem Nennbetrag der neuen Anteile zuzüglich Aufgeld entsprechen. Ist der Nennbetrag zuzüglich Aufgeld geringer als der gemeine Wert der Wirtschaftsgüter, so liegt eine verdeckte Einlage vor (R 8.9 Abs. 1 KStR), bei der es zu einer Abweichung zwischen Handelsbilanz und Steuerbilanz kommen kann. 5

Gehörten die eingebrachten **Gegenstände** des Aktionärs **zu einem Betriebsvermögen**, so führt die Einbringung grundsätzlich zu einer Realisierung der stillen Reserven beim Einbringenden. Der dadurch aufgedeckte steuerliche Gewinn ermittelt sich aus der Differenz zwischen dem ursprünglichen Buchwert im Betriebsvermögen des Aktionärs und dem gemeinen Wert des eingelegten Wirtschaftsgutes, § 6 Abs. 6 S. 1 EStG. Indiz für den Wert ist der Nennbetrag zuzüglich Agiobetrag in der Handelsbilanz der AG. Die Einlage einer Forderung gegen die Gesellschaft (Verzicht auf die Forderung) führt nach den Grundsätzen des GrS des BFH[12] nur dann zu einer steuerfreien Einlage, wenn und soweit die Forderung werthaltig ist.[13] Bei verdeckter Einlage ist der Teilwert anzusetzen.[14] Der 6

---

[7] Vgl. BMF 18.1.2016, BStBl. I 2016 S. 85 ff. Rn. 108, 109. Die dem Anteilseigner zugeteilten Bezugsrechte werden unabhängig von der Anschaffung der Altanteile vor dem 1.1.2009 oder nach dem 31.12.2008 mit Anschaffungskosten in Höhe von 0 EUR eingebucht (§ 20 Abs. 4a S. 4 EStG).
[8] BFH BStBl. II 2018 S. 262.
[9] BFH BStBl. II 2008 S. 719.
[10] Bezugsrechte im Privatvermögen: BMF 18.1.2016, BStBl. I 2016 S. 85 ff. Rn. 110; BFH BStBl. II 2020 S. 44; L. Schmidt/*Weber-Grellet* EStG § 17 Rn. 104.
[11] BFH BStBl. II 1976 S. 265; BFH BFH/NV 1988, 196; s. aber auch EuGH DStR 2009, 2311 (2316 f.): Im Zusammenhang mit steuerfreier oder nicht steuerbarer Veräußerung von Gesellschaftsanteilen erachtet der EuGH den Vorsteuerabzug für zulässig, wenn und soweit auch Eingangsumsätze zB in Produktpreise der umsatzsteuerpflichtige Umsätze ausführenden Gesellschaft eingehen.
[12] BFH BStBl. II 1998 S. 307.
[13] AM *Schulze-Osterloh* NZG 2017, 641.

Gewinn unterliegt beim Gesellschafter der Einkommen- oder Körperschaftsteuer und der Gewerbesteuer. Bei der Einlage von Anteilen an einer anderen Kapitalgesellschaft gelten Sonderbestimmungen wie § 3 Nr. 40 EStG oder § 8b Abs. 2 KStG.

7 Bei Einbringung eines **Betriebs, Teilbetriebs, Mitunternehmeranteils** oder einer mehrheitsvermittelnden Beteiligung an einer Kapitalgesellschaft gelten die Begünstigungsvorschriften der §§ 20–23 UmwStG. Die Gewinnrealisierung kann unter den weiteren Voraussetzungen dieser Vorschriften ganz oder teilweise auf Antrag vermieden werden und zwar je nachdem, ob die erwerbende Aktiengesellschaft die Buchwerte der eingelegten Wirtschaftsgüter fortführt oder ob sie diese zu einem höheren Wert bis zum gemeinen Wert anzusetzen hat,[15] ua vorausgesetzt, dass die inländische Besteuerung der Wirtschaftsgüter bei der übernehmenden Körperschaft sichergestellt ist und dass der gemeine Wert sonstiger Gegenleistungen, die neben den Gesellschaftsanteilen gewährt werden, nicht mehr als 25 % des Buchwerts des eingebrachten Betriebsvermögens oder 500.000 EUR, jedoch nicht mehr als den Buchwert des Betriebsvermögens betragen.[16] Die infolge einer solchen Einlage erlangten Anteile sind Nachfrist-gebunden im Sinne von § 22 Abs. 1 und 2 UmwStG. Für die Einbringung von Anteilen an einer Kapitalgesellschaft greifen die Erleichterungen des § 21 Abs. 1 S. 2 UmwStG (qualifizierter Anteilstausch) nur, wenn die übernehmende Kapitalgesellschaft einschließlich der übernommenen Anteile unmittelbar die Mehrheit der Stimmrechte an der Gesellschaft hat, deren Anteile eingebracht werden, § 21 Abs. 1 S. 2 UmwStG. Umstr. ist, ob gegebenenfalls auch umfangreiche Umstrukturierungsmaßnahmen im Zusammenhang mit umwandlungsrechtlichen Maßnahmen einen Gestaltungsmissbrauch nach § 42 AO darstellen oder nicht.[17]

8 Die Gewinnrealisierung bei Veräußerung oder Aufgabe eines Betriebs, Teilbetriebs oder aller Mitunternehmeranteile durch einen unmittelbar beteiligten Einzelunternehmer ist grundsätzlich gewerbesteuerfrei (R 7.1 Abs. 3 S. 1 Nr. 1, S. 3 GewStR). Zum steuerpflichtigen Gewerbeertrag gehört im Übrigen jedoch der Gewinn aus der Einbringung eines Betriebs, eines Teilbetriebs oder von Mitunternehmeranteilen durch eine andere Mitunternehmerschaft, § 7 S. 2 Nr. 1 und 2 GewStG, soweit er nicht auf eine unmittelbar beteiligte natürliche Person als Mitunternehmer entfällt.[18] Der Gewinn aus der Einbringung durch eine Kapitalgesellschaft gehört stets zum Gewerbeertrag.[19]

9 Die **Sacheinlage** ist **umsatzsteuerpflichtig,** wenn sie durch einen Unternehmer im Rahmen seines Unternehmens erfolgt, es sei denn, dass ein gesondert geführter Betrieb übertragen wird, § 1 Abs. 1a UStG. Die übernehmende Aktiengesellschaft ist vorsteuerabzugsberechtigt. Die Einlage von Grundstücken und grundstücksgleichen Rechten ist **grunderwerbsteuerpflichtig,** es sei denn, es handelt sich um eine Umstrukturierung im Konzern nach Maßgabe von § 6a GrEStG.

II. Kapitalerhöhung aus Gesellschaftsmitteln

10 Die Kapitalerhöhung aus Gesellschaftsmitteln, bei der ohne Kapitalzuführung von Aktionären ausschließlich vorhandene und ausgewiesene Eigenkapitalbestandteile der Gesellschaft zur Erhöhung des gezeichneten Kapitals verwendet werden, erfährt auch steuerlich eine besondere Behandlung. Sie unterscheidet sich hierdurch von anderen Formen der Kapitalerhöhung oder von Kapitalzuführungen im Wege des Schütt-aus-hol-zurück-Ver-

---

[14] R 8.9 Abs. 4 KStR.
[15] Zu Einzelheiten vgl. § 5.
[16] § 20 Abs. 2 S. 2 Nr. 4 UmwStG idF des G v. 2.11.2015 BGBl. 2015 I S. 1834.
[17] Bejahend FG Baden-Württemberg 20.6.2017 – 6 K 2976/13, juris (rkr.); verneinend FG Hessen DB 2018, 862 (Rev. zugel.); *Schell/Philipp* DB 2018, 922.
[18] H 7.1 Abs. 3 S. 4 GewStR.
[19] H 7.1 Abs. 4 (Veräußerung eines Betriebs, (uam) GewStR; *Schmitt* in Schmitt/Hörtnagel/Stratz, UmwG, UmwStG, § 20 Rn. 435 f.

fahrens.[20] Die Kapitalerhöhung aus Gesellschaftsmitteln ist ein **neutraler Vorgang,** der nur die Vermögensebene berührt und die Einkommensermittlung der Gesellschaft unberührt lässt[21]. Wird das Nennkapital durch Umwandlung von Rücklagen oder von Beträgen, die handelsrechtlich in die Rücklagen eingestellt werden sollen, erhöht, bleibt der Bestand des Vermögens der AG und der Gesamtbetrag des Eigenkapitals unverändert. Durch die Kapitalerhöhung verändert sich lediglich die Zusammensetzung des Eigenkapitals.

Die **steuerlichen Regelungen** für die Gesellschaft finden sich in § 28 Abs. 1 KStG. **11** Danach gilt, unabhängig von der handelsrechtlichen Dotierung der Kapitalerhöhung, bei der nach der Herkunft der zur Umwandlung vorgesehenen Mittel nicht unterschieden wird, der positive Bestand des steuerlichen Einlagekontos als vor den sonstigen Rücklagen der AG verwendet, § 28 Abs. 1 S. 1 KStG. Für steuerliche Zwecke ist deswegen die Fortschreibung der Herkunft der zur Kapitalerhöhung verwendeten Beträge erforderlich,[22] da die jeweiligen Beträge im Falle einer Kapitalherabsetzung und Rückzahlung an die Aktionäre eine unterschiedliche steuerliche Behandlung erfahren. Maßgeblich für den (steuerlich) verwendbaren Betrag des steuerlichen Einlagekontos ist der Bestand vor Durchführung der Maßnahme, wie er sich zum Ende des Wirtschaftsjahres der Rückumwandlung darstellt. Unterjährige Veränderungen des Einlagekontos wirken sich demzufolge auf dessen Bestand aus, und zwar unabhängig davon, zu welchem Zeitpunkt die Veränderung im Verlauf des Wirtschaftsjahres eingetreten ist.[23] Nach Verwendung eines positiven Bestandes des steuerlichen Einlagekontos sind andere Rücklagebeträge zu verwenden, die zB aus den Ergebnissen der AG gebildet wurden. Unterjährige Zuführungen zum Einlagekonto werden selbstredend erfasst, bleiben für die Ermittlung des verwendungsfähigen Teilbetrags indessen unberücksichtigt. Enthält das Nennkapital der AG infolge einer Umwandlung von Rücklagen auch solche Beträge, sind diese Teilbeträge des Nennkapitals für steuerliche Zwecke im Rahmen eines **Sonderausweises** gesondert auszuweisen und gesondert festzustellen,[24] §§ 28 Abs. 1 S. 3 und 4, 27 Abs. 2 KStG.

Da der **Aktionär** keine weiteren Einlagen in die AG leistet, verändern sich seine **12 Anschaffungskosten** für die Aktien (insgesamt) nicht, so auch § 3 KapErhStG. Die bisherigen Anschaffungskosten sind entsprechend dem Verhältnis der Kapitalerhöhung auf die nach der Kapitalerhöhung vorhandenen Aktien aufzuteilen, vgl. § 3 KapErhStG.[25] Die dadurch reduzierten Anschaffungskosten stellen die Vergleichsgröße für die Gewinnermittlung bei dem Vermögen der Aktien dar. Bei Aktien iSv § 20 Abs. 2 S. 1 Nr. 1 EStG wird der Wert der neuen Aktien mit null Euro angesetzt, wenn die Ermittlung des Kapitalertrags, anders als durch §§ 1, 3 KapErhStG vorgegeben, nicht möglich ist, § 20 Abs. 4a S. 5 EStG;[26] bei einer Kapitalerhöhung aus Gesellschaftsmitteln ist § 20 Abs. 4a S. 5 EStG nicht anwendbar.[27] Besonderheiten gelten bei solchen Aktien im Falle einer Kapitalherabsetzung; dazu vgl. → Rn. 13 ff. Die handelsrechtlich wirksame Umwandlung offener Rücklagen in Nennkapital ist nach § 1 KapErhStG aus dem Bereich der Einkünftebesteuerung herausgenommen, da der Charakter des dafür verwendeten Eigenkapitals nicht verändert wird.[28] Erhält der Aktionär hingegen sog. Bonusaktien (Treueaktien), zB als Anreiz, die Aktien zu behalten, handelt es sich um steuerpflichtigen Kapitalertrag,[29] dessen Zufluss und Höhe sich grundsätzlich nach den Verhältnissen des einzelnen Aktionärs bestimmt.

---

[20] Dazu vgl. → § 57 Rn. 81.
[21] Beck'scher BilKomm/*Störk/Kliem/Meyer* HGB § 272 Rn. 55.
[22] *Dötsch* in Dötsch/Pung/Möhlenbrock KStG § 28 Rn. 26 ff.; BMF 4.6.2003, BStBl. I 2003 S. 362 Rn. 35.
[23] *Dötsch* in Dötsch/Pung/Möhlenbrock KStG § 28 Rn. 31.
[24] *Dötsch* in Dötsch/Pung/Möhlenbrock KStG § 28 Rn. 36 ff.; BMF 4.6.2003, BStBl. I 2003 S. 362 Rn. 36.
[25] Gesamtwertmethode, vgl. BMF 25.10.2004, BStBl. I 2004 S. 1034 Rn. 21.
[26] *Dötsch* in Dötsch/Pung/Möhlenbrock KStG § 28 Rn. 25; *Haisch/Helios* Ubg 2009, 250 (253 f.).
[27] BMF 18.1.2016, BStBl. I 2016 S. 85 ff. Rn. 111 f.
[28] BFH BStBl. II 1999 S. 638; BFH BStBl. II 2001 S. 345; BFH BStBl. II 2009 S. 658.

III. Kapitalherabsetzung

13 1. Übersicht über die steuerliche Auswirkung der Kapitalherabsetzung. Bei einer **Kapitalherabsetzung** einer AG sind regelmäßig zwei Schritte zu unterscheiden. Der Erste betrifft die Wirkungen bei der Gesellschaft, bei dem es gleichgültig ist, ob es sich um eine ordentliche oder eine einfache Kapitalherabsetzung handelt. Der zweite Schritt betrifft die Auswirkungen bei den Aktionären. Auf der Ebene der Gesellschaft führt die Kapitalherabsetzung zu keiner unmittelbaren Steuerfolge. Es handelt sich um einen erfolgsneutralen Vorgang auf der Vermögensebene.[30] Die Zahlungen an die Aktionäre auf der Grundlage der Kapitalherabsetzung sind gegebenenfalls Ausschüttungen iSd § 28 Abs. 2 S. 2 und 4 KStG. Sie führen, je nachdem aus welchem Kapitalkonto der AG die Rückzahlung im Rahmen der Kapitalherabsetzung erfolgt, zu Bezügen iSd § 20 Abs. 1 Nr. 2 EStG.

14 Die **steuerliche Auswirkungen** der Kapitalherabsetzung auf der Ebene des Gesellschafters unterscheiden danach, ob
- die Anteile Betriebsvermögen sind,
- die Anteile zum Betriebsvermögen einer Kapitalgesellschaft gehören,
- die Anteile zwar Privatvermögen sind, die Kapitalrückzahlung jedoch aus sonstigen Rücklagen aufgebracht worden ist,
- wenn es sich um Anteile iSd § 17 EStG handelt.

15 Die **Kosten** der Kapitalherabsetzung sind als Betriebsausgaben abzugsfähig. Des Weiteren ist die Kapitalherabsetzung dann steuerlich von Bedeutung, wenn im Herabsetzungsvorgang eine verdeckte Gewinnausschüttung zu sehen ist.[31]

16 2. Steuerliche Folgen bei der Gesellschaft. Die steuerlichen Wirkungen der Kapitalherabsetzung bei der AG hängen davon ab, ob das herabgesetzte Eigenkapital ausschließlich aus Bar- oder Sacheinlagen der Aktionäre oder auch durch eine Kapitalerhöhung aus Gesellschaftsmitteln aufgebracht wurde, bei der Beträge der sonstigen Rücklagen nach § 28 Abs. 1 S. 3 KStG dem Nennkapital zugeführt wurden, so dass ein Sonderausweis zu bilden war. War das herabgesetzte Nennkapital **nur** aus **Einlagen** der Aktionäre gebildet, die als Nennkapital oder als Agio geleistet wurden, die vor der Umwandlung auf einem steuerlichen Einlagekonto geführt wurden, werden die Beträge aus der Herabsetzung des Nennkapitals (zunächst) dem steuerlichen Einlagenkonto gutgeschrieben. Dies gilt, soweit die Einlage in das Nennkapital geleistet worden war. Wird der Herabsetzungsbetrag an die Aktionäre ausgeschüttet, gilt dies auch steuerlich als Rückzahlung der Einlagen durch die das steuerliche Einlagekonto verringert wird; eine Besteuerung als Dividende findet nicht statt.[32]

17 Gehörten zu dem Nennkapital auch Beträge, die aus einer **Kapitalerhöhung aus Gesellschaftsmitteln** herrührten, bei der auch Beträge der sonstigen Rücklagen nach § 28 Abs. 1 S. 1 KStG als verwendet galten, bestimmt im Falle der Kapitalherabsetzung § 28 Abs. 2 S. 1 KStG, dass der wegen der Verwendung von sonstigen Rücklagen zu bildende Sonderausweis zunächst gemindert wird.[33] Die hierauf entfallenden Beträge gelten vor Beträgen des Nennkapitals, die gegebenenfalls aus der Umwandlung von Beträgen des steuerlichen Einlagekontos gebildet wurden, als zuerst verwendet. Übersteigt der Betrag

---

[29] BMF 18.1.2016, BStBl. I 2016 S. 85 ff. Rn. 111 f. (Ermittlung der Erträge durch Angaben des Emittenten); BFH DB 2005, 862; dggü. FG Düsseldorf EFG 2002, 1382 (Anschaffungskostenminderung). Nach BFH DB 2005, 862 ist es nicht zu beanstanden, wenn auf die Depoteinbuchung und den für diesen Tag zu ermittelnden niedrigsten Kurswert an einer deutschen Börse (einschließlich des XETRA-Handels) abgestellt wird; vgl. auch OFD Frankfurt a. M. 16.7.2003, DB 2003, 1986.

[30] *Dötsch* in Dötsch/Pung/Möhlenbrock KStG § 28 Rn. 58 f.

[31] Zu Missbrauchsfällen zB BFH BStBl. II 1985 S. 69 und BFH BStBl. II 1980 S. 247; *Dötsch* in Dötsch/Pung/Möhlenbrock KStG § 28 Rn. 59.

[32] BMF 4.6.2003, BStBl. I 2003 S. 362 Rn. 1.

[33] BMF 4.6.2003, BStBl. I 2003 S. 362 Rn. 37; *Dötsch* in Dötsch/Pung/Möhlenbrock KStG § 28 Rn. 71; *Kölbl/Keilen* Ubg 2019, 700.

der Herabsetzung den Betrag des Sonderausweises, gelten im Übrigen die Regelungen der → Rn. 16 entsprechend.

Verfügt die AG über Beträge des Nennkapitals, die aus Einlagen gebildet wurden und zugleich über Teilbeträge, die aus den sonstigen Rücklagen stammen und für die ein Sonderausweis gebildet wurde, folgt für die Rückzahlung aus dem Nennkapital oder aus den sonstigen Rücklagen aus § 28 Abs. 2 KStG ein Vorrang der Verwendung der im Sonderausweis repräsentierten Beträge; erst danach wird – in das steuerliche Einlagekonto umgebuchtes – „echtes" Nennkapital verwendet.[34] Übersteigt der Rückzahlungsbetrag den positiven Betrag des steuerlichen Einlagekontos, gilt die Rückzahlung des Nennkapitals als Gewinnausschüttung iSv § 20 Abs. 1 Nr. 2 EStG. **18**

Die Rückzahlung von Beträgen aus der Kapitalherabsetzung an die Aktionäre führt auf der **Ebene der Gesellschaft** – abgesehen von der gegebenenfalls bestehenden Verpflichtung zur Einbehaltung von Kapitalertragsteuer – zu keinen steuerlichen Wirkungen, auch wenn nach dem Systemwechsel zum Halb- bzw. Teileinkünfteverfahren gebildete und umgewandelte Rücklagenbeträge an die Aktionäre zurückgezahlt werden. **19**

3. Behandlung beim Aktionär. a) Kapitalherabsetzung bei Aktien im Betriebsvermögen. Befinden sich die Aktien im Betriebsvermögen, ist die Kapitalherabsetzung, bei der Nennkapital, das aus Einlagen gebildet wurde, erfolgsneutral, wenn der Rückzahlung eine Minderung des Buchwertes der Anteile in gleicher Höhe gegenübersteht. Der **Anteilsbuchwert** wird in voller Höhe mit der **Kapitalrückzahlung** verrechnet. Dann ist die Kapitalrückzahlung insgesamt erfolgsneutral, wenn der Buchansatz nicht geringer als der Rückzahlungsbetrag ist.[35] Ein den Buchwert übersteigender Betrag unterliegt bei einem der ESt unterliegenden Aktionär der Besteuerung nach der Abgeltungsteuer bzw. nach dem Teileinkünfteverfahren; bei einer Körperschaft als Anteilseigner ist der Betrag nach Maßgabe von § 8b Abs. 2, 3 KStG zu 95 % steuerfrei; ein dabei entstehender Verlust kann nicht als Betriebsausgabe abgezogen werden. Die gesonderte Ermittlung des dem Anteil gegenüberstehenden Buchwerts erfolgt grundsätzlich nicht.[36] **20**

Wird bei der Kapitalherabsetzung Nennkapital zurückbezahlt, das durch die Umwandlung sonstiger Rücklagen entstanden ist und für das der Sonderausweis nach § 28 Abs. 2 S. 1 KStG zu bilden war, gilt der zurückbezahlte Betrag, soweit der Sonderausweis zu mindern war, als **Gewinnausschüttung**.[37] Der darauf entfallende Betrag unterliegt beim Aktionär nach den allgemeinen Vorschriften der Besteuerung. Bei dem der ESt unterliegenden Aktionär gilt die Abgeltungsteuer nach § 32d EStG für Aktien im Privatvermögen oder das Teileinkünfteverfahren bei Zugehörigkeit der Aktien zu einem Betriebsvermögen, § 3 Nr. 40e) EStG; bei einer Körperschaft als Empfänger der Kapitalrückzahlung ist der Bezug nach § 8b Abs. 1 iVm Abs. 5 KStG weitgehend steuerbefreit. **21**

b) Kapitalherabsetzung bei Aktien im Privatvermögen. Gehören die Aktien zu einem Privatvermögen, ist die Rückzahlung von Nennkapital einer unbeschränkt steuerpflichtigen Körperschaft, das durch Einlagen gebildet wurde, vorbehaltlich c) nicht steuerbar. Wurden für die Kapitalrückzahlung Beträge verwendet, die aus sonstigen Rücklagen in Nennkapital umgewandelt worden waren und wird infolge der Kapitalherabsetzung der Sonderausweis nach § 28 Abs. 2 S. 1 KStG gemindert, gilt die Kapitalrückzahlung nach § 20 Abs. 1 Nr. 2 S. 2 EStG als **Gewinnausschüttung.** Diese ist vom Aktionär nach den allgemeinen Vorschriften als Einkunft aus Kapitalvermögen, § 20 Abs. 1 Nr. 2 EStG zu versteuern.[38] Die **22**

---

[34] *Dötsch* in Dötsch/Pung/Möhlenbrock KStG § 28 Rn. 64 ff.
[35] *Dötsch* in Dötsch/Pung/Möhlenbrock KStG § 28 Rn. 76.
[36] Dazu BFH BStBl. II 1993 S. 189.
[37] L. Schmidt/*Levedag* EStG § 20 Rn. 74; *Dötsch* in Dötsch/Pung/Möhlenbrock KStG § 228 Rn. 77.
[38] L. Schmidt/*Levedag* EStG § 20 Rn. 74 f.; Kirchhof/*v. Beckerath* EStG § 20 Rn. 59; *Förster/Lishaut* FR 2002, 1205 sowie 1257.

Abgeltungssteuer (§ 32d EStG) findet Anwendung. Die Kapitalherabsetzung stellt keine Veräußerung im Sinne von § 20 Abs. 2 Nr. 1 EStG dar.[39]

23 **c) Kapitalherabsetzung bei Aktionären, die iSd § 17 EStG beteiligt sind.** Die Auskehrung an Aktionäre, deren Anteile Privatvermögen sind, aber iSd § 17 EStG beteiligt sind, sind Einkünfte aus Kapitalvermögen im Sinne von § 20 Abs. 1 S. 2 EStG, wenn hierfür Beträge verwendet werden, die aus sonstigen Rücklagen gebildet und für die ein Sonderausweis nach § 28 Abs. 2 S. 1 KStG zu bilden war, der durch die Kapitalherabsetzung gemindert wurde. Erfolgt die Kapitalrückzahlung aus Nennkapital oder aus Beträgen, die durch Umwandlung des **steuerlichen Einlagekontos** im Sinne von § 27 KStG gebildet wurden, ist sie iSd § 17 Abs. 4 S. 3 EStG steuerpflichtig, wenn sie die anteiligen Anschaffungskosten der betreffenden Anteile übersteigt. Es ist somit der Auszahlungsbetrag nach Abzug der Einkünfte aus Kapitalvermögen um die Anschaffungskosten der Anteile zu kürzen, umso den übersteigenden Überschuss zu ermitteln.[40] Es gilt die Besteuerung nach dem Teileinkünfteverfahren, § 3 Nr. 40c) EStG. Die Besteuerung der Einkünfte als Einkünfte aus Kapitalvermögen geht der Besteuerung nach § 17 Abs. 4 EStG vor.

24 **4. Kapitalherabsetzung als verdeckte Gewinnausschüttung.** Die Rückzahlung von Gesellschaftskapital auf Grund einer handelsrechtlich wirksamen Kapitalherabsetzung ist nur dann verdeckte Gewinnausschüttung, wenn ein **Missbrauchstatbestand** vorliegt.[41] Die Kapitalherabsetzung als verdeckte Gewinnausschüttung ist auf der Seite der Gesellschaft stets als Gewinnausschüttung zu behandeln. Auf der Seite der Gesellschaft gelten dann vorrangig sonstige Rücklagen als verwendet. Auf der Seite der Gesellschafter treten unterschiedliche Rechtsfolgen ein, je nachdem ob die Anteile Privatvermögen oder Betriebsvermögen sind. Befinden sie sich im Privatvermögen, so liegen Einkünfte aus Kapitalvermögen in voller Höhe der einer verdeckten Gewinnausschüttung gleichzusetzenden Kapitalherabsetzung vor; die Abgeltungsteuer findet Anwendung. Befinden sich die Aktien im Betriebsvermögen, liegt ein betrieblicher Ertrag vor, der bei Steuerpflicht nach dem EStG dem Teileinkünfteverfahren unterliegt. Ist Empfänger der verdeckten Gewinnausschüttung eine Körperschaft, ist der Dividendenbezug bei einem nach § 8b Abs. 4 KStG qualifiziert beteiligten Aktionär nach § 8b Abs. 1 KStG im Ergebnis zu 95 %[42] steuerbefreit. Der Buchwert der Anteile des jeweiligen Aktionärs bleibt unverändert. Er drückt in Zukunft den Ansatz für die verbleibenden Anteile aus. Steht dem Buchwert in der Folge der Kapitalherabsetzung kein ausreichender Teilwert mehr gegenüber, so besteht Anlass zur Teilwertabschreibung, die bei einer Körperschaft nicht zum steuerlich relevanten Betriebsausgabenabzug führt.[43]

IV. Vereinfachte Kapitalherabsetzung

25 Erfolgt die Kapitalherabsetzung **ohne Auszahlung** des **Herabsetzungsbetrages,** so ist sie für die Gesellschaft erfolgsneutral. Erfolgt sie zur Beseitigung eines Verlustvortrages, saldiert sich im Ergebnis in der Bilanz der Auflösungsbetrag aus der Minderung des Nennkapitals auf der Passivseite mit der Minderung des Verlustvortrages auf der Passivseite (Passivtausch) oder auf der Aktivseite (Bilanzverkürzung). Der Betrag der Herabsetzung des Nennkapitals wird in das steuerliche Einlagekonto umgegliedert, wenn der Herabsetzungs-

---

[39] L. Schmidt/*Levedag* EStG § 20 Rn. 72.
[40] Kirchhof/*Gosch*/*Oertel* EStG § 17 Rn. 137; FG Sachsen EFG 2001, 1199; L. Schmidt/*Weber-Grellet* EStG § 17 Rn. 233 ff.
[41] BFH BFH/NV 2007, 108; BFH BStBl. II 1980 S. 247, BFH BStBl. II 1976 S. 341 in Abkehr von BFH BStBl. II 1968 S. 145; *Dötsch* in Dötsch/Pung/Möhlenbrock KStG § 28 Rn. 59.
[42] HBeglG 2004 v. 29.12.2003 BGBl. 2003 I S. 3076.
[43] Zu § 17 Abs. 4 EStG und der begrenzten Gleichstellung von Kapitalrückzahlung und Dividenden. L. Schmidt/*Weber-Grellet* EStG § 17 Rn. 230 ff.; BFH BStBl. II 2003 S. 854; FG Rheinland-Pfalz EFG 2010, 99.

betrag ausschließlich auf Einlagen beruhte. War für den herabgesetzten Betrag des Nennkapitals ein Sonderausweis nach § 28 Abs. 2 S. 1 KStG gebildet und ist dieser infolge der Kapitalherabsetzung gemindert worden, ist der Herabsetzungsbetrag den sonstigen Rücklagen der AG zuzuordnen.[44] Die steuerlichen Verlustvorträge bleiben durch die vereinfachte Kapitalherabsetzung unberührt.

Beim Gesellschafter ist die vereinfachte Kapitalherabsetzung ebenfalls erfolgsneutral. **26** Hiervon unabhängig ist bei Anteilen in einem Betriebsvermögen zu prüfen, ob die Kapitalherabsetzung zur Verlustverrechnung eine Teilwertabschreibung indiziert.

V. Steuerliche Behandlung von Wandelschuldverschreibungen

1. Steuerliche Behandlung der AG. Durch die **Ausgabe** der Wandelschuldverschrei- **27** bung wird ein schuldrechtliches Kapitalüberlassungsverhältnis im Sinne von §§ 793 ff. BGB zwischen dem Anleihezeichner und der emittierenden AG begründet, ferner das Rechtsverhältnis, das dem Zeichner ein Umtausch- oder Bezugsrecht auf Aktien nach Maßgabe von § 221 Abs. 1 AktG vermittelt und für dessen Rechtsinhalt zwischen einer ein Umtauschrecht gewährenden Wandelanleihe und der ein Bezugsrecht gewährenden Optionsanleihe unterschieden wird.

Für die **bilanzielle Behandlung** der Ausgabe von Wandelschuldverschreibungen haben **28** sich feste Grundsätze entwickelt. Der Kapitalbetrag, den die AG von den Anleihezeichnern erhält, ist in einen als Verbindlichkeit aus Anleihen nach § 253 Abs. 1 S. 2, § 266 Abs. 3 C 1 HGB und einen in die Kapitalrücklage nach § 272 Abs. 2 Nr. 2 HGB einzustellenden Anteil aufzuteilen. Der Kapitalrücklage zuzuordnen ist derjenige (Teil)Betrag, der bei der Ausgabe von Schuldverschreibungen für Wandlungsrechte und Optionsrechte zum Erwerb von Anteilen erzielt wird. Dazu gehört jeder Betrag, der (bei marktüblicher Verzinsung) über den Nominalbetrag der Anleihe hinaus bezahlt wurde oder der sich rechnerisch daraus ermitteln lässt, dass der Anleihezeichner eine niedrigere Verzinsung der Anleihe hingenommen hat.[45] Das durch die Hinnahme einer niedrigen Verzinsung ersparte Disagio steht dem tatsächlich entrichteten Disagio gleich; die AG hat in beiden Fällen den betragsmäßig ermittelbaren Vorteil bei der Ausgabe der Wandelschuldverschreibung erlangt, und zwar im Hinblick auf das eingeräumte Recht zum Erwerb von Anteilen.[46] Der Betrag des verdeckten Aufgelds kann entweder nach der Marktpreismethode (Aufteilung des Rückzahlungsbetrags mittels effektiver Marktpreise) oder nach der Residualmethode (Gegenüberstellung des Gesamtausgabebetrags und der durch Abzinsung mit einem marktüblichen Zins ermittelten isolierten Anleiheverbindlichkeit) erfolgen.[47] Eingestellt werden darf der Betrag, der sich bis zu dem frühestmöglichen Wandlungszeitpunkt ergibt.[48] Die infolge der Aufteilung gegebenenfalls unter den Rückzahlungsbetrag abgesunkenen Anleiheverbindlichkeit muss anschließend wieder aus den Rückzahlungsbetrag aufgestockt werden; als Gegenposten darf die AG einen aktiven Rechnungsabgrenzungsposten bilden und über die voraussichtliche Laufzeit der Anleihe auflösen (abschreiben).[49] Die Einstellung des bei Ausgabe der Anleihe erlangten Betrags durch die AG in die Kapitalrücklage bleibt durch die spätere Entscheidung über die Ausübung des Wandlungs- oder Bezugsrechts unberührt.

---

[44] *Dötsch* in Dötsch/Pung/Möhlenbrock KStG § 28 Rn. 66, 69.
[45] Aus der umfangreichen Literatur nur *Adler/Düring/Schmaltz* HGB § 272 Rn. 118 ff.; Beck'scher BilKomm/*Störk/Kliem/Meyer* HGB § 272 Rn. 180 ff.; *Gelhausen/Rimmelspacher* AG 2006, 729; *Meiisel/Bokeloh* CFLaw 2010, 35 (37 ff.); *Niedling* RdF 2016, 49.
[46] WP-Handbuch 16. Aufl., Tz. F 480.
[47] Beck'scher BilKomm/*Störk/Kliem/Meyer* HGB § 272 Rn. 180; *Adler/Düring/Schmaltz* HGB § 272 Rn. 124; *Häuselmann* BB 2000, 139 (141).
[48] *Gelhausen/Rimmelspacher* AG 2006, 729 (732).
[49] *Gelhausen/Rimmelspacher* AG 2006, 729 (735); *Niedling* RdF 2016, 49 (50); der Ausweis erfolgt bei minderverzinslichen Anleihen nach der Bruttomethode, IDW HFA 1/1994, WPg 1994, 419 Rn. 2.1.4.2.1.; *Häuselmann* BB 2000, 139 (141).

29 Zur **steuerlichen Behandlung** der AG bei Ausgabe von Optionsanleihen hat der BFH entschieden, dass die handelsbilanzielle Behandlung der Anleihe sowie des Optionsrechts auf Anteile einschließlich eines offenen oder verdeckten Aufgeldes – dh sowohl bei marktüblich als auch bei niedrig verzinslichen Optionsanleihen – (auch steuerrechtlich) maßgeblich ist.[50] Die Leistung des vom jeweiligen Erwerber einer Optionsanleihe zu erbringenden Aufgeldes finde ihre Ursache im Gesellschaftsverhältnis. Der Ansatz einer Verbindlichkeit scheide deshalb aus. Die rechtliche Zuordnung des Aufgeldes als Einlage iSd § 4 Abs. 1 EStG – die nicht zwingend eine Zuführung zum Betriebsvermögen durch eine Person voraussetze, die bereits Anteile an der Gesellschaft halte – entfällt nach Auffassung des BFH insbesondere nicht dadurch, dass die erworbene Option nicht ausgeübt werde. Da in diesem Fall das Aufgeld handelsrechtlich nicht als Gewinn verwendet werden dürfe, komme auch eine Besteuerung als Gewinn nicht in Betracht. Das Aufgeld würde anderenfalls, obwohl in voller Höhe in der Kapitalrücklage auszuweisen, durch eine Besteuerung gemindert, was zu einem unlösbaren Wertungswiderspruch zwischen Handels- und Steuerrecht führte.

30 Wird eine **niedrig verzinsliche Optionsanleihe** begeben, ist die Anleiheschuld mit dem Rückzahlungsbetrag zu passivieren. In Höhe des Unterschiedsbetrags zwischen dem Rückzahlungsbetrag und dem niedrigeren Emissionskurs der Schuldverschreibung ist, soweit die Kapitalbindungsfrist reicht, in der Steuerbilanz zwingend ein aktiver Rechnungsabgrenzungsposten zu bilden und auf die Laufzeit der Anleihe zu verteilen.[51]

31 Sowohl das BFH-Urteil vom 30.11.2005 als auch die (gegensätzliche) Verlautbarung der Finanzverwaltung stellen nach ihrem Wortlaut auf **Optionsanleihen** ab und deuten darauf hin, nur den Fall des Bezugsrechts, nicht aber den des Wandlungsrechts abzuhandeln. Als ein Grund für diese Differenzierung wurde angeführt, dass die **Wandelanleihe** anders als die Optionsanleihe als ein einheitliches Schuldverhältnis zu betrachten und daher einer Zerlegung im Sinne der oben ausgeführten Grundsätze nicht zugänglich sei.[52] Diese Überlegung ist für die steuerliche Beurteilung des Emittenten jedoch nicht sachgerecht, da das handelsbilanzielle und steuerrechtliche Regelwerk hierin keinen Differenzierungsgrund sieht. § 272 Abs. 2 Nr. 2 HGB gilt auch für den Emittenten einer Wandelanleihe und macht die Aufteilung in Teilbeträge unumgänglich. Darüber hinaus stellen auch Umtauschrechte aus Wandelanleihen nach hM als unentziehbare mitgliedschaftsrechtliche Positionen und Anwartschaften iSd § 17 Abs. 1 S. 3 EStG dar, weshalb nach der hier vertretenen Auffassung Options- und Wandelanleihe bei Ausgabe und bei Ausübung des Umtausch- oder Bezugsrechts gleich zu behandeln sind.[53] Der BFH hat dies mittlerweile bestätigt.[54] Auch bei Wandelanleihen ist das Aufgeld – unabhängig von der Wandlung – als steuerlich neutrale Einlage zu behandeln. Auch steuerlich ist der Einlagebetrag auf den Teilbetrag beschränkt, der sich für den Zeitraum der festen Kapitalbindung ergibt.[55]

32 Nach überwiegender Auffassung gelten die vorgenannten Grundsätze auch bei **Pflichtwandelanleihen.** Im Hinblick auf die Vereinbarung, dass in jedem Falle Aktien geliefert werden, gibt es die Auffassung, diese als handelsrechtliches Eigenkapital zu bilanzieren.[56] Demgegenüber sieht die überwiegende Meinung auch solche Anleihen als bilanzielles Fremdkapital an, da keine Mitgliedschaftsrechte und gewinnabhängige Vergütungen ver-

---

[50] BFH BStBl. II 2008 S. 809; dggü. noch BFH DStR 2003, 678; OFD Düsseldorf 23.3.2001, DB 2001, 1337: Einstellung des Aufgeldes oder des Unterschiedsbetrags zwischen dem Rückzahlungsbetrag und dem niedrigeren Emissionskurs der Schuldverschreibung in gesonderten Passivposten und bei Ausübung der Option in das steuerliche Einlagekonto; bei Nichtausübung der Option erfolgswirksame Auflösung und Erfassung als Betriebseinnahme.

[51] BFH BStBl. II 2008 S. 809; BFH BFH/NV 2015, 686.

[52] So *Häuselmann* BB 2000, 139 (145).

[53] So auch *Haisch/Danz* DStZ 2006, 229 (231); wohl auch *L. Schmidt/Weber-Grellet* EStG § 5 Rn. 270 (Anleihen); *Rau* DStR 2006, 627; zur Pflichtwandelanleihe *Häuselmann* BB 2003, 1531.

[54] BFH BFH/NV 2015, 686; dazu *Johannemann/Herr* BB 2015, 2158; *Niedling* RdF 2015, 167.

[55] BFH BFH/NV 2015, 686.

[56] *Bader* AG 2014, 472 (480).

sprochen werden.⁵⁷ Dies gilt im Grundsatz auch für die steuerliche Behandlung als Fremdkapital und der Vergütungen als abziehbarem Aufwand.⁵⁸

Zu unterscheiden hiervon ist die Behandlung von Umtauschanleihen, die eine Emittentin nach Maßgabe der vereinbarten Bedingungen zu liefern hat oder liefern darf. Die Anleihe ist durch die Emittentin zum Nennbetrag zu passivieren, doch kommt eine Rückstellung für ungewisse Verbindlichkeiten in Betracht, wenn während der Laufzeit der Kurswert der Aktien über den vereinbarten Basispreis hinaus steigt.⁵⁹ 33

2. Behandlung der Wandelschuldverschreibung beim Anleihezeichner. Der Anleihezeichner erzielt aus der Wandelanleihe Zinsen, die Einnahmen aus Kapitalvermögen nach § 20 Abs. 1 Nr. 7 EStG darstellen. Auf diese Kapitalerträge ist die Schuldnerin nach §§ 43 Abs. 1 S. 1 Nr. 2, 44 Abs. 1 S. 3 EStG zum Einbehalt von Kapitalertragsteuer verpflichtet. Für beschränkt steuerpflichtige Anleiheinhaber ist umstr., nach der engeren Auffassung gilt § 49 Abs. 1 Nr. 5 Buchst. a EStG⁶⁰ Beim Inhaber der Wandelschuldverschreibung stellt sich ferner die Frage, ob der Ausweis getrennt nach Anleihe und Optionskomponente zu erfolgen hat. Wenn und soweit die Wandelanleihe an einem aktiven Markt notiert ist und imparitätisch zu bewerten ist, bleibt es nach § 253 Abs. 3 und 4 HGB regelmäßig bei dem einheitlichen Ansatz.⁶¹ 34

Auch beim **Anleihezeichner** ist zwischen der steuerlichen Behandlung der Anleihe und der Erträge daraus und des Umtausch- und Bezugsrechts und dessen Ausübung zu unterscheiden. 35

Der Nennbetrag einer **Optionsanleihe** und das für das Optionsrecht entrichtete Aufgeld werden unterschieden.⁶² Die auf das Anleihekapital laufend gezahlten Zinsen gehören zu den Einkünften aus Kapitalvermögen nach § 20 Abs. 1 Nr. 7 EStG des **(privaten) Anleihezeichners.** Bei einer Emission mit verdecktem Aufgeld gehört der bei Endfälligkeit der Anleihe gezahlte Unterschiedsbetrag zwischen dem Emissionskurs (Kapitalwert der Anleihe zum Ausgabezeitpunkt) und dem Einlösebetrag zu den steuerpflichtigen Erträgen, § 20 Abs. 3 EStG.⁶³ Bei vorzeitiger Veräußerung der Anleihe durch den Erstzeichner wird der Besteuerung der Unterschiedsbetrag zwischen dem Veräußerungserlös und dem Emissionskurs der Schuldverschreibung (Marktrendite) zugrunde gelegt. Der Nachweis der Emissionsrendite ist nicht (mehr) zulässig. 36

Der **bilanzierende Anleihezeichner** hat bei einer marktüblich verzinslichen Optionsanleihe die Schuldverschreibung mit ihrem Nennwert und das Optionsrecht mit dem offen geleisteten Aufgeld zu bilanzieren. Gleiches gilt im Falle einer niedrig verzinslichen Optionsanleihe, bei der ein verdecktes Aufgeld geleistet wird. Die Schuldverschreibung wird zum Nennbetrag aktiviert. In Höhe des Unterschiedsbetrags zwischen dem Nennbetrag und dem Emissionskurs der Schuldverschreibung wird ein Wertansatz (als verdecktes Aufgeld) für das Optionsrecht aktiviert und ein passiver Rechnungsabgrenzungsposten passiviert, der über die Laufzeit der Schuldverschreibung unter Berücksichtigung des anteiligen Zinseszinses für das laufende Wirtschaftsjahr gewinnerhöhend aufzulösen ist.⁶⁴ Erträge aus der laufenden Verzinsung der Anleihe oder der Veräußerung vor Endfälligkeit sind als 37

---

⁵⁷ *Mihm* in Habersack/Mülbert/Schlitt Unternehmensfinanzierung § 15 Rn. 49; *Niedling* RdF 2016, 49 (51); *Häuselmann* BB 2003, 1531.
⁵⁸ BMF 10.4.2014, BeckVerw 295606; *Rennings* RdF 2014, 221; *Niedling* RdF 2016, 49 (52).
⁵⁹ FG Köln EFG 2017, 1012; *T. Müller* FR 2017, 1054.
⁶⁰ FG Düsseldorf 6.12.2017 – 2 K 1289/15 H, juris (Rev. eingelegt BFH Az. I R 6/18).
⁶¹ IDW RS HFA 22, IDW-FN 2008, 455 Rn. 13 f.; *Niedling* RdF 2016, 49 (51).
⁶² Zur Pflichtwandelanleihe *Häuselmann* BB 2003, 1531 (1535).
⁶³ BFH DB 2003, 2365 für den Fall, dass der Ausgabepreis nicht ausschließlich für die Schuldverschreibung entrichtet wurde. Auch das bislang steuerlich nicht erfasste Emissionsdisagio nach der sog. Disagiostaffel (vgl. BMF 24.11.1986, BStBl. I 1986 S. 539) wird im Zeitpunkt der Rückgabe der Schuldverschreibung als steuerpflichtiger Kapitalertrag erfasst.
⁶⁴ Entspr. BMF 5.3.1987, BStBl. I 1987 S. 394 und 1.3.1991, BStBl. I 1991 S. 422.

Betriebseinnahmen steuerpflichtig. Ein Gewinn aus der Veräußerung eines Bezugsrechts fällt nach Ansicht des BFH und der Finanzverwaltung nicht unter § 8b Abs. 2 KStG.[65] Die überwiegende Auffassung in der Literatur stimmt dem zu.[66]

38 Ein **Gewinn** aus der **Veräußerung** einer nach dem 31.12.2008 erworbenen Wandelschuldverschreibung durch den privaten Anleihezeichner gehört zu den Einkünften aus Kapitalvermögen iSd § 20 Abs. 2 S. 1 Nr. 7 EStG.[67] Für beschränkt steuerpflichtige Inhaber ist umstr., ob Zinsen nach § 49 Abs. 1 Nr. 5a EStG steuerpflichtig oder nach § 49 Abs. 1 Nr. 5c Doppelbuchst. aa EStG auszunehmen sind.[68] Die Veräußerung des Optionsrechts durch den privaten Inhaber führt zu Einkünften aus § 20 Abs. 2 S. 1 Nr. 3 EStG, bei Veräußerung durch einen bilanzierenden Zeichner führt zu Betriebseinnahmen.[69] Die Ausübung des Optionsrechts durch den privaten Zeichner führt nicht zu einem steuerpflichtigen Kapitalertrag oder Veräußerungsgewinn. Für das Optionsrecht wurden Anschaffungskosten aufgewendet; die Gewährung von Aktien bei Ausübung dieses Rechts ist Folge des Optionsrechts und nicht ein zusätzliches Entgelt für die Überlassung von Kapital. Die Anschaffungs- und Anschaffungsnebenkosten des Optionsrechts gehören zu den Anschaffungskosten der erworbenen Aktien (Basiswert); die Anschaffungskosten der Optionsanleihe sind aufzuteilen in Anschaffungskosten der Anleihe und Anschaffungskosten des Optionsrechts. Die Aufteilung der Anschaffungskosten der Optionsanleihe richtet sich beim Ersterwerb nach den Angaben im Emissionsprospekt, soweit dort ein gesondertes Aufgeld für das Optionsrecht ausgewiesen und die Anleihe mit einer marktgerechten Verzinsung ausgestattet ist. In anderen Fällen kann der Steuerpflichtige die Anschaffungskosten der Anleihe zurechnen, wenn die Aufteilung der Anschaffungskosten der Optionsanleihe nicht nach den Angaben im Emissionsprospekt erfolgen kann.[70] Bei privaten Anleihezeichnern, für die § 17 EStG nicht zur Anwendung kommt, gilt § 20 Abs. 4a S. 3 EStG mit der Folge, dass dem Optionsrecht kein Wert beigemessen wird.[71] Beim bilanzierenden Anleihezeichner wird bei Ausübung der Option der aktivierte Betrag für das Optionsrecht als Teil der Anschaffungskosten für die erworbenen Aktien umgebucht.[72]

39 Für die steuerliche Behandlung einer **Wandelanleihe** beim Anleihezeichner fehlen zum Teil durchgängige Grundlagen insbesondere für die Behandlung des Wandlungsrechts. Die laufenden Zinsen gehören bei dem (privaten) Zeichner zu den Einkünften aus Kapitalvermögen, § 20 Abs. 1 Nr. 7 EStG. Gleiches gilt für Stückzinsen im Falle des ihres getrennten Verkaufs unter Zurückbehaltung der Anleihe, § 20 Abs. 2 S. 1 Nr. 2b) EStG; unterbleibt die gesonderte Berechnung von Stückzinsen, erfolgt die Ermittlung der Einnahmen nach Maßgabe der Marktrendite (unter Abzug gezahlter Zinsen). Ein Gewinn aus der Veräußerung einer nach dem 31.12.2008 erworbenen Wandelanleihe vor Endfälligkeit durch den privaten Anleihezeichner gehört zu den Einkünften aus Kapitalvermögen iSd § 20 Abs. 2 S. 1 Nr. 7 EStG. Die laufenden Zinsen sowie Gewinne aus der Veräußerung

---

[65] BFH BStBl. II 2008 S. 719; BFH BStBl. II 2013 S. 588; BMF 28.4.2003, BStBl. I 2003 S. 292 Rn. 24.

[66] Blümich/*Rengers* KStG § 8b Rn. 212; *Pung* in Dötsch/Pung/Möhlenbrock KStG § 8b Rn. 121; *Rogall* DB 2011, 1362; *Eilers/Schmidt* GmbHR 2003, 613 (618); *Rödder/Schumacher* DStR 2003, 909 (911); *Haisch/Danz* DStZ 2006, 229 (232, 233); aM *Frotscher* in Frotscher/Drüen, KStG/UmwStG, KStG § 8b Rn. 193.

[67] BMF 22.12.2009, BStBl. I 2010 S. 94 Rn. 7.

[68] Für die erste Auffassung *Gosch* in Kirchhof EStG § 49 Rn. 74; *Ramackers* in Littmann/Bitz/Pust EStG § 49 Rn. 456; FG Düsseldorf ISR 2019, 48, Rev. eingel. BFH Az. I R 8/18; dazu *Holle/Tschatsch* FR 2018, 884; *Rau* FR 2018, 1142; dagegen L. *Schmidt/Loschelder* EStG § 49 Rn. 99; *Klein/Link* in HHR EStG § 49 Rn. 833.

[69] Der Abzug eines Veräußerungsverlusts kann durch § 15 Abs. 4 EStG beschränkt sein.

[70] BMF 22.12.2009, BStBl. I 2010 S. 94 Rn. 6 ff., 86.

[71] L. Schmidt/*Levedag* EStG § 20 Rn. 217.

[72] Für bilanzierende Anleihezeichner: Koord. Ländererlass, zB OFD Düsseldorf 23.3.2001, DB 2001, 1337 (1338 unter 1d); für private Anleihezeichner: BMF 22.12.2009, BStBl. I 2010 S. 94.

der Wandelanleihe oder von Stückzinsen durch einen bilanzierenden Zeichner führen zu Betriebseinnahmen.

Bei **Ausübung des Wandlungsrechts** im Privatvermögen fingiert § 20 Abs. 4a S. 3 **40** EStG das Entgelt für den Erwerb der Kapitalforderung als Veräußerungspreis der Kapitalforderung. Zugleich ist das Entgelt für den Forderungserwerb als Anschaffungskosten der erhaltenen Wertpapiere anzusetzen. Gehört die Wandelanleihe zu einem Betriebsvermögen, ist § 20 Abs. 4a S. 3 EStG nicht anzuwenden, § 20 Abs. 8 S. 2 EStG. Gleichwohl ist auch hier die Ausübung des Wandlungsrechts und der Erwerb von Aktien nach hM kein ertragsteuerlich relevanter Vorgang.[73] Zwar wird vertreten, auf den Tauschvorgang § 6 Abs. 6 S. 1 EStG anzuwenden und damit zur Realisierung der in der Anleihe ruhenden stillen Reserven zu kommen.[74] Die herrschende Auffassung in Folge von BFH Entscheidungen, die auf die Rechtsprechung des RFH zurück reichen, vertritt, dass Wandlungsgewinne nicht steuerpflichtig sind.[75]

VI. Steuerliche Behandlung von Genussrechten

1. Allgemeines. Genussrechte bezeichnen eine besondere Kategorie von Kapitalinstru- **41** menten, die der Finanzierung der Gesellschaft dienen können oder Berechtigungen besonderer Art beinhalten. Sie umfassen Mezzanine Finanzierungsinstrumente und andere hybride Gestaltungen. In § 221 AktG haben Genussrechte eine besondere Erwähnung erfahren. Die Erscheinungsformen sind vielfältig. In steuerlicher Hinsicht erfahren Genussrechte eine besondere Erwähnung in § 8 Abs. 3 S. 2 KStG in Bezug auf die Behandlung von Vergütungen, die sich für den Anleger in § 20 Abs. 1 S. 1 Nr. 1 EStG im Hinblick auf die Einkünftequalifikation und in § 43 Abs. 1 S. 1 Nr. 1 EStG in Bezug auf den Kapitalertragsteuereinbehalt wieder spiegelt. Ein wesentliches Beurteilungskriterium für Genussrechte ergibt sich aus der Unterscheidung, ob es sich bei dem Genussrecht um ein Eigen- oder Fremdkapitalinstrument handelt.

2. Behandlung bei der AG. a) Kriterien für die Ausgestaltung als Eigen- oder 42 Fremdkapital. Genussrechte gehören zu den Finanzierungsformen, die jedenfalls nicht nach ihrer Bezeichnung und dem typischen Erscheinungsbild sich ohne weiteres als Eigen- oder Fremdkapital qualifizieren lassen. Anders als für das klassische Eigenkapital, für das § 272 HGB Vorgaben nach Herkunft und Zweckbestimmung der Mittel gibt, ist bei Genussrechten eine inhaltliche Analyse des jeweiligen Finanzierungsinstruments erforderlich, um dessen haftungsrechtliche und bilanzielle Zuordnung zu ermöglichen.[76] Für die Bilanzierung nach HGB ergeben sich die entscheidenden Kriterien weiterhin aus den Grundsätzen der HFA-Stellungnahme 1/1994 des IDW,[77] nach der die Zuordnung nach Maßgabe der Nachrangigkeit, der Erfolgsabhängigkeit der Vergütung und der Verlustteilhabe des Kapitals sowie der Längerfristigkeit der Kapitalüberlassung abhängt. Das Kriterium der Nachrangigkeit ist erfüllt, wenn insbesondere im Insolvenz- oder Liquidationsfall ein Rückzahlungsanspruch des Genussrechtsinhabers erst nach Befriedigung aller Gläubiger, deren Kapitalüberlassung nicht den Kriterien einer Eigenkapitalüberlassung genügt, entsteht resp. Geltend gemacht werden kann.[78] Voraussetzung der Eigenkapitalqualität ist es ferner, dass die Vergütung erfolgsabhängig ist, somit ein Anspruch auf Auszahlung einer Vergütung nur entstehen darf, wenn – ohne

---

[73] BMF FR 2018, 907; offen BFH BFH/NV 2015, 686 bei Zuzahlungen.
[74] Kritisch *Rau* DStR 2014, 2201; *Rau* FR 2018, 1142; für den Fall von AT1-Instrumenten BMF 10.4.2014, BeckVerw 295609 Rn. 4.
[75] RFHE 54, 128; BFH BStBl. II 1973 S. 460; BFH BFH/NV 2015, 686; *Mihm* in Habersack/Mülbert/Schlitt Unternehmensfinanzierung § 15 Rn. 28; *Niedling* RdF 2016, 49 (54); *Häuselmann/Wagner* BB 2002, 2431 (2432).
[76] Zur Abgrenzungsproblematik BFH BStBl. II 2008 S. 103; *Kraft* ZGR 2008, 324 (325).
[77] IDW HFA Stellungnahme 1/1994 WPg 1994, 419 ff. idF WPg 1998, 891.
[78] IDW HFA 1/1994 WPg 1994, 419 (420); *Kraft* FS Schmidt, Wirtschaft im offenen Verfassungsstaat, 2006, 737 (740).

Berücksichtigung des Vergütungsanspruchs – im (testierten) Jahresabschluss des Unternehmens für das vorangegangene Jahr ein Bilanzgewinn ausgewiesen werden könnte, also Kapitalteilen, die nicht gegen Ausschüttungen besonders geschützt sind.[79] Im Verlustfall ist eine angemessene Teilhabe des Genussrechtskapitals an den aufgetretenen Verlusten geboten. Das Genussrechtskapital muss letztlich insgesamt zur Verlustdeckung zur Verfügung stehen; insoweit ist eine mit den Eigenkapitalteilen, die gegen Ausschüttungen nicht besonders geschützt sind, getragen werden kann. Das führt im Ergebnis zu einer gleichrangigen Haftung mit den typischen Eigenkapitalgebern; wie bei diesen ist es zulässig, vorzusehen, dass eine Wiederaufholung des Kapitals durch spätere Gewinne eintreten darf. Letzte Voraussetzung ist schließlich die Längerfristigkeit der Überlassung des Genussrechtskapitals. Die IDW-Stellungnahme macht hierzu keine Vorgaben; das publizierte Meinungsbild reicht von einer Untergrenze von 5 Jahren, innerhalb der das Kapital nicht entzogen werden darf bis hin zu 15 bis 25 Jahren.[80] Werden diese Kriterien erfüllt, lässt die IDW-Stellungnahme den Ausweis des Genussrechtskapitals innerhalb des Eigenkapitals zu.[81]

43 Diese handelsrechtliche Einordnung blieb lange Zeit ohne steuerliche Relevanz. Erst jüngst hat die Finanzverwaltung in einer Verfügung sich der steuerbilanziellen Behandlung von Genussrechten zugewendet, nachdem die Auffassung zuvor eher von der Unsicherheit im Umgang mit solchen Rechten geprägt war.[82] Die Verfügung sieht in der handelsbilanziellen Behandlung als Eigenkapital noch Grundsätzen ordnungsmäßiger Buchführung keine Verbindlichkeit und verlangt auch in der Steuerbilanz den Ausweis als Eigenkapital. Das der Gesellschaft durch das Genussrecht zugeführte Kapital wird in diesen Fällen als Einlage behandelt, wenn und soweit zum Zeitpunkt der Begründung des Rechts die Forderung werthaltig ist. Der Genussrechtsinhaber wird insoweit wie ein Gesellschafter behandelt. Das BMF ist dem entgegen getreten. Ausgehend vom Grundsatz, dass Genussrechte einen schuldrechtlichen Charakter haben, wird festgestellt, dass Genusskapital nach handelsrechtlichen Grundsätzen in der Steuerbilanz als Fremdkapital anzusetzen ist und Vergütungen vorbehaltlich von § 8 Abs. 3 S. 2 KStG das Einkommen mindern.[83]

44 Für Vergütungen aus solchen Rechten zieht die Finanzverwaltung über den Anwendungsbereich von § 8 Abs. 3 S. 2 KStG hinaus Folgerungen. Nach dem Schreiben vom 12.5.2016 sollten alle Vergütungen auf solche, als Eigenkapital behandelte Genussrechte eine Gewinnverwendung darstellen, die nach § 8 Abs. 3 S. 1 KStG das Einkommen nicht mindern darf. Das wird als zu weitgehend erkannt. Es bleibt bei der Anwendung von § 8 Abs. 3 S. 2 KStG, so dass alle Vergütungen auf Genussrechte (und vergleichbare Rechte, auch wenn sie nicht Genussrechte darstellen[84]), die in der Handelsbilanz als Fremdkapital bilanziert sind, die jedoch das Recht auf Beteiligung am Gewinn und Liquidationserlös der Kapitalgesellschaft vermitteln, das Einkommen der Kapitalgesellschaft nicht vermindern. Zur Auslegung von § 8 Abs. 3 S. 2 KStG verweist die OFD-Verfügung auf (zT fragwürdige) BMF-Schreiben,[85] die einen weiten Umfang des Anwendungsbereichs gewinnabhängi-

---

[79] IDW HFA 1/1994 WPg 1994, 419 (420); *Kraft* FS Schmidt, Wirtschaft im offenen Verfassungsstaat, 2006, 737 (741).

[80] Adler/Düring/Schmaltz Rechnungslegung § 266 Rn. 190 ff.; *Emmerich/Naumann* WPg 1994, 677 (680); *Kraft* FS Schmidt, Wirtschaft im offenen Verfassungsstaat, 2006, 737 (743).

[81] IDW HFA 1/1994 WPg 1994, 419 (421) Abschnitt 2.1.3; *Kraft* FS Schmidt, Wirtschaft im offenen Verfassungsstaat, 2006, 737 (745).

[82] OFD Nordrhein-Westfalen 12.5.2016, DStR 2016, 1816; BMF 4.7.2008, BStBl. I 2008 S. 718 ff., in dem allein auf die Qualifikation nach § 8 Abs. 3 S. 2 KStG abgestellt wurde; *Kleinmanns* BB 2016, 2543; *Richter* DStR 2016, 2058; *Kusch* NWB 2016, 1952; *Diffring* FR 2018, 211.

[83] BMF Verbändeschreiben v. 20.6.2018; FM Nordrhein-Westfalen 18.7.2018, DB 2018, 1762; ebenso FBeh. Hamburg 25.1.2019, DStR 2019, 1093.

[84] BFH BFH/NV 2011, 12; *Helios/Birker* BB 2011, 2327; *Lechner/Haisch* Ubg 2012, 115; *Friedl* BB 2012, 1102; *Höng* Ubg 2014, 26.

[85] BMF 17.2.1986, BeckVerw 095255; BMF 8.12.1986, BB 1987, 667; BMF (zu BFH BStBl. II 1996 S. 77) 27.12.1995, BStBl. I 1996 S. 49.

ger Vergütungen und der Teilhabe am Liquidationserlös bestimmen. So sollen variable Vergütungen jeder Art gewinnabhängig sein und zB eine Laufzeit, die über 30 Jahre hinaus geht zu einer Teilhabe am Liquidationserlös führen. Im Schreiben vom 10.4.2014[86] hat das BMF für AT1-Instrumente beschrieben, dass diese Kriterien nicht erfüllt werden und somit für diese Instrumente einen sachgerechten Umgang mit diesem Kriterium gefunden. Nach jüngsten Äußerungen der Finanzverwaltung will das BMF an der in der OFD-Verfügung enthaltenen Meinung nicht festhalten. Es soll dann bei der Behandlung nach § 8 Abs. 3 S. 2 KStG verbleiben (siehe dazu unten).

b) Behandlung von Vergütungen. Wird das hybride Instrument als steuerbilanzielle **45** Eigenkapital qualifiziert, sind Vergütungen daraus steuerlich nicht abzugsfähig, sondern stellen nach § 8 Abs. 3 S. 1 KStG eine Gewinnverwendung dar. Handelt es sich bilanziell um Fremdkapital, können Vergütungen, die unter § 8 Abs. 3 S. 2 KStG fallen, gleichwohl vom Betriebsausgabenabzug ausgeschlossen sein; auch diese Vergütungen werden als Ergebnisverwendung betrachtet. Der Kapitalertragsteuerabzug richtet sich in diesen Fällen nach den Vorschriften über Dividenden, § 43 Abs. 1 S. 1 Nr. 1 und 1a EStG. Handelt es sich bei dem Instrument um Fremdkapital, sind Vergütungen im Grundsatz abzugsfähig (vorbehaltlich zB der Zinsschrankenregelungen und des Korrespondenzprinzips);[87] Kapitalertragsteuer ist bei Wandelschuldverschreibungen oder Gewinnobligationen nach § 43 Abs. 1 S. 1 Nr. 2 EStG, sonst als Abgeltungssteuer nach Nr. 7 einzubehalten.[88]

3. Steuerliche Behandlung des Rechtsinhabers. Korrespondierend zur Behandlung **46** des Genussrechtskapitals bei der emittierenden Gesellschaft erfolgt die Behandlung beim Rechteinhaber. Bei Eigenkapitalgenussrechten oder im Fall der Anwendung von § 8 Abs. 3 S. 2 KStG erzielt der Inhaber einen Dividendenertrag nach § 20 Abs. 1 S. 1 Nr. 1 EStG. Liegt ein Fremdkapitalinstrument vor, erzielt der Inhaber im Grundsatz Einkünfte nach § 20 Abs. 1 S. 1 Nr. 7 EStG. Sonstige Vorteile und Entgelte gelten als Erträge im Sinne von § 20 Abs. 3 EStG. Die Veräußerung der Rechte führt zu einem nach § 20 Abs. 2 Nr. 1 oder Nr. 7 EStG steuerpflichtigen Ertrag. Auf Instrumente, deren Erträge Dividenden darstellen, findet im betrieblichen Bereich nach § 3 Nr. 40d)–h) EStG das Teileinkünfteverfahren Anwendung. Bei gewinnabhängigen Fremdkapitalinstrumenten kann es bei nicht inländischen Investoren zum Besteuerungsrecht des Quellenstaats Deutschland nach Maßgabe des anzuwendenden DBA kommen.[89]

---

[86] BMF Schreiben v. 10.4.2014, IV C2-S2742/12/10003:002 betr. AT1-Instrumente.
[87] *Schiefer* IWB 2015, 352; *Schanz/Maier* Ubg 2015, 189.
[88] BMF Schreiben v. 10.4.2014, IV C2-S2742/12/10003:002 betr. AT1-Instrumente; *Flick/Mertes/Meyding-Metzger* WPg 2019, 726.
[89] BFH BStBl. II 2019 S. 147; dazu BMF 21.2.2019, BStBl. I 2019 S. 208; FG Münster DStRE 2019, 734.

11. Kapitel. Auflösung und Abwicklung

§ 66 Auflösung

Übersicht

	Rn.		Rn.
I. Allgemeines	1	5. Feststellung eines Satzungsmangels, Nr. 5	8
II. Auflösungsgründe nach § 262 Abs. 1 AktG	2–9	6. Löschung wegen Vermögenslosigkeit, Nr. 6	9
1. Zeitablauf, Nr. 1	2, 3	III. Andere Auflösungsgründe, § 262 Abs. 2 AktG	10
2. Auflösungsbeschluss, Nr. 2	4, 5		
3. Eröffnung des Insolvenzverfahrens, Nr. 3	6	IV. Anmeldung und Eintragung der Auflösung, § 263 AktG	11
4. Ablehnung der Eröffnung des Insolvenzverfahrens mangels Masse, Nr. 4	7		

Schrifttum: *Friedrich*, Auflösung einer Kapitalgesellschaft und Übernahme des Unternehmens durch einen Gesellschafter, BB 1994, 89–94; *Henze*, Auflösung einer Aktiengesellschaft und Erwerb ihres Vermögens durch den Mehrheitsgesellschafter, ZIP 1995, 1473–1481; *Lutter/Drygala*, Liquidation der Aktiengesellschaft oder Liquidation des Minderheitenschutzes?, FS Kropff, 1997, S. 190–223; *M. Roth*, Die übertragende Auflösung nach Einführung des Squeeze-out, NZG 2003, 998–1005; *Sethe*, Die Satzungsautonomie in Bezug auf die Liquidation einer AG, ZIP 1998, 770–774.

I. Allgemeines

Mit der Auflösung ändert die AG ihren Gesellschaftszweck: Aus der werbenden Gesellschaft mit dem Zweck der laufenden Gewinnerzielung wird eine Gesellschaft, deren Zweck nur noch darauf gerichtet ist, ihr Vermögen im Wege der Abwicklung zu versilbern und den nach Befriedigung aller Verbindlichkeiten verbleibenden Überschuss an die Aktionäre zu verteilen. Die **Beendigung** der AG im Sinne ihres Untergangs als juristischer Person – auch „Vollbeendigung" genannt – tritt erst mit dem Schluss der Abwicklung ein (§ 273 AktG). Nur ausnahmsweise fallen Auflösung und Beendigung zusammen, nämlich bei der **Löschung** der AG **wegen Vermögenslosigkeit** durch das Registergericht nach § 394 FamFG, § 262 Abs. 1 Nr. 6 AktG (→ Rn. 9).[1] Auch in den Fällen der Verschmelzung und der Aufspaltung ist die AG mit der Gesamtrechtsnachfolge auf den übernehmenden Rechtsträger „unter Auflösung ohne Abwicklung" (§ 2, § 123 Abs. 1 UmwG) sogleich beendet. 1

II. Auflösungsgründe nach § 262 Abs. 1 AktG

1. Zeitablauf, Nr. 1. Die AG wird aufgelöst durch Ablauf der in der Satzung bestimmten Zeit. Die Bestimmung einer festen Dauer der AG ist allerdings sehr ungewöhnlich. Die Zeitbestimmung muss nicht unbedingt bereits in der ursprünglichen Satzung enthalten sein, sondern der Auflösungstermin kann auch nachträglich durch Satzungsänderung eingeführt werden. Da diese Satzungsänderung einen zeitlich hinausgeschobenen Auflösungsbeschluss enthält, bedarf der Beschluss gemäß § 262 Abs. 1 Nr. 2 AktG einer Mehrheit von mindestens drei Vierteln des bei der Beschlussfassung vertretenen Grundkapitals.[2] 2

Eine **Kündigung** der AG durch einen oder mehrere Aktionäre ist nicht möglich und kann auch durch die Satzung nicht zugelassen werden.[3] 3

---

[1] § 394 FamFG entspricht dem früheren § 141a FGG.
[2] MüKoAktG/*Koch* § 262 Rn. 29; Spindler/Stilz AktG/*Bachmann* § 262 Rn. 24.
[3] Hüffer AktG/*Koch* § 262 Rn. 7; Spindler/Stilz AktG/*Bachmann* § 262 Rn. 70 f.

4 **2. Auflösungsbeschluss, Nr. 2.** Die Hauptversammlung kann mit einer Mehrheit von mindestens drei Vierteln des bei der Beschlussfassung vertretenen Grundkapitals[4] die Auflösung beschließen. Das Mehrheitserfordernis kann durch die Satzung weiter verschärft werden, und die Satzung kann auch weitere Erfordernisse, zB die Zustimmung bestimmter Aktionäre verlangen. Eine förmliche Beschlussfassung ist notwendig; die faktische Aufgabe der Geschäftstätigkeit ersetzt nicht den Auflösungsbeschluss. Wenn die Hauptversammlung eine **Sitzverlegung ins Ausland** unter Wahrung von Identität und Rechtsform beschließt, ist der Beschluss nach verbreiteter Auffassung in einen Auflösungsbeschluss umzudeuten.[5] Eine EU-Richtlinie zur grenzüberschreitenden Sitzverlegung durch identitätswahrenden Formwechsel wird derzeit vorbereitet.[6]

5 Der mit der notwendigen Mehrheit gefasste Auflösungsbeschluss bedarf keiner sachlichen Rechtfertigung und unterliegt – anders als zB ein Bezugsrechtsausschluss bei der Kapitalerhöhung (→ § 57 Rn. 114 ff.) – **keiner gerichtlichen Inhaltskontrolle** im Hinblick auf seine Erforderlichkeit und Verhältnismäßigkeit.[7] Die qualifizierte Mehrheit darf ihr Auflösungsrecht allerdings nicht dazu missbrauchen, **Sondervorteile** zum Schaden der Minderheitsaktionäre zu erlangen. Ein Missbrauch mit der Folge der Anfechtbarkeit nach § 243 Abs. 2 AktG liegt nicht schon deshalb vor, weil der Mehrheitsaktionär von vornherein beabsichtigt, das Vermögen der Gesellschaft aus der Liquidation zu erwerben und auf diesem Weg im Ergebnis die Minderheitsaktionäre aus der Gesellschaft zu entfernen. Die Treuepflicht gegenüber den Minderheitsaktionären ist vielmehr erst dann verletzt, wenn der Mehrheitsaktionär die spätere Übernahme schon vor Auflösung mit dem Vorstand derart fest verabredet hat, dass „vollendete Tatsachen" geschaffen sind und ein Erwerb durch einen Dritten rechtlich oder zumindest tatsächlich ausgeschlossen ist.[8] Ein solcher Sachverhalt ist nicht gegeben, wenn der Vorstand mit dem Großaktionär einen Vertrag zur Vermögensübertragung nach § 179a AktG abschließt und die Hauptversammlung diesem Vertrag zusammen mit dem Auflösungsbeschluss zustimmt („übertragende Auflösung").[9]

6 **3. Eröffnung des Insolvenzverfahrens, Nr. 3.** Mit der Eröffnung des Insolvenzverfahrens über das Vermögen der AG ist die Gesellschaft aufgelöst. Die Abwicklung erfolgt nicht nach den Regeln der §§ 64 ff. AktG, sondern nach den Regeln der Insolvenzordnung.

7 **4. Ablehnung der Eröffnung des Insolvenzverfahrens mangels Masse, Nr. 4.** In diesem Fall wird die AG nach §§ 264 ff. AktG abgewickelt.

8 **5. Feststellung eines Satzungsmangels, Nr. 5.** Wenn das Registergericht nach § 399 FamFG das Fehlen oder die Nichtigkeit bestimmter wesentlicher Satzungsbestimmungen festgestellt hat, ist die AG mit der Rechtskraft der förmlichen Feststellung, der zunächst eine Mangelrüge des Registergerichts voranzugehen hat, aufgelöst.

9 **6. Löschung wegen Vermögenslosigkeit, Nr. 6.** Wenn das Registergericht die Gesellschaft nach § 394 FamFG wegen Vermögenslosigkeit gelöscht hat, findet eine Abwicklung

---

[4] Zur Bedeutung und Berechnung der qualifizierten Kapitalmehrheit → § 40 Rn. 38 ff.
[5] BGHZ 25, 134 (144); BayObLG AG 1992, 456 u. NZG 2002, 828 (829 f.); OLG Hamm ZIP 1997, 1696 differenzierend Hüffer AktG/*Koch* § 5 Rn. 12, § 262 Rn. 10; anders KölnKommAktG/ *Dauner-Lieb* § 5 Rn. 23, MüKoAktG/*Heider* § 5 Rn. 54, die den Beschluss für nichtig halten (§ 241 Nr. 3 AktG).
[6] Vorschlag der Kommission vom 25.4.2018 COM (2018) 241 final; s. dazu die DAV-Stellungnahme vom Juli 2018 in NZG 2018, 857 ff.
[7] BGHZ 76, 352 (353); 103, 184 (189) – Linotype; OLG Stuttgart AG 1994, 411 (412) – Moto Meter I; OLG Stuttgart ZIP 1997, 362 (363) – Moto Meter II mAnm *Selzner* WiB 1997, 585; Hüffer AktG/*Koch* § 243 Rn. 28.
[8] BGHZ 103, 184 (192 f.); OLG Frankfurt a. M. WM 1991, 681; *Henze* ZIP 1995, 1473 (1477); *Lutter/Drygala* FS Kropff, 1997, 190 (221 f.).
[9] BVerfG NJW 2001, 279 – Moto-Meter; *Henze* ZIP 1995, 1473 (1478 f.); aA Spindler/Stilz AktG/ *Bachmann* § 262 Rn. 34 ff. Vgl. auch *M. Roth* NZG 2003, 998 ff.

nur statt, wenn sich nach der Löschung herausstellt, dass verteilbares Vermögen vorhanden ist, § 264 Abs. 2 AktG.

III. Andere Auflösungsgründe, § 262 Abs. 2 AktG

Wenn die AG aus anderen als aus den in § 262 Abs. 1 AktG genannten Gründen aufgelöst wird, erfolgt die Abwicklung nach §§ 264 ff. AktG, sofern in dem betreffenden Spezialgesetz keine abweichenden Abwicklungsregeln vorgeschrieben sind. Andere Auflösungsgründe sind zB: die Auflösung wegen Gefährdung des Gemeinwohls durch das Landgericht auf Antrag der obersten Landesbehörde nach § 396 AktG, das Verbot der AG nach § 3 Abs. 1 VereinsG durch Verwaltungsakt der obersten Landesbehörde, die Rücknahme der Geschäftserlaubnis einer Bank-AG nach dem KWG oder einer Versicherungs-AG nach dem VAG durch Verwaltungsakt des betreffenden Bundesaufsichtsamts.[10]

Eine Auflösung der AG durch **Kündigung** eines Aktionärs ist nicht möglich, → Rn. 3.

IV. Anmeldung und Eintragung der Auflösung, § 263 AktG

Der Vorstand hat die Auflösung zur Eintragung in das Handelsregister anzumelden, soweit nicht die Auflösung durch das Registergericht von Amts wegen einzutragen ist. Die Eintragung von Amts wegen erfolgt insbesondere bei der Auflösung durch Eröffnung des Insolvenzverfahrens oder Ablehnung der Eröffnung mangels Masse. Die Rechtswirkung der Auflösung tritt in den in § 262 Abs. 1 AktG genannten Gründen bereits mit dem Auflösungsgrund ein, insbesondere also mit dem Auflösungsbeschluss der Hauptversammlung. Die Eintragung der Auflösung im Handelsregister hat deshalb nur deklaratorische Bedeutung.[11]

§ 67 Abwicklung

Übersicht

	Rn.		Rn.
I. Allgemeines	1–3	2. Jahresabschluss und Lagebericht	17
II. Abwickler	4–14	3. Schlussrechnung	18
1. Bestellung	4–8	IV. Verteilung des Vermögens	19, 20
2. Aufgaben	9–12	V. Fortsetzung einer aufgelösten AG	21
3. Vertretungsmacht	13, 14		
III. Rechnungslegung	15–18		
1. Eröffnungsbilanz	15, 16		

Schrifttum: Vgl. die Literaturhinweise zu § 66.

I. Allgemeines

Die AG bleibt auch nach der Auflösung in der Phase der Abwicklung eine umfassend rechts- und parteifähige Gesellschaft mit eigener Rechtspersönlichkeit. An die Stelle des Vorstands treten die Abwickler, die allerdings gemäß § 265 Abs. 1 AktG im Regelfall mit den bisherigen Vorstandsmitgliedern identisch sind. Im Übrigen bleibt die Organstruktur der Gesellschaft weitgehend unverändert. Der Aufsichtsrat bleibt im Amt und behält seine Überwachungsbefugnisse aus § 111 AktG, und auch die Hauptversammlung bleibt als Gesellschaftsorgan mit im Wesentlichen unveränderten Kompetenzen bestehen. Die Gesellschaft behält auch ihre bisherige Firma, muss allerdings im Geschäftsverkehr einen die Abwicklung andeutenden Zusatz („i. L.") hinzufügen (§ 268 Abs. 4, § 269 Abs. 6 AktG; → Rn. 12).

---

[10] Zu diesen und weiteren Fällen s. Hüffer/*Koch* AktG § 262 Rn. 24; GroßkommAktG/*Karsten Schmidt* § 262 Rn. 68.
[11] Hüffer/*Koch* AktG § 263 Rn. 3; GroßKommAktG/*Karsten Schmidt* § 263 Rn. 10.

2 Bis zur Beendigung der AG mit dem Schluss der Abwicklung gelten nach § 264 Abs. 3 AktG im Grundsatz alle Vorschriften des AktG weiterhin für die Liquidationsgesellschaft, jedoch mit den folgenden Einschränkungen: Die speziellen Vorschriften der §§ 265–274 AktG haben selbstverständlich Vorrang, und außerdem muss die Anwendung der allgemeinen Vorschriften mit dem Zweck der Abwicklung vereinbar sein. So kann zB die Hauptversammlung auch während der Abwicklung den Formwechsel in eine andere Rechtsform (§ 191 Abs. 3 UmwG) oder eine Verschmelzung oder Spaltung der AG als übertragender Gesellschaft (§ 3 Abs. 3, § 124 Abs. 2 UmwG) beschließen; eine Verschmelzung oder Spaltung mit Beteiligung der aufgelösten AG als übernehmender Gesellschaft ist dagegen nach hM nicht möglich.[1] Sie kann auch Satzungsänderungen und Kapitalerhöhungen gegen Einlagen beschließen, soweit der Abwicklungszweck nicht entgegensteht.[2] Einlagepflichten von Aktionären aus der Zeit vor der Auflösung bestehen fort. Die Abwickler sind verpflichtet, rückständige Einlagen einzufordern, soweit die Einlagen zur Befriedigung der Gläubiger oder – bei ungleichmäßiger Leistung der Einlagen – zum Ausgleich zwischen den Aktionären bei der Verteilung nach § 271 Abs. 3 S. 2 AktG benötigt werden.[3] Die Ausschüttung eines Jahresgewinns der Liquidationsgesellschaft würde dem Zweck der Abwicklung widersprechen; der Jahresüberschuss kann deshalb nicht als Dividende ausgeschüttet, sondern nur als Teil des Liquidationsüberschusses nach § 271 Abs. 1 AktG unter die Aktionäre verteilt werden.[4]

3 Zur Auswirkung der Auflösung auf den Bestand von Unternehmensverträgen → § 72 Rn. 20.

II. Abwickler

4 **1. Bestellung.** Im Regelfall wird die Abwicklung von den Vorstandsmitgliedern als „**geborenen" Abwicklern** besorgt, § 265 Abs. 1 AktG. Als Abwickler bleiben die Vorstandsmitglieder bis zum Schluss der Abwicklung im Amt, ohne dass es einer erneuten Bestellung bedarf, und zwar auch dann, wenn ihre Vorstandsbestellung vorher ausgelaufen wäre.[5]

5 Schon in der Satzung oder durch besonderen Beschluss der Hauptversammlung können bestimmte andere oder zusätzliche Personen als Abwickler bestellt werden (**„gekorene" Abwickler**). Dieses Recht der Hauptversammlung aus § 265 Abs. 2 S. 1 AktG kann nicht durch die Satzung ausgeschlossen werden. Wenn die Satzung bestimmte Personen als Abwickler vorsieht, kann die Hauptversammlung mit einfacher Stimmenmehrheit davon abweichen und andere Personen bestellen.[6] Die Bestimmung in der Satzung oder im Hauptversammlungsbeschluss kann auch dahin gehen, dass nur einzelne Vorstandsmitglieder von der Abwicklung ausgeschlossen und damit die übrigen Vorstandsmitglieder als Abwickler bestätigt werden.[7] Schließlich ist es möglich, eine oder mehrere juristische Personen als Abwickler zu bestellen, § 265 Abs. 2 S. 3 AktG. Nach hM kann auch eine OHG oder KG Abwickler sein.[8]

6 Die **Anstellungsverträge** mit den Vorstandsmitgliedern gelten während ihrer Tätigkeit als Abwickler fort und verpflichten die Vorstandsmitglieder im Regelfall auch zur Übernahme dieser Aufgabe.[9] Der Aufsichtsrat bleibt nach § 112 AktG vertretungsbefugt für Abschluss, Änderung und Beendigung der Anstellungsverträge mit den Vorstandsmitglie-

---

[1] Semler/Stengel UmwG/*Stengel* § 3 Rn. 46 f. mN; aA Kallmeyer UmwG/*Marsch-Barner* § 3 Rn. 26.
[2] BGHZ 24, 279 (288); Hüffer/*Koch* AktG § 264 Rn. 11a. → § 57 Rn. 10.
[3] MüKoAktG/*Koch* § 264 Rn. 50.
[4] Hüffer/*Koch* AktG § 270 Rn. 5.
[5] Hüffer/*Koch* AktG § 265 Rn. 3.
[6] Hüffer/*Koch* AktG § 265 Rn. 5.
[7] Spindler/Stilz AktG/*Bachmann* § 265 Rn. 9; Hüffer/*Koch* AktG § 265 Rn. 4.
[8] Hüffer/*Koch* AktG § 265 Rn. 6; Spindler/Stilz AktG/*Bachmann* § 265 Rn. 6.
[9] Hüffer/*Koch* AktG § 265 Rn. 3; Spindler/Stilz AktG/*Bachmann* § 265 Rn. 19.

dern als Abwicklern.¹⁰ Für die Entscheidung über den Abschluss von Anstellungsverträgen mit anderen Abwicklern ist die Hauptversammlung zuständig, da sie auch über die Bestellung zu entscheiden hat; bei dem Abschluss der Anstellungsverträge wird die AG jedoch nach § 112 AktG vom Aufsichtsrat vertreten, dem von der Hauptversammlung auch ein eigener Entscheidungsspielraum eingeräumt werden kann.¹¹

Die Bestellung von Abwicklern durch das Gericht nach § 265 Abs. 3 AktG ist nur auf Antrag und nur aus wichtigem Grunde zulässig. Antragsberechtigt sind der Aufsichtsrat und eine Aktionärsminderheit, die 5 % des Grundkapitals oder einen anteiligen Betrag von 500.000 Euro erreicht. Wenn das Gericht einen Rechtsanwalt zum Abwickler bestellt, darf es als Vergütung nach § 265 Abs. 4 AktG nicht ein Erfolgshonorar vereinbaren.¹²

Da die Abwickler an die Stelle des Vorstands treten, sind sie nach § 266 AktG zur Eintragung in das Handelsregister anzumelden. Bei den ersten Abwicklern ist noch der Vorstand zur Anmeldung verpflichtet, auch wenn andere Personen als Abwickler bestellt wurden. Spätere personelle Änderungen sind von den Abwicklern zur Eintragung anzumelden.

2. Aufgaben. Die Abwickler haben, wie es in § 268 Abs. 1 AktG heißt, die laufenden Geschäfte zu beenden, die Forderungen einzuziehen, das übrige Vermögen in Geld umzusetzen und die Gläubiger zu befriedigen. Neue Geschäfte dürfen sie nur eingehen, soweit es die Abwicklung erfordert. Diese Umschreibung der Aufgaben der Abwickler wird der wirtschaftlichen Realität nicht gerecht. Die Abwickler haben im Interesse der Gläubiger und Aktionäre ein bestmögliches Verwertungsergebnis zu erzielen. Da der Erlös einer Gesamtveräußerung des Unternehmens in aller Regel größer sein wird als der bei einer Einzelveräußerung der Vermögensgegenstände erreichbare Wert („Zerschlagungswert"), müssen die Abwickler das Unternehmen, solange noch die Chance der Gesamtveräußerung besteht, als lebende Einheit fortführen. Die Aufgabenstellung unterscheidet sich damit nicht grundlegend von den Aufgaben eines Vorstands, der zu einer möglichst raschen, aber auch möglichst erfolgreichen Veräußerung des Unternehmens entschlossen ist.¹³

Die Abwickler leiten die Gesellschaft in den Grenzen, die sich aus dem Abwicklungszweck ergeben, **unter eigener Verantwortung** nicht anders als ein Vorstand nach § 76 Abs. 1 AktG. Sie unterliegen wie der Vorstand der Überwachung durch den Aufsichtsrat, § 268 Abs. 2 S. 2 AktG, und sind nicht an Weisungen der Hauptversammlung gebunden.¹⁴ Ihre Verantwortlichkeit gegenüber der Gesellschaft, den Aktionären und den Gläubigern bestimmt sich nach den Regeln des § 93 AktG. Anders als Vorstandsmitglieder unterliegen die Abwickler gemäß § 268 Abs. 3 AktG nicht dem gesetzlichen Wettbewerbsverbot aus § 88 AktG.

Das Gesetz trifft mehrere Vorkehrungen, um die Publizität des gewandelten Gesellschaftszwecks zu gewährleisten. Die Eintragung der Auflösung im Handelsregister nach § 263 AktG allein genügt dazu nicht. Die Abwickler sind verpflichtet, unverzüglich nach der Auflösung und, wenn sich die Eintragung der Auflösung im Handelsregister verzögert, auch schon vor der lediglich deklaratorisch wirkenden Eintragung den **Gläubigeraufruf** nach § 267 AktG in den Gesellschaftsblättern bekanntzumachen. Der Aufruf muss dreimal nacheinander zu verschiedenen Terminen im Bundesanzeiger und, wenn die Satzung weitere Gesellschaftsblätter vorsieht, auch in diesen veröffentlicht werden.

Außerdem verpflichtet das Gesetz die Abwickler, auf allen **Geschäftsbriefen** ergänzend zu den nach § 80 AktG vorgeschriebenen Angaben auch die Tatsache zu vermerken, dass

---

[10] Hüffer/*Koch* AktG § 264 Rn. 11; Spindler/Stilz AktG/*Bachmann* § 265 Rn. 21.
[11] Nach Spindler/Stilz AktG/*Bachmann* § 265 Rn. 21 kann die Hauptversammlung andere Personen als den Aufsichtsrat zum Abschluss ermächtigen.
[12] BGH DB 1996, 1968.
[13] Vgl. Hüffer/*Koch* AktG § 268 Rn. 2.
[14] Hüffer/*Koch* AktG § 268 Rn. 6; GroßkommAktG/*Karsten Schmidt* § 268 Rn. 3; aA *Sethe* ZIP 1998, 770 (772 f.); vermittelnd Spindler/Stilz AktG/*Bachmann* § 268 Rn. 21.

sich die Gesellschaft in Abwicklung befindet, § 268 Abs. 4 AktG. Dazu dürfte jedenfalls bei deutschen Adressaten der Geschäftsbriefe der Zusatz „i. L." hinter der Firma ausreichen.[15]

13 **3. Vertretungsmacht.** Die in § 269 AktG ausführlich geregelte Vertretungsmacht der Abwickler unterscheidet sich der Sache nach nicht von der Vertretungsmacht der Vorstandsmitglieder. Die Abwickler vertreten die Gesellschaft gerichtlich und außergerichtlich; ihre Vertretungsmacht kann weder durch die Satzung noch durch Beschluss der Hauptversammlung oder des Aufsichtsrats beschränkt werden. Die Vertretungsmacht ist insbesondere nicht durch den Liquidationszweck beschränkt, sondern ein Verstoß gegen den Abwicklungszweck bedeutet nur eine gegebenenfalls schadensersatzpflichtige Überschreitung der Geschäftsführungsbefugnis.

14 Ebenso wie nach § 78 Abs. 2 AktG für den Vorstand gilt nach § 269 Abs. 2 AktG auch für die Abwickler, dass sie, wenn die Satzung nichts anderes bestimmt, nur gemeinschaftlich zur Vertretung der Gesellschaft befugt sind. Jedoch kann nicht nur die Satzung, sondern auch die „sonst zuständige Stelle" von dem Grundsatz der gemeinschaftlichen Vertretung abweichen und anordnen, dass jeder Abwickler allein oder ein Abwickler in Gemeinschaft mit einem anderen Abwickler oder einem Prokuristen zur Vertretung befugt ist. Die „sonst zuständige Stelle" ist die Hauptversammlung bezüglich der von ihr bestellten Abwickler und das Gericht, soweit es um die Vertretungsmacht der gerichtlich bestellten Abwickler geht.[16]

III. Rechnungslegung

15 **1. Eröffnungsbilanz.** Die Abwickler haben nach § 270 Abs. 1 AktG für den Beginn der Abwicklung eine Eröffnungsbilanz und einen die Eröffnungsbilanz erläuternden Bericht aufzustellen. Auf die Eröffnungsbilanz und den erläuternden Bericht sind die Vorschriften über den Jahresabschluss der werbenden Gesellschaft entsprechend anzuwenden, § 270 Abs. 2 S. 2 AktG. Die Eröffnungsbilanz des § 270 AktG ist also anders als die Eröffnungsbilanz des Insolvenzverwalters keine Vermögensbilanz, in der alle Aktiva und Passiva losgelöst von den bisherigen Bilanzansätzen mit ihren wirklichen Werten eingesetzt werden, sondern sie ist – obwohl keine Gewinnausschüttung erfolgen kann – im Grundsatz nach den Regeln der Jahresertragsbilanz aufzustellen.[17] § 270 Abs. 2 S. 3 AktG bestimmt allerdings eine Ausnahme: Vermögensgegenstände des Anlagevermögens sind wie Umlaufvermögen zu bewerten, soweit ihre Veräußerung innerhalb eines übersehbaren Zeitraums beabsichtigt ist oder diese Vermögensgegenstände nicht mehr dem Geschäftsbetrieb dienen. Auch darüber hinaus können sich weitreichende Neubewertungen aus dem Umstand ergeben, dass bei der Bewertung uU nicht mehr von der Fortführung der Unternehmenstätigkeit auszugehen ist (going concern-Prinzip des § 252 Abs. 18 Nr. 3 HGB).[18]

16 Die Eröffnungsbilanz ist wegen der Ausrichtung auf den Abwicklungszweck nach hM nicht zugleich die abschließende Jahresbilanz der werbenden Gesellschaft, sondern diese muss zusätzlich aufgestellt werden, sowohl bei Auflösung zum Geschäftsjahresende als auch bei unterjähriger Auflösung zum Ende des dadurch entstehenden Rumpfgeschäftsjahres.[19]

17 **2. Jahresabschluss und Lagebericht.** Für den Schluss eines jeden Jahres während der Abwicklung haben die Abwickler nach § 270 Abs. 1 AktG einen Jahresabschluss und einen Lagebericht aufzustellen. Wenn die Auflösung während eines Jahres eintritt, ist der erste Jahresabschluss der Abwicklungsgesellschaft für das (zweite) Rumpfgeschäftsjahr vom Stich-

---

[15] Spindler/Stilz AktG/*Bachmann* § 268 Rn. 25.
[16] Hüffer/*Koch* AktG § 269 Rn. 5; Spindler/Stilz AktG/*Bachmann* § 269 Rn. 9.
[17] Spindler/Stilz AktG/*Euler/Binger* § 270 Rn. 30 („modifizierte Gewinnermittlungsbilanz"); Hüffer AktG/*Koch* § 270 Rn. 6.
[18] Spindler/Stilz AktG/*Euler/Binger* § 270 Rn. 67 ff.; Hüffer AktG/*Koch* § 270 Rn. 7.
[19] Hüffer/*Koch* AktG § 270 Rn. 3; Spindler/Stilz AktG/*Euler/Binger* § 270 Rn. 16 f.; Großkomm-AktG/*Karsten Schmidt* § 270 Rn. 5; aA *Förschle/Kapp/Deubert* DB 1994, 998 (999).

tag der Auflösung bis zum Ende des Jahres aufzustellen. Auch für diesen Abschluss und ebenso für die folgenden Jahresabschlüsse der Abwicklungsgesellschaft gilt, wie das Gesetz ausdrücklich vermerkt, die besondere Bewertungsregel des § 270 Abs. 2 S. 3 AktG. Dadurch ergibt sich die notwendige Bilanzkontinuität zwischen der Eröffnungsbilanz und den folgenden Jahresabschlüssen der Abwicklungsgesellschaft.

3. Schlussrechnung. Wenn die Gläubiger befriedigt sind und das verbleibende Vermögen unter die Aktionäre verteilt ist, haben die Abwickler nach § 273 Abs. 1 AktG die Schlussrechnung zu legen. Diese Schlussrechnung ist weder eine Ertrags- noch eine Vermögensbilanz, sondern eine Rechenschaftslegung iSd § 259 BGB. Die Abwickler müssen demgemäß nicht notwendig die Form einer Bilanz einhalten, sondern es genügt eine geordnete Zusammenstellung von Einnahmen und Ausgaben.[20] Wenn sich nach Schluss der Abwicklung herausstellt, dass noch weiteres verwertbares Vermögen vorhanden ist, kann das Gericht eine Nachtragsabwicklung anordnen und dafür die bisherigen oder andere Abwickler bestellen, § 273 Abs. 4 AktG.[21]

IV. Verteilung des Vermögens

Wenn alle Verbindlichkeiten erfüllt sind, haben die Abwickler das verbleibende Vermögen, also den **Abwicklungsüberschuss** in Geld unter die Aktionäre zu verteilen. Dazu bedarf es nach hM der Aufstellung einer – von der Schlussrechnung der Abwickler (→ Rn. 18) zu unterscheidenden – Schlussbilanz.[22] Die Abwickler dürfen nach § 272 Abs. 1 AktG mit der Verteilung nicht früher als ein Jahr seit der Bekanntmachung des dritten Gläubigeraufrufs nach § 267 AktG beginnen **(Sperrjahr). Verteilungsmaßstab** ist – nicht anders als bei der Gewinnverteilung nach § 60 Abs. 1 AktG – das Verhältnis der Anteile am Grundkapital § 271 Abs. 2 AktG. Ein abweichender Maßstab gilt nur, soweit in der Satzung für bestimmte Aktien Liquidationsvorzugsrechte begründet sind. Ein Gewinnvorzugsrecht (dazu → § 39 Rn. 20) genügt dafür nicht, sondern die betreffende Aktiengattung muss eindeutig mit einem Vorzug bei der Verteilung des Liquidationserlöses ausgestattet sein.[23]

Bei teileingezahlten Aktien gilt uneingeschränkt das Verhältnis der Aktiennennbeträge als Maßstab für die Verteilung, wenn auf alle Aktien gleichermaßen derselbe Prozentsatz der bedungenen Einlage geleistet ist. Wenn jedoch die Einlagen nicht auf alle Aktien in demselben Verhältnis geleistet wurden, müssen vorrangig die geleisteten Einlagen erstattet werden, soweit sie über die auf andere Aktien geleisteten Einlagen hinausgehen. Wenn durch die Erstattung der Gleichstand der Aktionäre erreicht ist, kann sodann der verbleibende Überschuss nach dem Verhältnis der Anteile am Grundkapital verteilt werden.

V. Fortsetzung einer aufgelösten AG

Solange die Abwickler nicht mit der Verteilung des Liquidationsüberschusses unter die Aktionäre begonnen haben, kann die Hauptversammlung jederzeit die Abwicklung abbrechen und die Fortsetzung der Gesellschaft beschließen, § 274 AktG. Allerdings gilt dies nur, wenn die Gesellschaft durch Zeitablauf oder durch Beschluss der Hauptversammlung aufgelöst wurde, also insbesondere nicht im Fall der Auflösung durch Eröffnung des Insolvenzverfahrens. Für den Fortsetzungsbeschluss gilt ebenso wie für den Auflösungsbeschluss das qualifizierte Mehrheitserfordernis von drei Vierteln des bei der Beschlussfassung vertretenen Grundkapitals, § 274 Abs. 1 S. 2 AktG. Anders als der Auflösungsbeschluss, dessen Eintragung in das Handelsregister nur deklaratorisch erfolgt, wird der Fortsetzungsbeschluss erst mit der Eintragung wirksam, § 274 Abs. 4 S. 1 AktG.

---

[20] Hüffer/*Koch* AktG § 273 Rn. 3; Spindler/Stilz AktG/*Bachmann* § 273 Rn. 4.
[21] Dazu OLG Düsseldorf AG 2013, 469 u. *Rosenkranz* AG 2014, 309 ff.
[22] Hüffer/*Koch* AktG § 271 Rn. 3, Spindler/Stilz AktG/*Bachmann* § 271 Rn. 7.
[23] MüKoAktG/*Koch* § 271 Rn. 22.

§ 68 Steuerliche Behandlung der Liquidation der Aktiengesellschaft

Übersicht

	Rn.		Rn.
I. Vorbemerkung	1	IV. Umsatzsteuer im Zeitraum der Liquidation	18
II. Liquidationsgewinnermittlung nach § 11 KStG	2–15	V. Das steuerliche Eigenkapital der AG bei der Liquidation	19, 20
1. Besteuerungszeitraum bei Liquidation	4–7	VI. Behandlung der Liquidationsausschüttung beim Aktionär	21–29
2. Vermögensvergleich während des Liquidationszeitraumes	8–15	1. Aktien im Privatvermögen	22–25
a) Abwicklungsanfangsvermögen	10–12	2. Aktien im Betriebsvermögen	26–29
b) Abwicklungsendvermögen	13–15		
III. Gewerbesteuerliche Behandlung der Liquidation	16, 17		

Schrifttum: *App,* Liquidation und Löschung von Kapitalgesellschaften, NWB 2003 S. 4033; *Dötsch/Pung,* UmwStG, §§ 29, 40 Abs. 1 und 2 KStG: Das Einführungsschreiben des BMF vom 16.12.2003, DB 2004, 208 ff.; *Förster/v. Lishaut,* Das körperschaftsteuerliche Eigenkapital iSd. §§ 27–29 KStG (Teil 1), FR 2002, 1205 ff.; *dies.,* (Teil 2), FR 2002, 1257 ff.; *Haase,* Über Sinn und Unsinn von § 12 Abs. 3 KStG, BB 2009, 1448; *Jünger,* Liquidation und Halbeinkünfteverfahren, BB 2002, 1181; *Kahlert,* Liquidationsbesteuerung der GmbH: keine Auflösung einer nicht befriedigten Verbindlichkeit, DStR 2016, 2262; *Mayer/Betzinger,* Verbindlichkeiten in der Liquidation, DStR 2014, 1573; *Neu,* Die Liquidationsbesteuerung der GmbH, GmbHR 2000, 57; *Olbrich,* Zur Besteuerung und Rechnungslegung der Kapitalgesellschaft bei Auflösung, DStR 2001, 1090; *Schaden/Käshammer,* Der Zinsvortrag im Rahmen der Regelungen zur Zinsschranke, BB 2007, 2317; *A. Schmidt,* Passivierung von Verbindlichkeiten bei (stiller) Liquidation und Rangrücktritt, DB 2017, 1998; *Wohltmann,* Körperschaftsteuer und Gewerbesteuer in der Liquidation, NWB 2009, 950.

I. Vorbemerkung

1 Bei der Liquidation der Aktiengesellschaft sind die Ermittlung des Einkommens im Liquidationszeitraum, für den nach § 11 KStG ein eigenes Gewinnermittlungsverfahren gilt, und die Verteilung des Vermögens an die Gesellschafter zu unterscheiden.

II. Liquidationsgewinnermittlung nach § 11 KStG

2 Für die **Besteuerung** einer unbeschränkt steuerpflichtigen Kapitalgesellschaft iSd § 1 Ans. 1 Nr. 1 KStG (wie einer AG, KGaA oder SE) im Falle der Abwicklung nach Auflösung (§ 262 AktG, zB Auflösung durch Beschluss der Aktionäre oder nach Ablauf der durch Satzung bestimmten Zeit, bei Beschluss des Registergerichtes, bei Auflösung wegen Nichtigkeit) gelten die Vorschriften des § 11 KStG.[1] Das Gleiche gilt, wenn wegen der Eröffnung eines Insolvenzverfahrens die Abwicklung unterbleibt, § 11 Abs. 7 KStG. Die Auflösung bei Gerichtsentscheid (§§ 396 ff. AktG) ist eine weitere Auflösungsmöglichkeit mit der Folge des § 11 KStG.[2] Die Vorschriften über die Liquidationsgewinnermittlung sind nach § 12 Abs. 3 KStG ferner im Falle der Verlegung des Sitzes oder der Geschäftsleitung anzuwenden, wenn die Kapitalgesellschaft dadurch aus der unbeschränkten Steuerpflicht in einem Mitgliedsstaat der EU oder des EWR ausscheidet. § 11 KStG findet hingegen auf die Auflösung ohne Abwicklung nach den Vorschriften über Umwandlungen oder Verschmelzungen keine Anwendung.[3]

---

[1] Ernst & Young/*Hackemann* KStG § 11 Rn. 27; Dötsch/Pung/Möhlenbrock/*Münch* KStG § 11 Rn. 18; Erle/Sauter/*Lenz* KStG § 11 Rn. 6.

[2] Die Löschung wegen Vermögenslosigkeit durch das Registergericht (§ 141a FGG) wird keine Fragen der Gewinnermittlung aufwerfen.

[3] Erle/Sauter/*Lenz* KStG § 11 Rn. 7; *Haase* BB 2009, 1448 ff.

Schließt sich an die Auflösung eine **Liquidation** an, so ergibt sich im Gegensatz zum noch aktiven Unternehmen ein wirtschaftlicher Vorgang, der unabhängig vom Kalenderjahr und von den Geschäftsjahren nach der dem Gesetz zugrunde liegenden Vorstellung einheitlich behandelt werden soll. § 11 KStG sieht dafür einen besonderen Besteuerungszeitraum (→ Rn. 4 ff.) und einen besonderen Betriebsvermögensvergleich (→ Rn. 8 ff.) zwischen Abwicklungsanfangsvermögen (→ Rn. 10 ff.) und Abwicklungsendvermögen (→ Rn. 13 ff.) vor.

1. Besteuerungszeitraum bei Liquidation. Der **Gewinnermittlungszeitraum** des Wirtschaftsjahres (§ 7 Abs. 4 KStG) wird durch § 11 Abs. 1 S. 1 KStG durch den **Abwicklungszeitraum** ersetzt. Der Abwicklungszeitraum beginnt mit dem Zeitpunkt der Auflösung (im folgenden Auflösungszeitpunkt) und endet mit der Schlussverteilung des Gesellschaftsvermögens. Der Abwicklungszeitraum soll drei Jahre nicht übersteigen; er kann in besonderen Fällen darüber hinaus verlängert werden. Er ist ein einheitlicher Ermittlungszeitraum und Veranlagungszeitraum.[4]

Beginn und **Ende** des Abwicklungszeitraums müssen nicht mit dem Wirtschaftsjahr oder dem Kalenderjahr übereinstimmen. Erfolgt zB die Auflösung im Laufe eines Wirtschaftsjahres, so kann ein Rumpfwirtschaftsjahr vom Schluss des vorangegangenen Wirtschaftsjahres bis zum Auflösungszeitpunkt gebildet werden.[5] Dieses Rumpfwirtschaftsjahr ist dann nicht in den Abwicklungszeitraum mit einzubeziehen.[6] Wird, was der Aktiengesellschaft überlassen ist, kein Rumpfwirtschaftsjahr gebildet, so ist der Zeitraum vom Schluss des vorangegangenen Wirtschaftsjahres bis zum Auflösungszeitpunkt in den Abwicklungszeitraum mit einzubeziehen.[7] Bei positivem Ergebnis des gedachten Rumpfwirtschaftsjahres kann dessen Einbeziehung in den Liquidationszeitraum zu Liquiditätsvorteilen für die Gesellschaft führen. Die Besteuerung des Gewinnes dieses Rumpfwirtschaftsjahres wird bis zum Abschluss der Abwicklung, zumindest aber bis zum Ende des 3-Jahres-Zeitraumes hinausgeschoben, so dass eine Steuerpause entsteht. Die Zeitdauer des Rumpfwirtschaftsjahres wird auf den Liquidationszeitraum des § 11 Abs. 1 S. 2 von drei Jahren angerechnet.[8] Vorauszahlungen können während des Liquidationszeitraumes angeordnet werden, so dass die Steuerpause ggf. dadurch beschränkt ist. Dauert der Abwicklungszeitraum über mehrere Besteuerungszeiträume, kann der Besteuerungszeitraum verlängert werden;[9] erfolgt dies nicht, ist für die nachfolgenden Besteuerungszeiträume zum Schluss eines jeden Besteuerungszeitraums eine Steuerbilanz aufzustellen.[10]

Zwischenveranlagungen sind möglich. Diese haben grundsätzlich nur vorläufigen Charakter und sind auf die Gesamtveranlagung des Liquidationszeitraumes anzurechnen.[11] Der rechtliche Charakter von Zwischenveranlagungen ist letztlich nicht geklärt, auch wenn die Rechtsprechung eine Tendenz zu einer abschließenden Veranlagung erkennen lässt.[12]

Zur Abgabe von **Steuererklärungen** besteht während des bis zu dreijährigen Liquidationszeitraumes keine Verpflichtung. Es verbleibt jedoch die Verpflichtung zur Auskunft. Die

---

[4] Erle/Sauter/*Lenz* KStG § 11 Rn. 12; zu Besonderheiten bei Liquidationszeiträumen zum Zeitpunkt der körperschaftsteuerlichen Systemumstellung BFH BStBl. II 2008 S. 312; dazu BMF 4.4.2008, BStBl. I 2008 S. 542.
[5] BFH BStBl. II 1974 S. 692; R 11 Abs. 1 S. 3–5 KStR; Ernst & Young/*Hackemann* KStG § 11 Rn. 35 f.
[6] R 11 Abs. 1 S. 2, 5 KStR.
[7] S. zB Erlass FM Nordrhein-Westfalen 25.4.1975 – S 2790 – 2 – VB 4.
[8] RFH RStBl. 1937, 967.
[9] Dötsch/Pung/Möhlenbrock/*Münch* KStG § 11 Rn. 31.
[10] BMF-Schreiben v. 26.8.2003, BStBl. I 2003 S. 434 Rn. 1–3; R 11 Abs. 1 S. 7 KStR; Dötsch/Pung/Möhlenbrock/*Münch* KStG § 11 Rn. 32.
[11] Zur Behandlung von Zwischenveranlagungen s. Ernst & Young/*Hackemann* KStG § 11 Rn. 44; Dötsch/Pung/Möhlenbrock/*Münch* KStG § 11 Rn. 34.
[12] BFH BStBl. II 2008 S. 319; dazu BMF 4.4.2008, BStBl. I 2008 S. 542.

Verpflichtung zur Feststellung des Körperschaftsteuerguthabens, des Teilbetrags des seinerzeitigen EK 02 und des steuerlichen Einlagekontos bleiben unberührt.[13]

8 **2. Vermögensvergleich während des Liquidationszeitraumes.** Der Abwicklungsgewinn ist in § 11 Abs. 2 KStG definiert als der Unterschiedsbetrag zwischen
- dem Abwicklungsendvermögen, näher definiert in § 11 Abs. 3 KStG und
- dem Abwicklungsanfangsvermögen, näher definiert in § 11 Abs. 4 KStG.

9 Erfasst werden sollen neben den noch gegebenen laufenden Erträgen die stillen Reserven aus der Abwicklung des Anfangsvermögens.[14]

10 **a) Abwicklungsanfangsvermögen.** Auch für die Besteuerung des Liquidationszeitraumes gilt der **Bilanzzusammenhang**. Das Abwicklungsanfangsvermögen ist das Betriebsvermögen, das am Schluss des letzten dem Abwicklungszeitraum vorangegangenen Wirtschaftsjahres vorhanden war und der Körperschaftsteuerveranlagung zugrunde gelegt worden ist (§ 11 Abs. 4 S. 1 KStG).

11 Das bedeutet, dass weder der Ansatz von gemeinen Werten noch – abgesehen von den allgemeinen Berichtigungsgrundsätzen nach § 4 Abs. 2 EStG – die Berichtigung falscher Bewertungen beim Ansatz des Abwicklungsanfangsvermögens möglich oder erforderlich ist.

12 Das Anfangsvermögen ist um **Gewinnausschüttungen**, die im Abwicklungszeitraum für ein Wirtschaftsjahr vor der Auflösung vorgenommen worden sind, zu kürzen (§ 11 Abs. 4 S. 3 KStG).[15] Damit ist die Liquidationsgewinnermittlung um die Einkommensverteilung neutralisiert.

13 **b) Abwicklungsendvermögen.** Das Abwicklungsendvermögen ist nicht nach § 6 EStG zu bewerten. Die Bewertung erfolgt nach dem gemeinen Wert, § 11 Abs. 6 KStG. Dies gilt auch, wenn die Vermögensgegenstände an Gesellschafter zu einem niedrigeren Wert veräußert worden sind.[16] Bei der Bewertung sind Wertentwicklungen, die sich im Rahmen der Schlussverteilung ergeben, zu berücksichtigen; die eingeschränkte Wertaufhellungsbetrachtung gilt nicht.[17] Nicht verwertbare Wirtschaftsgüter sind abzuschreiben. Dies gilt zB für aktivierte immaterielle Wirtschaftsgüter, die nicht übertragen werden können, zB für einen erworbenen Firmenwert, es sei denn, dass dieser im Rahmen der Verwertung des Vermögens ebenfalls verwertet werden kann.[18] Ein originärer Firmenwert wird weiterhin nicht angesetzt, § 5 Abs. 2 EStG. Durch die Zerschlagung des Betriebs geht dieser ohnedies im Rahmen der Liquidation unter.[19] Eigene Anteile sind, da sie untergehen, beim Endvermögen nicht anzusetzen; der Abzug darf den Gewinn des Abwicklungszeitraumes jedoch nicht mindern.[20] Verbindlichkeiten der Gesellschaft sind zum Nennbetrag anzusetzen, es sei denn, dass ein Forderungsverzicht erklärt worden war. Ein Forderungsverzicht liegt bei einer Forderung eines Mutterunternehmens gegen das zu liquidierende Tochterunternehmen auch nicht konkludent in der Mitwirkung des Mutterunternehmens als Gläubiger an der Beantragung oder Zustimmung zur Liquidation.[21] Daran ändert sich

---

[13] BMF-Schreiben v. 26.8.2003, BStBl. I 2003 S. 434 Rn. 3.
[14] Dötsch/Pung/Möhlenbrock/*Münch* KStG § 11 Rn. 39 f.; Erle/Sauter/*Lenz* KStG § 11 Rn. 45; Kußmaul/Schäfer/Delarber BBK 2017, 676.
[15] Auch für Rumpfwirtschaftsjahr, BFH/NV 1999, 829.
[16] BFH BStBl. III 1966 S. 152; Erle/Sauter/*Lenz* KStG § 11 Rn. 46; Dötsch/Pung/Möhlenbrock/*Münch* KStG § 11 Rn. 55 ff.
[17] Erle/Sauter/*Lenz* KStG § 11 Rn. 46.
[18] S. im Übrigen zur Behandlung immaterieller Werte Herrmann/Heuer/Raupach/*Micker* KStG § 11 Rn. 45; Erle/Sauter/*Lenz* KStG § 11 Rn. 48 f.
[19] Erle/Sauter/*Lenz* KStG § 11 Rn. 49.
[20] Dötsch/Pung/Möhlenbrock/*Münch* KStG § 11 Rn. 50; Erle/Sauter/*Lenz* KStG § 11 Rn. 46.
[21] OFD Frankfurt a. M. 30.6.2017, DB 2017, 1937; 3.8.2018, DStR 2019, 560; *Kahlert* DStR 2016, 2262; *A. Schmidt* DB 2017, 1998; Rotter NWB 2018, 551; ferner *Mayer/Betzinger* DStR 2014, 1573; Rödding/Scholz DStR 2013, 993; *Farle* DStR 2012, 1590.

nichts, selbst wenn aus der Liquidationsschlussbilanz sich die Vermögenslosigkeit der Gesellschaft ergäbe, da die wirtschaftliche Belastung des Schuldners fortbesteht.[22] In dem Erlass der OFD Frankfurt a. M. wird ferner klar gestellt, dass auch ein vereinbarter, qualifizierter Rangrücktritt die weitergehende Passivierung nicht hindert, wenn es sich um einen Rangrücktritt handelt, der nicht nach § 5 Abs. 2a EStG die Passivierung ausschließt;[23] unter diesen Voraussetzungen ist auch ein qualifizierter Rangrücktritt, der die Überschuldung oder Zahlungsunfähigkeit beseitigt, da er die Passivierung im Überschuldungsstatus suspendiert,[24] kein Anlass für die Ausbuchung der Verbindlichkeit. Kommt es hingegen zu einem Forderungsverzicht, erhöht der nicht werthaltige Teil der Forderung den Abwicklungsgewinn. In der Insolvenz der Gesellschaft soll das Erlöschen einer Schuld der Gesellschaft zu einer erfolgswirksamen Minderung der Verbindlichkeiten führen, wenn entweder ein Gläubiger wirksam auf die Forderung verzichtet oder nach rechtskräftiger Bestätigung des keine abweichenden Festsetzungen enthaltenden Insolvenzplans durch das Gericht die Forderungen nachrangiger Gläubiger erlöschen oder eine Befreiung gegenüber nicht nachrangigen Gläubigern im gestaltenden Teil des Insolvenzplans vorgesehen ist.[25]

Die **steuerfreien Zugänge** während des Abwicklungszeitraums sind vom Abwicklungsendvermögen abzuziehen. Sie stellen keine steuerpflichtige Vermögensmehrung während des Abwicklungszeitraumes dar (beispielsweise nach DBA steuerfreie Erträge, Erträge nach § 8b KStG, Einlagen der Gesellschafter oder steuerfreie Einnahmen nach §§ 3, 3a EStG). Verdeckte Vermögensverteilungen (§ 8 Abs. 3 S. 2 KStG) und nicht abzugsfähige Betriebsausgaben (§ 4 Abs. 5 EStG, § 10 KStG) sind dem Abwicklungsendvermögen hinzuzurechnen. 14

Verlustabzüge während des Abwicklungszeitraums sind zulässig; der gesamte Abwicklungszeitraum stellt einen einzigen Besteuerungszeitraum dar.[26] **Verlustvorträge** aus den vorangegangenen Veranlagungszeiträumen können nach § 10d EStG unter Berücksichtigung der Mindestbesteuerung abgezogen werden.[27] Der Verlustabzug ist unabhängig von der Länge des Liquidationszeitraumes. Erfolgt danach wieder eine jährliche Veranlagung, kann zB der Sockelbetrag von 1 Mio. EUR erneut in Anspruch genommen werden. Ein im Abwicklungszeitraum entstehender Verlustabzug kann aus dem Abwicklungszeitraum in ein früheres Jahr zurückgetragen werden. **Zinsvorträge sowie EBITDA-Vorträge** nach § 4h EStG aus der Zeit vor der Abwicklung sind im Abwicklungszeitraum nutzbar; mit der Aufgabe des Betriebs, hier als mit Beendigung der Abwicklung gehen nach § 4h Abs. 5 S. 1 EStG nicht verbrauchte Zins- und EBITDA-Vorträge unter.[28] 15

III. Gewerbesteuerliche Behandlung der Liquidation

Während der **Liquidation** ist die AG nach wie vor gewerbesteuerpflichtig.[29] Die Gewerbesteuerpflicht endet nach § 4 Abs. 1 GewStDV mit der Beendigung der Abwicklung, somit mit Verteilung des verbleibenden Vermögens an die Aktionäre nach § 271 AktG. 16

Der **Liquidationsgewinn** unterliegt damit der Steuer nach dem Gewerbeertrag. Bei einem mehrjährigen Liquidationszeitraum ist der Gewerbeertrag auf die Jahre des Abwick- 17

---

[22] BFH BStBl. II 2017 S. 104; BFH BStBl. II 2017 S. 670; BFH BStBl. II 2015 S. 769; *Kahlert* DStR 2016, 2262.
[23] BMF 8.9.2006, BStBl. I 2006 S. 497.
[24] OFD Frankfurt a. M. 30.6.2017, DStR 2017, 1937 zu BGH DStR 2015, 767; *Rotter* NWB 2018, 551.
[25] OFD Nordrhein-Westfalen 22.9.2017, DB 2017, 2580.
[26] R 11 Abs. 1 KStR; Dötsch/Pung/Möhlenbrock/*Münch* KStG § 11 Rn. 37.
[27] BFH BStBl. II 2013 S. 508; Dötsch/Pung/Möhlenbrock/*Münch* KStG § 11 Rn. 37.
[28] Erle/Sauter/*Lenz* KStG § 11 Rn. 43; *Schaden/Käshammer* BB 2007, 2320.
[29] BFH BFH/NV 2013, 84; R 2.6 (2) GewStR; Blümich/*Drüen* EStG/GewStG § 2 Rn. 256; Glanegger/*Güroff* GewStG § 2 Rn. 474.

lungszeitraums zeitanteilig zu verteilen (§ 16 Abs. 1 GewStDV, R 7.1 Abs. 8 S. 1 GewStR).[30]

IV. Umsatzsteuer im Zeitraum der Liquidation

18   Die Entscheidung über die Auflösung der AG hat keine umsatzsteuerlichen Konsequenzen. Die AG bleibt im Liquidationszeitraum Unternehmer iSd § 2 UStG. Die **Unternehmereigenschaft** entfällt erst nach Beendigung der Umsatzaktivitäten, gegebenenfalls erst mit Löschung im Handelsregister. So sind umsatzsteuerbar die Leistungen der AG innerhalb des Liquidationszeitraumes, auch zB die entgeltliche Übertragung von Sachwerten im Rahmen der Vermögensverteilung (§ 1 Abs. 1 Nr. 3 UStG).[31] Der AG steht danach auch der Vorsteuerabzug bis zur Beendigung der Liquidation zu.[32]

V. Das steuerliche Eigenkapital der AG bei der Liquidation

19   Das seit 2001 geltende Körperschaftsteuerrecht (nunmehr **Teileinkünfteverfahren**) und die Abschaffung des Anrechnungsverfahrens, verbunden mit dem Wegfall der Notwendigkeit, das steuerliche Eigenkapital der AG zu gliedern, hat zur Vereinfachung der Liquidation der Kapitalgesellschaft geführt. Im Regelfall, in dem das Nennkapital nicht infolge einer Kapitalerhöhung aus Gesellschaftsmitteln erhöht worden ist und somit dem Nennkapital keine sonstigen Rücklagenbeträge angehören (kein Sonderaisweis nach § 28 Abs. 1 S. 3 KStG), wird das aufgelöste Nennkapital insgesamt dem steuerlichen Einlagekonto zugeordnet.[33] Besondere Regelungen finden sich in § 28 Abs. 2 S. 1 KStG, die bei der Auflösung (wie bei der Kapitalherabsetzung, dazu § 65) vorschreiben, dass ein aus sonstigen Rücklagen gebildeter Teil des Nennkapitals (mit der Folge des Sonderausweises) als zuerst verwendet gilt. Seine Verwendung gilt als Gewinnausschüttung; ein übersteigender Betrag des Nennkapitals ist dem steuerlichen Einlagekonto zuzuschreiben, so dass es insoweit nicht mehr darauf ankommt, ob der Betrag auf das Nennkapital geleistet wurde oder nicht.[34] Die Umgliederung vollzieht sich zum Schluss des der Auflösung vorangegangenen Wirtschaftsjahres, § 28 Abs. 3 KStG.[35] Der wegen der Verwendung von sonstigen Rücklagen als Nennkapital gebildete Sonderausweis ist bei der Auflösung der AG vollständig aufzulösen.

20   Wird das Vermögen der AG an die Aktionäre nach Abschluss der Abwicklung ausgekehrt, gilt, soweit Nennkapital verwendet wird, für das der Sonderausweis zu mindern ist, dieses als zuerst verwendet, § 28 Abs. 2 S. 1 KStG; danach erfolgt die Rückzahlung aus dem Einlagekonto, § 28 Abs. 2 S. 3 KStG. Diese Regelungen gehen den allgemeinen Vorschriften in § 27 Abs. 1 S. 3 KStG vor.[36] Danach gilt, dass die Rückzahlung von Nennkapital als Gewinnausschüttung gilt, soweit bei der Auflösung der Sonderausweis nach § 28 Abs. 1 S. 2 KStG zu mindern ist. Ein diesen Betrag übersteigender Rückzahlungsbetrag ist vom Bestand des steuerlichen Einlagekontos nach § 28 Abs. 2 S. 3 KStG abzuziehen. Rückzahlungsbeträge, die den positiven Bestand des Einlagekontos übersteigen, gelten wiederum als Gewinnausschüttung, § 28 Abs. 2 S. 4 KStG.[37]

---

[30] BFH BStBl. II S. 319; dazu BMF 4.4.2008, BStBl. I 2008 S. 542; *Wohltmann* NWB 2009, 950 (952).
[31] Veräußerung des Betriebs als unternehmerische Betätigung RFH RStBl. 1932, 361.
[32] Sölch/Ringleb/*Klenk* UStG § 2 Rn. 354.
[33] Dötsch/Pung/Möhlenbrock/*Dötsch* KStG § 28 Rn. 66.
[34] *Förster/v. Lishaut* FR 2002, 1257 (1266); *Jünger* BB 2002, 1181; Erle/Sauter/*Lornsen-Veit* KStG § 28 Rn. 47.
[35] Dötsch/Pung/Möhlenbrock/*Dötsch* KStG § 28 Rn. 93 ff.
[36] Dötsch/Pung/Möhlenbrock/*Dötsch* KStG § 28 Rn. 76 f., 86.
[37] Dötsch/Pung/Möhlenbrock/*Dötsch* KStG § 28 Rn. 90.

VI. Behandlung der Liquidationsausschüttung beim Aktionär

Die Behandlung der Liquidationsausschüttung ist unterschiedlich und hängt davon ab, ob die Aktien zu einem Privatvermögen oder einem Betriebsvermögen gehören.

1. Aktien im Privatvermögen. Gehören die Aktien zu einem Privatvermögen, können sich bei der Liquidation der AG **Einkünfte** aus **Kapitalvermögen** (§ 20 Abs. 1 Nr. 1 und 2 EStG) oder, bei gegebenen Fällen aus **Veräußerungsgeschäften** nach § 20 Abs. 2 oder § 17 Abs. 4 EStG ergeben, wobei die Besteuerung nach § 17 der des § 20 Abs. 2 EStG vorgeht.[38]

Der Aktionär erzielt Einkünfte aus **Kapitalvermögen,** abgesehen von außerhalb des Liquidationszeitraums ausbezahlten Dividenden nach Maßgabe von § 20 Abs. 1 Nr. 1 EStG, infolge einer Liquidation durch Bezüge, die nach der Auflösung des Gesellschaft anfallen und nicht in der Rückzahlung von Nennkapital bestehen, es sei denn, dass es sich bei letzterem um Beträge handelt, die nach § 28 Abs. 2 S. 2 oder 4 KStG als Gewinnausschüttung gelten, § 20 Abs. 1 Nr. 2 EStG. Zu diesen Bezügen führt insbesondere die Auskehrung der sonstigen Rücklagen der AG, wie zB der im Abwicklungszeitraum erzielten Gewinne, aber auch der Beträge, die aus der Rückzahlung von Nennkapital stammen, aber aus sonstigen Rücklagen zuvor zur Umwandlung in Nennkapital verwendet und jetzt nach § 28 Abs. 2 S. 1 KStG bei der Auflösung und zur Herabsetzung des Sonderausweises vorrangig zu verwenden sind. Bezüge nach § 20 Abs. 1 Nr. 2 sind steuerpflichtig; auf diese Bezüge findet § 32d EStG Anwendung, der die Bezüge einem besonderen Steuersatz in Höhe von 25 % (Abgeltungssteuer) unterwirft. Bei diesen Einkünften im Privatvermögen ist nach § 20 Abs. 8 S. 1 EStG der Abzug von Werbungskosten ausgeschlossen. Rückzahlungen von Nennkapital und von Beträgen des steuerlichen Einlagekontos sind nicht steuerbar, § 20 Abs. 1 Nr. 2 S. 3 EStG, § 27 Abs. 1 KStG.[39] Die Auszahlung von Gewinnen unterliegt der Kapitalertragsteuer. Der insolvenzbedingte Ausfall einer privaten darlehensforderung gegen die Gesellschaft führt jedenfalls dann, wenn endgültig feststeht, dass weitere Rückzahlungen nicht erfolgen, zu einem steuerlich anzuerkennenden Verlust nach § 20 Abs. 2 S. 1 Nr. 7, S. 2, Abs. 4 EStG.[40]

Veräußerungsgeschäfte nach § 20 Abs. 2 Nr. 1 EStG fallen im Rahmen einer Abwicklung der AG nicht per se an. Nach überwiegender Auffassung gilt die Liquidation nicht als Veräußerung im Sinne von § 20 Abs. 2 EStG.[41]

Verfügt der Steuerpflichtige über eine **Beteiligung im Sinne von § 17 Abs. 1 S. 1 EStG,** gehört zu den steuerpflichtigen Einkünften auch der Gewinn aus der Kapitalrückzahlung bei der Auflösung einer Kapitalgesellschaft, § 17 Abs. 4 S. 3 EStG. Die Kapitalrückzahlung wird als Anteilsveräußerung gewertet; zu erfassen sind die Rückzahlungen aus dem Nennkapital und die Beträge aus dem steuerlichen Einlagekonto nach § 27 Abs. 1 KStG. Die Ausschüttung thesaurierter Gewinne und die als Gewinnausschüttung behandelten Rückzahlungen nach § 28 Abs. 2 KStG werden als Gewinnausschüttung nach § 20 Abs. 1 Nr. 2 EStG behandelt.[42] Als Gewinn nach § 17 Abs. 4 iVm 2 EStG gilt der Betrag, um den der gemeine Wert des dem Steuerpflichtigen bei der Abwicklung zugeteilten oder zurückgezahlten Vermögens (Veräußerungspreis) nach Abzug der Veräußerungskosten[43] die Anschaffungskosten des Aktionärs übersteigt. Ein Aktionär, der nach diesen Vorschriften steuerpflichtig ist, hat demnach auch den Betrag der sonstigen Rücklagen zu versteuern, der um die Veräußerungskosten gemindert, seine Anschaffungskosten übersteigt.[44] Nach § 3 Nr. 40c) EStG findet das Teileinkünfteverfahren auf diese Einnahmen Anwendung; § 3c Abs. 2 EStG findet Anwendung.

---

[38] L. Schmidt/*Levedag* EStG § 20 Rn. 127.
[39] L. Schmidt/*Levedag* EStG § 20 Rn. 71.
[40] BFH BB 2018, 99.
[41] L. Schmidt/*Levedag* EStG § 20 Rn. 74.
[42] L. Schmidt/*Weber-Grellet* EStG § 17 Rn. 235.
[43] L. Schmidt/*Weber-Grellet* EStG § 17 Rn. 220 ff.
[44] Zur Freibetragsregelung vgl. § 17 Abs. 3 EStG.

26 **2. Aktien im Betriebsvermögen.** Gehören die Aktien zu einem **Betriebsvermögen,** entsteht infolge der Abwicklung der AG und Auskehrung ihres Vermögens idR ein Unterschiedsbetrag zwischen dem zugeteilten oder zurückgezahlten Vermögen und dem Buchwert der Aktien. In Höhe des Unterschiedsbetrags ergibt sich ein Gewinn oder Verlust. Dieser ist bei einem der Einkommensteuer unterliegenden Steuerpflichtigen bei der Gewinnermittlung zu berücksichtigen; es gilt das Teileinkünfteverfahren, § 3 Nr. 40b) EStG.[45] Der Gewinnanteil aus Dividenden unterliegt der Gewerbesteuer soweit er nicht bei der Gewinnermittlung außer Ansatz bleibt (§ 8b Abs. 1 mit Ausnahme von Streubesitzdividenden nach Abs. 4, Abs. 2 iVm 3 KStG, § 3 Nr. 40 oder 41 EStG) und eine Hinzurechnung nach § 8 Nr. 5 GewStG nicht erfolgt.[46] War der Steuerpflichtige mit einer das gesamte Nennkapital der AG umfassenden Beteiligung beteiligt, gilt § 16 Abs. 1 EStG und der Freibetrag nach § 16 Abs. 4 EStG für den Teil des Gewinns, der nicht aus den sonstigen Rücklagen stammt und zu den Einkünften aus Kapitalvermögen gehörte, § 17 Abs. 4 S. 3 iVm § 20 Abs. 1 S. 1, 2 EStG. Die Anwendung des Teileinkünfteverfahrens ist jedoch ausgeschlossen, soweit es sich bei den Aktien um (ehemals) einbringungsgeborene Anteile im Sinne von § 21 UmwStG aF handelt. Etwas anderes gilt dann, wenn die Abwicklung nach Ablauf von mindestens sieben Jahren seit der zu den einbringungsgeborenen Anteilen führende Einbringungsvorgang durchgeführt wird oder zuvor ein Antrag nach § 21 Abs. 2 S. 1 UmwStG aF gestellt worden war oder wenn der Gegenstand der Einbringung Anteile an einer Kapitalgesellschaft im Sinne von § 20 Abs. 1 S. 2 oder § 23 Abs. 4 UmwStG aF waren. Nach § 22 Abs. 1 S. 6 Nr. 3 UmwStG führt die Auflösung einer AG bei einer nach dem 1.1.2007 erfolgten Sacheinlage gegen Ausgabe neuer Aktien zur (zeitanteiligen) Nachversteuerung des bei der Einbringung zunächst unversteuert gebliebenen Einbringungsgewinns I.

27 Ist eine Personengesellschaft Aktionär, richtet sich die einkommen- und körperschaftsteuerliche Behandlung nach der des jeweiligen Mitunternehmers, § 8b Abs. 6 KStG. Gewerbesteuer wird auf der Ebene der Personengesellschaft nur nach Maßgabe von § 7 S. 4 GewStG erhoben.

28 Gehören die Aktien zum Betriebsvermögen einer Körperschaft, findet auf den Liquidationsüberschuss § 8b Abs. 1 und 2 KStG Anwendung. Durch Einfügen eines neuen § 8b Abs. 4 KStG gilt die Steuervergünstigung des § 8b Abs. 1 KStG nur für Beteiligungen, die – im Regelfall zum Beginn des Kalenderjahres – mindestens 10 % des Grundkapitals umfasst haben.[47] Ist die Anwendung von § 8b Abs. 2 KStG nicht im Übrigen wegen Vorliegens (ehemals) einbringungsgeborener Anteile nach § 8b Abs. 4 KStG aF iVm § 21 UmwStG aF ausgeschlossen, ist der Liquidationsertrag bei der beteiligten Kapitalgesellschaft im Ergebnis zu 95 % steuerfrei. Die Steuerfreiheit ist ausgeschlossen, soweit in der Vergangenheit mit steuerlicher Wirkung eine Teilwertabschreibung vorgenommen worden war, § 8b Abs. 2 S. 2 KStG. Erfolgte die Sacheinlage nach dem 1.1.2007, führt die Auflösung der AG zur (zeitanteiligen) Nachversteuerung des bei der Einbringung zunächst unversteuert gebliebenen Einbringungsgewinns I. Zur Gewerbesteuer vgl. → Rn. 26.

29 Die Auszahlung des Liquiditätsüberschusses unterliegt, soweit er auf Kapitalerträge im Sinne von § 20 Abs. 1 Nr. 1 EStG entfällt, der Kapitalertragsteuer. Die Auszahlungen an Mutterunternehmen, die weder ihren Sitz noch den Ort der Geschäftsleitung im Inland, jedoch in einem anderen Mitgliedstaat der EU oder des EWR haben, unterliegen im Gegensatz zu regulären Dividenden nicht den Vergünstigungen der Mutter-/Tochterrichtlinie, vgl. § 43b Abs. 1 S. 4 EStG.

---

[45] Die Anwendung von § 34 Abs. 2 EStG ist neben § 3 Nr. 40 EStG ausgeschlossen.
[46] Glanegger/*Güroff* GewStG § 8 Nr. 5 Rn. 3.
[47] G zur Umsetzung des EuGH-Urteils v. 20.10.2011 in der Rechtssache C-284/09 v. 21.3.2013 BGBl. 2013 I S. 561 für Zuflüsse ab dem 28.2.2013.

12. Kapitel. Konzernrecht des Aktiengesetzes

§ 69 Grundlagen

Übersicht

	Rn.		Rn.
I. Allgemeines	1–4	c) Rechtsfolgen	78
1. Zweck der Vorschriften	1	3. Gleichordnungskonzern	79–93
2. Begriffsbestimmungen	2	a) Voraussetzungen und Grundlagen	79–85
3. Überblick über die Rechtsfolgen	3	b) Konzernbildung	86
4. Ausstrahlung auf andere Rechtsbereiche	4	c) Konzernleitung und Haftung	87–89
II. Verbundene Unternehmen	5–17	d) Sonstige Rechtsfolgen	90–92
1. Unternehmensbegriff	5–13	e) Beendigung des Gleichordnungskonzerns	93
a) Übergeordnete Unternehmen	6–12	VI. Wechselseitige Beteiligungen	94–114
b) Untergeordnete und gleichgeordnete Unternehmen	13	1. Allgemeines	94
2. Verbundene Unternehmen	14–17	2. Einfache wechselseitige Beteiligung	95–109
III. Mehrheitsbeteiligungen	18–35	a) Voraussetzungen	95–98
1. Allgemeines	18, 19	b) Rechtsfolgen	99–108
2. Anteilsmehrheit	20–29	c) Einfache wechselseitige Beteiligungen mit Personengesellschaften und ausländischen Unternehmen	109
a) Kapitalanteile	20		
b) Berechnung	21–29		
3. Stimmrechtsmehrheit	30–34		
a) Stimmrechte	30–32	3. Qualifizierte wechselseitige Beteiligungen	110–114
b) Berechnung	33, 34	VII. Mitteilungspflichten	115–155
4. Rechtsfolgen	35	1. Überblick	115–117
IV. Abhängige und herrschende Unternehmen	36–66	2. Mitteilungspflichten nach § 20 AktG	118–149
1. Allgemeines	36, 37	a) Schachtelbeteiligung (§ 20 Abs. 1 und 2 AktG)	118–123
2. Beherrschender Einfluss	38–58	b) Mitteilung nach § 20 Abs. 3 AktG	124
a) Voraussetzungen	38–40		
b) Beherrschungsmittel	41–48		
c) Mittelbare und mehrstufige Abhängigkeit	49, 50	c) Mehrheitsbeteiligung (§ 20 Abs. 4 AktG)	125
d) Gemeinschaftsunternehmen	51–57	d) Wegfall der Beteiligung (§ 20 Abs. 5 AktG)	126
e) Beendigung der Abhängigkeit	58	e) Erstattung der Mitteilung und Nachweis	127–131
3. Abhängigkeitsvermutung und Widerlegung	59–65	f) Bekanntmachung	132, 133
a) Grundlagen	59–61	g) Verletzung der Mitteilungspflicht	134–149
b) Entherrschungsvertrag	62, 63	3. Mitteilungspflichten nach § 21 AktG	150–154
c) Sonstige Widerlegungsmöglichkeiten	64	a) Allgemeines	150
d) Widerlegung bei mehrstufiger Abhängigkeit	65	b) Schachtelbeteiligung	151
4. Rechtsfolgen	66	c) Mehrheitsbeteiligung	152
V. Konzern	67–93	d) Wegfall der Beteiligung	153
1. Grundlagen	67–71	e) Rechtsfolgen bei unterlassener Mitteilung	154
a) Allgemeines	67, 68		
b) Zusammenfassung unter einheitlicher Leitung	69–71		
2. Unterordnungskonzern	72–78	4. Mitteilungspflichten nach § 328 Abs. 4 AktG	155
a) Abhängigkeitsverhältnis und Konzernvermutung	72–74		
b) Mehrstufige Konzerne und mehrfache Konzernzugehörigkeit	75–77		

§ 69　12. Kapitel. Konzernrecht des Aktiengesetzes

Schrifttum: *Adams,* Die Usurpation von Aktionärsbefugnissen mittels Ringverflechtung in der „Deutschland AG", AG 1994, 148; *Altmeppen,* Die historischen Grundlagen des Konzernrechts, in Bayer/Habersack, Aktienrecht im Wandel, Bd. II, 2007, S. 1027; *Arends,* Die Offenlegung von Aktienbesitz nach deutschem Recht, 2000; *Aschenbeck,* Personenidentität bei Vorständen in Konzerngesellschaften (Doppelmandat im Vorstand), NZG 2000, 1015;, Einheit und Vielheit im Konzern, FS L. Raiser, 1974, S. 287; *ders.,* Verbundene Unternehmen, AG 1992, 277; *Barz,* Abhängigkeitsausschlußvertrag bei der Aktiengesellschaft, FS Bärmann, 1975, S. 185; *Bauer,* Zur Abhängigkeit einer AG von einem Konsortium, NZG 2001, 742; *Bayer,* Der an der Tochter beteiligte Mehrheitsgesellschafter der Mutter: herrschendes Unternehmen?, ZGR 2002, 933; *ders.,* Die öffentliche Hand als Konzernspitze, FS K. Schmidt, 2019, Bd. I, S. 65; *Beck,* Macht und die Berücksichtigung von Machtverhältnissen im Konzern, Der Konzern 2012, 301; *G. Bezzenberger/T. Bezzenberger,* Aktionärskonsortien zur Wahrnehmung von Minderheitsrechten, FS K. Schmidt, 2009, S. 105; *Bezzenberger/Schuster,* Die öffentliche Anstalt als abhängiges Konzernunternehmen, ZGR 1996, 481; *Braun,* Das einflusslose Mitglied im Stimmrechtspool, NZG 2008, 928; *Brellochs,* Die Auslegung der kapitalmarktrechtlichen Melde- und Zurechnungsnormen im Licht der BGH-Rechtsprechung, ZIP 2011, 2225; *ders.,* Konzernrechtliche Beherrschung und übernahmerechtliche Kontrolle, NZG 2012, 1010; *Bungert,* Mitteilungspflichten gemäß § 21 Abs. 2 AktG gegenüber Beteiligungsunternehmen mit Auslandssitz, NZG 1999, 757; *ders.,* „Konkludente" Mitteilung des Aktienbesitzes im Squeeze-out-Verlangen, EWiR 2012, 33; *Burgard,* Die Offenlegung von Beteiligungen, Abhängigkeits- und Konzernrisiken bei der Aktiengesellschaft, 1990; *ders.,* Mitteilungspflichten nach einem Delisting, FS U. H. Schneider, 2011, S. 177; *Cahn,* Kapitalerhaltung im Konzern, 1998; *ders.,* Die Holding als abhängiges Unternehmen?, AG 2002, 30; *Cahn/Farrenkopf,* Abschied von der qualifizierten wechselseitigen Beteiligung? AG 1984, 178; *Decher,* Personelle Verflechtungen im Aktienkonzern, 1990; *Dettling,* Die Entstehungsgeschichte des Konzernrechts im Aktiengesetz von 1965, 1997; *Diekmann,* Mitteilungspflichten nach §§ 20 ff. AktG und dem Diskussionsentwurf des Wertpapierhandelsgesetzes, DZWiR 1994, 13; *Dierdorf,* Herrschaft und Abhängigkeit einer Aktiengesellschaft auf schuldvertraglicher und tatsächlicher Grundlage, 1978; *Druey,* Das deutsche Konzernrecht aus der Sicht des übrigen Europa, Gutachten H zum 59. Deutschen Juristentag, Verhandlungen des 59. Deutschen Juristentages, Bd. I, 1992; *ders.,* Die Zukunft des Konzernrechts, FS Hommelhoff, 2012, S. 135; *Ederle,* Verdeckte Beherrschungsverträge, 2010; *Ehlke,* Konzerninduzierter Haftungsdurchgriff auf den GmbH-Gesellschafter?, DB 1986, 523; *Engert,* Wozu Konzerne, FS Baums, 2017, S. 385; *Everling,* Konzernführung durch eine Holdinggesellschaft, DB 1981, 2549; *Exner,* Beherrschungsvertrag und Vertragsfreiheit, 1984; *Fatemi,* Beteiligungstransparenz und der Verlust von Aktionärsrechten, DB 2013, 2195; *Fett,* Öffentlich rechtliche Anstalten als abhängige Konzernunternehmen, 2000; *Fleischer,* Rechtsverlust nach § 28 WpHG und entschuldbarer Rechtsirrtum des Meldepflichtigen, DB 2009, 1335; *Fleischer,* Europäisches Konzernrecht: Eine akteurzentrierte Anäherung, ZGR 2017, 1; *Fleischer/Korch,* Zur deliktsrechtlichen Verantwortlichkeit von Auftraggebern in der Lieferkette, ZIP 2019, 2181; *Gansweid,* Gemeinsame Tochtergesellschaften im deutschen Konzern- und Wettbewerbsrecht, 1976; *Götz,* Der Entherrschungsvertrag im Aktienrecht, 1991; *Gräler,* Der Entherrschungsvertrag im Konzern- und Fusionskontrollrecht, 2018; *Grimm/Wenzel,* Praxisrelevante Probleme der Mitteilungspflichten nach § 21 AktG, AG 2012, 274; *Gromann,* Die Gleichordnungskonzerne im Konzern- und Wettbewerbsrecht, 1979; *Habersack,* Zur sachlichen Reichweite des Rechtsverlusts gemäß § 28 S. 1 WpHG, FS Säcker, 2011, S. 355; *Hägele,* Praxisrelevante Probleme der Mitteilungspflichten nach §§ 20, 21 AktG, NZG 2000 726; *Haesen,* Der Abhängigkeitsbericht im faktischen Konzern, 1970; *Hamm,* Der Entherrschungsvertrag, 2017; *Happ,* Zur Nachholung aktienrechtlicher Meldepflichten und damit verbundenen prozessualen Fragen, FS K. Schmidt, 2009, S. 545; *Heinsius,* Rechtsfolgen einer Verletzung der Mitteilungspflichten nach § 20 AktG, FS Fischer, 1979; *Henssler,* Konzernrechtliche Abhängigkeit im Mitbestimmungsrecht der Europäischen Aktiengesellschaft, FS K. Schmidt, 2009, S. 601; *Hentzen,* Der Entherrschungsvertrag im Aktienrecht, ZHR 157 (1993), 65; *Holland/Burg,* Mitteilungspflicht nach § 21 AktG beim Erwerb sämtlicher Geschäftsanteile an einer GmbH?, NZG 2006, 601; *Hommelhoff,* Die Konzernleitungspflicht: zentrale Aspekte eines Konzernverfassungsrechts, 1982; *Hüffer,* Konsortialverträge im Rahmen der Mitteilungspflichten nach § 20 AktG, FS K. Schmidt, 2009, S. 747; *Hüttemann,* Der Entherrschungsvertrag im Aktienrecht, ZHR 156 (1992), 314; *Ihrig/Wandt,* Die Stiftung im Konzernverbund, FS Hüffer, 2010, S. 387; *Irriger/Longrée,* Aktienrechtliche Mitteilungspflichten gemäß § 20 AktG nach Formwechsel in eine AG, NZG 2013, 1289; *Jäger,* Der Entherrschungsvertrag, DStR, 1995, 1113; *Joussen,* Gesellschaftskonsortien im Konzernrecht, AG 1998, 329; *Kablitz,* Umwandlungsrechtliche Umtausch-, Abfindungs- und Ausgleichsansprüche als Gegenstand des Rechtsverlusts nach § 44 WpHG, WM 2020, 300; *Keck,* Nationale und internationale Gleichordnungskonzerne im deutschen

Konzern- und Kollisionsrecht, 1998; *Kliebisch,* Das Gemeinschaftsunternehmen im Kartell- und Konzernrecht, 2014; *Klinkhammer,* Mitbestimmung im Gemeinschaftsunternehmen, 1977; *Kliebisch,* Das Gemeinschaftsunternehmen im Kartell- und Konzernrecht, 2014; *Klosterkemper,* Abhängigkeit von einer Innengesellschaft, 2003; *Koppensteiner,* Einige Fragen zu § 20 AktG, FS Rowedder, 1994, S. 213; *ders.,* Über wirtschaftliche Abhängigkeit, FS Stimpel, 1985, S. 811; *ders.,* Zur konzernrechtlichen Behandlung von BGB-Gesellschaften und -Gesellschaftern, FS Ulmer, 2003, S. 349; *ders.,* Über Zurechnungskriterien im Gesellschaftsrecht, FS K. Schmidt, 2009, S. 927; *ders.,* Konzerne und Abhängigkeitslagen jenseits des Gesellschaftsrechts, FS Hopt I, 2010, S. 959; *Korch,* Ringbeteiligungen von Aktiengesellschaften, 2002; *Kort,* Der „private" Großaktionär als Unternehmen?, DB 1986, 1909; *Krieger,* Vorwirkende Abhängigkeit, FS Semler, 1993, S. 503; *Kropff,* Das Konzernrecht des Aktiengesetzes 1965, BB 1965, 1281; *Larisch/Bunz,* Der Entherrschungsvertrag als Mittel der Konzernvermeidung bei faktischen Hauptversammlungsmehrheiten, NZG 2013, 1247; *Leithaus/Schäfer,* Konzerninsolvenzrecht in Deutschland und Europa, KSzW 2012, 272; *Letixerant,* Die aktienrechtliche Abhängigkeit vor dem dinglichen Erwerb einer Mehrheitsbeteiligung, 2001; *Lutter,* Die Rechte der Gesellschafter beim Abschluss fusionsähnlicher Unternehmensverbindungen, DB 1973, Beilage 21, S. 2; *ders.,* Zur Binnenstruktur des Konzerns, FS Westermann, 1974, S. 347; *ders.,* Teilfusionen im Gesellschaftsrecht, FS Barz, 1974, S. 199; *ders.,* Zur Aufgabe eines Konzernrechts: Schutz vor Missbrauch oder Organisationsrecht? in: Druey (Hrsg.), Das St. Galler Konzernrechtsgespräch 1986, S. 225; *ders.,* Konzernrecht: Schutzrecht oder Organisationsrecht?, Liber Amicorum Volhard, 1996, S. 105; *ders.,* Das unvollendete Konzernrecht, FS K. Schmidt, 2009, S. 1065; *Lutter/Drygala,* Grenzen der Personalverflechtung und Haftung im Gleichordnungskonzern, ZGR 1995, 557; *Marchand,* Abhängigkeit und Konzernzugehörigkeit von Gemeinschaftsunternehmen, 1985; *Martens,* Die existenzielle Wirtschaftsabhängigkeit, 1979; *Maul,* Aktienrechtliches Konzernrecht und Gemeinschaftsunternehmen, NZG 2000, 470; *Mertens,* Zur Berücksichtigung von Treuhandverhältnissen und Stimmbindungsverträgen bei der Feststellung von Mehrheitsbeteiligung und Abhängigkeit, FS Beusch, 1993, S. 583; *Milde,* Der Gleichordnungskonzern im Gesellschaftsrecht, 1996; *Möhring,* Vertraglicher Ausschluß von Abhängigkeit und Konzernvermutung, FS Westermann, 1974, S. 427; *Mülbert,* Unternehmensbegriff und Konzernorganisationsrecht, ZHR 163 (1999), 1; *ders.,* Das Recht des Rechtsverlustes – insbesondere am Beispiel des § 28 WpHG, FS K. Schmidt, 2009, S. 1219; *Müller-Bonanni/Nieroba,* Arbeitsrechtliche Aspekte konzernweiter Aktienoptionsprogramme, Der Konzern, 2010, 143; *Müller-Eising/Stoll,* Beherrschung von Unternehmen aufgrund faktischer Hauptversammlungsmehrheit, GWR 2012, 315; *Nagel/Riess/Theis,* Der faktische Just-in-Time-Konzern – unternehmensübergreifende Rationalisierungskonzepte und Konzernrecht am Beispiel der Automobilindustrie, DB 1989, 1505; *Naumann,* Der Umgang mit wiederholten Mitteilungen iSv § 20 AktG in der Praxis, AG 2017, 300; *Nartowska,* Stimmrechtsmeldepflichten und Rechtsverlust eines Legitimationsaktionärs nach §§ 21 ff. WpHG?, NZG 2013, 124; *Neumann/Rux,* Einbindung öffentlich-rechtlicher Einrichtungen in einen privatrechtlichen Konzern?, DB 1996, 1659; *Neye,* Gemeinschaftsrecht und Recht der verbundenen Unternehmen, ZGR 1995, 191; *Noack,* Gesellschaftervereinbarungen bei Kapitalgesellschaften, 1994, S. 266; *Nodoushani,* Die Transparenz von Beteiligungsverhältnissen, WM 2008, 1671; *Oechsler,* Die Anwendung des Konzernrechts auf Austauschverträge mit organisationsrechtlichem Bezug, ZGR 1997, 464; *Paschke/Reuter,* Der Gleichordnungskonzern als Zurechnungsgrund im Kartellrecht, ZHR 158 (1994), 390; *Paudtke,* Zum zeitweiligen Verlust der Rechte eines Aktionärs gemäß § 20 VII AktG, NZG 2009, 939; *Pentz,* Mitteilungspflichten gemäß §§ 20, 21 AktG gegenüber einer mehrstufig verbundenen Aktiengesellschaft, AG 1992, 55; *ders.,* Die Rechtsstellung der Enkel-AG in einer mehrstufigen Unternehmensverbindung, 1994; *ders.,* Acting in Concert – Ausgewählte Einzelprobleme zur Zurechnung und zu den Rechtsfolgen, ZIP 2003, 1478; *Pesch,* Der aktienrechtliche Entherrschungsvertrag, Diss. Bonn 2012; *Raiser,* Konzernverflechtungen unter Einschluss öffentlicher Unternehmen, ZGR 1996, 458; *Rehbinder,* Besprechung von Hommelhoff, Die Konzernleitungspflicht, 1982, ZHR 147 (1983), 464; *Reichert/Harbarth,* Stimmrechtsvollmacht, Legitimationszession und Stimmrechtsausschlussvertrag in der AG, AG 2001, 447; *Richter,* Das Skanska-Urteil des EuGH – Einführung der Konzernhaftung im Kartellschadensersatzrecht, BB 2019, 1154; *Richter,* Unterliegt der im Aktienregister eingetragene Legitimationsaktionär den Mitteilungspflichten aus den §§ 21 ff. WpHG?, WM 2013, 2296; *Riegger,* Zweifelsfragen zum Dividendenverlust nach § 28 WpHG, FS H. P. Westermann, 2008, S. 1331; *Rittner,* Konzernorganisation und Privatautonomie, AcP 183 (1983), 295; *Roth,* Der majorisierte Stimmbindungspool, 2019; *Ruwe,* Die BGB-Gesellschaft als Unternehmen iSd. Aktienkonzernrechts, DB 1988, 2037; *Säcker,* Mehrmütterklausel und Gemeinschaftsunternehmen, NJW 1980, 801; *ders.,* Zur Problematik von Mehrfachfunktionen im Konzern, ZHR, 151 (1987), 59; *Scheffler,* Konzernleitung aus betriebswirtschaftlicher Sicht, DB 1985, 2005;

Schiessl, Abhängigkeitsbericht bei Beteiligungen der öffentlichen Hand, ZGR 1998, 871; *K. Schmidt,* Gleichordnung im Konzern: terra incognita?, ZHR 155 (1991), 417; *ders.,* Konzernhaftung von freiberuflichen Mehrfachgesellschaftern?, ZIP 1994, 1741; *ders.,* Konzernunternehmen, Unternehmensgruppe und Konzernrechtsverhältnis, FS Lutter, 2000, S. 1167; *ders.,* Unternehmensbegriff und Vertragskonzern – Zum Funktionswandel des § 291 AktG, FS Koppensteiner, 2001, S. 191; *ders.,* Was ist, was will und was kann das Konzernrecht des Aktiengesetzes?, FS Druey, 2002, S. 551; *ders.,* Das Recht der Mitgliedschaft: Ist „kooperatives Denken" passé?, ZGR 2011, 108; *ders.,* Entherrschungsvertrag und faktische Entherrschung im Aktienkonzern, FS Hommelhoff, 2012, S. 985; *ders.,* Das Konzernbild des deutschen Aktiengesetzes: ein Gruppenbild? – Erfolgsgeheimnis und Wirkungsgrenzen der §§ 15 ff., 298 ff. AktG, FS Rokas, 2012, S. 893; *S. H. Schneider/U. H. Schneider,* Der Rechtsverlust gemäß § 28 WpHG bei Verletzung der kapitalmarktrechtlichen Meldepflichten – zugleich eine Untersuchung zu § 20 Abs. 7 AktG und § 59 WpÜG, ZIP 2006, 493; *U. H. Schneider,* Die Personengesellschaft als herrschendes Unternehmen im Konzern, ZHR 143 (1979), 485; *ders.,* Konzernleitung als Rechtsproblem: Überlegungen zu einem Konzernverfassungsrecht, BB 1981, 249; *ders.,* Die vertragliche Ausgestaltung der Konzernverfassung: Zur Anpassung von Gesellschaftsverträgen, Geschäftsordnungen, Stimmbindungsverträgen und Konsortialverträgen an die Konzernlage, BB 1986, 1993; Schnorbus/Ganzer, Gestaltung von Beherrschung und Entherrschung durch Konsortialvereinbarungen im Gesellschaftsrecht, AG 2016, 565; *Soudry/Löb,* Der Begriff des abhängigen Unternehmens im Sinne des § 17 AktG – Zur Einbeziehung rein wirtschaftlich vermittelter Abhängigkeiten in den Anwendungsbereich des Konzernrechts, GWR 2011, 127; *Starke,* Beteiligungstransparenz im Gesellschafts- und Kapitalmarktrecht, 2002; *Stein,* Konzernherrschaft durch EDV? ZGR 1988, 163; *Stern* Bürgerlich-rechtliche und aktienrechtliche Schadensersatzersatzpflichten wegen Verletzung der §§ 20, 21 AktG, 2004; *Timm,* Die Aktiengesellschaft als Konzernspitze, 1980; *ders.,* Anmerkung zu OLG Köln, Urteil vom 24. November 1992 – 22 U 72/92, ZIP 1993, 114; *Timm/Messing,* Die Kündigung von Gleichordnungsverbindungen im Konzernrecht und ihre Rechtsfolgen, FS Hommelhoff, 2012, S. 1237; *Vedder,* Zum Begriff „für Rechnung" im AktG und im WpHG, 1999; *Veil,* Unternehmensverträge, 2003; *J. Vetter,* Überlegungen zum konzernrechtlichen Unternehmensbegriff, FS Marsch-Barner, 2018, S. 575; *ders.,* 50 Jahre Aktienkonzernrecht in Fleischer/Koch/Kropff/Lutter (Hrsg.), 50 Jahre Aktiengesetz, 2016, S. 231; *Vonnemann,* Mitteilungspflichten gemäß §§ 20 Abs. 1, 21 Abs. 1 AktG, AG 1991, 352; *Wanner,* Konzernrechtliche Probleme mehrstufiger Unternehmensverbindungen nach Aktienrecht, 1998; *Wastl/Wagner,* Wechselseitige Beteiligungen im Aktienrecht, AG 1997, 241; *Weber,* Vormitgliedschaftliche Abhängigkeitsbegründung, ZIP 1994, 678; *Wellkamp,* Der Gleichordnungskonzern – Ein Konzern ohne Abhängigkeit?, DB 1993, 2517; *H. S. Werner,* Der aktienrechtliche Abhängigkeitstatbestand, 1979; *Widder,* Rechtsnachfolge in Mitteilungspflichten nach §§ 21 ff. WpHG, § 20 AktG?, NZG 2004, 275; *ders.,* Mitteilungspflichten gemäß §§ 21 ff. WpHG und Anteilserwerb nach UmwG, NZG 2010, 455; *Windbichler,* Arbeitsrecht im Konzern, 1989; *Windbichler,* Konzernrecht: Gibt es das?, NZG 2018, 1241; *Witt,* Änderungen der Mitteilungs- und Veröffentlichungspflichten nach §§ 21 ff. WpHG und §§ 20 f. AktG durch das Dritte Finanzmarktförderungsgesetz und das „KonTraG", WM 1998, 1153*Wolframm,* Mitteilungspflichten familiär verbundener Aktionäre nach § 20 AktG, 1998.

I. Allgemeines

1. Zweck der Vorschriften. Das Aktiengesetz von 1965 enthält in den Vorschriften der §§ 15–22 und 291–338 AktG erstmals eine umfassende Kodifizierung eines Rechts der verbundenen Unternehmen.[1] Der Gesetzgeber sah sich als Folge des wirtschaftlichen Zugs zur Unternehmenskonzentration einer nachhaltigen Strukturveränderung der Gesellschaften gegenüber, die dazu geführt hatte, dass konzernmäßige Bindungen die aktienrechtliche Zuständigkeitsordnung überspielten. Anliegen des Gesetzes war, den damit verbundenen Gefahren für die anderen Aktionäre und die Gläubiger zu begegnen und Leitungsmacht und Verantwortlichkeit wieder in Einklang zu bringen.[2] Der Blick des Gesetzes richtete sich dabei vornehmlich „nach unten" auf die abhängige Gesellschaft. Der Schutz von deren

---

[1] Zur Entwicklung des Konzernrechts vgl. ausführlich *Dettling,* Die Entstehungsgeschichte des Konzernrechts im Aktiengesetz von 1965, 1997; *Altmeppen* in Bayer/Habersack, Aktienrecht im Wandel, Bd. II, 2007, S. 1027 ff.

[2] Vgl. ausführlich Begr. RegE AktG, abgedruckt bei *Kropff,* Aktiengesetz, 1965, S. 373 ff.

außenstehenden Aktionären und Gläubigern steht im Mittelpunkt der konzernrechtlichen Vorschriften des Aktiengesetzes. Daneben haben die Regelungen des Konzernrechts zugleich privilegierende Funktionen, indem sie die Ausübung herrschenden Einflusses über das hinaus, was nach allgemeinem Aktienrecht zulässig wäre, erlauben.[3] Die Unternehmensgruppe als Einheit und die damit verbundenen Fragen der Konzernbildung, der Überwachung, Finanzierung und Information sind demgegenüber nicht Gegenstand der gesetzlichen Regelungen, sondern wurden erst später Gegenstand der rechtswissenschaftlichen Diskussion.[4] Im internationalen Vergleich ist das geschriebene Konzernrecht des AktG ohne Vorbild und sein Rezeptionserfolg gering.[5] Frühe Versuche, das Konzernrecht auf europäischer Ebene umfassend zu harmonisieren, wurden in den 1980er-Jahren aufgegeben.[6] In den letzten Jahren hat sich die europäische Konzernrechtsdiskussion wieder belebt,[7] allerdings mit dem Fokus auf Einzelelementen wie den kürzlich verabschiedeten Regelungen über related party transactions (dazu → § 29 Rn. 68 ff.), oder der Diskussion über die unionsweite Anerkennung eines Gruppeninteresses[8] und über einen Rechtsrahmen für die erleichterte Führung von grenzüberschreitenden Unternehmensgruppen in Europa.[9]

2. Begriffsbestimmungen. Das Gesetz gibt in §§ 15–19 AktG Begriffsbestimmungen für verbundene Unternehmen, Mehrheitsbeteiligungen, abhängige und herrschende Unternehmen, Konzerne und wechselseitig beteiligte Unternehmen. Diese Definitionen werden in den weiteren Vorschriften des Aktiengesetzes zugrunde gelegt.[10] Sie sind grundsätzlich auch über den Geltungsbereich des Aktiengesetzes hinaus maßgeblich. Das heißt jedoch nicht, dass bei der Verwendung dieser Begriffe in anderen Gesetzen nicht Besonderheiten gelten könnten. Es ist vielmehr der Zweck der jeweiligen Vorschrift, in der einer der in §§ 15–19 AktG definierten Begriffe verwandt wird, zu berücksichtigen.[11] Entsprechend hat zB das Bundesarbeitsgericht zum Konzernbetriebsrat entschieden, dass der Konzernbegriff in § 54 Abs. 1 BetrVG unter Berücksichtigung der spezifisch betriebsverfassungsrechtlichen Normzwecke zu bestimmen sei.[12] Ebenso ist zB bei Anwendung der Konzernklausel des § 5 MitbestG die besondere Zweckbestimmung der Vorschrift zu beachten,

---

[3] Vgl. etwa *J. Vetter* in Fleischer/Koch/Kropff/Lutter, 50 Jahre Aktiengesetz, 2016, S. 231/241; *Habersack* AG 2016, 691 (692); *Mülbert* ZHR 163 (1999), 1 (20 ff.).

[4] Grundlegend etwa *Lutter* DB 1973, Beilage 21; *Lutter* FS Westermann, 1974, 347; *Lutter* FS Barz, 1974, 199; *Lutter* in Druey, Das St. Galler Konzernrechtsgespräch, 1988, S. 225; *Lutter* Liber Amicorum Volhard, 1996, 105; *Lutter* FS K. Schmidt, 2009, 1065; *U. H. Schneider* ZHR 143 (1979), 485; *U. H. Schneider* BB 1981, 249; *U. H. Schneider* BB 1986, 1993; *Timm*, Die Aktiengesellschaft als Konzernspitze, 1980; *Timm* AG 1980, 172; *Hommelhoff*, Die Konzernleitungspflicht, 1982. Zur Konzeption des Konzernrechts auch *K. Schmidt* FS Lutter, 2000, 1167; *K. Schmidt* FS Druey, 2002, 551; *K. Schmidt* FS Rokas, 2013, 893.

[5] Zur Situation und Zukunft des Konzernrechts aus rechtsvergleichender Sicht vgl. vor allen Dingen *Druey*, Verhandlungen des 59. Deutschen Juristentages, Bd. I, 1992, S. H 1; *Druey* FS Hommelhoff, 2012, 135. Überblicksdarstellungen über das Konzernrecht in einzelnen Ländern bei *Lutter* (Hrsg.), Konzernrecht im Ausland, ZGR-Sonderheft 11, 1994.

[6] Vgl. etwa *J. Vetter* in Fleischer/Koch/Kropff/Lutter, 50 Jahre Aktiengesetz, 2016, S. 231/266 f.; *Teichmann* ZGR 2017, 485 (487 ff.); *Fleischer* ZGR 2017, 1 (5 ff.); *J. Schmidt* Der Konzern 2017, 1 ff.

[7] Vgl. etwa Forum Europaeum Konzernrecht ZGR 1998, 672 ff.; *Mülbert* ZHR 179 (2015), 645 ff.; *Teichmann* ZGR 2017, 485 (487 ff.); *J. Schmidt* ZHR 181 (2017), 43 (82 ff.); European Model Company Act (EMCA) Kapitel 15.

[8] Vgl. dazu etwa *Teichmann* ECL 2016, 150 (154 ff.); *Mülbert* ZHR 179 (2015), 645 (657 ff.).

[9] Dazu etwa Ziff. 15.08, 15.09, 15.16 European Model Company Act (EMCA); Forum Europaeum on Company Groups ZGR 2015, 507 ff.; *Teichmann* ZGR 2017, 485 (495 ff.).

[10] Zur Frage, ob einzelne dieser Begriffe innerhalb des AktG unterschiedliche Bedeutung haben, vgl. → Rn. 12 u. 37.

[11] BGHZ 74, 359 (364) – Brost u. Funke (zu § 23 Abs. 1 S. 2 GWB aF); KölnKommAktG/ *Koppensteiner* § 15 Rn. 17 f.; GroßkommAktG/ *Windbichler* Vor § 15 Rn. 58 ff.

[12] BAG WM 1981, 595 (597).

woraus sich zumindest Randkorrekturen an den zu § 18 AktG entwickelten Konzernmerkmalen ergeben können.[13] Eine abweichende Definition des Begriffs „verbundene Unternehmen" verwendet § 271 Abs. 2 HGB für das Recht des Jahresabschlusses.[14]

3. Überblick über die Rechtsfolgen. Welche aktienrechtlichen Rechtsfolgen sich mit dem Vorliegen eines der in §§ 15–19 AktG definierten Tatbestände verbinden, regelt das Gesetz an verschiedenen Stellen. Zunächst enthalten §§ 20–22 AktG Vorschriften über Mitteilungspflichten bei Erreichen bestimmter Beteiligungshöhen (vgl. näher → Rn. 115 ff.). Sodann finden sich jeweils im Zusammenhang mit bestimmten aktienrechtlichen Einzelfragen Sondervorschriften, die an das Vorliegen eines der in §§ 15–19 AktG definierten Tatbestände anknüpfen (vgl. → Rn. 35, 66, 78, 90 ff., 99 ff.). Den Hauptteil der materiellen konzernrechtlichen Bestimmungen des Aktiengesetzes bilden schließlich die in ihrer Systematik nur schwer durchschaubaren §§ 291–337 AktG. Das Schwergewicht dieser Regelungen liegt in den beiden ersten Teilen über Unternehmensverträge (§§ 291–307 AktG) und über Leitungsmacht und Verantwortlichkeit bei Abhängigkeit von Unternehmen (§§ 308–318 AktG). Hier finden sich in §§ 311–318 AktG (in Rudimenten) die aktienrechtlichen Regeln für einfache Abhängigkeitsverhältnisse und faktische Konzerne (vgl. unten § 70). §§ 291–307 AktG enthalten die (ebenfalls unvollständigen) Regelungen über den auf einem Beherrschungsvertrag beruhenden Vertragskonzern (vgl. unten § 71) und über andere Unternehmensverträge (vgl. unten §§ 72, 73). §§ 319–327 AktG regeln die stärkste Form der Konzernierung, den Eingliederungskonzern (vgl. unten § 74). § 328 AktG enthält Sonderbestimmungen für wechselseitig beteiligte Unternehmen (vgl. → Rn. 99 ff., 155).

4. Ausstrahlung auf andere Rechtsbereiche. Unternehmensverbindungen im Sinne der §§ 15–19 AktG ziehen weit über den Bereich der gesellschaftsrechtlichen Regelungen des Aktiengesetzes hinaus Rechtsfolgen auf den verschiedensten anderen Rechtsgebieten nach sich.[15] Im Gesellschaftsrecht etwa haben Literatur und Rechtsprechung ein weithin geschlossenes System eines GmbH-Konzernrechts entwickelt[16] und Regeln zum Konzernrecht der Personengesellschaften,[17] der Genossenschaften, Vereine und Stiftungen[18] sowie zur Situation von öffentlich-rechtlichen Einrichtungen im Konzern[19] erarbeitet. Im Arbeitsrecht zB sind Unternehmensverbindungen für die Bildung eines Konzernbetriebsrats (§ 54 Abs. 1 S. 1 BetrVG) und im Rahmen der Unternehmensmitbestimmung (vgl. § 5

---

[13] Vgl. zB BayObLG DB 1998, 973 (974); Habersack/Henssler Mitbestimmungsrecht/*Habersack* MitbestG § 5 Rn. 11; Wißmann/Kleinsorge/Schmidt MitbestG/*Wißmann* § 5 Rn. 9.

[14] Vgl. dazu etwa BeckBilKomm/*Grottel/Kreher* § 271 Rn. 33 ff.; Wiedmann/Böcking/Gros Bilanzrecht/*Böcking/Gros* HGB § 271 Rn. 10 ff.; zu § 290 HGB auch → Rn. 37 u. 62.

[15] S. dazu eingehend GroßkommAktG/*Windbichler* Vor § 15 Rn. 58 ff.; *Koppensteiner* FS Hopt, 2010, 959 ff.

[16] Vgl. dazu nur die umfassenden Darstellungen bei GroßkommGmbHG/*Casper* Anh. § 77; MüKoGmbHG/*Liebscher* Anh. § 13; Lutter/Hommelhoff GmbHG/*Hommelhoff* Anh. § 13; Baumbach/Hueck GmbHG/*Beurskens* Anhang GmbH-Konzernrecht; Roth/Altmeppen GmbHG/*Altmeppen* Anh. § 13; aus der Rechtsprechung etwa BGHZ 65, 15 – ITT; BGHZ 80, 69 – Süssen; BGHZ 105, 324 – Supermarkt.

[17] Vgl. dazu etwa die Überblicke bei Baumbach/Hopt HGB/*Roth* § 105 Rn. 100 ff.; MüKoHGB/*Mülbert* KonzernR; Staub HGB/*C. Schäfer* Anh. § 105; aus der Rechtsprechung etwa BGH WM 1973, 170; NJW 1980, 231 – Gervais-Danone; BGH WM 1982, 394 – Holiday Inn; BGHZ 89, 162 – Heumann/Ogilvy; BGH WM 1984, 807; BGHZ 170, 283 – Otto.

[18] Vgl. zur Genossenschaft etwa Müller GenG Anh. § 64c; *Reul,* Das Konzernrecht der Genossenschaften, 1997; zum Verein BGH NJW 1983, 569 – ADAC; *Sprengel,* Vereinskonzernrecht, 1998; *Küting/Strauß* Der Konzern 2013, 390; zur Stiftung *Heinzelmann,* Die Stiftung im Konzern, 2003; *Ihrig/Wandt* FS Hüffer, 2010, 387.

[19] Vgl. etwa *Fett,* Öffentlich rechtliche Anstalten als abhängige Konzernunternehmen, 2000; *U. H. Schneider* ZGR 1996, 225; *Raiser* ZGR 1996, 458; *Bezzenberger/Schuster* ZGR 1996, 481; *Neumann/Rux* DB 1996, 1659.

§ 69 Grundlagen   5, 6   § 69

MitbestG, § 2 DrittelbG, §§ 1 ff. MitbestErgG und § 32 MitbestG, § 15 MitbestErgG) von Bedeutung; außerdem können Konzernsachverhalte im Individualarbeitsrecht besondere Fragestellungen aufwerfen.[20] Weitere Sonderregeln und spezifische konzernbezogene Fragestellungen knüpfen sich an Konzerntatbestände in vielen anderen Rechtsgebieten,[21] etwa im Insolvenzrecht (§§ 3a ff., 13a, 56b, 269a ff. InsO), im Kartellrecht,[22] im Kapitalmarktrecht,[23] im Bankrecht,[24] im Versicherungsrecht,[25] im Steuerrecht (vgl. etwa → § 72 Rn. 39 ff.), im Markenrecht[26] usw und selbst im Allgemeinen Zivilrecht.[27] Schließlich finden sich vielfältige Regelungen des europäischen Unionsrechts, die Verbundtatbestände erfassen.[28]

II. Verbundene Unternehmen

1. Unternehmensbegriff. Die konzernrechtlichen Vorschriften des Aktiengesetzes beziehen sich zumeist nur auf Unternehmen. Den Begriff des Unternehmens definiert das Gesetz nicht. Er ist vielmehr dem Zweck der gesetzlichen Vorschriften zu entnehmen. Dabei ist zu unterscheiden zwischen übergeordneten und unter- sowie gleichgeordneten Unternehmen.

a) Übergeordnete Unternehmen. Das Gesetz will der Gefahr Rechnung tragen, dass ein beteiligtes Unternehmen sich bei Ausübung seiner Rechte aus der Beteiligung von seinen anderweitigen unternehmerischen Interessen leiten lässt (sog. **Konzerngefahr**). Daraus folgt, dass die Begriffsmerkmale für ein übergeordnetes Unternehmen nach dem Zweck des Gesetzes erfüllt sind, wenn die Möglichkeit eines solchen Interessenkonfliktes typischerweise besteht (teleologischer Konzernbegriff). Dabei ist eine typisierende Betrachtung anzustellen, dh es kommt nicht darauf an, ob eine Konzerngefahr im Einzelfall konkret besteht, sondern ob sie in einer Konstellation der gegebenen Art typischerweise vorliegt. Dazu ist weder ein eigener Gewerbebetrieb oder eine sonstige institutionelle Organisation erforderlich,[29] noch kommt es darauf an, ob der Inhaber der Beteiligung sich aktiv unternehmerisch planend und entscheidend betätigt.[30] Ausreichend und erforderlich ist vielmehr, dass der Aktionär auch noch andere unternehmerische Interessen außerhalb seiner Beteiligung an der Gesellschaft hat, die nach Art und Intensität die Gefahr begrün-

---

[20] Vgl. zu diesem umfangreichen Problemkreis beispielhaft etwa BAG ZIP 2016, 135; BGH ZIP 2016, 2238 (Berechnungdurchgriff zwecks Anpassung einer Betriebsrente); BAG ZIP 2011, 1433 und Löwisch ZIP 2015, 209 (Bemessungsdurchgriff für die Dotierung eines Sozialplans); BAG AP KSchG 1969 § 1 Nr. 6 (konzerndimensionaler Kündigungsschutz); *Fabricius*, Rechtsprobleme gespaltener Arbeitsverhältnisse im Konzern, 1982; *Helle*, Konzernbedingte Kündigungsschranken bei Abhängigkeit und Beherrschung durch Kapitalgesellschaften, 1989; *Henssler*, Der Arbeitsvertrag im Konzern, 1983; *Windbichler*, Arbeitsrecht im Konzern, 1989; *Müller-Bonanni/Nieroba* Der Konzern 2010, 143 (zur arbeitsrechtlichen Behandlung konzernweiter Aktienoptionsprogramme).

[21] Vgl. hierzu näher GroßkommAktG/*Windbichler* Vor § 15 Rn. 58 ff.; Spindler/Stilz AktG/*Schall* vor § 15 Rn. 16 ff.; *Koppensteiner* FS Hopt, 2010, 959.

[22] Vgl. dazu auch den Überblick bei GroßkommAktG/*Windbichler* Vor § 15 Rn. 61 ff.; *Koppensteiner* FS Hopt, 2010, 959 (975 ff.).

[23] Vgl. etwa *Koppensteiner* FS Hopt, 2010, 959 (964 ff.).

[24] Vgl. etwa *Koppensteiner* FS Hopt, 2010, 959 (968 ff.).

[25] Vgl. etwa *Büffel* ZIP 2019, 2191.

[26] Vgl. etwa OLG Düsseldorf NZG 2008, 195 zum Streit unter ehemaligen Konzernschwestern um das bessere Namensrecht; *Koppensteiner* FS Hopt, 2010, 959 (968 ff.).

[27] Vgl. zB BGH ZIP 2013, 77 zur Frage, ob Konzernunternehmen Verrichtungsgehilfen der anderen sind.

[28] Dazu etwa *Neye* ZGR 1995, 191 ff.

[29] So die überholte institutionelle Theorie, Nachweise bei Geßler/Hefermehl AktG/*Geßler* § 15 Rn. 13.

[30] So die überholte funktionale Theorie, Nachweise bei Geßler/Hefermehl AktG/*Geßler* § 15 Rn. 14; für die GbR so auch noch BGHZ 114, 203 (210 f.).

den, er könne zur Förderung seiner anderweitigen Interessen seinen Einfluss auf die Gesellschaft zu deren Nachteil ausüben.[31] Demgemäß führt die Beteiligung an einer Aktiengesellschaft allein, mag sie auch noch so groß sein, im Normalfall nicht zur Unternehmenseigenschaft, solange nicht maßgebliche anderweitige unternehmerische Interessenbindungen außerhalb der Gesellschaftsbeteiligung hinzutreten.[32] In Sonderfällen können jedoch auch anderweitige Interessenbindungen, die keinen unternehmerischen Charakter haben, zur Begründung der Unternehmenseigenschaft genügen; vgl. → Rn. 11. Zur Kritik an dem teleologischen Unternehmensbegriff der hM vgl. → Rn. 12.

7   Unternehmen ist danach, wer neben seiner Beteiligung an der AG ein Handelsgewerbe oder ein sonstiges **Gewerbe** betreibt; Gewinnerzielungsabsicht ist nicht erforderlich.[33] Gleiches gilt für eine freiberufliche Tätigkeit.[34] Es genügt für die Unternehmenseigenschaft aber schon, dass der Aktionär nur eine einzige **weitere maßgebliche Beteiligung** an einem anderen Unternehmen hält; es ist nicht erforderlich, dass er seine anderweitige Beteiligung zu tatsächlichen Einflussnahmen nutzt.[35] Maßgeblich ist die Beteiligung an einem anderen Unternehmen jedenfalls dann, wenn es sich um eine Mehrheitsbeteiligung handelt und sich damit tatsächlich die Herrschaftsmöglichkeit verbindet.[36] Es genügt auch, wenn zwar keine Mehrheitsbeteiligung vorhanden ist, jedoch gleichwohl maßgeblicher Einfluss auf die Besetzung der Leitungsorgane oder auf die Gewinnverteilung besteht;[37] das kann zB auf erfahrungsgemäß niedrigen Hauptversammlungspräsenzen beruhen,[38] aber auch auf anderen Umständen, namentlich einer Koordination mit anderen Gesellschaftern. Eine bloße Sperrminorität oder gar noch niedrigere Beteiligungen (5 %, 10 %) genügen hingegen nicht.[39] Bei der Beurteilung, ob der Aktionär weitere maßgebliche Beteiligungen hält, werden ihm Beteiligungen der Gesellschaft nicht zugerechnet, insbesondere ist § 16 Abs. 4 AktG auch dann nicht anwendbar, wenn der Aktionär an der Gesellschaft eine Mehrheitsbeteiligung hält.[40] Diese Grundsätze gelten nicht nur bei Beteiligungen an

---

[31] So die hM, etwa BGHZ 69, 334 (337) – Veba/Gelsenberg; 74, 359 (365) – Brost u. Funke; 80, 69 (72) – Süssen; 95, 330 (337) – Autokran; 135, 107 (113) – VW; 148, 123 (125 ff.) – MLP; KölnKommAktG/*Koppensteiner* § 15 Rn. 20; MüKoAktG/*Bayer* § 15 Rn. 13; K. Schmidt/Lutter AktG/*J. Vetter* § 15 Rn. 38; Hüffer/*Koch* AktG § 15 Rn. 10.

[32] BGHZ 69, 334 (337) – Veba/Gelsenberg; OLG Düsseldorf ZIP 2004, 1503 (1505); OLG Köln ZIP 2001, 2089 (2090); KölnKommAktG/*Koppensteiner* § 15 Rn. 22 ff.; Hüffer/*Koch* AktG § 15 Rn. 11.

[33] KölnKommAktG/*Koppensteiner* § 15 Rn. 31 mwN.

[34] BGH NJW 1994, 3288 (3290); 1995, 1544 (1545); KölnKommAktG/*Koppensteiner* § 15 Rn. 33; MüKoAktG/*Bayer* § 15 Rn. 15; K. Schmidt/Lutter AktG/*J. Vetter* § 15 Rn. 41; Hüffer/*Koch* AktG § 15 Rn. 14; einschränkend GroßkommAktG/*Windbichler* § 15 Rn. 23 (Berührung mit dem Beteiligungsunternehmen nötig).

[35] BGHZ 135, 107 (113 f.) – VW; BGHZ 148, 123 (125) – MLP; eingehend KölnKommAktG/*Koppensteiner* § 15 Rn. 35 ff.; MüKoAktG/*Bayer* § 15 Rn. 19 ff.; Hüffer/*Koch* AktG § 15 Rn. 11.

[36] BGHZ 148, 123 (125) – MLP; KölnKommAktG/*Koppensteiner* § 15 Rn. 47; MüKoAktG/*Bayer* § 15 Rn. 22; Hüffer/*Koch* AktG § 15 Rn. 11.

[37] BGHZ 148, 123 (125) – MLP; MüKoAktG/*Bayer* § 15 Rn. 22; *Emmerich* in Emmerich/Habersack Aktien- und GmbH-Konzernrecht § 15 Rn. 14; KölnKommAktG/*Koppensteiner* § 15 Rn. 47 ff.; K. Schmidt/Lutter AktG/*J. Vetter* § 15 Rn. 47.

[38] BGHZ 148, 123 (125) – MLP.

[39] BGHZ 148, 123 (125) – MLP sowie die weiteren Nachweise oben Fn. 36, 37; aA GroßkommAktG/*Windbichler* § 15 Rn. 36 ff.; Spindler/Stilz AktG/*Schall* § 15 Rn. 27 f., die bereits anderweitige Beteiligungen ab 5 % oder 10 % ausreichen lassen wollen.

[40] Überzeugend BGHZ 148, 123 (126 f.) – MLP; zustimmend Henssler/Strohn GesR/*Keßler* AktG § 15 Rn. 10; Spindler/Stilz AktG/*Schall* § 15 Rn. 36; K. Schmidt/Lutter AktG/*J. Vetter* § 15 Rn. 40, 51; *Emmerich* in Emmerich/Habersack Aktien- und GmbH-Konzernrecht/*Emmerich* § 15 Rn. 14; Hölters AktG/*Hirschmann* § 15 Rn. 5; im Ergebnis auch *Cahn* AG 2002, 30 (33 f.); aA KölnKommAktG/*Koppensteiner* § 15 Rn. 50; MüKoAktG/*Bayer* § 15 Rn. 22 und *Bayer* ZGR 2002, 933 (945 ff.), der allerdings trotz Unternehmenseigenschaft kraft Zurechnung keinen Abhängigkeitsbericht für nötig hält; zweifelnd auch Hüffer/Koch AktG § 15 Rn. 11.

anderen Kapitalgesellschaften, sondern auch, wenn die weitere Beteiligung des Aktionärs an einer Personengesellschaft besteht. Es genügt also nicht schon eine jede Beteiligung an einer Personengesellschaft zur Begründung der Unternehmenseigenschaft,[41] vielmehr ist auch hier grundsätzlich eine maßgebliche Beteiligung nötig. Allerdings wird man annehmen müssen, dass die persönliche Haftung in der Personengesellschaft zur Unternehmenseigenschaft führt.[42] Auch wenn der persönlich haftende Gesellschafter von Geschäftsführung und Vertretung ausgeschlossen ist und nicht über sonstige Herrschaftsmöglichkeiten verfügt, begründet die persönliche Haftung den für die Unternehmenseigenschaft typischen Interessenkonflikt

Umstritten ist die Unternehmenseigenschaft eines Gesellschafters, der an der Spitze einer **8** Unternehmensgruppe steht (Spitzenholding), aber ausschließlich an einer **Zwischenholding** maßgeblich beteiligt ist, die ihrerseits mehrere maßgebliche Beteiligungen hält. Nach zutreffender Ansicht ist die Spitzenholding in diesem Fall kein Unternehmen, solange sie sich auf die Verwaltung ihrer Beteiligung an der Zwischenholding beschränkt; Unternehmen ist allein die Zwischenholding selbst.[43] Erfolgt die Zwischenholding-Konstruktion jedoch nur auf dem Papier und bleibt die eigentliche Verwaltung der unternehmerischen Interessen bei der Spitzenholding, so bleibt diese auch Unternehmen.[44] Nach einer weitergehenden Meinung soll es hingegen für die Frage, ob die Spitzenholding noch anderweitige unternehmerische Interessen besitzt, nicht auf die formale Rechtsinhaberschaft, sondern auf die wirtschaftliche Interessenbindung ankommen. Aus diesem Grund bleibe die Spitzenholding auch dann Unternehmen, wenn sie ihre gesamten Beteiligungen in eine Zwischenholding einbringe, denn die Konzerngefahr bestehe auch dann.[45] Diese Ansicht läuft darauf hinaus, der Spitzenholding für die Feststellung der Unternehmenseigenschaft die Beteiligungen der Zwischenholding zuzurechnen.[46] Sie qualifiziert damit jeden Mehrheitsaktionär sofort zum Unternehmen, wenn die Gesellschaft, an der er beteiligt ist, ihrerseits maßgebliche Beteiligungen an anderen Gesellschaften hält. Damit wird der Unternehmensbegriff verwässert und das Schutzanliegen des Konzernrechts überdehnt. Die gleichen Grundsätze wie bei Einschaltung einer Zwischenholding gelten, wenn der Aktionär seine anderweitigen unternehmerischen Interessen in die Hand eines **Treuhänders** legt.[47]

Stimmrechtskonsortien als solche sind im allgemeinen nicht Unternehmen;[48] das lässt **9** sich sowohl damit begründen, dass es sich in aller Regel um bloße BGB-Innengesell-

---

[41] KölnKommAktG/*Koppensteiner* § 15 Rn. 49; GroßkommAktG/*Windbichler* § 15 Rn. 43; aA *Haesen,* Der Abhängigkeitsbericht im faktischen Konzern, 1970, S. 20 f.

[42] KölnKommAktG/*Koppensteiner* § 15 Rn. 49; MüKoAktG/*Bayer* § 15 Rn. 23; K. Schmidt/Lutter AktG/*J. Vetter* § 15 Rn. 43.

[43] So zB K. Schmidt/Lutter AktG/*J. Vetter* § 15 Rn. 51; Spindler/Stilz AktG/*Schall* § 15 Rn. 39; *Cahn* AG 2002, 30 (32 ff.); *Stimpel* ZGR 1991, 144 (157 f.); *Ulmer* NJW 1986, 1579 (1586); *K. Schmidt* ZIP 1986, 146 (148 f.); aA die Nachweise unten Fn. 45.

[44] K. Schmidt/Lutter AktG/*J. Vetter* § 15 Rn. 49; Wachter AktG/*Franz* § 15 Rn. 12; *Lutter,* Holding-Handbuch, § 1 Rn. 36; ähnlich *Ulmer* NJW 1986, 1576 (1586); *Ruwe* AG 1980, 21 (22); aA *Cahn* AG 2002, 30 (32 ff.); *Stimpel* ZGR 1991, 144 (157 f.); *K. Schmidt* ZIP 1986, 146 (148 f.); *Ehlke* DB 1986, 523 (526), die die Unternehmenseigenschaft der Spitzenholding auch in diesem Fall verneinen.

[45] So insbesondere KölnKommAktG/*Koppensteiner* § 15 Rn. 68; MüKoAktG/*Bayer* § 15 Rn. 32 f.; Hüffer/Koch AktG § 15 Rn. 12; *Emmerich* in Emmerich/Habersack Aktien- und GmbH-Konzernrecht § 15 Rn. 17; Grigoleit AktG/*Grigoleit* § 15 Rn. 22; Hölters AktG/*Hirschmann* § 15 Rn. 6; Roth/Altmeppen GmbHG/*Altmeppen* Anh. § 13 Rn. 9 f.; *Noack,* Gesellschaftervereinbarungen bei Kapitalgesellschaften, 1994, S. 266 f.

[46] Zur Unzulässigkeit einer solchen Zurechnung vgl. die Nachweise oben Fn. 40.

[47] Wachter AktG/*Franz* § 15 Rn. 13.

[48] OLG Köln AG 2002, 89 (90); OLG Hamburg AG 2001, 479 (481); OLG Hamm AG 2001, 146 (147); LG Heidelberg AG 1998, 47 (48); MüKoAktG/*Bayer* § 15 Rn. 28 f.; K. Schmidt/Lutter AktG/*J. Vetter* § 15 Rn. 66; Hüffer/*Koch* AktG § 15 Rn. 13; *Hüffer* FS. K. Schmidt, 2009, 747

schaften handelt, die nicht selbst Aktionär und nicht als Normadressat geeignet sind,[49] als auch damit, dass das Konsortium in aller Regel keine anderweitigen wirtschaftlichen Interessen verfolgt.[50] Das ist ausnahmsweise anders, wenn der Pool als solcher Aktien hält und er selbst – also nicht bloß seine Mitglieder – anderweitige unternehmerische Interessen hat.[51] Nach herrschender Meinung kann das Konsortium jedoch auch dann Unternehmen sein, wenn es noch andere maßgebliche Beteiligungen koordiniert oder verwaltet.[52] Unternehmen soll das Konsortium außerdem sein können, wenn die Mehrheit innerhalb des Konsortiums bei Mitgliedern mit Unternehmenseigenschaft liegt.[53] In beiden Fällen ist allerdings zusätzlich zumindest erforderlich, dass es sich bei dem Konsortium um eine BGB-Außengesellschaft handelt.[54] Aber auch dann bleiben die Ausnahmen zweifelhaft, denn eine Konzerngefahr erwächst hier nicht auf Grund anderweitiger Interessen des Konsortiums, sondern allenfalls auf Grund anderweitiger Interessen seiner Mitglieder. Dem Schutzzweck der konzernrechtlichen Vorschriften dürfte es daher genügen, bei den **Mitgliedern des Konsortiums** anzusetzen. Soweit sie die Unternehmenseigenschaft besitzen, können ihnen für die Frage, ob zwischen ihnen und der Gesellschaft, ein Abhängigkeits- oder ein Konzernverhältnis besteht, die im Konsortium gepoolten Stimmen zuzurechnen sein; vgl. dazu näher → Rn. 51 ff. Die Mitglieder des Konsortiums, sind Unternehmen, wenn sie noch außerhalb des Konsortiums maßgebliche unternehmerische Interessen verfolgen (→ Rn. 6 ff.); sie werden jedoch nicht dadurch Unternehmen, dass andere Konsorten die Unternehmenseigenschaft besitzen.[55] Das Leitungsorgan eines **Gleichordnungskonzerns** (vgl. → Rn. 79 ff.) ist nicht Unternehmen.[56]

10   Die **Rechtsform** des herrschenden Unternehmens ist für seine Unternehmenseigenschaft ohne Belang. Unternehmen im konzernrechtlichen Sinn kann jeder Rechtsträger

---

(753 f.); kritisch aber *Emmerich* in Emmerich/Habersack Aktien- und GmbH-Konzernrecht § 15 Rn. 20b.

[49] BAG AG 2005, 533 (535); OLG Hamburg AG 2001, 479 (481); GroßkommAkG/*Windbichler* § 15 Rn. 48; Hüffer/Koch AktG § 15 Rn. 13; *Hüffer* FS K. Schmidt, 2009, 747 (753 f.); KölnKomm-AktG/*Koppensteiner* § 15 Rn. 59; *Koppensteiner* FS Ulmer, 2003, 349 (351); aA insoweit Spindler/Stilz AktG/*Schall* § 15 Rn. 41, der schon die Stimmenkoordination als mittelbares Auftreten im Außenverhältnis ansehen will.

[50] OLG Köln AG 2002, 89 (90); OLG Hamm AG 2001, 146 (147); LG Heidelberg AG 1998, 47 (48); MüKoAktG/*Bayer* § 15 Rn. 28 f.

[51] *Hüffer* FS K. Schmidt, 2009, 747 (756 f.).

[52] OLG Köln AG 2002, 89 (90); OLG Hamm AG 2001, 146 (147); *Emmerich* in Emmerich/Habersack Aktien- und GmbH-Konzernrecht § 15 Rn. 20a; MüKoAktG/*Bayer* § 15 Rn. 29; *Menke* NZG 2004, 697 (699); unklar BGHZ 114, 203 (210).

[53] LG Heidelberg AG 1998, 47 (48); *Henze* Konzernrecht Rn. 16; *Menke* NZG 2004, 697 (699); unklar BGHZ 114, 203 (210); aA OLG Hamm AG 2001, 146 (147).

[54] Hüffer/*Koch* AktG § 15 Rn. 13; MüKoAktG/*Bayer* § 15 Rn. 29; GroßkommAktG/*Windbichler* § 15 Rn. 47 f.; K. Schmidt/Lutter AktG/*J. Vetter* § 15 Rn. 66; Grigoleit AktG/*Grigoleit* § 15 Rn. 23.

[55] OLG Hamm AG 2001, 146 (147); LG Bielefeld DB 2000, 266 (267); Hüffer/Koch AktG § 15 Rn. 13; K. Schmidt/Lutter AktG/*J. Vetter* § 15 Rn. 67; *Bauer* NZG 2001, 742 (745); *Joussen* AG 1998, 329 (331); *Noack*, Gesellschaftervereinbarungen bei Kapitalgesellschaften, 1994, S. 265 ff.; aA *Emmerich* in Emmerich/Habersack Aktien- und GmbH-Konzernrecht § 15 Rn. 20b; KölnKomm-AktG/*Koppensteiner* § 17 Rn. 89; *Koppensteiner* FS Ulmer, 2003, 349 (359 f.); *Koppensteiner* FS K. Schmidt, 2009, 927 ff.; *Rodemann*, Stimmbindungsvereinbarungen in den Aktien- und GmbH-Rechten Deutschlands, Englands, Frankreichs und Belgien, 1998, S. 157; *Gansweid*, Gemeinsame Tochtergesellschaften im deutschen Konzern- und Wettbewerbsrecht, 1976, S. 129 f.; *Klosterkemper*, Abhängigkeit von einer Innengesellschaft, 2003, S. 135 ff.

[56] KölnKommAktG/*Koppensteiner* § 15 Rn. 61; Hüffer/*Koch* AktG § 15 Rn. 13; *Emmerich* in Emmerich/Habersack Aktien- und GmbH-Konzernrecht § 15 Rn. 20a; *Keck*, Nationale und internationale Gleichordnungskonzerne im deutschen Konzern- und Kollisionsrecht, 1998, S. 18 ff.; aA K. Schmidt/Lutter AktG/*J. Vetter* § 15 Rn. 64; Spinder/Stilz AktG/*Schall* § 15 Rn. 43; *Gromann*, Die Gleichordnungskonzerne im Konzern- und Wettbewerbsrecht, 1979, S. 43 ff.

sein, also jede natürliche und juristische Person, jede Personenhandelsgesellschaft, aber auch nicht rechtsfähige Vereine, Stiftungen, Gesellschaften bürgerlichen Rechts (mit Ausnahme reiner Innengesellschaften) usw.[57] Entscheidend ist jeweils nur, ob dieser Rechtsträger maßgebliche anderweitige unternehmerische Interessen außerhalb seiner Beteiligung hat (vgl. → Rn. 6 ff.). Umgekehrt folgt nicht aus der Rechtsform allein die Unternehmenseigenschaft. Die **Formkaufleute** des Handelsrechts (§ 6 HGB) sind nicht allein auf Grund ihrer Rechtsform Unternehmen. Vielmehr muss auch bei ihnen hinzukommen, dass sie außerhalb ihrer Beteiligung andere unternehmerische Interessen besitzen;[58] auch von einer entsprechenden Vermutung wird man wohl nicht ausgehen können.[59]

Unternehmen sind auch Bund, Länder, Gemeinden und andere Körperschaften der **öffentlichen Hand**.[60] Für sie ist überdies anzunehmen, dass ausnahmsweise die Unternehmenseigenschaft nicht von einer anderweitigen unternehmerischen Betätigung abhängt, sondern sie auf Grund ihrer politischen, religiösen und weltanschaulichen Zielsetzungen per se als Unternehmen anzusehen sind, da diese Zielsetzungen in gleicher Weise die Gefahr unternehmensschädigender Einflussnahmen begründen wie anderweitige unternehmerische Interessen. Der Bundesgerichtshof hat dies für Gebietskörperschaften der öffentlichen Hand im VW-Beschluss entschieden,[61] für die anderen Körperschaften des öffentlichen Rechts muss das Gleiche gelten,[62] ebenso für **Religionsgemeinschaften** und **Gewerkschaften**.[63] Darüber hinaus mag es **weitere Sonderfälle** geben, in denen nach den Umständen des Einzelfalls andere als wirtschaftliche Zwecksetzungen des Aktionärs (zB der Stiftungszweck einer Stiftung[64]) in gleicher Weise die Gefahr unternehmensschädigender Einflussnahmen begründen und daher auf Grund solcher Zwecksetzungen die Unternehmenseigenschaft anzunehmen ist.[65]

Der vorstehend beschriebene Unternehmensbegriff der herrschenden Meinung ist nicht unangefochten, wobei im Zentrum der **Kritik** namentlich das von manchen als überholt angesehene Kriterium der Konzerngefahr steht.[66] Versuche, den schutzzweckorientierten

---

[57] Ganz hM, zB BGHZ 69, 334 (338) – Veba/Gelsenberg; BGHZ 114, 203 (210 f.); 122, 123 (127) – TBB; KölnKommAktG/*Koppensteiner* § 15 Rn. 57; MüKoAktG/*Bayer* § 15 Rn. 16; *Emmerich* in Emmerich/Habersack Aktien- und GmbH-Konzernrecht § 15 Rn. 11 ff.; Hüffer/*Koch* AktG § 15 Rn. 14.
[58] Streitig, wie hier die hM, etwa OLG Saarbrücken AG 1980, 26 (28); KölnKommAktG/*Koppensteiner* § 15 Rn. 60; MüKoAktG/*Bayer* § 15 Rn. 16; Hüffer/*Koch* AktG § 15 Rn. 14; Spinder/*Stilz* AktG/*Schall* § 15 Rn. 19; aA etwa K. Schmidt/Lutter AktG/*J. Vetter* § 15 Rn. 53 ff.; *J. Vetter* FS Marsch-Barner, 2018, 575 ff.; Henssler/Strohn GesR/*Keßler* AktG § 15 Rn. 5; *Mülbert* ZHR 163 (1999), 1 (40 ff.); jedenfalls für §§ 16, 19–21 AktG auch *Emmerich* in Emmerich/Habersack Aktien- und GmbH-Konzernrecht § 15 Rn. 21 f.
[59] So auch MüKoAktG/*Bayer* § 15 Rn. 16; aA GroßkommAktG/*Windbichler* § 15 Rn. 19; *Kort* DB 1986, 1909 (1911); *Ederle*, Verdeckte Beherrschungsverträge, 2010, S. 23.
[60] BGHZ 69, 334 – Veba/Gelsenberg; BGHZ 135, 107 (113 f.) – VW; OLG Celle ZIP 2000, 1981 (1984 f.); KölnKommAktG/*Koppensteiner* § 15 Rn. 70 ff.; MüKoAktG/*Bayer* § 15 Rn. 38 ff.; *Emmerich* in Emmerich/Habersack Aktien- und GmbH-Konzernrecht § 15 Rn. 26 ff.; ausführlich zur öffentlichen Hand als Konzernspitze in rechtlicher und tatsächlicher Sicht zuletzt *Bayer* FS K. Schmidt, 2019, Bd. I, 65 ff.
[61] BGHZ 135, 107 (113 f.) – VW; ebenso etwa KölnKommAktG/*Koppensteiner* § 15 Rn. 73; MüKoAktG/*Bayer* § 15 Rn. 38 ff.; GroßkommAktG/*Windbichler* § 15 Rn. 28; *Schiessl* ZGR 1998, 871 (876 ff.); *Raiser* ZGR 1996, 458 (464 ff.); kritisch Grigoleit AktG/*Grigoleit* § 15 Rn. 26; *Mülbert* ZHR 163 (1999), 1 (15 ff.).
[62] BAG ZIP 2011, 587 (588); *Ehinger* DZWiR 2000, 322 (323 ff.).
[63] MüKoAktG/*Bayer* § 15 Rn. 43; Hüffer/*Koch* AktG § 15 Rn. 17; Grigoleit AktG/*Grigoleit* § 15 Rn. 29.
[64] MüKoAktG/*Bayer* § 15 Rn. 43; *Fatemi* DB 2013, 2195 (2197); aA Hüffer/Koch AktG § 15 Rn. 17; K. Schmidt/Lutter AktG/*J. Vetter* § 15 Rn. 65; *Ihrig/Wandt* FS Hüffer, 2010, 387 (389 f.).
[65] Ebenso KölnKommAktG/*Koppensteiner* § 15 Rn. 34; MüKoAktG/*Bayer* § 15 Rn. 43.
[66] Vgl. zur Kritik am teleologischen Unternehmensbegriff etwa Spindler/Stilz AktG/*Schall* vor § 15 Rn. 26 ff. § 15 Rn. 15 ff.; *Emmerich* in Emmerich/Habersack Aktien- und GmbH-Konzernrecht § 15

Unternehmensbegriff zu erweitern[67] oder zugunsten eines organisationsrechtlichen Ansatzes aufzugeben,[68] haben sich bislang jedoch nicht durchgesetzt. Der Unternehmensbegriff der herrschenden Meinung passt allerdings nicht immer, denn es gibt **Regelungen, die mit Konzerngefahren nichts zu tun haben** und die man auch auf der Ebene des übergeordneten Unternehmens auf jeden Rechtsträger wird anwenden müssen.[69] Das gilt entgegen der herrschenden Meinung insbesondere für die Fähigkeit, Partner eines Unternehmensvertrages zu sein (vgl. näher → § 71 Rn. 9),[70] daneben zB auch für die Vorschriften über wechselseitig beteiligte Unternehmen (vgl. → Rn. 94 ff.).[71] Darüber hinaus ist in Vorschriften außerhalb des Dritten Buchs des AktG, die auf die Begriffe der §§ 15–18 AktG zurückgreifen, nach ihrem jeweiligen Schutzzweck zu prüfen, ob sie auf der Ebene des übergeordneten Unternehmens eine besondere Konzerngefahr voraussetzen; das wird häufig nicht der Fall sein.[72]

13 b) **Untergeordnete und gleichgeordnete Unternehmen.** Der Unternehmensbegriff für untergeordnete Unternehmen ist ein anderer als der für übergeordnete, da die Vorschriften, die sich auf untergeordnete Unternehmen beziehen, andere Zwecke verfolgen. Untergeordnetes Unternehmen kann jedwede rechtlich irgendwie verselbstständigte Organisationsform mit wirtschaftlicher Betätigung sein, mit Ausnahme der Privatperson; das Gleiche gilt für die Partner in einer Gleichordnungsverbindung.[73]

14 2. **Verbundene Unternehmen.** § 15 AktG definiert den **Begriff** der verbundenen Unternehmen. Verbunden sind danach alle Unternehmen, zwischen denen eine Mehrheitsbeteiligung (→ Rn. 18 ff.), ein Abhängigkeitsverhältnis (→ Rn. 36 ff.), ein Konzernverhältnis (→ Rn. 67 ff.), eine wechselseitige Beteiligung (→ Rn. 94 ff.) oder ein Unternehmensvertrag (unten §§ 71–73) besteht. Diese Aufzählung ist abschließend; andere Rechtsbeziehungen zwischen diesen Unternehmen führen nicht zur Verbundenheit im Sinne von § 15 AktG.[74] Die Eingliederung (unten § 74) wird in § 15 AktG nicht besonders genannt, ist aber über § 16 AktG erfasst.

Rn. 8 f.; K. Schmidt/Lutter AktG/*J. Vetter* § 15 Rn. 34 ff.; *J. Vetter* FS Marsch-Barner, 2018, 575 (582 f.).
[67] So namentlich *Emmerich* in Emmerich/Habersack Aktien- und GmbH-Konzernrecht § 15 Rn. 9 a f. mit dem Vorschlag, jedem Gesellschafter Unternehmensqualität zuzumessen, der nicht mehr als reiner oder gewöhnlicher Privatgesellschafter angesehen werden könne.
[68] So insbesondere *Mülbert* ZHR 163 (1999), 1 (20 ff.); ähnlich K. Schmidt/Lutter AktG/*J. Vetter* § 15 Rn. 35 ff. *J. Vetter* FS Marsch-Barner, 2018, 575 (582 ff.), die die Privilegierungsfunktion des Konzernrechts betonen und für die Abgrenzung fragen wollen, ob nach dem Gesetzeszweck die speziellen konzernrechtlichen Organisationsformen offen stehen sollen; ablehnend demgegenüber etwa KölnKommAktG/*Koppensteiner* § 15 Rn. 12 ff.; *K. Schmidt* FS Lutter, 2000, 1167 (1180 ff.).
[69] KölnKommAktG/*Koppensteiner* § 15 Rn. 65; MüKoAktG/*Bayer* § 15 Rn. 8.
[70] Eingehend *K. Schmidt* FS Koppensteiner, 2001, 191 ff.; *J. Vetter* FS Marsch-Barner, 2018, 575 (583 f.).
[71] GroßkommAktG/*Windbichler* § 15 Rn. 20; *Bayer* ZGR 2002, 933 (942).
[72] Vgl. zB GroßkommAktG/*Windbichler* § 15 Rn. 20 für §§ 56 Abs. 2 und 3, 71a Abs. 2, 71d S. 2 AktG; KölnKommAktG/*Koppensteiner* § 15 Rn. 17, 65 für sämtliche Normen außerhalb des Dritten Buches, die die Begriffe „Mehrheitsbeteiligung" und „Abhängigkeit" als Tatbestandsmerkmal verwenden.
[73] Zum untergeordneten Unternehmen KölnKommAktG/*Koppensteiner* § 15 Rn. 86 f.; MüKoAktG/*Bayer* § 15 Rn. 47 f.; Hüffer/*Koch* AktG § 15 Rn. 19. Zum Partner einer Gleichordnungsverbindung KölnKommAktG/*Koppensteiner* § 15 Rn. 90; Spindler/Stilz AktG/*Schall* § 15 Rn. 14; *Keck*, Nationale und internationale Gleichordnungskonzerne im deutschen Konzern- und Kollisionsrecht, 1998, S. 14 ff.; *Mülbert* ZHR 163 (1999), 1 (42 f.).
[74] KölnKommAktG/*Koppensteiner* § 15 Rn. 2; Hüffer/*Koch* AktG § 15 Rn. 19.

Die Unternehmen müssen **rechtlich selbstständig** sein. Das ist immer dann der Fall, 15
wenn es sich um rechtlich irgendwie verselbstständigte Vermögensmassen handelt, die nicht
denselben Rechtsträger haben. Rechtsfähigkeit ist dazu nicht erforderlich.[75]

Das **AktG** verwendet den Begriff der verbundenen Unternehmen in denjenigen Vor- 16
schriften, von denen alle der in § 15 genannten Unternehmensverbindungen erfasst werden
sollen. Von besonderer Bedeutung sind die Regelungen der § 90 Abs. 1 S. 2 und Abs. 3
AktG (Berichtspflicht des Vorstands gegenüber dem Aufsichtsrat über Beziehungen zu
verbundenen Unternehmen und geschäftliche Vorgänge bei solchen; auch → § 25 Rn. 77)
und § 131 Abs. 1 S. 2 und Abs. 3 S. 1 Nr. 1 (Auskunftsrecht des Aktionärs über Beziehungen zu verbundenen Unternehmen; näher → § 38 Rn. 14 u. → § 70 Rn. 47).[76] Die
aktienrechtlichen Vorschriften, die auf den Begriff des verbundenen Unternehmens abstellen, setzen voraus, dass eines der beteiligten Unternehmen eine Aktiengesellschaft oder
Kommanditgesellschaft auf Aktien ist. Die Rechtsform des anderen Unternehmens ist ohne
Belang.

Daneben knüpfen **andere Gesetze** an das Bestehen einer Unternehmensverbindung iSv 17
§ 15 AktG an (zB § 8 Abs. 1 UmwG, § 1 Abs. 1 Montan-MitbestG).[77] Einen inhaltlich
abweichenden Begriff des verbundenen Unternehmens definiert **§ 271 Abs. 2 HGB**.

III. Mehrheitsbeteiligungen

1. Allgemeines. § 16 Abs. 2 AktG definiert den **Begriff** der Mehrheitsbeteiligung. Eine 18
solche liegt vor, wenn einem Unternehmen entweder die Mehrheit der Anteile eines
rechtlich selbstständigen Unternehmens gehört oder die Mehrheit der Stimmrechte zusteht.
Anteils- und Stimmenmehrheit werden häufig zusammenfallen, müssen dies aber nicht. Es
ist deshalb möglich, dass ein Unternehmen im Mehrheitsbesitz zweier anderer Unternehmen steht, von denen das eine über die Anteilsmehrheit und das andere über die Stimmenmehrheit verfügt.[78]

Inhaber einer Mehrheitsbeteiligung kann jedes Unternehmen sein, das die Begriffs- 19
merkmale für ein übergeordnetes Unternehmen erfüllt (vgl. → Rn. 6 ff.). In Mehrheitsbesitz stehen kann jedes Unternehmen, bei dem die Begriffsmerkmale für ein untergeordnetes Unternehmen (vgl. → Rn. 13) erfüllt sind,[79] sofern nicht das Bestehen einer
Anteils- oder Stimmenmehrheit auf Grund der Rechtsform ausgeschlossen ist (vgl.
→ Rn. 20 u. 30). Die aktienrechtlichen Vorschriften, die an eine Mehrheitsbeteiligung
anknüpfen, finden allerdings nur Anwendung, wenn eines der Unternehmen die Rechtsform der Aktiengesellschaft oder KGaA hat. Die Rechtsform des zweiten Unternehmens
ist gleichgültig.

2. Anteilsmehrheit. a) Kapitalanteile. Eine Mehrheitsbeteiligung kraft Anteilsmehrheit 20
besteht, wenn einem Unternehmen die Mehrheit der Kapitalanteile an einem anderen
Unternehmen gehört. Das ist nicht auf Kapitalgesellschaften beschränkt. Eine Anteilsmehrheit ist vielmehr an jedem Unternehmen möglich, welches ein Gesellschaftsvermögen
besitzt, an dem die Gesellschafter beteiligt sind. Neben den Kapitalgesellschaften zählen
hierzu namentlich auch Personengesellschaften des Handelsrechts, Gesellschaften bürgerlichen Rechts mit eigenem Gesellschaftsvermögen und erwerbswirtschaftliche Vereine.[80]

---

[75] KölnKommAktG/*Koppensteiner* § 15 Rn. 94; MüKoAktG/*Bayer* § 15 Rn. 49; Hüffer/*Koch* AktG § 15 Rn. 20.
[76] Vgl. im Übrigen die Aufzählung bei KölnKommAktG/*Koppensteiner* § 15 Rn. 7; MüKoAktG/ *Bayer* § 15 Rn. 4; Hüffer/*Koch* AktG § 15 Rn. 22.
[77] Vgl. näher etwa Spindler/Stilz AktG/*Schall* § 15 Rn. 6; MüKoAktG/*Bayer* § 15 Rn. 5.
[78] KölnKommAktG/*Koppensteiner* § 16 Rn. 4; Hüffer/*Koch* AktG § 16 Rn. 2.
[79] KölnKommAktG/*Koppensteiner* § 16 Rn. 12; MüKoAktG/*Bayer* § 16 Rn. 7 ff.; Hüffer/*Koch* AktG § 16 Rn. 3.
[80] KölnKommAktG/*Koppensteiner* § 16 Rn. 14 f.; *Emmerich* in Emmerich/Habersack Aktien- und GmbH-Konzernrecht § 16 Rn. 6 ff.

Auch am Unternehmen eines Einzelkaufmanns ist eine Anteilsmehrheit möglich, sofern mit dem Einzelkaufmann eine stille Gesellschaft begründet und der stille Gesellschafter im Innenverhältnis am Vermögen beteiligt wird.[81] Eine Anteilsmehrheit scheidet aus bei Idealvereinen und Versicherungsvereinen aG[82] sowie bei Stiftungen,[83] da es bei diesen keine Kapitalanteile der Mitglieder gibt.

21 **b) Berechnung. aa) Allgemeines.** Die Kapitalmehrheit bestimmt sich bei Kapitalgesellschaften nach dem Verhältnis des Nennbetrags der Anteile des beteiligten Unternehmens zu dem Nennbetrag des Gesamtkapitals des anderen Unternehmens, bei Gesellschaften mit Stückaktien nach der Zahl der Aktien (§ 16 Abs. 2 S. 1 AktG). Bei Personengesellschaften und anderen Unternehmensformen kommt es ebenfalls auf das Verhältnis des Gesamtkapitals zum Kapitalanteil des einzelnen Gesellschafters an. Fehlt es an einem festen Kapital (zB Personengesellschaft mit variablen Kapitalkonten), ist jeweils auf die Verhältnisse am letzten Bilanzstichtag abzustellen.[84]

22 **bb) Nennbetrag des Kapitals.** Es ist ohne Bedeutung, ob das Nennkapital bereits in voller Höhe oder nur teilweise eingezahlt ist.[85] Ein genehmigtes oder bedingtes Kapital zählt als solches nicht mit, sondern erst dann, wenn in Ausnutzung des genehmigten oder bedingten Kapitals tatsächlich das Grundkapital wirksam erhöht worden ist (vgl. → § 58 Rn. 93 und → § 59 Rn. 74).

23 Hält das Unternehmen, an dem die Beteiligung besteht, **eigene Anteile,** sind diese für die Berechnung der Beteiligungsquote vom Nennkapital, bei Gesellschaften mit Stückaktien von der Zahl der Aktien abzuziehen (§ 16 Abs. 2 S. 2 AktG). Hält zB eine AG mit einem Grundkapital von 1 Mio. EUR eigene Aktien im Nennbetrag von 100.000,– EUR so berechnet sich die Mehrheitsbeteiligung nur nach einem Grundkapital von 900.000,– EUR. Es sind also nicht Aktien im Nennwert von mehr als 500.000,– EUR, sondern nur Aktien im Nennwert von mehr als 450.000,– EUR erforderlich, um eine Mehrheitsbeteiligung zu erreichen.

24 Ebenso wie eigene Anteile sind auch solche Anteile abzuziehen, die einem anderen **für Rechnung des Unternehmens,** an dem die Beteiligung besteht, gehören (§ 16 Abs. 2 S. 3 AktG). Das setzt voraus, dass die Kosten und die wirtschaftlichen Risiken aus den Anteilen im Wesentlichen bei dem Unternehmen liegen.[86] Das ist insbesondere der Fall, wenn der Dritte die Anteile als Treuhänder oder im Rahmen eines Auftrags- oder Geschäftsbesorgungsverhältnisses hält,[87] kann aber auch bei anderen Gestaltungen zutreffen.

---

[81] KölnKommAktG/*Koppensteiner* § 16 Rn. 16; MüKoAktG/*Bayer* § 16 Rn. 18; Hüffer/*Koch* AktG § 16 Rn. 4; *Emmerich* in Emmerich/Habersack Aktien- und GmbH-Konzernrecht § 16 Rn. 8; aA GroßkommAktG/*Windbichler* § 16 Rn. 18; K. Schmidt/Lutter AktG/*J. Vetter* § 16 Rn. 6.
[82] KölnKommAktG/*Koppensteiner* § 16 Rn. 15; MüKoAktG/*Bayer* § 16 Rn. 17; aA Spindler/Stilz AktG/*Schall* § 16 Rn. 41.
[83] KölnKommAktG/*Koppensteiner* § 16 Rn. 15; MüKoAktG/*Bayer* § 16 Rn. 19; *Emmerich* in Emmerich/Habersack Aktien- und GmbH-Konzernrecht § 16 Rn. 8.
[84] KölnKommAktG/*Koppensteiner* § 16 Rn. 26; Hüffer/*Koch* AktG § 16 Rn. 2; MüKoAktG/*Bayer* § 16 Rn. 35.
[85] KölnKommAktG/*Koppensteiner* § 16 Rn. 22; MüKoAktG/*Bayer* § 16 Rn. 30; Hüffer/*Koch* AktG § 16 Rn. 8.
[86] Hüffer/*Koch* AktG § 16 Rn. 9; MüKoAktG/*Bayer* § 16 Rn. 47; *Emmerich* in Emmerich/Habersack Aktien- und GmbH-Konzernrecht § 16 Rn. 12; ausführlich *Vedder*, Zum Begriff „für Rechnung" im AktG und WpHG, 1999, S. 121 ff.; tendenziell weiter KölnKommAktG/*Koppensteiner* § 16 Rn. 24, der bei Übernahme nur eines Teils der Kosten/Risiken das Merkmal „für Rechnung" bei Abs. 2 Satz 2 „leichter bejahen" will als bei Abs. 4. Vgl. im Übrigen auch die Kommentierungen zum gleichen Begriff in anderen Vorschriften, wie §§ 56 Abs. 3, 71a Abs. 2, 71d S. 3 AktG, § 22 Abs. 1 S. 1 Nr. 2 WpHG, § 30 Abs. 1 Nr. 2 WpÜG.
[87] Hüffer/*Koch* AktG § 16 Rn. 9; *Emmerich* in Emmerich/Habersack Aktien- und GmbH-Konzernrecht § 16 Rn. 12; KölnKommAktG/*Koppensteiner* § 16 Rn. 24.

Ob die Gesellschaft hinsichtlich der Anteile Weisungsrechte besitzt, spielt keine Rolle,[88] ebenso wenig ist ein Übereignungsanspruch erforderlich.[89]

Anders als eigene Anteile und solche, die „für Rechnung" gehalten werden, sind Anteile, **25** die einem **abhängigen Unternehmen** gehören, nach dem Wortlaut des Gesetzes nicht vom Nennkapital abzusetzen; entsprechendes gilt für Anteile, die einem anderen für Rechnung des abhängigen Unternehmens gehören. Sachlich gerechtfertigt ist diese unterschiedliche Behandlung von eigenen Anteilen und solchen, die einem abhängigen Unternehmen gehören, seit Einführung von §§ 71d S. 2 u. 3, 71b AktG allerdings nicht mehr. Es dürfte deshalb richtig sein, die Zurechnung teleologisch zu erweitern und auf vom abhängigen Unternehmen gehaltene Anteile zu erstrecken.[90]

cc) Anteile des beteiligten Unternehmens. Es sind zunächst alle Anteile mitzurechnen, **26** die dem beteiligten Unternehmen **selbst gehören**. Entscheidend ist die Rechtsinhaberschaft.[91] Etwaige Belastungen mit Rechten Dritter (Pfandrecht, Nießbrauch) spielen für die Berechnung der Kapitalmehrheit keine Rolle.[92] Auch Anteile, die ein beteiligtes Unternehmen nur als Treuhänder eines anderen, namentlich als Sicherungseigentümer, innehat, sind mitzurechnen.[93]

Darüber hinaus erfolgt nach näherer Maßgabe von § 16 Abs. 4 AktG eine **Zurech- 27 nung** von Anteilen Dritter. Die Zurechnung nach § 16 Abs. 4 AktG soll Umgehungen verhindern. Sie findet deshalb auch dann statt, wenn das Unternehmen, dem die Anteile zugerechnet werden, keinerlei Anteile selbst besitzt.[94] Zugerechnet werden zunächst alle Anteile, die einem **abhängigen Unternehmen** (§ 17 AktG) gehören. Das Gleiche gilt für Anteile, die einem anderen **für Rechnung** des Unternehmens oder für Rechnung eines von diesem abhängigen Unternehmens gehören. Das setzt voraus, dass die Kosten und wirtschaftlichen Risiken aus den Aktien im Wesentlichen bei dem Unternehmen liegen.[95] Es gilt insoweit das Gleiche wie bei § 16 Abs. 2 S. 3 AktG;[96] vgl. dazu → Rn. 24.

Ist ein **Einzelkaufmann** Inhaber der Beteiligung, werden ihm nicht nur die Anteile **28** zugerechnet, die sich im Betriebsvermögen befinden, sondern gemäß § 16 Abs. 4 AktG auch alle Anteile im Privatvermögen. Diese Regelung gilt analog für andere Gewerbetreibende und Freiberufler, ebenso für öffentlich-rechtliche Gebietskörperschaften (zur Unternehmenseigenschaft dieser Gruppen vgl. → Rn. 7, 11).[97] Anteile, die die

---

[88] KölnKommAktG/*Koppensteiner* § 16 Rn. 24; K. Schmidt/Lutter AktG/*J. Vetter* § 16 Rn. 26; Spindler/Stilz AktG/*Schall* § 16 Rn. 22.

[89] GroßkommAktG/*Windbichler* § 16 Rn. 27; Spindler/Stilz AktG/*Schall* § 16 Rn. 22.

[90] Mittlerweile hM, zB Hüffer/Koch AktG § 16 Rn. 9; K. Schmidt/Lutter AktG/*J. Vetter* § 16 Rn. 10; Spindler/Stilz AktG/*Schall* § 16 Rn. 15; Grigoleit AktG/*Grigoleit* § 16 Rn. 12; MüKoAktG/ *Bayer* § 16 Rn. 34; *Emmerich* in Emmerich/Habersack Aktien- und GmbH-Konzernrecht § 16 Rn. 11; aA noch KölnKommAktG/*Koppensteiner* § 16 Rn. 25; GrokommAktG/*Windbichler* § 16 Rn. 13.

[91] Hüffer/*Koch* AktG § 16 Rn. 6; MüKoAktG/*Bayer* § 16 Rn. 24.

[92] KölnKommAktG/*Koppensteiner* § 16 Rn. 27; MüKoAktG/*Bayer* § 16 Rn. 27 f.; Hüffer/*Koch* AktG § 16 Rn. 7.

[93] KölnKommAktG/*Koppensteiner* § 16 Rn. 27; MüKoAktG/*Bayer* § 16 Rn. 25; Hüffer /*Koch* AktG § 16 Rn. 7.

[94] OLG Hamm AG 1999, 328 u. AG 1998, 588; KölnKommAktG/*Koppensteiner* § 16 Rn. 34; MüKoAktG/*Bayer* § 16 Rn. 44; Hüffer/*Koch* AktG § 16 Rn. 13.

[95] LG Hannover AG 1993, 187 (188); *Emmerich* in Emmerich/Habersack Aktien- und GmbH-Konzernrecht § 16 Rn. 18a; MüKoAktG/*Bayer* § 16 Rn. 47. Vgl. als Beispiel im Übrigen den (problematischen) Fall LG Hannover AG 1993, 187 (188 f.) – Pirelli/Continental.

[96] *Emmerich* in Emmerich/Habersack Aktien- und GmbH-Konzernrecht § 16 Rn. 18a; MüKoAktG/*Bayer* § 16 Rn. 32; aA KölnKommAktG/*Koppensteiner* § 16 Rn. 30, der zu Abs. 4 einen „tendenziell großzügigeren" Zurechnungsmaßstab befürwortet.

[97] KölnKommAktG/*Koppensteiner* § 16 Rn. 31 f.; MüKoAktG/*Bayer* § 16 Rn. 50; *Emmerich* in Emmerich/Habersack Aktien- und GmbH-Konzernrecht § 16 Rn. 19 f.

Gesellschafter einer Personengesellschaft halten, werden dieser hingegen nicht zugerechnet.[98]

29 Auch wenn Anteile nach Maßgabe von § 16 Abs. 4 AktG einem anderen Unternehmen zugerechnet werden, bleiben sie daneben auch dem Unternehmen zugerechnet, dem sie tatsächlich gehören. Es erfolgt also **keine Absorption,** vielmehr können auf Grund der Zurechnung zwei Mehrheitsbeteiligungen bestehen.[99]

30 **3. Stimmrechtsmehrheit. a) Stimmrechte.** Eine Mehrheitsbeteiligung besteht auch, wenn einem Unternehmen die Mehrheit der Stimmrechte zusteht. Dazu ist nicht erforderlich, dass die Stimmrechte auf einer entsprechenden Kapitalbeteiligung beruhen.[100] Vielmehr rechnen auch Stimmrechte mit, die von einem Kapitalanteil unabhängig sind. Deshalb kann eine Stimmrechtsmehrheit bei jedem Unternehmen bestehen, bei dem es Stimmrechte gibt, neben Kapitalgesellschaften namentlich also auch bei Personengesellschaften, aber auch bei Versicherungsvereinen aG und Idealvereinen, bei denen eine Anteilsmehrheit ausscheidet (vgl. → Rn. 20).[101] Eine Stimmrechtsmehrheit an dem Unternehmen eines Einzelkaufmanns ist – ähnlich wie eine Anteilsmehrheit (vgl. → Rn. 20) – bei Bestehen einer stillen Gesellschaft möglich. Bei einer Stiftung kommt eine Stimmrechtsmehrheit nicht in Betracht.[102]

31 Erforderlich ist allerdings die Anwendbarkeit des **Mehrheitsprinzips;** jedenfalls wenn (zB bei Personengesellschaften) das Einstimmigkeitsprinzip gilt, scheidet eine Mehrheitsbeteiligung kraft Stimmrechtsmehrheit aus.[103]

32 Schwierig zu beurteilen sind Situationen, in denen der Gesellschaftsvertrag wesentliche Beschlüsse an eine **höhere als die einfache Mehrheit** bindet oder auf ein **anderes Organ** als die Gesellschafterversammlung überträgt. In solchen Fällen wird man wohl annehmen müssen, dass die einfache Stimmrechtsmehrheit eine Mehrheitsbeteiligung nur dann begründet, wenn diese Stimmenmehrheit nach den Umständen des Einzelfalls einen gewichtigen Einfluss auf die Geschäftsführung gewährt.[104] Deshalb entfällt trotz Stimmenmehrheit eine Mehrheitsbeteiligung, wenn die wesentlichen Beschlussgegenstände der Zuständigkeit der Gesellschafterversammlung entzogen sind oder die vorhandene Stimmenmehrheit für diese Beschlussgegenstände nicht genügt. Das ist zum Beispiel bei einer GmbH der Fall, wenn die Bestellung und Abberufung der Geschäftsführer oder der zur Auswahl der Geschäftsführer befugten Personen, die Ausübung eines Weisungsrechts in Geschäftsführungsangelegenheiten und die Ergebnisverwendung der Gesellschafterversammlung entzogen oder an eine qualifizierte Mehrheit gebunden sind.[105] Die Gegenmeinung will solche Besonderheiten erst bei der Widerlegung der Abhängigkeitsvermutung nach § 17 Abs. 2 AktG berücksichtigen,[106] wird damit aber dem Umstand nicht gerecht, dass die Existenz einer Mehrheitsbeteiligung nicht nur die Abhängigkeitsvermutung, sondern weitere Rechtsfolgen nach sich zieht (vgl. → Rn. 35).

---

[98] KölnKommAktG/*Koppensteiner* § 16 Rn. 32; MüKoAktG/*Bayer* § 16 Rn. 51; Hüffer/*Koch* AktG § 16 Rn. 13.

[99] BGHZ 114, 203 (213); KölnKommAktG/*Koppensteiner* § 16 Rn. 35 f.; Hüffer/*Koch* AktG § 16 Rn. 13; MüKoAktG/*Bayer* § 16 Rn. 45.

[100] KölnKommAktG/*Koppensteiner* § 16 Rn. 17; MüKoAktG/*Bayer* § 16 Rn. 13; Hüffer/*Koch* AktG § 16 Rn. 5.

[101] KölnKommAktG/*Koppensteiner* § 16 Rn. 17; MüKoAktG/*Bayer* § 16 Rn. 13 u. 17; Hüffer/*Koch* AktG § 16 Rn. 5.

[102] KölnKommAktG/*Koppensteiner* § 16 Rn. 17; MüKoAktG/*Bayer* § 16 Rn. 19; Hüffer/*Koch* AktG § 16 Rn. 5.

[103] MüKoAktG/*Bayer* § 16 Rn. 13; Hüffer/*Koch* AktG § 16 Rn. 5.

[104] Näher KölnKommAktG/*Koppensteiner* § 16 Rn. 18; *Emmerich* in Emmerich/Habersack Aktien- und GmbH-Konzernrecht § 16 Rn. 5 u. 7; MüKoAktG/*Bayer* § 16 Rn. 11 u. 42.

[105] KölnKommAktG/*Koppensteiner* § 16 Rn. 18 f.; *Emmerich* in Emmerich/Habersack Aktien- und GmbH-Konzernrecht § 16 Rn. 5; GroßkommGmbHG/*Casper* Anh. § 77 Rn. 25.

[106] Spindler/Stilz AktG/*Schall* § 16 Rn. 38; K. Schmidt/Lutter AktG/*J. Vetter* § 16 Rn. 13.

b) Berechnung. Die Stimmenmehrheit bestimmt sich nach dem Verhältnis der Zahl der 33 Stimmrechte des beteiligten Unternehmens zu der Gesamtzahl aller Stimmrechte:

Bei der Ermittlung der **Gesamtzahl aller Stimmrechte,** die bei dem untergeordneten Unternehmen bestehen, sind grundsätzlich alle existierenden Stimmen mitzuzählen. Das gilt auch für stimmrechtslose Vorzugsaktien, soweit sie nach § 140 Abs. 2 AktG stimmberechtigt sind.[107] Ebenfalls mitzuzählen sind Stimmen, die wegen Verletzung einer Mitteilungspflicht (§§ 20 Abs. 7, 21 Abs. 4 AktG, § 44 WpHG, § 59 WpÜG) oder eines bestehenden Höchststimmrechts nicht ausgeübt werden können.[108] Stimmrechte aus eigenen Anteilen sowie aus Anteilen, die einem anderen für Rechnung des Unternehmens gehören, sind abzusetzen (§ 16 Abs. 3 S. 2, Abs. 2 S. 3 AktG). Es gilt insoweit das Gleiche wie bei der Berechnung einer Anteilsmehrheit, vgl. → Rn. 21 ff.; aus den dort dargelegten Gründen sind auch Stimmen aus Aktien, die von abhängigen Unternehmen gehalten werden, abzuziehen.[109]

Zu den **Stimmen des beteiligten Unternehmens** zählen alle Stimmen, die ihm auf 34 Grund seiner eigenen Beteiligung zustehen. Dazu gehören im Regelfall auch Anteile, die das beteiligte Unternehmen nur als **Treuhänder** für andere innehat.[110] Etwaige Belastungen mit einem Pfandrecht ändern an der Zuordnung der Stimmrechte zum Vollrechtsinhaber nichts.[111] Bei der Bestellung eines Nießbrauchs kommt es darauf an, ob der **Nießbraucher** auch das Stimmrecht erwirbt; ist das der Fall, werden die Stimmen dem Nießbraucher zugeordnet.[112] Ist das Stimmrecht auf einen **Höchstbetrag** beschränkt (§ 134 Abs. 1 AktG), zählen nur die Stimmen bis zu diesem Höchstbetrag.[113] Stimmrechte, die wegen **Verletzung von Mitteilungspflichten** nicht ausgeübt werden können (§§ 20 Abs. 7, 21 Abs. 4 AktG, 44 WpHG, 59 WpÜG), zählen mit;[114] das wird zumeist mit dem jedenfalls für die Fälle des §§ 44 Abs. 1 S. 3 WpHG zweifelhaften Argument begründet, dass der Aktionär die Stimmrechte durch Nachholung der Mitteilung jederzeit erlangen könne,[115] rechtfertigt sich aber eher aus der Überlegung, dass die Rechtsverletzung nicht privilegieren darf. Ist das Unternehmen vertraglich verpflichtet, seine Stimmen nach Weisung auszuüben, zählen diese gleichwohl mit; das Gleiche gilt, wenn das Unternehmen sich durch einen Stimmrechtsausschlussvertrag verpflichtet hat, das Stimmrecht nicht auszuüben.[116] Umgekehrt werden Stimmen, die nicht auf der eigenen Beteiligung beruhen, sondern über die das Unternehmen auf Grund vertraglicher **Absprachen** (Vollmacht, Stimmbindungsverträge usw) verfügen kann, außer im Falle des Nießbrauchs nicht mitgezählt.[117] Stimmen aus Anteilen Dritter, die gemäß § 16 Abs. 4 AktG **zugerechnet**

---

[107] KölnKommAktG/*Koppensteiner* § 16 Rn. 39; K. Schmidt/Lutter AktG/*J. Vetter* § 16 Rn. 18.

[108] KölnKommAktG/*Koppensteiner* § 16 Rn. 41; MüKoAktG/*Bayer* § 16 Rn. 37; Hüffer/*Koch* AktG § 16 Rn. 11.

[109] K. Schmidt/Lutter AktG/*J. Vetter* § 16 Rn. 16; Spindler/Stilz AktG/*Schall* § 16 Rn. 29; Hüffer/ Koch AktG § 16 Rn. 11; MüKoAktG/*Bayer* § 16 Rn. 38; zweifelnd *Emmerich* in Emmerich/Habersack Aktien- und GmbH-Konzernrecht § 16 Rn. 22.

[110] MüKoAktG/*Bayer* § 16 Rn. 25 f.; Hüffer/*Koch* AktG § 16 Rn. 7.

[111] KölnKommAktG/*Koppensteiner* § 16 Rn. 44; MüKoAktG/*Bayer* § 16 Rn. 27; Hüffer/*Koch* AktG § 16 Rn. 7.

[112] Näher MüKoAktG/*Bayer* § 16 Rn. 28; KölnKommAktG/*Koppensteiner* § 16 Rn. 44; Hüffer/ Koch AktG § 16 Rn. 7.

[113] KölnKommAktG/*Koppensteiner* § 16 Rn. 46; MüKoAktG/*Bayer* § 16 Rn. 39; Hüffer/*Koch* AktG § 16 Rn. 11.

[114] KölnKommAktG/*Koppensteiner* § 16 Rn. 46; MüKoAktG/*Bayer* § 16 Rn. 40; *Emmerich* in Emmerich/Habersack Aktien- und GmbH-Konzernrecht § 16 Rn. 24; K. Schmidt/Lutter AktG/*J. Vetter* § 16 Rn. 20; Hüffer AktG/*Koch* § 16 Rn. 11; aA GroßkommAktG/*Windbichler* § 16 Rn. 35; Spindler/Stilz AktG/*Schall* § 16 Rn. 35.

[115] So zB Spindler/Stilz AktG/*J. Vetter* § 16 Rn. 20; MüKoAktG/*Bayer* § 16 Rn. 40.

[116] KölnKommAktG/*Koppensteiner* § 16 Rn. 45; MüKoAktG/*Bayer* § 16 Rn. 41.

[117] KölnKommAktG/*Koppensteiner* § 16 Rn. 43; GroßkommAktG/*Windbichler* § 16 Rn. 37 ff.; K. Schmidt/Lutter AktG/*J. Vetter* § 16 Rn. 29; Spindler/Stilz AktG/*Schall* § 16 Rn. 34; *Schnorbus*/

werden, sind mitzuzählen, da diese Anteile nach der gesetzlichen Fiktion als dem Unternehmen gehörend gelten.[118] Die Stimmrechtszurechnung nach §§ 34 Abs. 1 und 2 WpHG, 30 Abs. 1 und 2 WpÜG ist im Rahmen von § 16 AktG nicht anwendbar, allerdings überschneidet sie sich in Teilen mit § 16 AktG.[119]

35 **4. Rechtsfolgen.** An das Vorliegen einer Mehrheitsbeteiligung knüpft sich als wichtigste Rechtsfolge die Abhängigkeitsvermutung nach § 17 Abs. 2 AktG (näher → Rn. 59 ff.) mit der daran anschließenden Konzernvermutung nach § 18 Abs. 1 S. 3 AktG (näher → Rn. 74 ff.). Aus einer Mehrheitsbeteiligung ergeben sich die Mitteilungspflichten nach § 20 Abs. 4 u. 5 sowie § 21 Abs. 2 u. 3 AktG; näher → Rn. 115 ff. Einem Unternehmen, das im Mehrheitsbesitz einer Aktiengesellschaft oder KGaA steht, ist es untersagt, als Gründer oder im Rahmen einer Kapitalerhöhung Aktien der an ihm mit Mehrheit beteiligten Gesellschaft zu erwerben (§ 56 Abs. 2 AktG). Außerhalb von Gründung und Kapitalerhöhung ist dem in Mehrheitsbesitz stehenden Unternehmen der Erwerb und Besitz von Aktien der mit Mehrheit beteiligten Gesellschaft nur gestattet, soweit dieser auch der Erwerb eigener Aktien erlaubt wäre (§ 71d S. 2 AktG). Zur Rechtslage, wenn ein Dritter für Rechnung eines in Mehrheitsbesitz stehenden Unternehmens Aktien der mit Mehrheit beteiligten Gesellschaft erwirbt, vgl. §§ 56 Abs. 3, 71d S. 2 AktG. Weitere Regelungen finden sich namentlich in §§ 160 Abs. 1 Nr. 1 und 2, 305 Abs. 2 Nr. 2 AktG. Schließlich zählen die in Mehrheitsbesitz befindlichen und mit Mehrheit beteiligten Unternehmen zu den verbundenen Unternehmen nach § 15 AktG. Es finden daher auch alle gesetzlichen Regelungen über verbundene Unternehmen auf sie Anwendung.

IV. Abhängige und herrschende Unternehmen

36 **1. Allgemeines.** Zentrale Bedeutung im Recht der verbundenen Unternehmen hat die Frage, ob ein Abhängigkeitsverhältnis besteht oder nicht. Das Gesetz definiert die Voraussetzungen der **Abhängigkeit** in § 17 Abs. 1 AktG. Danach sind abhängige Unternehmen rechtlich selbstständige Unternehmen, auf die ein anderes Unternehmen (herrschendes Unternehmen) unmittelbar oder mittelbar einen beherrschenden Einfluss ausüben kann. Es reicht, dass beherrschender Einfluss ausgeübt werden „kann"; dass von dieser Möglichkeit Gebrauch gemacht wird, ist nicht erforderlich.[120] Vom aktienrechtlichen Abhängigkeitsbegriff zu unterscheiden ist der Begriff der **Kontrolle** iSv § 29 Abs. 2 WpÜG, der allein auf das Halten einer Beteiligung in Höhe von mindestens 30% an einer börsennotierten Gesellschaft abstellt, ohne Rücksicht darauf, ob sich damit im Einzelfall herrschender Einfluss verbindet oder nicht; vgl. auch → Rn. 43.

37 Ob der Abhängigkeitsbegriff des § 17 AktG für das ganze Aktiengesetz einheitlich gilt oder ob er je nach dem rechtlichen Zusammenhang, in dem er eine Rolle spielt, einen unterschiedlichen Inhalt haben kann, war früher umstritten. Die herrschende Meinung geht heute – mit Recht – von einem grundsätzlich **einheitlichen Abhängigkeitsbegriff** für das ganze Aktienrecht aus.[121] **§ 290 HGB** verwendet demgegenüber für die Verpflichtung zur Aufstellung eines Konzernabschlusses einen weiter gefassten Begriff der Beherrschung.[122]

Ganzer AG 2016, 565 (568 ff.); *Hüffer* FS K. Schmidt, 2009, 747 (751 f.); für Stimmbindungsverträge (nicht für Vollmachten) aA *Emmerich* in Emmerich/Habersack Aktien- und GmbH-Konzernrecht § 16 Rn. 25; MüKoAktG/*Bayer* § 16 Rn. 41; *Mertens* FS Beusch, 1993, 583 (589 ff.).

[118] KölnKommAktG/*Koppensteiner* § 16 Rn. 47; MüKoAktG/*Bayer* § 16 Rn. 46.
[119] Näher K. Schmidt/Lutter AktG/*J. Vetter* § 16 Rn. 30, § 17 Rn. 26 ff., 36.
[120] Allgemeine Meinung, zB BGHZ 62, 193 (201) – Seitz; BGHZ 135, 107 (114) – VW.
[121] KölnKommAktG/*Koppensteiner* § 17 Rn. 11 f.; Hüffer/*Koch* AktG § 17 Rn. 2 f.; MüKoAktG/*Bayer* § 17 Rn. 4; Spindler/Stilz AktG/*Schall* § 17 Rn. 3; offen gelassen von BGHZ 62, 193 (189) – Seitz; aA zB noch GroßkommAktG/*Würdinger*, 3. Aufl., § 17 Anm. 2.
[122] Vgl. aber auch *Koppensteiner* FS Hopt, 2010, 959 (964 ff.), nach dessen Ansicht auch § 290 HGB Abhängigkeit iSv § 17 AktG voraussetze; ähnlich Spindler/Stilz AktG/*Schall* vor § 15 Rn. 17.

2. Beherrschender Einfluss. a) Voraussetzungen.

Beherrschender Einfluss sollte nach **38** einer Definition des Reichsgerichts vorliegen, wenn das herrschende Unternehmen „über Mittel verfügt, die es ihm ermöglichen, das abhängige Unternehmen seinem Willen zu unterwerfen und diesen bei ihm durchsetzen".[123] Nach heutigem Aktienrecht sind – wie § 17 Abs. 2 AktG zeigt – geringere Anforderungen zu stellen. Es ist nicht etwa erforderlich, dass das herrschende Unternehmen in der Lage ist, dem abhängigen Unternehmen für dessen Geschäftsführung einzelne Weisungen zu erteilen und deren Befolgung zu erzwingen. Es reicht vielmehr, wenn das herrschende Unternehmen in der Lage ist, auf längere Sicht gesehen Konsequenzen herbeizuführen, wenn seinem Willen nicht gefolgt wird.[124] Die Frage ist aus der Sicht des abhängigen und nicht des herrschenden Unternehmens zu beurteilen.[125]

Es genügt die Möglichkeit, das **Geschäftsführungsorgan** oder das Unternehmensorgan, **39** welches die Geschäftsführung bestellt, zu besetzen.[126] Aber auch wenn nicht die Möglichkeit besteht, die Geschäftsführung zu besetzen, ist herrschender Einfluss möglich, sofern das herrschende Unternehmen auf andere Weise in der Lage ist, die Führung der Geschäfte zu bestimmen. Dazu ist nach einer verbreiteten Formulierung erforderlich, dass **umfassender Einfluss** auf die Geschäftsführung des **abhängigen Unternehmens bestehe,** während ein bloß punktueller Einfluss nicht genüge.[127] Da Abhängigkeit die Vermutung der Konzernierung nach sich zieht (§ 18 Abs. 1 S. 3 AktG), kann herrschender Einfluss jedoch keine höheren Anforderungen stellen als einheitliche Leitung, sondern für die Begründung von Abhängigkeit genügt der Einfluss, der eine einheitliche Leitung möglich macht.[128] Danach muss der Einfluss nicht die Geschäftsführung in ihrer gesamten Breite erfassen, sondern sich nur auf die unternehmerischen Leitungsfunktionen in einem der wesentlichen Bereiche der Unternehmenspolitik erstrecken; vgl. näher → Rn. 70. Für die Praxis ist dieser Streit ohne Bedeutung. Abhängigkeitsbegründender Einfluss setzt außerdem die Möglichkeit voraus, das abhängige Unternehmen zu positivem Handeln zu veranlassen. Allein die Fähigkeit, auf Grund einer **Sperrminorität** wichtige Entscheidungen zu blockieren, genügt nicht.[129]

Dass der beherrschende Einfluss auf eine bestimmte **Dauer** angelegt ist, verlangt § 17 **40** AktG nicht.[130] Allerdings muss er auf einer ausreichend sicheren Grundlage stehen. Nur

---

[123] RGZ 167, 40 (49) – Thega.
[124] OLG Karlsruhe AG 2004, 147 (148); OLG Düsseldorf AG 2003, 688 (689); KölnKommAktG/ Koppensteiner § 17 Rn. 21; MüKoAktG/Bayer § 17 Rn. 25 ff.; Hüffer/Koch AktG § 17 Rn. 5.
[125] BGHZ 62, 193 (196 f.) – Seitz; BGHZ 135, 107 (114) – VW; OLG München WM 1995, 898 (900); Emmerich in Emmerich/Habersack Aktien- und GmbH-Konzernrecht § 17 Rn. 12.
[126] BGH NJW 1974, 1130 (1131); OLG Düsseldorf WM 1994, 842 (845); OLG München WM 1995, 898 (900); MüKoAktG/Bayer § 17 Rn. 26 f.; KölnKommAktG/Koppensteiner § 17 Rn. 23; Hüffer/Koch AktG § 17 Rn. 5.
[127] BGHZ 90, 381 – Beton- und Monierbau; BGHZ 135, 107 (114) – VW; BGH ZIP 2012, 1177 (1178); BAG ZIP 2011, 1332 (1334); OLG Frankfurt a. M. AG 2004, 567 f.; Hüffer/Koch AktG § 17 Rn. 7; Spindler/Stilz AktG/Schall § 17 Rn. 12.
[128] Vgl. namentlich OLG Karlsruhe AG 2004, 147 (148); Emmerich in Emmerich/Habersack Aktien- und GmbH-Konzernrecht § 17 Rn. 9 f.; KölnKommAktG/Koppensteiner § 17 Rn. 27; K. Schmidt/ Lutter AktG/J. Vetter § 17 Rn. 8; Dierdorf, Herrschaft und Abhängigkeit einer Aktiengesellschaft auf schuldvertraglicher und tatsächlicher Grundlage, 1978, S. 88 ff.; im Ergebnis auch Hüffer/Koch AktG § 17 Rn. 7 („gewisse Breite", „Einfluss auf wesentliche unternehmerische Teilfunktionen genügend"); aA Spindler/Stilz AktG/Schall § 17 Rn. 12 f., der zwar umfassende Einflussmöglichkeiten verlangt, aber den Nachweis nur punktueller Einflusses nicht genügen lassen will, um die Abhängigkeitsvermutung des § 17 Abs. 2 AktG zu widerlegen.
[129] OLG Düsseldorf AG 2003, 688 (689 f.); OLG Frankfurt a. M. AG 2004, 567 (568); KölnKommAktG/Koppensteiner § 17 Rn. 24; MüKoAktG/Bayer § 17 Rn. 43 ff.; Hüffer/Koch AktG § 17 Rn. 10; GroßkommAktG/Windbichler § 17 Rn. 20; aA etwa Werner/Peters BB 1976, 393; Peters/Werner AG 1978, 297 (299); aus ökonomischer Sicht ablehnend auch Wieland, Die Abbildung von Fremdeinfluß im Abhängigkeitsbericht, 1999, S. 99 ff.
[130] KölnKommAktG/Koppensteiner § 17 Rn. 25; MüKoAktG/Bayer § 17 Rn. 13; Hüffer/Koch AktG § 17 Rn. 7.

gelegentliche oder zufällige Möglichkeiten der Einflussnahme genügen nicht.[131] Deshalb genügt es nicht, wenn ein Aktionär auf Grund einer Zufallsmehrheit einmal die Geschäftsführung oder das Unternehmensorgan, welches die Geschäftsführung bestellt, besetzen konnte und die betreffenden Personen noch im Amt sind.[132]

41 b) Beherrschungsmittel. aa) Gesellschaftsrechtliche Grundlage. Beherrschender Einfluss im Sinne von § 17 AktG muss gesellschaftsrechtlich bedingt oder zumindest vermittelt sein. Eine durch **schuldrechtliche Verträge** (Kreditverhältnisse, Lieferverträge usw) begründete wirtschaftliche Abhängigkeit allein genügt nicht,[133] auch nicht in den Sonderfällen der Just-in-Time-Lieferbeziehungen oder der Franchise-Systeme.[134] Allerdings braucht der beherrschende Einfluss nicht in vollem Umfang gesellschaftsrechtlich abgesichert zu sein. Es genügt auch, wenn die gesellschaftsrechtlich begründeten Einflussmöglichkeiten erst in Verbindung mit weiteren verlässlichen Umständen rechtlicher oder auch nur tatsächlicher Art einen beherrschenden Einfluss begründen; vgl. etwa → Rn. 53. In diesem Zusammenhang können auch wirtschaftliche Abhängigkeiten Bedeutung gewinnen. Zwar reicht eine wirtschaftliche Abhängigkeit für sich allein genommen nicht aus, um beherrschenden Einfluss im Sinne von § 17 AktG zu begründen. Durch sie kann jedoch ein bestehender gesellschaftsrechtlich vermittelter Einfluss zu einem beherrschenden Einfluss verstärkt werden (kombinierte Beherrschung).[135] Die erforderliche gesellschaftsrechtliche Vermittlung des beherrschenden Einflusses muss nicht notwendig an eine eigene Mitgliedschaftsstellung des herrschenden Unternehmens anknüpfen. Vielmehr ist auch derjenige (mittelbar) herrschendes Unternehmen, der zB auf Grund entsprechender Vereinbarungen in der Lage ist, über das Stimmrecht Dritter zu verfügen und die Besetzung des Aufsichtsrats zu bestimmen (vgl. → Rn. 47 f.).[136]

42 bb) Stimmenmacht. Beherrschender Einfluss wird in erster Linie durch Stimmenmacht gewährt. An eine **Stimmrechtsmehrheit** knüpft sich die gesetzliche Vermutung der

---

[131] BGHZ 62, 193 (199) – Seitz; BGHZ 80, 69 (73); 135, 107 (114) – VW; BGH ZIP 2012, 1177 (1179); OLG Düsseldorf AG 2009, 873 (874 f.); KölnKommAktG/*Koppensteiner* § 17 Rn. 20 u. 42; Hüffer/*Koch* AktG § 17 Rn. 6.

[132] KölnKommAktG/*Koppensteiner* § 17 Rn. 42; MüKoAktG/*Bayer* § 17 Rn. 51.

[133] BGHZ 90, 381 – Beton- und Moniaerbau; BGHZ 135, 107 (114) – VW; OLG Düsseldorf AG 2009, 873 (874 f.); OLG Frankfurt a. M. AG 2004, 567 (568); OLG Karlsruhe AG 2004, 147 (148); *Emmerich* in Emmerich/Habersack Aktien- und GmbH-Konzernrecht § 17 Rn. 14 ff.; Hüffer/*Koch* AktG § 17 Rn. 8; KölnKommAktG/*Koppensteiner* § 17 Rn. 58 ff.; *Bayreuther*, Wirtschaftlich-existenziell abhängige Unternehmen im Konzern-, Kartell- und Arbeitsrecht, 2001, S. 339 ff.; einschränkend MüKoAktG/*Bayer* § 17 Rn. 29; Spindler/Stilz AktG/*Schall* § 17 Rn. 21 ff.; aA etwa *Dierdorf*, Herrschaft und Abhängigkeit in einer Aktiengesellschaft auf schuldvertraglicher und tatsächlicher Grundlage, 1978, S. 152 ff.; *H. S. Werner*, Der aktienrechtliche Abhängigkeitstatbestand, 1979, S. 140 ff.; für die Bildung eines Konzernbetriebsrats nach § 54 Abs. 1 BetrVG zweifelnd auch BAG ZIP 2011, 1332 (1334 f.).

[134] MüKoAktG/*Bayer* § 17 Rn. 30; *Emmerich* in Emmerich/Habersack Aktien- und GmbH-Konzernrecht § 17 Rn. 15; *Lutter*, Holding-Handbuch, § 1 Rn. 43; GroßkommAktG/*Windbichler* § 17 Rn. 41; aA *Nagel/Riess/Theis* DB 1989, 1505 ff.; je nach Enge der Vertragsbeziehung auch *Bayreuther*, Wirtschaftlich-existentiell abhängige Unternehmen im Konzern-, Kartell- und Arbeitsrecht, 2001, S. 394 ff., 560 ff.; *Soudry/Löb* GWR 2011, 127 (128 ff.).

[135] BGHZ 90, 381 (397) – Beton- und Monierbau; BGHZ 107, 7 (16) – Tiefbau; instruktiv OLG Düsseldorf AG 2003, 688 (690); WM 1994, 842 (845); MüKoAktG/*Bayer* § 17 Rn. 31 f.; *Emmerich* in Emmerich/Habersack Aktien- und GmbH-Konzernrecht § 17 Rn. 16; *Ulmer* ZGR 1978, 457 (472 ff.); aA KölnKommAktG/*Koppensteiner* § 17 Rn. 68; *Koppensteiner* FS Stimpel, 1985, 811 (821 f.), der wirtschaftliche Abhängigkeiten für völlig unbeachtlich hält.

[136] Vgl. etwa *Bezzenberger/Schuster* ZGR 1996, 481 (497) zur Abhängigkeit der Berliner Landesbank von der Bankgesellschaft Berlin, die aufgrund eines Interessenwahrungsvertrages mit dem Land die Möglichkeit hatte, ohne eigene Beteiligung an der Berliner Landesbank die Aufsichtsratsmehrheit zu besetzen. Eingehend zum Modell der Berliner Landesbank auch *Fett*, Öffentlich-rechtliche Anstalten als abhängige Konzernunternehmen, 2000, S. 89 ff.

Abhängigkeit (§§ 17 Abs. 2, 16 AktG). Diese Vermutung kann widerlegt werden, wenn auf Grund der Umstände des Einzelfalls trotz der Stimmenmehrheit beherrschender Einfluss nicht möglich ist, vgl. → Rn. 59 ff.

Eine **geringere Stimmrechtsquote** reicht für sich alleine nicht. Das gilt auch für eine 43 Beteiligung von 30% an einer börsennotierten Gesellschaft; sie vermittelt Kontrolle iSv § 29 Abs. 2 WpÜG, aber begründet noch kein Abhängigkeitsverhältnis.[137] Eine Beteiligung unterhalb der Mehrheit kann jedoch bei Hinzutreten weiterer verlässlicher Umstände rechtlicher oder tatsächlicher Art beherrschenden Einfluss begründen. Das kann insbesondere der Fall sein, wenn wegen regelmäßig niedriger Hauptversammlungspräsenz eine faktisch **gesicherte Hauptversammlungsmehrheit** besteht.[138] Maßgeblich ist die Prognose, ob für künftige Hauptversammlungen mit der Präsenzmehrheit gerechnet werden kann.[139] Diese Prognose wird sich im Allgemeinen auf die Präsenzzahlen der Vergangenheit stützen, starre Regeln, wonach es erforderlich oder ausreichend wäre, dass die vorhandene Beteiligung über eine bestimmte Anzahl von Hauptversammlungen der Vergangenheit die Präsenzmehrheit begründet hätte, gibt es aber nicht.[140] Ebenso ist es denkbar, dass ein für sich allein noch nicht ganz ausreichender Stimmrechtseinfluss durch **personelle Verflechtungen** in den Geschäftsführungs-[141] oder Überwachungsorganen, namentlich auch durch Entsenderechte in den Aufsichtsrat,[142] verstärkt wird. Auch in solchen Fällen bedarf es jedoch einer sehr sorgfältigen Analyse aller Umstände des Einzelfalls.[143] Dass neben dem Großaktionär an der Gesellschaft überwiegend Klein- und Kleinstaktionäre beteiligt sind, wird man kaum generell als einflussverstärkenden Faktor berücksichtigen können,[144] denn ob und in welchem Maß diesem Umstand Bedeutung zukommt, ist von Fall zu Fall ganz unterschiedlich und schwer greifbar. Umgekehrt allerdings kann es der Annahme eines beherrschenden Einflusses bei fehlender Stimmrechtsmehrheit entgegenstehen, wenn noch weitere Großaktionäre vorhanden sind.[145] Eine Minderheitsbeteiligung kann auch dann Abhängigkeit begründen, wenn eine beständige **Unterstützung durch andere Gesellschafter** verlässlich gesichert ist und mit den Stimmen dieser Gesellschafter zusammen die erforderliche Stimmmacht erreicht wird. Dazu genügen entsprechende Stimmbindungs-

---

[137] Ganz hM, vgl. etwa BGH ZIP 2012, 1177 (1179); *Habersack* in Emmerich/Habersack Aktien- und GmbH-Konzernrecht vor § 311 Rn. 27; *Brellochs* NZG 2012, 1010 (1011 f.); aA nur Spindler/Stilz AktG/*Schall* § 17 Rn. 29.

[138] BGHZ 69, 334 (347) – Veba/Gelsenberg; BGHZ 135, 107 (114) – VW; BGHZ 148, 123 (125 f.) – MLP; OLG Düsseldorf AG 2003, 688 (689); Hüffer/*Koch* AktG § 17 Rn. 9; MüKoAktG/*Bayer* § 17 Rn. 35; aA *Mertens* AG 1996, 241 (245). Vgl. auch LG Berlin AG 1996, 230 (231 f.) und AG 1997, 183 (184 f.) – Brau und Brunnen.

[139] Anders *Larisch/Bunz* NZG 2013, 1247 (1248); *Müller-Eising/Stoll* GWR 2012, 315 (318), die anscheinend nur auf die nächste Hauptversammlung abstellen wollen; das wird in der Regel nicht zu anderen Ergebnissen führen, reicht aber nicht, wenn sich absehen lässt, dass die Präsenzmehrheit in der nächsten HV eine Ausnahme bleiben wird.

[140] Zutreffend *Larisch/Bunz* NZG 2013, 1247 (1248); zu starr demgegenüber etwa *Müller-Eising/Stoll* GWR 2012, 315 (317 f.) (Präsenzmehrheit in drei aufeinander folgenden Hauptversammlungen nötig); *Küting/Seel* BB 2010, 1459 (1462) (mindestens drei Jahre repräsentativ).

[141] OLG München WM 1995, 898 (900) (50% Beteiligung und Personenidentität der Geschäftsführungen); BAG AG 1996, 367 (368); Hüffer/*Koch* AktG § 17 Rn. 9; *Emmerich* in Emmerich/Habersack Aktien- und GmbH-Konzernrecht § 17 Rn. 19.

[142] Vgl. BGHZ 135, 107 (114 f.) – VW; BGH ZIP 2012, 1177 (1178); *Emmerich* in Emmerich/Habersack Aktien- und GmbH-Konzernrecht § 17 Rn. 19.

[143] Instruktiv BGH ZIP 2012, 1177 (1178 f.), wo eine Beteiligung von 30,5% nebst zwei nahestehenden Personen im Aufsichtsrat bei einer HV-Präsenz in den letzten Jahren von mindestens 67% als nicht ausreichend angesehen wurde.

[144] So aber anscheinend BGHZ 135, 107 (114 f.) – VW; BGH ZIP 2012, 1177 (1178); wie hier OLG Düsseldorf AG 2003, 688 (689); vgl. auch Hüffer/*Koch* AktG § 17 Rn. 10, der eine Verstärkung potentiellen Einflusses durch strukturelle Besonderheiten für möglich hält.

[145] Ebenso Hüffer/*Koch* AktG § 17 Rn. 10.

verträge,¹⁴⁶ aber auch rein tatsächliche Umstände, sofern diese nur hinreichend verlässlich sind;¹⁴⁷ vgl. näher → Rn. 53. Dass ein Aktionär in der Vergangenheit Unterstützung durch Bankenstimmrechte gefunden hat, reicht nicht.¹⁴⁸ Zum Ausnahmefall einer Beherrschung ohne jede eigene mitgliedschaftliche Beteiligung vgl. → Rn. 41 aE.

44 Eine bloße Sperrminorität oder eine Zufallsmehrheit sind nicht ausreichend (vgl. → Rn. 39 f.). Ob das **Depotstimmrecht** einer Bank – bei entsprechendem Umfang der Stimmrechte – zur Abhängigkeit von dieser Bank führt, war früher stark umstritten. Die Frage hat durch § 135 Abs. 1 S. 3 AktG an praktischer Bedeutung verloren.¹⁴⁹ Die besseren Argumente sprechen dagegen. Denn die Bank ist bei der Ausübung des Stimmrechts gebunden (§ 135 Abs. 5 AktG), zudem ist die Stimmrechtsvollmacht jederzeit widerruflich (§ 135 Abs. 2 S. 2 AktG).¹⁵⁰

Der bloße Abschluss eines schuldrechtlichen Kaufvertrags über Aktien, die eine Stimmrechtsmehrheit verschaffen, ist, solange die dingliche Übereignung noch aussteht, in aller Regel nicht als ausreichend anzusehen, um eine **vorwirkende Abhängigkeit** zu begründen.¹⁵¹ Das mag im Einzelfall anders sein, etwa wenn der Kaufvertrag so ausgestaltet ist, dass der Erwerber bereits vor der Übereignung der Aktien die Stimmrechtsausübung in Händen hat.¹⁵² Solange das nicht der Fall ist, ist es jedoch sachgerecht, die mit den Aktien verbundenen Einflussmöglichkeiten weiterhin dem Verkäufer zuzuordnen.

45 cc) **Kapitalmehrheit.** Eine bloße Kapitalmehrheit begründet zwar auch die Vermutung der Abhängigkeit (§§ 17 Abs. 2, 16 AktG). Hier müssen aber weitere Umstände hinzukommen, um tatsächlich beherrschenden Einfluss zu gewähren. Fehlen solche weitere Umstände ist die Vermutung widerlegbar. Vgl. näher → Rn. 60.

46 dd) **Unternehmensverträge.** Die Unternehmensverträge des § 291 AktG werden in der Regel erst abgeschlossen, wenn bereits ein Abhängigkeitsverhältnis besteht. Ist das ausnahmsweise anders, wird durch den Abschluss eines Beherrschungsvertrages Abhängigkeit begründet,¹⁵³ während dies bei einem isolierten Gewinnabführungsvertrag mangels Weisungsrechts wohl nicht der Fall ist.¹⁵⁴ Die Unternehmensverträge des § 292 AktG (Ge-

---

[146] OLG Düsseldorf AG 2009, 873 (874 f.); OLG Schleswig ZIP 2006, 421 (427) – Mobilcom; OLG Karlsruhe AG 2004, 147 (148); KölnKommAktG/*Koppensteiner* § 17 Rn. 46; MüKoAktG/*Bayer* § 17 Rn. 37.

[147] BGHZ 62, 193 (199 f.) – Seitz; BGHZ 74, 359 (365 ff.) – Brost u. Funke; BGHZ 80, 69 (73) – Süssen; KG AG 2005, 398 (399); OLG Düsseldorf AG 2009, 873 (874 f.); *Emmerich* in Emmerich/Habersack Aktien- und GmbH-Konzernrecht § 17 Rn. 19.

[148] OLG Düsseldorf AG 2003, 688 (689); *Emmerich* in Emmerich/Habersack Aktien- und GmbH-Konzernrecht § 17 Rn. 24; einschränkend MüKoAktG/*Bayer* § 17 Rn. 40; aA Spindler/Stilz AktG/*Schall* § 17 Rn. 30.

[149] MüKoAktG/*Bayer* § 17 Rn. 49; KölnKommAktG/*Koppensteiner* § 17 Rn. 49.

[150] Hüffer/*Koch* AktG § 17 Rn. 10; GroßkommAktG/*Windbichler* § 17 Rn. 56; *Emmerich* in Emmerich/Habersack Aktien- und GmbH-Konzernrecht § 17 Rn. 24; KölnKommAktG/*Koppensteiner* § 17 Rn. 49; aA weiterhin MüKoAktG/*Bayer* § 17 Rn. 50; Spindler/Stilz AktG/*Schall* § 17 Rn. 30.

[151] OLG Düsseldorf WM 1994, 842 (847); *Krieger* FS Semler, 1993, 503 (505 ff.); Hüffer/*Koch* AktG § 17 Rn. 9; GroßkommAktG/*Windbichler* § 17 Rn. 50; *Emmerich* in Emmerich/Habersack Aktien- und GmbH-Konzernrecht § 17 Rn. 11; Spindler/Stilz AktG/*Schall* § 17 Rn. 36 f.; K. Schmidt/Lutter AktG/*J. Vetter* § 17 Rn. 35; aA MüKoAktG/*Bayer* § 17 Rn. 52 ff.; *Lutter* FS Steindorff, 1990, 125 (131 ff.); *Noack*, Gesellschaftervereinbarungen bei Kapitalgesellschaften, 1994, S. 90; *Weber* ZIP 1994, 678 (683 ff.); *Letixerant*, Die aktienrechtliche Abhängigkeit vor dem dinglichen Erwerb einer Mehrheitsbeteiligung, 2001, S. 175 ff.

[152] *Krieger* FS Semler, 1993, 503 (506 f.); *Emmerich* in Emmerich/Habersack Aktien- und GmbH-Konzernrecht § 17 Rn. 11.

[153] MüKoAktG/*Bayer* § 17 Rn. 65; KölnKommAktG/*Koppensteiner* § 17 Rn. 51; Hüffer/*Koch* AktG § 17 Rn. 12.

[154] MüKoAktG/*Bayer* § 17 Rn. 66; KölnKommAktG/*Koppensteiner* § 17 Rn. 52; weitergehend *Emmerich* in Emmerich/Habersack Aktien- und GmbH-Konzernrecht § 17 Rn. 22, der darin ein „starkes Indiz" für das Vorliegen eines Abhängigkeitsverhältnisses sieht.

winngemeinschaft, Teilgewinnabführungsvertrag, Betriebspacht- und -überlassungsvertrag) sowie Betriebsführungsverträge führen hingegen ohne das Hinzutreten weiterer Umstände nicht zur Abhängigkeit.[155]

ee) Sonstige Beherrschungsmittel. Zur Abhängigkeit können auch **gesellschaftsvertragliche Bestimmungen** führen, die einem anderen Unternehmen das Recht einräumen, die Geschäftsführung oder das Kontrollorgan zu bestellen oder der Geschäftsführung Weisungen zu erteilen. Dies kommt namentlich für Gesellschaften mit beschränkter Haftung in Betracht. Bei Aktiengesellschaften kann nur ein Entsendungsrecht in den Aufsichtsrat nach § 101 Abs. 2 AktG begründet werden (vgl. → § 30 Rn. 60 ff.); das allein verschafft keinen beherrschenden Einfluss,[156] kann aber evtl. einen bestehenden Einfluss verstärken.[157] 47

Umstritten ist, ob auch bloße **Personenverbindungen** zur Begründung von Abhängigkeit ausreichen, etwa wenn der Vorstand oder Aufsichtsrat eines Unternehmens mit Repräsentanten eines anderen Unternehmens besetzt ist.[158] Richtigerweise ist das nicht anzunehmen. Einflussmöglichkeiten auf ein anderes Unternehmen auf Grund eines besonderen Vertrauensverhältnisses zu dessen leitenden Persönlichkeiten sind nicht gesellschaftsinterner, sondern externer Natur. Solche Abhängigkeiten allein reichen ebenso wenig aus wie wirtschaftliche Abhängigkeiten (vgl. → Rn. 41). Sie können allerdings gesellschaftsinternen Einfluss zu einem beherrschenden Einfluss verstärken.[159] Personenverbindungen zwischen zwei Unternehmen können auch einen Gleichordnungskonzern begründen (vgl. dazu → Rn. 79 ff.). Zur Begründung von Abhängigkeit sind sie allein jedoch ungeeignet. 48

c) Mittelbare und mehrstufige Abhängigkeit. Abhängigkeit liegt nach § 17 Abs. 1 AktG auch vor, wenn der beherrschende Einfluss nicht unmittelbar, sondern nur mittelbar ausgeübt werden kann. Besteht beherrschender Einfluss von A auf B und von B auf C, so ist C von B unmittelbar und von A mittelbar abhängig. Sowohl A als auch B sind im Verhältnis zu C herrschende Unternehmen, im Verhältnis zwischen A und C handelt es sich um eine mehrstufige Abhängigkeit.[160] 49

Für die Begründung eines mittelbaren Einflusses ist es nicht erforderlich, dass zwischen A und B ebenfalls ein Abhängigkeitsverhältnis besteht. Es reicht auch, wenn A auf Grund sonstiger Umstände, zB einer vertraglichen Bindung, verlässlich über die Einflussmöglichkeiten von B auf C verfügen kann. Auch in einem solchen Fall sind sowohl A als auch B gegenüber C herrschende Unternehmen.[161] 50

---

[155] MüKoAktG/*Bayer* § 17 Rn. 67; KölnKommAktG/*Koppensteiner* § 17 Rn. 53; Hüffer/*Koch* AktG § 17 Rn. 12; weitergehend *Emmerich* in Emmerich/Habersack Aktien- und GmbH-Konzernrecht § 17 Rn. 23 (Indiz für Abhängigkeit).

[156] KölnKommAktG/*Koppensteiner* § 17 Rn. 50; MüKoAktG/*Bayer* § 17 Rn. 42.

[157] *Emmerich* in Emmerich/Habersack Aktien- und GmbH-Konzernrecht § 17 Rn. 19; vgl. auch → Rn. 43.

[158] Dies ablehnend die wohl hM, zB RGZ 167, 40 (54 f.) – Thega; KölnKommAktG/*Koppensteiner* § 17 Rn. 62; *Säcker* ZHR 151 (1987), 59 (66); *Dierdorf*, Herrschaft und Abhängigkeit einer Aktiengesellschaft auf schuldvertraglicher und tatsächlicher Grundlage, 1978, S. 196 ff.; aA, je nach dem Umständen des Einzelfalls, etwa GroßkommAktG/*Windbichler* § 17 Rn. 43 ff.; Spindler/Stilz AktG/*Schall* § 17 Rn. 44; *H. S. Werner*, Der aktienrechtliche Abhängigkeitstatbestand, 1979, S. 166, 207; ähnlich *Decher*, Personelle Verflechtungen im Aktienkonzern, 1990, S. 215 ff., der bei Vorhandensein personeller Verflechtungen eine tatsächliche Vermutung für das Vorliegen eines Abhängigkeitsverhältnisses begründen will.

[159] OLG Düsseldorf AG 2009, 873 (875); OLG München AG 1995, 383; LG Köln AG 2008, 336 (338); MüKoAktG/*Bayer* § 17 Rn. 33; *Emmerich* in Emmerich/Habersack Aktien- und GmbH-Konzernrecht § 17 Rn. 19; K. Schmidt/Lutter AktG/*J. Vetter* § 17 Rn. 40.

[160] MüKoAktG/*Bayer* § 17 Rn. 76; KölnKommAktG/*Koppensteiner* § 17 Rn. 29, 31 f.; Hüffer/*Koch* AktG § 17 Rn. 6.

[161] MüKoAktG/*Bayer* § 17 Rn. 74; KölnKommAktG/*Koppensteiner* § 17 Rn. 30 ff.; Hüffer/*Koch* AktG § 17 Rn. 6.

51 d) Gemeinschaftsunternehmen. Beherrschender Einfluss im Sinne von § 17 AktG kann auch von mehreren Unternehmen gemeinsam ausgehen, sofern diese ihre Herrschaftsmöglichkeiten koordinieren. Besitzen zum Beispiel A und B je 30 % der Anteile von C, so können zwar weder A noch B allein, wohl aber A und B gemeinsam beherrschenden Einfluss auf C ausüben. Es kommt in diesen Fällen entscheidend darauf an, ob für die Ausübung gemeinsamer Herrschaft eine ausreichend sichere Grundlage besteht.[162] Da Abhängigkeit aus der Sicht des abhängigen Unternehmens zu beurteilen ist (→ Rn. 38), ist es wohl erforderlich, dass das Geschäftsführungsorgan des abhängigen Unternehmens über die Koordination der Herrschaftsmittel informiert ist, also zB weiß, dass ein Konsortialvertrag besteht, dessen Details hingegen nicht bekannt sein müssen.[163]

52 Eine ausreichende Grundlage für eine gemeinsame Herrschaftsausübung kann insbesondere durch vertragliche Vereinbarungen geschaffen werden. In der Praxis geschieht dies durch sogenannte **Konsortialverträge** (auch Poolvertrag oder Schutzgemeinschaftsvertrag genannt) mit denen die Gesellschafter sich zu einer BGB-Gesellschaft zum Zwecke gemeinsamer Willensbildung und Stimmrechtsausübung zusammenschließen (näher → § 39 Rn. 45 ff.).[164] Solche Konsortialverträge begründen Abhängigkeit, da sie eine gemeinsame Herrschaftsausübung sicherstellen.[165] Die Zahl der Mitglieder des Konsortiums ist dabei unerheblich.[166] Zur Frage, wer in diesem Fall als herrschendes Unternehmen anzusehen ist, vgl. → Rn. 54.

53 Neben vertraglichen Vereinbarungen können auch rechtliche und tatsächliche **Umstände sonstiger Art** als gesicherte Grundlage für eine gemeinsame Herrschaftsausübung genügen. Dazu reicht es, wenn die gemeinsam herrschenden Unternehmen die gleichen Gesellschafter[167] oder mehrheitlich personenidentische Geschäftsführungsorgane[168] haben. Die Rechtsprechung hat es auch genügen lassen, wenn dauerhaft gleichgerichtete Interessen eine gemeinsame Unternehmenspolitik gewährleisten;[169] es müssen dann aber weitere Umstände hinzukommen, die darauf schließen lassen, dass die gleichgerichteten Interessen zu einer koordinierten Einflussnahme führen.[170] Ebenso genügt es, wenn mehrere Familienmitglieder gemeinsam die für eine gemeinsame Herrschaftsausübung erforderlichen Beteiligungen halten und die Familie in der Vergangenheit stets als geschlossene Einheit aufgetreten ist.[171] Die bloße Familienzugehörigkeit ist hingegen nicht

---

[162] BGHZ 62, 193 (199) – Seitz; 74, 359 (366 ff.) – Brost u. Funke; 80, 69 (73) – Süssen; 95, 330 (349) – Autokran; BAG AG 2005, 533 (535); KölnKommAktG/*Koppensteiner* § 17 Rn. 83 ff.; MüKoAktG/*Bayer* § 17 Rn. 79; *Emmerich* in Emmerich/Habersack Aktien- und GmbH-Konzernrecht § 17 Rn. 29; Hüffer/*Koch* AktG § 17 Rn. 13.

[163] Überzeugend *Schnorbus/Ganzer* AG 2016, 565 (571 f.); aA Hüffer/*Koch* AktG § 17 Rn. 15, der keine Kenntnis von der Existenz der Konsortialvereinbarung verlangt.

[164] Vertragsmuster bei *Blaum/Scholz*, Beck'sches Formularbuch zum Bürgerlichen, Handels- und Wirtschaftsrecht, 13. Auflage 2019, Form. VIII. A. 4; *Bungert,* Münchener Vertragshandbuch, Band 1: Gesellschaftsrecht, 8. Aufl. 2018, Form. X. 7; Happ AktienR/*Löbbe* Form 20.01. Näher zur Beherrschung durch Konsortialvereinbarungen *Schnorbus/Ganzer* AG 2016, 565 (568 ff.).

[165] Zur möglichen Ausgestaltung einer Konsortialvereinbarung mit dem Ziel, Abhängigkeit zu vermeiden, näher *Schnorbus/Ganzer* AG 2016, 565 (575 ff.).

[166] *Schnorbus/Ganzer* AG 2016, 565 (574 f.).

[167] BGHZ 62, 193 (199 ff.) – Seitz; KölnKommAktG/*Koppensteiner* § 17 Rn. 91; MüKoAktG/*Bayer* § 17 Rn. 78.

[168] BAG AG 1996, 367 (368); Hüffer/*Koch* AktG § 17 Rn. 16; MüKoAktG/*Bayer* § 17 Rn. 79.

[169] BGHZ 74, 359 (365 ff.) – Brost u. Funke; BAG AG 2005, 533 (535); OLG Düsseldorf AG 2001, 597 (599).

[170] MüKoAktG/*Bayer* § 17 Rn. 80; *Schnorbus/Ganzer* AG 2016, 565 (573 f.); in diese Richtung auch KölnKommAktG/*Koppensteiner* § 17 Rn. 92; Hüffer/*Koch* AktG § 17 Rn. 16; ganz ablehnend GroßkommAktG/*Windbichler* § 17 Rn. 65. K. Schmidt ZGR 1980, 277 (287 f.). Instruktiv und im Ergebnis wohl richtig entschieden auch LG Mosbach AG 2001, 206.

[171] BGHZ 80, 69 (73) – Süssen; OLG Düsseldorf AG 2009, 873 (875); MüKoAktG/*Bayer* § 17 Rn. 79; zweifelnd KölnKommAktG/*Koppensteiner* § 17 Rn. 92; *Schnorbus/Ganzer* AG 2016, 565 (573).

ausreichend.¹⁷² Ebenso wenig reicht allein die Tatsache, dass die Gesellschafter, namentlich bei einer Beteiligung von je 50%, faktisch aufeinander angewiesen sind;¹⁷³ auch einen Anscheinsbeweis (oder eine tatsächliche Vermutung) für gemeinsame Beherrschung wird man darauf allein kaum stützen können.¹⁷⁴ Letztlich bedarf es immer einer umfassenden Würdigung der Umstände des Einzelfalls. Inwieweit dabei die zu dem kapitalmarktrechtlichen Zurechnungstatbestand des **acting in concert** gem. §§ 34 Abs. 2 WpHG, 30 Abs. 2 WpÜG entwickelten Grundsätze¹⁷⁵ unterstützend herangezogen werden können, ist kaum untersucht und nur unter Berücksichtigung des unterschiedlichen Schutzzweckes der Regelungen zu beurteilen.¹⁷⁶

Ist durch Konsortialvertrag oder durch tatsächliche Umstände eine gemeinsame Willensbildung und -ausübung sichergestellt, besteht ein **Abhängigkeitsverhältnis zu jeder der Muttergesellschaften**.¹⁷⁷ Die früher zum Teil vertretene Auffassung, es bestehe in diesen Fällen ein Abhängigkeitsverhältnis zu der zwischen den Muttergesellschaften gebildeten Gesellschaft bürgerlichen Rechts, ist heute überholt; zum Sonderfall der GbR mit Unternehmenseigenschaft vgl. → Rn. 56. Der Annahme eines Abhängigkeitsverhältnisses zu jedem der gemeinsam herrschenden Unternehmen steht es grundsätzlich nicht entgegen, wenn innerhalb des Konsortiums **mit Mehrheit entschieden** wird.¹⁷⁸ Schwierig zu beurteilen ist die Situation allerdings, wenn ein Aktionär oder eine unter sich gesondert koordinierte Aktionärsgruppe innerhalb des Konsortiums über die Mehrheit verfügt oder einzelne Mitglieder des Konsortiums ständig überstimmt werden. Zum Teil wird angenommen, dass in solchen Fällen ein Abhängigkeitsverhältnis nur zu den Konsortialpartnern bestehe, die im Konsortium die Mehrheit bilden;¹⁷⁹ nach anderer Meinung besteht ein

---

¹⁷² BGHZ 74, 359 (368) – Brost u. Funke; BGH ZIP 1992, 242 (244); KölnKommAktG/*Koppensteiner* § 17 Rn. 92; MüKoAktG/*Bayer* § 17 Rn. 79.

¹⁷³ BGHZ 74, 359 (366) – Brost u. Funke; BGH AG 1987, 158; OLG Hamm AG 1998, 588; KölnKommAktG/*Koppensteiner* § 17 Rn. 93; MüKoAktG/*Bayer* § 17 Rn. 82; Hüffer/*Koch* AktG § 17 Rn. 16; *Noack*, Gesellschaftervereinbarungen bei Kapitalgesellschaften, 1994, S. 94; *Schnorbus/Ganzer* AG 2016, 565 (574); aA *Säcker* NJW 1980, 801 (804).

¹⁷⁴ So aber MüKoAktG/*Bayer* § 17 Rn. 82; K. Schmidt/Lutter AktG/*J. Vetter* § 17 Rn. 47; aA KölnKommAktG/*Koppensteiner* § 17 Rn. 93; Hüffer/*Koch* AktG § 17 Rn. 16; Spindler/Stilz AktG/*Schall* § 17 Rn. 28; Bürgers/Körber AktG/*Fett* § 17 Rn. 24.

¹⁷⁵ Zu diesen näher etwa Assmann/U.H Schneider/Mülbert Wertpapierhandelsrecht /*U. H. Schneider* WpHG § 34 Rn. 145 ff.; Baums/Thoma WpÜG/*Diekmann* § 30 Rn. 67 ff.

¹⁷⁶ Vgl. aber K. Schmidt/Lutter AktG/*J. Vetter* § 17 Rn. 32; Spindler/Stilz AktG/*Schall* § 17 Rn. 32.

¹⁷⁷ Vgl. etwa BGHZ 62, 193 (196) – Seitz; BAGE 22, 390 (394); OLG Hamm AG 2001, 146 (147); MüKoAktG/*Bayer* § 17 Rn. 83; KölnKommAktG/*Koppensteiner* § 17 Rn. 86 ff.; Hüffer/*Koch* AktG § 17 Rn. 14; *Emmerich* in Emmerich/Habersack Aktien- und GmbH-Konzernrecht § 17 Rn. 32; aA GroßkommAktG/*Windbichler* § 17 Rn. 66 f., die von einem einzigen Abhängigkeitsverhältnis zu mehreren Unternehmen im Verbund ausgeht und im Einzelfall entscheiden will, inwieweit die Rechtsfolgen aus dem Abhängigkeitstatbestand die einzelnen Verbundunternehmen treffen; dagegen eingehend Spindler/Stilz AktG/*Schall* § 17 Rn. 15 ff.

¹⁷⁸ KölnKommAktG/*Koppensteiner* § 17 Rn. 90; *Klosterkemper*, Abhängigkeit von einer Innengesellschaft, 2003, S. 117 ff.; *Noack*, Gesellschaftervereinbarungen bei Kapitalgesellschaften, 1994, S. 93; *Rodemann*, Stimmbindungsvereinbarungen in den Aktien- und GmbH-Rechten Deutschlands, Englands, Frankreichs und Belgiens, 1998, S. 155; *Gansweid*, Gemeinsame Tochtergesellschaften im deutschen Konzern- und Wettbewerbsrecht, 1976, S. 121 f.; *Marchand*, Abhängigkeit und Konzernzugehörigkeit von Gemeinschaftsunternehmen, 1985, S. 117 ff.; *Klinkhammer*, Mitbestimmung im Gemeinschaftsunternehmen, 1977, S. 76; zu der parallelen Fragestellung bei § 34 Abs. 2 WpHG ebenso: Assmann/U. H. Schneider/Mülbert Wertpapierhandelsrecht/*U. H. Schneider* WpHG § 34 Rn. 185; zweifelnd *Brellochs* ZIP 2011, 2225 (2230); aA VGH Mannheim AG 1989, 216 (217); *Schnorbus/Ganzer* AG 2016, 565 (572); *Säcker* NJW 1980, 801 (805).

¹⁷⁹ So zB OLG Hamm AG 2001, 146 (147); *Roth*, Der majorisierte Stimmbindungspool, 2019, S. 127 ff.; *Klosterkemper*, Abhängigkeit von einer Innengesellschaft, 2003, S. 117 ff.; *Maul* NZG 2000, 470; für den Fall des ständig überstimmten Mitglieds auch *Marchand*, Abhängigkeit und Konzern-

§ 69 55, 56   12. Kapitel. Konzernrecht des Aktiengesetzes

Abhängigkeitsverhältnis auch zu den einflusslosen Konsortialpartnern, da auch sie ihre Stimmen dem Konsortium zur Verfügung stellen.[180] Letztlich wird man alle Konsortialpartner als mitherrschend ansehen müssen, die an der Willensbildung des Konsortiums teilhaben. Allein die Tatsache, dass ein anderer Aktionär die Mehrheit im Konsortium hat, schließt die Herrschaftsbeteiligung der Minderheit nicht aus, solange der Mehrheitspartner auf die Interessen der Minderheit Rücksicht nehmen muss.[181]

55 Gehören dem Konsortium Aktionäre an, denen die konzernrechtliche **Unternehmenseigenschaft** (vgl. → Rn. 6 ff.) fehlt, begründet der Zusammenschluss ein Abhängigkeitsverhältnis zu denjenigen Mitgliedern, die die Unternehmenseigenschaft besitzen.[182] Ob das auch gilt, wenn Unternehmensaktionäre nicht die Mehrheit im Konsortium haben, ist fraglich. Überwiegend wird angenommen, in einem solchen Fall bestehe ein Abhängigkeitsverhältnis nicht, da die Konzerngefahr, die in der Person der Unternehmens-Aktionäre angelegt ist, durch die Mehrheit der Privat-Aktionäre hinreichend neutralisiert werde.[183]

56 Unklar ist die Rechtslage in den Sonderfällen, in denen der GbR selbst die Unternehmenseigenschaft zukommen soll, wozu verschiedentlich gerade auch der Fall gezählt wird, dass Unternehmensaktionäre die GbR majorisieren (vgl. → Rn. 9). Es ist dann wohl folgerichtig, ein (unmittelbares) **Abhängigkeitsverhältnis zur GbR** anzunehmen und daneben ein (mittelbares) Abhängigkeitsverhältnis zu denjenigen Mitgliedern des Konsortiums, die das Konsortium und damit mittelbar auch die AG beherrschen.[184] Richtigerweise ist eine Unternehmenseigenschaft der GbR allerdings gerade im Fall der Majorisierung durch Unternehmensaktionäre nicht anzuerkennen, denn der Schutzzweck der konzernrechtlichen Vorschriften wird in diesen Fällen auch durch die Annahme eines

---

zugehörigkeit von Gemeinschaftsunternehmen, 1985, S. 120. Zu der parallelen Fragestellung bei § 34 Abs. 2 WpHG, § 30 Abs. 2 WpÜG auch KölnerKommWpHG/*v. Bülow* § 22 Rn. 248; Schwark/Zimmer KapitalmarktrechtsKomm/*Noack/Zetzsche* WpÜG § 30 Rn. 37; *Brellochs* ZIP 2011, 2225 (2230); *Schnorbus/Ganzer* AG 2016, 565 (572); *Maul* NZG 2005, 151 (156); *v. Bülow/Bücker* ZGR 2004, 669 (707 f.).

[180] KölnKommAktG/*Koppensteiner* § 17 Rn. 90; *Noack*, Gesellschaftervereinbarungen bei Kapitalgesellschaften, 1994, S. 93 f.; *Rodemann*, Stimmbindungsvereinbarungen in den Aktien- und GmbH-Rechten Deutschlands, Englands, Frankreichs und Belgiens, 1998, S. 155 f. Zu der parallelen Fragestellung bei § 34 Abs. 2 WpHG, § 30 Abs. 2 WpÜG auch Assmann/U. H. Schneider/Mülbert Wertpapierhandelsrecht/*U. H. Schneider* WpHG § 34 Rn. 185; Baums/Thoma WpÜG/*Baums/Hecker* § 35 Rn. 78 f., 290 ff.; *Braun* NZG 2008, 928 (930).

[181] Näher *Marchand*, Abhängigkeit und Konzernzugehörigkeit von Gemeinschaftsunternehmen, 1985, S. 121 ff.

[182] OLG Hamm AG 2001, 146 (147 f.); LG Bielefeld DB 2000, 266 (267); *Emmerich* in Emmerich/Habersack Aktien- und GmbH-Konzernrecht § 17 Rn. 30; *Joussen* AG 1998, 329 (331 f.); *Noack*, Gesellschaftervereinbarungen bei Kapitalgesellschaften, 1994, S. 265 ff.; *Bauer* NZG 2001, 742 (745); weitergehend KölnKommAktG/*Koppensteiner* § 17 Rn. 89; *Koppensteiner* FS Ulmer, 2003, S. 349 (353); Spindler/Stilz AktG/*Schall* § 17 Rn. 18; *Klosterkemper*, Abhängigkeit von einer Innengesellschaft, 2003, S. 135 ff.; *Rodemann*, Stimmbindungsvereinbarungen in den Aktien- und GmbH-Rechten Deutschlands, Englands, Frankreichs und Belgiens, 1998, S. 157; *Gansweid*, Gemeinsame Tochtergesellschaften im deutschen Konzern- und Wettbewerbsrecht, 1976, S. 129 f., die annehmen, die Konsortialvereinbarung mache auch Privataktionäre im Konsortium zu Unternehmen.

[183] OLG Frankfurt a. M. AG 2004, 567 (568); LG Heidelberg AG 1998, 47 (48); KölnKommAktG/*Koppensteiner* § 17 Rn. 89; *Rodemann*, Stimmbindungsvereinbarungen in den Aktien- und GmbH-Rechten Deutschlands, Englands, Frankreichs und Belgien, 1998, S. 156 f.; *Noack*, Gesellschaftervereinbarungen bei Kapitalgesellschaften, 1994, S. 265; *Bauer* NZG 2001, 742 (745):aA wohl Spindler/Stilz AktG/*Schall* § 17 Rn. 18.

[184] Ebenso MüKoAktG/*Bayer* § 17 Rn. 84; K Schmidt/Lutter AktG/*J. Vetter* § 17 Rn. 49; *Emmerich* in Emmerich/Habersack Aktien- und GmbH-Konzernrecht § 17 Rn. 32; *Bauer* NZG 2001, 743 (744).

Abhängigkeitsverhältnisses allein zu den Unternehmens-Aktionären erreicht; vgl.
→ Rn. 9.
Zum Abschluss von **Beherrschungsverträgen** mit Gemeinschaftsunternehmen vgl. 57
→ § 71 Rn. 11, zur **Mitbestimmung** im Aufsichtsrat bei Gemeinschaftsunternehmen vgl.
→ § 28 Rn. 13 u. 21.

e) Beendigung der Abhängigkeit. Das Abhängigkeitsverhältnis endet, sobald das herr- 58
schende Unternehmen die Möglichkeit verliert, beherrschenden Einfluss auszuüben. Das
ist insbesondere bei der Veräußerung einer Mehrheitsbeteiligung der Fall. Dass die Organmitglieder, die unter dem Einfluss des alten Abhängigkeitsverhältnisses bestellt wurden,
noch weiter amtieren, ändert daran nichts.[185]

3. Abhängigkeitsvermutung und Widerlegung. a) Grundlagen. Gemäß § 17 Abs. 2 59
AktG wird von einem in Mehrheitsbesitz stehenden Unternehmen (vgl. → Rn. 18 ff.)
vermutet, dass es von dem an ihm mit Mehrheit beteiligten Unternehmen abhängig ist.
Diese Vermutung ist – anders als die ebenfalls an die Stimmenmehrheit geknüpfte unwiderlegliche Vermutung beherrschenden Einflusses in § 290 Abs. 2 Nr. 1 HGB – grundsätzlich widerlegbar. Lediglich bei wechselseitigen Mehrheitsbeteiligungen (vgl. dazu
→ Rn. 110 ff.) scheidet eine **Widerlegung** der Abhängigkeitsvermutung gemäß § 19
Abs. 3 AktG aus. Um die Abhängigkeitsvermutung zu widerlegen, muss der Nachweis
geführt werden, dass das mit Mehrheit beteiligte Unternehmen seinen ihm sonst zukommenden Einfluss nicht ausüben kann.[186] Der Nachweis, dass das mit Mehrheit beteiligte
Unternehmen tatsächlich keinen herrschenden Einfluss ausübt, obwohl es dies könnte, ist
unzureichend, denn für die Abhängigkeit kommt es nicht darauf an, dass herrschender
Einfluss tatsächlich ausgeübt wird (vgl. → Rn. 36). Die Unmöglichkeit beherrschenden
Einflusses muss aus Rechtsgründen bestehen; bloß tatsächliche Umstände, die einen an sich
rechtlich abgesicherten beherrschenden Einfluss behindern, widerlegen die Abhängigkeitsvermutung nicht.[187]

Eine bloße **Kapitalmehrheitsbeteiligung,** mit der nicht gleichzeitig eine entsprechen- 60
de Stimmenmehrheitsbeteiligung verbunden ist, eröffnet für sich genommen beherrschenden Einfluss nicht (vgl. → Rn. 45). Gleichwohl genügt zur Widerlegung der Abhängigkeitsvermutung nicht die bloße Darlegung, dass die Mehrheitsbeteiligung nicht die Besetzung des Aufsichtsrats erlaube.[188] Denn das ist bei einer Kapitalmehrheit nie der Fall.
Vielmehr ist darzutun, dass auch keine sonstigen Herrschaftsmittel bestehen, die beherrschenden Einfluss begründen;[189] allerdings muss dies nur insoweit geschehen, als Anhaltspunkte für anderweitige Beherrschungsmöglichkeiten bestehen.[190]

Bei einer **Stimmenmehrheitsbeteiligung** bedarf es des Nachweises, dass die Stimmen- 61
mehrheit es nicht gestattet, beherrschenden Einfluss auszuüben. Grundlage dieses Nachweises können namentlich Entherrschungsverträge (vgl. → Rn. 62 ff.), aber auch Satzungsregelungen und Stimmbindungsvereinbarungen sein (vgl. → Rn. 64). Bei einer **Aktien-**

---

[185] Enger MüKoAktG/*Bayer* § 17 Rn. 60, der ein Fortdauern der Abhängigkeit für möglich hält, wenn kein neues herrschendes Unternehmens an die Stelle tritt; tendenziell wie hier KölnKomm-AktG/*Koppensteiner* § 17 Rn. 39.
[186] BGH ZIP 2013, 1274 (1277); OLG Düsseldorf ZIP 2014, 517 (518).
[187] BGH ZIP 2009, 1925 (1927); BayObLG DB 1998, 973 (974); MüKoAktG/*Bayer* § 17 Rn. 95; Hüffer/*Koch* AktG § 17 Rn. 19.
[188] So aber KölnKommAktG/*Koppensteiner* § 17 Rn. 100; GroßkommAktG/*Windbichler* § 17 Rn. 71; *Gräler,* Der Entherrschungsvertrag im Konzern- und Fusionskontrollrecht, 2018, S. 35 f.; *H. S. Werner,* Der aktienrechtliche Abhängigkeitstatbestand, 1979; S. 171 f.
[189] BVerfGE 98, 145 (162); Begr. RegE AktG abgedruckt bei *Kropff,* Aktiengesetz, 1965, S. 29; MüKoAktG/*Bayer* § 17 Rn. 96; *Emmerich* in Emmerich/Habersack Aktien- und GmbH-Konzern-recht § 17 Rn. 40; Hüffer/*Koch* AktG § 17 Rn. 19.
[190] *Emmerich* in Emmerich/Habersack Aktien- und GmbH-Konzernrecht § 17 Rn. 40; Hüffer/*Koch* AktG § 17 Rn. 20; ähnlich MüKoAktG/*Bayer* § 17 Rn. 96.

gesellschaft müssen diese ausschließen, dass der Mehrheitsaktionär über die Wahl und Abwahl des Aufsichtsrats entscheiden kann.[191] Ob auch ein Ausschluss des Stimmrechts für Beschlüsse nach §§ 111 Abs. 4 S. 3 und 119 Abs. 2 AktG[192] sowie für die Feststellung des Jahresabschlusses und die Gewinnverwendung[193] erforderlich ist, ist umstritten; richtigerweise wird man einen so weitgehenden Stimmrechtsausschluss nicht verlangen können.[194] Die Anforderungen, die bei den **anderen Gesellschaftsformen** an die Widerlegung der Vermutung zu stellen sind, hängen davon ab, welchen Einfluss die Stimmenmehrheit jeweils gibt.[195] Allerdings muss – wie bei Kapitalmehrheitsbeteiligungen (vgl. → Rn. 60) – bei Bestehen entsprechender Anhaltspunkte außerdem nachgewiesen werden, dass Beherrschungsmöglichkeiten auch nicht auf Grund sonstiger Umstände bestehen.[196]

62 b) Entherrschungsvertrag. Für eine Widerlegung der Abhängigkeitsvermutung kommt in der Praxis in erster Linie der Abschluss eines Entherrschungsvertrags[197] zwischen der Gesellschaft und dem Mehrheitsgesellschafter in Frage.[198] Der Streit um die Frage, ob ein Entherrschungsvertrag die Vermutung beherrschenden Einflusses nach § 290 Abs. 2 Nr. 1 HGB widerlegen kann,[199] beruht darauf, dass jene Vermutung unwiderleglich ist und spielt für § 17 Abs. 2 AktG keine Rolle. Der Mehrheitsgesellschafter muss durch den Entherrschungsvertrag für Beschlüsse über die Wahl und Abwahl von Aufsichtsratsmitgliedern (vgl. → Rn. 39) auf die Ausübung seiner Stimmrechte aus einem so großen Teil der Beteiligung verzichten, dass ihm mit den restlichen Stimmrechten keine Hauptversammlungsmehrheit mehr zukommt (sog. **„Minus-Eins-Regel"**);[200] eine Verpflichtung zum Verzicht auf

---

[191] KölnKommAktG/*Koppensteiner* § 17 Rn. 104; MüKoAktG/*Bayer* § 17 Rn. 99, 100; *Emmerich* in Emmerich/Habersack Aktien- und GmbH-Konzernrecht § 17 Rn. 39, 41; Hüffer/*Koch* AktG § 17 Rn. 21 f.

[192] Adler/Düring/*Schmaltz* Rechnungslegung § 17 Rn. 104; *Haesen,* Der Abhängigkeitsbericht im faktischen Konzern, 1970, S. 46.

[193] So *Barz* FS Bärmann, 1975, 185 (191); *Hommelhoff,* Die Konzernleitungspflicht, 1982, S. 81.

[194] KölnKommAktG/*Koppensteiner* § 17 Rn. 104; MüKoAktG/*Bayer* § 17 Rn. 99, 101; *Emmerich* in Emmerich/Habersack Aktien- und GmbH-Konzernrecht § 17 Rn. 39; Hüffer/*Koch* AktG § 17 Rn. 21 *Hamm,* Der Entherrschungsvertrag, 2017, S. 62 ff.

[195] Vgl. dazu zB OLG München DB 2004, 1356 (1357); näher KölnKommAktG/*Koppensteiner* § 17 Rn. 124 f.

[196] Vgl. die Nachweise oben Fn. 186.

[197] Vertragsmuster bei *Bungert,* Münchener Vertragshandbuch, Band 1: Gesellschaftsrecht, 8. Aufl. 2018, Form. X.9; Happ AktienR Bd. II/*Happ/Bednarz* From. 19.02. Zur rechtlichen Einordnung des Entherrschungsvertrags näher *Gräler,* Der Entherrschungsvertrag im Konzern- und Fusionskontrollrecht, 2018, S. 38 ff. Zum Unterschied zwischen Abhängigkeitsvermutung und Stimmrechtsausschlußvertrag, der nicht darauf abzielt, die Abhängigkeitsvermutung zu widerlegen, vgl. *Reichert/Harbarth* AG 2001, 447 (453 ff.).

[198] OLG Düsseldorf ZIP 2014, 517 (518); BayObLG DB 1998, 973 (974); OLG Köln AG 1993, 86 (87); näher KölnKommAktG/*Koppensteiner* § 17 Rn. 109 ff.; MüKoAktG/*Bayer* § 17 Rn. 100 ff.; Hüffer/*Koch* AktG § 17 Rn. 22; *Pesch,* Der aktienrechtliche Entherrschungsvertrag, Diss. Bonn 2012; *Götz,* Der Entherrschungsvertrag im Aktienrecht, 1991; *Hommelhoff,* Die Konzernleitungspflicht, 1982, S. 80 ff.; *Larisch/Bunz* NZG 2013, 1247; *K. Schmidt* FS Hommelhoff, 2012, 985 (993 ff.); *Jäger* DStR 1995, 1113 (1114 ff.); *Hentzen* ZHR 157 (1993), 65; aA *Hüttemann* ZHR 156 (1992), 314 (324 ff.), der Entherrschungsverträge mit der Gesellschaft mangels Kompetenz des Vorstands für unzulässig hält; *Timm* ZIP 1993, 114, der sowohl die Zulässigkeit eines Entherrschungsvertrags als auch die Eignung zur Widerlegung der Abhängigkeitsvermutung bezweifelt.

[199] Dagegen zB OLG Frankfurt a. M. AG 2007, 592 (594); Staub HGB/*Kindler* § 290 Rn. 40; *Pesch,* Der aktienrechtliche Entherrschungsvertrag, Diss. Bonn 2012, S. 146 ff.; *Larisch/Bunz* NZG 2013, 1247 (1251); aA Baumbach/Hopt HGB/*Merkt* § 290 Rn. 10.

[200] LG Mainz AG 1991, 30 (32); *Emmerich* in Emmerich/Habersack Aktien- und GmbH-Konzernrecht § 17 Rn. 43; MüKoAktG/*Bayer* § 17 Rn. 101; K. Schmidt/Lutter AktG/*J. Vetter* § 17 Rn. 61; Spindler/Stilz AktG/*Schall* § 17 Rn. 52; *Gräler,* Der Entherrschungsvertrag im Konzern- und Fusionskontrollrecht, 2018, S. 71 ff., 74 ff.; *Larisch/Bunz* NZG 2013, 1247 (1249); *Jäger* DStR 1995, 1113 (1116). AA KölnKommAktG/*Koppensteiner* § 17 Rn. 111; Bürgers/Körber AktG/*Fett* § 17 Rn. 32, es

§ 69 Grundlagen

anderweitige Einflussnahmen ist möglich,[201] aber nicht nötig.[202] Ebenso wenig ist der Nachweis einer über die Widerlegung der Abhängigkeitsvermutung hinausgehenden wirtschaftlichen Motivation nötig.[203] Der Vertrag bedarf der Schriftform,[204] jedoch nicht der Eintragung ins Handelsregister.[205] Außerdem ist eine **Mindestlaufzeit** von 5 Jahren erforderlich, während derer eine ordentliche Kündigung ausgeschlossen sein muss.[206] Schließlich wird angenommen, auch vor dem Ende seiner Laufzeit verliere der Entherrschungsvertrag seine abhängigkeitsausschließende Wirkung, sobald die letzte in die Vertragslaufzeit fallende Aufsichtsratswahl stattgefunden habe;[207] das kann aber allenfalls für Verträge mit einer festen Laufzeit gelten, nicht hingegen, wenn der Vertrag nach Ablauf der fünfjährigen Mindestlaufzeit auf unbestimmte Zeit weitergilt.

Dass die Abhängigkeitsvermutung durch Abschluss eines Entherrschungsvertrages ausgeschlossen werden kann, heißt nicht, dass dem mit Mehrheit beteiligten Unternehmen ein solcher **Vertragsschluss** ohne weiteres **erlaubt** wäre. Handelt es sich bei diesem Unternehmen um eine Aktiengesellschaft, ist der Vorstand vielmehr zur Konzernleitung (vgl. → § 70 Rn. 27), zumindest aber zur eigenverantwortlichen Verwaltung seiner Beteiligungen[208] verpflichtet. Ein Entherrschungsvertrag macht dies unmöglich und beschränkt die Konzernspitze auf eine kapitalistische Beteiligungsverwaltung. Das ist nur zulässig, wenn der in der Satzung festgelegte Unternehmensgegenstand dazu ermächtigt, andernfalls bedarf ein Entherrschungsvertrag einer vorherigen **Satzungsänderung** beim herrschenden Unternehmen.[209] Vereinzelt wird statt dessen eine Zustimmung der Hauptversammlung analog

---

genüge die Verpflichtung, weniger als 50 % aller insgesamt bestehenden Stimmrechte auszuüben; das ist zutreffend, soweit es nur um die Widerlegung der Abhängigkeitsvermutung geht, reicht aber bei HV-Präsenzen unter 100 % nicht, um den Abhängigkeitstatbestand aufgrund Präsenzmehrheit (→ Rn. 43) auszuschließen (dazu Pesch, Der aktienrechtliche Entherrschungsvertrag, Diss. Bonn 2012, S. 87 ff.).

[201] So im Vertragsmuster bei Happ AktienR Bd. II/*Happ/Bednarz* Form 19.02 § 1 Abs. 1.

[202] Zweifelnd *K. Schmidt* FS Hommelhoff, 2012, 985 (995); aA *Gräler*, Der Entherrschungsvertrag im Konzern- und Fusionskontrollrecht, 2018, S. 113; *Hentzen* ZHR 157 (1993), 65 (72); *Götz*, Der Entherrschungsvertrag im Aktienrecht, 1991, S. 73 ff., mit weitergehenden Anforderungen, wonach zB der Aufsichtsratsvorsitzende kein Repräsentant des herrschenden Unternehmens sein dürfte uä.

[203] So aber MüKoAktG/*Bayer* § 17 Rn. 113; unklar K. Schmidt/Lutter AktG/*J. Vetter* § 17 Rn. 63; wie hier KölnKommAktG/*Koppensteiner* § 17 Rn. 112; Spindler/Stilz AktG/*Schall* § 17 Rn. 52; GroßkommAktG/*Windbichler* § 17 Rn. 80; *K. Schmidt* FS Hommelhoff, 2012, 985 (998); *Hentzen* ZHR 157 (1993), 65 (71); vgl. auch LG Mainz AG 1991, 30 (32), wo eine wirtschaftliche Rechtfertigung des Entherrschungsvertrags als Indiz gegen die Annahme eines Scheinvertrags gewürdigt wird.

[204] KölnKommAktG/*Koppensteiner* § 17 Rn. 116; MüKoAktG/*Bayer* § 17 Rn. 107; Hüffer/*Koch* AktG § 17 Rn. 22.

[205] KölnKommAktG/*Koppensteiner* § 17 Rn. 115; *Gräler*, Der Entherschungsvertrag im Konzern- und Fusionskontrollrecht, 2018, S. 78 f.; *K. Schmidt* FS Hommelhoff, 2012, 985 (995); *Kropff* ZGR 1984, 112 (125); aA *Hommelhoff*, Die Konzernleitungspflicht, 1982, S. 103.

[206] OLG Köln AG 1993, 86 (87); LG Mainz ZIP 1991, 583; KölnKommAktG/*Koppensteiner* § 17 Rn. 111; *Emmerich* in Emmerich/Habersack Aktien- und GmbH-Konzernrecht § 17 Rn. 43; Hüffer/*Koch* AktG § 17 Rn. 22; MüKoAktG/*Bayer* § 17 Rn. 103 anders K. Schmidt/Lutter AktG/*J. Vetter* § 17 Rn. 62; *Gräler*, Der Entherrschungsvertrag im Konzern- und Fusionskontrollrecht, 2018, S. 76 f., die eine Laufzeit bis nach der nächsten Aufsichtsratswahl als erforderlich und ausreichend ansehen; ähnlich *Hamm*, Der Entherrschungsvertrag, 2017, S. 82 ff., es genüge wenn jedenfalls eine Bestellung der Vorstandsmitglieder und der Mehrheit der Aufsichtsratsmitglieder in die Vertragslaufzeit falle.

[207] MüKoAktG/*Bayer* § 17 Rn. 105; KölnKommAktG/*Koppensteiner* § 17 Rn. 111; K. Schmidt/Lutter AktG/*J. Vetter* § 17 Rn. 62; *Hamm*, Der Entherrschungsvertrag, 2017, S. 171 ff.; *Pesch*, Der aktienrechtliche Entherrschungsvertrag, Diss. Bonn 2012, S. 81 f.; *Götz*, Der Entherrschungsvertrag im Aktienrecht, 1991, S. 61 f.; *Larisch/Bunz* NZG 2013, 1247 (1249); *Hentzen* ZHR 157 (1993), 65 (71).

[208] In diesem Sinne *K. Schmidt* FS Hommelhoff, 2012, 985 (995).

[209] *Hommelhoff*, Die Konzernleitungspflicht, 1982, S. 84 f.; ihm folgend KölnKommAktG/*Koppensteiner* § 17 Rn. 114; K. Schmidt/Lutter AktG/*J. Vetter* § 17 Rn. 64; Spindler/Stilz AktG/*Schall* § 17

§ 293 AktG verlangt[210] oder zumindest als Alternative zu einer Satzungsänderung für möglich gehalten.[211] Die hM steht dem mit Recht ablehnend gegenüber.[212]

64 c) Sonstige Widerlegungsmöglichkeiten. Daneben kommen für die Widerlegung der Abhängigkeitsvermutung **Satzungsregelungen** in Betracht, bei Aktiengesellschaften namentlich die Einführung qualifizierter Beschlussmehrheiten für die Wahl und Abwahl von Aufsichtsratsmitgliedern.[213] Auch **Stimmbindungsverträge** zwischen Aktionären können die Abhängigkeitsvermutung widerlegen, wenn dem Mehrheitsaktionär durch solche Verträge die Möglichkeit genommen wird, sich bei der Beschlussfassung über die Besetzung des Aufsichtsrats durchzusetzen.[214] Allerdings muss der Vertrag so ausgestaltet sein, dass er nicht zu einer gemeinsamen Beherrschung (vgl. → Rn. 51 ff.) führt.[215] An Form und Laufzeit wird man die gleichen Anforderungen stellen müssen wie bei einem Entherrschungsvertrag (vgl. → Rn. 62).[216] Die Anwendbarkeit des **MitbestG** widerlegt weder bei einer GmbH noch bei einer Aktiengesellschaft oder KGaA die Abhängigkeitsvermutung.[217] Das Gleiche gilt im Geltungsbereich der Montanmitbestimmung.[218]

65 d) Widerlegung bei mehrstufiger Abhängigkeit. Bei mehrstufiger Abhängigkeit genügt die Widerlegung der Abhängigkeitsvermutung auf der letzten Stufe. Bestehen zB Mehrheitsbeteiligungen von A an B und von B an C, so folgt daraus die Vermutung einer mittelbaren Abhängigkeit zwischen A und C (vgl. → Rn. 49). Wird die Abhängigkeitsvermutung zwischen B und C widerlegt, etwa durch Abschluss eines Entherrschungsvertrags, so entfällt damit zugleich die Abhängigkeitsvermutung zwischen A und C.[219] Wird in einem solchen mehrstufigen Abhängigkeitsverhältnis ein Beherrschungsvertrag zwischen A und C geschlossen, ist dadurch die Abhängigkeitsvermutung zwischen B und C widerlegt.[220] Hingegen genügt ein Beherrschungsvertrag zwischen B und C wohl nicht, um die Vermutung der Abhängigkeit zwischen A und C zu

---

Rn. 52; *Bayreuther,* Wirtschaftlich-existentiell abhängige Unternehmen im Konzern-, Kartell- und Arbeitsrecht, 2001, S. 140 f.; *Kropff* ZGR 1984, 112 (128); *Rehbinder* ZHR 147 (1983), 464 (468); *Rittner* AcP 183 (1983), 295 (301); aA MüKoAktG/*Bayer* § 17 Rn. 110 f.; *Pesch,* Der aktienrechtliche Entherrschungsvertrag, Diss. Bonn 2012, S. 139 ff.; anders auch *Gräler,* Der Entherrschungsvertrag im Konzern- und Fusionskontrollrecht, 2018, S. 60 ff., der eine allgemeine Konzernöffnungsklausel genügen lässt.

[210] So *Möhring* FS Westermann, 1974, 427 (435); *Jäger* DStR 1995, 1113 (1117).

[211] So *Hommelhoff,* Die Konzernleitungspflicht, 1982, S. 85 ff.; *K. Schmidt* FS Hommelhoff, 2012, 985 (995); *Larisch/Bunz* NZG 2013, 1247 (1250).

[212] OLG Köln AG 1993, 86 (87); LG Mainz AG 1991, 30 (32); *Götz,* Der Entherrschungsvertrag im Aktienrecht, 1991, S. 46 ff.; *Hentzen* ZHR 157, 65 (69, 71); KölnKommAktG/*Koppensteiner* § 17 Rn. 115; K. Schmidt/Lutter AktG/*J. Vetter* § 17 Rn. 64; Spindler/Stilz AktG/*Schall* § 17 Rn. 52; GroßkommAktG/*Windbichler* § 17 Rn. 81; *Gräler,* Der Entherrschungsvertrag im Konzern- und Fusionskontrollrecht, 2018, S. 63 ff., 67 f.; *Hamm,* Der Entherrschungsvertrag, 2017, S. 131 ff.

[213] KölnKommAktG/*Koppensteiner* § 17 Rn. 104; MüKoAktG/*Bayer* § 17 Rn. 99; Hüffer/*Koch* AktG § 17 Rn. 21.

[214] KölnKommAktG/*Koppensteiner* § 17 Rn. 107; MüKoAktG/*Bayer* § 17 Rn. 100; Hüffer/*Koch* AktG § 17 Rn. 22.

[215] KölnKommAktG/*Koppensteiner* § 17 Rn. 107.

[216] MüKoAktG/*Bayer* § 17 Rn. 103 ff., 107.

[217] Habersack/Henssler Mitbestimmungsrecht/*Habersack* § 5 Rn. 19; KölnKommAktG/*Koppensteiner* § 17 Rn. 121; Hüffer/*Koch* AktG § 17 Rn. 11; aA zB *H. S. Werner* ZGR 1976, 447 (455) mwN.

[218] BAGE 22, 390 (397 f.); MüKoAktG/*Bayer* § 17 Rn. 93; Hüffer/*Koch* AktG § 17 Rn. 11; aA KölnKommAktG/*Koppensteiner* § 17 Rn. 120; GroßkommAktG/*Windbichler* § 17 Rn. 85.

[219] MüKoAktG/*Bayer* § 17 Rn. 115; KölnKommAktG/*Koppensteiner* § 17 Rn. 126; Hüffer/*Koch* AktG § 17 Rn. 23.

[220] KölnKommAktG/*Koppensteiner* § 17 Rn. 126; MüKoAktG/*Bayer* § 17 Rn. 115; Hüffer/*Koch* AktG § 17 Rn. 23.

widerlegen;[221] zur Frage, ob C in einem solchen Fall zur Erstellung eines Abhängigkeitsberichts nach § 312 AktG verpflichtet ist, vgl. → § 70 Rn. 73.

4. Rechtsfolgen. An die Abhängigkeit knüpft das **AktG** eine Vielzahl von Rechtsfolgen. 66 Zunächst begründet § 18 Abs. 1 S. 3 AktG die widerlegliche Vermutung, dass das abhängige Unternehmen mit dem herrschenden Unternehmen einen Konzern bildet (näher → Rn. 74 ff.). Das Gesetz führt damit in einer Kette widerlegbarer Vermutungen von der Mehrheitsbeteiligung über die Abhängigkeit zum Konzern. Die Rechtsbeziehungen zwischen abhängigen und herrschenden Unternehmen regeln namentlich §§ 311–318 AktG. Ergänzend dazu haben Rechtsprechung und Literatur weitere Rechtsregeln entwickelt; vgl. dazu ausführlich unten § 70. Überlässt eine abhängige Gesellschaft auf Grund eines Betriebspacht- oder -überlassungsvertrags den Betrieb ihres Unternehmens dem herrschenden Unternehmen, so ist dieses gemäß § 302 Abs. 2 AktG zur Verlustübernahme verpflichtet, soweit die vereinbarte Gegenleistung nicht angemessen ist; vgl. dazu → § 73 Rn. 38 f. Ein abhängiges Unternehmen darf im Zuge der Gründung oder einer Kapitalerhöhung keine Aktien der herrschenden Gesellschaft erwerben (§ 56 Abs. 2 AktG). Außerhalb von Gründung und Kapitalerhöhung sind dem abhängigen Unternehmen der Erwerb oder Besitz von Aktien an der herrschenden Gesellschaft nur gestattet, soweit der herrschenden Gesellschaft auch der Erwerb eigener Aktien erlaubt wäre (§ 71d S. 2 AktG). Zur Rechtslage, wenn ein Dritter für Rechnung des abhängigen Unternehmens Aktien der herrschenden Gesellschaft erwirbt, vgl. §§ 56 Abs. 3, 71d S. 2 AktG. Weitere Regelungen finden sich namentlich in §§ 16 Abs. 4, 89 Abs. 2, 100 Abs. 2 S. 1 Nr. 2, 115 Abs. 1 S. 2, 134 Abs. 1 S. 4, 136 Abs. 2, 145 Abs. 3, 160 Abs. 1 Nr. 1 u. 2, 305 Abs. 2 Nr. 2 und 320b Abs. 1 S. 3 AktG. Da abhängige und herrschende Unternehmen zu den verbundenen Unternehmen im Sinne von § 15 AktG zählen, gelten weiterhin auch alle Vorschriften über verbundene Unternehmen. Besteht zwischen dem abhängigen und dem herrschenden Unternehmen eine Mehrheitsbeteiligung, gelten außerdem die hierfür maßgeblichen Vorschriften, vgl. → Rn. 35. Daneben finden sich **außerhalb des AktG** vielfältige Anknüpfungen an das Bestehen eines Abhängigkeitsverhältnisses.[222] Neuere Gesetze verweisen dabei teilweise nicht auf § 17 AktG, sondern auf § 290 HGB (zB § 22 Abs. 3 WpHG, § 2 Abs. 6 WpÜG).

V. Konzern

1. Grundlagen. a) Allgemeines. Werden mehrere rechtlich selbstständige Unternehmen 67 unter einheitlicher Leitung zusammengefasst, bilden sie einen Konzern. Der Konzern ist eine besondere Organisationsform unternehmerischer Betätigung. Man kann ihn als Mischform aus vollständiger Integration in einem einheitlichen Unternehmen auf der einen und Kooperation zwischen unabhängigen Marktteilnehmern auf der anderen Seite verstehen.[223] Er ist jedoch eine Organisation ohne eigene Rechtsform.[224] Der typische Fall ist der Unterordnungskonzern, bei dem ein herrschendes Unternehmen ein oder mehrere abhängige Unternehmen unter seiner Leitung zusammenfasst (§ 18 Abs. 1 AktG). Besteht eine

---

[221] KölnKommAktG/*Koppensteiner* § 17 Rn. 126; MüKoAktG/*Bayer* § 17 Rn. 115; Hüffer/*Koch* AktG § 17 Rn. 23.
[222] Vgl. näher GroßkommAktG/*Windbichler* § 17 Rn. 7; Spindler/Stilz AktG/*Schall* § 17 Rn. 6.
[223] So *Engert* FS Baums, 2017, 385 (386, 393 ff.), dort auch zu den betriebswirtschaftlichen Vorteilen dieser teilintegrativen Organisationsform.
[224] Vgl. zum Problem der Einheit und Vielheit im Konzern etwa *Lutter* ZGR 1987, 324 (329); *Lutter* in Druey (Hrsg.), Das St. Galler Konzernrechtsgespräch, 1988, S. 225/226 ff.; *Teubner* ZGR 1991, 189 ff.; *Druey*, Gutachten H zum 59. Deutschen Juristentag, 1992, S. H 37 f.; *Bälz* AG 1992, 277 (300 ff.); *K. Schmidt* FS Lutter, 2000, 1167 (1173 ff.). Zum Fehlen einer eigenen Rechtsform neben den Genannten etwa Hüffer AktG/*Koch* § 76 Rn. 22; KölnKommAktG/*Koppensteiner* § 18 Rn. 10; aA *U. H. Schneider* BB 1986, 1993; *U. H. Schneider* BB 1981, 249; *Kersting* Der Konzern 2011, 445 (449 f.); *Aden* DZWiR 2011, 89 (91 f.); vgl. auch *Bälz* FS L. Raiser, 1974, 287.

einheitliche Leitung, ohne dass das eine Unternehmen vom anderen abhängig ist, handelt es sich um einen Gleichordnungskonzern (§ 18 Abs. 2 AktG). Die einzelnen Unternehmen, die einem Unterordnungs- oder Gleichordnungskonzern angehören, bezeichnet das Gesetz als Konzernunternehmen.

68 Damit die aktienrechtlichen Vorschriften über Konzerne Anwendung finden, muss eines der beteiligten Unternehmen eine Aktiengesellschaft oder KGaA sein. Für die anderen Konzernunternehmen genügt, dass sie die allgemeinen Voraussetzungen des Unternehmensbegriffs für übergeordnete (vgl. → Rn. 6 ff.) oder unter- bzw. gleichgeordnete (vgl. → Rn. 13) Unternehmen erfüllen.

69 **b) Zusammenfassung unter einheitlicher Leitung.** Sowohl beim Unterordnungs- als auch beim Gleichordnungskonzern müssen rechtlich selbstständige Unternehmen unter einheitlicher Leitung zusammengefasst sein. Die Zusammenfassung muss das Unternehmen **im Ganzen** betreffen. Die einheitliche Leitung nur einzelner Betriebe oder Unternehmensbereiche genügt nicht.[225] Ebenso wenig genügt eine nur gelegentliche Abstimmung der Unternehmenspolitik von Fall zu Fall. Vielmehr bedarf die Zusammenfassung einer gewissen **Beständigkeit.**[226] Das heißt nicht, dass sich ein Konzernverhältnis mit der Begründung bestreiten ließe, zwar liege derzeit einheitliche Leitung vor, in absehbarer Zeit werde sie aber enden.[227] Wohl aber lässt sich ein Konzernverhältnis mit der Begründung bestreiten, es handele sich gar nicht um eine Zusammenfassung unter einheitlicher Leitung, weil man nur im Einzelfall einmal die Unternehmenspolitik koordiniert habe.

70 Welchen Umfang die einheitliche Leitung haben muss, um einen Konzern zu begründen, ist umstritten. Nach dem wohl herrschenden **weiten Konzernbegriff** genügt die Wahrnehmung der unternehmerischen Leitungsfunktionen hinsichtlich einzelner Bereiche der Unternehmenspolitik. Die unternehmerischen Leitungsfunktionen (Planung, Organisation und Koordinierung, Kontrolle) müssen nicht in vollem Umfang vom herrschenden Unternehmen wahrgenommen werden; eine Beschränkung auf die Kontrolle genügt allerdings nicht. Ebenso wenig muss der gesamte Bereich der Unternehmenspolitik geleitet werden, sondern es genügt, wenn sich die einheitliche Leitung auf einzelne Funktionsbereiche, zum Beispiel Investitions-, Finanz-, Produktions-, Absatz- oder Personalpolitik beschränkt.[228] Ebenso kann sich die einheitliche Leitung bei einem divisional organisierten Konzern auf einzelne Sparten beschränken.[229] Die heute nur noch wenig vertretene Gegenmeinung geht von einem **engen Konzernbegriff** aus, dem die Vorstellung zugrunde liegt, es müsse durch die einheitliche Leitung aus den einzelnen Konzernunternehmen eine neue wirtschaftliche Einheit entstehen.[230] Diese Auffassung stellt die Finanzpolitik in den Vordergrund und hält eine konzernweite Finanzplanung für erforderlich und ausrei-

---

[225] MüKoAktG/*Bayer* § 18 Rn. 26; KölnKommAktG/*Koppensteiner* § 18 Rn. 5; Hüffer /*Koch* AktG § 18 Rn. 6.

[226] BAG AG 2012, 632 (635); MüKoAktG/*Bayer* § 18 Rn. 37; *Emmerich* in Emmerich/Habersack Aktien- und GmbH-Konzernrecht § 18 Rn. 15a; Habersack/Henssler Mitbestimmungsrecht/*Habersack* MitbestG § 5 Rn. 21; unklar KölnKommAktG/*Koppensteiner* § 18 Rn. 4.

[227] Insoweit zutreffend KölnKommAktG/*Koppensteiner* § 18 Rn. 4.

[228] BAG AG 2012, 632 (635); 1996, 367 (368); OLG Düsseldorf ZIP 2014, 517 (519); LG Oldenburg ZIP 1992, 1632 (1633); LG Mainz AG 1992, 30 (31); näher MüKoAktG/*Bayer* § 18 Rn. 33; Hüffer/Koch AktG § 18 Rn. 10 f.; *Emmerich* in Emmerich/Habersack Aktien- und GmbH-Konzernrecht § 18 Rn. 12 f.; K. Schmidt/Lutter AktG/*J. Vetter* § 18 Rn. 11; Bürgers/Körber AktG/ *Fett* § 18 Rn. 6; Geßler BB 1977, 1313 (1315); *J. Semler* DB 1977, 805 (808); jedenfalls für § 5 MitbestG auch BayObLG DB 1997, 973 (974); Habersack/Henssler Mitbestimmungsrecht/*Habersack* MitbestG § 5 Rn. 22 f.; für den Unterordnungskonzern auch Spindler/Stilz AktG/*Schall* § 18 Rn. 14.

[229] *J. Semler* DB 1977, 805 (808); *Dierdorf*, Herrschaft und Abhängigkeit einer Aktiengesellschaft auf schuldvertraglicher und tatsächlicher Grundlage, 1978, S. 66 ff., 91; jedenfalls für § 5 MitbestG ebenso Habersack/Henssler Mitbestimmungsrecht/*Habersack* MitbestG § 5 Rn. 22 f.

[230] So zB KölnKommAktG/*Koppensteiner* § 18 Rn. 25 ff.; für den Gleichordnungskonzern auch Spindler/Stilz AktG/*Schall* § 18 Rn. 15.

chend.²³¹ Der Meinungsstreit wirkt sich theoretisch auf die Frage aus, welche Anforderungen an die Widerlegung der Konzernvermutung zu stellen sind (vgl. → Rn. 74). Er hat gleichwohl **kaum praktische Bedeutung,** denn zum einen relativieren sich die Unterschiede, weil auch dem engen Konzernbegriff die Koordination der Finanzen genügt,²³² und zum anderen hat die Widerlegung der Konzernvermutung in der Praxis keine Bedeutung, weil im Allgemeinen die Widerlegung der Abhängigkeitsvermutung einfacher zum Ziel führt (vgl. → Rn. 74).

Die **technischen Formen,** um die einheitliche Leitung zu verwirklichen, sind vielgestaltig und für die rechtliche Beurteilung ohne Belang. Sie reichen von förmlichen Weisungen, Richtlinien, Genehmigungen und Prüfungen bis hin zu Einflussnahmen durch personelle Verflechtungen, Gesprächskreise und Ähnliches.²³³ 71

2. Unterordnungskonzern. a) Abhängigkeitsverhältnis und Konzernvermutung. Ein Unterordnungskonzern liegt vor, wenn zwischen den unter einheitlicher Leitung zusammengefassten Unternehmen ein **Abhängigkeitsverhältnis** besteht (§ 18 Abs. 1 AktG). Grundlage der einheitlichen Leitung im Unterordnungskonzern sind der herrschende Einfluss der Obergesellschaft und die Mittel, die diesen herrschenden Einfluss begründen. 72

Unternehmen, zwischen denen ein Beherrschungsvertrag (§ 291 Abs. 1 S. 1 AktG) besteht oder von denen das eine in das andere eingegliedert ist (§§ 319, 320 AktG), bilden wegen des mit dem **Beherrschungsvertrag** bzw. der **Eingliederung** sich verbindenden Weisungsrechts der Obergesellschaft (§§ 308, 323 AktG) gemäß § 18 Abs. 1 S. 2 AktG stets einen Unterordnungskonzern („Vertragskonzern" bzw. „Eingliederungskonzern"). Es handelt sich hier um eine gesetzliche Fiktion, die nicht widerlegt werden kann. 73

Bei Unternehmen, zwischen denen ohne Beherrschungsvertrag oder Eingliederung ein Abhängigkeitsverhältnis besteht, wird gemäß § 18 Abs. 1 S. 3 AktG vermutet, dass sie einen Konzern bilden („faktischer Konzern"). Diese **Konzernvermutung** kann **widerlegt** werden. In der Praxis kann daran vor allem zur Vermeidung der Konzernmitbestimmung (§ 5 Abs. 1 MitbestG; § 2 Abs. 1 DrittelbG) Interesse bestehen.²³⁴ Es muss dazu der Nachweis erbracht werden, dass trotz des herrschenden Einflusses keine Zusammenfassung unter der einheitlichen Leitung des herrschenden Unternehmens besteht. Die Anforderungen an diesen Nachweis hängen von den Anforderungen ab, die man an die einheitliche Leitung stellt (vgl. → Rn. 70). Stellt man mit dem engen Konzernbegriff auf das Vorhandensein und die Durchsetzung einer konzernweiten Finanzplanung ab, lässt sich die Konzernvermutung durch den Nachweis widerlegen, dass die abhängigen Unternehmen in ihrer Finanzpolitik frei sind.²³⁵ Nimmt man mit dem weiten Konzernbegriff an, dass eine einheitliche Leitung auch dann schon vorliege, wenn ein anderer wesentlicher Bereich der Unternehmenspolitik einheitlich geleitet werde, muss für sämtliche wesentlichen unternehmenspolitischen Bereiche der Nachweis der Unabhängigkeit geführt werden.²³⁶ Das kann nur in Ausnahmefällen gelingen, namentlich bei reinen Finanzbetei- 74

---

²³¹ KölnKommAktG/*Koppensteiner* § 18 Rn. 25 f.; *Lutter,* Holding-Handbuch, Rn. 1.44; zum Inhalt der finanziellen Koordination näher KölnKommAktG/*Koppensteiner* § 18 Rn. 30.
²³² Zutreffend K. Schmidt/Lutter AktG/*J. Vetter* § 18 Rn. 9.
²³³ OLG Düsseldorf ZIP 2018, 1976 (1979); näher MüKoAktG/*Bayer* § 18 Rn. 34 ff.; KölnKommAktG/*Koppensteiner* § 18 Rn. 38; *Everling* DB 1981, 2549; *Hofmann* DB 1982, 2473; *Scheffler* DB 1985, 2005 (2006 ff.).
²³⁴ Vgl. etwa die Fälle BAG AG 2012, 632; OLG Düsseldorf ZIP 2018, 1976; 2014, 517; BayObLG AG 2002, 511; OLG Stuttgart AG 1990, 168 (169); OLG Düsseldorf AG 1979, 318; LG Köln AG 1985, 252 f.
²³⁵ KölnKommAktG/*Koppensteiner* § 18 Rn. 45; *Lutter,* Holding Handbuch, Rn. 1.49.
²³⁶ BAG AG 2012, 632 (635); OLG Düsseldorf ZIP 2014, 517 (519); Hüffer/Koch AktG § 18 Rn. 19; *Emmerich* in Emmerich/Habersack Aktien- und GmbH-Konzernrecht § 18 Rn. 23 f.

ligungen.²³⁷ Der einfachere Weg ist es für die Praxis häufig, nicht erst die Konzernvermutung widerlegen zu wollen, sondern die Abhängigkeit zu beseitigen und im Falle einer Mehrheitsbeteiligung die Abhängigkeitsvermutung nach § 17 Abs. 2 AktG zu widerlegen, namentlich durch Abschluss eines Entherrschungsvertrages (vgl. dazu → Rn. 62 f.). Die Konzernvermutung entfällt nicht schon dadurch, dass das abhängige Unternehmen dem **MitbestG** oder der Montanmitbestimmung untersteht.²³⁸

75 **b) Mehrstufige Konzerne und mehrfache Konzernzugehörigkeit.** Konzernverhältnisse können, ebenso wie Abhängigkeitsverhältnisse, mehrstufig sein. Sind A an B und B an C mit Mehrheit beteiligt, so sind nach der Vermutung des § 17 Abs. 2 AktG sowohl B als auch C von A abhängig (vgl. → Rn. 49). Es besteht daher gem. § 18 Abs. 1 S. 3 AktG auch die Vermutung eines Unterordnungskonzerns mit den Konzernunternehmen A, B und C.

76 Umstritten ist die Frage, ob neben diesem Unterordnungskonzern aus A, B und C noch ein zweiter **„Konzern im Konzern"** zwischen B und C existieren kann. Die Bedeutung dieser Frage liegt im Betriebsverfassungs- und Mitbestimmungsrecht (vgl. → § 28 Rn. 12 u. 20). Dabei geht es darum, ob außer bei der Konzernobergesellschaft auch bei einer Zwischengesellschaft ein Konzernbetriebsrat (§ 54 BetrVG) bzw. ein mitbestimmter Aufsichtsrat gebildet werden kann. Zum Betriebsverfassungsrecht²³⁹ und zum Mitbestimmungsrecht²⁴⁰ wird die Möglichkeit eines „Konzerns im Konzern" überwiegend anerkannt, sofern dem Tochterunternehmen eigenverantwortliche Leitungsmacht eingeräumt wird; in den bekannt gewordenen Entscheidungen wurde diese Voraussetzung jedoch zumeist als nicht erfüllt angesehen.²⁴¹ Im Aktienrecht ist die Frage zu verneinen, allerdings auch ohne praktische Bedeutung.²⁴² Zur Frage einer mehrfachen Konzernzugehörigkeit bei **Verbindung von Unterordnungs- und Gleichordnungskonzernen** vgl. → Rn. 84 f.

77 **Gemeinschaftsunternehmen,** die von mehreren Müttern gemeinsam beherrscht werden (vgl. dazu → Rn. 51 ff.) können auch in einem Konzernverhältnis zu jeder der Obergesellschaften stehen (vgl. auch → § 28 Rn. 13 u. 21).²⁴³ Voraussetzung hierfür ist die gemeinsame einheitliche Leitung durch die Obergesellschaften. Dazu gehört eine dauerhafte Grundlage für die Ausübung einheitlicher Leitung. Deshalb wird im Allgemeinen ein Konsortialvertrag erforderlich sein, der die gemeinsame Leitung durch die Mütter regelt.

---

²³⁷ OLG Düsseldorf ZIP 2018, 1976 (1979); 2014, 517 (520); BayObLG AG 2002, 511; 1998, 523 (524); weitere Hinweise zu möglichen Widerlegungsansätzen bei GroßkommAktG/*Windbichler* § 18 Rn. 37 ff.

²³⁸ Habersack/Henssler Mitbestimmungsrecht/*Habersack* MitbestG § 5 Rn. 27; KölnKommAktG/ *Koppensteiner* § 18 Rn. 42; MüKoAktG/*Bayer* § 18 Rn. 47; Hüffer/*Koch* AktG § 18 Rn. 18; aA noch *Lutter* ZGR 1977, 195 (211); *H. S. Werner* ZGR 1976, 447 (470 ff.).

²³⁹ Vgl. etwa BAG AG 2018, 847 Rn. 21; Fitting/Engels/Schmidt/Trebinger/Linsenmaier BetrVG § 54 Rn. 32; GK-BetrVG/*Franzen* § 54 Rn. 35; aA Richardi BetrVG/*Annuß* § 54 Rn. 10 ff.; *Schweisfurth*, Der Konzern im Konzern als Mitbestimmungsproblem, 2001, S. 237 ff.

²⁴⁰ Vgl. etwa BAG ZIP 2007, 1518 (1520 f.); OLG München ZIP 2008, 2414 (2415); OLG Düsseldorf WM 1979, 956; OLG Zweibrücken AG 1984, 80 (81); LG Nürnberg-Fürth WM 1984, 263 (264); LG München AG 1996, 186; eingehend *Schweisfurth*, Der Konzern im Konzern als Mitbestimmungsproblem, 2001, S. 111 ff.; offengelassen aber von OLG Düsseldorf WM 1997, 668 (671); LG Hamburg AG 1996, 89; ablehnend zB GroßkommAktG/*Windbichler* § 18 Rn. 83; ausführliche weitere Nachweise bei /Henssler Mitbestimmungsrecht/*Habersack* MitbestG § 5 Rn. 35 und → § 28 Rn. 20.

²⁴¹ Anders LG Frankfurt a. M. ZIP 2019, 79, für eine gem. § 10a Abs. 2 KWG als „übergeordnetes Unternehmen" bestimmte Tochtergesellschaft.

²⁴² KölnKommAktG/*Koppensteiner* § 18 Rn. 31; MüKoAktG/*Bayer* § 18 Rn. 42; Hüffer/*Koch* AktG § 18 Rn. 14; *Lutter*, Holding-Handbuch, Rn. 1.38.

²⁴³ Heute hM, vgl. etwa BAGE 22, 390 (394); BAG AG 2005, 533 (535 c.); ZIP 2007, 1518 (1524); KölnKommAktG/*Koppensteiner* § 18 Rn. 34; MüKoAktG/*Bayer* § 18 Rn. 43; Hüffer/Koch AktG § 18 Rn. 16; Spindler/Stilz AktG/*Schall* § 18 Rn. 21; aA etwa GroßkommAktG *Windbichler* § 18 Rn. 85; *Wessing/Hölters* DB 1977, 864 ff.

Auch hierfür können im Einzelfall jedoch rein tatsächliche Umstände genügen. Besteht zwischen dem Gemeinschaftsunternehmen und den Muttergesellschaften ein Beherrschungsvertrag (vgl. dazu → § 71 Rn. 11), wird das Bestehen eines Konzernverhältnisses zu jeder der Muttergesellschaften gemäß § 18 Abs. 1 S. 2 AktG unwiderleglich vermutet.[244] Hingegen wird die Ansicht vertreten, die widerlegliche Konzernvermutung nach § 18 Abs. 1 S. 3 AktG greife nicht ein. Vielmehr bedürfe es bei einem Gemeinschaftsunternehmen mit zwei Muttergesellschaften zusätzlicher Umstände, wie der Stimmenpoolung; bei Gemeinschaftsunternehmen mit mehr als zwei Muttergesellschaften greife die Konzernvermutung sogar nur dann ein, wenn im Konsortialvertrag das Einstimmigkeitsprinzip vereinbart sei.[245] Dem ist nicht zu folgen. Besondere Umstände müssen vorliegen, damit ein Gemeinschaftsunternehmen als von mehreren Müttern gemeinsam abhängig angesehen werden kann (vgl. → Rn. 51 ff.). Sind diese Voraussetzungen aber erfüllt, ist kein Grund ersichtlich, um die Konzernvermutung des § 18 Abs. 1 S. 3 AktG aufzugeben.[246]

c) **Rechtsfolgen.** Das Aktienrecht knüpft nur wenige Rechtsfolgen unmittelbar an das Vorliegen eines Konzerns. Das Organisationsrecht der Konzerne ist überwiegend nicht in Anknüpfung an den Konzernbegriff, sondern an andere Tatbestände, namentlich den Abhängigkeitstatbestand, geregelt. Im Übrigen sind die gesetzlichen Regelungen zur Konzernverfassung nur bruchstückhaft. Die Entwicklung eines Konzernverfassungsrechts ist daher seit langem Gegenstand einer reichen Rechtsprechung und Literatur; vgl. zu diesen Fragen schon → Rn. 1 und näher bei §§ 70 (faktischer Konzern), 71 (Vertragskonzern) und 74 (Eingliederungskonzern). Im Vordergrund der Rechtsfolgen, die sich an den Konzerntatbestand knüpfen, stand früher die Verpflichtung zur Konzernrechnungslegung gem. §§ 329 ff. AktG aF, die inzwischen außerhalb des Aktiengesetzes geregelt ist und an andersartige Kontrollsituationen anknüpft (vgl. §§ 290 ff. HGB). Im AktG stellen namentlich die Regelungen der §§ 97 Abs. 1, 100 Abs. 2 S. 2, 134 Abs. 1 S. 4 und 145 Abs. 3 AktG auf den Konzerntatbestand ab. Da im Unterordnungskonzern zwischen der Konzernobergesellschaft und den nachgeordneten Gesellschaften ein Abhängigkeitsverhältnis besteht, sind darüber hinaus die Vorschriften über Abhängigkeitsverhältnisse anwendbar (vgl. → Rn. 66). Weiter anwendbar sind die Vorschriften über verbundene Unternehmen (vgl. → Rn. 16). Sofern zwischen Konzernunternehmen eine Mehrheitsbeteiligung besteht, sind schließlich auch noch die auf Mehrheitsbeteiligungen anwendbaren Vorschriften zu beachten (vgl. → Rn. 35).

3. **Gleichordnungskonzern. a) Voraussetzungen und Grundlagen. aa) Allgemeines.** Sind rechtlich selbstständige Unternehmen, ohne dass das eine von dem anderen abhängig ist, unter einheitlicher Leitung zusammengefasst, bilden sie einen Gleichordnungskonzern (§ 18 Abs. 2 AktG). Seine praktische Bedeutung ist im Verhältnis zum Unterordnungskonzern geringer;[247] am größten scheint sie in der Versicherungswirtschaft zu sein.[248] Die Erscheinungsformen von Gleichordnungskonzernen sind sehr unterschiedlich. Eine grobe **Systematisierung** unterscheidet danach, ob zwischen den Partnern eine

---

[244] KölnKommAktG/*Koppensteiner* § 18 Rn. 43; Hüffer/*Koch* AktG § 18 Rn. 17; MüKoAktG/*Bayer* § 18 Rn. 45.
[245] So namentlich Habersack/Henssler Mitbestimmungsrecht/*Habersack* MitbestG § 5 Rn. 52 mwN; ähnlich *Säcker* NJW 1980, 801 (806).
[246] BAG AG 1988, 106 (109); KölnKommAktG/*Koppensteiner* § 18 Rn. 44; Hüffer/Koch AktG § 18 Rn. 18; K. Schmidt/Lutter AktG/*J. Vetter* § 18 Rn. 21; *Marchand,* Abhängigkeit und Konzernzugehörigkeit von Gemeinschaftsunternehmen, 1985, S. 217 ff.; *Exner,* Beherrschungsvertrag und Vertragsfreiheit, 1984, S. 265.
[247] Beispiele aus der Praxis bei BAG ZIP 2004, 1468; BGHZ 121, 137 (146 ff.); BGH WM 1999, 293; OLG Brandenburg 2.8.2007 – 6 U 127/05 (juris); BKartA AG 1996, 477; *Gromann,* Die Gleichordnungskonzerne im Konzern- und Wettbewerbsrecht, 1979, S. 10 ff.; *Lutter/Drygala* ZGR 1995, 557 f.; *K. Schmidt* FS Rittner, 1991, 561 (563 ff.).
[248] *Timm/Messing* FS Hommelhoff, 2012, 1237 (1238 ff.).

Kapitalverflechtung besteht oder nicht und ob diese zur Ausübung der einheitlichen Leitung ein Zentralorgan schaffen oder nicht.[249] Kapitalmäßige Verflechtungen zwischen den Partnern sind in der Praxis wohl die Regel.

80 **bb) Mangelnde Abhängigkeit.** Auch bei einem Gleichordnungskonzern müssen mehrere rechtlich selbstständige Unternehmen unter einheitlicher Leitung zusammengefasst sein, wobei auch hier über die Frage Streit besteht, ob dem weiten oder dem engen Konzernbegriff (→ Rn. 70) zu folgen ist.[250] Der Unterschied zum Unterordnungskonzern besteht nur darin, dass das eine Unternehmen **nicht vom anderen abhängig ist.** Die einheitliche Leitung im Gleichordnungskonzern beruht also nicht auf der Abhängigkeit eines Unternehmens von dem anderen. Die beteiligten Unternehmen dürfen, wenn ein Gleichordnungskonzern vorliegen soll, auch nicht von einer zu ihrer gemeinsamen Leitung geschaffenen Leitungs- oder Zentralgesellschaft abhängig sein,[251] da auch dies zum Unterordnungskonzern führen würde, vgl. dazu noch → Rn. 82. Ein Gleichordnungskonzern kann auch vorliegen, wenn zwei Unternehmen von einem gemeinsamen Mehrheitsgesellschafter abhängig sind, dieser jedoch keine Konzernleitungsmacht ausübt, sondern es den Geschäftsführungsorganen der beiden Unternehmen überlässt, diese einheitlich zu leiten.[252] Theoretisch ist es auch denkbar, dass zwischen zwei Unternehmen, von denen das eine am anderen **mit Mehrheit beteiligt** ist, ein Gleichordnungskonzern begründet wird. Es muss dann allerdings die Abhängigkeitsvermutung des § 17 Abs. 2 AktG widerlegt sein.[253]

81 **cc) Vertraglicher Gleichordnungskonzern.** Der einheitlichen Leitung im Gleichordnungskonzern liegen zumeist vertragliche Absprachen zwischen den beteiligten Unternehmen zugrunde. Die Partner legen in solchen **„Gleichordnungsverträgen"**[254] fest, welche Unternehmensbereiche der einheitlichen Leitung unterliegen und nach welchen Regeln die Partner auf die gemeinsamen Leitungsentscheidungen Einfluss nehmen. Vielfach wird zugleich eine Gewinngemeinschaft (§ 292 Abs. 1 Nr. 1 AktG; näher → § 73 Rn. 8 ff.) begründet. Die einheitliche Leitung erfolgt häufig unter Einschaltung eines gemeinsamen Leitungsorgans[255] oder einer gemeinschaftlich gebildeten Zentralgesellschaft in der Rechts-

---

[249] So die Systematisierung von *Gromann*, Die Gleichordnungskonzerne im Konzern- und Wettbewerbsrecht, 1979, S. 10 ff.; ebenso KölnKommAktG/*Koppensteiner* § 18 Rn. 37; ähnlich *Keck*, Nationale und internationale Gleichordnungskonzerne im deutschen Konzern- und Kollisionsrecht, 1998, S. 58 ff.

[250] Für den weiten Konzernbegriff etwa MüKoAktG/*Bayer* § 18 Rn. 50; aA *Emmerich* in Emmerich/Habersack Aktien- und GmbH-Konzernrecht/*Emmerich* § 18 Rn. 28; Spindler/Stilz AktG/*Schall* § 18 Rn. 29.

[251] Hüffer/Koch AktG § 18 Rn. 20; MüKoAktG/*Bayer* § 18 Rn. 57; Emmerich in Emmerich/Habersack Aktien- und GmbH-Konzernrecht § 18 Rn. 32; Gromann, Die Gleichordnungskonzerne im Konzern- und Wettbewerbsrecht, 1979, S. 3 f. mwN in Fn. 3; *Milde*, Der Gleichordnungskonzern im Gesellschaftsrecht, 1996, S. 129 ff.; *Keck*, Nationale und internationale Gleichordnungskonzerne im deutschen Konzern- und Kollisionsrecht, 1998, S. 21 ff.; aA *K. Schmidt* ZHR 155 (1991), 417 (423 ff.); *Wellkamp* DB 1993, 2517 (2518).

[252] Begr. RegE AktG, abgedruckt bei *Kropff*, Aktiengesetz, 1965, S. 33 f.; MüKoAktG/*Bayer* § 18 Rn. 55; *Milde*, Der Gleichordnungskonzern im Gesellschaftsrecht, 1996, S. 136; aA KölnKommAktG/*Koppensteiner* § 18 Rn. 8, der dies nur für möglich hält, wenn die Vermutung der Abhängigkeit vom Mehrheitsgesellschafter widerlegt wird.

[253] *Milde*, Der Gleichordnungskonzern im Gesellschaftsrecht, 1996, S. 126 f.; *Keck*, Nationale und internationale Gleichordnungskonzerne im deutschen Konzern- und Kollisionsrecht, 1998, S. 58 f.

[254] Vertragsmuster bei *Bungert*, Münchener Vertragshandbuch, Band 1: Gesellschaftsrecht, 8. Aufl. 2018, Form. X.10; Happ AktienR Bd.II/*Liebscher* Form 17.01.

[255] So in dem Vertragsmuster von *Happ*, Konzern- und Umwandlungsrecht/*Liebscher* Form. 2.01a; vgl. dazu auch *Milde*, Der Gleichordnungskonzern im Gesellschaftsrecht, 1996, S. 111; *Keck*, Nationale und internationale Gleichordnungskonzerne im deutschen Konzern- und Kollisionsrecht, 1998, S. 62 ff.

form einer Personen- oder Kapitalgesellschaft, der die Leitung übertragen wird.[256] Möglich ist aber auch die Koordination durch Herstellung einer zumindest partiellen Personalunion zwischen den Geschäftsführungsorganen der beteiligten Unternehmen.[257]

Auch bei Einschaltung einer Zentralgesellschaft als Leitungsorgan unterscheidet sich der Gleichordnungskonzern vom Unterordnungskonzern dadurch, dass kein Abhängigkeitsverhältnis zu der Zentralgesellschaft besteht. Die Unternehmen sind nicht fremdem Willen unterworfen, sondern dem von ihnen in der Zentralgesellschaft gemeinsam gebildeten einheitlichen Leitungswillen.[258] Diese Beurteilung ändert sich jedoch, wenn die Konzernunternehmen nicht gleichberechtigt an der einheitlichen Leitung beteiligt sind; dann liegt ein Unterordnungskonzern vor.[259] Das heißt nicht, dass jede Benachteiligung einer Gesellschaft zur Umqualifizierung des Gleichordnungs- in einen Unterordnungskonzern führe.[260] Auch im Gleichordnungskonzern kann es zu Benachteiligungen der Partner kommen, die Haftungsfolgen auslösen (vgl. → Rn. 88 f.), aber keine Umqualifizierung des Konzerns. Eine solche tritt erst ein, wenn es an einer **gleichberechtigten Mitwirkung** an der Konzernleitung fehlt. Es ist deshalb auch nicht möglich, die einheitliche Leitung im Gleichordnungsvertrag einem der beteiligten Unternehmen zu übertragen und das andere von der Mitwirkung an der einheitlichen Willensbildung auszuschließen;[261] auch dann handelt es sich um einen Unterordnungskonzern. Anders wird dies allerdings zu beurteilen sein, wenn die einheitliche Leitung zwar durch eines der gleichgeordneten Unternehmen erfolgt, jedoch nicht vertraglich abgesichert ist und diesem daher nicht aus eigenem Recht zusteht, sondern das andere Unternehmen sich rein faktisch der einheitlichen Leitung unterwirft.

dd) Faktischer Gleichordnungskonzern. Der Gleichordnungskonzern muss nicht auf vertraglichen Absprachen beruhen. Es gibt auch den faktischen Gleichordnungskonzern ohne Vertragsgrundlage.[262] Dafür kommt namentlich der Fall in Betracht, dass ein gemeinsamer Mehrheitsgesellschafter die beiden Unternehmen nicht selbst leitet, sondern sich darauf beschränkt, die Koordination und einheitliche Leitung der beiden Unternehmen auf andere Weise herzustellen. Das typische Koordinierungsmittel dafür ist eine **personelle Verflechtung** zwischen den Geschäftsführungsorganen.[263] Aber auch ohne gemeinsame

---

[256] MüKoAktG/*Bayer* § 18 Rn. 53; *Gromann*, Die Gleichordnungskonzerne im Konzern- und Wettbewerbsrecht, 1979, S. 44 ff.; *Milde*, Der Gleichordnungskonzern im Gesellschaftsrecht, 1996, S. 110, 129 ff.

[257] So in dem Vertragsmuster von *Bungert*, Münchener Vertragshandbuch, Band 1: Gesellschaftsrecht, 8. Aufl. 2018, Form. X.10.

[258] Ausführlich *Gromann*, Die Gleichordnungskonzerne im Konzern- und Wettbewerbsrecht, 1979, S. 47 ff.; *Milde*, Der Gleichordnungskonzern im Gesellschaftsrecht, 1996, S. 129 f.; Hüffer/*Koch* AktG § 18 Rn. 20; GroßkommAktG/*Windbichler* § 18 Rn. 52; *Emmerich* in Emmerich/Habersack Aktien- und GmbH-Konzernrecht § 18 Rn. 32; KölnKommAktG/*Koppensteiner* § 18 Rn. 9; aA *K. Schmidt* ZHR 155 (1991), 417 (423 ff.); *Wellkamp* DB 1993, 2517 (2518).

[259] *Gromann*, Die Gleichordnungskonzerne im Konzern- und Wettbewerbsrecht, 1979, S. 47 f.; *Milde*, Der Gleichordnungskonzern im Gesellschaftsrecht, 1996, S. 129 f.; Hüffer/*Koch* AktG § 18 Rn. 20; *Emmerich* in Emmerich/Habersack Aktien- und GmbH-Konzernrecht § 18 Rn. 32; MüKoAktG/*Bayer* § 18 Rn. 57; aA KölnKommAktG/*Koppensteiner* § 18 Rn. 9; *K. Schmidt* ZHR 155 (1991), 417 (423 ff.); *Wellkamp* DB 1993, 2517 (2518); *Lutter*/*Drygala* ZGR 1995, 557 (561 ff.).

[260] So aber *Lutter*/*Drygala* ZGR 1995, 557 (562); *Wellkamp* DB 1993, 2517 (2518); aA MüKoAktG/*Bayer* § 18 Rn. 57 f.

[261] So aber *Keck*, Nationale und internationale Gleichordnungskonzerne im deutschen Konzern- und Kollisionsrecht, 1998, S. 40 ff.

[262] BGHZ 121, 137 (146 ff.); MüKoAktG/*Bayer* § 18 Rn. 54; *Emmerich* in Emmerich/Habersack Aktien- und GmbH-Konzernrecht § 18 Rn. 30 f.; Hüffer/*Koch* AktG § 18 Rn. 21; *Keck*, Nationale und internationale Gleichordnungskonzerne im deutschen Konzern- und Kollisionsrecht, 1998, S. 125 ff.

[263] Hüffer/*Koch* AktG § 18 Rn. 21; *Gromann*, Die Gleichordnungskonzerne im Konzern- und Wettbewerbsrecht, 1979, S. 4; *Keck*, Nationale und internationale Gleichordnungskonzerne im deut-

Mehrheitsbeteiligung eines dritten Unternehmens ist ein faktischer Gleichordnungskonzern denkbar. Allerdings wird dies die Ausnahme sein.

84 ee) Verbund von Gleichordnungs- und Unterordnungskonzern. Wenn die Partner eines Gleichordnungskonzerns ihrerseits abhängige Gesellschaften haben, die sie einheitlich leiten, gehören auch alle abhängigen Unternehmen der Partner dem Gleichordnungskonzern an, sämtliche beteiligten Unternehmen sind Konzernunternehmen eines einzigen Gleichordnungskonzerns.[264] Hingegen stehen die abhängigen Unternehmen der gleichgeordneten Obergesellschaften in einem Abhängigkeitsverhältnis nur zu ihrer jeweiligen Obergesellschaft; die Gleichordnungsverbindung an der Spitze führt also nicht zu einer Erstreckung des Abhängigkeitsverhältnisses auch auf die abhängigen Unternehmen des anderen Gleichordnungspartners.[265] Obwohl neben dem Gleichordnungskonzern ein Unterordnungskonzern nicht existiert, ist § 100 Abs. 2 S. 2 AktG auf die Aufsichtsratsmandate, die die gesetzlichen Vertreter von Konzernunternehmen des Gleichordnungskonzerns in Aufsichtsräten abhängiger Gesellschaften innehaben, analog anwendbar;[266] das dürfte für Aufsichtsratsmandate sowohl in eigenen als auch in Tochtergesellschaften des jeweils anderen Gleichordnungspartners gelten.

85 Demgegenüber wird man nicht annehmen können, dass ein abhängiges Unternehmen im Unterordnungskonzern zugleich Partner eines Gleichordnungskonzerns sein kann, denn eine zweifache einheitliche Leitung ist nicht denkbar. Es kann also weder die abhängige Gesellschaft eines Unterordnungskonzerns zugleich mit dritten Unternehmen einen Gleichordnungskonzern bilden,[267] noch ist zwischen Schwestergesellschaften im Unterordnungskonzern zugleich eine Gleichordnungsverbindung möglich.[268] Damit kommt auch eine Horizontalhaftung zwischen solchen Schwestergesellschaften nach den Grundsätzen des Gleichordnungskonzerns (vgl. → Rn. 88 f.) nicht in Betracht.[269]

86 b) Konzernbildung. Ob der Abschluss eines Gleichordnungsvertrags durch eine Aktiengesellschaft im Ermessen des Vorstands liegt oder der Zustimmung der Hauptversammlung bedarf, ist umstritten. Das Aktiengesetz stellt in § 291 Abs. 2 AktG klar, dass ein Gleichordnungsvertrag kein Beherrschungsvertrag ist. Die Vorschriften der §§ 293 ff. AktG über Abschluss, Änderung und Beendigung von Unternehmensverträgen, über die Sicherung der Gesellschaft und der Gläubiger und über die Sicherung der außenstehenden Aktionäre gelten also nicht. Namentlich findet auch § 293 AktG über die Erforderlichkeit einer Zustimmung der Hauptversammlung zum Abschluss von Unternehmensverträgen keine

---

schen Konzern- und Kollisionsrecht, 1998, S. 129 ff.; *Lutter,* Gutachten H zum 48. Deutschen Juristentag, 1970, S. 39; *Timm/Messing* FS Hommelhoff, 2012, 1237 (1240 f.).

[264] Begr. RegE AktG, abgedruckt bei *Kropff,* Aktiengesetz, 1965, S. 34; *Emmerich* in Emmerich/ Habersack Aktien- und GmbH-Konzernrecht § 18 Rn. 7; Hüffer/*Koch* AktG § 18 Rn. 15; KölnKommAktG/*Koppensteiner* § 18 Rn. 33; GroßkommAktG/*Windbichler* § 18 Rn. 60; *Gromann,* Die Gleichordnungskonzerne im Konzern- und Wettbewerbsrecht, 1979, S. 71; *Milde,* Der Gleichordnungskonzern im Gesellschaftsrecht, 1996, S. 132 ff.

[265] GroßkommAktG/*Windbichler* § 18 Rn. 61; aA *Gromann,* Die Gleichordnungskonzerne im Konzern- und Wettbewerbsrecht, 1979, S. 72 ff.

[266] *Emmerich* in Emmerich/Habersack Aktien- und GmbH-Konzernrecht § 18 Rn. 7; Hüffer/*Koch* AktG § 18 Rn. 15.

[267] *Emmerich* in Emmerich/Habersack Aktien- und GmbH-Konzernrecht § 18 Rn. 33; Spindler/ Stilz AktG/*Schall* § 18 Rn. 18; aA *Milde,* Der Gleichordnungskonzern im Gesellschaftsrecht, 1996, S. 134 f.

[268] *Emmerich* in Emmerich/Habersack Aktien- und GmbH-Konzernrecht § 18 Rn. 33; MüKoAktG/*Bayer* § 18 Rn. 55; KölnKommAktG/*Koppensteiner* § 18 Rn. 8; GroßkommAktG/*Windbichler* § 18 Rn. 62 f.; *Milde,* Der Gleichordnungskonzern im Gesellschaftsrecht, 1996, S. 135 f.; aA *K. Schmidt* ZHR 155 (1991), 417 (421, 443); *K. Schmidt,* FS Lutter, 2000, 1167 (1188); *Jaschinski,* Die Haftung von Schwestergesellschaften im GmbH-Unterordnungskonzern, 1997, S. 89 ff.

[269] Anders aber AG Eisenach AG 1995, 519 f.

§ 69 Grundlagen

Anwendung. Nach herrschender Meinung kann daher der Vorstand einen Gleichordnungsvertrag **ohne Zustimmung der Hauptversammlung** abschließen,[270] und auch einer Eintragung ins Handelsregister bedarf es nicht.[271] Etwas anderes gilt allerdings auch nach herrschender Meinung, wenn in dem Gleichordnungsvertrag gleichzeitig ein Unternehmensvertrag im Sinne der §§ 291 f. AktG – namentlich eine Gewinngemeinschaft oder ein Betriebsüberlassungsvertrag – mitenthalten ist. Dies ist recht häufig der Fall. Es finden dann die entsprechenden Vorschriften über Unternehmensverträge Anwendung.[272] Nach anderer Ansicht soll der Abschluss eines Gleichordnungsvertrages entsprechend § 293 AktG der Zustimmung der Hauptversammlung bedürfen,[273] teilweise wird zusätzlich die Eintragung ins Handelsregister gefordert.[274] Dem ist jedoch nicht zu folgen. Die Frage, ob Gleichordnungsverträge der Zustimmung der Hauptversammlung unterstellt werden sollten, ist im Gesetzgebungsverfahren erörtert worden, und der Gesetzgeber hat davon bewusst abgesehen.[275] Damit ist für die Begründung einer Hauptversammlungszuständigkeit durch analoge Anwendung anderer Vorschriften kein Raum mehr.[276] Aus dem gleichen Grund scheidet die Annahme einer ungeschriebenen Zuständigkeit der Hauptversammlung nach den Grundsätzen der Holzmüller/Gelatine-Rechtsprechung (vgl. dazu → § 70 Rn. 9 ff., 43 ff.) aus.[277]

c) Konzernleitung und Haftung. Im Gleichordnungskonzern leitet der Vorstand die 87 Gesellschaft nicht mehr eigenständig, sondern im Zusammenwirken mit dem oder den Partnern der Gleichordnungsverbindung. Das führt zu der Frage, ob es zulässig ist, die Gesellschaft im Interesse anderer Konzernunternehmen zu schädigen und welche Haftungsfolgen solche Schädigungen nach sich ziehen.

---

[270] MüKoAktG/*Altmeppen* § 291 Rn. 215 f.; KölnKommAktG/*Koppensteiner* § 291 Rn. 104; Hüffer/*Koch* AktG § 18 Rn. 20, § 291 Rn. 34; Spindler/Stilz AktG/*Schall* § 18 Rn. 31; *Milde*, Der Gleichordnungskonzern im Gesellschaftsrecht, 1996, S. 229 f.; *Hommelhoff*, Die Konzernleitungspflicht, 1982, S. 289; *Gromann*, Die Gleichordnungskonzerne im Konzern- und Wettbewerbsrecht, 1979, S. 34; im Grundsatz auch Spindler/Stilz AktG/*Veil* § 291 Rn. 55 ff., der allerdings eine HV-Zustimmung der betroffenen AG für nötig hält, wenn der Vertrag Führungsentscheidungen gegen den Willen der Gesellschaft zulassen will, grds. auch K. Schmidt/Lutter AktG/*J. Vetter* § 18 Rn. 37, der „allenfalls ausnahmsweise" eine Analogie zu § 293 AktG und den Holzmüller/Gelatine-Grundsätzen in Betracht zieht.
[271] Hüffer/*Koch* AktG § 291 Rn. 34; K. Schmidt/Lutter AktG/*Langenbucher* § 291 Rn. 67; MüKoAktG/*Altmeppen* § 291 Rn. 215.
[272] Hüffer/*Koch* AktG § 18 Rn. 20.
[273] *Emmerich* in Emmerich/Habersack Aktien- und GmbH-Konzernrecht § 18 Rn. 34 f.; *Keck*, Nationale und internationale Gleichordnungskonzerne im deutschen Konzern- und Kollisionsrecht, 1998, S. 88 ff.; *Timm*, Die Aktiengesellschaft als Konzernspitze, 1980, Seite 152 ff.; *Wellkamp* DB 1993, 2517 (2518 f.); K. Schmidt ZHR 155 (1991), 417 (427); im Ergebnis auch *Harbarth* AG 2004, 573 (581), der die Holzmüller-Grundsätze für einschlägig hält; differenzierend Spindler/Stilz AktG/*Veil* § 291 Rn. 55 ff. und *Veil*, Unternehmensverträge, 2003, S. 276 ff., der eine HV-Zustimmung fordert, wenn der Vertrag Führungsentscheidungen gegen den Willen der Gesellschaft zulassen will; K. Schmidt/Lutter AktG/*J. Vetter* § 18 Rn. 37, der für Ausnahmefälle eine Analogie zu § 293 AktG und den Holzmüller/Gelatine-Grundsätzen erwägt.
[274] *Wellkamp* DB 1993, 2517 (2519); offengelassen von K. Schmidt ZHR 155 (1991), 417 (427); de lege lata ablehnend *Keck*, Nationale und internationale Gleichordnungskonzerne im deutschen Konzern- und Kollisionsrecht, 1998, S. 95 ff.
[275] Begr. RegE AktG, abgedruckt bei *Kropff*, Aktiengesetz, 1965, S. 377.
[276] MüKoAktG/*Altmeppen* § 291 Rn. 216; *Hommelhoff*, Die Konzernleitungspflicht, 1982, S. 390 Fn. 78; *Milde*, Der Gleichordnungskonzern im Gesellschaftsrecht, 1996, S. 230.
[277] Im Ergebnis ebenso K. Schmidt/Lutter AktG/*Langenbucher* § 291 Rn. 67; einschränkend MüKoAktG/*Altmeppen* § 291 Rn. 217; K. Schmidt/Lutter AktG/*J. Vetter* § 18 Rn. 37, die es für möglich halten, dass bei Abschluss eines Gleichordnungsvertrages im Einzelfall eine Holzmüller-Zuständigkeit der Hauptversammlung bestehen könne; aA *Harbarth* AG 2004, 573 (581), der stets einen Holzmüller-Fall annimmt.

88 Zumindest im **faktischen Gleichordnungskonzern** bleibt der Vorstand an die Interessen seines Unternehmens gebunden. Er darf keine Maßnahmen ergreifen, die diesen Unternehmensinteressen zuwiderlaufen, mögen sie auch im Gesamtinteresse des Konzerns liegen (Schädigungsverbot).[278] Bei einem Verstoß gegen das Schädigungsverbot sind die übrigen Partner der Gleichordnungsverbindung wegen Verletzung der ihnen obliegenden Treuepflicht schadensersatzpflichtig.[279] Entsprechend den Grundsätzen zum qualifiziert faktischen Unterordnungskonzern (vgl. eingehend → § 70 Rn. 141 ff.) kann darüber hinaus auch im faktischen Gleichordnungskonzern entsprechend §§ 302, 303 AktG eine Verpflichtung zum Verlustausgleich und zur Ausfallhaftung gegenüber Gläubigern der Gesellschaft eintreten, wenn gegen das Schädigungsverbot verstoßen wird, ein Einzelausgleich der Schäden jedoch unmöglich ist.[280] Daneben haften Vorstand und Aufsichtsrat der geschädigten Gesellschaft gemäß §§ 93, 116 AktG. Eine Verpflichtung zur Erstattung eines „Gleichordnungsberichts" analog § 312 AktG lässt sich nicht begründen.[281]

89 Nach herrschender Auffassung gilt auch im **vertraglichen Gleichordnungskonzern**, dass die Vorstände an die Interessen ihres Unternehmens gebunden bleiben und § 76 AktG weiterhin anwendbar ist. Vertragliche Weisungsrechte lassen sich nach dieser Meinung nicht begründen, nachteilige Veranlassungen darf der Vorstand nicht befolgen. Es gilt das gleiche Schädigungsverbot wie im faktischen Gleichordnungskonzern, mit der Folge, dass eine Verletzung dieses Verbots die oben geschilderten Haftungsfolgen nach sich zieht.[282] Nach anderer Auffassung soll im vertraglichen Gleichordnungskonzern auch das Recht zur Erteilung nachteiliger Weisungen vereinbart werden können. Diese Ansicht wird zumeist von Autoren vertreten, die den Gleichordnungsvertrag an die Zustimmung der Hauptversammlung binden.[283] Zum Schutz der Gesellschaft und ihrer Gläubiger wird zum Teil nur verlangt, der Vorstand müsse für eine angemessene Beteiligung am Erfolg des Konzer-

---

[278] *Emmerich* in Emmerich/Habersack Aktien- und GmbH-Konzernrecht § 18 Rn. 36; MüKoAktG/*Altmeppen* vor Vor § 311 Rn. 82 ff.; *Gromann*, Die Gleichordnungskonzerne im Konzern- und Wettbewerbsrecht, 1979, S. 56 ff.; *Hommelhoff*, Die Konzernleitungspflicht, 1982, S. 389; *Milde*, Der Gleichordnungskonzern im Gesellschaftsrecht, 1996, S. 157 ff.; *Lutter/Drygala* ZGR 1995, 557 (566 f.); vgl. auch MüKoAktG/*Bayer* § 18 Rn. 58.

[279] *Hüffer/Koch* AktG § 291 Rn. 35; K. Schmidt/Lutter AktG/*J. Vetter* § 18 Rn. 31 ff.; *Milde*, Der Gleichordnungskonzern im Gesellschaftsrecht, 1996, S. 172 ff.; *Lutter/Drygala* ZGR 1995, 557 (565 ff.); ähnlich MüKoAktG/*Altmeppen* vor § 311 Rn. 82 ff., 86, der auf die allgemeinen Regeln, insbes. § 117 AktG, verweist; weitergehend *Emmerich* in Emmerich/Habersack Aktien- und GmbH-Konzernrecht § 18 Rn. 36, der §§ 311, 317 AktG analog anwenden will; ähnlich *Keck*, Nationale und internationale Gleichordnungskonzerne im deutschen Konzern- und Kollisionsrecht, 1998, S. 150 ff.

[280] AG Eisenach AG 1995, 519 f.; *Raiser/Veil* Kapitalgesellschaften § 57 Rn. 37; *Lutter/Drygala* ZGR 1995, 557 (568 ff.); *Keck*, Nationale und internationale Gleichordnungskonzerne im deutschen Konzern- und Kollisionsrecht, 1998, S. 160 ff.; *Jaschinski*, Die Haftung von Schwestergesellschaften im GmbH-Unterordnungskonzern, 1997, S. 167 ff.; noch weitergehend *K. Schmidt* ZHR 155 (1991), 417 (439 ff.); ablehnend *Milde*, Der Gleichordnungskonzern im Gesellschaftsrecht, 1996, S. 181 ff.; *Hüffer/Koch* AktG § 291 Rn. 35; vgl. auch *Emmerich* in Emmerich/Habersack Aktien- und GmbH-Konzernrecht § 18 Rn. 37; K. Schmidt/Lutter AktG/*J. Vetter* § 18 Rn. 34.

[281] MüKoAktG/*Altmeppen* vor § 311 Rn. 85; zweifelnd MüKoAktG/*Bayer* § 18 Rn. 59.

[282] Vgl. insbesondere MüKoAktG/*Altmeppen* § 291 Rn. 223 f.; *Emmerich* in Emmerich/Habersack Aktien- und GmbH-Konzernrecht § 18 Rn. 36; *Lutter*, Gutachten H zum 48. Deutschen Juristentag, 1970, S. 40 f.; *Hommelhoff*, Die Konzernleitungspflicht, 1982, S. 388 f.; *Gromann*, Die Gleichordnungskonzerne im Konzern- und Wettbewerbsrecht, 1979, S. 58 ff.; *Hösch* WiB 1997, 231 (232); *Lutter/Drygala* ZHR 1995, 557 (566 f.).

[283] So zB Spindler/Stilz AktG/*Veil* § 291 Rn. 57 f.; *K. Schmidt* ZHR 155 (1991), 417 (426 ff.); *Wellkamp* DB 1993, 2517 (2519 ff.); *Keck*, Nationale und internationale Gleichordnungskonzerne im deutschen Konzern- und Kollisionsrecht, 1998, S. 115 ff.; *Milde*, Der Gleichordnungskonzern im Gesellschaftsrecht, 1996, S. 152 ff. Anders allerdings KölnKommAktG/*Koppensteiner* § 291 Rn. 104, der keine HV-Zustimmung verlangt und nachteilige Weisungen für möglich hält.

nierung sorgen, anderenfalls er gem. § 93 AktG hafte.[284] Andere Autoren machen eine Ausnahme vom Schädigungsverbot davon abhängig, dass zwischen den Konzernmitgliedern eine Ergebnisgemeinschaft vereinbart ist,[285] oder gehen von einer Verpflichtung zum Verlustausgleich und zur Gläubigerbesicherung analog §§ 302, 303 AktG aus,[286] vereinzelt werden zudem ein angemessener Ausgleich und eine angemessene Abfindung analog §§ 304, 305 AktG für die mit der Bildung des Gleichordnungskonzerns nicht einverstandenen Aktionäre gefordert.[287] Insgesamt ist die Rechtslage unübersichtlich und von einer abschließenden Klärung entfernt.

d) Sonstige Rechtsfolgen. Die **aktienrechtlichen Vorschriften,** die an das Vorliegen eines Konzerns anknüpfen (vgl. → Rn. 78), gelten grundsätzlich für den Gleichordnungskonzern ebenso wie für den Unterordnungskonzern.[288] Soweit in **anderen Gesetzen** an den Konzernbegriff des Aktiengesetzes angeknüpft wird, ist häufig nur der Unterordnungskonzern gemeint. ZB werden Gleichordnungskonzerne nicht von der Konzernmitbestimmung (§ 5 Abs. 1 MitbestG)[289] und dem Recht zur Bildung eines Konzernbetriebsrats (§ 54 BetrVG) erfasst.[290]

Daneben sind alle Vorschriften über **verbundene Unternehmen** (vgl. → Rn. 16) anwendbar, nicht jedoch die Regelungen für abhängige und herrschende Unternehmen, da es zwischen den gleichgeordneten Unternehmen im Gleichordnungskonzern an einem Abhängigkeitsverhältnis fehlt. Allerdings können die gleichgeordneten Unternehmen ihrerseits weitere Unternehmen beherrschen (vgl. → Rn. 84); im Verhältnis zu solchen Unternehmen finden dann wieder die Vorschriften für Abhängigkeitsverhältnisse (vgl. → Rn. 66) Anwendung.

Ob und inwieweit Gleichordnungskonzerne dem **Kartellverbot** nach § 1 GWB, Art. 101 AEUV unterliegen, ist umstritten.[291] Das Bundeskartellamt hat in einem Fall, in dem der Konzernvertrag für 10 bis 15 Jahre unkündbar und eine umfassende einheitliche Leitung gesichert war, angenommen, dass der Gleichordnungskonzern nicht als Kartell anzusehen sei.[292] Im Rahmen der Fusionskontrolle werden Gleichordnungskonzerne von §§ 36 Abs. 2 S. 1, 37 Abs. 1 Nr. 4 GWB erfasst.[293] Im Rahmen des EU-Kartellrechts kann die Bildung eines Gleichordnungskonzerns als Fusion iSv Art. 3 Abs. 1 lit. a FKVO anzusehen sein.[294]

---

[284] KölnKommAktG/*Koppensteiner* § 291 Rn. 104; ebenso Spindler/Stilz AktG/*Veil* § 291 Rn. 57 f. unter der Voraussetzung der HV-Zustimmung, während Gleichordnungsverträge ohne HV-Zustimmung kein Weisungsrecht begründen könnten.
[285] *K. Schmidt* ZHR 155 (1991), 417 (428 ff.); *Milde,* Der Gleichordnungskonzern im Gesellschaftsrecht, 1996, S. 152 ff.
[286] *Wellkamp* DB 1993, 2517 (2519 ff.); *Keck,* Nationale und internationale Gleichordnungskonzerne im deutschen Konzern- und Kollisionsrecht, 1998, S. 115 ff.
[287] *Keck,* Nationale und internationale Gleichordnungskonzerne im deutschen Konzern- und Kollisionsrecht, 1998, S. 117; ablehnend *Milde,* Der Gleichordnungskonzern im Gesellschaftsrecht, 1996, S. 212 ff.
[288] Besonderheiten gelten für § 100 Abs. 2 S. 2 AktG, vgl. dazu → Rn. 84 und Hüffer/*Koch* AktG § 18 Rn. 15; KölnKommAktG/*Koppensteiner* § 18 Rn. 33.
[289] Habersack/Henssler Mitbestimmungsrecht/*Habersack* MitbestG § 5 Rn. 12 mwN.
[290] BAG NZA 2011, 866 (868); Fitting/Engels/Schmidt/Trebinger/Linsenmaier BetrVG § 54 Rn. 9.
[291] Vgl. dazu etwa Langen/Bunte Kartellrecht/*Bunte* GWB § 1 Rn. 324; Immenga/Mestmäcker Wettbewerbsrecht *Zimmer* GWB § 1 Rn. 116, AEUV Art. 101 Abs. 1 Rn. 114; Immenga/Mestmäcker Wettbewerbsrecht/*Thomas* GWB § 36 Rn. 889 ff.; Wiedemann HdB KartellR/*Wiedemann* § 15 Rn. 32 f.
[292] BKartA, Tätigkeitsbericht 1973, BT-Drs. 7/2250, 98 f.
[293] BGHZ 121, 137; BGH WM 1999, 293; Immenga/MestmäckerWettbewerbsrecht/*Thomas* GWB § 36 Rn. 875 ff., § 37 Rn. 185; MünchKommWettbewerbsrecht/*Bach* GWB § 37 Rn. 48, 110.
[294] Immenga/Mestmäcker Wettbewerbsrecht/*Thomas* GWB § 37 Rn. 185; MünchKomm.Wettbewerbsrecht/*Bach* GWB § 37 Rn. 48;.

93 **e) Beendigung des Gleichordnungskonzerns.** Voraussetzungen und Folgen der Auflösung von Gleichordungskonzernen sind kaum untersucht. Soweit es an vertraglichen Regelungen fehlt, ist von der jederzeitigen Kündbarkeit auszugehen (§ 723 Abs. 1 S. 1 BGB). Die bei der anschließenden Abwicklung sich möglicherweise stellenden Fragen nach der Rückabwicklung von Vermögensdispositionen und dem Schicksal von Stimmbindungsvereinbarungen werden sich nur im jeweiligen Einzelfall unter Berücksichtigung einer nachwirkenden Treuepflicht der Partner beantworten lassen.[295]

VI. Wechselseitige Beteiligungen

94 **1. Allgemeines.** Wechselseitige Beteiligungen[296] bergen Probleme für die Kapitalaufbringung und -erhaltung sowie für die Willensbildung in der Gesellschafterversammlung. Es besteht die Gefahr, dass „die gleiche zwischen beiden Gesellschaften hin- und herwandernde Einlage mehrfach zur Kapitalerhöhung verwendet werden" kann und es „zu einer den Grundsätzen des Gesellschaftsrechts widersprechenden Herrschaft der Verwaltung in der Gesellschafterversammlung" kommt.[297] Das Aktiengesetz lässt wechselseitige Beteiligungen zu, enthält aber eine Reihe von Sonderregelungen, die die Ausübung von Rechten aus wechselseitigen Beteiligungen und das Zustandekommen wechselseitiger Beteiligungen innerhalb von Abhängigkeitsverhältnissen beschränken.[298]

95 **2. Einfache wechselseitige Beteiligung. a) Voraussetzungen.** Eine einfache wechselseitige Beteiligung liegt vor, wenn jedem der beiden beteiligten Unternehmen mehr als 25 % der Anteile des jeweils anderen gehört, ohne dass aber eine Mehrheitsbeteiligung oder ein Abhängigkeitsverhältnis besteht. Bei Bestehen einer Mehrheitsbeteiligung oder eines Abhängigkeitsverhältnisses handelt es sich um eine qualifizierte wechselseitige Beteiligung, für welche besondere Regeln gelten (vgl. → Rn. 110 ff.). Voraussetzung ist weiter, dass es sich um Unternehmen mit Sitz im **Inland** und in der Rechtsform einer **Kapitalgesellschaft** (AG, SE, KGaA, GmbH) handelt (§ 19 Abs. 1 S. 1 AktG). Die Vorschriften über wechselseitig beteiligte Unternehmen kommen also nicht zur Anwendung auf wechselseitige Beteiligungen mit Unternehmen anderer Rechtsformen (zB wechselseitige Beteiligung zwischen AG und KG). Sie kommen auch nicht zur Anwendung auf wechselseitige Beteiligungen mit einer Gesellschaft mit Sitz im Ausland. Vgl. dazu aber auch noch → Rn. 109 u. 114.

96 Jedem der Unternehmen muss mehr als 25 % der Anteile des anderen Unternehmens gehören. Die **Anteilsberechnung** richtet sich nach §§ 16 Abs. 2 S. 1 und Abs. 4 AktG (§ 19 Abs. 1 S. 2 AktG). Die Berechnung bestimmt sich daher bei Kapitalgesellschaften nach dem Nennbetrag der Anteile, bei Gesellschaften mit Stückaktien nach der Zahl der Aktien. Da nur auf § 16 Abs. 2 S. 1 AktG verwiesen wird, finden die Vorschriften über die Absetzung eigener Anteile bei der Berechnung nach § 16 Abs. 1 S. 2 und 3 AktG keine Anwendung.[299]

97 Anteile Dritter werden bei der Berechnung nach näherer Maßgabe von § 16 Abs. 4 AktG zugerechnet (vgl. im Einzelnen → Rn. 27). Für die **Zurechnung** nach § 16 Abs. 4

---

[295] Vgl. dazu erstmals näher *Timm/Messing* FS Hommelhoff, 2012, 1237 (1241 ff.).
[296] Zur wirtschaftlichen Bedeutung vgl. näher KölnKommAktG/*Koppensteiner* § 19 Rn. 4; *Emmerich* in Emmerich/Habersack Aktien- und GmbH-Konzernrecht § 19 Rn. 4; MüKoAktG/*Bayer* § 19 Rn. 7 f.; *Adams* AG 1994, 148 ff.; *Korch*, Ringbeteiligungen von Aktiengesellschaften, 2002, S. 142 ff.
[297] Begr. RegE AktG, abgedruckt bei *Kropff*, Aktiengesetz, 1965, S. 34 f.; s. dazu auch MüKoAktG/*Bayer* § 19 Rn. 1 ff.; KölnKommAktG/*Koppensteiner* § 19 Rn. 3; Hüffer/*Koch* AktG § 19 Rn. 1; *Emmerich* in Emmerich/Habersack Aktien- und GmbH-Konzernrecht § 19 Rn. 5 ff.
[298] Kritisch zur bestehenden Rechtslage und mit weitreichenden Reformvorschlägen *Adams* AG 1994, 148. Zur Vermögensbindung beim Aufbau wechselseitiger Beteiligungen vgl. eingehend *Cahn*, Kapitalerhaltung im Konzern, 1998, S. 151 ff.
[299] KölnKommAktG/*Koppensteiner* § 19 Rn. 19; MüKoAktG/*Bayer* § 19 Rn. 30; Hüffer/*Koch* AktG § 19 Rn. 3.

AktG sind der Sitz und die Rechtsform der Unternehmen, deren Anteile zugerechnet werden, ohne Belang. Anteile Dritter können also auch dann zugerechnet werden, wenn es sich bei den Anteilsinhabern nicht um Kapitalgesellschaften handelt und wenn sie nicht ihren Sitz im Inland haben.[300] Die Zurechnung erfolgt – ebenso wie bei § 16 Abs. 4 AktG – unabhängig davon, ob das Unternehmen, dem eine Beteiligung zugerechnet werden soll, unmittelbar oder nur mittelbar Anteile an dem anderen Unternehmen besitzt.[301]

98 Die Vorschriften über die wechselseitigen Beteiligungen gelten nur zwischen zwei Unternehmen. **Ringförmige wechselseitige Beteiligungen**[302] fallen nicht darunter. Sind zB A an B, B an C und C an A mit je mehr als 25 % beteiligt, liegt grundsätzlich keine wechselseitige Beteiligung vor.[303] Anders kann es sich verhalten, wenn unter den ringförmig verbundenen Unternehmen Abhängigkeitsverhältnisse bestehen. Sind A an B, B an C und C an A mit je mehr als 25 % beteiligt und ist B von A abhängig, so wird A die Beteiligung von B an C gemäß §§ 19 Abs. 1 S. 2, 16 Abs. 4 AktG zugerechnet. Es besteht dann eine wechselseitige Beteiligung zwischen A und C.[304] Ist im Beispielsfall C an B ebenfalls mit mehr als 25 % beteiligt, so bestehen zwei wechselseitige Beteiligungen, eine unmittelbare zwischen B und C und auf Grund der Zurechnung nach § 16 Abs. 4 AktG eine mittelbare zwischen A und C. Entsprechendes gilt, wenn in einer ringförmigen Beteiligung mehrere Unternehmen voneinander abhängig sind. Ist im Beispielsfall B von A, C von B und A von C abhängig, so bestehen wegen der Zurechnung nach § 16 Abs. 4 wechselseitige Beteiligungen zwischen A und B, B und C sowie C und A.[305] Es gelten in einem solchen Fall allerdings nicht die Regeln über einfache, sondern über qualifizierte wechselseitige Beteiligungen (§ 19 Abs. 3 AktG); namentlich ist § 328 AktG nicht anwendbar.[306]

b) Rechtsfolgen. aa) Anwendungsbereich des § 328 AktG. Die Rechtsfolgen ein- **99** facher wechselseitiger Beteiligungen regelt § 328 AktG. Die Vorschrift gilt nur für die einfache wechselseitige Beteiligung im Sinne von § 19 Abs. 1 AktG. Besteht zwischen den wechselseitig beteiligten Unternehmen ein Abhängigkeitsverhältnis oder eine Mehrheitsbeteiligung, gelten die Sondervorschriften für qualifizierte wechselseitige Beteiligungen; vgl. dazu → Rn. 110 ff. Zur Sonderregelung für wechselseitige Beteiligungen aus der Zeit vor Inkrafttreten des Aktiengesetzes vgl. §§ 6 und 7 EGAktG.

bb) Beschränkung der Rechte gemäß § 328 Abs. 1 und 2 AktG. Sobald einem **100** Unternehmen das Bestehen einer wechselseitigen Beteiligung zwischen ihm und einem anderen Unternehmen bekannt geworden ist, kann es Rechte aus seinen Anteilen an dem anderen Unternehmen nur noch für höchstens **25 % aller Anteile** des anderen Unternehmens ausüben (§ 328 Abs. 1 S. 1 AktG). Voraussetzung dafür ist das Vorliegen einer einfachen wechselseitigen Beteiligung im Sinne von § 19 Abs. 1 AktG. Für wechselseitige Beteiligungen, die die Voraussetzungen des § 19 Abs. 1 AktG nicht erfüllen, etwa weil eines der Unternehmen eine Personengesellschaft ist oder seinen Sitz im Ausland hat, greift die Beschränkung der Rechte nicht ein.

---

[300] KölnKommAktG/*Koppensteiner* § 19 Rn. 20; MüKoAktG/*Bayer* § 19 Rn. 31.
[301] KölnKommAktG/*Koppensteiner* § 19 Rn. 20; MüKoAktG/*Bayer* § 19 Rn. 31; *Emmerich* in Emmerich/Habersack Aktien- und GmbH-Konzernrecht § 19 Rn. 10.
[302] Zu den Modellen ringförmiger Beteiligungen und ihren Rechtsfolgen eingehend *Korch*, Ringbeteiligungen von Aktiengesellschaften, 2002, S. 148 ff.
[303] KölnKommAktG/*Koppensteiner* § 19 Rn. 22; MüKoAktG/*Bayer* § 19 Rn. 36; Hüffer/*Koch* AktG § 19 Rn. 3.
[304] KölnKommAktG/*Koppensteiner* § 19 Rn. 23; MüKoAktG/*Bayer* § 19 Rn. 37; Hüffer/*Koch* AktG § 19 Rn. 5.
[305] KölnKommAktG/*Koppensteiner* § 19 Rn. 23; MüKoAktG/*Bayer* § 19 Rn. 38; Hüffer/*Koch* AktG § 19 Rn. 8; aA *Wastl/Wagner* AG 1997, 241 (245, 248).
[306] KölnKommAktG/*Koppensteiner* § 19 Rn. 23; MüKoAktG/*Bayer* § 19 Rn. 39; Hüffer/*Koch* AktG § 19 Rn. 8.

101 Auf welche Weise dem Unternehmen das Bestehen der wechselseitigen Beteiligung bekannt geworden ist, spielt keine Rolle. Das Gesetz erwähnt besonders die Mitteilungen nach §§ 20 Abs. 3 und 21 Abs. 1 AktG (vgl. dazu → Rn. 124 u. 152). Jeder andere Weg der **Kenntniserlangung** löst die Rechtsfolge aber auch aus, namentlich auch eine Mitteilung nach § 33 Abs. 1 WpHG.[307] Erforderlich ist positive Kenntnis.[308] Nicht genügend ist eine Mitteilung nach § 20 Abs. 1 AktG, weil die Beteiligungsquote für die Zwecke des § 20 Abs. 1 AktG anders zu berechnen ist als im Rahmen von § 19 Abs. 1 AktG (vgl. § 20 Abs. 2 AktG und → Rn. 121).[309]

102 Das Verbot erfasst **sämtliche Rechte** aus den die 25%-Quote übersteigenden Anteilen. Für diese Anteile kann weder das Stimmrecht, noch das Recht auf Gewinnausschüttungen, noch das Bezugsrecht bei Kapitalerhöhungen ausgeübt werden.[310] Für das Recht auf neue Aktien bei einer Kapitalerhöhung aus Gesellschaftsmitteln macht das Gesetz eine Ausnahme (§ 328 Abs. 1 S. 2 AktG), weil dadurch die Beteiligungsquote nicht verändert wird. Nach dem Sinn und Zweck des Gesetzes ist es außerdem richtig, auch den Anspruch auf Auszahlung des Liquidationserlöses von der Sanktion auszunehmen.[311]

103 Diese Rechtsfolgen treten nicht nur für die eigenen Aktien ein, sondern auch für **Aktien Dritter**, die dem wechselseitig beteiligten Unternehmen nach § 16 Abs. 4 AktG zugerechnet werden (§ 328 Abs. 1 S. 3 AktG). Der Inhaber solcher Aktien kann daraus also ebenfalls keine Rechte ausüben. Die Anteile von bis zu 25%, aus denen die Rechte weiterhin ausgeübt werden können, sind nach dem Verhältnis ihrer Beteiligungen auf das wechselseitig beteiligte Unternehmen und die Dritten, deren Anteile zugerechnet werden, zu verteilen;[312] die betroffenen Unternehmen können jedoch eine abweichende Verteilung vereinbaren.[313]

104 Die Beschränkung der Rechte nach § 328 Abs. 1 AktG soll normalerweise nicht beide, sondern nur eines der beiden wechselseitig beteiligten Unternehmen treffen. Die Beschränkung der Rechte gilt deshalb gemäß § 328 Abs. 2 AktG für dasjenige der beiden Unternehmen nicht, welches das andere als erstes gemäß §§ 20 Abs. 3 oder 21 Abs. 1 AktG – bzw. bei börsennotierten Gesellschaften gem. § 33 Abs. 1 WpHG –[314] darüber informiert, dass ihm mehr als 25% der Anteile an dem anderen Unternehmen gehören. Voraussetzung ist, dass die Mitteilung erfolgt, bevor dem anderen Unternehmen das Bestehen der wechselseitigen Beteiligung bekannt geworden ist. Erwirbt also A eine mehr als 25%-ige Beteiligung an B und macht es darüber ordnungsgemäß nach § 20 Abs. 3 oder § 21 Abs. 1 AktG bzw. § 33 Abs. 1 WpHG Mitteilung, so ist A von der Rechtsbeschränkung nach

---

[307] *Emmerich* in Emmerich/Habersack Aktien- und GmbH-Konzernrecht § 328 Rn. 5; KölnKommAktG/*Koppensteiner* § 328 Rn. 6; MüKoAktG/*Grunewald* § 328 Rn. 5; K. Schmidt/Lutter AktG/*J. Vetter* § 328 Rn. 12.

[308] *Emmerich* in Emmerich/Habersack Aktien- und GmbH-Konzernrecht § 328 Rn. 14; Hüffer/*Koch* AktG § 328 Rn. 3.

[309] KölnKommAktG/*Koppensteiner* § 328 Rn. 6; Hüffer/*Koch* AktG § 328 Rn. 3.

[310] KölnKommAktG/*Koppensteiner* § 328 Rn. 13; MüKoAktG/*Grunewald* § 328 Rn. 9; Hüffer/*Koch* AktG § 328 Rn. 4.

[311] MüKoAktG/*Grunewald* § 328 Rn. 9; KölnKommAktG/*Koppensteiner* § 328 Rn. 13; Spindler/Stilz AktG/*Schall* § 328 Rn. 14; Bürgers/Körber AktG/*Fett* § 328 Rn. 9; aA K. Schmidt/Lutter AktG/*J. Vetter* § 328 Rn. 15; offen *Emmerich* in Emmerich/Habersack Aktien- und GmbH-Konzernrecht § 328 Rn. 20; GroßkommAktG/*Fleischer* § 328 Rn. 21.

[312] KölnKommAktG/*Koppensteiner* § 328 Rn. 15; *Emmerich* in Emmerich/Habersack Aktien- und GmbH-Konzernrecht § 328 Rn. 20; Hüffer/*Koch* AktG § 328 Rn. 4; aA MüKoAktG/*Grunewald* § 328 Rn. 13; K. Schmidt/Lutter AktG/*J. Vetter* § 328 Rn. 17, die mangels anderweitiger Einigung die Ausübungssperre vorrangig auf das direkt beteiligte Unternehmen beziehen.

[313] *Emmerich* in Emmerich/Habersack Aktien- und GmbH-Konzernrecht § 328 Rn. 20; Hüffer/*Koch* AktG § 328 Rn. 5; MüKoAktG/*Grunewald* § 328 Rn. 13.

[314] Die unterlassene Nennung dieser Vorschrift ist ein offensichtliches Redaktionsversehen des Gesetzes; vgl. *Emmerich* in Emmerich/Habersack Aktien- und GmbH-Konzernrecht § 328 Rn. 5; KölnKommAktG/*Koppensteiner* § 328 Rn. 6; MüKoAktG/*Grunewald* § 328 Rn. 5.

§ 328 Abs. 1 AktG nicht betroffen, wenn B später auch mehr als 25 % der Anteile an A erwirbt; lediglich B fällt dann unter die Beschränkungen des § 328 Abs. 1 AktG.

Die **Privilegierung des § 328 Abs. 2 AktG** entfällt, wenn die Mitteilung nach § 20 Abs. 3 oder § 21 Abs. 1 AktG bzw. § 33 Abs. 1 WpHG erst gemacht wird, nachdem das Bestehen der wechselseitigen Beteiligung dem mitteilenden Unternehmen schon bekannt geworden ist. Bei gleichzeitiger wechselseitiger Mitteilung käme die Privilegierung nach dem Gesetzeswortlaut an sich beiden wechselseitig beteiligten Unternehmen zugute. Nach dem Sinn und Zweck der Vorschrift, wird man in diesem Fall jedoch § 328 Abs. 1 AktG auf beide Unternehmen anwenden müssen.[315]

cc) Stimmrechtsausschluss gemäß § 328 Abs. 3 AktG. Durch das KonTraG ist § 328 AktG um Abs. 3 ergänzt worden. Nach dieser Vorschrift kann ein Unternehmen, dem eine wechselseitige Beteiligung an einer börsennotierten Aktiengesellschaft (vgl. dazu § 3 Abs. 2 AktG und → § 2 Rn. 15) bekannt ist, sein Stimmrecht zur **Wahl** von Mitgliedern **in den Aufsichtsrat** nicht ausüben. Die Regelung geht über § 328 Abs. 1 AktG insofern hinaus, als nach Abs. 1 die Stimmrechtsausübung nur für den über 25 % der Aktien hinausgehenden Anteil an dem anderen Unternehmen ausgeschlossen ist, während Abs. 3 die Ausübung sämtlicher Stimmrechte ausschließt. Abs. 3 setzt eine wechselseitige Beteiligung iSv Abs. 1 voraus, so dass für die Berechnung auch § 16 Abs. 4 AktG anwendbar ist (Abs. 1 Satz 3).[316] Die Ausnahme in § 328 Abs. 2 findet wohl auch auf Abs. 3 Anwendung, dh der Stimmrechtsausschluss entfällt, wenn das an der börsennotierten Gesellschaft beteiligte Unternehmen seine Mitteilungspflicht erfüllt hat, bevor es von dem Bestehen der wechselseitigen Beteiligung Kenntnis erlangt hat.[317] Der Stimmrechtsausschluss nach § 328 Abs. 3 AktG betrifft nur die Aufsichtsratswahl, mangels Gesetzeslücke kann er nicht auf andere Angelegenheiten der Verwaltungskontrolle (zB Entlastungsbeschlüsse) ausgedehnt werden.[318]

dd) Sonstige Rechtsfolgen. Über wechselseitige Beteiligungen ist nach §§ 20 Abs. 3, 21 Abs. 1 AktG bzw. § 33 Abs. 1 WpHG sowie § 328 Abs. 4 AktG **Mitteilung** zu machen; vgl. dazu näher → Rn. 124, 150 f., 155. Darüber hinaus ist das Bestehen einer wechselseitigen Beteiligung unter Angabe des anderen Unternehmens im Anhang des Jahresabschlusses darzulegen (§ 160 Abs. 1 Nr. 7 AktG). Schließlich finden auf wechselseitig beteiligte Unternehmen alle Vorschriften über verbundene Unternehmen Anwendung (§ 15 AktG).

Die Regelungen der §§ 19, 328 AktG gehen davon aus, dass der Aufbau einer einfachen wechselseitigen Beteiligung grundsätzlich zulässig ist. Darin liegt daher kein Verstoß gegen die Kapitalschutzregel des § 57 AktG (vgl. aber auch → Rn. 109).[319] Die Verwaltung kann allerdings ihre kaufmännischen Sorgfaltspflichten verletzen und sich entsprechenden Schadensersatzrisiken aussetzen (§§ 93, 116 AktG), wenn sie in Kenntnis einer gem. §§ 328 Abs. 1 und 3 AktG eintretenden Rechtsbeschränkung eine insoweit für die Gesellschaft wertlose wechselseitige Beteiligung auf- oder ausbaut.

---

[315] KölnKommAktG/*Koppensteiner* § 328 Rn. 12; MüKoAktG/*Grunewald* § 328 Rn. 8; *Emmerich* in Emmerich/Habersack Aktien- und GmbH-Konzernrecht § 328 Rn. 18.
[316] *Emmerich* in Emmerich/Habersack Aktien- und GmbH-Konzernrecht § 328 Rn. 23; MüKoAktG/*Grunewald* § 328 Rn. 10; KölnKommAktG/*Koppensteiner* § 328 Rn. 17; K. Schmidt/Lutter AktG/*J. Vetter* § 328 Rn. 23; Hüffer/*Koch* AktG § 328 Rn. 7.
[317] *Emmerich* in Emmerich/Habersack Aktien- und GmbH-Konzernrecht § 328 Rn. 23a; KölnKommAktG/*Koppensteiner* § 328 Rn. 17; MüKoAktG/*Grunewald* § 328 Rn. 10; K. Schmidt/Lutter AktG/*J. Vetter* § 328 Rn. 24; Hüffer/*Koch* AktG § 328 Rn. 7; aA Spindler/Stilz AktG/*Schall* § 328 Rn. 30 f.; Grigoleit AktG/*Rachlitz* § 328 Rn. 13.
[318] So aber Grigoleit AktG/*Rachlitz* § 328 Rn. 13; wie hier Spindler/Stilz AktG/*Schall* § 328 Rn. 27; Bürgers/Körber AktG/*Fett* § 328 Rn. 10; MüKoAktG/*Grunewald* § 328 Rn. 10.
[319] Vgl. auch KölnKommAktG/*Koppensteiner* § 19 Rn. 30, § 328 Rn. 3; MüKoAktG/*Bayer* § 19 Rn. 12 ff., 45; *Emmerich* in Emmerich/Habersack Aktien- und GmbH-Konzernrecht § 19 Rn. 7; Spindler/Stilz AktG/*Schall* § 19 Rn. 7.

109 **c) Einfache wechselseitige Beteiligungen mit Personengesellschaften und ausländischen Unternehmen.** Eine wechselseitige Beteiligung im Sinne von §§ 19 Abs. 1, 328 AktG liegt nicht vor, wenn eines der beteiligten Unternehmen die Rechtsform einer Personengesellschaft oder seinen satzungsmäßigen[320] Sitz im Ausland hat. Auch wechselseitige Beteiligungen mit Unternehmen im EU-Ausland werden durch §§ 19, 328 AktG nicht erfasst.[321] Erwirbt die im Inland ansässige Aktiengesellschaft oder KGaA ihre über 25 % hinausgehende Beteiligung an einem bereits mit mehr als 25 % an ihr beteiligten Auslandsunternehmen, spricht aber viel dafür, darin einen Verstoß gegen das Verbot der **Einlagenrückgewähr** (§ 57 Abs. 1 S. 1 AktG) zu sehen;[322] wechselseitige Beteiligungen mit ausländischen Unternehmen, die sich unterhalb der Quote des § 19 Abs. 1 AktG halten, wird man hingegen für zulässig ansehen müssen.[323] Demgegenüber ist auf den Aufbau einer wechselseitigen Beteiligung mit inländischen Personengesellschaften § 57 AktG wohl nicht anwendbar.[324] Auf wechselseitige Beteiligungen sowohl mit ausländischen Unternehmen als auch mit Personengesellschaften sind überdies die allgemeinen Vorschriften über **verbundene Unternehmen** entsprechend anzuwenden.[325]

110 **3. Qualifizierte wechselseitige Beteiligungen.** Besteht zwischen den wechselseitig beteiligten Unternehmen ein **Abhängigkeitsverhältnis,** gelten Besonderheiten. Auch in diesem Fall sind die Vorschriften für verbundene Unternehmen und die Mitteilungspflichten nach §§ 20 Abs. 3, 21 Abs. 1 AktG bzw. § 33 Abs. 1 WpHG anwendbar. § 328 AktG hingegen ist nicht anzuwenden (§ 19 Abs. 4 AktG). Stattdessen gelten die Vorschriften über herrschende und abhängige Unternehmen.

111 § 19 Abs. 2 AktG definiert den Fall der **einseitig** qualifizierten wechselseitigen Beteiligung. Gehört einem der wechselseitig beteiligten Unternehmen an dem anderen Unternehmen eine Mehrheitsbeteiligung, so ist das mit Mehrheit beteiligte Unternehmen als herrschendes, das andere als abhängiges Unternehmen anzusehen (§ 19 Abs. 2 AktG). Diese Abhängigkeitsvermutung ist – anders als die Abhängigkeitsvermutung des § 17 Abs. 2 AktG – nicht widerlegich.[326] Für die Berechnung der Mehrheitsbeteiligung gilt § 16 AktG.[327] Gleiches gilt, wenn eines der beiden wechselseitig beteiligten Unternehmen auf das andere Unternehmen unmittelbar oder mittelbar einen beherrschenden Einfluss ausüben kann, ohne an dem anderen Unternehmen eine Mehrheitsbeteiligung zu besitzen.

112 § 19 Abs. 3 AktG definiert den Fall einer **beiderseitig** qualifizierten wechselseitigen Beteiligung. Dieser liegt vor, wenn eine wechselseitige Mehrheitsbeteiligung besteht oder beide Unternehmen in der Lage sind, auf das jeweils andere unmittelbar oder mittelbar einen beherrschenden Einfluss auszuüben. In diesem Fall gilt jedes der beteiligten Unternehmen gleichzeitig als herrschendes und als abhängiges Unternehmen; bei einer wechsel-

---

[320] Hüffer/Koch AktG § 19 Rn. 2; K. Schmidt/Lutter/*J. Vetter* § 19 Rn. 5; Spindler/Stilz AktG/*Schall* § 19 Rn. 11 f.

[321] Hüffer/Koch AktG § 19 Rn. 2; GroßkommAktG/*Windbichler* § 19 Rn. 40 mit Fn. 90; K. Schmidt/Lutter AktG/*J. Vetter* § 19 Rn. 5; aA Spindler/Stilz AktG/*Schall* § 19 Rn. 11 f.

[322] So *Hettlage* AG 1981, 92 (97); *Emmerich* in Emmerich/Habersack Aktien- und GmbH-Konzernrecht § 19 Rn. 26; KölnKommAktG/*Koppensteiner* § 19 Rn. 30; aA *Wastl/Wagner* AG 1997, 241 (247 f.); *Korch*, Ringbeteiligungen von Aktiengesellschaften, 2002, S. 218 f.; wohl auch GroßkommAktG/*Windbichler* § 19 Rn. 40.

[323] KölnKommAktG/*Koppensteiner* § 19 Rn. 30; MüKoAktG/*Bayer* § 19 Rn. 28; *Emmerich* in Emmerich/Habersack Aktien- und GmbH-Konzernrecht § 19 Rn. 26; K. Schmidt/Lutter AktG/*J. Vetter* § 19 Rn. 21; aA *Hettlage* AG 1981, 92 (97).

[324] Überzeugend KölnKommAktG/*Koppensteiner* § 19 Rn. 33; ebenso MüKoAktG/*Bayer* § 19 Rn. 24; aA *Hettlage* AG 1981, 92 (97).

[325] KölnKommAktG/*Koppensteiner* § 19 Rn. 31 u. 33; MüKoAktG/*Bayer* § 19 Rn. 27.

[326] MüKoAktG/*Bayer* § 19 Rn. 46; KölnKommAktG/*Koppensteiner* § 19 Rn. 25; Hüffer/Koch AktG § 19 Rn. 4.

[327] MüKoAktG/*Bayer* § 19 Rn. 34; KölnKommAktG/*Koppensteiner* § 19 Rn. 24; Hüffer/Koch AktG § 19 Rn. 4.

seitigen Mehrheitsbeteiligung ist auch diese Vermutung unwiderleglich.[328] Für jedes der Unternehmen kommen daher sowohl die Vorschriften für abhängige als auch die Vorschriften für herrschende Unternehmen zur Anwendung.

Rechtsfolge einer qualifizierten Mehrheitsbeteiligung ist jedenfalls, dass dem abhängigen Unternehmen aus seinen Aktien an der herrschenden Gesellschaft keinerlei Rechte, insbesondere kein Stimmrecht, zustehen (§§ 71d S. 4, 71b AktG).[329] Weitere Aktien der herrschenden Gesellschaft darf das abhängige Unternehmen nur erwerben, soweit dies nach § 71 Abs. 1 Nr. 1–5, 7 und 8, Abs. 2 AktG auch der herrschenden Gesellschaft selbst gestattet wäre (§ 71d S. 2 AktG).[330] Problematisch ist hingegen die Frage, ob das abhängige Unternehmen verpflichtet ist, seinen Aktienbestand nach Maßgabe von §§ 71d S. 2–4, 71c AktG zu veräußern. Im Ergebnis spricht mehr für eine solche Veräußerungspflicht. Das ist in Fällen eines einseitigen Abhängigkeitsverhältnisses weitgehend anerkannt.[331] Bei beiderseitigen Abhängigkeitsverhältnissen kann grundsätzlich nichts anderes gelten; solange das Abhängigkeitsverhältnis nicht beseitigt ist, ist jedes der Unternehmen verpflichtet, seine Beteiligung gem. §§ 71c, 71d S. 2–4 AktG abzubauen.[332] §§ 311 ff. AktG finden ebenso Anwendung wie die Konzernvermutung nach § 18 Abs. 1 S. 3 AktG. Im Anhang des Jahresabschlusses sind auch qualifiziert wechselseitige Beteiligungen anzugeben (§ 160 Abs. 1 Nr. 7 AktG).

Die Sonderregelungen des § 19 Abs. 2 und 3 AktG setzen eine wechselseitige Beteiligung im Sinne von § 19 Abs. 1 AktG voraus. Sie finden daher keine Anwendung, wenn die Voraussetzungen des § 19 Abs. 1 AktG nicht erfüllt sind, weil eines der beteiligten Unternehmen eine **andere Rechtsform** als die einer Kapitalgesellschaft oder seinen Sitz im **Ausland** hat. Es liegt allerdings nahe, § 19 Abs. 2 und 3 AktG in diesen Fällen analog anzuwenden.[333] Will man das nicht, hat dies lediglich die Konsequenz, dass für den Fall der Mehrheitsbeteiligung nicht die unwiderlegliche Abhängigkeitsvermutung nach § 19 Abs. 2 AktG gilt, sondern nur die widerlegliche Vermutung des § 17 Abs. 2 AktG. §§ 56 Abs. 2 und 71d AktG sind auch unabhängig von Rechtsform und Inlandssitz des abhängigen Unternehmens anwendbar.[334]

VII. Mitteilungspflichten

1. Überblick. Nach näherer Maßgabe von **§§ 20–22 AktG** sind Unternehmen zur Mitteilung verpflichtet, wenn ihnen mehr als 25 % der Anteile und wenn ihnen eine Mehr-

---

[328] MüKoAktG/*Bayer* § 19 Rn. 35; KölnKommAktG/*Koppensteiner* § 19 Rn. 25; Hüffer/Koch AktG § 19 Rn. 7.
[329] KölnKommAktG/*Lutter/Drygola* § 71d Rn. 74, 77; MüKoAktG/*Bayer* § 19 Rn. 50 f.; *Emmerich* in Emmerich/Habersack Aktien- und GmbH-Konzernrecht § 19 Rn. 16, 19; Hüffer/Koch AktG § 19 Rn. 6.
[330] MüKoAktG/*Bayer* § 19 Rn. 49; Hüffer/*Koch* AktG § 19 Rn. 6; *Cahn/Farrenkopf* AG 1984, 178 (180 f.).
[331] MüKoAktG/*Bayer* § 19 Rn. 50; *Emmerich* in Emmerich/Habersack Aktien- und GmbH-Konzernrecht § 19 Rn. 16; KölnKommAktG/*Lutter/Drygala* § 71d Rn. 74; Hüffer/*Koch* AktG § 19 Rn. 6; aA ausführlich *Cahn/Farrenkopf* AG 1984, 178.
[332] MüKoAktG/*Bayer* § 19 Rn. 51; *Emmerich* in Emmerich/Habersack Aktien- und GmbH-Konzernrecht § 19 Rn. 19; KölnKommAktG/*Koppensteiner* § 19 Rn. 11; GroßkommAktG/*Windbichler* § 19 Rn. 35; K. Schmidt/Lutter AktG/*J. Vetter* § 19 Rn. 18; Hüffer/Koch AktG § 19 Rn. 8; aA KölnKommAktG/*Lutter/Drygala* § 71d Rn. 75 f.; MüKoAktG/*Oechsler* § 71d Rn. 33;, die es für beiderseitig qualifizierte wechselseitige Beteiligungen beim Ausübungsverbot des § 71b AktG belassen wollen, weil nicht entschieden werden könne, welches der beiden Unternehmen zur Reduzierung verpflichtet sei; aA auch *Cahn/Fahrenkopf* AG 1984, 178 (180 f.), die schon bei einseitig qualifizierten wechselseitigen Beteiligungen die Veräußerungspflicht ablehnen.
[333] KölnKommAktG/*Koppensteiner* § 19 Rn. 32 u. 34; MüKoAktG/*Bayer* § 19 Rn. 25.
[334] Näher zur wechselseitigen Beteiligung mit Gesellschaften anderer Rechtsform und ausländischen Gesellschaften *Korch*, Ringbeteiligungen von Aktiengesellschaften, 2002, S. 204 ff.

heitsbeteiligung an einem nicht börsennotierten (§§ 20 Abs. 8, 21 Abs. 5 AktG) Unternehmen gehört oder eine solche Beteiligung wieder wegfällt. Zweck dieser Mitteilungspflichten ist die Unterrichtung der Gesellschaft, der Aktionäre, der Gläubiger und der Öffentlichkeit über die bestehenden Machtverhältnisse. Außerdem sollen die Mitteilungspflichten die Anwendung derjenigen Rechtsvorschriften erleichtern, bei denen es auf die Höhe einer Beteiligung ankommt (zB §§ 16, 17 Abs. 2, 19 AktG).[335] Die Mitteilungspflichten nach § 20 AktG beziehen sich auf Beteiligungen, die ein Unternehmen an einer inländischen Aktiengesellschaft oder KGaA besitzt. Bei § 21 AktG geht es um Beteiligungen, die einer Aktiengesellschaft oder KGaA an einer anderen inländischen Kapitalgesellschaft zustehen. In beiden Fällen ist Voraussetzung, dass die Gesellschaft, an der die Beteiligung besteht, **nicht börsennotiert** – oder genauer: nicht Emittent iSv § 33 Abs. 4 WpHG – ist. Damit fallen Aktien, die zum Handel an einem organisierten Markt zugelassen sind, aus der aktienrechtlichen Meldepflicht heraus. Der Begriff des organisierten Marktes ist in § 2 Abs. 11 WpHG definiert; in Deutschland fällt vor allem eine Notierung im regulierten Markt (§§ 2 ff. BörsG) darunter, nicht hingegen die Einbeziehung in den Freiverkehr.[336] Damit unterliegen im Freiverkehr gehandelte Aktien weiterhin den aktienrechtlichen Meldepflichten.

116 Während die aktienrechtlichen Mitteilungspflichten nach §§ 20–21 AktG nur Beteiligungen an nicht börsennotierten Unternehmen betreffen, regeln **§§ 33 ff. WpHG** Meldepflichten für Personen, die an einem Emittenten mit Herkunftsstaat Deutschland iSv § 33 Abs. 4 WpHG eine Beteiligung von 3 %, 5 %, 10 %, 15 %, 20 %, 25 %, 30 %, 50 % oder 75 % der Stimmrechte erreichen, überschreiten oder unterschreiten. Diese Regelungen verfolgen das kapitalmarktrechtliche Ziel, die Marktteilnehmer über marktrelevante Umstände zu informieren. Sie bestanden nach Inkrafttreten des WpHG zunächst parallel zu den aktienrechtlichen Mitteilungspflichten. Durch das Dritte Finanzmarktförderungsgesetz vom 24.3.1998 wurden die aktienrechtlichen Meldepflichten nach §§ 20, 21 AktG auf nicht börsennotierte Gesellschaften beschränkt, während für börsennotierte Gesellschaften die Meldepflichten nach §§ 20, 21 AktG durch die Mitteilungspflichten des WpHG verdrängt werden. Die Meldepflichten nach §§ 33 ff. WpHG unterscheiden sich von denen nach §§ 20 ff. AktG grundlegend und haben sich zu einem ganz eigenständigen Regelungskomplex entwickelt. Insoweit muss auf die einschlägige Kommentarliteratur zum WpHG verwiesen werden.

117 Neben den Mitteilungspflichten nach §§ 20 ff. AktG und §§ 33 ff. WpHG bestehen Mitteilungspflichten bei wechselseitigen Beteiligungen nach **§ 328 Abs. 4 AktG.** Diese gehen über die regulären Mitteilungspflichten nach §§ 20 ff. AktG, §§ 33 ff. WpHG inhaltlich etwas hinaus und betreffen sowohl Beteiligungen an börsennotierten wie an nicht börsennotierten Gesellschaften.

118 **2. Mitteilungspflichten nach § 20 AktG. a) Schachtelbeteiligung (§ 20 Abs. 1 und 2 AktG).** Sobald einem Unternehmen **mehr als 25 %** der Aktien einer Aktiengesellschaft mit Sitz im Inland gehören, hat es dies der Gesellschaft mitzuteilen (§ 20 Abs. 1 S. 1 AktG). Die Mitteilungspflicht setzt voraus, dass die Gesellschaft **nicht Emittent** iSv § 33 Abs. 4 WpHG ist (§ 20 Abs. 8 AktG, dazu → Rn. 115). Im Falle des Delistings einer bislang börsennotierten Gesellschaft kann daher eine Mitteilungspflicht nach § 20 AktG entstehen; die auch nicht deshalb entfallen dürfte, weil in der Vergangenheit eine Beteiligungsmitteilung nach §§ 33 ff. WpHG gemacht wurde.[337] Die Mitteilungspflicht setzt voraus, dass es sich bei dem Aktionär um ein **„Unternehmen"** handelt. Es müssen die allgemeinen Merkmale des Unternehmensbegriff für herrschende Unternehmen erfüllt sein (vgl. → Rn. 6 ff.); einen Aktionär, der die Voraussetzungen des Unternehmensbegriffs nicht

---

[335] Vgl. dazu näher Begr. RegE AktG, abgedruckt bei *Kropff*, Aktiengesetz, 1965, S. 38.
[336] Assmann/Schneider/Mülbert Wertpapierhandelsrecht/*Assmann* § 2 Rn. 215.
[337] Ausführlich *Burgard* FS U. H. Schneider, 2011, 177 ff.; aA OLG Celle 28.4.2010 – 9 U 92/09, juris Rn. 33; LG München I AG 2008, 904 (910).

§ 69 Grundlagen

erfüllt, trifft die Mitteilungspflicht – entgegen vereinzelten Ausdehnungsversuchen in der Literatur – also nicht.[338] Mitteilungspflichtig sind auch Unternehmen mit Sitz im Ausland.[339] Die Mitteilungspflicht kann bereits im **Gründungsstadium** gegenüber der Vor-AG bestehen;[340] ebenso ist nach einem Formwechsel einer bestehenden Gesellschaft in eine AG die Mitteilung zu machen, wenn ein Gesellschafter der formwechselnden Gesellschaft die Meldeschwellen erreicht.[341] Eine Änderung der Firmenbezeichnung, ein Formwechsel oder andere **Strukturveränderungen auf Seiten des Meldepflichtigen** lösen keine erneute Meldepflicht aus.[342] Im Falle der Verschmelzung, Spaltung oder sonstigen **Gesamtrechtsnachfolge** geht eine bislang nicht erfüllte Meldepflicht als solche nicht auf den Rechtsnachfolger über; diesen trifft jedoch eine eigene Mitteilungspflicht, sofern er aufgrund der Rechtsnachfolge die Meldeschwelle überschreitet.[343]

119 Für die **Berechnung** verweist § 20 Abs. 1 S. 2 AktG zunächst auf § 16 Abs. 2 S. 1 AktG. Das bedeutet, dass die Quote sich nach dem Verhältnis des gesamten Nennbetrags der dem Unternehmen gehörenden Aktien zum Grundkapital der Gesellschaft, bei Gesellschaften mit Stückaktien nach der Zahl der Aktien, bestimmt. Die Regelungen in § 16 Abs. 2 S. 2 und 3 AktG über die Absetzung eigener Anteile der Gesellschaft finden keine Anwendung.[344]

120 § 20 Abs. 1 S. 2 AktG verweist weiterhin auf § 16 Abs. 2 S. 1, Abs. 4 AktG. Für die Berechnung der Mitteilungspflicht sind daher nach Maßgabe von § 16 Abs. 4 AktG Anteile Dritter zuzurechnen;[345] vgl. näher → Rn. 27. Die Mitteilungspflicht kann auch allein durch **Zurechnung** von Aktien nach **§ 16 Abs. 4 AktG** ausgelöst werden, ohne dass das Unternehmen selbst Aktien besitzt.[346] Die Zurechnung führt nicht zur Absorption, sondern die Aktien bleiben auch ihrem unmittelbaren Inhaber zugerechnet. Wenn also zB einem abhängigen Unternehmen, dessen Aktien dem herrschenden Unternehmen nach § 16 Abs. 4 AktG zuzurechnen sind, mehr als 25 % der Aktien gehören, sind – dem Zweck der Mitteilungspflicht entsprechend – beide Unternehmen mitteilungspflichtig, das abhängige auf Grund des eigenen Aktienbesitzes, das herrschende auf Grund der Zurechnung.[347] Die

---

[338] KG AG 2010, 497 (501 f.); MüKoAktG/*Bayer* § 20 Rn. 6; KölnKommAktG/*Koppensteiner* § 20 Rn. 31; Hüffer/*Koch* AktG § 20 Rn. 2; K. Schmidt/Lutter AktG/*Veil* § 20 Rn. 13; *Hüffer* FS K. Schmidt, 2009, 747 (749); wohl auch BGHZ 114, 203 (213); erheblich weitergehend *Emmerich* in Emmerich/Habersack Aktien- und GmbH-Konzernrecht § 20 Rn. 13 ff., der zum einen alle Formkaufleute in den Unternehmensbegriff einbeziehen (dazu schon → Rn. 10) und zum anderen Privataktionäre, Stimmrechtskonsortien, Holdinggesellschaften und Familiengesellschaften schon dann als „Unternehmen" iSd Mitteilungspflichten ansehen will, wenn sie sich nicht auf die Rolle eines „Rentiers" beschränken; noch weitergehend *Burgard*, Die Offenlegung von Beteiligungen, Abhängigkeits- und Konzernlagen bei der Aktiengesellschaft, 1990, S. 45 ff., der jedermann als „Unternehmen" ansehen will.
[339] MüKoAktG/*Bayer* § 20 Rn. 6; KölnKommAktG/*Koppensteiner* § 20 Rn. 34; Hüffer/*Koch* AktG § 20 Rn. 2.
[340] BGH ZIP 2006, 1134 (1135); Hüffer/*Koch* AktG § 20 Rn. 2.
[341] LG Düsseldorf ZIP 2010, 1129 (1131); Emmerich/Habersack Aktien- und GmbH-Konzernrecht § 20 Rn. 20; *Irriger/Longrée* NZG 2013, 1289 (1291).
[342] OLG Köln ZIP 2009, 1762; OLG Düsseldorf ZIP 2009, 170 (172); Hüffer/*Koch* AktG § 20 Rn. 3; *Widder* NZG 2010, 455 (456).
[343] *Widder* NZG 2010, 455 f.
[344] MüKoAktG/*Bayer* § 20 Rn. 14; KölnKommAktG/*Koppensteiner* § 20 Rn. 14; *Burgard*, Die Offenlegung von Beteiligungen, Abhängigkeits- und Konzernlagen bei der Aktiengesellschaft, 1990, S. 49.
[345] Vgl. als Beispiel den (problematischen) Fall LG Hannover AG 1993, 187 (188 f.).
[346] BGH AG 2001, 47 – Aqua Butzke; MüKoAktG/*Bayer* § 20 Rn. 16; *Emmerich* in Emmerich/Habersack Aktien- und GmbH-Konzernrecht § 20 Rn. 16.
[347] Heute anerkannt BGHZ 114, 203 (217); BGH AG 2001, 47 (48) – Aqua Butzke; *Emmerich* in Emmerich/Habersack Aktien- und GmbH-Konzernrecht § 20 Rn. 16; KölnKommAktG/*Koppensteiner* § 20 Rn. 37 ff.; Hüffer/*Koch* AktG § 20 Rn. 3; aA zB noch *Vonnemann* AG 1991, 352 ff. (Mit-

Zurechnung nach § 16 Abs. 4 AktG kann dementsprechend bei mehrstufigen Abhängigkeitsverhältnissen auch mehrfache Mitteilungspflichten begründen. **Veränderungen in der Zurechnungskette**, zB die Umhängung einer zuzurechnenden Beteiligung auf eine andere Tochtergesellschaft, begründen, solange die Aktien weiterhin zuzurechnen sind, keine erneute Mitteilungspflicht.

121 Darüber hinaus begründet **§ 20 Abs. 2 AktG** für die Mitteilungspflicht nach Abs. 1 noch **weitere Zurechnungen**. Danach sind auch solche Aktien mitzurechnen, deren Übereignung das Unternehmen verlangen kann[348] oder zu deren Abnahme es verpflichtet ist; das Gleiche gilt, wenn ein abhängiges Unternehmen oder ein anderer für Rechnung des Unternehmens oder eines von diesem abhängigen Unternehmens die Übereignung verlangen kann oder zur Abnahme verpflichtet ist. Hierzu zählen Übereignungsansprüche und Abnahmepflichten auf Grund von Kaufverträgen, Treuhandverhältnissen uä. Über den Wortlaut des Gesetzes hinaus ist die Vorschrift analog anzuwenden, wenn noch kein konkreter Übereignungsanspruch, sondern nur ein Optionsrecht – dh das Recht, durch einseitige Erklärung einen Kaufvertrag zustande zu bringen[349] – besteht.[350] Voraussetzung der Zurechnung ist die Wirksamkeit der zugrundeliegenden Vereinbarungen.[351] Hingegen reichen faktische Einflussmöglichkeiten auf die Ausübung fremder Aktionärsrechte für eine Zurechnung nicht aus.[352] Eine Vinkulierung der Aktien steht der Zurechnung entgegen, solange die Zustimmung zum Erwerb noch nicht erteilt ist.[353] Die Zurechnung dürfte entfallen, wenn die Aktien vor Vollzug des Erwerbs an einen Dritten weiterübereignet werden und bei dem Ersterwerber nur für eine juristische Sekunde ein Durchgangserwerb stattfindet.[354] Auch die Zurechnung nach Abs. 2 setzt nicht voraus, dass dem Unternehmen daneben selbst Aktien gehören.[355] Die Zurechnung nach § 20 Abs. 2 AktG ändert nichts daran, dass auch das Unternehmen, dem die Aktien unmittelbar gehören, selbst mitteilungspflichtig ist, sofern seine Beteiligung 25 % überschreitet.[356]

122 **Stimmrechtspools** führen im Rahmen von § 20 AktG – anders als nach §§ 34 Abs. 2 WpHG, 30 Abs. 2 WpÜG – weder zu einer gegenseitigen Zurechnung der Aktien der Poolmitglieder noch zu einer Meldepflicht des Pools. Denn § 16 Abs. 4 AktG erfasst Poolvereinbarungen nicht, und dem Pool als solchem fehlen im Regelfall sowohl die Unternehmenseigenschaft als auch eigener Aktienbesitz.[357] Anders ist das nur ausnahms-

---

teilungspflicht nur des abhängigen Unternehmens); *Baumbach/Hueck* AktG § 20 Rn. 18 (Mitteilungspflicht nur des herrschenden Unternehmens).

[348] Vgl. als Beispiel den Fall KG ZIP 1990, 925.

[349] Zum Inhalt des Optionsrechts vgl. etwa Palandt BGB/*Ellenberger* Einf. vor § 145 Rn. 23.

[350] Heute anerkannt LG Hannover AG 1993, 187 (188); MüKoAktG/*Bayer* § 20 Rn. 19; KölnKommAktG/*Koppensteiner* § 20 Rn. 17; Hüffer/*Koch* AktG § 20 Rn. 4; *Burgard*, Die Offenlegung von Beteiligungen, Abhängigkeits- und Konzernlagen bei der Aktiengesellschaft, 1990, S. 51 f.; aA zB noch *Baumbach/Hueck* AktG § 20 Rn. 4; *Werner* AG 1967, 102 (103).

[351] LG Berlin WM 1990, 978 (979 f.).

[352] LG Berlin WM 1990, 978 (980); Hüffer/*Koch* AktG § 20 Rn. 4; *Emmerich* in Emmerich/Habersack Aktien- und GmbH-Konzernrecht § 20 Rn. 23; aA *Koppensteiner* FS Rowedder, 1994, 213 (224).

[353] Umstr., wie hier KölnKommAktG/*Koppensteiner* § 20 Rn. 18; MüKoAktG/*Bayer* § 20 Rn. 20; K. Schmidt/Lutter AktG/*Veil* § 20 Rn. 24; Spindler/Stilz AktG/*Petersen* § 20 Rn. 11; Bürgers/Körber AktG/*Schilha* § 20 Rn. 12; aA KG ZIP 1990, 925 (926); *Siebel* FS Heinsius, 1991, 771 (787 f.); GroßkommAktG/*Windbichler* § 20 Rn. 31; Grigoleit AktG/*Rachlitz* § 20 Rn. 13.

[354] K. Schmidt/Lutter AktG/*Veil* § 20 Rn. 24; KölnKommAktG/*Koppensteiner* § 20 Rn. 18; *Diekmann* DZWiR 1994, 13 (14); offen MüKoAktG/*Bayer* § 20 Rn. 21.

[355] MüKoAktG/*Bayer* § 20 Rn. 16; *Emmerich* in Emmerich/Habersack Aktien- und GmbH-Konzernrecht § 20 Rn. 22; KölnKommAktG/*Koppensteiner* § 20 Rn. 17; *Burgard*, Die Offenlegung von Beteiligungen, Abhängigkeits- und Konzernlagen bei der Aktiengesellschaft, 1990, S. 50 f.

[356] MüKoAktG/*Bayer* § 20 Rn. 10; KölnKommAktG/*Koppensteiner* § 20 Rn. 36; Hüffer/*Koch* AktG § 20 Rn. 4; *Burgard*, Die Offenlegung von Beteiligungen, Abhängigkeits- und Konzernlagen bei der Aktiengesellschaft, 1990, S. 50.

[357] Ausführlich *Hüffer* FS K. Schmidt, 2009, 747 (749 ff.).

weise, wenn der Pool selbst die Unternehmenseigenschaft besitzt und ihm selbst Aktien gehören.[358] Vgl. dazu näher → Rn. 9

Bei Namensaktien kann sich die Frage stellen, ob der im Aktienbuch eingetragene **Legitimationsaktionär** der Meldepflicht unterliegt, obwohl er nicht Eigentümer der Aktien ist, oder ob die Meldepflicht den tatsächlichen Eigentümer trifft. Die Frage hat vornehmlich im Wertpapierhandelsrecht Bedeutung und war dort früher stark umstritten,[359] während sie für die Meldepflichten nach § 20 AktG angesichts der hohen Meldeschwellen für die Praxis kaum relevant ist. Der Gesetzgeber des WpHG hat die Frage im Jahr 2015 im Sinne einer Meldepflicht nur des Eigentümers geklärt.[360] Auch für das Aktienrecht scheint es zutreffend, grundsätzlich nur den tatsächlichen Eigentümer als meldepflichtig anzusehen. Der Zweck der Mitteilungspflicht, über die bestehenden Machtverhältnisse zu informieren (→ Rn. 115), würde durch eine Meldepflicht des Legitimationsaktionärs verfehlt.

b) Mitteilung nach § 20 Abs. 3 AktG. Nach § 20 Abs. 3 AktG besteht eine besondere Mitteilungspflicht für den Fall, dass einer inländischen Kapitalgesellschaft (AG, SE, KGaA, GmbH) ohne Hinzurechnung der Aktien nach § 20 Abs. 2 AktG mehr als 25 % der Anteile an einer Aktiengesellschaft oder KGaA mit Sitz im Inland gehört, die nicht Emittent iSv § 33 Abs. 4 WpHG ist (§ 20 Abs. 8 AktG; näher → Rn. 115). Diese besondere Mitteilungspflicht dient der Offenlegung wechselseitiger Beteiligungen im Sinne von § 19 Abs. 1 AktG. Für die Berechnung der Anteilsquote gilt § 20 Abs. 1 S. 2 AktG. Die Zurechnungsvorschrift des § 16 Abs. 4 AktG ist also auch hier anwendbar. Zum Verhältnis der Mitteilungspflicht nach Abs. 3 zur Mitteilungspflicht nach Abs. 1 vgl. → Rn. 128. Die Mitteilungspflicht nach Abs. 3 besteht nur für **Kapitalgesellschaften** mit **Sitz im Inland**.[361] Dies folgt aus dem Zweck, wechselseitige Beteiligungen offenzulegen. Denn wechselseitige Beteiligungen können gemäß § 19 Abs. 1 AktG nur zwischen inländischen Kapitalgesellschaften bestehen (vgl. → Rn. 95, 109 u. 114).

c) Mehrheitsbeteiligung (§ 20 Abs. 4 AktG). Nach § 20 Abs. 4 AktG ist mitzuteilen, sobald einem Unternehmen eine Mehrheitsbeteiligung an einer Aktiengesellschaft oder KGaA mit Sitz im Inland gehört, die nicht Emittent iSv § 33 Abs. 4 WpHG ist (§ 20 Abs. 8 AktG; näher → Rn. 115). Die Mitteilungspflicht erstreckt sich auf jede Mehrheitsbeteiligung im Sinne von § 16 AktG. Obwohl § 20 Abs. 4 AktG nur auf § 16 Abs. 1 AktG verweist, ist anerkannt, dass auch § 16 Abs. 2, 3 und 4 AktG anzuwenden sind.[362] Meldepflichtig ist also sowohl eine Kapital- als auch eine Stimmrechtsmehrheitsbeteiligung, und für die Berechnung ist die Zurechnungsvorschrift des § 16 Abs. 4 AktG anzuwenden. Die Mitteilungspflicht nach Abs. 4 ist unabhängig davon, ob zuvor bereits eine Mitteilung nach Abs. 1 oder Abs. 3 gemacht wurde oder hätte gemacht werden müssen.[363] Sie gilt auch für den **Alleinaktionär**.[364]

d) Wegfall der Beteiligung (§ 20 Abs. 5 AktG). Gemäß § 20 Abs. 5 AktG ist schließlich mitzuteilen, wenn eine Beteiligung in der nach Abs. 1, 3 oder 4 mitteilungspflichtigen

---

[358] Näher *Hüffer* FS K. Schmidt, 2009, 747 (756 ff.).
[359] Vgl. etwa OLG Stuttgart ZIP 2004, 2232 (2234) (tatsächlicher Eigentümer); MüKoAktG/*Bayer* § 67 Rn. 70 ff. (Legitimationsaktionär); OLG Köln ZIP 2012, 1458 (1460) (beide).
[360] Einfügung der Worte „aus ihm gehörenden Aktien" in § 33 Abs. 1 S. 1 WpHG, vgl. BegrRegE, BT-Drs. 18/3994, 53; Assmann/U. H. Schneider/Mülbert Wertpapierhandelsrecht/*U. H. Schneider* WpHG § 33 Rn. 48.
[361] MüKoAktG/*Bayer* § 20 Rn. 9; Hüffer/*Koch* AktG § 20 Rn. 5; *Emmerich* in Emmerich/Habersack Aktien- und GmbH-Konzernrecht § 20 Rn. 25; aA KölnKommAktG/*Koppensteiner* § 20 Rn. 34.
[362] KG AG 2000, 227; MüKoAktG/*Bayer* § 20 Rn. 26; KölnKommAktG/*Koppensteiner* § 20 Rn. 20; Hüffer/*Koch* AktG § 20 Rn. 6.
[363] MüKoAktG/*Bayer* § 20 Rn. 25.
[364] BGH ZIP 2016, 1919 Rn. 13; *Hägele* NZG 2000, 726 (729).

Höhe nicht mehr besteht; das kann auf einer Veräußerung von Aktien beruhen, in Ausnahmefällen aber auch auf einer Reduzierung der Beteiligungsquote im Zuge von Kapitalmaßnahmen.[365] Die Mitteilungspflichtsetzt nicht voraus, dass zuvor die entsprechende Mitteilung nach Abs. 1, 3 oder 4 gemacht wurde, sondern die Mitteilung nach § 20 Abs. 5 AktG ist auch zu machen, wenn der Erwerb der Beteiligung pflichtwidrig nicht angezeigt wurde.[366]

127 **e) Erstattung der Mitteilung und Nachweis. aa) Inhalt.** Das Gesetz schreibt keinen bestimmten Inhalt der Mitteilung vor.[367] Erforderlich ist nur, dass sie die aus § 20 Abs. 1, 3, 4 und 5 AktG sich ergebenden Informationen enthält[368] und so **klar** abgefasst ist, dass die Gesellschaft nicht korrigierend eingreifen muss, sondern sie so, wie sie ihr gemacht wurde, bekannt machen kann, ohne dass in der Öffentlichkeit Zweifel entstehen, welche Art Beteiligung gemeint und wem sie zuzurechnen ist.[369] Zweckmäßigerweise wird die entsprechende Rechtsgrundlage in der Mitteilung genannt.[370] Die genaue Höhe der Beteiligung oder der Erwerbszeitpunkt brauchen nicht angegeben zu werden.[371] Die Mitteilung braucht nicht als solche bezeichnet zu sein, sie kann mit weiteren Erklärungen des Aktionärs gegenüber der Gesellschaft verbunden werden,[372] erforderlich bleibt aber, dass die Erklärung vom Vorstand als Mitteilung nach § 20 AktG erfasst werden kann.[373]

128 Bei einer Mitteilung nach Abs. 3 ist ausdrücklich darauf hinzuweisen, dass sich die Beteiligung ohne Hinzurechnung von Aktien nach Abs. 2 ergibt. Im Übrigen sind Angaben darüber, ob eine **Zurechnung** von Aktien nach § 16 Abs. 4 AktG oder § 20 Abs. 2 AktG stattgefunden hat, grundsätzlich nicht erforderlich[374] wenn auch wünschenswert. Allerdings wird man zur Vermeidung von Verwirrungen eine Klarstellung dann fordern müssen, wenn der Dritte, dessen Anteile zugerechnet werden, selbst ebenfalls mitteilungspflichtig ist.[375] In einer Mitteilung nach **Abs. 3 ist eine Mitteilung nach Abs. 1** mit **enthalten.**[376] Daher braucht keine doppelte Mitteilung gemacht oder sonst wie klargestellt zu werden, wenn gleichzeitig die Mitteilungsvoraussetzungen nach Abs. 1 und Abs. 3

---

[365] Näher *Nodoushani* WM 2008, 1671 (1675 ff.).
[366] MüKoAktG/*Bayer* § 20 Rn. 27; *Emmerich* in Emmerich/Habersack Aktien- und GmbH-Konzernrecht § 20 Rn. 29; *Burgard*, Die Offenlegung von Beteiligungen, Abhängigkeits- und Konzernlagen bei der Aktiengesellschaft, 1990, S. 52 f.; *Arends*, Die Offenlegung von Aktienbesitz nach deutschem Recht, 2000, S. 16; aA KölnKommAktG/*Koppensteiner* § 20 Rn. 21; Henssler/Strohn Gesellschaftsrecht/*Keßler* AktG § 20 Rn. 7; *Diekmann* DZWiR 1994, 13 (14).
[367] OLG München AG 2012, 45 (47); Hüffer/*Koch* AktG § 20 Rn. 8.
[368] Muster bei Happ AktienR Bd. I/*Bednarz* Form. 7.01.
[369] BGHZ 114, 203 (215); BGH ZIP 2016, 1919 Rn. 17; OLG München AG 2012, 45 (47).
[370] Vgl. BGHZ 114, 203 (215); BGH AG 2001, 47 (48) – Aqua Butzke; BGH ZIP 2016, 1919 Rn. 18; Hüffer/*Koch* AktG § 20 Rn. 8; KölnKommAktG/*Koppensteiner* § 20 Rn. 25.
[371] KölnKommAktG/*Koppensteiner* § 20 Rn. 26; MüKoAktG/*Bayer* § 20 Rn. 32; *Emmerich* in Emmerich/Habersack Aktien- und GmbH-Konzernrecht § 20 Rn. 33; *Burgard*, Die Offenlegung von Beteiligungen, Abhängigkeits- und Konzernlagen bei der Aktiengesellschaft, 1990, S. 54.
[372] Vgl. etwa OLG München AG 2012, 45 (47) (Übertragungsverlangen nach § 327a AktG als Mitteilung nach § 20 Abs. 1 u. 4 AktG ausreichend); zustimmend *Emmerich* in Emmerich/Habersack Aktien- und GmbH-Konzernrecht § 20 Rn. 34: *Bungert* EWiR 2012, 33 (34); zweifelnd MüKoAktG/*Bayer* § 20 Rn. 33.
[373] Vgl. etwa BGH ZIP 2016, 1919 Rn. 19 f. (bloße Übersendung eines Kaufvertrags ohne weitere Ausführungen im Anschreiben nicht ausreichend).
[374] OLG München ZIP 2018, 2369 (2370); MüKoAktG/*Bayer* § 20 Rn. 33; KölnKommAktG/ *Koppensteiner* § 20 Rn. 26; aA *Emmerich* in Emmerich/Habersack Aktien- und GmbH-Konzernrecht § 20 Rn. 34; einschränkend auch GroßkommAktG/*Windbichler* § 20 Rn. 45 ff.
[375] MüKoAktG/*Bayer* § 20 Rn. 36; KölnKommAktG/*Koppensteiner* § 20 Rn. 26, 36 u. 38.
[376] MüKoAktG/*Bayer* § 20 Rn. 29; KölnKommAktG/*Koppensteiner* § 20 Rn. 25; *Emmerich* in Emmerich/Habersack Aktien- und GmbH-Konzernrecht § 20 Rn. 33; aA GroßkommAktG/*Windbichler* § 20 Rn. 35, die eine Klarstellung fordert, dass es sich um eine Mitteilung nach Abs. 1 und 3 handele.

erfüllt sind. Es genügt, die Mitteilung als eine solche nach Abs. 3 kenntlich zu machen; zur Bekanntmachung in diesem Fall vgl. → Rn. 132.

Der Mitteilungspflicht nach **Abs. 4** ist genügt, wenn mitgeteilt wird, dass eine Mehrheitsbeteiligung besteht, oder wenn die Prozentsätze genannt werden, aus denen sich dies ergibt. Es braucht nicht angegeben zu werden, ob es sich um eine Kapital- oder Stimmrechtsmehrheit handelt.[377] Ebenso wenig ist eine zweite Mitteilung erforderlich, wenn zunächst nur eine Kapitalmehrheit vorlag und später auch eine Stimmrechtsmehrheit erworben wird oder umgekehrt.[378] Eine Mitteilung nach Abs. 4 macht eine solche nach Abs. 1 nicht überflüssig, wenn – wegen der Existenz stimmrechtsloser Vorzüge oder von Mehrstimmrechtsaktien[379] – eine Stimmenmehrheitsbeteiligung im Sinne von Abs. 4 bestehen kann, ohne dass dem Unternehmen mehr als 25 % der Aktien gehören.[380] Sofern in der konkreten Gesellschaft eine Stimmenmehrheit ohne gleichzeitige Kapitalmehrheit nicht bestehen kann, sollte man allerdings eine Meldung nach Abs. 4 genügen lassen.[381]

129

bb) Übermittlung, anderweitige Kenntnis. Die Mitteilung muss **unverzüglich** nach Eintritt der Mitteilungspflicht erfolgen, durch den Mitteilungspflichtigen **persönlich** gemacht werden und bedarf der **Schriftform** (§ 126 Abs. 1 BGB). Die Mitteilung durch einen Dritten ist nur ausreichend, wenn dieser im Namen und mit Vollmacht des Mitteilungspflichtigen handelt.[382] Eine mündliche Mitteilung genügt nicht,[383] ebenso wenig eine nur eingescannte Unterschrift,[384] wohl aber die Übermittlung durch Telefax mit eigenhändiger Unterschrift.[385] Eine förmliche Mitteilung ist auch nötig, wenn die Gesellschaft schon **anderweitig informiert** ist.[386] Deshalb ist auch der Gründungsaktionär mitteilungspflichtig, obwohl sich seine Beteiligung bereits aus der Gründungsurkunde ergibt. Ebenso wenig ist ausreichend, dass bei Namensaktien aus dem Aktienbuch oder einem Umschreibungsantrag die Existenz einer mitteilungspflichtigen Beteiligung hervorgeht.[387] Ob es genügt, wenn die Gesellschaft auf andere Weise von einer mitteilungspflichtigen Beteiligung erfährt und sodann auf Grund dieser anderweitigen Kenntniserlangung die Bekanntmachung nach § 20 Abs. 6 vornimmt, ist umstritten; man wird dies nicht ausreichen lassen können.[388] Ausreichend ist es hingegen, wenn der Gesellschaft die nötigen

130

---

[377] LG Hamburg WM 1996, 168 (170); Hüffer/*Koch* AktG § 20 Rn. 8; MüKoAktG/*Bayer* § 20 Rn. 33. Vgl. aber auch *Emmerich* in Emmerich/Habersack Aktien- und GmbH-Konzernrecht § 20 Rn. 28a, 34, der eine Ausnahme für den Fall machen will, daß ein Aktionär eine Anteils-, ein anderer eine Stimmrechtsmehrheit besitzt.
[378] MüKoAktG/*Bayer* § 20 Rn. 25; *Emmerich* in Emmerich/Habersack Aktien- und GmbH-Konzernrecht § 20 Rn. 28a.
[379] Gem. Art. 5 Abs. 1 S. 1 EGAktG können solche im Einzelfall noch bestehen.
[380] BGHZ 114, 203 (215 f.); MüKoAktG/*Bayer* § 20 Rn. 30; KölnKommAktG/*Koppensteiner* § 20 Rn. 25.
[381] So wohl auch BGHZ 114, 203 (215 f.); wohl aA MüKoAktG/*Bayer* § 20 Rn. 30; KölnKommAktG/*Koppensteiner* § 20 Rn. 25.
[382] BGH AG 2001, 47 (48) – Aqua Butzke; BGH ZIP 2016, 1919 Rn. 17 („erkennbar im Auftrag"); eingehend zur Meldung durch einen Bevollmächtigten *Happ* FS K. Schmidt, 2009, 545 (552 ff.).
[383] BGH ZIP 2016, 1919 Rn. 21; MüKoAktG/*Bayer* § 20 Rn. 37; Hüffer/*Koch* AktG § 20 Rn. 8.
[384] OLG Schleswig AG 2008, 129 (131), Hüffer/*Koch* AktG § 20 Rn. 8.
[385] MüKoAktG/*Bayer* § 20 Rn. 37; Hüffer/*Koch* AktG § 20 Rn. 8; *Happ* FS K. Schmidt, 2009, 545 (552).
[386] BGHZ 114, 203 (213 f.); KG ZIP 1990, 925 (926 f.); LG Düsseldorf ZIP 2010, 1129 (1131); MüKoAktG/*Bayer* § 20 Rn. 11; Hüffer/*Koch* AktG § 20 Rn. 8.
[387] KG WM 1990, 925 (926 f.); MüKoAktG/*Bayer* § 20 Rn. 11; Hüffer/*Koch* AktG § 20 Rn. 8; *Burgard*, Die Offenlegung von Beteiligungen, Abhängigkeits- und Konzernlagen bei der Aktiengesellschaft, 1990, S. 53.
[388] Ebenso *Emmerich* in Emmerich/Habersack Aktien- und GmbH-Konzernrecht § 20 Rn. 30a; MüKoAktG/*Bayer* § 20 Rn. 11; GroßkommAktG/*Windbichler* § 20 Rn. 57; aA KölnKommAktG/*Koppensteiner* § 20 Rn. 45; *Fatemi* DB 2013, 2195 (2198); offengelassen – jedenfalls für die Einpersonen-AG – von BGH ZIP 2016, 1919 Rn. 27 f.

Informationen vom Mitteilungspflichtigen in anderem Zusammenhang, zB im Rahmen eines Übertragungsverlangens nach § 327a AktG übermittelt werden.[389]

131 **cc) Nachweis.** Wird der Gesellschaft eine Mitteilung nach § 20 Abs. 1, 3 oder 4 AktG gemacht, kann sie jederzeit verlangen, dass ihr das **Bestehen der Beteiligung** nachgewiesen wird (§ 22 AktG). Man wird daher auch annehmen können, dass die Gesellschaft den Nachweis wiederholt verlangen kann, sofern Anlass zu der Annahme besteht, dass eine mitteilungspflichtige Veränderung eingetreten sein könnte.[390] Hingegen kann die Gesellschaft nicht den Nachweis verlangen, dass eine Beteiligung in der nach Abs. 1, 3 oder 4 mitteilungspflichtigen Höhe nicht mehr besteht.[391] Der Anspruch auf Nachweis besteht auch gegenüber ausländischen Unternehmen.[392] Er beschränkt sich **inhaltlich** auf die Richtigkeit der Mitteilung. Es besteht kein Anspruch auf Nachweis von Tatsachen, die nicht mitgeteilt werden müssen. Insbesondere sind also weder die genaue Höhe der Beteiligung, noch deren Zusammensetzung nachzuweisen.[393] Der Nachweis kann in jeder **Form** erbracht werden, die zuverlässige Gewissheit über das Bestehen der Beteiligung verschafft, zB durch Vorlage einer Bankbescheinigung über den Depotbestand.[394]

132 **f) Bekanntmachung.** Gemäß § 20 Abs. 6 S. 1 AktG hat die Gesellschaft eine ihr nach Abs. 1 oder Abs. 4 gemachte Mitteilung unverzüglich in den **Gesellschaftsblättern** (§ 25 AktG) bekanntzumachen; die Bekanntmachung ist den zur Einsichtnahme Berechtigten auch über die Internetseite des Transparenzregisters zugänglich (§ 22 Abs. 1 Nr. 2 GWG).[395] In der Bekanntmachung ist das Unternehmen anzugeben, dem die Beteiligung gehört. Mitteilungen nach § 20 Abs. 3 AktG bedürfen der Bekanntmachung nicht. Wird der Gesellschaft allerdings nur eine Mitteilung gemäß § 20 Abs. 3 AktG erstattet, ohne dass bereits vorher oder gleichzeitig eine Mitteilung nach § 20 Abs. 1 AktG erfolgt ist, so liegt in der Mitteilung nach Abs. 3 zugleich eine Mitteilung nach Abs. 1. Diese ist dann bekanntzumachen.[396] Wird der Gesellschaft gemäß § 20 Abs. 5 AktG mitgeteilt, dass die Beteiligung in der nach Abs. 1 oder 4 mitteilungspflichtigen Höhe nicht mehr besteht, so ist auch dies unverzüglich in den Gesellschaftsblättern bekanntzumachen (§ 20 Abs. 6 S. 2 AktG). Die Bekanntmachungen haben unverzüglich, also ohne schuldhaftes Zögern (§ 121 Abs. 1 BGB) zu erfolgen. Ein Aufschub bis zum Erhalt eines Nachweises gemäß § 22 AktG ist nicht zulässig.[397] Erfährt die Gesellschaft ohne förmliche Mitteilung von dem Bestehen oder dem Wegfall einer Beteiligung in der nach Abs. 1 oder 4 mitteilungspflichtigen Höhe, so ist sie zur Bekanntmachung nicht verpflichtet, aber berechtigt;[398] die Verletzung der Mitteilungspflicht wird dadurch allerdings nicht geheilt (vgl. → Rn. 130). Eine Verletzung der Bekanntmachungspflicht kann Schadensersatzansprüche gegen Vorstand und Aufsichts-

---

[389] Vgl. oben Fn. 372.
[390] BegrRegEAktG, abgedruckt bei *Kropff*, Aktiengesetz, 1965, S. 43; Hüffer/*Koch* AktG § 22 Rn. 2; GroßkommAktG/*Windbichler* § 22 Rn. 6; *Emmerich* in Emmerich/Habersack Aktien- und GmbH-Konzernrecht § 22 Rn. 4; zweifelnd KölnKommAktG/*Koppensteiner* § 22 Rn. 3.
[391] Hüffer/*Koch* AktG § 22 Rn. 2; MüKoAktG/*Bayer* § 22 Rn. 2.
[392] MüKoAktG/*Bayer* § 22 Rn. 2; GroßkommAktG/*Windbichler* § 22 Rn. 9.
[393] MüKoAktG/*Bayer* § 22 Rn. 3; KölnKommAktG/*Koppensteiner* § 22 Rn. 1; Hüffer/*Koch* AktG § 22 Rn. 1.
[394] MüKoAktG/*Bayer* § 22 Rn. 4; KölnKommAktG/*Koppensteiner* § 22 Rn. 2; Hüffer/*Koch* AktG § 22 Rn. 1.
[395] Muster bei Happ AktienR Bd. I/*Bednarz* Form. 7.01d. Zur Frage der Bekanntmachungspflicht im Falle wiederholter Mitteilungen *Naumann* AG 2017, 300.
[396] MüKoAktG/*Bayer* § 20 Rn. 41; KölnKommAktG/*Koppensteiner* § 20 Rn. 44; Hüffer/*Koch* AktG § 20 Rn. 9.
[397] MüKoAktG/*Bayer* § 20 Rn. 39; KölnKommAktG/*Koppensteiner* § 20 Rn. 43; Hüffer/*Koch* AktG § 20 Rn. 9.
[398] *Emmerich* in Emmerich/Habersack Aktien- und GmbH-Konzernrecht § 20 Rn. 30a, 37; KölnKommAktG/*Koppensteiner* § 20 Rn. 45; wohl auch OLG Oldenburg AG 1994, 415 (416); unklar GroßkommAktG/*Windbichler* § 20 Rn. 57.

rat gemäß §§ 93, 116 AktG begründen. Außerdem kommen Schadensersatzansprüche anderer Aktionäre gegen die Gesellschaft gemäß § 823 Abs. 2 BGB iVm § 20 Abs. 6 AktG in Frage.[399] Weitere **Sanktionen** bestehen nicht, insbesondere führt eine Verletzung der Bekanntmachungspflicht nicht zu einem Rechtsverlust nach § 20 Abs. 7 AktG.[400]

Das Bestehen einer Beteiligung, die der Gesellschaft nach § 20 Abs. 1 oder 4 AktG mitgeteilt worden ist, ist auch im **Anhang** des Jahresabschlusses anzugeben (§ 160 Abs. 1 Nr. 8 AktG). Eine Verletzung dieser Verpflichtung ist strafbar (§ 331 Nr. 1 HGB). 133

g) Verletzung der Mitteilungspflicht. aa) Rechtsverlust. Wird die Mitteilungspflicht nach Abs. 1 oder Abs. 4 verletzt, hat dies für die Zeit, in der die Mitteilung nicht gemacht wird, den **Verlust der Rechte** aus den Aktien zur Folge (§ 20 Abs. 7 AktG). Die Sanktion erstreckt sich nur auf eine Verletzung der Mitteilungspflicht nach Abs. 1 oder Abs. 4. Eine Verletzung der Mitteilungspflicht nach Abs. 3 fällt nicht darunter. Hierfür ergibt sich die Sanktion aus dem Wegfall der Privilegierung nach § 328 Abs. 2 AktG; vgl. näher → Rn. 105. An eine Verletzung der Mitteilungspflichten nach Abs. 5 knüpfen sich keine besonderen Rechtsfolgen; zu den Rechtsfolgen bei Verstoß gegen die Veröffentlichungspflicht vgl. → Rn. 132. 134

Der Rechtsverlust nach Abs. 7 setzt grundsätzlich **Verschulden** voraus.[401, 402] Das ergibt sich aus dem Wortlaut von Abs. 1 („unverzüglich"), dem Sanktionszweck der Regelung und dem Umstand, dass § 20 Abs. 7 S. 2 AktG für den endgültigen Verlust der Ansprüche auf Dividendenbezug und Liquidationserlös sogar Vorsatz verlangt (dazu → Rn. 141 u. 144). Es ist also ein mindestens fahrlässiger Rechtsverstoß nötig, wobei an die Sorgfalts- und Erkundigungspflicht des Aktionärs hohe Anforderungen zu stellen sind;[403] in der Praxis kann fehlendes Verschulden insbesondere in Betracht kommen, wenn fehlerhafter Rechtsrat erteilt wurde, der Aktionär jedoch nach den Einzelfallumständen (zB Fachkunde des Beraters; Plausibilität der Auskunft uä) davon ausgehen konnte, der eingeholte Rat sei verlässlich.[404] Die teilweise gemachte Einschränkung, dass das Verschuldenserfordernis nicht für die hauptversammlungsbezogenen Rechte (Teilnahme-, Rede-, Frage- und Stimmrecht) gelte, weil eine Prüfung des Verschuldens in der Hauptversammlung nicht möglich sei, überzeugt nicht.[405] 135

Die Sanktion bezieht sich auf **sämtliche Aktien,** nicht etwa nur auf diejenigen, die die nicht mitteilungspflichtige Quote überschreiten.[406] Das gilt auch wenn ein Unternehmen, 136

---

[399] MüKoAktG/*Bayer* § 20 Rn. 88; KölnKommAktG/*Koppensteiner* § 20 Rn. 90; Hüffer/*Koch* AktG § 20 Rn. 9; *Emmerich* in Emmerich/Habersack Aktien- und GmbH-Konzernrecht § 20 Rn. 64.

[400] OLG Stuttgart AG 2013, 604 (607); OLG Köln ZIP 2009, 1762 (1763); LG Mannheim AG 1988, 248 (252); näher KölnKommAktG/*Koppensteiner* § 20 Rn. 88; Hüffer/*Koch* AktG § 20 Rn. 9.

[401] Heute ganz hM, LG Köln AG 2008, 336 (337); MüKoAktG/*Bayer* § 20 Rn. 51; Hüffer/*Koch* AktG § 20 Rn. 11; KölnKommAktG/*Koppensteiner* § 20 Rn. 51 ff.; *Emmerich* in Emmerich/Habersack Aktien- und GmbH-Konzernrecht § 20 Rn. 46; *Mülbert* FS K. Schmidt, 2009, 1219 (1229 ff.); ebenso die hM zu § 44 WpHG, vgl. nur OLG München ZIP 2009, 2045; Assmann/U. H. Schneider/Mülbert Wertpapierhandelsrecht/*U. H. Schneider* § 44 Rn. 22; *Fleischer* DB 2009, 1335, je mwN.

[402] Zur Frage einer Zurechnung des Verhaltens Dritter vgl. *Emmerich* in Emmerich/Habersack Aktien- und GmbH-Konzernrecht § 20 Rn. 46; *Riegger/Wasmann* FS Hüffer, 2010, 833 (835 f.); *Mülbert* FS K. Schmidt, 2009, 1219 (1236 f.); *Fleischer* DB 2009, 1335 (1339 f.).

[403] KölnKommAktG/*Koppensteiner* § 20 Rn. 52 ff.; *Emmerich* in Emmerich/Habersack Aktien- und GmbH-Konzernrecht § 20 Rn. 46; Spindler/Stilz AktG/*Petersen* § 20 Rn. 39.

[404] Vgl. auch *Emmerich* in Emmerich/Habersack Aktien- und GmbH-Konzernrecht § 20 Rn. 46; Spindler/Stilz AktG/*Petersen* § 20 Rn. 40; MüKoAktG/*Bayer* § 20 Rn. 49; *Merkner* AG 2012, 199 (204); *Fleischer* DB 2009, 1335 (1337 ff.).

[405] So aber OLG Schleswig AG 2008, 129 (131); KölnKommAktG/*Koppensteiner* § 20 Rn. 56; Grigoleit AktG/*Rachlitz* § 20 Rn. 23; *Fatemi* DB 2013, 2195 (2200); aA K. Schmidt/Lutter AktG/*Veil* § 20 Rn. 43; Hüffer/Koch AktG § 20 Rn. 11; Spindler/Stilz AktG/*Petersen* § 20 Rn. 37 mit Fn. 102; *Mülbert* FS K. Schmidt, 2009, 1219 (1229 f.); *Fleischer* DB 2009, 1335 (1336).

[406] KölnKommAktG/*Koppensteiner* § 20 Rn. 60; MüKoAktG/*Bayer* § 20 Rn. 49; *Emmerich* in Emmerich/Habersack Aktien- und GmbH-Konzernrecht § 20 Rn. 44.

das nach Abs. 4 mitteilungspflichtig ist, nur die Mitteilung nach Abs. 1 macht; es verliert dann die Rechte aus allen Aktien, nicht nur aus dem Teil, der die Mehrheitsbeteiligung begründet.[407] Wie § 20 Abs. 7 S. 1 AktG ausdrücklich klarstellt, gehen sowohl die Rechte aus den eigenen Aktien als auch aus den nach § 16 Abs. 4 AktG zuzurechnenden Aktien abhängiger Unternehmen und Dritter verloren; Aktien, die nur nach Abs. 2 zugerechnet werden, deren Eigentümer aber nicht zu dem in § 20 Abs. 7 Abs. 1 AktG genannten Kreis gehört, sind hingegen nicht betroffen.[408] Der Rechtsverlust beginnt in dem **Zeitpunkt,** in dem die Mitteilung spätestens hätte erfolgen müssen, und er entfällt für die Zukunft, sobald die Mitteilung nachgeholt wird.

137 Werden Aktien, die der Sanktion des § 20 Abs. 7 AktG unterlagen, veräußert, stehen dem **Erwerber** die Rechte aus den Aktien zu, sofern nicht auch er eine etwaige Mitteilungspflicht verletzt;[409] Gleiches gilt bei einem Erwerb durch Gesamtrechtsnachfolge.[410] Bei dem Veräußerer verbleibende Aktien unterliegen der Sanktion jedoch weiterhin, auch wenn jetzt keine Mitteilungspflicht nach Abs. 1 oder 4 mehr besteht.[411]

138 bb) Umfang des Rechtsverlusts. § 20 Abs. 7 AktG erfasst grundsätzlich **sämtliche Rechte** aus den betroffenen Aktien,[412] namentlich das Recht auf Einberufung einer Hauptversammlung (§ 122 AktG)[413] und auf Teilnahme an der Hauptversammlung,[414] das Stimmrecht (näher → Rn. 139), das Auskunftsrecht nach § 131 AktG[415] und das Anfechtungsrecht (näher → Rn. 140) sowie das Recht auf Dividendenbezug (näher → Rn. 141 ff.) und auf einen Anteil am Liquidätserlös (näher → Rn. 144). Umstritten ist die Erstreckung auf Bezugsrechte bei Kapitalerhöhungen (vgl. → Rn. 145) und auf Kompensationsansprüche aus Strukturmaßnahmen, insbesondere Ausgleichs- und Abfindungsansprüche (vgl. → Rn. 148). Die Treuepflicht der Aktionäre bleibt auch gegenüber dem vom Rechtsverlust betroffenen Aktionär bestehen.[416]

139 Das **Stimmrecht** kann nicht ausgeübt werden. Bei der Berechnung der Stimmenmehrheit, der Kapitalmehrheit und des bei der Beschlussfassung vertretenen Grundkapitals zählen diese Stimmen nicht mit.[417] Werden die Stimmen unzulässigerweise mitgezählt, macht dies den Hauptversammlungsbeschluss, sofern er darauf beruht,[418] anfechtbar, hingegen tritt keine Nichtigkeit ein;[419] zur Nichtigkeit kommt es auch nicht im Falle einer

---

[407] KölnKommAktG/*Koppensteiner* § 20 Rn. 60; MüKoAktG/*Bayer* § 20 Rn. 49.

[408] MüKoAktG/*Bayer* § 20 Rn. 48; *Emmerich* in Emmerich/Habersack Aktien- und GmbH-Konzernrecht § 20 Rn. 43a; KölnKommAktG/*Koppensteiner* § 20 Rn. 62; aA *Burgard,* Die Offenlegung von Beteiligungen, Abhängigkeits- und Konzernlagen bei der Aktiengesellschaft, 1990, S. 56 f.

[409] LG Düsseldorf ZIP 2009, 1129 (1131); LG Hamburg WM 1996, 168 (170); *Emmerich* in Emmerich/Habersack Aktien- und GmbH-Konzernrecht § 20 Rn. 44; *Widder* NZG 2004, 275.

[410] *Widder* NZG 2004, 275 (276).

[411] LG Düsseldorf ZIP 2009, 1129 (1131); *Emmerich* in Emmerich/Habersack Aktien- und GmbH-Konzernrecht § 20 Rn. 44; *Fatemi* DB 2013, 2195 (2196).

[412] BGH ZIP 2006, 1134 (1135); näher *Schneider/Schneider* ZIP 2006, 493 (494 f.).

[413] KG AG 1980, 78.

[414] BGH ZIP 2006, 1134 (1135); MüKoAktG/*Bayer* § 20 Rn. 55; Hüffer/*Koch* AktG § 20 Rn. 14.

[415] KölnKommAktG/*Koppensteiner* § 20 Rn. 63; Hüffer/*Koch* AktG § 20 Rn. 14; *Witt* WM 1998, 1153 (1156).

[416] BGH AG 2009, 534 (535).

[417] MüKoAktG/*Bayer* § 20 Rn. 56; KölnKommAktG/*Koppensteiner* § 20 Rn. 68; *Burgard,* Die Offenlegung von Beteiligungen, Abhängigkeits- und Konzernlagen bei der Aktiengesellschaft, 1990, S. 58.

[418] Zur notwendigen Relevanz bei unzulässiger Stimmabgabe vgl. BGH ZIP 2014, 1677 Rn. 8. Zu weitgehend MüKoAktG/*Bayer* § 20 Rn. 59, der es für die Anfechtbarkeit genügen lassen will, wenn zwar die Zahl der unzulässig abgegebenen Stimmen für das Beschlussergebnis irrelevant war, der Aktionär aber durch Ausübung des Rede- und Fragerechts auf die Beschlussfassung Einfluss genommen hat.

[419] BGH ZIP 2006, 1134 (1136 f.); OLG Frankfurt a. M. ZIP 2019, 1168 (1169 f.); OLG Stuttgart AG 2005, 125 Ls. 5; KG AG 1996, 421 (423); MüKoAktG/*Bayer* § 20 Rn. 58; KölnKommAktG/

wegen allseitiger Verletzung der Anzeigepflicht „stimmlosen" Beschlussfassung.[420] Sobald die Mitteilung nachgeholt wird, lebt das Stimmrecht für die Zukunft wieder auf. Notfalls kann also noch eine Nachholung in der laufenden Hauptversammlung vor Beginn der Abstimmung genügen.[421] Das Aktienrecht kennt – anders als §§ 44 S. 3 WpHG – auch im Falle vorsätzlicher oder grob fahrlässiger Verletzung der Mitteilungspflicht keine Wartezeit zwischen der Nachholung der Mitteilung und dem Wiederaufleben des Stimmrechts.

Der Rechtsverlust erfasst auch die **Anfechtungsbefugnis**; zum Sonderfall der Anfechtung gem. § 255 Abs. 2 AktG vgl. → Rn. 146.[422] Maßgeblicher Zeitpunkt, bis zu dem die Stimmrechtsmitteilung vorliegen muss, um den Rechtsverlust abzuwenden, soll in den Fällen der Anfechtungsbefugnis gem. § 245 Nr. 1 und 2 AktG der „Zeitpunkt der Hauptversammlung" sein.[423] Tatsächlich wird man jedoch in beiden Fällen auf den Zeitpunkt abstellen müssen, bis zu dem der Aktionär die Mitteilung spätestens hätte nachholen müssen, um das Teilnahmerecht wiederzuerlangen; das ist in der Praxis zumeist der letzte Anmeldetag (§ 123 Abs. 2 AktG). Demgegenüber genügt es für die Anfechtungsbefugnis gem. § 245 Nr. 3 AktG, die Mitteilung vor Ablauf der Anfechtungsfrist nachzuholen.[424] 140

Für den **Dividendenanspruch** gilt folgendes: Wird die zunächst unterlassene Mitteilung vor dem Gewinnverwendungsbeschluss nachgeholt, bleibt der Dividendenanspruch unberührt.[425] Ist die Mitteilung bis zum Gewinnverwendungsbeschluss nicht erfolgt, tritt grundsätzlich der Rechtsverlust nach § 20 Abs. 7 S. 1 AktG ein. Das gilt gem. Satz 2 jedoch nicht, wenn die Mitteilung nicht vorsätzlich unterlassen und nachgeholt wurde. Es kommt dann also auf die Frage an, ob die Unterlassung der Mitteilung vorsätzlich oder fahrlässig erfolgte: Bei Vorsatz (auch bedingtem Vorsatz[426]) entfällt der Dividendenanspruch ersatzlos, eine Nachholung der Mitteilung ändert daran nichts mehr; bei Fahrlässigkeit ruht der Anspruch lediglich, bis die Mitteilung nachgeholt ist.[427] **Vorsatz** verlangt Kenntnis von den die Mitteilungspflicht begründenden Beteiligungsverhältnissen und der daraus resultierenden Mitteilungspflicht. Ein Rechtsirrtum schließt den Vorsatz auch bei Vermeidbarkeit dieses Irrtums aus,[428] es gilt der zivilrechtliche Vorsatzbegriff. Für die Behauptung, das 141

Koppensteiner § 20 Rn. 81; *Emmerich* in Emmerich/Habersack Aktien- und GmbH-Konzernrecht § 20 Rn. 51; zweifelnd *Geßler* BB 1980, 217 (219); *Quack* FS Semler, 1993, 581 (589), die Nichtigkeit erwägen. Zu den damit verbundenen prozessualen Fragen eingehend *Happ* FS K. Schmidt, 2009, 545 (557 ff.).

[420] BGH ZIP 2006, 1134 (1136 f.); OLG Frankfurt a. M. ZIP 2019, 1168 (1170); MüKoAktG/*Bayer* § 20 Rn. 58; *Wand/Tillmann* AG 2005, 227 (228 ff.) mwN.

[421] Zur Nachholung der Meldung in der Hauptversammlung eingehend *Happ* FS K. Schmidt, 2009, 545 (550 ff.).

[422] BGH ZIP 2006, 1134 (1135); OLG Frankfurt a. M. AG 2007, 592 (593); OLG Schleswig AG 2006, 120 (121 f.); OLG Stuttgart AG 2005, 125 (127); Hüffer/*Koch* AktG § 20 Rn. 14.

[423] OLG Frankfurt a. M. AG 2007, 592 (593); OLG Schleswig AG 2006, 120 (121 f.); Hüffer/*Koch* AktG § 20 Rn. 14; K. Schmidt/Lutter AktG/*Veil* § 20 Rn. 39.

[424] BGH AG 2009, 534 (535); Hüffer/*Koch* AktG § 20 Rn. 14; MüKoAktG/*Bayer* § 20 Rn. 53.

[425] Hüffer/*Koch* AktG § 20 Rn. 15; MüKoAktG/*Bayer* § 20 Rn. 70; KölnKommAktG/*Koppensteiner* § 20 Rn. 73; *Emmerich* in Emmerich/Habersack Aktien- und GmbH-Konzernrecht § 20 Rn. 53.

[426] BGH ZIP 2016, 1919 Rn. 36; KölnKommAktG/*Koppensteiner* § 20 Rn. 74; MüKoAktG/*Bayer* § 20 Rn. 86.

[427] MüKoAktG/*Bayer* § 20 Rn. 82 ff.; Hüffer/*Koch* AktG § 20 Rn. 15.

[428] BGH ZIP 2016, 1919 Rn. 36; KölnKommAktG/*Koppensteiner* § 20 Rn. 74; MüKoAktG/*Bayer* § 20 Rn. 86; *Emmerich* in Emmerich/Habersack Aktien- und GmbH-Konzernrecht § 20 Rn. 55; *Merkner* AG 2012, 199 (204 f.); *Riegger/Wasmann* FS Hüffer, 2010, 823 (839 ff.); *Mülbert* FS K. Schmidt, 2009, 1219 (1231 ff.); *Fleischer* DB 2009, 1335 (1340 f.); aA etwa Assmann/U. H. Schneider/Mülbert Wertpapierhandelsrecht/*U. H. Schneider* WpHG § 44 Rn. 24; Schwark/Zimmer Kapitalmarktrechts-Komm/*Schwark* WpHG § 28 Rn. 19; *Schneider/Schneider* ZIP 2006, 493 (499 f.).

Unterlassen der Mitteilung sei nicht vorsätzlich erfolgt, ist der mitteilungspflichtige Aktionär darlegungs- und beweispflichtig.[429]

142 Eine fixe **zeitliche Grenze für die Nachholung** gibt es bis zur Verjährung des Anspruchs nicht.[430] Sobald der Mitteilungspflichtige allerdings Kenntnis von seiner Mitteilungspflicht erlangt, muss er die Mitteilung unverzüglich nachholen, weil andernfalls ein vorsätzliches Unterlassen vorliegt, welches den bislang nur ruhenden Anspruch entfallen lässt.[431] Der Dividendenanspruch verjährt nach drei Jahren (§ 195 BGB); die teilweise vertretene Ansicht, die **Verjährung** werde bis zur Nachholung der Meldung analog § 205 BGB gehemmt,[432] überzeugt mangels Vergleichbarkeit der Situationen nicht.

143 Wegfall oder Ruhen des Dividendenanspruchs haben auf den **Gewinnverwendungsbeschluss** in der Regel keine Auswirkung. Dieser wird unter Berücksichtigung der betroffenen Aktien gefasst.[433] Ist der Dividendenanspruch wegen vorsätzlich unterlassener Mitteilung entfallen, besteht allerdings kein Anspruch auf Auszahlung der Dividende, sondern der auf die betroffenen Aktien entfallende Dividendenbetrag ist nach heute herrschender Auffassung von der Gesellschaft **bilanziell als Ertrag zu vereinnahmen** mit der Folge, dass er den nächsten Jahresüberschuss erhöht,[434] während die Gegenmeinung den Dividendenanspruch der übrigen Aktionäre um diesen Betrag erhöhen will.[435] Der herrschenden Auffassung ist allein schon aus praktischen Gründen der Vorzug zu geben. Bei lediglich fahrlässigem Verstoß ist der auf die betroffenen Aktien entfallende Dividendenbetrag bis zur Nachholung der Mitteilung einzubehalten und als sonstige Verbindlichkeit zu buchen;[436] gleiches gilt, so lange unklar ist, ob Vorsatz vorlag oder nicht.[437] Eine zu Unrecht ausgezahlte Dividende ist entsprechend § 62 Abs. 1 AktG zurückzuzahlen.[438]

144 Früher war umstritten, ob auch das Recht auf einen Anteil am **Liquidationserlös** von § 20 Abs. 7 AktG erfasst wurde. Aufgrund der Neufassung von § 20 Abs. 7 AktG durch das Dritte Finanzmarktförderungsgesetz gilt für den Anteil am Liquidationserlös heute gleiches wie für den Dividendenanspruch (vgl. → Rn. 141 ff.), wobei der maßgebliche Stichtag unklar ist. Am ehesten wird man auf den Zeitpunkt der Auflösung (§ 262 Abs. 1

---

[429] Begr. RegE 3. Kapitalmarktförderungsgesetz, BR-Drs. 605/97, 95; BGH ZIP 2016, 1919 Rn. 35; Hüffer/*Koch* AktG § 20 Rn. 13; *Emmerich* in Emmerich/Habersack Aktien- und GmbH-Konzernrecht § 20 Rn. 57.

[430] Hüffer/*Koch* AktG § 20 Rn. 15; *Emmerich* in Emmerich/Habersack Aktien- und GmbH-Konzernrecht § 20 Rn. 57; KölnKommAktG/*Koppensteiner* § 20 Rn. 75.

[431] *Emmerich* in Emmerich/Habersack Aktien- und GmbH-Konzernrecht § 20 Rn. 57; MüKo-AktG/*Bayer* § 20 Rn. 85; KölnKommWpHG/*Kremer/Oesterhaus* § 28 Rn. 98.

[432] So KölnKommWpHG/*Kremer/Oesterhaus* § 28 Rn. 57; Schwark/Zimmer Kapitalmarktrechts-Komm/*Noack/Zetzsche* WpÜG § 59 Rn. 22.

[433] Näher BGH ZIP 2014, 1677 Rn. 9 ff.

[434] LG München I NZG 2009, 226 (227) (zu § 59 WpÜG); Hüffer/*Koch* AktG § 20 Rn. 15a; *Emmerich* in Emmerich/Habersack Aktien- und GmbH-Konzernrecht § 20 Rn. 56; MüKoAktG/*Bayer* § 20 Rn. 76; KölnKommWpHG/*Kremer/Oesterhaus* § 28 Rn. 65 f.; *Riegger* FS H. P. Westermann, 2008, 1331 (1340 ff.); *Riegger/Wasmann* FS Hüffer, 2010, 823 (841).

[435] So zB KölnKommAktG/*Koppensteiner* § 20 Rn. 77 f., 82; GroßkommAktG/*Henze* § 58 Rn. 97; Baums/Thoma WpÜG/*Hecker* § 59 Rn. 98; Assmann/U. H. Schneider /Mülbert Wertpapierhandelsrecht /*U. H. Schneider* WpHG § 44 Rn. 69; Assmann/Pötzsch/*U. H. Schneider* WpÜG/*U. H. Schneider/Rosengarten* § 59 Rn. 45; Schwark/Zimmer KapitalmarktrechtsKomm/*Noack/Zetzsche* WpÜG § 59 Rn. 21 f.; *Schneider/Schneider* ZIP 2006, 493 (498).

[436] Hüffer/*Koch* AktG § 20 Rn. 15a; KölnKommWpHG/*Kremer/Oesterhaus* § 28 Rn. 67; Baums/Thoma WpÜG/*Hecker* § 59 Rn. 100.

[437] Hüffer/*Koch* AktG § 20 Rn. 15a; KölnKommWpHG/*Kremer/Oesterhaus* § 28 Rn. 67; Baums/Thoma WpÜG/*Hecker* § 59 Rn. 100. Vgl. auch BGH ZIP 2014, 1677 Rn. 9 ff.

[438] MüKoAktG/*Bayer* § 20 Rn. 78; *Emmerich* in Emmerich/Habersack Aktien- und GmbH-Konzernrecht § 20 Rn. 55; Hüffer/*Koch* AktG § 20 Rn. 17.

AktG) abstellen müssen.[439] Das bedeutet: Wird die zunächst unterlassene Mitteilung vor dem Liquidationsbeschluss nachgeholt, bleibt der Anspruch auf Liquidationserlös unberührt. Stand die Mitteilung im Zeitpunkt des Liquidationsbeschlusses noch aus, entfällt der Anspruch bei vorsätzlicher Unterlassung ersatzlos, während er bei bloß fahrlässiger Unterlassung bis zur Nachholung der Mitteilung lediglich ruht (§ 20 Abs. 7 S. 2 AktG). Die Nachholung dürfte bis zur Verteilung des Liquidationserlöses möglich sein.[440]

Nicht von Abs. 7 erfasst wird die Teilnahme an einer **Kapitalerhöhung aus Gesellschaftsmitteln,** denn die Sanktion des Abs. 7 soll grundsätzlich nicht die Substanz der Beteiligung antasten, überdies zeigt § 215 Abs. 1 AktG, dass das Ruhen der Rechte aus einer Aktie der Teilnahme an einer Kapitalerhöhung aus Gesellschaftsmitteln nicht entgegensteht.[441] Daran ist weiterhin festzuhalten. Zwar hat das 3. Finanzmarktförderungsgesetz die Sanktion des § 20 Abs. 7 AktG auch auf den Anspruch auf Liquidationserlös erstreckt und damit den Grundsatz, dass kein Eingriff in die Substanz der Beteiligung stattfinden kann, aufgeweicht. Der wesentliche Unterschied zur Kapitalerhöhung liegt aber (abgesehen davon, dass die Liquidation einer Aktiengesellschaft in der Praxis kaum vorkommt) darin, dass der endgültige Rechtsverlust im Liquidationsfall Vorsatz voraussetzt, bei der Kapitalerhöhung aber schon die fahrlässige Pflichtverletzung zum endgültigen Rechtsverlust führen würde.[442] Wollte man das anders sehen, wäre es unumgänglich, zumindest § 20 Abs. 7 S. 2 AktG analog anzuwenden. Der überzeugendere Weg ist jedoch, die Erstreckung von § 20 Abs. 7 AktG auf den Liquidationserlös als nicht verallgemeinerungsfähige Ausnahme von dem Grundsatz zu verstehen, dass die Substanz der Beteiligung nicht angetastet werden soll. Das hat Bedeutung nicht nur für die Kapitalerhöhung aus Gesellschaftsmitteln, sondern auch für **weitere substanzschützende Rechte,** wie etwa das Recht auf Zahlung des Einziehungsentgelts im Fall der Einziehung nach §§ 237 ff. AktG, auf Beteiligung am Herabsetzungserlös bei einer Kapitalherabsetzung zur Einlagenrückgewähr oder auf Gleichbehandlung beim Rückkauf eigener Aktien; alle diese Rechte werden von der Sanktion des § 20 Abs. 7 AktG nicht erfasst.[443] Zu Ausgleichs- und Abfindungsansprüchen bei Strukturmaßnahmen vgl. → Rn. 148.

Problematisch sind auch die Auswirkungen von § 20 Abs. 7 AktG auf das Bezugsrecht bei einer **Kapitalerhöhung gegen Einlagen** und bei Ausgabe von Wandelschuldverschreibungen, Gewinnschuldverschreibungen und Genussrechten (§ 221 AktG) sowie bei der Veräußerung eigener Aktien (§ 71 Abs. 1 Nr. 8 S. 5 AktG). Nach hM fällt auch das Bezugsrecht unter § 20 Abs. 7 AktG.[444] Aber schon dieser Ansicht ist nicht zuzustimmen.

---

[439] KölnKommAktG/*Koppensteiner* § 20 Rn. 79; *Burgard,* Die Offenlegung von Beteiligungen, Abhängigkeits- und Konzernlagen bei der Aktiengesellschaft, 1990, S. 60.
[440] Ähnlich KölnKommAktG/*Koppensteiner* § 20 Rn. 79; GroßkommAktG/*Windbichler* § 20 Rn. 82 (Aufstellung der Schlußbilanz mit Verteilungsplan); aA *Emmerich* in Emmerich/Habersack Aktien- und GmbH-Konzernrecht § 20 Rn. 59 (Auflösung).
[441] Begr. RegE 3. Kapitalmarktförderungsgesetz BR-Drs. 605/97, 95; KölnKommAktG/*Koppensteiner* § 20 Rn. 72; *Hüffer/Koch* AktG § 20 Rn. 16; *Emmerich* in Emmerich/Habersack Aktien- und GmbH-Konzernrecht § 20 Rn. 60; GroßkommAktG/*Windbichler* § 20 Rn. 80; ebenso die hM zu § 44 WpHG, § 59 WpÜG, vgl. KölnKommWpHG/*Kremer/Oesterhaus* § 28 Rn. 79 ff.; Schwark/Zimmer KapitalmarktrechtsKomm/*Noack/Zetzsche* WpÜG § 59 Rn. 29: *Burgard,* Die Offenlegung von Beteiligungen, Abhängigkeits- und Konzernlagen bei der Aktiengesellschaft, 1990, S. 59; aA MüKoAktG/*Bayer* § 20 Rn. 69; *Assmann/U. H. Schneider/Mülbert* Wertpapierhandelsrecht/ *U. H. Schneider* WpHG § 44 Rn. 76.
[442] Zutreffend KölnKommWpHG/*Kremer/Oesterhaus* § 28 Rn. 81.
[443] Sehr umstr., wie hier Spindler/Stilz AktG/*Petersen* § 20 Rn. 44; Schwark/Zimmer KapitalmarktrechtsKomm/*Noack/Zetzsche* WpÜG § 59 Rn. 29; KölnKommWpHG/*Kremer/Oesterhaus* § 28 Rn. 82; *Hüffer* FS Boujong, 1996, 277 (287 f.); aA KölnKommAktG/*Koppensteiner* § 20 Rn. 65; MüKoAktG/*Bayer* § 20 Rn. 79; *Assmann/U. H. Schneider/Mülbert* Wertpapierhandelsrecht/ *U. H. Schneider* WpHG § 44 Rn. 74; Baums/Thoma WpÜG/*Hecker* § 59 Rn. 111.
[444] Begr. RegE 3. Finanzmarktförderungsgesetz, BR-Drs. 605/97, 95; KölnKommAktG/*Koppensteiner* § 20 Rn. 65; MüKoAktG/*Bayer* § 20 Rn. 63 ff.; *Emmerich* in Emmerich/Habersack Aktien-

Das Bezugsrecht dient dem Schutz vor einer Verwässerung der Beteiligung und damit der Substanzerhaltung.[445] Es dürfte deshalb eher zutreffen, das Bezugsrecht ebenso wenig unter die Sanktion des § 20 Abs. 7 AktG fallen zu lassen wie das Bezugsrecht bei einer Kapitalerhöhung aus Gesellschaftsmitteln (vgl. → Rn. 145).[446] Folgerichtig ist deshalb auch die Befugnis zur Anfechtung nach § 255 Abs. 2 AktG vom Rechtsverlust auszunehmen.

147 Wendet man hingegen § 20 Abs. 7 AktG auf das Bezugsrecht an, ist zunächst die Frage unklar, in welchem Zeitpunkt die Mitteilungspflicht nach § 20 Abs. 7 AktG verletzt sein muss, damit das Bezugsrecht ausgeschlossen ist. Die heute hM stellt mit Recht auf den **Zeitpunkt der Beschlussfassung** der Hauptversammlung ab,[447] denn in diesem Zeitpunkt würde der Bezugsanspruch sonst entstehen.[448] Beim genehmigten Kapital entsteht der Bezugsanspruch mit dem Ausübungsbeschluss des Vorstands und, soweit erforderlich, der Zustimmung des Aufsichtsrats nach § 204 Abs. 1 AktG; dementsprechend bestimmt sich hiernach der maßgebliche Zeitpunkt.[449] Problematisch ist weiter, was mit den neuen Aktien zu geschehen hat, die an sich der vom Bezugsrecht ausgeschlossene Aktionär beziehen könnte. Ein Teil der Literatur geht davon aus, dass das Bezugsrecht auf diese Aktien den anderen Aktionären zustehe.[450] Dafür ist eine gesetzliche Grundlage aber nicht ersichtlich. Denn das Bezugsrecht der anderen Aktionäre beschränkt sich auf einen ihrem Anteil an dem bisherigen Grundkapital entsprechenden Teil der neuen Aktien (§ 186 Abs. 1 S. 1 AktG). Mit der hM ist daher anzunehmen, dass die fraglichen Aktien keinem Bezugsrecht unterstehen, sondern **von der Gesellschaft** in der gleichen Weise **verwertet** werden können wie Aktien, für welche das Bezugsrecht nicht ausgeübt wurde (dazu → § 57 Rn. 108).[451] Wenn dem vom Bezugsrecht ausgeschlossenen Aktionär in Unkenntnis dieses Ausschlusses Aktien zugeteilt wurden, wurde früher vielfach deren Rückgewähr an die Gesellschaft verlangt.[452] Nach heute richtigerweise hM besteht jedoch lediglich die Verpflichtung, der Gesellschaft gem. § 62 Abs. 1 AktG den **Wert** des zu Unrecht eingeräumten Bezugsrechts **zu erstatten**.[453]

---

und GmbH-Konzernrecht § 20 Rn. 60; Hüffer/*Koch* AktG § 20 Rn. 16; KölnKommWpHG/*Kremer/Oesterhaus* § 28 Rn. 69.

[445] Vgl. BGHZ 71, 40 (44 f.) – Kali u. Salz und → § 57 Rn. 94.

[446] So auch *Habersack* FS Säcker, 2011, 355 (357 ff.); Zweifel auch bei Schwark/Zimmer KapitalmarktrechtsKomm/*Noack/Zetzsche* WpÜG § 59 Rn. 24.

[447] *Emmerich* in Emmerich/Habersack Aktien- und GmbH-Konzernrecht § 20 Rn. 60; MüKoAktG/*Bayer* § 20 Rn. 63; *Burgard,* Die Offenlegung von Beteiligungen, Abhängigkeits- und Konzernlagen bei der Aktiengesellschaft, 1990, S. 60; ebenso die hM zu § 44 WpHG, § 59 WpÜG, vgl. etwa KölnKommWpHG/*Kremer/Oesterhaus* § 28 Rn. 70; Assmann/Pötzsch/U. H. Schneider WpÜG/ *U. H. Schneider/Rosengarten* § 59 Rn. 33, je mwN; aA noch *Heinsius* FS Fischer, 1979, 215 (253) (Ablauf der Bezugsfrist).

[448] KölnKommAktG/*Ekkenga* § 186 Rn. 19; MüKoAktG/*Schürnbrand* § 186 Rn. 26; so jetzt auch Hüffer/*Koch* AktG § 20 Rn. 16; aA *Butzke* GS M. Winter, 2011, 59 (63 ff.), der auf die Veröffentlichung des Bezugsangebots abstellt.

[449] KölnKommAktG/*Koppensteiner* § 20 Rn. 69; GroßkommAktG/*Windbichler* § 20 Rn. 78.

[450] KölnKommAktG/*Koppensteiner* § 20 Rn. 70; Assmann/U. H. Schneider /Mülbert Wertpapierhandelsrecht /*U. H. Schneider* WpHG § 44 Rn. 71; *Burgard,* Die Offenlegung von Beteiligungen, Abhängigkeits- und Konzernlagen bei der Aktiengesellschaft, 1990, S. 61.

[451] MüKoAktG/*Bayer* § 20 Rn. 66; *Emmerich* in Emmerich/Habersack Aktien- und GmbH-Konzernrecht § 20 Rn. 61; Hüffer/*Koch* AktG § 20 Rn. 16; ebenso die hM zu § 44 WpHG, § 59 WpÜG, vgl. etwa KölnKommWpHG/*Kremer/Oesterhaus* WpHG § 28 Rn. 71; Schwark/Zimmer KapitalmarktsrechtsKomm./*Noack/Zetzsche* WpÜG § 59 Rn. 24, je mwN; offengelassen von BGHZ 114, 203 (214, 218).

[452] Geßler/Hefermehl AktG/*Geßler* § 20 Rn. 81; *Burgard,* Die Offenlegung von Beteiligungen, Abhängigkeits- und Konzernlagen bei der Aktiengesellschaft, 1990, S. 61.

[453] KölnKommAktG/*Koppensteiner* § 20 Rn. 83; MüKoAktG/*Bayer* § 20 Rn. 67 f.; *Emmerich* in Emmerich/Habersack Aktien- und GmbH-Konzernrecht § 20 Rn. 62; Hüffer/*Koch* AktG § 20

Schließlich sind alle dem Substanzschutz dienenden **Kompensationsansprüche bei** 148
gesellschaftsrechtlichen Strukturmaßnahmen aus dem Sanktionsbereich des § 20
Abs. 7 AktG auszunehmen.[454] Das gilt etwa für den Anspruch auf Abfindung bei Beherrschungs- und Gewinnabführungsverträgen (§ 305 AktG), Eingliederung (§ 320b AktG) und Squeeze Out (§ 327a AktG, § 62 Abs. 5 UmwG, § 39a WpÜG), ebenso für die Ansprüche auf Aktienumtausch, bare Zuzahlung und Abfindung im Falle der Verschmelzung, der Spaltung und des Formwechsels (zB §§ 15, 20 Abs. 1 Nr. 3, 29, 131 Abs. 1 Nr. 3, 207 UmwG). Ebenso wird man das Recht auf **Einleitung eines Spruchverfahrens** zur Überprüfung der Angemessenheit dieser Kompensationsleistungen unberührt lassen müssen.[455] Denn in all diesen Fällen geht es um den Schutz der Substanz der Beteiligung, in die § 20 Abs. 7 AktG grundsätzlich nicht eingreifen will. (vgl. → Rn. 145). Anders wird man dies allerdings im Hinblick auf den Ausgleichsanspruch nach § 304 AktG sehen müssen, der nicht die Substanz der Beteiligung, sondern das Dividendenrecht schützt.[456] Auch wenn der Ausgleichsanspruch sich nicht gegen die Gesellschaft, sondern das herrschende Unternehmen richtet, legt es der Zweck des § 20 Abs. 7 AktG nahe, den Rechtsverlust hierauf zu erstrecken, allerdings zugleich auch § 20 Abs. 7 S. 2 AktG analog anzuwenden.

cc) Schadensersatz. Die Mitteilungs- und Veröffentlichungspflichten des § 20 Abs. 1, 4 149
und 6 AktG ebenso wie die Sanktion des § 20 Abs. 7 AktG sind Schutzgesetze im Sinne von § 823 Abs. 2 BGB.[457] Ein Aktionär, der seinen Mitteilungspflichten nicht nachkommt, kann daher gegenüber anderen Aktionären und der Gesellschaft schadensersatzpflichtig sein; Gleiches gilt für die Gesellschaft, wenn die Veröffentlichungspflicht verletzt wird.[458] Werden entgegen § 20 Abs. 7 AktG Rechte als Aktionär ausgeübt, kommt eine Schadensersatzpflicht gegenüber der Gesellschaft in Betracht. Vorstand und Aufsichtsrat der Gesellschaft sind bei Anlass zu Zweifeln verpflichtet, von sich aus nachzuforschen, ob eine mitteilungspflichtige Beteiligung besteht und daher die Aktionärsrechte nach § 20 Abs. 7 AktG ruhen.[459] Verletzen sie diese Pflicht, können auch gegen sie Schadensersatzansprüche gemäß §§ 93, 116 AktG in Frage kommen. Werden die Aktien einem anderen zum Zwecke der Ausübung des Stimmrechts überlassen, handeln sowohl die überlassende Gesellschaft als auch derjenige, der die Aktien zu Ausübung des Stimmrechts benutzt, ordnungswidrig (§ 405 Abs. 3 Nr. 5 AktG).

Rn. 17; ebenso die hM zu § 44 WpHG, § 59 WpÜG, vgl. etwa KölnKommWpHG/*Kremer/Oesterhaus* § 28 Rn. 72; Schwark/Zimmer KapitalmarktrechtsKomm/*Noack/Zetzsche* WpÜG § 59 Rn. 25.

[454] KölnKommAktG/*Koppensteiner* § 20 Rn. 65; *Emmerich* in Emmerich/Habersack Aktien- und GmbH-Konzernrecht § 20 Rn. 63; Spindler/Stilz AktG/*Petersen* § 20 Rn. 44; GroßkommAktG/*Windbichler* § 20 Rn. 81; Schwark/Zimmer KapitalmarktrechtsKomm/*Noack/Zetzsche* WpÜG § 59 Rn. 29; KölnKommWpHG/*Kremer/Oesterhaus* WpHG § 28 Rn. 82; *Kablitz* WM 2020, 300 (302 ff.); *Habersack* FS Säcker, 2011, 355 (357 ff.); *Merkner* AG 2012, 199 (202); aA Assmann/U. H. Schneider/Mülbert Werpapierhandelsrecht/*U. H. Schneider* WpHG § 44 Rn. 74.

[455] AA Schwark/Zimmer KapitalmarktsrechtsKomm/*Noack/Zetzsche* WpÜG § 59 Rn. 29.

[456] AA *Habersack* FS Säcker, 2011, 355 (356 ff.); wohl auch Schwark/Zimmer KapitalmarktrechtsKomm/*Noack/Zetzsche* WpÜG § 59 Rn. 29.

[457] KölnKommAktG/*Koppensteiner* § 20 Rn. 90 f.; MüKoAktG/*Bayer* § 20 Rn. 88; *Emmerich* in Emmerich/Habersack Aktien- und GmbH-Konzernrecht § 20 Rn. 64; eingehend *Stern*, Bürgerlich-rechtliche und aktienrechtliche Schadensersatzpflichten wegen Verletzung der §§ 20, 21 AktG, 2004, S. 111 f.; einschränkend *Starke*, Beteiligungstransparenz im Gesellschafts- und Kapitalmarktrecht, 2002, S. 258 ff., 265 ff.; *Heinsius* FS Fischer, 1979, 215 (233 ff.); aA GroßkommAktG/*Windbichler* § 20 Rn. 89.

[458] *Emmerich* in Emmerich/Habersack Aktien- und GmbH-Konzernrecht § 20 Rn. 64; MüKoAktG/*Bayer* § 20 Rn. 88.

[459] MüKoAktG/*Bayer* § 20 Rn. 90; KölnKommAktG/*Koppensteiner* § 20 Rn. 84; *Heinsius* FS Fischer, 1979, 215 (235).

150 3. Mitteilungspflichten nach § 21 AktG. a) Allgemeines. § 21 AktG statuiert eine Reihe von Mitteilungspflichten für Beteiligungen, die eine Aktiengesellschaft oder KGaA an einem anderen Unternehmen besitzt. Zweck dieser Mitteilungspflichten ist namentlich die Offenlegung wechselseitiger Beteiligungen. Die Verpflichtung zur Mitteilung von Mehrheitsbeteiligungen nach § 21 Abs. 2 AktG dient darüber hinaus ganz allgemein der Offenlegung einer Mehrheitsbeteiligung. Sind sowohl die Voraussetzungen des § 20 AktG als auch des § 21 AktG erfüllt, hat **§ 20 AktG Vorrang** vor § 21 AktG; soweit einer der Tatbestände des § 20 AktG erfüllt ist, findet § 21 AktG also keine Anwendung.[460] Die Mitteilungspflichten nach § 21 AktG finden ebenso wie diejenigen nach § 20 AktG keine Anwendung auf Beteiligungen an **Emittenten iSv § 33 Abs. 4 WpHG** (§ 21 Abs. 5 AktG); insoweit bleibt es vielmehr ausschließlich bei den Mitteilungspflichten nach §§ 33 ff. WpHG.

151 b) Schachtelbeteiligung. Sobald einer Aktiengesellschaft oder KGaA mehr als 25 % der Anteile an einer anderen, nicht börsennotierten Kapitalgesellschaft (AG, KGaA, SE, GmbH) mit Sitz im Inland gehören, hat sie dies dem anderen Unternehmen mitzuteilen (§ 21 Abs. 1 AktG).[461] Die Mitteilungspflicht trifft – anders als nach § 20 AktG – nur eine Aktiengesellschaft oder KGaA mit Sitz im Inland[462] und setzt voraus, dass auch das Unternehmen, an dem die Beteiligung besteht, seinen Sitz im Inland hat. Für die Berechnung der Beteiligungsquote gelten die gleichen Regeln wie bei § 20 Abs. 1 AktG; vgl. dazu → Rn. 119 f. Eine Zurechnung nach dem Vorbild von § 20 Abs. 2 AktG sieht § 21 AktG hingegen nicht vor.

152 c) Mehrheitsbeteiligung. Sobald der Gesellschaft eine Mehrheitsbeteiligung an einem anderen Unternehmen gehört, hat sie dies dem anderen Unternehmen gemäß § 21 Abs. 2 AktG mitzuteilen. Auch diese Mitteilungspflicht trifft nur Aktiengesellschaften und KGaA mit Sitz im Inland.[463] Das Unternehmen, an dem die Mehrheitsbeteiligung besteht, muss ebenfalls seinen Sitz im Inland haben.[464] Anders als bei § 21 Abs. 1 AktG ist jedoch nicht erforderlich, dass das andere Unternehmen die Rechtsform einer Kapitalgesellschaft hat, sondern es genügt jede Rechtsform;[465] die Mitteilungspflicht entfällt lediglich für Beteiligungen an börsennotierten Gesellschaften (§ 21 Abs. 5 AktG). Für die Ermittlung der Mehrheitsbeteiligung gilt das Gleiche wie bei der Mitteilungspflicht nach § 20 Abs. 4; vgl. → Rn. 125. Für den Fall des **100 %-Erwerbs** der Anteile an einer GmbH wird in der Literatur eine teleologische Einschränkung der Anzeigepflicht befürwortet, weil die Gesellschaft bereits durch § 16 Abs. 1 GmbHG geschützt und ein Drittschutz durch § 21 AktG nicht beabsichtigt sei;[466] dem dürfte zu folgen sein.

153 d) Wegfall der Beteiligung. Gemäß § 21 Abs. 3 AktG ist schließlich mitzuteilen, wenn eine Beteiligung in der nach Abs. 1 oder 2 mitteilungspflichtigen Höhe nicht mehr besteht.[467] Es gilt das Gleiche wie bei § 20 Abs. 5 AktG; vgl. → Rn. 126.

---

[460] KG AG 2000, 227; Hüffer/*Koch* AktG § 21 Rn. 1; *Hägele* NZG 2000, 726.
[461] Happ AktienR Bd. I/*Bednarz* Form. 7.02.
[462] MüKoAktG/*Bayer* § 21 Rn. 2; KölnKommAktG/*Koppensteiner* § 21 Rn. 4; Hüffer/*Koch* AktG § 21 Rn. 2.
[463] MüKoAktG/*Bayer* § 21 Rn. 3; KölnKommAktG/*Koppensteiner* § 21 Rn. 4; Hüffer/*Koch* AktG § 21 Rn. 3.
[464] MüKoAktG/*Bayer* § 21 Rn. 3; *Emmerich* in Emmerich/Habersack Aktien- und GmbH-Konzernrecht § 21 Rn. 8; Spindler/Stilz AktG/*Petersen* § 21 Rn. 3; *K. Schmidt*/Lutter AktG/*Veil* § 21 Rn. 5; *Bungert* NZG 1999, 757 (758 f.); aA KölnKommAktG/*Koppensteiner* § 21 Rn. 4; Hüffer/*Koch* AktG § 21 Rn. 3; GroßkommAktG/*Windbichler* § 21 Rn. 9; ausführlich Grimm/Wenzel AG 2012, 274 ff.
[465] Begr. RegE AktG, abgedruckt bei *Kropff*, Aktiengesetz, 1965, S. 39; MüKoAktG/*Bayer* § 21 Rn. 3; KölnKommAktG/*Koppensteiner* § 21 Rn. 4; Hüffer/*Koch* AktG § 21 Rn. 3.
[466] Holland/Burg NZG 2006, 601 (602 f.); *Hägele* NZG 2000, 726 (729); Grimm/Wenzel AG 2012, 274 (280 ff.); aA *Emmerich* in Emmerich/Habersack Aktien- und GmbH-Konzernrecht § 21 Rn. 8.
[467] Muster bei Happ AktienR Bd. I/*Bednarz* Form. 7.02.

e) Rechtsfolgen bei unterlassener Mitteilung. Rechte aus Anteilen, die einer nach 154
§ 21 Abs. 1 oder 2 AktG mitteilungspflichtigen Gesellschaft gehören, entfallen für die Zeit,
für die sie die Mitteilung nicht gemacht hat (§ 21 Abs. 4 S. 1 AktG); für den Anspruch auf
Dividendenzahlung und Teilnahme am Liquidationserlös gilt das jedoch nur, wenn die
Mitteilung vorsätzlich unterlassen und nicht nachgeholt wurde (§§ 21 Abs. 4 S. 2, 20
Abs. 7 S. 2 AktG). Es gilt insoweit das Gleiche wie bei § 20 Abs. 7 AktG; vgl.
→ Rn. 131 ff. Der Wegfall der Rechte erstreckt sich auf sämtliche Aktien, die der Gesellschaft im Sinne von § 21 Abs. 1 und 2 „gehören", also auch auf Aktien Dritter, die gem.
§ 16 Abs. 4 AktG zugerechnet werden.[468] Werden die Aktien einem anderen zum Zwecke
der Ausübung des Stimmrechts überlassen, handeln sowohl die überlassende Gesellschaft als
auch derjenige, der die Aktien zu Ausübung des Stimmrechts benutzt, ordnungswidrig
(§ 405 Abs. 3 Nr. 5 AktG).

4. Mitteilungspflichten nach § 328 Abs. 4 AktG. Sind eine Aktiengesellschaft oder 155
KGaA und ein anderes Unternehmen wechselseitig beteiligt, so haben die Unternehmen
sich einander die Höhe ihrer Beteiligung und jede Änderung schriftlich mitzuteilen, § 328
Abs. 4 AktG. Diese Mitteilungspflicht besteht, anders als diejenigen nach §§ 20, 21 AktG,
auch gegenüber börsennotierten Gesellschaften. Sie geht in ihrem Umfang über die
genannten Meldepflichten insofern hinaus, als sie zur Mitteilung der genauen Beteiligungshöhe und jeder Veränderung verpflichtet. Die Mitteilungspflicht setzt eine **einfache
wechselseitige Beteiligung** im Sinne von § 19 Abs. 1 AktG voraus (vgl. → Rn. 95 ff.).
Beide Unternehmen müssen also ihren Sitz im Inland haben. Bei einem muss es sich um
eine Aktiengesellschaft oder KGaA handeln, bei dem anderen um eine Kapitalgesellschaft
(AG, KGaA, SE, GmbH). Die Mitteilungspflicht besteht gemäß § 19 Abs. 4 AktG nicht
bei qualifizierten wechselseitigen Beteiligungen im Sinne von § 19 Abs. 2 oder 3 AktG.
Die Mitteilungspflicht nach § 328 Abs. 4 AktG entfällt also, wenn auch nur eines der
wechselseitig beteiligten Unternehmen vom anderen abhängig ist oder eine Mehrheitsbeteiligung an dem anderen besitzt; vgl. näher → Rn. 110 ff.

§ 70 Abhängige Unternehmen und faktische Konzerne

Übersicht

	Rn.		Rn.
A. Überblick	1	II. Schutz gegen die Entstehung eines Abhängigkeitsverhältnisses	17–21
B. Begründung und Aufgabe herrschenden Einflusses	2–21	1. Abwehrmaßnahmen der Gesellschaft	18, 19
I. Beteiligungserwerb und -veräußerung durch die herrschende Aktiengesellschaft	2–16	2. Treuepflicht der Aktionäre	20, 21
		C. Leitung des Unternehmensverbundes	22–64
1. Allgemeines	2–4	I. Grundlagen	22–33
2. Konzernklausel	5, 6	1. Leitung durch das herrschende Unternehmen	22–30
3. Bindung an den Unternehmensgegenstand	7, 8	2. Pflichten des Vorstands der abhängigen Gesellschaft	31–33
4. Zustimmung der Hauptversammlung (Holzmüller)	9–14	II. Rechte und Pflichten des Aufsichtsrats	34–42
5. Rechtsfolgen unzulässigen Beteiligungserwerbs	15	1. Aufsichtsrat der herrschenden Aktiengesellschaft	34–38
6. Entherrschungsvertrag	16	2. Aufsichtsrat der abhängigen Gesellschaft	39–42

---

[468] MüKoAktG/*Bayer* § 21 Rn. 6; Hüffer/*Koch* AktG § 21 Rn. 4; einschränkend Großkomm-AktG/*Windbichler* § 21 Rn. 12; *Grimm/Wenzel* AG 2012, 274 (278 ff.), die die Mitteilungspflicht nach § 21 Abs. 2 AktG auch auf ausländische Beteiligungsgesellschaften erstrecken, insoweit aber die Sanktion des § 21 Abs. 4 AktG einschränken wollen.

	Rn.		Rn.
III. Leitungskontrolle durch die Hauptversammlung der Obergesellschaft	43–47	1. Allgemeines	95, 96
		2. Berichtspflicht	97–103
		3. Inhalt des Berichts	104–113
1. Ungeschriebene Hauptversammlungszuständigkeiten	43–46	a) Grundlagen	104
		b) Berichtspflichtige Vorfälle	105–110
2. Informationsrechte	47	c) Einzelangaben	111
IV. Finanzierungsfragen	48–64	d) Schlusserklärung	112
1. Überblick	48	e) Negativbericht	113
2. Kapitalaufbringung und Erhaltung im Konzern	49–55	4. Prüfung durch den Abschlussprüfer	114–118
a) Verdeckte Sacheinlagen im Konzern	49	5. Prüfung durch den Aufsichtsrat	119–121
b) Nachgründung im Konzern	50, 51	6. Sonderprüfung	122–128
c) Verdeckte Einlagenrückgewähr	52	IV. Verletzung der Pflicht zum Nachteilsausgleich	129–140
d) Erwerb eigener Aktien	53, 54	1. Verantwortlichkeit des herrschenden Unternehmens und seiner gesetzlichen Vertreter	129–137
e) Mehrfachbelegung des Kapitals	55		
3. Gewinnverwendung im Konzern	56, 57	2. Verantwortlichkeit der Verwaltungsmitglieder der abhängigen Gesellschaft	138–140
4. Fremdfinanzierung und Cash-Management im Konzern	58–64	E. Qualifiziert faktischer Konzern (qualifizierte Nachteilszufügung)	141–154
D. Schutzsystem der §§ 311–318 AktG	65–140	I. Grundlagen	141, 142
I. Allgemeines	65–74	II. Tatbestand	143–146
1. Trennungsprinzip als Grundlage	65	1. Tatbestandsvoraussetzungen	143, 144
2. Überblick zu § 311 ff. AktG	66–69	2. Darlegungs- und Beweisfragen	145, 146
3. Anwendbarkeit der §§ 311 ff. AktG	70–73	III. Rechtliche Behandlung qualifizierter Konzerne	147–154
4. Verhältnis der §§ 311 ff. AktG zu allgemeinen Vorschriften	74	1. Verlustausgleichspflicht	147–149
II. Nachteilsausgleich	75–94	2. Sicherheitsleistung und Ausfallhaftung	150
1. Allgemeines	75	3. Weitere Rechtsfolgen	151, 152
2. Veranlassung von Rechtsgeschäften und Maßnahmen	76–81	4. Abwehransprüche	153
3. Nachteilsermittlung	82–88	5. Feststellung durch den Abschlussprüfer	154
4. Ausgleich des Nachteils	89–94		
III. Abhängigkeitsbericht und Prüfung	95–128		

Schrifttum: Allgemein zum faktischen Konzern: *Altmeppen,* Gestreckter Nachteilsausgleich bei Benachteiligung der faktisch abhängigen AG durch Hauptversammlungsbeschluss nach § 119 Abs. 2 AktG, ZIP 2016, 441; *Altmeppen,* Wirklich keine Haftung der Bundesrepublik Deutschland im Fall Telekom?, NJW 2008, 1553; Altmeppen, Interessenkonflikte im Konzern, ZHR 171 (2007), 320; Altmeppen, Zur immer noch geheimnisvollen Regelung der faktisch abhängigen AG, FS Priester, 2007, S. 1; *Armbrüster,* Wettbewerbsverbote in Kapitalgesellschaftsrecht, ZIP 1997, 1269; *Arnold,* Mitwirkungsbefugnisse der Aktionäre nach Gelatine und Macrotron, ZIP 2005, 1573; *Arnold/Gärtner,* Konzerninterne Unternehmensveräußerungen im Spannungsfeld von § 311 Abs. 2 AktG und Beschlußmängelrecht, FS Stilz, 2014, S. 7; *Arnold/Gayk,* Konzerninterne Unternehmensäußerungen im Spannungsfeld von § 311 Abs. 2 AktG und Beschlussmängelrecht, FS Stilz, 2014, S. 7; *Austmann,* Integration der Zielgesellschaft nach Übernahme, ZGR 2009, 277; *Bachmayr,* Der reine Verlustübernahmevertrag, ein Unternehmensvertrag iSd Aktiengesetzes 1965, BB 1967, 135; *Balthasar,* Zum Austrittsrecht nach § 305 AktG bei „faktischer Beherrschung", NZG 2008, 858; *Barzen/Kampf,* Berichtspflicht des AG-Vorstands zu Tochtergesellschaften, BB 2011, 3011; *Bayer,* Grundsatzfragen der Regulierung der aktienrechtlichen Corporate Governance, NZG 2013, 1; *Bayer,* Der an der Tochter beteiligte Mehrheitsgesellschafter der Mutter: herrschendes Unternehmen?, ZGR 2002, 933; *Bayer/Lieder,* Upstream-Darlehen und Aufsichtsratshaftung, AG 2010, 885; *Beck,* Konzernhaftung in Deutschland und Europa, 2019; *Beck,* Konzernrecht für die Konzernwirklichkeit, *AG 2017, 726; Bicker,* Compliance – organisatorische Umsetzung im Konzern, AG 2012, 542; *Bicker,* Offene Fragen der Existenzvernichtungshaftung im Konzern, DZWiR 2007, 284; *Binnewies,* Die Konzerneingangskontrolle in der abhängigen Gesellschaft, 1996; *Bode,* Abhängigkeitsbericht und Kostenlast im einstufigen faktischen Konzern, AG 1995, 261; *Bohnet,* Die Mitwirkungskompetenz der Hauptversammlung von Holding-Gesellschaften bei der Veräußerung von Unternehmensbeteiligungen, DB 1999, 2617; *Boll-*

mann, Der Schadensersatzanspruch gemäß § 317 AktG bei Schädigung der abhängigen Eine-Person-AG, 1995; *Böttcher*, Der Abhängigkeitsbericht im faktischen Konzern – kostspielig, unpraktikabel und wirkungslos? FS Maier-Reimer, 2010, S. 29; *Bosch*, Verantwortung der Konzernobergesellschaft im Kartellrecht, ZHR 177 (2013), 454; *Brezing*, Konzernverrechnungspreise in betriebswirtschaftlicher, aktienrechtlicher und steuerlicher Sicht, AG 1975, 225; *Buchner/Weigl*, Die Haftung im qualifizierten faktischen Konzern, DNotZ 1994, 580; *Busse von Colbe*, Bemessungsgrundlage, FS Goerdeler, 1987; *Brändel*, Verrechnungspreise bei grenzüberschreitender Lizenzierung von Marken im Konzern, Der Konzern 2010, 606; *Brüggemeier*, Die Einflußnahme auf die Verwaltung einer Aktiengesellschaft, AG 1988, 93; *Cahn*, Verlustübernahme und Einzelausgleich im qualifizierten faktischen Konzern, ZIP 2001, 2159; *Cahn*, Zur Anwendbarkeit der §§ 311 ff. AktG im mehrstufigen Vertragskonzern, BB 2000, 1477; *Carstens/Gisewski*, Unterschreiten des Unternehmensgegenstands bei der Veräußerung von Beteiligungen, CCZ 2009, 73; *Decher*, Das Konzernrecht des Aktiengesetzes – Bestand und Bewährung, ZHR 171 (2007), 126; *Decher*, Information im Konzern und Auskunftsrecht der Aktionäre gem § 131 Abs 4 AktG, ZHR 158 (1994), 473; *Decher*, Personelle Verflechtungen im Aktienkonzern, 1990; *Decher*, Die Zulässigkeit des qualifizierten faktischen Aktienkonzerns, BB 1990, 2005; *Deilmann*, Die Entstehung des qualifizierten faktischen Konzerns, 1990; *Doellerer*, Der Abhängigkeitsbericht und seine Prüfung bei einem Vorstandswechsel, FS Semler, 1993, S. 441; *Druey*, Corporate Governance im Konzern – Ein Vorschlag, SZW/RSDA 2012, 414; *Druey*, Konzernvertrauen, FS Lutter, 2000, S. 1069; *Eberl-Borges*, Die Haftung des herrschenden Unternehmens für Schulden einer konzernabhängigen Personengesellschaft – zugleich eine Kritik an der Rechtsprechung des Bundesarbeitsgerichts, WM 2003, 105; *Eckert*, Konzerneingangsschutz im Aktienkonzernrecht auf der Ebene der Untergesellschaft, 1998; *Engert*, Wozu Konzerne?, FS Baums, 2017, Bd. I S. 385; *Fabritius*, Zu den Grenzen der Durchsetzung eines kapitalmarktrechtlich begründeten Informationsinteresses des herrschenden Unternehmens im faktischen Konzern, FS Huber, 2006, S. 705; *v. Falkenhausen*, Weisungen an den Aufsichtsrat der abhängigen Aktiengesellschaft?, ZIP 2014, 1205; *v. Falkenhausen*, Keine ungeschriebene Mitwirkungskompetenz der Hauptversammlung bei Beteiligungsveräußerung, ZIP 2007, 24; *Feddersen*, Gewerbesteuerumlage im faktischen Konzern, ZGR 2000, 523; *Fett/Gebauer*, Compliance-Strukturen im faktischen Bankkonzern, FS Schwark, 2009, S. 375; *Fleischer*, „Geheime Kommandosache": Ist die Vertraulichkeit des Abhängigkeitsberichts (§ 312 AktG) noch zeitgemäß?, BB 2014, 835; *Fleischer*, Börseneinführung von Tochtergesellschaften, ZHR 165 (2001), 513; *Fleischer*, Konzernvertrauenshaftung und Corporate Advertising – ein aktueller Streifzug durch die schweizerische Spruchpraxis zum Konzernaußenrecht, NZG 1999, 68; *Fleischer*, Konzernrechtliche Vertrauenshaftung ZHR 163 (1999), 461; *Fleischer*, Finanzielle Unterstützung des Aktienerwerbs und Leveraged Buyout, AG 1996, 494; *Fleischer/Korch*, Konzerndeliktsrecht: Entwicklungsstand und Zukunftsperspektiven, Der Betrieb 2019, 1944; *Florstedt*, Der Aktionärsschutz bei Geschäften mit nahestehenden Personen gem. § 107 AktG und §§ 111a-c AktG, ZHR 184 (2020), 10; *Friedewald*, Die personalistische Aktiengesellschaft, 1991; *Friedl*, Abhängigkeitsbericht und Nachteilsausgleich zwischen erfolgreicher Übernahme und Abschluß eines Beherrschungsvertrages, NZG 2005, 875; *Gansweid*, Gemeinsame Tochtergesellschaften im deutschen Konzern- und Wettbewerbsrecht, 1976; *Gasteyer/Goldschmidt*, Wissenszurechnung bei juristischen Personen und im Konzern, AG 2016, 116; *Geßler*, Leitungsmacht und Verantwortlichkeit im faktischen Konzern, FS Westermann, 1974, S. 145; *Goette*, Zur Orientierung der Vorstandsvergütung an der Lage der Muttergesellschaft, FS Hopt, 2010, S. 689; *Görling*, Die Konzernhaftung im mehrstufigen Unternehmensverbindungen, 1998; *Götz*, Zeitliche Begrenzung der Verpflichtung zur Erstellung eines Abhängigkeitsberichts, NZG 2001, 68; *Götz*, Der Abhängigkeitsbericht der 100%igen Tochtergesellschaft, AG 2000, 498; *Götz.*, Die Sicherung der Rechte der Aktionäre der Konzernobergesellschaft bei Konzernbildung und Konzernleitung, AG 1984, 85; *Grigoleit*, Regulierung von Related Party Transactions im Kontext des deutschen Konzernrechts, ZGR 2019, 412; *Groß*, Zuständigkeit der Hauptversammlung bei Erwerb und Veräußerung von Unternehmensbeteiligungen, AG 1994, 266; *Grundmeier*, Dogmatische Grundzüge einer konzernweiten Compliance-Pflicht, Der Konzern 2012, 487; *Grundmeier*, Rechtspflicht zur Compliance im Konzern, 2011, S. 33; *Habersack*, Aktienkonzernrecht – Bestandsaufnahme und Perspektiven, AG 2016, 691; *Habersack*, Gedanken zur konzernweiten Compliance-Verantwortung des Geschäftsleiters eines herrschenden Unternehmens, FS Möschel, 2011, S. 1175; *Habersack*, Finanzielle Unterstüzung des Aktienerwerbs nach MoMiG, FS Hopt, 2010, S. 725; *Habersack*, Die UMTS-Auktion – ein Lehrstück des Aktienkonzernrechts, ZIP 2006, 1327; *Habersack*, Mitwirkungsrechte der Aktionäre nach Macrotron und Gelatine, AG 2005, 137;*Habersack.*, Die Einbeziehung des Tochtervorstands in das Aktienoptionsprogramm der Muttergesellschaft – Ein Problem der §§ 311 ff. AktG?, FS Raiser, 2005, S. 111; *Habersack.*, Alte und neue Ungereimtheiten im Rahmen der §§ 311 ff. AktG, FS Peltzer, 2001, S. 139; *Habersack/Ehrl*, Verantwortlichkeit inländischer Unternehmen für Menschenrechtsverletzungen durch ausländische Zulieferer – de lege lata und de lege ferenda, AcP 219 (2019), 155; *Habersack/Verse,* Zum Auskunftsrecht des Aktionärs im faktischen Konzern, AG 2003, 300; Habersack/Zickgraf, Deliktsrechtliche Verkehrs- und Organisationspflichten im Konzern, ZHR 182 (2018), 252; *Haesen,* Der Abhängigkeitsbericht im faktischen Konzern, 1970; *Harbarth,* Zustimmungsvorbehalt im faktischen Aktienkonzern, FS Hoffmann-Becking, 2013, S. 457; *Heinsius,* Organzuständigkeit bei Bildung, Erweiterung und Umorganisation des Konzerns, ZGR 1984, 383; *Henze,* Kein ungeschriebenes Wettbewerbsverbot für herrschende Unternehmen gegenüber abhängigen Gesellschaften?, ZHR 175 (2011), 1; *Henze,* Das Wettbewerbsverbot im außervertraglichen Aktienrechtskonzern, 2010, S. 307;*Henze,* Reichweite und Grenzen des aktienrechtlichen Grundsatzes der Vermögensbindung – Ergänzung durch die Rechtsprechung zum existenzvernichtenden Eingriff? AG 2004, 405; *Herlinghaus,* Verdeckte Gewinnausschüttungen im Organschaftskonzern, insbesondere bei der Verrechnung von Steuerumlagen, GmbHR 2002, 989; *Hoffmann-Becking,* Unabhängigkeit im Aufsichtsrat, NZG 2014, 801; *Hoffmann-Becking,* Gibt es das Konzerninteresse?; FS Hommelhoff, 2012, S. 433; *Hoffmann-Becking,* Der Aufsichtsrat im Konzern, ZHR 159 (1995) 325; *Hoffmann-Becking,* Empfiehlt es sich, das Recht faktischer Unternehmensverbindungen neu zu regeln?, Referat zum 59. Deutschen Juristentag, 1992; *Hoffmann-Becking,* Der qualifiziert faktische AG-Konzern –, Tatbestand und Abwehransprüche – in: Probleme des Konzernrechts, ZHR-Beiheft 62, 1989, S. 68; *Hoffmann-Becking,* Vorstands-Doppelmandate im Konzern, ZHR 150 (1986), 570; *Hogh,* Die Nachteilsermittlung im Rahmen des § 311 Abs. 1 AktG, 2004; *Hohenstatt/Seibt/Wagner,* Einbeziehung von Vorstandsmitgliedern in ergebnisabhängige Vergütungssysteme von Konzernobergesellschaften, ZIP 2008, 2289; *Hommelhoff,* Konzernorganisation und Haftungsbeschränkung – zur Legitimität des faktischen Konzerns –, ZGR 2019, 379; *Hommelhoff,* Aufsichtsrats-Unabhängigkeit in der faktisch konzernierten Börsengesellschaft, ZIP 2013, 1645; *Hommelhoff,* Unabhängige Aufsichtsratsmitglieder in börsennotierten Familienunternehmen, ZIP 2013, 953; *Hommelhoff,* Vorstandsbezüge in der Konzerntochter, FS Goette 2011, S. 169; *Hommelhoff,* Vernetzte Aufsichtsratsüberwachung im Konzern? – eine Problemskizze, ZGR 1996, 144; *Hommelhoff,* Praktische Erfahrungen mit dem Abhängigkeitsbericht – Ergebnisse einer rechtstatsächlichen Umfrage, ZHR 156 (1992), 295; *Hommelhoff,* Empfiehlt es sich, das Recht faktischer Unternehmensverbindungen neu zu regeln?, Gutachten G zum 59. Deutschen Juristentag 1992; *Hommelhoff,* Die Konzernleitungspflicht, 1982; *Hüffer,* Qualifiziert faktisch konzernierte Aktiengesellschaften nach dem Übergang zur Existenzvernichtungshaftung bei der GmbH?, FS Goette 2011, S. 191; *Hüffer,* Zur Wahl von Beratern des Großaktionärs in den Aufsichtsrat der Gesellschaft, ZIP 2010, 1979; *Hüffer,* Informationen zwischen Tochtergesellschaft und herrschendem Unternehmen im vertraglosen Konzern, FS Schwark, 2009, S. 185; *Hüffer,* Informationen zwischen Tochtergesellschaft und herrschendem Unternehmen, Festgabe Riegger, 2008, S. 29; *Hüffer,* Der herrschende Aktionär – Adressat eines ungeschriebenen Wettbewerbsverbots?, FS Röhricht, 2005, 251*; Hüffer,* Reduktion des Vorstandsermessens oder Grundlagenkompetenz der Hauptversammlung?, FS Ulmer, 2003, S. 279; *Hüttemann,* Steuerumlagen im Konzern, ZHR 171 (2007), 451; *Ihrig/Meder,* Der Mehrheitsaktionär als abhängiges Aufsichtsratsmitglied?, FS Hellwig, 2010, S. 163; *Kakies,* Der Schutz der Minderheitsaktionäre und Gläubiger im faktischen Konzern unter besonderer Berücksichtigung der Sonderprüfung gem. § 315 AktG, 2003; *Jänig,* Die aktienrechtliche Sonderprüfung, 2005; *Kersting,* Wettbewerbsrechtliche Haftung im Konzern, Der Konzern, 2011, 445; *Kiethe,* Ansprüche der Aktiengesellschaft bei Schädigung durch herrschende Unternehmen und Leitungsorgane, WM 2000, 1182; *Kleindiek,* Steuerumlagen im gewerbesteuerlichen Organkreis – Anmerkungen aus aktienrechtlicher Perspektive, DStR 2000, 559; *Koch,* Die Konzernobergesellschaft als Unternehmensinhaber i. S. d. § 130 OWiG?, AG 2009, 564; *Koch,* Compliance-Pflichten im Unternehmensverbund?, WM 2009, 1013; *Kocher,* Einschränkung des Anspruchs auf gleiche Information für alle Aktionäre – Keine Angst vor § 131 Abs. 4 AktG?, Der Konzern 2008, 611; *Kohlenbach,* Das Verhältnis der Aufsichtsräte im Aktiengesellschaftskonzern, 2003; *König,* Deliktshaftung von Konzernmuttergesellschaften, AcP 217 (2017), 611; *Konzen,* Arbeitnehmerschutz im Konzern, RdA 1984, 65; *Kort,* Das Informationsrecht des Gesellschafters der Konzernobergesellschaft, ZGR 1987, 46; *Krag,* Konzepte für die Durchführung von Sonderprüfungen gem. § 315 AktG, BB 1988, 1850; *Kremer/Klahold,* Compliance-Programme im Industriekonzern, ZGR 2010, 113; *Kropff,* Ausgleichspflichten und passiven Konzernwirkungen?, FS Lutter, 2000, S. 1133; *Kropff,* Die Beschlüsse des Aufsichtsrats zum Jahresabschluß und zum Abhängigkeitsbericht, ZGR 1994, 628; *Kropff,* Das TBB-Urteil und das Aktienkonzernrecht, AG 1993, 485; *Kropff,* Benachteiligungsverbot und Nachteilsausgleich im faktischen Konzern, FS Kastner, 1992, S. 279; *Kropff,* Außenseiterschutz in der faktisch abhängigen „kleinen Aktiengesellschaft", ZGR 1988, 558; *Kropff,* Konzerneingangskontrolle bei der qualifizierten konzerngebundenen Aktiengesellschaft, FS Goerdeler, 1987, S. 259; *Kropff,* Zur Konzernleitungspflicht, ZGR 1984, 112; *Kupsch,* Die Auswirkungen einer fehlenden Schlußerklärung

§ 70 Abhängige Unternehmen und faktische Konzerne § 70

nach § 312 Abs 3 AktG im Lagebericht auf den Bestätigungsvermerk des Abschlußprüfers, DB 1993, 493; *Kuzmic,* Haftung aus „Konzernvertrauen", 1998; *M. Lehmann,* Das Privileg der beschränkten Haftung und der Durchgriff im Gesellschafts- und Konzernrecht, ZGR 1986, 345; *Lieb,* Abfindungsansprüche im (qualifizierten?) faktischen Konzern, FS Lutter, 2000, S. 1151; *Liebscher,* Konzernbildungskontrolle, 1995, *Lindermann,* Doppelmandat gleich Haftungsdurchgriff?, AG 1987, 225; *Löbbe,* Konzernverantwortung und Umwandlungsrecht, ZHR 177 (2013), 518; *Löbbe,* Unternehmenskontrolle im Konzern, 2003; *Lorenz/Pospiech,* Holzmüller Reloaded – Hauptversammlungskompetenz beim Beteiligungserwerb?, DB 2010, 1925; *Lüders/Wulff,* Rechte der Aktionäre der Muttergesellschaft beim Börsengang des Tochterunternehmens, BB 2001, 1209; *Lutter,* Konzernphilosophie vs. konzernweite Compliance und konzernweites Risikomanagement, FS Goette, 2011, S. 289; *Lutter,* Noch einmal: Zum Vorerwerbsrecht der Aktionäre beim Verkauf von Tochtergesellschaften über die Börse, AG 2001, 349; *Lutter,* Entwicklungen und Tendenzen im Konzerngesellschaftsrecht in Schaumburg (Hrsg.), Kölner Konzernrechtstage: Steuerrecht und steuerorientierte Gestaltungen im Konzern, 1998; *Lutter,* Haftung aus Konzernvertrauen, Gedächtnisschrift Knobbe-Keuk, 1997, S. 229; *Lutter,* Zur Vorbereitung und Durchführung von Grundlagenbeschlüssen in Aktiengesellschaften, FS Fleck, 1988, S. 169; *Lutter,* Fragerecht und Informationsanspruch des Aktionärs und GmbH-Gesellschafters im Konzern, AG 1985, 117; *Lutter,* Organzuständigkeit im Konzern, FS Stimpel, 1985, S. 825; *Lutter,* Die zivilrechtliche Haftung in der Unternehmensgruppe, ZGR 1982, 244; *Lutter,* Teilfusionen im Gesellschaftsrecht, FS Barz, 1974, S. 199; *Lutter/Leinekugel,* Kompetenzen von Hauptversammlung und Gesellschafterversammlung beim Verkauf von Unternehmensteilen, ZIP 1998, 225; *dies.,* Der Ermächtigungsbeschluss der Hauptversammlung zu grundlegenden Strukturmaßnahmen – zulässige Kompetenzübertragung oder unzulässige Selbstentmachtung?, ZIP 1998, 805; *Markwardt,* „Holzmüller" im vorläufigen Rechtsschutz, WM 2004, 211; *Martens,* Der Aufsichtsrat im Konzern, ZHR 159 (1995), 567; *Mecke,* Konzernstruktur und Aktionärsentscheid, 1992; *Menke,* Befugnis des Vorstands einer börsennotierten Aktiengesellschaft zur bevorzugten Information eines Aktionärspools, NZG 2004, 697; *Menkel,* Ausgleichsanspruch der Organgesellschaft gegenüber dem Organträger bei umsatzsteuerlicher Organschaft, NZG 2014, 52; *Mertens,* Der Nachteilsausgleichs im faktischen Konzern – Nachlese zu Mannesmann/Vodafone, in Hommelhoff/Rowedder/Ulmer (Hrsg.), Max Hachenburg – 4. Gedächtnisvorlesung 2000, 2001, S. 27; *Mertens,* Abhängigkeitsbericht „bei Unternehmenseinheit" in der Handelsgesellschaft KGaA?, FS Claussen, 1997, S. 297; *Muders,* Die Haftung im Konzern für die Verletzung des Bußgeldtatbestandes des § 130 OWiG, 2014; *Mülbert/Kiem,* Der schädigende Beteiligungserwerb, ZHR 177 (2013), 819; *H.-F. Müller,* Konzernrechtlicher Nachteilsausgleich bei Beschlüssen der Hauptversammlung, FS Stilz, 2014, S. 427; *H. P. Müller,* Bilanzrecht und materieller Konzernschutz, AG 1994, 410; *K. Müller,* Die Haftung der Muttergesellschaft für die Verbindlichkeiten der Tochtergesellschaft im Aktienrecht, ZGR 1977, 1; *P. Müller,* Die aktienrechtliche Zulässigkeit variabler Vorstandsvergütungen mittels vertikaler Aktienoptionen im faktischen Aktienkonzern, 2014; *Niederhuber,* Strafrechtliche Risiken des konzernweiten Cash Pooling, 2016; *Nitsche,* Die Rechte der außenstehenden Aktionäre bei qualifizierten Nachteilszufügungen, 2013; *Noack,* Die konzernrechtliche Sonderprüfung nach § 315 AktG, WPg 1994, 225; *Nordhues,* Die Haftung der Muttergesellschaft und ihres Vorstands für Menschenrechtsverletzungen im Konzern: Eine Untersuchung de lege lata und de lege ferenda, 2018; *Paehler,* Die Zulässigkeit des faktischen Konzerns, 1972; *Pentz,* Auskunftsverlangen des Großaktionärs, FS Priester, 2007, S. 593; *Pentz,* Schutz der AG und der außenstehenden Aktionäre in mehrstufigen faktischen und unternehmensvertraglichen Unternehmensverbindungen NZG 2000, 1103; *Pentz,* Die Rechtsstellung der Enkel-AG in einer mehrstufigen Unternehmensverbindung, 1994; *Pfeuffer,* Verschmelzungen und Spaltungen als nachteilige Rechtsgeschäfte im Sinne von § 311 Abs. 1 AktG, 2006; *Pöschke,* Auskunftsrechte der abhängigen Kapitalgesellschaft gegenüber dem herrschenden Unternehmen, ZGR 2015, 550; *Philipp,* Die UMTS-Lizenzen der Deutschen Telekom AG – Ein nachteiliges Geschäft mit dem Mehrheitsaktionär?, AG 2001, 463; *Poelzig,* Angriffe auf das konzernrechtliche Trennungsprinzip und ihre Folgen für die Konzernleitung, in: VGR (Hrsg.), Gesellschaftsrecht in der Diskussion, 2017, 2018, S. 83; *Priester,* Abspaltung im faktischen Konzern – Umwandlungsrechtlicher Schutz und seine Grenzen, FS Goette, 2011, S. 369; *Priester,* Aktionärsentscheid zum Unternehmenserwerb, AG 2011, 654; *Priester,* Abhängigkeitsbericht bei isoliertem Verlustdeckungsvertrag? FS Schaumburg, 2009, S. 1327; *Raiser,* Wettbewerbsverbote als Mittel des konzernrechtlichen Präventivschutzes, FS Stimpel, 1985, S. 855; *Rehbinder,* Besprechung des Buches von Peter Hommelhoff „Die Konzernleitungspflicht", ZHR 147 (1983), 464; *Rehbinder,* Zum konzernrechtlichen Schutz der Aktionäre einer Obergesellschaft, ZGR 1983, 92; *Reichert/Balke,* Die Berücksichtigung von Konzernzielen bei der variablen Vergütung des Vorstands einer abhängigen Gesellschaft im faktischen Konzern, FS Hellwig, 2010, S. 285; *Remmen,* Konzernverrechnungspreise und Konzernumlagen im Aktien- und

§ 70   12. Kapitel. Konzernrecht des Aktiengesetzes

GmbH-Recht, 2002; *Richter,* Das Skanska-Urteil des EuGH – Einführung der Konzernhaftung im Kartellschadensersatzrecht, BB 2019, 1154; *Rieckers,* Nochmals: Konzernvertrauenshaftung, NZG 2007, 125; *Rittner,* Konzernorganisation und Privatautonomie, AcP 183 (1983), 295; *M. Roth,* Unabhängige Aufsichtsratsmitglieder, ZHR 175 (2011), 605; *Rothweiler,* Der Informationsfluss vom beherrschten zum herrschenden Unternehmen im Gesellschafts- und Kapitalmarktrecht, 2008; *Säcker,* Zur Problematik von Mehrfachfunktionen im Konzern, ZHR 151 (1987), 59; *Schall, Die Mutter-Verantwortlichkeit für Menschenrechtsverletzungen ihrer Auslandstöchter, ZGR 2018, 479 ff.; Schall,* „Durchgriffshaftung" im Aktienrecht – haften Aktionäre für existenzvernichtende Eingriffe, qualifizierte faktische Konzernierung oder materielle Unterkapitalisierung?, FS Stilz, 2014, S. 537; *Scheffler,* Die Überwachungsaufgabe des Aufsichtsrats im Konzernmanagement, DB 1994, 793; *Scheffler,* Konzernmanagement, 19; *Scheffler,* Zur Problematik der Konzernleitung, FS Goerdeler, 1987, S. 469; *Schlieper,* Leitungsintensität und Mehrfachfunktion im faktischen Aktienkonzern, 1996; *S. H. Schneider/U. H. Schneider,* Konzern-Compliance als Aufgabe der Konzernleitung, ZIP 2007, 2061; *U. H. Schneider,* Compliance im Konzern, NZG 2009, 1321; *U. H. Schneider,* Die aktienrechtliche Sonderprüfung im Konzern, AG 2008, 305; *U. H. Schneider,* Der Aufsichtsrat des abhängigen Unternehmens im Konzern, FS Raiser, 2005, S. 341; *U. H. Schneider,* Der Aufsichtsrat des herrschenden Unternehmens im Konzern, FS Hadding, 2004, S. 621; *U. H. Schneider,* Der Auskunftsanspruch des Aktionärs im Konzern, FS Lutter 2000, S. 1193; *U. H. Schneider/Burgard,* Treupflichten im mehrstufigen Unterordnungskonzern, FS Ulmer, 2003, S. 579; *U. H. Schneider/S. H. Schneider,* Vorstandshaftung im Konzern, AG 2005, 57; *Schnorberger/Billau,* Wer ist fremd bei Fremdvergleich?, Der Konzern 2011, 511; *Schwörer,* Kein Austrittsrecht nach § 305 AktG im qualifizierten faktischen Aktienkonzern, NZG 2001, 550; *Seibt,* Relationship Agreements: Vertragliche Ausgestaltung des faktischen Konzerns durch Konzernkoordinationsverträge, FS K. Schmidt, 2019, Band II, S. 431; *Seibt/Kulenkamp,* Handlungsoptionen der Geschäftsleitung einer Zielgesellschaft nach Kontrollerwerb und vor Wirksamwerden eines Beherrschungsvertrags, AG 2018, 549; *Seibt/Wollenschläger,* Trennungs-Matrix-Strukturen im Konzern, AG 2013, 229; *Seiler/Singhof,* Zu den Rechtsfolgen bei Nichtbeachtung der Holzmüller-Grundsätze, Der Konzern 2003, 313; *Semler,* Leitung und Überwachung der Aktiengesellschaft, 2. Aufl. 1996; *ders.,* Doppelmandatsverbund im Konzern – Sachgerechte Organisationsform oder rechtlich unzulässige Verflechtung?, FS Stiefel, 1988, S. 719; *Seydel,* Konzernbildungskontrolle bei der Aktiengesellschaft, 1995; *Simon,* Steuerumlagen im Konzern, ZGR 2007, 71; *Simons,* Ungeklärte Zuständigkeitsfragen bei gesellschaftsrechtlichen Auseinandersetzungen, NZG 2012, 609; *Singhof,* Zur Weitergabe von Insiderinformationen im Unterordnungskonzern, ZGR 2001, 146; *Spindler,* Konzerninterne Informationsflüsse und Datenschutz – de lege lata und de lege ferenda, FS Hoffmann-Becking, 2013, S. 1185; *Spindler,* Konzernbezogene Anstellungsverträge und Vergütungen von Organmitgliedern, FS K. Schmidt, 2009, S. 1529; *Stegner,* Der Abzug von Kapital aus einer Aktiengesellschaft im faktischen und im Vertragskonzern, 2019; *Stein,* Konzernherrschaft durch EDV? – Gesellschaftsrechtliche und konzernrechtliche Probleme der EDV-Auslagerung auf ein konzernverbundenes Unternehmen, ZGR 1988, 163; *Stöcklhuber,* Dogmatik der Haftung im faktischen AG-Konzern, Der Konzern 2011, 253; *Strieder,* Der aktienrechtliche Abhängigkeitsbericht bei der kapitalistischen Kommanditgesellschaft auf Aktien, DB 2004, 799; *Strohn,* Die Verfassung der Aktiengesellschaft im faktischen Konzern, 1977; *Thieme,* Die Haftung der Obergesellschaft in der wirtschaftlichen Einheit: eine Untersuchung der Haftung nach Art. 23 VO (EG) Nr. 1/2003 sowie der zivilrechtlichen und der ordnungswidrigkeitenrechtlichen Haftung im deutschen Recht, 2018; *Tillmann/Rieckhoff,* Nachteilausgleichspflicht bei Abspaltungen im faktischen Konzern?, AG 2008, 486; *Timm,* Rechtsfragen zur Konzernumbildung, ZIP 1993, 114; *Timm,* Grundfragen des "qualifizierten" faktischen Konzerns im Aktienrecht, NJW 1987, 977; *Timm,* Die Aktiengesellschaft als Konzernspitze, 1980; *Tröger,* Anreizorientierte Vorstandsvergütung im faktischen Konzern, ZGR 2009, 447; *Trapp/Schick,* Die Rechtsstellung des Aktionärs der Obergesellschaft beim Börsengang von Tochtergesellschaften, AG 2001, 381; *Tröger/Dangelmayer,* Eigenhaftung der Organe für die Veranlassung existenzvernichtender Leitungsmaßnahmen im Konzern, ZGR 2011, 558; *Ulmer,* Das Sonderrecht der §§ 311 ff. AktG und sein Verhältnis zur allgemeinen aktienrechtlichen Haftung für Schädigungen der AG, FS Hüffer, 2010, S. 999; *Ulmer,* Verlustübernahmepflicht des herrschenden Unternehmens als konzernspezifischer Kapitalerhaltungsschutz, AG 1986, 123; *Verse,* Konzernrechtlicher Nachteilsausgleich bei Verschmelzungen und Spaltungen, FS K. Schmidt, 2019, Bd. II, S 583; *E. Vetter,* Interessenkonflikte im Konzern – vergleichende Betrachtungen zum faktischen Konzern und zum Vertragskonzern, ZHR 171 (2007), 342; *Vogel,* Neuere Tendenzen im Konzern(haftungs)recht, FS Druey, 2002, S. 607; *Vossel,* Auskunftsrechte im Aktienkonzern, 1996; *Wahlers,* Konzernbildungskontrolle durch die Hauptversammlung der Obergesellschaft, 1995; *Wiedemann/Fleischer,* Zur Berechnung von Steuerumlagen im Aktienkonzern, JZ 2000, 159; *Wiedemann/Hirte,* Die Konkretisierung der Pflichten des herrschenden Unternehmens, ZGR

1986, 163; *Wiedemann/Strohn,* Die Zulässigkeit einer Konzernumlage im Aktienrecht, AG 1979, 113; *Wieland,* Die Abbildung von Fremdeinfluß im Abhängigkeitsbericht, 1998; *A. Wilhelm,* Zur Gestaltung des Nachteilsausgleichs bei Unternehmensveräußerungen im faktischen Aktienkonzern, NZG 2012, 1287; *Will,* Nachteilsausgleichsvereinbarungen im faktischen Konzern, 2017; *Wilsing/Ogorek,* Kündigung des Geschäftsführer-Anstellungsvertrags wegen unterlassener Konzernkontrolle, NZG 2010, 216; *Wimmer-Leonhardt,* Konzernhaftungsrecht, 2003; *Wittmann,* Informationsfluss im Konzern, 2008; *Wolf,* Konzerneingangsschutz bei Übernahmeangeboten, AG 1998, 212; *Wollburg/Gehling,* Umgestaltung des Konzerns. Wer entscheidet über die Veräußerung von Beteiligungen einer Aktiengesellschaft?, FS Lieberknecht, 1997, S. 133; *Zeidler,* Die Hauptversammlung der Konzernmutter – ungeschriebene Zuständigkeiten und Information der Aktionäre, NZG 1998, 91; *Zimmermann/Pentz,* Ansatzpunkt, Klagefristen, Klageanträge, FS W. Müller, 2001 S. 151; *Ziemons,* Die Übernahme von Transaktionskosten und Prospektrisiken durch die Aktiengesellschaft nach der BGH Entscheidung „Dritter Börsengang" der Telekom, GWR 2011, 404; *Zschenderlein,* Die Gleichbehandlung der Aktionäre bei der Auskunftserteilung in der Aktiengesellschaft, 2007.

Zur Holzmüller/Gelatine-Thematik: *Adolff/Adolff,* Holzmüller-Kompetenzen der Hauptversammlung und Missbrauch der Vertretungsmacht durch die Vorstände einer Aktiengesellschaft, FS Mailänder, 2006, S. 289; *Altmeppen,* Zum Anwendungsbereich der Holzmüller-Doktrin, ZIP 2004, 999; *Bungert,* Festschreibung der ungeschriebenen „Holzmüller"-Hauptversammlungszuständigkeiten bei der Aktiengesellschaft, BB 2004, 1345; *Decher,* Mitwirkungsrechte der Aktionäre beim Kauf von Unternehmen?, FS U. H. Schneider, 2011, S. 261; *Feldhaus,* Der Verkauf von Unternehmensteilen einer Aktiengesellschaft und die Notwendigkeit einer außerordentlichen Hauptversammlung, BB 2009, S. 562; *Fleischer,* Ungeschriebene Hauptversammlungszuständigkeit im Aktienrecht: Von „Holzmüller" zu „Gelatine", NJW 2004, 2335; *Fuhrmann,* „Gelatine" und die Holzmüller-Doktrin: Ende einer juristischen Irrfahrt?, AG 2004, 339; *Götze,* „Gelatine" statt „Holzmüller" – Zur Reichweite ungeschriebener Mitwirkungsbefugnisse der Hauptversammlung, NZG 2004, 585; *Grün,* Informationspflichten des Vorstands bei „Holzmüller-Beschlüssen", 2007; *Gubitz/Nikoleyczik,* Erwerb der Dresdner Bank durch die Commerzbank: Ein „Holzmüller"-Fall?, NZG 2010, 539; *Habersack,* „Holzmüller" und die schönen Töchter – Zur Frage eines Vorerwerbsrechts der Aktionäre beim Verkauf von Tochtergesellschaften WM 2001, 545; *Habersack,* Mitwirkungsrechte der Aktionäre nach Macrotron und Gelatine, AG 2005, 137; *Henze,* Holzmüller vollendet das 21. Jahrhundert, FS Ulmer, 2003, S. 211; *Hoffmann-Becking,* „Holzmüller", „Gelatine" und die These von der Mediatisierung der Aktionärsrechte, ZHR 172 (2008), 231; *Hofmeister,* Veräußerung und Erwerb von Beteiligungen bei der Aktiengesellschaft: Denkbare Anwendungsfälle der Gelatine-Rechtsprechung?, NZG 2008, 47; *Jerczynski,* Ungeschriebene Zuständigkeiten der Hauptversammlung in der Aktiengesellschaft, 2009; *Kiefner,* Beteiligungserwerb und ungeschriebene Hauptversammlungszuständigkeit, ZIP 2011, 545; *Kiefner,* Konzernumbildung und Börsengang der Tochter, 2005; *Kiesewetter/Spengler,* Hauptversammlungszuständigkeit bei Veräußerung und Erwerb von Gesellschaftsvermögen im Rahmen von M&A-Transaktionen, Der Konzern 2009, 451; *Koppensteiner,* „Holzmüller" auf dem Prüfstand des BGH, Der Konzern 2004, 381; *Kort,* Die Bedeutung von Unternehmensgegenstand und Gesellschaftszweck einer AG bei Auslagerung von Geschäftsbereichen auf gemeinnützige Gesellschaften, NZG 2011, 929; *Kowalewski,* Das Vorerwerbsrecht der Mutteraktionäre beim Börsengang einer Tochtergesellschaft, 2008; *Liebscher,* Ungeschriebene Hauptversammlungszuständigkeiten im Lichte von Holzmüller, Macrotron und Gelatine, ZGR 2005, 1; *Lutter,* Der Erwerb der Dresdner Bank durch die Commerzbank – ohne ein Votum ihrer Hauptversammlung?, ZIP 2012, 351; *Marsch-Barner,* Zur „Holzmüller"-Doktrin nach „Gelatine", in: Grundmann/Schwintowski/Singer/Weber (Hrsg.), Anleger- und Funktionsschutz durch Kapitalmarktrecht, 2006, S. 105; *Nikoleyczik/Gubitz,* Erwerb der Dresdner-Bank durch die Commerzbank – Beteiligungserwerb kein „Holzmüller"-Fall, NZG 2011, 91; *Reichert,* Mitwirkungsrechte und Rechtsschutz der Aktionäre nach Macrotron und Gelatine, AG 2005, 150; *Rottnauer,* Hauptversammlungszuständigkeit bei gravierenden Strukturveränderungen durch Unternehmenserwerb, FS 10 Jahre Österberg Seminare, 2018, S. 215; *Spindler,* Ungeschriebene Hauptversammlungszuständigkeiten – wohin führt der Weg?, FS Goette, 2011, S. 513; *Staake,* Ungeschriebene Hauptversammlungskompetenzen in börsennotierten und nicht börsennotierten Aktiengesellschaften, 2009; *Streyl/Schaper,* Kompetenzverteilung und Haftung bei Strukturmaßnahmen in der AG und im Konzern, ZIP 2017, 410; *Strohn,* Zur Zuständigkeit der Hauptversammlung bei Zusammenschlußvorhaben unter Gleichen, ZHR 182 (2018), 114; *Stukenberg,* Ungeschriebene „Holzmüller"-Zuständigkeiten der Hauptversammlung im Lichte der „Macrotron"- und „Gelatine"-Entscheidungen des BGH, 2007; *Wagner,* Ungeschriebene Kompetenzen der Hauptversammlung, 2007; *Weißhaupt,* Holzmüller-Informationspflichten nach den Erläuterungen des BGH in Sachen „Gelatine", AG 2004, 585; *Westermann,* Die Holzmüller-Doktrin, 19 Jahre danach, FS Koppensteiner, 2001, S. 259 *Wilsing,* Die Zuständigkeit der

Hauptversammlung für Unternehmenszusammenschlüsse am Beispiel Linde/Praxair – Gedanken de lege lata und de lege ferenda, FS Marsch-Barner, 2018, S. 595; *Zientek,* Ungeschriebene Hauptversammlungskompetenzen bei Unternehmensakquisitionen einer Aktiengesellschaft, 2016.

Zu Finanzierungsfragen im Konzern: *Altmeppen,* Cash-Pooling und Kapitalerhaltung im faktischen Konzern, NZG 2010, 401; *Altmeppen,* „Upstream-Loans", Cash-Pooling und Kapitalerhaltung nach neuem Recht, ZIP 2009, 49; *Baums/Vogel,* Die konzerntypischen Rechtsfragen der Eigenkapitalfinanzierung, in Lutter u. a. (Hrsg.), Handbuch der Konzernfinanzierung, 1998, S. 247; *Bayer,* Zentrale Konzernfinanzierung, Cash Management und Kapitalerhaltung, FS Lutter, 2000, S. 1011; *Beusch,* Rücklagenbildung im Konzern, FS Goerdeler, 1987, S. 25; *Cahn,* Das Zahlungsverbot nach § 92 Abs. 2 Satz 3 AktG – aktien- und konzernrechtliche Aspekte des neuen Liquiditätsschutzes, Der Konzern 2009, 7; *Cahn,* Kapitalerhaltung im Konzern, 1998; *Eichholz,* Das Recht konzerninterner Darlehen, 1993; *Ekkenga,* Kapitalaufbringung im konzernweiten Cash Pool: ungelöste Probleme und verbleibende Gestaltungsspielräume, ZIP 2010, 2469; *Fedke,* Konzerninnenfinanzierungnach dem MoMiG in insolvenznahen Szenarien, NZG 2009, 928; *Gärtner,* Die rechtlichen Grenzen der Zulässigkeit des Cash Pooling, 2011; *Goerdeler,* Rücklagenbildung nach § 58 Abs. 2 Aktg 1965 im Konzern, WPg. 1986, 229; *Götz,* Rücklagenbildung in der Unternehmensgruppe, FS Moxster, 1994, S. 573; *Gollnick,* Gewinnverwendung im Konzern, 1991; Gudlick, Gläubigerschutz und Gesellschafterhaftung beim Cash Pooling, 2012; *Hartmann,* Kreditgewährung im Konzern – Zum Konkurrenzverhältnis zwischen Ausschüttungsverbot und Eigenkapitalersatzrecht, FS Günter H. Roth, 2011, S. 23; *Hentzen,* Die Abgrenzung von Kapitalaufbringung und Kapitalerhaltung im Cash Pool, DStR 2006, 948; *Hommelhoff/Kleindiek,* Das Recht der konzerninternen Fremdfinanzierung, in Lutter u. a. (Hrsg.), Handbuch der Konzernfinanzierung, 1998, S. 695; *Hormuth,* Recht und Praxis des konzernweiten Cash-Managements, 1998; *Hüffer,* Probleme des Cash-Managements im faktischen Aktienkonzern, AG 2004, 416; *Jansen,* Cash Pool und Fremdfinanzierung im Konzern, FS Hommelhoff, 2012, S. 495; *Johnen,* Cash Pooling in faktischen Unternehmenszusammenschlüssen, 2014; *Jula/Breitbarth,* Liquiditätsausgleich im Konzern durch konzerninterne Darlehen, AG 1997, 256; *Kohl,* Die Kompetenz zur Bildung von Gewinnrücklagen im Aktienkonzern, 1991; *Lutter,* Das Recht der Gewinnverwendungspolitik im Konzern in Lutter u. a. (Hrsg.), Handbuch der Konzernfinanzierung, 1998, S. 400; *ders.,* Rücklagenbildung im Konzern, FS Goerdeler, 1987, S. 327; *M. Meyer,* Nachteile und Einlagenrückgewähr im faktischen Konzern: Eine Untersuchung zu den Unterschieden und Wechselwirkungen anhand konzerninterner Fremdfinanzierungsgeschäfte, 2013; *Mirow,* Die Kündigung harter Patronatserklärungen durch die Konzernobergesellschaft, Konzern 2006, 112; *Priester,* Konzernverlust als Ausschütungssperre beim Mutterunternehmen, FS K. Schmidt, 2019, Bd. II, S. 161; *Priester,* Gewinnthesaurierung im Konzern, ZHR 176 (2012), 268; *C. Schäfer/Fischbach,* Vorstandspflichten bei der Vergabe von Krediten an die Muttergesellschaft im faktischen Aktienkonzern nach „MPS", FS Hellwig, 2010, S. 293; *U. H. Schneider,* Das Recht der Konzernfinanzierung, ZGR 1984, 497; *Schwandtner,* Kapitalerhöhung im Cash Pool, Der Konzern 2006, 407; *Theiselmann,* Die Kapitalaufbringung im physischen Cash Pool, Der Konzern 2009, 460; *J. Vetter,* Rechtliche Grenzen und praktische Ausgestaltung von Cashmanagement Systemen, in VGR (Hrsg.), Gesellschaftsrecht in der Diskussion 2002, S. 69; *J. Vetter/Stadler,* Haftungsrisiken beim konzernweiten Cash Pooling, 2003; *Wand/Tillmann/Heckenthaler,* Aufsteigende Darlehen und Sicherheiten bei Aktiengesellschaften nach dem MoMiG und der MPS-Entscheidung des BGH, AG 2009, 148;*Wirsch,* Die Vollwertigkeit des Rückgewähranspruchs – Kapitalaufbringung und Kapitalerhöhung im Cash Pool, Der Konzern 2009, 443; *Zahrte,* Finanzierung durch Cash Pooling im internationalen mehrstufigen Konzern nach dem MoMiG, 2011.

Vgl. im Übrigen die Schrifttumsnachweise vor §§ 69 und 71 und in den Fußnoten. Wegen **älterer Literatur** zu abhängigen Unternehmen und faktischen Konzernen vgl. die Nachweise in den Vorauflagen.

A. Überblick

1   Die Rechtsbeziehungen zwischen abhängigen und herrschenden Unternehmen sind im Aktiengesetz nur unvollkommen geregelt. Detaillierte Bestimmungen finden sich für Gesellschaften, zwischen denen ein Beherrschungsvertrag besteht (§§ 291–310 AktG, vgl. unten § 71) und für eingegliederte Gesellschaften (§§ 319–327 AktG, vgl. unten § 74). Für die übrigen Fälle bestehen lediglich einige gesetzliche Regelungen in §§ 311–318 AktG. Diese Vorschriften regeln die Verantwortlichkeit eines herrschenden Unternehmens gegenüber einer abhängigen Aktiengesellschaft bei Fehlen eines Beherrschungsvertrages. Sie

erfassen sowohl die seltenen Fälle schlichter Abhängigkeit ohne Konzernbildung (§ 17 AktG) als auch die viel häufigeren faktischen Konzerne (§ 18 AktG). Die Vorschriften der §§ 311–318 AktG lassen viele Fragen offen, für die sich Rechtsprechung und Literatur seit Beginn der 1980er Jahre um Lösungen bemühten.

B. Begründung und Aufgabe herrschenden Einflusses

I. Beteiligungserwerb und -veräußerung durch die herrschende Aktiengesellschaft

1. Allgemeines. Herrschender Einfluss auf ein anderes Unternehmen muss gesellschaftsrechtlich vermittelt sein (vgl. → § 69 Rn. 41) und setzt deshalb eine Beteiligung voraus. Der Erwerb und die Veräußerung einer Beteiligung ist bei einer Aktiengesellschaft eine Maßnahme der **Geschäftsführung** des Vorstandes. Der Vorstand ist dabei jedoch nicht frei. Vielmehr müssen Beteiligungserwerb und -veräußerung durch die Satzung der Gesellschaft gedeckt sein (vgl. → Rn. 5 f., 7 f.). Außerdem kann in Ausnahmefällen die Zustimmung der Hauptversammlung erforderlich werden (vgl. → Rn. 9 ff.). Der Aufbau von Unternehmensverbindungen kann überdies besondere Rechtsprobleme im Zusammenhang mit der Finanzierung (Aufbringung des Grundkapitals) mit sich bringen (vgl. → Rn. 49 ff.).

Der Erwerb einer Beteiligung ist ein Zusammenschlusstatbestand im Sinne des deutschen oder europäischen **Kartellrechts**, sofern eine der in § 37 Abs. 1 Nr. 3 GWB genannten Quoten erreicht bzw. Kontrolle iSv § 37 Abs. 1 Nr. 2 GWB, Art. 3 Abs. 1 lit. b, Abs. 2 FKVO begründet wird. Der Erwerb ist dann bei entsprechender Bedeutung bei der EU-Kommission (Art. 4 Abs. 1, 1 Abs. 1 u. 2 FKVO) bzw. dem Bundeskartellamt (§§ 35, 39 GWB) anzumelden.

Bei Erwerb einer Beteiligung an einer börsennotierten Aktiengesellschaft können die Vorschriften des WpÜG zu beachten sein. Diese verpflichten den Erwerber, sofern keiner der Sonderfälle nach §§ 36, 37 WpÜG vorliegt, den übrigen Aktionären ein **Pflichtangebot** auf Erwerb ihrer Aktien zu machen, sobald der Erwerber unmittelbar oder mittelbar 30 % der Stimmrechte an der Zielgesellschaft erlangt (§§ 35 Abs. 1, 29 Abs. 2 WpÜG). Die Vorschriften des WpÜG sind außerdem zu beachten, wenn Aktien durch ein freiwilliges öffentliches Erwerbs- oder Übernahmeangebot gekauft werden sollen. Zu den **Mitteilungspflichten** beim Beteiligungserwerb nach §§ 20 ff. AktG vgl. → § 69 Rn. 115 ff. Bei börsennotierten Gesellschaften sind die Mitteilungspflichten der §§ 33 ff. WpHG zu beachten.

2. Konzernklausel. Der Vorstand einer Aktiengesellschaft darf Beteiligungen an anderen Unternehmen nur erwerben, wenn ihn die Satzung dazu ermächtigt. Das gilt unabhängig vom Unternehmensgegenstand der Gesellschaft, an der die Beteiligung begründet werden soll (dazu → Rn. 7). Denn eine mittelbare Unternehmensführung durch Beteiligungsgesellschaften ist qualitativ etwas anderes als die unmittelbare Unternehmensführung durch die Gesellschaft selbst, und Mittel, die in Finanzanlagen investiert werden, stehen nicht für die eigentliche Verfolgung des Unternehmensgegenstandes zur Verfügung. Deshalb verstößt es gegen die Satzung wegen Nichteinhaltung des dort beschriebenen Unternehmensgegenstandes, wenn der Vorstand ohne Ermächtigung in der Satzung („Konzernklausel") Beteiligungen an anderen Unternehmen erwirbt.[1] Allerdings ist eine solche Ermächtigung heute Routinebestandteil der meisten Satzungen. Die Ermächtigung ist für **jede Art des Beteiligungserwerbs** erforderlich, also nicht nur für den Kauf von Beteiligungen, sondern auch

---

[1] Heute hM, etwa BGHZ 159, 30 (46); OLG Frankfurt a. M. AG 2008, 862; *Habersack* in Emmerich/Habersack Aktien- und GmbH-Konzernrecht vor § 311 Rn. 31; MüKoAktG/*Stein* § 179 Rn. 113; KölnKommAktG/*Koppensteiner* Vorb. § 291 Rn. 60 ff.; Hüffer/*Koch* AktG § 179 Rn. 34; *Timm*, Die Aktiengesellschaft als Konzernspitze, 1980, S. 88 ff., 117 ff., 128 ff.; *Wahlers*, Konzernbildungskontrolle durch die Hauptversammlung der Obergesellschaft, 1995, S. 139 ff.; *Lutter* FS Stimpel, 1985, 825 (847 f.); aA noch OLG Hamburg ZIP 1980, 1000 (1006 ff.); *Henze* FS Ulmer, 2003, 211 (227 f.); *Götz* AG 1984, 85 (89); *Westermann* ZGR 1984, 352 (362).

für die die Gründung einer Tochtergesellschaft, sei es gegen Bar- oder gegen Sacheinlage, insbesondere durch Ausgliederung von Unternehmensteilen. Auch auf Umfang und Zweck des Beteiligungserwerbs kommt es grundsätzlich nicht an. Der Ermächtigung bedarf es daher auch, wenn nur eine Beteiligung erworben werden soll, die keinen unternehmerischen Einfluss gewährt, oder wenn nicht beabsichtigt ist, den durch die Beteiligung vermittelten Einfluss zu nutzen.[2] Eine Ausnahme ist allerdings zu machen, wenn der Beteiligungserwerb sich als bloßer Annex der unternehmerischen Betätigung darstellt (zB Bildung einer Liquiditätsreserve).[3]

6 Als **Inhalt der Ermächtigung** genügt die allgemein gefasste Erlaubnis, andere Unternehmen zu gründen, oder sich an ihnen zu beteiligen;[4] für die Beteiligung an gemeinnützigen Unternehmen wird man wegen der damit verbundenen Modifizierung des Unternehmenszwecks allerdings eine besondere Erlaubnis fordern müssen.[5] Ebenso bedarf es besonderer Klarstellung, wenn es der Gesellschaft gestattet sein soll, sich auf eine reine Holding-Funktion zu beschränken („Holding-Klausel").[6] Die Satzung kann die Ermächtigung einschränken, etwa in der Form, dass nur Beteiligungen oberhalb oder unterhalb einer bestimmten Quote erworben werden dürfen, eine Ausgliederung nur auf Tochtergesellschaften erfolgen darf, an denen eine bestimmte Mindestbeteiligungshöhe besteht, usw.[7] Die Satzung kann solche Maßnahmen auch an die Zustimmung des Aufsichtsrats binden (§ 111 Abs. 4 S. 2 AktG). Hingegen ist es nicht zulässig, die Zustimmung der Hauptversammlung vorzuschreiben,[8] sofern diese nicht nach allgemeinen Rechtsgrundsätzen ohnehin erforderlich ist (vgl. → Rn. 9 ff.). Die Satzungsklauseln, die zum Beteiligungserwerb ermächtigen, sind eng auszulegen.[9] Eine allgemein gehaltene Ermächtigung zum Erwerb von Beteiligungen erlaubt jedoch den Beteiligungserwerb in jeder Form, also zB den Kauf von Beteiligungen, aber auch die Gründung von Tochtergesellschaften und die Ausgliederung von Unternehmensteilen.[10]

7 **3. Bindung an den Unternehmensgegenstand.** Der Vorstand einer Aktiengesellschaft ist an den in der Satzung festgelegten Unternehmensgegenstand gebunden. Er darf ihn nicht überschreiten, muss ihn aber auch ausfüllen. Daraus können sich Grenzen sowohl für den Erwerb als auch die Veräußerung von Beteiligungen ergeben. Wegen des Verbots der **Überschreitung** des Unternehmensgegenstands darf die Gesellschaft sich ohne entspre-

---

[2] GroßkommAktG/*Wiedemann* § 179 Rn. 63; KölnKommAktG/*Koppensteiner* Vorb. § 291 Rn. 61 mwN; MüKoAktG/*Stein* § 179 Rn. 113; *Timm*, Die Aktiengesellschaft als Konzernspitze, 1980, S. 95 ff.; *Hommelhoff*, Die Konzernleitungspflicht, 1982, S. 45 ff.; *Liebscher*, Konzernbildungskontrolle, 1995, S. 67 ff.; *Wahlers*, Konzernbildungskontrolle durch die Hauptversammlung der Obergesellschaft, 1995, S. 139 ff.

[3] Ausführlich dazu *Hommelhoff*, Die Konzernleitungspflicht, 1982, S. 48 ff.; GroßkommAktG/*Wiedemann* § 179 Rn. 63; KölnKommAktG/*Koppensteiner* Vorb. § 291 Rn. 61; *Rehbinder* ZHR 147 (1983), 464 (467).

[4] Muster bei Beck'sches Formularbuch/*Hoffmann-Becking*/*Berger* Form. X.10 u. 11 jeweils § 2 Abs. 2; MünchVertragshdb. Bd. 1/*Favoccia* Form. V. 25, 26 u. 27 jeweils § 2 Abs. 2.

[5] Zur Auslagerung von Geschäftsbereichen auf gemeinnützige Gesellschaften näher *Kort* NZG 2011, 929.

[6] *Habersack* in Emmerich/Habersack Aktien- und GmbH-Konzernrecht vor § 311 Rn. 31; *Staake*, Ungeschriebene Hauptversammlungskompetenzen in börsennotierten und nicht börsennotierten Aktiengesellschaften, 2009, S. 74; *Jerczynski*, Ungeschriebene Zuständigkeiten der Hauptversammlung in der Aktiengesellschaft, 2009, S. 84 f.; *Tieves*, Der Unternehmensgegenstand der Kapitalgesellschaft, 1998, S. 447 ff.; *Timm*, Die Aktiengesellschaft als Konzernspitze, 1980, S. 131; *Groß* AG 1994, 266 (269 f.); aA *Hommelhoff*, Die Konzernleitungspflicht, 1982, S. 273; *Götz* AG 1984, 85 (90).

[7] *Heinsius* ZGR 1984, 383 (407); *W. Werner* ZHR 147 (1983), 429 (441); wohl auch KölnKommAktG/*Koppensteiner* Vorb. § 291 Rn. 41.

[8] KölnKommAktG/*Koppensteiner* Vorb. § 291 Rn. 41; aA *W. Werner* ZHR 147 (1983), 429 (451).

[9] KölnKommAktG/*Koppensteiner* Vorb. § 291 Rn. 64 mwN; *Timm*, Die Aktiengesellschaft als Konzernspitze, 1980, S. 131.

[10] Vgl. zu Fragen der Auslegung im Übrigen näher KölnKommAktG/*Koppensteiner* Vorb. § 291 Rn. 65.

chende Satzungsänderung nicht an Unternehmen beteiligen, deren Tätigkeit außerhalb des Bereichs liegt, der vom eigenen Unternehmensgegenstand gedeckt ist.[11] Das gilt allerdings nur für den Erwerb einer unternehmerischen Beteiligung, nicht für reine Finanzanlagen.[12] Eine völlige Identität der Unternehmensgegenstände ist nicht erforderlich, es genügt, wenn sie sich in ihrem Kernbereich decken.[13] Umgekehrt ist auch die Veräußerung einer Beteiligung, die zu einer **Unterschreitung** des Unternehmensgegenstandes führt, nur in Verbindung mit einer entsprechenden Satzungsänderung zulässig;[14] das soll nicht nur bei vollständiger Veräußerung einer für die Ausfüllung des Unternehmensgegenstandes nötigen Beteiligung gelten, sondern bereits bei Aufgabe des herrschenden Einflusses.[15] Allerdings ist zunächst durch Auslegung zu klären, ob die Gesellschaft tatsächlich auf allen im satzungsmäßigen Unternehmensgegenstand genannten Gebieten tätig sein muss oder ob es sich um unverbindliche Beschreibungen eines möglichen Tätigkeitsumfangs handelt;[16] insbesondere bei einer weit gefassten Beschreibung des Unternehmensgegenstandes in der Satzung wird man zumeist annehmen können, dass die Satzung kein Pflichtprogramm, sondern nur einen Rahmen festlegen will.[17] Einer Satzungsänderung bedarf es überdies nur bei einer dauerhaften Unterschreitung des Unternehmensgegenstandes, nicht schon dann, wenn der Unternehmensgegenstand nur vorübergehend unausgefüllt bleibt.[18] Dauerhaft ist die Aufgabe der entsprechenden Unternehmenstätigkeit, wenn feststeht, dass die Wiederaufnahme ausgeschlossen ist. Für die Beurteilung dieser Frage ist die Verkehrsauffassung unter Berücksichtigung der erkennbaren Planungen des Vorstands heranzuziehen.[19] Eine Satzungsänderung ist für den Erwerb oder die Veräußerung einer Beteiligung auch dann nicht erforderlich, wenn die Satzung den Vorstand zur Aufnahme oder Aufgabe bestimmter Aktivitäten ermächtigt und der Erwerb oder die Veräußerung sich im Rahmen dieser Ermächtigung hält.

Soweit es einer **begleitenden Satzungsänderung** bedarf, wird überwiegend die Ansicht vertreten, dass die Satzungsänderung vor dem Geschäft erfolgen müsse,[20] während

---

[11] Vgl. zB OLG Hamburg ZIP 1980, 1000 (1006); *Habersack* in Emmerich/Habersack Aktien- und GmbH-Konzernrecht vor § 311 Rn. 31; MüKoAktG/*Stein* § 179 Rn. 106 ff.; *Decher* FS U. H. Schneider, 2011, 261 (262 f.); *Lutter* FS Stimpel, 1985, 825 (846 f.); *Wahlers,* Konzernbildungskontrolle durch die Hauptversammlung der Obergesellschaft, 1995, S. 138 f.; *Liebscher,* Konzernbildungskontrolle, 1995, S. 65 ff.

[12] Vgl. etwa *Timm,* Die Aktiengesellschaft als Konzernspitze, 1980, S. 100 f., der eine „unternehmerische Betätigungsmöglichkeit" im Allgemeinen ab einer Beteiligungsquote von 25 % bejaht; KölnKommAktG/*Koppensteiner* Vorb. § 291 Rn. 60; GroßkommAktG/*Wiedemann* § 179 Rn. 62 ff.; MüKoAktG/*Stein* § 179 Rn. 112; *Groß* AG 1994, 266 (268); enger *Wagner,* Ungeschriebene Kompetenzen der Hauptversammlung, 2007, S. 61 ff.

[13] *Timm,* Die Aktiengesellschaft als Konzernspitze, 1980, S. 102; *Groß* AG 1994, 266 (268).

[14] Vgl. zB: OLG Köln AG 2009, 416 (417 f.) – Strabag; MüKoAktG/*Stein* § 179 Rn. 109 ff.; *Habersack* in Emmerich/Habersack Aktien- und GmbH-Konzernrecht vor § 311 Rn. 31; Hüffer/*Koch* AktG § 179 Rn. 9a; *Tieves,* Der Unternehmensgegenstand der Kapitalgesellschaft, 1998, S. 300 ff.

[15] *Kowalewski,* Das Vorerwerbsrecht der Mutteraktionäre beim Börsengang einer Tochtergesellschaft, 2008, S. 180; *Mülbert,* Aktiengesellschaft, Unternehmensgruppe und Kapitalmarkt, 2. Aufl. 1996, S. 382.

[16] OLG Köln AG 2009, 416 (417, 418) – Strabag; OLG Stuttgart AG 2005, 693 (695 f.); Hüffer/*Koch* AktG § 179 Rn. 9a; *Feldhaus* BB 2009, 562 (565 f.); *Carstens/Gisewski* CCZ 2009, 73 f.; *Kiesewetter/Spengler* Der Konzern 2009, 451 (457); *Lutter/Leinekugel* ZIP 1998, 225 (227); *Wollburg/Gehling* FS Lieberknecht, 1997, 133 (141).

[17] Hüffer/*Koch* AktG § 179 Rn. 9a; KölnKommAktG/*Mertens/Cahn* § 82 Rn. 34.

[18] OLG Köln AG 2009, 416 (417) – Strabag; OLG Stuttgart AG 2005, 693 (695 f.); *Habersack* in Emmerich/Habersack Aktien- und GmbH-Konzernrecht vor § 311 Rn. 31; Hüffer/*Koch* AktG § 179 Rn. 9a; MüKoAktG/*Stein* § 179 Rn. 112; *Carstens/Gisewski* CCZ 2009, 73 (75).

[19] GroßkommAktG/*Wiedemann* § 179 Rn. 60; *Groß* AG 1994, 266 (269); *Wollburg/Gehling* FS Lieberknecht, 1997, 133 (140); *Lutter/Leinekugel* ZIP 1998, 225 (228); *Carstens/Gisewski* CCZ 2009, 73 (75); *Kiesewetter/Spengler* Der Konzern 2009, 457/458; ähnlich *Hommelhoff,* Die Konzernleitungspflicht, 1982, S. 65 ff.; anders wohl noch RG DR 1939, 720 (721).

andere auch eine spätere Durchführung der Satzungsänderung für ausreichend ansehen.[21] Richtigerweise wird man wohl verlangen müssen, dass die Satzungsänderung der endgültigen Bestandskraft des Geschäfts vorangeht. Das hindert es nicht, das Geschäft unter einer auflösenden Bedingung oder mit Rücktrittsvorbehalt für den Fall des Scheiterns der Satzungsänderung schon vorher durchzuführen;[22] ebenso handelt der Vorstand nicht pflichtwidrig, wenn er das Geschäft schon vor Eintragung vollzieht, sofern die Wirksamkeit des Satzungsänderungsbeschlusses nicht in Zweifel steht.[23]

9 **4. Zustimmung der Hauptversammlung (Holzmüller).** Liegen die satzungsmäßigen Voraussetzungen vor, kann ausnahmsweise noch eine gesonderte Zustimmung der Hauptversammlung erforderlich sein. Nach dem **Holzmüller**-Urteil des Bundesgerichtshofs bedürfen Maßnahmen der Geschäftsführung, die mit einem wesentlichen Eingriff in die Mitgliedsrechte und die Vermögensinteressen der Aktionäre verbunden sind, der Zustimmung durch die Hauptversammlung.[24] In den **Gelatine**-Entscheidungen hat der Bundesgerichtshof diese Rechtsprechung später in verschiedenen Punkten konkretisiert und insbesondere klargestellt, dass ungeschriebene Mitwirkungsbefugnisse nur ausnahmsweise und in engen Grenzen anzuerkennen sind.[25] Die Rechtsgrundlage für die Zustimmungspflicht sah der BGH zunächst in der Sorgfaltspflicht des Vorstands, die es in diesen Fällen gebiete, die Maßnahme nach § 119 Abs. 2 AktG der Hauptversammlung vorzulegen, heute begründet er die Vorlagepflicht in freier Rechtsfortbildung.[26] Die Instanzgerichte sind der Holzmüller-Rechtsprechung von Anfang an gefolgt, im Schrifttum war sie zunächst sehr umstritten, fand aber zunehmend Akzeptanz.[27] Inzwischen steht sie kaum mehr in Zweifel,[28] vereinzelt wird schon von einer gewohnheitsrechtlichen Verfestigung gesprochen.[29] Die praktische Bedeutung der Holzmüller-Rechtsprechung ist heute jedoch gering, nachdem die Gelatine-Entscheidungen den Anwendungsbereich stark eingeschränkt haben (vgl. → Rn. 11). Ein vereinzelter Gesetzgebungsvorschlag mit dem Ziel der Einbindung der Hauptversammlung in große strukturverändernde Transaktionen[30] ist ohne Resonanz geblieben.

10 Problematisch ist zunächst, auf **welche Art von Maßnahmen** die Rechtsprechung anwendbar ist. Die Holzmüller-Entscheidung betraf die **Ausgliederung** eines wesentlichen

---

[20] OLG Köln AG 2009, 416 (418) – Strabag; *Habersack* in Emmerich/Habersack Aktien- und GmbH-Konzernrecht vor § 311 Fn. 156; *Priester* AG 2011, 654 (657); *Feldhaus* BB 2009, 562 (565); *Kiesewetter/Spengler* Der Konzern 2009, 451 (459); *Lutter/Leinekugel* ZIP 1998, 225 (228); *Tieves*, Der Unternehmensgegenstand der Kapitalgesellschaft, 1998, S. 301 ff.

[21] OLG Stuttgart AG 2005, 693 (696) (nächste Hauptversammlung); *Wollburg/Gehling* FS Lieberknecht, 1997, 133 (142 ff.).

[22] Zustimmend *Habersack* in Emmerich/Habersack Aktien- und GmbH-Konzernrecht vor § 311 Fn. 156.

[23] *Feldhaus* BB 2009, 562 (565).

[24] BGHZ 83, 122 (131 f.) – Holzmüller; vgl. dazu auch ausf. → § 35 Rn. 51 ff.

[25] BGH ZIP 2004, 993 (995 ff.) – Gelatine; BGH ZIP 2004, 1001 (1003).

[26] BGH ZIP 2004, 993 (995 ff.) – Gelatine; dort auch mN zu anderen Begründungsansätzen in der Literatur (Gesamtanalogie).

[27] Vgl. dazu eingehend *Staake*, Ungeschriebene Hauptversammlungskompetenzen in börsennotierten und nicht börsennotierten Aktiengesellschaften, 2009, S. 25 ff.

[28] Vgl. etwa Hüffer/*Koch* AktG § 119 Rn. 16 ff.; *Habersack* in Emmerich/Habersack Aktien- und GmbH-Konzernrecht vor § 311 Rn. 33 ff.; MüKoAktG/*Kubis* § 119 Rn. 31 ff.; K. Schmidt/Lutter AktG/*Spindler* § 119 Rn. 26 ff.; nach wie vor ablehnend insbes. KölnKommAktG/*Koppensteiner* Vorb. § 291 Rn. 42 ff.; *Koppensteiner* Der Konzern 2004, 381; *Hoffmann-Becking* ZHR 172 (2008), 231 (233 ff.); für börsennotierte Gesellschaften auch *Staake*, Ungeschriebene Hauptversammlungskompetenzen in börsennotierten und nicht börsennotierten Aktiengesellschaften, 2009, S. 173 ff., 230 ff.

[29] *Staake*, Ungeschriebene Hauptversammlungskompetenzen in börsennotierten und nicht börsennotierten Aktiengesellschaften, 2009, S. 87 und passim.

[30] *Stephan/Strenger* AG 2017, 346 ff.

Unternehmensbereichs auf eine Tochtergesellschaft, in den Gelatine-Entscheidungen ging es um die Übertragung bislang unmittelbar gehaltener Beteiligungen der Gesellschaft auf eine Tochter. Für solche Fälle hat der Bundesgerichtshof die Zuständigkeit der Hauptversammlung in den Gelatine-Entscheidungen bestätigt.[31] Zur Begründung stützt sich das Gericht zum einen auf die mit solchen Maßnahmen verbundene Mediatisierung des Aktionärseinflusses,[32] zum anderen auf die Gefahr einer nachhaltigen Schwächung des Wertes der Beteiligungen der Aktionäre.[33] Damit dürfte ein Zustimmungserfordernis bei **Umstufungen auf tieferen Konzernebenen** (zB Enkel- in Urenkelgesellschaft) in aller Regel ausscheiden, denn dabei kann von einer nennenswerten Vertiefung des Mediatisierungseffekts schwerlich noch die Rede sein.[34] Ob sich die Holzmüller-Grundsätze auch auf andere Formen des Beteiligungserwerbs, insbesondere den **Kauf** einer wesentlichen Beteiligung oder die **Bargründung** einer Tochtergesellschaft, erstrecken, ist sehr umstritten.[35] Überwiegend wird auch hierfür die Zustimmung der Hauptversammlung gefordert,[36] die besseren Gründe sprechen aber wohl gegen diese Ansicht (so auch → § 35 Rn. 64).[37] Bei Holding-Gesellschaften kann im Falle eines Beteiligungskaufs von einer Mediatisierung von Aktionärsrechten von vornherein keine Rede sein,[38] aber auch in einer operativ tätigen Gesellschaft findet eine Mediatisierung von Mitverwaltungsrechten der Aktionäre bei einem reinen Bargeschäft nicht in vergleichbarer Weise statt. Hier dürfte dem Schutzbedürfnis der Aktionäre mit dem Erfordernis einer satzungsmäßigen Ermächtigung zum Beteiligungserwerb (vgl. → Rn. 5) hinreichend Rechnung getragen sein. Erst recht besteht bei einem Beteiligungserwerb gegen Aktien neben der ohnehin erforderlichen Mitwirkung der Hauptversammlung bei der Bereitstellung der Aktien durch Kapitalerhöhung oder Erwerb eigener Aktien kein Raum für ein zusätzliches ungeschriebenes Zustimmungserfordernis der Hauptversammlung.[39] Nicht zustimmungspflichtig ist richtigerweise auch die Mitwirkung des Vorstands, insbesondere durch Abschluss eines Business Combination Agreement, an einem Zusammenschlussvorhaben nach dem Muster

---

[31] BGH ZIP 2004, 993 (996 f.) – Gelatine.
[32] BGHZ 83, 122 (131) – Holzmüller; BGH ZIP 2004, 993 (996) – Gelatine; zu diesem Gesichtspunkt auch BGHZ 153, 47 (54) – Macrotron und BGH ZIP 2013, 2254 Rn. 4 – Frosta.
[33] BGHZ 83, 122 (142 f.) – Holzmüller; BGH ZIP 2004, 993 (996) – Gelatine.
[34] *Marsch-Barner* in Grundmann ua (Hrsg.), Anleger- und Funktionsschutz durch Kapitalmarktrecht, 2006, S. 105/109, 112; „Sympathie" bekundend auch *Priester* AG 2011, 654 (658) Fn. 47; tendenziell auch Hüffer/*Koch* AktG § 119 Rn. 20; *Spindler* FS Goette, 2011, 513 (518 f.); aA anscheinend *Habersack* in Emmerich/Habersack Aktien- und GmbH-Konzernrecht vor § 311 Rn. 45.
[35] Ausdrücklich offengelassen von BGH ZIP 2012, 515.
[36] So zB LG Frankfurt a. M. ZIP 2010, 429 (431) – Commerzbank; LG Stuttgart AG 1992, 236/237 f.; *Habersack* in Emmerich/Habersack Aktien- und GmbH-Konzernrecht vor § 311 Rn. 42; Hüffer/*Koch* AktG § 119 Rn. 21; K. Schmidt/Lutter AktG/*Spindler* § 119 Rn. 34; *Spindler* FS Goette, 2011, 513 (518 f.); Spindler/Stilz AktG/*Hoffmann* § 119 Rn. 30a ff.; Grigoleit AktG/*Herrler* § 119 Rn. 23; *Jerczynski*, Ungeschriebene Zuständigkeiten der Hauptversammlung in der Aktiengesellschaft, 2009, S. 198 ff.; *Staake*, Ungeschriebene Hauptversammlungskompetenzen in börsennotierten und nicht börsennotierten Aktiengesellschaften, 2009, S. 75 f.; *Wagner*, Ungeschriebene Kompetenzen der Hauptversammlung, 2007, S. 302 f.; *Rottnauer* FS 10 Jahre Österberg Seminare, 2018, 215 (224 ff.); *Priester* AG 2011, 654 (657 ff.); *Hofmeister* NZG 2008, 47 (50); *Goette* AG 2006, 522 (527); *Liebscher* ZGR 2005, 1 (23 f.).
[37] Ebenso zB OLG Frankfurt a. M. ZIP 2011, 75 (77) – Commerzbank; OLG Frankfurt a. M. AG 2008, 862 (864) – Drillisch; MüKoAktG/*Kubis* § 119 Rn. 70 f.; Bürgers/Körber AktG/*Reger* § 119 Rn. 17; *Jerczynski*, Ungeschriebene Zuständigkeiten der Hauptversammlung in der Aktiengesellschaft, 2009, S. 199 ff.; *Kiefner* ZIP 2011, 545 (547 ff.); *Nikoleyczik/Gubitz* NZG 2011, 91 (93); *Decher* FS U. H. Schneider, 2011, 261 (267 ff.); *Marsch-Barner* in Grundmann ua (Hrsg.), Anleger- und Funktionsschutz durch Kapitalmarktrecht, 2006, S. 105/114; *Reichert* AG 2005, 150 (155 f.); offengelassen von BGH ZIP 2012, 515 – Commerzbank.
[38] So mit Recht *Decher* FS U. H. Schneider, 2011, 261 (267 f.); *Kiefner* ZIP 2011, 545 (547); *Hofmeister* NZG 2008, 47 (51); *Reichert* AG 2005, 150 (157); aA *Kiesewetter/Spengler* Der Konzern 2009, 451 (455).
[39] Näher *Decher* FS U. H. Schneider, 2011, 261 (269 ff.); *Kiefner* ZIP 2011, 545 (548).

§ 70 11

Linde/Praxair, bei dem ein öffentliches Umtauschangebot an die Aktionäre der Gesellschaft ergeht, bei dessen Erfolg die Gesellschaft zu einem abhängigen Unternehmen wird.[40] Ob auch bei **Veräußerung** wesentlicher Unternehmensbeteiligungen die Zustimmung der Hauptversammlung nötig ist, ist ebenfalls umstritten (→ § 35 Rn. 65). Richtigerweise ist das schon aktienrechtlich abzulehnen,[41] erst recht ist es nicht von Verfassungs wegen geboten, eine ungeschriebene Hauptversammlungskompetenz anzunehmen[42] Einer Ausweitung der Hauptversammlungskompetenzen auf Veräußerungsfälle steht die Wertung des § 179a AktG entgegen, außerdem spielt der Gedanke der Mediatisierung von Aktionärsrechten hierbei keine Rolle. Dies gilt auch, wenn die Beteiligung nicht ganz, sondern nur zum Teil verkauft wird;[43] in diesem Fall wiegt die entgegenstehende Wertung des § 179a AktG noch schwerer. Deshalb ist auch beim **Börsengang einer Tochtergesellschaft** durch Platzierung von Aktien aus dem Bestand der Mutter eine Zustimmung der Hauptversammlung nicht erforderlich.[44] Zur Frage eines Vorerwerbsrechts der Aktionäre der Mutter beim Börsengang der Tochter vgl. → § 57 Rn. 161.

11 Die Zustimmungspflicht setzt weiter voraus, dass es sich um eine Maßnahme von wesentlicher Bedeutung handelt. Von welchen **Schwellenwerten** an die Maßnahme in diesem Sinne wesentlich ist, war lange Zeit ungeklärt. Im Holzmüller-Fall ging es um die Ausgliederung von ca. 80 % der Aktiva,[45] die sich im Kernbereich der Unternehmenstätig-

---

[40] LG München I ZIP 2019, 266 (269 ff.); *Hippeli* NZG 2019, 535 f.; *Wilsing* FS Marsch-Barner, 2018, 595 (600 ff.); aA *Strohn* ZHR 182 (2018), 114 (144 ff.).
[41] BGH ZIP 2007, 24 – Stuttgarter Hofbräu; OLG Köln AG 2009, 416 (418) – Strabag; OLG Stuttgart AG 2005, 693 (695); KölnKommAktG/*Koppensteiner* Vorb. § 291 Rn. 91 ff.; *Habersack* in Emmerich/Habersack Aktien- und GmbH-Konzernrecht vor § 311 Rn. 43; Hüffer/*Koch* AktG § 119 Rn. 22; K. Schmidt/Lutter AktG/*Spindler* § 119 Rn. 34; KölnKommAktG/*Mertens/Cahn* § 76 Rn. 63; *Staake,* Ungeschriebene Hauptversammlungskompetenzen in börsennotierten und nicht börsennotierten Aktiengesellschaften, 2009, S. 81 f.; *Feldhaus* BB 2009, 562 (567); *Kiesewetter/Spengler* Der Konzern 2009, 451 (453); *Reichert* AG 2005, 150 (155 f.); aA auch nach Gelatine weiterhin MüKo-AktG/*Kubis* § 119 Rn. 68; Spindler/Stilz AktG/*Hoffmann* § 119 Rn. 30; *Kowalewski,* Das Vorerwerbsrecht der Mutteraktionäre beim Börsengang einer Tochtergesellschaft, 2008, S. 217 ff.; *Jerczynski,* Ungeschriebene Zuständigkeiten der Hauptversammlung in der Aktiengesellschaft, 2009, S. 201 ff.
[42] BVerfG ZIP 2011, 2094 (2095 f.) – Strabag; kritisch *Nietsch* EWiR 2012, 3 (4). Vgl. aber auch BVerfG ZIP 2010, 1121, wo offengelassen wird, „ob und inwieweit der verfassungsrechtliche Schutz eines über eine Sperrminorität verfügenden Minderheitsaktionärs... differenzierter zu konkretisieren" sei.
[43] BGH ZIP 2007, 24 (Veräußerung von 50 % der Kommanditanteile an einer bislang 100 %-Tochter); OLG Hamm AG 2008, 421 (422); K. Schmidt/Lutter AktG/*Spindler* § 119 Rn. 35; *Kiesewetter/Spengler* Der Konzern 2009, 451 (453); *v. Falkenhausen* ZIP 2007, 24 (25); grundsätzlich auch *Habersack* in Emmerich/Habersack Aktien- und GmbH-Konzernrecht vor § 311 Rn. 44, allerdings abweichend für den Fall der erstmaligen Aufnahme von Minderheitsgesellschaftern in eine bislang 100%ige Tochter-GmbH; aA *Staake,* Ungeschriebene Hauptversammlungskompetenzen in börsennotierten und nicht börsennotierten Aktiengesellschaften, 2009; 82; *Jerczynski,* Ungeschriebene Zuständigkeiten der Hauptversammlung in der Aktiengesellschaft, 2009, S. 187 ff.; *Reichert* AG 2005, 150 (156); *Timm,* Die Aktiengesellschaft als Konzernspitze, 1980, S. 142; *Timm* ZIP 1993, 114 (117): Zustimmungspflicht bei Absinken unter die absolute Stimmenmehrheit; KölnKommAktG/*Koppensteiner* Vorb. § 291 Rn. 95: evtl. Zustimmungspflicht, wenn eine Gesellschaft, die außer einer 100% igen Beteiligung keine weiteren Aktivitäten hat, in ihre Beteiligung Fremdgesellschafter aufnehmen will; *Lüders/Wulff* BB 2001, 1209 (1212): Zustimmungspflicht bei Absinken unter 75 %; *Fuchs* in Henze/Hoffmann-Becking (Hrsg.), RWS-Forum Gesellschaftsrecht, 2001, S. 259/268 f.: Zustimmungspflicht bei Absinken unter 100 %, 75 % und 50 %; *Marsch-Barner* in Grundmann ua (Hrsg.), Anleger- und Funktionsschutz durch Kapitalmarktrecht, 2006, S. 105/113 f.: Zustimmungspflicht bei Absinken unter 50 %.
[44] LG München I ZIP 2006, 2036 (2040); K. Schmidt/Lutter AktG/*Spindler* § 119 Rn. 37; *Kiefner,* Konzernumbildung und Börsengang der Tochter, 2005, S. 447 ff.; *Bohnet* DB 1999, 2617 (2619 f.); *Wollburg/Gehling* FS Lieberknecht, 1997, 133 (154); *Groß* AG 1994, 266 (275 f.); aA etwa MüKo-AktG/*Kubis* § 119 Rn. 85; *Kowalewski,* Das Vorerwerbsrecht der Mutteraktionäre beim Börsengang einer Tochtergesellschaft, 2008, S. 217 ff., 230 ff.; *Lutter* AG 2001, 349 (350); *Fleischer* ZHR 165 (2001), 513 (524 ff.); *Trapp/Schick* AG 2001, 381 (385 ff.).

§ 70 Abhängige Unternehmen und faktische Konzerne

keit abspielte, den wertvollsten Betriebszweig betraf und die Unternehmensstruktur von Grund auf änderte.[46] In der Literatur und der Instanzrechtsprechung bestand zunächst die Tendenz, deutlich niedrigere Werte genügen zu lassen, die vielfach auf eine Größenordnung von etwa 10%–50% des Vermögens der Gesellschaft hinausliefen.[47] Der Bundesgerichtshof hat demgegenüber in den Gelatine-Entscheidungen klargestellt, dass solche Größenkriterien deutlich zu niedrig waren und die Maßnahme in ihrer Bedeutung die Ausmaße des Holzmüller-Falles erreichen muss.[48] Die 80%-Marke des Holzmüller-Falles stellt dabei die Richtgröße dar.[49] Ob sie erreicht ist, lässt sich nicht pauschal beurteilen, sondern nur in einer **Analyse des Einzelfalls**.[50] Neben dem Anteil des betroffenen Geschäftsbereichs an der Bilanzsumme sollte man dabei etwa den Anteil am Umsatz, an der Mitarbeiterzahl[51] und an der Ertragskraft berücksichtigen.[52] Die Wertrelation ist, soweit die Werte bekannt sind, ebenfalls in die Prüfung einzubeziehen.[53] Entscheidend sind die jeweiligen Daten des Konzerns, nicht der Gesellschaft,[54] denn das wirtschaftliche Gewicht der Maßnahme für die Interessen der Aktionäre lässt sich nicht beurteilen, ohne die

---

[45] Vgl. die Angaben im Urteil der Vorinstanz OLG Hamburg ZIP 1980, 1000 (1005).
[46] BGHZ 83, 122 (131 f.) – Holzmüller.
[47] Vgl. nur LG Frankfurt ZIP 1997, 1968/1701; LG Frankfurt ZIP 1993, 830/832; *Lutter*, FS Stimpel, 1985, S. 825/850 f.; *Geßler*, FS Stimpel, 1985, S. 771/787; *Wollburg/Gehling*, FS Lieberknecht, 1997, S. 133/158 ff.
[48] BGH ZIP 2004, 993 (998) – Gelatine.
[49] BGH ZIP 2004, 993 (998) – Gelatine; OLG Köln AG 2009, 416 (418) – Strabag; in Literatur und Praxis wird vielfach auf 75% abgestellt, vgl. etwa *Priester* AG 2011, 654 (661); *Wagner*, Ungeschriebene Kompetenzen der Hauptversammlung, 2007, S. 262 f.; *Feldhaus* BB 2009, 562 (568), dort auch zur Frage der zeitlichen Dimension der Schwellenwerte; differenzierend *Kowalewski*, Das Vorerwerbsrecht der Mutteraktionäre beim Börsengang einer Tochtergesellschaft, 2008, S. 13 f., 189 ff., 217 ff., der bei einem Verbleib der Tochter im Konzern aufgrund der strategischen Schlüsselstellung der Tochter die Wesentlichkeitsschwelle niedriger ansetzen will als bei einer vollständigen Veräußerung.
[50] Ebenso OLG Stuttgart AG 2005, 693 (695); *Hüffer/Koch* AktG § 119 Rn. 25; *Habersack* in Emmerich/Habersack Aktien- und GmbH-Konzernrecht vor § 311 Rn. 47; *Grigoleit* AktG/*Herrler* § 119 Rn. 24; *Bürgers/Körber* AktG/*Reger* § 119 Rn. 22; *Priester* AG 2011, 654 (661); *Goette* AG 2006, 522 (526); *Liebscher* ZGR 2005, 1 (15 f.); *Bungert* BB 2004, 1345 (1347); *Fleischer* NJW 2004, 2535 (2539).
[51] Zustimmend *Priester* AG 2011, 654 (661) mit zutreffendem Hinweis auf § 267 Abs. 1–3 HGB.
[52] Im Einzelnen nach wie vor umstr., vgl. etwa OLG Stuttgart ZIP 2005, 1415 (1418) (Ertrag, Umsatz, Anlagevermögen, Bilanzsumme, Eigenkapital); *Habersack* in Emmerich/Habersack Aktien- und GmbH-Konzernrecht vor § 311 Rn. 47 (neben dem Ertrag sekundär Umsatz, Aktiva und Bilanzsumme); *Hüffer/Koch* AktG § 119 Rn. 25 (Gesamtbetrachtung); K. *Schmidt/Lutter* AktG/*Spindler* § 119 Rn. 31 (Vermögen); *Grigoleit* AktG/*Herrler* § 119 Rn. 24 (Aktiva, Bilanzsumme, Eigenkapital, Umsatz, Ergebnis vor Steuern, ggf. Substanzwert); *Spindler/Stilz* AktG/*Hoffmann* § 119 Rn. 34 (Ergebnis, Substanzwert, aber auch andere Kennziffern); *Priester* AG 2011, 654 (661) (Umsatz, Bilanzsumme, Arbeitnehmerzahl, im Einzelfall andere Parameter); enger MüKoAktG/*Kubis* § 119 Rn. 50, der in erster Linie die Bilanzsumme als maßgeblich ansieht.
[53] Zu weit gehend *Fuhrmann* AG 2004, 339 (341); *Jerczynski*, Ungeschriebene Zuständigkeiten der Hauptversammlung in der Aktiengesellschaft, 2009, S. 177 ff., die darin das maßgebliche Kriterium sehen und jeweils eine Ertragswertermittlung fordern; ähnlich *Kowalewski*, Das Vorerwerbsrecht der Mutteraktionäre beim Börsengang einer Tochtergesellschaft, 2008, S. 221 ff.; *Kiesewetter/Spengler* Der Konzern 2009, 451 (456), die ebenfalls den Wert maßgeblich berücksichtigen wollen; s. aber auch *Priester* AG 2011, 654 (661); *Nikoleyczik/Gubitz* NZG 2011, 91 (93) mit dem Hinweis, dass der Wert jedenfalls in Erwerbsfällen kein sachgerechtes Kriterium sei.
[54] Ebenso LG München I ZIP 2006, 2036 (2040); MüKoAktG/*Kubis* § 119 Rn. 50; *Habersack* in Emmerich/Habersack Aktien- und GmbH-Konzernrecht vor § 311 Rn. 46; *Bürgers/Körber* AktG/*Reger* § 119 Rn. 22; *Stukenberg*, Ungeschriebene „Holzmüller"-Zuständigkeiten der Hauptversammlung im Lichte der „Macroton"- und „Gelatine"-Entscheidungen des BGH, 2007, S. 127 f.; *Feldhaus* BB 2009, 562 (567 f.); *Kiesewetter/Spengler* Der Konzern 2009, 451 (456); *Reichert* AG 2005, 150 (154); *Liebscher* ZGR 2005, 1 (16); aA K. *Schmidt/Lutter* AktG/*Spindler* § 119 Rn. 29; *Spindler* FS Goette,

gesamten unternehmerischen Aktivitäten einzubeziehen. Will man – anders als hier vertreten (→ Rn. 10) – auch Fälle des Kaufs in den Anwendungsbereich der Holzmüller-Rechtsprechung einbeziehen, sind wohl nicht die Daten von Erwerber und Erwerbsobjekt gegenüberzustellen,[55] sondern allenfalls diejenigen des zu erwerbenden Unternehmen und des Konzerns nach dem geplanten Erwerb.[56] **Mehrere Einzelmaßnahmen** sind zusammenzurechnen, wenn zwischen ihnen ein zeitlicher und wirtschaftlicher Zusammenhang besteht.[57] Entscheidend ist bei alledem, dass eine Hauptversammlungszuständigkeit nach diesen Grundsätzen nur in eng begrenzten Ausnahmefällen in Frage kommt.

12 Soweit nach diesen Grundsätzen die Zustimmung der Hauptversammlung erforderlich ist, müssen **Gegenstand der Zustimmung** nicht notwendig konkrete Vereinbarungen über die Ausführung der Maßnahme sein, sondern es ist – zumal im Lichte der Siemens/Nold-Entscheidung des BGH[58] – ein abstrakter Zustimmungsbeschluss (**„Konzeptbeschluss")** der Hauptversammlung genügend, der allerdings die beabsichtigte Maßnahme in groben Umrissen konkretisieren muss.[59] Das gilt gerade auch in Ausgliederungsfällen; die vereinzelt vertretene Ansicht, bei Ausgliederungen müsse analog §§ 125, 63 UmwG ein konkreter Vertrag vorgelegt werden,[60] überzeugt nicht und steht in Widerspruch dazu, dass Rechtsgrundlage der Hauptversammlungskompetenz gerade nicht eine Analogie zu den Vorschriften des UmwG, sondern eine freie Rechtsfortbildung durch den Bundesgerichtshof ist (vgl. → Rn. 9).

13 Soweit es danach ausnahmsweise einer Zustimmung der Hauptversammlung bedarf, unterliegt diese keiner Überprüfung auf die **sachliche Rechtfertigung** der Maßnahme.[61] Eine solche Sachkontrolle kommt nur bei Eingriffen in individuelle Aktionärsrechte in Frage,[62] um die es hier nicht geht.

2011, 513 (517); *Jerczynski,* Ungeschriebene Zuständigkeiten der Hauptversammlung in der Aktiengesellschaft, 2009, S. 184 f.

[55] So aber *Priester* AG 2011, 654 (661); *Decher* FS U. H. Schneider, 2011, 261 (271); *Lorenz/Pospiech* DB 2010, 1925 (1929).

[56] OLG Frankfurt a. M. ZIP 2011, 75 (78) – Commerzbank; *Nikoleyczik/Gubitz* NZG 2011, 91 (93).

[57] *Habersack* in Emmerich/Habersack Aktien- und GmbH-Konzernrecht vor § 311 Rn. 47; MüKoAktG/*Kubis* § 119 Rn. 52; Bürgers/Körber AktG/*Reger* § 119 Rn. 22; *Goette* AG 2006, 522 (526); *Zimmermann/Pentz* FS W. Müller, 2001, 151 (169 f.); *Lutter* FS Barz, 1974, 199 (215); wohl auch OLG Hamm AG 2008, 421 (423); zu undifferenziert *Hirte,* Bezugsrechtsausschluss und Konzernbildung, 1986, S. 181, der alle Einzelmaßnahmen der letzten 5 Jahre addieren will.

[58] BGHZ 136, 133 (138 ff.) – Siemens/Nold. Zu dieser Entscheidung → § 59 Rn. 31 ff.; auf die Parallele zu der hier erörterten Fragestellung hinweisend bereits *Zeidler* NZG 1998, 91 (93).

[59] LG Frankfurt a. M. DB 2001, 751 (752); eingehend *Lutter/Leinekugel* ZIP 1998, 805 ff., insbesondere 811 ff.; *Habersack* in Emmerich/Habersack Aktien- und GmbH-Konzernrecht vor § 311 Rn. 51; MüKoAktG/*Kubis* § 119 Rn. 99 ff.; K. Schmidt/Lutter AktG/*Spindler* § 119 Rn. 40; *Marsch-Barner* in Grundmann ua (Hrsg.), Anleger- und Funktionsschutz durch Kapitalmarktrecht, 2006, S. 105/116; *Reichert* AG 2005, 150 (159); *Henze* FS Ulmer, 2003, 211 (233 f.); zweifelnd *Zeidler* NZG 1998, 91 (92 f.); aA LG Stuttgart AG 1992, 236 (237 f.) für den Fall einer statutarischen Ausgliederungsermächtigung.

[60] So LG Karlsruhe ZIP 1998, 385 (387 f.); *Veil* ZIP 1998, 361 (368).

[61] *Habersack* in Emmerich/Habersack Aktien- und GmbH-Konzernrecht vor § 311 Rn. 51; Hüffer/*Koch* AktG § 119 Rn. 29; MüKoAktG/*Kubis* § 119 Rn. 60; *Wagner,* Ungeschriebene Kompetenzen der Hauptversammlung, 2007, S. 270 f.; *Jerczynski,* Ungeschriebene Zuständigkeiten der Hauptversammlung in der Aktiengesellschaft, 2009, S. 165 ff.; *Wahlers,* Konzernbildungskontrolle durch die Hauptversammlung der Obergesellschaft, 1995, S. 192 ff. *Henze* FS Ulmer, 2003, 211 (224); *Westermann* FS Koppensteiner, 2001, 259 (276); aA *Wiedemann,* Die Unternehmensgruppe im Privatrecht, 1988, S. 57; *Liebscher,* Konzernbildungskontrolle, 1995, S. 95 ff.

[62] Näher BGHZ 80, 69 – Süssen; BGHZ 83, 319 (321) – Holzmann; BGHZ 103, 184; 120, 141 (145 f.); 132, 84 (93 f.); Hüffer/*Koch* AktG § 243 Rn. 24.

Der Zustimmungsbeschluss bedarf einer **Mehrheit** von mindestens 75 % des vertretenen 14
Grundkapitals.[63] Bei **Einberufung** der Hauptversammlung ist entsprechend § 124 Abs. 2
S. 2 AktG die Bekanntmachung des wesentlichen Inhalts der zustimmungspflichtigen Maßnahme im Bundesanzeiger erforderlich (dazu → § 36 Rn. 79).[64] Weiterhin wird man den
Vorstand entsprechend §§ 186 Abs. 4 S. 1, 293a AktG, § 127 UmwG als verpflichtet
ansehen müssen, in einem ausführlichen **schriftlichen Bericht** die Gründe der beabsichtigten Maßnahme darzulegen.[65]

5. Rechtsfolgen unzulässigen Beteiligungserwerbs. Ein nach den vorstehenden 15
Grundsätzen – etwa mangels Ermächtigung in der Satzung oder mangels Zustimmung der
Hauptversammlung – unzulässiger Beteiligungserwerb ist gleichwohl wirksam,[66] sofern
nicht die Grundsätze über den Missbrauch der Vertretungsmacht eingreifen.[67] Den Aktionären steht ein Anspruch darauf zu, dass die Gesellschaft den unzulässigen Beteiligungserwerb unterlässt bzw. rückgängig macht.[68] Diesen Anspruch kann jeder Aktionär innerhalb
einer angemessenen Frist[69] im Wege einer gegen die Gesellschaft zu richtenden Unterlassungs- bzw. Leistungsklage – auch im Wege der einstweiligen Unterlassungsverfügung –[70]
verfolgen.[71] Daneben kommen theoretisch Schadensersatzansprüche gegen Vorstand und
Aufsichtsrat gemäß §§ 93, 116 AktG und § 117 AktG in Betracht, für die es in der Praxis
allerdings vielfach an einem relevanten Schaden fehlen wird.[72] Ist der der Hauptversammlung zu erstattende Bericht (vgl. → Rn. 14) inhaltlich nicht ordnungsgemäß, ist die Zustimmung der Hauptversammlung anfechtbar; vgl. dazu → § 57 Rn. 135.

---

[63] BGH ZIP 2004, 993 (998) – Gelatine.
[64] BGHZ 146, 288 (294 f.); OLG Schleswig ZIP 2006, 421 (424); LG Frankfurt a. M. ZIP 2005, 579; Hüffer/Koch AktG § 124 Rn. 11; *Habersack* in Emmerich/Habersack Aktien- und GmbH-Konzernrecht vor § 311 Rn. 52; *Grün*, Informationspflichten des Vorstands bei „Holzmüller"-Beschlüssen, 2007, S. 81 ff.; *Weißhaupt* AG 2004, 586 (588).
[65] Sehr umstr., wie hier etwa OLG Frankfurt a. M. AG 1999, 378 (379 f.); LG Frankfurt a. M. ZIP 1997, 1698 (1702); LG Karlsruhe ZIP 1998, 385 (387 ff.); *Habersack* in Emmerich/Habersack Aktien- und GmbH-Konzernrecht vor § 311 Rn. 52; Grigoleit AktG/*Herrler* § 119 Rn. 26; *Grün*, Informationspflichten des Vorstands bei „Holzmüller"-Beschlüssen, 2007, S. 88 ff.; *Reichert* AG 2005, 150 (158 f.); *Lutter/Leinekugel* ZIP 1998, 805 (814 f., 816); *Lutter* FS Fleck, 1988, 169 (176 f., 180 f.); vgl. in diese Richtung auch BGHZ 82, 188 – Hoesch/Hoogovens; im Ansatz differenzierend, im Ergebnis für „echte" Holzmüller-Fälle aber wohl ebenso BGHZ 146, 288 (295 f.) – Altana/Milupa; aA LG Hamburg AG 1997, 238; Hüffer/Koch AktG § 119 Rn. 27; *Hüffer* FS Ulmer, 2003, 279 (300); *Priester* ZHR 163 (1999), 187 (200 f.); wohl auch OLG München WM 1996, 1462 (1464); differenzierend MüKoAktG/*Kubis* § 119 Rn. 55; K. Schmidt/Lutter AktG/*Spindler* § 119 Rn. 43; Bürgers/Körber AktG/*Reger* § 119 Rn. 26; *Wagner*, Ungeschriebenen Kompetenzen der Hauptversammlung, 2007, S. 281 ff.; *Weißhaupt* AG 2004, 585 (589 ff.), die einen Bericht bei einem Konzeptbeschluss verlangen, nicht hingegen bei Zustimmung zu konkreten Verträgen.
[66] Ganz herrschende Meinung BGHZ 83, 122 (130, 132) – Holzmüller; BGH ZIP 2004, 993 (997) – Gelatine; MüKoAktG/*Kubis* § 119 Rn. 102; K. Schmidt/Lutter AktG/*Spindler* § 119 Rn. 46; *Altmeppen* ZIP 2004, 999 (1000 f.); zweifelnd KölnKommAktG/*Koppensteiner* Vorb. § 291 Rn. 58; *Habersack* in Emmerich/Habersack Aktien- und GmbH-Konzernrecht vor § 311 Rn. 53.
[67] Vgl. dazu insbesondere *Adolff/Adolff* FS Mailänder, 2006, 289 (293 ff.). Zum Missbrauch der Vertretungsmacht näher Hüffer/Koch AktG § 82 Rn. 6 ff.; MüKoAktG/*Spindler* § 82 Rn. 58 ff.
[68] BGHZ 83, 122 (133 ff.) – Holzmüller; BGHZ 136, 133 (141) – Siemens/Nold; OLG Stuttgart NZG 2003, 778 (785); LG Duisburg AG 2003, 390; *Seiler/Singhof* Der Konzern 2003, 313 (315 ff.); *Bayer* NJW 2000, 2609 (2610 f.); *Krieger* ZHR 163 (1999), 343 (355 f.).
[69] BGHZ 83, 122 (135 f.) – Holzmüller; LG Koblenz DB 2001, 1660; *Habersack* in Emmerich/Habersack Aktien- und GmbH-Konzernrecht vor § 311 Rn. 54.
[70] Vgl. etwa die Fälle OLG Frankfurt a. M. WM 2001, 206; LG Duisburg AG 2003, 390; ausführlich *Markwardt* WM 2004, 211.
[71] BGHZ 83, 122 (133 ff.) – Holzmüller; Hüffer/Koch AktG § 119 Rn. 26; *Habersack* in Emmerich/Habersack Aktien- und GmbH-Konzernrecht vor § 311 Rn. 54; KölnKommAktG/*Mertens* § 93 Rn. 191 mwN; einschränkend *Krieger* ZHR 163 (1999), 343 (355 f.).
[72] Zutreffend *Altmeppen* DB 1998, 49 (52).

16 **6. Entherrschungsvertrag.** Zu den Anforderungen an den Abschluss eines Entherrschungsvertrages vgl. → § 69 Rn. 62 f.

II. Schutz gegen die Entstehung eines Abhängigkeitsverhältnisses

17 Das Konzernrecht des Aktiengesetzes konzentriert sich vor allem auf den Schutz der außenstehenden Gesellschafter und der Gläubiger in bereits bestehenden Unternehmensverbindungen, im Gegensatz zu anderen Rechtsordnungen,[73] jedoch nicht auf die Bildung von Unternehmensverbindungen. Das Aktienrecht bietet deshalb nur in geringem Maße vorbeugenden Schutz gegen die Erlangung herrschenden Einflusses durch ein anderes Unternehmen.

18 **1. Abwehrmaßnahmen der Gesellschaft.** In begrenztem Umfang können Bestimmungen in der **Satzung** Schutz gewähren.[74] In Betracht kommen namentlich die Vinkulierung von Namensaktien (§ 68 Abs. 2 AktG), bei nicht börsennotierten Gesellschaften die Einführung von Höchststimmrechten (§ 134 Abs. 1 AktG) und die Erhöhung des Mehrheitserfordernisses für Hauptversammlungsbeschlüsse; daneben kann man zB noch an das Recht zur Zwangseinziehung von Aktien (§ 237 Abs. 1 AktG) denken.[75] Ausnahmsweise kann die Durchführung einer Kapitalerhöhung mit Bezugsrechtsausschluss gerade mit dem Ziel zulässig sein, die wirtschaftliche Selbstständigkeit des Unternehmens zu erhalten und Fremdeinfluss abzuwehren.[76] Der Vorstand unterliegt bei einer börsennotierten Gesellschaft – vorbehaltlich der Möglichkeit des Opt-Out nach §§ 33a–c WpÜG – dem kapitalmarktrechtlichen **Vereitelungsverbot des § 33 WpÜG**, welches Handlungen untersagt, durch die der Erfolg eines Übernahmeangebots verhindert werden könnte. Dieses Verbot gilt jedoch erst nach Veröffentlichung der Entscheidung zur Abgabe eines Übernahmeangebots und lässt ua Abwehrmaßnahmen zu, die mit Billigung des Aufsichtsrats erfolgen. Unabhängig davon treffen Vorstand und Aufsichtsrat die aktienrechtliche Pflichtenbindung aus §§ 93, 116 AktG, aus der sich nach verbreiteter Auffassung das Verbot ergeben soll, den Aufbau einer beherrschenden Beteiligung von sich aus zu bekämpfen,[77] und die Verpflichtung, sich neutral zu verhalten,[78] es sei denn, die Hauptversammlung habe den Vorstand zur Durchführung von Abwehrmaßnahmen ermächtigt.[79] Tatsächlich lässt sich eine so weitgehende **aktienrechtliche Neutralitätspflicht** jedoch nicht begründen, sondern Vorstand und Aufsichtsrat sind nur verpflichtet, die Interessen des Unternehmens wahrzunehmen.[80] Wenn diese der Erlangung herrschenden Einflusses entgegenstehen, sind Vorstand und

---

[73] Vgl. dazu etwa *Behrens* ZGR 1975, 433 (443).

[74] Vgl. dazu eingehend *Eckert*, Konzerneingangsschutz im Aktienkonzernrecht auf der Ebene der Untergesellschaft, 1998, S. 27 ff.; *Liebscher*, Konzernbildungskontrolle, 1995, S. 352 ff.; *Binnewies*, Die Konzerneingangskontrolle in der abhängigen Gesellschaft, 1996, S. 291 ff.

[75] Die nachträgliche Vinkulierung von Namensaktien bedarf der Zustimmung aller betroffenen Aktionäre (vgl. → § 14 Rn. 17), die nachträgliche Zulassung der Zwangseinziehung ebenfalls (vgl. → § 63 Rn. 8). Höchststimmrechte können auch ohne Zustimmung betroffener Aktionäre nachträglich eingeführt werden (BGHZ 70, 117 – Mannesmann; dazu auch *Timm* JZ 1980, 665 (668)); das gleiche gilt für höhere Mehrheitserfordernisse.

[76] Näher → § 57 Rn. 119k.

[77] Zu den denkbaren Abwehrmaßnahmen des Vorstands vgl. etwa *Schander* BB 1997, 1801; *Klein* NJW 1997, 2085; *Otto* DB 1988, Beilage 12 S. 6 ff.; *Hauschka/Roth* AG 1988, 181 (187 ff.); *Ebenroth/Rapp* DWiR 1991, 2; *Weimar/Breuer* BB 1991, 2309; *Ebenroth/Daum* DB 1991, 1105 (1157).

[78] Vgl. etwa KölnKommAktG *Mertens/Cahn* § 76 Rn. 26 mit umfangreichen Nachweisen; MüKoAktG/*Spindler* § 76 Rn. 38 f.; *Bayer* ZGR 2002, 588 (598 f.); *Altmeppen* ZIP 2001, 1073 (1074 ff.); *Krause* AG 2000, 217 (218 ff.); *Hopt* FS Lutter, 2000, 1361 (1379 ff.).

[79] Vgl. *Ebenroth/Daum* DB 1991, 1157 (1158); *Wolf* AG 1998, 212 (219).

[80] Wie hier zB Hüffer/Koch AktG § 76 Rn. 40; Geibel/Süßmann WpÜG/*Schwennicke* § 33 Rn. 12 f.; *Schiessl* AG 2009, 385 (386 f.); *Krieger* in Henze/Hoffmann-Becking (Hrsg.), RWS-Forum Gesellschaftsrecht, 2001, S. 289/303 ff.; *Kort* FS Lutter, 2000, 1421 (1426 ff.).

Aufsichtsrat Abwehrmaßnahmen nicht per se verboten, sondern im Rahmen des im Übrigen rechtlich Zulässigen erlaubt.

Daneben gilt als allgemeiner Rechtsgrundsatz, dass Maßnahmen der Hauptversammlung, **19** die zur Abhängigkeit der Gesellschaft führen können, der **sachlichen Rechtfertigung** im Interesse der Gesellschaft (Erforderlichkeit und Angemessenheit) bedürfen. Diesen zunächst für Fälle des Bezugsrechtsausschlusses bei Kapitalerhöhungen entwickelten Rechtsgrundsatz[81] hat der Bundesgerichtshof bereits selbst auf einen Gesellschafterbeschluss übertragen, durch welchen eine GmbH zu einem abhängigen Unternehmen geworden wäre.[82] Das Gleiche muss auch bei allen anderen Beschlüssen der Hauptversammlung gelten, welche geeignet sind, Abhängigkeit der Gesellschaft zustande kommen zu lassen (zB Zustimmung zur Übertragung vinkulierter Namensaktien, Aufhebung der Vinkulierung, Aufhebung von Stimmrechtsbeschränkungen).[83]

2. Treuepflicht der Aktionäre. Abhängigkeit kann auch dadurch entstehen, dass ein **20** bereits beteiligter Mehrheitsgesellschafter anderweitige unternehmerische Aktivitäten aufnimmt. Im Recht der Personengesellschaften und der GmbH wird für diese Fälle angenommen, dass ein solcher Gesellschafter in analoger Anwendung von § 112 HGB, § 88 AktG oder auf Grund seiner Treuepflicht einem **Wettbewerbsverbot** unterliegen könne, welches es ihm verbiete, sich im Tätigkeitsbereich der Gesellschaft anderweitig unternehmerisch zu betätigen.[84] Jedenfalls auf kapitalistisch verfasste Gesellschaften lassen sich diese Überlegungen nicht übertragen.[85] Ob in personalistisch strukturierten Aktiengesellschaften im Einzelfall etwas anderes gelten kann,[86] ist ebenfalls zweifelhaft.[87] In Fällen, in denen die Wettbewerbslage schon vor Begründung der Beteiligung bestand, scheidet ein aktienrechtliches Wettbewerbsverbot in jedem Fall aus.[88]

Daneben wird gelegentlich die Frage erörtert, ob aus der gesellschaftsrechtlichen Treuepflicht der Aktionäre[89] besondere **Rücksichtnahmepflichten bei Erwerb oder Veräußerung von Aktien** folgen. Die Frage kann sich vor allem stellen, wenn die abhängige Gesellschaft durch den Beteiligungserwerb als solchen aufgrund gesetzlicher oder vertraglicher Regelungen Schäden erleidet (zB Steuernachteile; Nachteile aufgrund von Change

---

[81] BGHZ 71, 40 – Kali und Salz; BGHZ 83, 319 – Holzmann; vgl. dazu → § 57 Rn. 115 ff.

[82] BGHZ 80, 69 – Süssen; vgl. zu der Entscheidung namentlich *Lutter/Timm* NJW 1982, 409.

[83] *Habersack* in Emmerich/Habersack Aktien- und GmbH-Konzernrecht vor § 311 Rn. 6; Spindler/Stilz AktG/*Müller* vor § 311 Rn. 53; *Lutter/Timm* NJW 1982, 409 (416); *Timm* ZGR 1987, 403 (423 ff.); *Liebscher*, Konzernbildungskontrolle, 1995, S. 378 ff.; *Seydel*, Konzernbildungskontrolle bei der Aktiengesellschaft, 1995, S. 183 ff.; einschränkend *Binnewies* GmbHR 1997, 727 (730 ff.), der eine materielle Beschlusskontrolle nur fordert, wenn zwischen herrschendem Unternehmen und abhängiger Gesellschaft ein Konkurrenzverhältnis oder eine Abnehmer-/Lieferantenbeziehung besteht.

[84] Vgl. hierzu BGHZ 89, 162 – Heumann/Ogilvy; *Lutter/Timm* NJW 1982, 409 (419) mwN; *Raiser* FS Stimpel, 1985, 855; *Immenga* JZ 1984, 576; *Brandes* LM HGB § 112 Nr. 4.

[85] KölnKommAktG/*Koppensteiner* Anh. § 318 Rn. 8; MüKoAktG/*Altmeppen* vor § 311 Rn. 51 ff.; *Binnewies*, Die Konzerneingangskontrolle in der abhängigen Gesellschaft, 1996, S. 341 ff.; *Hüffer* FS Röhricht, 2005, 251 (257 ff.); *Lutter/Timm* NJW 1982, 409 (419 f.); *Raiser* FS Stimpel, 1985, 855 (864 f.); weitergehend *Habersack* in Emmerich/Habersack Aktien- und GmbH-Konzernrecht vor § 311 Rn. 7, der ein Wettbewerbsverbot bei nicht börsennotierten Gesellschaften annimmt; noch weitergehend *Henze* ZHR 175 (2011), 1 (7 f.); *Henze* FS Hüffer, 2010, 309 (318 ff.); *Armbrüster* ZIP 1997, 1269 (1271), die das herrschende Unternehmen unabhängig von der Aktionärsstruktur einem Wettbewerbsverbot unterwerfen wollen.

[86] So *Liebscher*, Konzernbildungskontrolle, 1995, S. 388 f.; *Friedewald*, Die personalistische Aktiengesellschaft, 1991, S. 140 ff.; *Binnewies*, Die Konzerneingangskontrolle in der abhängigen Gesellschaft, 1996, S. 344 ff.

[87] Ablehnend etwa MüKoAktG/*Altmeppen* vor § 311 Rn. 52 ff.

[88] BGH ZIP 2008, 1872 (1874) – Züblin.

[89] Zur Treuepflicht des Aktionärs BGHZ 103, 184 (194 f.) – Linotype; BGHZ 129, 136 (142 f.) – Girmes; aus der Literatur etwa Hüffer/Koch AktG § 53a Rn. 13 ff.; *Lutter* ZHR 153 (1989) 446; *Timm* WM 1991, 481; *Hennrichs* AcP 195 (1995), 221; *Henze* BB 1996, 489.

of Control-Klauseln; Kosten aufgrund eines Übernahmeangebots; Verlust öffentlich-rechtlicher Erlaubnisse usw). Vereinzelt wird für solche Fälle angenommen, aus der Treuepflicht könne eine Verpflichtung zum Nachteilsausgleich bei schädigendem Beteiligungserwerb folgen.[90] Das widerspricht jedoch der konzernrechtlichen Wertung, dass nur vom herrschenden Unternehmen konkret veranlasste, nicht aber auf der bloßen Abhängigkeit beruhende Nachteile auszugleichen sind (näher → Rn. 76) und ist abzulehnen. Aus der Treuepflicht lässt sich auch keine über die gesetzlichen Informationspflichten des AktG (vgl. dazu → § 69 Rn. 115 ff.) und des WpHG hinausgehende Verpflichtung ableiten, über die Absicht zum Aufbau einer beherrschenden Beteiligung zu informieren.[91] Ebenso wenig besteht – vom Ausnahmefall eines konkret unternehmensgefährdenden Erwerbers abgesehen – eine Verpflichtung des Veräußerers zur Rücksichtnahme im Hinblick auf die Person des Erwerbers,[92] zur Information über Veräußerungsabsichten, zur „Mitnahme" etwa ebenfalls veräußerungsbereiter Mitaktionäre oder zu einer sonst wie gearteten Beteiligung der Mitaktionäre am Paketzuschlag.[93] Die frühere Diskussion über eine aktienrechtliche Verpflichtung zur Abgabe eines **Übernahmeangebots** nach Begründung einer Mehrheitsbeteiligung,[94] ist durch Einführung des Pflichtangebots nach § 35 WpÜG erledigt; zur Frage eines **Austrittsrechts** der Minderheitsaktionäre analog § 305 AktG vgl. → Rn. 66.

C. Leitung des Unternehmensverbundes

I. Grundlagen

1. Leitung durch das herrschende Unternehmen. Das Abhängigkeitsverhältnis ist durch die Möglichkeit des herrschenden Unternehmens gekennzeichnet, auf die abhängige Gesellschaft herrschenden Einfluss auszuüben (§ 17 Abs. 1 AktG; näher → § 69 Rn. 36 ff.). Dem herrschenden Unternehmen ist es gestattet, von dieser Möglichkeit Gebrauch zu machen und eine oder mehrere abhängige Gesellschaften ohne Beherrschungsvertrag oder Eingliederung rein tatsächlich unter seiner einheitlichen Leitung zusammenzufassen (faktischer Konzern). Es besteht heute kein Streit mehr darüber, dass die Bildung eines faktischen Konzerns grundsätzlich zulässig ist.[95] Denn Indizien für die **Zulässigkeit** des faktischen Konzerns finden sich in einer Reihe von gesetzlichen Vorschriften inner- und außerhalb des Aktiengesetzes (zB § 18 Abs. 1 S. 2 und 3 AktG, § 5 Abs. 1 MitbestG).

---

[90] Eingehend *Mülbert/Kiem* ZHR 177 (2013), 819 (843 ff.).
[91] *Habersack* in Emmerich/Habersack Aktien- und GmbH-Konzernrecht vor § 311 Rn. 9; MüKoAktG/*Altmeppen* vor § 311 Rn. 45 ff.; *Binnewies,* Die Konzerneingangskontrolle in der abhängigen Gesellschaft, 1996, S. 337; *Henze* BB 1996, 489 (498); aA *Burgard,* Die Offenlegung von Beteiligungen, Abhängigkeits- und Konzernlagen bei der Aktiengesellschaft, 1990, S. 66 f.
[92] KölnKommAktG/*Koppensteiner* Anh. § 318 Rn. 10 f.; *Habersack* in Emmerich/Habersack Aktien- und GmbH-Konzernrecht vor § 311 Rn. 9; MüKoAktG/*Altmeppen* vor § 311 Rn. 45 ff.; *Lutter* ZHR 1989 (153), 446 (461); *Seydel,* Konzernbildungskontrolle bei der Aktiengesellschaft, 1995, S. 99; *Binnewies,* Die Konzerneingangskontrolle in der abhängigen Gesellschaft, 1996, S. 338 ff.
[93] *Habersack* in Emmerich/Habersack Aktien- und GmbH-Konzernrecht vor § 311 Rn. 9; *Lutter* ZHR 1989, 446 (460 ff.); *Baums* ZIP 1989, 1376 (1379); *Hommelhoff/Kleindiek* AG 1990, 106 (108); *Otto* AG 1994, 167 (169 f.), *Mülbert,* Aktiengesellschaft, Unternehmensgruppe und Kapitalmarkt, 2. Aufl. 1996, S. 457 f.; *Binnewies,* Die Konzerneingangskontrolle in der abhängigen Gesellschaft, 1996, S. 336 ff.
[94] Dagegen zB *Lutter* ZHR 153 (1989), 446 (461 f.); *Binnewies,* Die Konzerneingangskontrolle in der abhängigen Gesellschaft, 1996, S. 338; *Hopt* ZHR 161 (1997), 368 (387 f.); eingehend *Mülbert,* Aktiengesellschaft, Unternehmensgruppe und Kapitalmarkt, 2. Aufl. 1996, S. 458 ff.
[95] BGH ZIP 2008, 1872 (1874) – Züblin; OLG Köln AG 2009, 416 (418) – Strabag; MüKoAktG/*Altmeppen* § 311 Rn. 26; *Habersack* in Emmerich/Habersack Aktien- und GmbH-Konzernrecht § 311 Rn. 8; KölnKommAktG/*Koppensteiner* Vorb. § 311 Rn. 9 ff.; Hüffer/*Koch* AktG § 311 Rn. 3; aA noch *Bälz* FS Raiser, 1974, 287 (316); *Paehler,* Die Zulässigkeit des faktischen Konzerns, 1972, S. 164.

Demgegenüber ist die Frage, ob das Gesetz durch die Regelungen in §§ 311–318 AktG die Konzernleitung im faktischen Konzern rechtlich legitimiert und anerkannt hat[96] oder ob es den faktischen Konzern lediglich voraussetzt und in Kauf nimmt,[97] für die Praxis bedeutungslos.

Dem herrschenden Unternehmen steht **kein Weisungsrecht** gegenüber dem Vorstand der abhängigen Gesellschaft zu.[98] Es ist vielmehr auf seine faktischen Einflussmöglichkeiten beschränkt. Solche Einflussnahmen sind grundsätzlich zulässig. Auch nachteilige Veranlassungen sind erlaubt, sofern der Nachteil nach Maßgabe von § 311 AktG ausgeglichen wird;[99] vgl. dazu → Rn. 75 ff. Es bestehen allerdings **Grenzen zulässiger Einflussnahmen:** Die Veranlassung nachteiliger Maßnahmen ist unzulässig, wenn das herrschende Unternehmen **zum Ausgleich nicht bereit oder in der Lage** ist.[100] Hierin gehören auch die Fälle, dass der Nachteil nicht quantifizierbar und sein Ausgleich aus diesem Grunde ausgeschlossen ist; vgl. zu dieser Problematik näher → Rn. 84, 91. Werden nachteilige Maßnahmen ohne den gebotenen Ausgleich veranlasst, haften das herrschende Unternehmen und seine gesetzlichen Vertreter (§ 317 AktG); näher → Rn. 129 ff.

Unzulässig ist außerdem die Veranlassung nachteiliger Maßnahmen, die nicht im **Interesse des herrschenden Unternehmens** oder einer anderen Konzerngesellschaft liegen[101] oder deren Nachteile für die Gesellschaft im Verhältnis zu den Vorteilen für den Konzern unverhältnismäßig groß sind. Die Veranlassung solcher Maßnahmen ist nicht einmal durch das Weisungsrecht im Vertragskonzern gedeckt (vgl. → § 71 Rn. 153) und kann daher bei schlichten Abhängigkeitsverhältnissen und im faktischen Konzern erst recht nicht zulässig sein. Schließlich rechtfertigt der Nachteilsausgleich keine Maßnahmen, die aus anderen Gründen – zB wegen Überschreitung des Unternehmensgegenstandes der abhängigen Gesellschaft – rechtswidrig sind.[102] Werden in einem solchen Fall die Nachteile ausgeglichen, kommt es zwar nicht zur Haftung nach § 317 AktG, ist der Schaden größer als der ausgleichspflichtige Nachteil,[103] können aber Schadensersatzansprüche nach § 117 AktG bestehen.[104]

Handlungsmaßstab für den Vorstand des herrschenden Unternehmens soll nach verbreiteter Meinung nicht das Unternehmensinteresse des herrschenden Unternehmens, sondern das **Konzerninteresse,** dh die Förderung des Unternehmensverbundes als Ganzem, sein.[105] Es ist jedoch schon im Grundsatz fraglich, ob es Interessenkonflikte zwischen der Konzernobergesellschaft und dem Konzern in seiner Gesamtheit überhaupt geben kann,[106] und wenn es sie gibt, ist nicht zu begründen, warum die Organe des herrschenden Unternehmens den Interessen des Gesamtkonzerns (im Sinne eines Gesamtinteresses aller

---

[96] So mit Recht zB MüKoAktG/*Altmeppen* § 311 Rn. 26; Hüffer/*Koch* AktG § 311 Rn. 4; K. Schmidt/Lutter AktG/*J. Vetter* § 311 Rn. 6; vgl. auch BGHZ 179, 71 Rn. 12 – MPS.
[97] So zB KölnKommAktG/*Koppensteiner* Vorb. § 311 Rn. 9 ff.; *Geßler* FS Westermann, 1974, 145 (150 ff.); *Strohn,* Die Verfassung der Aktiengesellschaft im faktischen Konzern, 1977, S. 6, 190.
[98] Unstr. vgl. etwa BGHZ 179, 71 Rn. 13 – MPS; KG ZIP 2003, 1042 (1049); MüKoAktG/ *Altmeppen* § 311 Rn. 404; *Habersack* in Emmerich/Habersack Aktien- und GmbH-Konzernrecht § 311 Rn. 10; Hüffer/*Koch* AktG § 311 Rn. 48.
[99] Hüffer/*Koch* AktG § 311 Rn. 48; KölnKommAktG/*Koppensteiner* § 311 Rn. 150.
[100] KölnKommAktG/*Koppensteiner* § 311 Rn. 141 f.; *Habersack* in Emmerich/Habersack Aktien- und GmbH-Konzernrecht § 311 Rn. 78; Hüffer/*Koch* AktG § 311 Rn. 48.
[101] KölnKommAktG/*Koppensteiner* § 311 Rn. 102; Hüffer/*Koch* AktG § 311 Rn. 43.
[102] Vgl. KölnKommAktG/*Koppensteiner* § 311 Rn. 100.
[103] Zum Unterschied zwischen Nachteil und Schaden vgl. → Rn. 83.
[104] Vgl. zum Verhältnis von § 317 und § 117 AktG → Rn. 137.
[105] *Semler,* Leitung und Überwachung der Aktiengesellschaft, 2. Aufl. 1996, Rn. 367; Semler/ v. Schenck Arbeitshdb. für Aufsichtsratsmitglieder/*Marsch-Barner* 13 Rn. 135; *Scheffler* DB 1994, 793 (797); aA MüKoAktG/*Habersack* § 111 Rn. 54; *Hoffmann-Becking* FS Hommelhoff, 2012, 433 ff.; *Hoffmann-Becking* ZHR 159 (1995), 325 (329 ff.).
[106] *Löbbe,* Unternehmenskontrolle im Konzern, 2003, S. 64 ff.; für die Möglichkeit von Interessenabweichungen *Hoffmann-Becking* FS Hommelhoff, 2012, 433 (437 f.); *Scheffler* DB 1994, 793 (797).

Konzernglieder) vor den Interessen des herrschenden Unternehmens den Vorzug sollten geben müssen.[107]

26 In der Literatur wird diskutiert, ob das herrschende Unternehmen eine Pflicht zur Konzernleitung treffe. Dabei ist zu unterscheiden, ob eine solche **Konzernleitungspflicht** gegenüber der abhängigen Gesellschaft oder gegenüber der eigenen Gesellschaft bestehen soll. Eine Konzernleitungspflicht gegenüber der abhängigen Gesellschaft wird nur vereinzelt befürwortet; sie ist angesichts der fortbestehenden Verpflichtung des Vorstands der abhängigen Gesellschaft zur eigenverantwortlichen Leitung (§ 76 AktG) abzulehnen.[108] Hingegen ist der Vorstand einer herrschenden Aktiengesellschaft gegenüber seiner eigenen Gesellschaft verpflichtet, deren Vermögen ordnungsgemäß zu verwalten. Daraus folgt im Grundsatz auch die Pflicht, abhängige Gesellschaften zu leiten,[109] wobei allerdings eine stark dezentralisierte Konzernleitung im Rahmen des dem Vorstand des herrschenden Unternehmens zustehenden unternehmerischen Ermessens liegen kann.[110] Unverzichtbar ist jedenfalls eine laufende **Konzernüberwachung** durch den Vorstand der herrschenden Aktiengesellschaft, die vor allem die Pflicht zu einer sachgerechten Konzernorganisation[111] und zur Einrichtung eines konzernweiten Systems der Risiko-Früherkennung (§ 91 Abs. 2 AktG) sowie eines konzernweiten Controlling-Systems[112] nach sich zieht. Grundlage dieser Pflichten ist die Sorgfaltspflicht des Vorstands der Muttergesellschaft, die ihn verpflichtet, deren Beteiligungsvermögen sorgfältig zu verwalten. Hierzu gehört auch die Pflicht zur Einrichtung eines konzernweiten **Compliance-Systems** zur Verhinderung von Rechtsverstößen im Konzern,[113] da die Folgen von Pflichtverletzungen in Tochtergesellschaften zumindest mittelbar (zunehmend aber auch unmittelbar[114]) auf die Mutter durchschlagen. In Teilbereichen ergibt sich diese Verpflichtung aus spezialgesetzlichen Vorschriften (zB § 25a Abs. 1 und 3 KWG, § 29 Abs. 1 S. 2, Abs. 2 VAG).[115] Ob sich eine konzernweite Aufsichtspflicht auch aus § 130 OWiG begründen lässt, ist um-

---

[107] *Hoffmann-Becking* ZHR 159 (1995), 325 (330 f.); *Hoffmann-Becking* FS Hommelhoff, 2012, 433 (438 ff.).

[108] MüKoAktG/*Altmeppen* § 311 Rn. 403; Hüffer/*Koch* AktG § 311 Rn. 5; KölnKommAktG/*Koppensteiner* § 311 Rn. 152; *Habersack* in Emmerich/Habersack Aktien- und GmbH-Konzernrecht § 311 Rn. 10; *Habersack* FS Möschel, 2011, 1175 (1181 f.); aA *U. H. Schneider* BB 1981, 249 (256 ff.); *U. H. Schneider* FS Hadding, 2004, 621 (630); *U. H. Schneider*/*S. H. Schneider* AG 2005, 57 (61).

[109] So namentlich *Hommelhoff*, Die Konzernleitungspflicht, 1982, S. 43 ff.; *Timm*, Die Aktiengesellschaft als Konzernspitze, 1980, S. 95 ff.; *Scheffler* FS Goerdeler, 1987, 469 (471); *Semler*, Leitung und Überwachung der Aktiengesellschaft, 2. Aufl. 1996, Rn. 270 ff.; *Kropff* ZGR 1984, 112 (115 f., 127 ff.); *Rittner* AcP 183 (1983), 295 (301 ff.); zurückhaltend MüKoAktG/*Altmeppen* § 311 Rn. 393 ff.; *Habersack* in Emmerich/Habersack Aktien- und GmbH-Konzernrecht § 311 Rn. 11; KölnKommAktG/*Koppensteiner* Vorb. § 291 Rn. 71 f.

[110] *Wilsing*/*Ogorek* NZG 2010, 216 (217); *Kropff* ZGR 1984, 112 (116, 130 f.); *Rittner* AcP 183 (1983), 295 (301 ff.); *Rehbinder* ZHR 147 (1983), 464 (467 f.); *Semler*, Leitung und Überwachung der Aktiengesellschaft, 2. Aufl. 1996, Rn. 280; zu eng *Hommelhoff*, Die Konzernleitungspflicht, 1982, S. 424, der eine intensive Konzernleitung fordert, sofern nicht die Hauptversammlung der Konzernspitze die Leitungsintensität reduziert.

[111] *Lutter*/*Krieger*/*Verse*, Rechte und Pflichten des Aufsichtsrats, 7. Aufl. 2020, Rn. 151; *Scheffler* DB 1994, 793 (796).

[112] OLG Jena NZG 2010, 227; *Lutter*/*Krieger*/*Verse*, Rechte und Pflichten des Aufsichtsrats, 7. Aufl. 2020, Rn. 152; *Lutter* FS Goette, 2011, 289 (295 ff.); *Wilsing*/*Ogorek* NZG 2010, 216 f.

[113] Näher Hüffer/*Koch* AktG § 76 Rn. 20 ff.; *Grundmeier*, Rechtspflicht zur Compliance im Konzern, 2011, S. 33 ff.; *Grundmeier* Der Konzern 2012, 487 (497 ff.); *Bicker* AG 2012, 542 (548 f.); *Verse* ZHR 175 (2011), 401 (407 ff.); *Lutter* FS Goette, 2011, 289 (291 f.); *Habersack* FS Möschel, 2011, 1175 ff.; *Kremer*/*Klahold* ZGR 2010, 113 (122); *U. H. Schneider* NZG 2009, 1321 (1324); *U. H. Schneider*/*S. H. Schneider* ZIP 2007, 2061 (2062 ff.); vgl. auch Grundsatz 5 DCGK.

[114] Näher → Rn. 65.

[115] Vgl. etwa *Fett*/*Gebauer* FS Schwark, 2009, 375 (378 ff.); *Wilm* GS Gruson, 2009, 465 (473 f.); eingehend BAFin Rundschreiben 5/2018: Mindestanforderungen an die Compliance-Funktion und weitere Verhaltens-, Organisations- und Transparenzpflichten (MaComp).

stritten,[116] aber eher abzulehnen. Ein Organisationsermessen des Vorstands, auf ein konzernweites Compliance-System zu verzichten, weil der Aufwand die potentiellen Schäden übersteige,[117] lässt sich damit aber angesichts der ständig steigenden Größenordnungen der Compliance Risiken[118] allenfalls in der Theorie begründen.[119] Weites Ermessen besteht hingegen bei der praktischen Ausgestaltung der Systeme.[120]

Dem herrschenden Unternehmen in einem faktischen Konzern stehen besondere **Informationsrechte** zu. Nach § 294 Abs. 3 HGB ist die abhängige Gesellschaft verpflichtet, dem herrschenden Unternehmen alle Aufklärungen und Nachweise zu geben, welche zur Aufstellung des Konzernabschlusses und -lageberichts erforderlich sind. Darüber hinaus besteht grundsätzlich keine Pflicht, das herrschende Unternehmen auf Verlangen zu informieren;[121] allerdings wird eine Ausnahme für solche Informationen zu machen sein, die das herrschende Unternehmen benötigt, um eigene Rechtspflichten erfüllen zu können.[122] Auch soweit keine Informationspflicht besteht, ist der Vorstand der abhängigen Gesellschaft gegenüber dem herrschenden Unternehmen jedoch zu umfassender Informationserteilung berechtigt. Das gilt auch dann, wenn es sich um Informationen handelt, deren Weitergabe an Dritte durch die Verschwiegenheitspflicht des § 93 Abs. 1 S. 2 AktG verboten ist;[123] selbst die Weitergabe von Insiderinformationen durch die Tochter an die Mutter ist zulässig und kein Verstoß gegen Art. 14 lit. c, 10 Abs. 1 MAR, wenn die Weitergabe zum Zwecke der Konzernleitung erfolgt.[124] Insoweit folgt aus der Zulässigkeit der Ausübung herrschenden Einflusses die

---

[116] So etwa BKartA Fallbericht zur Entscheidung v. 9.2.2009 (Aufsichtspflichtverletzung) – B 1 – 200/06 – ETEX; *Muders,* Die Haftung im Konzern für die Verletzung des Bußgeldtatbestandes des § 130 OWiG, 2014, S. 40 ff.; *Grundmeier,* Rechtspflicht zu Compliance im Konzern, 2011, S. 59 ff.; *Grundmeier* Der Konzern 2012, 487 (488 ff.); *Löbbe* ZHR 177 (2013), 518 (543 ff.); aA etwa Hüffer/Koch AktG § 76 Rn. 21; *Koch* AG 2009, 564 ff.; *Poelzig* in VGR, Gesellschaftsrecht in der Diskussion 2017, S. 83/93 f.; *Rönnau* ZGR 2016, 277 (289 ff.); *Bosch* ZHR 177 (2013), 454 (462 ff.); *Habersack* FS Möschel, 2011, 1175 (1181 f.); *Verse* ZHR 175 (2011), 401 (409 ff.).
[117] So Hüffer/Koch AktG § 76 Rn. 23; *Koch* WM 2009, 1013 (1015).
[118] Siehe dazu nur die Beispiele bei *Bicker* AG 2012, 542.
[119] So auch *Kremer/Klahold* ZGR 2010, 113 (121); *U. H. Schneider* NZG 2009, 1321 (1325 f.); *S. H. Schneider/U. H. Schneider* ZIP 2007, 2061 (2064 f.).
[120] Vgl. dazu etwa *Bicker* AG 2012, 542 (545 ff., 547 ff.); *Habersack* FS Möschel, 2011, 1175 (1183 ff.); *Kremer/Klahold* ZGR 2010, 113 (122 ff.).
[121] *Lutter,* Information und Vertraulichkeit im Aufsichtsrat, 3. Auflage 2006, Rn. 178 f.; *Rothweiler,* Der Informationsfluss vom beherrschten zum herrschenden Unternehmen im Gesellschafts- und Kapitalmarktrecht, 2008, S. 52 ff.; *Hüffer* Festgabe Riegger, 2008, 29 ff.; *Hüffer* FS Schwark, 2009, 185 (187 ff.); *Kort* ZGR 1987, 46 (58 ff.); großzügiger MüKoAktG/*Altmeppen* § 311 Rn. 425, der der Obergesellschaft Anspruch auf die zur Konzernplanung nötigen Informationen zubilligen will; noch weitergehend *Löbbe,* Unternehmenskontrolle im Konzern, 2003 S. 154 ff.; *Semler,* Leitung und Überwachung der Aktiengesellschaft, 2. Aufl. 1996, Rn. 306; *R. Werner* AG 1967, 122 (123), die einen generellen Anspruch bejahen.
[122] *Löbbe,* Unternehmenskontrolle im Konzern, 2003, S. 156 ff.; *Wittmann,* Informationsfluss im Konzern, 2008, S. 81 ff.; *Fabritius* FS Huber, 2006, 705 (710); *Singhof* ZGR 2001, 146 (164); *U. H. Schneider/Burgard* FS Ulmer, 2003, 579 (597 ff.); *Semler,* Leitung und Überwachung der Aktiengesellschaft, 2. Aufl. 1996, S. 73 ff.
[123] *Lutter,* Information und Vertraulichkeit im Aufsichtsrat, 3. Auflage 2006, Rn. 178, 480; *Rothweiler,* Der Informationsfluss vom beherrschten zum herrschenden Unternehmen im Gesellschafts- und Kapitalmarktrecht, 2008, S. 67 ff.; *Semler,* Leitung und Überwachung der Aktiengesellschaft, 2. Aufl. 1996, Rn. 290 ff., 300 ff.; *Hüffer* Festgabe Riegger, 2008, 29 (32 f.); *Hüffer* FS Schwark, 2009, 185 (187 ff.); *Habersack/Verse* AG 2003, 300 (305 ff.); *Hoffmann-Becking* FS Rowedder, 1994, 155 (167); vgl. auch MüKoAktG/*Altmeppen* § 311 Rn. 425 ff.; speziell zur Befriedigung kapitalmarktrechtlich begründeter Informationsinteressen *Fabritius* FS Huber, 2006, 705 (710 ff.).
[124] LG Stuttgart WM 2017, 1451 Rn. 214 f.; MüKoAktG/*Altmeppen* § 311 Rn. 434 ff.; *Rothweiler,* Der Informationsfluss vom beherrschten zum herrschenden Unternehmen im Gesellschafts- und Kapitalmarktrecht, 2008, S. 149 ff.; *Wittmann,* Informationsfluss im Konzern, 2008, S. 150 ff.; *Fabritius* FS Huber, 2006, 705 (714 ff.). Zur Frage der ad hoc-Pflicht näher *Rothweiler,* Der Informationsfluss

Freizügigkeit des Informationsflusses von der Tochter zur Mutter. In gleicher Weise ist die Weitergabe von Insiderinformatonen durch die Mutter an die Tochter erlaubt, wenn des für die Konzernleitung sachdienlich ist.[125] Dem konzerninternen Austausch personenbezogener Daten können allerdings datenschutzrechtliche Schranken entgegenstehen.[126]

28 Eine Informationserteilung an das herrschende Unternehmen zieht nicht die Verpflichtung nach sich, gemäß **§ 131 Abs. 4 AktG** auf Verlangen auch die anderen Aktionäre entsprechend zu informieren, denn Grundlage der Informationserteilung ist nicht die Aktionärseigenschaft des herrschenden Unternehmens, sondern seine Leitungsfunktion (→ § 38 Rn. 56 f.).[127] Das gilt allerdings nach verbreiteter Meinung nur bei Bestehen eines faktischen Konzernverhältnisses, nicht aber bei bloßer Abhängigkeit;[128] richtigerweise wird man jedoch auch bei einfacher Abhängigkeit die Information des herrschenden Unternehmens privilegieren müssen, denn das Gesetz erlaubt die Ausübung herrschenden Einflusses auch ohne Konzernierung.[129] Zu beachten bleibt außerdem, dass die abhängige Gesellschaft über die Veranlassung zur Erteilung von Informationen im **Abhängigkeitsbericht** zu informieren hat und eine für die abhängige Gesellschaft nachteilige Informationsweitergabe einen entsprechenden **Nachteilsausgleich** (vgl. → Rn. 75 ff.) nötig macht.[130] An der Nachteiligkeit fehlt es aber in aller Regel, wenn eine nachteilige Informationsverwendung durch das herrschende Unternehmen ausgeschlossen werden kann; das kann bei Weitergabe sensibler Informationen vertragliche Absprachen nahelegen, um einer Verwendung der Information zum Nachteil der abhängigen Gesellschaft entgegenzuwirken.[131] Im Einzelfall kann die Informationsweitergabe sich trotz einer solchen Absprache als nachteilig darstellen. Die Informationserteilung ist dann nur bei ordnungsgemäßem Nachteilsausgleich zulässig (→ Rn. 75 ff.). Dazu ist zumindest erforderlich, dass die abhängige Gesellschaft die Kontrolle über die Informationserteilung behält; deshalb wäre zB die Eröffnung eines unbeschränkten Zugangs zum IT-System wohl nicht zulässig.[132]

---

vom beherrschten zum herrschenden Unternehmen im Gesellschafts- und Kapitalmarktrecht, 2008, S. 158 ff.; *Fabritius*, aaO.

[125] MüKoAktG/*Altmeppen* § 311 Rn. 436.

[126] Zum konzerninternen Informationsfluss und Datenschutz eingehend *Spindler* FS Hoffmann-Becking, 2013, 1185; *Wittmann*, Informationsfluss im Konzern, 2008, S. 159 ff.

[127] LG München I Der Konzern 2007, 448 (455 f.); LG Saarbrücken AG 2006, 89 (90); MüKoAktG/*Altmeppen* § 311 Rn. 431 f.; KölnKommAktG/*Kersting* § 131 Rn. 441 f.; KölnKommAktG/*Koppensteiner* § 312 Rn. 8; *Habersack* in Emmerich/Habersack Aktien- und GmbH-Konzernrecht § 312 Rn. 5; Hüffer/Koch AktG § 131 Rn. 72; *Rothweiler*, Der Informationsfluss vom beherrschten zum herrschenden Unternehmen im Gesellschafts- und Kapitalmarktrecht, 2008, S. 112 ff.; *Kocher* Der Konzern 2008, 611 (612 f.); *Habersack/Verse* AG 2003, 300 (305 f.); aA LG Frankfurt a. M. AG 2007, 48 (50); *Zschenderlein*, Die Gleichbehandlung der Aktionäre bei der Auskunftserteilung in der Aktiengesellschaft, 2007, S. 178 ff.; *Kort* ZGR 1987, 46 (60).

[128] BayObLGZ 2002, 227 (229); MüKoAktG/*Altmeppen* § 311 Rn. 433, 436; Spindler/Stilz AktG/*Siems* § 131 Rn. 78; K. Schmidt/Lutter AktG/*Spindler* § 131 Rn. 101; KölnKommAktG/*Kersting* § 131 Rn. 446; MüKoAktG/*Kubis* § 131 Rn. 164 f.; *Hüffer* FS Schwark, 2009, 185 (194).

[129] Hüffer/*Koch* AktG § 131 Rn. 72; *Hüffer* FS Schwark, 2009, 185 (194 f.); *Habersack* in Emmerich/Habersack Aktien- und GmbH-Konzernrecht § 312 Rn. 5; Großkomm. AktG/*Decher* § 131 Rn. 49; KölnKommAktG/*Koppensteiner* § 312 Rn. 8; *Pentz* FS Priester, 2007, 593 (612); *Löbbe*, Unternehmenskontrolle im Konzern, 2003, S. 126 ff.

[130] Näher *Löbbe*, Unternehmenskontrolle im Konzern, 2003, S. 112 ff.; *Rothweiler*, Der Informationsfluss vom beherrschten zum herrschenden Unternehmen im Gesellschafts- und Kapitalmarktrecht, 2008, S. 72 ff.; *Semler*, Leitung und Überwachung der Aktiengesellschaft, 2. Aufl. 1996, Rn. 309; *Fabritius* FS Huber, 2006, 705 (712 ff.); *Kohlenbach*, Das Verhältnis der Aufsichtsräte im Aktiengesellschaftskonzern, 2003, S. 203; *U. H. Schneider/Burgard* FS Ulmer, 2003, 579 (598).

[131] *Löbbe*, Unternehmenskontrolle im Konzern, 2003, S. 112 ff.; *Rothweiler*, Der Informationsfluss vom beherrschten zum herrschenden Unternehmen im Gesellschafts- und Kapitalmarktrecht, 2008, S. 84 ff.; *Seibt/Kulenkamp* AG 2018, 549 (554).

[132] Überzeugend *Seibt/Kulenkamp* AG 2018, 549 (554).

In der Hauptversammlung der abhängigen Gesellschaft unterliegt das herrschende Unter- 29
nehmen gem. § 136 AktG einem **Stimmverbot** bei der Entlastung von Vorstands- und
Aufsichtsratsmitgliedern der abhängigen Gesellschaft, wenn diese zugleich Vorstandsmitglieder des herrschenden Unternehmens sind und dort in ihrer Gesamtheit die Willensbildung beherrschen.[133]

In der Konzernpraxis finden sich gelegentlich Vereinbarungen über die Zusammenarbeit 30
im faktischen Konzern (sog. **Relationship Agreements**). Sie regeln in Form einer Vereinbarung, was sonst durch anderweitige Einflussnahme sichergestellt wird, zB die Einhaltung von Konzernrichtlinien, die Erteilung von Informationen und die Konsultation und Abstimmung bei bestimmten Maßnahmen.[134] Inhalt und Umsetzung einer solchen Vereinbarung unterliegen den Schranken der §§ 76, 311 ff. AktG. Sie kann also weder ein Weisungsrecht gegenüber der abhängigen Gesellschaft begründen oder die eigenverantwortliche Leitung durch den Vorstand einer abhängigen Gesellschaft in unzulässigem Umfang einschränken (dazu näher → § 19 Rn. 13 ff.), noch zu nachteiligen Ausführungshandlungen ohne ordnungsgemäßen Nachteilsausgleich verpflichten.[135]

2. Pflichten des Vorstands der abhängigen Gesellschaft. Auch der Vorstand einer 31
abhängigen oder faktisch konzernierten Aktiengesellschaft bleibt verpflichtet, diese **eigenverantwortlich** zu leiten (§ 76 AktG). Weisungen ist er nicht unterworfen (vgl.
→ Rn. 23). Für seinen Pflichtenkreis[136] gilt im Wesentlichen folgendes: Bevor der Vorstand einer Veranlassung des herrschenden Unternehmens folgen kann, hat er zu prüfen, ob die veranlasste Maßnahme nachteilig ist, etwaige Nachteile ausgleichsfähig sind und das herrschende Unternehmen zum Ausgleich bereit und in der Lage ist. Hält der Vorstand die Maßnahme für nachteilig und einen Ausgleich für möglich, hat er das herrschende Unternehmen auf den Nachteil hinzuweisen und sich dessen grundsätzliche Bereitschaft zum Nachteilsausgleich erklären zu lassen; bestreitet das herrschende Unternehmen den Nachteil oder lässt es die grundsätzliche Ausgleichsbereitschaft vermissen, muss die Maßnahme unterbleiben.[137] Droht aus einer vom herrschenden Unternehmen gewünschten Maßnahme kein Nachteil oder ist der Ausgleich sichergestellt, darf der Vorstand der abhängigen Gesellschaft der Veranlassung folgen. Er ist dazu aber nicht verpflichtet, sondern hat eigenverantwortlich zu prüfen, ob er die Maßnahme ausführen will.[138] Sein Entscheidungsmaßstab dabei ist nicht ein irgendwie geartetes „Konzerninteresse", sondern allein das Interesse der abhängigen Gesellschaft;[139] deren Interessenausrichtung wird allerdings auch durch die Einbindung in den Konzern geprägt und vielfach mit dem Interesse des herrschenden Unternehmens deckungsgleich sein.[140] Neben den geschilderten Prüfungspflichten erwachsen dem Vorstand der abhängigen Gesellschaft Organisationspflichten, die darauf abzielen, dass ihm nachteilige Veranlassungen bekannt und alle im Rahmen des Abhängigkeitsberichts darzulegenden Vorgänge dokumentiert werden.[141] Darüber hinaus sind mit dem

---

[133] Vgl. etwa OLG Karlsruhe ZIP 2000, 1578 (1579 ff.); LG Köln ZIP 1998, 153 f.; näher → § 39 Rn. 42 f.

[134] Eingehend *Seibt* FS K. Schmidt, 2019, Bd. II, 431 ff.

[135] Näher *Seibt* FS K. Schmidt, 2019, Band II, 431 (442 ff.).

[136] Vgl. dazu vor allem die eindrucksvollen „12 Gebote" von *Geßler* FS Westermann, 1974, 145 (156 f.).

[137] OLG Hamm AG 1995, 512 (516); KölnKommAktG/*Koppensteiner* § 311 Rn. 140 ff.; Hüffer/ *Koch* AktG § 311 Rn. 48; *Habersack* in Emmerich/Habersack Aktien- und GmbH-Konzernrecht § 311 Rn. 78.

[138] Vgl. etwa OLG Karlsruhe WM 1987, 533 (534); *Habersack* in Emmerich/Habersack Aktien- und GmbH-Konzernrecht § 311 Rn. 78; *Hoffmann-Becking* ZHR 150 (1986), 570 (579).

[139] *Hoffmann-Becking* ZHR 150 (1986), 570 (579); *Hoffmann-Becking* FS Hommelhoff, 2012, 433 (438 f.).

[140] Zutreffend MüKoAktG/*Altmeppen* § 311 Rn. 444 f.

[141] Näher dazu KölnKommAktG/*Koppensteiner* § 311 Rn. 144, 148; *Habersack* in Emmerich/Habersack Aktien- und GmbH-Konzernrecht § 311 Rn. 80.

herrschenden Unternehmen die erforderlichen Verhandlungen über die Festlegung des Ausgleichs zu führen.[142] All das macht es im faktischen Konzern rechtlich schwierig, von der rechtlichen Konzernstruktur losgelöste **funktionale Berichts- und Leitungsstrukturen** zu installieren.[143]

32 Die fortbestehende Eigenverantwortlichkeit des Vorstands der Tochtergesellschaft und dessen Verpflichtung nicht auf ein „Konzerninteresse", sondern auf das Interesse der abhängigen Gesellschaft, kann zu **Interessenkonflikten** führen, wenn Vorstandsmitglieder der Muttergesellschaft zugleich dem Vorstand der Tochter angehören (vgl. → § 19 Rn. 43, → § 20 Rn. 10). Solche Interessenkonflikte lassen sich nicht in der Form auflösen, dass es dem Vorstandsmitglied gestattet wäre, den Interessen des einen oder anderen Unternehmens den Vorzug zu geben, sondern das Vorstandsmitglied hat jeweils die Interessen derjenigen Gesellschaft zu wahren, für die es handelt.[144] Erörtert wird ein Stimmverbot analog § 34 BGB bei den die Tochter betreffenden Entscheidungen im Vorstand der Obergesellschaft;[145] auch wenn man dem nicht folgt, wird es sich empfehlen, in Konfliktsfällen von einer Mitwirkung an der Entscheidungsfindung abzusehen. Zur Frage, ob es zulässig ist, die Vergütung des Vorstands der abhängigen Gesellschaft so auszugestalten, dass sie in wesentlichen Teilen vom Erfolg des Konzerns abhängt, vgl. → Rn. 41.

33 Besondere **Informationsrechte** des Vorstands der abhängigen Gesellschaft gegen das herrschende Unternehmen sind gesetzlich nicht vorgesehen, können sich aber aus vertraglichen Vereinbarungen (zB Cash Management Vereinbarungen, Relationship Agreement) und im Einzelfall auch aus der mitgliedschaftlichen Treuepflicht ergeben, wenn die abhängige Gesellschaft die Information (insbesondere zur Erfüllung eigener Pflichten) benötigt, sich nicht anderweitig beschaffen kann und die Informationserteilung dem herrschenden Unternehmen zumutbar ist.[146] Ein Rechtsanspruch der abhängigen Gesellschaft auf Information über die beabsichtigte Konzerngeschäftspolitik lässt sich daraus wohl nicht ableiten.[147] Allerdings kann eine Pflicht zur sachgerechten Information der abhängigen Gesellschaft über für deren Tätigkeit relevante Umstände aus der den Vorstand der Muttergesellschaft treffenden Sorgfaltspflicht folgen.[148]

II. Rechte und Pflichten des Aufsichtsrats

34 **1. Aufsichtsrat der herrschenden Aktiengesellschaft.** Im Konzern erweitert sich die Überwachungsaufgabe des Aufsichtsrats der herrschenden AG. **Gegenstand der Überwachung** ist hier die gesamte Konzern-Geschäftsführung des Vorstands.[149] Die Über-

---

[142] Näher dazu *Geßler* FS Westermann, 1974, 145 (156 f.) „Gebote" 9–12; KölnKommAktG/*Koppensteiner* § 311 Rn. 146; *Habersack* in Emmerich/Habersack Aktien- und GmbH-Konzernrecht § 311 Rn. 80.

[143] Dazu eingehend *Seibt/Wollenschläger* AG 2013, 229, die solche „Trennungs-Matrixstrukturen" ohne Beherrschungsvertrag für unzulässig halten.

[144] Vgl. hierzu namentlich BGH NJW 1980, 1629 – Schaffgotsch; OLG Köln ZIP 1993, 110 (114); *Ulmer* NJW 1980, 1603 ff.; *Hoffmann-Becking* ZHR 150 (1986), 570 (578 f.).

[145] Näher *Hoffmann-Becking* ZHR 150 (1986), 570 (579 ff.); *Schlieper*, Leitungsintensität und Mehrfachfunktion im faktischen Aktienkonzern, 1996, S. 174 ff.; *Lindermann* AG 1987, 225 (230); *Semler* FS Stiefel, 1987, 719 (757 ff.); mit Recht ablehnend KölnKommAktG/*Mertens/Cahn* § 77 Rn. 39 ff.; Hüffer/*Koch* AktG § 77 Rn. 8; *Säcker* ZHR 151 (1987), 59 (70); *Scheffler* FS Goerdeler, 1987, 469 (485). Zur Schaffung eines entsprechenden Stimmverbots in der Satzung oder der Vorstandsgeschäftsordnung der Muttergesellschaft näher, im Ergebnis für den Regelfall abratend, *Hoffmann-Becking* ZHR 150 (1986), 570 (583 ff.).

[146] Eingehend dazu *Pöschke* ZGR 2015, 550 (555 ff., 568 ff.).

[147] *Pöschke* ZGR 2015, 550 (555); aA *U. H. Schneider* FS Lutter, 2000, 1193 (1203 f.).

[148] Vgl. in diese Richtung auch *Druey* SZW/RSDA 2012, 414 (418, 420) (jeweils zu 4.2).

[149] Vgl. etwa KölnKommAktG/*Mertens/Cahn* § 111 Rn. 28; Spindler/Stilz AktG/*Spindler* § 111 Rn. 81 ff.; *Lutter/Krieger/Verse*, Rechte und Pflichten des Aufsichtsrats, 7. Aufl. 2020, Rn. 144; Krieger/U. H. Schneider HdB Managerhaftung/*U. H. Schneider* § 9 Rn. 16 ff.; *Semler*, Leitung und Über-

wachung richtet sich auf die Leitungs- oder Führungsentscheidungen des Vorstands; sie ist beschränkt auf den Vorstand der Obergesellschaft, richtet sich also namentlich nicht auf die Geschäftsführungsorgane anderer Konzerngesellschaften.[150] Vgl. näher → § 29 Rn. 32.

Für den **Maßstab der Überwachung** gilt im Grundsatz das Gleiche, wie bei der 35 konzernfreien Gesellschaft (vgl. näher → § 29 Rn. 33 ff.).[151] Zu kontrollieren sind namentlich die Rechtmäßigkeit und Ordnungsmäßigkeit der Konzerngeschäftsführung, darüber hinaus auch deren Zweckmäßigkeit. Im Zuge der Rechtmäßigkeitskontrolle hat der Aufsichtsrat insbesondere darauf zu achten, dass die Intensität der Konzerngeschäftsführung unterhalb der Schwelle des unzulässigen qualifizierten Konzerns (vgl. → Rn. 141 ff.) bleibt und die Regeln der §§ 311 ff. AktG (vgl. → Rn. 65 ff.) eingehalten werden.[152] Bei der Überwachung der Ordnungsmäßigkeit der Konzerngeschäftsführung geht es insbesondere um die Frage, ob der Vorstand seiner Verpflichtung zur Leitung und Überwachung des Geschehens im Konzern (vgl. → Rn. 26) ausreichend gerecht wird; dazu gehört auch die Sorge dafür, dass der Vorstand ein sachgerechtes konzernweites Compliance System[153] sowie die nötigen Instrumentarien schafft, um seiner Verpflichtung aus § 91 Abs. 2 AktG (frühzeitige Erkennung existenzbedrohender Entwicklungen) gerecht zu werden.[154] Im Hinblick auf die Zweckmäßigkeit der Geschäftsführung wird auch für den Aufsichtsrat die Frage diskutiert, ob Leitlinie seiner Überwachungstätigkeit das Unternehmensinteresse des herrschenden Unternehmens oder das Konzerninteresse sei; vgl. dazu → Rn. 25.

Dem Aufsichtsrat stehen die gleichen **Mittel der Überwachung** zur Verfügung wie in der 36 konzernfreien Gesellschaft (vgl. näher → § 29 Rn. 46 ff.). Dazu gehört namentlich auch die Möglichkeit, auf der Ebene der Muttergesellschaft Zustimmungsvorbehalte nach § 111 Abs. 4 S. 2 AktG für Geschäftsführungsmaßnahmen in Tochtergesellschaften zu schaffen. Solche **konzernweiten Zustimmungsvorbehalte** binden allerdings nicht das Geschäftsführungsorgan der Tochter, sondern sie verpflichten den Vorstand der Muttergesellschaft, in geeigneter Form sicherzustellen, dass die betreffenden Geschäfte und Maßnahmen in der Tochter nicht ohne seine vorherige Mitwirkung durchgeführt werden,[155] für die er dann die Zustimmung seines Aufsichtsrats einzuholen hat; der Vorstand einer Tochter-AG kann hingegen nicht einem unmittelbaren Zustimmungsvorbehalt zugunsten des Mutter-Aufsichtsrats unterworfen werden.[156] Soweit auf der Ebene der Obergesellschaft Zustimmungsvorbehalte bestehen, ist im Zweifel davon auszugehen, dass der Zustimmungsvorbehalt konzernweite Geltung haben soll und demgemäß alle Maßnahmen in Tochtergesellschaften erfasst, die der Zustimmungspflicht unterlägen, wenn die Tochter ein rechtlich unselbständiger Teil der

---

wachung der Aktiengesellschaft, 2. Aufl. 1996, Rn. 381 f.; *Hommelhoff* ZGR 1996, 144 (149). Zum Aufsichtsrat im Konzern nach österreichischen Recht informativ *Kalss* Der Konzern 2012, 89.

[150] KölnKommAktG/*Mertens/Cahn* § 111 Rn. 28; Spindler/Stilz AktG/*Spindler* § 111 Rn. 81 ff.; Lutter/Bayer Holding-Handbuch/*Krieger* § 8 Rn. 6; Krieger/U. H. Schneider HdB Managerhaftung/*U. H. Schneider* § 9 Rn. 17; *Semler*, Leitung und Überwachung der Aktiengesellschaft, 2. Aufl. 1996, Rn. 401; *Hommelhoff* ZGR 1996, 144 (150).

[151] *Lutter/Krieger/Verse*, Rechte und Pflichten des Aufsichtsrats, 7. Aufl. 2020, Rn. 147 ff.; vgl. auch KölnKommAktG/*Mertens/Cahn* § 111 Rn. 28; Spindler/Stilz AktG/*Spindler* § 111 Rn. 82.

[152] *Lutter/Krieger/Verse*, Rechte und Pflichten des Aufsichtsrats, 7. Aufl. 2020, Rn. 148; *Semler*, Leitung und Überwachung der Aktiengesellschaft, 2. Aufl. 1996, Rn. 428; *U. H. Schneider* FS Hadding, 2004, 621 (627).

[153] *Lutter/Krieger/Verse*, Rechte und Pflichten des Aufsichtsrats, 7. Aufl. 2020, Rn. 150; Krieger/U. H. Schneider HdB Managerhaftung/*U. H. Schneider* § 9 Rn. 17.

[154] *U. H. Schneider* FS Hadding, 2004, 621 (627).

[155] *Lutter/Krieger/Verse*, Rechte und Pflichten des Aufsichtsrats, 7. Aufl. 2020, Rn. 161; K. Schmidt/Lutter AktG/*Drygala* § 111 Rn. 62; MüKoAktG/*Altmeppen* § 311 Rn. 423; KölnKommAktG/*Mertens/Cahn* § 111 Rn. 93; *Hoffmann-Becking* ZHR 159 (1995), 325 (339 ff.).

[156] MüKoAktG/*Altmeppen* § 311 Rn. 410; KölnKommAktG/*Mertens/Cahn* § 111 Rn. 92.

Mutter wäre. Das gilt jedenfalls, wenn es sich um einen satzungsmäßigen Zustimmungsvorbehalt handelt;[157] es dürfte aber auch gelten, wenn der Aufsichtsrat selbst den Zustimmungsvorbehalt festgelegt hat,[158] denn wenn die Maßnahme ihrer Art nach so wichtig ist, dass der Aufsichtsrat sie an seine Zustimmung bindet, entspricht es in aller Regel der Pflichtenlage und deshalb auch dem mutmaßlichen Willen des Aufsichtsrats, sich hiermit unabhängig davon zu befassen, ob die Maßnahme von der Muttergesellschaft selbst oder einer Tochter vorgenommen wird. Vgl. dazu auch → § 29 Rn. 64. Nach den durch das ARUG II geschaffenen Regeln über **related party transactions** kann für Geschäfte mit Tochtergesellschaften ein gesetzlicher Zustimmungsvorbehalt des Aufsichtsrats (§ 111b AktG) nebst Veröffentlichungspflicht (§ 111c AktG) bestehen. Davon erfasst sind die in § 111a Abs. 1 und 2 AktG näher beschriebenen Geschäfte und Maßnahmen; ausgenommen sind insbesondere Geschäfte mit 100%-Töchtern (§ 111a Abs. 3 Nr. 1 AktG). Zum Ganzen ausführlich → § 29 Rn. 68 ff.

37 Die erweiterte Überwachungsaufgabe im Konzern wird von erweiterten **Informationsrechten** begleitet. Die Regelberichte nach § 90 Abs. 1 S. 1 AktG haben gemäß § 90 Abs. 1 S. 2 AktG auch auf Tochterunternehmen und Gemeinschaftsunternehmen einzugehen; daneben ist aus wichtigem Anlass oder auf Wunsch des Aufsichtsrats über geschäftliche Vorgänge bei Tochtergesellschaften zu berichten, die auf die Lage der Gesellschaft von erheblichem Einfluss sein können (§ 90 Abs. 2 S. 3, Abs. 3 S. 1 AktG). Die Verpflichtung, auf Tochterunternehmen und auf Gemeinschaftsunternehmen im Rahmen der Regelberichterstattung „einzugehen", bedeutet nicht, dass über jedes einzelne dieser Unternehmen in gleicher Weise zu berichten wäre, wie über die Muttergesellschaft. Der Aufsichtsrat soll jedoch in die Lage versetzt werden, die Konzerngeschäftsführung des Vorstands der Muttergesellschaft zu überwachen, und er muss diejenigen Informationen erhalten, die er dazu benötigt. Deshalb lässt sich die Berichtspflicht nach § 90 Abs. 1 S. 2 AktG nicht auf Vorgänge bei verbundenen Unternehmen beschränken, die von erheblichem Einfluss auf die Muttergesellschaft sein können,[159] sondern die periodischen Berichte müssen in gleicher Weise wie über die Gesellschaft auch über den Konzern als solchen informieren.[160] Die dazu notwendigen Informationen hat sich der Vorstand der Obergesellschaft zu beschaffen.[161] Vgl. dazu auch → § 25 Rn. 77 ff. Das unmittelbare Einsichts- und Prüfungsrecht des Aufsichtsrats nach § 111 Abs. 2 AktG (dazu → § 29 Rn. 52 ff.) ist hingegen auf die Gesellschaft beschränkt. Dem Aufsichtsrat steht dieses Recht nicht für andere Konzerngesellschaften zu.[162] Der Aufsichtsrat kann allerdings unbegrenzt auf Unterlagen über Konzernunternehmen zugreifen, die bei der Mutter

---

[157] Hüffer/Koch AktG § 111 Rn. 53; K. Schmidt/Lutter AktG/Drygala § 111 Rn. 63; Hoffmann-Becking ZHR 159 (1995), 325 (340); Martens ZHR 159 (1995), 567 (581); Götz ZGR 1990, 633 (655); aA MüKoAktG/Altmeppen § 311 Rn. 420 ff.

[158] Hüffer/Koch AktG § 111 Rn. 53; MüKoAktG/Habersack § 111 Rn. 136; Großkomm. AktG/Hopt/Roth § 111 Rn. 690; K. Schmidt/Lutter AktG/Drygala § 119 Rn. 66; Weyl, Zustimmungsvorbehalte als Mittel der Konzernsteuerung, 2015, S. 193 ff.; Löbbe, Unternehmenskontrolle im Konzern, 2003, S. 323 f.; Harbarth FS Hoffmann-Becking, 2013, 457 (465 f.), der allerdings strengere Anforderungen an die Bedeutungsäquivalenz der Maßnahme stellt, wenn sie auf der Ebene einer Tochter vorgenommen wird (aaO, S. 462 ff.). aA Spindler/Stilz AktG/Spindler § 111 Rn. 86; Bürgers/Körber AktG/Israel § 111 Rn. 28; KölnKommAktG/Mertens/Cahn § 111 Rn. 97.

[159] So aber KölnKommAktG/Mertens/Cahn § 90 Rn. 41; Großkomm. AktG/Kort § 90 Rn. 65; Hüffer/Koch AktG § 90 Rn. 7a; Barzen/Kampf BB 2011, 3011 ff.

[160] Eingehend Lutter, Information und Vertraulichkeit im Aufsichtsrat, 3. Aufl. 2006, Rn. 161, 168 ff., 174 ff.; K. Schmidt/Lutter AktG/Krieger/Sailer-Coceani § 90 Rn. 31 f.

[161] BegrRegE TransPuG BT-Drs. 14/8769, 14; MüKoAktG/Spindler § 90 Rn. 22; Semler, Leitung und Überwachung der Aktiengesellschaft, 2. Aufl. 1996, Rn. 404 ff.

[162] Hüffer/Koch AktG § 111 Rn. 19; Lutter/Krieger/Verse, Rechte und Pflichten des Aufsichtsrats, 7. Aufl. 2020, Rn. 245; Semler, Leitung und Überwachung der Aktiengesellschaft, 2. Aufl. 1996, Rn. 421; Hoffmann-Becking ZHR 159 (1995), 325 (338 f.); aA anscheinend Bürgers/Körber AktG/Israel § 111 Rn. 12.

vorhanden sind.[163] Darüber hinaus ist der Vorstand der Obergesellschaft verpflichtet, das ihm mögliche zu tun, damit sein Aufsichtsrat auf Wunsch auch in Unterlagen von Tochtergesellschaften Einsicht nehmen kann.[164]

Die Kompetenzen des Aufsichtsrats im Bereich der **Personalentscheidungen** (vgl. → § 29 Rn. 2), insbesondere das Recht zur Bestellung und Anstellung von Vorstandsmitgliedern, bleiben auch im Konzern auf die eigene Gesellschaft beschränkt. Der Aufsichtsrat ist jedoch im Rahmen seiner Überwachungsaufgabe verpflichtet, sein Augenmerk auch auf die Besetzung von anderen Führungspositionen im Konzern zu richten.[165] Er hat sich über wichtige Personalentscheidungen in Tochtergesellschaften berichten zu lassen, und er kann die Mitwirkung des Vorstands bei Personalentscheidungen in Tochtergesellschaften von seiner Zustimmung abhängig machen (§ 111 Abs. 4 S. 2 AktG; vgl. auch → Rn. 36).[166] Nach § 32 MitbestG, § 15 MitbestErgG besteht ein Zustimmungsvorbehalt zu Gunsten der Anteilseignervertreter im Aufsichtsrat der Mutter bei bestimmten Personalentscheidungen in Tochtergesellschaften kraft Gesetzes; vgl. dazu im Einzelnen → § 29 Rn. 81 ff.

2. Aufsichtsrat der abhängigen Gesellschaft. Bei der **Auswahl der Anteilseignervertreter** im Aufsichtsrat einer abhängigen Gesellschaft, unterliegt das herrschende Unternehmen außerhalb der persönlichen Voraussetzungen nach §§ 100, 107 Abs. 4 AktG keinen rechtlichen Schranken. Insbesondere ist es nicht gehindert, ausschließlich Personen des eigenen Vertrauens zu wählen.[167] Das Aktiengesetz verlangt keine Unabhängigkeit der Aufsichtsratsmitglieder.[168] Das frühere Erfordernis mindestens eines unabhängigen Finanzexperten im Aufsichtsrat kapitalmarktorientierter Unternehmen (§ 100 Abs. 5 AktG aF) wurde im Jahre 2016 aufgegeben,[169] nach richtiger Auffassung schloss aber auch § 100 Abs. 5 AktG aF Repräsentanten des herrschenden Unternehmens jedoch nicht aus.[170] Hingegen empfiehlt C.6 DCGK, dass dem Aufsichtsrat einer börsennotierten Gesellschaft auf Anteilseignerseite eine nach deren Einschätzung ausreichende Zahl unabhängiger Mitglieder angehören soll, und geht davon aus, dass Repräsentanten des kontrollierenden

---

[163] Ebenso *Semler*, Leitung und Überwachung der Aktiengesellschaft, 2. Aufl. 1996, Rn. 419 ff.; *Hommelhoff* ZGR 1996, 144 (162) für den Prüfungsbericht der Tochter.

[164] Lutter/Bayer Holding-HdB/*Krieger* § 8 Rn. 27; *U. H. Schneider* FS Hadding, 2004, 621 (629); enger wohl *Hoffmann-Becking* ZHR 159 (1995), 325 (339), der anscheinend eine freiwillige Mitwirkung des Vorstands voraussetzt, während nach hier vertretener Auffassung der Vorstand zur Mitwirkung verpflichtet ist.

[165] Vgl. zB *Semler*, Leitung und Überwachung der Aktiengesellschaft, 2. Aufl. 1996, Rn. 273 u. 430; Lutter/Krieger/*Verse*, Rechte und Pflichten des Aufsichtsrats, 7. Aufl. 2020, Rn. 491.

[166] *U. H. Schneider* FS Hadding, 2004, 621 (629); weitergehend *Martens* ZHR 159 (1995), 567 (577 ff.), der für wichtige Vorstandspositionen bei Töchtern eine Pflicht zur Schaffung eines Zustimmungsvorbehalts annehmen will.

[167] Vgl. zB LG LG Hannover ZIP 2010, 833 (834); LG Mannheim AG 1991, 29 f.; Hüffer AktG/*Koch* § 100 Rn. 3; MüKoAktG/*Habersack* § 100 Rn. 54. Anders noch OLG Hamm NJW 1987, 1030 – Banning, wo zur Vermeidung einer qualifizierten Konzernierung ein „neutrales" Mitglied für nötig gehalten wurde; die Entscheidung ist vereinzelt geblieben und jedenfalls nach dem heute erreichten Stand der Lehre vom qualifizierten Konzern überholt (vgl. → Rn. 144).

[168] Hüffer/*Koch* AktG § 100 Rn. 36; MüKoAktG/*Habersack* § 100 Rn. 83; Spindler/Stilz AktG/*Spindler* § 100 Rn. 40.

[169] Art. 5 Nr. 1 Abschlussprüfungsreformgesetz v. 10.5.2016, BGBl. 2016 I S. 1142; vgl. dazu auch BegrRegE AReG BT-Drs. 18/7219, 56; *Schilha* ZIP 2016, 1316 (1318 f.).

[170] Wie hier etwa KölnKommAktG/*Mertens*/*Cahn* § 100 Rn. 67 f.; *Hoffmann-Becking* NZG 2014, 801 (805 f.); *Ihrig*/*Meder* FS Hellwig, 2011, 163 (170 ff.); *Gesell* ZGR 2011, 361 (385 f.); enger die Empfehlung der EU-Kommission v. 15.2.2005 zu den Aufgaben der nicht geschäftsführenden Direktoren/Aufsichtsratsmitglieder börsennotierter Gesellschaften – 2005/162/EG – (ABl. L 52, S. 51), die Repräsentanten des kontrollierenden Aktionärs per se als nicht unabhängig einstuft (Anhang II Ziff. 1); aA auch *Bayer* NZG 2013, 1 (11); *Hommelhoff* ZIP 2013, 953 (954) Fn. 11; *M. Roth* ZHR 175 (2011), 605 (628 f.).

Aktionärs diese Unabhängigkeit fehlt. Zudem konkretisiert C.9 Abs. 1 DCGK, dass bei Aufsichtsräten mit bis zu sechs Mitgliedern mindestens ein Mitglied, bei größeren Aufsichtsräten mindestens zwei Mitglieder vom kontrollierenden Aktionär unabhängig sein sollen. Unabhängigkeit vom kontrollierenden Aktionär wird in C.10 Satz 2 DCGK auch für den Vorsitzenden des Prüfungsausschusses empfohlen. C.9 Abs. 2 DCGK definiert die empfohlene Unabhängigkeit vom kontrollierenden Aktionär so, dass insbesondere Mitglieder seines Geschäftsführungsorgans, aber auch andere nahestehende Personen nicht als unabhängig anzusehen sind. Vor dem Hintergrund der Mitbestimmung im Aufsichtsrat und des konzernrechtlichen Minderheitenschutzes wird das mit Recht als sachwidrig angesehen.[171]

40 Der **Überwachungsauftrag** des Aufsichtsrats einer abhängigen oder faktisch konzernierten Gesellschaft ändert sich nicht. Er hat die Geschäftsführung des Vorstands im gleichen Umfang und nach den gleichen Maßstäben zu überwachen wie in der konzernfreien Gesellschaft.[172] Leitlinie für den Aufsichtsrat ist dabei das Unternehmensinteresse der abhängigen Aktiengesellschaft, nicht das „Konzerninteresse".[173] Allerdings lässt das Unternehmensinteresse der abhängigen Gesellschaft es zu, Interessen des herrschenden Unternehmens zu berücksichtigen, solange sich damit keine Nachteile für die abhängige Gesellschaft verbinden oder diese ordnungsgemäß ausgeglichen werden.[174] Auf letzteres hat der Aufsichtsrat besonderes Augenmerk darauf zu richten, dass vom herrschenden Unternehmen etwa veranlasste Nachteile ordnungsgemäß ausgeglichen werden.[175] Hinzu kommt die Prüfung des Abhängigkeitsberichts, vgl. → Rn. 119 ff.

41 Die **Personalkompetenzen** des Aufsichtsrats einer abhängigen oder konzerngebundenen Gesellschaft bleiben ebenfalls unberührt. Einige Sonderfragen stellen sich auf der Ebene des Anstellungsvertrags. Problematisch ist neben dem Abschluss von Konzern-Anstellungsverträgen zwischen dem herrschenden Unternehmen und dem Vorstand der abhängigen Gesellschaft (vgl. dazu → § 21 Rn. 3) vor allem die Vereinbarung von Tantiemeregelungen, die auf Erfolgsziele des Konzerns abstellen. Solche Vereinbarungen werden verbreitet als unzulässig angesehen, weil sie den Tochtervorstand einseitig auf den Erfolg der Mutter motivieren und dadurch mit der Verpflichtung des Tochtervorstands zur eigenverantwortlichen Leitung seiner Gesellschaft kollidieren könnten.[176] Vor dem Hintergrund der Schutz-

---

[171] Vgl. nur Hüffer/Koch AktG § 100 Rn. 44 ff.; zur Vorgängerempfehlung in Ziff. 5.4.2 Satz 1 u. 2 DCGK 2017 auch schon KölnKommAktG/*Mertens/Cahn* § 100 Rn. 67; *Hoffmann-Becking* NZG 2014, 801 (806); DAV-Handelsrechtsausschuss NZG 2012, 335 (338); *Wilsing/v. der Linden* DStR 2012, 1391 f.; *Ihrig/Meder* FS Hellwig, 2011, 163 (173 ff.); *Hüffer* ZIP 2010, 1979 (1983); aA *Bayer* NZG 2013, 1 (11 f.); *Hommelhoff* ZIP 2013, 953 (956 ff.);. *Hommelhoff* ZIP 2013, 1465 (1469).

[172] Vgl. dazu näher *Lutter/Krieger/Verse,* Rechte und Pflichten des Aufsichtsrats, 7. Aufl. 2020, Rn. 164 ff.; KölnKommAktG/*Mertens/Cahn* § 111 Rn. 29; *Semler,* Leitung und Überwachung der Aktiengesellschaft, 2. Aufl. 1996, Rn. 461 ff.; *U. H. Schneider* FS Raiser, 2005, 341 (347 ff.).

[173] *Habersack* in Emmerich/Habersack Aktien- und GmbH-Konzernrecht § 311 Rn. 81; KölnKommAktG/*Mertens/Cahn* § 111 Rn. 29; *Lutter/Krieger/Verse,* Rechte und Pflichten des Aufsichtsrats, 7. Aufl. 2020, Rn. 166; *U. H. Schneider* FS Raiser, 2005, 341 (353 f.); *Hoffmann-Becking* ZHR 159 (1995), 325 (344 f.); im Grundsatz auch *Semler,* Leitung und Überwachung der Aktiengesellschaft, 2. Aufl. 1996, Rn. 464, der den Aufsichtsrat allerdings als verpflichtet ansieht, von einer Einwirkung auf den Vorstand abzusehen, wenn dieser im Konzerninteresse abweichen will (aaO Rn. 466); anders wohl *Hommelhoff* ZIP 2013, 1645 (1649 f.) mit der These, der Aufsichtsrat der Tochter habe „die Konzerneinbindung der Tochter sicherzustellen".

[174] MüKoAktG/*Altmeppen* § 311 Rn. 414; *v. Falkenhausen* ZIP 2014, 1205 (1206).

[175] *Habersack* in Emmerich/Habersack Aktien- und GmbH-Konzernrecht § 311 Rn. 81; KölnKommAktG/*Mertens/Cahn* § 111 Rn. 29; *U. H. Schneider* FS Raiser, 2005, 341 (350).

[176] OLG München ZIP 2008, 1237 (1239 f.); KölnKommAktG/*Mertens/Cahn* § 87 Rn. 11; *Hommelhoff* FS Goette, 2011, 169 (175 f.); *Spindler* FS K. Schmidt, 2009, 1529 (1536 ff.); *Tröger* ZGR 2009, 447 (452 ff.).

vorschriften der §§ 311 ff. AktG erscheint das jedoch als überzogen;[177] das scheint auch die Auffassung des Bundesgerichtshofs zu sein.[178]

Auch für die **Unterrichtung** des Aufsichtsrats gelten keine Besonderheiten. Namentlich wird die Berichtpflicht des Vorstands – anders als in der Obergesellschaft (vgl. → Rn. 37) – nicht auf den Konzern ausgedehnt. Der Vorstand hat gemäß § 90 Abs. 1 S. 3 AktG dem Aufsichtsratsvorsitzenden zu berichten, wenn ihm ein geschäftlicher Vorgang beim herrschenden Unternehmen bekannt geworden ist, der auf die Lage der Gesellschaft von erheblichem Einfluss sein kann. Darüber hinaus kann der Aufsichtsrat im Rahmen von Anforderungsberichten nach § 90 Abs. 3 S. 1 AktG Unterrichtung über die rechtlichen und geschäftlichen Beziehungen der Gesellschaft zum herrschenden Unternehmen sowie über geschäftliche Vorgänge beim herrschenden Unternehmen, die auf die Lage der Gesellschaft von erheblichem Einfluss sein können, verlangen. Unabhängig davon hat der Vorstand im Rahmen der regelmäßigen Berichte nach § 90 Abs. 1 S. 1 AktG darüber zu informieren, ob und in welchem Umfang die Geschäftspolitik der Gesellschaft und konkrete Rechtsgeschäfte und Maßnahmen vom herrschenden Unternehmen beeinflusst sind.[179] 42

III. Leitungskontrolle durch die Hauptversammlung der Obergesellschaft

1. Ungeschriebene Hauptversammlungszuständigkeiten. Nach dem Holzmüller-Urteil des Bundesgerichtshofs hat die Hauptversammlung der Obergesellschaft Mitwirkungsrechte nicht nur bei der Konzernbildung (vgl. → Rn. 9 ff.), sondern auch im Rahmen der Konzernleitung. Die Aktionäre der Obergesellschaft haben danach Anspruch, „bei grundlegenden, für ihre Rechtsstellung bedeutsamen **Entscheidungen in der Tochtergesellschaft** über ihre Hauptversammlung so beteiligt zu werden, wie wenn es sich um eine Angelegenheit der Obergesellschaft selbst handelte".[180] Der Vorstand der Obergesellschaft hat in diesen Fällen die Zustimmung seiner Hauptversammlung einzuholen, bevor entsprechende Maßnahmen in der Tochtergesellschaft getroffen werden. Die Hauptversammlung der Obergesellschaft entscheidet über Maßnahmen in der Tochter mit derselben Mehrheit, die für eine entsprechende Maßnahme in der Obergesellschaft erforderlich wäre.[181] Verstöße gegen die Zustimmungspflicht haben die gleichen Rechtsfolgen, wie bei einer unzulässigen Konzernbildung; vgl. dazu → Rn. 15. Für die Praxis haben diese Grundsätze im Lichte der Gelatine-Entscheidungen mit ihren hohen Anforderungen an den Umfang des betroffenen Unternemensteils (vgl. → Rn. 11) kaum noch Bedeutung. 43

Zustimmungspflichtig sind nur solche Entscheidungen in einer Tochtergesellschaft die sich wesentlich auf die rechtlichen und wirtschaftlichen Verhältnisse der Obergesellschaft auswirken[182] und deshalb von **wesentlicher Bedeutung** für die Aktionäre der Obergesell- 44

---

[177] Spindler/Stilz AktG/*Rieckers* § 192 Rn. 61a/b; Hüffer/*Koch* AktG § 87 Rn. 34; *Reichert/Balke* FS Hellwig, 2011, 285 (289 ff.); *Goette* FS Hopt, 2010, 689 (693 ff.); *Austmann* ZGR 2009, 277 (289 f.); *Habersack* FS Raiser, 2005, 111 (118); differenzierend P. *Müller*, Die aktienrechtliche Zulässigkeit variabler Vorstandsvergütungen mittels vertikaler Aktienoptionen im faktischen Aktienkonzern, 2014, S. 129 ff.
[178] BGH ZIP 2009, 2436 (2437), der die Frage zwar im Ergebnis offen lässt, zur entgegenstehenden Meinung des OLG München (ZIP 2008, 1237 (1239)) jedoch die Bemerkung macht, dass es sich hierbei um einen „sich von den Regeln des § 87 AktG a. F. entfernenden Ansatz" handele; offen jetzt auch OLG München ZIP 2011, 1364 (1365).
[179] *Lutter,* Information und Vertraulichkeit im Aufsichtsrat, 3. Aufl. 2006, Rn. 181; *Semler,* Leitung und Überwachung der Aktiengesellschaft, 2. Aufl. 1996, Rn. 464.
[180] BGHZ 83, 122 (140) – Holzmüller; ihm folgend die heute ganz hM, etwa OLG Köln ZIP 1993, 110 (113) – Winterthur/Nordstern; *Habersack* in Emmerich/Habersack Aktien- und GmbH-Konzernrecht vor § 311 Rn. 48; K. Schmidt/Lutter AktG/*Spindler* § 119 Rn. 36; *Spindler* FS Goette, 2011, 513 (520); MüKoAktG/*Kubis* § 119 Rn. 73 ff.; *Lutter* FS Stimpel, 1985, 825 (851); grundsätzlich ablehnend zB noch *Heinsius* ZGR 1984, 383 (397 ff.); W. *Werner* ZHR 147 (1983), 429 (450 ff.).
[181] BGHZ 83, 122 – Holzmüller Leitsatz e); MüKoAktG/*Kubis* § 119 Rn. 83.
[182] BGHZ 83, 122 (140) – Holzmüller.

schaft sind. Ob das der Fall ist, hängt wiederum von der Art der Maßnahme und dem Umfang der betroffenen Vermögensteile ab. Ist die Tochtergesellschaft in ihrer Gesamtheit betroffen, geht es um das Gewicht der Tochtergesellschaft im Konzern; sind nur Teile der Tochter betroffen (zB Umhängung einer von ihr gehaltenen Beteiligung), ist auf das Gewicht dieser Vermögensteile im Gesamtbereich des Konzerns abzustellen. Die Abgrenzung erfolgt nach den gleichen Kriterien, wie in der Obergesellschaft selbst,[183] dh eine ungeschriebene Zuständigkeit der Mutter-Hauptversammlung für Entscheidungen in einer Tochter kommt nur in Betracht, wenn ein Anteil am Gesamtkonzern in der Größenordnung von rd. 80% erreicht ist. Zu den dafür maßgeblichen Kriterien und weiteren Einzelheiten vgl. näher → Rn. 11).

45 Zu den ihrer Art nach zustimmungspflichtigen Maßnahmen gehört nicht schon jede Entscheidung, die in der Tochtergesellschaft nur mit qualifizierter Mehrheit beschlossen werden kann. **Nicht zustimmungspflichtig** sind zB einfache Satzungsänderungen (Sitzverlegung, Firmenänderung oÄ), Formwechsel[184] oder eine Kapitalerhöhung aus Gesellschaftsmitteln bei der Tochter;[185] auch für Kapitalherabsetzungen wird in aller Regel eine Zustimmung nicht erforderlich sein. Der Abschluss von Unternehmensverträgen zwischen nachgeordneten Konzernunternehmen (Tochter-Enkel) ist jedenfalls solange zustimmungsfrei, wie nicht auch zwischen der Muttergesellschaft und der beteiligten Tochter ein Vertragskonzern besteht;[186] richtigerweise sollte aber auch die Existenz eines Beherrschungs- oder Gewinnabführungsvertrags Mutter-Tochter keine Zustimmungsnotwendigkeit für die Mutter-Hauptversammlung bei einem Vertragsschluss Tochter-Enkel begründen (vgl. näher → § 71 Rn. 23, → § 74 Rn. 15). Nicht zustimmungspflichtig sind auch Fusionen unter Tochtergesellschaften.[187] Erst recht scheidet eine Zustimmungspflicht für Maßnahmen in der Tochter aus, die auch auf der Ebene der Mutter ohne Zustimmung der Hauptversammlung vorgenommen werden können.[188]

46 Theoretisch erforderlich sein kann die Zustimmung der Hauptversammlung für die Übertragung einer Beteiligung der Tochter auf eine Enkelgesellschaft (s. aber schon → Rn. 10) oder für **Unternehmensverträge** einer Tochtergesellschaft mit Dritten.[189] Auf der Basis der hM, die auch den Kauf von Beteiligungen als möglichen Holzmüller-Fall ansieht (vgl. → Rn. 10), kann auch ein Beteiligungserwerb auf Tochterebene die Zustimmung der Hauptversammlung erfordern – immer vorausgesetzt, der rd. 80%-ige Schwellenwert, gemessen an den Daten des Gesamtkonzerns, werde erreicht. Als Maßnahmen, die bei entsprechender Größe der Tochter eine Zustimmung der Hauptversammlung der Obergesellschaft erfordern, nennt das Holzmüller-Urteil auch **Kapitalerhöhungen** (gegen Einlagen) in Tochtergesellschaften, und zwar selbst dann, wenn der Vorstand der Obergesellschaft das Bezugsrecht in vollem Umfang ausüben will.[190] Solange das Bezugsrecht der Mutter aufrechterhalten bleibt, wird diese Ansicht in der rechtswissenschaftlichen Literatur

---

[183] LG Frankfurt a. M. ZIP 1997, 1698 (1701); MüKoAktG/*Kubis* § 119 Rn. 78; *Habersack* in Emmerich/Habersack Aktien- und GmbH-Konzernrecht vor § 311 Rn. 48; K. Schmidt/Lutter AktG/*Spindler* § 119 Rn. 37.

[184] BGHZ 83, 122 (140) – Holzmüller; *Habersack* in Emmerich/Habersack Aktien- und GmbH-Konzernrecht vor § 311 Rn. 49.

[185] MüKoAktG/*Kubis* § 119 Rn. 78; *Lutter* FS Stimpel, 1985, 825 (851).

[186] KölnKommAktG/*Koppensteiner* Vorb. § 291 Rn. 105.

[187] MüKoAktG/*Kubis* § 119 Rn. 78; *Lutter* FS Stimpel, 1985, 825 (851); *Martens* ZHR 147 (1983), 377 (424 f.).

[188] *Habersack* in Emmerich/Habersack Aktien- und GmbH-Konzernrecht vor § 311 Rn. 49; K. Schmidt/Lutter AktG/*Spindler* § 119 Rn. 36; *Spindler* FS Goette, 2011, 513 (520).

[189] *Habersack* in Emmerich/Habersack Aktien- und GmbH-Konzernrecht vor § 311 Rn. 49; MüKoAktG/*Kubis* § 119 Rn. 79; *Götz* AG 1984, 85 (88); *Westermann* ZGR 1984, 352 (376 f.); *Mecke*, Konzernstruktur und Aktionärsentscheid, 1992, S. 276 ff.; einschränkend KölnKommAktG/*Koppensteiner* Vorb. § 291 Rn. 103, 105.

[190] BGHZ 83, 122 (141 ff.) – Holzmüller

§ 70 Abhängige Unternehmen und faktische Konzerne

ganz überwiegend abgelehnt.[191] Soll das Bezugsrecht der Mutter hingegen ganz oder teilweise ausgeschlossen oder nicht voll ausgeübt werden, wird die Zustimmung ihrer Hauptversammlung weitgehend für erforderlich gehalten;[192] zusätzlich wird teilweise verlangt, dass durch die Nichtausübung des Bezugsrechts eine wesentliche Strukturveränderung eintritt (erstmalige Aufnahme von Mitgesellschaftern in eine bislang 100 %-ige Tochter; grundlegende Veränderung der Mehrheitsverhältnisse).[193] Auf der Basis der hier vertretenen Ansicht, dass auch die teilweise Veräußerung der Beteiligung an einer Tochtergesellschaft ihrer Art nach keinen Holzmüller-Tatbestand darstellt (vgl. → Rn. 10), kann für eine Reduzierung der Beteiligung im Zuge einer Kapitalerhöhung jedoch nichts anderes gelten,[194] eine Zustimmungspflicht scheidet also aus.

2. **Informationsrechte.** Jeder Aktionär kann in der Hauptversammlung **Auskunft** auch über alle rechtlichen und geschäftlichen Beziehungen zu verbundenen Unternehmen verlangen, soweit die Auskunft zur sachgerechten Beurteilung des Gegenstands der Tagesordnung erforderlich ist (§ 131 Abs. 1 u. 2 AktG); bei Vorlage des Konzernabschlusses erstreckt sich die Auskunftspflicht auch auf die Lage des Konzerns und der in den Konzernabschluss einbezogenen Unternehmen (§ 131 Abs. 1 S. 4 AktG). Die Auskunftspflicht erfasst überdies Vorgänge *in* abhängigen Gesellschaften, soweit solche Vorgänge von Wichtigkeit für die Obergesellschaft selbst sind und damit zu deren Angelegenheit werden.[195] Gegenstand einer **Sonderprüfung** nach § 142 AktG können weder der Konzern als solcher, noch sämtliche Konzernunternehmen gemeinsam, sondern nur einzelne Konzerngesellschaften sein.[196] Auf der Ebene dieser Gesellschaften kann sich die Prüfung dann allerdings auf deren Konzernleitungsmaßnahmen und ihre Beziehungen zu verbundenen Unternehmen erstrecken.[197] Gegenstand der Prüfung können aber nicht isolierte Vorgänge in verbundenen Unternehmen sein, an denen die Obergesellschaft nicht beteiligt ist.[198] Darüber hinaus bestehen unmittelbare Informationsrechte der Aktionäre der herrschenden

47

47

---

[191] Ablehnend etwa MüKoAktG/*Kubis* § 119 Rn. 81; *Habersack* in Emmerich/Habersack Aktien- und GmbH-Konzernrecht vor § 311 Rn. 49; KölnKommAktG/*Koppensteiner* Vorb. § 291 Rn. 100 f.; MüKoAktG/*Peifer* § 182 Rn. 87 f.; zustimmend *Rehbinder* ZGR 1983, 92 (102).

[192] Vgl. etwa *Habersack* in Emmerich/Habersack Aktien- und GmbH-Konzernrecht vor § 311 Rn. 49; MüKoAktG/*Peifer* § 182 Rn. 87 f.; MüKoAktG/*Kubis* § 119 Rn. 82; *Marsch-Barner* in Grundmann ua (Hrsg.), Anleger- und Funktionsschutz durch Kapitalmarktrecht, 2006, S. 105/117; *Lutter* FS Stimpel, 1985, 825 (854); weitergehend *Mecke,* Konzernstruktur und Aktionärsentscheid, 1992, S. 253 ff., 292; aA *Götz* AG 1984, 85 (87 f.); *W. Werner* ZHR 147 (1983), 429 (448, 452), die es genügen lassen wollen, wenn für Dritte ein angemessener Ausgabekurs festgesetzt wird; ganz ablehnend *Kiefner,* Konzernumbildung und Börsengang der Tochter, 2005, S. 372 ff.; *Heinsius* ZGR 1984, 383 (403 f.); *Martens* ZHR 147 (1983), 377 (413); *Ebenroth,* Konzernbildungs- und Leitungskontrolle, 1987, S. 40 ff.

[193] *Lutter* FS Westermann, 1974, 347 (365 f.); *Timm,* Die Aktiengesellschaft als Konzernspitze, 1980, S. 174 f., 138 ff.; KölnKommAktG/*Koppensteiner* Vorb. § 291 Rn. 102 iVm 95.

[194] Zutreffend KölnKommAktG/*Koppensteiner* Vorb. § 291 Rn. 102; aA *Habersack* AG 2005, 137 (147), der auf die bei Veräußerung zufließende Gegenleistung verweist, jedoch nicht berücksichtigt, dass auch beim Bezugsrechtsausschluss der Vermögenswert der Gesellschaft nicht gemindert wird, solange der Ausgabekurs angemessen ist.

[195] BGH WM 2003, 345 (347); OLG Düsseldorf ZIP 2015, 1779 (1780) (Besetzung von Führungspositionen in der Tochter); OLG Köln AG 2002, 89 (90 f.); OLG Düsseldorf NJW 1988, 1033 (1034); Hüffer/Koch AktG § 131 Rn. 16; *Kort* ZGR 1987, 46 (52 ff.); *Lutter* AG 1985, 117 (119 ff.); etwas anders *Vossel,* Auskunftsrechte im Aktienkonzern, 1996, S. 55 ff., 96 ff., der den Informationsanspruch aus § 337 Abs. 4 AktG herleiten will.

[196] *U. H. Schneider* AG 2008, 305 (307).

[197] OLG Düsseldorf AG 2010, 330 (332); K. Schmidt/Lutter AktG/*Spindler* § 142 Rn. 18; *U. H. Schneider* AG 2008, 305 (308).

[198] OLG Düsseldorf AG 2010, 330 (332); K. Schmidt/Lutter AktG/*Spindler* § 142 Rn. 18; weitergehend wohl *U. H. Schneider* AG 2008, 305 (308); *Jänig,* Die aktienrechtliche Sonderprüfung, 2005, S. 426.

Aktiengesellschaft gegenüber den abhängigen Unternehmen nicht.[199] Vgl. zu den Fragen der Informationsrechte der Aktionäre im Konzern im Übrigen → § 38 Rn. 14 f.

IV. Finanzierungsfragen

48 **1. Überblick.** Die Finanzierung im Konzern wirft gegenüber der Finanzierung konzernfreier Gesellschaften in vielfältiger Hinsicht Sonderprobleme auf.[200] Dabei stellen sich Fragen nach der Reichweite von Organkompetenzen, wie zB die Frage, inwieweit Zustimmungsvorbehalte des Aufsichtsrats Entscheidungen in Tochtergesellschaften erfassen (vgl. dazu → Rn. 36 und → § 29 Rn. 64) oder inwieweit Kapitalerhöhungen auf der Ebene der Tochtergesellschaft die Zustimmung der Mutter-Hauptversammlung benötigen (vgl. dazu → Rn. 45 f.). Daneben geht es zB um die Sicherstellung der Kapitalaufbringung und -erhaltung, um Fragen der Gewinnverwendung im Konzern und um Probleme der Nachteilszufügung bei der Einbeziehung von Tochtergesellschaften in konzernweite Finanzierungssysteme.

49 **2. Kapitalaufbringung und Erhaltung im Konzern. a) Verdeckte Sacheinlagen im Konzern.** Werden bei der Gründung oder einer Kapitalerhöhung gegen Bareinlagen zwischen der Gesellschaft und dem Zeichner Absprachen getroffen, die darauf hinauslaufen, dass die Gesellschaft bei wirtschaftlicher Betrachtung an Stelle der versprochenen Bareinlage eine Sachleistung erhält, gilt § 27 Abs. 3 AktG über die verdeckte Sacheinlage (näher → § 16 Rn. 34 ff., → § 57 Rn. 66 ff.). Diese Regeln finden auch Anwendung, wenn in die Absprache, die auf eine verdeckte Sacheinlage hinausläuft, auf Seiten der Gesellschaft und/oder des Zeichners verbundene Unternehmen eingeschaltet werden.[201] Zum Beispiel kann eine zwischen Gesellschaft und Zeichner getroffene Absprache, dass die Gesellschaft eine Barkapitalerhöhung durchführt und eine Tochtergesellschaft vom Zeichner oder einem mit diesem verbundenen Unternehmen einen Vermögensgegenstand erwirbt, als verdeckte Sacheinlage anzusehen sein.[202] Von der verdeckten Sacheinlage abzugrenzen ist der Tatbestand des **Hin- und Herzahlens,** der in § 27 Abs. 4 AktG geregelt und gegenüber der verdeckten Sacheinlage privilegiert ist. Die Abgrenzung hat vor allem Bedeutung für **Cash Management-Systeme** im Konzern; vgl. dazu eingehend → § 57 Rn. 74.

50 **b) Nachgründung im Konzern.** Gemäß § 52 AktG bedürfen Erwerbsgeschäfte einer AG, die diese innerhalb der ersten zwei Jahre seit Eintragung in das Handelsregister mit Gründern oder mit mehr als 10 % beteiligten Aktionären schließt und bei denen die Vergütung 10 % des Grundkapitals übersteigt, zu ihrer Wirksamkeit der Zustimmung der Hauptversammlung und der Eintragung in das Handelsregister; dabei sind die besonderen Publizitäts- und Prüfungsvorschriften des § 52 AktG zu wahren (näher dazu → § 4 Rn. 50 ff.). Die Vorschrift war früher weiter gefasst und nicht auf Geschäfte mit Gründern und maßgeblichen Aktionären beschränkt. Das führte für Konzernsachverhalte zu der umstrittenen Frage, inwieweit die **Gründung von Tochtergesellschaften** den Nachgründungsregeln unterlag.[203] Seitdem das NaStraG die Regelung auf ihren heutigen Anwendungsbereich beschränkt hat, ist jedenfalls klar, dass die Bar- oder Sachgründung einer 100%igen Tochtergesellschaft sowie die Gründung einer Tochtergesellschaft unter Beteiligung Dritter kein Nachgründungsfall ist.[204]

---

[199] *Kort* ZGR 1987, 46 (70).
[200] Eine breit angelegte Darstellung der betriebswirtschaftlichen und rechtlichen Fragen der Konzernfinanzierung findet sich in *Lutter* ua (Hrsg.), Handbuch der Konzernfinanzierung, 1998.
[201] Vgl. hierzu etwa BGHZ 153, 107 (111); 166, 8 Rn. 12 ff.; 171, 113 Rn. 8; 184, 158 Rn. 13; Hüffer/*Koch* AktG § 27 Rn. 31.
[202] Vgl. zB den Fall LG Mainz AG 1987, 91 (94) (Kapitalerhöhung Juli 1982).
[203] Vgl. etwa Krieger, FS Claussen, 1997, S. 223/233 f.; Jäger NZG 1998, 370/371; Lutter/Ziemons ZGR 1999, 479/498.
[204] Hüffer/*Koch* AktG § 52 Rn. 12; K. Schmidt/Lutter AktG/*Bayer* § 52 Rn. 22; Großkomm-AktG/*Priester* § 52 Rn. 45.

der Erwerb bestehender Beteiligungen kann hingegen von § 52 AktG erfasst sein.²⁰⁵ Unklar bleibt die Rechtslage für den Fall, dass sich an der Gründung der Tochter ein Gründer oder maßgeblich beteiligter Aktionär der Mutter beteiligt (→ § 4 Rn. 59); gleiches gilt für **Kapitalerhöhungen** in Tochtergesellschaften, wenn Gründer oder maßgeblich beteiligte Aktionäre der Mutter zugleich an der Tochter beteiligt sind oder an der Kapitalerhöhung teilnehmen wollen. In diesen Fällen spricht der Schutzzweck des Gesetzes für eine analoge Anwendung von § 52 AktG, soweit bei der Gründung oder Kapitalerhöhung die Gefahr einer Vermögensverlagerung auf den in § 52 AktG genannten Personenkreis droht. Das ist für die Sachgründung, die Sachkapitalerhöhung und die nicht verhältniswahrende Barkapitalerhöhung anzunehmen,²⁰⁶ bei einer Bargründung und bei einer Barkapitalerhöhung unter verhältniswahrender Beteiligung der von § 52 AktG erfassten Mitgesellschafter ist der Schutzzweck der Vorschrift hingegen nicht berührt.²⁰⁷ Soweit die Gründung einer Tochtergesellschaft oder die Kapitalerhöhung in einer Tochter danach für die Mutter ein Nachgründungsfall ist, greift allerdings die **Ausnahme des § 52 Abs. 9 AktG** ein, wenn die Maßnahme im Rahmen der laufenden Geschäfte der Mutter erfolgt.

Daneben kann man die Frage stellen, ob **Erwerbsgeschäfte der Tochter** als „mittelbarer" Vermögenserwerb durch die Mutter zu qualifizieren und in ihrer Wirksamkeit von der Einhaltung der Nachgründungsregeln auf der Ebene der Muttergesellschaft abhängig sind, wenn das Geschäft, würde die Mutter es selbst vornehmen, unter § 52 AktG fiele. Das ist grundsätzlich nicht anzunehmen.²⁰⁸ Etwas anderes kann allerdings in Missbrauchsfällen gelten, in denen es sich der Sache nach um ein Geschäft der Mutter handelt und die Tochter nur vorgeschoben wird, um die Regelungen des § 52 AktG zu umgehen.²⁰⁹

c) **Verdeckte Einlagenrückgewähr.** Das Verbot der verdeckten Einlagenrückgewähr nach §§ 57, 60, 62 AktG gilt in Abhängigkeitsverhältnissen nicht, soweit die betreffende Maßnahme von § 311 AktG gedeckt ist, insbesondere der erforderliche Nachteilsausgleich (vgl. näher → Rn. 75 ff.) ordnungsgemäß geleistet wird.²¹⁰ Vermögenszuwendungen einer abhängigen Gesellschaft, die auf Veranlassung des herrschenden Unternehmens an dieses, eine Schwestergesellschaft oder einen Dritten erfolgen, sind daher unproblematisch, solange der damit verbundene Nachteil ausgeglichen wird. Unterbleibt der Nachteilsausgleich, haftet das herrschende Unternehmen außer nach §§ 317, 117 AktG (vgl. → Rn. 129 ff.) auch nach §§ 57, 60, 62 AktG.²¹¹ Vermögenszuwendungen zwischen Schwestergesellschaften, die vom herrschenden Unternehmen nicht veranlasst worden sind, unterliegen der Privilegierung nach §§ 311 ff. AktG hingegen nicht; insoweit kann eine Haftung nach

---

²⁰⁵ K. Schmidt/Lutter AktG/*Bayer* § 52 Rn. 22; GroßkommAktG/*Priester* § 52 Rn. 45.

²⁰⁶ Ebenso K. Schmidt/Lutter AktG/*Bayer* § 52 Rn. 23; GroßkommAktG/*Priester* § 52 Rn. 45; *Schwab*, Die Nachgründung im Aktienrecht, 2003, S. 175 f.; *Krieger* FS Claussen, 1997, 223 (233 f.); *Jäger* NZG 1998, 370/371; aA Hüffer/*Koch* AktG § 52 Rn. 12 f.; *Koch*, Die Nachgründung, 2002, S. 247 ff.; *Reichert* ZGR 2001, 554 (582 ff.).

²⁰⁷ Hüffer/*Koch* AktG § 52 Rn. 12a; aA MüKoAktG/*Pentz* § 52 Rn. 19; *Schwab*, Die Nachgründung im Aktienrecht, 2003, S. 176; Spindler/Stilz AktG/*Heidinger* § 52 Rn. 51 f., die auch in diesen Fällen § 52 AktG analog anwenden wollen.

²⁰⁸ GroßkommAktG/*Priester* § 52 Rn. 47; Hüffer/*Koch* AktG § 52 Rn. 12a; *Reichert* ZGR 2001, 554 (572 ff.); *Witte/Wunderlich* BB 2000, 2213 (2214); *Knott* BB 1999, 806 (808).

²⁰⁹ Vgl. insbesondere GroßkommAktG/*Priester* § 52 Rn. 47; *Reichert* ZGR 2001, 554 (575 f.); aA *Schwab*, Die Nachgründung im Aktienrecht, 2003, S. 179 ff.

²¹⁰ BGH ZIP 2012, 1753 Rn. 16 u. 19 – HVB/Unicredit; BGHZ 190, 7 Rn. 48 – Telekom III; BGHZ 179, 71 Rn. 11 – MPS; OLG München AG 2005, 486 (488); KölnKommAktG/*Koppensteiner* § 311 Rn. 161; Hüffer/Koch AktG § 311 Rn. 49; *Habersack* in Emmerich/Habersack Aktien- und GmbH-Konzernrecht § 311 Rn. 82; *Ulmer* FS Hüffer, 2010, 999 (1005 ff.); einschränkend *Bayer* FS Lutter, 2000, 1011 (1030 f.); aA *Cahn*, Kapitalerhaltung im Konzern, 1998, S. 64 ff.

²¹¹ BGHZ 190, 7 Rn. 13 ff., 29 ff. – Telekom III; Hüffer/Koch AktG § 317 Rn. 17; K. Schmidt/Lutter AktG/*J. Vetter* § 317 Rn. 42; *Habersack* in Emmerich/Habersack Aktien- und GmbH-Konzernrecht § 311 Rn. 84; *Ulmer* FS Hüffer, 2010, 999 (1008).

§§ 57, 60, 62 AktG zwar nicht gegen das herrschende Unternehmen, wohl aber gegen die begünstigte Schwestergesellschaft in Frage kommen.[212] Ähnliches gilt bei Vermögenszuwendungen einer Enkel-AG an die Mutter. Sie sind bei ordnungsgemäßem Nachteilsausgleich zulässig. Unterbleibt der Nachteilsausgleich haftet das herrschende Unternehmen gegenüber der Enkel-AG nach §§ 57, 60, 62 AktG, während Ansprüche der Enkel- gegen die Tochtergesellschaft im Allgemeinen ausscheiden.[213]

53 **d) Erwerb eigener Aktien.** Gemäß § 71 Abs. 1 AktG darf eine Aktiengesellschaft nur in den dort genannten Fällen eigene Aktien erwerben; vgl. dazu → § 15 Rn. 14 ff. Diese Beschränkungen gelten gemäß **§ 71d S. 2 AktG** auch für den Erwerb von Aktien der herrschenden Gesellschaft durch ein abhängiges oder ein im Mehrheitsbesitz der Gesellschaft stehendes Unternehmen; das abhängige Unternehmen darf also nur dann und insoweit Aktien der Muttergesellschaft erwerben, als diese auch selbst dazu berechtigt wäre. Wenn kein Abhängigkeitsverhältnis besteht, gelten die Beschränkungen des § 71d S. 2 AktG nicht. Der **mittelbare Erwerb eigener Aktien** durch Erwerb einer Beteiligung an einem anderen Unternehmen, das seinerseits Aktien der erwerbenden Gesellschaft hält, ist grundsätzlich zulässig und kein Fall von § 71 AktG.[214] Etwas anderes gilt ausnahmsweise, wenn das Vermögen des anderen Unternehmens (nahezu) ausschließlich aus Aktien an der Gesellschaft besteht; in diesem Fall ist auf den Erwerb der Beteiligung an dem anderen Unternehmen § 71 AktG analog anwendbar.[215]

54 Umstritten ist die Frage, ob **§ 71a AktG** in Konzernverhältnissen anwendbar ist und es einer Tochtergesellschaft untersagt, die Muttergesellschaft durch die Gewährung eines Vorschusses oder eines Darlehens oder durch die Leistung einer Sicherheit beim Erwerb von Aktien an der Tochtergesellschaft finanziell zu unterstützen. Da die Kapitalschutzregeln der §§ 57, 60, 62 AktG durch §§ 311 ff. AktG verdrängt werden (→ Rn. 52), ist es wohl zutreffend, insoweit auch § 71a AktG nicht anzuwenden;[216] § 71a AktG steht dann nur der finanziellen Unterstützung des Aufbaus einer beherrschenden Beteiligung entgegen, nicht jedoch einer späteren Unterstützung von Umfinanzierungen und Zukäufen, solange die Grenzen des § 311 AktG gewahrt bleiben.

55 **e) Mehrfachbelegung des Kapitals.** Die Konzernsituation zieht eine Reihe besonderer Finanzierungseffekte nach sich.[217] Insbesondere stellt sich das Problem, dass dieselbe Einlage, die auf der Ebene der Muttergesellschaft zur Deckung des Grundkapitals geleistet wurde, von dieser zur Einzahlung des Grundkapitals bei einer Tochtergesellschaft, von der Tochtergesellschaft zur Einzahlung des Grundkapitals bei einer Enkelgesellschaft usw benutzt werden kann (Teleskop- und Pyramideneffekt).[218] Dasselbe Kapital wird dabei mehrfach belegt, und entsprechend werden die Interessen der Gläubiger der Konzerngesell-

---

[212] Eingehend *Cahn*, Kapitalerhaltung im Konzern, 1988, S. 31 ff., 39 ff.
[213] Vgl. auch hierzu eingehend *Cahn*, Kapitalerhaltung im Konzern, 1988, S. 90 f., 92 ff.; dort auch zu der Frage etwaiger Ansprüche der Tochtergesellschaft gegen die Muttergesellschaft (S. 103 ff.).
[214] KölnKommAktG/*Lutter/Drygala* § 71 Rn. 44 f.; Hüffer/*Koch* AktG § 71 Rn. 5; Großkomm. AktG/*Merkt* § 71 Rn. 157 f.; zweifelnd Spindler/Stilz AktG/*Cahn* § 71 Rn. 44.
[215] KölnKommAktG/*Lutter/Drygala* § 71 Rn. 44; Hüffer/*Koch* AktG § 71 Rn. 5; Großkomm. AktG/*Merkt* § 71 Rn. 157.
[216] K. Schmidt/Lutter AktG/*J. Vetter* § 311 Rn. 119; *Habersack* in Emmerich/Habersack Aktien- und GmbH-Konzernrecht § 311 Rn. 82; *Habersack* FS Hopt, 2010, 725 (742 f.); *Schroeder*, Finanzielle Unterstützung des Aktienerwerbs, 1995, S. 274 ff.; tendenziell zustimmend *Fleischer* AG 1996, 494 (507); aA Hüffer/*Koch* AktG § 71a Rn. 6a; MüKoAktG/*Oechsler* § 71a Rn. 63; KölnKommAktG/ *Lutter/Drygala* § 71a Rn. 48; Spindler/Stilz AktG/*Cahn* § 71a Rn. 22; K. Schmidt/Lutter AktG/ *Bezzenberger* § 71a Rn. 18; *Lutter/Wahlers* AG 1989, 1 (9); *Eichholz*, Das Recht konzerninterner Darlehen, 1993, S. 74.
[217] Grundlegend *U. H. Schneider* ZGR 1984, 497 (501 ff.); *Hormuth*, Recht und Praxis des konzernweiten Cash-Managements, 1998, S. 36 ff.
[218] *U. H. Schneider* ZGR 1984, 497 (504 ff.); vgl. daneben etwa Lutter ua Handbuch Konzernfinanzierung/*Baums*/*Vogel* Rn. 9.47; *Kühbacher*, Darlehen an Konzernunternehmen, 1993, S. 12 ff.

§ 70 Abhängige Unternehmen und faktische Konzerne

schaften gefährdet. In der rechtswissenschaftlichen Literatur finden sich in diesem Zusammenhang vereinzelte Versuche, rechtlich verbindliche Grundregeln ordnungsgemäßer Finanzierung im Konzern zu formulieren, etwa eine Verpflichtung zur Bildung einer Sonderrücklage für Beteiligungen[219] oder ein Verbot, völlig unzureichend kapitalisierte Konzernunternehmen in die einheitliche Leitung einzubeziehen.[220] Diese Überlegungen wurden für die GmbH entwickelt, wären aber – wollte man ihnen folgen – unschwer auf die Aktiengesellschaft übertragbar. Nach geltendem Recht lassen sich derartige Finanzierungsregeln jedoch schwerlich begründen,[221] sondern die Gläubiger sind zu ihrem Schutz auf Information (Konzernabschluss) und Vertragsgestaltung zu verweisen.[222]

3. Gewinnverwendung im Konzern. Die **Gewinnthesaurierung bei Tochtergesellschaften** schmälert den Gewinn, den die Muttergesellschaft an ihre Aktionäre verteilen und über dessen Verwendung die Hauptversammlung der Muttergesellschaft nach den Regeln der §§ 58, 170 Abs. 2 AktG entscheiden kann. Es wird deshalb diskutiert, ob und wie die Aktionäre der Mutter gegen eine Beeinträchtigung ihrer Gewinnverwendungsbefugnis durch übermäßige Rücklagenbildungen in Tochtergesellschaften zu schützen sind.[223] Einige Autoren sehen die Lösung im Ansatz – allerdings mit starken Unterschieden im Detail – darin, § 58 Abs. 2 AktG konzernweit anzuwenden.[224] Zum Teil wollen sie die in Tochtergesellschaften gebildeten Rücklagen auf den gemäß § 58 Abs. 2 AktG bei der Obergesellschaft zur Disposition der Verwaltung stehenden Teil des Gewinns anrechnen,[225] zum Teil sprechen sie sich gegen eine strikte Anrechnung aus und begnügen sich mit dem Postulat, die in Töchtern gebildeten Rücklagen müssten mit dem Ziel der Einhaltung einer 50 %-Quote angemessen berücksichtigt werden,[226] vereinzelt wird auch vertreten, in Weiterführung der Grundsätze der Holzmüller-Entscheidung[227] bedürfe die Thesaurierung von mehr als 50 % des Jahresüberschusses einer Tochtergesellschaft der Zustimmung der Hauptversammlung der Muttergesellschaft.[228] Auch über die Rechtsfolgen einer überhöhten Rücklagenbildung besteht unter den Vertretern dieser Ansichten keine Klarheit; manche befürworten eine Sonderprüfung analog §§ 258 ff. AktG, andere plädieren für die Nichtigkeit des Jahresabschlusses der Obergesellschaft.[229] Richtigerweise ist mit der hM daran

---

[219] *U. H. Schneider* ZGR 1984, 497 (513 f.).
[220] *U. H. Schneider* ZGR 1984, 497 (522).
[221] Ablehnend auch KölnKommAktG/*Koppensteiner* Vorb. § 291 Rn. 78; *Scheffler* FS Goerdeler, 1987, 469 (476); Lutter ua Handbuch Konzernfinanzierung/*Baums/Vogel* Rn. 9.52.
[222] Näher Lutter ua Handbuch Konzernfinanzierung/*Baums/Vogel* Rn. 9.49 ff.
[223] Zur umgekehrten Fragestellung, ob ein Konzernverlust zu einer Ausschüttungssperre bei der Muttergesellschaft führen kann, vgl. *Priester* FS K. Schmidt, 2019, Bd. II, 161 ff.
[224] Vgl. im Einzelnen MüKoAktG/*Bayer* § 58 Rn. 67 ff.; Lutter ua Handbuch Konzernfinanzierung/*Lutter* Rn. 14.26 ff.; *Kohl*, Die Kompetenz zur Bildung von Gewinnrücklagen im Aktienkonzern, 1991, S. 195 ff.; *Gollnick*, Gewinnverwendung im Konzern, 1991, S. 171 ff.; *Götz* FS Moxster, 1994, 573 (587 ff.); *Götz* AG 1984, 85 (93 f.); *Hübner* FS Stimpel, 1985, 791 (798 f.); für nicht börsennotierte Gesellschaften auch KölnKommAktG/*Drygala* § 58 Rn. 71 ff.; bei Bestehen eines Gewinnabführungsvertrags auch *Geßler* AG 1985, 257 ff., der jedoch in faktischen Konzernen § 58 Abs. 2 AktG uneingeschränkt für jede Konzerngesellschaft anwenden will. Zur Frage, ob de lege ferenda der Konzernabschluss als Bemessungsgrundlage für die Gewinnverwendung zu empfehlen sei, vgl. *Busse von Colbe* FS Goerdeler, 1987, 61 ff.
[225] So zB *Kohl*, Die Kompetenz zur Bildung von Gewinnrücklagen im Aktienkonzern, 1991, S. 195 ff.; *Götz* FS Moxster, 1994, 573 (596).
[226] So zB Lutter ua Handbuch Konzernfinanzierung/*Lutter* Rn. 14.33; MüKoAktG/*Bayer* § 58 Rn. 70; KölnKommAktG/*Drygala* § 58 Rn. 76.
[227] Vgl. dazu → Rn. 43 ff.
[228] So Spindler/Stilz AktG/*Cahn/v. Spannenberg* § 58 Rn. 76; mit Recht ablehnend etwa KölnKommAktG/*Drygala* § 58 Rn. 75; Hüffer/*Koch* § 58 Rn. 17.
[229] Für eine Sonderprüfung Lutter ua Handbuch Konzernfinanzierung/*Lutter* Rn. 14.33; *Lutter* FS Goerdeler, 1987, 327 (344 ff.); *Kohl*, Die Kompetenz zur Bildung von Gewinnrücklagen im Aktienkonzern, 1991, S. 241 f.; für Nichtigkeit des Abschlusses *Gollnick*, Gewinnverwendung im Konzern,

festzuhalten, dass § 58 Abs. 2 AktG nicht konzerndimensional auszuwenden ist, sondern die Vorschrift nur für die Thesaurierungsentscheidung auf der Ebene der jeweiligen Gesellschaft gilt.[230] Der Konzern ist gerade kein Einheitsunternehmen. Auch nach dieser Ansicht darf die Muttergesellschaft ihre Aktionäre aber nicht durch missbräuchliche Gewinnthesaurierung im Konzern „aushungern", vielmehr hat der Vorstand der Muttergesellschaft bei seinen Thesaurierungsentscheidungen im Konzern dafür zu sorgen, dass die Dividendeninteressen der Mutter-Aktionäre angemessen berücksichtigt werden.[231] Vgl. zum Ganzen auch → § 47 Rn. 11 ff.

57   Hat die Muttergesellschaft **Wandelschuldverschreibungen** oder **Genussrechte** mit einer gewinnabhängigen Verzinsung ausgegeben, beeinträchtigt eine übermäßige Gewinnthesaurierung in Tochtergesellschaften überdies die Interessen der Anleihe- bzw. Genussrechtsgläubiger. Sie können in einem solchen Fall so zu stellen sein, wie sie bei angemessener Gewinnausschüttung stünden; vgl. dazu → § 64 Rn. 84.

58   **4. Fremdfinanzierung und Cash-Management im Konzern.** Kreditvergaben zwischen Konzerngesellschaften, Haftungsübernahmen und Sicherheitenbestellungen für Kreditverbindlichkeiten von anderen Konzerngesellschaften bis hin zur Beteiligung an einem konzernweiten Cash-Management-System sind in der Konzernpraxis an der Tagesordnung.[232] Mit ihnen verbinden sich vielfältige Rechtsprobleme:

59   Bei Vergabe **„absteigender" Darlehen**, Haftungsübernahmen oder Sicherheitsbestellungen durch die Muttergesellschaft zu Gunsten von Tochtergesellschaften konnten früher die Regeln über die Vergabe kapitalersetzender Gesellschafterdarlehen eingreifen mit der Folge, dass in der Krise der Tochtergesellschaft eine Darlehensrückzahlung nicht möglich bzw. vorrangig die mithaftende Muttergesellschaft oder die von dieser gestellte Sicherheit in Anspruch zu nehmen war.[233] Das MoMiG hat diese Regeln durch eine insolvenzrechtliche Lösung ersetzt, die in ihrem Kern in der Nachrangigkeit von Aktionärsdarlehen in der Insolvenz (§ 39 Abs. 1 Nr. 5, Abs. 4 u. 5 InsO) und der Anfechtbarkeit von Rechtshandlungen zur Sicherungsgewährung oder Befriedigung von Aktionärsdarlehen (§ 135 InsO) besteht; vgl. dazu eingehend → § 16 Rn. 88 ff.

1991, S. 186 f.; differenzierend *Götz* FS Moxster, 1994, 573 (596 ff.); *Götz* AG 1984, 85 (93 f.): Nichtigkeit des Jahresabschlusses der Mutter bei Verletzung der Anrechnungspflicht, Sonderprüfung analog §§ 258 ff. AktG bei Thesaurierung von mehr als 50% des Konzern-Gesamtgewinns in Töchtern; ihm folgend *Hübner* FS Stimpel, 1985, 791 (799).

[230] Hüffer/*Koch* AktG § 58 Rn. 17; K. Schmidt/Lutter AktG/*Fleischer* § 58 Rn. 29; Großkomm-AktG/*Henze* § 58 Rn. 58 ff.; *Priester* ZHR 176 (2012), 268 (275 ff.) mwN; vgl. auch OLG Hamburg AG 2006, 45 (46 f.). In diese Richtung anscheinend auch BGHZ 83, 122 (136 f.) – Holzmüller. Vgl. auch die Stellungnahme des Rechtsausschusses des Deutschen Bundestags zum BiRiLiG, BT-Drs. 10/4268, 123 sowie Bundesministerium der Justiz (Hrsg.), Bericht über die Verhandlungen, Unternehmensrechtskommission, 1980, Rn. 1282 ff.

[231] Hüffer/*Koch* AktG § 58 Rn. 17; K. Schmidt/Lutter AktG/*Fleischer* § 58 Rn. 29; Großkomm. AktG/*Henze* § 58 Rn. 62; KölnKommAktG/*Koppensteiner* Vorb. § 291 Rn. 77; *Priester* ZHR 176 (2012), 268 (276 ff.); vgl. auch OLG Hamburg AG 2006, 45 (46).

[232] Zur praktischen Gestaltung der konzernexternen Fremdfinanzierung, der konzerntypischen Kreditsicherheiten und Kreditsicherungsvereinbarungen, der konzerninternen Fremdfinanzierung und des Cash-Managements im Konzern vgl. insbesondere die Beiträge von *Steiner, Merkel, Scheffler* und *Wehlen* in Lutter ua, Handbuch der Konzernfinanzierung, §§ 15, 17, 20 u. 23. Zu konzerninternen Kreditgeschäften s. auch *M. Meyer*, Nachteil und Einlagenrückgewähr im faktischen Konzern, 2013, S. 76 ff.; *Eichholz*, Das Recht konzerninterner Darlehen, 1993, S. 35 ff.; zu Cash-Management-Systemen auch *Johnen*, Cash Pooling in faktischen Unternehmenszusammenschlüssen, 2014, S. 22 ff.; *Vetter/Stadler*, Haftungsrisiken beim konzernweiten Cash Pooling, 2003, Rn. 1 ff.; *Hormuth*, Recht und Praxis des konzernweiten Cash-Managements, 1998, S. 54 ff.

[233] Vgl. dazu zuletzt noch BGH ZIP 2010, 1443 sowie etwa *Vetter/Stadler*, Haftungsrisiken beim konzernweiten Cash Pooling, 2003, Rn. 38 ff.; Lutter ua Handbuch Konzernfinanzierung/*Hommelhoff/Kleindiek* Rn. 21.30 ff.; *Cahn*, Kapitalerhaltung im Konzern, 1998, S. 235 ff., 245.

Größere Probleme bereitete früher die Gewährung **„aufsteigender"** Darlehen von 60 einer abhängigen Gesellschaft an die Mutter- oder eine Schwestergesellschaft sowie die Haftungsübernahme und Sicherheitenstellung durch Tochtergesellschaften für Verbindlichkeiten der Mutter oder von Schwestergesellschaften. Manche Gerichte und Autoren wollten solche Finanzierungsleistungen an § 57 AktG aF messen und nur zulassen, soweit sie in jeder Hinsicht einem Drittvergleich standhielten.[234] Tatsächlich sind sie jedoch nach §§ 311 ff. AktG zu beurteilen, denn diese Vorschriften verdrängen die Kapitalbindungsregeln der §§ 57, 60, 62 AktG.[235]

Nach § 311 AktG ist bei Einzeldarlehen außerhalb eines Cash Pools eine **angemessene** 61 **Verzinsung** erforderlich, oder es muss für nicht marktgerechte Konditionen Nachteilsausgleich nach § 311 Abs. 2 AktG (vgl. → Rn. 75 ff.) gewährt werden. [236] Dabei ist es möglich, etwaige Konditionennachteile aus konkreten Einzelgeschäften (zB zinsungünstige Darlehensgewährung) durch Konditionenvorteile aus anderen Einzelgeschäften (zB zinsgünstige Darlehensaufnahme) auszugleichen. Weil zum Nachteilsausgleich nur konkrete Vorteile herangezogen werden können (vgl. → Rn. 90), ist allerdings grundsätzlich eine genaue Gegenüberstellung der Vorteile und Nachteile aus konkreten Einzelgeschäften nötig, und es ist nicht möglich, ungünstige Darlehenskonditionen auf Grund einer nur pauschalen Gesamtbetrachtung mit dem Argument zu rechtfertigen, dass den Nachteilen bei der Liquiditätsanlage auch Vorteile bei einer Liquiditätsaufnahme gegenüberstünden; zur Sondersituation im Cash Pool → Rn. 64.

Eine **Besicherung** konzerninterner Darlehen ist in der Konzernpraxis unüblich, wurde 62 aber verschiedentlich verlangt, weil es sich bei einer unbesicherten Kreditvergabe um eine nachteilige Maßnahme handele, die durch einen Nachteilsausgleich nicht kompensiert werden könne.[237] Demgegenüber steht nach Einführung von § 57 Abs. 1 S. 2 AktG durch das MoMiG und der MPS-Entscheidung des BGH heute fest, dass ein ungesichertes Upstream-Darlehen der abhängigen Gesellschaft nicht nachteilig ist, wenn der Rückzahlungsanspruch bei vernünftiger kaufmännischer Beurteilung im Zeitpunkt der Darlehensgewährung als vollwertig angesehen werden kann;[238] zu den Voraussetzungen der **Vollwertigkeit** näher → § 16 Rn. 80 ff. Hinzu kommt die Verpflichtung der abhängigen Gesellschaft, etwaige Änderungen des Kreditrisikos zu prüfen und Sicherheiten oder die vorzeitige Rückzahlung zu verlangen, wenn dies auf Grund einer Verschlechterung der Bonität nötig ist.[239] Das erfordert die Einrichtung eines geeigneten **Informationssystems,** das der Tochter eine laufende Risikoanalyse möglich macht.[240] Außerdem ist durch vertragliche Regelungen sicherzustellen, dass der Gesellschaft bei einer Gefährdung ihres Rückzahlungsanspruchs ein sofortiges Kündigungsrecht zusteht.[241] Werden solche Maßnahmen unterlassen, kann diese Unterlassung ihrerseits unter § 311 AktG fallen. und Schadensersatzansprüche aus §§ 317, 318 AktG (dazu → Rn. 129 ff.) auslösen.[242] Die Voll-

---

[234] So zB noch OLG Jena ZIP 2007, 1314 (1315 f.).
[235] BGHZ 179, 71 Rn. 11 f. – MPS; BGHZ 190, 7 Rn. 24 – Telekom III; näher → Rn. 52.
[236] BGHZ 179, 71 Rn. 17 – MPS; *Habersack* in Emmerich/Habersack Aktien- und GmbH-Konzernrecht § 311 Rn. 47a; *K. Schmidt/Lutter* AktG/*J. Vetter* § 311 Rn. 60; *Hüffer/Koch* AktG § 311 Rn. 28; *Cahn* Der Konzern 2009, 67 (69); *Mülbert/Leuschner* NZG 2009, 281 (284).
[237] So zuletzt noch OLG Jena ZIP 2007, 1314 (1315 f.); *Hüffer* AG 2004, 416 (419); näher zum früheren Meinungsstand BGHZ 179, 71 Rn. 11 – MPS.
[238] BGHZ 179, 71 Rn. 11 ff. – MPS; *Hüffer/Koch* AktG § 311 Rn. 28; *Habersack* in Emmerich/ Habersack Aktien- und GmbH-Konzernrecht § 311 Rn. 47 ff.
[239] BGHZ 179, 71 Rn. 14 – MPS.
[240] BGHZ 179, 71 Rn. 14 – MPS; *Hüffer/Koch* AktG § 11 Rn. 29; *Bayer/Lieder* AG 2010, 885 (890 ff.); *C. Schäfer/Fischbach* FS Hellwig, 2010, 293 (301 f., 306 ff.); näher *Johnen,* Cash Pooling in faktischen Unternehmenszusammenschlüssen, 2014, S. 249 ff.; *Vetter/Stadler,* Haftungsrisiken beim konzernweiten Cash-Pooling, 2003, Rn. 194 ff.
[241] *Jansen* FS Hommelhoff, 2012, 495 (498).
[242] BGHZ 179, 71 Rn. 14 – MPS.

wertigkeit des Rückzahlungsanspruchs lässt die Nachteiligkeit nur im Hinblick auf das Ausfallrisiko entfallen, ein Nachteil kann sich jedoch aus anderen Gründen ergeben. Insbesondere ist ein Abzug von Mitteln, die von der abhängigen Gesellschaft selbst benötigt werden, auch bei Vollwertigkeit der Darlehensforderung nachteilig und nur bei entsprechendem Nachteilsausgleich zulässig.[243] **Existenznotwendige Liquidität** darf – wie sich heute auch aus § 92 Abs. 2 S. 3 AktG ergibt – in keinem Fall abgezogen werden.[244]

63 Die gleichen Grundsätze gelten für die Übernahme der **Mithaftung** oder die Stellung sonstiger **Sicherheiten** seitens der abhängigen Gesellschaft für Darlehensverpflichtungen der Mutter- oder Schwestergesellschaft. Diese Maßnahmen sind grundsätzlich nicht nachteilig, sofern aus der maßgeblichen ex ante Sicht die Inanspruchnahme sich als unwahrscheinlich oder der etwaige Rückgriffsanspruch sich als vollwertig darstellt;[245] allerdings stellt die Sicherheitengewährung einen Nachteil dar, wenn die Gesellschaft ihre Sicherheiten selbst als Kreditgrundlage benötigt.[246] Die Bestellung von Sicherheiten für Verbindlichkeiten der Mutter oder einer Schwester kann überdies in den Anwendungsbereich des § 92 Abs. 2 S. 3 AktG fallen;[247] das Zahlungsverbot ist allerdings nur verletzt, wenn schon im Zeitpunkt der Sicherheitenbestellung mit der Inanspruchnahme und der daraus resultierenden Zahlungsunfähigkeit gerechnet werden muss (überwiegende Wahrscheinlichkeit).[248]

64 Bei der Einbindung abhängiger Gesellschaften in ein zentrales **Cash-Management** gilt wiederum das Gleiche.[249] Allerdings wird man hier in einer nicht marktgerechten Verzinsung nicht in jedem Fall einen aufgrund genauer Abrechnung auszugleichenden Nachteil sehen müssen (vgl. → Rn. 61), sondern es fehlt bereits an der Nachteiligkeit, wenn die Gesellschaft davon ausgehen kann, dass den ihr aus Darlehenshingaben in den Pool entstehenden Zinsnachteilen über das Jahr gesehen in mindestens gleicher Größenordnung Zinsvorteile bei Darlehensaufnahmen gegenüberstehen.[250] Zusätzlich ist zu beachten, dass die abhängige Gesellschaft in der Lage bleiben muss, sich notfalls kurzfristig wieder unabhängig am Markt bewegen zu können; das erfordert in der Regel ein Minimum an unmittelbaren Bankverbindungen und Kreditlinien für die abhängige Gesellschaft.[251] Darü-

---

[243] Vgl. dazu KölnKommAktG/*Koppensteiner* § 311 Rn. 156; *Hormuth,* Recht und Praxis des konzernweiten Cash-Managements, 1998, S. 198 f.

[244] *Habersack* in Emmerich/Habersack Aktien- und GmbH-Konzernrecht § 311 Rn. 47a; *Vetter/Stadler,* Haftungsrisiken beim konzernweiten Cash-Pooling, 2003, Rn. 164, 213; vgl. auch BGH ZIP 2009, 1860 zur Untreuestrafbarkeit eines existenzgefährdenden Vermögensabzugs.

[245] Hüffer/*Koch* AktG § 311 Rn. 29; *Habersack* in Emmerich/Habersack Aktien- und GmbH-Konzernrecht § 311 Rn. 47c; *Altmeppen* ZIP 2009, 49 (52 f.); *Wand/Tillmann/Heckenthaler* AG 2009, 148 (157).

[246] Hüffer/Koch AktG § 311 Rn. 29; *Habersack* in Emmerich/Habersack Aktien- und GmbH-Konzernrecht § 311 Rn. 47c.

[247] KölnKommAktG/*Mertens/Cahn* § 92 Rn. 41; K. Schmidt/Lutter AktG/*Sailer-Coceani* § 92 Rn. 19 ff. mwN.

[248] K. Schmidt/Lutter AktG/ *Sailer-Coceani* § 92 Rn. 22 ff.; Lutter/Hommelhoff GmbHG/*Kleindiek* § 64 Rn. 28 Baumbach/Hueck GmbHG/*Haas* § 64 Rn. 104; *Knof* DStR 2007, 1536 (1540); enger KölnKommAktG/*Mertens/Cahn* § 92 Rn. 52 ff.; *Cahn* Der Konzern 2009, 7 (13), die spätere Zahlungsunfähigkeit müsse bei Begründung der Sicherheit „klar abzusehen sein"; weiter zB *Hölzle* GmbHR 2007, 729 (731).

[249] Zu Sonderfragen bei Zusammentreffen von Cash Pool und Fremdfinanzierung im Konzern näher *Jansen* FS Hommelhoff, 2012, 495.

[250] *Habersack* in Emmerich/Habersack Aktien- und GmbH-Konzernrecht § 311 Rn. 48; MüKo-AktG/*Altmeppen* § 311 Rn. 258 f.; K. Schmidt/Lutter AktG/*J. Vetter* § 311 Rn. 60; *Altmeppen* ZIP 2009, 49 (52); noch großzügiger *C. Schäfer/Fischbach* FS Hellwig, 2010, 293 (303 f.).

[251] *Habersack* in Emmerich/Habersack Aktien- und GmbH-Konzernrecht § 311 Rn. 48; Lutter ua HdB Konzernfinanzierung/*Hommelhoff/Kleindiek* Rn. 21.20; *Scheffler,* Konzernmanagement, 1992, S. 128; *Vetter/Stadler,* Haftungsrisiken beim konzernweiten Cash-Pooling, 2003, Rn. 217, 219 ff.; *Krieger* in Hommelhoff ua (Hrsg.), Heidelberger Konzernrechtstage: Der qualifizierte faktische GmbH-Konzern, 1992, S. 41/55.

ber hinaus muss innerhalb des Cash-Managements sichergestellt sein, dass die abhängige Gesellschaft auf die von ihr benötigte Liquidität zugreifen kann.[252] Eine darüber hinausgehende Verpflichtung des herrschenden Unternehmens, bei zentralfinanzierten Konzernen die Liquidität des einzelnen Konzernunternehmens sicherzustellen, dürfte sich jedoch nicht begründen lassen.[253] Ein qualifizierter faktischer Konzern (näher → Rn. 141 ff.) wird durch ein zentrales Cash-Management-System in aller Regel nicht begründet,[254] da etwaige Nachteilszufügungen in aller Regel einzelausgleichsfähig sein dürften. Das kann allerdings im Ausnahmefall anders sein, insbesondere dann, wenn der abhängigen Gesellschaft von ihr benötigte Liquidität vorenthalten und ihr dadurch nachhaltig Geschäftschancen genommen werden.[255]

D. Schutzsystem der §§ 311–318 AktG

I. Allgemeines

1. Trennungsprinzip als Grundlage. Kennzeichen des Konzerns ist die Zusammenfassung rechtlich selbständiger Unternehmen unter einheitlicher Leitung (§ 18 AktG). Während die wirtschaftliche Betrachtung dazu neigt, die Einheitlichkeit der Leitung in den Vordergrund zu stellen und den Konzern als eine wirtschaftliche Einheit zu verstehen, steht für die rechtliche Betrachtung die Selbständigkeit der einzelnen Konzernunternehmen im Vordergrund. Der Konzern ist keine juristische Einheit (vgl. → § 69 Rn. 67), sondern ein Verbund rechtlich selbständiger Unternehmen, von denen jedes für sich Träger von Rechten und Pflichten ist. Auch im Konzern gilt das **Trennungsprinzip,** wonach für die Verbindlichkeiten einer juristischen Person nur das Gesellschaftsvermögen haftet, nicht aber deren Gesellschafter (§ 1 Abs. 1 S. 2 AktG, § 13 Abs. 2 GmbHG). Eine Haftung der Muttergesellschaft für die Schulden ihrer Töchter besteht daher grundsätzlich nicht. Vielmehr bietet gerade der faktische Konzern – anders als der Vertragskonzern mit seiner Verlustausgleichspflicht (→ § 71 Rn. 64 ff.) und der Eingliederungskonzern mit seiner Gesamtschuldnerhaftung (→ § 74 Rn. 45 ff.) – die legale Möglichkeit, unter einheitlicher Leitung die Haftung für bestimmte geschäftliche Aktivitäten auf einzelne Tochtergesellschaften zu beschränken. Das ist die Grundlage für die Leistungsfähigkeit des faktischen Konzerns als Organisationsform, die seinen Erfolg gegenüber dem Einheitsunternehmen ausmacht.[256]

Die Möglichkeit der Haftungssegmentierung im Konzern besteht naturgemäß nicht uneingeschränkt. Zunächst gelten auch im Konzern die allgemeinen Haftungstatbestände des Zivilrechts, die eine vertragliche oder deliktische Haftung eines Konzernunternehmens außerhalb seines eigenen Tätigkeitsbereichs begründen können, und auch im Konzern gelten die allgemeinen gesellschaftsrechtlichen Regeln über die ordnungsgemäße Kapitalaufbringung und -erhaltung. Ergänzend dazu bieten §§ 311 ff. AktG ein System besonderer Schutzvorschriften zugunsten der abhängigen Gesellschaft, ihrer Gläubiger und etwaiger Minderheitsgesellschafter gegen nachteilige Konzernleitungsmaßnahmen. Dieses Haftungs-

---

[252] Lutter ua HdB Konzernfinanzierung/*Hommelhoff/Kleindiek* Rn. 21.20; *Habersack* in Emmerich/Habersack Aktien- und GmbH-Konzernrecht § 311 Rn. 48; *Altmeppen* ZIP 2009, 49 (53).
[253] So aber *U. H. Schneider* ZGR 1984, 497 (532 ff.); *Jula/Breitbarth* AG 1997, 256 (262); aA KölnKommAktG/*Koppensteiner* § 302 Rn. 8; *Hormuth,* Recht und Praxis des konzernweiten Cash-Managements, 1998, S. 187; *Ensthaler/Kreher* BB 1996, 385 (388); *Rümker* ZGR 1988, 494 (498 f.); *Eichholz,* Das Recht konzerninterner Darlehen, 1993, S. 116 f.
[254] Vgl. etwa *Habersack* in Emmerich/Habersack Aktien- und GmbH-Konzernrecht § 311 Rn. 48; Lutter ua HdB Konzernfinanzierung/*Hommelhoff/Kleindiek* Rn. 21.21 und Lutter ua HdB Konzernfinanzierung/*U. H. Schneider* Rn. 25.62 ff.; *Hormuth,* Recht und Praxis des konzernweiten Cash-Managements, 1998, S. 210 ff.; *Jula/Breitbarth* AG 1997, 256 (260 f.).
[255] *Krieger* ZGR 1994, 375 (386); *Ensthaler/Kreher* BB 1995, 1422 (1428).
[256] Jüngst *Hommelhoff* ZGR 2019, 379 (388 ff.).

system gerät allerdings zunehmend unter den Druck einer Rechtsentwicklung, die das konzernrechtliche Trennungsprinzip nicht mehr akzeptieren will, sondern für immer neue Rechtsanwendungsfälle eine gesamtschuldnerische Mithaftung der Muttergesellschaft zu schaffen sucht. Was mit der Bußgeldhaftung im Kartellrecht begann,[257] hat inzwischen weitere Rechtsgebiete erfasst[258] und eine rechtspolitisch verfehlte Entwicklung ausgelöst, die die Organisationsform des faktischen Konzerns und die mit ihr verbundenen betriebs- und volkswirtschaftlichen Vorteile im Kern bedroht.[259]

66 **2. Überblick zu § 311 ff. AktG.** §§ 311 ff. AktG enthalten besondere Vorschriften für Einflussnahmen des herrschenden Unternehmens auf eine abhängige Aktiengesellschaft. Sie lassen solche Einflussnahmen einerseits zu und weichen insoweit zu Gunsten des herrschenden Unternehmens von den allgemeinen Regeln des AktG ab; sie enthalten andererseits besondere Schutzvorschriften zum Schutz der Gesellschaft, der außenstehenden Aktionäre und der Gläubiger. Die Regeln der §§ 311 ff. AktG beschränken sich auf **einfache Abhängigkeitsverhältnisse** und **faktische Konzerne.** Andere Regeln gelten, wenn ein Beherrschungsvertrag besteht oder die abhängige Gesellschaft in das herrschende Unternehmen eingegliedert ist (vgl. → Rn. 72 f. und §§ 71, 74).

67 Das Schutzsystem der §§ 311 ff. AktG ist darauf gerichtet, Schutz vor nachteiligen Einwirkungen auf die **Vermögens- und Ertragslage** der abhängigen Gesellschaft durch das herrschende Unternehmen zu gewähren. Hingegen sehen die Vorschriften des AktG bei einfachen Abhängigkeitsverhältnissen und im faktischen Konzern **keine Ausgleichs- und Abfindungsrechte für die Minderheitsaktionäre** vor. §§ 304, 305 AktG begründen solche Rechte nur für den Vertragskonzern (vgl. → § 71 Rn. 78 ff., → § 72 Rn. 38), gelten aber bei einfachen Abhängigkeitsverhältnissen und im faktischen Konzern nicht, auch nicht entsprechend;[260] zur Frage der analogen Anwendung bei qualifizierter Nachteilszufügung vgl. → Rn. 151. Den Aktionären börsennotierter Gesellschaften ist jedoch gem. §§ 35 Abs. 2, 29 Abs. 2 WpÜG im Falle des Kontrollerwerbs (mind. 30 % der Stimmrechte) nach näherer Maßgabe der Vorschriften des WpÜG ein **Pflichtangebot** auf Erwerb ihrer Aktien zu unterbreiten.

68 Nach §§ 311 ff. AktG sind **nachteilige Einflussnahmen** auf die abhängige Gesellschaft zulässig, wenn die Nachteile durch das herrschende Unternehmen ausgeglichen werden (§ 311 AktG). Werden vom herrschenden Unternehmen veranlasste Nachteile nicht ausgeglichen, sind das herrschende Unternehmen und seine gesetzlichen Vertreter schadensersatzpflichtig (§ 317 AktG). Die abhängige Gesellschaft muss jährlich einen **Abhängig-**

---

[257] Siehe nur die europäische Kartellhaftung nach EuGH ZIP 2010, 392 – Akzo-Nobel; EuGH ZIP 2019, 1087 – Skanska, die Haftung der Muttergesellschaft nach § 81 GWB und die Versuche in der Literatur, eine Mithaftung der Muttergesellschaft auch für den Kartellschadensersatz nach § 33a GWB zu konstruieren. Zum Ganzen instruktiv *Beck* AG 2017, 726 (728 ff.); *Beck,* Konzernhaftung in Deutschland und Europa, 2019, S. 271 ff., 356 ff.; Thomas AG 2017, 637.

[258] Vgl. zu den betroffenen Rechtsgebieten näher etwa Hüffer/*Koch* AktG § 1 Rn. 21; *Poelzig* in VGR: Gesellschaftsrecht in der Diskussion 2017, S. 83/85 ff.; Hommelhoff ZGR 2019, 379 (380 f.); *Jungkind/Ruthemeyer/Eickmeier* Der Konzern 2019, 289 ff.; *Kessler/Schulz* NVwZ 2017, 577. S. daneben die Diskussion zur Frage einer deliktischen Haftung der Muttergesellschaft wegen Verletzung angeblicher Verkehrs- und Organisationspflichten, etwa *Fleischer/Korch* Der Betrieb 2019, 1944; *Schall* ZGR 2018, 479; *Habersack/Zickgraf* ZHR 182 (2018), 252; *König* AcP 217 (2017), 611.

[259] Eindringlich vor allem *Hommelhoff* ZGR 2019, 379 ff.; *Poelzig* in VGR (Hrsg.), Gesellschaftsrecht in der Diskussion 2017, S. 83/85 ff.; Hüffer/*Koch* AktG § 1 Rn. 21; *Beurskens* Der Konzern 2017, 425; Habersack AG 2016, 691 (697).

[260] Ganz hM, vgl. etwa *Habersack* in Emmerich/Habersack Aktien- und GmbH-Konzernrecht vor § 311 Rn. 1; K. Schmidt/Lutter AktG/*J. Vetter* § 311 Rn. 135; *Mülbert,* Aktiengesellschaft, Unternehmensgruppe und Kapitalmarkt, 2. Aufl. 1996, S. 458 ff.; *Nitsche,* Die Rechte der außenstehenden Aktionäre bei qualifizierten Nachteilszufügungen, 2013, S. 73 ff.; *Balthasar* NZG 2008, 858 (860 f.); aA *Lieb* FS Lutter, 2000, 1151 (1156 ff.); *Wiedemann,* Die Unternehmensgruppe im Privatrecht, 1988, S. 68 ff. für nicht börsennotierte Gesellschaften.

keitsbericht aufstellen, in dem sämtliche Rechtsgeschäfte mit dem herrschenden Unternehmen oder einem mit diesem verbundenen Unternehmen sowie alle Maßnahmen aufzuführen sind, die auf Veranlassung oder im Interesse dieser Unternehmen getroffen oder unterlassen wurden (§ 312 AktG). Der Abhängigkeitsbericht ist durch den Abschlussprüfer und den Aufsichtsrat zu prüfen; unter bestimmten Voraussetzungen kann zusätzlich jeder Aktionär eine Sonderprüfung durchführen lassen (§§ 313–315 AktG). Wird der Abhängigkeitsbericht nicht ordnungsgemäß erstattet, haften Vorstand und Aufsichtsrat der abhängigen Gesellschaft nach § 318 AktG. Ergänzt werden diese Regelungen durch die neuen Vorschriften über **related party transactions** (§§ 111a–c AktG), die bei börsennotierten Gesellschaften für bestimmte Geschäfte mit Tochtergesellschaften die Zustimmung des Aufsichtsrats und die Veröffentlichung detaillierter Informationen über das Geschäft verlangen (eingehend → § 29 Rn. 68 ff.).

In Sondersituationen besonders enger und intensiver Einflussnahmen im faktischen Konzern ist denkbar, dass die Schutzvorschriften der §§ 311 ff. AktG versagen. Was in solchen Fällen zu gelten hat, ist im Aktienrecht nach wie vor ungeklärt. Richtigerweise wird man die Grundsätze über die Haftung im **qualifizierten Konzern** heranzuziehen haben (vgl. → Rn. 141 ff.). Außerdem ist in der Vergangenheit die Frage aufgeworfen worden, ob die gläubigerschützenden Vorschriften des Konzernrechts durch eine **Haftung aus Konzernvertrauen** zu ergänzen sind, wenn im Geschäftsverkehr die Zugehörigkeit eines Tochterunternehmens zum Konzernverbund werbemäßig herausgestellt wird. Das ist grundsätzlich zu verneinen und kann nur ausnahmsweise nach den allgemeinen Regeln der Haftung aus culpa in contrahendo für in Anspruch genommenes besonderes Vertrauen (§ 311 Abs. 3 BGB) anders beurteilt werden.[261]

3. Anwendbarkeit der §§ 311 ff. AktG. Damit §§ 311 ff. AktG zur Anwendung kommen, muss es sich bei dem abhängigen Unternehmen um eine deutsche Aktiengesellschaft oder KGaA handeln; bei diesen Rechtsformen genügt es, dass der Satzungssitz im Inland liegt (§ 5 AktG), der Verwaltungssitz kann im Ausland liegen.[262] Gleichgestellt ist eine SE mit Sitz im Inland (Art. 10 SE-VO); bei der SE muss allerdings auch der Verwaltungssitz in Deutschland liegen (Art. 7 S. 1 SE-VO). Auf abhängige Gesellschaften ausländischen Rechts sind §§ 311 ff. AktG nicht anwendbar.[263] **Rechtsform und Sitz** des herrschenden Unternehmens sind gleichgültig. Es muss nur ein Unternehmen im konzernrechtlichen Sinne sein; vgl. → § 69 Rn. 5 ff. Das herrschende Unternehmen unterliegt den Vorschriften der §§ 311 ff. AktG also auch, wenn es seinen Sitz im Ausland hat.[264] Zur Frage von Auskunftsrechten nach § 320 Abs. 3 S. 2 HGB gegenüber ausländischen Mutter- oder Tochterunternehmen vgl. → Rn. 116.

---

[261] Vgl. dazu eingehend *Lutter* GS Knobbe-Keuk, 1997, 229; *Lutter* in Schaumburg (Hrsg.), Kölner Konzernrechtstage: Steuerrecht und steuerorientierte Gestaltungen im Konzern, 1998, Rn. 99 ff.; *Krieger* in Lutter ua (Hrsg.), Handbuch der Konzernfinanzierung, 1998, Rn. 4.21 ff.; Hüffer/Koch AktG § 1 Rn. 31; *Habersack* in Emmerich/Habersack Aktien- und GmbH-Konzernrecht § 311 Rn. 92; KölnKommAktG/*Koppensteiner* Vorb. § 15 Rn. 52; *Kuzmic*, Haftung aus Konzernvertrauen, 1998, S. 139 ff.; *Baierlipp*, Die Haftung der Muttergesellschaft eines multinationalen Konzerns für die die Verbindlichkeiten ihrer ausländischen Tochtergesellschaft, 2000, S. 70 ff.; *Rieckers, Konzernvertrauen und Konzernrecht*, 2004, S. 75 ff.; *Rieckers* NZG 2007, 125; *Druey* FS Lutter, 2000, 1069 ff.; *Vogel* FS Druey, 2002, 607 (626 ff.); *Fleischer* ZHR 163 (1999), 461 ff.; *Fleischer* NZG 1999, 685 (687 ff.). S. auch die beiden Entscheidungen des schweizerischen Bundesgerichts BGE 120 II, 331 – Swissair; BG AG 2001, 100 – Columbus.

[262] *Habersack* in Emmerich/Habersack Aktien- und GmbH-Konzernrecht § 311 Rn. 21; Spindler/Stilz AktG/*H.-F. Müller* § 311 Rn. 3.

[263] *Habersack* in Emmerich/Habersack Aktien- und GmbH-Konzernrecht § 311 Rn. 21; Spindler/Stilz AktG/*H.-F. Müller* § 311 Rn. 3; K. Schmidt/Lutter AktG/*J. Vetter* § 311 Rn. 11; einschränkend jedoch Hüffer/Koch AktG § 311 Rn. 9; Spindler/Stilz AktG/*Schall* vor § 15 Rn. 38.

[264] KölnKommAktG/*Koppensteiner* Vorb. § 291 Rn. 184; *Habersack* in Emmerich/Habersack Aktienkonzernrecht § 311 Rn. 21; vgl. auch BGH ZIP 2005, 250 (251).

71 §§ 311 ff. AktG setzen voraus, dass zwischen den beteiligten Unternehmen ein **Abhängigkeitsverhältnis** besteht (vgl. → § 69 Rn. 36 ff.). In mehrstufigen Abhängigkeitsverhältnissen (näher → § 69 Rn. 49 f.) sind die §§ 311 ff. AktG sowohl im Verhältnis zum unmittelbar herrschenden Unternehmen als auch im Verhältnis zum nur mittelbar herrschenden Unternehmen anwendbar. In Fällen gemeinsamer Beherrschung eines abhängigen Unternehmens (näher → § 69 Rn. 51 ff.) kommen die §§ 311 ff. AktG gegenüber jedem der gemeinschaftlich herrschenden Unternehmen zur Anwendung.

72 §§ 311 ff. AktG sind nicht anwendbar, wenn zwischen den beteiligten Unternehmen ein **Beherrschungsvertrag** (§§ 311 Abs. 1 S. 1, 312 Abs. 1 S. 1, 317 Abs. 1 S. 1 AktG) oder eine Eingliederung (§ 323 Abs. 1 S. 3 AktG) besteht. Die Existenz eines **Gewinnabführungsvertrags** führt zur Unanwendbarkeit der Regelungen über den Abhängigkeitsbericht, während die übrigen Vorschriften anwendbar bleiben (§ 316 AktG). Wird im Laufe eines Geschäftsjahres ein Beherrschungsvertrag wirksam, sind die §§ 311 ff. AktG bis zu diesem Zeitpunkt noch anwendbar; eine Rückbeziehung des Beherrschungsvertrages auf den Beginn des Geschäftsjahres ist nicht möglich (vgl. → § 71 Rn. 59). Da der Beherrschungsvertrag jedoch zur Verlustausgleichspflicht für das gesamte bei Wirksamwerden laufende Geschäftsjahr führt (vgl. → § 71 Rn. 66), ist es gerechtfertigt, jedenfalls die Verpflichtung zum Abhängigkeitsbericht entsprechend § 316 AktG für das gesamte laufende Geschäftsjahr entfallen zu lassen;[265] es ist konsequent, entsprechend auch die Pflicht zum Nachteilsausgleich für das gesamte laufende Geschäftsjahr entfallen zu lassen.[266] Gleiches gilt bei Wirksamwerden eines Gewinnabführungsvertrages im laufenden Geschäftsjahr, und zwar unabhängig davon, ob dieser rückwirkend auf den Beginn des Geschäftsjahres abgeschlossen wird oder nicht; wird er auf ein bereits abgelaufenes Geschäftsjahr rückbezogen, entfällt die Pflicht zur Erstattung eines Abhängigkeitsberichts auch für dieses Jahr.[267] Soweit fehlerhafte Unternehmensverträge und eine fehlerhafte Eingliederung für die Vergangenheit nach den Grundsätzen über die fehlerhafte Gesellschaft als wirksam zu behandeln sind (vgl. → § 71 Rn. 19 u. 55; → § 74 Rn. 17), führen auch sie zur Unanwendbarkeit der §§ 311 ff. AktG bzw. zu den Erleichterungen des § 316 AktG.[268]

73 Sind Beherrschungsverträge innerhalb **mehrstufiger Abhängigkeitsverhältnisse** geschlossen, gilt: Besteht ein Beherrschungsvertrag sowohl zwischen Mutter und Tochter als auch zwischen Tochter und Enkel, sind §§ 311 ff. AktG insgesamt – also auch im Verhältnis Mutter-Enkel – unanwendbar.[269] Bei einem Beherrschungsvertrag nur zwischen Mutter und Tochter bleiben die §§ 311 ff. AktG sowohl im Verhältnis Mutter-Enkel, als auch im Verhältnis Tochter-Enkel anwendbar.[270] Bei einem Beherrschungsvertrag nur zwischen Mutter und Enkel bleiben die §§ 311 ff. AktG im Verhältnis Mutter-Tochter anwendbar,

---

[265] MüKoAktG/*Altmeppen* § 312 Rn. 47; *Hüffer/Koch* AktG § 312 Rn. 7; *Habersack* in Emmerich/Habersack Aktien- und GmbH-Konzernrecht § 312 Rn. 12; KölnKommAktG/*Koppensteiner* § 312 Rn. 18; *Friedl* NZG 2005, 875 (877).

[266] *Habersack* in Emmerich/Habersack Aktien- und GmbH-Konzernrecht § 311 Rn. 12; Großkomm. AktG/*Fleischer* § 311 Rn. 49; aA *Adler/Düring/Schmaltz* Rechnungslegung § 311 Rn. 9; *Friedl* NZG 2005, 875 (878).

[267] *Hüffer/Koch* AktG § 316 Rn. 4; MüKoAktG/*Altmeppen* § 316 Rn. 12; *Habersack* in Emmerich/Habersack Aktien- und GmbH-Konzernrecht § 316 Rn. 5.

[268] *Habersack* in Emmerich/Habersack Aktien- und GmbH-Konzernrecht § 311 Rn. 15; K. Schmidt/Lutter AktG/*J. Vetter* § 311 Rn. 16; KölnKommAktG/*Koppensteiner* § 311 Rn. 28 iVm § 297 Rn. 51 ff.

[269] OLG Frankfurt a. M. AG 2001, 53; KölnKommAktG/*Koppensteiner* Vorb. § 311 Rn. 29; MüKoAktG/*Altmeppen* Anh. § 311 Rn. 20 ff.; *Hüffer/Koch* AktG § 311 Rn. 12; *Habersack* in Emmerich/Habersack Aktien- und GmbH-Konzernrecht § 311 Rn. 18; aA *Pentz*, Die Rechtsstellung der Enkel-AG in einer mehrstufigen Unternehmensverbindung, 1994, S. 214 ff.

[270] KölnKommAktG/*Koppensteiner* Vorb. § 311 Rn. 29; MüKoAktG/*Altmeppen* Anh. § 311 Rn. 10 f.; *Hüffer/Koch* AktG § 311 Rn. 12; *Habersack* in Emmerich/Habersack Aktien- und GmbH-Konzernrecht § 311 Rn. 18.

nicht hingegen im Verhältnis Tochter-Enkel.²⁷¹ Wird ein Beherrschungsvertrag nur zwischen Tochter und Enkel geschlossen, bleiben die §§ 311 ff. AktG jedenfalls im Verhältnis Mutter-Tochter unberührt. Im Verhältnis Mutter-Enkel hält die wohl herrschende Meinung in einem solchen Fall die §§ 311 ff. AktG – mit Recht – für nicht anwendbar;²⁷² für die Praxis wird vereinzelt empfohlen, in Fällen dieser Art solle die Konzernspitze die Erfüllung der beherrschungsvertraglichen Verpflichtungen der Tochter gegenüber der Enkelgesellschaft garantieren.²⁷³ Die gleichen Grundsätze gelten für Eingliederungen innerhalb mehrstufiger Abhängigkeitsverhältnisse. Für Gewinnabführungsverträge in mehrstufigen Abhängigkeitsverhältnissen gelten die vorstehenden Grundsätze ebenfalls entsprechend,²⁷⁴ allerdings mit dem Unterschied, dass hier nur die Anwendbarkeit der Regelungen über den Abhängigkeitsbericht entfällt (§ 316 AktG).

4. Verhältnis der §§ 311 ff. AktG zu allgemeinen Vorschriften. § 311 AktG lässt die **74** Verpflichtung des Vorstands zur eigenverantwortlichen Leitung der Gesellschaft (§ 76 Abs. 1 AktG) unberührt (vgl. → Rn. 31). Jedoch treten die allgemeinen **Haftungsvorschriften** des Aktiengesetzes zurück. Solange die Grenzen des § 311 AktG eingehalten werden, ist das Verbot der Einlagenrückgewähr (§§ 57, 60, 62 AktG) unanwendbar²⁷⁵ und kommt es nicht zu einer Haftung der Beteiligten nach §§ 93, 116 AktG²⁷⁶ und § 117 AktG.²⁷⁷ Das gilt jedoch nur solange, als sich die nachteilige Veranlassung in den durch § 311 AktG gezogenen Grenzen hält, werden diese Grenzen überschritten, greifen die allgemeinen Vorschriften wieder ein; vgl. → Rn. 137. Werden nachteilige Maßnahmen zugunsten des herrschenden Unternehmens durch einen **Hauptversammlungsbeschluss**

---

²⁷¹ KölnKommAktG/*Koppensteiner* Vorb. § 311 Rn. 30; MüKoAktG/*Altmeppen* Anh. § 311 Rn. 37 ff.; Hüffer/Koch AktG § 311 Rn. 12; *Habersack* in Emmerich/Habersack Aktien- und GmbH-Konzernrecht § 311 Rn. 18; K. Schmidt/Lutter AktG/*J. Vetter* § 311 Rn. 21; einschränkend *Rehbinder;* ZGR 1977, 581 (620); *Wanner,* Konzernrechtliche Probleme mehrstufiger Unternehmensverbindungen nach Aktienrecht, 1998, S. 118 ff., die danach differenzieren wollen, ob die Tochtergesellschaft nur Einflußnahmen der Muttergesellschaft unselbständig weitergibt oder selbständig Einfluß auf die Enkelgesellschaft nimmt; aA *Pentz,* Die Rechtsstellung der Enkel-AG in einer mehrstufigen Unternehmensverbindung, 1994, S. 218; *Görling,* Die Konzernhaftung in mehrstufigen Unternehmensverbindungen, 1998, S. 222 f., die auch zwischen Tochter und Enkel die §§ 311 ff. AktG anwenden wollen.
²⁷² OLG Frankfurt a. M. AG 2001, 53; KölnKommAktG/*Koppensteiner* Vorb. § 311 Rn. 31 f.; MüKoAktG/*Altmeppen* § 311 Rn. 46 ff.; K. Schmidt/Lutter AktG/*J. Vetter* § 311 Rn. 18 f.; Hüffer/ Koch AktG § 311 Rn. 12, § 316 Rn. 3; einschränkend *Rehbinder* ZGR 1977, 581 (628 ff.); *Wanner,* Konzernrechtliche Probleme mehrstufiger Unternehmensverbindungen nach Aktienrecht, 1998, S. 153 ff.; *Pentz,* Die Rechtsstellung der Enkel-AG in einer mehrstufigen Unternehmensverbindung, 1994, S. 201 ff., die danach differenzieren wollen, ob die Mutter ihren Einfluß auf die Enkelgesellschaft über die Tochter oder unmittelbar ausübt; aA zB *Habersack* in Emmerich/Habersack Aktien- und GmbH-Konzernrecht § 311 Rn. 19; *Görling,* Die Konzernhaftung in mehrstufigen Unternehmensverbindungen, 1998, S. 218 ff.; *Wimmer-Leonhardt,* Konzernhaftungsrecht, 2003, S. 124 ff.; *Cahn* BB 2000, 1477 (1478 ff.).
²⁷³ So KölnKommAktG/*Koppensteiner* Vorb. § 311 Rn. 31 mwN.
²⁷⁴ KölnKommAktG/*Koppensteiner* § 316 Rn. 3; MüKoAktG/*Altmeppen* § 316 Rn. 15; Hüffer/ Koch AktG § 316 Rn. 3; aA *Habersack* in Emmerich/Habersack Aktien- und GmbH-Konzernrecht § 316 Rn. 7.
²⁷⁵ Vgl. → Rn. 52 und die dortigen Nachweise.
²⁷⁶ KölnKommAktG/*Koppensteiner* § 311 Rn. 160; *Habersack* in Emmerich/Habersack Aktien- und GmbH-Konzernrecht § 311 Rn. 78; Hüffer/Koch AktG § 311 Rn. 48; *Ulmer* FS Hüffer, 2010, 999 (1012 ff.); *Strohn,* Die Verfassung der Aktiengesellschaft im faktischen Konzern, 1977, S. 30 ff.; weitergehend *Michalski* AG 1980, 261 (263 ff.), der einen Vorrang von § 311 AktG auch annimmt, wenn entgegen dieser Vorschrift kein Nachteilsausgleich geleistet wird.
²⁷⁷ KölnKommAktG/*Koppensteiner* § 311 Rn. 164; MüKoAktG/*Spindler* § 117 Rn. 90; Hüffer/ Koch AktG § 311 Rn. 51; *Habersack* in Emmerich/Habersack Aktien- und GmbH-Konzernrecht § 311 Rn. 88; *Ulmer* FS Hüffer, 2010, 999 (1009 ff.); *Strohn,* Die Verfassung der Aktiengesellschaft im faktischen Konzern, 1977, S. 32 ff.; aA *Brüggemeier* AG 1988, 93 (101 f.).

§ 70   75–77   12. Kapitel. Konzernrecht des Aktiengesetzes

veranlasst, kommt dessen Nichtigkeit gem. §§ 241 Nr. 3, 57 Abs. 1 S. 3 AktG und Anfechtbarkeit wegen Verfolgung von Sondervorteilen gemäß § 243 Abs. 2 AktG in Frage, soweit nicht bereits der Beschluss selbst einen angemessenen Ausgleich gewährt (näher → Rn. 88 u. 92).[278] §§ 311 ff. AktG verdrängen wohl auch das Finanzierungsverbot des § 71a AktG (vgl. → Rn. 54).

II. Nachteilsausgleich

75   **1. Allgemeines.** Gem. § 311 AktG darf ein herrschendes Unternehmen eine abhängige Aktiengesellschaft zu nachteiligen Rechtsgeschäften und Maßnahmen nur veranlassen, wenn die Nachteile ausgeglichen werden. Ist der Ausgleich nicht während des laufenden Geschäftsjahres erfolgt, muss spätestens am Ende des Geschäftsjahres bestimmt werden, wann und durch welche Vorteile der Nachteil ausgeglichen werden soll. Auf diese Vorteile ist der abhängigen Gesellschaft ein Rechtsanspruch zu gewähren. Unzulässig bleiben alle Veranlassungen, deren Nachteile das herrschende Unternehmen nicht ausgleichen kann oder will oder die aus anderen Gründen – zB wegen Überschreitung des Unternehmensgegenstands der abhängigen Gesellschaft – rechtswidrig sind.

76   **2. Veranlassung von Rechtsgeschäften und Maßnahmen.** Die Verpflichtung zum Nachteilsausgleich beschränkt sich auf Nachteile aus konkreten Rechtsgeschäften und Maßnahmen, die vom herrschenden Unternehmen veranlasst wurden. **Rechtsgeschäfte und Maßnahmen** in diesem Sinne sind sämtliche Geschäftsführungshandlungen, die Auswirkungen auf die Vermögens- oder Ertragssituation der abhängigen Gesellschaft haben können, einschließlich der Unterlassung solcher Handlungen.[279] Nicht ausgleichspflichtig sind hingegen die Folgen, die sich für die abhängige Gesellschaft allein auf Grund ihrer Konzerneinbeziehung ergeben (sog. **passive Konzerneffekte**). Denn solche allgemeinen Konzernwirkungen beruhen nicht auf konkreten Geschäftsführungshandlungen der abhängigen Gesellschaft.[280] Deshalb bieten §§ 311 ff. AktG auch keine Grundlage für den Ausgleich von Nachteilen, die der Gesellschaft allein aufgrund des Beteiligungserwerbs durch das herrschende Unternehmen entstehen.[281]

77   Rechtsgeschäfte und Maßnahmen sind vom herrschenden Unternehmen veranlasst, wenn ein entsprechender Wunsch des herrschenden Unternehmens dafür ursächlich war. Wie dieser Wunsch zum Ausdruck kommt, ob als förmliche Weisung, Anregung oder sonst wie erkennbare Erwartung, ist ohne Belang.[282] Es bedarf aber eines Verhaltens, dass aus der Sicht der abhängigen Gesellschaft als Wunsch des herrschenden Unternehmens verstanden werden darf.[283] Ein besonderes Veranlassungsbewusstsein auf Seiten des herrschenden

---

[278] BGH ZIP 2012, 1753 Rn. 11 ff. – HVB/Unicredit; OLG Frankfurt a. M. WM 1973, 348 (350 f.); MüKoAktG/*Altmeppen* § 311 Rn. 129 ff.; KölnKommAktG/*Koppensteiner* § 311 Rn. 165 f.; *Habersack* in Emmerich/Habersack Aktien- und GmbH-Konzernrecht § 311 Rn. 85; Hüffer AktG/*Koch* § 243 Rn. 43; aA *Mülbert*, Aktiengesellschaft, Unternehmensgruppe und Kapitalmarkt, 2. Aufl. 1996, S. 288 ff.; *Wimmer-Leonhardt*, Konzernhaftungsrecht, 2003, S. 136 f.
[279] KölnKommAktG/*Koppensteiner* § 311 Rn. 14; Hüffer/*Koch* AktG § 311 Rn. 23; *Habersack* in Emmerich/Habersack Aktien- und GmbH-Konzernrecht § 311 Rn. 37.
[280] Näher KölnKommAktG/*Koppensteiner* § 311 Rn. 34; *Habersack* in Emmerich/Habersack Aktien- und GmbH-Konzernrecht § 311 Rn. 52; *Kropff* FS Lutter, 2000, 1133 (1142 f.); *Decher* FS Hommelhoff, 2012, 115 (117 f.).
[281] *Decher* FS Hommelhoff, 2012, 115 (117); *Mülbert/Kiem* ZHR 177 (2013), 819 (842 f.), die allerdings insoweit Ausgleichsansprüche aufgrund Treuepflicht für möglich halten (dazu → Rn. 21).
[282] LG Köln AG 2008, 327 (331); Hüffer/*Koch* AktG § 311 Rn. 13; *Habersack* in Emmerich/Habersack Aktien- und GmbH-Konzernrecht § 311 Rn. 23; MüKoAktG/*Altmeppen* § 311 Rn. 76; KölnKommAktG/*Koppensteiner* § 311 Rn. 3.
[283] Hüffer/*Koch* AktG § 311 Rn. 13; Spindler/Stilz AktG/*H.-F. Müller* § 311 Rn. 14; *Habersack* in Emmerich/Habersack Aktien- und GmbH-Konzernrecht § 311 Rn. 24. Wohl nicht anders K. Schmidt/Lutter AktG/*J. Vetter* § 311 Rn. 27 mit dem Hinweis, der bloße Anschein einer Veranlassung aus der Sicht der abhängigen Gesellschaft reiche nicht.

Unternehmens ist nicht erforderlich;[284] allerdings genügt nicht eine Äußerung des herrschenden Unternehmens, die als „echte" Anregung gemeint ist und sich auch aus der Sicht der abhängigen Gesellschaft nicht mit der Erwartung verbindet, die abhängige Gesellschaft möge sich entsprechend verhalten.[285] Die **Veranlassung** muss sich nicht auf eine bestimmte Maßnahme richten. Es genügen allgemeine Richtlinien.[286] Die Veranlassung durch das herrschende Unternehmen muss für die Maßnahme ursächlich oder mitursächlich sein. Hätte das abhängige Unternehmen dieselbe Maßnahme auch ohne Veranlassung getroffen, greift § 311 AktG nicht ein.[287] Überdies muss die Veranlassung auf dem Abhängigkeitsverhältnis und dem dadurch begründeten Einfluss beruhen;[288] ist das herrschende Unternehmen eine Körperschaft oder Anstalt öffentlichen Rechts, so stellt deren **hoheitliches Handeln** daher keine Veranlassung iSv § 311 AktG dar.[289]

Die Veranlassung braucht nicht durch den gesetzlichen Vertreter des herrschenden Unternehmens zu erfolgen und muss sich auch nicht an den Vorstand der abhängigen Gesellschaft richten. Es genügt auf beiden Seiten das Tätigwerden nachgeordneter Stellen.[290] Es reicht auch, wenn das herrschende Unternehmen durch seinen Vertreter im Aufsichtsrat[291] der abhängigen Gesellschaft handelt. Gleiches gilt für die Abstimmung in der Hauptversammlung,[292] insoweit gelten allerdings Besonderheiten hinsichtlich der Beurteilung der Nachteiligkeit und der Ausgleichsleistung, vgl. dazu → Rn. 88 und 92. Auch **personelle Verflechtungen der Geschäftsführungsorgane** können genügen. Ist ein gesetzlicher Vertreter oder leitender Angestellter des herrschenden Unternehmens zugleich Vorstandsmitglied oder leitender Angestellter der abhängigen Gesellschaft, so sind nachteilige Geschäftsführungshandlungen, die der Betreffende für die abhängige Gesellschaft vornimmt und die dem herrschenden Unternehmen Vorteile bringen, im Sinne einer unwiderleglichen Vermutung als durch das herrschende Unternehmen veranlasst anzusehen.[293] Demgegenüber will eine neuere Meinung bei derartigen personellen Verflechtungen nur eine widerlegliche Veranlassungsvermutung[294] oder einen Anscheinsbeweis[295] annehmen. Diese Autoren gehen aber von einem anderen Anknüpfungstatbestand aus und

---

[284] Ebenso Hüffer/*Koch* AktG § 311 Rn. 13; *Habersack* in Emmerich/Habersack Aktien- und GmbH-Konzernrecht § 311 Rn. 24; MüKoAktG/*Altmeppen* § 311 Rn. 80.

[285] Hüffer/*Koch* AktG § 311 Rn. 13; *Habersack* in Emmerich/Habersack Aktien und GmbH-Konzernrecht § 311 Rn. 24; KölnKommAktG/*Koppensteiner* § 311 Rn. 2; aA MüKoAktG/*Altmeppen* § 311 Rn. 80, 153 ff.; *Altmeppen* FS Priester, 2007, 1 (6 f.), der jede psychisch vermittelte Kausalität genügen lässt, die nach §§ 18 Abs. 1 S. 3, 17 Abs. 2, 16 AktG zu vermuten sei.

[286] MüKoAktG/*Altmeppen* § 311 Rn. 76; Hüffer/*Koch* AktG § 311 Rn. 13; *Habersack* in Emmerich/Habersack Aktien- und GmbH-Konzernrecht § 311 Rn. 23.

[287] LG Bonn AG 2005, 542 (543); KölnKommAktG/*Koppensteiner* § 311 Rn. 6; Hüffer/*Koch* AktG § 311 Rn. 13; *Habersack* in Emmerich/Habersack Aktien- und GmbH-Konzernrecht § 311 Rn. 38.

[288] *Habersack* ZIP 2006, 1327 (1329).

[289] OLG Köln ZIP 2006, 997 (1000); LG Bonn AG 2005, 542 (543); MüKoAktG/*Altmeppen* § 311 Rn. 136; KölnKommAktG/*Koppensteiner* § 311 Rn. 4; *Habersack* ZIP 2006, 1327 (1329).

[290] MüKoAktG/*Altmeppen* § 311 Rn. 81 u. 83; KölnKommAktG/*Koppensteiner* § 311 Rn. 17 u. 21; Hüffer/Koch AktG § 311 Rn. 14 u. 17; *Habersack* in Emmerich/Habersack Aktien- und GmbH-Konzernrecht § 311 Rn. 25 u. 27.

[291] MüKoAktG/*Altmeppen* § 311 Rn. 108 ff.; KölnKommAktG/*Koppensteiner* § 311 Rn. 24; Hüffer/Koch AktG § 311 Rn. 15.

[292] BGH ZIP 2012, 1753 Rn. 18 – HVB/Unicredit; MüKoAktG/*Altmeppen* § 311 Rn. 117 ff.; Hüffer/Koch AktG § 311 Rn. 15 *Habersack* in Emmerich/Habersack Aktien- und GmbH-Konzernrecht § 311 Rn. 29.

[293] Grigoleit AktG/*Grigoleit* § 311 Rn. 24; Spindler/Stilz AktG/*H.-F. Müller* § 311 Rn. 20; KölnKommAktG/*Koppensteiner* § 311 Rn. 29 ff.

[294] Hüffer/*Koch* AktG § 311 Rn. 21; MüKoAktG/*Altmeppen* § 311 Rn. 107; K. Schmidt/Lutter AktG/*J. Vetter* § 311 Rn. 32; Spindler/Stilz AktG/*H.-F. Müller* § 311 Rn. 26; eine Veranlassungsvermutung ablehnend hingegen *Decher*, Personelle Verflechtungen im Aktienkonzern, 1990, S. 172 ff.

[295] *Habersack* in Emmerich/Habersack Aktien- und GmbH-Konzernrecht § 311 Rn. 33 ff.

lassen schon die Existenz eines bloßen Doppelmandatsverbundes für die Beweiserleichterung genügen. Zieht man den Anknüpfungstatbestand so weit, liegt auf der Hand, dass eine Widerlegung möglich sein muss. Richtiger erscheint es jedoch, eine (dann aber unwiderlegliche) Veranlassungsvermutung erst bei erwiesener Mitwirkung des Doppelmandatsträgers einsetzen zu lassen. Allein die Tatsache, dass Vertreter des herrschenden Unternehmens dem Aufsichtsrat der abhängigen Gesellschaft angehören, kann für eine Beweiserleichterung ebenfalls nicht genügen,[296] sondern es muss zumindest hinzukommen, dass der Aufsichtsrat mit dem konkreten Geschäft befasst war.[297] Erst recht kann es für eine Beweiserleichterung nicht ausreichen, dass Vorstandsmitglieder oder leitende Angestellte der abhängigen Gesellschaft – wie es in der Praxis verbreitet ist – nur ihren Anstellungsvertrag mit dem herrschenden Unternehmen haben, ohne für dieses aber gleichzeitig aktiv leitend tätig zu sein. Maßnahmen, die das herrschende Unternehmen auf Grund einer **Vollmacht** für die abhängige Gesellschaft vornimmt, sind ebenfalls als von dem herrschenden Unternehmen veranlasst anzusehen.[298]

79 Auch unabhängig von solchen personellen Verflechtungen kann ein Anscheinsbeweis oder eine vom herrschenden Unternehmen **widerlegbare Vermutung** bestehen, dass eine für die abhängige Gesellschaft nachteilige Maßnahme vom herrschenden Unternehmen veranlasst ist.[299] Umstritten ist jedoch, ob diese Beweiserleichterung voraussetzt, dass die Maßnahme für das herrschende oder ein anderes Konzern-Unternehmen Vorteile brachte oder nicht;[300] unklar ist auch, ob sie schon bei schlichten Abhängigkeitsverhältnissen gelten soll oder nur bei faktischen Konzernverhältnissen.[301] Richtigerweise wird man die Vermutung auf faktische Konzernverhältnisse beschränken, jedoch nicht von der Vorteilhaftigkeit der Maßnahme für das herrschende Unternehmen abhängig machen müssen. Hat das herrschende Unternehmen die Konzernvermutung des § 17 Abs. 2 AktG widerlegt, ist die tatsächliche Vermutung, dass alle nachteiligen Maßnahmen von ihm veranlasst seien, sachlich nicht mehr gerechtfertigt. Im Konzern hingegen ist die Vermutung, will man sie nicht entwerten, unabhängig von dem Nachweis geboten, dass das herrschende Unternehmen aus der Maßnahme Vorteile hatte.

80 Bei **mehrstufiger Abhängigkeit** (vgl. → § 69 Rn. 49 f.) sind nachteilige Veranlassungen jedem der herrschenden Unternehmen zuzurechnen, von dem sie ausgingen. Eine nachteilige Veranlassung durch die Mutter- gegenüber der Enkelgesellschaft wird also der Tochter nur zugerechnet, wenn diese mitwirkt; ebenso ist eine nachteilige Veranlassung der Tochter gegenüber der Enkelgesellschaft der Mutter nur bei deren Mitwirkung zuzurech-

---

[296] So aber anscheinend *Habersack* in Emmerich/Habersack § 311 Rn. 36.
[297] Zutreffend Hüffer/*Koch* § 311 Rn. 22; wohl auch K. Schmidt/Lutter AktG/*J. Vetter* § 311 Rn. 34.
[298] KölnKommAktG/*Koppensteiner* § 311 Rn. 23; Hüffer/*Koch* AktG § 311 Rn. 14.
[299] Offenlassend, ob Anscheinsbeweis oder Vermutung BGHZ 190, 7 Rn. 40 – Telekom III; vgl. auch BGHZ 179, 71 Rn. 14 – MPS; für Anscheinsbeweis etwa OLG Jena AG 2007, 785 (787); Hüffer/*Koch* AktG § 311 Rn. 20; *Habersack* in Emmerich/Habersack Aktien- und GmbH-Konzernrecht § 311 Rn. 33; K. Schmidt/Lutter AktG/*J. Vetter* § 311 Rn. 29 f.; für Vermutung etwa MüKoAktG/*Altmeppen* § 311 Rn. 90 ff.; KölnKommAktG/*Koppensteiner* § 311 Rn. 23; Grigoleit AktG/ *Grigoleit* § 311 Rn. 22; ganz ablehnend *Haesen*, Der Abhängigkeitsbericht im faktischen Konzern, 1970, S. 90 f.
[300] Einen Vorteil voraussetzend zB Hüffer/*Koch* AktG § 311 Rn. 20; *Habersack* in Emmerich/ Habersack Aktien- und GmbH-Konzernrecht § 311 Rn. 33; K. Schmidt/Lutter AktG/*J. Vetter* § 311 Rn. 30; Spindler/Stilz AktG/*H.-F. Müller* § 311 Rn. 25; *Decher,* Personelle Verflechtungen im Aktienkonzern, 1990, S. 173 f.; aA MüKoAktG/*Altmeppen* § 311 Rn. 90 ff.; wohl auch KölnKommAktG/ *Koppensteiner* § 311 Rn. 10.
[301] Ein Konzernverhältnis voraussetzend LG Köln AG 2008, 327 (331); MüKoAktG/*Altmeppen* § 311 Rn. 90 ff.; Hüffer/*Koch* AktG § 311 Rn. 20; aA KölnKommAktG/*Koppensteiner* § 311 Rn. 11; *Habersack* in Emmerich/Habersack Aktien- und GmbH-Konzernrecht § 311 Rn. 34; K. Schmidt/ Lutter AktG/*J. Vetter* § 311 Rn. 30; Spindler/Stilz AktG/*H.-F. Müller* § 311 Rn. 25; *Kiethe* WM 2000, 1182 (1188).

nen.³⁰² Unter den in → Rn. 79 geschilderten Voraussetzungen greift jedoch die Beweiserleichterung zu Lasten aller mittelbar und unmittelbar herrschenden Unternehmen ein.³⁰³

Bei mehreren **gemeinschaftlich herrschenden** Unternehmen (vgl. → § 69 Rn. 51 ff.) **81** ist die Veranlassung all denen zuzurechnen, von deren Einvernehmen sie gedeckt war.³⁰⁴ Auch gegenüber gemeinschaftlich herrschenden Unternehmen greift die Veranlassungsvermutung (vgl. → Rn. 79), soweit deren Voraussetzungen bei dem jeweiligen Unternehmen erfüllt sind.³⁰⁵

3. Nachteilsermittlung. Rechtsgeschäfte oder Maßnahmen sind nachteilig, wenn sie die **82** Vermögenslage oder die Ertragsaussichten des Unternehmens mindern und diese Beeinträchtigung als Abhängigkeitsfolge eintritt.³⁰⁶ Sie sind nicht nachteilig, wenn auch ein ordentlicher und gewissenhafter **Geschäftsleiter einer unabhängigen Gesellschaft** sich – unter Berücksichtigung der Business Judgment Rule³⁰⁷ – ebenso hätte verhalten können; in einem solchen Fall entfällt also nicht erst die Ersatzpflicht nach § 317 Abs. 2 AktG, sondern es fehlt bereits an einem Nachteil iSv § 311 AktG, weil die Beeinträchtigung nicht als Abhängigkeitsfolge eintritt.³⁰⁸ Entscheidend ist dabei das fiktive Verhalten einer rechtlich unabhängigen, aber in derselben wirtschaftlichen Lage befindlichen Gesellschaft.³⁰⁹ Deshalb kann eine enge wirtschaftliche Abhängigkeit der abhängigen Gesellschaft von dem herrschenden Unternehmen zur Folge haben, dass viele Veranlassungen des herrschenden Unternehmens nicht mehr als nachteilig qualifiziert werden können, eben weil die Gesellschaft in ihrer wirtschaftlichen Situation selbst bei rechtlicher Unabhängigkeit sich nicht anders hätte verhalten können.³¹⁰

---

³⁰² Näher MüKoAktG/*Altmeppen* § 311 Rn. 147 ff.; Hüffer/*Koch* AktG § 311 Rn. 16; K. Schmidt/Lutter AktG/*J. Vetter* § 311 Rn. 38; KölnKommAktG/*Koppensteiner* § 311 Rn. 19; *Görling*, Die Konzernhaftung in mehrstufigen Unternehmensverbindungen, 1998, S. 163 ff.; *Wanner*, Konzernrechtliche Probleme mehrstufiger Unternehmensverbindungen nach Aktienrecht, 1998, S. 24 ff.

³⁰³ MüKoAktG/*Altmeppen* § 311 Rn. 149 f., Anh. § 311 Rn. 8; *Habersack* in Emmerich/Habersack Aktien- und GmbH-Konzernrecht § 311 Rn. 34; K. Schmidt/Lutter AktG/*J. Vetter* § 311 Rn. 38; aA KölnKommAktG/*Koppensteiner* § 311 Rn. 19.

³⁰⁴ Für objektive Zurechenbarkeit MüKoAktG/*Altmeppen* § 311 Rn. 145; K. Schmidt/Lutter AktG/*J. Vetter* § 311 Rn. 37; für subjektive Beurteilung aus der Sicht der Tochter *Habersack* in Emmerich/Habersack Aktien- und GmbH-Konzernrecht § 311 Rn. 14, 26; Hüffer/*Koch* AktG § 311 Rn. 16.

³⁰⁵ MüKoAktG/*Altmeppen* § 311 Rn. 145; *Habersack* in Emmerich/Habersack Aktien- und GmbH-Konzernrecht § 311 Rn. 34.

³⁰⁶ BGHZ 141, 79 (84); 190, 7 Rn. 37 – Telekom III; KölnKommAktG/*Koppensteiner* § 311 Rn. 36; Hüffer/*Koch* AktG § 311 Rn. 24 f.; *Habersack* in Emmerich/Habersack Aktienkonzernrecht § 311 Rn. 39 f.; aA MüKoAktG/*Altmeppen* § 311 Rn. 163 ff., der für den Nachteilsbegriff nur auf die objektive Vermögensverschlechterung abstellen und es erst an der Vorwerfbarkeit fehlen lassen will, wenn die Handlung vom Geschäftsleiterermessen gedeckt war.

³⁰⁷ BGHZ 175, 365 Rn. 11 – UMTS; BGHZ 190, 7 Rn. 32 – Telekom III; *Habersack* in Emmerich/Habersack Aktien- und GmbH-Konzernrecht § 311 Rn. 40; Hüffer/*Koch* AktG § 311 Rn. 25.

³⁰⁸ BGHZ 141, 79 (84); 175, 365 Rn. 9 – UMTS; BGHZ 190, 7 Rn. 38 – Telekom III; OLG Köln NZG 2006, 547 (550); KölnKommAktG/*Koppensteiner* § 311 Rn. 36; Hüffer/*Koch* AktG § 311 Rn. 25; *Habersack* in Emmerich/Habersack Aktien- und GmbH-Konzernrecht § 311 Rn. 40 aA *Will*, Nachteilsausgleichsvereinbarungen im faktischen Konzern, 2017, S. 42 ff. MüKoAktG/*Altmeppen* § 311 Rn. 163 ff.; *Altmeppen* ZIP 2009, 49 (51); *Altmeppen* NJW 2008, 1553 (1554 f.); *Altmeppen* FS Priester, 2007, 1 (2 ff.); *Altmeppen* ZHR 171 (2007), 320 (329 ff.). Ungünstige Geschäfte zwischen der abhängigen Gesellschaft und dem herrschenden Unternehmen sind allerdings auch dann als Nachteil einzustufen, wenn eine unabhängige Gesellschaft das gleiche Geschäft nur in Erwartung von Kompensationsgeschäften ohne Sorgfaltsverstoß hätte vornehmen können, vgl. KölnKommAktG/*Koppensteiner* § 311 Rn. 70; *Habersack* in Emmerich/Habersack Aktien- und GmbH-Konzernrecht § 311 Rn. 42.

³⁰⁹ KölnKommAktG/*Koppensteiner* § 311 Rn. 44 f.; *Habersack* in Emmerich/Habersack Aktien- und GmbH-Konzernrecht § 311 Rn. 41; K. Schmidt/Lutter AktG/*J. Vetter* § 311 Rn. 41.

³¹⁰ KölnKommAktG/*Koppensteiner* § 311 Rn. 46; *Habersack* in Emmerich/Habersack Aktien- und GmbH-Konzernrecht § 311 Rn. 41.

83 Entscheidend für die Beurteilung der Nachteiligkeit ist der **Zeitpunkt der Vornahme** des Rechtsgeschäfts oder der Maßnahme.[311] Ist ein Rechtsgeschäft oder eine Maßnahme nach den im Zeitpunkt der Vornahme erkennbaren Umständen nicht als nachteilig anzusehen, besteht deshalb auch dann keine Ausgleichspflicht, wenn ein Schaden später doch eintritt.[312] Umgekehrt kann ein Rechtsgeschäft oder eine Maßnahme, die letztlich nicht zu einem Schaden führt, aus der Sicht zum Zeitpunkt der Vornahme als nachteilig erscheinen (zB ein riskantes Geschäft verläuft erfolgreich); es besteht dann die Ausgleichspflicht gleichwohl.[313] Eine Ausnahme von diesem Grundsatz wird man allerdings anerkennen müssen, wenn sich bei einem zunächst als nachteilig erscheinenden Vorgang bereits bis zum Ende des Geschäftsjahres gezeigt hat, dass ein Schaden nicht entstehen wird: in einem solchen Fall dürfte ein Nachteilsausgleich nicht erforderlich sein. Auch für die Frage nach der Höhe des Nachteils ist der Zeitpunkt der Vornahme des Rechtsgeschäfts oder der Maßnahme entscheidend.[314] Die Begriffe Nachteil und Schaden decken sich also nicht.

84 Die Nachteiligkeit einer Maßnahme oder eines Rechtsgeschäfts entfällt nicht dadurch, dass der Nachteil nicht quantifiziert werden kann.[315] **Nicht quantifizierbare Nachteile** können im Allgemeinen nicht ausgeglichen werden (näher → Rn. 91). In diesen Fällen ist die Veranlassung von vornherein rechtswidrig[316] und verpflichtet – sofern sich ein Schaden später beziffern lässt – zum Schadensersatz nach § 317 AktG und den allgemeinen Vorschriften (vgl. → Rn. 129 ff.). Daneben kann eine Haftung wegen qualifizierter Konzernierung in Betracht kommen (vgl. → Rn. 141 ff.). In Ausnahmefällen sind auch nicht quantifizierbare Nachteile ausgleichsfähig (vgl. → Rn. 91); in diesen Fällen ist die Veranlassung bei ordnungsgemäßem Nachteilsausgleich zulässig.

85 Für die **Nachteilsermittlung bei Rechtsgeschäften** können vor allem die im Handels- und Steuerrecht entwickelten Grundsätze über die verdeckte Gewinnausschüttung Anhaltspunkte geben,[317] allerdings ist dabei die anders gelagerte Zielrichtung dieser Grundsätze zu berücksichtigen (hier Nachteilsermittlung für die abhängige Gesellschaft, dort Vorteilsermittlung für den Gesellschafter).[318] Handelt es sich um Lieferungen und Leistungen, für die ein Marktpreis vorhanden ist, bildet dieser den wesentlichen Vergleichsmaßstab.[319] Fehlt

---

[311] BGHZ 175, 365 Rn. 11 – UMTS; BGHZ 179, 71 Rn. 13 – MPS; OLG Köln NZG 2006, 547; MüKoAktG/*Altmeppen* § 311 Rn. 173; Hüffer/*Koch* AktG § 311 Rn. 26; *Habersack* in Emmerich/Habersack Aktien- und GmbH-Konzernrecht § 311 Rn. 44.

[312] Hüffer/*Koch* AktG § 311 Rn. 26; *Habersack* in Emmerich/Habersack Aktien- und GmbH-Konzernrecht § 311 Rn. 44; MüKoAktG/*Altmeppen* § 311 Rn. 173.

[313] Hüffer AktG/*Hüffer* § 311 Rn. 26; *Habersack* in Emmerich/Habersack Aktien- und GmbH-Konzernrecht § 311 Rn. 44; aA MüKoAktG/*Altmeppen* § 311 Rn. 175 ff.

[314] KölnKommAktG/*Koppensteiner* § 311 Rn. 52; Hüffer/*Koch* AktG § 311 Rn. 26, 40; *Habersack* in Emmerich/Habersack Aktien- und GmbH-Konzernrecht § 311 Rn. 44.

[315] BGHZ 141, 79 (84); 179, 71 Rn. 8 – MPS; BGHZ 190, 7 Rn. 37 – Telekom III; KölnKommAktG/*Koppensteiner* § 311 Rn. 54; Hüffer/*Koch* AktG § 311 Rn. 24; *Habersack* in Emmerich/Habersack Aktien- und GmbH-Konzernrecht § 311 Rn. 43.

[316] OLG Köln AG 2009, 416 (419); OLG Jena AG 2007, 785 (787); KölnKommAktG/*Koppensteiner* § 311 Rn. 89; Hüffer/*Koch* AktG § 311 Rn. 24; *Habersack* in Emmerich/Habersack Aktien- und GmbH-Konzernrecht § 311 Rn. 43.

[317] Näher MüKoAktG/*Altmeppen* § 311 Rn. 204 ff.; KölnKommAktG/*Koppensteiner* § 311 Rn. 61; Hüffer/*Koch* AktG § 311 Rn. 27; *Habersack* in Emmerich/Habersack Aktien- und GmbH-Konzernrecht § 311 Rn. 54; *Brezing* AG 1975, 225 (231). Wegen der Einzelheiten zur vGA vgl. das Spezialschrifttum, etwa *Janssen*, Verdeckte Gewinnausschüttungen, 12. Aufl. 2017; *Neumann*, VGA und verdeckte Einlagen, 2. Aufl. 2006; Herrmann/Heuer/Raupach EStG/*Intemann* EStG § 20 Rn. 80 ff.; Schmidt EStG/*Weber-Grellet* § 20 Rn. 42 ff.; Kirchhof EStG/*Bleschick* § 20 Rn. 5.

[318] MüKoAktG/*Altmeppen* § 311 Rn. 205; KölnKommAktG/*Koppensteiner* § 311 Rn. 61; Hüffer/*Koch* AktG § 311 Rn. 27; *Habersack* in Emmerich/Habersack Aktien- und GmbH-Konzernrecht § 311 Rn. 54.

[319] MüKoAktG/*Altmeppen* § 311 Rn. 208 ff.; KölnKommAktG/*Koppensteiner* § 311 Rn. 62, 64; Hüffer/*Koch* AktG § 311 Rn. 31; *Habersack* in Emmerich/Habersack Aktien- und GmbH-Konzernrecht § 311 Rn. 55.

es an einem Marktpreis, können als Maßstab die Konditionen für vergleichbare Leistungen Dritter herangezogen werden, fehlt es auch daran, kann man als Maßstab die Selbstkosten unter Hinzurechnung der üblichen Gewinnspanne wählen.[320] Auch Rechtsgeschäfte mit an sich angemessenem Verhältnis von Leistung und Gegenleistung sind nachteilig, wenn sie dazu führen, dass die abhängige Gesellschaft im Falle einer Beendigung der Abhängigkeit allein nicht mehr oder nur noch unter erheblichen Schwierigkeiten lebensfähig wäre (zB Verkauf existenzwichtiger Unternehmensbereiche, langfristige Bindung an einzelne Abnehmer uä).[321] Solche Geschäfte können zudem die Grenze zum qualifizierten Konzern überschreiten (vgl. → Rn. 141 ff., 144).

In der Praxis stellt sich die Frage der Nachteiligkeit von Rechtsgeschäften vor allem in Zusammenhang mit der Erhebung von **Konzernumlagen** für Dienstleistungen der Muttergesellschaft.[322] Diese sind zulässig, soweit ihnen eine konkrete Leistung des herrschenden Unternehmens für die abhängige Gesellschaft zugrunde liegt und diese marktüblich ist. Allgemeine Aufwendungen der Konzernleitung können nicht umgelegt werden.[323] Aus einer Zentralisierung von Funktionen sich ergebende Synergieeffekte müssen nicht an die abhängige Gesellschaft weitergegeben werden.[324] Das Argument, der Vorstand einer unabhängigen Gesellschaft würde einer Zentralisierung andernfalls nicht zustimmen,[325] geht fehl, weil bei Erhebung einer marktgerechten Umlage die Vermögenslage und die Ertragsaussichten der Gesellschaft nicht negativ berührt werden; allenfalls sind Umstellungskosten der Zentralisierung als Nachteil auszugleichen. **Steuerumlagen** bei körperschaft- und gewerbesteuerlicher Organschaft stellen nach herrschender Meinung einen Nachteil dar, wenn die Gesellschaft mit den Steuern belastet wird, die sie ohne den Konzernverbund zu zahlen hätte, obwohl beim Organträger geringere Steuern anfallen (sog. Belastungsmethode); es sei nur zulässig, den tatsächlichen Steueraufwand umzulegen (sog. Verteilungsmethode).[326] Diese Auffassung überzeugt nicht, denn ihr geht es nicht um den Ausgleich von Nachteilen, sondern um die Weitergabe von Vorteilen, die das Gesetz nicht verlangt. Sie ist aber derzeit allenfalls für Altfälle von Bedeutung, da das geltende Steuerrecht keine

---

[320] MüKoAktG/*Altmeppen* § 311 Rn. 212 ff.; KölnKommAktG/*Koppensteiner* § 311 Rn. 63, 65 ff.; Hüffer/*Koch* AktG § 311 Rn. 32 f.; *Habersack* in Emmerich/Habersack Aktien und GmbH-Konzernrecht § 311 Rn. 56 f. Zu praktischen Fragen des Fremdvergleichs etwa *Schnorberger*/Billau Der Konzern 2011, 511. Zur Gestaltung von Verrechnungspreisen bei der Lizenzierung von Marken im Konzern vgl. *Brändel* Der Konzern 2010, 606.
[321] KölnKommAktG/*Koppensteiner* § 311 Rn. 71; Hüffer/*Koch* AktG § 311 Rn. 35; *Adler/Düring/Schmaltz* Rechnungslegung AktG § 311 Rn. 56 *Hoffmann-Becking* ZHR Beiheft 62, 1989, 68 (78 ff.); *Krieger* in Heidelberger Konzernrechtstage, 1992, S. 41/47 ff.
[322] Vgl. insbesondere Lutter ua HdB Konzernfinanzierung/*Sieker* § 28 Rn. 28.12 ff.; Lutter ua HdB Konzernfinanzierung/*Wiedemann/Fleischer* § 29 Rn. 29.7 ff.; *Remmen,* Konzernverrechnungspreise und Konzernumlagen im Aktien- und GmbH-Recht, 2002, S. 165 ff.; *Wiedemann/Strohn* AG 1979, 113.
[323] *Habersack* in Emmerich/Habersack Aktien- und GmbH-Konzernrecht § 311 Rn. 49; MüKoAktG/*Altmeppen* § 311 Rn. 280 f.; K. Schmidt/Lutter AktG/*J. Vetter* § 311 Rn. 66.
[324] Ebenso KölnKommAktG/*Koppensteiner* § 311 Rn. 45; Hüffer/*Koch* AktG § 311 Rn. 39; K. Schmidt/Lutter AktG/*J. Vetter* § 311 Rn. 70; Hölters AktG/*Leuering/Goertz* § 311 Rn. 68; *Decher* FS Hommelhoff, 2012, 115 (120 ff.); aA *Habersack* in Emmerich/Habersack Aktien- und GmbH-Konzernrecht § 311 Rn. 49; Spindler/Stilz AktG/*H.-F. Müller* § 311 Rn. 45; aus betriebswirtschaftlicher Sich auch *v. Werder* Der Konzern 2015, 362 (366 ff.).
[325] So *Habersack* in Emmerich/Habersack Aktien- und GmbH-Konzernrecht § 311 Rn. 49.
[326] BGHZ 120, 50 (59 f.); 141, 79 (85); BGH AG 2013, 222 Rn. 21; *Habersack* in Emmerich/Habersack Aktien- und GmbH-Konzernrecht § 311 Rn. 50; Hüffer/*Koch* AktG § 311 Rn. 35; KölnKommAktG/*Koppensteiner* § 311 Rn. 86; *Kleindiek* DStR 2000, 559 (561 ff.); *Wiedemann/Fleischer* JZ 2000, 159 ff.; aA BFH BStBl. II 2002 S. 369 ff.; MüKoAktG/*Altmeppen* § 311 Rn. 285 ff.; *Schön* ZHR 168 (2004), 268 (274 f.); *Dötsch* Der Konzern 2003, 21 (37); *Herlinghaus* GmbHR 2002, 989 (994); *Feddersen* ZGR 2000, 523 (529 ff.); eingehend *Simon* ZGR 2007, 71 (93 ff.); *Hüttemann* ZHR 171 (2007), 451 (464 ff.).

Organschaft ohne Gewinnabführungsvertrag mehr kennt. Bei einer umsatzsteuerlichen Organschaft hält der BGH den Organträger im Innenverhältnis zur Organgesellschaft für verpflichtet, die Vorsteuerabzugsbeträge auszugleichen, die auf deren Leistungsbezüge entfallen;[327] eine Vereinbarung, wonach der Organgesellschaft kein Erstattungsanspruch zustehen soll, wäre dementsprechend ein nachteiliges Rechtsgeschäft iSv § 311 Abs. 1 AktG.[328] Zur Darlehensvergabe durch abhängige Gesellschaften im Konzern und zur Einbindung abhängiger Gesellschaften in ein zentrales **Cash-Management** vgl. → Rn. 58 ff.

87 Schwerer ist die **Nachteilsermittlung bei sonstigen Maßnahmen.** Hierzu zählt im weitesten Sinne jegliche Maßnahme der Geschäftsführung, eine Investitionsentscheidung ebenso wie zB die Festlegung des künftigen Forschungs- und Produktbereichs, die Entscheidung über die Aufnahme von Aktivitäten auf einem bestimmten Markt ebenso wie zB die Entscheidung über eine Umstrukturierung der Absatzorganisation.[329] Bei solchen Maßnahmen besteht in aller Regel ein weiter unternehmerischer Ermessensspielraum, innerhalb dessen eine Qualifikation als nachteilig ausscheidet (vgl. → Rn. 82). Sie sind aber jedenfalls dann nachteilig, wenn sie dazu führen, dass die selbstständige Existenzfähigkeit der abhängigen Gesellschaft im Falle einer Beendigung der Abhängigkeit bedroht wäre (zB Aufgabe von für die Selbstständigkeit wichtigen Unternehmensbereichen, Beschränkung auf Lieferungen und Leistungen, für die außerhalb des Konzerns kein Markt vorhanden ist).[330] Es kann dann wiederum auch die Grenze zum qualifizierten Konzern überschritten sein (vgl. → Rn. 141 ff., 144). Nachteilig sind weiterhin alle Maßnahmen, die erhebliche Risiken bergen, ohne dass ihnen entsprechende Chancen gegenüberstehen oder deren Risiken so groß sind, dass sie trotz aller Chancen nicht zu verantworten sind.[331] Auch die Übernahme des Prospekthaftungsrisikos durch die Gesellschaft bei Platzierung von Altaktien kann sich als nachteilige Maßnahme darstellen.[332] Nach dem Urteil des BGH zum dritten Börsengang der Dt. Telekom soll das allerdings selbst dann gelten, wenn die Gesellschaft ein Eigeninteresse an der Umplatzierung hat, und nur durch eine Freistellungsvereinbarung kompensierbar sein;[333] das wirft eine Vielzahl von Folgefragen auf, kann aber schon im Ausgangspunkt nicht überzeugen (vgl. näher → § 16 Rn. 66). Bei Bestehen eines isolierten Gewinnabführungsvertrages ist die Einflussnahme auf die Ausübung von Ansatz- und Bewertungswahlrechten in der Bilanz, die den abzuführenden Gewinn bzw. den auszugleichenden Verlust beeinflusst, im Allgemeinen keine nachteilige Maßnahme; vgl. → § 72 Rn. 26.

88 Da nachteilige Veranlassungen auch durch **Abstimmung in der Hauptversammlung** erfolgen können (vgl. → Rn. 74), kann an sich auch die Zustimmung zu gesellschaftsrechtlichen Strukturmaßnahmen (zB Abschluss eines Unternehmensvertrages, Eingliederung, Verschmelzung, Spaltung usw) eine Nachteilszufügung iSv § 311 AktG darstellen.[334] Nach

---

[327] BGH AG 2013, 222 Rn. 9 ff.; zustimmend BFH ZIP 2014, 889 Rn. 20 f.; aA *Menkel* NZG 2014, 52 (54 ff.).

[328] BGH AG 2013, 222 Rn. 21.

[329] Vgl. auch OLG Stuttgart AG 1979, 200 (202): Überlassung von Mitarbeitern an das herrschende Unternehmen.

[330] KölnKommAktG/*Koppensteiner* § 311 Rn. 71; Hüffer/*Koch* AktG § 311 Rn. 34 f.; *Habersack* in Emmerich/Habersack Aktien- und GmbH-Konzernrecht § 311 Rn. 57a; *Hoffmann-Becking* ZHR Beiheft 62, 1989, 62 (78 ff.).

[331] KölnKommAktG/*Koppensteiner* § 311 Rn. 72 ff.; Hüffer/*Koch* AktG § 311 Rn. 34; *Habersack* in Emmerich/Habersack Aktien- und GmbH-Konzernrecht § 311 Rn. 57.

[332] Insoweit noch zutreffend BGHZ 190, 7 Rn. 15, 37 – Telekom III.

[333] BGHZ 190, 7 Rn. 24 ff., 37 ff. – Telekom III; mit Recht aA noch die Vorinstanz OLG Köln ZIP 2009, 1276 (1280 ff.); zum Meinungsstand in der Literatur näher → § 16 Rn. 66 und die dortigen Nachweise.

[334] Vgl. insbesondere KölnKommAktG/*Koppensteiner* § 311 Rn. 24 ff.; Hüffer/*Koch* AktG § 311 Rn. 15; *Habersack* in Emmerich/Habersack Aktien- und GmbH-Konzernrecht § 311 Rn. 29; MüKoAktG/*Altmeppen* § 311 Rn. 124 ff.; K. Schmidt/Lutter AktG/*J. Vetter* § 311 Rn. 79 ff.

herrschender Meinung soll das jedoch nicht für die Zustimmung zu einem **Beherrschungs- oder Gewinnabführungsvertrag** sowie eine Eingliederung gelten.[335] Daran ist zutreffend, dass ein Nachteil nicht allein in den für die Maßnahme typischen Strukturveränderungen gesehen werden kann. Schließt zB die abhängige Gesellschaft einen Beherrschungs- oder Gewinnabführungsvertrag ab, aus dem sie selbst als Untergesellschaft verpflichtet ist (Vertrag Mutter/Tochter), können nicht die vertraglichen Rechte der Obergesellschaft als solche einen Nachteil iSv § 311 AktG darstellen, da das Gesetz diese Rechte akzeptiert und den Schutz der Gesellschaft, ihrer außenstehenden Aktionäre und ihrer Gläubiger durch §§ 300 ff., 304 ff. AktG als Sondervorschriften sicherstellt. Ein Nachteil kann sich insoweit aber aus sonstigen Umständen ergeben, zB bei Vertragsschluss mit einem Partner, der voraussichtlich nicht in der Lage ist, den Verlustausgleich zu leisten uä.[336] Schließt die abhängige Gesellschaft auf Veranlassung des herrschenden Unternehmens einen Unternehmensvertrag, aus dem sie als Obergesellschaft berechtigt ist (Vertrag Tochter/Enkel), kann ein Nachteil iSv § 311 AktG etwa wegen überhöhter Abfindungs- und Ausgleichsverpflichtungen, wegen eines unangemessen hohen Verlustausgleichsrisikos uä bestehen. Entsprechendes gilt im Falle einer Eingliederung. Ob die Zustimmung zu **Umwandlungsmaßnahmen** nach den Regeln des UmwG vom Anwendungsbereich des § 311 AktG erfasst wird, ist umstritten. Früher wurde das zumeist generell angenommen,[337] richtigerweise ist aber auch insoweit danach zu differenzieren, ob es um die für die Maßnahme typische Strukturveränderung geht, für die der Schutz der Gesellschaft, der Minderheitsaktionäre und der Gläubiger durch die speziellen Vorschriften des UmwG geregelt ist, oder ob sich die Nachteilhaftigkeit aus anderen Umständen ergibt.[338] Als Beispiele für eine Nachteilszufügung sind etwa die Festsetzung eines unangemessenen Umtauschverhältnisses zu Lasten der abhängigen aufnehmenden Gesellschaft[339] oder die Abspaltung existenznotwendiger Vermögensteile anzusehen;[340] ist die abhängige Gesellschaft übertragender Rechtsträger, führt die Unangemessenheit des Umtauschverhältnisses hingegen nicht zur Anwendbarkeit der §§ 311 ff. AktG, sondern die Aktionäre sind auf das umwandlungsrechtlich Spruchverfahren verwiesen.[341] Die Zustimmung zu **Holzmüller**-Beschlüssen und **Unternehmensverträgen iSv § 292 AktG** ist demgegenüber nach allgemeiner und wohl zutreffender Auffassung

---

[335] KölnKommAktG/*Koppensteiner* § 311 Rn. 25; MüKoAktG/*Altmeppen* § 311 Rn. 128; *Habersack* in Emmerich/Habersack Aktien- und GmbH-Konzernrecht § 311 Rn. 15 u. 29; Hüffer/*Koch* AktG § 311 Rn. 15; K. Schmidt/Lutter AktG/*J. Vetter* § 311 Rn. 80.

[336] Ebenso K. Schmidt/Lutter AktG/*J. Vetter* § 311 Rn. 81; *H.-F. Müller* FS Stilz, 2014, 427 (433); anders wohl MüKoAktG/*Altmeppen* § 311 Rn. 128 mit der Annahme, Beherrschungs- und Gewinnabführungsverträge seien vom Anwendungsbereich der §§ 311 ff. AktG „schlechthin ausgenommen".

[337] KölnKommAktG/*Koppensteiner* § 311 Rn. 25; Grigoleit AktG/*Grigoleit* § 311 Rn. 25; *Arnold/Gayk* FS Stilz, 2014, 7 (13); *Kerber* DB 2004, 1027 (1029); wohl auch heute noch MüKoAktG/*Altmeppen* § 311 Rn. 119.

[338] K. Schmidt/Lutter AktG/*J. Vetter* § 311 Rn. 80; Hüffer/*Koch* AktG § 311 Rn. 15; *Habersack* in Emmerich/Habersack Aktien- und GmbH-Konzernrecht § 311 Rn. 30a; *Pfeuffer,* Verschmelzungen und Spaltungen als nachteilige Rechtsgeschäfte im Sinne von § 311 AktG?, 2006, S. 124 ff., 227 f.; *Priester* FS Goette, 2011, 369 (374 ff.); *Tillmann/Rieckhoff* AG 2008, 486 (489 ff.); eingehend, im Ergebnis etwas weitergehend *Verse* FS K. Schmidt, 2019, Bd. II, 583 (585 ff.).

[339] *Habersack* in Emmerich/Habersack Aktien- und GmbH-Konzernrecht § 311 Rn. 30a; *Pfeuffer,* Verschmelzungen und Spaltungen als nachteilige Rechtsgeschäfte im Sinne von §§ 311 ff. AktG?, 2006, S. 172 ff.; *Verse* FS K. Schmidt, 2019, Bd. II, 583 (585 ff.); *H.-F. Müller* FS Stilz, 2014, 427 (432 f.); aA *Tillmann/Rieckhoff* AG 2008, 486 (492).

[340] *Habersack* in Emmerich/Habersack Aktien- und GmbH-Konzernrecht § 311 Rn. 30a; *Priester* FS Goette, 2011, 369 (373 ff.).

[341] Etwas anders *Verse* FS K. Schmidt, 2019, Band II, 583 (591 ff.), der §§ 311 ff. AktG für grundsätzlich anwendbar hält, die Aktionäre aber darauf verweisen will, vorrangig das Spruchverfahren zu betreiben.

vom Anwendungsbereich des § 311 AktG erfasst;³⁴² Gleiches ist für einen Beschluss nach § 179a AktG anzunehmen.³⁴³ Nicht unter § 311 AktG fallen demgegenüber Beschlüsse über die **Gewinnverwendung**,³⁴⁴ die **Auflösung** der Gesellschaft³⁴⁵ oder eine Änderung des Unternehmensgegenstandes.³⁴⁶ Das muss selbst dann gelten, wenn die Maßnahme ausnahmsweise einen Verstoß gegen die aktienrechtliche Treuepflicht darstellen sollte.³⁴⁷ Auch dann passen die §§ 311 ff. AktG nicht, weil es bei der Treuepflicht nicht um den Schutz der Gesellschaft sondern der Minderheitsaktionäre und nicht um den Schutz vor der Maßnahme als solcher, sondern vor den Umständen ihres Zustandekommens geht.

89 **4. Ausgleich des Nachteils.** Eine nachteilige Veranlassung durch das herrschende Unternehmen ist nur zulässig, wenn der Nachteil ausgeglichen wird (§ 311 Abs. 2 AktG). Zum Ausgleich muss ein Vorteil gewährt werden, der den Nachteil aufwiegt. Die **Ausgleichspflicht** besteht auch, wenn der Gesellschaft durch die nachteilige Veranlassung ein Schaden nicht entsteht, umgekehrt ist ein Ausgleich nicht zu leisten, wenn eine aus der Sicht bei Vornahme der Maßnahme nachteilsfreie Veranlassung zu einem unvorhersehbaren Schaden führt; vgl. → Rn. 83. Der Nachteilsausgleich muss nicht durch das herrschende Unternehmen selbst erfolgen. Es genügt, dass der Nachteil auf Veranlassung des herrschenden Unternehmens von dritter Seite – etwa von einem anderen Konzernunternehmen – ausgeglichen wird.³⁴⁸ Ein klagbarer Anspruch auf Ausgleichsleistung besteht nicht. Wird die Ausgleichspflicht verletzt, tritt an deren Stelle die Ersatzpflicht nach §§ 317, 318 AktG; vgl. dazu → Rn. 129 ff.

90 Zum Nachteilsausgleich müssen der abhängigen Gesellschaft **Vorteile** gewährt werden, die geeignet sind, die Nachteile für die Vermögens- und Ertragslage der Gesellschaft aufzuwiegen. Das können Geldzahlungen ebenso sein wie unentgeltliche oder verbilligte Lieferungen und Leistungen jeder Art (Sachen, Rechte, Dienstleistungen). Es genügt namentlich auch die Verschaffung von Ansprüchen gegen Dritte. Es muss sich um konkrete Vorteile handeln, die bewertbar sind.³⁴⁹ Vorteile aus der bloßen Konzerneinbeziehung (passive Konzerneffekte) reichen nicht.³⁵⁰ Bilanzierungsfähigkeit ist nach hM erforderlich,

---

³⁴² Vgl. MüKoAktG/*Altmeppen* § 311 Rn. 120; KölnKommAktG/*Koppensteiner* § 311 Rn. 25, § 292 Rn. 29; Hölters AktG/*Leuering/Goertz* § 311 Rn. 45; Spindler/Stilz AktG/*H.-F. Müller* § 311 Rn. 21; *H.-F. Müller* FS Stilz, 2014, 427 (429 f.).

³⁴³ MüKoAktG/*Altmeppen* § 311 Rn. 119; Spindler/Stilz AktG/*H.-F. Müller* § 311 Rn. 21.

³⁴⁴ KölnKommAktG/*Koppensteiner* § 311 Rn. 26; *Habersack* in Emmerich/Habersack Aktien- und GmbH-Konzernrecht § 311 Rn. 30; *Habersack* FS K. Schmidt, 2009, 523 (526 ff.); K. Schmidt/Lutter AktG/*J. Vetter* § 311 Rn. 83; *E. Vetter* ZHR 171 (2007), 342 (360); aA MüKoAktG/*Altmeppen* § 311 Rn. 121 f.; Spindler/Stilz AktG/*H.-F. Müller* § 311 Rn. 21; *H.-F. Müller* FS Stilz, 2014, 427 (430 f.); differenzierend Hölters AktG/*Leuering/Goertz* § 311 Rn. 45.

³⁴⁵ KölnKommAktG/*Koppensteiner* § 311 Rn. 27; *Habersack* in Emmerich/Habersack Aktien- und GmbH-Konzernrecht § 311 Rn. 30; K. Schmidt/Lutter AktG/*J. Vetter* § 311 Rn. 83; wohl auch MüKoAktG/*Altmeppen* § 311 Rn. 127; aA Spindler/Stilz AktG/*H.-F. Müller* § 311 Rn. 21; *H.-F. Müller* FS Stilz, 2014, 427 (432).

³⁴⁶ KölnKommAktG/*Koppensteiner* § 311 Rn. 27; *Habersack* in Emmerich/Habersack Aktien- und GmbH-Konzernrecht § 311 Rn. 30; K. Schmidt/Lutter AktG/*J. Vetter* § 311 Rn. 83; aA MüKoAktG/*Altmeppen* § 311 Rn. 126; Spindler/Stilz AktG/*H.-F. Müller* § 311 Rn. 21; *Müller* FS Stilz, 2014, 427 (431).

³⁴⁷ AA *Habersack* in Emmerich/Habersack Aktien- und GmbH-Konzernrecht § 311 Rn. 30. Zur aktienrechtliche Treuepflicht näher → § 17 Rn. 19 ff.; zur Treuepflicht bei Liquidationsbeschlüssen vgl. BGHZ 103, 184 (193 ff.) – Linotype; OLG Stuttgart ZIP 1997, 362; BayObLG ZIP 1998, 2002; *Henze* ZIP 1995, 1473.

³⁴⁸ Hüffer/*Koch* AktG § 311 Rn. 39; *Habersack* in Emmerich/Habersack Aktienkonzernrecht § 311 Rn. 62.

³⁴⁹ Hüffer/*Koch* AktG § 311 Rn. 39; MüKoAktG/*Altmeppen* § 311 Rn. 341; *Habersack* in Emmerich/Habersack Aktien- und GmbH-Konzernrecht § 311 Rn. 62; KölnKommAktG/*Koppensteiner* § 311 Rn. 109.

³⁵⁰ Hüffer/*Koch* AktG § 311 Rn. 39; MüKoAktG/*Altmeppen* § 311 Rn. 342; *Habersack* in Emmerich/Habersack Aktien- und GmbH-Konzernrecht § 311 Rn. 62; KölnKommAktG/*Koppensteiner* § 311 Rn. 116.

wenn der Nachteil sich bilanziell niederschlägt; erforderlich soll dann außerdem sein, dass der Nachteil bereits in dem Jahresabschluss kompensiert wird, in dem er sich auswirkt.[351] Die Gegenmeinung lässt es genügen, dass der Vorteil bewertbar und mindestens gleichwertig ist, auch wenn er sich erst später bilanziell auswirken mag;[352] dem ist zuzustimmen, denn solange Vollwertigkeit des Vorteils besteht, macht der Gläubigerschutz die Bilanzierbarkeit nicht nötig, und das Interesse der außenstehenden Aktionäre an der Dividendenfähigkeit der Gesellschaft wird auch bei nicht vom herrschenden Unternehmen veranlassten Geschäftsführungshandlungen nicht geschützt. Der Wert des Vorteils darf den des Nachteils jedoch nicht unterschreiten. Maßgeblich für die Beurteilung, dh für die Bewertung des Vorteils, ist der Zeitpunkt der Vorteilsgewährung.[353]

Selbst wenn sich die Nachteiligkeit einer Maßnahme feststellen lässt, wird es vielfach **91** nicht möglich sein, den Nachteil zu quantifizieren.[354] **Nicht quantifizierbare Nachteile** können im Allgemeinen nicht ausgeglichen werden. Die Veranlassung zu solchen Nachteilen ist dann von vornherein rechtswidrig; vgl. → Rn. 84. In Ausnahmefällen kann es möglich sein, einen nicht quantifizierbaren Nachteil durch einen ebenfalls nicht quantifizierbaren Vorteil auszugleichen (zB Ablehnung eines Auftrags zugunsten der Übernahme eines anderen, nicht weniger Ertrag versprechenden Geschäftes; Eingehung eines Verlustrisikos gegen Gewährung einer entsprechenden Gewinnchance);[355] in diesen Fällen fehlt es recht besehen schon an einer Nachteilszufügung.[356] Bei Maßnahmen, deren Risiken im Zeitpunkt der Vornahme noch nicht quantifizierbar sind, kann es genügen, wenn das herrschende Unternehmen sich verpflichtet, die später sich ergebenden Nachteile auszugleichen. Das kommt etwa bei Übernahme von Bürgschaften oder Garantien durch die abhängige Gesellschaft in Frage oder bei langfristigen Verträgen usw.[357] Voraussetzung für diese Art des Ausgleichs ist allerdings, dass der Nachteil sich wenigstens später konkretisieren und ausgleichen lässt.

Zum **Zeitpunkt der Ausgleichsleistung** lässt das Gesetz zwei Alternativen: Die wäh- **92** rend eines Geschäftsjahres veranlassten Nachteile können bereits während des Geschäftsjahres tatsächlich ausgeglichen werden. Soweit das nicht geschieht, muss der abhängigen Gesellschaft spätestens am Ende des Geschäftsjahres ein Rechtsanspruch auf konkrete Ausgleichsleistungen eingeräumt werden (§ 311 Abs. 2 AktG). Ob der Nachteil schon während des Geschäftsjahres ausgeglichen oder erst zum Ende des Geschäftsjahres eine Aus-

---

[351] BGH ZIP 2012, 1753 Rn. 23 – HVB/Unicredit; Hüffer/*Koch* AktG § 311 Rn. 39; *Habersack* in Emmerich/Habersack Aktien- und GmbH-Konzernrecht § 311 Rn. 63; Spindler/Stilz AktG/*H.-F. Müller* § 311 Rn. 50; aA K. Schmidt/Lutter AktG/*J. Vetter* § 311 Rn. 88.
[352] Eingehend MüKoAktG/*Altmeppen* § 311 Rn. 350 ff.; K. Schmidt/Lutter AktG/*J. Vetter* § 311 Rn. 88; *A. Wilhelm* NZG 2012, 1287 (1291 f.).
[353] Hüffer/*Koch* AktG § 311 Rn. 40; *Habersack* in Emmerich/Habersack Aktien- und GmbH-Konzernrecht § 311 Rn. 68; MüKoAktG/*Altmeppen* § 311 Rn. 325; KölnKommAktG/*Koppensteiner* § 311 Rn. 106.
[354] Zur Quantifizierung der Nachteile bei Investitionsentscheidungen, der Aufgabe von Tätigkeitsfeldern uä vgl. etwa MüKoAktG/*Altmeppen* § 311 Rn. 219 ff.; Hüffer/*Koch* AktG § 311 Rn. 35; *Adler/Düring/Schmaltz* Rechnungslegung AktG § 311 Rn. 57.
[355] MüKoAktG/*Altmeppen* § 311 Rn. 349; *Habersack* in Emmerich/Habersack Aktien- und GmbH-Konzernrecht § 311 Rn. 64; KölnKommAktG/*Koppensteiner* § 311 Rn. 110; *Strohn*, Die Verfassung der Aktiengesellschaft im faktischen Konzern, 1977, S. 91 ff.; aA *K. Müller* ZGR 1977, 1 (15).
[356] Zutreffend *Habersack* in Emmerich/Habersack Aktien- und GmbH-Konzernrecht § 311 Rn. 64; K. Schmidt/Lutter AktG/*J. Vetter* § 311 Rn. 87; Spindler/Stilz AktG/*H.-F. Müller* § 311 Rn. 52; Hüffer/*Koch* AktG § 311 Rn. 39.
[357] Vgl. dazu etwa BGHZ 190, 7 Rn. 25, 37 – Telekom III (Übernahme des Prospekthaftungsrisikos bei Platzierung von Altaktien mit vollwertigem Freistellungsanspruch zulässig); MüKoAktG/*Altmeppen* § 311 Rn. 349; KölnKommAktG/*Koppensteiner* § 311 Rn. 135; *K. Müller* ZGR 1977, 1 (16 f.); *Hommelhoff*, Die Konzernleitungspflicht, 1982, S. 128 Fn. 71; im Ergebnis auch *Habersack* in Emmerich/Habersack Aktien- und GmbH-Konzernrecht § 311 Rn. 66 mit der (nicht zweifelsfreien) Annahme, auch in diesen Fällen fehle es schon an einem Nachteil.

gleichsvereinbarung abgeschlossen wird, überlässt das Gesetz nach ganz hM grundsätzlich dem Ermessen des herrschenden Unternehmens.[358] Etwas anderes gilt jedoch bei einer Nachteilszufügung durch Hauptversammlungsbeschluss (vgl. → Rn. 88). Hier muss schon der Beschluss den Nachteilsausgleich vorsehen, um die Anfechtbarkeit nach § 243 Abs. 2 AktG (Erlangung von Sondervorteilen) zu beseitigen,[359] andernfalls darf der Vorstand der abhängigen Gesellschaft den Beschluss nicht ausführen, sondern muss ihn selbst anfechten.[360] Ein sofortiger Nachteilsausgleich soll ausnahmsweise auch erforderlich sein, wenn Zweifel an der Ausgleichsfähigkeit oder -bereitschaft des herrschenden Unternehmens bestehen.[361] Und schließlich ist ein gestreckter Nachteilsausgleich auch bei related party transactions iSv § 111b Abs. 1 AktG ausgeschlossen, da diese unverzüglich mit allen für die Beurteilung der Angemessenheit wesentlichen Informationen zu veröffentlichen sind (§ 111c Abs. 1 S. 1, Abs. 2 S. 3 AktG).[362]

93 Für den **tatsächlichen Ausgleich während des Geschäftsjahres** genügt es, am Ende des Geschäftsjahres die während dieses Jahres veranlassten Nachteile und Vorteile gegenüberzustellen und zu saldieren.[363] Eine Einigung zwischen dem abhängigen und dem herrschenden Unternehmen über die Art und die Höhe des Ausgleichs ist nicht nötig, vielmehr kann das herrschende Unternehmen die Ausgleichsleistung einseitig festsetzen,[364] und es können ohne weiteres alle ausgleichsfähigen Vorteile berücksichtigt werden, die das herrschende Unternehmen dem abhängigen im Laufe des Geschäftsjahres gewährt hat.[365] Der

---

[358] Ganz hM zB *Habersack* in Emmerich/Habersack Aktien- und GmbH-Konzernrecht § 311 Rn. 69; K. Schmidt/Lutter AktG/*J. Vetter* § 311 Rn. 104; aA mit beachtlichen Argumenten aber MüKoAktG/*Altmeppen* § 311 Rn. 370; *Altmeppen* ZIP 2016, 441 (442 ff.); *Grigoleit* ZGR 2019, 412 (452 f.).

[359] BGH ZIP 2012, 1753 Rn. 17 ff. – HVB/Unicredit; OLG Frankfurt a. M. WM 1973, 348 (350 f.); *Habersack* in Emmerich/Habersack Aktien- und GmbH-Konzernrecht § 311 Rn. 85; Hüffer/Koch AktG § 243 Rn. 43; *H.-F. Müller* FS Stilz, 2014, 427 (434 ff.); *A. Wilhelm* NZG 2012, 1287 (1289 ff.); aA *Mülbert*, Aktiengesellschaft, Unternehmensgruppe und Kapitalmarkt, 2. Aufl. 1996, S. 288 ff.; *Arnold/Gärtner* FS Stilz, 2014, 7 (9 ff.); *Albrecht* BB 1974, 1463 (1467). Im Ansatz abweichend, im Ergebnis vielfach gleich *Altmeppen* ZIP 2016, 441 (442 ff.), der einen gestreckten Nachteilsausgleich stets nur, dann aber auch bei Veranlassung durch HV-Beschluss, zulassen will, wenn der Ausgleich im Zeitpunkt der Benachteiligung noch nicht festgelegt werden kann. Zur rechtskonstruktiven Umsetzung der Ausgleichsfestsetzung im HV-Beschluss vgl. *A. Wilhelm* NZG 2012, 1287 (1288); *H.-F. Müller* FS Stilz, 2014, 427 (436 f.). Zur Frage, ob ein Verstoß nur die Anfechtbarkeit des HV-Beschlusses oder auch Schadensersatzpflichten nach § 317 AktG begründet, vgl. *Arnold/Gärtner* FS Stilz, 2014, 7 (21 f.).

[360] Dies übersehen *Streyl/Schaper* ZIP 2017, 410 (415), wenn sie annehmen, ob durch den HV-Beschluss ein Nachteil eintrete, spiele für den Vorstand der abhängigen Gesellschaft keine Rolle und ändere nichts an seiner Ausführungspflicht nach § 83 AktG; zur mangelnden Ausführungs- und Anfechtungspflicht des Vorstands bei rechtswidrigen und gesellschaftsschädigenden HV-Beschlüssen vgl. nur Hüffer/Koch AktG § 83 Rn. 5, § 245 Rn. 36.

[361] K. Schmidt/Lutter AktG/*J. Vetter* § 311 Rn. 104.

[362] *Habersack* in Emmerich/Habersack Aktien- und GmbH-Konzernrecht § 311 Rn. 107; *Florstedt* ZHR 184 (2020), 10 (55); *Grigoleit* ZGR 2019, 412 (456 f.).

[363] MüKoAktG/*Altmeppen* § 311 Rn. 347; Hüffer/Koch AktG § 311 Rn. 45; *Habersack* in Emmerich/Habersack Aktien- und GmbH-Konzernrecht § 311 Rn. 70.

[364] Hüffer/Koch AktG § 311 Rn. 41; *Habersack* in Emmerich/Habersack Aktien- und GmbH-Konzernrecht § 311 Rn. 71; Spindler/Stilz AktG/*H.-F. Müller* § 311 Rn. 56; aA MüKoAktG/*Altmeppen* § 311 Rn. 359 ff.; *Altmeppen* ZIP 2016, 441 (443); *Grigoleit* ZGR 2019, 412 (452 ff.); *Geßler* FS Westermann, 1974, 145 (161). Für die Art, nicht für die Höhe des Ausgleichs aA auch KölnKommAktG/*Koppensteiner* § 311 Rn. 123 ff.; *Will*, Nachteilsausgleichvereinbarungen im faktischen Konzern, 2017, S. 95 ff.; für die Höhe, nicht für die Art des Ausgleichs aA auch K. Schmidt/Lutter AktG/*J. Vetter* § 311 Rn. 103.

[365] Wohl hM, etwa Hüffer/Koch AktG § 311 Rn. 41; *Habersack* in Emmerich/Habersack Aktien- und GmbH-Konzernrecht § 311 Rn. 71; K. Schmidt/Lutter AktG/*J. Vetter* § 311 Rn. 102; *Paehler*, Die Zulässigkeit des faktischen Konzerns, 1972, S. 49.

§ 70 Abhängige Unternehmen und faktische Konzerne

Ausgleich kann auch durch bereits früher gewährte Vorteile erfolgen. Erforderlich ist dafür allerdings, dass das herrschende Unternehmen sich bei der Vorteilsgewährung das Recht vorbehalten hat, diese Vorteile später zum Nachteilsausgleich heranzuziehen.[366]

Soweit die Nachteile nicht während des Geschäftsjahres tatsächlich ausgeglichen werden, muss der Ausgleich durch **Begründung eines Rechtsanspruchs** erfolgen. Das setzt, anders als beim tatsächlichen Ausgleich, eine entsprechende Vereinbarung voraus. Diese unterliegt zwar keinem zwingenden Schriftformerfordernis,[367] sollte aber schon im Hinblick auf die erforderliche Prüfung des Abhängigkeitsberichts (vgl. → Rn. 114 ff., 119 ff.) schriftlich erfolgen. Die Ausgleichsvereinbarung ist nur bis zum Ende des Geschäftsjahres, in welchem die nachteiligen Maßnahmen oder Rechtsgeschäfte vorgenommen wurden, möglich. Eine erst nach Ablauf des Geschäftsjahres, etwa auf Veranlassung des Abschlussprüfers, getroffene Ausgleichsvereinbarung reicht nicht.[368] Auch ein einvernehmliches Hinausschieben bis zur Aufstellung und Prüfung des Abhängigkeitsberichts ist unzulässig.[369] Bei Begründung des Rechtsanspruchs muss konkret geregelt werden, wann und durch welche Vorteile der Ausgleich erfolgen soll, jede Form einer unbezifferten Nachteilsausgleichsvereinbarung ist unzureichend.[370] Das gilt auch für eine Ausgleichsvereinbarung, die die Ausgleichsleistung davon abhängig macht, dass ein Gericht später eine Nachteilszufügung feststellt,[371] oder die Bezifferung des Ausgleichsbetrages dem Abschlussprüfer überlassen will.[372] Jedoch reicht eine Wahlschuld mit Bestimmungsrecht der abhängigen Gesellschaft oder gemeinsamem Bestimmungsrecht, darüber hinaus wird man auch ein Bestimmungsrecht des herrschenden Unternehmens akzeptieren können.[373] Treten bei der Erfüllung der Ausgleichsvereinbarung Leistungsstörungen auf, gelten insoweit die allgemeinen Regeln des Schuldrechts.[374] Welche Regeln für einen **Verzicht** auf einen vereinbarten Ausgleich gelten, ist unklar und kaum erörtert. Vereinzelt wird ein solcher Verzicht drei Jahre nach Anspruchsentstehung und mit Zustimmung der außenstehend Aktionäre für zulässig angesehen;[375] näherliegend erscheint

---

[366] *Habersack* in Emmerich/Habersack Aktien- und GmbH-Konzernrecht § 311 Rn. 69; K. Schmidt/Lutter AktG/*J. Vetter* § 311 Rn. 90; Spindler/Stilz AktG/*H.-F. Müller* § 311 Rn. 54; aA MüKoAktG/*Altmeppen* § 311 Rn. 373 f.; KölnKommAktG/*Koppensteiner* § 311 Rn. 127; wohl auch Hüffer/*Koch* AktG § 311 Rn. 41, die keinen einseitigen Verrechnungsvorbehalt genügen lassen, sondern Einvernehmen voraussetzen.

[367] LG Köln DB 1999, 685; *Habersack* in Emmerich/Habersack Aktien- und GmbH-Konzernrecht § 311 Rn. 72; MüKoAktG/Altmeppen § 311 Rn. 377; Hüffer/*Koch* AktG § 311 Rn. 46; offen gelassen von OLG Köln DB 1999, 1697 (1698).

[368] MüKoAktG/*Altmeppen* § 311 Rn. 367; Hüffer/*Koch* AktG § 313 Rn. 8; *Habersack* in Emmerich/Habersack Aktien- und GmbH-Konzernrecht § 311 Rn. 72, § 313 Rn. 17.

[369] KölnKommAktG/*Koppensteiner* § 311 Rn. 129.

[370] BGH ZIP 2012, 1753 Rn. 23 – HVB/Unicredit; Hüffer/*Koch* AktG § 311 Rn. 47; *Habersack* in Emmerich/Habersack Aktien- und GmbH-Konzernrecht § 311 Rn. 73 f.; KölnKommAktG/*Koppensteiner* § 311 Rn. 132. Eingehend *Will*, Nachteilsausgleichsvereinbarungen im faktischen Konzern, 2017, S. 116 ff., der als Alternative eine auflösend bedingte Ausgleichsvereinbarung vorschlägt (S. 268 ff.).

[371] BGH ZIP 2012, 1753 Rn. 23 f. – HVB/Unicredit; Hüffer/*Koch* AktG § 311 Rn. 47; *A. Wilhelm* NZG 2012, 1287 (1290 f.); aA *Arnold/Gärtner* FS Stilz, 2014, 7 (17 ff.).

[372] *Habersack* in Emmerich/Habersack Aktien- und GmbH-Konzernrecht § 313 Rn. 17; MüKoAktG/*Altmeppen* § 313 Rn. 54; KölnKommAktG/*Koppensteiner* § 313 Rn. 21; Hüffer/*Koch* AktG § 313 Rn. 8; aA Hölters AktG/*Leuering/Goertz* § 313 Rn. 20; *Adler/Düring/Schmaltz* Rechnungslegung AktG § 311 Rn. 71.

[373] KölnKommAktG/*Koppensteiner* § 311 Rn. 132; *Habersack* in Emmerich/Habersack Aktien- und GmbH-Konzernrecht § 311 Rn. 74; Hüffer/*Koch* AktG § 311 Rn. 47; K. Schmidt/Lutter AktG/*J. Vetter* § 311 Rn. 101; Bürgers/Körber AktG/*Fett* § 311 Rn. 54; aA Spindler/Stilz AktG/*H.-F. Müller* § 311 Rn. 60, der nur eine Wahlschuld mit Bestimmungsrecht der abhängigen Gesellschaft für zulässig hält.

[374] Näher *Habersack* in Emmerich/Habersack Aktien- und GmbH-Konzernrecht § 311 Rn. 76; MüKoAktG/*Altmeppen* § 311 Rn. 382 ff.

[375] *Will*, Nachteilsausgleichsvereinbarungen im faktischen Konzern, 2017, S. 97 ff.

§ 70   95, 96   12. Kapitel. Konzernrecht des Aktiengesetzes

jedoch die Annahme, dass der Schutzzweck des § 317 AktG den Verzicht auf einen ordnungsgemäß vereinbarten Ausgleich ausschließt. Für die **Verjährung** liegt eine Analogie zu §§ 317 Abs. 4, 309 Abs. 5 AktG nahe.[376]

III. Abhängigkeitsbericht und Prüfung

95 **1. Allgemeines.** Der Vorstand der abhängigen Gesellschaft ist verpflichtet, für jedes Geschäftsjahr innerhalb der ersten 3 Monate des folgenden Geschäftsjahres einen schriftlichen Bericht über die Beziehungen der Gesellschaft zu verbundenen Unternehmen (Abhängigkeitsbericht) aufzustellen (§ 312 AktG). Der Abhängigkeitsbericht ist durch den Abschlussprüfer (§ 313 AktG) und den Aufsichtsrat (§ 314 AktG) zu prüfen. Unter den Voraussetzungen des § 315 AktG kann jeder Aktionär die Durchführung einer Sonderprüfung erwirken. Das Gesetz will durch die damit verbundenen Präventiv- und Kontrollwirkungen die Einhaltung des Ausgleichssystems nach § 311 AktG sicherstellen. Die Zweckmäßigkeit der gesetzlichen Regelung war früher umstritten, inzwischen hat sich jedoch eine positive Bewertung durchgesetzt.[377] Die **Kosten** des Abhängigkeitsberichts und seiner Prüfung trägt die abhängige Gesellschaft, sie zählen zu den passiven Konzerneffekten, für die das herrschende Unternehmen keinen Ausgleich schuldet (vgl. → Rn. 76).[378]

96 Der Abhängigkeitsbericht ist nur für den Aufsichtsrat und den Abschlussprüfer bestimmt, er ist nicht zu publizieren.[379] Selbst die Satzung kann eine **Offenlegung** des Abhängigkeitsberichts nicht anordnen (§ 23 Abs. 5 AktG).[380] Offenzulegen sind lediglich die Schlusserklärung des Vorstands als Bestandteil des Lageberichts (§ 312 Abs. 3 S. 3 AktG) sowie das Ergebnis der Prüfung durch den Aufsichtsrat (→ Rn. 121 u. → § 45 Rn. 21) als Teil seines Berichts an die Hauptversammlung (§ 314 Abs. 2 S. 1 u. 2 AktG). Diese Berichte sind von der Einberufung zur Hauptversammlung an zur Einsicht der Aktionäre auszulegen (§ 175 Abs. 2 AktG) und zum Handelsregister einzureichen (§ 325 Abs. 1 S. 3 HGB), wo jedermann Einsicht nehmen kann (§ 9 HGB). Unberührt bleibt daneben das Auskunftsrecht der Aktionäre nach § 131 Abs. 1 AktG.[381] Auch dieses rechtfertigt aber nicht das Verlangen, den Inhalt des Abhängigkeitsberichts vorzutragen, sondern nur konkrete Fragen zu bestimmten Geschäftsvorfällen, soweit diese zur Beurteilung der Tagesordnung relevant und nicht geheimhaltungsbedürftig sind. Nach den neuen Regelungen

---

[376] AA *Will*, Nachteilsausgleichvereinbarungen im faktischen Konzern, 2017, S. 107 ff. (Regelverjährung nach § 195 BGB).

[377] Skeptisch zB noch KölnKommAktG/*Koppensteiner* Vorb. § 291 Rn. 142 f., § 312 Rn. 6; *Koppensteiner* ZGR 1973, 1 (11 ff.); Bericht über die Verhandlungen der Unternehmensrechtskommission, 1979, Rn. 1387 f.; positiv demgegenüber zB *Hommelhoff* ZHR 156 (1992), 295 (312 f.); *Hommelhoff*, Gutachten G zum 59. Deutschen Juristentag, 1992, S. G 16 ff.; *Hoffmann-Becking*, Referat zum 59. Deutschen Juristentag 1992, S. R 8/18 ff.; *Habersack* in Emmerich/Habersack Aktien- und GmbH-Konzernrecht § 312 Rn. 3; *Böttcher* FS Maier-Reimer, 2010, 29; *Kropff* FS Kastner, 1992, 279 (283 ff.). Eine eingehende ökonomische Analyse mit vielfältigen Änderungsvorschlägen de lege ferenda findet sich bei *Wieland*, Die Abbildung von Fremdeinfluss im Abhängigkeitsbericht, 1998.

[378] *Habersack* in Emmerich/Habersack Aktien- und GmbH-Konzernrecht § 312 Rn. 17; MüKoAktG/*Altmeppen* § 312 Rn. 56 ff.; KölnKommAktG/*Koppensteiner* § 311 Rn. 35; Hüffer/*Koch* AktG § 312 Rn. 40; aA *Bode* AG 1995, 261 ff.

[379] De lege lata unbestritten, vgl. nur BegrRegE AktG, abgedruckt bei Kropff, Aktiengesetz, 1965, S. 411: Hüffer/*Koch* AktG § 312 Rn. 38; *Habersack* in Emmerich/Habersack Aktien- und GmbH-Konzernrecht § 312 Rn. 4; K. Schmidt/Lutter AktG/*J. Vetter* § 312 Rn. 7.

[380] MüKoAktG/*Altmeppen* § 312 Rn. 11; KölnKommAktG/*Koppensteiner* § 312 Rn. 3; *Habersack* in Emmerich/Habersack Aktien- und GmbH-Konzernrecht § 312 Rn. 4.

[381] OLG Düsseldorf WM 1991, 2148 (2154); MüKoAktG/*Altmeppen* § 312 Rn. 16; Hüffer/*Koch* AktG § 312 Rn. 39; *Habersack* in Emmerich/Habersack Aktien- und GmbH-Konzernrecht § 312 Rn. 5; *Habersack/Verse* AG 2003, 300 (303 ff.); *Decher* ZHR 158 (1994), 473 (492); aA OLG Frankfurt a. M. AG 2003, 335 f.; KG NJW 1972, 2307 (2309 f.); *Semler*, Leitung und Überwachung der Aktiengesellschaft, 2. Aufl. 1996, Rn. 309: es könne keine Auskunft über Vorgänge verlangt werden, über die im Abhängigkeitsbericht zu berichten sei.

über **related party transactions** sind demgegenüber Geschäfte mit nahestehenden Personen, die gem. § 111b AktG der Zustimmung des Aufsichtsrats bedürfen, unverzüglich zu veröffentlichen (§ 111c AktG); vgl. dazu näher → § 29 Rn. 68 ff. Im Hinblick darauf muss man de lege ferenda die Frage aufwerfen, ob der ohnehin vielfach kritisch beurteilte Grundsatz der Nichtoffenlegung des Abhängigkeitberichts[382] noch zeitgemäß ist.[383]

2. Berichtspflicht. Die Berichtspflicht besteht für jede abhängige Aktiengesellschaft auch 97 dann, wenn keinerlei außenstehende Aktionäre vorhanden sind.[384] Das Gleiche gilt für abhängige Kommanditgesellschaften auf Aktien[385] und SE.[386] Die Berichtspflicht entfällt, wenn das abhängige Unternehmen eingegliedert ist (§ 323 Abs. 1 S. 3 AktG) oder wenn ein Beherrschungsvertrag besteht (§ 312 Abs. 1 S. 1 AktG). Sie entfällt auch, wenn zwischen der abhängigen Gesellschaft und dem herrschenden Unternehmen lediglich ein Gewinnabführungsvertrag geschlossen ist (§ 316 AktG). Ein bloßer Verlustübernahmevertrag lässt die Berichtspflicht nach ganz herrschender – aber zweifelhafter – Ansicht hingegen nicht entfallen.[387]

Bei **mehrstufigen Unternehmensverbindungen** (vgl. → § 69 Rn. 49 f.) hat jede der 98 abhängigen Gesellschaften einen Abhängigkeitsbericht zu erstatten. Der Bericht hat sich sowohl auf das unmittelbare Abhängigkeitsverhältnis (Tochter-Enkel), als auch auf mittelbare Abhängigkeitsverhältnisse (Mutter-Enkel) zu erstrecken. Es genügt ein einziger Bericht, der allerdings deutlich danach differenzieren muss, welche Maßnahmen vom unmittelbar und welche vom mittelbar herrschenden Unternehmen veranlasst wurden.[388]

Bei Abhängigkeit von mehreren **gemeinsam herrschenden Unternehmen** (vgl. 99 → § 69 Rn. 51 ff.) muss der Abhängigkeitsbericht ebenfalls über die Beziehungen zu jedem der herrschenden Unternehmen berichten. Auch dabei genügt ein einziger Bericht, aus dem wiederum deutlich hervorgehen muss, auf Veranlassung und im Interesse welches der mehreren herrschenden Unternehmen die berichtspflichtigen Vorgänge erfolgten.[389]

Sind die Voraussetzungen für die Verpflichtung zur Erstellung eines Abhängigkeits- 100 berichts nur für **Teile des Geschäftsjahres** erfüllt, gelten die folgenden Grundsätze: Tritt die Abhängigkeit erst im Laufe des Geschäftsjahres ein oder fällt im Laufe des Geschäftsjahres ein Beherrschungs- oder Gewinnabführungsvertrag oder eine Eingliederung weg, erstreckt sich die Berichtspflicht nur auf den Zeitraum nach Eintritt der Abhängigkeit bzw. nach Wegfall des Unternehmensvertrages oder der Eingliederung.[390] Fällt die Abhängigkeit

---

[382] Kritisch schon *Lutter* SAG 1976, 152 (159); zuletzt *Fleischer* BB 2014, 835 ff. mit vielen Nachw.
[383] Dazu *Florstedt* ZHR 184 (2020), 10 (56 f.).
[384] MüKoAktG/*Altmeppen* § 312 Rn. 27; Hüffer/*Koch* AktG § 312 Rn. 3; *Habersack* in Emmerich/Habersack Aktien- und GmbH-Konzernrecht § 312 Rn. 6; KölnKommAktG/*Koppensteiner* § 312 Rn. 9; aA *Götz* AG 2000, 498 ff.
[385] OLG Stuttgart AG 2003, 527 (530); MüKoAktG/*Altmeppen* § 312 Rn. 23; *Habersack* in Emmerich/Habersack Aktien- und GmbH-Konzernrecht § 312 Rn. 10; Hüffer/*Koch* AktG § 312 Rn. 5; KölnKommAktG/*Koppensteiner* § 312 Rn. 7.
[386] *Habersack* in Emmerich/Habersack Aktien- und GmbH-Konzernrecht § 312 Rn. 10.
[387] *Habersack* in Emmerich/Habersack Aktien- und GmbH-Konzernrecht § 316 Rn. 3; Hüffer/*Koch* AktG § 316 Rn. 2; KölnKommAktG/*Koppensteiner* § 316 Rn. 4; differenzierend MüKoAktG/*Altmeppen* § 316 Rn. 8 f.; *Priester* FS Schaumburg, 2009, 1327 (1333 ff.), die bei einer 100%-Tochter mit Verlustübernahmevertrag die Berichtspflicht entfallen lassen wollen; aA *Bachmayr* BB 1967, 135 ff.
[388] MüKoAktG/*Altmeppen* § 312 Rn. 129; KölnKommAktG/*Koppensteiner* § 312 Rn. 56; *Habersack* in Emmerich/Habersack Aktien- und GmbH-Konzernrecht § 312 Rn. 9; *Wanner*, Konzernrechtliche Probleme mehrstufiger Unternehmensverbindungen nach Aktienrecht, 1998, S. 38 ff.; *Pentz*, Die Rechtsstellung der Enkel-AG in einer mehrstufigen Unternehmensverbindung, 1994, S. 221 f.
[389] *Habersack* in Emmerich/Habersack Aktien- und GmbH-Konzernrecht § 312 Rn. 9, 30; Hüffer/*Koch* AktG § 312 Rn. 19; KölnKommAktG/*Koppensteiner* § 312 Rn. 57; aA *Maul* NZG 2000, 470 (471 f.).
[390] MüKoAktG/*Altmeppen* § 312 Rn. 30; Hüffer/*Koch* AktG § 312 Rn. 6 f.; *Habersack* in Emmerich/Habersack Aktien- und GmbH-Konzernrecht § 312 Rn. 11 f.; KölnKommAktG/*Koppensteiner* § 312 Rn. 14 f.; *Friedl* NZG 2005, 875 (877).

im Laufe des Geschäftsjahres weg, bleibt die Berichtspflicht für den Zeitraum, in welchem die Gesellschaft abhängig war, bestehen.[391] Wird die Gesellschaft im Laufe des Geschäftsjahres eingegliedert oder wird im Laufe des Geschäftsjahres ein Beherrschungs- oder Gewinnabführungsvertrag geschlossen, entfällt die Berichtspflicht jedoch für das gesamte Geschäftsjahr.[392] Das gilt auch, wenn ein Gewinnabführungsvertrag mit Rückwirkung auf das bereits abgelaufene Geschäftsjahr geschlossen wird; auch in diesem Fall ist für das abgelaufene Geschäftsjahr ein Abhängigkeitsbericht nicht mehr zu erstatten.[393] Wird eine Gesellschaft während des Geschäftsjahres in eine AG oder KGaA umgewandelt oder wird umgekehrt eine AG oder KGaA während des Geschäftsjahres in eine andere Rechtsform umgewandelt, wird man anzunehmen haben, dass die Berichtspflicht nur für den Zeitraum seit Umwandlung entsteht[394] bzw. wegfällt.[395]

101 Wird der **Bericht nicht erstattet,** ist der Vorstand hierzu vom Registergericht durch Festsetzung von Zwangsgeld anzuhalten (§ 407 Abs. 1 AktG). Diese Möglichkeit besteht auch noch, wenn der Jahresabschluss für das betreffende Geschäftsjahr schon festgestellt sein sollte, denn die Berichtspflicht entfällt nicht mit der Feststellung des Jahresabschlusses,[396] sondern erst, wenn kein Interesse der außenstehenden Aktionäre an der Berichterstattung mehr besteht; das ist frühestens mit Ablauf der fünfjährigen Verjährungsfrist für etwaige Schadensersatzansprüche gem. §§ 317, 318 AktG der Fall.[397] Der Abschlussprüfer hat bei der Prüfung des Jahresabschlusses das Testat einzuschränken, wenn der Abhängigkeitsbericht fehlt (§ 322 Abs. 4 HGB).[398] Ein etwaiger Beschluss über die Entlastung des Vorstands ist bei Fehlen des Abhängigkeitsberichts anfechtbar.[399] Der Aufsichtsrat hat in

---

[391] MüKoAktG/*Altmeppen* § 312 Rn. 31; Hüffer/*Koch* AktG § 312 Rn. 6; *Habersack* in Emmerich/Habersack Aktien- und GmbH-Konzernrecht § 312 Rn. 11; KölnKommAktG/*Koppensteiner* § 312 Rn. 14 f.

[392] MüKoAktG/*Altmeppen* § 312 Rn. 47 f.; Hüffer/*Koch* AktG § 312 Rn. 7; *Habersack* in Emmerich/Habersack Aktien- und GmbH-Konzernrecht § 312 Rn. 12; KölnKommAktG/*Koppensteiner* § 312 Rn. 18.

[393] MüKoAktG/*Altmeppen* § 316 Rn. 11 f.; Hüffer/*Koch* AktG § 316 Rn. 4; KölnKommAktG/*Koppensteiner* § 316 Rn. 2; *Habersack* in Emmerich/Habersack Aktien- und GmbH-Konzernrecht § 312 Rn. 12, § 316 Rn. 5.

[394] *Habersack* in Emmerich/Habersack Aktien- und GmbH-Konzernrecht § 312 Rn. 11; KölnKommAktG/*Koppensteiner* § 312 Rn. 16; Spindler/Stilz AktG/*H.-F. Müller* § 312 Rn. 11; Hüffer/*Koch* AktG § 312 Rn. 6; aA MüKoAktG/*Altmeppen* § 312 Rn. 43 f., der die Berichtspflicht für das ganze Geschäftsjahr entstehen lassen will.

[395] Ebenso *Habersack* in Emmerich/Habersack Aktien- und GmbH-Konzernrecht § 312 Rn. 11; Hüffer/*Koch* AktG § 312 Rn. 6; KölnKommAktG/*Koppensteiner* § 312 Rn. 16; Spindler/Stilz AktG/*H.-F. Müller* § 312 Rn. 11 aA MüKoAktG/*Altmeppen* § 312 Rn. 45; K. Schmidt/Lutter AktG/*J. Vetter* § 312 Rn. 15; Grigoleit AktG/*Grigoleit* § 312 Rn. 5, die die Berichtspflicht für das gesamte Geschäftsjahr entfallen lassen wollen.

[396] BGHZ 135, 107 (111); OLG Düsseldorf AG 2000, 365; OLG Braunschweig AG 1996, 271 (272); KölnKommAktG/*Koppensteiner* § 312 Rn. 32; Hüffer/*Koch* AktG § 312 Rn. 10; *Habersack* in Emmerich/Habersack Aktien- und GmbH-Konzernrecht § 312 Rn. 16; aA OLG Köln AG 1978, 171 (172); *Mertens* AG 1996, 241 (247 ff.).

[397] BGHZ 135, 107 (111 f.); KölnKommAktG/*Koppensteiner* § 312 Rn. 32; Hüffer/*Koch* AktG § 312 Rn. 10; *Habersack* in Emmerich/Habersack Aktienkonzernrecht § 312 Rn. 18; aA *Götz* NZG 2001, 68 (69 f.), der die Sechsmonatsfrist des § 256 Abs. 6 AktG heranziehen will.

[398] MüKoAktG/*Altmeppen* § 312 Rn. 76; Hüffer/*Koch* AktG § 312 Rn. 10; *Habersack* in Emmerich/Habersack Aktien- und GmbH-Konzernrecht § 312 Rn. 19; KölnKommAktG/*Koppensteiner* § 312 Rn. 30.

[399] BGHZ 62, 193 (194 f.) – Seitz; OLG Stuttgart ZIP 2003, 1981 (1984 f.); OLG Frankfurt a. M. ZIP 2000, 926 (927); OLG Düsseldorf ZIP 1993, 1791 (1793); MüKoAktG/*Altmeppen* § 312 Rn. 74; KölnKommAktG/*Koppensteiner* § 312 Rn. 30; Hüffer/*Koch* AktG § 312 Rn. 10; *Habersack* in Emmerich/Habersack Aktien- und GmbH-Konzernrecht § 312 Rn. 20; *Bayer* ZGR 2002, 933 (952 ff.); aA OLG München AG 2003, 452 (453). Vgl. auch → Rn. 121 zur Anfechtung der Entlastung des Aufsichtsrats bei mangelhafter Berichterstattung nach § 314 AktG.

seinem Bericht über die Prüfung des Jahresabschlusses (§ 171 Abs. 2 AktG) auf das Fehlen des Abhängigkeitsberichts hinzuweisen.[400] Gemäß § 315 AktG ist die Einleitung einer Sonderprüfung möglich (vgl. → Rn. 123). Schließlich haftet der Vorstand nach §§ 93, 318 AktG.

Wird der **Bericht mangelhaft erstattet,** sind die Mängel in den Berichten des Abschlussprüfers und des Aufsichtsrats über die Prüfung des Abhängigkeitsberichts (§§ 313 Abs. 2, 314 Abs. 2 AktG) darzulegen; der Abschlussprüfer hat das Testat einzuschränken oder zu versagen (§ 313 Abs. 4 S. 1 AktG). Der Aufsichtsrat hat am Schluss seines Berichtes zu erklären, dass gegen die Schlusserklärung des Vorstands Einwendungen zu erheben sind (§ 314 Abs. 3 AktG). Auch für Mängel des Berichts haftet der Vorstand nach §§ 93, 318 AktG. 102

Das Fehlen oder die Mangelhaftigkeit des Abhängigkeitsberichts führen als solche nicht zur **Nichtigkeit des Jahresabschlusses** gem. § 256 AktG (→ § 48 Rn. 4).[401] Eine Nichtigkeit des Abschlusses kann sich im Einzelfall aber aus der unterlassenen Aktivierung eines Schadensersatzanspruchs aus § 317 AktG ergeben;[402] ist die Schadensersatzforderung bestritten, wird die fehlende Aktivierung jedoch nur zu einer unwesentlichen und deshalb keine Nichtigkeit begründenden Fehldarstellung der Vermögenslage führen.[403] 103

3. Inhalt des Berichts. a) Grundlagen. Der Abhängigkeitsbericht muss die in § 312 Abs. 1 S. 2–4 AktG geregelten Angaben und eine Schlusserklärung des Vorstands nach § 312 Abs. 3 AktG enthalten. Er muss dabei den Grundsätzen einer gewissenhaften und getreuen Rechenschaft entsprechen (§ 312 Abs. 2 AktG), insbesondere klar und übersichtlich sein,[404] sowie wahre und vollständige Angaben enthalten.[405] Der Vorstand ist verpflichtet, die organisatorischen Voraussetzungen zu schaffen, um der Berichtspflicht ordnungsgemäß nachkommen zu können.[406] 104

b) Berichtspflichtige Vorfälle. Berichtspflichtig sind Rechtsgeschäfte und Maßnahmen der abhängigen Gesellschaft. Die Unterscheidung spielt vor allem eine Rolle für den Umfang der in den Bericht aufzunehmenden Einzelangaben; vgl. → Rn. 111. **Rechtsgeschäft** in diesem Sinne ist jeder auf einer Willenserklärung beruhende Rechtsakt, also auch Gestaltungserklärungen;[407] reine Erfüllungsgeschäfte sind jedoch ausgenommen (vgl. → Rn. 110). Der Begriff der **Maßnahme** umfasst jedwede Handlung oder Unterlassung, die nicht zu den Rechtsgeschäften zählt.[408] Ausgenommen sind Vorgänge, die unzweifelhaft keinerlei Auswirkungen auf die Vermögens- und Ertragslage der Gesellschaft haben kön- 105

---

[400] MüKoAktG/*Altmeppen* § 312 Rn. 70; Hüffer/*Koch* AktG § 312 Rn. 10; KölnKommAktG/ *Koppensteiner* § 312 Rn. 30.
[401] BGHZ 124, 111 (121 f.); OLG Köln ZIP 1993, 110 (112 f.); Hüffer/*Koch* AktG § 312 Rn. 10; *Habersack* in Emmerich/Habersack Aktien- und GmbH-Konzernrecht § 312 Rn. 20.
[402] BGHZ 124, 111 (119); BGH WM 1998, 510 (512); OLG Köln ZIP 1993, 110 (112 f.); Hüffer/ *Koch* AktG § 312 Rn. 10, § 256 Rn. 26; *Habersack* in Emmerich/Habersack Aktien- und GmbH-Konzernrecht § 312 Rn. 20.
[403] Vgl. näher K. Schmidt/Lutter AktG/*J. Vetter* § 312 Rn. 26; *Adler/Düring/Schmaltz* Rechnungslegung AktG § 312 Rn. 103a; *Kropff* ZGR 1994, 628 (635 ff.); *Schön* JZ 1994, 684; *H. P. Müller* AG 1994, 410 f.; aA anscheinend BGHZ 124, 111 (119).
[404] Näher dazu MüKoAktG/*Altmeppen* § 312 Rn. 136 ff.; Hüffer/*Koch* AktG § 312 Rn. 34; *Adler/ Düring/Schmaltz* Rechnungslegung § 312 Rn. 82 ff.
[405] Näher dazu MüKoAktG/*Altmeppen* § 312 Rn. 132 ff.; Hüffer/*Koch* AktG § 312 Rn. 31 f.; *Adler/Düring/Schmaltz* Rechnungslegung § 312 Rn. 85 f.
[406] Näher dazu *Adler/Düring/Schmaltz* Rechnungslegung § 312 Rn. 97 ff.; MüKoAktG/*Altmeppen* § 312 Rn. 135; Hüffer/*Koch* AktG § 312 Rn. 32; *Habersack* in Emmerich/Habersack Aktien- und GmbH-Konzernrecht § 311 Rn. 80, § 312 Rn. 42.
[407] Hüffer/*Koch* AktG § 312 Rn. 13; *Habersack* in Emmerich/Habersack Aktien- und GmbH-Konzernrecht § 312 Rn. 23 ff.; MüKoAktG/*Altmeppen* § 312 Rn. 81 ff.
[408] MüKoAktG/*Altmeppen* § 312 Rn. 89 ff.; Hüffer/*Koch* AktG § 312 Rn. 23; *Habersack* in Emmerich/Habersack Aktien- und GmbH-Konzernrecht § 312 Rn. 34.

nen;[409] bestehen Zweifel, ist zu berichten. Maßnahmen in diesem Sinne sind zB Entscheidungen über Investitionen, Produktionsumstellungen, Durchführung von Forschungsvorhaben, Änderungen der Vertriebsorganisation usw. Auch Personalmaßnahmen wird man hierzu zählen müssen.[410] Berichtspflichtig ist auch das Unterlassen von Rechtsgeschäften und Maßnahmen. Die Berichtpflicht für **Unterlassungen** setzt nicht voraus, dass eine Pflicht zum Handeln bestand,[411] sondern erstreckt sich auf jegliche bewusste Untätigkeit, sofern diese nur auf Veranlassung oder im Interesse des herrschenden Unternehmens oder eines mit diesem verbundenen Unternehmens erfolgte.

106 Es muss sich um Rechtsgeschäfte und Maßnahmen handeln, die **von der berichtspflichtigen Gesellschaft** vorgenommen oder unterlassen wurden. Deshalb zählen hierzu nicht Handlungen, die gegenüber der berichtspflichtigen Gesellschaft ergriffen werden (zB Kündigung eines Vertrages durch das herrschende Unternehmen). Ebenso wenig gehören Rechtsgeschäfte und Maßnahmen von Tochterunternehmen der berichtspflichtigen Gesellschaft hierher, solange nicht letztere selbst daran beteiligt ist.[412]

107 Berichtspflichtig sind zunächst alle Rechtsgeschäfte **mit dem herrschenden Unternehmen** sowie alle Rechtsgeschäfte mit einem Unternehmen, das mit dem herrschenden Unternehmen verbunden ist. Dazu genügt jegliche Unternehmensverbindung im Sinne von § 15 AktG, erfasst sind also auch die eigenen Tochter- und Enkelgesellschaften des berichtspflichtigen Unternehmens.[413] Bei Gemeinschaftsunternehmen (vgl. → § 69 Rn. 51 ff.) ist über die Beziehungen zu den verbundenen Unternehmen jedes der gemeinsam herrschenden Unternehmen zu berichten.[414] Ob in Fällen der Abhängigkeit von Körperschaften der öffentlichen Hand Einschränkungen beim Kreis der einzubeziehenden Unternehmen möglich sind,[415] erscheint zweifelhaft. Ein Anspruch auf Auskunft über den Kreis der verbundenen Unternehmen steht der berichtspflichtigen Gesellschaft gegenüber dem herrschenden Unternehmen nicht zu.[416]

108 Berichtspflichtig sind weiter alle Rechtsgeschäfte und Maßnahmen, deren Vornahme oder Unterlassung **vom herrschenden Unternehmen** oder einem mit diesem verbundenen Unternehmen **veranlasst** wurde. Der Begriff der Veranlassung ist der gleiche wie bei § 311 AktG, vgl. → Rn. 77 ff. Etwas anderes gilt auch nicht bei Veranlassungen durch Hauptversammlungsbeschluss (dazu → Rn. 88). Auch über diese ist zu berichten;[417] das gilt

---

[409] MüKoAktG/*Altmeppen* § 312 Rn. 90; *Habersack* in Emmerich/Habersack Aktien- und GmbH-Konzernrecht § 312 Rn. 34; Hüffer/*Koch* AktG § 312 Rn. 23; aA KölnKommAktG/*Koppensteiner* § 312 Rn. 47.

[410] *Habersack* in Emmerich/Habersack Aktien- und GmbH-Konzernrecht § 313 Rn. 34; KölnKommAktG/*Koppensteiner* § 312 Rn. 48; einschränkend MüKoAktG/*Altmeppen* § 312 Rn. 91.

[411] KölnKommAktG/*Koppensteiner* § 312 Rn. 49; MüKoAktG/*Altmeppen* § 312 Rn. 93 f.

[412] MüKoAktG/*Altmeppen* § 312 Rn. 96 f.; KölnKommAktG/*Koppensteiner* § 312 Rn. 61; Hüffer/Koch AktG § 312 Rn. 15; *Habersack* in Emmerich/Habersack Aktien- und GmbH-Konzernrecht § 312 Rn. 27.

[413] KölnKommAktG/*Koppensteiner* § 312 Rn. 56; MüKoAktG/*Altmeppen* § 312 Rn. 98 f.; Hüffer/Koch AktG § 312 Rn. 19; *Habersack* in Emmerich/Habersack Aktien- und GmbH-Konzernrecht § 312 Rn. 30; einschränkend K. Schmidt/Lutter AktG/*J. Vetter* § 312 Rn. 34; *Götz* AG 2000, 498 (501 ff.).

[414] KölnKommAktG/*Koppensteiner* § 312 Rn. 57; Hüffer/*Koch* AktG § 312 Rn. 19; *Habersack* in Emmerich/Habersack Aktien- und GmbH-Konzernrecht § 312 Rn. 30.

[415] Vgl. etwa BGHZ 69, 334 (343) – Veba/Gelsenberg; KölnKommAktG/*Koppensteiner* § 312 Rn. 58 (Beschränkung auf erwerbswirtschaftlich tätige Unternehmen); MüKoAktG/*Altmeppen* § 312 Rn. 125 (Ausnahme für ausschließlich der Wirtschaftsförderung dienende Anstalten); *Habersack* in Emmerich/Habersack Aktien- und GmbH-Konzernrecht § 312 Rn. 30 mit Fn. 90 (grundsätzlich zu verneinen, aber Vorbehalt für ausschließlich der Wirtschaftsförderung dienende Unternehmen erwägenswert).

[416] KölnKommAktG/*Koppensteiner* § 312 Rn. 59 f. mwN; aA MüKoAktG/*Altmeppen* § 312 Rn. 137.

[417] KölnKommAktG/*Koppensteiner* § 312 Rn. 53; *Habersack* in Emmerich/Habersack Aktien- und GmbH-Konzernrecht § 312 Rn. 31; Hüffer/*Koch* AktG § 312 Rn. 20; Spindler/Stilz/*H.-F. Müller* § 312 Rn. 36; aA MüKoAktG/*Altmeppen* § 312 Rn. 111 f.

wohl auch dann, wenn sie von einem unabhängigen Prüfer geprüft wurden,[418] denn eine etwaige Nachteilszufügung ist dadurch allein nicht ausgeschlossen.

Schließlich sind auch alle Rechtsgeschäfte und Maßnahmen in den Bericht aufzunehmen, die **im Interesse des herrschenden Unternehmens** oder eines mit diesem verbundenen Unternehmens vorgenommen oder unterlassen wurden; eine Veranlassung des abhängigen Unternehmens hierzu ist nicht erforderlich. Umstritten ist, ob die objektive Interessenlage entscheidet[419] oder die subjektive Absicht, im Interesse des herrschenden oder eines mit diesem verbundenen Unternehmens zu handeln;[420] tatsächlich wird man in beiden Fällen Berichterstattung verlangen müssen.[421] Die Berichtspflicht besteht auch, wenn die fraglichen Rechtsgeschäfte oder Maßnahmen zugleich im Interesse der abhängigen Gesellschaft selbst liegen und von dieser möglicherweise auch ohne Rücksicht auf die Interessen des herrschenden Unternehmens ergriffen worden wären.[422] In Fällen der Abhängigkeit von Unternehmen der öffentlichen Hand ist allerdings eine Einschränkung nötig.[423] Hier reicht es nicht, dass an dem Geschäft oder der Maßnahme ein öffentliches Interesse besteht, sondern es müssen Zweifel hinzukommen, dass der Vorstand einer unabhängigen Gesellschaft sich in gleicher Weise verhalten hätte.[424]

Berichtspflichtig sind die Rechtsgeschäfte und Maßnahmen des **abgelaufenen Geschäftsjahres**. Bei Rechtsgeschäften wird man auf den Zeitpunkt des Zustandekommens abstellen müssen,[425] bei Maßnahmen auf den Zeitpunkt der abschließenden Entscheidung, oder, wenn sich diese nicht feststellen lässt, der ersten Ausführungshandlung,[426] bei Unterlassungen dürfte der Zeitpunkt maßgeblich sein, in dem der Vorstand einer unabhängigen Gesellschaft gehandelt hätte.[427] Die Berichtspflicht beschränkt sich auf das Geschäftsjahr der Vornahme oder Unterlassung. Zieht das Rechtsgeschäft oder die Maßnahme Auswirkungen auch noch in folgenden Geschäftsjahren nach sich, besteht eine Berichtspflicht in diesen Folgejahren nicht mehr.[428] Das gilt auch bei einem Auseinanderfallen von Verpflichtungs-

---

[418] Insoweit aA K. Schmidt/Lutter AktG *J. Vetter* § 312 Rn. 38; tendenziell auch *Habersack* in Emmerich/Habersack Aktien- und GmbH-Konzernrecht § 312 Rn. 31 Fn. 92; wie hier *Hüffer/Koch* AktG § 312 Rn. 20.

[419] So KölnKommAktG/*Koppensteiner* § 312 Rn. 50.

[420] So *Haesen*, Der Abhängigkeitsbericht im faktischen Konzern, 1970, S. 92 f.; *Adler/Düring/Schmaltz* Rechnungslegung § 312 Rn. 47 mwN.

[421] *Hüffer/Koch* AktG § 312 Rn. 21; *Habersack* in Emmerich/Habersack Aktien- und GmbH-Konzernrecht § 312 Rn. 31; MüKoAktG/*Altmeppen* § 312 Rn. 106; K. Schmidt/Lutter AktG *J. Vetter* § 312 Rn. 39.

[422] *Habersack* in Emmerich/Habersack Aktien- und GmbH-Konzernrecht § 312 Rn. 31; KölnKommAktG/*Koppensteiner* § 312 Rn. 50; K. Schmidt/Lutter AktG/*J. Vetter* § 312 Rn. 40; aA etwa MüKoAktG/*Altmeppen* § 312 Rn. 110; *Haesen*, Der Abhängigkeitsbericht im faktischen Konzern, 1970, S. 93; *Adler/Düring/Schmaltz* Rechnungslegung § 312 Rn. 49, die danach unterscheiden, wessen Interesse „überwiegend" angesprochen sei.

[423] Vgl. schon BGHZ 69, 334 (343) – Veba/Gelsenberg.

[424] KölnKommAktG/*Koppensteiner* § 312 Rn. 58; Hüffer/Koch AktG § 312 Rn. 22; *Habersack* in Emmerich/Habersack Aktien- und GmbH-Konzernrecht § 312 Rn. 32; *Kropff* ZHR 144 (1980), 74 (96); *Lutter/Timm* BB 1978, 836 (841).

[425] *Hüffer/Koch* AktG § 312 Rn. 17; *Habersack* in Emmerich/Habersack Aktien- und GmbH-Konzernrecht § 312 Rn. 33; KölnKommAktG/*Koppensteiner* § 312 Rn. 65; aA MüKoAktG/*Altmeppen* § 312 Rn. 113, der als maßgebenden Zeitpunkt die „Abgabe der Willenserklärung durch die Gesellschaft" nennt.

[426] *Hüffer/Koch* AktG § 312 Rn. 25; *Habersack* in Emmerich/Habersack § 312 Rn. 36; MüKoAktG/*Altmeppen* § 312 Rn. 113.

[427] *Hüffer/Koch* AktG § 312 Rn. 25; MüKoAktG/*Altmeppen* § 312 Rn. 113; *Habersack* in Emmerich/Habersack Aktien- und GmbH-Konzernrecht § 312 Rn. 33; KölnKommAktG/*Koppensteiner* § 312 Rn. 65.

[428] KölnKommAktG/*Koppensteiner* § 312 Rn. 68; *Habersack* in Emmerich/Habersack Aktien- und GmbH-Konzernrecht § 312 Rn. 33; MüKoAktG/*Altmeppen* § 312 Rn. 113.

und Erfüllungsgeschäft. Ist über das Verpflichtungsgeschäft berichtet, besteht eine nochmalige Berichtspflicht über das Erfüllungsgeschäft nach richtiger Auffassung nicht.[429]

111 **c) Einzelangaben.** Der Bericht soll die Beurteilung ermöglichen, ob nachteilige Maßnahmen veranlasst und die Nachteile ggf. ordnungsgemäß ausgeglichen wurden. Das Gesetz schreibt deshalb in § 312 Abs. 1 S. 3 und 4 AktG detaillierte Einzelangaben über die in den Bericht aufzunehmenden Rechtsgeschäfte und Maßnahmen vor. Bei den **Rechtsgeschäften** sind Leistung und Gegenleistung anzugeben (Abs. 1 Satz 3). Zu nennen sind alle Umstände, die für die Beurteilung der Angemessenheit von Bedeutung sind, namentlich Art und Umfang der Leistung und die Preise, unter Umständen auch der wesentliche Inhalt von Lieferungs- und Zahlungsbedingungen, Kosten usw.[430] Wo die Beurteilung Schwierigkeiten macht, hat der Vorstand zu begründen, warum er Leistung und Gegenleistung für angemessen hält.[431] In Sonderfällen kann es vorkommen, dass allein die Angabe von Leistung und Gegenleistung nicht ausreicht, um die nachteiligen Folgen für die Gesellschaft beurteilen zu können (zB Verkauf wesentlicher Betriebsteile, langfristige Bindung an einzelne Abnehmer uä; vgl. → Rn. 85). In solchen Fällen sind auch die Gründe des Geschäfts und seine Vor- und Nachteile für die Gesellschaft darzulegen.[432] Bei den **Maßnahmen** sind ebenfalls die Gründe und die Vor- und Nachteile für die Gesellschaft anzugeben (Abs. 1 Satz 3). Letztere sind ausführlich zu schildern und – soweit möglich – zahlenmäßig zu bewerten.[433] Die erforderlichen Angaben sind grundsätzlich für jedes einzelne Rechtsgeschäft und jede einzelne Maßnahme getrennt zu machen. Es ist jedoch zulässig, ständig zu den gleichen Bedingungen wiederkehrende Geschäfte und Maßnahmen zusammenzufassen.[434] Ebenso dürfen Bagatellgeschäfte und -maßnahmen zusammengefasst werden.[435] Ergeben sich aus dem Inhalt des Berichts ausgleichspflichtige Nachteile, so muss im Einzelnen angegeben werden, wie der Ausgleich erfolgt ist.

112 **d) Schlusserklärung.** Der Abhängigkeitsbericht endet mit der Schlusserklärung (§ 312 Abs. 3 AktG).[436] In ihr hat der Vorstand zusammenfassend anzugeben, ob die Gesellschaft bei jedem Rechtsgeschäft eine angemessene Gegenleistung erhielt und ob sie durch getroffene oder unterlassene Maßnahmen benachteiligt wurde. Ist die Gesellschaft bei einem Rechtsgeschäft trotz an sich angemessener Gegenleistung benachteiligt worden (vgl.

---

[429] MüKoAktG/*Altmeppen* § 312 Rn. 86 f.; KölnKommAktG/*Koppensteiner* § 312 Rn. 63; Hüffer/ Koch AktG § 312 Rn. 14; *Habersack* in Emmerich/Habersack Aktien- und GmbH-Konzernrecht § 312 Rn. 26; aA *Haesen*, Der Abhängigkeitsbericht im faktischen Konzern, 1970, S. 76 ff.

[430] Vgl. näher MüKoAktG/*Altmeppen* § 312 Rn. 115 f.; KölnKommAktG/*Koppensteiner* § 312 Rn. 73; Hüffer/*Koch* AktG § 312 Rn. 27 f.; *Habersack* in Emmerich/Habersack Aktien- und GmbH-Konzernrecht § 312 Rn. 37 f.

[431] MüKoAktG/*Altmeppen* § 312 Rn. 116; *Habersack* in Emmerich/Habersack Aktien- und GmbH-Konzernrecht § 312 Rn. 37; K. Schmidt/Lutter AktG *J. Vetter* § 312 Rn. 48.

[432] MüKoAktG/*Altmeppen* § 312 Rn. 116; KölnKommAktG/*Koppensteiner* § 312 Rn. 39; *Strohn*, Die Verfassung der Aktiengesellschaft im faktischen Konzern, 1977, S. 80 ff.; *Haesen*, Der Abhängigkeitsbericht im faktischen Konzern, 1970, S. 81.

[433] Vgl. dazu näher MüKoAktG/*Altmeppen* § 312 Rn. 118 ff.; KölnKommAktG/*Koppensteiner* § 312 Rn. 75; Hüffer/Koch AktG § 312 Rn. 29; *Habersack* in Emmerich/Habersack Aktien- und GmbH-Konzernrecht § 312 Rn. 39.

[434] OLG München AG 2003, 452 (453); MüKoAktG/*Altmeppen* § 312 Rn. 139; KölnKommAktG/ *Koppensteiner* § 312 Rn. 69; Hüffer/*Koch* AktG § 312 Rn. 34; *Habersack* in Emmerich/Habersack Aktien- und GmbH-Konzernrecht § 312 Rn. 43.

[435] MüKoAktG/*Altmeppen* § 312 Rn. 139; KölnKommAktG/*Koppensteiner* § 312 Rn. 69; Hüffer/ Koch AktG § 312 Rn. 34; *Habersack* in Emmerich/Habersack Aktien- und GmbH-Konzernrecht § 312 Rn. 43. Zur Möglichkeit zusammenfassender Darstellungen bei Gesellschaften, die von öffentlich-rechtlichen Körperschaften abhängig sind, vgl. *Kropff* ZHR 144 (1980), 74 (96); KölnKommAktG/*Koppensteiner* § 312 Rn. 70; *Adler/Düring/Schmaltz* Rechnungslegung AktG § 312 Rn. 73.

[436] Formulierungsvorschläge für die verschiedenen Fälle der Schlusserklärung bei *Adler/Düring/ Schmaltz* Rechnungslegung § 312 Rn. 90 ff.

→ Rn. 85), ist auch das in der Schlusserklärung anzugeben. Die Beurteilung ist nach den Umständen zu treffen, die dem Vorstand in dem Zeitpunkt bekannt waren, in dem das Rechtsgeschäft vorgenommen oder die Maßnahme getroffen oder unterlassen wurde; dies ist in der Erklärung klarzustellen. Umstände, die dem Vorstand im Beurteilungszeitpunkt zwar nicht bekannt waren, bei pflichtgemäßer Sorgfalt aber hätten bekannt sein müssen, bleiben außer Betracht; der Wortlaut des Gesetzes ist eindeutig.[437] Hat der Vorstand zwischenzeitlich ganz oder teilweise gewechselt, ist im Text der Schlusserklärung zum Ausdruck zu bringen, dass – soweit dies für den neuen Vorstand feststellbar war – eine Aussage über das Wissen des früheren Vorstandes getroffen wird.[438] Wurde die Gesellschaft benachteiligt, hat der Vorstand außerdem zu erklären, ob die Nachteile ausgeglichen worden sind (§ 312 Abs. 3 S. 2 AktG). Die Schlusserklärung ist in den Lagebericht aufzunehmen (§ 312 Abs. 3 S. 3 AktG). Fehlt sie im Lagebericht, muss der Abschlussprüfer bei Prüfung des Jahresabschlusses und des Lageberichts (§§ 316 ff. HGB) den Bestätigungsvermerk (§ 322 HGB) einschränken,[439] außerdem ist ein etwa gefasster Beschluss über die Entlastung der Vorstands- (evtl. auch der Aufsichtsrats-)mitglieder anfechtbar.[440] Zur Nichtigkeit des Jahresabschlusses führt das Fehlen der Schlusserklärung im Lagebericht jedoch nicht.[441] Bei kleinen Aktiengesellschaften, die keinen Lagebericht erstatten (§ 264 Abs. 1 S. 4 HGB), nimmt die hM an, es müsse die Schlusserklärung in den Anhang aufgenommen werden;[442] ist die Gesellschaft auch von der Erstellung des Anhangs befreit (§ 264 Abs. 3, § 264 Abs. 1 S. 5 HGB), soll ein Vermerk unter dem Jahresabschluss nötig sein.[443] Im Gesetz findet diese Ansicht jedoch keine Grundlage.

e) Negativbericht. Auch wenn im Geschäftsjahr keine berichtspflichtigen Rechtsgeschäfte oder Maßnahmen angefallen sind, ist der Abhängigkeitsbericht mit Schlusserklärung zu erstatten. Dabei ist anzugeben, dass berichtspflichtige Vorgänge im Geschäftsjahr nicht vorgelegen haben.[444] 113

4. Prüfung durch den Abschlussprüfer. Ist der Jahresabschluss durch einen Abschlussprüfer zu prüfen, so ist diesem gleichzeitig mit dem Jahresabschluss und dem Lagebericht auch der Abhängigkeitsbericht zur Prüfung vorzulegen (§ 313 Abs. 1 S. 1 AktG). Es ist also derselbe Abschlussprüfer zuständig, dem die Prüfung des Jahresabschlusses obliegt. Die **Pflicht zur Prüfung** des Abhängigkeitsberichts beschränkt sich auf mittelgroße (§ 267 Abs. 2 HGB) und große Gesellschaften (§ 267 Abs. 3 HGB). Für kleine Aktiengesellschaften iSd § 267 Abs. 1 HGB besteht eine Verpflichtung zur Prüfung des Jahresabschlusses durch einen Abschlussprüfer nicht (§ 316 Abs. 1 HGB), so dass auch der 114

---

[437] Hüffer/Koch AktG § 312 Rn. 36; Habersack in Emmerich/Habersack Aktien- und GmbH-Konzernrecht § 312 Rn. 46; K. Schmidt/Lutter AktG/J. Vetter § 312 Rn. 67; Haesen, Der Abhängigkeitsbericht im faktischen Konzern, 1970, S. 102; aA KölnKommAktG/Koppensteiner § 312 Rn. 80 (Redaktionsversehen des Gesetzes); MüKoAktG/Altmeppen § 312 Rn. 145 f.

[438] Vgl. dazu näher Doellerer FS Semler, 1993, 441 (447 ff.); MüKoAktG/Altmeppen § 312 Rn. 148 ff.

[439] KölnKommAktG/Koppensteiner § 312 Rn. 86; Habersack in Emmerich/Habersack Aktien- und GmbH-Konzernrecht § 312 Rn. 47; Hüffer/Koch AktG § 312 Rn. 37; Kupsch DB 1993, 493 ff.; aA OLG Köln AG 1993, 86 (87).

[440] OLG Stuttgart ZIP 2003, 1981 (1984 f.); Habersack in Emmerich/Habersack Aktien- und GmbH-Konzernrecht § 312 Rn. 47.

[441] BGHZ 124, 111 (117, 121 f.); OLG Köln AG 1993, 86 (87); Hüffer/Koch AktG § 312 Rn. 37; Habersack in Emmerich/Habersack Aktien- und GmbH-Konzernrecht § 312 Rn. 47.

[442] MüKoAktG/Altmeppen § 312 Rn. 152; Habersack in Emmerich/Habersack Aktien- und GmbH-Konzernrecht § 312 Rn. 47; K. Schmidt/Lutter AktG/J. Vetter § 312 Rn. 70; Strieder DB 2004, 799 (801).

[443] Habersack in Emmerich/Habersack Aktien- und GmbH-Konzernrecht § 313 Rn. 47; MüKoAktG/Altmeppen § 312 Rn. 152.

[444] Hüffer/Koch AktG § 312 Rn. 8; Habersack in Emmerich/Habersack Aktien- und GmbH-Konzernrecht § 312 Rn. 13.

§ 70 115   12. Kapitel. Konzernrecht des Aktiengesetzes

Abhängigkeitsbericht nicht durch einen Abschlussprüfer zu prüfen ist. Diese erst durch das Bilanzrichtliniengesetz geschaffene Rechtslage wird zwar mit Recht allgemein als verfehlt angesehen.[445] Das rechtfertigt jedoch nicht die Annahme einer ungeschriebenen Prüfungspflicht[446] oder eines Einsichtsrechts der Aktionäre in den Abhängigkeitsbericht analog § 51a GmbHG.[447] Auch die Annahme, bei kleinen Aktiengesellschaften sei der Abhängigkeitsbericht jedenfalls dann prüfungspflichtig, wenn die Satzung eine Verpflichtung zur Prüfung des *Jahresabschlusses* begründe,[448] überzeugt im Ergebnis nicht; erforderlich wäre eine Satzungsregelung, die die Prüfung des *Abhängigkeitsberichts* anordnet. Hat die Gesellschaft keinen Abhängigkeitsbericht erstellt, muss der Abschlussprüfer bei Prüfung des Jahresabschlusses auch der Frage nachgehen, ob dazu eine Verpflichtung bestanden hätte.[449] Die Prüfung des Abhängigkeitsberichts ist Bestandteil der Prüfung des Jahresabschlusses. Für die **Verantwortlichkeit des Abschlussprüfers** gilt daher § 323 HGB. Die strafrechtliche Verantwortung richtet sich nach §§ 403, 404 Abs. 1 Nr. 2 AktG, § 333 HGB.

115 Der Abschlussprüfer hat zunächst die **Richtigkeit** der tatsächlichen Angaben des Abhängigkeitsberichts zu prüfen (§ 313 Abs. 1 S. 2 Nr. 1 AktG). Hierbei geht es allein um die objektiv prüfbaren Tatsachenangaben, nicht um die Richtigkeit von Wertungen. Zur Prüfung gehört auch die Frage, ob alle für die Beurteilung der im Bericht enthaltenen Rechtsgeschäfte oder Maßnahmen relevanten Umstände geschildert sind.[450] Hingegen ist nicht zu prüfen, ob der Bericht alle Rechtsgeschäfte und Maßnahmen enthält, über die zu berichten ist. Eine derartige Vollständigkeitsprüfung obliegt dem Abschlussprüfer nicht.[451] Stellt der Prüfer allerdings im Rahmen seiner Tätigkeit die Unvollständigkeit des Abhängigkeitsberichts fest, so hat er hierüber zu berichten (§ 313 Abs. 2 S. 2 AktG). Außerdem hat er einem etwa sich aufdrängenden Verdacht der Unvollständigkeit nachzugehen.[452] Bei den im Bericht aufgeführten **Rechtsgeschäften** ist weiter zu prüfen, ob die Leistung der Gesellschaft nicht unangemessen hoch war (§ 313 Abs. 1 S. 2 Nr. 2 AktG). Entscheidend sind die Umstände, die im Zeitpunkt der Vornahme des Rechtsgeschäfts dem Vorstand bekannt waren oder hätten bekannt sein müssen.[453] Es genügt, wenn die Leistung der Gesellschaft bei vernünftiger kaufmännischer Beurteilung vertretbar ist.[454] Ist das nicht der Fall, hat der Abschlussprüfer weiter zu untersuchen, ob die Nachteile ausgeglichen worden sind (§ 313 Abs. 1 S. 2 Nr. 2 AktG). Auch dabei ist nur zu prüfen, ob der Nachteil im Hinblick auf den gewährten Nachteilsausgleich nicht

---

[445] Vgl. nur Hüffer/*Koch* AktG § 313 Rn. 2; *Habersack* in Emmerich/Habersack Aktien- und GmbH-Konzernrecht § 313 Rn. 6; MüKoAktG/*Altmeppen* § 313 Rn. 13; KölnKommAktG/*Koppensteiner* § 313 Rn. 8.

[446] So aber *Habersack* in Emmerich/Habersack Aktien- und GmbH-Konzernrecht § 313 Rn. 7; *Habersack* FS Peltzer, 2001, 139 (142 ff.); aA KölnKommAktG/*Koppensteiner* § 313 Rn. 9; MüKoAktG/*Altmeppen* § 313 Rn. 20; Hüffer/*Koch* AktG § 313 Rn. 2; *Kropff* ZGR 1988, 558 (565 f.).

[447] So aber *Kropff* ZGR 1988, 558 (570 ff.); MüKoAktG/*Altmeppen* § 313 Rn. 21; aA Hüffer/*Koch* AktG § 313 Rn. 2; K. Schmidt/Lutter AktG/*J. Vetter* § 312 Rn. 8.

[448] MüKoAktG/*Altmeppen* § 313 Rn. 22; *Habersack* in Emmerich/Habersack Aktien- und GmbH-Konzernrecht § 313 Rn. 5; K. Schmidt/Lutter AktG/*J. Vetter* § 313 Rn. 5; KölnKommAktG/*Koppensteiner* § 313 Rn. 9; *Kropff* ZGR 1988, 558 (561 f.).

[449] KölnKommAktG/*Koppensteiner* § 313 Rn. 12; MüKoAktG/*Altmeppen* § 313 Rn. 25.

[450] Hüffer/*Koch* AktG § 313 Rn. 11; MüKoAktG/*Altmeppen* § 313 Rn. 62 f.; KölnKommAktG/*Koppensteiner* § 313 Rn. 26.

[451] Hüffer/*Koch* AktG § 313 Rn. 5; *Habersack* in Emmerich/Habersack Aktien- und GmbH-Konzernrecht § 313 Rn. 14; MüKoAktG/*Altmeppen* § 313 Rn. 56.

[452] Hüffer/*Koch* AktG § 313 Rn. 11; *Habersack* in Emmerich/Habersack Aktien- und GmbH-Konzernrecht § 313 Rn. 21; MüKoAktG/*Altmeppen* § 313 Rn. 59.

[453] Hüffer/*Koch* AktG § 313 Rn. 7; *Habersack* in Emmerich/Habersack Aktien- und GmbH-Konzernrecht § 313 Rn. 16; MüKoAktG/*Altmeppen* § 313 Rn. 42.

[454] Begr. RegEAktG/*Kropff* S. 414; Hüffer/*Koch* AktG § 313 Rn. 6; *Habersack* in Emmerich/Habersack Aktien- und GmbH-Konzernrecht § 313 Rn. 16; MüKoAktG/*Altmeppen* § 313 Rn. 43.

§ 70 Abhängige Unternehmen und faktische Konzerne

unangemessen hoch war.[455] Bei den im Bericht aufgeführten **Maßnahmen** ist zu prüfen, ob keine Umstände für eine wesentlich andere Beurteilung als die des Vorstands sprechen (§ 313 Abs. 1 S. 2 Nr. 3 AktG). Auch diese Prüfung richtet sich nur auf die Vertretbarkeit der Beurteilung, die der Vorstand im Abhängigkeitsbericht gegeben hat,[456] und darauf, ob etwaige Nachteile unter Beachtung von § 311 Abs. 2 AktG ausgeglichen wurden. Bei der Prüfung des Nachteilsausgleichs ist wiederum nur zu untersuchen, ob der Nachteil im Verhältnis zu dem gewährten Nachteilsausgleich nicht unangemessen hoch war.[457] Die Prüfung kann sich auf Stichproben beschränken.[458]

Für die Durchführung der Prüfung hat der Abschlussprüfer die **Auskunfts- und Einsichtsrechte** nach § 320 Abs. 1 S. 2 und Abs. 2 S. 1 und 2 HGB (§ 313 Abs. 1 S. 3 AktG). Diese Rechte bestehen nicht nur gegenüber der Gesellschaft selbst, sondern auch gegenüber jedem Konzernunternehmen im Sinne von § 18 AktG und gegenüber jedem abhängigen oder herrschenden Unternehmen im Sinne von § 17 AktG (§ 313 Abs. 1 S. 4 AktG). Die Informationsrechte bestehen hingegen nicht gegenüber sonstigen Unternehmen, die mit dem herrschenden Unternehmen verbunden sind; der Wortlaut von § 313 Abs. 1 S. 4 AktG ist unmissverständlich.[459] Die Erfüllung der Auskunftspflicht kann durch Zwangsgeld erzwungen werden (§ 407 Abs. 1 AktG). Unrichtige oder verschleiernde Angaben sind strafbar (§ 400 Abs. 1 Nr. 2 AktG). Das Auskunfts- und Einsichtsrecht besteht auch gegenüber ausländischen Unternehmen,[460] bei einer Verweigerung der Auskunft bleibt als Sanktion allerdings nur die Einschränkung des Bestätigungsvermerks nach § 313 Abs. 4 AktG.[461]

Der Abschlussprüfer hat über das Ergebnis der Prüfung schriftlich zu berichten[462] und seinen **Prüfungsbericht** zu unterzeichnen (§ 313 Abs. 2 AktG). Sind nach dem abschließenden Ergebnis der Prüfung keine Einwendungen zu erheben, hat der Abschlussprüfer zu dem Abhängigkeitsbericht einen **Bestätigungsvermerk** zu erteilen. Der genaue Wortlaut des Bestätigungsvermerks ergibt sich aus § 313 Abs. 3 AktG;[463] daneben ist § 313 Abs. 5 AktG zu beachten. Erläuternde Zusätze sind zulässig.[464] Der Bestätigungsvermerk ist in den in § 313 Abs. 4 AktG genannten Fällen einzuschränken oder zu

---

[455] Hüffer/*Koch* AktG § 313 Rn. 8; *Habersack* in Emmerich/Habersack Aktien- und GmbH-Konzernrecht § 313 Rn. 19; MüKoAktG/*Altmeppen* § 313 Rn. 51.

[456] Hüffer/*Koch* AktG § 313 Rn. 9; *Habersack* in Emmerich/Habersack Aktien- und GmbH-Konzernrecht § 313 Rn. 18; MüKoAktG/*Altmeppen* § 313 Rn. 44.

[457] MüKoAktG/*Altmeppen* § 313 Rn. 51; KölnKommAktG/*Koppensteiner* § 313 Rn. 23; *Habersack* in Emmerich/Habersack Aktien- und GmbH-Konzernrecht § 313 Rn. 19.

[458] Hüffer/*Koch* AktG § 313 Rn. 10; *Habersack* in Emmerich/Habersack Aktien- und GmbH-Konzernrecht § 313 Rn. 20; MüKoAktG/*Altmeppen* § 313 Rn. 66.

[459] Hüffer/*Koch* AktG § 313 Rn. 13; *Habersack* in Emmerich/Habersack Aktien- und GmbH-Konzernrecht § 313 Rn. 23; MüKoAktG/*Altmeppen* § 313 Rn. 73.

[460] Hüffer/*Koch* AktG § 313 Rn. 13; *Habersack* in Emmerich/Habersack Aktien- und GmbH-Konzernrecht § 313 Rn. 24; MüKoAktG/*Altmeppen* § 313 Rn. 76.

[461] MüKoAktG/*Altmeppen* § 313 Rn. 77 ff.; weitergehend *Habersack* in Emmerich/Habersack Aktien- und GmbH-Konzernrecht § 313 Rn. 24; Hüffer/*Koch* AktG § 13 Rn. 13 mwN (Zwangsgeld zulässig, aber im Ausland nicht vollstreckbar).

[462] Zum Inhalt des Prüfungsberichts näher MüKoAktG/*Altmeppen* § 313 Rn. 80 ff.; *Habersack* in Emmerich/Habersack Aktien- und GmbH-Konzernrecht § 313 Rn. 29; *Adler/Düring/Schmaltz* Rechnungslegung AktG § 313 Rn. 63 ff.

[463] Hüffer/*Koch* AktG § 313 Rn. 17; *Habersack* in Emmerich/Habersack Aktien- und GmbH-Konzernrecht § 313 Rn. 30; MüKoAktG/*Altmeppen* § 313 Rn. 92; abweichend KölnKommAktG/*Koppensteiner* § 313 Rn. 32, der eine Ergänzung des Wortlauts des Testates dahingehend verlangt, dass bei Rechtsgeschäften die Leistung der Gesellschaft nicht unangemessen hoch und das Rechtsgeschäft auch nicht aus anderen Gründen nachteilig gewesen sei und dass etwaige nachteilige Maßnahmefolgen ausgeglichen worden seien.

[464] Hüffer/*Koch* AktG § 313 Rn. 17; *Habersack* in Emmerich/Habersack Aktien- und GmbH-Konzernrecht § 313 Rn. 32; MüKoAktG/*Altmeppen* § 313 Rn. 100 f.

versagen.⁴⁶⁵ Eine Einschränkung oder Versagung des Bestätigungsvermerks wird der Hauptversammlung über den Bericht des Aufsichtsrats mitgeteilt (§ 314 Abs. 2 S. 3 AktG; vgl. → Rn. 121). Sie hat zur Folge, dass jeder Aktionär die Durchführung einer Sonderprüfung beantragen kann (§ 315 S. 1 Nr. 1 AktG; vgl. → Rn. 123).

118 Der Abschlussprüfer hat seinen Bericht dem **Aufsichtsrat vorzulegen;** vor Zuleitung an den Aufsichtsrat ist dem Vorstand Gelegenheit zur Stellungnahme zu geben (§ 313 Abs. 2 S. 3 AktG). Berichtsempfänger für den Aufsichtsrat ist dessen Vorsitzender,⁴⁶⁶ der für die Weiterleitung nach § 314 Abs. 1 S. 2 AktG (→ Rn. 119) zu sorgen hat. Eine etwaige Stellungnahme des Vorstands wird nicht Bestandteil des Prüfungsberichts; sie ist daher nicht durch den Abschlussprüfer, sondern durch den Vorstand an den Aufsichtsrat zu leiten.⁴⁶⁷

119 **5. Prüfung durch den Aufsichtsrat.** Der Abhängigkeitsbericht ist vom Vorstand unverzüglich nach der Aufstellung dem Aufsichtsrat vorzulegen (§ 314 Abs. 1 S. 1 AktG); daneben erhält der Aufsichtsrat den Prüfungsbericht des Abschlussprüfers und eine etwaige Stellungnahme des Vorstands hierzu (vgl. → Rn. 118). Abhängigkeitsbericht und Prüfungsbericht sind auch jedem Mitglied des Aufsichtsrats zu übermitteln, soweit nicht der Aufsichtsrat beschließt, die Aushändigung auf die Mitglieder eines Ausschusses zu beschränken (§ 314 Abs. 1 S. 2 AktG); diese Regelung entspricht § 170 Abs. 3 S. 2 AktG. Für eine Beschränkung des Aushändigungsrechts ist der Gesamtaufsichtsrat ausschließlich zuständig, der durch Beschluss mit einfacher Mehrheit entscheidet.⁴⁶⁸ Auch dann hat – obwohl eine § 170 Abs. 3 S. 1 AktG entsprechende Regelung nach wie vor fehlt – jedes Mitglied des Aufsichtsrats Anspruch darauf, dass ihm ausreichende und angemessene Gelegenheit gewährt wird, in die Berichte Einsicht zu nehmen.⁴⁶⁹

120 Der Aufsichtsrat hat den Abhängigkeitsbericht zu prüfen (§ 314 Abs. 2 S. 1 AktG); eine Delegation dieser Aufgabe an einen Aufsichtsratsausschuss ist nicht zulässig (§ 107 Abs. 3 S. 7 AktG). Die **Prüfung** hat sich auf Vollständigkeit und Richtigkeit des Abhängigkeitsberichts zu erstrecken; sie ist also nicht in gleicher Weise eingeschränkt wie die Prüfungspflicht des Abschlussprüfers.⁴⁷⁰ Dazu bedarf es jedoch im Allgemeinen keiner besonderen Prüfungshandlungen. Es genügt vielmehr, wenn das Aufsichtsratsmitglied den Abhängigkeitsbericht unter Zugrundelegung des Prüfungsberichts des Abschlussprüfers und seiner eigenen Informationen, Kenntnisse und Erfahrungen einer sorgfältigen Würdigung unterzieht. Ergeben sich danach allerdings Anhaltspunkte für Beanstandungen, ist diesen nachzugehen.⁴⁷¹ An der Verhandlung des Aufsichtsrats über den Abhängigkeitsbericht hat der

---

⁴⁶⁵ Vgl. dazu näher Hüffer/*Koch* AktG § 313 Rn. 19 ff.; *Habersack* in Emmerich/Habersack Aktien- und GmbH-Konzernrecht § 313 Rn. 34 ff.; MüKoAktG/*Altmeppen* § 313 Rn. 96 ff. Zur Möglichkeit eines Widerrufs des Testats vgl. MüKoAktG/*Altmeppen* § 313 Rn. 103; *Habersack* in Emmerich/Habersack Aktien- und GmbH-Konzernrecht § 313 Rn. 30; KölnKommAktG/*Koppensteiner* § 313 Rn. 41.

⁴⁶⁶ *Habersack* in Emmerich/Habersack Aktien- und GmbH-Konzernrecht § 313 Rn. 26; MüKoAktG/*Altmeppen* § 314 Rn. 14; K. Schmidt/Lutter AktG/*J. Vetter* § 313 Rn. 10.

⁴⁶⁷ *Habersack* in Emmerich/Habersack Aktien- und GmbH-Konzernrecht § 313 Rn. 27; MüKoAktG/*Altmeppen* § 314 Rn. 13; K. Schmidt/Lutter AktG/*J. Vetter* § 313 Rn. 11, § 314 Rn. 4.

⁴⁶⁸ Vgl. zu den hiermit verbundenen Fragen ausführlich *Lutter,* Information und Vertraulichkeit im Aufsichtsrat, 3. Aufl. 2006, Rn. 195 ff.

⁴⁶⁹ Hüffer/*Koch* AktG § 314 Rn. 3; MüKoAktG/*Altmeppen* § 314 Rn. 16; *Habersack* in Emmerich/Habersack Aktien- und GmbH-Konzernrecht § 314 Rn. 7 f.

⁴⁷⁰ Hüffer/*Koch* AktG § 314 Rn. 4; MüKoAktG/*Altmeppen* § 314 Rn. 18; *Habersack* in Emmerich/Habersack Aktien- und GmbH-Konzernrecht § 314 Rn. 12.

⁴⁷¹ Hüffer/*Koch* AktG § 314 Rn. 4; MüKoAktG/*Altmeppen* § 314 Rn. 20 ff.; *Habersack* in Emmerich/Habersack Aktien- und GmbH-Konzernrecht § 314 Rn. 12; allgemein zur Prüfung der Rechnungslegung des Vorstands anhand des Prüfungsberichts des Abschlussprüfers *Hommelhoff* BB 1981, 944 ff.

Abschlussprüfer teilzunehmen und über seine wesentlichen Prüfungsergebnisse zu berichten (§ 314 Abs. 4 AktG); die Regelung entspricht § 171 Abs. 1 S. 2 AktG.

Der Aufsichtsrat entscheidet durch Beschluss, ob er den Abhängigkeitsbericht billigt oder **121** Einwendungen zu erheben sind.[472] Das Ergebnis seiner Prüfung hat der Aufsichtsrat in seinem nach § 171 Abs. 2 AktG zu erstattenden **Bericht** an die Hauptversammlung darzulegen; dabei ist ferner zu dem Ergebnis der Prüfung durch den Abschlussprüfer Stellung zu nehmen (§ 314 Abs. 2 AktG). Dazu reichen zwar knappe Angaben, aber der Bestätigungsvermerk des Abschlussprüfers muss wörtlich im Bericht des Aufsichtsrats wiedergegeben werden, § 314 Abs. 2 S. 3 AktG (→ § 45 Rn. 21).[473] Am Schluss seines Berichts hat der Aufsichtsrat zu erklären, ob nach dem abschließenden Ergebnis seiner Prüfung Einwendungen gegen die Schlusserklärung des Vorstands im Abhängigkeitsbericht zu erheben sind (§ 314 Abs. 3 AktG). Erhebt der Aufsichtsrat Einwendungen, kann jeder Aktionär eine Sonderprüfung beantragen (§ 315 S. 1 Nr. 2 AktG). Der Bericht des Aufsichtsrats ist nach Maßgabe von § 175 Abs. 2 AktG, §§ 325, 9 HGB zu veröffentlichen.[474] Bei Verletzung der Berichtspflicht durch den Aufsichtsrat ist ein etwa gefasster Beschluss über die Entlastung der Aufsichtsratsmitglieder anfechtbar.[475]

6. Sonderprüfung. § 315 AktG gibt den Aktionären die Möglichkeit, unter den Voraus- **122** setzungen nach Satz 1 oder Satz 2 eine Sonderprüfung der geschäftlichen Beziehungen der Gesellschaft zu dem herrschenden Unternehmen oder einem mit ihm verbundenen Unternehmen zu veranlassen. Dieses Recht dient dem **Zweck,** die notwendigen Informationen zu beschaffen, um Ansprüche nach §§ 317, 318 AktG durchsetzen zu können.[476] Daraus folgt, dass das Recht auf Durchführung einer Sonderprüfung nach § 315 AktG entfällt, wenn mögliche Schadensersatzansprüche verjährt sind.[477]

Voraussetzung für die Durchführung einer Sonderprüfung nach **§ 315 S. 1** AktG ist das **123** Vorliegen eines der in § 315 S. 1 Nr. 1–3 AktG genannten Tatbestände, nämlich die Einschränkung oder Versagung des Bestätigungsvermerks durch den Abschlussprüfer (Nr. 1), die Erhebung von Einwendungen des Aufsichtsrats gegen die Schlusserklärung des Vorstands (Nr. 2) oder die Erklärung des Vorstands, dass die Gesellschaft ohne Ausgleich benachteiligt worden sei (Nr. 3). Der Fall der Nr. 1 setzt eine echte Einschränkung des Testats voraus, ein bloßer Zusatz, der etwa auf eine bestimmte Problematik bei der Prüfung hinweist, genügt nicht.[478] Entscheidend ist, ob der Abschlussprüfer eine Einschränkung oder einen Zusatz erklären wollte. Dafür sind im Zweifel die Grundsätze des Berufsstands heranzuziehen, die insbesondere verlangen, dass Einschränkungen des Bestätigungsvermerks als solche zu bezeichnen sind.[479] Sind die genannten Voraussetzungen erfüllt, kann

---

[472] Zum Fall eines mangelhaften Aufsichtsratsbeschlusses über die Billigung des Abhängigkeitsberichts und zu den Auswirkungen dieses Mangels auf die Feststellung des Jahresabschlusses vgl. BGHZ 124, 111 (119); *Habersack* in Emmerich/Habersack Aktien- und GmbH-Konzernrecht § 314 Rn. 11; MüKoAktG/*Altmeppen* § 314 Rn. 30 ff.; *Kropff* ZGR 1994, 628 (639 ff.); *Schön* JZ 1994, 684 f.
[473] Instruktiv OLG Düsseldorf AG 2013, 759 (761 ff.).
[474] Zum Vorschlag einer Erweiterung der Berichtspflicht des Aufsichtsrats vgl. *Hommelhoff*, Gutachten G zum 59. Deutschen Juristentag, 1992, S. G 57.
[475] BGHZ 153, 47 (50 ff.) – Macrotron; OLG Düsseldorf AG 2013, 759 (761 ff.); OLG Stuttgart ZIP 2003, 1981 (1985); *Habersack* in Emmerich/Habersack Aktien- und GmbH-Konzernrecht § 314 Rn. 17; Hüffer/Koch AktG § 314 Rn. 5.
[476] BGHZ 135, 107 (109 f.); MüKoAktG/*Altmeppen* § 315 Rn. 1 ff.; *Habersack* in Emmerich/ Habersack Aktien- und GmbH-Konzernrecht § 315 Rn. 2; Hüffer/*Koch* AktG § 315 Rn. 1.
[477] *Habersack* in Emmerich/Habersack Aktien- und GmbH-Konzernrecht § 315 Rn. 8; KölnKommAktG/*Koppensteiner* § 315 Rn. 8; Spindler/Stilz AktG/*H.-F. Müller* § 315 Rn. 8; im Ergebnis auch MüKoAktG/*Altmeppen* § 315 Rn. 22 (Rechtsmißbrauch).
[478] OLG Köln DB 1999, 1697; MüKoAktG/*Altmeppen* § 315 Rn. 11; Spindler/Stilz AktG/*H.-F. Müller* § 315 Rn. 5.
[479] Vgl. insbesondere IDW-Stellungnahme HFA 3/1991: Zur Aufstellung und Prüfung des Berichts über Beziehungen zu verbundenen Unternehmen (Abhängigkeitsbericht nach § 312 AktG), WPg

§ 70   124, 125   12. Kapitel. Konzernrecht des Aktiengesetzes

jeder Aktionär die Bestellung eines Sonderprüfers beantragen. Dazu bedarf es weder einer vorherigen Beschlussfassung der Hauptversammlung, noch ist ein bestimmter Umfang des Aktienbesitzes der antragstellenden Aktionäre erforderlich; auch eine Hinterlegung der Aktien und eine bestimmte Mindestbesitzzeit sind nicht erforderlich.[480] Das Gericht hat nur zu prüfen, ob einer der Tatbestände nach Satz 1 erfüllt ist; ob die Einschränkung des Testats (Nr. 1), die Einwendungen des Aufsichtsrats (Nr. 2) oder die Erklärung des Vorstands (Nr. 3) zutreffen, unterliegt nicht seiner Prüfung.[481]

124 Voraussetzung für eine Sonderprüfung nach § 315 S. 2 AktG ist das Vorliegen sonstiger Tatsachen, die den Verdacht einer pflichtwidrigen Nachteilszufügung rechtfertigen. Daran sind hohe Anforderungen zu stellen.[482] Es genügt, ebenso wie bei § 142 Abs. 2 AktG, nicht, dass die Antragsteller bloß den Verdacht von Nachteilszufügungen äußern, sondern sie müssen konkrete Tatsachen vortragen, die objektiv ausreichen, um einen solchen Verdacht zu rechtfertigen. Die Richtigkeit der Tatsachenbehauptung, auf die sich der Verdacht stützt, ist, sofern sie bestritten werden, vom Gericht im Amtsermittlungsverfahren (§ 26 FamFG) zu überprüfen.[483] Hingegen ist nicht zu prüfen, ob der Verdacht gerechtfertigt ist und tatsächlich ein pflichtwidriger Nachteil zugefügt wurde.[484] Anders als für den Antrag nach Satz 1 ist für einen Sonderprüfungsantrag nach Satz 2 Voraussetzung, dass die antragstellenden Aktionäre über Aktien von entweder **1 % des Grundkapitals** oder einen Nennbetrag/anteiligen Betrag des Grundkapitals von mindestens **100.000 Euro** verfügen (Satz 2 iVm § 142 Abs. 2 AktG). Außerdem müssen sie – namentlich durch Vorlage von Depotauszügen oder eidesstattlichen Versicherungen – glaubhaft machen, dass sie seit mindestens drei Monaten vor dem Tag der Antragstellung Inhaber der entsprechenden Aktien sind. Überdies ist entsprechend § 142 Abs. 2 S. 2 AktG der Nachweis zu führen, dass die Antragsteller die für die Antragsbefugnis erforderliche Zahl von Aktien bis zur Entscheidung über den Antrag halten werden;[485] dazu kommen namentlich eine entsprechende Sperrbescheinigung der depotführenden Bank oder eine Hinterlegung der Aktien in Betracht.

125 Zuständig für die Bestellung von Sonderprüfern ist das **Landgericht** des Gesellschaftssitzes (§ 315 S. 3 AktG). Beim Landgericht ist die Kammer für Handelssachen zuständig, sofern eine solche besteht (§§ 95 Abs. 2 Nr. 2, 71 Abs. 2 Nr. 4b GVG); diese Zuständigkeit ist aber wohl keine ausschließliche, sondern setzt nach Maßgabe von §§ 96 Abs. 1, 98 Abs. 1 GVG einen entsprechenden Antrag voraus.[486] Die Länder können die Zuständigkeit durch Rechtsverordnung bei einem oder mehreren Landgerichten konzentrieren (§ 71

1992, 91 (93 f.) iVm IDW Prüfungsstandard: Modifizierung des Prüfungsurteils im Bestätigungsvermerk (JDW PS 405).

[480] Hüffer/*Koch* AktG § 315 Rn. 2; *Habersack* in Emmerich/Habersack Aktien- und GmbH-Konzernrecht § 315 Rn. 7; MüKoAktG/*Altmeppen* § 315 Rn. 16; KölnKommAktG/*Koppensteiner* § 315 Rn. 3.

[481] Hüffer/*Koch* AktG § 315 Rn. 3; *Habersack* in Emmerich/Habersack Aktien- und GmbH-Konzernrecht § 315 Rn. 5; MüKoAktG/*Altmeppen* § 315 Rn. 11.

[482] OLG München ZIP 2011, 1364 (1365); OLG Stuttgart NZG 2010, 864 (865); BegrRegE UMAG, BT-Drs. 15/5092, 18.

[483] Vgl. *Habersack* in Emmerich/Habersack Aktien- und GmbH-Konzernrecht § 315 Rn. 10; KölnKommAktG/*Koppensteiner* § 315 Rn. 6; MüKoAktG/*Altmeppen* § 315 Rn. 18; Hüffer/Koch AktG § 315 Rn. 3c.

[484] OLG München ZIP 2011, 1364 (1365); AG 2010, 840 (841).

[485] *Habersack* in Emmerich/Habersack Aktien- und GmbH-Konzernrecht § 315 Rn. 12; Hüffer/ Koch AktG § 315 Rn. 3b; ebenso zum früheren Hinterlegungserfordernis nach § 142 Abs. 2 S. 2 AktG aF OLG Hamm ZIP 2000, 1299; KölnKommAktG/*Koppensteiner* § 315 Rn. 5; wie hier wohl auch MüKoAktG/*Altmeppen* § 315 Rn. 20; Spindler/Stilz AktG/*H.-F. Müller* § 315 Rn. 6; aA K. Schmidt/Lutter AktG/*J. Vetter* § 315 Rn. 14.

[486] Hüffer/*Koch* AktG § 315 Rn. 4; *Habersack* in Emmerich/Habersack Aktien- und GmbH-Konzernrecht § 315 Rn. 15; GroßkommAktG/*Fleischer* § 315 Rn. 28 *Simons* NZG 2012, 609 (610); aA

Abs. 4 GVG); vgl. → § 43 Rn. 12. Das Verfahren unterliegt den Regeln des FamFG (§ 315 S. 4 iVm § 142 Abs. 8 AktG). Das Gericht hat entsprechend § 142 Abs. 5 S. 1 AktG außer der beteiligten Gesellschaft auch deren Aufsichtsrat anzuhören.[487] Liegen die Voraussetzungen des § 315 AktG vor, muss das Gericht dem Antrag nachkommen. Für die **Auswahl der Sonderprüfer** gilt § 143 AktG;[488] in aller Regel ist ein Wirtschaftsprüfer oder eine Wirtschaftsprüfungsgesellschaft bzw. ein vereidigter Buchprüfer oder eine Buchprüfungsgesellschaft zu wählen.[489] Gegen die Entscheidung ist die Beschwerde zum Oberlandesgericht zulässig (§ 315 S. 5 AktG); die Frist beträgt einen Monat (§ 63 Abs. 1 FamFG).

Hat bereits die Hauptversammlung zur Prüfung derselben Vorgänge gem. § 142 AktG **126** Sonderprüfer bestellt, ist nicht nach § 315 AktG ein weiterer Sonderprüfer zu bestellen. Stattdessen hat das Gericht anstelle des nach § 142 AktG bestellten Prüfers einen **anderen Sonderprüfer** zu bestellen, wenn dies aus einem in der Person des bestellten Sonderprüfers liegenden Grund geboten erscheint (§ 315 S. 6 iVm § 142 Abs. 4 AktG); der bestellte Sonderprüfer ist in diesem Fall ebenfalls zu hören (§ 142 Abs. 5 S. 1 AktG). Den Antrag kann nach dem Wortlaut von § 315 S. 6 AktG **jeder Aktionär** stellen. Das ist in den Fällen des § 315 S. 1 AktG folgerichtig, nicht jedoch in den Fällen des § 315 S. 2 AktG. Das Recht, die Abberufung eines von der Hauptversammlung bestellten Sonderprüfers zu beantragen, muss wie in § 142 Abs. 4 AktG an dieselben Voraussetzungen geknüpft sein wie das Recht, einen Antrag auf Bestellung von Sonderprüfern zu stellen. Dass mit der Einführung von § 315 S. 2 AktG durch das KonTraG die Antragsvoraussetzungen nicht entsprechend geändert wurden, legt ein Redaktionsversehen des Gesetzes nahe und spricht für die Annahme, dass ein Antrag nach § 315 S. 4 AktG, wenn die Voraussetzungen des § 315 S. 1 AktG nicht erfüllt sind, nur unter den Voraussetzungen des § 315 S. 2 AktG gestellt werden kann.[490] Die **Antragsfrist** beträgt zwei Wochen seit der Hauptversammlung (Satz 6 iVm § 142 Abs. 4 S. 2 AktG). Da der Prüfungsumfang bei einer Sonderprüfung nach § 142 AktG auf bestimmte Vorgänge beschränkt ist, nach § 315 AktG jedoch weiterreicht (vgl. → Rn. 127), kann der Antrag nach Satz 6 mit einer Erweiterung des Prüfungsumfangs einhergehen. Was gewollt ist, muss das Gericht durch Auslegung des Antrags oder Rückfrage beim Antragsteller klären.[491] Außerdem müssen für eine Erweiterung des Prüfungsauftrags die Voraussetzungen nach Satz 1 oder 2 erfüllt sein, im Falle von Satz 2 also der danach nötige Aktienbesitz.[492] Die **Gründe** zur Auswechselung des Prüfers richten sich nach § 142 Abs. 4 S. 1 AktG.

Gegenstand der Prüfung sind nicht die Geschäftsbeziehungen zu sämtlichen verbun- **127** denen Unternehmen, sondern nur die Beziehungen zu einem oder mehreren bestimmten Unternehmen; welche Unternehmen in die Prüfung einzubeziehen sind, setzt das Gericht im Sonderprüfungsbeschluss fest.[493] Insoweit erstreckt sich die Sonderprüfung dann jedoch

---

wohl MüKoAktG/*Altmeppen* § 315 Rn. 21; Spindler/Stilz AktG/H.-F. *Müller* § 315 Rn. 9; Grigoleit AktG/*Grigoleit* § 315 Rn. 7.

[487] Hüffer/*Koch* AktG § 315 Rn. 4; *Habersack* in Emmerich/Habersack Aktien- und GmbH-Konzernrecht § 315 Rn. 14; MüKoAktG/*Altmeppen* § 315 Rn. 23.

[488] Hüffer/*Koch* AktG § 315 Rn. 4; *Habersack* in Emmerich/Habersack Aktien- und GmbH-Konzernrecht § 315 Rn. 14; MüKoAktG/*Altmeppen* § 315 Rn. 25.

[489] MüKoAktG/*Altmeppen* § 315 Rn. 25; Hüffer/Koch AktG § 315 Rn. 4; *Habersack* in Emmerich/Habersack Aktien- und GmbH-Konzernrecht § 315 Rn. 14.

[490] AA die hM, *Habersack* in Emmerich/Habersack Aktien- und GmbH-Konzernrecht § 315 Rn. 21; Hüffer/*Koch* AktG § 315 Rn. 5; MüKoAktG/*Altmeppen* § 315 Rn. 36; KölnKommAktG/ *Koppensteiner* § 315 Rn. 13; wie hier K. Schmidt/Lutter AktG/*J. Vetter* § 315 Rn. 29.

[491] *Habersack* in Emmerich/Habersack Aktien- und GmbH-Konzernrecht § 315 Rn. 22; Hüffer/ *Koch* AktG § 315 Rn. 5; MüKoAktG/*Altmeppen* § 315 Rn. 38.

[492] So für diesen Fall auch *Habersack* in Emmerich/Habersack Aktien- und GmbH-Konzernrecht § 315 Rn. 22; Spindler/Stilz AktG/H.-F. *Müller* § 315 Rn. 11; K. Schmidt/Lutter AktG/*J. Vetter* § 315 Rn. 30 f.; aA MüKoAktG/*Altmeppen* § 315 Rn. 38.

[493] *Habersack* in Emmerich/Habersack Aktien- und GmbH-Konzernrecht § 315 Rn. 16; Hüffer/ *Koch* AktG § 315 Rn. 6; K. Schmidt/Lutter AktG/*J. Vetter* § 315 Rn. 21; KölnKommAktG/*Koppen*-

nicht nur auf bestimmte Rechtsgeschäfte oder Maßnahmen, sondern umfassend auf sämtliche Tatbestände, aus denen sich möglicherweise ein Verstoß gegen § 311 AktG ergeben könnte.[494] Die Sonderprüfung ist allerdings auf das Geschäftsjahr beschränkt, auf welches sich der Abhängigkeitsbericht bezieht (Satz 1) oder für welches der Verdacht pflichtwidriger Nachteilszufügungen besteht (Satz 2).[495]

128 Die Durchführung der Prüfung richtet sich nach §§ 142–146 AktG (dazu → § 43 Rn. 26 ff.).[496] Die Sonderprüfer haben über das Ergebnis der Prüfung schriftlich zu berichten und ihren **Bericht** dem Vorstand und dem Handelsregister einzureichen (§ 145 Abs. 6 AktG), wo er jedermann zugänglich ist (§ 9 HGB). Außerdem kann jeder Aktionär vom Vorstand eine Abschrift verlangen (§ 145 Abs. 6 S. 4 AktG). Die Gerichtskosten und die **Kosten** der Prüfung trägt die Gesellschaft (§ 146 S. 1 AktG), bei erschlichenen Prüferbestellungen sind sie der Gesellschaft vom Antragsteller zu erstatten (§ 146 S. 2 AktG). Die Vergütung des Sonderprüfers setzt das Gericht fest (§ 142 Abs. 6 AktG).

IV. Verletzung der Pflicht zum Nachteilsausgleich

129 **1. Verantwortlichkeit des herrschenden Unternehmens und seiner gesetzlichen Vertreter.** Erfolgt eine nachteilige Veranlassung im Sinne von § 311 Abs. 1 AktG, ohne dass der Nachteil nach Maßgabe von § 311 Abs. 2 AktG ausgeglichen wird, ist das herrschende Unternehmen zum Ersatz des daraus entstehenden Schadens verpflichtet (§ 317 Abs. 1 AktG). Das gilt auch bei Schädigung einer abhängigen AG durch ihren Alleinaktionär.[497] Es handelt sich in erster Linie um einen **Schadensersatzanspruch** der Gesellschaft; zum Ersatzanspruch der Aktionäre vgl. → Rn. 134. Außer dem Schadensersatzanspruch kann ausnahmsweise ein vorbeugender Unterlassungsanspruch gegen nachteilige Veranlassungen durch das herrschende Unternehmen bestehen. Es muss dann jedoch von vornherein feststehen, dass die Veranlassung rechtswidrig ist, weil entweder ein Nachteilsausgleich gar nicht möglich oder das herrschende Unternehmen zum Nachteilsausgleich nicht bereit oder in der Lage ist.[498]

130 **Voraussetzung** der Haftung ist nur, dass ein nach § 311 AktG an sich erforderlicher Nachteilsausgleich unterblieben ist; Verschulden ist dafür nicht erforderlich.[499] In diesem Fall ist jedenfalls der durch die nachteilige Veranlassung entstandene Schaden zu ersetzen. Ist dieser aufgrund günstigen Schadensverlaufs niedriger als der unterlassene Ausgleich, spricht der Sanktionszweck des § 317 AktG für die Annahme, dass der zugefügte Nachteil als Mindest-

---

steiner § 315 Rn. 12; weitergehend MüKoAktG/*Altmeppen* § 315 Rn. 31, Prüfungsgegenstand seien ohne weiteres die Beziehungen zu allen verbundenen Unternehmen.

[494] Hüffer/*Koch* AktG § 315 Rn. 6; *Habersack* in Emmerich/Habersack Aktien- und GmbH-Konzernrecht § 315 Rn. 17; KölnKommAktG/*Koppensteiner* § 315 Rn. 15; *Noack* WPg 1994, 225 (227 ff.). Zu Konzepten der Prüfung näher *Krag* BB 1988, 1850.

[495] *Habersack* in Emmerich/Habersack Aktien- und GmbH-Konzernrecht § 315 Rn. 17; MüKoAktG/*Altmeppen* § 315 Rn. 32.

[496] Hüffer/*Koch* AktG § 315 Rn. 6; *Habersack* in Emmerich/Habersack Aktienkonzernrecht § 315 Rn. 18; MüKoAktG/*Altmeppen* § 315 Rn. 33.

[497] Dazu umfassend *Bollmann*, Der Schadensersatzanspruch gem. § 317 AktG bei Schädigung der abhängigen Eine-Person-AG, 1995, S. 83 ff.

[498] LG Köln AG 2008, 327 (334); MüKoAktG/*Altmeppen* § 317 Rn. 46 ff.; Hüffer/*Koch* AktG § 317 Rn. 10; *Habersack* in Emmerich/Habersack Aktien- und GmbH-Konzernrecht § 317 Rn. 19; KölnKommAktG/*Koppensteiner* § 317 Rn. 26 ff., mit jeweils unterschiedlichen Ansichten zur Anspruchsgrundlage (§§ 1004, 823 BGB; Treuepflicht; § 317 AktG unmittelbar). Zur Frage eines neben dem Schadensersatzanspruch unter Umständen bestehenden Beseitigungsanspruchs vgl. KölnKommAktG/*Koppensteiner* § 317 Rn. 29; MüKoAktG/*Altmeppen* § 317 Rn. 49; ablehnend *Habersack* in Emmerich/Habersack Aktien- und GmbH-Konzernrecht § 317 Rn. 19.

[499] Ganz hM, vgl. etwa Hüffer/*Koch* AktG § 317 Rn. 5; *Habersack* in Emmerich/Habersack Aktien- und GmbH-Konzernrecht § 317 Rn. 5, 7; K. Schmidt/Lutter AktG/*J. Vetter* § 317 Rn. 7; Spindler/Stilz AktG/*H.-F. Müller* § 317 Rn. 4; aA MüKoAktG/*Altmeppen* § 317 Rn. 29 ff.; *Altmeppen* ZHR 171 (2007), 320 (331 f.); *Stöcklhuber* Der Konzern 2011, 253 (255 ff.).

schaden zu ersetzen ist.⁵⁰⁰ **Art und Umfang** des Schadensersatzes richten sich im Übrigen nach §§ 249 ff. BGB.⁵⁰¹ Notfalls muss eine Schadensschätzung nach § 287 ZPO helfen.

Gem. § 317 Abs. 2 AktG ist die **Haftung ausgeschlossen,** wenn auch ein ordentlicher **131** und gewissenhafter Geschäftsleiter einer unabhängigen Gesellschaft sich ebenso verhalten hätte. Tatsächlich fehlt es dann bereits an einem ausgleichspflichtigen Nachteil (vgl. → Rn. 82). Die Darlegungs- und Beweislast hierfür trifft allerdings den in Anspruch genommenen Haftungsschuldner,⁵⁰² während sie für die übrigen Anspruchsvoraussetzungen beim Kläger liegt.⁵⁰³

Schuldner der Ersatzpflicht ist das herrschende Unternehmen. Bei **mehrstufiger Abhän- 132 gigkeit** (vgl. → § 69 Rn. 49 f.) richtet sich der Anspruch gegen dasjenige der herrschenden Unternehmen, von dem die Veranlassung ausging; ging sie von mehreren aus, haften diese als Gesamtschuldner.⁵⁰⁴ Mehrere **gemeinschaftlich herrschende Unternehmen** (vgl. → § 69 Rn. 51 ff.) haften gesamtschuldnerisch für Veranlassungen, die vom allseitigen Einvernehmen gedeckt sind, auch wenn die Veranlassung nur von einem der gemeinsam herrschenden Unternehmen ausging. Fehlt es an diesem Einvernehmen – etwa bei einer Veranlassung, die gegen die Regelungen des Konsortialvertrages verstößt – haftet nur der Veranlasser.⁵⁰⁵ Zur Veranlassung bei mehrstufiger und gemeinsamer Beherrschung vgl. → Rn. 80 f.

Zur **Geltendmachung** des Ersatzanspruchs ist die Gesellschaft selbst, aber auch jeder **133** Aktionär befugt; ein Aktionär kann jedoch nur Leistung an die Gesellschaft fordern. Der Ersatzanspruch kann ferner von den Gläubigern der Gesellschaft geltend gemacht werden, soweit sie von dieser keine Befriedigung erlangen können. Die Einzelheiten bestimmen sich nach der Vorschrift des § 309 Abs. 4 AktG, auf die § 317 Abs. 4 AktG verweist. Vgl. dazu näher → § 71 Rn. 168; dort auch zu der Frage, ob daneben die Aktionärsklage nach §§ 147, 148 AktG eröffnet ist.

Neben dem Ersatzanspruch der Gesellschaft begründet § 317 Abs. 1 S. 2 AktG einen **134 eigenen Ersatzanspruch der Aktionäre.** Voraussetzung ist, dass den Aktionären ein unmittelbarer eigener Schaden entsteht, der über die Vermögensnachteile hinausgeht, die ihnen mittelbar durch Schädigung der Gesellschaft entstehen. Ersatz des Wertverlustes, den ihre Aktien infolge einer Schädigung der Gesellschaft erlitten haben, können die Aktionäre demzufolge nicht verlangen.⁵⁰⁶ Als ersatzfähiger Schaden wird demgegenüber (jedoch zweifelhaft) eine etwaige Dividendenverkürzung genannt.⁵⁰⁷

---

⁵⁰⁰ Hüffer/*Koch* AktG § 317 Rn. 7; *Habersack* in Emmerich/Habersack Aktien- und GmbH-Konzernrecht § 317 Rn. 17; Spindler/Stilz AktG/*H.-F. Müller* § 317 Rn. 10; tendenziell auch KölnKommAktG/*Koppensteiner* § 317 Rn. 17; aA K. Schmidt/Lutter AktG/*J. Vetter* § 317 Rn. 8; MüKoAktG/*Altmeppen* § 317 Rn. 35 ff.

⁵⁰¹ *Habersack* in Emmerich/Habersack Aktien- und GmbH-Konzernrecht § 317 Rn. 15; MüKoAktG/*Altmeppen* § 317 Rn. 33; Hüffer/*Koch* AktG § 317 Rn. 9.

⁵⁰² OLG Koblenz AG 2007, 408 (409); Hüffer/*Koch* AktG § 317 Rn. 12; *Habersack* in Emmerich/Habersack Aktien- und GmbH-Konzernrecht § 317 Rn. 8, 21; K. Schmidt/Lutter AktG/*J. Vetter* § 317 Rn. 7.

⁵⁰³ BGH AG 2008, 779 Rn. 5; Hüffer/*Koch* AktG § 317 Rn. 12; *Habersack* in Emmerich/Habersack Aktien- und GmbH-Konzernrecht § 317 Rn. 21.

⁵⁰⁴ Hüffer/*Koch* AktG § 317 Rn. 3; *Habersack* in Emmerich/Habersack Aktien und GmbH-Konzernrecht § 317 Rn. 6; KölnKommAktG/*Koppensteiner* § 317 Rn. 41; *Görling,* Die Konzernhaftung in mehrstufigen Unternehmensverbindungen, 1998, S. 163 ff.

⁵⁰⁵ Hüffer/*Koch* AktG § 317 Rn. 3; GroßKommAktG/*Fleischer* § 315 Rn. 6; KölnKommAktG/ *Koppensteiner* § 317 Rn. 41; *Haesen,* Der Abhängigkeitsbericht im faktischen Konzern, 1970, S. 53; aA *Gansweid,* Gemeinsame Tochtergesellschaften im deutschen Konzern- und Wettbewerbsrecht, 1976, S. 174 f., der in jedem Fall eine gesamtschuldnerische Haftung aller gemeinschaftlich herrschenden Unternehmen befürwortet.

⁵⁰⁶ BGH AG 2013, 165 Rn. 31 ff. – Telekom/T-Online; BGHZ 105, 121 (132); *Habersack* in Emmerich/Habersack Aktien- und GmbH-Konzernrecht § 317 Rn. 13 ff.; Hüffer/*Koch* AktG § 317 Rn. 8.

⁵⁰⁷ BGH AG 2013, 165 Rn. 33 – Telekom/T-Online; BGH ZIP 1992, 1464 (1471); Hüffer/*Koch* AktG § 17 Rn. 8; *Habersack* in Emmerich/Habersack Aktien- und GmbH-Konzernrecht § 317 Rn. 13a.

135 Gemäß § 317 Abs. 3 AktG haften neben dem herrschenden Unternehmen auch dessen **gesetzliche Vertreter,** die die Gesellschaft zu dem Rechtsgeschäft oder der Maßnahme veranlasst haben. Die Haftung beschränkt sich auf diejenigen gesetzlichen Vertreter, von denen die Veranlassung ausging. Unbeteiligte haften nicht;[508] ebenso wenig haften Aufsichtsratsmitglieder[509] oder Angestellte (Prokuristen, Handlungsbevollmächtigte usw) des herrschenden Unternehmens. Für die Veranlassung gelten die gleichen Maßstäbe wie bei § 311 AktG. Eine Veranlassungsvermutung, wie sie zu Lasten des herrschenden Unternehmens besteht (vgl. → Rn. 79), greift zu Lasten individueller Personen nicht ein.[510] Auch für die Haftung nach § 317 Abs. 3 AktG genügt das Handeln von Angestellten des herrschenden Unternehmens, eines verbundenen Unternehmen usw, wenn diese nur ihrerseits auf Veranlassung eines gesetzlichen Vertreters des herrschenden Unternehmens tätig werden.[511] Eine nur unzureichende Organisation oder Überwachung begründet die Haftung für Veranlassungen durch nachgeordnete Stellen hingegen nicht.[512]

136 Die Gesellschaft kann auf die Ersatzansprüche frühestens 3 Jahre nach deren Entstehung **verzichten** oder sich über sie **vergleichen;** sie verjähren in 5 Jahren. Die Einzelheiten richten sich nach § 309 Abs. 3 und 5 AktG, auf den § 317 Abs. 4 AktG verweist; vgl. näher → § 71 Rn. 169.

137 Solange die Schranken des § 311 AktG beachtet werden, kommen die **allgemeinen Haftungsvorschriften** auf eine nachteilige Veranlassung nicht zur Anwendung; vgl. → Rn. 74. Werden die Grenzen des § 311 AktG hingegen überschritten, sind auch die allgemeinen Vorschriften neben § 317 AktG wieder anwendbar. Namentlich finden dann sowohl das Verbot der Einlagenrückgewähr (§§ 57, 60, 62 AktG) Anwendung[513] als auch § 117 AktG.[514] Für die Haftung der gesetzlichen Vertreter des herrschenden Unternehmens hat die Anwendbarkeit von § 117 AktG im Allgemeinen keine praktische Bedeutung, da die Haftung nach § 317 AktG strenger ist.[515] Nach § 117 AktG kommt hingegen eine zusätzliche Haftung von Angestellten und Nutznießern (§ 117 Abs. 3 AktG) in Betracht.

138 **2. Verantwortlichkeit der Verwaltungsmitglieder der abhängigen Gesellschaft.** Gemäß § 318 Abs. 1 AktG haften neben den nach § 317 AktG Ersatzpflichtigen auch die Mitglieder des **Vorstands** der abhängigen Gesellschaft als Gesamtschuldner, wenn sie ihre Berichtspflicht nach § 312 AktG verletzt haben, sei es, dass der Bericht ganz fehlt, sei es, dass er unrichtig oder unvollständig ist.[516] In gleicher Weise haften gemäß § 318 Abs. 2

---

[508] MüKoAktG/*Altmeppen* § 317 Rn. 88; Hüffer/*Koch* AktG § 317 Rn. 14; *Habersack* in Emmerich/Habersack Aktien- und GmbH-Konzernrecht § 317 Rn. 24.
[509] MüKoAktG/*Altmeppen* § 317 Rn. 101; Hüffer/*Koch* AktG § 317 Rn. 13; *Habersack* in Emmerich/Habersack Aktien- und GmbH-Konzernrecht § 317 Rn. 23; aA *Wälde* DB 1972, 2289 (2293).
[510] MüKoAktG/*Altmeppen* § 317 Rn. 88.
[511] MüKoAktG/*Altmeppen* § 317 Rn. 92; Hüffer/*Koch* AktG § 317 Rn. 14; *Habersack* in Emmerich/Habersack Aktien- und GmbH-Konzernrecht § 317 Rn. 24.
[512] MüKoAktG/*Altmeppen* § 317 Rn. 94; Hüffer/*Koch* AktG § 317 Rn. 14; *Habersack* in Emmerich/Habersack Aktien- und GmbH-Konzernrecht § 317 Rn. 24; aA KölnKommAktG/*Koppensteiner* § 317 Rn. 44; Grigoleit AktG/*Grigoleit* § 317 Rn. 13.
[513] OLG Frankfurt a. M. AG 1996, 324 (327); OLG Hamm AG 1995, 512 (516) – Harpen; Hüffer/Koch AktG § 317 Rn. 17; *Habersack* in Emmerich/Habersack Aktien- und GmbH-Konzernrecht § 317 Rn. 33 f.; *Strohn*, Die Verfassung der Aktiengesellschaft im faktischen Konzern, 1977, S. 152 ff.; aA *Michalski* AG 1980, 261 (264).
[514] MüKoAktG/*Altmeppen* § 317 Rn. 116 f.; KölnKommAktG/*Koppensteiner* § 317 Rn. 52; Hüffer/Koch AktG § 317 Rn. 17 u. § 117 Rn. 14; *Habersack* in Emmerich/Habersack Aktien- und GmbH-Konzernrecht § 317 Rn. 34; aA *Brüggemeier* AG 1988, 93 (102), der § 317 als Spezialgesetz ansieht.
[515] Zu den Unterschieden vgl. etwa KölnKommAktG/*Koppensteiner* § 317 Rn. 2; *Brüggemeier* AG 1988, 93 (98 ff.). Zur Haftung nach § 117 AktG vgl. im übrigen oben § 27.
[516] MüKoAktG/*Altmeppen* § 318 Rn. 9; Hüffer/*Koch* AktG § 318 Rn. 3; *Habersack* in Emmerich/Habersack Aktien- und GmbH-Konzernrecht § 318 Rn. 5.

AktG die Mitglieder des **Aufsichtsrats** der abhängigen Gesellschaft, wenn sie ihre Prüfungsverpflichtung nach § 314 AktG verletzen. Inhaltlich handelt es sich um eine gesamtschuldnerische Mithaftung für die Ersatzansprüche nach § 317 AktG, allerdings mit der Einschränkung, dass Ersatz nur für die durch die unterlassene Berichterstattung verursachten Schäden geschuldet wird.[517] Erforderlich ist, dass ein Ersatzanspruch gegen das herrschende Unternehmen nach § 317 AktG besteht. Dabei kann es sich sowohl um einen Schadensersatzanspruch der abhängigen Gesellschaft nach § 317 Abs. 1 S. 1 AktG als auch um einen Schadensersatzanspruch der Aktionäre nach § 317 Abs. 1 S. 2 AktG handeln.

Die Haftung setzt **Vorsatz oder Fahrlässigkeit** der Verwaltungsmitglieder der abhängigen Gesellschaft voraus; die Beweislast für die Einhaltung pflichtgemäßer Sorgfalt obliegt ihnen (§ 318 Abs. 1 S. 2, Abs. 2 Hs. 2 AktG). Der Haftungsausschluss nach § 318 Abs. 3 AktG ist bedeutungslos, da die Haftungstatbestände nach Abs. 1 und 2 nicht auf einem rechtmäßigen Beschluss der Hauptversammlung beruhen können.[518] Für die Geltendmachung des Anspruchs durch Aktionäre und Gläubiger und für Verzicht, Vergleich und Verjährung gilt das zu § 317 AktG Gesagte (→ Rn. 133, 136), da § 318 Abs. 4 AktG ebenso wie § 317 Abs. 4 AktG auf die Regelungen in § 309 Abs. 3–5 AktG verweist.

Neben der Haftung nach § 318 AktG trifft den Vorstand die **allgemeine Haftung** nach § 93 AktG für die ordnungsgemäße Erfüllung der Pflichten, die ihn im Zusammenhang mit nachteiligen Veranlassungen treffen (vgl. → Rn. 31 f.). Entsprechend haften die Mitglieder des Aufsichtsrats nach § 116 AktG. Soweit Vorstand und Aufsichtsrat nach §§ 93, 116 AktG haften, trifft sie auch diese Haftung analog § 318 Abs. 1 u. 2 AktG gesamtschuldnerisch neben den nach § 317 AktG Ersatzpflichtigen.[519] Die Ersatzpflicht erstreckt sich auch auf etwaige unmittelbare Schäden der Aktionäre im Sinne von § 317 Abs. 1 S. 2 AktG (vgl. → Rn. 134).[520] Im Übrigen soll § 318 Abs. 4 AktG mit der Verweisung auf § 309 Abs. 3–5 AktG entsprechend gelten.[521] Das ist jedoch im Hinblick auf die Verjährung von Ansprüchen aus §§ 93, 116 AktG in börsennotierten Gesellschaften zweifelhaft; insoweit dürfte es nach dem Schutzzweck von § 93 Abs. 6 AktG bei der 10-jährigen Verjährungsfrist bleiben und nicht die 5-jährige Frist aus § 309 Abs. 5 AktG anwendbar sein.[522]

E. Qualifiziert faktischer Konzern (qualifizierte Nachteilszufügung)

I. Grundlagen

Das System der §§ 311 ff. AktG beruht auf dem Gedanken des Ausgleichs einzelner nachteiliger Maßnahmen und setzt voraus, dass diese feststellbar bleiben und ihre Auswirkungen sich konkret vermögensmäßig ablesen lassen (vgl. → Rn. 82 ff.). Die Konzernführung im faktischen Konzern ist deshalb nur unter dem Vorbehalt zulässig, dass es möglich bleiben muss, die vom herrschenden Unternehmen veranlassten Maßnahmen festzustellen und zu bewerten. Eine intensivere Konzernführung ist erst im Vertragskonzern zulässig, in dem das Gesetz den erforderlichen Schutz der Gesellschaft, ihrer Aktionäre und

---

[517] *Habersack* in Emmerich/Habersack Aktien- und GmbH-Konzernrecht § 318 Rn. 7; MüKoAktG/*Altmeppen* § 318 Rn. 13; Hüffer/*Koch* AktG § 318 Rn. 5; K. Schmidt/Lutter AktG/*J. Vetter* § 318 Rn. 8.
[518] MüKoAktG/*Altmeppen* § 318 Rn. 26; Hüffer/*Koch* AktG § 318 Rn. 7; *Habersack* in Emmerich/Habersack Aktien- und GmbH-Konzernrecht § 318 Rn. 8.
[519] MüKoAktG/*Altmeppen* § 318 Rn. 24; Hüffer/*Koch* AktG § 318 Rn. 10; *Habersack* in Emmerich/Habersack Aktien- und GmbH-Konzernrecht § 318 Rn. 11 f.
[520] MüKoAktG/*Altmeppen* § 318 Rn. 24; *Habersack* in Emmerich/Habersack Aktien- und GmbH-Konzernrecht § 318 Rn. 11 f.; Hüffer/*Koch* AktG § 318 Rn. 10.
[521] MüKoAktG/*Altmeppen* § 318 Rn. 25; *Habersack* in Emmerich/Habersack Aktien- und GmbH-Konzernrecht § 318 Rn. 11 f.; KölnKommAktG/*Koppensteiner* § 318 Rn. 11; Hüffer/*Koch* AktG § 318 Rn. 10; aA K. Schmidt/Lutter AktG/*J. Vetter* § 318 Rn. 17.
[522] *Harbarth/Jaspers* NZG 2011, 368 (373); *Rubner/Leuering* NJW-Spezial 2010, 527.

ihrer Gläubiger in globaler Form durch die Verpflichtung zum Verlustausgleich (§ 302 AktG), zur Sicherheitsleistung bei Vertragsbeendigung (§ 303 AktG) und zur Leistung von Ausgleich und Abfindung (§§ 304 f. AktG) gewährleistet; vgl. dazu näher → § 71 Rn. 64 ff., 78 ff., 111 ff., 224 ff. Wird die Konzernleitung im faktischen Konzern so intensiviert, dass das **System des Einzelausgleichs außer Funktion** gesetzt wird („qualifizierte Nachteilszufügung"), bedarf es anderer Rechtsregeln, die an die Stelle des wirkungslos gewordenen Schutzsystems der §§ 311 ff. AktG treten.

142 Rechtsprechung und Literatur versuchten zunächst, diese Situation mit der Rechtsfigur des sog. **qualifiziert faktischen Konzerns** zu erfassen und durch analoge Anwendung von Vorschriften des Vertragskonzernrechts, insbesondere den Verpflichtungen zum Verlustausgleich und zur Gläubigerbesicherung nach §§ 302, 303 AktG (näher → Rn. 147 ff.), zu lösen. Diese Grundsätze waren für die abhängige GmbH entwickelt worden,[523] wurden von der herrschenden Meinung aber auch auf abhängige Aktiengesellschaften übertragen.[524] Der Bundesgerichtshof und ihm folgend die Literatur haben die Rechtsregeln für qualifiziert faktische Konzerne im GmbH-Recht bereits im Jahre 2001 wieder aufgegeben und durch eine **Haftung für existenzvernichtende Eingriffe** ersetzt, die nach anfänglicher Unsicherheit heute aus § 826 BGB abgeleitet wird.[525] Zum Aktienrecht ist seither umstritten, ob die Fälle der qualifizierten Nachteilszufügung jetzt ebenfalls über die Regeln des existenzvernichtenden Eingriffs zu lösen sind[526] oder ob weiterhin konzernrechtliche Sonderregeln über qualifiziert faktische Konzerne zur Anwendung kommen.[527] Zu folgen ist der wohl überwiegenden Meinung, dass im Aktienrecht weiterhin Sonderregeln für qualifiziert faktische Konzerne gelten müssen. Der Bundesgerichtshof hat die Aufgabe der Grundsätze des qualifizierten Konzerns für das GmbH-Recht mit spezifisch GmbH-rechtlichen Erwägungen begründet.[528] Das ist ins Aktienrecht nicht übertragbar, sondern hier erscheint die Anwendung aktienkonzernrechtlicher Vorschriften angemessener und systemkonformer als die Begründung einer Haftung aus § 826 BGB. Die Lehre von der Existenzvernichtungshaftung bietet überdies keine Lösung für die Behandlung nicht einzelausgleichsfähiger Nachteilszufügungen unterhalb der Schwelle der Existenzvernichtung. Für eine ergänzende Anwendung der Grundsätze des existenzvernichtenden Eingriffs neben

---

[523] Vgl. insbes. BGHZ 95, 330 – Autokran; BGHZ 107, 7 – Tiefbau; BGHZ 115, 187 – Video; BGHZ 122, 123 – TBB; die Literatur ist unüberschaubar, vgl. nur die Darstellung und Nachweise bei Habersack in Emmerich/Habersack Aktien- und GmbH-Konzernrecht Anh. § 317 Rn. 3 ff.; MüKo-AktG/*Altmeppen* Anh. § 317 Rn. 2 ff.

[524] Vgl. etwa OLG Hamm AG 1997, 38; *Hommelhoff,* Gutachten G zum 59. Deutschen Juristentag, 1992, S. 32 ff.; *Zöllner* GS Knobbe-Keuk, 1997, 369 ff.; *Mülbert,* Aktiengesellschaft, Unternehmensgruppe und Kapitalmarkt, 2. Aufl. 1996, S. 476 ff.; aA OLG Düsseldorf AG 2000, 567 (568 f.).

[525] Grundlegend BGHZ 149, 10 (16) – Bremer Vulkan; BGHZ 151, 181 (187) – KBV; BGHZ 173, 246 Rn. 14 ff. – Trihotel; näher zur Rechtsentwicklung etwa Lutter/Hommelhoff GmbH/*Bayer* § 13 Rn. 25 ff.; Baumbach/Hueck GmbHG/*Fastrich* § 13 Rn. 57 ff.; *Stöber* ZIP 2013, 2295.

[526] So etwa Hüffer/*Koch* AktG § 1 Rn. 29; KölnKommAktG/*Koppensteiner* Anh. § 18 Rn. 63 ff.; Grigoleit AktG/*Grigoleit* § 1 Rn. 113 ff.; Lutter/Bayer Holding-Handbuch/*Bayer/Trölitzsch* § 13 Rn. 87; *Hüffer* FS Goette, 2011, 191 (197 ff.); *Tröger/Dangelmayer* ZGR 2011, 558 (585 ff.); *Decher* ZHR 171 (2007), 126 (137); *Bicker* DZWiR 2007, 284 (285 ff.); offengelassen von OLG Zweibrücken AG 2005, 778 (780).

[527] So namentlich *Habersack* in Emmerich/Habersack Aktien- und GmbH-Konzernrecht Anh. § 317 Rn. 5 f.; *Habersack* ZGR 2008, 533 (551 ff.); Spindler/Stilz AktG/*H.-F. Müller* vor § 311 Rn. 25 ff.; MüKoAktG/*Bayer* § 18 Rn. 11; K. Schmidt/Lutter AktG/*J. Vetter* § 317 Rn. 51 ff.; Bürgers/Körber AktG/*Fett* § 311 Rn. 30; *Schall* FS Stilz, 2014, 536 (548 ff.); *Schürnbrand* ZHR 169 (2005), 35 (58); *Wiedemann* ZGR 2003, 283 (296 f.); *Eberl-Borges* WM 2003, 105; *Cahn* ZIP 2001, 2159 (2160); ähnlich K. Schmidt/Lutter AktG/*J. Vetter* Anh. § 317 Rn. 56 ff.; der ebenfalls eine Pflicht zum Verlustausgleich annimmt, diese aber aus § 317 AktG ableiten will; noch anders MüKo-AktG/*Altmeppen* Anh. § 317 Rn. 13 ff., der die Fälle mit dem Schadensersatzanspruch aus § 317 AktG lösen will.

[528] BGHZ 149, 10 (16) – Bremer Vulkan.

den konzernrechtlichen Regeln über den qualifizierten Konzern besteht ein Bedürfnis nicht.[529] Die praktische Bedeutung dieser Fragen ist im Aktienrecht allerdings ungleich geringer als im GmbH-Recht, und für die Fälle der Existenzvernichtung werden beide Meinungen letztlich zu gleichen Ergebnissen kommen.

II. Tatbestand

1. Tatbestandsvoraussetzungen. Das grundlegende Problem der Haftung im qualifizierten Konzern ist die Abgrenzung des Tatbestandes. Hierzu wurde ursprünglich zumeist angenommen, ein qualifizierter Konzern liege vor, wenn das herrschende Unternehmen die abhängige Gesellschaft dauernd und umfassend in der Art einer Betriebsabteilung[530] führe; der Bundesgerichtshof stützte auf eine dauernde und umfassende Leitung der abhängigen Gesellschaft die Vermutung, dass ein qualifizierter Konzern vorliege.[531] Mit dem TBB-Urteil wurde dieser Ansatz mit Recht aufgegeben und die qualifizierte Konzernhaftung an die **Feststellung konkreter, nicht einzelausgleichsfähiger Nachteilszufügungen** geknüpft.[532] Die dauernde und umfassende Ausübung der Leitungsmacht durch das herrschende Unternehmen begründet danach keinen qualifizierten Konzern und auch nicht die Vermutung eines solchen, sondern ist für den Tatbestand der qualifizierten Konzernierung ohne Bedeutung.[533] Da die Regeln über den qualifizierten Konzern das Versagen der §§ 311 ff. AktG auffangen sollen, ist zusätzlich das Bestehen eines **Abhängigkeitsverhältnisses** erforderlich, nicht aber die Feststellung eines Konzernverhältnisses iSv § 18 AktG;[534] der Begriff des qualifizierten Konzerns ist insofern schief, tatsächlich geht es um qualifizierte Nachteilszufügung. 143

Entscheidend für den Tatbestand sind also die Feststellung, dass der abhängigen Gesellschaft ohne entsprechende Kompensation Nachteile zugefügt werden, die ihre Vermögens- oder Ertragslage beeinträchtigen und die **Unmöglichkeit des Einzelausgleichs** der zugefügten Nachteile.[535] Solange ein Einzelausgleich möglich ist, bleibt es beim gesetzlichen System der Nachteilskompensation durch Schadensersatz (§ 317 AktG) im Einzelfall. Die Qualifizierung tritt erst ein, wenn zwar Nachteilszufügungen feststellbar sind, aber eine konkrete Schadensermittlung mit zumutbarem Aufwand unmöglich ist. Die Möglichkeit einer richterlichen Schadensschätzung nach § 287 ZPO schließt die qualifizierte Konzernhaftung aus.[536] Die 144

---

[529] Überzeugend MüKoAktG/*Altmeppen* Anh. § 317 Rn. 13; *Schall* FS Stilz, 2014, 536 (547 f.); aA KölnKommAktG/*Koppensteiner* Anh. § 318 Rn. 63 ff.; für Fälle des Entzugs von Vermögenswerten durch den Privataktionär auch Spindler/Stilz AktG/*H.-F. Müller* vor § 311 Rn. 26.

[530] Vgl. etwa *Säcker* ZHR 151 (1987), 59 (63); *Ulmer* ZHR 148 (1984), 391 (422); *Ulmer* NJW 1986, 1579 (1584); *Konzen* RdA 1984, 65 (70); *Hommelhoff*, Die Konzernleitungspflicht, 1982, S. 123 ff., 146; *Kort*, Der Abschluss von Beherrschungs- und Gewinnabführungsverträgen im GmbH-Recht, 1986, S. 28 ff.; *U. H. Schneider* ZGR 1980, 511 (545).

[531] Vgl. als Höhepunkt dieser Entwicklung BGHZ 115, 187 – Video.

[532] BGHZ 122, 123 – TBB; danach etwa BGH NJW 1994, 446; ZIP 1994, 1690; 1995, 733; 1997, 416; DStR 1997, 1937; BAG ZIP 1995, 491; BSG ZIP 1994, 1944.

[533] Eindringlich *Lutter* in Schaumburg (Hrsg.), Kölner Konzernrechtstag: Steuerrecht und steuerorientierte Gestaltungen im Konzern, 1998, Rn. 94.

[534] *Habersack* in Emmerich/Habersack Aktien- und GmbH-Konzernrecht Anh. § 317 Rn. 7; Spindler/Stilz AktG/*H.-F. Müller* vor § 311 Rn. 25; K. Schmidt/Lutter AktG/*J. Vetter* § 317 Rn. 49; *Görling*, Die Konzernhaftung in mehrstufigen Unternehmensverbindungen, 1998, S. 190 f.; *Kropff* AG 1993, 485 (488); *K. Schmidt* in Hommelhoff ua (Hrsg.) Heidelberger Konzernrechtstage: Der qualifizierte faktische GmbH-Konzern, 1992, S. 109/111 ff.; wohl auch OLG Frankfurt a. M. AG 1998, 139 (140); OLG Köln GmbHR 1997, 220; aA noch BAG ZIP 1994, 1378 (1379); OLG Bremen NZG 1999, 724; *Buchner/Weigl* DNotZ 1994, 580 (586 f.), die die Feststellung eines Konzernverhältnisses iSv § 18 AktG verlangten.

[535] *Habersack* in Emmerich/Habersack Aktien- und GmbH-Konzernrecht Anh. § 317 Rn. 9 ff.; *Habersack* ZGR 2008, 533 (554 f.); K. Schmidt/Lutter AktG/*J. Vetter* § 317 Rn. 65; *Schall* FS Stilz, 2014, 537 (551 f.); *Krieger* ZGR 1994, 375 (378 ff.); *Buchner/Weigl* DNotZ 1994, 580 (592 f.).

[536] *Habersack* in Emmerich/Habersack Aktien- und GmbH-Konzernrecht Anh. § 317 Rn. 16; Spindler/Stilz AktG/*H.-F. Müller* vor § 311 Rn. 28; *Krieger* ZGR 1994, 375 (384).

§ 70   144   12. Kapitel. Konzernrecht des Aktiengesetzes

Qualifizierung tritt danach insbesondere in den sog. „Waschkorb-Fällen" ein, in denen eine mangelnde Dokumentation die Schadensermittlung ausschließt.[537] Weiter gehören hierhin die Fälle, in denen die Fülle schädigender Maßnahmen eine Isolierung unmöglich macht.[538] Gleiches gilt, wenn die Nachteilszufügung ihrer Art nach eine Quantifizierung ausschließt. Das wird bei einseitiger Risikoverteilung vielfach der Fall sein, namentlich wenn die Tochter für die Übernahme der auf sie verlagerten Risiken ungenügend kapitalisiert ist.[539] Zur qualifizierten Konzernhaftung können daneben insbesondere **Umstrukturierungsmaßnahmen** im Konzern führen, wie die Aufgabe oder Verlagerung von Geschäftsbereichen, die Abgabe von Ressourcen oder die Zentralisierung von Unternehmensfunktionen. Sofern solche Maßnahmen für die abhängige Gesellschaft von Nachteil sind, kann die Art der Strukturveränderung eine Quantifizierung des Nachteils ausschließen. Sie begründet dann einen qualifizierten Konzern.[540] Darüber hinaus wird angenommen, dass Strukturveränderungen, die die selbstständige Lebensfähigkeit nach Beendigung der Konzerneinbindung bedrohen, ohne weiteres in einen qualifizierten Konzern führen;[541] dem wird man allerdings nicht uneingeschränkt zustimmen können, da auch bei solcherart existenzgefährdenden Strukturveränderungen ein Nachteilsausgleich durch Vereinbarung von Wiederaufbauhilfen in Betracht kommen kann (vgl. auch → Rn. 91). In einen qualifizierten Konzern können mangels Einzelausgleichsfähigkeit auch **existenzvernichtende Eingriffe** in die abhängige Gesellschaft führen.[542] Auch das ist jedoch nicht in jedem Fall zutreffend, vielmehr sind Fälle denkbar, in denen trotz des eingetretenen Vermögensverfalls ein Einzelausgleich möglich bleibt, und in denen die Rechtsfolge der Ausfallhaftung (vgl. → Rn. 150) ungerechtfertigt wäre.[543] Im übrigen ist in diesen Fällen zu beachten, dass eine Haftung des herrschenden Unternehmens nur besteht, wenn der Vermögensverfall der Gesellschaft „infolge" des nachteiligen Eingriffs entsteht, und nicht, wenn er schon vorher eingetreten war oder sonst auf Umständen beruht, die mit der Ausübung der Leitungsmacht nichts zu tun haben.[544] **Personelle Verflechtungen** zwischen den Geschäftsführungsorganen des herrschenden Unternehmens und der abhängigen Gesellschaft führen nicht in den qualifizierten Konzern.[545] Sie

---

[537] *Habersack* in Emmerich/Habersack Aktien- und GmbH-Konzernrecht Anh. § 317 Rn. 18; *K. Schmidt/Lutter* AktG/*J. Vetter* § 317 Rn. 47; *Drygala* GmbHR 1993, 317 (320); *Kropff* AG 1993, 48 *Lutter* in Schaumburg (Hrsg.), Kölner Konzernrechtstag: Steuerrecht und steuerorientierte Gestaltungen im Konzern, 1998, Rn. 93.

[538] OLG Köln AG 2009, 416 (421); *Habersack* in Emmerich/Habersack Aktien- und GmbH-Konzernrecht Anh. § 317 Rn. 17; *Goette* DStR 1997, 503 (504); *Drygala* GmbHR 1993, 317 (320); *Kropff* AG 1993, 485 (493); *Krieger* ZGR 1994, 375 (385); *Buchner/Weigl* DNotZ 1994, 580 (595).

[539] Vgl. zB die Fälle BGH ZIP 1992, 694 (695): Übertragung der riskanten Teile eines Entwicklungs- und Bauprojekts auf die Tochter; BGH NJW 1994, 446 (447) – EDV: Missbrauch der Tochter für ein erheblich risikobehaftetes Projekt; OLG Dresden AG 1997, 330 (332): Verlagerung nicht rentabler Unternehmensteile der Mutter auf eine dafür völlig unzureichend kapitalisierte Tochter; *Habersack* in Emmerich/Habersack Aktien- und GmbH-Konzernrecht Anh. § 317 Rn. 15; *Lutter* in Schaumburg (Hrsg.), Kölner Konzernrechtstage: Steuerrecht und steuerorientierte Gestaltungen im Konzern, 1998, Rn. 96; *Buchner/Weigl* DNotZ 1994, 580 (600).

[540] Näher *Habersack* in Emmerich/Habersack Aktien- und GmbH-Konzernrecht Anh. § 317 Rn. 14; *Krieger* ZGR 1994, 375 (386 f.); *Hoffmann-Becking* ZHR-Beiheft 62, 1989, 62 (78 ff.).

[541] *U. H. Schneider* WM 1993, 782 (784); *Kleindiek* GmbHR 1992, 574 (576).

[542] BGHZ 122, 123 (130) – TBB; BGH NJW 1996, 1283 (1284); ZIP 1997, 416 (417); OLG Köln GmbHR 1997, 220 f.; OLG Dresden AG 1997, 330 (332); *Habersack* in Emmerich/Habersack Aktien- und GmbH-Konzernrecht Anh. § 317 Rn. 15; *Lutter* in Schaumburg (Hrsg.), Kölner Konzernrechtstag: Steuerrecht und steuerorientierte Gestaltungen im Konzern, 1998, Rn. 95.

[543] *Krieger* ZGR 1994, 375 (385); *Bitter/Bitter* BB 1996, 2153 (2156 ff.).

[544] Vgl. hierzu nur BGH ZIP 1997, 416 (417) mwN; BGH DStR 1997, 1937; *Goette* DStR 1997, 1937 (1938); *Noack* LM AktG § 302 Nr. 10, Bl. 880 R ff.; kritisch, aber unzutreffend *Kiethe/Groeschke* BB 1998, 1373 (1375).

[545] Ebenso zB OLG Hamm EWiR § 302 AktG 1/97, S. 437; *Habersack* in Emmerich/Habersack Aktien- und GmbH-Konzernrecht Anh. § 317 Rn. 13; *K. Schmidt/Lutter* AktG/*J. Vetter* § 317 Rn. 48; *Drygala* GmbHR 1993, 317 (322); *Hoffmann-Becking* ZHR Beiheft 62, 1989, 68 (82 f.); *Krieger*

sind weder als solche ein Nachteil, noch haben sie per se zur Folge, dass der Einzelausgleich etwaiger Nachteile unmöglich würde.

2. Darlegungs- und Beweisfragen. Der Anspruchsteller, der Ansprüche aus qualifizierter 145 Konzernierung herleiten will, muss im Rechtsstreit die tatsächlichen Umstände, aus denen sich der Anspruch ergeben soll, darlegen und beweisen. Die Darlegung ist dabei insofern erleichtert, als es für eine schlüssige Klage ausreicht, Umstände vorzutragen und gegebenenfalls zu beweisen, die die Annahme eines qualifizierten Konzerns zumindest nahe legen.[546] Diese **Darlegungserleichterung** greift allerdings nur insoweit ein, als der Kläger von den entscheidenden Tatsachen keine Kenntnis hat und sich diese auch nicht mit zumutbarem Aufwand verschaffen kann.[547] Hat der Kläger zureichende Anhaltspunkte für eine qualifizierte Konzernierung vorgetragen, muss das herrschende Unternehmen eine konkrete Darstellung geben und die vom Kläger vorgetragenen Indizien entkräften, soweit ihm eine solche Darlegung des Sachverhalts zumutbar ist.[548] Die **Beweislast** wird hierdurch nicht verändert. Gegenüber einem ausreichend substantiierten Bestreiten des herrschenden Unternehmens hat also weiterhin der Kläger zu beweisen, dass die vom herrschenden Unternehmen vorgetragenen und gegenüber den vom Kläger dargelegten Indizien erheblichen Umstände nicht zutreffen.[549]

Die Frage, welche **Indizien** reichen, um den Tatbestand einer qualifizierten Konzernie- 146 rung nahe zu legen, ist vom Einzelfall abhängig. Entscheidend ist, dass die vorgetragenen Umstände sowohl die Veranlassung von Nachteilen als auch die mangelnde Einzelausgleichsmöglichkeit nahe legen; Umstände, die nur das eine oder das andere Tatbestandsmerkmal indizieren, reichen nicht.[550] Als Indiz nicht ausreichend sind zB einzelne Buchhaltungs- und Bilanzierungsmängel, die verspätete Bilanzaufstellung, Verluste der abhängigen Gesellschaft und Umstrukturierungsmaßnahmen im Konzern. Mehrfache Schädigungen der Tochter reichen als Indiz für eine Nachteilszufügung aus, aber nicht ohne weiteres als Indiz für die Unmöglichkeit des Einzelausgleichs; das ändert sich jedoch, wenn solche Schädigungen aus der Vergangenheit nicht kompensiert worden sind.[551] Enge Liefer- und Leistungsbeziehungen zum herrschenden Unternehmen bis hin zur wirtschaftlichen Abhängigkeit der Tochter sind für sich allein ebenfalls ohne Aussagekraft.[552] Ebenso wenig indizieren eine Personenidentität in den Leitungsorganen oder sonstige Formen einer dauernden und umfassenden Leitung eine qualifizierte Konzernierung.[553] Nicht

---

in Heidelberger Konzernrechtstage, 1992, S. 41/49 ff.; aA *Schlieper,* Leitungsintensität und Mehrfachfunktion im faktischen Aktienkonzern, 1996, S. 138 ff.

[546] BGHZ 122, 123 (131) – TBB; *Habersack* in Emmerich/Habersack Aktien- und GmbH-Konzernrecht Anh. § 317 Rn. 21.

[547] Näher *Krieger* ZGR 1994, 375 (389).

[548] BGHZ 122, 123 (133) – TBB.

[549] LG Frankfurt a. M. AG 1998, 98 (99); *Habersack* in Emmerich/Habersack Aktien- und GmbH-Konzernrecht Anh. § 317 Rn. 21; *Drygala* GmbHR 1993, 317 (327); *Krieger* ZGR 1994, 375 (389); für einen Anscheinsbeweis demgegenüber *Ebenroth/Wilken* ZIP 1993, 558 (560).

[550] *Westermann* ZIP 1993, 554 (557); *Kowalski* GmbHR 1993, 253 (258); *Krieger* ZGR 1994, 375 (391).

[551] Ähnlich *Lutter* in Hommelhoff ua (Hrsg.) Heidelberger Konzernrechtstage: Der qualifizierte faktische GmbH-Konzern, 1992, S. 183/200 f.; weitergehend *Drygala* GmbHR 1993, 317 (328).

[552] Differenzierend *Ebenroth/Wilken* ZIP 1993, 558 (559).

[553] *Habersack* in Emmerich/Habersack Aktien- und GmbH-Konzernrecht Anh. § 317 Rn. 22; *Drygala* GmbHR 1993, 317 (327 f.); *Kowalski* GmbHR 1993, 253 (258); im Grundsatz auch *Buchner/Weigl* DNotZ 1994, 580 (599), die allerdings umso niedrigere Anforderungen an die Darlegungslast stellen wollen, je stärker die Einflußnahme ist; aA anscheinend *Westermann* ZIP 1993, 554 (558); anders auch *Schlieper,* Leitungsintensität und Mehrfachfunktionen im faktischen Aktienkonzern, 1996, S. 138 ff., der personelle Verflechtungen nicht nur als Indiz für einen qualifizierten Konzern ansehen, sondern als Tatbestandsvoraussetzung genügen lassen will.

einmal die Insolvenz der abhängigen Gesellschaft ist für sich allein als Indiz für eine qualifizierte Konzernierung genügend.[554]

III. Rechtliche Behandlung qualifizierter Konzerne

147 **1. Verlustausgleichspflicht.** Welche Rechtsfolgen sich an den qualifizierten Konzern knüpfen, war lange ungeklärt. Während teilweise versucht wurde, auch diese Fälle mit dem Regelungssystem der §§ 311 ff. AktG und allgemeinen aktienrechtlichen Rechtsgrundsätzen zu erfassen,[555] bemühte man sich überwiegend, über §§ 311 ff. AktG hinausgehende Schutzregeln zu begründen. Dazu gehörte etwa der Vorschlag, das herrschende Unternehmen im Wege der Durchgriffshaftung für die Verbindlichkeiten der abhängigen Gesellschaft haften zu lassen[556] oder der Versuch, in der qualifizierten Konzernbildung den konkludenten Abschluss eines Beherrschungsvertrages zu sehen.[557] Durchgesetzt hat sich – soweit nicht anstelle der Regeln über den qualifizierten Konzern die Anwendung der Rechtsprechung zum existenzvernichtenden Eingriff befürwortet wird (dazu näher → Rn. 142) – die Ansicht, dass das herrschende Unternehmen im qualifizierten Konzern eine **pauschale Verlustausgleichspflicht** trifft. Teilweise wird versucht, diese Verpflichtung aus § 317 Abs. 1 AktG[558] oder der aktienrechtlichen Treuepflicht[559] herzuleiten, nach hM folgt sie aus einer analogen Anwendung von § 302 AktG.[560]

148 Die Verlustausgleichspflicht entfällt, wenn das herrschende Unternehmen den Nachweis führen kann, dass die Konzernierung nicht für den Verlust ursächlich ist (zB bei bedeutenden Forderungsausfällen uä). Dies wurde in Rechtsprechung und Literatur vor TBB für den qualifizierten GmbH-Konzern verbreitet angenommen[561] und war auch für das Aktienrecht richtig. An diesem **Kausalitätserfordernis** sollte man festhalten,[562] auch wenn

---

[554] BGH ZIP 1997, 416 (417 f.); OLG Köln NZG 1998, 820 (821); *Habersack* in Emmerich/Habersack Aktien- und GmbH-Konzernrecht Anh. § 317 Rn. 22; *Kropff* AG 1993, 485 (494); *Buchner/Weigl* DNotZ 1994, 580 (599); aA *U. H. Schneider* WM 1993, 782 (784); *Burgard* WM 1993, 925 (933).

[555] Vgl. hierzu namentlich *Hommelhoff*, Die Konzernleitungspflicht, 1982, S. 367 ff.; *Strohn*, Die Verfassung der Aktiengesellschaft im faktischen Konzern, 1977, S. 164 ff.

[556] So namentlich *Strohn*, Die Verfassung der Aktiengesellschaft im faktischen Konzern, 1977, S. 172 ff.; *M. Lehmann* ZGR 1986, 345 (363 ff.); KölnKommAktG 2. Aufl./*Koppensteiner* § 317 Rn. 44 mwN; ablehnend etwa *Lutter* ZGR 1982, 244 (267); *Mertens* ZGR 1984, 542 (555).

[557] So zB *Emmerich* AG 1975, 253 (285 ff.); *Paehler*, Die Zulässigkeit des faktischen Konzerns, 1972, S. 169 f.; ablehnend BGHZ 95, 330 (342) – Autokran und die ganz überwiegende Literatur. Vgl. auch *Martens* DB 1970, 865 (868 f.), der eine einklagbare Verpflichtung des herrschenden Unternehmens zum Abschluss eines Beherrschungsvertrages annahm; offen gelassen von BGHZ 95, 330 (342 f.) – Autokran.

[558] So namentlich K. Schmidt/Lutter AktG/*J. Vetter* § 317 Rn. 53 ff.; *Schulze-Osterloh* ZGR 1983, 123 (153 f.); ähnlich *Schiessl* AG 1985, 184 (187 f.); im Grundsatz auch KölnKommAktG/*Koppensteiner* § 317 Rn. 22, der diese Rechtsfolge aber nicht bei jedem qualifizierten Konzern anerkennen will; weitergehend MüKoAktG/*Altmeppen* Anh. § 317 Rn. 54, der den jeweiligen Verlust allenfalls als Mindestschaden ansehen will.

[559] *Mülbert*, Aktiengesellschaft, Unternehmensgruppe und Kapitalmarkt, 2. Aufl. 1996, S. 487 ff.

[560] BGHZ 107, 7 (18) – Tiefbau im Rahmen der früheren Rechtsprechung zur qualifizierten Konzernhaftung im GmbH-Recht; *Habersack* in Emmerich/Habersack Aktien- und GmbH-Konzernrecht Anh. § 317 Rn. 23; Spindler/Stilz AktG/*H.-F. Müller* vor § 311 Rn. 29; Bürgers/Körber AktG/*Fett* § 311 Rn. 30; *Schall* FS Stilz, 2014, 537 (552 f.); *Schürnbrand* ZHR 169 (2005), 35 (58); *Lieb* FS Lutter, 2000, 1151 (1154); *Zöllner* GS Knobbe-Keuk, 1997, 369 (387 f.).

[561] BGHZ 107, 7 (18) – Tiefbau; *Ulmer* NJW 1986, 1579 (1585); *Rehbinder* AG 1986, 85 (97); *Decher* DB 1989, 965 (968); *Stimpel* FS Goerdeler, 1987, 601 (618 ff.); aA *Emmerich* GmbHR 1987, 213 (218 f.); *K. Schmidt* ZIP 1991, 1325 (1327); *Hommelhoff* DB 1992, 309 (310, 314).

[562] AA *Habersack* in Emmerich/Habersack Aktien- und GmbH-Konzernrecht Anh. § 317 Rn. 23; Spindler/Stilz AktG/*H.-F. Müller* vor § 311 Rn. 29; wie hier K. Schmidt/Lutter AktG/*J. Vetter* § 317 Rn. 63.

die Frage durch das TBB-Konzept ihre praktische Bedeutung weitgehend verloren hat. Sie kann zB dann eine Rolle spielen, wenn man einen qualifizierten Konzern bei Strukturveränderungen annimmt, die die Existenzfähigkeit der Gesellschaft nach Beendigung des Konzernverhältnisses bedrohen: in diesem Fall scheidet eine Verlustausgleichspflicht während der Dauer der Konzernierung in aller Regel mangels Verlustursächlichkeit aus, und die Rechtsfolgen beschränken sich auf § 303 AktG (vgl. → Rn. 150).

Die frühere Rechtsprechung hat die analoge Anwendung der Verlustausgleichspflicht **149** nach § 302 AktG im GmbH-Recht auf Gesellschaften mit mehreren Gesellschaftern beschränkt und für die **Einmanngesellschaft** lediglich § 303 AktG analog angewandt.[563] Diese Einschränkung war schon für das GmbH-Recht problematisch.[564] Zumindest auf das Aktienrecht lässt sie sich nicht übertragen.[565]

2. Sicherheitsleistung und Ausfallhaftung. Endet das qualifizierte faktische Konzern- **150** verhältnis, können die Gläubiger der abhängigen Gesellschaft analog § 303 AktG Sicherheitsleistung für ihre Forderungen verlangen; die analoge Anwendung von § 302 AktG zieht folgerichtig die analoge Anwendung von § 303 AktG nach sich.[566] Dies kommt namentlich bei einer Auflösung der abhängigen Gesellschaft, einer Veräußerung der Beteiligung usw in Frage, nicht jedoch bei Beendigung des faktischen Konzernverhältnisses durch Abschluss eines Beherrschungsvertrages, da in diesem Fall die Verlustübernahmepflicht nach § 302 AktG fortbesteht.[567] Vgl. im Übrigen zum Inhalt des Anspruchs nach § 303 AktG näher → § 71 Rn. 224 ff. An die Stelle der Sechsmonatsfrist nach § 303 Abs. 1 S. 1 AktG treten, da die Beendigung der qualifizierten Konzernierung nicht in das Handelsregister eingetragen wird, die allgemeinen Verwirkungsgrundsätze.[568] Ist die abhängige Gesellschaft vermögenslos, können deren Gläubiger anstelle von Sicherheitsleistung unmittelbar Zahlung vom herrschenden Unternehmen verlangen.[569]

3. Weitere Rechtsfolgen. Verbreitet wird darüber hinaus angenommen, dass das herr- **151** schende Unternehmen den außenstehenden Aktionären der abhängigen Gesellschaft bei qualifizierter Nachteilszufügung auch einen angemessenen **Ausgleich** und eine angemessene **Abfindung** nach Maßgabe der §§ 304, 305 AktG schulde. Eine Verpflichtung zur Abfindung analog § 305 AktG wird man befürworten müssen.[570] Hingegen dürfte kein Bedürfnis für eine Verpflichtung zur Ausgleichszahlung analog § 304 AktG

---

[563] BGHZ 95, 330 (345 f.) – Autokran; OLG Köln ZIP 1990, 1075 (1077).
[564] Ablehnend etwa *Ulmer* NJW 1986, 1579 (1583, 1584).
[565] *Habersack* in Emmerich/Habersack Aktien- und GmbH-Konzernrecht Anh. § 317 Rn. 23; *Rehbinder* AG 1986, 85 (87); *Ulmer* AG 1986, 123 (125); *Wiedemann* ZGR 1986, 656 (669).
[566] Vgl. im Rahmen der früheren Rechtsprechung zur qualifizierten Konzernhaftung im GmbH-Recht BGHZ 95, 330 (341 ff.) – Autokran und zum Aktienrecht zB *Habersack* in Emmerich/Habersack Aktien- und GmbH-Konzernrecht Anh. § 317 Rn. 24 f.; Spindler/Stilz AktG/*H.-F. Müller* vor § 311 Rn. 32; Bürgers/Körber AktG/*Fett* § 311 Rn. 31; *Schall* FS Stilz, 2014, 537 (552 f.); aA K. Schmidt/Lutter AktG/*J. Vetter* § 317 Rn. 64; MüKoAktG/*Altmeppen* Anh. § 317 Rn. 57, die die Verlustausgleichspflicht aus § 317 AktG herleiten und dementsprechend ein Verfolgungsrecht der Gläubiger aus § 317 Abs. 4 AktG bejahen, das für § 303 AktG kein Bedürfnis mehr lasse.
[567] Ebenso Spindler/Stilz AktG/*H.-F. Müller* vor § 311 Rn. 32.
[568] BGHZ 95, 330 (347) – Autokran; *Habersack* in Emmerich/Habersack Aktien- und GmbH-Konzernrecht Anh. § 317 Rn. 25; Spindler/Stilz AktG/*H.-F. Müller* vor § 311 Rn. 32.
[569] BGHZ 95, 330 (347) – Autokran; BGHZ 115, 187 (202 f.) – Video; *Habersack* in Emmerich/Habersack Aktien- und GmbH-Konzernrecht Anh. § 317 Rn. 24.
[570] So namentlich OLG Zweibrücken AG 2005, 778 (780); *Habersack* in Emmerich/Habersack Aktien- und GmbH-Konzernrecht Anh. § 317 Rn. 29; Spindler/Stilz AktG/*H.-F. Müller* vor § 311 Rn. 34; K. Schmidt/Lutter AktG/*J. Vetter* § 317 Rn. 67; *Lieb* FS Lutter, 2000, 1151 (1154 ff.); *Wiedemann* ZGR 1978, 477 (492 ff.); aA OLG Schleswig AG 2009, 374 (378 f.); MüKoAktG/*Altmeppen* Anh. § 317 Rn. 58; *Nitsche*, Die Rechte der außenstehenden Aktionäre bei qualifizierter Nachteilszufügung, 2013, S. 129 ff.; *Balthasar* NZG 2008, 858 (860 f.); *Schwörer* NZG 2001, 550 ff.

bestehen;[571] wer nicht austreten will, ist durch die ihm zustehenden Abwehransprüche (→ Rn. 153) angemessen geschützt. Der Abfindungsanspruch richtet sich nur auf Barabfindung, nicht auf eine Abfindung in Aktien des herrschenden Unternehmens.[572] Vor der Einleitung eines Spruchverfahrens analog § 305 Abs. 5 S. 2 AktG ist zuvor die gerichtliche Feststellung der Abfindungspflicht nötig.[573]

152 Daneben kommen **Schadensersatzansprüche** gegen Vorstand und Aufsichtsrat der abhängigen Gesellschaft nach §§ 93, 116 AktG und Schadensersatzansprüche des herrschenden Unternehmens gegen seine Organe in Betracht.[574] Schließlich ist davon auszugehen, dass auch die Regelungen der **§§ 311 ff. AktG** zusätzlich Anwendung finden.[575] Denn die Bildung eines qualifizierten faktischen Konzerns kann nicht zu einer Privilegierung führen. Deshalb bleibt die Verpflichtung zur Erstattung und Prüfung eines Abhängigkeitsberichts nach Maßgabe der §§ 312 ff. AktG ebenso bestehen wie die Verpflichtungen aus §§ 311, 317 und 318 AktG. Soweit einzelne Nachteile noch feststellbar sind, sind diese auch einzeln auszugleichen.[576]

153 **4. Abwehransprüche.** Der qualifizierte faktische Konzern ist unzulässig.[577] In der Konsequenz dessen liegt es, dass die hM den einzelnen außenstehenden Aktionären der abhängigen Gesellschaft einen Unterlassungs- und Beseitigungsanspruch gegen die Bildung eines qualifizierten Konzerns zubilligt, den sie durch Klage gegen ihre Gesellschaft auf Unterlassung oder Wiederherstellung durchsetzen können.[578] Allerdings kann sich ein solcher Anspruch nur gegen konkrete Maßnahmen richten, von denen sich feststellen lässt, dass gerade sie einen qualifizierten Konzern begründen und deshalb unzulässig sind.[579]

154 **5. Feststellung durch den Abschlussprüfer.** Besteht ein qualifizierter Konzern, dh ist die Gesellschaft in nicht ausgleichsfähiger Weise geschädigt worden, ist dies sowohl im

---

[571] Ebenso MüKoAktG/*Altmeppen* Anh. § 317 Rn. 58; K. Schmidt/Lutter AktG/*J. Vetter* § 317 Rn. 68; KölnKommAktG/*Koppensteiner* Anh. § 318 Rn. 111; *Drygala* GmbHR 2003, 729 (739); *Mülbert*, Aktiengesellschaft, Unternehmensgruppe und Kapitalmarkt, 2. Aufl. 1996, S. 500 f.; *Deilmann*, Die Entstehung des qualifizierten faktischen Konzerns, 1990, S. 132; aA *Habersack* in Emmerich/Habersack Aktien- und GmbH-Konzernrecht Anh. § 317 Rn. 30; Spindler/Stilz AktG/*H.-F. Müller* vor § 311 Rn. 35; *Görling*, Die Konzernhaftung in mehrstufigen Unternehmensverbindungen, 1998, S. 214 ff.; *Lieb* FS Lutter, 2000, 1151/1161 f.

[572] *Habersack* in Emmerich/Habersack Aktien- und GmbH-Konzernrecht Anh. § 317 Rn. 29; K. Schmidt/Lutter AktG/*J. Vetter* § 317 Rn. 67; Spindler/Stilz AktG/*H.-F. Müller* vor § 311 Rn. 34; *Geuting* BB 1994, 365 (370 f.).

[573] OLG Zweibrücken AG 2005, 778 (780); OLG Stuttgart AG 2000, 428 (430); so hilfsweise auch OLG Schleswig AG 2009, 374 (379), das allerdings in erster Linie bereits den Abfindungsanspruch verneint; *Habersack* in Emmerich/Habersack Aktien- und GmbH-Konzernrecht Anh. § 317 Rn. 29; K. Schmidt/Lutter AktG/*J. Vetter* § 317 Rn. 67; *Mülbert*, Aktiengesellschaft, Unternehmensgruppe und Kapitalmarkt, 2. Aufl. 1996, S. 499 f.

[574] *Habersack* in Emmerich/Habersack Aktien- und GmbH-Konzernrecht Anh. § 317 Rn. 23; Spindler/Stilz AktG/*H.-F. Müller* vor § 311 Rn. 30; *Weigl*, Die Haftung im (qualifizierten) faktischen Konzern, 1996, S. 221 ff.

[575] Spindler/Stilz AktG/*H.-F. Müller* vor § 311 Rn. 31.

[576] Spindler/Stilz AktG/*H.-F. Müller* vor § 311 Rn. 31.

[577] OLG Köln AG 2009, 416 (419); OLG Hamm NJW 1987, 1030 – Banning; *Habersack* in Emmerich/Habersack Aktien- und GmbH-Konzernrecht Anh. § 317 Rn. 27; Spindler/Stilz AktG/ *H.-F. Müller* vor § 311 Rn. 33; *Stein* ZGR 1988, 163 (183 ff.); aA *Timm* NJW 1987, 977; *Decher* BB 1990, 2005 (2006 f.).

[578] *Habersack* in Emmerich/Habersack Aktien- und GmbH-Konzernrecht Anh. § 317 Rn. 27 f.; Spindler/Stilz AktG/*H.-F. Müller* vor § 311 Rn. 33; *Kort*, Der Abschluss von Beherrschungs- und Gewinnabführungsverträgen im GmbH-Recht, 1986, S. 36 f.; einschränkend *Krieger* ZHR 163 (1999), 343 (355 f.); vgl. allgemein zu der Möglichkeit einer solchen Abwehrklage BGHZ 83, 122 (133 ff.) – Holzmüller.

[579] OLG Köln AG 2009, 416 (421); *Habersack* in Emmerich/Habersack Aktien- und GmbH-Konzernrecht Anh. § 317 Rn. 27.

Abhängigkeits- (§ 312 AktG) als auch im Lagebericht (§ 289 HGB) darzulegen; im Zusammenhang mit der Prüfung dieser Berichte hat der Prüfer daher unter Umständen die Frage zu beurteilen, ob ein qualifizierter Konzern vorliegt. Das Gleiche kann wegen der Verlustausgleichspflicht analog § 302 AktG bei der Prüfung des Jahresabschlusses gelten.[580]

§ 71 Vertragskonzern (Beherrschungsvertrag)

Übersicht

	Rn.
A. Bildung eines Vertragskonzerns	1–59
I. Allgemeines	1–3
II. Beherrschungsvertrag	4–13
1. Inhalt	4–7
2. Rechtsform und Sitz der Vertragsparteien	8, 9
3. Mehrstufige Unternehmensverbindungen; Gemeinschaftsunternehmen	10, 11
4. Verdeckte Beherrschungsverträge	12
5. Fehlerhafte Beherrschungsverträge	13
III. Zustandekommen des Beherrschungsvertrags	14–59
1. Vertragsabschluss	14–19
2. Zustimmung der Hauptversammlungen	20–55
a) Zustimmungspflicht	20–23
b) Gegenstand der Zustimmung	24
c) Vertragsbericht des Vorstands	25–33
d) Vertragsprüfung	34–43
e) Information der Hauptversammlung	44–49
f) Zustimmungsbeschluss	50
g) Sachliche Rechtfertigung	51
h) Wirkung der Zustimmung	52
i) Mängel der Beschlussfassung	53–55
3. Anmeldung, Eintragung, Wirksamwerden	56–59
B. Auffüllung der gesetzlichen Rücklage; Verlustausgleich	60–77
I. Auffüllung der gesetzlichen Rücklage	60–63
II. Verlustausgleich	64–77
1. Voraussetzungen	64–71
2. Einzelfragen des Anspruchs	72–77
C. Sicherung der außenstehenden Aktionäre	78–150
I. Angemessener Ausgleich	78–110
1. Grundlagen	78–82
a) Voraussetzungen und Dauer des Anspruchs	78
b) Inhaber des Anspruchs	79–81
c) Schuldner des Anspruchs	82
2. Anspruchsinhalt	83–108
a) Allgemeines	83–86
b) Fester Ausgleich	87–94
c) Variabler Ausgleich	95–98
d) Ausgleich in mehrstufigen Konzernen	99–102
e) Anpassung des variablen Ausgleichs bei Kapitalveränderungen und Aktiensplitt	103–106
f) Veränderung sonstiger wesentlicher Umstände	107, 108
3. Fehlen oder Unangemessenheit der Ausgleichsbestimmung	109, 110
II. Angemessene Abfindung	111–128
1. Grundlagen	111–118
a) Allgemeines	111
b) Gläubiger und Schuldner des Anspruchs	112, 113
c) Dauer und Befristung des Abfindungsangebots	114, 115
d) Fälligkeit und Verzinsung der Abfindungsleistung	116
e) Anrechnung bezogener Dividenden- und Ausgleichszahlungen	117
f) Veränderung wesentlicher Umstände	118
2. Art der Abfindung	119–126
3. Höhe der Abfindung	127
4. Fehlen oder Unangemessenheit des Abfindungsangebots	128
III. Bewertungsfragen	129–150
1. Bewertungsziel	129–131
2. Wertermittlung des Unternehmens	132–137
a) Bewertungsmethode	132, 133
b) Ertragswertberechnung	134–137
3. Börsenkurs der Aktie	138–141
4. Gerichtliche Bestimmung des Ausgleichs oder der Abfindung	142–150
a) Allgemeines	142
b) Verfahren	143–145
c) Überprüfungstiefe und Entscheidung	146–149
d) Kündigung des Unternehmensvertrags	150
D. Konzernleitung	151–179
I. Weisungsrecht des Vorstands der Obergesellschaft	151–160
1. Umfang und Grenzen	151–156
2. Ausübung des Weisungsrechts	157–159
3. Konzernleitungspflicht	160
II. Pflichten des Vorstands der abhängigen Gesellschaft	161–163

---

[580] Ausführlich zum Ganzen *Kropff* FS Goerdeler, 1987, 259 (270 ff.).

III. Verantwortlichkeit 164–173	III. Beendigung des Vertrages 195–232
1. Verantwortlichkeit des herrschenden Unternehmens und seiner Organe 164–169	1. Allgemeines 195
	2. Beendigungsgründe 196–217
	a) Aufhebungsvertrag 196, 197
2. Verantwortlichkeit der Organe der abhängigen Gesellschaft 170–173	b) Ordentliche Kündigung.....198–200
	c) Außerordentliche Kündigung 201–204
IV. Rechte und Pflichten der Aufsichtsräte 174, 175	d) Vertragsbeendigung nach § 307 AktG 205
V. Konzernleitungskontrolle durch die Hauptversammlungen 176–178	e) Weitere Beendigungsgründe 206, 207
VI. Finanzierungsfragen 179	f) Verschmelzung, Spaltung, Formwechsel, Eingliederung208–217
E. Dauer, Änderung und Beendigung des Beherrschungsvertrags 180–232	3. Anmeldung und Eintragung ...218, 219
I. Dauer des Vertrags 180–182	4. Rechtsfolgen der Vertragsbeendigung 220–232
II. Änderung des Vertrages 183–194	a) Ende der vertraglichen Rechte und Pflichten 220–223
1. Änderungsvereinbarung 183–185	
2. Sonderbeschluss der außenstehenden Aktionäre 186–189	b) Sicherstellung der Gläubiger 224–229
3. Ausgleich und Abfindung 190, 191	c) Schutz der außenstehenden Aktionäre und der abhängigen Gesellschaft nach Vertragsbeendigung 230–232
4. Parteiwechsel und Vertragsbeitritt beim herrschenden Unternehmen...................192–194	

Schrifttum: *Acher,* Vertragskonzern und Insolvenz, 1987; *Adolff,* Unternehmensbewertung im Recht der börsennotierten Aktiengesellschaft, 2007; *Aha,* Aktuelle Aspekte der Unternehmensbewertung im Spruchstellenverfahren, AG 1997, 26; *Ahrens,* Die Problematik des Mehrmütter-Konzerns in aktien- und mitbestimmungsrechtlicher Sicht, AG 1975, 151; *Altmeppen,* Notleidender Verlustausgleichsanspruch und Haftungsfolgen im Vertragskonzern, FS E. Vetter, 2019, S. 1; Cash Pooling und Kapitalerhaltung bei bestehendem Beherrschungs- oder Gewinnabführungsvertrag, NZG 2010, 361; *ders.,* Die unzulängliche Abfindungsregelung beim Squeeze Out, ZIP 2010, 1773; *ders.,* Zeitliche und sachliche Begrenzung von Abfindungsansprüchen gegen das herrschende Unternehmen im Spruchstellenverfahren, FS Ulmer, 2003, S. 3; *ders.,* Zur Delegation des Weisungsrechts im mehrstufigen Konzern, FS Lutter, 2000, S. 975; *ders.,* Zur Entstehung, Fälligkeit und Höhe des Verlustausgleichsanspruchs nach § 302 AktG, BB 1999, 2453; *ders.,* Zum richtigen Verständnis der neuen §§ 293a–293g AktG zu Bericht und Prüfung beim Unternehmensvertrag, ZIP 1998, 1853; *Baldamus,* Der Einfluss der KSt auf den festen Ausgleich, AG 2005, 77; *Barz,* Das 50:50 Gemeinschaftsunternehmen, FS Kaufmann, 1972, S. 59; *Bälz,* Einheit und Vielheit im Konzern, FS Raiser, 1974, S. 287; *Bärenz/Fragel,* Der Abwendungsvergleich gemäß § 302 Abs. 3 Satz 2 AktG als Sanierungsinstrument in der Krise der Aktiengesellschaft, FS Görg, 2010, S. 13; *W. Baums,* Der Ausgleich nach § 304 AktG: eine ökonomische Analyse, 2007; *Walter Bayer,* Die Geltendmachung des Abfindungsanspruchs nach beendetem Beherrschungsvertrag, ZIP 2005, 1053; *ders.,* Herrschaftsveränderungen im Vertragskonzern, ZGR 1993, 599; *ders.,* Der grenzüberschreitende Beherrschungsvertrag, 1988; *Walter Bayer/J. Schmidt,* Wer ist mit welchen Anteilen bei Strukturveränderungen abfindungsberechtigt?, ZHR 178 (2014), 150; *Wilhelm Bayer,* Mehrstufige Unternehmensverträge, FS Ballerstedt, 1975, S. 157; *Beckmann/Simon,* Ist ein Ausgleich nach der Unternehmenssteuerreform anzupassen?, ZIP 2001, 1906; *Berger,* Konzernausgangsschutz 2016; *Berkenbrock,* Das herrschende Unternehmen als falsus procurator der abhängigen Gesellschaft, AG 1981, 69; *Beyerle,* Zur Regelabfindung im Konzernrecht gemäß § 305 Abs. 2 Nr. 1 AktG, AG 1980, 317; *Bilda,* Zum Geltungsgrund der Ausgleichs- und Abfindungsregelungen in den §§ 304, 305 AktG, FS Hüffer, 2010, S. 49; *ders.,* Abfindungsansprüche bei vertragsüberlebenden Spruchverfahren, NZG 2005, 375; *Bode,* Berücksichtigung von Vorerwerbspreisen und Paketzuschlägen bei der Ermittlung der Barabfindung, Der Konzern 2010, 529; *Böhm,* Sicherheitsleistungen für betriebliche Versorgungsansprüche bei der Beendigung von Beherrschungs- oder Gewinnabführungsverträgen, DB 2009, 2376; *Boese,* Die Anwendungsgrenzen des Erfordernisses sachlicher Rechtfertigung bei HV-Beschlüssen, 2004; *Bork,* Die Wirkung des § 93 InsO auf Ansprüche aus § 303 AktG – Ein Beitrag zur Verzahnung von Insolvenz- und Aktienrecht, ZIP 2012, 1001; *Braun/Krämer,* Keine Übertragbarkeit des Abfindungsanspruchs außenstehender Aktionäre nach beendetem Beherrschungsvertrag („Jenoptik"), ZIP 2006, 1396; *Bredow/Tribulowsky,* Auswirkungen von Anfechtungsklage und Squeeze-Out auf ein laufendes Spruchstellenverfahren, NZG 2002, 841; *Bungert,* Rückwirkende Anwendung von Methodenänderungen bei der Unternehmensbewertung, WPg 2008, 811; *ders.,* Unternehmensvertragsbericht und Unterneh-

§ 71 Vertragskonzern (Beherrschungsvertrag) § 71

mensvertragsprüfung gemäß §§ 293a ff. AktG, DB 1995, 1384 u. 1449; *Bungert/Bednarz,* Anspruchsinhaberschaft von Abfindungsansprüchen bei Beherrschungs- und Gewinnabführungsverträgen, BB 2006, 1865; *Bungert/Eckert,* Unternehmensbewertung nach Börsenwert: Zivilgerichtliche Umsetzung der BVerfG-Rechtsprechung, BB 2000, 1845; *Bungert/Janson,* Im Spannungsfeld von Unternehmensvertrag und Squeeze Out: Gibt es zeitanteiligen Ausgleichsanspruch nach § 304 AktG?, FS U. H. Schneider, 2011, S. 159; *Bungert/Leyendecker-Langner,* Börsenkursrechtsprechung beim vorgeschalteten Delisting, BB 2014, 521; *Bungert/Wettich,* Die zunehmende Bedeutung des Börsenkurses bei Strukturmaßnahmen im Wandel der Rechtsprechung, FS Hoffmann-Becking, 2013, S. 157; *dies.,* Neues zur Ermittlung des Börsenwerts bei Strukturmaßnahmen, ZIP 2012, 449; *dies.,* Vorgaben aus Karlsruhe zum Referenzzeitraum des Börsenwerts für die Abfindung bei Strukturmaßnahmen, BB 2010, 2227; *Burger,* Keine angemessene Abfindung durch Börsenkurse bei Squeeze Out, NZG 2012, 281; *Busch,* Der Zinsanspruch des Aktionärs bei unangemessenen Barkompensationsansprüchen gemäß §§ 304 Abs. 4 Satz 3, 305 Abs. 5 Satz 5 AktG, AG 1993, 1; *Busse von Colbe,* Der Vernunft eine Gasse: Abfindung von Minderheitsaktionären nicht unter dem Börsenkurs ihrer Aktien, FS Lutter, 2000, S. 1053; *Butzke,* Der Abfindungsanspruch nach § 305 AktG nach Squeeze Out, Formwechsel oder Verschmelzung, FS Hüffer, 2010, S. 97; *Cahn,* Das Zahlungsverbot nach § 92 Abs. 2 Satz 3 AktG – aktien- und konzernrechtliche Aspekte des neuen Liquiditätsschutzes, Der Konzern 2009, 7; *Cahn./Simon,* Isolierte Gewinnabführungsverträge, Der Konzern 2003, 1; *Canaris,* Hauptversammlungsbeschlüsse und Haftung der Verwaltungsmitglieder im Vertragskonzern, ZGR 1978, 207; *Dachner,* Der Abwendungsvergleich in § 302 Abs. 3 S. 2 AktG an der Schnittstelle von Gesellschafts-, Steuer- und Insolvenzrecht, 2013; *Decher,* Die Information der Aktionäre über die Unternehmensbewertung bei Strukturmaßnahmen in der Hauptversammlungs- und Gerichtspraxis, FS Hoffmann-Becking, 2013, S. 295; *ders.,* Verbundeffekte im Aktienkonzernrecht und im Recht der Unternehmensbewertung, FS Hommelhoff, 2012, S. 115; *ders.,* Das Business Combination Agreement – Ein verdeckter Beherrschungsvertrag oder sonstiger strukturändernder Vertrag?, FS Hüffer 2010, S. 145; *ders,* Wege zu einem praktikablen und rechtssicheren Spruchverfahren, FS Maier-Reimer, 2010, S. 57; *ders.,* Die Ermittlung des Börsenkurses für Zwecke der Barabfindung beim Squeeze Out, ZIP 2010, 1673; *ders.,* Information im Konzern und Auskunftsrecht der Aktionäre gemäß § 131 Abs. 4 AktG, ZHR 158 (1994), 473; *Deilmann,* Die Beendigung des Beherrschungs- und/oder Gewinnabführungsvertrags in der M&A-Transaktion, NZG 2015, 460; *Deiß,* Die Festsetzung der angemessenen Kompensation im Wege einer „mehrheitskonsensualen Schätzung" im Spruchverfahren, NZG 2013, 1382; *Dette,* Verdeckte und atypische Beherrschungsverträge im Aktienrecht, 2012; *Dielmann/König,* Der Anspruch ausscheidender Minderheitsaktionäre auf angemessene Abfindung, AG 1984, 57; *Ebenroth/Parche,* Konzernrechtliche Beschränkungen und Umstrukturierung des Vertragskonzerns, BB 1989, 637; *Ebke,* Ausgleich und Abfindung der außenstehenden Aktionäre bei Beherrschungs- und Gewinnabführungsverträgen zwischen nicht börsennotierten Aktiengesellschaften, FS K. Schmidt, 2009, S. 289; *Ederle,* Verdeckte Beherrschungsverträge, 2010; *ders.,* Der verdeckte Beherrschungsvertrag als konzernrechtliches Haftungsinstrument, AG 2010, 273; *Emmerich,* Kapitulation vor der Komplexität – Zur Praxis der Unternehmensbewertung in der aktuellen Rechtsprechung, FS Stilz 2014, S. 135; *ders.,* Anmerkungen zur Bewertung von Unternehmen im Aktienrecht, FS U. H. Schneider, 2011, S. 323; *ders.,* Über atypische und verdeckte Beherrschungsverträge, FS Hüffer, 2010, S. 179; *ders.,* Zur Organhaftung im Vertragskonzern, GS Sonnenschein, 2003, S. 651; *ders.,* Konzernbildungskontrolle, AG 1991, 303; *Engel/Puszkajler,* Bewährung des Spruchgesetzes in der Praxis? – Ergebnis einer Umfrage, BB 2012, 1687; *Exner,* Beherrschungsvertrag und Vertragsfreiheit, 1984; *ders.,* Vollmacht und Beherrschungsvertrag, AG 1981, 175; *v. Falkenhausen,* Weisungen an den Aufsichtsrat der abhängigen Aktiengesellschaft?, ZIP 2014, 1205; *Fleischer,* Zur Behandlung des Fungibilitätsrisikos bei der Abfindung außenstehender Aktionäre (§§ 305, 320b AktG), FS Hoffmann-Becking, 2013, S. 331; *ders.,* Die Barabfindung der außenstehenden Aktionäre: Stand-alone-Prinzip oder Verbundberücksichtigungsprinzip, ZGR 1997, 368; *Fleischer/Rentsch,* Zur Beendigung eines fehlerhaften Unternehmensvertrages mit einer GmbH, NZG 2000, 1141; *Forst/Granetzny,* Betriebliche Altersversorgung im Konzern versus gesellschaftsrechtliche Haftung im Konzern, Der Konzern 2011, 1; *Forster,* Zur angemessenen Barabfindung, FS Claussen, 1997, S. 91; *Freudenberg,* Der Fortbestand des Beherrschungs- und Gewinnabführungsvertrages in der Insolvenz der Konzernobergesellschaft, ZIP 2009, 2037; *Gärtner/Handke,* Unternehmenswertermittlung im Spruchverfahren – Schrittweiser Abschied vom Meistbegünstigungsprinzip des BGH (DAT/Altana)?, NZG 2012, 247; *Gansweid,* Gemeinsame Tochtergesellschaften im deutschen Konzern- und Wettbewerbsrecht 1976; *Geng,* Erneute Ausgleichs- und Abfindungsansprüche beim Beitritt zu einem Beherrschungsvertrag, NZG 1998, 715; *ders.,* Ausgleich und Abfindung der Minderheitsaktionäre der beherrschten Aktiengesellschaft bei Verschmelzung und Spaltung, 2003; *Geßler,* Atypische Beherrschungsverträge, FS Beitzke, 1979, S. 923; *Gerth,* Die Beendigung des Gewinnabführungs- und Beherrschungsvertrages, BB 1978, 1497; *ders.* Bestandsschutz der beherrschten Gesellschaft im Vertragskonzern, ZHR 140 (1976), 433; *Görling,* Die Konzernhaftung in mehrstufigen Unternehmensverbindungen, 1998; *Goslar,* Verdeckte Beherrschungsverträge, DB 2008, 800; *Götz,* Entschädigung von Aktionären abseits der Kapitalmarktbewertung?, DB 1996, 259; *Gotthardt/Krengel,* Reformbedürftigkeit des Spruchverfahrens, AG 2018, 875; *Grobecker,* Der Teilbeherrschungsvertrag, DStR 2002, 1953; *Großfeld,* Barabfindung und Ausgleich nach §§ 304, 305 AktG, NZG 2004, 74; *Grüner,* Die Beendigung von Gewinnabführungs- und Beherrschungsverträgen, 2003; *ders.,* Zur Beendigung eines Unternehmensvertrages aus Anlaß der Übertragung der Geschäftsanteile an der Organgesellschaft auf eine andere Muttergesellschaft, NZG 2001, 35; *Grunewald,* Auslegung von Unternehmens- und Umwandlungsverträgen, ZGR 2009, 647; *dies.,* Verlustausgleich nach § 302 AktG und reale Kapitalaufbringung, NZG 2005, 781; *dies.,* Rückverlagerung von Entscheidungskompetenzen der Hauptversammlung auf den Vorstand, AG 1990, 133; *Gutheil,* Die Auswirkungen von Umwandlungen auf Unternehmensverträge nach §§ 291, 292 AktG und die Rechte außenstehender Aktionären, 2001; *Habersack,* Angemessene Gegenleistung (§ 31 WpÜG) versus angemessene Abfindung (§§ 305, 327b AktG) nach „BKN" und „Postbank", NZG 2019, 881; *ders.,* Abfindung für vom herrschenden Unternehmen oder von der beherrschten Gesellschaft erworbene Aktien? AG 2005, 709; *Habetha,* Zur Wahlmöglichkeit zwischen beherrschungsvertraglicher Weisung und Zustimmungsbeschluss der Haupt- bzw. Gesellschafterversammlung, ZIP 2017, 652; *Happ/Bednarz,* Aktienrechtliche Abfindungs- und Ausgleichsansprüche – Zu offenen Fragestellungen nach den höchstrichterlichen Entscheidungen in Sachen Ytong, DAT/Altana und Stollwerck, FS Stilz, 2014, S. 219; *Hartmann/Hartmann,* Zur Frage eines „Null-Ausgleichs" nach § 304 AktG, FS Pleyer, 1986, S. 287; *Hartmann/Handke,* Unternehmenswertermittlung im Spruchverfahren – Schrittweiser Abschied vom Meistbegünstigungsprinzip des BGH (DAT/Altana)?, NZG 2012, 247; *Haspl,* Aktionärsrechtsschutz im Spruchverfahren und „Zwangsvergleich", NZG 2014, 487; *Hasselbach/Klüsener,* Referenztichtag für Unternehmensbewertungen auf der Basis des Börsenkurses, DB 2010, 657; *Hattstein,* Gläubigersicherung durch das ehemals herrschende Unternehmen, 1995; *Hengeler,* Probleme der Verschmelzung bei Bestehen eines Organvertrags, FS Möhring, 1975, S. 197; *Hengeler/Hoffmann-Becking,* Insolvenz im Vertragskonzern, FS Hefermehl, 1976, S. 283; *Hennrichs,* Gewinnabführung und Verlustausgleich im Vertragskonzern, ZHR 174 (2010), 683; *ders.,* Unternehmensbewertung und persönliche Ertragsteuern, ZHR 164 (2000), 453; *Hentzen,* Atypische Risiken aus der Beendigung von Beherrschungs- und Gewinnabführungsverträgen, NZG 2008, 201; *ders.,* Zulässigkeit der Verrechnung des Verlustausgleichsanspruchs aus § 302 Abs 1 AktG im Cash Pool, AG 2006, 133; *Hirte,* Der Abwendungsvergleich nach § 302 Abs. 3 Satz 2 AktG, Liber Amicorum Wilhelm Happ, 2006, S. 65; *ders.,* Grenzen der Vertragsfreiheit bei Unternehmensverträgen, ZGR 1994, 644; *Hirte/Schall,* Zum faktischen Beherrschungsvertrag, Der Konzern 2006, 243; *Hoffmann/Theusinger,* Die Behandlung des Verlustausgleichsanspruchs gemäß § 302 Abs. 1 AktG, NZG 2014, 1170; *Hommelhoff,* Der Beitritt zum Beherrschungsvertrag, FS Claussen, 1997, S. 129; *ders.,* Der Verlustausgleich im Mehrmütter-Vertragskonzern, FS Goerdeler, 1987, S. 221; *ders.,* Die Konzernleitungspflicht, 1982; *Hüchting,* Abfindung und Ausgleich im aktienrechtlichen Beherrschungsvertrag, 1972; *Hüffer,* Gewinnabführung und Verlustsaldierung unter Entnahme aus der gemäß § 272 Abs. 2 Nr. 4 HGB innervertraglich gebildeten Kapitalrücklage, FS U. H. Schneider, 2011, S. 559; *ders,,* Zulässigkeit eines Nullausgleichs bei andauernder Ertragslosigkeit einer Aktiengesellschaft, JZ 2007, 151; *Hüttemann,* Die angemessene Barabfindung im Aktienrecht, FS Hoffmann-Becking, 2013, S. 603; *ders.,* Zur rückwirkenden Anwendung neuer Bewertungsstandards bei der Unternehmensbewertung, WPg 2008, S. 811, WPg 2008, 822; *ders.,* Börsenkurs und Unternehmensbewertung, ZGR 2001, 454; *ders.,* Unternehmensbewertung als Rechtsproblem, ZHR 162 (1998), 563; *Immenga,* Bestandsschutz der beherrschten Gesellschaft im Vertragskonzern?, ZHR 140 (1976), 301; *Joussen,* Die Kündigung von Beherrschungsverträgen bei Anteilsveräußerung – Hinweise zur Vertragsgestaltung, GmbHR 2000, 221; *Kamprad,* Ausgleichszahlungen nach § 304 AktG in einem mehrstufigen Konzern, AG 1986, 321; *Kantzas,* Das Weisungsrecht im Vertragskonzern, 1988; *Kiefner,* Investorenvereinbarungen zwischen Aktien- und Vertragsrecht – Zur Stellung des Eigenkapitalinvestors als hybridem Wesen, ZHR 178 (2014), 547; *Kiefner./Schürnbrand,* Beherrschungsverträge unter Beteiligung der öffentlichen Hand, AG 2013, 789; *Kienzle,* Verdeckte Beherrschungsverträge, 2010; *Kley,* Die Rechtsstellung der außenstehenden Aktionäre bei der vorzeitigen Beendigung von Unternehmensverträgen, 1986; *Kleefass,* Erfüllung des Verlustausgleichsanspruchs nach § 302 Abs. 1 AktG durch Aufrechnung mit einem Gewinnanspruch des herrschenden Unternehmens?, NZG 2018, 374; *Kleindiek,* Entstehung und Fälligkeit des Verlustausgleichsanspruchs, ZGR 2001, 479; *Klöckner,* Ausfallhaftung der Obergesellschaft bei Beendigung eines Beherrschungs- oder Gewinnabführungsvertrags, ZIP 2011, 1454; *Knoll,* Gesetzliche Verzinsung von Spruchverfahrensansprüchen, BB

2004, 1727; *ders.,* Unternehmensverträge und der BGH: Volle Entschädigung der außenstehenden Aktionäre?, ZIP 2003, 2329; *Kocher,* Insiderinformationen bei der abhängigen Gesellschaft im Vertragskonzern, NZG 2018, 1410; *König,* Business Combination Agreements in der Rechtsprechung im Fall W. E. T., NZG 2013, 452; *Knott/Rodewald,* Beendigung der handels- und steuerrechtlichen Organschaft bei unterjähriger Anteilsveräußerung, BB 1996, 472; *Kocher,* Insiderinformationen bei der abhängigen Gesellschaft im Vertragskonzern, NZG 2018, 1410; *Koppensteiner,* Nachvertragliche Abfindungsansprüche bei Unternehmensverträgen, DStR 2006, 1603; *ders.,* Organisationsautonomie und Legitimationswirkungen im Recht der Unternehmensverträge, FS Canaris, 2007, Bd. II, S. 209; *ders.,* Ordentliche Kapitalerhöhungen und dividendenabhängige Ansprüche Dritter, ZHR 139 (1975), 191; *Kort,* Anwendung der Grundsätze der fehlerhaften Gesellschaft auf einen „verdeckten" Beherrschungsvertrag, NZG 2009, 364; *ders.,* Ausgleichs- und Abfindungsrechte beim Beitritt eines herrschenden Unternehmens zu einem Beherrschungsvertrag, ZGR 1999, 402; *ders.,* Zur Vertragsfreiheit bei Unternehmensverträgen, BB 1988, 79; *Krag,* Lösungsvorschlag zur Bestimmung einer angemessenen Barabfindung nach § 305 AktG, BFuP 1978, 254; *Krieger,* Verlustausgleich und Jahresabschluss, NZG 2005, 787; *ders.,* Unternehmensvertrag und Insolvenz, FS Metzeler, 2003, S. 139; *ders.,* Vorzugsaktie und Umstrukturierung, FS Lutter, 2000, S. 497; *ders.,* Fehlerhafte Satzungsänderungen – Fallgruppen und Bestandskraft, ZHR 158 (1994), 35; *ders.,* Der Konzern in Umwandlung und Fusion, ZGR 1990, 517; *Krieger/Jannott,* Änderung und Beendigung von Beherrschungs- und Gewinnabführungsverträgen im Aktien- und GmbH-Recht, DStR 1995, 1473; *Kropff,* Der konzernrechtliche Ersatzanspruch – ein zahnloser Tiger?, FS Bezzenberger, 2000, S. 233; *ders.,* Zur Konzernleitungspflicht, ZGR 1984, 112; *Land/Hallermayer,* Grenzen des Börsenkurses bei der Unternehmensbewertung im Rahmen von Strukturmaßnahmen, AG 2015, 659; *Lauber,* Das Verhältnis des Ausgleichs gemäß § 304 AktG zu den Abfindungen gemäß den §§ 305, 327a AktG, 2014; *Laule,* Die Beendigung eines Beherrschungsvertrages aus wichtigem Grund (§ 297 Abs. 1 AktG) und korrespondierende Handlungspflichten der Verwaltung einer beherrschten Aktiengesellschaft, AG 1990, 145; *Lehmann,* Keine wertpapiermäßige Verkörperung von Abfindungsansprüchen aus Unternehmensvertrag, WM 2007, 771; *Leinekugel/Winstel,* Sicherheitsleistung nach § 303 AktG (analog) bei Beendigung von Unternehmensverträgen im mehrstufigen Konzern, AG 2012, 389; *Liebscher,* Die Erfüllung des Verlustausgleichsanspruchs nach § 302 AktG, ZIP 2006, 1221; *Lorenz,* Das Spruchverfahren – dickes Ende oder nur viel Lärm um nichts?, AG 2012, 284*Lutter./Drygala,* Wie fest ist der feste Ausgleich nach § 304 Abs. 2 Satz 1 AktG?, AG 1995, 49; *Lwowski/Groeschke,* Die Konzernhaftung der §§ 302, 303 AktG als atypische Sicherheit?, WM 1994, 613; *Maerker/Wagner,* Die Behandlung von Genussscheinen bei Abschluss eines Beherrschungs- und Gewinnabführungsvertrags durch die Emittentin, DB 2013, 2549; *Maier-Reimer,* Erweiterung des Spruchverfahrens und Ausgleich in Aktien, FS K. Schmidt, 2009, S. 1077; *Mainka* Verantwortlichkeit nach Beendigung von Unternehmensverträgen, 2017; *Marchand,* Abhängigkeit und Konzernzugehörigkeit von Gemeinschaftsunternehmen, 1985; *Martens,* Die Unternehmensbewertung nach dem Grundsatz der Methodengleichheit oder dem Grundsatz der Meistbegünstigung, AG 2003, 593; *W. Meilicke,* Verhältnis von Ausgleichs- und Abfindungsansprüchen nach §§ 304, 305 AktG, AG 1999, 103;*ders.,* Beendigung des Spruchstellenverfahrens durch Beendigung des Unternehmensvertrages?, AG 1995, 181; *Mertens,* Die Haftung wegen Mißbrauchs der Leitungsmacht nach § 309 AktG aus schadensersatzrechtlicher Sicht, FS Fleck, 1988, S. 209; *H.-F. Müller,* Die Durchsetzung konzernrechtlicher Ersatzansprüche nach dem UMAG, Der Konzern 2006, 725; *T. Müller,* Rechtsnatur und Wirkung sogenannter „atypischer Beherrschungsverträge", 2012; *W. Müller,* Anteilwert oder anteiliger Unternehmenswert? – Zur Frage der Barabfindung bei der kapitalmarktorientierten Aktiengesellschaft, FS Röhricht, 2005, S. 1015; *Mylich,* § 300 Nr. 3 AktG als Grundlage des Kapitalschutzes im Vertragskonzern, AG 2016, 529; *Naraschewski,* Verschmelzung im Konzern: Ausgleichs- und Abfindungsansprüche außenstehender Aktionäre bei Erlöschen eines Unternehmensvertrages, DB 1997, 1653; *Neumayer/Imschweiler,* Aktuelle Rechtsfragen zur Gestaltung und Durchführung von Gewinnabführungsverträgen, GmbHR 2011, 57; *Neumann/Rux,* Einbindung öffentlich-rechtlicher Einrichtungen in einen privatrechtlichen Konzern?, DB 1996, 1659; *Noack,* Missbrauchsbekämpfung im Spruchverfahren durch Einführung eines qualifizierten Mehrheitsvergleichs, NZG 2014, 92; *Olbrich/Rapp,* Zur Berücksichtigung des Börsenkurses bei der Unternehmensbewertung zum Zweck der Abfindungsbemessung, DStR 2011, 2005; *Pannen/Köhler,* Errechnung des "Verwässerungseffekts" einer Kapitalerhöhung gegen Einlagen, AG 1985, 52; *Paschos,* Die Zulässigkeit von Vereinbarungen über künftige Leitungsmaßnahmen des Vorstands, NZG 2012, 1142; *Peltzer,* Die Haftung der Konzernmutter für die Schulden der Tochter, mit der sie durch Ergebnisabführungs- und/oder Beherrschungsvertrag verbunden ist, insbesondere im Falle der Insolvenz der Tochter, AG 1975, 309; *Pentz,* Die verbundene Aktiengesellschaft als außenstehender Aktionär, AG 1996, 97; *ders.,* Die Rechtsstellung der Enkel-AG in einer mehrstufigen Unternehmensverbindung, 1994; *Popp,* Fester Ausgleich bei Beherrschungs- und/oder Gewinnabführungsverträgen, WPg 2008, 23; *Priester*, Streitfragen der Umgestaltung von Unternehmensverträgen, FS 10 Jahre Österberg Seminare, 2018, S. 205; *Priester*, Verlustausgleich nach § 302 AktG – zwingend in Geld?, BB 2005, 2483; *ders.*, Die Aufhebung des Unternehmensvertrages, ZGR 1996, 189; *ders.*, Herrschaftswechsel beim Unternehmensvertrag, ZIP 1992, 293; *Rehbinder*, Besprechung von Hommelhoff, Die Konzernleitungspflicht, ZHR 147 (1983), 464; *ders.*, Gesellschaftsrechtliche Probleme mehrstufiger Unternehmensverbindungen, ZGR 1977, 581; *Reichert*, Business Combination Agreements, ZGR 2015, 1; *ders.*, Eigentumsschutz und Unternehmensbewertung in der Rechtsprechung des Bundesverfassungsgerichts, FS Stilz, 2014, S. 479; *ders.*, Die Treuepflicht zwischen Organgesellschaft und Organträger, Liber amicorum Winter, 2011, S. 541; *Rieble*, Verschmelzung und Spaltung von Unternehmen und ihre Folgen für Schuldverhältnisse mit Dritten, ZIP 1997, 301: *Riegger/Krämer*, Sind Ausgleichszahlungen an außenstehende Aktionäre wegen der Senkung der Körperschaftsteuerausschüttungsbelastung zu erhöhen?, DB 1994, 565; *Riegger/Mutter*, Wann muß der Vorstand einer beherrschten AG den Beherrschungsvertrag kündigen?, DB 1997, 1603; *Riegger/Wasmann*, Ausnahmen von der Berücksichtigung des Börsenkurses bei der Ermittlung gesetzlich geschuldeter Kompensationen im Rahmen von Strukturmaßnahmen, FS Stilz, 2014, S. 509; *dies.*, Das Stichtagsprinzip in der Unternehmensbewertung, FS Goette, 2011, S. 433; *Röhricht*, Die Rechtsstellung der außenstehenden Aktionäre beim Beitritt zum Beherrschungsvertrag, ZHR 162 (1998), 159; *G. Roth*, Die Berechnung der Garantiedividende von Vorzugsaktien im Rahmen von Unternehmensverträgen, Der Konzern 2005, 685; *Rubner*, Der Privataktionär als Partei eines Beherrschungsvertrags – zur analogen Anwendung der §§ 291 Abs. 1 S. 1 Alt. 1, Abs. 3, 293–310 AktG auf Nichtunternehmen, Der Konzern 2003, 735; *Ruiz de Vargas/Theusinger/Zollner*, Ansatz des Liquidationswerts in aktienrechtlichen Abfindungsfällen, AG 2014, 428; *Ruthardt/Hachmeister*, Der Verkehrswert des Unternehmens als rechtliche Wertkategorie, NZG 2014, 885; *dies.*, Börsenkurs, Ertragswert, Liquidationswert und fester Ausgleich, WM 2014, 725; *dies.*, Zur Frage der rückwirkenden Anwendung von Bewertungsstandards – Analyse und Würdigung der Rechtsprechung zur Unternehmensbewertung, WPg 2011, 351; *Ruthardt/Popp*, Unternehmensbewertung im Spiegel der Rechtsprechung – Entwicklungen im Jahr 2018, AG 2019, 196; *Rüthardt/Popp*, Unternehmensbewertung im Spiegel der Rechtsprechung – Entwicklungen im Jahr 2019, AG 2020, 240 u. 322; *Säcker*, Die Rechte der Aktionäre bei konzerninternen Umstrukturierungen gemäß §§ 304f. AktG, DB 1988, 271; *Sassenrath*, Die Erfüllung der Verlustausgleichspflicht aus einem Unternehmensvertrag, FS Huber, 2006, S. 931; *C. Schäfer*, Betriebsrentenanpassung im Konzern aus gesellschaftsrechtlicher Sicht, ZIP 2010, 2025; *Schiessl*, Die Liebe der Hedgefonds zum deutschen Beherrschungsvertrag, FS Seibert, 2019, S. 733; *Schluck-Amend*, Der Beherrschungsvertrag als Instrument der Konzernsteuerung, FS Marsch-Barner, 2018, S. 491; *H. Schmidt*, Erhöhung der Barabfindung beim Squeeze Out nach Einberufung der Hauptversammlung, Liber amicorum Winter, 2011, S. 583; *K. Schmidt*, Unternehmensbegriff und Vertragskonzern, FS Koppensteiner, 2001, S. 191; *ders.*, Konzernunternehmen, Unternehmensgruppe und Konzern-Rechtsverhältnis – Gedanken zum Recht der verbundenen Unternehmen nach §§ 15 ff., 291 ff. AktG, FS Lutter, 2000, S. 1167; *ders.*, Zwingend gesamtschuldnerischer Verlustausgleich bei der Mehrmütter-Organschaft?, DB 1984, 1181; *ders.*, Die konzernrechtliche Verlustübernahmepflicht als gesetzliches Dauerschuldverhältnis, ZGR 1983, 513; *R. M. Schmidt*, Der aktienrechtliche Unternehmensvertrag als Gegenstand der Spaltung und nach dem Umwandlungsgesetz, 2007; *U. H. Schneider*, Die Fortentwicklung des Handelsregisters zum Konzernregister, WM 1986, 181; *ders.*, Konzernleitung als Rechtsproblem, BB 1981, 249; *ders./S. H. Schneider*, Vorstandshaftung im Konzern, AG 2005, 57; *Schubert*, Verschmelzung: Ausgleichs- und Abfindungsansprüche außenstehender Aktionäre bei vorhergehendem Unternehmensvertrag, DB 1998, 761; *Schürnbrand*, „Verdeckte" und „atypische" Beherrschungsverträge im Aktien- und GmbH-Recht, ZHR 169 (2005), 35; *Schuster/Dirmeier*, Kein Recht zur Geltendmachung von Ansprüchen der Gläubiger aus § 303 AktG durch den Insolvenzverwalter der beherrschten Gesellschaft nach § 93 InsO, ZIP 2018, 308; *Schwenn*, Der Ausgleichs- und Abfindungsanspruch der außenstehenden Aktionäre im Unternehmensvertrag bei Eintritt neuer Umstände, 1998; *Seibt/Cziupka*, Existenzgefährdende Weisungen im Vertragskonzern, AG 2015, 721; *Seibt/Wollenschläger*, Trennungs-Matrixstrukturen im Konzern, AG 2013, 229; *Servatius*, Verantwortung der Obergesellschaft nach Beendigung eines Unternehmensvertrags – Quo vadis Konzernausgangsschutz?, ZGR 2015, 754; *Sieger/Hasselbach*, Die Holzmüller-Entscheidung im Unterordnungskonzern, AG 1999, 241; *Silny*, Der Gläubiger- und Minderheitenschutz bei verdeckten Beherrschungsverträgen, 2009; *Simon*, Ausschüttungs- und Abführungssperre als gläubigerschützendes Institut in der reformierten HGB-Bilanzierung, NZG 2009, 1081; *Sina*, Grenzen des Konzern-Weisungsrechts nach § 308 AktG, AG 1991, 1; *Sonnenschein*, Der aktienrechtliche Vertragskonzern, ZGR 1981, 429; *Spindler/Klöhn*, Verlustausgleichspflicht und Jahresfehlbetrag (§ 303 AktG), NZG 2005, 584; *dies.*, Ausgleich gemäß § 304 AktG, Unternehmensbewertung und Art. 14 GG, Der

§ 71 Vertragskonzern (Beherrschungsvertrag) 1 § 71

Konzern 2003, 511; *Stegner,* Der Abzug von Kapital aus einer Aktiengesellschaft im faktischen und im Vertragskonzern, 2019; *Stephan,* „Ytong" ernst genommen, Der Konzern 2014, 425; *ders.,* Zum Stand des Vertragkonzernrechts, Der Konzern 2014, 1; *Stilz,* Unternehmensbewertung und angemessene Abfindung – Zur vorrangigen Maßgeblichkeit des Börsenkurses – , FS Goette, 2011, S. 529; *ders.,* Börsenkurs und Verkehrswert, ZGR 2001, 875; *Stimpel,* Zum Verhältnis von Ausgleichs- und Barabfindungsansprüchen, AG 1998, 259; *Tebben,* Ausgleichszahlungen bei Aktienübergang, AG 2003, 600; *Thole,* Ansprüche des Pensions-Sicherungs-Vereins nach § 303 AktG gegen die ehemals beherrschende Gesellschaft eines Vertragskonzerns nach Insolvenzeröffnung, ZIP 2020, 389; *Thoß,* Verzinsung des Verlustausgleichs- und Gewinnabführungsanspruchs im Vertragskonzern?, DB 2007, 206; *Timm,* Rechtsfragen der Änderung und Beendigung von Unternehmensverträgen, FS Kellermann, 1991, S. 461; *Timm/Schöne,* Abfindung in Aktien: Das Gebot der Gattungsgleichheit, FS Kropff, 1997, S. 315; *Tonner,* Die Maßgeblichkeit des Börsenkurses bei der Bewertung des Anteilseigentums – Konsequenzen aus der Rechtsprechung des Bundesverfassungsgerichts, FS K. Schmidt, 2009, S. 1581; *Trendelenburg,* Der Gewinnabführungs- und Beherrschungsvertrag in der Krise der Obergesellschaft, NJW 2002, 647; *van Venrooy,* Isolierte Unternehmensverträge nach § 291 AktG?, BB 1986, 612; *Veil,* Unternehmensverträge, 2003; *Verse,* Anpassung des Ausgleichs der außenstehenden Aktionäre bei grundlegender Verbesserung der Ertragslage?, FS Seibert, 2019, S. 989; *ders.,* Aufrechnung gegen Verlustausgleichsansprüche im Vertragskonzern, ZIP 2005, 1627; *Verse/Wiersch,* Genussrechte nach vertraglicher Konzernierung des Emittenten, NZG 2014, 5; *E. Vetter,* Börsenkurs und Unternehmensbewertung, DB 2001, 1347; *ders.,* Eintragung des Unternehmensvertrages im Handelsregister des herrschenden Unternehmens?, AG 1994, 110; *ders.,* Die Geltung von § 293 Abs 2 AktG beim Unternehmensvertrag zwischen herrschender AG und abhängiger GmbH, AG 1993, 168; *J. Vetter,* Bewertungsrügen im Freigabeverfahren, FS Maier-Reimer, 2010, S. 819; *ders.,* Auslegung der Jahresabschlüsse für das letzte Geschäftsjahr zur Vorbereitung von Strukturbeschlüssen der Gesellschafter, NZG 1999, 925; *Wanner,* Konzernrechtliche Probleme mehrstufiger Unternehmensverbindungen nach Aktienrecht, 1998; *Werner,* Die Behandlung von Verbundeffekten bei Abfindungen nach den §§ 305 und 320 AktG, FS Steindorff, 1990, S. 303; *Weiss,* Die Berücksichtigung des nicht betriebsnotwendigen Vermögens bei der Bestimmung von Abfindung und Ausgleich im aktienrechtlichen Spruchstellenverfahren, FS Semler, 1993, S. 631; *Weißhaupt,* Informationspflichten bei Ausgleichs- und Abfindungsangeboten in der börsennotierten Aktiengesellschaft, Der Konzern 2004, 474; *H. Westermann,* Die Folgen von Verschmelzung und Umwandlung nach § 15 Umwandlungsgesetz von Aktiengesellschaften für Beherrschungsverträge, FS Schilling, 1973 S. 271; *Wicke,* Verschmelzungswertrelation, FS Stilz, 2014, S. 707; *Wiechmann,* Verlustausgleich bei „Mehrmütter-Organschaft", DB 1985, 2031; *Wiegand,* Investorenvereinbarungen und Business Combination Agreements in Aktiengesellschaften, 2017; *Wilhelm,* Die Beendigung des Beherrschungs- und Gewinnabführungsvertrags, 1976; *Wilken/Ziems,* Beendigung von Unternehmensverträgen in der Krise und Insolvenz, FS Metzeler, 2003, S. 153; *Wimmer/Leonhardt,* Konzernhaftungsrecht, 2004; *Zenner/Raapke,* Sicherheitsleistungsverpflichtung der Konzernmutter gemäß § 303 AktG bei der Beendigung von Beherrschungs- und Gewinnabführungsverträgen für (gegenwärtige und zukünftige) Verlustausgleichsansprüche von Konzernunternehmen gemäß § 302 AktG, NZG 2018, 681; *Zwirner,* Bestimmung des Verlustübernahmebetrags nach § 302 AktG, DStR 2011, 783.

Vgl. im Übrigen die Schrifttumsnachweise vor § 70 und in den Fußnoten sowie die umfassenden Nachweise bei *Emmerich/Habersack* Aktien- und GmbH-Konzernrecht, jeweils vor Beginn der Kommentierungen zu §§ 291 u. 293 bis 310 AktG.

A. Bildung eines Vertragskonzerns

I. Allgemeines

Grundlage eines vertraglichen Unterordnungskonzerns[1] (Vertragskonzern) ist stets ein **1 Beherrschungsvertrag.** Durch den Beherrschungsvertrag unterstellt eine Aktiengesellschaft oder KGaA die Leitung ihrer Gesellschaft einem anderen Unternehmen (§ 291 Abs. 1 S. 1 AktG).[2] Das herrschende Unternehmen ist auf Grund des Vertrages berechtigt,

---

[1] Zum Gleichordnungskonzern vgl. → § 69 Rn. 79 ff.
[2] Zur Rechtsnatur des Beherrschungsvertrages als eines körperschaftsrechtlichen Organisationsvertrages vgl. BGHZ 103, 1 (4 f.); 105, 324 (331); 116, 37 (43); näher KölnKommAktG/*Koppensteiner* Vorb. § 291 Rn. 156 ff.; MüKoAktG/*Altmeppen* § 291 Rn. 27 ff.; *Emmerich* in Emmerich/Habersack

dem Vorstand hinsichtlich der Leitung der Gesellschaft Weisungen zu erteilen, der Vorstand ist verpflichtet, die Weisungen zu befolgen (§ 308 AktG). Bedürfen Maßnahmen des Vorstands der Zustimmung des Aufsichtsrats (§ 111 Abs. 4 S. 2 AktG), kann das herrschende Unternehmen auch eine etwaige Zustimmungsverweigerung überwinden (§ 308 Abs. 3 AktG). Leistungen der Gesellschaft an das herrschende Unternehmen auf Grund des Beherrschungsvertrags ohne vollwertige Gegenleistung gelten nicht als Verstoß gegen die §§ 57, 58 und 60 AktG (§ 291 Abs. 3 AktG). In der gesellschaftsrechtlichen Praxis werden Beherrschungsverträge vielfach nicht isoliert abgeschlossen, sondern mit einem Gewinnabführungsvertrag verbunden (sog. **Organschaftsvertrag**),[3] weil ein Gewinnabführungsvertrag nötig ist, um die Voraussetzungen der körperschaft- und gewerbesteuerlichen Organschaft zu erfüllen (§ 14 KStG, § 2 Abs. 2 GewStG; vgl. dazu → § 72 Rn. 39 ff.).

2 Von Unternehmen, zwischen denen ein Beherrschungsvertrag besteht, wird unwiderleglich vermutet, dass sie einen **Konzern** bilden (§ 18 Abs. 1 S. 1 und 2 AktG). Außerdem begründet der Beherrschungsvertrag ein **Abhängigkeitsverhältnis** im Sinne von § 17 AktG. Es sind deshalb auf die beiden Unternehmen sämtliche aktienrechtlichen Vorschriften über verbundene Unternehmen (§ 15 AktG), abhängige und herrschende Unternehmen (§ 17 AktG) und Konzernunternehmen (§ 18 AktG) anwendbar.

3 **Kartellrechtlich** ist der Abschluss eines Beherrschungsvertrages ein Zusammenschlusstatbestand nach § 37 Abs. 1 Nr. 2b GWB und Art. 3 Abs. 1 lit. b, 2 lit. b FKVO. Unter den Voraussetzungen des § 35 GWB oder des Art. 1 FKVO ist der Vertragsschluss daher bei dem Bundeskartellamt bzw. der Europäischen Kommission anzumelden (§ 39 Abs. 1 GWB, Art. 4 Abs. 1 FKVO).

II. Beherrschungsvertrag

4 **1. Inhalt.** Inhalt des Beherrschungsvertrags ist die Vereinbarung, dass die **Leitung der Gesellschaft** dem herrschenden Unternehmen unterstellt wird.[4] Gemeint sind damit die Leitungsfunktionen des Vorstands nach § 76 AktG. Entsprechend hat der Beherrschungsvertrag zur Folge, dass das herrschende Unternehmen dem Vorstand der Gesellschaft hinsichtlich der Leitung Weisungen erteilen kann (§ 308 Abs. 1 AktG); vgl. dazu → Rn. 151 ff.

5 Die Unterstellung unter die Leitung des herrschenden Unternehmens muss nicht umfassend sein. Auch ein **Teilbeherrschungsvertrag,** der nur einen Teil der unternehmerischen Leitungsfunktionen dem herrschenden Unternehmen unterstellt, ist ein Beherrschungsvertrag. Dazu ist – ebenso wie für die Begründung eines Konzerns durch einheitliche Leitung (vgl. → § 69 Rn. 70 f.) – erforderlich und ausreichend, dass zumindest eine der wesentlichen unternehmerischen Funktionen (Einkauf, Verkauf, Personalpolitik, Forschung, Finanzwesen usw) dem herrschenden Unternehmen unterstellt wird.[5] Hingegen

---

Aktien und GmbH-Konzernrecht § 291 Rn. 25 ff.; *Veil,* Unternehmensverträge, 2003, S. 200 ff.; *Exner,* Beherrschungsvertrag und Vertragsfreiheit, 1984, S. 20 ff.

[3] Muster bei *Bungert,* Münchener Vertragshandbuch, Bd. 1: Gesellschaftsrecht, 8. Aufl. 2018, Form. X.2 und X.6.

[4] Muster bei *Bungert,* Münchener Vertragshandbuch, Bd. 1: Gesellschaftsrecht, 8. Aufl. 2018, Form. X.1. Zur Auslegung eines Beherrschungsvertrags vgl. OLG München DB 2009, 168; *Grunewald* ZGR 2009, 647.

[5] KG AG 2001, 186; LG München I ZIP 2008, 555 (560); *Emmerich* in Emmerich/Habersack Aktien- und GmbH-Konzernrecht § 291 Rn. 12 ff.; *Hüffer/Koch* AktG § 291 Rn. 10; *Hommelhoff,* Die Konzernleitungspflicht, 1982, S. 152 f.; *Exner,* Beherrschungsvertrag und Vertragsfreiheit, 1984, S. 110 ff.; *Schürnbrand* ZHR 169 (2005), 35 (45 f.); weitergehend MüKoAktG/*Altmeppen* § 291 Rn. 87 ff. u. Spindler/Stilz AktG/*Veil* § 291 Rn. 23 f., die eine beliebige Einschränkung des Weisungsrechts für möglich halten; aA KölnKommAktG/*Koppensteiner* § 291 Rn. 46 ff.; *Koppensteiner* FS Canaris, Bd. II, 2007, 209 (212 ff.), der eine Unterstellung der Leitung in ihrer Gesamtheit für erforderlich hält.

§ 71 Vertragskonzern (Beherrschungsvertrag) 6, 7 § 71

genügt es nicht, wenn nur einzelne Betriebe oder Betriebsteile der Leitung durch das herrschende Unternehmen unterstellt werden.[6]

Ob das Weisungsrecht des herrschenden Unternehmens als Mittel der Leitung vollständig ausgeschlossen werden kann, ist umstritten. Teilweise wird für Beherrschungsverträge ohne Weisungsrecht ein praktisches Bedürfnis gesehen, um einerseits gem. § 291 Abs. 3 AktG die Befreiung von den Vermögensbindungsvorschriften der §§ 57, 58 u. 60 AktG herbeizuführen, andererseits aber das Weisungsrecht zu vermeiden, etwa aus „optischen" Gründen, in Gleichordnungskonzernen usw.[7] Gleichwohl wird man einen vollständigen **Ausschluss des Weisungsrechts** nicht für möglich halten können, denn gerade das Weisungsrecht bestimmt das Wesen des Beherrschungsvertrages.[8] 6

Der Beherrschungsvertrag muss den angemessenen Ausgleich (§ 304 AktG) und die Abfindung (§ 305 AktG) für die außenstehenden Aktionäre ausdrücklich regeln; vgl. dazu → Rn. 78 ff., 111 ff. Das Gesetz stellt **weitergehende Anforderungen an den Vertragsinhalt** nicht. In der Literatur wird von einigen zusätzlich verlangt, den Vertrag in der Überschrift oder im Text ausdrücklich als Beherrschungsvertrag zu bezeichnen, andernfalls der Vertrag[9] oder der Zustimmungsbeschluss der Hauptversammlung[10] nichtig seien. Dem ist nicht zu folgen. Ist ein Vertrag seinem Inhalt nach Beherrschungsvertrag und erfüllt er die gesetzlichen Voraussetzungen eines solchen, besteht kein Grund, ihn nicht auch unabhängig von seiner Bezeichnung als wirksamen Beherrschungsvertrag zu behandeln.[11] Üblicherweise wird auch die Verpflichtung zur Verlustübernahme (§ 302 Abs. 2 AktG) in den Vertragstext aufgenommen; dies ist zwar nicht erforderlich, aber empfehlenswert. Darüber hinaus sind Bestimmungen über die Laufzeit des Vertrages üblich und anzuraten; näher dazu → Rn. 180. Vereinzelt wird zusätzlich gefordert, im Beherrschungsvertrag präzise und verbindlich die Leitungsstruktur des Konzerns zu regeln und festzulegen, welche weitere Entwicklung die abhängige Gesellschaft im Konzernverbund nehmen solle und welcher Entscheidungsspielraum auf welchen Gebieten dem Tochtervorstand künftig zukommen solle, daneben müsse die Beteiligungsquote der Konzernspitze festgeschrieben werden.[12] Nach ganz hM ist das jedoch nicht erforderlich.[13] 7

---

[6] Hüffer/*Koch* AktG § 291 Rn. 15; KölnKommAktG/*Koppensteiner* § 291 Rn. 45; GroßkommAktG/*Mülbert* § 291 Rn. 97 f.; *Dierdorf,* Herrschaft und Abhängigkeit einer Aktiengesellschaft auf schuldvertraglicher und tatsächlicher Grundlage, 1978, S. 110 f.; aA MüKoAktG/*Altmeppen* § 291 Rn. 104 ff.; Spindler/Stilz AktG/*Veil* § 291 Rn. 24; *Grobecker* DStR 2002, 1953 (1954 f.); *Exner,* Beherrschungsvertrag und Vertragsfreiheit, 1984, S. 111 ff.

[7] MüKoAktG/*Altmeppen* § 291 Rn. 96 ff.; GroßkommAktG/*Mülbert* § 291 Rn. 122; *Geßler* FS Beitzke, 1979, 923 ff.; *Exner,* Beherrschungsvertrag und Vertragsfreiheit, 1984, S. 115.

[8] OLG München AG 2012, 802 (803); OLG Schleswig ZIP 2009, 124 (126); LG München I AG 2001, 318; KölnKommAktG/*Koppensteiner* § 291 Rn. 21 ff.; *Koppensteiner* FS Canaris, Bd. II, 2007, 209 (216); *Emmerich* in Emmerich/Habersack Aktien- und GmbH-Konzernrecht § 291 Rn. 22 f.; Hüffer/*Koch* AktG § 291 Rn. 11; *Stephan* Der Konzern 2014, 1 (10 ff.); *Schürnbrand* ZHR 169 (2005), 35 (43 f.); aA MüKoAktG/*Altmeppen* § 291 Rn. 96 ff.; *Geßler* FS Beitzke, 1979, 923 (928 ff.); *Exner,* Beherrschungsvertrag und Vertragsfreiheit, 1984, S. 115 ff.

[9] *Bälz* FS Raiser, 1974, 287 (306).

[10] KölnKommAktG/*Koppensteiner* § 293 Rn. 57 ff., anders aber § 291 Rn. 56, wo von Anfechtbarkeit ausgegangen wird.

[11] OLG Schleswig ZIP 2009, 124 (126); OLG München ZIP 2008, 1330 (1331); KG AG 2001, 186; *Emmerich* in Emmerich/Habersack Aktien- und GmbH-Konzernrecht § 291 Rn. 17; K. Schmidt/Lutter AktG/*Langenbucher* § 291 Rn. 25; Hüffer/*Koch* AktG § 291 Rn. 13. Auch → Rn. 50.

[12] *Hommelhoff,* Die Konzernleitungspflicht, 1982, S. 310 ff.; *Emmerich* in Emmerich/Habersack Aktien- und GmbH-Konzernrecht § 291 Rn. 17a.

[13] KölnKommAktG/*Koppensteiner* § 291 Rn. 52 ff.; MüKoAktG/*Altmeppen* § 291 Rn. 65 ff.; *Zöllner* ZGR 1992, 173 (187 f.); *Kropff* ZGR 1984, 112 (120 ff.); *Rehbinder* ZHR 147 (1983), 464 (471); *Rittner* AcP 183 (1983), 295 (344).

8 2. Rechtsform und Sitz der Vertragsparteien. Die aktienrechtlichen Vorschriften über den Beherrschungsvertrag setzen voraus, dass es sich bei der **Untergesellschaft** um eine Aktiengesellschaft, SE oder KGaAdeutschen Rechts[14] handelt. Ein Abhängigkeitsverhältnis der Untergesellschaft zum Vertragspartner ist nicht Voraussetzung für den Vertragsschluss;[15] Für Beherrschungsverträge mit Gesellschaften anderer Rechtsform oder mit ausländischen Gesellschaften als Untergesellschaft gelten die Vorschriften des AktG nicht,[16] jedoch können von Fall zu Fall Vorschriften des AktG analog angewandt werden.[17] Namentlich kann analog § 293 Abs. 2 AktG die Zustimmung der Hauptversammlung der Obergesellschaft erforderlich sein, wenn eine Aktiengesellschaft oder KGaA als herrschendes Unternehmen einen Beherrschungsvertrag mit einem Unternehmen anderer Rechtsform schließen will;[18] vgl. → Rn. 21.

9 Die Rechtsform des **herrschenden Vertragspartners** ist gleichgültig.[19] Nach überkommener Auffassung muss er jedoch die Voraussetzungen des konzernrechtlichen Unternehmensbegriffs erfüllen,[20] also auch eine anderweitige wirtschaftliche Interessenverbindung aufweisen (vgl. dazu → § 69 Rn. 6 ff.). Ein Beherrschungsvertrag mit einem Partner, der nicht Unternehmen im konzernrechtlichen Sinn ist, sei nichtig;[21] auch im Falle einer Eintragung ins Handelsregister ändere sich daran nichts.[22] Tatsächlich ist jedoch kein Grund erkennbar, die Fähigkeit zum Abschluss eines Beherrschungsvertrages von der **Unternehmenseigenschaft,** dh dem Vorliegen eines die Konzerngefahr begründenden Interessenwiderstreits abhängig zu machen. Vielmehr ist es überzeugender, auch (und erst Recht) Unternehmensverträge mit Nicht-Unternehmen zuzulas-

---

[14] BGH NZG 2005, 214 (215); MüKoAktG/*Altmeppen* § 291 Rn. 17; KölnKommAktG/*Koppensteiner* § 291 Rn. 7; *Emmerich* in Emmerich/Habersack Aktien- und GmbH-Konzernrecht § 291 Rn. 11; Hüffer AktG/*Koch* § 291 Rn. 5.
[15] KölnKommAktG/*Koppensteiner* § 291 Rn. 7; Hüffer/*Koch* AktG § 291 Rn. 5; MüKoAktG/ *Altmeppen* § 291 Rn. 18; aA van Venrooy BB 1986, 612 ff.
[16] Die Zulässigkeit von Beherrschungsverträgen mit einer *GmbH* als Untergesellschaft ist unbestritten; vgl. etwa BGHZ 105, 324 (330 f.) – Supermarkt; Baumbach/Hueck GmbHG/*Beurskens* AnhKonzernR Rn. 94; Lutter/Hommelhoff GmbHG/ *Hommelhoff* Anh. § 13 Rn. 43. Zu Beherrschungsverträgen mit *Personengesellschaften* als abhängigen Unternehmen vgl. vor allem BGH NJW 1980, 231 – Gervais-Danone sowie etwa MüKoHGB/*Mülbert* KonzernR Rn. 149 ff.; GroßkommHGB/*Schäfer* Anh. § 105 Rn. 5 ff.; *Burbach,* Das Recht der konzernabhängigen Personengesellschaft, 1989, S. 215 ff.; *Löffler,* Die abhängige Personengesellschaft, 1988, S. 22 ff.; *Baumgartl,* Die konzernbeherrschte Personengesellschaft, 1986, S. 87 ff. Zur Problematik von Beherrschungsverträgen mit *Anstalten öffentlichen Rechts* als Untergesellschaft vgl. LAG Berlin AG 1996, 140 (142 f.); Hüffer/ *Koch* AktG § 291 Rn. 7; MüKoAktG/*Altmeppen* § 291 Rn. 22; *Bezzenberger/Schuster* ZGR 1996, 481 (498 f.); *Neumann/Rux* DB 1996, 1659 (1662); *Raiser* ZGR 1996, 458 (471 ff.). Über die Zulässigkeit von Beherrschungsverträgen mit *ausländischen Untergesellschaften* entscheidet deren Heimatrecht; vgl. etwa *Emmerich* in Emmerich/Habersack Aktien- und GmbH-Konzernrecht § 291 Rn. 34.
[17] Vgl. zB für die GmbH BGHZ 105, 324 (330 f.) – Supermarkt; Baumbach/Hueck GmbHG/ *Beurskens* AnhKonzernR Rn. 94.
[18] Vgl. dazu BGH NJW 1992, 1452 – Siemens; Hüffer/*Koch* AktG § 293 Rn. 18a; *Hoffmann-Becking* WiB 1994, 57 (60); *Kort,* Der Abschluß von Beherrschungs- und Gewinnabführungsverträgen im GmbH-Recht, 1986, S. 13 ff.
[19] Hüffer/*Koch* AktG § 291 Rn. 8; *Emmerich* in Emmerich/Habersack Aktien- und GmbH-Konzernrecht § 291 Rn. 9; MüKoAktG/*Altmeppen* § 291 Rn. 23. Zu Beherrschungsverträgen mit der öffentlichen Hand als herrschendem Unternehmen vgl. *Kiefner/Schürnbrand* AG 2013, 789.
[20] Vgl. nur MüKoAktG/*Altmeppen* § 291 Rn. 3 ff.; Hüffer/*Koch* AktG § 291 Rn. 8; *Emmerich* in Emmerich/Habersack Aktien- und GmbH-Konzernrecht § 291 Rn. 9 ff.
[21] MüKoAktG/*Altmeppen* § 291 Rn. 13 ff.; KölnKommAktG/*Koppensteiner* § 291 Rn. 8; *Emmerich* in Emmerich/Habersack Aktien- und GmbH-Konzernrecht § 291 Rn. 9 ff.; Hüffer/*Koch* AktG § 291 Rn. 8; GroßkommAktG/*Mülbert* § 291 Rn. 46 ff.; Spindler/Stilz AktG/*Veil* § 291 Rn. 7.
[22] KölnKommAktG/*Koppensteiner* § 294 Rn. 14; im Grundsatz auch *Emmerich* in Emmerich/Habersack Aktien- und GmbH-Konzernrecht § 291 Rn. 9a; MüKoAktG/*Altmeppen* § 291 Rn. 16, die bei Eintragung aber die Regeln der fehlerhaften Gesellschaft anwenden wollen.

sen.[23] Das herrschende Unternehmen braucht nicht seinen **Sitz** im Inland zu haben, sondern kann auch eine ausländische Gesellschaft sein. Beherrschungsverträge mit einem ausländischen herrschenden Unternehmen sind also zulässig.[24] In Bezug auf die abhängige Gesellschaft sind in diesem Fall alle Schutzvorschriften des deutschen Rechts über den Schutz der abhängigen Gesellschaft, ihrer Gläubiger und ihrer außenstehenden Aktionäre anwendbar;[25] kein Wirksamkeitserfordernis ist es hingegen, die Anwendbarkeit deutschen Rechts ausdrücklich im Vertrag zu vereinbaren.[26]

3. Mehrstufige Unternehmensverbindungen; Gemeinschaftsunternehmen. Bei **mehrstufiger Abhängigkeit** können Beherrschungsverträge auf den verschiedenen Stufen geschlossen werden,[27] es ist aber auch der Abschluss mehrerer Beherrschungsverträge mit demselben abhängigen Unternehmen möglich. Die Enkelgesellschaft kann also zB einen Beherrschungsvertrag sowohl mit der Muttergesellschaft als auch mit der Tochtergesellschaft schließen.[28] Dies kann zweckmäßig sein, um unmittelbare Weisungen sowohl der Mutter- als auch der Tochtergesellschaft[29] zu ermöglichen und im Verhältnis zu beiden die Anwendbarkeit der §§ 311 ff. AktG auszuschließen. Man wird allerdings voraussetzen müssen, dass die Verträge Regelungen über das Verhalten bei widersprüchlichen Weisungen treffen;[30] der Abschluss von Beherrschungsverträgen mit mehreren herrschenden Unternehmen, die untereinander **nicht koordiniert** sind, ist nicht möglich.

Von mehreren Muttergesellschaften abhängige **Gemeinschaftsunternehmen** (vgl. dazu → § 69 Rn. 51 ff.) können einen Beherrschungsvertrag mit den mehreren Muttergesellschaften schließen (Mehrmütterorganschaft).[31] Die gesetzlichen Regeln über Beherrschungsverträge kommen in diesem Fall gegenüber jedem der mehreren herrschenden Unternehmen zum Zuge; vgl. → Rn. 23, 35, 56, 82, 124, 157. Vertragspartner mussten nach früher überwiegender Meinung die einzelnen Muttergesellschaften selbst sein, inzwi-

---

[23] Grundlegend *K. Schmidt* FS Lutter, 2000, 1167 (1181 f.); *K. Schmidt* FS Koppensteiner, 2001, 191 (206 f.); *Hüffer* GS Tettinger, 2007, 449 (461 f.); *Rubner* Der Konzern 2003, 735 (739 f.); *Kiefner/Schürnbrand* AG 2013, 789 (791 f.); ausf. *Stephan* Der Konzern 2014, 1 (9 f.).

[24] Ganz hM, vgl. etwa BGHZ 119, 1 – Asea/BBC; OLG Düsseldorf AG 2007, 170 (171); KölnKommAktG/*Koppensteiner* Vorb. § 291 Rn. 194, *Hüffer* AktG/*Koch* § 291 Rn. 8; *Emmerich* in Emmerich/Habersack Aktien- und GmbH-Konzernrecht § 291 Rn. 33 ff.; MüKoAktG/*Altmeppen* Einl. §§ 291 ff. Rn. 61 ff.; *Bayer,* Der grenzüberschreitende Beherrschungsvertrag, 1988, S. 75 ff.; *Staudinger* BGB/*Großfeld* IntGesR Rn. 571 ff.; MüKoBGB/*Kindler* IntGesR Rn. 699 ff.

[25] Vgl. etwa OLG Stuttgart AG 2013, 724 (725); KölnKommAktG/*Koppensteiner* Vorb. § 291 Rn. 183 f., 189, 191; *Emmerich* in Emmerich/Habersack Aktien- und GmbH-Konzernrecht § 291 Rn. 35; *Hüffer*/*Koch* AktG § 291 Rn. 8; MüKoAktG/*Altmeppen* Einl. §§ 291 ff. Rn. 65; MüKoBGB/*Kindler* IntGesR Rn. 710 f.; *Bayer,* Der grenzüberschreitende Beherrschungsvertrag, 1988, S. 20 ff., 114 ff.

[26] So aber *Staudinger* BGB/*Großfeld* IntGesR Rn. 404; *Wiedemann,* Gesellschaftsrecht, Band 1, 1980, S. 805 f.; aA KölnKommAktG/*Koppensteiner* Vorb. § 291 Rn. 195; *Hüffer*/*Koch* AktG § 291 Rn. 12 f.

[27] Zur Anwendbarkeit der §§ 311 ff. AktG bei Bestehen von Beherrschungsverträgen zwischen einzelnen Partnern mehrstufiger Abhängigkeitsverhältnisse vgl. näher → § 70 Rn. 73.

[28] KölnKommAktG/*Koppensteiner* § 291 Rn. 67; *Hüffer*/*Koch* AktG § 291 Rn. 15; *Emmerich* in Emmerich/Habersack Aktien- und GmbH-Konzernrecht § 291 Rn. 38; MüKoAktG/*Altmeppen* § 291 Rn. 108 ff.; ablehnend *Pentz,* Die Rechtsstellung der Enkel-AG in einer mehrstufigen Unternehmensverbindung, 1994, S. 172 ff.

[29] Unmittelbare Weisungen durch andere Konzerngesellschaften lassen sich allerdings auch durch Delegation des Weisungsrechts ermöglichen; vgl. → Rn. 157.

[30] LG Frankfurt a. M. DB 1990, 624; KölnKommAktG/*Koppensteiner* § 291 Rn. 57, 67; *Hüffer*/*Koch* AktG § 291 Rn. 15; *Emmerich* in Emmerich/Habersack Aktien- und GmbH-Konzernrecht § 291 Rn. 38; *Rehbinder* ZGR 1977, 581 (626); *Haesen,* Der Abhängigkeitsbericht im faktischen Konzern, 1970, S. 60; aA MüKoAktG/*Altmeppen* § 291 Rn. 109 f.; *Exner,* Beherrschungsvertrag und Vertragsfreiheit, 1984, S. 280 ff.

[31] MüKoAktG/*Altmeppen* § 291 Rn. 111 ff.; KölnKommAktG/*Koppensteiner* § 291 Rn. 57 ff.; *Hüffer*/Koch AktG § 291 Rn. 16.

schen mehren sich die Stimmen, nach denen der Vertrag auch mit der zwischen den Muttergesellschaften zum Zwecke der gemeinsamen einheitlichen Leitung bestehenden BGB-Gesellschaft geschlossen werden, wobei die einzelnen Muttergesellschaften allerdings gesamtschuldnerisch für die Verpflichtungen aus dem Vertrag haften sollen.[32] Das Steuerrecht verlangte ursprünglich für die Mehrmütterorganschaft, dass der steuerlich erforderliche Gewinnabführungsvertrag mit der BGB-Gesellschaft geschlossen wurde (Abschnitt 52 Abs. 6 S. 2 KStR 1995); der BFH hat jedoch später auch mit den einzelnen Muttergesellschaften geschlossene Verträge anerkannt.[33] Die Praxis formulierte Mehrmütterorganschaftsverträge häufig so, dass sowohl die BGB-Gesellschaft als auch deren Gesellschafter als Vertragspartner genannt wurden.[34] Inzwischen ist die steuerliche Mehrmütterorganschaft abgeschafft; vgl. → § 72 Rn. 50), und die Fragestellung hat ihre praktische Bedeutung verloren.

12   **4. Verdeckte Beherrschungsverträge.** Die Schutzregeln über Beherrschungsverträge können nicht dadurch umgangen werden, dass die Parteien sich anderer Vertragstypen bedienen, diese aber so ausgestalten, dass sie im Ergebnis einem Beherrschungsvertrag gleichkommen („verdeckter Beherrschungsvertrag"). Sowohl die Voraussetzungen einer solchen Einstufung eines Vertrags als auch deren Rechtsfolgen sind jedoch sehr problematisch.[35] Die Frage stellt sich namentlich für Betriebspacht-, Betriebsüberlassungs- und Betriebsführungsverträge (vgl. dazu → § 73 Rn. 41 ff., 57), wird aber auch im Hinblick auf sonstige Verträge (zB Dienstverträge, Darlehensverträge, Werkverträge usw) erörtert, die dem Vertragspartner weitgehende Weisungsrechte oder Zustimmungsvorbehalte geben.[36] Besonders umstritten ist die Einordnung einer Vereinbarung mit der AG im Vorfeld eines Unternehmenszusammenschlusses („Business Combination Agreement") oder eines Beteiligungserwerbs („Investorenvereinbarung") als verdeckter Beherrschungsvertrag, falls dem Vertragspartner in der Vereinbarung erhebliche Einflussmöglichkeiten auf die Entscheidungen von Vorstand und Aufsichtsrat eingeräumt werden.[37] Qualifiziert man solche Verträge

---

[32] Für die Notwendigkeit des Vertragsschlusses mit den einzelnen Muttergesellschaften zB Hüffer/ *Koch* AktG § 291 Rn. 16; GroßkommAktG/*Mülbert* § 291 Rn. 53, 103; *Gansweid,* Gemeinsame Tochtergesellschaften im deutschen Konzern- und Wettbewerbsrecht, 1976, S. 134; für die Zulässigkeit des Vertragsschlusses mit der GbR zB KölnKommAktG/*Koppensteiner* § 291 Rn. 58 ff.; MüKoAktG/ *Altmeppen* § 291 Rn. 114 ff.; *Marchand,* Abhängigkeit und Konzernzugehörigkeit von Gemeinschaftsunternehmen, 1985, S. 196 ff.; *Boetius* DB 1970, 1964 f.; *Ahrens* AG 1975, 151 (153); inzwischen auch Hüffer/*Koch* AktG § 291 Rn. 16. Zu den mit einem Mitgliederwechsel in der BGB-Gesellschaft verbundenen Problemen vgl. KölnKommAktG/*Koppensteiner* § 291 Rn. 63; *Exner,* Beherrschungsvertrag und Vertragsfreiheit, 1984, S. 297 ff.
[33] BFH AG 2000, 181; DB 2001, 1536.
[34] Vgl. die Muster bei *Bungert,* Münchener Vertragshandbuch, Bd. 1: Gesellschaftsrecht, 8. Aufl. 2018, Form. X.6.
[35] Vgl. dazu ausführlich GroßkommAktG/*Mülbert* § 291 Rn. 116 ff.; KölnKommAktG/*Koppensteiner* § 291 Rn. 24 ff.; *Emmerich* in Emmerich/Habersack Aktien- und GmbH-Konzernrecht § 291 Rn. 24 ff.; *Dette,* Verdeckte und atypische Beherrschungsverträge im Aktienrecht, 2012, S. 49 ff., 165 ff.; *Schürnbrand* ZHR 169 (2005), 35 (41 ff., 46 f.); *Veil,* Unternehmensverträge, S. 297 ff.; anders Hüffer/*Koch* AktG § 291 Rn. 14a, der die Kategorie des atypischen Beherrschungsvertrages als entbehrlich ansieht, weil in den in Frage kommenden Fällen ein echter Beherrschungsvertrag vorliege.
[36] Vgl. dazu näher Hüffer/*Koch* AktG § 291 Rn. 14; GroßkommAktG/*Mülbert* § 291 Rn. 118; KölnKommAktG/*Koppensteiner* § 291 Rn. 41 f.; *Emmerich* in Emmerich/Habersack Aktien- und GmbH-Konzernrecht § 291 Rn. 24 ff.; *Dette,* Verdeckte und atypische Beherrschungsverträge im Aktienrecht, 2012, S. 132 ff.; *T. Müller,* Rechtsnatur und Wirkung so genannter „atypischer" Beherrschungsverträge, 2012, S. 71 ff.; *Kienzle,* Verdeckte Beherrschungsverträge im Aktienrecht, 2010, S. 117 ff.
[37] Ausführlich GroßkommAktG/*Mülbert* § 291 Rn. 118 ff., 127; *Emmerich* in Emmerich/Habersack Aktien- und GmbH-Konzernrecht § 291 Rn. 24 d ff.; *Wiegand,* Investorenbereinbarungen und Business Combination Agreements bei Aktiengesellschaften, 2017, S. 60 ff., 74 ff.; *Dette,* Verdeckte und atypische Beherrschungsverträge im Aktienrecht, 2012, S. 154 ff.; *Strohn* ZHR 182 (2018), 114

als verdeckte Beherrschungsverträge, sind sie in aller Regel mangels Hauptversammlungszustimmung und Handelsregistereintragung nichtig und wegen der fehlenden Registereintragung auch nicht nach den Grundsätzen der fehlerhaften Gesellschaft (vgl. → Rn. 13) aufrechtzuerhalten.[38] Weite Teile der Literatur wollen gleichwohl die beherrschungsvertraglichen Vorschriften über den Schutz der Gesellschaft, der Gläubiger und der außenstehenden Aktionäre (§§ 302 ff. AktG) anwenden.[39] Das ist nicht überzeugend. Es können allerdings die Regeln über den qualifizierten faktischen Konzern eingreifen und zu ähnlichen Ergebnissen führen (vgl. dazu → § 70 Rn. 141 ff.),[40] sonst muss es bei §§ 311 ff. AktG (vgl. dazu → § 70 Rn. 65 ff.) bleiben.[41]

5. Fehlerhafte Beherrschungsverträge. Beherrschungsverträge können auf Grund von 13 Willens-, Form- oder Inhaltsmängeln beim Vertragsschluss oder wegen Mängeln des Zustimmungsbeschlusses der Hauptversammlung unwirksam sein. Werden derart fehlerhafte Beherrschungsverträge ins Handelsregister eingetragen und durchgeführt, können sie nach den Regeln über die fehlerhafte Gesellschaft für die Vergangenheit als wirksam zu behandeln sein. Das ist für Mängel des Vertrages weitestgehend anerkannt, für Mängel des Zustimmungsbeschlusses hingegen streitig. Wegen Einzelheiten vgl. → Rn. 19 und 55.

III. Zustandekommen des Beherrschungsvertrags

1. Vertragsabschluss. Der Beherrschungsvertrag wird vom **Vorstand der abhängigen** 14 **Gesellschaft** vorbereitet und abgeschlossen,[42] jedoch nur mit Zustimmung der Hauptversammlung wirksam (§ 293 Abs. 1 S. 1 AktG). Auf Verlangen der Hauptversammlung ist der Vorstand zur Vorbereitung und zum Abschluss eines Beherrschungsvertrages verpflichtet (§ 83 Abs. 1 S. 2 AktG).[43] Der Abschluss eines Unternehmensvertrags untersteht nicht den Regelungen über related party transactions und bedarf daher nicht der Zustimmung des Aufsichtsrats nach § 111b AktG (§ 111a Abs. 3 Nr. 3 lit. a AktG). Er kann aber gemäß § 111

(140 ff.); *Reichert* ZGR 2015, 1 (10 ff.); *Kiefner* ZHR 178 (2014), 547 ff.; *Stephan* Der Konzern 2014, 1 (12 f.); *König* NZG 2013, 452 ff.; *Ederle* AG 2010, 273 ff.; *Decher* FS Hüffer, 2009, 145 ff. Aus der Rspr. s.LG München I ZIP 2019, 266 (271 ff.). – Linde/Praxair; LG München I ZIP 2008, 555 (559) – HVB; OLG München ZIP 2008, 1330 – HVB; OLG Schleswig ZIP 2009, 128 – Mobilcom; OLG München AG 2012, 802 (803). Vgl. zur Ausstrahlung eines vorgeschalteten Business Combination Agreement auf den späteren Beherrschungsvertrag auch LG München NZG 2012, 1152, OLG München NZG 2012, 261 und NZG 2013, 459 – W. E. T.

[38] OLG Schleswig ZIP 2009, 124 (130 f.) – Mobilcom; *Emmerich* in Emmerich/Habersack Aktien- und GmbH-Konzernrecht § 291 Rn. 24f; GroßkommAktG/*Mülbert* § 291 Rn. 129; Hüffer/*Koch* AktG § 291 Rn. 14a; *Dette*, Verdeckte und atypische Beherrschungsverträge im Aktienrecht, 2012, S. 183 ff.; *Kienzle*, Verdeckte Beherrschungsverträge im Aktienrecht, 2010, S. 79 ff.; *Kort* NZG 2009, 364 (367 f.); aA *Hirte/Schall* Der Konzern 2006, 243 (246 ff.), die die Grundsätze der fehlerhaften Gesellschaft auch ohne Registereintragung anwenden wollen.

[39] *Emmerich* in Emmerich/Habersack Aktien- und GmbH-Konzernrecht § 291 Rn. 24f; *Kienzle*, Verdeckte Beherrschungsverträge, 2010, S. 99 ff.; *Dette*, Verdeckte und atypische Beherrschungsverträge am Aktienrecht, 2012, S. 212 ff.; *Silny*, Der Gläubiger- und Minderheitenschutz bei verdeckten Beherrschungsverträgen, 2009, S. 142 ff.

[40] Ebenso *Dette*, Verdeckte und atypische Beherrschungsverträge im Aktienrecht, 2012, S. 198 ff.; *Schürnbrand* ZHR 169 (2005), 35 (54 ff.).

[41] OLG München ZIP 2008, 1330 (1331 f.) – HVB; *Ederle*, Verdeckte Beherrschungsverträge, 2010, S. 148 ff.; *Ederle* AG 2010, 273 (276 ff.); *Koppensteiner* FS Canaris, Bd. II, 2007, 209 (216).

[42] Zu den Sorgfaltspflichten des Vorstands in diesem Zusammenhang vgl. *Emmerich* in Emmerich/Habersack Aktien- und GmbH-Konzernrecht § 293 Rn. 14; Hüffer/*Koch* AktG § 293 Rn. 23; GroßkommAktG/*Mülbert* § 293 Rn. 38; zu eng und praxisfremd KölnKommAktG/*Koppensteiner* § 308 Rn. 73, der meint, der Vorstand müsse möglichst weitgehende Einschränkungen des Weisungsrechts aushandeln.

[43] BGHZ 82, 188 (195) – Hoesch/Hoogovens; *Emmerich* in Emmerich/Habersack Aktien- und GmbH-Konzernrecht § 293 Rn. 16; Hüffer/*Koch* AktG § 293 Rn. 23.

Abs. 4 S. 2 AktG von der **Zustimmung des Aufsichtsrats** abhängig gemacht werden. Nach verbreiteter Auffassung soll das allerdings nicht gelten, wenn die Initiative zum Vertragsschluss nach § 83 Abs. 1 S. 2 AktG von der Hauptversammlung ausgeht.[44] Dem ist nicht zuzustimmen, denn auch nach einer Veranlassung durch die Hauptversammlung behält eine Überprüfung durch den Aufsichtsrat im Rahmen von § 111 Abs. 4 AktG ihren Sinn; die Frage hat allerdings kaum praktische Bedeutung. Eine vom Aufsichtsrat verweigerte Zustimmung kann von der Hauptversammlung ersetzt werden (§ 111 Abs. 4 S. 3 AktG);[45] dazu bedarf es nach richtiger Auffassung der Mehrheit des § 111 Abs. 4 S. 4 AktG ($3/4$-Stimmenmehrheit).[46] Die Zustimmung des Aufsichtsrats kann daneben gem. § 32 MitbestG erforderlich sein; vgl. näher → § 29 Rn. 81 ff. Hat auch das **herrschende Unternehmen** die Rechtsform der AG oder KGaA, gelten dort die gleichen Grundsätze; namentlich hat auch hier die Hauptversammlung das Initiativrecht nach § 83 Abs. 1 S. 2 AktG.[47]

15 Der Beherrschungsvertrag bedarf der **Schriftform** (§ 293 Abs. 3 AktG, § 126 BGB), anderenfalls ist er nichtig (§ 125 S. 1 BGB). Das Schriftformerfordernis erfasst auch etwaige Nebenabreden zum Vertrag;[48] ob der Vertrag bei formnichtigen Nebenabreden im Übrigen wirksam bleibt oder Gesamtnichtigkeit eintritt, beurteilt sich nach § 139 BGB (vgl. → Rn. 18).

16 Eine **Befristung** des Vertrags durch Vereinbarung eines Anfangs- oder Endtermins ist möglich.[49] Die Vereinbarung einer **aufschiebenden Bedingung** ist grundsätzlich ebenfalls möglich, allerdings kann der Vertrag erst nach Bedingungseintritt ins Handelsregister eingetragen werden.[50] In der Praxis kommen hier vor allem Zustimmungsvorbehalte (zB Zustimmung des Aufsichtsrats) und die Klärung der kartellrechtlichen Situation (Vorliegen der Zusammenschlussgenehmigung; Feststellung, dass der Zusammenschluss nicht untersagt wird) in Betracht. Man wird bei aufschiebenden Bedingungen allerdings verlangen müssen, dass diese inhaltlich klar bestimmt sind und innerhalb eines überschaubaren Zeitraums feststeht, ob die Bedingung eingetreten oder ausgefallen ist; notfalls müssen Fristen bestimmt werden, nach deren Ablauf die Bedingung als ausgefallen gilt. Bei zu großer Unsicherheit besteht keine ausreichende Informationsbasis für eine verantwortliche Zustimmungsentscheidung der Hauptversammlung.[51] **Auflösende Bedingungen** sind nach

---

[44] KölnKommAktG/*Koppensteiner* § 293 Rn. 7; MüKoAktG/*Altmeppen* § 293 Rn. 11; *Martens* ZHR 147 (1983), 377 (386) Fn. 23; Hüffer/*Koch* AktG § 293 Rn. 25; *Streyl/Schaper* ZIP 2017, 410 (411 f.); ohne diese Einschränkung *Emmerich* in Emmerich/Habersack Aktien- und GmbH-Konzernrecht § 293 Rn. 34; Spindler/Stilz AktG/*Veil* § 293 Rn. 4; *Duden* ZHR 141 (1977), 145 (171); einen AR-Zustimmungsvorbehalt ganz ablehnend *Timm* DB 1980, 1201 (1202 ff.).

[45] KölnKommAktG/*Koppensteiner* § 293 Rn. 7; *Emmerich* in Emmerich/Habersack Aktien- und GmbH-Konzernrecht § 293 Rn. 34; Hüffer AktG/*Koch* § 293 Rn. 25; aA *Duden* ZHR 141 (1977), 145 (170 f.).

[46] Hüffer/*Koch* AktG § 293 Rn. 25; *Emmerich* in Emmerich/Habersack Aktien- und GmbH-Konzernrecht § 293 Rn. 34,; aA MüKoAktG/*Altmeppen* § 293 Rn. 12; KölnKommAktG/*Koppensteiner* § 293 Rn. 8 u. Spindler/Stilz AktG/*Veil* § 293 Rn. 4, die in analoger Anwendung von § 83 Abs. 1 S. 3 AktG die Mehrheit des § 293 Abs. 1 AktG (einfache Stimmenmehrheit, $3/4$-Kapitalmehrheit) verlangen.

[47] *Emmerich* in Emmerich/Habersack Aktien- und GmbH-Konzernrecht § 293 Rn. 16; MüKoAktG/*Altmeppen* § 293 Rn. 7 f.; Hüffer/*Koch* AktG § 293 Rn. 23; aA KölnKommAktG/*Koppensteiner* § 293 Rn. 9.

[48] OLG Celle AG 2000, 280 f.; OLG Stuttgart NZG 2000, 93 (94); Hüffer/*Koch* AktG § 293 Rn. 26.

[49] BGHZ 122, 211 (219 f.) – SSI; KölnKommAktG/*Koppensteiner* § 293 Rn. 20; MüKoAktG/*Altmeppen* § 293 Rn. 27; *Emmerich* in Emmerich/Habersack Aktien- und GmbH-Konzernrecht § 293 Rn. 18.

[50] KölnKommAktG/*Koppensteiner* § 293 Rn. 19; MüKoAktG/*Altmeppen* § 293 Rn. 26; Hüffer/*Koch* AktG § 293 Rn. 22; *Emmerich* in Emmerich/Habersack Aktien- und GmbH-Konzernrecht § 293 Rn. 18; *Grunewald* AG 1990, 133 (138).

[51] Zustimmend GroßkommAktG/*Mülbert* § 293 Rn. 15. In diese Richtung schon *Windbichler*, Unternehmensverträge und Zusammenschlußkontrolle, 1977, S. 57 u. 58.

hM nicht zulässig[52] Zu weiteren Anforderungen an die inhaltliche Ausgestaltung des Vertrags vgl. → Rn. 4 ff.

Der abgeschlossene Vertrag verpflichtet die Parteien im Verhältnis untereinander zur Vornahme aller Handlungen, die zum Wirksamwerden des Vertrags erforderlich sind, und zum Unterlassen aller beeinträchtigenden Handlungen. Insbesondere ist der Vorstand auch ohne eine ausdrückliche Abrede im Vertrag verpflichtet, den abgeschlossenen Vertrag der Hauptversammlung zur Zustimmung vorzulegen.[53] Lehnt die Hauptversammlung die Zustimmung ab, entfällt die **Bindungswirkung**. Hat die Hauptversammlung nicht innerhalb angemessener Zeit entschieden, kann das andere Unternehmen eine angemessene Frist bestimmen und sich nach fruchtlosem Fristablauf vom Vertrag lösen.[54] 17

Für **Mängel des Beherrschungsvertrages** gelten zunächst die allgemeinen Vorschriften des BGB. Der Vertrag kann nach allgemeinen Regeln nichtig (zB § 134 BGB) oder anfechtbar (§§ 119, 123 BGB) sein oder an einem Dissens leiden (§§ 154, 155 BGB). Er ist darüber hinaus nichtig, wenn er entgegen § 304 Abs. 1 AktG keinen Ausgleich vorsieht (§ 304 Abs. 3 S. 1 AktG); vgl. dazu → Rn. 109. Teilweise wird auch Nichtigkeit des Vertrags angenommen, wenn der Vertrag nicht im Text der Urkunde ausdrücklich als Beherrschungsvertrag bezeichnet ist; vgl. dazu → Rn. 7. Ob die Teilnichtigkeit eines Beherrschungsvertrags zur Gesamtnichtigkeit führt oder der Vertrag im Übrigen wirksam bleibt, richtet sich nach § 139 BGB.[55] Die Zustimmung der Hauptversammlung heilt Mängel des Vertrags nicht.[56] 18

Wird ein fehlerhafter Beherrschungsvertrag ins Handelsregister eingetragen und durchgeführt, gelten die Rechtsgrundsätze über die **fehlerhafte Gesellschaft**.[57] Eine Ausnahme wird vielfach in Fällen besonders schwerer Vertragsmängel, zB bei Nichtigkeit gemäß § 304 Abs. 3 S. 1 AktG befürwortet.[58] Voraussetzung ist die Eintragung des Vertrags ins Handelsregister, die Vertragsdurchführung allein genügt nicht, die insoweit zum Teil abweichende Rechtsprechung zur GmbH[59] ist auf das Aktienrecht nicht übertrag- 19

---

[52] MüKoAktG/*Altmeppen* § 293 Rn. 26; Hüffer/*Koch* AktG § 293 Rn. 22; *Emmerich* in Emmerich/Habersack Aktien- und GmbH-Konzernrecht § 293 Rn. 18; Spindler/Stilz AktG/*Veil* § 293 Rn. 8; aA GroßkommAktG/*Mülbert* § 293 Rn. 16; KölnKommAktG/*Koppensteiner* § 293 Rn. 19; *Windbichler*, Unternehmensverträge und Zusammenschlusskontrolle, 1977, S. 58 ff.

[53] Streitig wie hier OLG Braunschweig AG 2003, 686 (687); Bürgers/Körber AktG/*Schenk* § 293 Rn. 19; Hölters AktG/*Deilmann* § 293 Rn. 21; KölnKommAktG/*Koppensteiner* § 293 Rn. 24; *Kort* DZWiR 1993, 292 (293); aA *Emmerich* in Emmerich/Habersack Aktien- und GmbH-Konzernrecht § 293 Rn. 31; MüKoAktG/*Altmeppen* § 293 Rn. 17 ff.; Spindler/Stilz AktG/*Veil* § 293 Rn. 10 f.; K. Schmidt/Lutter AktG/*Langenbucher* § 293 Rn. 18.

[54] Vgl. näher KölnKommAktG/*Koppensteiner* § 293 Rn. 27; anders MüKoAktG/*Altmeppen* § 293 Rn. 25: Widerrufsrecht des anderen Vertragsteils analog § 178 BGB nach der nächsten Hauptversammlung der Gesellschaft.

[55] OLG Hamburg NJW 1990, 521 u. 3024/3025 f.; KölnKommAktG/*Koppensteiner* § 293 Rn. 22; *Emmerich* in Emmerich/Habersack Aktien- und GmbH-Konzernrecht § 293 Rn. 20; Hüffer/*Koch* AktG § 293 Rn. 26. Vgl. aber auch OLG München AG 1980, 272 (geltungserhaltende Reduktion des Vertragsinhalts ohne Rücksicht auf den Parteiwillen); dazu *Exner* AG 1981, 175 (178).

[56] OLG Celle AG 2000, 280 (281); KölnKommAktG/*Koppensteiner* § 293 Rn. 68; *Emmerich* in Emmerich/Habersack Aktien- und GmbH-Konzernrecht § 293 Rn. 19; MüKoAktG/*Altmeppen* § 293 Rn. 91 ff.

[57] BGHZ 103, 1 (4 f.) – Familienheim; BGHZ 105, 168 (182) – HSW; BGHZ 116, 37 (39) – Stromlieferung; MüKoAktG/*Altmeppen* § 291 Rn. 194 ff.; Hüffer/*Koch* AktG § 291 Rn. 20 f.; *Emmerich* in Emmerich/Habersack Aktien- und GmbH-Konzernrecht § 291 Rn. 28 ff.; Spindler/Stilz AktG/*Veil* § 291 Rn. 62 ff.; *Kley*, Die Rechtsstellung der außenstehenden Aktionäre bei der vorzeitigen Beendigung von Unternehmensverträgen, 1986, S. 62; *Krieger* ZHR 158 (1994), 35 (36 f.); zweifelnd KölnKommAktG/*Koppensteiner* § 297 Rn. 36 f.; aA *Köhler* ZGR 1985, 307 (308 ff.).

[58] LG Ingolstadt AG 1993, 24 (25); *Emmerich* in Emmerich/Habersack Aktien- und GmbH-Konzernrecht § 291 Rn. 31; Spindler/Stilz AktG/*Veil* § 291 Rn. 66 f.; aA MüKoAktG/*Altmeppen* § 291 Rn. 208; GroßkommAktG/*Mülbert* § 293 Rn. 151.

[59] Vgl. zB BGHZ 116, 37 (39) – Stromlieferung; BGH AG 2002, 240; 2005, 201 (Teilgewinnabführungsvertrag).

bar.⁶⁰ Soweit die Regeln über die fehlerhafte Gesellschaft eingreifen, kann die Fehlerhaftigkeit des Vertrages nur noch für die Zukunft durch Kündigung aus wichtigem Grund (§ 297 Abs. 1 S. 1 AktG) geltend gemacht werden, wobei die Fehlerhaftigkeit des Vertrags ohne weiteres einen wichtigen Kündigungsgrund darstellt.⁶¹ Zuständig für die Kündigung ist der Vorstand.⁶² Er ist im Allgemeinen zur Vertragsbeendigung verpflichtet, kann allerdings damit warten, bis die Hauptversammlung Gelegenheit hatte, über die Zustimmung zu einem geänderten mangelfreien Vertrag zu beschließen. Zur Anwendbarkeit der Grundsätze über die fehlerhafte Gesellschaft bei Mängeln der Zustimmungsbeschlüsse vgl. → Rn. 55.

20   **2. Zustimmung der Hauptversammlungen. a) Zustimmungspflicht.** Der Beherrschungsvertrag wird nur mit Zustimmung der Hauptversammlung der **abhängigen Gesellschaft** wirksam (§ 293 Abs. 1 S. 1 AktG). Bei einer KGaA ist daneben auch die Zustimmung der persönlich haftenden Gesellschafter nötig (§ 285 Abs. 2 S. 1 AktG).

21   Ist auch das **herrschende Unternehmen** eine Aktiengesellschaft oder KGaA mit Sitz im Inland, so ist zusätzlich die Zustimmung der Hauptversammlung dieser Gesellschaft erforderlich (§ 293 Abs. 2 S. 1 AktG). Der tragende Grund hierfür liegt in den mit dem Beherrschungsvertrag verbundenen Pflichten, also der Verlustausgleichspflicht (§ 302 AktG) und der Ausgleichs- und Abfindungspflicht (§§ 304, 305 AktG).⁶³ Deshalb ist entsprechend § 293 Abs. 2 S. 1 AktG die Zustimmung der Hauptversammlung einer herrschenden AG oder KGaA auch dann erforderlich, wenn der Beherrschungsvertrag mit einer GmbH geschlossen wird.⁶⁴ Ebenso ist entsprechend § 293 Abs. 2 S. 1 AktG die Zustimmung der Gesellschafterversammlung des herrschenden Unternehmens nötig, wenn dieses die Rechtsform der GmbH⁶⁵ oder Kommanditgesellschaft⁶⁶ hat.

22   Hat das herrschende Unternehmen seinen Sitz im **Ausland,** ist die Zustimmung seiner Hauptversammlung nach § 293 Abs. 2 AktG grundsätzlich nicht erforderlich;⁶⁷ es ist allerdings möglich, dass das ausländische Recht entsprechende Zustimmungsvorbehalte begründet, die dann auch im Inland zu beachten sind.⁶⁸ Schließt eine inländische AG oder KGaA als herrschendes Unternehmen einen Beherrschungsvertrag mit einer ausländischen

---

⁶⁰ Hüffer/Koch AktG § 291 Rn. 21; *Emmerich* in Emmerich/Habersack Aktien- und GmbH-Konzernrecht § 291 Rn. 29 f.; KölnKommAktG/*Koppensteiner* § 297 Rn. 55; MüKoAktG/*Altmeppen* § 291 Rn. 204; Spindler/Stilz AktG/*Veil* § 291 Rn. 64; GroßkommAktG/*Mülbert* § 293 Rn. 160; *Stephan* Der Konzern 2014, 1 (20); *Schürnbrand* ZHR 169 (2005), 35 (49 f.); *Krieger* ZHR 158(1994), 35 (36 f.).

⁶¹ BGH WM 1988, 258 (259 f.); MüKoAktG/*Altmeppen* § 291 Rn. 197; Spindler/Stilz AktG/*Veil* § 291 Rn. 68; *Kley*, Die Rechtsstellung der außenstehenden Aktionäre bei der vorzeitigen Beendigung von Unternehmensverträgen, 1986, S. 62; *Wilhelm*, Die Beendigung des Beherrschungs- und Gewinnabführungsvertrages, 1976, S. 24 ff., 28 f.; anders *Emmerich* in Emmerich/Habersack Aktien- und GmbH-Konzernrecht § 291 Rn. 32 u. KölnKommAktG/*Koppensteiner* § 291 Rn. 52: einfache Berufung auf Nichtigkeit.

⁶² MüKoAktG/*Altmeppen* § 291 Rn. 197.

⁶³ BGHZ 105, 324 (335 f.); OLG München AG 2015, 40 (41); Hüffer/Koch AktG § 293 Rn. 17; Spindler/Stilz AktG/*Veil* § 293 Rn. 37; KölnKommAktG/*Koppensteiner* § 293 Rn. 40; aA MüKoAktG/*Altmeppen* § 293 Rn. 107 ff., der den tragenden Grund in der Pflicht zur Abfindung in Aktien (§ 305 AktG) sieht.

⁶⁴ BGH NJW 1992, 1452 f. – Siemens; Hüffer/Koch AktG § 293 Rn. 18a; KölnKommAktG/*Koppensteiner* § 293 Rn. 42; *Hoffmann-Becking* WiB 1994, 57 (60); aA OLG Düsseldorf WM 1991, 2103 f.; *E. Vetter* AG 1993, 168 (169 f.).

⁶⁵ BGHZ 105, 324 (335) – Supermarkt; BGH NJW 1992, 1452 – Siemens; *Emmerich* in Emmerich/Habersack Aktien- und GmbH-Konzernrecht § 293 Rn. 36a; Hüffer/Koch AktG § 293 Rn. 18a.

⁶⁶ LG Mannheim AG 1995, 142 (143); Hüffer/Koch AktG § 293 Rn. 18a.

⁶⁷ OLG Stuttgart AG 2013, 724 (725); KölnKommAktG/*Koppensteiner* § 293 Rn. 43; Hüffer AktG/*Koch* § 293 Rn. 18; MüKoAktG/*Altmeppen* § 293 Rn. 124; GroßkommAktG/*Mülbert* § 293 Rn. 97.

⁶⁸ KölnKommAktG/*Koppensteiner* § 293 Rn. 44; MüKoAktG/*Altmeppen* § 293 Rn. 124.

§ 71 Vertragskonzern (Beherrschungsvertrag)	23, 24 § 71

Gesellschaft, ist entsprechend § 293 Abs. 2 AktG die Zustimmung der Hauptversammlung des herrschenden Unternehmens nötig, wenn ihm auf Grund des Beherrschungsvertrages nach dem dafür maßgeblichen Auslandsrecht vergleichbare Pflichten entstehen wie nach §§ 302–305 AktG.[69]

Bei einem **Mehrmütter-Beherrschungsvertrag** muss für alle Obergesellschaften in 23 der Rechtsform der AG oder KGaA deren Hauptversammlung zustimmen.[70] Wird in einem **mehrstufigen Konzern** ein Beherrschungsvertrag zwischen Tochter und Enkel geschlossen, stellt sich die Frage, ob neben der Zustimmung der Tochter-Hauptversammlung entsprechend § 293 Abs. 2 AktG auch die Zustimmung der Mutter-Hauptversammlung nötig ist. Das wird vielfach für den Fall angenommen, dass auch zwischen Mutter und Tochter bereits ein Beherrschungsvertrag besteht.[71] Dem ist grundsätzlich nicht zu folgen. Die mit dem Beherrschungsvertrag auf der Ebene Tochter/Enkel verbundenen zusätzlichen Verlustausgleichsrisiken für die Mutter sind durch die Zustimmung zu dem Beherrschungsvertrag Mutter/Tochter gedeckt.[72] Aus dem gleichen Grunde ist die Zustimmung der Mutter-Hauptversammlung auch nicht nach den Grundsätzen der Holzmüller-Rechtsprechung erforderlich (vgl. dazu → § 70 Rn. 45).[73]

b) Gegenstand der Zustimmung. Die Zustimmungspflicht erstreckt sich auf sämtliche 24 mit dem Beherrschungsvertrag **zusammenhängenden Vereinbarungen,** von denen die eine nicht ohne die andere gelten soll. Das gilt auch, wenn solche Vereinbarungen in mehreren Urkunden niedergelegt und selbst dann, wenn sie mit verschiedenen Vertragspartnern geschlossen sind.[74] Auch die Hauptversammlung selbst ist nicht in der Lage, ihre Beschlussfassung auf Teile des Vertragswerks zu beschränken und im Übrigen die Verwaltung allein entscheiden zu lassen;[75] das gilt grundsätzlich wohl auch für bloß konkreti-

---

[69] KölnKommAktG/*Koppensteiner* § 293 Rn. 43; Hüffer AktG/*Koch* § 293 Rn. 18; GroßkommAktG/*Mülbert* § 293 Rn. 100; *Wiedemann,* Gesellschaftsrecht I, S. 807; zweifelnd MüKoAktG/*Altmeppen* § 293 Rn. 126.

[70] Hüffer/*Koch* AktG § 293 Rn. 19; GroßkommAktG/*Mülbert* § 293 Rn. 96; *Gansweid,* Gemeinsame Tochtergesellschaften im deutschen Konzern- und Wettbewerbsrecht, 1976, S. 135; im Ergebnis auch KölnKommAktG/*Koppensteiner* § 293 Rn. 46; *Marchand,* Abhängigkeit und Konzernzugehörigkeit von Gemeinschaftsunternehmen, 1985, S. 200 f., die § 293 Abs. 2 AktG allerdings nur analog anwenden wollen, weil sie als Vertragspartner des Beherrschungsvertrages nicht die einzelnen Obergesellschaften, sondern die zwischen diesen bestehende BGB-Gesellschaft ansehen; einschränkend MüKoAktG/*Altmeppen* § 293 Rn. 121 f.; aA *Barz* FS Kaufmann, 1972, 59 (66).

[71] So *Emmerich* in Emmerich/Habersack Aktien- und GmbH-Konzernrecht § 293 Rn. 12; GroßkommAktG/*Mülbert* § 293 Rn. 201; *Timm,* Die Aktiengesellschaft als Konzernspitze, 1980, S. 171 f.; *Pentz,* Die Rechtsstellung der Enkel AG in einer mehrstufigen Unternehmensverbindung, 1994, S. 130; *Rehbinder* ZGR 1977, 581 (613).

[72] Im Ergebnis ebenso KölnKommAktG/*Koppensteiner* § 293 Rn. 45; MüKoAktG/*Altmeppen* § 293 Rn. 118 ff.; Hüffer/*Koch* AktG § 293 Rn. 20; Spindler/Stilz AktG/*Veil* § 293 Rn. 41; *Sonnenschein* BB 1975, 1088 (1092).

[73] Hüffer/*Koch* AktG § 293 Rn. 20; Spindler/Stilz AktG/*Veil* § 293 Rn. 41; KölnKommAktG/*Koppensteiner* § 293 Rn. 45; aA für „krasse Ausnahmefälle" MüKoAktG/*Altmeppen* § 293 Rn. 120.

[74] BGHZ 82, 188 (195 ff.) – Hoesch/Hoogovens (für Vermögensübertragung nach § 361 AktG aF); MüKoAktG/*Altmeppen* § 293 Rn. 56 ff.; KölnKommAktG/*Koppensteiner* § 293 Rn. 32 ff.; Hüffer AktG/*Koch* § 293 Rn. 5; *Emmerich* in Emmerich/Habersack Aktien- und GmbH-Konzernrecht § 293 Rn. 26 f.; GroßkommAktG/*Mülbert* § 293 Rn. 50 ff. Vgl. auch OLG Stuttgart ZIP 2015, 1120 (1121 ff.) (keine rechtliche Einheit von Business Combination Agreement und späterem Beherrschungsvertrag); OLG München NZG 2012, 261 (262 f.); LG München I NZG 2012, 1152 (1153 f.); OLG München NZG 2013, 459 (461 ff.) – W. E. T. (Anfechtbarkeit der Zustimmung zum Beherrschungsvertrag wegen Gewährung von Sondervorteilen in eng verknüpftem Business Combination Agreement); dazu mit Recht kritisch *Paschos* NZG 2012, 1142 (1143).

[75] BGHZ 82, 188 (197) – Hoesch/Hoogovens; *Emmerich* in Emmerich/Habersack Aktien- und GmbH-Konzernrecht § 293 Rn. 27; Hüffer/*Koch* AktG § 293 Rn. 5; GroßkommAktG/*Mülbert* § 293 Rn. 52.

sierende Ausführungsbestimmungen.[76] Die Zustimmung setzt nicht voraus, dass der Beherrschungsvertrag bereits abgeschlossen ist. Ausreichend ist auch die Zustimmung zu einem vollständigen Vertragsentwurf, der erst anschließend geschlossen werden soll.[77] Der Vertrag kann dann aber, wenn er wirksam werden soll, nur mit dem von der Hauptversammlung genehmigten Text abgeschlossen werden, Änderungen und Ergänzungen bedürfen eines erneuten Hauptversammlungsbeschlusses.[78] Die Zustimmung zu **mehreren im Wesentlichen inhaltsgleichen Verträgen** kann in einem Beschluss zusammengefasst werden.[79] Zur Zulässigkeit dieses Verfahrens näher → § 40 Rn. 22.

25 c) **Vertragsbericht des Vorstands.** Nach § 293a AktG hat der Vorstand jeder an einem Beherrschungsvertrag beteiligten AG oder KGaA der Hauptversammlung einen ausführlichen schriftlichen Vertragsbericht zu erstatten. Diese **Berichtspflicht** wurde, ebenso wie die Prüfungspflicht nach §§ 293b–e AktG, durch das Gesetz zur Bereinigung des Umwandlungsrechts vom 28.10.1994[80] eingeführt und hat ihr Vorbild in dem Verschmelzungsbericht der §§ 8ff. UmwG. Diese von dem Gedanken der Austauschbarkeit von Verschmelzung und Beherrschungsvertrag getragene[81] Übertragung verschmelzungsrechtlicher Schutzvorschriften in das Recht des Beherrschungsvertrages ist rechtspolitisch angreifbar.[82]

26 Die Berichtspflicht besteht auf Seiten jeder an einem Beherrschungsvertrag beteiligten **AG oder KGaA.** Das gilt auch, wenn eine AG oder KGaA als Ober- oder als Untergesellschaft einen Beherrschungsvertrag mit einer Gesellschaft anderer Rechtsform abschließt (vgl. → Rn. 21), denn das Informationsinteresse der Hauptversammlung der AG/KGaA wird von der Rechtsform des Vertragspartners nicht berührt.[83] Auf der Seite des Vertragspartners anderer Rechtsform ist eine Berichterstattung entsprechend § 293a AktG hingegen nicht erforderlich, wenn dieser als Untergesellschaft am Beherrschungsvertrag beteiligt ist;[84] hingegen ist angesichts der Verlustausgleichspflicht des § 302 AktG anzunehmen, dass auch der Gesellschafterversammlung eines Vertragspartners anderer Rechtsform analog

---

[76] KölnKommAktG/*Koppensteiner* § 293 Rn. 34; *Emmerich* in Emmerich/Habersack Aktien- und GmbH-Konzernrecht § 293 Rn. 27; Hüffer/*Koch* AktG § 293 Rn. 5; GroßkommAktG/*Mülbert* § 293 Rn. 53f.; aA MüKoAktG/*Altmeppen* § 293 Rn. 58f.; *J. Semler* BB 1983, 1566 (1567f.). Vgl. aber auch → § 73 Rn. 61 für die Festlegung des genauen Einlagebetrags bei einer stillen Beteiligung.

[77] BGHZ 82, 188 (193f.) – Hoesch/Hoogovens; MüKoAktG/*Altmeppen* § 293 Rn. 34; Hüffer/*Koch* AktG § 293 Rn. 4; *Emmerich* in Emmerich/Habersack Aktien- und GmbH-Konzernrecht § 293 Rn. 25; KölnKommAktG/*Koppensteiner* § 293 Rn. 6.

[78] BGHZ 82, 188 (195) – Hoesch/Hoogovens; MüKoAktG/*Altmeppen* § 293 Rn. 34; KölnKommAktG/*Koppensteiner* § 293 Rn. 6; Hüffer/*Koch* AktG § 293 Rn. 4; *Emmerich* in Emmerich/Habersack Aktien- und GmbH-Konzernrecht § 293 Rn. 25.

[79] BGHZ 156, 38 (41); OLG Braunschweig AG 2003, 686 (688); KG ZIP 2002, 890 (891); OLG Celle AG 1996, 370; *Emmerich* in Emmerich/Habersack Aktien- und GmbH-Konzernrecht § 293 Rn. 25; KölnKommAktG/*Koppensteiner* § 293 Rn. 32.

[80] BGBl. 1994 I S. 2310ff.

[81] Begr. Reg. UmwG BT-Drs. 12/6699, 178.

[82] Vgl. dazu namentlich Hüffer/*Koch* AktG § 293a Rn. 3ff.; *Emmerich* in Emmerich/Habersack Aktien- und GmbH-Konzernrecht § 293a Rn. 6f.; GroßkommAktG/*Mülbert* § 293a Rn. 9.

[83] LG Frankfurt a. M. ZIP 2013, 119; Hüffer/*Koch* AktG § 293a Rn. 5f.; KölnKommAktG/*Koppensteiner* § 293a Rn. 7; *Emmerich* in Emmerich/Habersack Aktien- und GmbH-Konzernrecht § 293a Rn. 11f.

[84] So für die GmbH Hüffer/*Koch* AktG § 293a Rn. 6; *Emmerich* in Emmerich/Habersack Aktien- und GmbH-Konzernrecht § 293a Rn. 11; GroßkommGmbHG/*Casper* Anh. § 77 Rn. 193; *Bungert* DB 1995, 1449 (1452ff.), jeweils auf dem Hintergrund der im GmbH-Recht hM, dass alle Gesellschafter der abhängigen GmbH dem Vertragsschluss zustimmen müssen; weitergehend MüKoAktG/*Altmeppen* § 293a Rn. 14ff., der §§ 293a ff. selbst dann für unanwendbar hält, wenn man für den Zustimmungsbeschluss eine qualifizierte Mehrheit genügen lässt; aA, dh für die analoge Anwendbarkeit von §§ 293a ff. AktG, Lutter/Hommelhoff GmbHG/*Hommelhoff* Anh. § 13 Rn. 59; *Humbeck* BB 1995, 1893ff.

§ 293a AktG Bericht zu erstatten ist, wenn dieser Partner als Obergesellschaft den Vertrag schließt.[85]

Der Bericht ist nicht erforderlich, wenn sämtliche Anteilsinhaber auf seine Erstattung 27 verzichten (§ 293a Abs. 3 AktG). Die Verzichtserklärung bedarf der öffentlichen Beglaubigung (§ 129 BGB), muss also von jedem Anteilsinhaber unterzeichnet sein. Für die Praxis kommt ein **Verzicht auf die Berichtspflicht** vor allem bei Verträgen zwischen nachgeordneten Konzernunternehmen und daneben allenfalls im kleinen Familienkonzern in Betracht. Bei Verträgen zwischen der Muttergesellschaft und 100%igen Tochtergesellschaften hilft die Vorschrift nicht viel. Zwar wird man nach dem Schutzzweck der Regelung trotz ihres missverständlichen Wortlauts annehmen müssen, dass der Vorstand der Tochtergesellschaft schon dann keinen Bericht zu erstatten hat, wenn sämtliche Tochter-Aktionäre darauf verzichtet haben, auch wenn entsprechende Verzichtserklärungen auf der Ebene der Mutter nicht vorliegen;[86] es bleibt dann aber immer noch die Berichtspflicht auf der Ebene der Muttergesellschaft, so dass der Wegfall der gleichen Verpflichtung auf der Ebene der Tochter keinen praktischen Vorteil bietet.

Der Bericht ist vom **Vorstand** zu erstatten, der über den Berichtsinhalt als Gesamtorgan 28 entscheidet. Der Bericht ist **schriftlich** zu erstatten. Nach dem Zweck des Berichtserfordernisses ist aber nicht Unterzeichnung durch sämtliche Vorstandsmitglieder (§ 126 BGB) zu fordern, sondern es genügt die Unterzeichnung durch Vorstandsmitglieder in vertretungsberechtigter Zahl.[87] Eine Vertretung des Vorstands durch eine andere Person bei der Berichterstattung ist unzulässig.[88] Bei der KGaA sind anstelle des Vorstands die persönlich haftenden Gesellschafter für die Berichterstattung zuständig (§ 278 Abs. 2 AktG). Ist für beide (oder im Falle einer Mehrmütterorganschaft für mehrere) am Vertrag beteiligte Gesellschaften ein Bericht zu erstatten, kann der Bericht von den beteiligten Vorständen auch **gemeinsam erstattet** werden (§ 293a Abs. 1 S. 1 Hs. 2).

Als **Inhalt des Berichts** schreibt § 293a Abs. 1 AktG eine ausführliche rechtliche und 29 wirtschaftliche Erläuterung und Begründung zum Abschluss des Beherrschungsvertrages, zum Vertrag im Einzelnen und insbesondere zur Art und Höhe des Ausgleichs und der Abfindung vor. Sieht ein Beherrschungsvertrag mit einer GmbH keine Ausgleichsregelung nach § 304 AktG vor, bedarf es zwar keiner Erläuterung zur Art und Höhe des Ausgleichs, die übrigen Berichtsangaben bleiben aber gleichwohl erforderlich.[89] Zusätzlich verlangt das Gesetz einen Hinweis auf die Folgen des Beherrschungsvertrages für die Beteiligung der Aktionäre. Gesonderte Bedeutung kommt dem neben den ohnehin vorgeschriebenen Angaben zum Vertragsinhalt sowie der Art und der Höhe von Ausgleich und Abfindung wohl nicht zu.[90] In der Praxis haben sich für die Gestaltung der Berichte Standards herausgebildet.[91] Dass sie hinter der Berichtstiefe von Verschmelzungsberichten typischerweise

---

[85] Für die GmbH Hüffer/*Koch* AktG § 293a Rn. 6; *Emmerich* in Emmerich/Habersack Aktien- und GmbH-Konzernrecht § 293a Rn. 12; *Bungert* DB 1995, 1449 (1454 f.); *Humbeck* BB 1995, 1893 (1894); aA MüKoAktG/*Altmeppen* § 293a Rn. 17 ff.; *Stephan* Der Konzern 2015, 349 (353).

[86] MüKoAktG/*Altmeppen* § 293a Rn. 52 ff.; GroßkommAktG/*Mülbert* § 293a Rn. 53; KölnKommAktG/*Koppensteiner* § 293a Rn. 40; aA *Emmerich* in Emmerich/Habersack Aktien- und GmbH-Konzernrecht § 293a Rn. 37; Hüffer/*Koch* AktG § 293a Rn. 21.

[87] Hüffer/*Koch* AktG § 293a Rn. 10; GroßkommAktG/*Mülbert* § 293a Rn. 43; Spindler/Stilz AktG/*Veil* § 293a Rn. 8, alle unter Bezugnahme auf BGH NZG 2007, 714 zum Verschmelzungsbericht.

[88] Hüffer/*Koch* AktG § 293a Rn. 8; *Emmerich* in Emmerich/Habersack Aktien- und GmbH-Konzernrecht § 293a Rn. 16; GroßkommAktG/*Mülbert* § 293a Rn. 21 f.

[89] LG Frankfurt a. M. ZIP 2013, 119 (121 f.).

[90] Vgl. Hüffer/*Koch* AktG § 293a Rn. 17 („Fehlgriff des Gesetzgebers"); KölnKommAktG/*Koppensteiner* § 293a Rn. 35; GroßkommAktG/*Mülbert* § 293a Rn. 38 f.; vgl. auch *Emmerich* in Emmerich/Habersack Aktien- und GmbH-Konzernrecht § 293a Rn. 29.

[91] Vgl. etwa das Berichtsmuster bei *Bungert,* Münchener Vertragshandbuch, Bd. 1: Gesellschaftsrecht, 8. Aufl. 2018, Form. X.3.

zurückbleiben, rechtfertigt sich aus den weniger gravierenden Folgen, die der Abschluss eines Beherrschungsvertrages im Vergleich zu einer Verschmelzung hat.

30 Bei der Erläuterung zum Abschluss des Unternehmensvertrages sollen die **rechtlichen und wirtschaftlichen Gründe** für den vorgeschlagenen Beherrschungsvertrag dargelegt werden. Dazu gehört eine Darstellung des Vertragspartners und seiner wirtschaftlichen Lage,[92] zweckmäßigerweise ergänzt um eine ebensolche Darstellung der Gesellschaft, eine Schilderung der durch den Vertrag angestrebten Ziele und Folgen und eine Erörterung der Vor- und Nachteile des Vertragsschlusses, auch im Verhältnis zu anderen Alternativen (insbesondere faktische Konzernierung, andere Unternehmensverträge, Eingliederung und Verschmelzung).[93] Der **Vertragsinhalt** ist in verständlicher Form zu erläutern. Dabei ist auf atypische, von der gesetzlichen Regelsituation abweichende Vertragsbestimmungen besonders einzugehen;[94] die Erläuterungen können sich aber nicht auf Besonderheiten beschränken, sondern müssen auch die typischen Vertragsbestimmungen behandeln.[95]

31 Das Schwergewicht der Berichterstattung liegt in Angaben zu Art und Höhe des **Ausgleichs** nach § 304 AktG und **der Abfindung** nach § 305 AktG.[96] Dabei genügt es nicht, nur die Bewertungsmethode und das Bewertungsergebnis zu nennen,[97] es ist aber auch nicht nötig, sämtliche bewertungsrelevanten Einzelheiten auszubreiten. Vielmehr sind so detaillierte Angaben zu machen, dass dem Aktionär eine **Plausibilitätskontrolle der Bewertung** möglich ist.[98] Nötig ist dazu eine allgemeine Schilderung der Bewertungsmethode, sodann die Wiedergabe der für die Bewertung herangezogenen Vergangenheitsergebnisse und ihrer Bereinigung, die Darlegung der für die Bewertung herangezogenen Zukunftsergebnisse unter Angabe der Planzahlen zu den wichtigsten GuV-Positionen, die Ableitung des Kapitalisierungszinsfußes und die Ermittlung des nicht betriebnotwendigen Vermögens.[99] Neben dem Ertragswert ist der durchschnittliche **Börsenkurs** anzugeben, der im Allgemeinen die Untergrenze für die Bemessung der Abfindung darstellt (vgl. → Rn. 138 ff.); liegen besondere Umstände vor, die einer Heranziehung des Börsenkurses entgegenstehen, sind auch diese darzulegen. In der Praxis empfiehlt es sich und ist es weitestgehend üblich, ein von den Gesellschaften eingeholtes Bewertungsgutachten in seinem vollen Wortlaut (zumeist mit Ausnahme der Auftragsbeschreibung und der AGB) abzudrucken oder als Anlage beizufügen. Legt der Vertragsbericht die Auffassung der Vertragspartner zur Angemessenheit von Ausgleich und Abfindung in dieser Form dar, führt es nicht zur Fehlerhaftigkeit des Berichts, wenn mit Rücksicht auf etwa höhere

---

[92] Vgl. dazu insbes. OLG München ZIP 2008, 718 (721).

[93] GroßkommAktG/*Mülbert* § 293a Rn. 26 f.; Hüffer/*Koch* AktG § 293a Rn. 12; *Emmerich* in Emmerich/Habersack Aktien- und GmbH-Konzernrecht § 293a Rn. 19 ff.; KölnKommAktG/*Koppensteiner* § 293a Rn. 26 ff.

[94] Vgl. etwa KG ZIP 2009, 1223 (1228 f.) (Kündigungsregelung); LG München I AG 2009, 918 (921).

[95] *Emmerich* in Emmerich/Habersack Aktien- und GmbH-Konzernrecht § 293a Rn. 21 f.; GroßkommAktG/*Mülbert* § 293a Rn. 30 f.; *Bungert* DB 1995, 1384 (1388); enger Hüffer/*Koch* AktG § 293a Rn. 13; KölnKommAktG/*Koppensteiner* § 293a Rn. 29.

[96] Vgl. zu den rechtlichen Anforderungen und zur Berichtspraxis auch *Decher* FS Hoffmann-Becking, 2013, 295 (297 ff.).

[97] Vgl. zum Verschmelzungsbericht BGHZ 107, 296 (302 ff.) – Kochs/Adler; BGH AG 1990, 259 ff. – DAT/Altana; BGH AG 1991, 102 f. – SEN; zum Vertragsbericht vgl. LG Frankfurt a. M. NZG 2013, 140 f.

[98] Hüffer/*Koch* AktG § 293a Rn. 15; *Emmerich* in Emmerich/Habersack Aktien- und GmbH-Konzernrecht § 293a Rn. 27; KölnKommAktG/*Koppensteiner* § 293a Rn. 31; MüKoAktG/*Altmeppen* § 293a Rn. 44; GroßkommAktG/*Mülbert* § 293a Rn. 34 f.; zum Squeeze Out-Bericht OLG Düsseldorf ZIP 2009, 170 (174); zum Verschmelzungsbericht OLG Hamm BB 1988, 1842 (1843); OLG Karlsruhe WM 1989, 1134 (1137 f.); LG Frankenthal WM 1989, 1854 (1857); Kallmeyer UmwG/ *Marsch-Barner* § 8 Rn. 6; Lutter UmwG/*Drygala* § 8 Rn. 18.

[99] Vgl. näher *Emmerich* in Emmerich/Habersack Aktien- und GmbH-Konzernrecht § 293a Rn. 26; Kallmeyer UmwG/*Marsch-Barner* § 8 Rn. 10 ff.; Lutter UmwG/*Drygala* § 8 Rn. 18 ff.

Wertvorstellungen des gerichtlich bestellten Vertragsprüfers (→ Rn. 34 ff.) schon im Vertrag ein Zuschlag auf die von den Vertragspartnern für angemessen angesehenen Beträge gemacht wird;[100] ebenso ist es zulässig, noch in der Hauptversammlung höhere Ausgleichs- und/oder Abfindungsbeträge zur Abstimmung zu stellen (vgl. → Rn. 54).

Ergeben sich bei der Bewertung besondere Schwierigkeiten, hat der Bericht hierauf hinzuweisen (§ 293a Abs. 1 S. 2 AktG). Dabei sind die **Bewertungsschwierigkeiten** ebenso darzustellen wie die Art und Weise, in der sie bewältigt wurden.[101] Ein Beispiel aus der Rechtsprechung ist der Fall eines plötzlichen Ertragseinbruchs;[102] daneben werden Sanierungssituationen, unsichere Marktverhältnisse, die Bewertung von Verlustvorträgen, die Abgrenzung des nicht betriebsnotwendigen Vermögens, Prognoseschwierigkeiten, Zu- und Abschläge auf den Kapitalisierungszinsfuß uä genannt.[103] Im Allgemeinen werden Angaben zu solchen Themen in den Berichten allerdings mit Recht nicht als „besondere Schwierigkeiten" der Bewertung adressiert, sondern an der jeweils thematisch passenden Stelle des Bewertungsberichts sachlich behandelt. **32**

Vertrauliche Tatsachen brauchen in den Vorstandsbericht nicht aufgenommen zu werden, allerdings sind in diesem Fall die Gründe für die Nichtaufnahme darzulegen (§ 293a Abs. 2 AktG). Die Regelung ist in der Praxis kaum von Bedeutung. Sie entspricht § 131 Abs. 3 Nr. 1 AktG und setzt voraus, dass nach vernünftiger kaufmännischer Beurteilung die Gefahr eines nicht unerheblichen Nachteils entweder für eines der vertragschließenden Unternehmen selbst oder ein verbundenes Unternehmen besteht. Beispiele hierfür bilden etwa die Fälle des § 131 Abs. 3 Nr. 2 und 3 AktG, dh die steuerlichen Wertansätze, die Höhe einzelner Steuern und die Höhe der stillen Reserven (dazu → § 38 Rn. 45 ff.).[104] Daneben ist insbesondere an Planzahlen und sonstige Angaben zu denken, die konkrete Planungsvorhaben offen legen würden.[105] Die vom Gesetz verlangte Begründung der Nichtaufnahme bestimmter Tatsachen in den Bericht braucht naturgemäß nicht so weit zu gehen, dass sich aus der Begründung Rückschlüsse auf die geheimhaltungsbedürftige Information ziehen lassen. Vielmehr ist es ausreichend, zum einen die Lücke in dem Bericht zu kennzeichnen und zum anderen die Geheimhaltungsbedürftigkeit in allgemeiner Form plausibel darzulegen, ohne das Geheimnis als solches zu gefährden.[106] Diese Begründung muss im Vorstandsbericht selbst enthalten sein.[107] **33**

d) Vertragsprüfung. Der Unternehmensvertrag ist für jede vertragschließende AG **oder KGaA durch sachverständige Prüfer (Vertragsprüfer) zu prüfen** (§ 293b Abs. 1 AktG). Diese Pflichtprüfung wurde ebenfalls durch das Gesetz zur Bereinigung des Umwandlungsrechts vom 28.10.1994 eingeführt. **Zweck** der Regelung ist der Schutz der **34**

---

[100] OLG München ZIP 2011, 2199 (2202).
[101] Hüffer/*Koch* AktG § 293a Rn. 16; *Emmerich* in Emmerich/Habersack Aktien- und GmbH-Konzernrecht § 293a Rn. 28; MüKoAktG/*Altmeppen* § 293a Rn. 45; Kallmeyer UmwG/*Marsch-Barner* § 8 Rn. 24; Lutter UmwG/*Drygala* § 8 Rn. 32.
[102] BGH AG 1991, 102 (103) – SEN.
[103] Hüffer AktG/*Koch* § 293a Rn. 16; *Emmerich* in Emmerich/Habersack Aktien- und GmbH-Konzernrecht § 293a Rn. 28; Kallmeyer UmwG/*Marsch-Barner* § 8 Rn. 24; Lutter UmwG/*Drygala* § 8 Rn. 32; GroßkommAktG/*Mülbert* § 293a Rn. 37.
[104] Hüffer/*Koch* AktG § 293a Rn. 19; *Emmerich* in Emmerich/Habersack Aktien- und GmbH-Konzernrecht § 293a Rn. 30 ff.; KölnKommAktG/*Koppensteiner* § 293a Rn. 46; *Bungert* DB 1995, 1384 (1389).
[105] *Emmerich* in Emmerich/Habersack Aktien- und GmbH-Konzernrecht § 293a Rn. 32; KölnKommAktG/*Koppensteiner* § 293a Rn. 46; Kallmeyer UmwG/*Marsch-Barner* § 8 Rn. 31; *Mertens* AG 1990, 20 (27); *Rodewald* BB 1992, 237 (239).
[106] Hüffer/*Koch* AktG § 293a Rn. 20; *Emmerich* in Emmerich/Habersack Aktien- und GmbH-Konzernrecht § 293a Rn. 33; KölnKommAktG/*Koppensteiner* § 293a Rn. 47; Kallmeyer UmwG/*Marsch-Barner* § 8 Rn. 32.
[107] *Emmerich* in Emmerich/Habersack Aktien- und GmbH-Konzernrecht § 293a Rn. 33; *Bungert* DB 1995, 1384 (1389); ebenso bereits BGH AG 1991, 102 (103) – SEN (zu § 340a AktG aF).

Aktionäre insbesondere vor unangemessenen Ausgleichs- und Abfindungsbestimmungen im Vertrag. Damit sollte zugleich ein späteres Spruchverfahren möglichst überflüssig gemacht werden.[108] Nachdem dieser Zweck der Vermeidung von Spruchverfahren in der Praxis völlig verfehlt wurde, unternimmt das SpruchG mit einigen eher halbherzigen Vorschriften (§§ 7 Abs. 6, 8 Abs. 2 SpruchG)[109] den Versuch, zumindest eine Beschleunigung der Verfahren durch eine gewisse Einbeziehung des Prüfers zu erreichen.[110]

35 Das Gesetz formuliert die **Prüfungspflicht** für jede am Unternehmensvertrag beteiligte AG oder KGaA, entsprechend den Grundsätzen zum Vertragsbericht ist es aber auch auf Gesellschaften anderer Rechtsformen zu erstrecken; vgl. → Rn. 26. Die Prüfung ist nicht erforderlich, wenn sich alle Aktien der abhängigen Gesellschaft in der Hand des herrschenden Unternehmens befinden (§ 293b Abs. 1 AktG); das gilt entsprechend in den Fällen eines Mehrmütter-Beherrschungsvertrages, wenn die am Vertrag beteiligten mehreren Obergesellschaften zusammen sämtliche Aktien der abhängigen Gesellschaft besitzen.[111] Hingegen werden Anteile, die sich in der Hand abhängiger Unternehmen befinden, dem herrschenden Unternehmen nicht zugerechnet.[112] Die Prüfung ist auch dann nicht erforderlich, wenn alle Anteilsinhaber aller beteiligten Gesellschaften darauf durch öffentlich beglaubigte Erklärung verzichten (§§ 293b Abs. 2, 293a Abs. 3 AktG); vgl. näher → Rn. 27.

36 Die Vertragsprüfer werden auf Antrag der Vorstände der vertragschließenden Gesellschaften **vom Gericht ausgewählt und bestellt** (§ 293c Abs. 1 S. 1 AktG). Das früher bestehende Wahlrecht, den Prüfer entweder selbst zu bestellen oder vom Gericht bestellen zu lassen, wurde durch das SpruchG abgeschafft, um die Neutralität der Prüfer durch die zwingende gerichtliche Auswahl und Bestellung stärker zu gewährleisten. Auswahlvorschläge der Vertragsparteien bleiben zulässig, sind aber für das Gericht nicht verbindlich.[113] Zuständig ist das Landgericht, in dessen Bezirk die abhängige Gesellschaft ihren Sitz hat (§ 293c Abs. 1 S. 3 AktG). Gemeint ist mit der „abhängigen" Gesellschaft die künftig vertraglich beherrschte Gesellschaft, ob bereits ein Abhängigkeitsverhältnis besteht, ist ohne Belang. Ist bei dem Landgericht eine Kammer für Handelssachen gebildet, so entscheidet deren Vorsitzender, andernfalls die Zivilkammer (§ 293c Abs. 1 S. 4 AktG). Durch Verordnung der Landesregierung kann die Zuständigkeit für die Bezirke mehrerer Landgerichte bei einem Landgericht konzentriert werden (§ 71 Abs. 1 Nr. 4 lit. b, Abs. 4 GVG). Von der Möglichkeit der Zuständigkeitskonzentration für die Bestellung des Vertragsprüfers haben verschiedene Bundesländer Gebrauch gemacht.[114] Die gerichtliche Prüferbestellung erfolgt nur auf **Antrag**. Der Antrag ist jeweils von den Vorständen der vertragschließenden Gesellschaften zu stellen; die frühere Regelung, wonach allein der Vorstand der abhängigen Gesellschaft antragsbefugt war, ist ebenfalls durch das SpruchG abgeschafft worden. Das

---

[108] Begr. RegE UmwG BT-Drs. 12/6699, 178; Hüffer/*Koch* AktG § 293b Rn. 1; *Emmerich* in Emmerich/Habersack Aktienkonzernrecht § 293b Rn. 7.

[109] Zur Kritik an diesen Regelungen insbes. DAV-Handelsrechtsausschuss NZG 2002, 119 (122 f.) (RefE) und NZG 2003, 316 (318 f.) (RegE). S. auch DAV-Handelsrechtsausschuss NZG 2014, 1144 ff. u. → Rn. 143.

[110] Begr. RegE SpruchG BT-Drs. 15/371, 14 ff.; dagegen kritisch *Emmerich* in Emmerich/Habersack Aktien- und GmbH-Konzernrecht § 293b Rn. 7 f.

[111] Hüffer/*Koch* AktG § 293b Rn. 9; MüKoAktG/*Altmeppen* § 293b Rn. 19; *Emmerich* in Emmerich/Habersack Aktien- und GmbH-Konzernrecht § 293b Rn. 12; *Bungert* DB 1995, 1384 (1391).

[112] Hüffer/*Koch* AktG § 293b Rn. 9; MüKoAktG/*Altmeppen* § 293b Rn. 18; *Emmerich* in Emmerich/Habersack Aktien- und GmbH-Konzernrecht § 293b Rn. 12; *Bungert* DB 1995, 1384 (1392); *Humbeck* BB 1995, 1893 (1895).

[113] Begr. RegE SpruchG, BT-Drs. 15/371, 18; OLG Düsseldorf AG 2005, 293 (296 f.); 2016, 142 (143); KölnKommAktG/*Koppensteiner* § 293c Rn. 6; *Emmerich* in Emmerich/Habersack Aktien- und GmbH-Konzernrecht § 293c Rn. 5; GroßkommAktG/*Mülbert* § 293c Rn. 12.

[114] Baden-Württemberg: LG Mannheim und LG Stuttgart; Bayern: LG München I und LG Nürnberg-Fürth; Hessen: LG Frankfurt a. M.; Mecklenburg-Vorpommern: LG Rostock; Niedersachsen: LG Hannover; Nordrhein-Westfalen: LG Köln, LG Düsseldorf, LG Dortmund; Sachsen: LG Leipzig.

Verfahren richtet sich nach den Vorschriften des FamFG (§ 293c Abs. 2 AktG iVm § 10 Abs. 3 UmwG). Gegen die Entscheidung des Landgerichts kann innerhalb einer Frist von einem Monat (§ 63 Abs. 1 FamFG) Beschwerde zum Oberlandesgericht eingelegt werden (§ 293c Abs. 2 AktG iVm §§ 10 Abs. 4 UmwG, 58 ff. FamFG); auch insoweit besteht die Möglichkeit der Zuständigkeitskonzentration (§ 293c Abs. 2 AktG iVm § 10 Abs. 5 UmwG), von der verschiedene Bundesländer Gebrauch gemacht haben.[115] Nach § 70 Abs. 1 FamFG ist die Rechtsbeschwerde zum BGH statthaft, wenn das OLG sie zugelassen hat.

Die **Zahl der Vertragsprüfer** ist nicht vorgeschrieben. Möglich ist es, für jede vertragschließende Gesellschaft einen oder mehrere Prüfer zu bestellen (§ 293b Abs. 1 AktG). § 293c Abs. 1 S. 2 AktG lässt es auch zu, für alle beteiligten Gesellschaften einen **gemeinsamen Prüfer** zu bestellen. Das ist in der Praxis die Regel. Erforderlich ist dafür ein gemeinsamer Antrag der Vorstände der vertragschließenden Gesellschaften; dazu genügt die inhaltliche Übereinstimmung der Anträge, einer gemeinsamen Antragsschrift bedarf es nicht.[116] **37**

Für die **Auswahl der Vertragsprüfer** verweist § 293d Abs. 1 AktG auf §§ 319 Abs. 1–4, 319a Abs. 1 und 319b Abs. 1 HGB. Für die Vertragspartner in der Rechtsform der AG oder KGaA kommen also nur Wirtschaftsprüfer oder Wirtschaftsprüfungsgesellschaften in Frage (§ 319 Abs. 1 HGB). Ein Prüfer ist ausgeschlossen, wenn in Bezug auf die abhängige Gesellschaft oder das herrschende Unternehmen einer der Verhinderungsgründe des § 319 Abs. 2–4 des § 319a Abs. 1 oder des § 319b Abs. 1 HGB vorliegt; die Tätigkeit als Abschlussprüfer auf Seiten eines Vertragspartners hindert die Bestellung zum Vertragsprüfer jedoch nicht.[117] Bei Verstoß gegen ein Bestellungsverbot ist die gerichtliche Bestellung rechtswidrig, aber wirksam, solange sie nicht im Beschwerdeverfahren (→ Rn. 36) aufgehoben wird.[118] Die Ansicht, in einem solchen Fall sei trotz Wirksamkeit der Prüferbestellung der Geschäftsbesorgungsvertrag zwischen Prüfer und Gesellschaft[119] nichtig[120] und der Zustimmungsbeschluss der Hauptversammlung anfechtbar,[121] ist jedoch widersprüchlich und nicht überzeugend **38**

Gegenstand der Prüfung ist der Unternehmensvertrag (§ 293b Abs. 1 AktG). Die Prüfung hat sich, wie auch § 293e AktG zeigt, insbesondere auf die Angemessenheit des Ausgleichs und der Abfindung zu erstrecken, wobei keine komplett eigenständige Bewertung sondern eine „sachverständige Plausibilitätskontrolle" stattzufinden hat.[122] Die Zweckmäßigkeit des Vertrags ist nicht Prüfungsgegenstand. Ebenso wenig muss der Vertragsprüfer die wirtschaftliche Lage der herrschenden Gesellschaft und deren Fähigkeit zur Erfüllung **39**

---

[115] Bayern: OLG München; Nordrhein-Westfalen: OLG Düsseldorf; Rheinland-Pfalz: OLG Zweibrücken.
[116] Begr. RegE SpruchG, BT-Drs. 15/371, 18; Hüffer/*Koch* AktG § 293c Rn. 4; GroßkommAktG/*Mülbert* § 293c Rn. 11.
[117] OLG Stuttgart AG 2004, 105 (107); Hüffer/*Koch* AktG § 293d Rn. 3; *Emmerich* in Emmerich/Habersack Aktien- und GmbH-Konzernrecht § 293d Rn. 3; KölnKommAktG/*Koppensteiner* § 293d Rn. 5; GroßkommAktG/*Mülbert* § 293c Rn. 9; zweifelnd K. Schmidt/Lutter AktG/*Langenbucher* § 293d Rn. 3.
[118] Hüffer/*Koch* AktG § 293d Rn. 3; *Emmerich* in Emmerich/Habersack Aktien- und GmbH-Konzernrecht § 293d Rn. 4; KölnKommAktG/*Koppensteiner* § 293d Rn. 10; aA MüKoAktG/*Altmeppen* § 293d Rn. 10; Spindler/Stilz AktG/*Veil* § 293d Rn. 3 (Nichtigkeit des Bestellungsbeschlusses).
[119] Zum Rechtsverhältnis zwischen Prüfer und Gesellschaft etwa *Emmerich* in Emmerich/Habersack Aktien- und GmbH-Konzernrecht § 293c Rn. 9; KölnKommAktG/*Koppensteiner* § 293c Rn. 20; GroßkommAktG/*Mülbert* § 293c Rn. 19.
[120] Hüffer/*Koch* AktG § 293d Rn. 3; *Emmerich* in Emmerich/Habersack Aktien- und GmbH-Konzernrecht § 293d Rn. 4; K. Schmidt/Lutter AktG/*Langenbucher* § 293d Rn. 4.
[121] *Emmerich* in Emmerich/Habersack Aktien- und GmbH-Konzernrecht § 293d Rn. 4; GroßkommAktG/*Mülbert* § 293d Rn. 11; aA K. Schmidt/Lutter AktG/*Langenbucher* § 293d Rn. 4.
[122] OLG Düsseldorf AG 2001, 189 (190); KG ZIP 2009, 1223 (1230); tendenziell weitergehend LG Frankfurt a. M. ZIP 2007, 382 f.

ihrer Vertragspflichten prüfen.[123] Ob die Prüfung über den Vertrag hinaus auch den Vertragsbericht des Vorstands (vgl. → Rn. 25 ff.) zu erfassen hat, ist umstritten; richtigerweise ist anzunehmen, dass sich der Prüfer mit dem Vertragsbericht insoweit, aber auch nur insoweit zu befassen hat, wie dieser sich zur Angemessenheit von Ausgleich und Abfindung äußert.[124] In der Praxis findet die Vertragsprüfung durch den gerichtlich bestellten Prüfer parallel zur Ermittlung von Ausgleich und Abfindung durch einen von den Vertragsparteien beauftragten Wertgutachter statt. Diese Praxis der **Parallelprüfung** wird gelegentlich kritisiert,[125] ist aber rechtlich zulässig und praktisch sinnvoll.[126]

40   Der Prüfer hat zur Durchführung seiner Tätigkeit die **Auskunfts- und Einsichtsrechte** nach § 320 Abs. 1 S. 2, Abs. 2 S. 1 und 2 HGB (§ 293d Abs. 1 S. 1 AktG). Er kann also insbesondere alle Unterlagen der auskunftspflichtigen Unternehmen einsehen und von den gesetzlichen Vertretern alle erforderlichen Aufklärungen und Nachweise beanspruchen. Diese Rechte bestehen gem. § 293d Abs. 1 S. 2 AktG gegenüber den beiden vertragschließenden Unternehmen, allen von ihnen (unmittelbar oder mittelbar) abhängigen oder sie (unmittelbar oder mittelbar) beherrschenden Unternehmen (§ 17 AktG) und allen Konzernunternehmen (§ 18 AktG) der Vertragspartner.

41   Gemäß § 293e AktG haben die Prüfer über das Ergebnis ihrer Prüfung einen schriftlichen **Prüfungsbericht** zu erstatten.[127] Der Bericht ist ein Ergebnisbericht. Er hat die in § 293e Abs. 1 S. 3 AktG genannten Angaben zur Ermittlung von Ausgleich und Abfindung zu enthalten und ist mit einer Schlusserklärung darüber abzuschließen, ob Ausgleich und Abfindung angemessen sind (§ 293e Abs. 1 S. 2 AktG). Weitergehende Einzelangaben zur Begründung des Prüfungsergebnisses sind nicht erforderlich.[128] Vertrauliche Tatsachen brauchen auch in den Prüfungsbericht nicht aufgenommen zu werden (§§ 293e Abs. 2, 293a Abs. 2 AktG); es gilt insoweit das Gleiche wie beim Vorstandsbericht (vgl. → Rn. 33). Ebenso wie auf den Vertragsbericht der Vorstände können sämtliche Gesellschafter der beiden Vertragspartner auch auf den Prüfungsbericht verzichten (§§ 293e Abs. 2, 293a Abs. 3 AktG); da sie aber auch auf die Prüfung als solche verzichten können (vgl. → Rn. 35), ist der Verzicht auf den Bericht ohne praktische Bedeutung.

42   Für die **Vergütung des Prüfers** verweist § 293c Abs. 1 S. 5 AktG auf § 318 Abs. 5 HGB. Danach hat der Prüfer Anspruch auf Ersatz angemessener Auslagen und auf Vergütung für seine Tätigkeit. Die Auslagen und die Vergütung werden vom Gericht fest-

---

[123] LG München I ZIP 2009, 2247.
[124] Wie hier zB *Habersack* in Emmerich/Habersack Aktien- und GmbH-Konzernrecht § 320 Rn. 20; MüKoAktG/*Altmeppen* § 293b Rn. 9 ff.; *Emmerich* in Emmerich/Habersack Aktien- und GmbH-Konzernrecht § 293b Rn. 14 f.; KölnKommAktG/*Koppensteiner* § 320b Rn. 9; Lutter UmwG/*Drygala* § 9 Rn. 13; Kallmeyer UmwG/*Lanfermann* § 9 Rn. 11; *Mertens* AG 1990, 20 (31); *Hoffmann-Becking* FS Fleck, 1988, 105 (122); weitergehend zB LG Berlin AG 1996, 230 (232 f.); Hüffer/*Koch* AktG § 293b Rn. 3, § 320 Rn. 12.
[125] Vgl. namentlich *Puszkajler* ZIP 2003, 518 (521); *Emmerich* in Emmerich/Habersack Aktien- und GmbH-Konzernrecht § 293b Rn. 19a f.
[126] BGH ZIP 2006, 2080 (2082); OLG München ZIP 2011, 2199 (2203); OLG Düsseldorf AG 2005, 293 (297); OLG Stuttgart AG 2004, 105 (107); MüKoAktG/*Grunewald* § 327c Rn. 13; *Leuering* NZG 2004, 606 (609).
[127] Muster bei *Bungert*, Münchener Vertragshandbuch, Bd. 1: Gesellschaftsrecht, 8. Aufl. 2018, Form. X.4; vgl. zu den rechtlichen Anforderungen, der Berichtspraxis und dem Verhältnis zum Vertragsbericht des Vorstands auch *Decher* FS Hoffmann-Becking, 2013, 295 (300 ff.).
[128] Hüffer/*Koch* AktG § 293e Rn. 6; KölnKommAktG/*Koppensteiner* § 293e Rn. 7; *Decher* FS Hoffmann-Becking, 2013, 295 (300); zum Verschmelzungsbericht ebenso zB OLG Hamm AG 1989, 31 (33); LG Frankfurt a. M. WM 1990, 592 (594); Kallmeyer UmwG/*Lanfermann* § 12 Rn. 3 ff.; Lutter UmwG/*Drygala* § 12 Rn. 7; *Hoffmann-Becking* FS Fleck, 1988, 105 (122 f.); aA *Emmerich* in Emmerich/Habersack Aktien- und GmbH-Konzernrecht § 293e Rn. 16; MüKoAktG/*Altmeppen* § 293e Rn. 13; zum Verschmelzungsbericht aA zB OLG Karlsruhe AG 1990, 35 (37 f.); *Dirrigl* WPg. 1989, 413 (418 f.).

gesetzt. Schuldner ist die Gesellschaft; bei gemeinsamer Bestellung für mehrere Gesellschaften haften diese gesamtschuldnerisch.[129]

Die **Verantwortlichkeit der Prüfer** regelt § 293d Abs. 2 AktG unter Verweis auf § 323 HGB. Danach kommt bei schuldhafter Pflichtverletzung der Prüfer namentlich eine Schadensersatzhaftung gegenüber den Aktionären der abhängigen Gesellschaft in Betracht. Daneben sind die Strafvorschriften der §§ 403, 404 AktG anwendbar.

e) Information der Hauptversammlung. Um eine **umfassende Information** der Aktionäre sicherzustellen, bestehen besondere Bekanntmachungs-, Erläuterungs- und Auskunftspflichten. Diese Pflichten bestehen ohne Unterschied sowohl für die abhängige Gesellschaft als auch für das herrschende Unternehmen, sofern auch dessen Hauptversammlung dem Vertrag zustimmen muss. Sie beziehen sich auf den Vertrag in seinem gesamten Umfang, also auf sämtliche Bestandteile, auf die sich die Zustimmungspflicht erstreckt, mögen diese auch in gesonderten Urkunden enthalten sein (vgl. → Rn. 24).[130]

Mit Einberufung der Hauptversammlung, die über die Zustimmung beschließen soll, ist der wesentliche Inhalt des Vertrags **bekanntzumachen** (§ 124 Abs. 2 S. 2 AktG). Von diesem Zeitpunkt an sind außerdem entweder in den Geschäftsräumen der Gesellschaft zur Einsicht der Aktionäre **auszulegen** (§ 293f Abs. 1 AktG) oder auf der Internetseite der Gesellschaft zugänglich zu machen (§ 293f Abs. 3 AktG)
– der Unternehmensvertrag,
– die Jahresabschlüsse und die Lageberichte beider vertragschließender Unternehmen für die letzten drei Geschäftsjahre,
– die nach § 293a AktG erstatteten Vertragsberichte der Vorstände beider Unternehmen und
– die nach § 293e AktG erstatteten Prüfungsberichte der Vertragsprüfer beider Unternehmen.

Als „**Geschäftsraum**", in dem die Auslegung zu erfolgen hat, ist ein während der üblichen Geschäftsstunden zugänglicher Raum am Ort der Hauptverwaltung der Gesellschaft anzusehen.[131] Börsennotierte Gesellschaften müssen die Unterlagen auf ihre **Internetseite** einstellen (§ 124a Abs. 1 Nr. 3 AktG). In der Praxis hat die durch das ARUG geschaffene Möglichkeit, die Unterlagen auf der Internetseite zugänglich zu machen, die frühere Auslegung in den Geschäftsräumen verdrängt. Sind die Unterlagen nicht auf der Internetseite zugänglich, ist auf Verlangen jedem Aktionär unverzüglich und kostenlos eine Abschrift dieser Unterlagen zu erteilen (§ 293f Abs. 2 und 3 AktG). Die Erfüllung der Verpflichtung zur Auslegung und Erteilung von Abschriften der genannten Unterlagen kann vom Registergericht durch Festsetzung von Zwangsgeld durchgesetzt werden (§ 407 Abs. 1 AktG).

Jahresabschlüsse für die letzten drei Geschäftsjahre sind für das herrschende Unternehmen nur vorzulegen, wenn dieses nach seiner Rechtsform zur Erstellung eines Jahresabschlusses verpflichtet ist.[132] Die **Jahresabschlüsse und Lageberichte** sind für die letzten drei Geschäftsjahre vor der Hauptversammlung, die über die Zustimmung zum Beherrschungsvertrag entscheiden soll, vorzulegen. Das gilt jedoch nur, soweit solche Abschlüsse aufgestellt sind oder bereits aufgestellt sein müssten.[133] Besteht eine Gesellschaft noch keine

---

[129] Hüffer/*Koch* AktG § 293c Rn. 5.
[130] BGHZ 82, 188 (196) – Hoesch/Hoogovens; KölnKommAktG/*Koppensteiner* § 293f Rn. 5; *Emmerich* in Emmerich/Habersack Aktien- und GmbH-Konzernrecht § 293f Rn. 7.
[131] Hüffer/*Koch* AktG § 175 Rn. 6; KölnKommAktG/*Koppensteiner* § 293f Rn. 12; *Emmerich* in Emmerich/Habersack Aktien- und GmbH-Konzernrecht § 293f Rn. 4; MüKoAktG/*Altmeppen* § 293f Rn. 4; Kallmeyer UmwG/*Marsch-Barner* § 63 Rn. 2; Lutter UmwG/*Grunewald* § 63 Rn. 3.
[132] *Emmerich* in Emmerich/Habersack Aktien- und GmbH-Konzernrecht § 293f Rn. 7; Kallmeyer UmwG/*Marsch-Barner* § 63 Rn. 3; Lutter UmwG/*Grunewald* § 63 Rn. 5.
[133] OLG Hamburg AG 2003, 441 (443); Hüffer AktG/*Koch* § 293f Rn. 3; KölnKommAktG/ *Koppensteiner* § 293f Rn. 6; MüKoAktG/*Altmeppen* § 293f Rn. 7; *Emmerich* in Emmerich/Habersack

drei Jahre, genügen die Unterlagen für die Zeit ihres Bestehens.[134] Die Auslegung von **Konzernabschlüssen** ist nicht erforderlich,[135] kann sich für die Praxis zur Vermeidung von Diskussionen mit Minderheitsaktionären aber empfehlen.

47 **In der Hauptversammlung** selbst sind die Unterlagen ebenfalls in genügender Anzahl zur Einsicht der Aktionäre auszulegen (§ 293g Abs. 1 AktG). Der Vertrag ist zu Beginn der Verhandlung über die Zustimmung zum Beherrschungsvertrag vom Vorstand zu **erläutern** (§ 293g Abs. 2 AktG). Diese Erläuterungen dürfen sich nicht auf die Wiedergabe des Vertragsinhalts beschränken, sondern haben die Gründe des Vertragsschlusses und die wirtschaftlichen und rechtlichen Folgen des Vertrages zu würdigen sowie auf die Angemessenheit des Ausgleichs und der Abfindung gemäß §§ 304, 305 AktG einzugehen.[136] An die Intensität dieser mündlichen Erläuterungen sind jedoch seit Einführung der Verpflichtung zur Erstattung eines schriftlichen Vertragsberichts (§ 293a AktG) deutlich geringere Anforderungen zu stellen als früher; es reicht eine kurze Zusammenfassung und ggf. Aktualisierung des Vertragsberichts.[137]

48 Jedem Aktionär steht in der Hauptversammlung das **allgemeine Auskunftsrecht** gemäß § 131 AktG zu (vgl. näher oben § 38). Es erstreckt sich auf alle Angelegenheiten der eigenen Gesellschaft, soweit die Auskunft zur sachgemäßen Meinungsbildung über die Zustimmung zum Beherrschungsvertrag erforderlich ist.[138] Darüber hinaus gewährt § 293g Abs. 3 AktG jedem Aktionär einen Anspruch auf Auskunft auch über alle für den Vertragsschluss wesentlichen **Angelegenheiten des anderen Vertragsteils.** Das Auskunftsrecht beschränkt sich nicht auf Informationen zur Beurteilung der Fähigkeit des anderen Unternehmens, seine Vertragspflichten zu erfüllen. Die Aktionäre können vielmehr weitergehenden Einblick in die wirtschaftlichen und finanziellen Verhältnisse des anderen Unternehmens verlangen. Dazu können Informationen über einzelne Bilanzpositionen und -relationen des anderen Unternehmens gehören, über dessen Ertragsentwicklung in den letzten Jahren und die Ertragsentwicklung anderer Konzernunternehmen, die Zusammensetzung seiner Aktionäre usw.[139] Neben Fragen zur Vermögens- und Finanzlage des anderen Vertragspartners kann Auskunft zu allen Punkten verlangt werden, die im Zusammenhang mit der Bemessung von Ausgleich und Abfindung von Bedeutung sein können.[140]

49 Der Auskunftsanspruch richtet sich gegen den Vorstand der eigenen Gesellschaft. Dieser muss sich über die wesentlichen Angelegenheiten des anderen Unternehmens zuvor aus-

---

Aktien- und GmbH-Konzernrecht § 293f Rn. 8 f.; aA noch LG Hamburg AG 2003, 109 (Auslegungspflicht, sobald das Geschäftsjahr abgelaufen ist).

[134] KölnKommAktG/*Koppensteiner* § 293f Rn. 6; Spindler/Stilz AktG/*Veil* § 293f Rn. 4.

[135] KG ZIP 2009, 1223 (1230); OLG Düsseldorf AG 2005, 293 (296); OLG Hamburg AG 2003, 698 (700); Hüffer/*Koch* AktG § 293f Rn. 3; *Emmerich* in Emmerich/Habersack Aktien- und GmbH-Konzernrecht § 293f Rn. 8a; K. Schmidt/Lutter AktG/*Langenbucher* § 293f Rn. 7; GroßkommAktG/*Mülbert* § 293f Rn. 20; *Kort* NZG 2006, 604 ff.; aA OLG Celle AG 2004, 206 (207) für Holdinggesellschaften; offengelassen von OLG München NZG 2006, 398.

[136] MüKoAktG/*Altmeppen* § 293g Rn. 6; KölnKommAktG/*Koppensteiner* § 293 Rn. 6 ff.; Hüffer/*Koch* AktG § 293g Rn. 2a; *Emmerich* in Emmerich/Habersack Aktien- und GmbH-Konzernrecht § 293g Rn. 6.

[137] *Emmerich* in Emmerich/Habersack Aktien- und GmbH-Konzernrecht § 293g Rn. 7; KölnKommAktG/*Koppensteiner* § 293g Rn. 8; GroßkommAktG/*Mülbert* § 293g Rn. 19.

[138] Näher zur Reichweite dieses allgemeinen Auskunftsrechts im Zusammenhang mit dem Abschluss von Unternehmensverträgen KölnKommAktG/*Koppensteiner* § 293g Rn. 13 ff.; MüKoAktG/*Altmeppen* § 293g Rn. 10 ff.

[139] Vgl. BGHZ 119, 1 (15 f.); 122, 211 (237 f.); BGH AG 2003, 625 (627); NJW 1995, 3115 (3116); OLG Koblenz ZIP 2001, 1093 (1094); OLG München AG 1994, 418 f.; BayObLG WM 1974, 669; KölnKommAktG/*Koppensteiner* § 293g Rn. 21; Hüffer/*Koch* AktG § 293g Rn. 3; *Emmerich* in Emmerich/Habersack Aktien- und GmbH-Konzernrecht § 293g Rn. 21 f.

[140] BGHZ 122, 211 (238); *Emmerich* in Emmerich/Habersack Aktien- und GmbH-Konzernrecht § 293g Rn. 22; Hüffer/*Koch* AktG § 293g Rn. 3; GroßkommAktG/*Mülbert* § 293g Rn. 27.

reichend unterrichten.[141] Das Auskunftsrecht findet dort seine Schranke, wo dem Vorstand die Beantwortung trotz pflichtgemäßen Bemühens um den Erhalt aller wesentlichen Informationen unmöglich ist;[142] eine andere – letztlich vom Einzelfall abhängige – Frage ist allerdings, ob der Vorstand unter solchen Umständen einen Beherrschungsvertrag überhaupt abschließen darf.[143] Eine weitere **Grenze des Auskunftsrechts** nach § 293g Abs. 3 AktG besteht jedenfalls dann, wenn die Angelegenheit des anderen Vertragspartners, auf welche sich das Auskunftsverlangen richtet, für den Vertragsschluss nicht wesentlich ist. Umstritten ist demgegenüber, ob der Vorstand die Auskunft auch aus den in § 131 Abs. 3 AktG genannten Gründen verweigern darf.[144] Zu folgen ist der Meinung, die § 131 Abs. 3 AktG anwendet. Denn § 293g Abs. 3 AktG ist systematisch lediglich eine Erweiterung des Auskunftsrechts nach § 131 Abs. 1 AktG; außerdem kann das Auskunftsrecht Dritter nicht weitergehen, als das eigene Auskunftsrecht der Aktionäre des Vertragspartners.

f) Zustimmungsbeschluss. Der Zustimmungsbeschluss der Hauptversammlung bedarf 50 einer Mehrheit von mindestens drei Vierteln des bei der Beschlussfassung vertretenen Grundkapitals (§ 293 Abs. 1 S. 2 AktG). Zugleich muss die einfache Stimmenmehrheit (§ 133 Abs. 1 AktG) gegeben sein.[145] Stimmrechtslose Vorzugsaktien sind bei der Berechnung der Kapitalmehrheit, außer im Fall des § 140 Abs. 2 AktG, nicht zu berücksichtigen. Die Satzung kann die erforderliche Kapitalmehrheit erhöhen und weitere Erfordernisse (zB qualifizierte Stimmenmehrheit, Zustimmung einzelner Aktionäre, bestimmte Mindestpräsenz uä) anordnen (§ 293 Abs. 1 S. 3 AktG). Die erforderliche Kapitalmehrheit kann jedoch nicht herabgesetzt werden, ebenso wenig ist ein Verzicht auf das zusätzliche Erfordernis der einfachen Stimmenmehrheit möglich. Die Satzung kann den Abschluss eines Beherrschungsvertrages auch nicht untersagen (§ 23 Abs. 5 AktG).[146] Bei der Beschlussfassung ist der andere Vertragsteil stimmberechtigt.[147] Nach teilweise vertretener Auffassung soll es ein Wirksamkeitserfordernis des Beschlusses sein, dass der Vertrag im Text des Zustimmungsbeschlusses ausdrücklich als Beherrschungsvertrag bezeichnet wird;[148] das ist

---

[141] OLG Koblenz ZIP 2001, 1093 (1094); BayObLG WM 1974, 669 (671); 1975, 1016 (1017); KölnKommAktG/*Koppensteiner* § 293g Rn. 16; Hüffer/*Koch* AktG § 293g Rn. 4; *Emmerich* in Emmerich/Habersack Aktien- und GmbH-Konzernrecht § 293g Rn. 14.

[142] BayObLG WM 1975, 1016 (1018); MüKoAktG/*Altmeppen* § 293g Rn. 17; KölnKommAktG/*Koppensteiner* § 293g Rn. 17; Hüffer/*Koch* AktG § 293g Rn. 4; GroßkommAktG/*Mülbert* § 293g Rn. 30; enger *Emmerich* in Emmerich/Habersack Aktien- und GmbH-Konzernrecht § 293g Rn. 18.

[143] Dazu MüKoAktG/*Altmeppen* § 293g Rn. 17; KölnKommAktG/*Koppensteiner* § 293g Rn. 17; Hüffer/*Koch* AktG § 293g Rn. 4; *Emmerich* in Emmerich/Habersack Aktien- und GmbH-Konzernrecht § 293g Rn. 18.

[144] Dafür zB Begr. RegE zu der gleichlautenden Vorschrift des § 64 Abs. 2 UmwG, BT-Drs. 12/6699, 103; BayObLG WM 1974, 669 (670); LG Frankfurt a.M. AG 1989, 231; GroßkommAktG/*Mülbert* § 293g Rn. 32; *Bungert* DB 1995, 1449 (1451); *Spitze/Diekmann* ZHR 158 (1994), 447 (450 f.); enger *Emmerich* in Emmerich/Habersack Aktien- und GmbH-Konzernrecht § 293g Rn. 23; MüKoAktG/*Altmeppen* § 293g Rn. 21 (keine Auskunftsverweigerung nach § 131 Abs. 3 Nr. 1 AktG, sondern nur analoge Anwendung von § 293a Abs. 2 AktG); KölnKommAktG/*Koppensteiner* § 293 Rn. 29 (nur Auskunftsverweigerung analog § 293a Abs. 2 AktG sowie nach § 131 Abs. 3 Nr. 2 u. 3 AktG), Hüffer/*Koch* AktG § 293g Rn. 5 (nur Auskunftsverweigerung nach § 131 Abs. 3 Nr. 7 AktG); ganz ablehnend *Decher* ZHR 158 (1994), 473 (492); offengelassen von BGHZ 119, 1 (16 f.) – Asea/BBC.

[145] KölnKommAktG/*Koppensteiner* § 293 Rn. 28; MüKoAktG/*Altmeppen* § 293 Rn. 37; Hüffer/*Koch* AktG § 293 Rn. 8.

[146] Ebenso MüKoAktG/*Altmeppen* § 293 Rn. 39; Hüffer/*Koch* AktG § 293 Rn. 8; KölnKommAktG/*Koppensteiner* § 293 Rn. 28 Fn. 90; Spindler/Stilz AktG/*Veil* § 293 Rn. 18 aA *Emmerich* in Emmerich/Habersack Aktien- und GmbH-Konzernrecht § 293 Rn. 33.

[147] MüKoAktG/*Altmeppen* § 293 Rn. 41; KölnKommAktG/*Koppensteiner* § 293 Rn. 30; Hüffer/*Koch* AktG § 293 Rn. 9; *Emmerich* in Emmerich/Habersack Aktien- und GmbH-Konzernrecht § 293 Rn. 30.

[148] KölnKommAktG/*Koppensteiner* § 293 Rn. 37 u. 57.

ebenso wenig überzeugend wie die Ansicht, der Vertrag müsse auch in der Vertragsurkunde ausdrücklich als Beherrschungsvertrag bezeichnet werden, vgl. → Rn. 7.[149] Da der Zustimmungsbeschluss eine ¾-Mehrheit verlangt, ist er auch bei nicht börsennotierten Gesellschaften notariell zu beurkunden, eine nur vom Aufsichtsratsvorsitzenden unterzeichnete Niederschrift reicht nicht (§ 130 Abs. 1 S. 3 AktG).[150] Der Vertrag ist der Niederschrift über den Zustimmungsbeschluss als Anlage beizufügen (§ 293g Abs. 2 S. 2 AktG).

51 **g) Sachliche Rechtfertigung.** Eine besondere sachliche Rechtfertigung unter den Gesichtspunkten der Erforderlichkeit und Angemessenheit ist für den Zustimmungsbeschluss der Hauptversammlung der **abhängigen Gesellschaft** nicht zu verlangen.[151] Einer sachlichen Rechtfertigung bedürfen Mehrheitsentscheidungen nur, wenn sich mit ihnen ein Eingriff in die Mitgliedschaftsrechte der Aktionäre verbindet und das Gesetz nicht bereits selbst die erforderliche Abwägung zwischen den Belangen der betroffenen Aktionäre und dem Interesse der Gesellschaft vorgenommen hat.[152] Durch den ausgefeilten gesetzlichen Minderheitsschutz in §§ 304, 305 AktG hat das Gesetz selbst die erforderliche Abwägung zwischen den Belangen der betroffenen Aktionäre vorgenommen. Für den Zustimmungsbeschluss beim **herrschenden Unternehmen** kann etwas anderes gelten. Soweit eine Abfindung in Aktien gemäß § 305 Abs. 2 Nr. 1 AktG erforderlich ist, wird im Allgemeinen eine Kapitalerhöhung unter Bezugsrechtsausschluss nötig. Diese ist auf ihre sachliche Rechtfertigung zu überprüfen.[153] Allein der Wunsch, einen Beherrschungsvertrag zu schließen, ist als Rechtfertigung nicht ausreichend; es kommt vielmehr auf die unternehmerischen Gründe für diese Absicht an.

52 **h) Wirkung der Zustimmung.** Durch die Zustimmung der Hauptversammlung wird der Beherrschungsvertrag noch nicht wirksam. Dazu bedarf es ggf. noch der Zustimmung der Hauptversammlung des anderen Vertragsteils und der Eintragung ins Handelsregister. Die abhängige Gesellschaft ist gegenüber dem herrschenden Unternehmen verpflichtet, sobald auch die ggf. erforderliche Zustimmung von dessen Hauptversammlung vorliegt, den Beherrschungsvertrag zur Eintragung ins Handelsregister anzumelden (schon → Rn. 17).[154] Ein Verstoß macht die Gesellschaft gegenüber dem anderen Vertragsteil schadensersatzpflichtig;[155] die Anmeldung kann auch durch eine Leistungsklage erzwungen

---

[149] Wie hier Hüffer/*Koch* AktG § 293 Rn. 14; MüKoAktG/*Altmeppen* § 293 Rn. 76; offengelassen von LG Hamburg AG 1991, 365 (366).

[150] BGH AG 2015, 669 Rn. 21.

[151] LG München I AG 2009, 918 (920); KölnKommAktG/*Koppensteiner* § 293 Rn. 62; MüKoAktG/*Altmeppen* § 293 Rn. 51 ff.; Hüffer/*Koch* AktG § 293 Rn. 6 f.; *Emmerich* in Emmerich/Habersack Aktien- und GmbH-Konzernrecht § 293 Rn. 35; aA *Hirte*, Bezugsrechtsausschluss und Konzernbildung, 1986, S. 191; *Timm* ZGR 1987, 403 (427 f.), die von Verhältnismäßigkeitsprüfung verlangen.

[152] Vgl. etwa BGHZ 71, 40 – Kali + Salz; BGHZ 80, 69 – Süssen, BGHZ 83, 319 – Holzmann, BGHZ 103, 184 (190) – Linotype; BGHZ 120, 141 (145 f.); *Lutter* ZGR 1979, 401 (411); *Lutter* ZGR 1981, 171 (176 ff.); weitergehend etwa *Wiedemann* ZGR 1980, 147 (157); *Martens* FS Fischer, 1979, 437 (445); *Bischoff* BB 1987, 1055 (1059 ff.), die für alle Mehrheitsentscheidungen eine sachliche Rechtfertigung verlangen. Ausführlich zu den Grundlagen und dem Anwendungsbereich des Erfordernisses sachlicher Rechtfertigung *Boese*, Die Anwendungsgrenzen des Erfordernisses sachlicher Rechtfertigung bei HV-Beschlüssen, 2004, S. 13 ff.

[153] BGHZ 71, 40 (46) – Kali & Salz; 83, 319 (320) – Holzmann; dazu näher → § 57 Rn. 115 ff., → § 59 Rn. 59 ff.

[154] KölnKommAktG/*Koppensteiner* § 293 Rn. 39; Hüffer/*Koch* AktG § 293 Rn. 15; Spindler/Stilz AktG/*Veil* § 293 Rn. 28; Bürgers/Körber AktG/*Schenk* § 293 Rn. 19; GroßkommAktG/*Mülbert* § 293 Rn. 83; aA *Emmerich* in Emmerich/Habersack Aktien- und GmbH-Konzernrecht § 293 Rn. 31a; MüKoAktG/*Altmeppen* § 293 Rn. 67 ff.; K. Schmidt/Lutter AktG/*Langenbucher* § 293 Rn. 18.

[155] KölnKommAktG/*Koppensteiner* § 293 Rn. 39; Hüffer/*Koch* AktG § 293 Rn. 15; aA *Emmerich* in Emmerich/Habersack Aktien- und GmbH-Konzernrecht § 293 Rn. 31a; MüKoAktG/*Altmeppen* § 293 Rn. 67.

werden.[156] Mängel des Vertrags werden durch den Zustimmungsbeschluss nicht geheilt.[157] Ebenso wenig wird man annehmen können, dass er die Haftung des Vorstands für etwaige Pflichtverletzungen im Zusammenhang mit dem Vertragsschluss entfallen lässt, wenn nicht ausnahmsweise der Vertragsschluss auf Verlangen der Hauptversammlung (§ 83 Abs. 1 AktG) erfolgte.[158]

i) Mängel der Beschlussfassung. Die Rechtsfolgen etwaiger Mängel der Beschlussfassung richten sich nach den **allgemeinen Vorschriften** über Anfechtbarkeit und Nichtigkeit von Hauptversammlungsbeschlüssen (§§ 241 ff. AktG; vgl. oben § 42). Die Unangemessenheit des im Vertrag vorgesehenen Ausgleichs (§ 304 AktG) oder der Abfindung (§ 305 AktG) oder das Fehlen eines Abfindungsangebots nach § 305 AktG führen nicht zur Anfechtbarkeit des Zustimmungsbeschlusses, sondern lediglich zur Festsetzung des angemessenen Ausgleichs oder der angemessenen Abfindung durch das Gericht (§ 304 Abs. 3 S. 2 u. 3, § 305 Abs. 5 S. 1 u. 2 AktG; näher → Rn. 142 ff.); das gilt auch dann, wenn der gerichtlich bestellte Prüfer die Angemessenheit von Ausgleich oder Abfindung verneint.[159] Das Fehlen einer Ausgleichsverpflichtung nach § 304 AktG hat allerdings die Nichtigkeit des Beherrschungsvertrages zur Folge (§ 304 Abs. 3 S. 1 AktG). Verstöße gegen die Unterrichtungspflichten nach §§ 293, 293g Abs. 1 AktG und gegen die Auskunftsverpflichtung nach § 293g Abs. 3 AktG begründen die Anfechtbarkeit des Zustimmungsbeschlusses nur unter den einschränkenden Voraussetzungen des § 243 Abs. 4 AktG; insbesondere scheidet eine Anfechtung wegen unzureichender Informationen in der Hauptversammlung über ausgleichs- und abfindungsrelevante Umstände aus, da das Gesetz für Bewertungsrügen das Spruchverfahren vorsieht (§ 243 Abs. 4 S. 2 AktG). Vgl. dazu näher → § 42 Rn. 51 ff. Etwaige inhaltliche Mängel des Prüfungsberichts des gerichtlich bestellten Vertragsprüfers (→ Rn. 41) begründen keine Anfechtbarkeit des Zustimmungsbeschlusses,[160] während das Fehlen oder formelle Mängel des Prüfungsbericht zur Anfechtbarkeit führen.[161]

Eine etwaige **Erhöhung von Ausgleich oder Abfindung in der Hauptversammlung** ist rechtlich zulässig. Sie erfordert keine erneute Vertragsprüfung, Berichterstattung des Vorstands und Einberufung der Versammlung und führt nicht zur Mangelhaftigkeit des Beschlusses.[162] Es besteht aber in keinem Fall eine Pflicht zur Anpassung in der Hauptversammlung, auch nicht, wenn zwischenzeitlich eingetretene Veränderungen die Unangemessenheit der vertraglich vereinbarten Beträge herbeiführen;[163] in einem solchen Fall erfolgt die Angemessenheitsprüfung im Spruchverfahren.

---

[156] KölnKommAktG/*Koppensteiner* § 293 Rn. 39; GroßkommAktG/*Mülbert* § 293 Rn. 85; Hüffer/*Koch* AktG § 293 Rn. 15.
[157] OLG Celle AG 2000, 280 (281); KölnKommAktG/*Koppensteiner* § 293 Rn. 68; *Emmerich* in Emmerich/Habersack Aktien- und GmbH-Konzernrecht § 293 Rn. 19.
[158] KölnKommAktG/*Koppensteiner* § 293 Rn. 23; Hüffer/*Koch* AktG § 293 Rn. 23; aA GroßkommAktG/*Mülbert* § 293 Rn. 42; *Canaris* ZGR 1978, 207 (214 ff.); *Hommelhoff*, Die Konzernleitungspflicht, 1982, S. 329 f.; differenzierend MüKoAktG/*Altmeppen* § 293 Rn. 29.
[159] GroßkommAktG/*Mülbert* § 293e Rn. 27; Hüffer/*Koch* AktG § 293e Rn. 7; *Emmerich* in Emmerich/Habersack Aktien- und GmbH-Konzernrecht § 293e Rn. 23, aA MüKoAktG/*Altmeppen* § 293e Rn. 24; zweifelnd OLG Bremen ZIP 2013, 460 (461 f.).
[160] KG ZIP 2010, 180 (182); OLG Karlsruhe AG 2007, 92 (93) (jeweils für Squeeze Out-Prüfung); MüKoAktG/*Altmeppen* § 293b Rn. 21; *Emmerich* in Emmerich/Habersack Aktien- und GmbH-Konzernrecht § 293e Rn. 21.
[161] MüKoAktG/*Altmeppen* § 293e Rn. 23; *Emmerich* in Emmerich/Habersack Aktien- und GmbH-Konzernrecht § 293e Rn. 21.
[162] Allg. Meinung, vgl. nur OLG München BB 2007, 1582 (1583); ZIP 2011, 2199 (2202 f.); Habersack in Emmerich/Habersack Aktien- und GmbH-Konzernrecht § 327b Rn. 4; MüKoAktG/*Grunewald* § 327b Rn. 7; Spindler/Stilz AktG/*Singhof* § 327b Rn. 3; eingehend *H. Schmidt* Liber Amicorum Winter, 2011, 583 (589 ff.).
[163] Eingehend *H. Schmidt* Liber Amicorum Winter, 2011, 583 (589 ff.) mit Hinweis auf einen abweichenden Hinweisbeschluss des Kammergerichts – 23 W 8/07.

55 Wird ein Beherrschungsvertrag trotz Nichtigkeit oder Anfechtbarkeit des Zustimmungsbeschlusses ins Handelsregister eingetragen und durchgeführt, ist eine spätere Rückabwicklung nach erfolgreicher Anfechtung oder rechtskräftiger Feststellung der Nichtigkeit praktisch kaum noch möglich. Es ist deshalb richtig, auch in diesen Fällen – ebenso wie bei Fehlerhaftigkeit des Vertrags als solchem (vgl. → Rn. 19) – nach den Grundsätzen über die **fehlerhafte Gesellschaft** den Vertrag für die Vergangenheit als wirksam zu behandeln.[164]

56 **3. Anmeldung, Eintragung, Wirksamwerden.** Der Vorstand der **abhängigen Aktiengesellschaft** hat den Beherrschungsvertrag zur Eintragung ins Handelsregister anzumelden (§ 294 Abs. 1 AktG). Es müssen Vorstandsmitglieder in vertretungsberechtigter Zahl mitwirken; bei unechter Gesamtvertretung (§ 78 Abs. 3 AktG) genügt diese. Eine Anmeldung durch Bevollmächtigte ist unzulässig. Die Anmeldung ist elektronisch in öffentlich beglaubigter Form (§ 12 HGB, § 129 BGB) beim zuständigen Registergericht einzureichen. Anzumelden sind das Bestehen und die Art des Vertrags sowie der Name des anderen Vertragsteils, bei Mehrmütter-Beherrschungsverträgen die Namen aller Mütter, und zwar unabhängig davon, ob man als Vertragspartner die einzelnen Muttergesellschaften oder die zwischen ihnen bestehende GbR ansieht (vgl. dazu → Rn. 11).[165] Als Anlage beizufügen sind die in § 294 Abs. 1 S. 2 AktG genannten Unterlagen. Ähnliche Regeln gelten für Beherrschungsverträge mit einer abhängigen **GmbH**, die entsprechend § 54 GmbHG ebenfalls der Eintragung ins Handelsregister bedürfen.[166] Zum Handelsregister des **herrschenden Unternehmens** ist das Bestehen des Beherrschungsvertrages nicht anzumelden.[167] Musste die Hauptversammlung des herrschenden Unternehmens dem Vertrag nach § 293 Abs. 2 AktG zustimmen, wird der Vertrag allerdings als Anlage zur Niederschrift (§ 293g Abs. 2 S. 1 AktG) beim Handelsregister des herrschenden Unternehmens eingereicht (§ 130 Abs. 5 AktG).

57 Das **Registergericht** prüft die Ordnungsmäßigkeit der Anmeldung, die Wirksamkeit des Beherrschungsvertrags und das Vorliegen der notwendigen Zustimmungsbeschlüsse; fehlt ein erforderlicher Beschluss oder sind Nichtigkeitsgründe erkennbar, darf die Eintragung nicht erfolgen.[168] Die Ordnungsmäßigkeit des Vertragsprüfungsberichts ist vom Registergericht nicht zu prüfen; es hat jedoch die Eintragung abzulehnen, falls ihm bekannt wird, dass der Prüfungsbericht fehlt oder formelle Mängel aufweist.[169] Das Registergericht

---

[164] So namentlich BGHZ 102, 1 (4 f.) – Familienheim; BGH AG 2005, 201 (für Teilgewinnabführungsverträge); MüKoAktG/*Altmeppen* § 291 Rn. 209 ff.; GroßkommAktG/*Mülbert* § 293 Rn. 159; *Stephan* Der Konzern 2014, 1 (20); *Hirte/Schall* Der Konzern 2006, 243 (246 ff.); *Bredow/ Tribulowsky* NZG 2002, 841 (842); *Krieger* ZHR 158 (1994), 35 (36 ff.); aA insbesondere OLG Zweibrücken ZIP 2004, 559 (561 f.); *Hüffer/Koch* AktG § 291 Rn. 21; *Emmerich* in Emmerich/ Habersack Aktien- und GmbH-Konzernrecht § 291 Rn. 30; *Schürnbrand* ZHR 169 (2005), 35 (51 ff.); *Köhler* ZGR 1985, 307 (308 ff.); offengelassen von OLG Hamburg Der Konzern 2005, 520 (521); OLG Hamm ZIP 2010, 229 (231).

[165] KölnKommAktG/*Koppensteiner* § 294 Rn. 10; Hüffer AktG/*Koch* § 294 Rn. 4; *Gansweid*, Gemeinsame Tochtergesellschaften im deutschen Konzern- und Wettbewerbsrecht, 1976, S. 135 ff.; *Emmerich* in Emmerich/Habersack Aktien- und GmbH-Konzernrecht § 294 Rn. 11; MüKoAktG/ *Altmeppen* § 294 Rn. 20; *Marchand*, Abhängigkeit und Konzernzugehörigkeit von Gemeinschaftsunternehmen, 1985, S. 201 ff.

[166] BGHZ 105, 324 (342 ff.) – Supermarkt; BGHZ 116, 37 (39) – Stromlieferung; BGH AG 1992, 192.

[167] Ganz hM, vgl. etwa AG Erfurt AG 1997, 275; MüKoAktG/*Altmeppen* § 294 Rn. 12; KölnKommAktG/*Koppensteiner* § 294 Rn. 5; *Hüffer/Koch* AktG § 294 Rn. 2; *Emmerich* in Emmerich/ Habersack Aktien- und GmbH-Konzernrecht § 294 Rn. 5; *E. Vetter* AG 1994, 110 (113 f.); aA LG Bonn AG 1993, 521 f. (für GmbH); *Hommelhoff*, Die Konzernleitungspflicht, 1982, S. 319 f.; *U. H. Schneider* WM 1986, 181 (186 f.). Zur Frage der Eintragungsfähigkeit beim herrschenden Unternehmen vgl. OLG Celle AG 2014, 754 (755).

[168] KölnKommAktG/*Koppensteiner* § 294 Rn. 22 ff.; Hüffer AktG/*Koch* § 294 Rn. 11 f.; *Emmerich* in Emmerich/Habersack Aktien- und GmbH-Konzernrecht § 294 Rn. 20.

[169] *Emmerich* in Emmerich/Habersack Aktien- und GmbH-Konzernrecht § 293e Rn. 22; MüKoAktG/*Altmeppen* § 293e Rn. 23; Spindler/Stilz AktG/*Veil* § 293e Rn. 13.

§ 71 Vertragskonzern (Beherrschungsvertrag)

hat die Beschlüsse – solange keine Anfechtungsklage erhoben ist – jedoch nicht auf eine etwaige Anfechtbarkeit hin zu prüfen; die vereinzelt befürwortete Ausnahme für den Fall, dass die Interessen der Gesellschaftsgläubiger und künftiger Aktionäre betroffen sind,[170] dürfte keine praktische Bedeutung haben. Eine **Registersperre** bis zum Ablauf der Anfechtungsfrist oder bis zur rechtskräftigen Abweisung oder Zurücknahme einer Anfechtungsklage gibt es, anders als bei Eingliederungen (§ 319 Abs. 5 AktG) und Umwandlungsmaßnahmen (§ 16 Abs. 2 UmwG) nicht. Sobald die Eintragungsvoraussetzungen erfüllt sind, ist daher auch vor Ablauf der einmonatigen Anfechtungsfrist einzutragen.

Ist eine **Anfechtungsklage erhoben,** kann das Registergericht die Eintragung nach 58 pflichtgemäßem Ermessen aussetzen (§§ 21, 381 FamFG) oder sie vornehmen. Eine Eintragung ist bei Unzulässigkeit oder offensichtlicher Unbegründetheit der Anfechtungsklage angezeigt,[171] aber auch schon dann, wenn der Klage keine überwiegenden Erfolgsaussichten beizumessen sind und den Vertragspartnern aus einer Verzögerung der Eintragung Nachteile drohen.[172] Der Anfechtungskläger kann eine bevorstehende Eintragung durch einstweilige Verfügung des Prozessgerichts unterbinden (§ 16 Abs. 2 HGB).[173] Voraussetzung dafür ist aber, dass der Anfechtungskläger einen Tatsachenvortrag glaubhaft macht, auf Grund dessen das Prozessgericht die Klage als begründet ansieht. Umgekehrt kann die Gesellschaft im **Freigabeverfahren** nach § 246a AktG durch Beschluss des Prozessgerichts die Feststellung erwirken, dass die Klage der Eintragung nicht entgegenstehe. Auf diese Weise kann die Eintragung erwirkt werden, wenn das Registergericht sie zunächst abgelehnt oder ausgesetzt hat. Das Freigabeverfahren kann aber auch dann betrieben werden, wenn das Registergericht zur Eintragung bereit ist oder bereits eingetragen hat;[174] der praktische Nutzen des Freigabeverfahrens besteht in diesen Fällen darin, dass ein späterer Erfolg der Anfechtungsklage die Eintragungswirkung unberührt lässt (§ 246a Abs. 4 S. 2 AktG). Zu den Einzelheiten des Freigabeverfahrens und den Voraussetzungen eines Freigabebeschlusses vgl. → § 42 Rn. 144 ff.

Einzutragen sind das Bestehen und die Art des Vertrages sowie der Name und der Sitz 59 des anderen Vertragsteils. Mit diesem Inhalt wird die Eintragung durch das Registergericht bekanntgemacht (§ 10 HGB). Der Vertrag und die sonstigen Anmeldungsunterlagen stehen jedermann zur Einsicht offen (§ 9 Abs. 1 HGB). Mit der Eintragung wird der Beherrschungsvertrag **wirksam** (§ 294 Abs. 2 AktG). Erst von diesem Zeitpunkt an stehen dem herrschenden Unternehmen die vertraglichen Leitungsbefugnisse zu; nachteilige Einflussnahmen in der Zeit davor sind nach Maßgabe von §§ 311 ff. AktG zu behandeln (vgl. → § 70 Rn. 65 ff. und → Rn. 66). Eine vertragliche **Rückbeziehung** des Beherrschungsvertrags mit der Folge, dass Leitungsmaßnahmen vor Wirksamwerden des Vertrages nachträglich vom Beherrschungsvertrag gedeckt werden, ist nach ganz hM nicht möglich,[175] während eine Mindermeinung sie zulassen will.[176] Auf der Basis der hM ist eine entsprechende Vereinbarung im Beherrschungsvertrag ist nichtig, allerdings dürfte in aller Regel nur Teilnichtigkeit eintreten und der Vertrag mit seinem restlichen Inhalt wirksam

---

[170] So Hüffer/*Koch* AktG § 294 Rn. 12: aA GroßkommAktG/*Mülbert* § 294 Rn. 40.

[171] Hüffer/*Koch* AktG § 294 Rn. 14.

[172] KölnKommAktG/*Koppensteiner* § 294 Rn. 25; GroßkommAktG/*Mülbert* § 294 Rn. 46; Bürgers/Körber AktG/*Schenk* § 294 Rn. 13.

[173] *Emmerich* in Emmerich/Habersack Aktien- und GmbH-Konzernrecht § 294 Rn. 22a; Hüffer/*Koch* AktG § 294 Rn. 15.

[174] Begr. RegE UMAG BR-Drs. 3/05, 56 f.; OLG Celle ZIP 2008, 318; OLG Frankfurt a. M. ZIP 2008, 1966; OLG Düsseldorf ZIP 2009, 518; Hüffer/*Koch* AktG § 246a Rn. 4; DAV-Handelsrechtsausschuss NZG 2005, 388 (393); aA *Schütz* NZG 2005, 5 (9).

[175] OLG Karlsruhe AG 1994, 283; OLG Hamburg NJW 1990, 521 u. 3024; OLG München AG 1991, 358 (359); KölnKommAktG/*Koppensteiner* § 294 Rn. 34; Hüffer/*Koch* AktG § 294 Rn. 19; GroßkommAktG/*Mülbert* § 291 Rn. 93 f.; *Emmerich* in Emmerich/Habersack Aktien- und GmbH-Konzernrecht § 291 Rn. 15; offengelassen von BGHZ 122, 211 (223).

[176] MüKoAktG/*Altmeppen* § 294 Rn. 55 ff.

bleiben.[177] Zu den Rechtsfolgen der Eintragung eines fehlerhaften Beherrschungsvertrages vgl. → Rn. 19 u. 55.

B. Auffüllung der gesetzlichen Rücklage; Verlustausgleich

I. Auffüllung der gesetzlichen Rücklage

60 Nach Abschluss eines Beherrschungsvertrages muss die Gesellschaft innerhalb der ersten fünf Geschäftsjahre die gesetzliche Rücklage auffüllen (§ 300 Nr. 3 iVm Nr. 1 AktG). Das Gesetz will damit der Gefahr begegnen, dass nachteilige Weisungen des herrschenden Unternehmens den Anfall von Gewinn bei der abhängigen Gesellschaft verhindern und auf diese Weise eine Auffüllung der gesetzlichen Rücklage nach Maßgabe von § 150 Abs. 2 AktG gefährdet wäre. Besteht neben dem Beherrschungsvertrag ein Gewinnabführungsvertrag, richtet sich die Auffüllung der Rücklage nicht nach § 300 Nr. 3 AktG, sondern nach § 300 Nr. 1 AktG (vgl. dazu → § 72 Rn. 27).[178] Besteht neben dem Beherrschungsvertrag ein Teilgewinnabführungsvertrag, bleibt § 300 Nr. 3 AktG nach richtiger und herrschender Auffassung insgesamt anwendbar, so dass zur Auffüllung der gesetzlichen Rücklage der höhere der nach Nr. 1 und Nr. 2 sich ergebenden Beträge zu verwenden ist;[179] nach anderer Auffassung soll die Berechnung ausschließlich nach Nr. 2 vorzunehmen sein.[180]

61 Die Auffüllung der Rücklage soll **innerhalb der ersten fünf Geschäftsjahre,** die während des Bestehens des Beherrschungsvertrages beginnen, gleichmäßig geschehen. In diesen fünf Geschäftsjahren ist also jährlich ein Fünftel des Betrags einzustellen, der erforderlich ist, um die Rücklage auf die volle nach Gesetz oder Satzung vorgeschriebene Höhe (§ 150 Abs. 2 AktG) zu bringen. Ergibt sich nach § 150 Abs. 2 AktG eine höhere Einstellung in die gesetzliche Rücklage, so ist dieser höhere Betrag zur Rücklagendotierung zu verwenden. Es kann dann aber wohl für den Rest des Fünfjahreszeitraums der jährliche Auffüllungsbetrag nach § 300 Nr. 3 AktG entsprechend reduziert werden. Beginnt der Beherrschungsvertrag nicht am Anfang, sondern im Laufe eines Geschäftsjahres, kommt die Vorschrift erstmals für den Jahresabschluss des folgenden Geschäftsjahres zum Tragen.[181]

62 Die Rücklagendotierung nach § 300 Nr. 3 AktG setzt nach richtiger Ansicht voraus, dass ein entsprechender (fiktiver) **Jahresüberschuss vorhanden** ist;[182] nach anderer Auffassung ist die Rücklagenbildung in jedem Fall durchzuführen mit der Folge, dass ein daraus entstehender Jahresfehlbetrag vom herrschenden Unternehmen auszugleichen ist.[183] Auf

---

[177] BayObLG AG 2003, 631 (632); OLG Karlsruhe AG 1994, 283; OLG München AG 1991, 358 (359); OLG Hamburg NJW 1990, 3024 (3025); *Emmerich* in Emmerich/Habersack Aktien- und GmbH-Konzernrecht § 291 Rn. 15; Hüffer/*Koch* AktG § 294 Rn. 19; GroßkommAktG/*Mülbert* § 291 Rn. 93.

[178] Ganz hM, vgl. etwa Hüffer/*Koch* AktG § 300 Rn. 14; MüKoAktG/*Altmeppen* § 300 Rn. 27; aA aber *Mylich* AG 2016, 529 (534 f.), der auf jeden Beherrschungsvertrag § 300 Nr. 3 AktG anwenden will.

[179] KölnKommAktG/*Koppensteiner* § 300 Rn. 19; Hüffer/*Koch* AktG § 300 Rn. 15; *Emmerich* in Emmerich/Habersack Aktien- und GmbH-Konzernrecht § 300 Rn. 21; jetzt auch MüKoAktG/*Altmeppen* § 300 Rn. 37 ff.

[180] Spindler/Stilz AktG/*Euler/Sabel* § 300 Rn. 25 f.

[181] Str., wie hier Spindler/Stilz AktG/*Euler/Sabel* § 300 Rn. 11; KölnKommAktG/*Koppensteiner* § 300 Rn. 10; MüKoAktG/*Altmeppen* § 300 Rn. 16; Bürgers/Körber AktG/*Schenk* § 300 Rn. 7; aA *Emmerich* in Emmerich/Habersack Aktien- und GmbH-Konzernrecht § 300 Rn. 13, der die Regelung schon für das laufende Geschäftsjahr anwenden will.

[182] K. Schmidt/Lutter AktG/*Stephan* § 300 Rn. 27 ff.; KölnKommAktG/*Koppensteiner* § 300 Rn. 20; *Emmerich* in Emmerich/Habersack Aktien- und GmbH-Konzernrecht § 300 Rn. 20; jetzt auch MüKoAktG/*Altmeppen* § 300 Rn. 29 ff.

[183] So Hüffer/*Koch* AktG § 300 Rn. 13; Spindler/Stilz AktG/*Euler/Sabel* § 300 Rn. 23; *Adler/Düring/Schmaltz* Rechnungslegung AktG § 300 Rn. 53; *Mylich* AG 2016, 529 (533 f.).

der Basis der hier vertretenen Auffassung stellt sich die Frage, wie zu verfahren ist, wenn in einem Jahr ein ausreichender Jahresüberschuss fehlt. In diesem Fall muss für den Rest der Fünfjahresfrist der jährliche Auffüllungsbetrag gleichmäßig so erhöht werden, dass gleichwohl nach Ablauf des Fünfjahreszeitraums die gesetzliche Rücklage aufgefüllt ist.[184] Sofern die Jahresüberschüsse innerhalb der Fünfjahresfrist nicht ausreichen, müssen die nächsten Jahresüberschüsse in voller Höhe in die gesetzliche Rücklage eingestellt werden, bis diese entsprechend aufgefüllt ist.[185]

Im Falle einer **Kapitalerhöhung** ist die gesetzliche Rücklage wiederum nach den vorgenannten Regeln aufzufüllen. Findet die Kapitalerhöhung statt, während der erste Auffüllungszeitraum noch läuft, so sind die Mindestauffüllungsbeträge vom nächsten Geschäftsjahr an insgesamt so neu zu berechnen, dass der gesamte noch aufzufüllende Betrag innerhalb der nächsten fünf Geschäftsjahre gleichmäßig eingestellt wird;[186] stattdessen ist es ohne weiteres zulässig, die nach dem alten Kapital berechnete Rücklage mit den bisherigen Beträgen weiter aufzufüllen und nur den aus der Kapitalerhöhung sich ergebenden Differenzbetrag in den nächsten fünf Jahren einzustellen.[187] Im Falle einer **Kapitalherabsetzung** sind die Zuführungsbeträge für den Rest des laufenden Fünf-Jahres-Zeitraumes nach Maßgabe des herabgesetzten Grundkapitals zu verringern.[188]

II. Verlustausgleich

1. Voraussetzungen. Besteht ein Beherrschungsvertrag, so hat das herrschende Unternehmen jeden während der Vertragsdauer sonst entstehenden Jahresfehlbetrag der abhängigen Gesellschaft auszugleichen, soweit dieser nicht dadurch ausgeglichen wird, dass den anderen Gewinnrücklagen Beträge entnommen werden, die während der Vertragsdauer in sie eingestellt worden sind (§ 302 Abs. 1 AktG). Als Zweck der Regelung wird heute zumeist die Kapitalerhaltung bei der abhängigen Gesellschaft angenommen,[189] während andere die Legitimation für die Pflicht zur Verlustübernahme in den vertraglichen Herrschaftsrechten sehen,[190] oder als Fortentwicklung des auftragsrechtlichen Prinzips deuten, dass der Geschäftsherr die Aufwendungen und Verluste zu tragen habe.[191] Die Gründe für die Entstehung des Verlustes sind für die **Ausgleichspflicht** gleichgültig; die Pflicht besteht also auch dann, wenn der Verlust nicht auf Einwirkungen des herrschenden Unternehmens zurückgeht.[192] Von § 302 AktG abweichende Regelungen im Beherrschungsvertrag sind nichtig.[193]

---

[184] KölnKommAktG/*Koppensteiner* § 300 Rn. 20 iVm 12; *Emmerich* in Emmerich/Habersack Aktien- und GmbH-Konzernrecht § 300 Rn. 20.

[185] KölnKommAktG/*Koppensteiner* § 300 Rn. 20 iVm 12; *Emmerich* in Emmerich/Habersack Aktien- und GmbH-Konzernrecht § 300 Rn. 20.

[186] MüKoAktG/*Altmeppen* § 300 Rn. 17 ff.; KölnKommAktG/*Koppensteiner* § 300 Rn. 11; *Emmerich* in Emmerich/Habersack Aktien- und GmbH-Konzernrecht § 300 Rn. 14.

[187] KölnKommAktG/*Koppensteiner* § 300 Rn. 11; MüKoAktG/*Altmeppen* § 300 Rn. 17 ff.; *Adler/Düring/Schmaltz* Rechnungslegung § 308 Rn. 28; Hüffer/*Koch* AktG § 300 Rn. 8,.

[188] *Emmerich* in Emmerich/Habersack Aktien- und GmbH-Konzernrecht § 300 Rn. 14a; MüKoAktG/*Altmeppen* § 300 Rn. 20; *Adler/Düring/Schmaltz* Rechnungslegung § 300 Rn. 30.

[189] So zB BGHZ 103, 1 (10) – Familienheim; BGHZ 107, 7 (18) – Tiefbau; BGHZ 115, 187 (197) – Video; Hüffer/*Koch* AktG § 302 Rn. 3.

[190] Vgl. etwa Begr. RegE AktG abgedruckt bei *Kropff*, AktG, 1965, S. 391; BGHZ 116, 37 (41 f.); KölnKommAktG/*Koppensteiner* § 302 Rn. 6; *Hommelhoff* FS Goerdeler, 1987, 221 (227 ff.). Vgl. auch Spindler/Stilz AktG/*Veil* § 302 Rn. 5: Ausgleichspflicht wg. „kapitalschutzrelevanter Organisationsherrschaft".

[191] MüKoAktG/*Altmeppen* § 302 Rn. 13; *Wilhelm* DB 1986, 2113 (2116); dagegen KölnKommAktG/*Koppensteiner* § 302 Rn. 10; Spindler/Stilz AktG/*Veil* § 302 Rn. 5.

[192] BGHZ 116, 37 (41 f.) – Stromlieferung; KölnKommAktG/*Koppensteiner* § 302 Rn. 18; MüKoAktG/*Altmeppen* § 302 Rn. 19; Hüffer/*Koch* AktG § 302 Rn. 9; *Emmerich* in Emmerich/Habersack Aktien- und GmbH-Konzernrecht § 302 Rn. 30.

[193] KölnKommAktG/*Koppensteiner* § 302 Rn. 15.

65 Auszugleichen ist der **Jahresfehlbetrag,** der ohne die Verlustübernahmeverpflichtung im Jahresabschluss (§§ 266 Abs. 3 A. V., 275 Abs. 2 Nr. 20 und Abs. 3 Nr. 19 HGB) auszuweisen wäre. Nach § 268 Abs. 8 HGB ausschüttungsgesperrte Beträgeerhöhen den so ermittelten (fiktiven) Jahresfehlbetrag nicht.[194] Der auszugleichende Jahresfehlbetrag ist vorab zu ermitteln. Im endgültigen Jahresabschluss tritt er nicht in Erscheinung, weil die Verlustübernahme in der Gewinn- und Verlustrechnung als Ertrag auszuweisen ist (§ 277 Abs. 3 S. 2 HGB).

66 Auszugleichen ist jeder (fiktive) Jahresfehlbetrag, der **während der Vertragsdauer** entsteht. Entscheidend ist, dass der Stichtag des Jahresabschlusses, in dem der Fehlbetrag auszuweisen wäre, in die Vertragszeit fällt. Dieser Jahresfehlbetrag ist auch dann auszugleichen, wenn bei Wirksamwerden eines Beherrschungsvertrags im Laufe eines Geschäftsjahres die Verluste schon vorher entstanden waren.[195] Allerdings lässt sich dies durch Bildung von Rumpfgeschäftsjahren bis zu bzw. ab dem Tag des Wirksamwerdens des Beherrschungsvertrages vermeiden;[196] ob dafür jedoch eine Änderung des satzungsmäßigen Geschäftsjahres entbehrlich ist und die vertragliche Festlegung des Abrechnungszeitraums genügt,[197] erscheint zweifelhaft. Verlustvorträge aus früheren Geschäftsjahren sind nicht auszugleichen, sondern schmälern lediglich den Höchstbetrag des Gewinns, der auf Grund eines etwaigen Gewinnabführungsvertrags gemäß § 301 AktG abgeführt werden kann.[198]

67 Wenn der Beherrschungsvertrag – etwa durch Kündigung aus wichtigem Grund (§ 297 Abs. 1 AktG) – **im Laufe eines Geschäftsjahres endet,** ist auf den Zeitpunkt der Beendigung des Beherrschungsvertrages für die Zwecke der Vertragsabrechnung ein Zwischenabschluss zu erstellen und der daraus sich ergebende Fehlbetrag auszugleichen,[199] ohne dass durch Satzungsänderung Rumpfgeschäftsjahre gebildet werden müssen.[200] Bei einer **Auflösung der abhängigen Gesellschaft** – etwa durch Insolvenz oder einen der anderen Auflösungsfälle (§ 262 AktG) – gilt im Ergebnis das Gleiche. Die Gesellschaft hat eine Schlussbilanz für den bis zum Zeitpunkt der Auflösung abgelaufenen Zeitraum aufzustellen,[201] der aus dieser Schlussbilanz sich ergebende Fehlbetrag ist auszugleichen.[202] Diese

---

[194] Hölters AktG/*Deilmann* § 302 Rn. 9; Wachter AktG/*K. J. Müller* § 302 Rn. 6; Baumbach/Hopt HGB/*Merkt* § 268 Rn. 9; *Zwirner* DStR 2011, 783 ff.; *Küting/Laorsen/Eichenlaub/Toebe* GmbHR 2011, 1 (9); *Neumayer/Imschweiler* GmbHR 2011, 57 (60); *Simon* NZG 2009, 1081 (1086 f.); aA Hüffer/*Koch* AktG § 302 Rn. 9; MüKoAktG/*Altmeppen* § 302 Rn. 17.

[195] MüKoAktG/*Altmeppen* § 302 Rn. 22; KölnKommAktG/*Koppensteiner* § 302 Rn. 28; Hüffer/Koch AktG § 302 Rn. 10; K. Schmidt/Lutter AktG/*Stephan* § 302 Rn. 33; zweifelnd *K. Schmidt* ZGR 1983, 513 (523 f.).

[196] Hüffer/*Koch* AktG § 302 Rn. 10; KölnKommAktG/*Koppensteiner* § 302 Rn. 28; MüKoAktG/*Altmeppen* § 302 Rn. 22; *Cahn/Simon* Der Konzern 2003, 1 (15).

[197] So K. Schmidt/Lutter AktG/*Stephan* § 302 Rn. 34; *Emmerich* in Emmerich/Habersack Aktien- und GmbH-Konzernrecht § 302 Rn. 34a.

[198] KölnKommAktG/*Koppensteiner* § 302 Rn. 29; MüKoAktG/*Altmeppen* § 302 Rn. 23; Hüffer/Koch AktG § 302 Rn. 10; *Emmerich* in Emmerich/Habersack Aktien- und GmbH-Konzernrecht § 302 Rn. 31.

[199] BGH AG 2002, 240; BGHZ 105, 168 (182) – HSW; BGHZ 103, 1 (9 f.) – Familienheim; MüKoAktG/*Altmeppen* § 302 Rn. 25; KölnKommAktG/*Koppensteiner* § 302 Rn. 31 f.; Hüffer AktG/Koch § 302 Rn. 11; *Emmerich* in Emmerich/Habersack Aktien- und GmbH-Konzernrecht § 302 Rn. 38. Vgl. aber auch zum Sonderfall der Vertragsbeendigung durch Verschmelzung *Gelhausen/Heinz* NZG 2005, 775 ff.: Endabrechnung auf den letzten regulären Abrechnungsstichtag.

[200] Zutreffend Hüffer/*Koch* AktG § 302 Rn. 11; im Ergebnis auch MüKoAktG/*Altmeppen* § 302 Rn. 26.

[201] Vgl. etwa BayObLG DB 1994, 523 (524); MüKoAktG/*Altmeppen* § 302 Rn. 28; *Emmerich* in Emmerich/Habersack Aktien- und GmbH-Konzernrecht § 302 Rn. 39.

[202] Nach hM führt die Auflösung zur Beendigung des Beherrschungsvertrages (vgl. → Rn. 207), so dass insoweit nicht anderes gilt als in anderen Fällen der Vertragsbeendigung. Nach anderer Meinung lässt die Auflösung den Vertrag unberührt; auch von den Vertretern dieser Auffassung wird aber ein Ausgleich der bis zum Auflösungsstichtag entstandenen Verluste für erforderlich gehalten, vgl. namentlich KölnKommAktG/*Koppensteiner* § 302 Rn. 34 f.; *K. Schmidt* ZGR 1983, 513 (528 ff.).

Schlussbilanz ist im Falle der Auflösung der abhängigen Gesellschaft oder wenn aus anderen Gründen nach dem Ende des Beherrschungsvertrags die Fortführungsprognose negativ ist, auf der Basis von Liquidationswerten aufzustellen, so dass am Bilanzstichtag absehbare Abwicklungsverluste von der Ausgleichspflicht erfasst werden.[203] Hingegen bedarf es keines Ausgleichs erst in der Folgezeit sich ergebender Abwicklungsverluste.[204] Davon zu unterscheiden ist die Situation, dass bei Fortführung der abhängigen Gesellschaft nachteilige Maßnahmen aus der Vertragszeit nachwirken; dazu → Rn. 230 ff.

Ein Verlustausgleich ist nicht erforderlich, soweit den **anderen Gewinnrücklagen** 68 (§ 266 Abs. 3 A. III. 4 HGB) Beträge entnommen werden, die während der Vertragsdauer in sie eingestellt worden sind (§ 302 Abs. 1 AktG). Während der Vertragsdauer ist die Einstellung erfolgt, wenn die Rücklage zu Lasten eines während der Vertragsdauer entstandenen Gewinns dotiert wird; wird ein Gewinn aus vorvertraglicher Zeit nach Wirksamwerden des Beherrschungsvertrags in die Rücklage eingestellt, fällt dieser nicht unter § 302 Abs. 1 AktG. **Vertragliche Rücklagen** können zur Verlustabdeckung aber durch Auflösung, Ausschüttung und Aufrechnung des Dividendenanspruchs gegen die Verlustausgleichspflicht (zur Aufrechnung vgl. → Rn. 72) verwendet werden.[205] Das Gleiche gilt für einen **Gewinnvortrag**, sofern er während der Vertragsdauer gebildet wurde.[206] Ebenso ist – über den zu engen Gesetzeswortlaut hinaus – für eine während der Vertragsdauer gebildete **Kapitalrücklage nach § 272 Abs. 2 Nr. 4 HGB** zu entscheiden. Gesellschaftsrechtlich ist es zulässig, diese als Gewinn abzuführen,[207] auch wenn dies steuerlich nicht mehr anerkannt wird (vgl. → § 72 Rn. 32); es muss dann auch zulässig sein, sie zum Verlustausgleich zu verwenden.[208] Die Entnahme aus den Rücklagen bzw. dem Gewinnvortrag führt zwar nicht zu einer Beseitigung des Jahresfehlbetrages im Abschluss, da sie in der Gewinn- und Verlustrechnung nach dem Posten Jahresfehlbetrag aufzuführen ist(§ 158 Abs. 1 AktG); es entfällt insoweit aber die Verpflichtung, den ausgewiesenen Jahresfehlbetrag auszugleichen.

Die **Kapitalrücklage** und die **gesetzliche Rücklage** können zur Verlustdeckung nicht 69 verwendet werden, ebenso wenig die Rücklagen für eigene Aktien, auch wenn die Voraussetzungen für ihre Auflösung nach § 272 Abs. 4 S. 2 AktG vorliegen. Fraglich ist, ob die **satzungsmäßigen Rücklagen** (§ 266 Abs. 3 A. III. 3 HGB) verwendet werden können, sofern dies mit ihrer Zweckbestimmung vereinbar ist. Der Gesetzeswortlaut, der nur die anderen Gewinnrücklagen nennt, spricht dagegen, Zweck und Entstehungsgeschichte des Gesetzes lassen jedoch die Annahme zu, dass auch die satzungsmäßigen Rücklagen zur Verlustdeckung verwendet werden können, soweit sie während der Dauer des Beherr-

---

[203] *K. Schmidt/Lutter* AktG/*Stephan* § 302 Rn. 39; KölnKommAktG/*Koppensteiner* § 302 Rn. 37; MüKoAktG/*Altmeppen* § 302 Rn. 39; *Wimmer-Leonhardt*, Konzernhaftungsrecht, 2004, S. 33 ff.; *Grüner*, Die Beendigung von Gewinnabführungs- und Beherrschungsverträgen, 2003, S. 212 ff.; *Seibt/Cziupka* AG 2015, 721 (725); *H.-P. Müller* FS Goerdeler, 1987, 375 (391 ff.).

[204] BGHZ 103, 1 (9 f.) – Familienheim; OLG Düsseldorf AG 1999, 89 (91); KölnKommAktG/ *Koppensteiner* § 302 Rn. 36 f.; MüKoAktG/*Altmeppen* § 302 Rn. 42; *K. Schmidt/Lutter* AktG/*Stephan* § 302 Rn. 39; *Lwowski/Groeschke* WM 1994, 613 (615 f.); *Hengeler/Hoffmann-Becking* FS Hefermehl, 1976, 283 (293 f.); *K. Schmidt* ZGR 1983, 513 (531 ff.); aA *Emmerich* in Emmerich/Habersack Aktien- und GmbH-Konzernrecht § 302 Rn. 39; *Rümker* WM 1974, 990 (995); *Werner* AG 1968, 181 (185); *Werner* AG 1972, 137 (143); *Peltzer* AG 1975, 309 (311).

[205] *Kleefass* NZG 2018, 374 (375 ff.).

[206] Zum Gewinnvortrag KölnKommAktG/*Koppensteiner* § 302 Rn. 24; MüKoAktG/*Altmeppen* § 302 Rn. 49; *Hüffer/Koch* AktG § 302 Rn. 12; *Emmerich* in Emmerich/Habersack Aktien- und GmbH-Konzernrecht § 302 Rn. 33.

[207] OLG Frankfurt a. M. NZG 2000, 603 (604); *K. Schmidt/Lutter* AktG/*Stephan* § 301 Rn. 26.

[208] KölnKommAktG/*Koppensteiner* § 302 Rn. 21; *Hüffer* FS U. H. Schneider, 2011, 559; *Hoffmann-Becking* WiB 1994, 57 (61); aA *Emmerich* in Emmerich/Habersack Aktien- und GmbH-Konzernrecht § 302 Rn. 35; *Spindler/Stilz* AktG/*Veil* § 302 Rn. 29; *K. Schmidt/Lutter* AktG/*Stephan* § 302 Rn. 27; *Cahn/Simon* Der Konzern 2003, 1 (14); *Breuninger/Krüger* GmbHR 2002, 277 (278).

schungsvertrages gebildet wurden.[209] Nach § 302 AktG aF waren die freien Rücklagen verwendbar, dazu zählten auch satzungsmäßige Rücklagen. Die heutige Formulierung von § 302 Abs. 1 AktG sollte diesen an die Nomenklatur des Bilanzrichtliniengesetzes anpassen;[210] dass damit eine materielle Rechtsänderung gewollt gewesen wäre, ist nicht ersichtlich.

70 Ob ein Fehlbetrag durch Entnahme aus den Rücklagen ausgeglichen werden soll, ist von der abhängigen Gesellschaft im Rahmen der **Feststellung des Jahresabschlusses** zu entscheiden. Das herrschende Unternehmen kann den Vorstand der abhängigen Gesellschaft anweisen, einen Fehlbetrag auf diese Weise auszugleichen.[211] Auch der Aufsichtsrat handelt nicht pflichtwidrig, wenn er einem vom Vorstand aufgestellten Jahresabschluss die Billigung nach § 172 AktG verweigert, um einen Ausgleich des Fehlbetrags durch Entnahme aus den Rücklagen zu erreichen;[212] denn der Aufsichtsrat hat bei der Entscheidung nach § 172 AktG das gleiche bilanzpolitische Ermessen wie der Vorstand.[213]

71 Eine rückwirkende **vereinfachte Kapitalherabsetzung** zum Verlustausgleich gem. § 229 AktG ändert an der Verlustausgleichspflicht nichts.[214]

72 **2. Einzelfragen des Anspruchs.** Der Ausgleichsanspruch richtet sich auf Zahlung eines Betrags in Höhe des ausgleichspflichtigen Verlustes,[215] dh des sonst auszuweisenden und nicht durch zulässige Entnahmen aus den Rücklagen ausgeglichenen Jahresfehlbetrags. Eine **Aufrechnung** durch das herrschende Unternehmen ist jedenfalls dann zulässig, wenn die zur Aufrechnung gestellte Forderung werthaltig ist.[216] Hinzukommen muss allerdings, dass sie fällig ist, weil sonst ein unzulässiger Stundungseffekt einträte,[217] und dass sie liquide, also frei von Einwendungen und Einreden ist; insoweit gelten die gleichen Erwägungen wie für eine Aufrechnung durch die AG zur Tilgung einer Forderung nach §§ 54 und 65 AktG (vgl. → § 16 Rn. 8). Unter diesen Voraussetzungen ist auch die Aufrechnung durch die Gesellschaft zulässig. Die Beweislast für die Vollwertigkeit trifft das herrschende Unternehmen, weil es hier um die Frage der Erfüllung der Verlustausgleichspflicht geht;[218] das gilt daher auch, wenn die Aufrechnung durch die Gesellschaft erklärt worden ist und später Zweifel an der Werthaltigkeit entstehen. Zulässig sind auch Vereinbarungen, wonach das herrschende Unternehmen zur Tilgung einer bestehenden oder künftigen Verlustausgleichspflicht werthaltige **Sachleistungen an Erfüllungs statt** erbringt, wobei allerdings klargestellt sein muss, ob die Leistung auf einen vorjährigen oder künftigen Anspruch zu

---

[209] AA *Emmerich* in Emmerich/Habersack Aktien- und GmbH-Konzernrecht § 302 Rn. 35; KölnKommAktG/*Koppensteiner* § 302 Rn. 22; Spindler/Stilz AktG/*Veil* § 302 Rn. 29.

[210] Vgl. auch KölnKommAktG/*Koppensteiner* § 302 Rn. 1.

[211] MüKoAktG/*Altmeppen* § 302 Rn. 52; *Emmerich* in Emmerich/Habersack Aktien- und GmbH-Konzernrecht § 302 Rn. 34; K. Schmidt/Lutter AktG/*Stephan* § 302 Rn. 28; missverständlich Hüffer/*Koch* AktG § 302 Rn. 12 aE.

[212] So aber MüKoAktG/*Altmeppen* § 302 Rn. 51; wie hier K. Schmidt/Lutter AktG/*Stephan* § 302 Rn. 29; *Emmerich* in Emmerich/Habersack Aktien- und GmbH-Konzernrecht § 302 Rn. 34.

[213] *J. Semler*, Leitung und Überwachung der Aktiengesellschaft, 2. Aufl. 1996, Rn. 209; MüKoAktG/*Hennrichs/Pöschke* § 172 Rn. 3.

[214] MüKoAktG/*Altmeppen* § 302 Rn. 53; KölnKommAktG/*Koppensteiner* § 302 Rn. 26; *Emmerich* in Emmerich/Habersack Aktien- und GmbH-Konzernrecht § 302 Rn. 36.

[215] BGH ZIP 2006, 1488 (1489); OLG München ZIP 2014, 1067 (1068); MüKoAktG/*Altmeppen* § 302 Rn. 70; KölnKommAktG/*Koppensteiner* § 302 Rn. 50; Hüffer/*Koch* AktG § 302 Rn. 13.

[216] BGH ZIP 2006, 1488 (1489 f.); OLG München ZIP 2014, 1067 (1068); Hüffer AktG/*Koch* § 302 Rn. 13; Spindler/Stilz AktG/*Veil* § 302 Rn. 28; MüKoAktG/*Altmeppen* § 302 Rn. 93; weitergehend *Liebscher* ZIP 2006, 1221 (1223 ff., 1228); *Hentzen* AG 2006, 133 (137 ff.); *Sassenrath* FS Huber, 2006, 931 (946 f.); K. Schmidt/Lutter AktG/*Stephan* § 302 Rn. 46, die die Aufrechnung unabhängig von der Werthaltigkeit zulassen wollen; einschränkend *Verse* ZIP 2005, 1627 (1630 ff.); ablehnend OLG Jena AG 2005, 405 (406) (zur GmbH.

[217] Vgl. dazu etwa BGHZ 15, 52 (57); Hüffer/*Koch* AktG § 66 Rn. 7.

[218] BGH ZIP 2006, 1488 (1490).

verrechnen ist.[219] Jedoch wird man bezweifeln müssen, dass das herrschende Unternehmen auf Grund des Vertrags die Weisung erteilen kann, einer Leistung an Erfüllungs statt zuzustimmen.

Schuldner des Anspruchs ist das herrschende Unternehmen. Beim Beherrschungsvertrag zwischen einem Gemeinschaftsunternehmen und seinen mehreren Muttergesellschaften (dazu → Rn. 11) haften die Muttergesellschaften für den Verlustausgleich zwingend gesamtschuldnerisch.[220]

Inhaber des Anspruchs ist die Gesellschaft, er ist vom Vorstand geltend zu machen. Ob den einzelnen Aktionären analog §§ 309 Abs. 4 S. 1 u. 2, 317 Abs. 4 AktG das Recht zur Geltendmachung des Anspruchs einzuräumen ist, ist umstritten;[221] die grundsätzliche Zurückhaltung des Aktienrechts gegenüber einer Aktionärsklage spricht gegen diese Analogie. Gläubiger der Gesellschaft sind zur **Geltendmachung** nur berechtigt, wenn ihnen der Anspruch abgetreten ist, oder sie den Anspruch haben pfänden und sich zur Einziehung überweisen lassen.[222] Der Anspruch ist pfändbar.[223] Eine **Abtretung** ist zulässig, vorausgesetzt, dass die Gesellschaft dafür eine vollwertige Gegenleistung erhält; anderenfalls ist die Abtretung nichtig.[224] Auch einer Sicherungsabtretung und Verpfändung steht nichts entgegen, wegen des Gebots der vollwertigen Gegenleistung wird allerdings verlangt, dass keine Übersicherung vorliegt.[225]

Der Ausgleichsanspruch **entsteht** mit dem Stichtag der maßgeblichen Bilanz.[226] Nach inzwischen herrschender Ansicht soll er gleichzeitig in der bei „richtiger" Bilanzierung sich ergebenden Höhe **fällig** werden.[227] Das ist als Formulierung schief, weil es eine „richtige" Bilanz nicht gibt, sondern das Jahresergebnis durch bilanzielle Prognose- und Ermessens-

---

[219] BGHZ 168, 285 (290 ff.); 206, 74 Rn. 21; OLG München ZIP 2014, 1067 (1068); MüKoAktG/*Altmeppen* § 302 Rn. 88; *Emmerich* in Emmerich/Habersack Aktien- und GmbH-Konzernrecht § 302 Rn. 40g; *Liebscher* ZIP 2006, 1221 (1225 f.).

[220] KölnKommAktG/*Koppensteiner* § 302 Rn. 44; MüKoAktG/*Altmeppen* § 302 Rn. 84; Hüffer/Koch AktG § 302 Rn. 19; *Hommelhoff* FS Goerdeler, 1987, 221 (237 f.); *Exner*, Beherrschungsvertrag und Vertragsfreiheit, 1984, S. 285 ff.; *Wiechmann* DB 1985, 2031; aA *K. Schmidt* DB 1984, 1181.

[221] Dafür KölnKommAktG/*Koppensteiner* § 302 Rn. 41; *Emmerich* in Emmerich/Habersack Aktienkonzernrecht § 302 Rn. 44; *Görling*, Die Konzernhaftung in mehrstufigen Unternehmensverbindungen, 1998, S. 139 f.; *Lutter* AG 1968, 73 (74); aA zB Hüffer/Koch AktG § 302 Rn. 18; MüKoAktG/*Altmeppen* § 302 Rn. 80 ff.; K. Schmidt/Lutter AktG/*Stephan* § 302 Rn. 58.

[222] OLG Frankfurt a. M. ZIP 2015, 846 (848); Hüffer/Koch AktG § 302 Rn. 16, 18; MüKoAktG/*Altmeppen* § 302 Rn. 79; *Emmerich* in Emmerich/Habersack Aktien- und GmbH-Konzernrecht § 302 Rn. 44; KölnKommAktG/*Koppensteiner* § 302 Rn. 42; aA *K. Müller* ZGR 1977, 1 (5), der den Gläubigern analog § 309 Abs. 4 AktG das Recht zugestehen will, den Ausgleichsanspruch unmittelbar geltend zu machen.

[223] BGHZ 95, 330 (347) – Autokran; MüKoAktG/*Altmeppen* § 302 Rn. 78; KölnKommAktG/*Koppensteiner* § 302 Rn. 39; Hüffer/Koch AktG § 302 Rn. 16; *Emmerich* in Emmerich/Habersack Aktien- und GmbH-Konzernrecht § 302 Rn. 44.

[224] MüKoAktG/*Altmeppen* § 302 Rn. 105; KölnKommAktG/*Koppensteiner* § 302 Rn. 39; Hüffer/Koch AktG § 302 Rn. 15; *Emmerich* in Emmerich/Habersack Aktien- und GmbH-Konzernrecht § 302 Rn. 44.

[225] KölnKommAktG/*Koppensteiner* § 302 Rn. 39; Hüffer/Koch AktG § 302 Rn. 15; *Emmerich* in Emmerich/Habersack Aktien- und GmbH-Konzernrecht § 302 Rn. 44.

[226] BGHZ 142, 382 (385 f.); BGH NZG 2005, 481 (482); ZIP 2006, 1488 (1490); KölnKommAktG/*Koppensteiner* § 302 Rn. 53; MüKoAktG/*Altmeppen* § 302 Rn. 72; Hüffer/Koch AktG § 302 Rn. 13; *Emmerich* in Emmerich/Habersack Aktien- und GmbH-Konzernrecht § 302 Rn. 40; *Meister* WM 1976, 1182; aA OLG Schleswig ZIP 1987, 1448 (1450): mit Feststellung des Jahresabschlusses.

[227] BGHZ 142, 382 (385 f.); BGH NZG 2005, 481 (482); ZIP 2006, 1488 (1490); Hüffer/Koch AktG § 302 Rn. 13; *Emmerich* in Emmerich/Habersack Aktien- und GmbH-Konzernrecht § 302 Rn. 40; MüKoAktG/*Altmeppen* § 302 Rn. 71 ff.; Spindler/Stilz AktG/*Veil* § 302 Rn. 21; K. Schmidt/Lutter AktG/*Stephan* § 302 Rn. 42 f.; *Spindler/Klöhn* NZG 2005, 584 (585 f.); aA KölnKommAktG/*Koppensteiner* § 302 Rn. 53; *Krieger* NZG 2005, 787 (788 f.); im Ergebnis auch *Kleindiek* ZGR 2001, 479 (487 ff.), der mit dem Bilanzstichtag nur einen vorläufig ermittelten Verlustausgleichsanspruch fällig werden lässt.

entscheidungen geprägt wird, die erst mit Aufstellung des Jahresabschlusses getroffen und mit seiner Feststellung verbindlich werden.[228] Auch die hM will aber letztlich die ordnungsgemäß auf- und festgestellte Bilanz als maßgeblich akzeptieren und einen Rückzahlungsanspruch gewähren, wenn der festgestellte Abschluss einen niedrigeren Verlust ausweist als ursprünglich angenommen.[229] Ein inhaltlich fehlerhafter Abschluss hingegen ist für die Berechnung des Verlustausgleichs auch dann nicht maßgeblich, wenn er festgestellt wurde, weil die kurzen Fristen für den Eintritt der Bestandskraft des festgestellten Abschlusses (§ 256 Abs. 6 AktG), mit dem Schutzzweck des Verlustausgleichs und dem nötigen Schutz vor möglichen Missbräuchen nicht vereinbar wären. Diese Rechtslage begründet für die Dauer von 10 Jahren nach Beendigung des Vertrages (§ 302 Abs. 4 AktG) das Risiko von Nachforderungen mit dem Argument, der abschließende Verlustausgleich sei fehlerhaft ermittelt worden. Das ist ein insbesondere bei Veräußerung der Beteiligung relevantes Problem, dem nur durch geeignete Freistellungsverpflichtungen des Erwerbs begegnet werden kann.[230] Der Anspruch ist vom Zeitpunkt der Fälligkeit an, dh ab dem Stichtag des maßgeblichen Jahresabschlusses, mit 5% zu **verzinsen** (§§ 353 Abs. 1, 352 Abs. 1 HGB);[231] das herrschende Unternehmen kommt jedoch erst nach Aufstellung des Jahresabschlusses der abhängigen Gesellschaft und anschließender Mahnung in Verzug.[232] Unterjährige **Abschlagszahlungen** auf eine voraussichtliche Verpflichtung zum Verlustausgleich schuldet das herrschende Unternehmen nicht,[233] ebenso wenig wie eine allgemeine Verpflichtung zur Aufrechterhaltung der Liquidität der Tochtergesellschaft besteht.[234] Es ist jedoch zulässig, schon im Voraus Geld- oder Sachleistungen zur Tilgung oder zur Vermeidung einer künftigen Verlustausgleichspflicht zu erbringen; erforderlich ist aber, dazu schon im Vorhinein eine entsprechende eindeutige Zweckbestimmung zu treffen.[235]

76 Die abhängige Gesellschaft hat den Anspruch unverzüglich nach Fälligkeit geltend zu machen,[236] wobei die ordnungsgemäße Auf- und Feststellung des Jahresabschlusses aber abgewartet werden darf.[237] Eine **Stundung** ist unzulässig.[238] Auch im Beherrschungsvertrag

---

[228] *Kleindiek* ZGR 2001, 479 (485 f.); *Krieger* NZG 2005, 787 (788 ff.); *Hennrichs* ZHR 174 (2010), 683; vgl. auch K. Schmidt/Lutter AktG/*Stephan* § 302 Rn. 42.

[229] BGHZ 142, 382 (386); MüKoAktG/*Altmeppen* § 302 Rn. 73; Hüffer/*Koch* AktG § 302 Rn. 13; Spindler/Stilz AktG/*Veil* § 302 Rn. 21; *Spindler/Klöhn* NZG 2015, 584 (585).

[230] Näher etwa *Deilmann* NZG 2015, 460 (464 f.); *Hentzen* NZG 2008, 201 (202).

[231] BGHZ 142, 382 (386); 206, 74 Rn. 24; OLG München ZIP 2014, 1067 (1071); MüKoAktG/*Altmeppen* § 302 Rn. 73; KölnKommAktG/*Koppensteiner* § 302 Rn. 55; Hüffer/*Koch* AktG § 302 Rn. 14; *Emmerich* in Emmerich/Habersack Aktien- und GmbH-Konzernrecht § 302 Rn. 40a; aA *Thoß* DB 2007, 206 ff., der nur Verzugszinsen für möglich hält.

[232] BGHZ 206, 74 Rn. 24 ff.; MüKoAktG/*Altmeppen* § 302 Rn. 77.

[233] Hölters AktG/*Deilmann* § 302 Rn. 23; *Kiefner* FS E. Vetter, 2019, 293 (295 ff.); *Hentzen* AG 2006, 133 (140 f.); K. Schmidt/Lutter AktG/*Stephan* § 302 Rn. 49; aA *Emmerich* in Emmerich/Habersack Aktien- und GmbH-Konzernrecht § 302 Rn. 41; MüKoAktG/*Altmeppen* § 302 Rn. 74; Spindler/Stilz AktG/*Veil* § 302 Rn. 23; bei Existenzgefährdung auch Hüffer AktG/*Koch* § 302 Rn. 13.

[234] OLG Hamburg AG 1988, 22 (24); KölnKommAktG/*Koppensteiner* § 302 Rn. 57; *Schluck-Amend* FS Marsch-Barner, 2018, 491 (500); *Lwowski/Groeschke* WM 1994, 613 (615). Zur Diskussion, ob das herrschende Unternehmen in einem zentral finanzierten Konzern die Liquidität der einzelnen Konzernunternehmen sicherstellen muss, vgl. → § 70 Rn. 64.

[235] BGH ZIP 2006, 1488 (1490); OLG München ZIP 2014, 1067 (1068); OLG Frankfurt a. M. NZG 2000, 603 (604 f.)); *Liebscher* ZIP 2006, 1221 (1225 f.); *Priester* BB 2005, 2483 (2485); *Reuter* DB 2005, 2339 (2340).

[236] *Emmerich* in Emmerich/Habersack Aktien- und GmbH-Konzernrecht § 302 Rn. 43; MüKoAktG/*Altmeppen* § 302 Rn. 75; vgl. auch LG Bochum AG 1987, 324 (325).

[237] MüKoAktG/*Altmeppen* § 302 Rn. 77; K. Schmidt/Lutter AktG/*Stephan* § 302 Rn. 43; *Thoß* DB 2007, 206 (207 f.).

[238] MüKoAktG/*Altmeppen* § 302 Rn. 75; KölnKommAktG/*Koppensteiner* § 302 Rn. 54; *Emmerich* in Emmerich/Habersack Aktien- und GmbH-Konzernrecht § 302 Rn. 40d; Spindler/Stilz AktG/*Veil* § 302 Rn. 25; *Meister* WM 1976, 1182 (1183); aA *Hoffmann/Theusinger* NZG 2014, 1170 (1171 f.).

§ 71 Vertragskonzern (Beherrschungsvertrag) **77, 78 § 71**

kann die Fälligkeit nicht auf einen späteren Zeitpunkt verlegt werden.[239] Ein **Hin- und Herzahlen** der Ausgleichsleistung, namentlich die Einstellung in einen Cash Pool wird man entsprechend § 57 Abs. 1 S. 3 AktG hingegen als zulässig ansehen können, wenn der Rückzahlungsanspruch vollwertig ist.[240]

Ein **Verzicht** auf den Ausgleichsanspruch oder ein **Vergleich** darüber sind nur unter den engen Voraussetzungen des § 302 Abs. 3 AktG möglich.[241] Deshalb kann das herrschende Unternehmen die abhängige Gesellschaft nicht anweisen, den Anspruch nicht geltend zu machen oder gar eine Klage auf Zahlung des Verlustausgleichs wieder zurückzunehmen.[242] Die **Verjährungsfrist** beträgt 10 Jahre ab Vertragsbeendigung und deren Bekanntmachung (§ 302 Abs. 4 AktG); sie gilt allerdings nur für die Hauptforderung, während Zinsansprüche nach allgemeinen Regeln verjähren.[243] Eine vertragliche Rückerstattungsverpflichtung des Inhalts, dass ein geleisteter Verlustausgleich aus späteren Gewinnen zurückzuerstatten sei, ist ebenfalls unzulässig;[244] da Beherrschungsverträge in der Praxis zumeist mit Gewinnabführungsverträgen gekoppelt sind, dürfte die Frage allerdings geringe praktische Relevanz haben. **77**

C. Sicherung der außenstehenden Aktionäre

I. Angemessener Ausgleich

1. Grundlagen. a) Voraussetzungen und Dauer des Anspruchs. Gem. § 304 Abs. 1 S. 2 AktG müssen Beherrschungsverträge einen angemessenen Ausgleich für die außenstehenden Aktionäre vorsehen.[245] Das Gesetz will damit die außenstehenden Aktionäre vor Beeinträchtigungen ihres Dividendenanspruchs durch die vertraglichen Einwirkungsrechte des herrschenden Unternehmens schützen. Als angemessener Ausgleich ist ein bestimmter jährlicher Gewinnanteil zu garantieren, auf den die von der Gesellschaft selbst ausgeschüttete Dividende aufzustocken ist, wenn sie unter dem garantierten Betrag bleibt **(Dividendengarantie)**. Ist der Beherrschungsvertrag mit einem Gewinnabführungsvertrag gekoppelt, kann die Gesellschaft auf Grund der Gewinnabführungsverpflichtung von vornherein keine Dividende mehr ausschütten; in diesem Fall ist daher anstelle der Dividendengarantie für die außenstehenden Aktionäre im Gewinnabführungsvertrag eine wiederkehrende Ausgleichszahlung vorzusehen (§ 304 Abs. 1 S. 1 AktG). Zum Inhalt dieser Ansprüche vgl. näher → Rn. 83 ff. Von der Bestimmung des Ausgleichs kann abgesehen werden, wenn die abhängige Gesellschaft im Zeitpunkt der Beschlussfassung ihrer Hauptversammlung über den Beherrschungsvertrag keine außenstehenden Aktionäre hatte (§ 304 Abs. 1 S. 3 AktG). Der Ausgleichsanspruch muss im Vertrag selbst geregelt werden. Er entsteht mit Wirksamwerden des Vertrages und entfällt mit dessen Beendigung. Bei **Vertragsbeginn** im **78**

---

[239] KölnKommAktG/*Koppensteiner* § 302 Rn. 54.
[240] Hüffer/*Koch* AktG § 302 Rn. 14; Emmerich in Emmerich/Habersack Aktien- und GmbH-Konzernrecht § 302 Rn. 40 f.; MüKoGmbHG/*Liebscher* Anh. § 13 Rn. 898; ausführlich *Hentzen* AG 2017, 885 ff.; *Hoffmann-Theusinger* NZG 2014, 1170 (1171 f.); zweifelnd K. Schmidt/Lutter AktG/ *Stephan* § 302 Rn. 55.
[241] Dazu eingehend *Hirte* Liber Amicorum Happ, 2006, 65 ff. Zum Abwendungsvergleich nach § 302 Abs. 3 S. 2 AktG eingehend *Dachner*, Der Abwendungsvergleich in § 302 Abs. 3 S. 2 AktG an der Schnittstelle von Gesellschafts-, Steuer- und Insolvenzrecht, 2013; *Bärenz/Fragel* FS Görg, 2010, 13; *Hirte* Liber Amicorum Happ, 2006, 65.
[242] LG Bochum AG 1987, 324 (325); KölnKommAktG/*Koppensteiner* § 302 Rn. 54; MüKoAktG/ *Altmeppen* § 302 Rn. 86; *Emmerich* in Emmerich/Habersack Aktien- und GmbH-Konzernrecht § 302 Rn. 50.
[243] OLG München ZIP 2014, 1067 (1071 f.).
[244] MüKoAktG/*Altmeppen* § 302 Rn. 106 f.; KölnKommAktG/*Koppensteiner* § 302 Rn. 56; Hüffer AktG/*Koch* § 302 Rn. 17.
[245] Zur Frage, ob Geltungsgrund der Verpflichtung ein gesetzliches oder ein vertragliches Schuldverhältnis ist, eingehend *Bilda* FS Hüffer, 2010, 49.

Laufe eines Geschäftsjahres gelangt der Anspruch für dieses Jahr in voller Höhe zur Entstehung. Im umgekehrten Fall einer **Vertragsbeendigung** im Laufe eines Geschäftsjahres ist der Ausgleich nur zeitanteilig zu zahlen; vgl. → Rn. 221.

79 **b) Inhaber des Anspruchs.** Der Anspruch auf angemessenen Ausgleich beschränkt sich auf die außenstehenden Aktionäre der Gesellschaft. **Gläubiger** der Gesellschaft, deren Ansprüche gewinnabhängig sind (zB Inhaber von Genussrechten und Gewinnschuldverschreibungen), haben keinen Ausgleichsanspruch nach § 304 AktG, aber einen Anspruch gegen die Emittentin auf Anpassung der Bedingungen wegen Wegfalls der Geschäftsgrundlage;[246] vgl. dazu näher → § 64 Rn. 88 ff.

80 **Außenstehende Aktionäre** sind grundsätzlich sämtliche Aktionäre der Gesellschaft, mit Ausnahme des anderen Vertragsteils.[247] Bestimmte Aktionäre der abhängigen Gesellschaft, die auf Grund besonderer Verbindungen zu dem herrschenden Unternehmen an den Vorteilen des Beherrschungsvertrags partizipieren, sind jedoch nicht als außenstehende Aktionäre anzusehen und haben daher keinen Anspruch auf Ausgleich.[248]

Hierzu gehören jedenfalls solche Aktionäre, die unmittelbar oder mittelbar alle Anteile an dem herrschenden Unternehmen besitzen oder umgekehrt in 100%igem Anteilsbesitz des herrschenden Unternehmens oder eines dritten Unternehmens stehen, das sämtliche Anteile am herrschenden Unternehmen hält.[249] Weiter zählen hierzu die Aktionäre, die mit dem herrschenden Unternehmen durch einen Beherrschungs- oder Gewinnabführungsvertrag verbunden sind.[250] Für sonstige Fälle, in denen das herrschende Unternehmen an einem Aktionär der abhängigen Gesellschaft beteiligt ist, wird es hingegen im Interesse der Rechtssicherheit und wegen der fehlenden Vermögenseinheit zwischen dem herrschenden Unternehmen und dem fraglichen Aktionär zumeist für richtig gehalten, diesen als außenstehenden Aktionär anzusehen mit der Folge, dass ihm Ausgleich und Abfindung zustehen;[251] umgekehrt soll auch für alle sonstigen Fälle, in denen ein Aktionär der abhängigen Gesellschaft am herrschenden Unternehmen beteiligt ist, der Aktionär als außenstehend anzusehen sein.[252] Dem ist so pauschal jedoch nicht beizupflichten; insbesondere in mehr-

---

[246] BGH ZIP 2013, 1570 Rn. 25 ff.; Hüffer/*Koch* AktG § 221 Rn. 68b f.; *Verse/Wiersch* NZG 2014, 5 (7 ff.).

[247] Begr. RegE AktG, abgedr. bei *Kropff*, AktG, 1965, S. 385. Instruktiv BGH ZIP 1997, 786 (Erwerber der Mehrheitsbeteiligung des anderen Vertragsteils ist bis zur Vertragsbeendigung außenstehender Aktionär).

[248] Vgl. die Nachweise in den folgenden Fußnoten sowie OLG Nürnberg AG 1996, 228 f.; aA K. Schmidt/Lutter AktG/*Stephan* § 304 Rn. 69; *Kley*, Die Rechtsstellung der außenstehenden Aktionäre bei der vorzeitigen Beendigung von Unternehmensverträgen, 1986, S. 37 f., 40 f.; *Pentz* AG 1996, 97 (100 ff., 103 f.), die ausnahmslos alle Aktionäre außer dem anderen Vertragsteil als außenstehend ansehen.

[249] Begr. RegE AktG, abgedr. bei *Kropff*, AktG, 1965, S. 385; MüKoAktG/*van Rossum* § 304 Rn. 27 ff.; KölnKommAktG/*Koppensteiner* § 295 Rn. 42; Hüffer/*Koch* AktG § 304 Rn. 3; *Emmerich* in Emmerich/Habersack Aktienkonzernrecht § 304 Rn. 17; Spindler/Stilz AktG/*Veil* § 304 Rn. 20 f.; *Krieger* FS K. Schmidt, 2009, 999 (1015 ff.); *Baldamus* ZGR 2007, 819 (822); aA K. Schmidt/Lutter AktG/*Stephan* § 304 Rn. 69; *Kley*, Die Rechtsstellung der außenstehenden Aktionäre bei der vorzeitigen Beendigung von Unternehmensverträgen, 1986, S. 37 f., 40 f.; *Pentz* AG 1996, 97 (100 f.).

[250] Begr. RegE AktG, abgedr. bei *Kropff*, AktG, 1965, S. 385; MüKoAktG/*van Rossum* § 304 Rn. 28; KölnKommAktG/*Koppensteiner* § 295 Rn. 42; Hüffer/*Koch* AktG § 304 Rn. 3; *Emmerich* in Emmerich/Habersack Aktien- und GmbH-Konzernrecht § 304 Rn. 17.

[251] Ebenso zB Hüffer/*Koch* AktG § 304 Rn. 3; *Emmerich* in Emmerich/Habersack Aktien- und GmbH-Konzernrecht § 304 Rn. 17 f.; MüKoAktG/*van Rossum* § 304 Rn. 29; Spindler/Stilz AktG/*Veil* § 304 Rn. 22 f.

[252] Ebenso zB MüKoAktG/*van Rossum* § 304 Rn. 29; Hüffer/*Koch* AktG § 304 Rn. 3; *Emmerich* in Emmerich/Habersack Aktien- und GmbH-Konzernrecht § 304 Rn. 18; *Pentz* AG 1996, 97 (100 f., 103 f.). Ganz anders KölnKommAktG/*Koppensteiner* § 295 Rn. 43, der danach abgrenzen will, ob die Beteiligung des Aktionärs am herrschenden Unternehmen mindestens genauso groß ist wie seine

stufigen Abhängigkeitsverhältnissen (M-T-E) ist es bei einem stufenübergreifenden Beherrschungsvertrag M-E richtiger, T immer dann als nicht außenstehend anzusehen, wenn T in einem Abhängigkeitsverhältnis zu M steht.[253]

Wird der Aktionär seinerseits von der abhängigen Gesellschaft beherrscht, ist er ebenfalls nicht als außenstehender Aktionär anzusehen, da ihm aus seinen Aktien keine Rechte zustehen (§ 71d S. 2 u. 4, § 71b AktG).[254] Schließt also die Mutter einen Beherrschungsvertrag mit der Tochter, so ist die Enkelgesellschaft, der Aktien an der Tochter gehören, nicht außenstehender Aktionär.

Der Anspruch der außenstehenden Aktionäre ist – sofern nicht der Fall des § 307 AktG vorliegt (dazu → Rn. 205) – nicht davon abhängig, zu welchem **Zeitpunkt** sie ihre Aktien erworben haben; anspruchsberechtigt sind daher auch alle, die erst nach Abschluss des Beherrschungsvertrages außenstehender Aktionär werden.[255] Der Anspruch entsteht, soweit der Vertrag nicht zu Gunsten der außenstehenden Aktionäre etwas anderes regelt, jedes Jahr mit dem Ende der auf das Geschäftsjahr folgenden ordentlichen Hauptversammlung neu, und er steht demjenigen zu, der in diesem Zeitpunkt außenstehender Aktionär ist.[256] Bei vorheriger **Veräußerung** der Aktien kommt der Anspruch für den Veräußerer also nicht zur Entstehung;[257] ist der Erwerber ebenfalls außenstehender Aktionär, erwirbt dieser einen eigenen Ausgleichsanspruch.[258] Ebenso geht der Anspruch im Falle des **squeeze out** (§§ 327a ff. AktG) unter; dem ausscheidenden Aktionär steht dann auch kein zeitanteiliger Ausgleich für die Zeit bis zu seinem Ausscheiden zu.[259] Zum Ausgleichsanspruch bei Vertragsbeendigung vgl. → Rn. 221.

c) Schuldner des Anspruchs. Der Unternehmensvertrag muss zu Gunsten der außenstehenden Aktionäre **unmittelbare Zahlungsansprüche** gegen das herrschende Unternehmen begründen.[260] Dem Zweck der Vorschrift genügt es hingegen nicht, wenn sich nur die abhängige Gesellschaft verpflichtet;[261] das ist auch dann nicht anders zu beurteilen,

---

Beteiligung an der abhängigen Gesellschaft. Zu weiteren Abgrenzungsvorschlägen vgl. KölnKommAktG/*Koppensteiner* § 295 Rn. 43.

[253] Eingehend *Krieger* FS K. Schmidt, 2009, 999 (1015); aA MüKoAktG/*van Rossum* § 304 Rn. 31; *Emmerich* in Emmerich/Habersack Aktien- und GmbH-Konzernrecht § 304 Rn. 19; Spindler/Stilz AktG/*Veil/Preisser* § 304 Rn. 27.
[254] KölnKommAktG/*Koppensteiner* § 295 Rn. 45; *Emmerich* in Emmerich/Habersack Aktienkonzernrecht § 304 Rn. 20; K. Schmidt/Lutter AktG/*Stephan* § 304 Rn. 72; Spindler/Stilz AktG/*Veil* § 304 Rn. 26.
[255] OLG Nürnberg AG 1996, 228; KölnKommAktG/*Koppensteiner* § 304 Rn. 17; MüKoAktG/*van Rossum* § 304 Rn. 35 f.; Hüffer/*Koch* AktG § 304 Rn. 2; *Emmerich* in Emmerich/Habersack Aktien- und GmbH-Konzernrecht § 304 Rn. 21 ff.; *Tebben* AG 2003, 600 (601 ff.).
[256] BGHZ 189, 261 Rn. 9 ff. – Wella.
[257] BGHZ 189, 261 Rn. 11 – Wella; OLG Stuttgart ZIP 2011, 1259 (1261); Hüffer/*Koch* AktG § 304 Rn. 2; MüKoAktG/*van Rossum* § 304 Rn. 36; *Emmerich* in *Emmerich/Habersack* Aktien- und GmbH-Konzernrecht § 304 Rn. 21a; KölnKommAktG/*Koppensteiner* § 304 Rn. 13.
[258] BGHZ 189, 261 Rn. 19 ff. – Wella; OLG Stuttgart ZIP 2011, 1259 (1261 ff.). Zur entsprechenden Rechtsfolge beim Abfindungsanspruch → Rn. 112.
[259] BGHZ 189, 261 Rn. 18 ff. – Wella; OLG Stuttgart ZIP 2011, 1259 (1261 ff.); OLG Köln ZIP 2010, 519 (520 ff.); OLG Frankfurt a. M. DB 2009, 2200 (2205); Hüffer/*Koch* AktG § 304 Rn. 2; Spindler/Stilz AktG/*Veil/Preisser* § 304 Rn. 37; *Emmerich* in Emmerich/Habersack Aktien- und GmbH-Konzernrecht § 304 Rn. 22; *Bungert/Janson* FS U. H. Schneider, 2011, 159 (163 ff.); zur Verfassungsmäßigkeit dieser Rechtslage BVerfG AG 2013, 255 Rn. 7 ff.; aA noch *Altmeppen* ZIP 2010, 1773 (1776 ff.).
[260] OLG Düsseldorf NZG 2005, 1012 (1014); AG 1992, 200 (201); LG Mannheim AG 1995, 89 (90); KölnKommAktG/*Koppensteiner* § 304 Rn. 22 f.; MüKoAktG/*van Rossum* § 304 Rn. 37; Hüffer/*Koch* AktG § 304 Rn. 4; *Emmerich* in Emmerich/Habersack Aktien- und GmbH-Konzernrecht § 304 Rn. 23.
[261] So aber *Möhring* FS Hengeler, 1972, 216 (220); offen gelassen von OLG Celle DB 1973, 1118 (1119).

wenn sich das herrschende Unternehmen im Innenverhältnis zur abhängigen Gesellschaft verpflichtet, dieser die zum Ausgleich erforderlichen Mittel zur Verfügung zu stellen.[262] Das schließt es nicht aus, dass die tatsächliche Auszahlung durch die abhängige Gesellschaft vorgenommen wird, sei es mit Mitteln, die ihr von der herrschenden Gesellschaft dazu zur Verfügung gestellt werden,[263] sei es auf Weisung des herrschenden Unternehmens mit eigenen Mitteln.[264] Entscheidend ist, dass die außenstehenden Aktionäre einen unmittelbaren Anspruch gegen das herrschende Unternehmen haben. Im **Mehrmütter-Vertragskonzern** haften mehrere Muttergesellschaften ebenso wie für den Verlustausgleich (→ Rn. 73) auch für die Dividendengarantie gesamtschuldnerisch.[265]

83 2. **Anspruchsinhalt. a) Allgemeines.** Besteht neben dem Beherrschungsvertrag eine vertragliche Verpflichtung zur Gewinnabführung, muss der Gewinnabführungsvertrag einen angemessenen Ausgleich vorsehen, der den außenstehenden Aktionären die auf Grund der Gewinnabführungsverpflichtung entgehende Dividende ersetzt. Bei einem isolierten Beherrschungsvertrag ohne gleichzeitige Gewinnabführungsverpflichtung muss den außenstehenden Aktionären als angemessener Ausgleich ein bestimmter **jährlicher Gewinnanteil garantiert** werden: Für den Fall, dass der Bilanzgewinn der Gesellschaft nicht ausreicht, um eine Dividende in der garantierten Höhe auszuschütten, muss das herrschende Unternehmen die Zahlungen leisten, die benötigt werden, um die Dividende auf die garantierte Höhe zu ergänzen. Erreicht schon die von der Gesellschaft selbst erwirtschaftete Dividende den garantierten Betrag oder übersteigt sie diesen, kommt die Ausgleichsverpflichtung für dieses Geschäftsjahr nicht zum Tragen.

84 Die Verpflichtung richtet sich auf die Gewährleistung einer bestimmten Mindest-Dividende. Hingegen ist es nicht zulässig, zugleich eine Höchst-Dividende festzulegen (§ 58 Abs. 4 AktG).[266] Die Garantiedividende kann als fester oder variabler Betrag vereinbart werden. Der gesetzliche Normalfall ist die Zusicherung eines festen Betrags, dessen Bemessung sich an den Ertragsaussichten der Gesellschaft zu orientieren hat (§ 304 Abs. 2 S. 1 AktG – **fester Ausgleich**). Wenn das herrschende Unternehmen ebenfalls eine Aktiengesellschaft oder KGaA ist, kann stattdessen auch der Betrag garantiert werden, der bei einer den Wertverhältnissen der Aktien entsprechenden Umrechnung auf die Aktien des herrschenden Unternehmens jeweils als Gewinnanteil entfällt (§ 304 Abs. 2 S. 2 u. 3 AktG – **variabler Ausgleich**).

85 Das Gesetz schreibt die **Mindesthöhe** des Ausgleichs vor. Ein niedrigerer Betrag ist in keinem Fall angemessen. Ob in besonderen Ausnahmefällen eine Verpflichtung bestehen kann, den angemessenen Betrag höher festzulegen, ist zweifelhaft.[267] Unabhängig davon ist es zulässig und zur Vermeidung von Bewertungsrisiken unter Umständen auch ratsam, den Ausgleichsbetrag freiwillig höher festzusetzen.[268] Für Aktien **verschiedener Gattung** ist der Ausgleich unterschiedlich festzusetzen, sofern sich die Gattungsunterschiede auf die Gewinnverteilung beziehen.[269] Beim festen Ausgleich wirkt sich ein Gewinnvorzug der Aktie nicht aus, es sei denn der Garantiebetrag liegt unter dem Betrag des Vorzugs;[270] eine Mehrdividende ist durch entsprechenden Zuschlag zum Garantiebetrag

---

[262] So aber wohl OLG Düsseldorf NZG 2005, 1012 (1014).
[263] KölnKommAktG/*Koppensteiner* § 304 Rn. 25; Hüffer/*Koch* AktG § 304 Rn. 4; *Emmerich* in Emmerich/Habersack Aktien- und GmbH-Konzernrecht § 304 Rn. 24; MüKoAktG/*van Rossum* § 304 Rn. 39.
[264] *Exner,* Beherrschungsvertrag und Vertragsfreiheit, 1984, S. 178.
[265] MüKoAktG/*van Rossum* § 304 Rn. 40; KölnKommAktG/*Koppensteiner* § 304 Rn. 28.
[266] MüKoAktG/*van Rossum* § 304 Rn. 52; KölnKommAktG/*Koppensteiner* § 304 Rn. 31; Hüffer/*Koch* AktG § 304 Rn. 6.
[267] Vgl. dazu einerseits das Beispiel von Begr. RegE AktG, abgedr. bei *Kropff,* AktG, 1965, S. 395; andererseits KölnKommAktG/*Koppensteiner* § 304 Rn. 44 f.
[268] Vgl. dazu OLG Düsseldorf WM 1984, 733 (735 ff.) – Thyssen/Rheinstahl; Spindler/Stilz AktG/ *Veil* § 304 Rn. 54a; MüKoAktG/*van Rossum* § 304 Rn. 64.

zu berücksichtigen.²⁷¹ Auch beim variablen Ausgleich ist die unterschiedliche Gewinnberechtigung zu veranschlagen.²⁷² Allerdings dürfte es bei diesem möglich sein, dem Gattungsunterschied (zB Anspruch auf 0,10 Euro Mehrdividende) wahlweise entweder bei der Bestimmung des für die Ausgleichsberechnung maßgeblichen Umtauschverhältnisses für diese Aktien²⁷³ oder durch einen Zuschlag zum Ausgleich (zB Anspruch auf 0,10 Euro Mehrausgleich)²⁷⁴ Rechnung zu tragen. Vgl. zur Problematik des variablen Ausgleichs bei stimmrechtslosen Vorzugsaktien auch noch → Rn. 96.

Der Zahlungsanspruch wird bei einer festen Garantie mit seiner Entstehung **fällig**, dh 86 mit dem Ende der ordentlichen Hauptversammlung im folgenden Geschäftsjahr, die den Gewinnverwendungsbeschluss fasst (isolierter Beherrschungsvertrag) bzw. hätte fassen müssen (Gewinnabführungsvertrag);²⁷⁵ bei einer variablen Garantie tritt Fälligkeit mit dem Gewinnverwendungsbeschluss des herrschenden Unternehmens ein.²⁷⁶ Ein Anspruch auf **Verzinsung** besteht nur bei Verzug; eine verzugsunabhängige Verzinsung sieht das Gesetz nicht vor.²⁷⁷ Der Anspruch **verjährt** in 3 Jahren (§§ 195, 199 BGB).²⁷⁸ Er kann **abgetreten, verpfändet** und **gepfändet** werden. Eine Pfändung des Dividendenanspruchs erfasst den Ausgleichsanspruch jedoch nicht automatisch.²⁷⁹

---

²⁶⁹ Näher OLG Düsseldorf AG 2009, 907 (911 f.); *G. Roth* Der Konzern 2005, 685 (686 ff.); MüKoAktG/*van Rossum* § 304 Rn. 100 ff.; KölnKommAktG/*Koppensteiner* § 304 Rn. 49; Spindler/Stilz AktG/*Veil/Preisser* § 304 Rn. 55; *Emmerich* in Emmerich/Habersack Aktien- und GmbH-Konzernrecht § 304 Rn. 33. Vgl. auch OLG Düsseldorf NZG 2005, 347 (351 f.).
²⁷⁰ K. Schmidt/Lutter AktG/*Stephan* § 304 Rn. 83; MüKoAktG/*van Rossum* § 304 Rn. 102; Spindler/Stilz AktG/*Veil/Preisser* § 304 Rn. 55; *G. Roth* Der Konzern 2005, 685 (693); iErg auch OLG Düsseldorf AG 2009, 907 (911).
²⁷¹ OLG Düsseldorf AG 2009, 907 (911); Spindler/Stilz AktG/*Veil/Preisser* § 304 Rn. 55; Hüffer/*Koch* AktG § 304 Rn. 5a; MüKoAktG/*van Rossum* § 304 Rn. 102; *G. Roth* Der Konzern 2005, 685 (693).
²⁷² Hüffer/*Koch* AktG § 304 Rn. 5a; MüKoAktG/*van Rossum* § 304 Rn. 100; *G. Roth* Der Konzern 2005, 685 (692 f.); *E. Vetter* ZIP 2000, 561 (567); *Krieger* FS Lutter, 2000, 497 (503 ff.); wohl auch KölnKommAktG/*Koppensteiner* § 304 Rn. 49. aA OLG Frankfurt a. M. AG 1989, 442 (443); *Emmerich* in Emmerich/Habersack Aktien- und GmbH-Konzernrecht § 304 Rn. 36. Vgl. auch BVerfG ZIP 1999, 1804 (1807): der Ausgleich müsse so bemessen sein, dass die außenstehenden Aktionäre auch künftig solche Renditen erhielten, wie sie erhalten hätten, wenn der Unternehmensvertrag nicht geschlossen worden wäre.
²⁷³ *G. Roth* Der Konzern 2005, 685 (692).
²⁷⁴ Spindler/Stilz AktG/*Veil/Preisser* § 304 Rn. 55; MüKoAktG/*van Rossum* § 304 Rn. 101.
²⁷⁵ BGHZ 189, 261 Rn. 12 f. – Wella; OLG München AG 2012, 602; KölnKommAktG/*Koppensteiner* § 304 Rn. 9; MüKoAktG/*van Rossum* § 304 Rn. 109 ff.; Hüffer/*Koch* AktG § 304 Rn. 13; *Emmerich* in Emmerich/Habersack Aktien- und GmbH-Konzernrecht § 304 Rn. 37; *Tebben* AG 2003, 600 (601); offen gelassen in BGH NZG 2010, 905.
²⁷⁶ MüKoAktG/*van Rossum* § 304 Rn. 112; Hüffer AktG/*Koch* § 304 Rn. 15; KölnKommAktG/*Koppensteiner* § 304 Rn. 9; Spindler/Stilz AktG/*Veil/Preisser* § 304 Rn. 34; *Emmerich* in Emmerich/Habersack Aktien- und GmbH-Konzernrecht § 304 Rn. 55.
²⁷⁷ OLG Hamm AG 2013, 598 (599); OLG Frankfurt a. M. AG 2010, 368 (375); OLG München AG 1998, 239 (240); Hüffer/*Koch* AktG § 304 Rn. 13; Spindler/Stilz AktG/*Veil/Preisser* § 304 Rn. 35; K. Schmidt/Lutter AktG/*Stephan* § 304 Rn. 36; aA – mit unterschiedlichen Begründungen – KölnKommAktG/*Koppensteiner* § 304 Rn. 10; *Busch* AG 1993, 1 (4 f.); differenzierend MüKoAktG/*van Rossum* § 304 Rn. 114 ff., die Fälligkeitszinsen grds. ablehnt, aber im Falle einer gerichtlichen Erhöhung des Ausgleichs im Spruchverfahren eine Verzinsung des Mehrbetrags analog § 305 Abs. 3 S. 3 AktG für überlegenswert hält.
²⁷⁸ Hüffer/*Koch* AktG § 304 Rn. 13; *Emmerich* in Emmerich/Habersack Aktien- und GmbH-Konzernrecht § 304 Rn. 33b.
²⁷⁹ MüKoAktG/*van Rossum* § 304 Rn. 122; KölnKommAktG/*Koppensteiner* § 304 Rn. 19; Hüffer/*Koch* AktG § 304 Rn. 13; *Emmerich* in Emmerich/Habersack Aktien- und GmbH-Konzernrecht § 304 Rn. 29; aA *Werner* AG 1967, 122 (124).

87 **b) Fester Ausgleich.** Der Aktionär soll als Ausgleich grundsätzlich den Betrag erhalten, den er als Gewinn erwarten könnte, wenn der Unternehmensvertrag nicht bestünde. § 304 Abs. 2 S. 1 AktG schreibt deshalb vor, dass als Ausgleichszahlung mindestens die jährliche Zahlung des Betrags zuzusichern ist, der nach der bisherigen Ertragslage der Gesellschaft und ihren künftigen Ertragsaussichten unter Berücksichtigung angemessener Abschreibungen und Wertberichtigungen, jedoch ohne Bildung anderer Gewinnrücklagen voraussichtlich als durchschnittlicher Gewinnanteil auf die einzelne Aktie verteilt werden könnte. Der Ausgleich ist nach der Ytong-Entscheidung des BGH als **Brutto-Betrag** abzüglich der Körperschaftsteuer in der nach dem jeweils gültigen Tarif zu berechnenden Höhe festzusetzen,[280] in gleicher Weise wird mit dem Solidaritätszuschlag verfahren.[281] Folgt man dem, ist es konsequent, dies auf die Gewerbeertragsteuer zu übertragen.[282] Tatsächlich überzeugt diese Lösung, die das für die Ausgleichsfestsetzung maßgebliche Stichtagsprinzip (vgl. → Rn. 92) durchbricht und vielfältige Anwendungsprobleme nach sich zieht, jedoch nicht; richtiger wäre es, den nach den Verhältnissen am Bewertungsstichtag prognostizierten Netto-Gewinn zugrunde zu legen.[283]

88 Maßgeblich für die Berechnung des angemessenen Ausgleichs sind die künftigen Ertragsaussichten der Gesellschaft, nicht die Ergebnisse der Vergangenheit. Die vom Gesetz ebenfalls als Berechnungsgrundlage genannte bisherige Ertragslage dient dazu, die Zukunftsprognose im Lichte der Vergangenheitsanalyse zu plausibilisieren.[284] Dafür ist im Allgemeinen ein Zeitraum von 3–5 Jahren zugrunde zu legen.[285] Die Vergangenheitsergebnisse dieses Zeitraums sind um außerordentliche Erträge und Verluste zu bereinigen sowie um stille Reserven, die nicht auf Wertsteigerungen beruhen, sondern zu Lasten des Ergebnisses gebildet wurden.[286] War die Gesellschaft bereits in der Vergangenheit abhängig, sind die Ergebnisse der Vergangenheit auch um die Vor- und Nachteile der Abhängigkeit zu bereinigen; dafür können in den Abhängigkeitsberichten etwa dargelegte Ausgleichsansprüche zugrunde gelegt werden.[287] Die in die gesetzliche Rücklage eingestellten Beträge sind abzuziehen,[288] in andere Gewinnrücklagen eingestellte Beträge sind für die Ermittlung des Vergangenheitsergebnisses hingegen mitzurechnen.[289]

---

[280] BGHZ 156, 57 (61) – Ytong; OLG Stuttgart AG 2019, 255 (260); OLG München AG 2018, 753 (757); OLG Hamburg Der Konzern 2014, 464 (466 f.); Hüffer/Koch AktG § 304 Rn. 13; *Emmerich* in Emmerich/Habersack Aktien- und GmbH-Konzernrecht § 304 Rn. 43b; MüKoAktG/ *van Rossum* § 304 Rn. 63; *Großfeld* NZG 2004, 74 (75); aA *Baldamus* AG 2005, 77 (82 ff.); K. Schmidt/Lutter AktG/*Stephan* § 304 Rn. 88 ff.

[281] Vgl. zB OLG Frankfurt a. M. AG 2015, 241 (247); 2017, 832 (836); *Emmerich* in Emmerich/ Habersack Aktien- und GmbH-Konzernrecht § 304 Rn. 43b; K. Schmidt/Lutter AktG/*Stephan* § 304 Rn. 88.

[282] So OLG Hamburg Der Konzern 2014, 464 (467); dazu *Stephan* Der Konzern 2014, 425 (427 ff.); *Emmerich* in Emmerich/Habersack Aktien- und GmbH-Konzernrecht § 304 Rn. 43b.

[283] Eingehend K. Schmidt/Lutter AktG/*Stephan* § 304 Rn. 88 ff.; *Stephan* Der Konzern 2014, 425 (428 ff.); *Happ/Bednarz* FS Stilz, 2014, 219 ff.; *Popp* WPg 2008, 23 (25 f.); *Baldamus* AG 2005, 77 (82 ff.).

[284] IDW S 1 (2008) Tz. 72 ff.; K. Schmidt/Lutter AktG/*Stephan* § 305 Rn. 70, 73; Spindler/Stilz AktG/*Veil/Preisser* § 305 Rn. 81; Emmerich in Emmerich/Habersack Aktien- und GmbH-Konzernrecht § 304 Rn. 41.

[285] Vgl. etwa OLG Frankfurt a. M. AG 2002, 404; OLG Celle AG 1981, 234; LG Dortmund AG 1981, 236 (238); KölnKommAktG/*Koppensteiner* § 304 Rn. 58; Hüffer/Koch AktG § 304 Rn. 9.

[286] OLG Düsseldorf NZG 2000, 693 (695); LG Dortmund AG 1996, 278 (279); KölnKommAktG/ *Koppensteiner* § 304 Rn. 58; Hüffer/Koch AktG § 304 Rn. 9.

[287] OLG Frankfurt a. M. AG 1989, 444 (445); OLG Düsseldorf AG 1991, 106 (107 f.); MüKoAktG/ *van Rossum* § 304 Rn. 90; KölnKommAktG/*Koppensteiner* § 304 Rn. 58; Hüffer/Koch AktG/Koch § 304 Rn. 9; *Emmerich* in Emmerich/Habersack Aktien- und GmbH-Konzernrecht § 304 Rn. 40.

[288] *Emmerich* in Emmerich/Habersack Aktien- und GmbH-Konzernrecht § 304 Rn. 40.

[289] KölnKommAktG/*Koppensteiner* § 304 Rn. 58; *Emmerich* in Emmerich/Habersack Aktien- und GmbH-Konzernrecht § 304 Rn. 40.

Auf der Basis der Vergangenheitsergebnisse ist eine Prognose der **zukünftigen Ertrags-** 89 **aussichten** während der Dauer des Vertrages anzustellen. Dabei ist die fortdauernde Unabhängigkeit der Gesellschaft zu unterstellen, also zu ermitteln, wie sich die Erträge ohne den Beherrschungsvertrag entwickeln würden. Auch hierbei sind angemessene Abschreibungen, Wertberichtigungen und voraussichtlich erforderlich werdende Rückstellungen zu berücksichtigen;[290] die gesetzliche Rücklage ist in Höhe der erforderlichen Einstellungen abzuziehen.[291] Nicht abzuziehen sind nach der ausdrücklichen Regelung des § 304 Abs. 2 S. 1 AktG künftig zu bildende **andere Gewinnrücklagen** (Hypothese der Vollausschüttung).[292] Im Rahmen der Unternehmensbewertung wird heute nicht mehr von der Vollausschüttungshypothese ausgegangen,[293] für die Ermittlung des Ausgleichsbetrags ist es angesichts der Eindeutigkeit des Gesetzes jedoch ausgeschlossen, die Bildung anderer Gewinnrücklagen ausgleichsmindernd zu berücksichtigen[294] In die Ertragsprognose gehen auch etwaige Erträge aus **nicht betriebsnotwendigem Vermögen** ein, anders als bei der Berechnung der Abfindung (vgl. → Rn. 136) ist jedoch der Liquidationswert nicht betriebsnotwendigen Vermögens bei der Ausgleichsberechnung nicht zu berücksichtigen.[295]

Die Bemessung des Ausgleichs nach den künftigen Ertragsaussichten kann im Extremfall 90 dazu führen, dass der Ausgleichsbetrag **auf null** festzusetzen ist.[296] Der Ausgleich soll nur die ohne den Unternehmensvertrag bestehenden Dividendenerwartungen sichern; soweit solche nicht bestehen, ist auch für Ausgleichszahlungen kein Raum. Auch der Ansicht, dass im Falle eines Null-Ausgleichs die Ertragsaussichten der abhängigen Gesellschaft in regelmäßigen Abständen überprüft werden müssten und der Ausgleich bei einer Verbesserung der Lage neu festzusetzen sei,[297] ist nicht beizupflichten, denn das Gesetz geht im Grundsatz von einer Festlegung des Ausgleichs für die gesamte Laufzeit des Beherrschungsvertrags aus; vgl. → Rn. 107 ff.

Der Ausgleich kann für die gesamte Vertragslaufzeit in der gleichen Höhe festgelegt 91 werden, es ist aber auch zulässig, einen **gestaffelten Ausgleich** zu vereinbaren.[298] Eine

---

[290] Vgl. OLG Karlsruhe AG 1989, 288 (289); OLG Stuttgart AG 1994, 564 (565); MüKoAktG/*van Rossum* § 304 Rn. 87; KölnKommAktG/*Koppensteiner* § 304 Rn. 59; Hüffer/*Koch* AktG § 304 Rn. 11; *Emmerich* in Emmerich/Habersack Aktien- und GmbH-Konzernrecht § 304 Rn. 41b.

[291] MüKoAktG/*van Rossum* § 304 Rn. 88; *Emmerich* in Emmerich/Habersack Aktien- und GmbH-Konzernrecht § 304 Rn. 41b.

[292] Zur Begründung vgl. ausführlich Begr. RegE AktG, abgedr. bei *Kropff*, AktG, 1965, S. 395; zur Kritik namentlich *Albach* AG 1966, 180.

[293] IDW S 1 (2008) Tz. 35 ff.; MüKoAktG/*van Rossum* § 304 Rn. 86; *Emmerich* in Emmerich/ Habersack Aktien- und GmbH-Konzernrecht § 304 Rn. 41b.

[294] KölnKommAktG/*Koppensteiner* § 304 Rn. 56 f.; MüKoAktG/*van Rossum* § 304 Rn. 86; Hüffer/*Koch* AktG § 304 Rn. 11; *Emmerich* in Emmerich/Habersack Aktienkonzernrecht § 304 Rn. 41b.

[295] BGHZ 156, 57 (63 f.) – Ytong; OLG München AG 2007, 411 (414); BayObLG AG 2002, 390 (391); K. Schmidt/Lutter AktG/*Stephan* § 304 Rn. 82; MüKoAktG/*van Rossum* § 304 Rn. 91; *Emmerich* in Emmerich/Habersack Aktien- und GmbH-Konzernrecht § 304 Rn. 42; aA OLG Hamburg AG 2001, 479 (480); *Knoll* ZIP 2003, 2329 (2335); KölnKommAktG/*Koppensteiner* § 304 Rn. 61; offengelassen von OLG Düsseldorf AG 2009, 907 (910 f.).

[296] BGH AG 2006, 331 – Bogestra; OLG Düsseldorf WM 1998, 2058 (2061); BayObLG AG 1995, 509 (511 f.); Hüffer/*Koch* AktG § 304 Rn. 12; MüKoAktG/*van Rossum* § 304 Rn. 94 f.; *Emmerich* in Emmerich/Habersack Aktien- und GmbH-Konzernrecht § 304 Rn. 32; K. Schmidt/Lutter AktG/ *Stephan* § 304 Rn. 81; *Lutter*/*Drygala* AG 1995, 49 (54 ff.); aA KölnKommAktG/*Koppensteiner* § 304 Rn. 60, der in solchen Fällen als Ausgleich eine angemessene Verzinsung des Gesellschaftsvermögens verlangt.

[297] So namentlich *Emmerich* in Emmerich/Habersack Aktien- und GmbH-Konzernrecht § 304 Rn. 32; *Spindler*/*Klöhn* Der Konzern 2003, 511 (521); dagegen K. Schmidt/Lutter AktG/*Stephan* § 304 Rn. 81; Hüffer/*Koch* AktG § 304 Rn. 12.

[298] Hüffer/*Koch* AktG § 304 Rn. 11; MüKoAktG/*van Rossum* § 304 Rn. 96; *Lutter*/*Drygala* AG 1995, 49 (54 ff.); aA KölnKommAktG/*Koppensteiner* § 304 Rn. 65; K. Schmidt/Lutter AktG/*Stephan* § 304 Rn. 18; *Emmerich* in Emmerich/Habersack Aktien- und GmbH-Konzernrecht § 304 Rn. 28; *Emmerich* FS Mestmäcker, 2006, 137 (143 ff.).

entsprechende Verpflichtung besteht jedoch auch dann nicht, wenn sich zum Bewertungsstichtag unterschiedliche Gewinnperioden abzeichnen, denn auch unterschiedlichen Gewinnerwartungen der Zukunft kann durch Festsetzung eines Durchschnittsbetrags Rechnung getragen werden.[299]

92 **Stichtag** für die Beurteilung der künftigen Ertragsaussichten ist entsprechend § 305 Abs. 3 S. 2 AktG der Zeitpunkt des Zustimmungsbeschlusses der Hauptversammlung, nicht der Zeitpunkt des Vertragsabschlusses.[300] Für den Fall einer vorangegangenen qualifiziert faktischen Konzernierung wird vereinzelt befürwortet, den Bewertungsstichtag auf den letzten Zeitpunkt vor Beginn der Konzernierung vorzuverlegen.[301] Das ist jedoch nicht nur praktisch problematisch, sondern auch theoretisch nicht überzeugend.[302] Die Probleme des (einfachen oder qualifizierten) faktischen Konzerns sind durch die dafür vorhandenen Schutzmechanismen zu lösen (vgl. → § 70 Rn. 65 ff., 141 ff.), und zwar unabhängig davon, ob sich ein Beherrschungsvertrag anschließt oder nicht. Außerdem ist mit einer Vorverlegung des Prognosestichtags nichts gewonnen, sondern es kommt darauf an, bei der Prognose die Effekte der unzulässigen qualifizierten Konzernierung herauszurechnen. Der Stichtag des Hauptversammlungsbeschlusses ist auch für die Beurteilung der Angemessenheit im Rahmen einer späteren gerichtlichen Überprüfung zugrunde zu legen. Später hervorgetretene Umstände sind grundsätzlich nicht relevant.[303] Sie dürfen und müssen allerdings dann berücksichtigt werden, wenn ihre Wurzeln bis zum fraglichen Bewertungsstichtag zurückreichen[304] und sie bei angemessener Sorgfalt bereits zum Stichtag hätten erkannt werden können („Wurzeltheorie").[305]

93 Fester **Ausgleich und Abfindung** müssen sich in ihrem Wert nicht notwendig entsprechen; der Ausgleich ist keine verrentete Abfindung, und die Abfindung ist kein kapitalisierter Ausgleich.[306] Zwar beruht im Allgemeinen auch die Abfindung auf einer Bewertung der künftigen Ertragsaussichten der Gesellschaft. Aber das muss nicht notwendig so sein, sondern die Abfindung bemisst sich nach dem Börsenwert, evtl. auch dem Liquidationswert, wenn diese Werte höher sind als der Ertragswert, und auch bei Ermittlung der Abfindung auf der Basis des Ertragswerts ist diesem der Liquidationswert des nicht

---

[299] OLG Hamburg AG 2001, 479 (481); LG Hamburg AG 1995, 517 (518); Hüffer AktG/*Koch* § 304 Rn. 11; *Lutter/Drygala* AG 1995, 49 (54 ff.).

[300] BGHZ 156, 57 (63); BGH AG 1998, 286 (287) – Asea/BBC II; OLG Stuttgart AG 1994, 564; KölnKommAktG/*Koppensteiner* § 304 Rn. 47; MüKoAktG/*van Rossum* § 304 Rn. 74; Hüffer/*Koch* AktG § 304 Rn. 10; kritisch zum Stichtagsprinzip *Emmerich* in Emmerich/Habersack Aktien- und GmbH-Konzernrecht § 304 Rn. 27a.

[301] OLG Stuttgart AG 1994, 564; Hüffer/*Koch* AktG § 304 Rn. 10; Spindler/Stilz AktG/*Veil/Preisser* § 304 Rn. 52.

[302] Ebenso MüKoAktG/*van Rossum* § 304 Rn. 75.

[303] OLG Stuttgart AG 2014, 291 (295).

[304] BGH AG 1998, 286 (287) – Asea/BBC II; BGH NJW 1973, 509 (511); OLG Stuttgart AG 2014, 291 (295); 2013, 724 (727); OLG Karlsruhe AG 1998, 288 (289); MüKoAktG/*van Rossum* § 304 Rn. 92; Hüffer/*Koch* AktG § 304 Rn. 10; kritisch gegen die Einbeziehung späterer Erkenntnisse KölnKommAktG/*Koppensteiner* § 305 Rn. 61; kritisch gegen das Stichtagsprinzip und für eine großzügigere Berücksichtigung späterer Entwicklungen *Emmerich* in Emmerich/Habersack Aktien- und GmbH-Konzernrecht § 304 Rn. 27a.; *Emmerich* FS Stilz, 2014, 135 (139).

[305] IDW S 1 (2008), Tz. 23; *Riegger/Wasmann* FS Goette, 2011, 433 (435); *Adolff*, Unternehmensbewertung im Recht der börsennotierten Aktiengesellschaft, 2007, S. 371 f.

[306] BGH AG 2006, 331 (332); OLG Frankfurt a. M. AG 2003, 581 (582); Hüffer AktG/*Koch* § 304 Rn. 11a; MüKoAktG/*van Rossum* § 304 Rn. 79; *Hüffer* JZ 2007, 151 f.; *Weiss* FS Semler, 1993, 631 (647); *Spindler/Klöhn* Der Konzern 2003, 511 (514 f.); *Lutter/Drygala* AG 1995, 49 (50 ff.); eingehend *Lauber*, Das Verhältnis des Ausgleichs gemäß § 304 AktG zu den Abfindungen gemäß §§ 305, 327a AktG, Diss. Bonn, 2013, S. 157 ff.; aA KölnKommAktG/*Koppensteiner* § 304 Rn. 60 ff.; *Emmerich* in Emmerich/Habersack Aktien- und GmbH-Konzernrecht § 304 Rn. 25a ff.; *W. Meilicke* AG 1999, 103; *Knoll* ZIP 2003, 2329 (2335); *Baldamus* AG 2005, 77 (78); *Hennrichs* ZHR 164 (2000), 453 (473 f.).

betriebsnotwendigen Vermögens hinzuzurechnen (vgl. dazu → Rn. 136). Für den Ausgleich sind der Börsenwert, der Liquidationswert des Unternehmens und der Liquidationswert des nicht betriebsnotwendigen Vermögens jedoch ohne Bedeutung.[307] Gleichwohl entspricht es in der Bewertungspraxis verbreiteter Übung, den festen Ausgleich als Verrentung des Abfindungsbetrages zu ermitteln, wobei als Verrentungsfaktor allerdings ein niedrigerer als der Kapitalisierungszinssatz herangezogen wird.[308] Das ist akzeptabel, solange der Abfindungsbetrag allein auf der Ertragsprognose beruht und keine für die Ausgleichsberechnung irrelevanten Werte enthält. Eine Notwendigkeit, zur Ermittlung des Ausgleichs eine Ertragswertermittlung durchzuführen, lässt sich aus dieser Praxis jedoch nicht ableiten.[309]

Zur Frage einer **Anpassung des festen Ausgleichs,** wenn sich während der Laufzeit des Vertrages die für die Bestimmung des Ausgleichs maßgeblichen Verhältnisse ändern, vgl. → Rn. 107 ff.

c) Variabler Ausgleich. Anstelle des festen Ausgleichs kann unter den Voraussetzungen des § 304 Abs. 2 S. 2 AktG den außenstehenden Aktionären auch ein variabler Ausgleich in der Form zugesichert werden, dass die Garantiedividende vom Gewinn der Obergesellschaft abhängt. **Zulässig** ist diese Form des Ausgleichs nur, wenn es sich auch bei der Obergesellschaft um eine Aktiengesellschaft, SE oder KGaA handelt. Hingegen ist nicht erforderlich, dass die Obergesellschaft ihren Sitz im Inland hat.[310] In **Mehrmütter-Beherrschungsverträgen** ist nur die Vereinbarung eines festen Ausgleichs nach § 304 Abs. 2 S. 1 AktG möglich, ein variabler Ausgleich ist unzulässig.[311] In der Praxis ist der variable Ausgleich selten.[312] Die Gründe dürften trotz gewisser Vorteile[313] in dem beschränkten Anwendungsbereich, in der durch die notwendige Ermittlung der Verschmelzungswertrelation (→ Rn. 96 und 103 ff.) erhöhten Komplexität und in dem Risiko einer Anfechtungsklage mit Bewertungsrüge beim herrschenden Unternehmen (→ Rn. 110) zu suchen sein.

Zugesichert werden muss der Betrag, der unter Herstellung eines angemessenen Umrechnungsverhältnisses auf Aktien der Obergesellschaft jeweils als Gewinnanteil entfällt. Die Angemessenheit der Umrechnung bestimmt sich gemäß § 304 Abs. 2 S. 3 AktG nach der **Verschmelzungswertrelation** zwischen den Aktien der beiden Gesellschaften. Die auf eine Aktie der Obergesellschaft entfallende Dividende ist also entsprechend dem Wertverhältnis zwischen einer Aktie des herrschenden Unternehmens und einer Aktie der abhängigen Gesellschaft zu erhöhen oder zu vermindern. Erforderlich ist dafür die Durch-

---

[307] BGH AG 2006, 331 (332); Hüffer/*Koch* AktG § 304 Rn. 11a; K. Schmidt/Lutter AktG/*Stephan* § 304 Rn. 77, 79, 82; *Popp* WPg 2008, 23 (24 ff.).

[308] Vgl. BGHZ 156, 57 (63 f.); OLG Stuttgart AG 2019, 255 (261); OLG Frankfurt a. M. AG 2016, 551 (555); 2014, 822 (828); OLG Stuttgart AG 2014, 291 (295 f.); OLG Karlsruhe AG 2013, 880 (885); *Emmerich* in Emmerich/Habersack Aktien- und GmbH-Konzernrecht § 304 Rn. 26a; K. Schmidt/Lutter AktG/*Stephan* § 304 Rn. 75 ff., 85; *Popp* WPg 2008, 23 (27, 31). Zur Frage, ob für die Verrentung der für die Ertragswertermittlung angewandte Kapitalisierungszinsfuß oder ein modifizierter Zinssatz anzusetzen ist, vgl. *Emmerich* in Emmerich/Habersack Aktien- und GmbH-Konzernrecht § 304 Rn. 26a; *Popp* WPg 2008, 23 (31 ff.); *Knoll* ZIP 2003, 2329 (2335); *Popp* BB 2004, 1727 (1731 f.).

[309] So jedoch *Happ/Bednarz* FS Stilz, 2014, 219 (234 f.).

[310] Str., wie hier MüKoAktG/*van Rossum* § 304 Rn. 97; *Emmerich* in Emmerich/Habersack Aktien- und GmbH-Konzernrecht § 304 Rn. 45; Hüffer/*Koch* AktG § 304 Rn. 14; Spindler/Stilz AktG/*Veil/Preisser* § 304 Rn. 46; K. Schmidt/Lutter AktG/*Stephan* § 304 Rn. 30; eingehend *Schnorbus* ZHR 181 (2017), 902 (918 ff.); aA KölnKommAktG/*Koppensteiner* § 304 Rn. 42; *Prühs* AG 1973, 395 (398).

[311] KölnKommAktG/*Koppensteiner* § 304 Rn. 34; Hüffer AktG/*Koch* § 304 Rn. 14; *Emmerich* in Emmerich/Habersack Aktienkonzernrecht § 304 Rn. 45; K. Schmidt/Lutter AktG/*Stephan* § 304 Rn. 32; aA *Exner*, Beherrschungsvertrag und Vertragsfreiheit, 1984, S. 296.

[312] Rechtstatsachen bei *Schnorbus* ZHR 181 (2017), 902 (904 f.).

[313] Dazu näher *Schnorbus* ZHR 181 (2017), 902 (918 ff.).

führung einer Unternehmensbewertung für beide Gesellschaften; vgl. dazu näher → Rn. 129 ff. Problematisch ist in diesem Zusammenhang die Behandlung **stimmrechtsloser Vorzugsaktien** (dazu → § 39 Rn. 20 ff.). Deren Wert wird bei der Ermittlung des Verschmelzungswertverhältnisses wegen des fehlenden Stimmrechts vielfach niedriger bemessen als der Wert einer Stammaktie (vgl. → Rn. 127). Das kann jedoch nicht zur Folge haben, dass der auf die Vorzugsaktie entfallende variable Ausgleich niedriger ist als der variable Ausgleich für eine Stammaktie, denn für das Gewinnbezugsrecht ist das Stimmrecht ohne Belang. Richtigerweise muss daher für die Zwecke der Berechnung eines variablen Ausgleichs der auf dem fehlenden Stimmrecht beruhende Minderwert der Vorzugsaktie unberücksichtigt bleiben;[314] gleichzeitig sind der Dividendenvorzug und eine etwaige Mehrdividende werterhöhend zu berücksichtigen; vgl. → Rn. 85.

97 Für die Berechnung des auf die Aktien der Obergesellschaft entfallenden **Gewinnanteils** ist nicht der Jahresüberschuss, sondern lediglich der ausgeschüttete Gewinn, die Dividende, der Obergesellschaft maßgeblich.[315] Diese Rechtslage wird vielfach kritisiert, weil sie die Gefahr begründe, dass die Obergesellschaft durch überhöhte Rücklagenbildung den Ausgleichsanspruch beeinträchtige oder gar auf null reduziere; auch das Bundesverfassungsrecht hält ein Anknüpfen an die Dividende der Obergesellschaft nur für zulässig, wenn die außenstehenden Aktionäre gegen Missbräuche effektiv geschützt werden.[316] Um dieser Gefahr zu begegnen, werden die verschiedensten Vorschläge gemacht, zum Beispiel: neben dem variablen Ausgleich müsse als Mindestbetrag gleichzeitig ein fester Ausgleich nach § 304 Abs. 2 S. 1 AktG vereinbart werden;[317] wenn zu befürchten sei, dass übermäßige Rücklagenbildungen stattfinden könnten, müsse ein besseres Umrechnungsverhältnis festgelegt werden;[318] es müsse in jedem Fall das Umrechnungsverhältnis von vornherein auf der Grundlage der Annahme bemessen werden, dass die Obergesellschaft künftig den nach § 58 Abs. 2 AktG zulässigen Höchstbetrag in die Rücklage einstellen werde.[319] Diesen Vorschlägen ist nicht zu folgen. Sie finden keine Grundlage im Gesetz. Eine gesetzliche Regelungslücke, die zu schließen wäre, ist nicht ersichtlich. Der Aktionär, der sich trotz der ihm angebotenen Abfindung nach § 305 AktG für den variablen Ausgleich entscheidet, muss es hinnehmen, dass die Obergesellschaft in ihrer Dividendenpolitik frei ist. Wird der Ausgleichsanspruch durch eine missbräuchliche Dividendenpolitik wider Treu und Glauben beeinträchtigt, greift § 162 Abs. 1 BGB ein mit der Folge, dass die außenstehenden Aktionäre eine entsprechend höhere Ausgleichsleistung beanspruchen und durch Leistungs- oder Feststellungsklage durchsetzen können. Daneben kann eine Kündigung des Unter-

---

[314] *Krieger* FS Lutter, 2000, 497 (504); *G. Roth* Der Konzern 2005, 685 (692).

[315] OLG Düsseldorf WM 1978, 314; 1984, 732 (737 f.) – Thyssen/Rheinstahl; LG Frankfurt a. M. AG 1987, 315 (317 f.); LG Dortmund AG 1981, 236 (239 f.); *Hüffer/Koch* AktG § 304 Rn. 15; K. *Schmidt/Lutter* AktG/*Stephan* § 304 Rn. 95; *Exner*, Beherrschungsvertrag und Vertragsfreiheit, 1984, S. 187 ff.; *Mestmäcker* FS Kronstein, 1967, 129 (137); aA KölnKommAktG/*Koppensteiner* § 304 Rn. 81; Spindler/Stilz AktG/*Veil/Preisser* § 304 Rn. 67; MüKoAktG/*van Rossum* § 304 Rn. 72; *Emmerich* in Emmerich/Habersack Aktien- und GmbH-Konzernrecht § 304 Rn. 49, die den Jahresüberschuss (teilweise sogar erhöht um stille Reserven) zugrunde legen wollen.

[316] BVerfG AG 2000, 40 (41); näher dazu *Schnorbus* ZHR 181 (2017), 902 (944 ff.).

[317] *Hüchting*, Abfindung und Ausgleich im aktienrechtlichen Beherrschungsvertrag, 1972, S. 62 ff.; ablehnend zB *Exner*, Beherrschungsvertrag und Vertragsfreiheit, 1984, S. 185 ff.; KölnKommAktG/*Koppensteiner* § 304 Rn. 32 f.

[318] Begr. RegE AktG, abgedr. bei *Kropff*, AktG, 1965, S. 395; ablehnend zB OLG Düsseldorf WM 1978, 314 (315); 1984, 732 (738) – Thyssen/Rheinstahl; LG Frankfurt a. M. AG 1987, 315 (317 f.); KölnKommAktG/*Koppensteiner* § 304 Rn. 75; *Hüchting*, Abfindung und Ausgleich im aktienrechtlichen Beherrschungsvertrag, 1972, S. 58; *Exner*, Beherrschungsvertrag und Vertragsfreiheit, 1984, S. 189 f.

[319] *Exner*, Beherrschungsvertrag und Vertragsfreiheit, 1984, S. 191 f.; ablehnend namentlich KölnKommAktG/*Koppensteiner* § 304 Rn. 78; wohl auch OLG Düsseldorf WM 1978, 314 f.; LG Dortmund AG 1981, 236 (239 f.). Zu weiteren Vorschlägen vgl. Spindler/Stilz AktG/*Veil/Preisser* § 304 Rn. 66; MüKoAktG/*van Rossum* § 304 Rn. 69; KölnKommAktG/*Koppensteiner* § 304 Rn. 73 ff.

nehmensvertrages aus wichtigem Grund in Betracht kommen, zu der der Vorstand verpflichtet sein kann.[320] Das ist auch verfassungsrechtlich ausreichend.[321] Eine angemessene Gewinnthesaurierung bei der Obergesellschaft bleibt danach zulässig.[322] Allerdings sieht das Bundesverfassungsgericht eine Grenze als erreicht an, wenn die abhängige Gesellschaft Gewinn an die Obergesellschaft abführt, diese auch insgesamt einen Gewinn erwirtschaftet, die Minderheitsaktionäre aber auf Grund Thesaurierung als variablen Ausgleich weniger erhalten als sie ohne den Unternehmensvertrag erhalten hätten.[323]

Zur Frage einer **Anpassung des variablen Ausgleichs,** wenn sich während der Vertragslaufzeit die für die Bestimmung des Ausgleichs maßgeblichen Verhältnisse (Verschmelzungswertrelation) ändern, vgl. → Rn. 103 ff.; 107 ff. 98

d) Ausgleich in mehrstufigen Konzernen. Der Abschluss eines Beherrschungsvertrags im mehrstufigen Konzern kann für die Ausgleichsverpflichtung besondere Probleme aufwerfen, die noch nicht abschließend geklärt sind.[324] Problematisch sind namentlich die folgenden Situationen: 99

aa) Es bestehen Beherrschungs- und/oder Gewinnabführungsverträge sowohl zwischen **Mutter- und Tochtergesellschaft** als auch zwischen **Tochter- und Enkelgesellschaft.** Für die Vereinbarung der Ausgleichszahlungen im Vertrag zwischen Mutter und Tochter bestehen keine Besonderheiten. Problematisch ist die Ausgleichsvereinbarung zwischen Tochter und Enkel: Wird zwischen Tochter und Enkel ein **fester Ausgleich** vereinbart, wird teilweise die Ansicht vertreten, die Muttergesellschaft müsse diese Ausgleichsansprüche garantieren.[325] Dafür besteht jedoch wegen der Verlustausgleichspflicht der Mutter (§ 302 AktG) kein Bedürfnis.[326] Schwierigkeiten ergeben sich beim **variablen Ausgleich:** Ob nach vorangegangenem Vertragsschluss Mutter-Tochter bei dem anschließenden Vertrag Tochter-Enkel (**Aufbau von oben nach unten**) ein variabler Ausgleich vereinbart werden kann, ist umstritten, weil der Unternehmensvertrag zwischen Mutter und Tochter die Gewinne der Tochter und damit variabel gestaltete Ausgleichsansprüche beeinträchtigt. Teilweise wird ein variabler Ausgleich für unzulässig gehalten.[327] Richtigerweise wird man einen variablen Ausgleich aber wohl zulassen können, wenn dieser an die Gewinnausschüttung der Muttergesellschaft gekoppelt wird;[328] hingegen reicht es nicht aus, den variablen Ausgleich an die Gewinnausschüttungen der Tochter oder die Ausgleichsleistungen für außenstehende Aktionäre der Tochtergesellschaft zu koppeln.[329] Voraussetzung für einen an die Gewinnausschüttung der Mutter geknüpften variablen Ausgleich ist allerdings, dass auch die Muttergesellschaft die Rechtsform der Aktiengesellschaft, SE oder KGaA hat.[330] Schuldner des Ausgleichs ist auch bei dieser Gestaltung die Tochtergesellschaft, nicht etwa 100

---

[320] *Exner,* Beherrschungsvertrag und Vertragsfreiheit, 1984, S. 192.
[321] BVerfG AG 2000, 40 (41).
[322] Näher *E. Vetter* ZIP 2000, 561 (564 f.).
[323] BVerfG AG 2000, 40 (41); vgl. dazu näher *E. Vetter* ZIP 2000, 561 (565).
[324] Eingehend hierzu *Pentz,* Die Rechtsstellung der Enkel-AG in einer mehrstufigen Unternehmensverbindung, 1994, S. 66 ff.; *Schnorbus* ZHR 181 (2017), 902 (917 ff.); *Rehbinder* ZGR 1977, 581 (601 ff., 618 ff.).
[325] So *Wilh. Bayer* FS Ballerstedt, 1975, 157 (177 u. 178).
[326] KölnKommAktG/*Koppensteiner* § 304 Rn. 37; *Pentz,* Die Rechtsstellung der Enkel-AG in einer mehrstufigen Unternehmensverbindung, 1994, S. 66 f.
[327] So namentlich KölnKommAktG/*Koppensteiner* § 304 Rn. 36; *Pentz,* Die Rechtsstellung der Enkel-AG in einer mehrstufiger Unternehmensverbindung, 1994, S. 67 ff.; *Wanner,* Konzernrechtliche Probleme mehrstufiger Unternehmensverbindungen nach Aktienrecht, 1998, S. 76.
[328] OLG Düsseldorf AG 1992, 200 (204 f.); Spindler/Stilz AktG/*Veil/Preisser* § 304 Rn. 47; *Emmerich* in Emmerich/Habersack Aktien- und GmbH-Konzernrecht § 304 Rn. 57; MüKoAktG/*van Rossum* § 304 Rn. 58; *Hüffer/Koch* AktG § 304 Rn. 17; *Kamprad* AG 1986, 321 (323 ff.).
[329] *Hüchting,* Abfindung und Ausgleich im aktienrechtlichen Beherrschungsvertrag, 1972, S. 68; *Exner,* Beherrschungsvertrag und Vertragsfreiheit, 1984, S. 196 f.; *Kamprad* AG 1986, 321 (324 f.).
[330] MüKoAktG/*van Rossum* § 304 Rn. 58; Spindler/Stilz AktG/*Veil/Preisser* § 304 Rn. 47.

die Mutter.[331] Das Auskunftsrecht nach § 293g Abs. 3 AktG für die Aktionäre der Enkelgesellschaft erstreckt sich in diesem Fall auch auf die für den Vertragsschluss wesentlichen Angelegenheiten der Muttergesellschaft.[332] Wird der Unternehmensvertrag Mutter-Tochter erst zu einem Zeitpunkt geschlossen, zu welchem der Beherrschungsvertrag Tochter-Enkel schon besteht (**Aufbau von unten nach oben**), ist die Situation ganz unklar; vgl. näher → Rn. 108.

101 bb) Es wird ein unmittelbarer Beherrschungs- und/oder Gewinnabführungsvertrag **zwischen Mutter- und Enkelgesellschaft** geschlossen, ohne dass ein gleichartiger Vertrag zwischen Mutter- und Tochtergesellschaft besteht. Die außenstehenden Aktionäre der Enkelgesellschaft haben einen Ausgleichsanspruch gegenüber der Muttergesellschaft, für den keine Besonderheiten gelten. Zu diesen außenstehenden Aktionären der Enkelgesellschaft gehört nach hM auch eine nicht 100%ige Tochtergesellschaft (vgl. → Rn. 80), so dass diese eigene Ausgleichsansprüche besitzt;[333] Ausgleichsansprüche der außenstehenden Aktionäre der Tochtergesellschaft kommen hingegen nicht in Frage.[334]

102 cc) Bei einem bloßen Abhängigkeitsverhältnis zwischen Mutter- und Tochtergesellschaft und einem Beherrschungsvertrag **zwischen Tochter- und Enkelgesellschaft** gelten für den von der Tochter an die außenstehenden Aktionäre der Enkelgesellschaft zu zahlenden Ausgleich keine Besonderheiten. Die Tochtergesellschaft ist durch §§ 311 ff. AktG vor nachteiligen Einwirkungen der Mutter geschützt. Die außenstehenden Aktionäre der Enkelgesellschaft können etwaige Ansprüche der Tochter gegen die Mutter entsprechend §§ 317 Abs. 4, 309 Abs. 4 AktG geltend machen.[335] Ist die Tochter nur eine im Konzernaufbau zwischengeschaltete Holding ohne eigenes Geschäft kann es im Einzelfall nötig sein, die Fähigkeit der Tochter zur Zahlung des Ausgleichs in geeigneter Form, etwa durch eine Garantie der Mutter, sicherzustellen.[336] Ist die Muttergesellschaft gleichzeitig an der Enkelgesellschaft beteiligt, ist sie nach hM als deren außenstehender Aktionär anzusehen wenn sie mit weniger als 100% an der Tochter beteiligt ist (vgl. → Rn. 80); das hat zur Folge, dass auch sie Anspruch auf Ausgleichszahlungen hat.[337]

103 e) **Anpassung des variablen Ausgleichs bei Kapitalveränderungen und Aktiensplitt.** Eine feste Ausgleichsverpflichtung wird durch Kapitalveränderungen bei der Obergesellschaft nicht berührt.[338] Hingegen kann eine variable Ausgleichsverpflichtung durch

---

[331] *Exner*, Beherrschungsvertrag und Vertragsfreiheit, 1984, S. 199; Spindler/Stilz AktG/*Veil/Preisser* § 304 Rn. 47; *Emmerich* in Emmerich/Habersack Aktien- und GmbH-Konzernrecht § 304 Rn. 57; MüKoAktG/*van Rossum* § 304 Rn. 58; wohl auch *Rehbinder* ZGR 1977, 581 (605, 608); aA *Wilh. Bayer* FS Ballerstedt, 1975, 157 (178).

[332] *Exner*, Beherrschungsvertrag und Vertragsfreiheit, 1984, S. 199 f.; *Kamprad* AG 1986, 321 (324).

[333] Hüffer/*Koch* AktG § 304 Rn. 18; *Emmerich* in Emmerich/Habersack Aktien- und GmbH-Konzernrecht § 304 Rn. 61; MüKoAktG/*van Rossum* § 304 Rn. 60; KölnKommAktG/*Koppensteiner* § 295 Rn. 44; weitergehend K. Schmidt/Lutter AktG/*Stephan* § 304 Rn. 69; *Pentz*, Die Rechtsstellung der Enkel-AG in einer mehrstufigen Unternehmensverbindung, 1994, S. 62 ff., die auch eine 100%-Tochter als außenstehende Aktionärin der Enkelgesellschaft ansehen und für ausgleichsberechtigt halten; aA *Krieger* FS K. Schmidt, 2009, 999 (1015 ff.), der Aktionäre der verpflichteten Gesellschaft, die ihrerseits von der Mutter abhängig sind, nicht als außenstehend ansieht.

[334] KölnKommAktG/*Koppensteiner* § 295 Rn. 44; *Emmerich* in Emmerich/Habersack Aktien- und GmbH-Konzernrecht § 304 Rn. 60; *Krieger* FS K. Schmidt, 2009, 999 (1019); *Rehbinder* ZGR 1977, 581 (623 f.); aA *Wilh. Bayer* FS Ballerstedt, 1975, 157 (178).

[335] KölnKommAktG/*Koppensteiner* § 304 Rn. 39; Spindler/Stilz AktG/*Veil/Preisser* § 304 Rn. 48.

[336] Vgl. etwa KG ZIP 2009, 1223 (1226 f.).

[337] *Emmerich* in Emmerich/Habersack Aktien- und GmbH-Konzernrecht § 304 Rn. 64; *Pentz* AG 1996, 97 (99).

[338] OLG Frankfurt a. M. AG 1989, 442 (443); Hüffer/*Koch* AktG § 304 Rn. 19; MüKoAktG/*van Rossum* § 304 Rn. 160; *Emmerich* in Emmerich/Habersack Aktien- und GmbH-Konzernrecht § 304 Rn. 71 ff.; Spindler/Stilz AktG/*Veil/Preisser* § 304 Rn. 71; *Schwenn*, Der Ausgleichs- und Abfindungsanspruch der außenstehenden Aktionäre im Unternehmensvertrag bei Eintritt neuer Umstände, 1998, S. 109.

eine **Kapitalerhöhung bei der Obergesellschaft** verwässert werden. Bei einer Kapitalerhöhung aus Gesellschaftsmitteln mindert sich bei unverändertem Gewinn der Gewinnanteil pro Aktie im Verhältnis der Kapitalerhöhung; bei einer Kapitalerhöhung gegen Einlage wird der Gewinnanteil pro Aktie beeinträchtigt, sofern der Ausgabebetrag der neuen Aktien hinter deren wahrem Wert zurückbleibt und mithin mehr neue Aktien ausgegeben werden, als angesichts des Kapitalzuflusses gerechtfertigt gewesen wäre.[339] Für beide Fälle besteht heute im Grundsatz Einigkeit, dass die variable Ausgleichszahlung anzupassen sein kann,[340] wobei unterschiedliche Ansichten zur Rechtsgrundlage bestehen (§ 216 Abs. 3 AktG,[341] § 304 AktG;[342] ergänzende Vertragsauslegung[343] Wegfall der Geschäftsgrundlage[344]). Das dürfte auch bei einer verwässernden Sachkapitalerhöhung mit Bezugsrechtsausschluss gelten,[345] nicht jedoch bei einer vereinfachten Barkapitalerhöhung mit Bezugsrechtsausschluss nach § 186 Abs. 3 S. 4 AktG.[346] Bei einer Kapitalerhöhung aus Gesellschaftsmitteln ist der variable Ausgleich im Verhältnis der Kapitalerhöhung heraufzusetzen, bei einer Kapitalerhöhung gegen Einlagen erfolgt die Heraufsetzung in dem zum Ausgleich einer etwaigen Verwässerung des Aktienwertes erforderlichen Umfang. Für die Berechnung der Anpassung ist nicht unbedingt eine erneute Unternehmensbewertung erforderlich; vielmehr kann bei börsennotierten Aktien auf das Verhältnis zwischen dem Wert des Bezugsrechts und dem Börsenkurs nach Kapitalerhöhung abgestellt werden.[347] Die Anpassung erfolgt unmittelbar kraft Gesetzes, eine förmliche Vertragsänderung ist nicht erforderlich.[348] Ob zur Durchsetzung einer Anpassung ein Spruchverfahren analog § 304 Abs. 3 S. 3 AktG eingeleitet werden kann oder der einzelne Aktionär auf den Weg der Leistungs- oder Feststellungsklage verwiesen ist, ist umstritten und nicht leicht zu entscheiden; de lege lata wird man ein Spruchverfahren aber wohl eher ablehnen müssen.[349]

So wie eine Kapitalerhöhung zur Verwässerung des variablen Ausgleichsanspruchs führen **104** kann, kann eine **Kapitalherabsetzung bei der Obergesellschaft** zu seiner Aufwertung

---

[339] Näher dazu mit Beispielen *Köhler* AG 1984, 197 (198); *Koppensteiner* ZHR 139 (1975), 191 (197 f.).

[340] *Hüffer/Koch* AktG § 304 Rn. 19; MüKoAktG/*van Rossum* § 304 Rn. 160 ff.; *Emmerich* in Emmerich/Habersack Aktien- und GmbH-Konzernrecht § 304 Rn. 71; K. Schmidt/Lutter AktG/*Stephan* § 304 Rn. 125 ff.; KölnKommAktG/*Koppensteiner* § 304 Rn. 87 u. 89; Spindler/Stilz AktG/ *Veil/Preisser* § 304 Rn. 72; *Exner*, Beherrschungsvertrag und Vertragsfreiheit, 1984, S. 222 ff.; eingehend *Schnorbus* ZHR 181 (2017), 902 (937 ff.), der für eine verwässernde Sachkapitalerhöhung mit Bezugsrechtsausschluss eine Anpassung ablehnt.

[341] Für die Kapitalerhöhung aus Gesellschaftsmitteln *Hüffer/Koch* AktG § 304 Rn. 19; Spindler/ Stilz AktG/*Veil/Preisser* § 304 Rn. 72; vgl. auch *Emmerich* in Emmerich/Habersack Aktien- und GmbH-Konzernrecht § 304 Rn. 71; für die verwässernde Kapitalerhöhung gegen Einlagen *Vollmer* ZGR 1983, 454 (464 ff.); *Köhler* AG 1984, 197 (198 ff.); *Zöllner* ZGR 1986, 288 ff.; *Schwenn*, Der Ausgleichs- und Abfindungsanspruch der außenstehenden Aktionäre im Unternehmensvertrag bei Eintritt neuer Umstände, 1998, S. 112 ff.

[342] KölnKommAktG/*Koppensteiner* § 304 Rn. 87 u. 89; *Hüffer/Koch* AktG § 304 Rn. 19.

[343] Spindler/Stilz AktG/*Veil/Preisser* § 304 Rn. 72.

[344] *Exner*, Beherrschungsvertrag und Vertragsfreiheit, 1984, S. 222 ff.

[345] Für diesen Fall aA *Schnorbus* ZHR 181 (2017), 902 (939 f.).

[346] K. Schmidt/Lutter AktG/*Stephan* § 304 Rn. 128; *Schnorbus* ZHR 181 (2017), 902 (938 f.).

[347] KölnKommAktG/*Koppensteiner* § 304 Rn. 91; K. Schmidt/Lutter AktG/*Stephan* § 304 Rn. 127; *Zöllner* ZGR 1986, 288 (307 ff.); *Koppensteiner* ZHR 139 (1975), 191 (204 ff.); *Köhler* AG 1984, 197 (200); *Schwenn*, Der Ausgleichs- und Abfindungsanspruch der außenstehenden Aktionäre im Unternehmensvertrag bei Eintritt neuer Umstände, 1998, S. 117 f.; aA *Hüchting*, Abfindung und Ausgleich im aktienrechtlichen Beherrschungsvertrag, 1972, S. 138 f.; *Pannen/Köhler* AG 1985, 52, die eine Unternehmensbewertung für erforderlich halten.

[348] KölnKommAktG/*Koppensteiner* § 304 Rn. 93.

[349] Ebenso *Emmerich* in Emmerich/Habersack Aktien- und GmbH-Konzernrecht § 304 Rn. 69; KölnKommAktG/*Koppensteiner* § 304 Rn. 93; *Koppensteiner* ZHR 139 (1975), 191 (207); *Beckmann/ Simon* ZIP 2001, 1906 (1909 f.); aA MüKoAktG/*van Rossum* § 304 Rn. 145 u. 158; offen K. Schmidt/Lutter AktG/*Stephan* § 304 Rn. 131.

führen, wenn sich durch Kapitalherabsetzung eine Bezugsgröße für die Berechnung des variablen Ausgleichs verändert (zB Verringerung der Zahl der Aktien der Obergesellschaft bei einer von der Dividende pro Aktie abhängigen Ausgleichszahlung).[350] Nach herrschender Meinung findet in einem solchen Fall gleichwohl keine Anpassung (Herabsetzung) des Ausgleichsanspruchs statt.[351] Diese Auffassung überzeugt. Im Falle einer Kapitalherabsetzung zu Sanierungszwecken ist die Ausgleichszahlung vielmehr im Zweifel anzupassen, bei einer Kapitalherabsetzung zwecks Einlagenrückgewähr allerdings nicht.[352] Vgl. auch → § 61 Rn. 44.

105 Ein **Aktiensplit** durch Neueinteilung des Grundkapitals der Obergesellschaft führt nach den gleichen Grundsätzen zu einer entsprechenden Anpassung des variablen Ausgleichs. War bislang zB ein Ausgleich in Höhe der auf eine Aktie im Nennbetrag von 50 Euro der Obergesellschaft entfallenden Dividende vereinbart, so berechnet sich dieser Ausgleich, wenn die Obergesellschaft auf einen Aktiennennbetrag von 5 Euro umstellt, nach der auf zehn Aktien im Nennbetrag von je 5 Euro entfallenden Dividende.[353]

106 Werden **Kapitalveränderungen bei der abhängigen Gesellschaft** vorgenommen, gilt das Folgende, und zwar jeweils sowohl für den festen als auch den variablen Ausgleich: Eine Kapitalerhöhung aus Gesellschaftsmitteln durch Ausgabe neuer Aktien führt gemäß § 216 Abs. 3 AktG zu einer proportionalen Verringerung des auf die einzelne Aktie entfallenden Ausgleichsbetrags;[354] der Unternehmensvertrag kann zugunsten der außenstehenden Aktionäre hiervon abweichen.[355] Wird die Kapitalerhöhung ohne Ausgabe neuer Aktien durchgeführt (§ 207 Abs. 2 S. 2 AktG), ändert sich der Ausgleich nicht.[356] Bei einer Kapitalerhöhung gegen Einlagen ist der vereinbarte Ausgleich auch auf die neuen Aktien zu zahlen, sofern diese von außenstehenden Aktionären übernommen werden.[357] Bei einer Kapitalherabsetzung zum Ausgleich vorvertraglicher Verluste ist der Ausgleichsanspruch so anzupassen, dass seine absolute Höhe unverändert bleibt; bleibt die Zahl der Aktien unberührt, ändert sich also nichts, werden Aktien zusammengelegt oder eingezogen, erhöht sich der Ausgleich entsprechend.[358] Verbindet sich mit der Kapitalherabsetzung eine Einlagenrückzahlung, vermindert sich der Ausgleichsanspruch entsprechend.[359] Ein Aktiensplit bei

---

[350] Näher *Schnorbus* ZHR 181 (2017), 902 (940 ff.).

[351] KölnKommAktG/*Koppensteiner* § 304 Rn. 92; *Emmerich* in Emmerich/Habersack Aktien- und GmbH-Konzernrecht § 304 Rn. 73; *Hüchting*, Abfindung und Ausgleich im aktienrechtlichen Beherrschungsvertrag, 1972, S. 139; *Schwenn*, Der Ausgleichs- und Abfindungsanspruch der außenstehenden Aktionäre im Unternehmensvertrag bei Eintritt neuer Umstände, 1998, S. 120 f.

[352] Spindler/Stilz AktG/*Veil/Preisser* § 304 Rn. 73; *Schnorbus* ZHR 181 (2017), 902 (940 ff.); wohl auch MüKoAktG/*van Rossum* § 304 Rn. 164.

[353] KölnKommAktG/*Koppensteiner* § 304 Rn. 92; *Emmerich* in Emmerich/Habersack Aktien- und GmbH-Konzernrecht § 304 Rn. 73; MüKoAktG/*Paulsen* § 304 Rn. 169.

[354] KölnKommAktG/*Koppensteiner* § 304 Rn. 83; MüKoAktG/*Paulsen* § 304 Rn. 166; K. Schmidt/Lutter AktG/*Stephan* § 304 Rn. 120.

[355] KölnKommAktG/*Lutter* § 216 Rn. 13; KölnKommAktG/*Koppensteiner* § 304 Rn. 83; *Köhler* AG 1984, 197.

[356] K. Schmidt/Lutter AktG/*Stephan* § 304 Rn. 120; MüKoAktG/*van Rossum* § 304 Rn. 166.

[357] BGHZ 119, 1 (10 f.) – Jenoptik; KölnKommAktG/*Koppensteiner* § 304 Rn. 84; MüKoAktG/*van Rossum* § 304 Rn. 167; Spindler/Stilz AktG/*Veil/Preisser* § 304 Rn. 74; K. Schmidt/Lutter AktG/*Stephan* § 304 Rn. 121.

[358] KölnKommAktG/*Koppensteiner* § 304 Rn. 85; K. Schmidt/Lutter AktG/*Stephan* § 304 Rn. 122; *Exner*, Beherrschungsvertrag und Vertragsfreiheit, 1984, S. 210; *Schwenn*, Der Ausgleichs- und Abfindungsanspruch der außenstehenden Aktionäre im Unternehmensvertrag bei Eintritt neuer Umstände, 1998, S. 123; teilweise abweichend *Emmerich* in Emmerich/Habersack Aktien- und GmbH-Konzernrecht § 304 Rn. 73; Spindler/Stilz AktG/*Veil/Preisser* § 304 Rn. 75, die in diesen Fällen nur den variablen Ausgleich anpassen wollen.

[359] KölnKommAktG/*Koppensteiner* § 304 Rn. 85; K. Schmidt/Lutter AktG/*Stephan* § 304 Rn. 123; Spindler/Stilz AktG/*Veil/Preisser* § 304 Rn. 75.

§ 71 Vertragskonzern (Beherrschungsvertrag)

der abhängigen Gesellschaft führt zu einer entsprechenden Reduzierung des Ausgleichs pro Aktie.

f) Veränderung sonstiger wesentlicher Umstände. Es besteht grundsätzlich kein Anspruch auf **Anpassung des festen Ausgleichs,** wenn sich während der Laufzeit des Vertrages die sonstigen für die Bestimmung des Ausgleichs maßgeblichen Verhältnisse ändern.[360] Künftige Entwicklungen sind so weit wie möglich bei der Festsetzung des Ausgleichs zu berücksichtigen, die Richtigkeit dieser Prognosen fällt in den Risikobereich der Vertragsparteien. Das gilt auch für Änderungen der Steuergesetze[361] (vgl. aber → Rn. 87) und auch im Falle eines Null-Ausgleichs (vgl. → Rn. 90).[362] In Ausnahmefällen wird eine vorzeitige Kündigung des Unternehmensvertrages aus wichtigem Grund (§ 297 Abs. 1 AktG) zugelassen;[363] nach anderer Meinung soll eine Anpassung des Ausgleichs nach den Grundsätzen über den Wegfall der Geschäftsgrundlage vorzunehmen sein.[364] Liegt ein solcher Ausnahmefall vor, dürfte eine Vertragskündigung mit der Möglichkeit eines Neuabschlusses mit Zustimmung der Hauptversammlung und erneuter Festsetzung von Ausgleich und Abfindung den Interessen der Beteiligten besser gerecht werden (§ 313 Abs. 3 BGB). Voraussetzung hierfür ist aber eine so grundlegende Störung der für die vertragliche Ausgleichsbemessung maßgeblichen Umstände, dass der einen oder anderen Seite ein Festhalten am Vertrag nicht mehr zugemutet werden kann. Umstände, die in den Risikobereich der benachteiligten Partei gehören, scheiden aus. Eine (selbst grundlegende) Verbesserung der Ertragslage der abhängigen Gesellschaft reicht deshalb nicht.[365] Das Kündigungsrecht steht dem benachteiligten Vertragspartner, nicht etwa den außenstehenden Aktionären zu. Sind die Voraussetzungen einer Kündigung aus wichtigem Grund erfüllt, ist der Vorstand in aller Regel verpflichtet, die Kündigung auszusprechen. Zur Frage, ob bei Vertragsübernahme und Vertragsbeitritt, Gesamtrechtsnachfolge und Eingliederung auf der Ebene des herrschenden Unternehmens eine Anpassung des festen Ausgleichs erforderlich ist, vgl. → Rn. 192, 209 f., 212, 217.

Vollends unklar ist die Rechtslage bei einem Anspruch auf **variablen Ausgleich,** wenn sich während der Vertragslaufzeit die für die Bestimmung des Ausgleichs maßgeblichen Verhältnisse grundlegend ändern. Die Frage wird vornehmlich für den Fall diskutiert, dass in einem Beherrschungsvertrag zwischen Tochter und Enkel ein variabler Ausgleich ver-

---

[360] OLG Stuttgart AG 2004, 43 (47 f.); OLG Frankfurt a. M. AG 1989, 442 (443); KölnKomm-AktG/*Koppensteiner* § 304 Rn. 82, 94 ff., 99 ff.; *Emmerich* in Emmerich/Habersack Aktien- und GmbH-Konzernrecht § 304 Rn. 67 ff.; Hüffer AktG/*Koch* § 304 Rn. 19; *Verse* FS Seibert, 2019, 989 (994 ff.); Säcker DB 1988, 271 (272); MüKoAktG/*van Rossum* § 304 Rn. 153 ff., die bei jeder späteren Änderung, die die Angemessenheit des Ausgleichs wesentlich verändere und nicht nur die Risiken der Prognoseentscheidung verwirkliche, eine Anpassung im Wege ergänzender Vertragsauslegung für möglich hält und hierfür das Spruchverfahren eröffnen will; *Hüchting*, Abfindung und Ausgleich im aktienrechtlichen Beherrschungsvertrag, 1972, S. 133 ff.; 148.

[361] KölnKommAktG/*Koppensteiner* § 304 Rn. 102; *Emmerich* in Emmerich/Habersack Aktien- und GmbH-Konzernrecht § 304 Rn. 70; aA für steuerliche Strukturänderungen mit erheblichen Auswirkungen auf die Grundlagen der Ausgleichsberechnung K. Schmidt/Lutter AktG/*Stephan* § 304 Rn. 139; *Stephan* Der Konzern 2014, 425 (430).

[362] AA *Emmerich* in Emmerich/Habersack Aktien- und GmbH-Konzernrecht § 304 Rn. 32; *Lutter/Drygala* AG 1995, 49 (54 ff.); *Spindler/Klöhn* Der Konzern 2003, 511 (521); *Weiss* FS Semler, 1993, 631 (646); tendenziell auch MüKoAktG/*van Rossum* § 304 Rn. 95.

[363] Vgl. *Emmerich* in Emmerich/Habersack Aktien- und GmbH-Konzernrecht § 304 Rn. 70; aA KölnKommAktG/*Koppensteiner* § 304 Rn. 48.

[364] MüKoAktG/van Rossum § 304 Rn. 157; KölnKommAktG/*Koppensteiner* § 304 Rn. 48; *Emmerich* in Emmerich/Habersack Aktien- und GmbH-Konzernrecht § 304 Rn. 69; eingehend *Schwenn*, Der Ausgleichs- und Abfindungsanspruch der außenstehenden Aktionäre im Unternehmensvertrag bei Eintritt neuer Umstände, 1998, S. 124 ff.; K. Schmidt/Lutter AktG/*Stephan* § 304 Rn. 139 und *Stephan* Der Konzern 2014, 425 (430) für steuerliche Strukturänderungen; wohl auch OLG Stuttgart AG 2004, 43 (47 f.).

[365] *Verse* FS Seibert, 2019, 989 (990 ff.).

einbart ist und anschließend ein weiterer Beherrschungsvertrag zwischen Mutter und Tochter geschlossen wird. Nach verbreiteter und wohl zutreffender Meinung findet in einem solchen Fall der Vertrag zwischen Tochter und Enkel automatisch sein Ende,[366] während nach anderer Auffassung der variable Ausgleich auf einen festen Ausgleich umzustellen[367] oder in anderer Weise anzupassen ist.[368] Daneben wird für den Abschluss des Beherrschungsvertrages Mutter/Tochter teilweise die Zustimmung der außenstehenden Aktionäre der Enkelgesellschaft analog § 295 Abs. 2 AktG für erforderlich gehalten;[369] dieser Auffassung ist für die hier erörterte Fragestellung ebenso wenig zu folgen wie für andere Strukturmaßnahmen auf der Ebene des herrschenden Unternehmen, die den Ausgleich der Aktionäre der abhängigen Gesellschaft berühren (vgl. dazu → Rn. 208). Ähnliche Probleme stellen sich, wenn auf der Ebene des herrschenden Unternehmens durch nachhaltige Strukturveränderungen wie den Abschluss weiterer Unternehmensverträge, Eingliederungen und Umwandlungsmaßnahmen Veränderungen eintreten, die den variablen Ausgleich berühren. Auch in diesen Fällen stellt sich die Frage, ob der variable Ausgleich anzupassen, oder eine Vertragskündigung aus wichtigem Grund zuzulassen ist; vgl. dazu → Rn. 208 ff. Zu den Auswirkungen eines Vertragsbeitritts auf der Ebene des herrschenden Unternehmens oder einer Übertragung des Beherrschungsvertrages vom herrschenden Unternehmen auf ein drittes Unternehmen näher → Rn. 192 f.

109   **3. Fehlen oder Unangemessenheit der Ausgleichsbestimmung.** Ein Vertrag der entgegen § 304 Abs. 1 AktG überhaupt **keinen Ausgleich** vorsieht, ist nichtig (§ 304 Abs. 3 S. 1 AktG); das gilt nicht, wenn der Vertrag einen „Null-Ausgleich" festsetzt (vgl. → Rn. 90). Da der Vertrag einen unmittelbaren Ausgleichsanspruch der außenstehenden Aktionäre gegen das herrschende Unternehmen begründen muss (vgl. → Rn. 82), führt es auch zur Nichtigkeit, wenn nur die abhängige Gesellschaft selbst unmittelbare Ausgleichspflichten gegenüber den außenstehenden Aktionären übernimmt.[370] Die unzulässige Vereinbarung eines an die Tochterdividende gebundenen variablen Ausgleichs in einem Beherrschungsvertrag zwischen Tochter und Enkel, obwohl bereits ein Beherrschungsvertrag und/oder Gewinnabführungsvertrag zwischen Mutter und Tochter besteht (vgl. → Rn. 100), ist dem völligen Fehlen einer Ausgleichsregelung hingegen nicht gleichzustellen, sondern in diesem Fall kann die Korrektur durch Festsetzung eines festen Ausgleichs im Spruchverfahren erfolgen.[371]

110   Bloße **Unangemessenheit** der vertraglichen Ausgleichsregelung lässt die Wirksamkeit des Vertrages unberührt. Auch der Zustimmungsbeschluss der Hauptversammlung der abhängigen Gesellschaft kann wegen Unangemessenheit des Ausgleichs nicht angefochten werden, ebenso wenig ist eine Anfechtung nach § 243 Abs. 2 AktG (Verfolgung unzulässiger Sondervorteile) möglich (§ 304 Abs. 3 S. 2 AktG); das gilt auch, wenn im Vertrag

---

[366] So zB *Emmerich* in Emmerich/Habersack Aktien- und GmbH-Konzernrecht § 304 Rn. 59; Hölters AktG//*Deilmann* § 304 Rn. 49; anders *Exner*, Beherrschungsvertrag und Vertragsfreiheit, 1984, 203 f., der nur eine Kündigung aus wichtigem Grund zulassen will.

[367] KölnKommAktG/*Koppensteiner* § 304 Rn. 38.

[368] Für eine Anpassung des Ausgleichs zB MüKoAktG/*van Rossum* § 304 Rn. 59; *Rehbinder* ZGR 1977, 581 (607 ff.); *Wilh. Bayer* FS Ballerstedt, 1975, 157 (176 ff.); *Pentz*, Die Rechtsstellung der Enkel-AG in einer mehrstufigen Unternehmensverbindung, 1994, S. 76 ff.

[369] So namentlich *Pentz*, Die Rechtsstellung der Enkel-AG in einer mehrstufigen Unternehmensverbindung, 1994, S. 76 ff. Zur Frage, ob in diesen Fällen ein erneutes Abfindungsangebot für die außenstehenden Aktionäre der Enkelgesellschaft analog § 305 Abs. 2 Nr. 2 AktG nötig ist, vgl. → Rn. 118.

[370] KölnKommAktG/*Koppensteiner* § 304 Rn. 26; MüKoAktG/*van Rossum* § 304 Rn. 176; Spindler/Stilz AktG/*Veil/Preisser* § 304 Rn. 85; Hüffer/*Koch* AktG § 304 Rn. 20; *Emmerich* in Emmerich/Habersack Aktien- und GmbH-Konzernrecht § 304 Rn. 78; aA K. Schmidt/Lutter AktG/*Stephan* § 304 Rn. 105.

[371] MüKoAktG/*van Rossum* § 305 Rn. 177; aA *Emmerich* in Emmerich/Habersack Aktien- und GmbH-Konzernrecht § 304 Rn. 78.

Leistungsmodalitäten (zB Fälligkeit) gesetzwidrig geregelt sein sollten.[372] Vielmehr ist in diesen Fällen der angemessene Ausgleich im Spruchverfahren nach den Regeln des SpruchG gerichtlich festzusetzen (§ 304 Abs. 3 S. 3 AktG; dazu → Rn. 142 ff.); die Zulässigkeit etwa vertraglich vereinbarter Leistungsmodalitäten ist nicht im Spruchverfahren, sondern im Leistungsprozess zu klären.[373] Der Ausschluss der Anfechtungsrechte gilt allerdings nur für eine Anfechtung auf der Ebene der abhängigen Gesellschaft. Die Aktionäre des herrschenden Unternehmens haben hingegen die Möglichkeit, den Zustimmungsbeschluss ihrer Hauptversammlung wegen Unangemessenheit der Ausgleichsleistung anzufechten;[374] ein Spruchverfahren auf der Ebene des herrschenden Unternehmens sieht das Gesetz nicht vor und wäre, anders als bei Verschmelzungen, auch de lege ferenda kaum umsetzbar.[375]

II. Angemessene Abfindung

1. Grundlagen. a) Allgemeines. Gemäß § 305 Abs. 1 AktG muss ein Beherrschungs- 111 oder ein Gewinnabführungsvertrag neben der Ausgleichsverpflichtung nach § 304 AktG zusätzlich die Verpflichtung des anderen Vertragsteils enthalten, auf Verlangen eines außenstehenden Aktionärs dessen Aktien gegen eine im Vertrag bestimmte angemessene Abfindung zu erwerben.[376] Die außenstehenden Aktionäre erhalten auf diese Weise ein **Wahlrecht**, entweder gegen angemessene Abfindung aus der Gesellschaft auszuscheiden oder mit einem Anspruch auf angemessenen Ausgleich als Aktionär in der Gesellschaft zu bleiben. Die Abfindungsverpflichtung muss im Vertrag selbst geregelt werden; zu den Rechtsfolgen bei fehlender Abfindungsverpflichtung vgl. → Rn. 128.

b) Gläubiger und Schuldner des Anspruchs. Das **Recht auf Abfindung** steht den 112 außenstehenden Aktionären zu; vgl. dazu näher → Rn. 80. Gehen die Aktien vor Ablauf der Abfindungsfrist (→ Rn. 114) auf einen Rechtsnachfolger über, so erwirbt der Rechtsnachfolger das Recht, Abfindung zu verlangen, sofern es sich auch bei ihm um einen außenstehenden Aktionär handelt.[377] Dabei handelt es sich aber nicht um den abgeleiteten Erwerb eines in der Aktie wertpapiermäßig verkörperten Rechts, sondern um ein eigenes, in der Person des Rechtsnachfolgers originär entstehendes Abfindungsrecht.[378] Mit Veräußerung der Aktie geht der Abfindungsanspruch daher unter, und der Einzelrechtsnachfolger ist nicht daran gebunden, wenn schon der Rechtsvorgänger die Abfindung verlangt hatte;[379] ein Gesamtrechtsnachfolger bleibt hingegen an das Abfindungsverlangen seines

---

[372] BGH NZG 2010, 905; KG ZIP 2009, 1223 (1227).
[373] BGH NZG 2010, 905.
[374] Dazu *Schnorbus* ZHR 181 (2017), 902 (928 ff.).
[375] Näher *DAV-Handelsrechtsausschuss* NZG 2007, 497 (499, 500), dort auch ein Gesetzgebungsvorschlag zur Ausweitung des Spruchverfahrens auf andere Strukturmaßnahmen; dazu auch *Maier-Reimer* FS K. Schmidt, 2009, 1077. Zur Wirksamkeit des Freigabeverfahrens nach § 246a AktG (→ Rn. 58) im Falle einer Anfechtungsklage mit Bewertungsrüge beim herrschenden Unternehmen vgl. *J. Vetter* FS Maier-Reimer, 2010, 819 (824 ff.).
[376] Zur dogmatischen Einordnung der hierdurch begründeten Rechtsbeziehungen zu den außenstehenden Aktionären vgl. näher BayObLG AG 1980, 76 (77); KölnKommAktG/*Koppensteiner* § 305 Rn. 12; *Emmerich* in Emmerich/Habersack Aktien- und GmbH-Konzernrecht § 305 Rn. 7 f.; Hüffer/*Koch* AktG § 305 Rn. 6. *Bilda* FS Hüffer, 2010, 49.
[377] BGHZ 167, 299 Rn. 10 f. – Jenoptik; KölnKommAktG/*Koppensteiner* § 305 Rn. 32; *Emmerich* in Emmerich/Habersack Aktien- und GmbH-Konzernrecht § 305 Rn. 20; Hüffer/*Koch* AktG § 305 Rn. 8 iVm § 304 Rn. 2; *Bayer* ZIP 2005, 1053 (1057); *Braun/Krämer* ZIP 2006, 1396 (1398 f.).
[378] BGHZ 167, 299 Rn. 10 f. – Jenoptik; MüKoAktG/*van Rossum* § 305 Rn. 33; ebenso schon *Bayer* ZIP 2005, 1053 (1058); *Lehmann* WM 2007, 771 (773 ff.); kritisch *Koppensteiner* DStR 2006, 1603 (1604 ff.); aA noch OLG Jena AG 2005, 619 (620 f.); *Bilda* NZG 2005, 375 (377 f.); *Habersack* AG 2005, 709 (711).
[379] MüKoAktG/*van Rossum* § 305 Rn. 35; *K. Schmidt/Lutter* AktG/*Stephan* § 305 Rn. 26; *Emmerich* in Emmerich/Habersack Aktien- und GmbH-Konzernrecht § 305 Rn. 21b; aA noch KölnKommAktG/*Koppensteiner* § 305 Rn. 32; *Stimpel* AG 1998, 259 (264).

Rechtsvorgängers gebunden. Abfindungsberechtigt sind bis zum Ablauf der Abfindungsfrist (vgl. → Rn. 114) auch Aktionäre, die erst nach Wirksamwerden des Beherrschungsvertrages Aktien aus einer Kapitalerhöhung[380] oder als Abfindung im Zuge einer Eingliederung, Verschmelzung oder Spaltung[381] erworben haben. Nicht abfindungsberechtigt sind hingegen Aktionäre, die ihre Aktien erst nach Ablauf der Abfindungsfrist erworben haben; ebenfalls kein Abfindungsrecht erlangen Aktionäre, die die Aktie erst nach Beendigung des Unternehmensvertrages erwerben, mag auch die Abfindungsfrist wegen eines laufenden Spruchverfahrens noch andauern (vgl. → Rn. 114).[382] Für die Voraussetzungen der Abfindungsberechtigung sind die anspruchstellenden Aktionäre beweispflichtig.[383]

113 Die **Verpflichtung zur Abfindung** muss von dem herrschenden Unternehmen übernommen werden. Diese für die Ausgleichspflicht streitige Frage (vgl. → Rn. 82), ist für die Abfindungspflicht in § 305 Abs. 1 AktG geregelt. Die technische Durchführung kann allerdings die abhängige Gesellschaft für Rechnung des herrschenden Unternehmens erledigen.[384]

114 **c) Dauer und Befristung des Abfindungsangebots.** Das Abfindungsangebot kann befristet werden (§ 305 Abs. 4 S. 1 AktG). Die **Befristung** muss in dem Vertrag selbst enthalten sein.[385] Die Frist endet frühestens 2 Monate nachdem die Eintragung des Vertrags in das Handelsregister bekannt gemacht worden ist (§ 305 Abs. 4 S. 2 AktG). Sieht der Vertrag eine längere Frist vor, gilt diese; bestimmt der Vertrag eine kürzere Frist, gilt an deren Stelle die Zweimonatsfrist.[386] Die gesetzliche Mindestfrist verlängert sich, wenn ein Spruchverfahren auf gerichtliche Bestimmung des Ausgleichs oder der Abfindung eingeleitet wird. In diesem Fall endet die Frist frühestens 2 Monate nach Bekanntmachung der Entscheidung im Bundesanzeiger (§ 305 Abs. 4 S. 3 AktG); Gleiches gilt, wenn das Spruchverfahren in anderer Weise, insbesondere durch Antragsrücknahme oder Vergleich endet.[387] Bis zum Ablauf der Frist kann der Aktionär das Abfindungsangebot annehmen. Das Abfindungsverlangen muss innerhalb der Frist zugehen; eine Wiedereinsetzung in den vorherigen Stand kommt bei Fristversäumnis nicht in Betracht.[388] Danach besteht nur noch der Anspruch auf Ausgleich nach § 304 AktG.

115 **Endet der Unternehmensvertrag,** entfällt damit grundsätzlich auch das Abfindungsrecht.[389] Das gilt jedoch nicht, wenn der Vertrag während des anhängigen Spruchverfahrens sein Ende findet; in diesem Fall ist das Spruchverfahren fortzuführen, und das Abfindungsrecht besteht für diejenigen außenstehenden Aktionäre, die ihre Aktien noch vor Vertragsende erworben hatten, bis zum Ablauf der Frist des § 305 Abs. 4 S. 3 AktG

---

[380] BGHZ 167, 299 Rn. 11 – Jenoptik; LG München I AG 1998, 147; *Emmerich* in Emmerich/Habersack Aktien- und GmbH-Konzernrecht § 305 Rn. 20.

[381] KölnKommAktG/*Koppensteiner* § 305 Rn. 33; *Emmerich* in Emmerich/Habersack Aktien- und GmbH-Konzernrecht § 305 Rn. 20.

[382] BGHZ 167, 299 Rn. 11 – Jenoptik; K. Schmidt/Lutter AktG/*Stephan* § 305 Rn. 15; *Emmerich* in Emmerich/Habersack Aktien- und GmbH-Konzernrecht § 305 Rn. 21. Zur Verfassungsmäßigkeit dieser Rechtslage vgl. BVerfG NZG 2007, 631 f.

[383] BGHZ 167, 299 Rn. 10, 15 – Jenoptik; K. Schmidt/Lutter AktG/*Stephan* § 305 Rn. 17.

[384] MüKoAktG/*van Rossum* § 305 Rn. 25; Hüffer/*Koch* AktG § 305 Rn. 8; *Emmerich* in Emmerich/Habersack Aktien- und GmbH-Konzernrecht § 305 Rn. 22.

[385] MüKoAktG/*van Rossum* § 305 Rn. 194; KölnKommAktG/*Koppensteiner* § 305 Rn. 14; Hüffer/*Koch* AktG § 305 Rn. 55.

[386] MüKoAktG/*van Rossum* § 305 Rn. 195; KölnKommAktG/*Koppensteiner* § 305 Rn. 14.

[387] BGHZ 112, 382 (384 ff.); Hüffer/*Koch* AktG § 305 Rn. 55; KölnKommAktG/*Koppensteiner* § 305 Rn. 15; MüKoAktG/*van Rossum* § 305 Rn. 197.

[388] MüKoAktG/*van Rossum* § 305 Rn. 201; KölnKommAktG/*Koppensteiner* § 305 Rn. 13; Hüffer/*Koch* AktG § 305 Rn. 56; *Emmerich* in Emmerich/Habersack Aktien- und GmbH-Konzernrecht § 305 Rn. 28.

[389] MüKoAktG/van Rossum § 305 Rn. 38; *Emmerich* in Emmerich/Habersack Aktienkonzernrecht § 305 Rn. 34; Spindler/Stilz AktG/*Veil*/*Preisser* § 305 Rn. 25.

fort.³⁹⁰ Das soll sogar gelten, wenn der Vertrag bereits vor Einleitung eines Spruchverfahrens endet, sofern die Frist zur Einleitung eines Spruchverfahrens (§ 4 Abs. 1 SpruchG) noch läuft;³⁹¹ die Fragestellung ist allerdings sehr akademisch. Wird das herrschende Unternehmen während des Spruchverfahrens insolvent, besteht das Abfindungsrecht fort, der Insolvenzverwalter kann jedoch die Erfüllung ablehnen (§ 103 Abs. 1 InsO) mit der Folge, dass der Aktionär auf einen Schadensersatzanspruch verwiesen ist, der als Insolvenzforderung geltend gemacht werden kann.³⁹² Ob das Abfindungsrecht bestehen bleibt, wenn während des Spruchverfahrens ein **Squeeze Out** erfolgt, ist umstritten.³⁹³ Zum Teil wird das mit dem Argument bejaht, da der Abfindungsanspruch schuldrechtlichen Charakter habe und kein akzessorisches Nebenrecht der Aktie bilde, gehe er nicht auf den Hauptaktionär über.³⁹⁴ Das ist zutreffend, wenn das Abfindungsangebot im Zeitpunkt des Wirksamwerdens des Squeeze Out bereits angenommen war und damit ein entsprechender Zahlungsanspruch schon bestand. Hingegen ist eine Annahme des Abfindungsangebots nach Wirksamwerden des Squeeze Out mangels Aktionärsstellung nicht mehr möglich.³⁹⁵

d) Fälligkeit und Verzinsung der Abfindungsleistung. Mit rechtzeitigem Zugang des 116 Abfindungsverlangens entsteht der Abfindungsanspruch, er wird jedoch erst mit Einreichung der Aktien fällig.³⁹⁶ Durch ein etwaiges Spruchverfahren nach § 306 AktG wird die **Fälligkeit** der angebotenen Abfindung nicht berührt.³⁹⁷ Die Barabfindung ist gemäß der seit 2009 geltenden Fassung des § 305 Abs. 3 S. 3 AktG ab dem auf das Wirksamwerden des Beherrschungsvertrages folgenden Tag mit 5 % über dem jeweiligen Basiszinssatz nach § 247 BGB³⁹⁸ zu verzinsen; Voraussetzung des (dann rückwirkenden) Zinsanspruchs ist die Annahme des Abfindungsangebots.³⁹⁹ Die Geltendmachung eines weitergehenden Schadens ist nicht ausgeschlossen, setzt allerdings Verzug voraus. Zur Anrechnung eines zwischenzeitlich bezogenen Ausgleichs vgl. → Rn. 117. Das Gesetz schreibt die Verzinsung nur für eine Barabfindung vor. Sieht der Vertrag eine bare Zuzahlung zu einer Abfindung in Aktien vor (vgl. → Rn. 126) oder wird im Zuge eines Spruchverfahrens eine bare Zuzahlung festgesetzt (vgl. → Rn. 147), greift § 305 Abs. 3 S. 3 AktG nicht ein;⁴⁰⁰ insoweit sind Zinsen also nur bei Verzug zu zahlen.

---

³⁹⁰ BVerfG WM 1999, 433 (435); BGHZ 135, 374 (377 ff.); 147, 108 (111 ff.); 167, 299 Rn. 13 – Jenoptik; BGH NZG 2008, 391 Rn. 14 – EKU.
³⁹¹ *Emmerich* in Emmerich/Habersack Aktien- und GmbH-Konzernrecht § 305 Rn. 34; KölnKommAktG/*Koppensteiner* § 305 Rn. 24; Spindler/Stilz AktG/*Veil/Preisser* § 305 Rn. 26; MüKoAktG/*van Rossum* § 305 Rn. 44.
³⁹² BGH NZG 2008, 391 Rn. 13 ff. – EKU; näher K. Schmidt/Lutter AktG/*Stephan* § 305 Rn. 34; Hüffer/*Koch* AktG § 305 Rn. 12.
³⁹³ Für Fortbestand OLG Frankfurt a. M. AG 2010, 798 (799); OLG Düsseldorf ZIP 2006, 2379; MüKoAktG/*Paulsen* § 305 Rn. 36; grds. auch OLG Stuttgart ZIP 2011, 1259 (1262 ff.); aA K. Schmidt/Lutter AktG/*Stephan* § 305 Rn. 18; *Butzke* FS Hüffer, 2010, 97 (100 ff.); offen Hüffer/*Koch* AktG § 305 Rn. 8.
³⁹⁴ MüKoAktG/*van Rossum* § 305 Rn. 42; *Habersack* in Emmerich/Habersack Aktien- und GmbH-Konzernrecht § 327e Rn. 10; GroßkommAktG/*Fleischer* § 327e Rn. 54.
³⁹⁵ K. Schmidt/Lutter AktG/*Stephan* § 305 Rn. 18; *Butzke* FS Hüffer, 2010, 97 (100 ff.); aA MüKoAktG/*van Rossum* § 305 Rn. 42; offen Hüffer/*Koch* AktG § 305 Rn. 8.
³⁹⁶ LG Stuttgart AG 1998, 103; MüKoAktG/*van Rossum* § 305 Rn. 30; KölnKommAktG/*Koppensteiner* § 305 Rn. 17; Hüffer/*Koch* AktG § 305 Rn. 11.
³⁹⁷ MüKoAktG/*van Rossum* § 305 Rn. 32; KölnKommAktG/*Koppensteiner* § 305 Rn. 19; Hüffer/*Koch* AktG § 305 Rn. 11.
³⁹⁸ Zur (berechtigten) Kritik an der Erhöhung des Zinssatzes von 2 % auf 5 % über Basiszins, also auf die Höhe des Verzugszinses nach § 288 BGB, s. DAV-Handelsrechtsausschuss NZG 2009, 96 (99) u. NZG 2014, 1144 (1147); Spindler/Stilz AktG/*Veil/Preisser* § 305 Rn. 99; K. Schmidt/Lutter AktG/*Stephan* § 305 Rn. 119; MüKoAktG/*van Rossum* § 305 Rn. 182; Hüffer/*Koch* AktG § 305 Rn. 52.
³⁹⁹ OLG Hamm AG 2012, 598; Hüffer/*Koch* § 305 Rn. 52.
⁴⁰⁰ MüKoAktG/*van Rossum* § 305 Rn. 183; K. Schmidt/Lutter AktG/*Stephan* § 305 Rn. 119, aA *Emmerich* in Emmerich/Habersack Aktien- und GmbH-Konzernrecht § 305 Rn. 31, der sich für eine enspr. Anwendung von § 320b Abs. 1 S. 6 AktG ausspricht.

117 e) Anrechnung bezogener Dividenden- und Ausgleichszahlungen. Solange das Abfindungsangebot noch nicht angenommen ist, erhalten die außenstehenden Aktionäre den Ausgleich nach § 304 AktG. Die Entgegennahme des Ausgleichs hat nicht zur Folge, dass das Recht auf Abfindung erlöschen würde. Das kann dazu führen, dass ein Aktionär zunächst nach § 304 AktG den Ausgleich bezieht und erst später die Abfindung verlangt, die dann für die Zeit seit Wirksamwerden des Vertrages zu verzinsen ist. Die geleisteten Ausgleichszahlungen sind in diesem Fall anzurechnen, wobei nach heute hM eine Anrechnung nur auf die Zinsen erfolgen darf; überschießende Ausgleichszahlungen sollen dem Aktionär also verbleiben und nicht auf die Abfindungszahlung anzurechnen sein.[401] Durch die Rechtsprechung geklärt ist auch, dass dabei keine Gesamtanrechnung aller Ausgleichszahlungen auf die insgesamt geschuldeten Zinsen erfolgt, sondern für jeden Referenzzeitraum, also abgesehen vom Jahr der Eintragung für jedes Geschäftsjahr, gesondert zu saldieren ist.[402] Wird bei einem kombinierten Beherrschungs- und Gewinnabführungsvertrag neben der jährlichen Ausgleichszahlung eine **Sonderdividende** aus der Auflösung vorvertraglicher Gewinnrücklagen ausgeschüttet, soll eine Anrechnung gar nicht stattfinden;[403] richtigerweise müsste eine Anrechnung auf die Abfindung erfolgen, da der Wert der vorvertraglichen Gewinnrücklagen in der Abfindung wirtschaftlich enthalten ist.

118 f) Veränderung wesentlicher Umstände. § 305 AktG sieht ein Abfindungsangebot nur bei Abschluss des Beherrschungsvertrages vor. Maßgeblich dafür sind die wirtschaftlichen Verhältnisse zum Bewertungsstichtag, dh dem Tag der Hauptversammlung, die über die Zustimmung zum Unternehmensvertrag beschließt (vgl. → Rn. 129). Spätere Veränderungen bewertungsrelevanter **wirtschaftlicher Verhältnisse** bleiben grundsätzlich außer Betracht;[404] sie dürfen nur berücksichtigt werden, wenn sie schon am Bewertungsstichtag angelegt waren (sog. „Wurzeltheorie").[405] Daran ist wegen des Stichtagsprinzips auch festzuhalten, wenn es sich um „grundstürzende" Veränderungen der tatsächlichen Verhältnisse während eines noch laufenden Abfindungsangebots handelt.[406] Eine andere Frage ist es, ob Änderungen **gesellschaftsrechtlicher Verhältnisse** bei der Muttergesellschaft abfindungsrelevant sein können. Insoweit besteht zunächst Einigkeit, dass eine Anpassung einer bereits vom Aktionär angenommenen Abfindung in bar oder in Aktien in keinem Fall in Betracht kommt.[407] Bei einem noch laufenden Barabfindungsangebot führen gesellschaftsrechtliche Veränderungen bei der Muttergesellschaft nicht zu einer Anpassungsnotwendigkeit, auch dann nicht, wenn aufgrund der geänderten Situation statt der gebotenen Barabfindung an sich eine Abfindung in Aktien nach § 305 Abs. 2 Nr. 1 AktG anzubieten wäre; es bleibt in

---

[401] BGHZ 152, 29 (32 ff.) – Rütgers; BGH ZIP 2003, 1933 (1935); BGHZ 155, 110 (116 ff.) – Philips/PKI; BGHZ 174, 378 Rn. 8; *Emmerich* in Emmerich/Habersack Aktien- und GmbH-Konzernrecht § 305 Rn. 33; MüKoAktG/*van Rossum* § 305 Rn. 185 ff.; mit Recht kritisch K. Schmidt/Lutter AktG/*Stephan* § 305 Rn. 122.

[402] BGHZ 174, 378 Rn. 8; MüKoAktG/*van Rossum* § 305 Rn. 186; *Emmerich* in Emmerich/Habersack Aktien- und GmbH-Konzernrecht § 305 Rn. 33.

[403] BGHZ 155, 110 (116) – Philips/PKI; MüKoAktG/*van Rossum* § 305 Rn. 188; *Emmerich* in Emmerich/Habersack Aktien- und GmbH-Konzernrecht § 305 Rn. 33a.

[404] MüKoAktG/*van Rossum* § 305 Rn. 68; *Emmerich* in Emmerich/Habersack Aktien- und GmbH-Konzernrecht § 305 Rn. 35; Spindler/Stilz AktG/*Veil*/*Preisser* § 305 Rn. 101; *Schwenn*, Der Ausgleichs- und Abfindungsanspruch der außenstehenden Aktionäre im Unternehmensvertrag bei Eintritt neuer Umstände, 1998, S. 197 ff.

[405] OLG Düsseldorf AG 2019, 732 (737) (Steueränderung); OLG Düsseldorf AG 2016, 864 (866); OLG München AG 2015, 508 Rn. 41.

[406] Hüffer/Koch AktG § 305 Rn. 34; *Emmerich* in Emmerich/Habersack Aktien- und GmbH-Konzernrecht § 305 Rn. 56a ff. aA *Emmerich* in Emmerich/Habersack Aktien- und GmbH-Konzernrecht § 305 Rn. 35a; aA auch K. Schmidt/Lutter AktG/*Stephan* § 305 Rn. 148 f., 153 für wesentliche Änderungen der Besteuerungssituation.

[407] K. Schmidt/Lutter AktG/*Stephan* § 305 Rn. 145; MüKoAktG/*van Rossum* § 305 Rn. 71; Spindler/Stilz AktG/*Veil*/*Preisser* § 305 Rn. 101.

einem solchen Fall bei der Barabfindung.[408] Anders kann es sich bei einem noch laufenden Angebot auf Abfindung in Aktien verhalten. Ist aufgrund einer eingetretenen Veränderung die angebotene Abfindung in Aktien ihrer Art nach nicht mehr zulässig (zB bei einem Abfindungsangebot nach § 305 Abs. 2 Nr. 1 AktG) wird der andere Vertragsteil abhängig, ist auf Antrag im Spruchverfahren eine Barabfindung festzusetzen.[409] Außerdem können Kapitalveränderungen ebenso wie beim variablen Ausgleich eine Anpassung des Umtauschverhältnisses erforderlich machen (vgl. → Rn. 103 ff.). Schließlich wird für den Fall des bereits abgelaufenen Abfindungsangebots zum Teil angenommen, den außenstehenden Aktionären, die das Angebot nicht angenommen, sondern sich für den Ausgleich entschieden hatten, müsse ein erneutes Abfindungsangebot gemacht werden, wenn sich das herrschende Unternehmen seinerseits durch Abschluss eines Beherrschungsvertrages der Leitung durch ein anderes Unternehmen unterstelle;[410] nach anderer Ansicht soll der Vertragsschluss des herrschenden Unternehmens eines zustimmenden Sonderbeschlusses der außenstehenden Aktionäre der abhängigen Gesellschaft analog § 295 Abs. 2 AktG bedürfen.[411] Dem ist jedoch nicht zu folgen. Wer sich entscheidet, das Abfindungsangebot nicht anzunehmen, sondern als Aktionär in der abhängigen Gesellschaft zu bleiben, muss damit rechnen, dass Veränderungen bei dem vertraglich herrschenden Unternehmen eintreten können. Er ist durch den Ausgleichsanspruch geschützt und bedarf solange keines weitergehenden Schutzes, wie die rechtliche Identität des vertraglich herrschenden Unternehmens erhalten bleibt. Zu den Rechtsfolgen, wenn das herrschende Unternehmen durch Verschmelzung, Spaltung oder Anwachsung sein Vermögen ganz oder zu wesentlichen Teilen auf eine andere Gesellschaft überträgt oder in eine andere Gesellschaft eingegliedert wird oder wenn umgekehrt eine andere Gesellschaft auf das herrschende Unternehmen verschmolzen oder in dieses eingegliedert wird, vgl. näher → Rn. 208 ff. Zum Abfindungsangebot, wenn der Beherrschungsvertrag durch **Vertragsübernahme** vom herrschenden Unternehmen auf ein anderes Unternehmen übertragen wird oder ein weiteres herrschendes Unternehmen dem Vertrag beitreten soll, vgl. → Rn. 192 ff.

2. Art der Abfindung. Die Art der Abfindung, die den außenstehenden Aktionären anzubieten ist, regelt § 305 Abs. 2 AktG. Sie hängt von den rechtlichen Verhältnissen des herrschenden Unternehmens ab, das vom Gesetz als „anderer Vertragsteil" bezeichnet wird:

Handelt es sich bei dem anderen Vertragsteil um eine Aktiengesellschaft oder KGaA, die ihren Sitz in der EU oder im EWR hat und weder abhängig (§ 17 AktG) ist, noch im Mehrheitsbesitz (§ 16 AktG) steht, muss der Vertrag eine **Abfindung in Aktien** des herrschenden Unternehmens vorsehen (§ 305 Abs. 2 **Nr. 1** AktG). Eine zusätzliche Barabfindung braucht nicht angeboten zu werden,[412] kann aber freiwillig als Alternative zur Wahl gestellt werden (vgl. → Rn. 126). Bei Vorhandensein **verschiedener Aktiengattungen** wird zumeist angenommen, dass den außenstehenden Aktionären Aktien der gleichen Gattung anzubieten seien, die sie bislang besitzen.[413] Hat das herrschende Unternehmen Stämme und Vorzüge, die abhängige Gesellschaft jedoch nur Stämme, ist es richtig, dass den Aktionären der abhängigen Gesellschaft zur Aufrechterhaltung des Gattungsverhältnisses beim herr-

---

[408] K. Schmidt/Lutter AktG/*Stephan* § 305 Rn. 150; MüKoAktG/*van Rossum* § 305 Rn. 74.
[409] K. Schmidt/Lutter AktG/*Stephan* § 305 Rn. 155; MüKoAktG/*van Rossum* § 305 Rn. 73.
[410] So Spindler/Stilz AktG/*Veil/Preisser* § 305 Rn. 102; *Wilh. Bayer* FS Ballerstedt, 1975, 157 (179); *Rehbinder* ZGR 1977, 581 (606 f.); *Priester* ZIP 1992, 293 (297 f.); wohl auch Emmerich in Emmerich/Habersack Aktien- und GmbH-Konzernrecht § 305 Rn. 35; aA *Pentz*, Die Rechtsstellung der Enkel-AG in einer mehrstufigen Unternehmensverbindung, 1994, S. 104 ff.
[411] *Pentz*, Die Rechtsstellung der Enkel-AG in einer mehrstufigen Unternehmensverbindung, 1994, S. 106 f.
[412] Zur rechtspolitischen Problematik der Regelung vgl. KölnKommAktG/*Koppensteiner* § 305 Rn. 36; *Beyerle* AG 1980, 317.
[413] *Emmerich* in Emmerich/Habersack Aktien- und GmbH-Konzernrecht § 305 Rn. 13; KölnKommAktG/*Koppensteiner* § 305 Rn. 40; MüKoAktG/*van Rossum* § 305 Rn. 57; Hüffer/*Koch* AktG § 305 Rn. 15; *Timm/Schöne* FS Kropff, 1997, 314 (322 ff.).

schenden Unternehmen in diesem Verhältnis Stamm- und Vorzugsaktien angeboten werden.[414] Hat das herrschende Unternehmen nur Stammaktien, steht nichts entgegen, auch den Vorzugsaktionären der abhängigen Gesellschaft Stammaktien anzubieten.[415] Bei der Festlegung des Umtauschverhältnisses ist dem unterschiedlichen Wert von Stämmen und Vorzügen Rechnung zu tragen; vgl. → Rn. 127. Die zur Abfindung erforderlichen Aktien werden im Allgemeinen durch eine bedingte Kapitalerhöhung geschaffen (§ 192 Abs. 2 Nr. 2 AktG); zulässig ist zu diesem Zweck aber auch der Erwerb eigener Aktien durch die herrschende Aktiengesellschaft (§ 71 Abs. 1 Nr. 3 AktG). Ist ein außenstehender Aktionär von dem anderen Vertragsteil abhängig,[416] darf er Aktien des anderen Vertragsteils im Allgemeinen nicht erwerben (§§ 71d S. 1 u. 2, 71 Abs. 1 AktG). Man wird in solchen Fällen annehmen müssen, dass der betroffene Aktionär nur den angemessenen Ausgleich wählen kann.[417]

121 Handelt es sich bei dem anderen Vertragsteil um eine Aktiengesellschaft, SE oder KGaA, die ihrerseits von einer Obergesellschaft abhängig ist oder in Mehrheitsbesitz steht, muss der Vertrag entweder eine **Abfindung in Aktien der Obergesellschaft oder eine Barabfindung** vorsehen, sofern die Obergesellschaft ebenfalls eine Aktiengesellschaft, SE oder KGaA ist und ihren Sitz in der EU oder im EWR hat (§ 305 Abs. 2 **Nr. 2** AktG). In diesem Fall muss nur die Obergesellschaft in der EU oder im EWR ansässig sein, der andere Vertragsteil des Unternehmensvertrages kann seinen Sitz auch in einem Drittstaat haben.[418] Die Regelung gilt entsprechend, wenn der andere Vertragsteil nicht die Rechtsform der AG, SE oder KGaA hat, solange es sich nur bei der Obergesellschaft um eine AG, SE oder KGaA mit EU-/EWR-Sitz handelt.[419] Bei mehr als dreistufigen Konzernen ist dem Zweck des § 305 Abs. 2 Nr. 2 AktG entsprechend nicht auf die unmittelbar über den anderen Vertragsteil herrschende oder daran mit Mehrheit beteiligte Obergesellschaft, sondern auf die Konzernspitzengesellschaft abzustellen: Handelt es sich bei der Konzernspitzengesellschaft um eine AG, SE oder KGaA mit Sitz in der EU oder im EWR, so sind als Abfindung entweder Aktien der Konzernspitzengesellschaft oder eine Barabfindung vorzusehen.[420] Für die Praxis empfiehlt sich in solchen Fällen schon zur Vermeidung von Rechtsunsicherheiten die Wahl einer Barabfindung. Der Vertrag muss nicht eine Abfindung in Aktien und eine Barabfindung zur Auswahl anbieten. Vielmehr genügt es, entweder eine Abfindung in Aktien der Obergesellschaft oder eine Barabfindung vorzusehen. Das Wahlrecht steht allein den Vertragsparteien zu.[421]

---

[414] Eingehend *Lutter* FS Mestmäcker, 1996, 943 (947 ff.); zustimmend *Hüffer/Koch* AktG § 305 Rn. 15; K. Schmidt/Lutter AktG/*Stephan* § 305 Rn. 41; *Habersack* in Emmerich/Habersack Aktien- und GmbH-Konzernrecht § 320b Rn. 7; Kallmeyer UmwG/*Marsch-Barner* § 5 Rn. 12; *Krieger* FS Lutter, 2000, 497 (518 f.); aA *Timm/Schöne* FS Kropff, 2000, 314 (322 ff.); Bayer ZIP 1997, 1613 (1616).
[415] OLG Düsseldorf AG 2003, 329 (334); MüKoAktG/*van Rossum* § 305 Rn. 58; *Hüffer /Koch* AktG § 305 Rn. 15; KölnKommAktG/*Koppensteiner* § 305 Rn. 40; K. Schmidt/Lutter AktG/*Stephan* § 305 Rn. 41; *Habersack* in Emmerich/Habersack Aktien- und GmbH-Konzernrecht § 320b Rn. 7; näher *Krieger* FS Lutter, 2000, 497 (511 f.).
[416] Zur Frage, ob in einem solchen Fall überhaupt die Eigenschaft als außenstehender Aktionär besteht, vgl. → Rn. 80.
[417] GroßkommAktG/*Hasselbach/Hirte* § 305 Rn. 45. AA *Kley*, Die Rechtsstellung der außenstehenden Aktionäre bei der vorzeitigen Beendigung von Unternehmensverträgen, 1986, S. 42; KölnKomm-AktG/*Koppensteiner* § 295 Rn. 44; *Emmerich* in Emmerich/Habersack Aktien- und GmbH-Konzernrecht § 305 Rn. 13a: dem Aktionär sei eine Barabfindung anzubieten; für eine solche Sonderbehandlung Einzelner gibt es keine gesetzliche Grundlage (insbes. ist nicht, wie *Kley* aaO meint, § 305 Abs. 2 Nr. 3 AktG anwendbar) und auch kein rechtliches Bedürfnis.
[418] KölnKommAktG/*Koppensteiner* § 305 Rn. 45; *Emmerich* in Emmerich/Habersack Aktien- und GmbH-Konzernrecht § 305 Rn. 14; MüKoAktG/*van Rossum* § 305 Rn. 60.
[419] *Emmerich* in Emmerich/Habersack Aktien- und GmbH-Konzernrecht § 305 Rn. 14; Spindler/Stilz AktG/*Veil/Preisser* § 305 Rn. 40; aA K. Schmidt/Lutter AktG/*Stephan* § 305 Rn. 44.
[420] Hüffer/Koch AktG/*Koch* § 305 Rn. 17; *Emmerich* in Emmerich/Habersack Aktien- und GmbH-Konzernrecht § 305 Rn. 14; MüKoAktG/*van Rossum* § 305 Rn. 61.
[421] MüKoAktG/*van Rossum* § 305 Rn. 64; KölnKommAktG/*Koppensteiner* § 305 Rn. 46; Hüffer/*Koch* AktG § 305 Rn. 19; *Emmerich* in Emmerich/Habersack Aktien- und GmbH-Konzernrecht

Auch wenn eine Abfindung in Aktien der Obergesellschaft angeboten wird, trifft die **122** Abfindungsverpflichtung den anderen Vertragsteil; der Erwerb von Aktien der Obergesellschaft ist nach §§ 71d S. 1 und 2, 71 Abs. 1 Nr. 3 AktG zulässig. Die Obergesellschaft ist berechtigt, dem anderen Vertragsteil die erforderlichen Aktien zur Verfügung zu stellen oder diese unmittelbar den außenstehenden Aktionären anzubieten und zu diesem Zweck, eigene Aktien zu erwerben oder die bedingte Kapitalerhöhung durchzuführen; §§ 71 Abs. 1 Nr. 3, 192 Abs. 2 Nr. 2 AktG finden auch in diesem Fall Anwendung.[422]

In allen anderen Fällen muss der Vertrag eine **Barabfindung** vorsehen (§ 305 Abs. 2 **123** Nr. 3 AktG). Das ist der Fall, wenn der andere Vertragsteil unabhängig ist, aber nicht die Rechtsform der Aktiengesellschaft oder KGaA oder seinen Sitz nicht innerhalb der EU oder des EWR hat; es ist weiter der Fall, wenn der andere Vertragsteil abhängig ist und die Obergesellschaft ihren Sitz außerhalb der EU und des EWR oder nicht die Rechtsform der Aktiengesellschaft oder KGaA hat.

Umstritten ist die Art der Abfindung in den Fällen der **Mehrmütterorganschaft**. Nach **124** herrschender Auffassung scheidet hier eine Abfindung in Aktien aus und ist lediglich eine Barabfindung zu gewähren.[423] Nach anderer Ansicht, soll auch in einem solchen Fall die Verpflichtung zur Abfindung in Aktien bestehen; jedes der herrschenden Unternehmen habe eine Abfindung so anzubieten, als sei es allein Partner des Unternehmensvertrages.[424] Die besseren Argumente sprechen für die hM.[425]

Die Frage, welche Art der Abfindung anzubieten ist, muss nach den **rechtlichen Ver- 125 hältnissen** des herrschenden Unternehmens **zum Bewertungsstichtag,** dh dem Tag der Hauptversammlung der abhängigen Gesellschaft, die über die Zustimmung zum Unternehmensvertrag entscheidet (vgl. → Rn. 92), beurteilt werden. Dabei muss es auch dann bleiben, wenn sich diese Verhältnisse während eines noch laufenden Spruchverfahrens ändern; eine Abfindung in Aktien des herrschenden Unternehmens nach § 305 Abs. 2 Nr. 1 AktG zB bleibt also auch dann rechtmäßig, wenn das herrschende Unternehmen während des laufenden Spruchverfahrens abhängig wird.[426]

Die in § 305 Abs. 2 AktG vorgeschriebenen Abfindungsarten sind zwingend. Es steht **126** den Vertragsparteien jedoch frei, zusätzlich – alternativ oder kumulativ – **andere Abfindungsarten** anzubieten. In Betracht kommt zum Beispiel eine bare Zuzahlung neben einer Abfindung in Aktien oder eine Abfindung in Gesellschaftsanteilen anderer Unternehmen usw.[427] In der Praxis wird nicht selten freiwillig eine Barabfindung als Alternative zur Abfindung in Aktien geboten, was unbedenklich zulässig ist.[428] Die zur Wahl der Aktionäre freiwillig angebotene Barabfindung unterliegt keiner Angemessenheitsprüfung im Spruchverfahren.

---

§ 305 Rn. 15; *Exner*, Beherrschungsvertrag und Vertragsfreiheit, 1984, S. 238 ff.; aA *Hüchting*, Abfindung und Ausgleich im aktienrechtlichen Beherrschungsvertrag, 1972, S. 17 ff.; *Mestmäcker* FS Kronstein, 1967, 129 (138) Fn. 20.

[422] MüKoAktG/*van Rossum* § 305 Rn. 61; Hüffer/*Koch* AktG § 305 Rn. 17.

[423] KölnKommAktG/*Koppensteiner* § 305 Rn. 43; MüKoAktG/*van Rossum* § 305 Rn. 67; Hüffer/Koch AktG § 305 Rn. 16; *Emmerich* in Emmerich/Habersack Aktien- und GmbH-Konzernrecht § 305 Rn. 17; Spindler/Stilz AktG/*Veil/Preisser* § 305 Rn. 36.

[424] Ausführlich *Exner*, Beherrschungsvertrag und Vertragsfreiheit, 1984, S. 290 ff.

[425] Vgl. zur Begründung insbes.KölnKommAktG/*Koppensteiner* § 305 Rn. 43; MüKoAktG/van Rossum § 305 Rn. 67.

[426] Ebenso *Pentz,* Die Rechtsstellung der Enkel-AG in einer mehrstufigen Unternehmensverbindung, 1994, S. 105 f.; aA KölnKommAktG/*Koppensteiner* § 305 Rn. 124 ff.

[427] Vgl. hierzu auch *Exner*, Beherrschungsvertrag und Vertragsfreiheit, 1984, S. 244 f.; MüKoAktG/ *van Rossum* § 305 Rn. 50; KölnKommAktG/*Koppensteiner* § 305 Rn. 49. Zu einem sog. Substanzkoppelungsvertrag als Alternative vgl. Begr. RegE AktG, abgedr. bei *Kropff,* AktG, 1965, S. 396; MüKoAktG/*van Rossum* § 305 Rn. 50.

[428] Spindler/Stilz AktG/*Veil/Preisser* § 305 Rn. 31; *Emmerich* in Emmerich/Habersack Aktien- und GmbH-Konzernrecht § 305 Rn. 12.

127 3. Höhe der Abfindung. Die angebotene Abfindung muss angemessen sein. Das ist sie nur, wenn sie dem **vollen Wert** der Beteiligung entspricht.[429] Für die Ermittlung der angemessenen Barabfindung ist daher das Unternehmen zu bewerten und auf dieser Basis der Wert der einzelnen Aktie zu errechnen. Für die Ermittlung der angemessenen Abfindung in Aktien ist eine Bewertung beider Unternehmen erforderlich, auf deren Basis sodann das Umtauschverhältnis zu errechnen ist. Die Bewertungsmaßstäbe für die Ermittlung einer Barabfindung oder einer Abfindung in Aktien sind die Gleichen.[430] Zu Einzelfragen der Bewertung vgl. näher → Rn. 129 ff. Für Aktien **verschiedener Gattungen** können unterschiedliche Abfindungswerte anzubieten sein. Mehrstimmrechte können, soweit sie noch existieren, Zuschläge verlangen,[431] stimmrechtslose Anteile einen Abschlag;[432] letzteres kann anders zu beurteilen sein, wenn die Vorzugsaktionäre ein Stimmrecht gemäß § 140 Abs. 2 AktG haben[433] oder die Aktie mit einer Mehrdividende ausgestattet ist.[434] Unterschiedliche Abfindungshöhen sind jedoch nicht zulässig, soweit sie nicht gerade durch die Unterschiede der Gattungen gerechtfertigt sind. Ein Minderheitsabschlag ist deshalb unzulässig.[435] **Spitzenbeträge** bei einer Abfindung in Aktien können und müssen[436] durch bare Zuzahlungen ausgeglichen werden (§ 305 Abs. 3 S. 1 AktG). Das ist aber nur für unvermeidliche Spitzenbeträge zulässig; die Stückelung der Umtauschaktien ist daher – sofern die Umtauschaktien durch Kapitalerhöhung geschaffen werden – so zu wählen, dass die auszugleichenden Spitzenbeträge möglichst gering ausfallen.[437] Ein Aktionär, der seine Aktien in einzelne Pakete aufteilt, um anstelle der gesetzlich vorgesehenen Abfindung in Aktien eine Zahlung zu erhalten, handelt missbräuchlich; wird im

---

[429] BVerfGE 14, 263 (284) – Feldmühle; BVerfGE 100, 289 (304 f.) – DAT/Altana; BGHZ 71, 40 (51) – Kali & Salz; BGHZ 147, 108 (115); OLG Düsseldorf AG 2004, 614 (615); OLG Hamburg AG 2002, 406 (407); MüKoAktG/*van Rossum* § 305 Rn. 78; KölnKommAktG/*Koppensteiner* § 305 Rn. 50; Hüffer AktG/*Koch* § 305 Rn. 23; *Emmerich* in Emmerich/Habersack Aktien- und GmbH-Konzernrecht § 305 Rn. 37.

[430] KölnKommAktG/*Koppensteiner* § 305 Rn. 50; Hüffer/*Koch* AktG § 305 Rn. 23; MüKoAktG/*van Rossum* § 305 Rn. 80, 181; wenn nicht – gleichsam als Proberechnung – der Wert einer Barabfindung ermittelt wird.

[431] Hüffer/*Koch* AktG § 305 Rn. 35; MüKoAktG/*van Rossum* § 305 Rn. 178. Vgl. zum Mehrwert von Mehrstimmrechten auch § 5 Abs. 3 EGAktG sowie Begr. RegE KonTraG, abgedruckt bei *Ernst/Seibert/Stuckert*, KonTraG ua, 1998, S. 122. Vgl. aus der Bewertungspraxis etwa die Abschaffung der Mehrstimmrechte bei VEW im Jahre 1999, bei welcher der Wert einer Mehr-Stimme mit 18 DM angesetzt wurde, sowie die Abschaffung der Mehrstimmrechte bei Siemens, bei welcher den Mehr-Stimmen durch BayObLG ZIP 2002, 1765 ff. kein zusätzlicher Wert zugemessen wurde.

[432] OLG Düsseldorf AG 2003, 329 (331); 2002, 398 (402); WM 1973, 1085; LG Frankfurt a. M. WM 1987, 559 (562); Hüffer/*Koch* AktG § 305 Rn. 35; MüKoAktG/*van Rossum* § 305 Rn. 178; *Emmerich* in Emmerich/Habersack Aktien- und GmbH-Konzernrecht § 305 Rn. 75b; eingehend *Krieger* FS Lutter, 2000, 497 (498 ff.). Vgl. aus der Bewertungspraxis etwa die Verschmelzung Hypobank/Vereinsbank, bei welcher für die stimmrechtslosen Vorzüge ein Wertabschlag von 15 % gegenüber den Stämmen gemacht wurde, oder den Beherrschungs- und Gewinnabführungsvertrag GEA/Metallgesellschaft aus dem Jahr 1999 (Wertabschlag 10 %).

[433] OLG Karlsruhe NZG 2006, 670 f.

[434] OLG Frankfurt a. M. AG 2014, 822 (827); *Emmerich* in Emmerich/Habersack Aktien- und GmbH-Konzernrecht § 305 Rn. 75b.

[435] MüKoAktG/*van Rossum* § 305 Rn. 177; KölnKommAktG/*Koppensteiner* § 305 Rn. 97; Hüffer/*Koch* AktG § 305 Rn. 32; *Emmerich* in Emmerich/Habersack Aktien- und GmbH-Konzernrecht § 305 Rn. 75.

[436] OLG Düsseldorf AG 1995, 85 (88); *Exner*, Beherrschungsvertrag und Vertragsfreiheit, 1984, S. 245 ff.; KölnKommAktG/*Koppensteiner* § 305 Rn. 41; MüKoAktG/*van Rossum* § 305 Rn. 180; *Emmerich* in Emmerich/Habersack Aktien- und GmbH-Konzernrecht § 305 Rn. 76; Hüffer/*Koch* AktG § 305 Rn. 50.

[437] LG Berlin AG 1996, 230 (232); MüKoAktG/*van Rossum* § 305 Rn. 180; Hüffer/*Koch* AktG § 305 Rn. 50; *Emmerich* in Emmerich/Habersack Aktien- und GmbH-Konzernrecht § 305 Rn. 77; aA KölnKommAktG/*Koppensteiner* § 305 Rn. 42; *E. Vetter* AG 2000, 193 (200 f.).

Spruchverfahren das Umtauschverhältnis verbessert, muss er sich an der erschlichenen Barabfindung festhalten lassen.[438] Die außenstehenden Aktionäre zu einem Spitzenausgleich zu verpflichten, ist nicht möglich.[439] **Stichtag** für die Ermittlung der Abfindungshöhe ist der Tag der Beschlussfassung der Hauptversammlung über die Zustimmung zum Vertrag. Dies ist für die Bemessung der Barabfindung in § 305 Abs. 3 S. 2 AktG klargestellt und gilt auch für die Bemessung der Abfindung in Aktien.[440]

4. Fehlen oder Unangemessenheit des Abfindungsangebots. Sieht der Vertrag keine oder keine angemessene Abfindung vor, so führt dies weder zur Nichtigkeit des Vertrags, noch zur Anfechtbarkeit des Zustimmungsbeschlusses der Hauptversammlung der abhängigen Gesellschaft (§ 305 Abs. 5 S. 1 AktG). Vielmehr ist die angemessene Abfindung auf Antrag im Spruchverfahren gerichtlich zu bestimmen (§ 305 Abs. 5 S. 2 AktG; dazu → Rn. 142 ff.). Demgegenüber bleibt es auf der Ebene des herrschenden Unternehmens bei der Anfechtbarkeit des Zustimmungsbeschlusses, wenn die Abfindung zu Lasten der Aktionäre des herrschenden Unternehmens angemessen hoch festgesetzt wird (vgl. schon → Rn. 110). 128

III. Bewertungsfragen

1. Bewertungsziel. Für die Berechnung des variablen Ausgleichs und der Abfindung in Aktien muss die Verschmelzungswertrelation der beteiligten Gesellschaften ermittelt werden (§§ 304 Abs. 2 S. 3, 305 Abs. 3 S. 1 AktG); es bedarf also einer Bewertung beider Unternehmen. Für die Bestimmung der angemessenen Barabfindung muss der Unternehmenswert der abhängigen Gesellschaft berechnet werden. **Bewertungsstichtag** ist der Zeitpunkt der Beschlussfassung der Hauptversammlung über den Unternehmensvertrag (vgl. → Rn. 92). Dazu ist es zwar – soweit nicht ohnehin auf den Börsenkurs abzustellen ist (vgl. → Rn. 138 ff.) – nicht rechtlich zwingend erforderlich, einen Sachverständigen mit der Unternehmensbewertung zu beauftragen, auch wenn das in der Praxis in aller Regel geschieht, sondern die beteiligten Unternehmen können die Wertermittlung auch selbst vornehmen. Es ist aber auch keine nur „gefühlsmäßige" Bewertung zulässig, sondern aus den Berichts- und Prüfungspflichten der §§ 293a ff. AktG (vgl. → Rn. 25 ff.) ergibt sich, dass eine nachvollziehbare und nachprüfbare Wertermittlung erforderlich ist, die im Einzelnen dargelegt und überprüft werden kann. 129

Das Ziel der Bewertung besteht darin, den Aktionären der abhängigen Gesellschaft den vollen Wert ihrer Beteiligung zu erhalten; ebenso sind die Aktionäre des herrschenden Unternehmens davor zu schützen, dass sie durch eine zu großzügige Bewertung geschädigt werden. Für die Bewertung ist daher rechtlich vorgegeben, den „wirklichen" Wert der Anteile der außenstehenden Aktionäre der abhängigen Gesellschaft zu ermitteln.[441] Das geschieht in der Praxis bislang im Allgemeinen durch Bewertung des Gesamtunternehmens, um sodann aus dem Unternehmenswert den Wert der einzelnen Aktien abzuleiten. Die bisherige Rechtsprechung in den Spruchverfahren und die Bewertungspraxis klammern hierbei subjektive Wertvorstellungen aus und definieren als Unternehmenswert den sog. **objektivierten Wert.**[442] Darunter wird der Betrag verstanden, den der Aktionär 130

---

[438] BGH ZIP 2010, 2289 (2291 f.).
[439] MüKoAktG/*van Rossum* § 305 Rn. 180; Hüffer/*Koch* AktG § 305 Rn. 50; KölnKommAktG/ *Koppensteiner* § 305 Rn. 41; *Emmerich* in Emmerich/Habersack Aktien- und GmbH-Konzernrecht § 305 Rn. 77.
[440] BGHZ 138, 136 (139 f.); OLG Celle AG 1999, 128 (129); BayObLG AG 1995, 509 f.; MüKoAktG/*van Rossum* § 305 Rn. 98 f.; KölnKommAktG/*Koppensteiner* § 305 Rn. 62; Hüffer/*Koch* AktG § 305 Rn. 34; *Weiss* FS Semler, 1993, 631 (635).
[441] BVerfGE 100, 289 (304, 306) – DAT/Altana; BVerfG AG 2012, 625 (626).
[442] Vgl. statt nahezu aller OLG Düsseldorf AG 2019, 92 (94); aA neuerdings LG Köln ZIP 2019, 2159 (2160 f.), das den Einigungsbereich der subjektiven Entscheidungswerte des Verkäufers und potentieller Investoren für maßgeblich hält.

erhalten muss, um bei einer adäquaten Alternativanlage in Unternehmensanteile so zu stehen, als sei er an dem bisherigen Unternehmen in unveränderter Form beteiligt geblieben. Dieser Wert wird in aller Regel nach dem Ertragswertverfahren oder der DCF-Methode ermittelt (vgl. → Rn. 132 f., 134 ff.). Daneben ist ein etwa vorhandener **Börsenkurs** der Aktie von Bedeutung, den die hM als Wertuntergrenze ansieht, während sich jedenfalls in der Literatur, in Ansätzen aber auch in der Rechtsprechung die Tendenz abzeichnet, bei börsennotierten Gesellschaften statt des Ertragswerts allein den Börsenwert heranzuziehen (vgl. → Rn. 138 ff.).

131 Nicht bewertungsrelevant ist nach ganz herrschender Meinung in Rechtsprechung und Literatur der Preis, den das herrschende Unternehmen für **vorangegangene Aktienkäufe** gezahlt hat.[443] Das Bundesverfassungsgericht hat dazu klargestellt, dass eine Berücksichtigung früherer Erwerbspreise verfassungsrechtlich nicht geboten ist.[444] Den außenstehenden Aktionären einen Anspruch auf Bewertung in Höhe des vom herrschenden Unternehmen zuvor gezahlten Preises zuzubilligen, ließe sich nur mit dem Postulat einer Gleichbehandlungspflicht rechtfertigen, für die eine tragfähige Grundlage nicht ersichtlich ist. Bei Übernahmeangeboten nach WpÜG ist zwar nach näherer Maßgabe von § 4 WpÜG-Angebots-VO der bei Vorerwerben in den letzten 6 Monaten gezahlte Preis als Mindestpreis anzusetzen. Aber diese spezielle Regelung ist nicht maßgeblich für die Abfindung nach § 305 AktG. Die Angebots- und Preisvorschriften des Übernahmerecht sind für die Bemessung der Abfindung nach § 305 AktG auch dann bedeutungslos, wenn zuvor ein an sich geschuldetes Pflichtangebot unterlassen worden war.[445]

132 **2. Wertermittlung des Unternehmens. a) Bewertungsmethode.** Das Gesetz schreibt eine bestimmte Bewertungsmethode nicht vor, sondern beschränkt sich in § 305 Abs. 3 AktG auf die Vorgaben, dass bei der Abfindung in Aktien die Wertrelation maßgeblich ist, wie sie bei einer Verschmelzung der beiden Gesellschaften festzustellen wäre (Satz 1), und bei der Barabfindung die Verhältnisse der Gesellschaft im Zeitpunkt der Beschlussfassung über den Vertrag zu berücksichtigen sind (Satz 2). Auch das Verfassungsrecht verlangt nicht, eine bestimmte Bewertungsmethode anzuwenden,[446] und die Rechtsprechung hat es immer wieder abgelehnt, bestimmte Bewertungsmethoden als rechtlich geboten einzustufen.[447] Gleichwohl hat sich für die Unternehmensbewertung zur Ermittlung der Umtauschverhältnisse und der Abfindung das **Ertragswertverfahren** nach den vom Institut der Wirtschaftsprüfer entwickelten Standards[448] praktisch weitgehend unangefochten durchgesetzt.[449] Mit diesen Standards und ihrer Fortentwicklung und Überarbeitung in unregel-

---

[443] BGHZ 186, 229 (241) – Stollwerck; OLG Düsseldorf AG 2019, 732 (735); OLG Frankfurt a. M. AG 2012, 513 (514); KölnKommAktG/*Koppensteiner* § 305 Rn. 73 f.; Hüffer/*Koch* AktG/*Koch* § 305 Rn. 31; *Habersack* NZG 2019, 881 (883 f.); *Bode* Der Konzern 2010, 529 (530 ff.); aA LG Köln AG 2009, 835 (837 f.); *Hüttemann* FS Hoffmann-Becking, 2013, 603 (615).

[444] BVerfGE 100, 289 (306 f.) – DAT/Altana.

[445] Näher *Habersack* NZG 2018, 881 (883 ff.).

[446] BVerfGE 100, 289 (305 ff.) – DAT/Altana; BVerfG AG 2012, 674 (675).

[447] Vgl. etwa BGHZ 129, 136 (165) – Girmes; BGHZ 71, 40 (52) – Kali + Salz; OLG Stuttgart AG 2014, 291 ff.; 2013, 724 (725 f.); OLG Frankfurt a. M. AG 2013, 647 (648); OLG Düsseldorf AG 2012, 797 (798).

[448] So bereits Stellungnahme des Instituts der Wirtschaftsprüfer (IDW) HFA 2/1983, WPg. 1983, 468 ff.; jetzt IDW-S1: Grundsätze zur Durchführung von Unternehmensbewertungen, idF 2008, WPg Supplement 3/2008 = FN-IDW 2008, 271 (Vorgängerfassungen 2000 und 2005).

[449] Vgl. aus der unübersehbaren Rechtsprechung und Literatur zunächst BVerfGE 100, 289 (307) – DAT/Altana und BVerfG AG 2012, 674 (675) sowie etwa OLG Stuttgart AG 2019, 255 (257 ff.); OLG Düsseldorf AG 2019, 92 (93 ff.); OLG Karlsruhe ZIP 2018, 122 (126); OLG Düsseldorf AG 2014, 817 (818 ff.); OLG Frankfurt a. M. AG 2013, 647 (648); kritisch LG Köln ZIP 2019, 2159 ff.; Hüffer AktG/*Koch* § 305 Rn. 24 ff.; *Emmerich* in Emmerich/Habersack Aktien- und GmbH-Konzernrecht § 305 Rn. 51 ff.; *Adolff,* Unternehmensbewertung im Recht der börsennotierten Aktiengesellschaft, 2007, S. 220 ff.; kritisch LG Köln ZIP 2019, 732 (734).

§ 71 Vertragskonzern (Beherrschungsvertrag)

mäßigen Abständen verbindet sich die lange umstrittene Frage, ob bei Änderungen des Bewertungsstandards nach dem Bewertungsstichtag die Gerichte im Spruchverfahren den zum Bewertungsstichtag geltenden oder den aktuellen Standard anzuwenden haben; der BGH hat mit Recht entschieden, dass der geänderte Standard anzuwenden ist, soweit er eine fachliche Fortentwicklung der Bewertungsmethode darstellt, nicht hingegen, wenn er nur eine nach dem Stichtag eingetretene Veränderung der rechtlichen oder wirtschaftlichen Verhältnisse umsetzt.[450] In neuerer Zeit mehrt sich allerdings – mit Recht – die Kritik an der faktischen Monopolstellung des Ertragswertverfahrens. Dahinter steht zum einen die Erkenntnis, dass es einen einzigen „richtigen" Unternehmenswert nicht gibt, sondern sich allenfalls eine Bandbreite vertretbarer Werte ermitteln lässt,[451] zum anderen sieht sich das Ertragswertverfahren nicht nur dem Einwand ausgesetzt, dass es aufgrund seiner hohen Komplexität äußerst zeit- und kostenaufwendig ist, sondern dass sich mit ihm aufgrund vielfältiger „Stellschrauben" überdies nahezu beliebige Werte begründen lassen.[452] Das alles spricht für eine stärkere Berücksichtigung anderer Methoden, vor allem aber des Börsenkurses (vgl. → Rn. 133, 138).

In der betriebswirtschaftlichen Praxis wird an Stelle der Ertragswertmethode zunehmend **133** auf die **discounted-cash-flow-**(DCF-)Methode zurückgegriffen. Es handelt sich um eine Abart des Ertragswertverfahrens, die den Unternehmenswert ebenfalls aus dem Zukunftserfolg ableitet, dabei jedoch nicht an eine Prognose der künftigen Gewinne, sondern des künftigen cash-flow anknüpft.[453] Für Unternehmensbewertungen zur Ermittlung von Ausgleich und Abfindung nach §§ 304, 305 AktG ist die Verwendung der DCF-Methode dem Ertragswertverfahren gleichwertig (und den gleichen Vorbehalten ausgesetzt), allerdings bislang weniger gebräuchlich.[454] Bewertungen nach dem **Substanzwert** oder nach einer Kombination von Substanz- und Ertragswert (zB Mittelwertmethode, Stuttgarter Verfahren)[455] kommen grundsätzlich nicht in Betracht.[456] Im Einzelfall kann das auf Grund besonderer Umstände anders zu beurteilen sein.[457] Teilweise wird es auch für die Ermittlung des bloßen Wertverhältnisses der beteiligten Unternehmen für zulässig gehalten, die nach dem Stutt-

---

[450] BGHZ 207, 114 Rn. 31 ff. – Stinnes; MüKoAktG/*van Rossum* § 305 Rn. 110 ff.; *Emmerich* in Emmerich/Habersack Aktien- und GmbH-Konzernrecht § 305 Rn. 52a; *Fleischer* AG 2016, 185 ff.; Zum früheren Meinungsstreit vgl. einerseits OLG Düsseldorf ZIP 2014, 2388 ff. und OLG München ZIP 2009, 2339 (alter Standard); andererseits OLG Frankfurt a. M. AG 2014, 822, OLG Karlsruhe AG 2013, 765 und OLG Stuttgart AG 2012, 839 (neuer Standard) aus der Literatur etwa *Riegger/Wasmann* FS Goette, 2011, 433 (437 ff.); *Ruthardt/Hachmeister* WPg 2011, 351; *Bungert* WPg 2008, 811; *Hüttemann* WPg 2008, 822.

[451] Vgl. nur OLG Stuttgart AG 2013, 353 (354); OLG München AG 2012, 749 (750); OLG Frankfurt a. M. AG 2012, 513 (514); *Stilz* FS Goette, 2011, 529 (534, 540); *Hüttemann* FS Hoffmann-Becking, 2013, 603 (614); *Wicke* FS Stilz, 2014, 707 (713).

[452] Vgl. namentlich *Stilz* FS Goette, 2011, 529 (531 ff.); *Emmerich* FS Stilz, 2014, 135 (136 ff.); *Emmerich* FS U. H. Schneider, 2011, 323 (324 ff.).

[453] Vgl. zum discounted-cash-flow-Verfahren etwa IDW-S1 (2008) Tz. 7, 124 ff.; MüKoAktG/*van Rossum* § 305 Rn. 89; *Großfeld*, Recht der Unternehmensbewertung, 7. Aufl. 2012, Rn. 1076 ff.; KölnKommAktG/*Koppensteiner* § 305 Rn. 85 ff.; *Adolff*, Unternehmensbewertung im Recht der börsennotierten Aktiengesellschaft, 2007, S. 228 ff.

[454] Hüffer/*Koch* AktG § 305 Rn. 24.

[455] Vgl. dazu die Überblicke bei KölnKommAktG/*Koppensteiner* § 305 Rn. 68; *Piltz*, Die Unternehmensbewertung in der Rechtsprechung, 1994, S. 203 ff.; *Dielmann/König* AG 1984, 57 (61 ff.); *Piltz/Wissmann* NJW 1985, 2673 (2674); *van Randenborgh* BB 1986, 75 (76).

[456] BGH NJW 1985, 192 (193); OLG Düsseldorf DB 1988, 1109; WM 1984, 732 – Thyssen/Rheinstahl; LG Frankfurt a. M. AG 1987, 315 (316); 1985, 58 – Triumpf-Adler/Adlerwerke; LG Frankfurt a. M. AG 1983, 136 – GHH/Roland Druckmaschinen; LG Berlin AG 1983, 135 – Scheidemandel; LG Dortmund AG 1982, 257 – Krupp Südwestfalen; KölnKommAktG/*Koppensteiner* § 305 Rn. 71 f.; Hüffer AktG/*Koch* § 305 Rn. 28; *Weiss* FS Semler, 1993, 631 (639 f.); *Piltz/Wissmann* NJW 1985, 2673 (2677 f.); offener zB noch *Dielmann/König* AG 1984, 57 (66).

[457] Vgl. etwa BayObLG AG 1995, 509 (510); LG München I AG 1990, 404 (405 f.); MüKoAktG/*van Rossum* § 305 Rn. 93; *Weiss* FS Semler, 1993, 631 (639 f.).

garter Verfahren ermittelten steuerlichen Wertansätze mit gewissen Modifikationen zugrunde zu legen.[458] In der Praxis des Unternehmenskaufs spielen **vergleichsorientierte Bewertungsverfahren** eine erhebliche Rolle, wie etwa die Heranziehung von Vergleichspreisen, die für andere Unternehmen gezahlt wurden, die Anwendung branchenüblicher Gewinnmultiplikatoren oder das Umsatzverfahren, bei dem der Preis des Unternehmens mit einem Prozentsatz vom Umsatz berechnet wird. Für die Unternehmensbewertung im Rahmen der §§ 304, 305 AktG werden solche Verfahren hingegen bislang nur zur Plausibilisierung des Ertragswerts herangezogen,[459] wenngleich angesichts der berechtigten Vorbehalte gegen die überstarke Heranziehung des Ertragswertverfahrens (→ Rn. 132) gute Argumente dafür sprechen, auch für diese Bewertungsanlässe Bandbreiten von Wertansätzen unterschiedlicher Bewertungsmethoden heranzuziehen, um auf diese Weise den Unternehmenswert stärker nach der Herangehensweise bei realen Unternehmensveräußerungen zu ermitteln,[460] soweit es nicht ohnehin sachgerecht ist, vorrangig auf den Börsenkurs abzustellen (dazu → Rn. 138).

134 b) Ertragswertberechnung. Die Durchführung der Ertragswertermittlung im Einzelnen soll hier nicht dargestellt werden. Insoweit ist auf das Spezialschrifttum und die einschlägige Rechtsprechung zu verweisen.[461] **Grundgedanke des Verfahrens** ist die Ermittlung des Zukunftsertrags des Unternehmens, der sodann bei einer unterstellten ewigen Lebensdauer auf den Bewertungsstichtag abzuzinsen ist. Dazu sind aufbauend auf einer Vergangenheitsanalyse die künftigen finanziellen Überschüsse zu planen und zu prognostizieren. Diese sind sodann mit einem geeigneten, im Ausgangspunkt an der Rendite des öffentlichen Kapitalmarkts orientierten und durch einen Risikozuschlag und einen Wachstumsabschlag angepassten Kalkulationszinsfuß zu diskontieren. Stichtag für die Bewertung ist der Tag der Hauptversammlung der abhängigen Gesellschaft, die dem Unternehmensvertrag zustimmt (§ 305 Abs. 3 S. 2 AktG). Später hervortretende Entwicklungen können im Spruchverfahren nur berücksichtigt werden, sofern sie zum Stichtag bereits angelegt waren (sog. Wurzeltheorie); vgl. → Rn. 92.[462] Aus dem so ermittelten Unternehmenswert ist die **Bewertung der einzelnen Anteile** abzuleiten. Minderheitsab- oder -aufschläge sind unzulässig.[463] Hingegen kann eine besondere Ausstattung der Aktien Zu- oder Abschläge verlangen; vgl. dazu → Rn. 127. Ob für nicht börsennotierte Aktien ein Fungibilitätsabschlag zu machen ist, ist wenig erörtert und umstritten.[464]

---

[458] Vgl. dazu näher OLG Düsseldorf WM 1977, 997 (999 ff.); zustimmend KölnKommAktG/ *Koppensteiner* § 305 Rn. 92; *Piltz,* Die Unternehmensbewertung in der Rechtsprechung, 1994, S. 70.

[459] Vgl. nur OLG Düsseldorf AG 2019, 928 (931); 2019, 309 (312 f.).

[460] Vgl. dazu vor allem DFVA-Arbeitskreis „Corporate Transactions and Valuation", Best Practice Empfehlungen Unternehmensbewertung, 2012. Vgl. für eine stärkere Methodenvielfalt auch *Emmerich* FS Stilz, 2014, 135 ff. mit dem Aufruf zur „Orientierung der Unternehmensbewertung an Marktpreisen, wo immer möglich"; *Hüttemann* FS Hoffmann-Becking, 2013, 603 (611 ff.); *Stilz* FS Goette, 2011, 529 (537 ff.). Zum Bedeutungszuwachs marktwertorientierter Bewertungsmethoden in Delaware informativ *Fleischer/Kolb* AG 2019, 57.

[461] Vgl. etwa IdW-S1 (2008); KölnKommAktG/*Koppensteiner* § 305 Rn. 76; Hüffer/*Koch* AktG/ *Koch* § 305 Rn. 25 ff.; MüKoAktG/*van Rossum* § 305 Rn. 117 ff.; *Ebke* FS K. Schmidt, 2010, 289 ff.; aus der jüngeren Rechtsprechung und zu deren Entwicklung etwa *Ruthardt/Popp* AG 2019. 196 ff. sowie OLG Düsseldorf AG 2019, 732 ff.; 2019, 92 ff.; OLG Stuttgart AG 2019, 255 ff.; 2014, 291 (292 ff.); 2014, 208 (209 ff.); 2013, 353 (354 ff.); OLG Düsseldorf AG 2012, 797 (798 ff.); OLG Frankfurt a. M. AG 2012, 417 (418 ff.); 2012, 513 ff.; KG AG 2011, 627; LG München I AG 2014, 168 (170 ff.).

[462] BGH AG 1998, 286 (287); OLG Stuttgart AG 2014, 291 (295); *Emmerich* in Emmerich/ Habersack Aktien- und GmbH-Konzernrecht § 305 Rn. 56a; Hüffer/*Koch* AktG § 305 Rn. 34; *Seetzen* WM 1994, 45 (46).

[463] OLG Düsseldorf WM 1973, 1085 (1087); Hüffer/*Koch* AktG § 305 Rn. 35; MüKoAktG/ *Paulsen* § 305 Rn. 141; *Emmerich* in Emmerich/Habersack Aktien- und GmbH-Konzernrecht § 305 Rn. 75; KölnKommAktG/*Koppensteiner* § 305 Rn. 95.

[464] Vgl. dazu eingehend und mit weiteren Nachw. *Fleischer* FS Hoffmann-Becking, 2013, 332 ff., der sich selbst *gegen* eine Berücksichtigung des Fungibilitätsrisikos ausspricht; daneben auch Hüffer/*Koch* AktG § 305 Rn. 32 mwN

Nach wie vor umstritten ist die Frage, inwieweit bei der Unternehmensbewertung **Ver-** 135
bundvorteile für das herrschende Unternehmen zu berücksichtigen sind, die sich aus
Rationalisierungs- und Kooperationseffekten ergeben, und sonstige Vorteile, die gerade erst
auf Grund des Beherrschungsvertrages eintreten. Die Rechtsprechung und der überwiegende Teil der juristischen Literatur gehen von einer **Stand-alone-Betrachtung** der
beteiligten Unternehmen aus und lassen Verbundeffekte grundsätzlich unberücksichtigt.[465]
Besondere Umstände des Einzelfalls können allerdings auch auf der Basis der herrschenden
Meinung eine Ausnahme rechtfertigen;[466] das ist insbesondere der Fall, wenn Verbundeffekte bereits in einer Form vorhanden sind, dass sie nicht nur durch den konkreten
Zusammenschluss erreichbar sind (sog. echte Verbundvorteile), sondern sich bei Verbindung mit nahezu jedem anderen Unternehmen der Branche positiv und objektivierbar
auswirken würden (sog. unechte Verbundvorteile).[467] In der Betriebswirtschaftslehre wird
demgegenüber die Berücksichtigung der Verbundeffekte seit langem für erforderlich angesehen,[468] und auch in der Rechtswissenschaft findet diese Ansicht zunehmend Unterstützung.[469] Richtigerweise sind Verbundvorteile zu berücksichtigen und bei der Bewertung in
angemessener Form zwischen dem herrschenden und dem abhängigen Unternehmen aufzuteilen.[470] Die Eignung zur Erzielung von Verbundeffekten stellt einen der übertragenden
Gesellschaft anhaftenden Wert dar, der sich bei einer Veräußerung im Preis niederschlagen
würde und auch bei der Bewertung berücksichtigt werden muss. Das gilt umso mehr, als
die Nichtberücksichtigung von Verbundeffekten zu einer ungerechtfertigten Benachteiligung derjenigen Aktionäre führt, die die Barabfindung wählen, während Aktionäre, die
im Unternehmen verbleiben, besser gestellt werden, weil sie an den künftigen Synergien
partizipieren.

Der Ertragswert ist ohne die Erträge des **nicht betriebsnotwendigen Vermögens** zu 136
berechnen und um die erzielbaren Einzelveräußerungspreise (Liquidationswert) dieser Vermögensgegenstände zu erhöhen, wenn ihr Liquidationswert höher ist als ihr Ertragswert.[471]
Bei der Abgrenzung zwischen betriebsnotwendigem und nicht betriebsnotwendigem Ver-

---

[465] BGH ZIP 1998, 690 (691) – Asea/BBC II; OLG München AG 2018, 753 (755); OLG Frankfurt
a. M. AG 2014, 822 (825); OLG Düsseldorf AG 2000, 323 f.; OLG Stuttgart NZG 2000, 744 (745 f.);
OLG Köln AG 1998, 37 (38); BayObLG AG 1996, 176 (178); KölnKommAktG/*Koppensteiner* § 305
Rn. 65; Hüffer AktG/*Koch* § 305 Rn. 33; K. Schmidt/Lutter AktG/*Stephan* § 305 Rn. 66 ff.; *Decher*
FS Hommelhoff, 2012, 115 (124 ff.); *Seetzen* WM 1994, 45 (49); *Forster* FS Claussen, 1994, 45 (49);
Ränsch AG 1984, 202 (205 ff.). Vgl. aber auch OLG Stuttgart AG 2006, 420 (426) zur Notwendigkeit
einer angemessenen Berücksichtigung von Synergieeffekten bei einer vergleichenden Bewertung.

[466] Näher dazu LG Dortmund AG 1981, 236 (239) – Thyssen/Rheinstahl; ebenso LG Frankfurt
a. M. AG 1987, 315 (317). Zur Bewertung eines steuerlichen Verlustvortrags vgl. OLG Düsseldorf DB
1988, 1109 (1110 f.).

[467] IDW S 1 (2008) Tz. 34; OLG Stuttgart AG 2013, 724 (727); Hüffer/*Koch* AktG § 305 Rn. 33;
K. Schmidt/Lutter AktG/*Stephan* § 305 Rn. 69; KölnKommAktG/*Koppensteiner* § 305 Rn. 66; *Kort*
ZGR 1999, 402 (416 ff.).

[468] Vgl. nur *Drukarczyk* AG 1973, 357 (360 f.); *Krag* BFuP 1978, 254 (256); *Küting* BFuP 1981, 175
(189); *Hachmeister/Ruthardt/Gebhardt* Der Konzern 2011, 600 (602 ff.); weitere Nachweise bei *Fleischer*
ZGR 1997, 368 (373 f.).

[469] OLG Stuttgart AG 2006, 420 (426 f.); Emmerich in Emmerich/Habersack Aktien- und GmbH-
Konzernrecht § 305 Rn. 71; MüKoAktG/*Paulsen* § 305 Rn. 135 ff.; Spindler/Stilz AktG/*Veil/Preisser*
§ 305 Rn. 78; *Hüttemann* FS Hoffmann-Becking, 2013, 603 (604 ff.); *Hüttemann* ZHR 162 (1998),
563 (586 ff.); *Adolff*, Unternehmensbewertung im Recht der börsennotierten Aktiengesellschaft, 2007,
S. 400 ff.; *Reuter* DB 2001, 2483 (2487 f.); *Fleischer* ZGR 1997, 368 ff.; *Lutter* ZGR 1979, 401 (418).

[470] Zur Art der Aufteilung *Fleischer* ZGR 1997, 368 (398 f.); *Adolff*, Unternehmensbewertung im
Recht der börsennotierten Aktiengesellschaften, 2007, S. 410 f.

[471] Vgl. IDW S 1 (2008) Tz. 68; OLG Düsseldorf AG 2014, 817 (821); OLG Stuttgart AG 2013,
724 (730); OLG Frankfurt a. M. AG 2012, 417 (418); K. Schmidt/Lutter AktG/*Stephan* § 305 Rn. 82;
KölnKommAktG/*Koppensteiner* § 305 Rn. 82 ff.; MüKoAktG/*van Rossum* § 305 Rn. 174 f.; Hüffer/
Koch AktG § 305 Rn. 27; Emmerich in Emmerich/Habersack Aktien- und GmbH-Konzernrecht
§ 305 Rn. 72 f.; kritisch *Ränsch* AG 1984, 202 (208).

mögen kommt es nicht darauf an, ob ein Vermögenswert tatsächlich betrieblich genutzt wird oder nicht, sondern auch betrieblich genutzte Vermögenswerte sind dem nicht betriebsnotwendigen Vermögen zuzurechnen, wenn sie sich aus dem Unternehmen herauslösen lassen, ohne die eigentliche Unternehmensaufgabe zu berühren.[472]

137 Die Untergrenze des anzusetzenden Wertes sollte nach früher hM der **Liquidationswert des Unternehmens** bilden, dh die Summe der Einzelveräußerungspreise sämtlicher Vermögensgegenstände des Unternehmens nach Tilgung der Schulden.[473] Demgegenüber hat sich inzwischen die Auffassung durchgesetzt, dass der Liquidationswert nur anzusetzen ist, wenn entweder eine Liquidation tatsächlich beabsichtigt ist[474] oder die Ertragsaussichten des Unternehmens dauerhaft negativ sind.[475]

138 3. **Börsenkurs der Aktie.** Eine Berücksichtigung des Börsenkurses wurde früher von der fast einhelligen Rechtsprechung und der ganz überwiegenden Literatur als Wertmaßstab abgelehnt, weil der Börsenkurs von Zufälligkeiten abhängig sei und deshalb nicht den wahren Wert widerspiegele.[476] Demgegenüber hat das Bundesverfassungsgericht entschieden, dass bei der Bewertung der Aktien der abhängigen Gesellschaft zwecks Ermittlung von Ausgleich und Abfindung die Unterschreitung eines existierenden Börsenkurses regelmäßig nicht zulässig ist.[477] Der Börsenkurs braucht ausnahmsweise nicht berücksichtigt zu werden, wenn er im Einzelfall den Verkehrswert nicht widerspiegelt.[478] Das kommt insbesondere bei einer besonderen **Marktenge** oder in Fällen der Kursmanipulation in Betracht.[479] Für die Marktenge kann der Maßstab von § 5 Abs. 4 WpÜG-AngebotsVO herangezogen werden,[480] es gibt aber auch darüber hinaus Fälle, in denen der Kurs wegen ungenügenden Handels nicht maßgeblich sein kann.[481] Eine Heranziehung des Börsenkurses kann auch bei Verletzung von Ad-hoc-Mitteilungspflichten durch das zu bewertende Unternehmen oder bei Vorliegen öffentlicher Kauf- oder Umtauschangebote ausscheiden.[482] Ob **Freiverkehrskurse** generell außer Betracht zu bleiben haben, ist umstritten;[483] jedenfalls scheiden

---

[472] IDW S 1 (2008) Tz. 59 ff.; OLG Düsseldorf AG 2014, 817 (821); OLG Stuttgart AG 2012, 48 (59); OLG Frankfurt a. M. AG 2012, 330 (334); *Emmerich* in Emmerich/Habersack Aktien- und GmbH-Konzernrecht § 305 Rn. 72a; MüKoAktG/*van Rossum* § 305 Rn. 174; K. Schmidt/Lutter AktG/*Stephan* § 305 Rn. 82.

[473] BayObLG AG 1995, 509 (510); KG WM 1971, 764; KölnKommAktG/*Koppensteiner* § 305 Rn. 90; *Piltz/Wissmann* NJW 1985, 2673/2674.

[474] OLG Düsseldorf AG 2009, 907 (909); 2004, 324 (327); LG Dortmund Der Konzern 2008, 241 (243); *Ruiz/de Varga/Theusinger/Zollner* AG 2014, 428 (433 f., 436 ff.).

[475] OLG Düsseldorf AG 2004, 324 (327); 1990, 397 (399); MüKoAktG/*van Rossum* § 305 Rn. 176; K. Schmidt/Lutter AktG/*Stephan* § 305 Rn. 80; *Emmerich* in Emmerich/Habersack Aktien- und GmbH-Konzernrecht § 305 Rn. 74 f.; *Ruiz/de Varga/Theusinger/Zollner* AG 2014, 428 (434 f., 436 ff.); aA LG Dortmund Der Konzern 2008, 241 (243) (trotz dauerhafter Ertragslosigkeit kein Ansatz des Liquidationswerts einer Gesellschaft des öffentlichen Personennahverkehrs, wenn Gesellschaftermehrheit sich zur Fortführung entschlossen hat).

[476] Vgl. nur BGHZ 71, 40 (51) – Kali + Salz; OLG Düsseldorf AG 1995, 85; WM 1984, 732 – Thyssen/Rheinstahl; KölnKommAktG 2. Aufl./*Koppensteiner* § 305 Rn. 37; *Kamprad* AG 1986, 321 (322); *Dielmann/König* AG 1984, 57 f.; aA auch schon früher zB *Luttermann* ZIP 1999, 45 ff.; *Rodloff* DB 1999, 1149; *Aha* AG 1997, 26 (27 f.) für Dax und M-Dax-Werte; *Götz* DB 1996, 259 ff.

[477] BVerfGE 100, 289 – DAT Altana; BVerfG AG 2012, 625 (626).

[478] BVerfGE 100, 289 (309) – DAT/Altana.

[479] BVerfGE 100, 289 (309) – DAT/Altana; BGHZ 147, 108 (121); OLG München AG 2012, 749 (751 f.); OLG Karlsruhe AG 2005, 45 (47); OLG Düsseldorf AG 2003, 329 (331 f.).

[480] Vgl. etwa OLG Karlsruhe ZIP 2018, 122 (125); OLG Frankfurt a. M. AG 2014, 822 (827); K. Schmidt/Lutter AktG/*Stephan* § 305 Rn. 102; *Land/Hallermayer* AG 2015, 659 (663 f.); *Happ/Bednarz* FS Stilz, 2014, 219 (227 f.); *Riegger/Wasmann* FS Stilz, 2014, 509 (511 f.).

[481] Näher *Riegger/Wasmann* FS Stilz, 2014, 509 (512).

[482] OLG München AG 2012, 749 (752); OLG Frankfurt a. M. AG 2010, 751 (756).

[483] Gegen die Heranziehung von Freiverkehrskursen Spindler/Stilz AktG/*Veil/Preisser* § 305 Rn. 57; *Riegger/Wasmann* FS Stilz, 2014, 509 (510 f.); aA *Emmerich* in Emmerich/Habersack Aktien-

sie als Bewertungsgrundlage aus, wenn wertrelevante Informationen nicht in die Kursbildung eingeflossen sind.[484]

Unklar geblieben ist die Frage, ob der Börsenkurs zugleich als Regelwert zugrunde gelegt werden kann oder ob er nur eine **Untergrenze** darstellt und eine Überschreitung nötig ist, wenn etwa der Ertragswert der Beteiligung höher liegt. Die bislang hM ging davon aus, dass der Börsenwert nur die Untergrenze des Aktienwerts der abhängigen Gesellschaft bildet, liegt der Ertragswert höher, bleibt es nach dieser Ansicht beim Ertragswert.[485] Eine solche **„Meistbegünstigung"** ist jedoch verfassungsrechtlich nicht geboten[486] und gesellschaftsrechtlich nicht überzeugend. Richtiger erscheint es vielmehr, mit einer immer stärker vordringenden Meinung in der Literatur,[487] für die sich auch der Deutsche Juristentag 2008 ausgesprochen hat,[488] für den Regelfall allein auf den Börsenpreis abzustellen und eine Überschreitung des Börsenpreises nur in Ausnahmefällen zu fordern, in denen – etwa bei einer schlechten Verfassung der Kapitalmärkte – der Börsenkurs den Verkehrswert nicht angemessen widerspiegelt. Die Rechtsprechung hält es zwar grundsätzlich auch für zulässig, allein den Börsenkurs zu verwenden,[489] greift aber nach wie vor zumeist auf den Ertragswert zurück.[490]

Bei der Anknüpfung an den Börsenkurs muss nicht der Tageskurs am Bewertungsstichtag (vgl. → Rn. 129) gewählt werden, sondern es ist zulässig und empfehlenswert, einen **Durchschnittskurs** anzusetzen.[491] Als Referenzzeitraum legt die Rechtsprechung **3 Monate** zugrunde,[492] während die Literatur sich zum Teil für Zeiträume von 6 Monaten bis zu

---

und GmbH-Konzernrecht § 305 Rn. 46; differenzierend OLG Düsseldorf ZIP 2015, 1336 (1337) (Berücksichtigung, wenn der Handel überwiegend im Freiverkehr stattfand); *Bungert/Leyendecker-Langner* BB 2014, 521 (523 ff.) und *Bungert/Wettich* FS Hoffmann-Becking, 2013, 157 (173 f.) (Heranziehung von Kursen im qualifizierten Freiverkehr, nicht aber im einfachen Freiverkehr); ähnlich *Hüffer/Koch* AktG § 305 Rn. 41; offengelassen von OLG München AG 2014, 714 (715).

[484] OLG München AG 2014, 714 (715); *Bungert/Leyendecker-Langner* BB 2014, 521 (524).

[485] Für diese „Meistbegünstigung" zB BGHZ 147, 108 (115); BayObLG AG 2006, 41 (45); OLG Düsseldorf AG 2004, 212 (214); OLG Frankfurt a. M. AG 2003, 581 (582); MüKoAktG 4. Aufl./ *Paulsen* § 305 Rn. 83; KölnKommAktG/*Koppensteiner* § 305 Rn. 100; *Ruthardt/Hachmeister* NZG 2014, 41 (43 ff.); *Ruthardt/Hachmeister* WM 2014, 725 ff.; *Burger* NZG 2012, 281 (285 ff.).

[486] BVerfG AG 2012, 625 (626).

[487] *Hüffer/Koch* AktG § 305 Rn. 39; Spindler/Stilz AktG/*Veil/Preisser* § 305 Rn. 55; *Reichert* FS Stilz, 2014, 479 (486 ff.); *Wicke* FS Stilz, 2014, 707 (714); *Stilz* FS Goette, 2011, 529/537 ff.; *Stilz* ZGR 2001, 875 (891 ff.); *Gärtner/Handke* NZG 2012, 247 (248 f.); *Tonner* FS K. Schmidt, 2009, 1581 (1586 ff.); *Krieger,* Referat zum 67. DJT 2008, Bd. II/1, S. N 25/30 f.; *W. Müller* FS Röhricht, 2005, 1015/1020 ff.; *Weißhaupt* Der Konzern 2004, 474 (479 ff.); *Weiler/Meyer* NZG 2003, 669 ff.; *Busse von Colbe* FS Lutter, 2000, 153 (164 f.); *Luttermann* ZIP 1999, 45 (47); vgl. auch *Bungert/Wettich* FS Hoffmann-Becking, 2013, 157 (173 ff.); *Hüttemann* FS Hoffmann-Becking, 2013, 603 (611 ff.); zurückhaltender *Happ/Bednarz* FS Stilz, 2014, 219 (228 ff.).

[488] Vgl. *Bayer,* Empfehlen sich besondere Regelungen für börsennotierte und für geschlossene Gesellschaften?, Gutachten E für den 67. Deutschen Juristentag 2008, S. E 105 f.; Sitzungsbericht über die Verhandlungen der Abteilung Wirtschaftsrecht des 67. DJT 2008, Bd. II/1, S. N 104, Beschluss II. B. 6.

[489] Vgl. etwa BGHZ 207, 114 Rn. 33; 208, 265 Rn. 23; OLG Frankfurt a. M. AG 2017, 790 (792 f.); OLG Stuttgart AG 2013, 840 f. (844 f.); OLG München AG 2012, 749 (752); OLG Frankfurt a. M. AG 2012, 919 (921); 2010, 751 (752 ff.); LG Frankfurt a. M. NZG 2019, 989 (991). Vgl. auch die Darstellung der Rechtsprechungsentwicklung bei *Bungert/Wettich* FS Hoffmann-Becking, 2013, 157 (163 ff.).

[490] Näher MüKoAktG/*van Rossum* § 305 Rn. 96; anders jüngst LG Frankfurt a. M. NZG 2019, 989 (991).

[491] BGHZ 186, 229 Rn. 12; *Hüffer/Koch* AktG § 305 Rn. 42; MüKoAktG/*van Rossum* § 305 Rn. 102.

[492] BGHZ 147, 108 (118); OLG Karlsruhe ZIP 2018, 122 (123 f.); OLG München AG 2012, 749 (751); OLG Stuttgart AG 2012, 49 (52); zustimmend *Hüffer/Koch* AktG § 305 Rn. 45; *K. Schmidt/Lutter* AktG/*Stephan* § 305 Rn. 103.

mehreren Jahren oder eine stark einzelfallbezogene Betrachtung ausspricht;[493] die genaue Berechnung kann nach § 5 Abs. 3 WpÜG-AngebotsVO erfolgen.[494] Der BGH verlangte zunächst, den Referenzzeitraum vom Tag der Hauptversammlung der abhängigen Gesellschaft zurückzurechnen ist.[495] Inzwischen hat er sich der zutreffenden Meinung angeschlossen, dass der Referenzzeitraum vom Tag des Bekanntwerdens des beabsichtigten Vertragsschlusses zurückzurechnen ist,[496] zumal das BVerfG dies unter verfassungsrechtlichen Aspekten ausdrücklich zugelassen hat.[497] Das wird im allgemeinen der Tag der öffentlichen Ankündigung, namentlich durch ad-hoc-Mitteilung sein, bloße Gerüchte sollen hingegen nicht genügen.[498] Allerdings soll der Tag der Bekanntgabe nicht maßgeblich, sondern eine der Kursentwicklung folgende Anpassung geboten sein, wenn zwischen Bekanntgabe und Hauptversammlung ein längerer Zeitraum liegt;[499] 7,5 Monate hat der BGH als „längeren Zeitraum" angesehen,[500] kürzer als 6 Monate kann er jedenfalls nicht sein.[501] Bei der Errechnung des Durchschnittskurses ist der gewichtete Durchschnitt zu ermitteln.[502]

141 Soweit – für die Berechnung einer Abfindung in Aktien und für die Berechnung eines variablen Ausgleichs – eine vergleichende **Bewertung des herrschenden Unternehmens** nötig ist, ist es aus verfassungsrechtlichen Gründen nicht geboten, für das herrschende Unternehmen den Börsenwert als Obergrenze anzusetzen.[503] Nach hM soll in der Regel der Grundsatz der Methodengleichheit gelten. Danach ist das herrschende Unternehmen nach der gleichen Methode (Ertragswert oder Börsenkurs) zu bewerten wie die abhängige Gesellschaft, selbst wenn der andere Wert höher liegt.[504] Jedenfalls solange die hM für die Bewertung der Aktien der abhängigen Gesellschaft am Prinzip der Meistbegünstigung (→ Rn. 139) festhält, ist das Postulat der Methodengleichheit wegen der damit möglicherweise verbundenen Benachteiligung der Gesellschafter des herrschenden

---

[493] Vgl. etwa Spindler/Stilz AktG/*Veil/Preisser* § 305 Rn. 62; Hüffer/*Koch* AktG § 305 Rn. 24 f.; KölnKommAktG/*Koppensteiner* § 305 Rn. 105 f.; *E. Vetter* DB 2001, 1347 (1351); *Piltz* ZGR 2001, 185 (199 ff.); *Bungert/Eckert* BB 2000, 1845 (1849); *Wilm* NZG 2000, 234 (239); *Luttermann* ZIP 1999, 45 (51).

[494] OLG Karlsruhe ZIP 2018, 122 (124); OLG München ZIP 2006, 1722.

[495] BGHZ 147, 108 (118).

[496] BGHZ 186, 229 Rn. 9 ff. – Stollwerck; BGH AG 2011, 590 f.; Zur Anwendbarkeit der Börsenkursrechtsprechung im Falle eines in zeitlicher Nähe zum Referenzstichtag erfolgenden Delistings näher *Bungert/Leyendecker-Langner* BB 2014, 521 (522 ff.).

[497] BVerfGE 100, 289 (310) – DAT/Altana.

[498] OLG Düsseldorf AG 2017, 827 (831 f.); OLG München AG 2015, 508 Rn. 26; OLG Karlsruhe AG 2015, 789 (791); Hüffer/*Koch* AktG § 305 Rn. 43. Zur Bestimmung des genauen Referenzstichtags näher *Hasselbach/Klüsener* DB 2010, 657 (658 ff.); *Bungert/Wettich* NZG 2012, 449 (450 f.).

[499] BGHZ 186, 229 Rn. 29 ff. – Stollwerck; OLG Düsseldorf AG 2017, 827 (832). Näher und kritisch zu dieser Rechtsunsicherheit schaffenden Ausnahme Hüffer/*Koch* AktG § 305 Rn. 44; *Bungert/Wettich* ZIP 2012, 449 (451 ff.); *Bungert/Wettich* BB 2010, 2227 (2229 ff.); *Olbrich/Rapp* DStR 2011, 2005 (2006 f.); *Decher* ZIP 2010, 1673 (1676 f.). Vgl. auch *Emmerich* in Emmerich/Habersack Aktien- und GmbH-Konzernrecht § 305 Rn. 47; *Happ/Bednarz* FS Stilz, 2014, 219 (225 ff.).

[500] BGHZ 186, 229 Rn. 30.

[501] Vgl. etwa OLG Saarbrücken AG 2014, 866 Rn. 38 ff.; OLG Stuttgart AG 2012, 49 (53); 2011, 795 (800); Hüffer/*Koch* AktG § 305 Rn. 44; *Happ/Bednarz* FS Stilz, 2014, 219 (225 ff.); *Bungert/Wettich* ZIP 2012, 449 (452).

[502] BGHZ 186, 229 Rn. 12 – Stollwerck; OLG Frankfurt a. M. AG 2014, 823 (824); OLG Stuttgart AG 2012, 48 (53); Hüffer/*Koch* AktG § 305 Rn. 42; MüKoAktG/*van Rossum* § 305 Rn. 107.

[503] BVerfGE 100, 289 (310 f.) – DAT/Altana.

[504] BGHZ 147, 108 (121 f.); OLG München AG 2012, 749 (752); OLG Stuttgart AG 2006, 420 (427); OLG Düsseldorf AG 2003, 329 (334); BayObLGZ 2002, 400 (403); Hüffer/*Koch* AktG § 305 Rn. 47 f.; K. Schmidt/Lutter AktG/*Stephan* § 305 Rn. 107 ff.; KölnKommAktG/*Koppensteiner* § 305 Rn. 110; *Emmerich* in Emmerich/Habersack Aktien- und GmbH-Konzernrecht § 305 Rn. 48a; *Wicke* FS Stilz, 2014, 705 (716); *W. Müller* FS Röhricht, 2005, 1015 (1029); *Piltz* ZGR 2001, 185 (203 f.); *Hüttemann* ZGR 2001, 454 (464); *Stilz* ZGR 2001, 875 (894 f.); *Busse v. Colbe* FS Lutter, 2000, 1053 (1066 f.); s. auch *Bungert/Wettich* FS Hoffmann-Becking, 2013, 157 (181 f.).

Unternehmens jedoch Bedenken ausgesetzt; vorzugswürdig erscheint es dann, auch für die Bewertung des herrschenden Unternehmens das Meistbegünstigungsprinzip anzuwenden und den jeweils höheren (Börsen- oder Ertrags-)Wert anzusetzen.[505]

4. Gerichtliche Bestimmung des Ausgleichs oder der Abfindung. a) Allgemeines.

Fehlt im Vertrag ein Abfindungsangebot, so ist die zu gewährende Abfindung im sog. Spruchverfahren auf Antrag gerichtlich zu bestimmen, das Gleiche gilt, wenn der im Vertrag bestimmte Ausgleich oder die im Vertrag angebotene Abfindung nicht angemessen ist (§§ 304 Abs. 3 S. 3, 305 Abs. 5 S. 2 AktG). Aktienrechtliche Spruchverfahren haben erhebliche **praktische Bedeutung.** In den allermeisten der in Frage kommenden Fälle werden von außenstehenden Aktionären Spruchverfahren eingeleitet.[506]

b) Verfahren. Das Verfahren war früher in § 306 AktG geregelt, seit 2003 finden sich die Verfahrensregeln in einem eigenen Spruchverfahrensgesetz (SpruchG). Seit Einführung des SpruchG hat die Dauer der Spruchverfahren zwar abgenommen, die Verfahren dauern aber nach wie vor übermäßig lange. Die in den Jahren 2009 bis 2011 beendeten Verfahren dauerten im Durchschnitt sieben Jahre,[507] in Einzelfällen dauerten die Verfahren sogar zwanzig und mehr Jahre;[508] in jüngerer Zeit scheint die durchschnittliche Verfahrensdauer etwas zu sinken.[509] Überlegungen zu einer erneuten Reform des Spruchverfahrens,[510] hat der Gesetzgeber bislang nicht aufgegriffen.

Auf eine nähere Erläuterung der Verfahrensregeln soll hier verzichtet werden, insoweit ist auf das Spezialschrifttum zu verweisen. Zuständig ist in der ersten Instanz das **Landgericht,** Kammer für Handelssachen, in dessen Bezirk die Gesellschaft ihren Sitz hat (§ 2 Abs. 1 u. 2 SpruchG). Die Länder können die Zuständigkeit für mehrere Landgerichtsbezirke bei einem der Landgerichte zentralisieren (§ 71 Abs. 2 Nr. 4 lit. e, Abs. 4 GVG). Davon haben derzeit Baden-Württemberg (LG Mannheim und LG Stuttgart), Bayern (LG München I und LG Nürnberg-Fürth), Hessen (LG Frankfurt a. M.), Mecklenburg-Vorpommern (LG Rostock), Niedersachsen (LG Hannover), Nordrhein-Westfalen (LG Dortmund, LG Düsseldorf und LG Köln), Rheinland-Pfalz (LG Koblenz und LG Frankenthal) sowie Sachsen (LG Leipzig) Gebrauch gemacht.[511]

Das Verfahren wird nur auf Antrag eingeleitet. **Antragsberechtigt** ist jeder außenstehende Aktionär (§ 3 S. 1 Nr. 1 SpruchG). Die Aktionärseigenschaft muss im Zeitpunkt der Antragstellung bestehen (§ 3 S. 2 SpruchG). Der Besitz einer einzigen Aktie genügt. Aus der Antragsberechtigung folgt in der Regel das Rechtsschutzbedürfnis, es kann aber im Einzelfall fehlen.[512] Der Antrag kann nur binnen einer **Frist von 3 Monaten** gestellt

---

[505] Ebenso Hölters AktG/*Deilmann* § 305 Rn. 71; *Wasmann/Riegger* FS Stilz, 2014, 509 (514 f.); *E. Vetter* ZIP 2000, 561 (566); *Wilm* NZG 2000, 234 (239); *Martens* AG 2003, 593 ff. Vgl. auch Hüffer/ Koch AktG § 305 Rn. 47, der sich zwar für das Prinzip der Methodengleichheit ausspricht, zugleich aber auch für die Bewertung der Untergesellschaft das Meistbegünstigungsprinzip ablehnt und den Börsenkurs für allein maßgeblich erachtet.

[506] Spindler/Stilz AktG/*Drescher* SpruchG § 1 Rn. 6 spricht von 90 %; vgl. auch KölnKommAktG/ *Riegger/Gayk* Einl. SpruchG Rn. 62.

[507] *Lorenz* AG 2012, 284.

[508] BVerfG ZIP 2012, 177 und BVerfG NZG 2012, 345: Dauer des Spruchverfahrens von 20 bzw. 22 Jahren verstößt gegen das Grundrecht auf effektiven Rechtsschutz.

[509] Näher KölnKommAktG/*Riegger/Gayk* Einl. SpruchG Rn. 63; *Puszkajler/Sekera-Terplan* NZG 2015, 1055 (1056 f.); *Lorenz* AG 2012, 284 (286).

[510] Vgl. die Stellungnahmen zu der von der Bundesregierung eingeleiteten Evaluierung des Spruchverfahrens, ua DAV-Handelsrechtsausschuss NZG 2014, 1144 ff.; Ergebnisse einer privaten Umfrage berichten *Engel/Puszkajler* BB 2012, 1687. Eingehende Überlegungen zu einem praktikablen Spruchverfahren bei *Decher* FS Maier-Reimer, 2010, 57 ff.; *Gotthardt/Krengel* SG 2018, 875 ff.

[511] Nähere Angaben bei Lutter UmwG/*Mennicke* SpruchG § 2 Rn. 16; Spindler/Stilz AktG/ *Drescher* SpruchG § 2 Rn. 6.

[512] Näher OLG Stuttgart ZIP 2011, 1259 (1260 f., 1262 f.); AG 2012, 839 (840); zum Rechtsmissbrauch durch Einleitung eines Spruchverfahrens OLG Stuttgart ZIP 2010, 1641 (1643 ff.).

werden; die Frist beginnt mit dem Tag, an dem die Eintragung des Vertrags im Handelsregister gemäß § 10 Abs. 2 HGB als bekannt gemacht gilt (§ 4 Abs. 1 S. 1 Nr. 1 SpruchG). Die Frist ist eine Ausschlussfrist, Wiedereinsetzung in den vorigen Stand ist nicht möglich.[513] Der Antrag muss innerhalb der Frist auch **begründet** werden; dazu gehört insbesondere die Darlegung der Antragsberechtigung sowie konkreter Einwendungen gegen die Angemessenheit von Ausgleich und/oder Abfindung (§ 4 Abs. 2 SpruchG).[514] Das Gericht hat zu prüfen, ob der Ausgleich oder die Abfindung zu niedrig bemessen sind. Es kann hierzu Zeugen vernehmen und Sachverständige beauftragen, die Vorlage von Unterlagen der Gesellschaft anordnen (§ 7 Abs. 5 u. 7 SpruchG), amtliche Auskünfte einholen usw. Insbesondere ist es für das Gericht nahe liegend, auf den Vertragsbericht, den Vertragsprüfungsbericht und die Unterlagen der Vertragsprüfer zurückzugreifen. Die Entscheidung soll auf Grund mündlicher Verhandlung ergehen (§ 8 Abs. 1 SpruchG). Zu dieser soll in der Regel auch der Vertragsprüfer hinzugezogen werden (§ 8 Abs. 2 SpruchG).

146 c) **Überprüfungstiefe und Entscheidung.** Die gerichtliche Überprüfung erstreckt sich auf die „Angemessenheit" von Ausgleich bzw. Abfindung. Dabei hat das Gericht die Planungen und Prognosen der Gesellschaft nur einer **eingeschränkten Überprüfung** dahingehend zu unterziehen, ob sie auf zutreffenden Informationen beruhen und in sich widerspruchsfrei sind.[515] Auch im Übrigen hat das Gericht zu akzeptieren, dass es einen einzigen „richtigen" Unternehmenswert nicht gibt, sondern bei jeder Unternehmensbewertung eine Bandbreite vertretbarer Werte existiert und die gerichtliche Wertermittlung nur eine Schätzung (§ 287 Abs. 2 ZPO) sein kann.[516] Unangemessen und vom Gericht neu festzusetzen sind die vertraglichen Festlegungen daher nur, wenn sie sich außerhalb dieser vertretbaren Bandbreite bewegen; das ist jedenfalls bei einer Abweichung von 1–2 % ausgeschlossen, sollte aber in der Regel erst bei Abweichungen von 5–10 % zwischen der vertraglichen Bewertung und der gerichtlichen Überprüfung angenommen werden.[517] Ob es zulässig ist, den angemessenen Wert aus dem Betrag abzuleiten, den die Mehrheit der Antragsteller im Vergleichsweg als angemessen akzeptiert hat, ist stark umstritten; die besseren Argumente sprechen für die Anerkennung einer solchen **„mehrheitskonsensualen Schätzung"**.[518]

147 Kommt das Gericht nach Durchführung seiner Ermittlungen und Erhebung der erforderlichen Beweise nicht zu dem Ergebnis, dass der Ausgleich oder die angebotene Abfindung unangemessen niedrig sind, bleibt es bei den im Beherrschungsvertrag getroffenen Festsetzungen. Andernfalls **bestimmt das Gericht** den angemessenen Ausgleich und/oder die angemessene Abfindung.[519] Bei der Bestimmung des angemessenen Ausgleichs ist das

---

[513] OLG Düsseldorf NZG 2005, 719 f.; Spindler/Stilz AktG/*Drescher* SpruchG § 4 Rn. 11; Lutter UmwG/*Mennicke* SpruchG § 4 Rn. 9; KölnKommAktG/*Koppensteiner* § 304 Rn. 109; aA LG Dortmund Der Konzern 2005, 112 f.

[514] Zu den Anforderungen an die Bewertungsrüge s. KG NZG 2012, 1427; Lutter UmwG/*Mennicke* SpruchG § 4 Rn. 16 ff.; Spindler/Stilz AktG/*Drescher* SpruchG § 4 Rn. 21 ff.

[515] OLG Düsseldorf AG 2019, 732 (736 f.); OLG München AG 2019, 357 (358 f.); OLG Stuttgart AG 2019, 255 (256); 2014, 291 (292 f.); OLG Frankfurt a. M. AG 2013, 566 (567); OLG München AG 2012, 749 (752); s. auch BVerfG AG 2012, 674 (676).

[516] OLG München AG 2019, 357 (358); OLG Karlsruhe ZIP 2018, 122 (126); OLG Zweibrücken ZIP 2018, 476 (478); OLG Stuttgart AG 2013, 353 (354); OLG Frankfurt a. M. AG 2012, 513 (514); *Stilz* FS Goette, 2011, 529 (534 f., 540).

[517] Näher OLG Düsseldorf AG 2019, 840 (843); OLG Karlsruhe ZIP 2018, 122 (125); OLG Frankfurt a. M. AG 2016, 551 (555); 2015, 504 Rn. 81; OLG Karlsruhe AG 2013, 353 (354); OLG Frankfurt a. M. AG 2012, 513 (514); 2012, 330 (334 f.); OLG Stuttgart AG 2011, 205 (211); OLG Celle ZIP 2007, 2025 (2028); Hüffer AktG/*Koch* § 305 Rn. 58.

[518] Näher Spindler/Stilz AktG/*Drescher* SpruchG § 11 Rn. 11; KölnKommAktG/*Puszkajler* SpruchG § 11 Rn. 25; *Noack* NZG 2014, 92 ff.; *Deiß* NZG 2013, 1382 (1383) mN aus der Rspr.; aA OLG Düsseldorf AG 2013, 807 (808 ff.); *Haspl* NZG 2014, 487 (488 ff.).

[519] Zur Rechtslage bei missbräuchlicher Paketaufteilung zwecks Erhalt der Spitzenbeträge bei an sich geschuldeter Abfindung in Aktien vgl. → Rn. 127.

Gericht an die vertraglich vorgesehene Ausgleichsart (feste oder variable Ausgleichszahlung) gebunden;[520] ist im Vertragein variabler Ausgleich vorgesehen, obwohl die Voraussetzungen des § 304 Abs. 2 S. 2 AktG nicht erfüllt sind, hat das Gericht einen festen Ausgleich zu bestimmen.[521] Bei der Bestimmung der angemessenen Abfindung ist das Gericht ebenfalls an die im Vertrag vorgesehene Abfindungsart gebunden; nur wenn eine Abfindungsregelung fehlt oder die gewählte Abfindungsart unzulässig ist, kann das Gericht die Abfindungsart selbst bestimmen.[522] Soweit sich bei einer vom Gericht bestimmten Abfindung in Aktien Spitzenbeträge ergeben, hat das Gericht entsprechende bare Zuzahlungen festzulegen.[523] Die gerichtliche Bestimmung kann nur zu einer Erhöhung, nicht zu einer Herabsetzung der vertraglichen Ausgleichs- oder Abfindungshöhe führen.[524]

Die Entscheidung ergeht durch Beschluss. Gegen diesen findet die **Beschwerde** zum Oberlandesgericht statt (§ 12 Abs. 1 SpruchG), die innerhalb einer Frist von einem Monat einzulegen ist (§§ 17 Abs. 1 SpruchG, 63 Abs. 1 FamFG). Die Länder können die Zuständigkeit für die Bezirke mehrerer Oberlandesgerichte bei einem der Oberlandesgerichte zentralisieren (§ 12 Abs. 2 SpruchG). Von dieser Möglichkeit haben Bayern (OLG München), Nordrhein-Westfalen (OLG Düsseldorf) und Rheinland-Pfalz (OLG Zweibrücken) Gebrauch gemacht.[525] Beschwerdeberechtigt sind außer den antragstellenden Aktionären auch beide Vertragspartner des Unternehmensvertrags[526], nicht jedoch der gemeinsame Vertreter.[527]

Die Entscheidung wird erst mit ihrer **Rechtskraft** wirksam (§ 13 S. 1 SpruchG). Sie ist unverzüglich nach ihrer Rechtskraft vom Vorstand der abhängigen Gesellschaft ohne die Entscheidungsgründe im Bundesanzeiger und etwaigen sonstigen Gesellschaftsblättern **bekanntzumachen** (§ 14 Nr. 1 iVm § 6 Abs. 1 S. 4 und 5 SpruchG). Die rechtskräftige Entscheidung wirkt für und gegen alle (§ 13 S. 2 SpruchG). Die gerichtliche Bestimmung tritt an die Stelle der im Vertrag getroffenen Regelung. Sie hat rückwirkende Kraft. Hat das Gericht den angemessenen Ausgleich erhöht, sind für die Vergangenheit **Nachzahlungen** zu leisten, hat das Gericht die angemessene Abfindung erhöht, können auch diejenigen Aktionäre, die das vertragliche Abfindungsangebot bereits angenommen hatten, eine entsprechende Ergänzung ihrer Abfindung verlangen; letzteres war früher umstritten, ist aber durch § 13 S. 2 SpruchG ausdrücklich im Sinne der schon zuvor herrschenden Meinung geklärt worden.

d) Kündigung des Unternehmensvertrags. Bestimmt das Gericht den Ausgleich oder die Abfindung abweichend vom Vertrag, so kann das herrschende Unternehmen den Unternehmensvertrag fristlos kündigen. Die Kündigung muss der abhängigen Gesellschaft binnen 2 Monaten nach Rechtskraft der Entscheidung zugehen (§§ 304 Abs. 4, 305 Abs. 5 S. 4 AktG). Weitere **Kündigungsvoraussetzungen** bestehen nicht, insbesondere ist die Kündigung nicht etwa deshalb Schranken unterworfen, weil sie zu einer Vertragsbeendigung ohne Sonderbeschluss der außenstehenden Aktionäre führt.[528] Die Kündigung wirkt nur **für die Zukunft.** Für die Vergangenheit fällig gewordene Ausgleichszahlungen kön-

---

[520] Vgl. für den Fall des variablen Ausgleichs § 304 Abs. 3 S. 3 AktG, für den Fall des festen Ausgleichs LG Dortmund AG 1977, 234 (235); MüKoAktG/*van Rossum* § 304 Rn. 191; KölnKommAktG/*Koppensteiner* § 304 Rn. 115; Hüffer/*Koch* AktG § 304 Rn. 22.
[521] Hüffer/*Koch* AktG § 304 Rn. 22; MüKoAktG/*van Rossum* § 304 Rn. 191.
[522] KölnKommAktG/*Koppensteiner* § 305 Rn. 144 f.; Hüffer/*Koch* AktG § 305 Rn. 58.
[523] KölnKommAktG/*Koppensteiner* § 305 Rn. 146.
[524] BGH AG 2010, 910 (911); KölnKommAktG/*Koppensteiner* § 304 Rn. 116 und § 305 Rn. 144; Lutter UmwG/*Mennicke* SpruchG § 11 Rn. 2.
[525] Nähere Angaben bei Lutter UmwG/*Mennicke* § 12 Rn. 13.
[526] OLG Celle AG 1981, 234.
[527] Heute hM BGHZ 207, 114 Rn. 19 ff.; OLG Frankfurt a. M. AG 2016, 551 (552); Spindler/Stilz AktG/*Drescher* SpruchG § 12 Rn. 8; Lutter UmwG/*Mennicke* SpruchG § 12 Rn. 10.
[528] AA *Kübler* FS Goerdeler, 1987, 279 (293 f.), der eine Kündigung für unzulässig hält, wenn sie sich „als Manöver zur Umgehung des Sonderbeschlusses der außenstehenden Aktionäre gemäß §§ 296

nen nicht zurückverlangt werden, sondern es ist der vom Gericht etwa festgesetzte Erhöhungsbetrag nachzuzahlen.[529] Ebenso wenig können Abfindungsleistungen der Vergangenheit zurückgefordert werden, sondern es bleibt trotz der Kündigung dabei, dass Aktionäre, die in der Vergangenheit die Abfindung verlangt haben, gemäß § 13 S. 2 SpruchG Nachzahlung einer etwa vom Gericht festgesetzten Erhöhung des Abfindungsanspruchs verlangen können.[530] Aus verfassungsrechtlichen Gründen ist darüber hinaus anzunehmen, dass die Kündigung das Abfindungsrecht selbst für die Zukunft nicht sofort entfallen lässt, sondern dieses Recht erst mit Ablauf der Frist des § 305 Abs. 4 S. 3 AktG erlischt.[531] Die Gesellschaft hat dementsprechend auch nicht das Recht, Abfindungsleistungen vor Abschluss des Spruchverfahrens nur unter Rücktrittsvorbehalt zu erbringen;[532] allerdings ist es zulässig, einen solchen Rücktrittsvorbehalt mit außenstehenden Aktionären zu vereinbaren, die dazu freiwillig bereit sind.[533]

D. Konzernleitung

I. Weisungsrecht des Vorstands der Obergesellschaft

1. Umfang und Grenzen. Besteht ein Beherrschungsvertrag, so ist das herrschende Unternehmen berechtigt, dem **Vorstand** der abhängigen Gesellschaft hinsichtlich der Leitung der Gesellschaft Weisungen zu erteilen (§ 308 Abs. 1 S. 1 AktG). Hingegen begründet der Beherrschungsvertrag keine Weisungsrechte gegenüber Aufsichtsrat und Hauptversammlung der abhängigen Gesellschaft; deren Kompetenzen bleiben – mit kleinen Einschränkungen (zB § 308 Abs. 3 S. 2 AktG) – unberührt.[534] Das Weisungsrecht bezieht sich auf sämtliche Maßnahmen der Geschäftsführung der abhängigen Gesellschaft. Es beschränkt sich nicht auf wesentliche **Leitungsmaßnahmen,** sondern erlaubt auch Anweisungen im laufenden Tagesgeschäft.[535] Es erlaubt darüber hinaus Anweisungen im Bereich der innergesellschaftlichen Aufgaben des Vorstands, zB die Weisung, eine Hauptversammlung einzuberufen, eine bestimmte Tagesordnung aufzustellen, ein genehmigtes Kapital auszunutzen, Satzungsänderungen vorzubereiten usw;[536] auch Weisungen über die Aufstellung des Jahresabschlusses steht nichts entgegen, solange sich diese im Rahmen der gesetzlichen Grenzen halten.[537] Die in der Literatur diskutierte Sonderfrage, ob auch zur

---

Abs. 2, 297 Abs. 2" erweise, und der deshalb meint, für das Recht zur Kündigung bestehe in der Praxis kaum Raum.

[529] MüKoAktG/*van Rossum* § 304 Rn. 200; KölnKommAktG/*Koppensteiner* § 304 Rn. 118; Hüffer/*Koch* AktG § 304 Rn. 23; *Emmerich* in Emmerich/Habersack Aktien- und GmbH-Konzernrecht § 304 Rn. 83.

[530] Hüffer/*Koch* AktG § 305 Rn. 61; MüKoAktG/*van Rossum* § 305 Rn. 229; *W. Meilicke* AG 1995, 181 (185 ff.).

[531] BVerfG WM 1999, 433 (434 f.); KölnKommAktG/*Koppensteiner* § 305 Rn. 153; MüKoAktG/*van Rossum* § 305 Rn. 228.

[532] BayObLG AG 1996, 127 (130); LG Stuttgart AG 1998, 103; KölnKommAktG/*Koppensteiner* § 305 Rn. 134.

[533] Auch insoweit wohl ablehnend *Exner,* Beherrschungsvertrag und Vertragsfreiheit, 1984, S. 252 f.

[534] OLG Karlsruhe AG 1991, 144 (146); *Emmerich* in Emmerich/Habersack Aktien- und GmbH-Konzernrecht § 308 Rn. 42; Hüffer/*Koch* AktG § 308 Rn. 12.

[535] *Emmerich* in Emmerich/Habersack Aktien- und GmbH-Konzernrecht § 308 Rn. 39; *Hommelhoff,* Die Konzernleitungspflicht, 1982, S. 148; *Habetha* ZIP 2017, 652/653.

[536] KölnKommAktG/*Koppensteiner* § 308 Rn. 33; Hüffer AktG/*Koch* § 308 Rn. 12; *Emmerich* in Emmerich/Habersack Aktien- und GmbH-Konzernrecht § 308 Rn. 40; MüKoAktG/*Altmeppen* § 308 Rn. 88 ff.

[537] KölnKommAktG/*Koppensteiner* § 308 Rn. 33; MüKoAktG/*Altmeppen* § 308 Rn. 93 f.; *Emmerich* in Emmerich/Habersack Aktien- und GmbH-Konzernrecht § 308 Rn. 40; *Habetha* ZIP 2017, 652 (653); aA Spindler/Stilz AktG/*Veil/Preisser* § 291 Rn. 18 f., § 308 Rn. 21; enger *H.-P. Müller* FS

Anrufung der Hauptversammlung nach §§ 111 Abs. 4 S. 3, 119 Abs. 2 AktG angewiesen werden kann,[538] ist ohne praktische Bedeutung.

Hingegen kann nicht die Weisung erteilt werden, den Beherrschungsvertrag zu ändern, **152** aufrechtzuerhalten oder zu beendigen (§ 299 AktG). **Unzulässig** sind außerdem Weisungen, deren Befolgung zwingende gesetzliche Vorschriften (zB Weisung, den Anspruch auf Verlustausgleich nicht zu erheben) oder Bestimmungen der Satzung der abhängigen Gesellschaft (namentlich die Regelungen über den Gegenstand des Unternehmens) verletzen.[539]

Nachteilige Weisungen sind zulässig, sofern sie den Belangen des herrschenden Unter- **153** nehmens oder der mit ihm und der Gesellschaft konzernverbundenen Unternehmen dienen (§ 308 Abs. 1 S. 2 AktG). Verbreitet wird in diesem Zusammenhang davon gesprochen, das Weisungsrecht dürfe nur im „Konzerninteresse" ausgeübt werden. Das ist missverständlich, weil das Gesetz kein Konzerninteresse im Sinne eines übergreifenden Gesamtinteresses aller Konzernunternehmen anerkennt. Vielmehr geht es in § 308 Abs. 1 S. 2 AktG allein um das Interesse des herrschenden Unternehmens, auch soweit dieses mittelbar durch Vorteile für andere Konzernunternehmen gefördert wird.[540] Es genügt, dass irgendein anderes Konzernunternehmen – auch wenn zu ihm nur ein faktisches Konzernverhältnis besteht –[541] aus der nachteiligen Weisung einen – wenn auch nur mittelbaren –[542] Vorteil hat. Allerdings darf der Nachteil für die abhängige Gesellschaft im Verhältnis zu den Vorteilen für das herrschende Unternehmen oder andere Konzernunternehmen nicht unverhältnismäßig groß sein.[543] Unzulässig sind nachteilige Weisungen, die nur den Interessen Dritter dienen. Das schließt bei Beherrschungsverträgen mit der öffentlichen Hand nach verbreiteter Meinung auch nachteilige Weisungen im öffentlichen Interesse aus;[544] die besseren Argumente sprechen jedoch für die vordringende Gegenmeinung, die für die öffentliche Hand nachteilige Weisungen im öffentlichen Interesse zulässt.[545] Ausgeschlossen sind Weisungen, die die **Existenz** der abhängigen Gesellschaft **gefährden,** sei es ihre Lebensfähigkeit während der Laufzeit des Beherrschungsvertrags[546] oder ihre „Überlebens-

---

Goerdeler, 1987, 375 (380 f.), der das Weisungsrecht auf die Ausübung von Bilanzierungswahlrechten beschränken und die Ausübung von Ermessen bei der Bewertung vom Weisungsrecht ausnehmen will.

[538] Gegen die Zulässigkeit KölnKommAktG/*Koppensteiner* § 308 Rn. 34; MüKoAktG/*Altmeppen* § 308 Rn. 91; *Habetha* ZIP 2017, 652 (654); für die Zulässigkeit etwa.*Emmerich* in Emmerich/Habersack Aktien- und GmbH-Konzernrecht § 308 Rn. 41; Hüffer/*Koch* AktG § 308 Rn. 12, mit der Maßgabe, dass § 309 AktG auf die Weisung anzuwenden sei.

[539] MüKoAktG/*Altmeppen* § 308 Rn. 95, 101; Spindler/Stilz AktG/*Veil* § 308 Rn. 28, 29; Hüffer/*Koch* AktG § 308 Rn. 14; *Emmerich* in Emmerich/Habersack Aktien- und GmbH-Konzernrecht § 308 Rn. 56a ff.

[540] *Hoffmann-Becking* FS Hommelhoff, 2012, 433 (441 ff.); Hüffer/*Koch* AktG § 308 Rn. 16; MüKoAktG/*Altmeppen* § 308 Rn. 103; aA K. Schmidt/Lutter AktG/*Langenbucher* § 308 Rn. 27.

[541] Hüffer/*Koch* AktG § 308 Rn. 18; Spindler/Stilz AktG/*Veil* § 308 Rn. 25; eingeschränkt auch MüKoAktG/*Altmeppen* § 308 Rn. 109 f.; zweifelnd *Emmerich* in Emmerich/Habersack Aktien- und GmbH-Konzernrecht § 308 Rn. 47a; aA KölnKommAktG/*Koppensteiner* § 308 Rn. 45.

[542] Hüffer/*Koch* AktG § 308 Rn. 17; KölnKommAktG/*Koppensteiner* § 308 Rn. 46; *Emmerich* in Emmerich/Habersack Aktien- und GmbH-Konzernrecht § 308 Rn. 49.

[543] KölnKommAktG/*Koppensteiner* § 308 Rn. 47; Hüffer/*Koch* AktG § 308 Rn. 17; *Emmerich* in Emmerich/Habersack Aktien- und GmbH-Konzernrecht § 308 Rn. 51; aA MüKoAktG/*Altmeppen* § 308 Rn. 114 ff.

[544] BGHZ 135, 107 (133 f.) – VW; *Emmerich* in Emmerich/Habersack Aktien- und GmbH-Konzernrecht § 308 Rn. 50.

[545] Näher KölnKommAktG/*Koppensteiner* § 308 Rn. 41; MüKoAktG/Altmeppen § 308 Rn. 113; Hüffer/*Koch* AktG § 308 Rn. 18; Spindler/Stilz AktG/*Veil* § 308 Rn. 28a; *Servatius* ZGR 2015, 754 (764).

[546] *Emmerich* in Emmerich/Habersack Aktien- und GmbH-Konzernrecht § 308 Rn. 61 ff.; Hüffer/*Koch* AktG § 308 Rn. 19; Seibt/Cziupka AG 2015, 721 (724 f.) mit näheren Überlegungen zum Prognosezeitraum S. 727 ff.; *Geßler* ZHR 140 (1976), 433 (436 ff.); *Immenga* ZHR 140 (1976), 301

fähigkeit" nach seiner Beendigung.[547] Wenn die Obergesellschaft Zahlungen oder andere Leistungen verlangt, die zur Zahlungsunfähigkeit der abhängigen Gesellschaft führen würden, verbietet § 92 Abs. 2 S. 3 AktG ausdrücklich die Befolgung einer entsprechenden Weisung.[548]

154 Das Weisungsrecht deckt bis zur Grenze der Existenzgefährdung (vgl. → Rn. 153) **Eingriffe in die Vermögenssubstanz** der Untergesellschaft, zB die Zusammenfassung aller liquiden Mittel von Konzerngesellschaften bei der Muttergesellschaft auch ohne die beim Cash-Pool im faktischen Konzern einzuhaltenden Anforderungen (dazu → § 70 Rn. 58 ff.), die entschädigungslose Übertragung von Gegenständen des Anlage- und Umlaufvermögens an die Obergesellschaft oder die Festsetzung ungünstiger Konzernverrechnungspreise und -umlagen; das Verbot der Einlagenrückgewähr (§ 57 AktG) gilt nicht für Leistungen auf Grund eines Beherrschungsvertrages (§ 291 Abs. 3 AktG).[549] Unzulässig wäre es allerdings, auf Grund eines bloßen Beherrschungsvertrages ohne gleichzeitigen Gewinnabführungsvertrag die Untergesellschaft zur **Abführung ihres Gewinns** anzuweisen.[550]

155 Der Umfang des Weisungsrechts kann über den gesetzlichen Rahmen hinaus **nicht vertraglich ausgedehnt** werden, namentlich kann nicht die Befugnis begründet werden, der abhängigen Gesellschaft auch nachteilige Weisungen zu erteilen, die nicht im Interesse des herrschenden Unternehmens oder anderer Konzernunternehmen liegen.[551] **Vertragliche Beschränkungen** des Weisungsrechts sind hingegen möglich. Zulässig ist nicht nur der im Gesetz ausdrücklich vorgesehene, in der Praxis aber bedeutungslose Ausschluss nachteiliger Weisungen (§ 308 Abs. 1 S. 2 AktG), sondern auch die Vereinbarung von Formvorschriften für die Ausübung des Weisungsrechts[552] und die Beschränkung des sachlichen Umfangs (zB Ausschluss bestimmter Weisungen; Ausschluss des Weisungsrechts für bestimmte Einzelfragen usw).[553] Zur Frage einer Beschränkung des Weisungsrechts auf einzelne Betriebe oder einzelne Unternehmensfunktionen sowie zur Frage eines gänzlichen Ausschlusses des Weisungsrechts vgl. → Rn. 5 f.

156 Als Annex zu dem vertraglichen Weisungsrecht steht dem herrschenden Unternehmen gegenüber dem Vorstand der abhängigen Gesellschaft ein umfassender **Auskunftsanspruch** über alle für die Ausübung des Leitungsrechts relevanten Umstände zu.[554] Erlaubt ist zum Zwecke der Konzernleitung als „normale Erfüllung von Aufgaben" auch die Weitergabe etwaiger Insiderinformationen (Art. 10 Abs. 1, 14 lit. c MAR).[555]

(303 ff.); aA KölnKommAktG/*Koppensteiner* § 308 Rn. 50 f.; MüKoAktG/*Altmeppen* § 308 Rn. 122 ff.; Spindler/Stilz AktG/*Veil* § 308 Rn. 31.

[547] OLG Düsseldorf AG 1990, 490 (492); eingeschränkt *Emmerich* in Emmerich/Habersack Aktien- und GmbH-Konzernrecht § 308 Rn. 65; K. Schmidt/Lutter AktG/*Langenbucher* § 308 Rn. 35; aA MüKoAktG/*Altmeppen* § 308 Rn. 129 ff.; KölnKommAktG/*Koppensteiner* § 297 Rn. 63; Hüffer/*Koch* AktG § 308 Rn. 19; *Seibt/Cziupka* AG 2015, 721 (725).

[548] Dazu *Stephan* Der Konzern 2014, 1 (25); *Altmeppen* FS Hüffer, 2010, 1 ff.; *Cahn* Der Konzern 2009, 7 (16).

[549] Vgl. näher MüKoAktG/*Altmeppen* § 308 Rn. 96 ff.; Spindler/Stilz AktG/*Veil* § 291 Rn. 71 ff.; *Emmerich* in Emmerich/Habersack Aktien- und GmbH-Konzernrecht § 291 Rn. 74 ff.

[550] MüKoAktG/*Altmeppen* § 308 Rn. 99; KölnKommAktG/*Koppensteiner* § 308 Rn. 36; *Emmerich* in Emmerich/Habersack Aktien- und GmbH-Konzernrecht § 308 Rn. 43; *Hommelhoff,* Die Konzernleitungspflicht, 1982, S. 151.

[551] KölnKommAktG/*Koppensteiner* § 308 Rn. 56; MüKoAktG/*Altmeppen* § 308 Rn. 136; Hüffer/*Koch* AktG § 308 Rn. 1.

[552] KölnKommAktG/*Koppensteiner* § 308 Rn. 57; MüKoAktG/*Altmeppen* § 308 Rn. 136; Hüffer/*Koch* AktG § 308 Rn. 13.

[553] KölnKommAktG/*Koppensteiner* § 308 Rn. 58; MüKoAktG/*Altmeppen* § 308 Rn. 139 f.; Hüffer/*Koch* AktG § 308 Rn. 13; Spindler/Stilz AktG/*Veil* § 291 Rn. 25.

[554] Hüffer/*Koch* AktG § 308 Rn. 12a; *Emmerich* in Emmerich/Habersack Aktien- und GmbH-Konzernrecht § 308 Rn. 39a; KölnKommAktG/*Koppensteiner* § 308 Rn. 29. Zur abweichenden Rechtslage im faktischen Konzern vgl. → § 70 Rn. 27.

[555] Hüffer/*Koch* AktG § 308 Rn. 12a; MüKoAktG/*Altmeppen* § 311 Rn. 438 f.

2. Ausübung des Weisungsrechts. Inhaber des Weisungsrechts ist das herrschende 157 Unternehmen. Auch im mehrstufigen Konzern mit Beherrschungsverträgen zwischen Mutter und Tochter sowie Tochter und Enkel steht ein unmittelbares Weisungsrecht gegenüber der Enkelgesellschaft nur der Tochtergesellschaft zu, nicht der Mutter.[556] In den Fällen der Mehrmütterorganschaft sind die herrschenden Unternehmen gemeinschaftlich weisungsberechtigt; das Weisungsrecht kann jedoch durch Vereinbarung im Beherrschungs- oder im Konsortialvertrag einzelnen von ihnen zugeordnet werden.[557] Die Rechtsausübung obliegt den gesetzlichen Vertretern des herrschenden Unternehmens. Sie kann auf Angestellte, andere Konzerngesellschaften (ist das herrschende Unternehmen seinerseits abhängig, auch auf dessen Muttergesellschaft) und sonstige Beauftragte delegiert werden.[558] Das kann durch Bevollmächtigung[559] aber auch durch Erteilung einer entsprechenden Ausübungsermächtigung (§ 185 BGB)[560] erfolgen.[561] Es ist auf diese Weise im Vertragskonzern unschwer möglich, von der rechtlichen Struktur des Konzerns abweichende funktionale **Berichtswege und Leitungsstrukturen** zu schaffen.[562] Zur Verantwortlichkeit der gesetzlichen Vertreter des herrschenden Unternehmens in einem solchen Fall vgl. → Rn. 166.

Weisungsadressat ist der Vorstand der Tochtergesellschaft. Dieser kann durch entspre- 158 chende Anordnungen gegenüber nachgeordneten Mitarbeitern unmittelbare Weisungen der Muttergesellschaft an die untere Führungsebene der Tochter ermöglichen. Es ist dann zu überwachen, dass keine unzulässigen Weisungen (vgl. → Rn. 152 ff.) ausgeführt werden;[563] dies ist durch geeignete organisatorische Maßnahmen sicherzustellen, muss aber nicht notwendig durch den Vorstand selbst erledigt werden.[564]

Unzulässig und unwirksam ist die Erteilung einer umfassenden **Vollmacht** der abhängi- 159 gen Gesellschaft an das herrschende Unternehmen, mit der es dem herrschenden Unternehmen ermöglicht würde, ohne Weisung direkt für die abhängige Gesellschaft zu handeln; denn dadurch würde die Kontrollfunktion des Tochtervorstands gegenüber Weisungen der Mutter unterlaufen.[565] Etwas anderes gilt jedoch, wenn es sich um eine Spezialvollmacht

---

[556] BGH AG 1990, 459 (460); KölnKommAktG/*Koppensteiner* § 308 Rn. 5 f.; Hüffer/*Koch* AktG § 308 Rn. 3; *Emmerich* in Emmerich/Habersack Aktien- und GmbH-Konzernrecht § 308 Rn. 6; *Rehbinder* ZGR 1977, 581 (610); aA MüKoAktG/*Altmeppen* § 308 Rn. 59.

[557] KölnKommAktG/*Koppensteiner* § 308 Rn. 7; MüKoAktG/*Altmeppen* § 308 Rn. 30; Hüffer/*Koch* AktG § 308 Rn. 3; *Emmerich* in Emmerich/Habersack Aktien- und GmbH-Konzernrecht § 308 Rn. 7 f.

[558] Hüffer/*Koch* AktG § 308 Rn. 4 f.; *Emmerich* in Emmerich/Habersack Aktien- und GmbH-Konzernrecht § 308 Rn. 13 ff.; MüKoAktG/*Altmeppen* § 308 Rn. 34 ff., 52 ff.; ausführlich *Exner*, Beherrschungsvertrag und Vertragsfreiheit, 1984, S. 154 ff., insbes. 161 ff.; *Rehbinder* ZGR 1977, 581 (610); einschränkend KölnKommAktG/*Koppensteiner* § 308 Rn. 14: keine Delegation an im Konzern übergeordnete Unternehmen.

[559] In diesem Sinne MüKoAktG/*Altmeppen* § 308 Rn. 35; *Emmerich* in Emmerich/Habersack Aktien- und GmbH-Konzernrecht § 308 Rn. 13; wohl auch *Exner*, Beherrschungsvertrag und Vertragsfreiheit, 1984, S. 157, 158, 162 f.

[560] In diesem Sinne *Rehbinder* ZGR 1977, 581 (610) Fn. 78.

[561] Ebenso Hüffer/*Koch* AktG § 308 Rn. 5; Spindler/Stilz AktG/*Veil* § 308 Rn. 12.

[562] Eingehend *Seibt/Wollenschläger* AG 2013, 229 ff. (231 ff.). Zur Rechtslage im faktischen Konzern → § 70 Rn. 31.

[563] KölnKommAktG/*Koppensteiner* § 308 Rn. 18; *Emmerich* in Emmerich/Habersack Aktien- und GmbH-Konzernrecht § 308 Rn. 19 f.; Hüffer/*Koch* AktG § 308 Rn. 8; *Exner*, Beherrschungsvertrag und Vertragsfreiheit, 1984, S. 131 ff.

[564] Überzeugend MüKoAktG/*Altmeppen* § 308 Rn. 80 ff.; Spindler/Stilz AktG/*Veil* § 308 Rn. 16; zweifelnd *Emmerich* in Emmerich/Habersack Aktien- und GmbH-Konzernrecht § 308 Rn. 20.

[565] Vgl. dazu OLG München AG 1980, 272 (Vertretung der Tochter durch die Mutter aufgrund einer weit gefassten Vollmacht schwebend unwirksam, solange nicht eine Weisung der Mutter zur Vornahme des Rechtsgeschäfts hinzukommt); KölnKommAktG/*Koppensteiner* § 308 Rn. 24; Hüffer/*Koch* AktG § 308 Rn. 9; *Emmerich* in Emmerich/Habersack Aktien- und GmbH-Konzernrecht § 308 Rn. 31 ff.; *Exner* AG 1981, 175 (176 ff.); *Berkenbrock* AG 1981, 69 (70).

handelt, die so eng umrissen ist, dass schon im Vorhinein die danach möglichen Vertretungshandlungen der Muttergesellschaft der erforderlichen Kontrolle durch den Tochtervorstand unterzogen werden können.[566] Ist im Beherrschungsvertrag eine danach unzulässige und deshalb unwirksame Vollmachtsklausel enthalten, führt dies nicht zur Unwirksamkeit des Vertrages im Ganzen.[567] Macht die Muttergesellschaft von der Vollmacht Gebrauch, ist das Rechtsgeschäft schwebend unwirksam, der Gesetzeszweck lässt aber die Annahme zu, dass der Tochtervorstand das Geschäft gemäß § 177 Abs. 1 BGB genehmigen kann, denn dabei wird die nötige Kontrolle nachgeholt.[568]

160 **3. Konzernleitungspflicht.** Für die Frage, ob das herrschende Unternehmen eine Pflicht zur Konzernleitung trifft, gilt bei Abschluss eines Beherrschungsvertrages nichts anderes als bei bloßer Abhängigkeit: Der Vorstand einer herrschenden Aktiengesellschaft ist gegenüber seiner eigenen Gesellschaft verpflichtet, die Möglichkeiten, die ihm der Beherrschungsvertrag bietet, wahrzunehmen.[569] Eine Konzernleitungspflicht gegenüber der abhängigen Gesellschaft besteht hingegen grundsätzlich nicht.[570]

II. Pflichten des Vorstands der abhängigen Gesellschaft

161 Auch bei Bestehen eines Beherrschungsvertrags bleibt der Vorstand der Tochtergesellschaft verpflichtet, diese **eigenverantwortlich zu leiten** (§ 76 AktG). Vor wichtigen Maßnahmen hat er die Konzernspitze zu konsultieren, um dieser die Möglichkeit zu geben, das Konzerninteresse durch Weisung zur Geltung zu bringen.[571] **Rechtmäßige Weisungen** des herrschenden Unternehmens muss der Vorstand der abhängigen Gesellschaft befolgen (§ 308 Abs. 2 S. 1 AktG). Auch bei rechtmäßigen Weisungen ist der Tochtervorstand aber verpflichtet, deren Nachteiligkeit für die abhängige Gesellschaft zu prüfen und die Konzernspitze auf etwaige Nachteile hinzuweisen.[572] **Rechtswidrige Weisungen** des herrschenden Unternehmens darf der Vorstand nicht befolgen.[573] Mit der Begründung, eine Weisung diene nicht dem Konzerninteresse, darf der Vorstand die Befolgung aber nur verweigern, wenn dies offensichtlich ist; allein seine subjektive Ansicht, es fehle an einem

---

[566] KölnKommAktG/*Koppensteiner* § 308 Rn. 24; Hüffer/*Koch* AktG § 308 Rn. 9; *Emmerich* in Emmerich/Habersack Aktien- und GmbH-Konzernrecht § 308 Rn. 32; *Exner* AG 1981, 175 (177); *Berkenbrock* AG 1981, 69 (70).

[567] OLG München AG 1980, 272 (273); *Exner* AG 1981, 175 (178).

[568] OLG München AG 1980, 272 (273); *Exner* AG 1981, 175 (178); *Michalski* AG 1980, 261 (262 f.); aA KölnKommAktG/*Koppensteiner* § 308 Rn. 25; Hüffer AktG/*Koch* § 308 Rn. 9; *Emmerich* in Emmerich/Habersack Aktien- und GmbH-Konzernrecht § 308 Rn. 33; *Berkenbrock* AG 1981, 69 (70 ff.).

[569] Vgl. dazu namentlich *Hommelhoff*, Die Konzernleitungspflicht, 1982, S. 43 ff.; KölnKommAktG/*Koppensteiner* § 308 Rn. 60; MüKoAktG/*Altmeppen* § 309 Rn. 55; näher → § 70 Rn. 26.

[570] KölnKommAktG/*Koppensteiner* § 308 Rn. 60; *Emmerich* in Emmerich/Habersack Aktien- und GmbH-Konzernrecht § 308 Rn. 34; grundsätzlich auch MüKoAktG/*Altmeppen* § 309 Rn. 53 f., 58 ff., der jedoch einige Ausnahmen anerkennen will; aA *U. H. Schneider* BB 1981, 249 (256 ff.); vgl. auch → § 70 Rn. 26.

[571] KölnKommAktG/*Koppensteiner* § 308 Rn. 72; MüKoAktG/*Altmeppen* § 308 Rn. 159; Hüffer/*Koch* AktG § 308 Rn. 20; *Emmerich* in Emmerich/Habersack Aktien- und GmbH-Konzernrecht § 308 Rn. 54; für die Ausübung von Bilanzierungswahlrechten zweifelnd *H.-P. Müller* FS Goerdeler, 1987, 375 (381 f.). Zu der eher theoretischen Frage, ob der Tochtervorstand als Handlungsmaßstab in erster Linie das Interesse der abhängigen Gesellschaft oder das Konzerninteresse zu verfolgen habe, vgl. einerseits MüKoAktG/*Altmeppen* § 308 Rn. 158; *Emmerich* in Emmerich/Habersack Aktien- und GmbH-Konzernrecht § 308 Rn. 54; andererseits KölnKommAktG/*Koppensteiner* § 308 Rn. 71 f.; Hüffer/*Koch* AktG § 308 Rn. 20; U. H. *Schneider*/S. H. *Schneider* AG 2005, 57 (61 f.).

[572] MüKoAktG/*Altmeppen* § 308 Rn. 149; Hüffer/*Koch* AktG § 308 Rn. 21; *J. Semler*, Leitung und Überwachung der Aktiengesellschaft, 2. Aufl. 1996, Rn. 452.

[573] KölnKommAktG/*Koppensteiner* § 308 Rn. 70; Spindler/Stilz AktG/*Veil* § 308 Rn. 36; *Emmerich* in Emmerich/Habersack Aktien- und GmbH-Konzernrecht § 308 Rn. 66.

entsprechenden Interesse des Konzerns, berechtigt nicht, die Befolgung abzulehnen (§ 308 Abs. 2 S. 2 AktG). Gleiches gilt für die Frage, ob die Nachteile für die abhängige Gesellschaft gegenüber den Vorteilen für den Konzern unverhältnismäßig groß sind (vgl. → Rn. 153).[574] Eine Obliegenheit des herrschenden Unternehmens, das Konzerninteresse an der Weisung darzulegen, besteht nicht.[575]

Das Weisungsrecht des herrschenden Unternehmens lässt einen etwaigen **Zustim-** 162 **mungsvorbehalt des Aufsichtsrats** der abhängigen Gesellschaft nach § 111 Abs. 4 S. 2 AktG zunächst unberührt. Verweigert der Aufsichtsrat der abhängigen Gesellschaft die Zustimmung aber oder erteilt er sie nicht innerhalb einer angemessenen Frist, so hat der Vorstand der abhängigen Gesellschaft dies dem herrschenden Unternehmen mitzuteilen (§ 308 Abs. 3 S. 1 AktG). Wiederholt das herrschende Unternehmen die Weisung daraufhin, ist die Zustimmung des Aufsichtsrats der abhängigen Gesellschaft nicht mehr erforderlich (§ 308 Abs. 3 S. 2 AktG). Hat das herrschende Unternehmen selbst einen Aufsichtsrat, ist für die Wiederholung der Weisung dessen Zustimmung erforderlich (§ 308 Abs. 3 S. 2 AktG). Das gilt auch für ausländische herrschende Unternehmen.[576] Zum Verhältnis des Weisungsrechts zur Notwendigkeit einer **Zustimmung der Hauptversammlung** vgl. → Rn. 176 f.

Bei einer **Verletzung der Weisungsfolgepflicht** hat das herrschende Unternehmen 163 einen Erfüllungsanspruch,[577] außerdem sind sowohl die Tochtergesellschaft als auch deren Vorstand gegenüber der Muttergesellschaft schadensersatzpflichtig.[578] Daneben kommen Schadensersatzansprüche der Tochtergesellschaft gegen ihren Vorstand gemäß § 93 AktG und eine Abberufung des Vorstands aus wichtigem Grund in Frage. Unter Umständen kann auch der Beherrschungsvertrag durch das herrschende Unternehmen aus wichtigem Grund gekündigt werden.[579]

III. Verantwortlichkeit

1. Verantwortlichkeit des herrschenden Unternehmens und seiner Organe. Die 164 gesetzlichen Vertreter des herrschenden Unternehmens haben bei der Erteilung von Weisungen gegenüber der abhängigen Gesellschaft die Sorgfalt eines ordentlichen und gewissenhaften Geschäftsleiters anzuwenden (§ 309 Abs. 1 AktG). Verletzen sie ihre Pflichten, sind sie der abhängigen Gesellschaft als Gesamtschuldner **schadenersatzpflichtig** (§ 309 Abs. 2 S. 1 AktG). Der Anspruch richtet sich auf Ersatz des durch die rechtswidrige Weisung entstandenen Schadens. An einem solchen Schaden fehlt es nach teilweise vertretener Auffassung, wenn neben dem Beherrschungsvertrag ein Gewinnabführungsvertrag besteht und daher die schadensersatzpflichtige Handlung lediglich den ohnehin an das herrschende Unternehmen abzuführenden Gewinn schmälert.[580] Neben der Schadensersatzpflicht gegenüber der abhängigen Gesellschaft gemäß § 309 AktG kommt eine

---

[574] KölnKommAktG/*Koppensteiner* § 308 Rn. 67; *Immenga* ZHR 140 (1976), 301 (305 f.).

[575] KölnKommAktG/*Koppensteiner* § 308 Rn. 66; MüKoAktG/*Altmeppen* § 308 Rn. 154 ff.; Hüffer/*Koch* AktG § 308 Rn. 22; Spindler/Stilz AktG/*Veil* § 308 Rn. 35.

[576] MüKoAktG/*Altmeppen* § 308 Rn. 165; KölnKommAktG/*Koppensteiner* § 308 Rn. 77; Hüffer/*Koch* AktG § 308 Rn. 24; Spindler/Stilz AktG/*Veil* § 308 Rn. 39.

[577] KölnKommAktG/*Koppensteiner* § 308 Rn. 62 f.; *Emmerich* in Emmerich/Habersack Aktien- und GmbH-Konzernrecht § 308 Rn. 67; MüKoAktG/*Altmeppen* § 308 Rn. 65.

[578] KölnKommAktG/*Koppensteiner* § 308 Rn. 62; *Emmerich* in Emmerich/Habersack Aktien- und GmbH-Konzernrecht § 302 Rn. 68; K. Schmidt/Lutter AktG/*Langenbucher* § 308 Rn. 37; einschränkend MüKoAktG/*Altmeppen* § 308 Rn. 66 ff. u. Bürgers/Körber AktG/*Fett* § 308 Rn. 27, die nur die abhängige Gesellschaft als ersatzpflichtig ansehen.

[579] MüKoAktG/*Altmeppen* § 308 Rn. 72; KölnKommAktG/*Koppensteiner* § 308 Rn. 63.

[580] KölnKommAktG/*Koppensteiner* § 309 Rn. 14; K. Schmidt/Lutter AktG/*Langenbucher* § 309 Rn. 25; aA die hM, s. Hüffer/*Koch* AktG § 309 Rn. 17 f.; *Emmerich* in Emmerich/Habersack Aktien- und GmbH-Konzernrecht § 309 Rn. 40; MüKoAktG/*Altmeppen* § 309 Rn. 87 ff.; Spindler/Stilz AktG/*Veil* § 309 Rn. 27; *Mertens* AcP 168 (1969), 225 (231).

Haftung gegenüber dem herrschenden Unternehmen in Betracht; hierfür gelten die allgemeinen Regeln, wenn auch das herrschende Unternehmen eine Aktiengesellschaft ist also § 93 AktG.

165 Die Haftung beschränkt sich auf **pflichtwidrige Weisungen.** Das setzt aber nicht eine förmliche Weisung voraus, sondern es genügen auch Anregungen, Empfehlungen oder sonstige Willensäußerungen, die in der erkennbaren Erwartung geäußert werden, der Vorstand der Untergesellschaft werde sie befolgen.[581] Es reicht auch, wenn das herrschende Unternehmen durch Abstimmung in der Hauptversammlung der abhängigen Gesellschaft handelt, nachdem es den Vorstand veranlasst hat, die Maßnahme gem. § 119 Abs. 2 AktG der Hauptversammlung vorzulegen.[582] Gleiches gilt, wenn das herrschende Unternehmen auf Grund einer ihm von der abhängigen Gesellschaft erteilten Vollmacht (vgl. → Rn. 159) handelt.[583] Ob es für die Haftung genügt, dass ein handelndes Vorstands- (oder Aufsichtsrats-)mitglied der beherrschten Gesellschaft in Doppelfunktion zugleich Mitglied des Geschäftsführungsorgans des herrschenden Unternehmens ist, ist umstritten.[584] Will man die Haftung aus § 309 Abs. 2 AktG nicht leer laufen lassen, muss man in diesen Fällen zumindest eine tatsächliche Vermutung akzeptieren, dass der schädigenden Handlung eine Weisung des herrschenden Unternehmens zugrunde lag; es kann insoweit nichts anderes gelten als zu der parallelen Fragestellung im faktischen Konzern (vgl. → § 70 Rn. 78). Ohne entsprechende Weisung kommt eine Haftung nach § 309 AktG hingegen nicht zum Zuge; die Vorschrift begründet keine Schadensersatzverpflichtung für Untätigkeit des herrschenden Unternehmens oder sonstwie mangelhafte Leitung des Gesamtkonzerns.[585] Die Haftung setzt weiter voraus, dass der Vorstand bei Erteilung der Weisung die Sorgfalt eines ordentlichen und gewissenhaften Geschäftsleiters missachtet hat. Zum Teil wird angenommen, damit sei, ebenso wie bei § 93 Abs. 1 AktG, sowohl die objektive Verhaltenspflicht des Vorstands als auch der Verschuldensmaßstab definiert;[586] eine Gegenmeinung versteht § 309 Abs. 1 AktG nur als Verschuldensmaßstab mit der Folge, dass zusätzlich die Rechtswidrigkeit der Weisung festgestellt werden muss.[587] Für die Praxis ist dieser Streit ohne Bedeutung.

166 Die Haftung trifft die **gesetzlichen Vertreter** des herrschenden Unternehmens, dh bei juristischen Personen die vertretungsbefugten Organe, bei Personengesellschaften die vertretungsberechtigten Gesellschafter.[588] Wird die Ausübung des Weisungsrechts auf Dritte

---

[581] MüKoAktG/*Altmeppen* § 309 Rn. 48; KölnKommAktG/*Koppensteiner* § 309 Rn. 5; Hüffer/ Koch AktG § 309 Rn. 9; vgl. dazu auch → § 70 Rn. 77.

[582] MüKoAktG/*Altmeppen* § 309 Rn. 67; KölnKommAktG/*Koppensteiner* § 309 Rn. 10; Hüffer/ Koch AktG § 309 Rn. 12; Spindler/Stilz AktG/*Veil* § 309 Rn. 19; ohne Beschränkung auf eine von der Obergesellschaft veranlasste Vorlage nach § 119 Abs. 2 AktG auch *Emmerich* in Emmerich/ Habersack Aktien- und GmbH-Konzernrecht § 309 Rn. 25; vgl. dazu auch → § 70 Rn. 78.

[583] KölnKommAktG/*Koppensteiner* § 309 Rn. 8; MüKoAktG/*Altmeppen* § 309 Rn. 62; Hüffer/ Koch AktG § 309 Rn. 12.

[584] Für eine Haftung KölnKommAktG/*Koppensteiner* § 309 Rn. 9; *Emmerich* in Emmerich/Habersack Aktien- und GmbH-Konzernrecht § 309 Rn. 23; *Ulmer* FS Stimpel, 1985, 705 (712); *Mestmäcker* FG Kronstein, 1967, 129 (135 f.); aA MüKoAktG/*Altmeppen* § 309 Rn. 70 ff.; Hüffer/*Koch* AktG § 309 Rn. 29; Spindler/Stilz AktG/*Veil* § 309 Rn. 18; *Noack* FS Hoffmann-Becking, 2013, 847 (849).

[585] KölnKommAktG/*Koppensteiner* § 309 Rn. 6; Hüffer/*Koch* AktG § 309 Rn. 10; im Grundsatz auch MüKoAktG/*Altmeppen* § 309 Rn. 56 ff., der aber eine Reihe von Ausnahmen macht; aA *Emmerich* in Emmerich/Habersack Aktien- und GmbH-Konzernrecht § 309 Rn. 35 f.

[586] Hüffer/*Koch* AktG § 309 Rn. 13 f.; *Emmerich* in Emmerich/Habersack Aktien- und GmbH-Konzernrecht § 309 Rn. 28 ff., der darüber hinausgehend auf § 309 Abs. 2 AktG eine allgemeine Haftung für ordnungsmäßige Konzerngeschäftsführung stützen will; *Koch* GS Sonnenschein, 2003, 651 (656 f.).

[587] KölnKommAktG/*Koppensteiner* § 309 Rn. 11 f.; MüKoAktG/*Altmeppen* § 309 Rn. 71 ff.; *K. Müller* ZGR 1977, 1 (3).

[588] Wegen weiterer Einzelheiten, namentlich zur Ersatzpflicht bei Mehrmütterorganschaft und mehrstufigen Beherrschungsverträgen, vgl. KölnKommAktG/*Koppensteiner* § 309 Rn. 26 ff.; MüKo-

§ 71 Vertragskonzern (Beherrschungsvertrag)

delegiert (vgl. → Rn. 157), haben die gesetzlichen Vertreter für Sorgfaltspflichtverletzungen dieser Personen gemäß § 278 BGB einzustehen.[589] Für **Aufsichtsratsmitglieder** des herrschenden Unternehmens besteht eine Verantwortlichkeit gegenüber der abhängigen Gesellschaft auch dann nicht, wenn der Aufsichtsrat des herrschenden Unternehmens der Weisung nach § 111 Abs. 4 S. 2 AktG oder nach § 308 Abs. 3 S. 2 AktG zugestimmt hat.[590]

Neben den gesetzlichen Vertretern haftet auch das **herrschende Unternehmen selbst** 167 für pflichtwidrige Weisungen gegenüber der abhängigen Gesellschaft; das ist im Ergebnis anerkannt, wenn auch mit unterschiedlichen Begründungen.[591] Auch in diesem Zusammenhang wird die Frage diskutiert, ob das herrschende Unternehmen bei Organverflechtungen für schädigende Maßnahmen haftet, die ein gesetzlicher Vertreter des herrschenden Unternehmens in seiner Funktion als Vorstands- oder Aufsichtsratsmitglied der abhängigen Gesellschaft vornimmt;[592] die Frage kann hier nicht anders beurteilt werden als bei der Eigenhaftung der Organmitglieder (vgl. → Rn. 165).

Die Ersatzansprüche der abhängigen Gesellschaft – sowohl gegen die gesetzlichen Vertreter des herrschenden Unternehmens als auch gegen dieses selbst –[593] können auch von 168 jedem ihrer Aktionäre **geltend gemacht werden**;[594] ein Aktionär kann jedoch nur Leistung an die Gesellschaft beanspruchen (§ 309 Abs. 4 S. 1 u. 2 AktG).[595] Um dem Aktionär ein unzumutbares Kostenrisiko abzunehmen, wird man die Vorschrift des § 247 AktG über den sogenannten gespaltenen Streitwert entsprechend anwenden müssen.[596] Nach hM ist daneben auch die kostenmäßig uU günstigere Anspruchsverfolgung aufgrund Beschlusses der Hauptversammlung oder gerichtlicher Klagezulassung nach §§ 147 ff. AktG (dazu → § 43 Rn. 30 ff.) möglich.[597] Die Ersatzansprüche können ferner von den Gläubigern der abhängigen Gesellschaft geltend gemacht werden, soweit diese von der Gesellschaft keine Befriedigung erlangen können (§ 309 Abs. 4 S. 3 u. 4 AktG). Es gelten mit Ausnahme von § 93 Abs. 5 S. 2 AktG im Wesentlichen die gleichen Grundsätze wie für die Geltendmachung des Ersatzanspruchs nach § 93 Abs. 5 AktG; vgl. näher → § 26 Rn. 48 ff. Ist über das Vermögen der abhängigen Gesellschaft das Insolvenzverfahren eröffnet worden,

---

AktG/*Altmeppen* § 309 Rn. 12 ff.; Hüffer/*Koch* AktG § 309 Rn. 3 ff., 7; *Emmerich* in Emmerich/Habersack Aktien- und GmbH-Konzernrecht § 309 Rn. 13 ff.

[589] Hüffer/*Koch* AktG § 308 Rn. 4; *Emmerich* in Emmerich/Habersack Aktien- und GmbH-Konzernrecht § 308 Rn. 15.

[590] KölnKommAktG/*Koppensteiner* § 309 Rn. 35; MüKoAktG/*Altmeppen* § 309 Rn. 18; Hüffer/*Koch* AktG § 309 Rn. 4; *Emmerich* in Emmerich/Habersack Aktien- und GmbH-Konzernrecht § 309 Rn. 17; *J. Semler*, Leitung und Überwachung der Aktiengesellschaft, 2. Aufl. 1996, Rn. 440.

[591] Vgl. näher MüKoAktG/*Altmeppen* § 309 Rn. 139 ff.; KölnKommAktG/*Koppensteiner* § 309 Rn. 37 ff.; Hüffer/*Koch* AktG § 309 Rn. 26 f.; *Emmerich* in Emmerich/Habersack Aktien- und GmbH-Konzernrecht § 309 Rn. 20 f.

[592] Für die Haftung zB KölnKommAktG/*Koppensteiner* § 309 Rn. 39 ff.; *Emmerich* in Emmerich/Habersack Aktien- und GmbH-Konzernrecht § 309 Rn. 23; aA MüKoAktG/*Altmeppen* § 309 Rn. 143 ff.; Hüffer/*Koch* AktG § 309 Rn. 28 f.; Spindler/Stilz AktG/*Veil* § 309 Rn. 41.

[593] MüKoAktG/*Altmeppen* § 309 Rn. 142; KölnKommAktG/*Koppensteiner* § 309 Rn. 44; *Emmerich* in Emmerich/Habersack Aktien- und GmbH-Konzernrecht § 309 Rn. 49; K. Schmidt/Lutter AktG/*Langenbucher* § 309 Rn. 42.

[594] Vgl. dazu auch *Mertens* FS Fleck, 1988, 209 (218).

[595] Zur Geltendmachung von Ersatzansprüchen der Tochtergesellschaft gegen die Muttergesellschaft und deren gesetzliche Vertreter durch Aktionäre der Enkelgesellschaft vgl. KölnKommAktG/*Koppensteiner* § 309 Rn. 55 (befürwortend); MüKoAktG/*Altmeppen* § 309 Rn. 132 f. (ablehnend).

[596] So zB KölnKommAktG/*Koppensteiner* § 309 Rn. 47 ff.; *Emmerich* in Emmerich/Habersack Aktien- und GmbH-Konzernrecht § 309 Rn. 49a; MüKoAktG/*Altmeppen* § 309 Rn. 129 ff.; Spindler/Stilz AktG/*Veil* § 309 Rn. 35; *Kropff* FS Bezzenberger, 2000, 233 (241 ff.); vgl. auch Happ/Pfeifer ZGR 1991, 103 (122 ff.); aA Hüffer AktG/*Koch* § 309 Rn. 22.

[597] OLG München ZIP 2008, 1916 (1918 f.) (zu §§ 317, 318 AktG) Hüffer/*Koch* AktG § 309 Rn. 21; Spindler/Stilz AktG/*Veil* § 309 Rn. 34; *Kropff* FS Bezzenberger, 2000, 233 (244 ff.); *H.-F. Müller* Der Konzern 2006, 725 (728 ff.); aA KölnKommAktG/*Koppensteiner* § 317 Rn. 35.

ist gemäß § 309 Abs. 4 S. 5 AktG allein noch der Insolvenzverwalter oder der Sachverwalter zur Erhebung der Ansprüche befugt.

169 Einen **Verzicht** oder **Vergleich** über die Ersatzansprüche regelt § 309 Abs. 3 AktG in der gleichen Weise wie § 93 Abs. 4 S. 3 u. 4 AktG. Ein Unterschied besteht nur darin, dass nach § 309 Abs. 3 S. 1 AktG nicht eine Zustimmung durch Hauptversammlungsbeschluss, sondern durch Sonderbeschluss der außenstehenden Aktionäre erforderlich ist, und dass eine Minderheit von 10 % des bei der Fassung des Sonderbeschlusses vertretenen Grundkapitals den Verzicht oder Vergleich unterbinden kann, während nach § 93 Abs. 4 S. 3 AktG 10 % des Gesamtgrundkapitals erforderlich sind. Im Übrigen kann auf die Ausführungen in → § 26 Rn. 37 ff. verwiesen werden. Die **Verjährungsfrist** beläuft sich nach § 309 Abs. 5 AktG auf 5 Jahre; anders als in § 93 Abs. 6 AktG ist also für börsennotierte Gesellschaften keine längere Frist vorgesehen.

170 **2. Verantwortlichkeit der Organe der abhängigen Gesellschaft.** Neben dem herrschenden Unternehmen und dessen gesetzlichen Vertretern haften die Mitglieder des Vorstands der abhängigen Gesellschaft als Gesamtschuldner, wenn sie unter **Verletzung ihrer Pflichten** gehandelt haben (§ 310 Abs. 1 S. 1 AktG). Die gleiche Haftung trifft auch die Aufsichtsratsmitglieder der abhängigen Gesellschaft, wenn sie ihre Pflichten verletzt haben; das kann in Betracht kommen, wenn sie einem durch eine unzulässige Weisung veranlassten Geschäft die Zustimmung nach § 111 Abs. 4 S. 2 AktG erteilt oder unter Verletzung ihrer Überwachungsverpflichtung die Ausführung eines auf einer unzulässigen Weisung beruhenden Geschäfts nicht verhindert haben.[598]

171 Die Vorstands- und Aufsichtsratsmitglieder haften nicht, wenn die schädigende Handlung auf einer **rechtmäßigen Weisung** beruht (§ 310 Abs. 3 AktG) oder wenn sie die Unzulässigkeit der Weisung trotz Anwendung der **erforderlichen Sorgfalt** nicht erkannt haben. Die Beweislast für die Einhaltung der erforderlichen Sorgfalt liegt bei ihnen (§ 310 Abs. 1 S. 2 AktG). Ebenso trifft sie die Beweislast, wenn eingewandt werden soll, es sei nicht im Sinne von § 308 Abs. 2 S. 2 AktG offensichtlich gewesen, dass eine nachteilige Weisung nicht dem Konzernwohl gedient habe.[599] Hingegen haben die Anspruchsteller neben dem Schaden zu beweisen, dass eine bestimmte Weisung nicht dem Konzernwohl diente oder sonst unzulässig war.[600] Dadurch, dass der Aufsichtsrat die Handlung gebilligt hat, wird die Ersatzpflicht naturgemäß nicht ausgeschlossen (§ 310 Abs. 2 AktG). Ebenso wenig schließt eine etwaige Billigung der Weisung durch die Hauptversammlung die Ersatzpflicht aus.[601]

172 Für einen **Verzicht** auf den Schadensersatzanspruch, einen **Vergleich** und die **Verjährung** des Anspruchs gelten die gleichen Regeln wie für die Ersatzansprüche gegen die Organe des herrschenden Unternehmens (§ 310 Abs. 4 AktG); vgl. → Rn. 169.

173 Liegen die Haftungsvoraussetzungen des § 310 AktG nicht vor, scheidet auch eine Haftung für die Ausführung von Weisungen nach **§ 117 Abs. 2 AktG** aus.[602] Es kann dann aber eine Haftung nach **§§ 93, 116 AktG** in Frage kommen, zB wenn der Vorstand der abhängigen Gesellschaft seine Verpflichtung verletzt hat, das herrschende Unternehmen auf

---

[598] Vgl. näher KölnKommAktG/*Koppensteiner* § 310 Rn. 5; *Emmerich* in Emmerich/Habersack Aktien- und GmbH-Konzernrecht § 310 Rn. 21 f.; Hüffer/*Koch* AktG § 310 Rn. 3.

[599] KölnKommAktG/*Koppensteiner* § 310 Rn. 7; Hüffer/*Koch* AktG § 310 Rn. 6; *Stephan* Der Konzern 2014, 1 (26); aA MüKoAktG/*Altmeppen* § 310 Rn. 23 ff.

[600] KölnKommAktG/*Koppensteiner* § 310 Rn. 7; *Stephan* Der Konzern 2014, 1 (26).

[601] MüKoAktG/*Altmeppen* § 310 Rn. 16 ff.; Hüffer/*Koch* AktG § 310 Rn. 5; KölnKommAktG/*Koppensteiner* § 310 Rn. 9; *Emmerich* in Emmerich/Habersack Aktien- und GmbH-Konzernrecht § 310 Rn. 19; aA *Canaris* ZGR 1978, 207 ff.

[602] MüKoAktG/*Altmeppen* § 310 Rn. 41; KölnKommAktG/*Koppensteiner* § 310 Rn. 10; Hüffer AktG/*Koch* § 310 Rn. 1; *Emmerich* in Emmerich/Habersack Aktien- und GmbH-Konzernrecht § 310 Rn. 3.

die Nachteiligkeit einer an sich rechtmäßigen Weisung aufmerksam zu machen (vgl. → Rn. 161), oder wenn er seine Sorgfaltspflichten sonst wie verletzt.[603]

IV. Rechte und Pflichten der Aufsichtsräte

Für den Aufsichtsrat einer **herrschenden Aktiengesellschaft** gilt im Vertragskonzern 174 im Grundsatz nichts anderes als im faktischen Konzern. Es kann daher mit der Besonderheit → Rn. 175a auf die Ausführungen → § 70 Rn. 34 ff. verwiesen werden. Der Unterschied besteht nur darin, dass auf Grund der erheblich weitergehenden Leitungsbefugnisse im Vertragskonzern sich naturgemäß die inhaltlichen Grenzen für die Rechtmäßigkeit, Ordnungsmäßigkeit und Zweckmäßigkeit der zu überwachenden Konzerngeschäftsführung gegenüber dem faktischen Konzern verschieben. Eine Erweiterung der Aufsichtsratskompetenzen ergibt sich aus § 308 Abs. 3 S. 2 AktG.

Auch für den Aufsichtsrat der **abhängigen Gesellschaft** gilt im Vertragskonzern im 175 Grundsatz nichts anderes als im faktischen Konzern. Es kann daher auch insoweit mit der Besonderheit in → Rn. 175a auf die Ausführungen → § 70 Rn. 39 f. verwiesen werden. Namentlich bleibt auch im Vertragskonzern die Leitlinie für den Aufsichtsrat das Unternehmensinteresse der abhängigen Aktiengesellschaft, nicht das Konzerninteresse.[604] Über Geschäfte, für welche der Vorstand der abhängigen Gesellschaft die Zustimmung des Aufsichtsrats benötigt (§ 111 Abs. 4 Satz AktG), entscheidet der Aufsichtsrat frei und unabhängig von Weisungen der Obergesellschaft.[605]

175a Anders als im faktischen Konzern (vgl. → § 70 Rn. 36) gelten die Regeln der **related party transactions** (vgl. → § 29 Rn. 68 ff.) für Geschäfte auf der Grundlage eines Beherrschungsvertrags nicht (§ 111a Abs. 3 Nr. 3 lit. a AktG). Dabei kommt es nicht darauf an, ob das Geschäft aufgrund einer Weisung nach § 308 AktG abgeschlossen wird,[606] sondern die Ausnahme will grundsätzlich alle konzerninternen Geschäfte erfassen.[607] Dazu zählen jedenfalls alle Geschäfte zwischen den Partnern des Beherrschungsvertrags. Gleiches dürfte für Geschäfte zwischen Gesellschaften gelten, die durch eine Kette von Beherrschungsverträgen verbunden sind, also zB für ein Geschäft zwischen Mutter und Enkel bei Beherrschungsverträgen Mutter-Tochter und Tochter-Enkel. Eine Erstreckung auf Geschäfte mit anderen Konzerngesellschaften, zu denen kein Beherrschungsvertrag besteht, lässt der Schutzzweck der Regelungen jedoch nicht zu.[608]

V. Konzernleitungskontrolle durch die Hauptversammlungen

Zur Konzernleitungskontrolle durch die **Hauptversammlung der Obergesellschaft** 176 vgl. → § 70 Rn. 43 ff. Diese Grundsätze gelten auch für die Hauptversammlung der Obergesellschaft im Vertragskonzern. Der Bundesgerichtshof hat im Holzmüller-Urteil zwar ausdrücklich offen gelassen, ob eine Konzernleitungskontrolle der Hauptversammlung auch dann stattzufinden habe, wenn die Hauptversammlung – wie es im Vertragskonzern

---

[603] MüKoAktG/*Altmeppen* § 310 Rn. 32; KölnKommAktG/*Koppensteiner* § 310 Rn. 12; Hüffer/*Koch* AktG § 310 Rn. 1.

[604] *J. Semler*, Leitung und Überwachung der Aktiengesellschaft, 2. Aufl. 1996, Rn. 464; VS HdB/ *Fonk* § 7 Rn. 79; ebenso – wenn auch kritisch – KölnKommAktG/*Koppensteiner* § 308 Rn. 74. Anders *v. Falkenhausen* ZIP 2014, 1205, der contra legem für eine Weisungsbindung des Aufsichtsrats eintritt.

[605] KölnKommAktG/*Koppensteiner* § 308 Rn. 75; MüKoAktG/*Altmeppen* § 308 Rn. 160.

[606] BegrRegE ARUG II, BT-Drs. 19/9739, 82; Hüffer/*Koch* AktG § 111a Rn. 22; H.-F. Müller ZGR 2019, 97 (108 f.).

[607] BegrRegE ARUG II, BT-Drs. 19/9739, 82; Hüffer/*Koch* AktG § 111a Rn. 22; Grigoleit ZGR 2019, 412 (436).

[608] Zumindest missverständlich daher BegrRegE ARUG II, BT-Drs. 19/9739, 82; Hüffer/*Koch* AktG § 111a Rn. 22; *H.-F. Müller* ZGR 2019, 97 (108 f.), die jeweils von einer Ausnahme für alle „konzerninternen Geschäfte" sprechen.

der Fall ist – bereits der Konzernbildung mit satzungsändernder Mehrheit zugestimmt hat.[609] Tatsächlich ist es aber nicht gerechtfertigt, die Konzernleitungskontrolle aus diesem Grund entfallen zu lassen.[610]

177 Auch die Rechte der **Hauptversammlung der Untergesellschaft** werden durch den Beherrschungsvertrag grundsätzlich nicht berührt. Die ungeschriebenen Hauptversammlungszuständigkeiten bei der Konzernbildung (vgl. → § 70 Rn. 9 ff.) und -leitung (vgl. → § 70 Rn. 43 ff.) kommen deshalb grundsätzlich auch für die Hauptversammlung der Untergesellschaft im Vertragskonzern zum Zuge, sofern in der Untergesellschaft entsprechende Geschäftsführungsmaßnahmen getroffen werden sollen. Die Frage, ob etwas anderes gilt, wenn es um eine Geschäftsführungsmaßnahme geht, die von einer rechtmäßigen Weisung des herrschenden Unternehmens gedeckt ist, hat vor dem Hintergrund der Gelatine-Entscheidungen (eingehend → § 70 Rn. 9 ff.) in gleicher Weise an Bedeutung verloren wie der Anwendungsbereich ungeschriebener Hauptversammlungskompetenzen eingeschränkt wurde. Man wird gleichwohl daran festhalten können, dass das durch den Beherrschungsvertrag begründete Weisungsrecht des herrschenden Unternehmens in Geschäftsführungsangelegenheiten einer ungeschriebenen Hauptversammlungszuständigkeit in Geschäftsführungsfragen vorgeht.[611] Denn der für die Anerkennung von „Holzmüller-Kompetenzen" tragende Gesichtspunkt der Mediatisierung der Mitwirkungsrechte der Aktionäre (vgl. → § 70 Rn. 10) verliert angesichts des beherrschungsvertraglichen Weisungsrechts im Vertragskonzern sein Gewicht.

178 Für die **Informationsrechte** der Aktionäre in Bezug auf die Beziehungen zu dem anderen Vertragspartner und auf Vorgänge bei diesem, gilt das Gleiche wie im faktischen Konzern; vgl. → § 70 Rn. 47.

VI. Finanzierungsfragen

179 Vgl. hierzu → § 70 Rn. 48 ff. und → Rn. 154.

E. Dauer, Änderung und Beendigung des Beherrschungsvertrags

I. Dauer des Vertrags

180 Beherrschungsverträge können auf unbestimmte Zeit oder für eine bestimmte Vertragsdauer abgeschlossen werden. Wird eine bestimmte Dauer gewählt, sind die Parteien in deren **Bemessung** frei; gesetzliche Höchst- oder Mindestfristen existieren nicht. In der Praxis üblich sind Verlängerungsklauseln, die nach Ablauf einer bestimmten Dauer die **automatische Verlängerung** um jeweils einen bestimmten Zeitraum vorsehen, sofern der Vertrag nicht zuvor gekündigt wird. Solche Regelungen sind zulässig.[612] In diesem Fall bleiben die ursprünglichen Bestimmungen über Ausgleich und Abfindung unberührt, es ist also nicht für die jeweiligen Verlängerungszeiträume erneut der angemessene Ausgleich

---

[609] BGHZ 83, 122 (140) – Holzmüller.
[610] LG Frankfurt a. M. ZIP 1997, 1698 (1700); *Habersack* in Emmerich/Habersack Aktien- und GmbH-Konzernrecht vor § 311 Rn. 48; MüKoAktG/*Kubis* § 119 Rn. 74; KölnKommAktG/*Koppensteiner* Vorb. § 291 Rn. 87 ff.; *Reichert* AG 2005, 150 (157 f.); aA K. Schmidt/Lutter AktG/*Spindler* § 119 Rn. 37; *Martens* ZHR 147 (1983), 377 (425 ff.).
[611] KölnKommAktG/*Koppensteiner* § 308 Rn. 69; *Arnold* ZIP 2005, 1573 (1579); *Fuhrmann* AG 2004, 339 (342); auch früher schon *Sieger/Hasselbach* AG 1999, 241 (244 ff.); aA *Marsch-Barner* in Grundmann/Schwintowski/Singer/Weber, Anleger- und Funktionsschutz durch Kapitalmarktrecht, 2006, S. 105/119; *Sina* AG 1991, 1. Anders auch OLG Stuttgart NZG 1998, 601 (602) – Dornier zu GmbH-Beherrschungsvertrag.
[612] KölnKommAktG/*Koppensteiner* § 297 Rn. 7; MüKoAktG/*Altmeppen* § 297 Rn. 57 f.; *Emmerich* in Emmerich/Habersack Aktien- und GmbH-Konzernrecht § 297 Rn. 33; Hüffer/*Koch* AktG § 297 Rn. 11.

und die angemessene Abfindung festzusetzen.⁶¹³ Denn bei Verträgen mit einer Fortsetzungsklausel handelt es sich nur um eine besondere Modalität eines von vornherein auf unbestimmte Dauer geschlossenen Vertrages.

Fehlt es an einer Verlängerungsklausel und soll die ursprünglich festgelegte Laufzeit des Vertrags verlängert werden, handelt es sich in materieller Hinsicht um den Abschluss eines neuen Unternehmensvertrages. Eine solche **Vertragsverlängerung** untersteht nicht den Regelungen über die Vertragsänderung in § 295, sondern den Regelungen über den Neuabschluss in §§ 293, 294 AktG.⁶¹⁴ Die Vertragsverlängerung bedarf also der Zustimmung der Hauptversammlungen (§ 293 Abs. 1 u. 2 AktG) und der Eintragung ins Handelsregister (§ 294 AktG). Ein Sonderbeschluss außenstehender Aktionäre nach § 295 Abs. 2 AktG ist hingegen nicht erforderlich. Der angemessene Ausgleich und die angemessene Abfindung sind für den Verlängerungszeitraum, also mit Wirkung ab dem Ende der ursprünglichen Laufzeit, neu festzusetzen; als Bewertungsstichtag dürfte auch in diesem Fall der Tag der Hauptversammlung maßgeblich sein (vgl. → Rn. 125), selbst wenn der Verlängerungszeitraum erst später beginnt. Anders zu beurteilen ist die Vertragsverlängerung demgegenüber, wenn sich mit ihr eine sofortige **Neufestsetzung von Ausgleich und Abfindung** verbinden soll. Das geht nur durch Aufhebung des laufenden und Abschluss eines neuen Vertrages, wobei die Aufhebung einen Sonderbeschluss der außenstehenden Aktionäre nötig macht (§ 296 Abs. 2 S. 1 AktG; vgl. → Rn. 197). Den Gläubigern der abhängigen Gesellschaft wird man bei einer Vertragsverlängerung einen Anspruch auf **Sicherheitsleistung** nach § 303 AktG nicht zubilligen müssen, denn ihre Interessen sind durch die Fortführung des Vertrages gewahrt.

181

Auf eine nachträgliche **Verkürzung** der ursprünglich vorgesehenen Vertragslaufzeit ist nicht § 295 AktG, sondern § 296 AktG entsprechend anzuwenden.⁶¹⁵

182

II. Änderung des Vertrages

1. Änderungsvereinbarung. Für die Änderung des Beherrschungsvertrages gelten die Regelungen der §§ 293, 294 AktG über den Abschluss des Vertrages sinngemäß (§ 295 Abs. 1 AktG). Der **Änderungsvertrag** bedarf also der Schriftform, der Zustimmung der Hauptversammlungen sowie der Anmeldung und Eintragung ins Handelsregister;⁶¹⁶ Auch die Vorschriften über den Vertragsbericht, die Prüfung des Unternehmensvertrages sowie die Vorbereitung und Durchführung der Hauptversammlung in §§ 293a–293g (→ Rn. 25 ff.) sind auf den Änderungsvertrag anwendbar.⁶¹⁷ § 295 AktG gilt für jede

183

---

⁶¹³ KölnKommAktG/*Koppensteiner* § 297 Rn. 7; im Grundsatz auch MüKoAktG/*Altmeppen* § 297 Rn. 58; *Emmerich* in Emmerich/Habersack Aktien- und GmbH-Konzernrecht § 297 Rn. 33, § 304 Rn. 67 ff., Spindler/Stilz AktG/*Veil* § 297 Rn. 31, die aber unter besonderen Voraussetzungen einen Anspruch auf Anpassung des Ausgleichs gewähren wollen; tendenziell auch *Säcker* DB 1988, 271 (272) Fn. 15.

⁶¹⁴ OLG Frankfurt a. M. AG 2005, 353 (354); LG München I AG 2000, 318 (319); MüKoAktG/*Altmeppen* § 295 Rn. 12; KölnKommAktG/*Koppensteiner* § 295 Rn. 16; Hüffer/*Koch* AktG § 295 Rn. 7; Spindler/Stilz AktG/*Veil* § 295 Rn. 9; aA *Emmerich* in Emmerich/Habersack Aktien- und GmbH-Konzernrecht § 295 Rn. 11; GroßkommAktG/*Mülbert* § 295 Rn. 18 f.; *Priester* FS 10 Jahre Österberg Seminare, 2018, 205 (208); *Bungert* DB 1995, 1449.

⁶¹⁵ Spindler/Stilz AktG/*Veil* § 295 Rn. 8; *Emmerich* in Emmerich/Habersack Aktien- und GmbH-Konzernrecht § 295 Rn. 10; K. Schmidt/Lutter AktG/*Langenbucher* § 295 Rn. 11; aA MüKoAktG/*Altmeppen* § 295 Rn. 9; *Grigoleit* AktG/*Servatius* § 295 Rn. 9; *Priester* FS 10 Jahre Österberg Seminare, 2018, 205 (208 f.).

⁶¹⁶ Zum Inhalt von Anmeldung und Eintragung vgl. näher KölnKommAktG/*Koppensteiner* § 295 Rn. 27 f.; MüKoAktG/*Altmeppen* § 295 Rn. 26 f.; Hüffer/*Koch* AktG § 295 Rn. 9.

⁶¹⁷ KölnKommAktG/*Koppensteiner* § 295 Rn. 22 ff.; Hüffer/*Koch* AktG § 295 Rn. 8; *Emmerich* in Emmerich/Habersack Aktien- und GmbH-Konzernrecht § 295 Rn. 18 ff.; einschränkend *Bungert* DB 1995, 1449 f., der Vertragsbericht und -prüfung nur bei Änderung wesentlicher Vertragsbestandteile, insbesondere der Ausgleichs- und/oder Abfindungsansprüche, für nötig hält; MüKoAktG/*Altmeppen*

Vertragsänderung, durch die auf die nach der bisherigen Vertragslage bestehenden Rechte und Pflichten der Parteien eingewirkt wird, ohne dass zwischen wesentlichen und unwesentlichen Änderungen zu unterscheiden ist.[618] Nach verbreiteter Auffassung ist § 295 AktG auch bei bloß redaktionellen Änderungen anzuwenden; eine Ausnahme soll nur für rein tatsächliche Änderungen (zB Änderung der Firmenbezeichnung einer Partei) gelten.[619] Eine Änderung in einen anderen Vertragstyp (zB Änderung eines Beherrschungsvertrages in einen Gewinnabführungsvertrag) ist nicht im Wege der Vertragsänderung nach § 295 AktG möglich, sondern setzt eine Beendigung des alten und einen Neuabschluss des neuen Vertrages voraus.[620] Ein einheitlicher Beherrschungs- und Gewinnabführungsvertrag kann hingegen durch Vertragsänderung in einen isolierten Beherrschungs- oder Gewinnabführungsvertrag geändert werden, weil die Ansprüche der außenstehenden Aktionäre aus §§ 304, 305 AktG unvermindert bleiben und sich deshalb ein neues Ausgleichs- und Abfindungsangebot erübrigt. Der Ausspruch einer **Änderungskündigung** wird nicht von § 295 AktG erfasst,[621] es ist vielmehr § 297 AktG anwendbar. Bei Annahme des Änderungsangebots nach erfolgter und wirksam gewordener Kündigung wird die Vertragsänderung nur unter den Voraussetzungen des Neuabschlusses nach §§ 293, 294 AktG wirksam. Nach verbreiteter Ansicht soll § 295 AktG dagegen anzuwenden sein, wenn die Kündigung unter der auflösenden Bedingung erklärt wird, dass sich der Vertragspartner mit der Änderung einverstanden erklärt.[622] Zu Änderungen der Vertragsdauer vgl. → Rn. 180 f. Zu Veränderungen in der Person eines der Vertragspartner vgl. → Rn. 192 ff., 208 ff.

184 Aufgrund des Beherrschungsvertrags kann die abhängige Gesellschaft nicht zu einer Vertragsänderung **angewiesen** werden (§ 299 AktG). Das herrschende Unternehmen kann aber zum Zwecke einer Vertragsänderung – anders als zwecks Aufrechterhaltung oder Beendigung des Vertrages (vgl. → Rn. 195) – einen Hauptversammlungsbeschluss der abhängigen Gesellschaft nach § 83 AktG herbeiführen; allerdings hat der Vorstand der abhängigen Gesellschaft in einem solchen Fall besonders sorgfältig zu prüfen, ob eine Anfechtung wegen unzulässiger Verfolgung von Sondervorteilen (§ 243 Abs. 2 AktG) in Betracht kommt.[623] In einem mehrstufigen Konzern verbietet § 299 AktG nicht, dass die Muttergesellschaft auf Grund des Beherrschungsvertrages die Tochter anweist, einen zwischen Tochter und Enkelgesellschaft bestehenden Unternehmensvertrag zu ändern.[624]

---

§ 295 Rn. 20 ff., der die Vertragsprüfung nur fordert, wenn Bestimmungen über Ausgleich und Abfindung geändert werden.

[618] BGH ZIP 2013, 19 Rn. 27 – HSH Nordbank; *Emmerich* in Emmerich/Habersack Aktien- und GmbH-Konzernrecht § 295 Rn. 6; Hüffer/*Koch* AktG § 295 Rn. 3.

[619] MüKoAktG/*Altmeppen* § 295 Rn. 3; KölnKommAktG/*Koppensteiner* § 295 Rn. 5; Hüffer/*Koch* AktG § 295 Rn. 3; K. Schmidt/Lutter AktG/*Langenbucher* § 295 Rn. 8.

[620] BayObLG NZG 2002, 133 (134); OLG Frankfurt a. M. AG 2005, 353 (354); Hüffer/*Koch* AktG § 295 Rn. 7; MüKoAktG/*Altmeppen* § 295 Rn. 7 f.; K. Schmidt/Lutter AktG/*Langenbucher* § 295 Rn. 15; aA KölnKommAktG/*Koppensteiner* § 295 Rn. 18; *Emmerich* in Emmerich/Habersack Aktien- und GmbH-Konzernrecht § 295 Rn. 12; *Priester* FS 10 Jahre Österberg-Seminare, 2018, 205 (209); offengelassen von BGH ZIP 2013, 19 Rn. 33 – HSH Nordbank.

[621] BGH AG 1979, 289; OLG Düsseldorf AG 1990, 490 (491); OLG Celle AG 1978, 318; KölnKommAktG/*Koppensteiner* § 295 Rn. 6; Hüffer/*Koch* AktG § 295 Rn. 7; MüKoAktG/*Altmeppen* § 295 Rn. 13.

[622] MüKoAktG/*Altmeppen* § 295 Rn. 14; KölnKommAktG/*Koppensteiner* § 295 Rn. 6; *Emmerich* in Emmerich/Habersack Aktien- und GmbH-Konzernrecht § 295 Rn. 8; Spindler/Stilz AktG/*Veil* § 295 Rn. 12.

[623] MüKoAktG/*Altmeppen* § 299 Rn. 17; KölnKommAktG/*Koppensteiner* § 299 Rn. 4; Hüffer/*Hüffer* AktG § 299 Rn. 6; *Emmerich* in Emmerich/Habersack Aktien- und GmbH-Konzernrecht § 299 Rn. 6.

[624] OLG Karlsruhe AG 1991, 144 (146); KölnKommAktG/*Koppensteiner* § 299 Rn. 3; Hüffer/*Koch* AktG § 299 Rn. 3; *Emmerich* in Emmerich/Habersack Aktien- und GmbH-Konzernrecht § 299 Rn. 3; MüKoAktG/*Altmeppen* § 299 Rn. 13; *Säcker* DB 1988, 271 (273).

Die Vorschriften über die Änderung des Vertrages können nicht durch eine bloß tatsächlich **abweichende Vertragspraxis** umgangen werden. Eine vertragswidrige Praxis kann Schadenersatzansprüche (§§ 93, 116, 309, 310 AktG) und andere Sanktionen zur Folge haben.[625] **185**

2. Sonderbeschluss der außenstehenden Aktionäre. Sollen Bestimmungen des Beherrschungsvertrags geändert werden, die den Ausgleich oder die Abfindung für die außenstehenden Aktionäre betreffen, ist ein Sonderbeschluss der außenstehenden Aktionäre erforderlich (§ 295 Abs. 2 S. 1 AktG). Dabei ist es ohne Bedeutung, ob es sich um eine wesentliche oder unwesentliche Änderung handelt und ob diese die Rechtsstellung der außenstehenden Aktionäre beeinträchtigt oder verbessert.[626] Die Bestimmungen über Ausgleich oder Abfindung sind auch dann von einer Änderung „betroffen", wenn die eigentlichen Ausgleichs- und Abfindungsregelungen zwar unberührt bleiben, andere Vertragsänderungen aber eine materielle Veränderung der Rechtsstellung der ausgleichs- oder abfindungsberechtigten Aktionäre zur Folge haben.[627] Das ist insbesondere bei einem Parteiwechsel des herrschenden Unternehmens anzunehmen (vgl. → Rn. 192). **186**

Außenstehende Aktionäre im Sinne dieser Regelung sind alle Aktionäre, die ausgleichs- oder abfindungsberechtigt sind. Aktionäre, die vom herrschenden Unternehmen abhängig sind (§ 17 AktG), sind allerdings nicht teilnahmeberechtigt. Auch wenn die hM sie im Regelfall ebenfalls zu den außenstehenden Aktionären zählt, die Anspruch auf Ausgleich und Abfindung haben (vgl. → Rn. 80), gebietet es der Zweck des § 295 Abs. 2 AktG, sie bei der Sonderbeschlussfassung vom Stimmrecht auszuschließen.[628] Aktionäre, die ihre Aktien – etwa als Treuhänder – für Rechnung des herrschenden Unternehmens halten, sind ebenfalls nicht teilnahmeberechtigt.[629] Hingegen geht es zu weit, auch solchen Aktionären die Teilnahmeberechtigung abzusprechen, die zwar nicht vom herrschenden Unternehmen abhängig oder für dessen Rechnung tätig sind, aber in einer sonstigen Beziehung zum herrschenden Unternehmen stehen, auf Grund deren dieses sich ihrer Stimmen sicher sein kann.[630] Der Gesetzeszweck rechtfertigt es nicht, dem herrschenden Unternehmen Einflussnahmen auf den Kreis der außenstehenden Aktionäre mit dem Ziel, deren Zustimmung zu erlangen, zu untersagen. Dementsprechend sind außenstehende Aktionäre auch nicht deshalb vom Teilnahmerecht ausgeschlossen, weil sie ihre Aktien vom herrschenden Unternehmen erworben haben,[631] solange nur diese Übertragung ernstlich gewollt ist und der Erwerber die Aktien nicht lediglich für Rechnung des herrschenden Unternehmens hält. **187**

---

[625] Vgl. dazu MüKoAktG/*Altmeppen* § 295 Rn. 15; KölnKommAktG/*Koppensteiner* § 295 Rn. 4; Hüffer/*Koch* AktG § 295 Rn. 4; *Emmerich* in Emmerich/Habersack Aktien- und GmbH-Konzernrecht § 295 Rn. 9; Spindler/Stilz AktG/*Veil* § 295 Rn. 13.

[626] Hüffer/*Koch* AktG § 295 Rn. 10; *Emmerich* in Emmerich/Habersack Aktien- und GmbH-Konzernrecht § 295 Rn. 26; MüKoAktG/*Altmeppen* § 295 Rn. 29; KölnKommAktG/*Koppensteiner* § 295 Rn. 33; *Priester* ZIP 1992, 293 (296 f.).

[627] MüKoAktG/*Altmeppen* § 295 Rn. 30; *Emmerich* in Emmerich/Habersack Aktien- und GmbH-Konzernrecht § 295 Rn. 26; Spindler/Stilz AktG/*Veil* § 295 Rn. 20; *Priester* ZIP 1992, 293 (296).

[628] OLG Nürnberg AG 1996, 228 (229); LG Essen AG 1995, 189 (190 f.); KölnKommAktG/*Koppensteiner* § 295 Rn. 47; MüKoAktG/*Altmeppen* § 295 Rn. 45 f.; *Emmerich* in Emmerich/Habersack Aktien- und GmbH-Konzernrecht § 295 Rn. 30; Hüffer/*Koch* AktG § 295 Rn. 12.

[629] KölnKommAktG/*Koppensteiner* § 295 Rn. 48; *Emmerich* in Emmerich/Habersack Aktien- und GmbH-Konzernrecht § 295 Rn. 30.

[630] So aber LG Essen AG 1995, 189 (190 f.); Hüffer/*Koch* AktG § 295 Rn. 12; *Emmerich* in Emmerich/Habersack Aktien- und GmbH-Konzernrecht § 295 Rn. 30; K. Schmidt/Lutter AktG/*Langenbucher* § 295 Rn. 27; GroßkommAktG/*Mülbert* § 295 Rn. 69; im Grundsatz wie hier KölnKommAktG/*Koppensteiner* § 295 Rn. 48, 50, der aber bei Stimmbindungsverträgen ebenfalls anders entscheidet.

[631] Zutreffend OLG Nürnberg AG 1996, 228 (229); insoweit auch Hüffer/*Koch* AktG § 296 Rn. 12; MüKoAktG/*Altmeppen* § 295 Rn. 50; K. Schmidt/Lutter AktG/*Langenbucher* § 295 Rn. 27.

188 Für die Teilnahmeberechtigung kommt es auf die Aktionärsstellung im **Zeitpunkt der Beschlussfassung** an.[632] Aktionäre, die ein Abfindungsangebot bereits angenommen und ihre Aktien auf das herrschende Unternehmen übertragen haben, sind nicht mehr teilnahmeberechtigt. Das gilt auch dann, wenn noch ein Spruchstellenverfahren zur Festsetzung der angemessenen Abfindung anhängig ist.[633] Zwar können auch diejenigen Aktionäre, die die angebotene Abfindung angenommen haben, im Falle einer Erhöhung der Abfindung durch das Gericht entsprechende Nachzahlungen verlangen (vgl. → Rn. 149). Das ist aber nur eine Reflexwirkung; aktive Teilnahmebefugnisse haben solche Aktionäre – wie auch ihre mangelnde Antragsbefugnis im Spruchverfahren zeigt (§ 3 S. 1 Nr. 1, S. 2 SpruchG) – nicht mehr.

189 Die **Beschlussfassung** kann entweder in einer gesonderten Versammlung der betroffenen Aktionäre oder im Rahmen einer Hauptversammlung in gesonderter Abstimmung dieser Aktionäre gefasst werden. Die Einzelheiten richten sich nach § 138 AktG, vgl. → § 40 Rn. 61 ff. Der Beschluss bedarf einer Mehrheit von drei Vierteln des bei der Beschlussfassung vertretenen Grundkapitals (§§ 295 Abs. 2 S. 2, 293 Abs. 1 S. 2 AktG); zugleich muss die einfache Stimmenmehrheit (§§ 138 S. 2, 133 Abs. 1 AktG) gegeben sein. Die Satzung kann die erforderliche Kapitalmehrheit erhöhen und weitere Erfordernisse anordnen (§§ 295 Abs. 2 S. 2, 293 Abs. 1 S. 3 AktG); vgl. im Übrigen → Rn. 50. Im Zusammenhang mit dem Sonderbeschluss gewährt § 295 Abs. 2 S. 3 AktG den außenstehenden Aktionären Anspruch auf Auskunft über alle für die Vertragsänderung wesentlichen Angelegenheiten des anderen Unternehmens. Der **Auskunftsanspruch** ist § 293g Abs. 3 AktG nachgebildet, vgl. dazu → Rn. 48.

190 **3. Ausgleich und Abfindung.** Änderungen des Vertrages zwingen im Allgemeinen nicht dazu, den Ausgleich und die Abfindung **neu festzusetzen**. Die Angemessenheit des Ausgleichs und der Abfindung ist vom konkreten Vertragsinhalt grundsätzlich unabhängig, so dass eine Änderung des Vertragsinhalts den Ausgleich und die Abfindung nicht berührt.[634] Etwas anderes kann bei Veränderungen in der Person des herrschenden Unternehmens gelten (vgl. → Rn. 192 ff., 208 ff.). Vertragsverlängerungen führen zwar ebenfalls zur Neufestsetzung von Ausgleich und Abfindung, stellen aber keine Vertragsänderung iSv § 295 AktG dar (vgl. → Rn. 181).

191 Werden Bestimmungen des Vertrags geändert, die den Ausgleich oder die Abfindung betreffen, besteht die Möglichkeit, die Angemessenheit der geänderten Ausgleichs- und Abfindungsbestimmungen im Spruchverfahren gerichtlich prüfen zu lassen. Hingegen ist auch bei einer Vertragsänderung eine **Anfechtung** der Zustimmungsbeschlüsse der Hauptversammlungen nicht mit der Begründung möglich, der vertraglich bestimmte Ausgleich oder die Abfindung seien nicht angemessen (§§ 304 Abs. 3 S. 2, § 305 Abs. 5 S. 1 AktG). Auch der Sonderbeschluss der außenstehenden Aktionäre kann nicht mit dieser Begründung angefochten werden (§ 138 S. 2 AktG).[635]

192 **4. Parteiwechsel und Vertragsbeitritt beim herrschenden Unternehmen.** Der Beherrschungsvertrag kann im Wege der **Vertragsübernahme** vom herrschenden Unternehmen auf ein drittes Unternehmen übertragen wird.[636] Auf die Erteilung der Zustimmung

---

[632] MüKoAktG/*Altmeppen* § 295 Rn. 51 ff.; Hüffer/*Koch* AktG § 295 Rn. 13; *Emmerich* in Emmerich/Habersack Aktien- und GmbH-Konzernrecht § 295 Rn. 28.

[633] KölnKommAktG/*Koppensteiner* § 295 Rn. 51; K. Schmidt/Lutter AktG/*Langenbucher* § 295 Rn. 28; Spindler/Stilz AktG/*Veil* § 295 Rn. 25; aA *Emmerich* in Emmerich/Habersack Aktien- und GmbH-Konzernrecht § 295 Rn. 29; MüKoAktG/*Altmeppen* § 295 Rn. 53; Hüffer/*Koch* AktG § 295 Rn. 13.

[634] Vgl. nur *Säcker* DB 1988, 271 (272).

[635] BayObLG AG 2003, 631 (633); MüKoAktG/*Altmeppen* § 295 Rn. 58; KölnKommAktG/*Koppensteiner* § 295 Rn. 55; Hüffer/*Koch* AktG § 295 Rn. 15; *Emmerich* in Emmerich/Habersack Aktien- und GmbH-Konzernrecht § 295 Rn. 33.

[636] BGHZ 119, 1 (6 ff./15 ff.) – ASEA/BBC; OLG Karlsruhe AG 1997, 270 (271 f.); LG Essen AG 1996, 189 (190); KölnKommAktG/*Koppensteiner* § 295 Rn. 11; Hüffer AktG/*Koch* § 295 Rn. 5;

durch die abhängige Gesellschaft findet § 295 AktG Anwendung.[637] Es ist also jedenfalls die Zustimmung der Hauptversammlung nach Maßgabe von § 295 Abs. 1 AktG erforderlich. Die hM verlangt daneben auch einen Sonderbeschluss der außenstehenden Aktionäre gem. § 295 Abs. 2 AktG, da sich der Schuldner von Ausgleich und Abfindung ändere.[638] Das lässt es jedenfalls zu, bei einem Wechsel des Vertragspartners den Sonderbeschluss zu vermeiden, indem das bislang herrschende Unternehmen die gesamtschuldnerische Mithaftung übernimmt, vorausgesetzt, der Inhalt des Ausgleichsanspruchs bedarf keiner Anpassung. Zu den Auswirkungen einer Vertragsübernahme auf Ausgleich und Abfindung vgl. → Rn. 194.

Anders verhält es sich im Falle des Beitritts eines weiteren herrschenden Unternehmens. **193** Auch ein solcher **Vertragsbeitritt** ist zulässig.[639] Der Vertragsbeitritt macht zwar eine Zustimmung der Hauptversammlungen der abhängigen Gesellschaft, des alten und des neuen herrschenden Unternehmens nötig, hingegen soll es nach herrschender Meinung keines Sonderbeschlusses der außenstehenden Aktionäre nach § 295 Abs. 2 AktG bedürfen, da deren Ansprüche unberührt bleiben.[640] Mehr spricht für die Annahme, dass ein Sonderbeschluss in den Fällen erforderlich ist, in denen ein Angebot auf Abfindung in Aktien des herrschenden Unternehmens noch läuft oder eine variable Ausgleichszahlung festgesetzt ist, während bei einem noch laufenden Barabfindungsangebot, einem bereits abgelaufenen Abfindungsangebot und einer festen Ausgleichszahlung ein Sonderbeschluss entbehrlich ist.[641]

Ein **fester Ausgleich** bedarf im Falle des Vertragsbeitritts keiner Anpassung;[642] Gleiches **194** gilt im Falle der Vertragsübernahme.[643] Hingegen wird bei einem **variablen Ausgleich** den außenstehenden Aktionären im Falle des Vertragsbeitritts an Stelle des bisherigen variablen Ausgleichs ein fester Ausgleich angeboten werden müssen, weil ein variabler Ausgleich bei mehreren herrschenden Unternehmen unzulässig ist (vgl. → Rn. 95);[644] für die Berechnung bleibt der Zeitpunkt maßgeblich, in dem die Hauptversammlung dem ursprünglichen Beherrschungsvertrag zugestimmt hat.[645] Bei einer Vertragsübernahme kann

---

Emmerich in Emmerich/Habersack Aktien- und GmbH-Konzernrecht § 295 Rn. 13; *Pentz* FS Kropff, 1997, 225 ff.

[637] KölnKommAktG/*Koppensteiner* § 295 Rn. 11; Hüffer AktG/*Koch* § 295 Rn. 11; Emmerich in Emmerich/Habersack Aktien- und GmbH-Konzernrecht § 295 Rn. 13; MüKoAktG/*Altmeppen* § 295 Rn. 4; K. Schmidt/Lutter AktG/*Langenbucher* § 295 Rn. 16.

[638] Hüffer/*Koch* AktG § 295 Rn. 11; MüKoAktG/*Altmeppen* § 295 Rn. 31 ff.; KölnKommAktG/ *Koppensteiner* § 295 Rn. 34; Emmerich in Emmerich/Habersack Aktien- und GmbH-Konzernrecht § 295 Rn. 27; *Bayer* ZGR 1993, 599 (608); einschränkend *Säcker* DB 1988, 271 (273 ff.); *Priester* ZIP 1992, 293 (302); *Krieger/Jannott* DStR 1995, 1473 (1479) für bestimmte Fälle konzerninterner Umstrukturierungen.

[639] BGHZ 119, 1 (6 ff., 15 ff.) – ASEA/BBC; Hüffer/*Koch* AktG § 295 Rn. 5; Emmerich in Emmerich/Habersack Aktien- und GmbH-Konzernrecht § 295 Rn. 14.

[640] BGHZ 119, 1 (7 ff.) – ASEA/BBC; OLG Karlsruhe AG 1997, 270 (271 f.); LG Essen AG 1996, 189 (190); MüKoAktG/*Altmeppen* § 295 Rn. 37; *Priester* ZIP 1992, 293 (301); aA Emmerich in Emmerich/Habersack Aktien- und GmbH-Konzernrecht § 295 Rn. 27a.

[641] So die heute wohl hM, s. Hüffer/*Koch* AktG § 295 Rn. 11; Spindler/Stilz AktG/*Veil* § 295 Rn. 22; GroßkommAktG/*Mülbert* § 295 Rn. 60; *Röhricht* ZHR 162 (1998), 249 (250 ff.); *Pentz* FS Kropff, 1997, 225 (237 ff.).

[642] BGHZ 119, 1 (7 f., 9 f.) – ASEA/BBC; BGH WM 1998, 867 (868 f.) – ASEA/BBC II; MüKoAktG/*van Rossum* § 304 Rn. 171; K. Schmidt/Lutter AktG/*Stephan* § 304 Rn. 137; KölnKommAktG/*Koppensteiner* § 304 Rn. 98; Hüffer/*Koch* AktG § 304 Rn. 6; *Röhricht* ZHR 162 (1998), 249 (252); *Kort* ZGR 1999, 402 (419 ff.); aA OLG Karlsruhe AG 1997, 270 (271 f.); *Hommelhoff* FS Claussen, 1997, 129 (136 ff.).

[643] KölnKommAktG/*Koppensteiner* § 304 Rn. 97 iVm 96.

[644] MüKoAktG/van Rossum § 304 Rn. 171; K. Schmidt/Lutter AktG/*Stephan* § 304 Rn. 137; Hölters AktG/*Deilmann* § 304 Rn. 57; aA KölnKommAktG/*Koppensteiner* § 304 Rn. 98; *Pentz* FS Kropff, 1997, 225 (237 f.): der bisherige variable Ausgleich bleibe unverändert.

[645] MüKoAktG/van Rossum § 304 Rn. 171; K. Schmidt/Lutter AktG/*Stephan* § 304 Rn. 137.

im Grundsatz nichts anderes gelten. Es ist also eine Anpassung des variablen Ausgleichs nötig, entweder durch Umstellung auf einen Festausgleich oder, soweit die Voraussetzungen des § 304 Abs. 2 S. 2 AktG erfüllt sind, durch Anpassung an die Verschmelzungswertrelation zu dem neuen herrschenden Unternehmen;[646] maßgeblich bleibt auch hier der ursprüngliche Bewertungsstichtag. Außerdem ist den Aktionären sowohl im Fall des Vertragsbeitritts als auch der Vertragsübernahme erneut ein **Abfindungsangebot** zu unterbreiten.[647] Etwas anderes gilt allerdings dann, wenn das ursprüngliche Abfindungsangebot noch läuft.[648] Ist ein erneutes Abfindungsangebot zu machen, so ist für dessen Inhalt das ursprüngliche Angebot maßgeblich.[649]

III. Beendigung des Vertrages

195 1. Allgemeines. Aufgrund des Beherrschungsvertrages kann der abhängigen Gesellschaft nicht die Weisung erteilt werden, den Vertrag aufrechtzuerhalten oder zu beendigen (§ 299 AktG). Da die Aufrechterhaltung oder Beendigung von Unternehmensverträgen nicht der Zustimmung der Hauptversammlung unterliegt, kann das herrschende Unternehmen den Vorstand der abhängigen Gesellschaft – anders als im Fall einer Vertragsänderung (vgl. → Rn. 184) – auch nicht über § 83 AktG zur Aufrechterhaltung oder Beendigung des Vertrages verpflichten.[650] Der Vorstand der abhängigen Gesellschaft kann von sich aus eine Entscheidung der Hauptversammlung nach § 119 Abs. 2 AktG einholen;[651] er kann dazu aber nicht angewiesen werden.[652] Im mehrstufigen Konzern kann auf Grund des Beherrschungsvertrages die Muttergesellschaft die Tochter jedoch anweisen, einen zwischen Tochter- und Enkelgesellschaft bestehenden Unternehmensvertrag aufrechtzuerhalten oder zu beendigen; § 299 AktG steht dem nicht entgegen.[653]

196 2. Beendigungsgründe. a) Aufhebungsvertrag. Der Beherrschungsvertrag kann einvernehmlich aufgehoben werden. Zuständig ist der Vorstand der abhängigen Gesellschaft. Eine Zustimmung der Hauptversammlung der abhängigen Gesellschaft und des herrschenden Unternehmens ist – anders als bei Vertragsschluss – nicht erforderlich.[654] Lediglich die außenstehenden Aktionäre müssen durch Sonderbeschluss zustimmen, vgl. → Rn. 197. Die

---

[646] *Priester* ZIP 1992, 293 (301); enger KölnKommAktG/*Koppensteiner* § 304 Rn. 97 iVm 96, der stets die Umstellung auf einen festen Ausgleich fordert.

[647] OLG Karlsruhe AG 1997, 270 (271 f.); Hüffer AktG/*Koch* § 305 Rn. 2; *Emmerich* in Emmerich/Habersack Aktien- und GmbH-Konzernrecht § 295 Rn. 27a; MüKoAktG/*van Rossum* § 304 Rn. 171; *Röhricht* ZHR 162 (1998), 249 (253 f.); *Hommelhoff* FS Claussen, 1997, 129 (136 ff.); *Kort* ZGR 1999, 402 (423 f.); zumindest tendenziell auch BGH WM 1998, 867 (869) – ASEA/BBC II; für den Fall des Vertragsbeitritts aA KölnKommAktG/*Koppensteiner* § 305 Rn. 135; K. Schmidt/Lutter AktG/*Stephan* § 305 Rn. 159; *Pentz* FS Kropff, 1997, 225 (234 ff.).

[648] BGH WM 1998, 867 (869) – ASEA/BBC II; *Röhricht* ZHR 162 (1998), 249 (253 f.); aA OLG Karlsruhe AG 1997, 270 (271 f.); *Hommelhoff* FS Claussen, 1997, 129 (136 ff.).

[649] *Röhricht* ZHR 162 (1998), 249 (254 ff.).

[650] KölnKommAktG/*Koppensteiner* § 299 Rn. 5; Hüffer/*Koch* AktG § 299 Rn. 6; *Emmerich* in Emmerich/Habersack Aktienkonzernrecht § 299 Rn. 6.

[651] KölnKommAktG/*Koppensteiner* § 299 Rn. 5; Hüffer/*Koch* AktG § 299 Rn. 6; *Emmerich* in Emmerich/Habersack Aktien- und GmH-Konzernrecht § 299 Rn. 6; MüKoAktG/*Altmeppen* § 299 Rn. 18 f.

[652] Hüffer/*Koch* AktG § 399 Rn. 6; KölnKommAktG/*Koppensteiner* § 308 Rn. 34; MüKoAktG/*Altmeppen* § 299 Rn. 18; aA *Emmerich* in Emmerich/Habersack Aktien- und GmbH-Konzernrecht § 299 Rn. 6.

[653] MüKoAktG/*Altmeppen* § 299 Rn. 14; KölnKommAktG/*Koppensteiner* § 299 Rn. 3; Hüffer/*Koch* AktG § 299 Rn. 3; *Emmerich* in Emmerich/Habersack Aktien- und GmbH-Konzernrecht § 299 Rn. 3; aA Grigoleit AktG/*Servatius* § 299 Rn. 3.

[654] Rechtspolitisch ablehnend KölnKommAktG/*Koppensteiner* § 296 Rn. 9; Hüffer AktG/*Koch* § 296 Rn. 5; Spindler/Stilz AktG/*Veil* § 296 Rn. 9; aA GroßkommAktG/*Mülbert* § 296 Rn. 5; MüKoAktG/*Altmeppen* § 296 Rn. 12; E. *Vetter* ZIP 1995, 345 (346).

Aufhebung bedarf der Schriftform (§ 296 Abs. 1 S. 3 AktG) und ist nur zum Ende des Geschäftsjahres oder des sonst vertraglich bestimmten Abrechnungszeitraumes zulässig (§ 296 Abs. 1 S. 1 AktG); notfalls kann das Geschäftsjahr geändert werden, um eine vorzeitige Vertragsaufhebung zu ermöglichen.[655] Eine rückwirkende Aufhebung ist unzulässig (§ 296 Abs. 1 S. 2 AktG). Fehlt die Angabe des **Aufhebungszeitpunkts,** wird im Allgemeinen der nächst zulässige Termin gemeint sein.[656] Eine Aufhebung zu einem unzulässigen Zeitpunkt kann im Allgemeinen in eine Aufhebung zum nächst zulässigen Termin umgedeutet werden;[657] ist eine solche Umdeutung im Einzelfalle auf Grund entgegenstehender Anhaltspunkte ausgeschlossen, ist der Aufhebungsvertrag nichtig.[658]

Die außenstehenden Aktionäre, zu deren Gunsten der Beherrschungsvertrag einen Ausgleich oder eine Abfindung vorsieht, müssen der Aufhebung durch **Sonderbeschluss** zustimmen (§ 296 Abs. 2 AktG). Der Sonderbeschluss ist Voraussetzung für die Wirksamkeit des Aufhebungsvertrages; wird er nach Vertragsschluss gefasst, ist der Vertrag bis dahin schwebend unwirksam.[659] Kommt der Sonderbeschluss erst nach dem vertraglich vorgesehenen Aufhebungstermin zustande, kann die Aufhebung zu diesem Termin wegen des Rückwirkungsverbots (§ 296 Abs. 1 S. 2 AktG) nicht mehr wirksam werden;[660] er wird dann – sofern nicht ausnahmsweise ein anderer Vertragswille erkennbar ist – zum nächstzulässigen Zeitpunkt wirksam. Im Übrigen gelten für den Sonderbeschluss die gleichen Regeln wie für den Sonderbeschluss zur Änderung eines Beherrschungsvertrages (§ 296 Abs. 2 S. 2 AktG); vgl. → Rn. 186 ff. Für eine etwaige Anfechtung des Beschlusses gelten die allgemeinen Vorschriften der §§ 243 ff. AktG.[661]

b) Ordentliche Kündigung. Der Beherrschungsvertrag kann zugunsten einer oder beider Vertragsparteien das **Recht zur ordentlichen Kündigung** begründen.[662] Fehlt es daran, besteht ein Recht zur ordentlichen Kündigung nicht.[663] Ist eine ordentliche Kündigung

---

[655] LG Bonn RNotZ 2003, 400; KölnKommAktG/*Koppensteiner* § 296 Rn. 14; Hüffer AktG/*Koch* § 296 Rn. 2; GroßkommAktG/*Mülbert* § 296 Rn. 16; *Paschos/Goslar* Der Konzern 2006, 479 (484); *Grüner* NZG 2001, 35 (36).

[656] Hüffer/*Koch* AktG § 296 Rn. 2; MüKoAktG/*Altmeppen* § 296 Rn. 26; KölnKommAktG/*Koppensteiner* § 296 Rn. 12.

[657] MüKoAktG/*Altmeppen* § 296 Rn. 25; *Emmerich* in Emmerich/Habersack Aktien- und GmbH-Konzernrecht § 296 Rn. 16; KölnKommAktG/*Koppensteiner* § 296 Rn. 16, Hüffer/*Koch* AktG § 296 Rn. 3, die § 139 BGB anwenden; offengelassen von BGH AG 2002, 240.

[658] KölnKommAktG/*Koppensteiner* § 296 Rn. 16; *Emmerich* in Emmerich/Habersack Aktien- und GmbH-Konzernrecht § 296 Rn. 16.

[659] MüKoAktG/*Altmeppen* § 296 Rn. 32; Hüffer/*Koch* AktG § 296 Rn. 7; *Emmerich* in Emmerich/Habersack Aktien- und GmbH-Konzernrecht § § 296 Rn. 19.

[660] MüKoAktG/*Altmeppen* § 296 Rn. 36 f.; *Emmerich* in Emmerich/Habersack Aktien- und GmbH-Konzernrecht § 296 Rn. 21; Spindler/Stilz AktG/*Veil* § 296 Rn. 20; GroßkommAktG/*Mülbert* § 296 Rn. 27; *Grüner,* Die Beendigung von Beherrschungs- und Gewinnabführungsverträgen, 2003, S. 59 ff.; ebenso wohl OLG München ZIP 2015, 274 f.; aA LG Essen AG 1995, 189 (191); KölnKommAktG/*Koppensteiner* § 296 Rn. 21; Hüffer AktG/*Koch* § 296 Rn. 8; *E. Vetter* ZIP 1995, 345 (346). Vgl. auch OLG München ZIP 2015, 274, das es für die Aufhebung eines Gewinnabführungsvertrags mit einer 100 %-GmbH als abhängiger Gesellschaft genügen lässt, wenn der Zustimmungsbeschluss der GmbH Gesellschafterversammlung nach dem Aufhebungszeitpunkt gefasst wird; dagegen mit Recht *Giedinghagen* EWiR 2015, 307 (308).

[661] MüKoAktG/*Altmeppen* § 296 Rn. 39; KölnKommAktG/*Koppensteiner* § 296 Rn. 19; Hüffer/*Koch* AktG § 296 Rn. 7; *Emmerich* in Emmerich/Habersack Aktien- und GmbH-Konzernrecht § 296 Rn. 22.

[662] BGH AG 1979, 289; MüKoAktG/*Altmeppen* § 297 Rn. 59; KölnKommAktG/*Koppensteiner* § 297 Rn. 4; Hüffer/*Koch* AktG § 297 Rn. 11.

[663] Spindler/Stilz AktG/*Veil* § 297 Rn. 21; GroßkommAktG/*Mülbert* § 297 Rn. 78; KölnKommAktG/*Koppensteiner* § 297 Rn. 10; Hüffer/*Koch* AktG § 297 Rn. 13; aA *Kley,* Die Rechtsstellung der außenstehenden Aktionäre bei der vorzeitigen Beendigung von Unternehmensverträgen, 1986, S. 57 f.; *Hüchting,* Abfindung und Ausgleich im aktienrechtlichen Beherrschungsvertrag, 1972, S. 115;

zugelassen, kann diese auch als Änderungskündigung ausgesprochen werden,[664] hingegen ist eine Teilkündigung (zB Kündigung des Gewinnabführungsteils eines einheitlichen Beherrschungs- und Gewinnabführungsvertrages) nicht möglich.[665]

199 Ein **Kündigungstermin** ist für eine ordentliche Kündigung nach heute herrschender Meinung nicht einzuhalten, es sei denn, dass der Vertrag etwas anderes bestimmt. § 296 Abs. 1 und 2 AktG, wonach ein Aufhebungsvertrag nur zum **Ende des Geschäftsjahres** oder des sonst vertraglich bestimmten Abrechnungszeitraums zulässig ist, findet auf eine ordentliche Kündigung also keine Anwendung.[666] Unzulässig bleibt allerdings im Interesse des Schutzes der Gesellschaft, ihrer Aktionäre und Gläubiger entsprechend § 296 Abs. 1 S. 2 AktG eine rückwirkende Vertragskündigung.[667] Etwa einzuhaltende Kündigungsfristen bestimmen sich nach dem Vertrag; fehlt eine vertragliche Regelung so ist entsprechend § 132 HGB eine Frist von einem halben Jahr zum Ende des Geschäftsjahres einzuhalten.[668]

200 Die Kündigung bedarf der **Schriftform** (§ 297 Abs. 3 AktG). Zuständig ist bei der abhängigen Gesellschaft der Vorstand, beim herrschenden Unternehmen dessen Geschäftsführungsorgan. Einer Zustimmung der Hauptversammlungen bedarf es nicht. Sind ausgleichs- oder abfindungsberechtigte außenstehende Aktionäre vorhanden, müssen diese einer Kündigung durch die abhängige Gesellschaft durch **Sonderbeschluss** zustimmen (§ 297 Abs. 2 AktG). Für den Sonderbeschluss gelten die gleichen Regeln wie bei dem Abschluss eines Aufhebungsvertrages, vgl. → Rn. 197. Ein Sonderbeschluss der außenstehenden Aktionäre ist hingegen nicht erforderlich, wenn die Kündigung vom herrschenden Unternehmen ausgesprochen wird;[669] es bedarf auch keines Sonderbeschlusses der außenstehenden Aktionäre für die Zustimmung zu einem Beherrschungsvertrag, der eine ordentliche Kündigung zulässt.[670] Rechtspolitisch kann diese Regelung, die in der Praxis zur Folge hat, dass eine etwaige Kündigung stets vom herrschenden Unternehmen ausgesprochen wird, nur als verfehlt angesehen werden.[671]

Windbichler, Unternehmensverträge und Zusammenschlusskontrolle, 1977, S. 68 ff.; differenzierend MüKoAktG/*Altmeppen* § 297 Rn. 68 ff.

[664] BGH AG 1979, 289 f.; OLG Celle AG 1978, 318; LG Hildesheim AG 1978, 27; KölnKommAktG/*Koppensteiner* § 297 Rn. 7; GroßkommAktG/*Mülbert* § 297 Rn. 84.

[665] OLG Karlsruhe ZIP 2001, 1199; *Emmerich* in Emmerich/Habersack Aktien- und GmbH-Konzernrecht § 297 Rn. 13.

[666] BGHZ 122, 211 (228 ff.) – SSI; *Hüffer/Koch* AktG § 297 Rn. 16; MüKoAktG/*Altmeppen* § 297 Rn. 77 ff.; GroßkommAktG/*Mülbert* § 297 Rn. 87; *Emmerich* in Emmerich/Habersack Aktien- und GmbH-Konzernrecht § 297 Rn. 12; *Grüner*, Die Beendigung von Beherrschungs- und Gewinnabführungsverträgen, 2003, S. 95 f.; *Wilhelm*, Die Beendigung des Beherrschungs- und Gewinnabführungsvertrags, 1976, S. 11; *Hoffmann-Becking* WiB 1994, 57 (63); *Timm* FS Kellermann, 1991, 461 (467 f.); aA KölnKommAktG/*Koppensteiner* § 297 Rn. 5; *Kley*, Die Rechtsstellung der außenstehenden Aktionäre bei der vorzeitigen Beendigung von Unternehmensverträgen, 1986, S. 59; *Windbichler*, Unternehmensverträge und Zusammenschlusskontrolle, 1977, S. 74 f.

[667] *Emmerich* in Emmerich/Habersack Aktien- und GmbH-Konzernrecht § 297 Rn. 12; GroßkommAktG/*Mülbert* § 297 Rn. 87.

[668] *Hüffer/Koch* AktG § 297 Rn. 16; MüKoAktG/*Altmeppen* § 297 Rn. 74 ff.; KölnKommAktG/*Koppensteiner* § 297 Rn. 6; *Emmerich* in Emmerich/Habersack Aktien- und GmbH-Konzernrecht § 297 Rn. 11; *Grüner*, Die Beendigung von Beherrschungs- und Gewinnabführungsverträgen, 2003, S. 93 f.; aA *Windbichler*, Unternehmensverträge und Zusammenschlusskontrolle, 1977, S. 75, die mangels vertraglicher Regelung auf die Einhaltung einer Kündigungsfrist verzichten will. Zum Verbot einer Kündigung zur Unzeit näher *Windbichler* aaO S. 76 f.

[669] BGHZ 122, 211 (233) – SSI; BGH AG 1979, 289 f.; OLG Düsseldorf AG 1990, 490 (491); LG München I AG 2009, 918 (919); KölnKommAktG/*Koppensteiner* § 297 Rn. 4; *Hüffer/Koch* AktG/*Koch* § 297 Rn. 18; *Emmerich* in Emmerich/Habersack Aktien- und GmbH-Konzernrecht § 297 Rn. 8 f.

[670] OLG Celle 24.9.2008 – 9 U 45/08 (unveröffentlicht) unter Ziff. II 3.

[671] Vgl. dazu nur KölnKommAktG/*Koppensteiner* § 297 Rn. 4; *Hüffer/Koch* AktG § 297 Rn. 18; *Emmerich* in Emmerich/Habersack Aktienkonzernrecht § 297 Rn. 9; *Wilhelm*, Die Beendigung des

c) **Außerordentliche Kündigung.** Ein Beherrschungsvertrag kann aus wichtigem Grund 201
ohne Einhaltung einer Kündigungsfrist gekündigt werden (§ 297 Abs. 1 S. 1 AktG). **Das
Kündigungsrecht** besteht sowohl zugunsten der abhängigen Gesellschaft als auch des
herrschenden Unternehmens.[672] Es ist zwingend und kann vertraglich weder ausgeschlossen
noch eingeschränkt werden. Neben dem allgemeinen Recht zur Kündigung aus wichtigem
Grund besteht das Kündigungsrecht nach §§ 304 Abs. 4, 305 Abs. 5 S. 4 AktG. Danach
kann das herrschende Unternehmen den Beherrschungsvertrag fristlos kündigen, wenn im
Spruchverfahren Ausgleich oder Abfindung vom Gericht festgesetzt werden; vgl.
→ Rn. 150.

Ein **wichtiger Grund** zur Kündigung liegt vor, wenn unter Abwägung aller Umstände 202
dem kündigungswilligen Vertragsteil eine Fortsetzung des Vertragsverhältnisses nicht mehr
zugemutet werden kann (§ 314 Abs. 1 S. 2 BGB).[673] § 297 Abs. 1 S. 2 AktG nennt als
Beispiel, dass der andere Vertragsteil voraussichtlich nicht in der Lage sein wird, seine auf
Grund des Vertrags bestehenden Verpflichtungen – Verlustübernahme, Ausgleich und
Abfindung, Sicherheitsleistung nach § 303 AktG – zu erfüllen.[674] Es müssen konkrete
Anhaltspunkte vorliegen, die die Leistungsunfähigkeit wahrscheinlich machen. Eine nur
kurzfristige Leistungsstockung reicht nicht.[675] Auch das herrschende Unternehmen selbst
kann auf Grund seiner eigenen voraussichtlichen Leistungsunfähigkeit kündigen.[676] Ebenso
kann eine Verschlechterung der Vermögens- oder Ertragslage der abhängigen Gesellschaft
zu einer Kündigung durch das herrschende Unternehmen berechtigen, wenn die Risiken
für das herrschende Unternehmen nicht mehr tragbar sind und die Situation nicht von ihm
zu vertreten ist.[677] Veräußert das herrschende Unternehmen seine Beteiligung an der
abhängigen Gesellschaft, soll darin nach ganz hM kein wichtiger Grund zur Vertragskündigung liegen,[678] nach richtiger Auffassung wird man hingegen in aller Regel beiden

---

Beherrschungs- und Gewinnabführungsvertrags, 1976, S. 10; anders aber Begr. RegE AktG, abgedr.
bei *Kropff*, AktG, 1965 S. 386; MüKoAktG/*Altmeppen* § 297 Rn. 82.

[672] KölnKommAktG/*Koppensteiner* § 297 Rn. 16; *Emmerich* in Emmerich/Habersack Aktien- und
GmbH-Konzernrecht § 297 Rn. 22; Hüffer/*Koch* AktG/*Koch* § 297 Rn. 5; *Stephan* Der Konzern
2014, 1 (5).

[673] Vgl. dazu näher KölnKommAktG/*Koppensteiner* § 297 Rn. 17 ff.; MüKoAktG/*Altmeppen* § 297
Rn. 18 ff.; Hüffer/*Koch* AktG § 297 Rn. 4 ff.; *Emmerich* in Emmerich/Habersack Aktien- und
GmbH-Konzernrecht § 297 Rn. 19 ff. Zum „wichtigen Grund" aus steuerrechtlicher Sicht vgl. etwa
Heurung/Engel/Müller-Thomczik GmbHR 2012, 1227.

[674] Weitergehend *Altmeppen* FS E. Vetter, 2019, S. 1/2 ff.; die Vertragspflichten der Tochter endeten
ipso jure, wenn die uneingeschränkte Vollwertigkeit des Verlustausgleichsanspruchs nicht mehr gewährleistet sei.

[675] Hüffer/*Koch* AktG § 297 Rn. 4; *Emmerich* in Emmerich/Habersack Aktien- und GmbH-Konzernrecht § 297 Rn. 21; KölnKommAktG/*Koppensteiner* § 297 Rn. 18; einschränkend MüKoAktG/
Altmeppen § 297 Rn. 20.

[676] KölnKommAktG/*Koppensteiner* § 297 Rn. 18; Hüffer/*Koch* AktG § 297 Rn. 5; Großkomm-
AktG/*Mülbert* § 297 Rn. 24; *Peltzer* AG 1975, 309 (310); *Hengeler/Hoffmann-Becking* FS Hefermehl,
1976, 283 (303); ablehnend oder stark einschränkend MüKoAktG/*Altmeppen* § 297 Rn. 34 ff.; *Emmerich* in Emmerich/Habersack Aktien- und GmbH-Konzernrecht § 297 Rn. 22; GroßkommAktG/
Mülbert § 297 Rn. 27; Spindler/Stilz AktG/*Veil* § 297 Rn. 16; offengelassen von OLG München ZIP
2011, 1912 (1913).

[677] Streitig, wie hier *Emmerich* in Emmerich/Habersack Aktien- und GmbH-Konzernrecht § 297
Rn. 23; *Timm* GmbHR 1987, 8 (13); mit Einschränkungen MüKoAktG/*Altmeppen* § 297 Rn. 31 ff.;
auch OLG München ZIP 2011, 1912 (1913) für Fälle „höherer Gewalt"; aA KölnKommAktG/
Koppensteiner § 297 Rn. 18; Hüffer/*Koch* AktG § 297 Rn. 7; GroßkommAktG/*Mülbert* § 297 Rn. 32;
Spindler/Stilz AktG/*Veil* § 297 Rn. 15.

[678] OLG Oldenburg NZG 2000, 1138 (1140); OLG Düsseldorf AG 1995, 137 (138); LG Duisburg
AG 1994, 379; LG Dortmund AG 1994, 85 (86); LG Frankenthal AG 1989, 253 (254); Hüffer/*Koch*
AktG § 297 Rn. 7; KölnKommAktG/*Koppensteiner* § 297 Rn. 19; MüKoAktG/*Altmeppen* § 297
Rn. 37 ff.; Spindler/Stilz AktG/*Veil* § 297 Rn. 11; *Fleischer/Rentsch* NZG 2000, 1141; *Timm/Geuting*

Vertragspartnern eine Kündigung aus wichtigem Grund erlauben müssen.[679] Der BGH hat die Frage ausdrücklich offengelassen.[680] Zur Anerkennung der Beteiligungsveräußerung als wichtigem Kündigungsgrund im Steuerrecht vgl. → § 72 Rn. 56.

203 Der Beherrschungsvertrag kann wichtige Gründe, die zur Kündigung berechtigen sollen, bestimmen.[681] Werden auf diese Weise Gründe, die an sich eine außerordentliche Kündigung nicht rechtfertigen würden, als **wichtige Gründe vereinbart,** so handelt es sich der Sache nach allerdings um eine ordentliche Kündigung. Das hat zur Folge, dass in einem solchen Fall für die Ausübung des Kündigungsrechts durch die abhängige Gesellschaft ein Sonderbeschluss der außenstehenden Aktionäre gemäß § 295 Abs. 2 AktG erforderlich ist, während die Kündigung durch das herrschende Unternehmen eines solchen Sonderbeschlusses nicht bedarf (vgl. → Rn. 200).[682]

204 Die **Kündigungserklärung** muss innerhalb angemessener Frist nach Kenntnis des Kündigungsgrundes erfolgen (§ 314 Abs. 3 BGB),[683] wobei eine Frist von einem Monat ein Orientierungsrahmen sein mag. Steht der Eintritt des Kündigungsgrundes hinreichend bestimmt bevor, kann die Kündigungserklärung schon vorher mit Wirkung auf den Eintrittszeitpunkt abgegeben werden.[684] Sie bedarf der Schriftform (§ 297 Abs. 2 AktG). Die Angabe des Kündigungsgrundes ist – wie auch in sonstigen Fällen einer Kündigung aus wichtigem Grund –[685] zweckmäßig, für die Wirksamkeit der Kündigung aber nicht erforderlich.[686] Zuständig sind der Vorstand der abhängigen Gesellschaft und das Geschäftsführungsorgan des herrschenden Unternehmens. Die Zustimmung der Hauptversammlungen ist nicht erforderlich. Auch die außenstehenden Aktionäre müssen bei einer Kündigung aus wichtigem Grund nicht durch Sonderbeschluss zustimmen.

205 d) **Vertragsbeendigung nach § 307 AktG.** Hat die abhängige Gesellschaft zum Zeitpunkt der Beschlussfassung ihrer Hauptversammlung über den Unternehmensvertrag keinen außenstehenden Aktionär, so endet der Vertrag automatisch, wenn später ein außenstehender Aktionär beteiligt ist (§ 307 AktG). Zum Begriff des außenstehenden Aktionärs vgl. → Rn. 80. Es ist nicht erforderlich, dass neue Aktionäre Aktien erwerben, sondern es genügt auch, dass ein bisher nicht außenstehender Aktionär außenstehend wird. Das kann der Fall sein, wenn Aktionäre bislang mit dem herrschenden Unternehmen wirtschaftlich eng verbunden waren (vgl. → Rn. 80) und diese Verbindung gelöst wird. Die Beendigung

---

GmbHR 1996, 229 (236 ff.); *Kallmeyer* GmbHR 1995, 578 (580); differenzierend *Paschos/Goslar* Der Konzern 2006, 479 (480 f.), der ein Kündigungsrecht der abhängigen Gesellschaft akzeptiert.
[679] LG Bochum GmbHR 1987, 24 (25); MüKoGmbHG/*Liebscher* Anh. § 13 Rn. 1020; *Stephan* Der Konzern 2014, 1 (5); *Laule* AG 1990, 145 (152); *Krieger/Jannott* DStR 1995, 1473 (1476); *Knott/Rodewald* BB 1996, 472 (473).
[680] BGHZ 206, 74 Rn. 19.
[681] BGHZ 122, 211 (227 ff.) – SSI; OLG München AG 1991, 358 (360); MüKoAktG/*Altmeppen* § 297 Rn. 46 ff.; *Hüffer/Koch* AktG § 297 Rn. 8; *Emmerich* in Emmerich/Habersack Aktien- und GmbH-Konzernrecht § 297 Rn. 17; *Timm* FS Kellermann, 1991, 461 (466 ff.); aA KölnKommAktG/*Koppensteiner* § 297 Rn. 20. Hinweise zur Vertragsgestaltung bei *Joussen* GmbHR 2000, 221 (225 ff.).
[682] BGHZ 122, 211 (232) – SSI; *Hüffer/Koch* AktG § 297 Rn. 8; *Emmerich* in Emmerich/Habersack Aktien- und GmbH-Konzernrecht § 297 Rn. 17; MüKoAktG/*Altmeppen* § 297 Rn. 49; *Stephan* Der Konzern 2014, 1 (5).
[683] OLG München ZIP 2012, 133 (135) (11 Monate zu lang); *Emmerich* in Emmerich/Habersack Aktien- und GmbH-Konzernrecht § 297 Rn. 26; MüKoAktG/*Altmeppen* § 297 Rn. 50.
[684] *Deilmann* NZG 2015, 460 (462) für den Fall einer vertraglich zugelassenen Kündigung bei Anteilsveräußerung.
[685] Vgl. hierzu nur BGH NZG 2005, 714 (715); BAG AP BGB § 626 Nr. 65; Palandt BGB/*Weidenkaff* § 626 Rn. 32.
[686] *Emmerich* in Emmerich/Habersack Aktien- und GmbH-Konzernrecht § 297 Rn. 25; GroßkommAktG/*Mülbert* § 297 Rn. 61; wohl auch MüKoAktG/*Altmeppen* § 297 Rn. 87 f., der zwar die Klarstellung fordert, dass die Kündigung aus wichtigem Grund erklärt wird, jedoch die Angabe des Grundes nicht zu verlangen scheint; aA KölnKommAktG/*Koppensteiner* § 297 Rn. 24.

tritt selbst dann ein, wenn der Unternehmensvertrag vorsorglich Regelungen über einen angemessenen Ausgleich und eine angemessene Abfindung für außenstehende Aktionäre enthalten sollte.[687] Das herrschende Unternehmen hat damit bei Beherrschungsverträgen mit Gesellschaften ohne außenstehende Aktionäre jederzeit die Möglichkeit, den Unternehmensvertrag durch Verkauf einer einzigen Aktie zu beenden. Die Beendigung tritt **zum Ende des laufenden Geschäftsjahres** ein, in dem ein außenstehender Aktionär beteiligt ist; der Wortlaut der Regelung („spätestens") ist insoweit missverständlich.[688] Das gilt auch dann, wenn in dem Unternehmensvertrag ein vom Geschäftsjahr abweichender Abrechnungszeitraum bestimmt ist (§ 296 Abs. 1 S. 1 AktG). Die Parteien können schon vor Eintritt des Vertragsendes einen neuen Unternehmensvertrag abschließen, der mit dem Ende des Altvertrages in Kraft tritt.[689]

e) Weitere Beendigungsgründe. Beherrschungsverträge, die für eine bestimmte Zeit eingegangen sind, enden mit **Zeitablauf,** sofern sie nicht eine Verlängerungsklausel (dazu → Rn. 180) enthalten. Gesetzliche **Rücktrittsrechte** scheiden nach Vollzug des Vertrages aus, an ihre Stelle tritt die Möglichkeit einer Kündigung aus wichtigem Grund. Vollzug ist beim Beherrschungsvertrag gleichbedeutend mit Wirksamwerden[690] Auch ein vertragliches Rücktrittsrecht ist für die Zeit nach Wirksamwerden des Vertrages unzulässig,[691] kann aber in der Regel in ein Recht zur ordentlichen Kündigung oder außerordentlichen Kündigung kraft vereinbarten Kündigungsgrundes umgedeutet werden.[692] Zur Rechtslage bei Anfechtbarkeit oder sonstiger Fehlerhaftigkeit des Beherrschungsvertrages und bei Anfechtbarkeit oder Nichtigkeit eines der Zustimmungsbeschlüsse der Hauptversammlungen vgl. → Rn. 18 f. und 53 ff.

Umstritten sind die Rechtsfolgen der **Insolvenz** eines der Vertragspartner. Zur früheren Konkursordnung hatte sich die Ansicht durchgesetzt, dass der Konkurs des herrschenden Unternehmens[693] oder der abhängigen Gesellschaft[694] die Beendigung des Beherrschungsvertrages zur Folge hatte. Die Frage ist unter der InsO jedoch wieder in die Diskussion geraten. Eine verbreitete Meinung spricht sich dafür aus, den Vertrag bei Insolvenz des herrschenden Unternehmens[695] oder der abhängigen Gesellschaft[696] – mit „suspendierten"

---

[687] KölnKommAktG/*Koppensteiner* § 307 Rn. 3; MüKoAktG/*Paulsen* § 307 Rn. 2; Hüffer/*Koch* AktG § 307 Rn. 1.

[688] KölnKommAktG/*Koppensteiner* § 307 Rn. 4; Hüffer/*Koch* AktG § 307 Rn. 3; *Emmerich* in Emmerich/Habersack Aktien- und GmbH-Konzernrecht § 307 Rn. 8.

[689] MüKoAktG/*van Rossum* § 307 Rn. 12; Hüffer/*Koch* AktG § 307 Rn. 3.

[690] MüKoAktG/*Altmeppen* § 297 Rn. 92 f.; KölnKommAktG/*Koppensteiner* § 297 Rn. 28 f.; Hüffer/*Koch* AktG § 297 Rn. 23; Spindler/Stilz AktG/*Veil* § 297 Rn. 33; etwas anders *Emmerich* in Emmerich/Habersack Aktien- und GmbH-Konzernrecht § 297 Rn. 31, der auf die Erbringung der vertragstypischen Leistungen abstellen will.

[691] BGHZ 122, 211 (225 f.); MüKoAktG/*Altmeppen* § 297 Rn. 95 ff.; KölnKommAktG/*Koppensteiner* § 297 Rn. 31 f.; Hüffer/*Koch* AktG § 297 Rn. 23; abweichend wiederum *Emmerich* in Emmerich/Habersack Aktien- und GmbH-Konzernrecht § 297 Rn. 32, der auf den Zeitpunkt des Vollzugs abstellen will.

[692] MüKoAktG/*Altmeppen* § 297 Rn. 97; Hüffer/*Koch* AktG § 297 Rn. 23; KölnKommAktG/*Koppensteiner* § 297 Rn. 31; *Emmerich* in Emmerich/Habersack Aktien- und GmbH-Konzernrecht § 297 Rn. 32.

[693] So zB BGHZ 103, 1 (6 f.) – Familienheim; *Hengeler/Hoffmann-Becking* FS Hefermehl, 1976, 283 (302); aA KölnKommAktG 2. Aufl./*Koppensteiner* § 297 Rn. 27 u. 30; *Acher*, Vertragskonzern und Insolvenz, 1987, S. 122, Fn. 91, die nur eine Kündigung aus wichtigem Grund zulassen wollten.

[694] So zB BGH WM 1988, 258 (260); *Hengeler/Hoffmann-Becking* FS Hefermehl, 1976, 283 (296); *Mertens* ZGR 1984, 542 (550); *Kübler* ZGR 1984, 560 (588); aA BFH WM 1968, 409 (410); KölnKommAktG 2. Aufl./*Koppensteiner* § 297 Rn. 26, 28 f.; *Acher*, Vertragskonzern und Insolvenz, 1987, S. 98 ff., die wiederum nur eine Kündigung aus wichtigem Grund zulassen wollte.

[695] Vgl. etwa für eine „Suspendierung" der vertraglichen Rechte und Pflichten bei Insolvenz der Obergesellschaft mit Fremdverwaltung Uhlenbruck InsO/*Hirte* § 11 Rn. 407; für Fortbestand der vertraglichen Rechte und Pflichten KölnKommAktG/*Koppensteiner* § 297 Rn. 48; *Schmollinger*, Der

oder mit unveränderten Rechten und Pflichten – fortbestehen zu lassen und nur eine Kündigung aus wichtigem Grund zu erlauben, weil mit Eröffnung des Insolvenzverfahrens neuen Rechts noch nicht notwendig über die Abwicklung der betroffenen Gesellschaft entschieden sei. Die besseren Argumente sprechen jedoch auch nach neuem Insolvenzrecht für die Beendigung des Vertrages bei Eröffnung des Insolvenzverfahrens über das Vermögen der herrschenden oder der abhängigen Gesellschaft,[697] und zwar wohl auch im Falle der Eigenverwaltung.[698] Gleiches gilt für eine **Auflösung** einer der Vertragsparteien aus anderen Gründen.[699]

f) Verschmelzung, Spaltung, Formwechsel, Eingliederung. aa) Verschmelzung.
208 Werden die **Vertragspartner** selbst **miteinander verschmolzen,** endet der Vertrag.[700] Eine Zustimmung der außenstehenden Aktionäre der abhängigen Gesellschaft zur Verschmelzung durch Sonderbeschluss analog § 296 Abs. 2 AktG ist nicht erforderlich.[701]

209 **Überträgt das herrschende Unternehmen** durch Verschmelzung sein Vermögen auf eine andere Gesellschaft, geht der Beherrschungsvertrag auf den Erwerber über;[702] Gleiches gilt in **anderen Fällen der Gesamtrechtsnachfolge** in die Rechte und Pflichten des herrschenden Unternehmens.[703] Eine Zustimmung der Hauptversammlung und/oder der außenstehenden Aktionäre der abhängigen Gesellschaft analog § 295 Abs. 1 und 2 AktG ist

---

Konzern in der Insolvenz, 2013, S. 207 ff.; *Brünkmans,* Die Koordinierung von Insolvenzverfahren konzernverbundener Unternehmen nach deutschem und europäischem Insolvenzrecht, 2009, S. 263 ff.; *Freudenberg* ZIP 2009, 2037 (2039); *Zeidler* NZG 1999, 692 (697); wohl auch *Trendelenburg* NJW 2002, 647 (649).

[696] Vgl. etwa für eine „Suspendierung" des Vertrags bei Insolvenz der Untergesellschaft Uhlenbruck InsO/*Hirte* § 11 Rn. 398; Kayser/Thole InsO/*Brünkmans* vor §§ 270 ff. Rn. 36; *Schmollinger,* Der Konzern in der Insolvenz, 2013, S. 219 f.; *Zeidler* NZG 1999, 692 (697).

[697] *Emmerich* in Emmerich/Habersack Aktien- und GmbH-Konzernrecht § 297 Rn. 52 ff.; Hüffer/Koch AktG § 297 Rn. 22a; Spindler/Stilz AktG/*Veil* § 297 Rn. 38; *Thole* ZIP 2020, 389 (390); *Steffen* FS 10 Jahre Österberg Seminare, 2018, 377 (390); *Krieger* FS Metzeler, 2003, 139 (141 ff., 147 ff.); im Grundsatz auch MüKoAktG/*Altmeppen* § 297 Rn. 102 ff., 116 ff., der allerdings eine Insolvenz der abhängigen Gesellschaft ohne gleichzeitige Insolvenz des herrschenden Unternehmens für ausgeschlossen ansieht.

[698] *Thole* ZIP 2020, 389 (390); *Krieger* FS Metzeler, 2003, 139 (142 ff., 149 ff.); aA *Emmerich* in Emmerich/Habersack Aktien- und GmbH-Konzernrecht § 297 Rn. 52b; Spindler/Stilz AktG/*Veil* § 297 Rn. 38; zweifelnd auch Hüffer/*Koch* AktG § 297 Rn. 22a.

[699] Hüffer/*Koch* AktG § 297 Rn. 22; GroßkommAktG/*Mülbert* § 297 Rn. 135, 139; differenzierend MüKoAktG/*Altmeppen* § 297 Rn. 113 u. 121 f. und *Emmerich* in Emmerich/Habersack Aktien- und GmbH-Konzernrecht § 297 Rn. 50 f. (Fortbestand bei Auflösung der Obergesellschaft mit Kündigungsrecht der abhängigen Gesellschaft; Ende bei Auflösung der abhängigen Gesellschaft); anders OLG München ZIP 2011, 1912 ff., das nur eine Kündigung aus wichtigem Grund erwägt und hierfür eine Auflösung der abhängigen Gesellschaft durch Beschluss des herrschenden Unternehmens nicht genügen lässt; anders auch KölnKommAktG/*Koppensteiner* § 297 Rn. 44 ff. und *Grüner,* Die Beendigung von Beherrschungs- und Gewinnabführungsverträgen, 2003, S. 155 f. (Ruhen des Vertrages mit Recht des anderen Vertragspartners zur Kündigung aus wichtigem Grund).

[700] OLG Hamm AG 2003, 585 (586); KölnKommAktG/*Koppensteiner* § 297 Rn. 37; MüKoAktG/*Altmeppen* § 297 Rn. 130; *Krieger* ZGR 1990, 517 (533).

[701] BGH WM 1974, 713 (715); OLG Celle WM 1972, 1004 (1011 ff.); KölnKommAktG/*Koppensteiner* § 297 Rn. 37; *Kley,* Die Rechtsstellung der außenstehenden Aktionäre bei der vorzeitigen Beendigung von Unternehmensverträgen, 1986, S. 130 f., 140; *Hengeler* FS Möhring, 1975, 197 (206).

[702] OLG Karlsruhe ZIP 1991, 101; LG Bonn GmbHR 1996, 774; MüKoAktG/*Altmeppen* § 297 Rn. 125; KölnKommAktG/*Koppensteiner* § 291 Rn. 72; *Emmerich* in Emmerich/Habersack Aktien- und GmbH-Konzernrecht § 297 Rn. 43; Hüffer/*Koch* AktG § 295 Rn. 6; *Gutheil,* Die Auswirkungen von Umwandlungen auf Unternehmensverträge nach §§ 291, 292 AktG und die Rechte außenstehender Aktionäre, 2001, S. 270 ff.; *Krieger* ZGR 1990, 517 (540 ff.).

[703] LG München I ZIP 2011, 1511 (1512) (Anwachsung).

nicht erforderlich.[704] Die abhängige Gesellschaft kann den Beherrschungsvertrag je nach den Umständen des Einzelfalles – aber nicht ohne weiteres – aus wichtigem Grund kündigen.[705] Wie im Falle der Vertragsübernahme kann es nötig sein, dass ein variabler Ausgleich angepasst und ein erneutes Abfindungsangebot gemacht wird,[706] vgl. → Rn. 194. Ein erneutes Abfindungsangebot ist jedoch nicht nötig, wenn Rechtsnachfolgerin in den Beherrschungsvertrag ein bereits bislang herrschendes Unternehmen ist.[707]

Nimmt das herrschende Unternehmen eine andere Gesellschaft durch Verschmelzung **auf**, berührt dies den bestehenden Beherrschungsvertrag nicht.[708] Auch in diesem Fall stellt sich die Frage, ob der angemessene Ausgleich anzupassen und ein erneutes Abfindungsangebot zu machen ist. In diesen Fällen ist das zu verneinen.[709] Allerdings kann auch hier eine Kündigung aus wichtigem Grund in Betracht kommen.[710]

Wird die **abhängige Gesellschaft** auf eine andere Gesellschaft verschmolzen, ist von einer automatischen Beendigung des Beherrschungsvertrages auszugehen.[711] Nimmt die abhängige Gesellschaft durch Verschmelzung eine andere Gesellschaft auf, berührt dies – sofern nicht § 307 AktG zum Zuge kommt – den Beherrschungsvertrag nach richtiger Auffassung nicht.[712] Je nach den Umständen kann sich aber für das herrschende Unternehmen ein Recht zur Kündigung aus wichtigem Grund ergeben.[713] Kommen durch die Verschmelzung bei der abhängigen Gesellschaft neue außenstehende Aktionäre hinzu, können auch diese künftig Ausgleichszahlung beanspruchen. Man wird in diesem Fall jedoch

---

[704] LG Mannheim ZIP 1990, 379 (380); LG Bonn GmbHR 1996, 774 (775); Hüffer/*Koch* AktG § 295 Rn. 6; *Emmerich* in Emmerich/Habersack Aktienkonzernrecht § 297 Rn. 43; KölnKomm-AktG/*Koppensteiner* § 295 Rn. 8; Spindler/Stilz AktG/*Veil* § 297 Rn. 42; Kallmeyer UmwG/*Marsch-Barner* § 20 Rn. 20; *Krieger* ZGR 1990, 517 (540 f.); aA *Bayer* ZGR 1993, 599 (604).

[705] KölnKommAktG/*Koppensteiner* § 297 Rn. 36; MüKoAktG/*Altmeppen* § 297 Rn. 125; Spindler/Stilz AktG/*Veil* § 297 Rn. 42.

[706] *Emmerich* in Emmerich/Habersack Aktien- und GmbH-Konzernrecht § 297 Rn. 43; Spindler/Stilz AktG/*Veil* § 297 Rn. 42; differenzierend KölnKommAktG/*Koppensteiner* § 304 Rn. 96 u. § 305 Rn. 132, der eine Anpassung des variablen Ausgleichs fordert, eine erneute Abfindungspflicht aber ablehnt; aA Kallmeyer UmwG/*Marsch-Barner* § 20 Rn. 20; Habersack/Wicke UmwG/*Rieckers/Cloppenburg* § 20 Rn. 74.

[707] LG München I ZIP 2011, 1511 (1513 f.).

[708] KölnKommAktG/*Koppensteiner* § 297 Rn. 36; *Emmerich* in Emmerich/Habersack Aktien- und GmbH-Konzernrecht § 297 Rn. 44; MüKoAktG/*Altmeppen* § 297 Rn. 125; Lutter UmwG/*Grunewald* § 20 Rn. 37; Kallmeyer UmwG/*Marsch-Barner* § 20 Rn. 19; *Gutheil*, Die Auswirkungen von Umwandlungen auf Unternehmensverträge nach §§ 291, 292 AktG und die Rechte der außenstehenden Aktionäre, 2001, S. 262 ff.; *Krieger* ZGR 1990, 517 (540).

[709] Spindler/Stilz AktG/*Veil* § 297 Rn. 42; *Emmerich* in Emmerich/Habersack Aktien- und GmbH-Konzernrecht § 297 Rn. 44; Habersack/Wicke UmwG *Rieckers/Cloppenburg* § 20 Rn. 71.

[710] *Emmerich* in Emmerich/Habersack Aktien- und GmbH-Konzernrecht § 297 Rn. 44; MüKoAktG/*Altmeppen* § 297 Rn. 125; Habersack/Wicke UmwG *Rieckers/Cloppenburg* § 20 Rn. 71.

[711] OLG Karlsruhe AG 1995, 139 f.; KölnKommAktG/*Koppensteiner* § 291 Rn. 73; MüKoAktG/*Altmeppen* § 297 Rn. 131; Spindler/Stilz AktG/*Veil* § 297 Rn. 44; *Emmerich* in Emmerich/Habersack Aktien- und GmbH-Konzernrecht § 297 Rn. 39; Lutter UmwG/*Grunewald* § 20 Rn. 38; Kallmeyer UmwG/*Marsch-Barner* § 20 Rn. 21; *Krieger* ZGR 1990, 517 (538 ff.); aA *Exner*, Beherrschungsvertrag und Vertragsfreiheit, 1984, S. 138 ff.; *Kley*, Die Rechtsstellung der außenstehenden Aktionäre bei der vorzeitigen Beendigung von Unternehmensverträgen, 1986, S. 136 ff., 146 ff.

[712] BayObLG AG 2004, 99; KölnKommAktG/*Koppensteiner* § 291 Rn. 73; MüKoAktG/*Altmeppen* § 297 Rn. 133; *Emmerich* in Emmerich/Habersack Aktien- und GmbH-Konzernrecht § 297 Rn. 41; Lutter UmwG/*Grunewald* § 20 Rn. 37; Kallmeyer UmwG/*Marsch-Barner* § 20 Rn. 19; *Krieger* ZGR 1990, 517 (536 ff.); aA *Wilhelm*, Die Beendigung des Beherrschungs- und Gewinnabführungsvertrags, 1976, S. 31.

[713] Vgl. MüKoAktG/*Altmeppen* § 297 Rn. 133; Spindler/Stilz AktG/*Veil* § 297 Rn. 45; Lutter UmwG/*Grunewald* § 20 Rn. 37; Kallmeyer UmwG/*Marsch-Barner* § 20 Rn. 19; aA *Emmerich* in Emmerich/Habersack Aktien- und GmbH-Konzernrecht § 297 Rn. 41, wonach in aller Regel eine Kündigung ausscheiden soll, weil die Beteiligten die Situation selbst zu verantworten hätten.

nicht verlangen müssen, dass der Ausgleichsanspruch neu berechnet wird, [714] denn der Vermögensschutz der neuen außenstehenden Aktionäre wird durch Festlegung eines angemessenen Umtauschverhältnisses im Rahmen der Verschmelzung gewährleistet.[715] Ein Recht auf Abfindung haben die neu hinzugekommenen Aktionäre ebenfalls nicht, es sei denn, die Abfindungsfrist nach § 305 Abs. 4 AktG laufe noch; insoweit genügt es, dass sie im Zuge der Verschmelzung gegen Abfindung hätten ausscheiden können (§ 29 UmwG).[716]

212 **bb) Spaltung.** Eine **Abspaltung** (§ 123 Abs. 2 UmwG) und eine **Ausgliederung** (§ 123 Abs. 3 UmwG) von Vermögensteilen aus dem herrschenden Unternehmen oder der abhängigen Gesellschaft oder auf das herrschende Unternehmen oder die abhängige Gesellschaft lassen den Beherrschungsvertrag grundsätzlich unberührt.[717] Im Einzelfall kann sich ein Recht zur Kündigung aus wichtigem Grund ergeben.[718] Bei Abspaltungen und Ausgliederungen auf der Ebene des herrschenden Unternehmens kann man ebenfalls die Frage aufwerfen, ob der Ausgleich anzupassen und ein erneutes Abfindungsangebot zu machen ist. Das ist beim festen Ausgleich und bei der Abfindung zu verneinen, da die bloße Veränderung der Vermögenslage des herrschenden Unternehmens keine Auswirkungen auf Ausgleich und Abfindung hat (vgl. → Rn. 107 u. 118); beim variablen Ausgleich kann eine Anpassung in Betracht gezogen werden, wenn die Spaltung zu einer grundlegenden Veränderung der Vermögensverhältnisse führt (vgl. → Rn. 108).

213 Auf der Ebene des herrschenden Unternehmens kann auch der **Beherrschungsvertrag als solcher abgespalten oder ausgegliedert** werden.[719] Anders als bei einer Vertragsübernahme im Wege der Einzelrechtsnachfolge (dazu → Rn. 192) sind weder die Zustimmung der Hauptversammlung noch ein zustimmender Sonderbeschluss der außenstehenden Aktionäre der abhängigen Gesellschaft nötig,[720] es kann allerdings für die abhängige Gesellschaft eine Kündigung aus wichtigem Grund in Frage kommen.[721] Einer Anpassung des festen Ausgleichs bedarf es nicht,[722] jedoch sind die Anpassung eines variablen Ausgleichs[723] und ein erneutes Abfindungsangebot[724] erforderlich. Auf der Ebene der abhängigen Gesell-

---

[714] Ebenso Habersack/Wicke UmwG/*Rieckers*/Cloppenburg § 203 Rn. 73; Lutter UmwG/*Grunewald* § 20 Rn. 37; Kallmeyer UmwG/*Marsch-Barner* § 20 Rn. 19; aA *Emmerich* in Emmerich/Habersack Aktien- und GmbH-Konzernrecht § 297 Rn. 42; MüKoAktG/*Altmeppen* § 297 Rn. 133; Spindler/Stilz AktG/*Veil* § 297 Rn. 45; *Geng*, Ausgleich und Abfindung der Minderheitsaktionäre der beherrschten Aktiengesellschaft bei Verschmelzung und Spaltung, 2003, S. 113 ff.

[715] Zutreffend Lutter UmwG/*Grunewald* § 20 Rn. 37.

[716] KölnKommAktG/*Koppensteiner* § 305 Rn. 33; *Krieger* ZGR 1990, 517 (537 f.); aA *Emmerich* in Emmerich/Habersack Aktien- und GmbH-Konzernrecht § 297 Rn. 42; Spindler/Stilz AktG/*Veil* § 297 Rn. 45; tendenziell auch *Hohner* DB 1973, 1487 Fn. 6.

[717] *Emmerich* in Emmerich/Habersack Aktien- und GmbH-Konzernrecht § 297 Rn. 46 ff.; KölnKommAktG/*Koppensteiner* § 291 Rn. 72 f.; MüKoAktG/*Altmeppen* § 297 Rn. 126 u. 135; Spindler/Stilz AktG/*Veil* § 297 Rn. 43, 46.

[718] *Emmerich* in Emmerich/Habersack Aktien- und GmbH-Konzernrecht § 297 Rn. 47; MüKoAktG/*Altmeppen* § 297 Rn. 126 u. 135.

[719] *Emmerich* in Emmerich/Habersack Aktien- und GmbH-Konzernrecht § 297 Rn. 46; Kallmeyer UmwG/*Sickinger* § 126 Rn. 26; Habersack/Wicke UmwG/*Wiersch* § 131 Rn. 63; Lutter UmwG/*Lieder* § 131 Rn. 109; *Heidenhain* NJW 1995, 2873 (2877); *Rieble* ZIP 1997, 301 (312); eingehend R. M. Schmidt, Der aktienrechtliche Unternehmervertrag als Gegenstand der Spaltung und nach dem Umwandlungsgesetz, 2007, S. 157 ff.

[720] Lutter UmwG/*Lieder* § 131 Rn. 110; Habersack/Wicke UmwG/*Wiersch* § 131 Rn. 64; Schmitt/Hörtnagl/Stratz UmwG/*Hörtnagl* § 131 Rn. 59; aA Kallmeyer UmwG/*Sickinger* § 126 Rn. 26;.

[721] Habersack/Wicke UmwG/*Wiersch* § 131 Rn. 63; Lutter UmwG/*Lieder* § 131 Rn. 110.

[722] Habersack/Wicke UmwG/*Wiersch* § 131 Rn. 63; Lutter UmwG/*Lieder* § 131 Rn. 110.

[723] Habersack/Wicke UmwG/*Wiersch* § 131 Rn. 63; Lutter UmwG/*Lieder* § 131 Rn. 110; wohl auch *Rieble* ZIP 1997, 301 (312).

[724] Lutter UmwG/*Lieder* § 131 Rn. 110; ebenso Habersack/Wicke UmwG/*Wiersch* § 131 Rn. 63 für den Fall, dass ein variabler Ausgleich festgesetzt war.

schaft scheidet eine Abspaltung oder Ausgliederung des Beherrschungsvertrages jedenfalls im Wege der Spaltung zur Aufnahme aus,⁷²⁵ während eine Übertragung des Beherrschungsvertrages durch Spaltung zur Neugründung zugelassen wird.⁷²⁶

Gleiche Grundsätze gelten im Falle einer **Aufspaltung:** Bei Aufspaltung des herrschenden Unternehmens kann der Beherrschungsvertrag einem der übernehmenden Rechtsträger zugeordnet werden.⁷²⁷ Bei einer Aufspaltung der abhängigen Gesellschaft erlischt der Beherrschungsvertrag im Falle einer Aufspaltung zur Aufnahme,⁷²⁸ während bei einer Aufspaltung zur Neugründung die Übertragung des Vertrags zugelassen wird.⁷²⁹ Auch wenn der Unternehmensvertrag im Einzelfall durch Spaltung erlischt, macht dies keinen zustimmenden Sonderbeschluss der außenstehenden Aktionäre der abhängigen Gesellschaft zur Spaltung analog § 256 Abs. 2 AktG erforderlich.⁷³⁰ 214

cc) Vermögensübertragung; Formwechsel. Eine **Vermögensübertragung** (§ 179a AktG) berührt den Beherrschungsvertrag nicht, unabhängig davon ob sie auf der Ebene des herrschenden Unternehmens oder der abhängigen Gesellschaft stattfindet; allerdings kann ein wichtiger Grund zur Kündigung des Vertrages vorliegen.⁷³¹ 215

Ein **Formwechsel** des herrschenden Unternehmens ist ohne unmittelbare Auswirkungen auf den Beherrschungsvertrag, allerdings muss an die Stelle eines variablen ein fester Ausgleich treten, wenn das herrschende Unternehmen keine AG oder KGaA mehr ist, und es kann im Einzelfall ein Recht zur Kündigung aus wichtigem Grund entstehen.⁷³² Ein Formwechsel der abhängigen Gesellschaft lässt den Vertrag ebenfalls fortbestehen, sofern nicht das Recht der neuen Gesellschaftsform dem entgegensteht.⁷³³ 216

---

⁷²⁵ *Emmerich* in Emmerich/Habersack Aktien- und GmbH-Konzernrecht § 297 Rn. 47; Habersack/Wicke UmwG/*Wiersch* § 131 Rn. 65; Semler/Stengel UmwG/*Schröer* § 131 Rn. 28; Kallmeyer UmwG/*Sickinger* § 126 Rn. 26; aA Lutter UmwG/*Lieder* § 131 Rn. 113 ff.; wohl auch *R. M. Schmidt*, Der aktienrechtliche Unternehmervertrag als Gegenstand der Spaltung und nach dem Umwandlungsgesetz, 2007, S. 224 ff.

⁷²⁶ MüKoAktG/*Altmeppen* § 297 Rn. 135; *Emmerich* in Emmerich/Habersack Aktien- und GmbH-Konzernrecht § 297 Rn. 47; Lutter UmwG/*Lieder* § 131 Rn. 113; Kallmeyer UmwG/*Sickinger* § 126 Rn. 26; aA wohl Hackersack/Wicke UmwG/*Wiersch* § 131 Rn. 65.

⁷²⁷ *Emmerich* in Emmerich/Habersack Aktien- und GmbH-Konzernrecht § 297 Rn. 46; MüKoAktG/*Altmeppen* § 297 Rn. 128; Kallmeyer UmwG/*Sickinger* § 126 Rn. 26; Lutter UmwG/*Lieder* § 131 Rn. 109; *Heidenhain* NJW 1995, 2873 (2877).

⁷²⁸ *Emmerich* in Emmerich/Habersack Aktien- und GmbH-Konzernrecht § 297 Rn. 47; MüKoAktG/*Altmeppen* § 297 Rn. 134; Kallmeyer UmwG/*Sickinger* § 126 Rn. 26; aA Lutter UmwG/*Lieder* § 131 Rn. 113 ff.

⁷²⁹ MüKoAktG/*Altmeppen* § 297 Rn. 134; *Emmerich* in Emmerich/Habersack Aktien- und GmbH-Konzernrecht § 297 Rn. 47.

⁷³⁰ Vgl. oben Fn. 701.

⁷³¹ *Emmerich* in Emmerich/Habersack Aktien- und GmbH-Konzernrecht § 297 Rn. 48; *Kley*, Die Rechtsstellung der außenstehenden Aktionäre bei der vorzeitigen Beendigung von Unternehmensverträgen, 1986, S. 143 f.

⁷³² OLG Düsseldorf AG 2004, 324 (326 f.); LG München I ZIP 2011, 1511 (1512); KölnKomm-AktG/*Koppensteiner* § 297 Rn. 35; *Emmerich* in Emmerich/Habersack Aktien- und GmbH-Konzernrecht § 297 Rn. 45; Lutter UmwG/*Hoger* § 202 Rn. 49; Kallmeyer UmwG/*Meister/Klöcker* § 202 Rn. 18; *Kley*, Die Rechtsstellung der außenstehenden Aktionäre bei der vorzeitigen Beendigung von Unternehmensverträgen, 1986, S. 145.

⁷³³ OLG Düsseldorf NZG 2005, 280 (282); MüKoAktG/*Altmeppen* § 297 Rn. 137; KölnKomm-AktG/*Koppensteiner* § 297 Rn. 35; *Emmerich* in Emmerich/Habersack Aktien- und GmbH-Konzernrecht § 297 Rn. 45; Lutter UmwG/*Hoger* § 202 Rn. 49; Kallmeyer UmwG/*Meister/Klöcker* § 202 Rn. 18; anders *Kley*, Die Rechtsstellung der außenstehenden Aktionäre bei der vorzeitigen Beendigung von Unternehmensverträgen, 1986, der zwar vom Fortbestand des Vertrags ausgeht, aber eine Pflicht zur Kündigung annehmen will, wenn nicht eine Zusatzvereinbarung geschlossen werde, daß die Bestimmungen des Aktienrechts auch nach Umwandlung entsprechend anzuwenden seien.

217 **dd) Eingliederung.** Gleiche Grundsätze gelten im Falle der **Eingliederung.** Die Eingliederung der abhängigen Gesellschaft in das herrschende Unternehmen beendet den Beherrschungsvertrag;[734] ein Sonderbeschluss der außenstehenden Aktionäre der abhängigen Gesellschaft analog § 296 Abs. 2 AktG ist nicht erforderlich.[735] Die Eingliederung des herrschenden Unternehmens in eine dritte Gesellschaft lässt den Beherrschungsvertrag unberührt;[736] auch eine Zustimmung der Hauptversammlung oder der außenstehenden Aktionäre der abhängigen Gesellschaft analog § 295 AktG ist nicht erforderlich.[737] Ebenso wenig berührt es den Beherrschungsvertrag, wenn in die abhängige Gesellschaft oder in das herrschende Unternehmen dritte Gesellschaften eingegliedert werden. Auch solche Veränderungen können aber, je nach den Umständen des Einzelfalls, ein Recht zur Kündigung aus wichtigem Grund geben. Auch hier kann man überdies die Frage nach einer Anpassung eines variablen Ausgleichs und einer Pflicht zu einem erneuten Abfindungsangebot aufwerfen; sie ist ebenso zu beantworten wie im Falle einer Vertragsübernahme (vgl. → Rn. 194).

218 **3. Anmeldung und Eintragung.** Der Vorstand der abhängigen Gesellschaft hat die Beendigung des Beherrschungsvertrages, den Grund (zB Aufhebungsvertrag, Kündigung usw) und den Zeitpunkt der Beendigung zur Eintragung ins Handelsregister **anzumelden** (§ 298 AktG).[738] Bei einer außerordentlichen Kündigung hat das Registergericht die Wirksamkeit zu prüfen, wenn Anhaltspunkte für Zweifel am Vorliegen eines Kündigungsgrundes vorliegen.[739] Endet der Unternehmensvertrag, weil die abhängige Gesellschaft eingegliedert, auf ein anderes Unternehmen verschmolzen oder aufgespalten wird (vgl. → Rn. 208 ff.) ist eine Anmeldung der Vertragsbeendigung nicht erforderlich.[740] Die Anmeldung hat durch Vorstandsmitglieder in vertretungsberechtigter Zahl zu erfolgen; bei unechter Gesamtvertretung (§ 78 Abs. 3 AktG) genügt diese. Das Registergericht kann die Anmeldung durch Festsetzung von Zwangsgeld erzwingen (§ 14 HGB). Die Nichtigkeit eines Unternehmensvertrages ist keine eintragungsfähige Tatsache, es kann jedoch eine Amtslöschung des Vertrags erfolgen (§ 395 FamFG).[741]

219 Die Eintragung der Vertragsbeendigung wird gemäß § 10 HGB bekannt gemacht. Die Eintragung hat lediglich deklaratorische Bedeutung, die Vertragsbeendigung ist von ihr unabhängig. Mit der **Bekanntmachung** beginnt die 6-Monats-Frist des § 303 Abs. 1 AktG, innerhalb derer Gläubiger der abhängigen Gesellschaft Sicherheitsleistung verlangen können (vgl. → Rn. 224 ff.).

220 **4. Rechtsfolgen der Vertragsbeendigung. a) Ende der vertraglichen Rechte und Pflichten.** Mit dem Beherrschungsvertrag endet das vertragliche **Weisungsrecht** des herrschenden Unternehmens.[742] Sofern sich nicht eine Eingliederung angeschlossen hat, gelten für künftige nachteilige Einflussnahmen die allgemeinen Vorschriften, namentlich die

---

[734] BGH WM 1974, 713 (715); OLG Köln Der Konzern 2010, 585 (586); KölnKommAktG/ *Koppensteiner* § 297 Rn. 40; MüKoAktG/*Altmeppen* § 297 Rn. 141.
[735] KölnKommAktG/*Koppensteiner* § 297 Rn. 40.
[736] MüKoAktG/*Altmeppen* § 297 Rn. 140; KölnKommAktG/*Koppensteiner* § 297 Rn. 40; *Emmerich* in Emmerich/Habersack Aktien- und GmbH-Konzernrecht § 297 Rn. 36.
[737] *Emmerich* in Emmerich/Habersack Aktien- und GmbH-Konzernrecht § 297 Rn. 36; Spindler/ Stilz AktG/*Veil* § 297 Rn. 52.
[738] Zur Anmeldung im Falle des Vertragsübergangs *Zilles* GmbHR 2001, 21.
[739] OLG München ZIP 2009, 2295 (2296); OLG Düsseldorf AG 1995, 137 (138); Hüffer/*Koch* AktG § 298 Rn. 5.
[740] KölnKommAktG/*Koppensteiner* § 298 Rn. 3; MüKoAktG/*Altmeppen* § 298 Rn. 4; Hüffer/*Koch* AktG § 298 Rn. 3; *Hohner* DB 1973, 1487 (1491); aA *Emmerich* in Emmerich/Habersack Aktien- und GmbH-Konzernrecht § 298 Rn. 3.
[741] OLG Hamm ZIP 2010, 229 (230 ff.).
[742] Zur besonderen Situation einer Vertragsbeendigung bei schwebenden Weisungsfolgen näher *Hentzen* NZG 2008, 201 (203 ff.).

Regeln der §§ 311 ff. AktG. Geschäftsführungsmaßnahmen, die auf Grund von Weisungen in der Vergangenheit vollzogen wurden, können – soweit das möglich ist – wieder rückgängig gemacht werden. Auf den Zeitpunkt des Vertragsendes ist eine Schlussbilanz aufzustellen und der daraus sich etwa ergebende Verlust auszugleichen,[743] für die Zukunft endet sodann die Verpflichtung zur **Verlustübernahme**. Zur Aufstellung der Schlussbilanz vgl. → Rn. 67, zur Behandlung künftiger Nachteile aus Weisungen der Vergangenheit vgl. → Rn. 230 f.

Der **Ausgleich** für die außenstehenden Aktionäre wird bis zum Zeitpunkt der Vertragsbeendigung geschuldet. Endet der Vertrag im Laufe eines Geschäftsjahres, ist der für dieses Jahr zu zahlende Ausgleich zeitanteilig zu leisten.[744] Das gilt auch bei einer Vertragsbeendigung durch Auflösung der abhängigen Gesellschaft.[745]

Abfindungsangebote, die noch nicht abgelaufen sind, können bis zum Wirksamwerden der Vertragsbeendigung noch angenommen werden. Mit dem Beherrschungsvertrag endet grundsätzlich auch das Abfindungsangebot,[746] allerdings erst, wenn außerdem die Mindest-Annahmefrist nach §§ 305 Abs. 4 S. 2, 306 Abs. 3 S. 2 AktG abgelaufen und ein etwa anhängiges Spruchverfahren beendet (vgl. → Rn. 223) ist.[747]

Laufende **Spruchverfahren** über den angemessenen Ausgleich werden durch die Beendigung des Vertrages nicht berührt;[748] setzt das Gericht den Ausgleich höher fest, ist für den Zeitraum, in dem der Vertrag bestanden hat, eine Nachzahlung zu leisten. Ebenso ist ein Spruchverfahren zur Festsetzung der angemessenen Abfindung fortzuführen, wenn der Unternehmensvertrag endet; führt es zu einer Erhöhung der vertraglich bestimmten Abfindung, haben alle Aktionäre die Möglichkeit, das Abfindungsangebot innerhalb der Frist des § 305 Abs. 4 S. 3 AktG anzunehmen.[749] Endet der Vertrag während der noch laufenden Antragsfrist zur Einleitung des Spruchverfahrens (§ 4 Abs. 1 SpruchG), besteht das Antragsrecht bis zum Fristablauf fort.[750] Das gilt auch, wenn die Beendigung des Vertrages durch Verschmelzung, Spaltung oder Eingliederung eingetreten ist;[751] dass die außenstehenden Aktionäre ein Spruchverfahren zur Überprüfung des Umtauschverhältnisses im Zuge der Verschmelzung, Spaltung oder Eingliederung durchführen können, ändert daran nichts.[752]

b) Sicherstellung der Gläubiger. Endet der Beherrschungsvertrag, können die Gläubiger der abhängigen Gesellschaft vom herrschenden Unternehmen unter den Voraussetzun-

---

[743] Zu den mit der abschließenden Verlustübernahme bei Vertragsbeendigung aufgrund Anteilsveräußerung verbundenen Risiken vgl. *Hentzen* NZG 2008, 201 (202 f.).
[744] MüKoAktG/*van Rossum* § 304 Rn. 138; KölnKommAktG/*Koppensteiner* § 304 Rn. 12; Hüffer/ *Koch* AktG § 297 Rn. 21 K. Schmidt/Lutter AktG/*Stephan* § 304 Rn. 42;.
[745] Ebenso *Kley*, Die Rechtsstellung der außenstehenden Aktionäre bei der vorzeitigen Beendigung von Unternehmensverträgen, 1986, S. 218 f.; *Hengeler/Hoffmann-Becking* FS Hefermehl, 1976, 283 (295).
[746] MüKoAktG/*van Rossum* § 305 Rn. 44; *Emmerich* in Emmerich/Habersack Aktien- und GmbH-Konzernrecht § 305 Rn. 34.
[747] BVerfG WM 1999, 433 (435).
[748] MüKoAktG/*van Rossum* § 304 Rn. 134; Hüffer/*Koch* AktG § 304 Rn. 22.
[749] BVerfG WM 1999, 433 (435); BGHZ 135, 374 (377 ff.) – Guano; BGHZ 147, 108 (111 ff.) (Eingliederung); OLG Hamm NZG 2003, 632 f. (Verschmelzung); Hüffer AktG/*Koch* § 305 Rn. 5; MüKoAktG/*van Rossum* § 305 Rn. 44; ausf. K. Schmidt/Lutter AktG/*Stephan* § 305 Rn. 132 f.
[750] *Emmerich* in Emmerich/Habersack Aktien- und GmbH-Konzernrecht § 305 Rn. 27; MüKo-AktG/*van Rossum* § 305 Rn. 44; K. Schmidt/Lutter AktG/*Stephan* § 305 Rn. 133; Spindler/Stilz AktG/*Veil* § 305 Rn. 26.
[751] BVerfG WM 1999, 435 (437).
[752] *Schubert* DB 1998, 761 f.; aA *Naraschewski* DB 1997, 1653 (1657 f.). Das Bundesverfassungsrecht läßt verfassungsrechtlich eine Ausnahme zu, wenn die Verschmelzung auf einen vor dem Beherrschungsvertrag liegenden Bewertungsstichtag wirksam geworden ist und es nur um Aktionäre geht, die ihre Aktien noch nicht angedient haben, vgl. BVerfG WM 1999, 435 (437 f.); aktienrechtlich dürfte aber auch in diesem Fall keine Ausnahme zu machen sein.

gen des § 303 AktG Sicherheitsleistung für ihre Forderungen beanspruchen.[753] Im mehrstufigen Konzern[754] steht dieses Recht nur den Gläubigern der jeweiligen abhängigen Gesellschaft zu, bei Beendigung eines Beherrschungsvertrags zwischen Mutter und Tochter also nicht den Gläubigern der Enkelgesellschaft, [755] wohl aber der Enkelgesellschaft selbst für etwaige Forderungen gegen die Tochter.[756] Bei **Beendigung** eines Mehrmütter-Beherrschungsvertrages sind die herrschenden Unternehmen gesamtschuldnerisch sicherungspflichtig;[757] scheiden nur einzelne herrschende Unternehmen aus, kann von diesen Sicherheitsleistung verlangt werden.[758] Ebenso dürfte im Falle der **Vertragsübernahme** Anspruch auf Sicherheitsleistung gegen das ausscheidende herrschende Unternehmen bestehen,[759] während dies bei einer Gesamtrechtsnachfolge auf Grund Verschmelzung oder Spaltung nicht der Fall ist.[760] Bei der Bekanntmachung der Eintragung der Vertragsbeendigung ist auf das Recht auf Sicherheitsleistung hinzuweisen (§ 303 Abs. 1 S. 2 AktG). Weitgehend inhaltsgleiche Regelungen finden sich für die Fälle der Kapitalherabsetzung (§ 225 AktG, vgl. auch § 233 AktG), der Eingliederung (§ 321 AktG) und der Verschmelzung (§ 347 AktG).

225 Geschützt sind schuldrechtliche **Forderungen** aller Art, die begründet sind, bevor die Eintragung der Vertragsbeendigung ins Handelsregister gem. § 10 HGB als bekannt gemacht gilt.[761] Zur Frage, wann eine Forderung „begründet" ist, vgl. näher → § 61 Rn. 50 zu § 225 AktG. Ebenso wie bei § 225 AktG sind auch zu § 303 AktG Ansprüche aus Dauerschuldverhältnissen nicht schon mit Vertragsschluss begründet, sondern erst dann wenn sie hinreichend konkretisiert sind.[762] Im mehrstufigen Vertragskonzern können darunter auch Verlustausgleichsansprüche einer Enkelgesellschaft gegen die Tochter fallen; Verlustausgleichsansprüche für das laufende und künftige Geschäftsjahre sind allerdings nur begründet, wenn bereits feststeht, dass zum maßgeblichen Bilanzstichtag ein ausgleichspflichtiger Verlust entstehen wird.[763] Der Anspruch auf Sicherheitsleistung ist entsprechend §§ 26, 160 HGB, § 327 Abs. 4 AktG **zeitlich begrenzt** auf Ansprüche, die innerhalb von 5 Jahren ab der Bekanntmachung der Vertragsbeendigung fällig werden.[764] Die Bekanntmachung der Vertragsbeendigung als Stichtag hat zur Folge, dass Sicherheitsleistung auch für Forderungen

---

[753] Eingehend hierzu *Hattstein*, Gläubigersicherung durch das ehemals herrschende Unternehmen, 1995; zur Sonderfrage, inwieweit dem Pensions-Sicherungs-Verein Ansprüche aus § 303 AktG gegen das ehemals herrschende Unternehmen zustehen, vgl. auch *Thole* ZIP 2020, 389.

[754] Zur Sicherheitsleistung bei Beendigung von Unternehmensverträgen im mehrstufigen Konzern eingehend *Leinekugel/Winstel* AG 2012, 389.

[755] KölnKommAktG/*Koppensteiner* § 303 Rn. 7; MüKoAktG/*Altmeppen* § 303 Rn. 37; *Emmerich* in Emmerich/Habersack Aktien- und GmbH-Konzernrecht § 303 Rn. 4; *Pentz*, Die Rechtsstellung der Enkel-AG in einer mehrstufigen Unternehmensverbindung, 1994, S. 161 ff.; *Görling*, Die Konzernhaftung in mehrstufigen Unternehmensverbindungen, 1998, S. 145; *Zenner/Raapke* NZG 2018, 681 (683); aA *Leinekugel/Winstel* AG 2012, 389 (394 ff.) für den Fall, dass eine Kette von Beherrschungsverträgen zwischen Mutter und Tochter sowie zwischen Tochter und Enkel „von oben nach unten" beendet wird.

[756] *Zenner/Raapke* NZG 2018, 681 (683 ff.).

[757] *Emmerich* in Emmerich/Habersack Aktien- und GmbH-Konzernrecht § 303 Rn. 14; KölnKommAktG/*Koppensteiner* § 303 Rn. 21.

[758] MüKoAktG/*Altmeppen* § 303 Rn. 9; Spindler/Stilz AktG/*Veil* § 303 Rn. 9; aA KölnKommAktG/*Koppensteiner* § 303 Rn. 9.

[759] MüKoAktG/*Altmeppen* § 303 Rn. 10; *Emmerich* in Emmerich/Habersack Aktien- und GmbH-Konzernrecht § 303 Rn. 14; *Exner*, Beherrschungsvertrag und Vertragsfreiheit, 1984, S. 168 f.; aA KölnKommAktG/*Koppensteiner* § 303 Rn. 8.

[760] KölnKommAktG/*Koppensteiner* § 303 Rn. 8.

[761] Zu den damit im Falle einer Vertragsbeendigung wegen Anteilsveräußerung verbundenen Risiken vgl. *Hentzen* NZG 2008, 201 (203).

[762] *Zenner/Raapke* NZG 2018, 681 (684); aA MüKoAktG/*Altmeppen* § 303 Rn. 17.

[763] *Zenner/Raapke* NZG 2018, 681 (684 f.).

[764] BGH ZIP 2014, 2282 (2283 f.) mwN; siehe dazu auch *Servatius* ZGR 2015, 754.

verlangt werden kann, die schon vor Abschluss des Beherrschungsvertrages begründet waren. Das Gleiche gilt für Forderungen, die erst nach seiner Beendigung, aber vor dem Stichtag begründet worden sind. Auf die Kenntnisnahme durch den jeweiligen Gläubiger kommt es nicht an; zugunsten der Gesellschaft greift also nicht § 15 Abs. 1 HGB ein,[765] zugunsten der Gläubiger nicht § 15 Abs. 2 HGB.[766] Anders als bei der Kapitalherabsetzung nach § 225 Abs. 1 S. 1 AktG besteht bei Beendigung eines Beherrschungsvertrages das Recht auf Sicherheitsleistung auch, wenn der Gläubiger bereits Befriedigung verlangen kann;[767] allerdings kann das wohl nicht gelten, soweit der Gläubiger die Möglichkeit einer Aufrechnung hat.[768]

Ausgeschlossen ist das Recht auf Sicherheitsleistung für Gläubiger, die im Falle der 226 Insolvenz ein Recht auf vorzugsweise Befriedigung aus einer Deckungsmasse haben, die nach gesetzlicher Vorschrift zu ihrem Schutz errichtet und staatlich überwacht ist (§ 303 Abs. 2 AktG); vgl. näher → § 61 Rn. 52. Schließlich entfällt das Recht auf Sicherheitsleistung nach § 242 BGB, wenn der Gläubiger bereits über ausreichende Sicherheiten verfügt;[769] vgl. dazu → § 61 Rn. 54.

Wegen der **Art und Weise** der Sicherheitsleistung gilt das Gleiche wie bei der Kapital- 227 herabsetzung, vgl. → § 61 Rn. 54. Statt Sicherheit zu leisten, kann das herrschende Unternehmen sich für die Forderung auch verbürgen (§ 303 Abs. 3 S. 1 AktG). Geschieht dies, steht dem herrschenden Unternehmen im Falle einer Inanspruchnahme aus der Bürgschaft die Einrede der Vorausklage (§ 771 BGB) zu; die abweichende Regelung des § 349 HGB findet keine Anwendung (§ 303 Abs. 3 S. 2 AktG).

Der Sicherungsanspruch verfällt, wenn sich der Gläubiger nicht binnen einer **Aus-** 228 **schlussfrist** von 6 Monaten nach Bekanntmachung der Eintragung der Vertragsbeendigung mit dem Verlangen auf Sicherheitsleistung bei der Gesellschaft meldet (§ 303 Abs. 1 S. 1 AktG). Die Frist wird auch gewahrt, wenn der Gläubiger bereits zwischen Vertragsbeendigung und Bekanntmachung das Sicherungsverlangen stellt.[770] Die Frist läuft auch, wenn in der Bekanntmachung der Hinweis auf das Sicherungsrecht nach § 303 Abs. 1 S. 2 AktG unterbleibt; es können dann aber Schadensersatzansprüche wegen Amtspflichtverletzung des Registergerichts in Frage kommen.[771]

Ist die abhängige Gesellschaft vermögenslos, können die Gläubiger vom herrschenden 229 Unternehmen **anstelle von Sicherheit Zahlung** verlangen.[772] Umstritten ist allerdings, ob dies auch gilt, wenn ein Insolvenzverfahren über das Vermögen der abhängigen Gesellschaft eröffnet ist. Richtig erscheint es, dass auch in der **Insolvenz** Zahlung statt Sicherheitsleistung verlangt[773] und der Anspruch unmittelbar von den Gläubigern geltend ge-

---

[765] BGHZ 116, 37 (44); KölnKommAktG/*Koppensteiner* § 303 Rn. 13; MüKoAktG/*Altmeppen* § 303 Rn. 20; Hüffer/*Koch* AktG § 303 Rn. 4; K. Schmidt/Lutter AktG/*Stephan* § 303 Rn. 7; aA *Peltzer* AG 1975, 309 (312).
[766] KölnKommAktG/*Koppensteiner* § 303 Rn. 13; MüKoAktG/*Altmeppen* § 303 Rn. 20; Hüffer/ *Koch* AktG § 303 Rn. 4.
[767] OLG Frankfurt a. M. AG 2001, 139 (140); KölnKommAktG/*Koppensteiner* § 303 Rn. 17; MüKoAktG/*Altmeppen* § 303 Rn. 14; Hüffer/*Koch* AktG § 303 Rn. 3.
[768] KölnKommAktG/*Koppensteiner* § 303 Rn. 20; MüKoAktG/*Altmeppen* § 303 Rn. 60.
[769] MüKoAktG/*Altmeppen* § 303 Rn. 59; Hüffer AktG/*Koch* § 303 Rn. 8; Spindler/Stilz AktG/ *Veil* § 303 Rn. 27.
[770] *Emmerich* in Emmerich/Habersack Aktien- und GmbH-Konzernrecht § 303 Rn. 17; K. Schmidt/Lutter AktG/*Stephan* § 303 Rn. 20; weitergehend MüKoAktG/*Altmeppen* § 303 Rn. 23, der sogar eine Meldung vor Vertragsbeendigung genügen lässt.
[771] KölnKommAktG/*Koppensteiner* § 303 Rn. 18; MüKoAktG/*Altmeppen* § 303 Rn. 24; Hüffer/*Koch* AktG § 303 Rn. 5; *Emmerich* in Emmerich/Habersack Aktien- und GmbH-Konzernrecht § 303 Rn. 16.
[772] Grundlegend BGHZ 95, 330 (347 f.) – Autokran; BGHZ 115, 187 (200) – Video; BGHZ 116, 37 (42) – Stromlieferung; KölnKommAktG/*Koppensteiner* § 303 Rn. 25; *Emmerich* in Emmerich/ Habersack Aktien- und GmbH-Konzernrecht § 303 Rn. 24; Hüffer/*Koch* AktG § 303 Rn. 7.
[773] Dafür etwa Hüffer/*Koch* AktG § 303 Rn. 7; *Emmerich* in Emmerich/Habersack Aktien- und GmbH-Konzernrecht § 303 Rn. 25; Spindler/Stilz AktG/*Veil* § 303 Rn. 24; KölnKommAktG/*Koppensteiner* § 303 Rn. 26; MüKoAktG/*Altmeppen* § 303 Rn. 45 ff.; *Thole* ZIP 2020, 389 (398); *Bork*

macht werden kann, nicht vom Insolvenzverwalter.[774] Ein unmittelbarer Zahlungsanspruch besteht auch, wenn die abhängige Gesellschaft nur deshalb noch nicht vermögenslos ist, weil ihr noch Ansprüche gegen das herrschende Unternehmen zustehen.[775] Gegen den unmittelbaren Zahlungsanspruch der Gläubiger kann das herrschende Unternehmen entsprechend § 322 Abs. 2 und 3 AktG sowohl eigene Einwendungen als auch Einwendungen der abhängigen Gesellschaft geltend machen.[776]

230 c) Schutz der außenstehenden Aktionäre und der abhängigen Gesellschaft nach Vertragsbeendigung. Die gesetzlichen Regelungen der §§ 300–303 AktG gewährleisten nur die rechnerische Aufrechterhaltung des anfänglich vorhandenen Bilanzvermögens. Sie schützen nicht davor, dass nach Beendigung des Beherrschungsvertrages **nachteilige Maßnahmen fortwirken,** die vom herrschenden Unternehmen veranlasst wurden, angefangen von längerfristigen verlustbringenden Verträgen bis hin zu grundlegenden Strukturveränderungen bei der abhängigen Gesellschaft.[777] Ob und wie die außenstehenden Aktionäre und die abhängige Gesellschaft bei Vertragsbeendigung von solchen Nachteilen zu entlasten sind, ist nach wie vor nicht geklärt. De lege ferenda wird namentlich eine Verpflichtung des herrschenden Unternehmens erwogen, bei Vertragsbeendigung den außenstehenden Aktionären nochmals die Übernahme ihrer Aktien gegen angemessene Abfindung anzubieten,[778] vereinzelt wird sogar versucht, eine solche Verpflichtung de lege lata zu begründen.[779] Nach geltendem Recht besteht eine solche Verpflichtung aber nicht;[780] ebenso wenig kommen andere Ansprüche der außenstehenden Aktionäre in Frage.[781] Gelegentlich wird de lege lata verlangt, geeignete Vereinbarungen über die Gewährung von Übergangs- und Wiederaufbauhilfen nach Vertragsende im Beherrschungsvertrag zu treffen.[782] Da-

---

ZIP 2012, 1001 (1004); *Klöckner* ZIP 2011, 1454 (1455 ff.), dort auch zur Frage der Doppel-Insolvenz von Mutter und Tochter; aA BGHZ 115, 187 (200 f.) – Video (nur Anspruch auf Sicherheitsleistung, solange der Ausfall nicht feststeht); OLG Frankfurt a. M. AG 2001, 139; *Wimmer-Leonhardt,* Konzernhaftungsrecht, 2004, S. 42 f.

[774] zB *Emmerich* in Emmerich/Habersack Aktien- und GmbH-Konzernrecht § 303 Rn. 25; K. Schmidt/Lutter AktG/*Stephan* § 303 Rn. 29; KölnKommAktG/*Koppensteiner* § 303 Rn. 25; *Thole* ZIP 2020, 389 (398 f.); *Schuster/Dirmeier* ZIP 2018, 308 (309 ff.); *Klöckner* ZIP 2011, 1454 (1455 f.); aA *Bork* ZIP 2012, 1001 (1002 ff.), der § 93 InsO analog anwenden will.

[775] BGHZ 95, 330 (347 f.) – Autokran; *Stimpel* in Hommelhoff ua (Hrsg.), Entwicklungen im GmbH-Konzernrecht, ZGR-Sonderheft 6, 1986, S. 39/50 f.; *Emmerich* in Emmerich/Habersack Aktien- und GmbH-Konzernrecht § 303 Rn. 24; MüKoAktG/*Altmeppen* § 303 Rn. 50; Spindler/Stilz AktG/*Veil* § 303 Rn. 24; aA KölnKommAktG/*Koppensteiner* § 303 Rn. 25; *Fleck* WM 1986, 1205 (1213).

[776] BGHZ 95, 330 (348) – Autokran; *Emmerich* in Emmerich/Habersack Aktien- und GmbH-Konzernrecht § 303 Rn. 24.

[777] Vgl. dazu näher *Studienkommission des Deutschen Juristentags,* Untersuchungen zur Reform des Konzernrechts, 1967, Rn. 140 f.; *Wimmer-Leonhardt,* Konzernhaftungsrecht, 2004, S. 37 ff.; *Wilhelm,* Die Beendigung des Beherrschungs- und Gewinnabführungsvertrags, 1976, S. 109 ff.; KölnKommAktG/*Koppensteiner* Vorb. § 300 Rn. 6 f.; MüKoAktG/*Altmeppen* Vorb. § 300 Rn. 6 f.; *Emmerich* in Emmerich/Habersack Aktien- und GmbH-Konzernrecht § 296 Rn. 25.

[778] Bericht über die Verhandlungen der *Unternehmensrechtskommission,* 1979, Rn. 1314; *Sonnenschein* ZGR 1981, 429 (438); KölnKommAktG/*Koppensteiner* Vorb. § 300 Rn. 7; ablehnend *Studienkommission des Deutschen Juristentags,* Untersuchungen zur Reform des Konzernrechts, 1967, Rn. 553.

[779] *Berger,* Konzernausgangsschutz, 2016, S. 241 ff.

[780] KölnKommAktG/*Koppensteiner* § 305 Rn. 137; *Kley,* Die Rechtsstellung der außenstehenden Aktionäre bei der vorzeitigen Beendigung von Unternehmensverträgen, 1986, S. 108 ff.

[781] Näher *Kley,* Die Rechtsstellung der außenstehenden Aktionäre bei der vorzeitigen Beendigung von Unternehmensverträgen, 1986, S. 110 ff.

[782] So namentlich *Hommelhoff,* Die Konzernleitungspflicht, 1982, S. 310; vgl. zur Möglichkeit vertraglicher Vereinbarungen auch *Wilhelm,* Die Beendigung des Beherrschungs- und Gewinnabführungsvertrags, 1976, S. 116 ff.; dagegen mit Recht MüKoAktG/*Altmeppen* § 291 Rn. 60 ff.; *Hentzen* NZG 2008, 201 (204).

neben wird in Betracht gezogen, nachvertragliche Schadenersatzansprüche gegen das herrschende Unternehmen oder eine nachvertragliche Haftung anzuerkennen, wenn frühere Maßnahmen nach Vertragsbeendigung nachteilig fortwirken,[783] oder bei Fortbestehen des Abhängigkeitsverhältnisses zum herrschenden Unternehmen die fortwirkenden Nachteile in den nach §§ 311 ff. geschuldeten Nachteilsausgleich einzubeziehen.[784] Für den Sonderfall der Anpassung künftiger Betriebsrenten nahm das BAG unter Übergehung des konzernrechtlichen Trennungsprinzips an, das herrschende Unternehmen sei gegenüber den Versorgungsberechtigten verpflichtet, die abhängige Gesellschaft so auszustatten, dass sie in Zukunft zur Anpassung der Betriebsrenten in der Lage sein werde;[785] ob sich diese Auffassung mit der geänderten Rechtsprechung zum betriebsrentenrechtlichen Berechnungsdurchgriff im Konzern[786] erledigt hat,[787] bleibt abzuwarten.

Soweit es um die Existenzsicherung der abhängigen Gesellschaft geht, scheint es richtiger, den Schutz schon früher anzusetzen und Weisungen, die im Falle einer Vertragsbeendigung zur Existenzgefährdung der abhängigen Gesellschaft führen können, nicht zuzulassen; vgl. → Rn. 153. Im übrigen sollte es weitgehend möglich sein, bei der Ermittlung des abschließenden Verlustausgleichs fortwirkenden Nachteilen durch die Bildung von Rückstellungen für nötige Restrukturierungen und Wertberichtigungen entgegenzuwirken.[788] Eine darüber hinausgehende Verpflichtung, die abhängige Gesellschaft durch Wiederaufbauhilfen oÄ von nach Vertragsbeendigung fortdauernden Nachteilen freizustellen, wird man hingegen nicht begründen können.[789] Solche Nachteile gehören vielmehr zu den Risiken, die die Hauptversammlung bei Zustimmung zum Beherrschungsvertrag und die außenstehenden Aktionäre bei der Entscheidung, ob sie das ihnen nach § 305 AktG gemachte Abfindungsangebot annehmen sollten, zu kalkulieren haben. Eine noch weitergehende Ansicht will sogar existenzgefährdende Maßnahmen hinnehmen und sich damit begnügen, dass dann der abschließende Verlustausgleichsanspruch auf der Basis von Zerschlagungswerten zu berechnen sei (dazu auch → Rn. 67) und die Gläubiger ggf. einen direkten Zahlungsanspruch aus § 303 geltend machen könnten.[790]

231

Anders verhält es sich allerdings bei **fortdauernden Vertragsbeziehungen** zwischen den Parteien des Beherrschungsvertrages. Auf solche Verträge sind bei Beendigung des Beherrschungsvertrages die Grundsätze über die Störung der Geschäftsgrundlage (§ 313 BGB) entsprechend anzuwenden. Sie sind bei Unausgewogenheit des Leistungs- und Gegenleistungsverhältnisses anzupassen; ist das nicht möglich oder zumutbar, besteht ein Rücktrittsrecht, bei Dauerschuldverhältnissen ein Kündigungsrecht.[791]

232

---

[783] *Wilhelm,* Die Beendigung des Beherrschungs- und Gewinnabführungsvertrags, 1976, S. 119 ff.; *Martens,* Die existenzielle Wirtschaftsabhängigkeit, 1979, S. 42 ff.; *Sonnenschein* ZGR 1981, 429 (438); ablehnend näher *Berger,* Konzernausgangsschutz, 2016, S. 226 ff.; *Hentzen* NZG 2008, 201 (204 f.).

[784] *Wilhelm,* Die Beendigung des Beherrschungs- und Gewinnabführungsvertrags, 1976, S. 125 ff.

[785] BAG ZIP 2009, 2166 (2170); 2014, 2459 Rn. 80; mit Recht kritisch OLG Frankfurt a. M. ZIP 2015, 846 (847 ff.); MüKoAktG/*Altmeppen* § 302 Rn. 42; *Forst/Granetzny* Der Konzern 2011, 1 (5 ff.); *C. Schäfer* ZIP 2010, 2025 (2029); *Cisch/Kruip* NZA 2010, 540 (544); *Böhm* DB 2009, 2376 (2377).

[786] BAG ZIP 2015, 1137 Rn. 25 ff.; BGH ZIP 2016, 2238 Rn. 14.

[787] So MüKoAktG/*Altmeppen* § 302 Rn. 42.

[788] *Wilhelm,* Die Beendigung des Beherrschungs- und Gewinnabführungsvertrag, 1976, S. 122 ff.; *Grüner,* Die Beendigung des Beherrschungs- und Gewinnabführungsvertrags, 2003, S. 203 f.; *Servatius* ZGR 2015, 754 (765 f.); *Hentzen* NZG 2008, 201 (204 f.).

[789] Im Ergebnis ebenso KölnKommAktG/*Koppensteiner* § 297 Rn. 63; MüKoAktG/*Altmeppen* § 291 Rn. 60 ff., 65 ff., § 302 Rn. 28 ff., 42 ff.; Hüffer/*Koch* AktG § 296 Rn. 9; *Emmerich* in Emmerich/Habersack Aktien- und GmbH-Konzernrecht § 296 Rn. 25 f.; GroßkommAktG/*Mülbert* § 296 Rn. 33; *Servatius* ZGR 2015, 754 (762 ff.).

[790] MüKoAktG/*Altmeppen* Vorb. § 300 Rn. 6 f., § 291 Rn. 65 ff., § 303 Rn. 42 f.; Hüffer/*Koch* AktG § 308 Rn. 19; *Seibt/Cziupka* AG 2015, 721 (725).

[791] Vgl. auch KölnKommAktG/*Koppensteiner* § 297 Rn. 64; *Hentzen* NZG 2008, 201 (205); *Wilhelm,* Die Beendigung des Beherrschungs- und Gewinnabführungsvertrags, 1976, S. 57 ff.

§ 72 Gewinnabführungsvertrag

Übersicht

	Rn.		Rn.
I. Allgemeines	1–4	V. Besteuerung bei Vorliegen eines Ergebnisabführungsvertrags	39–78
II. Inhalt und Parteien des Vertrages	5–12	1. Körperschaftsteuerliche Organschaft	43–74
1. Gewinnabführungsvertrag	5–10	a) Finanzielle Eingliederung	43–46
2. Geschäftsführungsvertrag	11, 12	b) Organträger	47–50
III. Abschluss, Änderung und Beendigung des Vertrags	13–24	c) Organgesellschaft	51
1. Zustandekommen des Vertrages	13–15	d) Gewinnabführungsvertrag	52–62
2. Dauer, Änderung und Beendigung des Vertrages	16–24	e) Einkommensermittlung bei der Organgesellschaft und beim Organträger	63–69
a) Dauer des Vertrages	16	f) Abweichungen der handelsrechtlichen Ergebnisabführung von der steuerlichen Einkommenszuordnung	70, 71
b) Änderung des Vertrages	17		
c) Beendigung des Vertrages	18–22		
d) Rechtsfolgen der Vertragsbeendigung	23, 24		
IV. Wirkung des Vertrages	25–38	g) Ausgleichszahlungen an außenstehende Aktionäre	72
1. Leitungsmacht und Verantwortlichkeit	25, 26	h) Steuerrechtliche Behandlung der verunglückten Organschaft	73
2. Auffüllung der gesetzlichen Rücklage	27, 28	i) Verfahrensrechtliche Behandlung der Organschaft	74
3. Gewinnabführung	29–36	2. Gewerbesteuerliche Organschaft	75
4. Verlustausgleich	37	3. Umsatzsteuerliche Organschaft	76
5. Ausgleich und Abfindung für die außenstehenden Aktionäre	38	4. Haftung im Organkreis	77, 78

Schrifttum: *Gesellschaftsrecht:* Vgl. die Angaben zu § 70 sowie *Apfelbacher*, Zur Frage der Anwendbarkeit der gesetzlichen Ausschüttungssperre des § 268 Abs. 8 HGB und der gesetzlichen Abführungssperre des § 301 Satz 1 AktG auf Hybridkapital von Aktiengesellschaften, FS Hoffmann-Becking, 2013, S. 13; *Baldamus*, An wen ist beim Gewinnabführungsvertrag Ausgleich zu zahlen?, ZGR 2007, 819; *Berninger*, Errichtung einer stillen Gesellschaft an einer Tochter-AG bei bestehendem Beherrschungs- und Gewinnabführungsvertrag zwischen Mutter- und Tochter-AG, DB 2004, 297; *Brandes*, Rückforderung übermäßig abgeführter Gewinne nach Beendigung eines Ergebnisabführungsvertrages, Liber Amicorum für Martin Winter, 2011, S. 43; *Cahn/Simon*, Isolierte Gewinnabführungsverträge, Der Konzern 2003, 1; *Doetsch*, Erfüllung eines Gewinnabführungsvertrages gegenüber dem bisherigen Organträger trotz unterjähriger Veräußerung der Organbeteiligung, Der Konzern 2012, 319; *Grewer*, Rückwirkung von Ergebnisabführungsverträgen, DStR 1997, 745; *Hennrichs*, Gewinnabführung und Verlustausgleich im Vertragskonzern ZHR 174 (2010), 683; *Heurung/Engel/Müller-Thomczik*, Der „wichtige Grund" zur Beendigung des Gewinnabführungsvertrages, GmbHR 2012, 1227; *Krieger*, Der Abschluss eines Gewinnabführungsvertrages zwischen Mutter und Enkel im mehrstufigen faktischen Konzern, FS K. Schmidt, 2009, S. 999; *Mühl/Wagenseil*, Der Gewinnabführungsvertrag – gesellschafts- und steuerrechtliche Aspekte, NZG 2009, 1253; *H.-P. Müller*, Zur Gewinn- und Verlustermittlung bei aktienrechtlichen Gewinnabführungsverträgen, FS Goerdeler, 1987, S. 375; *Priester*, Zusammentreffen von Gewinnabführungsvertrag und stiller Gesellschaft – Dissonanz oder Konkordanz, FS Raupach, 2006, S. 391; *ders.*, Rücklagenbildung beim Gewinnabführungsvertrag, ZIP 2001, 725; *Reichert*, Die Treupflicht zwischen Organgesellschaft und Organträger – Auswirkungen auf Bilanzänderungen, Rücklagenbildung und Rücklagenauflösung nach Beendigung der Organschaft –, Liber Amicorum für Martin Winter, 2011, S. 541; *Schaber/Hertstein*, Zur Rückwirkung eines Gewinnabführungsvertrages aus gesellschaftsrechtlicher und handelsbilanzieller Sicht, Der Konzern 2004, 6; *K. Schmidt*, Betriebspacht, Betriebsüberlassung und Betriebsführung im handelsrechtlichen Stresstest, FS Hoffmann-Becking, 2013, S. 1053; *Thoß*, Verzinsung des Verlustausgleichs- und Gewinnabführungsanspruchs im Vertragskonzern?, DB 2007, 206; *Willenberg/Wette*, Ausschüttung vororganschaftlicher Gewinnrücklagen nach Abschluss eines Ergebnisabführungsvertrages – Anwendung des sog. „Leg-ein-Hol-zurück-Verfahrens", DB 1994, 1688; *Wolf*, Inhalt und Fälligkeit des Gewinnabführungsanspruchs im Vertragskonzern, NZG 2007, 641.

§ 72 Gewinnabführungsvertrag

Steuerrecht: *Adrian/Fey,* Organschaftsrettung durch den BFH, DStR 2017, 2409; *Baldamus,* Durchführung von Gewinnabführungsverträgen – zu § 14 KStG und § 302 AktG nach MoMiG und BilMoG, Ubg 2009, 484; *ders.,* Gestaltungsspielraum bei Art und Maß von Ausgleichszahlungen nach § 304 AktG, Ubg 2010, 483; *Benecke/Schnitger,* Wichtige Änderungen bei der körperschaftsteuerlichen Organschaft durch das UntStG 2013, IStR 2013, 143; *Behrens/Renner,* Nichtabzug der Forderungsabschreibung beim GewSt-Organträger muss bei späterer Wertaufholung oder späterem Forderungsverzicht zu einer Minderung seines Gewerbeertrags führen, BB 2010, 486; *von Brocke,* Abzug definitiver Verluste ausländischer Tochtergesellschaften im Rahmen der körperschaftsteuerlichen Organschaft, DStR 2010, 964; *Brühl/Weiss,* Körperschaftliche Organschaft: Variable Ausgleichszahlungen an Außenstehende und Anpassungszwang bei Verlustübernahmeklauseln nach § 17 Satz 2 Nr. 2 KStG a. F., BB 2018, 94; *Crezelius,* Aktuelle Steuerrechtsfragen in Krise und Insolvenz, NZI 2010, 88; *Dötsch,* Minder- und Mehrabführungen mit Verursachung in organschaftlicher Zeit – Bildung und Auflösung steuerlicher Ausgleichsposten zur Organbeteiligung nach Inkrafttreten des § 14 Abs. 4 KStG i. d. F. des JStG 2008, Ubg 2008, 117; *ders.,* Umwandlungen und Organschaft, Ubg 2011, 20; *Dötsch/Pung,* Organschaftliche Ausgleichsposten: Ein neuer Denkansatz, DB 2018, 1424; *Eisolt,* Verlustübernahme bei Organschaftsverhältnissen, NWB 2010, 3268; *Fenzl/Antoszkiewiez,* Die unterjährige Beendigung einer Organschaft, FR 2003, 1061; *Frotscher,* Grenzüberschreitende Organschaft – wo stehen wir? IStR 2011, 697; *Fuest,* Steuerstrukturreform: Deutschland braucht eine Gruppenbesteuerung! DB 2010, Beilage Standpunkte zu Heft 18, 33; *Fuhrmann,* Ausgestaltung der Vereinbarung einer Verlustübernahme bei körperschaftsteuerlicher Organschaft in Anlehnung an § 302 AktG, DB 2010, 2031; *Gebert,* Das Zusammenspiel von umwandlungssteuerrechtlicher Rückwirkung und Beginn der Organschaft – Aktuelle Entwicklungen, DStR 2011, 102; *Günkel/Wagner,* Ertragsteuerliche Organschaft bei Wegfall des Gewinnabführungsvertrags – Überlegungen zu einer neuen Gruppenbesteuerung, Ubg 2010, 603; *Habersack,* Steuerumlagen im faktischen Konzern – konzernrechtlich betrachtet, BB 2007, 1397; *Hageböke,* Zum Konkurrenzverhältnis von DBA-Schachtelprivileg und § 8b KStG, IStR 2009, 473; *Hemme,* Zur Unschädlichkeit einer sog. Organschaftsunterbrechung, Ubg 2017, 678; *Herzig,* Die Zukunft der Gruppenbesteuerung, StuW 2010, 214; *Herzig/Liekenbrock,* Zum EBITDA-Vortrag der Zinsschranke, DB 2010, 690; *Heurung/Schmidt/M. Kraft* BB-Rechtsprechungsreport zur ertragsteuerlichen Organschaft 2017, BB 2018, 470 *Hohage/Willkommen,* Der Gewinnabführungsvertrag und die ertragsteuerliche Organschaft im GmbH-Konzern, BB 2011, 224; *Ismer,* Gruppenbesteuerung statt Organschaft im Ertragsteuerrecht? DStR 2012, 812; *Kaeser,* Der Gewinnabführungsvertrag als formale Hürde der Organschaft, Beihefter zu DStR 2010, 56; *Kashämmer/Schümmer,* Zurechnung von Übergangsgewinnen bei Umwandlung einer Organgesellschaft zum Organträger, Zurechnung, Umwandlung, Ubg 2011, 244; *Kessler,* Steuerstrukturreform: Deutschland braucht eine Gruppenbesteuerung! DB 2010, Beilage Standpunkte zu Heft 18, 35; *Kessler/Egelhof,* Außerbilanzielle Ausschüttungssperren in der Organschaft, DStR 2017, 998; *Kessler/Lindemer,* Die Zinsschranke nach dem Wachstumsbeschleunigungsgesetz, DB 2010, 472; *Kirchhof/Raupach,* Die Unzulässigkeit einer rückwirkenden gesetzlichen Änderung der Mehrmütterorganschaft, DB 2001 Beilage 3; *Krebs,* Gedanken zur Neuregelung der ertragsteuerlichen Organschaft, in FS Welf Müller, 301; *Kröner/Bolik/Gageur,* Stolpert die Organschaft über das BilMoG? Ubg 2010, 237; *Kusch,* Die Reform der ertragsteuerlichen Organschaft, NWB 2013, 3065; *Kusch/Schöneborn,* Grenzüberschreitende Organschaft – Finanzverwaltung lehnt neuere BFH-Rechtsprechung ab, NWB 2012, 1232; *Lendewig,* Neues zur grenzüberschreitenden Organschaftsbesteuerung, NWB 2011, 2539; *Lenz/Seroin/Handwerker,* Die französische Gruppenbesteuerung – ein Modell für Deutschland?, DB 2012, 365; *Ley/Spingler,* Die Aufgabe der umgekehrten Maßgeblichkeit – Auswirkungen auf die Bilanzierung in der Handelsbilanz zum 31.12.2009 nach bisherigem HGB, Ubg 2009, 781; *Melan/Karrenbrock,* Die Durchführung des Gewinnabführungsvertrags als Ernstlichkeits- und Veranlassungsprüfung und die Folgen für die Gestaltungspraxis, FR 2009, 757; *Neu,* Rückbeziehbarkeit einer finanziellen Eingliederung bei Umwandlungsvorgängen, EFG 2010, 1161; *Neumann,* Mehr- und Minderabführungen – ein altes Thema mit immer wieder neuen Fragestellungen, Ubg 2010, 673; *Neumann,* Mehr- und Minderabführungen – ein altes Thema mit immer wieder neuen Fragestellungen, Ubg 2010, 680; *Neumayer/Imschweiler,* Aktuelle Rechtsfragen zur Gestaltung und Durchführung von Gewinnabführungsverträgen, GmbHR 2011, 56; *Nodoushani,* Die zivil- und steuerrechtlichen Voraussetzungen für die Kündigung eines Ergebnisabführungsvertrages aus wichtigem Grund, DStR 2017, 399; *Petersen,* Heilung von Bilanzierungsfehlern im Rahmen der Organschaft, WPg 2018, 659; *Prinz,* Abschied vom subjektiven Fehlerbegriff für steuerbilanzielle Rechtsfragen – Anmerkungen zum BFH-Beschluss vom 31.3.2013, WPg 2013, 650; *Rödder,* Entsteht ein EBITDA-Vortrag in Jahren mit einem Zinsertragsüberhang?, DStR 2010, 529; *ders.,* Droht in Deutschland ein zigfaches Scheitern von steuerlichen Organschaften?, DStR 2010, 1218; *ders.,* Verschmelzung von Kapital- auf Kapitalgesellschaften, DStR 2011, 1059; *ders.,* Einführung einer neuen Gruppenbesteuerung an Stelle der Organschaft, Ubg 2011, 473; *Rödder/Schönfeld,* Abschied (auslandsbeherrschter) inländischer Kapitalgesellschaften von der deutschen Ertragsteuerpflicht, DStR 2011, 886; *Scheunemann/ Preuß,* Auflösung passiver Ausgleichsposten nach Erwerb von Mitunternehmeranteilen mit negativem Kaufpreis, DB 2011, 674; *Schönwald,* Körperschaftsteuerliche Organschaft Teil I, StBP 2012, 10; *Schuck/Faller,* Probleme der parallelen Anwendung von Zinsschranke und gewerbesteuerlichen Hinzurechnungen in der Organschaft, DB 2010, 2186; *Schulz-Trieglaff,* Keine Möglichkeit einer grenzüberschreitenden Gruppenbesteuerung?, StuB 2012, 191; *Schwenke,* Grenzüberschreitender Verlusttransfer – EuGH-Rechtsprechung und Reaktionen des Gesetzgebers, Ubg 2010, 325; *Sedemund,* Ungelöste Fragen bei vor- und innerorganschaftlichen Mehr- und Minderabführungen, DB 2010, 1255; *Stadler/Bindl,* Gesellschafterliste und finanzielle Eingliederung bei der Organschaft, GmbHR 2010, 412; *Starke,* Änderung der Gewerbesteuerumlagepraxis wegen Schadensersatzpflicht des herrschenden Unternehmens? FR 2000, 381; *Tetzlaff/Pockelwald,* Die grenzüberschreitende gewerbesteuerliche Organschaft, StuB 2011, 414; *Weber,* Vereinbarung der Verlustübernahme im GmbH-Vertragskonzern: eine unendliche Geschichte?, Ubg 2010, 556; *Wendt,* Hinzurechnung einer verlustbedingten Teilwertabschreibung der Oganträgerin auf Darlehensforderungen gegen eine Organgesellschaft beim Gewerbeertrag, FR 2010, 280; *Winter/Marx,* „Grenzüberschreitende" Organschaft mit zugezogenen EU-/EWR-Gesellschaften, DStR 2011, 1101.

I. Allgemeines

1   Durch den **Gewinnabführungsvertrag** verpflichtet sich eine Aktiengesellschaft oder KGaA, ihren ganzen Gewinn an ein anderes Unternehmen abzuführen (§ 291 Abs. 1 S. 1 AktG). Da sich damit die Verpflichtung zum Verlustausgleich verbindet (§ 302 AktG), übernimmt der andere Vertragsteil letztlich das Jahresergebnis. In der Praxis wird deshalb vielfach auch die Bezeichnung „Ergebnisabführungsvertrag" benutzt. Als Gewinnabführungsvertrag gilt auch der sogenannte **Geschäftsführungsvertrag,** durch den eine Aktiengesellschaft oder KGaA es übernimmt, ihr Unternehmen für Rechnung eines anderen Unternehmens zu führen (§ 291 Abs. 1 S. 2 AktG; dazu → Rn. 11); für die Praxis ist dieser Vertragstyp bedeutungslos.

2   Die praktische Bedeutung des Gewinnabführungsvertrages folgt allein daraus, dass sein Abschluss Voraussetzung für die körperschaft- und gewerbesteuerliche Organschaft ist (§ 14 KStG, § 2 Abs. 2 GewStG; vgl. dazu → Rn. 51 ff., 72). Gewinnabführungsverträge werden in der Praxis häufig nicht isoliert abgeschlossen, sondern mit einem Beherrschungsvertrag verbunden.[1] Der Abschluss eines **isolierten Gewinnabführungsvertrags**[2] ohne gleichzeitigen Beherrschungsvertrag ist – wie namentlich § 316 AktG belegt – aber zulässig[3] und in der Praxis zunehmend anzutreffen, nachdem ein Beherrschungsvertrag für die körperschaftsteuerliche Organschaft nicht mehr nötig ist.[4] Daneben finden sich in der Praxis **Kombinationen** von Gewinnabführungs- und Betriebsführungsverträgen.[5] Möglich ist auch die Verbindung eines Gewinnabführungsvertrags mit einer **stillen Gesellschaft.** Dass die stille Gesellschaft als Teilgewinnabführungsvertrag anzusehen ist (vgl. → § 73 Rn. 18), der Gewinnabführungsvertrag aber die Abführung des gesamten Gewinns verlangt (vgl. → Rn. 5) steht nicht entgegen, sondern die Gewinnbeteiligung des stillen Gesellschafters

---

[1] Muster bei Münch Vertragshdb. Bd. 1/*Bungert,* 8. Aufl. 2018, Form X.2 u. X. 6; Happ AktienR Bd. II/*Liebscher* Form 16.01 u. 16.02.
[2] Muster bei Happ AktienR Bd. II/*Liebscher,* 5. Aufl. 2020, Form 16.03.
[3] OLG Karlsruhe AG 2001, 536 (537); LG Kassel AG 1997, 239; MüKoAktG/*Altmeppen* § 291 Rn. 149 ff.; *Emmerich* in Emmerich/Habersack Aktien- und GmbH-Konzernrecht § 291 Rn. 61; Spindler/Stilz AktG/*Veil* § 291 Rn. 42; Hüffer/*Koch* AktG § 291 Rn. 24; *Cahn/Simon* Der Konzern 2003, 1 (2 ff.); aA noch *Kort,* Der Abschluss von Beherrschungs- und Gewinnabführungsverträgen im GmbH-Recht, 1986, S. 83 ff.; *Sonnenschein* AG 1976, 147 f.; *van Venrooy* BB 1986, 612.
[4] *Emmerich* in Emmerich/Habersack Aktien- und GmbH-Konzernrecht § 291 Rn. 60.
[5] Vgl. dazu *Huber* ZHR 152 (1988), 123 (135 ff.) sowie → § 73 Rn. 58.

schmälert den aufgrund des Gewinnabführungsvertrags abzuführenden Gewinn ebenso wie sonstige Aufwendungen der Gesellschaft.[6]

Unternehmen, zwischen denen ein Gewinnabführungsvertrag besteht, sind **verbundene Unternehmen** im Sinne von § 15 AktG, so dass auf beide Unternehmen sämtliche aktienrechtlichen Vorschriften über verbundene Unternehmen anwendbar sind. Ein Abhängigkeits- oder Konzernverhältnis wird allein durch den Abschluss eines Gewinnabführungsvertrags nicht begründet, der Abschluss ist nur ein Indiz für bestehende Abhängigkeit.[7] Der Abschluss eines Gewinnabführungsvertrags setzt auch nicht voraus, dass die verpflichtete Gesellschaft schon zuvor zu dem andern Vertragsteil in einem Abhängigkeitsverhältnis stand.[8] In aller Regel besteht eine Konzernverbindung aber schon vorher. Wird der Gewinnabführungsvertrag mit einem Beherrschungsvertrag kombiniert, begründet der Beherrschungsvertrag die unwiderlegliche Konzernvermutung (§ 18 Abs. 1 S. 1 u. 2 AktG) und ein Abhängigkeitsverhältnis (§ 17 AktG).

Kartellrechtlich kann auch der Abschluss eines isolierten Gewinnabführungs- oder Geschäftsführungsvertrags ein Zusammenschlusstatbestand nach § 37 Abs. 1 Nr. 2 GWB, Art. 3 EG-FKVO sein, aber wohl nur, wenn er einzeln oder zusammen mit anderen Umständen die Möglichkeit gewährt, einen bestimmenden Einfluss auf die Tätigkeit der Gesellschaft auszuüben. In der kartellrechtlichen Literatur wird allerdings teilweise die Ansicht vertreten, allein die Möglichkeit, über den Gewinn eines Unternehmens zu verfügen, gewähre bestimmenden Einfluss auf seine Tätigkeit.[9] Das ist jedoch kaum zutreffend, sondern man wird daneben weitere einflussbegründende Umstände fordern müssen.

II. Inhalt und Parteien des Vertrages

1. Gewinnabführungsvertrag. Inhalt des Gewinnabführungsvertrags ist die Verpflichtung, den ganzen Gewinn an ein anderes Unternehmen abzuführen. Die Verpflichtung muss – in den Grenzen der §§ 300, 301 AktG (vgl. → Rn. 27, 30 ff.) – den **gesamten Gewinn** erfassen, der ohne die Gewinnabführung entstehen würde. Ein Vertrag, der nur zur Abführung von Teilen des Gewinns verpflichtet, untersteht nicht den Regelungen über den Gewinnabführungsvertrag, sondern ist ein Teilgewinnabführungsvertrag im Sinne von § 292 Abs. 1 Nr. 2 AktG (vgl. → § 73 Rn. 14 ff.). Vereinbarungen über die Ermittlung des abzuführenden Gewinns sind aber zulässig. Insbesondere kann vertraglich bestimmt werden, dass über die nach § 300 Nr. 1 AktG zu bildende gesetzliche Rücklage hinaus weitere Teile des Jahresüberschusses in andere Gewinnrücklagen einzustellen oder Teile des Gewinns einem Gewinnvortrag zuzuführen sind.[10] Außerdem können Bestimmungen darüber getroffen werden, wie Ansatz- und Bewertungswahlrechte in der Bilanz auszuüben sind.[11] Ob es auch zulässig ist, dem anderen Vertragsteil ein Weisungsrecht im Hinblick auf die Rücklagenbildung und die Ausübung bilanzpolitischer Entscheidungsrechte einzuräumen, ist

---

[6] Eingehend *Priester* FS Raupach, 2006, 391 (394 ff.); *L. Schmidt/Werner* GmbHR 2010, 29 (30 f.); aA *Berninger* DB 2004, 297 (299).

[7] *Emmerich* in Emmerich/Habersack Aktien- und GmbH-Konzernrecht § 291 Rn. 50; Hüffer/*Koch* AktG § 291 Rn. 27.

[8] KölnKommAktG/*Koppensteiner* § 291 Rn. 7; *Emmerich* in Emmerich/Habersack Aktien- und GmbH-Konzernrecht § 291 Rn. 50; ausführlich *Kort* BB 1988, 79 ff.; aA *van Venrooy* DB 1986, 612 ff.

[9] Näher zum Meinungsstand Kölner Komm. Kartellrecht/*Schütz* FKVO Art. 3 Rn. 33; Immenga/Mestmäcker Wettbewerbsrecht/*Körber* FKVO Art. 3 Rn. 52; Frankfurter Komm. Kartellrecht/*Paschke* GWB § 37 Rn. 43.

[10] KölnKommAktG/*Koppensteiner* § 291 Rn. 76, § 301 Rn. 16; MüKoAktG/*Altmeppen* § 291 Rn. 147, § 301 Rn. 16; *Emmerich* in Emmerich/Habersack Aktien- und GmbH-Konzernrecht § 291 Rn. 49, § 301 Rn. 14; K. Schmidt/Lutter AktG/*Langenbucher* § 291 Rn. 60.

[11] Näher dazu *H.-P. Müller* FS Goerdeler, 1987, 375 (385 ff.); *Emmerich* in Emmerich/Habersack Aktien- und GmbH-Konzernrecht § 291 Rn. 65, § 301 Rn. 14; K. Schmidt/Lutter AktG/*Langenbucher* § 291 Rn. 60; Hüffer/*Koch* AktG § 291 Rn. 26a.

hingegen zweifelhaft.[12] Soweit besondere Vereinbarungen nicht getroffen sind, ist die Untergesellschaft verpflichtet, bei der Ausübung von Ansatz- und Bewertungswahlrechten auf die Interessen der Obergesellschaft Rücksicht zu nehmen.[13]

6 Nach früher herrschender Auffassung muss die Gewinnabführung an den anderen Vertragsteil erfolgen; eine Gewinnabführung **zugunsten Dritter** – insbesondere zu Gunsten einer anderen Konzerngesellschaft im mehrstufigen Konzern – soll hingegen generell unzulässig oder nur in engen Grenzen zulässig sein.[14] Die Auffassung beruht auf der Vorstellung, es müsse einen Gleichlauf zwischen Gewinnabführung und Verlustübernahme geben. Das überzeugt nicht.[15]

7 Als Gewinnabführungsvertrag wäre es auch anzusehen, wenn im Rahmen von Verträgen des laufenden Geschäftsverkehrs oder Lizenzverträgen eine Verpflichtung zur Abführung des gesamten Gewinnes übernommen würde. Dass eine Abrede über eine Gewinnbeteiligung im Rahmen solcher Verträge nicht als Teilgewinnabführungsvertrag anzusehen ist (§ 292 Abs. 2 AktG), hindert es nicht, eine Abrede über die Abführung des gesamten Gewinns im Rahmen solcher Verträge als **verdeckten Gewinnabführungsvertrag** zu werten.[16]

8 Der Gewinnabführungsvertrag muss den **Ausgleich** (§ 304 AktG) und die **Abfindung** (§ 305 AktG) für die außenstehenden Aktionäre ausdrücklich regeln; vgl. dazu → Rn. 38. Eine ausdrückliche Bezeichnung des Vertrags, in der Überschrift oder im Text als Gewinnabführungsvertrag ist nicht erforderlich (vgl. auch → § 71 Rn. 7),[17] dementsprechend sind auch abweichende Bezeichnungen unschädlich (zB „Ergebnisabführungsvertrag", „Organschaftsvertrag").

9 Für Rechtsform und Sitz der **Vertragsparteien** gilt das Gleiche wie beim Beherrschungsvertrag. Die aktienrechtlichen Vorschriften über den Gewinnabführungsvertrag setzen voraus, dass es sich bei der gewinnabführenden Gesellschaft um eine Aktiengesellschaft oder KGaA mit Sitz im Inland handelt. Rechtsform und Sitz des anderen Vertragsteils sind gleichgültig. Dazu und zur Frage, ob der andere Vertragsteil (übergeordnetes) Unternehmen im konzernrechtlichen Sinne sein muss, vgl. näher → § 71 Rn. 9.

10 Von mehreren Muttergesellschaften abhängige Gemeinschaftsunternehmen können mit jeder Muttergesellschaft einen Gewinnabführungsvertrag schließen **(Mehrmütterorganschaft)**;[18] vgl. dazu näher → § 71 Rn. 11. Der Gewinn ist in diesem Fall an die Vertragspartner im Zweifel als Gesamtgläubiger abzuführen,[19] der Verlust von ihnen als Gesamtschuldnern auszugleichen (vgl. → § 71 Rn. 73).[20]

---

[12] Dafür *Veil* in Spindler/Stilz AktG § 291 Rn. 39; aA *Emmerich* in Emmerich/Habersack Aktien und GmbH-Konzernrecht § 291 Rn. 65; *K. Schmidt/Lutter* AktG/*Langenbucher* § 291 Rn. 60; *Hölters* AktG/*Deilmann* § 291 Rn. 52.

[13] OLG Frankfurt a. M. NZG 2000, 603 (605); *Emmerich* in Emmerich/Habersack Aktien- und GmbH-Konzernrecht § 291 Rn. 65; *Hölters* AktG/*Deilmann* § 291 Rn. 53.

[14] So noch *Emmerich* in Emmerich/Habersack Aktien- und GmbH-Konzernrecht § 291 Rn. 59, der eine Zulässigkeit „wenn überhaupt" nur für den Fall in Erwägung zieht, dass der Dritte den vertraglichen Verpflichtungen aus §§ 302, 303 AktG beitritt; großzügiger MüKoAktG/*Altmeppen* § 291 Rn. 154 ff. der es genügen lässt, wenn die Verlagerung der Gewinne im Konzerninteresse liegt; für grundsätzliche Zulässigkeit Spindler/Stilz AktG/*Veil* § 291 Rn. 44 und nun auch Hüffer/*Koch* AktG § 291 Rn. 25.

[15] Ebenso KölnKommAktG/*Koppensteiner* § 291 Rn. 96; *K. Schmidt/Lutter* AktG/*Langenbucher* § 291 Rn. 56; *Hölters* AktG/*Deilmann* § 291 Rn. 49; Henssler/Strohn GesR/*Paschos* AktG § 291 Rn. 36.

[16] KölnKommAktG/*Koppensteiner* § 291 Rn. 92; MüKoAktG/*Altmeppen* § 291 Rn. 161 f.; Hüffer/*Koch* AktG § 291 Rn. 29; Bürgers/Körber AktG/*Schenk* § 291 Rn. 21; Henssler/Strohn GesR/ *Paschos* § 291 Rn. 38; vgl. auch K. Schmidt/Lutter AktG/*Langenbucher* § 291 Rn. 55, die jedoch einen ganz anderen Fall anspricht.

[17] LG Hamburg WM 1991, 1081 (1082 f.); Hüffer/*Koch* AktG § 291 Rn. 23; *Emmerich* in Emmerich/Habersack Aktien- und GmbH-Konzernrecht § 291 Rn. 53.

2. Geschäftsführungsvertrag. Ein Geschäftsführungsvertrag im Sinne von § 291 Abs. 1 **11**
S. 2 AktG liegt vor, wenn sich eine Aktiengesellschaft oder KGaA verpflichtet, ihr Unternehmen **für Rechnung eines anderen** Unternehmens zu führen. Es handelt sich um eine Vereinbarungstreuhand, bei der die Gesellschaft ihr Unternehmen fremdnützig führt.[21] Ein solcher Vertrag gilt als Gewinnabführungsvertrag, da seine wirtschaftlichen Folgen die gleichen sind: bei einem Gewinnabführungsvertrag wird der gesamte anfallende Gewinn abgeführt, bei einem Geschäftsführungsvertrag entsteht erst gar kein Gewinn, da alle Geschäfte für Rechnung des anderen Vertragsteils getätigt werden. Die **technische und bilanzielle Abwicklung** ist umstritten. Nach überkommener Auffassung ist zum Geschäftsjahresende ein fiktiver Bilanzgewinn zu ermitteln, der sodann vom Vertragspartner übernommen wird, während ein unterjähriger Vermögenstransfer wegen § 59 AktG ausscheide.[22] Von den Geschäftsführungsverträgen im Sinn des § 291 Abs. 1 S. 2 AktG zu unterscheiden sind die sogenannten Betriebsführungsverträge, bei denen nicht das eigene, sondern ein fremdes Unternehmen für fremde Rechnung geführt wird; vgl. dazu → § 73 Rn. 48 ff.

Der Vertrag muss die **gesamte geschäftliche Tätigkeit** der verpflichteten Gesellschaft **12** erfassen; werden nur einzelne Betriebe oder einzelne Geschäfte für Rechnung eines anderen Unternehmens geführt, handelt es sich nicht um einen Geschäftsführungsvertrag im Sinne der Vorschrift.[23] Die Geschäfte können im Namen der verpflichteten Gesellschaft oder im Namen des anderen Vertragsteils geführt werden;[24] im erstgenannten Fall tritt auf den Geschäftsbriefen (§ 37a HGB, § 80 AktG) die Gesellschaft selbst in Erscheinung, im letzteren Fall ist der andere Vertragsteil zu nennen.[25] Ein Geschäftsführungsvertrag im Sinne von § 291 Abs. 1 S. 2 AktG liegt nur vor, wenn die Geschäftsführung **unentgeltlich** erfolgt; ein entgeltlicher Geschäftsführungsvertrag fällt nicht unter die Regelung und untersteht nicht den Vorschriften über den Gewinnabführungsvertrag, weil andernfalls bei der Gesellschaft ein Gewinn verbliebe.[26] Es dürfte aber wohl zutreffen, entgeltliche Geschäftsführungsverträge entsprechend § 292 Abs. 1 Nr. 3 AktG wie einen Betriebspachtvertrag zu behandeln.[27] Auch der Geschäftsführungsvertrag muss den Ausgleich (§ 304

---

[18] KölnKommAktG/*Koppensteiner* § 291 Rn. 94; MüKoAktG/*Altmeppen* § 291 Rn. 152 f.; *Emmerich* in Emmerich/Habersack Aktien- und GmbH-Konzernrecht § 291 Rn. 56; Hüffer/*Koch* AktG § 291 Rn. 25. Muster bei Münch Vertragshdb. Bd. 1/*Bungert* Form X.6. Zur steuerlichen Rechtslage nach Änderung von § 14 Abs. 1 S. 1 KStG → Rn. 50.

[19] MüKoAktG/*Altmeppen* § 291 Rn. 152; aA KölnKommAktG/*Koppensteiner* § 291 Rn. 94, der bei direktem Vertragsschluss mit mehreren Müttern Absprachen über die jeweiligen Gewinnquoten für nötig hält.

[20] MüKoAktG/*Altmeppen* § 291 Rn. 152; *Emmerich* in Emmerich/Habersack Aktien- und GmbH-Konzernrecht § 291 Rn. 56.

[21] Näher *K. Schmidt* FS Hoffmann-Becking, 2013, 1053 (1061 f.).

[22] Vgl. näher Hüffer/*Koch* AktG § 291 Rn. 30; *Emmerich* in Emmerich/Habersack Aktien- und GmbH-Konzernrecht § 291 Rn. 71; Henssler/Strohn GesR/*Paschos* AktG § 291 Rn. 50; *van Venrooy* DB 1981, 675 (676 f.); im Wesentlichen auch KölnKommAktG/*Koppensteiner* § 291 Rn. 85, der allerdings eine Übertragung aller Aktiv- und Passivposten nach Geschäftsjahresende befürwortet; aA MüKoAktG/*Altmeppen* § 291 Rn. 179 ff., der bereits unterjährig jeden einzelnen Geschäftsvorfall bei der Obergesellschaft erfassen will.

[23] MüKoAktG/*Altmeppen* § 291 Rn. 174; KölnKommAktG/*Koppensteiner* § 291 Rn. 82; Hüffer/*Koch* AktG § 291 Rn. 31.

[24] MüKoAktG/*Altmeppen* § 291 Rn. 174; *Emmerich* in Emmerich/Habersack Aktien- und GmbH-Konzernrecht § 291 Rn. 67; KölnKommAktG/*Koppensteiner* § 291 Rn. 83; Hüffer/*Koch* AktG § 291 Rn. 31; *Oesterreich*, Die Betriebsüberlassung zwischen Vertragskonzern und faktischem Konzern, 1979, S. 58.

[25] *K. Schmidt* FS Hoffmann-Becking, 2013, 1053 (1061, 1063).

[26] MüKoAktG/*Altmeppen* § 291 Rn. 184 f.; KölnKommAktG/*Koppensteiner* § 291 Rn. 84; Hüffer/*Koch* AktG § 291 Rn. 31; *Emmerich* in Emmerich/Habersack Aktien- und GmbH-Konzernrecht § 291 Rn. 68; aA noch *Geßler* in Geßler/Hefermehl AktG § 291 Rn. 92.

AktG) und die Abfindung (§ 305 AktG) für die außenstehenden Aktionäre ausdrücklich regeln; vgl. dazu → Rn. 38. Für Rechtsform und Sitz der Vertragsparteien gilt das → Rn. 9 Gesagte.

III. Abschluss, Änderung und Beendigung des Vertrags

13 **1. Zustandekommen des Vertrages.** Für das **Zustandekommen** eines Gewinnabführungsvertrags gelten gemäß §§ 293, 294 AktG genau die gleichen Regeln wie beim Beherrschungsvertrag. Der Vertrag wird nur mit Zustimmung der Hauptversammlung der verpflichteten Gesellschaft und Eintragung ins Handelsregister wirksam; ist der andere Vertragsteil ebenfalls eine Aktiengesellschaft oder KGaA, muss auch dessen Hauptversammlung zustimmen. Wegen der Einzelheiten vgl. → § 71 Rn. 20 ff.

14 Anders als ein Beherrschungsvertrag (vgl. → § 71 Rn. 59) kann ein Gewinnabführungsvertrag mit **Rückwirkung** abgeschlossen werden. Aktienrechtlich ist jedenfalls eine Rückwirkung auf den Beginn des Geschäftsjahres zulässig, in welchem der Gewinnabführungsvertrag wirksam wird.[28] Darüberhinaus stehen aktienrechtliche Grundsätze auch einer Rückwirkung auf ein abgelaufenes Geschäftsjahr nicht entgegen, solange der Jahresabschluss noch nicht festgestellt ist.[29] Noch weitergehend wird man eine Rückwirkung auch bei bereits festgestelltem Jahresabschluss zulassen können, soweit noch kein Gewinnverwendungsbeschluss gefasst ist[30] oder alle Aktionäre zustimmen.[31] Steuerlich ist die Rückwirkung auf den Beginn desjenigen Kalenderjahres beschränkt, in dem das Wirtschaftsjahr der zur Gewinnabführung verpflichteten Gesellschaft (Organgesellschaft) endet, in dem der Vertrag wirksam wird (§ 14 Abs. 1 S. 2 KStG); vgl. näher → Rn. 54.

15 Für **fehlerhafte Gewinnabführungsverträge** gilt das Gleiche wie beim Beherrschungsvertrag, vgl. → § 71 Rn. 18 f.

16 **2. Dauer, Änderung und Beendigung des Vertrages. a) Dauer des Vertrages.** Aus steuerlichen Gründen müssen Gewinnabführungsverträge für mindestens 5 Jahre abgeschlossen und durchgeführt werden, da sonst die Voraussetzungen der körperschaft- und gewerbesteuerlichen Organschaft nicht erfüllt sind (§§ 14 Abs. 1 S. 1 Nr. 3 KStG, § 2 Abs. 2 S. 2 GewStG); vgl. → Rn. 54 f. Aus aktienrechtlicher Sicht sind die Parteien frei. Es gilt das Gleiche wie beim Beherrschungsvertrag; vgl. daher näher → § 71 Rn. 180.

17 **b) Änderung des Vertrages.** Es gilt das Gleiche wie beim Beherrschungsvertrag; vgl. → § 71 Rn. 183 ff.

18 **c) Beendigung des Vertrages.** Auch für die Beendigung eines Gewinnabführungsvertrages gelten weitestgehend die gleichen Regeln wie beim Beherrschungsvertrag. Auch hier

---

[27] KölnKommAktG/*Koppensteiner* § 292 Rn. 83; MüKoAktG/*Altmeppen* § 291 Rn. 186 f.; *K. Schmidt* FS Hoffmann-Becking, 2013, 1053 (1062); aA *Emmerich* in Emmerich/Habersack Aktien- und GmbH-Konzernrecht § 291 Rn. 68.

[28] BGHZ 122, 211 (223 ff.); OLG Düsseldorf AG 1996, 473 (474); KölnKommAktG/*Koppensteiner* § 294 Rn. 32; *Emmerich* in Emmerich/Habersack Aktien- und GmbH-Konzernrecht § 294 Rn. 29.

[29] LG Kassel AG 1997, 239 f.; KölnKommAktG/*Koppensteiner* § 294 Rn. 32; *K. Schmidt/Lutter* AktG/*Langenbucher* § 291 Rn. 54; *Hüffer/Koch* AktG § 294 Rn. 20; Spindler/Stilz AktG/*Veil* § 294 Rn. 26; Bürgers/Körber AktG/*Schenk* § 294 Rn. 17; *Hoffmann-Becking* WiB 1994, 57 (62); *Knepper* DStR 1994, 377 (378 f.); aA OLG München AG 1991, 358 (359); *Emmerich* in Emmerich/Habersack Aktien- und GmbH-Konzernrecht § 294 Rn. 29, die eine Rückwirkung nur bis zum Beginn des laufenden Geschäftsjahres akzeptieren.

[30] *Hüffer/Koch* AktG § 294 Rn. 20; Henssler/Strohn GesR/*Paschos* § 291 Rn. 31; *Schaber/Hertstein* Der Konzern 2004, 6 (8); vgl. auch KölnKommAktG/*Koppensteiner* § 294 Rn. 32 Fn. 121.

[31] MüKoAktG/*Altmeppen* § 294 Rn. 65; vgl. auch KölnKommAktG/*Koppensteiner* § 294 Rn. 32 Fn. 122. Noch anders *Grewe* DStR 1997, 745 (746), der eine Rückwirkung trotz festgestelltem Jahresabschluss zulassen will, wenn die Gewinnabführung bereits berücksichtigt ist; vgl. dazu auch *Schaber/Hertstein* Der Konzern 2004, 6 (8).

gilt zunächst das Verbot des § 299 AktG mit der Folge, dass auf Grund eines Beherrschungsvertrages nicht die Weisung erteilt werden kann, einen zugleich bestehenden Gewinnabführungsvertrag aufrecht zu erhalten oder zu beenden;[32] vgl. näher → § 71 Rn. 195.

Auch die **Beendigungsgründe** decken sich weitestgehend. Hinsichtlich des Abschlusses 19 eines Aufhebungsvertrags, einer ordentlichen oder außerordentlichen Kündigung, einer Vertragsbeendigung nach § 307 AktG, des Vertragsendes durch Zeitablauf oder Verlust der Unternehmenseigenschaft und der Frage eines gesetzlichen oder vertraglichen Rücktrittsrechts gilt das zum Beherrschungsvertrag Gesagte; vgl. → § 71 Rn. 196 ff.

Für die **Auflösung,** insbesondere die **Insolvenz,** einer der Vertragsparteien besteht der 20 gleiche Streit wie zum Beherrschungsvertrag: Nach wohl zutreffender und herrschender Meinung findet ein Gewinnabführungsvertrag bei Insolvenz einer der Vertragsparteien automatisch sein Ende.[33] Das dürfte auch bei Anordnung der Eigenverwaltung (§§ 270 ff. InsO) gelten.[34] Die Gegenmeinung geht demgegenüber seit Inkrafttreten der InsO bei Insolvenz einer Vertragspartei vom Fortbestand des Vertrages aus, will allerdings zum Teil die Rechte aus dem Vertrag für die Dauer des Verfahrens als „suspendiert" ansehen und eine Kündigung aus wichtigem Grund zulassen (vgl. im Übrigen näher → § 71 Rn. 207).[35]

Die gleichen Grundsätze wie beim Beherrschungsvertrag gelten auch für die Fälle der 21 **Verschmelzung,** Spaltung, Vermögensübertragung, des Formwechsels, der Eingliederung und Vertragsübernahme; vgl. daher auch hierzu → § 71 Rn. 208 ff. Ein Unterschied ergibt sich nur bei einer Eingliederung der Gesellschaft in den anderen Vertragsteil: Während ein Beherrschungsvertrag in diesem Fall endet (vgl. → § 71 Rn. 217), bleibt ein Gewinnabführungsvertrag bestehen.[36]

Die Beendigung des Gewinnabführungsvertrages ist gemäß § 298 AktG zur **Eintragung** 22 ins Handelsregister anzumelden; vgl. auch dazu → § 71 Rn. 218.

d) **Rechtsfolgen der Vertragsbeendigung.** Mit dem Gewinnabführungsvertrag enden 23 die vertraglichen Rechte und Pflichten. Bei einer Vertragsbeendigung im Laufe des Geschäftsjahres der verpflichteten Gesellschaft, ist ein Zwischenabschluss zu erstellen;[37] ein aus diesem Zwischenabschluss sich ergebender Gewinn ist abzuführen,[38] ein daraus sich ergebender Verlust auszugleichen (vgl. → § 71 Rn. 67).

Ausgleich und Abfindung für die außenstehenden Aktionäre werden ebenfalls bis zum 24 Zeitpunkt der Vertragsbeendigung geschuldet; vgl. näher → § 71 Rn. 221 ff. Auch bei

---

[32] MüKoAktG/*Altmeppen* § 299 Rn. 5; *Emmerich* in Emmerich/Habersack Aktien- und GmbH-Konzernrecht § 299 Rn. 2; Hüffer/*Koch* AktG § 299 Rn. 2; KölnKommAktG/*Koppensteiner* § 299 Rn. 2.

[33] So etwa Hüffer/*Koch* AktG § 297 Rn. 22a; MüKoAktG/*Altmeppen* § 297 Rn. 106 ff., 117 ff.; *Emmerich* in Emmerich/Habersack Aktien- und GmbH-Konzernrecht § 297 Rn. 52 a f.; Spindler/Stilz AktG/*Veil* § 297 Rn. 38; Hölters AktG/*Deilmann* § 297 Rn. 40; Henssler/Strohn GesR/*Paschos* AktG § 297 Rn. 13; Bürgers/Körber AktG/*Schenk* § 297 Rn. 20; eingehend *Krieger* FS Metzeler, 2003, 139 (141 ff., 146 ff.). Ebenso schon die hM zum alten Konkursrecht vgl. etwa BGHZ 103, 1 (6 f.); *Kuhn/Uhlenbruck* KO Vorb. K § 207 Rn. 2a ff.; *Hengeler/Hoffmann-Becking* FS Hefermehl, 1976, 283 (296, 303).

[34] *Berthold,* Unternehmensverträge in der Insolvenz, 2004, S. 135; für diesen Fall aA (Suspendierung des Vertrages) *Emmerich* in Emmerich/Habersack Aktien- und GmbH-Konzernrecht § 297 Rn. 52b; Spindler/Stilz AktG/*Veil* § 297 Rn. 38; offen Hüffer/*Koch* AktG § 297 Rn. 22a („allenfalls diskutabel").

[35] So etwa KölnKommAktG/*Koppensteiner* § 297 Rn. 47; *Freudenberg* ZIP 2009, 2037 (2040 f.); *Trendelenburg* NJW 2002, 647 ff.; *Zeidler* NZG 1999, 692 (696 f.).

[36] Arg. § 324 Abs. 2 AktG; ebenso *Emmerich* in Emmerich/Habersack Aktien- und GmbH-Konzernrecht § 297 Rn. 35; MüKoAktG/*Altmeppen* § 297 Rn. 141.

[37] Zur Ergebnisermittlung in der Zwischenbilanz vgl. näher *H.-P. Müller* FS Goerdeler, 1987, 375 (391 ff.).

[38] KölnKommAktG/*Koppensteiner* § 302 Rn. 18; MüKoAktG/*Altmeppen* § 302 Rn. 25; Hüffer/*Koch* AktG § 302 Rn. 11.

Beendigung eines Gewinnabführungsvertrages können schließlich die Gläubiger gemäß § 303 AktG Sicherheitsleistung für ihre Forderungen beanspruchen; vgl. dazu im Einzelnen → § 71 Rn. 224 ff.

IV. Wirkung des Vertrages

25 **1. Leitungsmacht und Verantwortlichkeit.** Der Vorstand der durch einen Gewinnabführungs- oder einen Geschäftsführungsvertrag verpflichteten Gesellschaft hat diese unverändert **eigenverantwortlich** zu leiten (§ 76 Abs. 1 AktG). Dazu gehört auch das Bemühen, Gewinne zu erzielen.[39] Irgendein Weisungsrecht – namentlich hinsichtlich der Ausübung von Ansatz- und Bewertungswahlrechten bei der Bilanzierung – ergibt sich für den anderen Vertragsteil aus einem Gewinnabführungs- oder einem Geschäftsführungsvertrag nicht;[40] zur Frage, inwieweit hierzu vertragliche Regelungen getroffen werden können, vgl. → Rn. 5.

26 Besteht zwischen den durch einen isolierten Gewinnabführungsvertrag verbundenen Gesellschaften ein **Abhängigkeitsverhältnis**, führt dies zur Unanwendbarkeit der Regelungen über den Abhängigkeitsbericht (§ 316 AktG). Die Vorschriften der §§ 311, 317 und 318 AktG bleiben hingegen grundsätzlich anwendbar;[41] praktisch sind diese Ansprüche zwar in der Regel ohne Bedeutung, da sie nur den abzuführenden Gewinn erhöhen bzw. den auszugleichenden Verlust mindern,[42] im Ausnahmefall kann das jedoch anders sein.[43] Die Einflussnahme des herrschenden Unternehmens auf eine gewinnerhöhende oder verlustmindernde Ausübung von Ansatz- und Bewertungswahlrechten bei der Bilanzierung ist im Allgemeinen nicht als nachteilige Einflussnahme im Sinne von § 311 AktG zu werten,[44] wohl aber die Veranlassung zum Ausweis eines überhöhten Gewinns.[45]

27 **2. Auffüllung der gesetzlichen Rücklage.** Auch nach Abschluss eines **Gewinnabführungsvertrages** muss die Gesellschaft innerhalb der ersten fünf Geschäftsjahre die gesetzliche Rücklage auffüllen (§ 300 Nr. 1 AktG). In diesen fünf Geschäftsjahren ist jährlich ein Fünftel des Betrages in die gesetzliche Rücklage einzustellen, der erforderlich ist, um die Rücklage auf die volle nach Gesetz oder Satzung vorgeschriebene Höhe zu bringen. Beginnt der Vertrag im Laufe eines Geschäftsjahres, kommt die Vorschrift erstmals bei dem Jahresabschluss des folgenden Geschäftsjahres zum Tragen; vgl. → § 71 Rn. 61. Wird der Vertrag mit Rückwirkung geschlossen (vgl. → Rn. 14), beginnt die Frist zur Auffüllung der Rücklage mit dem Zeitpunkt, auf den der Vertrag rückbezogen wurde.[46] Die Rücklagendotierung erfolgt aus dem um einen Verlustvortrag geminderten Jahresüberschuss, wie er sich ohne die Gewinnabführung ergeben würde. Reicht dieser Überschuss nicht, erhöhen sich die Auffüllungsbeträge der Folgejahre, vgl. näher → § 71 Rn. 62. Ergäbe sich nach

---

[39] KölnKommAktG/*Koppensteiner* § 291 Rn. 86; K. Schmidt/Lutter AktG/*Langenbucher* § 291 Rn. 60; *van Venrooy* DB 1981, 675 (680).

[40] KölnKommAktG/*Koppensteiner* § 291 Rn. 87 ff.; MüKoAktG/*Altmeppen* § 291 Rn. 151, 182; Hüffer/*Koch* AktG § 291 Rn. 32; H.-P. *Müller* FS Goerdeler, 1987, 375 (380); aA *van Venrooy* DB 1981, 675 (681); vgl. zum AktG 1937 auch OLG Karlsruhe NJW 1967, 831 (832).

[41] MüKoAktG/*Altmeppen* § 291 Rn. 169 f.; K. Schmidt/Lutter AktG/*Langenbucher* § 291 Rn. 61; Spindler/Stilz AktG/*Veil* § 291 Rn. 42 u. 74; *Emmerich* in Emmerich/Habersack Aktien- und GmbH-Konzernrecht § 291 Rn. 61a.

[42] MüKoAktG/*Altmeppen* § 291 Rn. 170; vgl. auch *Emmerich* in Emmerich/Habersack Aktien- und GmbH-Konzernrecht § 291 Rn. 61a.

[43] Vgl. etwa H. P. *Müller* FS Goerdeler, 1987, 375 (383 f.).

[44] Näher H.-P. *Müller* FS Goerdeler, 1987, 375 (382 ff.).

[45] Hüffer/*Koch* AktG § 291 Rn. 24; *Emmerich* in Emmerich/Habersack Aktien- und GmbH-Konzernrecht § 291 Rn. 61a.

[46] MüKoAktG/*Altmeppen* § 300 Rn. 16; *Emmerich* in Emmerich/Habersack Aktien- und GmbH-Konzernrecht § 300 Rn. 13; KölnKommAktG/*Koppensteiner* § 300 Rn. 10; Hüffer/*Koch* AktG § 300 Rn. 7.

§ 150 Abs. 2 AktG ohne die Gewinnabführungsverpflichtung eine höhere Einstellung in die gesetzliche Rücklage, so ist dieser höhere Betrag zur Rücklagendotierung zu verwenden (§ 300 Nr. 1 iVm Nr. 2 AktG). Diese Situation entsteht, wenn die gesetzliche Rücklage bei Vertragsbeginn bereits weitgehend aufgefüllt ist und das nach § 300 Nr. 1 AktG einstellungspflichtige Fünftel des Restbetrages niedriger ist als der nach § 150 Abs. 2 AktG einzustellende Betrag von 5 % des um einen etwaigen Verlustvortrag geminderten Jahresüberschusses. Zur Auswirkung einer Kapitalerhöhung vgl. → § 71 Rn. 63.

Wie bei **Geschäftsführungsverträgen** die gesetzliche Rücklage nach § 300 Nr. 1 AktG aufzufüllen ist, ist umstritten, da hier ein abzuführender Gewinn gar nicht erst entsteht. Auf der Basis der hM, wonach bei Geschäftsführungsverträgen der fiktive Bilanzgewinn zu ermitteln und vom Vertragspartner zu übernehmen ist (vgl. → Rn. 11), ist folgerichtig der fiktive Jahresüberschuss zu ermitteln und auf dieser Basis die Rücklage zu dotieren.[47] Das gilt naturgemäß nur so lange, wie die Geschäftsführung unentgeltlich erfolgt; ein entgeltlicher Geschäftsführungsvertrag untersteht den Regeln über den Gewinnabführungsvertrag nicht (vgl. → Rn. 12), so dass auch § 300 Nr. 1 AktG keine Anwendung findet.

3. Gewinnabführung. Die **Fälligkeit** des Gewinnabführungsanspruchs ist gesetzlich nicht geregelt. Vertraglich wird zumeist bestimmt, dass Fälligkeit mit dem Bilanzstichtag eintritt.[48] Bei Fehlen einer vertraglichen Regelung wird man hingegen eher annehmen müssen, dass die Fälligkeit nicht mit dem Bilanzstichtag, sondern erst mit Feststellung des Jahresabschlusses eintritt; die abweichende Rechtsprechung zur Fälligkeit des Anspruchs auf Verlustausgleich gemäß § 302 AktG (→ § 71 Rn. 75) lässt sich jedenfalls auf die Frage der Fälligkeit der Gewinnabführungsverpflichtung nicht übertragen.[49] Ab Fälligkeit ist der Anspruch, sofern der Vertrag nichts anderes bestimmt, mit 5 % zu verzinsen (§§ 353, 352 Abs. 2 HGB).[50]

Abzuführen ist der gesamte Gewinn, der ohne die Gewinnabführung entstehen würde. Die **Berechnung** richtet sich in erster Linie nach den Vorschriften des Bilanzrechts und den getroffenen Vereinbarungen; vgl. → Rn. 5. Durch § 301 S. 1 AktG wird der abführungsfähige Gewinn jedoch auf einen **Höchstbetrag** beschränkt: Als Gewinn kann höchstens der ohne die Gewinnabführungspflicht entstehende Jahresüberschuss abgeführt werden und zwar, vermindert um (1) einen etwaigen Verlustvortrag, (2) den Betrag, der nach § 300 AktG in die gesetzliche Rücklage einzustellen ist, und (3) den nach § 268 Abs. 8 HGB ausschüttungsgesperrten Betrag. Auszugehen ist also von dem Jahresüberschuss (§ 275 Abs. 2 Nr. 20 bzw. Abs. 3 Nr. 19 HGB), der ohne Berücksichtigung der Gewinnabführungsverpflichtung (§ 277 Abs. 3 S. 2 HGB) zu berechnen ist. Davon sind ein etwaiger Verlustvortrag aus dem Vorjahr (§ 158 Abs. 1 S. 1 Nr. 1 AktG), die nach § 300 Nr. 1 AktG erforderliche Einstellung in die gesetzliche Rücklage und die der Ausschüttungssperre nach § 268 Abs. 8 HGB unterliegenden Beträge abzuziehen. Führen die über die Berechnung des abzuführenden Gewinns getroffenen Vereinbarungen zu einem höheren Betrag, darf nur der nach § 301 AktG ermittelte Höchstbetrag abgeführt werden; die Vorschrift be-

---

[47] *Adler/Düring/Schmaltz* Rechnungslegung § 300 Rn. 17 f.; *Hüffer/Koch* AktG § 300 Rn. 6; *Emmerich* in Emmerich/Habersack Aktien- und GmbH-Konzernrecht § 300 Rn. 15; MüKoAktG/*Altmeppen* § 300 Rn. 41 f.; aA KölnKommAktG/*Koppensteiner* § 300 Rn. 7, der auf die Rücklagendotierung verzichten will.

[48] Vgl. etwa Münch Vertragshdb. Bd. 1/*Bungert* Form X.2 § 2 Abs. 3; Happ AktienR Bd. II/*Liebscher* Form 16.01 § 3 Abs. 5.

[49] Wie hier Hüffer/*Koch* AktG § 291 Rn. 26; MüKoAktG/*Altmeppen* § 291 Rn. 148; *Wolf* NZG 2007, 641 (643 ff.); *Hennrichs* ZHR 174 (2010), 683 (698); aA *Emmerich* in Emmerich/Habersack Aktien- und GmbH-Konzernrecht § 301 Rn. 22; K. Schmidt/Lutter AktG/*Stephan* § 301 Rn. 20; Hölters AktG/*Deilmann* § 301 Rn. 6.

[50] *Emmerich* in Emmerich/Habersack Aktien- und GmbH-Konzernrecht § 301 Rn. 23; aA *Thoß* DB 2007, 206 ff.

grenzt also den abzuführenden Gewinn, lässt jedoch die Wirksamkeit des Gewinnabführungsvertrags und der in ihm getroffenen Vereinbarungen unberührt.[51] In der **Gewinn- und Verlustrechnung** sind die auf Grund eines Gewinnabführungsvertrags erhaltenen Gewinne als Ertrag, die abgeführten Gewinne als Aufwand gesondert auszuweisen (§ 277 Abs. 3 S. 2 HGB; deutlicher § 157 Abs. 1 Nr. 7 u. 27 AktG aF).

31 Gemäß § 301 S. 2 AktG können auch Entnahmen aus **anderen Gewinnrücklagen** als Gewinn abgeführt werden, sofern es sich um Beträge handelt, die während der Vertragsdauer eingestellt worden sind. Damit ist gemeint, dass die Rücklage zu Lasten eines andernfalls abführungspflichtigen Gewinns dotiert worden sein muss; werden Gewinne aus vertraglicher Zeit nach Wirksamwerden des Vertrags in die Rücklage eingestellt, fallen diese nicht unter § 301 S. 2 AktG. Die **Bildung** solcher Rücklagen zu Lasten des abzuführenden Gewinns ist steuerrechtlich nur zulässig, soweit sie nach vernünftiger kaufmännischer Beurteilung wirtschaftlich begründet ist (§ 14 Abs. 1 S. 1 Nr. 4 KStG) vgl. → Rn. 57. Soweit die Rücklagenbildung zugelassen ist, gelten die Beschränkungen des § 58 Abs. 2 AktG aufgrund teleologischer Reduktion der Vorschrift nur, wenn bei der verpflichteten Gesellschaft außenstehende Aktionäre vorhanden sind und ein variabler Ausgleich gem. § 304 Abs. 2 S. 2 AktG gezahlt wird; bei 100%-Töchtern oder Zahlung eines festen Ausgleichs können Vorstand und Aufsichtsrat also auch mehr als 50% des Jahresüberschusses in andere Gewinnrücklagen einstellen.[52] Im Verhältnis zu dem anderen Vertragsteil darf die Gesellschaft jedoch solche Rücklagen nur mit dessen Zustimmung bilden, soweit nicht der Gewinnabführungsvertrag die Rücklagenbildung zulässt. Über die **Entnahme** entscheiden die Organe der Gesellschaft im Rahmen der Bilanzfeststellung. Der andere Vertragsteil kann auf Grund des Gewinnabführungsvertrages oder auf Grund eines entsprechenden Vorbehalts bei der Zustimmung zur Bildung der Rücklage das Recht haben, eine Entnahme zu verlangen;[53] besteht zugleich ein Beherrschungsvertrag wird die Rücklagenauflösung auch vom vertraglichen Weisungsrecht erfasst.[54]

32 Ohne die Sonderbestimmung des § 301 S. 2 AktG wäre eine Gewinnabführung nicht möglich, da Entnahmen aus Rücklagen auf Grund des gesetzlichen Gliederungsschemas der Gewinn- und Verlustrechnung nicht zu einer Erhöhung des Jahresüberschusses führen (vgl. § 158 Abs. 1 S. 1 Nr. 2 und 3 AktG). Deshalb können Beträge aus der Auflösung von **gesetzlichen Rücklagen, Kapitalrücklagen** oder **vorvertraglichen Gewinnrücklagen** nicht als Gewinn abgeführt werden.[55] Eine Ausnahme wurde insoweit allerdings für freiwillige **Zuzahlungen in die Kapitalrücklage** (§ 272 Abs. 2 Nr. 4 HGB) gemacht, sofern diese während der Vertragslaufzeit geleistet worden waren.[56] Das wird jedoch seit 2002 steuerlich nicht akzeptiert[57] und wird in der Folge – zu Unrecht – auch gesellschaftsrechtlich überwiegend abgelehnt.[58]

---

[51] MüKoAktG/*Altmeppen* § 301 Rn. 25; aA KölnKommAktG/*Koppensteiner* § 301 Rn. 23; K. Schmidt/Lutter AktG/*Stephan* § 301 Rn. 8, die von Nichtigkeit gem. § 134 BGB ausgehen, dann aber zumindest danach differenzieren müssten, ob die vertragliche Regelung stets oder nur aufgrund der Umstände des konkreten Falles mit § 301 AktG in Konflikt gerät; für eine solche Differnzierung Großkomm. AktG/*Hirte* § 301 Rn. 17.
[52] Hüffer/*Koch* AktG § 58 Rn. 15; K. Schmidt/Lutter AktG/*Fleischer* § 58 Rn. 26; MüKoAktG/ *Bayer* § 58 Rn. 54 ff.; GroßkommAktG/*Henze* § 58 Rn. 47 ff.
[53] MüKoAktG/*Altmeppen* § 301 Rn. 31; KölnKommAktG/*Koppensteiner* § 301 Rn. 17; Spindler/ Stilz AktG/*Veil* § 301 Rn. 15.
[54] MüKoAktG/*Altmeppen* § 301 Rn. 31; KölnKommAktG/*Koppensteiner* § 301 Rn. 17; *Emmerich* in Emmerich/Habersack Aktien- und GmbH-Konzernrecht § 301 Rn. 15; aA Spindler/Stilz AktG/ *Veil* § 301 Rn. 15.
[55] KölnKommAktG/*Koppensteiner* § 301 Rn. 13 f.; MüKoAktG/*Altmeppen* § 301 Rn. 21; Hüffer/ *Koch* AktG § 301 Rn. 8.
[56] OLG Frankfurt a. M. NZG 2000, 603 (604); KölnKommAktG/*Koppensteiner* § 301 Rn. 14; *Hoffmann-Becking* WiB 1994, 57 (61); aA *Priester* ZIP 2001, 725 (727 ff.); *Willenberg/Welte* DB 1994, 1688 (1690).

Ohne weiteres bleibt es zulässig, vorvertragliche Gewinnrücklagen sowie freiwillige **33** Zuzahlungen in die Kapitalrücklage zum Zwecke einer **Gewinnausschüttung an alle Aktionäre** aufzulösen.[59]

Die gleichen Grundsätze wie für andere Gewinnrücklagen gelten für einen **Gewinn-** **34** **vortrag**. Ein vorvertraglicher Gewinnvortrag kann nicht abgeführt, sondern nur als Gewinn an alle Aktionäre ausgeschüttet werden, da er auf Grund des aktienrechtlichen Gliederungsschemas nicht zu einer Erhöhung des Jahresüberschusses führt (§ 158 Abs. 1 S. 1 Nr. 1 AktG); ein während der Vertragsdauer gebildeter Gewinnvortrag kann analog § 301 S. 2 AktG abgeführt werden.[60] Die Auflösung **stiller Reserven** erhöht den abzuführenden Gewinn, auch wenn es sich um stille Reserven aus der Zeit vor Vertragsbeginn handelt.[61] Die außenstehenden Aktionäre sind durch §§ 304, 305 AktG (vgl. → Rn. 38) ausreichend geschützt. Die Auflösung von **Rückstellungen** und etwa noch bestehender Sonderposten mit Rücklagenanteil (Art. 67 Abs. 3 S. 1 EGHGB) führt ebenfalls zu einer Erhöhung des abzuführenden Gewinns.[62]

Im Falle einer **überhöhten Gewinnabführung** aufgrund fehlerhafter Gewinnermitt- **35** lung oder Verstoß gegen §§ 300, 301 AktG wird man der gewinnabführungspflichtigen Gesellschaft einen Rückzahlungsanspruch aus § 62 Abs. 1 S. 1 AktG zubilligen müssen.[63] Entsprechend § 62 Abs. 1 S. 2 AktG gilt das jedoch nicht für eine gutgläubig empfangene Gewinnabführung,[64] mag dieser Fall auch nur ausnahmsweise in Betracht kommen.[65] Bei der nachträglichen Korrektur fehlerhafter Jahresabschlüsse, die zu einem Rückzahlungsanspruch führen würden, ist die Untergesellschaft überdies – sowohl während des Bestehens als auch nach Beendigung des Gewinnabführungsvertrages – zur Rücksichtnahme auf die Interessen der Obergesellschaft verpflichtet.[66] Die Untergesellschaft ist deshalb verpflichtet, die Ausübung bilanzpolitischer Emessensentscheidungen, die zu einem Rückzahlungsanspruch führen würden, der Obergesellschaft zu überlassen und auf Verlangen der Ober-

---

[57] Ablehnend BFH GmbHR 2002, 274 (275 ff.); ihm folgend BMF 27.11.2003, DB 2003, 2679; anders noch BMF 11.10.1990, DB 1990, 2142.

[58] Zutreffend nach wie vor Hüffer/Koch AktG § 301 Rn. 8; Happ AktienR Bd. II/Liebscher Form 16.01 Anm. 9.4; Hüffer FS U. H. Schneider, 2011, 559 (564 ff.); aA heute MüKoAktG/Altmeppen § 301 Rn. 28; K. Schmidt/Lutter AktG/Stephan § 301 Rn. 27; Spindler/Stilz AktG/Veil § 301 Rn. 17; Cahn/Simon Der Konzern 2003, 1 (8).

[59] BGHZ 155, 110 (115); KölnKommAktG/Koppensteiner § 301 Rn. 18; MüKoAktG/Altmeppen § 301 Rn. 21, 27; Emmerich in Emmerich/Habersack Aktien- und GmbH-Konzernrecht § 301 Rn. 30; H.-P. Müller FS Goerdeler, 1987, 375 (390).

[60] Emmerich in Emmerich/Habersack Aktien- und GmbH-Konzernrecht § 301 Rn. 31; MüKoAktG/Altmeppen § 301 Rn. 24; KölnKommAktG/Koppensteiner § 301 Rn. 19; Hüffer/Koch AktG § 301 Rn. 7.

[61] BGHZ 135, 374 (378); OLG Düsseldorf AG 1990, 490 (493); MüKoAktG/Altmeppen § 301 Rn. 35 ff.; Emmerich in Emmerich/Habersack Aktien- und GmbH-Konzernrecht § 301 Rn. 33; KölnKommAktG/Koppensteiner § 301 Rn. 22; Hüffer/Koch AktG § 301 Rn. 4; H.-P. Müller FS Goerdeler, 375 (389 ff.).

[62] KölnKommAktG/Koppensteiner § 301 Rn. 20 f.; MüKoAktG/Altmeppen § 301 Rn. 34.

[63] LG Bonn AG 2006, 465; Hüffer/Koch AktG § 301 Rn. 10; KölnKommAktG/Koppensteiner § 301 Rn. 24; eingehend Brandes Liber Amicorum Winter, 2011, 43 (46 ff.); Apfelbacher FS Hoffmann-Becking, 2013, 13 (15); im Ergebnis auch MüKoAktG/Altmeppen § 301 Rn. 26, der die Rückzahlungspflicht aus dem Vertrag ableiten will, und Spindler/Stilz AktG/Veil § 301 Rn. 24; Emmerich in Emmerich/Habersack Aktien- und GmbH-Konzernrecht § 301 Rn. 20, die einen Schadensersatzanspruch aus § 280 BGB für möglich halten.

[64] Hennrichs ZHR 174 (2010), 683 (700); Brandes Liber Amicorum Winter, 2011, 43 (51 ff.); aA Apfelbacher FS Hoffmann-Becking, 2013, 13.

[65] Zutreffend Hennrichs ZHR 174 (2010), 683 (700 f.).

[66] Zur Rücksichtnahmepflicht während des Bestehens des Vertrages vgl. schon → Rn. 5 mit Fn. 12, zur nachvertraglichen Rücksichtnahmepflicht eingehend Reichert Liber Amicorum Winter, 2011, 541 (551 ff.).

gesellschaft zur Minderung des Rückzahlungsanspruchs Gewinnrücklagen und einen Gewinnvortrag, die während der Vertragsdauer gebildet wurden, aufzulösen.[67]

36 Für **Geschäftsführungsverträge** wird teilweise angenommen, § 301 AktG sei nicht von Bedeutung, da dort kein Gewinn abgeführt werde, sondern ein Gewinn gar nicht erst entstehe.[68] Überzeugender erscheint die Gegenansicht, die am Geschäftsjahresende das fiktive Ergebnis ermitteln und an § 301 AktG messen will;[69] gerade auf der Basis der hM, wonach bei Geschäftsführungsverträgen der fiktive Bilanzgewinn zu ermitteln und vom Vertragspartner zu übernehmen ist (vgl. → Rn. 11), erscheint diese Lösung – wie schon bei § 300 AktG (vgl. → Rn. 28) – folgerichtig. Aus § 301 AktG lässt sich keine Verpflichtung des anderen Vertragsteils herleiten, einen etwa vorhandenen Verlustvortrag der Gesellschaft aus der Zeit vor Abschluss des Geschäftsführungsvertrages abzudecken.[70]

37 **4. Verlustausgleich.** Auch ein **Gewinnabführungsvertrag** verpflichtet den anderen Vertragsteil zum Verlustausgleich nach § 302 AktG.[71] Es gelten die gleichen Grundsätze wie beim Beherrschungsvertrag, vgl. → § 71 Rn. 64 ff. Bei **Geschäftsführungsverträgen** kommt die Verlustausgleichspflicht nach § 302 AktG nicht zur Anwendung, da ein ausgleichsfähiger Verlust nicht entstehen kann.[72]

38 **5. Ausgleich und Abfindung für die außenstehenden Aktionäre.** Ein Gewinnabführungsvertrag muss – ebenso wie ein Beherrschungsvertrag – einen angemessenen Ausgleich für die außenstehenden Aktionäre vorsehen (§ 304 AktG). Während beim Beherrschungsvertrag allerdings nur eine Dividendengarantie erforderlich und jeweils nur der Betrag zu zahlen ist, der an der garantierten Dividende fehlt (vgl. → § 71 Rn. 83), wird beim Gewinnabführungsvertrag an die außenstehenden Aktionäre der Gesellschaft keine Dividende mehr gezahlt. Als Ausgleich genügt deshalb nicht eine Dividendengarantie, sondern es ist den außenstehenden Aktionären eine auf die Aktiennennbeträge bezogene wiederkehrende Geldleistung (Ausgleichszahlung) zuzusagen (§ 304 Abs. 1 S. 1 AktG). Diese Ausgleichszahlung ist auch dann in voller Höhe zu erbringen, wenn durch Ausschüttung einer vorvertraglichen Gewinnrücklage oder eines vorvertraglichen Gewinnvortrags ausnahmsweise doch einmal während des laufenden Gewinnabführungsvertrags eine Dividende an die außenstehenden Aktionäre gezahlt wird (vgl. dazu → Rn. 33 f.).[73] Neben dem angemessenen Ausgleich ist – wie beim Beherrschungsvertrag – eine angemessene Abfindung anzubieten (§ 305 AktG). Wegen der näheren Einzelheiten zu Ausgleich und Abfindung gilt das zum Beherrschungsvertrag gesagte; vgl. daher → § 71 Rn. 78 ff. Das Gleiche gilt für Geschäftsführungsverträge (§ 291 Abs. 1 S. 2 AktG). Auch hier haben die außenstehenden Aktionäre also nach Maßgabe von §§ 304–306 AktG Anspruch auf angemessenen Ausgleich und angemessene Abfindung.

---

[67] Überzeugend *Reichert* Liber Amicorum Winter, 2011, 541 (553 ff.).

[68] KölnKommAktG/*Koppensteiner* § 301 Rn. 4; *Bürgers/Körber* AktG/*Schenk* § 301 Rn. 2.

[69] MüKoAktG/*Altmeppen* § 301 Rn. 6; *Emmerich* in Emmerich/Habersack Aktien- und GmbH-Konzernrecht § 301 Rn. 7; K. Schmidt/Lutter AktG/*Stephan* § 301 Rn. 13; Hüffer/*Koch* AktG § 301 Rn. 2.

[70] KölnKommAktG/*Koppensteiner* § 301 Rn. 4.

[71] Zu den gesetzgeberischen Gründen dafür vgl. KölnKommAktG/*Koppensteiner* § 302 Rn. 5; *Cahn/Simon* Der Konzern 2003, 1 (11 ff.).

[72] MüKoAktG/*Altmeppen* § 302 Rn. 15; Hüffer/*Koch* AktG § 302 Rn. 8. AA *Emmerich* in Emmerich/Habersack Aktien- und GmbH-Konzernrecht § 302 Rn. 20 mit dem Argument, der Verlust müsse zunächst in einer Vorbilanz ermittelt werden; das ist jedoch nur eine technische Maßnahme, die nichts daran ändert, dass der Verlust den Vertragspartner nicht erst wegen § 302 AktG trifft, sondern weil die Geschäfte nach dem Vertragsinhalt für seine Rechnung geführt wurden.

[73] BGHZ 155, 110 (115); KölnKommAktG/*Koppensteiner* § 301 Rn. 18; *Emmerich* in Emmerich/Habersack Aktien- und GmbH-Konzernrecht § 301 Rn. 30.

V. Besteuerung bei Vorliegen eines Ergebnisabführungsvertrags

Ist eine AG (SE, KGaA) mit Geschäftsleitung und Sitz im Inland durch einen Gewinn- 39
abführungsvertrag iSd § 291 Abs. 1 AktG verpflichtet, ihren ganzen Gewinn an ein einziges anderes gewerbliches Unternehmen abzuführen, ist das Einkommen der Aktiengesellschaft als Organgesellschaft dem anderen Unternehmen als dem Träger des Unternehmens (Organträger) für Zwecke der Körperschaftsteuer und der Gewerbesteuer zuzurechnen, wenn
– ununterbrochen ab dem Beginn des Wirtschaftsjahres der Organgesellschaft ein Organschaftsverhältnis besteht,
– der Organträger und die Organgesellschaft bestimmte qualitative Anforderungen erfüllen,
– ein Gewinnabführungsvertrag nach § 291 Abs. 1 AktG abgeschlossen und im ersten Wirtschaftsjahr seiner Geltung wirksam geworden ist
– das Organschaftsverhältnis ununterbrochen für die erforderliche Zeit durchgeführt wurde.

Die **steuerlichen Regelungen** für die körperschaftsteuerliche Organschaft ergeben sich 40
aus §§ 14–17 und 19 KStG, für die gewerbesteuerliche Organschaft gelten nach § 2 Abs. 2 S. 2 GewStG der körperschaftsteuerlichen Organschaft angeglichene Voraussetzungen. Da es in Deutschland kein System der Gruppenbesteuerung gibt, ist die steuerliche Organschaft die Möglichkeit, im gegebenen Rahmen Ergebnisse zu konsolidieren.[74]

Die Organschaft ist nach deutschem Recht die einzige Möglichkeit der rechtseinheits- 41
übergreifenden Besteuerung. Regelungen wie die einer Besteuerung von Unternehmensgruppen auf konsolidierter Basis (zB Gruppenbesteuerung) wurden zwar diskutiert,[75] sind im nationalen Recht bis jetzt aber nicht etabliert. Nach deutschem Recht ist die Verlustverrechnung in der Unternehmensgruppe auf die einer steuerlichen Organschaft zugehörigen Unternehmen begrenzt.[76] Von Bedeutung und Ausgangspunkt für die in der Folgezeit von der Rechtsprechung entwickelten Grundsätze ist das Urteil des EuGH vom 13.12.2005 in der Rechtssache Marks & Spencer (Rs. C-446/03),[77] in dem das Gericht den Ausschluss der Berücksichtigung von Verlusten ausländischer EU-Tochtergesellschaften als EG-vertragswidrig beurteilte, wenn keine Möglichkeit besteht, die definitiven und endgültig nicht verrechenbaren („finalen") Verluste der ausländischen Tochtergesellschaft in ihrem Ansässigkeitsstaat zu berücksichtigen. Demgegenüber hat der EuGH entschieden, dass ein Verstoß gegen Art. 43 EGV nicht vorliegt, wenn laufende Verluste einer EU-ausländischen Betriebsstätte oder Tochtergesellschaft im Ansässigkeitsstaat des Stammhauses oder der Muttergesellschaft nicht berücksichtigt werden.[78] Der BFH hat sich dieser Rechtsprechung angeschlossen und entschieden, dass im Ausland definitiv und aus tatsächlichen Gründen[79] nicht mehr nutzbare Betriebsstättenverluste ausnahmsweise im Ansässigkeitsstaat des Steuerpflichtigen abgezogen werden können.[80] Übereinstimmend mit der Finanzverwaltung geht

---

[74] Zu Grundsatzfragen *Prinz* DB 2018, 400 sowie FR 2018, 916.
[75] ZB *Dötsch* in Dötsch/Pung/Möhlenbrock KStG § 14 Rn. 50 und 310 ff.; *Krebs* FS Welf Müller, Gesellschaftsrecht, Rechnungslegung, Steuerrecht, 2001, 301; *Schneider* BB 2003, 299; *Kessler* DB 2010, Beilage Standpunkte zu Heft 18, 33; *Fuest* DB 2010, Beilagen Standpunkte zu Heft 18, 35; *Günkel/Wagner* Ubg 2010, 603; *Rödder* DB 2011, 41.
[76] Zur Frage der grenzüberschreitenden Verlustverrechnung in entsprechender Anwendung der §§ 14 f. KStG: FG Niedersachsen IStR 2010, 260 und BFH DStR 2011, 169; FG Rheinland-Pfalz EFG 2010, 1632 (Az. BFH: I R 34/10) nach Rücknahme der Revision eingestellt.
[77] EuGH ZIP 2005, 2313.
[78] EuGH IStR 2007, 631 – Oy AA; EuGH IStR 2008, 400 – Lidl Belgium; zur Nachversteuerung bei grenzüberschreitend berücksichtigten Betriebsstättenverlusten vgl. EuGH Slg. 2008, I-8061 – Krankenheim Ruhesitz; zur gemeinschaftsrechtlich zulässigen Beschränkung der Organschaft auf gebietsansässige Tochtergesellschaften EuGH DStR 2010, 427 – X Holding B. V.
[79] ZB bei Umwandlung der Auslandsbetriebsstätte in eine Kapitalgesellschaft, ihrer entgeltlichen oder unentgeltlichen Übertragung oder ihrer „endgültigen" Aufgabe, vgl. BFHE 230, 35.
[80] BFH BStBl. II 2009 S. 630 – Lidl Belgium; BMF 13.7.2009, DB 2009, 1623: keine Anwendung des Urteils über den Einzelfall hinaus; zur Frage der grenzüberschreitenden Verlustverrechnung in entsprechender Anwendung der §§ 14 f. KStG: FG Niedersachsen IStR 2010, 260 und BFH DStR

der BFH davon aus, dass die final gewordenen Verluste nicht phasengleich, dh in ihrem Entstehungsjahr, sondern im Veranlagungszeitraum ihrer Finalität zu berücksichtigen sind.[81] Dies soll jedoch nach jüngerer EuGH-Rechtsprechung, der sich der BFH angeschlossen hat, nicht gelten, wenn Gewinne aus dem gleichen Staat nach der Freistellungsmethode in Inland nicht zur Versteuerung kommen.[82]

42 Als Hauptproblem des gegenwärtigen Organschaftssystems wird die Voraussetzung eines Gewinnabführungsvertrags (mit Verlustübernahmeverpflichtung) gesehen. Nach dem Zwölf-Punkte-Programm der Bundesregierung vom 14.2.2012 zur weiteren Modernisierung und Vereinfachung des Steuerrechts sollte die Einführung einer Gruppenbesteuerung anstelle der bisherigen Organschaft geprüft werden.[83] Statt dessen kam es lediglich zur kleinen Organschaftsreform.[84]

43 **1. Körperschaftsteuerliche Organschaft. a) Finanzielle Eingliederung**[85]**.** Die Anerkennung der körperschaftsteuerlichen Organschaft setzt neben anderem voraus, dass der Organträger vom Beginn des Wirtschaftsjahres der Organgesellschaft in einem solchen Maß an ihr beteiligt ist, dass ihm die **Mehrheit** der **Stimmrechte** an der Organgesellschaft zustehen.[86] Die Anteile und die Stimmrechte müssen dem Organträger zuzurechnen sein.[87] Mittelbare Beteiligungen sind zu berücksichtigen, wenn die Beteiligung an jeder vermittelnden Gesellschaft die Mehrheit der Stimmrechte gewährt, § 14 Abs. 1 S. 1 Nr. 1 KStG (finanzielle Eingliederung). Die Beteiligung an einer Schwestergesellschaft vermittelt keine finanzielle Eingliederung. Der EuGH hat in einem die Niederlande betreffenden Fall eine Organschaft zwischen zwei Tochterunternehmen eines ausländischen Organträgers zugelassen.[88] Die Realisierung eines solchen Konzepts nach nationalem Recht erscheint zweifelhaft.[89] Besonderheiten gelten im Falle von Umwandlungen des Organträgers oder der Organgesellschaft.[90]

44 Die finanzielle Eingliederung beruht auf der Inhaberschaft (im Sinne der Zurechnung des wirtschaftlichen Eigentums) der Mehrheit der Stimmrechte an der Organgesellschaft durch den Organträger. Auf die Höhe der **kapitalmäßigen Beteiligung** kommt es primär nicht an. Im Regelfall vermittelt die Mehrheit der Kapitalanteile die Mehrheit der Stimmrechte. Die Stimmrechtsmehrheit kann indes auch gegeben sein, wenn eine Kapitalmehrheit nicht besteht, so zB bei Vorhandensein von stimmrechtslosen Aktien.[91] Die Stimmrechtsmehrheit muss bei den allgemeinen Beschlüssen gegeben sein; nicht erforderlich ist, dass eine Mehr-

---

2011, 169; FG Rheinland-Pfalz EFG 2010, 1632 (Az. BFH: I R 34/10) nach Rücknahme der Revision eingestellt; zu den Reaktionen des Gesetzgebers (zu Betriebsstätten-Verlusten) durch die Änderung von §§ 2a und 32b EStG s. *Schwenke* Ubg 2010, 325.

[81] BFHE 230, 35.
[82] EuGH BStBl. II 2016 S. 362 – Timac Agro; BFH BStBl. II 2017 S. 709; dazu *Benecke/Staats* IStR 2016, 80; *Kahlenberg* NWB 2017, 3056; *Linn/Pignot* IWB 2017, 578.
[83] *Ismer* DStR 2012, 812; *Rödder* Ubg 2011, 473; *Lenz/Seroin/Handwerker* DB 2012, 365.
[84] G zur Änderung und Vereinfachung des Unternehmenssteuerrechts und des steuerlichen Reisekostenrechts v. 20.2.2013, BGBl. 2013 I S. 285.
[85] Die Voraussetzungen der wirtschaftlichen und organisatorischen Eingliederung wurden für die körperschaftsteuerliche Organschaft durch das StSenkG abgeschafft (§ 14 Abs. 1 Nr. 2 KStG aF; StSenkG vom 23.10.2000 BGBl. 2000 I S. 1433).
[86] Nach BFH DStR 2017, 2112 kann zu einer unterjährig gegründeten Vorratsgesellschaft, deren Anteile erworben werden, im ersten Wirtschaftsjahr keine Organschaft hergestellt werden.
[87] R 14.2 KStR; *Dötsch* in Dötsch/Pung/Möhlenbrock KStG § 14 Rn. 249.
[88] EuGH IStR 2014, 486; dazu *Schultze* IStR 2015, 546; *Walter* DB 2014, 2016; demgegenüber *Möhlenbrock* DB 2014, 2016.
[89] *Dötsch* in Dötsch/Pung/Möhlenbrock KStG § 14 Rn. 245.
[90] BFH BFH/NV 2010, 2354; ferner Abschn. Org des UmwStE 2011; dazu ua *Dötsch* Ubg 2011, 20; *Gebert* DStR 2011, 102; *Rödder* DStR 2011, 1059; *Kashämmer/Schümmer* Ubg 2011, 244.
[91] Die Möglichkeit zur Begründung der Stimmenmehrheit durch Mehrstimmrechte besteht seit der Änderung von § 12 Abs. 2 AktG nicht mehr.

heit auch zur Fassung von Beschlüssen mit qualifizierter Mehrheit besteht.[92] Das setzt voraus, dass die Satzung der AG nicht eine höhere Mehrheit als im gesetzlichen Regelfall vorgesehen statuiert.[93] Zu beachten ist, dass schuldrechtliche Ausweitungen oder Eingrenzungen der Stimmrechte ohne Auswirkung bleiben.[94]

Die finanzielle Eingliederung kann durch eine **unmittelbare** oder **mittelbare Beteiligung** begründet werden. Voraussetzung der mittelbaren finanziellen Eingliederung ist, dass durch jede der vermittelnden Beteiligungen jeweils wieder die Mehrheit der Stimmrechte gegeben ist.[95] Das Verbot der Zusammenrechnung von mittelbaren und unmittelbaren Beteiligung wurde durch das StSenkG beseitigt.[96] Danach dürfen Beteiligungen, die der Organträger unmittelbar und die er mittelbar über ein Unternehmen hält, an dem er die Mehrheit der Stimmrechte hält, zusammen gerechnet werden.[97] Nicht zulässig ist hingegen die Zusammenrechnung einer Teilbeteiligung aus einer mittelbaren und einer unmittelbaren Beteiligung, wenn diese nicht durch eine die Stimmrechtsmehrheit gewährende Beteiligung vermittelt werden.[98] Dabei kommt es nicht darauf an, ob die Zwischengesellschaften organschaftstauglich sind; dieses Erfordernis muss nur in Bezug auf den Organträger und die Organgesellschaft erfüllt werden. 45

Die finanzielle Eingliederung muss zum **Beginn des Wirtschaftsjahres** der Organgesellschaft gegeben sein. Der Erwerb einer mehrheitsbegründenden Beteiligung an der Organgesellschaft führt zur Organschaft somit grundsätzlich erst vom Beginn des nächstfolgenden Beginns des Wirtschaftsjahres der Organgesellschaft an. Zur Erfüllung der Voraussetzungen der steuerlichen Organschaft kann das Geschäftsjahr der Organgesellschaft geändert werden, so dass die Voraussetzungen zu einem früheren Zeitpunkt erfüllt werden. Die für die Umstellung des Geschäftsjahres notwendige Zustimmung des Finanzamts (§ 4a Abs. 1 S. 2 EStG, § 7 Abs. 4 S. 3 KStG) ist in diesen Fällen zu erteilen.[99] Die Änderung des Geschäftsjahres muss vor dem Ende des vorhergehenden Geschäftsjahres im Handelsregister eingetragen sein.[100] Demgegenüber ist der Wechsel von der mittelbaren zur unmittelbaren Organschaft und umgekehrt während des laufenden Wirtschaftsjahres der Organgesellschaft unschädlich, wenn zB Aktien an einer Enkel-AG von der Tochtergesellschaft an das Mutterunternehmen oder von dem Mutterunternehmen an das Tochterunternehmen übertragen werden, zwischen denen jeweils die Voraussetzungen für die steuerliche Organschaft gleichfalls gegeben waren.[101] Eine Möglichkeit der Rückanknüpfung an einen zurückliegenden Beginn eines Wirtschaftsjahres der Organgesellschaft besteht in der Regel bei umwandlungsrechtlichen Sachverhalten auf den Stichtag der der Umwandlung zugrunde gelegten Bilanz,[102] zB wenn auf Grund gesetzlicher Vorschrift (zB bei Verschmelzungen: § 12 Abs. 3 iVm § 4 Abs. 2 S. 1 UmwStG; bei Ausgliederung: § 20 46

---

[92] *Dötsch* in Dötsch/Pung/Möhlenbrock KStG § 14 Rn. 254; Hermann/Heuer/Raupach/*Kolbe* KStG § 14 Anm. 111; *Schmidt* FR 1976, 361.

[93] BFH BStBl. II 2002 S. 167 (168); Hermann/Heuer/Raupach/*Kolbe* KStG § 14 Anm. 111; Gosch/*Neumann* KStG § 14 Rn. 131; *Dötsch* in Dötsch/Pung/Möhlenbrock KStG § 14 Rn. 254.

[94] FG Bremen EFG 2018, 228 (rkr.).

[95] Zur Relevanz der durchgerechneten Quote H 14.2 (Mittelbare Beteiligung) KStR; Gosch/ *Neumann* KStG § 14 Rn. 138; zum Abstellen auf die jeweilige Beherrschung *Dötsch* in Dötsch/Pung/ Möhlenbrock KStG § 14 Rn. 263 ff.

[96] StSenkG v. 23.10.2000 BGBl. 2000 I S. 1433; BMF 26.8.2003, BStBl. I 2003 S. 437 Rn. 13.

[97] *Dötsch* in Dötsch/Pung/Möhlenbrock KStG § 14 Rn. 277; Beispiele bei *Dötsch*/*Pung* DB 2000 Beilage 10, 13.

[98] Hermann/Heuer/Raupach/*Kolbe* KStG § 14 Anm. 113; *Prinz* FR 2000, 1255 (1257); *Schönwald* StBP 2012, 10 (12).

[99] R 14 Abs. 4 KStR; Gleiches gilt für eine Änderung des Geschäftsjahres aus Anlass der Beendigung der Organschaft.

[100] BFH BFH/NV 1997, 378; 1990, 326.

[101] Ernst & Young/*Walter* KStG § 14 Rn. 281; *Dötsch* in Dötsch/Pung/Möhlenbrock KStG § 14 Rn. 296; *Herlinghaus* FR 2000, 1105 (1111).

[102] UmwStE 2011, zB Rn. Org. 02; BFH BStBl. II 2011 S. 528.

Abs. 5 und 6, nicht hingegen in Fällen von § 21 UmwStG)[103] in Fällen, in denen die Dauer der Zugehörigkeit eines Wirtschaftsguts zum Betriebsvermögen für die Besteuerung von Bedeutung ist, der Zeitraum der Zugehörigkeit zum Betriebsvermögen der übertragenden Körperschaft der übernehmenden angerechnet wird. Zulässig ist in der Regel die Fortsetzung einer beim übertragenden Rechtsträger als Organträger bestehende Organschaft durch den übernehmenden Rechtsträger. Die rückwirkende erstmalige Begründung einer finanziellen Eingliederung bei umwandlungsrechtlichen Sachverhalten kommt – anders als nach herrschendem Schrifttum[104] und BFH sowie FG Baden-Württemberg zum UmwStG vor SEStEG,[105] demgegenüber FG Sachsen und – unter Bezugnahme auf ihre damaligen Schreiben der Finanzverwaltung[106] nach dem Umwandlungssteuererlass des BMF v. 11.11.2011 nicht in Betracht; hierin vertritt die Finanzverwaltung eine differenzierende Auffassung.[107]

47 b) Organträger. Als Organträger kommen eine natürliche Person, eine Personengesellschaft oder eine andere Kapitalgesellschaft oder Vermögensmasse iSd § 1 KStG in Betracht, die die Voraussetzungen des § 14 Abs. 1 Nr. 2 KStG erfüllen. Unter den Voraussetzungen der Nr. 2 Satz 4–7 kann Organträger auch die inländische Betriebsstätte iSv § 12 AO eines ausländischen Unternehmens sein, der die Organbeteiligung (ununterbrochen für die Dauer der Organschaft) zugerechnet wird. Als Organträger kommt eine natürliche Person, die ein gewerbliches Unternehmen betreibt, unabhängig von ihrem Sitz, also auch mit einem ausländischen Gewerbebetrieb in Betracht.[108] Die natürliche Person braucht nicht mehr unbeschränkt steuerpflichtig zu sein; es genügt dass die beschränkte Steuerpflicht durch ein gewerbliches Unternehmen iSv § 15 EStG begründet wird, dem die Organbeteiligung zugehört.[109] Die Organbeteiligung muss zu diesem Betriebsvermögen gehören.[110] Mit seinem Urteil vom 9.2.2011[111] hatte der BFH eine ertragsteuerliche Organschaft zu einem ausländischen Organträger anerkannt. Im entschiedenen Fall ging es zwar um eine organschaftliche Beziehung zu einem inländischen Holdingunternehmen, bei dem wegen fehlender eigengewerblicher Tätigkeit die Organträgereigenschaft zweifelhaft war. Das Gericht sah es als Verstoß gegen das abkommensrechtliche Diskriminierungsverbot an, das inländische Unternehmen mit (unzweifelhafter) ausländischer Beherrschung schlechter zu stellen als bei inländischer Beherrschung. Das BMF hatte zunächst die Nichtanwendung dieses Urteils verfügt.[112]

---

[103] UmwStE 2011 Rn. Org. 08 und 15; BFH BStBl. II 2011 S. 528.
[104] *Dötsch* in Dötsch/Pung/Möhlenbrock, KStG, UmwStG Anh. 1 Rn. 21 f.; *Herlinghaus* in Rödder/Herlinghaus/van Lishaut UmwStG Anh. 3 Rn. 36 f., sowie Rn. 39; Hermann/Heuer/Raupach/*Kolbe* KStG § 14 Anm. 116; Ernst & Young/*Walter* KStG § 14 Rn. 351.1, 357.1, 366; *Hörtnagl* in Schmitt/Hörtnagl/Stratz, UmwG/UmwStG, 7. Aufl., UmwStG § 2 Rn. 86; *Schumacher* DStR 2006, 124; *Plewka/Schienke* DB 2005, 1703.
[105] BFH BStBl. II 2004 S. 534; FG Baden-Württemberg EFG 2010, 820; BFH DStR 2010, 1282 sowie BFH 28.7.2010 – I R 111/09, BFH/NV 2011, 67 begründeten die Rückbeziehung der finanziellen Eingliederung auf den fiktiven Übertragungsstichtag mit der in § 12 Abs. 3 S. 1 UmwStG angeordneten steuerlichen Rechtsnachfolge und ließen die Einordnung der finanziellen Eingliederung als (rückwirkungsfeindliches) tatsächliches oder als rechtliches Merkmal offen.
[106] FG Sachsen EFG 2010, 1160; BMF 24.4.2004, BStBl. I 2004 S. 549 sowie OFD Frankfurt a. M. 21.11.2005, DStR 2006, 41; vgl. dazu *Gosch* StBp 2004, 27; *Wassermeyer* DStR 2004, 214.
[107] UmwStE 2011 Rn. Org. 02, 06 ff., 13 ff.
[108] *Dötsch* in Dötsch/Pung/Möhlenbrock KStG § 14 Rn. 117 ff.
[109] *Dötsch* in Dötsch/Pung/Möhlenbrock KStG § 14 Rn. 118.
[110] BFH BStBl. II 1968 S. 315.
[111] BFH BStBl. II 2012 S. 106.
[112] BMF IV C2 – S 2770/11/10002 27.12.2011, BStBl. I 2012 S. 119; dazu ferner *Schulz-Trieglaff* StuB 2012, 191; *Tetzlaff/Pockelwald* StuB 2011, 414; *Kusch/Schöneborn* NWB 2012, 1232; *Frotscher* IStR 2011, 697; *Lendewig* NWB 2011, 2539; *Rödder/Schönfeld* DStR 2011, 886.

Personengesellschaften oder **Körperschaften** (zB AG, GmbH) können Organträger **48** sein, wenn sie ein gewerbliches Unternehmen sind.[113] Nach der Neufassung von § 14 Abs. 1 Nr. 2 KStG[114] wurde die bisher dort enthaltene Anknüpfung an die Geschäftsleitung im Inland aufgegeben; ferner wurde § 18 KStG aufgehoben. Jetzt gilt, dass die Beteiligung an der Organgesellschaft ununterbrochen während der gesamten Dauer der Organschaft einer inländischen Betriebsstätte iSv § 12 AO des Organträgers zuzuordnen ist. Damit ändert sich für den inländischen Organträger nichts, da auch die Stätte der Geschäftsleitung eine Betriebsstätte begründet. Mit dieser Regelung werden nunmehr auch die Voraussetzungen für einen ausländischen Organträger geregelt, der im Inland eine Betriebsstätte unterhält, der diese Einkünfte sowohl nach nationalem Recht als auch nach DBA zuzuordnen sind. Eine solche Betriebsstätte wird insbesondere auch durch eine Zweigniederlassung begründet, § 12 S. 2 Nr. 2 AO. Der Ort der Geschäftsleitung bezeichnet die Stelle, an der sich der Mittelpunkt der geschäftlichen Oberleitung befindet, § 10 AO, somit der Ort, an dem die für die Leitung der Gesellschaft wesentlichen Entscheidungen getroffen und umgesetzt werden.[115] Eine Körperschaft mit inländischem Ort der Geschäftsleitung ist im Inland unbeschränkt steuerpflichtig, § 1 Abs. 1 KStG. Eine Kapitalgesellschaft hat kraft Rechtsform stets ein gewerbliches Unternehmen,[116] das gewerbliche Unternehmen anderer Körperschaften braucht kein inländisches zu sein. Wegen des Verstoßes gegen das DBA-Diskriminierungsverbot lässt der BFH eine grenzüberschreitende Organschaft zu einem ausländischen Organträger zu.[117] Infolge des Wegfalls der Merkmale der organisatorischen und wirtschaftlichen Eingliederung werden keine Anforderungen mehr an die Art der gewerblichen Tätigkeit des Organträgers gestellt. Eine Kapitalgesellschaft, die kraft Rechtsform ein gewerbliches Unternehmen betreibt, ist geeigneter Organträger, unabhängig davon, ob die eigene Tätigkeit als gewerbliche Tätigkeit eingestuft werden kann oder ob die Kapitalgesellschaft, die eine Mehrheitsbeteiligung an einer anderen Kapitalgesellschaft hält, vermögensverwaltend oder geschäftsleitend tätig ist.[118] Bei anderen Körperschaften muss das Merkmal der gewerblichen Tätigkeit hingegen positiv erfüllt sein.

Eine **Personengesellschaft** iSd § 15 Abs. 1 Nr. 2 EStG als Organträger muss zudem ein **49** originär gewerbliches Unternehmen betreiben. Die gewerbliche Tätigkeit muss nicht während des gesamten Jahres vorgelegen haben.[119] Eine Personengesellschaft kann nur Organträger sein, wenn sie selbst eine gewerbliche Tätigkeit iSv § 15 Abs. 1 Nr. 1 EStG ausübt, die gewerbliche Prägung iSv § 15 Abs. 3 Nr. 2 EStG genügt nicht.[120] Die gewerbliche Tätigkeit braucht nicht bereits von Beginn des Wirtschaftsjahres der Organgesellschaft vorliegen;[121] eine Personengesellschaft, die Besitzunternehmen im Rahmen einer Betriebsaufspaltung ist, kann Organträgerin sein. Ferner müssen die Eingliederungsvoraussetzungen

---

[113] Seit dem UntStFG ist in § 14 KStG die doppelte Inlandsanknüpfung für den Organträger entfallen (G v. 20.12.2001 BGBl. 2001 I S. 3858).
[114] G zur Änderung und Vereinfachung der Unternehmensbesteuerung und des steuerlichen Reisekostenrechts, BR-Drs. 633/12, umgesetzt im Rahmen der kleinen Organschaftsreform durch G v. 20.2.2013 BGBl. I S. 285.
[115] Ernst & Young/*Kalbfleisch* KStG § 1 Rn. 13 ff.
[116] *Dötsch* in Dötsch/Pung/Möhlenbrock KStG § 14 Rn. 120.
[117] BFH BB 2011, 1379; *Blumers* DB 2017, 2893; *Lüdicke* IStR 2011, 740; *Schnitger/Berliner* IStR 2011, 753; *Ehlermann/Petersen* IStR 2011, 747.
[118] *Dötsch* in Dötsch/Pung/Möhlenbrock KStG § 14 Rn. 120; *Kolbe* in Hermann/Heuer/Raupach/*Kolbe* KStG § 14 Rn. 58; *Wrede/Busch* GmbH-HdB § 72 Rn. 7; Erle/Sauter/*Erle/Heuring* KStG § 14 Rn. 47.
[119] BFH BStBl. II 2014 S. 272.
[120] BMF 10.11.2005, BStBl. I 2005 S. 1038 Rn. 15; Erle/Sauter/*Erle/Heuring* KStG § 14 Rn. 45.
[121] BFH BStBl. II 2014 S. 272, wodurch BMF 10.11.2005, BStBl. I 2005 S. 1038 Rn. 21 überholt ist.

zur Personengesellschaft selbst hergestellt werden; die Mehrheit der Stimmrechte muss zum Gesamthandsvermögen der Personengesellschaft gehören.[122]

50 Durch die jüngeren Änderungen von insbesondere § 14 Abs. 1 S. 1 KStG wurde ferner klargestellt, dass eine steuerliche Organschaft lediglich zu einem Rechtsträger als Organträger gebildet werden darf. Die unternehmensvertragliche Verpflichtung zur Abführung des gesamten Gewinns darf nur gegenüber einem einzigen anderen Unternehmen bestehen. Damit finden frühere Praktiken der Mehrmütterorganschaft, die durch die Bildung einer Willensbildungsgesellschaft in der Rechtsform der Gesellschaft bürgerlichen Rechts, die als Organträger fungierte, ihren endgültigen Abschluss, nachdem bereits seit längerem solchen Gestaltungen durch die für Personengesellschaften geltende Notwendigkeit, einen tatsächlichen gewerblichen Betrieb zu führen, eingeschränkt worden war.[123]

51 c) **Organgesellschaft.** Organgesellschaft kann eine Aktiengesellschaft (AG), eine Europäische Gesellschaft (SE) oder eine Kommanditgesellschaft auf Aktien (KGaA) nach § 14 Abs. 1 S. 1 KStG oder eine andere Kapitalgesellschaft nach § 17 KStG sein. Nach der seit der kleinen Organschaftsreform geltenden Gesetzesfassung[124] muss die Organgesellschaft – im Gegensatz zum Organträger – den Ort der Geschäftsleitung im Inland haben.[125] Der frühere doppelte Inlandsbezug hat hingegen gegen die Niederlassungsfreiheit verstoßen, so dass nach Ansicht der EU-Kommission eine Kapitalgesellschaft mit Sitz im EU-/EWR-Ausland Organgesellschaft sein konnte, wenn der Ort der Geschäftsleitung in Deutschland ist.[126] Der doppelte Inlandsbezug ist beseitigt worden;. es kommt nur noch darauf an, dass die Gesellschaft ihre Geschäftsleitung im Inland hat, während der Sitz in einem Mitgliedstaat der EU oder des EWR liegen darf.[127] Weitere **Anforderungen** an die Art der Geschäftstätigkeit der Organgesellschaft werden nicht gestellt; eine Organgesellschaft kann auch die Vermögensverwaltung für den Organträger wahrnehmen.[128] Als Organgesellschaft nicht geeignet ist eine Kapitalgesellschaft, an der atypisch stille Beteiligungen bestehen, da die Kapitalgesellschaft dann mitunternehmerische Einkünfte erzielt,[129] typische stille Beteiligungen sind hingegen unschädlich.

52 d) **Gewinnabführungsvertrag.** Eine weitere wesentliche Voraussetzung für die steuerliche Organschaft ist der Abschluss und die Durchführung eines Gewinnabführungsvertrags iSd § 291 Abs. 1 AktG zwischen der Organgesellschaft und dem Organträger. Der Vertrag verpflichtet die Organgesellschaft, ihren gesamten sonst erzielten Jahresüberschuss an den Organträger abzuführen, der Organträger ist verpflichtet, jeden sonst entstehenden Jahresfehlbetrag der Organgesellschaft auszugleichen.[130] Der Gewinn aus der Abwicklung der

---

[122] BMF 10.11.2005, BStBl. I 2005 S. 1038 Rn. 13; *Dötsch* in Dötsch/Pung/Möhlenbrock KStG § 14 Rn. 158 ff.; Hermann/Heuer/Raupach/*Kolbe* KStG § 14 Rn. 185; Ernst & Young/*Walter* KStG § 14 Rn. 326.1.

[123] Zur Rechtslage zuletzt vgl. Vorauflage → § 72 Rn. 50.

[124] G v. 20.2.2013 BGBl. 2013 I S. 285.

[125] BMF 26.8.2003, BStBl. I 2003 S. 437 Rn. 8; zu den gemeinschaftsrechtlichen Implikationen auf der Grundlage des EuGH-Urteils v. 13.12.2005 in der Rechtssache Marks & Spencer (Rs. C-446-03, BB 2006, 23).

[126] Vertragsverletzungsverfahren der EU-Kommission v. 29.1.2009 Nr. 2008/4909; dazu BMF 28.3.2011, BStBl. I 2011 S. 300; *Winter/Marx* DStR 2011, 1101 ff.; von Bedeutung zB für nach UK-Recht gegründete Ltd., *Dötsch* in Dötsch/Pung/Möhlenbrock KStG § 14 Rn. 96.

[127] § 14 Abs. 1 S. 1 KStG idF des Entwurfs eines G zur Änderung und Vereinfachung der Unternehmensbesteuerung und des steuerlichen Reisekostenrechts, BR-Drs. 633/12; durch G v. 20.2.2013 BGBl. I S. 285; dazu *Benecke/Schnitger* IStR 2013, 143.

[128] BFH BStBl. II 1970 S. 348.

[129] BFH BFH/NV 2011, 2052; 2011, 1397; *Dötsch* in Dötsch/Pung/Möhlenbrock KStG § 14 Rn. 84; aA *Weigert/Strohm* DK 2013, 249; Ernst&Young/*Walter* KStG § 14 Rn. 61, 586; *Hageböke* DB 2015, 1993.

[130] *Emmerich* in Emmerich/Habersack, Aktien- und GmbH-Konzernrecht, 8. Aufl., AktG § 291 Rn. 47, 62.

§ 72 Gewinnabführungsvertrag   53, 54   § 72

Organgesellschaft unterliegt nicht der vertraglichen Gewinnabführung,[131] Gleiches gilt für den Gewinn, der während der tatsächlichen Abwicklung ohne förmlichen Auflösungsbeschluss erzielt wird.[132]

Eine steuerlich wirksame Vereinbarung der Verlustübernahme setzt bei anderen als den in § 14 Abs. 1 S. 1 KStG genannten Organgesellschaften – so zB bei der GmbH – nach § 17 Abs. 1 S. 2 Nr. 2 KStG voraus, dass die Verlustübernahme durch Verweis auf die Vorschriften des § 302 des Aktiengesetzes in seiner jeweils gültigen Fassung vereinbart wird.[133] Diese Anforderung ist eng auszulegen, dh die ausdrückliche vertragliche Vereinbarung der Verlustübernahme iSv § 302 AktG ist zwingend erforderlich, und zwar ungeachtet der zivilrechtlichen Auslegung, nach der § 302 AktG auch ohne ausdrückliche Einbeziehung in den Gewinnabführungsvertrag mit einer GmbH (analog) anwendbar ist. Durch die Abweichung vom Zivilrecht wird § 17 Abs. 1 S. 2 Nr. 2 KStG zu einer steuerlichen Formvorschrift.[134] Mit dieser Neuregelung hat eine insbesondere durch nicht nachvollziehbare Formalismen seitens der Finanzverwaltung[135] verursachte Unsicherheit in der formalrechtlichen Ausgestaltung von Gewinnabführungsverträgen mit GmbH, die durch den BFH[136] nicht immer hilfreich flankiert wurden, ihren derzeitigen Abschluss gefunden. Diese Regelung ist für alle nach dem 26.2.2013 abgeschlossenen Verträge anzuwenden, § 34 Abs. 10b KStG; für vorher abgeschlossene Verträge galten je nach Ausgestaltung des Vertrags differenzierte Übergangsregelungen, die zur Anpassung bis zum 31.12.2014 veranlassten.[137] Die Anpassung betrifft auch Altverträge, die keinen Verweis auf § 302 Abs. 4 AktG enthielten und bis dahin durch eine Übergangsregelung der Finanzverwaltung geschützt waren.[138] Somit ist es unumgänglich, in einem dynamisch abgefassten Verweis die Verlustübernahme nach § 302 AktG in der jeweils gültigen Gesetzesfassung vorzusehen,[139] wie dies nunmehr durch die Neufassung von § 17 Abs. 1 S. 2 Nr. 2 KStG vorgesehen ist.[140]

Der Gewinnabführungsvertrag muss bis zum **Ende des Wirtschaftsjahres** der Organgesellschaft, für das § 14 Abs. 1 KStG erstmals angewendet werden soll, abgeschlossen und durch Eintragung im Handelsregister wirksam geworden sein, § 14 Abs. 1 S. 2 KStG. Die Wirkungen der Organschaft treten danach in dem Wirtschaftsjahr des Organträgers ein, in dem das Wirtschaftsjahr der Organgesellschaft endet, in dem der Gewinnabführungsvertrag

---

[131] H 14.6 KStR (Gewinn im Zeitraum der Abwicklung); BFH BStBl. II 1968 S. 105.
[132] H 14.6 KStR (Einstellung der gewerblichen Tätigkeit); BFH BStBl. II 1971 S. 411.
[133] § 17 Abs. 1 KStG idF des G v. 20.2.2013 BGBl. 2013 I S. 285.
[134] *Fuhrmann* DB 2010, 2031 (2032).
[135] OFD Rheinland 12.8.2009, DStR 2010, 1136; ferner BMF 19.10.2010, DStR 2010, 2193.
[136] BFH DStR 2010, 1777 (mit anschließender Änderung und Richtigstellung hinsichtlich des Beginns der Organschaft, BFH DStR 2010, 2145); neuere Rechtsprechung zB BFH DStR 2013, 1939.
[137] *Dötsch* in Dötsch/Pung/Möhlenbrock KStG § 17 Rn. 33 ff.; *Scheifele/Hörner* DStR 2013, 553; *Benecke/Schnitger* IStR 2013, 143.
[138] BFH BStBl. II 2014 S. 272; es wurde von der Finanzverwaltung (BMF 16.12.2005, BStBl. I 2006 S. 12) nicht beanstandet, wenn ein vor dem 1.1.2006 abgeschlossener Gewinnabführungsvertrag keinen Hinweis auf die mit dem Gesetz zur Modernisierung des Schuldrechts (Gesetz v. 9.12.2004 BGBl. 2004 I S. 3214) ergänzte Verjährungsregelung in § 302 Abs. 4 AktG enthielt; eine Anpassung dieser Verträge war danach nicht erforderlich; dementgegen hält BFH DStR 2017, 2429 eine Anpassung für erforderlich. Dazu Übergangsregelung des BMF 3.4.2019, DStR 2019, 879 aus Vertrauensschutzgründen.
[139] *Eisolt* NWB 2010, 3268; *Hohage/Willkommen* BB 2011, 224; *Neumayer/Imschweiler* GmbHR 2011, 56.
[140] Zum Gesetzgebungsverfahren vgl. Entwurf des G zur Änderung und Vereinfachung der Unternehmensbesteuerung und des steuerlichen Reisekostenrechts, BR-Drs. 633/12; G v. 20.2.2013 BGBl. I S. 285; BMF 29.5.2013, GmbHR 2013, 728. Zur Rückwirkung einer Änderung BFH BStBl. II 2014 S. 272; *Schneider/Samwer* GmbHR 2013, 22(30); für § 175 Abs. 2 AO *Dötsch* in Dötsch/Pung/Möhlenbrock KStG § 17 Rn. 21 ff.

durch Eintragung im Handelsregister wirksam wird.[141] Entsprechend der gesellschaftsrechtlichen Regelungen braucht der Gewinnabführungsvertrag auch für seine steuerliche Anerkennung nicht bereits zu Beginn des Geschäftsjahres, in dem er wirksam sein soll, abgeschlossen zu sein. Es genügen der Abschluss und das Wirksamwerden bis zum Ende des Wirtschaftsjahres der Organgesellschaft. Verzögerungen zB infolge von Behörden- oder Registerversehen oder Fehlern erlauben nicht ohne weiteres, von § 14 Abs. 1 S. 2 KStG abzusehen. Ob ein solcher Fehler Anlass für eine Anerkennung der Organschaft aus Gründen sachlicher Billigkeit sein kann, ist unsicher.[142] Zulässig sind aufschiebend bedingte Gewinnabführungsverträge, die zB erst nach Nutzen von verbliebenen Verlustvorträgen wirksam werden sollen.[143]

55 Nach § 14 Abs. 1 Nr. 3 KStG muss der Gewinnabführungsvertrag auf eine **Mindestdauer** von 5 Jahren fest abgeschlossen[144] und während dieser Zeit ununterbrochen durchgeführt werden. Die Vereinbarung einer unbestimmten Laufzeit ohne Mindestdauer genügt nicht, selbst wenn der Vertrag über 5 Zeitjahre durchgeführt worden ist.[145] Der Zeitraum beginnt mit dem Beginn des ersten Wirtschaftsjahres, in dem der Vertrag wirksam geworden ist. Die Mindestlaufzeit wird nicht erfüllt, wenn der Vertrag erst in einem auf das Jahr des Abschlusses folgenden Jahr ins Handelsregister eingetragen wird und dies bei der Bemessung der Mindestdauer nicht berücksichtigt wurde.[146] Im Rahmen der zulässigen umwandlungssteuerrechtlichen Rückwirkungsfiktion kann es zur Zurechnung von Zeiten sogar vor der Gründung der Gesellschaft kommen;[147] auch bei Vermögensübergang durch Anwachsung wird die Durchführung des Vertrags nicht unterbrochen.[148] Der Mindestzeitraum wird nach Zeitjahren bemessen, nicht nach gegebenenfalls kürzeren Wirtschaftsjahren.[149] Die rückwirkende notarielle Berichtigung der Dauer eines Gewinnabführungsvertrags nach Ablauf der vereinbarten Mindestlaufzeit ist steuerlich nicht beachtlich.[150] Nach Ablauf der Fünfjahresfrist besteht keine zeitliche Bindungsfrist; der Gewinnabführungsvertrag kann danach zum Ende eines jeden Wirtschaftsjahres beendet werden; die steuerliche Organschaft für die Vorjahre bleibt unberührt.[151] Die steuerliche Nichtanerkennung der Organschaft in einzelnen Perioden der 5-jährigen Mindestlaufzeit steht bei Durchführung des Gewinnabführungsvertrags über die gesamte Laufzeit der Anerkennung der Erfüllung der Mindestlaufzeit nicht entgegen.[152]

56 Wird der Gewinnabführungsvertrag während der fünfjährigen Mindestdauer unterbrochen, nicht durchgeführt oder beendet, wird die Wirkung des Gewinnabführungsvertrags für die gesamte Geltungsdauer nicht anerkannt; die Durchführung des Vertrags wird dann, unabhängig von der zivilrechtlichen Wirksamkeit des Vertrags steuerlich von Anfang an nicht anerkannt.[153] Bestandskräftige Veranlagungen der Vergangenheit werden nach § 175

---

[141] BMF 10.11.2005, BStBl. I 2005 S. 1038 Rn. 3; *Dötsch* in Dötsch/Pung/Möhlenbrock KStG § 14 Rn. 341.

[142] Im Einzelfall bejahend FG Düsseldorf 17.5.2011 – 6 K 3100/09 K, G, AO (nicht veröffentlicht); BFH BFH/NV 2005, 707; verneinend BFH BStBl. II 2018 S. 141; *Wachter* DB 2018, 272.

[143] Weitgehend hM, Dötsch in Dötsch/Pung/Möhlenbrock KStG § 14 Rn. 345; Gosch/*Neumann* KStG § 14 Rn. 235; Scheifele/Marx DStR 2014, 1793.

[144] BFH DStR 2017, 2109; zum Fehlen einer eindeutigen zeitlichen Regelung FG Bremen EFG 2005, 1554 (rkr.); *Crezelius* NZI 2010, 88 (91); *Kaeser* Beiheft zu DStR 2010, 56 (60).

[145] *Dötsch* in Dötsch/Pung/Möhlenbrock KStG § 14 Rn. 536.

[146] Maßgebend ist die zivilrechtliche Wirksamkeit, R 14.5 Abs. 1 KStR; BMF 10.11.2005, BStBl. I 2005 S. 1038 Rn. 4.

[147] BFH BFH/NV 2017, 1558.

[148] BFH BStBl. II 2018 S. 30.

[149] R 14.5 Abs. 2 KStR; BFH DStR 2011, 717.

[150] FG Baden-Württemberg EFG 2012, 656 (Rev. eingelegt).

[151] *Dötsch* in Dötsch/Pung/Möhlenbrock KStG § 14 Rn. 578.

[152] BFH DStR 2017, 2109 (Az. I R 19/15) und 2112 (Az. I R 51/15); *Adrian/Fey* DStR 2017, 2409; *Hemme* Ubg 2017, 678; *Schell/Moritz* FR 2018, 13; *Heurung/Schmidt/M. Kraft* BB 2018, 470.

[153] R 14.5 Abs. 8 KStR; *Dötsch* in Dötsch/Pung/Möhlenbrock KStG § 14 Rn. 578.

Abs. 1 Nr. 2 AO geändert.[154] Die Änderung von Beherrschungs- und Gewinnabführungsverträgen, die zB eine Kündigung ermöglichen soll, bedarf, um steuerlich wirksam zu werden, der Zustimmung der Gesellschafterversammlung der beherrschten Gesellschaft sowie der Eintragung im Handelsregister.[155] Rückwirkende Korrekturen sind, auch wenn sie auf einem Notarversehen beruhen, grundsätzlich nicht anzuerkennen.[156] Die **vorzeitige Beendigung** oder **Unterbrechung** der Durchführung des Gewinnabführungsvertrags ist nur bei Vorliegen eines wichtigen Grundes zulässig, § 14 Abs. 1 Nr. 3 S. 2 KStG. Ein wichtiger Grund ist für steuerliche Belange eigenständig, objektiv zu definieren:[157] er liegt vor zB bei Veräußerung, Einbringung der Organbeteiligung in ein anderes Unternehmen, Umwandlung, Liquidation von Organgesellschaft oder Organträger oder dem Wegfall der finanziellen Eingliederung.[158] Es ist gleichgültig, ob der Unternehmensvertrag gekündigt oder aufgehoben wird.[159] Die Veräußerung als relevante Maßnahme muss für die Beendigung der Organschaft ursächlich sein und möglichst zeitgenau zusammenfallen, wobei das transaktionsbedingte Auseinanderfallen von Vertragsunterzeichnung und Vollzug (Closing) hingenommen wird.[160] Die konzerninterne Veräußerung der Organgesellschaft ist nach Auffassung des BFH kein wichtiger Grund für die vorzeitige Beendigung.[161] Es ist streitig, ob der wichtige Grund iSv § 14 Abs. 1 Nr. 3 KStG zugleich gesellschaftsrechtlich die vorzeitige Beendigung des Vertrags rechtfertigen muss; es darf sich nicht um eine gestaltbare Bedingung handeln, mittels der versucht wird, die gesetzliche Mindestlaufzeit zweckwidrig abzukürzen.[162]

Der Gewinnabführungsvertrag iSd § 291 Abs. 1 AktG muss dazu führen, den **gesamten Gewinn** der Organgesellschaft an den Organträger abzuführen. Die Organgesellschaft weist dann vorbehaltlich des § 16 KStG keinen Jahresüberschuss mehr auf, R 14.5 Abs. 3 S. 2 KStR. Der abzuführende Gewinn umfasst den Gewinn der gesamten Tätigkeit und nicht nur bestimmter Tätigkeitsfelder; er umfasst auch einen in Deutschland nach DBA steuerfreien Gewinn.[163] Ausgleichszahlungen an außenstehende Aktionäre nach § 304 AktG hindern die Abführung des gesamten Gewinns im Übrigen nicht; zur Ausgestaltung der Ausgleichszahlung vgl. → Rn. 72. Der Höchstbetrag der Gewinnabführung bestimmt sich nach § 301 AktG. Durch die Änderung des § 301 AktG durch Aufnahme von § 268 Abs. 8 HGB durch das **BilMoG**[164] bleibt die steuerliche Anerkennung bestehender Organschaften grundsätzlich unberührt; danach ausschüttungsgesperrte Beträge dürfen nicht abgeführt werden.[165] Andere Ausschüttungssperren, die durch den Gesetzgeber wie zB in Fällen von § 253 Abs. 6 S. 1 und 2 oder § 272 Abs. 5 HGB nicht in § 301 AktG aufgenommen wurden, berechtigen nach umstrittener Auffassung des BMF nicht dazu, die Gewinnabführung zu mindern.[166] Aus nicht nachvollziehbaren Gründen verneint das BMF ferner die Zulässigkeit einer Rücklagenbildung in solchen Fällen. Unsicherheiten bestehen indes

57

---

[154] Zur unterjährigen Beendigung einer Organschaft *Fenzl/Antoskiewiecz* FR 2003, 1061.
[155] BFH DB 2009, 148.
[156] BFH BFH/NV 2013, 989; *Dötsch* in Dötsch/Pung/Möhlenbrock KStG § 14 Rn. 556.
[157] BFH BStBl. II 2014 S. 486.
[158] R 14.5 Abs. 6 KStR; zum Wegfall des Organschaftsverhältnisses bei rückwirkender Verschmelzung FG Niedersachsen StE 2005, 486.
[159] BFH BStBl. II 2014 S. 486; R 14.5 Abs. 6 S. 1 KStR; *Nodoushani* DStR 2017, 399.
[160] *Dötsch* in Dötsch/Pung/Möhlenbrock KStG § 14 Rn. 597; *Füger/Rieger/Schell* DStZ 2015, 404; *Philipp/Kröger* DB 2015, 2783.
[161] FG Niedersachsen EFG 2012, 1591; BFH BStBl. II 2014 S. 486; *Herzberg* GmbHR 2014, 502.
[162] OLG Oldenburg NZG 2000, 1138; R 14.5 Abs. 6 KStR; zum Streitstand vgl. *Dötsch* in Dötsch/Pung/Möhlenbrock KStG § 14 Rn. 592.
[163] BFH BFH/NV 2011, 1397.
[164] Gesetz zur Modernisierung des Bilanzrechts v. 25.5.2009 BGBl. 2009 I S. 1102.
[165] *Dötsch* in Dötsch/Pung/Möhlenbrock KStG § 14 Rn. 388; *Lanfermann/Röhricht* DStR 2009, 1216.
[166] BMF 23.12.2016, BStBl. I 2017 S. 41; *Oser/Wirth* DB 2017, 261; *Schiffers/Köster* DStZ 2016, 862; *Kessler/Egelhof* DStR 2017, 998.

§ 72   58

weiterhin im Hinblick auf die handelsrechtlich gebotene aktive und passive Steuerabgrenzung, nicht nur in diesen Fällen, da sich je nach Bilanzierungsweise nach der Brutto- oder Nettobetrachtung Auswirkungen auf den abzuführenden Gewinn ergeben können oder nicht.[167] Abweichungen ergeben sich ferner im Zusammenhang mit dem Wegfall der Maßgeblichkeit.[168] Eine weitere Restriktion ergibt sich daraus, im Grundsatz nur bei Abführung des „richtigen" Gewinns den Gewinnabführungsvertrag als ordnungsmäßig durchgeführt anzusehen.[169] Dies erweist sich als problematisch, weil damit im Gegensatz zur Bilanzierungspraxis auf eine „objektiv richtige" Bilanz abgestellt wird. Durch § 14 Abs. 1 S. 1 Nr. 3 KStG[170] wird dieses Problem entschärft, da ein Gewinnabführungsvertrag auch dann durchgeführt gilt, wenn der Jahresabschluss zwar fehlerhafte Bilanzansätze beinhaltet, aber wirksam festgestellt wurde und die Fehlerhaftigkeit bei gebotener Sorgfalt nicht hätte erkannt werden müssen und ein von der Finanzverwaltung beanstandeter Fehler spätestens im nächsten nach der Beanstandung aufzustellenden Jahresabschluss korrigiert und das Ergebnis entsprechend abgeführt oder ausgeglichen wird.[171] Bei einem bestätigten oder bescheinigten Jahresabschluss gilt die Bedingung der Nichterkennbarkeit als erfüllt.[172] Damit verbleibt es im Grundsatz beim subjektiven Fehlerbegriff, der auch Bestandteil der handelsrechtlichen GoB darstellt.[173]

58 Die Neuregelung zum Höchstbetrag der Gewinnabführung sind jedoch ungeachtet gegebenenfalls abweichender vertraglicher Vereinbarungen zu beachten; für Organgesellschaften in der Rechtsform einer GmbH folgt aus § 17 S. 2 Nr. 1 KStG nicht, dass die Begrenzung der Gewinnabführung nach § 301 AktG ausdrücklich in den Gewinnabführungsvertrag aufgenommen werden muss.[174] Der abzuführende Betrag muss handelsrechtlich und darf auch in Hinblick auf die Durchführung der Organschaft um einen Verlustvortrag aus dem nicht der Organschaft unterliegenden Vorjahr gemindert werden. Aus dem Gewinn der Organgesellschaft sind alle vororganschaftlichen Verluste auszugleichen.[175] Ein Ausgleich soll auch durch Verwendung vororganschaftlicher Kapitalrücklagen oder aus einer Einlage des Organträgers erfolgen dürfen; zweifelhaft soll die Verwendung von vororganschaftlichen Gewinnrücklagen sein.[176] Ferner ist der Gewinn um die Beträge zu mindern, die nach § 300 AktG in die gesetzliche Rücklage einzustellen sind;[177] er darf um Entnahmen aus in vertraglicher Zeit gebildeten und wieder aufgelösten Gewinnrücklagen erhöht werden.[178] Hierzu gehören nicht die Beträge, die während der Organschaft nach § 272 Abs. 2 zulässigerweise in die Kapitalrücklage eingestellt wurden, da die Bildung der Kapitalrücklage die Gewinnabführung nicht beeinflusst.[179] Beträge, die während der ver-

---

[167] Brutto- oder Nettobetrachtung; dazu *Dötsch* in Dötsch/Pung/Möhlenbrock KStG § 14 Rn. 399; DRS 18 idF v. 21.6.2016.
[168] *Ley/Spingler* Ubg 2009, 781; *Kröner/Bolik/Gageur* Ubg 2010, 237; *Scheunemann/Preuß* DB 2011, 674; *Neumann* Ubg 2010, 673; *Dötsch* Ubg 2008, 117.
[169] *Prinz* WPg 2013, 650.
[170] G zur Änderung und Vereinfachung der Unternehmensbesteuerung und des steuerlichen Reisekostenrechts v. 20.2.2013 BGBl. 2013 I S. 285; zur Entwurfsfassung BR-Drs. 633/12.
[171] Die tatsächliche Durchführung wird verneint, wenn ein vororganschaftlicher Verlust nicht mit einem Gewinn der Organgesellschaft verrechnet wird, BFH BStBl. II 2014 S. 481; zur Heilung von Bilanzierungsfehlern OFD Frankfurt a. M. 30.5.2016, DStR 2016, 1375; *Petersen* WPg 2018, 659.
[172] G v. 20.2.2013 BGBl. I S. 285; dazu *Benecke/Schnitger* IStR 2013, 143; *Kusch* NWB 2013, 3065.
[173] Dazu zB IDW RS HFA 6 Rn. 14; BFH GrS DStR 2013, 633 Ansicht dazu keine Veränderung; *Dötsch* in Dötsch/Pung/Möhlenbrock KStG § 14 Rn. 470 ff.; *Dötsch/Pung* DB 2013, 305. Zu Besonderheiten bei Beendigung der Organschaft OFD Karlsruhe 16.1.2014, FR 2014, 434.
[174] BMF 14.1.2010, BStBl. I 2010 S. 65.
[175] *Dötsch* in Dötsch/Pung/Möhlenbrock KStG § 14 Rn. 380.
[176] BFH HFR 2011, 187; OFD Karlsruhe 16.1.2014, FR 2014, 434; H 14.7 KStR (Verlustausgleich durch Organträger); *Dötsch* in Dötsch/Pung/Möhlenbrock KStG § 14 Rn. 381 f. und 403.
[177] R 14.5 Abs. 3 S. 4 Nr. 1 KStR.
[178] R 14.5 Abs. 3 S. 4 Nr. 2 KStR.
[179] R 14.5 Abs. 5 Nr. 3 S. 2 KStR.

traglichen Zeit in die Kapitalrücklage eingestellt wurden, dürfen nicht aufgelöst und als Gewinn abgeführt[180] oder zum Verlustausgleich verwendet[181] werden. Handelsrechtlich ist durch die Rechtsprechung nicht geklärt, ob der Anspruch – wie bei der Verlustübernahmeverpflichtung – bereits zum Bilanzstichtag oder erst mit Bilanzfeststellung entsteht. Die Verzinsung des Anspruchs ist steuerlich nur eine Nebenpflicht; die Nichtbefolgung beeinträchtigt nicht die Durchführung des Gewinnabführungsvertrags.[182] Der Ausgleich darf direkt durch Zahlung, aber auch indirekt durch Verrechnung erfolgen.[183] Der zeitnahe Ausgleich ist zu empfehlen.[184]

Nach § 14 Abs. 1 Nr. 4 KStG darf die Organgesellschaft **Beträge** aus dem Jahresüberschuss nur insoweit **in die Gewinnrücklagen** nach § 272 Abs. 3 HGB mit Ausnahme der gesetzlichen Rücklage einstellen, als dies bei vernünftiger kaufmännischer Beurteilung wirtschaftlich begründet ist. Der Durchführung des Gewinnabführungsvertrags steht es aber nicht entgegen, wenn der an den Organträger abzuführende Gewinn zB entsprechend § 301 AktG um einen bei Inkrafttreten des Gewinnabführungsvertrags bestehenden Verlustvortrag gemindert wird[185] oder der ohne die Gewinnabführung entstehende Jahresüberschuss der Organgesellschaft nach § 301 AktG um den Betrag gemindert wird, der nach § 300 AktG in die gesetzliche Rücklage einzustellen ist.[186] Ferner ist es der Organgesellschaft gestattet, Gewinnrücklagen nach § 272 Abs. 3 und 4 HGB einschließlich der Rücklage für eigene Anteile und der satzungsmäßigen Rücklagen zu bilden, die bei vernünftiger kaufmännischer Beurteilung wirtschaftlich begründet sind. Für die Bildung der Rücklage muss ein konkreter unternehmerischer Anlass gegeben sein.[187] Die Beachtung einer Ausschüttungssperre aus § 268 Abs. 8 HGB führt nicht zur Nichtdurchführung eines Gewinnabführungsvertrags.[188]

Vorvertragliche Gewinnrücklagen oder ein vorvertraglicher Gewinnvortrag dürfen nicht infolge des Gewinnabführungsvertrags an den Organträger abgeführt werden; die Verwendung solcher Beträge durch eine ordentliche Gewinnausschüttung steht jedoch nichts entgegen. Der zur Ausschüttung führende Bilanzgewinn unterliegt nicht der Abführungspflicht.[189]

Der Organträger ist nach § 302 AktG zur **Übernahme** eines sonst entstehenden **Jahresfehlbetrags** verpflichtet.[190] Die Verlustübernahmepflicht kann durch die Auflösung von in vertraglicher Zeit gebildeten Gewinnrücklagen,[191] seit der Entscheidung des BFH vom 8.8.2001[192] jedoch nicht mehr durch Entnahme aus in vertraglicher Zeit gebildeten Kapitalrücklagen iSv § 272 Abs. 2 Nr. 4 HGB gemindert werden.[193]

---

[180] BFH BStBl. II 2003 S. 923.
[181] FG Düsseldorf DStRK 2018, 295 mit Anm. *Weiss*.
[182] BMF 15.10.2007, BStBl. I 2007 S. 765.
[183] Zur Verrechnung *Kleefass* NZG 2018, 374.
[184] *Baldamus* Ubg 2009, 484; *Melan/Karrenbrock* FR 2009, 757; *Suchanek/Herbst* FR 2005, 665.
[185] R 60 Abs. 5 Nr. 1 S. 1 KStR; der Ausgleich vorvertraglicher Verluste wird steuerrechtlich als Einlage qualifiziert, R 14.5 Abs. 5 Nr. 1 S. 2 KStR.
[186] R 14.5 Abs. 5 Nr. 2 S. 1 KStR; Zuführungen, die über den gesetzlich vorgeschriebenen Betrag hinausgehen, werden steuerrechtlich wie die Bildung von Gewinnrücklagen gewertet, R 60 Abs. 5 Nr. 1 S. 2 KStR.
[187] R 14.5 Abs. 5 Nr. 3 S. 3 KStR; BFH BStBl. II 1981 S. 336.
[188] Ihre Beachtung ist nach BMF 14.1.2010, BStBl. I 2010 S. 65 vielmehr für die ordnungsgemäße Durchführung der Gewinnabführung zwingend erforderlich.
[189] R 14.5 Abs. 4 S. 4 KStR.
[190] Zur Wirksamkeit einer Vereinbarung bei fehlender notarieller Beurkundung FG Köln EFG 2004, 1792.
[191] R 14.5 Abs. 3 S. 4 und 5 KStR.
[192] BStBl. II 2003 S. 923; BFH DB 2017, 2264; OFD Nordrhein-Westfalen 11.7.2018, DB 2018, 1700.
[193] OFD Nordrhein-Westfalen 11.7.2018 – S 2770-2018/0013 St 131, KSt-Kartei NW KStG § 17 Karte 2; zur Verrechnung *Kleefass* NZG 2018, 374.

62 **Vororganschaftliche Verluste** der Organgesellschaft, die nach § 10d EStG vorgetragen wurden, können nicht mit dem körperschaftsteuerlichen Einkommen der Organgesellschaft während der Geltungsdauer des Gewinnabführungsvertrags verrechnet werden.[194] Der Ausgleich solcher Verlustbeträge durch Kürzung der Gewinnabführung nach § 301 AktG stellt steuerrechtlich eine Einlage des Organträgers dar.[195] Auch der Organträger darf den vororganschaftlichen Verlustvortrag der Organgesellschaft nicht mit seinem Einkommen verrechnen.

63 e) Einkommensermittlung bei der Organgesellschaft und beim Organträger. Der Organträger und die Organgesellschaft sind körperschaftsteuerlich unterschiedliche Steuersubjekte. Beide Gesellschaften haben zunächst unter Außerachtlassen des Gewinnabführungsvertrags das jeweilige Einkommen zu ermitteln. Die Verpflichtung zur Buchführung und Rechnungslegung der Organgesellschaft bleibt durch den Gewinnabführungsvertrag unberührt. Die Organgesellschaft ermittelt ihr Einkommen nach den allgemeinen Vorschriften; § 15 KStG enthält einige Besonderheiten.

64 Bei der Ermittlung des **Einkommens** der **Organgesellschaft** ist zu beachten dass ein Verlustabzug iSd § 10d EStG bei der Organgesellschaft nicht zulässig ist, § 15 Nr. 1 KStG.[196] Das bedeutet, dass die Organgesellschaft weder vor- noch organschaftliche Verluste selbst nutzen darf; Verluste aus der Zeit der Organschaft wirken sich beim Organträger aus. Verlustvorträge gehen, vorbehaltlich anderer Bestimmungen, nicht unter; sie können nach Beendigung der Organschaft genutzt werden. Erfolgt eine Sanierung iSv § 3a EStG auf der Ebene der Organgesellschaft, werden nicht nur laufende Verluste der Organgesellschaft im Sanierungsjahr, sondern auch vororganschaftliche Verluste dieser Gesellschaft verrechnet, § 15 S. 1 Nr. 1 S. 2 KStG. Ein verbleibender Sanierungsertrag Nach § 3a Abs. 3 EStG der Organgesellschaft wird auf den Organträger übertragen und führt dort zur Minderung von Verlusten, Verlustvorträgen oÄ des Organträgers, § 3a Abs. 3 S. 2, 3 und 5 EStG, vgl. § 15 S. 1 Nr. 1a KStG.[197] § 15 S. 1 Nr. 2 KStG normiert die **Bruttomethode**. Danach gelten Besonderheiten bei der Anwendung von § 8b Abs. 1–6 KStG, § 3 Nr. 40 EStG und des § 3c Abs. 2 EStG in der Organschaft, das gleiche gilt für § 4 Abs. 6 UmwStG sowie iVm § 15 S. 2 KStG den Vorschriften der Doppelbesteuerungsabkommen zur Freistellung von Gewinnausschüttungen. Diese werden bei der Organgesellschaft nicht angewendet.[198] Dadurch soll sichergestellt werden, dass im Organkreis die Vorschriften über die Steuerfreiheit oder Steuerbegünstigung zB von Beteiligungserträgen ausschließlich auf der Ebene des **Organträgers** und dort unter Berücksichtigung der für den Organträger geltenden Vorschriften zur Anwendung gelangen.[199] Die Anwendung der entsprechenden Vorschriften erfolgt auf der Ebene des Organträgers. Sind in dem, dem Organträger zuzurechnenden Einkommen der Organgesellschaft Bezüge, Gewinne oder Gewinnminderungen iSv § 8b Abs. 1–3 KStG oder mit solchen Beträgen zusammenhängende Ausgaben iSd § 3c EStG oder Gewinne iSd § 4 Abs. 6 UmwStG enthalten, sind § 8b KStG, § 4 Abs. 6 UmwStG sowie § 3 Nr. 40 und § 3c EStG bei der Ermittlung des Einkommens des Organträgers anzuwenden. Die entsprechenden Einkommensbestandteile bei der Organgesellschaft müssen zur entsprechenden Qualifikation bei dem Organträger diesem mitgeteilt werden.[200] Ist der Organträger selbst eine Kapitalgesellschaft, kommen bei ihm die § 8b Abs. 1–3 KStG sowie gegebenenfalls

---

[194] Vgl. § 15 S. 1 Nr. 1 KStG; R 15 KStR; nach BMF 4.7.2008, BStBl. I 2008 S. 718 Rn. 48 gilt dies gleichermaßen für einen vororganschaftlichen Zinsvortrag; Dötsch in Dötsch/Pung/Möhlenbrock KStG § 15 Rn. 3 ff., zum Zinsvortrag Rn. 74; Gosch/*Neumann* KStG § 15 Rn. 5.

[195] H 14.7 KStR (Verlustausgleich durch den Organträger).

[196] R R 15 KStR; *Dötsch* in Dötsch/Pung/Möhlenbrock KStG § 15 Rn. 3–17.

[197] *Dötsch* in Dötsch/Pung/Möhlenbrock KStG § 15 Rn. 18j ff.

[198] Zur Bruttomethode BFH HFR 2009, 501; Dötsch/Pung/Möhlenbrock KStG § 15 Rn. 20.

[199] *Dötsch* in Dötsch/Pung/Möhlenbrock KStG § 15 Rn. 20.

[200] *Dötsch* in Dötsch/Pung/Möhlenbrock KStG § 15 Rn. 22.

§ 3c Abs. 1 EStG zur Anwendung.[201] Ist der Organträger eine natürliche Person, gelten § 3 Nr. 40 und § 3c Abs. 2 EStG. Durch § 14 Abs. 5 KStG[202] wird jetzt vorgesehen, das dem Organträger zuzurechnende Einkommen der Organgesellschaft gegenüber dieser und dem Organträger gesondert und einheitlich festzustellen vgl. → Rn. 73. Ist auf den Organträger § 8b Abs. 7, 8 oder 10 KStG anzuwenden, kommt die Bruttomethode nach § 15 S. 1 Nr. 2 Satz. 3 KStG nicht zur Anwendung. Die zunächst unterschiedlichen Regelungen in § 15 KStG und im GewStG konnten dazu führen, dass § 8b Abs. 5 KStG nicht zur Anwendung kam und Schachteldividenden nicht dem pauschalen Aufwandsabzugsverbot unterlagen.[203] Durch das EU-Amtshilfe-Richtlinien-Umsetzungsgesetz wurde insoweit der Gleichlauf durch Einfügen von § 7a GewStG wieder hergestellt.[204]

65 § 15 S. 1 Nr. 3 enthält eine Bestimmung zur Anwendung der Zinsschranke nach § 4h EStG im Organkreis. [205] Nach § 4h EStG iVm § 8 Abs. 1 KStG sind Zinsaufwendungen eines Betriebs bis zur Höhe des Zinsertrags des Betriebs abziehbar, darüber hinaus grundsätzlich nur bis zur Höhe des verrechenbaren EBITDA. Dieses beträgt 30 % des durch bestimmte Korrekturen modifizierten Einkommens. § 4h Abs. 2 EStG enthält drei Ausnahmen von dieser Grundregel; danach greift das Abzugsverbot nicht, wenn der Nettozinsaufwand unter der Freigrenze von drei Millionen Euro liegt, der Betrieb nicht konzernzugehörig ist oder die Eigenkapitalquote eines konzernzugehörigen Betriebs am Schluss des vorangegangenen Abschlussstichtags gleich hoch oder höher ist als die des Konzerns bzw. nicht mehr als zwei Prozentpunkte hierunter liegt. Bei Körperschaften sind für die beiden letztgenannten Ausnahmen zusätzlich die Voraussetzungen des § 8a KStG zu beachten, wonach insbesondere keine 10 % des Nettozinsaufwands überschreitenden Zahlungen an wesentlich beteiligte Gesellschafter oder an einen insoweit rückgriffsberechtigten Dritten erfolgen dürfen. Organträger und Organgesellschaft gelten nach § 15 S. 1 Nr. 3 S. 2 KStG als ein Betrieb iSd § 4h Abs. 1 EStG. § 15 S. 1 Nr. 3 S. 1 KStG ordnet an, dass eine Begrenzung des Zinsabzugs nach § 4h EStG bei der Organgesellschaft nicht stattfindet. Die Höhe der abziehbaren Zinsen wird erst auf der Ebene des Organträgers ermittelt. Sämtliche Zinszahlungen werden folglich innerhalb des Organkreises saldiert; die Berechnung des maßgeblichen Einkommens nach § 8a KStG und des verrechenbaren EBITDA vollzieht sich ebenfalls auf der Ebene des Organträgers.[206] Ein Zinsvortrag iSd § 4h Abs. 1 S. 5 EStG und ein EBITDA-Vortrag iSd § 4h Abs. 1 S. 3 EStG können damit nur auf der Ebene des Organträgers entstehen und von diesem auch nach Beendigung der Organschaft genutzt werden.[207] Nicht in § 15 KStG angesprochen wird § c KStG. § 8c KStG ist für den Organträger und die Organgesellschaft getrennt zu beachten. Eine relevante Anteilsveräußerung des Organträgers kann Verlustvorträge beider Gesellschaften betreffen; denkbar ist auch die Anwendung allein auf Verluste der Organgesellschaft bei Veräußerung von Anteilen an dieser.[208]

---

[201] Dazu *Rosenbach* WPg 2003 Sonderheft Holding und Organschaft, S. 1 (5 ff.); zur Aufwandsberücksichtigung bei der Organschaft *Frotscher/Berg/Pannen/Stifter/Thiel* DB 2002, 1525; *Thiel* DB 2002, 1340; *Rödder/Schumacher* DStR 2002, 1163; *Lüdicke* BB 2002, 1521; *Krebühl* DStR 2002, 1241; *Krebs/Blumenberg* BB 2002, 1721; *Beinert/Mikus* DB 2002, 1467; *Stahl/Fuhrmann* NZG 2003, 250 (255).
[202] Entwurf eines Gzur Änderung und Vereinfachung der Unternehmensbesteuerung und des steuerlichen Reisekostenrechts, BR-Drs. 633/12; dazu BGBl. 2013 I S. 285.
[203] BFH BStBl. II 2015 S. 1052; BMF 26.8.2003, BStBl. I 2003 S. 437 Rn. 28; *Dötsch* in Dötsch/Pung/Möhlenbrock KStG § 15 Rn. 53.
[204] G v. 20.12.2016 BGBl. 2016 I S. 3000; *Benz/Böhmer* DB 2016, 1531.
[205] Unternehmensteuerreformgesetz 2008 v. 14.8.2007 BGBl. 2007 I S. 1912.
[206] *Dötsch* in Dötsch/Pung/Möhlenbrock KStG § 15 Rn. 67 f., 80; *Erle/Sauter/Erle/Heuring* KStG § 15 Rn. 54 ff., 62 ff.; *Herzig/Liekenbrock* DB 2010, 690; *Kessler/Lindemer* DB 2010, 472; *Rödder* DStR 2010, 529; *Schuck/Faller* DB 2010, 2186.
[207] *Dötsch* in Dötsch/Pung/Möhlenbrock KStG § 15 Rn. 87; *Erle/Sauter/Erle/Heuring* KStG § 15 Rn. 70.
[208] *Dötsch* in Dötsch/Pung/Möhlenbrock KStG § 14 Rn. 705 und § 8c Rn. 261 ff.

66 **Verdeckte Gewinnausschüttungen** der Organgesellschaft an den Organträger sind nach den allgemeinen Vorschriften zu ermitteln und zu behandeln. Gleiches gilt für verdeckte Einlagen. Beide stellen die Gewinnabführung nicht in Frage;[209] eine verdeckte Gewinnausschüttung wird idR wie eine vorweggenommene Gewinnabführung an den Organträger behandelt. Beim Organträger wird sie zur Vermeidung einer Doppelerfassung aus dem Einkommen des Organträgers herausgerechnet.[210] Leistet das Mutterunternehmen in der Zeit der Organschaft einen **Ertragszuschuss,** der handels-, aber nicht steuerlich als Ertrag behandelt wird und fließt ein solcher Ergebnisbestandteil im Rahmen der Ergebnisabführung an das Mutterunternehmen ab, liegt steuerlich eine Mehrabführung im Sinne von § 14 Abs. 4 S. 6 KStG vor.[211]

67 Nach § 14 Abs. 1 Nr. 5 KStG bleibt ein negatives Einkommen des Organträgers oder der Organgesellschaft bei der inländischen Besteuerung außer Ansatz, soweit es in einem ausländischen Staat im Rahmen der Besteuerung des Organträgers, der Organgesellschaft oder einer anderen Person berücksichtigt wird. Durch die Regelung sollen „double-dip"-Gestaltungen ausgeschlossen werden, die bei doppelt ansässigem Organträger unter Umständen im In- und Ausland berücksichtigt werden könnten.[212] Der durch das G zur Vereinfachung der Unternehmensbesteuerung[213] geänderte Wortlaut gilt als weit und zT überschießend, da auch mittelbare Effekte (wie Hinzurechnungsbesteuerung oder Vorlustvorträge), die bei der Besteuerung im Ausland Berücksichtigung finden, zum Ausschluss führen.[214] Maßgebend ist die konsolidierten Einkünfte des Organträgers nach Zurechnung des Einkommens der Organgesellschaft.[215]

68 Zwischen Organträger und Organgesellschaft werden zum Ausgleich der Steuerbelastung, die der Organträger zu tragen hat, häufig **Steuerumlagen** verrechnet. Für die Zulässigkeit von Steuerumlagen hat der BGH in zwei Entscheidungen[216] allgemeine Grundlagen entwickelt. Der BFH hat die damals anerkannte sog. Belastungsmethode nicht als verdeckte Gewinnausschüttung behandelt[217] und hält weiterhin die Belastungs- wie die Verteilungsmethode für zulässig.[218] Für steuerliche Zwecke wird danach die Belastungsmethode weiterhin anerkannt, wenn spätestens bei Beendigung der Organschaft ein in den Vorjahren gegebenenfalls rechnerisch zu viel umgelegter Betrag erstattet wird. Es wird ein Wahlrecht anerkannt, Steuern im Organkreis umzulegen. Jede betriebswirtschaftlich vernünftige Methode wird anerkannt; sie darf nicht beliebig geändert werden. Im Durchschnitt mehrerer Jahre darf nicht mehr als die tatsächlich bezahlte Steuer umgelegt werden; spätestens bei Auflösung der Organschaft sind zu viel umgelegte Steuern zu erstatten. Diese ist weiterhin die Auffassung der Finanzverwaltung.[219]

---

[209] R 14.7 Abs. 4 S. 1 KStR.
[210] R 14.7 Abs. 2 S. 1 KStR; *Dötsch* in Dötsch/Pung/Möhlenbrock KStG § 14 Rn. 717.
[211] BFH DStR 2017, 1650; BFH BStBl. II 2013 S. 555; BMF 15.7.2013, BStBl. I 2013 S. 921; *Bolik/Kummer* NWB 2017, 3342.
[212] *Dötsch* in Dötsch/Pung/Möhlenbrock KStG § 14 Rn. 240 ff., 244 ff.; *Prinz* FR 2002, 66 (73); *Meilicke* DB 2002, 911.
[213] G v. 20.2.2013 BGBl. 2013 I S. 285.
[214] BMF 29.5.2013, GmbH 2013, 728; krit. *Dötsch* in Dötsch/Pung/Möhlenbrock KStG § 14 Rn. 642 ff.; *Benecke/Schnitger* IStR 2013, 143 (146); *Gründig/Schmid* DStR 2013, 617 (618); *Ritzer/Aichberger* DK 2013, 602 (606).
[215] BFH HFR 2017, 299.
[216] BGH DB 1993, 368; DStR 1999, 724.
[217] BFH BStBl. II 2002 S. 369; dazu *Berg/Schmich* FR 2003, 11; *Pyszka* GmbHR 1999, 812; *Starke* FR 2000, 381; *Simon* DStR 2000, 431; *Rödder/Simon* DB 2002, 496.
[218] BFH DB 2005, 752 mit Nachweisen zum Streitstand; dazu *Bogenschütz* BB 2005, 757; *Buciek* StW 2005, 322; *Habersack* BB 2007, 1397.
[219] BMF 12.9.2002, DB 2002, 2571; Erg. der OFD Koblenz 28.10.2002, FR 2003, 96; dazu *Dötsch* in Dötsch/Pung/Möhlenbrock KStG § 14 Rn. 785, 789; *Berg/Schmich* FR 2003, 11; *Herlinghaus* EFG 2004, 597.

§ 72 Gewinnabführungsvertrag

Das Einkommen der Organgesellschaft wird dem Organträger in dem **Veranlagungs-** 69
zeitraum zugerechnet, in dem die Organgesellschaft das Einkommen bezogen hat, also in
dem Veranlagungszeitraum, in dem das Wirtschaftsjahr der Organgesellschaft endet.[220]
Werden die Anteile an einer Organgesellschaft durch den Organträger veräußert, ohne
dass ein Rumpfgeschäftsjahr geschaffen oder die Veräußerung auf ein ordentliches Geschäftsjahresende erfolgt, kann ein bis zum Beteiligungsverkauf erzielter Gewinn/Verlust
der Organgesellschaft nicht mit Gewinnen/Verlusten des Organträgers verrechnet werden.[221]

f) Abweichungen der handelsrechtlichen Ergebnisabführung von der steuerlichen 70
Einkommenszuordnung. Das handelsrechtlich infolge des Gewinnabführungsvertrags
abzuführende oder auszugleichende Ergebnis der Organgesellschaft kann zB durch den
Ausgleich vororganschaftlicher Verluste oder der Einstellung oder Auflösung von Beträgen
in oder aus den Gewinnrücklagen der Organgesellschaft von der steuerrechtlichen Einkommenszuordnung des Ergebnisses der Organgesellschaft zum Organträger abweichen.[222]
Hieraus entstehende **Minder-** oder **Mehrabführungen** hindern idR nicht die Durchführung der Gewinnabführung; das Ergebnis der Organgesellschaft wird gleichwohl dem
Organträger zugeordnet.[223]

§ 27 Abs. 6 KStG regelt, dass organschaftliche Minderabführungen der Organgesellschaft 71
das steuerliche Einlagekonto der Organgesellschaft erhöhen und organschaftliche Mehrabführungen zu einer Minderung des Einlagekontos führen.[224] Infolge der Mehr- oder
Minderabführungen[225] mit Ursachen in der organschaftlichen Zeit bildet der Organträger
einen aktiven oder passiven Ausgleichsposten, § 14 Abs. 4 KStG.[226] Auslöser hierfür sind
insbesondere Abweichungen, die in organschaftlicher Zeit verursacht sind; diese Abgrenzung ist indes unklar.[227] Diese sind im Zeitpunkt der Veräußerung der Organbeteiligung
aufzulösen; der Auflösungsbetrag erhöht oder vermindert das zu versteuernde Einkommen
des Organträgers, worauf § 8b KStG resp. § 3 Nr. 40 oder § 3c Abs. 2 EStG anzuwenden
sind. Durch § 14 Abs. 3 KStG[228] wird festgelegt, dass Mehrabführungen aus vororganschaftlicher Zeit als verdeckte Gewinnausschüttung der Organgesellschaft an den Organträger und Minderabführungen, die ihre Ursache in vororganschaftlicher Zeit haben, als
Einlage durch den Organträger zu behandeln sind.[229]

g) Ausgleichszahlungen an außenstehende Aktionäre. Minderheitsaktionäre haben 72
nach § 304 AktG[230] einen Anspruch auf eine im Gewinnabführungsvertrag festgelegte
Ausgleichszahlung. Der BFH hat inhaltliche Anforderungen an die Ausgleichszahlung
aufgestellt. Wird neben einem festen Ausgleich ein variabler Ausgleich vereinbart, der die
Ausgleichszahlung einem hypothetischen Gewinnanspruch gleichstellt, wird die Durch-

---

[220] H 14.7 KStR (Veranlagungszeitraum der Zurechnung); BFH BStBl. II 1975 S. 126.
[221] BMF 28.11.2017, BStBl. I 2017 S. 1645 Rn. 38.
[222] Zur Definition *Dötsch* in Dötsch/Pung/Möhlenbrock KStG § 14 Rn. 818 ff.
[223] *Dötsch/Pung* DB 2018, 1424.
[224] *Dötsch* in Dötsch/Pung/Möhlenbrock KStG § 14 Rn. 855 ff.; *Rödder/Schumacher* DStR 2002, 105; das steuerliche Einlagekonto kann dadurch negativ werden, vgl. BMF 4.6.2003 BStBl. I 2003, 366 Rn. 28.
[225] BFH DB 2017, 1689; zum Begriff ferner BFH BStBl. II 2014 S. 398 sowie BStBl. I 2014 S. 651.
[226] R 14.8 Abs. 2 KStR; BFH BStBl. II 2005 S. 49; BFH BFH/NV 2009, 790; FG Hamburg StE 2011, 793 BFH DStRE 2013, 73; *Pannen* BB 2003, 815; *Neumann* Ubg 2010, 680; *Dötsch* Ubg 2011, 20 (28).
[227] *Dötsch* in Dötsch/Pung/Möhlenbrock KStG § 14 Rn. 835 ff. sowie 911 ff.
[228] Gesetz v. 9.12.2004, BGBl. 2004 I S. 3310.
[229] Vgl. das der Regelung zugrundeliegende Urteil des BFH BStBl. II 2005 S. 49; dazu BMF 22.12.2004, BStBl. I 2005 S. 65; Erle/Sauter/*Erle/Heuring* KStG § 14 Rn. 387 ff.
[230] Gegen eine (analoge) Anwendung des § 304 AktG bei einer GmbH als Organgesellschaft und für eine Anerkennung des Gewinnabführungsvertrags mit und ohne eine Vereinbarung von Ausgleichszahlungen *Dötsch* in Dötsch/Pung/Möhlenbrock KStG § 16 Rn. 13.

führung des Gewinnabführungsvertrags verhindert.[231] Solche Beträge dürfen nach § 4 Abs. 5 Nr. 9 EStG weder vom Einkommen der Organgesellschaft noch von dem des Organträgers abgezogen werden.[232] Das JStG 2018[233] sieht in § 14 Abs. 2 KStG nun vor, neben einem festen Betrag einen variablen Teil einer Ausgleichszahlung zuzulassen, wenn die Ausgleichszahlung insgesamt den dem außenstehenden Gesellschafter seinem Anteil am Kapital entsprechenden Gewinnanteil nicht übersteigt und dies nach vernünftiger kaufmännischer Beurteilung wirtschaftlich begründet ist.[234] § 16 KStG schreibt vor, dass die Organgesellschaft unabhängig davon, ob sie oder der Organträger die Ausgleichsleistung erbringt, die Ausgleichsleistung zu versteuern hat. Die Organgesellschaft ist mit dem auf die Ausgleichleistung entfallenden Betrag stets selbst steuerpflichtig. Die Organgesellschaft hat $20/17$ der geleisteten Ausgleichzahlung als Einkommen zu versteuern. Damit wird die Ausgleichzahlung bei der Organgesellschaft einer Körperschaftsteuer in Höhe von 15 % unterworfen. Wegen der Belastung der Körperschaft mit SolZ führt die Ausgleichzahlung zu einem höheren, dem Organträger zuzurechnenden Einkommen.[235] Die Ausgleichzahlung stellt nach Auffassung der Finanzverwaltung und der Literatur zwar keine ordentliche Gewinnausschüttung dar, gleichwohl aber eine Leistung im Sinne von § 38 KStG.[236] Sie stellt jedoch eine Dividende dar und unterliegt damit bei Leistung durch die Organgesellschaft der Verpflichtung zur Einbehaltung von Kapitalertragsteuer und Solidaritätszuschlag, § 43 Abs. 1 S. 1 EStG.[237]

73 **h) Steuerrechtliche Behandlung der verunglückten Organschaft.** Wird nachträglich festgestellt, dass die Voraussetzungen für die Organschaft oder ein rechtswirksamer Gewinnabführungsvertrag nicht vorliegen, wird die Organgesellschaft steuerrechtlich so behandelt, als hätte kein Organschaftsverhältnis vorgelegen. Das Einkommen der Organgesellschaft ist ihr zuzurechnen und nach allgemeinen Vorschriften zu versteuern.[238] Eine **durchgeführte Gewinnabführung** wird als verdeckte Gewinnausschüttung behandelt,[239] die Übernahme eines negativen Einkommens durch den Organträger führt zu einer Einlage;[240] eine Teilwertabschreibung ist nach Maßgabe von § 8b Abs. 3 KStG nicht mehr steuerlich abzugsfähig. Beim Organträger entfällt die entsprechende Minderung des zu versteuernden Einkommens.

74 **i) Verfahrensrechtliche Behandlung der Organschaft.** Durch die kleine Organschaftsreform[241] wurde § 14 Abs. 5 KStG neu eingefügt. Er stellt eine verfahrensrechtliche Verknüpfung im Sinne von Grundlagen- und Folgebescheiden zwischen der Veranlagung der Organgesellschaft und dem Organträger her. Das dem Organträger zuzurechnende Einkommen wird unter Beachtung der Besonderheiten des § 15 KStG gesondert festgestellt;

---

[231] BFH BFH/NV 2018, 144 = BStBl. II 2019 S. 278; BFH BStBl. II 2010 S. 407; dagegen BMF 20.4.2011, BStBl. I 2011 S. 372; dazu kritisch *Dötsch* in Dötsch/Pung/Möhlenbrock KStG § 16 Rn. 24 ff.

[232] R 16 Abs. 1 S. 1 KStR.

[233] jetzt: G zur Vermeidung von Umsatzsteuerausfällen beim Handel mit Waren im Internet und zur Änderung weiterer steuerlicher Vorschriften idF BT-Beschluss v. 8.11.2018 und BR-Beschluss v. 23.11.2018, BGBl. 2018 I S. 2338.

[234] Art. 6 Ziff. 4 zu § 14 Abs. 2 (neu) KStG infolge von BFH DB 2017, 2650; dazu *Brühl/Weiss* BB 2018, 94; *Brühl/Weiss* BB 2018, 2135; *Moritz* DB-online 1260031; *Heurung/Schmidt/M. Kraft* BB 2018, 470; *Nürnberg* NWB 2018, 2856; *Nürnberg* NWB 2018, 2856; *Hasbach* DStR 2019, 81.

[235] Beispielsrechnungen bei *Dötsch* in Dötsch/Pung/Möhlenbrock KStG § 16 Rn. 38 ff.

[236] BMF 6.11.2003, BStBl. I 2003 S. 575 Rn. 30; *Dötsch* in Dötsch/Pung/Möhlenbrock KStG § 16 Rn. 58.

[237] *Dötsch* in Dötsch/Pung/Möhlenbrock KStG § 16 Rn. 70.

[238] R 14.5 Abs. 8 S. 2 KStR.

[239] BFH BStBl. II 1989 S. 668; BFH BStBl. II 1990 S. 24.

[240] BFH BStBl. II 1990 S. 24; BFH BStBl. II 1990 S. 797; *Dötsch* in Dötsch/Pung/Möhlenbrock KStG § 14 Rn. 1160 ff.

[241] G v. 20.2.2013 BGBl. 2013 I S. 285; dazu *Hendrichs* Ubg 2011, 711; *Teiche* DStR 2013, 2197.

damit wird zugleich über damit zusammenhängende Besteuerungsgrundlagen entschieden.²⁴² Dies betrifft das steuerlich zuzurechnende Einkommen und damit inzident auch die steuerliche Anerkennung der Organschaft. Der Feststellungsbescheid ist wegen § 352 AO sowohl durch die Organgesellschaft als auch den Organträger eigenständig anfechtbar. Zuständig für den Grundlagenbescheid ist das Finanzamt der Organgesellschaft, § 14 Abs. 5 S. 4 KStG iVm § 181 Abs. 2 S. 2 AO.

2. Gewerbesteuerliche Organschaft. Für die gewerbesteuerliche Organschaft ist ebenfalls allein die finanzielle Eingliederung und der Abschluss eines Gewinnabführungsvertrags Organschaftsvoraussetzung.²⁴³ Nach der § 2 Abs. 2 S. 2 GewStG setzt die gewerbesteuerliche Organschaft die finanzielle Eingliederung der Organgesellschaft in das Unternehmen des Organträgers und den Abschluss eines Gewinnabführungsvertrags voraus. Demnach werden für den Organträger und die Organgesellschaft selbständig die Gewerbesteuermessbeträge ermittelt; dabei verbleibt jedes Unternehmen ein selbständiges Gewerbesteuersubjekt. Auch die Hinzurechnungen und Kürzungen nach §§ 8 und 9 GewStG werden selbständig durchgeführt,²⁴⁴ allerdings unterbleiben im Rahmen der Organschaft Hinzurechnungen zB nach § 8 Nr. 1 GewStG auf konzerninterne Darlehen; Teilwertabschreibungen auf solche Darlehen sind hinzuzurechnen.²⁴⁵ Letztlich werden die Gewerbeerträge der Unternehmen zusammengefasst und beim Organträger versteuert.²⁴⁶ Für die Organgesellschaft hatte der BFH²⁴⁷ festgestellt, dass § 8b Abs. 1 und 5 KStG dort keine Anwendung findet, da § 15 S. 1 Nr. 2 KStG auch im Rahmen der gewerbesteuerlichen Organschaft gilt. Durch G vom 20.12.2016 wurde durch einen neuen § 7a GewStG geregelt, dass die „Schachtelstrafe" auch in der Organschaft zur Anwendung kommt.²⁴⁸ Die Begründung einer gewerbesteuerlichen Organschaft einer in eine Kapitalgesellschaft formgewechselten GmbH & Co. KG kann nach Auffassung des BFH auf den Beginn des Wirtschaftsjahres (rückwirkend) erfolgen, wenn dieser Zeitpunkt nach dem steuerlichen Umwandlungsstichtag liegt.²⁴⁹ Die Finanzverwaltung hat ihre im bisherigen Umwandlungsteuererlass²⁵⁰ vertretene Auffassung weiterentwickelt und nach einer restriktiveren Phase²⁵¹ die Auffassung im UmwStE 2011 nunmehr differenziert.²⁵² Eine isolierte gewerbesteuerliche Organschaft, die unabhängig von der körperschaftsteuerlichen Organschaft besteht, ist nicht mehr denkbar. Zu den Voraussetzungen der gewerbesteuerlichen Organschaft gelten die oben gemachten Ausführungen entsprechend. § 10a GewStG²⁵³ legt fest, dass vororganschaftliche Verluste den Gewerbeertrag der Organgesellschaft nicht mindern dürfen.

3. Umsatzsteuerliche Organschaft. Die Vorschriften über die umsatzsteuerliche Organschaft sind durch Veränderungen des Körperschaftsteuer- und Gewerbesteuerrechts unberührt geblieben. § 2 Abs. 2 S. 2 UStG setzt voraus, dass die Organgesellschaft in das

---

²⁴² *Dötsch* in Dötsch/Pung/Möhlenbrock KStG § 14 Rn. 1138 f.
²⁴³ *Kollruss* StBp 2001, 132; *Rödder/Schumacher* DStR 2002, 105; *Prinz* FR 2002, 66.
²⁴⁴ Glanegger/*Güroff* GewStG § 2 Rn. 523.
²⁴⁵ BFH DStR 2010, 49; *Wendt* FR 2010, 280; *Behrens/Renner* BB 2010, 486; zur Anwendung von § 9 Nr. 7 und 8 GewStG im Organkreis BMF 26.8.2003, BStBl. I 2003 S. 437 Rn. 30; Blümich/ Gosch, EStG, GewStG § 9 Rn. 187a, 314; *Hageböke* IStR 2009, 473 (479 ff.).
²⁴⁶ Glanegger/*Güroff* GewStG § 2 Rn. 524.
²⁴⁷ BFH BStBl. II 2015 S. 1052.
²⁴⁸ G. v. 20.12.2016 BGBl. 2016 I S. 3000; dazu *Benz/Böhmer* DB 2016, 1531; *Kollruss* WPg 2019, 55.
²⁴⁹ BFH BStBl. II 2004 S. 534; zur rückwirkenden Begründung der finanziellen Eingliederung bei umwandlungsrechtlichen Sachverhalten vgl. § 72 V.1.
²⁵⁰ BMF 25.3.1998, BStBl. I 1998 S. 268 Tz. Org 05, 13 und 18 sowie 26.8.2003, BStBl. I 2003 S. 437 Rn. 12.
²⁵¹ BMF 24.5.2004, BStBl. I 2004 S. 549.
²⁵² UmwStE 2011 Rn. Org 02, 06 ff., 13 ff. zum Formwechsel der Organgesellschaft Tz. Org 25 mit Verweis auf BFH BStBl. II 2004 S. 534.
²⁵³ Ab VZ 2004 durch GewStRefG vom 23.12.2003, BGBl. 2003 I S. 2922.

Unternehmen des Organträgers finanziell, organisatorisch und wirtschaftlich eingegliedert ist. Die **Merkmale** der Eingliederung sind für umsatzsteuerliche Zwecke mit denen der Ertragsteuern **nicht identisch**,[254] insbesondere genießt die organisatorische Eingliederung einen besonderen Stellenwert. Anders als im Ertragsteuerrecht werden die in der umsatzsteuerlichen Organschaft verbundenen Unternehmen als ein Unternehmen betrachtet; Umsätze zwischen den Teileinheiten eines einheitlichen Unternehmens unterliegen nicht der Umsatzsteuer.

Zu den Voraussetzungen der umsatzsteuerlichen Organschaft vgl. → § 54 Rn. 27.

77 **4. Haftung im Organkreis.** Nach § 73 AO haftet eine Organgesellschaft für solche Steuern des Organträgers, für welche die Organschaft zwischen ihnen von Bedeutung ist. Diese Norm wurde unter Risikogesichtspunkten in der Vergangenheit so interpretiert, dass die Organgesellschaft für alle Steuern des Organträgers haften kann, also nicht nur solche, die durch die jeweilige Organgesellschaft veranlasst wurden.[255] Durch die Rechtsprechung wurde diese Betrachtung nun konkretisiert. Der BFH hat entschieden, dass im Bereich der körperschaftsteuerlichen Organschaft die Haftung der Organgesellschaft auf die gegen den – durch das konkrete Organschaftsverhältnis bestimmten – Organträger gerichteten Steueransprüche beschränkt ist.[256] Das schränkt den Haftungsumfang in zweifacher Hinsicht ein: zum einen auf die durch die Organgesellschaft verursachten Steuern, zum anderen auf die Steuerschulden des konkreten Organträgers.

78 Für die Umsatzsteuer ist eine Entscheidung des FG Düsseldorf von Bedeutung. Danach haftet die Organgesellschaft ebenfalls nur auf die von dieser nachweislich veranlassten Steuern. Eine Begrenzung auf das konkrete Organschaftsverhältnis erfolgt in anderer Weise um der Besonderheit der umsatzsteuerlichen Organschaft Rechnung zu tragen.[257]

§ 73 Andere Unternehmensverträge

Übersicht

	Rn.		Rn.
I. Grundlagen	1–7	4. Abgrenzung zum Beherrschungsvertrag	41–43
1. Überblick	1–4	5. Kombination mit anderen Unternehmensverträgen	44–47
2. Vertragsparteien	5	V. Betriebsführungsvertrag	48–60
3. Unternehmensverbindung	6	1. Allgemeines	48–50
4. Kartellrecht	7	2. Inhalt und Wirkung des Vertrages	51–56
II. Gewinngemeinschaft	8–13	3. Abgrenzung zum Beherrschungsvertrag	57
1. Allgemeines	8, 9	4. Kombination mit anderen Unternehmensverträgen	58–60
2. Inhalt und Wirkung des Vertrages	10–12	VI. Abschluss, Änderung und Beendigung der Verträge	61–81
3. Angemessenheit der Gegenleistung	13	1. Vertragsabschluss und Zustimmung der Hauptversammlung	61–67
III. Teilgewinnabführungsvertrag	14–23	2. Wirksamwerden der Verträge	68–71
1. Inhalt und Wirkung des Vertrages	14–20	3. Vertragsänderung	72–74
2. Einstellungen in die gesetzliche Rücklage	21	4. Vertragsbeendigung	75–81
3. Höchstbetrag der Gewinnabführung	22	VII. Steuerliche Wirkungen anderer Unternehmensverträge	82, 83
4. Angemessenheit der Gegenleistung	23		
IV. Betriebspacht und Betriebsüberlassung	24–47		
1. Allgemeines	24–27		
2. Inhalt und Wirkung der Verträge	28–35		
3. Angemessenheit der Gegenleistung	36–40		

---

[254] Zur Voraussetzung der Über- und Unterordnung BFH ZSteu 2005, Heft 15 R 591.
[255] Dazu zB *Bruschke* BB 2018, 1310; *Elicker/Hartrott* BB 2011, 2775.
[256] BFH BStBl. II 2018 S. 54; *Heurung/Schmidt/M. Kraft* BB 2018, 470.
[257] FG Düsseldorf EFG 2018, 721 (Rev. eingelegt, BFH Az. VII R 19/18); *Hölzle* ZIP 2016, 103.

§ 73 Andere Unternehmensverträge § 73

Schrifttum: *Altmeppen,* Zum richtigen Verständnis der neuen §§ 293a – 293g AktG zu Bericht und Prüfung beim Unternehmensvertrag, ZIP 1998, 1853; *Apfelbacher,* Zur Frage der Anwendbarkeit der gesetzlichen Ausschüttungssperre des § 268 Abs. 8 HGB und der gesetzlichen Abführungssperre des § 301 Satz 1 AktG auf Hybridkapital von Aktiengesellschaften, FS Hoffmann-Becking, 2013, S. 13; *Armbrüster/Joos,* Zur Abwicklung fehlerhafter stiller Beteiligungen, ZIP 2004, 189; *Bachelin,* Der konzernrechtliche Minderheitenschutz, 1969; *Bachmayr,* Der reine Verlustübernahmevertrag, ein Unternehmensvertrag im Sinne des Aktiengesetzes 1965, BB 1967, 135; *Birk,* Betriebsaufspaltung und Änderung der Konzernorganisation im Arbeitsrecht, ZGR 1984, 23; *Blaurock,* Die stille Beteiligung an einer Kapitalgesellschaft als Unternehmensvertrag, FS Großfeld, 1999, S. 83; *Brauksiepe,* Der „außenstehende Aktionär" bei Beherrschungs- und Gewinnabführungsbeträgen, BB 1966, 144; *Bungert,* Unternehmensvertragsbericht und Unternehmensvertragsprüfung gemäß §§ 293aff AktG (Teil I), DB 1995, 1384; *Busch,* Aktienrechtliche Probleme der Begebung von Genußrechten zwecks Eigenkapitalverbreiterung, AG 1994, 93; *Damm,* Die aktienrechtliche Zulässigkeit von Betriebsführungsverträgen, BB 1976, 294; *Dierdorf,* Herrschaft und Abhängigkeit einer Aktiengesellschaft auf schuldvertraglicher und tatsächlicher Grundlage, 1978; *Ekkenga,* Mitbestimmung der Aktionäre über Erfolgsvergütungen für Arbeitnehmer, AG 2017, 89–99; *Eyber,* Die Abgrenzung zwischen Genußrecht und Teilgewinnabführungsvertrag im Recht der Aktiengesellschaft, 1997; *Exner,* Beherrschungsvertrag und Vertragsfreiheit, 1984; *Fabricius,* Rechtsprobleme gespaltener Arbeitsverhältnisse im Konzern, 1982; *Fedke,* Ertragspoolung als Gewinngemeinschaft, Der Konzern 2015, 53–57; *Feddersen/Meyer-Landrut,* Mehr Rechtssicherheit für Genußscheine, ZGR 1993, 312; *Fenzl,* Betriebspacht-, Betriebsüberlassungs- und Betriebsführungsverträge in der Konzernpraxis, 2007; *Fenzl,* Betriebspachtvertrag und Betriebsführungsvertrag – Verträge im Grenzbereich zwischen gesellschaftsrechtlichen Organisations- und schuldrechtlichen Austauschverträgen, Der Konzern 2006, 18; *Führling,* Sonstige Unternehmensverträge mit einer abhängigen GmbH, 1993; *Geßler,* Der Betriebsführungsvertrag im Licht der aktienrechtlichen Zuständigkeitsordnung, FS Hefermehl, 1976, S. 263; *Gutheil,* Die Auswirkungen von Unternehmensverträgen auf Unternehmensverträge nach §§ 291, 292 AktG und die Rechte außenstehender Aktionäre, 2001; *Habersack,* Festvergütung des stillen Gesellschafters – ein Problem des § 301 AktG?, Liber Amicorum Happ, 2006, S. 49; *Heidenhain,* Spaltungsvertrag und Spaltungsplan, NJW 1995, 2873; *Hennerkes/Binz/Rauser,* Zur Übernahme von Ruhegeldverbindlichkeiten bei Unternehmensveräußerung und Betriebsaufspaltung, BB 1982, 930; *Hommelhoff,* Die Konzernleitungspflicht, 1982; *Huber,* Betriebsführungsverträge zwischen selbständigen Unternehmen, ZHR 152 (1988), 1; *Huber,* Betriebsführungsverträge zwischen konzernverbundenen Unternehmen, ZHR 152 (1988), 123; *Jebens,* Die stille Beteiligung an einer Kapitalgesellschaft, BB 1996, 701; *Joachim,* Der Managementvertrag, DWiR 1992, 397 u. 455; *Joachim,* Hotelbetreiberverträge als Pacht- und Managementverträge, NZM 2001, 162; *Köhn,* Der Betriebsführungsvertrag – Rechtliche Qualifikation und gesellschaftsrechtliche Wirksamkeitsvoraussetzungen, Der Konzern 2011, 530; *Lutter,* Zur Vorbereitung und Durchführung von Grundlagenbeschlüssen in Aktiengesellschaften, FS Fleck, 1988, S. 169; *Lutter* Zur inhaltlichen Begründung von Mehrheitsentscheidungen – Besprechung der Entscheidung BGH WM 1980, 378, ZGR 1981, 171; *Lutter,* Teilfusionen im Gesellschaftsrecht, FS Barz 1974, S. 199; *Lutter,* Die Rechte der Gesellschafter beim Abschluß fusionsähnlicher Unternehmensverbindungen, DB 1973, Beilage 21, S. 13; *Martens,* Die existenzielle Wirtschaftsabhängigkeit, 1979; *Marzinkowski,* Mezzanine-Finanzierung durch Teilgewinnabführungsverträge, 2012; *Maser,* Betriebspacht- und Betriebsüberlassungsverhältnisse in Konzernen, 1985; *Mertens,* Die stille Beteiligung an der GmbH und ihre Überleitung bei Umwandlungen in die AG, AG 2000, 32; *Michalski,* Ungeklärte Fragen bei der Einlagenrückgewährung im Aktienrecht, AG 1980, 261; *Mimberg,* Konzernexterne Betriebspachtverträge im Recht der GmbH, 2000; *Mülbert,* Unternehmensbegriff und Konzernorganisationsrecht, ZHR 163 (1999), 1; *Müller,* Die Haftung der Muttergesellschaft für die Verbindlichkeiten der Tochtergesellschaft im Aktienrecht, ZGR 1977, 1; *Nelißen,* Wirksamer Abschluss von Betriebspachtverträgen, DB 2007, 786; *Neun,* Berichts- und Prüfungspflichten bei Abschluss und Änderung von Unternehmensverträgen, 2000; *Oehlschläger,* Die typische und atypische stille Beteiligung an einer Aktiengesellschaft, 2004; *Oesterreich,* Die Betriebsüberlassung zwischen Vertragskonzern und faktischem Konzern, 1979; *Priester,* Betriebsführungsverträge im Aktienkonzern – organisationsrechtliche Instrumente, FS Hommelhoff, 2012, S. 875; *ders.,* Abhängigkeitsbericht bei isoliertem Verlustdeckungsvertrag, FS Schaumburg, 2009, S. 1327; *Raupach,* Schuldvertragliche Verpflichtungen anstelle beteiligungsgestützter Beherrschung, FS Bezzenberger, 2000, S. 327; *Reuter,* Der Partizipationsschein als Form der Mitarbeiterbeteiligung, FS Fischer S. 605; *Rüthers,* Mitbestimmungsprobleme in Betriebsführungsaktiengesellschaften, BB 1977, 605; *Rust,* Die Vereinbarkeit einer gewinnunabhängigen Festvergütung zugunsten eines stillen Gesellschafters mit § 301 AktG, AG 2006, 563; *Säcker/Joost,* Auswirkungen eines Betriebsübergangs auf Ruhestandsverhältnisse (1) – Zur Auslegung des BGB § 613a, DB 1978, 1030; *K. Schmidt,* Betriebspacht-, Betriebsüberlassung- und Betriebsführung im handelsrechtlichen Stresstest, FS Hoffmann-Becking, 2013, S. 1053;*K. Schmidt,* Die isolierte Verlustdeckungszusage unter verbundenen Unternehmungen als Insolvenzabwendungsinstrument, FS Werner, 1984, S. 777; *K. Schmidt,* Konzernrechtliche Wirksamkeitsvoraussetzungen für typische stille Beteiligungen an Kapitalgesellschaften?, ZGR 1984, 295; *L. Schmidt/L. Werner,* Parallele Zulässigkeit von steuerlicher Organschaft und atypischer stiller Beteiligungen, GmbHR 2010, 29; *U. H. Schneider,* Vertragsrechtliche, gesellschaftsrechtliche und arbeitsrechtliche Probleme von Betriebspachtverträgen, Betriebsüberlassungsverträgen und Betriebsführungsverträgen, Jahrbuch der Fachanwälte für Steuerrecht 1982/1983, S. 387; *U. H. Schneider/Reusch,* Die Vertretung und die Mitwirkung der Gesellschafter bei der Gründung einer GmbH & Still, DB 1989, 713; *Schubert/Küting,* Unternehmungszusammenschlüsse, 1981; *dies.,* Pacht- und Überlassungsverträge, DB 1976 Beilage 7; *Schulze-Osterloh,* Das Recht der Unternehmensverträge und die stille Beteiligung an einer Aktiengesellschaft, ZGR 1974, 427; *Timm,* Die Aktiengesellschaft als Konzernspitze, 1980; *Veelken,* Der Betriebsführungsvertrag im deutschen und amerikanischen Aktien- und Konzernrecht, 1975; *Veil,* Unternehmensverträge, 2003; *Walter,* Die Gewinngemeinschaft – Ein verkanntes Gestaltungsmittel des Steuerrechts, BB 1995, 1876; *Weitnauer,* Financial (Re)structuring: Maßnahmen zur Eigenkapitalstärkung, FS Mailänder S. 441; *Winter/Theisen,* Betriebsführungsverträge in der Konzernpraxis, AG 2011, 662; *Zöllner,* Betriebs- und unternehmensverfassungsrechtliche Fragen bei konzernrechtlichen Betriebsführungsverträgen, ZfA 1983, 93. Zu **Abschluss, Änderung und Beendigung** der Verträge vgl. die Nachweise zu § 71.

I. Grundlagen

1. Überblick. § 292 Abs. 1 u. 2 AktG regelt, welche weiteren Verträge neben Beherrschungs- und Gewinnabführungsvertrag (einschließlich Geschäftsführungsvertrag) als Unternehmensverträge im Sinne des Aktiengesetzes anzusehen sind. Diese Definition ist zweckmäßig, weil das Gesetz Abschluss, Änderung und Beendigung dieser Verträge weitgehend den gleichen Regeln unterstellt, die auch für die Unternehmensverträge des § 291 AktG gelten.[1]

Unternehmensverträge iSd § 292 AktG sind
– die Gewinngemeinschaft (§ 292 Abs. 1 Nr. 1 AktG),
– der Teilgewinnabführungsvertrag (§ 292 Abs. 1 Nr. 2, Abs. 2 AktG),
– der Betriebspacht- und der Betriebsüberlassungsvertrag (§ 292 Abs. 1 Nr. 3 AktG),
– nach hM auch der Betriebsführungsvertrag.

Bei einer Gewinngemeinschaft verpflichtet sich eine Aktiengesellschaft oder KGaA, ihren Gewinn oder den Gewinn einzelner ihrer Betriebe ganz oder zum Teil mit dem Gewinn anderer Unternehmen oder einzelner Betriebe anderer Unternehmen zusammenzulegen, um anschließend den gemeinschaftlichen Gewinn aufzuteilen. Ein Teilgewinnabführungsvertrag enthält die Verpflichtung, einen Teil des Gesamtgewinns oder den Gewinn einzelner Betriebe ganz oder zum Teil an einen anderen abzuführen. Bei einem Betriebspachtvertrag wird der Betrieb des Unternehmens einer Aktiengesellschaft oder KGaA an einen anderen verpachtet, der den Betrieb sodann für eigene Rechnung und im eigenen Namen führt; bei einer Betriebsüberlassung wird der Betrieb des Unternehmens von einem anderen übernommen, der ihn sodann für eigene Rechnung, aber im Namen der Eigentümergesellschaft, führt. Zu den Unternehmensverträgen zählt die heute herrschende Meinung daneben auch noch den sogenannten Betriebsführungsvertrag, der im Gesetz nicht geregelt ist. Hierbei übernimmt es ein anderer, den Betrieb des Unternehmens einer Aktiengesellschaft oder KGaA für deren Rechnung zu führen, sei es im Namen der

---

[1] Zur Rechtsnatur der Unternehmensverträge des § 292 AktG als Organisationsverträge oder als schuldrechtliche Austauschverträge vgl. *Emmerich* in Emmerich/Habersack, Aktien- und GmbH-Konzernrecht, 9. Aufl. 2019, § 292 Rn. 3 ff.; GroßkommAktG/*Mülbert* § 292 Rn. 6 ff.; MüKoAktG/ *Altmeppen* § 292 Rn. 6 f.; KölnKommAktG/*Koppensteiner* Vorb. § 291 Rn. 161; Hüffer/*Koch* AktG § 292 Rn. 2.

Eigentümergesellschaft (echter Betriebsführungsvertrag) oder im eigenen Namen (unechter Betriebsführungsvertrag).

Nicht zu den Unternehmensverträgen zählen hingegen **Entherrschungsverträge** (vgl. → § 69 Rn. 62 f.) und die **Gleichordnungsverträge** des § 291 Abs. 2 AktG (vgl. → § 69 Rn. 81 f.). Auch isolierte **Verlustübernahmeverträge,** mit denen sich eine Aktiengesellschaft oder KGaA verpflichtet, den Verlust einer Tochtergesellschaft auszugleichen, sind keine Unternehmensverträge.[2] §§ 293 ff. AktG sind auf solche Verträge nicht entsprechend anwendbar.[3] Insbesondere bedarf der Vertragsschluss nicht der Zustimmung der Hauptversammlung der sich verpflichtenden Gesellschaft.[4] Das dürfte auch im umgekehrten Fall einer Verlustübernahme der Tochter zugunsten der Mutter gelten. Die teilweise vertretene Ansicht, in dieser Konstellation bedürfe es der Hauptversammlungszustimmung der Tochter analog §§ 292 Abs. 1 Nr. 2, 293 Abs. 1 AktG,[5] überzeugt nicht, weil die Verpflichtung nichts mit einem Teilgewinnabführungsvertrag der Tochter gemein hat; dem Schutz der Tochter genügen §§ 311 ff. AktG. § 316 AktG über die Befreiung vom Abhängigkeitsbericht bei Abschluss eines isolierten Gewinnabführungsvertrages ist auf einen isolierten Verlustübernahmevertrag nach herrschender Auffassung ebenfalls nicht entsprechend anzuwenden.[6]

3

In der Literatur wird gelegentlich davon gesprochen, es bestehe ein **numerus clausus** der Unternehmensverträge, die Regelungen der §§ 291, 292 AktG seien also abschließend, weitere Unternehmensverträge könne es nicht geben.[7] Das ist jedoch eine eher akademische Frage. Für die Rechtsanwendung von Interesse ist hingegen, ob die Regelungen der §§ 291, 292 AktG auf Verträge, die nicht unmittelbar unter diese Vorschriften fallen, analog anwendbar sein können.[8] Das ist jedenfalls im Grundsatz anzunehmen.[9]

4

2. Vertragsparteien. Die Regelungen über Gewinngemeinschaften, Teilgewinnabführungsverträge, Betriebspacht-, Betriebsüberlassungs- und Betriebsführungsverträge setzen voraus, dass das verpflichtete Unternehmen eine Aktiengesellschaft oder KGaA mit Sitz im Inland ist. Rechtsform und Sitz des anderen Vertragsteils sind ohne Bedeutung.[10] Bei der Gewinngemeinschaft muss der andere Vertragspartner allerdings nach dem Gesetzeswortlaut Unternehmen im konzernrechtlichen Sinne sein; dabei ist jedoch nicht der allgemeine Unternehmensbegriff der herrschenden Unternehmen (vgl. → § 69 Rn. 6 ff.) anzulegen,

5

---

[2] *Emmerich* in Emmerich/Habersack, Aktien- und GmbH-Konzernrecht, § 291 Rn. 62 f.; GroßkommAktG/*Mülbert* § 291 Rn. 176 ff.; MüKoAktG/*Altmeppen* § 291 Rn. 163 f.; Hüffer/*Koch* AktG § 291 Rn. 28; *K. Schmidt* FS Werner, 1984, 777 (788 f.).

[3] OLG Celle WM 1984, 494 (497); *Emmerich* in Emmerich/Habersack Aktien- und GmbH-Konzernrecht § 291 Rn. 63; MüKoAktG/*Altmeppen* § 291 Rn. 164; GroßkommAktG/*Mülbert* § 292 Rn. 104; Hüffer/*Koch* AktG § 291 Rn. 28; *K. Schmidt* FS Werner, 1984, 777 (788 f.).

[4] Vgl. die Nachw. oben Fn. 3; aA GroßkommAktG/*Mülbert* § 291 Rn. 179, § 293 Rn. 102, der § 293 Abs. 2 AktG entsprechend anwenden will; einschränkend auch Spindler/Stilz AktG/*Veil* § 291 Rn. 46, der bei einer Verlustübernahme der Mutter für die Tochter eine HV-Zuständigkeit nach Holzmüller-Grundsätzen (dazu → § 70 Rn. 9 ff., 43 ff.) für denkbar hält.

[5] So KölnKommAktG/*Koppensteiner* § 292 Rn. 68; Spindler/Stilz AktG/*Veil* § 291 Rn. 46; zweifelnd *Emmerich* in Emmerich/Habersack Aktien- und GmbH-Konzernrecht § 291 Rn. 63; im Ergebnis wie hier wohl K. Schmidt/Lutter AktG/*Langenbucher* § 291 Rn. 58.

[6] *Habersack* in Emmerich/Habersack Aktien- und GmbH-Konzernrecht § 316 Rn. 3; KölnKommAktG/*Koppensteiner* § 316 Rn. 4; Hüffer/*Koch* AktG § 316 Rn. 2; differenzierend MüKoAktG/*Altmeppen* § 316 Rn. 9; *Priester* FS Schaumburg, 2009, 1327 (1333 ff.), die bei einer 100 %-Tochter mit Verlustübernahmevertrag die Berichtspflicht entfallen lassen; aA *Bachmayr* BB 1967, 135 (138).

[7] So zB MüKoAktG/*Altmeppen* § 291 Rn. 42 f.; GroßkommAktG/*Mülbert* vor §§ 291 Rn. 7 ff.

[8] So mit Recht KölnKommAktG/*Koppensteiner* Vorb. § 291 Rn. 162.

[9] MüKoAktG/*Altmeppen* § 291 Rn. 43; *Emmerich* in Emmerich/Habersack Aktien- und GmbH-Konzernrecht § 292 Rn. 7; KölnKommAktG/*Koppensteiner* Vorb. § 291 Rn. 162; aA GroßkommAktG/*Mülbert* vor §§ 291 ff. Rn. 8, der nur eine extensive Auslegung der Typenmerkmale und punktuelle Einzelanalogien für möglich hält.

[10] *Emmerich* in Emmerich/Habersack Aktien- und GmbH-Konzernrecht § 292 Rn. 8.

sondern erforderlich ist nur, dass es sich um einen Vertragsbeteiligten handelt, der erwerbswirtschaftlich und mit der Absicht der Gewinnerzielung tätig ist.[11] Bei Teilgewinnabführungsverträgen, Betriebspacht-, Betriebsüberlassungs- und Betriebsführungsverträgen ist auch das nicht erforderlich; diese Verträge können also mit Partnern geschlossen werden, denen die **Unternehmenseigenschaft** fehlt, zB mit Privatpersonen ohne sonstige unternehmerische Interessen.[12]

6   **3. Unternehmensverbindung.** Unternehmen, zwischen denen ein Unternehmensvertrag nach § 292 AktG besteht, sind verbundene Unternehmen im Sinne von § 15 AktG, so dass alle aktienrechtlichen Vorschriften anwendbar sind, die auf verbundene Unternehmen Bezug nehmen. Voraussetzung ist jedoch, dass überhaupt die Unternehmenseigenschaft besteht, denn diese wird für den Abschluss des Unternehmensvertrags nur sehr eingeschränkt vorausgesetzt (vgl. → Rn. 5) und allein durch das Zustandekommen des Vertrages auch nicht begründet. Nach verbreiteter Meinung soll allerdings der Pächter bei der Betriebspacht jedenfalls durch die Übernahme des gepachteten Betriebs zum Kaufmann und damit zum Unternehmen werden.[13] Dem ist jedoch nicht zu folgen. Übergeordnetes Unternehmen im Sinne des Konzernrechts ist der Pächter nur, wenn er noch andere unternehmerische Interessen außerhalb des Vertragsverhältnisses hat (näher zur Unternehmenseigenschaft → § 69 Rn. 6 ff.).[14] Abhängigkeit oder ein Konzernverhältnis wird durch die Unternehmensverträge des § 292 AktG nicht begründet.

7   **4. Kartellrecht.** Im Rahmen der deutschen und der europäischen Fusionskontrolle kommen Teilgewinnabführungsverträge, Gewinngemeinschaften, Betriebsüberlassungs-, Betriebspacht- und Betriebsführungsverträge je nach ihrer Gestaltung als Kontrollmittel iSv § 37 Abs. 1 GWB, Art. 3 Abs. 1 lit. b, Abs. 3 FKVO in Betracht.[15]

II. Gewinngemeinschaft

8   **1. Allgemeines.** Bei der Gewinngemeinschaft verpflichtet sich eine Aktiengesellschaft oder KGaA, ihren Gewinn oder den Gewinn einzelner Betriebe ganz oder zum Teil mit dem Gewinn anderer Unternehmen oder einzelner Betriebe anderer Unternehmen zur Aufteilung des gemeinschaftlichen Gewinns zusammenzulegen (§ 292 Abs. 1 Nr. 1 AktG).[16] Die Gewinne fließen also in einen „gemeinsamen Topf", aus dem sie dann nach einem bestimmten Schlüssel auf die Vertragspartner verteilt werden. An einer Gewinngemeinschaft können zwei oder mehrere Partner beteiligt sein.[17] Zwischen ihnen entsteht durch den Vertrag eine Gesellschaft bürgerlichen Rechts.[18]

9   Gewinngemeinschaften sind von geringer **praktischer Bedeutung.** Sie haben in der Praxis stets die Tendenz, über die Zusammenfassung der Gewinne hinaus auch die Leitung

---

[11] Hüffer/*Koch* AktG § 292 Rn. 3; GroßkommAktG/*Mülbert* § 292 Rn. 30; KölnKommAktG/*Koppensteiner* § 15 Rn. 89; aA anscheinend MüKoAktG/*Altmeppen* § 292 Rn. 11 iVm § 291 Rn. 3 ff.

[12] Hüffer/*Koch* AktG § 292 Rn. 3; GroßkommAktG/*Mülbert* § 292 Rn. 30 ff.; MüKoAktG/*Altmeppen* § 292 Rn. 46 u. 95; KölnKommAktG/*Koppensteiner* § 292 Rn. 5.

[13] MüKoAktG/*Altmeppen* § 292 Rn. 95; *Emmerich* in Emmerich/Habersack Aktien- und GmbH-Konzernrecht § 292 Rn. 9; KölnKommAktG/*Koppensteiner* § 292 Rn. 6; *Maser* Betriebspacht S. 44 f.; *Oesterreich* Betriebsüberlassung S. 86.

[14] Eingehend *Mülbert* ZHR 163 (1999), 1 (36 ff.); Hüffer/*Koch* AktG § 292 Rn. 17.

[15] Näher Immenga/Mestmäcker GWB/*Mestmäcker/Veelken* § 37 Rn. 38; *Langen/Bunte*, Deutsches Kartellrecht/*Ruppelt* GWB § 37 Rn. 18, 24; Immenga/Mestmäcker EU-Wettbewerbsrecht Bd. 1 Teil 2/*Körber* FKVO Art. 3 Rn. 51 f.; MünchKomm Kartellrecht Bd. 1/*Wessely/Wegner* FKVO Art. 3 Rn. 47.

[16] Muster bei *Schubert/Küting*, Unternehmungszusammenschlüsse, S. 407 ff. (Gewinngemeinschaft), S. 411 ff. (Gewinngemeinschaft mit Betriebspacht). Vgl. auch unten Fn. 20.

[17] MüKoAktG/*Altmeppen* § 292 Rn. 11; Hüffer/*Koch* AktG § 292 Rn. 4.

[18] BGHZ 24, 279 (293 ff.); MüKoAktG/*Altmeppen* § 292 Rn. 12; *Emmerich* in Emmerich/Habersack Aktien- und GmbH-Konzernrecht § 292 Rn. 14; Hüffer/*Koch* AktG § 292 Rn. 4.

§ 73 Andere Unternehmensverträge

der in die Gemeinschaft einbezogenen Betriebe oder Unternehmenssparten zu vereinheitlichen.[19] Bei dieser Zielsetzung werden heute jedoch in der Regel Gemeinschaftsunternehmen gegründet, in denen die Unternehmensbereiche als solche zusammengefasst und unter Mitwirkung aller Partner einheitlich geleitet werden. In Betracht kommt die Bildung einer Gewinngemeinschaft auch als Vorstufe oder im Rahmen eines Gleichordnungskonzerns,[20] früher insbesondere bei grenzüberschreitenden Unternehmenszusammenschlüssen, bei denen echte Verschmelzungen lange Zeit nicht möglich waren.[21]

2. Inhalt und Wirkung des Vertrages. Inhalt des Vertrages ist die Vereinbarung, Gewinn zur Aufteilung eines gemeinschaftlichen Gewinns zusammenzulegen. Die Zusammenlegung kann den **Gesamtgewinn** der beteiligten Unternehmen oder beliebige **Teile** davon erfassen, zB den Gewinn einzelner oder mehrerer Betriebe, einzelner Unternehmenssparten, prozentuale Anteile des Gesamtgewinns oder des Gewinns einzelner Betriebe usw. Ob es sich um einen großen oder kleinen Teil des Gewinns handelt, ist ohne Bedeutung.[22] Erforderlich ist nur, dass an einen periodisch zu ermittelnden Gewinn angeknüpft wird; die Zusammenlegung des Gewinns aus einzelnen Geschäften – etwa im Rahmen von Arbeitsgemeinschaften – ist nicht ausreichend.[23] Die Vereinbarung kann den Bilanzgewinn oder den Jahresüberschuss zugrunde legen. Ob auch bei Zusammenlegung des Rohertrags eine Gewinngemeinschaft vorliegt, ist umstritten, nach herrschender Meinung aber zu bejahen.[24] § 301 AktG, der bei Gewinnabführungsverträgen einen Höchstbetrag für die zulässige Gewinnabführung vorschreibt, gilt bei Gewinngemeinschaften nicht.[25] Mit der Gewinngemeinschaft kann auch eine Zusammenlegung und Aufteilung von Verlusten vereinbart werden (sog. Ergebnisgemeinschaft);[26] automatisch unterliegen Verluste der Poolung jedoch nicht.

Jedes der beteiligten Unternehmen muss verpflichtet sein, sich mit seinem Gewinn ganz oder zum Teil an der Zusammenlegung zu beteiligen; anderenfalls handelt es sich um einen Gewinnabführungsvertrag im Sinne von § 291 AktG oder einen Teilgewinnabführungsvertrag im Sinne von § 292 Abs. 1 Nr. 2 AktG.[27] Die Zusammenlegung muss zum Zwecke der **Aufteilung** auf alle Partner der Gewinngemeinschaft erfolgen. Soll einer der Partner keinen Teil des zusammengelegten Gewinnes erhalten, handelt es sich ebenfalls nicht um

---

[19] Vgl. nur GroßkommAktG/*Mülbert* § 292 Rn. 59; *Walter* BB 1995, 1876 (1877).

[20] Muster eines Gleichordnungskonzernvertrags mit Gewinngemeinschaft bei *Happ,* Konzern- und Umwandlungsrecht/*Liebscher* Form 2.01a. Zu weiteren Motiven für die Bildung einer Gewinngemeinschaft vgl. auch KölnKommAktG/*Koppensteiner* § 292 Rn. 50; *Schubert/Küting,* Unternehmungszusammenschlüsse, S. 183 f.; *Walter* BB 1995, 1876 (1877).

[21] Vgl. heute aber §§ 122a ff. UmwG, eingeführt in Umsetzung der EU-Richtlinie 2005/56/EG vom 26.10.2005 über die Verschmelzung von Kapitalgesellschaften aus verschiedenen Mitgliedstaaten.

[22] MüKoAktG/*Altmeppen* § 292 Rn. 14; GroßkommAktG/*Mülbert* § 292 Rn. 66; KölnKommAktG/*Koppensteiner* § 292 Rn. 34.

[23] MüKoAktG/*Altmeppen* § 292 Rn. 16; *Emmerich* in Emmerich/Habersack Aktien- und GmbH-Konzernrecht § 292 Rn. 11; GroßkommAktG/*Mülbert* § 292 Rn. 64; Hüffer/*Koch* AktG § 292 Rn. 7; *Fedke* Der Konzern 2015, 53 (54 f.).

[24] So zB MüKoAktG/*Altmeppen* § 292 Rn. 16; Hüffer/*Koch* AktG § 292 Rn. 8; *Emmerich* in Emmerich/Habersack Aktien- und GmbH-Konzernrecht § 292 Rn. 11; Spindler/Stilz AktG/*Veil* § 292 Rn. 7; *Führling,* Sonstige Unternehmensverträge mit einer abhängigen GmbH, 1993, S. 64; letztlich auch GroßkommAktG/*Mülbert* § 292 Rn. 65; aA KölnKommAktG/*Koppensteiner* § 292 Rn. 35. Zur Frage einer analogen Anwendung der Vorschriften über die Gewinngemeinschaft bei Anknüpfung an andere Positionen der GuV (zB Umsatzerlöse, Gesamtleistung) vgl. einerseits *Schulze-Osterloh* ZGR 1974, 427 (438 f.) (Teilgewinnabführungsvertrag), andererseits KölnKommAktG/*Koppensteiner* § 292 Rn. 42.

[25] MüKoAktG/*Altmeppen* § 292 Rn. 14, § 301 Rn. 7; GroßkommAktG/*Mülbert* § 292 Rn. 67; K. Schmidt/Lutter AktG/*Langenbucher* § 292 Rn. 6.

[26] MüKoAktG/*Altmeppen* § 292 Rn. 15; KölnKommAktG/*Koppensteiner* § 292 Rn. 36; Hüffer/*Koch* AktG/*Koch* § 292 Rn. 7.

[27] GroßkommAktG/*Mülbert* § 292 Rn. 69; KölnKommAktG/*Koppensteiner* § 292 Rn. 37.

eine Gewinngemeinschaft, sondern um einen Gewinn- oder Teilgewinnabführungsvertrag; das gilt auch, wenn statt eines Gewinnanteils für einen Partner dessen Aktionären eine Dividendengarantie ausgesetzt werden soll.[28] Sollen die zusammengelegten Gewinnteile nicht aufgeteilt, sondern zu einem anderen Zweck (zB Durchführung eines gemeinsamen Projekts) benutzt werden, liegt nach verbreiteter, aber sehr umstrittener und zweifelhafter Ansicht ebenfalls keine Gewinngemeinschaft vor, sondern eine sonstige Gesellschaft bürgerlichen Rechts, die der Vorstand ohne Zustimmung der Hauptsammlung eingehen könne.[29] Die Einzelheiten über die Ermittlung der zusammenzulegenden Gewinne und den Verteilungsschlüssel für die anschließende Aufteilung muss der Vertrag regeln.[30]

12 Nach älterer Auffassung sollten die Vorschriften über die Gewinngemeinschaft – direkt oder analog – auch bei **„fusionsähnlichen Verbindungen"** und „Teilfusionen" zur Anwendung kommen. Gemeint waren damit Fälle, in denen nicht die Gewinne, sondern die Unternehmen ganz oder teilweise „zusammengelegt" werden, zB durch Ausgliederung von Unternehmensteilen auf gemeinsame Tochtergesellschaften, Fusionen von Tochtergesellschaften, Tausch von Beteiligungen an Tochtergesellschaften der Partner usw. Namentlich sollte für diese Maßnahmen bei Überschreitung einer Bagatellschwelle die Zustimmung der Hauptversammlung erforderlich sein.[31] Nach dem zwischenzeitlich erreichten Stand der Rechtsentwicklung sind solche Gestaltungen jedoch nicht durch analoge Anwendung von § 292 Abs. 1 Nr. 1 AktG, sondern nach den Grundsätzen der Holzmüller-Rechtsprechung (vgl. → § 70 Rn. 9 ff., 43 ff.) zu lösen.[32]

13 **3. Angemessenheit der Gegenleistung.** Die Anwendbarkeit der §§ 57, 58, 60 AktG wird durch eine Gewinngemeinschaft nicht berührt; das Verbot der verdeckten Einlagenrückgewähr gilt daher sowohl bei als auch nach Abschluss der Gewinngemeinschaft. Das hat nach bislang hM zur Folge, dass der Gewinngemeinschaftsvertrag mit einem gleichzeitig als Aktionär beteiligten Unternehmen und der Zustimmungsbeschluss der Hauptversammlung zu dem Vertrag nichtig sind, sofern die zusammengelegten Gewinne zu Lasten der Aktiengesellschaft oder KGaA in einem unangemessenem Verhältnis aufgeteilt werden.[33] Im Lichte der neueren BGH-Rechtsprechung, nach welcher bei Verstoß gegen § 57 AktG

---

[28] MüKoAktG/*Altmeppen* § 292 Rn. 20; GroßkommAktG/*Mülbert* § 292 Rn. 71; KölnKommAktG/*Koppensteiner* § 292 Rn. 37; Hüffer/*Koch* AktG § 292 Rn. 9; großzügiger *Walter* BB 1995, 1876 (1878), der auch die vollständige Zuweisung des Gewinns an einen der Partner für möglich hält, wenn der andere auf Umwegen ebenfalls von der Gewinnpooling profitiert.

[29] MüKoAktG/*Altmeppen* § 292 Rn. 21 f.; Bürgers/Körber AktG/*Schenk* § 292 Rn. 4; Hölters AktG/*Deilmann* § 292 Rn. 8; Grigoleit AktG/*Servatius* § 292 Rn. 7; aA KölnKommAktG/*Koppensteiner* § 292 Rn. 38; *Emmerich* in Emmerich/Habersack Aktien- und GmbH-Konzernrecht § 292 Rn. 13; GroßkommAktG/*Mülbert* § 292 Rn. 73; K. Schmidt/Lutter AktG/*Langenbucher* § 292 Rn. 8; Spindler/Stilz AktG/*Veil* § 292 Rn. 9; Hüffer/*Koch* AktG § 292 Rn. 9.

[30] MüKoAktG/*Altmeppen* § 292 Rn. 13; KölnKommAktG/*Koppensteiner* § 292 Rn. 51; vgl. dazu auch *Walter* BB 1995, 1876 (1878).

[31] Grundlegend *Lutter* FS Barz, 1974, 199 ff.; *Lutter* DB 1973, Beilage 21, S. 13 f.; *Timm*, Die Aktiengesellschaft als Konzernspitze, 1980, S. 157 ff., 159 ff.; aA etwa KölnKommAktG/*Koppensteiner* § 292 Rn. 46 ff.; MüKoAktG/*Altmeppen* § 292 Rn. 23 ff.; Hüffer/*Koch* AktG § 292 Rn. 6; ausdrücklich offengelassen von BGH NJW 1982, 933 (936) – Hoesch/Hoogovens. Als Bagatellgrenze wurde von *Lutter* FS Barz, 1974, 199 (214) 10% des Umsatzes genannt; ebenso *Lutter* FS Fleck, 1988, 169 (179 f.). Vgl. auch *Lutter* FS Fleck, 1988, 169 (178), der auf Teilfusionen auch § 340b AktG aF (jetzt §§ 9–12, 60 UmwG) analog anwenden wollte.

[32] Hüffer/*Koch* AktG § 292 Rn. 6; MüKoAktG/*Altmeppen* § 292 Rn. 23 ff.; GroßkommAktG/*Mülbert* § 292 Rn. 76 ff.

[33] Arg. § 292 Abs. 3 AktG; GroßkommAktG/*Mülbert* § 292 Rn. 39; KölnKommAktG/*Koppensteiner* § 292 Rn. 28 u. 53; Spindler/Stilz AktG/*Veil* § 292 Rn. 11; K. Schmidt/Lutter AktG/*Langenbucher* § 292 Rn. 11; Hüffer/*Koch* AktG § 292 Rn. 11; *Emmerich* in Emmerich/Habersack Aktien- und GmbH-Konzernrecht § 292 Rn. 19; aA MüKoAktG/*Altmeppen* § 292 Rn. 30 ff., der den Zustimmungsbeschluss nur für anfechtbar hält und bei Durchführung eine Vertragsanpassung fordert; Grigoleit AktG/*Servatius* § 292 Rn. 16.

weder das Verpflichtungs- noch das Erfüllungsgeschäft nichtig sind,[34] lässt sich diese Ansicht hinsichtlich der Nichtigkeit des Vertrages nicht mehr halten. Allerdings sprechen § 241 Nr. 3 und § 292 Abs. 3 AktG wohl weiterhin für die Nichtigkeit des Zustimmungsbeschlusses der Hauptversammlung; die Gegenmeinung hält den Beschluss nur für anfechtbar, unterbleibe die Anfechtung sei der Verteilungsschlüssel angemessen anzupassen (§ 62 AktG).[35] Im Falle einer Gewinngemeinschaft mit einer abhängigen Aktiengesellschaft oder KGaA sind §§ 311 ff. AktG anwendbar.[36] Das ändert an der Notwendigkeit eines angemessenen Aufteilungsschlüssels jedoch nichts, denn ein Nachteilsausgleich, der bereits im Hauptversammlungsbeschluss festgesetzt werden müsste,[37] wäre schwerlich anders als durch angemessene Gewinnaufteilung möglich.[38] Fehlt es daran, bleibt es bei den Folgen der §§ 57, 62 AktG, und zusätzlich kommen Ansprüche nach §§ 317, 318 AktG in Betracht; vgl. näher → § 70 Rn. 137. Ist der Vertragspartner nicht als Aktionär an der Gesellschaft beteiligt, ist der Zustimmungsbeschluss bei unangemessener Gewinnverteilung ebenfalls rechtswidrig und daher anfechtbar. Mangels Anfechtung kommen Schadensersatzansprüche gegen Vorstand und Aufsichtsrat (§§ 93, 116 AktG) in Betracht.[39]

III. Teilgewinnabführungsvertrag

1. Inhalt und Wirkung des Vertrages. Teilgewinnabführungsverträge sind Verträge, **14** durch die eine Aktiengesellschaft oder KGaA sich verpflichtet, einen Teil ihres Gewinns oder den Gewinn einzelner ihrer Betriebe ganz oder zum Teil an einen anderen abzuführen (§ 292 Abs. 1 Nr. 2 AktG).[40] Sie sind in dieser reinen Form in der **Praxis** bedeutungslos, zumal sie nicht geeignet sind, die Voraussetzungen einer körperschaft- oder gewerbesteuerlichen Organschaft zu erfüllen (vgl. → § 72 Rn. 56, 72). Praktische Bedeutung erhalten die Vorschriften über die Teilgewinnabführung jedoch dadurch, dass auch die stille Gesellschaft mit einer Aktiengesellschaft als Teilgewinnabführungsvertrag anzusehen ist; vgl. dazu → Rn. 18.[41] Darüber hinaus können sich andere mezzanine Finanzierungsformen als Teilgewinnabführungsvertrag erweisen.[42]

Auf die **Höhe des abzuführenden Gewinnanteils** kommt es nicht an, solange nur **15** nicht der Gesamtgewinn abzuführen ist. Einerseits gibt es keine Bagatellgrenze, unterhalb derer die Vorschriften über den Teilgewinnabführungsvertrag nicht anwendbar wären,[43] andererseits muss der Gesellschaft kein bestimmter Mindestgewinn verbleiben, damit nicht ein Gewinnabführungsvertrag im Sinne von § 291 Abs. 1 AktG vorliegt.[44] Denn ausreichender Schutz besteht dadurch, dass Teilgewinnabführungsverträge eine angemessene Gegenleistung vorsehen müssen; vgl. → Rn. 23. Zur Begrenzung des abführungsfähigen Gewinns nach § 301 AktG vgl. → Rn. 22.

---

[34] BGHZ 196, 312 Rn. 11 ff.
[35] MüKoAktG/*Altmeppen* § 292 Rn. 30 ff.
[36] KölnKommAktG/*Koppensteiner* § 292 Rn. 29, 53; *Emmerich* in Emmerich/Habersack Aktien- und GmbH-Konzernrecht § § 292 Rn. 19 f.; MüKoAktG/*Altmeppen* § 292 Rn. 36; GroßkommAktG/*Mülbert* § 292 Rn. 46 ff.
[37] BGH ZIP 2012, 1753 Rn. 15 ff.; näher → § 70 Rn. 92.
[38] Zutreffend MüKoAktG/*Altmeppen* § 292 Rn. 36.
[39] KölnKommAktG/*Koppensteiner* § 292 Rn. 53; GroßkommAktG/*Mülbert* § 292 Rn. 43 f.; MüKoAktG/*Altmeppen* § 292 Rn. 37 ff.; Hüffer/*Koch* AktG § 292 Rn. 11.
[40] Muster bei Happ Konzern- und Umwandlungsrecht/*Liebscher* Form. 1.06.
[41] Gleiche Einschätzung der praktischen Bedeutung von Teilgewinnabführungsverträgen Hüffer/*Koch* AktG § 292 Rn. 12; MüKoAktG/*Altmeppen* § 292 Rn. 47; GroßkommAktG/*Mülbert* § 292 Rn. 82.
[42] Eingehend Marzinkowski Mezzanine-Finanzierung S. 39 ff.
[43] BegrRegE AktG, abgedruckt bei *Kropff*, Aktiengesetz, 1965, S. 379; GroßkommAktG/*Mülbert* § 292 Rn. 80; Hüffer/*Koch* AktG § 292 Rn. 13.
[44] Heute allg. Meinung, OLG Zweibrücken ZIP 2014, 1020 (1022); KölnKommAktG/*Koppensteiner* § 292 Rn. 54; MüKoAktG/*Altmeppen* § 292 Rn. 50 f., 53; Hüffer/*Koch* AktG § 292 Rn. 13; *Emmerich* in Emmerich/Habersack Aktien- und GmbH-Konzernrecht § 292 Rn. 24 f.; GroßkommAktG/*Mülbert* § 292 Rn. 89 f.

16 Wie die Gewinngemeinschaft, so muss auch der Teilgewinnabführungsvertrag an einen **periodisch ermittelten Gewinn** anknüpfen. Die Beteiligung an Gewinnen einzelner Geschäfte reicht also nicht aus.[45] Bemessungsgrundlage der Teilgewinnabführungsverpflichtungen kann jedenfalls der Bilanzgewinn oder der Jahresüberschuss sein. Nach verbreiteter und zutreffender Auffassung kommen die Regelungen über den Teilgewinnabführungsvertrag aber auch zur Anwendung, wenn an andere Positionen der Gewinn- und Verlustrechnung, zB den Rohertrag, die Umsatzerlöse, die Gesamtleistung, EBIT, EBITDA usw angeknüpft wird;[46] oder auch nur an sonstige periodisch ermittelte erfolgsbezogene Kennzahlen wie den Cash Flow.[47]

17 Die **Entgeltlichkeit** der Teilgewinnabführung ist keine begriffliche Voraussetzung für einen Teilgewinnabführungsvertrag. Auch ein unentgeltlicher Vertrag über die Abführung eines Teils des Gewinns ist daher ein Unternehmensvertrag iSd § 292 Abs. 1 Nr. 2 AktG;[48] das Fehlen einer Gegenleistung hat jedoch die unter → Rn. 23 geschilderten Rechtsfolgen.

18 Auch die Beteiligung eines anderen als stiller Gesellschafter an einer Aktiengesellschaft oder KGaA stellt – mit den besonderen Ausnahmen gem. § 15 Abs. 1 FMStBG –[49] einen Teilgewinnabführungsvertrag dar.[50] Das gilt nicht nur bei einer typischen, sondern auch bei einer atypischen **stillen Gesellschaft,** bei welcher dem stillen Gesellschafter Geschäftsführungsbefugnisse eingeräumt werden.[51] Es gilt auch, wenn der stille Gesellschafter nur eine feste oder variable Verzinsung erhält, die jedoch ganz oder teilweise entfällt, wenn kein ausreichender Gewinn zur Verfügung steht.[52] Ebenso ist ein partiarisches Darlehen als Teilgewinnabführungsvertrag einzuordnen.[53] Schwierig ist die Abgrenzung zwischen **Genussrechten** und Teilgewinnabführungsverträgen. Tatbestandlich besteht ein weiter Überschneidungsbereich,[54] der durch Vorrang des § 221 Abs. 3 AktG und Verdrängung von § 292 Abs. 1 Nr. 2 AktG zu lösen ist.[55] Ebenso wenig ist § 292 Abs. 1 Nr. 2 AktG auf Gewinn-

---

[45] HM, zB GroßkommAktG/*Mülbert* § 292 Rn. 86; KölnKommAktG/*Koppensteiner* § 292 Rn. 55; Hüffer/*Koch* AktG § 292 Rn. 13; *Emmerich* in Emmerich/Habersack Aktien- und GmbH-Konzernrecht § 292 Rn. 25; *Marzinkowski* Mezzanine-Finanzierung S. 38; aA MüKoAktG/*Altmeppen* § 292 Rn. 60 ff.; *Schulze-Osterloh* ZGR 1974, 427 (436 f.); offengelassen von *K. Schmidt* ZGR 1984, 295 (300 f.).

[46] KG AG 2000, 183 (184); MüKoAktG/*Altmeppen* § 292 Rn. 57; *Emmerich* in Emmerich/Habersack § 292 Rn. 25 f.; *Marzinkowski* Mezzanine-Finanzierung S. 32 ff.; *Oehlschläger* Stille Beteiligung S. 101 ff.; *Schulze-Osterloh* ZGR 1974, 427 (438 f.); letztlich auch GroßkommAktG/*Mülbert* § 292 Rn. 88; aA KölnKommAktG/*Koppensteiner* § 292 Rn. 42; offen Hüffer/*Koch* AktG § 292 Rn. 13 iVm 8.

[47] KölnKommAktG/*Koppensteiner* § 292 Rn. 65; *Marzinkowski* Mezzanine-Finanzierung S. 38 f.; *Oehlschläger* Stille Beteiligung an einer Aktiengesellschaft S. 103 f.; *Eyber* Abgrenzung S. 170 ff.

[48] KölnKommAktG/*Koppensteiner* § 292 Rn. 71; Hüffer/*Koch* AktG § 292 Rn. 14; *Emmerich* in Emmerich/Habersack Aktien- und GmbH-Konzernrecht § 292 Rn. 27 ff.; aA Spindler/Stilz AktG/*Veil* § 292 Rn. 19.

[49] Dazu GroßkommAktG/*Mülbert* § 292 Rn. 97; *Apfelbacher* FS Hoffmann-Becking, 2013, 13 (19 ff.).

[50] Vgl. nur BGH ZIP 2003, 1788 (1789 f.); 2006, 1201 Rn. 20; 2013, 19 Rn. 25; Hüffer/*Koch* AktG § 292 Rn. 15; MüKoAktG/*Altmeppen* § 292 Rn. 65; *Marzinkowski* Mezzanine-Finanzierung S. 50 ff.; grundlegend *Schulze-Osterloh* ZGR 1974, 427; *K. Schmidt* ZGR 1984, 295 (299 ff.).

[51] GroßkommAktG/*Mülbert* § 292 Rn. 95; MüKoAktG/*Altmeppen* § 292 Rn. 66 f.; KölnKommAktG/*Koppensteiner* § 292 Rn. 62 f.; Hüffer/*Koch* AktG § 292 Rn. 15; *Emmerich* in Emmerich/Habersack Aktien- und GmbH-Konzernrecht § 292 Rn. 29; eingehend *Marzinkowski* Mezzanine-Finanzierung S. 53 ff.; aA *Schulze-Osterloh* ZGR 1974, 427 (447 ff.).

[52] Vgl. BGH ZIP 2013, 14 Rn. 2 u. 25, wo eine stille Gesellschaft mit einer solchen Verzinsungsvereinbarung ohne weiteres als Teilgewinnabführungsvertrag angesehen wird; zustimmend *Apfelbacher* FS Hoffmann-Becking, 2013, 13 (16 f.).

[53] MüKoAktG/*Altmeppen* § 292 Rn. 68 f.; GroßkommAktG/*Mülbert* § 292 Rn. 99; KölnKommAktG/*Koppensteiner* § 292 Rn. 61; *Marzinkowski* Mezzanine-Finanzierung S. 71; *Dierdorf* Herrschaft und Abhängigkeit S. 116.

[54] Vgl. dazu insbesondere MüKoAktG/*Habersack* § 221 Rn. 73; *Marzinkowski* Mezzanine-Finanzierung S. 74 ff.; *Eyber* Abgrenzung S. 68 ff.; *Busch* AG 1994, 93 (97).

[55] MüKoAktG/*Habersack* § 221 Rn. 72 ff.; GroßkommAktG/*Mülbert* § 292 Rn. 102; KölnKommAktG/*Koppensteiner* § 292 Rn. 59; *Eyber* Abgrenzung S. 163 ff.; *Busch* AG 1994, 93 (97); *Feddersen*/

schuldverschreibungen (§ 221 Abs. 1 AktG) oder Dividendengarantien (§ 304 Abs. 2 AktG) anzuwenden.[56] Die Vereinbarung eines von einer Gewinnerzielung abhängigen **Besserungsscheins** stellt ebenfalls keinen Teilgewinnabführungsvertrag dar.[57] Zur Verbindung einer stillen Gesellschaft mit einem **Gewinnabführungsvertrag** vgl. → § 72 Rn. 2.

Gemäß **§ 292 Abs. 2 AktG** sind die Vorschriften über Teilgewinnabführungsverträge **19** in den drei dort genannten Fällen nicht anwendbar. Das hat insbesondere zur Folge, dass der Abschluss solcher Verträge nicht der Zustimmung der Hauptversammlung bedarf. Die Ausnahmen beziehen sich auf Tantiemezusagen an Mitglieder des Vorstands, des Aufsichtsrats oder an Arbeitnehmer, auf Abreden über eine Gewinnbeteiligung im Rahmen von Verträgen des laufenden Geschäftsverkehrs und auf Abreden über eine Gewinnbeteiligung im Rahmen von Lizenzverträgen. Die Ausnahme für **Tantiemezusagen** an Arbeitnehmer greift nicht ein, wenn sich die Zusage nicht auf einzelne Arbeitnehmer beschränkt, sondern – etwa im Rahmen einer Betriebsvereinbarung – eine allgemeine Gewinnbeteiligung der Belegschaft anhand genereller Kriterien eingeführt wird; in einem solchen Fall ist also die Zustimmung der Hauptversammlung erforderlich.[58] Unter die Ausnahme kann auch eine stille Gesellschaft mit Vorstands- oder Aufsichtsratsmitgliedern oder einzelnen Arbeitnehmern fallen.[59] Die Ausnahme für Verträge des **laufenden Geschäftsverkehrs** bezieht sich auf die gewöhnlichen Geschäfte im Sinne von § 116 Abs. 1 HGB.[60] Darunter wird man je nach den Umständen des Einzelfalls auch partiarische Rechtsverhältnisse (Darlehen, Pachtverträge)[61] und sonstige gewinnabhängige Finanzierungsverträge fassen können;[62] stille Gesellschaftsverträge sollen nach hM allerdings nicht hierunter fallen.[63] Die Ausnahme für **Lizenzverträge** erfasst auch know-how-Verträge.[64] Eine ausdehnende Anwendung von § 292 Abs. 2 AktG auf andere unbedeutende Fälle kommt nicht in Betracht.[65]

Meyer-Landrut ZGR 1993, 312 (316); aA *Emmerich* in Emmerich/Habersack Aktien- und GmbH-Konzernrecht § 292 Rn. 31; *Reuter* FS Fischer, 1979, 605 (617) Fn. 50; enger *Marzinkowski* Mezzanine-Finanzierung S. 81 ff. der nur §§ 293–299 AktG als verdrängt ansieht, nicht aber §§ 300 ff. AktG.

[56] KölnKommAktG/*Koppensteiner* § 292 Rn. 59; GroßkommAktG/*Mülbert* § 292 Rn. 102 f.

[57] OLG München ZIP 2009, 318 (319); Hüffer/*Koch* AktG § 292 Rn. 13; *Emmerich* in Emmerich/Habersack Aktien- und GmbH-Konzernrecht § 292 Rn. 26.

[58] GroßkommAktG/*Mülbert* § 292 Rn. 108; *Emmerich* in Emmerich/Habersack Aktien- und GmbH-Konzernrecht § 292 Rn. 34; MüKoAktG/*Altmeppen* § 292 Rn. 79; Hüffer/*Koch* AktG § 292 Rn. 27; eingehend *Ekkenga* AG 2017, 89 ff.

[59] KölnKommAktG/*Koppensteiner* § 292 Rn. 64; *Emmerich* in Emmerich/Habersack Aktien- und GmbH-Konzernrecht § 292 Rn. 34; GroßkommAktG/*Mülbert* § 292 Rn. 109; Hüffer/*Koch* AktG § 292 Rn. 27; *K. Schmidt* ZGR 1984, 295 (301).

[60] KölnKommAktG/*Koppensteiner* § 292 Rn. 58; GroßkommAktG/*Mülbert* § 292 Rn. 110; *Emmerich* in Emmerich/Habersack Aktien- und GmbH-Konzernrecht § 292 Rn. 35; MüKoAktG/*Altmeppen* § 292 Rn. 80 f.; Hüffer/*Koch* AktG § 292 Rn. 28; enger KG NZG 1999, 1102 (1106), wonach nicht auf die wirtschaftliche Bedeutung, sondern nur auf den Vertragstyp abzustellen ist.

[61] KG AG 2000, 183 (184 f.); *Emmerich* in Emmerich/Habersack Aktien- und GmbH-Konzernrecht § 292 Rn. 35; GroßkommAktG/*Mülbert* § 292 Rn. 110; *Eyber* Abgrenzung S. 24 ff.; *Weitnauer* FS Mailänder, 2006, 441 (455 f.): *Jebens* BB 1996, 701; *U. H. Schneider/Reusch* DB 1989, 713 (715); aA für reine Finanzierungsmaßnahmen *Marzinkowski* Mezzanine-Finanzierung S. 94 ff.

[62] AA *Marzinkowski* Mezzanine-Finanzierung S. 94 ff.

[63] OLG Stuttgart AG 2005, 171 (172); *Emmerich* in Emmerich/Habersack Aktien- und GmbH-Konzernrecht § 292 Rn. 35; Hüffer/*Koch* AktG § 292 Rn. 28; KölnKommAktG/*Koppensteiner* § 292 Rn. 64; *Marzinkowski* Mezzanine-Finanzierung S. 94 ff.; aA *Eyber* Abgrenzung S. 24 ff.; differenzierend *Oehlschläger* Stille Beteiligungen an einer Aktiengesellschaft S. 107 ff.

[64] *Emmerich* in Emmerich/Habersack Aktien- und GmbH-Konzernrecht § 292 Rn. 36; GroßkommAktG/*Mülbert* § 292 Rn. 111; MüKoAktG/*Altmeppen* § 292 Rn. 82; Hüffer/*Koch* AktG § 292 Rn. 28.

[65] KG AG 2000, 183 (184); KölnKommAktG/*Koppensteiner* § 292 Rn. 60; *Emmerich* in Emmerich/Habersack Aktien- und GmbH-Konzernrecht § 292 Rn. 33; MüKoAktG/*Altmeppen* § 292 Rn. 83; Hüffer/Koch AktG § 292 Rn. 26; *K. Schmidt* ZGR 1984, 295 (302).

20 Zur **Verlustübernahme** oder zur Leistung eines angemessenen **Ausgleichs** und einer angemessenen **Abfindung** an außenstehende Aktionäre besteht bei einem Teilgewinnabführungsvertrag keine Verpflichtung.

21 **2. Einstellungen in die gesetzliche Rücklage.** Gemäß § 300 Nr. 2 AktG ist bei Bestehen eines Teilgewinnabführungsvertrages der Betrag, der nach § 150 Abs. 2 AktG in die gesetzliche Rücklage einzustellen ist, aus dem ohne die Teilgewinnabführung entstehenden, um einen Verlustvortrag verminderten Jahresüberschuss zu berechnen. Das gilt nach zutreffender Ansicht auch, wenn die Gewinnabführung sich nicht auf einen Teil des Gesamtgewinns der Gesellschaft bezieht, sondern die Verpflichtung darin besteht, nur den Gewinn einzelner Betriebe ganz oder zum Teil abzuführen.[66] Die Regelung gilt nicht nur, wie früher vereinzelt vertreten, wenn Bemessungsgrundlage für die Teilgewinnabführung der Jahresüberschuss ist, sondern auch bei einer Anknüpfung an den Bilanzgewinn[67] und bei jeder anderen Gestaltung, die sich als Teilgewinnabführungsvertrag darstellt und nicht unter die Ausnahme des § 292 Abs. 2 AktG fällt.[68] Für die Berechnung der Rücklagendotierung ist dem Jahresüberschuss der Betrag der Gewinnabführung hinzuzurechnen, folgerichtig muss dann allerdings auch die von dem anderen Vertragsteil erbrachte Gegenleistung abgezogen werden können.[69]

22 **3. Höchstbetrag der Gewinnabführung.** Für einen Teilgewinnabführungsvertrag, der an den Unternehmensgewinn anknüpft, soll nach herrschender Meinung die Regelung über den Höchstbetrag der Gewinnabführung in § 301 AktG entsprechend gelten.[70] Bei der Anknüpfung an den Gewinn eines Betriebes, soll das jedoch nicht gelten, der Betriebsgewinn soll nach dieser Auffassung also auch abgeführt werden können, wenn er den nach § 301 AktG berechneten Höchstbetrag übersteigt.[71] Unanwendbar soll § 301 S. 1 AktG auch insoweit sein, wie es um die Zahlung einer vom Gewinn unabhängigen Festvergütung auf die stille Einlage geht;[72] ebenso wenig soll § 301 S. 1 AktG einer wertaufholenden

---

[66] *Emmerich* in Emmerich/Habersack Aktien- und GmbH-Konzernrecht § 300 Rn. 17; MüKo-AktG/*Altmeppen* § 300 Rn. 23 f.; Hüffer/*Koch* AktG § 300 Rn. 10; GroßkommAktG/*Hirte* § 300 Rn. 47; aA Begr. RegE AktG, abgedruckt bei *Kropff*, AktG, 1965, S. 389; KölnKommAktG/*Koppensteiner* § 300 Rn. 14.

[67] *Emmerich* in Emmerich/Habersack Aktien- und GmbH-Recht § 300 Rn. 17; MüKoAktG/*Altmeppen* § 300 Rn. 25; KölnKommAktG/*Koppensteiner* § 300 Rn. 15; GroßkommAktG/*Hirte* § 300 Rn. 48; Hüffer/*Koch* AktG § 300 Rn. 10.

[68] Hüffer/*Koch* Akt § 300 Rn. 10; MüKoAktG/*Altmeppen* § 300 Rn. 24; einschränkend *Marzinkowski* Mezzanine-Finanzierung S. 100 ff., 194 ff., der den Anwendungsbereich von § 300 Nr. 2 AktG auf solche Teilgewinnabführungsverträge beschränken will, die handelsbilanzielles Eigenkapital generieren.

[69] MüKoAktG/*Altmeppen* § 300 Rn. 10; K. Schmidt/Lutter AktG/*Stephan* § 300 Rn. 24; aA KölnKommAktG/*Koppensteiner* § 300 Rn. 16; *Emmerich* in Emmerich/Habersack Aktien- und GmbH-Konzernrecht § 300 Rn. 17; GroßkommAktG/*Hirte* § 300 Rn. 49; *Adler/Düring/Schmaltz* Rechnungslegung § 300 Rn. 43.

[70] LG Bonn AG 2006, 465; GroßkommAktG/*Hirte* § 301 Rn. 29; Spindler/Stilz AktG/*Veil* § 301 Rn. 4; KölnKommAktG/*Koppensteiner* § 301 Rn. 5; Hüffer/*Koch* AktG § 301 Rn. 2; *Apfelbacher* FS Hoffmann-Becking, 2013, 13 (16 ff.); *Habersack* Liber Amicorum Happ, 2006, 49 (56); einschränkend *Emmerich* in Emmerich/Habersack Aktien- und GmbH-Konzernrecht § 301 Rn. 6: nur für unentgeltliche Teilgewinnabführung; einschränkend auch *Marzinkowski* Mezzanine-Finanzierung S. 100 ff., 194 ff., der auch § 301 AktG nur auf Teilgewinnabführungsverträge anwenden will, die handelsbilanzielles Eigenkapital generieren; aA K. Schmidt/Lutter AktG/*Stephan* § 301 Rn. 11; MüKoAktG/*Altmeppen* § 301 Rn. 9; Bürgers/Körber AktG/*Schenk* § 301 Rn. 3.

[71] Begr. RegE abgedruckt bei *Kropff*, AktG, 1965, S. 390; LG Bonn AG 2006, 465; KölnKommAktG/*Koppensteiner* § 301 Rn. 6; Spindler/Stilz AktG/*Veil* § 301 Rn. 4; Hüffer/Koch AktG § 301 Rn. 2; MüKoAktG/*Altmeppen* § 301 Rn. 10; K. Schmidt/Lutter AktG/*Stephan* § 301 Rn. 12; aA GroßkommAktG/*Hirte* § 301 Rn. 29; gegen eine Differenzierung zwischen unternehmens- und betriebsgewinnbezogenen Verträgen auch *Emmerich* in Emmerich/Habersack Aktien- und GmbH-Konzernrecht § 301 Rn. 5.

[72] *Emmerich* in Emmerich/Habersack Aktien- und GmbH-Konzernrecht § 292 Rn. 26: MüKoAktG/*Altmeppen* § 301 Rn. 11; *Habersack* Liber Amicorum Happ, 2006, 49 (57 ff.); *Rust* AG 2006, 563 (565 f.).

Zuschreibung auf eine wegen Verlustbeteiligung geminderte stille Beteiligung entgegenstehen.[73] Richtigerweise ist § 301 S. 1 AktG auf Teilgewinnabführungsverträge nicht anzuwenden, da die Notwendigkeit einer angemessenen Gegenleistung (vgl. → Rn. 23) einen Schutz vor übermäßiger Gewinnabführung entbehrlich macht. Zu der Frage, ob der Gesellschaft ein bestimmter Mindestgewinn verbleiben muss, damit der Vertrag nicht als Gewinnabführungsvertrag im Sinne von § 291 Abs. 1 AktG zu qualifizieren sei, vgl. → Rn. 15.

4. Angemessenheit der Gegenleistung. §§ 57, 58, 60 AktG sind auch auf Teilgewinn- 23 abführungsverträge anwendbar. Das hat ebenso wie bei der Gewinngemeinschaft zur Folge, dass eine Teilgewinnabführungsvereinbarung mit einem Aktionär unzulässig ist, wenn der Vertrag für die Gesellschaft keine angemessene Gegenleistung vorsieht; zur Frage, ob dies mit der bislang herrschenden Meinung die Nichtigkeit des Vertrages und des Zustimmungsbeschlusses der Hauptversammlung zur Folge hat[74] oder vor dem Hintergrund der neueren Rechtsprechung zu den Rechtsfolgen eines Verstoßes gegen § 57 AktG[75] von der Wirksamkeit des Vertrages bei bloßer Anfechtbarkeit des Zustimmungsbeschlusses auszugehen ist,[76] vgl. → Rn. 13. Besteht zwischen der Gesellschaft und dem anderen Vertragsteil ein Abhängigkeitsverhältnis, sind auch §§ 311 ff. AktG anwendbar.[77] In der älteren Literatur wurde vereinzelt angenommen, einer angemessenen Gegenleistung bedürfe es nicht, wenn der andere Vertragsteil den außenstehenden Aktionären angemessene Ausgleichszahlungen nach Maßgabe von § 304 AktG anbiete;[78] dem ist jedoch nicht zu folgen.[79] Teilgewinnabführungsverträge mit Nichtaktionären, die keine angemessene Gegenleistung vorsehen, sind pflichtwidrig und können Schadensersatzansprüche gegen Vorstand und Aufsichtsrat auslösen (§§ 93, 116 AktG), unter Umständen kommt aber auch die Nichtigkeit des Vertrages nach den Grundsätzen über den Missbrauch der Vertretungsmacht[80] in Frage.[81] Die Angemessenheit der Gegenleistung beurteilt sich nach den Verhältnissen im Zeitpunkt des Vertragsabschlusses.[82]

IV. Betriebspacht und Betriebsüberlassung

1. Allgemeines. Zu den Unternehmensverträgen zählt § 292 Abs. 1 Nr. 3 AktG schließ- 24 lich die Betriebspacht- und Betriebsüberlassungsverträge, mit denen eine Aktiengesellschaft oder KGaA (Eigentümergesellschaft) den „Betrieb ihres Unternehmens"[83] einem andern (Pächter oder Übernehmer) verpachtet oder sonst überlässt. Beim **Pachtvertrag**[84] über-

---

[73] *Apfelbacher* FS Hoffmann-Becking, 2013, 13 (18 f.).
[74] OLG Düsseldorf AG 1996, 473 (474); KölnKommAktG/*Koppensteiner* § 292 Rn. 71; *Emmerich* in Emmerich/Habersack Aktien- und GmbH-Konzernrecht § 292 Rn. 27a; Hüffer/*Koch* AktG § 292 Rn. 16; GroßkommAktG/*Mülbert* § 292 Rn. 39.
[75] BGH ZIP 2012, 1753 Rn. 15 ff.
[76] So MüKoAktG/*Altmeppen* § 292 Rn. 87.
[77] KölnKommAktG/*Koppensteiner* § 292 Rn. 29, 71 f.; GroßkommAktG/*Mülbert* § 292 Rn. 46 ff.
[78] So *Geßler* in Geßler/Hefermehl AktG § 292 Rn. 46; noch weitergehend *Brauksiepe* BB 1966, 144 (145), der auch ein Angebot von Ausgleichszahlungen nur forderte, wenn aus dem verbleibenden Gewinn die „Ansprüche außenstehender Aktionäre... nicht... voll befriedigt werden" könnten.
[79] KölnKommAktG/*Koppensteiner* § 292 Rn. 71 f.; *Emmerich* in Emmerich/Habersack Aktien- und GmbH-Konzernrecht § 292 Rn. 27a; MüKoAktG/*Altmeppen* § 292 Rn. 86; Hüffer/*Koch* AktG § 292 Rn. 16.
[80] Vgl. dazu nur Palandt BGB/*Ellenberger* § 164 Rn. 13 ff. mit umfangreichen Nachweisen.
[81] *Emmerich* in Emmerich/Habersack Aktien- und GmbH-Konzernrecht § 292 Rn. 28; MüKoAktG/*Altmeppen* § 292 Rn. 88; GroßkommAktG/*Mülbert* § 292 Rn. 44 f.
[82] KölnKommAktG/*Koppensteiner* § 292 Rn. 74; Hüffer/*Koch* AktG § 292 Rn. 16.
[83] Zu dieser Formulierung *K. Schmidt* FS Hoffmann-Becking, 2013, 1053 (1057 f.).
[84] Muster bei MünchVertragshandbuch GesR/*Bungert* Form. X.12; Happ AktienR Bd. II/*Bednarz* Form 18.02; *Schubert/Küting*, Unternehmungszusammenschlüsse, S. 423 ff. Muster eines kombinierten Pacht- und Beherrschungsvertrages bei Happ AktienR Bd. II/*Bednarz* Form 18.01; Beispiel eines

nimmt der Pächter das Unternehmen, um es im eigenen Namen und auf eigene Rechnung fortzuführen.[85] Der Pächter wird Inhaber des gepachteten Unternehmens, auf den Geschäftsbögen (§ 37a HGB, § 80 AktG) tritt er in Erscheinung.[86] Beim **Überlassungsvertrag**[87] führt der Übernehmer das ihm überlassene Unternehmen ebenfalls auf eigene Rechnung, jedoch anders als beim Pachtvertrag nicht im eigenen Namen, sondern im Namen der Eigentümergesellschaft.[88] Nach außen wird die Betriebsüberlassung nicht erkennbar, weil weiterhin im Namen der Eigentümergesellschaft gehandelt wird; auf den Geschäftsbögen (§ 37a HGB, § 80 AktG) wird weiterhin die Eigentümergesellschaft ausgewiesen.[89] Es handelt sich daher um eine „Innenpacht".[90] Weitergehende Unterschiede zwischen Betriebspacht und -überlassung bestehen nicht.[91]

25 Vom **Geschäftsführungsvertrag** des § 291 Abs. 1 S. 2 AktG (vgl. → § 72 Rn. 11 f.) unterscheiden sich Betriebspacht und -überlassung dadurch, dass bei der Geschäftsführung die Eigentümergesellschaft ihr Unternehmen selbst fortführt, und zwar im eigenen Namen, aber für Rechnung des anderen Vertragspartners. Bei Betriebspacht und -überlassung wird das Unternehmen durch den anderen Vertragspartner geführt. Der wesentliche Unterschied zum **Betriebsführungsvertrag** (vgl. → Rn. 48) liegt darin, dass bei Betriebspacht und -überlassung für Rechnung des Pächters bzw. Übernehmers gehandelt wird, bei der Betriebsführung hingegen für Rechnung der Eigentümergesellschaft.

26 Betriebspacht und -überlassung sind für die **Praxis** nicht unbedeutend.[92] Außerhalb von Konzernverhältnissen kommen Betriebspachtverträge vor, wenn der bisherige Inhaber sich aus der unternehmerischen Tätigkeit und dem unternehmerischen Risiko zurückziehen, die Substanz jedoch nicht veräußern will. Innerhalb von Konzernverhältnissen sind sie ein Mittel der Leitungsorganisation.[93]

27 Vereinzelt wird angenommen, die Vorschriften über die Betriebsüberlassung seien auf **Leistungsaustauschverträge** (Kredit-, Liefer-, Lizenzverträge usw) analog anwendbar,

---

kombinierten Pacht- und Gewinngemeinschaftsvertrags bei *Schubert/Küting*, Unternehmungszusammenschlüsse, S. 411 ff.; Auszüge aus bestehenden Betriebspachtverträgen sind ferner abgedruckt bei *Maser* Betriebspacht S. 215 ff.; ausgewählte Vertragsklauseln auch bei *Fenzl* Betriebspacht-, Betriebsüberlassungs- und Betriebsführungsverträge Rn. 568 ff.

[85] GroßkommAktG/*Mülbert* § 292 Rn. 122; *Emmerich* in Emmerich/Habersack Aktien- und GmbH-Konzernrecht § 292 Rn. 40; MüKoAktG/*Altmeppen* § 292 Rn. 99; Hüffer/*Koch* AktG § 292 Rn. 18.

[86] *K. Schmidt* FS Hoffmann-Becking, 2013, 1053 (1057 f.).

[87] Muster bei Happ AktienR Bd. II/*Bednarz* Form. 18.03; *Schubert/Küting*, Unternehmungszusammenschlüsse, S. 417 ff. Auszug aus einem bestehenden Betriebsüberlassungsvertrag bei *Maser* Betriebspacht S. 255 f.

[88] GroßkommAktG/*Mülbert* § 292 Rn. 123; *Emmerich* in Emmerich/Habersack Aktien- und GmbH-Konzernrecht § 292 Rn. 43; MüKoAktG/*Altmeppen* § 292 Rn. 106; Hüffer/*Koch* AktG § 292 Rn. 19.

[89] *K. Schmidt* FS Hoffmann-Becking, 2013, 1053 (1064 f.).

[90] Zur genaueren dogmatischen Einordnung der mehrschichtigen Rechtsverhältnisse näher *K. Schmidt* FS Hoffmann-Becking, 2013, 1053 (1063 ff.).

[91] Vgl. auch *K. Schmidt* FS Hoffmann-Becking, 2013, 1053 (1057 f., 1060 f.), der die Betriebsüberlassung als den Oberbegriff und die Betriebspacht als Hauptfall der Überlassung ansieht.

[92] Eine ältere Zusammenstellung bestehender Betriebspacht- und Betriebsüberlassungsverträge findet sich bei *Maser* Betriebspacht S. 123 ff., 205 ff.; vgl. auch GroßkommAktG/*Mülbert* § 292 Rn. 116; KölnKommAktG/*Koppensteiner* § 292 Rn. 99; *Fenzl* Betriebspacht-, Betriebsüberlassungs- und Betriebsführungsverträge Rn. 144 ff.; *Fenzl* Der Konzern 2006, 18 (19).

[93] Ausführlich zu den Gründen für den Abschluss von Betriebspacht- und Betriebsüberlassungsverträgen *Fenzl* Betriebspacht-, Betriebsüberlassungs- und Betriebsführungsverträge Rn. 156 ff.; *Fenzl* Der Konzern 2006, 18 (19 f.); *Raupach* FS Bezzenberger, 2000, 327 (333 ff.); *Maser* Betriebspacht S. 81 ff., 114 ff., 127 ff.; *Mimberg* Betriebspachtverträge S. 64 ff. 66 ff.; vgl. daneben etwa *U. H. Schneider* in Jahrbuch der Fachanwälte für Steuerrecht 1982/1983, 387 (390 ff.); KölnKommAktG/*Koppensteiner* § 292 Rn. 93 f.; *Schubert/Küting*, Unternehmungszusammenschlüsse, S. 215 ff.

wenn dadurch der Vertragspartner so weitgehende Einflussmöglichkeiten erhalte, dass er die Gesellschaft nach seinen Unternehmenszielen führen könne.[94] Dem ist nicht zu folgen.

2. Inhalt und Wirkung der Verträge. a) Durch den **Betriebspachtvertrag** wird die 28 Eigentümergesellschaft verpflichtet, dem Pächter die Führung des verpachteten Unternehmens in dessen eigenem Namen und auf dessen eigene Rechnung zu überlassen (§ 581 Abs. 1 S. 1 BGB). Gegenstand eines Pachtvertrages können einzelne oder alle Betriebe des Verpächters sein. Damit es sich um einen Betriebspachtvertrag im Sinne von § 292 Abs. 1 Nr. 1 AktG handelt, muss sich der Vertrag aber auf das Unternehmen als Ganzes,[95] dh auf sämtliche Betriebe der Eigentümergesellschaft mit den wesentlichen Betriebsmitteln erstrecken.[96] Dass einzelne Betriebe oder sonstige Vermögensgegenstände von der Verpachtung ausgenommen bleiben, ändert an der Qualifikation als Betriebspacht jedoch nichts,[97] sofern die von der Pacht ausgenommenen Gegenstände nur von völlig untergeordneter Bedeutung sind. Die Verpachtung nur einzelner Betriebe ist kein Betriebspachtvertrag; die Zustimmung der Hauptversammlung kann allerdings in Ausnahmefällen trotzdem erforderlich sein, vgl. → Rn. 67.

Der Pächter hat den vereinbarten **Pachtzins** zu entrichten (§ 581 Abs. 1 S. 2 BGB). 29 Wird ein Entgelt nicht geschuldet, handelt es sich nach herrschender Meinung nicht um einen Betriebspachtvertrag im Sinne des Gesetzes;[98] nach Ansicht einiger Autoren soll der Vertrag dann als Betriebsüberlassungsvertrag[99] zu qualifizieren sein, andere sehen ihn als Geschäftsführungsvertrag iSv § 291 Abs. 1 S. 2 AktG (vgl. → § 72 Rn. 11 f.) an.[100] Von der Frage, ob überhaupt eine Gegenleistung vorliegt, ist die Frage zu unterscheiden, ob das Entgelt angemessen ist; vgl. dazu → Rn. 36 ff.

Der Pächter ist zu einer **ordnungsgemäßen Betriebsführung** verpflichtet. In grund- 30 legenden Fragen der künftigen Unternehmenspolitik hat er sich – sofern nicht im Vertrag etwas anderes bestimmt ist – mit der Eigentümergesellschaft abzustimmen.[101]

b) Durch den **Betriebsüberlassungsvertrag** verpflichtet sich die Eigentümergesell- 31 schaft, dem Übernehmer die Führung der Betriebe auf dessen Rechnung, jedoch in ihrem Namen zu überlassen.[102] Daneben werden teilweise unentgeltliche Betriebspachtverträge

---

[94] So *Martens* Wirtschaftsabhängigkeit S. 23 ff., insbes. S. 33 ff.; aA KölnKommAktG/*Koppensteiner* § 292 Rn. 84 ff.; GroßkommAktG/*Mülbert* § 292 Rn. 139; *Emmerich* in Emmerich/Habersack Aktien- und GmbH-Konzernrecht § 292 Rn. 39a; MüKoAktG/*Altmeppen* § 292 Rn. 104; Hüffer/*Koch* AktG § 292 Rn. 22.

[95] Vgl. dazu auch *K. Schmidt* FS Hoffmann-Becking, 2013, 1053 (1058 ff.).

[96] GroßkommAktG/*Mülbert* § 292 Rn. 120; *Emmerich* in Emmerich/Habersack Aktien- und GmbH-Konzernrecht § 292 Rn. 40 f.; MüKoAktG/*Altmeppen* § 292 Rn. 97; Hüffer/*Koch* AktG § 292 Rn. 18; aA *K. Schmidt*/Lutter/*Langenbucher* § 292 Rn. 40.

[97] MüKoAktG/*Altmeppen* § 292 Rn. 97; GroßkommAktG/*Mülbert* § 292 Rn. 121; *Fenzl* Betriebspacht-, Betriebsüberlassungs- und Betriebsführungsverträge Rn. 32; *Nelißen* DB 2007, 786.

[98] GroßkommAktG/*Mülbert* § 292 Rn. 126; MüKoAktG/*Altmeppen* § 292 Rn. 110 f.; *Emmerich* in Emmerich/Habersack Aktien- und GmbH-Konzernrecht § 292 Rn. 40a; Hüffer/*Koch* AktG § 292 Rn. 18; *Mimberg* Betriebspachtverträge S. 28 ff.; *Maser* Betriebspacht S. 46; *Schulze-Osterloh* ZGR 1974, 427 (455); aA KölnKommAktG/*Koppensteiner* § 292 Rn. 77.

[99] ZB GroßkommAktG/*Mülbert* § 292 Rn. 127; *K. Schmidt*/Lutter AktG/*Langenbucher* § 292 Rn. 33; Hüffer/*Koch* AktG § 292 Rn. 19; gegen eine unterschiedliche Behandlung von Betriebspacht- und Betriebsüberlassungsverträgen KölnKommAktG/*Koppensteiner* § 292 Rn. 77; MüKoAktG/*Altmeppen* § 292 Rn. 110; *Emmerich* in Emmerich/Habersack Aktien- und GmbH-Konzernrecht § 292 Rn. 43a; Spindler/Stilz AktG/*Veil* § 292 Rn. 41 f.

[100] MüKoAktG/*Altmeppen* § 292 Rn. 111; Spindler/Stilz AktG/*Veil* § 292 Rn. 42; dagegen KölnKommAktG/*Koppensteiner* § 292 Rn. 77.

[101] *U. H. Schneider* in Jahrbuch der Fachanwälte für Steuerrecht 1982/1983, 387 (399 ff.); weitergehend *Hommelhoff*, Die Konzernleitungspflicht, 1982, S. 276 f., der die wesentlichen Entscheidungen über die Unternehmenspolitik zwingend der Verpächterin allein vorbehalten will; vgl. auch *Dierdorf* Herrschaft und Abhängigkeit S. 120 f.

[102] *Emmerich* in Emmerich/Habersack § 292 Rn. 43; MüKoAktG/*Altmeppen* § 292 Rn. 106; KölnKommAktG/*Koppensteiner* § 292 Rn. 78.

als Betriebsüberlassung qualifiziert; vgl. → Rn. 29. Beim Betriebsüberlassungsvertrag ist es – anders als bei der Betriebspacht (vgl. → Rn. 29) – nach hM nicht begrifflich erforderlich, dass die Eigentümergesellschaft eine Gegenleistung erhält.[103] Weitere Unterschiede zwischen Betriebspacht und -überlassung bestehen in aktienrechtlicher Hinsicht nicht; zu den arbeitsrechtlichen Unterschieden im Hinblick auf § 613a BGB vgl. → Rn. 35.

32 Damit der Übernehmer bei der Betriebsüberlassung die Geschäfte im Namen der Eigentümergesellschaft führen kann, muss ihm eine entsprechend umfassende **Vollmacht** erteilt werden.[104] Das kann insbesondere durch eine zivilrechtliche Generalvollmacht (§§ 164ff. BGB), eine Generalhandlungsvollmacht (§ 54 HGB) oder – allerdings nur an eine natürliche Person[105] – durch Prokura (§ 48 HGB) geschehen.[106] Die Vollmacht kann nach ganz hM nicht unwiderruflich erteilt werden, weil andernfalls ein Verstoß gegen § 76 AktG und ein verdeckter Beherrschungsvertrag vorliege;[107] auch bei Widerruflichkeit der Vollmacht würde die Eigentümergesellschaft mit einem vorzeitigen Vollmachtswiderruf aber ihre Vertragspflichten verletzen und sich gegebenenfalls schadensersatzpflichtig machen.

33 Der Übernehmer hat die Eigentümergesellschaft von allen Verbindlichkeiten, die ihr aus der Führung der Geschäfte entstehen, **freizustellen;** umgekehrt hat die Eigentümergesellschaft dem Übernehmer alles aus der Führung der Geschäfte Erlangte **herauszugeben,** insbesondere sämtliche Ansprüche abzutreten.[108]

34 c) Üblicherweise werden die Rechte und Pflichten der Vertragsparteien vertraglich eingehend geregelt, insbesondere der Umfang des Nutzungsrechts, die Durchführung von Instandhaltungsarbeiten sowie Ersatz- und Erweiterungsinvestitionen.[109] Soweit vertragliche Regelungen nicht getroffen sind, gelten für Betriebspacht und Betriebsüberlassung die pachtrechtlichen Vorschriften der **§§ 581 ff. BGB.**[110]

35 Mit Übernahme der Betriebe gehen im Falle der Betriebspacht die **Arbeitsverhältnisse** mit den in den Betrieben tätigen Arbeitnehmern gemäß § 613a BGB auf den Pächter bzw. Übernehmer über.[111] Demgegenüber gehen die Arbeitsverhältnisse bei der Betriebsüber-

---

[103] Hüffer/Koch AktG/*Koch* § 292 Rn. 19; K. Schmidt/Lutter AktG/*Langenbucher* § 292 Rn. 33; GroßkommAktG/*Mülbert* § 292 Rn. 127; *Maser* Betriebspacht S. 48 f.; KölnKommAktG/*Koppensteiner* § 292 Rn. 78, der allerdings auch beim Betriebspachtvertrag Unentgeltlichkeit genügen lässt; aA MüKoAktG/*Altmeppen* § 292 Rn. 110; *Emmerich* in Emmerich/Habersack Aktien- und GmbH-Konzernrecht § 292 Rn. 43a; Spindler/Stilz AktG/*Veil* § 292 Rn. 42; *Schulze-Osterloh* ZGR 1974, 427 (455).

[104] Vgl. aber auch *K. Schmidt* FS Hoffmann-Becking, 2013, 1053 (1065, 1067, 1068 f.) mit Vorbehalten gegenüber der Vollmachtslösung und Überlegungen zu einer „Vertretungsmacht kraft Organisation".

[105] KG NZG 2002, 48; Baumbach/Hopt HGB/*Hopt* § 48 Rn. 2.

[106] BGH WM 1978, 1047; KölnKommAktG/*Koppensteiner* § 292 Rn. 78; MüKoAktG/*Altmeppen* § 292 Rn. 106; Hüffer/*Koch* AktG § 292 Rn. 19.

[107] KölnKommAktG/*Koppensteiner* § 292 Rn. 78; Hüffer/*Koch* AktG § 292 Rn. 19; *Emmerich* in Emmerich/Habersack Aktien- und GmbH-Konzernrecht § 292 Rn. 43; ausführlich *Huber* ZHR 152 (1988), 1 (16 ff.), insbes. 24 ff.; aA GroßkommAktG/Mülbert § 292 Rn. 125, der eine unwiderrufliche Prokura oder Generalhandlungsvollmacht zulässt und nur eine unwiderrufliche Generalvollmacht als unzulässig ansieht.

[108] KölnKommAktG/*Koppensteiner* § 292 Rn. 78; *Emmerich* in Emmerich/Habersack § 292 Rn. 44; MüKoAktG/*Altmeppen* § 292 Rn. 106.

[109] Vgl. dazu näher die Vertragsmuster und -beispiele oben Fn. 84 u. 87 sowie KölnKommAktG/*Koppensteiner* § 292 Rn. 95 ff.; *U. H. Schneider* in Jahrbuch der Fachanwälte für Steuerrecht 1982/1983, 387 (395 f.); *Fenzl* Betriebspacht-, Betriebsüberlassungs- und Betriebsführungsverträge Rn. 44 ff.; *Fenzl* Der Konzern 2006, 18 (21 ff.).

[110] Näher *U. H. Schneider* in Jahrbuch der Fachanwälte für Steuerrecht 1982/1983, 394 ff.

[111] BAG DB 1979, 702; KölnKommAktG/*Koppensteiner* § 292 Rn. 95; Staudinger BGB/*Annuß* § 613a Rn. 101; MünchHdb. ArbR/*Wank* § 102 Rn. 84. Zur Rechtslage bei Beendigung des Unternehmensvertrages vgl. BAG NZA 1987, 419; MünchHdb. ArbR/*Wank* § 102 Rn. 84.

lassung als einer bloßen Innenpacht (vgl. → Rn. 24) nicht über,[112] denn § 613a BGB setzt voraus, dass der Übernehmer den übernommenen Betrieb im eigenen Namen führt.[113] Sonstige **laufende Verträge** gehen nicht automatisch über, sondern können nur im Wege einer dreiseitigen Vertragsübernahmevereinbarung übergeleitet werden; ist das nicht möglich, bleibt nur die Vereinbarung einer internen Erfüllungsübernahme durch den anderen Vertragsteil. Laufende Versorgungsverpflichtungen und unverfallbare Versorgungsanwartschaften bereits ausgeschiedener Arbeitnehmer gehen ebenfalls nicht automatisch auf den anderen Vertragsteil über[114] und können auch nicht durch befreiende Schuldübernahme übernommen werden, da die Voraussetzungen von § 4 Abs. 1 u. 2 BetrAVG[115] nicht erfüllt sind.[116] Auch insoweit besteht also nur die Möglichkeit einer internen Erfüllungsübernahme.

3. Angemessenheit der Gegenleistung. Für die Verpachtung oder Überlassung der Betriebe muss der Gesellschaft eine angemessene Gegenleistung gewährt werden. Sie kann fix und/oder variabel ausgestaltet werden und ist so zu bemessen, dass der Ertragswert des Unternehmens erhalten bleibt.[117] Eine bloße Dividendengarantie zugunsten der außenstehenden Aktionäre ist als Gegenleistung nicht ausreichend.[118] 36

Unangemessenheit der Gegenleistung führt – anders als bei einer Gewinngemeinschaft und einem Teilgewinnabführungsvertrag (vgl. → Rn. 13 u. 23) – nicht wegen Verstoßes gegen §§ 57, 58, 60 AktG zur Nichtigkeit des Vertrages oder des Zustimmungsbeschlusses der Hauptversammlung (§ 292 Abs. 3 S. 1 AktG). Nach § 292 Abs. 3 S. 2 AktG bleibt eine **Anfechtung** des Zustimmungsbeschlusses wegen Gesetzesverletzung (§ 243 Abs. 1 AktG) oder Verfolgung von Sondervorteilen (§ 243 Abs. 2 AktG) hingegen möglich.[119] Eine Anfechtung kommt aber nur in Betracht, wenn der andere Vertragsteil Aktionär der verpachtenden bzw. überlassenden Gesellschaft ist; die Verbote der §§ 57, 58, 60 AktG richten sich nur gegen Aktionäre. Die Regelung des § 292 Abs. 3 AktG gilt auch, wenn zwischen den Vertragsparteien ein Abhängigkeitsverhältnis besteht; auch in diesem Fall ist also eine Anfechtung des Vertrages wegen unangemessener Gegenleistung möglich.[120] Besteht zusätzlich zur Betriebspacht oder -überlassung ein Beherrschungs- oder Gewinnabführungsvertrag, scheidet eine Anfechtung aus; insoweit ist § 291 Abs. 3 AktG vorrangig.[121] 37

---

[112] Staudinger BGB/*Annuß* § 613a Rn. 101; vgl. auch MüKoBGB/*Müller-Glöge* § 613a Rn. 55.
[113] BAG NZA 2003, 1338 (1339); MüKoBGB/*Müller-Glöge* § 613a Rn. 55; Staudinger BGB/*Annuß* § 613a Rn. 65.
[114] BAG DB 1977, 1466; 1987, 1442; NZA 1988, 246; Blomeyer/Rolfs/Otto BetrAVG/*Rolfs* Anh. § 1 Rn. 334 mwN; aA *Säcker/Joost* DB 1978, 1030 ff. (1078 ff.); *Hennerkes/Binz/Rauser* BB 1982, 930 (932). Anders verhält es sich mit Versorgungsanwartschaften aktiver Arbeitnehmer, vgl. dazu Blomeyer/Rolfs/Otto BetrAVG/*Rolfs* Anh. § 1 Rn. 314 ff.
[115] Die Vorschrift gilt für laufende Versorgungszahlungen analog, vgl. BAG DB 1980, 2141.
[116] Vgl. nur Blomeyer/Rolfs/Otto BetrAVG/*Rolfs* Anh. § 1 Rn. 335.
[117] Näher KölnKommAktG/*Koppensteiner* § 292 Rn. 100 ff.; MüKoAktG/*Altmeppen* § 292 Rn. 84; GroßkommAktG/*Mülbert* § 292 Rn. 130; Hüffer/*Koch* AktG § 292 Rn. 25; wohl nur scheinbar abweichend *Emmerich* in Emmerich/Habersack Aktien- und GmbH-Konzernrecht § 292 Rn. 49, der eine Orientierung am „Marktpreis" fordert, wobei jedoch auch dieser sich nach den Ertragsaussichten bestimmen dürfte.
[118] MüKoAktG/*Altmeppen* § 292 Rn. 113; GroßkommAktG/*Mülbert* § 292 Rn. 128; Spindler/Stilz AktG/*Veil* § 292 Rn. 44; vgl. dazu bereits → Rn. 23.
[119] Vgl. dazu näher KölnKommAktG/*Koppensteiner* § 292 Rn. 21 ff.; *Emmerich* in Emmerich/Habersack Aktien- und GmbH-Konzernrecht § 292 Rn. 51a; MüKoAktG/*Altmeppen* § 292 Rn. 118 ff.; Hüffer/*Koch* AktG § 292 Rn. 30.
[120] Ganz hM, zB MüKoAktG/*Altmeppen* § 292 Rn. 124 ff.; KölnKommAktG/*Koppensteiner* § 292 Rn. 31 ff.; Hüffer/*Koch* AktG § 292 Rn. 31; *Emmerich* in Emmerich/Habersack Aktien- und GmbH-Konzernrecht § 292 Rn. 52; aA *Bachelin*, Der konzernrechtliche Minderheitenschutz, 1969, S. 67 f.; *Martens* AG 1974, 9 (13).
[121] KölnKommAktG/*Koppensteiner* § 292 Rn. 22 u. 88; MüKoAktG/*Altmeppen* § 292 Rn. 143.

38 Hat eine abhängige Gesellschaft den Betrieb ihres Unternehmens dem herrschenden Unternehmen verpachtet oder überlassen, ist das herrschende Unternehmen gemäß § 302 Abs. 2 AktG zum **Verlustausgleich** verpflichtet, soweit die vereinbarte Gegenleistung nicht angemessen ist. Voraussetzung ist ein Abhängigkeitsverhältnis zwischen den Vertragspartnern im Zeitpunkt des Vertragsschlusses;[122] gleiches gilt, wenn später ein Abhängigkeitsverhältnis entsteht und anschließend die vertragliche Gegenleistung zum Nachteil der Verpächtergesellschaft geändert wird.[123] Besteht ein Abhängigkeitsverhältnis nicht, wird auch bei unangemessener Gegenleistung kein Verlustausgleich geschuldet; das gilt selbst dann, wenn es sich bei den Vertragsparteien um Schwestergesellschaften handelt, die beide von demselben herrschenden Unternehmen abhängig sind.[124] Ist mit dem Betriebspacht- oder -überlassungsvertrag ein **Beherrschungs- oder Gewinnabführungsvertrag** verbunden, greift § 302 Abs. 2 AktG nicht ein, sondern es bleibt bei der Verlustausgleichspflicht nach § 302 Abs. 1 AktG;[125] zum Unterschied zwischen § 302 Abs. 1 und Abs. 2 vgl. → Rn. 39.

39 Die Verlustausgleichspflicht besteht nur, wenn und soweit die vereinbarte Gegenleistung unangemessen ist. Dabei ist nur die Gegenleistung maßgeblich, welche die abhängige Gesellschaft selbst erhält; etwaige Dividendengarantien des herrschenden Unternehmens gegenüber den außenstehenden Aktionären sind nicht zu berücksichtigen.[126] Als Ausgleich zu zahlen ist der **Betrag,** um den der Jahresfehlbetrag bei angemessenem Entgelt niedriger wäre.[127] Die Verlustausgleichspflicht nach § 302 Abs. 2 AktG kann nicht durch Entnahmen aus anderen Gewinnrücklagen erfüllt werden. Anders als für die Ausgleichspflicht nach § 302 Abs. 1 gilt dies auch dann, wenn es sich um Gewinnrücklagen handelt, die während der Vertragsdauer gebildet wurden: die Auflösung der Rücklage ist zwar zulässig, hat aber keinen Einfluss auf die Höhe des Verlustausgleichs.[128] Im Übrigen gilt für den Anspruch auf Verlustausgleich das Gleiche wie für den Verlustausgleich beim Beherrschungs- und Gewinnabführungsvertrag; vgl. daher näher → § 71 Rn. 64 ff.

40 Daneben sind bei Betriebspacht und -überlassung zwischen einer abhängigen Gesellschaft und dem herrschenden Unternehmen **§§ 311 ff.** AktG anwendbar mit der Folge, dass bei unangemessener Gegenleistung Nachteilsausgleich zu leisten ist, über den Vertrag im Abhängigkeitsbericht berichtet werden muss und Schadensersatzansprüche nach §§ 317, 318 AktG in Betracht kommen können.[129]

---

[122] KölnKommAktG/*Koppensteiner* § 302 Rn. 58; MüKoAktG/*Altmeppen* § 302 Rn. 59; Hüffer/*Koch* AktG § 302 Rn. 21.
[123] Spindler/Stilz AktG/*Veil* § 302 Rn. 35; *Emmerich* in Emmerich/Habersack Aktien- und GmbH-Konzernrecht § 302 Rn. 22.
[124] KölnKommAktG/*Koppensteiner* § 302 Rn. 60; *Emmerich* in Emmerich/Habersack Aktien- und GmbH-Konzernrecht § 302 Rn. 23; K. Schmidt/Lutter AktG/*Stephan* § 302 Rn. 61; aA GroßkommAktG/*Hirte* § 302 Rn. 44; MüKoAktG/*Altmeppen* § 302 Rn. 60.
[125] KölnKommAktG/*Koppensteiner* § 302 Rn. 60; MüKoAktG/*Altmeppen* § 302 Rn. 56; Hüffer/*Koch* AktG § 302 Rn. 20.
[126] KölnKommAktG/*Koppensteiner* § 302 Rn. 62; MüKoAktG/*Altmeppen* § 302 Rn. 67; Hüffer/*Koch* AktG § 302 Rn. 22; *Müller* ZGR 1977, 1 (11); *Oesterreich* Betriebsüberlassung S. 88.
[127] KölnKommAktG/*Koppensteiner* § 302 Rn. 66; MüKoAktG/*Altmeppen* § 302 Rn. 66; *Emmerich* in Emmerich/Habersack Aktien- und GmbH-Konzernrecht § 302 Rn. 48; Hüffer/*Koch* AktG § 302 Rn. 24.
[128] KölnKommAktG/*Koppensteiner* § 302 Rn. 61; MüKoAktG/*Altmeppen* § 302 Rn. 69; *Emmerich* in Emmerich/Habersack Aktien- und GmbH-Konzernrecht § 302 Rn. 48a; Hüffer/*Koch* AktG § 302 Rn. 23.
[129] Ganz hM, OLG Frankfurt a. M. BB 1973, 863; GroßkommAktG/*Mülbert* § 302 Rn. 50 ff.; KölnKommAktG/*Koppensteiner* § 292 Rn. 100; MüKoAktG/*Altmeppen* § 292 Rn. 124 f.; *Emmerich* in Emmerich/Habersack Aktien- und GmbH-Konzernrecht § 292 Rn. 52; Hüffer/*Koch* AktG § 292 Rn. 31; *Michalski* AG 1980, 261 (263 ff.); aA *Oesterreich* Betriebsüberlassung S. 121 ff.

4. Abgrenzung zum Beherrschungsvertrag. Betriebspacht und -überlassung legen die 41 Führung der Betriebe der Eigentümergesellschaft in die Hand des Pächters bzw. Übernehmers und stehen daher in ihrer wirtschaftlichen Wirkung einem Beherrschungsvertrag nahe. Je nach ihrer konkreten Ausgestaltung können sie sich als **verdeckte Beherrschungsverträge** darstellen.[130] Sowohl die Voraussetzungen einer derartigen Qualifizierung als auch deren Folgen sind allerdings problematisch. Zur Vermeidung dieser Schwierigkeiten kann es sich für die Praxis empfehlen, den Pacht- oder Überlassungsvertrag mit einem Beherrschungs- (und Gewinnabführungs-)vertrag zu kombinieren; vgl. dazu → Rn. 44 ff.

Besonders schwierig ist die Abgrenzung, wann die Grenze zum materiellen **Tatbestand** 42 eines Beherrschungsvertrages überschritten ist. Nicht ausreichend ist jedenfalls – wie § 302 Abs. 2 AktG belegt – dass die Eigentümergesellschaft vom Pächter bzw. Übernehmer abhängig ist.[131] Auch sonst dürfte das Bestehen oder Nichtbestehen eines Abhängigkeitsverhältnisses für die Abgrenzung ohne Bedeutung sein.[132] Entscheidend ist der Inhalt des Vertrages. Ein verdeckter Beherrschungsvertrag liegt vor, wenn der Pächter bzw. Übernehmer über den typischen Inhalt eines Pachtvertrages hinaus Einflussmöglichkeiten erhält, die dem beherrschungsvertraglichen Weisungsrecht im Ergebnis entsprechen. Das ist jedenfalls dann der Fall, wenn im Vertrag Weisungsrechte auch hinsichtlich der Verwendung des Pachtzinses vereinbart werden.[133] Als weitere Abgrenzungskriterien werden zB die Gesichtspunkte genannt, ob dem Pächter bzw. Übernehmer auch die Ausübung der Rechte aus Beteiligungen der Eigentümergesellschaft übertragen werde,[134] ob entsprechend den allgemeinen pachtrechtlichen Regelungen der §§ 583, 586 Abs. 2 BGB über Ergänzungsinvestitionen und tiefgreifende Umgestaltungen des Unternehmenssubstrats die Eigentümergesellschaft entscheide,[135] ob die Gegenleistung angemessen[136] und ob der Vertrag zur Durchsetzung einheitlicher Leitung im Sinne von § 18 Abs. 1 S. 2 AktG geeignet sei.[137]

Ist der Vertrag als Beherrschungsvertrag zu qualifizieren, so ist er ungeachtet der fehlen- 43 den Bezeichnung als Beherrschungsvertrag wirksam, sofern alle Wirksamkeitsvoraussetzungen für den Beherrschungsvertrag erfüllt sind;[138] vgl. schon → § 71 Rn. 7. Fehlt es daran,

---

[130] Vgl. die Nachweise in den folgenden Fußnoten; grundsätzlich anders Spindler/Stilz AktG/*Veil* § 292 Rn. 47; *Veil* Unternehmensverträge S. 246 ff., der die Problematik nicht durch Umqualifizierung in einen Beherrschungsvertrag, sondern durch Anwendung der Grundsätze über den qualifiziert faktischen Konzern lösen will (zu diesen → § 70 Rn. 141 ff.).

[131] KölnKommAktG/*Koppensteiner* § 291 Rn. 36; MüKoAktG/*Altmeppen* § 292 Rn. 138; GroßkommAktG/*Mülbert* § 292 Rn. 160 (zum Betriebsführungsvertrag); *Veelken* Betriebsführungsvertrag S. 261.

[132] MüKoAktG/*Altmeppen* § 292 Rn. 138; aA *Veelken* Betriebsführungsvertrag S. 261.

[133] KölnKommAktG/*Koppensteiner* § 291 Rn. 32 f.; MüKoAktG/*Altmeppen* § 292 Rn. 139; Emmerich in Emmerich/Habersack Aktien- und GmbH-Konzernrecht § 292 Rn. 60; *Schulze-Osterloh* ZGR 1974, 427 (456 ff.); aA *Dierdorf* Herrschaft und Abhängigkeit S. 122; Spindler/Stilz AktG/*Veil* § 292 Rn. 48; *Veil* Unternehmensverträge S. 248, 254, 258, der solche Weisungsrechte zwar ebenfalls für unzulässig ansieht, aber nicht als Basis für die Annahme eines verdeckten Beherrschungsvertrags genügen lässt.

[134] Geßler/Hefermehl AktG *Geßler* § 292 Rn. 100; *Dierdorf* Herrschaft und Abhängigkeit S. 124; differenzierend KölnKommAktG/*Koppensteiner* § 292 Rn. 34; aA MüKoAktG/*Altmeppen* § 292 Rn. 137; Spindler/Stilz AktG/*Veil* § 292 Rn. 49; *Oesterreich* Betriebsüberlassung S. 143.

[135] KölnKommAktG/*Koppensteiner* § 291 Rn. 31; *Oesterreich* Betriebsüberlassung S. 142; *Dierdorf* Herrschaft und Abhängigkeit S. 120 ff.; aA MüKoAktG/*Altmeppen* § 292 Rn. 137. Vgl. auch Spindler/Stilz AktG/*Veil* § 292 Rn. 48; *Veil* Unternehmensverträge S. 254 ff., der beim Ausschluss der Entscheidungsbefugnisse der Gesellschaft uU einen qualifizierten faktischen Konzern mit Verlustausgleichspflicht analog § 302 AktG annimmt.

[136] *Oesterreich* Betriebsüberlassung S. 138 f.; aA MüKoAktG/*Altmeppen* § 292 Rn. 139; KölnKommAktG/*Koppensteiner* § 291 Rn. 33.

[137] KölnKommAktG/*Koppensteiner* § 291 Rn. 29; *Dierdorf* Herrschaft und Abhängigkeit S. 108; *Martens* Wirtschaftsabhängigkeit S. 16 f.

[138] *Emmerich* in Emmerich/Habersack Aktien- und GmbH-Konzernrecht § 292 Rn. 61 f.

ist der Vertrag **nichtig.**[139] Es kann dann je nach den Umständen des Einzelfalls ein **qualifizierter faktischer Konzern** mit den daraus sich ergebenden Rechtsfolgen, insbesondere der Verpflichtung zum Verlustausgleich, bestehen, sofern man diese Rechtsfigur heute noch anerkennt;[140] vgl. dazu im Einzelnen → § 70 Rn. 141 ff. Die Rechtshandlungen, die der Übernehmer auf Grund einer in dem nichtigen Betriebsüberlassungsvertrag enthaltenen Vollmacht vorgenommen hat, bleiben in aller Regel wirksam.[141] Solange der Betriebspacht- oder Betriebsüberlassungsvertrag nicht als verdeckter Beherrschungsvertrag unwirksam ist, begründet er auch zwischen verbundenen Unternehmen keinen qualifizierten faktischen Konzern.

44 **5. Kombination mit anderen Unternehmensverträgen.** Der gleichzeitige Abschluss eines Beherrschungsvertrags neben einem Betriebspacht- oder -überlassungsvertrag ist zulässig[142] und in der Praxis nicht selten.[143] Die Eigentümergesellschaft verpachtet oder überlässt also den Betrieb ihres Unternehmens und schließt mit dem Pächter bzw. Übernehmer zugleich einen Beherrschungsvertrag, in dem sie die Leitung ihrer Gesellschaft dem anderen Vertragsteil unterstellt. Das hat den Vorteil, die oben (→ Rn. 41 ff.) dargelegte Abgrenzungs- und Umgehungsproblematik zu vermeiden.

45 Bei der Kombination einer Betriebsüberlassung mit einem Beherrschungsvertrag ergeben sich gewisse Zweifelsfragen hinsichtlich des zulässigen Umfangs der **Vollmacht** und des **Weisungsrechts gegenüber Mitarbeitern** der abhängigen Eigentümergesellschaft. Der Betriebsüberlassungsvertrag verbindet sich mit einer Generalhandlungsvollmacht oder Prokura an den Übernehmer, im Namen der Eigentümergesellschaft zu handeln (vgl. → Rn. 32); er begründet damit zugleich umfassende Weisungsrechte gegenüber den Arbeitnehmern der Eigentümergesellschaft. Beim Beherrschungsvertrag hingegen ist nach allgemeiner Auffassung die Erteilung einer umfassenden Vollmacht durch die abhängige Gesellschaft an das herrschende Unternehmen unzulässig (vgl. → § 71 Rn. 159); die Einräumung direkter Weisungsrechte gegenüber Mitarbeitern der abhängigen Gesellschaft ist zwar möglich, die Ausübung unterliegt aber der Kontrolle des Vorstands der abhängigen Gesellschaft (vgl. → § 71 Rn. 158). Daraus wird teilweise der Schluss gezogen, dass auch in einem Betriebsüberlassungsvertrag, der mit einem Beherrschungsvertrag kombiniert sei, keine Generalvollmacht erteilt werden dürfe, sondern wie beim Beherrschungsvertrag nur eng begrenzte Spezialvollmachten zur Vornahme einzelner Rechtsgeschäfte zulässig seien; entsprechend müsse sichergestellt werden, dass der Vorstand der abhängigen Gesellschaft direkte Weisungen an die Arbeitnehmer kontrollieren könne.[144] Überzeugen kann diese Meinung nicht; was bei isolierter Betriebspacht- und -überlassung zulässig ist, kann nicht unzulässig werden, weil zusätzlich ein Beherrschungsvertrag geschlossen wird.

46 Ob die Regelungen der §§ 308–310 AktG über Leitungsmacht und Verantwortlichkeit bei Bestehen eines Beherrschungsvertrags auch bei Kombination mit einer Betriebspacht oder -überlassung anwendbar bleiben, ist zweifelhaft. Nicht überzeugend jedenfalls ist die

---

[139] *Emmerich* in Emmerich/Habersack Aktien- und GmbH-Konzernrecht § 292 Rn. 62; *Priester* FS Hommelhoff, 2012, 875 (887).

[140] Weitergehend *Veil* Unternehmensverträge S. 252 f., der anscheinend stets einen qualifizierten Konzern annehmen will; wie hier *Huber* ZHR 152 (1988), 123 (141 ff.) für den Parallelfall eines Betriebsführungsvertrages.

[141] Näher dazu *Huber* ZHR 152 (1988), 123 (145 ff.) für den Parallelfall eines Betriebsführungsvertrages.

[142] MüKoAktG/*Altmeppen* § 292 Rn. 141 ff.; KölnKommAktG/*Koppensteiner* § 292 Rn. 87 f.; *Emmerich* in Emmerich/Habersack Aktien- und GmbH-Konzernrecht § 292 Rn. 45; Hüffer/*Koch* AktG § 292 Rn. 21; *Exner* Beherrschungsvertrag S. 134 f.

[143] Vgl. die Übersicht bei *Maser* Betriebspacht S. 124 u. 126; Muster eines kombinierten Betriebspacht- und Beherrschungsvertrages bei Happ AktienR Bd. II/*Bednarz* Form. 18.01.

[144] KölnKommAktG/*Koppensteiner* § 292 Rn. 87; *Exner* Beherrschungsvertrag S. 134 f., 128 ff.; aA *Huber* ZHR 152 (1988), 123 (129 ff.) (für Betriebsführungsvertrag); GroßkommAktG/Mülbert § 292 Rn. 204; MüKoAktG/*Altmeppen* § 292 Rn. 141, 162; offen Hüffer/*Koch* AktG § 292 Rn. 21.

Annahme, das herrschende Unternehmen dürfe auf Grund der Betriebspacht oder -überlassung keine Maßnahmen durchführen, zu denen es nicht auch auf Grund des Beherrschungsvertrages anweisen dürfte, insbesondere also keine nachteiligen Maßnahmen, die nicht im Konzerninteresse liegen.[145] Maßnahmen, die bei isolierter Betriebspacht oder -überlassung zulässig sind, können nicht unzulässig werden, weil zusätzlich ein Beherrschungsvertrag geschlossen wird (schon → Rn. 45).[146] Die Fragestellung dürfte allerdings eher theoretischer Natur sein.

Kombinationen von Betriebspacht bzw. -überlassung mit einem **Gewinnabführungs-** **47** **vertrag** oder mit einer **Eingliederung** sind in der Praxis ebenfalls anzutreffen.[147] Ihre rechtliche Zulässigkeit ist unproblematisch. Zum sogenannten Betriebsführungsauftrag, dh einer Betriebsverpachtung, bei welcher die Eigentümergesellschaft mit der Betriebsführung im Namen des Pächters beauftragt wird, vgl. → Rn. 60.

V. Betriebsführungsvertrag

1. Allgemeines. Der Betriebsführungsvertrag ist gesetzlich nicht geregelt. Man versteht **48** darunter einen Vertrag, mit dem es der andere Vertragsteil (Betriebsführer) übernimmt, das Unternehmen einer Eigentümergesellschaft für deren Rechnung zu führen.[148] Die Betriebsführung kann durch den Betriebsführer im Namen der Eigentümergesellschaft (**echter** Betriebsführungsvertrag)[149] oder im eigenen Namen (**unechter** Betriebsführungsvertrag) durchgeführt werden. Beim echten Betriebsführungsvertrag erscheint auf den Geschäftsbögen (§ 37a HGB, § 80 AktG) die Eigentümergesellschaft, beim unechten der Betriebsführer.[150] Der gemeinsame Unterschied zur Betriebspacht- und überlassung nach § 292 Abs. 1 Nr. 3 AktG und zum Geschäftsführungsvertrag nach § 291 Abs. 1 S. 2 AktG liegt darin, dass bei jenen Verträgen nicht, wie beim Betriebsführungsvertrag, für Rechnung der Eigentümergesellschaft gehandelt wird, sondern für Rechnung des anderen Vertragsteils.

Handelt es sich bei der Eigentümergesellschaft um eine Aktiengesellschaft oder KGaA, ist **49** auf den Betriebsführungsvertrag nach herrschender Meinung **§ 292 Abs. 1 Nr. 3 AktG analog anwendbar.**[151] Danach gelten also die gleichen Regeln wie für einen Betriebsüberlassungsvertrag, insbesondere ist auch für den Abschluss eines Betriebsführungsvertrages, der sich auf das gesamte Unternehmen der Gesellschaft erstreckt, die Zustimmung der Hauptversammlung und die Eintragung ins Handelsregister erforderlich (näher → Rn. 61 ff.). Diese herrschende Auffassung ist durchaus zweifelhaft, da die mit einem

---

[145] So für den Fall der Kombination von Betriebsführungsvertrag und Beherrschungsvertrag *Huber* ZHR 152 (1988), 123 (132 f.).

[146] Zutreffend K. Schmidt/Lutter AktG/*Langenbucher* § 292 Rn. 46; offen GroßkommAktG/*Mülbert* § 291 Rn. 205.

[147] Vgl. die Übersichten bei *Maser* Betriebspacht S. 124 u. 126.

[148] KölnKommAktG/*Koppensteiner* § 292 Rn. 79; MüKoAktG/*Altmeppen* § 292 Rn. 144 f.; *Emmerich* in Emmerich/Habersack Aktien- und GmbH-Konzernrecht § 292 Rn. 55; Hüffer/*Koch* AktG § 292 Rn. 20; *Huber* ZHR 152 (1988), 1 (2).

[149] Muster bei Happ AktienR Bd.II/*Bednarz* Form 18.04; MünchVertragshandbuchGesR/*Bungert* Form. X.11; zum typischen Vertragsinhalt auch *Fenzl* Betriebspacht-, Betriebsüberlassungs- und Betriebsführungsverträge Rn. 109 ff.; *Fenzl* Der Konzern 2006, 18 (23 ff.); *Winter/Theisen* AG 2011, 662 (665).

[150] *K. Schmidt* FS Hoffmann-Becking, 2013, 1053 (1066).

[151] KölnKommAktG/*Koppensteiner* § 292 Rn. 79 ff.; MüKoAktG/*Altmeppen* § 292 Rn. 150 f.; *Emmerich* in Emmerich/Habersack Aktien- und GmbH-Konzernrecht § 292 Rn. 57; Hüffer/*Koch* AktG § 292 Rn. 20; K. Schmidt/Lutter AktG/*Langenbucher* § 292 Rn. 35; Spindler/Stilz AktG/*Veil* § 292 Rn. 54; *Veil* Unternehmensverträge S. 287 ff.; *Veelken* Betriebsführungsvertrag S. 245; *Oesterreich* Betriebsüberlassung S. 53 ff.; *Priester* FS Hommelhoff, 2012, 875 (882 ff.); *Huber* ZHR 152 (1988), 1 (32 f.). Eine Ausnahme macht *Huber* ZHR 152 (1988), 123 (151 f.) für den Fall, dass ein herrschendes Unternehmen die Führung seiner Betriebe auf Tochtergesellschaften überträgt.

Betriebsführungsvertrag verbundenen Strukturveränderungen – solange es sich nicht um einen verdeckten Beherrschungsvertrag handelt (dazu → Rn. 57) – weit hinter denen der in §§ 291, 292 AktG genannten Unternehmensverträge zurückbleiben.[152] Für die Praxis ist jedoch von der Anwendbarkeit des § 292 Abs. 1 Nr. 3 AktG auszugehen.

50 Die Erscheinungsformen von Betriebsführungsverträgen in der Praxis sind vielgestaltig. Drei wesentliche **Typen** lassen sich unterscheiden:

– Betriebsführungsverträge zwischen untereinander nicht verbundenen Gesellschaften,
– konzerninterne Betriebsführungsverträge mit einem herrschenden Unternehmen als Betriebsführer,
– konzerninterne Betriebsführungsverträge mit einer abhängigen Gesellschaft als Betriebsführer.[153]

Betriebsführungsverträge zwischen unabhängigen Unternehmen (sog. **Managementverträge**), dienen in aller Regel dem Ziel, die Betriebsführung in qualifizierte Hände zu legen.[154] Sie spielen im Bereich des Betriebs von Verkehrslinien (insbesondere Kleinbahnen) eine Rolle,[155] weitere typische Beispiele, sind der Betrieb von Hotels, Gastronomiebetrieben, Kinos uä.[156] Der praktisch häufigere und rechtlich schwierigere Fall sind **konzerninterne Betriebsführungsverträge**. Zum einen kann ein herrschendes Unternehmen die Betriebsführung für eine abhängige Gesellschaft übernehmen,[157] um auf diese Weise eine stärkere Konzentration des operativen Geschäfts bei der Mutter zu erreichen.[158] Zum anderen kann eine abhängige Gesellschaft die Betriebsführung für eine Schwestergesellschaft und/oder einzelne Betriebe oder Sparten des herrschenden Unternehmens übernehmen;[159] diese Gestaltung kann etwa im Zusammenhang mit einer Spartenorganisation des Konzerns nahe liegen, indem zum Beispiel zur Führung einzelner Sparten besondere Betriebsführungsgesellschaften gebildet werden, die dann mit den anderen Konzerngesellschaften entsprechende Betriebsführungsverträge schließen.[160]

51 **2. Inhalt und Wirkung des Vertrages.** Durch den Betriebsführungsvertrag wird der Betriebsführer verpflichtet, die vom Vertrag erfassten Betriebe der Eigentümergesellschaft

---

[152] Gegen die Analogie zu § 291 Abs. 1 Nr. 3 AktG daher GroßkommAktG/*Mülbert* § 292 Rn. 155 ff.; *Winter/Theisen* AG 2011, 662 (666 f.); *Köhn* Der Konzern 2011, 530 (532 ff.); *Fenzl* Der Konzern 2006, 18 (26 f.); *Fenzl* Betriebspacht-, Betriebsüberlassungs- und Betriebsführungsverträge Rn. 251 ff., 304 ff.

[153] So die Einteilung bei *Geßler* FS Hefermehl, 1976, 263 (265); *U. H. Schneider* in Jahrbuch der Fachanwälte für Steuerrecht 1982/83, 387 (402); ähnlich *Huber* ZHR 152 (1988), 1 (10), der bei den Betriebsführungsverträgen zwischen nicht verbundenen Unternehmen weiter zwischen Verträgen mit und ohne Weisungsrecht der Eigentümergesellschaft unterscheidet; vgl. auch die Unterteilung bei *Veelken* Betriebsführungsvertrag S. 31.

[154] Näher KölnKommAktG/*Koppensteiner* § 291 Rn. 94; *Veelken* Betriebsführungsvertrag S. 33; *Maser* Betriebspacht S. 111 ff., 153 ff.; *Priester* FS Hommelhoff, 2012, 875 (878); *U. H. Schneider* in Jahrbuch der Fachanwälte für Steuerrecht 1982/83, 387 (391).

[155] Vgl. die Zusammenstellung und die Auszüge aus bestehenden Betriebsführungsverträgen bei *Maser* Betriebspacht S. 213, 256 ff., sowie die Schilderung grundlegender Vertragselemente bei *Joachim* DWiR 1992, 397 (399 ff.); *Joachim* NZM 2001, 162 (164 ff.).

[156] Einen solchen Fall betraf die Entscheidung BGH WM 1982, 394 – Holiday Inn.

[157] Vgl. zu den möglichen Gründen für eine solche Organisation näher die Beispiele bei *Huber* ZHR 152 (1988), 123 (126 f.); *Veelken* Betriebsführungsvertrag S. 35 f., und die Auszüge aus bestehenden Verträgen bei *Maser* Betriebspacht S. 268 f., 271 f.

[158] *Huber* ZHR 152 (1988), 123 (127); *Priester* FS Hommelhoff, 2012, 875 (878 f.); *Winter/Theisen* AG 2011, 662 (663 f.); *Veelken* Betriebsführungsvertrag S. 36 f.

[159] Muster bei MünchVertragshandbuchGesR/*Bungert* Form. X.11; vgl. auch die Beispiele bei *Huber* ZHR 152 (1988), 123 (149 f.) und *Veelken* Betriebsführungsvertrag S. 37 ff. Betriebsführungsverträge zwischen Schwestergesellschaften sind aufgeführt bei *Maser* Betriebspacht S. 213, vgl. auch den Auszug aus einem solchen Vertrag aaO, S. 270.

[160] Ausführlich dazu *Huber* ZHR 152 (1988), 123 (156 ff.); *Priester* FS Hommelhoff, 2012, 875 (879); *Winter/Theisen* AG 2011, 662 (664); vgl. auch *Maser* Betriebspacht S. 146 ff.

§ 73 Andere Unternehmensverträge   52–54 § 73

auf deren Rechnung zu führen. **Gegenstand** eines solchen Vertrages können das gesamte Unternehmen oder einzelne Betriebe der Eigentümergesellschaft sein; der Vertrag kann alle Aufgaben der Unternehmensführung erfassen oder nur einen Teil wie zB die Bereiche EDV, Vertrieb, Produktion usw.[161] Die für Betriebsüberlassungsverträge geltenden Regelungen finden jedoch – ebenso wie beim Betriebsüberlassungsvertrag (vgl. → Rn. 28, 31) – auch nach der hM, die § 292 Abs. 1 Nr. 3 AktG auf Betriebsführungsverträge analog anwenden will (vgl. → Rn. 49) – nur Anwendung, wenn sich der Vertrag auf die umfassende Führung des gesamten Unternehmens mit sämtlichen Betrieben der Eigentümergesellschaft erstreckt; Teilbetriebsführungsverträge, die sich auf einzelne Unternehmensbereiche oder einzelne Aufgaben der Unternehmensführung beschränken, werden nicht erfasst.[162] In Ausnahmefällen kann die Zustimmung der Hauptversammlung allerdings nach den Grundsätzen der Holzmüller-Rechtsprechung auch zu Betriebsführungsverträgen über einzelne Betriebe erforderlich sein, vgl. → Rn. 67.

Die Betriebsführung kann **entgeltlich oder unentgeltlich** erfolgen. Bei Entgeltlichkeit 52 handelt es sich um einen Geschäftsbesorgungs-Dienstvertrag (§ 675 BGB), bei Unentgeltlichkeit um einen Auftrag (§ 662 BGB). Unabhängig von der Frage, ob ein Entgelt vereinbart ist oder nicht, hat der Betriebsführer Anspruch auf Ersatz seiner Aufwendungen (§ 670 BGB); dazu gehören bei der unechten Betriebsführung insbesondere die vom Betriebsführer im Außenverhältnis eingegangenen Verbindlichkeiten. Das aus der Betriebsführung Erlangte hat der Betriebsführer an die Eigentümergesellschaft herauszugeben (§ 667 BGB).[163]

Nach verbreiteter Meinung ist ein Betriebsführungsvertrag, der das gesamte Unternehmen der Eigentümergesellschaft betrifft, wegen der Leitungspflicht des Vorstands (§ 76 53 AktG) nur zulässig, wenn der Eigentümergesellschaft die Möglichkeit bleibt, ihre **Unternehmenspolitik** selbst zu bestimmen.[164] Dazu soll es allerdings genügen, dass die Eigentümergesellschaft über den Wirtschaftsplan des Betriebsführers entscheidet.[165] Wenn man mit der hM analog §§ 292 Abs. 1 Nr. 3, 293 Abs. 1 AktG die Zustimmung der Hauptversammlung zum Betriebsführungsvertrag fordert (vgl. → Rn. 49), ist jedoch die Annahme überzeugender, dass aus § 76 AktG keine inhaltlichen Schranken folgen, sondern die Zustimmung der Hauptversammlung die Betriebsführung legitimiert.[166] In der Praxis ist die Festlegung eines weitgehenden Weisungsrechts üblich, um steuerlich den Übergang des wirtschaftlichen Eigentums zu vermeiden.[167]

Trifft der Vertrag über den Umfang der Leitungsbefugnisse des Betriebsführers und der 54 Weisungs- und Kontrollrechte der Eigentümergesellschaft keine besonderen Regelungen, gelten §§ 665, 666 BGB: Die Eigentümergesellschaft ist befugt, dem Betriebsführer **Weisungen** zu erteilen. Weisungen im Bereich des laufenden Tagesgeschäftes dürften allerdings

---

[161] *Köhn* Der Konzern 2011, 530 (531).
[162] MüKoAktG/*Altmeppen* § 292 Rn. 150; KölnKommAktG/*Koppensteiner* § 292 Rn. 80; GroßkommAktG/*Mülbert* § 292 Rn. 152; *Fenzl* Betriebspacht-, Betriebsüberlassungs- und Betriebsführungsverträge Rn. 104 ff.; eingehend *Köhn* Der Konzern 2011, 530 (535 f.); *Huber* ZHR 152 (1988), 1 (32); aA *Veil* Unternehmensverträge S. 290.
[163] Zur praktischen Abwicklung der Zahlungsvorgänge vgl. *Huber* ZHR 152 (1988), 1 (5 f.); zur Bilanzierung der übernommenen Verbindlichkeiten und des Aufwendungsersatzanspruchs bei der unechten Betriebsführung *Winter/Theisen* AG 2011, 662 (663).
[164] GroßkommAktG/*Mülbert* § 292 Rn. 152 ff.; *Geßler* FS Hefermehl, 1976, 263 (272 ff.); *Hommelhoff* Konzernleitungspflicht S. 284; *Winter/Theisen* AG 2011, 662 (667); *U. H. Schneider* in Jahrbuch der Fachanwälte für Steuerrecht 1982/83, 387 (403); noch enger *Veelken* Betriebsführungsvertrag S. 117 ff., S. 265; *Damm* BB 1976, 294 (297).
[165] KölnKommAktG/*Koppensteiner* § 291 Rn. 37; GroßkommAktG/*Mülbert* § 292 Rn. 154; *Geßler* FS Hefermehl, 1976, 263 (275 ff.).
[166] MüKoAktG/*Altmeppen* § 292 Rn. 152; *Huber* ZHR 152 (1988), 1 (33 ff.); *Veil* Unternehmensverträge S. 287 ff.; *Köhn* Der Konzern 2011, 530 (533 f.); aA GroßkommAktG/*Mülbert* § 292 Rn. 153.
[167] Näher *Winter/Theisen* AG 2011, 662 (664 f.).

dem Vertragszweck entsprechend ausgeschlossen sein, sofern nicht ausdrücklich etwas anderes bestimmt ist.[168] Das Weisungsrecht kann darüber hinaus eingeschränkt werden,[169] ein weitergehender Ausschluss des Einflusses der Eigentümergesellschaft qualifiziert den Vertrag allerdings als verdeckten Beherrschungsvertrag; vgl. näher → Rn. 57. Der Betriebsführer ist verpflichtet, der Eigentümergesellschaft umfassend Auskunft zu erteilen.

55 Damit der Betriebsführer beim echten Betriebsführungsvertrag (vgl. → Rn. 48) die Geschäfte im Namen der Eigentümergesellschaft führen kann, muss ihm eine entsprechend umfassende **Vollmacht** erteilt werden. Dafür gilt das bereits → Rn. 32 Gesagte.

56 Beim echten Betriebsführungsvertrag gehen die **Arbeitsverhältnisse** der Arbeitnehmer der Eigentümergesellschaft nicht gemäß § 613a BGB auf den Betriebsführer über, da die Betriebsführung im fremden Namen erfolgt; vgl. schon → Rn. 35. Arbeitgeber bleibt die Eigentümergesellschaft, der Betriebsführer übt lediglich die Arbeitgeberbefugnisse im Namen der Eigentümergesellschaft aus.[170] Anders verhält es sich im Falle der unechten Betriebsführung, wenn also der Betriebsführer die Betriebe zwar für fremde Rechnung, jedoch im eigenen Namen führt. Die unechte Betriebsführung hat zur Folge, dass die Arbeitsverhältnisse gemäß § 613a BGB auf den Betriebsführer übergehen und dieser selbst Arbeitgeber wird.[171] Für sonstige laufende Verträge vgl. → Rn. 35.

57 **3. Abgrenzung zum Beherrschungsvertrag.** Wird dem Betriebsführer der gesamte Betrieb des Unternehmens der Eigentümergesellschaft übertragen, ist weiter problematisch, ob der Betriebsführungsvertrag als **verdeckter Beherrschungsvertrag** anzusehen ist. Die Frage stellt sich vor allem für konzerninterne Betriebsführungsverträge. Ein Betriebsführungsvertrag zwischen einer abhängigen Eigentümergesellschaft und dem herrschenden Unternehmen als Betriebsführer ist nach Ansicht einiger Autoren per se als verdeckter Beherrschungsvertrag zu werten.[172] Dem ist nicht zu folgen. Träfe diese Ansicht zu, könnte für Betriebspacht- und -überlassungsverträge schwerlich etwas anderes gelten, § 302 Abs. 2 AktG zeigt aber, dass ein Abhängigkeitsverhältnis allein die Betriebspacht oder -überlassung nicht zum Beherrschungsvertrag macht.[173] Man wird vielmehr für die Abgrenzung – ebenso wie bei Betriebspacht und -überlassung (vgl. → Rn. 41 f.) – darauf abstellen müssen, ob im konkreten Einzelfall nach dem Inhalt des Vertrages das herrschende Unternehmen Einflussmöglichkeiten wie beim Beherrschungsvertrag erhält.[174] Das ist wohl anzunehmen,

---

[168] *Huber* ZHR 152 (1988), 1 (31 f.); MüKoAktG/*Altmeppen* § 292 Rn. 148.
[169] *Priester* FS Hommelhoff, 2012, 875 (877).
[170] BAG 25.1.2018 – 8 AZR 338/16, juris Rn. 31 ff.; LAG Baden-Württemberg AG 2016, 754 (755); GroßkommAktG/*Mülbert* § 292 Rn. 151; MüKoAktG/*Altmeppen* § 292 Rn. 146; Staudinger BGB/*Annuß* § 613a Rn. 101; *U. H. Schneider* in Jahrbuch der Fachanwälte für Steuerrecht 1982/83, 387 (410); *Maser* Betriebspacht S. 113; *Zöllner* ZfA 1983, 93 ff.; *Rüthers* BB 1977, 605 (608); aA *Fabricius*, Rechtsprobleme gespaltener Arbeitsverhältnisse im Konzern, 1982, S. 49 ff.; zweifelnd *Birk* ZGR 1984, 23 (48 f.).
[171] LAG Baden-Württemberg AG 2016, 754 (755); GroßkommAktG/*Mülbert* § 292 Rn. 151; MüKoAktG/*Altmeppen* § 292 Rn. 146; *Huber* ZHR 152 (1988), 123 (148). Zu den Auswirkungen der Betriebsführung auf die Betriebsverfassung vgl. näher *U. H. Schneider* in Jahrbuch der Fachanwälte für Steuerrecht 1982/83, 387 (411 f.); *Zöllner* ZfA 1983, 93 (100 ff.); *Rüthers* BB 1977, 605 (612); *Fabricius*, Rechtsprobleme gespaltener Arbeitsverhältnisse im Konzern, 1982, S. 6 ff. Zu mitbestimmungsrechtlichen Fragen der Betriebsführung vgl. *U. H. Schneider* in Jahrbuch der Fachanwälte für Steuerrecht 1982/83, 387 (412); *Zöllner* ZfA 1983, 93 (103 ff.); *Rüthers* BB 1977, 605 ff.; *Fabricius*, Rechtsprobleme gespaltener Arbeitsverhältnisse im Konzern, 1982, S. 74 ff.
[172] So namentlich *Huber* ZHR 152 (1988), 123 (140); KölnKommAktG/*Mertens/Cahn* § 76 Rn. 58; ähnlich Geßler/Hefermehl AktG/*Geßler* § 292 Rn. 85 (in aller Regel als Beherrschungsvertrag anzusehen); vgl. auch GroßkommAktG/*Kort* § 76 Rn. 45 (Beherrschungsvertrag, wenn nicht bloß die laufende Geschäftsführung überlassen wird).
[173] GroßkommAktG/*Mülbert* § 292 Rn. 160; MüKoAktG/*Altmeppen* § 292 Rn. 168; *Winter/Theisen* AG 2011, 662 (668); *Köhn* Der Konzern 2011, 530 (536).
[174] Näher KölnKommAktG/*Koppensteiner* § 291 Rn. 40; MüKoAktG/*Altmeppen* § 292 Rn. 167 ff.; *Emmerich* in Emmerich/Habersack Aktien- und GmbH-Konzernrecht § 292 Rn. 60 ff.; Großkomm-

wenn der Vertrag den Einfluss der Eigentümergesellschaft auf die Unternehmensführung weitestgehend beseitigt (insbes. **Ausschluss des Weisungsrechts**),[175] zum Teil wird auch die Kombination von Betriebsführung und Gewinnabführung als Beherrschungsvertrag angesehen (vgl. → Rn. 59). Gleiche Grundsätze gelten für Betriebsführungsverträge, die in einem Konzern zwischen Tochtergesellschaften untereinander abgeschlossen werden.[176] Eine Vermutung, dass es sich bei einem konzerninternen Betriebsführungsvertrag um einen verdeckten Beherrschungsvertrag handele, weil das herrschende Unternehmen als Betriebsführer keine Weisungen der Tochter akzeptieren werde,[177] ist nicht gerechtfertigt.[178] Betriebsführungsverträge zwischen nicht verbundenen Gesellschaften können theoretisch ebenfalls so ausgestaltet sein, dass ihnen die Wirkung eines Beherrschungsvertrages zukommt,[179] in der Praxis ist das jedoch kaum vorstellbar.[180] Hinsichtlich der rechtlichen Behandlung eines Betriebsführungsvertrages, der als verdeckter Beherrschungsvertrag anzusehen ist, und hinsichtlich der Begründung eines qualifizierten faktischen Konzerns, gilt das Gleiche wie bei entsprechenden Betriebspacht- oder -überlassungsverträgen; vgl. → Rn. 41 ff.

4. Kombination mit anderen Unternehmensverträgen. Der gleichzeitige Abschluss 58 eines **Beherrschungsvertrags** neben einem Betriebsführungsvertrag ist zulässig[181] und in der Praxis anzutreffen.[182] Es müssen dazu neben den Wirksamkeitserfordernissen des Beherrschungsvertrags zusätzlich auch diejenigen des Betriebsführungsvertrags – nach hM also insbesondere HV-Zustimmung und Eintragung (vgl. → Rn. 49) – erfüllt sein.[183] Die Kombination hat den Vorteil, die → Rn. 57 dargelegten Abgrenzungs- und Umgehungsschwierigkeiten zu vermeiden. Problematisch sind hier – ebenso wie beim Betriebsüberlassungsvertrag – die Fragen, ob dem Umfang der Vollmacht und des Weisungsrechts des herrschenden Unternehmens Grenzen gesetzt sind und ob die Regelungen der §§ 308–310 AktG über Leitungsmacht und Verantwortlichkeit bei Bestehen eines Beherrschungsvertrages auch bei Kombination mit einem Betriebsführungsvertrag anwendbar bleiben; es gilt insoweit das Gleiche wie zur Betriebspacht und -überlassung, vgl. → Rn. 45 f. Will das herrschende Unternehmen ein Geschäft vornehmen, das der Vorstand der Eigentümergesellschaft nur mit Zustimmung seines Aufsichtsrats vornehmen dürfte, wird man nicht annehmen können, dass nun das herrschende Unternehmen als Betriebsführer die Zustimmung des Aufsichtsrats der abhängigen Gesellschaft benötige.[184]

AktG/*Mülbert* § 292 Rn. 159 ff.; Hüffer/*Koch* AktG § 292 Rn. 24; *Priester* FS Hommelhoff, 2012, 875 (885 f.); *Joachim* DZWiR 1992, 455 (457).

[175] Näher KölnKommAktG/*Koppensteiner* § 292 Rn. 37, 40; MüKoAktG/*Altmeppen* § 292 Rn. 167 ff.; GroßkommAktG/*Mülbert* § 292 Rn. 161 ff.; *Emmerich* in Emmerich/Habersack Aktien- und GmbH-Konzernrecht § 292 Rn. 60; Spindler/Stilz AktG/*Veil* § 292 Rn. 58; *Priester* FS Hommelhoff, 2012, 875 (887); *Köhn* Der Konzern 2011, 530 (535).

[176] Im Ausgangspunkt ebenso *Huber* ZHR 152 (1988), 123 (154) der allerdings auch Betriebsführungsverträge zwischen Tochtergesellschaften folgerichtig stets als Beherrschungsverträge ansieht.

[177] Gegen dieses Argument MüKoAktG/*Altmeppen* § 292 Rn. 168.

[178] Ebenso *Köhn* Der Konzern 2011, 530 (536). Vgl. auch *Emmerich* in Emmerich/Habersack Aktien- und GmbH-Konzernrecht § 292 Rn. 60.

[179] Näher MüKoAktG/*Altmeppen* § 292 Rn. 154 ff.; KölnKommAktG/*Koppensteiner* § 291 Rn. 38 f.

[180] KölnKommAktG/*Koppensteiner* § 291 Rn. 38; MüKoAktG/*Altmeppen* § 292 Rn. 155.

[181] MüKoAktG/*Altmeppen* § 292 Rn. 159 ff.; GroßkommAktG/*Mülbert* § 292 Rn. 167; Hüffer/*Koch* AktG § 292 Rn. 21; *Exner* Beherrschungsvertrag S. 128 ff.; *Huber* ZHR 152 (1988), 123 (128 ff.); aA *Veelken* Betriebsführungsvertrag S. 199 ff., 217 f.

[182] Vgl. die Übersicht bei *Maser* Betriebspacht S. 124, 126.

[183] MüKoAktG/*Altmeppen* § 292 Rn. 159; *Emmerich* in Emmerich/Habersack Aktien- und GmbH-Konzernrecht § 292 Rn. 60 ff.; Hüffer/*Koch* AktG § 292 Rn. 21; *Priester* FS Hommelhoff, 2012, 875 (887).

[184] So aber *Huber* ZHR 152 (1988), 123 (132); wie hier GroßkommAktG/*Mülbert* § 292 Rn. 168.

59 Eine Kombination von Betriebsführungsvertrag und **Eingliederung** ist rechtlich unproblematisch.[185] Die Kombination eines Betriebsführungsvertrags mit einem **Gewinnabführungsvertrag** in der Weise, dass die Eigentümergesellschaft ihren ganzen Gewinn an den Betriebsführer abzuführen hat, ist ebenfalls zulässig. Teilweise wird die Ansicht vertreten, in diesem Fall handele es sich materiell um einen (wirksamen) Beherrschungsvertrag, auf den §§ 308–310 AktG anwendbar, §§ 311 ff. AktG hingegen unanwendbar seien.[186] Besteht das Betriebsführungsentgelt in einem Teil des Gewinns der Eigentümergesellschaft, handelt es sich um eine Kombination von Betriebsführungs- und **Teilgewinnabführungsvertrag**.[187] Auf einen solchen Vertrag sind §§ 300 Nr. 2, 301 AktG anwendbar; bei Unangemessenheit der Teilgewinnabführungsverpflichtung als Entgelt für die Betriebsführung gilt § 292 Abs. 3 AktG.[188]

60 Von praktischer Bedeutung ist schließlich der sog. **Betriebsführungsauftrag:** Eine abhängige Aktiengesellschaft verpachtet den Betrieb ihres Unternehmens an das herrschende Unternehmen; dieses beauftragt die abhängige Gesellschaft mit der Betriebsführung für Rechnung des herrschenden Unternehmens. Die Frage ist in diesen Fällen, ob der Betriebspachtvertrag als verdeckter Beherrschungsvertrag oder als verdeckter Geschäftsführungsvertrag (§ 291 Abs. 1 S. 2 AktG) zu werten ist.[189]

VI. Abschluss, Änderung und Beendigung der Verträge

61 **1. Vertragsabschluss und Zustimmung der Hauptversammlung.** Es gelten die Vorschriften der §§ 293–299 AktG. Der Abschluss der Verträge bedarf also der **Schriftform** (§ 293 Abs. 3 AktG) und der Zustimmung der **Hauptversammlung der verpflichteten Gesellschaft** (§ 293 Abs. 1 AktG). Wegen der Einzelheiten vgl. → § 71 Rn. 15 und 20 ff. Der Zustimmungsfähigkeit sollte es bei einer stillen Beteiligung an der Gesellschaft (vgl. → Rn. 18) nicht entgegenstehen, wenn die genaue Beteiligungshöhe noch nicht feststeht, sondern eine Höchstgrenze festgelegt wird.[190] Zwar hat die Hauptversammlung grundsätzlich über den kompletten Vertragsinhalt zu entscheiden und steht die hM einer Ermächtigung des Vorstands zur Konkretisierung einzelner Punkte ablehnend gegenüber (vgl. → § 71 Rn. 24). Die spezielle Frage, ob dies auch für die Festlegung des genauen **Einlagebetrags bei einer stillen Beteiligung** gelten soll, wird von der hM jedoch nicht angesprochen, und der Schutzzweck des Zustimmungserfordernisses ist nicht tangiert, wenn es nur um die genaue Höhe der Beteiligung in einem von der Hauptversammlung festgelegten Rahmen geht und diese Konkretisierung vor Eintragung erfolgt ist.[191]

62 Eine Zustimmung der **Hauptversammlung des anderen Vertragsteils** ist nicht erforderlich, selbst dann nicht, wenn auch der andere Vertragsteil die Rechtsform der Aktiengesellschaft oder KGaA hat. Bei einer Gewinngemeinschaft allerdings muss die Hauptversammlung jeder beteiligten Aktiengesellschaft oder KGaA zustimmen, weil alle Gesellschaften zur ganzen oder teilweisen Vergemeinschaftung ihres Gewinns verpflichtet sind. Zur Frage der Nichtigkeit des Zustimmungsbeschlusses der Hauptversammlung zu einer

---

[185] GroßkommAktG/*Mülbert* § 292 Rn. 166; *Huber* ZHR 152 (1988), 123 (134); *Veelken* Betriebsführungsvertrag S. 208 f., 218.

[186] *Huber* ZHR 152 (1988), 123 (135 ff.); MüKoAktG/*Altmeppen* § 292 Rn. 166; KölnKommAktG/*Koppensteiner* § 292 Rn. 91; aA GroßkommAktG/*Mülbert* § 292 Rn. 169.

[187] MüKoAktG/*Altmeppen* § 292 Rn. 176; GroßkommAktG/*Mülbert* § 292 Rn. 170; *Emmerich* in Emmerich/Habersack Aktien- und GmbH-Konzernrecht § 292 Rn. 59a.

[188] KölnKommAktG/*Koppensteiner* § 292 Rn. 92; Hüffer/*Koch* AktG § 292 Rn. 29;.

[189] Näher KölnKommAktG/*Koppensteiner* § 291 Rn. 36; MüKoAktG/*Altmeppen* § 292 Rn. 100, 133; *Oesterreich* Betriebsüberlassung S. 16 ff.

[190] *Blaurock* FS Großfeld, 1999, 83 (89).

[191] Generell zur Ermächtigung des Vorstands zur Regelung unwesentlicher Detailfragen ebenso MüKoAktG/*Altmeppen* § 293 Rn. 58 ff.; nicht überzeugend demgegenüber GroßkommAktG/*Mülbert* § 293 Rn. 53 Fn. 125, der die Ansicht Altmeppens mit dem Argument ablehnt, die Einschränkung, dass der Vertragsinhalt mit Eintragungszeitpunkt nicht unklar sein dürfe, sei „nicht durchführbar".

Gewinngemeinschaft oder einem Teilgewinnabführungsvertrag, wenn der andere Vertragspartner Aktionär und die von ihm zu erbringende Gegenleistung unangemessen niedrig ist, vgl. näher → Rn. 13 u. 23.

Auch bei den Unternehmensverträgen des § 292 AktG hat der Vorstand jeder beteiligten 63 Aktiengesellschaft oder KGaA, deren Hauptversammlung dem Vertragsschluss zustimmen muss, einen ausführlichen schriftlichen **Bericht** zu erstatten, in dem der Abschluss des Unternehmensvertrages und der Vertrag im Einzelnen erläutert und begründet werden (§ 293a AktG). Vereinzelte Versuche, die Berichtspflicht des § 293a AktG auf Beherrschungs- und Gewinnabführungsverträge iSv § 291 AktG zu beschränken,[192] können nicht überzeugen und haben sich nicht durchsetzen können;[193] zur Parallelfrage hinsichtlich der Prüfungspflicht nach §§ 293b–e AktG vgl. → Rn. 64. Die vom Gesetz geforderten Angaben über Art und Höhe des Ausgleichs nach § 304 und der Abfindung nach § 305 entfallen allerdings, da bei den Unternehmensverträgen des § 292 AktG Ausgleich und Abfindung nicht geschuldet werden.

Auch für die Unternehmensverträge des § 292 AktG gelten die Vorschriften der 64 §§ 293b–e AktG über die Prüfung des Unternehmensvertrags durch sachverständige Prüfer (**Vertragsprüfer**). Zweck ist bei den Unternehmensverträgen des § 291 AktG die Prüfung der Angemessenheit von Ausgleich und Abfindung (vgl. → 71 Rn. 34). Insoweit gibt es bei den Unternehmensverträgen des § 292 AktG nichts zu prüfen. Man kann deshalb erwägen, die Prüfungspflicht auf die Verträge des § 291 AktG zu beschränken.[194] Angesichts des klaren Gesetzeswortlauts, der sich auf jeden Unternehmensvertrag bezieht, ist das jedoch schwer zu begründen,[195] jedenfalls empfiehlt es sich für die Praxis, die Prüfung durchführen zu lassen. Man kann ihr einen Sinn geben, wenn man annimmt, dass sie sich bei Gewinngemeinschaften auf die Angemessenheit des Verteilungsschlüssels und bei den übrigen Unternehmensverträgen auf die Angemessenheit der Gegenleistung zu erstrecken hat.[196] Die von § 293e Abs. 1 S. 2 vorgeschriebene Schlusserklärung über die Angemessenheit von Ausgleich und Abfindung ist bei den Unternehmensverträgen des § 292 AktG obsolet.

Für die **Vorbereitung und Durchführung** der Hauptversammlung gelten §§ 293f und 65 g AktG. Danach sind von der Einberufung der Hauptversammlung an im Geschäftsraum jeder beteiligten Aktiengesellschaft oder KGaA der Unternehmensvertrag, die Jahresabschlüsse nebst Lageberichten der vertragschließenden Unternehmen für die letzten drei Geschäftsjahre und die nach § 293a AktG erstatteten Berichte der Vorstände sowie die nach § 293e AktG erstatteten Berichte der Vertragsprüfer auszulegen und auf Verlangen jedem Aktionär unverzüglich und kostenlos in Kopie zur Verfügung zu stellen (§ 293f AktG). Diese Verpflichtungen entfallen, wenn die genannten Unterlagen ab Einberufung der

---

[192] MüKoAktG/*Altmeppen* § 293a Rn. 6 ff.; *Altmeppen* ZIP 1998, 1853 ff.; Bürgers/Körber AktG/*Schenk* § 293a Rn. 5; *Bungert* DB 1995, 1384 (1386).

[193] Vgl. nur BGH ZIP 2003, 1788 (1790) (Anwendbarkeit von § 293a AktG auf einen Teilgewinnabführungsvertrag); LG München I ZIP 2010, 522 (523) (Teilgewinnabführungsvertrag); Hüffer/*Koch* AktG § 293a Rn. 4; KölnKommAktG/*Koppensteiner* § 293a Rn. 14 f.; *Emmerich* in Emmerich/Habersack Aktien- und GmbH-Konzernrecht § 293a Rn. 8; *Neun*, Berichts- und Prüfungspflichten bei Abschluss und Änderung von Unternehmensverträgen, 2000, S. 25 f.; *Köhn* Der Konzern 2011, 530 (538) (Betriebsführungsvertrag).

[194] So MüKoAktG/*Altmeppen* § 293b Rn. 5; KölnKommAktG/*Koppensteiner* § 293b Rn. 6; Bürgers/Körber AktG/*Schenk* § 293b Rn. 2; *Bungert* DB 1995, 1384 (1386); *Neun*, Berichts- und Prüfungspflichten bei Abschluss und Änderung von Unternehmensverträgen, 2000, S. 29 ff.; *Köhn* Der Konzern 2011, 530 (538) (zum Betriebsführungsvertrag).

[195] Offen *Emmerich* in Emmerich/Habersack Aktien- und GmbH-Konzernrecht § 293b Rn. 11; Hüffer/*Koch* AktG § 293b Rn. 6; ablehnend GroßkommAktG/*Mülbert* § 293b Rn. 9; Spindler/Stilz AktG/*Veil* § 293b Rn. 2.

[196] Ähnlich GroßkommAktG/*Mülbert* § 293b Rn. 21; Spindler/Stilz AktG/*Veil* § 293b Rn. 8; *Oehlschläger* Stille Beteiligung S. 200; aA K. Schmidt/Lutter AktG/*Langenbucher* § 293b Rn. 5; Hüffer/*Koch* AktG § 293b Rn. 6; Grigoleit/*Servatius* AktG § 293b Rn. 6.

Hauptversammlung im Internet zugänglich sind (§ 293f Abs. 3 AktG). In der Hauptversammlung selbst sind die Unterlagen ebenfalls zugänglich zu machen, sei es durch Auslegung, sei es in elektronischer Form auf Monitoren (§ 293g Abs. 1 AktG). Der Vorstand hat den Unternehmensvertrag vor der Erörterung dieses Tagesordnungspunktes mündlich zu erläutern (§ 293g Abs. 2 S. 1 AktG). Das Auskunftsrecht des Aktionärs in der Hauptversammlung erstreckt sich auch auf die für den Vertragsschluss wesentlichen Angelegenheiten des anderen Vertragsteils (§ 293g Abs. 3 AktG). Dem Protokoll über die Hauptversammlung ist der Unternehmensvertrag als Anlage beizufügen (§ 293g Abs. 2 S. 2 AktG). Wegen der Einzelheiten vgl. → § 71 Rn. 44 ff.

66   Umstritten ist, ob der Vertragsschluss neben diesen formellen Erfordernissen einer besonderen **sachlichen Rechtfertigung** bedarf. Mehrheitsbeschlüsse, die einen Eingriff in die Mitgliedschaftsrechte der Minderheit zur Folge haben, müssen den Anforderungen der Angemessenheit und der Erforderlichkeit genügen, sofern nicht das Gesetz selbst die erforderliche Interessenabwägung vorgenommen hat. Ebenso wie bei Beherrschungs- und Gewinnabführungsverträgen (vgl. → § 71 Rn. 51) ist auch bei den Unternehmensverträgen des § 292 AktG anzunehmen, dass mit der Zulassung dieser Verträge angesichts der zugehörigen gesetzlichen Schutzvorschriften bereits eine ausreichende gesetzliche Interessenabwägung vorliegt.[197]

67   Verpachtet oder überlässt die Eigentümergesellschaft bei Abschluss eines Betriebspacht-, Betriebsüberlassungs- oder Betriebsführungsvertrages nicht den gesamten Betrieb ihres Unternehmens, sondern nur einzelne Betriebe oder Unternehmenssparten, finden die Regelungen der §§ 293–299 AktG keine Anwendung; vgl. → Rn. 28 u. 48. In diesem Fall kann in (seltenen) Ausnahmefällen die Zustimmung der Hauptversammlung der Eigentümergesellschaft zum Vertragsabschluss nach den vom Bundesgerichtshof in der **Holzmüller-Rechtsprechung** entwickelten Grundsätzen (vgl. dazu → § 70 Rn. 9 ff. u. 43 ff.) erforderlich sein.[198] Was nach den Grundsätzen dieser Entscheidungen für eine Ausgliederung wesentlicher Unternehmensbereiche gilt, muss auch Anwendung finden, wenn solche Unternehmensbereiche verpachtet, sonst überlassen oder einem Dritten zur Betriebsführung übergeben werden.

68   **2. Wirksamwerden der Verträge.** Die Verträge werden mit **Eintragung** ins Handelsregister wirksam. Ein Gewinngemeinschaftsvertrag wird erst wirksam, wenn er ins Handelsregister jeder beteiligten Aktiengesellschaft oder KGaA eingetragen ist.[199] Bei einem Teilgewinnabführungsvertrag ist in die Anmeldung auch die Vereinbarung über die Höhe des abzuführenden Gewinns aufzunehmen (§ 294 Abs. 1 S. 1 AktG).

69   Wird neben einem der Unternehmensverträge des § 292 AktG zugleich ein anderer Unternehmensvertrag abgeschlossen, müssen die Voraussetzungen für das Wirksamwerden beider Verträge gesondert erfüllt sein. Bei der Kombination eines Betriebsführungsvertrags mit einem Beherrschungsvertrag zum Beispiel muss die Hauptversammlung der abhängigen Gesellschaft sowohl dem Beherrschungsvertrag als auch dem Betriebsführungsvertrag zustimmen.[200] Die Hauptversammlung der herrschenden Gesellschaft muss dem Beherrschungsvertrag zustimmen. Beide Verträge müssen ins Handelsregister eingetragen werden.

70   Anders als ein Beherrschungsvertrag (vgl. → § 71 Rn. 59), aber ebenso wie ein Gewinnabführungsvertrag (vgl. → § 72 Rn. 14) können die Unternehmensverträge des § 292

---

[197] Ebenso Hüffer/*Koch* AktG § 293 Rn. 7; MüKoAktG/*Altmeppen* § 293 Rn. 51 ff.; GroßkommAktG/*Mülbert* § 293 Rn. 70, 73; *Emmerich* in Emmerich/Habersack Aktien- und GmbH-Konzernrecht § 293 Rn. 35; aA KölnKommAktG/*Koppensteiner* § 293 Rn. 63; in der Tendenz wohl auch *Lutter* ZGR 1981, 171 (180).

[198] *Priester* FS Hommelhoff, 2012, 875 (880, 888); *Fenzl* Betriebspacht-, Betriebsüberlassungs- und Betriebsführungsverträge Rn. 314 ff.

[199] MüKoAktG/*Altmeppen* § 294 Rn. 14, 41; GroßkommAktG/*Mülbert* § 294 Rn. 62; Hüffer/*Koch* AktG § 294 Rn. 17.

[200] Hüffer/*Koch* AktG § 292 Rn. 21; KölnKommAktG/*Koppensteiner* § 292 Rn. 87 f.

AktG mit **Rückwirkung** abgeschlossen werden.[201] Dabei stellt sich ebenso wie für Gewinnabführungsverträge die Frage, ob die Rückwirkung nur bis zum Beginn des laufenden Geschäftsjahres möglich ist oder auch auf das abgelaufene Geschäftsjahr erstreckt werden kann, sofern der Jahresabschluss für dieses Geschäftsjahr noch nicht festgestellt ist; vgl. dazu → § 72 Rn. 14.

Wird ein wegen Mängeln des Vertrages oder Mängeln der erforderlichen Zustimmungs- 71 beschlüsse **fehlerhafter Unternehmensvertrag** ins Handelsregister eingetragen, stellt sich die Frage, ob er rückabzuwickeln oder für die Vergangenheit nach den Grundsätzen über die fehlerhafte Gesellschaft als wirksam anzusehen ist. Anders als bei fehlerhaften Beherrschungs- und Gewinnabführungsverträgen (vgl. dazu näher → § 71 Rn. 13 u. 55) sind nach hM fehlerhafte Betriebspacht-, Betriebsüberlassungs- und Betriebsführungsverträge wegen ihres reinen Austauschcharakters rückabzuwickeln,[202] während auf fehlerhafte Gewinngemeinschaften als GbR zumeist die Regeln der fehlerhaften Gesellschaft angewendet werden.[203] Fehlerhafte Teilgewinnabführungsverträge sind im Grundsatz ebenfalls rückabzuwickeln;[204] die Regeln über die fehlerhafte Gesellschaft greifen jedoch nach der Rechtsprechung ein, wenn es sich um eine stille Gesellschaft als Teilgewinnabführungsvertrag (vgl. → Rn. 18) handelt.[205]

3. Vertragsänderung. Für eine Änderung der Unternehmensverträge des § 292 AktG gilt 72 § 295 Abs. 1 AktG. Auch für die Vertragsänderung ist also die **Schriftform** (§ 293 Abs. 2 AktG), die Zustimmung der Hauptversammlung der verpflichteten Gesellschaft (§§ 293 Abs. 1, 293a–g AktG) und die **Eintragung** ins Handelsregister (§ 294 AktG) erforderlich. Vgl. dazu näher → § 71 Rn. 183 ff.

Ein **Sonderbeschluss** außenstehender Aktionäre nach § 295 Abs. 2 AktG ist in aller 73 Regel nicht erforderlich, weil bei den Verträgen des § 292 AktG den außenstehenden Aktionären nicht die Leistung eines Ausgleichs zugesagt werden muss. Ist eine solche Zusage allerdings freiwillig gemacht, ist eine Änderung nicht ohne einen zustimmenden Sonderbeschluss der außenstehenden Aktionäre möglich.[206]

Eine Änderung in einen **anderen Vertragstyp** (zB Erstreckung eines Teilgewinnabfüh- 74 rungsvertrags auf den Gesamtgewinn) ist nicht im Wege der Vertragsänderung nach § 295 AktG möglich, sondern setzt eine Beendigung des alten und einen Neuabschluss des neuen Vertrages voraus.[207]

---

[201] KölnKommAktG/*Koppensteiner* § 294 Rn. 33; MüKoAktG/*Altmeppen* § 294 Rn. 66; *Emmerich* in Emmerich/Habersack Aktien- und GmbH-Konzernrecht § 294 Rn. 29; Hüffer/*Koch* AktG § 294 Rn. 20.
[202] MüKoAktG/*Altmeppen* § 292 Rn. 130; KölnKommAktG/*Koppensteiner* § 297 Rn. 59; GroßkommAktG/*Mülbert* § 292 Rn. 149; K. Schmidt/Lutter AktG/*Langenbucher* § 293 Rn. 47.
[203] Hüffer/*Koch* AktG § 292 Rn. 11; KölnKommAktG/*Koppensteiner* § 297 Rn. 57; K. Schmidt/Lutter AktG/*Langenbucher* § 293 Rn. 47; *Emmerich* in Emmerich/Habersack Aktien- und GmbH-Konzernrecht § 293 Rn. 20; aA MüKoAktG/*Altmeppen* § 292 Rn. 40 f.; GroßkommAktG/*Mülbert* § 293 Rn. 172 f.
[204] Hüffer/*Koch* AktG § 292 Rn. 16; KölnKommAktG/*Koppensteiner* § 297 Rn. 58.
[205] Näher BGH ZIP 2005, 753 (755 ff.); KölnKommAktG/*Koppensteiner* § 297 Rn. 58 mit umfangreichen Nachweisen in Fn. 185; *Oehlschläger* Stille Beteiligung an einer Aktiengesellschaft S. 229 ff.; *Armbrüster/Joos* ZIP 2004, 189 (194); kritisch MüKoAktG/*Altmeppen* § 292 Rn. 89; GroßkommAktG/*Mülbert* § 292 Rn. 172 f.; *Emmerich* in Emmerich/Habersack Aktien- und GmbH-Konzernrecht § 292 Rn. 29g; differenzierend Spindler/Stilz AktG/*Veil* § 292 Rn. 27 ff.
[206] MüKoAktG/*Altmeppen* § 295 Rn. 29; *Emmerich* in Emmerich/Habersack Aktien- und GmbH-Konzernrecht § 295 Rn. 25; KölnKommAktG/*Koppensteiner* § 295 Rn. 30.
[207] BayObLG ZIP 2002, 127 (128); OLG Frankfurt a. M. AG 2005, 353 (354); MüKoAktG/*Altmeppen* § 295 Rn. 7 f.; Hüffer/*Koch* AktG § 295 Rn. 7; Spindler/Stilz AktG/*Veil* § 295 Rn. 10; K. Schmidt/Lutter AktG/*Langenbucher* § 295 Rn. 15; aA KölnKommAktG/*Koppensteiner* § 295 Rn. 18; *Emmerich* in Emmerich/Habersack Aktien- und GmbH-Konzernrecht § 295 Rn. 12; GroßkommAktG/*Mülbert* § 295 Rn. 15.

75 **4. Vertragsbeendigung.** Es gelten die **§§ 296–299 AktG.** Hinsichtlich der Beendigungsgründe, der Anmeldung und Eintragung der Vertragsbeendigung und des Ausschlusses von Weisungen über eine Aufrechterhaltung oder Beendigung des Vertrages kann daher, soweit sich nicht aus dem folgenden etwas anderes ergibt, auf das zum Beherrschungsvertrag Gesagte (→ § 71 Rn. 195 ff.) verwiesen werden.

76 Auch die Unternehmensverträge des § 292 AktG enden durch **Zeitablauf, Aufhebung** und ordentliche oder außerordentliche **Kündigung.** Für den Zeitpunkt der Aufhebung gilt § 296 Abs. 1 AktG.[208] Die Aufhebung und die ordentliche Kündigung bedürfen normalerweise nicht der Zustimmung außenstehender Aktionäre nach §§ 296 Abs. 2, 297 Abs. 2 AktG, da die Verträge des § 292 AktG weder Ausgleich noch Abfindung vorsehen müssen; ist ein Ausgleich oder eine Abfindung allerdings freiwillig zugesagt, so ist auch für eine Aufhebung oder eine ordentliche Kündigung ein Sonderbeschluss der außenstehenden Aktionäre nötig.[209]

77 Anders als bei Beherrschungs- und Gewinnabführungsverträgen kommt bei den Verträgen des § 292 AktG auch ohne besondere Zulassung im Vertrag eine **ordentliche Kündigung** nach den anwendbaren Regelungen des BGB in Frage, bei Gewinngemeinschaften also zB nach § 723 BGB, bei Betriebspacht und -überlassung nach §§ 594a ff. BGB, bei einem unentgeltlichen Betriebsführungsvertrag nach § 671 BGB und bei einem entgeltlichen Betriebsführungsvertrag nach §§ 675, 621 BGB.[210]

78 Vereinzelt wird die Ansicht vertreten, bei einem Betriebsführungsvertrag ohne Weisungsrecht der Eigentümergesellschaft bestehe ein zwingendes Recht zur jederzeitigen freien Kündigung, ein Ausschluss dieses freien Kündigungsrechts sei unwirksam.[211] Tatsächlich wäre ein Betriebsführungsvertrag ohne Weisungsrecht der Eigentümergesellschaft jedoch als verdeckter Beherrschungsvertrag anzusehen (vgl. → Rn. 54).

79 Die Ausübung eines gesetzlichen **Rücktrittsrechts** und die Einräumung eines vertraglichen Rücktrittsrechts wird bei den Unternehmensverträgen des § 292 AktG in etwas weitergehendem Umfang zugelassen als bei Beherrschungs- und Gewinnabführungsverträgen (dazu → § 71 Rn. 206). Bei Gewinngemeinschafts- und Teilgewinnabführungsverträgen ist ein Rücktritt solange nicht ausgeschlossen als die erste Abrechnungsperiode noch nicht beendet ist; bei Betriebspacht-, Betriebsüberlassungs- und Betriebsführungsverträgen kann man die Ausübung eines Rücktrittsrechts solange akzeptieren, wie der andere Vertragspartner die Führung der Betriebe noch nicht übernommen hat.[212]

80 Das Schicksal der Unternehmensverträge des § 292 AktG bei Auflösung, Umwandlung und Eingliederung ist wenig untersucht und in der Praxis anscheinend von geringer Bedeutung. Man wird annehmen können, dass die **Auflösung,** insbesondere die **Insolvenz,** eines der Vertragspartner Gewinngemeinschaften und Teilgewinnabführungsverträge beendet, während Betriebspacht-, Betriebsüberlassungs- und Betriebsführungsverträge nicht automatisch enden, wohl aber aus wichtigem Grund gekündigt werden können.[213] **Verschmelzung, Abspaltung** und **Ausgliederung** von Vermögensteilen sowie ein **Formwechsel** auf der Ebene des einen oder anderen Vertragsteils berühren den Unternehmensvertrag grundsätzlich nicht, können allerdings im Einzelfall zur Kündigung aus

---

[208] OLG Zweibrücken ZIP 2014, 1020 (1022); MüKoAktG/*Altmeppen* § 296 Rn. 22 f.
[209] Vgl. die Nachw. oben Fn. 206.
[210] KölnKommAktG/*Koppensteiner* § 297 Rn. 9; MüKoAktG/*Altmeppen* § 297 Rn. 72; Hüffer/*Koch* AktG § 297 Rn. 14.
[211] So *Huber* ZHR 152 (1988), 1 (27 f.).
[212] Näher KölnKommAktG/*Koppensteiner* § 297 Rn. 33; vgl. auch MüKoAktG/*Altmeppen* § 297 Rn. 98 f.; *Emmerich* in Emmerich/Habersack Aktien- und GmbH-Konzernrecht § 297 Rn. 32; GroßkommAktG/*Mülbert* § 297 Rn. 102; Hüffer/*Koch* AktG § 297 Rn. 23.
[213] MüKoAktG/*Altmeppen* § 297 Rn. 114, 123; differenzierend *Emmerich* in Emmerich/Habersack Aktien- und GmbH-Konzernrecht § 297 Rn. 51, 52b; GroßkommAktG/*Mülbert* § 297 Rn. 138, 142; enger Spindler/Stilz AktG/*Veil* § 297 Rn. 39, der auch Pacht- und Überlassungsverträge bei Insolvenz eines Vertragspartners enden lassen will.

wichtigem Grund berechtigen.²¹⁴ In Sonderfällen kann etwas anderes gelten, zB endet der Vertrag bei Verschmelzung der einen auf die andere Partei;²¹⁵ überdies kann die Umstrukturierung zur Folge haben, dass der Vertrag seinen Rechtscharakter ändert, weil zB der Betriebspachtvertrag nach Verschmelzung der verpflichteten Gesellschaft nicht mehr das gesamte Unternehmen erfasst. Nicht vollständig geklärt sind hingegen die Folgen der **Aufspaltung** eines Vertragspartners (Erlöschen des Vertrags oder Möglichkeit der Zuordnung zu einem der Rechtsnachfolger)²¹⁶ sowie die Frage, ob auch der Vertrag als solcher Gegenstand einer Auf- oder Abspaltung sein kann.²¹⁷ Die **Eingliederung** eines der Vertragspartner lässt die Unternehmensverträge des § 292 AktG unberührt.²¹⁸

Mit dem Vertrag enden die beiderseitigen **Rechte und Pflichten.** Die verpachteten bzw. überlassenen Betriebe sind zurückzugeben, etwa vertraglich vorgesehene Abwicklungspflichten sind zu erfüllen, Pachtzins und Betriebsführungsentgelt sind zeitanteilig zu leisten.²¹⁹ Ob bei Gewinngemeinschaften und Teilgewinnabführungsverträgen im Falle einer Vertragsbeendigung für das laufende Geschäftsjahr keine Leistungen mehr geschuldet werden oder ob auf den Beendigungsstichtag abzurechnen ist, ist eine Frage der Vertragsauslegung.²²⁰ Gläubiger der Gesellschaft haben bei Beendigung eines Vertrags nach § 292 AktG keinen Anspruch auf Sicherheitsleistung nach Maßgabe von § 303 AktG. 81

VII. Steuerliche Wirkungen anderer Unternehmensverträge

Andere Unternehmensverträge im Sinne von § 291 und § 292 AktG sind **nicht geeignet,** eine **steuerliche Organschaft** zu begründen. Dies gelingt nach Maßgabe von § 14 Abs. 1 KStG ausschließlich durch den Abschluss eines Gewinnabführungsvertrags; vgl. dazu → § 72 Rn. 39 ff. Auch ein Teilgewinnabführungsvertrag ist für die Begründung einer steuerlichen Organschaft ungeeignet, da er nicht dazu verpflichtet, den gesamten sonst entstehenden Jahresüberschuss an den Organträger abzuführen.²²¹ Die Beteiligung an einer Gewinngemeinschaft iSv § 292 Abs. 1 Nr. 1 AktG kann zu einer steuerlichen Mitunternehmerschaft führen. ²²² 82

Werden auf der Grundlage anderer gesellschaftsrechtlicher Unternehmensverträge Leistungen eines Rechtsträgers an einen anderen erbracht, sind diese zwar nicht Gegenstand der Einkommenszuordnung unter einer Organschaft, sie sind jedoch nach den allgemeinen steuerrechtlichen Vorschriften einzuordnen. Zur Beurteilung kommen einerseits die Grundsätze über die Behandlung einer sog. verunglückten Organschaft (→ § 72 Rn. 71) in 83

---

²¹⁴ BGH ZIP 2019, 1857 Rn. 28 ff. (Fortbestand eines Teilgewinnabführungsvertrag bei Formwechsel der abführungspflichtigen GmbH in AG); KölnKommAktG/*Koppensteiner* § 297 Rn. 36; *Emmerich* in Emmerich/Habersack Aktien- und GmbH-Konzernrecht § 297 Rn. 40 f., 43 ff.; MüKoAktG/*Altmeppen* § 297 Rn. 125 ff.; GroßkommAktG/*Mülbert* § 297 Rn. 112 ff., 115 ff., 128 f.

²¹⁵ *Emmerich* in Emmerich/Habersack Aktien- und GmbH-Konzernrecht § 297 Rn. 38.

²¹⁶ Vgl. dazu etwa MüKoAktG/*Altmeppen* § 297 Rn. 127 ff.; Spindler/Stilz AktG/*Veil* § 297 Rn. 43, 46; GroßkommAktG/*Mülbert* § 297 Rn. 120, 127; K. Schmidt/Lutter AktG/*Langenbucher* § 297 Rn. 34.

²¹⁷ Dies bejahend etwa K. Schmidt/Lutter AktG/*Langenbucher* § 297 Rn. 34; Spindler/Stilz AktG/*Veil* § 297 Rn. 47; *Gutheil* Auswirkungen S. 239 ff.; *Heidenhain* NJW 1995, 2873 (2877); skeptisch anscheinend MüKoAktG/*Altmeppen* § 297 Rn. 136; ablehnend GroßkommAktG/*Mülbert* § 297 Rn. 124.

²¹⁸ KölnKommAktG/*Koppensteiner* § 297 Rn. 41; *Emmerich* in Emmerich/Habersack Aktien- und GmbH-Konzernrecht § 297 Rn. 35 f.; MüKoAktG/*Altmeppen* § 297 Rn. 140, 142.

²¹⁹ GroßkommAktG/*Mülbert* § 297 Rn. 145; KölnKommAktG/*Koppensteiner* § 297 Rn. 62.

²²⁰ GroßkommAktG/*Mülbert* § 297 Rn. 145; KölnKommAktG/*Koppensteiner* § 297 Rn. 62, der die Beendigung im Zweifel auf den zuletzt abgelaufenen Abrechnungszeitraum rückbeziehen will.

²²¹ *Neumayer* in Centrale für GmbH GmbH-Handbuch Rn. 5890; *Beinert/Nees* in Prinz/Witt, Steuerliche Organschaft, Rn. 2.23 f.

²²² BFH BStBl. II 2018 S. 33.

§ 74   12. Kapitel. Konzernrecht des Aktiengesetzes

Betracht, andererseits können Leistungsbeziehungen zwischen verbundenen Unternehmen nach allgemeinen Grundsätzen über den Leistungsaustausch im Konzern zu behandeln sein.

§ 74 Eingliederung

Übersicht

	Rn.		Rn.
I. Allgemeines	1–5	2. Haftung der Hauptgesellschaft	45–47
II. Eingliederung einer 100 %-igen Tochtergesellschaft nach § 319 AktG	6–22	a) Allgemeines	45
		b) Inhalt der Haftung	46
1. Überblick	6	c) Einwendungen	47
2. Erforderliche Kapitalbeteiligung	7, 8	V. Wirkung der Eingliederung	48–60
3. Eingliederungsbeschluss der einzugliedernden Gesellschaft	9, 10	1. Leitungsmacht und Verantwortlichkeit	48–54
4. Zustimmungsbeschluss der Hauptgesellschaft	11–15	a) Weisungsrecht der Hauptgesellschaft	48–50
5. Eintragung ins Handelsregister	16–22	b) Folgepflicht der eingegliederten Gesellschaft	51, 52
a) Anmeldung, Eintragung und Wirksamwerden	16, 17	c) Verantwortlichkeit	53
b) Negativerklärung, Registersperre und Freigabeverfahren	18–22	d) Unanwendbarkeit der §§ 311 ff. AktG	54
III. Eingliederung durch Mehrheitsbeschluss nach § 320 AktG	23–43	2. Vermögenszugriff und Verlustausgleichspflicht der Hauptgesellschaft	55–58
1. Überblick	23	a) Befreiung von der Vermögensbindung	55
2. Erforderliche Kapitalbeteiligung	24	b) Befreiung von gesetzlichen Rücklagen	56
3. Eingliederungsbericht des Vorstands	25	c) Gewinnabführungsverträge uä	57
4. Eingliederungsprüfung	26–28	d) Verlustausgleichspflicht	58
5. Eingliederungsbeschluss der einzugliedernden Gesellschaft	29–32	3. Rechte und Pflichten des Aufsichtsrats	59
6. Zustimmungsbeschluss der Hauptgesellschaft	33	4. Auskunftsrecht der Aktionäre der Hauptgesellschaft	60
7. Eintragung und Wirksamwerden	34	VI. Beendigung der Eingliederung	61–68
8. Abfindung der ausgeschiedenen Aktionäre	35–40	1. Beendigungsgründe	61–66
9. Gerichtliche Festsetzung der Abfindung	41–43	2. Folgen der Beendigung	67, 68
IV. Gläubigerschutz	44–47	VII. Steuerliche Behandlung der Eingliederung	69–71
1. Sicherheitsleistung	44		

Schrifttum: *Aubel/Weber,* Ausgewählte Probleme bei Eingliederung und Squeeze-Out während eines laufenden Spruchverfahrens, WM 2004, 857; *Bülow,* Einrede der Aufrechenbarkeit für Personengesellschafter, Bürgen und Hauptgesellschaft im Eingliederungskonzern, ZGR 1988, 192; *Frisinger,* Wahlrechte bei der Abfindung nach §§ 320 Abs. 5 AktG, 15 Abs. 1 UmwG und Beendigung des Schwebezustandes, BB 1972, 819; *Geßler,* Die Haftung der Hauptgesellschaft bei der Eingliederung (§ 322 AktG), ZGR 1978, 251; *Hommelhoff,* Die Konzernleitungspflicht, 1982; *Kamprad/Römer,* Die Abfindung der außenstehenden Aktionäre bei der Eingliederung durch Mehrheitsbeschluss nach § 320 AktG, AG 1990, 486; *Timm/Schick,* Die Auswirkungen der routinemäßigen Geltendmachung der Abfindung durch die Depotbanken auf die Rechte der außenstehenden Aktionäre bei der Mehrheitseingliederung, WM 1994, 185; *Kley/Lehmann,* Probleme der Eingliederungshaftung, Betrieb 1972, 1421; *Martens,* Die rechtliche Behandlung von Options- und Wandlungsrechten anlässlich der Eingliederung der verpflichteten Gesellschaft, AG 1992, 209; *Rehbinder,* Gesellschaftsrechtliche Probleme mehrstufiger Unternehmensverbindungen, ZGR 1977, 581; *Sonnenschein,* Die Eingliederung im mehrstufigen Konzern, BB 1975, 1088; *Timm,* Die Aktiengesellschaft als Konzernspitze, 1980; *Weißhaupt/Özdemir,* Gutglaubenserwerb von (Inhaber-)Aktien nach Squeeze Out, ZIP 2007, 2110; *Ziemons,* Options- und Wandlungsrechte bei Squeeze Out und Eingliederung, FS K. Schmidt, 2009, S. 1777.

I. Allgemeines

Die Eingliederung ist die intensivste Form der Konzerneinbeziehung einer Gesellschaft. **1** In ihren Wirkungen steht sie zwischen Beherrschungsvertrag und Verschmelzung. Im **Vergleich zum Beherrschungsvertrag** erlaubt die Eingliederung in noch weitergehendem Umfang Weisungen gegenüber der eingegliederten Gesellschaft (vgl. → Rn. 48 ff.) und einen Zugriff auf deren Vermögen (vgl. → Rn. 55 ff.). Überdies scheiden etwaige außenstehende Aktionäre der eingegliederten Gesellschaft durch die Eingliederung automatisch gegen Abfindung aus (vgl. → Rn. 35 ff.). Den erweiterten Einwirkungsmöglichkeiten steht ein erweiterter Gläubigerschutz gegenüber: Die Hauptgesellschaft hat nicht nur etwaige Verluste der eingegliederten Gesellschaft auszugleichen, sondern haftet für sämtliche Verbindlichkeiten der eingegliederten Gesellschaft als Gesamtschuldnerin mit (vgl. → Rn. 45 ff., 58). Der wesentliche **Unterschied zur Verschmelzung** liegt darin, dass die eingegliederte Gesellschaft als rechtlich selbständige Gesellschaft erhalten bleibt.

Praktische Bedeutung erhielt die Eingliederung in der Vergangenheit fast ausschließ- **2** lich daraus, dass sie – sieht man von der in der Unternehmenspraxis entwickelten Gestaltung der übertragenden Auflösung ab (vgl. → § 75 Rn. 11) – die einzige Möglichkeit des Ausschlusses von Minderheitsaktionären darstellte. Sie kam allerdings dafür häufig nicht in Betracht, weil sie eine inländische Hauptgesellschaft in der Rechtsform der AG voraussetzt (→ Rn. 3) und kein bloßes Barabfindungsangebot gestattet, sondern in jedem Fall (auch) Aktien der Hauptgesellschaft als Abfindung anzubieten sind (→ Rn. 36). Seit Einführung des Squeeze Out (§§ 327a ff. AktG) im Jahre 2002 ist die Eingliederung für die Praxis nahezu bedeutungslos.

Eine Eingliederung ist nur zwischen Aktiengesellschaften möglich. Beide Gesellschaften **3** müssen die **Rechtsform** der Aktiengesellschaft besitzen. Gleichgestellt ist die SE,[1] hingegen ist die Rechtsform der KGaA nach hM nicht ausreichend.[2] Außerdem müssen sowohl die Hauptgesellschaft als auch die einzugliedernde Gesellschaft ihren satzungsmäßigen **Sitz im Inland** haben, der tatsächliche Verwaltungssitz kann hingegen im Ausland liegen.[3] Die heute hM hält das jedoch für nicht mit der EU-Niederlassungsfreiheit vereinbar und lässt daher auch die Eingliederung einer inländischen AG in eine ausländische EU-AG als Hauptgesellschaft,[4] vereinzelt auch die Eingliederung einer ausländischen EU-AG in eine deutsche Hauptgesellschaft[5] zu, sofern das ausländische Gesellschaftsrecht nicht entgegensteht.

Das Gesetz regelt zwei Formen der Eingliederung: die Eingliederung einer **100 %-igen** **4** Tochtergesellschaft (§ 319 AktG, vgl. → Rn. 6 ff.) und die Eingliederung einer mindestens **95 %-igen Tochtergesellschaft** (§ 320 AktG, vgl. → Rn. 23 ff.). Bei einer niedrigeren Beteiligung als 95 % ist eine Eingliederung nicht möglich. Die Eingliederung erfolgt durch einen entsprechenden Eingliederungsbeschluss der Hauptversammlung der einzugliedernden Gesellschaft, dem die Hauptversammlung der Hauptgesellschaft zustimmen muss; die Eingliederung wird mit Eintragung in das Handelsregister der einzugliedernden Gesellschaft wirksam (vgl. dazu → Rn. 17, 34). Ein Eingliederungsvertrag ist – anders als bei einer Verschmelzung – nicht erforderlich.[6]

---

[1] *Habersack* in Emmerich/Habersack Aktien- und GmbH-Konzernrecht § 319 Rn. 5; MüKoAktG/ *Grunewald* § 319 Rn. 6; Hüffer/*Koch* AktG § 319 Rn. 4.
[2] KölnKommAktG/*Koppensteiner* Vorb. § 319 Rn. 10 f.; MüKoAktG/*Grunewald* § 319 Rn. 5; Hüffer/*Koch* AktG § 319 Rn. 4; aA *Habersack* in Emmerich/Habersack Aktien- und GmbH-Konzernrecht § 319 Rn. 6.
[3] MüKoAktG/*Grunewald* § 319 Rn. 4; Hüffer/*Koch* AktG § 319 Rn. 4a; *Habersack* in Emmerich/ Habersack § 319 Rn. 7.
[4] *Habersack* in Emmerich/Habersack Aktien- und GmbH-Konzernrecht § 319 Rn. 7; MüKoAktG/ *Grunewald* § 319 Rn. 7; Hüffer/*Koch* AktG § 319 Rn. 4a; aA Grigoleit AktG/*Grigoleit/Rachlitz* § 319 Rn. 5.
[5] MüKoAktG/*Grunewald* § 319 Rn. 11.
[6] Zu den Gründen dafür näher KölnKommAktG/*Koppensteiner* Vorb. § 319 Rn. 18.

5   Die Eingliederung begründet – sofern die eingegliederte Gesellschaft nicht schon vorher abhängig ist – ein Abhängigkeitsverhältnis im Sinne von § 17 AktG und die unwiderlegliche Vermutung, dass zwischen den beiden Gesellschaften ein **Konzern** besteht (§ 18 Abs. 1 S. 1 u. 2 AktG). Es sind deshalb mit Ausnahme der §§ 311 ff. AktG (vgl. → Rn. 54) auf die beiden Gesellschaften sämtliche aktienrechtlichen Vorschriften über verbundene Unternehmen (§ 15 AktG), abhängige und herrschende Unternehmen (§ 17 AktG) und Konzernunternehmen (§ 18 AktG) anwendbar. Bestand zwischen den beteiligten Gesellschaften bereits ein Beherrschungsvertrag, endet dieser mit dem Wirksamwerden der Eingliederung (vgl. → § 71 Rn. 217), ein Gewinnabführungsvertrag zwischen den beteiligten Gesellschaften bleibt hingegen bestehen (vgl. → § 72 Rn. 21); zum Schicksal anderer Unternehmensverträge vgl. → § 73 Rn. 80.

II. Eingliederung einer 100 %-igen Tochtergesellschaft nach § 319 AktG

6   **1. Überblick.** Die Eingliederung einer Gesellschaft nach den Regeln des § 319 AktG setzt voraus, dass sich alle Aktien der einzugliedernden Gesellschaft in der Hand der zukünftigen Hauptgesellschaft befinden. Sie erfordert einen Eingliederungsbeschluss der einzugliedernden Gesellschaft, einen Zustimmungsbeschluss der Hauptgesellschaft und die Eintragung ins Handelsregister. Bei beiden Gesellschaften muss es sich um Aktiengesellschaften mit Sitz im Inland handeln; vgl. → Rn. 4.

7   **2. Erforderliche Kapitalbeteiligung. Sämtliche vorhandenen Aktien** müssen sich in der Hand der zukünftigen Hauptgesellschaft befinden. Fehlt es daran, ist der Eingliederungsbeschluss (→ Rn. 9) gem. § 241 Nr. 3 AktG nichtig; eine Heilung nach § 242 AktG kommt nicht in Betracht.[7] Eigene Aktien der Gesellschaft werden – anders als nach §§ 16 Abs. 2 S. 2, 320 Abs. 1 AktG – nicht abgesetzt.[8] Aktien, die einem abhängigen Unternehmen gehören, werden – anders als nach § 16 Abs. 4 AktG – nicht zugerechnet.[9] Solange die Hauptgesellschaft nicht sämtliche existierenden Aktien der einzugliedernden Gesellschaft selbst unmittelbar hält, scheidet eine Eingliederung nach § 319 AktG also aus.

8   Die Hauptgesellschaft muss **dingliche Rechtsinhaberin** aller Aktien sein. Das ist auch der Fall, wenn die Hauptgesellschaft nur Sicherungseigentum hat oder wenn die Aktien verkauft, aber noch nicht dinglich übereignet sind. Eine Eingliederung ist in solchen Fällen deshalb möglich,[10] mag sie auch je nach den Umständen des Einzelfalls gegen die schuldrechtliche Sicherungsabrede oder den Kaufvertrag verstoßen.

9   **3. Eingliederungsbeschluss der einzugliedernden Gesellschaft.** Die Eingliederung erfolgt durch einen entsprechenden Beschluss der einzugliedernden Gesellschaft (§ 319 Abs. 1 S. 1 AktG),[11] der auf Eingliederung der Gesellschaft in ihrer Gesamtheit gerichtet sein muss; eine nur teilweise Eingliederung ist nicht möglich, ein entsprechender Beschluss wäre nichtig.[12] **Inhaltlich** braucht der Eingliederungsbeschluss nicht weiter ausgestaltet zu werden. Eine in der Literatur vertretene Ansicht, jeder Eingliederungsbeschluss müsse Bestimmungen über die Organisationsstruktur des Konzernverbundes enthalten, zumindest

---

[7] *Habersack* in Emmerich/Habersack Aktien- und GmbH-Konzernrecht § 319 Rn. 9; Hüffer/*Koch* AktG § 319 Rn. 4b; Spindler/Stilz AktG/*Singhof* § 319 Rn. 5; MüKoAktG/*Grunewald* § 319 Rn. 17.

[8] KölnKommAktG/*Koppensteiner* Vorb. § 319 Rn. 16; *Habersack:* in Emmerich/Habersack Aktien- und GmbH-Konzernrecht § 319 Rn. 8; MüKoAktG/*Grunewald* § 319 Rn. 12; Hüffer/*Koch* AktG § 319 Rn. 4b.

[9] KölnKommAktG/*Koppensteiner* Vorb. § 319 Rn. 14; *Habersack* in Emmerich/Habersack Aktien- und GmbH-Konzernrecht § 319 Rn. 8; MüKoAktG/Grunewald § 319 Rn. 12; Hüffer/*Koch* AktG § 319 Rn. 4b.

[10] MüKoAktG/*Grunewald* § 319 Rn. 13; *Habersack* in Emmerich/Habersack Aktien- und GmbH-Konzernrecht § 319 Rn. 8; KölnKommAktG/*Koppensteiner* Vorb. § 319 Rn. 15.

[11] Muster bei Happ AktienR Bd. II/*Groß* Form 21.04.

[12] KölnKommAktG/*Koppensteiner* § 319 Rn. 4; *Habersack* in *Emmerich/Habersack* Aktien- und GmbH-Konzernrecht § 319 Rn. 12.

über die konzerninterne Aufgabenaufteilung und über den Denzentralisierungsgrad, hat sich nicht durchgesetzt.[13]

Da die Hauptgesellschaft Alleinaktionärin der einzugliedernden Gesellschaft ist, handelt 10 es sich bei dem Beschluss nur um eine **Formalie,** für die das Gesetz weder besondere Mehrheitserfordernisse (der Beschluss erfolgt immer einstimmig), noch besondere Anforderungen an die Einberufung und Bekanntmachung der Tagesordnung aufstellen musste. Es gelten die allgemeinen Vorschriften über Hauptversammlungsbeschlüsse, wobei Verstöße gegen Einberufungsvoraussetzungen unschädlich sind (§ 121 Abs. 6 AktG); wenn die Aktien nicht börsennotiert sind, bedarf es keiner notariellen Beurkundung, sondern reicht eine vom Vorsitzenden des Aufsichtsrats unterzeichnete Niederschrift (§ 130 Abs. 1 S. 3 AktG). Die Bestimmungen des Gesetzes und der Satzung über Satzungsänderungen sind nicht anwendbar (§ 319 Abs. 1 S. 2 AktG).

4. Zustimmungsbeschluss der Hauptgesellschaft. Der Beschluss über die Einglie- 11 derung wird nur wirksam, wenn die Hauptversammlung der zukünftigen Hauptgesellschaft zustimmt (§ 319 Abs. 2 S. 1 AktG).[14] In welcher Reihenfolge der Eingliederungsbeschluss der einzugliedernden Gesellschaft und der Zustimmungsbeschluss der künftigen Hauptgesellschaft gefasst werden, ist gleichgültig; der **Zustimmungsbeschluss** kann dem Eingliederungsbeschluss vorangehen oder nachfolgen.[15] Der Zustimmungsbeschluss bedarf einer Mehrheit von mindestens drei Vierteln des bei der Beschlussfassung vertretenen Grundkapitals, die Satzung kann eine größere Kapitalmehrheit und weitere Erfordernisse bestimmen; Bestimmungen des Gesetzes und der Satzung über Satzungsänderungen sind nicht anzuwenden (§ 319 Abs. 2 S. 2–4 AktG). Es gelten insoweit die gleichen Grundsätze wie bei dem Beschluss der Hauptversammlung der Obergesellschaft über die Zustimmung zu einem Unternehmensvertrag; vgl. dazu → § 71 Rn. 50.

Von der Einberufung der Hauptversammlung der künftigen Hauptgesellschaft an, die 12 über die Zustimmung zur Eingliederung beschließen soll, sind in den Geschäftsräumen dieser Gesellschaft folgende **Unterlagen auszulegen** (§ 319 Abs. 3 S. 1 AktG):

– der Entwurf des Eingliederungsbeschlusses,
– die Jahresabschlüsse und die Lageberichte der beteiligten Gesellschaften für die letzten drei Geschäftsjahre,
– ein ausführlicher schriftlicher Bericht des Vorstandes der zukünftigen Hauptgesellschaft, in dem die Eingliederung rechtlich und wirtschaftlich erläutert und begründet wird (Eingliederungsbericht).

Auf Verlangen ist jedem Aktionär unverzüglich und kostenlos eine Abschrift dieser Unterlagen zu erteilen (§ 319 Abs. 3 S. 2 AktG). In der Hauptversammlung selbst sind sie ebenfalls auszulegen (§ 319 Abs. 3 S. 3 AktG). Die Vorschrift ist den §§ 293f, 293g Abs. 1 AktG über die Zustimmung der Hauptversammlung zum Abschluss eines Unternehmensvertrages nachgebildet. Vgl. daher zunächst → § 71 Rn. 44 ff. Eine **Eingliederungsprüfung** ist hingegen in den Fällen der Eingliederung einer 100%igen Tochter nach § 319 AktG nicht vorgesehen; eine solche findet nur bei einer Eingliederung durch Mehrheitsbeschluss nach § 320 AktG statt (vgl. → Rn. 26 ff.).

Im **Eingliederungsbericht**[16] des Vorstands ist die Eingliederung rechtlich und wirt- 13 schaftlich zu erläutern und zu begründen. Der Bericht beginnt zweckmäßigerweise mit einer Darstellung der beteiligten Unternehmen (Geschichte und Entwicklung, Kapital,

---

[13] So *Hommelhoff,* Die Konzernleitungspflicht, 1982, S. 349 ff.; ablehnend KölnKommAktG/*Koppensteiner* § 319 Rn. 8; MüKoAktG/*Grunewald* § 319 Rn. 16; *Habersack* in Emmerich/Habersack Aktien- und GmbH-Konzernrecht § 319 Rn. 12.

[14] Muster bei Happ AktienR Bd. II/*Groß* Form. 21.04.

[15] OLG München ZIP 1993, 1001 (1003); MüKoAktG/*Grunewald* § 319 Rn. 20; *Habersack* in Emmerich/Habersack Aktien- und GmbH-Konzernrecht § 319 Rn. 15; Hüffer/*Koch* AktG § 319 Rn. 6.

[16] Muster bei Happ AktienR Bd. II/*Groß* Form. 21.04.

Mitarbeiter, verbundene Unternehmen). Im Rahmen der Erläuterung und Begründung der Eingliederung sind in rechtlicher Hinsicht das Eingliederungsverfahren, die Rechtsfolgen der Eingliederung – insbesondere auch die gesamtschuldnerische Haftung (§ 322 AktG; vgl. → Rn. 45 ff.) und die Verlustausgleichspflicht (§ 324 Abs. 3 AktG; vgl. → Rn. 58 – und ihre Unterschiede sowie Vor- und Nachteile gegenüber anderen Formen der Unternehmensverbindung (faktisches Konzernverhältnis, Beherrschungsvertrag, Verschmelzung) zu schildern. In wirtschaftlicher Hinsicht ist zu erläutern und zu begründen, welchem wirtschaftlichen Zweck die Eingliederung dienen soll, warum zur Verfolgung dieses Zwecks die Eingliederung geeignet und im Vergleich zu anderen Formen der Unternehmensverbindung zweckmäßig ist und welche Risiken sich damit verbinden.[17] In den Eingliederungsbericht brauchen keine Tatsachen aufgenommen zu werden, deren Bekanntwerden geeignet ist, einem der beteiligten Unternehmen oder einem verbundenen Unternehmen einen nicht unerheblichen Nachteil zuzufügen; insoweit ist § 293a Abs. 2 AktG analog anzuwenden (vgl. → § 71 Rn. 33).[18] Entsprechend § 293a Abs. 3 AktG ist der Eingliederungsbericht nicht erforderlich, wenn alle Aktionäre der beteiligten Gesellschaften darauf verzichten (vgl. → § 71 Rn. 27).[19]

14 Jedem Aktionär ist auf Verlangen in der Hauptversammlung, die über die Zustimmung beschließt, Auskunft auch über alle im Zusammenhang mit der Eingliederung wesentlichen Angelegenheiten der einzugliedernden Gesellschaft zu geben (§ 319 Abs. 3 S. 4 AktG). Die **Auskunftspflicht** erfasst namentlich alle Informationen, die für die Beurteilung der Vermögens-, Ertrags- und Liquiditätslage der einzugliedernden Gesellschaft von Bedeutung sind.[20] Für eine Verweigerung der Auskunft findet § 131 Abs. 3 S. 1 Nr. 2–5 AktG Anwendung, allerdings mit der Einschränkung, dass Auskünfte über bestehende Verbindlichkeiten oder eine negative wirtschaftliche Situation der einzugliedernden Gesellschaft nicht nach Nr. 1 verweigert werden dürfen, soweit sie für eine Einschätzung der durch die gesamtschuldnerische Haftung (§ 322 AktG, vgl. → Rn. 45 ff.) und die Verlustausgleichspflicht (§ 324 Abs. 3 AktG; vgl. → Rn. 58) begründeten Risiken erforderlich sind.[21] Im Falle einer Auskunftsverweigerung ist § 132 AktG anwendbar. Anders als bei Abschluss eines Unternehmensvertrages (vgl. § 293g Abs. 2 S. 1 AktG) schreibt das Gesetz bei einer Eingliederung nicht vor, dass die beabsichtigte Eingliederung vom Vorstand der künftigen Hauptgesellschaft in der Hauptversammlung zu erläutern sei. Gleichwohl wird man eine entsprechende **Erläuterungspflicht** annehmen müssen;[22] näher dazu → § 71 Rn. 47. Die Anfechtbarkeit des Beschlusses bei unzureichender Aktionärsinformation richtet sich nach § 243 Abs. 4 AktG (vgl. → § 42 Rn. 51, 56).

15 Soll in einem **mehrstufigen Konzern** eine Enkelgesellschaft in eine Tochtergesellschaft eingegliedert werden, stellt sich die Frage, ob neben der Zustimmung der Tochter-Hauptversammlung auch die Zustimmung der Mutter-Hauptversammlung erforderlich ist. Jeden-

---

[17] Vgl. zum Inhalt des Eingliederungsberichts auch KölnKommAktG/*Koppensteiner* § 319 Rn. 12; *Habersack* in Emmerich/Habersack Aktien- und GmbH-Konzernrecht § 319 Rn. 20; Hüffer AktG/ *Koch* § 319 Rn. 11.

[18] *Habersack* in Emmerich/Habersack Aktien- und GmbH-Konzernrecht § 319 Rn. 20; MüKoAktG/*Grunewald* § 319 Rn. 25; zumindest in der Tendenz auch Hüffer/*Koch* AktG § 319 Rn. 11 („gut vertretbar").

[19] *Habersack* in Emmerich/Habersack Aktien- und GmbH-Konzernrecht § 319 Rn. 20; MüKoAktG/*Grunewald* § 319 Rn. 24.

[20] KölnKommAktG/*Koppensteiner* § 319 Rn. 15; MüKoAktG/*Grunewald* § 319 Rn. 33; *Habersack* in Emmerich/Habersack Aktien- und GmbH-Konzernrecht § 319 Rn. 22.

[21] KölnKommAktG/*Koppensteiner* § 319 Rn. 16; Hüffer/*Koch* AktG § 319 Rn. 12; *Habersack* in Emmerich/Habersack Aktien- und GmbH-Konzernrecht § 319 Rn. 23; im Ergebnis auch MüKoAktG/*Grunewald* § 319 Rn. 34.

[22] *Habersack* in Emmerich/Habersack Aktien- und GmbH-Konzernrecht § 319 Rn. 21; MüKoAktG/*Grunewald* § 319 Rn. 31; Hüffer/*Koch* AktG § 319 Rn. 12; *Hommelhoff*, Die Konzernleitungspflicht, 1982, S. 360 ff.

falls solange nicht die Tochtergesellschaft ihrerseits in die Mutter eingegliedert ist, besteht dazu genauso wenig Anlass, wie bei Abschluss von Unternehmensverträgen, Fusionen oder Vermögensübertragungen unter Konzerngesellschaften;[23] vgl. dazu näher → § 71 Rn. 23. Ist die Tochtergesellschaft bereits in die Muttergesellschaft eingegliedert, soll nach verbreiteter Ansicht auch die Hauptversammlung der Muttergesellschaft zustimmen müssen. Das wird zum Teil auf eine Analogie zu § 319 Abs. 2 AktG gestützt;[24] andere Autoren wollen die Holzmüller-Rechtsprechung (→ § 70 Rn. 9ff., 43ff.) heranziehen.[25] Richtigerweise ist beides abzulehnen.[26] Auch beim Aufbau eines mehrstufigen Vertragskonzerns ist die Zustimmung der Mutter-Hauptversammlung für den Vertragsschluss zwischen Tochter und Enkel nicht nötig; vgl. → § 71 Rn. 23.[27] Die dort maßgeblichen Erwägungen gelten auch hier. Die durch die mehrstufige Eingliederung eintretende gesamtschuldnerische Mithaftung der Mutter für Verbindlichkeiten der Enkelgesellschaft (§ 322 AktG) ist im Vergleich zu den Belastungen durch die Verlustausgleichspflicht bei Bestehen eines Beherrschungsvertrages (§ 302 AktG) nicht von einer solchen wirtschaftlichen Bedeutung, dass man deswegen für die mehrstufige Eingliederung anders entscheiden müsste als für den mehrstufigen Vertragskonzern.

5. Eintragung ins Handelsregister. a) Anmeldung, Eintragung und Wirksamwerden. Der Vorstand der einzugliedernden Gesellschaft hat die Eingliederung unter Angabe der Firma der Hauptgesellschaft zur Eintragung in das Handelsregister der einzugliedernden Gesellschaft **anzumelden** (§ 319 Abs. 4 S. 1 AktG).[28] Der Anmeldung sind die in § 319 Abs. 4 S. 2 AktG genannten Urkunden und eine Erklärung des Vorstands nach § 319 Abs. 5 oder ein gerichtlicher Freigabebeschluss nach § 319 Abs. 6 AktG (vgl. → Rn. 18 ff.) beizufügen. Zwangsgeld kann zur Herbeiführung der Anmeldung nicht festgesetzt werden (§ 407 Abs. 2 S. 1 AktG). Zum Handelsregister der Hauptgesellschaft ist die Eingliederung nicht anzumelden, dementsprechend erfolgt dort auch keine Eintragung,[29] es ist lediglich die Niederschrift über den Zustimmungsbeschluss der Hauptversammlung einzureichen (§ 130 Abs. 5 AktG).

Mit der Eintragung wird die Eingliederung **wirksam** (§ 319 Abs. 7 AktG). Die Eintragung ist vom Registergericht bekanntzumachen (§ 10 HGB). In der Bekanntmachung sind die Gläubiger der Gesellschaft auf ihr Recht auf Sicherheitsleistung nach § 321 AktG (vgl. dazu → Rn. 44) hinzuweisen (§ 321 Abs. 1 S. 2 AktG). Wird einer der zugrundeliegenden Beschlüsse erfolgreich angefochten oder ist er nichtig, wird dieser Mangel durch die Eintragung nicht geheilt. Die Eingliederung ist dann für die Vergangenheit nach den Grundsätzen über die fehlerhafte Gesellschaft wirksam,[30] vgl. dazu näher → § 71 Rn. 55.

---

[23] Ebenso *Habersack* in Emmerich/Habersack Aktien- und GmbH-Konzernrecht § 319 Rn. 16.
[24] KölnKommAktG/*Koppensteiner* § 319 Rn. 7; *Timm*, Die Aktiengesellschaft als Konzernspitze, 1980, S. 172; *Rehbinder* ZGR 1977, 581 (617 f.); *Sonnenschein* BB 1975, 1088 (1091 f.).
[25] *Habersack* in Emmerich/Habersack Aktien- und GmbH-Konzernrecht § 319 Rn. 16; Spindler/Stilz AktG/*Singhof* § 319 Rn. 10.
[26] Ebenso Hüffer/*Koch* AktG § 319 Rn. 7; MüKoAktG/*Grunewald* § 319 Rn. 22; K. Schmidt/Lutter AktG/*Ziemons* § 319 Rn. 29.
[27] Das erkennt auch im Teil derjenigen Autoren an, die für mehrstufige Eingliederungen anders entscheiden wollen, zB KölnKommAktG/*Koppensteiner* § 293 Rn. 45; aA aber *Timm*, Die Aktiengesellschaft als Konzernspitze, 1980, S. 171 f.; *Rehbinder* ZGR 1977, 581 (617 f.).
[28] Muster bei Happ AktienR Bd. II/*Groß* Form. 21.04.
[29] KölnKommAktG/*Koppensteiner* § 319 Rn. 20; MüKoAktG/*Grunewald* § 319 Rn. 36; Hüffer/Koch AktG § 319 Rn. 13; aA *Hommelhoff*, Die Konzernleitungspflicht, 1982, S. 359.
[30] *Habersack* in Emmerich/Habersack Aktien- und GmbH-Konzernrecht § 319 Rn. 12; MüKoAktG/*Grunewald* § 319 Rn. 18, 35; Spindler/Stilz AktG/*Singhof* § 319 Rn. 9; aA OLG Karlsruhe ZIP 2011, 1817 (1818 ff.). Zur Frage, ob das auch gilt, wenn es am erforderlichen Anteilsbesitz der Hauptgesellschaft fehlte, vgl. einerseits *Habersack* in Emmerich/Habersack Aktien- und GmbH-Konzernrecht § 319 Rn. 9, andererseits *Schäfer*, Die Lehre vom fehlerhaften Verband, 2002, S. 471 f.

18 **b) Negativerklärung, Registersperre und Freigabeverfahren.** Bei der Anmeldung der Eingliederung durch den Vorstand der einzugliedernden Gesellschaft hat dieser gegenüber dem Registergericht zu erklären, dass eine **Klage gegen die Wirksamkeit** eines Hauptversammlungsbeschlusses nicht oder nicht fristgemäß erhoben oder eine solche Klage rechtskräftig abgewiesen oder zurückgenommen worden ist; ebenso genügt jede anderweitige Beendigung des Rechtsstreits, etwa durch Klageverzicht, Vergleich oder Erledigung der Hauptsache.[31] Die Vorschrift ist § 16 Abs. 2 UmwG nachgebildet und gilt beim Squeeze-out entsprechend (§ 327e Abs. 2 AktG; vgl. → § 75 Rn. 84). Sie erfasst Anfechtungsklagen (§ 243 AktG) und Nichtigkeitsklagen (§ 249 AktG) sowohl gegen den Eingliederungsbeschluss als auch gegen den Zustimmungsbeschluss der künftigen Hauptgesellschaft; nach inzwischen hM werden auch Feststellungsklagen nach § 256 ZPO erfasst.[32]

19 Die Negativerklärung ist zusammen **mit der Anmeldung** abzugeben. Das zwingt nicht dazu, mit der Anmeldung bis zum Ablauf der Anfechtungsfrist zu warten (arg. § 319 Abs. 5 S. 1 Hs. 2 AktG). Die Anmeldung kann mit der Ankündigung erfolgen, dass die Negativerklärung nachgereicht werde. Sie kann aber auch mit ordnungsgemäßer Negativerklärung, dass keine Klage erhoben sei, schon vor Fristablauf erfolgen;[33] allerdings ist die Eintragung in diesem Fall bis zum Fristablauf zurückzustellen (vgl. → Rn. 20), und der Vorstand ist verpflichtet, dem Registergericht auch nach der Anmeldung Mitteilung zu machen, wenn eine Klage nachträglich erhoben wird (§ 319 Abs. 5 S. 1 Hs. 2 AktG).

20 Das Fehlen der Negativerklärung hat eine **Registersperre** zur Folge, dh die Eingliederung darf nicht eingetragen werden (§ 319 Abs. 5 S. 2 Hs. 1 AktG). Darüber hinaus ist die Eintragung grundsätzlich auch bei Vorliegen einer ordnungsgemäßen Negativerklärung bis zum Ablauf der einmonatigen Anfechtungsfrist des § 246 Abs. 1 AktG unzulässig (arg. § 319 Abs. 5 S. 1 Hs. 2 AktG); die Rechtsprechung verlangt sogar, der Registerrichter müsse auch nach Ablauf der Anfechtungsfrist noch eine angemessene Frist (ca. 2 Wochen) mit der Eintragung warten.[34]

21 Die Registersperre besteht trotz fehlender Negativerklärung nicht, wenn die klageberechtigten Aktionäre durch notariell beurkundete Erklärung auf die Klage gegen die Wirksamkeit des Hauptversammlungsbeschlusses verzichten (§ 319 Abs. 5 S. 2 AktG). Dem **Klageverzicht** ist es gleichzustellen, wenn alle Aktionäre dem Hauptversammlungsbeschluss zugestimmt haben,[35] zumal in diesem Fall eine Klage gegen die Wirksamkeit des Beschlusses nicht nur faktisch, sondern auch rechtlich ausgeschlossen ist.[36] Ein Verzicht des Vorstands und der Aufsichtsratsmitglieder auf die Klageerhebung ist nicht erforderlich. Ist von Seiten dieser Organe Klage gegen einen der Hauptversammlungsbeschlüsse erhoben, besteht die Registersperre nicht, wenn die Aktionäre auf eine Klageerhebung verzichten;

---

[31] Hüffer/*Koch* AktG § 319 Rn. 14; MüKoAktG/*Grunewald* § 319 Rn. 38; *Habersack* in Emmerich/Habersack Aktien- und GmbH-Konzernrecht § 319 Rn. 27; KölnKommAktG/*Koppensteiner* § 319 Rn. 23.

[32] Hüffer/*Koch* AktG § 319 Rn. 14; MüKoAktG/*Grunewald* § 319 Rn. 38; *Habersack* in Emmerich/Habersack Aktien- und GmbH-Konzernrecht § 319 Rn. 27; Spindler/Stilz AktG/*Singhof* § 319 Rn. 18; aA KölnKommAktG/*Koppensteiner* § 319 Rn. 23; GroßkommAktG/*K. Schmidt* § 249 Rn. 44.

[33] KölnKommAktG/*Koppensteiner* § 319 Rn. 21; MüKoAktG/*Grunewald* § 319 Rn. 38; Spindler/Stilz AktG/*Singhof* § 319 Rn. 18; K. Schmidt/Lutter AktG/*Ziemons* § 319 Rn. 33; *Goette* FS K. Schmidt, 2009, 469 (472); aA BGH ZIP 2006, 2312; *Habersack* in Emmerich/Habersack Aktien- und GmbH-Konzernrecht § 319 Rn. 28.

[34] OLG Hamm ZIP 2006, 1296 (1297 f.); OLG Hamburg NZG 2003, 981; offengelassen von BGH ZIP 2006, 2312 Rn. 18.

[35] Spindler/Stilz AktG/*Singhof* § 319 Rn. 20; *Kallmeyer* UmwG/*Marsch-Barner* § 16 Rn. 29; Habersack/Wicke UmwG/*Rieckers/Cloppenburg* § 16 Rn. 38.

[36] Vgl. zum Ausschluss der Anfechtungsklage bei Zustimmung zum Beschluss BGH ZIP 2010, 1437 Rn. 37 f.

der Registerrichter kann aber das Eintragungsverfahren entsprechend §§ 21, 381 FamFG aussetzen.[37]

§ 319 Abs. 6 AktG ermöglicht es, im Wege eines gerichtlichen **Freigabeverfahrens** die 22 Registersperre zu überwinden, wenn der Eingliederungsbeschluss oder der Zustimmungsbeschluss der künftigen Hauptgesellschaft angefochten sind. Die Gesellschaft kann bei dem für den Sitz der Gesellschaft zuständigen Oberlandesgericht die Feststellung beantragen, dass die Erhebung der Klage der Eintragung nicht entgegenstehe. Diese Feststellung trifft das Gericht, wenn die Klage unzulässig oder offensichtlich unbegründet ist, der Kläger nicht binnen einer Woche nachweist, dass er seit Einberufung der Hauptversammlung einen anteiligen Betrag des Grundkapitals von mindestens 1.000 Euro hält oder wenn das alsbaldige Wirksamwerden der Eingliederung unter Berücksichtigung der Schwere der geltend gemachten Rechtsverletzungen zur Abwendung wesentlicher Nachteile für die antragstellende Gesellschaft und ihre Aktionäre vorrangig erscheint. Die Entscheidung soll spätestens drei Monate nach Antragstellung ergehen. Die Regelung wurde durch das UmwG eingeführt[38] und durch das ARUG grundlegend geändert.[39] Sie hat ihre Parallele in § 16 Abs. 3 UmwG und gilt entsprechend im Falle des Squeeze Out (§ 327e Abs. 2 AktG; vgl. → § 75 Rn. 84 ff.); durch das UMAG wurde ein gleich gestaltetes Freigabeverfahren auch für andere Strukturmaßnahmen vorgesehen (§ 246a AktG; vgl. → § 42 Rn. 144 ff.). Die **Voraussetzungen** des Freigabebeschlusses, das **Verfahren**, die **Rechtsfolgen** und die Schadensersatzpflicht im Falle des späteren Erfolgs der Klage gegen die Wirksamkeit des Beschlusses entsprechen dem Freigabeverfahren nach § 246a AktG und weitestgehend auch dem Freigabeverfahren beim Squeeze Out; auf die Darstellung → § 42 Rn. 144 ff. und → § 75 Rn. 84 ff. kann daher verwiesen werden.

III. Eingliederung durch Mehrheitsbeschluss nach § 320 AktG

1. Überblick. § 320 AktG lässt eine Eingliederung auch zu, wenn die künftige Haupt- 23 gesellschaft mit mindestens 95 % an der einzugliedernden Gesellschaft beteiligt ist. Die Eingliederung erfolgt auch hier durch einen Eingliederungsbeschluss der einzugliedernden Gesellschaft und einen Zustimmungsbeschluss der künftigen Hauptgesellschaft. Mit Wirksamwerden der Eingliederung scheiden die Minderheitsaktionäre aus der eingegliederten Gesellschaft gegen angemessene Abfindung aus. Verfassungsrechtliche Bedenken hiergegen bestehen nicht.[40] Voraussetzung der Eingliederung ist auch hier, dass beide Gesellschaften die Rechtsform der Aktiengesellschaft oder SE und ihren Sitzungssitz im Inland haben; vgl. → Rn. 3.

2. Erforderliche Kapitalbeteiligung. Es müssen sich mindestens **95 % des Grundkapi-** 24 **tals** in der Hand der zukünftigen Hauptgesellschaft befinden, hingegen ist nicht erforderlich, dass die künftige Hauptgesellschaft auch 95 % der Stimmen besitzt.[41] Für die Berechnung dieser Quote sind eigene Aktien der einzugliedernden Gesellschaft und Aktien, die einem anderen für Rechnung (vgl. dazu → § 69 Rn. 27) der einzugliedernden Gesellschaft gehören, vom Grundkapital abzusetzen (§ 320 Abs. 1 S. 2 AktG). Die danach erforderli-

---

[37] Spindler/Stilz AktG/*Singhof* § 319 Rn. 20; *Habersack* in Emmerich/Habersack Aktien- und GmbH-Konzernrecht § 319 Rn. 31.
[38] Zum Hintergrund näher BegrRegE UmwG, abgedruckt bei *Ganske,* Umwandlungsrecht, 2. Aufl. 1995, S. 85 ff.
[39] Vgl. auch BegrRegE ARUG, BT-Drs. 16/11 642, 62 ff.; Beschlussempfehlung und Bericht des Rechtsausschusses zum ARUG, BT-Drs. 16/13 098, 59 ff.
[40] Vgl. BVerfGE 14, 263 (273 ff.) – Feldmühle; BVerfGE 100, 289 (302 ff.) – MotoMeter; s. auch die Entscheidungen des BVerfG zur Verfassungsmäßigkeit des Squeeze Out, BVerfG ZIP 2007, 1261 – Edscha und weitere; BGH WM 1974, 713 (716); KölnKommAktG/*Koppensteiner* Vorb. § 319 Rn. 12.
[41] MüKoAktG/*Grunewald* § 320 Rn. 3; Hüffer/*Koch* AktG § 320 Rn. 4; *Habersack* in Emmerich/Habersack Aktien- u. GmbH-Konzernrecht § 320 Rn. 11; aA KölnKommAktG/*Koppensteiner* § 320 Rn. 7; offengelassen von OLG Hamm AG 1994, 376 (377).

chen Aktien müssen der Hauptgesellschaft selbst gehören. Aktien, die einem von der künftigen Hauptgesellschaft abhängigen oder in ihrem Mehrheitsbesitz stehenden Unternehmen gehören, werden anders als in § 71d AktG nicht wie eigene Aktien behandelt, sie sind also nicht vom Grundkapital abzusetzen.[42] Eine Zurechnung nach dem Muster von § 16 Abs. 4 AktG findet – anders als beim Squeeze Out (§ 327a Abs. 2 AktG) – ebenfalls nicht statt; es gilt insoweit das Gleiche wie bei der Eingliederung einer 100%-igen Tochtergesellschaft (vgl. → Rn. 7).[43]

25 **3. Eingliederungsbericht des Vorstands.** Auch bei der Mehrheitseingliederung hat der Vorstand der künftigen Hauptgesellschaft einen Eingliederungsbericht zu erstatten, in dem die Eingliederung rechtlich und wirtschaftlich erläutert und begründet wird (§§ 320 Abs. 1 S. 3, 319 Abs. 3 S. 1 Nr. 3 AktG).[44] Den Vorstand der einzugliedernden Gesellschaft trifft eine entsprechende Berichtspflicht nicht. Für den Berichtsinhalt gelten zunächst die gleichen Grundsätze wie bei Eingliederung einer 100%igen Tochter (vgl. → Rn. 13), der Berichtsinhalt geht jedoch weiter. Da im Falle der Mehrheitseingliederung den außenstehenden Aktionären der einzugliedernden Gesellschaft eine Abfindung zu leisten ist (vgl. → Rn. 35 ff.), hat ein wesentlicher Schwerpunkt des Berichts die rechtliche und wirtschaftliche Erläuterung und Begründung der Art und der Höhe der Abfindung zu sein; dabei ist auf besondere Schwierigkeiten bei der Bewertung der beteiligten Gesellschaften und auf die Folgen für die Beteiligung der Aktionäre hinzuweisen (§ 320 Abs. 4 S. 2 AktG). Es gilt insoweit das Gleiche wie für den Vorstandsbericht zu einem Beherrschungs- oder Gewinnabführungsvertrag; vgl. näher → § 71 Rn. 25 ff.

26 **4. Eingliederungsprüfung.** Die Eingliederung ist durch sachverständige Prüfer (Eingliederungsprüfer) zu prüfen (§ 320 Abs. 3 S. 1 AktG). Die Prüfung ist nicht erforderlich, wenn alle Aktionäre der beteiligten Gesellschaften darauf durch öffentlich beglaubigte Erklärung verzichten (§§ 320 Abs. 3 S. 3, 293a Abs. 3 AktG). Dazu genügen nicht **Verzichtserklärungen** der außenstehenden Aktionäre der einzugliedernden Gesellschaft, sondern es müssen auch sämtliche Aktionäre der künftigen Hauptgesellschaft einen entsprechenden Verzicht erklären.

27 Die **Auswahl und Bestellung** der Prüfer erfolgt durch das Gericht auf Antrag des Vorstands der künftigen Hauptgesellschaft, wobei §§ 293c, 293d Abs. 1 S. 1 AktG entsprechende Anwendung finden (§ 320 Abs. 3 S. 2 u. 3 AktG). Zuständig ist das Landgericht, in dessen Bezirk die einzugliedernde Gesellschaft ihren Sitz hat (§§ 320 Abs. 3 S. 3, 293c Abs. 1 S. 3 AktG),[45] wobei zu beachten ist, dass einige Bundesländer die Zuständigkeit bei einem oder mehreren Landgerichten konzentriert haben. Vgl. hierzu und zur Bestellung der Prüfer näher → § 71 Rn. 36. Für ihre Auswahl gilt § 293d Abs. 1 S. 1 AktG entsprechend (§ 320 Abs. 3 S. 3 AktG); vgl. dazu näher → § 71 Rn. 38.

28 **Gegenstand der Eingliederungsprüfung** ist die Eingliederung; über das Ergebnis hat der Prüfer einen schriftlichen **Prüfungsbericht** zu erstatten (§§ 320 Abs. 3 S. 3, 293e AktG)[46] Dabei ist, wie sich aus der vom Gesetz geforderten Erklärung nach §§ 320 Abs. 3 S. 3, 293e Abs. 1 AktG ergibt, das Schwergewicht auf die Angemessenheit der vorgeschlagenen Abfindung (vgl. → Rn. 35 ff.) zu legen. Darüber hinaus hat sich der Eingliederungsprüfer dazu zu äußern, ob die gesetzlichen Voraussetzungen der Eingliederung vorliegen.[47]

---

[42] Hüffer/*Koch* AktG § 320 Rn. 4; *Habersack* in Emmerich/Habersack Aktien- u. GmbH-Konzernrecht § 320 Rn. 9; aA KölnKommAktG/*Koppensteiner* § 320 Rn. 4.

[43] KölnKommAktG/*Koppensteiner* § 320 Rn. 3; Hüffer/*Koch* AktG § 320 Rn. 3; *Habersack* in Emmerich/Habersack Aktien- und GmbH-Konzernrecht § 320 Rn. 9.

[44] Muster bei Happ AktienR Bd. II/*Groß* Form. 21.05.

[45] Hüffer/*Koch* AktG § 320 Rn. 11; *Habersack* in Emmerich/Habersack Aktien- und GmbH-Konzernrecht § 320 Rn. 19.

[46] Muster bei Happ AktienR Bd. II/*Groß* Form. 21.05.

[47] Hüffer/*Koch* AktG § 320 Rn. 12; *Habersack* in Emmerich/Habersack Aktien- und GmbH-Konzernrecht § 320 Rn. 20.

Die Zweckmäßigkeit der Eingliederung ist nicht Gegenstand der Prüfung.[48] Ebenso wie bei der Prüfung von Unternehmensverträgen ist zweifelhaft, ob sich der Prüfer mit dem Eingliederungsbericht des Vorstands (vgl. → Rn. 25) zu befassen hat. Richtigerweise hat er das (nur) hinsichtlich der Berichtsaussagen zu den Voraussetzungen der Eingliederung und der Angemessenheit der Abfindung zu tun;[49] vgl. dazu auch → § 71 Rn. 39. Für die Verantwortlichkeit des Prüfers gilt § 293d AktG entsprechend (§ 320 Abs. 3 S. 3 AktG); vgl. dazu → § 71 Rn. 43.

5. Eingliederungsbeschluss der einzugliedernden Gesellschaft. Auch bei der Eingliederung durch Mehrheitsbeschluss sind auf den Beschluss die Bestimmungen über Satzungsänderungen nicht anzuwenden (§§ 320 Abs. 1 S. 3, 319 Abs. 1 S. 2 AktG). Anders als bei der Eingliederung einer 100%-Tochter nach § 319 AktG (dazu → Rn. 10) sind bei der Mehrheitseingliederung des § 320 AktG allerdings alle Förmlichkeiten der Hauptversammlung zu wahren. Eine besondere Mehrheit für die Beschlussfassung schreibt das Gesetz nicht vor. Bei der **Bekanntmachung** der Eingliederung als Gegenstand der Tagesordnung[50] müssen Firma und Sitz der künftigen Hauptgesellschaft angegeben werden. Außerdem ist ein Abfindungsangebot der künftigen Hauptgesellschaft beizufügen (§ 320 Abs. 2 S. 1 AktG). Das Abfindungsangebot muss das Umtauschverhältnis für die Abfindung in Aktien und die Höhe der Barabfindung nennen.[51] Fehlen diese Angaben, darf über die Eingliederung kein Beschluss gefasst werden (§ 124 Abs. 4 S. 1 AktG); ein gleichwohl gefasster Eingliederungsbeschluss ist anfechtbar (§ 243 Abs. 1 AktG).[52] Eine Erhöhung des Abfindungsangebots in der Hauptversammlung ist hingegen unschädlich.[53] 29

Von der Einberufung der Hauptversammlung an sind der Entwurf des Eingliederungsbeschlusses, die Jahresabschlüsse und die Lageberichte der beteiligten Gesellschaften für die letzten drei Geschäftsjahre, der Eingliederungsbericht des Vorstands und der Prüfungsbericht des Eingliederungsprüfers in den Geschäftsräumen der einzugliedernden Gesellschaft und der künftigen Hauptgesellschaft auszulegen (§§ 320 Abs. 4 S. 1, 319 Abs. 3 S. 1 AktG). Auf Verlangen ist jedem Aktionär der einzugliedernden Gesellschaft unverzüglich und kostenlos eine Abschrift dieser **Unterlagen** zu erteilen (§§ 320 Abs. 4 S. 3, 319 Abs. 3 S. 2 AktG). Die gleichen Unterlagen sind auch in der Hauptversammlung selbst auszulegen (§§ 320 Abs. 4 S. 3, 319 Abs. 3 S. 3 AktG). Vgl. dazu → Rn. 12 und → § 71 Rn. 45 ff. 30

Jedem Aktionär ist auf Verlangen in der Hauptversammlung **Auskunft** auch über alle im Zusammenhang mit der Eingliederung wesentlichen Angelegenheiten der künftigen Hauptgesellschaft zu geben (§§ 320 Abs. 3 S. 3, 319 Abs. 3 S. 4 AktG). Es gilt insoweit das Gleiche wie für das Auskunftsrecht der Aktionäre der abhängigen Gesellschaft über Angele- 31

---

[48] Hüffer/*Koch* AktG § 320 Rn. 12; *Habersack* in Emmerich/Habersack Aktien- und GmbH-Konzernrecht § 320 Rn. 20.

[49] *Habersack* in Emmerich/Habersack Aktien- und GmbH-Konzernrecht § 320 Rn. 20; KölnKommAktG/*Koppensteiner* § 320 Rn. 15 iVm § 293b Rn. 9; weitergehend wohl LG Berlin AG 1996, 230 (232 f.); Hüffer/*Koch* AktG § 320 Rn. 12; Spindler/Stilz AktG/*Singhof* § 320 Rn. 15, die den Bericht ohne weitere Einschränkung als Prüfungsgegenstand nennen.

[50] Muster bei MünchVertrags HdB Bd. 1/*Bungert* Form X.14; Happ AktienR Bd. II/*Groß* Form 21.05.

[51] *Habersack* in Emmerich/Habersack Aktien- u. GmbH-Konzernrecht § 320 Rn. 13; KölnKommAktG/*Koppensteiner* § 320 Rn. 9; MüKoAktG/*Grunewald* § 320 Rn. 6; Hüffer/*Koch* AktG § 320 Rn. 7.

[52] BGH WM 1974, 713 (714); OLG Celle WM 1972, 1004 (1009); Hüffer/*Koch* AktG § 320 Rn. 9.

[53] *Habersack* in Emmerich/Habersack Aktien- u. GmbH-Konzernrecht § 320 Rn. 13; MüKoAktG/*Grunewald* § 320 Rn. 7; Hüffer/*Koch* AktG § 320 Rn. 7; *H. Schmidt* Liber Amicorum M. Winter, 2011, 583 (589 ff.); für den Fall einer Ergänzung des Abfindungsangebots wegen einer bevorstehenden Kapitalerhöhung der Hauptgesellschaft auch BGH WM 1974, 713 (714 f.); OLG Celle WM 1972, 1004 (1009 f.).

genheiten des Vertragspartners bei Abschluss eines Unternehmensvertrages; vgl. dazu näher → § 71 Rn. 48 f.

32 Einer besonderen **sachlichen Rechtfertigung** im Interesse der Gesellschaft (Angemessenheit und Erforderlichkeit) bedarf der Eingliederungsbeschluss nicht,[54] da schon das Gesetz selbst – was in dem hohen Kapitalbeteiligungserfordernis zum Ausdruck kommt – die erforderliche Interessenabwägung vorgenommen hat; vgl. dazu näher → § 71 Rn. 51. Der Eingliederungsbeschluss kann auch nicht wegen Verfolgung von Sondervorteilen gem. § 243 Abs. 2 AktG angefochten werden (§ 320b Abs. 2 S. 1 AktG). Ebenso ist eine **Anfechtung** wegen unzureichender Erteilung bewertungsrelevanter Informationen ausgeschlossen, da für die Überprüfung der Bewertung das Spruchverfahren (vgl. → Rn. 41 ff.) zur Verfügung steht (§ 243 Abs. 4 S. 2 AktG; vgl. näher → § 42 Rn. 51). Zur Anfechtung des Eingliederungsbeschlusses wegen Mängeln der Abfindung vgl. → Rn. 40.

33 **6. Zustimmungsbeschluss der Hauptgesellschaft.** Für diesen Beschluss[55] gilt das Gleiche wie bei der Eingliederung einer 100%-igen Tochtergesellschaft (§§ 320 Abs. 1 S. 3, 319 Abs. 2 u. 3 AktG); vgl. → Rn. 11 ff. Auch bei der Einberufung der Hauptversammlung der künftigen Hauptgesellschaft ist das Abfindungsangebot bekanntzumachen (§ 320 Abs. 2 S. 2 AktG), auch in deren Geschäftsräumen ist ab Einberufung der Hauptversammlung zusätzlich zu den Unterlagen des § 319 Abs. 3 AktG der Prüfungsbericht des Eingliederungsprüfers zur Einsicht der Aktionäre auszulegen (§ 320 Abs. 4 S. 1 AktG), und ebenso bedarf es der Auslegung des Prüfungsberichts auch in der Hauptversammlung (§§ 320 Abs. 4 S. 3, 319 Abs. 3 S. 3 AktG). Der Anspruch der Aktionäre auf Erteilung einer Abschrift erfasst auch den Prüfungsbericht (§§ 320 Abs. 4 S. 3, 319 Abs. 3 S. 2 AktG). Zur Anfechtung des Zustimmungsbeschlusses wegen Mängeln der Abfindung vgl. → Rn. 40.

34 **7. Eintragung und Wirksamwerden.** Für die **Eintragung** der Eingliederung in das Handelsregister und das **Wirksamwerden** der Eingliederung gilt das gleiche wie bei der Eingliederung einer 100%-igen Tochtergesellschaft (§§ 320 Abs. 1 S. 3, 319 Abs. 4–7 AktG); vgl. daher → Rn. 16 ff. Ist die angefochtene Eingliederung auf Grund eines Freigabebeschlusses nach § 319 Abs. 6 AktG (vgl. → Rn. 22) eingetragen worden und hat die Anfechtungsklage später Erfolg, genießt auch die Mehrheitseingliederung Bestandsschutz, es bleibt also bei dem Ausscheiden der Minderheitsaktionäre (§§ 320 Abs. 1 S. 3, 319 Abs. 6 S. 11 AktG). Erfolgte die Eintragung ohne Freigabebeschluss, ist die Eingliederung für die Vergangenheit nach den Grundsätzen über die **fehlerhafte Gesellschaft** wirksam;[56] jeder ausgeschiedene Aktionär der eingegliederten Gesellschaft kann in diesem Fall Wiedereinräumung seiner früheren Beteiligung verlangen oder es bei der Abfindung belassen.[57]

35 **8. Abfindung der ausgeschiedenen Aktionäre.** Mit der Eintragung der Eingliederung ins Handelsregister gehen alle Aktien, die sich nicht in der Hand der Hauptgesellschaft befinden, automatisch auf diese über, ohne dass es einer besonderen Übertragung bedarf (§ 320a Abs. 1 S. 1 AktG). Die ausgeschiedenen **Aktionäre** haben Anspruch auf angemessene Abfindung (§ 320b Abs. 1 S. 1 AktG). Sind Aktienurkunden ausgegeben, so verbriefen diese bis zu ihrer Aushändigung an die Hauptgesellschaft nur noch den Abfindungsanspruch der ausgeschiedenen Aktionäre (§ 320a Abs. 1 S. 2 AktG); Zug um Zug gegen

---

[54] OLG München AG 1993, 430 (431); *Habersack* in Emmerich/Habersack Aktien- und GmbH-Konzernrecht § 320b Rn. 21; MüKoAktG/*Grunewald* § 320 Rn. 10; Hüffer/*Koch* AktG § 320b Rn. 8.

[55] Muster bei Münch Vertrags HdB Bd. 1 /*Bungert* Form X.14; Happ AktienR Bd. II/*Groß* Form 21.05.

[56] *Habersack* in Emmerich/Habersack Aktien- und GmbH-Konzernrecht § 320b Rn. 22; Spindler/Stilz AktG/*Singhof* § 320 Rn. 19; aA OLG Karlsruhe ZIP 2011, 1817 (1818 ff.).

[57] *Habersack* in Emmerich/Habersack Aktien- und GmbH-Konzernrecht § 320b Rn. 22; Spindler/Stilz AktG/*Singhof* § 320 Rn. 19; *Krieger* ZHR 158 (1994), 35 (43 f.).

Zahlung der Abfindung sind sie der Hauptgesellschaft auszuhändigen.[58] Soweit Aktien nicht zum Zwecke der Abfindung eingereicht werden, kann die Hauptgesellschaft, sofern sie die Inhaber kennt, auf Übereignung und Aushändigung der Urkunden klagen, sie können jedoch nach überwiegender Ansicht nicht im Verfahren nach § 73 AktG für kraftlos erklärt werden;[59] dem ist zuzustimmen, solange die Urkunden noch den Abfindungsanspruch verbriefen, ist dieser jedoch erfüllt (etwa durch Hinterlegung nach § 378 BGB), muss eine Kraftloserklärung zulässig sein. Nach hM sind auch eigene Aktien abzufinden, die der eingegliederten Gesellschaft gehörten; dagegen spricht jedoch, dass eine Abfindung in Aktien der Hauptgesellschaft nach § 320b Abs. 1 S. 2 AktG in aller Regel gegen § 71d S. 2 AktG verstoßen würde, das Gesetz eine Barabfindung für diesen Fall nicht vorsieht und ein Schutzbedürfnis der einzugliedernden Gesellschaft ohnehin nicht besteht.[60] Inhabern von Umtausch- oder Bezugsrechten aus **Wandelschuldverschreibungen** steht analog § 320b AktG ebenfalls nur noch ein Abfindungsanspruch zu; vgl. → § 64 Rn. 51 und → § 75 Rn. 113 f.

Als Abfindung sind im Regelfall **Aktien der Hauptgesellschaft** zu gewähren (§ 320b Abs. 1 S. 2 AktG). Zu diesem Zweck kann die Hauptgesellschaft insbesondere eigene Aktien erwerben (§ 71 Abs. 1 Nr. 3 AktG) oder ein bedingtes Kapital schaffen (§ 192 Abs. 2 Nr. 2 AktG).[61] Ist die Hauptgesellschaft eine abhängige Gesellschaft, so ist den ausgeschiedenen Aktionären nach deren Wahl eine Abfindung in Aktien der Hauptgesellschaft oder eine angemessene **Barabfindung** zu gewähren (§ 320b Abs. 1 S. 3 AktG). Auf der Basis der Macrotron-Entscheidung,[62] die im Falle eines Delisting ein Abfindungsangebot verlangte, war es folgerichtig, eine alternative Barabfindung bei der Mehrheitseingliederung auch zu verlangen, wenn die Aktien der eingegliederten Gesellschaft börsennotiert waren, die der Hauptgesellschaft hingegen nicht;[63] nachdem der Bundesgerichtshof die Macrotron-Rechtsprechung aufgegeben hat,[64] ist daran nicht festzuhalten.

Ist die Hauptgesellschaft ihrerseits bereits eingegliedert (zB Eingliederung der Enkelgesellschaft in die Tochtergesellschaft, die vorher schon in die Muttergesellschaft eingegliedert wurde), können den außenstehenden Aktionären der Enkelgesellschaft anstelle von Aktien der Tochtergesellschaft auch **Aktien der Muttergesellschaft** gewährt werden,[65] weil andernfalls mit der Gewährung von Aktien der Tochter die Eingliederung der Tochter in die Mutter enden würde (§ 327 Abs. 1 Nr. 3 AktG). Das wäre sachlich nicht gerechtfertigt, zumal bei einem Aufbau von unten nach oben die außenstehenden Aktionäre der Enkel-

---

[58] *Habersack* in Emmerich/Habersack Aktien- und GmbH-Konzernrecht § 320a Rn. 6; MüKo-AktG/*Grunewald* § 320a Rn. 3; Hüffer/*Koch* AktG § 320a Rn. 3; näher zu den Rechtsverhältnissen an den Aktienurkunden *Habersack* in Emmerich/Habersack Aktien- und GmbH-Konzernrecht § 320a Rn. 4 ff.; zu Fragen des Gutglaubenserwerbs *Weißhaupt*/*Özdemir* ZIP 2007, 2110.

[59] *Habersack* in Emmerich/Habersack Aktien- und GmbH-Konzernrecht § 320a Rn. 6; Hüffer/*Koch* AktG § 320a Rn. 3; Spindler/Stilz AktG/*Singhof* § 320a Rn. 5; *Weißhaupt*/*Özdemir* ZIP 2007, 2110 (2112); aA MüKoAktG/*Grunewald* § 320a Rn. 5; K. Schmidt/Lutter AktG/*Ziemons* § 320a Rn. 10; *König* NZG 2006, 606 (607 ff.).

[60] Wie hier Spindler/Stilz AktG/*Singhof* § 320b Rn. 3; K. Schmidt/Lutter AktG/*Ziemons* § 320b Rn. 4; aA KölnKommAktG/*Koppensteiner* § 320b Rn. 3 f.; MüKoAktG/*Grunewald* § 320b Rn. 2, die der Tochtergesellschaft einen Anspruch auf Barabfindung geben wollen; *Habersack* in Emmerich/Habersack Aktien- und GmbH-Konzernrecht § 320b Rn. 5a.; Hüffer/*Koch* AktG § 320b Rn. 2, die den Aktienerwerb durch die Tochter über eine erweiternde Auslegung von § 71 Abs. 1 Nr. 3 AktG rechtfertigen wollen.

[61] OLG München ZIP 1993, 1001 (1003).

[62] BGHZ 153, 47 – Macrotron.

[63] So noch *Habersack* in Emmerich/Habersack Aktien- und GmbH-Konzernrecht § 320b Rn. 5; Spindler/Stilz AktG/*Singhof* § 320b Rn. 7.

[64] BGH ZIP 2013, 1342 – Frosta.

[65] BGH ZIP 1998, 1353; *Habersack* in Emmerich/Habersack Aktien- und GmbH-Konzernrecht § 320b Rn. 10; MüKoAktG/*Grunewald* § 320b Rn. 7; Hüffer/*Koch* AktG § 320b Rn. 6; KölnKommAktG/*Koppensteiner* § 320b Rn. 7.

gesellschaft letztlich auch Aktien der Muttergesellschaft erhalten würden. Die ausgeschiedenen Aktionäre haben im Allgemeinen Anspruch auf Aktien derselben **Gattung,** die sie bislang innehatten,[66] in Sonderfällen kann jedoch etwas anderes gelten; vgl. dazu näher → § 71 Rn. 120.

38 Das Recht zur Wahl zwischen der Abfindung in Aktien und der Barabfindung ist nicht fristgebunden. Die Hauptgesellschaft ist jedoch berechtigt, eine angemessene **Frist** zu bestimmen, die entsprechend § 305 Abs. 4 AktG mindestens zwei Monate betragen muss und durch Einleitung eines Spruchverfahrens zur Bestimmung der angemessenen Abfindung bis zu dessen Abschluss unterbrochen wird.[67] Ist ein Aktionär mit der Ausübung seines Wahlrechts in Verzug, kann die Hauptgesellschaft nach § 264 Abs. 2 BGB vorgehen.[68]

39 Für die **Höhe der Abfindung** gelten gem. § 320b Abs. 1 S. 4 und 5 AktG die gleichen Regeln, die § 305 Abs. 3 AktG für die Abfindung bei Abschluss eines Beherrschungs- oder Gewinnabführungsvertrages vorsieht; vgl. daher hierzu → § 71 Rn. 127. Bei der Abfindung in Aktien ist das Umtauschverhältnis so zu wählen, dass ein Spitzenausgleich möglichst gering bleibt;[69] der Aktionär darf die Abfindung in Aktien nicht umgehen, indem er jeweils nur kleine Pakete einreicht, die zum Umtausch in eine volle Aktie der Hauptgesellschaft nicht reichen, um hierauf den Spitzenausgleich zu beziehen.[70] Die Barabfindung und bare Zuzahlungen bei einer Abfindung gegen Aktien sind vom Zeitpunkt der Bekanntmachung der Eintragung der Eingliederung an mit 5 Prozentpunkten über dem jeweiligen Basiszins nach § 247 BGB zu verzinsen (§ 320b Abs. 1 S. 6 AktG); zur Zinslücke zwischen dem Bewertungsstichtag (Tag der Hauptversammlung) und der Bekanntmachung der Eintragung vgl. → § 75 Rn. 109). Die Pflicht zur **Verzinsung** seit Bekanntmachung besteht auch, wenn das Wahlrecht erst später ausgeübt wird.[71] Die Geltendmachung eines weitergehenden Schadens ist nicht ausgeschlossen (§ 320b Abs. 1 S. 6 AktG), setzt allerdings Verzug voraus.[72]

40 Der Eingliederungsbeschluss der einzugliedernden Gesellschaft kann nicht **angefochten** werden, weil die angebotene Abfindung nicht angemessen ist (§ 320b Abs. 2 S. 1 AktG); in diesem Fall ist die Abfindung vielmehr gerichtlich festzusetzen (§ 320b Abs. 2 S. 2 AktG; vgl. → Rn. 41 ff.). Bietet die Hauptgesellschaft hingegen eine Abfindung gar nicht oder nicht in der durch § 320b Abs. 1 S. 2 und 3 AktG vorgeschriebenen Art an, ist der Eingliederungsbeschluss anfechtbar (vgl. § 320b Abs. 2 S. 3 AktG). Anders ist die Rechtslage beim Zustimmungsbeschluss der künftigen Hauptgesellschaft; dessen Anfechtung kann auch darauf gestützt werden, dass die angebotene Abfindung unangemessen hoch sei und die Aktionäre der künftigen Hauptgesellschaft benachteilige.

41 **9. Gerichtliche Festsetzung der Abfindung.** Ist die angebotene Abfindung nicht angemessen, kann jeder ausgeschiedene Aktionär beantragen, dass die angemessene Abfin-

---

[66] Vgl. *Habersack* in Emmerich/Habersack Aktien- und GmbH-Konzernrecht § 320b Rn. 6 f.; KölnKommAktG/*Koppensteiner* § 320b Rn. 9; MüKoAktG/*Grunewald* § 320b Rn. 4 f.; Hüffer/*Koch* AktG § 320b Rn. 4 iVm § 305 Rn. 15.

[67] *Habersack* in Emmerich/Habersack Aktien- und GmbH-Konzernrecht § 320b Rn. 11; KölnKommAktG/*Koppensteiner* § 320b Rn. 15; MüKoAktG/*Grunewald* § 320b Rn. 9 f.; Hüffer/*Koch* AktG § 320b Rn. 5.

[68] *Habersack* in Emmerich/Habersack Aktien- und GmbH-Konzernrecht § 320b Rn. 11; MüKoAktG/*Grunewald* § 320b Rn. 9.

[69] BGH ZIP 2011, 2289 Rn. 11.

[70] Hierzu und zu den Folgen einer derartigen Erschleichung einer Barabfindung bei Verbesserung des Umtauschverhältnisses im Spruchverfahren näher BGH ZIP 2010, 2289 Rn. 16 ff.

[71] *Habersack* in Emmerich/Habersack Aktien- und GmbH-Konzernrecht § 320b Rn. 13; KölnKommAktG/*Koppensteiner* § 320b Rn. 11; MüKoAktG/*Grunewald* § 320b Rn. 13; Hüffer/*Koch* AktG § 320b Rn. 7.

[72] *Habersack* in Emmerich/Habersack Aktien- und GmbH-Konzernrecht § 320b Rn. 13; MüKoAktG/*Grunewald* § 320b Rn. 14; Hüffer/*Koch* AktG § 320b Rn. 7.

dung gerichtlich bestimmt wird (§ 320b Abs. 2 S. 2, Abs. 3 S. 1 AktG). Das Gleiche gilt, wenn eine Abfindung gar nicht oder nicht in der durch § 320b Abs. 1 S. 2 und 3 AktG vorgeschriebenen Art angeboten worden ist, eine Anfechtung des Eingliederungsbeschlusses wegen dieses Mangels jedoch innerhalb der Anfechtungsfrist nicht erfolgt oder eine erhobene Anfechtungsklage zurückgenommen oder rechtskräftig abgewiesen worden ist (§ 320b Abs. 2 S. 3 AktG). Zuständig ist das in § 2 SpruchG bestimmte Gericht (§ 320b Abs. 2 S. 2 AktG); vgl. dazu → § 71 Rn. 144.

Antragsberechtigt ist jeder ausgeschiedene Aktionär (§ 3 S. 1 Nr. 2 SpruchG), also 42 jeder, der im Zeitpunkt der Eintragung der Eingliederung in das Handelsregister (§ 320a Abs. 1 AktG) Aktionär der eingegliederten Gesellschaft war. Auf Gesamtrechtsnachfolger des ausgeschiedenen Aktionärs geht das Antragsrecht über,[73] auf Einzelrechtsnachfolger in den Abfindungsanspruch jedoch nicht.[74] Die **Antragsfrist** beträgt drei Monate seit dem Tage der Bekanntmachung der Eintragung der Eingliederung in das Handelsregister (§ 4 Abs. 1 SpruchG). Zum Verfahren, zum Umfang der gerichtlichen Überprüfung und zur Entscheidung vgl. näher → § 71 Rn. 145 ff.

Setzt das Gericht die Abfindung herauf, wirkt dies zu Gunsten aller abfindungsberechtig- 43 ten Aktionäre und ihrer Rechtsnachfolger. Aktionäre, die das ursprüngliche Abfindungsangebot angenommen haben, können eine **Ergänzung ihrer Abfindung** verlangen (§ 13 S. 2 SpruchG), an die von ihnen gewählte Abfindungsart (Barabfindung oder Abfindung in Aktien) sind sie jedoch gebunden.

IV. Gläubigerschutz

1. Sicherheitsleistung. Nach § 321 Abs. 1 AktG können die Gläubiger einer eingeglieder- 44 ten Gesellschaft, deren Forderungen begründet worden sind, bevor die Eintragung der Eingliederung bekanntgemacht worden ist, innerhalb von 6 Monaten nach der Bekanntmachung für ihre Forderungen Sicherheitsleistung verlangen. Gläubigern, die bereits in der in § 321 Abs. 2 AktG genannten Weise gesichert sind, steht dieses Recht nicht zu. Zur Sicherheitsleistung verpflichtet ist die eingegliederte Gesellschaft;[75] die Hauptgesellschaft haftet dafür aber nach § 322 AktG gesamtschuldnerisch mit. Die Vorschrift ist mit § 225 Abs. 1 AktG über die Sicherheitsleistung bei einer ordentlichen Kapitalherabsetzung inhaltlich identisch. Wegen der Einzelheiten kann daher auf die Ausführungen → § 61 Rn. 49 ff. Bezug genommen werden; vgl. daneben auch → § 71 Rn. 224 ff. In Fällen, in denen die Sicherheit durch Stellung eines Bürgen erbracht werden kann, § 232 Abs. 2 BGB, ist eine Bürgschaft der Hauptgesellschaft nicht ausreichend, da diese ohnehin schon nach § 322 AktG mithaftet.[76]

2. Haftung der Hauptgesellschaft. a) Allgemeines. Nach näherer Maßgabe von § 322 45 AktG haftet die Hauptgesellschaft für alle vor und nach der Eingliederung begründeten Verbindlichkeiten der eingegliederten Gesellschaft gesamtschuldnerisch mit. Das hat bei mehrstufiger Eingliederung zur Folge, dass die Hauptgesellschaft nicht nur für die Verbindlichkeiten der in die Hauptgesellschaft eingegliederten Tochtergesellschaft, sondern auch für die Verbindlichkeiten der in die Tochtergesellschaft eingegliederten Enkelgesellschaft haftet.[77] Um die Zwangsvollstreckung gegen die Hauptgesellschaft betreiben zu

---

[73] Unbestr., vgl. etwa MüKoAktG/*Kubis* SpruchG § 3 Rn. 12; Lutter UmwG/*Mennicke* SpruchG § 3 Rn. 5.
[74] OLG Frankfurt a. M. ZIP 2005, 2069; OLG Hamburg AG 2004, 622 f.; MüKoAktG/*Kubis* SpruchG § 3 Rn. 12; Lutter UmwG/*Mennicke* SpruchG § 3 Rn. 5; aA *Timm/Schick* WM 1994, 185 (187).
[75] *Habersack* in Emmerich/Habersack Aktien- und GmbH-Konzernrecht § 321 Rn. 6; MüKoAktG/*Grunewald* § 321 Rn. 9; Hüffer/*Koch* AktG § 321 Rn. 3.
[76] *Habersack* in Emmerich/Habersack Aktien- und GmbH-Konzernrecht § 321 Rn. 8; MüKoAktG/*Grunewald* § 321 Rn. 12; Hüffer/*Koch* AktG § 321 Rn. 4.
[77] *Habersack* in Emmerich/Habersack Aktien- und GmbH-Konzernrecht § 322 Rn. 2; KölnKomm-AktG/*Koppensteiner* § 322 Rn. 6.

können, ist ein Titel gegen sie selbst erforderlich, ein Titel gegen die eingegliederte Gesellschaft reicht nicht (§ 322 Abs. 4 AktG). Das Gleiche gilt umgekehrt.

46 **b) Inhalt der Haftung.** Die Hauptgesellschaft haftet neben der eingegliederten Gesellschaft „als **Gesamtschuldner**" (§ 322 Abs. 1 S. 1 AktG).[78] Sie ist zur Erfüllung der Verbindlichkeiten mitverpflichtet und kann auf Erfüllung in Anspruch genommen werden.[79] Die Haftung erstreckt sich auf alle vor und nach der Eingliederung begründeten Verbindlichkeiten; für die vorher begründeten Verbindlichkeiten können die Gläubiger zusätzlich Sicherheit nach § 321 AktG verlangen (vgl. → Rn. 44). Der Rechtsgrund der Verbindlichkeiten ist ohne Bedeutung. Nach Beendigung der Eingliederung haftet die Hauptgesellschaft für zuvor begründete Verbindlichkeiten nach Maßgabe von § 327 Abs. 4 AktG; vgl. → Rn. 68. Für Verbindlichkeiten, die erst nach Beendigung der Eingliederung begründet werden, haftet die Hauptgesellschaft, sofern die Beendigung der Eingliederung bei Begründung der Verbindlichkeit noch nicht eingetragen und bekanntgemacht war; das gilt allerdings nicht, wenn die Beendigung der Eingliederung dem Gläubiger bereits bekannt gewesen ist (§ 15 Abs. 1 HGB). Zur Frage, wann eine Verbindlichkeit „begründet" ist, vgl. näher → § 61 Rn. 50. Erfüllt die Hauptgesellschaft eine Verbindlichkeit der eingegliederten Gesellschaft, kann sie von dieser Erstattung verlangen.[80]

47 **c) Einwendungen.** Wird die Hauptgesellschaft wegen einer Verbindlichkeit der eingegliederten Gesellschaft in Anspruch genommen, kann sie zunächst alle Einwendungen geltend machen, die **in ihrer Person** begründet sind (§ 322 Abs. 2 AktG); in Betracht kommt etwa eine zwischen der Hauptgesellschaft und dem Gläubiger getroffene Stundungsvereinbarung, die Aufrechnung mit einer der Hauptgesellschaft gegen den Gläubiger zustehenden Gegenforderung, die Verjährung des Anspruchs gegen die Hauptgesellschaft usw. Die Hauptgesellschaft kann weiterhin alle Einwendungen geltend machen, die **der eingegliederten Gesellschaft** zustehen (§ 322 Abs. 2 AktG). In Betracht kommen beispielsweise die Einreden des Zurückbehaltungsrechts (§ 273 BGB), des nicht erfüllten Vertrages (§ 320 BGB), Erfüllung, Erlass, Stundung, usw. §§ 423 und 425 BGB, die solche Einreden zum Teil auf den Gesamtschuldner beschränken, in dessen Personen sie eintreten, finden keine Anwendung. Ein Erlass von Verbindlichkeiten zugunsten der eingegliederten Gesellschaft aber unter Aufrechterhaltung der Haftung der Hauptgesellschaft ist nicht möglich.[81] Die Hauptgesellschaft kann jedoch nach hM nicht einwenden, die Forderung gegen die eingegliederte Gesellschaft sei verjährt, wenn die Verjährungsfrist ihr gegenüber rechtzeitig gehemmt wurde.[82] Kann die eingegliederte Gesellschaft Einwendungen nicht

---

[78] Zur Frage der dogmatischen Einordnung der Haftung, die §§ 128, 129 HGB nachgebildet ist (Begr. RegE AktG, abgedruckt bei *Kropff*, AktG, 1965, S. 426) vgl. einerseits KölnKommAktG/*Koppensteiner* § 322 Rn. 3 ff.; MüKoAktG/*Grunewald* § 322 Rn. 3 ff.; Hüffer/*Koch* AktG § 322 Rn. 2 f.; andererseits *Habersack* in Emmerich/Habersack Aktien- und GmbH-Konzernrecht § 322 Rn. 3 f.; Spindler/Stilz AktG/*Singhof* § 322 Rn. 8.
[79] So zB MüKoAktG/*Grunewald* § 322 Rn. 3 ff.; Hüffer/*Koch* AktG § 322 Rn. 4; *Habersack* in Emmerich/Habersack Aktien- und GmbH-Konzernrecht § 322 Rn. 6; Spindler/Stilz AktG/*Singhof* § 322 Rn. 7; *K. Schmidt* BB 1985, 2074 (2079); aA KölnKommAktG/*Koppensteiner* § 322 Rn. 7 ff.; *Kley/Lehmann* DB 1972, 1421 (1422), die nur eine Einstandsverpflichtung annehmen wollen mit der Folge, dass bei anderen als Geldschulden ein Anspruch gegen die Hauptgesellschaft bestünde, die eingegliederte Gesellschaft zur Erfüllung zu veranlassen.
[80] Zur Frage der Anspruchsgrundlage (§ 426 BGB, § 110 HGB oder § 670 BGB) vgl. etwa KölnKommAktG/*Koppensteiner* § 322 Rn. 14; MüKoAktG/*Grunewald* § 322 Rn. 18; Hüffer/*Koch* AktG § 322 Rn. 6; *Habersack* in Emmerich/Habersack Aktien- und GmbH-Konzernrecht § 322 Rn. 7; Spindler/Stilz AktG/*Singhof* § 322 Rn. 18.
[81] KölnKommAktG/*Koppensteiner* § 322 Rn. 17; MüKoAktG/*Grunewald* § 322 Rn. 11; *Habersack* in Emmerich/Habersack Aktien- und GmbH-Konzernrecht § 322 Rn. 12; Hüffer AktG/*Koch* § 322 Rn. 9.
[82] BGHZ 104, 76 (80 f.); MüKoAktG/*Grunewald* § 322 Rn. 11; Hüffer/*Koch* AktG § 322 Rn. 9; aA *Habersack* in Emmerich/Habersack Aktien- und GmbH-Konzernrecht § 322 Rn. 12.

mehr erheben, verliert auch die Hauptgesellschaft diese Gegenrechte.[83] Schließlich soll die Hauptgesellschaft die Befriedigung verweigern können, wenn die eingegliederte Gesellschaft das zugrundeliegende Rechtsgeschäft anfechten oder „der Gläubiger" aufrechnen kann (§ 322 Abs. 3 AktG). Richtigerweise kommt es jedoch, entgegen dem Wortlaut der Vorschrift, nicht darauf an, ob der Gläubiger aufrechnen kann, sondern ob der eingegliederten Gesellschaft die Aufrechnung möglich ist.[84]

V. Wirkung der Eingliederung

1. Leitungsmacht und Verantwortlichkeit. a) Weisungsrecht der Hauptgesellschaft. Die Hauptgesellschaft ist berechtigt, dem Vorstand der eingegliederten Gesellschaft hinsichtlich der Leitung der Gesellschaft Weisungen zu erteilen (§ 323 Abs. 1 S. 1 AktG). Dieses Weisungsrecht erlaubt naturgemäß keine Weisungen, deren Befolgung gesetz- oder satzungswidrig wäre.[85] Weiteren **Schranken** unterliegt es jedoch nicht. Anders als auf Grund eines Beherrschungsvertrages (vgl. → § 71 Rn. 153) sind selbst existenzgefährdende Weisungen zulässig.[86] 48

Inhaber des Weisungsrechts ist die Hauptgesellschaft. Ausgeübt wird es durch deren Vorstand; eine **Delegation** an Mitarbeiter, andere Konzerngesellschaften oder sonstige Beauftragte ist im selben Umfang zulässig wie beim Beherrschungsvertrag.[87] Im Falle der mehrstufigen Eingliederung ist – anders als bei mehrstufigen Beherrschungsverträgen – allerdings anzunehmen, dass die eingegliederte Tochtergesellschaft ihr Weisungsrecht gegenüber der eingegliederten Enkelgesellschaft an die Muttergesellschaft delegieren kann;[88] die Bedenken der Gegenmeinung, eine solche Delegation unterlaufe die Prüfungspflicht des Tochtervorstands, sind angesichts der Unbeschränktheit des Weisungsrechts nicht überzeugend. Die Weisungen sind an den Vorstand der eingegliederten Gesellschaft zu richten; ebenso wie im Vertragskonzern ist es aber auch hier möglich, dass Mitarbeiter der eingegliederten Gesellschaft von deren Vorstand angewiesen werden, unmittelbar Weisungen der Hauptgesellschaft entgegenzunehmen.[89] Die hM lässt hingegen nicht zu, dass die eingegliederte Gesellschaft die Hauptgesellschaft umfassend bevollmächtigt, unmittelbar in ihrem Namen tätig zu werden.[90] 49

Für die Frage nach dem Bestehen einer **Konzernleitungspflicht** der Hauptgesellschaft gilt im Eingliederungskonzern das Gleiche wie im Vertragskonzern: Gegenüber der einge- 50

---

[83] KölnKommAktG/*Koppensteiner* § 322 Rn. 18; MüKoAktG/*Grunewald* § 322 Rn. 11; Hüffer/*Koch* AktG § 322 Rn. 9; *Habersack* in Emmerich/Habersack Aktien- und GmbH-Konzernrecht § 322 Rn. 11.

[84] KölnKommAktG/*Koppensteiner* § 322 Rn. 21; *Habersack* in Emmerich/Habersack Aktien- und GmbH-Konzernrecht § 322 Rn. 14; MüKoAktG/*Grunewald* § 322 Rn. 15; Hüffer/*Koch* AktG § 322 Rn. 11; *Bülow* ZGR 1988, 192 (208 f.); zu § 129 Abs. 3 HGB ebenso BGHZ 42, 396 (397 ff.).

[85] *Habersack* in Emmerich/Habersack Aktien- und GmbH-Konzernrecht § 323 Rn. 2; MüKoAktG/*Grunewald* § 323 Rn. 5.

[86] MüKoAktG/*Grunewald* § 323 Rn. 3; *Habersack* in Emmerich/Habersack Aktien- und GmbH-Konzernrecht § 322 Rn. 2; KölnKommAktG/*Koppensteiner* § 323 Rn. 2; Bürgers/Körber AktG/*Fett* § 323 Rn. 1; zweifelnd Hüffer/*Koch* AktG § 323 Rn. 3; Spindler/Stilz AktG/*Singhof* § 323 Rn. 2; aA K. Schmidt/Lutter AktG/*Ziemons* § 323 Rn. 6.

[87] Vgl. dazu → § 71 Rn. 157 sowie KölnKommAktG/*Koppensteiner* § 323 Rn. 9; *Habersack* in Emmerich/Habersack Aktien- und GmbH-Konzernrecht § 323 Rn. 4.

[88] KölnKommAktG/*Koppensteiner* § 323 Rn. 9; Spindler/Stilz AktG/*Singhof* § 323 Rn. 4; *Rehbinder* ZGR 1977, 581 (616 f.); aA MüKoAktG/*Grunewald* § 323 Rn. 7; *Habersack* in Emmerich/Habersack Aktien- und GmbH-Konzernrecht § 323 Rn. 4; Hüffer/*Koch* AktG § 323 Rn. 2.

[89] Vgl. dazu → § 71 Rn. 158 und KölnKommAktG/*Koppensteiner* § 323 Rn. 10; *Habersack* in Emmerich/Habersack Aktien- und GmbH-Konzernrecht § 323 Rn. 5; Hüffer/*Koch* AktG § 323 Rn. 2; aA MüKoAktG/*Grunewald* § 323 Rn. 8.

[90] MüKoAktG/*Grunewald* AktG § 323 Rn. 8; Hüffer/*Koch* AktG § 323 Rn. 2; *Habersack* in Emmerich/Habersack Aktien- und GmbH-Konzernrecht § 323 Rn. 5; Spindler/Stilz AktG/*Singhof* § 323 Rn. 4; aA KölnKommAktG/*Koppensteiner* § 323 Rn. 11.

gliederten Gesellschaft besteht eine solche Pflicht nicht, wohl aber kann der Vorstand der Hauptgesellschaft seiner eigenen Gesellschaft gegenüber verpflichtet sein, von seinen Möglichkeiten zur Konzernleitung Gebrauch zu machen.[91]

51 b) Folgepflicht der eingegliederten Gesellschaft. Der Vorstand der eingegliederten Gesellschaft hat diese eigenverantwortlich zu leiten (§ 76 Abs. 1 AktG), soweit ihm nicht von der Hauptgesellschaft Weisungen erteilt werden. Dabei hat er sich an den Interessen der eingegliederten Gesellschaft zu orientieren, nicht an einem Konzerninteresse.[92] Allerdings wird er vor wesentlichen Entscheidungen die Hauptgesellschaft informieren und ihr Gelegenheit zur Erteilung einer Weisung geben müssen;[93] dies folgt als Nebenverpflichtung aus dem Eingliederungsverhältnis und der Weisungsfolgepflicht. Dem Weisungsrecht der Hauptgesellschaft entspricht die Verpflichtung des Vorstands der eingegliederten Gesellschaft, die Weisungen der Hauptgesellschaft zu befolgen (§§ 323 Abs. 1 S. 2, 308 Abs. 2 S. 1 AktG). Anders als im Vertragskonzern darf der Vorstand der eingegliederten Gesellschaft die Befolgung einer Weisung selbst dann nicht verweigern, wenn sie offensichtlich nicht den Belangen des herrschenden Unternehmens oder der mit dem Konzern verbundenen Unternehmen dient;[94] allerdings wird der Vorstand der Hauptgesellschaft sich in einem solchen Fall regelmäßig gegenüber der Hauptgesellschaft schadensersatzpflichtig machen.[95] Wie im Vertragskonzern wird man den Vorstand der eingegliederten Gesellschaft darüber hinaus als verpflichtet ansehen müssen, den Vorstand der Hauptgesellschaft auf eine etwaige Nachteiligkeit erteilter Weisungen aufmerksam zu machen.[96] Gesetz- oder satzungswidrige Weisungen darf der Vorstand der eingegliederten Gesellschaft nicht befolgen.[97]

52 Wird der Vorstand der eingegliederten Gesellschaft angewiesen, ein Geschäft vorzunehmen, dass er nur mit **Zustimmung des Aufsichtsrats** vornehmen darf (§ 111 Abs. 4 S. 2 AktG), gilt im Eingliederungskonzern das Gleiche wie im Vertragskonzern: Wird die Zustimmung des Aufsichtsrats nicht innerhalb einer angemessenen Frist erteilt, hat der Vorstand dies der Hauptversammlung mitzuteilen. Wiederholt die Hauptgesellschaft die Weisung, ist die Zustimmung des Aufsichtsrats der eingegliederten Gesellschaft nicht mehr erforderlich; für eine Wiederholung der Weisung benötigt der Vorstand der Hauptgesellschaft die Zustimmung seines Aufsichtsrats (§§ 323 Abs. 1 S. 2, 308 Abs. 3 AktG; vgl. auch → § 71 Rn. 162).

53 c) Verantwortlichkeit. Gemäß § 323 Abs. 1 S. 2 AktG gelten die Vorschriften der §§ 309, 310 AktG entsprechend. Entsprechend § 309 AktG sind die Mitglieder des Vorstands der Hauptgesellschaft gegenüber der eingegliederten Gesellschaft schadensersatzpflichtig, wenn sie bei der Erteilung von Weisungen die Sorgfalt eines ordentlichen und

---

[91] Vgl. näher → § 71 Rn. 160; *Hommelhoff*, Die Konzernleitungspflicht, 1982, S. 352 ff.; *Habersack* in Emmerich/Habersack Aktien- und GmbH-Konzernrecht § 323 Rn. 4; MüKoAktG/*Grunewald* § 323 Rn. 11.

[92] *Habersack* in Emmerich/Habersack Aktien- und GmbH-Konzernrecht § 323 Rn. 7; Hüffer/*Koch* AktG § 323 Rn. 4; MüKoAktG/*Grunewald* § 323 Rn. 10; aA KölnKommAktG/*Koppensteiner* § 323 Rn. 8 iVm § 308 Rn. 71. Vgl. dazu auch → § 70 Rn. 31.

[93] MüKoAktG/*Grunewald* § 323 Rn. 10; Bürgers/Körber AktG/*Fett* § 323 Rn. 5; aA *Habersack* in Emmerich/Habersack Aktien- und GmbH-Konzernrecht § 323 Rn. 7; Spindler/Stilz AktG/*Singhof* § 323 Rn. 7.

[94] KölnKommAktG/*Koppensteiner* § 323 Rn. 7; *Habersack* in Emmerich/Habersack Aktien- und GmbH-Konzernrecht § 323 Rn. 6; Hüffer/*Koch* AktG § 323 Rn. 4.

[95] KölnKommAktG/*Koppensteiner* § 323 Rn. 2; *Habersack* in Emmerich/Habersack Aktien- und GmbH-Konzernrecht § 323 Rn. 8; Hüffer/*Koch* AktG § 323 Rn. 4.

[96] Vgl. → § 71 Rn. 161; KölnKommAktG/*Koppensteiner* § 323 Rn. 7; *Habersack* in Emmerich/Habersack Aktien- und GmbH-Konzernrecht § 323 Rn. 6; MüKoAktG/*Grunewald* § 323 Rn. 8.

[97] *Habersack* in Emmerich/Habersack Aktien- und GmbH-Konzernrecht § 323 Rn. 2; MüKoAktG/*Grunewald* § 323 Rn. 5; KölnKommAktG/*Koppensteiner* § 323 Rn. 7; Hüffer/*Koch* AktG § 323 Rn. 4.

gewissenhaften Geschäftsleiters verletzen. Entsprechend § 310 AktG haften die Mitglieder des Vorstands und Aufsichtsrats der eingegliederten Gesellschaft neben den Vorstandsmitgliedern der Hauptgesellschaft als Gesamtschuldner, wenn auch sie unter Verletzung ihrer Pflichten gehandelt haben. Die Regelungen haben schon für den Vertragskonzern und erst recht für den Eingliederungskonzern weder praktisch noch theoretisch nennenswerte Bedeutung.[98] Gleiches gilt für die in der Literatur aufgeworfene Frage nach der Haftung der Hauptgesellschaft selbst.[99]

d) Unanwendbarkeit der §§ 311 ff. AktG. Die für schlichte Abhängigkeitsverhältnisse und faktische Konzerne maßgeblichen Regelungen der §§ 311–318 AktG sind im Eingliederungskonzern nicht anwendbar (§ 323 Abs. 1 S. 3 AktG). **54**

2. Vermögenszugriff und Verlustausgleichspflicht der Hauptgesellschaft. a) Befreiung von der Vermögensbindung. Im Eingliederungskonzern sind Leistungen der eingegliederten Gesellschaft an die Hauptgesellschaft in unbeschränktem Umfang zulässig. Denn die Vermögensbindungsvorschriften der §§ 57, 58 und 60 AktG sind auf Leistungen der eingegliederten Gesellschaft an die Hauptgesellschaft nicht anwendbar (§ 323 Abs. 2 AktG). Die Hauptgesellschaft kann damit auf Grund ihrer Weisungskompetenz uneingeschränkt über das Vermögen der eingegliederten Gesellschaft verfügen.[100] **55**

b) Befreiung von gesetzlichen Rücklagen. Die Vorschriften über die Bildung einer gesetzlichen Rücklage (§ 150 Abs. 1 AktG), über ihre Verwendung (§ 150 Abs. 3 u. 4 AktG) und über die Einstellung von Beträgen in die gesetzliche Rücklage (§ 150 Abs. 2 AktG) sind auf eingegliederte Gesellschaften nicht anzuwenden (§ 324 Abs. 1 AktG). Eingegliederte Gesellschaften brauchen also keine gesetzliche Rücklage zu bilden und keine Beträge in die gesetzliche Rücklage einzustellen. Ist eine gesetzliche Rücklage vorhanden, kann sie aufgelöst und frei verwandt werden. Das alles gilt aber nur für die gesetzlichen, jedoch nicht für etwaige satzungsmäßige Anordnungen über die gesetzliche Rücklage. Vorschriften der Satzung über die Bildung, Dotierung und Verwendung von Rücklagen sind zu beachten, solange die Satzung in diesen Punkten nicht geändert wird.[101] Auf die Kapitalrücklage ist § 324 Abs. 1 AktG nicht entsprechend anwendbar;[102] wegen § 324 Abs. 3 AktG ist die Frage allerdings nicht von besonderer Bedeutung. **56**

c) Gewinnabführungsverträge uä. § 324 Abs. 2 AktG enthält Sonderbestimmungen über Gewinnabführungsverträge, Gewinngemeinschaften und Teilgewinnabführungsverträge zwischen einer eingegliederten Gesellschaft und der Hauptgesellschaft. Die Vorschriften der §§ 300–303 AktG über die Sicherung der Gesellschaft und der Gläubiger sind unanwendbar. §§ 304–307 AktG kommen mangels außenstehender Aktionäre ebenfalls nicht **57**

---

[98] Vgl. näher KölnKommAktG/*Koppensteiner* § 323 Rn. 13 ff.; MüKoAktG/*Grunewald* § 323 Rn. 12 ff.

[99] Vgl. dazu Hüffer/*Koch* AktG § 323 Rn. 5; KölnKommAktG/*Koppensteiner* § 323 Rn. 17; *Habersack* in Emmerich/Habersack Aktien- und GmbH-Konzernrecht § 323 Rn. 9; MüKoAktG/*Grunewald* § 323 Rn. 16.

[100] KölnKommAktG/*Koppensteiner* § 323 Rn. 3; MüKoAktG/*Grunewald* § 323 Rn. 4; *Habersack* in Emmerich/Habersack Aktien- und GmbH-Konzernrecht § 323 Rn. 3; Hüffer AktG/*Koch* § 324 Rn. 4; enger Begr. RegE AktG, abgedruckt bei *Kropff*, AktG, 1965, S. 428; *Ballerstedt* ZHR 137 (1973), 388 (401 f.), die für die Abführung des Gewinns eine Ausnahme machen und eine Gewinnabführung an die Hauptgesellschaft nur auf Grund eines entsprechenden Gewinnverwendungsbeschlusses oder eines Gewinnabführungsvertrags zulassen wollen.

[101] KölnKommAktG/*Koppensteiner* § 324 Rn. 4; *Habersack* in Emmerich/Habersack Aktien- und GmbH-Konzernrecht § 324 Rn. 4; MüKoAktG/*Grunewald* § 324 Rn. 2; Hüffer AktG/*Koch* § 324 Rn. 2.

[102] KölnKommAktG/*Koppensteiner* § 324 Rn. 5; *Habersack* in Emmerich/Habersack Aktien- und GmbH-Konzernrecht § 324 Rn. 4; MüKoAktG/*Grunewald* § 324 Rn. 3; Hüffer AktG/*Koch* § 324 Rn. 2.

zum Zuge. Von den Vorschriften der §§ 293–299 AktG über Abschluss, Änderung und Beendigung von Unternehmensverträgen ist nur § 297 AktG (Kündigung) anwendbar. Abschluss, Änderung und Aufhebung der in § 324 Abs. 2 AktG genannten Verträge bedürfen lediglich der Schriftform (§ 324 Abs. 2 S. 2 AktG). Den Umfang der zulässigen Gewinnabführung regelt § 324 Abs. 2 S. 3 AktG. Danach kann – anders als nach § 301 AktG (vgl. → § 72 Rn. 30) – der gesamte ohne die Gewinnabführung sich ergebende Bilanzgewinn abgeführt werden, außer dem Jahresüberschuss also auch ein etwaiger Gewinnvortrag und etwaige Erträge aus der Auflösung von Rücklagen, einschließlich vor der Eingliederung gebildeter Rücklagen und der nicht mehr erforderlichen (vgl. → Rn. 56) gesetzlichen Rücklage. Der Vertrag endet spätestens zum Ende des Geschäftsjahres, in dem die Eingliederung endet (§ 324 Abs. 2 S. 4 AktG). Die Regelungen sollen Abschluss und Durchführung eines Gewinnabführungsvertrags erleichtern, da für die körperschaftsteuerliche Organschaft auch zwischen eingegliederten Gesellschaften ein Gewinnabführungsvertrag geschlossen werden muss (§ 14 Abs. 1 S. 1 KStG). Gesellschaftsrechtlich ist der Gewinnabführungsvertrag bedeutungslos, da auf Grund der Eingliederung die Hauptgesellschaft ohnehin uneingeschränkt befugt ist, den Gewinn der eingegliederten Gesellschaft an sich zu ziehen.[103]

58 **d) Verlustausgleichspflicht.** Die Hauptgesellschaft ist verpflichtet, jeden bei der eingegliederten Gesellschaft entstehenden Bilanzverlust auszugleichen, soweit der Verlust die Kapitalrücklagen und die Gewinnrücklagen übersteigt (§ 324 Abs. 3 AktG). Der wesentliche Unterschied zur Verlustausgleichspflicht nach § 302 AktG besteht darin, dass die Verlustausgleichspflicht solange nicht besteht, wie Kapitalrücklagen und Gewinnrücklagen – auch solche, die vor der Eingliederung gebildet wurden – vorhanden sind. Es ist also zulässig, bis zur Höhe dieser Rücklagen einen Verlustvortrag zu bilden, soweit nicht die Rücklagen aufgelöst werden. Anders als im Rahmen von § 302 AktG (vgl. → § 71 Rn. 71) ist es auch möglich, die Verlustausgleichspflicht durch eine vereinfachte Kapitalherabsetzung gem. § 229 AktG zu vermeiden.[104]

59 **3. Rechte und Pflichten des Aufsichtsrats.** Für die Rechte und Pflichten der Aufsichtsräte der eingegliederten Gesellschaft und der Hauptgesellschaft gelten die gleichen Grundsätze wie für die Aufsichtsräte einer abhängigen und einer herrschenden Gesellschaft im Vertragskonzern; vgl. dazu → § 71 Rn. 174 f. Im Rahmen der Berichterstattung des Vorstands der Hauptgesellschaft an seinen Aufsichtsrat nach § 90 AktG ist die eingegliederte Gesellschaft genauso zu behandeln, wie eine unselbstständige Betriebsabteilung der Hauptgesellschaft.[105]

60 **4. Auskunftsrecht der Aktionäre der Hauptgesellschaft.** Jedem Aktionär der Hauptgesellschaft ist über Angelegenheiten der eingegliederten Gesellschaft ebenso – also im gleichen Umfang, aber auch in den gleichen Grenzen (namentlich gilt § 131 Abs. 3 AktG)[106] – Auskunft zu erteilen wie über Angelegenheiten der Hauptgesellschaft selbst (§ 326 AktG). Darin liegt eine Erweiterung gegenüber der Regelung des § 131 Abs. 1 S. 2 AktG, nach welcher die Aktionäre der Hauptgesellschaft nur Auskunft über die rechtlichen und geschäftlichen Beziehungen der Hauptgesellschaft zur eingegliederten Gesellschaft verlangen könnten. Die Auskunft erteilt gem. § 131 Abs. 1 S. 1 AktG der Vorstand der Haupt-

---

[103] Vgl. → Rn. 55 und KölnKommAktG/*Koppensteiner* § 324 Rn. 8 f.; MüKoAktG/*Grunewald* § 324 Rn. 4; Hüffer/*Koch* AktG § 324 Rn. 4.
[104] KölnKommAktG/*Koppensteiner* § 324 Rn. 12; *Habersack* in Emmerich/Habersack Aktien- und GmbH-Konzernrecht § 324 Rn. 9; MüKoAktG/*Grunewald* § 324 Rn. 10; Hüffer/*Koch* AktG § 324 Rn. 7.
[105] KölnKommAktG/*Koppensteiner* § 326 Rn. 3; MüKoAktG/*Grunewald* § 326 Rn. 6; Hüffer/*Koch* AktG § 326 Rn. 1.
[106] KölnKommAktG/*Koppensteiner* § 326 Rn. 1; *Habersack* in Emmerich/Habersack Aktien- und GmbH-Konzernrecht § 326 Rn. 3; MüKoAktG/*Grunewald* § 326 Rn. 4; Hüffer/Koch AktG § 326 Rn. 3.

gesellschaft, der jedoch berechtigt ist, die Antworten unmittelbar durch den Vorstand der eingegliederten Gesellschaft als Auskunftsgehilfen geben zu lassen.[107]

VI. Beendigung der Eingliederung

1. Beendigungsgründe. Die Eingliederung endet in den in § 327 Abs. 1 Nr. 1–4 AktG aufgezählten Fällen. Diese Beendigungsgründe sind **zwingend**. Sie können weder durch die Satzung, noch durch einen Vertrag zwischen der eingegliederten Gesellschaft und der Hauptgesellschaft abbedungen oder erweitert werden.[108]

Die Eingliederung endet zunächst durch **Beschluss der Hauptversammlung** der eingegliederten Gesellschaft (§ 327 Abs. 1 **Nr. 1** AktG). Im Ergebnis beschließt also der Vorstand der Hauptgesellschaft das Ende der Eingliederung. Besteht ein Zustimmungsvorbehalt für den Aufsichtsrat nach § 111 Abs. 4 S. 2 AktG, ist die Zustimmung des Aufsichtsrats erforderlich. Einer Zustimmung durch die Hauptversammlung der Hauptgesellschaft bedarf es nicht.[109]

Nach § 327 Abs. 1 **Nr. 2** AktG endet die Eingliederung, wenn die Hauptgesellschaft nicht mehr eine Aktiengesellschaft mit Sitz im Inland ist. Sowohl eine **Änderung der Rechtsform** der Hauptgesellschaft als auch eine Verlegung des satzungsmäßigen **Sitzes der Hauptgesellschaft** ins Ausland können also die Eingliederung beenden. Voraussetzung ist aber, dass aufgrund der Änderung die Eingliederungsvoraussetzungen der §§ 319 Abs. 1, 320 Abs. 1 AktG nicht mehr erfüllt sind. Deshalb schadet der Wechsel in die Rechtsform der SE nicht;[110] hält man die Eingliederung einer deutschen AG in eine EU-ausländische AG für möglich (vgl. → Rn. 4) ist es folgerichtig, sie auch bei einem solchen Rechtsformwechsel (etwa aufgrund Verschmelzung) fortbestehen zu lassen.[111] **Rechtsformwechsel und Sitzverlegung der eingegliederten Gesellschaft** ins Ausland führen – auch wenn es insoweit an einer besonderen gesetzlichen Regelung fehlt – wegen Fortfalls der Eingliederungsvoraussetzungen ebenfalls zum Ende der Eingliederung;[112] auch insoweit gilt eine Ausnahme für den Wechsel in die Rechtsform der SE und einer EU-ausländischen AG, sofern man diese für eingliederungsfähig ansieht (vgl. → Rn. 4).[113]

Die Eingliederung endet weiter, wenn auch nur eine einzige Aktie der eingegliederten Gesellschaft von einem **Dritten erworben** wird (§ 327 Abs. 1 **Nr. 3** AktG). Das gilt selbst dann, wenn es sich dabei ebenfalls um eine 100 %-ige Tochter der Hauptgesellschaft handelt.[114] Die Hauptgesellschaft hat die eingegliederte Gesellschaft unverzüglich schriftlich zu informieren, wenn sich nicht mehr alle Aktien der eingegliederten Gesellschaft in ihrer Hand befinden (§ 327 Abs. 2 AktG). Dabei ist zusätzlich anzugeben, zu welchem Zeitpunkt das erste Mal eine Aktie der eingegliederten Gesellschaft von einem Dritten erworben wurde.[115]

---

[107] MüKoAktG/*Grunewald* § 326 Rn. 5; *Habersack* in Emmerich/Habersack Aktien- und GmbH-Konzernrecht § 326 Rn. 2; Hüffer/*Koch* AktG § 326 Rn. 2; enger KölnKommAktG/*Koppensteiner* § 326 Rn. 2, der hierfür die Zustimmung der Aktionäre verlangt.
[108] KölnKommAktG/*Koppensteiner* § 327 Rn. 5 f.; *Habersack* in Emmerich/Habersack Aktien- und GmbH-Konzernrecht § 327 Rn. 3; MüKoAktG/*Grunewald* § 327 Rn. 15 f.; Hüffer/*Koch* AktG § 327 Rn. 2.
[109] KölnKommAktG/*Koppensteiner* § 327 Rn. 7; *Habersack* in Emmerich/Habersack Aktien- und GmbH-Konzernrecht § 327 Rn. 4; MüKoAktG/*Grunewald* § 327 Rn. 2; Hüffer/*Koch* AktG § 327 Rn. 3.
[110] *Habersack* in Emmerich/Habersack Aktien- und GmbH-Konzernrecht § 327 Rn. 5, der die Eingliederung auch bei Formwechsel in eine KGaA bestehen lassen will, weil er im Gegensatz zur hM auch die KGaA als eingliederungsfähig ansieht; vgl. auch → Rn. 4.
[111] MüKoAktG/*Grunewald* § 327 Rn. 4; Spindler/Stilz AktG/*Singhof* § 327 Rn. 3.
[112] KölnKommAktG/*Koppensteiner* § 327 Rn. 11; *Habersack* in Emmerich/Habersack Aktien- und GmbH-Konzernrecht § 327 Rn. 10; MüKoAktG/*Grunewald* § 327 Rn. 11; Hüffer/*Koch* AktG § 327 Rn. 4; Spindler/Stilz AktG/*Singhof* § 327 Rn. 6.
[113] MüKoAktG/*Grunewald* § 327 Rn. 11.
[114] KölnKommAktG/*Koppensteiner* § 327 Rn. 12; *Habersack* in Emmerich/Habersack Aktien- und GmbH-Konzernrecht § 327 Rn. 6; Spindler/Stilz AktG/*Singhof* § 327 Rn. 4.
[115] KölnKommAktG/*Koppensteiner* § 327 Rn. 13; MüKoAktG/*Grunewald* § 327 Rn. 7; *Habersack* in Emmerich/Habersack Aktien- und GmbH-Konzernrecht § 327 Rn. 12.

65 Die Eingliederung endet schließlich durch **Auflösung der Hauptgesellschaft** (§ 327 Abs. 1 **Nr. 4** AktG). Hierzu zählen nur die Auflösungsfälle der §§ 262 Abs. 1 und 396 AktG. Bei Verschmelzung der Hauptgesellschaft auf eine dritte Gesellschaft geht das Eingliederungsverhältnis auf die übernehmende Gesellschaft über.[116] Die Abspaltung oder Ausgliederung von Vermögensteilen der Hauptgesellschaft lässt die Eingliederung unberührt.[117] Darüber hinaus ist nach Maßgabe des Spaltungs- und Übernahmevertrags auch die Übertragung des Eingliederungsverhältnisses nebst der zugrundeliegenden Beteiligung und seine Fortführung durch den Erwerber möglich.[118] Vorausgesetzt ist dabei immer, dass die aufnehmende Gesellschaft eine inländische Aktiengesellschaft oder eine ihr gleichstehende eingliederungsfähige Gesellschaft (vgl. → Rn. 4) ist. Ebenso unschädlich ist der umgekehrte Fall, dass eine dritte Gesellschaft auf die Hauptgesellschaft verschmolzen wird.[119]

66 Bei einer **Auflösung der eingegliederten Gesellschaft** endet die Eingliederung ebenfalls.[120] Auch die Verschmelzung der eingegliederten Gesellschaft auf eine andere Gesellschaft führt zum Ende der Eingliederung.[121] Gleiches gilt im umgekehrten Fall der Verschmelzung einer anderen Gesellschaft auf die eingegliederte Gesellschaft jedenfalls dann, wenn an der anderen Gesellschaft außenstehende Gesellschafter beteiligt sind (327 Abs. 1 Nr. 3 AktG). Hingegen berührt die Verschmelzung durch Aufnahme die Eingliederung nicht, wenn es sich bei der übertragenden Gesellschaft um eine 100%ige Tochter der Hauptgesellschaft handelt.[122] Eine Abspaltung des Eingliederungsverhältnisses ist auf der Ebene der eingegliederten Gesellschaft nicht möglich, ebenso wenig seine Fortführung nach deren Aufspaltung.[123]

67 **2. Folgen der Beendigung.** Die Eingliederung endet automatisch in dem **Zeitpunkt,** in dem einer der Beendigungsgründe eintritt. Eine Verschiebung bis zum Ende des laufenden Geschäftsjahres ist nicht möglich; ebenso wenig kann der Beendigung Rückwirkung verliehen werden.

Der Vorstand der bisher eingegliederten Gesellschaft hat das Ende der Eingliederung, seinen Grund und seinen Zeitpunkt unverzüglich zur **Eintragung ins Handelsregister** der bisher eingegliederten Gesellschaft anzumelden (§ 327 Abs. 3 AktG). Die Eintragung wird durch das Registergericht bekanntgemacht (§ 10 HGB). Die frühere Hauptgesellschaft hat auf den Stichtag der Beendigung der Eingliederung eine **Zwischenbilanz** aufzustellen und einen daraus etwa sich ergebenden Bilanzverlust nach Maßgabe von § 324 Abs. 3 AktG auszugleichen.[124] Darüberhinausgehende Leistungen an die bislang einge-

---

[116] KölnKommAktG/*Koppensteiner* § 327 Rn. 15; *Habersack* in Emmerich/Habersack Aktien- und GmbH-Konzernrecht § 327 Rn. 8; MüKoAktG/*Grunewald* § 327 Rn. 9; Hüffer/*Koch* AktG § 327 Rn. 4; aA K. Schmidt/Lutter AktG/*Ziemons* § 327 Rn. 9.

[117] *Habersack* in Emmerich/Habersack Aktien- und GmbH-Konzernrecht § 327 Rn. 9; KölnKommAktG/*Koppensteiner* § 327 Rn. 15; MüKoAktG/*Grunewald* § 327 Rn. 9.

[118] *Habersack* in Emmerich/Habersack Aktien- und GmbH-Konzernrecht § 327 Rn. 9; MüKoAktG/*Grunewald* § 327 Rn. 9; KölnKommAktG/*Koppensteiner* § 327 Rn. 15.

[119] *Habersack* in Emmerich/Habersack Aktien- und GmbH-Konzernrecht § 327 Rn. 8; MüKoAktG/*Grunewald* § 327 Rn. 9.

[120] KölnKommAktG/*Koppensteiner* § 327 Rn. 16; *Habersack* in Emmerich/Habersack Aktien- und GmbH-Konzernrecht § 327 Rn. 11; Spindler/Stilz AktG/*Singhof* § 327 Rn. 6.

[121] MüKoAktG/*Grunewald* § 327 Rn. 12; KölnKommAktG/*Koppensteiner* § 327 Rn. 16; Hüffer/*Koch* AktG § 327 Rn. 4; aA für den Fall, dass die aufnehmende Gesellschaft eine zu 100% der Hauptgesellschaft gehörende inländische AG ist, *Habersack* in *Emmerich/Habersack* Aktien- und GmbH-Konzernrecht § 327 Rn. 10; Bürgers/Körber AktG/*Fett* § 327 Rn. 8.

[122] *Habersack* in Emmerich/Habersack Aktien- und GmbH-Konzernrecht § 327 Rn. 10; KölnKommAktG/*Koppensteiner* § 327 Rn. 16; MüKoAktG/*Grunewald* § 327 Rn. 12.

[123] *Habersack* in Emmerich/Habersack Aktien- und GmbH-Konzernrecht § 327 Rn. 11; KölnKommAktG/*Koppensteiner* § 327 Rn. 16; MüKoAktG/*Grunewald* § 327 Rn. 13.

[124] KölnKommAktG/*Koppensteiner* § 327 Rn. 2; Spindler/Stilz AktG/*Singhof* § 327 Rn. 1.

gliederte Gesellschaft sind nicht erforderlich, namentlich ist die bisherige Hauptgesellschaft nicht zur Leistung von Wiederaufbauhilfen verpflichtet.[125]

Auch nach dem Ende der Eingliederung **haftet die Hauptgesellschaft** für die bis zur Beendigung der Eingliederung begründeten Verbindlichkeiten der ehemals eingegliederten Gesellschaft weiter. Bei Verbindlichkeiten der früher eingegliederten Gesellschaft, die in der Zeit zwischen der Beendigung der Eingliederung und ihrer Eintragung und Bekanntmachung begründet werden, werden die Gläubiger durch § 15 HGB geschützt. Die Haftung besteht nur insoweit, als die Verbindlichkeiten binnen 5 Jahren nach Bekanntmachung des Endes der Eingliederung fällig und gerichtlich geltend gemacht worden sind (§ 327 Abs. 4 S. 1 AktG).

VII. Steuerliche Behandlung der Eingliederung

Die aktienrechtliche Eingliederung einer AG in eine andere AG zieht keine unmittelbaren steuerlichen Folgerungen nach sich. Die Eingliederung begründet aus sich heraus kein steuerliches Organschaftsverhältnis. Eine **steuerliche Organschaft** wird auch bei einer eingegliederten AG nur durch den Abschluss eines Gewinnabführungsvertrags nach § 291 AktG iVm § 324 Abs. 2 AktG begründet, wenn die übrigen Voraussetzungen des § 14 Abs. 1 KStG erfüllt werden. Der schriftlich abgeschlossene Gewinnabführungsvertrag ist ausreichend; die Zustimmung der Haupt- oder Gesellschafterversammlung und die Eintragung im Handelsregister ist nicht erforderlich. Dies wird auch steuerlich anerkannt.[126]

Wird mit einer eingegliederten AG ein **Gewinnabführungsvertrag** abgeschlossen, sind nach § 324 Abs. 2 AktG die §§ 293–296, 298–303 AktG nicht anzuwenden. Wegen der gesetzlich angeordneten Haftung der Hauptgesellschaft wird die eingegliederte Gesellschaft von der Beachtung der sonst geltenden Kapitalerhaltungsvorschriften dispensiert. Die eingegliederte Gesellschaft darf demzufolge zB auch vorvertragliche Gewinn- oder Kapitalrücklagen zugunsten des an den Organträger abzuführenden Gewinns auflösen. Die Auflösung und Abführung solcher Rücklagen stellt handelsrechtlich keinen Verstoß gegen das Abführungsgebot dar.[127] Die steuerrechtliche Beurteilung schließt sich dem an. Die Auflösung und Abführung solcher Rücklagen bedeutet nicht die Nichtdurchführung des Gewinnabführungsvertrags.[128] Steuerrechtlich fällt die Abführung solcher Beträge gleichwohl nicht unter § 14 Abs. 1 KStG und ist dem Organträger deswegen nicht als Einkommen der Organgesellschaft zuzurechnen. Es gelten vielmehr die allgemeinen Vorschriften.[129] Diese Beträge werden steuerrechtlich wie eine Dividende, hier als verdeckte Gewinnausschüttung behandelt.[130]

Wird zwischen der eingegliederten AG und der Hauptgesellschaft kein Gewinnabführungsvertrag abgeschlossen, gelten für die Ausschüttung und den Verlustausgleich die allgemeinen Vorschriften insbes. über verdeckte Einlagen und Gewinnausschüttungen.

---

[125] Näher KölnKommAktG/*Koppensteiner* § 324 Rn. 3; die Frage wird zumeist für die Beendigung eines Beherrschungsvertrages diskutiert, vgl. dazu → § 71 Rn. 230 f.
[126] R 14.5 Abs. 1 S. 3 KStR; *Müller/Stöcker/Lieber*, Die Organschaft, 10. Aufl. 2017, S. 53.
[127] R 14.6 Abs. 3 S. 2 KStR.
[128] R 14.6 Abs. 3 S. 3 iVm R 14.5 Abs. 8 KStR.
[129] R 14.6 Abs. 3 S. 4 KStR.
[130] R 14.61 Abs. 4 S. 1 KStR.

13. Kapitel. Ausschluss von Minderheitsaktionären (Squeeze-out)

§ 75 Ausschluss von Minderheitsaktionären (Squeeze-out)

Übersicht

	Rn.		Rn.
I. Einführung und Abgrenzung	1–11	a) Einberufung und Tagesordnung	64–67
1. Grundlagen	1–5	b) Information der Minderheitsaktionäre	68–72
2. Andere Ausschlussverfahren	6–11	2. Durchführung der Hauptversammlung	73–78
a) Übernahmerechtlicher Squeeze-out	7, 8	a) Vorlagen	73–75
b) Verschmelzungsrechtlicher Squeeze-out	9	b) Auskunftsrecht der Aktionäre	76
c) Mehrheitseingliederung	10	c) Beschlussfassung	77, 78
d) Übertragende Auflösung	11	3. Anfechtung und Nichtigkeit des Übertragungsbeschlusses	79–82
II. Ablauf des Ausschlussverfahrens (Überblick)	12–17	4. Eintragung ins Handelsregister	83–95
III. Beteiligte	18–33	a) Anmeldung	83
1. Betroffene Gesellschaft	18	b) Registersperre und Freigabeverfahren	84–91
2. Hauptaktionär	19–33	c) Wirkungen der Eintragung	92–95
a) Persönliche Voraussetzungen	19	VI. Barabfindung der Minderheitsaktionäre	96–112
b) Kapitalbeteiligung von mindestens 95 %	20	1. Höhe der Barabfindung	96–106
c) Zurechnung von Aktien	21–24	a) Allgemeine Grundsätze und Bewertungsmethoden	96–99
d) Eigene Aktien	25, 26	b) Börsenkurs	100, 101
e) Kapitalmaßnahmen	27	c) Irrelevante Bewertungsparameter	102, 103
f) Bezugsrechte auf Aktien	28	d) Anrechung von Dividenden, Ausgleichszahlungen und sonstigen Abfindungsansprüchen	104–106
g) Relevante Zeitpunkte	29–31	2. Abfindungsanspruch	107–110
h) Prüfung der Mindestbeteiligung	32, 33	a) Allgemeines	107–109
IV. Vorbereitung des Übertragungsbeschlusses	34–63	b) Technische Abwicklung	110
1. Verlangen des Hauptaktionärs	34–41	3. Gerichtliche Überprüfung der Barabfindung	111, 112
a) Inhalt, Adressat, Form und Vertretung	34–36	VII. Sonstige Folgen des Minderheitsausschlusses	113–119
b) Folgen	37–39	1. Bezugsrechte auf Aktien	113, 114
c) Zeitpunkt	40, 41	2. Anhängige Anfechtungs- und Nichtigkeitsklagen	115–118
2. Bericht des Hauptaktionärs	42–49	3. Sonstige Verfahren	119
a) Inhalt	43–45	VIII. Missbrauch des Minderheitsausschlusses	120–133
b) Informationsversorgung des Hauptaktionärs	46, 47	1. Allgemeines	120, 121
c) Zeitpunkt	48	2. Fallgruppen	122–132
d) Form	49	a) Umwandlung	122–125
3. Festlegung und Prüfung der Barabfindung	50–59	b) Bezugsrechtsausschluss	126, 127
a) Festlegung durch den Hauptaktionär	50	c) Zusammenschluss von Aktionären	128
b) Bestellung des Abfindungsprüfers	51–55	d) Alleinaktionär auf Zeit	129
c) Prüfung und Prüfungsbericht	56–59	e) Vertragliche Rechte und Vertrauensschutz	130
4. Bankgarantie	60–63	f) Anhängige Verfahren und unerledigte Ansprüche	131
a) Garantiegeber und Inhalt der Garantie	61	g) Vorheriges Delisting	132
b) Betrag, Form und Zeitpunkt der Garantie	62, 63	3. Rechtsfolgen	133
V. Übertragungsbeschluss der Hauptversammlung	64–95		
1. Vorbereitung der Hauptversammlung	64–72		

Schrifttum: *Angerer,* Der Squeeze-out, BKR 2002, 260; *Aubel/Weber,* Ausgewählte Probleme bei Eingliederung und Squeeze Out während eines laufenden Spruchverfahrens, WM 2004, 857; *Baums,* Der Ausschluss von Minderheitsaktionären nach §§ 327a ff. AktG n. F., WM 2001, 1843; *Bredow/ Tribulowsky,* Auswirkungen von Anfechtungsklage und Squeeze-out auf ein laufendes Spruchstellenverfahren, NZG 2002, 841; *Buchta/Ott,* Problembereiche des Squeeze-out, DB 2005, 990; *Bücker,* Die Berücksichtigung des Börsenkurses bei Strukturmaßnahmen – BGH revidiert DAT/Altana, NZG 2010, 967; *Bungert,* Verlust der Klagebefugnis für anhängige Anfechtungsklagen nach Wirksamwerden eines Squeeze Out, BB 2005, 1345; *Bungert/Wettich,* Neues zur Ermittlung des Börsenwerts bei Strukturmaßnahmen, ZIP 2012, 449; *dies.,* Die zunehmende Bedeutung des Börsenkurses im Wandel der Rechtsprechung, FS Hoffmann-Becking, 2013, S. 157; *Burger,* Keine angemessene Abfindung durch Börsenkurse bei Squeeze-out, NZG 2012, 281; *Decher,* Die Ermittlung des Börsenkurses für Zwecke der Barabfindung beim Squeeze out, ZIP 2010, 1673; *ders.,* Strittige Related Party Transactions als Bremse für Verschmelzung und Squeeze-out?, FS E. Vetter, 2019, S. 95; *Dißars,* Anfechtungsrisiken beim Squeeze-out – zugleich eine Analyse der bisherigen Rechtsprechung, BKR 2004, 389; *Dresenkamp,* Squeeze-out durch den Staat, 2012; *Ehricke/Roth,* Squeeze-out im geplanten deutschen Übernahmerecht, DStR 2001, 1120; *Fehling/Arens,* Informationsrechte und Rechtsschutz von Bezugsrechtsinhabern beim aktienrechtlichen Squeeze-out, AG 2010, 735; *Fleischer,* Das neue Recht des Squeeze-out, ZGR 2002, 757; *Fleischer/Schoppe,* Squeeze out und Eigentumsgarantie der Europäischen Menschenrechtskonvention, Der Konzern 2006, 329; *Florstedt,* „Kompensation statt Kassation" – ein freigaberechtlicher Grundsatz? ZIP 2018, 1661; *Friedl,* Die Rechte von Bezugsrechtsinhabern beim Squeeze-out im Vergleich zu den Rechten der Minderheitsaktionäre, Der Konzern, 2004, 309; *Fuchs,* Der aktienrechtliche Squeeze-out, 2009; *Fuhrmann/Simon,* Der Ausschluss von Minderheitsaktionären, WM 2002, 1211; *Gesmann-Nuissl,* Die neuen Squeeze-out Regeln im Aktiengesetz, WM 2002, 1205; *Goslar/von der Linden,* Grenzen des Rechtsmissbrauchseinwands gegen Gestaltungen beim aktienrechtlichen Squeeze-out, BB 2009, 1986; *Gräfe,* Squeeze-outs nach deutschem, französischem und spanischem Gesellschaftsrecht, 2009; *Greulich,* Der Schutz des Minderheitsaktionärs. Eine kritische Analyse der §§ 327a ff. AktG, 2004; *Grunewald,* Die neue Squeeze-out Regelung, ZIP 2002, 18; *Hamann,* Minderheitenschutz beim Squeeze-out-Beschluss, 2003; *König,* Kraftloserklärung nicht eingereichter Aktien von Minderheitsaktionären nach einem Squeeze-out, NZG 2006, 606; *Königshausen,* Squeeze-out in den USA und Deutschland, 2012; *Krieger,* Squeeze-out nach neuem Recht: Überblick und Zweifelsfragen, BB 2002, 53; *Leuering,* Die parallele Angemessenheitsprüfung durch den gerichtlich bestellten Prüfer, NZG 2004, 606; *Markwardt,* Squeeze-out: Anfechtungsrisiken in „Missbrauchsfällen", BB 2004, 277; *Marten/Müller,* Squeeze-out-Prüfung, FS Röhricht, 2005, S. 963; *Martens,* Die rechtliche Behandlung von Options- und Wandlungsrechten anlässlich der Eingliederung der verpflichteten Gesellschaft, AG 1992, 209; *Maslo,* Zurechnungstatbestände und Gestaltungsmöglichkeiten zur Bildung eines Hauptaktionärs beim Ausschluss von Minderheitsaktionären (Squeeze-out), NZG 2004, 163; *Mennicke,* Squeeze-out: Bestimmung der Barabfindung bei einem gekündigten Beherrschungs- und Gewinnabführungsvertrag, DB 2016, 2047; *K. Mertens,* Der Auskauf von Minderheitsaktionären in gemeinschaftlich beherrschten Unternehmen, AG 2002, 377; *Meilicke,* Zur Verfassungsmäßigkeit der Squeeze-out-Regelungen – insbesondere in der Insolvenz des Hauptaktionärs, AG 2007, 261; *Mock,* (Rechtsmissbräuchlicher) Squeeze out zur Vermeidung der Durchsetzung von Ersatzansprüchen, WM 2019, 1905; *Moritz,* Squeeze out: Der Ausschluss von Minderheitsaktionären nach §§ 327a ff. AktG, 2004; *Pluskat,* Nicht missbräuchliche Gestaltungen zur Erlangung der Beteiligungshöhe beim Squeeze-out, NZG 2007, 725; *Popp,* Zur Relevanz der kapitalisierten Ausgleichszahlung, Der Konzern 2017, 224; *Posegga,* Squeeze-out. Unter besonderer Berücksichtigung möglicher Missbrauchsfälle sowie der Besonderheiten der Bemessung der Barabfindung, 2006; *Rathausky,* Empirische Untersuchung zur Frage der ökonomischen Vorteilhaftigkeit des Squeeze-out in Deutschland, Finanz-Betrieb 2004, 107; *Rieder,* (Kein) Rechtsmissbrauch beim Squeeze-out, ZGR 2009, 981; *Riegger,* Das Schicksal eigener Aktien beim Squeeze-out, DB 2003, 541; *Roth,* Die übertragende Auflösung nach Einführung des Squeeze-out, NZG 2003, 998; *Rühland,* Der Ausschluss von Minderheitsaktionären aus der Aktiengesellschaft (Squeeze-out), 2004; *Ruiz de Vargas/Schenk,* Anteilsbewertung im Squeeze-out-Fall bei vorliegendem Beherrschungs- und Gewinnabführungsvertrag: Barwert der Ausgleichszahlungen oder anteiliger Ertragswert? AG 2016, 354; *Scharpf,* Chancen und Risiken beim Ausschluss von Minderheitsaktionären, 2004; *Schiffer/Roßmeier,* Auswirkungen des Squeeze-out auf rechtshängige Spruchverfahren, DB 2002, 1359; *H. Schmidt,* Erhöhung der Barabfindung beim Squeeze out nach Einberufung der Hauptversammlung, GS Winter, 2011, S. 583; *Schüppen,* Barabfindung gem. § 327b AktG beim Squeeze-out im Vertragskonzern – Klärendes, Erhellendes, Verwirrendes, ZIP 2016, 1413; *Sieger/Hasselbach,* Ausschluss von Minderheitsaktionären (Squeeze-out) im ausländischen Recht, NZG

2001, 926; *Stange,* Zwangsausschluss von Minderheitsaktionären (Squeeze-out). Eine empirische und dogmatische Analyse, 2010; *Tebben,* Ausgleichszahlungen bei Aktienübergang, AG 2003, 600; *E. Vetter,* Squeeze-out – Der Ausschluss der Minderheitsaktionäre aus der Aktiengesellschaft nach den §§ 327a–327f AktG, AG 2002, 176; *Vossius,* Squeeze-out – Checklisten für Beschlussfassung und Durchführung, ZIP 2002, 511; *Warchol,* Squeeze-out in Deutschland, Polen und übrigen Europa, 2008; *Wartenberg,* Die Auslage von Jahresabschlüssen für das letzte Geschäftsjahr beim Squeeze-out, AG 2004, 539; *Wasmann,* Endlich Neuigkeiten zum Börsenkurs – Besprechung der Stollwerck-Entscheidung des BGH –, ZGR 2011, 83; *ders.* Zur (Un-)Maßgeblichkeit der Ausgleichszahlungen gem. § 304 AktG für die Barabfindung beim Squeeze-out, DB 2017, 1433; *Wilsing/Kruse,* Zur Behandlung bedingter Aktienbezugsrechte beim Squeeze-out, ZIP 2002, 1465; *Wilts/Schaldt/Nottmeier,* Unternehmensbewertung im Rahmen von Squeeze-outs, FinanzBetrieb 2002, 621; *Wolf,* Der Minderheitenausschluss qua „übertragender Auflösung" nach Einführung des Squeeze-out gemäß §§ 327a–f AktG, ZIP 2002, 153.

I. Einführung und Abgrenzung

1. Grundlagen. §§ 327a ff. AktG eröffnen seit 2002 die Möglichkeit, Minderheitsaktionäre gegen ihren Willen aus einer AG oder einer KGaA auszuschließen. Die Aktien der Minderheitsaktionäre werden gegen Barabfindung auf den Hauptaktionär (das ist ein Aktionär, der 95 % oder mehr des Grundkapitals hält)[1] übertragen. Der **aktienrechtliche Minderheitsausschluss** oder **Squeeze-out,** wie er im englischsprachigen Ausland und überwiegend auch in Deutschland genannt wird,[2] ist ein häufig genutztes Mittel[3] zur **Bereinigung der Konzernstruktur.** Üblicherweise finanzieren Konzerne sich über ihre Obergesellschaft. Nur diese ist durch Ausgabe von Aktien oder sonstigen Wertpapieren an den Kapitalmärkten aktiv. In der Regel besteht kein Bedürfnis, Außenstehende an den konzernangehörigen Gesellschaften als Eigenkapitalgeber zu beteiligen. Im Gegenteil verursacht die Beteiligung von Minderheitsaktionären zusätzliche Kosten, zB für öffentliche Hauptversammlungen und die mit einer etwaigen Börsennotierung verbundenen Berichts- und Publizitätspflichten.[4] Ferner werden Strukturmaßnahmen (zB Vermögensübertragungen, Spaltungen, Verschmelzungen) erschwert, weil die dazu erforderlichen Hauptversammlungsbeschlüsse angefochten werden können und Umtausch- oder Abfindungsansprüche aufwändige Unternehmensbewertungen erfordern. Die Beteiligung von Minderheitsaktionären an konzernangehörigen Gesellschaften ist jedoch weit verbreitet. Am häufigsten entsteht diese Situation beim Erwerb einer börsennotierten AG durch ein öffentliches Angebot, bei dem immer ein Restbestand von Aktionären bleibt, die ihre Aktien nicht verkaufen.[5] Auf die Börsennotierung kommt es für die Anwendbarkeit der Ausschlussvorschriften allerdings nicht an.

1

---

[1] Zum Sonderfall des 90%-Squeeze-out durch den SoFFin → Rn. 6 mit → Fn. 15.
[2] Terminologische Vorsicht ist bei Kontakten mit den USA geboten, wo „Squeeze-out" das faktische Hinausdrängen von Minderheitsaktionären bezeichnet und eine negative Konnotation hat. Das juristisch-technische Mittel zum Minderheitsausschluss ist dort „Freeze-out". Dazu *Schöpper,* Ausschluss von Minderheitsaktionären in Deutschland und den USA, 2007, S. 29; GroßkommAktG/ *Fleischer* Vor §§ 327a–f Rn. 4 mwN.
[3] Per Ende 2019, also 17 Jahre nach Einführung des aktienrechtlichen Minderheitsausschlusses, sind mehr als 600 derartige Verfahren verzeichnet, und zwar überwiegend bei börsennotierten Aktiengesellschaften. Überproportional viele Fälle entfallen auf die ersten Jahre. Nachdem der Bestand bereinigt war, hat sich die Zahl der Verfahren auf etwa 20 pro Jahr eingependelt. Die Angaben beruhen auf *Stange* S. 65 ff. sowie eigenen Auswertungen der betreffenden Veröffentlichungen im Bundesanzeiger.
[4] Zahlenmaterial dazu in den empirischen Untersuchungen von *Gampenrieder* WPg 2003, 481; *ders.,* Squeeze-out, 2004, S. 114–123; *Rathausky* FinanzBetrieb 2004, 107.
[5] Deshalb wurde der aktienrechtliche Minderheitsausschluss bei seiner Einführung im Jahre 2002 unter anderem als Korrelat zur Angebotspflicht nach § 30 WpÜG bei Erwerb von mehr als 30 % der Stimmrechte einer börsennotierten Gesellschaft gesehen; Begr. RegE WpÜG, BT-Drs. 14/7034, 32. Aus dieser Funktion wurde er vom 2006 eingeführten übernahmerechtlichen Squeeze-out (§§ 39a–c

2 Der Minderheitsausschluss berührt nicht das Konzernrechtsverhältnis zwischen Hauptaktionär und Gesellschaft.⁶ Vielmehr bleibt es bei einem faktischen Konzern, auf den weiterhin die Regeln der §§ 311 ff. AktG Anwendung finden oder, wenn bereits ein Unternehmensvertrag besteht, bei einem Vertragskonzern. Um noch stärkere Leitungsmacht gegenüber der Gesellschaft zu gewinnen, muss der Hauptaktionär sie gemäß § 319 AktG eingliedern. In der Praxis wird der Ausschluss der Minderheitsaktionäre häufig mit dem Abschluss eines Beherrschungsvertrags gemäß § 291 Abs. 1 S. 1 AktG verbunden. Man trifft dies insbesondere in den Fällen des sogenannten „Going Private" an, in denen ein Private Equity Investor die Minderheit nach einem Übernahmeangebot ausschließt und sich zugleich mit dem Beherrschungsvertrag Zugang zu den Aktiva der Gesellschaft verschaffen will. Bei der Kombination von Minderheitsausschluss und Beherrschungsvertrag muss die Konkurrenz der verschiedenen Ausgleich- und Abfindungsansprüche gelöst werden (→ Rn. 105–106).

3 Obwohl der Minderheitsausschluss als solcher keine Konzernierungsmaßnahme darstellt, hat der Gesetzgeber sich entschlossen, Voraussetzungen und Verfahren den **Regeln der Mehrheitseingliederung** (§ 320 AktG), also einer sehr intensiven Konzernierungsform, nachzubilden.⁷ Daraus erklärt sich vor allem, dass der Hauptaktionär über mindestens 95% des Grundkapitals verfügen und einen Hauptversammlungsbeschluss herbeiführen muss, um den Minderheitsausschluss zu erreichen (§§ 327a Abs. 1, 320 Abs. 1 S. 1 AktG). Das Erfordernis eines Hauptversammlungsbeschlusses hat, vor allem in den ersten Jahren, zu einer Flut von Beschlussmängelklagen geführt, die per Ende 2018 mehr als 300 veröffentlichte Gerichtsentscheidungen hervorgebracht haben. Viele, anfangs noch sehr umstrittene Rechtsfragen sind damit für die Praxis hinreichend sicher geklärt. Auch **rechtspolitisch** wird der aktienrechtliche Minderheitsausschluss heute nicht mehr grundsätzlich in Frage gestellt; Kritikpunkte sind allerdings nach wie vor die Geltung für nicht börsennotierte AGs und die fehlende zeitliche Befristung der Verfahrenseinleitung.⁸ In **rechtsvergleichender Sicht** ist weder der Hauptversammlungsbeschluss noch die Mindestbeteiligung von 95% zwingend. Ein Hauptversammlungsbeschluss wird von fast keinem ausländischen Recht gefordert; der mindestens erforderliche Anteilsbesitz reicht von 90% bis 98%.⁹

4 Das **europäische Recht** macht an zwei Stellen Vorgaben für das Squeeze-out-Regime der Mitgliedstaaten. Der aktienrechtliche Minderheitsausschluss bleibt davon aber deshalb unberührt, weil die europäischen Umsetzungspflichten durch andere deutsche Gesetze erfüllt wurden: Art. 15 **Übernahmerichtlinie** von 2004[10] verlangt Mindestregelungen nur für den Squeeze-out im Anschluss an ein öffentliches, an alle Aktionäre gerichtetes Angebot zum Erwerb aller stimmberechtigten Aktien einer börsennotierten Gesellschaft;

WpÜG, noch → Rn. 7–8) bisher nicht verdrängt, außerdem erschöpft sich sein Anwendungsbereich darin bei weitem nicht.

⁶ Emmerich/Habersack Aktien- und GmbH-KonzernR/*Habersack* § 327a Rn. 6; Großkomm-AktG/*Fleischer* Vor §§ 327a–f Rn. 24.

⁷ Begr. RegE WpÜG, BT-Drs. 14/7034, 32.

⁸ Emmerich/Habersack Aktien- und GmbH-KonzernR/*Habersack* § 327a Rn. 5 und früher schon ders. ZIP 2001, 1230 (1232–1236); GroßkommAktG/*Fleischer* Vor §§ 327a–f Rn. 13 und früher schon ders. ZGR 2002, 757 (770–773); *Drygala* AG 2001, 291 (297–298); *Merkt* AG 2003, 126 (133); Hüffer/*Koch* AktG § 327a Rn. 7; jeweils mwN.

⁹ Überblicke zu wichtigen Rechtsordnungen bei *Sieger/Hasselbach* NZG 2001, 926; Frankfurter KommWpÜG/*Schüppen/Tretter* AktG vor § 327a Rn. 16–29; GroßkommAktG/*Fleischer* Vor §§ 327a–f Rn. 61–73. Ausführlich zu einer Vielzahl von Jurisdiktionen *Warchol* S. 207–351; zu Frankreich und Spanien *Gräfe* S. 163–258, 417–440.

¹⁰ Richtlinie 2004/25/EG des Europäischen Parlaments und des Rates vom 21.4.2004 betreffend öffentliche Übernahmeangebote, ABl. 2004 L 142, S. 12 zuletzt geändert durch Richtlinie 2014/59/EU des Europäischen Parlaments und des Rates vom 15.5.2014, ABl. 2014 L 173, S. 190. Zu Art. 15 eingehend *Austmann/Mennicke* NZG 2004, 846.

im Übrigen wird die Regelung des Minderheitsausschlusses den Mitgliedsstaaten ausdrücklich freigestellt (21. Erwägungsgrund der Übernahmerichtlinie). Die Vorgaben von Art. 15 Übernahmerichtlinie sind seit 2006 durch §§ 39a–c WpÜG (übernahmerechtlicher Squeeze-out) in deutsches Recht umgesetzt (→ Rn. 7–8). Art. 114 iVm 113 Gesellschaftsrechtsrichtlinie[11] machen Vorgaben für den Squeeze-out im Zusammenhang mit einer Konzernverschmelzung und sind durch § 62 Abs. 5 UmwG (verschmelzungsrechtlicher Squeeze-out) in deutsches Recht umgesetzt (→ Rn. 9).

§§ 327a ff. AktG sind **verfassungsgemäß** und verletzen insbesondere nicht die Eigentumsgarantie des Art. 14 Abs. 1 GG.[12] Nach der verfassungsgerichtlichen Rechtsprechung bestimmen die Ausschlussregeln Inhalt und Schranken des in der Aktie verkörperten Eigentums iSd Art. 14 Abs. 1 S. 2 GG in verfassungsrechtlich zulässiger Weise. Kleinbeteiligungen, die keine wesentlichen Verwaltungsrechte vermitteln, werden von Verfassungs wegen nur in ihrer Vermögenskomponente geschützt. Der Entzug der nicht wesentlichen Verwaltungsrechte ist durch das typisierte Interesse des Hauptaktionärs und der Gesellschaft an Verwaltungsvereinfachung und Kosteneinsparung gerechtfertigt. Verfassungsrechtlich geboten ist eine wirtschaftlich volle Entschädigung für den Vermögensverlust, dh die Gewährung einer angemessenen Abfindung, sowie effektiver Rechtsschutz gegen rechtsfehlerhafte Ausschlussentscheidungen. Diese Voraussetzungen sind beim aktienrechtlichen Minderheitsausschluss gegeben.[13] Die gesetzlichen Vorschriften über den Ausschluss von Minderheitsaktionären in Deutschland und anderen europäischen Staaten verstoßen auch nicht gegen die Eigentumsgarantie der **Europäischen Menschenrechtskonvention**.[14] Beschlussmängelklagen gegen Übertragungsbeschlüsse, die lediglich auf Verfassungswidrigkeit der gesetzlichen Regelung oder Verletzung der EMRK gestützt sind, haben daher keine Aussicht auf Erfolg. 5

2. Andere Ausschlussverfahren. In diesem Kapitel geht es ausschließlich um den aktienrechtlichen Minderheitsausschluss der §§ 327a ff. AktG. Die Sonderregeln für die Verstaatlichung von Banken durch den SoFFin (§ 12 Abs. 4 FMStBG)[15] werden ausgespart. Andere Arten, die – bekannten und unbekannten – Minderheitsaktionäre aus einer AG auszuschließen, werden in Abgrenzung zum aktienrechtlichen Minderheitsausschluss im Folgenden nur kurz beschrieben. Gar nicht behandelt werden hier die praktisch weniger 6

---

[11] Richtlinie EU 2017/1132 des Europäischen Parlaments und des Rates vom 14.6.2017 über bestimmte Aspekte des Gesellschaftsrechts, ABl. 2017 L 169, S. 46, zuletzt geändert durch Richtlinie (EU) 2019/1151 des Europäischen Parlaments und des Rates vom 20.6.2019, ABl. 2019 L 186, S. 80.

[12] BVerfG NZG 2007, 587 (588–590) – Edscha (auch bei Ausschluss aufgrund Freigabeverfahrens), ZIP 2007, 1987 (auch ohne Mitwirkung stimmrechtsloser Vorzugsaktionäre), ZIP 2007, 2121 (2122) (auch im Liquidationsstadium); jeweils in der Tradition des „Feldmühle"-Urteils BVerfGE 14, 263 (277–278). Ferner BGH ZIP 2005, 2107 – Invensys. Die Literatur stimmt fast einhellig zu, siehe statt aller Hüffer/*Koch* AktG § 327a Rn. 6; *Dresenkamp* S. 124–146 (für „staatlichen" Hauptaktionär nur bei Vorliegen besonderer Voraussetzungen, S. 147–184); jeweils mwN.

[13] Ausführlich BVerfG NZG 2007, 587 (588–590) – Edscha. Zu den Anforderungen an die Gewährung effektiven Rechtsschutzes bei verfrühter Eintragung des Minderheitsausschlusses in das Handelsregister BVerfG NZG 2010, 902 Rn. 23–26 – Gerresheimer Glas; ausführlicher → Rn. 84.

[14] Eingehend *Fleischer*/*Schoppe* Der Konzern 2006, 329 (332–338); GroßkommAktG/*Fleischer* Vor §§ 327a–f Rn. 57–59.

[15] Als eine der Maßnahmen zur Bekämpfung der Finanzkrise seit 2008 hat der Gesetzgeber die Mindestbeteiligung für einen Sonderfall herabgesetzt: Der SoFFin kann den Minderheitsausschluss bei einem gestützten Finanzunternehmen bereits ab einer Beteiligungsquote von 90% betreiben; darüber hinaus werden ihm Verfahrenserleichterungen gewährt (§ 12 Abs. 4 FMStBG). Dazu *Dresenkamp* S. 193–195. Unter Anwendung dieser Sonderregeln wurde 2009, nach Durchführung ebenfalls vereinfachter Kapitalmaßnahmen, die Hypo Real Estate Holding AG verstaatlicht. Dagegen erhobene, auch auf Verfassungswidrigkeit der Sondervorschriften gestützte Klagen blieben bisher ohne Erfolg, zuletzt OLG München WM 2011, 2048 – HRE. Auch die Literatur geht überwiegend von der Verfassungsmäßigkeit des § 12 Abs. 4 FMStBG aus; statt aller *Götz* NZG 2010, 412 (413–414); *Dresenkamp* S. 197–212; jeweils mwN. Die Sonderregeln bleiben im Folgenden außer Betracht.

relevanten Fallgruppen des Ausschlusses einzelner, individualisierbarer Aktionäre aufgrund von Sondertatbeständen[16] sowie der Zwangseinziehung gemäß § 237 AktG.[17]

7 a) Übernahmerechtlicher Squeeze-out. Der Minderheitsausschluss gemäß §§ 39a–c WpÜG[18] ist demjenigen Bieter eröffnet, dem nach einem Übernahme- oder Pflichtangebot Aktien der (börsennotierten) Zielgesellschaft in Höhe von mindestens 95 % des stimmberechtigten Grundkapitals gehören. Er kann dann die Übertragung der übrigen stimmberechtigten Aktien gegen Gewährung einer angemessenen Abfindung durch Gerichtsbeschluss verlangen. Wenn der Bieter zugleich Aktien in Höhe von 95 % des gesamten Grundkapitals der Zielgesellschaft hält, sind ihm auf seinen Antrag hin auch die Aktien ohne Stimmrecht zu übertragen. Der Antrag muss innerhalb von drei Monaten nach Ablauf der Annahmefrist gestellt werden. Für das Erreichen der 95%igen Mindestbesitzschwelle genügt es, dass das Angebot in einem Umfang angenommen worden ist, dass der Bieter beim späteren Vollzug des Angebots die Schwelle erreicht haben wird. Vollzugsbedingungen, zB solche fusionskontrollrechtlicher Art, können also noch später erfüllt werden; die schuldrechtliche Bindung aber muss spätestens bei Ablauf der weiteren (§ 16 Abs. 2 WpÜG) Annahmefrist bestehen, auch bei Erwerben außerhalb des Angebots.[19] Ausschließlich zuständig für die Übertragungsentscheidung ist das LG Frankfurt a. M., in der Beschwerdeinstanz das OLG Frankfurt a. M. Ab Stellung des Antrags bis zum Abschluss des Verfahrens kann der Bieter den aktienrechtlichen Minderheitsausschluss nicht betreiben (§ 39a Abs. 6 WpÜG).

8 Praktisch hat der übernahmerechtliche Squeeze-out in den mehr als 12 Jahren seines Bestehens **keine Relevanz** erlangt.[20] Es sind nur fünf Übertragungsentscheidungen des LG Frankfurt a. M. bekannt geworden;[21] in vier Fällen wurde das OLG in zweiter Instanz angerufen.[22] Auch sonst sind die Gerichte kaum mit dem übernahmerechtlichen Squeeze-out befasst worden.[23] Für diesen Befund gibt es zwei Erklärungen:[24] Erstens versuchen insbesondere Hedge-Fonds durch Aufbau einer Blockadeposition von über 5 % zu verhindern, dass der Bieter die Mindestbesitzschwelle für den Squeeze-out in der ihm zur Verfügung stehenden Zeit[25] erreicht. Denn sie spekulieren in einem enger werdenden Markt auf ein Ansteigen des Börsenkurses, der aufgrund der Börsenkursrechtsprechung (→ Rn. 100–101) mit einer gewissen Wahrscheinlichkeit bei einem aktienrechtlichen Minderheitsausschluss zu einer höheren Barabfindung führt. Zweitens ist die gesetzliche Vermutung des § 39a Abs. 3 S. 3 WpÜG, dass der Angebotspreis auch die angemessene Barabfindung darstellt, schwer zu erreichen. Dazu muss der Bieter aufgrund des Angebots Aktien in Höhe von mindestens 90 % des vom Angebot betroffenen Grundkapitals erwer-

---

[16] Zur Kaduzierung, § 64 AktG, → § 16 Rn. 13–20; zum Ausschluss aus wichtigem Grund → § 63 Rn. 56–58.
[17] Dazu → § 63 Rn. 8 ff.
[18] Dazu konzis *Ott* WM 2008, 384; ausführlich zB KölnKommWpÜG/*Hasselbach* §§ 39a–39c; *Stöwe*, Der übernahmerechtliche Squeeze-out, 2007.
[19] BGH NZG 2013, 223 Rn. 20–31 – LBBH. Kritisch dazu *Paefgen* ZIP 2013, 1001.
[20] *Müller*, Das Ausschlussrecht des Bieters und das Andienungsrecht der Minderheitsaktionäre im Übernahmeverfahren, 2017, S. 251–252.
[21] EWiR 2007, 743; NZG 2008, 665 – Deutsche Hypothekenbank; NZG 2009, 797. Zwei Entscheidungen sind nicht veröffentlicht.
[22] NZG 2009, 74 – Deutsche Hypothekenbank; NZG 2010, 744 – Interhyp; ZIP 2012, 1602 – Tognum; ZIP 2014, 617.
[23] Erwähnt seien noch die Ablehnung eines Spruchverfahrens durch OLG Stuttgart ZIP 2009, 1059 und durch OLG Celle ZIP 2010, 830, die Entscheidung BVerfG NZG 2012, 907 – Deutsche Hypothekenbank zur Verfassungsmäßigkeit des übernahmerechtlichen Squeeze-out sowie die Entscheidung BGH NZG 2013, 223 – LBBH zum spiegelbildlichen Andienungsrecht des § 39c WpÜG.
[24] Ausführlich dazu *Austmann* NZG 2011, 684 (685).
[25] Nämlich bis zum Ende der (weiteren) Annahmefrist; → Rn. 7 mit → Fn. 19. Kritisch dazu aus Sicht der Praxis *Seiler/Rath* AG 2013, 252 (254–255); *Merkner/Sustmann* NZG 2013, 374 (376–378).

ben. Es ist unklar, was zu geschehen hat, wenn der Bieter diese Schwelle verfehlt.[26] In jedem Fall würde der Squeeze-out erheblich verzögert, weil der Streit über die Angemessenheit der Barabfindung mangels Spruchverfahrens im Verfahren der Übertragungsentscheidung vor dem LG Frankfurt a. M. auszutragen wäre.

b) Verschmelzungsrechtlicher Squeeze-out. Beim Ausschluss der Minderheitsaktionäre aus einer übertragenden AG, an der die übernehmende AG Aktien in Höhe von mindestens **90 % des Grundkapitals** hält (sogenannte Konzernverschmelzung), hat der Gesetzgeber sich mit einer knappen Regelung in § 62 Abs. 5 UmwG begnügt und im Wesentlichen auf die Vorschriften für den aktienrechtlichen Minderheitsausschluss verwiesen (§ 62 Abs. 5 S. 8 UmwG).[27] Die Besonderheiten des verschmelzungsrechtlichen Squeeze-out bestehen im Wesentlichen in der europarechtlich zwingend vorgegebenen Absenkung der Mindestbeteiligung des Hauptaktionärs auf 90 % des Grundkapitals sowie in der Einbettung in die Konzernverschmelzung. Die **Verzahnung mit dem Verschmelzungsrecht** zeigt sich vor allen Dingen darin, dass der Hauptaktionär als übernehmende Gesellschaft eine AG mit Sitz in Deutschland sein muss (während der Hauptaktionär beim aktienrechtlichen Minderheitsausschluss mit beliebiger Rechtsform auch im Ausland domizilieren kann), dass die übertragende AG den Squeeze-out-Beschluss innerhalb von drei Monaten nach Abschluss des Verschmelzungsvertrags fassen muss und dass der Squeeze-out nur zusammen mit der Verschmelzung wirksam wird. Der verschmelzungsrechtliche Squeeze-out stößt schon aufgrund des geringeren Mindestbesitzes des Hauptaktionärs auf großes Interesse bei den Rechtsanwendern. Wegen der Einbindung in die Konzernverschmelzung ist aber mehr gestalterische Arbeit erforderlich als beim aktienrechtlichen Minderheitsausschluss. Infolgedessen wird die Frage nach der Rechtsmissbräuchlichkeit von Gestaltungsformen immer wieder gestellt werden.[28]

c) Mehrheitseingliederung. Bei dieser, der Hauptgesellschaft ab einem Anteilsbesitz von 95 % des Grundkapitals möglichen Strukturmaßnahme (§ 320 AktG)[29] werden die Minderheitsaktionäre zwar aus der Gesellschaft hinaus-, aber gleichzeitig **in die Hauptgesellschaft hineingedrängt.** Das ist nur dann unproblematisch, wenn es sich bei dieser Gesellschaft ohnehin um eine solche mit breit gestreutem Anteilsbesitz handelt. Zudem steht die Mehrheitseingliederung nur dann zur Verfügung, wenn die Hauptgesellschaft eine AG mit Sitz in Deutschland ist. Den aktienrechtlichen Minderheitsausschluss kann demgegenüber auch ein ausländischer Hauptaktionär mit beliebiger Rechtsform betreiben. Zur Ermittlung der Barabfindung beim Minderheitsausschluss braucht nur eine Gesellschaft bewertet zu werden. Die Mehrheitseingliederung erfordert dagegen die Bewertung einer zweiten Gesellschaft, nämlich der Hauptgesellschaft, weil das Umtauschverhältnis der Aktien festzulegen ist (§ 320b Abs. 1 S. 2–4 AktG, § 5 Abs. 1 Nr. 3 UmwG).

d) Übertragende Auflösung. Diese bleibt neben dem Minderheitsausschluss weiterhin möglich.[30] Dabei wird das Vermögen der Gesellschaft insgesamt auf einen ande-

---

[26] Untersuchung der Optionen bei *Kallweit,* Die angemessene Abfindung beim übernahmerechtlichen Squeeze-out, 2014, S. 249–264.
[27] Konzise Darstellung des verschmelzungsrechtlichen Squeeze-out bei *Austmann* NZG 2011, 684; *Bungert/Wettich* DB 2011, 1500; *Göthel* ZIP 2011, 1541; *Kiefner/Brügel* AG 2011, 525; *Mayer* NZG 2012, 561; *Stephanblome* AG 2012, 814.
[28] Zu möglichen Gestaltungen *Austmann* NZG 2011, 684 (690); *Kiefner/Brügel* AG 2011, 525 (534–536); *Stephanblome* AG 2012, 814 (816–822); *Biller,* Der Transaktionsprozess des verschmelzungsrechtlichen Squeeze-out gemäß § 62 Abs. 5 UmwG, 2014, S. 200–211; *Florstedt* NZG 2015, 1212 passim; *Widmann,* Die Verschmelzung unter Ausschluss der Minderheitsaktionäre der übertragenden Aktiengesellschaft gemäß § 62 Abs. 5 UmwG, 2016, S. 153–166.
[29] Siehe dazu oben § 74.
[30] *M. Roth* NZG 2003, 998 (999); *Wolf* ZIP 2002, 153; Schmidt/Lutter AktG/*Schnorbus* Vor §§ 327a–327f Rn. 12; *Grigoleit/Rieder* AktG § 327a Rn. 7; aA *Wilhelm/Dreier* ZIP 2003, 1369 (1373–1375); einschränkend *Rühland* WM 2003, 1957; *von Morgen* WM 2003, 1553 (1554–1556) (nur

tragen und die **Gesellschaft** sodann **liquidiert**.[31] Dieser Weg eignet sich aber nur in den seltensten Fällen, weil die Vermögensübertragung eines (der Anfechtung unterliegenden) Hauptversammlungsbeschlusses nach § 179a AktG bedarf, bei der Übertragung die stillen Reserven mit der Folge entsprechender Steuerbelastung aufgedeckt werden und zudem die Liquidation wegen der einjährigen Wartefrist bei der Vermögensverteilung (§ 272 Abs. 1 AktG) längere Zeit beansprucht.

II. Ablauf des Ausschlussverfahrens (Überblick)

12 Der Minderheitsausschluss beginnt damit, dass der Hauptaktionär sich der erforderlichen Anzahl von Aktien versichert. Er benötigt eine **Kapitalbeteiligung von mindestens 95 %,** die er entweder selbst halten muss oder die ihm, zB über Tochtergesellschaften, zugerechnet werden kann (§ 327a AktG). Wie der Hauptaktionär in den Besitz der Mindestbeteiligung gelangt ist, spielt keine Rolle. Es kann sich um Altbestand handeln oder um Aktien, die aktuell durch ein öffentliches Angebot oder eine sonstige Transaktion erworben wurden. Ohne Bedeutung ist auch die Zahl der Minderheitsaktionäre und die Ausstattung oder Börsennotierung der Aktien.

13 Sodann leitet der Hauptaktionär das Ausschlussverfahren ein, indem er verlangt, dass die Hauptversammlung der Gesellschaft die Übertragung der Aktien der Minderheitsaktionäre auf ihn beschließt. Dieses **Verlangen** wird typischerweise schriftlich oder durch Telefax an den Vorstand der Gesellschaft gerichtet, damit der Nachweis des Verlangens geführt werden kann. Der Vorstand prüft die Beteiligungsverhältnisse, soweit ihm dies möglich ist, und tritt in einen Dialog mit dem Hauptaktionär über die Vorbereitung des Übertragungsbeschlusses ein. Die Vorbereitungsmaßnahmen liegen im Wesentlichen in der Hand des Hauptaktionärs, während der Vorstand durch Informationen über die Gesellschaft und Öffnung der Bücher kooperiert. Am zeitaufwendigsten ist die **Bewertung** des Unternehmens der Gesellschaft, auf deren Grundlage der Hauptaktionär die Barabfindung festlegt (§ 327b AktG). Die Bewertung lässt der Hauptaktionär in der Regel durch eine Wirtschaftsprüfungsgesellschaft durchführen. Je nach Größe des Unternehmens und Komplexität seiner Organisation sind dafür einige Wochen bis einige Monate zu veranschlagen. Das Wertgutachten übernimmt der Hauptaktionär in seinen **Bericht** an die Hauptversammlung (§ 327c Abs. 2 AktG).

14 Die Angemessenheit der vom Hauptaktionär festgelegten Barabfindung muss durch einen gerichtlich bestellten **sachverständigen Prüfer** bestätigt werden (§ 327c Abs. 2 AktG). Den Antrag auf Bestellung dieses Prüfers stellt der Hauptaktionär praktisch gleichzeitig mit dem Übertragungsverlangen an den Vorstand. In der Regel entscheidet das Gericht innerhalb von ein bis zwei Wochen. Der Prüfer, der Wirtschaftsprüfer oder eine Wirtschaftsprüfungsgesellschaft sein muss, kann daraufhin seine Arbeit aufnehmen. Er überprüft kritisch die Unternehmensbewertung des für den Hauptaktionär tätigen Gutachters. Dabei greift er auf die Arbeitsergebnisse des Gutachters zurück. Sinnvoll und zeitsparend ist eine begleitende Prüfung, die parallel zur Arbeit des Gutachters stattfindet; die Abläufe sind ähnlich wie bei der begleitenden Jahresabschlussprüfung.

15 Nach Abschluss der Bewertungsarbeiten legt der Hauptaktionär die Barabfindung fest. Sodann fertigt er seinen Bericht an die Hauptversammlung aus. Der gerichtlich bestellte Prüfer erstattet seinen Prüfungsbericht. Der Hauptaktionär beschafft die **Bankgarantie,** mit der die Barabfindung der Minderheitsaktionäre gesichert wird (§ 327b Abs. 3 AktG). Anschließend wird die Hauptversammlung einberufen, die den **Übertragungsbeschluss** fassen soll. Dies kann entweder die ordentliche oder eine außerordentliche Hauptversamm-

---

bei außenstehendem Aktienbesitz von höchstens 5 %); MüKoAktG/*Grunewald* vor § 327a Rn. 13 (nur mit besonderer Rechtfertigung).

[31] Näher zum Sachverhalt OLG Stuttgart ZIP 1995, (1515–1516) – Moto Meter I. Verfassungsrechtlich nicht zu beanstanden, BVerfG NZG 2000, 1117 (1118) – Moto Meter.

lung sein. Typischerweise vergehen zwischen Einberufung und Durchführung der Hauptversammlung etwa sechs Wochen. Zur Vorbereitung der Hauptversammlung liegen insbesondere der Bericht des Hauptaktionärs und der Prüfungsbericht aus. In der Hauptversammlung wird in der Regel intensiv über die Unternehmensbewertung diskutiert (§ 327d S. 2 AktG). Die Minderheitsaktionäre haben ein umfassendes Auskunftsrecht zu allen bewertungsrelevanten Themen.

Nach der Hauptversammlung meldet der Vorstand den Übertragungsbeschluss zur **Eintragung in das Handelsregister** an (§ 327e AktG). Die Eintragung darf nur erfolgen, wenn der Vorstand erklärt, dass der Übertragungsbeschluss nicht oder nicht fristgemäß angefochten worden ist oder erhobene Anfechtungsklagen erledigt sind. Diese Erklärung kann der Vorstand in der Regel erst nach Ablauf der Anfechtungsfrist, also frühestens einen Monat nach der Hauptversammlung, abgeben. Falls es zur Anfechtung kommt, kann die dadurch bewirkte Registersperre durch ein sogenanntes **Freigabeverfahren** aufgehoben werden. Über die Freigabe entscheidet das OLG in einziger Instanz. Bei zügigem Ablauf kann ein Freigabeverfahren innerhalb von drei bis fünf Monaten zu Ende geführt werden. Wenn der Übertragungsbeschluss nicht angefochten wird oder eine Freigabeentscheidung vorliegt, wird der Beschluss in das Handelsregister eingetragen. Damit gehen alle Aktien der Minderheitsaktionäre auf den Hauptaktionär über (§ 327e Abs. 3 AktG). **16**

Die Minderheitsaktionäre können die Höhe der festgelegten Barabfindung in einem gerichtlichen **Spruchverfahren** überprüfen lassen; die Anfechtungsklage kann hingegen nicht auf die Unangemessenheit der Barabfindung gestützt werden (§ 327f AktG). Für das Spruchverfahren gilt, wie bei anderen Strukturmaßnahmen auch, das Spruchverfahrensgesetz. Zuständig sind spezialisierte Kammern bei den Landgerichten. Deren Entscheidung kann mit der sofortigen Beschwerde zu spezialisierten Senaten bei den Oberlandesgerichten angefochten werden. **17**

III. Beteiligte

1. Betroffene Gesellschaft. Der aktienrechtliche Minderheitsausschluss ist bei **AG** und **KGaA** eröffnet. Börsennotierung der Aktien ist nicht erforderlich. Die Gesellschaft kann auch im Liquidationsstadium[32] oder im Insolvenzverfahren[33] sein. Auf die Vorgesellschaft allerdings finden §§ 327a ff. AktG nach einhelliger Auffassung keine Anwendung,[34] erst recht nicht auf die Vorgründungsgesellschaft.[35] Eine analoge Anwendung auf die GmbH scheidet nach zutreffender hL aus.[36] **18**

2. Hauptaktionär. a) Persönliche Voraussetzungen. Hauptaktionär kann jeder sein, der Inhaber von Rechten sein kann, also jede **natürliche** Person, jede **juristische** Person (des privaten und des öffentlichen Rechts) und jede **Vereinigung** von Personen, die Rechte innehaben kann. Dazu gehört neben den Personenhandelsgesellschaften jetzt unzweifelhaft auch die Gesellschaft bürgerlichen Rechts.[37] Deshalb können mehrere Aktionäre sich zum Zweck des Minderheitsausschlusses zu einem Konsortium in Form der Gesellschaft bürgerlichen Rechts zusammenschließen. Diese Gesellschaft wird allerdings nur dann zum Hauptaktionär, wenn ihr die Aktien der Konsortialmitglieder übereignet werden, so dass diese ins Gesamthandseigentum fallen, oder wenn ihr die Aktien **19**

---

[32] BVerfG ZIP 2007, 2121 (2122); BGH NZG 2006, 905 (905–906) – Harpen.
[33] GroßkommAktG/*Fleischer* § 327a Rn. 5; Emmerich/Habersack Aktien- und GmbH-KonzernR/ Habersack § 327a Rn. 12; *Fuchs* S. 55. AA KölnKommAktG/*Koppensteiner* § 327a Rn. 2.
[34] *Fuchs* S. 50–54; GroßkommAktG/*Fleischer* § 327a Rn. 3; jeweils mwN.
[35] *Fuchs* S. 50–51.
[36] GroßkommAktG/*Fleischer* § 327a Rn. 8; Emmerich/Habersack Aktien- und GmbH-KonzernR/ Habersack § 327a Rn. 5; KölnKommWpÜG/*Hasselbach* AktG § 327a Rn. 37. AA maßgeblich *von Morgen* WM 2003, 1553 (1558–1560).
[37] BGH NJW 2001, 1056 (1057).

zugerechnet werden (→ Rn. 21–24); ein bloßer Stimmenpool, bei dem die Aktien weiterhin den Konsortialmitgliedern gehören, kommt als Hauptaktionär nicht in Betracht.[38] Dagegen können auch sonstige Gesamthandsgemeinschaften Hauptaktionär sein, wie etwa Erbengemeinschaften und Gütergemeinschaften.[39] Auch eine Gesellschaft in ihren verschiedenen Entwicklungsstadien zur Kapitalgesellschaft kann Hauptaktionär sein. Für die zwischen Abschluss eines Vorvertrags und Abschluss des Gesellschaftsvertrags bestehende Vorgründungsgesellschaft (dazu → § 3 Rn. 38) ergibt sich dies schon daraus, dass es sich rechtlich bei ihr um eine Gesellschaft bürgerlichen Rechts handelt. Die Vorgesellschaft, die zwischen Abschluss des Gesellschaftsvertrags und Handelsregistereintragung besteht (dazu → § 3 Rn. 37 ff.), eignet sich ebenfalls als Hauptaktionär,[40] weil sie unter ihrem Namen Eigentum erwerben kann, mag dieses rechtlich auch Gesamthandseigentum der Gründer sein. Der Hauptaktionär braucht kein Unternehmen im Sinne von §§ 15 ff. AktG zu sein.[41] Auch ein Sitz im Inland ist nicht erforderlich, so dass insbesondere auch eine ausländische Körperschaft Hauptaktionär sein kann.[42] Fraglich ist, ob beim Minderheitsausschluss besondere Voraussetzungen zu beachten sind, wenn der Hauptaktionär eine staatliche oder sonst öffentliche Einheit ist oder davon beherrscht wird. Die Diskussion darüber hat gerade erst begonnen.[43]

20 b) Kapitalbeteiligung von mindestens 95 %. Den Minderheitsausschluss kann gemäß § 327a AktG derjenige Aktionär betreiben, dem Aktien der Gesellschaft in Höhe von **95 % des Grundkapitals** gehören.[44] Diesen Aktionär definiert das Gesetz als Hauptaktionär. Entscheidend ist die **Kapitalbeteiligung** (§ 327a Abs. 2 iVm § 16 Abs. 2 S. 1 AktG). Diese ergibt sich bei Nennbetragsaktien aus dem Verhältnis des Gesamtnennbetrags der dem Aktionär gehörenden Aktien zum Grundkapital, bei Stückaktien aus dem Verhältnis der Zahl der dem Aktionär gehörenden Aktien zur Zahl aller Aktien. Auf die Stimmrechte kommt es nicht an;[45] auch sonst ist die Ausstattung der Aktien ohne Belang. Deshalb können insbesondere stimmrechtslose Vorzugsaktien die erforderliche Kapitalmehrheit gewähren.[46] Dasselbe gilt für Aktien, aus denen Stimmrechte gemäß § 28 WpHG oder § 20 Abs. 7 AktG wegen der Verletzung von Mitteilungspflichten nicht ausgeübt werden können.[47] Die Aktien gehören dem Hauptaktionär unmittelbar, wenn er **dinglicher Rechtsinhaber** ist. Wann und auf welche Weise er die Aktien erlangt hat, worauf die dingliche

---

[38] GroßkommAktG/*Fleischer* § 327a Rn. 9, 35; Emmerich/Habersack Aktien- und GmbH-KonzernR/*Habersack* § 327a Rn. 15; KölnKommWpÜG/*Hasselbach* AktG § 327a Rn. 40; Hüffer/*Koch* AktG § 327a Rn. 16; *Wittuhn/Giermann* MDR 2003, 372 (373); *Maslo* NZG 2004, 163 (165); *Greulich* AG 2002, 377 (379–383); *Fuchs* S. 61. AA *Mertens* S. 79–83.

[39] Hüffer/*Koch* AktG § 327a Rn. 10; Frankfurter KommWpÜG/*Schüppen/Tretter* AktG § 327a Rn. 5; KölnKommAktG/*Koppensteiner* § 327a Rn. 4; differenzierend *Moritz* S. 91–92.

[40] Hüffer/*Koch* AktG § 327a Rn. 10; *Moritz* S. 91.

[41] *Ehricke/Roth* DStR 2001, 1120; *E. Vetter* AG 2002, 176 (185); MüKoAktG/*Grunewald* § 327a Rn. 5; Emmerich/Habersack Aktien- und GmbH-KonzernR/*Habersack* § 327a Rn. 14; Hüffer/*Koch* AktG § 327a Rn. 10.

[42] KölnKommAktG/*Koppensteiner* § 327a Rn. 4; GroßkommAktG/*Fleischer* § 327a Rn. 11; KölnKommWpÜG/*Hasselbach* AktG § 327a Rn. 41.

[43] *Dresenkamp* S. 155–171 mwN.

[44] Zur Absenkung der Beteiligungsquote auf 90 % im Sonderfall der Verstaatlichung einer Bank durch den SoFFin → Fn. 15.

[45] GroßkommAktG/*Fleischer* § 327a Rn. 18; Angerer/Geibel/Süßmann WpÜG/*Grzimek* AktG § 327a Rn. 40; Frankfurter KommWpÜG/*Schüppen/Tretter* AktG § 327a Rn. 6; Schmidt/Lutter AktG/*Schnorbus* § 327a Rn. 10; aA KölnKommAktG/*Koppensteiner* § 327a Rn. 12.

[46] *Fuhrmann/Simon* WM 2002, 1211 (1212); GroßkommAktG/*Fleischer* § 327a Rn. 18; Frankfurter KommWpÜG/*Schüppen/Tretter* AktG § 327a Rn. 6; KölnKommWpÜG/*Hasselbach* AktG § 327a Rn. 49.

[47] *Fuchs* S. 81; so wohl auch LG Mannheim AG 2005, 780 (781) – Friatec; offengelassen von OLG Düsseldorf NZG 2004, 328 (332) – Edscha. Ebenso für den übernahmerechtlichen Squeeze-out OLG Frankfurt a. M. ZIP 2014, 617 (619–620).

Rechtsinhaberschaft schuldrechtlich beruht und ob sie Beschränkungen unterliegt, ist unerheblich.[48] Auch der Sicherungseigentümer,[49] der Treuhänder,[50] der Wertpapierdarlehensnehmer,[51] der Verpfänder[52] oder der Verkäufer vor Übereignung der Aktien können daher Hauptaktionär sein. Wenn die dinglichen Rechtsinhaber durch einen Minderheitsausschluss gegen ihre schuldrechtlichen Bindungen verstoßen, ergeben sich die Rechtsfolgen aus dem jeweiligen Schuldverhältnis. Um die dingliche Rechtslage stets möglichst sicher feststellen zu können, dürfen Verstöße in schuldrechtlichen Sonderbeziehungen die Wirksamkeit eines Minderheitsausschlusses nicht beeinträchtigen. Zu Missbrauchsfällen → Rn. 120–133.

c) Zurechnung von Aktien. Gemäß § 327a Abs. 2 AktG gehören auch solche Aktien 21 dem Hauptaktionär, die ihm gemäß **§ 16 Abs. 4 AktG** zugerechnet werden. Dies sind Aktien, die nicht in der unmittelbaren Rechtsinhaberschaft des Hauptaktionärs selbst stehen, sondern die einem von dem Hauptaktionär abhängigen Unternehmen gehören oder einem anderen für Rechnung des Hauptaktionärs oder für Rechnung eines von dem Hauptaktionär abhängigen Unternehmens. Wenn der Hauptaktionär ein Einzelkaufmann ist, werden ihm auch solche Aktien zugerechnet, die er nicht in seinem Betriebs-, sondern in seinem Privatvermögen hält. Die Hauptfälle der Zurechnung betreffen Aktien, die unmittelbar einer mehrheitlich gehaltenen oder durch Beherrschungsvertrag gebundenen Tochtergesellschaft des Hauptaktionärs (§ 17 AktG) oder einem Treuhänder gehören. Siehe zu den Zurechnungsnormen im Einzelnen → § 69 Rn. 27–29. Zurechnungsnormen anderer Gesetze gelten nicht. So kann es sein, dass die 95 %ige Anteilsvereinigung nach § 1 Abs. 3 GrEStG nicht stattfindet und die Mindestbeteiligung nach § 327a AktG trotzdem erreicht wird;[53] dies eröffnet Gestaltungsmöglichkeiten bei Gesellschaften mit umfangreichem Grundbesitz.

Aktien, die eine (unmittelbar oder mittelbar) mehrheitlich dem Hauptaktionär gehören- 22 de Tochtergesellschaft hält, werden nicht nur pro rata der (durchgerechneten) Beteiligung, sondern **sämtlich zugerechnet**.[54] Die uneingeschränkte Verweisung des § 327a AktG auf § 16 Abs. 4 AktG ermöglicht also einem Aktionär auch dann den Minderheitsausschluss, wenn er durchgerechnet weniger als 95 % des Grundkapitals hält, ja sogar dann, wenn er durchgerechnet nur eine Minderheitsbeteiligung hat.[55] Rechtspolitisch darf dies als durchaus kühner Griff des Gesetzgebers bezeichnet werden, gerechtfertigt durch das anerkennenswerte Ziel, das wirtschaftlich unsinnige „Umhängen" von Beteiligungen zum Zwecke des Squeeze-out entbehrlich zu machen.[56] Wer Aktien unmittelbar innehat, die dem Hauptaktionär zugerechnet werden, ist selbst nicht Minderheitsaktionär im Sinne von § 327a AktG.[57] Er ist deshalb mit den zugerechneten Aktien nicht zur Abfindung berechtigt. Daraus folgt, dass der Hauptaktionär nach Durchführung des Minderheitsausschlusses nicht notwendig 100 % des Grundkapitals bezahlt haben muss.

---

[48] BGHZ 180, 154 Rn. 8 aE – Lindner; Frankfurter KommWpÜG/*Schüppen/Tretter* AktG § 327a Rn. 7; KölnKommWpÜG/*Hasselbach* AktG § 327a Rn. 43; Emmerich/Habersack Aktien- und GmbH-KonzernR/*Habersack* § 327a Rn. 16.
[49] KölnKommWpÜG/*Hasselbach* AktG § 327a Rn. 43.
[50] Schmidt/Lutter AktG/*Schnorbus* § 327a Rn. 8.
[51] BGHZ 180, 154 Rn. 9 – Lindner.
[52] LG München I AG 2008, 904 (906).
[53] LG Stuttgart DB 2005, 327; LG Dortmund Der Konzern 2005, 603 (605), bestätigt durch OLG Hamm AG 2005, 854 – Harpen.
[54] OLG Hamburg NZG 2003, 978 (979–980); LG Stuttgart DB 2005, 327; *Fuhrmann/Simon* WM 2002, 1211 (1212); KölnKommWpÜG/*Hasselbach* AktG § 327a Rn. 57; Frankfurter Komm-WpÜG/ *Schüppen/Tretter* AktG § 327a Rn. 13.
[55] Rechenbeispiel bei *Fuchs* S. 108 Fn. 670.
[56] Begr. RegE WpÜG, BT-Drs. 14/7034, 72 zu § 372a Abs. 2.
[57] Begr. RegE WpÜG, BT-Drs. 14/7034, 72 zu § 327a Abs. 2; *Krieger* BB 2002, 53 (55); KölnKommWpÜG/*Hasselbach* AktG § 327a Rn. 48.

23 Hauptaktionär kann nach hM auch derjenige sein, dem **keine einzige Aktie unmittelbar** gehört, sondern dem alle erforderlichen Aktien zugerechnet werden.[58] Weil der BGH dazu aber bisher nicht entschieden hat sollte der Hauptaktionär in der Praxis die Aufwendungen für den Erwerb einer Aktie nicht scheuen.

24 Wenn die Eigenschaft als Hauptaktionär durch Zurechnung erworben wird, kann es **mehr als einen Hauptaktionär** geben. Wenn beispielsweise die mehrheitlich H gehörende Tochtergesellschaft T 95 % des Grundkapitals einer AG hält, ist sowohl T Hauptaktionär (gemäß § 327a Abs. 1 S. 1 AktG) als auch H (gemäß § 327a Abs. 2 iVm § 16 Abs. 4 AktG). Die Zahl der Hauptaktionäre vervielfältigt sich, wenn T nicht eine unmittelbare Tochtergesellschaft von H ist, sondern der H mittelbar über andere abhängige Unternehmen gehört. In der Praxis wird der Minderheitsausschluss in der Regel durch den unmittelbaren Hauptaktionär durchgeführt, um Diskussionen über die Hauptaktionärseigenschaft von vornherein zu vermeiden. Erforderlich ist das aber nicht. Auch die Konzernspitze oder eine der Zwischengesellschaften können als Hauptaktionäre den Minderheitsausschluss betreiben. Die hL löst den eher theoretischen Fall mehrerer konkurrierender Übertragungsverlangen nach zeitlicher Priorität.[59]

25 **d) Eigene Aktien.** Gemäß §§ 327a Abs. 2, **16 Abs. 2 S. 2 AktG** werden bei Ermittlung der Mindestbeteiligung eigene Aktien der Gesellschaft vom Grundkapital oder – sofern die Gesellschaft Stückaktien hat – von der Zahl aller Aktien der Gesellschaft **abgezogen.** Dem Hauptaktionär wird das Erreichen der 95 %-Mehrheit damit erleichtert. Diese spezielle Regelung verdrängt die allgemeine Zurechnungsregel der §§ 327a Abs. 2, 16 Abs. 4 AktG. Die eigenen Aktien werden dem Hauptaktionär also **nicht zugerechnet,** obwohl die Gesellschaft ein vom Hauptaktionär abhängiges Unternehmen ist (§ 17 Abs. 2 AktG).[60] Die Nicht-Zurechnung ist folgerichtig. Man darf die eigenen Aktien nicht einerseits vom Gesamtbestand aller Aktien abziehen und sie andererseits dem Hauptaktionär bei der Ermittlung seines Anteilsbestands zurechnen. Sonst kämen die eigenen Aktien dem Hauptaktionär bei der Ermittlung seiner Anteilsquote zweifach zu Gute.[61]

26 Ebenso wie die eigenen Aktien werden vom Gesamtbestand der Aktien solche Aktien abgezogen und dem Hauptaktionär nicht zugerechnet, die einem anderen **für Rechnung der Gesellschaft** gehören (§§ 327a Abs. 2, 16 Abs. 2 S. 3 AktG). Sehr umstritten ist, ob auch Aktien abzuziehen sind, die einem von der Gesellschaft **abhängigen Unternehmen** oder einem anderen **für Rechnung eines abhängigen Unternehmens** gehören.[62] Wortlaut und Systematik des Gesetzes sprechen gegen den Abzug. Denn die allgemeine Zurechnungsregel des § 16 Abs. 4 AktG kommt innerhalb der spezielleren, für eigene Aktien geltenden Normen des § 16 Abs. 2 S. 2 und 3 AktG nicht zur Anwendung. Dieses Ergebnis steht allerdings in einem gewissen Wertungswiderspruch zur Regelung

---

[58] OLG Köln BB 2003, 2307 (2310); KölnKommWpÜG/*Hasselbach* AktG § 327a Rn. 28; *Steinmeyer/Häger* WpÜG AktG § 327a Rn. 26; *Rühland* S. 196–197; *Maslo* NZG 2004, 163 (168); KölnKommAktG/*Koppensteiner* § 327a Rn. 7; Angerer/Geibel/Süßmann WpÜG/*Grzimek* AktG § 327a Rn. 49. Vgl. auch Begr. RegE WpÜG, BT-Drs. 14/7034, 72 zu § 327a Abs. 2, wonach es jedenfalls ausreicht, wenn der Hauptaktionär selbst nur den kleineren Teil der Aktien unmittelbar hält. AA Markwardt BB 2004, 277 (278); Emmerich/Habersack Aktien- und GmbH-KonzernR/*Habersack* § 327a Rn. 17; MüKoAktG/*Grunewald* § 327a Rn. 7.

[59] KölnKommWpÜG/*Hasselbach* AktG § 327a Rn. 45; *Maslo* NZG 2004, 163 Rn. 43; *Moritz* S. 102; *Greulich* S. 87. AA *Fuchs* S. 110–111; GroßkommAktG/*Fleischer* § 327a Rn. 47 (alle Übertragungsverlangen sollen zur Abstimmung gestellt werden).

[60] BGHZ 180, 154 Rn. 30; ebenso das Schrifttum; statt aller *Riegger* DB 2003, 541 (543); GroßkommAktG/*Fleischer* § 327a Rn. 44; jeweils mwN.

[61] Rechenbeispiel bei *Fuchs* S. 106.

[62] Dagegen *Moritz* S. 97; *Rühland* S. 196; *Fuchs* S. 90–92; GroßkommAktG/*Fleischer* § 327a Rn. 30. Für einen Abzug Angerer/Geibel/Süßmann WpÜG/*Grzimek* AktG § 327a Rn. 43; KölnKommWpÜG/*Hasselbach* AktG § 327a Rn. 53; KölnKommAktG/*Koppensteiner* § 327a Rn. 6; Frankfurter KommWpÜG/*Schüppen/Tretter* AktG § 327a Rn. 12.

des § 71d S. 2 AktG, der für die Frage der Zulässigkeit des Erwerbs solche Aktien, die von einem von der Gesellschaft abhängigen Unternehmen oder von einem Dritten für Rechnung eines abhängigen Unternehmens gehalten werden, wie eigene Aktien behandelt. Deshalb dürfen solche Aktien, da sie schon nicht vom Grundkapital oder der Zahl der Stückaktien abgesetzt werden, gemäß §§ 327a Abs. 2, 16 Abs. 4 AktG dem Hauptaktionär jedenfalls nicht zugerechnet werden. Denn die Zurechnung dieser Aktien würde den Hauptaktionär noch besser stellen als ihr Abzug vom Grundkapital oder von der Zahl der Stückaktien: Wenn die Gesellschaft G 1.000.000 Stückaktien ausgegeben hat und 10% davon, also 100.000 Stück, im Besitz einer mehrheitlich der G gehörenden Tochtergesellschaft T sind, müsste der Hauptaktionär H bei Abzug der Aktien von der Gesamtzahl der Stückaktien noch 95% von 900.000 Aktien, also 855.000 Stück, zum Zweck des Minderheitsausschlusses erwerben. Wenn die von T gehaltenen Aktien stattdessen H zugerechnet würden, müsste H nur 850.000 Stück erwerben, um zusammen mit den 100.000 Stück der im Besitz von T befindlichen Aktien auf 950.000 Stück, dh 95% aller Aktien, zu kommen.

e) Kapitalmaßnahmen. Für die Berechnung der erforderlichen Mindestbeteiligung 27 kommt es auf den Umfang der Beteiligung des Hauptaktionärs im Verhältnis zum bestehenden Grundkapital oder – bei Stückaktien – zur Zahl aller ausgegebenen Aktien an. Kapitalmaßnahmen werden nach einhelliger Auffassung erst dann berücksichtigt, **wenn sie wirksam geworden,** dh die betreffenden Aktien entstanden oder beseitigt sind.[63] Maßgeblich ist deshalb grundsätzlich das in das Handelsregister eingetragene Grundkapital. Genehmigtes und bedingtes Kapital bleiben also unberücksichtigt, solange sie nicht ausgenutzt worden sind.[64] Beim bedingten Kapital ist zu beachten, dass die Erhöhung bereits mit Ausgabe der Bezugsaktien wirksam wird und die Handelsregistereintragung nur deklaratorisch ist (§§ 200, 201 AktG). Folglich fällt erhöhter Ermittlungsaufwand an, wenn die Gesellschaft Wandelschuldverschreibungen oder Aktienoptionsrechte an Arbeitnehmer oder Vorstandsmitglieder ausgegeben hat. Weitere Fälle von Kapitalveränderungen außerhalb der Satzung sind die satzungsmäßig zugelassene Zwangseinziehung von Aktien und die durch Hauptversammlungsbeschluss zugelassene Einziehung eigener Aktien (§§ 238 S. 2, 71 Abs. 1 Nr. 8 S. 4 AktG). In diesen Fällen genügt für das Wirksamwerden der Kapitalherabsetzung bereits die Einziehungshandlung.

f) Bezugsrechte auf Aktien. Viele Gesellschaften haben Optionsanleihen oder Wandel- 28 schuldverschreibungen ausgegeben oder Mitarbeiterbeteiligungsprogramme aufgelegt. Den daraus Berechtigten stehen jeweils Ansprüche auf Ausgabe von Aktien durch die Gesellschaft zu. Solche Bezugsrechte haben keinen Einfluss auf die Berechnung der für den Minderheitsausschluss erforderlichen Mindestbeteiligung. Ebenso wie bei der Beurteilung von Kapitalmaßnahmen kommt es nur auf das **bestehende Grundkapital** an, nicht darauf, wie dieses sich in Zukunft aufgrund einer ungewissen Ausübung von Bezugsrechten einmal entwickeln könnte.[65] Zum Schicksal der Bezugsrechte nach Wirksamwerden des Minderheitsausschlusses unter → Rn. 113–114.

g) Relevante Zeitpunkte. Der Wortlaut des § 327a Abs. 1 S. 1 AktG, der den Haupt- 29 aktionär als Inhaber der mindestens 95%igen Kapitalbeteiligung definiert, macht hinreichend deutlich, dass diese Mindestbeteiligung vorliegen muss, wenn das **Übertragungs-**

---

[63] Hüffer/Koch AktG § 327a Rn. 17; KölnKommWpÜG/Hasselbach AktG § 327a Rn. 50; GroßkommAktG/Fleischer § 327a Rn. 27; jeweils mwN.
[64] Zum genehmigten Kapital LG München I AG 2008, 904 (906–907).
[65] Krieger BB 2002, 53 (61); Emmerich/Habersack Aktien- und GmbH-KonzernR/Habersack § 327a Rn. 16; Wilsing/Kruse ZIP 2002, 1465 (1467); Hamann S. 193; GroßkommAktG/Fleischer § 327a Rn. 31; KölnKommWpÜG/Hasselbach AktG § 327a Rn. 51. AA LG Düsseldorf NZG 2004, 1755 (1757) – Kamps (das aber, von seinem Standpunkt aus inkonsequent, die Berichterstattung über die Bezugsrechte gemäß § 327c Abs. 2 S. 1 AktG für entbehrlich hält).

verlangen durch Zugang beim Vorstand der Gesellschaft wirksam wird.[66] Den dagegen früher nicht zuletzt unter dem Gesichtspunkt der Praktikabilität vorgebrachten Einwänden[67] kann man gesetzeskonform dadurch begegnen, dass das Übertragungsverlangen zum geeigneten Zeitpunkt gestellt wird (dazu → Rn. 40).

30 Auch bei der **Hauptversammlung,** die über den Minderheitsausschluss beschließt, muss der Hauptaktionär, insoweit nach einhelliger Auffassung, im Besitz der erforderlichen Kapitalmehrheit sein.[68] Dies ergibt sich systematisch aus § 327d S. 2 AktG, aufgrund dessen der Hauptaktionär in der Hauptversammlung ein besonderes Rederecht erhalten kann. Die Kapitalbeteiligung muss punktuell beim Übertragungsverlangen und bei der Hauptversammlung gegeben sein. Es ist unschädlich, wenn der Hauptaktionär in der Zwischenzeit über die Aktien anderweitig disponiert; eine kontinuierliche Inhaberschaft der Kapitalbeteiligung verlangt das Gesetz nicht.[69] Allerdings muss die erforderliche Kapitalbeteiligung zu den beiden entscheidenden Zeitpunkten bei demselben Hauptaktionär bestehen.[70] Das Übertragungsverlangen des einen Hauptaktionärs, der anschließend seine Beteiligung an einen anderen Hauptaktionär überträgt, wirkt also nicht zu Gunsten des Erwerbers. Denn der Inhalt des Übertragungsverlangens ist nicht die Übertragung der Aktien an irgendeinen Inhaber einer mindestens 95%igen Kapitalbeteiligung, sondern an eine konkrete Person. Dies ergibt sich aus § 327c Abs. 1 Nr. 1 AktG, wonach Firma und Sitz des Hauptaktionärs, bei natürlichen Personen dessen Name und Adresse, in die Bekanntmachung der Tagesordnung der Hauptversammlung, die den Übertragungsbeschluss fasst, aufzunehmen sind.

31 Schließlich wird der Minderheitsausschluss gemäß § 327e Abs. 3 S. 1 AktG entgegen der hL nur dann mit Eintragung des Übertragungsbeschlusses der Hauptversammlung in das Handelsregister wirksam, wenn der Hauptaktionär, der das Übertragungsverlangen gestellt hat und im Übertragungsbeschluss bezeichnet worden ist, im Zeitpunkt der **Registereintragung** eine mindestens 95%ige Kapitalbeteiligung besitzt.[71] Dies folgt auch hier aus der Verwendung des Wortes „Hauptaktionär" im Gesetzestext. Kontinuierlicher Aktienbesitz ist zwar nicht erforderlich,[72] aber die qualifizierte Kapitalmehrheit bei Handelsregistereintragung ist materiell-rechtliche Voraussetzung für den Übergang der Aktien der Minderheitsaktionäre auf den Hauptaktionär.

32 **h) Prüfung der Mindestbeteiligung.** Wenn der Hauptaktionär sein Übertragungsverlangen stellt, hat der **Vorstand** dessen Ordnungsmäßigkeit zu überprüfen. Dazu gehört die

---

[66] BGHZ 189, 32 Rn. 26.
[67] MüKoAktG/*Grunewald* § 327a Rn. 10; *Stumpf,* Das deutsche Übernahmerecht, 2004, S. 225–226; *Fuchs* S. 70–75; GroßkommAktG/*Fleischer* § 327a Rn. 20; heute noch gegen den BGH *Kocher/Heydel* BB 2012, 401 (402–403): Entscheidend nur Zeitpunkt des Übertragungsbeschlusses der Hauptversammlung.
[68] BGHZ 189, 32 Rn. 26; OLG Düsseldorf NZG 2004, 328 (331) – Edscha; AG 2009, 535 (536) – Jagenberg; aus dem Schrifttum statt aller Emmerich/Habersack Aktien- und GmbH-KonzernR/ *Habersack* § 327a Rn. 18 mwN.
[69] Angerer/Geibel/Süßmann WpÜG/*Grzimek* AktG § 327a Rn. 52. AA Spindler/Stilz AktG/ *Singhof* § 327a Rn. 18.
[70] Angerer/Geibel/Süßmann WpÜG/*Grzimek* AktG § 327a Rn. 52.
[71] *Mertens* AG 2002, 377 (383); Emmerich/Habersack Aktien- und GmbH-KonzernR/*Habersack* § 327a Rn. 18; Spindler/Stilz AktG/*Singhof* § 327a Rn. 18; *Königshausen* S. 135–136; Ziemons/ Binnewies HdB AG/*Ziemons* Rn. I 13.31; ähnlich *Fuhrmann/Simon* WM 2002, 1211 (1212) (bei Anmeldung zum Handelsregister). AA OLG München NZG 2009, 506 (508); Angerer/Geibel/Süßmann WpÜG/*Grzimek* AktG § 327a Rn. 52; KölnKommWpÜG/*Hasselbach* AktG § 327a Rn. 58; *Moritz* S. 100; KölnKommAktG/*Koppensteiner* § 327a Rn. 11; Frankfurter KommWpÜG/*Schüppen*/ *Tretter* § 327a Rn. 20; Schmidt/Lutter AktG/*Schnorbus* § 327a Rn. 15; *Fuchs* S. 75–77; GroßkommAktG/*Fleischer* § 327a Rn. 21; MüKoAktG/*Grunewald* § 327a Rn. 9; Grigoleit/*Rieder* AktG § 327a Rn. 21.
[72] AA Spindler/Stilz AktG/*Singhof* § 327a Rn. 18.

Feststellung, ob der Hauptaktionär tatsächlich über die mindestens 95%ige Kapitalbeteiligung verfügt.⁷³ Denn der Vorstand muss sich über seine Handlungspflichten klar werden, insbesondere darüber, ob er eine Hauptversammlung mit dem Tagesordnungspunkt Minderheitsausschluss einzuberufen hat. In der Hauptversammlung ist eine erneute Prüfung der Mindestbeteiligung allerdings weder praktikabel noch rechtlich geboten, auch nicht durch den Versammlungsleiter.⁷⁴ Es liegt in der Hand der Aktionäre, bei Zweifeln an der Mindestbeteiligung durch Ausübung des Fragerechts die Voraussetzungen für eine Beschlussmängelklage (→ Rn. 79–82) zu schaffen. Zu den Pflichten des **Registergerichts** gehört die Prüfung, ob die mindestens 95%ige Kapitalbeteiligung des Hauptaktionärs zu jedem maßgeblichem Zeitpunkt vorlag bzw. vorliegt.⁷⁵ Weil von der Einreichung der Eintragungsunterlagen über die Prüfung und Eintragungsverfügung des Registerrichters bis schließlich zur tatsächlichen Eintragung in das Handelsregister stets eine gewisse Zeit verstreicht, lässt sich die Mindestbeteiligung im Zeitpunkt der Registereintragung streng genommen nur sicherstellen, wenn die Eintragungsunterlagen erkennen lassen, dass der Hauptaktionär über die Aktien nicht verfügen kann, etwa weil sie in Sperrdepots gehalten werden.

Der **Nachweis der Mindestbeteiligung** ist einfach, wenn der Hauptaktionär die 33 Aktien unmittelbar hält. Dann kann er einen Depotauszug vorlegen oder, bei Namensaktien, einen Auszug aus dem Aktienregister (§ 67 AktG). Erhebliche Schwierigkeiten kann es jedoch bereiten, wenn die Aktien dem Hauptaktionär nicht selbst gehören, sondern gemäß §§ 327a Abs. 2, 16 Abs. 4 AktG zugerechnet werden. Den praktisch wichtigsten Fall der Abhängigkeit des unmittelbaren Aktionärs vom Hauptaktionär aufgrund Mehrheitsbesitzes (§ 17 Abs. 2 AktG) kann man dadurch nachzuweisen versuchen, dass Gesellschafterlisten, Veräußerungsverträge oder Erklärungen der Geschäftsleitung des abhängigen Unternehmens vorgelegt werden. Ein lückenloser Nachweis des Beteiligungsbesitzes wird bei Zurechnungstatbeständen vielfach nicht möglich sein. Insoweit dürfen die Anforderungen nicht überspannt werden, damit der Minderheitsausschluss in solchen Fällen praktisch möglich bleibt. Schutz gegen den unberechtigten Entzug ihres Aktieneigentums genießen die Minderheitsaktionäre dadurch, dass die Handelsregistereintragung die zu diesem Zeitpunkt fehlende Hauptaktionärseigenschaft nicht heilt. Weil es sich bei der Hauptaktionärseigenschaft um eine materiell-rechtliche Voraussetzung für den Minderheitsausschluss handelt (→ Rn. 31), kann das Fehlen dieser Voraussetzung auch später noch in jeder Weise geltend gemacht werden.⁷⁶

IV. Vorbereitung des Übertragungsbeschlusses

1. Verlangen des Hauptaktionärs. a) Inhalt, Adressat, Form und Vertretung. Das 34 Verlangen des Hauptaktionärs richtet sich **inhaltlich** darauf, dass die Hauptversammlung die **Übertragung** der Aktien der Minderheitsaktionäre auf den Hauptaktionär gegen Gewährung einer angemessenen Barabfindung beschließt (§ 327a Abs. 1 S. 1 AktG). Der Hauptaktionär sollte in seinem Verlangen ferner zum Ausdruck bringen, dass er zu diesem Zweck die Einberufung einer Hauptversammlung mit entsprechendem Tagesordnungspunkt wünscht oder dass die Beschlussfassung auf die Tagesordnung einer ohnehin einberufenen oder demnächst einzuberufenden (zB ordentlichen) Hauptversammlung gesetzt

---

⁷³ KölnKommWpÜG/*Hasselbach* AktG § 327a Rn. 68; wohl auch OLG Stuttgart AG 2009, 204 (211) – Allianz.

⁷⁴ OLG Stuttgart AG 2009, 204 (210–211) – Allianz; Schmidt/Lutter AktG/*Schnorbus* § 327d Rn. 12; GroßkommAktG/*Fleischer* § 327d Rn. 13; MüKoAktG/*Grunewald* § 327d Rn. 4; Frankfurter KommWpÜG/*Schüppen/Tretter* AktG § 327d Rn. 8; aA KölnKommWpÜG/*Hasselbach* AktG § 327a Rn. 59.

⁷⁵ Hüffer/*Koch* AktG § 327e Rn. 2; Emmerich/Habersack Aktien- und GmbH-KonzernR/*Habersack* § 327a Rn. 18, § 327e Rn. 4; GroßkommAktG/*Fleischer* § 327e Rn. 5; Schmidt/Lutter AktG/ *Schnorbus* § 327e Rn. 3; KölnKommAktG/*Koppensteiner* § 327e Rn. 3.

⁷⁶ Mertens AG 2002, 377 (383).

wird.⁷⁷ Üblicherweise enthält das Übertragungsverlangen darüber hinaus den Hinweis, dass der Hauptaktionär über die erforderliche Mindestbeteiligung verfügt und rechtzeitig vor der Hauptversammlung die Bankgarantie zur Sicherung der Abfindungsansprüche der Minderheitsaktionäre übermitteln wird (§ 327b Abs. 3 AktG). Einen **bestimmten Abfindungsbetrag** braucht das Übertragungsverlangen nach heute hL nicht zu enthalten;⁷⁸ dieser wird typischerweise erst im Laufe des Ausschlussverfahrens mit Hilfe von Bewertungsgutachtern ermittelt und sodann festgelegt (§ 327b Abs. 1 AktG). Um angesichts abweichender Auffassungen in der Literatur Anfechtungsrisiken zu vermeiden, verfährt die **Praxis doppelgleisig:** Zur Verfahrenseinleitung wird das Übertragungsverlangen zunächst ohne Nennung des Abfindungsbetrags gestellt. Nachdem die Bewertungsarbeiten abgeschlossen sind, aber noch vor Einberufung der Hauptversammlung, wird das Verlangen mit Nennung des Abfindungsbetrags wiederholt oder konkretisiert.⁷⁹

35 Das Übertragungsverlangen ist eine gegenüber der Gesellschaft abzugebende, empfangsbedürftige Willenserklärung.⁸⁰ Das Gesetz schreibt dafür **keine besondere Form** vor, so dass das Verlangen auch mündlich oder telefonisch gestellt werden kann. Um später, etwa in der Hauptversammlung oder bei Anfechtungsklagen, einen Nachweis führen zu können, empfiehlt es sich jedoch, das Verlangen schriftlich, durch Telefax oder durch E-Mail zu stellen. Der Hauptaktionär muss die Rechte aus den Aktien auch ausüben können, darf daran also nicht gemäß § 28 WpHG oder § 20 Abs. 7 AktG wegen der Verletzung von Mitteilungspflichten gehindert sein.⁸¹

36 Die Gesellschaft wird beim Übertragungsverlangen nach der gesetzlichen Vertretungsordnung durch ihren Vorstand, dh mindestens ein Vorstandsmitglied passiv vertreten (§ 78 Abs. 2 S. 2 AktG).⁸² Das Verlangen ist deshalb **an den Vorstand zu adressieren** und wird erst mit Zugang beim Vorstand wirksam.⁸³ Die für den Hauptaktionär handelnden Personen müssen Vertretungsmacht für das Übertragungsverlangen haben und ggf. interne Beschränkungen ihrer Geschäftsführungsbefugnis beachten. Wenn sie zB Beteiligungen an anderen Unternehmen nur mit Zustimmung des Aufsichtsrats erwerben dürfen (§ 111 Abs. 4 S. 2 AktG), ist diese Zustimmung auch für das Übertragungsverlangen einzuholen. Sofern, wie üblich, der Zustimmungsvorbehalt erst beim Überschreiten bestimmter Wertgrenzen eingreift, kommt es auf die vom Hauptaktionär zu zahlende Gesamtabfindung an.

---

⁷⁷ Entgegen Angerer/Geibel/Süßmann WpÜG/*Grzimek* AktG § 327a Rn. 29; GroßkommAktG/*Fleischer* § 327a Rn. 58 ist dies kein zwingender Bestandteil des Übertragungsverlangens, wie sich aus § 327a Abs. 1 S. 1 AktG ergibt. Fehlt er, muss der Vorstand nachfragen, wie der Hauptaktionär sich das Verfahren vorstellt.
⁷⁸ Schmidt/Lutter AktG/*Schnorbus* § 327a Rn. 16; Spindler/Stilz AktG/*Singhof* § 327a Rn. 19; KölnKommWpÜG/*Hasselbach* AktG § 327a Rn. 66; Emmerich/Habersack Aktien- und GmbH-KonzernR/*Habersack* § 327b Rn. 4; Hüffer/*Koch* AktG § 327b Rn. 8 und § 327a Rn. 11a; AA KölnKommAktG/*Koppensteiner* § 327a Rn. 14; Frankfurter KommWpÜG/*Schüppen/Tretter* AktG § 327a Rn. 25; *Fuchs* S. 132; GroßkommAktG/*Fleischer* § 327a Rn. 58.
⁷⁹ Bürgers/Körber AktG/*Holzborn/Müller* § 327a Rn. 13; Ziemons/Binnewies HdB AG/*Ziemons* Rn. I 13.13; Schmidt/Lutter AktG/*Schnorbus* § 327b Rn. 9; Wachter AktG/*Rothley* § 327a Rn. 15.
⁸⁰ KölnKommAktG/*Koppensteiner* § 327a Rn. 14; MüKoAktG/*Grunewald* § 327a Rn. 11. Der vielfach anzutreffende Hinweis auf den „korporationsrechtlichen Charakter" (zB Hüffer/*Koch* AktG § 327a Rn. 11; *Fuchs* S. 128 mwN) bringt keine weitere Erkenntnis.
⁸¹ OLG Köln Der Konzern 2004, 30 (32); LG Mannheim AG 2005, 780 (781) – Friatec; *Römer* NZG 2004, 944 (946); Frankfurter KommWpÜG/*Schüppen/Tretter* AktG § 327a Rn. 21; Schmidt/Lutter AktG/*Schnorbus* § 327a Rn. 16; GroßkommAktG/*Fleischer* § 327a Rn. 56. AA OLG Düsseldorf AG 2010, 711 (713); Wachter AktG/*Rothley* § 327a Rn. 14. Für den übernahmerechtlichen Squeeze-out ebenfalls aA OLG Frankfurt a. M. ZIP 2014, 617 (619–620).
⁸² Hüffer/*Koch* AktG § 327a Rn. 11; Emmerich/Habersack Aktien- und GmbH-KonzernR/*Habersack* § 327a Rn. 19; GroßkommAktG/*Fleischer* § 327a Rn. 57; Frankfurter KommWpÜG/*Schüppen/Tretter* § 327a Rn. 26.
⁸³ BGHZ 189, 32 Rn. 26.

b) Folgen. Der Vorstand prüft zunächst, ob das Übertragungsverlangen ordnungsgemäß 37 ist, insbesondere ob der Hauptaktionär über mindestens 95 % des Grundkapitals verfügt (→ Rn. 32). Wenn der Vorstand sich davon überzeugt hat, legt er den Termin für die Hauptversammlung fest, die den Übertragungsbeschluss fassen soll. Dabei nimmt er auf die Belange der Gesellschaft und des Hauptaktionärs Rücksicht.[84] Der Hauptaktionär wird in der Regel an einem frühen Termin interessiert sein, auch wenn er eine gewisse Zeit für die Vorbereitung des Übertragungsbeschlusses, insbesondere für die Unternehmensbewertung, die Erstattung des Übertragungsberichts und die Prüfung der Barabfindung (§ 327c Abs. 2 AktG) benötigt. Weil die Kosten der Hauptversammlung von der Gesellschaft zu tragen sind, wird ihr daran gelegen sein, den Minderheitsausschluss auf die Tagesordnung einer **ordentlichen Hauptversammlung** zu setzen. Wenn eine solche ohnehin in absehbarer Zeit ansteht oder die Gesellschaft oder der Hauptaktionär kein besonderes Beschleunigungsinteresse haben, darf der Vorstand deshalb keine außerordentliche Hauptversammlung nur zum Zwecke des Minderheitsausschlusses einberufen.[85]

Die Befassung der Hauptversammlung ist Verpflichtung des Vorstands, sobald der Haupt- 38 aktionär ihm die Bankgarantie zur Sicherung der Abfindungsansprüche der Minderheitsaktionäre vorlegt (§ 327b Abs. 3 AktG). Wenn der Vorstand dieser Verpflichtung nicht nachkommt, kann der Hauptaktionär die **Beschlussfassung** gemäß § 122 AktG **erzwingen.**[86] Das dazu notwendige Quorum von 5 % des Grundkapitals kann der Hauptaktionär auch dann darstellen, wenn ihm die Aktien nicht selbst gehören, sondern zugerechnet werden. Er muss dann lediglich die unmittelbaren Aktionäre dazu veranlassen, die Rechte aus § 122 AktG auf Einberufung einer Hauptversammlung oder Ergänzung der Tagesordnung geltend zu machen.

Das Übertragungsverlangen stellt für die Gesellschaft in der Regel eine **Insiderinforma-** 39 **tion** gemäß Art. 7 MMVO dar, weil es in den meisten Fällen geeignet ist, im Fall seines öffentlichen Bekanntwerdens den Börsenkurs ihrer Aktien erheblich (nach oben) zu beeinflussen.[87] Die Gesellschaft muss diese Insiderinformation daher in der Regel gemäß Art. 17 Abs. 1 MMVO **ad hoc veröffentlichen,** sobald sie ihr bekannt geworden ist, auch wenn das Übertragungsverlangen noch keinen bestimmten Abfindungsbetrag enthält.[88] Der Hauptaktionär muss eine ad hoc-Veröffentlichung nur dann vornehmen, wenn das Bekanntwerden des Minderheitsausschlusses den Börsenkurs seiner eigenen Aktien erheblich beeinflussen könnte. Dieser Fall wird bei einem (marktbekannten) Vorbesitz von 95 % des Grundkapitals selten eintreten.[89]

c) Zeitpunkt. Die Reihenfolge der Paragraphen deutet an, dass das Ausschlussverfahren 40 üblicherweise mit dem Übertragungsverlangen des Hauptaktionärs beginnt. Zwingend ist

---

[84] Angerer/Geibel/Süßmann WpÜG/*Grzimek* AktG § 327a Rn. 29; KölnKommWpÜG/*Hasselbach* AktG § 327a Rn. 68; aA Emmerich/Habersack Aktien- und GmbH-KonzernR/*Habersack* § 327a Rn. 20; KölnKommAktG/*Koppensteiner* § 327a Rn. 16 (maßgeblich nur Gesellschaftsinteresse).

[85] So wohl auch Angerer/Geibel/Süßmann WpÜG/*Grzimek* AktG § 327a Rn. 27. Im Einzelnen aber sehr umstr., insbesondere wenn der Hauptaktionär die Kosten der außerordentlichen Hauptversammlung übernimmt (was aber praktisch nicht vorkommt); siehe nur Schmidt/Lutter AktG/*Schnorbus* § 327a Rn. 20 mwN.

[86] Emmerich/Habersack Aktien- und GmbH-KonzernR/*Habersack* § 327a Rn. 20; Hüffer/*Koch* AktG § 327a Rn. 11a; MüKoAktG/*Grunewald* § 327a Rn. 12. Weitergehend GroßkommAktG/*Fleischer* § 327a Rn. 62 mwN (sogleich gerichtliches Verfahren nach § 122 Abs. 3 AktG).

[87] BaFin, Emittentenleitfaden I.2.1.3, I.2.1.5.13 und I.3.2.2.2 (Konsultations-Entwurf Nr. 14/2019, Modul C vom 1.7.2019); KölnKommWpÜG/*Hasselbach* AktG § 327a Rn. 64. Anders zB dann, wenn dem Minderheitsausschluss ein öffentliches Übernahmeangebot vorangegangen ist und der Bieter bereits in der Angebotsunterlage erklärt hat, er beabsichtige, nach Erreichen der 95%igen Kapitalbeteiligung einen Minderheitsausschluss durchzuführen.

[88] BaFin, Emittentenleitfaden I.2.1.4.3 (Konsultations-Entwurf Nr. 14/2019, Modul C vom 1.7.2019).

[89] GroßkommAktG/*Fleischer* § 327a Rn. 22; KölnKommWpÜG/*Hasselbach* AktG § 327a Rn. 64.

dies jedoch nicht. Nach dem Wortlaut von § 327a Abs. 1 S. 1 AktG reicht es aus, dass das Übertragungsverlangen vorliegt, wenn die Hauptversammlung den **Übertragungsbeschluss** fasst. Ein so spätes Übertragungsverlangen kann durchaus praktische Relevanz gewinnen, nämlich dann, wenn der (künftige) Hauptaktionär das Ausschlussverfahren beginnen möchte, obwohl er noch nicht im Besitz der mindestens 95%igen Kapitalbeteiligung ist und er deshalb die wesentliche Voraussetzung für das Übertragungsverlangen noch nicht erfüllt (→ Rn. 29). Auch ohne Übertragungsverlangen darf das Verfahren bis zur Beschlussfassung der Hauptversammlung geführt werden.[90] Insbesondere kann der Vorstand berechtigt sein, dem künftigen Hauptaktionär Unterlagen zur Verfügung zu stellen und Auskünfte zu erteilen, die der Hauptaktionär zur Erstattung seines Übertragungsberichts benötigt (→ Rn. 46). Der künftige Hauptaktionär kann den Abfindungsprüfer gerichtlich bestellen lassen (→ Rn. 51). Ferner ist der Vorstand berechtigt, eine Hauptversammlung mit dem Tagesordnungspunkt Minderheitsausschluss einzuberufen oder den Übertragungsbeschluss auf die Tagesordnung einer bereits einberufenen oder noch einzuberufenden Hauptversammlung zu setzen, wenn er nach pflichtgemäßer Prüfung davon ausgehen darf, dass das Übertragungsverlangen und die dazu erforderliche Mindestbeteiligung des Hauptaktionärs jedenfalls bei der Beschlussfassung der Hauptversammlung vorliegen werden.[91]

41 Der Hauptaktionär kann das Übertragungsverlangen bis zum Übertragungsbeschluss jederzeit ohne Grund **widerrufen**.[92] Mit Zugang des Widerrufs bei der Gesellschaft endet das Ausschlussverfahren ohne weiteres. Gegebenenfalls hat der Vorstand Maßnahmen zu ergreifen, beispielsweise den Termin für eine bereits einberufene Hauptversammlung aufzuheben. Unter Umständen kann der Hauptaktionär aufgrund seiner gesellschaftsrechtlichen Treuepflicht verpflichtet sein, die im Hinblick auf die Hauptversammlung gemachten Aufwendungen der Gesellschaft zu ersetzen. Mit dem Übertragungsbeschluss, auf dessen Herbeiführung sich das Übertragungsverlangen richtet, ist das Übertragungsverlangen erschöpft. Das weitere Ausschlussverfahren bis zur Eintragung des Übertragungsbeschlusses in das Handelsregister liegt in der Hand der Gesellschaft und insbesondere der ihres Vorstands, wie sich zB aus § 327e Abs. 1 S. 1 AktG ergibt (näher dazu → Rn. 83). Der Hauptaktionär kann nach dem Übertragungsbeschluss also nicht mehr über den Minderheitsausschluss disponieren.

42 **2. Bericht des Hauptaktionärs.** Gemäß § 327c Abs. 2 S. 1 AktG hat der Hauptaktionär der Hauptversammlung einen schriftlichen Bericht zu erstatten, in dem die Voraussetzungen für die Übertragung dargelegt und die Angemessenheit der Barabfindung erläutert und begründet werden. Der Übertragungsbericht wäre nur dann entbehrlich, wenn alle Aktionäre der Gesellschaft durch öffentlich beglaubigte Erklärung auf seine Erstattung verzichteten (§§ 327c Abs. 2 S. 4, 293a Abs. 3 AktG). Das ist in Konstellationen, in denen der Minderheitsausschluss, also eine zwangsweise Beendigung der Mitgliedschaft, benötigt wird, praktisch ausgeschlossen.[93]

43 **a) Inhalt.** Anders als für die Berichte bei der Eingliederung (§ 319 Abs. 3 S. 1 Nr. 3 AktG), dem Unternehmensvertrag (§ 293a Abs. 1 S. 1 AktG), der Verschmelzung (§ 8 Abs. 1 S. 1 UmwG), der Spaltung (§§ 125 S. 1, 127 S. 1 UmwG) und dem Formwechsel (§ 192 Abs. 1 S. 1 UmwG) hat der Gesetzgeber das Adjektiv „ausführlich" für den Bericht beim Minderheitsausschluss weggelassen. Die Berichtserfordernisse werden dadurch aber nicht wesentlich

---

[90] AA Schmidt/Lutter AktG/*Schnorbus* § 327a Rn. 18.
[91] Trotz anderen Ausgangspunkts im Ergebnis ebenso MüKoAktG/*Grunewald* § 327a Rn. 9–10; Spindler/Stilz AktG/*Singhof* § 327a Rn. 18; GroßkommAktG/*Fleischer* § 327a Rn. 20. Eine entsprechende Verpflichtung des Vorstands allerdings besteht nicht; BGHZ 189, 32 Rn. 26.
[92] Schmidt/Lutter AktG/*Schnorbus* § 327a Rn. 16; KölnKommWpÜG/*Hasselbach* AktG § 327a Rn. 65. Ein von LG Frankfurt a. M. ZIP 2008, 1183 für zulässig gehaltener Widerrufsvorbehalt ist dafür nicht erforderlich.
[93] Ebenso KölnKommWpÜG/*Hasselbach* AktG § 327c Rn. 31.

eingeschränkt.[94] Der Übertragungsbericht muss solche Informationen erhalten und so ausführlich sein, dass einem durchschnittlich verständigen Aktionär die Voraussetzungen des Minderheitsausschlusses und die Angemessenheit der Barabfindung **plausibel** werden.[95] Andererseits ist mehr als eine Plausibilisierung auch nicht notwendig.[96] Insbesondere dient der Übertragungsbericht nicht der Beweisführung, so dass ihm entgegen verbreiteter Übung keine Dokumente (zB Depotauszüge, Bankgarantie) beigelegt werden müssen, die den Inhalt des Berichts belegen sollen.[97] Der Übertragungsbericht ist auch keine Werbeschrift; Autoren finden sich daher eher in der Rechtsabteilung als bei Investor Relations. Gefordert ist sprachliche Disziplin, Worthülsen und Redundanzen sind zu vermeiden. Der Bericht sollte so kurz und prägnant wie möglich sein. Tatsachen, deren Bekanntwerden geeignet ist, der Gesellschaft oder dem Hauptaktionär einen nicht unerheblichen Nachteil zuzufügen, brauchen in den Bericht nicht aufgenommen zu werden; dann sind die Gründe für das Zurückhalten der Information im Bericht zu nennen (§§ 327c Abs. 2 S. 4, 293a Abs. 2 AktG). Aufgrund dieser in der Praxis selten angewandten Regelung kann aber nur die Berichtstiefe eingeschränkt werden; der Bericht muss weiterhin aus sich heraus verständlich sein und die Berichtsthemen plausibel abhandeln.[98]

Überwiegend hat sich eine Gliederung des Übertragungsberichts in drei Hauptteile **44** eingebürgert. Zunächst wird die **Gesellschaft** kurz beschrieben. Dazu gehört neben einer Zusammenfassung der Unternehmensgeschichte und einer Abhandlung gewisser gesellschaftsrechtlicher Eckdaten (Sitz, Geschäftsjahr, Unternehmensgegenstand, Mitarbeiter, Mitbestimmung, Kapital, Aktionäre, konzernrechtliche Einbindung, Organe) auch eine knappe Darstellung der Struktur des Unternehmens und seiner Betriebe sowie, mit wesentlichen Kennzahlen, der geschäftlichen Entwicklung und der Ergebnissituation. Im zweiten Teil werden sodann die **Voraussetzungen des Übertragungsbeschlusses** beschrieben, also Mindestbeteiligung, Verlangen des Hauptaktionärs und Bankgarantie. Trotz fehlender Erwähnung in § 327c Abs. 2 S. 1 AktG und entgegen der hM[99] gehört in diesen Teil auch die Beschreibung der **Folgen** des Minderheitsausschlusses, dh es bedarf Ausführungen zu Aktienübergang, Barabfindungsanspruch, Konkurrenz mit anderen Abfindungsansprüchen und mit Ausgleichs- und Dividendenansprüchen, Schicksal der Aktienurkunden, Delisting sowie typischen steuerlichen Folgen.[100] Anderenfalls würden den Minderheitsaktionären Informationen vorenthalten, die für ihre Willensbildung und die Vorbereitung auf die Hauptversammlung von Bedeutung sind. Der in der Regel umfangmäßig größte Teil des Berichts befasst sich mit der **Angemessenheit der Barabfindung.** Dabei sind die angewandten Bewertungsmethoden (zu diesen näher → Rn. 97) sowie ihre Anwendung im gegebenen Fall nachvollziehbar darzustellen;[101] eine eigene Bewertung braucht den Minderheitsaktionären dadurch nicht ermöglicht zu werden, und auch die Prüfung der Be-

---

[94] KölnKommWpÜG/*Hasselbach* AktG § 327c Rn. 24; Emmerich/Habersack Aktien- und GmbH-KonzernR/*Habersack* § 327c Rn. 7; KölnKommAktG/*Koppensteiner* § 327c Rn. 7; GroßkommAktG/*Fleischer* § 327c Rn. 8; im Ergebnis nicht anders Schmidt/Lutter AktG/*Schnorbus* § 327c Rn. 6; Spindler/Stilz AktG/*Singhof* § 327c Rn. 5.
[95] BGH NZG 2006, 905 (906) – Harpen mit zust. Anm. *Bungert* BB 2006, 2761 (2762); OLG Stuttgart AG 2009, 204 (208) – Allianz; OLG Düsseldorf AG 2010, 711 (713–714); Spindler/Stilz AktG/*Singhof* § 327c Rn. 5; Emmerich/Habersack Aktien- und GmbH-KonzernR/*Habersack* § 327c Rn. 7.
[96] Schmidt/Lutter AktG/*Schnorbus* § 327c Rn. 6.
[97] So für die Bankgarantie ausdrücklich OLG Hamm ZIP 2005, 1457 (1459) – GEA. AA, jedenfalls für Depotbescheinigungen, E. *Vetter* AG 2002, 176 (187).
[98] KölnKommWpÜG/*Hasselbach* AktG § 327c Rn. 27–29.
[99] OLG Stuttgart AG 2009, 204 (209) – Allianz (obiter dictum); GroßkommAktG/*Fleischer* § 327c Rn. 8; Emmerich/Habersack Aktien- und GmbH-KonzernR/*Habersack* § 327c Rn. 8; MüKoAktG/*Grunewald* § 327c Rn. 9; KölnKommWpÜG/*Hasselbach* AktG § 327c Rn. 26.
[100] *Krieger* BB 2002, 53 (59); Spindler/Stilz AktG/*Singhof* § 327c Rn. 6 (außer zu steuerlichen Folgen).
[101] OLG Düsseldorf NZG 2009, 260 (263–264) – Keramag; KölnKommWpÜG/*Hasselbach* AktG § 327c Rn. 23; GroßkommAktG/*Fleischer* § 327c Rn. 10.

wertung ist nicht ihre Sache, sondern die des Abfindungsprüfers (dazu → Rn. 56). Vielfach übernimmt der Hauptaktionär zu diesem Zweck das Gutachten des Wirtschaftsprüfers, den er zur Ermittlung des Aktienwerts eingeschaltet hat, wörtlich in den Text seines Übertragungsberichts. Noch zweckmäßiger ist es, das Gutachten des Wirtschaftsprüfers auf dessen Briefbogen, einschließlich solcher Abschnitte wie „Auftragserteilung" und „Auftragsbedingungen", vollständig als Anlage zum Übertragungsbericht zu nehmen und sich den Inhalt dieses Gutachtens zu eigen zu machen. Damit wird zugleich der von den Minderheitsaktionären durchweg geäußerte Wunsch erfüllt, das vollständige Wirtschaftsprüfergutachten einsehen zu können.

45 In der Praxis finden sich zuweilen Übertragungsberichte, in denen der Hauptaktionär eine **wirtschaftliche Begründung** für den Minderheitsausschluss gibt und in diesem Zusammenhang seine strategischen Absichten erläutert. Rechtlich erforderlich ist dies nicht, weil der Übertragungsbeschluss keiner sachlichen Rechtfertigung im Einzelfall bedarf (dazu → Rn. 81, 120).[102] Wenn der Hauptaktionär freiwillig Ausführungen zur wirtschaftlichen Begründung des Minderheitsausschlusses macht, präjudiziert er sich für ein etwaiges späteres Freigabeverfahren gemäß §§ 327e Abs. 2, 319 Abs. 6 AktG (dazu → Rn. 84–90). In einem solchen Verfahren kann es darauf ankommen, ob der Gesellschaft und dem Hauptaktionär durch die Verzögerung des Minderheitsausschlusses Nachteile entstehen.

46 b) Informationsversorgung des Hauptaktionärs. Um seinen Bericht anfertigen zu können, braucht der Hauptaktionär weitreichende Kenntnisse über die Gesellschaft. Zumeist muss er mit Hilfe eines Gutachters eine Unternehmensbewertung durchführen, um die Angemessenheit der Barabfindung zu belegen. Dazu bedarf es einer kritischen Analyse der Unternehmensplanung und der Erörterung dieser Daten mit dem Vorstand. § 327b Abs. 1 S. 2 AktG gibt dem Hauptaktionär deshalb einen Anspruch darauf, dass ihm alle für die Festlegung der Barabfindung notwendigen Unterlagen zur Verfügung gestellt und Auskünfte erteilt werden. Wie beim allgemeinen Auskunftsrecht in der Hauptversammlung gemäß § 131 AktG richtet sich dieser Anspruch gegen die Gesellschaft, die ihn durch ihren Vorstand erfüllt.[103] Obwohl die gesetzliche Regelung den **Auskunftsanspruch** nur auf den wichtigsten Bereich, die Bewertungsthemen, bezieht, kann der Hauptaktionär in analoger Anwendung von § 327b Abs. 1 S. 2 AktG von der Gesellschaft auch zu anderen Themen Auskunft verlangen, zu denen er sich im Übertragungsbericht äußern muss oder zweckmäßigerweise äußert. Soweit Informationen für die Erstattung des Übertragungsberichts erforderlich sind, besteht der Auskunftsanspruch absolut; der Vorstand hat weder nach § 131 Abs. 3 AktG noch unter sonstigen Gesichtspunkten ein Recht zur Auskunftsverweigerung.[104] Dafür unterliegt der Hauptaktionär einer entsprechenden Verschwiegenheitspflicht, die zusätzlich durch eine Geheimhaltungsvereinbarung dokumentiert werden kann, aber nicht muss.[105] Ggf. muss der Hauptaktionär gemäß §§ 327c Abs. 2 S. 4, 293a Abs. 2 S. 1 AktG davon absehen, gewisse geheimhaltungsbedürftige Informationen in den Übertragungsbericht aufzunehmen (→ Rn. 44). Die vom Vorstand erteilten Auskünfte sind in dem Sinne privilegiert, dass sie den Minderheitsaktionären nicht gemäß § 131 Abs. 4 AktG in der Hauptversammlung gegeben werden müssen.[106] Denn die Auskünfte sind dem

---

[102] BGHZ 180, 154 Rn. 14 – Lindner; aus dem Schrifttum statt aller Emmerich/Habersack Aktien- und GmbH-KonzernR/*Habersack* § 327a Rn. 26 mwN.

[103] *Gesmann-Nuissl* WM 2002, 1205 (1208); *Grunewald* ZIP 2002, 18 (19); KölnKommWpÜG/ *Hasselbach* AktG § 327b Rn. 9; Frankfurter KommWpÜG/*Schüppen/Tretter* AktG § 327b Rn. 4.

[104] MüKoAktG/*Grunewald* § 327b Rn. 5; Schmidt/Lutter AktG/*Schnorbus* § 327b Rn. 25; mit gewissen Einschränkungen bei Missbrauchsverdacht GroßkommAktG/*Fleischer* § 327b Rn. 8; KölnKommWpÜG/*Hasselbach* AktG § 327b Rn. 10.

[105] Spindler/Stilz AktG/*Singhof* § 327b Rn. 6; Schmidt/Lutter AktG/*Schnorbus* § 327b Rn. 26; KölnKommWpÜG/*Hasselbach* AktG § 327b Rn. 10.

[106] LG Saarbrücken NZG 2004, 1012 (1013); AG 2006, 89 (90) – Kaufhalle; KölnKommWpÜG/ *Hasselbach* AktG § 327b Rn. 11; Schmidt/Lutter AktG/*Schnorbus* § 327b Rn. 25; Spindler/Stilz

Hauptaktionär nicht „wegen seiner Eigenschaft als Aktionär" sondern im Hinblick auf die Durchführung eines Minderheitsausschlusses erteilt worden, den die Minderheitsaktionäre gar nicht durchführen könnten.

Wenn der (künftige) Hauptaktionär das Übertragungsverlangen noch nicht gestellt hat, **47** weil er noch nicht über die mindestens 95%ige Kapitalbeteiligung verfügt, kann er gleichwohl schon an seinem Übertragungsbericht arbeiten. Er hat dann zwar keinen Auskunftsanspruch gemäß § 327b Abs. 1 S. 2 AktG, weil dieser die Hauptaktionärseigenschaft voraussetzt. Der Vorstand darf aber Auskünfte erteilen, wenn er nach pflichtgemäßer Prüfung davon ausgehen darf, dass der (künftige) Hauptaktionär das Übertragungsverlangen vor der Beschlussfassung der Hauptversammlung stellen, spätestens dann also auch im Besitz der Mindestbeteiligung sein wird. Wenn der Vorstand von seinem **Recht zur Auskunftserteilung** gegenüber dem Hauptaktionär Gebrauch macht, ist dies ebenfalls eine privilegierte Kommunikation im Hinblick auf den bevorstehenden Minderheitsausschluss; die Minderheitsaktionäre haben deshalb keinen Anspruch nach § 131 Abs. 4 AktG auf Erteilung derselben Auskünfte.[107]

c) **Zeitpunkt.** Der Übertragungsbericht gehört zu den gemäß § 327c Abs. 3 AktG von **48** der Einberufung der Hauptversammlung an auszulegenden Unterlagen (Nr. 3). Der Einberufung der Hauptversammlung geht in der Regel eine Sitzung des Aufsichtsrats der Gesellschaft voraus, in welcher der Aufsichtsrat seine Beschlussvorschläge zu den Tagesordnungspunkten der Hauptversammlung verabschiedet. Dazu lässt der Aufsichtsrat sich alle zur Einsicht der Aktionäre auszulegenden Unterlagen vorlegen, also auch den Bericht des Hauptaktionärs. Spätestens zu dieser **Aufsichtsratssitzung,** unter Beachtung von Einladungsfristen und Fristen zur Vorlage von Unterlagen auch schon früher, muss der Hauptaktionär seinen Übertragungsbericht also abschließen. Für die Angemessenheit der Barabfindung kommt es jedoch auf den Zeitpunkt an, in dem die Hauptversammlung den Übertragungsbeschluss fasst (§ 327b Abs. 1 S. 1 Hs. 2 AktG). Die Wochen zwischen Abschluss des Übertragungsberichts und Hauptversammlung werden in der Praxis häufig durch (rechtlich nicht erforderliche)[108] Erklärungen des Hauptaktionärs und des von ihm mit der Anteilsbewertung beauftragten Wirtschaftsprüfers am Tag der Hauptversammlung abgedeckt, dass seit Abschluss des Übertragungsberichts keine werterhöhenden Umstände eingetreten sind und die Barabfindung auch aus Sicht des Hauptversammlungstags weiterhin angemessen ist.

d) **Form.** Gemäß § 327c Abs. 2 S. 1 AktG muss der Übertragungsbericht **schriftlich** **49** erstattet, dh vom Hauptaktionär eigenhändig unterschrieben werden (§ 126 Abs. 1 BGB). Bei juristischen Personen unterschreiben die Mitglieder des Vertretungsorgans. Es genügt, dass Organmitglieder in vertretungsberechtigter Zahl ihre Unterschrift leisten.[109]

3. Festlegung und Prüfung der Barabfindung. a) Festlegung durch den Haupt- **50** **aktionär.** Nach Abschluss der Bewertungsarbeiten des von ihm beauftragten Gutachters legt der Hauptaktionär die Barabfindung der Minderheitsaktionäre fest (§ 327b Abs. 1 S. 1 AktG). Er wird sich dabei an den anerkannten Grundsätzen der Anteils- und Unternehmensbewertung orientieren (dazu näher → Rn. 97). Mit der Festlegung der Abfindung kann der Hauptaktionär seinen Übertragungsbericht abschließen.

AktG/*Singhof* § 327b Rn. 6; MüKoAktG/*Grunewald* § 327b Rn. 5; KölnKommAktG/*Koppensteiner* § 327b Rn. 6.
[107] OLG Düsseldorf NZG 2004, 328 (333–334) – Edscha.
[108] KölnKommWpÜG/*Hasselbach* AktG § 327c Rn. 30.
[109] OLG Stuttgart ZIP 2003, 2363 (2363–2364) – Alcatel SEL; OLG Düsseldorf NZG 2004, 328 (332) – Edscha; NZG 2005, 347 (349–350) mit zust. Anm. *Wilsing* EWiR § 327a AktG 2/05, 495 (496); OLG Hamm ZIP 2005, 1457 (1459) – GEA; KölnKommWpÜG/*Hasselbach* § 327c Rn. 17–19.

51 **b) Bestellung des Abfindungsprüfers.** § 327c Abs. 2 S. 2 AktG verlangt die Prüfung der Angemessenheit der Barabfindung durch einen oder mehrere sachverständige Prüfer. In der Regel wird nur ein Prüfer bestellt. Die Bestellung geschieht auf Antrag des Hauptaktionärs durch den **Vorsitzenden der Kammer für Handelssachen des LG,** in dessen Bezirk die Gesellschaft ihren Sitz hat (§§ 327c Abs. 2 S. 3 und 4, 293c Abs. 1 S. 3 und 4 AktG). Die Landesregierung kann die Zuständigkeit allerdings durch Rechtsverordnung bei einem oder mehreren Landgerichten konzentrieren (§§ 327c Abs. 2 S. 4, 293c Abs. 2 S. 3 und 4 AktG, 71 Abs. 4 GVG). Davon haben viele Bundesländer Gebrauch gemacht.[110] Im Zeitpunkt der Antragstellung braucht der Hauptaktionär die mindestens 95%ige Kapitalbeteiligung noch nicht, so dass das Gericht sie auch nicht zu prüfen hat.[111] Denn der Hauptaktionär trägt die Kosten der Abfindungsprüfung allein (→ Rn. 55). Er allein wird also belastet, wenn die Abfindungsprüfung später nicht benötigt wird, weil er die Mindestbeteiligung nicht erreicht.

52 Das Gesetz sagt, dass das Gericht den Abfindungsprüfer „auswählt" und bestellt. Der Hauptaktionär unterbreitet dem Gericht in der Praxis meistens mehrere, überwiegend zwei oder drei Vorschläge.[112] Das Auswahlermessen des Gerichts wird dadurch aber nicht eingeschränkt, das Gericht kann ohne Weiteres einen Prüfer von außerhalb der Liste bestellen. Insofern ist eine **gerichtliche Auswahl** auch dann gegeben, wenn der Hauptaktionär nur einen Kandidaten als Prüfer benennt und das Gericht diesen bestellt.[113] Erfahrene Richter haben eigene Listen, von denen sie auswählen. Anweisungen zur inhaltlichen Ausgestaltung der Prüfung darf das Gericht nicht erteilen.[114] Der Hauptaktionär kann die gerichtliche Bestellung mit der **Beschwerde** anfechten (§§ 327c Abs. 2 S. 4, 293c Abs. 2 AktG, 10 Abs. 4 UmwG), die nicht am Verfahren beteiligten Minderheitsaktionäre haben dieses Recht mangels gesetzlicher Regelung nicht.[115] Sie können etwaige Mängel der Bestellung auch nicht mit der Anfechtungsklage gegen den Übertragungsbeschluss geltend machen,[116] sondern sind auf die Überprüfung der Barabfindung im Spruchverfahren verwiesen.

53 Aus §§ 327c Abs. 2 S. 4, 293d Abs. 1 S. 1 AktG und §§ 319 Abs. 1–4, 319a Abs. 1 HGB ergeben sich Mindestanforderungen an den Abfindungsprüfer. In Betracht kommen nur **Wirtschaftsprüfer und Wirtschaftsprüfungsgesellschaften** (§ 319 Abs. 1 S. 1 HGB). Bei der Auswahl des Prüfers sind ferner die Ausschlussgründe des § 319 Abs. 2–4

---

[110] ZB: Bayern: LG München I für die LG-Bezirke des OLG München und LG Nürnberg-Fürth für die LG-Bezirke der OLG Nürnberg und Bamberg, § 30 Abs. 1 GZVJu v. 11.6.2012 (GVBl. S. 295); Niedersachsen: LG Hannover, § 2 Nr. 14 ZustVO-Justiz v. 18.12.2009 (Nds. GVBl. S. 283), zuletzt geändert durch VO vom 21.9.2012 (Nds. GVBl. S. 358); Nordrhein-Westfalen: LG Düsseldorf für die LG-Bezirke Düsseldorf, Duisburg, Kleve, Krefeld, Mönchengladbach und Wuppertal, LG Dortmund für die LG-Bezirke Arnsberg, Bielefeld, Bochum, Detmold, Dortmund, Essen, Hagen, Münster, Paderborn und Siegen und LG Köln für die LG-Bezirke Aachen, Bonn und Köln, § 1 Nr. 4 Konzentrations-VO Gesellschaftsrecht v. 31.5.2005 (GV. NRW S. 625), zuletzt geändert durch § 4 S. 2 Konzentrations-VO Gesellschaftsrecht v. 8.6.2010 (GV. NRW S. 350); Hessen: LG Frankfurt a. M., § 20 S. 2 Nr. 1 lit. e GerZustVO v. 16.9.2008 (GVBl. S. 822), zuletzt geändert durch Art. 1 7. ÄndVO v. 4.11.2011 (GVBl. S. 729); Baden-Württemberg: LG Mannheim für die LG-Bezirke des OLG Karlsruhe und LG Stuttgart für die LG-Bezirke des OLG Stuttgart, § 13 Abs. 2 Nr. 10 ZuVoJu v. 20.11.1998 (GBl. S. 680), zuletzt geändert durch VO v. 26.10.2012 (GBl. S. 492).
[111] Schmidt/Lutter AktG/*Schnorbus* § 327c Rn. 12; Spindler/Stilz AktG/*Singhof* § 327c Rn. 9. AA OLG Köln Der Konzern 2004, 30 (32); *K. Mertens* AG 2002, 377 (382).
[112] So auch die Erfahrung von Angerer/Geibel/Süßmann WpÜG/*Grzimek* AktG § 327c Rn. 19; KölnKommWpÜG/*Hasselbach* AktG § 327c Rn. 35.
[113] BGH NZG 2006, 905 (906) – Harpen mit zust. Anm. *Goslar* EWiR § 327c AktG 1/06, 673 (674) und *Bungert* BB 2006, 2761 (2762).
[114] OLG Düsseldorf ZIP 2015, 2323 (2324–2325).
[115] MüKoAktG/*Grunewald* § 327c Rn. 12; Angerer/Geibel/Süßmann WpÜG/*Grzimek* AktG § 327c Rn. 21. AA *Meilicke* AG 2007, 261 (266) unter Berufung auf ein obiter dictum von LG Frankfurt a. M. AG 2007, 48 (52).
[116] OLG Hamm ZIP 2005, 1457 (1460) – GEA.

und § 319a Abs. 1 HGB zu beachten. Nach dem in § 319 Abs. 2 HGB formulierten Grundsatz ist von der Prüfertätigkeit ausgeschlossen, wer die begründete **Besorgnis der Befangenheit** erweckt, insbesondere aufgrund geschäftlicher, finanzieller oder persönlicher Beziehungen. §§ 319 Abs. 3 und 4, 319a Abs. 1 HGB enthalten unwiderlegliche gesetzliche Vermutungen der Befangenheit.[117] In den dort – nicht abschließend – aufgezählten Beispielen kommt mehrfach (zB in §§ 319 Abs. 3 Nr. 3, 319a Abs. 1 Nr. 2 und 3 HGB) das **Selbstprüfungsverbot** zum Ausdruck, also der Grundsatz, dass ein unabhängiger Prüfer nicht das prüfen soll, was er zuvor selbst mitgestaltet hat.[118] Für die entsprechende Anwendung dieser Regeln auf den Minderheitsausschluss bedeutet dies, dass der Abfindungsprüfer nicht an den Überlegungen zur Festlegung der Barabfindung[119] und nicht an dem Bericht des Hauptaktionärs[120] mitgewirkt haben darf. Um in dieser Hinsicht keinen Zweifel an seiner **Unabhängigkeit** aufkommen zu lassen, sollte der Abfindungsprüfer jede Vorbefassung mit dem Prüfungsstoff im Auftrag des Hauptaktionärs vermeiden. Er sollte deshalb insbesondere nicht tätig werden, bevor das Gericht den Bestellungsbeschluss erlassen hat.[121] Wenn er zuvor den Hauptaktionär bei Bewertungsfragen im Zusammenhang mit einem öffentlichen Angebot nach dem WpÜG beraten hat, scheidet er als Abfindungsprüfer aus.[122] Denn dann hat er sich für den Schuldner des Abfindungsanspruchs bereits mit dem Prüfungsstoff befasst und sich schon einmal festgelegt. Andere Tätigkeiten des ins Auge gefassten Abfindungsprüfers für den Hauptaktionär oder die Gesellschaft schließen ihn nicht notwendig von der Abfindungsprüfung aus. Unschädlich ist es beispielsweise in der Regel, dass der Abfindungsprüfer zugleich Abschlussprüfer des Hauptaktionärs oder der Gesellschaft ist,[123] weil der Prüfungsstoff bei Abschlussprüfung und Minderheitsausschluss unterschiedlich ist. Unschädlich ist es grundsätzlich auch, dass der Abfindungsprüfer zuvor gerichtlich bestellter Prüfer bei einer anderen Strukturmaßnahme der Gesellschaft, etwa einem Unternehmensvertrag, war, denn insoweit war der Prüfer nicht im Auftrag des Hauptaktionärs, sondern unparteilich tätig.[124] In der Praxis hat sich eingebürgert, dass der ins Auge gefasste Abfindungsprüfer eine Erklärung über seine Unabhängigkeit abgibt, die seine früheren und augenblicklichen Tätigkeiten für den Hauptaktionär und die Gesellschaft benennt und die dem Antrag des Hauptaktionärs auf Prüferbestellung beigefügt wird.

Solche Tätigkeiten machen den **Abfindungsprüfer** auch als **gerichtlichen Sachverständigen** in einem späteren Spruchverfahren (dazu → Rn. 111–112) nicht ungeeignet und beeinträchtigen seine Glaubwürdigkeit als sachverständiger Zeuge gemäß § 8 Abs. 2 S. 1 SpruchG nicht. Dadurch können im Spruchverfahren Zeit und Kosten gespart werden, ein wichtiger Zusatznutzen der gerichtlichen Prüferbestellung.[125]

Der Abfindungsprüfer kann vom Hauptaktionär Ersatz angemessener barer Auslagen und eine Vergütung für seine Tätigkeit verlangen (§§ 327c Abs. 2 S. 4, 293c Abs. 1 S. 5 AktG,

---

[117] Begr. RegE BilReG, BT-Drs. 15/3419, 36.
[118] Begr. RegE BilReG, BT-Drs. 15/3419, 27.
[119] Frankfurter KommWpÜG/*Schüppen/Tretter* AktG § 327c Rn. 18; Angerer/Geibel/Süßmann WpÜG/*Grzimek* AktG § 327c Rn. 18.
[120] *Veit* DB 2005, 1697 (1699); Angerer/Geibel/Süßmann WpÜG/*Grzimek* AktG § 327c Rn. 18; so schon vor Neufassung des § 319 HGB und Einführung des § 319a HGB durch das BilReG im Jahre 2004 OLG Stuttgart ZIP 2003, 2363 (2365) – Alcatel SEL.
[121] Großzügiger OLG Düsseldorf NZG 2005, 347 (351); WM 2005, 1948 (1952).
[122] So grundsätzlich auch Schmidt/Lutter AktG/*Schnorbus* § 327c Rn. 16. AA *Marten/Müller* FS Röhricht, 2005, 963 (973); KölnKommWpÜG/*Hasselbach* AktG § 327c Rn. 41; MüKoAktG/*Grunewald* § 327c Rn. 13.
[123] KölnKommWpÜG/*Hasselbach* AktG § 327c Rn. 41; MüKoAktG/*Grunewald* § 327c Rn. 13; Schmidt/Lutter AktG/*Schnorbus* § 327c Rn. 16.
[124] Schmidt/Lutter AktG/*Schnorbus* § 327c Rn. 16.
[125] Siehe zu dieser Funktion der gerichtlichen Prüferbestellung *Bungert/Mennicke* BB 2003, 2021 (2028). Aus der Rechtsprechung zB OLG Stuttgart AG 2017, 493 (494–495).

§ 318 Abs. 5 HGB). Wenn Hauptaktionär und Prüfer sich nicht einigen können, setzt das Gericht **Auslagen und Vergütung** fest.[126] Die Honorarsätze von § 9 JVEG gelten dabei nicht,[127] weil das JVEG nur auf die Entschädigung von Sachverständigen anwendbar ist, die das Gericht – in einem gerichtlichen Verfahren – bei der Entscheidungsfindung unterstützen. Gemäß §§ 327c Abs. 2 S. 4, 293d Abs. 2 AktG, § 323 HGB ist der Abfindungsprüfer der Gesellschaft und ihren Aktionären sowie dem Hauptaktionär und dessen Anteilsinhabern bei Pflichtverletzungen zum **Schadensersatz** verpflichtet, dessen Höchstbetrag in Fällen von Fahrlässigkeit nach der gesetzlichen Regelung[128] mit vier Mio. EUR allerdings relativ gering ist. Neben der Verschwiegenheitspflicht erwähnt § 327 Abs. 1 S. 1 HGB als Hauptpflicht die gewissenhafte und unparteiliche Prüfung. Schuldhafte Unterschreitungen der Bewertungsbandbreite können Ersatzansprüche der Minderheitsaktionäre, schuldhafte Überschreitungen solche des Hauptaktionärs begründen.[129]

56 **c) Prüfung und Prüfungsbericht.** Als Gegenstand der Prüfung bezeichnet § 327c Abs. 2 S. 2 AktG die **Angemessenheit der Barabfindung**. Weitere Prüfungsgegenstände benennt das Gesetz nicht. Zu prüfen ist daher weder allgemein die Rechtmäßigkeit des Minderheitsausschlusses[130] noch speziell der Entwurf des Übertragungsbeschlusses,[131] der Bericht des Hauptaktionärs[132] oder die Bankgarantie.[133] Der Bericht des Hauptaktionärs und seine Entwürfe liegen dem Abfindungsprüfer zwar in der Regel vor. Dies dient aber nur der Arbeitserleichterung und der Beschleunigung der Prüfung, denn der Übertragungsbericht enthält wesentliche rechtliche und wirtschaftliche Eckdaten für die Bemessung der Barabfindung und darüber hinaus das vollständige Wertgutachten (→ Rn. 46).[134] Die wirtschaftliche Zweckmäßigkeit des Minderheitsausschlusses ist schon deshalb nicht Gegenstand der Abfindungsprüfung, weil der Übertragungsbeschluss keiner sachlichen Rechtfertigung bedarf (→ Rn. 81, 120).[135]

57 Die Abfindungsprüfung findet in der Praxis gleichzeitig mit der Bewertung durch den vom Hauptaktionär eingeschalteten Wirtschaftsprüfer statt, ähnlich wie bei der Jahresabschlussprüfung, bei welcher der Abschlussprüfer gleichzeitig mit der Aufstellung des Jahresabschlusses durch die Gesellschaft tätig wird (§ 320 Abs. 2 S. 2 HGB). Konkret bedeutet dies zB, dass der vom Hauptaktionär eingeschaltete Wirtschaftsprüfer dem Abfindungsprüfer die Planungsprämissen vorlegt und gegebenenfalls nach Diskussion mit dem Abfindungsprüfer korrigiert, bevor er weitere Details der Unternehmensbewertung er-

---

[126] *Marten/Müller* FS Röhricht, 2005, 963 (984); KölnKommWpÜG/*Hasselbach* AktG § 327c Rn. 46; Angerer/Geibel/Süßmann WpÜG/*Grzimek* AktG § 327c Rn. 22. AA Frankfurter KommWpÜG/*Schüppen/Tretter* § 327c Rn. 15 (stets gerichtliche Festsetzung).
[127] AA KölnKommWpÜG/*Hasselbach* AktG § 327c Rn. 20.
[128] Knappe Übersicht dazu bei Angerer/Geibel/Süßmann WpÜG/*Grzimek* AktG § 323c Rn. 25–27; KölnKommWpÜG/*Hasselbach* AktG § 327c Rn. 59.
[129] *Marten/Müller* FS Röhricht, 2005, 963 (985). Zur Konkurrenz dieser Ersatzansprüche mit dem Spruchverfahren Schmidt/Lutter AktG/*Schnorbus* § 327c Rn. 23. Zu den vielfältigen Hürden bei Geltendmachung und Durchsetzung *Meilicke* AG 2007, 261 (263–269).
[130] KölnKommAktG/*Koppensteiner* § 327c Rn. 12; *Veit* DB 2005, 1697 (1700); KölnKommWpÜG/*Hasselbach* AktG § 327c Rn. 47.
[131] Arg. ex § 327c Abs. 2 S. 4 AktG, der auf § 293b AktG gerade nicht verweist.
[132] GroßkommAktG/*Fleischer* § 327c Rn. 26; MüKoAktG/*Grunewald* § 327c Rn. 11; KölnKommWpÜG/*Hasselbach* AktG § 327c Rn. 47.
[133] OLG Hamm ZIP 2005, 1457 (1460–1461) – GEA; GroßkommAktG/*Fleischer* § 327c Rn. 26; MüKoAktG/*Grunewald* § 327c Rn. 11; Schmidt/Lutter AktG/*Schnorbus* § 327c Rn. 18. AA *Fuhrmann/Simon* WM 2002, 1211 (1216); Heidel Aktien- und KapitalmarktR/*Heidel/Lochner* AktG § 327b Rn. 12.
[134] GroßkommAktG/*Fleischer* § 327c Rn. 26; KölnKommWpÜG/*Hasselbach* AktG § 327c Rn. 47. AA *Marten/Müller* FS Röhricht, 2005, 963 (984) (Bericht des Hauptaktionärs muss vorliegen).
[135] BGHZ 180, 154 Rn. 14 – Lindner; aus dem Schrifttum statt aller Emmerich/Habersack Aktien- und GmbH-KonzernR/*Habersack* § 327a Rn. 26 mwN.

arbeitet.¹³⁶ Die **gleichzeitige Abfindungsprüfung (Parallelprüfung)** ist zweckmäßig, weil sie Zeit und Kosten spart. Sie ist rechtlich zulässig (§§ 327c Abs. 2 S. 4, 293d Abs. 1 S. 1 AktG, § 320 Abs. 2 S. 2 HGB) und spricht insbesondere nicht gegen die Unabhängigkeit des Abfindungsprüfers.¹³⁷ Zur Durchführung seiner Prüfung hat der Abfindungsprüfer gegenüber der Gesellschaft dieselben Auskunfts- und Einsichtsrechte wie ein Jahresabschlussprüfer (§§ 327c Abs. 2 S. 4, 293d Abs. 1 AktG, § 320 Abs. 1 S. 2 und Abs. 2 S. 1 und 2 HGB).

58 Der Abfindungsprüfer hat über das Ergebnis seiner Prüfung **schriftlich** zu berichten (§§ 327c Abs. 2 S. 4, 293e Abs. 1 S. 1 AktG), den **Prüfungsbericht** also eigenhändig zu unterschreiben (§ 126 Abs. 1 BGB). Bei Wirtschaftsprüfungsgesellschaften unterschreiben Personen in vertretungsberechtigter Zahl.¹³⁸ Am Ende des Prüfungsberichts findet sich die Erklärung, ob die vom Hauptaktionär festgelegte Barabfindung angemessen ist (§§ 327c Abs. 2 S. 4, 293e Abs. 1 S. 2 AktG). Wenn der Abfindungsprüfer sein **Testat verweigert,** empfiehlt es sich entgegen der hL¹³⁹ bis zur höchstrichterlichen Klärung dieser Frage in der Praxis nicht, das Verfahren fortzusetzen.¹⁴⁰ Der Übertragungsbeschluss der Hauptversammlung wäre in einem solchen Fall anfechtbar, der Registerrichter dürfte den Übertragungsbeschluss nicht eintragen.¹⁴¹ Ansonsten liefe der verfassungsrechtlich relevante¹⁴² Schutz, den die Abfindungsprüfung durch gerichtlich bestellten Prüfer den Minderheitsaktionären gewähren soll, gänzlich leer. Man darf die Minderheitsaktionäre bei verweigertem Testat nicht auf das Spruchverfahren verweisen. Das Spruchverfahren soll unerkannte und ggf. zwischen Minderheitsaktionären und Hauptaktionär streitige Bewertungsfehler beheben, nicht die vom Prüfer bereits aufgedeckten.

59 Für den **Inhalt des Prüfungsberichts** schreiben §§ 327c Abs. 2 S. 4, 293e Abs. 1 S. 3 AktG vor, dass die bei der Ermittlung der Barabfindung angewandten Methoden anzugeben sind, ihre Angemessenheit begründet werden muss, bei Anwendung mehrerer Methoden Alternativrechnungen anzustellen sind und dargelegt werden muss, welche besonderen Schwierigkeiten bei der Bewertung aufgetreten sind. Daraus ergibt sich insbesondere, dass der Prüfungsbericht weder die Details der Bewertung enthalten noch aus sich heraus die Barabfindung plausibilisieren muss.¹⁴³ Der Prüfungsbericht ist **kein eigenständiges Wertgutachten** und deshalb in der Regel sehr viel kürzer als der Bericht des Hauptaktionärs. Sein Inhalt ist eben nicht der Bericht über eine eigene Bewertung, sondern über die Prüfung der Bewertung eines anderen. In der Praxis hat sich die Gliederung des Prüfungsberichts in die Abschnitte Auftrag und Auftragsdurchführung, Gegenstand und Umfang der Prüfung, Angemessenheit der Barabfindung (angewandte Methoden und einzelne Prü-

---

¹³⁶ Zu den einzelnen Prüfungshandlungen instruktiv *Marten/Müller* FS Röhricht, 2005, 963 (975–981).
¹³⁷ BGH NZG 2006, 905 (906) – Harpen mit zust. Anm. *Goslar* EWiR § 327c AktG 1/06, 673 (674) und *Bungert* BB 2006, 2761 (2762); BGHZ 180, 154 Rn. 32 – Lindner; *Leuering* NZG 2004, 606 (608–609); KölnKommWpÜG/*Hasselbach* AktG § 327c Rn. 44 mwN zum heute fast einhelligen Schrifttum.
¹³⁸ OLG Düsseldorf WM 2005, 1948 (1952–1953).
¹³⁹ *Ott* DB 2003, 1615; *Leuering* NZG 2004, 606 (607); MüKoAktG/*Grunewald* § 327c Rn. 15; *Buchta/Ott* DB 2005, 990 (992); GroßkommAktG/*Fleischer* § 327c Rn. 41; KölnKommWpÜG/ *Hasselbach* AktG § 327c Rn. 55; Bürgers/Körber AktG/*Holzborn/Müller* § 327c Rn. 8.
¹⁴⁰ So auch *Marten/Müller* FS Röhricht, 2005, 963 (983).
¹⁴¹ Im Ergebnis so auch *Greulich* S. 187–188; *Meilicke* AG 2007, 261 (267). Nach OLG Bremen ZIP 2013, 460 (462) jedenfalls vertretbar, daher keine offensichtlich unbegründete Anfechtungsrüge, so dass eine Freigabe der Handelsregistereintragung gemäß §§ 327e Abs. 2, 319 Abs. 6 S. 3 Nr. 1 AktG (dazu → Rn. 87) ausscheidet. Ablehnend *Bayer/Fiebelkorn* EWiR § 327c AktG 1/13, 231 (231–232).
¹⁴² BVerfG NZG 2007, 587 Rn. 26 – Edscha.
¹⁴³ Sehr str.; wie hier *Veit* DB 2005, 1697 (1700); KölnKommWpÜG/*Hasselbach* AktG § 327c Rn. 49; aA *Puszkajler* ZIP 2003, 518 (521); *Greulich* S. 184–186; *Marten/Müller* FS Röhricht, 2005, 963 (982); *Meilicke* AG 2007, 261 (266); GroßkommAktG/*Fleischer* § 327c Rn. 36; Frankfurter KommWpÜG/*Schüppen/Tretter* AktG § 327c Rn. 22.

fungsfeststellungen) sowie Abschlusserklärung eingebürgert.[144] Wie in den Übertragungsbericht des Hauptaktionärs brauchen auch in den Prüfungsbericht solche Tatsachen nicht aufgenommen zu werden, deren Bekanntwerden der Gesellschaft oder dem Hauptaktionär einen nicht unerheblichen Nachteil zuzufügen geeignet sind (§§ 327c Abs. 2 S. 4, 293e Abs. 2, 293a Abs. 2 AktG, → Rn. 40). Nur bei einem – in der Praxis kaum denkbaren – Verzicht aller Aktionäre der Gesellschaft wäre der Prüfungsbericht und damit die Prüfung insgesamt entbehrlich (§§ 327c Abs. 2 S. 4, 293e Abs. 2, 293a Abs. 3 AktG).

60 **4. Bankgarantie.** Gemäß § 327b Abs. 3 AktG hat der Hauptaktionär dem Vorstand der Gesellschaft vor Einberufung der Hauptversammlung die Erklärung eines in Deutschland zum Geschäftsbetrieb befugten Kreditinstituts zu übermitteln, durch die das Kreditinstitut die Gewährleistung für die Erfüllung der Verpflichtung des Hauptaktionärs übernimmt, den Minderheitsaktionären nach Eintragung des Übertragungsbeschlusses unverzüglich die festgelegte Barabfindung für die übergegangenen Aktien zu zahlen. Dieser, schon von den ersten Gesetzgebungsinitiativen geforderte Schutz[145] reicht sehr weit und wird anderen konzernrechtlichen Abfindungsansprüchen mit gleichem Gefährdungspotential (zB § 305 Abs. 2 Nr. 3 AktG) nicht zuteil.

61 **a) Garantiegeber und Inhalt der Garantie.** Die Garantie wird von einem **Kreditinstitut** abgegeben, das in Deutschland Bankgeschäfte betreiben darf; dies können auch ausländische Banken sein (§§ 1 Abs. 1, 53–53c KWG).[146] Der Zweck der Bankgarantie schließt als Garantiegeber Kreditinstitute aus, die mit dem Hauptaktionär im Sinne von § 15 AktG verbunden sind.[147] § 327b Abs. 3 AktG bezeichnet die von dem Kreditinstitut abzugebende Garantie als „Gewährleistung". Der vom Gesetzgeber gewählte Ausdruck ist unbeholfen und passt nicht, weil er den entscheidenden Regelungsinhalt nicht zum Ausdruck bringt, dass nämlich die Minderheitsaktionäre einen unmittelbaren Anspruch auf Barabfindung gegen das Kreditinstitut erlangen sollen (echter Vertrag zugunsten Dritter, § 328 BGB).[148] Mit dem Wort Gewährleistung wollte der Gesetzgeber offenbar einen Oberbegriff für eine Reihe verschiedener Rechtsinstitute verwenden. Neben der **Bankgarantie,** die der Gesetzgeber in der Gesetzesbegründung ausdrücklich erwähnt,[149] gehören dazu vor allem die Bürgschaft und der Schuldbeitritt.[150] Zugleich zeigt der Begriff „Gewährleistung", dass das Kreditinstitut nicht primär verpflichtet ist, sondern nur dann eintreten muss, wenn der Hauptaktionär nicht unverzüglich nach Eintragung des Übertragungsbeschlusses in das Handelsregister zahlt.[151] Daraus ergibt sich, dass die Garantie

---

[144] Vgl. *Marten/Müller* FS Röhricht, 2005, 963 (981–983).
[145] *DAV-Handelsrechtsausschuss* NZG 1999, 850 (851).
[146] Einzelheiten bei Angerer/Geibel/Süßmann WpÜG/*Grzimek* AktG § 327b Rn. 43–45; KölnKommWpÜG/*Hasselbach* AktG § 327b Rn. 44. Praktisch geworden zB im Fall LG Frankfurt a. M. DB 2004, 1550.
[147] Vgl. LG Frankfurt a. M. NZG 2004, 672 (674) – Radeberger, das schon wegen „wirtschaftlich enger Verbundenheit" erhebliche Zweifel an der Eignung des Kreditinstituts hatte. Zur Vorsicht mahnend auch Spindler/Stilz AktG/*Singhof* § 327b Rn. 10. Offen gelassen von OLG Stuttgart AG 2009, 204 (209) – Allianz (geringe mittelbare Beteiligung schadet jedenfalls nicht). AA LG München I ZIP 2004, 167 (169) sowie – mit Umkehrschluss aus § 13 Abs. 1 S. 2 WpÜG – die hL: Großkomm-AktG/*Fleischer* § 327b Rn. 46; Schmidt/Lutter AktG/*Schnorbus* § 327b Rn. 30; KölnKommWpÜG/ *Hasselbach* AktG § 327b Rn. 45; MüKoAktG/*Grunewald* § 327b Rn. 18; jeweils mwN.
[148] *Vossius* ZIP 2002, 511 (513); Angerer/Geibel/Süßmann WpÜG/*Grzimek* AktG § 327b Rn. 46; Hüffer/*Koch* AktG § 327b Rn. 12; Emmerich/Habersack Aktien- und GmbH-KonzernR/ *Habersack* § 327b Rn. 13.
[149] Begr. RegE WpÜG, BT-Drs. 14/7034, 72 zu § 327b Abs. 3.
[150] OLG Düsseldorf WM 2005, 1948 (1951); KölnKommWpÜG/*Hasselbach* AktG § 327b Rn. 46; MüKoAktG/*Grunewald* § 327b Rn. 19; Emmerich/Habersack Aktien- und GmbH-KonzernR/ *Habersack* § 327b Rn. 12.
[151] Hüffer/*Koch* AktG § 327b Rn. 12; KölnKommWpÜG/*Hasselbach* AktG § 327b Rn. 47; aA Emmerich/Habersack Aktien- und GmbH-KonzernR/*Habersack* § 327b Rn. 12.

oder die Bürgschaft nicht auf erstes Anfordern lauten müssen; bei einer Bürgschaft muss die Einrede der Vorausklage (§ 771 BGB) jedoch ausgeschlossen werden, dh die Bürgschaft muss selbstschuldnerisch sein (§ 773 Abs. 1 Nr. 1 BGB).[152] Wegen der unbestimmten Dauer des Verfahrens darf das Sicherungsmittel nicht befristet werden.[153] Dass der Sicherungsgeber seine Einstandspflicht nicht widerrufen kann, ergibt sich aus den Umständen und braucht nicht ausdrücklich in die Erklärung aufgenommen zu werden.[154] Dasselbe gilt für den Verzicht auf etwaige Einwendungen aus dem Deckungsverhältnis zwischen Kreditinstitut und Hauptaktionär (§ 334 BGB).[155] Einwendungen aus dem Valutaverhältnis zwischen Hauptaktionär und Minderheitsaktionären kann das Kreditinstitut den Minderheitsaktionären aber entgegenhalten. Deshalb darf das Kreditinstitut seine Erklärung ausdrücklich dahingehend beschränken, dass es nur eintritt, soweit ein Barabfindungsanspruch besteht und nicht verjährt ist.[156] Das Kreditinstitut sollte deutlich zum Ausdruck bringen, um welche Sicherungsform es sich handelt und den unklaren Begriff Gewährleistung vermeiden. Meistens wird die Bankgarantie gewählt. Die Minderheitsaktionäre erhalten die Barabfindung überwiegend von dem Kreditinstitut ausgezahlt, das die Bankgarantie übernommen hat. Denn dieses wird üblicherweise mit der Abwicklung des Minderheitsausschlusses betraut.[157] Der Hauptaktionär wird zuvor den insgesamt erforderlichen Barabfindungsbetrag bei dem Kreditinstitut einzuzahlen haben. Ebenso wie der Hauptaktionär (→ Rn. 108) muss das Kreditinstitut aus der Bankgarantie nur Zug um Zug gegen Aushändigung der Aktienurkunden zahlen, welche die Abfindungsansprüche verbriefen (§ 327e Abs. 3 S. 2 AktG),[158] und darf diese Einwendung auch in den Text der Bankgarantie aufnehmen.

b) Betrag, Form und Zeitpunkt der Garantie. Die Bankgarantie hat auf den vom Hauptaktionär festgelegten **Barabfindungsbetrag** zu lauten. Zweckmäßigerweise wird nur der Betrag **je Aktie** angegeben. Wenn darüber hinaus der Gesamtbetrag oder die Zahl der Aktien der Minderheitsaktionäre angegeben werden sollen (Höchstbetragsgarantie), dürfen diese bis zur Eintragung des Übertragungsbeschlusses in das Handelsregister grundsätzlich nicht größer werden (etwa durch Ausübung von „alten" Options- oder Wandlungsrechten), weil sonst die Bankgarantie unzureichend wird und der Übertragungsbeschluss der Hauptversammlung angefochten und die Registereintragung abgelehnt werden kann. Unschädlich ist es nur, wenn der Aktienbestand in der Hand der Minderheitsaktionäre sich durch freiwillige Erwerbe aus dem Besitz des Hauptaktionärs erhöht, weil die Minderheitsaktionäre insoweit nicht schutzwürdig sind.[159] Etwaige Erhöhungen der Abfindung im Spruchverfahren (§ 327f AktG) müssen von der Bankgarantie nicht gedeckt werden.[160] Auch etwaige Zinsen auf die Barabfindung (§ 327b Abs. 2 AktG) muss die Bankgarantie

---

[152] Arg. ex § 239 Abs. 2 BGB; *Krieger* BB 2002, 53 (58); *Singhof/Weber* WM 2002, 1158 (1168); GroßkommAktG/*Fleischer* § 327b Rn. 48; aA *Fuhrmann/Simon* WM 2002, 1211 (1216); MüKoAktG/*Grunewald* § 327b Rn. 19.
[153] *Vossius* ZIP 2002, 511 (512); KölnKommWpÜG/*Hasselbach* AktG § 327a Rn. 49; MüKoAktG/*Grunewald* § 327b Rn. 19; Emmerich/Habersack Aktien- und GmbH-KonzernR/*Habersack* § 327b Rn. 12. AA *Fuhrmann/Simon* WM 2002, 1211 (1216) (3–6 Monate).
[154] OLG Düsseldorf NZG 2005, 347 (350); OLG Hamm ZIP 2005, 1457 (1462) – GEA.
[155] OLG Hamm ZIP 2005, 1457 (1462) – GEA.
[156] LG München I AG 2009, 632 (633–634).
[157] So auch die Empfehlung von *Vossius* ZIP 2002, 511 (512).
[158] KölnKommAktG/*Koppensteiner* § 327b Rn. 10.
[159] Für Zulässigkeit der Höchstbetragsgarantie mit den hier genannten Einschränkungen OLG Hamm ZIP 2005, 1457 (1462) – GEA; *Dißars/Kocher* NZG 2004, 856 (857) sowie allgemeiner die hL; statt aller KölnKommWpÜG/*Hasselbach* AktG § 327b Rn. 53 mwN. Dagegen LG Frankfurt a. M. NZG 2004, 672 (674–675) – Radeberger.
[160] BVerfG NZG 2007, 587 (589) – Edscha; BGH ZIP 2005, 2107 (2107–2108) – Invensys; BGHZ 180, 154 Rn. 28 – Lindner; Emmerich/Habersack Aktien- und GmbH-KonzernR/*Habersack* § 327b Rn. 15 mwN zur hM.

nicht absichern.[161] Neben dem Wortlaut des § 327b Abs. 3 AktG (festgelegte Barabfindung) ergibt sich dies daraus, dass es in der Praxis keine betragsmäßig unlimitierten Bankgarantien gibt[162] und dies dem Gesetzgeber auch bekannt war.

63 Eine bestimmte Form schreibt das Gesetz für die Bankgarantie nicht vor. Damit die Minderheitsaktionäre ohne unnötige Beweisschwierigkeiten aus ihr vorgehen können, empfiehlt sich aber die in der Praxis durchweg verwandte **Schriftform** (§ 126 BGB).[163] Gemäß § 327b Abs. 3 AktG hat der Hauptaktionär die Bankgarantie dem Vorstand der Gesellschaft vor Einberufung der Hauptversammlung zu übermitteln, und zwar im Original,[164] weil es nicht sinnvoll ist, die Urkunde im Besitz des aus ihr letztlich wirtschaftlich Verpflichteten zu belassen. Der Vorstand muss die Garantie auf inhaltliche Vollständigkeit und rechtliche Wirksamkeit prüfen.[165] Etwaige Versäumnisse kann der Hauptaktionär noch **bis zur Beschlussfassung in der Hauptversammlung** nachholen. Wenn er dies tut, ist der Übertragungsbeschluss trotz Verletzung des § 327b Abs. 3 AktG nicht anfechtbar.[166]

V. Übertragungsbeschluss der Hauptversammlung

64 **1. Vorbereitung der Hauptversammlung. a) Einberufung und Tagesordnung.** Mit der Einberufung der Hauptversammlung ist die Tagesordnung bekannt zu machen (§ 124 Abs. 1 S. 1 AktG). Für den Tagesordnungspunkt „Übertragung der Aktien der Minderheitsaktionäre" enthält § 327c Abs. 1 AktG einige Sondervorschriften. Nach Nr. 1 ist der **Hauptaktionär** zu individualisieren. Bei Kaufleuten und Handelsgesellschaften müssen Firma und Sitz[167] angegeben werden; wegen der Eindeutigkeit der Firma (§ 30 Abs. 1 HGB) sind weitere Angaben entbehrlich.[168] Mit dem Sitz einer Kapitalgesellschaft ist stets der statutarische Sitz (§ 4a GmbHG, § 5 AktG) gemeint, nicht der möglicherweise wechselnde oder nicht eindeutig feststellbare tatsächliche Verwaltungssitz. Eine Personenhandelsgesellschaft dagegen hat ihren Sitz nach der noch hM stets am Ort der tatsächlichen Verwaltung, also der Geschäftsführung.[169] Bei natürlichen Personen ist die Angabe des Namens und der Adresse erforderlich. Zur Adresse gehören Straße und Hausnummer, weil eine Individualisierung des Hauptaktionärs sonst nicht sicher möglich ist. Ausreichend ist allerdings die Angabe einer von der Wohnanschrift abweichenden Geschäftsadresse am allgemeinen Gerichtsstand, dh am Wohnsitz (§ 13 ZPO), wenn dort zugestellt werden kann.[170] Eine Gesellschaft bürgerlichen Rechts wird durch ihren Namen gekennzeichnet;

---

[161] BVerfG NZG 2007, 587 (589–590) – Edscha; OLG Karlsruhe AG 2007, 92 – Novasoft; OLG Düsseldorf NZG 2005, 347 (350); WM 2005, 1948 (1951); OLG Hamm ZIP 2005, 1457 (1462) – GEA; Emmerich/Habersack Aktien- und GmbH-KonzernR/*Habersack* § 327b Rn. 15 mwN zur hM.
[162] So für die entbehrliche Absicherung der Erhöhungsbeträge ausdrücklich BGH ZIP 2005, 2107 (2108) – Invensys.
[163] OLG Düsseldorf NZG 2005, 347 (350); Angerer/Geibel/Süßmann WpÜG/*Grzimek* AktG § 327b Rn. 49; Schmidt/Lutter AktG/*Schnorbus* § 327b Rn. 39; KölnKommAktG/*Koppensteiner* § 327b Rn. 9.
[164] AA OLG Hamm ZIP 2005, 1457 (1461) – GEA.
[165] OLG Hamm ZIP 2005, 1457 (1461) – GEA.
[166] OLG Hamm ZIP 2005, 1457 (1461–1462) – GEA; *Krieger* BB 2002, 53 (58); *Gesmann-Nuissl* WM 2002, 1205 (1208); *Singhof/Weber* WM 2002, 1158 (1167); *Greulich* S. 97; Angerer/Geibel/Süßmann WpÜG/*Grzimek* AktG § 327b Rn. 50; Schmidt/Lutter AktG/*Schnorbus* § 327b Rn. 44; KölnKommWpÜG/*Hasselbach* AktG § 327b Rn. 56; zweifelnd KölnKommAktG/*Koppensteiner* § 327a Rn. 20.
[167] Dem entspricht bei Einzelkaufleuten und juristischen Personen die Hauptniederlassung, §§ 13 Abs. 1 S. 1, 13h Abs. 1 HGB.
[168] Auch die von einigen Praktikern (zB KölnKommWpÜG/*Hasselbach* AktG § 327c Rn. 6; Spindler/Stilz AktG/*Singhof* § 327c Rn. 3) empfohlenen Handelsregisterdaten.
[169] Überblick über den Meinungsstand bei Baumbach/Hopt HGB/*Roth* § 106 Rn. 8.
[170] *Fuhrmann/Simon* WM 2002, 1211 (1213); Emmerich/Habersack Aktien- und GmbH-KonzernR/*Habersack* § 327c Rn. 5; Hüffer/*Koch* AktG § 327c Rn. 2; Spindler/Stilz AktG/*Singhof* § 327c Rn. 3.

wenn sie keinen führt, wird sie wie eine Erbengemeinschaft und eine Gütergemeinschaft durch die Angabe sämtlicher Mitglieder individualisiert.[171] Diese Regelungen gelten sowohl für deutsche als auch für ausländische Hauptaktionäre.

Ferner muss gemäß § 327c Abs. 1 Nr. 2 AktG die vom Hauptaktionär festgelegte **Barabfindung** angegeben werden. Damit ist die Angabe eines festen Betrags je Aktie gemeint; wenn es mehrere Aktiengattungen gibt und bei der Abfindung zwischen ihnen differenziert wird, muss der Abfindungsbetrag für eine Aktie jeder Aktiengattung gesondert angegeben werden.[172] Theoretisch denkbar ist, dass die Barabfindung gegenüber dem in der Bekanntmachung der Tagesordnung angegebenen Betrag in der Hauptversammlung erhöht wird. Anlass dafür können etwa neuere Erkenntnisse zur Bewertung der Aktien sein. Eine Erhöhung macht die Beschlussfassung nicht gemäß § 124 Abs. 4 S. 1 AktG fehlerhaft, so dass der Übertragungsbeschluss nicht aus diesem Grunde angefochten werden kann.[173] Denn durch die Erhöhung der Abfindung erleiden diejenigen Aktionäre keinen Nachteil, die im Vertrauen auf die Bekanntmachung der Tagesordnung der Hauptversammlung fernbleiben. Allerdings muss die Bankgarantie den erhöhten Abfindungsbetrag decken,[174] so dass spontane Erhöhungen der Abfindung in der Hauptversammlung praktisch ausgeschlossen sind. Eine Herabsetzung der Barabfindung in der Hauptversammlung kommt nach hM nicht in Betracht,[175] auch dann nicht, wenn sie in der Bekanntmachung der Tagesordnung, und zwar im Text des Übertragungsbeschlusses, für den Fall veränderter Wertverhältnisse am Tag der Hauptversammlung ausdrücklich vorbehalten wird.[176]

65

Aus den Angaben gemäß § 327c Abs. 1 AktG und dem Inhalt von § 327a Abs. 1 S. 1 AktG ergibt sich der **Text des Übertragungsbeschlusses.** Es heißt darin also in der Regel schlicht, dass die Aktien der übrigen Aktionäre (Minderheitsaktionäre) der Gesellschaft auf den Hauptaktionär (mit Angabe des Sitzes) übertragen werden und dass der Hauptaktionär dafür eine Barabfindung in Höhe eines bestimmten Betrags je Aktie der Gesellschaft zahlt. Darüber hinausgehende Regelungen sollten möglichst vermieden werden. Insbesondere empfiehlt es sich nicht, die Anrechnung von Dividenden, Ausgleichszahlungen und anderweitigen Abfindungsansprüchen auf den Abfindungsanspruch vorzuschreiben (dazu → Rn. 105–106) oder die Abfindung von Bezugsrechten auf Aktien zu regeln (dazu → Rn. 113–114). Diese Themen sind nach wie vor umstritten, so dass man mit der Festlegung auf eine bestimmte Rechtsauffassung, die sich später möglicherweise als falsch erweist, eine erfolgreiche Anfechtung des ganzen Übertragungsbeschlusses riskiert. Auch wenn der Übertragungsbeschluss daher minimalistisch formuliert werden sollte, ist es unschädlich und hilfreich, in die Bekanntmachung der Tagesordnung neben dem Text des Übertragungsbeschlusses einige weitere Angaben aufzunehmen. Dazu gehören der Hinweis auf die mindestens 95%ige Kapitalbeteiligung des Hauptaktionärs, das Übertragungsverlangen des Hauptaktionärs, die Bankgarantie, die Prüfung der Barabfindung durch den

66

---

[171] Hüffer/*Koch* AktG § 327c Rn. 2; für die GbR auch Emmerich/Habersack Aktien- und GmbH-KonzernR/*Habersack* § 327c Rn. 5.

[172] Statt aller Spindler/Stilz AktG/*Singhof* § 327c Rn. 4; Emmerich/Habersack Aktien- und GmbH-KonzernR/*Habersack* § 327c Rn. 6; GroßkommAktG/*Fleischer* § 327c Rn. 4.

[173] OLG München NZG 2007, 635. So auch die einhellige Literatur; siehe mit *H. Schmidt* GS Winter, 2011, 583 (589 ff.); Emmerich/Habersack Aktien- und GmbH-KonzernR/*Habersack* § 327b Rn. 4; Angerer/Geibel/Süßmann WpÜG/*Grzimek* AktG § 327b Rn. 5; jeweils mwN.

[174] Emmerich/Habersack Aktien- und GmbH-KonzernR/*Habersack* § 327c Rn. 6; MüKoAktG/*Grunewald* § 327b Rn. 7; Schmidt/Lutter AktG/*Schnorbus* § 327b Rn. 11b; Angerer/Geibel/Süßmann WpÜG/*Grzimek* AktG § 327b Rn. 5. Weniger streng („sollte") KölnKommWpÜG/*Hasselbach* AktG § 327b Rn. 8.

[175] Angerer/Geibel/Süßmann WpÜG/*Grzimek* § 327b Rn. 6; MüKoAktG/*Grunewald* § 327b Rn. 8; GroßkommAktG/*Fleischer* § 327b Rn. 5; KölnKommWpÜG/*Hasselbach* AktG § 327b Rn. 8; Hüffer/*Koch* AktG § 327b Rn. 8.

[176] So aber mE zutreffend *Vossius* ZIP 2002, 511 (513); Fuhrmann/*Simon* WM 2002, 1211 (1213) Fn. 21.

gerichtlich bestellten Abfindungsprüfer sowie die zur Information der Aktionäre zugänglichen Dokumente.

67 § 124 Abs. 3 S. 1 AktG verpflichtet Vorstand und Aufsichtsrat, zu jedem Beschlussgegenstand in der Bekanntmachung der Tagesordnung **Vorschläge zur Beschlussfassung** zu machen. Dies gilt nach hM auch für den Übertragungsbeschluss.[177] Denn die Minderheitsaktionäre haben Anspruch darauf, die Auffassung von Vorstand und Aufsichtsrat zum Übertragungsverlangen des Hauptaktionärs bereits durch die Bekanntmachung der Tagesordnung zu erfahren. Ihre Beschlussvorschläge müssen Vorstand und Aufsichtsrat hinreichend informiert machen, dh sie müssen den Abfindungsbetrag, das Prüfungsergebnis und die Bankgarantie,[178] darüber hinaus auch die Inhalte des Übertragungsberichts und des Prüfungsberichts kennen. Bei ihren Beschlussvorschlägen hat die Verwaltung sich allein am Interesse der Gesellschaft zu orientieren.[179] Es erscheint beispielsweise vorstellbar, dass der vollständige Rückzug vom Kapitalmarkt, der mit einem Minderheitsausschluss zwangsläufig verbunden ist, für die Gesellschaft Nachteile hat. Die Angemessenheit der Barabfindung hat die Verwaltung nicht im Interesse der Minderheitsaktionäre, sondern ebenfalls nur im Interesse der Gesellschaft einer Prüfung zu unterziehen, und zwar anhand der vom Hauptaktionär vorgelegten Unterlagen und eigenen Wissens über die Gesellschaft.[180] Für die Gesellschaft wird es in diesem Zusammenhang zB darauf ankommen, falsche Signale über ihre Strategie und ihre Ertragsaussichten insbesondere an Gläubiger, Finanzierer und Kunden zu vermeiden.

68 b) Information der Minderheitsaktionäre. Entsprechend den Regelungen bei anderen Strukturmaßnahmen bestimmen § 327c Abs. 3–5 AktG, dass und wie den Aktionären bestimmte **Unterlagen** ab der Einberufung der Hauptversammlung **zugänglich zu machen** sind. Es handelt sich dabei um den Entwurf des Übertragungsbeschlusses, die Jahresabschlüsse und Lageberichte für die letzten drei Geschäftsjahre, den Übertragungsbericht des Hauptaktionärs und den Prüfungsbericht des Abfindungsprüfers. Dass der Entwurf des Übertragungsbeschlusses noch einmal zugänglich zu machen ist, ergibt allerdings wenig Sinn, weil die Minderheitsaktionäre diesen bereits aus der Bekanntmachung der Tagesordnung kennen.[181] Der Vorstand kann diese Informationsverpflichtung dementsprechend durch schlichtes Zugänglichmachen der bekannt gemachten Tagesordnung erfüllen. Weil die Minderheitsaktionäre aus der Bankgarantie unmittelbar gegen das Kreditinstitut vorgehen können (→ Rn. 61) und ein Einsichtsrecht gemäß § 810 BGB haben, sollte auch dieses Dokument zugänglich gemacht werden.[182]

69 Mit **Jahresabschluss und Lagebericht** sind diejenigen der Gesellschaft gemeint, nicht der Konzernabschluss und der Konzernlagebericht.[183] Letztere werden aber meistens frei-

---

[177] LG Frankfurt a. M. NZG 2004, 672 (673) – Radeberger; *E. Vetter* AG 2002, 176 (186); *Dißars* BKR 2004, 389 (391); Heidel Aktien- und KapitalmarktR/*Heidel/Lochner* AktG § 327a Rn. 12; *Greulich* S. 127–130; *Fuchs* S. 165; GroßkommAktG/*Fleischer* § 327a Rn. 60; Frankfurter KommWpÜG/*Schüppen/Tretter* AktG § 327c Rn. 5. AA *Krieger* BB 2002, 53 (59); *Angerer* BKR 2002, 260 (265); KölnKommWpÜG/*Hasselbach* AktG § 327c Rn. 9; Hüffer/*Koch* AktG § 327a Rn. 11b, die Beschlussvorschläge der Verwaltung entsprechend § 124 Abs. 3 S. 3 Alt. 2 AktG für entbehrlich halten.

[178] LG Frankfurt a. M. NZG 2004, 672 (674) – Radeberger.

[179] Spindler/Stilz AktG/*Singhof* § 327a Rn. 19; GroßkommAktG/*Fleischer* § 327a Rn. 60; Emmerich/Habersack Aktien- und GmbH-KonzernR/*Habersack* § 327a Rn. 20; Frankfurter KommWpÜG/*Schüppen/Tretter* AktG § 327a Rn. 27.

[180] Deshalb hat der Gesetzgeber trotz entsprechender Forderungen davon abgesehen, den Vorstand zu einer schriftlichen Stellungnahme zur Barabfindung zu verpflichten; *E. Vetter* ZIP 2000, 1817 (1823); *Ehricke/Roth* DStR 2001, 1120 (1125–1126). De lege ferenda für eine Verpflichtung von Vorstand und Aufsichtsrat zur Stellungnahme analog § 27 WpÜG *Greulich* S. 111–122.

[181] Deshalb zu Recht für Streichung plädierend KölnKommWpÜG/*Hasselbach* AktG § 327c Rn. 66.

[182] Weitergehend sehen eine entsprechende rechtliche Verpflichtung *Vossius* ZIP 2002, 511 (513–514); Heidel Aktien- und KapitalmarktR/*Heidel/Lochner* AktG § 327c Rn. 8.

[183] BGHZ 180, 154 Rn. 29 – Lindner. So auch die hL; statt aller Hüffer/*Koch* AktG § 327c Rn. 6; Schmidt/Lutter AktG/*Schnorbus* § 327c Rn. 28; jeweils mwN.

willig ausgelegt, und zwar in Form der alten Geschäftsberichte, und haben insbesondere für Bewertungsthemen auch einen höheren Informationsgehalt als der Einzelabschluss. Die **letzten drei Geschäftsjahre,** für die Jahresabschlüsse und Lageberichte auszulegen sind, können auch Rumpfgeschäftsjahre umfassen. Bei diesen handelt es sich um rechtlich vollwertige Geschäftsjahre; einen Anspruch der Minderheitsaktionäre auf Information über die letzten drei Kalenderjahre enthält das Gesetz gerade nicht.[184] Die auszulegenden Jahresabschlüsse müssen nicht nur aufgestellt, sondern auch testiert und festgestellt sein.[185] Bei der Bestimmung der drei zurückliegenden Geschäftsjahre rechnet das zuletzt abgelaufene Geschäftsjahr nur mit, wenn dafür bei Einberufung der Hauptversammlung ein Jahresabschluss tatsächlich festgestellt war oder nach den handelsrechtlichen Vorschriften festgestellt sein musste.[186] Würde man anders entscheiden und das zuletzt abgelaufene Geschäftsjahr in jedem Fall mitrechnen, schüfe man eine Sperrfrist für die Einberufung der Hauptversammlung während der ersten Monate des neuen Geschäftsjahres. Es ist nicht ersichtlich, dass der Gesetzgeber dies für den Minderheitsausschluss oder für andere Strukturmaßnahmen, bei denen entsprechende Informationspflichten bestehen, beabsichtigt hätte.

Die Gesellschaft kann seit Inkrafttreten des ARUG im Jahre 2009 unter **drei Alternativen** auswählen, wie sie die Unterlagen ihren Aktionären **zugänglich** macht. Am geringsten ist der logistische Aufwand, wenn sie die Unterlagen gemäß § 327c Abs. 5 AktG auf ihrer **Internetseite** zum Download, mindestens aber zum Ausdrucken zur Verfügung stellt.[187] Zudem ist die Fehleranfälligkeit dieses Informationsmediums gering, weil weder ganze Dokumente noch einzelne Seiten verloren gehen können und Übermittlungsfehler kaum vorkommen. Kurzfristige Störungen des Internetzugangs sind ohne rechtliche Relevanz.[188]

Die zweite Alternative besteht darin, dass die Gesellschaft die Unterlagen gemäß § 327c Abs. 3 AktG während der üblichen Geschäftszeiten in der Hauptverwaltung der Gesellschaft (nicht notwendig am Satzungssitz)[189] **auslegt** und den Aktionären auf Verlangen gemäß § 327c Abs. 4 AktG unverzüglich und kostenlos **Abschriften** erteilt.[190] Wenn die Hauptverwaltung über mehrere Standorte verteilt ist, kann in der Einladung zur Hauptversammlung einer als Auslegungsstelle bestimmt werden.[191] Die Auslegungsfrist endet mit dem Beginn der Hauptversammlung, die den Übertragungsbeschluss fasst, und wird dann durch die Verpflichtung zur Zugänglichmachung während der Hauptversammlung gemäß § 327d S. 1 AktG (dazu → Rn. 73) abgelöst.[192] Stets genügend ist die Auslegung von einfachen Abschriften; die Einsicht in Originale oder beglaubigte Abschriften kann der

---

[184] AA KölnKommWpÜG/*Hasselbach* AktG § 327c Rn. 63; *Fuchs* S. 217; GroßkommAktG/*Fleischer* § 327c Rn. 51.

[185] OLG Hamburg NZG 2003, 539 (541–542) – PKV; *Wartenberg* AG 2004, 539 (541); Spindler/Stilz AktG/*Singhof* § 327c Rn. 11; KölnKommWpÜG/*Hasselbach* AktG § 327c Rn. 64. AA Frankfurter KommWpÜG/*Schüppen/Tretter* AktG § 327c Rn. 29.

[186] OLG Hamburg NZG 2003, 539 (542) – PKV mit zust. Anm. *Rottnauer* EWiR § 327a AktG 4/03, 739 (740); *Beier/Bungert* BB 2002, 2627 (2628); *Wendt* DB 2003, 191; *Wartenberg* AG 2004, 539 (541); Angerer/Geibel/Süßmann WpÜG/*Grzimek* AktG § 327c Rn. 38; GroßkommAktG/*Fleischer* § 327c Rn. 50; KölnKommWpÜG/*Hasselbach* AktG § 327c Rn. 61; Emmerich/Habersack Aktien- und GmbH-KonzernR/*Habersack* § 327c Rn. 14; Hüffer/*Koch* AktG § 327c Rn. 6. AA *Greulich* S. 131–138.

[187] Im Einzelnen noch str.; MüKoAktG/*Kubis* § 124a Rn. 5–6.

[188] Begr. RegE ARUG, BT-Drs. 16/11642, 30.

[189] BGHZ 189, 32 Rn. 16.

[190] Angerer/Geibel/Süßmann WpÜG/*Grzimek* AktG § 327c Rn. 40; KölnKommWpÜG/*Hasselbach* AktG § 327c Rn. 68.

[191] KölnKommWpÜG/*Hasselbach* AktG § 327c Rn. 68.

[192] Angerer/Geibel/Süßmann WpÜG/*Grzimek* AktG § 327c Rn. 41; KölnKommWpÜG/*Hasselbach* AktG § 327c Rn. 69; GroßkommAktG/*Fleischer* § 327c Rn. 55; MüKoAktG/*Grunewald* § 327c Rn. 16; aA Heidel Aktien- und KapitalmarktR/*Heidel/Lochner* AktG § 327c Rn. 10 (erst mit Ende der Antragsfrist für Spruchverfahren).

Aktionär nicht verlangen.¹⁹³ Für Abschriften haben die Aktionäre weder die Herstellungskosten noch die Versendungskosten zu tragen.¹⁹⁴ Auch diese Informationspflicht endet mit dem Ende der Auslegungsfrist. Wer Einsicht oder Abschrift begehrt, hat seine Aktionärseigenschaft nachzuweisen.¹⁹⁵

72 Drittens schließlich kann die Gesellschaft beide vorstehend beschriebenen **Informationswege gleichzeitig** beschreiten. In der Praxis wird dies vielfach noch so gehandhabt, teils aus Gewohnheit, teils wegen tiefen Misstrauens gegen das Internet und seine Funktionsfähigkeit. Empfehlenswert ist dies nicht. Die Benutzung beider Informationswege hilft rechtlich nur, wenn beide in der Einberufung der Hauptversammlung angekündigt werden. Dann müssen beide auch im Wesentlichen fehlerlos funktionieren, und die Gefahr von Fehlern ist bei der papiergebundenen Information größer als bei der internetgestützten.¹⁹⁶

73 **2. Durchführung der Hauptversammlung. a) Vorlagen.** § 327d S. 1 AktG verpflichtet den Vorstand, die ab Einberufung der Hauptversammlung zugänglich zu machenden Unterlagen den Aktionären auch in der Hauptversammlung **zugänglich zu machen**.¹⁹⁷ Empfehlenswert, da am wenigsten fehleranfällig, ist auch hier die Verwendung elektronischer Kommunikationsmittel, also insbesondere von **Terminals mit Monitoren,** an denen die Aktionäre die Dokumente einsehen können. Eines oder mehrerer Tische mit auszulegenden (und zu bewachenden) Pflichtauslagen bedarf es dann nicht mehr. Zusätzlich sollten – als reine und als solche zu kennzeichnende Service-Maßnahme – weiterhin **Informationsbroschüren** mit den wichtigsten Dokumenten in ausreichender Zahl bereit gehalten werden, damit diejenigen Aktionäre, die ohne Unterlagen in der Hauptversammlung erscheinen, sich auch an ihrem Platz schnell orientieren können.

74 Die Vorlagen sind **vom Vorstand zu erläutern.** Zwar sagen die Vorschriften über den Minderheitsausschluss dies nicht ausdrücklich, die Erläuterungspflicht des Vorstands ist jedoch ein allgemeiner Rechtsgrundsatz (vgl. §§ 176 Abs. 1 S. 2, 293g Abs. 2 S. 1 AktG, § 64 Abs. 1 S. 2 UmwG).¹⁹⁸ Entbehrlich sind die Erläuterungen dann, wenn alle in der Hauptversammlung anwesenden Aktionäre und Aktionärsvertreter auf ihr entsprechendes Individualrecht verzichten. Der Versammlungsleiter stellt dies am besten durch umgekehrte Frage dahingehend fest, ob jemand auf mündlicher Erläuterung durch den Vorstand besteht. § 327d S. 2 AktG stellt es in das Ermessen des Vorstands, dem **Hauptaktionär Gelegenheit zur Erläuterung** des Übertragungsbeschlusses und der Höhe der Barabfindung zu geben. Einem entsprechenden Ansinnen des Hauptaktionärs wird der Vorstand sich kaum entziehen können, weil es letztlich um die Gestaltung eines Rechtsverhältnisses zwischen dem Hauptaktionär und den Minderheitsaktionären geht. Insoweit der Hauptaktionär Stellung nimmt, entfällt die Erläuterungspflicht des Vorstands; einen Anspruch auf doppelte Erläuterung haben die Minderheitsaktionäre nicht.¹⁹⁹ Daraus folgt zugleich, dass es unbe-

---

¹⁹³ Hüffer/*Koch* AktG § 327c Rn. 6 iVm § 293f Rn. 3; Angerer/Geibel/Süßmann WpÜG/*Grzimek* AktG § 327c Rn. 38; aA Heidel Aktien- und KapitalmarktR/*Heidel/Lochner* § 327c Rn. 8.
¹⁹⁴ Angerer/Geibel/Süßmann WpÜG/*Grzimek* AktG § 327c Rn. 44; KölnKommWpÜG/*Hasselbach* AktG § 327c Rn. 73; GroßkommAktG/*Fleischer* § 327c Rn. 59.
¹⁹⁵ Statt aller KölnKommWpÜG/*Hasselbach* AktG § 327c Rn. 68, 71.
¹⁹⁶ Siehe die Praxishinweise bei Spindler/Stilz AktG/*Euler/Klein* § 175 Rn. 16 ff.
¹⁹⁷ Dazu → § 25 Rn. 135.
¹⁹⁸ OLG Hamburg NZG 2003, 539 (542) – PKV; Emmerich/Habersack Aktien- und GmbH-KonzernR/*Habersack* § 327d Rn. 3; Hüffer/*Koch* AktG § 327d Rn. 4; MüKoAktG/*Grunewald* § 327d Rn. 3; Frankfurter KommWpÜG/*Schüppen/Tretter* AktG § 327d Rn. 3; GroßkommAktG/*Fleischer* § 327d Rn. 8; *Fuchs* S. 241–248; Spindler/Stilz AktG/*Singhof* § 327d Rn. 3; *Greulich* S. 140–141; Grigoleit/*Rieder* AktG § 327d Rn. 5; aA KölnKommWpÜG/*Hasselbach* AktG § 327d Rn. 8; Angerer/Geibel/Süßmann WpÜG/*Grzimek* AktG § 327d Rn. 3; KölnKommAktG/*Koppensteiner* § 327d Rn. 4; Schmidt/Lutter AktG/*Schnorbus* § 327d Rn. 6; *Krieger* BB 2002, 53 (59–60); ausdrücklich offen gelassen von OLG Stuttgart ZIP 2003, 2363 (2364) – Alcatel SEL.
¹⁹⁹ OLG Stuttgart ZIP 2003, 2363 (2364) – Alcatel SEL; *Dißars* BKR 2004, 389 (392); *Fuchs* S. 248; Frankfurter KommWpÜG/*Schüppen/Tretter* AktG § 327d Rn. 3.

achtlich ist, in welcher Funktion ein Mitglied des Geschäftsführungsorgans des Hauptaktionärs, das zugleich Mitglied des Vorstands der Gesellschaft ist, in der Hauptversammlung Stellung nimmt.[200] In der Praxis kommt es allerdings kaum vor, dass der Hauptaktionär in der Hauptversammlung selbst das Wort ergreift.

Gegenstand der mündlichen Erläuterungen sind die Voraussetzungen des Minderheitsausschlusses (Mindestbeteiligung und Verlangen des Hauptaktionärs, Bankgarantie), seine Folgen (Übertragung der Aktien von Gesetzes wegen) und vor allem die Angemessenheit der Barabfindung. Typischerweise wird der vorliegende Übertragungsbericht des Hauptaktionärs sehr knapp zusammengefasst und um aktuelle, insbesondere bewertungsrelevante Entwicklungen seit Abschluss des Übertragungsberichts und des Prüfungsberichts ergänzt.[201] Ein Anspruch auf Verlesung der Vorlagen besteht nicht.[202] 75

b) Auskunftsrecht der Aktionäre. Das Auskunftsrecht der Aktionäre gemäß § 131 AktG richtet sich auch im Zusammenhang mit dem Übertragungsbeschluss **gegen die Gesellschaft, vertreten durch den Vorstand,** nicht gegen den Hauptaktionär.[203] Es spricht allerdings nichts dagegen, dass der Vorstand entsprechend § 327d S. 2 AktG die Beantwortung von Fragen dem Hauptaktionär überlässt.[204] Inhaltlich gehen das Fragerecht der Aktionäre und die Auskunftspflicht des Vorstands, wie allgemein bei Strukturmaßnahmen mit Bewertungsthemen, recht weit:[205] Alle Angelegenheiten der Gesellschaft, die sich wesentlich auf den Unternehmenswert auswirken können, sind mitzuteilen. In der Regel kann der Vorstand sich auf die Auskunftsverweigerungsgründe des § 131 Abs. 3 Nr. 3 (Stille Reserven) und Nr. 4 und 6 AktG (Bilanzierungs- und Bewertungsmethoden) nicht berufen.[206] Das Auskunftsrecht erstreckt sich ferner auf alle Umstände, die Voraussetzungen für den Minderheitsausschluss begründen, insbesondere die Mindestbeteiligung, das Übertragungsverlangen und die Bankgarantie. Die Angelegenheiten des Hauptaktionärs allerdings sind dem Auskunftsrecht nicht zugänglich, weil § 293g Abs. 3 AktG beim Minderheitsausschluss weder unmittelbar noch analog anwendbar ist.[207] Nicht einmal die Bonität des Hauptaktionärs ist für die Minderheitsaktionäre von Interesse, weil ihre Barabfindungsansprüche durch die Bankgarantie gesichert sind.[208] 76

c) Beschlussfassung. Der Übertragungsbeschluss besagt zweckmäßigerweise schlicht, dass die Aktien der übrigen Aktionäre (Minderheitsaktionäre) der Gesellschaft auf den Hauptaktionär übertragen werden und dass der Hauptaktionär dafür eine Barabfindung in Höhe eines bestimmten Betrags je Aktie der Gesellschaft zahlt.[209] Darüber hinausgehende Regelungen empfehlen sich im Allgemeinen nicht (→ Rn. 66). Gemäß § 133 Abs. 1 AktG wird der Übertragungsbeschluss mit der **einfachen Mehrheit der abgegebenen Stimmen** 77

---

[200] OLG Stuttgart ZIP 2003, 2363 (2364) – Alcatel SEL.
[201] Begr. RegE WpÜG, BT-Drs. 14/7034, 73 zu § 327d; Spindler/Stilz AktG/*Singhof* § 327d Rn. 4; Angerer/Geibel/Süßmann WpÜG/*Grzimek* AktG § 327d Rn. 5.
[202] Hüffer/*Koch* AktG § 327d Rn. 2; Emmerich/Habersack Aktien- und GmbH-KonzernR/*Habersack* § 327d Rn. 2; GroßkommAktG/*Fleischer* § 327d Rn. 2.
[203] *Angerer* BKR 2002, 260 (265); KölnKommWpÜG/*Hasselbach* AktG § 327d Rn. 9; Emmerich/Habersack Aktien- und GmbH-KonzernR/*Habersack* § 327d Rn. 5; Schmidt/Lutter AktG/*Schnorbus* § 327d Rn. 7; Spindler/Stilz AktG/*Singhof* § 327d Rn. 5; MüKoAktG/*Grunewald* § 327d Rn. 6; aA *Gesmann-Nuissl* WM 2002, 1205 (1209); für eingeschränkte Auskunftspflicht des Hauptaktionärs *Greulich* S. 194–204; GroßkommAktG/*Fleischer* § 327d Rn. 12.
[204] OLG Stuttgart ZIP 2003, 2363 (2364) – Alcatel SEL.
[205] Ausführlich dazu *Greulich* S. 141–156.
[206] *Greulich* S. 166–171.
[207] *Greulich* S. 162–163; im Ergebnis so auch OLG Hamm ZIP 2005, 1457 (1463) – GEA zum Auftragsverhältnis zwischen Hauptaktionär und Abfindungsprüfer.
[208] KölnKommAktG/*Koppensteiner* § 327d Rn. 7; GroßkommAktG/*Fleischer* § 327d Rn. 11; im Ergebnis ebenso OLG Köln Der Konzern 2004, 30 (34).
[209] Dieses Junktim muss klar zum Ausdruck kommen, gleichgültig, ob in ein oder zwei Sätzen, LG Dortmund Der Konzern 2005, 603 (606) – Harpen.

gefasst; eine Stimmenmehrheit von 95 % ist nicht erforderlich.[210] Über eine solche Stimmenmehrheit verfügt der Hauptaktionär zwar meistens, aber nicht notwendig, zB dann nicht, wenn die Gesellschaft in größerem Umfang stimmrechtslose Vorzugsaktien ausgegeben hat, so dass der Hauptaktionär 95 % des Grundkapitals besitzen kann, ohne 95 % der stimmberechtigten Stammaktien innezuhaben, oder wenn die Eigenschaft als Hauptaktionär auf Zurechnung beruht (→ Rn. 21–24). Bei der Beschlussfassung ist der **Hauptaktionär stimmberechtigt;** § 136 Abs. 1 AktG ist nicht analog anwendbar.[211] Wenn die Gesellschaft Aktien verschiedener Gattungen, insbesondere Vorzugsaktien ohne Stimmrecht ausgegeben hat, brauchen die Aktionäre dieser Gattungen keinen zustimmenden Sonderbeschluss gemäß §§ 179 Abs. 3, 141 AktG zu fassen.[212] Denn durch die Übertragung der Aktien der Minderheitsaktionäre werden weder das Verhältnis der Aktiengattungen zueinander verändert noch die Vorzugsrechte beeinträchtigt. Dass die Vorzugsaktionäre bei der Beschlussfassung nicht mitwirken können, ist verfassungsrechtlich unproblematisch.[213] Denn angesichts der von § 327a Abs. 1 S. 1 AktG vorausgesetzten Beteiligungsverhältnisse wären ihre Stimmen für das Beschlussergebnis stets irrelevant, und ihre Vermögensrechte sind durch das Spruchverfahren ausreichend geschützt.

78 Für die **KGaA** stellt § 327a Abs. 1 S. 2 AktG klar, dass der Übertragungsbeschluss nicht gemäß § 285 Abs. 2 S. 1 AktG der Zustimmung der persönlich haftenden Gesellschafter bedarf.

79 **3. Anfechtung und Nichtigkeit des Übertragungsbeschlusses.** Der Übertragungsbeschluss kann, wie jeder Hauptversammlungsbeschluss, wegen Verletzung des Gesetzes oder der Satzung durch Klage angefochten werden (§ 243 Abs. 1 AktG). Als Gesetzesverletzungen kommen zunächst **alle Verfahrensverstöße** in Betracht: fehlender oder unbrauchbarer Übertragungsbericht,[214] fehlende Abfindungsprüfung, fehlender oder unbrauchbarer Prüfungsbericht[215] oder verweigertes Testat,[216] fehlende oder unzureichende Bankgarantie,[217] Verstöße gegen Vorschriften über die Vorbereitung und Durchführung der Hauptversammlung,[218] zB Stimmrechtsausschluss des Hauptaktionärs gemäß § 28 WpHG.[219]

80 Anfechtungsgründe können sich auch aus dem **Fehlen materieller Ausschlussvoraussetzungen** ergeben. Wenn der Hauptaktionär zum Zeitpunkt des Übertragungsverlangens nicht über die mindestens 95%ige Kapitalbeteiligung verfügt, ist der Übertragungsbeschluss anfechtbar. Das **Fehlen der Mindestbeteiligung** zum Zeitpunkt der Hauptversammlung macht den Übertragungsbeschluss nicht nur anfechtbar, sondern gemäß § 241 Nr. 3 AktG nichtig.[220] Die Nichtigkeit kann während einer Frist von drei

---

[210] OLG Düsseldorf NZG 2005, 347 (351); *Fuhrmann/Simon* WM 2002, 1211 (1213); *E. Vetter* AG 2002, 176 (186); KölnKommWpÜG/*Hasselbach* AktG § 327d Rn. 11; Hüffer/*Koch* AktG § 327a Rn. 14; aA *Stumpf*, Das deutsche Übernahmerecht, 2004, S. 236–237; KölnKommAktG/*Koppensteiner* § 327a Rn. 12, 23.

[211] *Fuhrmann/Simon* WM 2002, 1211 (1213); KölnKommWpÜG/*Hasselbach* § 327d Rn. 13; Hüffer/*Koch* AktG § 327a Rn. 14; MüKoAktG/*Grunewald* § 327a Rn. 15.

[212] OLG Düsseldorf NZG 2005, 347 (352) mit zust. Anm. *Wilsing* EWiR § 327a AktG 2/05, 495 (495–496) und *Gesmann-Nuissl* WuB II A. § 327a AktG 1.05, 595/598; OLG Hamm ZIP 2005, 1457 (1463) – GEA; *Fuhrmann/Simon* WM 2002, 1211 (1213); KölnKommWpÜG/*Hasselbach* § 327d Rn. 12.

[213] BVerfG ZIP 2007, 1987 mit zust. Anm. *Gesmann-Nuissl* WuB II A. § 327a AktG 1.08, 195 und *Ogorek* EWiR § 327a AktG 3/07, 673 (674).

[214] Zur darin liegenden „Totalverweigerung" von Informationen siehe noch → Rn. 82.

[215] Fehler bei der Prüferbestellung hingegen berechtigen nicht zur Anfechtung; → Rn. 52.

[216] Letzteres ist str.; dazu → Rn. 58.

[217] OLG Frankfurt a. M. AG 2005, 657 – Bekaert.

[218] Übersicht bei KölnKommAktG/*Koppensteiner* § 327f Rn. 6–11.

[219] LG Mannheim AG 2005, 780 (781) – Friatec (entgegen diesem Urteil allerdings heilbar gemäß § 244 AktG); LG Köln Der Konzern 2005, 759 (763–764) – Felten & Guilleaume.

[220] KG WM 2010, 416 (418) – Schering; OLG München ZIP 2006, 2370 (2371) – Lindner; *Fleischer* ZGR 2002, 757 (788); Emmerich/Habersack Aktien- und GmbH-KonzernR/*Habersack* § 327f

Jahren seit Eintragung des Übertragungsbeschlusses in das Handelsregister durch Klage geltend gemacht werden (§ 242 Abs. 2 S. 1 AktG). Wenn die erforderliche Kapitalbeteiligung bei Eintragung des Übertragungsbeschlusses in das Handelsregister fehlt, gehen die Aktien nicht auf den Hauptaktionär über, weil es an einer materiell-rechtlichen Voraussetzung für diesen Rechtsübergang fehlt (→ Rn. 31). Dies kann auch später noch in jeder Weise geltend gemacht werden (→ Rn. 33). Zur Anfechtung berechtigende Inhaltsmängel liegen auch dann vor, wenn das Übertragungsverlangen aus anderen Gründen als der fehlenden Mindestbeteiligung mangelhaft ist[221] oder wenn der Übertragungsbeschluss **gar kein**[222] **oder ein fehlerhaftes Abfindungsangebot**[223] enthält.

Der in der Aktienübertragung liegende Sondervorteil für den Hauptaktionär berechtigt 81 nicht zur Anfechtung gemäß § 243 Abs. 2 AktG, ebenso wenig die angebliche Unangemessenheit der Barabfindung (§ 327f S. 1 AktG) und die Ablehnung des Versammlungsleiters, über einen Antrag auf Sonderprüfung abstimmen zu lassen, durch welche die Angemessenheit der Barabfindung überprüft werden soll.[224] Stattdessen wird das Spruchverfahren zur Überprüfung der Barabfindung eröffnet (→ Rn. 111–112). Nicht anfechtbar ist der Übertragungsbeschluss wegen angeblich fehlender sachlicher Rechtfertigung. Der Ausschluss von Minderheitsaktionären unterliegt **keiner allgemeinen materiellen Beschlusskontrolle**; der Übertragungsbeschluss trägt seine Rechtfertigung vielmehr in sich selbst. Nur in Ausnahmefällen kann er wegen Rechtsmissbrauchs anfechtbar sein (→ Rn. 120–133). Unklar ist, ob die typisierte Interessenabwägung zugunsten des Hauptaktionärs auch für den staatlichen oder staatlich beherrschten Hauptaktionär zum Tragen kommt (→ Rn. 19).

Die Anfechtung ist gemäß § 243 Abs. 4 S. 2 AktG[225] bei **bewertungsbezogenen** 82 **Informationsmängeln** während der Hauptversammlung ausgeschlossen. Nach dieser Vorschrift kann – in Anlehnung an die frühere Rechtsprechung des BGH zu § 210 UmwG[226] – eine Anfechtungsklage nicht auf unrichtige, unvollständige oder unzureichende Informationen in der Hauptversammlung über die Ermittlung, Höhe oder Angemessenheit einer Abfindung gestützt werden, wenn das Gesetz, wie in § 327f S. 2 AktG beim Minderheitsausschluss, für Bewertungsrügen ein Spruchverfahren vorsieht. Der Gesetzgeber will damit Anfechtungsklagen ausschließen, wenn Auskünfte in der Hauptversammlung „in Teilbereichen" fehlerhaft oder unvollständig sind; bei einer „Totalverweigerung" von Informationen soll dagegen das Anfechtungsrecht erhalten bleiben.[227] Das ist sachgerecht und dürfte die Hauptversammlungen von den Versuchen berufsmäßiger Anfechtungskläger entlasten, durch lange Fragenkataloge und ständig vertiefendes Nachfragen Auskunftsmängel zu provozieren. Für Informationsmängel vor der Hauptversammlung, insbesondere solche im

---

Rn. 3; *Moritz* S. 199–200; Schmidt/Lutter AktG/*Schnorbus* § 327f Rn. 4; MüKoAktG/*Grunewald* § 327a Rn. 16; kritisch Hüffer/*Koch* AktG § 327a Rn. 19; aA *Mertens* AG 2002, 377 (383); Gesmann-Nuissl WM 2002, 1205 (1209).

[221] GroßkommAktG/*Fleischer* § 327f Rn. 9, § 327a Rn. 56; Emmerich/Habersack Aktien- und GmbH-KonzernR/*Habersack* § 327a Rn. 25; Frankfurter KommWpÜG/*Schüppen/Tretter* AktG § 327a Rn. 28. AA (Unwirksamkeit des Übertragungsbeschlusses) KölnKommAktG/*Koppensteiner* § 327a Rn. 14.

[222] Arg. ex § 327f S. 3 AktG; statt aller Hüffer/*Koch* AktG § 327f Rn. 3; KölnKommWpÜG/*Hasselbach* AktG § 327f Rn. 12; GroßkommAktG/*Fleischer* § 327f Rn. 9; jeweils mwN.

[223] Arg. ex § 327f S. 3 AktG, zB OLG Hamburg NZG 2003, 539 (540–541) – PKV (unzulässige Anrechnung von Ausgleichs- und Dividendenzahlungen).

[224] BGH NZG 2006, 905 (908) – Harpen mit zust. Anm. *Bungert* BB 2006, 2761 (2763).

[225] Dazu → § 42 Rn. 51.

[226] BGHZ 146, 179 (182) – MEZ; BGH NJW 2001, 1428 – Aqua Butzke.

[227] Begr. RegE UMAG, BR-Drs. 3/05, 54; Emmerich/Habersack Aktien- und GmbH-KonzernR/*Habersack* § 327f Rn. 4a; KölnKommWpÜG/*Hasselbach* AktG § 327f Rn. 9; GroßkommAktG/*Fleischer* § 327f Rn. 18. Ferner → § 42 Rn. 52.

Übertragungsbericht, gilt der Anfechtungsausschluss nach dem klaren Wortlaut von § 243 Abs. 2 S. 2 AktG indessen nicht.[228] Insoweit verbleibt es bei den vom BGH zu § 210 UmwG entwickelten Grundsätzen.[229] Die „Totalverweigerung" von Informationen ist auch im Vorfeld der Hauptversammlung in der Regel relevant, so dass eine Anfechtbarkeit insbesondere bei fehlenden oder, was dem gleichkommt, unbrauchbaren Berichten und fehlender Zugänglichmachung von Unterlagen (§ 327c Abs. 3 AktG) naheliegt.[230] Einzelne Fehler im Übertragungsbericht[231] oder im Prüfungsbericht[232] berechtigen aber nicht zur Anfechtung, auch wenn die Fehler sich auf die Bewertung auswirken, solange die Berichte insgesamt nachvollziehbar bleiben.

83 **4. Eintragung ins Handelsregister. a) Anmeldung.** Der Vorstand der Gesellschaft ist gemäß § 327e Abs. 1 S. 1 AktG verpflichtet, den Übertragungsbeschluss zur Eintragung in das Handelsregister anzumelden. Zuständig ist das **Registergericht des Gesellschaftssitzes** (§ 14 AktG). Nach herrschender Auffassung kann der Vorstand nicht gemäß § 407 AktG durch registergerichtliches Zwangsgeld zur Anmeldung angehalten werden.[233] Der Registeranmeldung beizufügen sind gemäß § 327e Abs. 1 S. 2 AktG die Niederschrift des Übertragungsbeschlusses und seine Anlagen in Ausfertigung oder öffentlich beglaubigter Abschrift. Pflichtanlagen zur Niederschrift sind ausschließlich die in § 130 Abs. 3 AktG bezeichneten Belege über die Einberufung der Hauptversammlung, nicht etwa der Übertragungsbericht oder der Prüfungsbericht.[234] Das Registergericht hat die Ordnungsmäßigkeit des Ausschlussverfahrens in formeller und materieller Hinsicht zu prüfen; dazu gehört vor allem die Prüfung, ob der Hauptaktionär über die mindestens 95%ige Kapitalbeteiligung verfügt (→ Rn. 32) und ob die Bankgarantie die Barabfindungsansprüche aller Minderheitsaktionäre deckt (→ Rn. 62). Weil die Mindestbeteiligung als materiell-rechtliche Voraussetzung des Aktienübergangs auch noch im Zeitpunkt der Handelsregistereintragung vorhanden sein muss (→ Rn. 31), sollten der Anmeldung geeignete Unterlagen beigefügt werden, aus denen sich der Fortbestand der Beteiligung ergibt, etwa Depotauszüge mit Sperrvermerk. Soweit die Eigenschaft als Hauptaktionär aus Zurechnungstatbeständen folgt, kann der Nachweis schwierig werden. Insoweit dürfen die Anforderungen allerdings nicht überspannt werden (→ Rn. 33).

84 **b) Registersperre und Freigabeverfahren.** Gemäß §§ 327e Abs. 2, 319 Abs. 5 AktG wird der Übertragungsbeschluss nur dann in das Handelsregister eingetragen, wenn der Vorstand bei der Anmeldung erklärt, dass eine Klage gegen die Wirksamkeit des Übertragungsbeschlusses nicht oder nicht fristgemäß erhoben oder eine solche Klage rechtskräftig abgewiesen oder zurückgenommen worden ist (**Registersperre** der Anfechtungsklage). Wenn diese **Negativerklärung** bereits vor Ablauf der Anfechtungsfrist zuzüglich einer angemessenen Frist von ein paar Tagen, innerhalb derer die Gesellschaft die Ein-

---

[228] Begr. RegE UMAG, BR-Drs. 3/05, 54. Trotz verbreiteter Kritik an dieser gesetzgeberischen Entscheidung sieht die hM dieses Ergebnis de lege lata als unvermeidlich an; siehe nur KölnKommWpÜG/*Hasselbach* AktG § 327f Rn. 10; GroßkommAktG/*Fleischer* § 327f Rn. 18.
[229] Dazu → § 42 Rn. 53.
[230] Spindler/Stilz AktG/*Singhof* § 327f Rn. 3.
[231] LG München I AG 2009, 632 (634).
[232] KG WM 2010, 416 (419) – Schering.
[233] Emmerich/Habersack Aktien- und GmbH-KonzernR/*Habersack* § 327e Rn. 2; GroßkommAktG/*Fleischer* § 327e Rn. 4; Spindler/Stilz AktG/*Singhof* § 327e Rn. 2; Hüffer/*Koch* AktG § 327e Rn. 2; aA MüKoAktG/*Grunewald* § 327e Rn. 3.
[234] KölnKommWpÜG/*Hasselbach* AktG § 327e Rn. 7; KölnKommAktG/*Koppensteiner* § 327e Rn. 3; aA Emmerich/Habersack Aktien- und GmbH-KonzernR/*Habersack* § 327e Rn. 3; ähnlich *Vossius* ZIP 2002, 511 (514) („sollten" beigefügt sein); noch weitergehend Angerer/Geibel/Süßmann WpÜG/*Grzimek* AktG § 327e Rn. 3; Schmidt/Lutter AktG/*Schnorbus* § 327e Rn. 4 (auch Jahresabschlüsse und Lageberichte).

reichung von Klageschriften beim Prozessgericht überprüfen kann,[235] abgegeben wird, weil auch die Anmeldung bereits vorher erfolgt, muss der Vorstand die Erklärung nach Ablauf der Frist aktualisieren (§§ 327e Abs. 2, 319 Abs. 5 S. 1 Hs. 2 AktG). Vor Ablauf der Frist darf der Registerrichter nicht eintragen.[236] Trägt er verfrüht ein, kann die Eintragung nicht von Amts wegen gemäß § 398 oder § 395 FamFG gelöscht werden.[237] Der verfassungsrechtlich gebotene Rechtsschutz der Minderheitsaktionäre[238] wird in der Weise gewährt, dass diese trotz der Eintragung und dem damit bewirkten Verlust ihres Aktieneigentums die Befugnis zur Erhebung von Anfechtungs- und Nichtigkeitsklagen behalten und bei Obsiegen vom Hauptaktionär Rückübertragung ihrer Aktien oder, falls dies unmöglich ist, von der Gesellschaft Schadensersatz verlangen können.[239]

Die Negativerklärung des Vorstands kann gemäß §§ 327e Abs. 2, 319 Abs. 6 AktG durch einen Beschluss des OLG ersetzt werden, dass die Erhebung der Klage der Eintragung nicht entgegensteht (**Freigabebeschluss**).[240] Die Registersperre und das gegen alle Anfechtungs- und Nichtigkeitskläger (nicht auch etwaige Nebenintervenienten)[241] zu richtende Freigabeverfahren entsprechen den bei der Eingliederung (§ 319 Abs. 5 und 6 AktG) und der Verschmelzung (§ 16 Abs. 2 und 3 UmwG) bekannten Instituten (zur Eingliederung → § 74 Rn. 18–22). Es sind aber einige Besonderheiten zu beachten. 85

Der **Antrag im Freigabeverfahren** wird nicht durch den Hauptaktionär gestellt, sondern durch die Gesellschaft (§§ 327e Abs. 2, 319 Abs. 6 S. 1 AktG).[242] Diese wird, anders als bei der Anfechtungsklage (§ 246 Abs. 2 S. 2 AktG), nicht durch Vorstand und Aufsichtsrat gemeinsam, sondern durch den Vorstand allein vertreten.[243] Der Hauptaktionär hat als Ausfluss der mitgliedschaftlichen Treuebindungen (→ § 17 Rn. 19) einen Anspruch gegen die Gesellschaft auf Einleitung eines Freigabeverfahrens, sofern er die Gesellschaft von den Schadensersatzverpflichtungen gemäß §§ 327e Abs. 2, 319 Abs. 6 S. 10 AktG freistellt.[244] Dieser Anspruch ergibt sich daraus, dass der Hauptaktionär nach der Rechtsprechung des BGH bei Eintragung des Übertragungsbeschlusses ohne Freigabeverfahren 86

---

[235] Zu lang erscheint eine zusätzliche Wartefrist von zwei Wochen (so aber Schmidt/Lutter AktG/*Schnorbus* § 327e Rn. 5 mwN) oder von der üblichen Dauer für die Zustellung einer Klage (so aber *Schockenhoff* AG 2010, 436 (437) mwN).

[236] GroßkommAktG/*Fleischer* § 327e Rn. 11; Schmidt/Lutter AktG/*Schnorbus* § 327e Rn. 5; KölnKommWpÜG/*Hasselbach* § 327e Rn. 14.

[237] OLG Düsseldorf AG 2004, 676 – Gerresheimer Glas zu den inhaltsgleichen Vorgängervorschriften §§ 144 Abs. 2, 142 FGG; *Goette* FS K. Schmidt, 2009, 469 (471); *Schockenhoff* AG 2010, 436 (441); Spindler/Stilz AktG/*Singhof* § 327e Rn. 5 Fn. 11; Grigoleit/*Rieder* AktG § 327e Rn. 11. AA Hüffer/*Koch* AktG § 327e Rn. 3, Emmerich/Habersack Aktien- und GmbH-KonzernR/*Habersack* § 327e Rn. 8b.

[238] BVerfG NZG 2010, 902 Rn. 24 – Gerresheimer Glas.

[239] BGHZ 189, 32 Rn. 9–10.

[240] Zum Freigabeverfahren ausführlich → § 42 Rn. 144–165.

[241] OLG Stuttgart AG 2005, 662 (663) – APCOA; OLG Düsseldorf WM 2005, 1942 (1948–1949) mit zust. Anm. *Neumann* EWiR § 327e AktG 1/05, 847 (847–848) und *Gesmann/Nuissl* WuB II A. § 327a AktG 1.06, 3 (6). Vom Minderheitsausschluss betroffene Aktionäre können aber auch im Freigabeverfahren die Nebenintervention betreiben, OLG Hamm NZG 2007, 879 (880).

[242] *Krieger* BB 2002, 53 (60) (mit rechtspolitischer Kritik); GroßkommAktG/*Fleischer* § 327e Rn. 17; Spindler/Stilz AktG/*Singhof* § 327e Rn. 6; Schmidt/Lutter AktG/*Schnorbus* § 327e Rn. 7–8; KölnKommWpÜG/*Hasselbach* AktG § 327e Rn. 19; Hüffer/*Koch* AktG § 327e Rn. 3. AA KölnKommAktG/*Koppensteiner* § 327e Rn. 5; Angerer/Geibel/Süßmann WpÜG/*Grzimek* AktG § 327e Rn. 12 (auch Hauptaktionär).

[243] OLG Hamm ZIP 2005, 1457 (1458) – GEA; LG Frankfurt a. M. AG 2005, 740 (741) – Hoechst; GroßkommAktG/*Fleischer* § 327e Rn. 16; Schmidt/Lutter AktG/*Schnorbus* § 327e Rn. 7; KölnKommWpÜG/*Hasselbach* AktG § 327e Rn. 19; aA OLG Düsseldorf NZG 2004, 328 – Edscha.

[244] Emmerich/Habersack Aktien- und GmbH-KonzernR/*Habersack* § 327e Rn. 6; Spindler/Stilz AktG/*Singhof* § 327e Rn. 6; Schmidt/Lutter AktG/*Schnorbus* § 327e Rn. 9; KölnKommWpÜG/*Hasselbach* AktG § 327e Rn. 21.

und späterem Erfolg der Beschlussmängelklage die Aktien an die Minderheitsaktionäre zurückübertragen müsste (näher dazu noch → Rn. 95).

87 Von den vier Freigabegründen der §§ 327e Abs. 2, 319 Abs. 6 S. 3 Nr. 1–3 AktG ist der zweite, die **offensichtliche Unbegründetheit der Klage** (Nr. 1 Alt. 2), in der Praxis am bedeutsamsten. Die meisten bisher bekannt gewordenen stattgebenden Freigabebeschlüsse bei Minderheitsausschlüssen sind darauf gestützt. Die inzwischen praktisch einhellige Meinung nimmt offensichtliche Unbegründetheit an, wenn diese sich nach vollständiger, nicht nur kursorischer Prüfung der Sach- und Rechtslage mit solcher Deutlichkeit ergibt, dass eine abweichende Beurteilung schlecht vertretbar erscheint.[245] Bei streitigen Tatsachen kann es an der Offensichtlichkeit schon dann fehlen, wenn es einer Beweisaufnahme bedarf,[246] jedenfalls wenn die Beweisaufnahme nicht anhand präsenter Beweismittel im Termin erledigt werden kann.[247] Allerdings sind Tatsachen im Freigabeverfahren bei Übertragungsbeschlüssen selten streitig, weil der Minderheitsausschluss in einem sehr formalisierten Verfahren stattfindet, dessen einzelne Schritte einschließlich der Hauptversammlung gut dokumentiert sind. Bei entscheidungserheblichen streitigen Rechtsfragen ist offensichtliche Unbegründetheit der Klage stets anzunehmen, wenn der BGH die Fragen bereits gegen die Minderheitsaktionäre entschieden hat. Angesichts der lebhaften Praxis des Minderheitsausschlusses (→ Rn. 1 mit Fn. 3) sind inzwischen etliche Streitfragen durch den BGH geklärt. Aber auch ohne höchstrichterliche Vorgabe scheitert eine Freigabe nicht notwendig daran, dass in Rechtsprechung oder Literatur abweichende Auffassungen vertreten werden[248] oder eine Frage gar noch unbehandelt ist.[249] Das Freigabegericht hat die Argumente dann zu wägen und eine gut vertretbare Entscheidung zu treffen. Gegen die hM allerdings wird eine Freigabe nicht möglich sein.

88 Der erste Freigabegrund (Unzulässigkeit der Klage, §§ 327e Abs. 2, 319 Abs. 6 S. 3 Nr. 1 Alt. 1 AktG) ist dagegen praktisch irrelevant. Ähnlich erging es bis zum Inkrafttreten des ARUG im Jahr 2009 dem nunmehr vierten Freigabegrund, dem **vorrangigen Interesse am Wirksamwerden des Minderheitsausschlusses.** Dies hätte nach der grundlegenden Gesetzesänderung deutlich anders werden sollen. §§ 327e Abs. 2, 319 Abs. 6 S. 3 Nr. 3 AktG stellt den wesentlichen Nachteilen für die Gesellschaft und ihre Aktionäre bei Verzögerung des Minderheitsausschlusses nur noch die Nachteile für den Antragsgegner, also den Anfechtungskläger, bei Vollzug des Minderheitsausschlusses trotz Anfechtbarkeit oder Nichtigkeit gegenüber. Die Schwere des Rechtsverstoßes zählt nur noch, wenn sie besonders gewichtig ist, und ist zur Einrede umfunktioniert worden. Nur wenn der Antragsgegner diese Einrede darlegen und beweisen kann, scheitert die Freigabe des Minderheitsausschlusses unabhängig vom Ergebnis der Interessenabwägung. Obwohl die gesetzlichen Regelungen kaum klarer hätten geschrieben werden können und vom Gesetzgeber auch getreu ihrem Wortlaut gemeint waren, unter anderem als Beseitigung der Blockade eines Minderheitsausschlusses durch gering beteiligte Aktionäre,[250] werden sie in der Praxis nur zögernd umgesetzt. Angesichts der Rezeptionswiderstände ist Folgendes als überwiegend gesichert festzuhalten: Die Nachteile der Aktionäre werden im Wesentlichen durch die Nachteile des bei weitem größten Aktionärs, also des Hauptaktionärs, be-

---

[245] So das Destillat vielfältiger Formulierungen; zB OLG Düsseldorf NZG 2004, 328 (329) – Edscha; OLG Hamburg ZIP 2004, 2288 – RWE DEA; OLG Hamm ZIP 2005, 1457 (1458) – GEA; OLG Frankfurt a. M. ZIP 2008, 1968 – Eurohypo (weniger klar OLG Frankfurt a. M. NZG 2009, 1183 (1184)); OLG Stuttgart AG 2009, 204 (205) – Allianz; OLG München ZIP 2011, 2199 (2201); aus der Lit. statt aller Schmidt/Lutter AktG/*Schnorbus* § 327e Rn. 11 mwN.

[246] OLG Stuttgart AG 2008, 464 – Aesculap; KölnKommWpÜG/*Hasselbach* AktG § 327e Rn. 26.

[247] Schmidt/Lutter AktG/*Schnorbus* § 327e Rn. 11.

[248] OLG Stuttgart AG 2008, 464 – Aesculap; OLG Frankfurt a. M. ZIP 2008, 1968 – Eurohypo; Spindler/Stilz AktG/*Singhof* § 327e Rn. 7.

[249] KölnKommWpÜG/*Hasselbach* AktG § 327e Rn. 26.

[250] Begr. RegE ARUG, BT-Drs. 16/11642, 41; Beschlussempfehlung und Bericht des Rechtsausschusses zum ARUG, BT-Drs. 16/13098, 60–61.

stimmt.²⁵¹ Sie können zB darin liegen, dass sich ein im Anschluss an den Minderheitsausschluss geplanter Formwechsel in eine GmbH mit daran anschließenden Kapitalmaßnahmen verzögert.²⁵² Nach dem klaren Gesetzeswortlaut fallen auch die Nachteile für die Gesellschaft ins Gewicht,²⁵³ zB die Kosten für die Aufrechterhaltung der Börsennotierung und die Durchführung öffentlicher Hauptversammlungen.²⁵⁴ Letztere werden in der Regel schon allein die Nachteile klagender Minderheitsaktionäre mit Kleinstbeteiligung überwiegen und die Freigabe rechtfertigen.²⁵⁵ Dass es damit zu einer gewissen Automatik der Freigabe kommt, wenn der Übertragungsbeschluss nur von gering beteiligten Aktionären angefochten wird, ist gewollte Folge der gesetzlichen Regelung.²⁵⁶ Diese Aktionäre haben einen Schadensersatzanspruch gemäß §§ 327e Abs. 2, 319 Abs. 6 S. 10 AktG, wenn sich die Klage später als begründet erweist (→ Rn. 95), können den Minderheitsausschluss aber nur noch aufhalten, wenn sie einen **besonders schweren Rechtsverstoß** darzulegen vermögen. Dazu reichen nach dem Willen des Gesetzgebers kleinere Formfehler in der Hauptversammlung und bei ihrer Einberufung nicht aus, auch nicht jeder Nichtigkeitsgrund; der Rechtsverstoß muss vielmehr für die Rechtsordnung „unerträglich" und durch Schadensersatz nicht kompensierbar sein, wie zB bei absichtlichen Verstößen gegen das Gleichbehandlungsgebot oder die Treuepflicht mit schweren Folgen oder schwere Formfehler wie das völlige Fehlen der notariellen Beurkundung der Hauptversammlung.²⁵⁷

Durch das ARUG im Jahr 2009 hinzugekommen ist der dritte Freigabegrund, dass der Kläger nicht binnen einer Woche seit Zustellung des Freigabeantrags die Inhaberschaft von Aktien mit einem **anteiligen Betrag des Grundkapitals von insgesamt mindestens 1.000 Euro** nachweist, und zwar die Inhaberschaft seit Bekanntmachung der Einberufung der Hauptversammlung, die den Freigabebeschluss gefasst hat (§§ 327e Abs. 2, 319 Abs. 6 S. 3 Nr. 2 AktG). Mit diesem **Bagatellquorum** soll verhindert werden, dass Aktionäre mit minimalstem Kapitaleinsatz die zügige Umsetzung von Strukturmaßnahmen zu Lasten aller anderen Aktionäre und der Gesellschaft aufhalten können; ferner sollen Freigabeverfahren von „Trittbrettfahrern", die sich ohne eigenen substantiierten Vortrag anderen Klagen anschließen, entlastet werden.²⁵⁸ **89**

Zuständig zur Entscheidung über den Freigabeantrag ist seit der Verkürzung des Instanzenzugs durch das ARUG im Jahr 2009 **in einziger Instanz das OLG,** in dessen Bezirk die Gesellschaft ihren Sitz hat (§§ 327e Abs. 2, 319 Abs. 6 S. 7 AktG). Der Beschluss soll spätestens drei Monate nach Antragstellung ergehen und ist unanfechtbar (§§ 327e Abs. 2, 319 Abs. 6 S. 4 und 9 AktG). In der Praxis kann eine rechtskräftige Entscheidung über den Freigabeantrag daher innerhalb von 4 Monaten seit der Hauptversammlung erwartet werden. **90**

---

²⁵¹ Spindler/Stilz AktG/*Singhof* § 327e Rn. 7; Emmerich/Habersack Aktien- und GmbH-KonzernR/*Habersack* § 327e Rn. 7; KölnKommWpÜG/*Hasselbach* AktG § 327e Rn. 35–36. So schon zum bisherigen Recht *Krieger* BB 2002, 53 (60); *Fleischer* ZGR 2002, 757 (787–788).

²⁵² Begr. RegE WpÜG, BT-Drs. 14/7034, 73 zu § 327e Abs. 2. Darauf war der Freigabebeschluss gestützt in LG Regensburg Der Konzern 2004, 811 (817) – E.ON Bayern mit zust. Anm. *Fuhrmann/Linner.*

²⁵³ KölnKommWpÜG/*Hasselbach* AktG § 327e Rn. 37; Emmerich Habersack Aktien- und GmbH-KonzernR/*Habersack* § 327e Rn. 7; einschränkend Schmidt/Lutter AktG/*Schnorbus* § 327e Rn. 15; Hüffer/*Koch* AktG § 327e Rn. 3b („nachrangig").

²⁵⁴ Beschlussempfehlung und Bericht des Rechtsausschusses zum ARUG, BT-Drs. 16/13098, 61.

²⁵⁵ So schon zum bisherigen Recht OLG Frankfurt a. M. NZG 2007, 472 (473); OLG Düsseldorf AG 2009, 535 (538) – Jagenberg.

²⁵⁶ Spindler/Stilz AktG/*Singhof* § 327e Rn. 7. Zweifelnd, allerdings in einem speziellen Fall mit schwerwiegender Beeinträchtigung der Rechte nicht ganz geringfügig beteiligter Aktionäre OLG Bremen ZIP 2013, 460 (464). Zurückhaltend auch MüKoAktG/*Grunewald* § 327e Rn. 7. Dezidiert aA Emmerich/Habersack Aktien- und GmbH-KonzernR/*Habersack* § 327e Rn. 7.

²⁵⁷ Beschlussempfehlung und Bericht des Rechtsausschusses zum ARUG, BT-Drs. 16/13098, 61.

²⁵⁸ Begr. RegE ARUG, BT-Drs. 16/11642, 41–42; Beschlussempfehlung und Bericht des Rechtsausschusses zum ARUG, BT-Drs. 16/13098, 60.

91   Die Negativerklärung des Vorstands kann außer durch Freigabebeschluss gemäß §§ 327e Abs. 2, 319 Abs. 5 S. 2 Hs. 2 AktG dadurch ersetzt werden, dass die klageberechtigten Aktionäre durch notariell beurkundete Verzichtserklärung auf die Klage gegen die Wirksamkeit des Übertragungsbeschlusses verzichten. Klageberechtigt sind grundsätzlich alle Aktionäre, auch der Hauptaktionär. Auch dessen notariell beurkundete Verzichtserklärung muss deshalb vorliegen, wenn die Negativerklärung des Vorstands ersetzt werden soll.[259] Bei geschlossenem Gesellschafterkreis besteht demnach die Möglichkeit, eine Eintragung des Übertragungsbeschlusses in das Handelsregister schon vor Ablauf der einmonatigen Anfechtungsfrist zu erreichen.

92   **c) Wirkungen der Eintragung.** Mit der Eintragung des Übertragungsbeschlusses in das Handelsregister gehen alle Aktien der Minderheitsaktionäre auf den Hauptaktionär über (§ 327e Abs. 3 S. 1 AktG). Der **Rechtsübergang** vollzieht sich **kraft Gesetzes,** so dass die Aktionäre keine Übertragungsakte vornehmen müssen.[260] Voraussetzung für den Rechtsübergang ist neben der Eintragung des Übertragungsbeschlusses in das Handelsregister die mindestens 95%ige Kapitalbeteiligung des Hauptaktionärs im Zeitpunkt der Registereintragung (→ Rn. 31). Vom Rechtsübergang erfasst werden alle Aktien, die nicht dem Hauptaktionär unmittelbar gehören und ihm auch nicht zugerechnet werden (dazu → Rn. 22).[261] Die Zulassungsstelle kann die Zulassung der Aktien gemäß § 39 Abs. 1 BörsG wegen Wegfalls des Börsenhandels von Amts wegen widerrufen.[262] Dingliche Belastungen der Aktien gehen nicht mit über, sondern setzen sich analog § 1287 S. 1 BGB am Abfindungsanspruch fort.[263] Bezugsrechte auf Aktien, etwa aufgrund von Optionsanleihen, Wandelschuldverschreibungen oder Mitarbeiterbeteiligungsprogrammen, gehen mit Wirksamwerden des Minderheitsausschlusses nicht auf den Hauptaktionär über, sondern verwandeln sich in Barabfindungsansprüche gegen den Hauptaktionär (→ Rn. 113–114).

93   Umstritten ist, was mit **eigenen Aktien** der Gesellschaft geschieht. Diese werden zwar dem Hauptaktionär bei der Berechnung der Mindestbeteiligung nicht zugerechnet (→ Rn. 25–26). Dies liegt aber nur daran, dass sie nach der Spezialregel der §§ 327a Abs. 2, 16 Abs. 2 S. 2 AktG vom Grundkapital abgezogen werden und eine zusätzliche Zurechnung zum Hauptaktionär zur Doppelzählung führen würde. Die besseren Argumente sprechen dafür, dass eigene Aktien bei Wirksamwerden des Minderheitsausschlusses nicht auf den Hauptaktionär übergehen.[264] Denn der Gesetzgeber wollte mit den Regeln über den Minderheitsausschluss keineswegs sicherstellen, dass der Hauptaktionär sämtliche Aktien der Gesellschaft zu unmittelbarem Eigentum erwirbt. Die Zurechnungsregel der

---

[259] Emmerich/Habersack Aktien- und GmbH-KonzernR/*Habersack* § 327e Rn. 5; Großkomm-AktG/*Fleischer* § 327e Rn. 13; KölnKommAktG/*Koppensteiner* § 327e Rn. 4; MüKoAktG/*Grunewald* § 327e Rn. 5; aA KölnKommWpÜG/*Hasselbach* AktG § 327e Rn. 15; Angerer/Geibel/Süßmann WpÜG/*Grzimek* AktG § 327e Rn. 8; Spindler/Stilz AktG/*Singhof* § 327e Rn. 5.

[260] Begr. RegE WpÜG, BT-Drs. 14/7034, 73.

[261] So die einhellige Lit.; siehe nur *Krieger* BB 2002, 53 (55); Frankfurter KommWpÜG/*Schüppen/Tretter* AktG § 327e Rn. 17; Schmidt/Lutter AktG/*Schnorbus* § 327e Rn. 27; jeweils mwN.

[262] So die wohl hM und die Praxis. Andere nehmen Wegfall der Börsenzulassung ipso iure an. Übersicht über den Meinungsstand bei HdB Börsennotierte AG/*Drinkuth* Rn. 62.72 und *Eckhold* Rn. 61.89; GroßkommAktG/*Fleischer* § 327e Rn. 60.

[263] KölnKommWpÜG/*Hasselbach* AktG § 327e Rn. 55; Hüffer/*Koch* AktG § 327e Rn. 4; KölnKommAktG/*Koppensteiner* § 327e Rn. 14; Frankfurter KommWpÜG/*Schüppen/Tretter* AktG § 327e Rn. 15.

[264] *Riegger* DB 2003, 541 (543); MüKoAktG/*Grunewald* § 327e Rn. 12; KölnKommAktG/*Koppensteiner* § 327e Rn. 12; Frankfurter KommWpÜG/*Schüppen/Tretter* AktG § 327a Rn. 24; GroßkommAktG/*Fleischer* § 327e Rn. 44; Spindler/Stilz AktG/*Singhof* § 327b Rn. 7; Hüffer/*Koch* AktG § 327e Rn. 4; grundsätzlich auch KölnKommAktG/*Hasselbach* AktG § 327e Rn. 60, der allerdings ohne gesetzliche Grundlage annimmt, dass der Übertragungsbeschluss den Übergang der eigenen Aktien anordnen kann. AA Angerer/Geibel/Süßmann WpÜG/*Grzimek* AktG § 327e Rn. 25; Emmerich/Habersack Aktien- und GmbH-KonzernR/*Habersack* § 327e Rn. 9.

§§ 327a Abs. 2, 16 Abs. 4 AktG soll gerade das gegebenenfalls aufwändige „Umhängen" von Beteiligungen im Konzern zum Zweck des Minderheitsausschlusses überflüssig machen (→ Rn. 22). Das Ergebnis eines Minderheitsausschlusses ist nach der Vorstellung des Gesetzgebers also, dass das Eigentum an den Aktien entweder unmittelbar beim Hauptaktionär liegt oder bei anderen Personen, deren Eigentum ihm zugerechnet wird, insbesondere bei abhängigen Unternehmen. Dazu passt es, dass auch die eigenen Aktien der Gesellschaft im Rahmen des Minderheitsausschlusses nicht bewegt werden müssen.

Die **Aktienurkunden** der Minderheitsaktionäre (und allein diese) verbriefen bis zu ihrer **94** Aushändigung an den Hauptaktionär nur noch den Anspruch auf Barabfindung (§ 327e Abs. 3 S. 2 AktG), und zwar den vollen Barabfindungsanspruch einschließlich einer etwaigen Differenz zwischen der vom Hauptaktionär festgelegten und der in einem nachfolgenden Spruchverfahren (dazu → Rn. 111–112) ermittelten (höheren) Barabfindung.[265] Das verbriefte Recht wird also von Gesetzes wegen ausgewechselt. Die Aktienurkunden werden deshalb durch den Minderheitsausschluss nicht unrichtig und können bis zur Befriedigung der Barabfindungsansprüche nicht gemäß § 73 AktG für kraftlos erklärt werden.[266] Danach allerdings ist eine Kraftloserklärung der nicht in der Hand des Hauptaktionärs befindlichen Aktienurkunden möglich.[267] Denn mit Auszahlung oder, soweit Aktionäre unbekannt sind, Hinterlegung (§§ 372, 378 BGB) der Barabfindung verbriefen die Aktienurkunden nichts mehr, so dass sie unrichtig werden. Für eine erneute Auswechslung des verbrieften Rechts zurück zur Mitgliedschaft, und zwar nunmehr derjenigen des Hauptaktionärs,[268] fehlt eine gesetzliche Grundlage. Dafür besteht auch kein Bedürfnis. Denn nach dem Minderheitsausschluss hat der Hauptaktionär es in der Hand, dass neue Aktienurkunden ausgegeben werden. Durch Kraftloserklärung der alten Urkunden, von denen sich trotz Befriedigung der Barabfindungsansprüche möglicherweise noch einige in der Hand des Publikums befinden, kann die urkundliche Lage am schnellsten und einfachsten bereinigt werden.

Der **Rechtsübergang** nach § 327e Abs. 3 S. 1 AktG ist **grundsätzlich reversibel.** Der **95** Gesetzgeber hat Anregungen aus der Praxis nicht aufgegriffen, dem Übergang der Aktien auf den Hauptaktionär Bestandsschutz nach dem Vorbild von § 20 Abs. 2 UmwG zu verleihen.[269] Wenn der Übertragungsbeschluss nach seiner Eintragung in das Handelsregister durch Anfechtungsurteil rechtskräftig für nichtig erklärt wird, haben die Minderheitsaktionäre nach der Rechtsprechung des BGH einen Anspruch auf Wiedereinräumung ihrer Mitgliedschaftsrechte und Rückübertragung der Aktien durch den Hauptaktionär,[270] und zwar, so wird man wohl annehmen müssen, Zug um Zug gegen Herausgabe der Barabfindung.[271] Die Wiedereinräumung der Mitgliedschaft erfolgt ex nunc, gegen weiterreichende Folgen eines rechtskräftigen Anfechtungsurteils schützen nach hM die Grundsätze der fehlerhaften Gesellschaft.[272] Zwischenzeitlich bezogene Dividenden sind also nicht

---

[265] BGHZ 214, 1 Rn. 16–17.
[266] → § 74 Rn. 35; Emmerich/Habersack Aktien- und GmbH-KonzernR/*Habersack* § 320a Rn. 5; Hüffer/*Koch* AktG § 320a Rn. 3; aA MüKoAktG/*Grunewald* § 320a Rn. 5; *König* NZG 2006, 606.
[267] KölnKommWpÜG/*Hasselbach* AktG § 327e Rn. 66; *Fuchs* S. 322; Angerer/Geibel/Süßmann WpÜG/*Grzimek* AktG § 327e Rn. 31; Schmidt/Lutter AktG/*Schnorbus* § 327e Rn. 28.
[268] So die hL: Angerer/Geibel/Süßmann WpÜG/*Grzimek* AktG § 327e Rn. 30; *Fuchs* S. 319; Emmerich/Habersack Aktien und GmbH-KonzernR/*Habersack* AktG § 327e Rn. 12 iVm § 320a Rn. 6; MüKoAktG/*Grunewald* AktG § 327e Rn. 13 iVm § 320a Rn. 3. AA Schmidt/Lutter AktG/*Ziemons* § 320a Rn. 10. Offengelassen von BGHZ 214, 1 Rn. 21.
[269] *DAV-Handelsrechtsausschuss* NZG 2001, 1003 (1008); ZIP 2005, 774 (780); *Krieger* BB 2002, 53 (60); *Wilsing* ZIP 2004, 1082 (1084).
[270] BGHZ 189, 32 Rn. 9 (in einem Fall verfrühter Eintragung). So früher schon *Krieger* BB 2002, 53 (60); *Gesmann-Nuissl* WM 2002, 1205 (1211).
[271] GroßkommAktG/*Fleischer* § 327f Rn. 24; *Fuchs* S. 480; Schmidt/Lutter AktG/*Schnorbus* § 327e Rn. 33; Spindler/Stilz AktG/*Singhof* § 327e Rn. 11.
[272] Statt aller *Petersen/Habbe* NZG 2010, 1091 (1092–1094); Emmerich/Habersack Aktien- und GmbH-KonzernR/*Habersack* AktG § 327e Rn. 8a mwN.

herauszugeben; umgekehrt ist die zurückzuzahlende Barabfindung nicht zu verzinsen. **Bestandskraft** lässt sich seit Inkrafttreten des ARUG im Jahr 2009 allerdings erreichen, wenn ein **Freigabebeschluss** erwirkt wird. Dann lassen gemäß §§ 327e Abs. 2, 319 Abs. 6 S. 11 AktG nach der Handelsregistereintragung Mängel des Übertragungsbeschlusses seine Durchführung unberührt, und dann kann eine Wiedereinräumung der Mitgliedschaft auch nicht als Schadensersatz verlangt werden. Der Schadensersatzanspruch der Minderheitsaktionäre für den Fall, dass die Anfechtungs- oder Nichtigkeitsklage später Erfolg hat (§§ 327e Abs. 2, 319 Abs. 6 S. 10 AktG), geht nicht auf Naturalrestitution, sondern auf Geld.[273] Er richtet sich auch nicht gegen den Hauptaktionär, sondern nach der ausdrücklichen gesetzlichen Regelung gegen die Gesellschaft. Gemäß §§ 195, 199 Abs. 1 BGB verjährt der Schadensersatzanspruch drei Jahre nach dem Ende des Jahres, in dem die Hauptversammlung den Übertragungsbeschluss gefasst hat.

VI. Barabfindung der Minderheitsaktionäre

96 **1. Höhe der Barabfindung. a) Allgemeine Grundsätze und Bewertungsmethoden.** Die Minderheitsaktionäre erhalten die Barabfindung für den Verlust ihres Aktieneigentums. Es ist also festzustellen, welchen Geldwert die Aktien der Minderheitsaktionäre haben. Das Gesetz gibt wenig Hilfestellung dafür, wie der Wert der Aktien zu ermitteln ist. § 327a Abs. 1 S. 1 AktG sagt lediglich, dass die Barabfindung **angemessen** sein muss. § 327b Abs. 1 S. 1 Hs. 2 AktG legt den **Bewertungsstichtag** fest: Danach sind die Verhältnisse der Gesellschaft zum Zeitpunkt der Beschlussfassung ihrer Hauptversammlung zu berücksichtigen. Rechtsprechung und Literatur gehen mangels anderweitiger Anhaltspunkte zu Recht davon aus, dass die Aktienbewertung beim Minderheitsausschluss denselben Regeln folgt, die auch für die Anteilsbewertung bei anderen Strukturmaßnahmen gelten.[274] Die einschlägigen Bewertungsregeln sind ausführlich besprochen → § 71 Rn. 132 ff., so dass die nachfolgende Darstellung sich auf die wesentlichen Grundlagen und die beim Minderheitsausschluss zu beachtenden Besonderheiten beschränkt.[275]

97 Verfassungsrechtliche Gründe (Artikel 14 GG) gebieten es, den Minderheitsaktionären die **volle wirtschaftliche Entschädigung** für ihre Aktien zu gewähren.[276] Den vollen Wert der Aktien leitet man in der Regel aus dem **Unternehmenswert** ab, indem man diesen durch die Zahl der ausgegebenen Stückaktien dividiert oder, sofern die Gesellschaft Nennbetragsaktien hat, ihn ins Verhältnis der Aktiennennbeträge zum Grundkapital setzt. Eigene Aktien bleiben dabei außer Betracht.[277] Der Unternehmenswert wird in der deutschen Praxis (noch) überwiegend nach der **Ertragswertmethode** ermittelt, die im Ergebnis weitgehend dem international verbreiteteren Discounted-Cash-Flow-Verfahren entspricht. Im Prinzip geht es der Ertragswertmethode darum, den künftigen Unternehmenserfolg fundamentalanalytisch zu ermitteln, indem die bei ewiger Lebensdauer des Unternehmens zu erwartenden zukünftigen Gewinne kumuliert und auf den Bewertungsstichtag abgezinst werden. Die Grundsätze der Ertragswertmethode und einzelne Anwendungsfragen hat das Institut der Wirtschaftsprüfer in einem Standard festgelegt, dem IDW S 1, der den Stand der Betriebswirtschaftslehre und die Rechtsprechung zu Fragen der

---

[273] Schuppen/Schaub MAH AktienR/*Riekmer* § 44 Rn. 41c.
[274] Entwickelt vor allem und zunächst für Beherrschungs- oder Gewinnabführungsverträge, § 305 AktG. Zur Übertragbarkeit dieser Regeln auf den Minderheitsausschluss zB Emmerich/Habersack Aktien- und GmbH-KonzernR/*Habersack* AktG § 327b Rn. 4; Hüffer/*Koch* AktG § 327b Rn. 5; MüKoAktG/*Grunewald* § 327b Rn. 10; jeweils mwN.
[275] Überblick aus bewertungstechnischer Sicht bei *Wilts/Schaldt/Nottmeier* FinanzBetrieb 2002, 621.
[276] BVerfGE 14, 263 (283) – Feldmühle; 100, 289 (303) – DAT/Altana; BVerfG NZG 2000, 1117 – Moto Meter.
[277] KölnKommWpÜG/*Hasselbach* AktG § 327b Rn. 23. Eigene Aktien gehen auch nicht auf den Hauptaktionär über und begründen kein Abfindungsrecht, → Rn. 93.

Unternehmensbewertung berücksichtigt.[278] Allerdings gerät die Ertragswertmethode zunehmend in die Kritik. Ihre Defizite – vor allem Prognoseunsicherheit und Anfälligkeit für Manipulation – belasten sowohl die abfindungsberechtigten Minderheitsaktionäre, die eine angemessene Abfindung zuweilen nur mit gerichtlicher Hilfe erhalten,[279] als auch den abfindungsverpflichteten Hauptaktionär, dessen Planungssicherheit unter der Ungewissheit eines jahrelangen gerichtlichen Spruchverfahrens leidet. Andere, **marktorientierte Bewertungsverfahren,** insbesondere die Börsenwertermittlung,[280] dringen daher seit einigen Jahren vor und finden zunehmend Anklang in der Rechtsprechung.[281]

Nach der Rechtsprechung des BGH ist der anteilige Unternehmenswert grundsätzlich **98** auch dann der maßgebliche Aktienwert, wenn die Gesellschaft aufgrund eines **Gewinnabführungsvertrags** gemäß § 291 Abs. 1 S. 1 Alt. 2 AktG ihren ganzen Gewinn an den Hauptaktionär abführt und die Minderheitsaktionäre statt einer Dividende eine jährliche Ausgleichszahlung gemäß § 304 AktG beziehen. Dies soll jedenfalls dann gelten, wenn der anteilige Unternehmenswert höher ist als die kapitalisierte Ausgleichszahlung. Dann zeige sich ja, dass sich das Unternehmen unter dem Gremienabführungsvertrag positiv entwickelt habe und der residuale Wert des Unternehmens nach einem etwaigen Ende des Gewinnabführungsvertrags höher als der kapitalisierte Ausgleich sei. Dieser residuale, über das Fruchtziehungsrecht hinausreichende Wert dürfe den Minderheitsaktionären nicht entschädigungslos entzogen werden.[282] Ausdrücklich offen gelassen hat der BGH die Frage, ob die kapitalisierte Ausgleichszahlung dann anzusetzen ist, wenn sie höher als der anteilige Unternehmenswert liegt, ob die kapitalisierte Ausgleichszahlung also die Untergrenze der Abfindung darstellt.[283] Dies dürfte auf Grundlage der BGH-Rechtsprechung in Betracht kommen, wenn es am Bewertungsstichtag keine Anhaltspunkte dafür gibt, dass die Gesellschaft oder das herrschende Unternehmen von der Kündigungsmöglichkeit Gebrauch machen werden oder der Gewinnabführungsvertrag in sonstiger Weise beendet wird.[284] Zu kapitalisieren wäre in solchen Fällen der Nachsteuerwert des Ausgleichs, nämlich abzüglich der Körperschaftsteuerbelastung der Gesellschaft und der typisierten Einkommensteuer der Aktionäre.[285] Im Übrigen sollte „Rosinenpicken" nicht erlaubt sein und es bei der vom BGH dekretierten Maßgeblichkeit des anteiligen Unternehmenswerts bleiben, mag dieser auch hinter der kapitalisierten Ausgleichszahlung zurückbleiben.[286]

---

[278] IDW Standard: Grundsätze zur Durchführung von Unternehmensbewertungen (IDW S. 1), Stand 2.4.2008, abgedruckt in IDW-Fachnachrichten 2008, 271 ff.

[279] Unter diesem Aspekt dezidiert kritisch Emmerich/Habersack Aktien- und GmbH-KonzernR/ *Emmerich* § 305 Rn. 41–41c.

[280] Umfassende Analyse der obergerichtlichen Rechtsprechung bei *Bungert/Wettich* FS Hoffmann-Becking, 2013, 157 (166–174).

[281] *Hüttemann* FS Hoffmann-Becking, 2013, 603 (613–616). Instruktiv aus jüngerer Zeit OLG Frankfurt a. M. NZG 2014, 464 (465–466) – Hoechst sowie LG Köln ZIP 2019, 2159 (2160–2161) „Postbank"; jeweils mwN. Kritisch gegenüber diesem Trend *Ruthardt/Hachmeister* NZG 2014, 41 (44–46); 455 (456–457).

[282] BGHZ 208, 265 Rn. 19, 25–27 – Nestlé. Zust. die hL; statt aller Hüffer/*Koch* AktG § 327b Rn. 5 mwN.

[283] BGHZ 208, 265 Rn. 30 – Nestlé.

[284] OLG Frankfurt a. M. ZIP 2020, 810 (812, 814) – Vorlage an dem BGH; früher schon *Tebben* AG 2003, 600 (606); siehe jetzt auch *Schüppen* ZIP 2016, 1413 (1419); *Krenek* CF 2016, 461 (462). AA OLG Düsseldorf AG 2017, 672 (675–676); *Singhof* DB 2016, 1185 (1186–1187); *Wasmann* DB 2017, 1433 (1434–1437); Hüffer/*Koch* AktG § 327b Rn. 5 (nur noch anteiliger Unternehmenswert).

[285] OLG Stuttgart ZIP 2018, 1398 (1399–1400).

[286] OLG Düsseldorf AG 2017, 672 (675–676) mit zust. Anm. *Slawik* EWiR 2017, 363 (364). Ebenso *Bungert/Rogier* EWiR 2016, 293 (294); *Singhof* DB 2016, 1185 (1187); wohl auch *Popp* Der Konzern 2017, 224 (227–229). AA *Krenek* CF 2016, 461 (462); *J. Schmidt* WuB 2016, 493 (496) (Meistbegünstigung). Für eine Kombination aus kapitalisiertem Ausgleich bis zum Ende der prognostizierbaren Laufzeit des Gewinnabführungsvertrags und anteiligem (Rest)Unternehmenswert OLG Frankfurt a. M. NZG 2016, 862 (863–864); *Mennicke* DB 2016, 2047 (2048); *Ruiz de Vargas/Schenk* AG 2016, 354 (359).

99 Wenn die Gesellschaft Aktien verschiedener Gattungen ausgegeben hat, muss der Unternehmenswert gegebenenfalls entsprechend der **Ausstattung der Aktien** unterschiedlich verteilt werden. Der praktisch häufigste Fall ist, dass neben den Stammaktien noch Vorzugsaktien bestehen. Wenn beide Aktiengattungen börsennotiert und vergleichbar liquide sind, kann man bei der von der Börse niedriger bewerteten Aktiengattung einen Abschlag gegenüber der höher bewerteten Gattung vornehmen. Für die Höhe dieses Abschlags orientiert die Bewertungspraxis sich an der in der Vergangenheit zu beobachtenden Kursdifferenz zwischen den beiden Aktiengattungen.[287]

100 b) Börsenkurs. Im Anschluss an die Rechtsprechung des BVerfG und des BGH zu Unternehmensverträgen und Eingliederungen[288] hat der BGH auch für den Minderheitsausschluss festgestellt, dass die Abfindung in der Regel nicht unter dem **Börsenkurs** der Aktie liegen darf.[289] Der Börsenkurs ist nur dann nicht maßgeblich, wenn er durch Sondereinflüsse verfälscht ist oder wenn die Aktie wenig liquide ist, dh eine besondere Marktenge besteht und tatsächlich über längere Zeit kein Handel mit den Aktien der Gesellschaft stattgefunden hat, weil sich dann kein repräsentativer Kurs mehr bilden kann.[290] Die für öffentliche Angebote maßgeblichen **Liquiditätskriterien** enthält § 5 Abs. 4 WpÜG-AngebotsVO.[291] Diese Kriterien können in der Regel auch für den Minderheitsausschluss herangezogen werden.[292] Ob die Aktie hinreichend liquide ist, muss beim Minderheitsausschluss mit besonderer Sorgfalt geprüft werden, weil höchstens 5 % des Grundkapitals zum Börsenhandel zur Verfügung stehen. In welchem Marktsegment die Aktien notiert sind, ist für die Anwendung der vorstehenden Grundsätze grundsätzlich ohne Belang.[293] Wenn Aktien nicht in einem regulierten Markt, sondern im Freiverkehr oder an einer privaten Börse gehandelt werden, ist aber, weil die Transparenzpflichten des WpHG nicht gelten, im Einzelfall festzustellen, ob die wertrelevanten Informationen den Marktteilnehmern zur Verfügung stehen und liquider Börsenhandel stattfindet.[294]

101 Der maßgebliche Börsenkurs ist nach der Rechtsprechung des BGH der **nach Umsatz gewichtete Durchschnittskurs** während der letzten **drei Monate vor der Bekanntmachung der Maßnahme**.[295] Denn ab diesem Zeitpunkt spiegelt der Börsenkurs weniger den Unternehmenswert als vielmehr die von vielen zusätzlichen, wertunabhängigen Faktoren gespeisten Abfindungserwartungen des Publikums wider.[296] Dabei kommt es auf die Bekanntmachung des Minderheitsausschlusses als solchen an, weil der Börsenkurs schon

---

[287] LG Frankfurt a. M. AG 1987, 315 (317); OLG Düsseldorf AG 2002, 398 (402) – Kaufhof/METRO. Ebenso Schmidt/Lutter AktG/*Schnorbus* § 327b Rn. 2; aA Frankfurter KommWpÜG/*Schüppen*/*Tretter* AktG § 327b Rn. 11.
[288] BVerfGE 100, 289 (307–310) – DAT/Altana; BGHZ 147, 108 (115–117) – DAT/Altana.
[289] BGHZ 186, 229 Rn. 10 – Stollwerck unter fast einhelliger Zustimmung der Literatur; siehe nur Hüffer/*Koch* AktG § 327b Rn. 6 mwN. Grundlegend kritisch aus betriebswirtschaftlicher Sicht *Burger* NZG 2012, 281.
[290] BGHZ 147, 108 (116) – DAT/Altana.
[291] Nicht ausreichend: Während der drei Monate vor dem maßgeblichen Stichtag werden an weniger als einem Drittel der Börsentage Börsenkurse festgestellt, und mehrere nacheinander festgestellte Börsenkurse weichen um mehr als 5 % voneinander ab.
[292] OLG Karlsruhe ZIP 2015, 1874 (1877) – Friatec; ZIP 2018, 122 (125); *Krieger* BB 2002, 53 (56); Emmerich/Habersack Aktien- und GmbH-KonzernR/*Habersack* § 327b Rn. 9. MüKoAktG/*Grunewald* § 327b Rn. 10; GroßkommAktG/*Fleischer* § 327b Rn. 17; Spindler/Stilz AktG/*Singhof* § 327b Rn. 5. AA *Angerer* BKR 2002, 260 (264); zweifelnd auch *Beckmann* WPg 2004, 620 (623).
[293] OLG Düsseldorf AG 2008, 498 (501); Emmerich/Habersack Aktien- und GmbH-KonzernR/*Emmerich* § 305 Rn. 46. Offengelassen von OLG München NZG 2014, 1230. AA Spindler/Stilz AktG/*Veil* § 305 Rn. 57.
[294] OLG München NZG 2014, 1230 (1230–1231).
[295] BGHZ 186, 229 (234) – Stollwerck (unter Aufgabe von BGHZ 147, 108 (118) – DAT/Altana, wonach es auf den Dreimonatszeitraum vor dem Bewertungsstichtag ankommen sollte).
[296] BGHZ 186, 229 Rn. 23 – Stollwerck.

danach den exogenen Faktoren unterliegt; für die Rückrechnung des Referenzzeitraums ist die Bekanntgabe eines bezifferten Abfindungsangebots also nicht entscheidend.[297] Die relevante Bekanntmachung kann, muss aber nicht in einer Ad-hoc-Mitteilung gemäß § 15 WpHG enthalten sein.[298] Ausreichend ist auch jede andere Form der öffentlichen Kundgabe, die eine unbedingte Ankündigung des Minderheitsausschlusses enthält sowie erste Umsetzungsschritte erkennen und damit eine zeitnahe Durchführung erwarten lässt.[299] Die 95%ige Kapitalmehrheit braucht allerdings noch nicht vorzuliegen.[300] Nicht genügend konkret für die Rückrechnung des Referenzzeitraums ist die Erwähnung des Minderheitsausschlusses als eine mögliche Handlungsoption des Bieters nach Vollzug eines öffentlichen Angebots, wie sie sich in vielen Angebotsunterlagen findet.[301] Der BGH will die Minderheitsaktionäre gegen (gewisse) nachteilige Einflussnahmen auf die Rückrechnung des Referenzzeitraums dadurch schützen, dass der **Börsenkurs** entsprechend der allgemeinen oder branchentypischen Wertentwicklung **hochgerechnet** wird, wenn zwischen der Bekanntgabe des Minderheitsausschlusses als dem Ende des Referenzzeitraums und dem Tag der Hauptversammlung ein längerer Zeitraum verstreicht und die Entwicklung der Börsenkurse eine Anpassung geboten erscheinen lässt.[302] Zu dieser Hochrechnung lässt sich aus heutiger Sicht einigermaßen gesichert festhalten: Der BGH hält sie für erforderlich, wenn 7,5 Monate oder mehr verstrichen sind,[303] und für entbehrlich, wenn die Zwischenzeit 3,5 Monate oder weniger beträgt.[304] Nach der Rechtsprechung der OLG kann man hinreichend sicher davon ausgehen dass man auch bei einer Zwischenzeit von bis zu 6 Monaten keine Hochrechnung braucht,[305] während die meisten schreibenden Praktiker im Hinblick auf die für den Minderheitsausschluss typischerweise benötigte Vorbereitungszeit zu Recht bis an die vom BGH angenommene Obergrenze von 7,5 Monaten gehen wollen.[306] Im Fall einer Hochrechnung ist der einschlägige Branchenindex einem allgemeinen Börsenindex vorzuziehen.[307] Die Hochrechnung kann auch zu einem niedrigeren relevanten Börsenkurs führen, also zu Lasten der Minderheitsaktionäre ausfallen.[308]

c) **Irrelevante Bewertungsparameter.** Das Bundesverfassungsgericht hat **Vorerwerbspreise** mit derselben Deutlichkeit als Bewertungsparameter verworfen, mit der es umgekehrt Börsenkurse grundsätzlich für maßgeblich erklärt hat.[309] Darauf gestützt, hat der BGH für den Minderheitsausschluss klargestellt, dass die angemessene Abfindung sich nicht

---

[297] BGHZ 186, 229 Rn. 22 – Stollwerck.
[298] BGHZ 186, 229 Rn. 20 – Stollwerck.
[299] OLG Frankfurt a. M. BeckRS 2011, 03054 mit zust. Anm. *Reichard* GWR 2011, 157; OLG Karlsruhe ZIP 2015, 1874 (1876) – Friatec. Weiterführende Diskussion bei *Bungert/Wettich* ZIP 2012, 449 (450–451).
[300] OLG Frankfurt a. M. BeckRS 2011, 03054; *Hasselbach/Ebbinghaus* Der Konzern 2010, 467 (472); *Bücker* NZG 2010, 967 (989). AA *Wasmann* ZGR 2011, 83 (90).
[301] *Bücker* NZG 2010, 967 (969); *Wasmann* ZGR 2011, 83 (90); *Bungert/Wettich* ZIP 2012, 449 (451).
[302] BGHZ 186, 229 Rn. 29 – Stollwerck.
[303] BGHZ 186, 229 Rn. 30 – Stollwerck.
[304] BGH ZIP 2011, 1708 Rn. 1 und 8 (zu Beherrschungs- und Gewinnabführungsvertrag sowie Delisting).
[305] OLG Stuttgart AG 2011, 795 (800) (mwN der eigenen Rechtsprechung); in der Tendenz ebenso OLG Frankfurt a. M. AG 2011, 832 (zu Beherrschungs- und Gewinnabführungsvertrag). OLG Saarbrücken ZIP 2014, 1784 (1786) hält sogar bis zu 7 Monate für unproblematisch.
[306] *Bücker* NZG 2010, 967 (970); *Decher* ZIP 2010, 1673 (1676); *Wasmann* ZGR 2011, 83 (96); *Bungert/Wettich* ZIP 2012, 449 (452) mwN.
[307] OLG Frankfurt a. M. BeckRS 2011, 03054. So auch die Literatur; siehe nur *Bungert/Wettich* ZIP 2012, 449 (453) mwN.
[308] *Hasselbach/Ebbinghaus* Der Konzern 2010, 467 (474); *Meinert* DB 2011, 2455 (2459); zuvor schon *Weber* ZGR 2004, 280 (287), auf den der BGH in „Stollwerck" zum Thema Hochrechnung verweist. AA *Bücker* NZG 2010, 967 (970); *Wasmann* ZGR 2011, 83 (99).
[309] BVerfGE 100, 289 (307–310) – DAT/Altana.

an Preisen zu orientieren braucht, die der Hauptaktionär anderen Aktionären zahlt oder gezahlt hat; die Preisregeln für das öffentliche Angebot, insbesondere § 4 WpÜG-AngebotsVO, finden keine Anwendung.[310]

103 Gesetzliche **Vermutungen,** dass ein bestimmter Abfindungsbetrag angemessen im Sinne von § 327a Abs. 1 S. 1 AktG ist, gibt es im geltenden Recht nicht. Die im Regierungsentwurf noch enthaltene Regelung, dass der Angebotspreis eines öffentlichen Angebots bei mindestens 90%iger Annahmequote als angemessene Barabfindung anzusehen ist (§ 327b Abs. 1 S. 3 AktG-E),[311] ist wegen verfassungsrechtlicher Bedenken[312] nicht Gesetz geworden. Eine inhaltlich gleiche Regelung findet sich heute als Umsetzungsakt zu Art. 15 Abs. 5 Übernahmerichtlinie in § 39a Abs. 3 S. 3 WpÜG (dazu → Rn. 8). Sie gilt aber nur für den übernahmerechtlichen Squeeze-out, nicht für den aktienrechtlichen Minderheitsausschluss.

104 **d) Anrechnung von Dividenden, Ausgleichszahlungen und sonstigen Abfindungsansprüchen.** Noch immer wenig erforscht ist die Konkurrenz des Barabfindungsanspruchs beim Minderheitsausschluss mit anderen Ansprüchen der Minderheitsaktionäre. Anrechnungsbestimmungen sind in der Praxis deshalb sehr vorsichtig zu handhaben und mit hohen Anfechtungsrisiken behaftet. Aus heutiger Sicht ist festzuhalten:

105 **Dividenden** der Gesellschaft und **Ausgleichszahlungen** gemäß § 304 AktG dürfen grundsätzlich nicht auf den Barabfindungsanspruch nach § 327a Abs. 1 S. 1 AktG angerechnet werden.[313] Denn Dividenden und Ausgleichszahlungen stellen lediglich die Verzinsung des der Gesellschaft vom Aktionär zur Verfügung gestellten Kapitals dar, während mit dem Barabfindungsanspruch das Kapital selbst bezahlt wird. Solange der Aktionär die Barabfindung nicht bezogen hat, muss er grundsätzlich zur Fruchtziehung, dh zum Empfang von Dividenden oder Ausgleichszahlungen, berechtigt bleiben.[314] Etwas anderes könnte nur gelten, wenn das Gesetz eine Verzinsung des Barabfindungsanspruchs ab dem Tag der Hauptversammlung, also dem Stichtag, zu dem die Aktien bewertet worden sind, vorsehen würde. Dies ist aber gerade nicht der Fall. Gemäß § 327b Abs. 2 AktG beginnt die Verzinsung des Barabfindungsanspruchs erst mit der Bekanntmachung der Eintragung des Übertragungsbeschlusses in das Handelsregister (dazu näher → Rn. 109). Deshalb kommt eine Anrechnung nur ausnahmsweise dann in Betracht, wenn der Betrag einer künftigen Dividende oder Ausgleichszahlung in der Weise in die Bewertung eingeflossen ist, dass sie den Aktienwert zum Bewertungsstichtag erhöht hat.[315] Meistens ist dies nicht der Fall, weil

---

[310] BGHZ 186, 229 Rn. 31 – Stollwerck.

[311] RegE WpÜG, BT-Drs. 14/7034, 24. Nicht sachgerecht war allerdings, auf die Kopfzahl statt auf den Kapitalanteil der annehmenden Aktionäre abzustellen; siehe zur Kritik daran insbesondere *DAV-Handelsrechtsausschuss* NZG 2001, 1003 (1008).

[312] Insbesondere von *Heidel/Lochner* DB 2001, 2031 (2032–2034); *Wenger/Kaserer/Häcker* ZBB 2001, 317 (330–332); *Rühland* NZG 2001, 448 (453–454). Siehe dagegen schon BVerfGE NZG 2000, 1117 (1119) – Moto Meter, das einen Vermögensschutz für ausscheidende Minderheitsaktionäre durch funktionierende Marktmechanismen für ausreichend hält. Ebenso *DAV-Handelsrechtsausschuss* NZG 2001, 420 (432); *Krieger* BB 2002, 53 (57); KölnKommWpÜG/*Hasselbach* AktG § 327b Rn. 26; *Austmann/Mennicke* NZG 2004, 846 (850).

[313] OLG Hamburg NZG 2003, 539 (540–541) – PKV mit zust. Anm. *Rottnauer* EWiR § 327a AktG 4/03, 739 (740); im Ergebnis ebenso LG München I AG 2006, 551 (552–553) – WürttHyp mit krit. Anm. *Michael Winter* EWiR § 304 AktG 2/06, 417 (418); *Schiffer/Roßmeier* DB 2002, 1359; *Scharpf* S. 146; Frankfurter KommWpÜG/*Schüppen/Tretter* AktG § 327a Rn. 39; Schmidt/Lutter AktG/*Schnorbus* § 327b Rn. 7; Spindler/Stilz AktG/*Singhof* § 327b Rn. 4; differenzierend (Anrechnung nur für die Zeit bis zum Bewertungsstichtag) *Tebben* AG 2003, 600 (607–609).

[314] OLG Stuttgart ZIP 2006, 27 (30) – LBBW mit zust. Anm. *Gesmann/Nuissl* WuB II A. § 327a AktG 4.06, 383 (386). So auch KölnKommAktG/*Koppensteiner* § 327b Rn. 7.

[315] Vgl. auch OLG Hamburg NZG 2003, 539 (540) – PKV sowie für eine gleichzeitig mit dem Minderheitsausschluss beschlossene Sonderdividende LG Frankfurt a. M. DB 2004, 2742 (2743–2745) mit zust. Anm. *Zschocke/Rahlf*.

künftige Ereignisse aus Sicht des Bewertungsstichtags grundsätzlich irrelevant sind. Die möglichen Konstellationen sind jedoch vielfältig und bedürfen einer sorgfältigen Analyse im Einzelfall.³¹⁶

Wenn ein Aktionär vor Wirksamwerden des Übertragungsbeschlusses bereits einen **kon-** 106 **kurrierenden Abfindungsanspruch** nach § 305 AktG geltend gemacht hat, ist er schon aus der Gesellschaft ausgeschieden, so dass ihm der Barabfindungsanspruch gemäß § 327a Abs. 1 S. 1 AktG nicht mehr zusteht. Schwieriger ist der Fall zu beurteilen, dass der konkurrierende Abfindungsanspruch bei Wirksamwerden des Minderheitsausschlusses noch offen ist und vom Aktionär noch nach seinem Ausscheiden aus der Gesellschaft geltend gemacht werden kann. Eine solche Situation kann bei Abfindungsansprüchen aufgrund von Beherrschungs- oder Gewinnabführungsverträgen eintreten, bei denen die Annahmefrist nach § 305 Abs. 4 AktG noch nicht abgelaufen ist. Dann wird man die Barabfindung gemäß § 327a Abs. 1 S. 1 AktG auf den später geltend gemachten konkurrierenden Abfindungsanspruch anrechnen, weil der Aktionär sonst für sein eingesetztes Kapital doppelt entschädigt würde.³¹⁷

2. Abfindungsanspruch. a) Allgemeines. Der Barabfindungsanspruch entsteht mit Ein- 107 tragung des Übertragungsbeschlusses in das Handelsregister.³¹⁸ **Anspruchsberechtigt** sind die Minderheitsaktionäre, deren Aktien von Gesetzes wegen auf den Hauptaktionär übergehen. Der Rechtsübergang erfasst alle Aktien, die nicht dem Hauptaktionär unmittelbar gehören und ihm auch nicht zugerechnet werden (→ Rn. 92). Eigene Aktien der Gesellschaft gehören nicht dazu (→ Rn. 93), so dass die Gesellschaft selbst nicht abfindungsberechtigt ist. Schuldner des Barabfindungsanspruchs ist der Hauptaktionär (§ 327b Abs. 3 AktG).

Der Barabfindungsanspruch ist mit seiner Entstehung, dh mit Eintragung des Übertra- 108 gungsbeschlusses in das Handelsregister, **fällig** (§ 271 Abs. 1 BGB).³¹⁹ Der Hauptaktionär kann die Zahlung der Abfindung jedoch gemäß § 273 Abs. 1 S. 1 BGB verweigern, bis der Minderheitsaktionär die Aktienurkunden, die seinen Barabfindungsanspruch verbriefen (§ 327e Abs. 3 S. 2 AktG), bei ihm einreicht.³²⁰ Der Barabfindungsanspruch **verjährt** innerhalb von drei Jahren (§ 195 BGB) ab dem Schluss des Jahres, in dem der Übertragungsbeschluss in das Handelsregister eingetragen worden ist und der Minderheitsaktionär davon erfahren hat oder ohne grobe Fahrlässigkeit erfahren musste, was spätestens mit der Bekanntmachung der Eintragung (§ 10 HGB, dazu sogleich) der Fall ist (§ 199 Abs. 1 BGB).³²¹ Während der Dauer eines Spruchverfahrens ist die Verjährung für einen etwaigen, durch das Gericht festzusetzenden Erhöhungsbetrag analog § 204 Abs. 1 Nr. 1 BGB gehemmt, so dass die Verfahrenszeit in die Verjährungsfrist nicht eingerechnet wird (§ 209 BGB).³²²

---

³¹⁶ Deshalb ist auch die Differenzierung von *Tebben* AG 2003, 600 (607–609) noch zu schematisch.
³¹⁷ OLG Düsseldorf NZG 2007, 36 (39); *Schiffer/Roßmeier* DB 2002, 1359 (1360); *Aubel/Weber* WM 2004, 857 (863–865); Schmidt/Lutter AktG/*Schnorbus* § 327b Rn. 6a; Spindler/Stilz AktG/*Singhof* § 327b Rn. 4.
³¹⁸ Arg. ex § 327b Abs. 3 AktG; OLG München NZG 2007, 635; KölnKommWpÜG/*Hasselbach* AktG § 327b Rn. 12; jeweils mwN.
³¹⁹ Arg. ex § 327b Abs. 3 AktG; MüKoAktG/*Grunewald* § 327e Rn. 14; Heidel Aktien- und KapitalmarktR/*Heidel/Lochner* § 327e Rn. 9; Angerer/Geibel/Süßmann WpÜG/*Grzimek* AktG § 327b Rn. 37; GroßkommAktG/*Fleischer* § 327b Rn. 21. Differenzierend KölnKommWpÜG/*Hasselbach* AktG § 327b Rn. 11; Schmidt/Lutter AktG/*Schnorbus* § 327b Rn. 19 (bei Vorhandensein effektiver Stücke erst mit Einreichung der Aktienurkunden durch die Minderheitsaktionäre).
³²⁰ LG Frankfurt a. M. NZG 2004, 670 (675) – Radeberger; GroßkommAktG/*Fleischer* § 327b Rn. 22; *Fuchs* S. 375.
³²¹ *Polte/Weber/Kaisershot-Abdmoulah* AG 2007, 690 (692–694); Frankfurter KommWpÜG/*Schüppen/Tretter* AktG § 327b Rn. 24; Schmidt/Lutter AktG/*Schnorbus* § 327b Rn. 22; KölnKommWpÜG/*Hasselbach* AktG § 327b Rn. 20.
³²² *Polte/Weber/Kaisershot-Abdmoulah* AG 2007, 690 (694–695); Spindler/Stilz AktG/*Singhof* § 327b Rn. 9 sowie die anderen in der → vorigen Fn. Genannten; zweifelnd KölnKommAktG/*Koppensteiner* § 327e Rn. 20.

109 Gemäß § 327b Abs. 2 AktG ist die Barabfindung von der Bekanntmachung der Eintragung des Übertragungsbeschlusses in das Handelsregister an mit jährlich 5% über dem jeweiligen Basiszinssatz (§ 247 BGB)[323] zu **verzinsen**. Bekannt gemacht wird die Eintragung des Übertragungsbeschlusses durch das Registergericht, und zwar in dem durch die Landesjustizverwaltung bestimmten elektronischen Informations- und Kommunikationssystem (§ 10 S. 1 HGB). Vielfach wird die Auszahlung der Barabfindung bis dahin abgewickelt sein, so dass es gar nicht zur Verzinsung des Barabfindungsanspruchs kommt. Der späte Beginn des Zinslaufs ist verfassungsrechtlich unbedenklich, auch wenn dabei fast immer eine Verzinsungslücke entsteht.[324] Diese **Verzinsungslücke** ergibt sich daraus, dass Dividendenauszahlungsansprüche oder – bei Bestehen eines Beherrschungs- oder Gewinnabführungsvertrags – Ausgleichsansprüche immer erst mit dem Ende der ordentlichen Hauptversammlung entstehen, eine anteilige Dividende oder ein anteiliger Ausgleich zwischen der letzten ordentlichen Hauptversammlung und dem Wirksamwerden des Minderheitsausschlusses durch Handelsregistereintragung von Gesetzes wegen nicht gewährt werden muss[325] und auch der Hauptaktionär von Gesetzes wegen nicht zu einer über § 327b Abs. 2 AktG hinausgehenden Verzinsung der Barabfindung verpflichtet ist.[326] Maßgeblich sind hier die Gesichtspunkte, dass der Gesetzgeber den Aktionären schon im Normalfall der Dividendenauszahlung eine bis zu achtmonatige Verzögerung nach Schluss des Geschäftsjahres zumutet (§ 175 Abs. 1 S. 3 AktG) und Verzögerungen bei der Eintragung des Übertragungsbeschlusses in das Handelsregister häufig durch Anfechtungsklagen von Minderheitsaktionären verursacht werden.[327] Eine gegenüber der jetzigen gesetzlichen Regelung früher beginnende oder höhere Verzinsung des Barabfindungsanspruch bleibt nach allgemeinem Schadensersatzrecht möglich (§ 327b Abs. 2 Hs. 2 AktG).

110 b) Technische Abwicklung. Die Abwicklung der Barabfindung übernimmt in der Praxis das **Kreditinstitut**, das die Bankgarantie gemäß § 327b Abs. 3 AktG herausgelegt hat. Dort deponiert der Hauptaktionär in der Regel bereits bei Ausstellung der Bankgarantie den zur Abfindung der Minderheitsaktionäre erforderlichen Gesamtbetrag. Das Kreditinstitut fordert sodann die Minderheitsaktionäre durch öffentliche Bekanntmachung dazu auf, ihre Aktien gegen Auszahlung der Barabfindung über ihre Depotbanken bei dem Kreditinstitut einzureichen. Soweit keine einzelnen Aktienurkunden ausgegeben sind, werden die Aktien dadurch eingereicht, dass die Depotbanken diese in das Depot des Hauptaktionärs beim abwickelnden Kreditinstitut übertragen. Bei Einreichung der Aktien zahlt das Kreditinstitut die Barabfindung aus dem vom Hauptaktionär bei ihr deponierten Betrag wiederum über die Depotbanken an die Minderheitsaktionäre. Nach Ablauf der in der Veröffentlichung angegebenen Einreichungsfrist kann der Hauptaktionär die nicht abgeholten Barabfindungen gemäß § 372 S. 2 BGB hinterlegen. Die Einschränkungen des § 214 AktG gelten nicht analog,[328] weil die Minderheitsaktionäre ihre Mitgliedschaftsrechte bereits bei Wirksamwerden des Übertragungsbeschlusses verloren haben.

111 3. Gerichtliche Überprüfung der Barabfindung. Die Minderheitsaktionäre können die Angemessenheit der vom Hauptaktionär festgelegten Barabfindung in einem besonderen gerichtlichen Verfahren, dem sogenannten **Spruchverfahren**, überprüfen lassen (§ 327f S. 2 AktG). Die Minderheitsaktionäre können eine angemessene Barabfindung durch das Gericht ferner festsetzen lassen, wenn der Hauptaktionär eine Barabfindung gar

---

[323] Erhöhung von vormals 2% durch das ARUG, in Kraft getreten am 1.9.2009.
[324] BVerfG ZIP 2013, 260 Rn. 7–16 – Wella. Zustimmend Bürgers/Körber AktG/*Holzborn/Müller* § 327e Rn. 8.
[325] BGHZ 189, 261 Rn. 25–27 – Wella mit zust. Anm. *Wilsing/Paul* EWiR § 304 AktG 1/11, 449 (450).
[326] Auch nicht wegen § 101 Nr. 2 BGB; BGHZ 189, 261 Rn. 28–29 – Wella.
[327] OLG Stuttgart ZIP 2006, 27 (30) – LBBW; siehe auch BVerfG NZG 2007, 587 (589–590) – Edscha sowie die ausführliche Diskussion bei KölnKommWpÜG/*Hasselbach* AktG § 327b Rn. 17–18.
[328] AA *Vossius* ZIP 2002, 511 (514–515); KölnKommAktG/*Koppensteiner* § 327b Rn. 13.

nicht oder nicht ordnungsgemäß angeboten hat; dies gilt allerdings nur, wenn insoweit keine Anfechtungsklage erhoben oder die Anfechtungsklage zurückgenommen oder rechtskräftig abgewiesen worden ist (§ 327f S. 3 AktG). Das Verfahren richtet sich nach dem SpruchG. Wegen der Einzelheiten → § 71 Rn. 143 ff. sowie die dort zitierte Literatur zum SpruchG.[329]

Antragsberechtigt im Spruchverfahren ist jeder durch Eintragung des Übertragungsbeschlusses in das Handelsregister aus der Gesellschaft ausgeschiedene Aktionär (§§ 3 S. 1 Nr. 2, 1 Nr. 3 SpruchG).[330] Bei ehemaligen Namensaktionären kommt es entgegen der hM[331] auf die Eintragung im Aktienregister nicht an, weil die Vermutung des § 67 Abs. 2 AktG nur gegenüber der Gesellschaft, nicht aber gegenüber dem Hauptaktionär gilt, gegen den das Spruchverfahren sich richtet (§§ 5 Nr. 3, 1 Nr. 3 SpruchG).[332] Die Antragsberechtigung steht also allen ehemaligen Inhabern derjenigen Aktien zu, die nicht dem Hauptaktionär unmittelbar gehörten und ihm auch nicht zugerechnet wurden (→ Rn. 92). Eigene Aktien der Gesellschaft werden vom Rechtsübergang nicht erfasst (→ Rn. 93), so dass die Gesellschaft selbst nicht antragsberechtigt ist. Gesamtrechtsnachfolger des ausgeschiedenen Minderheitsaktionärs sind antragsberechtigt, Einzelrechtsnachfolger nicht.[333] Anträge können erst nach der Eintragung des Übertragungsbeschlusses in das Handelsregister,[334] aber bereits vor der Bekanntmachung der Eintragung gemäß § 10 HGB[335] gestellt werden. Antragsgegner ist allein der Hauptaktionär (§ 5 Nr. 3 SpruchG). Gemäß § 23 Nr. 14 GNotKG, § 15 Abs. 1 SpruchG ist er in der Regel auch alleiniger Schuldner der Gerichtskosten.[336] Die Beteiligten müssen gemäß § 15 Abs. 2 SpruchG ihre eigenen Kosten grundsätzlich selbst tragen. Trotz entgegenstehenden gesetzgeberischen Willens[337] werden die Kosten der Antragsteller in der Praxis regelmäßig dem Antragsgegner auferlegt, außer wenn Anträge oder Rechtsbehelfe von vornherein keine Aussicht auf Erfolg haben und der Antragsteller dies erkennen musste.[338] Eine umgekehrte Überwälzung der außergerichtlichen Kosten des Antragsgegners auf die Antragsteller ist mangels gesetzlicher Grundlage ausgeschlossen.[339]

VII. Sonstige Folgen des Minderheitsausschlusses

1. Bezugsrechte auf Aktien. Fraglich ist, was mit Bezugsrechten auf Aktien, etwa aufgrund von Optionsanleihen, Wandelschuldverschreibungen oder Mitarbeiterbeteiligungsprogram-

---

[329] Instruktiv *Bungert/Mennicke* BB 2003, 2021.
[330] OLG Hamburg AG 2004, 622 – VTG-Lehnkering; OLG Frankfurt a. M. AG 2005, 923 (925) – SAI; *Bungert/Mennicke* BB 2003, 2021 (2025); *Klöcker/Frowein* SpruchG § 3 Rn. 13; MüKoAktG/*Kubis* SpruchG § 3 Rn. 11. AA LG Dortmund DB 2004, 2685; Dreier/Fritzsche/Verfürth SpruchG/*Antczak/Fritzsche* § 3 Rn. 51.
[331] OLG Frankfurt NZG 2004, 45 (45–46) mit zust. Anm. *Leuering* EWiR § 67 AktG 1/03, 1165; LG Frankfurt a. M. DB 2005, 2069 (2070) – Alte Leipziger; *Lieder* NZG 2005, 159 (162–164); GroßkommAktG/*Fleischer* § 327f Rn. 31; KölnKommWpÜG/*Hasselbach* AktG § 327f Rn. 18; Spindler/Stilz AktG/*Singhof* § 327f Rn. 5.
[332] *Dißars* BB 2004, 1293 (1294–1295); Frankfurter KommWpÜG/*Schüppen/Tretter* § 327f Rn. 9.
[333] OLG Frankfurt a. M. NZG 2006, 151 (153). Ebenso die hL; siehe nur KölnKommWpÜG/*Hasselbach* AktG § 327f Rn. 17 mwN.
[334] OLG Düsseldorf ZIP 2005, 1369 (1370) – Readymix; OLG Frankfurt a. M. NZG 2006, 151 (152). Ebenso die hL; siehe nur KölnKommWpÜG/*Hasselbach* AktG § 327f Rn. 16 mwN.
[335] Frankfurter KommWpÜG/*Schüppen/Tretter* § 327f Rn. 7; GroßkommAktG/*Fleischer* § 327f Rn. 29; KölnKommWpÜG/*Hasselbach* § 327f Rn. 16.
[336] Zur Kostentragung und der Neusortierung der gesetzlichen Regelungen durch das 2. KostRMoG, BGBl. 2013 I S. 2586, in Kraft seit dem 1.8.2013, siehe ausführlich Lutter UmwG/*Mennicke* SpruchG § 15 Rn. 10, 15–18.
[337] Begr. RegE SpruchG, BT-Drs. 15/371, 17–18; *Bungert/Mennicke* BB 2003, 2021 (2030); *Fuhrmann/Linnerz* Der Konzern 2004, 265 (272–273).
[338] So die allgemein verwendete Formel; zB KG ZIP 2019, 968 (968–969).
[339] BGH NZG 2012, 191 Rn. 11–18 – Schering.

men, bei Wirksamwerden des Minderheitsausschlusses geschieht. Für die Eingliederung hat der BGH entschieden, dass die Bezugsrechte erlöschen und durch einen wertgleichen Anspruch gegen die Hauptgesellschaft auf Bezug von Aktien der Hauptgesellschaft gemäß dem für die Eingliederung geltenden Umtauschverhältnis ersetzt werden;[340] dies entspricht der herrschenden Auffassung im Schrifttum.[341] Der wohl entscheidende Gesichtspunkt wird darin gesehen, dass die auf Verschaffung der Aktien gerichteten Bezugsrechte keinen größeren Bestandsschutz genießen sollen als die Aktien selbst und es den Bezugsrechtsinhabern deshalb insbesondere nicht möglich sein darf, die Eingliederung durch Ausübung ihrer Bezugsrechte zu beenden (§ 327 Abs. 1 Nr. 3 AktG). Diese Überlegungen werden von der hM auch beim Minderheitsausschluss angewandt. Mit dessen Wirksamwerden sollen die Bezugsrechtsinhaber anstelle ihres Anspruchs auf Aktiengewährung durch die Gesellschaft einen **Barabfindungsanspruch gegen den Hauptaktionär** erhalten;[342] allerdings wird vielfach vertreten, dass dies nur gelten soll, wenn Bezugsrechte auf insgesamt nicht mehr als 5 % des Grundkapitals ausstehen.[343] Die Ersetzung der Bezugsrechte durch Barabfindungsansprüche ist jedoch in allen Fällen sachgerecht, unabhängig von der Zahl der Bezugsrechte.[344] Denn nur weil Bezugsrechtsinhaber künftig, bei Ausübung der Bezugsrechte, einen Minderheitsausschluss verhindern könnten, muss man ihnen nicht die Möglichkeit geben, die Gesellschaft nach vollzogenem Minderheitsausschluss wieder zur Publikumsgesellschaft zu machen. Dieses Ergebnis kann man allerdings nicht schon damit begründen, dass die Bezugsrechtsinhaber nicht besser stehen sollen als die Aktionäre, denn als Aktionäre könnten sie mit einer 5 % des Grundkapitals übersteigenden Zahl von Aktien den Minderheitsausschluss in der Tat verhindern. Man muss noch einen Schritt weitergehen und akzeptieren, dass die Bezugsrechtsinhaber im Hinblick auf den Bestand der Mitgliedschaft durchaus schlechter gestellt werden dürfen als die Aktionäre, weil sie lediglich Inhaber einer schuldrechtlichen Position gegenüber der Gesellschaft sind, die je nach Eintritt der Ausübungsbedingungen künftig möglicherweise Rechte gewährt, möglicherweise aber auch nicht.

114 Die **Einzelheiten des Barabfindungsanspruchs** sind noch immer unklar. Man kann im Wesentlichen zwei Lager unterscheiden: Die **hM**[345] schlägt vor, den Barabfindungsanspruch der Bezugsberechtigten **entsprechend §§ 327b, 327f AktG** zu behandeln, also den Regeln für den Barabfindungsanspruch der Aktionäre zu unterwerfen. Konstruktiv liegt dem die Vorstellung zugrunde, dass die Bezugsrechte mit Wirksamwerden des Minderheitsausschlusses auf den Hauptaktionär übergehen und den Bezugsberechtigten dafür ein originärer Barabfindungsanspruch gegen den Hauptaktionär erwächst. Das Bezugsrecht wäre danach gemäß den Verhältnissen bei der Fassung des Übertragungsbeschlusses (§ 327b Abs. 1 S. 1

---

[340] BGH ZIP 1998, 560 – Siemens/Nixdorf.
[341] *Martens* AG 1992, 209 (210–213); *Hüffer/Koch* AktG § 320b Rn. 4; Emmerich/Habersack Aktien- und GmbH-KonzernR/*Habersack* § 320b Rn. 8 mwN.
[342] LG Düsseldorf NZG 2004, 1168 (1170) – Kamps; so auch bereits *DAV-Handelsrechtsausschuss* NZG 2001, 420 (431); *Ehricke/Roth* DStR 2001, 1120 (1122); *Krieger* BB 2002, 53 (61); *Wilsing/Kruse* ZIP 2002, 1465 (1468–1469); Emmerich/Habersack Aktien- und GmbH-KonzernR/*Habersack* § 327b Rn. 7; *Hamann*, Minderheitenschutz beim Squeeze-out-Beschluss, 2003, S. 191–192; MüKo-AktG/*Grunewald* § 327b Rn. 14; aA *Ph. Baums* WM 2001, 1843 (1847–1849); *Sieger/Hasselbach* ZGR 2002, 120 (158); *Friedl* Der Konzern 2004, 309 (314–316); Frankfurter KommWpÜG/*Schüppen/Tretter* AktG § 327e Rn. 19; *Ziemons* FS K. Schmidt, 2009, 1777 (1779–1785). Grundlegend zuletzt *Süßmann* AG 2013, 158 mit Ergebnissen nahe der hier nicht vertretenen Auffassung.
[343] *Angerer* BKR 2002, 260 (267); *Gesmann-Nuissl* WM 2002, 1205 (1207); Emmerich/Habersack Aktien- und GmbH-KonzernR/*Habersack* § 327b Rn. 7; *Hamann*, Minderheitenschutz beim Squeeze-out-Beschluss, 2003, S. 193.
[344] *Wilsing/Kruse* ZIP 2002, 1465 (1469); MüKoAktG/*Grunewald* § 327b Rn. 15; Schmidt/Lutter AktG/*Schnorbus* § 327b Rn. 14; Spindler/Stilz AktG/*Singhof* § 327b Rn. 8.
[345] *Wilsing/Kruse* ZIP 2002, 1465 (1470); Emmerich/Habersack Aktien- und GmbH-KonzernR/*Habersack* § 327b Rn. 8; MüKoAktG/*Grunewald* § 327b Rn. 14; KölnKommAktG/*Koppensteiner* § 327e Rn. 18–19; *Engelhardt* BKR 2008, 45 (48–49); GroßkommAktG/*Fleischer* § 327b Rn. 32; Spindler/Stilz AktG/*Singhof* § 327b Rn. 8.

AktG) zu bewerten, etwa nach der für Optionsrechte entwickelten Black-Scholes-Methode.[346] Der Anspruch wäre wie der Barabfindungsanspruch der Aktionäre zu verzinsen (§ 327b Abs. 2 AktG), müsste durch Bankgarantie gedeckt sein (§ 327b Abs. 3 AktG) und könnte im Spruchverfahren überprüft werden (§ 327f AktG).[347] Dies erscheint der vorzugswürdigen Gegenauffassung[348] sehr weitgehend und auch vor dem Hintergrund der verfassungsgerichtlichen Rechtsprechung zum Schutz des Aktieneigentums nicht erforderlich.[349] Die Bezugsberechtigten haben lediglich eine schuldrechtliche Position gegenüber der Gesellschaft inne, deren Schicksal sich in erster Linie nach den Regeln für dieses Schuldverhältnis richtet. Sofern die Anleihebedingungen den Fall des Minderheitsausschlusses nicht ausdrücklich regeln (was sie inzwischen aber vielfach tun), wird der Gegenstand des Bezugsrechts, in der Kapitalmarktpraxis das Underlying genannt, zwar schon mit Wirksamwerden des Minderheitsausschlusses von einem Recht auf Aktiengewährung gegen die Gesellschaft durch ein Recht auf Barabfindung gegen den Hauptaktionär ersetzt. Der Barabfindungsanspruch kann allerdings erst mit Ausübung des Bezugsrechts gemäß den Ausübungsbedingungen geltend gemacht werden. Dass die Feststellung, ob die Ausübungsbedingungen eingetreten sind, schwierig sein kann, wenn es dafür auf den Börsenpreis der Aktien im Ausübungszeitpunkt ankommt, es einen solchen infolge des Minderheitsausschlusses aber nicht mehr gibt, entbindet nicht von der Aufgabe, den Eintritt der Ausübungsbedingungen im Wege der ergänzenden Vertragsauslegung mit Hilfsgrößen (Ertragswert der Aktien, Vergleichswerte) zu bestimmen. Der Barabfindungsanspruch ist weder nach den besonderen Regeln des § 327b Abs. 2 AktG zu verzinsen noch durch Bankgarantie zu sichern und auch keiner Überprüfung im Spruchverfahren zugänglich. Vielmehr müssen die Bezugsrechtsinhaber ihren Abfindungsanspruch gegebenenfalls im Rahmen einer Leistungsklage beziffern.

2. Anhängige Anfechtungs- und Nichtigkeitsklagen. Für die Praxis grundsätzlich 115 geklärt ist das Schicksal von Anfechtungs- und Nichtigkeitsklagen, die Aktionäre gegen die Gesellschaft erhoben haben und die bei Wirksamwerden des Minderheitsausschlusses noch anhängig sind. Ausgangspunkt ist die heute allgemein akzeptierte Auffassung, dass der Anfechtungskläger bei rechtsgeschäftlicher Veräußerung seiner Aktien analog § 265 Abs. 2 ZPO jedenfalls dann die Anfechtungsbefugnis behält und den Prozess als gesetzlicher Prozessstandschafter des Aktienerwerbers weiterführen kann, wenn er ein rechtliches Interesse an der Fortsetzung des Prozesses hat.[350] In seinem unmittelbaren Anwendungsbereich, also bei der Veräußerung der streitbefangenen Sache, ist § 265 Abs. 2 ZPO auch auf Rechtsübergänge kraft Gesetzes anzuwenden.[351] Für den Übergang der Aktien der Minderheitsaktionäre auf den Hauptaktionär gemäß § 327e Abs. 3 S. 1 AktG ist die analoge Anwendung von § 265 Abs. 2 ZPO in der Regel ebenfalls überzeugend. Nach dem Wirksamwerden des Minderheitsausschlusses **bleibt** daher die **Anfechtungsbefugnis der Minderheitsaktionäre für anhängige Anfechtungs- und Nichtigkeitsklagen bestehen,** wenn der Anfechtungskläger ein rechtlich geschütztes Interesse an der Fortsetzung des Prozesses hat.[352] Entsprechendes gilt für die Nichtigkeitsklage.[353]

---

[346] *Wilsing/Kruse* ZIP 2002, 1465 (1470) Fn. 34.
[347] Zu den Rechtsschutzmöglichkeiten ausführlich *Fehling/Arens* AG 2010, 735 (740–744).
[348] *DAV-Handelsrechtsausschuss* NZG 2001, 420 (431); *Krieger* BB 2002, 53 (61).
[349] Auch BGH ZIP 1998, 560 (561) – Siemens/Nixdorf geht für die Eingliederung nicht so weit, sondern belässt es bei der Anspruchsersetzung mit Abwicklung bei Optionsausübung gemäß den Optionsbedingungen.
[350] BGHZ 169, 221 Rn. 15 – Massa; GroßkommAktG/*K. Schmidt* § 245 Rn. 17; KölnKommAktG/*Noack/Zetzsche* § 245 Rn. 57; Hüffer/*Koch* AktG § 245 Rn. 8; jeweils mwN.
[351] BGH NJW 1963, 2067; Thomas/Putzo ZPO/*Reichold* § 265 Rn. 8.
[352] BGHZ 169, 221 Rn. 16–17 – Massa. So auch die hL; siehe nur KölnKommWpÜG/*Hasselbach* AktG § 327e Rn. 68; Hüffer/*Koch* AktG § 245 Rn. 8a; jeweils mwN.
[353] Str. Wie hier wohl BGHZ 169, 221 Rn. 15 – Massa; aA OLG München AG 2009, 912 (913) (Fortführung als gewöhnliche Feststellungsklage gemäß § 256 ZPO). Übersicht über den Meinungsstand im Schrifttum bei Hüffer/*Koch* AktG § 249 Rn. 6.

116 Danach geht die Klagebefugnis nicht verloren für Anfechtungs- und Nichtigkeitsklagen gegen den Übertragungsbeschluss selbst, der im Freigabeverfahren in das Handelsregister eingetragen worden ist. Insoweit besteht wegen möglicher Schadensersatzansprüche gemäß §§ 327e Abs. 2, 319 Abs. 6 S. 10 AktG weiterhin ein rechtlich geschütztes Interesse der Minderheitsaktionäre an der Prozessführung.[354] Darüber hinaus bleibt die Klagebefugnis bestehen für Anfechtungs- und Nichtigkeitsklagen, die sich gegen vorangegangene Strukturmaßnahmen richten, deren Durchführung erst die Voraussetzungen für den Minderheitsausschluss geschaffen hat, zB eine Kapitalerhöhung mit Bezugsrechtsausschluss, durch die der Hauptaktionär die Mindestbeteiligung erlangt hat.[355] Anfechtungsbefugt bleibt auch ein Aktionär, der mit seinem Anfechtungsprozess Vermögensinteressen verfolgt, die er im Spruchverfahren nicht geltend machen kann.[356] Noch weitergehend lässt der BGH es für das Fortführungsinteresse genügen, dass das Anfechtungsurteil, auch wenn der Gegenstand der Anfechtungsklage im Spruchverfahren zu berücksichtigen ist, präjudizielle Wirkung im Spruchverfahren entfalten kann.[357]

117 Anhängige Anfechtungsklagen kann der Hauptaktionär trotz zunächst weiterbestehender Anfechtungsbefugnis nach Wirksamwerden des Minderheitsausschlusses in gewissen Situationen auf andere Art und Weise beenden, nämlich indem er als Alleinaktionär einen **Bestätigungsbeschluss** gemäß § 244 S. 1 AktG fasst.[358] Dadurch kann er formelle Mängel, unter denen der angefochtene Ausgangsbeschluss möglicherweise gelitten hat, vorsorglich heilen, so dass der Anfechtungskläger die Anfechtung nicht mehr geltend machen kann; inhaltliche Beschlussmängel allerdings können auf diese Art und Weise nicht zuverlässig geheilt werden, weil der Bestätigungsbeschluss ebenso anfechtbar wäre wie der Ausgangsbeschluss.[359] Der die Anfechtungsklage führende ehemalige Minderheitsaktionär kann bei wirksamer Bestätigung nur noch gemäß § 244 S. 2 AktG beantragen, dass der angefochtene Beschluss für die Zeit bis zum Bestätigungsbeschluss für nichtig erklärt wird, wenn ein Anfechtungsgrund vorlag und er ein rechtliches Interesse an dieser Feststellung hat. Im Übrigen muss er die Anfechtungsklage für erledigt erklären, um die Abweisung der Klage zu verhindern.[360] Wenn die Klage bis zum Bestätigungsbeschluss begründet war, legt das Gericht der Gesellschaft gemäß § 91a ZPO die Kosten zur Last. Wenn der Ausgangsbeschluss nicht nur an formellen, sondern auch an inhaltlichen Mängeln leidet, kann der Alleinaktionär der mit dem Ausgangsbeschluss angestrebten Maßnahme nur dadurch zur Wirksamkeit verhelfen, dass er den **Ausgangsbeschluss** unter Vermeidung der Mängel **neu vornimmt**.[361] Dadurch entfällt das Rechtsschutzbedürfnis der Anfechtungskläger,[362] die fortan allerdings bei entsprechendem rechtlichen Interesse die Anfechtbarkeit des Ausgangsbeschlusses feststellen lassen können.

---

[354] OLG Frankfurt a. M. AG 2010, 679; *Bungert* BB 2005, 1345 (1348). Im Hinblick auf den Übertragungsbeschluss selbst bleibt die Klagebefugnis sogar erhalten, wenn der Minderheitsausschluss vor Zustellung der Klage eingetragen wird (Fall verfrühter Eintragung); BGHZ 189, 32 Rn. 7–10.
[355] *Heise/Dreier* BB 2004, 1126 (1129); vgl. auch Heidel Aktien- und KapitalmarktR/*Heidel/Lochner* AktG § 327a Rn. 5.
[356] OLG Stuttgart ZIP 2006, 27 (28) – LBBW (Anfechtung eines Dividendenbeschlusses während des schwebenden Minderheitsausschlusses) mit zust. Anm. *Gesmann-Nuissl* WuB II A. § 327a AktG 4.06, 383 (385–386); ebenso OLG Frankfurt a. M. AG 2010, 679 (680).
[357] BGHZ 169, 221 Rn. 19–22 – Massa mit zust. Anm. *Dreier* DB 2006, 2569.
[358] *Kocher* NZG 2006, 1 (5).
[359] BGHZ 169, 221 Rn. 25 – Massa; *Bungert* BB 2005, 1345 (1347–1348). AA *Kocher/Heydel* BB 2012, 401 (404–405).
[360] *Zöllner* AG 2004, 397 (402).
[361] Bewertungsstichtag (→ Rn. 96) wird dann allerdings der Tag des Neuvornahmebeschlusses mit allen Konsequenzen (neue Bewertung, neue Prüfung, neue Berichte etc.).
[362] BGH ZIP 2004, 310 (311) – Sachsenmilch. Zu Kriterien für die Kostenverteilung bei übereinstimmender Erledigungserklärung, BGH Der Konzern 2006, 767.

Die eine Anfechtungsklage führenden Minderheitsaktionäre sind Bestätigungs- und Neu- 118
vornahmebeschlüssen des Hauptaktionärs nach Wirksamwerden des Minderheitsausschlusses also nicht schutzlos ausgeliefert. Daraus folgt zugleich, dass die Möglichkeit oder sogar Absicht des Hauptaktionärs, anhängige Anfechtungsklagen nach Wirksamwerden des Minderheitsausschlusses durch Bestätigungs- oder Neuvornahmebeschlüsse zu erledigen, den Übertragungsbeschluss nicht anfechtbar macht, insbesondere nicht wegen Rechtsmissbrauchs durch den Hauptaktionär (→ Rn. 131).

3. Sonstige Verfahren. Für die Eingliederung[363] und die Verschmelzung[364] ist höchst- 119
richterlich entschieden, dass **anhängige Spruchverfahren** aus vorangegangenen Strukturmaßnahmen vom Wirksamwerden der neuen Strukturmaßnahme **unberührt** bleiben. Maßgeblicher Gesichtspunkt dafür ist, dass Abfindungsansprüche und Abfindungsergänzungsansprüche, deren Bestehen und Höhe in einem anhängigen Spruchverfahren nachgeprüft werden, nicht Gegenstand des Spruchverfahrens sind, das aufgrund der Eingliederung oder Verschmelzung stattfindet. Dieselben Erwägungen gelten für den Minderheitsausschluss. Auch hier müssen die vermögensrechtlichen Ansprüche der von vorangegangenen Strukturmaßnahmen betroffenen Aktionäre in den dafür vorgesehenen Verfahren behandelt werden, unabhängig davon, dass die Aktien der Minderheitsaktionäre im Wege des Minderheitsausschlusses auf den Hauptaktionär übertragen werden.[365] Eine Abfindung wegen einer vorangegangenen Strukturmaßnahme kann allerdings nur Zug um Zug gegen Herausgabe der beim Minderheitsausschluss erlangten Abfindung geltend gemacht werden.[366] In einem **anhängigen Auskunftsverfahren** gemäß § 132 AktG verliert der ausgeschlossene Minderheitsaktionär die Antragsbefugnis, so dass der Antrag unzulässig wird.[367] Entsprechendes gilt für den **Antrag auf Sonderprüfung** gemäß § 142 AktG; der Rechtsgedanke des § 265 Abs. 2 ZPO kommt hier nicht zum Zuge, weil auch die rechtsgeschäftliche Veräußerung der Aktien die Antragsbefugnis entfallen ließe (§ 142 Abs. 2 S. 2 AktG).[368]

VIII. Missbrauch des Minderheitsausschlusses

1. Allgemeines. Es wird allgemein und zu Recht gesagt, dass der Übertragungsbeschluss 120
seine sachliche Rechtfertigung in sich selbst trägt und **einer allgemeinen materiellen Beschlusskontrolle entzogen** ist.[369] Gemeint ist damit, dass der Gesetzgeber selbst die erforderliche Abwägung zwischen den Belangen des Hauptaktionärs und den Belangen der Minderheitsaktionäre vorgenommen hat. Indem er dem Hauptaktionär das Ausschlussrecht gibt, stellt er das Interesse der Minderheitsaktionäre an einer fortbestehenden Mitgliedschaft hintan und reduziert es auf eine rein vermögensrechtliche Position in Form einer angemes-

---

[363] BGHZ 135, 374 (377) – Guano.
[364] BVerfG WM 1999, 435 (437) – SEN; OLG Karlsruhe EWiR § 305 AktG 1/04, 951 mit zust. Anm. *Luttermann*.
[365] OLG Frankfurt a. M. AG 2010, 798 (799); 2017, 832 (833); *Bredow/Tribulowsky* NZG 2002, 841 (844–845); *Aubel/Weber* WM 2004, 857 (863–865); Frankfurter KommWpÜG/*Schüppen/Tretter* AktG § 327f Rn. 18; KölnKommWpÜG/*Hasselbach* AktG § 327e Rn. 69. Ebenso für in derselben Hauptversammlung beschlossene Maßnahmen bei unterschiedlichen Kreisen von Antragstellern OLG Stuttgart ZIP 2012, 925.
[366] OLG Hamm ZIP 2005, 1457 (1459) – GEA; ähnlich OLG Düsseldorf ZIP 2006, 2379 (2383) – DUEWAG (Anrechnung der beim Minderheitsausschluss erlangten Abfindung – möglich allerdings nur, wenn die andere Abfindung auch eine Barabfindung ist).
[367] LG München I Der Konzern 2010, 589 (590).
[368] OLG München NZG 2010, 866. Zustimmend Hölters AktG/*Müller-Michaels* § 327e Rn. 13. AA *Gesmann-Nuissl* WuB II A. § 142 AktG 1.11, 29 (30–31). Zur Frage, ob und unter welchen Voraussetzungen ein besonderer Vertreter gemäß § 147 Abs. 2 AktG nach dem Minderheitsausschluss vom Hauptaktionär abberufen werden kann, siehe *Hirte/Mock* BB 2010, 775.
[369] BGHZ 180, 154 Rn. 14 – Lindner; aus dem Schrifttum statt aller Emmerich/Habersack Aktien- und GmbH-KonzernR/*Habersack* § 327a Rn. 26 mwN.

senen Barabfindung. Eine solche gesetzgeberische Interessenabwägung ist auch bei anderen gesellschaftsrechtlichen Maßnahmen bekannt, etwa beim Liquidationsbeschluss, der ebenfalls keiner sachlichen Rechtfertigung im Einzelfall bedarf.[370] Das Paradebeispiel für den umgekehrten Fall ist der Bezugsrechtsausschluss bei der Kapitalerhöhung, der stets im Einzelfall insbesondere nach dem Maßstab von Erforderlichkeit und Verhältnismäßigkeit sachlich zu rechtfertigen ist.[371]

121 Auch wenn der Hauptaktionär sein Übertragungsverlangen nicht sachlich begründen muss, wird ihm das Ausschlussrecht nicht ohne Einschränkungen gewährt. Es findet seine Grenze im allgemeinen **Verbot des Rechtsmissbrauchs**.[372] Bei der Bestimmung dieser Grenze ist Vorsicht geboten. Sie darf nicht so gezogen werden, dass die gesetzgeberische Entscheidung, dem Hauptaktionär das Ausschlussrecht ohne sachliche Rechtfertigung im Einzelfall zu gewähren, in Frage gestellt wird. Die Rechtssicherheit der gesellschaftsrechtlichen Maßnahme darf nicht grundsätzlich gefährdet werden. Die Diskussion über den rechtsmissbräuchlichen Minderheitsausschluss bewegt sich vor allem in den nachfolgend dargestellten Fallgruppen. Jede Art von Kategorisierung ist in diesem Zusammenhang allerdings besonders kritisch zu betrachten, weil die Feststellung von Rechtsmissbrauch stets ein Unwerturteil im Einzelfall unter Würdigung seiner besonderen Umstände erfordert. In der Praxis sind noch keine Fälle von rechtsmissbräuchlichem Minderheitsausschluss bekannt geworden.[373] Sie dürften so gravierende Begleitumstände haben, dass sie zugleich vertragliche oder deliktische Schadensersatzansprüche der Minderheitsaktionäre gegen den Hauptaktionär auslösen würden.

122 **2. Fallgruppen. a) Umwandlung.** Im Schrifttum wird insbesondere der **Formwechsel einer GmbH in eine AG** mit anschließendem Minderheitsausschluss kritisch gesehen.[374] Das Problem soll darin liegen, dass der Minderheitsausschluss durch den Formwechsel auf die GmbH erstreckt wird, bei der er vom Gesetzgeber eigentlich nicht vorgesehen ist. Es soll sogar eine Vermutung dafür bestehen, dass ein Minderheitsausschluss, der kurz (innerhalb von ein bis zwei Jahren) nach einem Formwechsel stattfindet, rechtsmissbräuchlich ist. In einem solchen Fall soll es dem Hauptaktionär obliegen, die Vermutung des Rechtsmissbrauchs dadurch zu entkräften, dass er den Formwechsel unabhängig vom Minderheitsausschluss als sinnvolle unternehmerische Maßnahme begründet.[375]

123 Dies erscheint jedoch nicht überzeugend. Genau wie der Minderheitsausschluss trägt auch der Formwechsel die sachliche Rechtfertigung in sich selbst.[376] Der Gesetzgeber gibt einem Gesellschafter, der über mindestens 75 % des Stammkapitals einer GmbH verfügt (§ 240 Abs. 1 S. 1 UmwG), die Möglichkeit, sich selbst und die Minderheitsgesellschafter dem Regime der AG zu unterwerfen, ohne dass er dafür einen sachlichen Grund vorweisen muss. Die Gesellschaftsrechtsordnung der AG bietet den Minderheitsgesellschaftern gegenüber den Regelungen der GmbH Vor- und Nachteile; für die Bewertung im Einzelfall kommt es auf die Interessenlage jedes einzelnen Gesellschafters an. Als unproblematisch

---

[370] BGHZ 76, 352 (353); 103, 184 (189–191) – Linotype.
[371] BGHZ 71, 40 (46) – Kali & Salz; 120, 141 (145–146); 125, 239 (241) – Deutsche Bank.
[372] Dies ist der überwiegende dogmatische Ansatz; zB *Krieger* BB 2002, 53 (61); *Grunewald* ZIP 2002, 18 (21); *Markwardt* BB 2004, 277 (282). Emmerich/Habersack Aktien- und GmbH-KonzernR/*Habersack* § 327a Rn. 27 subsumiert diese Fälle unter Treuwidrigkeit des Übertragungsbeschlusses.
[373] Im Fall OLG Köln ZIP 2017, 2468 – Strabag (näher dazu → Rn. 131 mit → Fn. 404) hat die Hauptaktionärin die Entscheidungserheblichkeit der Frage durch freiwillige Zusagen im Freigabeverfahren beseitigt.
[374] *Krieger* BB 2002, 53 (61–62); *Fleischer* ZGR 2002, 757 (787); *Gesmann-Nuissl* WM 2002, 1205 (1210–1211); *Hamann* S. 169–172; Emmerich/Habersack Aktien- und GmbH-KonzernR/*Habersack* AktG § 327a Rn. 29; Hölters AktG/*Müller-Michaels* § 327a Rn. 23; MüKoAktG/*Grunewald* § 327a Rn. 24; *Moritz* S. 265–271; *Greulich* S. 253–260; *Posegga* S. 138–143; Spindler/Stilz AktG/*Singhof* § 327a Rn. 27.
[375] *Krieger* BB 2002, 53 (62).
[376] Kallmeyer UmwG/*Zimmermann* § 193 Rn. 10; Lutter UmwG/*Decher* § 193 Rn. 9.

für den Formwechsel wird es beispielsweise angesehen, dass das Informationsrecht der Aktionäre (§ 131 AktG) weniger weit reicht als das der GmbH-Gesellschafter (§ 51a GmbHG). In gleicher Weise wie das Informationsrecht beschränkt wird, wird bei einer Minderheitsbeteiligung unter insgesamt 5% des Grundkapitals die Mitgliedschaft der Minderheitsaktionäre nur noch in ihrem Vermögenssubstrat geschützt. Die Verschlechterung gewisser Rechtspositionen der Minderheitsgesellschafter in der AG ist deshalb kein überzeugendes Argument gegen die Kombination von Formwechsel und Minderheitsausschluss.[377]

Auch aus der Rechtsprechung des BGH zur übertragenden Auflösung lässt sich kein zwingendes Argument gegen diese Transaktionsstruktur gewinnen.[378] Im Fall Moto Meter hat der BGH die Revision gegen das klageabweisende Urteil nicht angenommen.[379] Darin hatte das OLG Stuttgart es nicht beanstandet, dass der Mehrheitsgesellschafter einen Liquidationsbeschluss der AG herbeigeführt hatte, um anschließend das wesentliche Gesellschaftsvermögen der Liquidationsgesellschaft zu erwerben.[380] Die anders lautende Entscheidung des BGH im Fall Linotype gründete sich darauf, dass der Mehrheitsgesellschafter bereits vor dem Liquidationsbeschluss vertraglich mit der Gesellschaft vereinbart hatte, das wesentliche Gesellschaftsvermögen zu erwerben, so dass alle anderen Gesellschafter davon von vornherein ausgeschlossen waren.[381] Beim Formwechsel mit anschließendem Minderheitsausschluss ist die Situation anders. Hier werden Erwerbschancen der Minderheitsgesellschafter nicht durch vertragliche Abreden zwischen dem Mehrheitsgesellschafter und der Gesellschaft vereitelt. Vielmehr hat die Geschäftschance von vornherein und von Gesetzes wegen nur der Mehrheitsgesellschafter, der über die erforderliche Kapitalbeteiligung für den Minderheitsausschluss verfügt. Die überzeugende Auffassung sieht deshalb im Ergebnis Formwechsel und Minderheitsausschluss in Kombination nicht als rechtsmissbräuchlich an.[382]

Ebenso wie der Formwechsel sind auch **andere Umwandlungsmaßnahmen** zum Zweck des Minderheitsausschlusses zulässig. Beispielsweise könnte eine GmbH mit den Stimmen des Mehrheitsgesellschafters auf eine AG verschmolzen werden, an welcher der Mehrheitsgesellschafter allein beteiligt ist.[383] Personengesellschafter genießen dadurch Schutz gegen einen Minderheitsausschluss, dass Formwechsel und Verschmelzung in der Regel der Zustimmung aller Gesellschafter bedürfen (§§ 217 Abs. 1 S. 1, 43 Abs. 1 UmwG).

b) Bezugsrechtsausschluss. Ein Aktionär, der in der Hauptversammlung über eine 75%ige Kapitalbeteiligung verfügt, kann einen Kapitalerhöhungsbeschluss mit Bezugsrechtsausschluss durchsetzen (§§ 182 Abs. 1 S. 1, 186 Abs. 3 S. 2 AktG). Indem er dafür sorgt, dass nur er selbst zum Bezug der neuen Aktien zugelassen wird, kann er seine Beteiligung bei einer hinreichend großen Kapitalerhöhung auf mindestens 95% aufstocken und sodann einen Minderheitsausschluss durchführen. Vorbehaltlich vertraglicher Rechte der Minder-

---

[377] *Markwardt* BB 2004, 277 (283); *Hamann* S. 170–178 (sofern keine Rückumwandlung in GmbH); KölnKommAktG/*Koppensteiner* § 327f Rn. 11; vgl. auch *Angerer* BKR 2002, 260 (267).
[378] *Goslar/von der Linden* BB 2009, 1986 (1992–1993); aA *Krieger* BB 2002, 53 (61–62).
[379] BGH ZIP 1995, 1522.
[380] OLG Stuttgart ZIP 1995, 1515 – Moto Meter I.
[381] BGHZ 103, 184 (193–194) – Linotype.
[382] *Pluskat* NZG 2007, 725 (725–727); *Schäfer/Dette* NZG 2009, 1 (6); *Rieder* ZGR 2009, 981 (995–996); KölnKommWpÜG/*Hasselbach* AktG § 327a Rn. 84–85; Schmidt/Lutter AktG/*Schnorbus* § 327f Rn. 18; Schüppen/Schaub MAH AktienR/*Riehmer* § 44 Rn. 36.
[383] *Goslar/von der Linden* BB 2009, 1986 (1992); *Remberg*, Das Rechtsmissbrauchsverbot als Minderheitenschutz im Gesellschaftsrecht, 2013, S. 157. AA für den Fall, dass der Mehrheitsgesellschafter erst durch die Verschmelzung die mindestens 95%ige Kapitalbeteiligung erlangt und keinen sonstigen plausiblen Grund für die Verschmelzung nennen kann OLG Frankfurt a. M. DB 2003, 872 (873–874) – DIC. Eine unternehmerische Begründung für die Verschmelzung fordert auch OLG Hamburg BB 2008, 2199 (2200–2202).

heitsgesellschafter oder besonderer Vertrauenstatbestände ist ein solcher Minderheitsausschluss nicht missbräuchlich.[384] Auch hier gilt, dass die Art und Weise, in welcher der Hauptaktionär seine Kapitalbeteiligung erlangt hat, grundsätzlich keine Rolle spielt.[385] Die Inhaltskontrolle setzt in dieser Fallgruppe ausschließlich beim vorangehenden Bezugsrechtsausschluss an.[386] Denn dieser bedarf einer sachlichen Rechtfertigung im Einzelfall insbesondere nach dem Maßstab von Erforderlichkeit und Verhältnismäßigkeit.[387] Dabei scheidet die Möglichkeit eines späteren Minderheitsausschlusses als sachlicher Grund aus;[388] der Bezugsrechtsausschluss muss also aus anderen Gründen (zB Sanierung des Unternehmens)[389] gerechtfertigt sein. Andererseits steht die Möglichkeit eines späteren Minderheitsausschlusses einem ansonsten gerechtfertigten Bezugsrechtsausschluss nicht entgegen.[390] Der Vorstand hat in seinem Bericht zum Bezugsrechtsausschluss (§ 186 Abs. 4 S. 2 AktG) auf die Folgen der Maßnahme hinzuweisen, insbesondere darauf, dass der Großaktionär durch die Kapitalmaßnahme in den Besitz einer Beteiligung gelangt, die ihm den Ausschluss der Minderheitsaktionäre ermöglicht.

127 Auch in Fällen, in denen ein faktischer Bezugsrechtsausschluss auf anderem Wege als durch eine Kapitalerhöhung erreicht wird, greift die Inhaltskontrolle nicht beim späteren Minderheitsausschluss, sondern bei der vorangehenden Maßnahme ein. Beispielsweise kann eine Gesellschaft einen Gegenstand vom Großaktionär nicht nur als Sacheinlage im Rahmen einer Kapitalerhöhung mit Bezugsrechtsausschluss erwerben, sondern im Ergebnis auch dadurch, dass die Gesellschaft mit einer Gesellschaft des Großaktionärs, der dieser Gegenstand gehört, verschmolzen wird. In diesem Fall bedarf der Verschmelzungsbeschluss, der nach hM grundsätzlich seine Rechtfertigung in sich selbst trägt,[391] ausnahmsweise einer sachlichen Rechtfertigung nach den Grundsätzen des Bezugsrechtsausschlusses.[392] Für den späteren Minderheitsausschluss gilt dies nicht, auch wenn der Großaktionär durch die Verschmelzung zum Hauptaktionär wird.[393]

128 **c) Zusammenschluss von Aktionären.** Mehrere Aktionäre können ihren Aktienbesitz zusammenfassen, um auf diese Weise die für den Minderheitsausschluss erforderliche Mindestbeteiligung zu erreichen. Sie können beispielsweise eine **Vorschaltgesellschaft** gründen, in die sie ihre Aktien einbringen, oder sie können ihre Aktien einem anderen Aktionär **treuhänderisch** überlassen. Solche Gestaltungen machen den Minderheitsausschluss auch dann nicht rechtsmissbräuchlich, wenn dieser wesentliches Ziel des Zusam-

---

[384] *Markwardt* BB 2004, 277 (284); *Pluskat* NZG 2007, 725 (727); *Rieder* ZGR 2009, 981 (997); *Goslar/von der Linden* BB 2009, 1986 (1991); GroßkommAktG/*Fleischer* § 327a Rn. 81.

[385] *E. Vetter* AG 2002, 176 (185); Emmerich/Habersack Aktien- und GmbH-KonzernR/*Habersack* § 327a Rn. 27.

[386] *Posegga* S. 109–111 sowie die in → Fn. 385 Genannten. Differenzierend MüKoAktG/*Grunewald* § 327a Rn. 22: Nur, wenn Absicht des Minderheitsausschlusses bereits beim Bezugsrechtsausschluss erkennbar ist.

[387] BGHZ 71, 40 (46) – Kali & Salz; 120, 141 (145–146); 125, 239 (241) – Deutsche Bank.

[388] *Rühland* WM 2002, 1957 (1960–1961); *Pluskat* NZG 2007, 725 (727); *Rieder* ZGR 2009, 981 (997–998); Emmerich/Habersack Aktien- und GmbH-KonzernR/*Habersack* § 327a Rn. 27.

[389] BGHZ 71, 40 (47) – Kali & Salz. Dies reicht aber nicht, wenn der Großaktionär seinen Sanierungsbeitrag von dem späteren Minderheitsausschluss abhängig macht; vgl. LG München I WM 1995, 715 (717) zur Bedingung der späteren Eingliederung.

[390] OLG Schleswig AG 2004, 155 (158); *Ph. Baums* WM 2001, 1843 (1844–1845); *Markwardt* BB 2004, 277 (284); Emmerich/Habersack Aktien- und GmbH-KonzernR/*Habersack* § 327a Rn. 27; Schmidt/Lutter AktG/*Schnorbus* § 327f Rn. 19.

[391] *Lutter* ZGR 1981, 171 (180); *J. Semler* BB 1983, 1566 (1569); Kallmeyer UmwG/*Zimmermann* § 13 Rn. 12; *Timm* ZGR 1987, 403 (428); im Grundsatz auch Lutter UmwG/*Lutter/Drygala* § 13 Rn. 33 ff.

[392] OLG Frankfurt a. M. ZIP 2003, 1654 (1656). Zu weitgehend *Hamann* S. 203–205, der in jedem Fall Rechtsmissbrauch annimmt.

[393] *E. Vetter* AG 2002, 176 (185); *Markwardt* BB 2004, 277 (284) Fn. 95. Auch → Rn. 125.

menschlusses ist.³⁹⁴ Im Interesse der Rechtssicherheit darf es nicht ankommen, wann und auf welche Weise der Hauptaktionär die Mindestbeteiligung erlangt hat und worauf die dingliche Rechtsinhaberschaft des Hauptaktionärs schuldrechtlich beruht.³⁹⁵ Dass die sich zusammenfindenden Aktionäre die Möglichkeit zum Minderheitsausschluss erhalten, ist auch gerechtfertigt. Entweder sind sie bereit, untereinander Bindungen einzugehen, durchaus auch langfristiger Natur, denen die Minderheitsaktionäre sich nicht unterwerfen würden. Oder die Minderheitsaktionäre sind zu dem Zusammenschluss schlicht nicht eingeladen. In diesem Fall rechtfertigt sich die Ausschlussmöglichkeit aus einer besseren Verhandlungsposition der anderen Aktionäre, die besondere Gestaltungsmöglichkeiten eröffnen kann. Dagegen ist nichts einzuwenden, weil die vermögensrechtliche Position der Minderheitsaktionäre durch die angemessene Barabfindung geschützt ist und das Gesetz kein Recht auf Fortbestand der Mitgliedschaft gewährt.

d) Alleinaktionär auf Zeit. Nach der Rechtsprechung des BGH ist heute gesichert, dass 129 es nicht rechtsmissbräuchlich ist, die für einen Minderheitsausschluss erforderliche Kapitalbeteiligung von mindestens 95 % durch ein **Wertpapierdarlehen** zu beschaffen.³⁹⁶ Damit ist für die Praxis auch geklärt, dass allein die Absicht, später wieder andere Aktionäre in die Gesellschaft aufzunehmen, den Einwand des Rechtsmissbrauchs nicht begründen kann.³⁹⁷

e) Vertragliche Rechte und Vertrauensschutz. Wenn Minderheitsaktionäre **vertragli-** 130 **che Abreden** mit dem Hauptaktionär haben, die durch einen Minderheitsausschluss verletzt würden, kommen in erster Linie schuldrechtliche Abwehr- und Schadensersatzansprüche der Minderheitsaktionäre in Betracht. In besonderen Fällen können die Minderheitsaktionäre darüber hinaus möglicherweise den Einwand des Rechtsmissbrauchs auf gesellschaftsrechtlicher Ebene erheben. Nach der Rechtsprechung des BGH zu schuldrechtlichen Nebenabreden beim Gesellschaftsvertrag³⁹⁸ gilt dies aber wohl nur bei einer Bindung des Hauptaktionärs gegenüber allen Minderheitsaktionären³⁹⁹ und kommt deshalb bei einer Publikumsgesellschaft nur selten in Betracht.⁴⁰⁰ Das Gleiche gilt, wenn der Hauptaktionär sich entgegen § 242 BGB in **Widerspruch zu seinem früherem Verhalten** setzt und den Minderheitsausschluss betreibt, nachdem er kurz zuvor noch die Minderheitsaktionäre zum Aktienerwerb veranlasst hat.⁴⁰¹ Das bloße Zuwarten des Haupt-

---

³⁹⁴ *Krieger* BB 2002, 53 (62); *Markwardt* BB 2004, 277 (284–285); *Pluskat* NZG 2007, 725 (727); *Schäfer/Dette* NZG 2009, 1 (5); *Rieder* ZGR 2009, 981 (994–995); Angerer/Geibel/Süßmann WpÜG/ *Grzimek* AktG § 327a Rn. 58 aE. AA *Ph. Baums* WM 2001, 1843 (1845–1846); *Bolte* DB 2001, 2587 (2589–2590); *Hamann* S. 164–167.
³⁹⁵ So für den Einzelaktionär OLG Düsseldorf NZG 2004, 328 (331) – Edscha.
³⁹⁶ BGHZ 180, 154 Rn. 12–15 – Lindner. Fast einhellig positiv rezipiert; siehe nur Emmerich/ Habersack Aktien- und GmbH-KonzernR/*Habersack* § 327a Rn. 28 mwN. Zweifel an der Verallgemeinerungsfähigkeit wohl nur bei *Bachmann* ZHR 173 (2009), 596 (622–624).
³⁹⁷ BGHZ 180, 154 Rn. 15 – Lindner. Zustimmend das praktisch einhellige Schrifttum; statt aller Schmidt/Lutter AktG/*Schnorbus* § 327f Rn. 16; Spindler/Stilz AktG/*Singhof* § 327a Rn. 26; Emmerich/Habersack Aktien- und GmbH-KonzernR/*Habersack* § 327a Rn. 28; jeweils mwN.
³⁹⁸ BGH NJW 1983, 1910 (1911); 1987, 1890 (1892).
³⁹⁹ AA Emmerich/Habersack Aktien- und GmbH-KonzernR/*Habersack* § 327a Rn. 31.
⁴⁰⁰ Ein Beispiel ist der Fall OLG Celle AG 2004, 206 (207) – AlliedSignal, wo der Hauptaktionär offenbar in einer Hauptversammlung die Zusage gemacht hat, bis zum Abschluss eines Spruchverfahrens nicht in die Anteilsrechte der Minderheitsaktionäre einzugreifen. Dazu *Schnurbein* AG 2005, 725 (732–733). Ebenfalls erwogen, aber mangels tatsächlicher Feststellungen verworfen von OLG München ZIP 2008, 2117 (2121–2122) – HVB; OLG Stuttgart AG 2009, 204 (212–213) – Allianz.
⁴⁰¹ *Fleischer* ZGR 2002, 757 (785); MüKoAktG/*Grunewald* § 327a Rn. 28; Emmerich/Habersack Aktien- und GmbH-KonzernR/*Habersack* § 327a Rn. 30; aA *Markwardt* BB 2004, 277 (286); *Posegga* S. 103–104; *Rieder* ZGR 2009, 981 (1002). Erwogen, aber mangels tatsächlicher Feststellungen verworfen von OLG Frankfurt a. M. AG 2010, 368 (370) – Eurohypo.

aktionärs mit dem Minderheitsausschluss, nachdem er die dafür erforderliche Mindestbeteiligung erlangt hat, schafft allerdings keinen Vertrauenstatbestand.[402]

131 **f) Anhängige Verfahren und unerledigte Ansprüche.** Zuweilen versuchen Minderheitsaktionäre, ihren Ausschluss mit dem Argument aufzuhalten, es müssten zunächst noch anhängige Verfahren zu Ende geführt oder unerledigte Ansprüche geklärt werden. Dieses Argument wird mehr oder weniger deutlich in das Gewand des Rechtsmissbrauchs gekleidet: Dem Hauptaktionär wird unterstellt, er wolle nach Ausschluss der Minderheitsaktionäre streitige Rechtsverhältnisse zu deren Lasten beenden. Ein solcher Vorwurf begründet den Missbrauchseinwand in der Regel jedoch nicht. Anhängige **Spruchverfahren** werden auch nach dem Minderheitsausschluss unter Beteiligung der antragstellenden Aktionäre weitergeführt (→ Rn. 119). Für anhängige **Anfechtungs- und Nichtigkeitsklagen** verlieren die Minderheitsaktionäre die Klagebefugnis nicht, wenn sie ein rechtlich geschütztes Interesse an der Fortsetzung des Prozesses haben (→ Rn. 115). Im Übrigen können sie etwaige Auswirkungen dieser Prozesse auf die Barabfindung im Spruchverfahren geltend machen. Laufende **Sonderprüfungen** (§ 142 AktG) kann der Hauptaktionär durch Beschlussfassung in einer Universal-Hauptversammlung zwar im Ergebnis anhalten.[403] Mögliche **Schadenersatzansprüche** der Gesellschaft gegen ihre Organmitglieder werden davon jedoch nicht berührt. Selbst wenn der Hauptaktionär später für die Niederschlagung solcher Ansprüche sorgt (§ 93 Abs. 4 S. 3 AktG), entsteht den Minderheitsaktionären kein Vermögensnachteil. Denn ob und in welchem Umfang Ansprüche der Gesellschaft aus Sicht des Bewertungsstichtags bestehen, ist im Spruchverfahren zu prüfen, so dass der Wert der Gesellschaft und damit die Barabfindung der Minderheitsaktionäre sich gegebenenfalls erhöht.[404]

132 **g) Vorheriges Delisting.** Ein dem Minderheitsausschluss vorangehender Widerruf der Börsenzulassung (Delisting) kann dazu genutzt werden, den Börsenkurs als Bewertungsparameter für die Abfindung beim Minderheitsausschluss zu eliminieren, mag das Ausschlussverfahren dadurch auch um etliche Monate verzögert werden.[405] Gestaltungen dieser Art sind nicht rechtsmissbräuchlich. Denn der Gesetzgeber hat Ende 2015 die BGH Rechtsprechung, die ein Delisting ohne Abfindung gestattete,[406] dahingehend korrigiert, dass dem Delisting ein öffentliches Angebot zum Erwerb aller vom Börsenhandel auszunehmender Aktien gemäß dem WpÜG vorangehen muss. (§ 39 Abs. 2 S. 3 Nr. 1 BörsG). Bei diesem Angebot ist Preisuntergrenze der gewichtete durchschnittliche inländische Börsenkurs der Aktien während der letzten sechs Monate vor Ankündigung des Delisting (§ 39 Abs. 3 S. 2 BörsG). Damit wird für die Minderheitsaktionäre ein Schutzniveau erreicht, das dem der Börsenkursrechtsprechung des BGH beim Minderheitsausschluss (→ Rn. 101) hinreichend vergleichbar ist.

---

[402] Emmerich/Habersack Aktien- und GmbH-KonzernR/*Habersack* § 327a Rn. 30; *Markwardt* BB 2004, 277 (286); *Posegga* S. 105; *Rieder* ZGR 2009, 981 (1001). AA *Fleischer* ZGR 2002, 757 (786).

[403] Siehe nur Hüffer/*Koch* AktG § 142 Rn. 34.

[404] Vgl. LG Düsseldorf NZG 2004, 1168 (1169) – Kamps. Nach OLG Köln ZIP 2017, 2468 (2471–2474) – Strabag hingegen soll die Kompensationsmöglichkeit durch das Spruchverfahren nur ausreichen, wenn der Hauptaktionär die angeblichen Schadensersatzansprüche unstreitig stellt; ansonsten soll Rechtsmissbrauch naheliegen und zur Abweisung des Freigabeantrags führen. Diese Einschränkungen der Kompensationsmöglichkeit jedenfalls bei hinreichend konkretisierten und substantiierten Forderungen ablehnend *Decher* FS E. Vetter, 2019, 95 (105–109). Kritisch gegenüber dem Kompensationsansatz *Florstedt* ZIP 2018, 1661 (1667–1669) sowie – bei unzureichender Würdigung des Amtsermittlungsgrundsatzes und unter Verkennung der Praxis im Spruchverfahren – *Mock* WM 2019, 1905 (1908–1909).

[405] *Lampert/Weidel* WM 2014, 1024 (1027) sowie *Bungert/Leyendecker-Langner* BB 2014, 521 (525) (beide noch zur früheren Rechtslage).

[406] BGH NZG 2013, 1342 – Frosta unter Berufung auf BVerfGE 132, 99, wonach die Börsengängigkeit der Aktie von Verfassungswegen nicht geschützt ist.

3. Rechtsfolgen. Liegt im Einzelfall ein Missbrauch des Minderheitsausschlusses vor, so 133 darf der Vorstand der Gesellschaft, sofern er den Missbrauch erkennen kann, einem entsprechenden Übertragungsverlangen des Hauptaktionärs keine Folge leisten. Insbesondere darf er nicht die Hauptversammlung zur Beschlussfassung über die Übertragung der Aktien der Minderheitsaktionäre auf den Hauptaktionär einberufen oder den Punkt auf die Tagesordnung einer ohnehin einzuberufenden Hauptversammlung nehmen. Der Vorstand darf dem Hauptaktionär auch keine Unterlagen zur Verfügung stellen oder Auskünfte erteilen. Das Gericht darf keinen Abfindungsprüfer bestellen, wenn es über den Missbrauch im Bilde ist. Wenn es gleichwohl zu einem Übertragungsbeschluss der Hauptversammlung kommt, ist dieser wegen Gesetzesverletzung gemäß § 243 Abs. 1 AktG anfechtbar. Nichtig ist der Übertragungsbeschluss dagegen nicht, insbesondere nicht nach § 241 Nr. 3 AktG.[407] Praktisch wäre dies auch außerordentlich misslich, weil diese Nichtigkeit noch drei Jahre nach Eintragung des Übertragungsbeschlusses in das Handelsregister geltend gemacht werden könnte (§ 242 Abs. 2 S. 1 AktG). Dadurch entstände angesichts des unbestimmten Missbrauchstatbestands eine schwer erträgliche Rechtsunsicherheit über den Bestand des Minderheitsausschlusses.

---

[407] BGHZ 180, 154 Rn. 10 – Lindner. Ausführlich dazu *Rieder* ZGR 2009, 981 (1003–1004).

14. Kapitel. Kommanditgesellschaft auf Aktien

§ 76 Geschichtliche Entwicklung und heutige wirtschaftliche Bedeutung

Übersicht

	Rn.		Rn.
I. Geschichtliche Entwicklung	1, 2	1. Rechtsnatur	10–13
II. Heutige Bedeutung	3–7	2. Gestaltungsfreiheit	14–16
III. Vor- und Nachteile der KGaA	8, 9	3. Ausgestaltung der KGaA	17, 18
IV. Rechtsnatur und Erscheinungsformen	10–18		

Schrifttum: *Arnold,* Die GmbH & Co. KGaA, 2001; GroßkommAktG/*Assmann/Sethe,* 4. Aufl. 2001, §§ 278–299; *Bacher,* Die Stellung des persönlich haftenden Gesellschafters einer Kommanditgesellschaft auf Aktien (KGaA) im Steuerrecht, DB 1985, 2117–2119; *Bachmann,* Die Änderung personalgesellschaftsrechtlicher Satzungsbestandteile bei der KGaA, FS K. Schmidt (2009), S. 41–55; *ders.,* Die Hauptversammlung der KGaA, FS Marsch-Barner (2018), S. 13–27; *ders.,* Die Besetzung des Aufsichtsrats des KGaA mA Gesellschaftern der Komplementärin und ihre Vertretung dieser gegenüber AG 2019, 581–595; Spindler/Stilz/*Bachmann,* 4. Aufl. 2019, §§ 278–290; *Baumann/Kusch,* Die Kapitalgesellschaft & Co. KGaA-Faktizität und Recht, FS Boujong (1996), S. 3–18; *Backhaus/Brouwer,* Zusimmungsvorbehalte des Aufsichtsrats bei Geschäften mit nahestehenden Personen (Related Party Transactions) bei der KGaA – HGB sticht AktG, AG 2019, 287–295; *Bayreuther,* Die Kapitalgesellschaft & Co. KGaA, JuS 1999, 651–656; *Beyer,* Die Kommanditgesellschaft auf Aktien in: Albach/Corte, Die private Aktiengesellschaft, 1988; *Binz/Sorg,* Die GmbH & Co. KGaA, BB 1988, 2041–2051; *dies.,* Die KGaA mit beschränkter Haftung – quo vadis?, DB 1997, 313–319; *Bogenschütz,* Umwandlung einer Kapitalgesellschaft in eine KGaA, FS Widmann (2000), S. 163–184; *Bürgers/Fett,* Die Kapitalgesellschaft auf Aktien, München, 2. Auflage 2015; Bürgers/Körber, Aktiengesetz, Heidelberg, 4. Auflage 2017; *Cahn,* Die Änderung von Satzungsbestimmungen nach § 281 AktG bei der Kommanditgesellschaft auf Aktien, AG 2001, 579–585; *Claussen,* Perspektiven für die Kommanditgesellschaft auf Aktien, FS Heinsius (1991), S. 61–77; *ders.,* Überlegungen zur Rechtsform der GmbH – Ist die KGaA eine Alternative?, GmbHR 1996, 73–80; *Danseling* in Blümich, EStG, KStG, GewStG 2012; *Dirksen/Möhrle,* Die kapitalistische Kommanditgesellschaft auf Aktien, ZIP 1998, 1377–1386; *Dreisow,* Die Kommanditgesellschaft auf Aktien als echte Einmanngesellschaft, WPg 1976, 658–661; *ders.,* Zu den Stimmverboten für die Komplementäre einer KGaA, DB 1977, 851–854; *Eiff/Otte,* Die Kapitalgesellschaft & Co. KGaA – eine attraktive Gestaltungsmöglichkeit, GWR 2015, 246; *Elschenbroich,* Die Kommanditgesellschaft auf Aktien, 1959; *Farnschläder/Dörschmidt,* Die ertragssteuerneutrale Übertragung des Betriebs einer GmbH & Co. KG auf eine GmbH & Co. KGaA, DB 1999, 1923–1929; *Fett/Stütz,* 20 Jahre Kapitalgesellschaft & Co. KGaA, NZG 2017, 1121–1131; *Fischer,* Die Besteuerung der KGaA und ihrer Gesellschafter, DStR 1997, 1519–1526; *Flämig,* Die Kommanditgesellschaft auf Aktien – Vor- und Nachteile für Investoren, FS Martin Peltzer (2001), S. 99–107; *Geck,* Überlegungen zur Verwendung der GmbH & Co. KGaA in der mittelständischen Wirtschaft, NZG 1998, 586–590; *Gonella/Mikec,* Die Kapitalgesellschaft & Co. KGaA als „Einheitsgesellschaft", AG 1998, 508–514; *Grobe,* Zum Rechtsverhältnis des persönlich haftenden Gesellschafters einer Kommanditgesellschaft auf Aktien, NJW 1968, 1709–1710; *Graf,* Die Kapitalgesellschaft & Co. KG auf Aktien, 1993; *Grafmüller,* Die Kommanditgesellschaft auf Aktien als geeignete Rechtsform für börsenwillige Familienunternehmen, 1994; *Habel/Strieder,* Ist die Kommanditgesellschaft auf Aktien eine geeignete Rechtsform für einen Börsengang von Vereinen der Fußball-Bundesliga?, NZG 1998, 929–932; *dies.,* Die Kommanditgesellschaft auf Aktien – ein Überblick, MittBayNot 1998, 65–71; *Haase,* Die Vorteile der GmbH oder der GmbH & Co. KGaA in gesellschaftsrechtlicher Hinsicht, GmbHR 1997, 917–923; *Habersack,* Der Gesellschafterausschuss der KGaA, FS Hellwig (2010), S. 143–152; *Hageböke,* Einheitliche und gesonderte Feststellung bei der KGaA und ihrem persönlich haftenden Gesellschafter, Der Konzern 2017, 28–31; *Hageböke,* Erstes BFH-Urteil zum sog. „KGaA-Modell", Der Konzern 2017, 126–137; *Hageböke,* Sondervergütung des KGaA-Komplementärs und Betriebsausgabenabzug DB 2012, 2709–2713; *Halasz/Kloster/Kloster,* Die GmbH & Co. KGaA – Eine Rechtsformalternative zur GmbH & Co. KG?, GmbHR 2002, 77–92; *Hartel,* Umwandlung einer GmbH & Co. KG in eine KG auf Aktien, DB 1992, 2329–2335; *Hasselbach/Ebbinghaus,* Die KGaA als Unternehmensform für den deutschen

Mittelstand, DB 2015, 1269–1277; *Heinecke,* Anlegerschutz in der Kommanditgesellschaft auf Aktien, 2002; *Heinze,* Die Gesellschaft bürgerlichen Rechts als Komplementärin der Kommanditgesellschaft auf Aktien, DNotZ 2012, 426–439; *Hennemann,* Einfluss und Kontrolle in der Kommanditgesellschaft auf Aktien ZHR 182 (2018), 157 – 190; *Hennerkes,* Die GmbH & Co. KGaA – eine ideale Rechtsform für börsenwillige Familienunternehmen?, StbGb 1988/89, 303–322; *Hennerkes/Lorz,* Roma locuta causa finita: Die GmbH & Co. KGaA ist zulässig, DB 1997, 1388–1394; *Hennerkes/May,* Noch einmal: Die GmbH & Co. KG auf Aktien als Rechtsform für börsenwillige Familienunternehmen?, BB 1988, 2393–2405; *Herfs,* Die Kapitalgesellschaft & Co. KGaA als Rechtsformoptimierung für mittelständische Unternehmen, WiB 1997, 688–691; *Hesselmann,* Die kapitalistische Kommanditgesellschaft auf Aktien, BB 1989, 2344–2349; *ders.,* GmbH & Co. Kommanditgesellschaft auf Aktien, GmbHR 1988, 472–477; *Hoffmann-Becking/Herfs,* Struktur und Satzung der Familien KGaA, FS Sigle (2000), S. 273–299; *Hommelhoff,* Anlegerschutz in der GmbH & Co. KGaA in Ulmer, Die GmbH & Co. KGaA nach dem Beschluss BGHZ 134, 392, ZHR Beiheft 1998, 9–31; *Hüffer/Koch,* AktG, 14. Aufl. 2020; *Hundertmark,* Die Kommanditgesellschaft auf Aktien, BB 1968, 1285–1290; *Ihrig/Schlitt,* Die KGaA nach dem Beschluss des BGH vom 24.2.1998 in Ulmer, Die GmbH & Co. KGaA nach dem Beschluss BGHZ 134, 392, ZHR Beiheft 1998, 33–83; *Jäger,* Thema Börse (4): Wahl der richtigen Rechtsform, NZG 1999, 101–104; *Jacques,* Börsengang und Führungskontinuität durch die kapitalistische KGaA – Zugleich ein Beitrag zur Frage der gesellschaftsrechtlichen Treuepflichten in der KGaA und der Anwendbarkeit der Grundsätze über die Publikums-KG, NZG 2000, 402–409; *Johannsen-Roth/Kießling,* Die unzureichende Beachtung der rechtsformspezifischen Besonderheiten der KGaA in der jüngeren Gesetzgebung und im Corporate Governance Kodex, FS Marsch-Barner (2018), S. 273 – 284; *Joost,* Mitbestimmung in der kapitalistischen Kommanditgesellschaft auf Aktien, ZGR 1998, 334–351; *Kallmeyer,* Der Einsatz von Spaltung und Formwechsel nach dem UmwG 1995 für die Zukunftssicherung von Familienunternehmen, DB 1996, 28–30; *ders.,* Die Kommanditgesellschaft auf Aktien – eine interessante Rechtsformalternative für den Mittelstand?, DStR 1994, 977–982; *ders.,* Rechte und Pflichten des Aufsichtsrats in der Kommanditgesellschaft auf Aktien, ZGR 1983, 57–75; *Kempf,* Ergänzungsbilanzen für den persönlich haftenden Gesellschafter einer KGaA, DStR 2015, 1905–1907; *Kessler,* Die Entwicklung des Binnenrechts seit BGHZ 134, 392, NZG 2005, 145–150; *Kiefer,* Anlegerschutz durch Gesellschaftsrecht in der börsennotierten GmbH & Co. KGaA, 2001; *Knur,* Die Eignung der Kommanditgesellschaft auf Aktien für Familienunternehmen, FS Flume Bd. II (1978), S. 173–200; *Koch,* Mitwirkungsrechte der Kommanditaktionäre bei der GmbH & Co. KGaA: Grenzen satzungsmäßiger Einschränkung, DB 2002, 1701–1704; *Kollruss,* Warum es keine Ergänzungsbilanz der KGaA-Komplementärs gibt, FR 2016, 203–211; *Krause,* Zum beherrschenden Einfluss des Komplementärs in der KGaA, Liber amicorum für Martin Winter (2011) S. 351–368; *Krug,* Gestaltungsmöglichkeiten bei der KGaA durch Umwandlung von Komplementäranteilen in Aktien, AG 2000, 510–515; *Kruse/Domning/Frechen,* Die (GmbH & Co.) KGaA als moderne Rechtsform für mittelständische Familienunternehmen, DStR 2017, 2440–2443; *Ladwig/Motte,* Die Kommanditgesellschaft auf Aktien – Eine Alternative für börsenwillige mittelständische Unternehmen? (Teil I und II), DStR 1996, 800–807, 842–847; *Lieder/Hoffmann,* Die Bunte Welt der KGaA, AG 2016, 704–712; *Marsch-Barner,* Doppelte Überwachung in der AG & Co. KGaA, FS Hoffmann-Becking (2013), S. 777–792; *Mayer,* Der Komplementär in der GmbH & Co. KG, RWS-Forum Gesellschaftsrecht 1997, 263–276; *Mayer-Uellner/Otte,* Die SE & Co KGaA als Rechtsform kapitalfinanzierter Familienunternehmen, NZG 2015, 737–742; *Mense/Eversheds,* Besonderheiten bei der Vorbereitung und Durchführung der Hauptversammlung einer börsennotierten Kommanditgesellschaft auf Aktien, GWR 2014, 320–323; *Mertens,* Die Handelsgesellschaft KGaA als Gegenstand gesellschaftsrechtlicher Diskussion und die Wissenschaft vom Gesellschaftsrecht, FS Ritter (1997), S. 731–743; *ders.,* Die GmbH & Co. KGaA nach der Zulassung durch den BGH – die neue Rechtsform für den Mittelstand?, DStR 1997, 1539–1542; *ders.,* Zur Existenzberechtigung der Kommanditgesellschaft auf Aktien, FS Barz (1974), S. 253–269; *ders.,* Die Auflösung der KGaA durch Kündigung der Kommanditaktionäre, AG 2004, 333–339; Kölner KommAktG/*Mertens/Cahn,* 3. Aufl. 2015; *Niedner/Kusterer,* Die atypisch ausgestaltete Familien-KGaA aus der Sicht des Kommanditaktionärs, DB 1997, 1451–1454; *dies.,* Die atypisch ausgestaltete Familien KGaA als Instrument zur Gestaltung des Generationenwechsels in mittelständischen Unternehmen, DB 1997, 2010–2013; *dies.,* Der Weg von der GmbH in die GmbH & Co. KGaA, GmbHR 1998, 584–587; *dies.,* Gesellschaftsrechtliche Wege aus der Personengesellschaft in die GmbH & Co. KGaA DB 1998, 2405–2407;; *Overlack,* Der Komplementär in der GmbH & Co. KGaA, RWS-Forum Gesellschaftsrecht 1997, 237–274; *Otte,* Die AG & Co KGaA, 2010; MünchKommAktG/*Perlitt,* 5. Aufl. 2020, §§ 278–290; *Priester,* Die Kommanditgesellschaft auf Aktien ohne natürlichen Komplementär, ZHR 160 (1996), 250-264; Baumbach/Hopt/*Roth,* HGB, 38. Aufl. 2018; *Schaumburg,* Die KGaA als Rechtsform für den Mittelstand, DStZ 1998, 525–544; *Schaumburg/Schulte,* Die KGaA – Recht und Steuern in der

Praxis, 2000; *Schlitt*, Die Auswirkungen des Handelsrechtsformgesetzes auf die Gestaltung von GmbH & Co. KG-Verträgen, NZG 1998, 580–586; *ders.*, Die Satzung der Kommanditgesellschaft auf Aktien, 1999; *Schlitt/Winzen*, Die Kommanditgesellschaft auf Aktie (KGaA) – eine attraktive Rechtsform für börsennotierte Unternehmen? CFL 2012, 261–273; *Schmidt*, Deregulierung des Aktienrechts durch Denaturierung der Kommanditgesellschaft auf Aktien?, ZHR 160 (1996), 265–287; *ders.*, HGB-Reform und gesellschaftsrechtliche Gestaltungspraxis, DB 1998, 61–65; *Schmidt/Levedag*, Die KGaA nach dem BGH-Beschluss vom 24.2.1997: Grundprofil und Einsatzfelder einer hybriden Rechtsform INF 1997, 749–755; *K. Schmidt/Lutter AktG/K. Schmidt*, 3. Aufl. 2015, §§ 278–290; *Schnorbus*, Gestaltungsfragen fakultativer Aufsichtsorgane der KGaA, Liber amicorum für Martin Winter (2011) S. 627–670; *Schnorbus/Ganzer*, Haftung fakultativer Gesellschaftsorgane in der GmbH und KGaA, BB 2017, 1795–1806; *Schrick*, Überlegungen zur Gründung einer kapitalistischen KGaA aus dem Blickwinkel der Unternehmerfamilie, NZG 2000, 409–413; *dies.*, Die GmbH & Co. KGaA in der Form der Einheitsgesellschaft als börsenwilliges Unternehmen?, NZG 2000, 675–679; *Schulteis*, Keine analoge Anwendung von § 4 MitbestG auf die GmbH & Co. KGaA, GWR 2015, 80; *Schürmann/Groh*, KGaA und GmbH & Co. KGaA, BB 1995, 684–688; *Sethe*, Bewegung im Recht der Kommanditgesellschaft auf Aktien?, ZIP 1996, 2053–2058; *ders.*, Die personalistische Kapitalgesellschaft mit Börsenzugang, 1995; *ders.*, Die Besonderheiten der Rechnungslegung bei der KGaA, DB 1998, 1044–1048; *ders.*, Die Satzungsautonomie in Bezug auf die Liquidation einer KGaA, ZIP 1998, 1138–1144; *Siebold/Wichert*, Die KGaA als Rechtsform für die Profi-Abteilungen der Fußball-Bundesligen, SpuRt 1998, 138–142; *Strieder/Habel*, Zur Problematik einer Genossenschaft bzw. einer Kapitalgesellschaft als einzigem persönlich haftenden Gesellschafter einer Kommanditgesellschaft auf Aktien, DB 1994, 1557–1561; *Theisen*, Die Kommanditgesellschaft auf Aktien (KGaA) auf dem Prüfstand, DBW 1989, 137–183; *Veil*, Die Kündigung der KGaA durch persönlich haftende Gesellschafter und Kommanditaktionäre, NZG 2000, 72–77; *Vollertsen*, Corporate Governance der börsennotierten KGaA – Die Anwendbarkeit des Deutschen Corporate Governance Kodex auf die Kommanditgesellschaft auf Aktien, 2019; *Wagner*, Bundesliga Going Public. Traumpass oder Eigentor, NZG 1999, 469–516; *Weber*, Die GmbH & Co. KGaA als Rechtsform eines Proficlubs der Fußball-Bundesliga, GmbHR 2013, 631–638; *Wichert*, Satzungsänderungen in der Kommanditgesellschaft auf Aktien, AG 1999, 362–369; *ders.*, Die Finanzen der Kommanditgesellschaft auf Aktien, 1999; *Woelfert*, Die KGaA als Rechtsform für Familienunternehmen im Kontext von Umstrukturierungen, NWB 2019, 1516–1525; Wollburg, Zur Ausdehnung der Inkompatibilitätsregelung des § 287 Abs. 3 AktG in der Kapitalgesellschaft & Co. KGaA, FS Hoffmann-Becking (2013), S. 1435–1440.

I. Geschichtliche Entwicklung

Die erste Gesellschaft, die in ihrer rechtlichen Konstruktion der heutigen KGaA entsprach, war die 1716 in Frankreich gegründete „Bank Law & Co.".[1] In Frankreich wurde das Recht der KGaA auch erstmals kodifiziert. Die KGaA wurde im Code de Commerce aus dem Jahre 1807 als Unterfall der Kommanditgesellschaft geregelt.[2] In Deutschland wurde Mitte des 19. Jahrhunderts die Rechtsform der KGaA für die Gründung von Banken genutzt. 1851 wurde die „Diskonto-Gesellschaft", die Vorgängerin der Deutschen Bank, und 1856 die „Berliner Handelsgesellschaft" gegründet, die später als „Berliner Handels- und Frankfurter Bank (BHF-Bank)" weitergeführt wurde und bis 1995 als KGaA fortbestand.[3] Die KGaA ist ein Produkt der wirtschaftlichen Bedürfnisse. Anders als die GmbH ist sie nicht am Reißbrett des Gesetzgebers entstanden.[4] Die erste einheitliche deutsche Kodifizierung des Rechts der KGaA erfolgte 1861 in den Artikeln 103–206 des

1

---

[1] Nach ihrem Gründer John Law benannt; MüKoAktG/*Perlitt*, 5. Aufl. 2020, Vorb. § 278 Rn. 8; *Elschenbroich* KGaA S. 21; *Grafmüller* KGaA als geeignete Rechtsform S. 46; *Sethe* Die personalistische Kapitalgesellschaft S. 16. Nicht sicher ist, ob die Gesellschaft mit der zwei Jahre später gegründeten „Bank Royal" identisch ist, vgl. hierzu *Sethe* Die personalistische Kapitalgesellschaft S. 16, Fn. 28.
[2] *Sethe* Die personalistische Kapitalgesellschaft S. 21 ff.; GroßkommAktG/*Assmann/Sethe*, 4. Aufl. 2001, Vorb. § 278 Rn. 11; MüKoAktG/*Perlitt*, 5. Aufl. 2020, Vorb. § 278 Rn. 10 nennt das Jahr 1807.
[3] *Lieder/Hoffmann* AG 2016, 704 ff., *Sethe* Die personalistische Kapitalgesellschaft Vorb. S. 47 ff.; *Grafmüller* KGaA als geeignete Rechtsform Vorb. S. 47; *Elschenbroich* KGaA S. 21; vgl. zur Umwandlung der BHF-Bank in eine AG, FAZ vom 22.9.1994, S. 21 („Die Rechtsform „KGaA" wird zum Exoten"); MüKoAktG/*Perlitt*, 5. Aufl. 2020, Vorb. § 278 Rn. 9.
[4] *Lieder/Hoffmann* AG 2016, 704.

ADHGB.[5] Wie im Code de Commerce war die KGaA als Sonderform der Kommanditgesellschaft geregelt, bei der das Kapital in Aktien zerlegt war und die Komplementäre unverbriefte Kapitalanteile zu übernehmen hatten.[6] Nach dieser gesetzlichen Regelung breitete sich die Rechtsform der KGaA schnell aus. Gründe waren der hohe Kapitalbedarf während der Zeit der industriellen Revolution und der Vorteil, dass die KGaA in vielen deutschen Staaten im Gegensatz zur AG nicht einer Genehmigungspflicht in Form einer staatlichen Konzession unterlag.[7] Durch die erste Aktienrechtsnovelle von 1870 wurde das Konzessionssystem weitgehend abgeschafft (vgl. dazu → § 1 Rn. 5). Die Rechtsformen der KGaA und AG traten somit in Wettbewerb. Bei Neugründungen wurde vermehrt die Rechtsform der AG gewählt.[8] Der Rückgang bei den Neugründungen führte im Rahmen der zweiten Aktienrechtsnovelle von 1884 erstmals zu einer Diskussion, ob die KGaA als Rechtsform beibehalten werden sollte – eine Frage, die in der Folgezeit immer wieder diskutiert wurde. Der Gesetzgeber sah aber ein wirtschaftliches Bedürfnis für beide Rechtsformen und behielt die bisherige Regelung von AG und KGaA als selbständige, nebeneinander bestehende Rechtsformen bei.[9] Mit dem Erlass des GmbH-Gesetzes im Jahre 1892 ging die Zahl der KGaAs weiter zurück. Die neugeschaffene GmbH entsprach dem Bedürfnis nach einer Rechtsform zwischen Personengesellschaft und Aktiengesellschaft und bot zudem den Vorteil der Haftungsbeschränkung.[10] Bei den Beratungen zum Erlass des HGBs im Jahre 1897 kam die Frage nach der Beibehaltung der KGaA erneut auf. Unter Verweis auf die Erwägungen bei der Novelle von 1884 entschied man sich aber für die Übernahme in das HGB.[11]

2 Das **Handelsgesetzbuch von 1897** führte zu wesentlichen Änderungen der Regelungen des Rechts der KGaA. Bis dahin war die KGaA als Sonderform der Kommanditgesellschaft vor der AG normiert. Nunmehr wurde die KGaA in den §§ 320–334 HGB im Anschluss an die AG geregelt und deren Recht für grundsätzlich anwendbar erklärt.[12] Nur für die Rechtsbeziehungen der Komplementäre untereinander, gegenüber der Gesamtheit der Kommanditaktionäre und Dritten wurde auf die Normen der Kommanditgesellschaft verwiesen. Durch diese Regelung kam es zu der bis heute bestehenden komplizierten Verweisungstechnik und der parallelen Geltung von Aktien- und Personengesellschaftsrecht. Mit der Verabschiedung des **Aktiengesetzes von 1937** wurde das Recht der AG

---

[5] GroßkommAktG/*Assmann/Sethe,* 4. Aufl. 2001, Vorb. § 278 Rn. 17 ff.; MüKoAktG/*Perlitt,* 5. Aufl. 2020, Vorb. § 278 Rn. 10 nennt für die erstmalige Erfassung Art. 173 des ADHGB.

[6] Ausführlich zur Regelung der KGaA im ADHGB, *Sethe* Die personalistische Kapitalgesellschaft S. 51 ff. mwN; nach MüKoAktG/*Perlitt,* 5. Aufl. 2020, Vorb. § 278 Rn. 10 als „Stille Gesellschaft auf Aktien".

[7] Überblick über die geschichtliche Entwicklung bei *Lieder/Hoffmann* AG 2016, 704, *Elschenbroich* KGaA S. 24; *Grafmüller* KGaA als geeignete Rechtsform S. 49 f.; MüKoAktG/*Perlitt,* 5. Aufl. 2020, Vorb. § 278 Rn. 9.

[8] Bestand vor 1871: 32 KGaA gegenüber 178 AG, 1872: 382 AG-Gründungen, 6 KGaA Gründungen. Im Zeitraum von 1871 bis 1876: 990 AG-Gründungen gegenüber 11 KGaA-Gründungen. Zitiert nach dem Entwurf des Gesetzes betreffend die Kommanditgesellschaft auf Aktien und die Aktiengesellschaften von 1984, abgedruckt bei *Schubert/Hommelhoff,* 100 Jahre modernes Aktienrecht, 1985, S. 477, Die KGaA hatte ihren ersten Höhenflug in den Jahren zwischen 1880 und 1895, vgl. *Lieder/Hoffmann* AG 2016, 704, mit Übersicht über Bestandsentwicklung im Zeitraum 1880 bis 2015.

[9] *Grafmüller* KGaA als geeignete Rechtsform S. 50, vgl. zur Rechtsnovelle von 1884 umfassend *Schubert/Hommelhoff* 100 Jahre modernes Aktienrecht, 1985; MüKoAktG/*Perlitt,* 5. Aufl. 2020, Vorb. § 278 Rn. 13, In dem Zeitraum zwischen 1895 und 1920 ging die Anzahl von 150 auf 30 zurück, vgl. *Lieder/Hoffmann* AG 2016, 704.

[10] Im Jahre 1895 existierten bereits 1.898 GmbH gegenüber 4.749 AG und 150 KGaA. Zahlen zitiert nach *Sethe* Die personalistische Kapitalgesellschaft S. 69.

[11] *Hahn/Mugdahn,* Die Gesamtmaterialien zu den Reichs-Justizgesetzen, Band 6: Materialien zum Handelsgesetzbuch, Berlin 1897, S. 335.

[12] Dazu schon → § 1 Rn. 7. Nach MüKoAktG/*Perlitt,* 5. Aufl. 2020, Vorb. § 278 Rn. 14 wurde dabei auch erstmalig die Ausgabe von Inhaberaktien zugelassen.

und der KGaA aus dem HGB ausgegliedert und in einem eigenständigen Gesetz geregelt.[13] Materiell brachte das Aktiengesetz nur wenige Änderungen für das Recht der KGaA. Klargestellt wurde jedoch, dass es sich bei der KGaA um eine juristische Person handelt.[14] Allerdings wurde versäumt, sich daraus ergebende Folgeänderungen im Gesetzestext vorzunehmen. Insbesondere war das Konstrukt der Gesamtheit der Kommanditaktionäre als eigenständigem Personenverband, das sich noch in den §§ 278 Abs. 2 und 287 Abs. 2 AktG findet, hinfällig geworden.[15] Auch das Aktiengesetz 1965 führte zu keiner grundsätzlichen Änderung des Rechts der KGaA.[16] Die Änderungen des Aktienrechts in der Folgezeit führten teilweise zu Folgeänderungen bei den Vorschriften über die KGaA, hatten aber keine grundsätzlichen Änderungen des Rechts der KGaA zum Gegenstand. Auf das Recht der KGaA wirkten sich auch Änderungen anderer Gesetze, wie der des MitbestG (vgl. → § 79 Rn. 69 ff.)[17] und das Handelsrechtsreformgesetz (vgl. → § 78 Rn. 31), aus.[18]

II. Heutige Bedeutung

Die KGaA hat heute ihren festen Platz in der Palette der zur Verfügung stehenden Rechtsformen gefunden[19]. Von der Mitte der 50er Jahre bis zur ersten Hälfte der 90er Jahre blieb die Anzahl der Kommanditgesellschaften auf Aktien relativ stabil. Sie schwankte zwischen 25 und 30 Gesellschaften.[20] Nie hat es in Deutschland so viele KGaAs gegeben wie heute[21]. Mit der Anerkennung der GmbH & Co. KG (→ § 76 Rn. 5) erwachte die KGaA aus ihrem mehr als 50 Jahre währenden „Dornröschenschlaf". Derzeit dürfte es **etwa 350 KGaAs** geben.[22] Während früher Banken[23] und Unternehmen aus der Getränke- und Lebensmittelbranche[24] stark unter den KGaAs vertreten waren, finden sich jetzt KGaAs

---

[13] Spindler/Stilz AktG/*Bachmann*, 4. Aufl. 2019, § 278 Rn. 1.
[14] MüKoAktG/*Perlitt*, 5. Aufl. 2020, Vorb. § 278 Rn. 17; K. Schmidt/Lutter AktG/*K. Schmidt*, 3. Aufl. 2015, § 278 Rn. 1; Bürgers/Körber AktG/*Förl/Fett*, 4. Aufl. 2017, § 278 Rn. 1.
[15] *Kessler* NZG 2005, 145 f.; *Mertens* FS Barz, 1974, 253 (256 ff.).
[16] Vgl. zu den Änderungen durch das Aktiengesetz 1965 *Sethe* Die personalistische Kapitalgesellschaft S. 81 f.
[17] Gesetz vom 4.5.1976, BGBl. 1976 I S. 1153.
[18] Gesetz vom 22.6.1998, BGBl. 1998 I S. 1474; MüKoAktG/*Perlitt*, 5. Aufl. 2020, Vorb. § 278 Rn. 28.
[19] *Fett/Stütz* NZG 2017, 1121.
[20] Vgl. *Lieder/Hoffmann* AG 2016, 704, *Sethe* Die personalistische Kapitalgesellschaft S. 561; GroßkommAktG/*Assmann/Sethe*, 4. Aufl. 2001, Vorb. § 278 Rn. 44 ff., vgl. auch *Haase* GmbHR 1997, 917 (918). *Sethe* Die personalistische Kapitalgesellschaft S. 561 und *Haase* GmbHR 1997, 918 weisen darauf hin, dass die KGaAs eine überdurchschnittliche Kapitalausstattung aufweisen. Das durchschnittliche Grundkapital liegt bei 80 Mio. gegenüber 43 Mio. bei der AG und 0,45 Mio. bei der GmbH. Genaue Angaben über Finanzausstattung einzelner KGaAs bei *Wichert* Finanzen der KGaA S. 79 ff.
[21] *Lieder/Hoffmann* AG 2016, 704.
[22] Eine Abfrage über www.handelsregister.de im November 2019 ergab, dass 359 Gesellschaften in der Rechtsform der KGaA registriert sind. Überblick über die Entwicklung der Anzahl der KGaAs im Zeitraum 1880–2016 bei *Lieder/Hoffmann* AG 2016, 704, Bis Mitte der neunziger Jahre lag die Anzahl bei rund 30 Gesellschaften, vgl. auch KölnKommAktG/*Mertens/Cahn*, 4. Aufl. 2015, Vorb. § 278 Rn. 6.
[23] Die KGaA wird insbesondere von den Banken als Rechtsform gewählt, die familiengeführt sind oder waren, und bei denen noch natürliche Personen als Komplementäre haften, was nach der Bankenkrise als vertrauensbildend angesehen wurde, zB Privatbank B. Metzler seel. Sohn & Co. KGaA; MM Warburg & Co. KGaA; Merkur Bank KGaA; Sal. Oppenheim jr. & Cie. AG & Co. KGaA. Andere ursprüngliche Privatbanken, die in der Form der KGaA organisiert waren, haben mit Übernahme durch eine große Bankengruppe die Rechtsform in die AG gewechselt, wie zB Weberbank und Trinkaus.
[24] Henninger Bräu KGaA; Schwartau GmbH & Co. KGaA; Wicküler-Küppers Brauerei KGaA.

in allen Branchen und auch unter den DAX-Unternehmern.[25] Neben Familien- oder familiendominierten Unternehmen[26] finden sich von Private Equity gehaltene Unternehmen,[27] Joint-Ventures und reine Erwerbs- und Holdinggesellschaften, insbesondere Immobilien- und Vermögensverwaltungsgesellschaften. Die Rechtsform der KGaA wird immer dann als Alternative zur AG in die Strukturüberlegungen einbezogen, wenn der Wunsch nach größtmöglicher Flexibilität[28] bei der Corporate Governance besteht, insbesondere zur Sicherung des Einflusses einer bestimmten Gesellschaftergruppe oder zur Abmilderung der Mitbestimmung (vgl. dazu → § 79 Rn. 69) bei gleichzeitiger Wahrung der Möglichkeit der Eigenkapitalaufnahme bei Dritten.[29]

4 Auch mit derzeit über 350 KGaAs ist die Verbreitung im Vergleich zu anderen Organisationsformen immer noch gering. Den 350 KGaAs stehen rund eine Million GmbHs und über 15.000 AGs gegenüber. Nur die SE bewegt sich mit rund 400 Gesellschaften in vergleichbarer Größenordnung[30]. Gründe für die verhältnismäßig geringe Verbreitung waren bis 1997 die unbeschränkte persönliche Haftung des Komplementärs, heute ist es mehr die vermeintlich komplexe Struktur, verbleibende Rechtsunsicherheiten und die angebliche mangelnde Akzeptanz im Kapitalmarkt[31].

5 Wendepunkt in der Entwicklung der KGaA war das **Urteil des BGH vom 24.2.1997**[32]. Mit diesem Urteil entschied der BGH die bis dahin in der Rechtsprechung und Literatur umstrittene Frage, ob eine Kapitalgesellschaft alleinige persönlich haftende Gesellschafterin einer KGaA sein kann. Für den BGH gab es keine Gesichtspunkte, die es rechtfertigen würden, die KGaA in dieser Hinsicht anders zu behandeln als die KG und der Gestaltungsfreiheit insoweit Grenzen zu setzen. So wurde die KGaA wieder als Rechtsformalternative attraktiv, weil sie die Vorteile der Kapitalgesellschaft, nämlich eigene Rechtspersönlichkeit, Haftungsbegrenzung und Börsenfähigkeit, mit den Vorteilen der Personengesellschaft, insbesondere Gestaltungsfreiheit bei der Ausgestaltung der Beziehung der Gesellschafter untereinander, verbindet.[33] Innerhalb von 20 Jahren hat sich seit dieser Entscheidung des BGH die Zahl der in der Rechtsform der KGaA verfassten Gesellschaften mehr als verzehnfacht.[34] Die KGaA wurde zunehmend als Rechtsformalternative für familienkontrollierte, mittelständische Unternehmen, die Zugang zum Kapitalmarkt suchen, angesehen. Mittelständische Unternehmen können ihren wachsenden Kapitalbedarf, der einerseits durch den aus der Globalisierung folgenden schärferen Wettbewerb und Innovationsbedarf und andererseits durch den anstehenden Generationswechsel mit den damit verbundenen Abfindungsproblemen entsteht, nur durch Eigenkapitalbeschaffung am organisierten Kapitalmarkt lösen.[35] Die

---

[25] DAX 30: Fresenius SE & Co. KGaA Fresenius Medical Care AG & Co. KGaA, Henkel AG & Co. KGaA, Merck KGaA; MDAX: CTS EVENTIM AG & Co. KGaA, HELLA GmbH & Co. KGaA; SDAX: Cewe Stiftung & Co. KGaA, DWS Group GmbH & Co. KGaA, TecDAX Drägerwerk AG & Co. KGaA.

[26] ZB Bertelsmann SE & Co. KGaA; zur heutigen Bedeutung auch *Johannsen-Roth/Kießling* FS Marsch-Barner, 2018, 273 f.

[27] Die TIG Themis Industries Group GmbH Co & KGaA ist zB eine börsennotierte Industrieholding, die als PE Investor in mittelständische Unternehmen mit Restrukturierungsbedarf investiert (www.themis-industries.de).

[28] Spindler/Stilz AktG/*Bachmann*, 4. Aufl. 2019, § 278 Rn. 2.

[29] *Fett/Stütz* NZG 2017, 1121 (1123), *Schnorbus* Liber amicorum für Martin Winter, 2011, 628.

[30] *Lieder/Hoffmann* AG 2016, 704 (707)).

[31] *Fett/Stütz* NZG 2017, 1121, mwN.

[32] BGH ZIP 1997, 1027 f. (BGHZ 134, 392); vgl. dazu *Hennerkes/Lorz* DB 1997, 1388 ff.; *Herfs* WiB 1997, 688.

[33] *Fett/Stütz* NZG 2017, 1121 (1123), *Hasselbach/Ebbinghaus* DB 2015, 1269 ff., *Kruse/Domning/Frechen* DStR 2017, 2440 (2441 ff.), *Mayer-Uellner/Otte* NZG 2015, 737 (738), *Hartel* Die Unternehmer-AG, 1996, 74; *Hoffmann-Becking/Herfs* FS Sigle, 2000, 275; *Schilling* BB 1998, 1905 ff.

[34] *Johannsen-Roth/Kießling* FS Marsch-Barner, 2018, 273 f.

[35] *Hasselbach/Ebbinghaus* DB 2015, 1269 ff., *Hoffmann-Becking/Herfs* FS Sigle, 2000, 273 ff.; *Ladwig/Motte* DStR 1996, 800 f.; *Claussen* FS Heinsius, 1991, 63; grundsätzlich zur Eigenkapitalproblematik

KGaA ist als Rechtsform insbesondere in den Fällen interessant, in denen ein noch aktiver Unternehmer oder eine Unternehmerfamilie eines mittelständischen Unternehmens Zugang zum Kapitalmarkt sucht, sich aber den Einfluss im Unternehmen, zumindest für eine Übergangsphase, sichern will.[36] Es gibt aber auch große Unternehmen, bei denen die Rechtsform der KGaA zur Sicherung des Einflusses der Familie oder einer Familienstiftung gewählt wurde. Immerhin gehören mit der Henkel AG & Co. KGaA, Merck KGaA, Fresenius Medical Care AG & Co. KGaA und Fresenius SE & Co. KGaA vier Unternehmen in der Rechtsform der KGaA zum DAX 30.[37] Zur Sicherung des Familieneinflusses bei gleichzeitigem Zugang zum Kapitalmarkt steht als Alternative nur die Ausgabe von Vorzugsaktien an neue Investoren zur Verfügung. Dies schafft aber zwei Klassen von Aktien, was die Liquidität beider Gattungen reduziert, und bringt in Bezug auf Corporate Governance den außenstehenden Aktionären keinen wirklichen Vorteil. Durch die 50% Grenze (§ 139 Abs. 2 AktG) ist die Kapitalaufnahme durch Ausgabe neuer Aktien unter Wahrung des Familieneinflusses begrenzt. Die Flexibilität der KGaA als Rechtsform erlaubt, den Familieneinfluss entsprechend den jeweiligen Bedürfnissen auszugestalten.[38] Zu Recht ist darauf hingewiesen worden, dass auch in den USA bei erfolgreichen börsennotierten Unternehmen die Kontrolle von der Höhe der Kapitalbeteiligung getrennt wird[39]. Beispiele sind Facebook, LinkedIn und Alibaba, die von ihren Gründern ohne mehrheitliche Kapitalbeteiligung kontrolliert werden. Bei den genannten Gesellschaften wird dies über unterschiedliche Klassen von Aktien oder Sonderrechte erreicht.[40] Die Akzeptanz der Rechtsform der KGaA wurde zuletzt dadurch bestätigt, dass die Deutsche Bank die Rechtsform der KGaA für den Börsengang der DWS-Gruppe im Jahr 2018 wählte.[41]

Aus ähnlichen Überlegungen haben auch viele Bundesligavereine die Rechtsform der KGaA gewählt, insbesondere in der Form der GmbH & Co. KGaA. Der DFB hatte 1998 beschlossen, den Profivereinen die Ausgliederung des Lizenzspielbetriebs in eine Kapitalge-

---

bei mittelständischen Unternehmen: Kommission „Zweiter Börsenmarkt", Börsenzugang für kleinere und mittlere Unternehmen, hrsg. vom Ministerium für Wirtschaft, Mittelstand und Technologie Baden-Württemberg, 1987; *Albach/Corte/Friedewald/Lutter/Richter,* Die Regulierung des Aktienrechts: Das Drei-Stufen-Modell, 1988, S. 232; *Reuter* Welche Maßnahmen empfehlen sich insbesondere im Gesellschafts- und Kapitalmarktrecht, um die Eigenkapitalausstattung der Unternehmen langfristig zu verbessern?, Gutachten B zum 55. Deutschen Juristentag, Band I. 1984, S. B1–B122; *Schmidt* JZ 1984, 771 (772); vgl. auch Handelsblatt vom 4.5.1994/Nr. 86, S. 21, Die GmbH & Co. KG auf Aktien als eine „ideale Unternehmer AG".

[36] *Meyer-Uellner/Otte* NZG 2015, 737 (738); „*Die Kapitalgesellschaft & Co. KGaA stellt somit die ideale Rechtsform für börsenwillige Familienunternehmer dar, für die ein beständiger, möglichst ungestörter und bleibender Einfluss auf das Unternehmensführung auch nach dem Börsengang sehr hohe Bedeutung hat*". Vgl. hierzu auch *Volhard,* Das Gesellschaftsrecht in der Rechtsprechung des BGH (Stellungnahme), in RWS-Forum 1997, S. 224: „*Es handelt sich um einen Zwitter. Jemand will zwar an das Geld anderer Leute, aber doch noch entscheiden können.*"

[37] Die Henkel AG & CO. KGaA ist eine Einheitsgesellschaft, bei der alle Aktien an der AG als Komplementärin von der KGaA selbst gehalten werden. Bei der Merck KGaA ist eine KG Komplementärin, die von der Familie gehalten wird, aber noch andere Aktivitäten hat. Die Mitglieder der Geschäftsleitung sind selbst pHGs ohne Komplementäreinlage. Die Komplementärin der Fresenius Medical Care AG & Co. KGaA ist die Fresenius Medical Care Management AG ohne Komplementäreinlage, die von der Fresenius SE & Co. KGaA gehalten wird. Die Fresenius SE & Co. KGaA entstand durch Umwandlung der Fresenius SE. Beim Formwechsel wurden gleichzeitig die Vorzugsaktien in Stammaktien umgewandelt. Alleinige Komplementärin ist die Fresenius Management SE, die von der Fresenius Stiftung gehalten wird, die mit etwas mehr als 30% am Grundkapital beteiligt ist.

[38] *Hasselbach/Ebbinghaus* DB 2015, 1269 (1271), *Krause* Liber amicorum für Martin Winter, 2011, 351 f. Wolfert NWB 2019, 1516 ff. mit Hinweisen zur steuerlichen Strukturierung einer Familiengesellschaft in eine KGaA.

[39] *Hasselbach/Ebbinghaus* DB 2015, 1269 ff.

[40] *Hasselbach/Ebbinghaus* DB 2015, 1269, Fn. 2.

[41] Siehe Prospectus for the Public Offering of DWS Group GmbH &. Co. KGaA vom 13.3.2018.

sellschaft zu erlauben. Dadurch sollten die Finanzierungsmöglichkeiten verbessert und Sponsoren eine direkte Beteiligung ermöglicht werden.[42] Allerdings galt weiter die sog. „50 +1" Regel, wonach der Mutterverein nach der Ausgliederung des Lizenzspielbetriebs in eine GmbH oder AG die Mehrheit der Stimmrechte halten muss. Bei einer KGaA reicht es aus, wenn der Mutterverein oder ein von ihm zu 100 % beherrschtes Tochterunternehmen die Stellung des Komplementärs hat und uneingeschränkt vertretungs- und geschäftsführungsbefugt ist.[43] Aufgrund dieser Regelungen ist die GmbH & Co. KGaA für die Vereine besonders attraktiv und bei Ausgliederung der Lizenzspielbetriebs die am häufigsten gewählte Rechtsform.[44] Sie erlaubt die größtmögliche Kapitalaufnahme. Die Aktien können komplett gestreut werden, sofern der Mutterverein einziger Gesellschafter der Komplementär-GmbH ist.[45] Der einzige börsennotierte Bundesligaverein ist derzeit die Borussia Dortmund GmbH & Co. KGaA.[46]

7 Die KGaA wird oft eine Übergangsrechtsform sein.[47] Von den 26 im Jahr 1988 bestehenden KGaAs gibt zB heute nur noch zehn. Die übrigen sind umgewandelt worden.[48] Die KGaA kann einem bisher als personalistische Gesellschaft geführten Unternehmen den Weg an die Börse erleichtern. Bei Rückzug der Familien- oder Gründungsgesellschafter bietet sich eine Umwandlung in eine AG an.[49] Die Akzeptanz der Rechtsform der KGaA im Kapitalmarkt wurde durch erfolgreiche Börsengänge und Begebung von Anleihen bewiesen.[50] Von den derzeitigen KGaAs sind rund 30 börsennotiert, einige davon im Freiverkehr.[51]

---

[42] *Weber* GmbHR 2013, 631.
[43] Ligaverband Satzung § 8 Nr. 2; dazu *Weber* GmbHR 2013, 631 (632).
[44] *Fett/Stütz* NZG 2017, 1121 (1124).
[45] Vgl. *Lieder/Hoffmann* AG 2016, 704 (709), *Fett/Stütz* NZG 2017, 1121 (1124), *Weber* GmbHR 2013, 631 (633 ff.); *Habel/Strieder* NZG 1998, 929 ff.; *Wagner* VZG 1999, 469 (476 ff.); *Siebold/Wichert* SpuRt 1998, 138 ff. Beispiele aus dem Bereich des Profi-Fußballs sind: [1. Bundesliga] Borussia Dortmund GmbH & Co KGaA, Hannover 96 GmbH & Co. KGaA, Werder Bremen GmbH & Co. KGaA, FC Augsburg 1907 GmbH & Co KGaA, Hertha BSC GmbH & Co. KGaA, FC Köln GmbH & Co. KGaA, [2. Bundesliga] SpVgg Greuther Fürth GmbH & Co. KGaA, TSV München von 1860 GmbH & Co. KGaA, Eintracht Braunschweig GmbH & Co. KGaA.
[46] Vgl. zur Konzernstruktur und Corporate Governance der Borussia Dortmund GmbH & Co. KGaA *Weber* GmbHR 2013, 631 (635 ff.). Der Ballspielverein Dortmund 09 eV hält nur 5,53 % der Aktien, aber 100 % der Anteile an der Komplementärin Borussia Dortmund Geschäftsführungs-GmbH.
[47] MüKoAktG/*Perlitt,* 5. Aufl. 2020, Vorb. § 278 Rn. 3.
[48] Überblick bei *Lieder/Hoffmann* AG 2016, 704 (706 ff.).
[49] Ein Beispiel für die Nutzung der KGaA als Übergangsrechtsform ist die Umwandlung der Fresenius Medical Care AG (FMC AG) in die Fresenius Medical Care AG & Co. KGaA im Jahr 2005.
[50] **IPO**s: Hier handelt es sich insbesondere um Gesellschaften mit hoher Familienbeteiligung (Merck, Drägerwerk, Hella), Investmentgesellschaften (DWS); Banken. **1995:** Merck & Co. KGaA, eff-eff Fritz Fuss GmbH & Co. KGaA; Mühlbauer Holding AG & Co. KGaA; Lindner Holding KGaA; AIG International Real Estate; kritisch zum Börsengang der eff-eff Fritz Fuss GmbH & Co. KGaA *Binz* in FAZ Nr. 258 vom 6.11.1995, S. 24. 1998: 1 & 1 Aktiengesellschaft & Co. KGaA; **1999:** Mühlbauer Holding & Co KGaA; **1999:** Merkur Bank KGaA; **2000:** Borussia Dortmund GmbH & Co. KGaA; **2001:** H&R GmbH & Co. KGaA 2005: Leonardo Venture GmbH & Co. KGaA, **2007:** Fonterelli GmbH & Co. KGaA, **2008:** Essential Invest GmbH & Co. KGaA, Glasauer Swiss KGaA, Klima Investment GmbH & Co. KGaA; **2010:** Ströer SE & Co. KG, Drägerwerk AG & Co. KGaA; **2014:** Hella GmbH & Co. KGaA; 2016: ProCredit Holding AG &Co. KGaG; **2018:** DWS Group GmbH & Co. KGaA. **Anleihen:** Die Claas KGaA hat 1999 eine Euroanleihe über 100 Mio. und 2003 Schuldverschreibungen in den USA über USD 200 Mio. platziert. Die Fresenius SE hat 2008 eine Pflichtwandelanleihe in Höhe von 554 Mio. EUR auf Aktien an der Fresenius Medical Care AG & Co. KGaA begeben; vgl. zur KGaA als börsennotiertes Unternehmen. Bertelsmann SE & Co. KGaA hat seit Umwandlung in eine KGaA im Jahr 2012 Anleihen im Volumen von 3,6 Mrd. EUR begeben. *Wieneke/Fett* in Bürgers/Fett, Die KGaA, 2. Aufl. 2015, § 10.
[51] *Lieder/Hoffmann* AG 2016, 704 (707). Stand. Gesellschaften im regulierten Markt: **Prime Standard:** Borussia Dortmund GmbH & Co. KGaA, CEWE Stiftung & Co. KGaA, CTS Eventim

III. Vor- und Nachteile der KGaA

Die Vorteile der KGaA sind die größere Flexibilität bei der Gestaltung der Satzung (dazu → Rn. 11), insbesondere bei den Rechten der Komplementäre bei gleichzeitiger Wahrung der Möglichkeit der Eigenkapitalaufnahme über den Kapitalmarkt, die Privilegierung bei der Mitbestimmung (dazu → § 79 Rn. 69) und – allerdings in immer geringer werdendem Umfang – steuerliche Vorteile für unternehmerisch beteiligte Familien.[52] Bei einer AG kumulieren die Gewerbe- und Körperschaftssteuer, die die Aktiengesellschaft abzuführen hat, mit der Abgeltungssteuer von 25% auf die dem Unternehmer zufließende Dividende zuzüglich des Solidaritätszuschlags. Die Gesamtsteuerbelastung für den Unternehmer kann bei um die 50% liegen.[53] Die KGaA als Mischform zwischen Personen– und Kapitalgesellschaft unterliegt einer gespaltenen Besteuerung.[54] Die Besteuerung der Komplementäre erfolgt nach den Grundsätzen der Besteuerung von Personengesellschaftern während die KGaA selbst und ihre Aktionäre steuerlich als Kapitalgesellschaften bzw. Kapitalgesellschafter behandelt werden (vgl. → § 82 Rn. 3, 7). Das hat zunächst die Konsequenz, dass die Gewinnanteile des Komplementärs sowie die Tätigkeitsvergütung als gewerbliche Einkünfte iSd § 15 Abs. 1 Nr. 3 EStG gelten.[55] Dies bringt für den Unternehmer, der mit Sondereinlage als Komplementär beteiligt ist, den Vorteil, dass Verluste aus der KGaA unmittelbar mit anderen Einkünften verrechenbar sind, soweit ein horizontaler Verlustausgleich zulässig ist, was insbesondere in Investitions- und Aufbauphasen vorteilhaft sein kann.[56] Da die an den Komplementär gezahlten Gewinnanteile und Vergütungen als Betriebsausgaben den Gewinn der KGaA mindern, tritt eine steuerliche Doppelbelastung nicht ein (vgl. → § 82 Rn. 12).[57] Dies gilt auch für die Gewerbesteuer. Zwar werden gem. § 8 Nr. 4 GewStG die Gewinnanteile und Vergütungen des Komplementärs bei der gewerbesteuerlichen Gewinnermittlung hinzugerechnet, die Gewerbesteuer wird aber auf der Ebene des Komplementärs durch § 35 EStG oder, falls der Komplementär eine KG ist, durch § 9 Nr. 2b GewStG weitgehend eliminiert.[58] Der frühere Vorteil in der Bewertung von

---

AG & Co. KGaA, Drägerwerk AG & Co. KGaA, DWS Group GmbH & Co. KGaA, Fresenius SE & Co. KGaA, Fresenius Medical Care AG & Co. KGaA, H&R GmbH & Co. KGaA, HELLA GmbH & Co. KGaA, Henkel AG & Co. KGaA, HORNBACH Holding AG & Co. KGaA, KWS SAAT SE & Co. KGaA, Merck KGaA, Paragon GmBH & Co. KGaA; Ströer SE & Co. KGaA; **General Standard**: KSB SE & Co. KGaA; NorCom Information Technology GmbH & Co. KGaA; Sto SE & KGaA.

[52] Überblick über Vor- und Nachteile der KGaA bei *Kruse/Doming/Frechen* DStR 2017, 2440 (2441 ff.); *Hasselbach/Ebbinghaus* DB 2015, 1269 f.; *Eiff/Otte* GWR 2015, 246; *Otte*, Die AG & Co KGaA, 2010, S. 32 ff.; *Habersack* FS Hellwig, 2010, 143 ff.; *Flämig* FS Peltzer, 2001, 99; *Hoffmann-Becking/Herfs* FS Sigle, 2000, 273 (276 ff.); *Haase* GmbHR 1997, 917 (918 ff.); *Kallmeyer* DStR 1994, 977 (982); *Ladwig/Motte* DStR 1997, 1539 ff.; *Ladwig/Motte* DStR 1996, 800 (807); *Claussen* GmbHR 1996, 73 (79); *Hennerkes/May* BB 1988, 2393 (2397); *Hennerkes/Lorz* DB 1997, 1388; *Sethe* Die personalistische Kapitalgesellschaft S. 108 ff.; *Graf* Kapitalgesellschaft & Co. KG auf Aktien S. 19 ff.; MüKoAktG/*Perlitt*, 5. Aufl. 2020, § 278 Rn. 280 ff.; Spindler/Stilz AktG/*Bachmann*, 4. Aufl. 2019, § 278 Rn. 4 ff.; KölnKommAktG/*Mertens/Cahn*, 3. Aufl. 2015, Vorb. § 278 Rn. 7 f.

[53] *Watrin/Wittkowski/Strohm* GmbHR 2007, 785 (789). Die Gesamtsteuerbelastung auf den erzielten Gewinn hängt von dem Gewerbesteuermessbetrag und evtl. Kirchensteuer ab.

[54] Überblick zur Besteuerung der KGaA bei *Kollruss* FR 2016, 203 ff., MüKoAktG/*Perlitt*, 5. Aufl. 2020, Vor § 278 Rn. 80 ff.

[55] Spindler/Stilz AktG/*Bachmann*, 4. Aufl. 2019, § 278 Rn. 8 f.

[56] *Lorz* Die GmbH und Co. KGaA und ihr Weg an die Börse in: VGR (Hrsg.), Gesellschaftsrecht in der Diskussion, Jahrestagung 1998, VGR Band I, 1999, S. 54–70; vgl. zur steuerlichen Gestaltungsmöglichkeit *Fischer* DStR 1997, 1519 ff.; *Niedner/Kusterer* DB 1997, 1451 ff. und DB 1997, 2010 ff.; *Hennerkes/Lorz* DB 1997, 1388 (1389).

[57] Spindler/Stilz AktG/*Bachmann*, 4. Aufl. 2019, § 278 Rn. 8.

[58] *Rohrlack* in Blümich, EStG, KStG, GewStG 2018, EStG § 35 Rn. 362 f.; vgl. auch MüKoAktG/ *Perlitt*, 5. Aufl. 2020, Vorb. § 278 Rn. 84.

Komplementäranteilen für Zwecke der Schenkungs- und Erbschaftssteuer[59] ist durch die Reform des Erbschafts- und Bewertungsrechts,[60] durch die die Bewertung eines Unternehmens von seiner Rechtsform gelöst wurde, weitgehend entfallen. Unternehmer, die über Sondereinlagen an der KGaA beteiligt sind, können von einer Verschonung von der Erbschaftsteuer gem. § 13a ErbStG unter den dort genannten Voraussetzungen profitieren, während bei einer Beteiligung an einer AG die Verschonung erst bei einer Beteiligung von 25 % eintritt (§ 13b Abs. 1 Nr. 3 ErbStG).[61] In letzter Zeit wurde die KGaA auch bei Akquisitionen genutzt, um steuerliches Abschreibungspotential zu schaffen, sog. "KGaA-Modell".[62]

9 Die **Nachteile** der KGaA sind die komplexe Struktur, (vgl. nachfolgend → Rn. 10 ff.), die persönliche Haftung des Komplementärs und die drohende Auflösung bei Ausscheiden des letzten Komplementärs. Die letzten beiden Nachteile lassen sich durch Einschaltung einer Komplementärgesellschaft vermeiden.[63] Teilweise wird die komplexe Struktur, die schwache Rolle des Aufsichtsichtsrats und die startke Stellung des Komplementärs als nachteilig für die Kapitalmarktfähigkeit der KGaA gesehen.[64] Die Akzeptanz am Kapitalmarkt hängt aber letztlich nicht von der Struktur, sondern vom Geschäftsmodell ab.[65]

IV. Rechtsnatur und Erscheinungsformen

10 **1. Rechtsnatur.** Die KGaA ist im Aktiengesetz geregelt, historisch hat sie sich aber aus der Kommanditgesellschaft entwickelt.[66] In § 278 Abs. 1 AktG ist deshalb ausdrücklich klargestellt, dass die KGaA wie die AG eine juristische Person ist. Das Aktiengesetz enthält in §§ 278 ff. AktG nur wenige Sonderregelungen für die KGaA. Ansonsten gelten nach § 278 Abs. 2 und 3 AktG sowohl die Vorschriften des HGB über die Kommanditgesellschaft als auch die Vorschriften des Aktiengesetzes über die Aktiengesellschaft. Die KGaA ist daher eine **Mischform** aus Kommanditgesellschaft und Aktiengesellschaft.[67] Mit der AG hat die KGaA die Zerlegung eines Teils des Kapitals in Aktien und die Börsenfähigkeit gemeinsam. Die Nähe zur Aktiengesellschaft zeigt sich deutlich im UmwG. Nach § 78 S. 4 UmwG

---

[59] *Lorz* wie Fn. 56, S. 67 ff. mit konkretem Berechnungsbeispiel.

[60] BGBl. 2008 I S. 3018 ff.

[61] *Geck* ZEV 2008, 557 (562 f.); *Otte* Die AG & Co. KGaA S. 39 f.; *Bengel/Reimann* in Beck'sches Notarhandbuch, 5. Aufl. 2009, C. Erbrecht Rn. 295 ff.

[62] grundlegend zum KGaA-Modell, *Hageböke*, Das KGaA Modell, 2008, S. 125–173; *Bruski* FR 2001, 181 (187); BFH DStR 2017, 193 ff.; *Hageböke* Der Konzern 2016, 126 ff.

[63] *Otte*, Die AG & Co KGaA, 2010, S. 42 ff.; Spindler/Stilz AktG/*Bachmann*, 4. Aufl. 2019, § 278 Rn. 7.

[64] Vgl. zuletzt *Mayer-Uelner* NZG 2015, 737 (742); *Wienecke/Fett* in Bürgers/Fett, Die KGaA, 2. Aufl. 2015, § 10 Rn. 27.

[65] Das zeigen die sehr erfolgreichen und hoch bewerteten US-Internet Gesellschaften wie Facebook, Alphabet/Google, LinkedIn, Groupon, die alle von ihren Gründern kontrolliert werden, die nicht mehr die Kapitalmehrheit halten. Dies wird ermöglicht durch die Ausgabe verschiedener Aktiengattungen. Vgl. hierzu *Hasselbach/Ebbinghaus* DB 2015, 1269, Fn. 2. Kapitalmarktfähigkeit bejahend auch *Kruse/Domming/Frechen* DStR 2017, 2440 (2444). Fresenius Medical Care berichtete im **Dezember 2017** auf ihrer Website, dass rund 28 % des Streubesitzes in Nordamerika und 36 % in Großbritannien gehalten werden, allesamt Länder, in denen die Rechtsform der KGaA unbekannt ist. Ein Bewertungsabschlag wird in der Regel nicht auf die Struktur der KGaA zurückführen sein, sondern darauf, dass sie übernahmeresistent ist, vgl. *Otte*, Die AG & Co KGaA, 2010, S. 50. Zustimmend.

[66] MüKoAktG/*Perlitt*, 5. Aufl. 2020, Vorb. § 278 Rn. 9 ff.

[67] *Fett/Stütz* NZG 2017, 1122 (1123 f.); *K. Schmidt*, 4. Aufl. 2002, GesR S. 811; MüKoAktG/ *Perlitt*, 5. Aufl. 2020, Vorb. § 278 Rn. 29; Bürgers/Körber AktG/*Förl/Fett*, 4. Aufl. 2017, § 278 Rn. 3 f.; K. Schmidt/Lutter AktG/*K. Schmidt*, 3. Aufl. 2015, § 278 Rn. 1; Hüffer/*Koch* AktG, 14. Aufl. 2020, AktG § 278 Rn. 1; Spindler/Stilz AktG/*Bachmann*, 4. Aufl. 2019, § 278 Rn. 1 bezeichnet die KGaA als „Zwitterform"; GroßkommAktG/*Assmann/Sethe*, 4. Aufl. 2001, § 278 Rn. 3; *Otte*, Die AG & Co KGaA, 2010, S. 32 ff.; *Habersack* FS Hellwig, 2010, 143 ff.

gelten bei Verschmelzungen die Aktiengesellschaft und die KGaA nicht als Rechtsträger anderer Rechtsform. Mit der Kommanditgesellschaft hat die KGaA gemeinsam, dass es **zwei Gesellschaftergruppen** mit unterschiedlichen Rechten gibt: die persönlich haftenden Gesellschafter und die Kommanditaktionäre. Es muss mindestens ein persönlich haftender Gesellschafter vorhanden sein.[68] Die gesetzliche Regelung versucht, den Gegensatz von Personen- und Kapitalgesellschaft zu überwinden und die Vorzüge beider Rechtsformen zu verbinden.[69] Das Verhältnis der Gesellschaftergruppen zueinander sowie die Führungsstruktur wird überwiegend durch das Recht der Kommanditgesellschaft, die Kapitalstruktur (mit Ausnahme des Komplementärkapitals) durch das Recht der Aktiengesellschaft bestimmt.[70]

Die Vereinigung von Elementen der Kommanditgesellschaft und der Aktiengesellschaft führt zu einer komplexen gesellschaftsrechtlichen Struktur und Regelungstechnik. Gesellschaftsrechtlich sind **fünf verschiedene Rechtsbeziehungen** zu unterscheiden, für die grundsätzlich[71] entweder die Vorschriften für die Kommanditgesellschaft oder für die Aktiengesellschaft gelten: **11**

– für das Verhältnis der Komplementäre untereinander gelten die Vorschriften über die Kommanditgesellschaft (§ 278 Abs. 2 AktG);
– für das Verhältnis der Kommanditaktionäre untereinander gelten die Vorschriften des Aktiengesetzes (§ 278 Abs. 3 AktG);
– für das Verhältnis zwischen den persönlich haftenden Gesellschaftern und der Gesamtheit der Kommanditaktionäre gelten die Vorschriften über die Kommanditgesellschaft (§ 278 Abs. 2 AktG);
– für das Verhältnis zwischen den persönlich haftenden Gesellschaftern und Dritten gelten die Vorschriften über die Kommanditgesellschaft (§ 278 Abs. 2 AktG);
– für das Verhältnis der KGaA als solcher zu Dritten gelten aufgrund ihrer Eigenschaft als juristische Person die Vorschriften des Aktiengesetzes.

Die Rechtslage wird noch komplizierter, wenn eine Komplementärgesellschaft eingeschaltet wird. Für die **Binnenorganisation der Komplementärgesellschaft** gilt dann wieder das jeweilige auf die Komplementärgesellschaft anwendbare Gesellschaftsrecht. In die Binnenorganisation wird dann oft über Organe der KGaA eingegriffen, etwa durch das Recht eines Gesellschafterausschusses der KGaA, die Geschäftsleitung der Komplementärgesellschaft zu bestellen. Die Binnenorganisation der KGaA und der Komplementärgesellschaft müssen miteinander verzahnt werden.[72] **12**

Für das Nebeneinander von aktienrechtlichen und handelsrechtlichen Vorschriften für die KGaA gilt eine dreifach gestaffelte **Normenhierarchie**. Soweit nicht durch ausdrückliche Verweisung die Vorschriften des Handelsgesetzbuches Anwendung finden, gelten die Vorschriften des Aktiengesetzes. Innerhalb des Aktiengesetzes gilt wiederum das Spezialitätsprinzip, dh die Sonderbestimmungen über die KGaA gehen den allgemeinen aktienrechtlichen Bestimmungen vor (§ 278 Abs. 3 AktG).[73] Bei der Prüfung, welches Recht gem. § 278 AktG auf ein Rechtsverhältnis anwendbar ist, ist in drei Schritten vorzugehen: **13**

---

[68] Spindler/Stilz AktG/*Bachmann*, 4. Aufl. 2019, § 278 Rn. 15; K. Schmidt/Lutter AktG/*K. Schmidt*, 3. Aufl. 2015, § 278 Rn. 2; Bürgers/Körber AktG/*Förl/Fett*, 4. Aufl. 2017, § 278 Rn. 2, Bürgers/Körber AktG/*Förl/Fett*, 4. Aufl. 2017, § 278 Rn. 2.
[69] *Fischer*, Die Personenvereinigungen, Die Aktiengesellschaft, Die Kommanditgesellschaft auf Aktien in: Handbuch des gesamten Handelsrechts, Band 3, 1916, S. 9; nach Spindler/Stilz AktG/*Bachmann*, 4. Aufl. 2019, § 278 Rn. 2 sind das insbesondere Börsenfähigkeit und Flexibilität.
[70] MüKoAktG/*Perlitt*, 5. Aufl. 2020, Vorb. § 278 Rn. 29; GroßkommAktG/*Assmann/Sethe*, 4. Aufl. 2001, § 278 Rn. 5, Bürgers/Körber AktG/*Förl/Fett*, 4. Aufl. 2017, § 278 Rn. 5 ff.
[71] Möglich ist auch, dass das Aktienrecht dort ergänzend zur Anwendung kommt, wo das an sich anwendbare Personengesellschaftsrecht oder die Satzung keine Regelung getroffen haben, vgl. BGH ZIP 2005, 348 (349).
[72] Siehe für die AG & Co. KGaA, *Otte*, Die AG & Co KGaA, 2010, S. 51 u. 68 ff.
[73] Überblick über die anwendbaren Vorschriften bei GroßkommAktG/*Assmann/Sethe*, 4. Aufl. 2001, § 278 Rn. 3–6; MüKoAktG/*Perlitt*, 5. Aufl. 2020, § 278 Rn. 263; Spindler/Stilz AktG/*Bach-*

Zunächst ist zu prüfen, ob das zu untersuchende Rechtsverhältnis in den §§ 279–290 AktG geregelt ist. Diese Vorschriften enthalten die aktienrechtlichen Spezialregelungen für die KGaA, die als lex specialis immer vorgehen. Ist dies nicht der Fall, ist zu untersuchen, ob das betreffende Rechtsverhältnis in § 278 Abs. 2 AktG angesprochen ist. Wird dies bejaht, gilt Personengesellschaftsrecht. Lässt sich das Rechtsverhältnis nicht unter § 278 Abs. 2 AktG subsumieren, gilt gem. § 278 Abs. 3 AktG das Aktienrecht. § 278 Abs. 3 AktG hat Auffangcharakter, was sich aus dem Wortlaut „im Übrigen" ergibt.[74] Die Verweisungsvorschriften in § 278 Abs. 2 und 3 AktG differenzieren nach den beiden Gesellschaftergruppen, Komplementäre und Kommanditaktionäre, und den sich daraus ergebenden Rechtsbeziehungen. § 278 Abs. 2 AktG ordnet das Verhältnis der Komplementäre untereinander, das Verhältnis zwischen Komplementären und der Gesamtheit der Kommanditaktionäre sowie das Verhältnis zwischen den Komplementären und Dritten dem Personengesellschaftsrecht zu. Das Aktienrecht gilt gem. § 278 Abs. 3 AktG für das Verhältnis der Kommanditaktionäre untereinander sowie für das Verhältnis der KGaA als juristische Person zu Dritten. Als Faustformel gilt folgende Abgrenzung: Das Innenverhältnis der beiden Gesellschaftergruppen (Komplementäre und Gesamtheit der Kommanditaktionäre) und die Führungsstruktur der KGaA unterliegen dem Recht der KG, die Kapitalstruktur und die Rechte der Kommanditaktionäre richten sich nach dem Aktienrecht.[75] Problematisch sind Sachverhalte, die sich nicht eindeutig oder dem Schwerpunkt nach Abs. 2 oder Abs. 3 zuordnen lassen. Dies gilt zB für Satzungsänderungen, weil die Satzung aus personengesellschaftsrechtlichen als auch aktienrechtlichen Elementen besteht (vgl. → § 79 Rn. 48), aber auch für die Kompetenzen des Aufsichtsrats, weil der Aufsichtsrat ein aktienrechtliches Organ ist, seine Rechte aber in die dem Personengesellschaftsrecht unterliegende Geschäftsführungs- und Vertretungsbefugnis der Komplementäre eingreifen. Der BGH hat z.B entschieden, dass der Aufsichtsrat die KGaA gegenüber den Komplementären analog. § 112 AktG vertritt, weil dadurch Interessenkollisionen vermieden werden[76] (vgl. → § 79 Rn. 66). Richtig ist, dass sich nicht alle Fragen durch die Faustformel beantworten lassen. Die KGaA ist eine Sonderform der Aktiengesellschaft, Wenn der Sachverhalt sich nicht eindeutig verorten lässt, sollten aktienrechtliche Wertungen daher bei der Lösung ergänzend berücksichtigt werden.[77]

14 **2. Gestaltungsfreiheit.** Soweit die Vorschriften des Handelsgesetzbuchs über die Kommanditgesellschaft Anwendung finden, gilt nicht die **Formenstrenge** des Aktienrechts, die durch § 23 Abs. 5 AktG begründet wird. Insoweit besteht in den Grenzen des Personengesellschaftsrechts Gestaltungsfreiheit.[78]

15 Bei der **Gestaltung der Binnenverfassung** der KGaA sind somit die Rechtsbeziehungen der Komplementäre zu den Kommanditaktionären und der Komplementäre unter-

---

mann, 4. Aufl. 2019, § 278 Rn. 21; *Fett* in Bürgers/Fett, Die KGaA, 2. Aufl. 2015, § 3 Rn. 3 ff.; Bürgers/Körber AktG/*Förl/Fett*, 4. Aufl. 2017, § 278 Rn. 4 ff.

[74] Vgl. hierzu *Fett/Stütz* NZG 2017, 1121 (1122); *Fett* in Bürgers/Fett, Die KGaA, 2. Aufl. 2015, § 3 Rn. 3 ff.; *Cahn* AG 2001, 579 (580 f.); Bürgers/Körber AktG/*Förl/Fett*, 4. Aufl. 2017, § 278 Rn. 9.

[75] BGHZ 134, 392 (396); GroßkommAktG/*Assmann/Sethe*, 4. Aufl. 2001, § 278 Rn. 5; *Krause* Liber amicorum für Martin Winter, 2011, 352 f.; Spindler/Stilz AktG/*Bachmann*, 4. Aufl. 2019, § 278 Rn. 25 f.; MüKoAktG/*Perlitt*, 5. Aufl. 2020, Vorb. § 278 Rn. 29.

[76] BGH AG 2005, 239 f.

[77] Spindler/Stilz AktG/*Bachmann*, 4. Aufl. 2019, § 278 Rn. 24; Bürgers/Körber AktG/*Förl/Fett*, 4. Aufl. 2017, § 278 Rn. 10.

[78] Dies wird für die in der Rechtsform der KGaA organisierten Unternehmen als der Vorteil schlechthin angesehen, vgl. *Kruse/Domming/Frechen* DStR 2017, 2440 (2441 f.); *Beyer*, Die KGaA, 2004, S. 504; *Otte*, Die AG & Co. KGaA, 2010, S. 36; insbesondere zur Gestaltungsfreiheit bei der Schaffung von fakultativen Organen; *Schnorbus* Liber amicorum für Martin Winter, 2011, 631 ff.; *Habersack* FS Hellwig, 2010, 143 ff.; vgl. auch *Fett/Stütz* NZG 2017, 1122 f.; MüKoAktG/*Perlitt*, 5. Aufl. 2020, Vorb. § 278 Rn. 29 ff.; Bürgers/Körber AktG/*Förl/Fett*, 4. Aufl. 2017, § 278 Rn. 11; *Koch* in Hüffer/Koch AktG, 14. Aufl. 2020, AktG § 278 Rn. 2.

einander für eine individuelle gesellschaftsvertragliche Gestaltung offen, dh insbesondere die Ausgestaltung der Geschäftsführung und der Mitwirkungsrechte der Kommanditaktionäre bei Geschäftsführungsmaßnahmen können den Bedürfnissen der jeweiligen Gesellschaft angepasst werden. Die Gestaltungsfreiheit ist allerdings in zweifacher Hinsicht eingeschränkt. Zunächst gelten die allgemeinen Grenzen für die Gestaltungsfreiheit bei Personengesellschaften, insbesondere der Grundsatz der Selbstorganschaft, das Abspaltungsverbot, die Kernbereichslehre und der Bestimmtheitsgrundsatz.[79] Der BGH hat in diesem Zusammenhang erwogen, ob bei atypisch ausgestalteten KGaAs mit einer Kapitalgesellschaft als alleinigem Komplementär zum Schutz der Kommanditaktionäre die für die Publikums-KG entwickelten Grundsätze zur Einschränkung der Gestaltungsfreiheit anzuwenden sind (vgl. dazu → § 79 Rn. 19),[80] wobei argumentiert wird, dass die persönliche Haftung das Korrelat für die Gestaltungsfreiheit sei.[81] Des Weiteren ergeben sich aber auch Grenzen der Gestaltungsfreiheit aus den Vorschriften des Aktiengesetzes über die KGaA.[82] So gelten gem. § 283 AktG eine Reihe von Vorschriften, die für den Vorstand der AG verbindlich sind, sinngemäß auch für die persönlich haftenden Gesellschafter. Diese Erstreckung ist zwingend.[83] Zwingend ist auch die Zuständigkeit der Hauptversammlung für die Feststellung des Jahresabschlusses gem. § 286 AktG (vgl. unter → § 81 Rn. 12).

Von vornherein der **Gestaltungsfreiheit entzogen** sind die Rechte und Pflichten der **16** Kommanditaktionäre, die Bestimmungen über Aufbringung, Erhalt und Änderung des Aktienkapitals sowie die Rechte von Hauptversammlung und Aufsichtsrat. Bei der Frage, ob die Kompetenzen des Aufsichtsrats durch die Satzung verändert werden können, wird aber wieder die hybride Struktur der KGaA deutlich. Die Kompetenzen des Aufsichtsrats können nicht eingeschränkt werden – insoweit gilt Aktienrecht –, sie können aber im Hinblick auf Mitwirkungsrechte bei der Geschäftsführung erweitert werden, zumindest an das Niveau des Aktienrechts herangeführt werden (§ 111 Abs. 4 AktG), denn die Geschäftsführung durch die Komplementäre unterliegt Personengesellschaftsrecht und ist insoweit satzungsdispositiv (vgl. → § 79 Rn. 67 ff.).[84]

3. Ausgestaltung der KGaA. Das Rechtsverhältnis zwischen Komplementären und **17** Kommanditaktionären kann innerhalb der aufgezeigten Grenzen entsprechend den jeweiligen Bedürfnissen frei gestaltet werden.[85] Dies erlaubt verschiedene Erscheinungsformen der KGaA.[86] Als Eckpunkte dieses Gestaltungsspielraums lassen sich die **„personalistische Gesellschaft"**, bei der der Schwerpunkt der Befugnisse im Bereich der Geschäftsführung bei den Komplementären liegt, und die „kapitalistische Gesellschaft" oder **„hauptver-**

---

[79] Überblick über die Grenzen der Gestaltungsfreiheit bei *Sethe* Die personalistische Kapitalgesellschaft S. 115 ff.; *Heermann* ZGR 2000, 61 (63 ff.); *Wichert* Finanzen der KGaA S. 60 ff.; *Wichert* AG 1999, 362 (365 ff.); MüKoAktG/*Perlitt*, 5. Aufl. 2020, Vorb. § 278 Rn. 35 ff.; Hüffer/*Koch* AktG, 14. Aufl. 2020, AktG § 278 Rn. 19a; Spindler/Stilz AktG/*Bachmann*, 4. Aufl. 2019, § 278 Rn. 57 ff.; *Reger* in Bürgers/Fett, Die KGaA, 2. Aufl. 2015, § 5 Rn. 7 ff.; *Schnorbus* Liber amicorum für Martin Winter, 2011, 631 ff.; Bürgers/Körber AktG/*Förl/Fett*, 4. Aufl. 2017, § 278 Rn. 11.
[80] BGHZ 139, 392 (399 f.); vgl. hierzu auch *Ladwig/Motte* DStR 1997, 1539 (1540); *Striedel/Habel* BB 1997, 1375. *Halasz/Kloster/Kloster* GmbHR 2002, 77 (80 ff.).
[81] *Schaumburg/Schulte*, Die KGaA, 2000, Rn. 54 mwN.
[82] MüKoAktG/*Perlitt*, 5. Aufl. 2020, § 278 Rn. 35; Spindler/Stilz AktG/*Bachmann*, 4. Aufl. 2019, § 278 Rn. 28 ff.
[83] *Kallmeyer* DStR 1994, 977 (978), MüKoAktG/*Perlitt*, 5. Aufl. 2020, § 278 Rn. 136; Spindler/Stilz AktG/*Bachmann*, 4. Aufl. 2019, § 278 Rn. 56; K. Schmidt/Lutter AktG/*K. Schmidt*, 4. Aufl. 2019, § 278 Rn. 34.
[84] *Kallmeyer* DStR 1994, 977 (978); MüKoAktG/*Perlitt*, 5. Aufl. 2020, § 287 Rn. 50 ff.; Spindler/Stilz AktG/*Bachmann*, 4. Aufl. 2019, § 287 Rn. 16 ff.; K. Schmidt/Lutter AktG/*K. Schmidt*, 3. Aufl. 2015, § 287 Rn. 13 f.; KölnKommAktG/*Mertens/Cahn*, 3. Aufl. 2015, § 287 Rn. 25.
[85] MüKoAktG/*Perlitt*, 5. Aufl. 2020, Vorb. § 278 Rn. 38.
[86] *Kruse/Domming/Frechen* DStR 2017, 2440 (2441 f.); Spindler/Stilz AktG/*Bachmann*, 4. Aufl. 2019, § 278 Rn. 3.

sammlungsorientierte KGaA", bei der die Kommanditaktionäre entscheidende Mitspracherechte bei der Geschäftsführung haben, hervorheben.[87] Die kapitalistische KGaA kann dabei auch als aufsichtsratsdominierte Organisation ausgestaltet werden. Hier nimmt der Aufsichtsrat oder ein von den Kommanditaktionären bestelltes fakultatives Organ (Gesellschafterausschuss) die Rechte der Kommanditaktionäre wahr.[88] Die personalistische Ausgestaltung wird insbesondere dann in Betracht kommen, wenn eine Familiengesellschaft in eine KGaA umgewandelt wird und der bisherige Unternehmer weiterhin das Unternehmen leiten soll, während die Aktien von reinen Kapitalgebern oder Familienmitgliedern gehalten werden, die an der Unternehmensführung nicht interessiert sind. In einer personalistischen Gesellschaft wird in der Satzung die Stellung des persönlich haftenden Gesellschafters als Geschäftsführungsorgan der KGaA verstärkt. Dem Aufsichtsrat werden bloß Überwachungs- und Informationsrechte, aber keine Zustimmungs- oder Mitwirkungsrechte bei Geschäftsführungsmaßnahmen eingeräumt, das gesetzliche Zustimmungserfordernis der Hauptversammlung zu außergewöhnlichen Geschäften (§ 164 HGB) wird ausgeschlossen und alle wesentlichen Beschlüsse der Hauptversammlung werden der Zustimmung des persönlich haftenden Gesellschafters unterworfen.[89] Die kapitalistische Ausgestaltung bietet sich in den Fällen an, in denen das Eigentum am Unternehmen bei mehreren Familienstämmen liegt und die Unternehmensleiter keine Familienmitglieder, sondern von außen geworbene Führungskräfte sind, die durch die Stellung als persönlich haftende Gesellschafter besonders hervorgehoben werden sollen.[90] Die kapitalistische Gesellschaft beruht wie die sonigen Kapitalgesellschaften auf dem Prinzip der Trennung von Kapital und Management. Die geschäftsführenden persönlich haftenden Gesellschafter werden durch Entscheidung der Hauptversammlung oder des Aufsichtsrats in die Gesellschaft aufgenommen. Der Aufsichtsrat hat Zustimmungsrechte bei wichtigen Geschäftsführungsmaßnahmen.

18 Daneben wird zwischen der **gesetzestypischen KGaA und der atypischen KGaA** unterschieden. Bei der gesetzestypischen KGaA sind natürliche Personen als Komplementäre beteiligt, die gemäß § 278 Abs. 3 AktG iVm § 161 Abs. 2 HGB für die Verbindlichkeiten der Gesellschaft haften. Die typische KGaA findet sich vor allem im Bereich der Privatbanken. Sofern die Bank Mitglied im Einlagensicherungsfonds ist, müssen die beherrschenden Gesellschafter ohnehin eine Haftungserklärung gegenüber dem Einlagensicherungsfond abgeben, sodass die persönliche Haftung als Komplementär kein wesentliches zusätzliches Risiko darstellt. Bei der atypischen KGaA wird der wesentliche Nachteil der KGaA, nämlich die persönliche Haftung des Komplementärs, dadurch umgangen, dass eine Kapitalgesellschaft oder eine GmbH & Co. KG als alleiniger persönlich haftender Gesellschafter eingesetzt wird.[91] Dies hat den weiteren Vorteil, dass dadurch der Bestand der Gesellschaft gesichert ist. Da die KGaA mindestens einen Komplementär haben muss, kann bei natürlichen Personen als Komplementären der Tod oder das Ausscheiden des letzten Komplementärs zu einer Auflösung der Gesellschaft führen (vgl. → § 78 Rn. 48). Eine persönliche Haftung der Komplementäre wird auch verhindert, wenn die KGaA als eine

---

[87] *Knur* FS Flume, 1978, 174 f.; *Claussen* FS Heinsius, 1991, 65 ff.; *Sethe* AG 1996, 289 (290); *Kallmeyer* DStR 1994, 977.

[88] *Theisen* DBW 49 (1989), 137 (140); zur Verlagerung von Kompetenzen auf einen Gesellschafterausschuss *Schnorbus* Liber amicorum für Martin Winter, 2011, 628 ff.; zur Frage, ob bei einer Publikums-KGaA stärkere Rechte für den Aufsichtsrat zwingend sind vgl. → § 79 Rn. 19, 20.

[89] *Kruse/Domming/Frechen* DStR 2017, 2440 (2441); *Schürmann/Groh* BB 1995, 684 (685); *Knur* FS Flume, 1978, 174 f.; *Theisen* DBW 49 (1989), 137 (147); *Hoffmann-Becking/Herfs* FS Sigle, 2000, 273 (276 ff.).

[90] *Kruse/Domming/Frechen* DStR 2017, 2440 (2441); *Knur* FS Flume, 1978, 174 f.; *Claussen* FS Heinsius, 1991, 61 ff.; weitere Übersicht zu möglichen Gestaltungsformen bei: Spindler/Stilz AktG/ Bachmann, 4. Aufl. 2019, § 278 Rn. 3; K. Schmidt/Lutter AktG/K. Schmidt, 3. Aufl. 2015, § 278 Rn. 15; Hüffer/Koch AktG, 14. Aufl. 2020, § 278 Rn. 6.

[91] Das ist heute der Regelfall, vgl. *Hasselbach/Ebbinghaus* DB 2015, 1269 (1270).

Holdinggesellschaft ausgestaltet wird, deren Tochtergesellschaft in der Rechtsform einer Kapitalgesellschaft das operative Geschäft betreibt.[92]

§ 77 Gründung, Kapital und Aktien, Auflösung und Abwicklung

Übersicht

	Rn.		Rn.
I. Gründung	1–17	c) Auflösung durch Eröffnung des Insolvenzverfahrens über das Vermögen der Gesellschaft (§ 131 Nr. 3 HGB)	35, 36
1. Gründungsbeteiligte	1		
2. Gründungsverfahren	2, 3		
3. Satzung	4–6		
4. Firma	7–10	d) Auflösung aus wichtigem Grund durch gerichtliche Entscheidung (§ 131 Nr. 4 HGB)	37, 38
5. Gründung durch Umwandlung	11–17		
II. Aktien und Einlagen	18–28		
1. Aktien	18–20	3. Auflösung durch Kündigung	39–42
2. Einlagen der persönlich haftenden Gesellschafter	21–27	a) Kündigung durch Komplementäre oder Kommanditaktionäre	39–41
3. Gesellschafterdarlehen	28	b) Kündigung durch Beschluss der Gesellschafter	42
III. Auflösung der KGaA	29–46		
1. Überblick	29–31	4. Auflösungsgründe nach Aktienrecht	43
2. Auflösungsgründe nach HGB	32–38		
a) Auflösung durch Zeitablauf (§ 131 Nr. 1 HGB)	33	5. Keine weiteren Auflösungstatbestände	44, 45
b) Auflösung der Gesellschaft durch Gesellschafterbeschluss (§ 131 Nr. 2 HGB)	34	6. Anmeldung, Folgen der Auflösung	46
		IV. Abwicklung	47

Schrifttum: *Bürgers/Fett,* Die Kommanditgesellschaft auf Aktien, München, 2. Auflage 2015; *Fischer,* Die Besteuerung der KGaA und ihrer Gesellschafter, DStR 1997, 1519–1526; *Halasz/Kloster/Kloster,* Umwandlungen von GmbH und GmbH Co. KG in eine GmbH Co. KGaA, GmbH 2002, 310–320. und 359–369.; *Hartel,* Umwandlung einer GmbH & Co. KG in eine KG auf Aktien, DB 1992, 2329–2335; *Kallmeyer,* Der Einsatz von Spaltung und Formwechsel nach dem UmwG 1995 für die Zukunftssicherung von Familienunternehmen, DB 1996, 28–30; *Schaumburg,* Die KGaA als Rechtsform für den Mittelstand, DStZ 1998, 525–544; *Schrick,* Überlegungen zur Gründung einer kapitalistischen KGaA aus dem Blickwinkel der Unternehmerfamilie, NZG 2000, 409–413; vgl. im Übrigen die Literaturhinweise zu § 76.

I. Gründung

1. Gründungsbeteiligte. Trotz der zwei Gesellschaftergruppen (→ § 76 Rn. 10) ist bei der KGaA gem. § 280 Abs. 1 S. 1 AktG eine **Einmanngründung** möglich.[1] Der Komplementär kann auch schon bei der Gründung alle Aktien übernehmen.Bis zum Inkrafttreten des UMAG[2] waren mindestens fünf verschiedene Personen erforderlich, die die Satzung feststellen. Nunmehr ist es zulässig, dass Die Gesellschafter, die die Satzung festgestellt haben, gelten als Gründer (§ 280 Abs. 3 AktG). Sie unterliegen der Gründerhaftung nach § 46 AktG und der strafrechtlichen Verantwortung nach § 399 Abs. 1 Nr. 1 und 2

1

---

[92] Vgl. zum Holding-Konzept MüKoAktG/*Perlitt,* 5. Aufl. 2020, § 278 Rn. 276 ff.; *Claussen* FS Heinsius, 1991, 72; Beispiel für eine Holdingstruktur ist Fresenius SE & Co. KGaA.

[1] MüKoAktG/*Perlitt,* 5. Aufl. 2020, § 280 Rn. 4; Hüffer/*Koch* AktG, 14. Aufl. 2020, § 280 Rn. 2; Spindler/Stilz AktG/*Bachmann,* 4. Aufl. 2019, § 280 Rn. 2; K. Schmidt/Lutter AktG/*K. Schmidt,* 3. Aufl. 2015, § 280 Rn. 3; GroßkommAktG/*Assmann/Sethe,* 4. Aufl. 2001, § 280 Rn. 13; *Dreisow* WpG 1976, 658; *Dreisow* DB 1977, 851 (852); Bürgers/Körber AktG/*Förl/Fett,* 4. Aufl. 2017, § 278 Rn. 2, § 280 Rn. 2.

[2] BGBl. 2005 I S. 2802. Mit dem UMAG hat der Gesetzgeber für die KGaA die Änderungen nachvollzogen, die für die Aktiengesellschaft schon durch das Gesetz über die kleine Aktiengesellschaft und die Deregulierung des Aktienrechts vom 2.8.1994 gemacht worden sind.

AktG.³ Alle persönlich haftenden Gesellschafter müssen sich gemäß § 280 Abs. 2 S. 1 AktG an der Gründung beteiligen.⁴ Nicht alle bereits zum Zeitpunkt der Gründung als Kommanditaktionäre vorgesehenen Personen müssen an der Gründung mitwirken und sich der Gründungshaftung aussetzen. Sie können nach der Gesellschaftsgründung Aktien der Gesellschaft nach allgemeinen Regeln rechtsgeschäftlich erwerben. Sollen auch bereits vorgesehene persönlich haftende Gesellschafter vor einer Gründerhaftung geschützt werden und deshalb erst später eintreten, kann der spätere Eintritt als Komplementär nach der Gründung nur nach den Regeln, die für die Aufnahme neuer Gesellschafter gelten (vgl. hierzu → § 78 Rn. 4), erfolgen, grundsätzlich also nur durch Satzungsänderung.

2 **2. Gründungsverfahren.** Die Gründung der KGaA kann als **Bar- oder Sachgründung**, letztere zB durch Einbringung des bisher in der Rechtsform der Personengesellschaft geführten Unternehmens, erfolgen.⁵ Die an der Gründung beteiligten Personen müssen sämtliche Aktien übernehmen. Die Aktien können auch insgesamt von den Komplementären oder auch nur von einem von ihnen übernommen werden. Die persönlich haftenden Gesellschafter müssen nicht zwingend eine Vermögenseinlage erbringen.⁶ Im Übrigen gelten für die Gründung der KGaA die allgemeinen Vorschriften der §§ 23–53 AktG (vgl. → § 76 Rn. 13, zur Gründung der AG vgl. § 3), soweit sich aus den Vorschriften über die KGaA keine Besonderheiten ergeben. Den ersten Aufsichtsrat und den Abschlussprüfer bestellen die Kommanditaktionäre unter den Gründern. Die persönlich haftenden Gesellschafter dürfen an der Bestellung nicht beteiligt werden, selbst dann nicht, wenn sie Aktien übernommen haben und gleichzeitig Kommanditaktionäre sind. Das Stimmverbot des § 285 Abs. 1 S. 2 Nr. 1 und 6 AktG (vgl. → § 79 Rn. 37) gilt auch bei der Gründung. Eine Ausnahme besteht, wenn die Komplementäre alle Aktien übernommen haben.⁷

3 Sämtliche Gründer einschließlich der persönlich haftenden Gesellschafter haben einen **Gründungsbericht** gemäß § 32 AktG zu erstatten (→ § 3 Rn. 26). Nach § 33 Abs. 1 AktG ist eine Gründungsprüfung vorzunehmen (→ § 3 Rn. 27). Beteiligt an der Gründungsprüfung sind nicht nur die Mitglieder des Aufsichtsrats, sondern gemäß § 283 Nr. 2 AktG auch die persönlich haftenden Gesellschafter anstelle des Vorstands nach Aktienrecht. Da die persönlich haftenden Gesellschafter zwingend auch Mitgründer sind, hat stets eine **Gründungsprüfung durch unabhängige Prüfer** nach § 33 Abs. 2 AktG stattzufinden (→ § 3 Rn. 28).⁸ Die Gründungsprüfung bezieht sich nicht auch auf die Einlagen der persönlich haftenden Gesellschafter. Dies ist in der Literatur teilweise gefordert worden, weil sich die Bewertung der Einlagen auf die Verteilung des Gewinns zwischen den persönlich haftenden Gesellschaftern und der Gesamtheit der Kommanditaktionäre auswirkt. Die Erstreckung der Gründungsprüfung auf die Einlagen der persönlich haftenden Gesellschafter schütze daher

---

[3] Hüffer/*Koch* AktG, 14. Aufl. 2020, § 280 Rn. 3; MüKoAktG/*Perlitt*, 5. Aufl. 2020, § 280 Rn. 18; GroßkommAktG/*Assmann/Sethe*, 4. Aufl. 2001, § 280 Rn. 17; Spindler/Stilz AktG/*Bachmann*, 4. Aufl. 2019, § 280 Rn. 17; K. Schmidt/Lutter AktG/*K. Schmidt*, 3. Aufl. 2015, § 280 Rn. 4.
[4] Bürgers/Körber AktG/*Förl/Fett*, 4. Aufl. 2017, § 280 Rn. 3.
[5] Vgl. zur Gründung einer KGaA durch Einbringung des bisher in einer GmbH & Co. KG geführten Unternehmens, *Hartel* DB 1992, 2329 (2333); *Halasz/Kloster/Kloster* GmbHR 2002, 310 (311 ff.).
[6] MüKoAktG/*Perlitt*, 5. Aufl. 2020, § 281 Rn. 17; GroßkommAktG/*Assmann/Sethe*, 4. Aufl. 2001, § 281 Rn. 17; Spindler/Stilz AktG/*Bachmann*, 4. Aufl. 2019, § 281 Rn. 7; K. Schmidt/Lutter AktG/*K. Schmidt*, 3. Aufl. 2015, § 281 Rn. 7; Bürgers/Körber AktG/*Förl/Fett*, 4. Aufl. 2017, § 281 Rn. 5.
[7] MüKoAktG/*Perlitt*, 5. Aufl. 2020, § 280 Rn. 19 ff. GroßkommAktG/*Assmann/Sethe*, 4. Aufl. 2001, § 280 Rn. 19; Spindler/Stilz AktG/*Bachmann*, 4. Aufl. 2019, § 280 Rn. 6; K. Schmidt/Lutter AktG/*K. Schmidt*, 3. Aufl. 2015, § 280 Rn. 6; Bürgers/Körber AktG/*Förl/Fett*, 4. Aufl. 2017, § 280 Rn. 5.
[8] MüKoAktG/*Perlitt*, 5. Aufl. 2020, § 280 Rn. 22; Hüffer/*Koch* AktG, 14. Aufl. 2020, § 283 Rn. 2; GroßkommAktG/*Assmann/Sethe*, 4. Aufl. 2001, § 280 Rn. 20; Spindler/Stilz AktG/*Bachmann*, 4. Aufl. 2019, § 280 Rn. 7 f.; K. Schmidt/Lutter AktG/*K. Schmidt*, 3. Aufl. 2015, § 280 Rn. 7; Bürgers/Körber AktG/*Förl/Fett*, 4. Aufl. 2017, § 280 Rn. 6.

künftige Kommanditaktionäre.⁹ Das Verhältnis zwischen dem oder den persönlich haftenden Gesellschaftern und der Gesamtheit der Kommanditaktionäre unterliegt aber Personengesellschaftsrecht. Die Vorschriften über die Gründungsprüfung sind insoweit nicht anwendbar. Die Gründungsprüfung soll im Interesse der Gläubiger die ordnungsgemäße Errichtung und Kapitalaufbringung einer Aktiengesellschaft sicherstellen. Die Frage, ob intern eine sachgerechte Gewinnverteilung stattfindet, berührt Gläubigerinteressen nicht.¹⁰

3. Satzung. Die Satzung muss von den Gründern festgestellt und notariell beurkundet werden. Die Satzung hat die Angaben nach § 23 Abs. 2 und Abs. 3 AktG zu enthalten. Zudem müssen nach § 281 Abs. 1 AktG Namen, Vornamen und Wohnort jedes persönlich haftenden Gesellschafters aufgeführt sowie nach § 281 Abs. 2 AktG die **Einlagen der persönlich haftenden Gesellschafter,** sofern sie solche erbringen, nach Art und Höhe in der Satzung festgesetzt werden. Dies gilt nicht für Einlagen auf das Grundkapital gegen Übernahme von Aktien durch einen persönlich haftenden Gesellschafter.¹¹ Die vereinbarten Einlagen müssen in der Satzung so beschrieben werden, dass sie eingefordert und als geleistet anerkannt werden können. Zulässig ist es aber, nur einen Rahmen für die Höhe der Einlage zu bestimmen, dh eine Unter- oder Obergrenze für eine Geldeinlage festzusetzen. Dies ermöglicht es dem persönlich haftenden Gesellschafter, sofern die jeweilige Einlage sich im satzungsmäßigen Rahmen bewegt, beliebig Zuführungen und Entnahmen ohne Satzungsänderung zu tätigen.¹²

Besondere Vorteile, die zugunsten eines persönlich haftenden Gesellschafters vereinbart sind, unterliegen den Vorschriften des § 26 AktG und bedürfen daher einer Festsetzung in der Satzung (vgl. dazu → § 79 Rn. 24 und → § 3 Rn. 10). Sondervorteile sind alle Vergütungen und Leistungen, die der Komplementär über die gesetzlichen Vorschriften hinaus, also Verzinsung der Vermögenseinlage mit 4% (§ 278 Abs. 3 AktG iVm § 168 Abs. 1 HGB) und weitere angemessene Gewinnbeteiligung (§ 278 Abs. 2 AktG iVm § 138 Abs. 2 HGB) erhält.¹³ Als Sondervorteil gilt eine Tätigkeitsvergütung für den Komplementär¹⁴ (vgl. dazu → § 79 Rn. 24), die deshalb einer Grundlage in der Satzung bedarf, nicht hingegen eine angemessene Haftungsvergütung. Wegen der unklaren gesetzlichen Regelung empfiehlt sich die Aufnahme von Satzungsbestimmungen über die Bestimmung des Gewinnanteils der Komplementäre (vgl. dazu → § 81 Rn. 22) und der sonstigen Leistungen an die Komplementäre.¹⁵

---

⁹ GroßkommAktG/*Assmann/Sethe*, 4. Aufl. 2001, § 281 Rn. 24; KölnKommAktG/*Mertens/Cahn*, 3. Aufl. 2015, § 280 Rn. 10; *Sethe*, Die personalistische Kapitalgesellschaft, 1996, S. 186; *Sethe* DB 1998, 1044 (1046); *Halasz/Kloster/Kloster* GmbHR 2002, 310 (313).
¹⁰ So auch MüKoAktG/*Perlitt*, 5. Aufl. 2020, § 278 Rn. 47 ff., § 280 Rn. 23, § 281 Rn. 31 f.; *Arnold*, GmbH & Co. KGaA, 2001, S. 24; *Schaumburg/Schulte*, Die KGaA, 2004, Rn. 21; *Bürgers* in Bürgers/Fett, Die KGaA, 2. Aufl. 2015, § 4 Rn. 35; K. Schmidt/Lutter AktG/*K. Schmidt*, 3. Aufl. 2015, § 280 Rn. 7; Spindler/Stilz AktG/*Bachmann*, 4. Aufl. 2019, § 280 Rn. 12 f.; Bürgers/Körber AktG/*Förl/Fett*, 4. Aufl. 2017, § 281 Rn. 6.
¹¹ MüKoAktG/*Perlitt*, 5. Aufl. 2020, § 281 Rn. 18; *Reger* in Bürgers/Fett, Die KGaA, 2. Aufl. 2015, § 5 Rn. 242; K. Schmidt/Lutter AktG/*K. Schmidt*, 3. Aufl. 2015, § 281 Rn. 7; Bürgers/Körber AktG/*Förl/Fett*, 4. Aufl. 2017, § 281 Rn. 1 f.
¹² GroßkommAktG/*Assmann/Sethe*, 4. Aufl. 2001, § 281 Rn. 16; einschränkend KölnKommAktG/*Mertens/Cahn*, 3. Aufl. 2015, § 281 Rn. 14 ff.; MüKoAktG/*Perlitt*, 5. Aufl. 2020, § 281 Rn. 22; Spindler/Stilz AktG/*Bachmann*, 4. Aufl. 2019, § 281 Rn. 8, 12: Rahmen für Einlage muss eng sein, weil sonst Informationszweck der Satzung verfehlt wird; Bürgers/Körber AktG/*Förl/Fett*, 4. Aufl. 2017, § 281 Rn. 7 f.
¹³ MüKoAktG/*Perlitt*, 5. Aufl. 2020, § 281 Rn. 41 f.; GroßkommAktG/*Assmann/Sethe*, 4. Aufl. 2001, § 281 Rn. 33; Spindler/Stilz AktG/*Bachmann*, 4. Aufl. 2019, § 281 Rn. 16.
¹⁴ MüKoAktG/*Perlitt*, 5. Aufl. 2020, § 281 Rn. 43; GroßkommAktG/*Assmann/Sethe*, 4. Aufl. 2001, § 281 Rn. 34; Spindler/Stilz AktG/*Bachmann*, 4. Aufl. 2019, § 281 Rn. 16; Bürgers/Körber AktG/*Förl/Fett*, 4. Aufl. 2017, § 278 Rn. 31.
¹⁵ *Schlitt*, Satzung der KGaA, 1999, S. 224.

6 Die Rechte und Pflichten der persönlich haftenden Gesellschafter untereinander sowie ihre Rechtsbeziehungen zu der Gesamtheit der Kommanditaktionäre brauchen in der Satzung nicht geregelt zu werden. Es gelten dann gemäß § 278 Abs. 2 AktG die gesetzlichen Vorschriften über die Kommanditgesellschaft. In der Regel wird jedoch von der insoweit bestehenden Gestaltungsfreiheit Gebrauch gemacht. Die Satzung der KGaA wird daher eine Vielzahl von **Sonderregelungen** enthalten, die die Rechte der persönlich haftenden Gesellschafter betreffen, wie zB Gewinnbeteiligungen, Entnahmen, Rechte bei der Geschäftsführung, Regeln über das Ausscheiden von persönlich haftenden Gesellschaftern. Die Satzung einer KGaA wird üblicherweise umfangreicher sein als die einer AG.[16] Soweit die Satzung keine Regelung trifft, gelten die gesetzlichen Regeln über die Kommanditgesellschaft.

7 **4. Firma.** Für die Firmenbildung gelten die allgemeinen Grundsätze des § 18 HGB. Die KGaA kann auch eine aus dem Namen eines persönlich haftenden Gesellschafters abgeleitete **Personenfirma** bilden.[17] Die Firma muss gem. § 279 Abs. 1 AktG die Bezeichnung „Kommanditgesellschaft auf Aktien" oder „KGaA" enthalten. Bei einer juristischen Person als persönlich haftende Gesellschafterin ist wie bei der GmbH & Co. KG der Grundsatz der Firmenunterscheidbarkeit zu beachten. Die von der Rechtsprechung zur GmbH & Co. KG entwickelten Grundsätze sind auf die Kapitalgesellschaft & Co. KGaA zu übertragen.[18]

8 Ist keine natürliche Person haftender Gesellschafter, muss die Firma gem. § 279 Abs. 2 AktG eine Bezeichnung enthalten, die die Rechtsfom des persönlich haftenden Gesellschafters erkennen lässt. Die Abgrenzung von der Kapitalgesellschaft durch den Zusatz"& Co" schließt sich die Rechtsform des Komplementärs an wie etwa „(Firma) GmbH & Co. KGaA".[19]

9 Ist der Komplementär eine **GmbH & Co. KG,** können die Grundsätze, die für die sogenannte doppelstöckige GmbH & Co. KG entwickelt worden sind, übernommen werden. Es muss also nicht der Firmenzusatz „GmbH & Co." verdoppelt werden, um deutlich zu machen, dass eine GmbH & Co. KG und nicht eine GmbH persönlich haftender Gesellschafter ist. Dies bedeutet, dass sowohl die KGaA mit einer GmbH als Komplementär als auch mit einer GmbH & Co. KG als Komplementär jeweils als „GmbH & Co. KGaA" firmieren können.[20]

10 Auf **Geschäftsbriefen** müssen die Namen der persönlich haftenden Gesellschafter aufgeführt werden. Handelt es sich dabei nicht um natürliche Personen, sind die §§ 177a, 125a HGB, § 35a GmbHG und § 80 AktG analog anzuwenden. Danach sind auf Geschäfts-

---

[16] MüKoAktG/*Perlitt*, 5. Aufl. 2020, § 281 Rn. 59; Bürgers/Körber AktG/*Förl/Fett*, 4. Aufl. 2017, § 281 Rn. 4. Mustersatzung z.B bei Hopt/*Herfs/Scholz*, Vertrags- und Formularbuch, 4. Aufl. 2013, Form II. E.3.3; Böhm/Burmeister/*Favoccia*, Münchener Vertragshandbuch Gesellschafts-, 8. Aufl. 2018, Form V.148.

[17] MüKoAktG/*Perlitt*, 5. Aufl. 2020, § 279 Rn. 3; GroßkommAktG/*Assmann/Sethe*, 4. Aufl. 2001, § 279 Rn. 6; Spindler/Stilz AktG/*Bachmann*, 4. Aufl. 2019, § 279 Rn. 2; K. Schmidt/Lutter AktG/ *K. Schmidt*, 3. Aufl. 2015, § 279 Rn. 2; *Dierksen/Möhrle* ZIP 1998, 1377 (1379).

[18] Vgl. zum Grundsatz der Firmenunterscheidbarkeit bei GmbH & Co. KG *Jurick* DB 1974, 1753 ff. mwN; Anwendbarkeit auf KGaA: *Graf*, Kapitalgesellschaft & Co. KG auf Aktien, 1993, S. 186 f.; ausführlich *Reger* in Bürgers/Fett, Die KGaA, 2. Aufl. 2015, § 4 Rn. 69 ff.; Bürgers/Körber AktG/ *Förl/Fett*, 4. Aufl. 2017, § 279 Rn. 2.

[19] BGHZ 134, 392 (401); Hüffer/*Koch* AktG, 14. Aufl. 2020, § 279 Rn. 3 *Reger* in Bürgers/Fett, Die KGaA, 2. Aufl. 2015, § 4 Rn. 71; Bürgers/Körber AktG/*Förl/Fett*, 4. Aufl. 2017, § 279 Rn. 5 ff.

[20] MüKoAktG/*Perlitt*, 5. Aufl. 2020, § 279 Rn. 7; Spindler/Stilz AktG/*Bachmann*, 4. Aufl. 2019, § 279 Rn. 8; *Koch* in Hüffer/Koch AktG, 14. Aufl. 2020, AktG § 279 Rn. 3; K. Schmidt/Lutter AktG/*K. Schmidt*, 3. Aufl. 2015, § 279 Rn. 4; *Schlitt*, Satzung der KGaA, 1999, S. 92 f.; *Overlack* in Der Komplementär in der GmbH & Co. KGaA, RWS-Forum Gesellschaftsrecht 1997, 243 ff.; *Dirksen/Möhrle* ZIP 1997, 1377 (1380); *Arnold*, GmbH & Co. KGaA, 2001, S. 37; *Reger* in Bürgers/Fett, Die KGaA, 2. Aufl. 2015, § 4 Rn. 71; Bürgers/Körber AktG/*Förl/Fett*, 4. Aufl. 2017, § 279 Rn. 7.

briefen auch die Firma des persönlich haftenden Gesellschafters sowie dessen Rechtsform und Sitz, das zuständige Handelsregister, HRB-Nummer und die Vor- und Familiennamen der Geschäftsführer anzugeben. Bei der GmbH & Co. KG als persönlich haftendem Gesellschafter ist darüber hinaus die HRA-Nummer anzugeben.[21]

5. Gründung durch Umwandlung. Da die KGaA häufig als Übergangsrechtsform von der Familiengesellschaft zur Publikums-AG benutzt wird, wird in vielen Fällen statt einer Neugründung ein **Formwechsel nach UmwG** in Betracht kommen.[22] 11

Außerhalb des Umwandlungsgesetzes kann eine Sachgründung einer neuen KGaA in der Weise erfolgen, dass durch Vermögensübertragung im Wege der Einzelrechtsnachfolge der gesamte Betrieb einer bestehenden Personengesellschaft oder Kapitalgesellschaft in die neue KGaA eingebracht wird. Die einbringende Gesellschaft kann dabei sowohl einen Kapitalanteil als persönlich haftende Gesellschafterin als auch Aktien als Aktionärin erhalten.[23] Soweit für den eingebrachten Betrieb Aktien ausgegeben werden, gelten die aktienrechtlichen Sachgründungsvorschriften.Soweit für den eingebrachten Betrieb Komplementäranteile augegeben werden, gelten die Sachgründungsvorschriften nicht.[24] Alternativ kann eine Bargründung mit anschließender Einbringung des bisher in anderer Rechtsform betriebenen Unternehmens in die neu gegründete KGaA in Betracht kommen. Ein in der Rechtsform der Personengesellschaft betriebenes Unternehmen kann ohne Einzelrechtsübertragung und außerhalb des UmwG in die Rechtsform der KGaA überführt werden, indem die Gesellschafter der Personengesellschaft zunächst eine neue KGaA gründen, die sich dann an der Personenhandelsgesellschaft beteiligt. Die übrigen Gesellschafter treten danach aus, so dass durch Anwachsung das Unternehmen der Personenhandelsgesellschaft auf die KGaA übergeht.[25] Durch Zwischenschaltung einer weiteren Gesellschaft ist im Rahmen der Neugründung der KGaA auch eine Trennung der bisherigen Personengesellschafter in unternehmerisch über die Komplementärgesellschaft beteiligte und nur kapitalmäßig über Kommanditaktien beteiligte Gesellschafter möglich.[26] 12

Nach UmwG ist eine **formwechselnde Umwandlung einer Personengesellschaft** in eine KGaA nach § 214 Abs. 1 iVm § 191 Abs. 2 Nr. 3 UmwG möglich. Nach § 218 Abs. 2 UmwG muss der Beschluss zur Umwandlung in eine KGaA vorsehen, dass sich an dieser Gesellschaft mindestens ein persönlich haftender Gesellschafter beteiligt. Dies kann entweder ein Gesellschafter der formwechselnden Personenhandelsgesellschaft sein, der dann gemäß § 217 Abs. 3 UmwG dem Formwechsel zustimmen muss. Möglich ist 13

---

[21] MüKoAktG/*Perlitt*, 5. Aufl. 2020, § 278 Rn. 332, § 279 Rn. 11; Spindler/Stilz AktG/*Bachmann*, 4. Aufl. 2019, § 279 Rn. 9; K. Schmidt/Lutter AktG/*K. Schmidt*, 3. Aufl. 2015, § 279 Rn. 6 f.; *Schlitt*, Satzung der KGaA, 1999, S. 93; *Dirksen/Möhrle* ZIP 1998, 1377 (1380); Bürgers/Körber AktG/*Förl/Fett*, 4. Aufl. 2017, § 279 Rn. 10.

[22] Nach *Beyer* in *Albach/Corte/Richter* „Die private Aktiengesellschaft" 1988 sind 60 % der befragten KGaAs durch Umwandlung entstanden, siehe auch *Schaumburg* DStZ 1998, 525 (539 ff.); ausführlich *Bogenschütz* FS Widmann, 2000, 163 ff.; zu steuerlichen Fragen der Umwandlung *Fischer* DStR 1997, 1519 (1524 ff.). Ein Beispiel aus der Praxis ist die Umwandlung der börsennotierten Fresenius SE in eine SE & Co. KGaA im Jahr 2010. In diesem Fall wurden zusammen mit dem Formwechsel die bisher ausgegebenen Vorzugsaktien in Stammaktien gewandelt, so dass sich die Rechtsposition der Aktionäre nicht wesentlich veränderte.

[23] MüKoAktG/*Perlitt*, 5. Aufl. 2020, § 278 Rn. 52; *Hartel* DB 1992, 2329 (2333); *Halasz/Kloster/Kloster* GmbHR 2002, 310; *Niedner/Kusterer* DB 1998, 2405 (2406).

[24] MüKoAktG/*Perlitt*, 5. Aufl. 2020, § 280 Rn. 23 und § 278 Rn. 47 ff.; Bürgers/Körber AktG/*Förl/Fett*, 4. Aufl. 2017, § 280 Rn. 6; *Wichert*, Die Finanzen der Kommanditgesellschaft auf Aktien, 1998, S. 147; *Hartel* DB 1992, 2333.

[25] *Halasz/Kloster/Kloster* GmbHR 2002, 310 ff.; *Dirksen/Möhrle* ZIP 1998, 1377 (1379); ausführlich *Niedner/Kusterer* DB 1998, 2405 ff.

[26] *Halasz/Kloster/Kloster* GmbHR 2002, 310 (319 ff.); *Hoffmann-Becking/Herfs* FS Sigle, 2000, 273 (283 f.).

aber auch, dass ein persönlich haftender Gesellschafter neu beitritt, wenn zB im Fall einer GmbH & Co. KG neben der Komplementär-GmbH noch eine weitere natürliche Person persönlich haften soll, oder wenn an der Ausgangsgesellschaft keine GmbH oder GmbH & Co. KG beteiligt war, zur Haftungsbeschränkung aber eine solche Gesellschaft die Komplementärstellung übernehmen soll.[27] Der Beitritt erfolgt gemäß § 221 S. 1 UmwG bei Genehmigung der Satzung durch eine notariell zu beurkundende Beitrittserklärung. Sie kann zusammen mit dem Umwandlungsbeschluss beurkundet oder nachträglich in einer gesonderten Urkunde erklärt werden.[28] Eine Annahmeerklärung der KGaA ist nicht erforderlich. Es genügt der Zugang der Beitrittserklärung bei der Gesellschaft.

14 Eine **GmbH oder AG** kann nach §§ 226, 245 UmwG in eine KGaA umgewandelt werden. Sollen dabei Gesellschafter der umzuwandelnden Kapitalgesellschaft Komplementäranteile mit Kapitalanteil erhalten, ist wegen § 247 Abs. 1 UmwG eine Kapitalherabsetzung erforderlich mit der Konsequenz des Gläubigerschutzes nach §§ 225, 233 AktG bzw. §§ 58, 58d GmbHG.[29] Es kann daher sinnvoll sein, dem beabsichtigten Formwechsel einer Kapitalgesellschaft in eine KGaA unter Beitritt einer Komplementär-Kapitalgesellschaft zunächst den Formwechsel der Ausgangs-Kapitalgesellschaft in eine Kapitalgesellschaft & Co. KG vorzuschalten. Bei dem nachfolgenden Formwechsel in die KGaA gilt § 247 nicht, so dass sich auch Kommanditaktionäre als Komplementäre beteiligen können.[30] Sollen im Rahmen eines Formwechsels die Gesellschafter der Ausgangsgesellschaft teilweise unternehmerisch über die Komplementärgesellschaft und teilweise nur kapitalmäßig beteiligt werden, kann eine neue KG oder GmbH gegründet werden, die beim Formwechsel als persönlich haftender Gesellschafter beitritt, an der sich aber nur die Gesellschafter der Ausgangsgesellschaft beteiligen, die eine unternehmerische Beteiligung anstreben.[31] Diejenigen Gesellschafter, die die Stellung eines persönlich haftenden Gesellschafters übernehmen sollen, müssen der Umwandlung zustimmen (§ 240 Abs. 2 S. 1 UmwG). Möglich ist auch der Beitritt eines persönlich haftenden Gesellschafters (§ 240 Abs. 2 S. 2 UmwG), der an der Ausgangsgesellschaft nicht beteiligt war.[32] Die Pflicht zu einem Barabfindungsgebot entfällt nach § 250 UmwG. Sichert sich der Mehrheitsgesellschafter der Ausgangsgesellschaft durch die Übernahme der Komplementärstellung in der neuen KGaA liegt darin kein Sondervorteil, der den Umwandlungsbeschluss anfechtbar machen würde.[33]

15 In beiden Fällen gelten die Gesellschafter der formwechselnden Gesellschaft, die für den Formwechsel gestimmt haben, sowie die beitretenden persönlich haftenden Gesellschafter als **Gründer der neuen Gesellschaft** (§§ 219, 245 Abs. 1 S. 1 bzw. Abs. 2 S. 1 UmwG). Die Gründungsvorschriften der §§ 23 ff. iVm §§ 280 ff. AktG sind anwendbar. Die als Gründer geltenden Gesellschafter haben nach § 197 UmwG iVm § 32 AktG einen Bericht über die Durchführung des Formwechsels zu erstellen. Er unterscheidet sich von

---

[27] *Halasz/Kloster/Kloster* GmbHR 2002, 359.
[28] *Lutter/Joost*, UmwG, 5. Aufl. 2014, § 221 Rn. 2.
[29] *Schmitt/Hörtnagel/Stratz*, UmwG u. UmwStG, 7. Aufl. 2016, § 243 Rn. 6; *Halasz/Kloster/Kloster* GmbHR 2002, 359 (361); aA *Bogenschütz* FS Widmann, 2000, 163 (179 ff.), der eine Grundkapitaländerung im Rahmen eines Formwechsels in eine KGaA für zulässig hält. Allerdings liege steuerlich ein Übergang auf eine Personengesellschaft vor, der gem. §§ 14, 3 ff. UmwStG zu behandeln sei. *Lutter/Göthel*, UmwG, 5. Aufl. 2014, § 243 Rn. 31 ff.; *Fischer* DStR 1997, 1519 (1524). Umgekehrt ist beim Formwechsel einer KGaA in eine AG oder GmbH eine unmittelbare Umwandlung der Vermögenseinlage in Aktien oder Geschäftsanteile nicht möglich. Siehe *Rieger* in: Widmann/Mayer UmwG § 247 Rn. 7.
[30] *Halasz/Kloster/Kloster* GmbHR 2002, 359 (361).
[31] Vgl. hierzu *Mayer* RWS Forum Gesellschaftsrecht 1997, S. 273 f.; *Niedner/Kusterer* GmbHR 1998, 584 ff.; *Dierksen/Möhrle* ZIP 1998, 1377 (1381), *Halasz/Kloster/Kloster* GmbHR 2002, 359 (361 ff.).
[32] *Schmitt/Hörtnagel/Stratz*, UmwG u. UmwStG, 7. Aufl. 2016, § 218 Rn. 6 u. 7.
[33] *Hasselbach/Ebbinghaus* DB 2015, 1269 (1271).

dem Umwandlungsbericht nach § 192 UmwG.[34] Der Umwandlungsbericht dient der Information der Anteilseigner im Vorfeld der Umwandlungsmaßnahme, der Gründungsgericht hat sich entsprechend den Festsetzungen in § 32 AktG mit dem Hergang des Formwechsels zu befassen.[35] Weiter muss nach § 220 Abs. 2 bzw. § 245 iVm § 220 Abs. 2 UmwG der bisherige Geschäftsverlauf und die Lage der formwechselnden Gesellschaft dargestellt werden. Die Darlegungspflicht erstreckt sich auf alle Vorfälle, von denen die Beurteilung des Wertes der Gesellschaft wesentlich abhängt. Zu berichten ist über wesentliche Geschäftsvorfälle, insbesondere über die Wettbewerbssituation der Gesellschaft.[36] Letztlich soll nachvollziehbar dargelegt werden, dass das Grundkapital durch das Reinvermögen des formgewechselten Rechtsträgers gedeckt ist. Dieser Bericht ist nach § 33 Abs. 1 AktG iVm § 283 Nr. 2 AktG durch die persönlich haftenden Gesellschafter mit dem Aufsichtsrat der „neu gegründeten" KGaA zu prüfen, also dem Aufsichtsrat, der im Umwandlungsbeschluss bestellt wurde. Anschließend hat nach § 220 Abs. 3 S. 1 UmwG noch eine „Gründungsprüfung" durch einen oder mehrere unabhängige Prüfer im Sinne von § 33 Abs. 2 AktG zu erfolgen. Die Prüfung bezieht sich auf den Bericht über den Formwechsel entsprechend § 33 AktG und dessen Richtigkeit. Weiter ist zu prüfen, ob das Reinvermögen der formwechselnden AG das Grundkapital der neuen KGaA deckt[37] Das Komplementärkapital ist in diese Prüfung nicht einzubeziehen. Die als Gründer geltenden Gesellschafter der formwechselnden Gesellschaft haften nach §§ 46–51 AktG für die Richtigkeit der Angaben im Bericht über den Formwechsel, nicht aber für die Kapitalausstattung der Gesellschaft.[38]

16 Die bei der Umwandlung in die KGaA als persönlich haftende Gesellschafter **beitretenden Personen** haften sowohl für neu entstehende als auch für bereits begründete Verbindlichkeiten gemäß § 278 Abs. 2 AktG, §§ 161 Abs. 2, 128, 130 HGB.

17 Beim Formwechsel einer Personengesellschaft und grundsätzlich auch einer GmbH in die KGaA gelten gemäß § 197 Abs. 1 UmwG die Vorschriften der §§ 52, 53 AktG über die Nachgründung.[39] Für den Formwechsel einer GmbH gilt wegen § 245 Abs. 1 S. 3 UmwG § 52 AktG dann nicht, wenn die GmbH vor Wirksamwerden des Formwechsels bereits länger als zwei Jahre eingetragen war. Beim Formwechsel einer AG gilt zwar § 53 AktG, § 245 Abs. 2 S. 3 UmwG schließt aber die Anwendung von § 52 AktG aus. Nach dem Formwechsel gilt § 52 AktG für **Nachgründungen.** § 245 iVm § 220 Abs. 3 S. 2 UmwG stellt klar, dass die in § 52 Abs. 1 AktG bestimmte Frist von zwei Jahren erst mit dem Wirksamwerden des Formwechsels zu laufen beginnt.[40]

II. Aktien und Einlagen

18 **1. Aktien.** Für das in Aktien zerlegte Grundkapital gelten die §§ 6 ff. AktG. Es können alle Arten von **Aktien** ausgegeben werden, dh Inhaber-, Namens- oder Vorzugsaktien in

---

[34] *Lutter/Göthel,* UmwG, 5. Aufl. 2014, § 245 Rn. 39; *Rieger* in: Widmann/Mayer UmwG § 245 Rn. 51 ff.

[35] Zum Inhalt vgl. *Lutter/Göthel,* UmwG, 5. Aufl. 2014, § 245 Rn. 40 ff.; *Rieger* in: Widmann/Mayer UmwG § 245 Rn. 52 ff.

[36] *Lutter/Joost,* UmwG, 5. Aufl. 2014, § 220 Rn. 3; ausführlich zum Inhalt des Berichts über den Formwechsel *Priester* AG 1996, 29 (33); *Timm* BB 1990, 433 ff.; *Noelle* AG 1990, 475 (479).

[37] Zum Inhalt der Prüfung vgl. *Lutter/Decher/Hoger,* UmwG, 5. Aufl. 2015, § 197 Rn. 29; *Rieger* in: Widmann/Mayer UmwG § 245 Rn. 66 ff.; *Busch* AG 1995, 555 ff.; *Priester* AG 1996, 29 (33 ff.); *Noelle* AG 1990, 475 (480).

[38] *Busch* AG 1995, 555 (559); *Schmitt/Hörtnagel/Stratz,* UmwG u. UmwStG, 7. Aufl. 2016, § 197 Rn. 30; *Lutter/Göthel,* UmwG, 5. Aufl. 2015, § 245 Rn. 56 ff.

[39] *Lutter/Joost,* UmwG, 5. Aufl. 2014, § 220 Rn. 26; *Lutter/Göthel,* UmwG, 5. Aufl. 2015, § 245 Rn. 9; *Diekmann* ZIP 1996, 2149.

[40] *Blasche* in Kallmeyer, UmwG, 6. Aufl. 2016, § 220 Rn. 19; zur eingeschränkten Bedeutung des § 52 AktG nach Inkrafttreten des NaStraG: *Priester* DB 2001, 467 ff.; *Pentz* NZG 2001, 346 ff.; *Dormann/Fromholzer* AG 2001, 242 ff.; *Hartmann/Barcaba* AG 2001, 437 ff.

Form von Nennbetragsaktien oder Stückaktien. Die Aktiengattungen können innerhalb der aktienrechtlichen Grenzen (vgl. zB § 139 Abs. 2 AktG für Vorzugsaktien) nebeneinander bestehen. So können zB bei einer Familien-KGaA an die Familienmitglieder Aktien in der Form von **Namensaktien** gewährt werden, deren Übertragung gemäß § 68 Abs. 2 AktG an die Zustimmung der Gesellschaft gebunden ist (dazu → § 14 Rn. 14 ff.). Zuständig für die Erteilung der Zustimmung sind grundsätzlich die persönlich haftenden Gesellschafter (§ 68 Abs. 2 S. 2 AktG). Die Satzung kann aber die Entscheidung über die Zustimmung einem anderen Organ zuweisen.[41] Die Satzung kann daher vorsehen, dass die Zustimmung von einem bestimmten persönlich haftenden Gesellschafter erteilt wird oder nur dann erteilt werden darf, wenn es sich bei dem Erwerber um einen Aktionär oder anderen Familienangehörigen handelt (§ 68 Abs. 2 S. 4 AktG).[42] Der Besitz von Namensaktien kann auch mit bestimmten Sonderrechten verknüpft werden, wie zB mit Entsendungsrechten zum Aufsichtsrat (dazu → § 30 Rn. 60).

19 Im Falle der Ausgabe von **Vorzugsaktien** bezieht sich die Grenze des § 139 Abs. 2 AktG nur auf das Grundkapital, nicht auf das Gesamtkapital, dh die Summe von Grundkapital und Einlagen der persönlich haftenden Gesellschafter.[43] Vorzugsaktien werden regelmäßig ausgegeben, um den Einfluss der Stammaktionäre in der Hauptversammlung zu sichern. Bei der KGaA dürfte die Ausgabe von Vorzugsaktien keine große Bedeutung haben, weil die Kontrolle über die Unternehmensleitung keine Mehrheit der Stimmrechte in der Hauptversammlung voraussetzt.[44]

20 **Aktien** können auch von den **persönlich haftenden Gesellschaftern** gehalten werden (§ 285 Abs. 1 S. 1 AktG). Zur Vermeidung von Interessenkollisionen ist allerdings ihr Stimmrecht in den in § 285 Abs. 1 S. 2 AktG aufgeführten sechs Fällen ausgeschlossen. Daneben ist der allgemeine Stimmrechtsausschluss nach § 136 AktG zu beachten (vgl. → § 79 Rn. 37 und → § 39 Rn. 36 ff.).[45]

21 **2. Einlagen der persönlich haftenden Gesellschafter.** In der KGaA kann Eigenkapital nicht nur durch die Ausgabe von Kommanditaktien aufgebracht werden, sondern auch durch **Vermögenseinlagen der persönlich haftenden Gesellschafter,** die nicht auf das Grundkapital geleistet werden (§ 281 Abs. 2 AktG). Das Gesamtkapital der Gesellschaft besteht dann aus dem von den Kommanditaktionären aufgebrachten, in Aktien eingeteilten Grundkapital sowie dem Komplementärkapital. Persönlich haftende Gesellschafter können demgemäß in zweierlei Weise am Kapital der Gesellschaft beteiligt sein: zum einen durch den Besitz von Aktien und zum anderen durch besondere Vermögenseinlagen, die nicht zum Grundkapital gehören. Es besteht allerdings keine Pflicht für persönlich haftende Gesellschafter, eine Vermögenseinlage zu erbringen. Die KGaA kann also auch persönlich

---

[41] MüKoAktG/*Perlitt*, 5. Aufl. 2020, § 278 Rn. 105; *Schlitt*, Satzung der KGaA, 1999, S. 112.

[42] *Schlitt*, Satzung der KGaA, 1999, S. 112; *Graf*, Kapitalgesellschaft & Co. KGaA, 1993, S. 38 f.; *Zartmann*, Unternehmensform nach Maß, 2. Aufl. 1977, S. 211; *Hennerkes/May* StbJb 1988/89, 303 (314).

[43] Zum Schutzzweck des § 139 Abs. 2 AktG vgl. *Bezzenberger*, Stimmrechtslose Vorzugsaktien, 1991, S. 92.

[44] *Schlitt*, Satzung der KGaA, 1999, S. 111. Vgl. Umwandlung der Fresenius SE in eine SE & Co. KGaA im Jahr 2010. Bei diesem Formwechsel wurden gleichzeitig alle Vorzugsaktien in Stammaktien getauscht. Nach dem Umwandlungsbericht soll die Vereinheitlichung der Aktienstruktur zusammen mit dem Formwechsel die Position von Fresenius auf dem Kapitalmarkt (insbesondere durch Stärkung der Position im Dax durch eine liquide Aktiengattung) sowie zukünftige Kapitalaufnahmen stärken. Ohne den Formwechsel hätte die Fresenius Stiftung als Großaktionärin der Umwandlung der Vorzugsaktien nicht zugestimmt, weil sie dann ihre Hauptversammlungsmehrheit ersatzlos verloren hätte.

[45] MüKoAktG/*Perlitt*, 5. Aufl. 2020, § 285 Rn. 16 ff.; GroßkommAktG/*Assmann/Sethe*, 4. Aufl. 2001, § 285 Rn. 22 ff.; KölnKommAktG/*Mertens/Cahn*, 3. Aufl. 2015, § 285 Rn. 25; Spindler/Stilz AktG/*Bachmann*, 4. Aufl. 2019, § 285 Rn. 15 ff.; Hüffer/*Koch* AktG, 14. Aufl. 2020, § 285 Rn. 1; K. Schmidt/Lutter AktG/*K. Schmidt*, 3. Aufl. 2015, § 285 Rn. 11 ff.; Bürgers/Körber AktG/*Förl/Fett*, 4. Aufl. 2017, § 285 Rn. 2.

haftende Gesellschafter haben, die weder über Vermögenseinlagen noch über Aktien am Gesamtkapital der KGaA beteiligt sind (vgl. dazu auch → § 78 Rn. 18).[46]

Da die Leistung der Vermögenseinlage Teil des Rechtsverhältnisses der persönlich 22 haftenden Gesellschafter untereinander und ihres Verhältnisses gegenüber der Gesamtheit der Kommanditaktionäre ist, bestimmt sich die **Leistung** der Vermögenseinlage sowie ihre **Erhöhung** oder Herabsetzung nach dem Recht der Kommanditgesellschaft.[47] Für die Leistung der Einlage gelten die Vorschriften der §§ 161 Abs. 2, 105 Abs. 2 HGB iVm §§ 705, 706, 707 BGB. Die Verpflichtung zur Leistung wird durch die Satzung begründet. Die Satzung muss gemäß § 281 Abs. 2 AktG festsetzen, welche persönlich haftenden Gesellschafter eine Vermögenseinlage zu erbringen haben, woraus diese besteht – Geld oder sonstige Vermögensgegenstände – und wie hoch sie sein soll. Zulässig ist auch nur die Angabe eines Rahmens für die Höhe der Vermögenseinlage (vgl. → Rn. 4).[48] Ohne satzungsmäßige Festlegung ist eine Vermögenseinlage unzulässig und ohne Rechtsgrund geleistet. Kein persönlich haftender Gesellschafter ist berechtigt, durch einseitige Erhöhung seiner Einlage eine Stärkung seiner Rechte in der Gesellschaft herbeizuführen.[49]

Gegenstand der Einlage kann grundsätzlich alles sein, was der persönlich haftende 23 Gesellschafter einer Personengesellschaft als Einlage erbringen kann.[50] Allerdings bestimmt die Vermögenseinlage eines persönlich haftenden Gesellschafters idR seine Beteiligung am Gewinn. Sie ist im Gesellschaftsvertrag festzusetzen (§§ 278 Abs. 2 AktG, 109 HGB). Bei Fehlen einer Festsetzung gelten §§ 168, 121 Abs. 1 und 2 HGB.[51] Die Einlage muss daher darauf gerichtet sein, dass Gesellschaftsvermögen zu mehren. Einlagefähig sind daher neben Barleistungen nur bilanzierungsfähige Güter wie bewegliche oder nicht bewegliche Sachen, Schutzrechte, dingliche Nutzungsrechte, Beteiligungen etc.[52] § 281 AktG verlangt, dass Einlagen der Art und Höhe nach in der Satzung festgelegt werden. Die Transparenz in der Satzung soll den Kommanditaktionären die Überprüfung der Werthaltigkeit der Einlage des Komplementärs erleichtern. Eine Überprüfungsfähigkeit besteht aber nur dann, wenn es sich um bewertbare und bilanzierungsfähige Vermögensgegenstände handelt.[53] Gegenstand

---

[46] MüKoAktG/*Perlitt*, 5. Aufl. 2020, § 278 Rn. 42; K. Schmidt/Lutter AktG/*K. Schmidt*, 3. Aufl. 2015, § 281 Rn. 7; Spindler/Stilz AktG/*Bachmann*, 4. Aufl. 2019, § 278 Rn. 15; *Schlitt*, Satzung der KGaA, 1999, S. 125; Bürgers/Körber AktG/*Förl/Fett*, 4. Aufl. 2017, § 281 Rn. 5.

[47] Hüffer/*Koch* AktG, 14. Aufl. 2020, § 281 Rn. 2; KölnKommAktG/*Mertens/Cahn*, 3. Aufl. 2015, § 281 Rn. 9; MüKoAktG/*Perlitt*, 5. Aufl. 2020, § 281 Rn. 19, 29; GroßkommAktG/*Assmann/Sethe*, 4. Aufl. 2001, § 281 Rn. 15; Spindler/Stilz AktG/*Bachmann*, 4. Aufl. 2019, § 281 Rn. 7; K. Schmidt/Lutter AktG/*K. Schmidt*, 3. Aufl. 2015, § 281 Rn. 12 ff.; *Wichert*, Finanzen der KGaA, S. 55.

[48] GroßkommAktG/*Assmann/Sethe*, 4. Aufl. 2001, § 281 Rn. 16; MüKoAktG/*Perlitt*, 5. Aufl. 2020, § 281 Rn. 22; *Schlitt*, Satzung der KGaA, 1999, S. 123; KölnKommAktG/*Mertens/Cahn*, 4. Aufl. 2019, § 281 Rn. 14 ff.; Spindler/Stilz AktG/*Bachmann*, 4. Aufl. 2019, § 281 Rn. 8, 12.

[49] KölnKommAktG/*Mertens/Cahn*, 3. Aufl. 2015, § 281 Rn. 12; MüKoAktG/*Perlitt*, 5. Aufl. 2020, § 281 Rn. 20, 27; Hüffer/*Koch* AktG, 14. Aufl. 2020, § 281 Rn. 2; Spindler/Stilz AktG/*Bachmann*, 4. Aufl. 2019, § 281 Rn. 9 f., 12; *Reger* in Bürgers/Fett, Die KGaA, 2. Aufl. 2015, § 5 Rn. 242.

[50] MüKoAktG/*Perlitt*, 5. Aufl. 2020, § 281 Rn. 20 f.; *Koch* in Hüffer/Koch AktG, 14. Aufl. 2020, § 281 Rn. 2; zur Einlage bei der Personengesellschaft: GroßkommHGB/*Schäfer*, 5. Aufl. 2009, § 105 Rn. 224 ff.; aA KölnKommAktG/*Mertens/Cahn*, 3. Aufl. 2015, § 281 Rn. 10: Gegenstand der Einlage können nur Leistungen mit gegenwärtig feststellbarem Vermögenswert sein.

[51] MüKoAktG/*Perlitt*, 5. Aufl. 2020, § 281 Rn. 33.

[52] So für die KGaA Spindler/Stilz AktG/*Bachmann*, 4. Aufl. 2019, § 281 Rn. 7; *Wichert* in Heidel, Aktienrecht, 5. Aufl. 2020, § 281 Rn. 11; aA MüKoAktG/*Perlitt*, 5. Aufl. 2020, § 281 Rn. 21 (Eine Begrenzung der Einlagefähigkeit widerspräche §§ 278 Abs. 2 iVm § 706 Abs. 3 BGB); für Personengesellschaft: MüKoHGB/*K. Schmidt*, 4. Aufl. 2016, § 105 Rn. 179. Nach Schmidt ist die Einlage vom Beitrag zu unterscheiden. Ebenso Baumbach/Hopt/*Roth*, HGB, 38. Aufl. 2018, § 109 Rn. 6.

[53] *Wichert* in Heidel, Aktienrecht, 5. Aufl. 2020, § 281 Rn. 11; KölnKommAktG/*Mertens/Cahn*, 3. Aufl. 2015, Rn. 10.

der Einlage können daher nicht Dienstleistungen oder Gebrauchsüberlassungen sein.[54] Damit gelten im Ergebnis die gleichen Grundsätze wie für die Sacheinlage auf Aktien (vgl. dazu → § 57 Rn. 42). Allerdings gilt bei Einlagen in Kommanditgesellschaften nicht das Verbot der verdeckten Einlage. Es ist also möglich, die Forderung auf Vergütung einer an die KGaA erbrachten Leistung mit der Bareinlageverpflichtung zu verrechnen.[55] Die Vermögenseinlagen gehen in das Eigentum der Gesellschaft über.[56] Die Mehrung des Gesellschaftsvermögens muss immer das Resultat der Einlage sein.

24 Die **Fälligkeit** der Vermögenseinlage richtet sich nach der Festsetzung der Satzung. § 36a Abs. 2 AktG findet keine Anwendung. Folgen verspäteter oder mangelhafter Leistung der Vermögenseinlage richten sich nach § 111 HGB und den Vorschriften des HGB. §§ 63 ff. AktG sind hingegen nicht anwendbar.[57] Der Gegenwert der Vermögenseinlage des persönlich haftenden Gesellschafters ist einem **Kapitalkonto** gutzuschreiben oder, soweit auf dem Kapitalkonto nur die ursprüngliche Einlage gutgebracht wird, auf dem Rücklagenkonto (zu den Konten der persönlich haftenden Gesellschafter vgl. → § 80 Rn. 7).[58] Der auf dem Kapitalkonto bzw. Rücklagenkonto gebuchte Wert gehört zum Eigenkapital der KGaA, sofern die Einlage bilanzierungsfähig ist (vgl. → § 81 Rn. 3). Das ist bei der Einlage von Dienstleistungen nicht der Fall.[59] Für die **Bewertung** der Vermögenseinlage gilt grundsätzlich das Anschaffungskostenprinzip. Die Anschaffungskosten einer Vermögenseinlage bestehen im Wert der von der Gesellschaft versprochenen Gegenleistung. Grundsätzlich gilt § 255 HGB.[60]

25 Die **Vermögenseinlagen** unterliegen anders als das Grundkapital nicht den **Kapitalaufbringungs- und Kapitalerhaltungsgrundsätzen.** Die Bewertung unterliegt daher keiner Einlagenprüfung (vgl. → Rn. 4). Das gilt sowohl für Einlagen, die bei der Gründung erbracht werden, als auch für spätere Einlagen oder Erhöhungen von bereits bestehenden Einlagen.[61] Entspricht der Wert der Sacheinlage tatsächlich nicht der in der Satzung festgesetzten Höhe der Einlage, hat der Komplementär die Differenz in bar nachzuzahlen. Die in der Satzung transparent gemachte Mehrung ist dann tatsächlich

---

[54] Spindler/Stilz AktG/*Bachmann*, 4. Aufl. 2019, § 281 Rn. 7; *Wichert* in Heidel, Aktienrecht, 5. Aufl. 2020, § 281 Rn. 11; *Wichert*, Finanzen der KGaA, 1999, S. 54; KölnKommAktG/*Mertens/Cahn*, 3. Aufl. 2015, § 281 Rn. 10; K. Schmidt/Lutter AktG/*K. Schmidt*, 3. Aufl. 2015, § 281 Rn. 7; aA GroßkommAktG/*Assmann/Sethe*, 4. Aufl. 2001, § 281 Rn. 15; MüKoAktG/*Perlitt*, 5. Aufl. 2020, § 281 Rn. 21; Bürgers/Körber AktG/*Förl/Fett*, 4. Aufl. 2017, § 281 Rn. 6.

[55] Für die KG MüKoHGB/*K. Schmidt*, 4. Aufl. 2019, § 172 Rn. 10.

[56] GroßkommAktG/*Assmann/Sethe*, 4. Aufl. 2001, § 281 Rn. 20; MüKoAktG/*Perlitt*, 5. Aufl. 2020, Vorb. § 278 Rn. 69, § 281 Rn. 17; KölnKommAktG/*Mertens/Cahn*, 3. Aufl. 2015, § 281 Rn. 10.

[57] GroßkommAktG/*Assmann/Sethe*, 4. Aufl. 2001, § 281 Rn. 20; KölnKommAktG/*Mertens/Cahn*, 3. Aufl. 2015, § 281 Rn. 19; MüKoAktG/*Perlitt*, 5. Aufl. 2020, § 281 Rn. 28; Spindler/Stilz AktG/*Bachmann*, 4. Aufl. 2019, § 281 Rn. 8.

[58] Zur Aufteilung von Konten bei Personengesellschaften *Huber* ZGR 1988, 1 ff., zur KGaA *Schlitt*, Satzung der KGaA, 1999, S. 124; MüKoAktG/*Perlitt*, 5. Aufl. 2020, § 281 Rn. 30; *Sethe* DB 1998, 1044 (1047).

[59] *Adler/Düring/Schmaltz*, Rechnungslegung, AktG, 6. Aufl. 1996, § 286 Rn. 28; Störk/Taetzner in Beck'scher Bilkomm, 12. Aufl. 2020, HGB § 272 Rn. 402.

[60] MüKoAktG/*Perlitt*, 5. Aufl. 2020, § 281 Rn. 25; Spindler/Stilz AktG/*Bachmann*, 4. Aufl. 2019, § 281 Rn. 8; Hüffer/*Koch* AktG, 14. Aufl. 2020, § 286 Rn. 2; GroßkommAktG/*Assmann/Sethe*, 4. Aufl. 2001, § 281 Rn. 28; zur Bewertung nach § 255 vgl. *Adler/Düring/Schmaltz*, Rechnungslegung, AktG, 6. Aufl. 1996, § 255 Rn. 98 ff.

[61] *Wichert* in Heidel, Aktienrecht, 5. Aufl. 2020, § 281 Rn. 15, MüKoAktG/*Perlitt*, 5. Aufl. 2020, § 281 Rn. 36; GroßkommAktG/*Assmann/Sethe*, 4. Aufl. 2001, § 281 Anm. 21, 25 halten aber trotzdem eine Gründungsprüfung für erforderlich. Ebenso Halasz/Kloster/Kloster GmbHR 2002, 310 (312) mwN vgl. → § 174 Rn. 4; auch KölnKommAktG/*Mertens/Cahn*, 3. Aufl. 2015, § 280 Rn. 10, § 281 Rn. 21 hält eine Gründungsprüfung für erforderlich, soweit es sich um eine Sacheinlage handelt.

nicht in voller Höhe eingetreten und der Gewinnanspruch der Kommanditaktionäre wird verwässert.[62]

Die **Erhöhung der vereinbarten Vermögenseinlage** bedarf einer Satzungsänderung (vgl. → § 80 Rn. 1 ff.). Die **Rückgewähr** einer Vermögenseinlage richtet sich nach der Satzung. Sieht die Satzung keine Rückzahlung oder Rückübertragung während der Dauer des Gesellschaftsverhältnisses vor, ist der Komplementär nicht zu einer entsprechenden Entnahme berechtigt. Die Entnahme ist nur zulässig, wenn sie zwischen ihm und den übrigen Gesellschaftern durch Satzungsänderung vereinbart wird.[63] Die Satzung kann aber einen Rahmen vorgeben, innerhalb dessen die Vermögenseinlage erhöht und erniedrigt werden kann. Die erforderliche Satzungsänderung ist dann nur noch Fassungsänderung (vgl. → § 80 Rn. 3). Der dem Kapitalkonto gutgeschriebene Betrag der persönlich haftenden Gesellschafter kann sich aber durch Verlustzuweisung oder Entnahmen reduzieren (vgl. → § 81 Rn. 3). 26

Die Vermögenseinlagen der persönlich haftenden Gesellschafter werden nicht im Handelsregister eingetragen.[64] 27

3. Gesellschafterdarlehen. Sowohl die persönlich haftenden Gesellschafter als auch die Kommanditaktionäre können Finanzierungsbeiträge in Form von **Darlehen** leisten. Bis zum Inkrafttreten des MoMiG bestand Einigkeit darüber, dass die Grundsätze für eigenkapitalersetzende Darlehen unter bestimmten Voraussetzungen auch für Darlehen an die KGaA galten. Die Einzelheiten waren streitig.[65] Das MoMiG[66] hat das Recht des Eigenkapitalersatzes für alle Gesellschaftsformen beseitigt.[67] Die Behandlung von Gesellschafterdarlehen ist nun nur noch insolvenzrechtlich in den §§ 39 und 135 InsO geregelt. Danach ergeben sich für die KGaA folgende Regeln: Gesellschafterdarlehen an eine KGaA mit einer natürlichen Person als Komplementär oder mit einer Personengesellschaft als Komplementär, die wiederum eine natürliche Person als persönlich haftenden Gesellschafter hat, sind von dem neuen Regime ausgenommen (§§ 135 Abs. 4, 39 Abs. 4 InsO). Bei KGaAs ohne natürliche Person als persönlich haftender Gesellschafter werden Darlehen von Kommanditaktionären, die mit mehr als 10 % am Grundkapital (nicht Gesamtkapital) beteiligt sind, als Gesellschafterdarlehen behandelt. Sie sind in der Insolvenz nachrangig (§ 39 Abs. 1 Nr. 5 InsO), und ihre Rückzahlung innerhalb eines Jahres vor dem Eröffnungsantrag ist anfechtbar (§ 135 Abs. 1 InsO). Die 10 % Regel für Darlehen gilt unabhängig von der tatsächlichen Ausgestaltung der KGaA und der Rechtsposition der Kommanditaktionäre.[68] Das MoMiG wollte klare Regeln schaffen. Auf unternehmerischen Einfluss und Finanzierungsverantwortung kommt es nicht mehr an.[69] Gleiches gilt, wenn der Kommanditaktionär mit einer Beteiligung von mehr als 10 % Sicherheiten für ein Darlehen eines Dritten 28

---

[62] *Wichert* in Heidel, Aktienrecht, 5. Aufl. 2020, § 281 Rn. 14; GroßkommAktG/*Assmann/Sethe*, 4. Aufl. 2001, § 286 Rn. 35; aA Spindler/Stilz AktG/*Bachmann*, 4. Aufl. 2019, § 281 Rn. 8; MüKoAktG/*Perlitt*, 5. Aufl. 2020, § 281 Rn. 29.

[63] MüKoAktG/*Perlitt*, 5. Aufl. 2020, § 281 Rn. 35; Spindler/Stilz AktG/*Bachmann*, 4. Aufl. 2019, § 281 Rn. 12.

[64] MüKoAktG/*Perlitt*, 5. Aufl. 2020, § 281 Rn. 36; Spindler/Stilz AktG/*Bachmann*, 4. Aufl. 2019, § 281 Rn. 9; KölnKommAktG/*Mertens/Cahn*, 3. Aufl. 2015, § 281 Rn. 11; Bürgers/Körber AktG/ *Förl/Fett*, 4. Aufl. 2017, § 282 Rn. 3a.

[65] Vgl. Darstellung der alten Rechtslage bei *Göz* in Bürgers/Fett, Die KGaA, 2. Aufl. 2015, § 7 Rn. 41 ff.; *Wichert* Finanzen der KGaA, 1999, § 216 ff.; MüKoAktG/*Perlitt*, 5. Aufl. 2020, § 278 Rn. 112 ff.; Spindler/Stilz AktG/*Bachmann*, 4. Aufl. 2019, § 278 Rn. 44.

[66] Gesetz zur Modernisierung des GmbH-Rechts und zur Bekämpfung von Missbräuchen, BGBl. 2008 I S. 2026 ff.

[67] Vgl. zur Rechtslage bei der AG vor und nach dem MoMiG *K. Schmidt* FS Hüffer, 2010, 885 ff.

[68] MüKoAktG/*Perlitt*, 5. Aufl. 2020, § 278 Rn. 116; Spindler/Stilz AktG/*Bachmann*, 4. Aufl. 2019, § 278 Rn. 33; *Wichert* in Heidel, Aktienrecht, 5. Aufl. 2020, § 278 Rn. 65; *Otte*, Die AG & Co. KGaA, 2010, S. 217.

[69] *K. Schmidt* FS Hüffer, 2010, 898.

leistet und das Darlehen innerhalb der Anfechtungsfrist zurückgezahlt wird. Unklar ist die Anwendung der §§ 39 und 135 InsO auf Darlehen der Komplementäre, soweit keine natürliche Person persönlich haftender Gesellschafter ist. Darlehen der Komplementärgesellschaft (GmbH, AG, GmbH & Co. KG) sind nach § 39 Abs. 5 InsO zu beurteilen. Danach sind Darlehen der Komplementärgesellschaft Gesellschafterdarlehen, wenn die Komplementärgesellschaft geschäftsführungsbefugt ist und mit mehr als 10 % am Haftkapital beteiligt ist. Diese Regelung zielt auf das Kommanditkapital. Bei der KGaA muss die Entsprechung aber das Gesamtkapital sein.[70] Offen ist noch die Frage, ob diese Regeln auch gelten, wenn ein mit mehr als 10 % an der Komplementärgesellschaft beteiligter Gesellschafter der KGaA ein Darlehen gibt. Das muss schon deshalb bejaht werden, weil sonst die Regelung des § 39 Abs. 5 InsO einfach umgangen werden könnte, indem das Darlehen nicht von der Komplementärgesellschaft, sondern von deren Gesellschaftern begeben wird.[71] Auch sonst werden die Regeln, die für Komplementäre gelten, auch für die maßgeblich beteiligten Gesellschafter der Komplementärgesellschaft angewandt (vgl. → § 79 Rn. 37).

III. Auflösung der KGaA

Schrifttum: *Frey/Bredow,* Der Wegfall des einzigen Komplementär nach der HGB-Reform, ZIP 1998, 1621–1625; *Mertens,* Die Auflösung der KGaA durch Kündigung der Kommanditaktionäre, AG 2004, 333–339; *K. Schmidt,* HGB-Reform und gesellschaftsrechtliche Gestaltungspraxis, DB 1998, 61–65; *Sethe,* Die Satzungsautonomie in Bezug auf die Liquidation einer KGaA, ZIP 1998, 1138–1144; *Veil,* Die Kündigung der KGaA durch persönlich haftende Gesellschafter und Kommanditaktionäre, NZG 2000, 72–77.

29 **1. Überblick.** Die KGaA wird **aufgelöst,** wenn bestimmte Ereignisse eintreten, die nach den gesetzlichen Bestimmungen oder der Satzung die Auflösung der Gesellschaft zur Folge haben. Die Rechtslage ist unübersichtlich, weil nebeneinander Sondervorschriften für die KGaA, die allgemeinen aktienrechtlichen Regelungen, die Bestimmungen des HGB über die Auflösung einer Kommanditgesellschaft und satzungsrechtliche Sonderbestimmungen gelten. Es ist die grundsätzlich bei der KGaA geltende Normenhierarchie zu beachten (vgl. → § 76 Rn. 13). Hinzu kommt, dass die gesetzlichen Regelungen weitgehend zwingend sind, Satzungsregelungen können also die gesetzlichen Regelungen nur ergänzen, etwa die Mehrheitserfordernisse für einen Auflösungsbeschluss bestimmen. Die **Ausgangsnorm ist § 289 AktG.** Diese Vorschrift verweist zunächst auf die Vorschriften über die Auflösung einer Kommanditgesellschaft, maßgeblich sind also die §§ 161 Abs. 2 iVm 131 ff. HGB. § 289 Abs. 2 AktG enthält spezielle Auflösungsgründe für die KGaA. Dies sind die Ablehnung des Eröffnungsverfahrens mangels Masse (§ 289 Abs. 2 Nr. 1 AktG), die rechtskräftige Feststellung von Satzungsmängeln (§ 289 Abs. 2 Nr. 2 AktG) und die Löschung der Gesellschaft wegen Vermögenslosigkeit (§ 289 Abs. 2 Nr. 3 AktG). Die Absätze 3–6 von § 289 AktG modifizieren wiederum die Regelungen in § 131 HGB und die aktienrechtlichen Bestimmungen in §§ 262 ff. AktG. Die Vorschriften über die Abwicklung gem. §§ 264 ff. AktG bleiben allerdings uneingeschränkt anwendbar (vgl. → Rn. 47).

30 Dieses Regelungssystem ist aber durch das am 1.7.1998 in Kraft getretene **Handelsrechtsreformgesetz (HRefG)**[72] durcheinander geraten. Durch das HRefG sind die Auflösungsvorschriften des HGB geändert worden. Nach der alten Rechtslage führte das Ausscheiden eines Gesellschafters grundsätzlich zur Auflösung der Personengesellschaft. Das HRefG hat dieses Regel-Ausnahmeprinzip umgekehrt. Das Ausscheiden eines Gesellschafters aufgrund von Gründen, die in seiner Person liegen, lässt, sofern der Gesellschaftsvertrag nichts anderes bestimmt, den Fortbestand der Gesellschaft unberührt. Durch das Zurück-

---

[70] MüKoAktG/*Perlitt,* 5. Aufl. 2020, Vorb. § 278 Rn. 75.
[71] Im Ergebnis ebenso, *Otte,* Die AG & Co. KGaA, 2010, S. 216.
[72] Handelsrechtsreformgesetz vom 22.1.1998, BGBl. I S. 1474.

drängen gesellschafterbezogener Auflösungsgründe sollte die Unternehmens- statt Personenkontinuität gewährt werden. Das Gesetz wurde damit der weitverbreiteten Gestaltungspraxis angepasst.[73] Die Insolvenz sowie die Kündigung eines Gesellschafters oder eines Privatgläubigers eines Gesellschafters führen daher nicht mehr zur Auflösung der Gesellschaft, sondern nur zum Ausscheiden des betreffenden Gesellschafters (vgl. dazu → § 78 Rn. 32 ff.). Der Gesetzgeber hat es allerdings versäumt, § 289 AktG entsprechend anzupassen. So ist die Regelung in § 289 Abs. 3 AktG durch das HRefG überflüssig geworden.[74] Die fehlende Anpassung von § 289 AktG an das HRefG führt bei Abs. 5 (Ausscheiden des Komplementärs) zu weiteren Ungereimtheiten (dazu → § 78 Rn. 31).[75]

Für die KGaA gilt eine Ausnahme von dem für Personengesellschaften geltenden Grundsatz, dass das **Ausscheiden eines Gesellschafters** nicht zur Auflösung führt. Scheidet der letzte oder einzige geschäftsführungsbefugte oder vertretungsberechtigte **Komplementär** aus, wird die Gesellschaft grundsätzlich aufgelöst, da die Gesellschaft nicht mehr handlungsfähig ist (vgl. dazu → § 78 Rn. 48 ff.). 31

2. Auflösungsgründe nach HGB. Nach § 289 Abs. 1 AktG iVm §§ 161 Abs. 2, 131 HGB wird die KGaA aufgelöst durch Zeitablauf, Gesellschafterbeschluss, Eröffnung des Insolvenzverfahrens und gerichtliche Auflösung.[76] Sind diese Auflösungsgründe nicht gewollt, müssen sie **ausdrücklich in der Satzung** ausgeschlossen werden. Fehlt eine Regelung in der Satzung, kann nach Eintritt des Auflösungsgrundes nur noch ein Fortsetzungsverfahren nach § 274 AktG die Auflösung verhindern.[77] § 289 AktG enthält als lex specialis zu § 262 AktG unter Berücksichtigung der personengesellschaftsrechtlichen Auflösungsgründe, auf die verwiesen wird, eine umfassende Regelung der Auflösung der KGaA.[78] 32

a) Auflösung durch Zeitablauf (§ 131 Nr. 1 HGB). Die Gesellschaft wird mit **Ablauf der Zeit, für welche sie eingegangen ist, aufgelöst.** Vor Ablauf der in der Satzung bestimmten Zeit kann die Zeitdauer der Gesellschaft nur durch satzungsändernden Beschluss verlängert werden.[79] Nach Ablauf der vereinbarten Zeit lässt sich die Gesellschaft nur im Wege eines Fortsetzungsbeschlusses der Hauptversammlung gem. § 274 AktG, der der Zustimmung der Komplementäre bedarf, fortsetzen. Eine stillschweigende Fortsetzung 33

---

[73] Vgl. hierzu *Habersack* in Die Reform des Handelsstandes und der Personengesellschaften, Schriftenreihe der Bayerstiftung für deutsches und internationales Arbeits- und Wirtschaftsrecht, 1999, S. 73, 83 ff.
[74] Hüffer/*Koch* AktG, 14. Aufl. 2020, § 289 Rn. 5; MüKoAktG/*Perlitt*, 5. Aufl. 2020, § 289 Rn. 2, 72; Spindler/Stilz AktG/*Bachmann*, 4. Aufl. 2019, § 289 Rn. 1; K. Schmidt/Lutter AktG/*K. Schmidt*, 2. Aufl. 2010, § 289 Rn. 2.
[75] *Veil* NZG 2000, 72 (74 ff.); *Koch* in Hüffer/Koch AktG, 14. Aufl. 2020, § 289 Rn. 8; Spindler/Stilz AktG/*Bachmann*, 4. Aufl. 2019, § 289 Rn. 20; MüKoAktG/*Perlitt*, 5. Aufl. 2020, § 289 Rn. 83; K. Schmidt/Lutter AktG/*K. Schmidt*, 3. Aufl. 2015, § 289 Rn. 26; GroßkommAktG/*Assmann/Sethe*, 4. Aufl. 2001, § 278 Rn. 77 ff.; Bürgers/Körber AktG/*Förl/Fett*, 4. Aufl. 2017, § 289 Rn. 13.
[76] Nach Inkrafttreten des Handelsrechtsreformgesetzes führt das Ausscheiden eines Komplementärs nicht mehr zwangsläufig zur Auflösung der Gesellschaft; vgl. zur Änderung des Rechts der Personengesellschaft Begründung des RegE, BT-Drs. 13/3444, 41 f.; *Schaefer* DB 1998, 1269 (1274); *K. Schmidt* DB 1998, 61 (63 f.); Bürgers/Körber AktG/*Förl/Fett*, 4. Aufl. 2017, § 289 Rn. 6.
[77] *Schulz* in Bürgers/Fett, Die KGaA, 2. Aufl. 2015, § 8 Rn. 69; KölnKommAktG/*Mertens/Cahn*, 3. Aufl. 2015, § 290 Rn. 4; *Koch* in Hüffer/Koch AktG, 14. Aufl. 2020, § 289 Rn. 1; K. Schmidt/Lutter AktG/*K. Schmidt*, 3. Aufl. 2015, § 289 Rn. 24; Spindler/Stilz AktG/*Bachmann*, 4. Aufl. 2019, § 289 Rn. 17 f.; MüKoAktG/*Perlitt*, 5. Aufl. 2020, § 289 Rn. 113 f.; Bürgers/Körber AktG/*Förl/Fett*, 4. Aufl. 2017, § 289 Rn. 3, 6.
[78] *Mertens* AG 2004, 333 (338).
[79] MüKoAktG/*Perlitt*, 5. Aufl. 2020, § 289 Rn. 13; *Schulz* in Bürgers/Fett, Die KGaA, 2. Aufl. 2015, § 8 Rn. 5; GroßkommAktG/*Assmann/Sethe*, 4. Aufl. 2001, § 289 Rn. 17; K. Schmidt/Lutter AktG/*K. Schmidt*, 3. Aufl. 2015, § 289 Rn. 6; Spindler/Stilz AktG/*Bachmann*, 4. Aufl. 2019, § 289 Rn. 2; *Grafmüller*, KGaA als geeignete Rechtsform, 1993, S. 182; Bürgers/Körber AktG/*Förl/Fett*, 4. Aufl. 2017, § 289 Rn. 3.

der Gesellschaft, wie sie bei der Kommanditgesellschaft gem. §§ 161 Abs. 2, 134 HGB möglich ist, ist bei der KGaA ausgeschlossen.[80]

b) Auflösung der Gesellschaft durch Gesellschafterbeschluss (§ 131 Nr. 2 HGB).
34 Die KGaA kann grundsätzlich, dh auch vor Ablauf einer (eventuell) in der Satzung festgelegten Zeitdauer durch **Gesellschafterbeschluss aufgelöst werden**. § 289 Abs. 4 S. 3 AktG bestimmt, dass für die Beschlussfassung der Kommanditaktionäre in der Hauptversammlung eine Mehrheit erforderlich ist, die mindestens dreiviertel des bei der Beschlussfassung vertretenen Grundkapitals umfasst. Der Beschluss der persönlich haftenden Gesellschafter über die Auflösung bedarf grundsätzlich der Einstimmigkeit. Die Satzung kann für den Auflösungsbeschluss durch die Hauptversammlung eine größere Kapitalmehrheit und weitere Erfordernisse bestimmen, aber auch für den Beschluss der persönlich haftenden Gesellschafter einen Mehrheitsbeschluss vorsehen.[81] Der Auflösungsbeschluss bedarf der Form des § 285 Abs. 3 S. 2 AktG (vgl. dazu → § 79 Rn. 44), weil der Beschluss gemäß § 289 Abs. 6 AktG in das Handelsregister einzutragen ist.

35 **c) Auflösung durch Eröffnung des Insolvenzverfahrens über das Vermögen der Gesellschaft (§ 131 Nr. 3 HGB).** Wird über das Vermögen einer KGaA **das Insolvenzverfahren** eröffnet, so hat dies die Auflösung der Gesellschaft zur Folge. Es gilt dasselbe wie nach § 262 Abs. 1 Nr. 3 AktG für die AG (vgl. → § 66 Rn. 6).

36 Der **Antrag auf Eröffnung des Insolvenzverfahrens** kann von jedem Gläubiger, von den persönlich haftenden Gesellschaftern (§ 283 Nr. 14 iVm § 292 Abs. 2 AktG) und im Abwicklungsstadium von den Abwicklern (§ 283 Nr. 14, 269, 92 Abs. 2 AktG) gestellt werden. Die Hauptversammlung oder der Aufsichtsrat können keinen Insolvenzantrag stellen. Ein einzelner Kommanditaktionär ist nur antragsberechtigt, wenn er zugleich Gesellschaftergläubiger ist.[82] Weder Kommanditaktionäre noch Komplementäre können ihre Ansprüche aus dem Gesellschaftsverhältnis als Insolvenzgläubiger geltend machen.[83] In einem Insolvenzverfahren ist allein die KGaA Gemeinschuldnerin. Die Insolvenz der Gesellschaft macht die persönlich haftenden Gesellschafter nicht zu Gemeinschuldnern. Nach der Eröffnung des Insolvenzverfahrens können Gläubiger nicht unmittelbar mit ihren Ansprüchen gegen die persönlich haftenden Gesellschafter vorgehen. Die persönliche Haftung eines Komplementärs für Verbindlichkeiten der Gesellschaft kann nur vom Insolvenzverwalter geltend gemacht werden (§ 93 InsO).[84]

37 **d) Auflösung aus wichtigem Grund durch gerichtliche Entscheidung (§ 131 Nr. 4 HGB).** Die Gesellschaft kann durch **erfolgreiche Auflösungsklage** aufgelöst werden. Voraussetzung ist ein wichtiger Grund. Der wichtige Grund wird in § 133 Abs. 2 HGB definiert. Die Satzung kann aber den Begriff des wichtigen Grundes näher erläutern, sofern dadurch das Recht zur Auflösung praktisch nicht völlig ausgeschlossen wird.[85] Die Auflösung aus wichtigem Grund ist durch Klage geltend zu machen, die Auflösung erfolgt

---

[80] GroßkommAktG/*Assmann/Sethe*, 4. Aufl. 2001, § 289 Rn. 17; MüKoAktG/*Perlitt*, 5. Aufl. 2020, § 289 Rn. 14; Spindler/Stilz AktG/*Bachmann*, 4. Aufl. 2019, § 289 Rn. 2; K. Schmidt/Lutter AktG/*K. Schmidt*, 3. Aufl. 2015, § 289 Rn. 6; Bürgers/Körber AktG/*Förl/Fett*, 4. Aufl. 2017, § 289 Rn. 3.
[81] MüKoAktG/*Perlitt*, 5. Aufl. 2020, § 289 Rn. 16 f.; KölnKommAktG/*Mertens/Cahn*, 3. Aufl. 2015, § 289 Rn. 13 f.; GroßkommAktG/*Assmann/Sethe*, 4. Aufl. 2001, § 289 Rn. 21; kritisch, aber im Ergebnis zustimmend Spindler/Stilz AktG/*Bachmann*, 4. Aufl. 2019, § 289 Rn. 3 f.; K. Schmidt/Lutter AktG/*K. Schmidt*, 3. Aufl. 2015, § 289 Rn. 7; *Grafmüller*, KGaA als geeignete Rechtsform, 1993, S. 182; Bürgers/Körber AktG/*Förl/Fett*, 4. Aufl. 2017, § 289 Rn. 4.
[82] GroßkommAktG/*Assmann/Sethe*, 4. Aufl. 2001, § 289 Rn. 39.
[83] MüKoAktG/*Perlitt*, 5. Aufl. 2020, § 289 Rn. 23.
[84] Vgl. *Kroth* in Braun, InsO, 5. Aufl. 2012, § 93 Rn. 17 ff.; OLG Dresden ZInsO 2000, 607.
[85] MüKoAktG/*Perlitt*, 5. Aufl. 2020, § 289 Rn. 31; K. Schmidt/Lutter AktG/*K. Schmidt*, 3. Aufl. 2015, § 289 Rn. 12; Spindler/Stilz AktG/*Bachmann*, 4. Aufl. 2019, § 289 Rn. 6; GroßkommAktG/ *Assmann/Sethe*, 4. Aufl. 2001, § 289 Rn. 93.

durch Gestaltungsurteil. Das Recht, die Auflösung der Gesellschaft zu verlangen, kann nicht **ausgeschlossen** oder **beschränkt** werden (§ 289 Abs. 1 AktG, § 133 Abs. 3 HGB). Strittig ist, ob das Erfordernis einer Gestaltungsklage durch eine Auflösungserklärung ersetzt werden kann.[86] Die würde aber zu Rechtsunsicherheit führen, weil dann ggf. wieder gerichtlich festgestellt werden muss, ob eine wirksame Auflösungserklärung vorlag (vgl. auch → Rn. 42).[87] Zulässig ist es aber, durch Satzung die Entscheidung über die Auflösungsklage einem Schiedsgericht zuzuweisen.[88]

38 Der die Auflösung begehrende **Komplementär muss gegen die KGaA,** vertreten durch den Aufsichtsrat (§ 287 Abs. 2 S. 1 AktG), und die anderen Komplementäre klagen (vgl. dazu → § 78 Rn. 45 ff.).[89] Die Satzung kann vorsehen, dass das Recht des Komplementärs, die Auflösung zu verlangen, ausgeschlossen ist und er stattdessen auf das Ausscheiden durch Kündigung mit Abfindung beschränkt wird. Wollen die **Kommanditaktionäre die Gesellschaft durch Urteil auflösen lassen,** müssen sie zunächst einen Auflösungsbeschluss mit Dreiviertelmehrheit des bei der Beschlussfassung vertretenen Grundkapitals fassen (§ 289 Abs. 4 AktG). Die Satzung kann eine größere Mehrheit vorsehen.[90] Im Rechtsstreit über die Auflösung werden die Kommanditaktionäre durch den Aufsichtsrats vertreten, § 287 Abs. 2 AktG (vgl. → § 78 Rn. 59). Die Klage ist gegen die sich der Auflösung widersetzenden Komplementäre zu richten.[91] Die Hauptversammlung kann für die Geltendmachung der Auflösungsklage auch besondere Vertreter bestimmen (§ 287 Abs. 2 S. 1 AktG). Wollen sich die Komplementäre der Auflösung nicht widersetzen, kann ein Auflösungsbeschluss gefasst werden. → Rn. 34.

39 **3. Auflösung durch Kündigung. a) Kündigung durch Komplementäre oder Kommanditaktionäre.** Nach § 289 Abs. 1 AktG in Verbindung mit § 131 Abs. 3 Nr. 3 HGB führt die **Kündigung eines Gesellschafters nicht mehr zur Auflösung** der Gesellschaft.[92] Eine Ausnahme gilt für die Kündigung des einzigen vertretungs- und geschäftsführungsberechtigten Komplementärs (vgl. dazu → § 78 Rn. 48). Mit Erklärung der Kündigung scheiden die kündigenden Gesellschafter aus. Vgl. zum Ausscheiden eines Komplementärs aufgrund Kündigung → § 78 Rn. 38.

40 Einzelne Kommanditaktionäre haben kein Kündigungsrecht.[93] Für den Kommanditaktionär gilt nichts anderes als für den Aktionär (vgl. → § 78 Rn. 57). Strittig ist, ob die **Gesamtheit der Kommanditaktionäre ein eigenes Kündigungsrecht** hat und welche Folgen eine solche Kündigung hat.[94] Der Wortlaut von § 289 Abs. 1 und Abs. 4 AktG in Ver-

---

[86] Dafür Spindler/Stilz AktG/*Bachmann*, 4. Aufl. 2019, § 289 Rn. 6.
[87] So MüKoAktG/*Perlitt*, 5. Aufl. 2020, § 289 Rn. 32; GroßkommAktG/*Assmann/Sethe*, 4. Aufl. 2001, § 289 Rn. 53; K. Schmidt/Lutter AktG/*K. Schmidt*, 3. Aufl. 2015, § 289 Rn. 13.
[88] K. Schmidt/Lutter AktG/*K. Schmidt*, 3. Aufl. 2015, § 289 Rn. 12.
[89] MüKoAktG/*Perlitt*, 5. Aufl. 2020, § 289 Rn. 28; Bürgers/Körber AktG/*Förl/Fett*, 4. Aufl. 2017, § 289 Rn. 6.
[90] K. Schmidt/Lutter AktG/*K. Schmidt*, 3. Aufl. 2015, § 289 Rn. 12; Bürgers/Körber AktG/*Förl/Fett*, 4. Aufl. 2017, § 289 Rn. 10; MüKoAktG/*Perlitt*, 5. Aufl. 2020, § 289 Rn. 27. Gem. § 289 Abs. 4 AktG kann nicht die Kündigungsmöglichkeit, wohl aber die Willensbildung über die Kündigungsabsicht erschwert werden.
[91] K. Schmidt/Lutter AktG/*K. Schmidt*, 3. Aufl. 2015, § 289 Rn. 10; aA *Wichert* in Heidel, Aktienrecht, 5. Aufl. 2020, § 289 Rn. 6.
[92] Es ist nicht davon auszugehen, dass § 289 Abs. 1 AktG als eine statische Verweisung zu verstehen ist, wonach die alten HGB-Vorschriften gelten würden. Vgl. hierzu *Veil* NZG 2000, 72 (73); Bürgers/Körber AktG/*Förl/Fett*, 4. Aufl. 2017, § 289 Rn. 9.
[93] Hüffer/*Koch* AktG, 14. Aufl. 2020, § 289 Rn. 3, 6; MüKoAktG/*Perlitt*, 5. Aufl. 2020, § 289 Rn. 92; GroßkommAktG/*Assmann/Sethe*, 4. Aufl. 2001, § 289 Rn. 71; Spindler/Stilz AktG/*Bachmann*, 4. Aufl. 2019, § 289 Rn. 13; K. Schmidt/Lutter AktG/*K. Schmidt*, 3. Aufl. 2015, § 289 Rn. 28; *Veil* NZG 2000, 75 (77); Bürgers/Körber AktG/*Förl/Fett*, 4. Aufl. 2017, § 289 Rn. 9.
[94] GroßkommAktG/*Assmann/Sethe*, 4. Aufl. 2001, § 289 Rn. 72; KölnKommAktG/*Mertens/Cahn*, 3. Aufl. 2015, § 289 Rn. 20; MüKoAktG/*Perlitt*, 5. Aufl. 2020, § 289 Rn. 37, Spindler/Stilz AktG/

bindung mit § 131 Abs. 3 Nr. 3 HGB ist eigentlich eindeutig. Deshalb geht eine Meinung davon aus, dass abweichend von den Regelungen in § 131 Abs. 3 HGB durch die nicht aufgehobene Sonderregelung des § 289 Abs. 4 AktG die Auflösung der Gesellschaft durch die Kündigung der Kommanditaktionäre möglich sei.[95] § 289 Abs. 4 AktG treffe in zweifacher Hinsicht eine ergänzende Sonderregelung. Einmal indem das personengesellschaftsrechtliche Einzelkündigungsrecht der Kommanditisten in ein durch Beschluss der Hauptversammlung einheitlich auszuübendes Kündigungsrecht der Kommanditaktionäre vergemeinschaftet werde.[96] Zum anderen enthalte § 289 Abs. 4 AktG auch eine Sonderregelung hinsichtlich der Rechtsfolge. Da eine Gesellschaftergruppe komplett ausscheide, könne die Folge nur Auflösung sein. Nach anderer Ansicht führt § 289 Abs. 4 AktG nur zur Vergemeinschaftung des Kündigungsrechts. Das HRefG habe aber die Rechtsfolge der Kündigungserklärung durch die Kommanditaktionäre geändert. Die Kündigung durch die Kommanditaktionäre führt nun nicht mehr unmittelbar zur Auflösung der Gesellschaft, sondern zum Ausscheiden der Kommanditaktionäre als Gesellschaftergruppe.[97] Die Rechtsfolge entspricht dem **Ausscheiden eines Gesellschafters aus einer zweigliedrigen Personengesellschaft.** Die Gesellschaft erlischt ohne Liquidation und die verbleibenden Gesellschafter, dh der Komplementär, wird Gesamtrechtsnachfolger.[98] Gibt es mehrere Komplementäre, entsteht eine OHG.[99] Die beiden Auffassungen unterscheiden sich im Ergebnis nicht. In der ersten Variante kommt es zur Abwicklung nach Auflösung, in der zweiten Variante zur Anwachsung ohne Auflösung. Nach beiden Auffassungen soll das Kündigungsrecht die Kommanditaktionäre davor schützen, gegen ihren Willen in der Gesellschaft eingemauert zu werden. Selbst ein mit der erforderlichen Mehrheit gefasster Auflösungsbeschluss wird nicht wirksam, wenn die Komplementäre nicht zustimmen.[100] Die Regelung in § 289 Abs. 4 AktG mache ohne die Annahme eines Kündigungsrechts der Kommanditaktionäre keinen Sinn und der Gesetzgeber habe sie nicht aufgehoben. Deshalb müsse sie auch angewendet werden.[101] Die dritte und mittlerweile herrschende Auffassung, schließt eine Kündigung durch die Gesamtheit der Kommanditaktionäre aus, soweit nicht die Satzung etwas anderes vorsehe.[102] Mit der Änderung von § 131 Abs. 3 HGB, der nun

---

Bachmann, 4. Aufl. 2019, § 289 Rn. 13; K. Schmidt/Lutter AktG/*K. Schmidt*, 3. Aufl. 2015, § 289 Rn. 21, 28; aA Bürgers/Körber AktG/*Förl/Fett*, 4. Aufl. 2017, § 289 Rn. 9; *Schulz* in Bürgers/Fett, Die KGaA, 2. Aufl. 2015, § 8 Rn. 52: Kommanditaktionäre können nur Auflösungsbeschluss fassen. Der Referentenentwurf für das UMAG sah eine entsprechende Änderung von § 289 Abs. 4 AktG vor. Dazu *Mertens* AG 2004, 333 ff. Ein Auflösungsbeschluss bedarf aber grundsätzlich der Zustimmung der Komplementäre. Sie können dann die Kommanditaktionäre einmauern.

[95] GroßkommAktG/*Assmann/Sethe*, 4. Aufl. 2001, § 289 Rn. 74; KölnKommAktG/*Mertens/Cahn*, 3. Aufl. 2015, § 289 Rn. 20; MüKoAktG/*Perlitt*, 5. Aufl. 2020, § 289 Rn. 37, Spindler/Stilz AktG/ *Bachmann*, 4. Aufl. 2019, § 289 Rn. 13.

[96] *Veil* NZG 2000, 72 (74).

[97] So noch die Vorauflage. *Schlitt*, Satzung der KGaA, 1999, S. 233.

[98] BGH ZIP 2000, 229; BGHZ 113, 132 (134); vgl. zum Ausscheiden eines Komplementärs aus der zweigliedrigen KG *Eckhardt* NZG 2000, 449 ff.; GroßkommAktG/*Assmann/Sethe*, 4. Aufl. 2001, § 289 Rn. 75; *Bork/Jacoby* ZGR 2005, 611 ff.; nach KölnKommAktG/*Mertens/Cahn*, 3. Aufl. 2015, § 289 Rn. 20 tritt Gesamtrechtsnachfolge nur ein, wenn die Komplementäre zustimmen.

[99] GroßkommAktG/*Assmann/Sethe*, 4. Aufl. 2001, § 289 Rn. 75; kritisch K. Schmidt/Lutter AktG/*K. Schmidt*, 3. Aufl. 2015, § 289 Rn. 28; Spindler/Stilz AktG/*Bachmann*, 4. Aufl. 2019, § 289 Rn. 31.

[100] *Mertens* AG 2004, 333 (334 ff.).

[101] Der Referentenentwurf für das UMAG sah noch eine entsprechende Änderung von § 289 Abs. 4 AktG vor, die dann aber nicht umgesetzt wurde. Ob daraus auf den Willen des Gesetzgebers geschlossen werden kann, eine Kündigungsmöglichkeit für die Kommanditaktionäre zu erhalten oder nicht, ist streitig. Siehe dazu einerseits *Mertens* AG 2004, 333 ff.; andererseits Spindler/Stilz AktG/ *Bachmann*, 4. Aufl. 2019, § 289 Rn. 14.

[102] Spindler/Stilz AktG/*Bachmann*, 5. Aufl. 2020, § 289 Rn. 14; MüKoAktG/*Perlitt*, 5. Aufl. 2020, § 289 Rn. 38; Hüffer/*Koch* AktG, 14. Aufl. 2020, § 289 Rn. 6; *Schulz* in Bürgers/Fett,

§ 77 Gründung, Kapital und Aktien, Auflösung und Abwicklung

ein Ausscheiden des kündigenden Gesellschafters statt Auflösung vorsieht, gehe § 289 Abs. 4 AktG wie Abs. 3 ins Leere. § 289 Abs. 4 AktG setze voraus, dass die Kündigung zur Auflösung führe, ordne aber nicht ein eigenständiges Recht der Kommanditaktionäre zur Auflösung an.[103] Würde man der Gesamtheit der Kommanditaktionäre eine Austrittskündigung zubilligen, so hätten die Kommanditaktionäre de facto das Recht, die Auflösung der Gesellschaft zu beschließen, was ein Wertungswiderspruch zu dem Grundsatz sei, dass ein Beschluss über die Auflösung der KGaA der Zustimmung der Komplementäre bedarf. Die Kommanditaktionäre seien daher auf den Auflösungsbeschluss oder die Auflösungsklage verwiesen. Zudem führe das Ausscheiden der Kommanditaktionäre zu einem Abfindungsanspruch. Dieser Abfindungsanspruch der Kommanditaktionäre sei mit dem Grundsatz der Kapitalaufbringung/Kapitalerhaltung gemäß § 57 AktG nicht vereinbar.[104]

41 Die Diskussion über das Kündigungsrecht der Kommanditaktionäre zeigt wieder einmal, dass bei einer Gesetzesreform, hier des Personengesellschaftsrechts, die Auswirkungen auf die KGaA schlicht vergessen wurden. Warum der Gesetzgeber 2004 im Rahmen des UMAG die zunächst vorgeschlagene Streichung von § 289 Abs. 4 AktG nicht umgesetzt hat, bleibt unverständlich. Versucht man die sich aus dieser Unterlassung ergebende Rechtslage zu analysieren, so gelangt man an die Schnittstelle zwischen dem Recht der Personengesellschaft, das für das Verhältnis zwischen Komplementären und Kommanditaktionären gilt (§ 278 Abs. 2 AktG), und dem Aktienrecht, das für die KGaA als juristische Person und das Verhältnis der Kommanditaktionäre untereinander, aber auch für das Verhältnis der Kommanditaktionäre zur KGaA gilt (§ 278 Abs. 3 AktG). Das Aktienrecht kennt kein Untergehen der AG durch Anwachsung auf einen Gesellschafter. Eine juristische Person kann erst nach Durchführung des gesetzlich vorgesehenen Auflösungs- und Abwicklungsverfahrens verschwinden.[105] Der Konflikt muss gemäß der Schaltnorm des § 278 AktG danach aufgelöst werden, wo der Schwerpunkt der betroffenen Rechtsbeziehungen liegt (vgl. → § 76 Rn. 13). Bei einer Kündigung durch die Kommanditaktionäre ist das Rechtsverhältnis zwischen Komplementären und Kommanditaktionären betroffen, das gemäß § 278 Abs. 2 AktG dem Personengesellschaftsrecht unterliegt. Ist das Personengesellschaftsrecht anwendbar, dann ist die Rechtsfolge der Kündigung der Kommanditaktionäre die Anwachsung. Der Gesetzgeber hätte das Kündigungsrecht der Kommanditaktionäre ausschließen können, wie im Referentenentwurf für das UMAG vorgeschlagen. Dieser Vorschlag ist nicht umgesetzt worden. Die Regelung in § 289 Abs. 4 AktG muss daher so verstanden werden, dass sie das Kündigungsrecht der Kommanditaktionäre vergemeinschaftet. Die Rechtsfolge ergibt sich aus dem Personengesellschaftsrecht. Dass das Aktienrecht die Anwachsung nicht kennt, ist unerheblich. Die KGaA ist eben gerade keine Aktiengesellschaft, sondern eine hybride Rechtsform. Sie bietet daher hinsichtlich der Auflösung eine zusätzliche Flexibilität in Form der Anwachsung bei Ausscheiden der Kommanditaktionäre, die die Aktiengesellschaft nicht bietet. Auch der Kapitalerhaltungsgrundsatz ist nicht betroffen, weil das Grundkapital als geschütztes Kapital nicht fortbesteht. Wollen sich die Komplementäre vor einer Anwachsung schützen, kann das **Kündigungsrecht in der Satzung** ausgeschlossen werden.[106]

Die KGaA, 2. Aufl. 2015, § 8 Rn. 52; Bürgers/Körber AktG/*Förl/Fett*, 4. Aufl. 2017, § 289 Rn. 9.

[103] Spindler/Stilz AktG/*Bachmann*, 4. Aufl. 2019, § 289 Rn. 15; K. Schmidt/Lutter AktG/ *K. Schmidt*, 3. Aufl. 2015, § 289 Rn. 21.

[104] *Mertens* AG 2004, 333 (334 f.); *Schulz* in Bürgers/Fett, Die KGaA, 2. Aufl. 2015, § 8 Rn. 52. *Koch* in Hüffer/Koch AktG, 14. Aufl. 2020, § 289 Rn. 6.

[105] In der Fassung des UMAG, in der noch eine Streichung von § 289 Abs. 4 AktG vorgesehen war, wurde die Streichung damit begründet, dass eine Kündigung der Kommanditaktionäre aktienrechtlich unzulässig sei.

[106] GroßkommAktG/*Assmann/Sethe*, 4. Aufl. 2001, § 289 Rn. 76; Bürgers/Körber AktG/*Förl/Fett*, 4. Aufl. 2017, § 289 Rn. 9 krit.: MüKoAktG/*Perlitt*, 5. Aufl. 2020, § 289 Rn. 38; nach KölnKomm-

42 b) Kündigung durch Beschluss der Gesellschafter. Ein Recht zur **außerordentlichen Kündigung** aus wichtigem Grund ohne gerichtliche Entscheidung **durch Gesellschafterbeschluss,** das im Gesellschaftsvertrag einer Personengesellschaft vorgesehen werden kann,[107] darf in der Satzung einer KGaA nicht begründet werden. Ein solches Kündigungsrecht würde zu Rechtsunsicherheit führen, wenn sich ein Gesellschafter gegen die Kündigung wehrt. Dies ist mit dem Charakter der KGaA als juristischer Person nicht vereinbar. Es muss jederzeit klar sein, ob die Gesellschaft noch als werbende Gesellschaft fortbesteht oder schon in Abwicklung ist.[108] Den Gesellschaftern bleibt in diesen Fällen der Auflösungsbeschluss (vgl. → Rn. 34) und die Auflösungsklage (→ Rn. 37).

43 4. Auflösungsgründe nach Aktienrecht. § 289 Abs. 2 AktG sieht als spezielle Auflösungsgründe für die KGaA die Ablehnung der Eröffnung des Insolvenzverfahrens mangels Masse (§ 289 Abs. 2 Nr. 1 AktG) und die rechtskräftige Feststellung eines **Satzungsmangels** im Verfahren nach § 399 FamFG (§ 289 Abs. 2 Nr. 2 AktG) vor. § 399 FamFG verweist auf § 23 AktG. Mängel der Satzung im Sinne von § 289 Abs. 2 Nr. 2 AktG können daher nur Verstöße gegen zwingende aktienrechtliche Vorschriften über den Inhalt der Satzung sein.[109] Eine Auflösung nach § 289 Abs. 2 Nr. 2 AktG tritt hingegen nicht ein wegen Satzungsmängeln, soweit sich die Satzungsregelung auf das Verhältnis zwischen den Komplementären untereinander und gegenüber der Gesamtheit der Kommanditaktionäre bezieht. Es gilt hier gemäß § 278 Abs. 2 AktG das Recht der Kommanditgesellschaft. Sollte eine diesbezügliche Satzungsbestimmung gegen zwingende Grundsätze des Personengesellschaftsrechts verstoßen, so können Kommanditaktionäre die Unwirksamkeit dieser Bestimmungen feststellen lassen. Dies gilt auch für den Fall, dass im Rahmen einer Inhaltskontrolle nach den für die Publikumskommanditgesellschaft entwickelten Grundsätzen eine Bestimmung für unwirksam erklärt wird (vgl. dazu → § 79 Rn. 19).

44 5. Keine weiteren Auflösungstatbestände. Die Gründe, die zur Auflösung einer KGaA führen, sind im AktG, im HGB und in den anderen gesetzlichen Vorschriften **erschöpfend aufgeführt.**[110] Durch das HRefG führen insbesondere der Tod, die Insolvenz, die Kündigung eines Gesellschafters oder eines Privatgläubigers nicht mehr zur Auflösung der KGaA, sondern nur zum Ausscheiden des betreffenden Gesellschafters. Eine Ausnahme gilt für das Ausscheiden des einzigen geschäftsführungsbefugten und vertretungsberechtigten Komplementärs (vgl. → § 78 Rn. 48). Nicht zur Auflösung führt auch die Vereinigung aller Aktien in der Hand von Komplementären oder eines Komplementärs.

45 Die Satzung kann Regelungen zur Auflösung treffen. In Betracht kommen aber nur klarstellende oder die gesetzlichen Auflösungsgründe ergänzende oder modifizierende Regeln (vgl. → Rn. 32).

46 6. Anmeldung, Folgen der Auflösung. Die Auflösung ist nach § 289 Abs. 6 AktG zum **Handelsregister** zur Eintragung von allen persönlich haftenden Gesellschaftern anzumelden. Die Eintragung der Auflösung ins Handelsregister hat keine konstitutive Wirkung; die Auflösung wird bereits durch das Eintreten eines Auflösungsgrundes wirksam. Mit der

---

AktG/*Mertens/Cahn*, 3. Aufl. 2015, § 289 Rn. 20 ist das Kündigungsrecht zwingend, allerdings halten *Mertens/Cahn* eine Anwachsung nur bei Zustimmung der Komplementäre für möglich. Ebenso *Mertens* AG 2004, 333.

[107] GroßKomm HGB/*Schäfer*, 5. Aufl. 2009, § 133 Rn. 72.
[108] GroßkommAktG/*Assmann/Sethe*, 4. Aufl. 2001, § 289 Rn. 53; MüKoAktG/*Perlitt*, 5. Aufl. 2020, § 289 Rn. 32; K. Schmidt/Lutter AktG/*K. Schmidt*, 3. Aufl. 2015, § 289 Rn. 13; KölnKomm-AktG/*Mertens/Cahn*, 3. Aufl. 2015, § 289 Rn. 19; aA Spindler/Stilz AktG/*Bachmann*, 4. Aufl. 2019, § 289 Rn. 6.
[109] Bürgers/Körber AktG/*Förl/Fett*, 4. Aufl. 2017, § 289 Rn. 7.
[110] MüKoAktG/*Perlitt*, 5. Aufl. 2020, § 289 Rn. 41; GroßkommAktG/*Assmann/Sethe*, 4. Aufl. 2001, § 289 Rn. 66; *Koch* in Hüffer/Koch AktG, 14 Aufl. 2020, § 289 Rn. 2, 5; Bürgers/Körber AktG/*Förl/Fett*, 4. Aufl. 2017, § 289 Rn. 13.

Auflösung besteht die KGaA als Abwicklungsgesellschaft weiter (§ 278 Abs. 3 iVm § 264 Abs. 1 AktG).

IV. Abwicklung

Für die **Abwicklung** der KGaA gelten gemäß § 278 Abs. 3 AktG die Vorschriften des Aktiengesetzes (§ 264 AktG, vgl. dazu oben § 67). Abweichend davon gelten folgende Besonderheiten: Nach § 290 Abs. 1 AktG treten an die Stelle des Vorstands die persönlich haftenden Gesellschafter einschließlich derer, die von der Geschäftsführung und Vertretung ausgeschlossen waren. Die Hauptversammlung kann daneben weitere Abwickler bestellen. Über die Bestellung der Abwickler kann die Satzung Regelungen treffen. Sie kann den Komplementären ein Vetorecht einräumen oder ihnen sogar ein alleiniges Bestellungsrecht einräumen. Möglich ist auch die alleinige Bestellung der Abwickler durch den Aufsichtsrat.[111] Die gerichtliche Bestellung oder Abberufung von Abwicklern richtet sich nach §§ 265 Abs. 3, 278 Abs. 3 AktG mit der Besonderheit, dass jeder Komplementär das Antragsrecht hat (§ 290 Abs. 2 AktG). Für die Verteilung des verbleibenden Vermögens, dh des Abwicklungsüberschusses, zwischen den Komplementären und den Kommanditaktionären gelten gemäß § 278 Abs. 2 AktG die Vorschriften für die Kommanditgesellschaft (§§ 278 Abs. 2 AktG iVm § 161 Abs. 2, 155 HGB). Zur Klarstellung empfiehlt sich eine Satzungsregelung, wonach sich die Verteilung nach dem Verhältnis von Grundkapital und Komplementärkapital zum Gesamtkapital bestimmt. Die Verteilung zwischen den persönlich haftenden Gesellschaftern untereinander richtet sich grundsätzlich nach Personengesellschaftsrecht, während für die Verteilung unter den Kommanditaktionären Aktienrecht gilt (§ 271 AktG).[112] Für die persönlich haftenden Gesellschafter gilt aber abweichend von § 150 HGB genauso wie für die Aktionäre das Sperrjahr des § 272 AktG. Die Geltung des Sperrjahres für beide Gesellschaftergruppen ist deswegen erforderlich, weil das gesamte Aktivvermögen der Gesellschaft den Gläubigern haftet, auch soweit es aus den Vermögenseinlagen der persönlich haftenden Gesellschafter herrührt.[113] Das **Abwicklungsverfahren ist demnach dreistufig:** Zunächst werden die bekannten Forderungen beglichen bzw. Rückstellungen für streitige oder noch nicht fällige Forderungen gebildet, nach Ablauf des Sperrjahres kann der Abwicklungsüberschuss zwischen den beiden Gesellschaftergruppen verteilt werden, schließlich wird der jeweilige Anteil am Abwicklungserlös innerhalb der beiden Gesellschaftsgruppen verteilt. Die Verteilung des Vermögens zwischen Komplementären und Kommanditaktionären kann durch die Satzung abweichend von den gesetzlichen Vorschriften geregelt werden. So kann zB die Übernahme des Vermögens durch die Komplementäre mit Barabfindung der Kommanditaktionäre vorgesehen werden.[114]

---

[111] *Sethe* ZIP 1998, 1138 (1146).
[112] *Sethe* ZIP 1998, 1138 (1139 f.); Bürgers/Körber AktG/*Förl/Fett*, 4. Aufl. 2017, § 290 Rn. 1.
[113] GroßkommAktG/*Assmann/Sethe*, 4. Aufl. 2004, § 290 Rn. 28; *Sethe* ZIP 1998, 1138 (1139); KölnKommAktG/*Mertens/Cahn*, 3. Aufl. 2015, § 290 Rn. 3; Hüffer/*Koch*, AktG, 14. Aufl. 2020, § 290 Rn. 1; Spindler/Stilz AktG/*Bachmann*, 14. Aufl. 2019, § 290 Rn. 8; K. Schmidt/Lutter AktG/ *K. Schmidt*, 5. Aufl. 2020, § 290 Rn. 13; aA MüKoAktG/*Perlitt*, 5. Aufl. 2020, § 290 Rn. 8 f.; Bürgers/Körber AktG/*Förl/Fett*, 4. Aufl. 2017, § 290 Rn. 1; *Schlitt*, Satzung der KGaA, 1999, S. 234; *Schulz* in Bürgers/Fett, Die KGaA, 2. Aufl. 2015, § 8 Rn. 66.
[114] *Sethe* ZIP 1998, 1138 (1142); KölnKommAktG/*Mertens/Cahn*, 3. Aufl. 2015, § 290 Rn. 8; MüKoAktG/*Perlitt*, 5. Aufl. 2020, § 290 Rn. 24 f.; Spindler/Stilz AktG/*Bachmann*, 4. Aufl. 2019, § 290 Rn. 11; K. Schmidt/Lutter AktG/*K. Schmidt*, 3. Aufl. 2015, § 290 Rn. 15; Bürgers/Körber AktG/*Förl/Fett*, 4. Aufl. 2017, § 290 Rn. 1.

§ 78 Rechte der Komplementäre, Kommanditaktionäre und ihre Rechtsbeziehungen untereinander

Übersicht

	Rn.		Rn.
I. Begründung des Gesellschaftsverhältnisses zwischen Komplementär und KGaA	1–15	c) Kündigung durch den Komplementär	38
1. Begründung der Komplementärstellung	2–9	d) Kündigung durch den Privatgläubiger des Komplementärs	39
2. Qualifikation des persönlich haftenden Gesellschafters	10–15	e) Ausschließung eines Komplementärs	40, 41
II. Rechte der Komplementäre	16–19	3. Ausscheiden aufgrund Satzungsregelungen	42–47
1. Geschäftsführung	16–18	a) Ausscheiden aufgrund Vereinbarung	44
2. Vertretungsberechtigung	19	b) Bedingung der Befristung der Komplementärstellung	45
III. Persönliche Haftung und Pflichten des Komplementärs	20–30	c) Kündigung	46
1. Persönliche Haftung	20–24	d) Übertragung des Kapitalanteils	47
a) Umfang	20	4. Ausscheiden des letzten persönlich haftenden Gesellschafters	48–52
b) Funktion	21	5. Rechtsfolgen des Ausscheidens	53–55
c) Innenverhältnis	22	6. Eintragung	56
d) Dauer der Haftung	23	V. Rechtsstellung der Kommanditaktionäre	57–64
e) Haftungsfreistellung	24	1. Überblick	57
2. Wettbewerbsverbot	25–28	2. Rechtsverhältnis zwischen Komplementären und Kommanditaktionären	58, 59
a) Umfang	25, 26	a) Kein besonderer Personenverband der Kommanditaktionäre	58
b) Befreiung vom Wettbewerbsverbot	27	b) Parteifähigkeit	59
c) Anwendbarkeit auf Kommanditaktionäre	28	3. Rechte der Kommanditaktionäre	60–64
3. Allgemeine Treuepflicht	29, 30	a) Überblick	60, 61
IV. Ausscheiden und Ausschluss eines Komplementärs	31–56	b) Kernbereich und Inhaltskontrolle	62–64
1. Überblick	31		
2. Ausscheiden aufgrund gesetzlicher Regelungen	32–41		
a) Tod eines Komplementärs	33–36		
b) Eröffnung des Insolvenzverfahrens über das Vermögen des Komplementärs	37		

Schrifttum: *Armbrüster*, Wettbewerbsverbot im Kapitalgesellschaftsrecht, ZIP 1997, 1269–1279; *Arnold*, Die GmbH & Co. KGaA, 2001; *Binz/Sorg*, Die KGaA mit beschränkter Haftung – quo vadis?, DB 1997, 313–319; *Bork/Jacoby*, Das Ausscheiden des einzigen Komplementärs nach § 131 Abs. 3 HGB, ZGR 2005, 611–653; *Bürgers/Fett*, Die Kommanditgesellschaft auf Aktien, München, 2. Auflage 2015; Bürgers/Körber, Aktiengesetz, Heidelberg, 4. Auflage 2017; *Dirksen/Möhrle*, Die kapitalistische Kommanditgesellschaft auf Aktien, ZIP 1998, 1377–1386; *Eiff/Otte*, Die Kapitalgesellschaft & Co. KGaA – eine attraktive Gestaltungsmöglichkeit, GWR 2015, 246; *Habersack*, Der Gesellschafterbeschluss der KGaA, in FS Hellwig 2011, 145; *Haase*, Die Vorteile der GmbH oder der GmbH & Co. KGaA in gesellschaftsrechtlicher Sicht, GmbHR 1997, 917–923; *Halasz/Kloster/Kloster*, Die GmbH & Co. KGaA, Eine Rechtsformalternative zur GmbH & Co. KG?, GmbHR 2002, 77–92; *Hasselbach/Ebbinghaus*, Die KGaA als Unternehmensform für den deutschen Mittelstand, DB 2015, 1269; *Heermann*, Unentziehbare Mitwirkungsrechte der Minderheitsaktionäre bei außergewöhnlichen Geschäften in der GmbH & Co. KGaA, ZGR 2000, 61 ff.; *Heinecke*, Anlegerschutz in der Kommanditgesellschaft auf Aktien, 2002; Heinze, Die Gesellschaft bürgerlichen Rechts als Komplementärin bei der Kommanditgesellschaft auf Aktien, DNotZ 2012, 426 – 439; *Hennerkes/Lorz*, Roma locuta causa finita: Die GmbH & Co. KGaA ist zulässig, DB 1997, 1388–1394; *Herfs*, Die Kapitalgesellschaft & Co. KGaA als Rechtsformoptimierung für mittelständische Unternehmen, WiB 1997, 688–691; *Hoffmann-Becking*, Das Wettbewerbsverbot des Geschäftsleiters der Kapitalgesellschaft & Co., ZHR 175 (2011), 597–604; *Hoffmann-Becking/Herfs*, Struktur und Satzung der Familien KGaA, FS Sigle (2000), S. 273–299; *Hommelhoff*, Anlegerschutz in der GmbH & Co. KGaA in Ulmer: Die GmbH & Co.

KGaA nach dem Beschluss BGHZ 134, 392, ZHR Beiheft 1998, 9–31; *Ihrig/Schlitt,* Die KGaA nach dem Beschluss des BGH vom 24.2.1998 in Ulmer: Die GmbH & Co. KGaA nach dem Beschluss BGHZ 134, 392, ZHR Beiheft 1998, 33–83; *Koch,* Mitwirkungsrechte der Kommanditaktionäre bei der GmbH & Co. KGaA; Grenzen satzungsmäßiger Einschränkung, DB 2002, 1701–1704; *Krause,* Zum beherrschenden Einfluss des Komplementärs, FS Winter (2011), S. 351–368; *Ladwig/Motte,* Die GmbH & Co. KGaA nach der Zulassung durch den BGH – Die neue Rechtsform für den Mittelstand?, DStR 1997, 1539–1542; *Marsch-Barner,* Doppelte Überwachung in der AG & Co. KGaA, FS Hoffmann-Becking, 2013, 777; *Otte,* Die AG & Co. KGaA, 2010; *Niedner/Kusterer,* Die atypisch ausgestaltete Familien-KGaA aus der Sicht des Kommanditaktionärs, DB 1997, 1451–1454; *Overlack,* Der Komplementär in der GmbH & Co. KGaA, RWS-Forum Gesellschaftsrecht 1997, S. 236–276; *Priester,* Die Kommanditgesellschaft auf Aktien ohne natürlichen Komplementär, ZHR 160 (1996), 250–264; *Schlitt/Winzen,* Die Kommanditgesellschaft auf Aktien (KGaA) – eine attraktive Rechtsform für börsennotierte Unternehmen? CFL 2012, 261; *K. Schmidt,* Gesellschaftsrecht, 4. Aufl. 2002, S. 587 ff.; *Schaumburg,* Die KGaA als Rechtsform für den Mittelstand, DStZ 1998, 525–543; *Schnorbus,* Gestaltungsfragen fakultativer Gesellschaftsorgane, FS Winter (2011), S. 627–670; *Schnorbus,* Gestaltungsfragen fakultativer Aufsichtsorgane der KGaA, in: Liber Amicorum Winter, 2011, 627; *Schrick,* Überlegungen zur Gründung einer kapitalistische KGaA aus dem Blickwinkel der Unternehmerfamilie, NZG 2000, 409 ff.; *Schürmann/Groh,* KGaA und GmbH & Co. KGaA, BB 1995, 684–688; *Seibt/ von Rimon,* Monistische SE & Co. KGaA: Einsatzfelder und Antwort auf Praxisfragen, AG 2019, 753-760; *Sethe,* Bewegung im Recht der Kommanditgesellschaft auf Aktien?, ZIP 1996, 2053–2058; *Strieder/Habel,* Zulässigkeit einer GmbH & Co. KGaA, Anm. zum Beschluss des BGH vom 24.2.1997, BB 1997, 1375–1377; *Theisen,* Die Kommanditgesellschaft auf Aktien (KGaA) auf dem Prüfstand, DBW 1989, 137–183; *Veil,* Die Kündigung der KGaA durch persönlich haftende Gesellschafter und Kommanditaktionäre, NZG 2000, 72 ff.; *Wichert,* Satzungsänderungen in der Kommanditgesellschaft auf Aktien, AG 1999, 362–369; *Wiesner,* Die Enthaftung ausgeschiedener persönlich haftender Gesellschafter einer KGaA, ZHR 148 (1984), 56–73; vgl. im Übrigen die Literaturhinweise zu § 75.

I. Begründung des Gesellschaftsverhältnisses zwischen Komplementär und KGaA

Der **Bestand** einer KGaA setzt voraus, dass mindestens ein persönlich haftender ge- 1 schäftsführungsbefugter und vertretungsberechtigter Gesellschafter vorhanden ist. Persönlich haftende Gesellschafter können gleichzeitig Kommanditaktionäre sein. Eine KGaA kann als Einmanngesellschaft gegründet werden oder später als Einmanngesellschaft fortgeführt werden (vgl. → § 77 Rn. 1) Der alleinige persönlich haftende Gesellschafter kann gleichzeitig der alleinige Kommanditaktionär sein. Das Ausscheiden aller geschäftsführungsbefugten und vertretungsberechtigten Gesellschafter oder des einzigen so berechtigten Komplementärs führt zur Auflösung der Gesellschaft (vgl. → Rn. 48).

1. Begründung der Komplementärstellung. Die Regeln, die für die Begründung des 2 Gesellschaftsverhältnisses zwischen einem persönlich haftenden Gesellschafter und der Gesellschaft gelten, unterscheiden sich danach, ob die Komplementärstellung im Stadium der **Gründung** oder **nach der Gründung** der KGaA übernommen wird.

Die Übernahme der Stellung eines Komplementärs im Rahmen der **Gründung** richtet 3 sich nach den Gründungsvorschriften (vgl. → § 77 Rn. 1). Entsteht die KGaA durch Formwechsel kann entweder einer der bisherigen Gesellschafter die Rechtsstellung eines Komplementärs übernehmen oder ein Dritter kann als persönlich haftender Gesellschafter beitreten (§§ 218 Abs. 2, 222 UmwG, vgl. auch → § 77 Rn. 13).

Nach Gründung der KGaA können neue Komplementäre nur durch **Satzungsände-** 4 **rung** aufgenommen werden. Nach § 281 Abs. 1 AktG sind Angaben über die Identität des persönlich haftenden Gesellschafters zwingender Satzungsbestandteil.[1] Nach der gesetzlichen Regelung ist ein Hauptversammlungsbeschluss erforderlich mit der für satzungs-

---

[1] MüKoAktG/*Perlitt,* 5. Aufl. 2020, § 278 Rn. 66; Bürgers/Körber AktG/*Förl/Fett,* 4. Aufl. 2017, § 278 Rn. 17, aA Spindler/Stilz/*Bachmann,* 4. Aufl. 2019, § 281 Rn. 6, der § 281 nur bei der Gründung für anwendbar hält. In der Praxis ist der Unterschied der beiden Auffassung nicht groß, weil sich durch Satzungsregelungen das Erfordernis der Satzungsänderung vermeiden lässt (vgl. → Rn. 5).

ändernde Beschlüsse in der Satzung oder im Gesetz vorgesehenen Form und vorgeschriebenen Mehrheit. Sämtliche Komplementäre, auch die nicht-vertretungsberechtigten und nicht-geschäftsführungsbefugten Komplementäre, müssen der Satzungsänderung zustimmen (vgl. → § 79 Rn. 43).[2]

5 Die Aufnahme neuer Komplementäre kann in der **Satzung abweichend von diesen gesetzlichen Regeln ausgestaltet werden.** Die Aufnahme persönlich haftender Gesellschafter richtet sich nach dem Recht der Kommanditgesellschaft. Es besteht daher Gestaltungsfreiheit. Die Aufnahme kann **erschwert** werden, indem zusätzliche Anforderungen an die Eigenschaften und Qualifikationen der persönlich haftenden Gesellschafter gestellt werden, zB Zugehörigkeit zu einer bestimmten Berufsgruppe oder einem bestimmten Familienstamm.[3] Die Aufnahme kann **erleichtert** werden, wenn die Satzung auf die nach der gesetzlichen Regelung erforderliche Zustimmung aller persönlich haftenden Gesellschafter und eines Hauptversammlungsbeschlusses mit qualifizierter Mehrheit verzichtet. Das Aufnahmerecht kann allein den Komplementären oder nur den geschäftsführungsbefugten Komplementären eingeräumt werden. Es kann auch einem einzigen Komplementär übertragen werden.[4] In solchen Satzungsbestimmungen liegt eine antizipierte Zustimmung der Hauptversammlung.[5] In diesen Fällen vollzieht sich die Aufnahme des Komplementärs nicht im Rahmen einer Satzungsänderung mit Wirksamkeit bei Eintragung des satzungsändernden Beschlusses, sondern die Aufnahme wird mit dem Aufnahmebeschluss durch das zuständige Organ wirksam. Die Satzung muss anschließend im Rahmen einer Fassungsänderung angepasst werden. Bei dieser Anpassung ist nicht das übliche für Fassungsänderungen vorgesehene Verfahren einzuhalten, dh Beschluss des Aufsichtsrats nach § 179 Abs. 1 S. 2 AktG. Die Übertragung der Kompetenz zur Aufnahme neuer Komplementäre umfasst auch die Befugnis, die Satzung entsprechend zu ändern und die Änderung zur Eintragung anzumelden.[6]

6 Die Entscheidung über die Aufnahme neuer persönlich haftender Gesellschafter kann durch die Satzung **anderen Organen** übertragen werden, wie zB dem Aufsichtsrat oder einem anderen Vertretungsorgan der Kommanditaktionäre oder Komplementäre (Beirat, Gesellschafterausschuss),[7] oder sie kann sogar einem gesellschaftsfremden Dritten einge-

---

[2] MüKoAktG/*Perlitt*, 5. Aufl. 2020, § 278 Rn. 66; GroßkommAktG/*Assmann*/*Sethe*, 4. Aufl. 2001, § 278 Rn. 49; KölnKommAktG/*Mertens*/*Cahn*, 3. Aufl. 2015, § 278 Rn. 23 f.; Spindler/Stilz/*Bachmann*, 4. Aufl. 2019, § 278 Rn. 48; K. Schmidt/Lutter AktG/*K. Schmidt*, 3. Aufl. 2015, § 278 Rn. 28; Bürgers/Körber AktG/*Förl*/*Fett*, 4. Aufl. 2017, § 278 Rn. 17.

[3] MüKoAktG/*Perlitt*, 5. Aufl. 2020, § 278 Rn. 67 f.; Bürgers/Körber AktG/*Förl*/*Fett*, 4. Aufl. 2017, § 278 Rn. 16, 18; *Schlitt*, Satzung der KGaA, 1999, S. 133; *Grafmüller*, KGaA als geeignete Rechtsform, 1993, S. 17; *Sethe*, Die personalistische Kapitalgesellschaft, 1996, S. 128; aA *Bachmann* FS K. Schmidt, 2009, 49 f., der § 281 AktG als Gründungsvorschrift interpretiert. Die nach § 281 in die Satzung aufzunehmenden Daten seien bloße formelle Satzungsbestandteile, deren Änderung sich nicht nach den §§ 179 ff. AktG richten.

[4] *Sethe*, Die personalistische Kapitalgesellschaft, 1996, S. 126; *Hartel* DB 1992, 2329 (2334); MüKoAktG/*Perlitt*, 5. Aufl. 2020, § 278 Rn. 68; GroßkommAktG/*Assmann*/*Sethe*, 4. Aufl. 2001, § 278 Rn. 48; *Wichert* AG 1999, 362 (367); für KG vgl. BGH WM 1976, 15; NJW 1978, 1000; BGHZ 76, 160 (164); kritisch dazu: Spindler/Stilz/*Bachmann*, 4. Aufl. 2019, § 278 Rn. 49, 68 f. mit Hinweis auf die Kernbereichslehre; K. Schmidt/Lutter AktG/*K. Schmidt*, 3. Aufl. 2015, § 278 Rn. 28; Bürgers/Körber AktG/*Förl*/*Fett*, 4. Aufl. 2017, § 278 Rn. 18.

[5] So *Hartel* DB 1992, 234; *Sethe*, Die personalistische Kapitalgesellschaft, 1996, S. 125; *Knur* FS Flume, Bd. II, 1987, 173 (184); Spindler/Stilz/*Bachmann*, 4. Aufl. 2019, § 281 Rn. 21.

[6] Bürgers/Körber AktG/*Förl*/*Fett*, 4. Aufl. 2017, § 278 Rn. 18; MüKoAktG/*Perlitt*, 5. Aufl. 2020, § 281 Rn. 15; *Cahn* AG 2001, 579 (582 ff.); aA *Schlitt*, Satzung der KGaA, 1999, S. 133, der Fassungsänderung durch Aufsichtsrat verlangt. Dann könnte aber der Aufsichtsrat de facto die Aufnahmeentscheidung blockieren.

[7] MüKoAktG/*Perlitt*, 5. Aufl. 2020, § 278 Rn. 68; GroßkommAktG/*Assmann*/*Sethe*, 4. Aufl. 2001, § 278 Rn. 46; *Schnorbus* FS Winter, 2011, 627 (633); kritisch: Spindler/Stilz/*Bachmann*, 4. Aufl. 2019, § 278 Rn. 49; *Grafmüller*, KGaA als geeignete Rechtsform, 1993, S. 17; *Sethe*, Die personalistische Kapitalgesellschaft, 1996, S. 128; Bürgers/Körber AktG/*Förl*/*Fett*, 4. Aufl. 2017, § 278 Rn. 18.

räumt werden.⁸ Die Verlagerung der Aufnahmekompetenz auf die Komplementäre oder andere Organe ist auch dann möglich, wenn die Gesellschaft dem Mitbestimmungsgesetz unterliegt. Da dem Aufsichtsrat nach der gesetzlichen Kompetenzordnung ohnehin keine Personalkompetenz zusteht (vgl. → § 79 Rn. 61), wird durch eine Kompetenzverlagerung nicht in Mitbestimmungsrechte eingegriffen.⁹

Bleibt es bei der Regelung, dass die Komplementäre der Aufnahme neuer Komplementäre zustimmen sollen, kann für die Beschlussfassung der Komplementäre das **Mehrheitsprinzip** statt des Einstimmigkeitsprinzips vereinbart werden. Um dem Bestimmtheitsgrundsatz Rechnung zu tragen, ist eine ausdrückliche Erwähnung in der Satzung erforderlich.¹⁰

Statt Bestellungs- oder Entsendungsrechten können auch bloße **Präsentationsrechte** vorgesehen werden. Die endgültige Bestellung erfolgt nach den gesetzlichen oder in der Satzung vorgesehenen Regeln. Möglich ist auch, in der Satzung eine **Eintrittsklausel** vorzusehen, wonach bei Vorliegen bestimmter Bedingungen Dritten das Recht zum Eintritt als persönlich haftender Gesellschafter eingeräumt wird.¹¹

Die vielfältigen Gestaltungsmöglichkeiten eröffnen die Möglichkeit, die Struktur der KGaA nach den jeweiligen Bedürfnissen in eine **personalistische** oder **kapitalistische** Variante auszugestalten. Bei der personalistischen wird die Aufnahmekompetenz einigen oder allen Komplementären zustehen, bei der kapitalistischen der Hauptversammlung, dem Aufsichtsrat oder einem anderen von der Hauptversammlung bestellten Organ.¹²

2. Qualifikation des persönlich haftenden Gesellschafters. Komplementär einer KGaA kann sowohl eine natürliche Person, eine Personengesellschaft oder eine juristische Person sein.¹³ Obwohl das Reichsgericht im Jahre 1922¹⁴ bereits die GmbH & Co. KG anerkannt hatte, war in der Literatur und Rechtsprechung lange streitig, ob eine Kapitalgesellschaft alleinigee Komplementärin einer KGaA sein dürfe.¹⁵ Beginnend mit einer Entscheidung des OLG Hamburg,¹⁶ die eine GmbH & Co. KG als weitere Komplementärin neben einer natürlichen Person erlaubte, setzte sich aber mehr und mehr die Ansicht durch, dass wie bei der Kommanditgesellschaft auch bei der KGaA

---

⁸ GroßkommAktG/*Assmann/Sethe*, 4. Aufl. 2001, § 278 Rn. 47, allerdings nur, wenn der Bestellungsberechtigte Organ wird; vgl. dazu ausführlich *Herfs*, Die Einwirkung Dritter auf den Willensbildungsprozess der GmbH, 1994, S. 120 ff.; kritisch dazu: Spindler/Stilz/*Bachmann*, 4. Aufl. 2019, § 278 Rn. 49; Bürgers/Körber AktG/*Förl/Fett*, 4. Aufl. 2017, § 278 Rn. 18.

⁹ *Fischer*, Die KGaA nach dem Mitbestimmungsgesetz, 1982, S. 99 ff./122 ff.; *Sethe*, Die personalistische Kapitalgesellschaft, 1996, S. 129.

¹⁰ *Sethe*, Die personalistische Kapitalgesellschaft, 1996, S. 127; MüKoAktG/*Perlitt*, 5. Aufl. 2020, § 278 Rn. 68; *Wichert* AG 1999, 362 (367); *Schlitt*, Satzung der KGaA, 1999, S. 134; Bürgers/Körber AktG/*Förl/Fett*, 4. Aufl. 2017, § 278 Rn. 18.

¹¹ Für die KG bereits RGZ 128, 172 (176); für KGaA MüKoAktG/*Perlitt*, 5. Aufl. 2020, § 278 Rn. 68; *Sethe*, Die personalistische Kapitalgesellschaft, 1996, S. 129; GroßkommAktG/*Assmann/Sethe*, 4. Aufl. 2001, § 278 Rn. 47; *Schlitt*, Satzung der KGaA, 1999, S. 135; Spindler/Stilz/*Bachmann*, 4. Aufl. 2019, § 278 Rn. 49; Bürgers/Körber AktG/*Förl/Fett*, 4. Aufl. 2017, § 278 Rn. 18.

¹² *Claussen* FS Heinsius, 1991, 65 ff.; *Sethe*, Die personalistische Kapitalgesellschaft, 1996, S. 128.

¹³ BGHZ 134, 392; dazu *Hennerkes/Lorz* DB 1997, 1388 ff.; *Herfs* WiB 1997, 688 ff.; *Strieder/Habel* BB 1997, 1375 ff.; *Ladwig/Motte* DStR 1997, 1539 ff.; *Haase* GmbHR 1997, 917 ff.; *Wichert* AG 2000, 268 ff.; *Halasz/Kloster/Kloster* GmbHR 2002, 77 ff.; Bürgers/Körber AktG/*Förl/Fett*, 4. Aufl. 2017, § 278 Rn. 12 f.

¹⁴ RGZ 105, 101 ff.

¹⁵ Übersicht über den Meinungsstand bei *Sethe* ZIP 1996, 2053, Fn. 8; in der Rechtsprechung: OLG Hamburg AG 1969, 259 (zulässig) und OLG Karlsruhe ZIP 1996, 1787 mit Anm. *Binz* EWiR 1997, 57 f. (unzulässig).

¹⁶ OLG Hamburg AG 1969, 259.

eine Kapitalgesellschaft alleiniger persönlich haftender Gesellschafter sein dürfe.[17] Der BGH hat sich dieser Auffassung angeschlossen. Er stellte fest, dass für das Verhältnis zwischen Komplementär und Kommanditaktionär das Recht der Kommanditgesellschaft gelte. Deshalb bestehe eine Vermutung für die Zulässigkeit einer **Kapitalgesellschaft als alleiniger Komplementärin**.[18] Weder aus den gesetzlichen Vorschriften noch aus dem diesen Vorschriften zugrundeliegenden Organisationsmodell der KGaA ergäben sich Anhaltspunkte, die gegen die Zulässigkeit einer Kapitalgesellschaft als alleiniger Komplementärin sprächen. Auch Gesichtspunkte des Gläubiger-, Anleger- und Minderheitsschutzes rechtfertigten keine Einschränkung der Gestaltungsfreiheit, die durch § 278 Abs. 2 AktG eröffnet worden sei.[19] Der Gesetzgeber hat diese Rechtsprechung durch die Änderung des § 279 Abs. 2 AktG anerkannt.

11 Wenn schon eine Kapitalgesellschaft alleinige Komplementärin sein kann, muss dies auch für eine **Personengesellschaft** und auch für die KGaA selbst als Mischform zwischen Personen- und Kapitalgesellschaft gelten. Es gibt keine Wertungsgesichtspunkte, die eine abweichende Behandlung rechtfertigen würden.[20] Durch die Handelsrechtsreform ist die Einschaltung einer Personengesellschaft als Komplementärin erleichtert worden, weil nun nicht mehr darauf geachtet werden muss, dass die Personengesellschaft noch in gewissem Umfang einen eigenen Gewerbebetrieb unterhält.[21] Problematisch ist eine **BGB-Gesellschaft** als alleinige Komplementärin. Zwar kann eine BGB-Gesellschaft voll rechtsfähig sein weil aus dem Handelsregister nicht die Vertretungsbefugnis erkennbar ist und kann jede Rechtsposition einnehmen, soweit nicht spezialgesetzliche Regelungen entgegen stehen[22]. Die Komplementärstellung lässt sich also nur begründen, wenn analog § 162 Abs. 1 S. 2 HGB die Gesellschafter und die konkrete Vertretungsberechtigung eingetragen werden.[23]

12 Einen Sonderfall stellt die **Einheits-Kapitalgesellschaft & Co. KGaA** dar. In dieser Gesellschaftsform ist die KGaA selbst die einzige Gesellschafterin der Komplementärgesellschaft und diese wiederum die einzige persönlich haftende Gesellschafterin der KGaA. Durch die Konstruktion der Einheitsgesellschaft kann die Beteiligungsidentität und die Gesellschafterkontinuität bei der KGaA und der Komplementärgesellschaft sichergestellt werden.[24] Bei der Einheitsgesellschaft gibt es rechtlich drei Problemkreise: Das Verbot des Erwerbs eigener Aktien und Einlagenrückgewähr (§§ 57, 71 AktG), die Kapitalaufbringung

---

[17] So zuletzt *Priester* ZHR 160 (1996), 250; *Mertens* FS Ritter, 1997, 731; *Sethe* ZIP 1996, 2053 ff.; *Sethe*, Die personalistische Kapitalgesellschaft, 1996, S. 155 ff.; *Hartel* WiB 1997, 2282; *Hennerkes/May* DB 1988, 537 ff.; *Hennerkes/May* BB 1988, 2393 (2401 ff.); *Ladwig/Motte* DStR 1996, 842 (845 ff.). *Claussen* GmbHR 1996, 73 (76 ff.); *Baumann/Kusch* FS Boujong, 1996, 4; *Striedel/Habel* DB 1994, 1557 ff.

[18] So schon *Hennerkes/May* DB 1988, 2393 (2402) als eine von drei Möglichkeiten.

[19] BGHZ 139, 394 (397 ff.); Überblick über gesamte Diskussion mit zahlreichen Nachweisen bei *Arnold*, GmbH & Co. KGaA, 2001, S. 3 ff.; GroßkommAktG/*Assmann/Sethe*, 4. Aufl. 2001, § 278 Anm. 30 ff.

[20] *Hennerkes/Lorz* DB 1997, 1388 (1389); *Dirksen/Möhrle* ZIP 1998, 1377 (1381); *Herfs* WiB 1997, 688 (691), implizit ist dies auch vom BGH ausgesprochen, denn das OLG Karlsruhe in der Vorlageentscheidung (ZIP 1996, 1787) hatte noch jede Beteiligung von anderen als natürlicher Personen für unzulässig gehalten. Zur Zulässigkeit einer GmbH & Co. KG als Komplementärin bereits OLG Hamburg AG 1969, 259; ausführlich *Claussen* GmbHR 1996, 73 (78 f.); *Arnold*, GmbH & Co. KGaA, 2001, S. 18 ff. mwN; zur KG als Komplementärin Baumbach/Hopt/*Roth*, HGB, 38. Aufl. 2018, Anh. § 177a Rn. 9; Bürgers/Körber AktG/*Förl/Fett*, 4. Aufl. 2017, § 278 Rn. 13.

[21] Vgl. hierzu *Schön* DB 1998, 1169; *Schlitt* NZG 1998, 580 (581); *Schmidt* DB 1998, 61 (62); *Arnold*, GmbH & Co. KGaA, 2001, S. 21 f.

[22] BGH NJW 2006, 2189; OLG Celle NZG 2012, 667; LG Berlin ZIP 2003, 1201; ausführlich *Heinze* DNotZ 2012, 426 ff. Die praktische Relevanz dürfte gering sein.

[23] OLG Celle NZG 2012, 667.

[24] Ausführlich zu dieser Konstruktion *Schrick* NZG 2000, 675 ff.; *Gonnella/Mikec* AG 1998, 508 ff.; *Arnold*, GmbH Co. KGaA, 2001, S. 30 ff.; *Otte*, Die AG & Co. KGaA, 2010, S. 224 ff.; Zur Einheitsgesellschaft bei der GmbH & Co. KG *Esch* DB 1991, 1992; GroßkommAktG/*Assmann/Sethe*, 4. Aufl.

und die Steuerung der Willensbildung. Bei der Gründung müssen deshalb zunächst die Gründungsgesellschafter eine Komplementärgesellschaft gründen, die zusammen mit den Gründungsgesellschaftern die KGaA gründet. Dabei dürfen aber die Gründungsgesellschafter nicht ihre Anteile an der Komplementärgesellschaft im Wege der Sachgründung einbringen, weil dann das Kapital von Komplementärgesellschaft und KGaA nur einmal erbracht wäre. Deshalb muss nach Bargründung die KGaA von den Gründungsgesellschaftern die Anteile an der Komplementärgesellschaft übernehmen. Die Komplementärgesellschaft selbst darf wegen § 71 AktG keine Aktien übernehmen. Probleme kann es bei der Willensbildung insbesondere bei der Bestellung, Abberufung, sowie der Entlastung und Geltendmachung von Ansprüchen gegen die Geschäftsführer der Komplementärgesellschaft geben. Weil die KGaA selbst einzige Gesellschafterin der Komplementärgesellschaft ist, würden deren Geschäftsführer Beschlüsse fassen, die sie unmittelbar selbst betreffen. Hier muss der Rechtsgedanke des § 112 S. 1 AktG greifen, der in der typischen KGaA Fälle des Interessenkonflikts bei der Vertretung regelt, indem bei Geschäften mit Komplementären die Vertretungsbefugnis auf den Aufsichtsrat verlagert wird. Entsprechend ist daher die Kompetenz für die Ausübung von Stimmrechten in der Gesellschafterversammlung der Komplementärgesellschaft bei Beschlüssen, die die Geschäftsleiter der Komplementärgesellschaft selbst betreffen, auf den Aufsichtsrat der KGaA oder ein anderes Organ zu verlagern, dessen Mitglieder unmittelbar von den Kommanditaktionären bestellt werden.[25]

Persönlich haftender Gesellschafter kann auch eine **Genossenschaft oder ein wirtschaftlicher Verein** sein.[26] Dadurch wird der Einfluss der Genossen nachhaltig sichergestellt bei gleichzeitiger Öffnung des Zugangs zum Kapitalmarkt.[27] Möglich ist schließlich eine Stiftung & Co. KGaA. Mit einer solchen Konstruktion kann die Besetzung der Geschäftsleitung vollständig von den Kapitalverhältnissen abgekoppelt werden.[28] **13**

Schließlich kann auch eine SE die Komplementärstellung übernehmen.[29] Der Vorteil der Nutzung einer SE oder AG als Komplementärgesellschaft ist, dass sie prestigeträchter als die GmbH ist (Geschäftsleiter sind Vorstände oder Verwaltungsräte). Gegenüber der AG hat die SE den Vorteil höherer Flexibilität, insbesondere für Familienunternehmen.[30] Die SE bietet die Möglichlichkeit, satt eines Aufsichtsrats und Vorstands nur einen Verwaltungsrat (monistische Struktur) vorzusehen, der abgestufte Möglichkeiten für die Beteiligung an der Geschäftsleitung bietet. Für grundlegende Führungsentscheidungen ist das Gesamtorgan zuständig (§ 40 Abs. 2 S. 3 SEAG). Die konkrete Geschäftsführungstätigkeit obliegt den geschäftsführenden Direktoren (§ 40 Abs. 1 S. 1 SEAG). Dies eröffnet der Unternehmerfamilie die Möglichkeit, unmittelbarer als über einen Aufsichtsrat Einfluss auf die Geschäftsleitung zu nehmen, ohne selbst aktiv die Geschäftsleitung zu übernehmen.[31] Der Vorteil der monistischen Struktur ist die Stärkung der Position des Aufsichtsratsvositzenden oder Vorstandsvorsitzenden zum Vorsitzenden des Verwalungsrat, was der Position dec **13a**

2001, § 278 Rn. 42; *Schlitt,* Satzung der KGaA, 1999, S. 123; *Schmidt* ZHR 160 (1996), 285. Die Henkel AG & Co. KGaA ist eine Einheitsgesellschaft.

[25] Ausführlich zu den Problemen *Schrick,* NZG 2000, 675 (678) *Gonnella/Mikec* AG 1998, 508 (511); *Arnold,* Die GmbH & Co. KGaA, 2001, S. 34; *Otte,* Die AG & Co. KGaA, 2010, S. 225 ff. Siehe Ziffer IV. 10 der Satzung der Henkel AG & Co. KGaA, die eine Einheitsgesellschaft ist. Der Gesellschafterausschuss nimmt die Rechte aus den von der KGaA gehaltenen Anteilen an der Komplementärgesellschaft wahr.

[26] *Dirksen/Möhrle* ZIP 1998, 1377 (1381); MüKoAktG/*Perlitt*, 5. Aufl. 2020, § 278 Rn. 276; K. Schmidt/Lutter AktG/*K. Schmidt*, 3. Aufl. 2015, § 278 Rn. 19; GroßkommAktG/*Assmann/Sethe*, 4. Aufl. 2001, § 278 Rn. 40.

[27] *Strieder* DB 1996, 2065 ff.

[28] *Hennerkes/Lorz* DB 1997, 1388 (1393); skeptisch *K. Schmidt* ZHR 160 (1996), 265 (284 f.).

[29] *Seibt/von Rimon* AG 2019, 753 ff.; *Mayer-Uellner/Otte* NZG 2015, 737 ff.; MüKoAktG/*Perlitt*, 5. Aufl. 2020, § 278 Rn. 35. Beispiele: Fresenius SE & Co. KGaA; Bertelsmann SE & Co. KGaA.

[30] *Mayer-Uellner/Otte* NZG 2015, 737 (740 f.).

[31] *Mayer-Uellner/Otte* NZG 2015, 737 (740).

Chairman im amerikanischen Modell entspricht, die engere Einbindung der nicht-geschäftsführenden Direktoren in die Geschäftsführung under die nahtlose Informationsfluss innerhalb der Unternehmensleitung.[32] Ob eine SE auch in eine KGaA formgewechselt werden kann, ergibt sich aus dem Wortlaut von Art. 66 Abs. 1 S. 1 SE-VO nicht eindeutig, weil dort nur von „Aktiengesellschaft" die Rede ist, die Vorschrift wird aber von der Rechtssprechung und der nicht ganz überwiegenden Meinung in der Literatur als nicht abschließend angesehen.[33]

13b Auch eine Gesellschaft, die **ausländischem Recht** unterliegt, kann die Komplementärstellung übernehmen.[34] Eine KGaA mit einer Auslandsgesellschaft als Komplementär kann auch für eine grenzüberschreitende Verschmelzung genutzt werden. Die Zielgesellschaft wandelt sich unter Beitritt der ausländischen Erwerbergesellschaft als Komplementärin in eine KGaA um. Die Erwerbergesellschaft erwirbt über eine andere Gesellschaft die Kommanditaktien. Anschließend tritt die neue Kommanditaktionärin aus. Die Komplementärin wird Gesamtrechtsnachfolgerin durch Anwachsung (vgl. → § 77 Rn. 40).[35]

14 Übernimmt eine Kapitalgesellschaft die Stellung des Komplementärs, sollte zur **Vermeidung von konzernrechtlichen Tatbeständen** darauf geachtet werden, dass diese Kapitalgesellschaft nicht auch andere unternehmerische Beteiligungen im Sinne des Konzernrechts hält (vgl. dazu → § 79 Rn. 90).[36]

15 Selbst **beschränkt Geschäftsfähige** oder **Geschäftsunfähige** sind als persönlich haftende Gesellschafter in einer KGaA denkbar. Bei beschränkt Geschäftsfähigen ist eine Geschäftsführungs- und Vertretungsbefugnis nicht in jedem Fall ausgeschlossen. § 76 Abs. 3 AktG – eine Bestimmung, aus der teilweise die volle Geschäftsfähigkeit als Voraussetzung für die Geschäftsführungs- und Vertretungsbefugnis in der KGaA hergeleitet worden ist – kann auf die KGaA weder direkt noch entsprechend angewendet werden.[37] Diese Vorschrift legt persönliche Kriterien für die Auswahl von Mitgliedern des Vorstands fest. Diese Anforderungen sind aber auf den Komplementär als „geborenes" Geschäftsführungsorgan nicht anwendbar.[38] Eine andere Regelung, aus der sich die Unzulässigkeit der Geschäftsführungs- und Vertretungsbefugnis für beschränkt Geschäftsfähige herleiten lässt, fehlt. Es bleibt daher beim Recht der Kommanditgesellschaft, nach dem auch ein beschränkt Ge-

---

[32] *Seibt/von Rimon* AG 2019, 753 (754), auch mit weiteren Hinweisen zur Sonderproblemen bei Nutzung einer SE als Komplementärgesellschaft.

[33] OLG Frankfurt a. M. NZG 2012, 351 mwN, kritisch dazu *Reiner* Der Konzern, 2011, 135 ff.

[34] MüKoAktG/*Perlitt*, 5. Aufl. 2020, § 278 Rn. 35; kritisch zur ausländischen Gesellschaft als Komplementär Spindler/Stilz/*Bachmann*, 4. Aufl. 2019, § 278 Rn. 40 wegen des resultierenden Normenmixes; K. Schmidt/Lutter AktG/*K. Schmidt*, 3. Aufl. 2015, § 278 Rn. 21; skeptisch zwischen EU-Auslandsgesellschaften und Gesellschaften aus Drittstaaten differenzierend *Bürgers/Schütz* in Schütz/Bürgers/Riotte; *Bürgers/Fett* Die KGaA, 2. Aufl. 2015, § 4 Rn. 1514 ff., deren Auffassung aber angesichts der neueren EuGH-Rechtsprechung nicht mehr haltbar ist. Ein Sonderproblem kann entstehen, wenn im Fall eines Brexit eine englische Ltd. Komplementärin ist, die ihren Verwaltungssitz in Deutschland hat. Das Vierte Gesetz zur Änderung des Umwandlungsrechts ist am 1.1.2019 in Kraft getreten (BGBl I 2018, S. 2694). Es soll den vom Brexit betroffenen Gesellschaften eine kostengünstigere Umwandlungsmöglichkeit bieten. § 122m UmwG erlaubt UK-Gesellschaften über den Zeitpunkt des Brexit hinaus eine Verschmelzung auf eine deutsche Kapitalgesellschaft. Allerdings erfordert eine solche Verschmelzung die Mitwirkung des Companies House. Einfacher ist wohl der Tausch des Komplementärs. Vgl. zur Problematik Ganzen, *Heckschen*, notar 2019, 406 (407 f); *Grzeszick/Verse* NZG 2019, 1129 ff.

[35] Bürgers/Körber AktG/*Förl/Fett*, 4. Aufl. 2017, § 278 Rn. 13.

[36] Ausführlich dazu *Krause* FS Winter, 2011, 351 (356 ff.).

[37] Gegen Anwendung von § 76 Abs. 3 AktG: Spindler/Stilz/*Bachmann*, 4. Aufl. 2019, AktG § 278 Rn. 38 f.; K. Schmidt/Lutter AktG/*K. Schmidt*, 3. Aufl. 2015, § 278 Rn. 18; GroßkommAktG/*Assmann/Sethe*, 4. Aufl. 2001, § 278 Rn. 22 ff.; *Koch* in Hüffer/*Koch*, AktG, 14. Aufl. 2020, § 278 Rn. 7; differenzierend MüKoAktG/*Perlitt*, 5. Aufl. 2020, § 278 Rn. 24 ff.; § 76 Abs. 3 AktG gilt analog für börsennotierte KGaA; Bürgers/Körber AktG/*Förl/Fett*, 4. Aufl. 2017, § 278 Rn. 12.

[38] BGHZ 134, 392 (393).

schäftsfähiger zum Geschäftsführer und Vertreter bestellt werden kann.[39] Der Tod des bisher einzigen Komplementärs einer Familiengesellschaft führt daher nicht zur Auflösung, sofern seine Erben zumindest beschränkt geschäftsfähig sind.

II. Rechte der Komplementäre

1. Geschäftsführung. Die persönlich haftenden Gesellschafter sind aufgrund ihrer Gesellschafterstellung ohne zeitliche Begrenzung zur Leitung der Gesellschaft berufen.[40] Die Komplementäre sind nicht „gekorene", sondern **„geborene" Leitungsorgane**.[41] Als Organ ist der zur Geschäftsführung befugte Komplementär im Gegensatz zum Mitglied des Vorstands einer AG oder dem Geschäftsführer einer GmbH Kaufmann.[42]

Nach § 278 Abs. 2 AktG iVm §§ 161 Abs. 2, 114 HGB besteht die Möglichkeit, einzelne Komplementäre von der **Geschäftsführung auszuschließen**. Ein von der Geschäftsführung ausgeschlossener Komplementär hat die Kontrollrechte des § 118 HGB, sofern die Satzung nichts anderes vorsieht.[43] Es dürfen aber nicht alle persönlich haftenden Gesellschafter von der Geschäftsführung ausgeschlossen werden. § 283 Nr. 3 AktG, der die geschäftsführenden Komplementäre den für die Vorstandsmitglieder einer Aktiengesellschaft geltenden Sorgfaltspflichten unterwirft, würde sonst leer laufen.[44] Für die Schaffung nicht-geschäftsführungsberechtigter Komplementäre kann ein Bedürfnis bestehen, wenn sich beispielsweise bei einem Familienunternehmen Familienmitglieder aus steuerlichen Gründen[45] zwar als Komplementäre beteiligen wollen, nicht aber an der eigentlichen Geschäftsführung interessiert sind.

Zur Übernahme der Geschäftsführung können auch **Komplementäre** aufgenommen werden, **die keine Kapitaleinlage leisten**. Ihre Rechtsstellung kann dann durch die Satzung der eines Vorstands einer AG angenähert werden (vgl. → § 79 Rn. 3).

2. Vertretungsberechtigung. Nach § 278 Abs. 2 iVm §§ 125 Abs. 1, 161 Abs. 2 HGB ist jeder persönlich haftende Gesellschafter berechtigt, die Gesellschaft **alleine zu vertreten**. Die Vertretungsmacht ist organschaftlich und wird nur in wenigen Fällen durch

---

[39] GroßkommAktG/*Assmann/Sethe*, 4. Aufl. 2001, § 278 Rn. 23; vgl. Baumbach/Hopt/*Roth*, HGB, 38. Aufl. 2018, § 114 Rn. 4; zur KGaA ausführlich: *Sethe*, Die personalistische Kapitalgesellschaft, 1996, S. 129 ff.; Bürgers/Körber AktG/*Förl/Fett*, 4. Aufl. 2017, § 278 Rn. 38; aA KölnKomm-AktG/*Mertens/Cahn*, 3. Aufl. 2015, § 278 Rn. 20.
[40] BGHZ 134, 392 (393).
[41] *Fett/Stütz* NZG 2017, 1121 (1122) mwN; MüKoAktG/*Perlitt*, 5. Aufl. 2020, § 278 Rn. 41.
[42] Nach MüKoAktG/*Perlitt*, 5. Aufl. 2020, § 278 Rn. 41 hängt dies von den Umständen ab; Spindler/Stilz/*Bachmann*, 4. Aufl. 2019, § 278 Rn. 47 verneint die Kaufmannseigenschaft jedenfalls dann, wenn es um private Rechtsgeschäfte oder das Verhältnis der Komplementäre untereinander geht; ähnlich *Reger* in Bürgers/Fett, Die KGaA, 2015, § 5 Rn. 218: Bei jeder Vorschrift muss gesondert geprüft werden, ob die Anwendung auf den Komplementär angezeigt ist; ebenso KölnKommAktG/*Mertens/Cahn*, 3. Aufl. 2015, § 278 Rn. 22. Zur Rechtslage bei der GmbH & Co. KG: Baumbach/Hopt/*Roth*, HGB, 38. Aufl. 2018, § 105 Rn. 19 ff.
[43] MüKoAktG/*Perlitt*, 5. Aufl. 2020, § 278 Rn. 31 ff.; Spindler/Stilz/*Bachmann*, 4. Aufl. 2019, § 278 Rn. 57; *Koch* in Hüffer/*Koch*, AktG, 14. Aufl. 2020, § 278 Rn. 11, 19; GroßkommAktG/*Assmann/Sethe*, 4. Aufl. 2001, § 278 Rn. 31; *Sethe*, Die personalistische Kapitalgesellschaft, 1996, S. 144; *Grafmüller*, KGaA als geeignete Rechtsform, 1993, S. 79; Bürgers/Körber AktG/*Förl/Fett*, 4. Aufl. 2017, § 278 Rn. 29.
[44] MüKoAktG/*Perlitt*, 5. Aufl. 2020, § 278 Rn. 32; GroßkommAktG/*Assmann/Sethe*, 4. Aufl. 2001, § 278 Rn. 105; Hüffer/*Koch* AktG, 14. Aufl. 2020, § 278 Rn. 19a; *Reger* in Bürgers/Fett, Die KGaA, 2. Aufl. 2015, § 5 Rn. 94 ff.; aA Bürgers/Körber AktG/*Förl/Fett*, 4. Aufl. 2017, § 278 Rn. 49.
[45] Zu steuerlichen Vorteilen der Beteiligung als Komplementär → § 82 Rn. 4 und → § 76 Rn. 8; zur Beteiligung von Familiengesellschaften über Komplementäranteile oder über Kommanditaktien, *Hoffmann-Becking/Herfs* FS Sigle, 2000, 273 (283 f.); zur Eignung der KGaA für familiengeführte Unternehmen vgl. auch *Hasselbach/Ebbinghaus* DB 2015, 1269 ff.; *Mayer-Uellner/Otte* NZG 2015, 737 ff.

aktienrechtliche Spezialregelungen durchbrochen wie zB durch die Vertretungsmacht des Aufsichtsrats gem. § 287 Abs. 2 AktG und §§ 278 Abs. 3 iVm § 112 AktG (vgl. dazu → § 79 Rn. 66). Die Satzung kann statt Einzelvertretung Gesamtvertretung oder jede Form dazwischen vorsehen (§§ 278 Abs. 2 AktG iVm §§ 161 Abs. 2, 125 Abs. 2 und 3 HGB). Die organschaftliche Vertretungsmacht der Komplementäre ist als solche nicht übertragbar, auch nicht auf andere Organe.[46] Sofern weitere Komplementäre ohne Mitwirkung Dritter vertretungsberechtigt sind, kann in der Satzung unechte Gesamtvertretung für einen Komplementär vorgesehen werden (§ 125 Abs. 3 HGB).[47] Geschäftsführungsberechtigte Komplementäre können von der Vertretung ausgeschlossen werden. Dasselbe gilt umgekehrt für vertretungsberechtigte Komplementäre. Es muss nur sichergestellt sein, dass einer der vertretungsberechtigten Komplementäre auch geschäftsführungsberechtigt ist.[48] Diese Flexibilität kann bei Familiengesellschaften beispielsweise dann vorteilhaft sein, wenn im Rahmen eines Generationswechsels die ausscheidende Generation die Vertretung der Gesellschaft im Außenverhältnis aus repräsentativen Gründen noch allein wahrnehmen will, sich die jüngere Generation aber bereits an der Geschäftsführung beteiligen soll.[49] Der Eintritt als Komplementär ohne Vertretungs- und Geschäftsführungsbefugnis kann bei Familienunternehmen in Fällen von Interesse sein, bei denen nicht alle Familienangehörige an der Unternehmensführung teilnehmen wollen. Ähnliche Interessenlagen sind auch bei Anlagegesellschaften zu finden, wenn der Kapitalanleger aus steuerlichen Gründen seine Einlage übernehmen will, sich aber nicht an Geschäftsführung und Vertretung beteiligen will.[50] Die organschaftliche Vertretungsmacht der Komplementäre ist nicht auf ein anderes Organ oder Dritte übertragbar.[51]

III. Persönliche Haftung und Pflichten des Komplementärs

20 **1. Persönliche Haftung. a) Umfang.** Der Komplementär haftet gemäß § 278 Abs. 2 AktG iVm §§ 161 Abs. 2, 128 ff. HGB den Gläubigern der KGaA **unbeschränkt und unbeschränkbar** für die Verbindlichkeiten der KGaA, einschließlich der bereits zum Zeitpunkt des Eintritts bestehenden.[52] Der Komplementär und die KGaA haften aus dem gleichen Rechtsverhältnis als Gesamtschuldner.[53] Den Gläubigern der Gesellschaft steht neben dem Gesellschaftsvermögen der KGaA nach ihrer Wahl gesondert der Zugriff auf das Vermögen jedes Komplementärs zu. Diese unmittelbare Haftung des persönlich haftenden Gesellschafters mit seinem ganzen persönlichen Vermögen sowie die unmittelbare Beteiligung am Unternehmensrisiko ist das Wesen der Komplementärstellung.

21 **b) Funktion.** Die persönliche Haftung des Komplementärs dient bei der KGaA nicht in gleichem Maß wie bei der Personengesellschaft der Sicherung der Gläubiger. Für die

---

[46] KölnKommAktG/*Mertens/Cahn*, 3. Aufl. 2015, § 278 Rn. 76.
[47] MüKoAktG/*Perlitt*, 5. Aufl. 2020, § 278 Rn. 246; Spindler/Stilz/*Bachmann*, 4. Aufl. 2019, § 278 Rn. 80; Bürgers/Körber AktG/*Förl/Fett*, 4. Aufl. 2017, § 278 Rn. 38.
[48] MüKoAktG/*Perlitt*, 5. Aufl. 2020, § 278 Rn. 33; *Theisen* DBW 49 (1989), 137 (141 ff.).
[49] *Theisen* DBW 49 (1989), 142; *Grafmüller*, KGaA als geeignete Rechtsform, 1993, S. 80.
[50] Vgl. *Theisen* DBW 49 (1989), 142; zur Familiengesellschaft *Hoffmann-Becking/Herfs* FS Sigle, 2000, 273 (283).
[51] MüKoAktG/*Perlitt*, 5. Aufl. 2020, § 278 Rn. 248; Spindler/Stilz/*Bachmann*, 4. Aufl. 2019, § 278 Rn. 80; K. Schmidt/Lutter AktG/*K. Schmidt*, 3. Aufl. 2015, § 278 Rn. 7.
[52] Vgl. hierzu auch LG München ZIP 1990, 1219; GroßkommAktG/*Assmann/Sethe*, 4. Aufl. 2001, § 278 Rn. 67; K. Schmidt/Lutter AktG/*K. Schmidt*, 3. Aufl. 2015, § 278 Rn. 43; Bürgers/Körber AktG/*Förl/Fett*, 4. Aufl. 2017, § 278 Rn. 20.
[53] MüKoAktG/*Perlitt*, 5. Aufl. 2020, § 278 Rn. 160; nur für die Komplementäre untereinander: Spindler/Stilz/*Bachmann*, 4. Aufl. 2019, § 278 Rn. 41; K. Schmidt/Lutter AktG/*K. Schmidt*, 3. Aufl. 2015, § 278 Rn. 43; Hüffer/Koch, AktG, 14. Aufl. 2020, § 278 Rn. 10; nach KölnKommAktG/*Mertens/Cahn*, 3. Aufl. 2015, § 278 Rn. 44 sind die §§ 421–425 BGB, nicht aber § 426 BGB auf das Verhältnis Gläubiger zu Komplementär und KGaA anwendbar; *Grafmüller*, KGaA als geeignete Rechtsform, 1993, S. 165; aA Bürgers/Körber AktG/*Förl/Fett*, 4. Aufl. 2017, § 278 Rn. 21.

Bonität einer KGaA ist die persönliche Haftung angesichts der Größe der regelmäßig mit der unternehmerischen Tätigkeit verbundenen Risiken meistens ohne Bedeutung. Der Gläubigerschutz wird vielmehr über das von den Kommanditaktionären aufgebrachte Grundkapital, das über die aktienrechtlichen Kapitalaufbringungs- und Erhaltungsvorschriften geschützt wird, bewirkt. Die Bedeutung der persönlichen Haftung soll in ihrer Funktion als „objektiver Kontrollmechanismus" liegen. Die persönliche Haftung stellt insoweit ein Gegengewicht zu den weitreichenden Einwirkungsbefugnissen der Komplementäre bei der Geschäftsführung bei gleichzeitig nur eingeschränkter Kontrolle durch den Aufsichtsrat dar (vgl. hierzu → § 79 Rn. 63). Lange wurde daher vertreten, dass die **persönliche Haftung ein Strukturmerkmal** der KGaA sei. Sie sollte die Komplementäre zu einem eigenverantwortlichen Handeln im Interesse der Gesellschaft disziplinieren.[54] Der BGH hat dieser Auffassung eine Absage erteilt. Die Disziplinierungsfunktion sei eine „generalisierende Annahme", die weitgehend an den Realitäten des modernen Geschäftslebens vorbeigehe. Eine Erfolgshaftung könne sogar eine übertrieben defensive Unternehmenspolitik zur Folge haben.[55] Die Übernahme des vollen unternehmerischen Risikos durch natürliche Personen ist kein Strukturmerkmal der KGaA. Eine erfolgreiche Führung hängt nicht von dem jeweiligen Haftungsmechanismus, sondern von den individuellen unternehmerischen Fähigkeiten der Unternehmensführung ab.[56] Grobes Fehlverhalten der Komplementäre wird zudem durch § 283 Nr. 3 iVm § 93 AktG und durch strafrechtliche Normen sanktioniert.[57] Positive Verhaltensanreize gehen von einer eigenen finanziellen Beteiligung des Managements am Unternehmen aus.[58]

c) **Innenverhältnis.** Im Verhältnis zwischen Komplementär und KGaA gilt nicht § 426 BGB. Ein Komplementär, der von einem Gläubiger der KGaA in Anspruch genommen wird, erwirbt einen Ausgleichsanspruch gegen die KGaA nach § 110 HGB in Höhe seiner Leistung.[59] Die Forderung des von ihm befriedigten Gläubigers geht nur dann nach § 426 Abs. 2 BGB auf ihn über, wenn der persönlich haftende Gesellschafter erst nach seinem Ausscheiden in Anspruch genommen wird.[60] Die Komplementäre untereinander haften hingegen als **Gesamtschuldner**.[61] Der in Anspruch genommene Komplementär hat zunächst gemäß § 110 HGB bzw. im Falle seines Ausscheidens nach § 426 Abs. 2 BGB einen Rückgriff bei der KGaA zu suchen. Bleibt dieser Rückgriff erfolglos, so hat er gemäß § 426 Abs. 1 BGB eine Ausgleichsforderung gegen die übrigen Komplementäre, soweit er nicht selbst zur anteiligen Übernahme der Zahlung verpflichtet war. Der Umfang der

---

[54] OLG Karlsruhe DB 1996, 1767 (1768); *Flämig* FS Peltzer, 2001, 99 (101); *Wiesner* ZHR 148 (1984), 56 (62 ff.); *Pflug* NJW 1971, 345 (349 ff.); skeptisch zur Effektivität dieses „objektiven Kontrollmechanismus" BGHZ 134, 392 (398); *Heinecke*, Anlegerschutz in der KGaA, 2002, S. 65 ff.

[55] BGHZ 134, 392 (398).

[56] *Priester* ZHR 160 (1996), 250 (260); *Hennerkes/Lorz* DB 1997, 1388 (1390).

[57] Vgl. hierzu *Strieder/Habel* DB 1994, 1557 (1559); *Hennerkes/Lorz* DB 1997, 1388 (1391).

[58] *Heinecke*, Anlegerschutz in der KGaA, 2002, S. 157.

[59] *Koch* in Hüffer/Koch, AktG, 14. Aufl. 2020, § 278 Rn. 10; K. Schmidt/Lutter AktG/*K. Schmidt*, 3. Aufl. 2015, § 278 Rn. 43; Spindler/Stilz/*Bachmann*, 4. Aufl. 2019, § 278 Rn. 42 hält auch Forderungsübergang analog § 774 BGB für möglich; MüKoAktG/*Perlitt*, 5. Aufl. 2020, § 278 Rn. 161; *Büscher/Klusmann* ZIP 1992, 11 (16); Bürgers/Körber AktG/*Förl/Fett*, 4. Aufl. 2017, § 278 Rn. 21.

[60] MüKoAktG/*Perlitt*, 5. Aufl. 2020, § 278 Rn. 161; GroßkommAktG/*Assmann/Sethe*, 4. Aufl. 2001, § 278 Rn. 68; KölnKommAktG/*Mertens/Cahn*, 3. Aufl. 2015, § 278 Rn. 44; *Grafmüller*, KGaA als geeignete Rechtsform, 1993, S. 165; Hüffer/*Koch* AktG, 14. Aufl. 2020, § 278 Rn. 10 und *Büscher/Klusmann* ZIP 1992, 11 (17) wollen zusätzlich §§ 683, 670 BGB anwenden; dem zustimmend Spindler/Stilz/*Bachmann*, 4. Aufl. 2019, § 278 Rn. 43; Bürgers/Körber AktG/*Förl/Fett*, 4. Aufl. 2017, § 278 Rn. 21.

[61] MüKoAktG/*Perlitt*, 5. Aufl. 2020, § 278 Rn. 160; Spindler/Stilz/*Bachmann*, 4. Aufl. 2019, § 278 Rn. 42; K. Schmidt/Lutter AktG/*K. Schmidt*, 3. Aufl. 2015, § 278 Rn. 43; *Koch* in Hüffer/Koch AktG, 14. Aufl. 2020, § 278 Rn. 10; *K. Schmidt*, GesR, 3. Aufl. 1997, S. 980; Bürgers/Körber AktG/*Förl/Fett*, 4. Aufl. 2017, § 278 Rn. 20, 22.

Ausgleichspflicht des einzelnen Komplementärs richtet sich nach dessen Verlustbeteiligung. Fehlt eine Regelung über die Verlustbeteiligungen, sind die Komplementäre zu gleichen Teilen zum Ausgleich verpflichtet.[62] Eine Personen- oder Kapitalgesellschaft als Komplementärin wird unter dem Blickwinkel der persönlichen Haftung nur solche Geschäfte eingehen, deren Risiken aus dem liquiden Vermögen der Gesellschaft gedeckt werden können.

23 **d) Dauer der Haftung.** Die Haftung des Komplementärs endet nicht mit seinem Ausscheiden aus der Gesellschaft. Vielmehr dauert sie für alle Verbindlichkeiten, die während seiner Mitgliedschaft begründet worden sind, für **fünf Jahre** fort (§ 278 Abs. 2 AktG iVm §§ 161 Abs. 2, 128, 159 HGB). Da die Haftung des Komplementärs nicht wie bei der KG primär der Gläubigersicherung dient (→ Rn. 21), ist erwogen worden, ob § 159 HGB bei der KGaA nicht teleologisch dahingehend zu reduzieren sei, dass dem ausgeschiedenen Komplementär mit der Eintragung seines Ausscheidens in das Handelsregister ein sofortiges Leistungsverweigerungsrecht zusteht. Die Funktion der persönlichen Haftung als „objektiver Kontrollmechanismus" für die Wahrnehmung der Geschäftsführungsfunktion laufe leer, wenn der Komplementär bereits aus der KGaA ausgeschieden sei.[63] Diese Überlegungen erscheinen überholt. Der Gesetzgeber hat in §§ 237, 249, 224 UmwG ausdrücklich die fünfjährige Nachhaftung für den persönlich haftenden Gesellschafter einer KGaA bei Umwandlung in eine KG, GmbH oder AG angeordnet. Für das Ausscheiden außerhalb des UmwG kann daher nichts anderes gelten.[64]

24 **e) Haftungsfreistellung.** Gemäß § 278 Abs. 2 AktG iVm §§ 161 Abs. 2, 128 S. 2, 130 Abs. 2 HGB kann ein Komplementär vertraglich im Innenverhältnis von der Gesellschaft in vollem Umfang von der Haftung durch Regelungen der Satzung oder gesonderte Vereinbarung **freigestellt** werden. Im Verhältnis zwischen Kommanditaktionären und Komplementären unmittelbar ist eine satzungsmäßige Haftungsfreistellung nicht möglich. §§ 278 Abs. 3, 54, 55 AktG verbieten eine satzungsmäßige Belastung eines Aktionärs mit Zahlungen über seine Einlage auf das Grundkapital hinaus. Möglich bleibt aber eine Freistellung durch Vereinbarung unter den Gesellschaftern. Im Verhältnis der Komplementäre untereinander ist hingegen eine Freistellungszusage auch in der Satzung möglich.[65] Hier gilt das Personengesellschaftsrecht. Die Freistellung wirkt nicht gegenüber Dritten. Gläubiger des Komplementärs können den Anspruch pfänden lassen.[66]

25 **2. Wettbewerbsverbot. a) Umfang.** Komplementäre unterliegen nach § 284 AktG einem **Wettbewerbsverbot.** Das an sich gem. § 278 Abs. 2 HGB auf den Komplementär anwendbare Wettbewerbsverbot gem. §§ 112, 113 HGB wird durch die Sonderregelung in § 284 AktG verdrängt. Dadurch soll das Wettbewerbsverbot der Komplementäre demjenigen für Vorstandsmitglieder gem. § 88 AktG (vgl. → § 21 Rn. 93) angeglichen werden.[67]

---

[62] MüKoAktG/*Perlitt*, 5. Aufl. 2020, § 278 Rn. 162; GroßkommAktG/*Assmann/Sethe*, 4. Aufl. 2001, § 278 Rn. 67; *Grafmüller*, KGaA als geeignete Rechtsform, 1993, S. 165.

[63] So grundlegend *Wiesner* ZHR 148 (1984), 56 (58 f.); skeptisch: *Sethe*, Die personalistische Kapitalgesellschaft, 1999, S. 215.

[64] Vgl. Beck'sches Formularbuch/*Hoffmann-Becking/Berger* 13. Aufl. 2019, Form. X.41 Anm. 10; KölnKommAktG/*Mertens/Cahn*, 3. Aufl. 2015, § 278 Rn. 44; MüKoAktG/*Perlitt*, 5. Aufl. 2020, § 278 Rn. 164; Spindler/Stilz/*Bachmann*, 4. Aufl. 2019, § 278 Rn. 43; *Koch* in Hüffer/Koch AktG, 14. Aufl. 2020, § 278 Rn. 10; vgl. Bürgers/Körber AktG/*Förl/Fett*, 4. Aufl. 2017, § 289 Rn. 22.

[65] MüKoAktG/*Perlitt*, 5. Aufl. 2020, § 278 Rn. 61; GroßkommAktG/*Assmann/Sethe*, 4. Aufl. 2001, § 284 Rn. 5; Spindler/Stilz/*Bachmann*, 4. Aufl. 2019, § 278 Rn. 42; *Grafmüller*, KGaA als geeignete Rechtsform, 1993, S. 165; *Fischer*, Die KGaA nach dem Mitbestimmungsgesetz, 1982, S. 110; Bürgers/Körber AktG/*Förl/Fett*, 4. Aufl. 2017, § 278 Rn. 23.

[66] GroßkommAktG/*Assmann/Sethe*, 4. Aufl. 2001, § 278 Rn. 69; MüKoAktG/*Perlitt*, 5. Aufl. 2020, § 278 Rn. 61, 64.

[67] Spindler/Stilz/*Bachmann*, 4. Aufl. 2019, § 284 Rn. 1; MüKoAktG/*Perlitt*, 5. Aufl. 2020, § 284 Rn. 2; K. Schmidt/Lutter AktG/*K. Schmidt*, 3. Aufl. 2015, § 284 Rn. 3.

Die Sondervorschrift für Komplementäre verbindet Elemente des handelsrechtlichen und aktienrechtlichen Wettbewerbsverbots. Wie § 112 HGB beschränkt sich das Wettbewerbsverbot auf den Geschäftszweig der Gesellschaft und Leitungstätigkeit in einer anderen gleichartigen Gesellschaft, während § 88 AktG sich auf Tätigkeiten in jeder Art von Handelsgewerbe bezieht. Anders als bei § 112 HGB ist ein Dispens nur ausdrücklich möglich.[68] Der Schutzzweck von § 284 AktG ist nicht wie bei § 88 AktG die Sicherung der vollen Arbeitskraft der Komplementäre zugunsten der Gesellschaft, sondern der Schutz der Gesellschaft vor schädigendem Wettbewerb, den die Komplementäre aufgrund ihrer Kenntnisse der Geschäftspolitik und der Geschäftsgeheimnisse der Gesellschaft betreiben könnten.[69] Ebenso wie dem Vorstand ist es Komplementären gestattet, sich in anderer Weise, zB als Aktionär, Kommanditist oder stiller Gesellschafter, an einem anderen Unternehmen zu beteiligen. Umstritten ist, ob das Wettbewerbsverbot nur für geschäftsführungsbefugte und vertretungsberechtigte Komplementäre[70] oder wegen der unentziehbaren Informationsrechte auch der nicht geschäftsführungsbefugten Komplementäre für alle Komplementäre gilt.[71] Der Wortlaut spricht für die Geltung für alle Komplementäre. Für Komplementäre, die von der Geschäftsführung und Vertretung ausgeschlossen sind, ist aber der Umfang des Wettbewerbsverbots im Hinblick auf § 1 GWB teleologisch zu reduzieren, wenn der der Regelung des § 284 AktG zugrunde liegende Interessenkonflikt gar nicht eintreten kann,[72] etwa weil in der Satzung die Auskunfts-, Kontroll- und Einsichtrechte der nicht geschäftsführungsbefugten Komplementäre eingeschränkt worden sind.[73]

Ist eine Kapitalgesellschaft oder KG persönlich haftender Gesellschafter, so unterliegt zunächst auch die Komplementärin als juristische Person oder Personenhandelsgesellschaft dem Wettbewerbsverbot.[74] Damit wäre die KGaA aber nur unzureichend geschützt, wenn sie keinen unmittelbaren Anspruch gegen die Wettbewerb treibenden Geschäftsleiter hätte. § 284 AktG gilt daher auch unmittelbar für die **Mitglieder der Leitungsorgane der Komplementärgesellschaft,** zumindest sofern die Komplementärgesellschaft eine GmbH oder eine Personenhandelsgesellschaft ist. Ist die Komplementärgesellschaft eine AG, hat

---

[68] Spindler/Stilz/*Bachmann,* 4. Aufl. 2019, § 284 Rn. 1, 10; MüKoAktG/*Perlitt,* 5. Aufl. 2020, § 284 Rn. 1; Hüffer/*Koch* AktG, 14. Aufl. 2020, § 284 Rn. 2; Bürgers/Körber AktG/*Förl/Fett,* 4. Aufl. 2017, § 284 Rn. 6.

[69] GroßkommAktG/*Assmann/Sethe,* 4. Aufl. 2001, § 284 Rn. 2; MüKoAktG/*Perlitt,* 5. Aufl. 2020 § 284 Rn. 3 f.; K. Schmidt/Lutter AktG/*K. Schmidt,* 3. Aufl. 2015, § 284 Rn. 1; Spindler/Stilz/ *Bachmann,* 4. Aufl. 2019, § 284 Rn. 1; *Salfeld,* Wettbewerbsverbote im Gesellschaftsrecht, 1987, S. 215 f.; Bürgers/Körber AktG/*Förl/Fett,* 4. Aufl. 2017, § 284 Rn. 1.

[70] *Salfeld,* Wettbewerbsverbote im Gesellschaftsrecht, 1987, S. 217 f.; *Armbrüster* ZIP 1997, 1269 (1271); ebenso KölnKommAktG/*Mertens/Cahn,* 3. Aufl. 2015, § 284 Rn. 4, nach deren Ansicht die theoretische Möglichkeit des Zugriffs auf Informationen nicht ausreicht, um ein Wettbewerbsverbot aufrecht zu erhalten.

[71] Spindler/Stilz/*Bachmann,* 4. Aufl. 2019, § 284 Rn. 2; MüKoAktG/*Perlitt,* 5. Aufl. 2020, § 284 Rn. 4; Hüffer/*Koch* AktG, 14. Aufl. 2020, § 284 Rn. 1; K. Schmidt/Lutter AktG/*K. Schmidt,* 3. Aufl. 2015, § 284 Rn. 8; GroßkommAktG/*Assmann/Sethe,* 4. Aufl. 2001, § 284 Rn. 5; Zur Bedeutung von Informationsrechten für das Wettbewerbsverbot *Lutter* AcP Bd. 180 (1980), 84 (112 f.) (Theorie der Mitgliedschaft); Bürgers/Körber AktG/*Förl/Fett,* 4. Aufl. 2017, § 284 Rn. 2.

[72] Hüffer/*Koch* AktG, 14. Aufl. 2020, § 284 Rn. 1; K. Schmidt/Lutter AktG/*K. Schmidt,* 3. Aufl. 2015, § 284 Rn. 8; noch weitergehender *Salfeld,* Wettbewerbsverbote im Gesellschaftsrecht, 1987, S. 217 f.; *Armbrüster* ZIP 1997, 1269 (1271); ebenso KölnKommAktG/*Mertens/Cahn,* 3. Aufl. 2015, § 284 Rn. 4, nach deren Ansicht die theoretische Möglichkeit des Zugriffs auf Informationen nicht ausreicht, um ein Wettbewerbsverbot aufrecht zu erhalten; Spindler/Stilz/*Bachmann,* 4. Aufl. 2019, § 284 Rn. 2, aber kritisch im Hinblick auf die durch § 1 GWB gebotene teleologische Reduktion; ablehnend Bürgers/Körber AktG/*Förl/Fett,* 4. Aufl. 2017, § 284 Rn. 2.

[73] *Armbrüster* ZIP 1997, 1269 (1271).

[74] K. Schmidt/Lutter AktG/*K. Schmidt,* 3. Aufl. 2015, § 284 Rn. 9; Bürgers/Körber AktG/*Förl/ Fett,* 4. Aufl. 2017, § 284 Rn. 3; *Hoffmann-Becking* ZHR 175 (2011), 597 (598); anders der BGH für die KG. Bei der AG & Co. KG soll wegen der Kompetenzordnung der AG § 112 HGB nicht für die Vorstandsmitglieder der Komplementär-AG gelten.

der BGH für die KG entschieden, dass auf die Vorstandsmitglieder § 112 HGB nicht anwendbar ist, weil die Regelung mit der Kompetenzordnung in der AG nicht vereinbar sei.[75] Dann muss aber der ohnehin anwendbare § 88 AktG Drittwirkung für die KGaA haben, da bei einer AG, deren einzige Funktion die Geschäftsleitung einer KGaA ist, die eigentlich durch § 88 AktG zu schützende Gesellschaft die operativ tätige KGaA und nicht die Komplementärgesellschaft ist. Die KGaA hat daher unmittelbare Unterlassungs- oder Schadensersatzansprüche gegen die Vorstandsmitglieder der Komplementärgesellschaft.[76] Abweichend von den Bestimmungen für die Mitglieder des Vorstands einer Aktiengesellschaft ist es den geschäftsführungsbefugten Komplementären nicht verwehrt, außerhalb des Geschäftszwecks der Gesellschaft ein Handelsgewerbe zu betreiben und bei nicht gleichartigen[77] Handelsgesellschaften Mitglied des Vorstands, Geschäftsführer oder persönlich haftender Gesellschafter zu werden.[78] Das Wettbewerbsverbot gem. § 284 AktG gilt entsprechend auch für die **Gesellschafter der Komplementär-GmbH oder KG,** die aufgrund ihrer Beteiligung oder einer sonstigen Ausgestaltung der Satzung oder des Gesellschaftsvertrags maßgeblichen Einfluss auf die Komplementärgesellschaft und damit auf die Unternehmensleitung der KGaA ausüben können.[79] Das Wettbewerbsverbot endet mit Ausscheiden aus der Gesellschaft.

27 b) Befreiung vom Wettbewerbsverbot. Ein Komplementär kann von dem Wettbewerbsverbot **im Einzelfall befreit** werden. Obwohl § 284 AktG das Verhältnis zwischen Komplementären und Kommanditisten betrifft, ist es **nicht satzungsdispositiv.** Es handelt sich um eine Sonderregelung für die KGaA, die den sonst geltenden Vorschriften über die Kommanditgesellschaft, im konkreten Fall § 112 HGB, vorgeht. Befreiung kann daher nur im Einzelfall erteilt werden, nicht generell durch die Satzung.[80] Ein solcher Dispens fordert die Einwilligung aller Komplementäre und einen zustimmenden Beschluss des Aufsichtsrats.[81] Ein solcher Dispens kann nicht allgemein erteilt werden, sondern muss auf bestimmte Geschäftsarten oder bestimmte Handelsgesellschaften beschränkt werden.[82] Die Befreiung kann nur vor Aufnahme der Wettbewerbstätigkeit erteilt werden[83] und muss ausdrücklich

---

[75] BGHZ 180, 105 (109) = NZG 2009, 744 – Gruner & Jahr.
[76] Spindler/Stilz/*Bachmann*, 4. Aufl. 2019, § 284 Rn. 3a; ausführlich *Otte*, Die AG & Co. KGaA, 2010, S. 101 ff.; aA *Hoffmann-Becking* ZHR 175 (2011), 597 (604), der die analoge Anwendung von § 284 AktG befürwortet; vgl. auch MüKoAktG/*Perlitt*, 5. Aufl. 2020, § 278 Rn. 326.
[77] Zum Begriff ausführlich *Armbrüster* ZIP 1997, 261 (262 f.).
[78] MüKoAktG/*Perlitt*, 5. Aufl. 2020, § 284 Rn. 10 f.; Spindler/Stilz/*Bachmann*, 4. Aufl. 2019, § 284 Rn. 5; K. Schmidt/Lutter AktG/*K. Schmidt*, 3. Aufl. 2015, § 284 Rn. 13; GroßkommAktG/*Assmann/Sethe*, 4. Aufl. 2001, § 284 Rn. 17 f.
[79] MüKoAktG/*Perlitt*, 5. Aufl. 2020, § 284 Rn. 5, § 278 Rn. 326 f.; Spindler/Stilz/*Bachmann*, 4. Aufl. 2019, § 284 Rn. 3a; K. Schmidt/Lutter AktG/*K. Schmidt*, 3. Aufl. 2015, § 284 Rn. 9; GroßkommAktG/*Assmann/Sethe*, 4. Aufl. 2001, § 278 Rn. 11 f.; Bürgers/Körber AktG/*Förl/Fett*, 4. Aufl. 2017, § 284 Rn. 3; *Ihrig/Schlitt* in Ulmer: Die GmbH & Co. KGaA nach dem Beschluss BGHZ 134, 392 (1998), S. 49; vgl. auch BGH ZIP 2006, 177 (178).
[80] Spindler/Stilz/*Bachmann*, 4. Aufl. 2019, § 284 Rn. 7 ff., der die Dispositivität von § 284 mit Blick auf die Kernbereichslehre negiert; ähnlich K. Schmidt/Lutter AktG/*K. Schmidt*, 3. Aufl. 2015, § 284 Rn. 22; GroßkommAktG/*Assmann/Sethe*, 4. Aufl. 2001, § 284 Rn. 32; *Armbrüster* ZIP 1997, 1269 (1272); für Abdingbarkeit: MüKoAktG/*Perlitt*, 5. Aufl. 2020, § 284 Rn. 26 f.; KölnKommAktG/*Mertens/Cahn*, 3. Aufl. 2015, § 284 Rn. 20; *Reger* in Bürgers/Fett, Die KGaA, 2. Aufl. 2015, § 5 Rn. 289; Bürgers/Körber AktG/*Förl/Fett*, 4. Aufl. 2017, § 284 Rn. 6.
[81] Hüffer/*Koch*, AktG, 14. Aufl. 2020, § 284 Rdn. 2.
[82] *Armbrüster* ZIP 1997, 1269 (1272); MüKoAktG/*Perlitt*, 5. Aufl. 2020, § 284 Rn. 22; Spindler/Stilz/*Bachmann*, 4. Aufl. 2019, § 284 Rn. 10; K. Schmidt/Lutter AktG/*K. Schmidt*, 3. Aufl. 2015, § 284 Rn. 17; Bürgers/Körber AktG/*Förl/Fett*, 4. Aufl. 2017, § 284 Rn. 6.
[83] GroßkommAktG/*Assmann/Sethe*, 4. Aufl. 2001, § 284 Rn. 32; andernfalls läge ein Verzicht auf Schadensersatzansprüche vor, der nur durch die Hauptversammlung erteilt werden kann (§§ 283 Nr. 3, 93 Abs. 4 S. 3 AktG); MüKoAktG/*Perlitt*, 5. Aufl. 2020, § 284 Rn. 23; Spindler/Stilz/*Bachmann*, 3. Aufl. 2019, § 284 Rn. 10; K. Schmidt/Lutter AktG/*K. Schmidt*, 3. Aufl. 2015, § 284 Rn. 15.

erfolgen, stillschweigende Duldung oder Kenntnis von der Fortführung eines vor Eintritt in die Gesellschaft bereits betriebenen Geschäfts reicht nicht.[84] Komplizierter ist die Rechtslage bei der Kapitalgesellschaft & Co. KGaA. Hier muss die Befreiung durch das zuständige Organ der KGaA erklärt werden. Eine Befreiung vom Wettbewerbsverbot durch den Aufsichtsrat oder die Gesellschafterversammlung einer Komplementär-Kapitalgesellschaft sperrt zwar Ansprüche der Komplementärgesellschaft gegen die Geschäftsleiter, nicht aber analog § 334 BGB Ansprüche der KGaA gegen die Geschäftsleiter, weil Organe der Komplementärgesellschaft keine Befreiungskompetenz mit Wirkung für die KGaA haben.[85]

c) Anwendbarkeit auf Kommanditaktionäre. Die Gestaltungsfreiheit bei der Ausgestaltung der Geschäftsführung erlaubt es, den Kommanditaktionären weitreichende Einwirkungsbefugnisse einzuräumen. Für einen Leitungsmacht ausübenden Mehrheitsaktionär muss daher **§ 284 AktG analog** gelten.[86] 28

3. Allgemeine Treuepflicht. Das Wettbewerbsverbot ist eine Spezialregelung der allen Komplementären gegenüber der Gesellschaft und den Mitgesellschaftern obliegenden **Treuepflicht.**[87] Aufgrund der Rechtsnatur der KGaA als Mischform zwischen Personen- und Aktiengesellschaft ist die Intensität der Treuepflicht davon abhängig, welches Rechtsverhältnis betroffen ist. Für das Verhältnis der Komplementäre untereinander gelten die Treuepflichten, die sich Gesellschafter einer Personengesellschaft schulden.[88] Das grundsätzlich für jeden Komplementär bestehende Geschäftsführungsrecht und die damit verbundene Einwirkungsmöglichkeit bei gleichzeitiger persönlicher Haftung jedes Komplementärs erfordert eine Einschränkung durch die Treuepflicht. Diese Treuepflicht wird sowohl den übrigen Komplementären als auch der Gesamtheit der Kommanditaktionäre gegenüber geschuldet.[89] Jeder Komplementär darf seine Rechte und Pflichten nur unter Berücksichtigung der Belange seiner Mitgesellschafter ausüben.[90] Darüber hinaus ist die Treuepflicht der Komplementäre auch der Gesellschaft gegenüber geschuldet.[91] Die Treuepflicht der Komplementäre gegenüber den Kommanditaktionären ist weitgehend durch § 283 Nr. 3 AktG (Sorgfalt und Verantwortlichkeit der Komplementäre) konkretisiert worden (vgl. → § 79 Rn. 4). Hierdurch werden die Komplementäre bei der Wahrnehmung ihrer Geschäftsführungsrechte den Sorgfalts- und Verantwortungspflichten eines Vorstands 29

---

[84] MüKoAktG/*Perlitt*, 5. Aufl. 2020, § 284 Rn. 18 f.; Spindler/Stilz/*Bachmann*, 4. Aufl. 2019, § 284 Rn. 10; K. Schmidt/Lutter AktG/*K. Schmidt*, 3. Aufl. 2015, § 284 Rn. 15; *Koch* in Hüffer/Koch AktG, 14. Aufl. 2020, § 284 Rn. 2; GroßkommAktG/*Assmann/Sethe*, 4. Aufl. 2001, § 284 Rn. 31.
[85] *Otte*, Die AG & Co. KGaA, 2010, S. 105 f.; *Hoffmann/Becking* ZHR 175 (2011), 597 (604).
[86] *Armbrüster* ZIP 1997, 1269 (1271); im Ergebnis ebenso GroßkommAktG/*Assmann/Sethe*, 4. Aufl. 2001, § 284 Rn. 13, die das Wettbewerbsverbot aber aus der Treuepflicht herleiten; so auch *Reger* in Bürgers/Fett, Die KGaA, 2. Aufl. 2015, § 5 Rn. 369, ebenso MüKoAktG/*Perlitt*, 5. Aufl. 2020, § 284 Rn. 7; anders Spindler/Stilz/*Bachmann*, Aufl. 2019, § 284 Rn. 3a, nach dem das Wettbewerbsverbot nach § 284 AktG nicht für Kommanditaktionäre gilt, sondern sich lediglich aus der Treuepflicht Schranken ergeben; K. Schmidt/Lutter AktG/*K. Schmidt*, 3. Aufl. 2015, § 284 Rn. 11 (spricht ebenfalls nicht von einer analogen Anwendung, sondern allenfalls einer Einschränkung aufgrund der Treuepflicht); vgl. auch Bürgers/Körber AktG/*Förl/Fett*, 4. Aufl. 2017, § 284 Rn. 4.
[87] Zu Funktionen der Treuepflicht vgl. *Wiedemann* FS Heinsius, 1991, 949; *K. Schmidt* GesR, 4. Aufl. 2002, § 20 IV S. 587 ff.
[88] Vgl. hierzu BGHZ 30, 195 (201); 64, 253 (257); 68, 81 (82); Baumbach/Hopt/*Roth*, HGB, 38. Aufl. 2018, § 109 Rn. 23 ff.
[89] MüKoAktG/*Perlitt*, 5. Aufl. 2020, § 278 Rn. 91; K. Schmidt/Lutter AktG/*K. Schmidt*, 3. Aufl. 2015, § 278 Rn. 11; Spindler/Stilz/*Bachmann*, 4. Aufl. 2019, § 278 Rn. 46.
[90] MüKoAktG/*Perlitt*, 5. Aufl. 2020, § 278 Rn. 90; GroßkommAktG/*Assmann/Sethe*, 4. Aufl. 2001, § 278 Rn. 58; *Sethe*, Die personalistische Kapitalgesellschaft, 1996, S. 120 f.; *Grafmüller*, KGaA als geeignete Rechtsform, 1993, S. 76; Bürgers/Körber AktG/*Förl/Fett*, 4. Aufl. 2017, § 278 Rn. 47.
[91] GroßkommAktG/*Assmann/Sethe*, 4. Aufl. 2001, § 278 Rn. 61; KölnKommAktG/*Mertens/Cahn*, 3. Aufl. 2015, § 278 Rn. 29; Spindler/Stilz/*Bachmann*, 4. Aufl. 2019, § 278 Rn. 46.

unterworfen.⁹² Die Treuepflicht wirkt aber nicht nur pflichtenbegründend, wie bei der Ausübung von Geschäftsführungsrechten, sondern setzt auch Schranken bei der Ausübung von Rechten. Da bei Ausscheiden des letzten geschäftsführungsbefugten Komplementärs die KGaA aufgelöst wird (vgl. → Rn. 48), kann auch die Ausübung von Austritts- und Kündigungsrechten eine Treuepflichtverletzung darstellen, solange keine Lösung gefunden ist, die den Fortbestand der Gesellschaft sichert (vgl. → Rn. 50 f.).

30 Im Falle einer KGaA ohne natürliche Person als Komplementär trifft die Komplementär-Kapitalgesellschaft eine Treuepflicht gegenüber den Kommanditaktionären bei der **Auswahl der Geschäftsführer und deren Abberufung.** Es gelten die gleichen Grundsätze, die für die Bestellung der Geschäftsführung GmbH & Co. KG gelten.⁹³ Bei der Auswahl und Abberufung der Geschäftsführer hat die Komplementär-Kapitalgesellschaft und damit mittelbar deren Gesellschafter auf die Belange der Kommanditaktionäre Rücksicht zu nehmen. Geschäftsführer, bei denen ein wichtiger Grund für deren Abberufung vorliegt oder die nicht zur ordnungsgemäßen Geschäftsführung in der Lage sind, dürfen nicht bestellt werden. Geschäftsführer, die sich grobes Fehlverhalten zuschulden haben kommen lassen, müssen abberufen werden (vgl. zur Durchsetzung der Treuepflicht → § 79 Rn. 7 f.).⁹⁴

IV. Ausscheiden und Ausschluss eines Komplementärs

31 **1. Überblick.** Nach § 289 Abs. 1 AktG in Verbindung mit § 131 Abs. 3 HGB kann ein Komplementär **aufgrund gesetzlicher Bestimmungen** oder auf **Basis von Satzungsregelungen ausscheiden.** Nach der Reform des Personegesellschaftsrechts durch das HRefG⁹⁵ führen die in § 131 Abs. 3 HGB genannten gesellschafterbezogenen Auflösungsgründe nicht mehr zur Auflösung der Gesellschaft, sondern nur zum Ausscheiden des betroffenen Gesellschafters (vgl. → § 77 Rn. 39). Dem scheint § 289 Abs. 5 AktG entgegenzustehen, demzufolge persönlich haftende Gesellschafter außer durch Ausschließung nur ausscheiden können, wenn dies die Satzung für zulässig erklärt. Die Regelung in **§ 289 Abs. 5 AktG** macht nur Sinn vor dem Hintergrund der vor dem HRefG geltenden Rechtslage. Nach altem Recht konnte ein Gesellschafter einer Personengesellschaft aus der Gesellschaft ausscheiden, wenn er dies mit den übrigen Gesellschaftern vereinbarte oder wenn der Gesellschaftsvertrag ein Ausscheiden, insbesondere in den in § 138 HGB aF genannten Fällen, gestattete. Davon abweichend bestimmte § 289 Abs. 5 AktG im Hinblick auf die andere Gesellschafterstruktur der KGaA, dass ein Ausscheiden eines Komplementärs nur aufgrund Satzungsgrundlage zulässig war.⁹⁶ Zudem war die Regelung in Abs. 5 erforderlich, um ein Ausscheiden ohne Auflösung zu ermöglichen. Dieser Gesetzeszweck ist durch das HRefG obsolet geworden. Der Gesetzgeber hat es versäumt, im Zuge der Reform der Auflösungsvorschriften für die Personengesellschaft die Sondervorschriften über die Auflösung der KGaA anzupassen.⁹⁷ Die Regelung ist aber nun nicht so

---

⁹² MüKoAktG/*Perlitt*, 5. Aufl. 2020, § 278 Rn. 62; GroßkommAktG/*Assmann/Sethe*, 4. Aufl. 2001, § 278 Rn. 55; Hüffer/*Koch* AktG, 14. Aufl. 2020, § 278 Rn. 13; Spindler/Stilz/*Bachmann*, 4. Aufl. 2019, § 278 Rn. 46, geht die Treuepflicht des persönlich haftenden Gesellschafters sogar über die eines Vorstands hinaus.
⁹³ Vgl. hierzu *Hopt* ZGR 1979, 1 ff.
⁹⁴ BGHZ 134, 392 (399); MüKoAktG/*Perlitt*, 5. Aufl. 2020, § 278 Rn. 370; *Hennerkes/Lorz* DB 1997, 1388 (1391); *Ladwig/Motte* DStR 1997, 1539 (1540); vgl. zur Rechtslage bei der KG: MünchHdb. GesR II/*Wirth* § 3 Rn. 82; zur Treuepflicht einer Komplementärgesellschaft in der KGaA: *Overlack*, RWS-Forum Gesellschaftsrecht 1997, S. 250 ff.; *Hommelhoff*, Anlegerschutz in der GmbH & Co KGaA, in Ulmer Die GmbH & Co. KGaA nach dem Beschluss BGHZ 134, 392 (1998), S. 20 ff.; *Arnold*, GmbH & Co. KG, 2001, S. 77; *Jacques* NZG 2000, 401 (406 f.).
⁹⁵ Handelsrechtsreformgesetz v. 22.8.1998, BGBl. I S. 1474 (1476).
⁹⁶ *Veil* NZG 2000, 72 (75).
⁹⁷ Ein ähnliches Versäumnis hat es gegeben, als im Rahmen des „Gesetzes für die kleine Aktiengesellschaft und zur Deregulierung des Aktienrechts" die Einmann-Gründung bei der AG erlaubt wurde, die entsprechende Anpassung bei der KGaA aber vergessen wurde (vgl. hierzu → § 77 Rn. 1).

zu verstehen, dass ein nach Gesetz an sich zulässiges Ausscheiden eines Komplementärs bei der KGaA nur möglich ist, wenn dies die Satzung ausdrücklich für zulässig erklärt. Das wäre ein überflüssiger Formalismus. Vielmehr ist Absatz 5 nun so auszulegen, dass die Ausschließung eines Komplementärs selbst dann zulässig ist, wenn die Satzung hierzu keine Regelung enthält. Im Übrigen gilt Folgendes: Ein Komplementär kann gemäß § 289 Abs. 1 und Abs. 5 AktG in Verbindung mit § 131 Abs. 3 S. 1 HGB unter den dort angeführten Voraussetzungen aus der Gesellschaft ausscheiden, es sei denn, die Satzung sieht etwas anderes vor.[98] Aus anderen als den in § 131 Abs. 3 S. 1 HGB genannten Gründen kann ein Komplementär nur ausscheiden, wenn die Satzung dies bestimmt.[99] § 289 Abs. 5 zwingt folglich zur Unterscheidung zwischen einem **Ausscheiden mit und ohne Satzungsregelung,** aber ein Ausscheiden ist immer auch ohne Satzungsregelung möglich.

2. Ausscheiden aufgrund gesetzlicher Regelungen. Gemäß § 289 Abs. 1 AktG in Verbindung mit §§ 131 Abs. 3 und 140 HGB führen auch ohne Regelung in der Satzung die folgenden Gründe zu einem Ausscheiden eines persönlich haftenden Gesellschafters:
— Tod des Komplementärs;
— Eröffnung des Insolvenzverfahrens über sein Vermögen;
— Kündigung des Komplementärs;
— Kündigung durch den Privatgläubiger des Komplementärs;
— Ausschluss durch Gesellschafterbeschluss;
— Ausschließungsklage.

a) Tod eines Komplementärs. Nach der Änderung von § 131 Abs. 3 HGB durch das HRefG führt der Tod eines Komplementärs nicht zur Auflösung der Gesellschaft, sondern nur zum **Ausscheiden des verstorbenen Komplementärs.** Eine Ausnahme gilt für den Fall des Ausscheidens des letzten vertretungs- und geschäftsführungsberechtigten Komplementärs (dazu → Rn. 48 ff.). Die Gesellschaft wird von den restlichen Komplementären und den Kommanditaktionären auch ohne Fortsetzungsklausel in der Satzung fortgesetzt.[100] Die Folgen des Ausscheidens des persönlich haftenden Gesellschafters richten sich nach § 289 Abs. 1 AktG in Verbindung mit § 161 Abs. 2, § 105 Abs. 2 HGB und §§ 738 ff. BGB. Hatte der verstorbene Komplementär eine Vermögenseinlage erbracht, so wächst sein Anteil am Komplementärkapital den übrigen persönlich haftenden Gesellschaftern zu.[101] Die Erben des ausgeschiedenen Komplementärs haben Anspruch auf ein Abfindungsguthaben. Den Erben ist dasjenige zu zahlen, was der verstorbene Komple-

---

[98] Spindler/Stilz/*Bachmann*, 4. Aufl. 2019, § 289 Rn. 20; GroßkommAktG/*Assmann/Sethe*, 4. Aufl. 2001, § 289 Rn. 78 f.; MüKoAktG/*Perlitt*, 5. Aufl. 2020, § 289 Rn. 45; K. Schmidt/Lutter AktG/*K. Schmidt*, 3. Aufl. 2015, § 289 Rn. 25; *Veil* NZG 2000, 72 (75 f.); Bürgers/Körber AktG/*Förl/Fett*, 4. Aufl. 2017, § 289 Rn. 19; aA *Schlitt*, Satzung der KGaA, 1999, S. 140, allerdings ohne nähere Auseinandersetzung mit der Änderung des § 131 HGB; Hüffer/*Koch*, AktG, 14. Aufl. 2020, § 289 Rn. 7. Komplementäre können nur im Wege der Ausschließung ausscheiden, wenn die Satzung nichts anderes bestimmt.

[99] GroßkommAktG/*Assmann/Sethe*, 4. Aufl. 2001, § 289 Rn. 80; MüKoAktG/*Perlitt*, 5. Aufl. 2020, § 289 Rn. 45; Bürgers/Körber AktG/*Förl/Fett*, 4. Aufl. 2017, § 289 Rn. 13; KölnKommAktG/*Mertens/Cahn*, 3. Aufl. 2015, § 289 Rn. 34.

[100] GroßkommAktG/*Assmann/Sethe*, 4. Aufl. 2001, § 289 Rn. 82; MüKoAktG/*Perlitt*, 5. Aufl. 2020, § 289 Rn. 116; Hüffer/*Koch* AktG, 14. Aufl. 2020, § 289 Rn. 8; Bürgers/Körber AktG/*Förl/Fett*, 4. Aufl. 2017, § 289 Rn. 14.

[101] Spindler/Stilz/*Bachmann*, 4. Aufl. 2019, § 289 Rn. 21; K. Schmidt/Lutter AktG/*K. Schmidt* § 278 Rn. 30; Bürgers/Körber AktG/*Förl/Fett*, 4. Aufl. 2017, § 289 Rn. 14. Auch in diesem Fall bleiben Komplementärkapital und Grundkapital getrennt. Es findet keine Anwachsung bei den Kommanditaktionären statt. Nicht ganz klar bei GroßkommAktG/*Assmann/Sethe*, 4. Aufl. 2001, § 289 Rn. 82 und KölnKommAktG/*Mertens/Cahn*, 3. Aufl. 2015, § 289 Rn. 36.

mentär bei der Auseinandersetzung erhalten hätte, wenn die Gesellschaft zum Zeitpunkt seines Versterbens aufgelöst worden wäre (§ 738 Abs. 1 S. 2 BGB) (im Übrigen → Rn. 53).

34 Die Satzung kann die gesetzlich angeordnete Folge des Ausscheidens des Komplementärs **modifizieren.** Die Satzung kann bestimmen, dass beim Tod eines Komplementärs die Gesellschaft **mit den Erben** (einfache Nachfolgeklausel) oder mit einem bestimmten Erben (qualifizierte Nachfolgeklausel) **fortgesetzt** wird.[102] Den Erben, die aufgrund der Fortsetzungsklausel persönlich haftende Gesellschafter geworden sind, steht die Wahlmöglichkeit nach § 139 HGB offen, die nach § 139 Abs. 5 HGB unabdingbar ist.[103] Eine unmittelbare Anwendung von § 139 HGB ist allerdings ausgeschlossen, weil den Erben nicht die Stellung eines Kommanditisten eingeräumt werden kann. Die Stellung eines Kommanditaktionärs kann nur im Wege der Kapitalerhöhung mit Sacheinlage geschaffen werden und deshalb nicht unmittelbar durch Ausübung des Wahlrechts begründet werden.[104] Der Erbe eines verstorbenen Komplementärs, der mit Kapitalanteil beteiligt war, hat demnach die Wahl, entweder persönlich haftender Gesellschafter zu werden oder stattdessen die Umwandlung des Kapitalanteils in Kommanditaktien zu verlangen oder aber aus der Gesellschaft auszuscheiden.[105] Die Umwandlung des Kapitalanteils in Aktien setzt allerdings eine entsprechende Satzungsregelung voraus (vgl. dazu → § 80 Rn. 12), wenn sie nicht von der Zustimmung der Kommanditaktionäre abhängig sein soll, die dann eine Sachkapitalerhöhung mit Bezugsrechtsausschluss beschließen müssen (nachfolgend → Rn. 35). Der Erbe eines Komplementärs, der nicht mit einem Kapitalanteil beteiligt war, hat nur die Wahl, persönlich haftender Gesellschafter zu werden oder aus der Gesellschaft auszuscheiden.[106] Bleibt der Erbe ohne Umwandlung des Kapitalanteils in Kommanditaktien Gesellschafter, tritt er in die Rechtsstellung des persönlich haftenden Gesellschafters ein. War der verstorbene Komplementär vertretungs- und geschäftsführungsbefugt und fehlt eine diesbezügliche Regelung in der Satzung, so erwirbt der Erbe grundsätzlich auch die Geschäftsführungs- und Vertretungsbefugnis, sofern er über die entsprechenden Eignungsvoraussetzungen (Geschäftsfähigkeit) verfügt.[107] Wenn die Gesellschaft mit mehreren Erben fortgesetzt wird, so wird jeder von ihnen persönlich haftender Gesellschafter; eine ungeteilte Erbengemeinschaft kann

---

[102] Spindler/Stilz/*Bachmann*, 4. Aufl. 2019, § 289 Rn. 21; MüKoAktG/*Perlitt*, 5. Aufl. 2020, § 289 Rn. 48 ff.; Hüffer/*Koch* AktG, 14. Aufl. 2020, § 289 Rn. 8. Zu den unterschiedlichen Formen der Fortsetzungsklausel vgl. Baumbach/Hopt/*Roth*, HGB, 38. Aufl. 2018, § 139 Rn. 10 ff.; Bürgers/Körber AktG/*Förl/Fett*, 4. Aufl. 2017, § 289 Rn. 24; vgl. auch OLG Hamm NZG 1999, 344, wonach eine qualifizierte Nachfolgeklausel bei persönlich haftenden Gesellschaftern ohne Kapitalanteil nur bei Vorliegen besonderer Anhaltspunkte angenommen werden soll.
[103] Vgl. zum Tod eines Komplementärs, der gleichzeitig Kommanditist ist und Umwandlung des Komplementäranteils in einen Kommanditanteil verlangt: BayObLG DB 2003, 762.
[104] MüKoAktG/*Perlitt*, 5. Aufl. 2020, § 289 Rn. 48; Hüffer/*Koch* AktG, 14. Aufl. 2020, § 289 Rn. 8; KölnKommAktG/*Mertens/Cahn*, 3. Aufl. 2015, § 289 Rn. 40; Bürgers/Körber AktG/*Förl/Fett*, 4. Aufl. 2017, § 289 Rn. 24.
[105] MüKoAktG/*Perlitt*, 5. Aufl. 2020, § 289 Rn. 49; GroßkommAktG/*Assmann/Sethe*, 4. Aufl. 2001, § 289 Rn. 123; KölnKommAktG/*Mertens/Cahn*, 3. Aufl. 2015, § 289 Rn. 38; *Graf*, Kapitalgesellschaft & Co. KG auf Aktien, 1993, S. 31; *Knur* FS Flume, 1978, 173 (179); *Grafmüller*, KGaA als geeignete Rechtsform, 1993, S. 185; *Durchlaub* BB 1977, 875 ff.; Bürgers/Körber AktG/*Förl/Fett*, 4. Aufl. 2017, § 289 Rn. 24.
[106] MüKoAktG/*Perlitt*, 5. Aufl. 2020, § 289 Rn. 51; aA GroßkommAktG/*Assmann/Sethe*, 4. Aufl. 2001, § 289 Rn. 123 ff. wollen dem Erben auch die Möglichkeit einräumen, Kommanditaktionär zu werden, falls er eine Einlage auf das Grundkapital leistet. Allerdings ist dann offen, wie die Höhe der Einlage bestimmt werden soll. Ein Wahlrecht kann der Erbe daher nur haben, wenn die Höhe der Einlage bereits in der Nachfolgeklausel für die Erben von Komplementären ohne Kapitalanteil bestimmt wurde.
[107] MüKoAktG/*Perlitt*, 5. Aufl. 2020, § 289 Rn. 53 (Zusätzlich muss durch Auslegung der Satzung ermittelt werden, ob für den Erben eine solche Rechtsstellung gewollt ist).

nicht Gesellschafter werden.[108] Wird dem Antrag des Erben, Kommanditaktionär zu werden, nicht entsprochen, scheidet der Erbe aus der Gesellschaft aus, ohne dabei an die gesetzlich in der Satzung festgelegte Kündigungsfrist gebunden zu sein. Es steht ihm dann nur ein Abfindungsanspruch zu. Einen Anspruch auf Durchführung der Kapitalerhöhung hat er nicht.[109]

35 Wählt der Erbe die **Umwandlung des Kapitalanteils in Kommanditaktien,** so hat eine Kapitalerhöhung gegen Einbringung der Vermögenseinlage des verstorbenen Komplementärs als Sacheinlage zu erfolgen (vgl. → § 80 Rn. 13).[110] Der Antrag auf Einräumung der Stellung eines Kommanditaktionärs ist vom Erben innerhalb einer Frist von 3 Monaten seit Kenntnis vom Erbfall zu stellen (§ 139 Abs. 3 HGB). Die Entscheidung der Kommanditaktionäre erfolgt durch Hauptversammlungsbeschluss mit einer Mehrheit von drei Vierteln des in der Beschlussfassung vertretenen Kapitals. Ebenso ist die Zustimmung der übrigen Komplementäre erforderlich (falls so vorgesehen in der Satzung durch Mehrheitsbeschluss). Die Ausgabe der neuen Aktien im Rahmen der Kapitalerhöhung kann nur zu pari erfolgen, wenn der verstorbene persönlich haftende Gesellschafter und die Kommanditaktionäre im gleichen Umfang am Gewinn, den Rücklagen und stillen Reserven beteiligt sind (vgl. → § 81 Rn. 31 f.). Andernfalls muss bei der Festsetzung des Ausgabekurses der abweichende innere Wert von Aktien der Kommanditaktionäre berücksichtigt werden.[111] Da der Erbe nach Ablauf der 3-Monats-Frist persönlich haftet, kann er den Gesellschaftern für die Durchführung der Kapitalerhöhung eine Frist setzen. Diese muss aber angemessen sein und die für die Durchführung einer Hauptversammlung erforderlichen Fristen berücksichtigen.

36 Die Satzung kann weitere Regelungen für den Fall des Versterbens eines Komplementärs treffen. In der Regel wird die Satzung das **Ausscheiden gegen Abfindung** vorsehen.[112] Die Satzung wird dann die Berechnung des Abfindungsanspruchs sowie den Auszahlungsmodus, zB ratenweise Auszahlung, festlegen. Die Satzung kann weiterhin den Erben das Recht einräumen, statt der Auszahlung des Barabfindungsanspruchs die Umwandlung des Kapitalanteils ganz oder teilweise in Aktien zu verlangen.[113] Die Satzungsbestimmung gibt den Erben dann einen schuldrechtlichen Anspruch gegen die Kommanditaktionäre auf Fassung des entsprechenden Kapitalerhöhungsbeschlusses. Eine **automatische Umwandlung des Kapitalanteils** bei Eintritt des Erbfalls kann nicht vorgesehen werden.[114] Der Abfindungsanspruch kann auch auf das Recht, den Kapitalanteil in Aktien umzuwandeln, beschränkt werden, sofern die Geltendmachung eines Barabfindungsanspruchs dem Erben möglich bleibt, wenn die für die Umwandlung erforderlichen Kommanditaktien nicht geschaffen werden.[115] Die Satzung kann auch

---

[108] MüKoAktG/*Perlitt*, 5. Aufl. 2020, § 289 Rn. 54; K. Schmidt/Lutter AktG/*K. Schmidt* § 278 Rn. 31; BGH NJW 1983, 2376.
[109] MüKoAktG/*Perlitt*, 5. Aufl. 2020, § 289 Rn. 64; GroßkommAktG/*Assmann/Sethe*, 4. Aufl. 2001, § 289 Rn. 126; Hüffer/*Koch* AktG, 14. Aufl. 2020, § 289 Rn. 8; Bürgers/Körber AktG/*Förl/Fett*, 4. Aufl. 2017, § 289 Rn. 24.
[110] *Schlitt*, Satzung der KGaA, 1999, S. 141; KölnKommAktG/*Mertens/Cahn*, 3. Aufl. 2015, § 289 Rn. 38 f.; Hüffer/*Koch* AktG, 14. Aufl. 2020, § 289 Rn. 8; Spindler/Stilz/*Bachmann*, 4. Aufl. 2019, § 289 Rn. 21; MüKoAktG/*Perlitt*, 5. Aufl. 2020, § 289 Rn. 55; Bürgers/Körber AktG/*Förl/Fett*, 4. Aufl. 2017, § 289 Rn. 24 und GroßkommAktG/*Assmann/Sethe*, 4. Aufl. 2001, § 289 Rn. 124 gehen davon aus, dass Gegenstand der Sacheinlage das Auseinandersetzungsguthaben des verstorbenen Komplementärs ist. Die Frage ist offengelassen bei *Durchlaub* BB 1977, 875. In der Sache wird sich aber kein Unterschied ergeben, weil auch die Vermögenseinlage bewertet werden muss; übersteigen die Verbindlichkeiten die Vermögenswerte der Gesellschaft, hat der Erbe keinen Auseinandersetzungsanspruch, sein Kapitalanteil ist aber auch nicht werthaltig.
[111] MüKoAktG/*Perlitt*, 5. Aufl. 2020, § 289 Rn. 58.
[112] *Schlitt*, Satzung der KGaA, 1999, S. 141; Spindler/Stiltz/*Bachmann*, 4. Aufl. 2019, 289 Rdn. 21.
[113] *Schlitt*, Satzung der KGaA, 1999, S. 144.
[114] MüKoAktG/*Perlitt*, 5. Aufl. 2020, § 289 Rn. 67; *Wichert*, Finanzen der KGaA, 1999, S. 201.
[115] *Schlitt*, Satzung der KGaA, 1999, S. 144.

vorsehen, dass beim Ausscheiden des Komplementärs der Abfindungsanspruch ganz ausgeschlossen wird.[116]

37 b) Eröffnung des Insolvenzverfahrens über das Vermögen des Komplementärs. Gemäß § 289 Abs. 1 AktG in Verbindung mit § 131 Abs. 3 Nr. 2 HGB führt die **Eröffnung des Insolvenzverfahrens** über das Privatvermögen eines persönlich haftenden Gesellschafters nicht zur Auflösung der Gesellschaft, sondern zum **Ausscheiden des betroffenen Gesellschafters.** Die Satzung kann abweichend vorsehen, dass die Fortsetzung der Gesellschaft im Falle der Eröffnung des Insolvenzverfahrens über das Vermögen eines persönlich haftenden Gesellschafters von einem Gesellschafterbeschluss abhängig gemacht wird. Die Gesellschaft bleibt dann bis zu dem Beschluss der Gesellschafter, die Gesellschaft nicht mehr fortzusetzen, bestehen.[117] Eine solche Regelung wird in Betracht kommen, wenn die Gesellschaft sehr stark von dem betreffenden persönlichen Gesellschafter abhängt. Die Satzung kann auch vorsehen, dass die Eröffnung des Insolvenzverfahrens nicht zum Ausscheiden des Gesellschafters führt. Dies verhindert allerdings nicht die Kündigung durch den Insolvenzverwalter (als Privatgläubiger gem. § 135 HGB).[118]

38 c) Kündigung durch den Komplementär. Der Komplementär in der KGaA kann sein Gesellschaftsverhältnis mit der Gesellschaft **kündigen,** wenn die Gesellschaft auf unbestimmte Zeit abgeschlossen war (§ 289 Abs. 1 AktG iVm § 131 Abs. 3 Nr. 3, §§ 132, 134 HGB). Dem steht die Regelung in § 289 Abs. 5 AktG nicht entgegen. Vor dem Inkrafttreten des HRefG war ein Ausscheiden eines Komplementärs durch eine Kündigung seines individuellen Gesellschaftsverhältnisses nur bei einer entsprechenden Satzungsgrundlage zulässig. Da nun ein Ausscheiden schon aufgrund der gesetzlichen Regelung in § 131 Abs. 3 Nr. 3 HGB möglich ist, muss § 289 Abs. 5 AktG einschränkend ausgelegt werden. Sein Zweck ist es nicht, die nach Gesetz bestehenden Ausscheidensgründe weiter einzuschränken (vgl. → Rn. 31).[119] Die Kündigungserklärung ist gegenüber den übrigen persönlich haftenden Gesellschaftern und der Gesamtheit der Kommanditaktionäre bzw. außerhalb der Hauptversammlung gegenüber dem Aufsichtsrat abzugeben.[120] Die Kündigung kann nur auf das Ende des Geschäftsjahres mit einer Frist von 6 Monaten erklärt werden (§ 289 Abs. 1 AktG iVm § 132 HGB). Ein außerordentliches Kündigungsrecht bedarf einer Satzungsgrundlage.[121] Die Satzung kann das Kündigungsrecht nicht völlig ausschließen, sie kann aber Kündigungsfristen, den Erklärungsempfänger, die Voraussetzungen und die Folgen der Kündigung regeln, zum Beispiel Umfang, Höhe und Modalitäten der Auszahlung der Abfindung (vgl. → Rn. 53).[122] Diese Einschränkung gilt allerdings nicht, wenn einziger Komplementär eine Kapitalgesellschaft oder eine Kommanditgesellschaft ist. Die Kündigungsmöglichkeit soll dem Komplementär die Möglichkeit geben, sich

---

[116] Hüffer/*Koch* AktG, 14. Aufl. 2020, § 289 Rn. 8; vgl. auch BGHZ 22, 186 (194) für den Komplementär einer KG.
[117] MüKoAktG/*Perlitt,* 5. Aufl. 2020, § 289 Rn. 76; GroßkommAktG/*Assmann/Sethe,* 4. Aufl. 2001, § 289 Rn. 130; Bürgers/Körber AktG/*Förl/Fett,* 4. Aufl. 2017, § 289 Rn. 15; Spindler/Stilz/*Bachmann,* 4. Aufl. 2019, § 289 Rn. 22 unter der Voraussetzung, dass Verwalter die Beteiligung freigibt.
[118] GroßkommAktG/*Assmann/Sethe,* 4. Aufl. 2001, § 289 Rn. 131.
[119] MüKoAktG/*Perlitt,* 5. Aufl. 2020, § 289 Rn. 83 f.; Hüffer/*Koch* AktG, 14. Aufl. 2020, § 289 Rn. 6; K. Schmidt/Lutter AktG/*K. Schmidt,* 3. Aufl. 2015, § 289 Rn. 21 (§ 289 Abs. 5 AktG regelt nur das Ausscheiden von Komplementären); Bürgers/Körber AktG/*Förl/Fett,* 4. Aufl. 2017, § 289 Rn. 16; GroßkommAktG/*Assmann/Sethe,* 4. Aufl. 2001, § 289 Rn. 85; KölnKommAktG/*Mertens/Cahn,* 3. Aufl. 2015, § 289 Rn. 34; *Veil* NZG 2000, 71 (76).
[120] MüKoAktG/*Perlitt,* 5. Aufl. 2020, § 289 Rn. 85 f., 104, 139; Spindler/Stilz/*Bachmann,* 4. Aufl. 2019, § 289 Rn. 23.
[121] *Schlitt,* Satzung der KGaA, 1999, S. 142; MüKoAktG/*Perlitt,* 5. Aufl. 2020, § 289 Rn. 138.
[122] MüKoAktG/*Perlitt,* 5. Aufl. 2020, § 289 Rn. 94 ff., 137; Spindler/Stilz/*Bachmann,* 4. Aufl. 2019, § 289 Rn. 23; GroßkommAktG/*Assmann/Sethe,* 4. Aufl. 2001, § 289 Rn. 133.

der persönlichen Haftung für die Zukunft entziehen zu können. Dieses Schutzes bedarf es nicht, wenn der Komplementär eine Kapital- oder Kommanditgesellschaft ist.[123] Der Abfindungsanspruch im Falle einer Kündigung darf allerdings nicht völlig ausgeschlossen werden, weil dies dem Ausschluss des Kündigungsrechts gleichkommen würde.[124] Zur Kündigung durch den einzigen Komplementär vgl. → Rn. 48 f.

d) Kündigung durch den Privatgläubiger des Komplementärs. Der Privatgläubiger 39 des Komplementärs kann das Gesellschaftsverhältnis nur kündigen, wenn der Komplementär bei seinem Ausscheiden Anspruch auf ein Auseinandersetzungsguthaben hat. Dies wird nur der Fall sein, wenn der Komplementär mit einem Kapitalanteil beteiligt ist. Voraussetzung für die Kündigung ist ein erfolgloser Vollstreckungsversuch in das bewegliche Vermögen des Komplementärs innerhalb der letzten sechs Monate vor der Kündigung (§ 135 HGB). Das Recht zur Kündigung des Privatgläubigers kann in der Satzung nicht ausgeschlossen werden. An eine Regelung in der Satzung im Hinblick auf Bemessung, Fälligkeit und Auszahlungsmodalitäten des Abfindungsguthabens des durch die Kündigung ausscheidenden Komplementärs ist der Privatgläubiger gebunden.[125] Ein völliger Ausschluss des Abfindungsanspruchs für den Fall der Kündigung durch den Privatgläubiger ist gem. 723 Abs. 3 BGB nicht zulässig, weil darin eine gezielte Gläubigerbenachteiligung zu sehen ist.[126]

e) Ausschließung eines Komplementärs. Gemäß § 289 Abs. 1 AktG, §§ 161 Abs. 2, 40 140 HGB kann ein Komplementär durch **Ausschließungsklage** aus der Gesellschaft ausgeschlossen werden, wenn ein wichtiger Grund in seiner Person vorliegt. Der Klage auf Ausschließung müssen sämtliche übrigen Komplementäre zustimmen. Nach § 289 Abs. 4 S. 3 und 4 AktG müssen die Kommanditaktionäre die Ausschließung mit einer Dreiviertel-Mehrheit beschließen, falls nicht die Satzung eine größere Mehrheit vorsieht.[127]

Die Satzung kann die Ausschließung erschweren oder erleichtern. In der **Satzung** 41 können bestimmte Umstände als Ausschlussgründe festgelegt werden oder sogar der Ausschluss völlig abbedungen werden.[128] Die Gesellschafter sind dann vor gesellschaftsschädigenden Komplementären nur noch über das Recht zur Auflösung nach §§ 161 Abs. 2, 133 HGB durch gerichtliche Entscheidung geschützt. Aus den gesetzlichen Vorschriften lässt sich nicht ableiten, dass es den Gesellschaftern verwehrt wäre, als Konfliktlösung für den Fall des Streits mit einem Gesellschafter nur die Auflösung vorzusehen.[129] Der Ausschluss kann erleichtert werden, indem auf das Klageerfordernis verzichtet wird und stattdessen ein

---

[123] Für generelle Zulässigkeit des Auschlusses des Kündigungsrechts *Wichert* in Heidel, Aktienrecht, 5. Aufl. 2020, § 289 Rn. 18.

[124] GroßkommAktG/*Assmann*/*Sethe*, 4. Aufl. 2001, § 289 Rn. 135; MüKoAktG/*Perlitt*, 5. Aufl. 2020, § 289 Rn. 99; vgl. für die KG Baumbach/Hopt/*Roth*, HGB, 38. Aufl. 2018, § 131 Rn. 63.

[125] MüKoAktG/*Perlitt*, 5. Aufl. 2020, § 289 Rn. 105; GroßkommAktG/*Assmann*/*Sethe*, 4. Aufl. 2001, § 289 Rn. 135.

[126] GroßkommAktG/*Assmann*/*Sethe*, 4. Aufl. 2001, § 289 Rn. 131; Spindler/Stilz/*Bachmann*, 4. Aufl. 2019, § 289 Rn. 23.

[127] MüKoAktG/*Perlitt*, 5. Aufl. 2020, § 289 Rn. 125; KölnKommAktG/*Mertens*/*Cahn*, 3. Aufl. 2015, § 289 Rn. 59; GroßkommAktG/*Assmann*/*Sethe*, 4. Aufl. 2001, § 289 Rn. 92; Hüffer/*Koch* AktG, 14. Aufl. 2020, § 289 Rn. 7; Spindler/Stilz/*Bachmann*, 4. Aufl. 2019, § 289 Rn. 19; Bürgers/Körber AktG/*Förl*/*Fett*, 4. Aufl. 2017, § 289 Rn. 20.

[128] KölnKommAktG/*Mertens*/*Cahn*, 3. Aufl. 2015, § 289 Rn. 61; MüKoAktG/*Perlitt*, 5. Aufl. 2020, § 289 Rn. 123; Spindler/Stilz/*Bachmann*, 4. Aufl. 2019, § 289 Rn. 19; aA GroßkommAktG/*Assmann*/*Sethe*, 4. Aufl. 2001, § 289 Rn. 105; *Sethe*, Die personalistische Kapitalgesellschaft, 1996, S. 141; *Otte*, AG & Co. KGaA, 2010, S. 165; Reger krit. in Bürgers/Fett, Die KGaA, 2. Aufl. 2015, § 5 Rn. 331.

[129] MüKoAktG/*Perlitt*, 5. Aufl. 2020, § 289 Rn. 123; zur restriktiven Auslegung von Normen, die die Gestaltungsfreiheit einschränken, vgl. auch BGH ZIP 1997, 1027; *Mertens* FS Ritter, 1997, 731 (741); aA GroßkommAktG/*Assmann*/*Sethe*, 4. Aufl. 2001, § 289 Rn. 109.

Beschluss der Komplementäre und/oder Kommanditaktionäre vorgesehen wird oder eines für diese Gesellschaftergruppen handelnden Organs.[130] In diesem Fall ist eine Ausschließung durch Klage nicht mehr möglich,[131] soweit nicht der Gesellschaftsvertrag etwas anderes vorsieht. Eine Klausel, die ein Hinauskündigen eines Komplementärs jederzeit für zulässig erklärt, ist unzulässig. Der Ausschluss muss immer durch einen sachlichen Grund, der in der Satzung näher definiert werden kann, gerechtfertigt sein.[132] Wenn die Satzung keine Regelung trifft, muss die Ausschließung die „ultima ratio" sein.[133] Als milderes Mittel hat der Entzug der Geschäftsführungs- und Vertretungsbefugnis Vorrang vor der Ausschließung.[134] Liegt ein sachlicher Grund vor, sind die übrigen persönlich haftenden Gesellschafter aufgrund ihrer Treuepflicht verpflichtet, einem Antrag auf Ausschluss zuzustimmen. Soll einem Komplementär nur eine vorstandsähnliche Position eingeräumt werden (vgl. hierzu → Rn. 18 und nachfolgend → Rn. 45), ist eine Befristung seiner Gesellschafterstellung erforderlich, wenn die jederzeitige Abberufung sichergestellt werden soll.

42 **3. Ausscheiden aufgrund Satzungsregelungen.** Die Satzung kann das freiwillige Ausscheiden des Komplementärs zulassen (§ 289 Abs. 5 AktG). Aus dieser Regelung folgt aber nicht im Gegenschluss, dass ohne Satzungsgrundlage ein Ausscheiden des Komplementärs nicht möglich ist. Es stehen dann nur die gesetzlichen Ausscheidensgründe zur Verfügung (vgl. → Rn. 32).

43 Die Satzung kann **verschiedene Formen des Ausscheidens** des Komplementärs vorsehen:

– Ausscheiden aufgrund einer Vereinbarung;
– Befristung oder Bedingung der Komplementärstellung;
– Kündigung durch den Komplementär mit Kündigungsfrist;
– Veräußerung des Kapitalanteils und Eintritt eines neuen Komplementärs.

44 **a) Ausscheiden aufgrund Vereinbarung.** Anders als in der Kommanditgesellschaft kann der Komplementär der KGaA aufgrund einer Vereinbarung nur ausscheiden, wenn die Satzung dies vorsieht oder gleichzeitig mit Abschluss der Vereinbarung die Satzung entsprechend geändert wird. Dies ergibt sich aus § 289 Abs. 5 AktG. Sieht die Satzung ein **Ausscheiden durch Vereinbarung** mit der Gesellschaft vor, muss geregelt werden, wer diese Vereinbarung zu treffen hat, und ob und gegebenenfalls mit welcher Mehrheit die übrigen Komplementäre und die Kommanditaktionäre dem Ausscheiden aufgrund der Vereinbarung zustimmen müssen.[135] Fehlt eine solche Regelung, so haben die übrigen

---

[130] MüKoAktG/*Perlitt*, 5. Aufl. 2020, § 289 Rn. 122; GroßkommAktG/*Assmann/Sethe,* 4. Aufl. 2001, § 289 Rn. 110; K. Schmidt/Lutter AktG/*K. Schmidt*, 3. Aufl. 2015, § 278 Rn. 29; Spindler/Stilz/*Bachmann*, 4. Aufl. 2019, § 289 Rn. 19; *Schlitt,* Satzung der KGaA, 1999, S. 143; KölnKommAktG/*Mertens/Cahn*, 3. Aufl. 2015, § 289 Rn. 61; *Huber* ZGR 1980, 190; *Sethe,* Die personalistische Kapitalgesellschaft, 1996, S. 142, für KG vgl. BGHZ 107, 351 (356).

[131] OLG München WiB 1997, 981 f. mAnm *Jasper.*

[132] MüKoAktG/*Perlitt*, 5. Aufl. 2020, § 289 Rn. 124; GroßkommAktG/*Assmann/Sethe,* 4. Aufl. 2001, § 289 Rn. 111; Bürgers/Körber AktG/*Förl/Fett*, 4. Aufl. 2017, § 289 Rn. 18; *Sethe,* Die personalistische Kapitalgesellschaft, 1996, S. 142; nach Spindler/Stilz/*Bachmann*, 4. Aufl. 2019, § 289 Rn. 19 muss der Grund sogar noch wichtiger sein, als der des § 133 HGB; vgl. zur KG OLG München WiB 1997, 981 (982).

[133] K. Schmidt/Lutter AktG/*K. Schmidt*, 3. Aufl. 2015, § 289 Rn. 30, der auf die „Einseitigkeit" des wichtigen Grundes hinweist, dh nur in der Person des Komplementärs begründet. Spindler/Stilz/*Bachmann*, 4. Aufl. 2019, § 289 Rn. 19; MüKoAktG/*Perlitt*, 5. Aufl. 2020, § 289 Rn. 120.

[134] K. Schmidt/Lutter AktG/*K. Schmidt*, 3. Aufl. 2015, § 289 Rn. 30; MüKoAktG/*Perlitt*, 5. Aufl. 2020, § 289 Rn. 120; Spindler/Stilz/*Bachmann*, 4. Aufl. 2019, § 289 Rn. 19.

[135] MüKoAktG/*Perlitt*, 5. Aufl. 2020, § 289 Rn. 128 f.; GroßkommAktG/*Assmann/Sethe,* 4. Aufl. 2001, § 289 Rn. 98.

persönlich haftenden Gesellschafter und die Kommanditaktionäre mit satzungsändernder Mehrheit (unter Berücksichtigung etwaiger Satzungsregelungen für die Mehrheiten und Zustimmungen bei Satzungsänderungen) zuzustimmen.[136]

b) Bedingung oder Befristung der Komplementärstellung. Die Satzung kann auch vorsehen, dass der Komplementär aufgrund einer **Befristung** oder **Bedingung** ausscheidet. In der Satzung kann etwa bestimmt werden, dass die Komplementärstellung mit Eintritt eines bestimmten Ereignisses automatisch endet, zB mit Erreichen eines bestimmten Lebensalters oder Umwandlung des Kapitalanteils in Aktien (vgl. hierzu → § 80 Rn. 12).[137] Die Komplementärstellung kann auch von vornherein befristet werden, zum Beispiel auf fünf Jahre in Anlehnung an § 84 Abs. 1 AktG. In diesem Fall kann weiter vorgesehen werden, dass die Komplementärstellung sich jeweils um weitere fünf Jahre verlängert, wenn ein entsprechender Beschluss der Komplementäre und/oder Kommanditaktionäre oder eines fakultativen Organs, das für die Aufnahme von Komplementären zuständig ist, gefasst wird. Muss der Komplementär keine Vermögenseinlage erbringen, wird gleichzeitig seine Komplementärstellung befristet und wird er intern von der Haftung freigestellt, besteht kaum noch ein Unterschied zu einer Vorstandsposition.[138] Auf diese Weise können auch gesellschaftsfremde Dritte in die Geschäftsleitung aufgenommen werden, die nur die Funktion eines Geschäftsführergesellschafters haben sollen.[139] Wird eine Vereinbarung über die Rechtsbeziehung zwischen persönlich haftenden Gesellschaftern und Gesellschaft, zB bezüglich Vergütung, Freistellung von der Haftung etc, getroffen (vgl. → § 79 Rn. 24), kann ein automatisches Ausscheiden für den Fall der Beendigung dieser Vereinbarung vorgesehen werden.[140]

c) Kündigung. Jedem Komplementär steht schon aufgrund der gesetzlichen Regelung gemäß § 289 Abs. 1 AktG, § 131 Abs. 3 Nr. 3 HGB das Recht zu, aus der Gesellschaft durch ordentliche Kündigung auszuscheiden (vgl. → Rn. 38). Die Satzung kann ergänzend regeln, wem gegenüber die Kündigung zu erklären ist, die Dauer der Kündigungsfrist bestimmen und den Zeitpunkt festlegen, auf den gekündigt werden kann.[141] Wenn die Satzung keine Regelung trifft, gelten die Regelungen des HGB entsprechend. Die Satzung kann dem Komplementär ein **Recht zur fristlosen Kündigung** einräumen.[142] Ohne Satzungsregelung hat der Komplementär nur die Möglichkeit der ordentlichen Kündigung oder Auflösungsklage. Die Satzung kann jedoch auch im Fall des Vorliegens eines wichtigen Grundes das Einhalten einer zumutbaren Kündigungsfrist vorschreiben und ein Ausscheiden nur auf einen bestimmten Stichtag, beispielsweise das Ende eines Geschäftsjahres, vorsehen.[143]. Zur Regelung der Abfindung → Rn. 54.

---

[136] MüKoAktG/*Perlitt*, 5. Aufl. 2020, § 289 Rn. 130; GroßkommAktG/*Assmann/Sethe*, 4. Aufl. 2001, § 289 Rn. 99.

[137] MüKoAktG/*Perlitt*, 5. Aufl. 2020, § 289 Rn. 132f.; GroßkommAktG/*Assmann/Sethe*, 4. Aufl. 2001, § 289 Rn. 104; Spindler/Stilz/*Bachmann*, 4. Aufl. 2019, § 289 Rn. 24; *Sethe,* Die personalistische Kapitalgesellschaft, 1996, S. 138.

[138] MüKoAktG/*Perlitt*, 5. Aufl. 2020, § 289 Rn. 134; GroßkommAktG/*Assmann/Sethe*, 4. Aufl. 2001, § 289 Rn. 104 ff.; K. Schmidt/Lutter AktG/*K. Schmidt*, 3. Aufl. 2015, § 289 Rn. 27, § 278 Rn. 29.

[139] *Sethe,* Die personalistische Kapitalgesellschaft, 1996, S. 139; zur Bestellung eines Geschäftsführergesellschafters vgl. *Hubert* NZG 1980, 177 (194 f.).

[140] *Schlitt,* Satzung der KGaA, 1999, S. 142.

[141] MüKoAktG/*Perlitt*, 5. Aufl. 2020, § 289 Rn. 136 f.; GroßkommAktG/*Assmann/Sethe*, 4. Aufl. 2001, § 289 Rn. 107; Spindler/Stilz/*Bachmann,* 4. Aufl. 2019, § 289 Rn. 23.

[142] MüKoAktG/*Perlitt*, 5. Aufl. 2020, § 289 Rn. 138; GroßkommAktG/*Assmann/Sethe*, 4. Aufl. 2001, § 289 Rn. 108.

[143] MüKoAktG/*Perlitt*, 5. Aufl. 2020, § 289 Rn. 140; GroßkommAktG/*Assmann/Sethe*, 4. Aufl. 2001, § 289 Rn. 108.

47 d) Übertragung des Kapitalanteils. Die Satzung kann einem persönlich haftenden Gesellschafter mit Kapitalanteil die Befugnis einräumen, seinen **Kapitalanteil an einen neu eintretenden Gesellschafter** zu veräußern und aus der Gesellschaft auszuscheiden.[144] Ohne Regelung in der Satzung erfordert ein Gesellschafterwechsel eine Satzungsänderung. Grundsätzlich bedarf auch ein in der Satzung zugelassener Gesellschafterwechsel der Zustimmung der übrigen Komplementäre und der Hauptversammlung, es sei denn, die Satzung bestimmt etwas Abweichendes.[145] Die Zustimmung kann allein den übrigen Komplementären vorbehalten werden oder einem anderen Organ, etwa einem Gesellschafterausschuss oder dem Aufsichtsrat.[146] Die Anteilsübertragung als solche bedingt nicht die Übertragung der organschaftlichen Befugnisse, insbesondere der Geschäfts- und Vertretungsbefugnis. Sollen diese ebenfalls auf den neuen Komplementär übergehen, bedarf es einer ausdrücklichen Regelung in der Satzung.[147] Ohne eine solche Regelung müssen die Gesellschafter nach Eintritt des neuen Komplementärs über die Erteilung der Geschäftsführungs- und Vertretungsbefugnis entsprechend der in der Satzung dafür vorgesehenen Regelung neu entscheiden.

48 4. Ausscheiden des letzten persönlich haftenden Gesellschafters. Das Ausscheiden eines persönlich haftenden Gesellschafters führt gemäß § 289 Abs. 1 AktG in Verbindung mit § 131 Abs. 3 HGB grundsätzlich nicht zur Auflösung der KGaA.[148] Eine Ausnahme gilt aber dann, wenn der **letzte oder der einzige geschäftsführungsbefugte und vertretungsberechtigte persönlich haftende Gesellschafter ausscheidet.** Ein solches Ausscheiden führt nicht zu einer automatischen Umwandlung in eine AG,[149] sondern grundsätzlich zur Auflösung der Gesellschaft.[150] Auch eine „auflösungsfreie" Übergangszeit[151] ist nicht anzuerkennen.[152] Die verbleibenden Gesellschafter können aber die Auflösung der Gesellschaft durch eine der folgenden Maßnahmen verhindern:

– Erteilung der Geschäftsführungsbefugnis und Vertretungsberechtigung an einen verbliebenen, aber nicht entsprechend berechtigten Komplementär;
– Aufnahme eines neuen geschäftsführungsbefugten und vertretungsberechtigten Komplementärs;

---

[144] MüKoAktG/*Perlitt*, 5. Aufl. 2020, § 289 Rn. 127, 141; Spindler/Stilz/*Bachmann*, 4. Aufl. 2019, § 289 Rn. 24; GroßkommAktG/*Assmann/Sethe*, 4. Aufl. 2001, § 289 Rn. 144; *Schlitt*, Satzung der KGaA, 1999, S. 142; *Sethe*, Die personalistische Kapitalgesellschaft, 1996, S. 138.
[145] MüKoAktG/*Perlitt*, 5. Aufl. 2020, § 289 Rn. 141.
[146] MüKoAktG/*Perlitt*, 5. Aufl. 2020, § 289 Rn. 141; GroßkommAktG/*Assmann/Sethe*, 4. Aufl. 2001, § 289 Rn. 114 ff.; *Schlitt*, Satzung der KGaA, 1999, S. 142.
[147] GroßkommAktG/*Assmann/Sethe*, 4. Aufl. 2001, § 289 Rn. 117; aA MüKoAktG/*Perlitt*, 5. Aufl. 2020, § 289 Rn. 141, § 281 Rn. 15.
[148] Vgl. zum Ausscheiden des Komplementärs aus einer zweigliedrigen KG BGH ZIP 2000, 229 f.; *Eckhardt* NZG 2000, 449 ff.; *Bork/Jacoby* ZGR 2005, 611 (627 ff.); Bürgers/Körber AktG/*Förl/Fett*, 4. Aufl. 2017, § 289 Rn. 13.
[149] MüKoAktG/*Perlitt*, 5. Aufl. 2020, § 289 Rn. 157; so aber *Meister/Klöcker* in Kallmeyer, UmwG, 6. Aufl. 2017, § 190 Rn. 14.
[150] MüKoAktG/*Perlitt*, 5. Aufl. 2020, § 289 Rn. 143; Spindler/Stilz/*Bachmann*, 4. Aufl. 2019, § 289 Rn. 26; Hüffer/*Koch* AktG, 14. Aufl. 2020, § 289 Rn. 9; *K. Schmidt* in K. Schmidt/Lutter, AktG, 3. Aufl. 2015, § 289 Rn. 15; *Schlitt*, Satzung der KGaA, 1999, S. 145; vgl. zur Rechtslage bei der KG BGHZ 51, 198 (200); *Frey/Bredow* ZIP 1998, 1621 ff.; Bürgers/Körber AktG/*Förl/Fett*, 4. Aufl. 2017, § 289 Rn. 8.
[151] GroßkommAktG/*Assmann/Sethe*, 4. Aufl. 2001, der § 139 Abs. 3 S. 1 HGB analog anwenden will. Nach *Assmann/Sethe* kommt es durch das Ausscheiden des letzten Komplementärs zu einer Anwachsung des Gesellschaftsvermögens bei den Kommanditaktionären und damit zu einer automatischen Umwandlung in eine AG. Die Gesellschafter sollen aber analog § 139 Abs. 3 S. 1 HGB für einen Zeitraum von drei Monaten das Recht haben, einen neuen Komplementär aufzunehmen und dadurch die Umwandlung zu vermeiden.
[152] Spindler/Stilz/*Bachmann*, 4. Aufl. 2019, § 289 Rn. 26.

– Umwandlung der KGaA in eine AG;
– künstliche Bestellung eines Notorgans für die Übergangszeit analog § 29 BGB.[153]

Bei Ausscheiden des letzten Komplementärs können die verbleibenden Gesellschafter der aufgelösten Gesellschaft die **Umwandlung in eine Aktiengesellschaft** beschließen, solange noch nicht mit der Verteilung des Vermögens an die Kommanditaktionäre begonnen wurde. Ohne Regelung der Satzung bedarf der Umwandlungsbeschluss der Zustimmung etwaiger verbliebener (nicht geschäftsführungs- und vertretungsberechtigter) Komplementäre und einer Mehrheit von drei Vierteln des bei der Beschlussfassung vertretenen Grundkapitals (§ 240 Abs. 1 UmwG).[154] Die Satzung kann das Mehrheitserfordernis in der Hauptversammlung herabsetzen (§ 240 Abs. 1 S. 2 UmwG) und die verbleibenden nicht geschäftsführungsbefugten und vertretungsberechtigten Komplementäre zur Zustimmung verpflichten.[155] In der Satzung kann nicht vorgesehen werden, dass sich beim Ausscheiden des letzten geschäftsführungs- und vertretungsberechtigten Komplementärs die Gesellschaft automatisch in eine Aktiengesellschaft umwandelt. Die Zustimmung der Kommanditaktionäre und verbliebenen Komplementäre nach § 240 UmwG kann nicht antizipiert werden.[156]

Ein **freiwilliges Ausscheiden** des einzigen geschäftsführungsbefugten oder vertretungsberechtigten Komplementärs – etwa aufgrund der Ausübung eines Kündigungsrechts oder aufgrund einer Vereinbarung mit der Gesellschaft – kann **unzulässig sein,** wenn dies zur Auflösung der Gesellschaft führen würde, etwa weil in der Satzung für diesen Fall keine Vorsorge getroffen wird und auch kein anderer potentieller Komplementär zur Verfügung steht. Die Treuepflicht des Komplementärs führt dann zu einer Einschränkung seiner ihm laut Satzung zustehenden Rechte.[157] Ein freiwilliges Ausscheiden aufgrund einer Vereinbarung ist daher nur dann zulässig, wenn gleichzeitig die Umwandlung in eine Aktiengesellschaft beschlossen wird oder ein anderer Komplementär die Geschäftsführung und Vertretung übernimmt.[158] Eine Satzungsklausel, die dem einzigen Komplementär ein Kündigungs- oder Austrittsrecht einräumt, sollte die Wirksamkeit des Ausscheidens an den Eintritt eines neuen Komplementärs oder die Umwandlung in eine AG knüpfen.[159]

Bei Beendigung des Gesellschaftsverhältnisses durch **Zeitablauf oder Eintritt einer Bedingung** ist der ausscheidende Gesellschafter aufgrund seiner Treuepflicht verpflichtet, seine Gesellschafterstellung zu verlängern, bis eine Lösung für das Abwenden der Auflösung gefunden ist.[160] Die übrigen Gesellschafter sind aufgrund ihrer Treuepflicht gegenüber dem

---

[153] MüKoAktG/*Perlitt,* 5. Aufl. 2020, § 289 Rn. 147 ff.; GroßkommAktG/*Assmann/Sethe,* 4. Aufl. 2001, § 289 Rn. 142 ff.; Hüffer/*Koch* AktG, 14. Aufl. 2020, § 289 Rn. 9; *Schlitt,* Satzung der KGaA, 1999, S. 145; Bürgers/Körber AktG/*Förl/Fett,* 4. Aufl. 2017, § 289 Rn. 8.

[154] Lutter UmwG/*Joost,* 5. Aufl. 2014, § 240 Rn. 6; MüKoAktG/*Perlitt,* 5. Aufl. 2020, § 289 Rn. 158.

[155] MüKoAktG/*Perlitt,* 5. Aufl. 2020, § 289 Rn. 163; GroßkommAktG/*Assmann/Sethe,* 4. Aufl. 2001, § 289 Rn. 144, der in der Zustimmungspflicht die Konkretisierung der allgemeinen Treuepflicht der Komplementäre sieht; *Schlitt,* Satzung der KGaA, 1999, S. 149.

[156] Vor Inkrafttreten des UmwG konnte nach § 367 AktG aF die Zustimmung der Gesellschafter bereits in der Satzung enthalten sein. Nach dem UmwG kann der Beschluss der Kommanditaktionäre nicht vorweggenommen werden, weil der Umwandlungsbeschluss auf dem Umwandlungsbericht basiert (vgl. hierzu Sethe, Die personalistische Kapitalgesellschaft, 1996, S. 134). So auch MüKoAktG/*Perlitt,* 5. Aufl. 2020, § 289 Rn. 162 f.; Spindler/Stilz/*Bachmann,* 4. Aufl. 2019, § 289 Rn. 26; Schulz in Bürgers/Fett, Die KGaA, 2. Aufl. 2015, § 8 Rn. 29 ff.

[157] MüKoAktG/*Perlitt,* 5. Aufl. 2020, § 289 Rn. 165 ff.; GroßkommAktG/*Assmann/Sethe,* 4. Aufl. 2001, § 289 Rn. 153 ff.; Spindler/Stilz/*Bachmann,* 4. Aufl. 2019, § 289 Rn. 27.

[158] MüKoAktG/*Perlitt,* 5. Aufl. 2020, § 289 Rn. 169; KölnKommAktG/*Mertens/Cahn,* 3. Aufl. 2015, § 289 Rn. 66; GroßkommAktG/*Assmann/Sethe,* 4. Aufl. 2001, § 289 Rn. 160.

[159] KölnKommAktG/*Mertens/Cahn,* 3. Aufl. 2015, § 289 Rn. 66.

[160] GroßkommAktG/*Assmann/Sethe,* 4. Aufl. 2001, § 289 Rn. 162; MüKoAktG/*Perlitt,* 5. Aufl. 2020, § 289 Rn. 170.

ausscheidungswilligen Komplementär verpflichtet, einen anderen Komplementär zu finden oder die Gesellschaft in eine AG umzuwandeln, um dem Komplementär das Ausscheiden zu ermöglichen. Auch die Ausübung des Kündigungsrechts steht unter dem Vorbehalt der Treuepflicht, wobei bei einer Kündigung aus wichtigem Grund die Rücksichtnahmepflicht des ausscheidenden Komplementärs geringer sein wird, als bei einer ordentlichen Kündigung.[161]

52 Auch der letzte verbleibende persönlich haftende Komplementär kann nach §§ 161 Abs. 2, 140, 133 HGB **ausgeschlossen** werden. Der Antrag auf Ausschließung kann mit dem Antrag auf Zustimmung zur Umwandlung in eine Aktiengesellschaft nach § 252 Abs. 3 iVm § 240 Abs. 3 S. 1 UmwG verbunden werden.[162] Der auszuschließende Komplementär kann auf Zustimmung verklagt werden. Diese Zustimmungspflicht ergibt sich aus der Treuepflicht des Komplementärs gegenüber seinen Mitgesellschaftern, die bis zu seinem Ausscheiden fortbesteht. Die verbleibenden Gesellschafter können nicht gezwungen werden, einen unfähigen oder untragbar gewordenen geschäftsführenden Komplementär zu behalten.[163]

53 **5. Rechtsfolgen des Ausscheidens.** Die Ansprüche des ausgeschiedenen persönlich haftenden Gesellschafters richten sich gemäß § 278 Abs. 2 AktG iVm §§ 161 Abs. 2, 105 Abs. 2 HGB nach §§ 738 ff. BGB. Danach hat der ausgeschiedene persönlich haftende Gesellschafter Anspruch auf Rückgabe von Gegenständen, die er der Gesellschaft zur Benutzung überlassen hat (§ 738 Abs. 1 S. 2 Alt. 1 BGB), er kann Befreiung von den gemeinschaftlichen Schulden verlangen (§ 738 Abs. 1 S. 2 Alt. 2 BGB), und er hat einen Anspruch auf ein **Abfindungsguthaben** (§ 738 Abs. 1 S. 2 Alt. 3 BGB). Der Anspruch auf Befreiung von den gemeinschaftlichen Schulden sollte in der Satzung ausgeschlossen werden, wenn man die fünfjährige Nachhaftung des ausgeschiedenen Gesellschafters für vor seinem Ausscheiden entstandene Verbindlichkeiten erhalten will (→ Rn. 23).[164]

54 Für den Anspruch auf Abfindung und die Möglichkeit, diesen **Anspruch einzuschränken,** kann auf die entsprechende Rechtsprechung und Literatur zur KG verwiesen werden.[165] Folgende Besonderheiten sind bei der KGaA zu beachten: Der persönlich haftende Gesellschafter ist nicht an den offenen Rücklagen der Gesellschaft beteiligt. Sie müssen deshalb bei der Ermittlung des Auseinandersetzungsguthabens außer Betracht bleiben.[166] Hält der persönlich haftende Gesellschafter sowohl einen Kapitalanteil als auch Aktien, bezieht sich der Auseinandersetzungsanspruch nur auf seinen Kapitalanteil. Der ausgeschiedene persönlich haftende Gesellschafter verbleibt auch nach seinem Ausscheiden Kommanditaktionär, bis er seine Aktien veräußert hat.[167] Ein persönlich haftender Gesellschafter ohne Kapitalanteil hat grundsätzlich keinen Abfindungsanspruch.[168]

55 Liquiditätsprobleme im Zusammenhang mit der Abfindung von ausscheidenden Komplementären können vermieden werden, wenn die Satzung vorsieht, dass an die Stelle des

---

[161] MüKoAktG/*Perlitt*, 5. Aufl. 2020, § 289 Rn. 173; GroßkommAktG/*Assmann/Sethe*, 4. Aufl. 2001, § 289 Rn. 164.
[162] MüKoAktG/*Perlitt*, 5. Aufl. 2020, § 289 Rn. 159.
[163] MüKoAktG/*Perlitt*, 5. Aufl. 2020, § 289 Rn. 183; GroßkommAktG/*Assmann/Sethe*, 4. Aufl. 2001, § 289 Rn. 155; *Koch* in Hüffer/Koch AktG, 14. Aufl. 2020, § 289 Rn. 9.
[164] Vgl. Beck'sches Formularbuch/*Hoffmann-Becking/Berger* 13. Aufl. 2019, Form. X.41 Anm. 10.
[165] Vgl. zusammenfassende Darstellung *Riegger* in MünchHdb. GesR II/Kommanditgesellschaft/ Stille Gesellschaft, 3. Aufl. 2009, § 39 III 3 ff.; Baumbach/Hopt/*Roth*, HGB, 38. Aufl. 2018, § 131 Rn. 48 ff.
[166] MüKoAktG/*Perlitt*, 5. Aufl. 2020, § 289 Rn. 194; GroßkommAktG/*Assmann/Sethe*, 4. Aufl. 2001, § 289 Rn. 173; Spindler/Stilz/*Bachmann*, 4. Aufl. 2019, § 289 Rn. 29; K. Schmidt/Lutter AktG/*K. Schmidt*, 3. Aufl. 2015, § 289 Rn. 32.
[167] MüKoAktG/*Perlitt*, 5. Aufl. 2020, § 289 Rn. 196; *Schlitt*, Satzung der KGaA, 1999, S. 145.
[168] MüKoAktG/*Perlitt*, 5. Aufl. 2020, § 289 Rn. 198.

Anspruchs auf Zahlung eines Abfindungsguthabens der Anspruch tritt, von der Hauptversammlung die **Umwandlung des Kapitalanteils** in Grundkapital durch eine Sachkapitalerhöhung unter Ausschluss des Bezugsrechts zu verlangen. Dieser Umtauschanspruch sollte durch ein bedingtes Kapital abgedeckt sein (vgl. → § 80 Rn. 15).[169] Können nämlich die für die Umwandlung des Kapitalanteils erforderlichen Aktien nicht geschaffen werden, bleibt es bei einem Abfindungsanspruch in bar.[170]

6. Eintragung. Das Ausscheiden eines persönlich haftenden Gesellschafters ist von allen persönlich haftenden Gesellschaftern zur **Eintragung in das Handelsregister** anzumelden. Die Eintragung des Ausscheidens hat, wie bei der KG, keine konstitutive Wirkung.[171]

V. Rechtsstellung der Kommanditaktionäre

1. Überblick. Jeder, der nach allgemeinen Regeln Aktionär sein kann, kann auch Kommanditaktionär werden (vgl. dazu → § 77 Rn. 15). Die Aktionärsstellung kann entweder bei der Gründung durch Übernahme von Aktien (§ 280 AktG) oder nach Entstehung der Gesellschaft durch Übertragung von Aktien durch einen anderen Aktionär oder Übernahme von Aktien bei einer Kapitalerhöhung begründet werden. Auch persönlich haftende Gesellschafter können Aktionäre der KGaA und dadurch gleichzeitig Kommanditaktionäre werden (vgl. → § 77 Rn. 1). Die Rechtsstellung des Kommanditaktionärs bestimmt sich gemäß § 278 Abs. 3 AktG nach den Vorschriften des Aktiengesetzes, soweit sich nicht aus den Sondervorschriften über die KGaA etwas Anderes ergibt.[172] Die Kommanditaktionäre haften nicht für die Verbindlichkeiten der Gesellschaft.[173] Das unterscheidet sie von den Kommanditisten einer Kommanditgesellschaft.[174]

2. Rechtsverhältnis zwischen Komplementären und Kommanditaktionären. a) Kein besonderer Personenverband der Kommanditaktionäre. Nach § 278 Abs. 2 AktG bestimmt sich das Rechtsverhältnis der persönlich haftenden Gesellschafter gegenüber der „Gesamtheit der Kommanditaktionäre" nach den Vorschriften des Handelsgesetzbuches über die Kommanditgesellschaft. Aus dieser Formulierung des Gesetzes ist geschlossen worden, dass zwischen den Komplementären und der Gesamtheit der Kommanditaktionäre innerhalb der KGaA **ein besonderes Verbandsverhältnis** besteht. Die Kommanditaktionäre in ihrer Gesamtheit als besonderer Personenverband seien Adressat dieses Verbandsverhältnisses.[175] Dieses Verständnis wurde zu der Zeit entwickelt, als die KGaA noch nicht als juristische Person anerkannt war. Es ist heute überholt.[176] Die persönlich haftenden Gesellschafter und die Kommanditaktionäre sind jeweils für sich allein Mitglieder der KGaA als juristische Person und mit den anderen Gesellschaftern (Kom-

---

[169] *Schlitt*, Satzung der KGaA, 1999, S. 144; *Hartel* DB 1992, 2329 (2335); *Schürmann/Groh* BB 1995, 684 (687); Formulierungsvorschlag in Beck'sches Formularbuch/*Hoffmann-Becking/Berger* 13. Aufl. 2019, Form. X.41, § 9 Abs. 3; *Schlitt*, Satzung der KGaA, 1999, S. 137; GroßkommAktG/ *Assmann/Sethe*, 4. Aufl. 2001, § 289 Rn. 177; MüKoAktG/*Perlitt*, 5. Aufl. 2020, § 289 Rn. 200 f.; KölnKommAktG/*Mertens/Cahn*, 3. Aufl. 2015, § 289 Rn. 69 (zumindest für den Fall der börsennotierten KGaA).
[170] *Schlitt*, Satzung der KGaA, 1999, S. 144; GroßkommAktG/*Assmann/Sethe*, 4. Aufl. 2001, § 289 Rn. 177.
[171] Spindler/Stilz/*Bachmann*, 4. Aufl. 2019, § 289 Rn. 33; Bürgers/Körber AktG/*Förl/Fett*, 4. Aufl. 2017, § 289 Rn. 26.
[172] Bürgers/Körber AktG/*Förl/Fett*, 4. Aufl. 2017, § 278 Rn. 33.
[173] Spindler/Stilz/*Bachmann*, 4. Aufl. 2019, § 278 Rn. 33; K. Schmidt/Lutter AktG/*K. Schmidt*, 3. Aufl. 2015, § 278 Rn. 6.
[174] MüKoAktG/*Perlitt*, 5. Aufl. 2020, § 278 Rn. 95 ff.
[175] Schlegelberger/*Quassowsky*, AktG, 2. Aufl. 1937, § 219 Rn. 12; *Grutin* DR 1940, 1444 (1445); v. Godin/*Wilhelmi*, AktG, 4. Aufl. 1971, § 278 Anm. 10.
[176] MüKoAktG/*Perlitt*, 5. Aufl. 2020, § 278 Rn. 83; Bürgers/Körber AktG/*Förl/Fett*, 4. Aufl. 2017, § 278 Rn. 37.

plementäre und Kommanditaktionäre) in der Ausübung ihrer Mitgliedschaftsrechte über Treuepflichten verbunden.[177] Die Kommanditaktionäre üben ihre Mitgliedschaftsrechte – wie die Aktionäre einer Aktiengesellschaft – in der Hauptversammlung aus (§ 285 AktG). Werden ihre Rechte verletzt, etwa weil die Mitwirkungsrechte der Hauptversammlung bei Geschäftsführungsmaßnahmen von den geschäftsführenden Komplementären missachtet werden, so ist jeder einzelne, und nicht alle Kommanditaktionäre zusammen, anspruchs- und klagebefugt.[178] Soweit die Kommanditaktionäre durch Mehrheitsentscheidungen in der Hauptversammlung ihre Rechte ausüben, ergibt sich daraus nicht, dass die Kommanditaktionäre einen Verband bilden. Die Hauptversammlung ist ein System zur sachgerechten Zusammenfassung von Einzelinteressen.[179] Sie vergemeinschaftet den Willen der Kommanditaktionäre durch Mehrheitsentscheidung.[180] § 278 Abs. 2 AktG ist vor diesem Hintergrund als Erlaubnis zu verstehen, die Verteilung von Rechten und Pflichten zwischen Kommanditisten und Komplementären im Rahmen der Vorschriften über die Kommanditgesellschaft auszugestalten, soweit sich aus den Sondervorschriften für die KGaA (§§ 283, 287 Abs. 2 AktG) nichts anderes ergibt.[181]

59 b) Parteifähigkeit. Obwohl die Gesamtheit der Kommanditaktionäre keinen eigenständigen Personenverband innerhalb der KGaA bildet, ist sie kraft ausdrücklicher gesetzlicher Anordnung als Organ der KGaA **aktiv und passiv parteifähig**.[182] Nach § 287 Abs. 2 AktG vertritt der Aufsichtsrat die Gesamtheit der Kommanditaktionäre in aktiven oder passiven Prozessen gegen die persönlich haftenden Gesellschafter. Für die Kosten eines solchen Rechtsstreits, die den Kommanditaktionären zur Last fallen, haftet die Gesellschaft. Diese Bestimmungen wären überflüssig, wenn die Gesellschaft in den Fällen, in denen sich die Komplementäre und die Kommanditaktionäre über ihre Rechte streiten, selbst Partei wäre.[183] Das auf den ersten Blick widersprüchliche Ergebnis – kein besonderer Personenverband einerseits, Parteifähigkeit andererseits – ist eine Folge der besonderen Struktur der KGaA als Mischform aus Personengesellschaft und juristischer Person. Die Struktur der KGaA als juristische Person verbietet die Annahme eines diese Struktur überlagernden weiteren Gesellschaftsverhältnisses. Auf der anderen Seite hat die KGaA zwei Entscheidungszentren: Die Hauptversammlung und ein oder mehrere persönlich haftende Gesellschafter. Das Verhältnis zwischen diesen beiden Entscheidungszentren und ihre Rechte als Organe bestimmen sich nach dem Recht der Personengesellschaft. Das Gesetz sieht vor, dass Kompetenzstreitigkeiten zwischen diesen Organen gerichtlich ausgetragen werden können (zum Organstreit bei der AG vgl. → § 33 Rn. 96 f.).[184]

---

[177] MüKoAktG/*Perlitt*, 5. Aufl. 2020, § 278 Rn. 133; Spindler/Stilz/*Bachmann*, 4. Aufl. 2019, § 278 Rn. 34; *Mertens* FS Barz, 1974, 253 (255); K. Schmidt/Lutter AktG/*K. Schmidt*, 3. Aufl. 2015, § 278 Rn. 11; Bürgers/Körber AktG/*Förl/Fett*, 4. Aufl. 2017, § 278 Rn. 35.
[178] KölnKommAktG/*Mertens/Cahn*, 3. Aufl. 2015, § 278 Rn. 54; MüKoAktG/*Perlitt*, 5. Aufl. 2020, § 278 Rn. 87 ff., 107; aA Spindler/Stilz/*Bachmann*, 4. Aufl. 2019, § 278 Rn. 36.
[179] *Mertens* FS Barz, 1974, 253 (255).
[180] Spindler/Stilz/*Bachmann*, 4. Aufl. 2019, § 278 Rn. 19, § 285 Rn. 2.
[181] KölnKommAktG/*Mertens/Cahn*, 3. Aufl. 2015, § 278 Rn. 50; *Würdinger*, Aktien- und Konzernrecht, 1993, § 47 II.2, S. 127.
[182] GroßkommAktG/*Assmann/Sethe*, 4. Aufl. 2001, § 287 Rn. 57; Bürgers/Körber AktG/*Förl/Fett*, 4. Aufl. 2017, § 278 Rn. 34; aA MüKoAktG/*Perlitt*, 5. Aufl. 2020, § 287 Rn. 74 f.; Spindler/Stilz/*Bachmann*, 4. Aufl. 2019, § 287 Rn. 24; KölnKommAktG/*Mertens/Cahn*, 3. Aufl. 2015, § 278 Rn. 49; *Mertens* FS Barz 1974, 253 (255); *Reger* in MünchHdb. GesR II/Kommanditgesellschaft/Stille Gesellschaft, 3. Aufl. 2009, § 5 Rn. 613; Hüffer/*Koch* AktG, 14. Aufl. 2020, § 287 Rn. 2 sieht in § 287 Abs. 2 AktG eine reine Kompetenznorm.
[183] So aber die „moderne Auffassung", vgl. nur Spindler/Stilz/*Bachmann*, 4. Aufl. 2019, § 287 Rn. 24 u. Fn. 172; vgl. auch Bürgers/Körber AktG/*Förl/Fett*, 4. Aufl. 2017, § 287 Rn. 4.
[184] Vgl. zur Durchsetzung von Rechten zwischen persönlich haftenden Gesellschaftern/Kommanditaktionären auch OLG Hamm AG 1969, 295; RGZ 1974, 303; vgl. zu dogmatischen Schwierigkeiten *Mertens* FS Barz, 1974, 253 (255).

3. Rechte der Kommanditaktionäre. a) Überblick. Der Kommanditaktionär hat **60** grundsätzlich die gleichen Mitverwaltungsrechte, die auch ein Aktionär einer AG hat. Es ergeben sich aber Unterschiede durch die teilweise abweichenden Kompetenzen der Hauptversammlung in der KGaA und der AG (vgl. → § 79 Rn. 45 ff.). In der Hauptversammlung nehmen die Kommanditaktionäre in erster Linie Rechte durch ihre Stimmrechte wahr.[185] Das bestehende **Auskunftsrecht** nach § 131 AktG reicht weiter als das der Aktionäre einer AG.[186] Dieser Unterschied ergibt sich daraus, dass die Hauptversammlung bei der KGaA im Gegensatz zur AG den Jahresabschluss feststellt (§ 286 Abs. 1 S. 1 AktG). Der Vorstand kann sich daher nicht auf die Auskunftsverweigerungsrechte nach § 131 Abs. 3 Nr. 3 und 4 AktG berufen. Kommanditaktionären ist in der Hauptversammlung auch Auskunft über stille Reserven und über die Bewertungs- und Abschreibungsmethoden zu erteilen. Da das Auskunftsrecht dem Aktionär alle Informationen verschaffen soll, die er zur Ausübung seines Stimmrechts benötigt,[187] hat der Kommanditaktionär in der Hauptversammlung auch ein Recht, über den Gewinnanteil des persönlich haftenden Gesellschafters sowie seiner Berechnung informiert zu werden, soweit sich der Anteil nicht aus dem Jahresabschluss und den Bestimmungen über die Gewinnverteilung zwischen Komplementär und Kommanditaktionären ohne weitere Erläuterungen herleiten lässt.[188] Der auf die Komplementäreinlagen entfallende Gewinn wird von dem insgesamt erwirtschafteten Gewinn abgezogen und steht für die Verteilung an die Kommanditaktionäre nicht zur Verfügung. Wird eine Komplementärgesellschaft eingeschaltet, bezieht sich das Auskunftsrecht auch auf die Verhältnisse der Geschäftsleiter der Komplementärgesellschaft, soweit die erfragten Informationen für die Beurteilung der Eignung der Organmitglieder für die Leitungsaufgabe in der KGaA oder die Erfüllung ihrer Leitungsverpflichtungen wesentlich sind, zB Angaben zu Tätigkeiten für Konkurrenzunternehmen.[189]

Außerhalb der Hauptversammlung haben die Kommanditaktionäre dieselben Individual- **61** rechte wie die Aktionäre einer AG (vgl. oben §§ 17 und 18). Die Kommanditaktionäre unterliegen wie die Aktionäre einer AG einer **Treuepflicht** gegenüber anderen Kommanditaktionären (vgl. hierzu → Rn. 29).[190] Der Umfang der Treuepflicht gegenüber den Komplementären richtet sich danach, welche Einwirkungsbefugnisse Kommanditaktionären in Geschäftsführungsfragen zustehen. Je weiter die Einwirkungsbefugnisse reichen (vgl. dazu → § 79 Rn. 63), desto mehr stehen diese Befugnisse unter dem Vorbehalt der Treuepflicht gegenüber den für die Folgen von Geschäftsführungsmaßnahmen persönlich haftenden Komplementären.

b) Kernbereich und Inhaltskontrolle. Der Umfang der Rechte der Kommanditaktionä- **62** re bestimmt sich danach, inwieweit von der **Gestaltungsfreiheit** nach § 278 Abs. 2 AktG Gebrauch gemacht worden ist. So steht den Kommanditaktionären nach § 164 HGB grundsätzlich ein Mitwirkungsrecht bei Geschäftsführungsmaßnahmen zu, das aber durch die Satzung ausgeschlossen werden kann (vgl. dazu → § 79 Rn. 19). Es stellt sich die Frage, wo diese Gestaltungsfreiheit zum Schutz der Kommanditaktionäre ihre Grenze findet. Zunächst gilt § 23 Abs. 5 AktG. Soweit die KGaA zwingend dem Recht der Aktiengesellschaft unterstellt ist, sind die aktienrechtlichen Bestimmungen nicht satzungsdispositiv. Darüber hinaus findet die Gestaltungsfreiheit in § 283 AktG eine Grenze, der die Pflichten

---

[185] *Bachmann* FS Marsch-Barner, 2018, 13 (22); MüKoAktG/*Perlitt*, 5. Aufl. 2020, § 278 Rn. 106; Bürgers/Körber AktG/*Förl/Fett*, 4. Aufl. 2017, § 278 Rn. 34.
[186] Spindler/Stilz/*Bachmann*, 4. Aufl. 2019, § 278 Rn. 35; Bürgers/Körber AktG/*Förl/Fett*, 4. Aufl. 2017, § 278 Rn. 36.
[187] Vgl. BayObLG WM 1996, 247 (249); Bürgers/Körber AktG/*Förl/Fett*, 4. Aufl. 2017, § 278 Rn. 36.
[188] *Bachmann* FS Marsch-Barner, 2018, 13 (22); *Sethe* DB 1988, 1044 (1045).
[189] *Otte*, AG & Co. KGaA, 2010, S. 176; *Ihrig/Schlitt* ZHR Beiheft 67 (1998), 33 (51 f.).
[190] Spindler/Stilz/*Bachmann*, 4. Aufl. 2019, § 278 Rn. 34; Bürgers/Körber AktG/*Förl/Fett*, 4. Aufl. 2017, § 278 Rn. 35.

der Komplementäre gegenüber den Kommanditaktionären zwingend regelt.[191] Neben diesen gesetzlichen Vorgaben gibt es aber keinen weiteren, wie auch immer einzugrenzenden Kernbereich von Aktionärsrechten, der satzungsfest ist.[192]

63 Insbesondere für die **börsennotierte KGaA** mit einer Kapitalgesellschaft als Komplementärin ist gefordert worden, dass zum Schutz der Kommanditaktionäre die sachliche und personalpolitische Rückkopplung an den Willen der Aktionäre gewährleistet sein muss. Die sachliche Rückkopplung könne durch Mitwirkungsrechte des Aufsichtsrats bei Geschäftsführungsmaßnahmen, wie sie für den Aufsichtsrat der AG nach § 111 Abs. 4 AktG vorgesehen sind, und die personalpolitische Rückkopplung der Geschäftsführung dadurch bewirkt werden, dass dem Aufsichtsrat das Recht übertragen wird, die Geschäftsleitung der Komplementär-Kapitalgesellschaft abzuberufen.[193] Wenn durch die Satzung nicht gewährleistet werde, dass ein Mindestmaß an Rückkopplung der Geschäftsführung an den Willen der Kommanditaktionäre gewährleistet ist, so sei eine Satzungsbestimmung, die diese Rückkopplung verhindere, wie zB Ausschluss des Mitwirkungsrechts bei Geschäftsführungsmaßnahmen nach § 164 HGB, unwirksam. Die Satzung der KGaA unterliege insoweit der **Inhaltskontrolle**.[194] Die Aktionäre einer börsennotierten KGaA müssten in gleicher Weise geschützt werden, wie die Anleger in einer Publikumspersonengesellschaft. Sie hätten keine Möglichkeit, anlässlich des Erwerbs der Aktien mit den Gründern über den Inhalt der Satzung zu verhandeln.

64 Die Auffassung, dass es einen **Kernbereich von Aktionärsrechten** gebe, in den die Satzung der KGaA nicht eingreifen dürfe, ist abzulehnen.[195] An welchem Leitbild sollte dieser Kernbereich auch orientiert werden? Der Unterschied zwischen der KGaA und der AG ist gerade der durch das Gesetz eingeräumte Gestaltungsspielraum bei der Verteilung der Kompetenzen zwischen Komplementären und Kommanditaktionären. Dieser vom Gesetz eingeräumte Gestaltungsspielraum kann nicht durch sich aus dem Gesetz ergebende

---

[191] *Steindorff* FS Ballerstedt, 1975, 127 (133).

[192] In diese Richtung aber BGHZ 134, 392 (399 f.); vgl. dazu auch *Ladwig/Motte* DStR 1997, 1539 (1540), die der Auffassung sind, dass den Kommanditaktionären ein Recht auf „Billigung" der Geschäftsführerbestellung bei der GmbH & Co. KGaA zukommen müsse.

[193] So *Hommelhoff* in Ulmer Die GmbH & Co. KGaA nach dem Beschluss BGHZ 134, 392 (1998), S. 13 ff., S. 20 f.; ähnlich *Schaumburg* DStZ 1998, 525 (532); vgl. dazu auch *Ladwig/Motte* DStR 1997, 1539 (1540), die der Ansicht sind, dass den Kommanditaktionären nicht nur ein Recht auf Abberufung, sondern sogar ein Recht auf „Billigung" der Geschäftsführungsbestellung zukommen müsse; kritisch zum Recht der Kommanditaktionäre auf Bestellung des Geschäftsführers der Komplementärgesellschaft *Habel/Strieder* MittBayNot 1998, 65 (69).

[194] So erstmalig *Priester* ZHR 160 (1996), 250 (262); im Anschluss daran auch vom BGH erwogen in BGHZ 134, 392 (399); *Ihrig/Schlitt* in Ulmer Die GmbH & Co. KGaA nach dem Beschluss BGHZ 134, 392 (1998), S. 60 ff., in Sonderfällen für angebracht hält dies *Schaumburg* DStZ 1998, 525 (532); allerdings gehöre die Abbedingung des Widerspruchsrechts nach § 164 HGB und die Ausdehnung des Zustimmungsvorbehalts der Komplementäre zu Beschlüssen der Kommanditaktionäre nicht dazu. Ebenso *Overlack,* Der Komplementär in der GmbH & Co. KG, RWS-Gesellschaftsrecht, Köln, 1997, 237 (258); nach *Hommelhoff,* in Ulmer Die GmbH & Co. KGaA nach dem Beschluss BGHZ 134, 392 (1998), S. 26 ist eine KGaA, die die sachliche und personelle Rückkopplung nicht gewährleistet, nicht börsenfähig. Die Zulassungsstelle habe die Zulassung zu verweigern. Zuletzt Spindler/Stilz/*Bachmann,* 4. Aufl. 2019, § 278 Rn. 30, der Schutz gegenüber missbräuchlicher Ausnutzung der Satzungsfreiheit für geboten hält, aber die Nichtigkeit einer Satzungsbestimmung nur als ultima ratio sieht, wenn andere Rechtsinstitute wie Treuepflicht, Durchgriff, Vertrag mit Schutzwirkung zugunsten Dritter, keinen ausreichenden Schutz bieten; ähnlich *Otte,* AG & Co. KGaA, 2010, S. 120, der eine Inhaltskontrolle für notwendig hält, den Prüfungsmaßstab aber nicht weiter konkretisiert und dann zu dem Ergebnis kommt, dass der Ausschluss des Mitwirkungsrechts nach § 164 S. 1 HGB auch in der AG & Co. KGaA zulässig sei, weil es kein taugliches Leitbild gebe, an dem die Verkürzung der Mitwirkungsrechte zu messen sei. Die Publikums-KG tauge dafür jedenfalls nicht.

[195] Ähnlich LG München ZIP 2014, 25 (27): ein Eingriff in den Kernbereich der Mitgliedschaft sei zumindest dann zulässig, wenn es dafür einen sachlichen Grund gebe; aA KölnKommAktG/*Mertens/Cahn,* 3. Aufl. 2015, Vorb. § 278 Rn. 17 mwN.

übergeordnete Prinzipien wieder eingeschränkt werden.[196] Zudem wird die Wirkungsweise der kapitalmarktrechtlichen Vorschriften verkannt. Bei börsennotierten Gesellschaften wird der Schutz der Aktionäre nicht über eine Inhaltskontrolle, sondern über die Aufklärung durch den Emissionsprospekt bewirkt.[197] Durch ausreichende Information soll der Anleger in die Lage versetzt werden, eine Risikoanalyse vorzunehmen, um danach eine informierte Investitionsentscheidung treffen zu können. Verordnung (EG) Nr. 809/2004, geändert durch Verordnung (EU) Nr. 486/2012 Anhang 1 Ziff. 21.2.3, verlangt, dass die Rechte der Aktionäre detailliert im Emissionsprospekt dargestellt werden.[198] Durch entsprechende Angaben wird jeder Anleger in die Lage versetzt, darüber zu entscheiden, ob er sich an einer Gesellschaft beteiligt, die ihm nur eingeschränkte Mitwirkungsrechte einräumt. Da es immer Alternativanlagen gibt, ist kein weiterer Schutz erforderlich. Gleichzeitig wird durch den Vergleich mit Alternativanlagen ein Marktkorrektiv für einseitige Satzungsbestimmungen geschaffen. Wie die gegenüber Stammaktien geringere Bewertung von Vorzugsaktien zeigt, werden Einschränkungen der Mitwirkungsrechte zu einem Bewertungsabschlag führen. Der Emittent wird sich also überlegen, in welchem Umfang er Bewertungsnachteile durch die Einschränkung der Rechte der Kommanditaktionäre in Kauf nehmen will.[199] Tatsächlich sind die Gerichte bisher auch nicht dem Ansatz einer Inhaltskontrolle von Satzungsbestimmungen gefolgt. Es ist kein Fall bekannt, in dem ein Registergericht eine Kapitalgesellschaft, deren Satzung den Ausschluss der Mitwirkungsrechte der Kommanditaktionären bei Geschäftsführungsmaßnahmen enthielt, nicht eingetragen hat, oder in einem anderen Zusammenhang, etwa bei Anfechtung eines Formwechselbeschlusses, die Unzulässigkeit bestimmter Satzungsklauseln festgestellt hat.[200]

§ 79 Verfassung der KGaA

Übersicht

	Rn.		Rn.
I. Überblick	1	a) Auswahlkriterien nach § 76 Abs. 3 AktG	2
II. Geschäftsführung	2–38	b) Zielvorgaben für Geschlechterquote und Diversitätskonzept	
1. Geschäftsführungsberechtigte Komplementäre	2–6		

---

[196] Vgl. hierzu *Mertens* FS Ritter, 1997, 738 (739); mit ähnlicher Argumentation *Schnorbus* FS Winter, 2011, 628 (638).
[197] Skeptisch zu diesem Ansatz Spindler/Stilz/*Bachmann*, 4. Aufl. 2019, § 278 Rn. 30 f.
[198] In dem bis zum 1.7.2005 geltenden § 18 Nr. 3 BörsZulVO war ausdrücklich verlangt, dass bei der KGaA Angaben über die Struktur des persönlich haftenden Gesellschafters und die von der gesetzlichen Regelung abweichenden Bestimmungen der Satzung in den Emissionsprospekt aufzunehmen sind. Diese Angaben wird man auch jetzt nach den genannten Vorschriften der ProspektVO (EG) VO 809/2004 v. 29.4.2004 in den Prospekt aufnehmen.
[199] *Herfs* WiB 1997, 688 (689); zustimmend *Mayer*, Der Komplementär in der GmbH & Co. KGaA, RWS-Forum Gesellschaftsrecht 1997, 263 (268); vgl. zuletzt zu Bewertungsabschlägen wegen der schwachen Stellung der Kommanditaktionäre *Kruse/Domning/Frechen* DStR 2017, 2440 (2444).
[200] *Schnorbus* FS Winter, 2011, 628 (638); siehe auch Umwandlung der Fresenius SE in eine SE & Co. KGaA: Gegen den Umwandlungsbeschluss, der mit einer Umwandlung von Vorzugsaktien in Stammaktien verbunden war, wurden diverse Anfechtungsklagen erhoben. In der Satzung der KGaA war das Mitwirkungsrecht der Kommanditaktionäre bei außergewöhnlichen Geschäftsführungsmaßnahmen ausgeschlossen. Die Komplementärgesellschaft, deren Anteile von der Fresenius Stiftung gehalten werden, hat Zustimmungsvorbehalte für bestimmte Beschlüsse der Hauptversammlung, insbesondere Kapitalmaßnahmen. Im Umwandlungsbericht heißt es, dass die „Stellung der Hauptversammlung der KGaA und damit der Kommanditaktionäre im Vergleich zur Hauptversammlung der SE schwächer ist". Anfechtungen mit der Begründung, dass ein unzulässiger Eingriff in die Aktionärsrechte durch nicht ausgewogene Satzungsgestaltung vorliege, waren nicht erfolgreich. Siehe Freigabeentscheidung OLG Frankfurt a. M. NZG 2012, 351 ff.

§ 79 14. Kapitel. Kommanditgesellschaft auf Aktien

	Rn.		Rn.
(§§ 76 Abs. 4, 111 Abs. 5 AktG, § 289 fAbs. 2 Nr. 6 HGB)	3–5	c) Überwachungskompetenz	68–70
c) Selbstorganschaft	6	d) Ausführungskompetenz	71
2. Einzel- oder Gesamtgeschäftsführungsbefugnis	7–9	e) Vertretungskompetenz	72, 73
		f) Erweiterte Kompetenz	74
3. Entzug der Geschäftsführungsbefugnis	10–15	5. Haftung	75
		6. Mitbestimmung	76–82
a) KGaA mit natürlicher Person als Komplementär	10, 11	a) Übersicht	76–79
		b) Privilegierungen der KGaA	80–82
b) KGaA mit Kapital- oder Personengesellschaft als Komplementär	12–15	7. Fakultative Gesellschaftsorgane	83–93
		a) Übersicht	83–85
4. Niederlegung	16	b) Mögliche Kompetenzen eines fakultativen Organs	86, 87
5. Umfang der Geschäftsführungsbefugnis	17–24	c) Bestellung	88–90
6. Sorgfaltspflicht	25, 26	d) Haftung	91
7. Tätigkeitsvereinbarung und -vergütung	27–32	e) Präsenzrecht des Aufsichtsrats	92
		f) Rechtsgeschäftlicher Beirat	93
a) Rechtsnatur und Regelungsinhalt	27	8. Konzernrecht, Squeeze-out und Mitteilungspflichten	94–101
b) Vertretung beim Abschluss der Vereinbarung	28	a) Anwendbarkeit des Aktienkonzernrechts	94–97
c) Vergütungsabreden	29, 30	b) Squeeze-out	98
d) Vergütungsbericht und Vergütungssystem („Say on Pay")	31	c) Mitteilungspflichten	99–101
		9. Corporate Governance Kodex und Entsprechenserklärung	102–115
e) Kapitalgesellschaft als Komplementär	32	a) Geschäftsführungsaufgaben des Vorstands (Grundsätze 1–3)	106
8. Vertretungsmacht	33–38	b) Überwachungsaufgaben des Aufsichtsrats (Grundsätze 6 und 7)	107
III. Hauptversammlung	39–58	c) Funktion der Hauptversammlung (Grundsatz G8)	108
1. Teilnahmeberechtigung	39, 40		
2. Stimmrecht	41, 42	d) Besetzung des Vorstands (Grundsatz 9)	109
3. Beschlussfassung	43–48		
4. Kompetenzen der Hauptversammlung	49–58	e) Zusammensetzung des Aufsichtsrats (Grundsätze 10–12)	110–111
IV. Aufsichtsrat	59–119	f) Unabhängigkeit von Aufsichtsratsmitgliedern	112
1. Funktion des Aufsichtsrats	59–61		
2. Anwendbare Vorschriften	62	g) Arbeitsweise des Aufsichtsrats (Grundsätze 13–18)	113
3. Zusammensetzung des Aufsichtsrats; Begründung, Dauer und Beendigung der Mitgliedschaft im Aufsichtsrat	63, 64	h) Interessenkonflikte und Transparenz (Grundsätze 20–22.)	114
4. Kompetenzen des Aufsichtsrats	65–74	i) Vergütung von Vorstand und Aufsichtsrat (Grundsätze 23–25)	115
a) Übersicht	65	10. Übernahmerecht	116–119
b) Unterschiede zum Aufsichtsrat der AG	66, 67		

Schrifttum: *Arnold,* Die GmbH & Co. KGaA, 2001; *Assmann/Sethe,* Der Beirat der KGaA, FS Lutter (2002), 251–281; *Bachmann,* Die Hauptversammlung der KGaA, FS Marsch-Barner (2018), S. 13–27; *Bachmann,* Die Besetzung des Aufsichtsrats der KGaA mit Gesellschaften der Komplementärin und ihre Vertretung dieser gegenüber, AG 2019, 581–595; *Backhaus/Brouwer,* Zustimmungsvorbehalte des Aufsichtsrats bei Geschäftsn mit nahestehenden Personen (Related Party Transactions) bei der KGaA – HGB sticht AktG, AG 2019, 287–295; *Dreisow,* Zu den Stimmverboten für die Komplementäre einer KGaA, DB 1977, 851–854; *Durchlaub,* Mitwirkung der Hauptversammlung und des Aufsichtsrates bei Geschäftsführungsmaßnahmen in der Kommanditgesellschaft auf Aktien, BB 1977, 1581–1582; *Eiff/Otte,* Die Kapitalgesellschaft & Co. KGaA – eine attraktive Gestaltungsmöglichkeit, GWR 2015, 246; *Fischer,* Die Kommanditgesellschaft auf Aktien nach dem Mitbestimmungsgesetz 1982; *Fett/Stütz,* 20 Jahre Kapitalgesellschaft & Co. KGaA, NZG 2017, 1121–1131; *Fläming,* Die Kommanditgesellschaft auf Aktien, FS Pelzer (2001), 99–107; *Grafmüller,* KGaA als geeignete Rechtsform, 1993; *Habel/Streder,* Die Kommanditgesellschaft auf Aktien – im Überblick, MittBayNot 1998, 65–71; *Habersack,* Zur Corporate Governance der Kapitalgesellschaft & Co. KGaA, ZIP 2019, 1453–1461; *Habersack,* Der Gesellschafterausschuss der KGaA, FS Hellwig (2010), 143–152; *Hasselbach/Ebbinghaus,* Die KGaA als Unternehmensform für den deutschen Mittelstand, DB 2015, 1269–1277; *Herfs,* Vereinbarungen zwischen der KGaA und ihren Komplementären, AG 2005, 589–596; *Hennemann,* Einfluss und Kontrolle in der Kommpanditgesellschaft auf Aktien ZHR 182 (2018), 157–190; *Ihrig/Schlitt,* Die KGaA nach dem Beschluss des BGH vom 24.2.1997, 33–38 in: Ulmer Die GmbH & Co KGaA nach dem Beschluss BGHZ 134, 392, ZHR Beiheft 1998; *Johannsen-Roth/Kießling,* Die unzureichende Beachtung der rechtsformspezifischen Besonderheiten der KGaA in der jüngeren Gesetzgebung und im Corporate Governance Kodex, FS Marsch-Barner (2018), S. 273–284; *Joost,* Mitbestimmung in der kapitalistischen KGaA, ZGR 1998, 334–351; *Kallmeyer,* Rechte und Pflichten des Aufsichtsrats in der Kommanditgesellschaft auf Aktien, ZGR 1983, 56–75; *Kessler,* Die Entwicklung des Binnenrechts der KGaA seit BGHZ 134, 392, NZG 2005, 145–150; *Krause,* Zum beherrschenden Einfluss des Komplementärs in der KGaA, FS Winter (2011), 351–368; *Kruse/Domning/Frechen,* Die (GmbH & Co.) KGaA als moderne Rechtsform für mittelständische Familienunternehmen, DStR 2017, 2440–2443; *Marsch-Barner,* Doppelte Überwachung in der AG & Co. KGaA, FS Hoffmann-Becking, 2013, 777; *Martens,* Der Beirat in der Kommanditgesellschaft auf Aktien, AG 1982, 113–122; *Mayer-Uellner/Otte,* Die SE & Co KGaA als Rechtsform kapitalfinanzierter Familienuntemehmen, NZG 2015, 737–742; *Reuter/Körnig,* Mitbestimmung und gesellschaftsrechtliche Gestaltungsfreiheit, ZHR 140 (1976), 494–519; *Sethe,* Die Aufsichtsratsreform mit Lücken, AG 1996, 289–301; *Schaumburg,* Die KGaA als Rechtsform für den Mittelstand, DStZ 1998, 525–544; *Schlitt,* Die Satzung der Kommanditgesellschaft auf Aktien, 1999; *Schlitt/Winzen,* Die Kommanditgesellschaft auf Aktie (KGaA) – eine attraktive Rechtsform für börsennotierte Unternehmen? CFL 2012, 261; *Schnorbus,* Gestaltungsfragen fakultativer Aufsichtsorgane der KGaA, Liber Amicorum für Martin Winter, 2011, 627–670; *Schnorbus,* Gestaltungsfragen fakultativer Aufsichtsorgane der KGaA, in: Liber Amicorum Winter, 2011, 627–670 *Schnorbus/Ganzer,* Haftung fakultativer Gesellschaftsorgande in der GmbH & Co. KGaA, BB 2017, 1795–1806 *Scholz,* Das Übernahme- und Pflichtangebot bei der KGaA, NZG 2006, 445–449; *Sethe,* Die personalistische Kapitalgesellschaft mit Börsenzugang, 1994; *Seibt/von Rimon,* Monistische SE & Co. KGaA: Einsatzfelder und Antworten auf Praxisfragen, AG 2019, 753–760; *Steindorff,* Kommanditgesellschaftrat auf Aktien und Mitbestimmung, FS Ballerstedt, 1975, 127–140; *Stüber,* Die Frauenquote ist da – Das Gesetz zur gleichberechtigten Teilhabe und die Folgen für die Praxis, DStR 2015, 947–955; *Vollertsen,* Corporate Governance der börsennotierten KGaA – Die Anwendbarkeit des Deutschen Corporate Governance Kodex auf die Kommanditgesellschaft auf Aktien, 2019; *Wichert,* Satzungsänderungen in der Kommanditgesellschaft auf Aktien, AG 1999, 362–369; vgl. im Übrigen die Literaturhinweise zu § 75; *Wollburg,* Zur Ausdehnung der Inkompatibilitätsregelung des § 287 Abs. 3 AktG in der Kapitalgesellschaft & Co. KGaA, FS Hoffmann-Becking, 2013, S. 1425–1440.

I. Überblick

Die KGaA hat zwingend drei Organe: einen oder mehrere persönlich haftende Gesell- 1 schafter, die das Geschäftsführungs- und Vertretungsorgan bilden, die Hauptversammlung und den Aufsichtsrat. Daneben können durch die Satzung weitere fakultative Organe geschaffen werden, wie zB Beirat, Gesellschafterausschuss, auf die entweder Rechte der Komplementäre oder Kommanditaktionäre übertragen werden (vgl. → Rn. 76).[1] Obwohl, wie bei der AG, die Kompetenzen auf drei Organe verteilt sind, die teilweise sogar die gleiche Bezeichnung tragen, weicht die **Kompetenzverteilung im Einzelnen von der AG wesentlich ab.** Diese Abweichungen beruhen darauf, dass den gesetzlichen Vorschriften ein Leitbild der KGaA zugrunde liegt, das von der Führung der Gesellschaft durch einen Unternehmer unter Bereitstellung von Eigenkapital durch Aktionäre ausgeht.[2] Während die Unternehmensverfassung und die Kompetenzverteilung bei der AG zum größten Teil zwingend geregelt sind, ist es bei der KGaA möglich, die innere Struktur und das Verhältnis der Organe zueinander, insbesondere hinsichtlich der Geschäftsführung, frei auszugestalten und den jeweiligen Bedürfnissen anzupassen. Grenzen dieser Gestaltungsfreiheit bilden die zwingenden aktienrechtlichen Regelungen, die nach § 278 Abs. 3 AktG gelten, die Sondervorschriften für die KGaA in §§ 278 ff. AktG und schließlich die zwingenden Prinzipien des Personengesellschaftsrechts wie zB der Grundsatz der Selbst-

---

[1] MüKoAktG/*Perlitt,* 5. Aufl. 2020, vor § 278 Rn. 44.
[2] *Grafmüller,* KGaA als geeignete Rechtsform, 1993, S. 117; *Hasselbach/Ebbinghaus* DB 2015, 1269 (1270).

organschaft.³ Darüber hinaus werden teilweise für die KGaA ohne natürliche Person als persönlich haftendem Gesellschafter zum Schutz der Kommanditaktionäre weitere Einschränkungen der Gestaltungsfreiheit gefordert (vgl. hierzu → § 78 Rn. 62 f.).⁴ Je nach Verteilung der Kompetenzen zwischen den Organen kann die KGaA als hauptversammlungs-, beirats-, aufsichtsrats- oder komplementärdominierte Gesellschaft ausgestaltet werden.⁵

II. Geschäftsführung

2 1. Geschäftsführungsberechtigte Komplementäre. a) Auswahlkriterien nach § 76 Abs. 3 AktG. Die persönlich haftenden Gesellschafter sind kraft Gesetzes ohne zeitliche Begrenzung zur Leitung der Gesellschaft berufen. Anders als der Vorstand der AG erlangen sie ihre Leitungsfunktion nicht durch die Bestellung durch den Aufsichtsrat, sondern zeitlich unbegrenzt allein aufgrund ihrer Gesellschafterstellung. Sie sind daher **geborene Mitglieder** des Geschäftsführungs- und Vertretungsorgans der KGaA.⁶ Aus diesem Grund ist § 76 Abs. 3 S. 1 AktG nicht anwendbar.⁷ § 76 Abs. 3 S. 1 AktG enthält ein Auswahlkriterium für die Ausübung der Personalkompetenz durch den Aufsichtsrat (vgl. → § 20 Rn. 19 ff.). Der in dieser Vorschrift enthaltene Rechtsgedanke ist nicht sinngemäß auf den persönlich haftenden Gesellschafter als einem geborenen Geschäftsführungsorgan anwendbar. Daher kann auch eine Kapitalgesellschaft persönlich haftender Gesellschafter sein (vgl. → § 78 Rn. 10). Der geschäftsführungs- und vertretungsberechtigte Komplementär muss daher auch nur beschränkt geschäftsfähig sein. Es gelten für die Komplementäre insoweit die §§ 278 Abs. 2 iVm §§ 114 ff., 125 ff., 161 Abs. 2 HGB. § 283 AktG, der Sondervorschriften für die geschäftsführenden Komplementäre enthält, verweist gerade nicht auf § 76 AktG. Praktische Bedeutung dürfte das aber nur in einem Erbfall haben, in dem ein Komplementär von einem nicht voll geschäftsfähigen qualifizierten Nachfolger beerbt wird. Die KGaA besteht dann zunächst mit dem beschränkt Geschäftsfähigen als Komplementär unverändert fort.⁸ Aus denselben Gründen sind auch die Eignungsvoraussetzungen nach § 76 Abs. 3 S. 2 und 3 AktG unbeachtlich. Der persönlich haftende Gesellschafter ist nicht ein gekorenes, sondern ein geborenes Geschäftsführungsorgan.⁹ Persönlich haftende Gesellschafter sind selbst dann geschäftsführungsbefugt, wenn sie einschlägig vorbestraft sind oder gegen sie ein Berufsverbot verhängt worden ist.¹⁰ Voraussetzung jedoch ist zumindest die beschränkte Geschäftsfähigkeit (vgl. → § 78 Rn. 15).

---

³ Der BGH hat in seiner Entscheidung vom 24.2.1997 erwogen, ob nicht zum Schutz der Kommanditaktionäre die Gestaltungsfreiheit bei einer KGaA mit einer Kapitalgesellschaft als alleinigem Komplementär eingeschränkt werden müsse, BGHZ 134, 392 (399 f.), dazu → § 77 Rn. 62 ff.
⁴ Vgl. zur Gesamtproblematik *Fett* in Bürgers/Fett, Die KGaA, 2. Aufl. 2015, § 3 Rn. 7 ff.; Bürgers/Körber AktG/*Förl/Fett*, 4. Aufl. 2017, § 278 Rn. 37b, Spindler/Stilz/*Bachmann*, 4. Aufl. 2019, § 278 Rn. 30 ff.
⁵ *Kruse/Domning/Frechen* DStR 2017, 2440 (2441); *Sethe*, Die personalistische Kapitalgesellschaft, 1996, S. 128; *Theisen* DBW 49 (1989), 137 (147 f.); GroßkommAktG/*Assmann/Sethe*, 4. Aufl. 2001, § 278 Rn. 147.
⁶ Spindler/Stilz/*Bachmann*, 4. Aufl. 2019, § 278 Rn. 53; BGHZ 134, 392 (393).
⁷ BGHZ 134, 392 (393); GroßkommAktG/*Assmann/Sethe*, 4. Aufl. 2001, § 278 Rn. 24; differenzierend MüKoAktG/*Perlitt*, 5. Aufl. 2020, § 278 Rn. 23 ff.; K. Schmidt/Lutter AktG/*K. Schmidt*, 3. Aufl. 2015, § 278 Rn. 18; Spindler/Stilz/*Bachmann*, 4. Aufl. 2019, § 278 Rn. 39; *Reger* in Bürgers/Fett, Die KGaA, 2. Aufl. 2015, § 5 Rn. 77; aA wegen der Markterwartung, dass bei der KGaA gleiche Regeln gelten wie bei anderen Kapitalgesellschaften KölnKommAktG/*Mertens/Cahn*, 3. Aufl. 2015, § 278 Rn. 15, 16; *Binz/Sorg* BB 1988, 2041 (2049).
⁸ K. Schmidt/Lutter AktG/*K. Schmidt*, 3. Aufl. 2015, § 278 Rn. 18.
⁹ K. Schmidt/Lutter AktG/*K. Schmidt*, 3. Aufl. 2015, § 278 Rn. 18; BGHZ 134, 392 (393).
¹⁰ GroßkommAktG/*Assmann/Sethe*, 4. Aufl. 2001, § 278 Rn. 25.

b) Zielvorgaben für Geschlechterquote und Diversitätskonzept (§§ 76 Abs. 4, 111 3
Abs. 5 AktG, § 289 f Abs. 2 Nr. 6 HGB). Nach § 111 Abs. 5 S. 1 Alt. 2 AktG hat der
Aufsichtsrat einer börsennotierten oder mitbestimmten AG **Zielgrößen für den Frauen-
anteil im Vorstand** festzulegen (→ § 20 Rn. 11). Der Aufsichtsrat der KGaA hat keine
Personalkompetenz, deshalb ist diese Vorschrift auf die gesetzestypische KGaA nicht anwendbar.[11] Etwas anders gelagert ist der Fall bei der atypischen KGaA mit einer AG oder
SE als Komplementärin. Hier gibt es einen Aufsichtsrat, der einen Vorstand bestellt und die
Zielquoten für den Vorstand festsetzen könnte. Die Komplementär-AG selbst ist aber nicht
börsennotiert oder mitbestimmt. Die KGaA in diesem Fall als eine Einheit anzusehen,
widerspricht dem Trennungsprinzip. Materielle Regelungen für die KGaA dürfen nicht
unter Missachtung der eigenen Rechtspersönlichkeit der Komplementärgesellschaft auf
diese angewandt werden.[12] Das hindert eine AG & Co. KGaA natürlich nicht, freiwillig für
den Vorstand der Komplemenär-AG eine Zielquote festzulegen, um gute Corporate Governance zu zeigen.[13] Im **Bericht zur Unternehmensführung gem. § 289f Abs. 2
Nr. 4 HGB,** der gem. Abs. 3 ausdrücklich auch von der börsennotierten KGaA erstellt
werden muss, kann dann entweder die Nichtanwendbarkeit von § 111 Abs. 5 S. 1 Alt. 2
erläutert werden oder über die freiwillige Festlegung von Zielgrößen berichtet werden.

Eine ähnliche Problematik besteht bei der Festlegung von Zielquoten für die **beiden** 4
Führungsebenen unterhalb des Vorstands gem. § 76 Abs. 4 AktG (→ **§ 19
Rn. 56 f.**). In der gesetzestypischen börsennotierten KGaA haben die geschäftsführenden
Komplementäre die Personalkompetenz und können deshalb der Vorgabe der gesetzlichen
Regelung nachkommen. Auch wenn die Anwendbarkeit von § 76 Abs. 4 AktG durch
§ 283 AktG nicht angeordnet wird, spricht der Gesetzeszweck für die Anwendbarkeit.[14]
Bei der AG/SE & Co. KGaA hat der Vorstand zwar auch die Personalkompetenz in der
KGaA, das Trennungsprinzip steht aber der direkten Anwendung entgegen.[15] Zur Ver-
meidung von Rechtsunsicherheit und Nachweis guter Corporate Governance kann die
börsennotierte AG & Co. KGaA natürlich freiwillig Quoten festlegen und darüber im
Bericht zur Unternehmensführung berichten.

Schließlich hat die börsennotierte KGaA gem. **§ 289f Abs. 2 Nr. 6, Abs. 3 HGB über** 5
das Diversitätskonzept für die Zusammensetzung des vertretungsberechtigten Organs und
des Aufsichtsrats zu berichten (→ § 44 Rn. 22). Dies ist eine reine Transparenzregel. Auch
wenn der Aufsichtsrat der KGaA in der gesetzestypischen KGaA nicht über die Bestellung der
geschäftsführenden Komplementäre und in der atypischen KGaA nicht über die Zusammensetzung der Geschäftsleitung entscheiden kann, bleibt § 289f Abs. 2 Nr. 6 HGB als Trans-
parenzvorschrift uneingeschränkt auf die börsennotierte KGaA anwendbar.[16] Ziel der der
Vorschrift zugrundeliegenden CSR Richtlinie ist *„die Steigerung der Vielfalt bei Sachverstand und
Auffassungen der Mitglieder der Verwaltungs-, Leitungs- und Aufsichtsorgane von Unternehmen."*[17]

c) Selbstorganschaft. Für die KGaA gilt der Grundsatz der **Selbstorganschaft.** Die 6
Vereinbarung von Fremdgeschäftsführung ist unzulässig.[18] Für die Praxis kann dieses

---
[11] BT-Drs. 18/4227, 22; *Johannsen-Roth/Kießling* FS Marsch-Barner, 2018, 273 (279); *Stüber* DStR 2015, 947 (952).
[12] *Johannsen-Roth/Kießling* FS Marsch-Barner, 2018, 273 (280). Hüffer/*Koch* AktG, 14. Aufl. 2020, § 111 Rn. 56; aA MüKo AktG/*Perlitt*, 5. Aufl. 2020, § 287 Rn. 124a (analoge Anwendung).
[13] *Johannsen-Roth/Kießling* FS Marsch-Barner, 2018, 273 (277 f.).
[14] Beschlussempfehlung BT-Drs. 18/4227, 22; *Stüber* DStR 2015, 947 (952). MüKo AktG/Perlitt, 5. Aufl. 2020, § 287 Rn. 125.
[15] *Johannsen-Roth/Kießling* FS Marsch-Barner, 2018, 273 (277 f.); die Beschlussempfehlung des Bundestages unterscheidet nicht zwischen den Typen der KGaA (BT-Drs. 18/4227, 22).
[16] *Johannsen-Roth/Kießling* FS Marsch-Barner, 2018, 273 (281 f.).
[17] Erwägungsgrund 18 der RL 2014/95 EU.
[18] OLG Köln AG 1978, 18; MüKoAktG/*Perlitt*, 5. Aufl. 2020, § 278 Rn. 228 f.; Bürgers/Körber AktG/*Förl/Fett*, 4. Aufl. 2017, § 278 Rn. 46; GroßkommAktG/*Assmann/Sethe*, 4. Aufl. 2001, § 278 Rn. 137; *Sethe*, Die personalistische Kapitalgesellschaft, 1996, S. 146; der BGH in BGHZ 134, 392

Problem dadurch gelöst werden, dass „Geschäftsführer-Komplementäre" aufgenommen werden, die keine Vermögenseinlage leisten und deren Gesellschafterstellung befristet werden kann (vgl. → § 78 Rn. 18). Es muss immer mindestens ein Komplementär geschäftsführungs- und vertretungsbefugt sein.[19] Nicht-Komplementäre können auf der Basis von rechtsgeschäftlichen Ermächtigungen, wie Generalvollmacht, Prokura oder Handlungsvollmacht, mit Leitungsaufgaben betraut werden (zur Erteilung von Prokura vgl. → Rn. 17).[20]

7 **2. Einzel- oder Gesamtgeschäftsführungsbefugnis.** Sind mehrere geschäftsführende Komplementäre vorhanden, so ist grundsätzlich jeder von ihnen **einzelgeschäftsführungsbefugt** (§ 278 Abs. 2 AktG iVm §§ 161 Abs. 2, 115 Abs. 1 HGB). Die gesetzliche Regelung für die Komplementäre ist entgegengesetzt zum Prinzip der Gesamtverantwortung für den Vorstand in § 77 Abs. 1 S. 1 AktG. Durch entsprechende Satzungsregelung kann aber Gesamtgeschäftsführung vereinbart werden.[21] Es besteht auch die Möglichkeit, einzelne Komplementäre von der Geschäftsführung auszuschließen (vgl. → § 78 Rn. 17). Wegen § 283 Nr. 3 AktG ist mit der Geschäftsführungsbefugnis zwingend die **Pflicht zur Geschäftsführung** verbunden.[22] Bei der Geschäftsführung unterliegt der geschäftsführungsbefugte Komplementär gem. § 283 Nr. 3 AktG der Sorgfaltspflicht und Verantwortlichkeit eines Vorstands.[23] Diesen Sorgfaltspflichten kann sich der Komplementär nicht entziehen, indem er sich nur ein Recht zur Geschäftsführung einräumen lässt. Das grundsätzlich für persönlich haftende Gesellschafter geltende Recht der Kommanditgesellschaft wird durch diese Sondervorschrift für die KGaA überlagert.

8 Solange die gesetzliche Regel der Einzelgeschäftsführungsbefugnis gilt, steht den übrigen geschäftsführungsbefugten Komplementären ein im Innenverhältnis wirkendes **Widerspruchsrecht** gegen Geschäftsführungsmaßnahmen von Mitgeschäftsführern nach §§ 161 Abs. 2, 115 Abs. 1 S. 2 Hs. 2 HGB zu. Die Maßnahme hat dann zu unterbleiben. Rechtsgeschäfte, die trotz Widerspruch durchgeführt worden sind, bleiben nach außen wirksam. Das Widerspruchsrecht kann in der Satzung modifiziert, etwa auf bestimmte Arten von Geschäften beschränkt werden oder für bestimmte Komplementäre ausgeschlossen werden (vgl. → Rn. 19).[24]

---

(397) setzt die Geltung des Grundsatzes der Selbstorganschaft voraus und führt aus, dass dieser Grundsatz nicht der Zulässigkeit einer Kapitalgesellschaft als Komplementär entgegensteht; K. Schmidt/Lutter AktG/*K. Schmidt*, 3. Aufl. 2015, § 278 Rn. 7, 38; Spindler/Stilz/*Bachmann*, 4. Aufl. 2019, § 278 Rn. 53, 58; Hüffer/*Koch* AktG, 14. Aufl. 2020, § 278 Rn. 19a.

[19] MüKoAktG/*Perlitt*, 5. Aufl. 2020, § 278 Rn. 228; KölnKommAktG/*Mertens/Cahn*, 3. Aufl. 2015, § 278 Rn. 94.

[20] GroßkommAktG/*Assmann/Sethe*, 4. Aufl. 2001, § 278 Rn. 138; ausführlich zu diesen rechtsgeschäftlichen Gestaltungsmöglichkeiten *Barbasch* Ausgewählte Probleme der „großen Familien-Kommanditgesellschaft", 1989, S. 217 ff.; Baumbach/Hopt/*Roth*, HGB, 38. Auflage 2018, § 125 Rn. 9.

[21] MüKoAktG/*Perlitt*, 5. Aufl. 2020, § 278 Rn. 175; Bürgers/Körber AktG/*Förl/Fett*, 4. Aufl. 2017, § 278 Rn. 38; K. Schmidt/Lutter AktG/*K. Schmidt*, 3. Aufl. 2015, § 278 Rn. 36, spricht davon, dass für nicht von der Geschäftsführung ausgeschlossene Komplementäre Einzelgeschäftsführung mit Widerspruchsrecht (§ 115 Abs. 1 Hs. 2 HGB) gilt, soweit die Satzung nicht etwas anderes regelt; Spindler/Stilz/*Bachmann*, 4. Aufl. 2019, § 278 Rn. 53, 58.

[22] MüKoAktG/*Perlitt*, 5. Aufl. 2020, § 278 Rn. 226; Hüffer/*Koch* AktG, 14. Aufl. 2020, § 278 Rn. 6, 11, der die Pflicht aus § 114 Abs. 1 HGB ableitet; Spindler/Stilz/*Bachmann*, 4. Aufl. 2019, § 278 Rn. 46, 53 f.; KölnKommAktG/*Mertens/Cahn*, 3. Aufl. 2015, § 278 Rn. 87; *Sethe*, Die personalistische Kapitalgesellschaft, 1996, S. 144.

[23] *Hesselmann* BB 1989, 2244 (2347); *Vollertsen*, Corporate Governance der KGaA, S. 81.

[24] K. Schmidt/Lutter AktG/*K. Schmidt*, 3. Aufl. 2015, § 278 Rn. 36; Spindler/Stilz/*Bachmann*, 4. Aufl. 2019, § 278 Rn. 57; GroßkommAktG/*Assmann/Sethe*, 4. Aufl. 2001, § 278 Rn. 127; KölnKommAktG/*Mertens/Cahn*, 3. Aufl. 2015, § 278 Rn. 90; Bürgers/Körber AktG/*Förl/Fett*, 4. Aufl. 2017, § 278 Rn. 38; *Sethe*, Die personalistische Kapitalgesellschaft, 1996, S. 144; *Grafmüller*, KGaA als geeignete Rechtsform, 1993, S. 123; MüKoAktG/*Perlitt*, 5. Aufl. 2020, § 278 Rn. 226 aE. Auch nach

Bei **Gesamtgeschäftsführung** kann die Willensbildung innerhalb des Geschäftsführungsorgans frei gestaltet werden. Es kann das Mehrheitsprinzip vereinbart werden. Die Stimmen der einzelnen geschäftsführungsbefugten Komplementäre können dabei nach Höhe ihrer Vermögenseinlage gewichtet werden. Einem persönlich haftenden Gesellschafter oder einer bestimmten Gruppe persönlich haftender Gesellschafter kann das Recht eingeräumt werden, Meinungsverschiedenheiten gegen die Mehrheit der übrigen zu entscheiden. Die geschäftsführungsbefugten Gesellschafter können eine Unterteilung der Geschäftsführung in Ressorts vereinbaren, die entweder in alleiniger Verantwortung für alle anderen oder in Mitverantwortung und Mitwirkung mehrerer Geschäftsführer geführt werden. Statt in der Satzung können diese Regelungen auch in einer Geschäftsordnung getroffen werden.[25] Die Befugnis zum Erlass einer **Geschäftsordnung** steht den Komplementären zu. Enthält die Satzung keine Regelung, ist ein einstimmiger Beschluss der Komplementäre erforderlich.[26] Der Aufsichtsrat oder die Hauptversammlung können dieses Recht nicht an sich ziehen, es sei denn, die Satzung sieht das vor.[27] Jeder einzelne geschäftsführungsbefugte Komplementär ist für Geschäftsführungsmaßnahmen gegenüber der Gesellschaft unabhängig von der Vereinbarung von Einzel- oder Gesamtgeschäftsführung oder Ressortzuständigkeit verantwortlich (vgl. → § 78 Rn. 20) und haftet sowieso für alle Verbindlichkeiten der KGaA persönlich. Wegen dieser Gesamtverantwortung ist jeder geschäftsführende Komplementär aufgrund seiner Treuepflicht gehalten, die Mitgeschäftsführer so zu informieren, dass sie ihre Überwachungsaufgabe und- im Fall von Einzelgeschäftsführung – ihr Widerspruchsrecht wahrnehmen können.[28] Der von der Geschäftsführung ausgeschlossene Komplementär hat die Kontrollrechte nach § 118 HGB, sofern nicht in der Satzung ausgeschlossen.[29]

3. Entzug der Geschäftsführungsbefugnis. a) KGaA mit natürlicher Person als Komplementär. Nach § 278 Abs. 2 AktG iVm §§ 161 Abs. 2, 117, 127 HGB kann einem persönlich haftenden Gesellschafter die Befugnis zur Geschäftsführung **entzogen** werden, wenn ein wichtiger Grund vorliegt. Ein solcher Grund ist insbesondere grobe Pflichtverletzung oder Unfähigkeit zu ordnungsgemäßer Geschäftsführung. Wie bei der AG stellt aber auch der **Entzug des Vertrauens** durch die Hauptversammlung einen wichtigen Grund für die Entziehung der Geschäftsführungsbefugnis dar.[30] Die Entziehung erfolgt auf Antrag der KGaA durch gerichtliche Entscheidung. Voraussetzung für den Entzug der Geschäftsführungsbefugnis sind übereinstimmende Beschlüsse der übrigen persönlich haftenden Gesellschafter und der Hauptversammlung. Ausreichend ist ein Beschluss

---

Personengesellschaftsrecht ist ein völliger Ausschluss möglich, vgl. BGH WM 1988, 968 (969); Baumbach/Hopt/*Roth*, HGB, 38. Aufl. 2018, § 115 Rn. 7; *Kessler* NZG 2005, 145 (147 f.).

[25] MüKoAktG/*Perlitt*, 5. Aufl. 2020, § 278 Rn. 78; Spindler/Stilz/*Bachmann*, 4. Aufl. 2019, § 278 Rn. 55; Hüffer/*Koch*, AktG, 14. Aufl. 2020, § 278 Rn. 12; K. Schmidt/Lutter AktG/*K. Schmidt*, 3. Aufl. 2015, § 278 Rn. 36; GroßkommAktG/*Assmann/Sethe*, 4. Aufl. 2001, § 278 Rn. 135; *Schlitt*, Die Satzung der KGaA, 1999, S. 158; *Sethe*, Die personalistische Kapitalgesellschaft, 1996, S. 145; *Reger* in Bürgers/Fett, Die KGaA, 2. Aufl. 2015, § 5 Rn. 107 ff.

[26] § 278 Abs. 2 AktG, iVm §§ 161 Abs. 2, § 119 HGB. Vgl. hierzu GroßkommAktG/*Assmann/Sethe*, 4. Aufl. 2001, § 278 Rn. 136; *Schlitt*, Die Satzung der KGaA, 1999, S. 158; Spindler/Stilz/*Bachmann*, 4. Aufl. 2019, § 278 Rn. 55.

[27] KölnKommAktG/*Mertens/Cahn*, 3. Aufl. 2015, § 278 Rn. 70; MüKoAktG/*Perlitt*, 5. Aufl. 2020, § 278 Rn. 78; Hüffer/*Koch* AktG, 14. Aufl. 2020, § 278 Rn. 12; *Sethe*, Die personalistische Kapitalgesellschaft, 1996, S. 153; Spindler/Stilz/*Bachmann*, 4. Aufl. 2019, § 278 Rn. 55; K. Schmidt/Lutter AktG/*K. Schmidt*, 3. Aufl. 2015, § 278 Rn. 36.

[28] MüKoAktG/*Perlitt*, 5. Aufl. 2020, § 278 Rn. 207.

[29] GroßkommAktG/*Assmann/Sethe*, 4. Aufl. 2001, § 278 Rn. 139; MüKoAktG/*Perlitt*, 5. Aufl. 2020, § 278 Rn. 209; Hüffer/*Koch* AktG, 14. Aufl. 2020, § 278 Rn. 11.

[30] *Sethe*, Die personalistische Kapitalgesellschaft, 1996, S. 152, 169; aA MüKoAktG/*Perlitt*, 5. Aufl. 2020, § 278 Rn. 187; Bürgers/Körber AktG/*Förl/Fett*, 4. Aufl. 2017, § 278 Rn. 49.

mit einfacher Mehrheit.[31] Der betroffene Komplementär ist in der Hauptversammlung nicht stimmberechtigt.[32] Die KGaA wird in dem Verfahren durch den Aufsichtsrat vertreten.[33]

11 Die Satzung kann diese Regelung **modifizieren**. Sie kann die Entziehung erschweren, zB durch nähere Umschreibung des wichtigen Grundes, oder gänzlich ausschließen.[34] Wird die Entziehung der Geschäftsführungsbefugnis ausgeschlossen, steht den Gesellschaftern dann nur noch der Weg der Ausschließung des geschäftsführenden Komplementärs oder der Auflösung der Gesellschaft offen.[35] Möglich ist auch die **Erleichterung der Entziehung**, beispielsweise durch Modifizierung der Beschlusserfordernisse oder durch Verzicht auf das Erfordernis einer gerichtlichen Entscheidung. Erleichterungen, insbesondere eine Entziehung durch Beschluss, empfehlen sich bei „Geschäftsführungs-Komplementären", deren Gesellschafterstellung nur befristet ist (vgl. dazu → § 78 Rn. 18).[36] Durch eine solche Regelung kann deren Stellung vollständig an die eines Vorstands angeglichen werden. Die Entziehung der Geschäftsführungsbefugnis kann auch auf einzelne Geschäftsführungsbereiche beschränkt werden.[37]

12 b) KGaA mit Kapital- oder Personengesellschaft als Komplementär. Ist eine GmbH, AG oder eine GmbH & Co. KG Komplementär, ist die Durchsetzung des Entzugs der Geschäftsführungsbefugnis erschwert, weil zwei – und im Fall einer GmbH & Co. KG als Komplementär sogar drei – Gesellschaftsverhältnisse übereinanderliegen. Da die Gesellschafter der Komplementärgesellschaft und der KGaA in der Regel nicht identisch sein werden, haben die Kommanditaktionäre kein direktes Einwirkungsrecht auf die Geschäftsführer der Komplementärgesellschaft. Für die GmbH & Co. KG ist daher erwogen worden, ob den Kommanditisten das Recht eingeräumt werden muss, direkt dem Geschäftsführer der Komplementärgesellschaft die Geschäftsführungsbefugnis zu entziehen. Dieser sog. **„Abberufungsdurchgriff"** wird auf die analoge Anwendung der §§ 117, 127 HGB[38] oder auf die Drittwirkung der gesellschaftsvertraglichen Bindungen der Komplementärgesellschaft zu der KG gestützt.[39] Damit die Integrität der Komplementärgesellschaft soweit wie möglich erhalten bleibt, soll der Entzug der Geschäftsführungsbefugnis beschränkt sein

---

[31] BGH 15.12.2015 – II ZR 144/14, mAnm *Mark* GWR 2018, 50; OLG Frankfurt a. M. 18.3.2014 – 5 U 90/13, AG 2015, 448 ff.; Spindler/Stilz/*Bachmann*, 4. Aufl. 2019, § 278 Rn. 78; MüKoAktG/*Perlitt*, 5. Aufl. 2020, § 278 Rn. 188; Hüffer/*Koch*, AktG, 14 Aufl. 2020, § 278 Rn. 17b.
[32] Spindler/Stilz/*Bachmann*, 4. Aufl. 2019, § 278 Rn. 75.
[33] MüKoAktG/*Perlitt*, 5. Aufl. 2020, § 278 Rn. 188; K. Schmidt/Lutter AktG/*K. Schmidt*, 3. Aufl. 2015, § 278 Rn. 40; Spindler/Stilz/*Bachmann*, 4. Aufl. 2019, § 278 Rn. 75; KölnKommAktG/*Mertens/Cahn*, 3. Aufl. 2015, § 278 Rn. 83; GroßkommAktG/*Assmann/Sethe*, 4. Aufl. 2001, § 278 Rn. 165.
[34] *Sethe*, Die personalistische Kapitalgesellschaft, 1996, S. 152; *Baumbach/Hopt*, HGB, 36. Aufl. 2014, § 117 Rn. 11; Spindler/Stilz/*Bachmann*, 4. Aufl. 2019, § 278 Rn. 77; *K. Schmidt* in K. Schmidt/Lutter, AktG, 3. Aufl. 2015, § 278 Rn. 40; MüKoAktG/*Perlitt*, 5. Aufl. 2020, § 278 Rn. 222; aA GroßkommAktG/*Assmann/Sethe*, 4. Aufl. 2001, § 278 Rn. 178; *Reger* in Bürgers/Fett, Die KGaA, 2. Aufl. 2015, § 5 Rn. 198 ff.
[35] *Reger* in Bürgers/Fett, Die KGaA, 2. Aufl. 2015, § 5 Rn. 201 hält das nicht für sinnvoll, weil die Entziehung der Geschäftsführungsbefugnis das mildere Mittel sei, den Konflikt zu lösen. Für den Ausschluss ist ein Beschluss der Hauptversammlung mit ³/₄-Mehrheit erforderlich, vgl. MüKoAktG/*Perlitt*, 5. Aufl. 2020, § 278 Rn. 368.
[36] KölnKommAktG/*Mertens/Cahn*, 3. Aufl. 2015, § 278 Rn. 40; zum „Geschäftsführer-Komplementär" vgl. *Reger* in Bürgers/Fett, Die KGaA, 2. Aufl. 2015, § 5 Rn. 106.
[37] GroßkommAktG/*Assmann/Sethe*, 4. Aufl. 2001, § 278 Rn. 178; KölnKommAktG/*Mertens/Cahn*, 3. Aufl. 2015, § 278 Rn. 83; MüKoAktG/*Perlitt*, 5. Aufl. 2020, § 278 Rn. 187.
[38] So *Hopt* ZGR 1997, 1 (16); K. Schmidt/Lutter AktG/*K. Schmidt*, 3. Aufl. 2015, § 287 Rn. 22; ablehnend MüKoAktG/*Perlitt*, 5. Aufl. 2020, § 278 Rn. 372 mwN; *Reger* in Bürgers/Fett, Die KGaA, 2. Aufl. 2015, § 5 Rn. 209 ff.
[39] *Hüffer* ZGR 1981, 348 (358 f.).

auf die Handlungen des Geschäftsführers für die KG.⁴⁰ Bei der GmbH & Co. KG wird ein solcher Abberufungsdurchgriff überwiegend für nicht zulässig gehalten. Ein solcher Entzug der Geschäftsführungsbefugnis sei mit dem für die GmbH geltenden Grundsatz der Unbeschränkbarkeit der Vertretungsmacht des Geschäftsführers nach § 37 Abs. 2 GmbHG nicht vereinbar.⁴¹ Diese Überlegungen gelten entsprechend für die KGaA.⁴² Liegt demnach in der Person des Geschäftsführers der Komplementärgesellschaft ein wichtiger Grund zur Abberufung vor, so können die Kommanditaktionäre durch Beschluss der Hauptversammlung von der Komplementärgesellschaft verlangen, diesen Geschäftsführer abzuberufen. Die Komplementärgesellschaft ist aufgrund ihrer Treuepflicht gegenüber der KGaA zu dieser Abberufung verpflichtet (vgl. → § 78 Rn. 30). Die Gesellschafter der Komplementärgesellschaft haben diese Verpflichtung der Komplementärgesellschaft selbst durch einen entsprechenden Abberufungsbeschluss zu erfüllen.⁴³ Kommen die Gesellschafter der Komplementärgesellschaft ihrer mittelbaren Verpflichtung nicht nach, können die Kommanditaktionäre der Komplementärgesellschaft nach §§ 117, 127 HGB durch **gerichtliche Entscheidung die Geschäftsführungsbefugnis entziehen.** Im Gesellschaftsvertrag der Komplementärgesellschaft kann nicht vorgesehen werden, dass die Hauptversammlung oder der Aufsichtsrat der KGaA die Geschäftsführung der Komplementärgesellschaft abberuft. Das ist mit dem Grundsatz der Verbandssouveränität unvereinbar. Möglich ist aber, dass sich die KGaA an der Komplementärgesellschaft beteiligt und sich dort ein Bestellungs- und Abberufungsrecht als Sonderrecht einräumen lässt, soweit das gesellschaftsrechtlich zulässig ist. Zugleich muss in der Satzung der KGaA vorgesehen werden, dass insoweit die KGaA durch ein anderes Organ als die Komplementärin vertreten wird.⁴⁴ Ohne Satzungsregelung ist gem. § 278 Abs. 3 iVm § 112 AktG der Aufsichtsrat zuständig⁴⁵.

Bei einer **AG als Komplementärgesellschaft** scheitert ein solcher Durchgriff schon **13** an der zwingenden Zuständigkeit des Aufsichtsrats nach § 84 Abs. 3 AktG.⁴⁶ Der Aufsichtsrat einer AG-Komplementärgesellschaft hat aber nicht nur Organpflichten gegenüber den Aktionären der Komplementärgesellschaft, sondern auch gegenüber der KGaA und ihren Kommanditaktionären. Ist der Gesellschaftszweck der Komplementärgesellschaft gerade die Geschäftsführung der KGaA, unterliegt die Komplementärgesellschaft Treuepflichten gegenüber den Kommanditaktionären.⁴⁷ Diese Treuepflicht der Komplementärgesellschaft selbst muss auf die Organpflichten des Aufsichtsrats der Kom-

---

⁴⁰ *Overlack* RWS-Forum Gesellschaftsrecht 1997, 237 (255); *Sethe,* Die personalistische Kapitalgesellschaft, 1996, S. 170; *Schaumburg* DStZ 1990, 525 (531 f.).

⁴¹ Vgl. MünchHdb. GesR II/Kommanditgesellschaft/Stille Gesellschaft/*Scheel,* 4. Aufl. 2014, § 11 Rn. 18; gegen Abberufungsdurchgriff auch *Schlegelberger/Martens,* HGB, 5. Aufl. 1992, § 164 Rn. 6; *Hesselmann/Tillmann,* HdB der GmbH & Co. KG, 18. Aufl. 1997, Rn. 270.

⁴² MüKoAktG/*Perlitt,* 5. Aufl. 2020, § 278 Rn. 373; Bürgers/Körber AktG/*Förl/Fett,* 4. Aufl. 2017, § 278 Rn. 50; *Fett/Stütz* NZG 2017, 1121 (1127); *Schnorbus* FS Winter, 2000, 627 (660).

⁴³ BGHZ 134, 392 (399); LG Frankfurt a. M. ZIP 2013, 1425 (1428); MüKoAktG/*Perlitt,* 5. Aufl. 2020, § 278 Rn. 371; Spindler/Stilz/*Bachmann,* 4. Aufl. 2019, § 278 Rn. 78; GroßkommAktG/*Assmann/Sethe,* 4. Aufl. 2001, § 278 Rn. 172; *Wichert* AG 2000, 268 (275); *Reger* in Bürgers/Fett, Die KGaA, 2. Aufl. 2015, § 5 Rn. 209 ff.; Bürgers/Körber AktG/*Förl/Fett,* 4. Aufl. 2017, § 278 Rn. 50; *Arnold,* GmbH & Co. KGaA, 2001, S. 85 f.; Vgl. zur Verpflichtung einer GmbH im Entscheidungsbereich der Gesellschafter; *Herfs,* Einwirkung Dritter auf den Willensbildungsprozess der GmbH, 1994, S. 161 ff.

⁴⁴ Für die KG BGH ZIP 1993, 348. Vgl. zu der ganzen Problematik *Reger* in Bürgers/Fett, Die KGaA, 2. Aufl. 2015, § 5 Rn. 214 ff.; *Kessler* NZG 2005, 145 (149); Spindler/Stilz/*Bachmann,* 4. Aufl. 2019, § 278 Rn. 78 aE.

⁴⁵ Spindler/Stilz/*Bachmann,* 4. Aufl. 2019, § 278 Rn. 78.

⁴⁶ *Otte,* AG & Co. KGaA, 2010, S. 94; für die GmbH & Co. KGaA ähnlich Spindler/Stilz/*Bachmann,* 4. Aufl. 2019, § 278 Rn. 78.

⁴⁷ BGHZ 134, 392 (399).

plementärgesellschaft ausstrahlen.⁴⁸ Aus diesen Organpflichten gegenüber den Kommanditaktionären kann sich für den Aufsichtsrat die Pflicht zur Abberufung des Vorstands aus wichtigem Grund ergeben.

14 Entsprechendes gilt, falls die **Komplementärgesellschaft eine OHG** ist. Auch hier können die Kommanditaktionäre nicht dem geschäftsführungsbefugten Gesellschafter der OHG direkt die Geschäftsführungsbefugnis entziehen, weil, wie bei der GmbH, gemäß § 126 Abs. 2 HGB die Vertretungsmacht der geschäftsführungsbefugten Gesellschafter Dritten gegenüber nicht eingeschränkt werden kann. Auch hier muss also der OHG selbst die Geschäftsführungsbefugnis entzogen werden.⁴⁹

15 Auch dem **einzigen persönlich haftenden Gesellschafter** kann die Geschäftsführungs- und Vertretungsbefugnis entzogen werden. Die Kommanditaktionäre müssen dann aber gleichzeitig die Umwandlung in eine AG beschließen. Diese Umwandlung kann analog §§ 140, 161 Abs. 2 HGB auch gegen den Willen des Komplementärs durchgesetzt werden.⁵⁰

16 **4. Niederlegung.** Jeder geschäftsführungsbefugte persönlich haftende Gesellschafter kann mit Zustimmung aller übrigen Komplementäre und der Zustimmung der Hauptversammlung seine Geschäftsführungsbefugnis **niederlegen**. Ohne die erforderliche Zustimmung ist die Niederlegung nur aus wichtigem Grund in entsprechender Anwendung von §§ 712 Abs. 2, 671 Abs. 2, Abs. 3 BGB zulässig. Die Satzung kann geringere oder schärfere Bedingungen für eine Niederlegung der Geschäftsführungsbefugnis festlegen.⁵¹

17 **5. Umfang der Geschäftsführungsbefugnis.** Die Geschäftsführungsbefugnis der persönlich haftenden Gesellschafter erstreckt sich auf alle Handlungen, die der gewöhnliche Geschäftsbetrieb mit sich bringt (§ 278 Abs. 2 AktG iVm §§ 161 Abs. 2, 116 Abs. 1 HGB). Ausgenommen sind außergewöhnliche Geschäfte und Grundlagengeschäfte. Ohne abweichende Regelung in der Satzung dürfen **außergewöhnliche Geschäfte** nur vorgenommen werden, wenn alle persönlich haftenden Gesellschafter, einschließlich der von der Geschäftsführung ausgeschlossenen Gesellschafter, zustimmen und zusätzlich die Hauptversammlung die Zustimmung erteilt.⁵²

18 Das **Zustimmungserfordernis** folgt aus §§ 278 Abs. 2 AktG iVm 164 HGB, der über den Wortlaut hinaus ein Zustimmungsrecht der Kommanditisten und nicht ein bloßes

---

⁴⁸ Für die GmbH & Co. KG BGHZ 75, 321 (324 f.); für die Kapitalgesellschaft & Co. KGaA MüKoAktG/*Perlitt*, 5. Aufl. 2020; § 278 Rn. 367; *Otte*, AG & Co KGaA, 2010, S. 95 f.; *Arnold*, GmbH & Co. KGaA, 2001, S. 83 ff.

⁴⁹ Vgl. zu der gesamten Problematik ausführlich *Overlack*, Der Komplementär in der GmbH & Co. KGaA, RWS Forum Gesellschaftsrecht 1997, 237 (250 ff.) *Ihrig/Schlitt* in Ulmer Die GmbH & Co. KGaA nach dem Beschluss BGHZ 134, 392, 1998, S. 52 ff. *Schaumburg* DStZ 1998, 525 (531); *Reger* in Bürgers/Fett, Die KGaA, 2. Aufl. 2015, § 5 Rn. 209 ff.; GroßkommAktG/*Assmann/Sethe*, 4. Aufl. 2001, § 278 Rn. 172 ff.; *Kessler* NZG 2005, 145 (149); MüKoAktG/*Perlitt*, 5. Aufl. 2020, § 278 Rn. 371 ff.

⁵⁰ RGZ 74, 287 (311); 82, 360 (362); *Sethe*, Die personalistische Kapitalgesellschaft, 1996, S. 152; Spindler/Stilz/*Bachmann*, 4. Aufl. 2019, § 278 Rn. 76, bejaht den Ausschluss von der Geschäftsführung. Nach 29 BGB analog soll die Bestellung eines Notgeschäftsführers möglich sein, welche entweder mit der Aufforderung einen neuen geschäftsführenden Komplementär zu benennen oder die Umwandlung in eine AG zu beschließen, verbunden wird.

⁵¹ MüKoAktG/*Perlitt*, 5. Aufl. 2020, § 278 Rn. 256; KölnKommAktG/*Mertens/Cahn*, 3. Aufl. 2015, § 278 Rn. 82; Spindler/Stilz/*Bachmann*, 4. Aufl. 2019, § 278 Rn. 79; Bürgers/Körber AktG/ *Förl/Fett*, 4. Aufl. 2017, § 278 Rn. 51.

⁵² MüKoAktG/*Perlitt*, 5. Aufl. 2020, § 278 Rn. 177; GroßkommAktG/*Assmann/Sethe*, 4. Aufl. 2001, § 285 Anm. 53; KölnKommAktG/*Mertens/Cahn*, 3. Aufl. 2015, § 278 Anm. 65; Hüffer/*Koch*, AktG, 14. Aufl. 2020, § 278 Rn. 13; Spindler/Stilz/*Bachmann*, 4. Aufl. 2019, § 278 Rn. 61; K. Schmidt/Lutter AktG/*K. Schmidt*, 3. Aufl. 2015, § 278 Rn. 38; Bürgers/Körber AktG/*Förl/Fett*, 4. Aufl. 2017, § 278 Rn. 39.

Widerspruchsrecht begründet. Die Rechtslage ist somit anders als bei der Aktiengesellschaft. Dort leitet der Vorstand die Geschäfte in eigener Verantwortung. Den Aktionären steht ein Recht zur Mitwirkung an der Geschäftsführung nicht zu. Eine Ausnahme bilden Maßnahmen, die nach den Grundsätzen der „Holzmüller/Gelatine"-Entscheidungen[53] der Hauptversammlung vorzulegen sind (vgl. dazu → § 35 Rn. 51 ff.). Eine Unterscheidung zwischen gewöhnlichen und außergewöhnlichen Geschäftsführungshandlungen, wie sie § 116 HGB zugrunde liegt, kennt das Aktiengesetz nicht.[54] Das AktG differenziert nur nach Geschäften, die gem. § 111 Abs. 4 S. 2 AktG dem Aufsichtsrat vorgelegt werden müssen. Dies sind Geschäfte, die von existentieller Bedeutung für das künftige Schicksal der Gesellschaft sind.[55] Der Corporate Governance Kodex verlangt in Ziff. A.II Grundsatz 6 Abs. 2, dass die Satzung oder der Aufsichtsrate für Geschäfte von *grundlegender Bedeutung* Zustimmungsvorbehalte des Aufsichtsrats festlegen sollen.[56] Diese Kriterien sind aber zu eng für den Begriff des außergewöhnlichen Geschäfts im Sinne von § 116 HGB. Die Abgrenzung richtet sich ausschließlich nach den Kriterien, die für die Abgrenzung im Rahmen des § 116 HGB entwickelt worden sind.[57]

Außergewöhnliche Geschäfte liegen demnach vor, wenn die geplante Maßnahme nach Inhalt und Umfang über den Rahmen des laufenden Geschäftsbetriebs hinausgeht oder durch ihre Bedeutung und den mit ihr verbundenen Risiken Ausnahmecharakter hat. Wann eine Maßnahme als außergewöhnlich einzuordnen ist, hängt entscheidend von der bisherigen Geschäftstätigkeit der jeweiligen Gesellschaft und dem von ihr verfolgten Zweck ab.[58] **19**

Prokuristen werden mit Zustimmung aller geschäftsführungsbefugten Gesellschafter bestellt, selbst wenn Einzelgeschäftsführungsbefugnis vereinbart ist. Dies folgt aus §§ 161 Abs. 2, 116 Abs. 3 HGB. Einer Mitwirkung der Kommanditaktionäre bedarf es nicht (§ 278 Abs. 2 AktG iVm § 164 S. 2 HGB). Auf die Zustimmung der übrigen geschäftsführungsbefugten Komplementäre kann bei Gefahr im Verzug verzichtet werden. Ein Widerruf der Prokura kann durch jeden geschäftsführenden persönlich haftenden Gesellschafter allein erfolgen.[59] **20**

Die Geschäftsführungsbefugnis der Komplementäre umfasst nicht so genannte **Grundlagengeschäfte,** dh strukturändernde Maßnahmen. Die Grundlagen der Gesellschaft können nur durch übereinstimmende Beschlüsse der persönlich haftenden Gesellschafter und der Hauptversammlung verändert werden.[60] Zu den Grundlagengeschäften gehören Satzungsänderungen, aber auch Maßnahmen, die zwar formal durch die Geschäftsführungs- **21**

---

[53] BGHZ 83, 122.
[54] *Grafmüller*, KGaA als geeignete Rechtsform, 1993, S. 123.
[55] Begründung zum Regierungsentwurf TranspuG, BT-Drs. 14/8769, 17; Vgl. auch *Lieder* DB 2004, 2251 (2252).
[56] Regierungskommission Deutscher Corporate Governance Kodex, Deutscher Corporate Governance Kodex, Fassung vom 9.5.2019. In Ziffer 3.2 des Kodex in der Fassung vom 7.2.2017 wurden die Geschäfte von grundlegender Bedeutung noch als Enscheidungen oder Maßnahmen, die die Vermögens-, Finanz-, und Ertragslage des Unternehmens grundlegend verändern, definiert. Dieser Satz ist bei der Verschlankung des Kodex weggefallen, die Defininition wird aber weiterhin für die Subsumtion maßegeblich sein.
[57] Vgl. hierzu *Baumbach/Hopt*, HGB, 38. Aufl. 2018, § 116 Rn. 2; *Mutter* in MünchHdb. GesR II, 2014, § 8 Rn. 23.
[58] RGZ 158, 302 (308); *Baumbach/Hopt*, HGB, 38. Aufl. 2018, § 116 Rn. 2; GroßkommHGB/*Schäfer*, 5. Aufl. 2009, § 116 Rn. 11; für KGaA *Sethe*, Die personalistische Kapitalgesellschaft, 1996, S. 148; MüKoAktG/*Perlitt*, 5. Aufl. 2020, § 278 Rn. 177; Spindler/Stilz/*Bachmann*, 4. Aufl. 2019, § 278 Rn. 61, *Reger* in Bürgers/Fett, Die KGaA, 2. Aufl. 2015, § 5 Rn. 86 ff.; Bürgers/Körber AktG/*Förl/Fett*, 4. Aufl. 2017, § 278 Rn. 39.
[59] MüKoAktG/*Perlitt*, 5. Aufl. 2020, § 278 Rn. 178; Spindler/Stilz/*Bachmann*, 4. Aufl. 2019, § 278 Rn. 60; K. Schmidt/Lutter AktG/*K. Schmidt*, 3. Aufl. 2015, § 278 Rn. 42.
[60] MüKoAktG/*Perlitt*, 5. Aufl. 2020, § 278 Rn. 180; Spindler/Stilz/*Bachmann*, 4. Aufl. 2019, § 278 Rn. 64, 71; K. Schmidt/Lutter AktG/*K. Schmidt*, 3. Aufl. 2015, § 278 Rn. 39; *Koch* in Hüffer/Koch

befugnis der Komplementäre gedeckt sind, deren Wesensgehalt aber die Grundlagen der Gesellschaft entscheidend verändern. Insoweit können die Grundsätze angewandt werden, die der BGH in der „Holzmüller/Gelatine"-Entscheidung für die Mitwirkungsbefugnisse der Hauptversammlung in der AG entwickelt hat. Danach bedürfen solche Maßnahmen der Zustimmung der Hauptversammlung, die Veränderungen nach sich ziehen, die denjenigen zumindest nahe kommen, welche allein durch eine Satzungsänderung herbeigeführt werden können.[61]

22 Die **gesetzliche Kompetenzverteilung bei der Geschäftsführung** zwischen Komplementären und Kommanditaktionären kann durch die **Satzung verändert** werden. So kann das Erfordernis der Zustimmung der Hauptversammlung zu außergewöhnlichen Geschäften abbedungen werden.[62] In der börsennotierten KGaA wird dies der Regelfall sein, weil die Einholung der Zustimmung der Hauptversammlung zu langfristig, zeitaufwendig und teuer ist und der KGaA die Reaktionsfähigkeit nimmt, die sie benötigt, um im Wettbewerb flexibel reagieren zu können.[63] Der BGH hat allerdings in seiner Entscheidung vom 24.2.1997 erwogen, ob im Fall einer atypisch ausgestalten KGaA, dh mit einer Kapitalgesellschaft oder GmbH & Co. KG als alleinigem persönlich haftenden Gesellschafter, die nach § 278 Abs. 2 bestehende Gestaltungsfreiheit in diesem Falle zum Schutz der Kommanditaktionäre eingeschränkt werden müsse (vgl. dazu → § 78 Rn. 62 f.) und dabei gerade auf den Ausschluss von § 164 HGB verwiesen.[64] Im Anschluss daran ist gefordert worden, dass bei einer KGaA ohne natürliche Person als persönlich haftendem Gesellschafter eine sachliche Rückkopplung der Geschäftsleitung an die Hauptversammlung zwingend erforderlich sei. Die Satzung müsse daher Entscheidungs-, Kontroll- und Überwachungsrechte anderer KGaA-Organe, auf deren Zusammensetzung und Tätigkeit die Kommanditaktionäre in ihrer Mehrheit entscheidenden Einfluss nehmen können, vorsehen, wenn die Abbedingung der Zustimmung der Hauptversammlung zu außergewöhnlichen Geschäftsführungsmaßnahmen wirksam sein soll.[65] Diese Ansicht ist abzulehnen. Zunächst ist zu bedenken, dass eine Abbedingung des § 164 HGB auch bei der Publikums-KG nicht ausgeschlossen ist.[66] In der Publikums-KGaA, die in der Regel börsennotiert sein

---

AktG, 14. Aufl. 2020, § 278 Rn. 17a; Bürgers/Körber AktG/*Förl/Fett,* 4. Aufl. 2017, § 278 Rn. 40; *Vollertsen,* Corporate Governance der KGaA, S. 111 f.

[61] BGH ZIP 2004, 993 (998). Vgl. dazu → § 78 Rn. 14 f.; Spindler/Stilz/*Bachmann,* 4. Aufl. 2019, § 278 Rn. 64; MüKoAktG/*Perlitt,* 5. Aufl. 2020, § 278 Rn. 180; K. Schmidt/Lutter AktG/*K. Schmidt,* 3. Aufl. 2015, § 278 Rn. 39; *Koch* in Hüffer/Koch AktG, 14. Aufl. 2020, § 278 Rn. 17a; zur Anwendung der Holzmüller/Gelatine-Grundsätzen bei der KGaA vgl. → § 79 Rn. 53; Bürgers/Körber AktG/*Förl/Fett,* 4. Aufl. 2017, § 278 Rn. 40; Schlitt/Winzen CFL 2012, 261 (264).

[62] MüKoAktG/*Perlitt,* 5. Aufl. 2020; § 278 Rn. 223, 230; Spindler/Stilz/*Bachmann,* 4. Aufl. 2019, § 278 Rn. 61 f.; *Koch* in Hüffer/Koch AktG, 14. Aufl. 2020, § 278 Rn. 19; K. Schmidt/Lutter AktG/*K. Schmidt,* 3. Aufl. 2015, § 278 Rn. 38; *Sethe,* Die personalistische Kapitalgesellschaft, 1996, S. 151; *Grafmüller,* KGaA als geeignete Rechtsform, 1993, S. 123; *Haase* GmbHR 1997, 917 (920); *Hennerkes/Lorz* DB 1997, 1388 (1389); *Hennerkes/May* DB 1988, 537 (540); *Vollertsen,* Corporate Governance der KGaA, S. 79 f.

[63] *Koch* in Hüffer/Koch AktG, 14. Aufl. 2020, § 278 Rn. 19. K. Schmidt/Lutter AktG/*K. Schmidt,* 3. Aufl. 2015, § 278 Rn. 38; *Fett/Stütz* NZG 2017, 1121 (1123) mwN. Vgl. auch *Overlack,* Der Komplementär in der GmbH & Co. KGaA, RWS-Forum Gesellschaftsrecht 1997, 237 (257 ff.); *Hommelhoff* Die GmbH & Co. KGaA nach dem Beschluss BGHZ 134, 392, 1998, S. 14 ff.; *Ladwig/Motte* DStR 1997, 1539 (1540).

[64] BGHZ 134, 393 (400); Spindler/Stilz/*Bachmann,* 4. Aufl. 2019, § 278 Rn. 62.

[65] *Hommelhoff* vgl. Fn. 63, S. 14 ff.; *Ihrig/Schlitt* Die GmbH & Co. KGaA nach dem Beschluss BGHZ 134, 392, 1998, S. 64 ff.; *Ladwig/Motte* DStR 1997, 1539 (1540); zustimmend K. Schmidt in K. Schmidt/Lutter, AktG, 3. Aufl. 2015, § 287 Rn. 38; *Koch* in Hüffer/Koch, AktG, 14. Aufl. 2020, § 278 Rdn. 19; aA Spindler/Stilz/*Bachmann,* 4. Aufl. 2019, § 278 Rn. 63; MüKoAktG/*Perlitt,* 5. Aufl. 2020; § 278 Rn. 360; bereits früher *Binz* FAZ, 6.11.1995, S. 24.

[66] BGHZ 119, 357. Nach der Rechtsprechung des Bundesgerichtshofs zur Publikums-KG sind solche Klauseln unwirksam, die die grundlegenden Rechte der Gesellschafter verletzen. Das Zustim-

wird, kann nichts anderes gelten. Der Verweis in § 278 Abs. 2 AktG auf das Personengesellschaftsrecht eröffnet Gestaltungsfreiheit, die – wie auch der BGH in seiner Entscheidung vom 20.2.1997 ausgeführt hat – nur durch zwingende Prinzipien des Minderheiten-, Gläubiger- und Anlegerschutzes eingeschränkt werden kann.[67] Der Anlegerschutz wird durch entsprechende Information des Anlegers im Emissionsprospekt über seine Rechte in der KGaA gewahrt (vgl. → § 78 Rn. 64).[68] Die Kommanditaktionäre sind nicht vollständig der Willkür des Komplementärs ausgesetzt. Notfalls können sie auf die Geschäftsführungs- und Vertretungsbefugnis Einfluss nehmen (vgl. → Rn. 7 ff.).[69] Die Zulässigkeit der Abbedingung des Zustimmungsvorbehalts nach § 164 HGB kann auch nicht davon abhängen, ob die KGaA eine natürliche Person als Komplementär hat oder nicht. Der Eingriff in die Rechte der Kommanditaktionäre bleibt in beiden Fällen gleich. Ob in den KGaAs mit natürlichen Personen als Komplementär die unbeschränkte persönliche Haftung ein Korrektiv darstellt, das eine sachliche Rückkopplung der Geschäftsleitung an die Hauptversammlung nicht erforderlich macht, kann im Einzelfall zweifelhaft sein. Werden etwa geschäftsführende Komplementäre ohne Kapitalanteil aufgenommen, die im Innenverhältnis von jeglicher Haftung freigestellt sind und damit kein höheres unternehmerisches Risiko tragen als ein Vorstand in der AG, ist es nicht einzusehen, warum dann eine Einschränkung der Rechte der Kommanditaktionäre zulässig sein soll.[70] Zudem wird auch bei Zwischenschaltung einer Komplementärgesellschaft in der Regel der die Geschäftsleitung kontrollierende Unternehmer schon aus steuerlichen Gründen mit einer hohen Kapitaleinlage beteiligt sein. Er trägt in der Regel ein höheres unternehmerisches Risiko als der Vorstand einer AG. Insoweit sind die Kommanditaktionäre gegen unternehmerisches Fehlverhalten besser geschützt als die Aktionäre einer AG, insbesondere wenn die Governance- und Kapitalstruktur hinreichend offengelegt wird.[71] Eine Differenzierung entsprechend der konkreten Ausgestaltung kann nur zu einer Rechtsunsicherheit begründenden Kasuistik führen. Eine **Regulierung sollte über Marktmechanismen** erfolgen. Solche Marktmechanismen existieren, weil die Einschränkungen der Mitwirkungsrechte der Kommanditaktionäre einer börsennotierten KGaA bei Bestellung und Abberufung der Geschäftsleitung zu einer geringeren Bewertung der Aktien durch den Kapitalmarkt führen (vgl. → § 77 Rn. 64).[72]

---

mungsrecht nach § 164 HGB fällt nicht in diese Gruppe. Vgl. hierzu mit zahlreichen Nachweisen *Overlack,* Der Komplementär in der GmbH & Co. KGaA, RWS-Forum Gesellschaftsrecht 1997, 237 (258 f.); Spindler/Stilz/*Bachmann,* 4. Aufl. 2019, § 278 Rn. 63; MüKoAktG/*Perlitt,* 5. Aufl. 2020; § 278 Rn. 360.

[67] BGHZ 134, 392 (393).
[68] Vgl. daszu auch *Schlitt/Winzen* CFL 2012, 261 (270).
[69] *Overlack* vgl. Fn. 66, S. 259; ähnlich *Hennerkes/Lorz* DB 1997, 1388 (1391); *Schaumburg* DStZ 1998, 525 (532); MüKoAktG/*Perlitt,* 5. Aufl. 2020, § 278 Rn. 360; *Vollertsen,* Corporate Governance der KGaA, S. 131.
[70] Vgl. auch *Overlack,* vgl. Fn 66, S. 259.
[71] *Herfs* WiB 1997, 688 (689); ebenso *Habel/Strieder* MittBayNot 1998, 65 (69); eine Übersicht über die Kapitalausstattung von KGaAs findet sich bei *Wichert,* Finanzen der KGaA, 1998, S. 79 ff.
[72] Vgl. hierzu *Mertens* FS Ritter, 1997, 731 (741); im Ergebnis ebenso: GroßkommAktG/*Assmann/Sethe,* 4. Aufl. 2001, § 278 Rn. 116 ff.; Spindler/Stilz/*Bachmann,* 4. Aufl. 2019, § 278 Rn. 63; im Ergebnis ebenso MüKoAktG/*Perlitt,* 5. Aufl. 2020, § 278 Rn. 360, der darauf verweist, dass auch bei der Publikums-KG der ersatzlose Ausschluss des Zustimmungsrechts zulässig ist; Hüffer/*Koch,* AktG, 14. Aufl. 2020, § 278 Rn. 19; KölnKommAktG/*Mertens/Cahn,* 3. Aufl. 2015, § 278 Rn. 90; *Wichert* in Heidel, Aktienrecht, 5. Aufl. 2019, § 278 Rn. 36; *Wichert* AG 2000, 268 (270); *Heermann* ZGR 2000, 61 (79); *Jacques* NZG 2000, 401 (408); *Reger* in Bürgers/Fett, Die KGaA, 2. Aufl. 2015, § 5 Rn. 99 ff.; *Otte,* AG & Co KGaA, 2010, S. 125 ff.; Bürgers/Körber AktG/*Förl/Fett,* 4. Aufl. 2017, § 278 Rn. 37; aA *Arnold,* GmbH & Co. KGaA, 2001, S. 56; *Dirksen/Möhle* ZIP 1998; *Koch* DB 2002, 1701 (1702); *Schlitt,* Die Satzung der KGaA, 1999, S. 127; zum Bewertungsabschlag *Schlitt/Winzen* CFL 2012, 261 (271); *Mayer-Uellner/Otte* NZG 2015, 737 (742); *Kruse/Domning/Frechen* DStR 2017, 2440 (2444).

23 Will man einen Abschlag verhindern, aber trotzdem den bei einer börsennotierten Gesellschaft unpraktikablen § 164 HGB ausschließen, kann durch Einräumung von **Zustimmungsvorbehalten entsprechend nach § 111 Abs. 4 S. 2 AktG** zugunsten des Aufsichtsrats ein Gegengewicht zu der umfassenden Geschäftsführungsbefugnis der persönlich haftenden Gesellschafter geschaffen werden. Die unmittelbaren Mitwirkungsrechte der Kommanditaktionäre bei der Geschäftsführung entsprechen dann denen der Aktionäre einer AG. Bei einer solchen Gestaltung ist die Abbedingung des § 164 HGB auch nach der Auffassung derjenigen Stimmen zulässig, die bei einer Publikums-KGaA eine Einschränkung der Gestaltungsfreiheit fordern. Was der Gesetzgeber bei der AG für den Schutz der Aktionäre für ausreichend gehalten hat, muss auch bei der KGaA ausreichen.[73]

24 Die **Geschäftsführungsbefugnis kann aber auch eingeschränkt werden,** indem einem anderen fakultativen Organ Zustimmungsvorbehalte oder Weisungsrechte eingeräumt werden (vgl. → § 79 Rn. 50). Es können auch der Hauptversammlung über das Recht nach § 164 HGB hinaus weitere Mitwirkungsbefugnisse bei der Geschäftsführung eingeräumt werden. § 119 Abs. 2 AktG ist auf die KGaA nicht anwendbar[74] und steht daher solchen Mitwirkungsrechten nicht entgegen.

25 **6. Sorgfaltspflicht.** Die **persönlich haftenden Gesellschafter** haben gemäß § 283 Nr. 3 iVm § 93 AktG die Geschäfte mit der Sorgfalt eines ordentlichen gewissenhaften Geschäftsleiters zu führen. Kraft ausdrücklicher Bestimmung werden die persönlich haftenden Gesellschafter hinsichtlich des Sorgfaltsmaßstabs dem Vorstand einer AG gleichgestellt (vgl. dazu → § 77 Rn. 29).[75] Die Haftungserleichterung des § 708 BGB, die an sich für die Geschäftsführung durch Komplementäre maßgeblich ist, wird durch diese Spezialnorm verdrängt.[76] Allerdings ist bei der Anwendung der Sorgfaltspflichten nach § 93 AktG die konkrete Kompetenzordnung der KGaA zu beachten. Unterliegen außergewöhnliche Geschäfte gem. § 164 HGB der Zustimmung der Hauptversammlung und billigt die Hauptversammlung eine solche Maßnahme, ist bei vollständiger Unterrichtung der Hauptversammlung eine Haftung der Komplementäre ausgeschlossen.[77] Für die persönlich haftenden Gesellschafter gelten die Haftungsvorschriften des § 48 AktG (Gründung), § 53 AktG (Nachgründung) und § 117 AktG (unzulässige Beeinflussung). Ersatzansprüche gegen die persönlich haftenden Gesellschafter wegen Sorgfaltspflichtverletzungen bei der Geschäftsführung werden gemäß § 283 Nr. 8 AktG nach den Grundsätzen der §§ 147, 148 AktG geltend gemacht.[78] Auch die von der Geschäftsführung ausgeschlossenen Komplementäre haben unter den Voraussetzungen des § 148 AktG ein eigenes Klagerecht. Die Rechtskrafterstreckung gemäß § 148 Abs. 4 AktG gilt entsprechend auch für Komplementäre. Sofern die Gesellschaft selbst Ansprüche geltend

---

[73] OLG Stuttgart ZIP 2003, 1981 (1986); Vgl. *Mayer-Uellner/Otte* NZG 2015, 737 (741); *Priester* ZHR 160 (1996), 250 (262); *Hennerkes/Lorz* BB 1997, 1388 (1391); *Hommelhoff* vgl. Fn. 63, S. 20; *Ihrig/Schlitt* vgl. Fn. 65, S. 64 f.; GroßkommAktG/*Assmann/Sethe,* 4. Aufl. 2001, § 278 Rn. 115.

[74] Spindler/Stilz/*Bachmann*, 4. Aufl. 2019, § 278 Rn. 58 Fn. 177; MüKoAktG/*Perlitt*, 5. Aufl. 2020, § 278 Rn. 202; GroßkommAktG/*Assmann/Sethe,* 4. Aufl. 2001, § 278 Anm. 123; KölnKommAktG/*Mertens/Cahn,* 3. Aufl. 2015, § 278 Rn. 67; *Durchlaub* BB 1977, 1582; *Sethe,* Die personalistische Kapitalgesellschaft, 1996, S. 151; *Reger* in Bürgers/Fett, Die KGaA, 2. Aufl. 2015, § 5 Rn. 91.

[75] Vgl. dazu zuletzt BGH ZIP 1997, 883; OLG Düsseldorf ZIP 1997, 27; *Horn* ZIP 1997, 1129; Spindler/Stilz/*Bachmann*, 4. Aufl. 2019, § 278 Rn. 46; MüKoAktG/*Perlitt*, 5. Aufl. 2020 § 278 Rn. 62; *Koch* in Hüffer/Koch, AktG, 14. Aufl. 2020, § 278 Rn. 13; OLG München AG 2000, 426 (427); Bürgers/Körber AktG/*Förl/Fett,* 4. Aufl. 2017, § 283 Rn. 5.

[76] Hüffer/*Koch* AktG, 14. Aufl. 2020, § 278 Rn. 13; KölnKommAktG/*Mertens/Cahn,* 3. Aufl. 2015, § 283 Rn. 9; Spindler/Stilz/*Bachmann*, 4. Aufl. 2019, § 278 Rn. 46, § 283 Rn. 8; Bürgers/Körber AktG/*Förl/Fett,* 4. Aufl. 2017, § 283 Rn. 5.

[77] *Reger* in Bürgers/Fett, Die KGaA, 2. Aufl. 2015, § 5 Rn. 118 ff.

[78] Bürgers/Körber AktG/*Förl/Fett,* 4. Aufl. 2017, § 283 Rn. 13.

macht, wird sie gemäß § 287 Abs. 2 AktG iVm § 112 AktG durch den Aufsichtsrat vertreten.[79] Nach § 283 Nr. 7 AktG sind die Regeln über die Sonderprüfung nach § 142 Abs. 2 AktG anwendbar.[80]

Ist eine **Kapitalgesellschaft alleinige Komplementärin** stellt sich die Frage, ob deren 26 Geschäftsleiter Sorgfaltspflichten unmittelbar gegenüber der KGaA schulden und bei Pflichtverletzung unmittelbar haften. Ohne eine solche Durchgriffshaftung hätte die KGaA nur einen Anspruch gem. § 283 Nr. 3, 93 Abs. 2 S. 1 AktG gegen die Komplementärin, der das Verhalten ihrer Organe gem. § 31 BGB zugerechnet wird.[81] Die Komplementärgesellschaft wird aber oft kein nennenswertes eigenes Vermögen haben. Wenn die einzige Aufgabe der Komplementärgesellschaft die Geschäftsführung der KGaA ist, dann haben die Organpflichten Schutzwirkung für die KGaA und deren Kommanditaktionäre, § 43 Abs. 2 GmbHG und § 93 Abs. 2 AktG sind analog anwendbar.[82] Weisungen der Gesellschafter der Komplementärgesellschaft durch Beschluss haben gegenüber der KGaA keine die Haftung der Geschäftsleiter ausschließende Wirkung, wenn sie für die KGaA nachteilig wären und damit ihre Umsetzung eine Sorgfaltspflichtverletzung der Komplementärgesellschaft gegenüber der KGaA darstellen würde.[83]

7. Tätigkeitsvereinbarung und -vergütung. a) Rechtsnatur und Regelungsinhalt. 27 Mit den geschäftsführenden Komplementären können so genannte Tätigkeitsvereinbarungen abgeschlossen werden, die Einzelheiten der Geschäftsführung, sowie Vergütung und Haftungsfreistellung regeln können. Solche Vereinbarungen werden insbesondere dann abgeschlossen, wenn die geschäftsführenden Komplementäre eine vorstandsähnliche Position haben sollen (vgl. dazu → § 78 Rn. 18). Eine solche Tätigkeitsvereinbarung kann nur abgeschlossen werden, wenn die Satzung eine entsprechende Ermächtigungsgrundlage enthält.[84] Dies wird daraus hergeleitet, dass es sich bei einer Tätigkeitsvergütung, die regelmäßig Gegenstand solcher Vereinbarungen sein wird, um einen Sondervorteil für die Komplementäre iSd § 26 AktG handelt, der einer Grundlage in der Satzung bedarf.[85] Die

---

[79] BGH ZIP 2005, 348; OLG München WM 1996, 782; MüKoAktG/*Perlitt*, 5. Aufl. 2020, § 278 Rn. 141, 260, § 287 Rn. 64 f.; Spindler/Stiltz/*Bachmann*, 4. Aufl. 2019, § 287 Rn. 11 f. mwN; *Koch* in Hüffer/Koch, AktG, 14. Aufl. 2020, § 278 Rn. 16; Bürgers/Körber AktG/*Förl/Fett*, 4. Aufl. 2017, § 287 Rn. 7.

[80] Bürgers/Körber AktG/*Förl/Fett*, 4. Aufl. 2017, § 283 Rn. 12.

[81] MüKoAktG/*Perlitt*, 5. Aufl. 2020, § 278 Rn. 316, 368; Spindler/Stilz/*Bachmann*, 4. Aufl. 2019, § 278 Rn. 78, § 283 Rn. 11; K. Schmidt/Lutter AktG/*K. Schmidt*, 3. Aufl. 2015, § 283 Rn. 7; Bürgers/Körber AktG/*Förl/Fett*, 4. Aufl. 2017, § 283 Rn. 6; *Vollertsen*, Corporate Governance der KGaA, 2019, S. 133.

[82] Für die GmbH & Co. KG BGHZ 75, 321 (324 f.); für die Kapitalgesellschaft & Co. KGaA MüKoAktG/*Perlitt*, 5. Aufl. 2020 § 278 Rn. 318; Spindler/Stilz/*Bachmann*, 4. Aufl. 2019, § 283 Rn. 11; K. Schmidt/Lutter AktG/*K. Schmidt*, 3. Aufl. 2015, § 283 Rn. 7; *Kessler*, Einwirkungen der Kommanditaktionäre auf die Geschäftsführung der GmbH & Co KGaA, 2003, S. 280 ff.; *Otte*, AG & Co. KGaA, 2010, S. 96 ff.; *Reger* in Bürgers/Fett, Die KGaA, 2. Aufl. 2015, § 5 Rn. 152 ff.; *Vollertsen*, Corporate Governance der KGaA, 2019, S. 133–138; für Direktanspruch, falls die Komplementärgesellschaft keine andere Funktion hat: *Fett/Stütz* NZG 2017, 1121/1126; Bürgers/Körber AktG/*Förl/Fett*, 4. Aufl. 2017, § 283 Rn. 6.

[83] MüKoAktG/*Perlitt*, 5. Aufl. 2020, § 278 Rn. 318; *Reger* in Bürgers/Fett, Die KGaA, 2. Aufl. 2015, § 5 Rn. 159; *Otte*, AG & Co. KGaA, 2010, S. 100; *Kessler*, Einwirkungen der Kommanditaktionäre auf die Geschäftsführung der GmbH & Co KGaA, 2003, S. 284. Ähnliches gilt für Verzichtsvereinbarungen innerhalb der Komplementärgesellschaft.

[84] GroßkommAktG/*Assmann/Sethe*, 4. Aufl. 2001, § 278 Rn. 75; MüKoAktG/*Perlitt*, 5. Aufl. 2020, § 278 Rn. 55, § 281 Rn. 47, § 288 Rn. 81; Spindler/Stilz/*Bachmann*, 4. Aufl. 2019, § 288 Rn. 10; *Schlitt*, Die Satzung der KGaA, 1999, S. 129; *Kallmeyer* ZGR 1983, 57 (74); *Reger* in Bürgers/Fett, Die KGaA, 2. Aufl. 2015, § 5 Rn. 260; Bürgers/Körber AktG/*Förl/Fett*, 4. Aufl. 2017, § 278 Rn. 31; ausführlich *Vollertsen*, Corporate Governance der KGaA, 2019, S. 311 ff.

[85] GroßkommAktG/*Assmann/Sethe*, 4. Aufl. 2001, § 278 Rn. 75; KölnKommAktG/*Mertens/Cahn*, 3. Aufl. 2015, § 281 Rn. 33; Spindler/Stilz/*Bachmann*, 4. Aufl. 2019, § 281 Rn. 16 f., § 288 Rn. 11;

Rechtsnatur der Tätigkeitsvereinbarung ist umstritten. Teilweise wird sie als schuldrechtliche Nebenabrede zum Gesellschaftsvertrag mit dienstvertraglichen Elementen qualifiziert.[86] Nach anderer Auffassung handelt es sich um eine mitgliedschaftsrechtliche Annexregelung, also im Kern um eine gesellschaftsvertragliche Abrede.[87] Die Tätigkeitsvereinbarung gestaltet die Geschäftsführung durch einen Komplementär aus. Komplementäre sind geborene Geschäftsführungsorgane (vgl. → Rn. 2). Alle Absprachen, die diese mitgliedschaftliche Geschäftsführungsbefugnis regeln, haben daher gesellschaftsrechtlichen Charakter. Dies zeigt sich auch daran, dass die Vereinbarung entweder in die Satzung integriert wird, indem die Vergütung und andere Regelungen für die Geschäftsführung unmittelbar in der Satzung geregelt werden, oder einer Ermächtigungsgrundlage in der Satzung bedarf.[88] Wegen ihres gesellschaftsrechtlichen Charakters endet die Tätigkeitsvereinbarung automatisch, wenn der Komplementär aus der Gesellschaft ausscheidet. Eine separate Kündigung wie beim Anstellungsvertrag des Vorstands ist nicht erforderlich. Etwas anderes gilt nur für Abreden, die von vorneherein auch über den Zeitraum der Tätigkeit als Komplementär hinausgehen sollten, wie etwa nachvertragliche Wettbewerbsverbote und Versorgungszusagen.

28 b) Vertretung beim Abschluss der Vereinbarung. Grundsätzlich vertritt der **Aufsichtsrat** die KGaA bei allen Vereinbarungen mit ihren Komplementären,[89] somit auch beim Abschluss von Tätigkeitsvereinbarungen. Die Satzung kann aber die Vertretungskompetenz einem anderen Organ zuweisen (vgl. → Rn. 32), etwa einem Beirat oder Gesellschafterausschuss[90] oder sogar einem Komplementär.[91] Da die Tätigkeitsvereinbarung ohnehin einer Satzungsgrundlage bedarf, kann gleichzeitig die Abschlusskompetenz geregelt werden. Hat die Satzung die Entscheidung über die Aufnahme von Komplementären einem speziellen Organ zugewiesen, etwa einem Gesellschafterausschuss, empfiehlt es sich,

---

MüKoAktG/*Perlitt*, 5. Aufl. 2020, § 281 Rn. 41, 43; Bürgers/Körber AktG/*Förl/Fett*, 4. Aufl. 2017, § 278 Rn. 31.

[86] GroßkommAktG/*Assmann/Sethe*, 4. Aufl. 2001, § 288 Rn. 75; *Reger* in Bürgers/Fett, Die KGaA, 2. Aufl. 2015, § 5 Rn. 261.

[87] OLG München AG 1996, 86; KölnKommAktG/*Mertens/Cahn*, 3. Aufl. 2015, § 278 Rn. 40; aA GroßkommAktG/*Assmann/Sethe*, 4. Aufl. 2001, § 288 Rn. 76; MüKoAktG/*Perlitt*, 5. Aufl. 2020, § 288 Rn. 81.

[88] Auch im KG-Recht werden Vereinbarungen mit den Geschäftsführern und Komplementären überwiegend als gesellschaftsvertraglich qualifiziert. Vgl. hierzu: OLG Celle OLGZ 1973, 343 (345); *Schäfer* in Großkomm/HGB, 5. Aufl. 2009, HGB § 114 Rn. 20; aA *Schlegelberger/Martens*, HGB, 5. Aufl. 1992, § 114 Rn. 24; MüKoHGB/*Rawert*, 4. Aufl. 2016, HGB § 114 Rn. 80; MüKoAktG/ *Perlitt*, 5. Aufl. 2020, § 288 Rn. 81.

[89] BGH AG 2005, 239 ff.; hierzu *Herfs* AG 2005, 589 ff.; Spindler/Stilz/*Bachmann*, 4. Aufl. 2019, § 287 Rn. 11, § 288 Rn. 9; MüKoAktG/*Perlitt*, 5. Aufl. 2020, § 278 Rn. 55, 260; vgl. dazu auch → § 287 Rn. 70 ff.; Hüffer/*Koch*, AktG, 14. Aufl. 2020, § 278 Rn. 16; K. Schmidt/Lutter AktG/*K. Schmidt*, 3. Aufl. 2015, § 287 Rn. 20; Bürgers/Körber AktG/*Förl/Fett*, 4. Aufl. 2017, § 278 Rn. 31; *Fett/Stütz* NZG 2017, 1121 (1126).

[90] OLG München AG 1996, 86; in BGH AG 2005, 239 ff. ist diese Frage nicht entschieden worden. Ausführlich hierzu *Herfs* AG 2005, 589 (592 f.); ebenso MüKoAktG/*Perlitt*, 5. Aufl. 2020, § 287 Rn. 69; *Fett/Stütz* NZG 2017, 1121 (1126); *Vollertsen*, Corporate Governance der KGaA, 2019, S. 314; aA GroßkommAktG/*Assmann/Sethe*, 4. Aufl. 2001, § 287 Rn. 68; Spindler/Stilz/*Bachmann*, 4. Aufl. 2019, § 287 Rn. 11 f., der die zwingende Anwendung von § 112 AktG wegen § 278 Abs. 2 AktG für dogmatisch falsch, wegen der Rechtssicherheit aber für vorzugwürdig hält; offen *Schnorbus* FS Winter, 2011, 627 (647), der aber der Praxis wegen der Rechtsrisiken von einer Übertragung der Vertretungskompetenz abrät.

[91] OLG München AG 1996, 86. Das Gericht differenzierte lediglich zwischen Komplementären ohne Vermögenseinlage, die die KGaA nicht gegenüber anderen Komplementären vertreten können und solchen mit Vermögenseinlagen, die vertreten können; MüKoAktG/*Perlitt*, 5. Aufl. 2020, § 278 Rn. 55, § 287 Rn. 70; KölnKommAktG/*Mertens/Cahn*, 3. Aufl. 2015, § 287 Rn. 21; aA Spindler/ Stilz/*Bachmann*, 4. Aufl. 2019, § 288 Rn. 9, *Vollertsen*, Corporate Governance der KGaA, S. 314.

§ 79 Verfassung der KGaA

c) Vergütungsabreden. Die gesetzlichen Regelungen gehen davon aus, dass die Geschäftsführungstätigkeit des Komplementärs allein durch die Gewinnbeteiligung abgegolten wird. Die Festsetzung einer Vergütung bedarf daher einer Grundlage in der Satzung.[92] Umstritten ist, wie konkret diese Satzungsregelung sein muss. Teilweise wird es für ausreichend gehalten, wenn die Satzung nur bestimmt, dass der Komplementär eine Vergütung erhält, die Festsetzung der Höhe aber einem bestimmten Organ überlassen wird.[93] Nach anderer Auffassung müssen zumindest die Grundsätze für die Bemessung der Vergütung in der Satzung genannt werden.[94] Wird eine erfolgsabhängige Vergütung vorgesehen, aber gleichzeitig eine fixe Abschlagszahlung vereinbart, so muss die Höhe der Abschlagszahlung entweder durch die Satzung festgelegt oder zwingend durch den Aufsichtsrat festgesetzt werden. Dies ergibt sich aus § 283 Nr. 5 AktG in Verbindung mit § 89 AktG, weil die Gewährung einer Abschlagszahlung auf eine erfolgsabhängige Vergütung, deren Höhe zum Zeitpunkt der Zahlung noch nicht feststeht, materiell eine Kreditgewährung ist.[95] Dies ist aber ein Sonderfall. Bei einer normalen Vergütungsabrede, die wie beim Vorstand fixe und variable Bestandteile enthält, ist eine konkrete Festlegung der Satzung nicht erforderlich. Es muss lediglich in der Satzung bezeichnet werden, welches Organ die Höhe der Vergütung festsetzt.[96] Der Gesetzgeber hat in § 288 Abs. 3 AktG die Praxis der Vereinbarungen von Tätigkeitsvergütungen anerkannt und klargestellt, dass vom Gewinn unabhängige Tätigkeitsvergütungen weder den Entnahmebeschränkungen für Komplementäre unterliegen, noch einen Kredit darstellen. Sie können einem Komplementär deshalb auch in Verlustphasen bezahlt werden.[97] Art und Höhe können frei vereinbart werden. § 283 AktG **verweist nicht auf § 87 AktG**, so dass dessen Grenzen nicht gelten.[98] (zur atypischen KGaA → Rn. 30) Auch die Kodex-Empfehlungen zur Vergütung von Vorständen finden daher keine Anwendung.[99] Bei einer natürlichen Person als Komplementär, der am Gewinn beteiligt ist, machen die Restriktionen des § 87 AktG keinen Sinn.[100] Sie können nur über Regelungen in der Satzung für entsprechend anwendbar erklärt werden. Nur im Fall der Verschlechterung der wirtschaftlichen Situation kommt über § 288 Abs. 3 S. 2 AktG § 87 Abs. 2 S. 2 AktG zur Anwendung. Diese Regelung ermöglicht also nicht die nachträgliche Korrektur einer für die Gesellschaft ungünstigen Vereinbarung, sondern sie soll lediglich die

---

[92] OLG Stuttgart AG 2004, 678 (679); Spindler/Stilz/*Bachmann*, 4. Aufl. 2019, § 288 Rn. 11; MüKoAktG/*Perlitt*, 5. Aufl. 2020, § 278 Rn. 55, § 281 Rn. 47, § 288 Rn. 81; Bürgers/Körber AktG/*Förl/Fett*, 4. Aufl. 2017, § 278 Rn. 31 f.
[93] MüKoAktG/*Perlitt*, 5. Aufl. 2020, § 281 Rn. 47, 49; einschränkend Spindler/Stilz/*Bachmann*, 4. Aufl. 2019, § 281 Rn. 17, wonach eine Diskrepanz zu § 26 besteht, § 288 Rn. 11, 9, wonach eine Kollision zur ausschließlichen Zuständigkeit des Aufsichtsrats besteht.
[94] So KölnKommAktG/*Mertens/Cahn*, 3. Aufl. 2015, § 281 Rn. 33.
[95] OLG Stuttgart AG 2004, 678 ff.; Bürgers/Körber AktG/*Förl/Fett*, 4. Aufl. 2017, § 283 Rn. 9.
[96] Spindler/Stilz/*Bachmann*, 4. Aufl. 2019, § 288 Rn. 11; MüKoAktG/*Perlitt*, 5. Aufl. 2020, § 281 Rn. 47; GroßkommAktG/*Assmann/Sethe*, 4. Aufl. 2001, § 278 Rn. 75; *Schlitt*, Die Satzung der KGaA, 1999, S. 129, wonach die Satzung allerdings zumindest die Vergütungsart bestimmen muss.
[97] MüKoAktG/*Perlitt*, 5. Aufl. 2020, § 288 Rn. 67; Spindler/Stilz/*Bachmann*, 4. Aufl. 2019, § 288 Rn. 13; K. Schmidt/Lutter AktG/*K. Schmidt*, 3. Aufl. 2015, § 288 Rn. 18; Koch in Hüffer/Koch, AktG, 14. Aufl. 2020, § 288 Rn. 6; GroßkommAktG/*Assmann/Sethe*, 4. Aufl. 2001, § 288 Rn. 72; Bürgers/Körber AktG/*Förl/Fett*, 4. Aufl. 2017, § 288 Rn. 10.
[98] Ausführlich *Vollertsen*, Corporate Governance der KGaA, 2019, S. 320 ff.; Hüffer/*Koch*, AktG, 14. Aufl. 2020, § 288 Rn. 6; MüKoAktG/*Perlitt*, 5. Aufl. 2020, § 288 Rn. 67; Spindler/Stilz/*Bachmann*, 4. Aufl. 2019, § 288 Rn. 14.
[99] Spindler/Stilz/*Bachmann*, 4. Aufl. 2019, § 288 Rn. 10; *Bachmann* FS Marsch-Barner, 2018, 13 (18); *Schnorbus/Ganzer* BB 2017, 1795 (1803); differenzierend: *Vollertsen*, Corporate Governance der KGaA, 2019, S. 419 f., 352–418.
[100] Spindler/Stilz/*Bachmann*, 4. Aufl. 2019, § 288 Rn. 12.

Gesellschaft in der Krise vor Liquiditäts- und Finanzierungsproblemen schützen.[101] Zuständig für die Herabsetzung ist der Aufsichtsrat. Die Satzung kann die Anpassungskompetenz sowie die Abschlusskompetenz aber auch einem anderen Organ übertragen.[102] Gewinnabhängige Tätigkeitsvergütungen unterliegen nicht dem Anpassungsvorbehalt nach § 288 Abs. 3 S. 2 AktG.[103] Für gewinnabhängige Vergütungen gilt die Regelung für Entnahmen nach § 288 Abs. 2 AktG. Sie dürfen unter den Voraussetzungen des § 288 Abs. 1 AktG nicht ausbezahlt werden. Dies bedeutet, dass in der Krise der Gesellschaft gewinnabhängige Bezüge nicht ausgezahlt werden dürfen. Unter diese Regelung fallen aber nicht umsatzabhängige Tantiemen oder die Haftungsentschädigung.[104] Gewinnunabhängige Bezüge dürfen zwar ausgezahlt werden, können aber herabgesetzt werden.[105] Bei der Herabsetzung der gewinnunabhängigen Vergütung sind die Gesamtbezüge des Komplementärs zu berücksichtigen.[106] Ist die **KGaA ein Kreditinstitut** sind bei der Festsetzung der Vergütung der Geschäftsleiter § 25a Abs. 5 KWG sowie die neugefasste, rechtsformunabhängig geltende Institutsvergütungsverordnung zu beachten. Dem Umstand, dass der Komplementär persönlich haftet und schon deshalb anders incentiviert ist als ein angestellter Geschäftsleiter, wird nur insofern Rechnung getragen, als der an den geschäftsführenden Komplementär einer KGaA ausgezahlte Gewinnanteil nicht als variable Vergütung angesehen werden kann, wenn der Gewinnanteil ausschließlich entsprechend dem gesellschaftsvertraglich festgelegten einheitlichen Gewinnverteilungsschlüssel oder der quotalen Beteiligung der persönlich haftenden Gesellschafter am Eigenkapital des Instituts gezahlt wird.[107]

30 **§ 87 Abs. 1 AktG findet auch auf die atypische KGaA** mit einer Kapitalgesellschaft **keine Anwendung.** Der Gesetzgeber hat im Zuge des VorstAG, der § 87 AktG verschärft hat, § 87 Abs. 1 AktG nicht in die Verweisungsvorschrift des § 288 Abs. 2 S. 3 AktG aufgenommen.[108] Auch bei einer AG oder SE als Komplementärgesellschaft muss das Trennungsprinzip berücksichtigt werden. § 87 Abs. 1 S. 1 AktG gilt zunächst einmal nur für die Komplementärgesellschaft. Satz 2 findet schon seinem Wortlaut nach nicht auf die Komplementärgesellschaft Anwendung. Die Weiterbelastung der Vergütung auf die KGaA erfolgt über eine Tätigkeitsvereinbarung. Die Vergütung regelt das dafür zuständige Abschlussorgan (→ Rn. 25). Wenn es nicht der Aufsichtsrat ist, gilt § 87 Abs. 1 AktG schon dem Wortlaut nach nicht. Wenn es der Aufsichtsrat ist, kann § 87 AktG ohne gesetzliche Anordnung nicht gelten, weil der Entscheidung des Aufsichtsrats eine andere Organisationsstruktur zugrunde liegt. Etwas anderes kann für die Anwendbarkeit der Kodexempfeh-

---

[101] MüKoAktG/*Perlitt*, 5. Aufl. 2020, § 288 Rn. 76; vgl. auch *Koch* in Hüffer/Koch, AktG, 14. Aufl. 2020, § 288 Rn. 6; Bürgers/Körber AktG/*Förl/Fett*, 4. Aufl. 2017, § 288 Rn. 10.
[102] *Kallmeyer* ZGR 1983, 57 (74); aA die hM MüKoAktG/*Perlitt*, 5. Aufl. 2020, § 288 Rn. 79; Spindler/Stilz/*Bachmann*, 4. Aufl. 2019, § 288 Rn. 14 f.; KölnKommAktG/*Mertens/Cahn*, 3. Aufl. 2015, § 288 Rn. 41; GroßkommAktG/*Assmann/Sethe*, 4. Aufl. 2001, § 288 Rn. 88; Bürgers/Körber AktG/*Förl/Fett*, 4. Aufl. 2017, § 288 Rn. 10.
[103] Spindler/Stilz/*Bachmann*, 4. Aufl. 2019, § 288 Rn. 14; MüKoAktG/*Perlitt*, 5. Aufl. 2020, § 288 Rn. 76; KölnKommAktG/*Mertens/Cahn*, 3. Aufl. 2015, § 288 Rn. 42; Bürgers/Körber AktG/*Förl/Fett*, 4. Aufl. 2017, § 288 Rn. 11; aA GroßkommAktG/*Assmann/Sethe*, 4. Aufl. 2001, § 288 Rn. 90; K. Schmidt/Lutter AktG/*K. Schmidt*, 3. Aufl. 2015, § 288 Rn. 19; *Koch* in Hüffer/Koch, AktG, 14. Aufl. 2020, § 288 Rn. 6.
[104] MüKoAktG/*Perlitt*, 5. Aufl. 2020, § 288 Rn. 61, 71; Spindler/Stilz/*Bachmann*, 4. Aufl. 2019, § 288 Rn. 14.
[105] MüKoAktG/*Perlitt*, 5. Aufl. 2020, § 288 Rn. 76; Spindler/Stilz/*Bachmann*, 4. Aufl. 2019, § 288 Rn. 14; Bürgers/Körber AktG/*Förl/Fett*, 4. Aufl. 2017, § 288 Rn. 10.
[106] KölnKommAktG/*Mertens/Cahn*, 3. Aufl. 2015, § 288 Rn. 42.
[107] BaFin, Auslegungshilfe zur Institutsvergütungsverordnung, Stand: 15.2.2018, zu § 2 Abs. 5. Nicht klar, ob die Regeln der InstitutsVergV auch für die Haftungsentschädigung gilt.
[108] *Vollertsen*, Corporate Governance der KGaA, 2019, S. 334 f. mwN, so auch schon *Schünemann* Vergütung S. 210 f.; aA *Ihrig/Schlitt*, Die GmbH & Co. KG nach BGHZ 134, 392, 2007, S. 73, aber noch zur alten Rechtslage.

lungen zur Vergütung gelten. Hier handelt es sich nicht um materielle Regelungen, sondern es geht um Transparenz der Governance für Investoren. → Rn. 115.

d) Vergütungsbericht und Vergütungssystem („Say on Pay"). Durch ARUG II[109] **31** ist die Pflicht zur individualisierten Offenlegung der Vorstandsvergütung gemäß § 285 Nr. 9a S. 5, 8 HGB weggefallen. Die Anwendung dieser Pflicht auf die KGaA war umstritten. Stattdessen gibt es den **Vergütungsbericht** nach § 162 AktG, der jedes Jahr der Hauptversammlung zur Billigung vorzulegen ist (§ 120a Abs. 4 AktG). Zusätzlich hat die Hauptversammlung zumindest alle vier Jahre über das **Vergütungssystem** abzustimmen, „Say on Pay" gem. § 120a Abs. 1 AktG. Diese Bestimmungen und Beschlüsse passen nicht auf die Organisationsstruktur der KGaA. Es gilt das zuvor zur Anwendbarkeit von § 87 AktG Gesagte entsprechend (→ Rn. 29). Bei der **atypischen KGaA** hingegen wird die Vergütung in der Regel für die Geschäftsleiter der Komplementärgesellschaft von einem Aufsichtsrat oder Beirat festgelegt. § 162 AktG ist seinem Wortlaut nach nicht anwendbar, weil die Komplementärgesellschaft nicht börsennotiert ist. Allerdings besteht ein Interesse der Investoren und Kommanditaktionäre, über die Vergütungsstruktur der Geschäftsleiter der Komplementärgesellschaft informiert zu werden. Über die Tätigkeitsvereinbarung mit der Komplementärgesellschaft tragen die Kommanditaktionäre die Kosten der Vergütung. Sie haben deshalb ein berechtigtes Interesse, darüber informiert zu werden, wie hoch die Vergütung ist und welche Anreize sie setzt. Das **Trennungsprinzip muss insoweit durchbrochen werden,** in die Organisationsverfassung wird dadurch noch nicht eingegriffen. Die Hauptversammlung kann auch über die Billigung des Vergütungsberichts nach § 120a Abs. 4 bzw. des Vergütungssystems nach § 120a Abs. 1 AktG beschließen, weil die Beschlüsse die Organe, die über die Vergütung entscheiden, nicht unmittelbar binden (§ 120a Abs. 1 S. 2 AktG). Sie sollen den Aufsichtsrat lediglich veranlassen, die Vergütung zu revidieren. Das Trennungsprinzip wird durch die Beschlüsse daher nicht verletzt. Das zuständige Organ in der Komplementärgesellschaft kann die Bedenken aufgreifen oder auch nicht. Allerdings können seine Mitglieder anders als in der AG nicht durch die Hauptversammlung abberufen werden. Wieder gilt das Trennungsprinzip. Allerdings wird der Kapitalmarkt disziplinierend wirken. Schon allein um nicht Vertrauen im Kapitalmarkt zu verlieren, werden viele börsennotierten KGaAs die Hauptversammlung über das Vergütungssystem und Vergütungsbericht entscheiden lassen, genauso wie sie den Kodexempfehlungen zur Vergütung folgen oder eine Abweichung erklären werden (→ Rn. 103, 108). Ein klarer Verstoß gegen das Trennungsprinzip wäre aber ein Beschluss nach § 87 Abs. 4 AktG zur Herabsetzung der Maximalvergütung. Die Hauptversammlung würde damit in die Kompetenz des Aufsichtsrats der Komplementärgesellschaft eingreifen. Es wäre ein echter Durchgriff auf die rechtlich selbstständige Komplementärgesellschaft.[110] In der gesetzestypischen KGaA ist § 87 AktG ohnehin nicht anwendbar (→ Rn. 29). In der atypischen KGaA ist der Beschluss wegen Durchbrechung des Trennungsprinzips unzulässig.

e) Kapitalgesellschaft als Komplementär. Ist eine Kapitalgesellschaft Komplementär, **32** entfällt die Notwendigkeit, eine Tätigkeitsvereinbarung mit dem Komplementär abzuschließen. Die Geschäftsleiter werden auf der Grundlage eines Anstellungsvertrags tätig, der auch die Vergütung regelt. Wird der Anstellungsvertrag mit der Komplementärgesellschaft geschlossen, muss die zu zahlende Vergütung über eine Tätigkeits- und Haftungsentschädigungsvereinbarung mit der Komplementärgesellschaft der KGaA weiterbelastet werden. Es ist aber auch möglich, den Anstellungsvertrag direkt mit der KGaA ab-

---

[109] BGBl I 2019 v. 19.12.2019, S. 2637.
[110] Zur Durchgriffsproblematik in der KGaA ausführlich *Vollertsen*, Corporate Governance der KGaA, 2019, S. 275 ff. Zum Ganzen auch *Backhaus* AG 2020, 320 ff.

zuschließen.¹¹¹ Dies gilt auch für die Vorstände einer Komplementär-AG.¹¹² Soweit zwingende Regelungen bestehen wie § 87 AktG sind diese bei der Bemessung der Vergütung zu berücksichtigen. Unklar ist, ob die Vergütung der Geschäftsleiter der Komplementärgesellschaft individuell offenzulegen ist.¹¹³ Seinem Sinn und Zweck nach ist das VorstOG auch auf die Geschäftsleiter einer Komplementärgesellschaft anzuwenden, die keine andere Funktion als die Übernahme der Geschäftsführung in der KGaA hat.¹¹⁴ Da die Offenlegung der Vergütung die Kommanditaktionäre schützen soll, kann auch nur die Hauptversammlung der KGaA von der Offenlegung befreien.

33 **8. Vertretungsmacht.** Für die Vertretung der KGaA gilt nach § 278 Abs. 2 AktG das Recht der Kommanditgesellschaft. Nur in einigen wenigen spezialgesetzlich geregelten Fällen vertritt der Aufsichtsrat die Gesellschaft. Hierzu gehören gem. § 287 Abs. 2 AktG Rechtsstreitigkeiten zwischen Komplementären und der Gesamtheit der Kommanditaktionäre (vgl. dazu unter → § 78 Rn. 59) und – sofern die Satzung nichts anderes bestimmt – gem. § 278 Abs. 3 AktG iVm § 112 AktG Vereinbarungen zwischen der KGaA und den Komplementären.¹¹⁵ Grundsätzlich ist jeder Komplementär bei der KGaA zur Vertretung der Gesellschaft berechtigt, auch wenn er von der Geschäftsführung ausgeschlossen ist. Etwas anders gilt nur, wenn der persönlich haftende Gesellschafter gleichzeitig auch von der Vertretung ausgeschlossen ist. Ohne abweichende Regelung gilt das Prinzip der **Einzelvertretung** (§ 125 Abs. 1 HGB). In der Satzung kann jedoch vorgesehen werden, dass alle oder mehrere vertretungsberechtigte Komplementäre nur gemeinsam vertretungsberechtigt sein sollen oder sie die Gesellschaft gemeinsam mit einem Prokuristen vertreten können. Im Falle der Gesamtvertretung können die zur Vertretung berechtigten Komplementäre einzelne von ihnen zur Vornahme bestimmter Geschäfte oder bestimmter Arten von Geschäften ermächtigen (§ 125 Abs. 2 S. 2 HGB).

34 Wegen des Grundsatzes der **Selbstorganschaft** ist die organschaftliche Vertretungsmacht nicht auf Dritte übertragbar.¹¹⁶ Fremdgeschäftsführung ist also nur möglich, wenn eine Kapitalgesellschaft oder GmbH & Co. KG als Komplementär eingesetzt wird.¹¹⁷

35 Der **Umfang der Vertretungsmacht** richtet sich nach § 278 Abs. 2 AktG iVm §§ 161 Abs. 2, 126 HGB. Wie der Vorstand einer AG sind auch die geschäftsführenden Komplementäre in Einzelfällen bei der Vertretung an die Mitwirkung anderer Organe gebunden.¹¹⁸ So ist die Mitwirkung des Aufsichtsrats erforderlich bei Anfechtungsklagen (§ 283 Nr. 13 AktG iVm § 246 Abs. 2 AktG)¹¹⁹ und bei der Kreditgewährung an persönlich haftende Gesellschafter (§ 283 Nr. 5 AktG iVm § 89 AktG).¹²⁰ Die Zustimmung der Hauptversammlung ist zB erforderlich bei Verzicht auf Ersatzansprüche gegen einen anderen Komplementär (§ 283 Nr. 8 AktG iVm § 93 Abs. 4 AktG)¹²¹ und beim Abschluss von

---

¹¹¹ Für die GmbH & Co. KG: BGH ZIP 1980, 776; Für die GmbH & Co. KGaA: *Arnold*, GmbH & Co. KGaA, 2001, S. 8; MüKoAktG/*Perlitt*, 5. Aufl. 2020, § 288 Rn. 82.
¹¹² *Otte*, AG & Co. KGaA, 2010, S. 93. vgl. auch *Hoffmann-Becking* FS Marsch-Barner, 2018, 252 (259) zur AG & Co. KG.
¹¹³ Dagegen Spindler/Stilz/*Bachmann*, 4. Aufl. 2019, § 286 Rn. 12; *Bürgers/Körber* AktG/*Förl/Fett*, 4. Aufl. § 286 Rn. 9.
¹¹⁴ So im Ergebnis auch *Leuering/Simon* NZG 2005, 945 (946), die allerdings die Offenlegungspflicht nicht aus VorstVG ableiten, sondern aus Ziff. 4.2.4 Coporate Governance Kodex.
¹¹⁵ BGH AG 2005, 239 ff.; MüKoAktG/*Perlitt*, 5. Aufl. 2020, § 278 Rn. 259 ff.
¹¹⁶ GroßkommAktG/*Assmann/Sethe*, 4. Aufl. 2001, § 278 Anm. 137; KölnKommAktG/*Mertens/Cahn*, 3. Aufl. 2015, § 278 Rn. 76; MüKoAktG/*Perlitt*, 5. Aufl. 2020, § 278 Rn. 248; Bürgers/Körber AktG/*Förl/Fett*, 4. Aufl. 2017, § 278 Rn. 46.
¹¹⁷ *Haase* GmbHR 1997, 917 (922); Bürgers/Körber AktG/*Förl/Fett*, 4. Aufl. 2017, § 278 Rn. 46.
¹¹⁸ MüKoAktG/*Perlitt*, 5. Aufl. 2020, § 278 Rn. 251, 259.
¹¹⁹ Spindler/Stilz/*Bachmann*, 4. Aufl. 2019, § 287 Rn. 15a; Bürgers/Körber AktG/*Förl/Fett*, 4. Aufl. 2017, § 278 Rn. 43.
¹²⁰ OLG Stuttgart AG 2003, 527; Bürgers/Körber AktG/*Förl/Fett*, 4. Aufl. 2017, § 278 Rn. 42.
¹²¹ Bürgers/Körber AktG/*Förl/Fett*, 4. Aufl. 2017, § 278 Rn. 43.

Unternehmens- oder Umwandlungsverträgen (§§ 293, 295 AktG; §§ 78, 13, 65 UmwG). Auf die Erläuterung zur Einschränkung der Geschäftsführungsbefugnis der persönlich haftenden Gesellschafter wird verwiesen (vgl. → Rn. 14).

Bei **Vereinbarungen zwischen der KGaA und ihren Komplementären** vertritt grundsätzlich gem. § 278 Abs. 3, § 112 AktG der Aufsichtsrat die Gesellschaft.[122] Dies gilt auch für Vereinbarungen mit ausgeschiedenen Komplementären.[123] Umstritten ist, ob diese Vertretung durch den Aufsichtsrat zwingend ist[124] oder ob die Satzung die Zuständigkeit abweichend regeln kann.[125] Auf das Verhältnis zwischen Komplementären und KGaA ist grundsätzlich gem. § 278 Abs. 2 AktG Personengesellschaftsrecht anwendbar.[126] Da Personengesellschaftsrecht anwendbar ist, ist das Vertretungsrecht dispositiv (vgl. → Rn. 66).[127] Die Satzung kann daher eine andere Regelung vorsehen, etwa die Abschlusskompetenz dem Organ geben, das auch für die Aufnahme von Komplementären zuständig ist. Möglich ist auch die Vertretung der KGaA gegenüber den geschäftsführenden Komplementären durch einen von der Geschäftsführung ausgeschlossenen Komplementär.[128] 36

§ 112 AktG ist nur anwendbar, sofern die **Satzung keine Regelung** trifft. Da die Kommanditaktionäre vor Interessenskonflikten geschützt werden sollen, ist es sachgerecht, die Vertretung durch den Aufsichtsrat vorzusehen, weil die Komplementäre auf die Zusammensetzung dieses Organs keinen Einfluss haben (§ 285 Abs. 1 S. 2 Nr. 1 AktG).[129] Die Gesellschafter haben aber im Rahmen der ihnen durch die Anwendbarkeit des Personengesellschaftsrechts eröffneten Gestaltungsfreiheit die Möglichkeit, eine andere Vertretung vorzusehen. Bei Interessenkonflikten werden die Kommanditisten durch die Regelung des § 181 BGB und des Missbrauchs der Vertretungsmacht geschützt (vgl. → Rn. 66). 37

Für den **Entzug** und die **Niederlegung** der Vertretungsmacht gilt das für die Geschäftsführungsbefugnis Gesagte entsprechend (vgl. → Rn. 13).[130] 38

III. Hauptversammlung

1. Teilnahmeberechtigung. Die Hauptversammlung einer KGaA ist nicht eine Versammlung aller Gesellschafter, sondern eine Versammlung der **Kommanditaktionäre**. Es gibt daneben nicht noch ein weiteres Organ oder eine Versammlung, in der die Kommanditaktionäre ihre personengesellschaftsrechtlichen Befugnisse wahrnehmen. Zwar spricht das Gesetz in §§ 278 Abs. 2 und 287 Abs. 2 AktG von der Gesamtheit der Kommanditaktionäre. 39

---

[122] BGH AG 2005, 298 ff.; MüKoAktG/*Perlitt*, 5. Aufl. 2020, § 278 Rn. 260; Bürgers/Körber AktG/*Förl/Fett*, 4. Aufl. 2017, § 287 Rn. 4; *Fett/Stütz* NZG 2017, 1121 (1126).
[123] BGH AG 2005, 298 ff.; ausführlich dazu *Herfs* AG 2005, 589 ff.; *K. Schmidt* in K. Schmidt/Lutter, AktG, 3. Aufl. 2015, § 278 Rn. 45, Spindler/Stilz/*Bachmann*, 4. Aufl. 2019, § 287 Rn. 13; Bürgers/Körber AktG/*Förl/Fett*, 4. Aufl. 2017, § 287 Rn. 4; *Fett/Stütz* NZG 2017, 1121 (1126).
[124] GroßkommAktG/*Assmann/Sethe*, 4. Aufl. 2001, § 287 Rn. 68; K. Schmidt/Lutter AktG/*K. Schmidt*, 3. Aufl. 2015, § 278 Rn. 45; *Schlitt*, Die Satzung der KGaA, 1999, S. 179; *Ihrig/Schlitt* ZHR-Beiheft 67 (1989), 55 (56); aA Spindler/Stilz/*Bachmann*, 4. Aufl. 2019, § 287 Rn. 11.
[125] OLG München AG 1996, 86; KölnKommAktG/*Mertens/Cahn*, 3. Aufl. 2015, § 287 Rn. 21.
[126] In § 278 Abs. 2 AktG ist dem Wortlaut nach nur das Rechtsverhältnis zwischen Komplementär und Gesamtheit der Kommanditaktionäre angesprochen, nicht aber das Rechtsverhältnis zwischen Komplementären und KGaA. Dies ist aber ein Überbleibsel aus der Zeit, als die KGaA noch nicht als eigene Rechtspersönlichkeit anerkannt war. Seitdem ist ein gesondertes Konstrukt der Gesamtheit der Aktionäre nicht mehr erforderlich. Vgl. hierzu *Kessler* NZG 2005, 145 (146); *Mertens* FS Barz, 1974, 253 (256 ff.).
[127] *Herfs* AG 2005, 558; *Bürgers* in Bürgers/Fett, Die KGaA, 2. Aufl. 2015, § 5 Rn. 498; MüKoAktG/*Perlitt*, 5. Aufl. 2020, § 287 Rn. 69; aA Spindler/Stilz/*Bachmann*, 4. Aufl. 2019, § 287 Rn. 16.
[128] OLG München AG 1996, 86.
[129] BGH ZIP 2005, 348 (349); *Fett/Stütz* NZG 2017, 1121 (1126).
[130] Vgl. hierzu MüKoAktG/*Perlitt*, 5. Aufl. 2020, § 278 Rn. 254 ff.; KölnKommAktG/*Mertens/Cahn*, 3. Aufl. 2015, § 278 Rn. 82 f.

Damit ist aber gemeint, dass die Rechte der Kommanditaktionäre gemeinschaftlich ausgeübt werden (vgl. → § 78 Rn. 58 f.). Die Hauptversammlung der KGaA hat daher eine Doppelfunktion: Sie ist einerseits der Organ der juristischen Person KGaA mit den gleichen Kompetenzen wie bei der AG und andererseits Forum zur kollektiven Ausübung personengesellschaftsrechtlicher Befugnisse.[131] Im Recht der KGaA ist die Hauptversammlung nur rudimentär geregelt. Zentrale Regelung ist der mit „Hauptversammlung" überschriebene § 285 AktG, der aber nicht Ablauf und Kompetenzen der Hauptversammlung, sondern die Reche der Komplementäre in bzw. gegenüber der Hauptversammlung regelt.[132] Für die Einberufung und Abwicklung der Hauptversammlung gelten nach § 278 Abs. 3 AktG die Vorschriften über die Hauptversammlung der Aktiengesellschaft (vgl. oben §§ 36, 37). § 283 Nr. 6 AktG stellt klar, dass die Einberufung durch die persönlich haftenden Gesellschafter erfolgt. Bei der Einberufung handelt es sich um einen Akt der Geschäftsführung. Berechtigt zur Einberufung, aber auch zur Formulierung von Beschlussvorschlägen sind daher nur die geschäftsführungs- und vertretungsbefugten persönlich haftenden Gesellschafter.[133] Nach § 278 Abs. 3 iVm § 124 Abs. 3 AktG unterbreitet auch der Aufsichtsrat Beschlussvorschläge[134]. Unter den Voraussetzungen des § 111 Abs. 3 kann auch der Aufsichtsrat eine Hauptversammlung einberufen Die persönlich haftenden Gesellschafter haben auch alle anderen mit der Einberufung entstehenden Pflichten zu erfüllen wie Mitteilungen und Bekanntmachungen. Zur Einberufung berechtigt und verpflichtet sind nur die geschäftsführungs- und vertretungsberechtigten Komplementäre.[135] Teilnahmeberechtigt sind nicht nur die Kommanditaktionäre, sondern grundsätzlich auch die Komplementäre, weil die Hauptversammlung nicht nur über die Angelegenheiten der Kommanditaktionäre, sondern in der Regel auch über Angelegenheiten der Gesellschaft beschließt, die der Zustimmung der Komplementäre unterliegen. Die Kommanditaktionäre haben das Recht, durch Beschluss die Komplementäre von der Teilnahme an der Hauptversammlung auszuschließen, sofern die Komplementäre nicht zur Teilnahme verpflichtet sind.[136]

40 Nach § 283 Nr. 9 AktG iVm §§ 120 Abs. 3, 176 Abs. 1 S. 1, 175 Abs. 2 AktG haben die geschäftsführungsbefugten Komplementäre die Jahresabschlussvorlagen vorzulegen und die Vorlagen zu erläutern. Auf Verlangen müssen sie jedem Aktionär im Rahmen des § 131 Abs. 1 AktG Auskunft geben.[137] Sie sind daher insoweit nicht nur berechtigt, sondern zur **Teilnahme an der Hauptversammlung verpflichtet.**[138] Die nicht geschäftsführungsbefugten Komplementäre haben ein Teilnahmerecht, das sich aus ihrem umfassenden Informationsrecht über Angelegenheiten der Gesellschaft aufgrund ihres personengesellschaftsrechtlichen Status ergibt. Sie haben aber keine Teilnahmepflicht.[139] Wegen ihres Informationsrechts sind alle Komplementäre auch dann teilnahmeberechtigt, wenn die Tagesordnung einer Hauptversammlung nur Gegenstände enthält, die von den Kommanditaktionären autonom

---

[131] *Bachmann* FS Marsch-Barner, 2018, 13 (15).
[132] Ausführlich zum Thema Hauptversammlung der KGaA *Bachmann* FS Marsch-Barner, 2018, 13 ff.
[133] BGH 30.6.2015 – II ZR 142/14, dort unter Rn. 22, NZG 2015, 1228; LG München ZIP 2014, 25 (28); GroßkommAktG/*Assmann/Sethe*, 4. Aufl. 2001, § 283 Rn. 26; Spindler/Stilz/*Bachmann*, 4. Aufl. 2019, § 285 Rn. 9; K. Schmidt/Lutter AktG/*K. Schmidt*, 3. Aufl. 2015, § 283 Rn. 10; Die geschäftsführungsbefugten Komplementäre haben grundsätzlich auch das Recht, die Einberufung wieder zurückzunehmen, BGH NZG 2015, 1228.
[134] MüKoAktG/*Perlitt*, 5. Aufl. 2020, § 278 Rn. 214.
[135] Spindler/Stilz/*Bachmann*, 4. Aufl. 2019, § 283 Rn. 10.
[136] MüKoAktG/*Perlitt*, 5. Aufl. 2020, § 285 Rn. 8; Spindler/Stilz/*Bachmann*, 4. Aufl. 2019, § 285 Rn. 5; Bürgers/Körber AktG/*Förl/Fett*, 4. Aufl. 2017, § 285 Rn. 1.
[137] Vgl. zum Umfang des Auskunftsrechts → § 77 Rn. 60.
[138] GroßkommAktG/*Assmann/Sethe*, 4. Aufl. 2001, § 285 Rn. 8; MüKoAktG/*Perlitt*, 5. Aufl. 2020, § 285 Rn. 6; *Reger* in Bürgers/Fett, Die KGaA, 2. Aufl. 2015, § 5 Rn. 378; Spindler/Stilz/*Bachmann*, 4. Aufl. 2019, § 285 Rn. 4; *Bachmann* FS Marsch-Barner, 2018, 13 (21).
[139] GroßkommAktG/*Assmann/Sethe*, 4. Aufl. 2001, § 285 Rn. 8; MüKoAktG/*Perlitt*, 5. Aufl. 2020, § 285 Rn. 6 f.; Bürgers/Körber AktG/*Förl/Fett*, 4. Aufl. 2017, § 285 Rn. 1.

beschlossen werden können (zB Wahlen und Abberufung von Mitgliedern des Aufsichtsrats).[140] Teilnahmeberechtigt sind auch die Geschäftsleiter einer Komplementärgesellschaft. Es empfiehlt sich aber eine klarstellende Satzungsregelung, die auch im Zusammenspiel mit der Satzung der Komplementärgesellschaft eine Teilnahmepflicht begründen kann.[141]

2. Stimmrecht. Die Ausübung des Stimmrechts durch die Kommanditaktionäre richtet sich nach §§ 134–137 AktG (vgl. dazu → § 78 Rn. 60 ff.). **Stimmrechtsbeschränkungen** gelten für diejenigen Kommanditaktionäre, die gleichzeitig persönlich haftende Gesellschafter sind. Nach § 285 Abs. 1 AktG dürfen die persönlich haftenden Gesellschafter das Stimmrecht bei Beschlüssen über die Wahl von Organen zur Überwachung der Geschäftsführung (Wahl und Abberufung des Aufsichtsrats, Bestellung von Sonderprüfern, Wahl von Abschlussprüfern), die Entlastung bzw. die Geltendmachung von Ersatzansprüchen der persönlich haftenden Gesellschafter oder Maßnahmen, die persönlich haftende Gesellschafter unmittelbar betreffen, weder aus eigenen Aktien noch aus Aktien anderer ausüben.[142] Das **Stimmverbot** trägt dem denkbaren Interessengegensatz zwischen Kommanditaktionären und Komplementären Rechnung.[143] Für den Ausschluss reicht daher die abstrakte Gefahr der Interessenkollision. Die Stimmverbote nach § 285 Abs. 1 S. 2 AktG gelten für alle persönlich haftenden Gesellschafter, gleichgültig ob sie von der Geschäftsführung ausgeschlossen sind oder nicht.[144] Ist eine Kapitalgesellschaft Komplementär, erstreckt sich das Stimmverbot auf deren Geschäftsleiter, soweit diese Aktien halten.[145] Bei einer GmbH als Komplementärin erstreckt sich das Stimmverbot auch auf deren kontrollierende Gesellschafter im Sinne von § 17 AktG.[146] Anders ist es bei einer AG oder SE als Komplementärgesellschaft, da der Vorstand bzw. die geschäftsführenden Verwaltungsratsmitglieder nicht weisungsabhängig ist. Etwaige Einflussnahmen auf die Geschäftsleistung der Komplementär AG oder SE werden durch die §§ 311 ff. AktG erfasst, sofern der Mehrheitsaktionär der Komplementärgesellschaft die Unternehmereigenschaft erfüllt.[147] Doppelbeteiligte Aktionäre unterliegen daher nicht dem Stimmverbot nach § 285 Abs. 1

---

[140] MüKoAktG/*Perlitt*, 5. Aufl. 2020, § 285 Rn. 7; KölnKommAktG/*Mertens/Cahn*, 3. Aufl. 2015, § 285 Rn. 4.

[141] *Bachmann* FS Marsch-Barner, 2018, 13 (21). Beispiele bei Fresenius Medical Care (§ 15 Abs. 2) und Henkel (Ziff. 22 Abs. 1 S. 1).

[142] Auch bei Ausschluss des Stimmrechts behalten die Komplementäre alle anderen Aktionärsrechte innerhalb der Hauptversammlung, einschließlich des Rechts der Beschlussanfechtung. MüKoAktG/*Perlitt*, 5. Aufl. 2020, § 285 Rn. 18 f.; K. Schmidt/Lutter AktG/*K. Schmidt*, 3. Aufl. 2015, § 285 Rn. 12; KölnKommAktG/*Mertens/Cahn*, 3. Aufl. 2015, § 285 Rn. 9; GroßkommAktG/*Barz*, 3. Aufl. 1973, § 285 Anm. 24.

[143] Zur Entstehungsgeschichte vgl. *Dreisow* DB 1977, 851 (852); zum Interessenkonflikt zwischen Komplementären und Kommanditaktionären vgl. auch BGH ZIP 2005, 348.

[144] Spindler/Stilz/*Bachmann*, 4. Aufl. 2019, § 285 Rn. 15; MüKoAktG/*Perlitt*, 5. Aufl. 2020, § 285 Rn. 20; Bürgers/Körber AktG/*Förl/Fett*, 4. Aufl. 2017, § 285 Rn. 2.

[145] *Fett/Stütz* NZG 2017, 1121 (1125); Spindler/Stilz/*Bachmann*, 4. Aufl. 2019, § 285 Rn. 25; GroßkommAktG/*Assmann/Sethe*, 4. Aufl. 2001, § 285 Rn. 25; *Otte*, AG & Co KGaA, 2010, S. 167.

[146] *Fett/Stütz* NZG 2017, 1121 (1125); *Hennemann* ZHR 182 (2018), 157 (184); *Bachmann* FS Marsch-Barner, 2018, 13 (23); GroßkommAktG/*Assmann/Sethe*, 4. Aufl. 2001, § 285 Rn. 25; MüKoAktG/*Perlitt*, 5. Aufl. 2020, § 278 Rn. 325; Spindler/Stilz/*Bachmann*, 4. Aufl. 2019, § 285 Rn. 25 f.; Bürgers/Körber AktG/*Förl/Fett*, 4. Aufl. 2017, § 285 Rn. 3; *Wichert* AG 2000, 268 (274); *Schlitt*, Die Satzung der KGaA, 1999, S. 20; ausführlich *Arnold*, GmbH & Co. KGaA, 2001, S. 100. Vgl. zur ähnlich gelagerten Anwendbarkeit von § 287 Abs. 3 AktG auf Gesellschafter einer Komplementärgesellschaft BGH ZIP 2006, 177 (178).

[147] In diese Richtung allerdings für die Anwendung § 287 Abs. 3 AktG (→ Rn. 59) *Habersack* ZIP 2019, 1453 (1460); aA *Seibt/von Rimon* AG 2019, 753 (758), die ein Stimmverbot des Mehrheitsaktionärs bei beherrschenden Einfluss im Sinne von § 17 AktG annehmen wollen. In der Praxis wird aus Vorsichtsgründen oft von einem Stimmverbot des Mehrheitsaktionärs der Komplementär SE oder AG ausgegangen. Vgl. z.B CTS EVENTIM AG & Co KGaA und Fresenius SE & Co. KGaA, dort jeweils im Umwandlungsbericht so angegeben. *Seibt/von Rimon* AG 2019, 753 (759 f.) schlagen die

S. 2 AktG.[148] Wenn sie eine Mehrheitsbeteiligung an der AG halten, können sie gem. § 278 Abs. 3 AktG dem Stimmverbot aus § 136 Abs. 1 S. 1 AktG unterliegen, soweit die Voraussetzungen dafür vorliegen. Aus dem Gesetzeszweck folgt, dass die Stimmverbote dann nicht mehr gelten, wenn sich alle Kommanditaktien in den Händen der Komplementäre oder eines Komplementärs befinden, weil dann ein Interessengegensatz nicht mehr vorstellbar ist. Dabei ist es unbeachtlich, ob alle Komplementäre oder nur einige von ihnen zugleich Kommanditaktionäre sind.[149] Dies gilt auch für die Einheitsgesellschaft.[150]

42 Einem möglichen **Interessengegensatz** zwischen Komplementären und Kommanditaktionären kann auch durch die Satzung Rechnung getragen werden. Die Satzung kann vorsehen, dass den persönlich haftenden Gesellschaftern untersagt ist, Aktien der KGaA zu erwerben. Sie kann auch das Stimmrecht für persönlich haftende Gesellschafter, die gleichzeitig Kommanditaktionäre sind, generell ausschließen.[151] Diese Beschränkungen müssen aber an die Komplementärstellung anknüpfen. Mit dem Verlust der Komplementärstellung entfällt die Beschränkung.[152] Hingegen kann die Satzung nicht das Stimmverbot nach § 285 Abs. 1 S. 2 AktG ausschließen. Hier handelt es sich um eine zwingende aktienrechtliche Sonderregelung für die KGaA, für die der Grundsatz der Satzungsstrenge nach §§ 23 Abs. 5, § 278 Abs. 3 AktG gilt.[153] Aus dem gleichen Grund können durch die Satzung auch keine zusätzlichen Stimmrechte geschaffen werden, etwa in der Form, dass Kapitalanteile der Komplementäre Stimmrechte in der Hauptversammlung begründen.[154] Ein Verstoß gegen ein Stimmverbot oder eine unzulässige Abbedingung des Stimmverbots führt zur Anfechtbarkeit des Beschlusses.

43 **3. Beschlussfassung.** Für die Form der Beschlussfassung und die Mehrheitserfordernisse gelten die allgemeinen aktienrechtlichen Vorschriften (vgl. → § 40 Rn. 15 ff.).[155] Abwei-

---

Einschaltung einer Zwischengesellschaft vor, um ein etwaiges Stimmverbot des Mehrheitsaktionärs der Komplementär AG oder SE rechtssicher nach § 285 Abs. 1 AktG zu umgehen.

[148] GroßkommAktG/*Assmann/Sethe*, 4. Aufl. 2001, § 285 Rn. 25; *Otte*, AG & Co. KGaA, 2010, S. 168 ff.

[149] *Fett/Stütz* NZG 2017, 1121 (1125); *Dreisow* DB 1977, 851 ff.; MüKoAktG/*Perlitt*, 5. Aufl. 2020, § 285 Rn. 21 f.; GroßkommAktG/*Assmann/Sethe*, 4. Aufl. 2001, § 285 Anm. 32; aA Bürgers/Körber AktG/*Förl/Fett*, 4. Aufl. 2017, § 285 Rn. 4, die ein Stimmverbot nur auf die Fälle des § 285 Abs. 1 S. 2 Nr. 1–3 und 6 beschränken; KölnKommAktG/*Mertens/Cahn*, 3. Aufl. 2015, § 285 Rn. 24, die die Stimmverbote nur dann nicht anwenden wollen, wenn alle Komplementäre an der Geschäftsführung und Vertretung beteiligt sind. Ist das nicht der Fall, bleibt das Stimmverbot bestehen.

[150] *Bachmann* FS Marsch-Barner, 2018, 13 (22).

[151] MüKoAktG/*Perlitt*, 5. Aufl. 2020, § 285 Rn. 11 f.; GroßkommAktG/*Assmann/Sethe*, 4. Aufl. 2001, § 285 Rn. 45.

[152] GroßkommAktG/*Assmann/Sethe*, 4. Aufl. 2001, § 285 Rn. 45; MüKoAktG/*Perlitt*, 5. Aufl. 2020, § 285 Rn. 12.

[153] GroßkommAktG/*Assmann/Sethe*, 4. Aufl. 2001, § 285 Anm. 44; KölnKommAktG/*Mertens/Cahn*, 3. Aufl. 2015, § 285 Rn. 6, 12; MüKoAktG/*Perlitt*, 5. Aufl. 2020, § 285 Rn. 23; Bürgers/Körber AktG/*Förl/Fett*, 4. Aufl. 2017, § 285 Rn. 7.

[154] MüKoAktG/*Perlitt*, 5. Aufl. 2020, § 285 Rn. 15.

[155] *Wichert* AG 1999, 362 (365) will hinsichtlich des Mehrheitserfordernisses bei Satzungsänderungen unterscheiden zwischen „aktienrechtlichen Bestimmungen", d.h. Regelungen, die auch in der Satzung einer AG zu finden sind, und „kommanditrechtlichen Bestimmungen", d.h. Regelungen, die die Rechtsbeziehungen der Komplementäre untereinander oder der Komplementäre zu den Kommanditaktionären betreffen und daher nur in der KGaA Satzung zu finden sind. Für die Änderung aktienrechtlicher Bestimmungen sollen die Mehrheitserfordernisse nach §§ 179 ff. AktG gelten, für die Änderung kommanditrechtlicher Bestimmungen § 133 Abs. 1 AktG. Ähnlich *Sethe*, Die personalistische Kapitalgesellschaft, 1996, S. 122. Diese Unterscheidung ist abzulehnen. Wird eine Bestimmung in die Satzung aufgenommen, hat sie aktienrechtlichen Charakter. Es gelten §§ 179 ff. AktG. Durch die Aufnahme in die Satzung ist ein Vertrauenstatbestand geschaffen worden, der nur unter den Voraussetzungen der §§ 179 ff. AktG geändert werden kann; so auch MüKoAktG/*Perlitt*, 5. Aufl. 2020, § 281 Rn. 60 f.; KölnKommAktG/*Mertens/Cahn*, 3. Aufl. 2015, Vorb. § 278 Rn. 13, die aber solche

chend davon bedürfen Beschlüsse der Hauptversammlung der **Zustimmung der persönlich haftenden Gesellschafter,** soweit sie Angelegenheiten betreffen, für die bei der Kommanditgesellschaft das Einverständnis der persönlich haftenden Gesellschafter und der Kommanditisten erforderlich ist (§ 285 Abs. 2 S. 1 AktG). Zustimmungspflichtige Beschlüsse sind Satzungsänderungen und sonstige Grundlagenbeschlüsse, zB Zustimmung zu Unternehmensverträgen, Auflösung und Verschmelzung usw. Insoweit haben die Komplementäre ein „Veto-Recht".[156]

Nicht zustimmungspflichtig sind Beschlüsse der Hauptversammlung über **außergewöhnliche** Geschäfte gemäß § 164 HGB (vgl. → Rn. 14). Ein Mitwirkungsrecht wäre sinnlos, weil Geschäftsführungsmaßnahmen ohnehin in die Zuständigkeit der Komplementäre fallen. Die Mitwirkung der von der Geschäftsführung ausgeschlossenen Komplementäre ist über §§ 161 Abs. 2, 116 Abs. 2 HGB gesichert.[157] Dasselbe gilt, falls durch die Satzung die Mitwirkungsrechte der Hauptversammlung bei Geschäftsführungsmaßnahmen erweitert worden sind (vgl. dazu → Rn. 21).

Die Satzung kann das **Zustimmungserfordernis der Komplementäre erweitern.** So können auch Beschlüsse zustimmungspflichtig werden, die nach dem Gesetz in die alleinige Zuständigkeit der Kommanditaktionäre fallen, wie zB die Gewinnverwendung.[158] Das Zustimmungsrecht kann allerdings nicht auf solche Beschlüsse erweitert werden, für die nach § 285 Abs. 1 S. 2 AktG das Stimmrecht der persönlich haftenden Gesellschafter ausgeschlossen ist.[159] Dieses Verbot muss erweitert werden für Beschlussgegenstände, bei denen nach Personengesellschaftsrecht ein Stimmverbot wegen Richten in eigener Sache bestehen würde,[160] wie zB Beschlussfassung über den Ausschluss oder den Entzug der Geschäftsführungsbefugnis des Komplementärs.[161] Die Erweiterung des Zustimmungserfordernisses der Komplementäre, insbesondere in Verbindung mit dem Ausschluss des Widerspruchsrechts nach § 164 HGB der Kommanditaktionäre, erweitert den Einfluss der Komplementäre erheblich. Im Anschluss an die Entscheidung des BGH vom 24.2.1997 ist daher zum Teil vertreten worden, dass solche Satzungsgestaltungen in der Publikums-KGaA der Inhaltskontrolle unterliegen und unwirksam sein können.[162]

Regelungen ausnehmen wollen, die ausschließlich die Komplementäre betreffen; GroßkommAktG/ *Assmann/Sethe,* 4. Aufl. 2001, § 278 Anm. 99 aE; *Cahn* AG 2001, 579 (583).

[156] Vgl. hierzu *Haase* GmbHR 1997, 917 (920); *Priester* ZHR 160 (1996), 250 (253); *Hartl* DB 1992, 2329 (2330); Bürgers/Körber AktG/*Förl/Fett,* 4. Aufl. 2017, § 285 Rn. 8.

[157] KölnKommAktG/*Mertens/Cahn,* 3. Aufl. 2015, § 285 Rn. 38 f.; aA Hüffer/*Koch,* AktG, 13. Aufl. 2018, § 285 Rn. 2; *Semler* in Geßler/Hefermehl, AktG, 2. Aufl. 2000, § 285 Rn. 42.

[158] So auch LG München ZIP 2014, 25 (27), zumindest für die personalistisch strukturierte KGaA (d.h. mit natürlicher Person als Komplementär); für Zulässigkeit des Zustimmungsvorbehalts auch in diesem Fall K. Schmidt/Lutter AktG/*K. Schmidt,* 3. Aufl. 2015, § 286 Rn. 12; MüKoAktG/*Perlitt,* 5. Aufl. 2020, § 285 Rn. 45 und § 286 Rn. 80; *Schnorbus* Liber Amicorung Martin Winter, 2011, 627 (652); *Bachmann* FS Marsch-Barner, 2018, 13 (25); offengelassen bei OLG München AG 2014, 864 ff., das aber die Verweigerung der Zustimmung für rechtsmissbräuchlich hält, wenn die geschäftsführungsbefugten Komplementäre den Gewinnverwendungsvorschlag gemacht haben und die Ausübung des Zustimmungsrechts einem nicht-geschäftsführungsbefugten Komplementär obliegt, der dem Vorschlag widerspricht; gegen Zustimmungsvorbehalt bei Gewinnverwendungsbeschlüssen Bürgers/Körber AktG/*Förl/Fett,* 4. Aufl. 2017, § 285 Rn. 9.

[159] MüKoAktG/*Perlitt,* 5. Aufl. 2020, § 285 Rn. 45, 46; KölnKommAktG/*Mertens/Cahn,* 3. Aufl. 2015, § 285 Rn. 39; GroßkommAktG/*Assmann/Sethe,* 4. Aufl. 2001, § 285 Rn. 80 ff.; *Hoffmann-Becking/Herfs* FS Sigle, 2000, 275 (285); Bürgers/Körber AktG/*Förl/Fett,* 4. Aufl. 2017, § 285 Rn. 9; aA *Schaumburg/Schulte* DStZ 1998, 525 (532); *Schlitt,* Die Satzung der KGaA, 1999, S. 213, Zustimmungsbeschluss entfällt nur, wenn alle Komplementäre geschäftsführungsbefugt sind und die Initiative deshalb von ihnen ausgeht.

[160] Dazu *Baumbach/Hopt,* HGB, 38. Aufl. 2018, § 119 Rn. 8.

[161] MüKoAktG/*Perlitt,* 5. Aufl. 2020, § 278 Rn. 362.

[162] *Ihrig/Schlitt* in Ulmer, Die GmbH & Co. KG nach dem Beschluss BGHZ 134, 392 (1998), S. 68 f.; in diese Richtung auch *Schaumburg* DStZ 1998, 525 (532), ohne aber in jedem Fall die

Eine Inhaltskontrolle und Unwirksamkeit solcher Satzungsgestaltungen ist abzulehnen, vgl. → § 78 Rn. 62 ff.

46 Die Zustimmung der Komplementäre ist eine **empfangsbedürftige Willenserklärung.** Sie ist gegenüber der Hauptversammlung oder gegenüber dem Aufsichtsrat abzugeben. Die Satzung kann auch einen anderen Erklärungsempfänger vorsehen, insbesondere ein fakultatives Vertretungsorgan der Kommanditaktionäre (vgl. dazu → Rn. 76). Der Begriff der Zustimmung entspricht der Terminologie des BGB. Sie kann daher vor der Beschlussfassung der Hauptversammlung (Einwilligung) oder nachträglich (Genehmigung) erteilt werden. Bis zur Entscheidung der Komplementäre ist ein zustimmungsbedürftiger Beschluss schwebend unwirksam.[163]

47 Das **Mehrheitserfordernis** für die Zustimmung der Komplementäre kann durch die Satzung bestimmt werden. Fehlt eine Satzungsregelung, so ist grundsätzlich Zustimmung aller persönlich haftenden Gesellschafter erforderlich. Die Satzung kann einen Mehrheitsbeschluss genügen lassen oder einzelne Gesellschafter von der Beschlussfassung über die Zustimmung ausschließen.[164] Die Komplementäre können ihre Zustimmung zu bestimmten Grundlagenänderungen auch bereits in der Satzung erteilen.[165]

48 Zustimmungserklärungen sind grundsätzlich **formfrei.** Sie bedürfen jedoch der Beurkundung, wenn Beschlüsse zum Handelsregister einzureichen sind. Die Beurkundung kann in der Niederschrift über die Hauptversammlung, aber auch in einer besonderen, der Niederschrift als Anlage beizufügenden Urkunde erfolgen (§ 285 Abs. 3 S. 2 AktG).[166] Die Zustimmung der Komplementäre braucht nicht ausdrücklich erteilt werden; konkludentes Handeln genügt.[167] Stimmen Komplementäre, die gleichzeitig Kommanditaktionäre sind, in der Hauptversammlung für einen bestimmten Beschluss, so ist in ihrer Stimmabgabe gleichzeitig auch ihre Zustimmung in ihrer Eigenschaft als Komplementäre zu sehen. Die Mitwirkung bei der Anmeldung eines Beschlusses zum Handelsregister reicht allerdings nicht, weil die Form nach § 285 Abs. 3 S. 2 AktG nicht eingehalten ist und der Zugang fehlt.[168]

49 **4. Kompetenzen der Hauptversammlung.** Die Kompetenzen der Hauptversammlung der KGaA gehen über diejenigen der Hauptversammlung der AG hinaus. Es lassen sich **drei Arten von Kompetenzen** unterscheiden:

– Kompetenzen, die sich aus der personengesellschaftsrechtlichen Komponente der KGaA ergeben und das Verhältnis der beiden Gesellschaftergruppen zueinander betreffen, zB

Unwirksamkeit zu fordern; so auch KölnKommAktG/*Mertens/Cahn*, 3. Aufl. 2015, § 285 Rn. 38 ff. mwN.

[163] MüKoAktG/*Perlitt*, 5. Aufl. 2020, § 285 Rn. 51 f.; KölnKommAktG/*Mertens/Cahn*, 3. Aufl. 2015, § 285 Rn. 22; Spindler/Stilz/*Bachmann*, 4. Aufl. 2019, § 285 Rn. 34.

[164] KölnKommAktG/*Mertens/Cahn*, 3. Aufl. 2015, § 285 Rn. 38; GroßkommAktG/*Assmann/Sethe*, 4. Aufl. 2001, § 285 Anm. 9; MüKoAktG/*Perlitt*, 5. Aufl. 2020, § 285 Rn. 57.

[165] Für eine Umwandlung in eine AG ist eine antizipierte Zustimmung aber wegen § 240 Abs. 3 UmwG nicht möglich.

[166] KG JW 1927, 720; MüKoAktG/*Perlitt*, 5. Aufl. 2020, § 285 Rn. 53; GroßkommAktG/*Assmann/Sethe*, 4. Aufl. 2001, § 285 Anm. 62; Spindler/Stilz/*Bachmann*, 4. Aufl. 2019, § 285 Rn. 34; KölnKommAktG/*Mertens/Cahn*, 3. Aufl. 2015, § 285 Rn. 46 f.; *Bachmann* FS Marsch-Barner, 2018, 13 (25). Die Beurkundung der Zustimmung in einem besonderen Akt, die der Verhandlungsniederschrift nicht als Anlage beigefügt ist, verstößt gegen § 285 Abs. 3 S. 2 AktG (KG JW 1927, 720).

[167] Vgl. LG München ZIP 2014, 25 (28), zur Frage, ob eine konkludente Einwilligung in dem Beschlussvorschlag für die Hauptversammlung gesehen werden kann; *Bachmann* FS Marsch-Barner, 2018, 13 (25).

[168] GroßkommAktG/*Assmann/Sethe*, 4. Aufl. 2001, § 285 Rn. 61; Hüffer/*Koch* AktG, 14. Aufl. 2020, § 285 Rn. 4; Bürgers/Körber AktG/*Förl/Fett*, 4. Aufl. 2017, § 286 Rn. 14; MüKoAktG/*Perlitt*, 5. Aufl. 2020, § 285 Rn. 56 will allerdings eine konkludente Zustimmung dann annehmen, wenn der Beschluss der Hauptversammlung nur einzureichen, aber nicht einzutragen ist und der Zugang der Zustimmungserklärung an den Aufsichtsrat sichergestellt ist.

Mitwirkungsrechte bei Geschäftsführungsmaßnahmen und Veränderungen bei den Komplementären, wie Aufnahme neuer Komplementäre sowie Gewährung oder Entzug der Geschäftsführungsbefugnis;
– Kompetenzen, die sich aus der aktienrechtlichen Komponente der KGaA ergeben; sie entsprechen den Kompetenzen der Hauptversammlung der AG[169];
– Kompetenzen aufgrund von spezialgesetzlichen Regelungen für die KGaA, insbesondere Feststellung des Jahresabschlusses gem. § 286 AktG.[170]

Die Kompetenzen der Hauptversammlung können in der Satzung nur **eingeschränkt oder erweitert** sowie die Mehrheitserfordernisse verändert werden, soweit die Kompetenzen auf Personengesellschaftsrecht beruhen. Die aktienrechtlichen Kompetenzen, einschließlich derer, die sich aus Spezialregelungen für die KGaA ergeben, sind satzungsfest. Änderungen der Beschlussmehrheiten sind nur im Rahmen der aktienrechtlichen Vorgaben möglich.[171] 50

Nach § 278 Abs. 3 AktG hat die Hauptversammlung der KGaA zunächst die **gleichen Kompetenzen wie die Hauptversammlung der AG** nach § 119 Abs. 1 AktG, wobei im Fall des § 119 Abs. 1 Nr. 3 AktG an die Stelle der Entlastung des Vorstands die Entlastung der persönlich haftenden Gesellschafter tritt. Auch in den übrigen Fällen, in denen bei der AG ein Hauptversammlungsbeschluss nach den gesetzlichen Vorschriften erforderlich ist, ist auch bei der KGaA ein Hauptversammlungsbeschluss zu fassen, wie zB bei Bestellung von Sonderprüfern, Geltendmachung von Ersatzansprüchen gegen persönlich haftende Gesellschafter, Abschluss von Unternehmensverträgen, Verschmelzung oder Zustimmung zur Eingliederung.[172] 51

Zu den Kompetenzen der Hauptversammlung aufgrund aktiengesetzlicher Bestimmungen gehört grundsätzlich auch die **Satzungsänderungskompetenz** (§ 278 Abs. 3, § 119 Abs. 1 Nr. 5, § 179 Abs. 1 S. 1 AktG). Streitig ist aber, ob jede Satzungsänderung in der KGaA unabhängig von ihrer inhaltlichen Qualifizierung unter § 179 Abs. 1 AktG fällt, oder ob zwischen aktienrechtlichen und personengesellschaftsrechtlichen Bestandteilen der Satzung zu differenzieren ist.[173] Bei der KGaA werden die personengesellschaftsrechtlichen und die aktienrechtlichen Satzungsbestandteile in einer Satzung zusammengefasst, damit für alle Gesellschaftergruppen ein einheitliches Regelwerk besteht,[174] was für die Anwendung von § 179 ff. AktG auf jede Art von Satzungsänderung spricht. Eine undifferenzierte Anwendung von § 179 Abs. 1 AktG auch auf Bestimmungen, die personengesellschaftsrechtlichen Charakter haben,[175] hätte aber zur Folge, dass das Mehrheitserfordernis in § 179 Abs. 1 AktG nicht geändert werden dürfte und auch in formeller Hinsicht alle Vorschriften, insbesondere die der notariellen Beurkundung und der Eintragung als Wirksamkeitsvoraussetzung der Satzungsänderung nach § 181 Abs. 3 AktG eingehalten werden müssten. Die 52

---

[169] In der KGaA kann auch ein Beschluss über die Billigung der Vergütung gem. § 120 Abs. 4 AktG gefasst werden („Say on Pay"), auch wenn die Struktur der Vergütung der persönlich haftende Gesellschafter anders als die des Vorstands ist (vgl. → Rn. 26 ff.). In der Praxis kommt das auch vor. Siehe Hauptversammlung der Merck KGaA vom 27.4.2018; Vgl. zum Ganzen *Bachmann* FS Marsch-Barner, 2018, 13 (17).
[170] GroßkommAktG/*Assmann/Sethe*, 4. Aufl. 2001, § 278 Rn. 96 ff.; *Reger* in Bürgers/Fett, Die KGaA, 2. Aufl. 2015, § 5 Rn. 389 ff.; *Schnorbus* FS Winter, 2011, 627 (640).
[171] Vgl. hierzu *Reger* in Bürgers/Fett, Die KGaA, 2. Aufl. 2015, § 5 Rn. 390; Bürgers/Körber AktG/*Förl/Fett*, 4. Aufl. 2017, § 286 Rn. 3.
[172] Spindler/Stilz/*Bachmann*, 4. Aufl. 2019, § 285 Rn. 7; MüKoAktG/*Perlitt*, 5. Aufl. 2020, § 278 Rn. 267.
[173] Zur Problematik, *Cahn* AG 2001, 579 ff.; *Wichert* AG 1999, 362 ff.; *Bachmann* FS K. Schmidt, 2009, 41 ff.
[174] So K. Schmidt/Lutter AktG/*K. Schmidt*, 3. Aufl. 2015, § 281 Rn. 15.
[175] Für Anwendung von § 179 AktG bei allen Satzungsänderungen *K. Schmidt* in K. Schmidt/Lutter, AktG, 3. Aufl. 2015, § 281 Rn. 15; GroßkommAktG/*Assmann/Sethe*, 4. Aufl. 2001, § 278 Rn. 181; MüKoAktG/*Perlitt*, 5. Aufl. 2020, § 281 Rn. 60.

Problematik wird insbesondere deutlich bei Aufnahme und Ausscheiden von Komplementären oder Änderung ihrer Vermögenseinlage gemäß § 281 AktG. Hier ist unstreitig, dass die Kompetenz zur Aufnahme von Komplementären auf ein anderes Organ übertragen werden kann (vgl. → § 78 Rn. 6).[176] Offen ist, ob die Aufnahme eines weiteren Komplementärs mit der Entscheidung des entsprechenden Organs wirksam wird oder ob es hierzu einer formellen Satzungsänderung gem. § 179 AktG bedarf.[177] Richtigerweise ist zwischen der Kompetenz zur Satzungsänderung und dem Verfahren zur Satzungsänderung zu unterscheiden. Für personengesellschaftsrechtliche Satzungsbestandteile wie die Aufnahme von Komplementären kann die **materielle Änderungskompetenz** auf andere Organe verlagert werden. In diesem Fall gelten auch die formellen Änderungsvorschriften der §§ 179, 181 AktG nicht mehr.[178] Andernfalls würde durch die zwingende Anwendung des § 179 AktG die an sich eröffnete Gestaltungsfreiheit wieder unterlaufen werden.[179] Im Ergebnis bedeutet das, dass für die personengesellschaftsrechtlichen Bestandteile der Satzung nicht die §§ 179 ff. AktG gelten, sondern gemäß § 278 Abs. 2 AktG iVm §§ 161, 119 Abs. 1 HGB die Regelungen über die Änderungen eines KG-Gesellschaftsvertrags,[180] dh es bedarf des einstimmigen Beschlusses aller Gesellschafter, Komplementäre wie Kommanditisten.[181] In den Grenzen des Personengesellschaftsrechts[182] kann aber von dieser Regelung abgewichen werden. Ein Beschluss der Hauptversammlung ist daher nicht zwingend erforderlich. Wird etwa die Aufnahme neuer Komplementäre auf einen Gesellschafterausschuss übertragen, so wird die Aufnahme mit der Entscheidung wirksam. Eines Hauptvesammlungsbeschlusses bedarf es dann nicht. Da gemäß § 282 AktG alle Komplementäre in der Satzung namentlich benannt sein müssen, ist die Fassung zu ändern.[183] Dies kann bei entsprechender Ermächtigung durch den Aufsichtsrat gem. § 179 Abs. 1 S. 2 AktG erfolgen.[184] Ansonsten wäre ein Hauptversammlungsbeschluss nach § 179 AktG erforderlich.[185] Die Eintragung der Satzungsänderungen hat nur deklaratorische Wirkung.[186] Für die Änderung der aktienrechtlichen Satzungsbestandteile gelten die §§ 179 ff. AktG. Das Zustimmungserfordernis der Komplementäre (§ 285 Abs. 2 AktG) kann in der Satzung geregelt werden (vgl. → Rn. 41).

---

[176] Vgl. zB § 9. Abs. 2 der Satzung der Merck KGaA (Stand vom 27.4.2018).

[177] Vgl. hierzu *Cahn* AG 2001, 579 (583 ff.); *Wichert* AG 1999, 361 (366 ff.).

[178] Hüffer/*Koch,* AktG, 14. Aufl. 2020, § 281 Rn. 3; GroßkommAktG/*Assmann/Sethe,* 4. Aufl. 2001, § 278 Rn. 99; MüKoAktG/*Perlitt,* 5. Aufl. 2020, § 281 Rn. 63; Bürgers/Körber AktG/*Förl/Fett,* 4. Aufl. 2017, § 278 Rn. 11; *Fett/Stütz* NZG 2017, 1121 (1128); *Schnorbus* FS Winter, 2011, 627 (641); ausführlich *Philbert,* KGaA zwischen Personengesellschaftsrecht und Aktienrecht, 2005, 178 f.; *Bachmann* FS Marsch-Barner, 2018, 13 (17); Teilweise abweichend *Cahn* AG 2001, 579 (582 f.), der zwischen materiellen und formellen Voraussetzungen der Satzungsänderung unterscheiden will. Auch wenn die Kompetenzen verlagert werden können, bleiben die Verfahrensvorschriften des AktG, d.h. insbesondere Registereintragung nach § 181 AktG weiter anwendbar. Ebenso K. Schmidt/Lutter AktG/*K. Schmidt,* 3. Aufl. 2015, § 281 Rn. 15; KölnKommAktG/*Mertens/Cahn,* 3. Aufl. 2015, Vorb. § 278 Rn. 13 ff.

[179] MüKoAktG/*Perlitt,* 5. Aufl. 2020, § 281 Rn. 63; GroßkommAktG/*Assmann/Sethe,* 4. Aufl. 2001, § 281 Rn. 9; *Fett* in Bürgers/Fett, Die KGaA, 2. Aufl. 2015, § 3 Rn. 35 ff.; *Fett/Stütz* NZG 2017, 1121 (1128); *Wichert* AG 1999, 362 (366); aA *Cahn* AG 2001, 579 (583 ff.); KölnKommAktG/*Mertens/Cahn,* 3. Aufl. 2015, § 281 Rn. 6, die allerdings die antizipierte Zustimmung der Hauptversammlung zu Satzungsänderungen in der Satzung für zulässig halten.

[180] Ebenso *Bachmann* FS K. Schmidt, 2009, 44 (47 f.); *Bachmann,* FS Marsch-Barner, 2018, 13 (17); Fett/Stütz NZG 2017, 1121 (1127).

[181] Bürgers/Körber AktG/*Förl/Fett,* 4. Aufl. 2017, § 278 Rn. 17.

[182] BGH NJW 1985, 972 (973).

[183] Bürgers/Körber AktG/*Förl/Fett,* 4. Aufl. 2017, § 278 Rn. 18.

[184] *Fett* in Bürgers/Fett, Die KGaA, 2. Aufl. 2015, § 3 Rn. 25; MüKoAktG/*Perlitt,* 5. Aufl. 2020, § 281 Rn. 63.

[185] Nach *Bachmann* FS K. Schmidt, 2009, 44 (49) ist bei nachträglichem Wechsel der Komplementäre eine Anpassung der Satzung nicht erforderlich, weil § 281 AktG eine Gründungsvorschrift sei.

[186] *Fett/Stütz* NZG 2017, 1121 (1128).

Unter die aus dem **Personengesellschaftsrecht sich ergebenden Kompetenzen der** 53
Hauptversammlung fallen insbesondere:
- Außergewöhnliche Geschäftsführungsmaßnahmen und Grundlagengeschäfte (§ 278 Abs. 2 iVm § 285 Abs. 2 S. 1 AktG, §§ 164 S. 1, 116 Abs. 2 HGB) sowie die Entziehung der Geschäftsführungs- und Vertretungsbefugnis (§ 278 Abs. 2 iVm § 285 Abs. 2 S. 1 AktG, §§ 117, 127 HGB);
- Änderungen der Vermögenseinlage der Komplementäre (§ 281 Abs. 2 AktG);
- Änderungen der Geschäftsführungs- und Vertretungsbefugnis (§ 278 Abs. 2 iVm § 285 Abs. 2 S. 1 AktG, §§ 114, 125 HGB);
- die Aufnahme neuer Komplementäre (§ 282 Abs. 2 AktG);
- das Ausscheiden und die Ausschließung von Komplementären (§ 278 Abs. 2 AktG iVm § 109 HGB).

Die Kompetenz der Hauptversammlung ist in diesen Fällen **satzungsdispositiv.** Die 54 genannten Entscheidungen können grundsätzlich unter Beachtung der Grenzen der Gestaltungsfreiheit auch anderen Organen übertragen werden. Die Kompetenzen der Hauptversammlung können in diesen Bereichen aber auch erweitert werden. So kann die Satzung der Hauptversammlung etwa weitere Zustimmungsrechte zu Geschäftsführungsmaßnahmen oder sogar das Recht einräumen, den Geschäftsführer-Komplementären Weisungen zu erteilen. Dadurch kann die Rechtsstellung der Kommanditaktionäre an die Rechtsstellung von GmbH-Gesellschaftern angeglichen werden. Wenn gewünscht, kann die Hauptversammlung durch die Satzung zum obersten Organ der KGaA in Geschäftsführungsfragen werden.[187]

Die Mitwirkungsbefugnis der Hauptversammlung nach § 278 Abs. 2 AktG iVm § 164 55 S. 1 HGB kann ausgeschlossen werden oder auf andere Organe verlagert werden (vgl. → Rn. 19). Nicht satzungsdispositiv ist hingegen die Zustimmung zu so genannten **Grundlagengeschäften,** weil solche Geschäfte den Kernbereich der Mitgliedschaft berühren, die auch im Personengesellschaftsrecht nicht dispositiv ist.[188] Zu den Grundlagengeschäften zählen alle strukturverändernden Maßnahmen, die eine Änderung des Gesellschaftsvertrags erfordern oder ohne die Notwendigkeit einer formellen Änderung wesentliche gesellschaftsvertragliche Rechte berühren, also Auswirkungen auf die Tätigkeit, die Organisationsverfassung, die Struktur und die Zusammensetzung der Gesellschaft haben.[189] Unter solche Grundlagengeschäfte können auch Geschäftsführungsmaßnahmen fallen, wenn dabei die Satzung verändert wird. Dies ist insbesondere bei Unter- oder Überschreitung des Unternehmensgegenstands der Fall.[190] Der Begriff des Grundlagengeschäfts deckt sich weitgehend mit den Maßnahmen, die nach neuerer Auffassung des BGH in der AG der Mitwirkung der Hauptversammlung bedürfen. Danach kommt bei Geschäftsführungsmaßnahmen nach den „Holzmüller/Gelatine"-Grundsätzen eine Mitwirkung der Hauptversammlung nur dann in Betracht, wenn die Maßnahmen an die Kernkompetenz der Hauptversammlung, über die Verfassung der Gesellschaft zu bestimmen, rühren und in ihren Auswirkungen einem Zustand entsprechen, der allein durch Satzungsänderung herbeigeführt werden kann (vgl. hierzu → § 35 Rn. 51 ff.).[191] Allerdings ist es möglich, die

---

[187] MüKoAktG/*Perlitt,* 5. Aufl. 2020, § 278 Rn. 232; Schlitt/Winzen CFL 2012, 261 (265); *Sethe,* Die personalistische Kapitalgesellschaft, 1996, S. 151; *Grafmüller,* KGaA als geeignete Rechtsform, 1993, S. 125; *Durchlaub* BB 1977, 1581; *Knur* FS Flume, 1972, 173 (184 ff.); *Kallmeyer* ZGR 1983, 57 (58); *Kallmeyer* ZGR 1983, 57 (60).
[188] OLG Stuttgart ZIP 2003, 1981 (1986); MüKoAktG/*Perlitt,* 5. Aufl. 2020, § 278 Rn. 180.
[189] OLG Stuttgart ZIP 2003, 1981 (1986); GroßkommAktG/*Assmann/Sethe,* 4. Aufl. 2001, § 278 Rn. 123; *Heerman* ZGR 2000, 61 (66); MüKoAktG/*Perlitt,* 5. Aufl. 2020, § 278 Rn. 180; Bürgers/Körber AktG/*Förl/Fett,* 4. Aufl. 2017, § 278 Rn. 40.
[190] OLG Stuttgart ZIP 2003, 1981.
[191] BGHZ 159, 30; 83, 122; vgl. hierzu zusammenfassend *Habersack* AG 2005, 137 ff. Zur Zuständigkeit der Hauptversammlung der KGaA bei Grundlagenbeschlüssen *Koch* in Hüffer/Koch, AktG,

Zustimmung der Kommanditaktionäre zu Grundlagengeschäften in der Satzung zu antizipieren und dadurch die Befassung der Hauptversammlung zu vermeiden. Hierzu bedarf es einer konkreten Satzungsregelung.[192]

56 Zu den **Kompetenzen der Hauptversammlung, die sich aufgrund spezialgesetzlicher Regelungen für die KGaA ergeben,** gehört gem. § 286 Abs. 1 S. 1 AktG die Feststellung des Jahresabschlusses. Diese Regelung erweitert die Kompetenz der Hauptversammlung der KGaA gegenüber der AG, wo eine Feststellung des Jahresabschlusses durch die Hauptversammlung nur im Ausnahmefall des § 173 Abs. 1 AktG in Betracht kommt (→ § 81 Rn. 11).

57 Neben den Kompetenzen aufgrund der allgemeinen aktienrechtlichen Regelungen, dem Personengesellschaftsrecht und Spezialregeln für die KGaA gibt es keine weiteren **ungeschriebenen Mitwirkungsbefugnisse** der Hauptversammlung der KGaA, insbesondere nicht nach den für die AG geltenden „Holzmüller"- bzw. „Gelatine"-Grundsätzen.[193] Für diese in „offener Rechtsfortbildung" entwickelte Mitwirkungsbefugnis ist bei der KGaA kein Raum, weil es aufgrund des personengesellschaftsrechtlichen Charakters der Geschäftsführungsregelung schon die Kategorie des Grundlagengeschäfts gibt, das grundsätzlich eine Mitwirkung der Kommanditaktionäre sichert, die auch durch die Satzung nicht ausgeschlossen werden kann.[194] Die Beteiligung der Kommanditaktionäre bei Geschäftsführungsmaßnahmen ist vom Prinzip her anders als bei der AG. Grundsätzlich bedürfen alle außergewöhnlichen Geschäftsführungsmaßnahmen der Zustimmung der Hauptversammlung (§ 278 Abs. 2 AktG iVm § 164 S. 1 HGB). Diese Regelung ist bis auf die Zustimmung zu Grundlagengeschäften satzungsdispositiv. Für „ungeschriebene" Kompetenzen ist kein Raum. Im Ergebnis dürfte es aber nach der Modifizierung der „Holzmüller"-Rechtsprechung durch die „Gelatine"-Entscheidung keinen großen Unterschied mehr zur Rechtslage bei der AG geben, weil es sich bei den der Zustimmung der Hauptversammlung unterfallenden Maßnahmen um Grundlagengeschäfte handeln wird (vgl. → Rn. 51).

Die Beschlüsse der Hauptversammlung werden von den geschäftsführungsbefugten Komplementären **ausgeführt.** Abweichend davon bestimmt § 287 Abs. 1 AktG, dass Beschlüsse der Kommanditaktionäre vom Aufsichtsrat ausgeführt werden. Gemeint sind hier Beschlüsse der Hauptversammlung, die die personengesellschaftsrechtlichen Befugnisse der Kommanditaktionäre betreffen (vgl. → Rn. 35 und nachfolgend → Rn. 67).[195] Die Beschlussausführung kann durch Satzung aber einheitlich auf die geschäftsführungsbefugten Komplementäre übertragen werden.[196]

---

14. Aufl. 2020, § 278 Rn. 17a; *Fett/Stütz* NZG 2017, 1121 (1126); *Schlitt/Winzen* CFL 2012, 261 (264).
[192] OLG Stuttgart ZIP 2003, 1981 (1987); *Heermann* ZGR 2000, 61 (66 ff.); GroßkommAktG/ *Assmann/Sethe,* 4. Aufl. 2001, § 278 Rn. 124; MüKoAktG/*Perlitt,* 5. Aufl. 2020, Vorb. § 278 Rn. 34; *Schnorbus* FS Winter, 2011, 627 (639).
[193] MüKoAktG/*Perlitt,* 5. Aufl. 2020, § 278 Rn. 181; GroßkommAktG/*Assmann/Sethe,* 4. Aufl. 2001, § 278 Rn. 123; *Kessler* NZG 2005, 145 (148); *Fett* in Schütz/Bürgers/Riotte, KGaA, 2004, § 3 Rn. 15 ff.; *Fett/Förl* NZG 2005, 210 (211); Bürgers/Körber AktG/*Förl/Fett,* 4. Aufl. 2017, § 278 Rn. 47; Hüffer/*Koch,* AktG, 14. Aufl. 2020, § 278 Rn. 17a für die gesetzestypische KGaA; aA K. Schmidt/Lutter AktG/*K. Schmidt,* 3. Aufl. 2015, § 278 Rn. 39; Spindler/Stilz/*Bachmann,* 4. Aufl. 2019, § 278 Rn. 71; *Vollertsen,* Corporate Governance der KGaA, S. 111–117.
[194] *Kessler* NZG 2005, 145 (148); GroßkommAktG/*Assmann/Sethe,* 4. Aufl. 2001, § 278 Rn. 123; Bürgers/Körber AktG/*Förl/Fett,* 4. Aufl. 2017, § 278 Rn. 47. Das OLG Stuttgart in seiner Entscheidung vom 14.5.2003 (ZIP 2003, 1981 ff.) prüft ungeschriebene Mitwirkungsbefugnisse der Hauptversammlung nicht, sondern leitet die Mitwirkungsbefugnis aus dem Konzept des Grundlagengeschäfts ab.
[195] *Bachmann* FS Marsch-Barner, 2018, 13 (26).
[196] *Bachmann* FS Marsch-Barner, 2018, 13 (26).

Bei **Beschlussmängeln** ergeben sich gegenüber der AG keine Besonderheiten. Bei 58 Anfechtungsklagen wird die Gesellschaft von den Komplementären und dem Aufsichtsrat gemeinsam vertreten.[197]

IV. Aufsichtsrat

1. Funktion des Aufsichtsrats. Die KGaA hat kraft zwingenden Rechts einen Aufsichts- 59 rat. Der Aufsichtsrat der KGaA hat eine **andere Stellung als der Aufsichtsrat in der AG**. Die Kompetenzverteilung innerhalb der KGaA unterscheidet sich von der bei der AG. Bei der AG steht der Aufsichtsrat als Repräsentativorgan der Aktionäre zwischen Hauptversammlung und Vorstand. Die Kompetenzverteilung zwischen diesen drei Organen stellt ein ausgefeiltes System von „checks and balances" dar (vgl. → § 29 Rn. 19). Da die Hauptversammlung von der Mitwirkung bei der Geschäftsführung weitgehend ausgeschlossen ist, der Vorstand aber bei der Wahrnehmung seiner Geschäftsführungskompetenz kontrolliert werden soll, sind dem Aufsichtsrat weitgehende Einflussmöglichkeiten auf unternehmenspolitische Entscheidungen eingeräumt. Diese Einflussmöglichkeit ergibt sich zunächst aus dem Recht zur Bestellung und Abberufung des Vorstands. Darüber hinaus steht dem Aufsichtsrat die Befugnis zum Erlass einer Geschäftsordnung für den Vorstand zu, und er kann gemäß § 111 Abs. 4 S. 2 AktG zustimmungsbedürftige Geschäfte festlegen. Der Aufsichtsrat füllt also das Vakuum, das durch die Entmachtung der Hauptversammlung im Hinblick auf die Geschäftsführungskompetenz entstanden ist.[198] Bei der KGaA besteht ein solches Vakuum nicht. Hier sind schon nach der gesetzlichen Regelung bei außergewöhnlichen Geschäftsführungsmaßnahmen die Kommanditaktionäre zu beteiligen. Den Kommanditaktionären können durch die Satzung weitergehende Geschäftsführungskompetenzen eingeräumt werden (vgl. → Rn. 19 f.). Eine Mitwirkung des Aufsichtsrats an Unternehmensentscheidungen ist daher nicht erforderlich, um ein Gegengewicht zu der Geschäftsführungskompetenz der persönlich haftenden Gesellschafter zu schaffen. Der Aufsichtsrat in der KGaA ist somit nach dem gesetzlichen Leitbild ein reines Kontrollorgan, während die Unternehmenspolitik in unmittelbarer Abstimmung unter den Komplementären und Kommanditaktionären entschieden werden soll.[199]

Neben den Kontrollaufgaben führt der Aufsichtsrat nach § 287 AktG die Beschlüsse der 60 Gesamtheit der Kommanditaktionäre aus und vertritt diese in Rechtsstreitigkeiten gegenüber den Komplementären **(Ausführungs- und Vertretungskompetenz)**.[200]

Trotz dieser doppelten Funktion – Überwachung der Geschäftsführung einerseits und 61 Vertretung der Kommanditaktionäre andererseits – ist der Aufsichtsrat ausschließlich **Organ der Gesellschaft** und kein Doppelorgan, dass abhängig davon, ob es die Ausführungs- und Vertretungskompetenz oder die Überwachungskompetenz wahrnimmt, als Gruppenorgan der Gesamtheit der Kommanditaktionäre oder als Gesellschaftsorgan tätig wird.[201] Mit Anerkennung der KGaA als juristische Person ist das Konstrukt der „Gesamtheit der Kommanditaktionäre" als eigenständiger Personenverband nicht mehr erforderlich (vgl. → § 78 Rn. 59). Der Aufsichtsrat kann daher auch nicht Gruppenorgan sein.[202]

---

[197] *K. Schmidt/Lutter*, AktG, 3. Aufl. 2015, § 285 Rn. 1; *Bachmann* FS Marsch-Barner, 2018, 13 (26).
[198] *Kallmeyer* ZGR 1983, 57 (60).
[199] *Habersack* ZIP 2019, 1453 (1454); *Fett/Stütz* NZG 2017, 1221 (1223); *Hasselbach/Ebbinghaus* DB 2015, 1269 (1272 f.); *Kallmeyer* ZGR 1983, 57 (61); *Sethe* AG 1986, 289 (294); *Hennerkes/Lorz* DB 1997, 1388 (1389); *Haase* GmbHR 1997, 917 (921); *Schnorbus* FS Winter, 2011, 627 (641).
[200] Bürgers/Körber AktG/*Förl/Fett*, 4. Aufl. 2017, § 287 Rn. 5, 7.
[201] KölnKommAktG/*Mertens/Cahn*, 3. Aufl. 2015, § 287 Rn. 2; *Cahn* FS Barz, 1974, 253 (255 f.); GroßkommAktG/*Assmann/Sethe*, 4. Aufl. 2001, § 287 Anm. 31, 50; MüKoAktG/*Perlitt*, 5. Aufl. 2020, § 287 Rn. 6; *Sethe* AG 1996, 289 (299); *Steindorff* FS Ballerstedt, 1975, 127 (133); Bürgers/Körber AktG/*Förl/Fett*, 4. Aufl. 2017, § 287 Rn. 1.
[202] KölnKommAktG/*Mertens/Cahn*, 3. Aufl. 2015, § 285 Rn. 2; *Kessler* NZG 2005, 145.

62 2. Anwendbare Vorschriften. Für den Aufsichtsrat gelten gemäß § 278 Abs. 3 AktG die Vorschriften für den Aufsichtsrat der AG sinngemäß. Die eingeschränkte Funktion des Aufsichtsrats der KGaA im Vergleich zum Aufsichtsrat der AG führt aber zu einer **eingeschränkten Anwendbarkeit der allgemeinen Vorschriften des Aktienrechts** über den Aufsichtsrat. Die Verweisung in § 278 Abs. 3 AktG kann nur soweit reichen, wie der Aufsichtsrat der KGaA eine Funktion ausübt, die mit der des Aufsichtsrats der AG vergleichbar ist.[203] Bei einer Kapitalgesellschaft & Co. KGaA ist der Aufsichtsrat der KGaA von dem Aufsichtsrat, der auf der Ebene der Komplementärgesellschaft gegebenenfalls zu bilden ist, zu unterscheiden. Ist beispielsweise eine AG Komplementär, gelten für diesen Aufsichtsrat die aktienrechtlichen Vorschriften unmittelbar.[204] Eine Abweichung ergibt sich nur insoweit, als dass die Organpflichten der Aufsichtsratsmitglieder Schutzwirkung für die KGaA und ihre Aktionäre haben, soweit sie Entscheidungen treffen, die die KGaA unmittelbar betreffen, wie insbesondere Bestellung und Abberufung von Vorstandsmitgliedern (vgl. → Rn. 23).[205]

63 3. Zusammensetzung des Aufsichtsrats; Begründung, Dauer und Beendigung der Mitgliedschaft im Aufsichtsrat. Für die Zusammensetzung und Größe des Aufsichtsrats gelten die allgemeinen aktienrechtlichen Bestimmungen bzw. die des BetrVG oder des MitbestG (vgl. dazu oben § 28). Auch die Regelung in § 111 Abs. 5 S. 1 Alt. 1 AktG, wonach der Aufsichtsrat **Zielgrößen für den Frauenanteil im Aufsichtsrat** festzulegen hat (→ § 30 Rn. 42 f.), gilt für die börsennotierte KGaA uneingeschränkt.[206] Diese Festlegung muss aber im Fall der AG & Co. KGaA nicht auch für den Aufsichtsrat der Komplementär-AG erfolgen. Die Kompelemtär-AG ist weder mitbestimmt noch börsennotiert. Es gilt das Trennungsprinzip.[207] Entsprechendes gilt für die Regelung in § 96 Abs. 2 S. 1 AktG (dazu → § 30 Rn. 31 ff.).[208] In dem Bericht zur Unternehmensführung nach § 289f Abs. 2 Nr. 4, Abs. 3 HGB ist über die Feslegung der Zielquoten bzw. über die Nichtanwendbarkeit der Vorschrift auf den Aufsichtsrat der Komplementärgesellschaft zu berichten. Um seiner Überwachungsfunktion gerecht werden zu können, sollte der Aufsichtsrat nicht mit Mitgliedern besetzt werden, die Interessen der Komplementäre vertreten.[209] Die Mitglieder des Aufsichtsrats können auf drei Wegen bestellt werden: Wahl durch die Kommanditaktionäre, Entsendung (§§ 278 Abs. 3, 101 Abs. 1 AktG), Wahl durch Arbeitnehmer bei mitbestimmten Aufsichtsräten. Die Satzung kann gem. § 278 Abs. 3 iVm § 101 Abs. 2 AktG bestimmten Aktionären das Recht einräumen, Mitglieder in **den Aufsichtsrat zu entsenden.** Ein Entsendungsrecht kann aber nicht für Komplementäre begründet werden, auch nicht in ihrer Eigenschaft als Aktionär. Genauso wenig wie es in der Satzung möglich ist, den Komplementären ein Stimmrecht in der Hauptversammlung einzuräumen, können in der Satzung den Komplementären durch Einräumung eines Entsendungsrechts teilweise Rechte der Kommanditaktionäre übertragen werden. Dies wäre mit der Funktion des Aufsichtsrats als Überwachungsorgan der persönlich haftenden Gesellschafter nicht vereinbar. Ebenso wenig können Komplementäre aus Aktien, für deren Inhaber ein Entsendungsrecht nach § 101 Abs. 2 S. 1 AktG begründet ist, das Entsendungsrecht ausüben.[210] Ist eine Kapitalgesellschaft oder GmbH & Co. KG

---

[203] *Kallmeyer* ZGR 1983, 57 (61 f.); *Martens* AG 1982, 113 (115); *Pflug* NJW 1973, 346.
[204] Vgl. hierzu ausführlich *Otte*, AG & Co. KGaA, 2010, S. 107 ff.
[205] *Otte*, AG & Co. KGaA, 2010, S. 109 f.
[206] BT-Drs. 18/4227, 22; *Johannsen-Roth/Kießling* FS Marsch-Barner, 2018, 273 (279). *Stüber* DStR 2015, 947 (952).
[207] *Johannsen-Roth/Kießling* FS Marsch-Barner, 2018, 273 (279 ff.).
[208] *Hasselbach/Ebbinghaus* DB 2015, 1269 (1275).
[209] BGH ZIP 2006, 177 (178); OLG München AG 2004, 151 (154).
[210] MüKoAktG/*Perlitt*, 5. Aufl. 2020, § 287 Rn. 20; Spindler/Stilz/*Bachmann*, 4. Aufl. 2019, § 287 Rn. 4; GroßkommAktG/*Assmann/Sethe*, 4. Aufl. 2001, § 287 Anm. 6; KölnKommAktG/*Mertens/Cahn*, 3. Aufl. 2015, § 285 Rn. 7; *Hesselmann* GmbHR 1988, 472 (475); *Ihrig/Schlitt* in Ulmer, Die

Komplementär, muss das Entsendeverbot auch für diejenigen Gesellschaften gelten, die bestimmenden Einfluss auf die Komplementärgesellschaft und damit auf die Unternehmensleitung der KGaA ausüben können. Andererseits kann den nicht maßgeblich beteiligten Gesellschaftern der Komplementärgesellschaft ein Entsendungsrecht eingeräumt werden.[211]

Nach § 287 Abs. 3 AktG können **persönlich haftende Gesellschafter** nicht Mitglieder des Aufsichtsrats werden. Das Gesetz geht von einer strikten Trennung von Leitungs- und Aufsichtsfunktion aus. Diese Regelung kann durch die Satzung nicht abbedungen werden, weil sie eine Sondervorschrift für die KGaA ist.[212] Durch diese Regelung soll bei der KGaA eine wirksame Kontrolle der Geschäftsführung durch den Aufsichtsrat sichergestellt werden.[213] Bei Einschaltung einer Kapitalgesellschaft oder GmbH & Co. KG können die Mitglieder des Geschäftsleitungsorgans der Komplementärgesellschaft (nicht aber des Aufsichtsrats einer Komplementär-AG oder SE [214]) nicht zu Mitgliedern des Aufsichtsrats bestellt werden.[215] Nach hM gilt das auch für die Gesellschafter und deren Geschäftsleiter, die einen bestimmten Einfluss im Sinne von § 17 AktG auf die Willensbildung der Komplementärgesellschaft haben.[216] Dies ist zu bejahen für den Fall einer GmbH oder GmbH & Co KG als Komplementärgesellschaft, weil dann der Gesellschafter und. sofern es sich nicht um eine natürliche Person handelt, dessen Geschäftsleiter ein Weisungsrecht gegenüber der Komplementärgesellschaft haben. Sie können damit die Geschäftsleitung steuern und müssten sich bei bei Mitgliedschaft im Aufsichtsrat selbst kontrollieren.[217] Umstritten ist, ob diese analoge Anwendung auch für den Mehrheitsaktionär einer Komplementär-AG oder SE gilt, weil der Mehrheitsaktionär kein Weisungsrecht hat.[218] Richtigerweise ist wohl von der gesetzlichen Wertung in den §§ 17, 311 ff. AktG für den faktischen Konzern auszugehen, die von der Möglichkeit der Einflussnahme des Mehrheits-

64

GmbH & Co. KG nach dem Beschluss BGHZ 134, 392, 1998, S. 45; Bürgers/Körber AktG/*Förl/Fett,* 4. Aufl. 2017, § 287 Rn. 9.

[211] OLG München AG 2004, 151 (155); GroßkommAktG/*Assmann/Sethe,* 4. Aufl. 2001, § 287 Rn. 10; *Schlitt,* Die Satzung der KGaA, 1999, S. 169; *Habel/Strieder* MittBayNot 1998, 65 (68); Bürgers/Körber AktG/*Förl/Fett,* 4. Aufl. 2017, § 287 Rn. 10.

[212] *Hennemann* ZHR 182 (2018), 157 (160); MüKoAktG/*Perlitt,* 5. Aufl. 2020, § 287 Rn. 26 f.; Spindler/Stilz/*Bachmann,* 4. Aufl. 2019, § 287 Rn. 4; *Wollburg* FS Hoffmann-Becking, 2013, 1425 (1428); Bürgers/Körber AktG/*Förl/Fett,* 4. Aufl. 2017, § 287 Rn. 9.

[213] *Hennemann* ZHR 182 (2018), 157 (161).

[214] *Hennemann* ZHR 182 (2018), 157 (160), *Fett/Stütz* NZG 2017, 1121 (1124); *Seibt/von Rimon* AG 2019, 753 (757); *v. Eiff/Otte* GWR 2015, 246 (249); Bürgers/Körber AktG/*Förl/Fett,* 4. Aufl. 2017, § 287 Rn. 10; *Marsch-Barner* FS Hoffmann-Becking, 2013, 777 (792); zur SE *Mayer-Uellner/Otte* NZG 2015, 737 (741): keine Inkompatibilität bei dualistischer Ausgestaltung der Komplementär-SE, anders bei monistischer Ausgestaltung; aA *Seibt/von Rimon* AG 2019, 753 (757): Inkompatibilität gilt nur für die geschäftsführenden Mitglieder des Verwaltungsrats einer monistischen Komplementär-SE.

[215] *Hennemann* ZHR 182 (2018), 157 (167) mwN; *Habersack* ZIP 2019, 1453 (1459).

[216] BGH ZIP 2006, 177 (178); OLG München AG 2004, 151 (153); OLG Frankfurt a. M. 28.5.2013 – 5 U 126/12 Rn. 34, BeckRS 2014, 2429 für den Fall des Vorstands einer AG, die Alleingesellschafter der Komplementär-GmbH war; *Hennemann* ZHR 182 (2018), 157 (167) mwN; aA *Habersack* ZIP 2019, 1453 (1460), nach dessen Aussicht das Problem der Einflussnahme eines Gesellschafters einer AG oder KGaA durch die Regelungen in §§ 311 ff AktG ausreichend adressiert ist und eine analoge Anwendung § 287 Abs. 3 AktG insofern nicht erforderlich sei. *Bachmann,* AG 2019, 581, 589; MüKo AktG/*Perlitt,* 5. Aufl. 2020, 1287 Rn. 110 ff.

[217] OLG Frankfurt a. M. 28.5.2013 – 5 U 126/12, BeckRS 2014, 2429; *Hennemann* ZHR 182 (2018), 157 (167) mwN; aA *Habersack* ZIP 2019, 1453 (1460) (vgl. § 79 Fn. 203); *Bachmann,* AG 2019, 581, 589; MüKo AktG/*Perlitt,* 5. Aufl. 2020, 1287 Rn. 110 ff.

[218] Gegen Ausdehnung von § 287 Abs. 3 AktG auf diesen Fall: *Wollburg* FS Hoffmann-Becking, 2013, 1425 (1431 ff.); *Eiff/Otte* GWR 2015, 246 (249); *Mayer-Uellner/Otte* NZG 2015, 737 (741) (für SE); Bürgers/Körber AktG/*Förl/Fett,* 4. Aufl. 2017, § 287 Rn. 10; *Fett/Stütz* NZG 2017, 1121 (1124); *Mertens* FS Ulmer, 2003, 419 (417) Fn. 17.

aktionärs auf den Vorstand ausgeht.²¹⁹ Die gleichen Grundsätze müssen für die herrschenden mittelbaren Gesellschafter einer Komplementärgesellschaft gelten.²²⁰ Die erweiterte Anwendung der Inkompatibilitätsregelung des § 287 Abs. 3 AktG gilt aber nicht für die Einheits-KGaA. Der Mehrheitskommanditaktionär kann Mitglied des Aufsichtsrats der Einheits-KGaA werden.²²¹ Von der Mitgliedschaft im Aufsichtsrat sind auch diejenigen Personen ausgeschlossen, die nach § 105 Abs. 1 AktG wegen ihrer Mitwirkung bei der Geschäftsleitung nicht Mitglied eines Aufsichtsrats sein können (vgl. → § 30 Rn. 9).²²² Die Wahl eines nach § 287 Abs. 3 AktG von der Mitwirkung im Aufsichtsrat ausgeschlossenen Person ist nichtig.²²³ Die Dauer der Amtszeit der bestellten Aufsichtsratsmitglieder richtet sich nach § 102 Abs. 1 AktG. Eine Abberufung kann nach §§ 278 Abs. 3, 103 AktG erfolgen. Auch für die Niederlegung des Amtes gelten die aktienrechtlichen Vorschriften (vgl. → § 30 Rn. 92).²²⁴

65 **4. Kompetenzen des Aufsichtsrats. a) Übersicht.** Der Aufsichtsrat der KGaA hat nach dem Gesetz zwei Kompetenzen: Er hat die Geschäftsführung zu überwachen (Überwachungskompetenz). Diese Kompetenz deckt sich mit der des Aufsichtsrats einer AG. Daneben hat er gemäß § 287 AktG die Beschlüsse der Kommanditaktionäre auszuführen und sie in Rechtsstreitigkeiten mit persönlich haftenden Gesellschaftern zu vertreten. Zusätzlich vertritt der Aufsichtsrat die KGaA bei Vereinbarungen mit den Komplementären (Ausführungs- und Vertretungskompetenz).²²⁵ Die Satzung kann die Kompetenzen des Aufsichtsrats erweitern. Es können aber nur solche zusätzlichen Kompetenzen auf den Aufsichtsrat übertragen werden, die das Verhältnis zwischen persönlich haftenden Gesellschaftern und Kommanditaktionären betreffen (erweiterte Kompetenz),²²⁶ da insoweit die Gestaltungsfreiheit nach § 278 Abs. 2 AktG greift.

66 **b) Unterschiede zum Aufsichtsrat der AG.** Im Vergleich zum Aufsichtsrat der AG fehlen dem Aufsichtsrat der KGaA wesentliche Kompetenzen. Da die persönlich haftenden Gesellschafter geborene Geschäftsführungsorgane sind, hat der Aufsichtsrat keine **Personalkompetenz.** Ohne Regelung in der Satzung kann der Aufsichtsrat Komplementäre weder aufnehmen, abrufen noch deren Geschäfts- und Vertretungsbefugnis entziehen. Dies gilt auch für den mitbestimmten Aufsichtsrat.²²⁷ Wegen der dargestellten unterschiedlichen Kompetenzverteilung bei Geschäftsführungsfragen zwischen persönlich haftenden Gesellschaftern und Hauptversammlung und der daraus resultierenden beschränkten Funktion des Aufsichtsrats (vgl. → Rn. 54) bleibt für Mitwirkungsbefugnisse des Aufsichtsrats bei Geschäftsführungsmaßnahmen kein Raum. **§ 111 Abs. 4 S. 2 AktG** ist daher auf den Aufsichtsrat der KGaA nicht anwendbar. Dies gilt auch dann, wenn die Rechte der Kommanditaktionäre aus § 164 S. 1 HGB abbedungen worden sind.²²⁸ Nach anderer Auffas-

---

²¹⁹ *Hennemann* ZHR 182 (2018), 157 (167); MüKoAktG/*Perlitt*, 5. Aufl. 2020, § 287 Rn. 321; aA *Habersack* ZIP 2019, 1453 (1459), nach dessen Ansicht die Regeln des § 311 AktG vorgehen und deshalb eine analoge Anwendung von § 287 Abs. 3 AktG nicht erforderlich sei.
²²⁰ *Hennemann* ZHR 182 (2018), 157 (177).
²²¹ *Hennemann* ZHR 182 (2018), 157 (178).
²²² MüKoAktG/*Perlitt*, 5. Aufl. 2020, § 287 Rn. 29; Bürgers/Körber AktG/*Förl/Fett*, 4. Aufl. 2017, § 287 Rn. 9; *Hennemann* ZHR 182 (2018), 157 (165).
²²³ *Hennemann* ZHR 182 (2018), 157 (182); *Wollburg* FS Hoffmann-Becking, 2013, 1425 (1438); *Fett/Stütz* NZG 2017, 1121 (1124).
²²⁴ Vgl. hierzu auch *Singhof* AG 1998, 318 ff.
²²⁵ BGH AG 2005, 239 ff.; Bürgers/Körber AktG/*Förl/Fett*, 4. Aufl. 2017, § 287 Rn. 5, 7.
²²⁶ MüKoAktG/*Perlitt*, 5. Aufl. 2020, § 287 Rn. 5.
²²⁷ KölnKommAktG/*Mertens/Cahn*, 3. Aufl. 2015, § 287 Rn. 12; Bürgers/Körber AktG/*Förl/Fett*, 4. Aufl. 2017, § 287 Rn. 2.
²²⁸ MüKoAktG/*Perlitt*, 5. Aufl. 2020, § 278 Rn. 193, § 287 Rn. 43; GroßkommAktG/*Assmann/Sethe*, 4. Aufl. 2001, § 287 Rn. 39; KölnKommAktG/*Mertens/Cahn*, 3. Aufl. 2015, § 287 Rn. 17; in KölnKommAktG/*Mertens/Cahn*, 3. Aufl. 2015, § 278 Rn. 72, § 287 Rn. 9; Hüffer/*Koch*, AktG, 14. Aufl. 2020, § 278 Rn. 15; Fett/Stütz NZG 2017, 1121 (1123); *Kallmeyer* ZGR 1983, 57 (68);

sung ist bei einer Publikumsgesellschaft ohne natürliche Person als persönlich haftendem Gesellschafter der Ausschluss des Widerspruchsrechts nach § 164 Abs. 1 HGB nur zulässig, wenn gleichzeitig dem Aufsichtsrat oder einem Gesellschafterausschuss Zustimmungsvorbehalte entsprechend § 111 Abs. 4 S. 2 AktG eingeräumt werden. Bei einer Publikumsgesellschaft dürfen die Mitwirkungsrechte der Kommanditaktionäre nicht geringer sein als die der Aktionäre einer AG (vgl. → § 78 Rn. 60).[229] Strittig ist, ob die Zustimmungsvorbehalte nach §§ 111a–111c AktG für Geschäfte mit nahestehenden Personen nach ARUG II[230] zwingend dem Aufsichtsrat vorbehalten sind oder durch die Satzung auch anderen Organen zugewiesen werden können (→ Rn. 70)-

Dem Aufsichtsrat der KGaA fehlt weiterhin die Kompetenz zum Erlass einer **Geschäftsordnung** für die Geschäftsführung.[231] Schließlich ist der Aufsichtsrat der KGaA nicht an der Feststellung des Jahresabschlusses beteiligt. Hierfür ist die Hauptversammlung zuständig (§ 286 Abs. 1 AktG).

c) Überwachungskompetenz. Der Aufsichtsrat hat die Geschäftsführung der geschäftsführenden Komplementäre zu überwachen. Die für seine Überwachungstätigkeit erforderlichen Informationen gewinnt der Aufsichtsrat aus den Berichten der geschäftsführenden Komplementäre nach § 90 AktG. Der Umfang der Berichtspflicht deckt sich mit der des Vorstands einer AG (§ 283 Nr. 4 AktG) (vgl. dazu → § 25 Rn. 64 ff.).[232] Anders als der Aufsichtsrat der AG hat der Aufsichtsrat der KGaA aber keine Möglichkeit, unmittelbar auf die Geschäftspolitik einzuwirken, weil ihm die Personalkompetenz und das Mitwirkungsrecht bei der Feststellung des Jahresabschlusses und bei den Geschäftsführungsmaßnahmen fehlt.[233] Trotz des Fehlens solcher Mitwirkungsrechte hat er zu prüfen, ob die beabsichtigte Geschäftspolitik mit der gebotenen Sorgfalt eines ordentlichen und gewissenhaften Geschäftsführers (§§ 283 Nr. 3, 93 Abs. 1 AktG) vereinbar ist.[234] Seine Überwachungsaufgabe hat der Aufsichtsrat vornehmlich durch Meinungsäußerung wahrzunehmen.[235] Wenn der Aufsichtsrat Fehlentwicklungen feststellt, hat er durch Gespräche mit den persönlich haftenden Gesellschaftern oder durch Stellungnahme zu den Berichten auf eine Änderung hinzuwirken. Wenn es dem Aufsichtsrat nicht gelingt, die geschäftsführenden Komplementäre von seinem Standpunkt zu überzeugen, muss der Aufsichtsrat seine Bedenken der Hauptversammlung vortragen, gegebenenfalls eine außerordentliche Hauptversammlung nach § 111 Abs. 3 S. 1 AktG einberufen. In einer solchen Hauptversammlung muss der

---

Knur FS Flume, 1972, 173 (188); *Martens* AG 1982, 113 (116f.); *Sethe* AG 1996, 289 (297f.); *Grafmüller*, KGaA als geeignete Rechtsform, 1993, S. 125; *Fischer*, KGaA nach dem Mitbestimmungsgesetz, 1982, S. 69f.; *Hennerkes/Lorz* DB 1997, 1388 (1389); *Priester* ZHR 169 (1996), 250 (253); *Hartl* DB 1992, 2329 (2330); *Haase* GmbHR 1997, 917 (920); aA *Bürgers* in Bürgers/Fett, Die KGaA, 2. Aufl. 2015, § 5 Rn. 507ff.

[229] So *Ihrig/Schlitt* in Ulmer, Die GmbH & Co. KGaA nach Beschluss BGHZ 34/392, 1998, S. 67; ähnlich *Hommelhoff* in Ulmer, Die GmbH & Co. KGaA nach Beschluss BGHZ 34/392, 1998, S. 17; kritisch *Hennerkes/Lorz* DB 1997, 1388 (1391); vgl. dazu → § 77 Rn. 62ff. und → § 78 Rn. 19f.

[230] Gesetz zur Umsetzung der zweiten Aktionärsrichtlinie vom 12. Dezember 2019.

[231] Hüffer/Koch, AktG, 14. Aufl. 2020, § 278 Rn. 12, 15; MüKoAktG/Perlitt, 5. Aufl. 2020, § 287 Rn. 43; GroßkommAktG/Assmann/Sethe, 4. Aufl. 2001, § 287 Rn. 40; KölnKommAktG/Mertens/Cahn, 3. Aufl. 2015, § 287 Rn. 14; *von Eiff/Otte* GWR 2015, 246 (247); *Fett/Stütz* NZG 2017, 1121 (1123); *Habel/Strieder* MittBayNot 1998, 65 (68); Bürgers/Körber AktG/Förl/Fett, 4. Aufl. 2017, § 287 Rn. 2.

[232] MüKoAktG/Perlitt, 5. Aufl. 2020, § 287 Rn. 40; *Kallmeyer* ZGR 1983, 57 (73); KölnKommAktG/Mertens/Cahn, 3. Aufl. 2015, § 287 Rn. 16; Bürgers/Körber AktG/Förl/Fett, 4. Aufl. 2017, § 287 Rn. 3.

[233] *Hennerkes/Lorz* DB 1997, 1388 (1389); *Haase* GmbHR 1997, 917 (921).

[234] MüKoAktG/Perlitt, 5. Aufl. 2020, § 287 Rn. 45; aA *Kallmeyer* ZGR 1983, 57 (71), der meint, dass der Aufsichtsrat einer KGaA nicht berechtigt ist, die Geschäftspolitik zu beurteilen.

[235] Zu den Pflichten des Aufsichtsrats vgl. auch BGHZ 114, 127 (129f.); *Hennerkes/Lorz* DB 1997, 1388 (1389); *Hesselmann* BB 1989, 2344 (2346); *Haase* GmbHR 1997, 917 (921).

Aufsichtsrat seine Bedenken vortragen und rechtlich mögliche Maßnahmen, wie zB Entziehung der Geschäftsführungsbefugnis und Ausschließung der betreffenden persönlich haftenden Gesellschafter anregen.[236] Als weiteres Druckmittel bleibt dem Aufsichtsrat der Rücktritt.[237]

69 Die **Überwachungstätigkeit** des Aufsichtsrats bezieht sich allein auf die Überwachung der zur Geschäftsführung befugten persönlich haftenden Gesellschafter. Dies gilt selbst dann, wenn der Hauptversammlung oder einem anderen satzungsmäßig berufenen Organ Geschäftsführungskompetenzen oder Mitwirkungsrechte bei der Geschäftsführung übertragen worden sind.[238] Schwerpunkte der Überwachung sind ua Risikomanagement, Berichtswesen, Planung, Überprüfung von Geschäftsbereichen, die hinter der Planung zurückbleiben, Überprüfung von Rentabilität und Liquidität, Überprüfung von Fehlverhalten vom Management. Je schwieriger die Situation des Unternehmens ist, desto intensiver und enger muss die Überwachung sein.[239]

70 Durch das ARUG II wurde in den §§ 111a–111c AktG ein **Zustimmungsverfahren für Geschäfte mit nahestehenden Personen** bei börsennotierten Gesellschaften eingeführt. Die Zustimmung zu solchen Geschäften erteilt der Gesamtaufsichtsrat, soweit die Entscheidung nicht auf einen Ausschuss übertragen wurde (→ § 29 Rn. 68 ff.). Diese Regelungen gelten auch für die börsennotierte KGaAs.[240] Nach der Regierungsbegründung soll diese Zuständigkeit gemäß § 278 Abs. 3 AktG zwingend dem Aufsichtsrat der börsennotierten KGaA zugewiesen sein.[241] Diese Aussage verkennt das Zusammenspiel von Personengesellschafts- und Aktienrecht bei der der KGaA (→ § 76 Rn. 13). Es gilt auch hier die Normhierarchie zwischen Personengesellschaftsrecht und Aktienrecht nach § 278 Abs. 2 und 3 AktG. Die Prüfung hat daher dreistufig zu erfolgen (→ § 76 Rn. 13). Eine ausdrückliche Sonderregelung für die KGaA fehlt. Ist das betreffende Rechtsverhältnis in § 278 Abs. 2 AktG adressiert, gilt Personengesellschaftsrecht. Die Neuregelung knüpft an die Zustimmungsvorbehalte des Aufsichtsrats nach § 111 Abs. 4 S. 2 AktG an. Bei diesen Zustimmungsvorbehalten handelt es sich um Mitwirkungsbefugnisse des Aufsichtsrats bei der Geschäftsführung.[242] Die Geschäftsführungsregeln in der KGaA unterliegen grundsätzlich gem. § 278 Abs. 2 AktG dem Personengesellschaftsrecht. Das Mitwirkungsrecht nach § 111 Abs. 4 S. 2 AktG steht deshalb dem Aufsichtsrat der KGaA gerade nicht zu (→ Rn. 61). Das Zustimmungsrecht für außergewöhnliche Geschäfts, zu denen wohl bei den Volumenschwellen nach § 111b Abs. 1 AktG die Geschäfte mit nahestehenden Personen gehören, liegt nach § 278 Abs. 2, iVm § 164 S. 1 Hs. 2 HGB bei der Hauptversammlung, was den Vorgaben der zweiten Aktionärrichtlinie entspricht.[243] Der Zustimmungsvorbehalt der Hauptversammlung nach § 164 S. 1 Hs. 2 HGB kann aber durch die Satzung ausgeschlossen oder anderen Organen übertragen werden (→ Rn. 79). Entsprechendes muss auch für die Zustimmung zu Geschäften mit nahestehenden Personen gelten. Der Zustimmungsvorbehalt kann durch die Satzung von der Hauptversammlung auf den Aufsichtsrat oder ein anderes fakultatives Organ übertragen werden, anders als der Zustimmungsvorbehalt nach § 164 S. 1 Hs. 2 HGB kann er aber nicht ganz ausgeschlossen werden. Fehlt eine Satzungsregelung ist der Aufsichtsrat zuständig.[244]

---

[236] MüKoAktG/*Perlitt*, 5. Aufl. 2020, § 287 Rn. 46.
[237] MüKoAktG/*Perlitt*, 5. Aufl. 2020, § 287 Rn. 46; *Bürgers* in Schütz/Bürgers/Riotte, Die KGaA (2004), § 5 Rn. 486 ff.
[238] MüKoAktG/*Perlitt*, 5. Aufl. 2020, § 287 Rn. 47 f.; *Martens* AG 1982, 113 (117); *Kallmeyer* ZGR 1983, 57 (70) Fn. 55.
[239] Vgl. hierzu *Schnorbus/Ganzer* BB 2017, 1795 (1799).
[240] Zur Anwendung der §§ 111a ff. AktG auf die börsennotierte KGaA siehe *Backhaus/Brouwer* AG 2019, 287 ff.
[241] RegE ARUGII, S. 89.
[242] MüKoAktG/*Habersack*, 5. Aufl. 2019, § 111 Rn. 14 mwN.
[243] Art. 9c Abs. 4 RL 2017/828/EU.
[244] *Backhaus/Brouwer* AG 2019, 287 (290 ff.). Für Modifikationen der Regime des § 111a AktG bei der KGaA auch *Koch* in Hüffer/Koch AktG, 14. Aufl. 2020, § 111a Rn. 1.

d) Ausführungskompetenz. Nach § 287 Abs. 1 AktG führt der Aufsichtsrat die **Be-** 71 **schlüsse der Hauptversammlung** aus, die das Verhältnis der Komplementäre zu den Kommanditaktionären betreffen, d.h die personengesellschaftsrechtlichen Rechte der Kommanditaktionäre (vgl. → Rn. 57). Beschlüsse hingegen, die das Rechtsverhältnis der Gesellschaft zu Dritten betreffen, können nicht vom Aufsichtsrat ausgeführt werden, weil dem Aufsichtsrat insoweit die Vertretungsmacht fehlt.[245] Gegenüber Dritten wird die Gesellschaft allein von den Komplementären vertreten.

e) Vertretungskompetenz. Nach § 287 Abs. 2 AktG vertritt der Aufsichtsrat die 72 Gesamtheit der Kommanditaktionäre in **Rechtsstreitigkeiten** mit den **Komplementären** (zur Parteifähigkeit der Kommanditaktionäre in solchen Prozessen vgl. → § 78 Rn. 59). Darüber hinaus steht dem Aufsichtsrat gemäß § 278 Abs. 3 AktG iVm § 112 AktG auch die Kompetenz zu, die Gesellschaft bei **Rechtsgeschäften mit den Komplementären** zu vertreten.[246] Durch die Vertretungskompetenz des Aufsichtsrats wird eine von Interessenkollisionen freie Vertretung der Gesellschaft ermöglicht. Das Vertretungsrecht nach § 112 AktG erfasst nicht nur Rechtsgeschäfte mit den geschäftsführungsbefugten und vertretungsberechtigten Komplementären, sondern auch mit solchen, die von der Geschäftsführung oder Vertretung ausgeschlossen sind oder die bereits aus der Gesellschaft ausgeschieden sind.[247] Im Fall der Kapitalgesellschaft & Co. KGaA muss die Vertretungskompetenz des Aufsichtsrats auch für **Geschäfte mit den Geschäftsleitern der Komplementärgesellschaft** gelten.[248] Nach überwiegender Auffassung soll sich die Vertretungskompetenz des Aufsichtsrats auf auf **Geschäfte mit einem Gesellschafter der Komplementärgesellschaft** erstrecken, sofern er Alleingesellschafter ist oder über beherrschenden Einfluss auf die Komplementärgesellschaft verfügt.[249] Das ist richtig, wenn ein Fall der Mehrfachvertretung vorliegt, weil die Geschäftsleiter der Komplementärgesellschaft auch Geschäftsleiter des beherrschenden Gesellschafters sind, mit dem die KGaA ein Geschäft tätigen will.[250] Liegt diese Konstellation nicht vor, ist § 112 AktG bei Geschäften mit dem beherrschenden Gesellschafter der Komplementärgesellschaft nicht anwendbar. Die Problematik der Einflussnahme des beherrschenden Gesellschafters der Komplementärgesellschaft auf die Geschäftsleitung der KGaA wird durch § 311 ff. AktG geregelt.[251]

---

[245] *Theisen* DBW 49 (1989), 137 (145); MüKoAktG/*Perlitt,* 5. Aufl. 2020, § 287 Rn. 5; GroßkommAktG/*Assmann/Sethe,* 4. Aufl. 2001, § 287 Anm. 5; Bürgers/Körber AktG/*Förl/Fett,* 4. Aufl. 2017, § 287 Rn. 5.

[246] BGH AG 2005, 239 ff., 348 ff.; Bürgers/Körber AktG/*Förl/Fett,* 4. Aufl. 2017, § 287 Rn. 7; krit: *Bürgers* in Bürgers/Fett, Die KGaA, 2. Aufl. 2015, § 5 Rn. 497 ff.

[247] BGH AG 2005, 239 ff.; OLG München WM 1996, 782 (784); *Sethe* AG 1996, 289 (299); Bürgers/Körber AktG/*Förl/Fett,* 4. Aufl. 2017, § 287 Rn. 4.

[248] *Habersack* ZIP 2019, 1453 (1456).

[249] MüKoAktG/*Perlitt,* 5. Aufl. 2020, § 287 Rn. 65; Spindler/Stilz/*Bachmann,* 4. Aufl. 2019, § 287 Rn. 11f, 15.

[250] *Habersack* ZIP 2019, 1453 (1457).

[251] *Habersack* ZIP 2019, 1453 (1457 f.); *Backhaus/Brouwer* AG 2019, 287 (294). *Bachmann* AG 2019, 581 592 ff; Der BGH hat bisher nur entschieden, dass § 112 AktG über § 278 Abs. 3 AktG auf die KGaA anwendbar ist. Für die AG wiederum hat der BGH entschieden, dass im Fall der wirtschaftlichen Identität zwischen Vorstand und Geschäftsgegner § 112 AktG analog anwendbar ist (BGH ZIP 2019, 564). § 112 AktG soll Interessenkollisionen und Selbstbegünstigung ausschließen. Bei Geschäften zwischen der KGaA und dem beherrschenden Gesellschafter der Komplementärgesellschaft geht es aber nicht um wirtschaftliche Identität, sondern um Einflussnahme des beherrschenden Gesellschafters der Komplementärgesellschaft auf die Geschäftsleitung der KGaA. Diese Problematik wird von § 311 AktG adressiert. Zustimmend für den Fall, dass der beherrschende Gesellschafter der Komplementärgesellschaft auch maßgeblicher Kommanditaktionär ist MüKoAktG/*Perlitt,* 5. Aufl. 2020, § 278 Rn. 110 ff.

73 Strittig ist, ob diese **Vertretungskompetenz des Aufsichtsrats zwingen**d ist[252] oder ob die Satzung die Zuständigkeit abweichend regeln kann (vgl. → Rn. 25 und 33). Das Verhältnis zwischen Komplementären und KGaA unterfällt grundsätzlich gemäß § 278 Abs. 2 AktG dem Personengesellschaftsrecht,[253] auch wenn sich das aus dem Wortlaut nicht unmittelbar ergibt. § 278 Abs. 2 AktG nennt ausdrücklich nur das Rechtsverhältnis Komplementäre zur Gesamtheit der Kommanditaktionäre. Seit der Anerkennung der KGaA als juristische Person gibt es aber keinen eigenen Personenverband der Kommanditaktionäre mehr.[254] Träger von Rechten und Pflichten ist deshalb nicht die Gesamtheit der Kommanditaktionäre, sondern die KGaA selbst. Die Rechtsfigur der „Gesamtheit der Kommanditaktionäre" ist ein Überbleibsel aus der Zeit, als die KGaA noch keine juristische Person war.[255] Wenn aber für das Rechtsverhältnis zwischen Komplementär und KGaA Personengesellschaftsrecht gilt, so kann das Rechtsverhältnis durch die Satzung ausgestaltet werden.[256] Folglich muss die Satzung auch die Vertretungskompetenz beim Abschluss von Vereinbarungen mit Komplementären regeln können.[257] Dies macht auch Sinn, weil auch die Begründung einer Komplementärstellung sowie ihre Änderung und Beendigung dem Personengesellschaftsrecht unterliegen und durch die Satzung ausgestaltet werden können (vgl. → § 78 Rn. 6). Die Satzung kann daher vorsehen, dass dasselbe Organ, das über die Aufnahme eines Komplementärs entscheidet, auch die Gesellschaft beim Abschluss von Vereinbarungen mit Komplementären vertritt. Dies kann ein Gesellschafterausschuss oder Beirat, aber auch ein nicht geschäftsführungsbefugter Komplementär sein.[258] Die Kommanditaktionäre sind dann vor Interessenkollisionen durch die Regelung des § 181 BGB bei den Insichgeschäften, durch das Institut des Missbrauchs der Vertretungsmacht und durch die Schadensersatzverpflichtung der Komplementäre gegenüber der Gesellschaft bei Pflichtverletzung gemäß § 283 Nr. 3 AktG iVm § 93 AktG geschützt.[259] Bei einer börsennotierten Gesellschaft wird im Rahmen der Entsprechenserklärung gemäß § 161 AktG auf die Vertretungsregelung und die damit verbundene Gefahrenlage hingewiesen werden müssen.[260]

74 **f) Erweiterte Kompetenz.** Die Gesellschafter können durch die Satzung die Kompetenzen des Aufsichtsrats **erweitern**. Insbesondere können dem Aufsichtsrat Zustimmungsrechte bei Geschäftsführungsmaßnahmen eingeräumt oder § 111 Abs. 4 S. 2 AktG für anwendbar erklärt werden; vgl. dazu auch → Rn. 20. Neben solchen Mitwirkungsrechten bei Geschäftsführungsmaßnahmen kann dem Aufsichtsrat auch die Personalkompetenz eingeräumt werden, dh die Entscheidung über die Bestellung persönlich haftender Gesell-

---

[252] GroßkommAktG/*Assmann*/*Sethe*, 4. Aufl. 2001, § 287 Rn. 68; *Schlitt*, Die Satzung der KGaA, 1999, S. 179; *Ihrig*/*Schlitt* ZHR-Beiheft 67 (1989), 55 (56); MüKoAktG/*Perlitt*, 5. Aufl. 2020, § 287 Rn. 67 ff.; Bürgers/Körber AktG/*Förl*/*Fett*, 4. Aufl. 2017, § 287 Rn. 4.
[253] *Bürgers* in Bürgers/Fett, Die KGaA, 2. Aufl. 2015, § 5 Rn. 498; *Kessler* NZG 2005, 145 (149); Bürgers/Körber AktG/*Förl*/*Fett*, 4. Aufl. 2017, § 287 Rn. 4; aA *Cahn* AG 2001, 579 (581), der das Rechtsverhältnis zwischen Komplementären und der KGaA als eine der übrigen Materien im Sinne von § 278 Abs. 3 AktG qualifiziert.
[254] *Kessler* NZG 2005, 145 (146).
[255] Spindler/Stilz/*Bachmann*, 4. Aufl. 2019, § 278 Rn. 18; *Bachmann* FS Marsch-Barner, 2018, 13 (14 f.); *Mertens* FS Barz, 1974, 253 (256 ff.).
[256] Hüffer/*Koch*, AktG, 13. Aufl. 2018, § 278 Rn. 18 f.; *Fett* in Bürgers/Fett, Die KGaA, 2. Aufl. 2015, § 3 Rn. 7; Bürgers/Körber AktG/*Förl*/*Fett*, 4. Aufl. 2017, § 287 Rn. 4.
[257] Ausführlich hierzu *Herfs* AG 2005, 589 (592 f.); *Fett*/*Stütz* NZG 2017, 1121 (1126).
[258] OLG München WM 1996, 782 (784).
[259] Vgl. dazu auch BGHZ 91, 334 (336); KölnKommAktG/*Mertens*/*Cahn*, 3. Aufl. 2015, § 287 Rn. 21. Für den BGH war der Gesichtspunkt des Interessenkonflikts der maßgebliche Grund für die Anwendung des § 278 Abs. 3 iVm § 112 AktG. Über die Frage einer abweichenden Vertretungsregelung durch die Satzung hat der BGH nicht entschieden.
[260] Zur Anwendung des Corporate Governance Kodex auf KGaA *Wieneke*/*Fett* in Bürgers/Fett, Die KGaA, 2. Aufl. 2015, § 10 Rn. 105 ff.

schafter übertragen werden (vgl. → § 78 Rn. 6). Durch Satzungsregelung kann dem Aufsichtsrat also die gleiche Stellung verschafft werden wie dem Aufsichtsrat einer AG.[261] Die Gestaltungsfreiheit findet ihre Grenze allerdings in dem Prinzip der Trennung von Leitungsmacht und Kontrolle, wie sie auch in § 287 Abs. 3 AktG für den Aufsichtsrat der KGaA Ausdruck gefunden hat. Dem Aufsichtsrat können daher keine Geschäftsführungs- bzw. Weisungsbefugnisse eingeräumt werden.[262]

5. Haftung. Der Aufsichtsrat ist ein Gesellschaftsorgan der KGaA. Die Mitglieder des Aufsichtsrats haben daher alle Kompetenzen im Unternehmensinteresse auszuüben. Dies gilt auch für die Wahrnehmung der Ausführungs- und Vertretungskompetenz.[263] Bei schuldhafter Verletzung ihrer Pflichten haften die Mitglieder nach § 278 Abs. 3 AktG iVm §§ 116, 93 Abs. 3 AktG. Der Sorgfaltsmaßstab unterscheidet sich grundsätzlich nicht von dem Sorgfaltsmaßstab, der für den Aufsichtsrat einer AG gilt. Anders als der Aufsichtsrat einer AG kann der Aufsichtsrat einer KGaA Geschäftsführungsmaßnahmen, die er für falsch hält, nicht verhindern, weil er nicht die Rechte aus § 111 Abs. 4 AktG hat. Der Aufsichtsrat genügt seiner Sorgfaltspflicht, wenn er die persönlich haftenden Gesellschafter auf seine Bedenken hinweist.[264] Strittig ist, ob der Aufsichtsrat eine Hauptversammlung einberufen muss, wenn er mit seinen Bedenken nicht durchdringt. Dies kann aber nur dann in Betracht kommen, wenn das Zustimmungsrecht zu außergewöhnlichen Geschäftsführungsmaßnahmen nicht abbedungen ist. Ist die Mitwirkung der Hauptversammlung bei Geschäftsführungsmaßnahmen ausgeschlossen, bleibt dem Aufsichtsrat nur der Rücktritt.[265] Sollten bei Wahrnehmung der Ausführungs- und Vertretungskompetenz die Mitglieder des Aufsichtsrats zu der Auffassung kommen, dass der von der Hauptversammlung gefasste Beschluss, der vom Aufsichtsrat durchgeführt werden soll, bzw. die von der Hauptversammlung beschlossene gerichtliche Geltendmachung von Ansprüchen gegen die Komplementäre nicht im Gesellschaftsinteresse liegt, so hat der Aufsichtsrat an die Kommanditaktionäre zu appellieren, ihre Entscheidung zu revidieren, oder die Ausführung wegen absehbarer Schäden für das Unternehmen zu verweigern.[266] Den Kommanditaktionären steht es dann frei, die Aufsichtsratsmitglieder abzuberufen oder für den Rechtsstreit mit den Komplementären einen anderen Vertreter gemäß § 287 Abs. 2 S. 1 AktG zu wählen. Die Kommanditaktionäre können einen solchen Konflikt aber auch von vornherein dadurch vermeiden, dass sie ein besonderes Gruppenorgan zur Wahrnehmung ihrer Interessen bilden (vgl. dazu → Rn. 76).

---

[261] MüKoAktG/*Perlitt,* 5. Aufl. 2020, § 287 Rn. 53; KölnKommAktG/*Mertens/Cahn,* 3. Aufl. 2015, § 287 Rn. 26, die allerdings eine Übertragung der Kompetenz zur Aufnahme neuer Komplementäre nicht für zulässig halten; *Theisen* DBW 49 (1989), 137 (148); *Martens* AG 1982, 113 (115); *Sethe,* Die personalistische Kapitalgesellschaft, 1996, S. 115; *Grafmüller,* KGaA als geeignete Rechtsform, 1993, S. 125; *Hommelhoff* Anlegerschutz in der GmbH & Co. KGaA in Ulmer, Die GmbH & Co. KGaA nach dem Beschluss BGHZ 134, 392, 1998, S. 27, hält die Übertragung der Personalkompetenz auf den Aufsichtsrat in der börsennotierten KGaA ohne natürliche Person als Komplementärin für zwingend.
[262] OLG Köln AG 1978, 17 (18); MüKoAktG/*Perlitt,* 5. Aufl. 2020, § 278 Rn. 236; KölnKommAktG/*Mertens/Cahn,* 3. Aufl. 2015, § 287 Rn. 25; *Sethe,* Die personalistische Kapitalgesellschaft, 1996, S. 150; *Grafmüller,* KGaA als geeignete Rechtsform, 1993, S. 125 Fn. 2; *Theisen* DBW 49 (1989), 137 (149); *Martens* AG 1982, 113 (115); *Durchlaub* DB 1977, 1581 (1582).
[263] MüKoAktG/*Perlitt,* 5. Aufl. 2020, § 287 Rn. 63 u. 65; *Grafmüller,* KGaA als geeignete Rechtsform, 1993, S. 145.
[264] MüKoAktG/*Perlitt,* 5. Aufl. 2020, § 287 Rn. 46; GroßkommAktG/*Assmann/Sethe,* 4. Aufl. 2001, § 287 Rn. 36.
[265] *Bürgers* in Bürgers/Fett, Die KGaA, 2. Aufl. 2015, § 5 Rn. 545; aA MüKoAktG/*Perlitt,* 5. Aufl. 2020, § 287 Rn. 46; GroßkommAktG/*Assmann/Sethe,* 4. Aufl. 2001, § 287 Rn. 42, die in allen Fällen die Einberufung einer Hauptversammlung für erforderlich halten.
[266] *Martens* AG 1982, 113 (118).

76 **6. Mitbestimmung. a) Übersicht.** Die Rechtsform der KGaA wird von den mitbestimmungsrechtlichen Regelungen des Drittbeteiligungsgesetzes[267] und des Mitbestimmungsgesetzes erfasst. Dagegen unterfällt die KGaA nicht dem Montanmitbestimmungsgesetz und dem Mitbestimmungsergänzungsgesetz.

77 Eine KGaA, die weniger als 500 Arbeitnehmer beschäftigt und nach dem 10.8.1994[268] eingetragen worden ist, unterliegt wie eine AG nach der Neufassung des § 76 Abs. 6 BetrVG nicht der Mitbestimmung (vgl. → § 28 Rn. 2). Dies gilt auch für eine KGaA, die durch Formwechsel entstanden ist. Eine KGaA, die vor dem 10.8.1994 eingetragen worden ist und weniger als 500 Arbeitnehmer beschäftigt, ist von der **Mitbestimmung** ausgenommen, wenn sie als Familiengesellschaft gilt (dazu → § 28 Rn. 3). Dies ist der Fall, wenn sowohl die Kommanditaktionäre und Komplementäre untereinander als auch Kommanditaktionäre und Komplementäre im Verhältnis zueinander im Sinne von § 15 Abs. 1 Nr. 2–8, Abs. 2 AO, verwandt oder verschwägert sind (§ 1 Abs. 1 Nr. 2 S. 2 DrittelbG). Soweit (neben oder statt natürlicher Personen) juristische Personen Komplementäre sind, ist bezüglich des Verwandtschafts- bzw. Verschwägerungsgrades auf die jeweiligen Gesellschafter dieser Komplementärgesellschaft abzustellen.[269] Ebenfalls ausgenommen von der Mitbestimmung sind Tendenzbetriebe (§ 1 Abs. 2 Nr. 2 DrittelbG).

78 Bei Gesellschaften, die in der Regel nicht mehr als 2.000 Arbeitnehmer beschäftigen, muss der **Aufsichtsrat zu einem Drittel aus Vertretern der Arbeitnehmer** bestehen (§ 1 Abs. 1 Nr. 2 DrittelbG).

79 Gesellschaften mit mehr als 2.000 Arbeitnehmern unterliegen den **Vorschriften des Mitbestimmungsgesetzes**.[270] Hinsichtlich der Einzelheiten der unterschiedlichen mitbestimmungsrechtlichen Regelungen wird auf § 28 oben verwiesen.

80 **b) Privilegierungen der KGaA.** Da dem Aufsichtsrat der KGaA im Vergleich zur AG weniger Kompetenzen zustehen, wirkt sich die Mitbestimmung auf die Entscheidungsfindung im Unternehmen weniger gravierend aus als bei der AG. Der Gesetzgeber hat darauf verzichtet, über das MitbestG in die gesellschaftsrechtliche Struktur der KGaA einzugreifen.[271] Nach § 31 Abs. 1 S. 2 MitbestG ist der Aufsichtsrat nicht für die Bestellung der Mitglieder des zur Vertretung der Gesellschaft berufenen Organs zuständig. Dies gilt auch für die Bestellung von „vorstandsähnlichen" Komplementären ohne Geschäftsanteil. Nach § 33 Abs. 1 S. 2 MitbestG entfällt die Pflicht zur Bestellung eines Arbeitsdirektors. Auch bei einer nach Drittelbeteiligungsgesetz mitbestimmten Gesellschaft hat der Aufsichtsrat keine Personalkompetenz.[272] Der Gesetzgeber trägt damit dem Grundsatz der Selbstorganschaft bei der KGaA Rechnung. Der Grund für die mitbestimmungsrechtliche Privilegierung der KGaA ist das Prinzip der Unvereinbarkeit von persönlicher Haftung und Mitbestimmung der Arbeitnehmer. Der Übernahme der unbeschränkten Haftung muss die Möglichkeit der weitgehenden Einflussnahme auf die Geschicke des Unternehmens entsprechen.[273] Aus dieser ratio legis der mitbestimmungsrechtlichen Privilegierung ist der Schluss gezogen worden, dass diese Privilegierung dann nicht mehr gelten könne, wenn keine der hinter der Gesellschaft stehenden natürlichen Person die persönliche Haftung übernimmt. Im Falle der Kapitalgesellschaft & Co. KGaA läge eine „verdeckte Lücke" im

---

[267] Vgl. § 1 Abs. (1) Nr. 2 DrittelbG.
[268] Inkrafttreten des Gesetzes für kleine Aktiengesellschaft.
[269] *Theisen* DBW 49 (1989), 137 (152).
[270] Überblick zur Mitbestimmung der KGaA bei *Joost* ZGR 1998, 334 (335).
[271] *Joost* ZGR 1998, 334 (399 f.); Bürgers/Körber AktG/*Förl/Fett*, 4. Aufl. 2017, § 287 Rn. 11; aA *Steindorff* FS Ballerstedt, 1975, 127 (135); *Reuter/Körnig* ZHR (1976), 494 (515); *Haase* GmbHR 1997, 917 (921).
[272] *Hennerkes/Lorz* DB 1988, 537 (539); *Haase* GmbHR 1997, 917 (921); *Hecht* in Schütz/Bürgers/Riotte, Die KGaA, 2004, § 5 Rn. 526; Bürgers/Körber AktG/*Förl/Fett*, 4. Aufl. 2017, § 287 Rn. 12.
[273] *Fischer*, KGaA nach dem Mitbestimmungsgesetz, 1982, S. 95; *Martens* AG 1982, 122 Fn. 53; *Kallmeyer* ZGR 1983, 57 (65); *Kallmeyer* DStR 1994, 981; aA *Joost* ZGR 1998 334 (340).

Mitbestimmungsgesetz vor.²⁷⁴ Besonders deutlich wird das bei AG oder SE & Co. KGaA. Die Komplementärgesellschaft wird als reine Verwaltungsgesellschaft keine 500 Arbeitnehmer haben. Der Aufsichtsrat der KGaA ist zwar mitbestimmt, hat aber keine Personalkompetenz. Arbeitnehmer in Unternehmen in der Rechtsformder KGaA haben wesentlich weniger Mitwirkungsbefugnisse als in der AG. Vor diesem Hintergrund ist eine Verlagerung der Arbeitnehmerbeteiligung auf die Komplementärgesellschaft diskutiert worden. Zur Lückenfüllung sind zwei Lösungen angeboten worden. Zum einen ist eine analoge Anwendung von § 4 MitbestG befürwortet worden.²⁷⁵ Nach dieser Vorschrift sind im Falle einer Kapitalgesellschaft & Co. KG die Arbeitnehmer der Kommanditgesellschaft der Komplementärgesellschaft zuzurechnen. Die analoge Anwendung von § 4 MitbestG hätte bei der KGaA zur Folge, dass bei der Komplementärgesellschaft ein zusätzlicher Aufsichtsrat zu bilden wäre, der neben den mit nur wenigen Kompetenzen ausgestatteten Aufsichtsrat der KGaA träte. Ist eine KG Komplementärin sollen der Komplementär-GmbH der KG bei Vorliegen der Voraussetzungen des § 4 Abs. 1 S. 2 und 3 MitbestG die Arbeitnehmer der KGaA zugeordnet werden. Bei der Komplementär-GmbH der Komplementär-KG wäre dann ein Aufsichtsrat zu bilden.²⁷⁶ Alternativ ist vorgeschlagen worden, dass bei der Kapitalgesellschaft & Co. KGaA die Befugnisse des KGaA-Aufsichtsrats insbesondere um die Kompetenz zu erweitern ist, die Geschäftsführer der Komplementärgesellschaft zu bestellen und abzuberufen.²⁷⁷ Der BGH hat solchen Überlegungen eine Absage erteilt. Es könne nicht Aufgabe der Gerichte sein, den auf politischem Wege gefundenen Mitbestimmungskompromiss durch eine Rechtsfortbildung zu korrigieren. Es sei allein Sache des Gesetzgebers, das Mitbestimmungsgesetz zu ändern, wenn er die KGaA ohne natürliche Person als Komplementär der Mitbestimmung im gleichen Umfang wie eine AG oder GmbH (vgl. § 25 MitbestG) unterwerfen wolle.²⁷⁸ Der Gesetzgeber hat bei späteren Änderungen des KGaA-Rechts, bei der er die Firmierung bei Einschaltung einer Komplementärgesellschaft als alleinigem Komplementär geregelt hat (§ 279 Abs. 2 AktG) keine Veranlassung gesehen, dass mitbestimmungsrechtliche Defizit zu korrigieren.²⁷⁹ Auch die neuere Rechtssprechung hat eine analoge Anwendung von § 4 MitbestG abgelehnt.²⁸⁰

Der zweite Ansatz zur Begründung eines mitbestimmten Aufsichtsrats bei der Komplementärgesellschaft stützt sich auf **§ 5 MitbestG.** Dies setzt allerdings voraus, dass man für § 5 MitbestG nicht den konzernrechtlichen Unternehmensbegriff, sondern einen eigenständigen mitbestimmungsrechtlichen Unternehmensbegriff zugrunde legt, für den es nicht auf eine anderweitige unternehmerische Beteiligung ankommt, sondern allein auf die Verschiebung von Zuständigkeiten auf die herrschende Gesellschaft.²⁸¹ Demnach

---

²⁷⁴ *Fischer,* KGaA nach dem Mitbestimmungsgesetz, 1982, S. 134; *Steindorff* FS Ballerstedt, 1975, 127 (134).
²⁷⁵ *Joost* ZGR 1998, 334 (343 ff.); *Fischer,* KGaA nach dem Mitbestimmungsgesetz, 1982, S. 136 ff.; GK-*Naendrop,* 1992, § 25 Rn. 129; *Raiser/Veil,* MitbestG, 5. Aufl. 2009, § 31 Rn. 45; *Binz/Sorg* BB 1988, 2011 (2050); *Sethe* ZIP 1996, 2053 (2057); *Arnold,* GmbH & Co. KGaA, 2001, S. 114 ff., der aber die analoge Anwendbarkeit von § 4 MitbestG für praktisch bedeutungslos hält, weil in der Publikumsgesellschaft die Beteiligungsidentität zwischen Komplementärgesellschaft und KGaA fehlt. *Steindorff* FS Ballerstedt, 1975, 127 (139), will auf dieses Tatbestandsmerkmal verzichten; dagegen: *Hecht* in Bürgers/Fett, Die KGaA, 2. Aufl. 2015, § 5 Rn. 529 ff.; *Halasz/Kloster* GmbHR 2002, 77 (86); *Reuter* ZHR 140 (1976), 494 (517); ausführlich *Graf,* Kapitalgesellschaft & Co. KG auf Aktien, 1993, S. 205 ff.
²⁷⁶ *Joost* ZGR 1998, 334 (350), 350; *Raiser/Veil,* MitbestG, 5. Aufl. 2009, § 31 Rn. 45.
²⁷⁷ *Steindorff* FS Ballerstedt, 1975, 127 (139); zustimmend Bürgers/Körber AktG/*Förl/Fett,* 4. Aufl. 2017, § 287 Rn. 14.
²⁷⁸ BGHZ 134, 392 (400).
²⁷⁹ *Fett/Stütz* NZG 2017, 1121 (1128); *Seibt/von Rimon* AG 2019, 753 (755); *Hasselbach/Ebbinghaus* DB 2015, 1269 (1273).
²⁸⁰ OLG Celle AG 2015, 205; *Fett/Stütz* NZG 2017, 1121 (1128).
²⁸¹ OLG Stuttgart DB 1989, 1128; HH MitbestR/*Habersack,* 4. Aufl. 2018, § 5 Rn. 11; *Raiser/Veil,* MitbestG, 6. Aufl. 2015, § 5 Rn. 5; *Krause* FS Winter, 2011, 351 (357).

macht allein die Beteiligung als Komplementärin an einer GmbH & Co. KG oder KGaA die Komplementärgesellschaft zu einem herrschenden Unternehmen im Sinne von § 5 MitbestG.[282] Komplementärgesellschaften und KG oder KGaA bilden aber eine wirtschaftliche Einheit und sind daher nicht als zwei Unternehmen im wirtschaftlichen Sinn anzusehen. Dies bedeutet, dass § 5 MitbestG auf die Komplementärgesellschaft einer KGaA nicht anzuwenden ist, weil diese Bestimmung wie bei der KG durch die speziellere – aber nicht anwendbare – Regelung des § 4 MitbestG verdrängt wird.[283] Wäre § 5 MitbestG auf die Komplementärgesellschaft einer KG wegen ihrer Herrschaftsfunktion per se anwendbar, wäre die Regelung in § 4 MitbestG überflüssig.[284] Wenn aber § 5 MitbestG gesetzessystematisch nicht für die KG gelten kann, kann er auch nicht auf die in der Struktur ähnliche Kapitalgesellschaft & Co. KGaA Anwendung finden. Etwas anderes kann nur dann gelten, wenn die Komplementärgesellschaft anderweitige wirtschaftliche Interessen außer ihrer Beteiligung an der KGaA verfolgt und deshalb ausnahmsweise die Voraussetzungen des § 18 AktG erfüllt sind.[285]

82 Da das MitbestG die besondere Struktur der KGaA unberührt lässt, muss auch bei einer KGaA, die der Mitbestimmung unterliegt, die **Gestaltungsfreiheit** erhalten bleiben. Deshalb können auch bei der mitbestimmten KGaA die Kompetenzen des Aufsichtsrats gegenüber der gesetzlichen Regelung weiter eingeschränkt werden.[286]

83 **7. Fakultative Gesellschaftsorgane. a) Übersicht.** In der KGaA können **zusätzliche Organe** durch die Satzung geschaffen werden. Sie können verschiedene Bezeichnungen tragen, wie zB Gesellschafterausschuss, Aktionärsausschuss, Beirat, Verwaltungsausschuss oder Verwaltungsrat. Ein Bedürfnis für die Errichtung eines Beirats besteht bei der KGaA insofern, als die Komplementäre keinen Einfluss auf die Zusammensetzung des Aufsichtsrats haben (§ 285 Abs. 1 S. 2 Nr. 1 AktG). In der Familien-KGaA, der wichtigsten Erscheinungsform der KGaA, kann die Einrichtung eines Beirats oder Gesellschafterausschusses der Sicherung des Familieneinflusses auf das Unternehmen dienen. Dem Beirat kann dann die Kompetenz zur Aufnahme neuer Komplementäre übertragen werden (vgl. dazu → Rn. 68) oder Zustimmungsrechte zu Geschäftsführungsmaßnahmen eingeräumt werden.[287] Durch Übertragung von Mitwirkungs- und Kontrollrecht auf einen Beirat oder Gesellschafterausschuss kann daher die Wirkung der Mitbestimmung in der KGaA weiter abgemildert werden. Der Beirat kann von der Hauptversammlung Mitwirkungs- und Kontrollrechte bei der Geschäftsführung übertragen und die Einwirkung der Kommanditaktionäre auf die Geschäftsführung verstärken, ohne dass er mit Arbeitnehmervertretern besetzt werden muss.[288] Der Aufsichtsrat behält allerdings seine Informationsrechte gem. §§ 283 Nr. 4, 90 AktG.

---

[282] Für die Anwendung von § 5 MitbestG auf die KGaA, HH MitbestR/*Habersack*, 4. Aufl. 2018, § 4 Rn. 5 u. § 5 Rn. 9; *Wißmann* in Wißmann/Koberski/Schubert, MitbestR, 5. Aufl. 2017, MitbestG § 5 Rn. 51.

[283] Spindler/Stilz/*Bachmann*, 4. Aufl. 2019, § 278 Rn. 87, *Hasselbach/Ebbinghaus* DB 2015, 1269 (1274); *Joost* ZGR 1998, 334 (347); *Hennerkes/Lorz* DB 1997, 1388 (1392); *Graf*, Kapitalgesellschaft und Co. KG auf Aktien, 1993, S. 205 ff.; *Jaques* NZG 2000, 401 (404); *Hecht* in Bürgers/Fett, Die KGaA, 2. Aufl. 2015, § 5 Rn. 538 ff.; *Sigle* FS Peltzer, 2001, 539 (550); *Krause* FS Winter, 2011, 351 (356 ff.); *Schnorbus* FS Winter, 2011, 627 (666 ff.); ausführlich *Otte*, AG & Co KGA, 2010, S. 79 ff.

[284] *Seibt/von Rimon* AG 2019, 753 (755).

[285] *Arnold*, GmbH & Co. KGaA, 2001, S. 122; *Hoffmann-Becking/Herfs* FS Sigle, 2000, 273 (279); *Wollburg* FS Hoffmann-Becking, 2013, 1425 (1427).

[286] MüKoAktG/*Perlitt*, 5. Aufl. 2020, § 287 Rn. 52, der zwar davon ausgeht, dass das MitbestG keine Auswirkung auf die Gestaltungsfreiheit hat, aber nur eine Erweiterung der Kompetenzen des Aufsichtsrats für zulässig hält; 53; *Kallmeyer* ZGR 1983, 57 (63); aA *Steindorff* FS Ballerstedt, 1975, 127 (134).

[287] *Assmann/Sethe* FS Lutter, 2002, 251 (255); *Bürgers* in Bürgers/Fett, Die KGaA, 2. Aufl. 2015, § 5 Rn. 560; *Schnorbus* FS Winter, 2011, 627 (628 f.); *Bürgers/Körber* AktG/*Förl/Fett*, 4. Aufl. 2017, § 287 Rn. 4, 6.

[288] *Assmann/Sethe* FS Lutter, 2002, 251 (255); *Bürgers* in Bürgers/Fett, Die KGaA, 2. Aufl. 2015, § 5 Rn. 561 ff., insbes. Rn. 572 f.; *Habersack* FS Hellwig, 2010, 143 (146).

Die Einrichtung eines **Beirats mit organschaftlichen Befugnissen** ist bei der KGaA **84**
im Gegensatz zur AG zulässig. Der für die AG geltende Grundsatz, dass fakultative Organe
nur insoweit gebildet werden können, wie dabei nicht in die zwingende Kompetenzverteilung zwischen Vorstand, Aufsichtsrat und Hauptversammlung eingegriffen wird (→ § 29
Rn. 23),[289] gilt bei der KGaA nur eingeschränkt.[290] Soweit das Rechtsverhältnis zwischen
persönlich haftenden Gesellschaftern und Kommanditaktionären berührt ist, das nach § 278
Abs. 2 AktG satzungsdispositiv ist, können diese beiden Gesellschaftergruppen Rechte auf
zusätzliche Organe übertragen.[291] § 278 Abs. 2 AktG räumt insoweit Dispositionsfreiheit
ein. Rechte, die den persönlich haftenden Gesellschaftern, dem Aufsichtsrat oder der
Hauptversammlung dagegen zwingend zustehen, können nicht auf ein fakultatives Organ
verlagert werden. Die persönlich haftenden Gesellschafter können zB nicht die ihnen
gemäß § 283 AktG auferlegten Pflichten auf ein anderes Organ übertragen.[292] Bei Verlagerung von Zuständigkeiten und Befugnissen der persönlich haftenden Gesellschafter[293]
muss auch der Grundsatz der Selbstorganschaft gewahrt bleiben. Die organschaftliche Vertretungsmacht der Komplementäre kann nicht auf ein anderes Organ übertragen werden.[294]
Auch die Rechte der Hauptversammlung müssen uneingeschränkt erhalten bleiben. So
können die Feststellung des Jahresabschlusses, Entscheidungen über Grundlagen der Gesellschaft oder andere strukturverändernde Maßnahmen nicht auf ein anderes Organ übertragen werden.[295] Nicht übertragbare Kompetenzen des Aufsichtsrats der KGaA sind die
mit seiner Überwachungsaufgabe zusammenhängenden Informationsrechte. Sie können
nicht auf ein anderes Organ delegiert werden.[296] Dies ist schon deswegen erforderlich, weil
der Aufsichtsrat mitbestimmt sein kann und die Mitbestimmung nicht durch Verlagerung
von Kompetenzen der Aufsichtsrats unterlaufen werden darf. Allerdings hat der Aufsichtsrat
keine ausschließliche Überwachungskompetenz im Hinblick auf die Geschäftsleitung. Solche Überwachungskompetenzen können parallel auch einem fakultativen Aufsichtsorgan
eingeräumt werden.[297]

Darüber hinaus gibt es keine Grenzen für die Übertragung von Kompetenzen auf **85**
fakultative Organe im Rahmen der Gestaltungsfreiheit nach § 278 Abs. 2 AktG. Insbesondere ergibt sich keine solche Beschränkung aus Vorschriften des **Mitbestimmungsgesetzes.**[298] Das Gesellschaftsrecht wird durch das Mitbestimmungsgesetz nur insoweit überlagert, wie es ausdrücklich angeordnet ist. Im Übrigen lässt das Mitbestimmungsrecht das
rechtsform-spezifische Gesellschaftsrecht gelten. Bei der KGaA wird durch das Mitbestimmungsgesetz nur sichergestellt, dass die Arbeitnehmer bei der Kontrolle der geschäftsführenden Gesellschafter beteiligt sind. Wie die Geschäftsführung aber konkret ausgestaltet ist

---

[289] *Lutter* FS Hengeler, 1972, 167 (177); in Hüffer/*Koch*, AktG, 14. Aufl. 2020, § 23 Rn. 38.
[290] Überblick bei *Assmann/Sethe* FS Lutter, 2002, 251 (258 f.).
[291] *Assmann/Sethe* FS Lutter, 2002, 251 (257 ff.); MüKoAktG/*Perlitt*, 5. Aufl. 2020, § 287 Rn. 84 ff.; GroßkommAktG/*Assmann/Sethe*, 4. Aufl. 2001, § 287 Rn. 91 ff.; *Bürgers* in Bürgers/Fett, Die KGaA, 2. Aufl. 2015, § 5 Rn. 559 ff.; *Martens* AG 1982, 113 (114 f.); *Sethe* AG 1986, S. 289/193; *Kallmeyer* DStR 1994, 977 (979); *Habersack* FS Hellwig, 2010, 143 (147); *Schnorbus* FS Winter, 2011, 627 (631); *Schnorbus/Ganzer* BB 2017, 1795.
[292] *Schnorbus* FS Winter, 2011, 627 (649); MüKoAktG/*Perlitt*, 5. Aufl. 2020, § 278 Rn. 248.
[293] Auflistung der übertragbaren Kompetenzen der Komplementäre bei *Schnorbus* FS Winter, 2011, 627 (632).
[294] MüKoAktG/*Perlitt*, 5. Aufl. 2020, § 278 Rn. 248, § 287 Rn. 89; *Assmann/Sethe* FS Lutter, 2002, 251 (259); *Schnorbus* FS Winter, 2011, 627 (649); Bürgers/Körber AktG/*Föhl/Fett*, 4. Aufl. 2017, § 278 Rn. 46.
[295] MüKoAktG/*Perlitt*, 5. Aufl. 2020, § 287 Rn. 91; *Sethe* AG 1986, 289 (293); *Assmann/Sethe* FS Lutter, 2002, 251 (258).
[296] MüKoAktG/*Perlitt*, 5. Aufl. 2020, § 287 Rn. 90.
[297] *Habersack* FS Hellwig, 2010, 143 (146); *Schnorbus* FS Winter, 2011, 627 (644 f.).
[298] *Joost* ZGR 1998, 334 (343); *Steindorff* FS Ballerstedt, 1975, 127 (134); HH MitbestR/*Habersack*, 4. Aufl. 2018, § 25 Rn. 68; *Assmann/Sethe* FS Lutter, 2002, 254 (264).

und welche Mitwirkungsrechte anderen Organen zustehen, richtet sich ausschließlich nach der Satzung, dem AktG und dem HGB.[299]

86 b) Mögliche Kompetenzen eines fakultativen Organs. Ein Beirat oder Gesellschafterausschuss wird insbesondere dann eingerichtet werden, wenn der Entscheidungsspielraum der Geschäftsführung beschränkt werden soll, Mitwirkungsrechte bei Geschäftsführungsfragen aber nicht bei der Hauptversammlung oder dem Aufsichtsrat angesiedelt werden sollen, weil der Aufsichtsrat mitbestimmt ist, oder bei einer Familien-KGaA sich die Familie in erster Linie über Vermögenseinlagen beteiligen will[300] und Einfluss auf die Zusammensetzung dieses Gremiums behalten will, auch wenn sie die Hauptversammlung nicht mehr kontrolliert. In diesem Fall können dann den als Komplementären beteiligten Familienmitgliedern Entsendungsrechte für dieses fakultative Organ eingeräumt werden. Im Bereich der Geschäftsführung können einem Beirat alle denkbaren Grundformen der Mitwirkung eingeräumt werden. Hier gilt gem. § 278 Abs. 2 AktG Personengesellschaftsrecht und somit im Rahmen der allgemeinen Grenzen (vgl. dazu → § 78 Rn. 62) Gestaltungsfreiheit.[301] Einem Beirat können **Zustimmungsrechte sowohl bei außergewöhnlichen Geschäftsführungsmaßnahmen** im Sinne von § 164 HGB als auch bei anderen Geschäftsführungsmaßnahmen eingeräumt werden.[302] Dem Beirat können auch Weisungsrechte gegenüber den geschäftsführenden Komplementären eingeräumt werden, sofern dadurch der Beirat nicht zum eigentlich geschäftsführenden Organ wird.[303] Auch Zustimmungsrechte der Komplementäre können auf ein fakultatives Organ übertragen werden. Zustimmungsrechte der Komplementäre bestehen bei Satzungsänderungen, Grundlagengeschäften und außergewöhnlichen Geschäften (vgl. → § 78 Rn. 14). Aber auch unterhalb der Schwelle der außergewöhnlichen Geschäfte können die Komplementäre für ihre Geschäftsführung bestimmen, dass analog § 111 Abs. 4 S. 2 AktG bestimmte Maßnahmen nur mit Zustimmung eines fakultativen Organs vorgenommen werden dürfen. Dabei kann vorgesehen werden, dass dieses Organ nur von den Komplementären bestellt wird. Die Gestaltungsfreiheit gilt nicht nur hinsichtlich der Einrichtung eines fakultativen Organs, sondern auch hinsichtlich der Bestellung. Die Satzung kann vorsehen, dass das Organ nur von den Komplementären bestellt wird.[304] Die Komplementäre geben dann einen Teil ihrer Geschäftsführungsrechte ab und erhalten das Recht zur Bestellung der Beiratsmitglieder. Der Beirat kann aber auch die Mitwirkungsrechte der Hauptversammlung bei der Geschäftsführung gem. § 278 Abs. 2 AktG iVm §§ 161, 164 HGB wahrnehmen. Wird das Zustimmungsrecht auf ein fakultatives Organ übertragen, das von den Kommanditaktionären bestellt wird, wird die kosten- und zeitaufwendige Durchführung von Hauptversammlungen vermieden und die Willensbildung vereinfacht. Gleichzeitig können durch die Übertragung solcher Mitwirkungsrechte auf ein fakultatives Organ, das anders als der Aufsichtsrat nicht der Mitbestimmung unterliegt, aber von den Kommanditaktionären bestellt wird, Einflussmöglichkeiten der Aktionäre auf die Geschäftsführung ohne Beteiligung von Arbeitnehmern eröffnet werden und die Rechtsform dadurch für Investoren attraktiver gemacht wird.[305]

---

[299] MüKoAktG/*Perlitt*, 5. Aufl. 2020, § 287 Rn. 87; *Kallmeyer* ZGR 1983, 57 (63); *Martens* AG 1982, 113 (116 f.); *Habersack* FS Hellwig, 2010, 143 (147); *Schnorbus* FS Winter, 2011, 627 (631).
[300] Siehe *Hoffmann-Becking/Herfs* FS Sigle, 2000, 273 (283 f.).
[301] Ausführlich zur Übertragung von Kompetenzen auf fakultatives Organ im Bereich der Geschäftsführung *Schnorbus* FS Winter, 2011, 627 (633 ff.).
[302] *Bürgers* in Bürgers/Fett, Die KGaA, 2. Aufl. 2015, § 5 Rn. 589 ff.; *Assman/Sethe* FS Lutter, 2002, 251 (260).
[303] *Schnorbus* FS Winter, 2011, 627 (651); *Bürgers* in Bürgers/Fett, Die KGaA, 2. Aufl. 2015, § 5 Rn. 590, der allerdings eine Einräumung von Weisungsrechten nur für zulässig hält, wenn dem Beirat keine gesellschaftsfremden Personen angehören.
[304] *Habersack* FS Hellwig, 2010, 143 (148).
[305] *Sethe*, Die personalistische Kapitalgesellschaft, 1996, S. 151; *Grafmüller*, KGaA als geeignete Rechtsform, 1993, S. 149; *Theisen* DBW 49 (1989), 137 (147); *Schnorbus* FS Winter, 2011, 627 (635 ff.).

Einem Beirat kann auch die **Auswahl und Aufnahme von persönlich haftenden** 87
Gesellschaftern übertragen werden.[306] Die Gesellschafter können der Entscheidung widersprechen, wenn in der Person des neu eintretenden Komplementärs Gründe vorliegen, die zu einem Vorgehen nach § 133 bzw. 140 HGB berechtigen würden.[307] Komplementäre oder Kommanditaktionäre können dann die Rechtsmissbräuchlichkeit des Beschlusses feststellen lassen. Je nachdem wer die Mitglieder des Beirats bestellt, kann eine komplementärdominierte oder hauptversammlungsdominierte Gesellschaftsstruktur entstehen. Wenn die Beiratsmitglieder durch die Kommanditaktionäre bestellt sind und gleichzeitig den Komplementären eine vorstandsähnliche Rechtsbeziehung eingeräumt ist (→ § 78 Rn. 18), kann eine Struktur geschaffen werden, die der AG sehr ähnlich ist. Bei einer mitbestimmten Gesellschaft eröffnet die Verlagerung der Aufnahmekompetenz auf einen zusätzlich geschaffenen Beirat den Arbeitnehmervertretern keinen Einfluss auf die Auswahl der Geschäftsführung, was bei einer Aktiengesellschaft nicht möglich wäre. Die Komplementäre können ihr Zustimmungsrecht nach § 285 Abs. 2 S. 1 AktG auf einen Beirat delegieren, um dadurch die Willensbildung innerhalb der Komplementäre zu erleichtern.[308] Die Ausführungs- und Vertretungskompetenz nach § 287 AktG kann von den Kommanditaktionären auf einen von ihnen bestellten Beirat übertragen werden.[309] Dadurch kann der im Aufsichtsrat angelegte Interessenkonflikt vermieden werden, der darauf beruht, dass der Aufsichtsrat bei der Überwachung der Komplementäre das Gesellschaftsinteresse und bei der Vertretung der Kommanditaktionäre die Interessen dieser Gesellschaftergruppe verfolgen muss.[310] Schließlich kann der Beirat auch als unabhängiger Beraterkreis konzipiert werden, der als gesellschaftsinterne Schiedsstelle zwischen den beiden Gesellschaftergruppen oder innerhalb der Komplementäre vermittelt oder die Abstimmung der Interessen der KGaA mit einer Komplementärgesellschaft übernimmt.[311]

c) Bestellung. Die Bestellung erfolgt grundsätzlich nach den durch die **Satzung festgesetzten Regeln.** Die Satzung kann bestimmen, wer die Mitglieder des Organs zu bestellen hat und grundsätzlich auch, wer Mitglied des Organs sein kann.[312] Bestellungshindernisse können sich ergeben aus: 88

– dem Rechtsgedanken des § 285 Abs. 1 S. 2 AktG;
– analoger Anwendung des § 100 Abs. 2 AktG;[313]
– dem Grundsatz der Verbandssouveränität.[314]

Sind die Mitglieder eines Organs auch oder nur durch die Hauptversammlung zu bestellen, so unterliegen persönlich haftende Gesellschafter, die gleichzeitig Kommanditaktionäre sind, analog § 285 Abs. 1 S. 2 AktG bei der Bestellung der Organmitglieder und deren Entlastung einem Stimmrechtsverbot, falls das Organ anstelle der Hauptversammlung Entscheidungen zu treffen hat, für die nach § 285 Abs. 1 S. 2 AktG das Stimmrecht der persönlich haftenden Gesellschafter ausgeschlossen ist. Das gilt beispielsweise bei der Bestellung eines Aktionärausschusses mit dem Recht, Abschlussprüfer zu wählen[315] oder die

---

[306] MüKoAktG/*Perlitt*, 5. Aufl. 2020, § 278 Rn. 68; *Assmann/Sethe* FS Lutter, 2002, 251; Bürgers/Körber AktG/*Förl/Fett*, 4. Aufl. 2017, § 278 Rn. 18.
[307] *Schlitt*, Satzung der KGaA, 1999, S. 133 f.; aA KölnKommAktG/*Mertens/Cahn*, 3. Aufl. 2015, § 287 Rn. 32; zu den Kriterien bei der Auswahl von Geschäftsleitern *Schnorbus/Ganzer* BB 2017, 1795 (1802).
[308] *Assmann/Sethe* FS Lutter, 2002, 251 (255).
[309] Zur Übertragung der Vertretungskompetenz *Herfs* AG 2005, 589 (592 f.); jedenfalls für Übertragbarkeit der Ausführungskompetenz Bürgers/Körber AktG/*Förl/Fett*, 4. Aufl. 2017, § 287 Rn. 6.
[310] *Bürgers* in Bürgers/Fett, Die KGaA, 2. Aufl. 2015, § 5 Rn. 551 ff.; *Grafmüller*, KGaA als geeignete Rechtsform, 1993, S. 151; *Theisen* DBW 49 (1989), 137 (146).
[311] *Assmann/Sethe* FS Lutter, 2002, 251 (255).
[312] *Habersack* FS Hellwig, 2010, 143 (148).
[313] Hierzu *Habersack* FS Hellwig, 2010, 143 (149 ff.).
[314] Hierzu *Schnorbus* FS Winter, 2011, 627 (654 ff.).
[315] *Assmann/Sethe* FS Lutter, 2002, 254 (266); *Schlitt*, Satzung der KGaA, 1999, S. 217.

Kommanditaktionäre gegenüber den Komplementären zu vertreten. Dieses Verbot gilt auch für die beherrschenden Gesellschafter einer Komplementärgesellschaft (vgl. → Rn. 37).[316]

89 Die Bestellungshindernisse des § 100 Abs. 2 S. 1 AktG, die gemäß § 278 Abs. 3 AktG auf den Aufsichtsrat der KGaA Anwendung finden,[317] gelten für die Bestellung von Mitgliedern eines fakultativen Gesellschaftsorgans nicht.[318] Die Interessenkonflikte vor denen § 100 Abs. 2 AktG die Aktionäre im Interesse einer effektiven Überwachung schützen will, müssen für ein freiwillig eingerichtetes Organ nicht zwingend gelten. Die Satzung kann Inkompatibilitätsregeln vorsehen, muss das aber nicht. Die Gesellschafter einer KGaA müssen nicht vor sich selbst geschützt werden. Dies gilt auch für § 287 Abs. 3 AktG, auch wenn das fakultative Organ die Geschäftsführung zu überwachen hat.[319]

90 In einen Beirat werden in der Regel nicht Gesellschafter entsandt, sondern entweder den Gesellschaftern nahestehende Personen oder Personen, deren besonderer Sachverstand für die Gesellschaft nutzbar gemacht werden soll. Teilweise wird wegen des **Grundsatzes der Verbandssouveränität** vertreten, dass ein Beirat nicht ausschließlich mit gesellschafterfremden Personen besetzt sein dürfe. Dies gelte insbesondere dann, wenn der Beirat Vertretungs- oder Geschäftsführungsbefugnis habe.[320] Die Zusammensetzung aus Gesellschaftern oder gesellschafterfremden Personen ist aber für die Frage der Zulässigkeit der Übertragung von Kompetenzen unter dem Gesichtspunkt der Verbandssouveränität unerheblich. Dem Grundsatz der Verbandssouveränität ist ausreichend Rechnung getragen, wenn die Gesellschafter die Organmitglieder jederzeit abrufen und gegebenenfalls durch einen gegenteiligen Gesellschafterbeschluss die Entscheidung des Organs revidieren können, die Organmitglieder an das Unternehmensinteresse gebunden sind und für ihre Entscheidungen haften.[321]

91 **d) Haftung.** Der Beirat ist Organ der Gesellschaft. Die Mitglieder des Beirats haften bei Pflichtverletzungen nach §§ 283 Nr. 3, 93, 116 AktG.[322] Dies gilt unabhängig davon, ob die Beiratsmitglieder nur von einer Gesellschaftergruppe bestellt worden sind, oder von beiden. In beiden Fällen ist der Beirat Organ und unterliegt deshalb den Grundsätzen der Organhaftung. Lediglich der Sorgfaltsmaßstab modifiziert sich entsprechend den jeweils zugewiesenen Aufgaben.[323]

92 **e) Präsenzrecht des Aufsichtsrats.** Werden einem fakultativen Organ Rechte der Kommanditaktionäre übertragen, insbesondere Mitwirkungsrechte bei der Geschäftsführung, so haben die Mitglieder des Aufsichtsrats kein **Präsenzrecht** analog § 118 Abs. 2 AktG bei Beratungen des betreffenden Organs.[324]

93 **f) Rechtsgeschäftlicher Beirat.** Den Gesellschaftern steht es auch frei, „rechtsgeschäftliche" Beiräte zu bilden, die nicht auf organschaftlicher, sondern auf **schuldrechtlicher Basis** tätig werden.[325] Die Rechte eines solchen rechtsgeschäftlichen Beirats ergeben sich

---

[316] BGH ZIP 2006, 177 (178); OLG München AG 2004, 151 ff.
[317] Spindler/Stilz/*Bachmann*, 4. Aufl. 2019, § 287 Rn. 4; GroßkommAktG/*Assmann/Sethe*, 4. Aufl. 2001, § 287 Rn. 9.
[318] *Habersack* FS Hellwig, 2010, 143 (149 ff.).
[319] AA *Habersack* FS Hellwig, 2010, 143 (149).
[320] GroßkommAktG/*Assmann/Sethe*, 4. Aufl. 2001, § 287 Rn. 97; KölnKommAktG/*Mertens/Cahn*, 3. Aufl. 2015, § 287 Rn. 31; *Bürgers* in Bürgers/Fett, Die KGaA, 2. Aufl. 2015, § 5 Rn. 574 ff.; *Assmann/Sethe* FS Lutter, 2002, 251 (261).
[321] Ebenso *Schnorbus* FS Winter, 2011, 627 (654 ff.); vgl. hierzu ausführlich *Herfs* Einwirkung Dritter im Willensbildungsbildungsprozess der GmbH S. 61 ff.; aA *Assmann/Sethe* FS Lutter, 2002, 251 (261).
[322] *Assmann/Sethe* FS Lutter, 2002, 251/ 272 ff.; *Schnorbus* FS Winter, 2011, 627 (657).
[323] Ausführlich zur Haftung der Mitglieder eines fakultativen Organs *Schnorbus*/Ganzer BB 2017, 1795 ff. Assmann/*Sethe* FS Lutter, 2002, 251 (278).
[324] Für die Anwendung von § 118 AktG MüKoAktG/*Perlitt*, 5. Aufl. 2020, § 287 Rn. 93 ff.; Mertens AG 1982, 133 (118 ff.); *Bürgers* in Bürgers/Fett, Die KGaA, 2. Aufl. 2015, § 5 Rn. 597.
[325] Zum Begriff *Wiedemann* FS Schilling, 1973, 105 (110); MüKoAktG/*Perlitt*, 5. Aufl. 2020, § 287 Rn. 86 f.; *Theisen* DBW 49 (1989), 137 (146).

allein aus dem zugrundeliegenden Vertragsverhältnis. Ein solcher Beirat kann nicht im Außenverhältnis anstelle der Gesellschaft oder eines bestimmten Gesellschaftsorgans entscheiden.

8. Konzernrecht, Squeeze-out und Mitteilungspflichten. a) Anwendbarkeit des Aktienkonzernrechts. Die KGaA ist wie die AG den **Vorschriften für verbundene Unternehmen** in den §§ 291 ff. AktG unterstellt. Insofern gilt für die KGaA das Gleiche wie für die AG (vgl. → § 70 Rn. 2 ff.), soweit sich nicht rechtsformbedingt Abweichungen ergeben.

Besonderheiten ergeben sich für die KGaA als faktisch abhängigem Unternehmen. Die **Vermutungsregelungen der §§ 15 ff. AktG** passen wegen der Kompetenzverteilung zwischen persönlich haftenden Gesellschaftern und Hauptversammlung nur eingeschränkt auf die KGaA. Insbesondere die Vermutungsregelung in § 17 Abs. 2 AktG wonach ein mit Mehrheit am Grundkapital der KGaA beteiligtes Unternehmen im Verhältnis zur KGaA als herrschendes Unternehmen gilt, passt nicht. Die Kommanditaktionäre haben ohne spezielle abweichende Regelung in der Satzung keinen Einfluss auf die Zusammensetzung der Geschäftsleitung. Dem Aufsichtsrat fehlt die Personalkompetenz (vgl. → § 79 Rn. 61).[326] Eine Mehrheitsbeteiligung am Grundkapital vermittelt deshalb nicht automatisch Kontrolle über die Geschäftsleitung. Die Abhängigkeit einer KGaA von einem Kommanditaktionär kann demnach nur mit Hilfe des § 17 Abs. 1 AktG unter Berücksichtigung der individuellen Satzungsgestaltung begründet werden.[327]

§ 291 Abs. 1 S. 1 AktG stellt klar, dass das **Vertragskonzernrecht** auf die KGaA Anwendung findet. Neben dem nach § 283 AktG erforderlichen Zustimmungsbeschluss der Kommanditaktionäre bedarf ein Unternehmensvertrag zu seiner Wirksamkeit gemäß § 285 AktG der Zustimmung sämtlicher Komplementäre. Der Abschluss eines Unternehmensvertrags ist für die Komplementäre der abhängigen Gesellschaft wegen der Gewinnabführung an das herrschende Unternehmen und für die Komplementäre der herrschenden Gesellschaft wegen der Übernahme der persönlichen Haftung für Verluste einer abhängigen Gesellschaft ein Eingriff in den Kernbereich der Mitgliedschaft, der die Zustimmung jedes einzelnen Komplementärs erfordert. Eine abweichende Satzungsregelung ist daher trotz der Geltung des Personengesellschaftsrechts nicht möglich.[328]

Für die Kapitalgesellschaft & Co. KGaA ist vereinzelt vertreten worden, dass dadurch ein **gesetzlich nicht geregelter Konzerntatbestand** zwischen Komplementär-Kapitalgesellschaft und KGaA geschaffen werde. Die KGaA werde in diesem Falle unter die Herrschaft einer aus der Sicht der Kommanditaktionäre fremden Kapitalgesellschaft gestellt, ohne dass mangels Vorliegens eines Beherrschungsvertrags die konzernrechtlichen Vorschriften der §§ 291 ff. AktG Anwendung finden. Kommanditaktionäre und Gläubiger müssen daher durch die Anwendung konzernrechtlicher Haftungstatbestände vor gesellschaftsschädlichen Eingriffen der Komplementärgesellschaft geschützt werden, da die Steuerung durch die persönliche Haftung hier leer laufe.[329] Sofern die Komplementärgesellschaft keine Leitungsfunktion bei anderen Gesellschaften übernimmt, fehlt es an dem konzernspezifischen Interessenkonflikt und damit an der Unternehmereigenschaft. Es handelt sich zwar formal um zwei Rechtsträger, wirtschaftlich handelt es sich aber um ein Unternehmen.[330] Eine Kapitalgesell-

---

[326] GroßkommAktG/*Assmann/Sethe*, 4. Aufl. 2001, vor § 278 Rn. 79; *Schaumburg/Schulte*, KGaA, 2000, Rn. 71; *Fett* in Bürgers/Fett, Die KGaA, 2. Aufl. 2015, § 12 Rn. 27; MüKoAktG/*Perlitt*, 5. Aufl. 2020, Vor § 278 Rn. 98 f.; Bürgers/Körber AktG/*Förl/Fett*, 4. Aufl. 2017, § 278 Rn. 52 f.
[327] Allein das Zustimmungsrecht aus §§ 278 Abs. 2 AktG, 164 HGB reicht hierfür nicht aus; MüKoAktG/*Bayer*, 4. Aufl. 2015, § 17 Rn. 126; *Fett* in Bürgers/Fett, Die KGaA, 2. Aufl. 2015, § 12 Rn. 27; Bürgers/Körber AktG/*Förl/Fett*, 4. Aufl. 2017, § 278 Rn. 53; *Fett/Stütz* NZG 2017, 1121 (1129).
[328] *Fett* in Bürgers/Fett, Die KGaA, 2. Aufl. 2015, § 12 Rn. 14; *Wichert* AG 2000, 268 (270).
[329] *Binz/Sorg* BB 1988, 241 (249); *Mertens* FS Barz, 1974, 253 (266).
[330] *Krause* FS Winter, 2011, 351 (356); Für die GmbH & Co. KG: *Emmerich/Habersack*, Konzernrecht, 9. Aufl. 2008, § 33 Rn. 5; Bürgers/Körber AktG/*Förl/Fett*, 4. Aufl. 2017, § 278 Rn. 59.

schaft, die nur die Funktion der Komplementärin einer KGaA übernimmt, ist daher noch kein Unternehmen im konzernrechtlichen Sinn.³³¹ Für die Praxis empfiehlt es sich daher, nur solche Kapitalgesellschaften als Komplementärgesellschaft zu nutzen, die keinen anderen Gesellschaftszweck haben als die Leitung der KGaA, ansonsten können die Regeln über den faktischen Konzern zugunsten der Kommanditaktionäre und Gläubiger zur Anwendung kommen.³³² Etwas anderes kann aber für den herrschenden Anteilsinhaber der Komplementärgesellschaft gelten. Bei Vorliegen der Unternehmenseigenschaft gelten die §§ 311 ff. AktG haften. Der Anteilsinhaber und seine Organe können nach §§ 317, 318 AktG bei fehlendem Nachteilsausgleich haften. Ein Abhängigkeitsbericht nach §§ 12 ff. AktG ist zu erstellen.³³³

98 b) Squeeze-out. Ein mit fünfundneunzig Prozent am Grundkapital beteiligter Hauptaktionär kann die Übertragung der Aktien der Minderheitsaktionäre gegen Gewährung einer angemessenen Abfindung im Rahmen eines Squeeze-out gemäß § 327a Abs. 1 S. 1 AktG beschließen.³³⁴ § 327a Abs. 1 S. 2 bestimmt ausdrücklich, dass das Zustimmungserfordernis der Komplementäre gemäß § 285 Abs. 2 S. 1 AktG auf den Ausschlussbeschluss nicht anwendbar ist. Die Rechtsstellung der Komplementäre bleibt von dem Squeeze-out unberührt. Praktisch wird der Squeeze-out bei der KGaA nur dann in Betracht kommen, wenn der Hauptaktionär auch Komplementär ist.³³⁵

99 c) Mitteilungspflichten. Die **Mitteilungspflichten** nach §§ 20 f. AktG und §§ 22 ff. WpHG gelten auch für die KGaA.³³⁶ Bezugsgröße für die Mitteilungspflicht ist die Beteiligung am Grundkapital.³³⁷ Hier ergeben sich weiter keine Besonderheiten. Für die Komplementäre gelten die Mitteilungspflichten nach Art. 19 MAR *(Marktmissbrauchsverordnung)* („Directors's Dealing") Zwar sind die Komplementäre nicht in der Definition der Führungskraft in Art. 3 Abs. 1 Nr. 25 MAR erwähnt (anders als in § 15a Abs. 2 WpHG aF), dennoch haben sie Geschäfte in Kommanditaktien der Gesellschaft und gemäß Art. 19 MAR zu melden und unterliegen vor Ankündigung des Zwischenberichts oder Jahresabschlusses dem Handelsverbot nach Art. 19 Abs. 11 MAR.³³⁸ Wegen der umfassenden Informationsrechte des Komplementärs muss die Meldepflicht für alle Komplementäre gelten und nicht nur die geschäftsführungsbefugten Komplementäre. Ebenfalls meldepflichtig sind Organmitglieder einer geschäftsführenden Komplementärgesellschaft und die Komplementärgesellschaft selbst.³³⁹ Keine Meldepflicht trifft hingegen die Mehrheitsgesellschafter oder Organmitglieder des Mehrheitsgesellschafters der Komplementärgesellschaft.³⁴⁰ Es werden von der Meldepflicht nur Personen erfasst, die beim Emittenten selbst Führungsaufgaben wahrnehmen.

---

³³¹ Hüffer/*Koch*, AktG, 14. Aufl. 2020, § 15 Rn. 11 (Erfordernis anderweitiger Bindung); GroßkommAktG/*Assmann/Sethe,* 4. Aufl. 2001, § 278 Rn. 76; KölnKommAktG/*Mertens/Cahn,* 3. Aufl. 2015, Vorb. § 278 Rn. 24 ff.; *Fett* in Bürgers/Fett, Die KGaA, 2. Aufl. 2015, § 12 Rn. 40; Bürgers/Körber AktG/*Förl/Fett,* 4. Aufl. 2017, § 278 Rn. 59; *Habersack* ZIP 2019, 1453 (1457); *Schmidt* ZHR 169 (1996), 265 (284); *Joost* ZGR 1998, 334 (347); für die vergleichbare Rechtslage bei der KG *Riegger,* Münchener HdB KG, 2. Aufl. 2004, § 7 Rn. 16.
³³² *Fett/Stütz* NZG 2017, 1121 (1129). Zum vergleichbaren Problem der sternförmigen GmbH & Co. KG *Binz,* Die GmbH & Co., 8. Aufl. 1992, § 18 Rn. 217.
³³³ *Fett/Stütz* NZG 2017, 1121 (1129).
³³⁴ Bemessungsgrundlage ist allein das Grund-, nicht das Gesamtkapital der KGaA, vgl. *Sieger/Hasselbach* ZGR 2002, 120 (129).
³³⁵ Vgl. zu dem Ganzen *Fett* in Bürgers/Fett, Die KGaA, 2. Aufl. 2015, § 12 Rn. 39.
³³⁶ MüKoAktG/*Bayer,* 4. Auflage 2016, § 20 Rn. 6; Hüffler/*Koch*, 14. Auflage 2020, § 20 Rn. 2; *Veil* in Schmidt/Lutter, AktG, 3. Aufl. 2015, § 20 Rn. 17; MüKoAktG/*Bayer,* 4. Auflage 2016, WpHG § 21 Rn. 3.
³³⁷ *Fett* in Bürgers/Fett, Die KGaA, 2. Aufl. 2015, § 12 Rn. 43 ff.; KölnKommAktG/*MertensCahn,* 3. Aufl. 2015, Vorb. § 278 Rn. 32.
³³⁸ *Fett/Stütz* NZG 2017, 1121 (1130).
³³⁹ *Fett/Stütz* NZG 2017, 1121 (1130); *Schlitt/Winzen* CFL 2012, 261 (271 f.).
³⁴⁰ *Fett/Stütz* NZG 2017, 1121 (1130).

100 Umstritten ist, ob die Komplementärgesellschaft eine Mitteilung nach § 22 Abs. 1 S. 1 Nr. 1, Abs. 3 WpHG abgeben muss, wenn die KGaA eine nach § 21 WpHG meldepflichtige Beteiligung hält. Die BaFin bejaht für die GmbH & Co. KG eine **Meldepflicht der Komplementärgesellschaft**, wenn die Komplementärgesellschaft, wie es in der Regel der Fall ist, mit umfangreichen Geschäftsführungs- und Vertretungsbefugnissen ausgestattet ist.[341] Gleiches müsste dann für die KGaA gelten, auch wenn dieser Fall im Emittentenleitfaden von der BaFin nicht behandelt wird. Aus Vorsichtsgründen wird man auch so melden müssen.[342] Wie bereits oben (→ Rn. 90) ausgeführt, besteht aber zwischen Komplementärgesellschaft und KGaA kein Konzernverhältnis. Die KGaA ist kein Tochterunternehmen ihrer Komplementärgesellschaft, sondern diese ist Teil eines einheitlichen Unternehmens. Die Meldpflicht der Komplementärgesellschaft als solcher deckt daher nicht die Beteiligungstransparenz nach „oben" auf, sondern die Binnenstruktur der KGaA.[343] Wechselt hingegen die Mehrheitsbeteiligung an der Komplementärgesellschaft, die weitgehende Geschäftsführungsbefugnisse hat, ist eine Meldung des alten und des neuen Mehrheitsgesellschafters zu machen.[344]

101 Auch **Insiderhandelsverbot** und **Ad-Hoc Veröffentlichungspflicht** gelten uneingeschränkt für die börsennotierte KGaA.[345] Bei der Kapitalgesellschaft & Co. KGaA können Vorgänge bei der Komplementärgesellschaft mitteilungspflichtige Tatsachen für die KGaA sein, zB Wechsel in der Geschäftsleitung der Komplementärgesellschaft. Über Veröffentlichung und Selbstbefreiung entscheidet die Geschäftsleitung der Komplementärgesellschaft.[346]

102 **9. Corporate Governance Kodex und Entsprechenserklärung.** Der Corporate Governance Kodex wurde 2019 umfassend überarbeitet. Die Neufassung trat am 20. März 2020 in Kraft.[347] Die Reform brachte zwei große strukturelle Änderungen: Statt der Wiedergabe von Gesetzestexten werden die wichtigsten gesetzlichen Regelungen zur Corporate Governance einer deutschen börsennotierten Gesellschaft in 25 Grundsätzen prägnant zusammengefasst. Zu den Grundsätzen gibt es Empfehlungen und Anregungen. Der Aufbau des Kodex orientiert sich an den Aufgaben der Organe.[348] Trotz dieser umfassenden Überarbeitung bleibt die KGaA nach wie vor völlig unberücksichtigt. Schon die Grundsätze erwähnen die KGaA mit keinem Wort. Wegen der anderen Organisationsverfassung der KGaA passen viele Regelungen des Kodex nicht auf die KGaA.[349] Das stellt die Praxis vor erhebliche Anwendungsprobleme. Die Probleme sind durch die Neufassung des Kodex nicht kleiner geworden.[350]

103 Die erste Frage ist, ob § 161 AktG überhaupt auf die KGaA anwendbar ist. Wie bei vielen anderen Reformen des Aktiengesetzes wurden auch bei der Einführung der **Entsprechenserklärung** die KGaA schlicht vergessen. Gemäß § 161 Abs. 1 S. 1 AktG haben anfangs „Vorstand und Aufsichtsrat der börsennotierten Gesellschaft" jährlich zu erklären,

---

[341] BaFin, Emittentenleitfaden 2009, Ziff. VIII.2.5.1. S. 138; zustimmend *Schneider* in Assmann/Schneider, WpHG, 6. Aufl. 2012, § 22 Rn. 38a; aA *von Bülow* in KölnKommWpHG, 2. Aufl. 2014, § 22 Rn. 233.
[342] *Krause* FS Winter, 2011, 351 (366 f.); KölnKommAktG/*Mertens/Cahn*, 3. Aufl. 2015, Vorb. § 278 Rn. 32.
[343] *Von Bülow* in KölnKommWpHG, 2. Aufl. 2014, § 22 Rn. 264; *Opitz* in Schäfer/Hamann, Kapitalmarktgesetze, 2. Aufl. 2012, § 22 Rn. 19a.
[344] *Krause* FS Winter, 2011, 351 (366).
[345] Art. 8, 14 MAR, vgl. *Klöhn* in Klöhn, Marktmissbrauchsverordnung, 1. Aufl. 2018, Art. 8 Rn. 40; *Wieneke/Fett* in Bürgers/Fett, Die KGaA, 2. Aufl. 2015, § 10 Rn. 89 f.
[346] *Mayer-Uellner/Otte* NZG 2015, 737 (742); *Schlitt/Winzen* CFL 2012, 261 (271).
[347] Deutscher Corporate Governance Kodex in der Fassung vom 16.12.2019, BAnzAT 20.03.2020.
[348] *Wilsing/Winkler* BB 2019, 1603 (1604). Vgl. ausführlich → § 34 Rn. 15 ff.
[349] Ausführlich dazu *Vollertsen*, Corporate Governance der KGaA, 2019, S. 241 ff.; *Johannsen-Roth/Kießling* FS Marsch-Barner, 2018, 273 (283 ff.).
[350] *Vollertsen*, Corporate Governance der KGaA, 2019, S. 555.

ob und welchen Empfehlungen der Regierungskommission Deutscher Corporate Governance Kodex sie folgen und welchen nicht, und sowie, wenn nicht, gefolgt wird, warum nicht (dazu → § 34 Rn. 15 ff.). Nach der Präambel hat der Kodex die Regelung der Unternehmensführung zum Gegenstand. Bei der KGaA unterliegt die Geschäftsführung gemäß § 278 Abs. 2 AktG grundsätzlich dem Personengesellschaftsrecht. Dies würde dafür sprechen, § 161 AktG nicht für anwendbar zu halten.[351] Auf der anderen Seite handelt es sich bei § 161 AktG um eine Sonderregelung für eine börsennotierte Gesellschaft, die einen kapitalmarktrechtlichen Hintergrund hat. Der Kodex soll einerseits den Aktionären als Teilnehmer des Kapitalmarkts Informationen über die deutsche Unternehmensverfassung geben, damit sie diese Informationen in ihre Investitionsentscheidung einbeziehen können und andererseits Best Practice-Regeln für die Zukunft formulieren. Die Funktion des Kodex ist „Informieren und Steuern".[352] § 161 AktG stellt sicher, dass die Aktionäre und potentielle Investoren über die Einhaltung dieser Best Practice-Regeln informiert werden. Dies spricht dafür, die Entsprechenserklärung als eine der aktienrechtlichen Regelungen zu sehen, die gemäß § 278 Abs. 3 AktG „im Übrigen" auf die KGaA anwendbar sind.[353] Daher treffen die geschäftsführungsbefugten persönlich haftenden Gesellschafter und den Aufsichtsrat die Erklärungspflichten nach § 161 AktG.[354] Die Frage bei der Anwendung von § 161 AktG auf die KGaA ist nicht, *„ob"* die Entsprechenserklärung abzugeben ist, die Frage ist vielmehr *„wie"*. Der Kodex berücksichtigt die Besonderheiten der KGaA nicht. Viele Empfehlungen können bei der KGaA wegen der strukturell anderen Organisationsverfassung nicht umgesetzt werden. Es macht keinen Sinn von solchen Empfehlungen eine Abweichung zu erklären. Wenn die Ensprechenserklärung der Information des Kapitalmarkts über die Unternehmensverfassung dienen soll, dann sollte im Fall einer börsennotierten KGaA den Investoren die Informationen gegeben werden, die ihnen ihre Rechte in der KGaA unter Berücksichtigung der jeweiligen Satzungsstruktur verdeutlichen, Unterschiede zur Aktiengesellschaft, deren Verhältnisse dem Kodex zugrunde liegt, herausstellen und die Nichteinhaltung von Empfehlungen, die sich sinngemäß auf die KGaA anwenden lassen, erklären.[355] Nur so kann dem Ziel des Kodex, „das duale Corporate Governance System transparent und nachvollziehbar zu machen"[356], entsprochen werden, was für eine Rechtsform, die für internationale Investoren noch komplexer ist als die duale AG, noch mehr zutrifft. Werden unanwendbare Empehlungen nicht umgesetzt, bedarf es keiner Abweichungserklärung. Im Sinne der Transparenz und Information sollten die Organe aber darüber informieren, welche Empfehlungen sie aufgrund der konkreten Organisationsverfassung der betreffenden Gesellschaft nicht für anwendbar halten. Dies erhöht für die erklärenden Organe auch die Rechtssicherheit. Da der Kodex bereits bei den Grundsätzen die Organisationsverfassung der KGaA nicht berücksichtig, empfiehlt es sich, in einem einleitenden Abschnitt die Struktur der KGaA, so wie sie konkret durch die Satzung ausgestaltet ist, zu erläutern und darauf einzugehen, welche Bestimmungen des Kodex schon der Struktur nach nicht auf die KGaA anwendbar sind. In einem zweiten Teil kann dann beschrieben werden, welche der anwendbaren Empfehlungen befolgt oder nicht befolgt werden. Diese Zweiteilung hat den Vorteil, dass erkennbar wird, wo die Nicht-

---

[351] *Gelhausen/Hoensch* AG 2002, 529 (530); *Lutter* ZHR 166 (2002) 523 ff.; im Ergebnis auch *Wieneke/Fett* in Bürgers/Fett, Die KGaA, 2. Aufl. 2015, § 10 Rn. 107 ff.

[352] MüKoAktG/*Goette,* 4. Aufl. 2018, § 161 Rn. 37; *Krieger* ZGR 2012, 202 ff. *Wilsing/Winkler* BB 2019, 1603 ff; *Brugger*, NZG 2020, 281 ff.

[353] Ganz h.M, vgl. Spindler/Stiltz/*Bachmann,* 4. Aufl. 2019, § 278 Rn. 103 mwN; *Bachmann* in Kremer/Bachmann/Lutter/v. Werder, DCGK, 7. Aufl. 2018, Rn. 53; ausführlich *Vollertsen,* Corporate Governance der KGaA, 2019, S. 190 ff. Vgl. zur Anwendung aktienrechtlicher Vorschriften auf die KGaA auch BGH AG 2005, 239 ff.

[354] MüKoAktG/*Perlitt,* 5. Aufl. 2020, Vor § 278 Rn. 142.

[355] Ausführlich zur modifizierten Anwendung von § 161 AktG auf die KGaA *Vollertsen*, Corporate Governance der KGaA, 2019, S. 200 ff.

[356] Deutscher Corporate Governance Kodex idF vom 16.12.2019, Präambel, 3. Absatz.

befolgung des Kodex auf einer Entscheidung der Geschäftsleitung beruht und wo sie nur strukturbedingt ist.[357] Dies entspricht der Praxis der börsennotierten KGaAs.[358] Sonst müssen Abweichungen vom Kodex, egal ob strukturbedingt oder gewillkürt, in einer Erklärung hintereinander abgehandelt werden, was wegen der Menge der Abweichungen auf den ersten Blick einen unzutreffenden Eindruck vermittelt.[359]

Es bleibt das Problem, welche **Empfehlungen auf die atypische KGaA** anwendbar sind, insbesondere, wenn die Komplementärgesellschaft eine AG oder SE ist. Sind die Empfehlungen auch auf die Organe der Komplementärgesellschaft zu erstrecken? Gelten die Empfehlungen, die für den Vorstand gelten, auch für den Vorstand der Komplementär-AG oder den Geschäftsführer der Komplementär-GmbH? Gelten Empfehlungen für den Aufsichtsrat auch für den Aufsichtsrat der Komplement-AG, der anders als der Aufsichtsrat der KGaA die Personalkompetenz hat? Falls die Personalkompetenz bei einem anderen Organ der KGaA liegt, etwa einem Gesellschafterausschuss, gelten dann die Empfehlungen insoweit für den Gesellschafterausschuss, obwohl er nur funktional die Rolle des Aufsichtsrats bei Bestellung von Geschäftsleitern hat? Grundsätzlich ist das zu bejahen. Beim der Anwendung des Kodex geht es um Transparenz. Die Bejahung der Anwendung der Empfehlungen des Kodex führt nicht zu einem Eingriff in die Organisationsverfassung, es geht nur darum, den Investoren transparent zu machen, inwieweit die Empfehlungen des Kodex beachtet werden. Daher ist eine funktionale Betrachtung geboten, das Trennungsprinzip zwischen Komplementärgesellschaft und KGaA ist nur gesellschaftsrechtlich zu beachten. Bei der Anwendung des Kodex und der Entsprechenserklärung ist daher die KGaA und die Komplementärgesellschaft als eine Gesellschaft zu behandeln. Empfehlungen und Anregungen werden auf die aufgrund der konkret Ausgestaltung funktional betroffenen Organe und Organmitglieder angewandt.[360]

Auf der Basis dieser Prämissen ergeben sich im Hinblick auf die Grundsätze und den darauf aufbauenden Empfehlungen und Anregungen des DCGK 2020 folgende strukturbedingte Abweichungen:

a) Geschäftsführungsaufgaben des Vorstands (Grundsäte 1–3). Die Grundsätze 1–3 sind auf die KGaA anwendbar mit der Maßgabe, dass diese Pflichten den Komplementär bzw. in der atypischen KGaA die Geschäftsleiter der Komplementärgesellschaft treffen. Auch die Empfehlung A.1 (Diversität) ist anwendbar, weil sie das Personalmanagement für Führungskräfte betrifft, wofür der Komplementär zuständig ist[361]. Auch die parallele Vorschrift in § 76 Abs. 4 S. 1 AktG ist auf die KGaA anwendbar,[362](→ Rn. 4).[363]

b) Überwachungsaufgaben des Aufsichtsrats (Grundsätze 6 und 7). Der Aufsichtsrat der KGaA hat keine Personalkompetenz (→ Rn. 66) Das Recht, nach § 111 Abs. 4 S. 2

---

[357] *Vollertsen,* Corporate Governance der KGaA, 2019, S. 239 f.
[358] Siehe Entsprechenserklärung Merck KGaA, Henkel KGaA, Drägerwerk AG &. Co. KGaA; DWS Group GmbH & Co. KGaA; Hella GmbH & Co. KGaA; anders ohne Hinweis auf die Rechtsformbesonderheiten der KGaA: CEWE Stiftung & co. KGaA, CTS Eventim AG & Co.KGaA; Fresenius SE & Co. KGaA; Fresenius Medical Care AG & Co. KGaA; ausführliche Analyse der Entsprechenserklärungen aller börsennotierten KGaAs in Deutschland: *Vollertsen,* Corporate Governance der KGaA, S. 146 ff.
[359] *Vollertsen,* Corporate Governance der KGaA, S. 220/221.
[360] So *Backhaus* in einer Stellungnahme vom 31.1.2019 zum ersten Entwurf des DCGK. Ähnlich *Vollertsen,* Corporate Governance der KGaA, 2019, S. 298 ff.; *Wieneke/Fett* in Bürgers/Fett, Die KGaA, 2. Aufl. 2015, § 10 Rn. 111a.
[361] Spindler/Stiltz/*Bachmann*, 4. Aufl. 2019, § 283 Rn. 2a; *Vollertsen,* Corporate Governance der KGaA, 2019, S. 458 f.
[362] BT-Drs. 18/3784, 46.
[363] *Vollertsen,* Corporate Governance der KGaA, 2019, S. 459 ff.; aA *Johannsen-Roth/Kießling* FS Marsch-Barner, 2018, 273 (276), wegen Trennungsprinzip zwischen Komplementärgesellschaft und KGaA, allerdings empfehlen auch sie der Komplementärgesellschaft dem Prinzip zu folgen.

AktG bestimmte Geschäfte von seiner Zustimmung abhängig zu machen, steht dem Aufsichtsrat nicht zu (→ Rn. 66). Geschäfte, die außerhalb des gewöhnlichen Geschäftsbetriebs liegen, unterliegen nach der gesetzlichen Lage der Hauptversammlung (→ Rn. 53.). Wegen der eingeschränkten Kompetenzen ist der Vorsitzende des Aufsichtsrats der KGaA auch nicht die geeignete Person für die Investorenkommunikation im Sinne der Anregung A.3.[364] Ob dieser der Vorsitzende des Aufsichtsrats der Komplementär AG/SE oder eines anderen Organs (Gesellschafterausschuss) sein kann, ist aufgrund der konkreten Ausgestaltung der KGaA zu entscheiden.

108 **c) Funktion der Hauptversammlung (Grundsatz G8).** Die Zuständigkeiten der Hauptversammlung der KGaA sind im Wesentlichen mit der AG identisch (→ Rn. 51). Allerdings ist § 120a Abs. 1 AktG wegen der unterschiedlichen Struktur der KGaA nicht anwendbar (→ Rn. 31): Dies gilt auch für die Billigung des Vergütungsberichts (§ 162 AktG) nach § 120a Abs. 4 AktG. Allerdings ist zu erwarten, dass viele atypische börsennotierte KGaAs trotzdem einen Bericht über die Vergütung der Geschäftsleiter vorlegen werden, um transparent zu sein und keinen Nachteil im Kapitalmarkt zu haben.

109 **d) Besetzung des Vorstands (Grundsatz 9).** Dieser Grundsatz ist auf die KGaA nicht anwendbar. Die persönlich haftenden Gesellschafter sind keine „gekorenen", sondern „geborene" Geschäftsleiter (→ § 78 Rn. 16). Die Empfehlungen B.1 – B5 sind aber in der atypischen KGaA auf das Organ anwendbar, das über die Auswahl der Geschäftsleiter entscheidet. Gegebenenfalls ist im Sinne der Transparenz eine Abweichung zu erklären. Zur Diversität bereits → Rn. 3

110, 111 **e) Zusammensetzung des Aufsichtsrats (Grundsätze 10–12).** Die Grundsätze 10–13 sind auf den den Aufsichtsrat der KGaA anwendbar, entsprechend auch die Empfehlungen C.1 – C. 3. Bei der atypischen KGaA mit einer Komplementärgesellschaft tauchen allerdings bei der Bestimmung der Unabhängigkeit einige Sonderprobleme auf. Doppelmandate im Aufsichtsrat der Komplementärgesellschaft und der KGaA führen nicht zum Verlust der Unabhängigkeit im Sinne der Empfehlung C.7, weil bei der Anwendung des DCGK die KGaA und ihre Komplementärgesellschaft als Einheit behandelt werden sollten (→ Rn. 103.) Folgerichtig muss ein kontrollierender Gesellschafter der Komplementärgesellschaft auch als kontrollierender Aktionäre im Sinne der Empfehlung C.9 gelten. Bei der atypischen AG ist zu überlegen, ob die Empfehlungen auch für den Aufsichtsrat der Komplementärgesellschaft erstreckt werden, weil er funktional eine wesentlich stärkere Rolle und mehr Einfluss auf die Geschäftsführung haben kann. Die Unabhängigkeit ist in diesem Gremium für Investoren wichtiger als im Aufsichtsrat der KGaA[365]

112 **f) Unabhängigkeit von Aufsichtsratsmitgliedern.** Die Empfehlungen C.6 C.15 sind auf den Aufsichtsrat der KGaA anwendbar. Im Fall der atypischen KGaA sollten die Unabhängigkeitskriterien ergänzend auch auf die Organe der Komplementärgesellschaft angewandt werden, die Personalkompetenzen und/ oder Mitwirkungsrechte bei Geschäftsführungsmaßnahmen nach der jeweiligen Organisationsverfassung haben. Die Empfehlungen C. 13 – C-15 gelten allerdings für solche Organe der Komplementärgesellschaft nicht, da sie nicht von der Hauptversammlung gewählt werden.

113 **g) Arbeitsweise des Aufsichtsrats (Grundsätze 13–18).** Der Aufsichtsrat der KGaA ist reines Kontrollorgan, wirkt bei der strategischen Ausrichtung des Unternehmens nicht mit und hat keinen Zustimmungsvorbehalt. Er stellt in der gesetzestypischen KGaA nicht den Jahresabschluss fest. (→ Rn. 67). Der Aufsichtsrat der KGaA macht aber den Wahlvorschlag für den Abschlussprüfer in der Hauptversammlung, erteilt den Prüfungsauftrag und prüft den Jahresabschluss. Mit dieser Maßgabe sind die Grundsätze 13–18 auf den Aufsichtsrat

---

[364] *Johannsen-Roth/Kießling* FS Marsch-Barner, 2018, 273 (283 f.).
[365] *Vollertsen,* Corporate Governance der KGaA, 2019, S. 514 f.

der KGaA und die darauf beruhenden Empfehlungen auf die KGaA anwendbar. In der atypischen KGaA stellt sich wieder die Frage der Erstreckung auf Organe der Komplementärgesellschaft oder KGaA, soweit sie aufsichtsratsähnliche Befugnisse ausüben.

h) Interessenkonflikte und Transparenz (Grundsätze 20–22.). Diese Grundsätze und die darauf beruhenden Empfehlungen sind uneingeschränkt auf die börsennotierte KGaA anwendbar. Auch hier könnten Interessenkonflikte zwischen Gesellschaft, Komplementär und Kommanditaktionären entstehen. In der atypischen KGaA beziehen sich die vorstandsbezogenen Regelungen auf die Geschäftsleiter der Komplementärgesellschaft.[366]

i) Vergütung von Vorstand und Aufsichtsrat (Grundsätze 23–25). Alleine 16 Empfehlungen des DCGK 2019 betreffen die Vorstandsvergütung. Die Empfehlungen bauen auf den Neuregelungen in § 87a AktG auf. Bei der gesetzestypische KGaA ist die Vergütung der geschäftsführenden Komplementäre systematisch völlig anders geregelt (→ Rn. 30). Die Zahlung einer Vergütung an einen geschäftsführenden Komplementär bedarf einer Ermächtigung in der Satzung. Ansonsten wird die Tätigkeit des Komplementärs allein durch seine Gewinnbeteiligung vergütet. §§ 87, 87a, 120a, 162 AktG sind auf die gesetzestypische KGaA nicht anwendbar (→ Rn. 29). Anders ist die Lage bei der atypischen KGaA. Hier gibt es bezahlte Geschäftsleiter ohne persönliche Haftung. Es besteht wie bei der AG das Principal/Agent Problem. Die Vergütung kann ein wichtiges Steuerungsinstrument für die Wahrung der Interessen der Gesellschaft und der Kommanditaktionäre sein. Deshalb sollten die Empfehlungen auf die Geschäftsleiter der Komplementärgesellschaft anwendbar sein und Abweichungen aus Transparenzgründen offengelegt werden.[367] Auch die Erstellung und Vorlage eines Vergütungsberichts (Grundsatz 25) und Billigung durch die Hauptversammlung ist aus diesem Grund sinnvoll (→ Rn. 31). Eine Anwendung kann auch in der gesetzestypischen KGaA Sinn machen, wenn die Komplementärstellung vorstandsähnlich ausgestaltet ist (→ § 78 Rn. 18, → § 79 Rn. 27).[368] Die Empfehlungen zur Vergütung des Aufsichtsrats sind auf den Aufsichtsrat der KGaA uneingeschränkt anwendbar.[369]

10. Übernahmerecht. Eine KGaA mit Sitz im Inland, deren Aktien zum Handel an einem regulierten[370] organsierten Markt iSd § 2 Abs. 7 WpÜG zugelassen sind, kann Zielgesellschaft gemäß § 2 Abs. 3 WpÜG sein. Das WpÜG ist also dem Grundsatz nach uneingeschränkt auf den Erwerb von Aktien an einer börsennotierten KGaA anwendbar. Den Vorschriften des WpÜG liegt aber das Modell der Aktiengesellschaft zugrunde. Aufgrund des Prinzips der Satzungsstrenge unterscheiden sich Aktiengesellschaften nur nach ihrer Aktionärsstruktur, nicht aber nach ihrer Organisationsstruktur, die zwingend gleich ist. Die Organisation der KGaA kann aber individuell ausgestaltet werden (→ Rn. 1, 6). Kompetenzen, die gemäß § 278 Abs. 2 AktG dem Personengesellschaftsrecht unterliegen, können zwischen Hauptversammlung, Komplementären und Aufsichtsrat verschoben werden. Deshalb muss im Einzelnen geprüft werden, ob und inwieweit den Besonderheiten der KGaA bei der Auslegung und Anwendung des WpÜG Rechnung getragen werden muss.[371] Nach § 35 WpÜG hat derjenige, der unmittelbar oder mittelbar die Kontrolle über eine Zielgesellschaft erlangt, den übrigen Aktionären der Zielgesellschaft ein öffentliches Angebot zum Erwerb ihrer Aktien zu unterbreiten (Pflichtangebot). Kontrolle ist nach § 29 Abs. 2 WpÜG das Halten von mindestens 30% der Stimmrechte an der

---

[366] *Vollertsen*, Corporate Governance der KGaA, 2019, S. 470 f.
[367] *Vollertsen*, Corporate Governance der KGaA, 2019, S. 420, 587.
[368] *Vollertsen*, Corporate Governance der KGaA, 2019, S. 587.
[369] *Vollertsen*, Corporate Governance der KGaA, 2019, S. 527 f. und 588.
[370] Eine Liste der organisierten Märkte Deutschlands unter Unterscheidung zwischen reguliertem und nicht reguliertem Markt findet sich in MüKoAktG/*Wackerbarth*, 4. Aufl. 2017, WpÜG § 1 Rn. 30.
[371] *Scholz* NZG 2006, 445 ff.

Zielgesellschaft.[372] In der Literatur wird zum Teil vertreten, dass die unwiderlegliche Kontrollvermutung des § 29 Abs. 2 WpÜG nicht auf die KGaA anzuwenden sei.[373] Denn bei der KGaA könne aufgrund der Stellung und der gesetzlich vorgesehenen (allerdings satzungsdispositiven) Rechte der Komplementäre durch den **Erwerb eines Aktienpaktes von mindestens 30 % des Grundkapitals** grundsätzlich keine Kontrolle über die Gesellschaft ausgeübt werden. Einem Kommanditaktionär ist es in der Regel rechtlich nicht möglich, die geschäftsführenden Komplementäre zu bestellen und abzuberufen. Selbst das Halten von 100 % der Kommanditaktien vermittelt nicht zwingend Kontrolle über die Geschäftsführung.[374] Kontrolle alleine durch Aktienbesitz kann nur bei einer hauptversammlungsdominierten Gesellschaftsstruktur vorliegen (vgl. → Rn. 19, 20). Ohne Kenntnis des konkreten Satzungsinhalts kann daher Kontrolle nicht festgestellt und auch nicht unwiderlegbar vermutet werden. Diese Ansicht widerspricht jedoch der Konzeption des Gesetzes, das AG und KGaA grundsätzlich gleichstellt und keine Sondervorschriften für die KGaA enthält (vgl. § 2 Abs. 3 WpÜG). Der Kontrollbegriff des WpÜG ist typisiert und formal. Die konkreten Umstände des Einzelfalls sind unbeachtlich.[375] Der Gesetzgeber hat sich im Interesse von Rechtsklarheit und Rechtssicherheit bewusst für diese starre Grenze entschieden. Auch bei der Aktiengesellschaft kann durch Erwerb von 30 % der Aktien keine Kontrolle ausgeübt werden, wenn ein anderer Aktionär 50 % oder mehr hält. Nach Erwerb eines Aktienpaktes an einer KGaA das mehr als 30 % des Grundkapitals (nicht des Gesamtkapitals) umfasst, muss daher grundsätzlich den übrigen Kommanditaktionären ein öffentliches Angebot nach § 35 WpÜG unterbreitet werden. Dies gilt unabhängig davon, wie die KGaA im Einzelnen ausgestaltet ist.[376] Im Falle einer GmbH & Co. KGaA muss bei Erwerb von 30 % des Grundkapitals selbst dann ein Pflichtangebot gemacht werden, wenn keine Beteiligung an der Komplementär-GmbH erworben wird.[377]

117 Die BaFin kann in den in **§ 37 Abs. 1 WpÜG** genannten Fällen[378] von der Pflicht zur Veröffentlichung und zur Abgabe eines öffentlichen Angebots befreien, wenn dies unter Berücksichtigung der Interessen des Antragstellers und der Kommanditaktionäre gerechtfertigt erscheint. Eine Befreiung wird bei einer nach dem gesetzlichen Leitbild gebildeten KGaA regelmäßig sachgerecht sein, da der Erwerber von 30 % der Stimmrechte einer KGaA aufgrund der fehlenden Einflussmöglichkeiten der Hauptversammlung und des von der Hauptversammlung gewählten Aufsichtsrats auf die Geschäftsführung dem Aktionär einer Aktiengesellschaft vergleichbar ist, der wegen einer höheren Beteiligung Dritter oder nachhaltig hoher Hauptversammlungspräsenz daran gehindert ist, seinen Willen in der Hauptversammlung der Zielgesellschaft durchzusetzen.[379] Dies muss insbesondere dann

---

[372] Zu dem letztgenannten Erfordernis vgl. KölnKommWpÜG/*von Bülow*, 2. Aufl. 2014, § 29 Rn. 76.

[373] *Steinmeyer/Steinmeyer*, WpÜG, 3. Aufl. 2013 § 29 Rn. 10; *Ekkenga/Schulz* in Ehricke/Ekkenga/Oechsler, WpÜG, 2003, § 35 Rn. 20.

[374] Steinmeyer/*Steinmeyer*, WpÜG, 3. Aufl. 2013, § 29 Rn. 17.

[375] So die überwiegende Meinung: KölnKommWpÜG/*von Bülow*, 2. Aufl. 2014, § 29 Rn. 69 ff., § 35 Rn. 44 ff.; MüKoAktG/*Wackerbarth*, WpÜG, 4. Aufl. 2017, § 29 Rn. 9; *Noack* in Schwark, Kapitalmarktrechts-Kommentar, 4. Auflage 2010, WpÜG § 29 Rn. 30; *Süßmann* in Angerer/Geibel/Süßmann, WpÜG, 3. Aufl. 2017, § 29 Rn. 17, 25; *Kleindiek* ZHR 2002, 546 (547); *Thoma* NGZ 2002, 105 (111); *Scholz* NZG 2006, 445 (446); *Krause* FS Winter, 2011, 351 (353); KölnKommAktG/*Mertens/Cahn*, 3. Aufl. 2015, Vorb. § 278 Rn. 31.

[376] KölnKommWpÜG/*von Bülow*, 2. Aufl. 2014, § 29 Rn. 71; inSteinmeyer/*Steinmeyer*, WpÜG, 3. Aufl. 2013, § 29 Rn. 17; *Fett/Stütz* NZG 2017, 1121 (1130); *Mayer-Uelner/Otte* NZG 2015, 737 (740); *Hasselbach/Ebbinghaus* DB 2015, 1269 (1275); *Krause* FS Winter, 2011, 351 (355).

[377] *Scholz* NZG 2006, 445 (449); *Krause* FS Winter, 2011, 351 (355).

[378] Eine Konkretisierung des gesetzlichen Tatbestandes findet sich in § 9 WpÜG-AngVO, der beispielhaft und nicht abschließend Tatbestände, bei denen typischerweise eine Befreiung erfolgen kann, aufzählt.

[379] *Krause/Pötzsch* in Assmann/Pötzsch/Schneider, WpÜG, 2. Aufl. 2013, § 37 Rn. 67; KölnKommAktG/*Mertens/Cahn*, 3. Aufl. 2015, Vorb. § 278 Rn. 31.

gelten, wenn das Zustimmungsrecht der Kommanditaktionäre nach § 278 Abs. 2 AktG iVm § 164 S. 1 HGB ausgeschlossen ist.[380] Etwas anderes gilt allerdings, wenn die Satzung der KGaA abweichend vom gesetzlichen Leitbild der Hauptversammlung der KGaA eine dominierende Rolle zuschreibt oder der Inhaber von 30% der Stimmrechte gleichzeitig persönlich haftender Gesellschafter der KGaA oder Gesellschafter bzw. Geschäftsführer der Komplementär-GmbH ist und so auf die zur Geschäftsführung berufenen persönlich haftenden Gesellschafter und damit mittelbar auch auf die Gesellschaft Einfluss nehmen kann.[381]

Ein Pflichtangebot wird nicht ausgelöst beim **Wechsel des Komplementärs** oder im Falle einer Kapitalgesellschaft & Co. KGaA beim Mehrheitswechsel in der Komplementärgesellschaft, obwohl der neue Mehrheitsgesellschafter in der Regel die KGaA kontrollieren wird. Der Fall des Kontrollerwerbs nicht kraft Stimmrechtserwerb, sondern kraft Binnenstruktur der Gesellschaft ist vom WpÜG nicht erfasst.[382] Anders ist es bei den Mitteilungspflichten nach WpHG (vgl. → § 79 Rn. 92). In der Satzung kann aber zum Schutz der Kommanditaktionäre vorgesehen werden, dass die Komplementär-Kapitalgesellschaft aus der KGaA ausscheidet, wenn ein Dritter die Mehrheit an der Komplementärgesellschaft erwirbt, ohne ein Übernahmeangebot an die Kommanditaktionäre zu unterbreiten.[383] Ein Pflichtangebot gegenüber den Aktionären der Tochtergesellschaft wird auch dann nicht ausgelöst, wenn die KGaA eine Beteiligung von mindestens 30% an einer börsennotierten Gesellschaft hält und ein neuer Komplementär eintritt. Eine Zurechnung nach § 30 Abs. 1 Nr. 1 WpÜG scheidet aus, weil die KGaA kein Tochterunternehmen des Komplementärs ist. KGaA und Komplementär sind kein Unternehmen.[384] 118

Grundsätzlich ist die KGaA eine **übernahmeresistente Rechtsform**.[385] Seit Inkrafttreten des WpÜG hat es nur zwei Angebote auf Erwerb von Kommanditaktien gegeben.[386] Als Alternative zur Ausgabe von Vorzugsaktien lässt sich durch die Wahl der Rechtsform der KGaA bei entsprechender Satzungsgestaltung eine Übernahmeresistenz der Gesellschaft herstellen.[387] 119

§ 80 Kapitalmaßnahmen

Übersicht

	Rn.		Rn.
I. Schaffung neuer oder Erhöhung bestehender Komplementäranteile	1–8	5. Schutz der Kommanditaktionäre ...	5, 6
1. Überblick	1	6. Verbuchung einer Vermögenseinlage	7
2. Maßgebliche Rechtsvorschriften ..	2	7. Genehmigtes Komplementärkapital	8
3. Beschlussmehrheit, erforderliche Beschlüsse und Beschlussinhalt	3		
4. Bezugsrecht der Kommanditaktionäre	4		

---

[380] *Krause* FS Winter, 2011, 351 (355); *Fett/Stütz* NZG 2017, 1121 (1130).
[381] *Fett/Stütz* NZG 2017, 1121 (1130); *Mayer-Vellner/Otte* NZG 2015, 737 (740); *Hasselbach/Ebbinghaus* DB 2015, 1269 (1275); *Krause* FS Winter, 2011, 351 (355); KölnKommWpÜG/*Versteegen*, 2. Aufl. 2014, § 37 Rn. 49; *Krause/Pötzsch/Seiler* in Assmann/Pötzsch/Schneider, WpÜG, 2. Aufl. 2013, § 37 Rn. 67; MüKoAktG/*Schlitt/Ries*, WpÜG, 4. Aufl. 2017, § 37 Rn. 47.
[382] *Krause* FS Winter, 2011, 351 (355); *Wienecke/Fett* in Bürgers/Fett, Die KGaA, 2. Aufl. 2015, § 10 Rn. 153; KölnKommWpÜG/*von Bülow*, 2. Aufl. 2014, § 30 Rn. 76; *Krause/Pötzsch* in Assmann/Pötzsch/Schneider, WpÜG, 2. Aufl. 2013, § 35 Rn. 69.
[383] So zB § 6 Abs. 3 der Satzung der Fresenius SE & Co. KGaA (Stand Mai 2018). Vgl. zu einer solchen Gestaltung auch *Fett/Stütz* NZG 2017, 1121 (1130).
[384] *Krause* FS Winter, 2011, 351 (368).
[385] *Mayer-Vellner/Otte* NZG 2015, 737 (740).
[386] Stand Oktober 2018. Vgl. auch *Mayer-Vellner/Otte* NZG 2015, 737 (740),
[387] *Schlitt/Winzen* CFL 2012, 261 (268).

	Rn.		Rn.
II. Erhöhung des Grundkapitals	9–11	1. Praktische Bedeutung des Umwandlungsrechts	12
1. Anwendbare Vorschriften	9	2. Anwendbare Vorschriften	13–17
2. Rechte der Komplementäre bei Erhöhung des Grundkapitals	10, 11	IV. Umwandlung von Kommanditaktien in Komplementäreinlagen	18
III. Umwandlung von Komplementäranteilen in Aktien	12–17		

Schrifttum: *Cahn,* Die Änderung von Satzungsbestimmungen nach § 281 AktG bei der KGaA, AG 2001, 579–589; *Krug,* Gestaltungsmöglichkeiten bei der KGaA durch Umwandlung von Komplementäranteilen in Aktien, AG 2000, 510–515; *Otte,* Die AG & Co. KGaA, 2011. S. 197–222; *Wichert,* Satzungsänderungen in der Kommanditgesellschaft auf Aktien, AG 1999, 362–369; *ders.,* Die Finanzen der Kommanditgesellschaft auf Aktien, 1999. Vgl. die Literaturhinweise zu § 76.

I. Schaffung neuer oder Erhöhung bestehender Komplementäranteile

1. Überblick. In der KGaA kann Eigenkapital nicht nur in Form von Kommanditaktien aufgebracht werden, sondern auch durch **Vermögenseinlagen** der persönlich haftenden Gesellschafter, die nicht auf das Grundkapital geleistet werden (§ 281 Abs. 2 AktG). Die hybride Struktur der KGaA setzt sich auch beim Kapital fort. Das Gesamtkapital der Gesellschaft besteht aus dem von den Kommanditaktionären aufgebrachten Grundkapital sowie dem Komplementärkapital (vgl. → § 77 Rn. 21). Beide Kapitalarten sind streng voneinander zu trennen und unterliegen unterschiedlichen Vorschriften; die Aufbringung und Änderung des Komplementärkapitals richtet sich nach Personengesellschaftsrecht, die des Grundkapitals nach dem Aktienrecht.[1] Allerdings kann grundsätzlich eine Gesellschaftergruppe das von ihr aufgebrachte Kapital nicht ohne Zustimmung der anderen Gesellschaftergruppe ändern. Will ein Komplementär seine Einlage erhöhen, bedarf es hierzu einer Satzungsänderung (§ 281 Abs. 2 AktG), die grundsätzlich eines Beschlusses der Hauptversammlung bedarf (§ 278 Abs. 3 AktG iVm § 179 AktG). Beschließt die Hauptversammlung der KGaA eine Erhöhung des Grundkapitals, bedarf der Beschluss grundsätzlich der Zustimmung aller Komplementäre gemäß § 285 Abs. 2 S. 1 AktG um wirksam zu werden.[2] Durch die wechselseitige Zustimmungspflicht wird verhindert, dass eine Gesellschaftergruppe die andere eigenmächtig verwässern kann.[3]

2. Maßgebliche Rechtsvorschriften. Die Vermögenseinlage muss nach Höhe und Wert in der Satzung festgesetzt werden (§ 281 Abs. 2 AktG). Jede Veränderung bedarf einer Satzungsänderung.[4] Die Leistung der Vermögenseinlage sowie ihre Erhöhung oder Herabsetzung erfolgt nach den Grundsätzen, die für die Einlagen bei einer Kommanditgesellschaft gelten.[5] Die aktienrechtlichen Regelungen über die Kapitalaufbringung und -erhaltung gelten nicht.[6] Die Regeln, nach denen eine **Vermögenseinlage** bei der Gründung erbracht werden kann, sind in → § 77 Rn. 2 dargestellt. Wie bei der Gründung findet auch bei der Erhöhung des Komplementäranteils eine Sacheinlagenprüfung analog § 183 Abs. 3 AktG nicht statt.[7] Das bedeutet aber nicht, dass die Gesellschafter bei der Bewertung frei sind. Eine Sacheinlage als Vermögenseinlage darf aber weder über- noch unterbewertet werden, sondern ist mit ihrem Zeitwert anzusetzen. Das ergibt sich bereits aus den Bilanzierungsvorschriften der §§ 252 ff., 279 ff. HGB. Bei einer Überbewertung würde

---

[1] MüKoAktG/*Perlitt,* 5. Aufl. 2020, Vor § 278 Rn. 68.
[2] Spindler/Stilz AktG/*Bachmann,* 4. Aufl. 2019, § 281 Rn. 10; Bürgers/Körber AktG/*Förl/Fett,* 4. Aufl. 2017, § 285 Rn. 8.
[3] *Fett* in Bürgers/Fett, Die KGaA, 2. Aufl. 2015, § 7 Rn. 2.
[4] K. Schmidt/Lutter AktG/*K. Schmidt,* 3. Aufl. 2015, § 281 Rn. 7; Spindler/Stilz AktG/*Bachmann,* 4. Aufl. 2019, § 281 Rn. 10.
[5] Hüffer/*Koch,* AktG, 14. Aufl. 2020, § 281 Rn. 2; KölnKommAktG/*Mertens/Cahn,* 3. Aufl. 2015, § 281 Rn. 9; *Hefermehl,* AktG, 2. Aufl. 2000, § 281 Rn. 20.
[6] *Wichert* in Heidel, Aktienrecht, 5. Aufl. 2020, § 281 Rn. 4.
[7] *Wichert,* Finanzen der KGaA, 1999, S. 119; aA *Sethe* DB 1998, 1044 (1046).

aber auch der Gewinnanspruch der übrigen Gesellschafter vermindert, ohne dass das aus der Satzung erkennbar ist (vgl. zum Schutz der Kommanditaktionäre vor Überbewertung → Rn. 6).[8] Leistet ein Komplementär, der bisher ohne Kapitalanteil beteiligt war, erstmals eine Vermögenseinlage oder will ein Komplementär seinen Kapitalanteil durch Leistung einer weiteren Vermögenseinlage erhöhen, sind die nachfolgend dargestellten Grundsätze zu beachten. Wird eine Vermögenseinlage im Zusammenhang mit der Aufnahme eines neuen Komplementärs geleistet, sind zusätzlich die Regeln für die Aufnahme weiterer Komplementäre anzuwenden (vgl. dazu → § 78 Rn. 4 ff.).

3. Beschlussmehrheit, erforderliche Beschlüsse und Beschlussinhalt. Da die Vermögenseinlagen der persönlich haftenden Gesellschafter nach § 281 Abs. 2 AktG nach Höhe und Art in der Satzung festgesetzt werden müssen, bedarf jede Erhöhung oder erstmalige Leistung einer Vermögenseinlage einer **Satzungsänderung**. Es ist daher ein Satzungsänderungsbeschluss der Hauptversammlung mit der durch das Gesetz oder der Satzung vorgesehenen Beschlussmehrheit erforderlich.[9] Ein Hauptversammlungsbeschluss ist nicht erforderlich, wenn die Zustimmung in der Satzung antizipiert wird (vgl. dazu → Rn. 8 und 10). Diesem Beschluss müssen die Komplementäre nach § 285 Abs. 2 S. 1 AktG zustimmen.[10] Wenn die Satzung nichts anderes vorschreibt, haben alle Komplementäre zuzustimmen.[11] Hat die KGaA auch Vorzugsaktionäre, so ist für die Leistung bzw. Erhöhung einer Vermögenseinlage kein Sonderbeschluss der Vorzugsaktionäre erforderlich.[12] Die Erhöhung des Kapitalanteils durch Stehenlassen von Gewinnen bedarf keiner Satzungsänderung. Dies entspricht der gesetzlichen Konzeption (§ 278 Abs. 2 AktG iVm §§ 120 ff. HGB), in der Praxis wird aber in der Regel diese Regelung abbedungen und ein fester Kapitalanteil eingerichtet.[13] Sofern vorgesehen, werden stehengelassene Gewinne auf dem Rücklagenkonto gebucht.

4. Bezugsrecht der Kommanditaktionäre. Den Kommanditaktionären steht kein gesetzliches „Bezugsrecht" auf die neu geschaffenen Komplementäranteile zu.[14] Die Schaffung oder Erhöhung von Komplementäranteilen richtet sich allein nach dem Recht der Kommanditgesellschaft (§ 278 Abs. 2 AktG). Schon aus diesem Grund ist für die Anwendung der **aktienrechtlichen Vorschriften über das Bezugsrecht** kein Raum. Darüber hinaus würde ein Bezugsrecht bedeuten, dass jeder Kommanditaktionär das Recht hätte, bei Schaffung oder Erhöhung von Komplementäranteilen seinerseits Komplementär zu werden. Es würde zu einer zwangsweisen Durchmischung der Gesellschaftergruppen führen. Das ist mit der gesetzlichen Organisationsstruktur der KGaA nicht vereinbar.[15] Diese beruht auf der Trennung der kapitalmäßigen Beteiligung der Kommanditaktionäre von der unternehmerischen Stellung der Komplementäre.[16] Der Schutz der Kommanditaktionäre soll dadurch bewirkt werden, dass sie an Erhöhungen des Komplementärkapitals mitwirken müssen (vgl. → Rn. 1). Nach der gesetzlichen Konzeption sind Veränderungen der Komplementäranteile ohne Zustimmung von 75 % des Grundkapitals der Komplementäre ausgeschlossen.[17] Im Verhältnis der beiden Gesellschaftergruppen zueinander gibt es keine

---

[8] *Wichert* in Heidel, Aktienrecht, 5. Aufl. 2020, § 281 Rn. 13.
[9] *Wichert* AG 1999, 362 (368); MüKoAktG/*Perlitt*, 5. Aufl. 2020, § 281 Rn. 27.
[10] Spindler/Stilz AktG/*Bachmann*, 4. Aufl. 2019, § 285 Rn. 10.
[11] Spindler/Stilz AktG/*Bachmann*, 4. Aufl. 2019, § 285 Rn. 32, 35.
[12] § 141 Abs. 2 AktG ist nicht anwendbar, weil keine weiteren Vorzugsaktien geschaffen werden; § 179 Abs. 3 AktG ist nicht anwendbar, da das Verhältnis zwischen Stamm- und Vorzugsaktien nicht verändert wird.
[13] *Wichert* in Heidel, Aktienrecht, 5. Aufl. 2020, § 281 Rn. 16; *Wichert* AG 1999, 362 (368).
[14] GroßkommAktG/*Assmann/Sethe*, 4. Aufl. 2001, § 281 Rn. 28; *Fett* in Bürgers/Fett, Die KGaA, 2. Aufl. 2015, § 7 Rn. 5; Spindler/Stilz AktG/*Bachmann*, 4. Aufl. 2019, § 281 Rn. 11.
[15] *Fett* in Bürgers/Fett, Die KGaA, 2. Aufl. 2015, § 7 Rn. 5.
[16] Vgl. MüKoAktG/*Perlitt*, 5. Aufl. 2020, § 278 Rn. 40 ff., 96 ff.
[17] Spindler/Stilz AktG/*Bachmann*, 4. Aufl. 2019, § 281 Rn. 10; *Fett* in Bürgers/Fett, Die KGaA, 2. Aufl. 2015, § 7 Rn. 4 Fn. 12.

Individualrechte, sondern nur Gruppenrechte. Die Satzung kann allerdings zum Schutz der Kommanditaktionäre vorsehen, dass bei Erhöhung des Komplementärkapitals das Grundkapital im gleichen Verhältnis erhöht werden kann, ohne dass es dazu der Zustimmung der Komplementäre bedarf (Recht zum „Mitziehen").

5. Schutz der Kommanditaktionäre. Die Erhöhung der Kapitalanteile der Komplementäre kann aber zu einer **Verwässerung** des Aktienbesitzes der Kommanditaktionäre führen, gegen die der einzelne Aktionär trotz Zustimmungsrecht der Hauptversammlung nicht geschützt wird. An die Höhe der Kapitalanteile sind Gewinnbezugsrechte geknüpft (§ 278 Abs. 2 AktG iVm § 168 HGB). In der Regel richtet sich die Gewinnverteilung zwischen Kommanditaktionären und Komplementären nach dem Verhältnis von Grundkapital zum Komplementärkapital (vgl. → Rn. 18). Das Gleiche gilt für die Verteilung des Liquidationserlöses (vgl. → § 77 Rn. 47). Werden Komplementäranteile zu niedrig ausgegeben, dh wird eine Vermögenseinlage geleistet, die dem Umfang des durch die Einlage erlangten Mitgliedschaftsrechts nicht entspricht, führt das zu einer Beeinträchtigung des Werts der Aktien der Kommanditaktionäre. Ein Schutz der Kommanditaktionäre vor Verwässerung durch das Erfordernis einer sachlichen Rechtfertigung für eine Erhöhung der Kapitalanteile, wie sie bei einem Ausschluss des Bezugsrechts nach § 186 Abs. 3 AktG gefordert wird (vgl. → Rn. 4), scheidet aus. Es wäre widersprüchlich, einerseits ein Bezugsrecht der Kommanditaktionäre auf neue Komplementäranteile zu verneinen, andererseits aber die Erhöhung nur unter den Voraussetzungen zuzulassen, zu denen bei der Aktiengesellschaft der Ausschluss des Bezugsrechts gerechtfertigt ist. Die Kommanditaktionäre sind nicht in gleicher Weise wie die Aktionäre einer AG zu schützen; ihre Rechte sind von vornherein geringer.

Ansatzpunkt für einen Schutz der Kommanditaktionäre kann nur eine **analoge Anwendung von § 255 AktG** sein. Diese Vorschrift dient dem Verwässerungsschutz.[18] Systematisch will die Norm die Aktionäre dann schützen, wenn der Ausschluss des Bezugsrechts als solcher zwar nicht angreifbar ist, aber die Durchführung der Kapitalerhöhung unter Ausschluss des Bezugsrechts der Aktionäre diese unangemessen benachteiligt.[19] Insofern ist die Situation der Aktionäre mit denen der Kommanditaktionäre vergleichbar. Die Aktionäre haben im Fall des § 255 Abs. 2 AktG kein Bezugsrecht, weil dieses wirksam gemäß § 186 Abs. 3 AktG ausgeschlossen worden ist.[20] Die Kommanditaktionäre haben im Falle der Erhöhung des Komplementärkapitals von vornherein kein Bezugsrecht.[21] Der Gesetzgeber gibt den Aktionären der AG aber trotzdem einen Schutz vor einer weiteren Verwässerung ihres Aktienbesitzes. Die Kommanditaktionäre sind in gleicher Weise schutzbedürftig, es fehlt aber ein ausdrücklicher gesetzlich normierter Schutz. Der Gesetzgeber hat den Kommanditaktionären ein Mitwirkungsrecht bei Erhöhung der Kapitalanteile der Komplementäre eingeräumt, indem er gemäß § 281 Abs. 2 AktG die Höhe und die Art der Vermögenseinlage der Komplementäre zum Satzungsbestandteil gemacht hat. Diese Regelung kann nur den Zweck gehabt haben, die Aktionäre vor Manipulation bei der Vermögenseinlage der Komplementäre zu schützen. Die Struktur der KGaA lässt es zu, dass die Komplementäre die Mehrheit der Kommanditaktien halten.[22] In diesem Fall verliert der Satzungsänderungsbeschluss seine Kontrollfunktion. Es ist daher sachgerecht, diesen Beschluss zum Schutz der Minderheitsaktionäre am Maßstab des § 255 AktG zu messen.[23]

---

[18] BGHZ 136, 133 ff.; *Koch* in Hüffer/Koch, AktG, 14. Aufl. 2020, § 255 Rn. 2 und → § 57 Rn. 114 ff.; Spindler/Stilz AktG/*Stilz,* 4. Aufl. 2019, § 255 Rn. 1; Bürgers/Körber AktG/*Förl/Fett,* 4. Aufl. 2017, § 255 Rn. 7.

[19] *Schwab* in K. Schmidt/Lutter, AktG, 3. Aufl. 2015, § 255 Rn. 1.

[20] Spindler/Stilz AktG/*Stilz,* 4. Aufl. 2019, § 255 Rn. 5.

[21] Spindler/Stilz AktG/*Bachmann,* 4. Aufl. 2019, § 281 Rn. 11.

[22] MüKoAktG/*Perlitt,* 5. Aufl. 2020, § 278 Rn. 52.

[23] AA MüKoAktG/*Perlitt,* 5. Aufl. 2020, § 281 Rn. 63; Spindler/Stilz AktG/*Bachmann,* 4. Aufl. 2019, § 281 Rn. 12.

Der Ausgabebetrag neuer Komplementäranteile muss daher angemessen im Sinne von § 255 AktG sein, ansonsten ist der **Zustimmungsbeschluss anfechtbar**. Bei börsennotierten Gesellschaften wird der Ausgabebetrag immer dann angemessen sein, wenn er sich am Börsenwert einer entsprechenden prozentualen Beteiligung an der Gesellschaft in Form von Kommanditaktien orientiert. Dem steht auch nicht entgegen, dass sich die Erhöhung der Vermögenseinlagen nach Personengesellschaftsrecht richtet.[24] Auch bei Anwendung von § 278 Abs. 2 AktG können die Vorschriften des Personengesellschaftsrechts durch Vorschriften des Aktiengesetzes über § 278 Abs. 3 AktG ergänzt werden, soweit dies zum Schutz der Kommanditaktionäre erforderlich ist und kein Regelungskonflikt mit dem Personengesellschaftsrecht besteht.[25]

6. Verbuchung einer Vermögenseinlage. Die Kapitalanteile der persönlich haftenden Gesellschafter sind in der Bilanz der KGaA nach dem Posten „gezeichnetes Kapital" gesondert auszuweisen.[26] Wie die geleistete Vermögenseinlage für den einzelnen persönlich haftenden Gesellschafter verbucht wird, hängt davon ab, wie viele Konten für ihn geführt werden. Werden nur zwei Konten geführt, ein festes Kapitalkonto und ein zweites Konto, auf dem fortlaufende Gewinne, Verluste und Entnahmen gebucht werden,[27] wird die Vermögenseinlage auf dem festen Kapitalkonto verbucht. Sind drei Konten vorgesehen, dh wird das feste Kapitalkonto noch einmal geteilt in ein Kapitalkonto und ein Rücklagenkonto,[28] kann die Vermögenseinlage auf das feste Kapitalkonto und das Rücklagenkonto aufgeteilt werden (zur bilanziellen Behandlung vgl. → § 81 Rn. 3). Auf diese Weise kann das Komplementärkapital in seiner Struktur dem auf die Aktien entfallenden Eigenkapital angepasst werden.

7. Genehmigtes Komplementärkapital. Durch die Regelungen in der Satzung kann ein **„genehmigtes Komplementärkapital"** geschaffen werden. Die Satzung kann nach Art eines genehmigten Aktienkapitals die Geschäftsleitung ermächtigen, innerhalb eines festgelegten Rahmens die Erhöhung des Komplementärkapitals durch die Komplementäre zuzulassen oder den Komplementären direkt das Recht einräumen, ihre Kapitalanteile innerhalb des Rahmens zu erhöhen.[29] Eines Zustimmungsbeschlusses der Kommanditaktionäre nach den §§ 281 Abs. 1, 278 Abs. 3, 179 Abs. 1 AktG bedarf es dann nicht mehr.[30] Zum Schutz der Kommanditaktionäre, die keinen Beschluss mehr fassen müssen, der gegebenenfalls gerichtlich kontrolliert werden kann, muss die Satzung dann allerdings den Ausgabebetrag für die neuen Komplementäreinlagen entweder unmittelbar festlegen oder zumindest die Kriterien bestimmen, nach denen der Ausgabebetrag im Zeitpunkt der Erhöhung des Komplementärkapitals zu ermitteln ist, zB Börsenkurs der Kommandit-

---

[24] *Fett* in Bürgers/Fett, Die KGaA, 2. Aufl. 2015, § 7 Rn. 7 hält es wegen der Geltung des Personengesellschaftsrechts nicht für per se ausgeschlossen, hält aber die Kommanditaktionäre für ausreichend geschützt, wenn sie bei unangemessener Benachteiligung bei Erhöhung der Kapitalanteile Schadenersatzansprüche wegen Verletzung der Treuepflichten der Komplementäre geltend machen können.

[25] BGH ZIP 2005, 348 (349); ausführlich *Herfs* AG 2005, 589 ff. Dies räumt auch *Fett* in Bürgers/Fett, Die KGaA, 2. Aufl. 2015, § 7 Rn. 7 ein.

[26] *Adler/Düring/Schmaltz*, Rechnungslegung, 6. Aufl. 1996, AktG § 286 Rn. 29; *Störk/Kliem/Meyer* in Beck'scher Bilkomm, 12. Aufl. 2020, HGB § 272 Rn. 330; MüKoAktG/*Perlitt*, 5. Aufl. 2020, § 286 Rn. 83.

[27] Vgl. hierzu für die KGaA *Schlitt*, Satzung der KGaA, 1999, S. 124; für die KG Münchn. Vertragshandbuch Bd. 1/*Oldenburg* Form. III., § 12; Becksches Formularbuch/*Blaum/Scholz* 13. Aufl. 2019, Form. VIII. C. 1, § 7 Anm. 28 ff.; *Huber* ZGR 1988, 1 (47 ff.); *Oppenländer* DStR 1999, 939 ff.

[28] Vgl. *Huber* ZGR 1988, 1 (73).

[29] Spindler/Stilz AktG/*Bachmann*, 4. Aufl. 2019, § 281 Rn. 12; KölnKommAktG/*Mertens/Cahn*, 3. Aufl. 2015, § 281 Rn. 14 ff.

[30] *Fett* in Bürgers/Fett, Die KGaA, 2. Aufl. 2015, § 7 Rn. 8; *Schlitt*, Satzung der KGaA, 1999, S. 148; *Hoffmann-Becking/Herfs* FS Sigle, 2000, 273 (293 ff.); *Wichert* in Heidel, Aktienrecht, 5. Aufl. 2020, § 281 Rn. 17; *Wichert* AG 1999, 362 (369).

aktien.[31] Wie bei der AG sollte der Ermächtigungszeitraum nicht länger als fünf Jahre sein.[32] Wie hoch die Obergrenze sein darf, ist strittig. Teilweise wird die Obergrenze bei 100% des bestehenden Komplementärkapitals gesehen, weil dies auch die Grenze für Entnahmen der Komplementäre sei,[33] andere sehen die Grenze wie beim genehmigten Kapital gemäß § 202 Abs. 3 AktG bei 50% des Grundkapitals.[34] Da durch die Regelung des § 281 Abs. 1 AktG die grundsätzliche Zustimmung der Kommanditaktionäre zu Erhöhungen des Komplementärkapitals vorgesehen ist, sind die Kommanditaktionäre genauso schutzwürdig wie die Aktionäre der AG. Der Rechtsgedanke des § 281 Abs. 1 AktG setzt der Gestaltungsfreiheit insoweit eine Grenze.[35] Unzulässig ist eine Satzungsbestimmung, die den Komplementären ein uneingeschränktes Recht zur Erhöhung des Komplementärkapitals gibt, selbst wenn gleichzeitig den Kommanditaktionären ein Recht zum „Mitziehen" durch entsprechende Erhöhung des Grundkapitals eingeräumt wird.[36] Ist den Komplementären das einseitige Recht zur Erhöhung des Komplementärkapitals ohne Mitwirkung der Hauptversammlung in den dargestellten Grenzen eingeräumt worden, kann die erforderliche Satzungsänderung als Fassungsänderung durch den Aufsichtsrat durchgeführt werden.[37]

II. Erhöhung des Grundkapitals

1. Anwendbare Vorschriften. Die Erhöhung des Grundkapitals der KGaA, dh des Kapitals, das durch die Kommanditaktionäre aufgebracht wird, richtet sich nach den **allgemeinen aktienrechtlichen Vorschriften.**[38] Auf die §§ 56 ff. oben wird verwiesen. Zusätzlich zu dem Kapitalerhöhungsbeschluss der Hauptversammlung ist ein Zustimmungsbeschluss der persönlich haftenden Gesellschafter nach § 285 Abs. 2 S. 1 AktG erforderlich. Nach der gesetzlichen Grundkonzeption erfordern Kapitaländerungen immer die Mitwirkung beider Gesellschaftergruppen (vgl. → Rn. 1).

2. Rechte der Komplementäre bei Erhöhung des Grundkapitals. Die Komplementäre haben bei Erhöhung des Grundkapitals kein Bezugsrecht auf die neu auszugebenden Aktien, es sei denn, sie sind gleichzeitig Kommanditaktionäre. Die Mitwirkungsrechte der Komplementäre in Bezug auf eine Erhöhung des Grundkapitals durch die Kommanditaktionäre sind auf den Zustimmungsvorbehalt bei der erforderlichen Satzungsänderung

---

[31] Spindler/Stilz AktG/*Bachmann,* 4. Aufl. 2019, § 281 Rn. 12, der den Kommaditaktionären bei Schaffung eines genehmigten Komplementärkapitals ein Anfechtungsrecht analog § 255 AktG geben will; MüKoAktG/*Perlitt,* 5. Aufl. 2020, § 278 Rn. 400; KölnKommAktG/*Mertens/Cahn,* 3. Aufl. 2015, § 281 Rn. 17; gegen Begrenzung *Fett* in Bürgers/Fett, Die KGaA, 2. Aufl. 2015, § 7 Rn. 8.
[32] GroßkommAktG/*Assmann/Sethe,* 4. Aufl. 2001, § 278 Rn. 186; Spindler/Stilz AktG/*Bachmann,* 4. Aufl. 2019, § 281 Rn. 12; MüKoAktG/*Perlitt,* 5. Aufl. 2020, § 278 Rn. 401; *Otte,* AG & Co. KGaA, 2010, S. 203; aA *Wichert* in Heidel, Aktienrecht, 5. Aufl. 2020, § 281 Rn. 17.
[33] KölnKommAktG/*Mertens/Cahn,* 3. Aufl. 2015, § 281 Rn. 17.
[34] *Hoffmann-Becking/Herfs* FS Sigle, 2000, 273 (294).
[35] *Wichert* AG 1999, 362 (369), hält neben dem Rahmen keine weiteren inhaltlichen oder zeitlichen Vorgaben für erforderlich. Ebenso *Fett* in Bürgers/Fett, Die KGaA, 2. Aufl. 2015, § 7 Rn. 8: Schranken ergeben sich nur aus der Treuepflicht der Komplementäre.
[36] *Schlitt,* Satzung der KGaA, 1999, S. 148; *Hoffmann-Becking/Herfs* FS Sigle, 2000, 273 (294); Spindler/Stilz AktG/*Bachmann,* 4. Aufl. 2019, § 281 Rn. 12; *Otte,* Die AG & Co. KGaA, 2010, S. 203.
[37] Offen ist, ob die Eintragung der Satzungsänderung deklaratorische oder konstitutive Bedeutung hat. Für deklaratorische Bedeutung *Fett* in Bürgers/Fett, Die KGaA, 2. Aufl. 2015, § 2 Rn. 8; *Cahn* AG 2001, 579 (585) der aber in der Verlagerung der Änderungskompetenz auch eine Verlagerung der Anmeldekompetenz sieht.
[38] MüKoAktG/*Perlitt,* 5. Aufl. 2020, Vor § 278 Rn. 67 f. Die Anwendung der aktienrechtlichen Vorschriften bedeutet auch, dass die Vorschriften nur für die Kommanditaktionäre gelten, so haben die Komplementäre bei einer Kapitalerhöhung kein Bezugsrecht (→ Rn. 10). Umgekehrt gilt bei einer Kapitalherabsetzung die Ausschüttungssperre gem. § 233 AktG nicht für Entnahmen der Komplementäre.

begrenzt. Um zu verhindern, dass bei einer Erhöhung des Grundkapitals die Beteiligung der Komplementäre an der KGaA verwässert wird, kann die Satzung vorsehen, dass die Komplementäre ihre Kapitaleinlagen in dem **gleichen Verhältnis** und **zu den gleichen Bedingungen erhöhen** können.[39] Insbesondere sollte bei Ausgabe von Aktien mit einem Agio auch die Erhöhung der Komplementäreinlagen mit einem Agio erfolgen, das auf dem Rücklagenkonto gebucht wird.[40] Ist eine solche Regelung in die Satzung aufgenommen worden, ist ein Hauptversammlungsbeschluss für die Erhöhung der Komplementäreinlagen nicht mehr erforderlich. Die Kommanditaktionäre haben diese Zustimmung schon durch die Satzungsregelung antizipiert.[41]

Dieses Recht sollte allerdings **zeitlich begrenzt** sein, weil sonst der Komplementär bei der Erhöhung nicht die gleichen Risiken trägt wie die Kommanditaktionäre. Er könnte zB abwarten, bis die Erhöhung unter den festgesetzten Bedingungen, insbesondere des Agios wegen der zwischenzeitlich eingetretenen wirtschaftlichen Entwicklung der Gesellschaft, besonders vorteilhaft ist.[42] § 281 Abs. 2 AktG stellt die Mitwirkung der Kommanditaktionäre bei Erhöhung der Kapitaleinlagen sicher. Der Regelungszweck dieser Vorschrift darf nicht durch eine nicht spezifizierte antizipierte Zustimmung unterlaufen werden.[43] Für die Bestimmung des maximalen Zeitraums für die Ausübung des zustimmungsfreien Rechts zur Erhöhung der Komplementäreinlage kann auf die Grundsätze zurückgegriffen werden, die für den Zeitraum zwischen Kapitalerhöhungsbeschluss und Durchführung für die AG entwickelt worden sind. Danach sollen zwischen Kapitalerhöhung und Durchführung nicht mehr als sechs Monate liegen.[44] Auch bei einer solchen Regelung bleiben allerdings die Komplementäre benachteiligt, wenn im Fall einer börsennotierten KGaA die neuen Kommanditaktien unter dem Börsenkurs ausgegeben werden, was bei einer Bezugsrechtsemission oft der Fall sein wird. Die Kommanditaktionäre können durch Verkauf ihrer Bezugsrechte eine wertmäßige Verwässerung ihrer Beteiligung ausgleichen, ohne an der Kapitalerhöhung teilnehmen zu müssen. Ein solcher Ausgleich ist für Komplementäre nur eingeschränkt möglich, weil es keinen organisierten Markt für Komplementäranteile gibt. Oft wird nur die Übertragung innerhalb eines Stammes oder der Familie wegen satzungsmäßiger Übertragungsbeschränkungen zulässig sein. Sie müssen daher mitziehen, wenn sie wertmäßig nicht verwässert werden wollen. Die Komplementäre können allerdings über ihren Zustimmungsvorbehalt Einfluss auf den Ausgabebetrag der neuen Aktien nehmen und sich dadurch schützen.

---

[39] MüKoAktG/*Perlitt*, 5. Aufl. 2020, § 278 Rn. 400; Spindler/Stilz AktG/*Bachmann*, 4. Aufl. 2019, § 281 Rn. 14; *Wichert* in Heidel, Aktienrecht, 5. Aufl. 2020, § 281 Rn. 19.
[40] MüKoAktG/*Perlitt*, 5. Aufl. 2020, § 278 Rn. 402; Spindler/Stilz AktG/*Bachmann*, 4. Aufl. 2019, § 281 Rn. 14.
[41] MüKoAktG/*Perlitt*, 5. Aufl. 2020, § 278 Rn. 400 ff.
[42] Vgl. auch BGHZ 84, 11 ff. für die Publikums-KG. Der BGH hat in dieser Entscheidung eine Bestimmung für unwirksam erklärt, die einen Gesellschafter in die Lage versetzte, die mit der Gesellschaftsbeteiligung verbundenen Chancen für sich zu beanspruchen und das Risiko dem Mitgesellschaftern zu überlassen; MüKoAktG/*Perlitt*, 5. Aufl. 2020, § 278 Rn. 401; Spindler/Stilz AktG/ *Bachmann*, 4. Aufl. 2019, § 281 Rn. 14, der bei fehlender zeitlicher Begrenzung den Komplementär für verpflichtet hält, den Ausgabebetrag den wirtschaftlichen Verhältnissen anzupassen.
[43] Im Ergebnis ebenso *Ihrig/Schlitt* in Ulmer Die GmbH & Co. KG nach dem Beschluss BGHZ 134, 392 (1998), S. 73 ff.; *Schlitt*, Satzung der KGaA, 1999, S. 147; GroßkommAktG/*Assmann/Sethe*, 4. Aufl. 2001, § 278 Rn. 186. Teilweise wird die zeitliche Begrenzung nicht für erforderlich gehalten. Missbrauchen die Komplementäre ihr Recht, seien sie schadensersatzpflichtig gegenüber den Kommanditaktionären, so *Fett* in Bürgers/Fett, Die KGaA, 2. Aufl. 2015, § 7 Rn. 15; *Arnold*, GmbH & Co. KGaA, 2001, S. 142 ff.
[44] Ebenso GroßkommAktG/*Assmann/Sethe*, 4. Aufl. 2001, § 278 Rn. 186; zur Rechtslage bei der AG: KölnKommAktG/*Lutter*, 1971, § 182 Rn. 17.

III. Umwandlung von Komplementäranteilen in Aktien

12 **1. Praktische Bedeutung des Umwandlungsrechts.** Die Satzung kann vorsehen, dass Komplementäre ihre durch Vermögenseinlagen geschaffenen Kapitalanteile in Aktien umwandeln können.[45] Ein solches Umwandlungsrecht erleichtert den Komplementären eine **Veräußerung ihrer Beteiligung**.[46] Ein Umwandlungsrecht kann auch dazu dienen, dem oder den persönlich haftenden Gesellschaftern die Möglichkeit einzuräumen, die **Mehrheit in der Hauptversammlung zurückzugewinnen,** wenn diese durch Kapitalerhöhungen, an denen sich die Komplementäre nicht beteiligt haben, verloren gegangen ist.[47] Durch Ausübung der Option kann der Unternehmer oder seine Familie die Mehrheit in der Hauptversammlung übernehmen, falls bestimmte Entscheidungen unbedingt durchgesetzt werden sollen.[48] Eine solche Regelung wird insbesondere bei Familiengesellschaften von Bedeutung sein, die sich über eine Umwandlung in eine KGaA Eigenkapital an der Börse beschaffen. Sie werden in der Regel aus steuerlichen Gründen Komplementäranteile übernehmen (vgl. dazu → § 82 Rn. 21 ff.).[49] Schließlich kann das Umwandlungsrecht auch dazu genutzt werden, um Abfindungsansprüche von Komplementären auszuschließen und damit Liquiditätsprobleme der Gesellschaft zu vermeiden. An die Stelle des Anspruchs auf Zahlung eines Abfindungsguthabens tritt das Recht, von der Gesellschaft die Umwandlung des Kapitalanteils in Grundkapital zu verlangen (vgl. dazu → § 78 Rn. 45).[50]

13 **2. Anwendbare Vorschriften.** Der Umtausch eines Kapitalanteils in Aktien stellt einerseits eine Herabsetzung oder Auflösung des Kapitalanteils und andererseits eine Erhöhung des **Grundkapitals gegen Sacheinlage** unter Ausschluss des Bezugsrechts der übrigen Kommanditaktionäre dar.[51] Der Gegenstand der Sacheinlage ist der aus der Reduzierung oder Auflösung des Kapital- bzw. gegebenenfalls Rücklagenkontos entstehende Zahlungsanspruch gegen die Gesellschaft.[52]

14 Sieht die Satzung ein solches Umtauschrecht für einen Komplementär vor, so kann der **Komplementär von den Kommanditaktionären verlangen,** dass sie die entsprechende Sachkapitalerhöhung beschließen. Dieser Verpflichtung steht § 187 Abs. 2 AktG nicht entgegen. Das Umtauschrecht und die korrespondierende Verpflichtung zur Kapitalerhöhung betrifft das Verhältnis von Komplementären zu Kommanditaktionären. Gemäß § 278 Abs. 2 AktG gelten für dieses Verhältnis die Vorschriften des HGB für die Kommanditgesellschaft. § 187 Abs. 2 AktG ist daher auf diese Verpflichtung zur Kapitalerhöhung nicht anwendbar.[53] Das Recht auf den Umtausch, das sich nach Personengesellschaftsrecht

---

[45] Spindler/Stilz AktG/*Rieckers,* 4. Aufl. 2019, § 192 Rn. 34; MüKoAktG/*Perlitt,* 5. Aufl. 2020, § 278 Rn. 389.
[46] Überblick zu den Gründen für Umwandlung bei *Fett* in Bürgers/Fett, Die KGaA, 2. Aufl. 2015, § 7 Rn. 18 f., *Krug* AG 2000, 510 f.; *Hoffmann-Becking/Herfs* FS Sigle, 2000, 273 (294 f.).
[47] Vgl. hierzu *Schürmann/Groh* BB 1995, 684 (686).
[48] *Schürmann/Groh* BB 1995, 684 (686).
[49] Vgl. hierzu auch *Niedner/Kusterer* DB 1997, 1451 ff.; zum Erbschaftsteuerprivileg *Schaumburg* DStR 1998, 525 (536).
[50] *Hartel* DB 1992, 2329/2335; *Niedner/Kusterer* DB 1997, 2010 (2012).
[51] K. Schmidt/Lutter AktG/*K. Schmidt,* 3. Aufl. 2015, § 278 Rn. 5; Spindler/Stilz AktG/*Bachmann,* 4. Aufl. 2019, § 281 Rn. 13; *Wichert* in Heidel, Aktienrecht, 5. Aufl. 2020, Rn. 20; KölnKommAktG/*Mertens/Cahn,* 3. Aufl. 2015, § 281 Rn. 29.
[52] GroßkommAktG/*Assmann/Sethe,* 4. Aufl. 2001, § 278 Rn. 181; MüKoAktG/*Perlitt,* 5. Aufl. 2020, § 278 Rn. 389; *Wichert,* Finanzen der KGaA, 1999, S. 168; *Fett* in Bürgers/Fett, Die KGaA, 2. Aufl. 2015, § 7 Rn. 21; nicht hinreichend präzise ist es, nur von der Einlage des Kapitalanteils oder Kapitalkontos zu sprechen, so aber KölnKommAktG/*Mertens/Cahn,* 3. Aufl. 2015, § 281 Rn. 29; *Schlitt,* Die Satzung der KGaA, 1999, S. 152; *Krug* AG 2000, 510 (511). Strittig ist, ob eine Werthaltigkeitsprüfung erforderlich ist. Vgl. dazu KölnKommAktG/*Mertens/Cahn,* aaO 3. Aufl. 2015, § 281 Rn. 29 mwN.
[53] *Fett* in Bürgers/Fett, Die KGaA, 2. Aufl. 2015, § 7 Rn. 26, der eine positive Feststellungsklage gegen die Gesamtheit der Kommanditaktionäre für zulässig hält. *Hoffmann-Becking/Herfs* FS Sigle, 2000,

richtet, ist von dem „wie" des Umtauschs zu unterscheiden. Für das „wie" gilt Aktienrecht.[54] Um die Durchsetzbarkeit der Verpflichtung zur Kapitalerhöhung sicherzustellen, kann die Satzung auch Sanktionen vorsehen, etwa ein Kündigungsrecht mit Barabfindung für den Fall, dass die Kommanditaktionäre dem Verlangen nach Kapitalerhöhung zur Durchführung des Umtauschrechts nicht nachkommen. Soweit ein **genehmigtes Kapital** vorhanden ist, das den Ausschluss des Bezugsrechts vorsieht oder zulässt und das auch die Ausgabe von Aktien gegen Sacheinlagen gestattet, kann der Umtausch des Kapitalanteils in Aktien aus diesem genehmigten Kapital vollzogen werden.[55] Strittig ist, ob die Schaffung oder Ausnutzung eines solchen genehmigten Kapitals durch einen im Interesse der Gesellschaft liegenden Grund gerechtfertigt sein muss.[56] Der dürfte darin zu sehen sein, dass das Umwandlungsrecht eine der Voraussetzungen für die Bereitstellung von Komplementärkapital ist bzw. einen Liquiditätsabfluss durch Abfindungszahlung vermeidet.[57] Geht man aber davon aus, dass durch die Satzung eine wirksame Verpflichtung zur Durchführung der für die Umwandlung bedingten Kapitalerhöhung begründet werden kann, trägt dieser Anspruch die Rechtfertigung des Bezugsrechtsausschlusses in sich.[58] Das genehmigte Kapital hat aber den Nachteil, dass es nur für einen Zeitraum von fünf Jahren zur Verfügung steht.[59]

Der beste Weg für die Durchführung des Umwandlungsrechts ist die **Schaffung eines bedingten Kapitals.** Aus diesem bedingten Kapital können dann bei Umwandlungen eines Kapitalanteils oder eines Teils davon Aktien ausgegeben werden. Dadurch wird vermieden, dass bei jeder Umwandlung, die möglicherweise nur einen kleinen Teil des Kapitalanteils betrifft, eine neue Kapitalerhöhung von der Hauptversammlung oder im Falle eines genehmigten Kapitals von den geschäftsführenden Komplementären beschlossen und eingetragen werden muss.

Die Schaffung eines bedingten Kapitals zur Deckung des Umwandlungsrechts wäre jedoch nur zulässig, wenn das Umwandlungsrecht als **einem Umtausch- oder Bezugsrecht im Sinne von § 192 Abs. 2 Nr. 1 AktG ähnliches Recht** aufgefasst werden kann. Der Anwendungsbereich dieser Vorschrift wird auf Fälle ausgedehnt, bei denen die Gesellschaft ein vergleichbares Finanzierungsinteresse hat, sofern dadurch das gesetzliche Bezugsrecht der Aktionäre nicht umgangen wird.[60] Eine vergleichbare Interessenlage ist im Fall der Umwandlung von Kapitalanteilen in Aktien gegeben.[61] Anleihen mit einem Options-

---

273 (296); GroßkommAktG/*Assmann/Sethe*, 4. Aufl. 2001, § 278 Rn. 190; *Schürmann/Groh* BB 1995, 684 (685); aA KölnKommAktG/*Mertens/Cahn*, 3. Aufl. 2015, § 281 Rn. 28; *Durchlaub* BB 1977, 875; *Wichert* Finanzen der KGaA S. 193 ff.; *Schlitt*, Die Satzung der KGaA, 1999, S. 152; *Arnold*, GmbH & Co. KGaA, 2001, S. 147 f.; MüKoAktG/*Perlitt*, 5. Aufl. 2020, § 278 Rn. 396; *Wichert* in Heidel, Aktienrecht, 4. Aufl. 2014, § 281 Rn. 22.

[54] GroßkommAktG/*Assmann/Sethe*, 4. Aufl. 2001, § 278 Rn. 189.

[55] GroßkommAktG/*Assmann/Sethe*, 4. Aufl. 2001, § 278 Rn. 190; *Krug* AG 2000, 513 f.; *Hartel* DB 1992, 2329 (2334); *Schürmann/Groh* BB 1995, 684 (687); MüKoAktG/*Perlitt*, 5. Aufl. 2020, § 278 Rn. 391; Spindler/Stilz AktG/*Bachmann*, 4. Aufl. 2019, § 281 Rn. 13.

[56] GroßkommAktG/*Assmann/Sethe*, 4. Aufl. 2001, § 278 Rn. 190; *Krug* AG 2000, 510 (513); MüKoAktG/*Perlitt*, 5. Aufl. 2020, § 278 Rn. 390 f.

[57] MüKoAktG/*Perlitt*, 5. Aufl. 2020, § 278 Rn. 393; Spindler/Stilz AktG/*Bachmann*, 4. Aufl. 2019, § 281 Rn. 13; *Krug* AG 200, 510 (512); *Otte*, AG & Co. KGaA, 2010, S. 206; *Arnold*, GmbH & Co. KGaA, 2001, S. 145.

[58] So zutreffend *Fett* in Bürgers/Fett, Die KGaA, 2. Aufl. 2015, § 7 Rn. 25.

[59] MüKoAktG/*Perlitt*, 5. Aufl. 2020, § 278 Rn. 390.

[60] *Lutter* AG 1972, 125 (135); *Martens* AG 1989, 69 (71 f.); *Steiner* WM 1990, 1776 (1777 f.).

[61] Spindler/Stilz AktG/*Bachmann*, 4. Aufl. 2019, § 281 Rn. 13; GroßkommAktG/*Assmann/Sethe*, 4. Aufl. 2001, § 278 Rn. 151; MüKoAktG/*Perlitt*, 5. Aufl. 2020, § 278 Rn. 390; KölnKommAktG/*Mertens/Cahn*, 3. Aufl. 2015, § 281 Rn. 28; *Fett* in Bürgers/Fett, Die KGaA, 2. Aufl. 2015, § 7 Rn. 27; *Wichert* in Heidel, Aktienrecht, 5. Aufl. 2020, § 281 Rn. 21; *Otte*, AG & Co. KGaA, 2010, S. 208; *Wichert*, Finanzen der KGaA, 1999, §§ 172 ff.; aA *Krug* AG 2000, 510 (513 f.).

oder Wandlungsrecht auf Aktien können mit geringerem Zinssatz platziert werden. Auch die Leistung einer Vermögenseinlage wird attraktiver, wenn sie gegebenenfalls in Stammaktien umgetauscht werden kann. Die Gesellschaft verbessert dadurch ihre Möglichkeiten, Eigenkapital zu bilden. Anders als bei Options- und Wandelanleihen, die grundsätzlich nur unter Wahrung des Bezugsrechts der Aktionäre ausgegeben werden dürfen, haben die Kommanditaktionäre kein Bezugsrecht auf Komplementäranteile (vgl. → Rn. 4). Die Schaffung von zusätzlichem Eigenkapital in Form von Komplementäranteilen und der anschließende Umtausch dieser Komplementäranteile in Stammaktien unter Ausnutzung eines bedingten Kapitals bedeutet im Ergebnis die Ausgabe zusätzlicher Aktien unter Ausschluss des Bezugsrechts der Kommanditaktionäre. Das gesetzliche Bezugsrecht der Aktionäre bei einer ordentlichen Kapitalerhöhung könnte durch eine solche Regelung umgangen werden. Deshalb bedarf die bedingte Kapitalerhöhung einer sachlichen Rechtfertigung.[62] Eine Rechtfertigung ist gegeben, wenn in der Satzung ein Anspruch auf Umwandlung begründet wurde, der auch zB durch Anspruch auf Barabfindung sanktioniert ist, und zudem sichergestellt ist, dass Komplementäranteile immer zum vollen Wert ausgegeben werden und die Komplementäre in gleichem Umfang Rücklagen bilden wie die Aktionäre, damit die Aktionäre bei der Umwandlung keine Verwässerung ihrer Anteile hinnehmen müssen und ihnen kein Bezugsrechtswert entgeht (vgl. → § 80 Rn. 6).[63] Für die Umwandlung des Komplementäranteils in Aktien über ein bedingtes Kapital analog § 192 Abs. 2 Nr. 1 AktG ist gemäß § 194 Abs. 1 S. 2 AktG keine Sacheinlagenprüfung durchzuführen. Wie bei der Wandlung von Wandelschuldverschreibungen ist Gegenstand der Sacheinlage ein Zahlungsanspruch gegen die Gesellschaft.[64]

17 Besteht ein Umwandlungsrecht und hat der Komplementär ein Recht zum „Mitziehen" bei einer Erhöhung des Grundkapitals (vgl. → Rn. 10), kann dem Komplementär auch direkt ein **Recht auf Bezug von neuen Aktien** eingeräumt werden. Die Kapitalerhöhung hätte dann zwei Tranchen: eine Bezugsrechtstranche für die Kommanditaktionäre und eine Tranche mit Bezugsrechtsausschluss für den Komplementär entsprechend dem Verhältnis von Komplementärkapital zu Grundkapital. Der Bezugsrechtsausschluss ist gerechtfertigt, weil der Komplementär auch zunächst sein Komplementärkapital im gleichen Verhältnis erhöhen und anschließend den neuen Komplementäranteil in Aktien umtauschen kann. Für die Kommanditaktionäre ist das Ergebnis identisch, in der Abwicklung aber wesentlich einfacher.

IV. Umwandlung von Kommanditaktien in Komplementäreinlagen

18 Die Umwandlung von Kommanditaktien in Komplementäreinlagen erfordert, dass das Grundkapital der KGaA durch **Einziehung von Aktien** herabgesetzt wird (§ 278 Abs. 3 AktG iVm § 237 AktG) und das Einziehungsentgelt anschließend wieder als Komplementäreinlage angelegt wird. Praktikabel ist eine solche Umwandlung nur im Wege der ein-

---

[62] GroßkommAktG/*Assmann/Sethe,* 4. Aufl. 2001, § 278 Rn. 191; MüKoAktG/*Perlitt,* 5. Aufl. 2020, § 278 Rn. 392; *Wichert* in Heidel, Aktienrecht, 5. Aufl. 2020, Rn. 21; *Wichert,* Finanzen der AG, 1999, S. 175 f., 182 ff.

[63] GroßkommAktG/*Assmann/Sethe,* 4. Aufl. 2001, § 278 Rn. 191; *Otte,* AG & Co. KGaA, 2010, S. 209; *Wichert,* Finanzen der KGaA, 1999, S. 182 ff. hält darüber hinaus eine sachliche Rechtfertigung des Bezugsrechtsausschlusses für erforderlich, die nur in Einzelfällen gegeben sein kann (Krankheit des Komplementärs), weil durch die Umwandlung die Stimmrechtsquoten der Kommanditaktionäre beeinträchtigt sein können. Eine sachliche Rechtfertigung ist aber gegeben, weil durch das Umtauschrecht die Eigenkapitalbildung erleichtert wird. *Fett* in Bürgers/Fett, Die KGaA, 2. Aufl. 2015, § 7 Rn. 28 halten die Kommanditaktionäre durch die Treuepflichten der Komplemenäre für ausreichend geschützt.

[64] AA: *Fett* in Bürgers/Fett, Die KGaA, 2. Aufl. 2015, § 7 Rn. 27, der meint, wegen der Verlustbeteiligung sei eine Sacheinlagenprüfung erforderlich. Verluste reduzieren aber automatisch den Kapitalanteil und somit den einzulegenden Gegenstand der Sacheinlage (→ § 80 Rn. 3). Zur Sacheinlageprüfung bei der Begebung von Wandelschuldverschreibungen *Herfs/Leyendecker* AG 2018, 213 ff.

fachen Kapitalherabsetzung nach § 237 Abs. 3 AktG. Eine solche vereinfachte Kapitalherabsetzung setzt voraus, dass die Aktien zu Lasten der anderen Gewinnrücklagen eingezogen werden können.[65] Nach Einfügung der Amortisation in § 237 Abs. 3 Nr. 3 AktG durch das TransPuG ist eine Einziehung von Aktien auch ohne Verrechnung mit Gewinnrücklagen möglich, wenn die Gesellschaft über Stückaktien verfügt. Die Hauptversammlung muss dann gemäß § 71 Abs. 1 Nr. 6 AktG den Erwerb der umzuwandelnden Aktien zur Einziehung beschließen und anschließend die Aktien gemäß § 237 Abs. 3 Nr. 3 AktG durch Erhöhung des Anteils der übrigen Aktien am Grundkapital einziehen.[66] Weiter ist zu beachten, dass eine Kapitalherabsetzung für alle Aktionäre gleichmäßig beschlossen werden muss (vgl. → § 61 Rn. 18). Ungleichbehandlungen bedürfen der Zustimmung aller betroffenen Aktionäre oder jedenfalls einer besonderen sachlichen Rechtfertigung.[67] Wollen nur einzelne Kommanditaktionäre ihre Aktien in Komplementäranteile umwandeln und sollen daher Aktien nur insoweit eingezogen werden, muss dies sachlich gerechtfertigt sein. Ein solcher Grund kann zB die Umwandlung von Kommanditaktien in Komplementäreinlagen zur Reduzierung von Erbschaftsteuer sein, um dadurch den Zusammenhalt des bisherigen Aktionärskreises zu sichern.[68] Fehlt eine sachliche Rechtfertigung, bleibt nur die Alternative, eine Kapitalherabsetzung zugunsten von allen Aktionären zu beschließen bei gleichzeitiger Verpflichtung der umwandlungswilligen Aktionäre, das Einziehungsentgelt wieder als Vermögenseinlage in die Gesellschaft einzubringen.

§ 81 Jahresabschluss, Gewinnverteilung und Gewinnverwendung

Übersicht

	Rn.		Rn.
I. Jahresabschluss	1–15	1. Errechnung des zu verteilenden Gewinns	16
1. Aufstellung des Jahresabschlusses	1	2. Gesetzliche Regelung für die Verteilung	17–19
2. Allgemeine für den Jahresabschluss geltende Vorschriften	2, 3	3. Satzungsregelungen für die Gewinnverteilung	20
3. Sondervorschriften für den Jahresabschluss der KGaA	4–7	III. Gewinnverwendung	21–34
a) Bilanz	4–6	1. Verwendung des auf die Kommanditaktionäre entfallenden Gewinns	21
b) Gewinn- und Verlustrechnung	7	2. Entnahmen der Komplementäre	22–28
4. Zusätzlicher Jahresabschluss nach den Regeln für Personenhandelsgesellschaften	8–11	a) Gesetzliche Regelung	23
5. Feststellung des Jahresabschlusses	12–15	b) Satzungsvorschriften	24
a) Feststellung durch Hauptversammlung	12, 13	c) Gesetzliche Entnahmebeschränkungen	25–28
b) Konflikt zwischen Hauptversammlung und Komplementären	14	3. Bildung von Rücklagen im Jahresabschluss	29–34
c) Konzernabschluss	15		
II. Gewinnverteilung zwischen Komplementären und Kommanditaktionären	16–20		

---

[65] Spindler/Stilz AktG/*Marsch-Barner,* 4. Aufl. 2019, § 237 Rn. 31.
[66] Spindler/Stilz AktG/*Marsch-Barner,* 4. Aufl. 2019, § 237 Rn. 33; vgl. hierzu auch *Wieneke/Förl* AG 2005, 189 ff., die in der Regelung eine systematisch nicht vertretbare Lockerung des Vermögensschutzes sehen und die Einziehung nach § 237 Abs. 3 Nr. 3 AktG nur unter der Voraussetzung von § 237 Abs. 3 Nr. 2 AktG zulassen wollen.
[67] Vgl. → § 60 Rn. 12; Hüffer/Koch, AktG, 14. Aufl. 2020, § 222 Rn. 15, § 237 Rn. 35 f.; für den Sonderfall der Umwandlung von Aktien in Vermögenseinlagen: GroßkommAktG/*Assmann/Sethe,* 4. Aufl. 2001, § 278 Rn. 193; *Fett* in Bürgers/Fett, Die KGaA, 2. Aufl. 2015, § 7 Rn. 31, der meint, dass die Zurückweisung eines Aktionärs, der auch die Umwandlung verlangt, eines rechtfertigenden Grundes bedarf.
[68] Vgl. hierzu *Niedner/Kusterer* DB 1997, 2010 ff.

Schrifttum: *Adler/Düring/Schmaltz,* Rechnungslegung und Prüfung von Unternehmen, 6. Aufl. 1997, § 286 AktG; *Bacher,* Die Stellung des persönlich haftenden Gesellschafters einer Kommanditgesellschaft auf Aktien im Steuerrecht, DB 1985, 2117–2119; *Frankenheim,* Die Ertragsbesteuerung einer Pensionszusage an einen persönlich haftenden Gesellschafter einer Kommanditgesellschaft auf Aktien, DStR 1999, 481–485; *Krause,* Zum beherrschenden Einfluss des Komplementärs in der KGaA, FS Winter (2011), S. 351–368; *Niedner/Kusterer,* Die atypisch ausgestaltete Familien-KGaA aus der Sicht des Kommanditaktionärs, DB 1997, 1451–1454; *Otte,* Die AG & Co KGaA, 2011; *Sethe,* Die Besonderheiten der Rechnungslegung bei der KGaA, DB 1998, 1044–1048; *Theisen,* Die Kommanditgesellschaft auf Aktien (KGaA) auf dem Prüfstand, DBW 1989, 137–183; *Wichert,* Die Finanzen der Kommanditgesellschaft auf Aktien, 1999; vgl. im Übrigen die Literaturhinweise zu § 76.

I. Jahresabschluss

1. Aufstellung des Jahresabschlusses. Die Aufstellung des Jahresabschlusses und seine Vorlage ist Aufgabe der geschäftsführenden persönlich haftenden Gesellschafter (§ 283 Nr. 9 AktG, §§ 242, 264 HGB).[1] Die Aufstellung hat innerhalb der ersten drei Monate des Geschäftsjahres zu erfolgen. Anschließend ist der Jahresabschluss durch den Abschlussprüfer zu prüfen.[2] Unverzüglich nach Eingang des Prüfungsberichts des Abschlussprüfers haben die geschäftsführenden persönlich haftenden Gesellschafter dem Aufsichtsrat den Jahresabschluss, den Lagebericht und den Prüfungsbericht sowie einen Gewinnvorschlag vorzulegen (§ 283 Nr. 9, 10 AktG iVm § 170 AktG). Der Aufsichtsrat hat die Vorlagen zu prüfen (§ 171 AktG), auch wenn er bei der KGaA anders als bei der AG im Übrigen an der Feststellung des Jahresabschlusses nicht mitwirkt (vgl. → § 79 Rn. 63 f.).[3] Über seine Prüfung hat der Aufsichtsrat der Hauptversammlung zu berichten (§ 171 Abs. 2 AktG).

2. Allgemeine für den Jahresabschluss geltende Vorschriften. Für den Jahresabschluss der KGaA gelten nach § 278 Abs. 3 AktG grundsätzlich alle von der **AG** zu beachtenden **Ansatz-, Gliederungs- und Bewertungsvorschriften** (§§ 150–160 AktG, §§ 238 ff., 264 ff. HGB), ferner die Regelung über den Anhang und den Lagebericht (§§ 284 ff., 289 HGB). § 286 AktG enthält einige Sonderregelungen über den Ausweis einzelner KGaA-spezifischer Posten in der Bilanz und der Gewinn- und Verlustrechnung, die den allgemeinen aktienrechtlichen bzw. Regelungen des HGB vorgehen.[4]

Auf die KGaA als Kapitalgesellschaften finden die §§ 290 ff. HGB über **Konzernabschluss und Konzernlagebericht** wie auf die AG Anwendung.[5] Bei der Kapitalgesellschaft & Co. KGaA stellt sich die die besondere Frage, ob die Komplementärgesellschaft als Mutterunternehmen einen Konzernabschluss aufzustellen hat, in dem die KGaA und ihre Tochtergesellschaften zu konsolidieren sind. Maßgebliche Vorschrift ist § 290 HGB. Nach § 290 Abs. 1 HGB besteht eine Konsolidierungspflicht, wenn ein Unternehmen die Finanz- und Geschäftslage eines anderen Unternehmens bestimmen kann. Bei der Kapitalgesellschaft & Co. KGaA steht der Komplementärgesellschaft die Leitungsmacht aber kraft

---

[1] Hüffer/*Koch,* AktG 14. Aufl. 2020, § 283 Rn. 3; MüKoAktG/*Perlitt,* 5. Aufl. 2020, § 283 Rn. 33; *Sethe* DB 1998, 1044; Spindler/Stilz AktG/*Bachmann,* 4. Aufl. 2019, § 283 Rn. 19; K. Schmidt/Lutter AktG/*K.Schmidt,* 2. Aufl. 2010, § 283 Rn. 13; Bürgers/Körber AktG/*Förl/Fett,* 4. Aufl. 2017, § 283 Rn. 14.
[2] MüKoAktG/*Perlitt,* 5. Aufl. 2020, § 286 Rn. 48; Bürgers/Körber AktG/*Förl/Fett,* 4. Aufl. 2017, § 283 Rn. 15 f.
[3] *Wichert,* Finanzen der KGaA, 1999, S. 121; MüKoAktG/*Perlitt,* 5. Aufl. 2020, § 286 Rn. 57; *Adler/Düring/Schmaltz,* Rechnungslegung 6. Aufl. 1996, AktG § 286 Rn. 5; *Sethe* DB 1998, 1044 (1045); Bürgers/Körber AktG/*Förl/Fett,* 4. Aufl. 2017, § 283 Rn. 14.
[4] *Adler/Düring/Schmaltz,* Rechnungslegung, 6. Aufl. 1996, AktG § 286 Rn. 29; Störk/Kliem/Meyer in Beck'scher BilKomm, 12. Aufl. 2020, HGB § 272 Rn. 6; MüKoAktG/*Perlitt,* 5. Aufl. 2020, § 286 Rn. 3; *Theisen* DBW 49 (1989), 137 (154); *Sethe* DB 1998, 1044 (1046); *Wichert,* Finanzen der KGaA, 1999, S. 123 f.; Bürgers/Körber AktG/*Förl/Fett,* 4. Aufl. 2017, § 286 Rn. 5 ff.
[5] Spindler/Stilz AktG/*Bachmann,* 4. Aufl. 2019, § 286 Rn. 13; KölnKommAktG/*Mertens/Cahn,* 3. Aufl. 2015, Vorb. § 278 Rn. 22.

Gesetzes zu. Es besteht eine Binnenherrschaft kraft eines rechtsformspezifischen Sonderverhältnisses, das mit einem Beherrschungsverhältnis anderer Gesellschaften zueinander nicht vergleichbar ist (dazu schon → § 79 Rn. 90).[6] Der Komplementärgesellschaft steht weder das Recht zu, die Leitungsorgane zu bestellen (§ 290 Abs. 2 Nr. 2 HGB), vielmehr hat sie die Leitung kraft Gesetz und ihre Gesellschafter bestimmen die Personen, die diese Leitungsmacht ausüben, noch steht ihr die Leitungsmacht kraft Satzung zu, wie es § 290 Abs. 2 Nr. 3 Alt. 2 HGB vorsieht, sondern kraft Rechtsform. § 290 HGB ist daher auf das Verhältnis Komplementärgesellschaft zur KGaA nicht anzuwenden.[7]

3. Sondervorschriften für den Jahresabschluss der KGaA. a) Bilanz. Nach § 286 Abs. 2 S. 1 AktG sind die **Kapitalanteile** der persönlich haftenden Gesellschafter nach dem Posten „gezeichnetes Kapital" gesondert auszuweisen. Die Gliederung des Eigenkapitals in der Handelsbilanz gemäß § 266 Abs. 3 HGB erweitert sich also bei der KGaA um diesen Posten. Sind mehrere persönlich haftende Gesellschafter vorhanden, können die Kapitalanteile dieser Gesellschafter zu einem Posten zusammengefasst werden, allerdings dürfen durch Verluste negativ gewordene Kapitalanteile nicht mit positiven saldiert werden.[8] Schreibt die Satzung das Führen unterschiedlicher Konten für den persönlich haftenden Gesellschafter vor, ist eine weitere Unterscheidung erforderlich. Wird für den persönlich haftenden Gesellschafter ein Verrechnungs- oder Privatkonto geführt, auf dem der entnehmbare Gewinn gebucht wird, darf dieses Konto nicht als Kapitalanteil ausgewiesen werden. Ein solches Konto erhöht die Verbindlichkeiten der KGaA.[9] Wird für den persönlich haftenden Gesellschafter auch ein Rücklagenkonto geführt, so ist danach zu unterscheiden, ob dieses Konto nach der satzungsmäßigen Regelung bei der Gewinnverteilung nach dem Verhältnis von Komplementär- und Grundkapital berücksichtigt werden soll oder nicht. Im ersten Fall bildet das Rücklagenkonto zusammen mit dem festen Kapitalkonto den Kapitalanteil des persönlich haftenden Gesellschafters und ist als solcher auszuweisen. Im anderen Fall kann das Rücklagenkonto als Unterposten der Gewinnrücklagen ausgewiesen werden.[10] Gemäß § 286 Abs. 2 S. 2 AktG ist ein auf einen persönlich haftenden Gesellschafter entfallender Verlustanteil von dem Kapitalanteil zwingend abzuschreiben. Dieses Erfordernis der Verlustabschreibung unterscheidet die KGaA von der einfachen KG, bei der § 120 Abs. 2 HGB dispositiv ist.[11] Soweit der Verlust den Kapitalanteil übersteigt, ist der Mehrbetrag auf der Aktivseite als „nicht durch Vermögenseinlage gedeckter Verlustanteil persönlich haftender Gesellschafter" zu bezeichnen und gemäß § 286 Abs. 2 S. 3 AktG iVm § 268 Abs. 2 S. 3 HGB gesondert als letzter Posten aufzuführen. Besteht eine Verpflichtung zum Ausgleich eines negativen Kapitalanteils, ist die Forderung gegen den persönlich haftenden Gesellschafter unter der Bezeichnung „Einzahlungsverpflichtung persönlich haftender Gesellschafter" auszuweisen.[12]

---

[6] MüKoHGB/*Mülbert*, Bd. 3, 3. Aufl. 2012, Anh. Konzernrecht Rn. 52 f.; *Krause* FS Winter, 2011, 351 (361).

[7] Ausführlich hierzu *Krause* FS Winter, 2011, 351 (359 ff.); GroßkommAktG/*Assmann/Sethe*, 4. Aufl. 2001, § 286 Anm. 54; *Fett* in Bürgers/Fett, Die KGaA, 2. Aufl. 2015, § 12 Rn. 52.

[8] *Adler/Düring/Schmaltz*, Rechnungslegung, 6. Aufl. 1996, AktG § 286 Rn. 30; *Störk/Kliem/Meyer* in Beck'scher BilKomm, 12. Aufl. 2020, HGB § 272 Rn. 330 f.; MüKoAktG/*Perlitt*, 5. Aufl. 2020, § 286 Rn. 83; Spindler/Stilz AktG/*Bachmann*, 4. Aufl. 2019, § 286 Rn. 8; *Wichert* in Heidel, Aktienrecht, 4. Aufl. 2014, § 286 Rn. 11.

[9] *Adler/Düring/Schmaltz*, Rechnungslegung, 6. Aufl. 1996, AktG § 286 Rn. 30.

[10] *Adler/Düring/Schmaltz*, Rechnungslegung, 6. Aufl. 1996, AktG § 286 Rn. 30; *Störk/Kliem/Meyer* in Beck'scher BilKomm, 12. Aufl. 2020 HGB § 272 Rn. 340 ff.

[11] *Koch* in Hüffer/Koch, AktG, 14. Aufl. 2020, § 286 Rn. 4; *Adler/Düring/Schmaltz*, Rechnungslegung, 6. Aufl. 1996, AktG § 286 Rn. 32; *Sethe* DB 1998, 1044 (1046); Spindler/Stilz AktG/*Bachmann*, 4. Aufl. 2019, § 286 Rn. 9; K. Schmidt/Lutter AktG/*K. Schmidt*, 2. Aufl. 2010, § 286 Rn. 7; *Wichert* in Heidel, Aktienrecht, 4. Aufl. 2014, § 286 Rn. 12.

[12] Schubert/Waubke in Beck'scher BilKomm/*Schubert/Waubke*, 12. Aufl. 2020, HGB § 266 Rn. 124; *Adler/Düring/Schmaltz*, Rechnungslegung, 6. Aufl. 1996, AktG § 286 Rn. 31 ff.; *Schließer* in Bürgers/Fett, Die KGaA, 2. Aufl. 2015, § 6 Rn. 94 f.; MüKoAktG/*Perlitt*, 5. Aufl. 2020, § 286

5 **Kredite,** die die Gesellschaft an persönlich haftende Gesellschafter, deren Ehegatten, minderjährige Kinder oder an Dritte, die für Rechnung dieser Personen handeln, gewährt hat, fallen unter die Bestimmung des § 89 AktG (vgl. dazu → § 21 Rn. 130 ff.). Sie bedürfen der Einwilligung durch den Aufsichtsrat, sofern sie eine Monatsvergütung übersteigen.[13] In der Bilanz sind sie gemäß § 286 Abs. 2 S. 4 AktG gesondert auszuweisen. Der Ausweis hat bei dem Bilanzposten, unter den die Kredite ihrer Laufzeit nach fallen[14] mit dem Wortlaut zu erfolgen: „davon an persönlich haftende Gesellschafter und deren Angehörige". Der Sonderausweis nach § 286 Abs. 2 S. 4 AktG entbindet die Gesellschaft nicht davon, gegebenenfalls die in § 285 Nr. 9c HGB vorgeschriebenen Angaben im Anhang zu machen.[15]

6 Wurden zugunsten von persönlich haftenden Gesellschaftern Zusagen auf **Pensionen** erteilt, sind in der Bilanz Pensionsrückstellungen zu bilden. Etwas anderes gilt nur dann, wenn die Pensionszusage den Charakter von Gewinnbezugsrechten aus dem Kapitalanteil des betreffenden persönlich haftenden Gesellschafters hat.[16] Die Zusage der KGaA, den ausgeschiedenen persönlich haftenden Gesellschafter, die weiter haften, eine Haftungsentschädigung zu zahlen, muss ebenfalls zurückgestellt werden (zur Haftungsentschädigung des Komplementärs → § 79 Rn. 24 ff.).[17]

7 **b) Gewinn- und Verlustrechnung.** § 286 Abs. 3 AktG bestimmt zunächst, dass der auf jeden einzelnen persönlich haftenden Gesellschafter entfallende Gewinn und Verlust nicht für jeden Gesellschafter gesondert, sondern nur als Gesamtsumme ausgewiesen zu werden braucht. Die persönlich haftenden Gesellschafter sollen nicht gezwungen werden, ihre Gewinne und Verluste offen zu legen.[18] Nach hM eröffnet **§ 286 Abs. 3 AktG deshalb ein Wahlrecht** hinsichtlich des Ausweises des auf das Komplementärkapital entfallenden Gewinns oder Verlusts in der Gewinn- und Verlustrechnung.[19] Gewinnanteile können in den Posten „sonstige betriebliche Aufwendungen" und Verlustanteile in den Posten „sonstige betriebliche Erträge" einbezogen werden, um nicht gesondert ausgewiesen werden zu müssen.[20] Im Anhang ist dann darauf hinzuweisen, dass der Posten Jahresüberschuss/Jahresfehlbetrag allein das Ergebnis beinhaltet, das auf die Kommanditaktionäre entfällt.[21]

Rn. 88; Spindler/Stilz AktG/*Bachmann*, 4. Aufl. 2019, § 286 Rn. 9; K. Schmidt/Lutter AktG/ *K.Schmidt*, 3. Aufl. 2015, § 286 Rn. 7.

[13] Spindler/Stilz AktG/*Bachmann*, 4. Aufl. 2019, § 286 Rn. 10.

[14] Längerfristige Kredite sind bei den sonstigen Ausleihungen im Sinne von § 266 Abs. 2 A III 6 HGB und kurzfristige Kredite bei sonstigen Vermögensgegenständen im Sinne von § 266 Abs. 2 B II 4 HGB zu erfassen; vgl. auch *Sethe* DB 1998, 1044 (1048).

[15] *Adler/Düring/Schmaltz*, Rechnungslegung, 6. Aufl. 1996, AktG § 286 Rn. 38; K. Schmidt/Lutter AktG/*K.Schmidt*, 3. Aufl. 2015, § 286 Rn. 9a; MüKoAktG/*Perlitt*, 5. Aufl. 2020, § 286 Rn. 90.

[16] *Adler/Düring/Schmaltz*, Rechnungslegung, 6. Aufl. 1996, AktG § 286 Rn. 40; vgl. zur Behandlung von Pensionszusagen auch *Frankenheim* DStR 1999, 481 ff.

[17] *Adler/Düring/Schmaltz*, Rechnungslegung, 6. Aufl. 1996, AktG § 286 Rn. 40.

[18] *Schließer* in Bürgers/Fett, Die KGaA, 2. Aufl. 2015, § 6 Rn. 110; Bürgers/Körber AktG/*Förl/ Fett*, 4. Aufl. 2017, § 286 Rn. 8; kritisch hierzu Spindler/Stilz AktG/*Bachmann*, 4. Aufl. 2019, § 286 Rn. 11.

[19] Spindler/Stilz AktG/*Bachmann*, 4. Aufl. 2019, § 286 Rn. 11; K. Schmidt/Lutter AktG/ *K.Schmidt*, 2. Aufl. 2010, § 286 Rn. 11.

[20] *Adler/Düring/Schmaltz*, Rechnungslegung, 6. Aufl. 1996, AktG § 286 Rn. 43; *Bogenschütz* FS Widmann, 2000, 163 (171); *Störk/Kliem/Meyer*, in Beck'scher BilKomm, 12. Aufl. 2020, HGB § 272 Rn. 323; GroßkommAktG/*Assmann/Sethe*, 4. Aufl. 2001, § 286 Rn. 46; MüKoAktG/*Perlitt*, 5. Aufl. 2020, § 286 Rn. 91; Spindler/Stilz AktG/*Bachmann*, 4. Aufl. 2019, § 286 Rn. 11; aA KölnKomm-AktG/*Mertens/Cahn*, 3. Aufl. 2015, § 286 Rn. 11 f., wonach der Ausweis von Gewinnanteilen der Komplementäre gegen § 264 Abs. 2 S. 1 HGB verstoßen würde. Zustimmend auch MüKoAktG/ *Perlitt*, 5. Aufl. 2020, § 286 Rn. 91, allerdings mit der Einschränkung, dass den Kommanditaktionären dann auf Verlangen der Gewinnanteil sowie seine Berechnung bekannt zu geben ist; ebenso Spindler/ Stilz AktG/*Bachmann*, 4. Aufl. 2019, § 286 Rn. 11.

[21] *Adler/Düring/Schmaltz*, Rechnungslegung, 6. Aufl. 1996, AktG § 286 Rn. 45.

Die Gewinn-/Verlustanteile der persönlich haftenden Gesellschafter können aber auch nach dem Jahresüberschuss/Jahresfehlbetrag gesondert unter entsprechender Bezeichnung in das nach § 158 AktG vorgeschriebenen Gliederungsschema aufgenommen werden. Verlustanteile, die nach § 286 Abs. 2 S. 2 AktG von dem Kapitalanteil abzuschreiben sind, sind mit der Bezeichnung „Entnahmen aus den Kapitalkonten der persönlich haftenden Gesellschafter" auszuweisen.[22] Tätigkeitsvergütungen an die persönlich haftenden Gesellschafter sind als Aufwand auszuweisen, unabhängig davon, ob sie fest oder ergebnisabhängig sind.[23]

4. Zusätzlicher Jahresabschluss nach den Regeln für Personenhandelsgesellschaften. In der Literatur ist umstritten, ob neben dem Jahresabschluss der KGaA nach aktienrechtlichen Vorschriften noch ein weiterer Jahresabschluss notwendig ist, auf dessen Grundlage der auf die Komplementäre entfallende Gewinn zu bestimmen ist.[24] Die Notwendigkeit eines zweiten Jahresabschlusses wird darauf gestützt, dass sich das Verhältnis der persönlich haftenden Gesellschafter gegenüber der Gesamtheit der Kommanditaktionäre nach dem Recht der Kommanditgesellschaft bestimmt (§ 278 Abs. 2 AktG).[25] Infolgedessen müsse das auf die Komplementäre entfallende Ergebnis ausschließlich nach §§ 238 ff., 252–256 HGB bestimmt werden.[26] Deshalb soll die **Gewinnermittlung zweistufig** erfolgen: Auf der ersten Stufe ist für die Komplementäre der Jahresabschluss nach personengesellschaftsrechtlichen Grundsätzen aufzustellen. Auf der zweiten Stufe ist daraus für die Kommanditaktionäre der Jahresabschluss nach AG-Grundsätzen abzuleiten. Dieser Ansatz hat zur Folge, dass auf die Komplementäre auch dann ein Gewinn entfallen kann, wenn in der aktienrechtlichen Bilanz aufgrund eines Verlustvortrags kein Gewinn entsteht.[27] Nach anderer Auffassung wird eine solche dualistische Gewinnermittlung zwar für richtig gehalten, aber auch für Zwecke der Gewinnermittlung der Komplementäre seien die für Kapitalgesellschaften geltenden Bewertungsvorschriften anzuwenden.[28]

Dieser Auffassung wird entgegengehalten, dass nicht klar genug zwischen **Gewinnermittlung** und **Gewinnverteilung** unterschieden wird. Die Gewinnermittlung für beide Gesellschaftergruppen richtet sich nach dem Jahresabschluss, der für die KGaA nach den Vorschriften über Kapitalgesellschaften zu erstellen sei. Erst im Anschluss an die Ermittlung des Gewinns der KGaA sei die Frage nach einer Verteilung des so ermittelten Gewinns auf die beiden Gesellschaftergruppen zu stellen. Hier gehe es um das Verhältnis zwischen Komplementären zur Gesamtheit der Kommanditaktionäre, so dass über § 278 Abs. 2 AktG Personengesellschaftsrecht anwendbar sei. Für die Gewinnverteilung sei aber keine weitere vollständige Bilanz erforderlich.[29]

---

[22] *Adler/Düring/Schmaltz,* Rechnungslegung, 6. Aufl. 1996, AktG § 286 Rn. 45.
[23] *Adler/Düring/Schmaltz,* Rechnungslegung, 6. Aufl. 1996, AktG § 286 Rn. 48; KölnKomm-AktG/*Mertens/Cahn,* 3. Aufl. 2015, § 286 Rn. 12; *Schließer* in Bürgers/Fett, Die KGaA, 2. Aufl. 2015, § 6 Rn. 111.
[24] So noch GroßkommAktG/*Assmann/Sethe,* 4. Aufl. 2001, § 288 Anm. 4; MüKoAktG/*Perlitt,* 5. Aufl. 2020, § 286 Rn. 24; *Baumbach/Hueck,* AktG, 13. Aufl. 1970, § 288 Rn. 5; HdB AG/*Nirk,* 2012, Rn. 755; *Knur* FS Flume, 1972, 272 (293); *Elschenbroich,* KGaA, 1959, S. 90; *Bacher* DB 1985, 2117.
[25] MüKoAktG/Perlitt, 5. Aufl. 2020, § 286 Rn. 22.
[26] GroßkommAktG/*Assmann/Sethe,* 4. Aufl. 2001, § 288 Rn. 20 ff.; *Hesselmann* GmbHR 1988, 472 (476); *Bödefeld* FS Rädler, 1999, 33 (51); *Bogenschütz* FS Widmann, 2000, 163; *Schaumburg* DSTZ 1988, 525.
[27] *Schließer* in Bürgers/Fett, Die KGaA, 2. Aufl. 2015, § 6 Rn. 45.
[28] MüKoAktG/Perlitt, 5. Aufl. 2020, § 286 Rn. 25; überblicksartig bei Bürgers/Körber AktG/*Förl/Fett,* 4. Aufl. 2017, § 286 Rn. 1.
[29] Spindler/Stilz AktG/*Bachmann,* 4. Aufl. 2019, § 286 Rn. 5; Hüffer/*Koch,* AktG, 14. Aufl. 2020, § 288 Rn. 1; *Hesselmann* GmbHR 1988, 472 (476); K. Schmidt/Lutter AktG/*K.Schmidt,* 3. Aufl. 2015, § 286 Rn. 4; *Wichert* in Heidel, Aktienrecht, 4. Aufl. 2014; § 288 Rn. 2; KölnKommAktG/ *Mertens/Cahn,* 3. Aufl. 2015, § 288 Rn. 1; *Cahn* FS Barz, 1974, 253 (257); *Geßler* BB 1973, 1080; *Theisen* DBW 49 (1989), 137 (154); *Adler/Düring/Schmaltz,* Rechnungslegung, 6. Aufl. 1996, AktG

10 Zwischen beiden Auffassungen bestehen letztlich mehr sprachliche als sachliche Unterschiede. Auch die Befürworter einer zweiten Bilanz fordern nicht, dass die zweite Bilanz zu prüfen und zu veröffentlichen ist.[30] Teilweise wird die zweite Bilanz auch als bloße Korrektur im Sinne einer Mehr-Weniger-Rechnung des aktienrechtlichen Jahresabschlusses[31] oder als fiktive Ergebnisrechnung[32] bezeichnet. Der Sache nach geht es beiden Auffassungen darum, die **Probleme zu lösen, die sich aus der besonderen Struktur der KGaA ergeben,** nämlich

– die unterschiedliche Teilhabe der Gesellschaftergruppen an einem Verlust der Gesellschaft, der sich bei den Komplementären unmittelbar auf die Kapitalkonten auswirkt, bei den Kommanditaktionären aber zu einem Verlustvortrag führen kann,
– die unterschiedliche Teilhabe an den Gewinnrücklagen, und
– der Anwendbarkeit der besonderen Bewertungsvorschriften für Kapitalgesellschaften.

11 Die KGaA ist wie die AG und die GmbH eine Kapitalgesellschaft. **Die Vorschriften über die Rechnungslegung von Kapitalgesellschaften** zielen auf die Erhaltung der Kapitalgrundlage, die Publizität, die Transparenz und die Kontrolle der Verwaltung ab. Der Schutz der Gläubiger, der durch diese Vorschriften bewirkt wird, darf nicht dadurch ausgehöhlt werden, dass in Bezug auf die Beteiligung der persönlich haftenden Gesellschafter diese Grundsätze verletzt werden, beispielsweise indem entnahmefähige Gewinne ausgewiesen werden, die nach den strengeren Rechnungslegungsvorschriften für Kapitalgesellschaften nicht hätten entstehen können. Die persönlich haftenden Gesellschafter sind an einer Kapitalgesellschaft beteiligt und nehmen deren Vorteile in Anspruch, insbesondere die Möglichkeit der Schaffung von zusätzlichem Eigenkapital durch die Aufnahme von nur kapitalmäßig beteiligten Gesellschaftern. Deshalb müssen sie auch die Nachteile der Kapitalgesellschaft in Kauf nehmen. Zu diesen gehören die strengeren Bewertungsvorschriften. Es ist daher sachgerecht, zwischen der **Gewinnermittlung und Gewinnverteilung zu unterscheiden.** Für die Gewinnermittlung ist zunächst eine Erfolgsrechnung nach den allgemeinen Vorschriften für Kapitalgesellschaften vorzunehmen und vor Verteilung des sich daraus ergebenden Jahresüberschusses sind Korrekturen vorzunehmen, die der besonderen Stellung der Komplementäre Rechnung tragen (vgl. dazu → Rn. 14).[33] Die Frage, wie Rücklagen zu bilden sind oder wie Verluste zu behandeln sind, stellt sich erst, nachdem der sich aus der Geschäftstätigkeit der KGaA ergebende Gewinn oder Verlust auf der Grundlage einer für beide Gesellschaftergruppen einheitlichen Erfolgsrechnung ermittelt worden ist.

5. Feststellung des Jahresabschlusses. a) Feststellung durch Hauptversammlung.

12 Im Gegensatz zur AG wird bei der KGaA der Jahresabschluss nicht durch den Aufsichtsrat, sondern gemäß § 286 Abs. 1 S. 1 AktG immer durch **Beschluss der Hauptversammlung** festgestellt. Die der Hauptversammlung zugewiesene Feststellungskompetenz kann nicht auf ein anderes Organ wie zB den Aufsichtsrat übertragen werden, sie ist zwingend.[34] Soweit die Satzung keine größere Mehrheit vorsieht, beschließt die Hauptversammlung mit

---

§ 286 Rn. 55; *Schlütter* StuW 1978, 295 (296); *Wichert*, Finanzen der KGaA, 1999, S. 140 f.; Bürgers/Körber AktG/*Förl/Fett*, 4. Aufl. 2017, § 286 Rn. 1.

[30] *Hesselmann* GmbHR 1988, 472 (476); *Bacher* DB 1985, 2117.
[31] MüKoAktG/*Perlitt*, 5. Aufl. 2020, § 286 Rn. 25.
[32] *Sethe* DB 1998, 1044 (1045); GroßkommAktG/*Assmann/Sethe*, 4. Aufl. 2001, § 278 Rn. 17.
[33] *Koch* in Hüffer/Koch, AktG, 14. Aufl. 2020, § 288 Rn. 2; *Wichert* in Heidel, Aktienrecht, 5. Aufl. 2020, § 288 Rn. 3; *Adler/Düring/Schmaltz* Rechnungslegung, 6. Aufl. 1996, § 286 Rn. 55; KölnKommAktG/*Mertens/Cahn*, 3. Aufl. 2015, § 286 Rn. 6 ff., § 288 Rn. 13; *Schließer* in Bürgers/Fett, Die KGaA, 2. Aufl. 2015, § 6 Rn. 52 f.; ähnlich *Sethe* DB 1998, 1044 (1045); *Wichert*, Finanzen der KGaA, 1999, S. 140 ff.
[34] GroßkommAktG/*Assmann/Sethe*, 4. Aufl. 2001, § 286 Rn. 6; *Adler/Düring/Schmaltz* Rechnungslegung, 6. Aufl. 1996, § 286 Rn. 2, 8; KölnKommAktG/*Mertens/Cahn*, 3. Aufl. 2015, § 286 Rn. 22; MüKoAktG/*Perlitt*, 5. Aufl. 2020, § 286 Rn. 60; K. Schmidt/Lutter AktG/*K.Schmidt*, 3. Aufl. 2015, § 286 Rn. 2; Bürgers/Körber AktG/*Förl/Fett*, 4. Aufl. 2017, § 286 Rn. 3.

der einfachen Mehrheit der abgegebenen Stimmen.[35] Der Beschluss der Hauptversammlung bedarf der **Zustimmung der persönlich haftenden Gesellschafter.** Hinsichtlich des Mehrheitserfordernisses und der Form dieses Zustimmungsbeschlusses der persönlich haftenden Gesellschafter besteht die gleiche Gestaltungsfreiheit, die für andere Zustimmungsbeschlüsse nach § 285 Abs. 2 S. 1 AktG gilt (vgl. → § 79 Rn. 41 ff.).[36] Auf das Zustimmungserfordernis kann in der Satzung nicht verzichtet werden. Die Feststellung des Jahresabschlusses gehört zu den Grundlagenentscheidungen, an denen beide Gesellschaftergruppen mitwirken müssen.[37] Das Zusammenwirken der Komplementäre und Kommanditaktionäre bei der Feststellung des Jahresabschlusses gehört zu den Strukturmerkmalen der KGaA. Trifft die Satzung keine abweichenden Regelungen, so müssen alle persönlich haftenden Gesellschafter einschließlich der nicht geschäftsführungsbefugten zustimmen.[38] Sind alle persönlich haftenden Gesellschafter geschäftsführungsbefugt oder verlangt die Satzung nur die Zustimmung der geschäftsführungsbefugten persönlich haftenden Gesellschafter, so kann in der Vorlage des Jahresabschlusses zugleich die nach § 286 Abs. 1 S. 2 AktG erforderliche Zustimmung zu dem vorgelegten Jahresabschluss gesehen werden.[39]

13 Die Hauptversammlung hat bei der Feststellung des Jahresabschlusses verschiedene **Entscheidungsmöglichkeiten:** Sie kann den Jahresabschluss in der vorgelegten Form billigen oder höhere oder niedrigere Beträge aus dem Jahresüberschuss in die Rücklagen einstellen oder den Jahresabschluss ändern und anschließend über die geänderte Fassung beschließen.[40] Im Rahmen ihrer Änderungskompetenz kann die Hauptversammlung Ansatz- und Bewertungsrechte anders ausüben als sie dem vorgelegten Jahresabschluss zugrunde liegen, vorausgesetzt die gesetzlichen Vorschriften bieten hierfür einen entsprechenden Ermessensspielraum.[41] Im Fall der Änderung ist gegebenenfalls eine erneute Prüfung durch den Abschlussprüfer gemäß § 316 HGB erforderlich. Zudem ist die Zustimmung der persönlich haftenden Gesellschafter einzuholen, so dass in der Praxis nur Änderungen in Betracht kommen, für die das Einverständnis der persönlich haftenden Gesellschafter zu erwarten ist.[42]

14 b) **Konflikt zwischen Hauptversammlung und Komplementären.** Nach dem der gesetzlichen Regelung in § 286 Abs. 1 AktG zugrundeliegenden Konzept kann der Jahresabschluss nur festgestellt werden, wenn Einvernehmen zwischen persönlich haftenden Gesellschaftern und Kommanditaktionären hergestellt wird. Sieht die Satzung keinen Mechanismus zur Lösung des potentiellen Konflikts zwischen beiden Gesellschaftergruppen vor, muss di**e Feststellung des Jahresabschlusses durch** Urteil herbeigeführt werden.[43]

---

[35] K. Schmidt/Lutter AktG/*K.Schmidt*, 3. Aufl. 2015, § 286 Rn. 2.
[36] MüKoAktG/*Perlitt*, 5. Aufl. 2020, § 286 Rn. 61; Hüffer/*Koch*, AktG, 14. Aufl. 2020, § 286 Rn. 1; Bürgers/Körber AktG/*Förl/Fett*, 4. Aufl. 2017, § 286 Rn. 3.
[37] Vgl. zum Grundlagencharakter der Bilanzfeststellung bei der KG, BGHZ 132, 263 ff.
[38] KölnKommAktG/*Mertens/Cahn*, 3. Aufl. 2015, § 286 Rn. 27; MüKoAktG/*Perlitt*, 5. Aufl. 2020, § 286 Rn. 63; *Schließer* in Bürgers/Fett, Die KGaA, 2. Aufl. 2015, § 6 Rn. 28; Spindler/Stilz AktG/ *Bachmann*, 4. Aufl. 2019, § 286 Rn. 2; K. Schmidt/Lutter AktG/*K.Schmidt*, 3. Aufl. 2015, § 286 Rn. 3.
[39] MüKoAktG/*Perlitt*, 5. Aufl. 2020, § 286 Rn. 46; GroßkommAktG/*Assmann/Sethe*, 4. Aufl. 2001, § 286 Rn. 7; Beckscher BilKomm/*Grottel/Hoffmann*, 11. Aufl. 2018, vor § 325 Rn. 85; *Niedner/Kusterer* DB 1987, 1451 (1453); *Sethe* DB 1998, 1044 (1045); Spindler/Stilz AktG/*Bachmann*, 4. Aufl. 2019, § 286 Rn. 2.
[40] MüKoAktG/*Perlitt*, 5. Aufl. 2020, § 286 Rn. 62.
[41] *Adler/Düring/Schmaltz*, Rechnungslegung, 6. Aufl. 1996, AktG § 286 Rn. 10.
[42] *Adler/Düring/Schmaltz*, Rechnungslegung, 6. Aufl. 1996, AktG § 286 Rn. 11; Bürgers/Körber AktG/*Förl/Fett*, 4. Aufl. 2017, § 286 Rn. 4.
[43] Spindler/Stilz AktG/*Bachmann*, 4. Aufl. 2019, § 286 Rn. 4; MüKoAktG/*Perlitt*, 5. Aufl. 2020, § 286 Rn. 69 ff.; K. Schmidt/Lutter AktG/*K.Schmidt*, 3. Aufl. 2015, § 286 Rn. 3; Bürgers/Körber AktG/*Förl/Fett*, 4. Aufl. 2017, § 286 Rn. 4; GroßkommAktG/*Assmann/Sethe*, 4. Aufl. 2001, § 278 Rn. 16 ff., § 286 Rn. 71 f.; KölnKommAktG/*Mertens/Cahn*, 3. Aufl. 2015, § 286 Rn. 29; *Wichert*, Finanzen der KGaA, 1999, S. 133 ff. Die Uneinigkeit führt jedenfalls nicht zur Auflösung; so aber Spindler/Stilz Bachmann, AktG 4. Aufl. 2019, § 286 Rn. 4, falls sich Patt nicht auflösen lässt.

Es besteht keine allgemeine Pflicht für eine Gesellschaftergruppe, dem vorgelegten oder geänderten Jahresabschluss zuzustimmen, allerdings darf die Zustimmung zu einem ordnungsgemäß aufgestellten und geprüften Jahresabschluss auch nicht rechtsmissbräuchlich verweigert werden. Schließlich ist das Bilanzierungsermessen der geschäftsführungsbefugten Komplementäre zu berücksichtigen. Dieses Ermessen bezieht sich auf die Darstellung der finanziellen Lage der Gesellschaft, nicht aber auf die Ergebnisverwendung.[44] Umstritten ist allerdings, gegen wen eine Klage auf Feststellung des Jahresabschlusses zu richten ist und mit welcher Klageart die Feststellung bewirkt werden kann.[45] Eine Klage der Komplementäre gegen die Kommanditaktionäre scheidet schon deswegen aus, weil die Gesamtheit der Kommanditaktionäre kein eigenständiger rechtsfähiger und prozessfähiger Verband (vgl. dazu → § 78 Rn. 58 f.) ist. Die Feststellung des Jahresabschlusses ist eine Aufgabe der KGaA als juristische Person und nicht eine ihrer Gesellschafter. Hauptversammlung und persönlich haftende Gesellschafter handeln lediglich als Organe der KGaA.[46] Verweigert die Hauptversammlung ihre Zustimmung zu dem von den geschäftsführenden Komplementären vorgelegten Jahresabschluss mit uneingeschränktem Bestätigungsvermerk, können die geschäftsführenden Komplementäre oder einzelne Kommanditaktionäre entsprechend §§ 283 Nr. 13, 245 Nr. 4 und Nr. 1 AktG Anfechtungsklage gegen den ablehnenden Beschluss verbunden mit einer positiven Beschlussfeststellungsklage einreichen.[47] Diese Anfechtungsklage wird immer dann Erfolg haben, wenn die **Zustimmung aus gesellschaftsfremden Erwägungen** verweigert wurde, etwa um Druck auf Komplementäre auszuüben.[48] Da der Abschluss geprüft und mit einem Bestätigungsvermerk versehen ist, können sachliche Fehler eigentlich nicht vorliegen.[49] Die Verweigerung der Zustimmung wird daher schon dann rechtsmissbräuchlich sein, wenn kein unrechtmäßiger Eingriff in das Gewinnbezugsrecht der Kommanditaktionäre vorliegt und die geschäftsführungsbefugten Komplementäre ihr Bilanzierungsermessen fehlerfrei ausgeübt haben. Bei **Ermessensentscheidungen** haben die geschäftsführungsbefugten Komplementäre die Entscheidungsprärogative.[50]

Verweigern **nicht geschäftsführende Komplementäre ihre Zustimmung** zu einem von der Hauptversammlung gebilligten Jahresabschluss oder sind die Komplementäre mit den Änderungen des Abschlusses durch die Hauptversammlung nicht einverstanden, können sie von der Gesellschaft auf Erteilung ihrer Zustimmung zu dem von der Hauptversammlung festgestellten oder in abgeänderter Form festgestellten Jahresabschluss verklagt werden.[51] Die Gesellschaft wird bei dieser Klage gemäß § 287 Abs. 2 AktG durch den Aufsichtsrat vertreten.[52] Die Klage der Gesellschaft gegen die Komplementäre

---

[44] Für die KG: BGH NJW 1996, 1678; NZG 2007, 259.
[45] MüKoAktG/*Perlitt*, 5. Aufl. 2020, § 286 Rn. 69 ff.
[46] KölnKommAktG/*Mertens/Cahn*, 3. Aufl. 2015, § 286 Rn. 30; GroßkommAktG/*Assmann/Sethe*, 4. Aufl. 2001, § 286 Rn. 21.
[47] MüKoAktG/*Perlitt*, 5. Aufl. 2020, § 286 Rn. 72; Spindler/Stilz AktG/*Bachmann*, 4. Aufl. 2019, § 286 Rn. 4; KölnKommAktG/Mertens/Cahn, 3. Aufl. 2015, § 286 Rn. 31; GroßkommAktG/*Assmann/Sethe*, 4. Aufl. 2001, § 286 Rn. 21, der darauf hinweist, dass die positive Beschlussfeststellungsklage der Sache nach auch eine Gestaltungsklage ist.
[48] Vgl. auch Spindler/Stilz AktG/*Bachmann*, 4. Aufl. 2019, § 286 Rn. 4, der auf Treuwidrigkeit als Kriterium abstellt.
[49] MüKoAktG/*Perlitt*, 5. Aufl. 2020, § 286 Rn. 71.
[50] MüKoAktG/*Perlitt*, 5. Aufl. 2020, § 286 Rn. 71; *Koch* in Hüffer/Koch, AktG, 14. Aufl. 2020, § 286 Rn. 1; enger Spindler/Stilz AktG/*Bachmann*, 4. Aufl. 2019, § 286 Rn. 4, der meint, dass der Grundsatz „im Zweifel zugunsten der Komplementäre" dem Gesetz nicht zu entnehmen sei. Lässt sich Patt nicht auflösen, ist KGaA auflösungsreif.
[51] K. Schmidt/Lutter AktG/*K. Schmidt*, 3. Aufl. 2015, § 286 Rn. 3; *Wichert* in Heidel, Aktienrecht, 5. Aufl. 2020, § 285 Rn. 5; Spindler/Stilz AktG/*Bachmann*, 4. Aufl. 2019, § 286 Rn. 4; Bürgers/Körber AktG/*Förl/Fett*, 4. Aufl. 2017, § 286 Rn. 4.
[52] KölnKommAktG/*Mertens/Cahn*, 3. Aufl. 2015, § 286 Rn. 32; GroßkommAktG/*Assmann/Sethe*, 4. Aufl. 2001, § 286 Rn. 21; *Wichert* in Heidel, Aktienrecht, 5. Aufl. 2020, § 286 Rn. 8; *Wichert*,

auf Zustimmung kann nur dann Erfolg haben, wenn es der Sache nach um Ergebnisverwendung geht. Die Komplementäre haben bei der Aufstellung des Jahresabschlusses im Rahmen der gegenseitigen Treuepflicht auf das Gewinnbezugsrecht der Kommanditaktionäre Rücksicht zu nehmen, sofern kein höher einzustufendes Interesse der Gesellschaft an einer verstärkten Rücklagenbildung entgegensteht.[53] Eine Klage gegen Komplementäre kann aber keinen Erfolg haben, wenn es um Differenzen bei Ausübung von **Bilanzierungsermessen** geht, etwa bei der Ausübung von Ansatz- oder Bewertungswahlrechten, sofern das von den geschäftsführenden Komplementären ausgeübte Ermessen im Einklang mit den gesetzlichen Rechnungslegungsvorschriften steht und sachlich begründbar ist. Die Hauptversammlung kann nicht ihr Bilanzierungsermessen an die Stelle der zur Aufstellung und Feststellung des Jahresabschluss berufenen Gesellschaftsorgane setzen.[54] Sind sowohl die Positionen der persönlich haftenden Gesellschafter als auch die der Kommanditaktionäre mit den Treuepflichten und dem Gesellschaftsinteresse vereinbar, so muss die Auffassung derjenigen Gesellschaftergruppe maßgeblich sein, die nach der Satzung die Kompetenz zur Bestimmung der langfristigen Geschäftspolitik hat. Sieht die Satzung keine erweiterten Mitwirkungsbefugnisse der Hauptversammlung oder eines anderen Organs vor, so steht die Prärogative bei der Gestaltung des Jahresabschlusses den Komplementären als den geborenen Geschäftsführern der Gesellschaft zu.[55] Wird kein Jahresabschluss festgestellt und erhebt weder die Gesellschaft Klage auf Zustimmung der Komplementäre noch die Komplementäre Anfechtungsklage gegen die Verweigerung der Zustimmung, hat jeder Kommanditaktionär einen Anspruch gegen die Gesellschaft auf Feststellung des Jahresabschlusses, der mit einer Gestaltungsklage nach § 315 Abs. 3 BGB geltend gemacht werden kann. Dieser Anspruch folgt aus dem grundsätzlichen mitgliedschaftlichen Gewinnbeteiligungsrecht.[56]

c) Konzernabschluss. Die Regelungen über die Feststellung des Jahresabschlusses nach § 286 AktG gelten nicht für den **Konzernabschluss der KGaA** (vgl. → Rn. 3). Es gelten die allgemeinen aktienrechtlichen Regelungen nach §§ 171 ff. AktG.[57] Gebilligt wird der Konzernabschluss durch den Aufsichtsrat. Nur wenn der Aufsichtsrat den Konzernabschluss nicht billigt, erfolgt die Billigung durch die Hauptversammlung gem. § 173 Abs. 1 S. 2 AktG.

II. Gewinnverteilung zwischen Komplementären und Kommanditaktionären

1. Errechnung des zu verteilenden Gewinns. Ausgangspunkt der Gewinnverteilung ist der nach den für die Kapitalgesellschaft geltenden handelsrechtlichen Vorschriften ermittelte **Jahresüberschuss** im Sinne von § 275 Abs. 2 Nr. 20 oder Abs. 3 Nr. 19 HGB vor Berücksichtigung des auf die Komplementäre entfallenden Gewinnanteils, der als Aufwand in der Gewinn- und Verlustrechnung berücksichtigt werden kann (vgl. → Rn. 6). Um den auf die Komplementäre entfallenden Gewinn zu ermitteln, muss demnach der sich aus dieser Gewinn- und Verlustrechnung abgeleitete Jahresüberschuss korrigiert

---

Finanzen der KGaA, 1999, S. 135 ff.; MüKoAktG/*Perlitt,* 5. Aufl. 2020, § 286 Rn. 73; Bürgers/Körber AktG/*Förl/Fett,* 4. Aufl. 2017, § 286 Rn. 4.

[53] Vgl. hierzu *Zoellner* ZGR 1988, 392 (470); Zustimmung für die KGaA, GroßkommAktG/*Assmann/Sethe,* 4. Aufl. 2001, § 286 Rn. 21; *Wichert,* Finanzen der KGaA, 1999, S. 139.

[54] *Zoellner* ZGR 1988, 392 (416 f.); MüKoAktG/*Perlitt,* 5. Aufl. 2020, § 286 Rn. 71; KölnKommAktG/*Mertens/Cahn,* 3. Aufl. 2015, § 286 Rn. 32; GroßkommAktG/*Assmann/Sethe,* 4. Aufl. 2001, § 286 Rn. 22.

[55] MüKoAktG/*Perlitt,* 5. Aufl. 2020, § 286 Rn. 71; GroßkommAktG/*Assmann/Sethe,* 4. Aufl. 2001, § 286 Rn. 22; KölnKommAktG/*Mertens/Cahn,* 3. Aufl. 2015, § 286 Rn. 32; Bürgers/Körber AktG/*Förl/Fett,* 4. Aufl. 2017, § 286 Rn. 4.

[56] *Wichert* in Heidel, Aktienrecht, 5. Aufl. 2020, § 286 Rn. 9.

[57] MüKoAktG/*Henrichs/Pöschke,* 4. Aufl. 2018, § 173 Rn. 67.

werden.⁵⁸ Durch diese Korrektur wird den unterschiedlichen Formen der kapitalmäßigen Beteiligung Rechnung getragen (vgl. → Rn. 10). Der vorläufige Jahresüberschuss ist zunächst um Vergütungen an die persönlich haftenden Gesellschafter, insbesondere Tätigkeitsvergütungen zu erhöhen, wenn diese im Verhältnis der Gesellschafter zueinander nicht als Aufwand, sondern als Gewinnvoraus behandelt werden sollen (vgl. → Rn. 18).⁵⁹ Weiter sind dem Ergebnis diejenigen Steuerbeträge hinzuzurechnen, die die einzelnen Gesellschaftergruppen ungleich treffen.⁶⁰ Dies gilt insbesondere für die Körperschaftsteuer, die bei der Besteuerung der Gewinnausschüttung an die Kommanditaktionäre berücksichtigt wird (vgl. → § 82 Rn. 14). Ebenfalls zu eliminieren sind Erträge aus der Auflösung von Rückstellungen für die genannten Steuern oder aus Erstattung von solchen Steuern oder anderen Abgaben, die nur das Grundkapital betreffen.⁶¹ Aufgrund dieser Korrektur kann es dazu kommen, dass zugunsten der Komplementäre von einem auf sie verteilbaren Gewinn auszugehen ist, während sich aus der Bilanz kein ausschüttungsfähiger Bilanzgewinn ergibt.⁶²

17 **2. Gesetzliche Regelung für die Verteilung.** Ohne abweichende Regelung in der Satzung ist nach § 278 Abs. 2 AktG iVm § 168 Abs. 1 HGB zunächst von dem zu verteilenden Gewinn ein Betrag in Höhe von 4 % der Kapitaleinlagen der Komplementäre und 4 % des Grundkapitals abzuziehen und jeweils den beiden Gesellschaftergruppen zuzuweisen. Der verbleibende Gewinn wird nach § 168 Abs. 2 HGB in einem den Umständen **angemessenen Verhältnis** auf die Komplementäre und die Gesamtheit der Kommanditaktionäre aufgeteilt. Angemessen wird in der Regel eine Verteilung nach dem Verhältnis von Komplementär- zu Grundkapital sein.⁶³ Für die Berechnung der Mindestverzinsung sind die Kapitalanteile der Komplementäre um etwaige Verlustanteile zu kürzen. Zu verzinsen ist nur das der Gesellschaft effektiv zur Verfügung stehende Kapital.⁶⁴ Der auf die Komplementäre entfallende Gewinn ist nach § 121 Abs. 3 HGB unter diesen nach Köpfen aufzuteilen.⁶⁵ Ein Komplementär ohne Kapitalanteil hat ohne Satzungsregelung, die ihm eine Haftungsentschädigung zusagt, keinen Anspruch auf Gewinnbeteiligung.⁶⁶

18 Im Falle eines **Verlusts** gelten die vorstehenden Regelungen entsprechend. Der Verlust ist gemäß § 278 Abs. 2 AktG iVm § 168 Abs. 2 HGB in einem den Umständen nach angemessenen Verhältnis auf die Komplementäre und die Gesamtheit der Kommanditaktionäre zu verteilen.⁶⁷

---

⁵⁸ MüKoAktG/*Perlitt*, 5. Aufl. 2020, § 286 Rn. 25; *Schließer* in Bürgers/Fett, Die KGaA, 2. Aufl. 2015, § 6 Rn. 59; *Schaumburg/Schulte*, Die KGaA, 2004, Rn. 28; vgl. auch *Sethe* DB 1998, 1044 (1045); *Wichert*, Finanzen der KGaA, 1999, S. 143.
⁵⁹ MüKoAktG/*Perlitt*, 5. Aufl. 2020, § 286 Rn. 39.
⁶⁰ MüKoAktG/*Perlitt*, 5. Aufl. 2020, § 286 Rn. 35 ff.
⁶¹ *Adler/Düring/Schmaltz*, Rechnungslegung, 6. Aufl. 1996, AktG § 286 Rn. 58; *Grafmüller*, KGaA als geeignete Rechtsform, 1993, S. 173; MüKoAktG/*Perlitt*, 5. Aufl. 2020, § 286 Rn. 31 ff.; *Schaumburg/Schulte*, Die KGaA, 2004, Rn. 28; KölnKommAktG/*Mertens/Cahn*, 3. Aufl. 2015, § 286 Rn. 8.
⁶² GroßkommAktG/*Assmann/Sethe*, 4. Aufl. 2001, § 288 Rn. 25; MüKoAktG/*Perlitt*, 5. Aufl. 2020, § 286 Rn. 31; KölnKommAktG/*Mertens/Cahn*, 3. Aufl. 2015, § 286 Rn. 6.
⁶³ Zur Rechtslage bei der KG *Baumbach/Hopt*, HGB, 38. Aufl. 2018, § 168 Rn. 2; GroßkommAktG/*Assmann/Sethe*, 4. Aufl. 2001, § 288 Rn. 29; Bürgers/Körber AktG/*Förl/Fett*, 4. Aufl. 2017, § 288 Rn. 2.
⁶⁴ MüKoAktG/*Perlitt*, 5. Aufl. 2020, § 288 Rn. 11.
⁶⁵ Zustimmend Bürgers/Körber AktG/*Förl/Fett*, 4. Aufl. 2017, § 288 Rn. 3; aA Spindler/Stilz AktG/*Bachmann*, 4. Aufl. 2019, § 288 Rn. 4, der auch für die Verteilung unter den Komplementären eine „angemessene" Verteilung nach § 168 Abs. 2 HGB für richtig hält, wobei die Beteiligungsquote wie auch Unterschiede in der Ausgestaltung der Komplementärstellung zu berücksichtigen seien.
⁶⁶ K. Schmidt/Lutter AktG/*K. Schmidt*, 3. Aufl. 2015, § 288 Rn. 5.
⁶⁷ MüKoAktG/*Perlitt*, 5. Aufl. 2020, § 288 Rn. 16; Bürgers/Körber AktG/*Förl/Fett*, 4. Aufl. 2017, § 288 Rn. 4.

Der dem Komplementär zukommende Gewinn wird seinem Kapitalanteil zugeschrieben; **19**
ein etwaiger Verlust wird davon abgeschrieben (§ 120 Abs. 2 HGB).[68]

3. Satzungsregelungen für die Gewinnverteilung. Die Gewinnverteilung zwischen **20**
Komplementären und Kommanditaktionären unterliegt gemäß § 278 Abs. 2 AktG dem
Recht der Personengesellschaften und kann daher durch die Satzung gestaltet werden. Da
die gesetzlichen Bestimmungen anders als bei der AG für die praktische Handhabung der
Gewinnverteilung wenig geeignet sind und keine Rechtssicherheit bieten, sollte die Gewinnverteilung durch die Satzung geregelt werden.[69] Üblich ist dabei, dass auf die feste
Kapitalverzinsung verzichtet wird und stattdessen der dem einzelnen Komplementär zustehende Gewinn sich nach **dem Verhältnis der Kapitalanteile der persönlich haftenden Gesellschafter zum Gesamtkapital** richtet.[70] Abzustellen ist auf das Verhältnis zum
Bilanzstichtag. Spätere Kapitaländerungen dürfen sich auf die Gewinnverteilung nicht mehr
auswirken, selbst wenn für die jungen Aktien eine Gewinnberechtigung für das abgelaufene
Geschäftsjahr vorgesehen wird. Die Frage der Gewinnberechtigung der nach Bilanzstichtag
ausgegeben jungen Aktien betrifft alleine die Gewinnverteilung unter den Kommanditaktionären. Der den Kommanditaktionären insgesamt zustehende Gewinn steht mit dem
Bilanzstichtag fest. Weiter sollte klargestellt werden, ob sich der Prozentsatz nach dem
ursprünglichen Kapitalanteil oder nach einem durch etwaige Buchung von Verlusten geminderten Kapitalanteil richtet. Werden für die persönlich haftenden Gesellschafter mehrere
Konten geführt, zB ein Festkonto mit dem ursprünglichen Kapitalanteil, ein Rücklagenkonto und ein Verrechnungs- oder Privatkonto, auf dem die laufenden Gewinne verbucht
werden, muss die Satzung bestimmen, ob diese Konten bei der Gewinnverteilung berücksichtigt und mit welchem Zinssatz sie verzinst werden.[71] Es können auch detaillierte
Regelungen darüber getroffen werden, wie aus der Gewinn- und Verlustrechnung der auf
die Komplementäre entfallende Gewinnanteil abgeleitet werden soll, etwa durch Anknüpfung an das Ergebnis der gewöhnlichen Geschäftstätigkeit und anschließender Festlegung,
welche Posten hinzu- oder abzurechnen sind. Insbesondere kann hier geregelt werden, ob
Haftungs- und Tätigkeitsvergütungen für die persönlich haftenden Gesellschafter im Verhältnis der Gesellschafter untereinander als Aufwand zu behandeln sind oder nicht.[72] Die
Satzung kann auch vorsehen, dass für die persönlich haftenden Gesellschafter eine gesonderte Bilanz zu erstellen ist.[73] Für diese Bilanz können andere Bewertungsgrundsätze vereinbart
werden. Es kann zB bestimmt werden, dass bestimmte Vermögensgegenstände geringer
abzuschreiben oder Werte zu berichtigen sind oder Passivposten mit einem höheren Betrag
angesetzt werden müssen als dies im handelsrechtlichen Jahresabschluss erfolgt. Allerdings ist
eine schnellere Abschreibung oder ein höherer Wertansatz für Aktiva bzw. ein niedrigerer
für Passiva als im Jahresabschluss der KGaA vorgenommen nicht möglich.[74] Die Satzung

---

[68] Vgl. → Rn. 3 zu den Folgen, falls der auf einen Komplementär entfallende Verlust nicht mehr
durch seinen Kapitalanteil gedeckt ist; MüKoAktG/*Perlitt*, 5. Aufl. 2020, § 288 Rn. 19; Bürgers/
Körber AktG/*Förl/Fett*, 4. Aufl. 2017, § 288 Rn. 3 f.

[69] MüKoAktG/*Perlitt*, 5. Aufl. 2020, § 286 Rn. 25; GroßkommAktG/*Assmann/Sethe*, 4. Aufl.
2001, § 288 Anm. 34 ff.; *Schließer* in Bürgers/Fett, Die KGaA, 2. Aufl. 2015, § 6 Rn. 54 f.; *Wichert*,
Finanzen der KGaA, 1999, S. 147 mit Beispielen für verschiedene Gestaltungsmöglichkeiten.

[70] Vgl. Beck'sches Formularbuch/*Hoffmann-Becking/Berger*, 13. Aufl. 2019; Form. X.41 § 23 Abs. 2;
Satzung Merck KGaA § 30 Abs. 2 (Stand 28. April 2017).

[71] MüKoAktG/*Perlitt*, 5. Aufl. 2020, § 288 Rn. 21.

[72] Satzung Merck KGaA § 30 Abs. 1 (Stand 28. April 2017); *Adler/Düring/Schmaltz*, Rechnungslegung, 6. Aufl. 1996, AktG § 286 Rn. 61; Beck'sches Formularbuch *Hoffmann-Becking/Berger*,
13. Aufl. 2019; Form. X.41 § 23 Abs. 2; *Wichert*, Finanzen der KGaA, 1999, S. 147 f.; *Schaumburg/
Schulte*, Die KGaA, 2004, Rn. 28.

[73] *Wichert* in Heidel, Aktienrecht, 5. Aufl. 2020, § 288 Rn. 8; zum Erfordernis einer zweiten Bilanz
ohne Satzungsregelung vgl. → Rn. 7 ff.

[74] *Adler/Düring/Schmaltz*, Rechnungslegung, 6. Aufl. 1996, AktG § 286 Rn. 61; MüKoAktG/
Perlitt, 5. Aufl. 2020, § 286 Rn. 29; aA GroßkommAktG/*Assmann/Sethe*, 4. Aufl. 2001, § 286

kann auch nur eine Obergrenze für den auf die Komplementäre entfallenden Gewinnanteil festlegen und die konkrete Ausschöpfung dieses Rahmens einem Organ oder den persönlich haftenden Gesellschaftern selbst überlassen.[75] Bei Komplementären ohne Kapitaleinlage ist es üblich, die Verlustbeteiligung ganz auszuschließen oder die Höhe des zu übernehmenden Verlusts zu begrenzen.[76] Für sie kann eine Tätigkeitsvergütung oder Haftungsentschädigung vorgesehen werden, einen Anspruch auf Gewinnbeteiligung haben sie schon nach Gesetz nicht. Da die Gewinnbeteiligung kein wesentliches Merkmal der Gesellschafterstellung ist, kann die Gewinnbeteiligung theoretisch auch bei einem Komplementär mit Kapitalanteil ausgeschlossen werden. Praktisch wird das wohl selten relevant werden.[77]

III. Gewinnverwendung

1. Verwendung des auf die Kommanditaktionäre entfallenden Gewinns. Nach Feststellung des Jahresabschlusses hat die Hauptversammlung gemäß §§ 278 Abs. 3, 174 Abs. 1 AktG über die Gewinnverwendung zu beschließen. Für die Gewinnverwendung haben die geschäftsführenden Komplementäre einen Vorschlag zu erarbeiten (§§ 283 Nr. 9, 170 Abs. 2 AktG). Er ist vom Aufsichtsrat zu prüfen (§ 171 Abs. 1 AktG). Der Vorschlag wird den Kommanditaktionären in der ordentlichen Hauptversammlung zusammen mit den Jahresabschlussunterlagen vorgelegt (§ 175 Abs. 2 AktG). Die Hauptversammlung beschließt über die Verwendung des Bilanzgewinns mit einfacher Mehrheit, soweit nicht die Satzung etwas anderes bestimmt. Eine Zustimmung der persönlich haftenden Gesellschafter ist nicht vorgesehen. Es ist strittig, ob durch die Satzung den persönlich haftenden Gesellschaftern ein Zustimmungsrecht eingeräumt und die Gewinnverwendung zu einer gemeinsamen Angelegenheit von Kommanditaktionären und Komplementären gemacht werden kann (vgl. → § 79 Rn. 41.[78] Es gibt keine gesetzliche Vorschrift, die diese Gestaltung verbietet. Die Entscheidung über die Gewinnverwendung betrifft beide Gesellschaftergruppen und ist daher nicht über § 278 Abs. 3 AktG satzungsfest.[79] Da es keine Inhaltskontrolle von Satzungsbestimmungen nach Billigkeitserwägungen gibt (→ § 78 Rn. 64), ist eine solche Regelung zulässig.[80] Die Ausübung des Vetorechts der Komplementäre steht

---

Rn. 24, sofern nicht dadurch Gewinnverschiebung zu Lasten der Kommanditaktionäre bewirkt wird.

[75] MüKoAktG/*Perlitt,* 5. Aufl. 2020, § 288 Rn. 23.

[76] Vgl. zB Satzung Fresenius SE & Co. KGaA § 6 Abs. 2; MüKoAktG/*Perlitt,* 5. Aufl. 2020, § 288 Rn. 25.

[77] MüKoAktG/*Perlitt,* 5. Aufl. 2020, § 288 Rn. 28 f.

[78] So auch LG München ZIP 2014, 25 (27), zumindest für die personalistisch strukturierte KGaA (d. h. mit natürlicher Person als Komplementär); für Zulässigkeit des Zustimmungsvorbehalts auch in diesem Fall K. Schmidt/Lutter AktG/*K.Schmidt,* 3. Aufl. 2015, § 286 Rn. 12; MüKoAktG/*Perlitt,* 5. Aufl. 2020, § 285 Rn. 45 und § 286 Rn. 80; Spindler/Stilz AktG/*Bachmann,* 4. Aufl. 2019, § 285 Rn. 33a; *Schnorbus* Liber Amicorung Martin Winter, 2011, 627 (652); *Bachmann* FS Marsch-Barner, 2018, 13 (25); offengelassen bei OLG München AG 2014, 864 ff., das aber die Verweigerung der Zustimmung für rechtsmissbräuchlich hält, wenn die geschäftsführungsbefugten Komplementäre den Gewinnverwendungsvorschlag gemacht haben und die Ausübung des Zustimmungsrechts einem nicht-geschäftsführungsbefugten Komplementär zusteht, der dem Vorschlag widerspricht; gegen Zustimmungsvorbehalt bei Gewinnverwendungsbeschlüssen Bürgers/Körber AktG/*Förl/Fett,* 4. Aufl. 2017, § 285 Rn. 9; K. Schmidt/Lutter AktG/*K.Schmidt,* 3. Aufl. 2015, § 286 Rn. 12.

[79] So aber *Schließer* in Bürgers/Fett, Die KGaA, 2. Aufl. 2015, § 6 Rn. 37; *Otte,* AG & Co. KGaA, 2010, S. 174.

[80] LG München ZIP 2014, 25 (27) (zumindest für personalistisch strukturiere KGaA): für Zulässigkeit siehe Nachweise → Fn. 78; gegen Zulässigkeit Veto-Recht GroßkommAktG/*Assmann/Sethe,* 4. Aufl. 2001, § 285 Rn. 82; *Wichert* in Heidel, Aktienrecht, 5. Aufl. 2019, § 286 Rn. 10; *Schließer* in Bürgers/Fett, Die KGaA, 2. Aufl. 2015, § 6 Rn. 35, 37; *Otte,* AG & Co. KGaA, 2010, S. 173 f.; *Arnold,* GmbH & Co. KGaA, 2001, S. 150 f.; für Unzulässigkeit bei Publikumsgesellschaftern; *Schlitt,* Satzung der KGaA, 1999, S. 227.

unter dem Vorbehalt der Treuepflicht, darf also nicht willkürlich ausgeübt werden. Die Anfechtung des Gewinnverwendungsbeschlusses wegen Verweigerung der Zustimmung durch die Komplementäre ist nicht möglich. Kommanditaktionäre müssten Klage auf Feststellung der Treuwidrigkeit der Zustimmungsverweigerung erheben.[81]

2. Entnahmen der Komplementäre. Bei Entnahmen haben die Komplementäre gegebenenfalls **drei Ebenen von sich überlagernden Normen** zu beachten. Zunächst gelten die Regelungen der Satzung (§ 278 Abs. 2 AktG iVm § 161 Abs. 2 HGB, § 109 HGB); bei fehlenden Satzungsbestimmungen gelten die Regelungen der § 161 Abs. 2 HGB iVm § 122 HGB. Sowohl die gesetzliche Entnahmeregelung als auch die dispositive Regelung durch die Satzung stehen unter dem Vorbehalt des § 288 AktG. Diese Regelung ist eine zwingende Sondervorschrift für die KGaA. Die Regelung des § 288 AktG soll eine Kapitalauszehrung der KGaA durch Entnahmen verhindern.[82]

a) Gesetzliche Regelung. Jeder persönlich haftende Gesellschafter ist berechtigt, bis zu 4 % seines für das Ende des letzten Geschäftsjahres festgestellten Kapitalanteils zu Lasten dieses Kapitalanteils zu entnehmen. Es kommt dabei nicht darauf an, ob sich die Gesellschaft in einer Gewinn- oder Verlustphase befindet. Auch wenn im laufenden Geschäftsjahr ein Verlust zu erwarten ist, dürfen 4 % des Kapitalanteils entnommen werden. Der Gesellschafter ist nicht verpflichtet, Entnahmen zurückzuzahlen, die durch den ihm zugewiesenen Gewinn des laufenden Geschäftsjahres nicht gedeckt werden.[83]

b) Satzungsvorschriften. In der Regel werden die Entnahmerechte der persönlich haftenden Gesellschafter in der Satzung geregelt. Das Entnahmerecht kann durch die Satzung vorbehaltlich der Grenzen des § 288 AktG frei ausgestaltet werden. Eine Gewinnentnahme kann in vollem Umfang oder nur im beschränkten Ausmaß für zulässig erklärt werden. Es kann vorgesehen werden, dass nur Vorschüsse auf ein Gewinnentnahmerecht gewährt werden, dh bei einem am Ende des Jahres ausgewiesenen Gewinnanteil, der hinter den Entnahmen zurückbleibt, muss der Gesellschafter den fehlenden Betrag wieder einlegen.[84] Grundlage für die Entnahmeregelung in der Satzung kann auch die Führung verschiedener Konten für den persönlich haftenden Gesellschafter sein. So kann bestimmt werden, dass nur die auf einem beweglichen Verrechnungs- oder Privatkonto geführten Beträge entnommen werden dürfen. In diesem Fall wird der Kapitalanteil auf einem Festkonto gebucht, dem nur anteilige Verluste belastet und nach eingetretenem Verlust Gewinne bis zum Ausgleich des Verlusts gutgeschrieben werden. Für den Verlustausgleich kann ein gesondertes Verlustausgleichskonto eingerichtet werden.[85] Es kann auch vorgesehen werden, Teile des Gewinns einem gesonderten Rücklagenkonto zuzuführen. Die Satzung kann auch ein höheres Entnahmerecht als das gesetzlich vorgeschriebene in Höhe von 4 % des anfänglichen Kapitalanteils gewähren.[86] Grundsätzlich sollte das Entnahmerecht

---

[81] Spindler/Stilz AktG/*Bachmann*, 4. Aufl. 2019, § 285 Rn. 33a; der Fall LG München ZIP 2014, 25 (27) betraf eine Bank, bei der die Verweigerung der Ausschüttung dem Aufbau von regulatorisch geforderten Eigenkapitals (Bank) dienen sollte. In der Berufungsinstanz hat das OLG München AG 2014, 864 ff., die Verweigerung der Zustimmung für rechtsmissbräuchlich gehalten, weil die geschäftsführungsbefugten Komplementäre die Gewinnverwendung vorgeschlagen haben und der nicht geschäftsführungsbefugte Komplementär dem widerspricht.
[82] MüKoAktG/*Perlitt*, 5. Aufl. 2020, § 288 Rn. 45.
[83] MüKoAktG/*Perlitt*, 5. Aufl. 2020, § 288 Rn. 32; *Wichert*, Finanzen der KGaA, 1999, S. 153; Bürgers/Körber AktG/*Förl/Fett*, 4. Aufl. 2017, § 288 Rn. 5; aA GroßkommAktG/*Assmann/Sethe*, 4. Aufl. 2001, § 288 Rn. 28, der annimmt, dass in diesem Fall der Prozentsatz entsprechend gekürzt wird.
[84] MüKoAktG/*Perlitt*, 5. Aufl. 2020, § 288 Rn. 41.
[85] MüKoAktG/*Perlitt*, 5. Aufl. 2020, § 288 Rn. 39 f.; *Hartel* DB 1992, 2329 (2335). Vgl. auch *Oppenländer* DStR 1999, 939 ff. für die KG; *Schlitt*, Die Satzung der KGaA, 1999, S. 228.
[86] MüKoAktG/*Perlitt*, 5. Aufl. 2020, § 288 Rn. 43; GroßkommAktG/*Assmann/Sethe*, 4. Aufl. 2001, § 288 Anm. 44 u. 62.

so ausgestaltet sein, dass dem persönlich haftenden Gesellschafter immer die Entnahme derjenigen Beträge möglich ist, die er zur Begleichung der auf den Kapitalanteil bezogenen Steuern benötigt.

25   c) **Gesetzliche Entnahmebeschränkungen.** Grundlage des Entnahmerechts sind die §§ 278 Abs. 2 AktG iVm § 122 HGB. Nach § 122 Abs. 1 Hs. 2 HGB darf eine Entnahme nicht erfolgen, wenn dies zum offenbaren Schaden der Gesellschaft führt. Diese Schranke aus § 122 HGB ist eine gesetzliche Ausprägung der Treuepflicht.[87] Daneben gelten die zwingenden Schranken der Sondervorschrift des § 288 AktG, die aber nicht abschließend ist.[88] Nach § 288 Abs. 1 S. 1 AktG darf ein persönlich haftender Gesellschafter Gewinne nur entnehmen, solange sein Kapitalanteil nicht durch **Verlust oder Entnahmen** aufgezehrt ist. Dies gilt unabhängig davon, ob das Entnahmerecht auf der gesetzlichen oder auf einer satzungsmäßigen Regelung beruht. Die Satzung darf nicht Entnahmen zulassen, wenn ein Kapitalanteil tatsächlich nicht mehr vorhanden ist. In diesem Fall liegt wirtschaftlich eine Kreditgewährung im Sinne von § 283 Nr. 5 AktG vor, die nur mit Zustimmung des Aufsichtsrats erfolgen darf.[89] Ist das Kapitalkonto negativ, kann die Satzung auch keine Vorwegentnahmen auf den erwarteten Gewinn gestatten.[90] § 288 Abs. 1 S. 1 AktG betrifft seinem Wortlaut nach nur Gewinnentnahmen. Bei negativen Kapitalanteilen ist eine Entnahme von vornherein ausgeschlossen.[91]

26   Nach § 288 Abs. 1 S. 2 AktG darf der persönlich haftende Gesellschafter auch bei noch vorhandenem **Kapitalanteil** keine Entnahmen vornehmen, wenn die Kapitalgrundlagen der Gesellschaft **gefährdet** sind. Nach dem Gesetz liegt eine solche Gefährdung stets dann vor, wenn alle Eigenkapitalpositionen mit Ausnahme des Grundkapitals aufgezehrt sind. § 288 Abs. 1 S. 2 AktG verlangt, dass bestimmte, auf der Aktivseite der Bilanz ausgewiesene Verlustpositionen (nämlich der Bilanzverlust der KGaA, etwaige nicht durch Vermögenseinlagen gedeckte Verlustanteile persönlich haftender Gesellschafter (§ 286 Abs. 2 S. 3 AktG), sowie die Forderungen aus Krediten an persönlich haftende Gesellschafter und deren Angehörige oder Mittelsmänner)[92] durch die Summe aus Gewinnvortrag, Kapital- und Gewinnrücklagen sowie durch Kapitalanteile der persönlich haftenden Gesellschafter gedeckt sind. Nicht einzubeziehen in diese Rechnung sind Konten der persönlich haftenden Gesellschafter, über die sie jederzeit verfügen können, wie zB Verrechnungskonten und Tätigkeitsvergütungskonten. Sie stellen Fremdverbindlichkeiten dar.[93]

27   Entnahmen eines persönlich haftenden Gesellschafters, die gegen die Vorschriften des § 288 Abs. 1 AktG verstoßen, sind **der Gesellschaft zurückzugewähren**.[94] Einen Gutglaubensschutz nach § 62 Abs. 1 S. 2. AktG gibt es für den Komplementär nicht. Das gilt auch im Falle der Gefährdung der Kapitalgrundlage nach § 288 Abs. 1 S. 2 AktG, wenn

---

[87] Spindler/Stilz AktG/*Bachmann*, 4. Aufl. 2019, § 288 Rn. 6; KölnKommAktG/*Mertens/Cahn*, 3. Aufl. 2015, § 288 Rn. 26.
[88] KölnKommAktG/*Mertens/Cahn*, 3. Aufl. 2015, § 288 Rn. 26.
[89] MüKoAktG/*Perlitt*, 5. Aufl. 2020, § 288 Rn. 47 f.; KölnKommAktG/*Mertens/Cahn*, 3. Aufl. 2015, § 288 Rn. 29; GroßkommAktG/*Assmann/Sethe*, 4. Aufl. 2001, § 288 Anm. 64; Bürgers/Körber AktG/*Förl/Fett*, 4. Aufl. 2017, § 288 Rn. 6; *Wichert,* Finanzen der KGaA, 1999, S. 153, *Schlitt,* Die Satzung der KGaA, 1999, S. 228. Zur Kreditvergabe vgl. auch OLG Stuttgart DB 2004, 1768.
[90] MüKoAktG/*Perlitt*, 5. Aufl. 2020, § 288 Rn. 47.
[91] MüKoAktG/*Perlitt*, 5. Aufl. 2020, § 288 Rn. 49.
[92] MüKoAktG/*Perlitt*, 5. Aufl. 2020, § 288 Rn. 52; KölnKommAktG/*Mertens/Cahn*, 3. Aufl. 2015, § 288 Rn. 31; GroßkommAktG/*Assmann/Sethe*, 4. Aufl. 2001, § 288 Anm. 51; Bürgers/Körber AktG/*Förl/Fett*, 4. Aufl. 2017, § 288 Rn. 7.
[93] MüKoAktG/*Perlitt*, 5. Aufl. 2020, § 288 Rn. 54; KölnKommAktG/*Mertens/Cahn*, 3. Aufl. 2015, § 288 Rn. 31; GroßkommAktG/*Assmann/Sethe*, 4. Aufl. 2001, § 288 Anm. 52.
[94] Spindler/Stilz AktG/*Bachmann*, 4. Aufl. 2019, § 288 Rn. 7; Bürgers/Körber AktG/*Förl/Fett*, 4. Aufl. 2017, § 288 Rn. 8.

§ 81 Jahresabschluss, Gewinnverteilung und Gewinnverwendung   28–30   § 81

der entnehmende Gesellschafter ein positives Kapitalkonto hat, die Gesamtrechnung aber ein Entnahmeverbot ergibt.[95]

Liegen die Umstände des § 288 Abs. 1 AktG vor, darf die Gesellschaft einem persönlich 28 haftenden Gesellschafter sowie seinen Angehörigen und Mittelsmännern keinen Kredit gewähren (§ 288 Abs. 2 AktG iVm § 286 Abs. 2 S. 4 AktG). **Tätigkeitsvergütungen** der persönlich haftenden Gesellschafter sind von dem Entnahmeverbot nicht betroffen, soweit sie nicht vom Gewinn abhängig sind. Dies stellt § 288 Abs. 3 AktG klar. Allerdings kann entsprechend § 87 Abs. 2 S. 1 AktG der Aufsichtsrat die Tätigkeitsvergütung herabsetzen, wenn die Weitergewährung wegen einer Verschlechterung der Lage der Gesellschaft unbillig für die Gesellschaft wäre (§ 288 Abs. 3 S. 2 AktG).[96] Vergütungen, die für die Übernahme des Haftungsrisikos gewährt werden, gelten nicht als Tätigkeitsvergütungen im Sinne von § 288 Abs. 3 AktG. Sie unterliegen den Entnahmebeschränkungen nach § 288 Abs. 1 S. 2 AktG.[97] In der Regel wird bei Komplementären mit Kapitalanteil die Übernahme des Haftungsrisikos über den Gewinnanteil abgegolten. Liegen im Einzelfall aber Anhaltspunkte dafür vor, dass die zugesagte feste Vergütung auch als Gegenleistung für die Übernahme der Haftung gewährt wird, ist gegebenenfalls die Vergütung nach dem Anteil, der für die Geschäftsführungstätigkeit und demjenigen, der für die Haftungsübernahme gewährt wird, aufzuteilen.[98] Gewinnabhängige Tätigkeitsvergütungen sind nicht von den Entnahmebeschränkungen freigestellt. Die Abgrenzung zwischen fester und gewinnabhängiger Vergütung richtet sich nach den Berechnungsgrundlagen.[99] Umsatzantiemen können hingegen ausgezahlt werden.[100]

3. Bildung von Rücklagen im Jahresabschluss. Bei der Rücklagendotierung ist streng 29 zwischen Ergebnisermittlung und Ergebnisverwendung sowie zwischen Rücklagen, die dem Komplementärkapital zuzuordnen sind, und Rücklagen die aus dem Grundkapital gebildet werden, zu trennen. Weiter sind die gesetzlichen und die von der Satzung vorgeschriebenen Rücklagen zu unterscheiden.

Zu den **gesetzlich zu bildenden Rücklagen** gehören die gesetzliche Rücklage nach 30 §§ 278 Abs. 3, 150 AktG, die Kapitalrücklage gemäß § 272 Abs. 2 HGB und die Rücklage für Anteile an einem herrschenden oder mit Mehrheit beteiligten Unternehmen gemäß § 272 Abs. 4 HGB. Bei Bilanzierung eigener Aktien erfolgt nunmehr eine Absetzung vom gezeichneten Kapital in Höhe von Nennwert oder rechnerischem Nennwert sowie eine Verrechnung der Differenz aus abgesetztem Betrag und Kaufpreis (ohne Anschaffungsnebenkosten) mit den frei verfügbaren Rücklagen gemäß § 272 Abs. 1a und b HGB (→ § 15 Rn. 28). Ist der Kaufpreis höher als der Nennwert, vermindern sich die Rücklagen entsprechend.[101] Einstellungen in die Kapitalrücklage sind nach der zwingenden Regelung

---

[95] MüKoAktG/*Perlitt*, 5. Aufl. 2020, § 288 Rn. 57; Hüffer/*Koch*, AktG, 14. Aufl. 2020, § 288 Rn. 4; *Wichert*, Finanzen der KGaA, 1999, S. 154.
[96] Bürgers/Körber AktG/*Förl/Fett,* 4. Aufl. 2017, § 288 Rn. 10.
[97] MüKoAktG/*Perlitt*, 5. Aufl. 2020, § 288 Rn. 65; Spindler/Stilz AktG/*Bachmann*, 4. Aufl. 2019, § 288 Rn. 13; Bürgers/Körber AktG/*Förl/Fett,* 4. Aufl. 2017, § 288 Rn. 11; aA GroßkommAktG/ *Assmann/Sethe*, 4. Aufl. 2001, § 288 Anm. 86.
[98] MüKoAktG/*Perlitt*, 5. Aufl. 2020, § 288 Rn. 68; GroßkommAktG/*Assmann/Sethe*, 4. Aufl. 2001, § 288 Rn. 87.
[99] MüKoAktG/*Perlitt*, 5. Aufl. 2020, § 288 Rn. 70; Bürgers/Körber AktG/*Förl/Fett,* 4. Aufl. 2017, § 288 Rn. 10.
[100] KölnKommAktG/*Mertens/Cahn*, 3. Aufl. 2015, § 288 Rn. 38; *Reger* in Bürgers/Fett, Die KGaA, 2. Aufl. 2015, § 5 Rn. 265; nach MüKoAktG/*Perlitt*, 5. Aufl. 2020, § 288 Rn. 71 ist eine Auszahlung ausgeschlossen, wenn bei der Umsatzantieme eine Basisumsatzvergütung frei bleibt oder die Umsatzrendite des Unternehmens nahezu konstant ist, weil in diesen Fällen die Vergütung einen gewinnabhängigen Charakter hat, zustimmend Spindler/Stilz AktG/*Bachmann*, 4. Aufl. 2019, § 288 Rn. 13.
[101] *Störk/Kliem/Meyer* in Beck'scher BilKomm, 12. Aufl. 2020, HGB § 272 Rn. 131. Zur Frage, ob zum Kapitalschutz bei Erwerb eigener Anteile eine gesonderte Rücklage zu bilden ist, *Störk/Kliem/ Meyer*, in Beck'scher BilKomm, 12. Aufl. 2020, HGB § 272 Rn. 134.

des § 270 Abs. 1 S. 1 HGB bereits bei der Aufstellung des Jahresabschlusses durch die geschäftsführungsbefugten Komplementäre vorzunehmen.[102] Auch die gesetzliche Rücklage nach §§ 278 Abs. 3, 150 AktG ist bei der Aufstellung des Jahresabschlusses zu bilden.[103]

31 Die bei der Aufstellung des Jahresabschlusses von Gesetzes wegen aus dem Jahresüberschuss zu bildenden Rücklagen **stehen nur den Kommanditaktionären** zu. Bei der Berechnung des Gewinnanteils der Komplementäre ist der Jahresüberschuss wieder um diese Zuführung zu den Rücklagen zu korrigieren (vgl. → Rn. 14). Dementsprechend sind auch für die Berechnung der Höhe der Rücklagenzuführung die Gewinnanteile der persönlich haftenden Gesellschafter heraus zu rechnen.[104] Für die Dotierung der gesetzlichen Rücklage gemäß §§ 278 Abs. 3, 150 Abs. 2 AktG ist allein der Kommanditaktionärsgewinn maßgeblich. Der auf die Komplementäre entfallende Gewinn darf nicht zur Rücklagenbildung verwendet werden.[105]

32 Die Bestimmungen über die KGaA enthalten **keine besonderen Regelungen über die Rücklagenbildung.** Nach § 278 Abs. 3 AktG sind daher die aktienrechtlichen Vorschriften anwendbar. § 58 AktG passt aber ohne Modifikation nicht auf die KGaA. Da der Jahresabschluss bei der KGaA zwingend durch die Hauptversammlung festgestellt wird, ist § 58 Abs. 2 AktG seinem Wortlaut nach nicht anwendbar. Dem Wortlaut nach ist daher § 58 Abs. 1 AktG anzuwenden, wonach eine Rücklagenbildung nur dann zulässig ist, wenn dies in der Satzung vorgesehen ist und auch nur maximal bis zu 50 % des Jahresüberschusses. Die Satzung müsste den Betrag der Rücklagenzuführung durch Angabe eines Prozentsatzes oder einer Summe festlegen. Den persönlich haftenden Gesellschaftern bliebe kein Spielraum für die Rücklagenbildung unter Berücksichtigung der finanziellen Lage der Gesellschaft. Zweck des § 58 Abs. 1 AktG ist es, für den Ausnahmefall der Feststellung des Jahresabschlusses durch die Hauptversammlung zu verhindern, dass die Mehrheit durch willkürliche Rücklagenbildung eine Ausschüttung verhindern und dadurch in das Gewinnbezugsrecht der Minderheit eingreifen kann.[106] Die Anwendung von § 58 Abs. 1 AktG ist für die KGaA nicht sachgerecht, weil die Kommanditaktionäre den Jahresabschluss feststellen und die Komplementäre zustimmen müssen.[107] Dem zweistufigen Verfahren der Feststellung des Jahresabschlusses entspricht ihrem Sinn nach eher die Regelung des § 58 Abs. 2 AktG (dazu → § 47 Rn. 6 ff.).[108] Um den Besonderheiten der KGaA gerecht zu werden, sind daher bei der Verweisung auf § 58 AktG die Regelungen des Abs. 1 und 2 miteinander zu verbinden. Danach können die persönlich haftenden Gesellschafter bei Aufstellung des Jahresabschlusses nach § 58 Abs. 2 S. 1 AktG die Hälfte des Jahresüberschusses in die Gewinnrücklagen einstellen. Die Hauptversammlung hat dann über diesen Vorschlag zu entscheiden. Soll darüber hinaus die Möglichkeit eröffnet werden, einen

---

[102] Vgl. KölnKommAktG/*Mertens/Cahn*, 2. Aufl. 2004, § 286 Rn. 16; *Störk/Taetzner* in Beckscher BilKomm, 12. Aufl. 2020, § 270 Rn. 9 ff.

[103] *Störk/Kliem/Meyer* in Beck'scher BilKomm, 12. Aufl. 2020, HGB § 272 Rn. 340; KölnKommAktG/*Mertens/Cahn*, 3. Aufl. 2015, § 286 Rn. 16.

[104] MüKoAktG/*Perlitt*, 5. Aufl. 2020, § 286 Rn. 8 ff.; KölnKommAktG/*Mertens/Cahn*, 3. Aufl. 2015, § 286 Rn. 17.

[105] *Schließer* in Bürgers/Fett, Die KGaA, 2. Aufl. 2015, § 6 Rn. 24.

[106] *Koch* in Hüffer/Koch, AktG, 14. Aufl. 2020, § 58 Rn. 6.

[107] MüKoAktG/*Perlitt*, 5. Aufl. 2020, § 286 Rn. 52 f.; KölnKommAktG/*Mertens/Cahn*, 3. Aufl. 2015, § 286 Rn. 18 f.; *Adler/Düring/Schmaltz*, Rechnungslegung, 6. Aufl. 1996, AktG § 286 Rn. 68; Bürgers/Körber AktG/*Förl/Fett*, 4. Aufl. 2017, § 286 Rn. 3.

[108] Für die Anwendung von § 58 Abs. 2 MüKoAktG/*Perlitt*, 5. Aufl. 2020, § 286 Rn. 54; GroßkommAktG/*Assmann/Sethe*, 4. Aufl. 2001, § 286 Rn. 26; KölnKommAktG/*Mertens/Cahn*, 3. Aufl. 2015, § 286 Rn. 19; *Schließer* in Bürgers/Fett, Die KGaA, 2. Aufl. 2015, § 6 Rn. 22; *Sethe* DB 1998, 1044 (1045); *Otte*, AG & Co. KGaA, 2010, S. 212; *Wichert*, Finanzen der KGaA, 1999, S. 127; Spindler/Stilz AktG/*Bachmann*, 4. Aufl. 2019, § 286 Rn. 6; Bürgers/Körber AktG/*Förl/Fett*, 4. Aufl. 2017, § 286 Rn. 2.

höheren Anteil als die Hälfte des Jahresüberschusses in die Gewinnrücklagen einzustellen, bedarf es dazu einer Ermächtigung in der Satzung. Nach überwiegender Ansicht kann eine solche Ermächtigung nur vorsehen, dass durch Beschluss der persönlich haftenden Gesellschafter und der Hauptversammlung mehr als die Hälfte des Jahresüberschusses in die Rücklagen eingestellt werden kann.[109] Da die Rücklagen aber allein aus dem den Kommanditaktionären zustehenden Gewinnanteil gebildet werden, ist es zulässig, die Kommanditaktionäre zu ermächtigen, allein durch Beschluss über eine höhere Rücklagenbildung zu entscheiden.[110] Bei einer solchen Regelung brauchen abweichend von § 58 Abs. 1 AktG keine bestimmten Beträge oder Prozentsätze festgelegt zu werden. Hauptversammlung und persönlich haftende Gesellschafter können über das „ob" und „wie" der Rücklagendotierung in freiem Ermessen entscheiden. Die Beschränkungen des § 58 Abs. 2 S. 3 AktG sind zu beachten. Eine über 50 % hinausgehende Einstellung ist nur zulässig, wenn die Rücklage einschließlich der geplanten Zuweisung 50 % des Grundkapitals nicht übersteigt.[111] Die Satzung kann auch vorsehen, dass ein bestimmter Betrag zwingend in die Rücklage einzustellen ist.[112]

Für die Bildung von **Rücklagen aus dem auf die persönlich haftenden Gesellschafter entfallenden Gewinnanteil** gibt es keine gesetzlichen Regelungen, weil für Personengesellschaften die Bildung von Rücklagen nicht gesetzlich vorgeschrieben ist. Dementsprechend muss die Satzung Regelungen treffen über die Dotierung von Rücklagen aus dem auf die persönlich haftenden Gesellschafter entfallenden Gewinn. An den nach aktienrechtlichen Vorschriften zu bildenden Rücklagen sind die Komplementäre nicht beteiligt.[113] 33

Da die offenen Rücklagen allein den Kommanditaktionären zustehen, empfiehlt es sich, in der Satzung vorzusehen, dass die Komplementäre im **gleichen Verhältnis** wie die Kommanditaktionäre Rücklagen bilden, die auf ihrem Rücklagenkonto verbucht werden. Dadurch wird zB verhindert, dass bei einer Umwandlung des Kapitalanteils in Grundkapital der Aktienbesitz der Kommanditaktionäre wertmäßig verwässert wird.[114] 34

§ 82 Steuerrecht

Übersicht

	Rn.		Rn.
I. Überblick	1–8	c) Einkommensabgrenzung KGaA und Komplementär	12–14
1. Besteuerung der KGaA	3		
2. Besteuerung des Komplementärs	4–6	d) Grundsätzlich kein steuerliches Gewinnfeststellungsverfahren, keine Ergänzungsbilanz bei KGaA für den Komplementär	15
3. Besteuerung der Kommanditaktionäre	7, 8		
a) Anteile im Privatvermögen	7	e) Besteuerungsverfahren, steuerliches Eigenkapital	16–18
b) Anteile im Betriebsvermögen	8		
II. Ertragsbesteuerung der KGaA	9–20		
1. Körperschaftsteuer	9–18	2. Gewerbesteuer	19, 20
a) Steuerpflicht	9	III. Ertragsbesteuerung des Komplementärs	21–30
b) Einkommensermittlung	10, 11	1. Komplementär als natürliche Person	22–28

---

[109] MüKoAktG/*Perlitt,* 5. Aufl. 2020, § 286 Rn. 55.
[110] *Adler/Düring/Schmaltz,* Rechnungslegung, 6. Aufl. 1996, AktG § 286 Rn. 69; KölnKommAktG/*Mertens/Cahn,* 3. Aufl. 2015, § 286 Rn. 19; *Gail* WpG 1966, 425 (428); *Werther* AG 1966, 305 (307); *Schließer* in Bürgers/Fett, Die KGaA, 2. Aufl. 2015, § 6 Rn. 23; *Otte,* AG & Co. KGaA, 2010, S. 213.
[111] MüKoAktG/*Perlitt,* 5. Aufl. 2020, § 286 Rn. 55.
[112] *Adler/Düring/Schmaltz,* Rechnungslegung, 6. Aufl. 1996, AktG § 286 Rn. 69.
[113] *Schließer* in Bürgers/Fett, Die KGaA, 2. Aufl. 2015, § 6 Rn. 14; *Schlitt,* Die Satzung der KGaA, 1999, S. 229.
[114] *Hartel* DB 1992, 2329 (2335). Vgl. Satzung Merck KGaA § 31 Abs. 1 (Stand 28.4.2017).

	Rn.		Rn.
a) Gewinnanteile und Vergütungen als Einkünfte aus Gewerbebetrieb iSd § 15 Abs. 1 Nr. 3 EStG	22–26	b) Gewerbesteuer	30
		IV. Ertragsbesteuerung der Kommanditaktionäre	31–36
		1. Anteile im Privatvermögen	31, 32
b) Gewerbesteuer beim Komplementär	27, 28	2. Anteile im Betriebsvermögen	33–35
2. Komplementär als Juristische Person	29, 30	3. Sonstige Vergütungen an Kommanditaktionäre	36
a) Körperschaftsteuerliche Behandlung	29		

Schrifttum: *Beinert/v. Lishaut,* Steuerfragen bei Anteilskäufen und Sperrfristen, FR 2001, 1137; *Bock,* Die steuerlichen Folgen des Erwerbs eines KGaA-Komplementäranteils, GmbHR 2004, 554; *Bruski,* Step-Up-Modelle beim Unternehmenskauf, FR 2002, 181; *Busch/Thieme,* Behandlung von Pensionszusagen an persönlich haftenden Gesellschafter einer KGaA, FR 2008, 1137; *Hempe/Siebels/Uhl,* Zur Einkünftequalifikation von mittelbaren Gesellschaftern einer KGaA, DB 2001, 2268;; *Glanegger,* Ergänzungsbilanzen und Gewinnfeststellung für den persönlich haftenden Gesellschafter der KGaA?, DStR 2004, 1686; *Hageböke,* Umwandlung der Beteiligung des Komplementärs einer KGaA in eine atypisch stille Beteiligung, DB 2010, 1610; *Hageböke/Koetz,* Die Gewinnermittlung des persönlich haftenden Gesellschafters einer KGaA durch Betriebsvermögensvergleich, DStR 2006, 293; *Halasz/Kloster/Kloster,* Die GmbH & Co KGaA, GmbHR 2002, 77; *Kamps,* KGaA – erb- und schenkungsteuerliche Behandlung, ErbStB 2009, 248; *Kollruss,* Gewerbesteuerliche Optimierung bei der GmbH & Co. KGaA, INF 2003, 347; *ders.,* KGaA-Besteuerungskonzept: Keine zwingende Betragsidentität zwischen § 9 Abs. 1 Nr. 1 KStG und § 15 Abs. 1 Nr. 3 EStG, StBp 2016, 41; *ders.,* Warum es keine Ergänzungsbilanz des KGaA-Komplementärs gibt, FR 2016, 203; *Kollruss/Weißert/Ilin,* Die KGaA im Lichte der Verlustabzugsbeschränkung des § 8c KStG und der Zinsschranke, DStR 2009, 88; *Kusterer,* Die Kommanditgesellschaft auf Aktien im Wandel – Wechsel von Körperschaftlicher zu mitunternehmerischer Sichtweise, FR 2003, 502; *ders.,* Ergänzungsbilanz des persönlich haftenden Gesellschafters eines Kommanditgesellschaft auf Aktien, DStR 2004, 77; *ders.,* Überlegungen zur Besteuerung des persönlich haftenden Gesellschafters eine Kommanditgesellschaft auf Aktien, DStR 2008, 484; *Mahlow,* Die Kommanditgesellschaft auf Aktien und das Vorliegen einer verdeckten Gewinnausschüttung, DB 2003, 1540; *Rohrer/Orth,* Zinsschranke: Belastungswirkungen bei der atypisch ausgeprägten KGaA, BB 2007, 2266; *dies.,* Anwendung des Halbeinkünfteverfahresn auf Ebene einer KGaA, BB 2007, 1594; *Rödder/Hageböke,* Zur Anwendung der Zinsschranke bei der KGaA und ihrem persönlich haftenden Gesellschafter, DB 2009, 1561; *Schaumburg/Schulte,* Die KGaA, 2000; *Schmincke/Heuel,* § 8 Nr. 4 GewStG: Gewerbesteuerfalle bei der Kapitalgesellschaft u. Co KGaA, FR 2004, 861; *Bürgers/Fett,* Die KGaA, 2. Aufl. 2015; *Wachter,* KGaA- Modell zur Optimierung der Erbschaftsteuer? DB 2019, 1167; *Wassermeyer,* Sog. Schachtelprivileg nach Art. 20 DBA-Frankreich für Dividendeneinnahmen einer KGaA, FR 2010, 812; *Wehrheim,* Die Einkünftequalifikation der Gesellschafter einer GmbH & Co KGaA, DB 2001, 947.

I. Überblick

1 Steuerliche Gründe standen für die **Wahl der Rechtsform** der KGaA in der Vergangenheit in aller Regel nicht im Vordergrund. Diese Beurteilung erfuhr nach dem Inkrafttreten des StSenkG[1] und des UntStFG[2] vorübergehend eine gewisse Änderung, da damals die Möglichkeit gesehen wurde, die KGaA im Rahmen von step-up-Gestaltungen zum Erwerb von Anteilen an Kapitalgesellschaften zu nutzen, um Abschreibungsmöglichkeiten zu schaffen.[3] Im Übrigen kann die KGaA sowohl ertragsteuerlich als auch gewerbesteuerlich anzuerkennende schuldrechtliche Beziehungen mit Komplementären und Kommanditaktionären eingehen, die wie bei der Aktiengesellschaft zu Betriebsausgaben führen.[4] Die

---

[1] StSenkG vom 23.10.2000 BGBl. 2000 I S. 1433.
[2] UntStFG vom 20.12.2001 BGBl. 2001 I S. 3858.
[3] *Beinert/v. Lishaut* FR 2001, 1137 (1150 f.); *Schaumburg/Schulte,* Die KGaA, S. 114 ff.; *Bruski* FR 2002, 181 (187); zur KGaA als Familiengesellschaft Schulze zur Wiesche StBp 2020, 43.
[4] Dabei greift die Hinzurechnung nach § 8 Nr. 1 GewStG für Zinsen, Mieten und Pachten ebenso ein wie bei Rechtsbeziehungen zu Fremden.

Geschäftsführungsvergütungen an den Komplementär sind jedoch – und insoweit besteht ein Nachteil gegenüber der Aktiengesellschaft – nach § 8 Nr. 4 GewStG gewerbesteuerlich nicht abzugsfähig,[5] sie werden allerdings beim Komplementär gekürzt, § 9 Nr. 2b GewStG. Schenkung- und erbschaftsteuerlich kann die Wahl der Rechtsform der KGaA zu leichten Vorteilen führen.[6] Zu unterscheiden ist die Besteuerung auf der Gesellschaftsebene der KGaA von der Besteuerung auf der Gesellschafterebene, nämlich der der Kommanditaktionäre und der des Komplementärs bzw. der Komplementäre.

Bei der KGaA werden zwei **Besteuerungssysteme** kombiniert: 2
– Besteuerung der Kapitalgesellschaft, die gewerbesteuerlich den gesamten aus dem Unternehmen erwirtschafteten Gewerbeertrag besteuert. Körperschaftsteuerlich wird der Teil, der an den persönlich haftenden Gesellschafter als Gewinn oder Vergütung verteilt wird, ausgesondert. Im Übrigen erfolgt die gleiche Behandlung wie bei der Aktiengesellschaft, dh bei Gewinnausschüttung und Besteuerung beim Aktionär als Einkünfte aus Kapitalvermögen (zB § 20 Abs. 1 Nr. 1 EStG).
– Besteuerung des Komplementärs: Der Gewinnanteil des Komplementärs sowie die Vergütung für die Geschäftsführung durch den Komplementär mindert die Besteuerungsgrundlage der Kapitalgesellschaft. Stattdessen erfolgt die Besteuerung als gewerbliche Einkünfte beim Komplementär.

Diese Mischform zwischen Kapital- und Personengesellschaft führt zu Abgrenzungsschwierigkeiten.[7] Sie bietet gleichwohl Ansatzpunkte für punktuelle steuerliche Optimierungen, wie zB bei der Erbschaftsteuer.[8]

1. Besteuerung der KGaA. Die KGaA ist **Körperschaft** im Sinne von § 1 Abs. 1 Nr. 1 3 KStG und unterliegt wie die Aktiengesellschaft der Körperschaftsteuer und der Gewerbesteuer. Auf der Ebene der Gesellschaft besteht somit Vergleichbarkeit mit der AG, nicht mit der KG. De lege lata gilt eine kapitalistische Sichtweise der KGaA.[9] Besteuert wird das Einkommen der Gesellschaft. Dabei werden wie gewinnmindernde Betriebsausgaben die Vergütungen an die Komplementäre für ihre Geschäftsführungstätigkeit sowie für ihre nicht auf das Grundkapital gemachten Einlagen behandelt (§ 9 Abs. 1 Nr. 1 KStG). Für Zwecke der Gewerbesteuer werden diese Vergütungen bei der KGaA wieder dem Gewinn hinzugerechnet (§ 8 Nr. 4 GewStG).

2. Besteuerung des Komplementärs. Die **Einkünfte des Komplementärs** werden als 4 Einkünfte aus Gewerbebetrieb behandelt (§ 15 Abs. 1 Nr. 3 EStG); er hat eigenes Betriebsvermögen. Die Leistungen an den/die persönlich haftenden Gesellschafter gehen nicht in das Einkommen der KGaA ein. Stattdessen werden sie bereits „an der Wurzel"[10] für Zwecke der Besteuerung abgesondert (§ 9 Abs. 1 Nr. 1 KStG). Da sie das Einkommen der Gesellschaft gemindert haben, gehen sie in die Gewinnermittlung des persönlich haftenden Gesellschafters ein. Sie unterliegen der Einkommensteuer oder, wenn der Kom-

---

[5] *Glanegger/Güroff* GewStG § 8 Nr. 4 Rn. 3 und 9, der auch auf Nachteile im Vergleich zur (doppelstöckigen) Mitunternehmerschaft hinweist, wenn etwa die KGaA nach § 8 Nr. 4 GewStG nicht, jedoch nach § 8 Nr. 1 Buchst. a GewStG hinzuzurechnende Darlehenszinsen an den phG zahlt – dieser kann sich im Gegensatz zum Mitunternehmer nicht nach § 9 Nr. 2 GewStG und auch nicht nach § 9 Nr. 2b GewStG entlasten; Blümich/*Hofmeister* EStG GewStG § 9 Rn. 539; aM *Fischer* DStR 1997, 1519.

[6] Wegen der (grundsätzlich) rechtsformunabhängigen Besteuerung auch nach der jüngsten ErbSt-Reform fällt dies allerdings nicht mehr stark ins Gewicht; zur erb- und schenkungsteuerlichen Behandlung vgl. *Kamps* ErbStB 2009, 248.

[7] Dötsch/Pung/Möhlenbrock/*Krämer* KStG § 9 Rn. 18; *Drüen/Heek* DStR 2012, 541.

[8] *Wachter* DB 2019, 1167.

[9] Zu Überlegungen der mitunternehmerischen Einordnung *Kusterer* FR 2003, 502 (504); zur Abgrenzung zur stillen Beteiligung *Kopec/Schade* FR 2017, 811.

[10] Dötsch/Pung/Möhlenbrock/*Krämer* KStG § 9 Rn. 20; *Becker* StuW 1936 Teil I, Sp. 97.

plementär eine juristische Person ist, der Körperschaftsteuer.[11] Ist der Komplementär eine GmbH & Co. KG, erzielt er im Grundsatz gewerbliche Einkünfte. Eine gewerbesteuerliche Doppelerfassung wird durch die Kürzung nach Maßgabe von § 9 Nr. 2b GewStG vermieden.[12] Die Gewerbebesteuerung dieser Erträge findet insoweit bei der KGaA statt.

5 Der Gewinn aus der **Veräußerung** eines Anteils eines persönlich haftenden Gesellschafters einer KGaA ist steuerpflichtig, bei der Veräußerung des gesamten Anteils gilt § 16 Abs. 1 Nr. 3 EStG.

6 Daneben kann der Komplementär zugleich als **Kommanditaktionär** beteiligt sein. Diese Aktien gehören nicht zu seinem Betriebsvermögen (auch nicht Sonderbetriebsvermögen).[13] Er erzielt aus den Aktien Einkünfte aus Kapitalvermögen und bei einer Veräußerung Einkünfte nach §§ 20 Abs. 2 S. 1 Nr. 1 oder 17 EStG.

7 **3. Besteuerung der Kommanditaktionäre. a) Anteile im Privatvermögen.** Wie die Aktionäre der AG beziehen die Kommanditaktionäre, wenn sie eine Ausschüttung erhalten, Einkünfte aus Kapitalvermögen (§ 20 Abs. 1 Nr. 1 EStG). Veräußern sie Anteile an der KGaA, ist der Veräußerungsgewinn grundsätzlich steuerpflichtig, und zwar entweder als Einkünfte aus Gewerbebetrieb, sofern es sich um eine mindestens 1%ige Beteiligung (§ 17 EStG) handelt, oder als Einkünfte aus Kapitalvermögen iSv § 20 Abs. 2 S. 1 Nr. 1 EStG. Auf Dividendenerträge aus Anteilen im Privatvermögen und erzielte steuerpflichtige Veräußerungsgewinne nach § 20 Abs. 2 EStG findet die Abgeltungsteuer Anwendung. Wurden die Anteile vor dem 1.1.2009 erworben, unterliegt der Gewinn aus einer Veräußerung der Anteile (dh außerhalb einer Frist von 12 Monaten) nicht der Einkommensteuer (§ 52a Abs. 10 S. 1, Abs. 11 S. 4 iVm § 23 Abs. 1 Nr. 2 EStG aF). Auf (fiktiv) gewerbliche Veräußerungsgewinne nach § 17 EStG wird das Teileinkünfteverfahren angewendet (§ 3 Nr. 40 Buchst. c und § 3c Abs. 2 EStG). Auf der Ebene des privaten Gesellschafters findet keine Gewerbebesteuerung statt.

8 **b) Anteile im Betriebsvermögen.** Befinden sich die Anteile im Betriebsvermögen, sind beim Gesellschafter Ausschüttungen der KGaA oder entstandene, hierauf gerichtete Ansprüche nach allgemeinen Bilanzregeln zu erfassen bzw. zu aktivieren. Die Beteiligungserträge sind Bestandteil des gewerblichen Gewinns und gehen nach Maßgabe der allgemeinen Bestimmungen in das zu versteuernde Einkommen ein; soweit nicht Streubesitzbeteiligungen nach § 8b Abs. 4 KStG vorliegen, gelten bei Körperschaften als Aktionär die Begünstigungen (§ 8b Abs. 1 und 2 KStG). Sie unterliegen damit je nach Rechtsform des Kommanditaktionärs der Einkommensteuer (bei Anwendung des Teileinkünfteverfahrens) und Gewerbesteuer (§ 8 Nr. 5 iVm § 9 Nr. 2a GewStG) oder der Körperschaftsteuer, soweit nicht § 8b Abs. 1 oder 2 KStG vorbehaltlich von § 8b Abs. 4 KStG[14] (iVm § 8b Abs. 5 oder Abs. 3) gelten, und Gewerbesteuer; das gewerbesteuerliche Schachtelprivileg gilt ab einer Beteiligungshöhe von 15%, § 9 Nr. 2a GewStG.

II. Ertragsbesteuerung der KGaA

9 **1. Körperschaftsteuer. a) Steuerpflicht.** Die KGaA ist nach § 1 Abs. 1 Nr. 1 KStG eine körperschaftsteuerpflichtige Kapitalgesellschaft. Sie ist unbeschränkt körperschaftsteuerpflichtig, wenn sie ihre Geschäftsleitung oder ihren Sitz im Inland hat. Die unbeschränkte

---

[11] Zu möglichen Betragsunterschieden *Kollruss* StBp 2016, 41.
[12] Blümich/*Gosch* EStG GewStG § 9 Rn. 202 ff.; *Halasz/Kloster/Kloster* GmbHR 2002, 77 (88); zur Besteuerung bei GmbH & Co. KG OFD Münster 14.1.2005, DB 2005, 530.
[13] BFH BStBl. II 1989 S. 881; Dötsch/Pung/Möhlenbrock/*Krämer* KStG § 9 Rn. 68; L. Schmidt/*Wacker* EStG § 15 Anm. 891; *Schaumburg* DStZ 1998, 525 (535); anders bei (ausnahmsweiser) gewillkürter Zuordnung zum Sonderbetriebsvermögen *Witt* in Herrmann/Heuer/Raupach EStG § 15 Rn. 913.
[14] Eingefügt durch G zur Umsetzung des EuGH-Urteils v. 20.10.2011 in der Rechtssache C-284/09 v. 21.3.2013 BGBl. 2013 I S. 501.

Körperschaftsteuerpflicht erstreckt sich nach § 1 Abs. 2 KStG auf sämtliche Einkünfte. Alle diese Einkünfte sind als solche aus Gewerbebetrieb zu behandeln (§ 8 Abs. 2 KStG).

b) Einkommensermittlung. Im Grundsatz unterliegen alle von der KGaA erzielten Einkünfte der Körperschaftsteuer. Abzuziehen ist nach § 9 Abs. 1 Nr. 1 KStG der Teil des Gewinns, der an persönlich haftende Gesellschafter auf ihre nicht in das Grundkapital gemachte Einlage oder als Vergütungen für die Geschäftsführung verteilt wird. Dabei kommt es nicht darauf an, ob die Vergütungen angemessen oder überhöht sind.[15] Für sonstige Vergütungen außerhalb des § 9 Abs. 1 Nr. 1 KStG, wie zB Zinsen oder Mieten gilt hingegen § 4 Abs. 4 EStG.[16] Für die Einkommensermittlung der KGaA gelten die allgemeinen Regeln bei Körperschaften.[17] Was als Einkommen gilt und wie das Einkommen zu ermitteln ist, bestimmt sich nach den Vorschriften des Einkommensteuer- und Körperschaftsteuergesetzes (§ 8 Abs. 1 KStG). Auszugehen ist von der Gewinnermittlung, die durch Bestandsvergleich zu erfolgen hat (§ 5 EStG; zum Jahresabschluss der KGaA vgl. § 79). 10

Im Verhältnis zu den Kommanditaktionären sind **verdeckte Gewinnausschüttungen** möglich.[18] Über deren Qualifikation, Erfassung sowie zu den Besteuerungsfolgen gelten die allgemeinen körperschaftsteuerlichen Grundsätze.[19] Unklar ist, wie eine unangemessene Vergütung an den Komplementär behandelt werden soll, der gleichzeitig Kommanditaktionär ist. Im Zweifelsfall werden diese Vergütungen ihre Ursache in der Komplementärsstellung – und nicht in der des Kommanditaktionärs – haben und eine vGA damit ausscheiden.[20] Soweit § 9 Abs. 1 Nr. 1 KStG greift, kommt es zum Betriebsausgabenabzug und zur Erhöhung des eine Gewinnanteils des Komplementärs (§ 15 Abs. 1 Nr. 3 EStG). 11

c) Einkommensabgrenzung KGaA und Komplementär. Das auf den Komplementär entfallende Einkommen wird von ihm und nicht von der KGaA versteuert. Es scheidet aus dem Einkommen der KGaA aus, § 9 Abs. 1 Nr. 1 KStG.[21] Danach ist abziehbare Aufwendung der KGaA der Teil des Gewinns, der an persönlich haftende Gesellschafter auf ihre nicht auf das Grundkapital gemachten Einlagen oder als Vergütung (Tantieme) für die Geschäftsführung verteilt wird.[22] 12

Der **Gewinnanteil** des persönlich haftenden Gesellschafters bestimmt sich nach Handelsrecht (zu den handelsrechtlichen Grundsätzen vgl. → § 80 Rn. 14 ff.).[23] Die Gewinnzuord- 13

---

[15] L. Schmidt/*Wacker* EStG § 15 Anm. 890; Dötsch/Pung/Möhlenbrock/*Krämer* KStG § 9 Rn. 30, 31; Blümich/*Brandl* KStG § 9 Rn. 20 ff.
[16] Fin diesen Fällen für die Anwendung ausschließlich von § 4 Abs. 4 EStG: L. Schmidt/*Wacker* EStG § 15 Anm. 890; Dötsch/Pung/Möhlenbrock/*Krämer* KStG § 9 Rn. 31; Blümich/*Brandl* KStG § 9 Rn. 26; *Fischer* DStR 1997, 1519; *Schaumburg* DStZ 1998, 525 (533); *Halasz/Kloster/Kloster* GmbHR 2002, 77 (88); für eine Anwendung von § 9 Abs. 1 Nr. 1 KStG als vorrangige Spezialnorm: *Janssen* NWB F 18, 3811 (3814) und *Bürgers/Fett/Engel* KGaA § 9 Rn. 21 ff.
[17] Zur Behandlung der KGaA als ein „Betrieb" für Zwecke der Zinsschranke vgl. BMF 4.7.2008, DStR 2008, 1427; hierzu *Kollruss/Weißert/Ilin* DStR 2009, 88; *Rödder/Hageböke* DB 2009, 1561.
[18] Dötsch/Pung/Möhlenbrock/*Krämer* KStG § 9 Rn. 66; *Krollmann* AG 1961, 284; *Mahlow* DB 2003, 1540.
[19] Dötsch/Pung/Möhlenbrock/*Krämer* KStG § 9 Rn. 66.
[20] FG Köln EFG 2006, 1923; L. Schmidt/*Wacker* EStG § 15 Anm. 890; Dötsch/Pung/Möhlenbrock/*Krämer* KStG § 9 Rn. 68; *Schaumburg* DStZ 1998, 525 (533); *Krollmann* AG 1961, 284; ihm folgend *Frankenheim*, Ertrags- und Substanzbesteuerung, 1994, 99 f.
[21] R 9 Abs. 2 S. 1 KStR.
[22] Dabei handelt es sich wohl nicht eigentlich um Betriebsausgaben, sondern um eine Ausgliederung dieser Gewinnanteile aus dem körperschaftsteuerpflichtigen Einkommen der KGaA, siehe Streck/*Olgemöller* KStG § 9 Rn. 9.
[23] Vgl. Dötsch/Pung/Möhlenbrock/*Krämer* KStG § 9 Rn. 54, 57; hieraus folgt, dass eine spätere Gewinnerhöhung durch eine steuerliche Betriebsprüfung, die nicht auch eine Änderung in der Handelsbilanz zur Folge hat, unbeachtlich ist. Anderes gilt nur dann, wenn der sich aus der Betriebsprüfung ergebende Mehrgewinn an den persönlich Haftenden verteilt wird.

nung an den Komplementär ist ein handelsrechtlicher Vorgang. Umstritten ist, nach welchen handelsrechtlichen Regeln der Gewinnanteil des Komplementärs zu ermitteln ist. Die Gewinnverteilung kann in der Satzung geregelt werden (vgl. → § 80 Rn. 18).[24] Dabei ist insbesondere zu unterscheiden zwischen Bilanzierungs- und Bewertungsregeln für einerseits die internen und andererseits die externen Zwecke. Hierbei ist auch klarzustellen, welche Spielräume eingeräumt werden und wer über die Ausübung und Ausfüllung von Wahlrechten zu entscheiden hat. § 278 Abs. 2 AktG bestimmt im Allgemeinen, dass das Rechtsverhältnis der persönlich haftenden Gesellschafter gegenüber der Gesamtheit der Kommanditaktionäre durch die Regeln des HGB über die Kommanditgesellschaft bestimmt wird. Hieraus schließt ein Teil der Literatur, dass der Anteil des Komplementärs am Ergebnis sich aus einer nach den Regeln der Personenhandelsgesellschaft erstellten Bilanz (§§ 238–263 HGB) ergibt.[25] Hierbei soll es sich aber lediglich um eine „interne Sonderbilanz" handeln, die lediglich zur Ermittlung des Betrages des Gewinnanteils des persönlich haftenden Gesellschafters der „an der Quelle" aus dem Einkommen der KGaA dient. Die KGaA hat ihren Jahresüberschuss nach den HGB-Regeln für Kapitalgesellschaften (§§ 264 ff. HGB) zu ermitteln. Für die steuerliche Behandlung hat der BFH die Streitfrage entschieden.[26] Danach ist bei handelsrechtlich dualistischer Gewinnermittlung die nach KG-Recht erstellte Bilanz der KGaA, bei handelsrechtlich-monistischer Gewinnermittlung alleine die aktien-(handels-)rechtliche Bilanz der KGaA maßgeblich.[27] Der Anteil des Komplementärs am Gewinn ist einschließlich seiner Sondervergütungen, Sonderbetriebseinnahmen und Sonderbetriebsausgaben durch Betriebsvermögensvergleich nach § 5 EStG zu ermitteln.[28]

14 Die Ergebniszuordnung zur KGaA in ihrem körperschaftlichen Teil und dem Komplementär ist letztendlich nicht völlig geklärt. Dies zeigt sich zB bei der Behandlung steuerfreier Einnahmen (zB Dividenden, steuerfreie ausländische Erträge, Veräußerungsgewinne). Fraglich ist, ob für die Besteuerung allein die Behandlung auf der KGaA-Ebene entscheidend ist. Danach wären Dividenden und Veräußerungsgewinne nach § 8b Abs. 1 oder 2 KStG, vorbehaltlich § 8b Abs. 4 KStG, steuerfrei. Der Gewinnanteil des Komplementärs ist nach § 9 Abs. 1 Nr. 1 KStG ebenfalls zu kürzen; er unterliegt der (vollen) Besteuerung beim Komplementär, und zwar unabhängig von der Herkunft und Behandlung der Ergebnisbestandteile bei der KGaA. Demgegenüber wird vertreten, dass die Einnahmen der KGaA bereits „an der Wurzel" aufzuteilen seien, so dass (steuerfreie) Dividenden und Veräußerungsgewinne anteilig unmittelbar dem Komplementär zugeordnet und dort entsprechend den für diese Einnahmen anzuwendenden Vorschriften zu behandeln sind (§ 8b Abs. 6 KStG, § 3 Nr. 40 EStG).[29] Je nach der Entscheidung für eine intransparente oder transparente Behandlung der KGaA in Bezug auf den steuerlichen Gewinnanteil des Komplementärs ergeben sich unterschiedliche Ergebnisse.[30] Unklar ist dann, ob diese Einnahmen beim Komplementär der GewSt unterliegen.[31] Während die Praxis der Finanz-

---

[24] Vorschläge zB bei *Hesselmann* GmbHR 1988, 472 (476).
[25] Vgl. *Adler/Düring/Schmaltz* Rechnungslegung AktG § 286 Rn. 53 ff., 61; *Perlitt* AktG § 286 Rn. 5 und die dort zitierte Literatur sowie Rn. 20 mwN; aA *Frankenheim* Ertrags- und Substanzbesteuerung 1994, 65.
[26] BFH BStBl. II 1989 S. 881.
[27] BFH BStBl. II 1989 S. 881; *Dötsch/Pung/Möhlenbrock/Krämer* KStG § 9 Rn. 54.
[28] BFH BStBl. II 1989 S. 881; L. *Schmidt/Wacker* EStG § 15 Anm. 891.
[29] *Watermeyer* in Herrmann/Heuer/Raupach KStG § 8b Rn. 10; *Halasz/Kloster/Kloster* GmbHR 2002, 77 (89); *Kusterer* FR 2003, 504 und DStR 2008, 484; für eine Anwendung des § 3 Nr. 40 EStG bereits auf Ebene der KGaA (vor Anwendung des § 9 Abs. 1 Nr. 1 KStG) *Rohrer/Orth* BB 2007, 1594 (1598).
[30] *Dötsch/Pung/Möhlenbrock/Krämer* KStG § 9 Rn. 42.
[31] *Halasz/Kloster/Kloster* GmbHR 2002, 77 (90 f.) verneinend für Dividendeneinkünfte, bejahend für Veräußerungsgewinne.

verwaltung uneinheitlich ist,[32] hat der BFH sich für die Gewährung des abkommensrechtlichen Schachtelprivilegs zugunsten der KGaA ausgesprochen und lässt somit die Abkommensberechtigung sowie das Recht der KGaA, hieran anknüpfende abkommensrechtliche Vorteile wie das Schachtelprivileg zu beanspruchen, grundsätzlich auch für den Komplementär wirken. Die Einkommenszuordnung zwischen dem Komplementär und der KGaA (§ 15 Abs. 1 S. 1 Nr. 3 EStG, § 9 Abs. 1 Nr. 1 KStG) betreffe nicht die Subjekteigenschaft der KGaA als Kapitalgesellschaft und damit auch nicht ihre abkommensrechtliche Behandlung im Zusammenhang mit dem Schachtelprivileg.[33] Mit Recht wird darauf hingewiesen, dass die gesetzlichen Grundlagen tendenziell widersprüchlich sind, wenn die Regelungen in § 9 Abs. 1 Nr. 1 KStG und § 15 Abs. 1 Nr. 3 EStG auf eine intransparente Behandlung, die Behandlung der Veräußerungsgewinne aus der Beteiligung des Komplementärs an der KGaA nach § 16 Abs. 1 Nr. 3 iVm § 3 Nr. 40d EStG auf die transparente Sichtweise hindeuten.[34]

d) Grundsätzlich kein steuerliches Gewinnfeststellungsverfahren, keine Ergänzungsbilanz bei KGaA für den Komplementär. Ob und inwieweit eine gesonderte und einheitliche Gewinnfeststellung für die KGaA, und zwar erfassend einerseits die KGaA und andererseits den oder die Komplementäre, durchzuführen ist, ist umstritten. Der vom RFH ohne nähere Begründung getroffenen Feststellung, wonach bei einer KGaA eine einheitliche und gesonderte Gewinnfestsetzung nicht vorgesehen sei,[35] ist die hM gefolgt[36] oder hat es offen gelassen.[37] Steuerlich ist der Gewinn des persönlich haftenden Gesellschafters nicht durch einheitliche und gesonderte Gewinnfeststellung zu ermitteln;[38] im Falle mehrerer Komplementäre kommt jedoch in deren Verhältnis untereinander eine einheitliche und gesonderte Gewinnfeststellung in Betracht.[39] Der BFH hat nun entschieden, dass für den/die persönlich haftenden Gesellschafter im Hinblick weder auf seine Beteiligung an der KGaA noch auf den Erwerb von Kommanditaktien eine Ergänzungsbilanz zu bilden ist;[40] der Mehrbetrag sind Anschaffungskosten auf die Kommanditbeteiligung an der KGaA, die die Zuzahlung in der Kapitalrücklage nach § 272 Abs. 2 Nr. 4 HGB ausweist. In einer weiteren Entscheidung hat der BFH seine Rechtsprechung weiter entwickelt und entschieden, dass eine Ergänzungsbilanz und evt. Sonderbetriebsvermögen keinen Eingang in die (Steuer-)Bilanz (und Ergebnisermittlung) der KGaA finden, jedoch bei der Ermittlung der Einkünfte des persönlich haftenden Gesellschafters nach § 15 Abs. 1 S. 1 Nr. 3 EStG Bedeutung haben kann.[41]

---

[32] Zu letzterem FG München EFG 2019, 267 mit Verweis auf BFH DStR 2010, 1712; im Übrigen Dötsch/Pung/Möhlenbrock/*Krämer* KStG § 9 Rn. 42c; *Wassermeyer* FS Streck, 2011, S. 259; *Drüen/ Heek* DStR 2012, 541; *Kollruss* StBp 2016, 41.

[33] *Wassermeyer* FR 2010, 809 (812).

[34] Dötsch/Pung/Möhlenbrock/*Krämer* KStG § 9 Rn. 42e.

[35] RFH RStBl. 1930, 345.

[36] FG Hamburg EFG 2003, 711; dazu *Glanegger* DStR 2004, 1686; FG München DStRE 2003, 1336 (rkr.); dazu *Mahlow* DB 2003, 1540 (1542); ferner FG München DStRE 2003, 692.

[37] Die Frage offen lassend BFH BStBl. II 1989 S. 881; FG Schleswig-Holstein EFG 2011, 2038 (rkr.); BFH BFH/NV 2016, 1679; tendenziell bejaht in BFH BFH/NV 2017, 1548.

[38] Dötsch/Pung/Möhlenbrock/*Krämer* KStG § 9 Rn. 52; *Witt* in Herrmann/Heuer/Raupach EStG EStG § 15 Rn. 905; *Kempf* DStR 2015, 1905; *Drüen* in Herrmann/Heuer/Raupach KStG § 9 Rn. 35; Frotscher/Drüen/*Mai* KStG § 9 Anm. 12; *Jünger* DB 1988, 1969 (1973); *Bürgers/Fett/Engel* KGaA § 9 Rn. 7 ff.; aM *Bacher* DB 1985, 2117 (2119); *Schaumburg/Schulte*, Die KGaA, S. 82 (Rn. 136); *Tipke/Kruse* AO § 180 Rn. 107; *Fischer* DStR 1997, 1519 ff.; *Schaumburg* DStZ 1998, 525 (534).

[39] So Frotscher/Drüen/*Mai* KStG § 9 Anm. 12; Dötsch/Pung/Möhlenbrock/*Krämer* KStG § 9 Rn. 53; *Kollruss* StBp 2016, 41 (48).

[40] BFH DStR 2017, 193; *Kollruss* FR 2016, 203; Dötsch/Pung/Möhlenbrock/*Krämer* KStG § 9 Rn. 60 f.

[41] BFH BFH/NV 2017, 1548; dazu Anm. von *Kollrus* EWiR 2018, 71; *Drüen* in Herrmann/Heuer/ Raupach EStG/KStG KStG § 9 Rn. 27; *Witt* in Herrmann/Heuer/Raupach EStG EStG § 15 Rn. 905.

16 **e) Besteuerungsverfahren, steuerliches Eigenkapital.** Für das Besteuerungsverfahren, den Steuersatz und bezüglich der Bildung von besonderen Konten für das Eigenkapitals der KGaA nach §§ 27 f. KStG gelten die Regeln für eine Körperschaft unverändert.

17 Hält die KGaA Anteile an einer Kapitalgesellschaft, sind Ausschüttungen hierauf, sofern es sich nicht um Streubesitzdividenden iSv § 8b Abs. 4 KStG handelt, und **Veräußerungsgewinne** nach § 8b Abs. 1, 2 KStG grundsätzlich steuerbefreit; 5 % der Bezüge/Gewinne werden jedoch als nichtabzugsfähige Betriebsausgabe behandelt. Soweit solche Bezüge allerdings auf den Gewinnanteil des Komplementärs entfallen, soll nach Auffassung der Vertreter der transparenten Behandlung das Halbeinkünfteverfahren (§ 3 Nr. 40, § 3c Abs. 2 EStG) zur Anwendung kommen.[42]

18 Wie im Rahmen der **Eigenkapitalgliederung** die Einlage des Komplementärs zu behandeln ist, ist allerdings umstritten. Zum steuerlichen Einlagekonto im Sinn des § 27 KStG gehört der das Nennkapital übersteigende Kapitalteil. Fraglich ist, ob zum Nennkapital nur das Kommanditaktienkapital gehört oder auch die Einlage des Komplementärs. Handelsrechtlich ist die Komplementäreinlage nach § 286 Abs. 2 S. 1 AktG nach dem Posten „Gezeichnetes Kapital" gesondert auszuweisen. Die Gliederung des Eigenkapitals in der Handelsbilanz erweitert sich also um diesen Posten.[43] Die Einlage des Komplementärs einer KGaA ist handelsbilanziell Eigenkapital. Im steuerlichen Schrifttum wird die Ansicht vertreten, die Einlage des Komplementärs sei Fremdkapital; nach überzeugenderer Ansicht gehört die Einlage zum übrigen Eigenkapital, auf jeden Fall aber nicht zu dem steuerlichen Einlagekonto oder den sonstigen Rücklagen. Einlagen des Komplementärs, die über die Einlage hinaus in das Vermögen der KGaA geleistet werden und die auch zur Verfügung der Kommanditaktionäre stehen, sollten ebenfalls nicht dem steuerlichen Einlagekonto zugeordnet werden können, sondern das steuerliche Kapitalkonto des Komplementärs erhöhen.

19 **2. Gewerbesteuer.** Die KGaA unterliegt als Körperschaft als **Gewerbebetrieb kraft Rechtsform** der Gewerbesteuer (§ 2 Abs. 2 S. 1 GewStG iVm § 2 Abs. 1 S. 1 GewStG). Bemessungsgrundlage für die Gewerbesteuer ist der nach den Vorschriften des Einkommensteuer- und Körperschaftsteuergesetzes ermittelte Gewinn (§ 7 GewStG), vermehrt und vermindert um die in den §§ 8 und 9 GewStG genannten Hinzurechnungen und Kürzungen. Dadurch soll unabhängig von der einkommen- oder körperschaftsteuerlichen Würdigung, entsprechend dem Objektcharakter der Gewerbesteuer, der objektive Gewerbeertrag erfasst werden.[44] Dementsprechend sind nach § 8 Nr. 4 GewStG „die Gewinnanteile, die an persönlich haftende Gesellschafter einer KGaA auf ihre nicht auf das Grundkapital gemachten Einlagen oder als Vergütungen (Tantieme) für die Geschäftsführung verteilt worden sind" unter Abzug von Verlustanteilen[45] hinzuzurechnen, soweit sie bei der Ermittlung des Gewinns abgesetzt wurden. Um die Doppelbelastung der Gewinnanteile des Komplementärs zu vermeiden, sind die bei der KGaA hinzugerechneten Gewinnanteile bei der Gewerbebesteuerung des Komplementärs nach Maßgabe von § 9 Nr. 2b GewStG wieder zu kürzen.

20 Zu beachten ist, dass es sich bei dem fraglichen **Gewinnanteil** um einen Brutto-Betrag handelt, der nicht um damit zusammenhängende Aufwendungen der Komplementäre vermindert ist.[46] Die Höhe des abzuziehenden Gewinnanteils ermittelt sich allein aus der Sicht der KGaA.[47] Dh alle Vergütungen, die die KGaA an den Komplementär für die

---

[42] Im Einzelnen umstr.; vgl. L. Schmidt/*Wacker* EStG § 15 Anm. 891; bejahend *Halasz/Kloster/Kloster* GmbHR 2002, 77 (89); zur Anwendung von § 8b Abs. 6 KStG Dötsch/Pung/Möhlenbrock/*Pung* KStG § 8b Rn. 405; *Kollruss* StBp 2016, 41 (47 ff.).
[43] Vgl. Beck'scher BilKomm./*Störk/Kliem/Meyer* § 272 Rn. 330 f.; *Adler/Düring/Schmaltz* Rechnungslegung HGB § 266 Rn. 224; *Perlitt* AktG § 286 Rn. 29.
[44] Zum Objektcharakter der Gewerbesteuer vgl. *Glanegger/Güroff* GewStG § 1 Rn. 14.
[45] Blümich/*Hofmeister* EStG GewStG § 8 Rn. 538.
[46] Blümich/*Gosch* EStG GewStG § 9 Rn. 206; *Glanegger/Güroff* GewStG § 9 Nr. 2b; zu den Auswirkungen s. *Kollruss* INF 2003, 347.
[47] Vgl. BFH BStBl. II 1991 S. 253.

Geschäftsführung leistet, sind hinzuzurechnen. Hat der Komplementär seinerseits Aufwendungen, so berührt dies nicht die Zurechnung bei der KGaA. Dies ist insbesondere dann der Fall, wenn der Komplementär selbst eine Kapitalgesellschaft ist und sich natürlicher Personen zur Geschäftsführung bedient, die er zu vergüten hat. Dieser Aufwendungsersatz bei Fremdgeschäftsführung berührt die KGaA nicht, sondern lediglich die Ebene des Komplementärs.

III. Ertragsbesteuerung des Komplementärs

Die Einkünfte, die der Komplementär aus seinen Rechtsbeziehungen zur KGaA erhält, sind bei diesem, wenn es sich bei dem Komplementär um eine natürliche Person handelt, als **Einkünfte aus Gewerbebetrieb** zu behandeln und einkommensteuerpflichtig, da der Komplementär wie ein Mitunternehmer behandelt wird.[48] Handelt es sich bei dem Komplementär um eine Kapitalgesellschaft, sind die Einkünfte körperschaftsteuerpflichtig, und zwar unabhängig davon, ob der Komplementär im Einzelfall tatsächlich die Merkmale eines Mitunternehmers erfüllt.[49]

1. Komplementär als natürliche Person. a) Gewinnanteile und Vergütungen als Einkünfte aus Gewerbebetrieb iSd § 15 Abs. 1 Nr. 3 EStG. Der Komplementär ist im Verhältnis zur KGaA nicht Mitunternehmer, wird aber infolge der gesetzlichen Regelungen wie ein Mitunternehmer behandelt, § 15 Abs. 1 Nr. 3 EStG. Der Komplementär erzielt Einkünfte aus Gewerbebetrieb. Der Anteil am Ergebnis wird durch **Betriebsvermögensvergleich** (§ 5 EStG) ermittelt[50] und der Anteil des Komplementärs am Gewinn oder Verlust wird diesem unmittelbar zugerechnet. Die Einkünfte werden dem Komplementär in dem Jahr zugerechnet, in dem sie auch bei der KGaA abgezogen werden. Auf den Zufluss kommt es insoweit nicht an.[51]

Für den persönlich haftenden Gesellschafter findet eine **eigene Einkünfteermittlung** statt. Er hat auch ein eigenes Betriebsvermögen;[52] infolge der Gleichstellung mit einem Mitunternehmer haben die Grundsätze der Rechtsprechung zu § 15 Abs. 1 Nr. 2 EStG über die Behandlung von Gewinnanteilen, von Sondervergütungen sowie über den Ansatz von Sonderbetriebsvermögen, Sonderbetriebseinnahmen und -ausgaben entsprechende Anwendung zu finden.[53] Das im Eigentum der KGaA stehende Vermögen wird dem Komplementär entsprechend seiner Einlage und Beteiligung am Ergebnis der KGaA wie gesamthänderisches Vermögen zugeordnet.[54] Gehören zu den Einkünften des Komplementärs Gewinnanteile, die auf Dividendenerträgen beruhen, findet zugunsten des Komplementärs § 3 Nr. 40d EStG Anwendung.[55] Entsprechend seiner Behandlung wie ein Mitunternehmer kann der Komplementär der KGaA Sonderbetriebsvermögen bilden. Sonderbetriebseinnahmen und -ausgaben sind bei der Einkommensermittlung auf der Ebene des Komplementärs, nicht hingegen bei der KGaA zu berücksichtigen. Die von der Rechtsprechung zu § 15 Abs. 1 Nr. 2 EStG erarbeiteten Grundsätze zur Gewinnermittlung im Rahmen des Sonderbetriebsvermögens finden auch bei § 15 Abs. 1 Nr. 3 EStG Anwendung. Der Gewinnanteil ist daher bei einem mit der KGaA übereinstimmenden

---

[48] Zur „Umwandlung" der Beteiligung des Komplementärs einer KGaA in eine atypisch stille Beteiligung vgl. BFH GmbHR 2010, 774; s. dazu *Hageböke* DB 2010, 1610.
[49] BFH BStBl. II 1989 S. 881; BFH BStBl. II 1984 S. 381; L. Schmidt/*Wacker* EStG § 15 Rn. 890.
[50] BFH BStBl. II 1989 S. 881; L. Schmidt/*Wacker* EStG § 15 Anm. 891.
[51] BFH BStBl. II 1989 S. 881.
[52] *Jünger* DB 1988, 1969 (1971).
[53] BFH BFH/NV 2017, 1548; BFH BStBl. II 1989 S. 881; Dötsch/Pung/Möhlenbrock/*Krämer* KStG § 9 Rn. 55; L. Schmidt/*Wacker* EStG § 15 Rn. 891; Bürgers/Fett/*Engel* KGaA § 9 Rn. 107 ff.; *Fischer* DStR 1997, 1519 (1522).
[54] Bürgers/Fett/*Engel* KGaA § 9 Rn. 99 ff.;.
[55] FG München EFG 2019, 267 (Rev. zugelassen); dazu *Gieshoidt* FR 2019, 543 zur Anwendung des Transparenzprinzips.

Wirtschaftsjahr durch Bestandsvergleich zu ermitteln.[56] Die Anwendung dieser Grundsätze auf Wirtschaftsgüter, die die Gesellschafter einer als Komplementär beteiligten GmbH & Co. KG der KGaA überlassen, ist umstritten;[57] die können als Sonderbetriebsvermögen bei entsprechender Ausgestaltung des Komplementärs erfasst werden. § 4i und § 50d Abs. 10 EStG finden dann Anwendung.[58] Gleiches gilt für die Bildung einer Ergänzungsbilanz.[59]

24 Hält der **Komplementär** der KGaA **Kommanditaktien,** so sind diese nicht Teil des Sonderbetriebsvermögens. Die Rechtsprechung, nach der Anteile der Kommanditisten einer GmbH & Co. KG an der Komplementär-GmbH notwendiges Sonderbetriebsvermögen sind, ist nicht übertragbar.[60] Da die auf Anteile am Grundkapital entfallenden Gewinnanteile in § 15 Abs. 1 Nr. 3 EStG ausdrücklich aus den gewerblichen Einkünften ausgeklammert werden, kann auch die Einkunftsquelle kein Sonderbetriebsvermögen sein.[61] Dividenden aus diesen Aktien sind wie bei allen anderen Kommanditaktionären Einkünfte aus Kapitalvermögen.[62]

25 Zu den gewerblichen Einkünften des Komplementärs gehören auch **Vergütungen** für seine Tätigkeit im Dienste der KGaA, die Hingabe von Darlehen und die Überlassung von Wirtschaftsgütern, einschließlich der als nachträgliche Einkünfte bezogenen Vergütungen. Mit Verfügung vom 27.6.1991 hat die OFD Köln unter Hinweis auf die BFH-Rechtsprechung vom 21.6.1989[63] die Finanzämter angewiesen, Versorgungsansprüche der Komplementäre einer KGaA in deren Sonderbilanzen zu aktivieren.[64] Diese Grundsätze haben sich mittlerweile durchgesetzt. Die für Pensionszusagen der KGaA gegenüber dem Komplementär bei der KGaA gebildeten Pensionsrückstellungen sind durch korrespondierende Ansprüche des Komplementärs in dessen Sonderbilanz zu kompensieren.[65]

26 Nur wenn die KGaA **Pensionsrückstellungen** für den Komplementär bilden kann, findet ein Ausgleich zwischen Aktivierung des Pensionsanspruchs beim Komplementär und der Passivierung bei der KGaA statt. Von der Passivierungsmöglichkeit der Pensionszusage dürfte wohl ausgegangen werden können.[66]

27 **b) Gewerbesteuer beim Komplementär.** Die Beteiligung als Komplementär an einer KGaA vermittelt als solche keinen stehenden Gewerbebetrieb iSd § 2 Abs. 1 S. 1 GewStG.[67] Sofern kein eigener Gewerbebetrieb betrieben wird, zu dessen Betriebsvermögen die Beteiligung an der KGaA gehört, fehlt es an den die Gewerbesteuerpflicht

---

[56] Vgl. BFH BStBl. II 1989 S. 881.
[57] Bejahend wohl L. Schmidt/*Wacker* EStG § 15 Rn. 891; ähnl. *Frankenheim* DStR 1999, 481 (484); aA *Busch/Thieme* FR 2008, 1137 zu Pensionszusagen (kein Ansatz in Sonderbilanz korrespondierend zur Steuerbilanz der KGaA); *Hempe/Siebels/Uhl* DB 2001, 2268; Bürgers/Fett/*Engel* KGaA § 9 Rn. 104 f.; diff. *Wehrheim* DB 2001, 947.
[58] L. Schmidt/Wacker EStG § 15 Rn. 891.
[59] Für den Komplementär jetzt BFH BFH/NV 2017, 1548; iÜ BFH DStR 2017, 193; FG München DStRE 2003, 1336 (rkr.); dggü. krit. Dötsch/Pung/Möhlenbrock/*Krämer* KStG § 9 Rn. 55; *Hageböke/Koetz* DStR 2006, 293; *Glanegger* DStR 2004, 1686; *Kusterer* DStR 2004, 77; *Bode* GmbHR 2004, 554.
[60] Vgl. BFH BStBl. II 1989 S. 886.
[61] Vgl. BFH BStBl. II 1989 S. 886.
[62] L. Schmidt/*Wacker* EStG § 15 Rn. 891.
[63] BFH BStBl. II 1989 S. 881.
[64] Verfügung OFD Köln 27.6.1991, DStR 1991, 1218, aA *Busch/Thieme* FR 2008, 1137.
[65] L. Schmidt/*Wacker* EStG § 15 Rn. 891; *Patt/Rasche* DB 1993, 2400 und 1994, 2164; *Frankenheim* DStR 1999, 481; in der Vergangenheit wurde mit Verweis auf das Realisationsprinzip die Aktivierung verneint von *Gocke* DB 1994, 2162 ff.; aA auch *Busch/Thieme* FR 2008, 1137.
[66] *Patt/Rasche* DB 1993, 2400 (2404); *Frankenheim* DStR 1999, 481.
[67] Dötsch/Pung/Möhlenbrock/*Krämer* KStG § 9 Rn. 76; *Graf* DStR 1991, 1374 (1376).

begründenden Merkmalen. Eine entsprechende Hinzurechnung für Zwecke des Gewerbeertrags findet deswegen auf der Ebene der KGaA nach § 8 Nr. 4 GewStG statt.[68]

Ist Komplementär hingegen eine **Mitunternehmerschaft,** zB eine GmbH & Co. KG, **28** unterliegen die Erträge aus der Vermögenseinlage und die weiteren Vergütungen der Gewerbesteuer. Um eine Doppelbelastung zu vermeiden, erfolgt die Kürzung dieser Gewinnanteile aus dem Gewerbeertrag nach § 9 Nr. 2b GewStG.[69]

2. Komplementär als Juristische Person. a) Körperschaftsteuerliche Behandlung.
Der Gewinnanteil und die Vergütungen für weitere Leistungen des Komplementärs, der die **29** Rechtsform der Kapitalgesellschaft aufweist, unterliegen bei diesem der Körperschaftsteuer. Der durch Betriebsvermögensvergleich ermittelte Anteil am Gewinn oder Verlust wird dem Komplementär körperschaftsteuerlich unmittelbar zugerechnet.[70]

b) Gewerbesteuer. Ist der Komplementär eine Kapitalgesellschaft, sind die Gewinnanteile **30** zunächst Teil des Gewerbeertrages. Nach § 9 Nr. 2b GewStG sind sie jedoch dann (da bereits bei der KGaA nach § 8 Nr. 4 GewStG hinzugerechnet und mit Gewerbesteuer belastet) vom Gewerbeertrag zu kürzen.[71]

IV. Ertragsbesteuerung der Kommanditaktionäre

1. Anteile im Privatvermögen. Die Kommanditaktionäre mit **Anteilen im Privatver-** **31**
mögen beziehen Einkünfte aus Kapitalvermögen, § 20 Abs. 1 Nr. 1 EStG. Diese Einnahmen werden im Zeitpunkt des Zuflusses nach § 11 Abs. 1 S. 1 EStG von der Einkommensteuer erfasst. Das gilt auch, wenn ein Kommanditaktionär zugleich Komplementär ist, da die Einkünfte aus den Kommanditaktien nicht zu den gewerblichen Einkünften des Komplementärs gehören.[72] Die Einnahmen (Dividenden aus den Kommanditaktien) unterliegen nach § 20 Abs. 1 Nr. 1 iVm § 32d EStG der Abgeltungsteuer.

Gewinne aus der **Veräußerung** von Kommanditaktien[73] sind bei Beteiligung unter 1 % **32** und bei Veräußerung nur dann einkommensteuerfrei, wenn die Kommanditaktien vor dem 1.1.2009 erworben wurden (§ 52a Abs. 10 S. 1, Abs. 11 S. 4 iVm § 23 Abs. 1 Nr. 2 EStG aF). Bei nach dem 31.12.2008 erworbenen Kommanditaktien unterliegt der Veräußerungsgewinn ungeachtet einer Haltefrist nach § 20 Abs. 2 S. 1 Nr. 1 EStG der Einkommensteuer (in der Erhebungsform der Abgeltungsteuer nach § 32d EStG). Veräußerungsverluste dürfen nur mit Gewinnen aus der Veräußerung von Aktien ausgeglichen werden, § 20 Abs. 6 S. 5 EStG. Gewinne aus steuerpflichtigen Veräußerungsgeschäften nach § 17 EStG unterliegen als (fiktiv) gewerbliche Einkünfte nach § 3 Nr. 40 iVm § 3c Abs. 2 EStG der Besteuerung nach dem Teileinkünfteverfahren.

2. Anteile im Betriebsvermögen. Erträge aus Kommanditaktien sind **Erträge im Ge-** **33**
werbebetrieb des Gesellschafters. Bei einem der Einkommensteuer unterliegenden Aktionär kommt die Besteuerung nach dem Teileinkünfteverfahren zur Anwendung. Ist der Aktionär eine Kapitalgesellschaft, sind die Bezüge aus Dividenden unter den Voraussetzungen des § 8b Abs. 1 KStG steuerfrei, allerdings unter Behandlung eines Betrags von 5 % der Dividende als nicht abzugsfähige Betriebsausgabe, § 8b Abs. 5 KStG, vorausgesetzt, dass es sich nicht um Streubesitzdividenden iSv § 8b Abs. 4 KStG (Beteiligung unter 10 %) handelt.

---

[68] Zur Problematik einer Gewerbesteuerbelastung bei Kapitalgesellschaft u. Co. KGaA *Schmincke/Heuel* FR 2004, 861.
[69] Blümich/*Gosch* EStG GewStG § 9 Rn. 197 ff.; Dötsch/Pung/Möhlenbrock/*Krämer* KStG § 9 Rn. 76 ff.; Bürgers/Fett/*Engel* KGaA § 9 Rn. 113 f.
[70] BFH BStBl. II 1989 S. 881; L. Schmidt/*Wacker* EStG § 15 Rn. 891.
[71] Dötsch/Pung/Möhlenbrock/*Krämer* KStG § 9 Rn. 77.
[72] L. Schmidt/*Wacker* EStG § 15 Rn. 891.
[73] Zum Untergang Verlusten bzw. Verlustvorträgen bei schädlichem Beteiligungserwerb iSv § 8c KStG bei der KGaA vgl. *Kollruss/Weißert/Ilin* DStR 2009, 88.

34 Die Dividenden aus den Kommanditaktien gehen infolge der Hinzurechnung nach § 8 Nr. 5 GewStG in die Bemessungsgrundlage der Gewerbeertragsteuer ein. Bei einer mehr als 15% betragenden Beteiligung erfolgt unter den Voraussetzungen des § 9 Nr. 2a GewStG eine neutralisierende Kürzung.[74]

35 Werden Kommanditaktien verkauft, ergibt sich der **Veräußerungsgewinn** oder **-verlust** aus der Differenz von fortgeführten Anschaffungskosten und Veräußerungspreis. Gewinne und Verluste wirken sich unabhängig von Beteiligungshöhe und -dauer in Abhängigkeit von der Rechtsform des Kommanditaktionärs steuerlich aus. Ist der Aktionär einkommensteuerpflichtig, unterliegt der Gewinn aus der Veräußerung der Kommanditaktien der Besteuerung nach dem Teileinkünfteverfahren, § 3 Nr. 40 iVm § 3c Abs. 2 EStG. Bei solchen Steuerpflichtigen werden ohne Veräußerung Wertminderungen nach den allgemeinen steuerlichen Bewertungsvorschriften im Ergebnis zu 60% berücksichtigt; bei Ausweis im Umlaufvermögen muss (auch bei vorübergehender), bei Ausweis im Anlagevermögen darf nur – und muss – bei voraussichtlich dauerhafter Wertminderung abgeschrieben werden (§ 6 Abs. 2 Nr. 1 EStG iVm § 253 Abs. 3 S. 3 und Abs. 4 HGB); durch das Halbeinkünfteverfahren nach § 3c Abs. 2 EStG werden die steuerlichen Auswirkungen solcher Abschreibungen begrenzt. Unterliegt der Kommanditaktionär der Körperschaftsteuer, ist der Gewinn aus der Veräußerung der Aktien unter den Voraussetzungen des § 8b Abs. 2 KStG steuerfrei, allerdings werden 5% des Veräußerungsgewinns als nicht abzugsfähige Betriebsausgabe behandelt, § 8b Abs. 3 S. 1 KStG; Abschreibungen auf Kommanditaktien können nicht mit steuerlicher Wirkung angesetzt werden, § 8b Abs. 3 S. 3 KStG.

36 **3. Sonstige Vergütungen an Kommanditaktionäre.** Der Aktionärsstellung des Kommanditaktionärs entsprechend, können schuldrechtliche Vereinbarungen steuerlich wirksam abgeschlossen werden.[75] Grundsätzlich ist das jeweils zugrundeliegende Verpflichtungsgeschäft maßgeblich. Sofern betrieblich veranlasst, führt ein auf Seiten der KGaA entstehender Aufwand zu steuerlich abzugsfähigen Betriebsausgaben, auf Seiten des Kommanditaktionärs je nach Tatbestand zu Einkünften aus Gewerbebetrieb, selbständiger oder unselbständiger Arbeit, Vermietung und Verpachtung oder weiteren Einkünften aus Kapitalvermögen.

---

[74] Vgl. § 47 VII. zur Besteuerung von Dividenden entsprechend.
[75] Vgl. *Theisen* DBW 1989, 159.

15. Kapitel. Europäische Aktiengesellschaft

§ 83 Geschichte und Rechtsgrundlagen

Übersicht

	Rn.		Rn.
I. SE als eigene Gesellschaftsform	1–6	2. Verweisungsnormen der SE-VO	16–19
II. Europäische und deutsche Gesetzgebung	7–13	3. Gerichtliche Zuständigkeiten	20
III. Normenhierarchie	14–20		
1. Überblick	14, 15		

Schrifttum: *Arbeitskreis Aktien- und Kapitalmarktrecht,* Die 8 wichtigsten Änderungsvorschläge zur SE-VO, ZIP 2009, 698; *Begemann,* Die SE & Co. KGaA als Rechtsform für Familienunternehmen, 2018; *Blanquet* ZGR 2002, 20; *Brandi,* Die Europäische Aktiengesellschaft im deutschen und internationalen Konzernrecht, NZG 2003, 889; *Brandt/Scheifele,* Die Europäische Aktiengesellschaft und das anwendbare Recht, DStR 2002, 547; *Bungert/Beier,* Die Europäische Aktiengesellschaft, EWS 2002, 1; *Casper,* Der Lückenschluß im Statut der Europäischen Aktiengesellschaft, FS Ulmer, 2003, S. 51; *Europäische Kommission,* Bericht an das Europäische Parlament und den Rat über die Anwendung der Verordnung (EG) Nr. 2157/2001 des Rates vom 8. Oktober 2001 über das Statut der Europäischen Gesellschaft (SE), KOM (2010) 676 endg.; Gaul/Ludwig/Forst (Hrsg.), Europäisches Mitbestimmungsrecht, 2015; *Habersack,* 10 Jahre „deutsche" SE – Bestandsaufnahme, Perspektiven, ZHR-Beiheft 77 (2015), 9; *Habersack/Behme/Eidenmüller/Klöhn,* Deutsche Mitbestimmung unter europäischem Reformzwang, ZHR-Beiheft 78 (2016); Habersack/Drinhausen (Hrsg.), SE-Recht, 2. Aufl., 2016; *Habersack/Verse,* Europäisches Gesellschaftsrecht, 5. Aufl., 2019; *Haider-Giangreco/Polte,* Die SE als Rechtsform für den Mittelstand, BB 2014, 2947; *Hirte,* Die Europäische Aktiengesellschaft, NZG 2002, 1; *Hommelhoff,* Normenhierarchie für die Europäische Gesellschaft, in: Lutter/Hommelhoff, Die Europäische Gesellschaft, 2005, S. 5; *Hommelhoff/Lächler,* Förder- und Schutzrecht für den SE-Konzern, AG 2014, 257; Jannott/Frodermann (Hrsg.), Handbuch der Europäischen Aktiengesellschaft – Societas Europaea, 2. Aufl., 2014; *Kallmeyer,* Europa-AG: Strategische Optionen für deutsche Unternehmen, AG 2003, 197; *Kessler/Huck,* Steuerliche Aspekte der Gründung und Sitzverlegung der Europäischen Aktiengesellschaft – Geltende und zukünftige Rechtslage, Der Konzern 2006, 352; Kölner Kommentar zum Aktiengesetz, Bd. 8/1 und 8/2: SE-VO, SEBG, 3. Aufl. 2010 und 2012; *Kiem,* Der Evaluierungsbericht der EU-Kommission zur SE-Verordnung, CFL 2011, 134; *Kossmann/Heinrich,* Möglichkeiten der Umwandlung einer bestehenden SE, ZIP 2007, 164; Lutter/Hommelhoff/Teichmann (Hrsg.), SE-Kommentar, 2. Aufl., 2015; Manz/Mayer/Schröder (Hrsg.), Europäische Aktiengesellschaft (SE), 3. Aufl., 2019; Münchener Kommentar zum Aktiengesetz, Bd. 7: SE-VO, SEBG, 4. Aufl., 2017; *Marsch-Barner,* Die Rechtsstellung der Europäischen Gesellschaft (SE) im Umwandlungsrecht, FS Happ, 2006, S. 165; *Oplustil/Schneider,* Zur Stellung der Europäischen Aktiengesellschaft im Umwandlungsrecht, NZG 2003, 13; *Reichert,* Die SE als Gestaltungsinstrument für grenzüberschreitende Umstrukturierungen, Der Konzern 2006, 821; *ders.,* Wettbewerb der Gesellschaftsformen – SE oder KGaA zur Organisation großer Familiengesellschaften, ZIP 2014, 1957; *Schwarz,* SE-VO, 2006; *Seibt/von Rimon,* Monistische SE & Co. KGaA: Einsatzfelder und Antworten auf Praxisfragen, AG 2019, 753; *Teichmann,* Die Einführung der Europäischen Aktiengesellschaft, ZGR 2002, 383; Theisen/Wenz (Hrsg.), Die Europäische Aktiengesellschaft, 2. Aufl., 2005; *Thoma/Leuering,* Die Europäische Aktiengesellschaft – Societas Europaea, NJW 2002, 1449; *Waclawik,* Die Europäische Aktiengesellschaft (SE) als Konzerntochter- und Joint Venture-Gesellschaft, DB 2006, 1827; *Wagner,* Die Bestimmung des auf die SE anwendbaren Rechts, NZG 2002, 985.

I. SE als eigene Gesellschaftsform

1 Die SE, eine Abkürzung für den lateinischen Terminus **Societas Europaea,** wird im Titel der deutschen Fassung der SE-VO[1] als Europäische Gesellschaft bezeichnet. Diese Terminologie greift das deutsche SEEG[2] in seinem Titel und in seinem § 1 auf. In ihrem achten Erwägungsgrund und in ihrem Art. 1 Abs. 1 verwendet die SE-VO jedoch den Begriff **Europäische Aktiengesellschaft,** der in der Sache zutreffender ist: Die SE ist eine Schöpfung europäischen Rechts. Sie verdankt ihre Existenz einem europäischen Rechtsakt, nämlich der SE-VO. Die SE ist auch eine AG. Sie besitzt Rechtspersönlichkeit (Art. 1 Abs. 3 SE-VO), ihr Kapital ist in Aktien zerlegt, und die Aktionäre haften nur bis zur Höhe des von ihnen gezeichneten Kapitals (Art. 1 Abs. 2 SE-VO). Mit dieser etwas ungewöhnlichen, an das Recht der Kommanditgesellschaft (§ 171 Abs. 1 HGB) erinnernden Formulierung ist gemeint, dass die Aktionäre im Innenverhältnis zur Gesellschaft nur verpflichtet sind, ihre Einlage zu leisten und im Außenverhältnis überhaupt nicht haften; den Gläubigern der SE haftet vielmehr nur diese mit ihrem Gesellschaftsvermögen.[3] Damit sind die wesentlichen Strukturmerkmale einer AG nach deutschem Rechtsverständnis erfüllt.

2 Als AG europäischen Rechts tritt die SE eigenständig neben die in den Mitgliedstaaten existierenden Gesellschaftsformen. Obwohl auf europäischem Recht beruhend, ist die SE dennoch kein rein supranationales Phänomen. Eine SE entsteht als juristische Person erst mit ihrer Eintragung in das Handelsregister ihres Sitzstaats nach den im Sitzstaat geltenden Vorschriften über die Einrichtung und Führung des Handelsregisters (Art. 12 Abs. 1 SE-VO). Es gibt kein europäisches Handelsregister für die SE. Vor allem aber zeigt sich die Verbundenheit der SE mit einem bestimmten nationalen Recht in der Rechtsanwendungsnorm des Art. 9 Abs. 1 lit. c SE-VO. Darin werden subsidiär nationale Rechtsvorschriften des Sitzstaats auf die SE für anwendbar erklärt, soweit die SE-VO einzelne Bereiche nicht oder nur teilweise regelt (→ Rn. 15). Diese Rechtsanwendungsvorschrift ist ein Ergebnis des jahrzehntelangen Ringens um die Schaffung der SE, das eine vollständige europäische Kodifizierung letzten Endes nicht zugelassen und große Bereiche in die Zuständigkeit der Mitgliedstaaten verwiesen hat. Eine SE wird deshalb **je nach Sitzstaat eine besondere nationale Prägung** erfahren. Die Unterschiede werden den Rechtsanwendern lange erhalten bleiben, weil die Rechtsangleichung im Gesellschaftsrecht in den Mitgliedstaaten der EU nur langsam vorangeht[4] und eine weitgehende Uniformierung einen gesunden Wettbewerb der Gesellschaftsrechte auch zu stark einschränken würde.[5] Es ist deshalb gerechtfertigt, von einer deutschen, tschechischen, französischen SE usw zu sprechen.[6] Im Folgenden wird es im Wesentlichen um die deutsche SE gehen, dh die SE, deren Satzung als Sitz einen Ort in der Bundesrepublik Deutschland bestimmt, oder um die Beteiligung deutscher Gesellschaften bei der Gründung der SE.[7]

3 Der **Einsatzbereich der SE**[8] wird vor allen Dingen bei grenzüberschreitenden Unternehmensverbindungen gesehen, insbesondere bei der Verschmelzung von Gesellschaften aus

---

[1] Verordnung (EG) Nr. 2157/2001 des Rates vom 8.10.2001 über das Statut der Europäischen Gesellschaft (SE), ABl. 2001 L 294, S. 1, zuletzt geändert durch Verordnung (EU) Nr. 517/2013 von 13.5.2013, ABl. 2013 L 158, S. 1.

[2] Gesetz zur Einführung der Europäischen Gesellschaft (SEEG) vom 22.12.2004, BGBl. I S. 3675.

[3] Jannott/Frodermann HdB SE/*Kuhn* 2. Kap. Rn. 44; MüKoAktG/*Oechsler/Mihaylova* SE-VO Art. 1 Rn. 6; Habersack/Drinhausen SE-Recht/*Habersack* SE-VO Art. 1 Rn. 5.

[4] Überblick zB bei Manz/Mayer/Schröder Europäische AG/*Schröder* Vorb. Rn. 29–38.

[5] *Eidenmüller* FS Heldrich, 2005, 581 (589–592); Theisen/Wenz Europäische AG/*Theisen/Wenz* S. 45–49.

[6] *Lutter* AG 1990, 413 (414); *Hirte* NZG 2002, 1 (2). Zu den sich daraus ergebenden Unterschieden zB *J. Schmidt,* „Deutsche" vs. „britische" Societas Europaea (SE), 2006.

[7] Einen Überblick über die SE in den übrigen Mitgliedstaaten findet man bei Jannott/Frodermann HdB SE 15. Kap. II bis XXXI.

[8] Überblick bei *Bungert/Beier* EWS 2002, 1 (8–12); *Wenz* AG 2003, 185; *Kallmeyer* AG 2003, 197; Jannott/Frodermann HdB SE/*Jannott/Frodermann* Einl. Rn. 7–30; *Seibt/Saame* AnwBl 2005, 225 (227–228); *Waclawik* DB 2006, 1827; *Reichert* Der Konzern 2006, 821.

unterschiedlichen Mitgliedstaaten (Art. 2 Abs. 1 SE-VO). Gleichstarke Partner, die einen *Merger of Equals* anstreben, können dabei auf ein neutrales Recht ausweichen, indem sie die SE mit Sitz in einem Mitgliedstaat gründen, in dem keiner der an der Verschmelzung Beteiligten beheimatet ist. Durch Bildung einer Holding-SE (Art. 2 Abs. 2 SE-VO) können sich Unternehmen aus verschiedenen Mitgliedstaaten der einheitlichen Leitung in einem europäischen Konzern unterstellen. Mit der Möglichkeit, eine Tochter-SE zu gründen (Art. 2 Abs. 3 SE-VO), sollen für *Joint Ventures* von Partnern aus unterschiedlichen Mitgliedstaaten neue Gestaltungsformen eröffnet werden. Der Formwechsel einer AG in eine SE (Art. 2 Abs. 4 SE-VO) wird als geeignet angesehen, das dualistische Verwaltungssystem der deutschen AG mit Vorstand und Aufsichtsrat durch ein monistisches System mit einem Verwaltungsrat zu ersetzen.

In der Praxis ist die SE nach anfänglichem Zögern **angenommen** worden, allerdings in den Mitgliedstaaten sehr unterschiedlich.[9] Per Ende September 2019 führte **Deutschland** die Liste der im Handelsregister eingetragenen, aktiven SE, die mehr als fünf Arbeitnehmer haben (insgesamt 649), deutlich mit 362 an, gefolgt von Tschechien (121), Frankreich (33), Niederlande (30) sowie der Slowakei (19) und (derzeit noch) Großbritannien (19).[10] Die relative Beliebtheit der SE in Deutschland erklärt sich vor allem daraus, dass sich diese Rechtsform in gewisser Weise zur Gestaltung von unternehmerischer Mitbestimmung eignet.[11] Während es Großunternehmen vornehmlich um die Verkleinerung des Aufsichtsrats und die Internationalisierung der Arbeitnehmerbank geht,[12] können wachsende Mittelständler und große Familienunternehmen das erreichte Mitbestimmungsniveau versuchen einzufrieren, bevor die Belegschaft die nächste mitbestimmungsrechtlich relevante Schwelle überschreitet, und Vorteile der monistischen Verwaltungsstruktur zu nutzen versuchen.[13] Der überwiegende Teil der EU-weit mehr als 3.000 SE besteht aus Vorratsgesellschaften, ganz überwiegend (mehr als 1.700) in Tschechien gegründet und offenbar zur Veräußerung und – ggf. nach Sitzverlegung in einen anderen Mitgliedstaat – Aktivierung vorgesehen.

Der durchaus achtbare Erfolg der SE in Deutschland war ihr nicht in die Wiege gelegt, denn es gibt eine Reihe von **Erschwernissen:** Die Rechtsanwendung ist schwierig, weil europäisches und nationales Recht kompliziert verzahnt sind und eine große Zahl von Fragen nicht ausdrücklich geregelt ist.[14] Das Verfahren der Arbeitnehmerbeteiligung ist aufwändig und mit dem Gründungsprozess nicht optimal abgestimmt.[15] Der Minderheitsschutz bei der Gründung wird durchweg dadurch gewährleistet, dass dissentierende Aktionäre gegen Barabfindung aus der Gesellschaft ausscheiden können; dadurch wird die SE nicht selten zu einem unbezahlbaren finanziellen Abenteuer.[16] Steuerlich ist die SE nicht privilegiert, so dass der aus einem Mitgliedstaat mit seinem Vermögen, dh ohne dessen Zuordnung zu einer inländischen Betriebsstätte, wegziehende Teil grundsätzlich seine

---

[9] Die folgenden Angaben beruhen auf Auswertungen des European Trade Union Institute, Brüssel, veröffentlicht und regelmäßig aktualisiert auf http://ecdb.worker-participation.eu. Siehe zur deutschen SE auch die rechtstatsächlichen Untersuchungen von *Bayer/Hoffmann/Schmidt* AG 2009, R 480 und *Eidenmüller/Engert/Hornuf* AG 2009, 845 sowie die zehnjährigen Bestandsaufnahmen von *Schuberth/Marc von der Höh* AG 2014, 439 und *Habersack* ZHR-Beiheft 77 (2015), 9 (13–14). Siehe ferner die Aufbereitung des Zahlenmaterials bei *Habersack/Verse* Europäisches GesellschaftsR § 13 Rn. 6–7.

[10] Von den noch in Großbritannien domizilierenden SE haben offenbar angesichts des bevorstehenden Austritts aus der EU über die Hälfte Verfahren zur Sitzverlegung (Art. 8 SE-VO, siehe unten § 85) in einen anderen Mitgliedstaat eingeleitet. Nach dem Austritt in Großbritannien verbleibende SE werden voraussichtlich nach englischem Recht in eine englische Rechtsform umgewandelt.

[11] Dazu → § 86 Rn. 53–57 sowie *Habersack* ZHR-Beiheft 77 (2015), 9 (14–18).

[12] Positive Bestandsaufnahme der Arbeit im verkleinerten Aufsichtsgremium der Allianz SE bei *Hemeling* ZHR-Beiheft 78 (2016), 188 (189).

[13] Instruktiv *Reichert* ZIP 2014, 1957, *passim* sowie *Haider-Giangreco/Polte* BB 2014, 2947, *passim*. Sehr ausführlich und systematisch *Begemann*, SE & Co. KGaA, 2018, *passim*. Speziell zum Einsatz einer monistischen SE als Komplementärin einer KGaA *Seibt/von Rimon* AG 2019, 753, *passim*.

[14] Im Einzelnen dazu → Rn. 14–19.

[15] Dazu noch → § 86 Rn. 32–38.

[16] *Wagner* EWS 2005, 545 (551).

stillen Reserven aufzudecken und zu versteuern hat, wenn auch ggf. mit zeitlicher Verzögerung; dies ist weiterhin eine häufig prohibitive Konsequenz.[17]

6 Gesellschaftsrechtlich ist die SE nicht der einzige Weg, mit einer juristischen Person ohne Auflösung und Abwicklung über die Grenze zu ziehen. Es gibt inzwischen mehrere ernst zu nehmende **Konkurrenzinstitute:**[18] In zeitlicher Nähe zum In-Kraft-Treten der SE-VO hat der EuGH zur Verwirklichung der Niederlassungsfreiheit von Gesellschaften (Art. 49, 54 AEUV) deren gesellschaftsrechtlich identitätswahrenden Umzug durch Verlegung des Verwaltungssitzes innerhalb der EU im Grundsatz ermöglicht.[19] Im Dezember 2005 ist die später in der Gesellschaftsrechtsrichtlinie[20] aufgegangene Richtlinie über die grenzüberschreitende Verschmelzung von Kapitalgesellschaften in Kraft getreten,[21] die sich weitgehend an den Verschmelzungsvorschriften der SE-VO orientiert und die in Deutschland durch die im April 2007 in Kraft getretenen §§ 122a ff. UmwG umgesetzt worden ist, flankiert durch das die Mitbestimmung im Wesentlichen analog zum SE-Recht regelnde MgVG von Ende 2006. Der EuGH hatte kurz vorher die Verschmelzung einer Gesellschaft aus einem anderen EU-Mitgliedstaat auf eine deutsche Gesellschaft sogar schon nach dem seinerzeit geltenden UmwG erlaubt.[22] Und inzwischen hat er auch die grenzüberschreitende Verlegung des Satzungssitzes unter gleichzeitigem Wechsel in eine Rechtsform des Zuzugsstaats für europarechtlich prinzipiell möglich erklärt,[23] auch isoliert, dh ohne gleichzeitige Verlegung auch des Verwaltungssitzes in dem Zuzugsstaat.[24] Die Rechtsanwender werden trotzdem den Erlass der umkämpften Sitzverlegungsrichtlinie[25] begrüßen, um mehr Rechtssicherheit im Umgang mit den staatlichen Registern zu gewinnen. Mit der 2018 vorgeschlagenen Mobilitätsrichtlinie[26] soll das Instrumentarium der Gesellschaftsrechts-

---

[17] Konzise Abhandlungen des Steuerrechts der SE bei Habersack/Drinhausen SE-Recht/*Jochum* Teil E; MüKoAktG/*Fischer* Bd. 7 Abschn. A III. Die Europarechtskonformität steuerlicher Wegzugsbeschränkungen ist zwar nach EuGH NZG 2012, 114 – National Grid Indus neu zu bewerten. In den nationalen Steuergesetzgebungen ist die Wegzugsbesteuerung aber nach wie vor Realität und wird überwiegend auch als prinzipiell vereinbar mit der EuGH-Rechtsprechung angesehen; siehe nur Habersack/Drinhausen SE-Recht/*Jochum* Teil E Rn. 7–9 mwN.

[18] Instruktiver Überblick bei *Verse* ZEuP 2013, 458, *Bayer* ZHR-Beiheft 77 (2015), 230 und *Marsch-Barner* FS Haarmann, 2015, 117. Ausführlich zur Durchsetzung der Niederlassungsfreiheit durch die Rechtsprechung des EuGH *Habersack/Verse* Europäisches GesellschaftsR § 3 Rn. 1–47.

[19] EuGH AG 2003, 37 – Überseering und AG 2003, 680 – Inspire Art (beide sind Zuzugsfälle). Zu Schlussfolgerungen für die Praxis eingehend *Riegger* ZGR 2004, 510; zur Weiterentwicklung der Konzepte *Roth* FS Heldrich, 2005, 973.

[20] Richtlinie EU 2017/1132 des Europäischen Parlaments und des Rates vom 14.6.2017 über bestimmte Aspekte des Gesellschaftsrechts, ABl. 2017 L 169, S. 46, zuletzt geändert durch Richtlinie (EU) 2019/1151 des Europäischen Parlaments und des Rates vom 20.6.2019, ABl. 2019 L 186, S. 80.

[21] Richtlinie 2005/56/EG des Europäischen Parlaments und des Rates vom 26.10.2005 über die Verschmelzung von Kapitalgesellschaften aus verschiedenen Mitgliedstaaten, ABl. 2005 L 310, S. 1. Dazu zB *Neye* ZIP 2005, 1893; *Drinhausen/Keinath* RIW 2006, 81; *Bayer/J. Schmidt* NJW 2006, 401; *Oechsler* NZG 2006, 162.

[22] EuGH ZIP 2005, 2311 – SEVIC. Dazu zB *Bungert* BB 2006, 53; *Geyrhalter/Weber* DStR 2006, 146; *Bayer/Schmidt* ZIP 2006, 210; *Teichmann* ZIP 2006, 355.

[23] EuGH NZG 2012, 871 – Vale (ebenfalls ein Zuzugsfall). Dazu zB *Schön* ZGR 2013, 333; *Roth* FS Hoffmann-Becking, 2013, 965. Für einen Zuzug von Luxemburg nach Deutschland unter Formwechsel in eine deutsche GmbH OLG Nürnberg ZIP 2014, 128 – Moor Park II mit zust. Anm. *Bungert/de Raet* DB 2014, 761.

[24] EuGH NZG 2017, 1308 – Polbud. Dazu ausführlich *Paefgen* WM 2018, 933 (Teil I) und 1029 (Teil II). Der Zuzugsstaat muss kollisionsrechtlich allerdings der Gründungstheorie folgen. Eine isolierte Verlegung des Satzungssitzes nach Deutschland würde von dieser Rechtsprechung also nicht geschützt.

[25] Dazu noch → § 85 Rn. 1.

[26] Vorschlag für eine Richtlinie des Europäischen Parlaments und des Rates zur Änderung der Richtlinie (EU) 2017/1132 in Bezug auf grenzüberschreitende Umwandlungen, Verschmelzungen und Spaltungen, vom 25.4.2018, COM (2018) 241 final.

richtlinie für grenzüberschreitende Umwandlungen demnächst um Formwechsel und Spaltungen ergänzt werden.[27] Nach der Umsetzung durch die Mitgliedstaaten werden Kapitalgesellschaften nationaler Rechtsform zum Teil einfachere, zum Teil weitergehendere Möglichkeiten grenzüberschreitender Umwandlung haben als bei Gründung einer SE. Mitbestimmungsfragen werden praktisch gleich geregelt sein. Vorteile wird die SE dann vor allem noch aufweisen bei der Verlegung des Satzungssitzes über die Grenze (mehr Rechtssicherheit durch statutarische Regelung, siehe unten § 85) und in der Governance (Wahl zwischen dualistischer und monistischer Verfassung, siehe unten § 86).

II. Europäische und deutsche Gesetzgebung

Die Idee der SE geht wesentlich zurück auf den französischen Notar *Thibièrge*, der eine solche supranationale Gesellschaftsform 1959 beim französischen Notartag thematisierte,[28] und auf den niederländischen Hochschullehrer *Pieter Sanders*, der dafür in seiner Antrittsvorlesung 1959 an der Wirtschaftshochschule Rotterdam warb.[29] Nach weiteren privaten Initiativen nahm sich die **Europäische Kommission 1965** auf Anregung der französischen Regierung der Angelegenheit an und erarbeitete unter Führung des Kommissars *von der Groeben* eine „**Denkschrift** über die Schaffung einer europäischen Handelsgesellschaft".[30] Ferner beauftragte die Kommission eine Gruppe von Sachverständigen unter Leitung von *Sanders*, einen „**Vorentwurf**" eines Statuts für europäische Aktiengesellschaften" zu erarbeiten. Das kaum ein Jahr später vorgelegte Ergebnis[31] war eine umfassende, 208 Artikel enthaltende gesellschaftsrechtliche Kodifikation einer neuen supranationalen Rechtsform, die grundsätzlich keinen Rückgriff auf nationale Vorschriften erforderlich machte. Geregelt waren auch das Konzernrecht, das Umwandlungsrecht, gewisse steuer- und strafrechtliche Aspekte und sogar das Mitbestimmungsrecht, letzteres allerdings unter Rückgriff auf die am Sitz der SE geltenden nationalen Vorschriften. 7

Auf dieser Basis erarbeitete die Kommission bis **1970** den **Entwurf einer Verordnung** für die SE,[32] der noch ausführlicher war als der Vorentwurf und 284 Artikel umfasste. Gegen nicht unerheblichen Widerstand hatte Deutschland sich mit der dualistischen Organisationsverfassung der Gesellschaft (Vorstand und Aufsichtsrat) und dem – auf *Kurt Biedenkopf* zurückgehenden – Kern der Mitbestimmungsregeln durchgesetzt. Danach sollte der Aufsichtsrat der SE zu einem Drittel oder einem in der Satzung festgelegten größeren Anteil aus Vertretern der Arbeitnehmer zusammengesetzt sein, wenn nicht zwei Drittel aller Arbeitnehmer eine Vertretung im Aufsichtsrat ganz ablehnten. Die Verordnung enthielt eine Öffnungsklausel für die Anwendung einzelstaatlichen Rechts auf „nicht behandelte Gegenstände". 8

Die Mitbestimmung wurde schnell zum Stein des Anstoßes. Auf Anregung des Europäischen Parlaments wurden die zum Teil satzungsdispositiven Mitbestimmungsvorschriften durch eine zwingende Drittelparität ersetzt: Der Aufsichtsrat sollte sich zu jeweils einem Drittel aus Anteilseignervertretern, Arbeitnehmervertretern und neutralen Personen zusammensetzen. Einen entsprechend **überarbeiteten Entwurf der Verordnung** legte die Kommission **1975** vor.[33] Im Rat scheiterte der von Kommission und Parlament gemeinsam getragene Vorschlag jedoch, weil die Mehrheit der Ratsmitglieder jede Art von Mitbestimmung ablehnte. 1982 wurden die Verhandlungen über die SE im Rat offiziell ausgesetzt. 9

---

[27] Konziser Überblick bei *Bayer/J. Schmidt* BB 2019, 1922 (1925–1936).
[28] Le statut des sociétés étrangères, abgedruckt in: Le statut de l'étranger et le Marché Commune, 57ème Congrès de notaires de France tenu à Tours 1959, Paris 1959, S. 270 ff., 360 ff.
[29] Vers une société européenne, deutsche Fassung abgedruckt in AWD 1960, 1.
[30] Dok. SEK(1966) 1250 vom 25.4.1966, abgedruckt als Sonderbeilage zum Bulletin 9/10–1966 (EWG).
[31] Abgedruckt in der Kollektion Studien, Reihe Wettbewerb Nr. 6, 1967.
[32] ABl. 1970 C 124, S. 1.
[33] Beilage Nr. 4/75 zum Bulletin der EG.

10 Im Zuge der Initiativen zur Vollendung des Binnenmarkts schlug der Europäische Rat 1987 vor, die Bemühungen zur Schaffung der SE wieder aufzunehmen.[34] Die Kommission arbeitete daraufhin einen **neuen Vorschlag für die Verordnung** aus, den sie **1989** präsentierte. Dieser war mit 137 Artikeln weit weniger ambitioniert als seine Vorgänger, berief in größerem Umfang das nationale Recht des Sitzstaats zur Anwendung und verzichtete ganz auf die Kodifizierung des Konzernrechts und des Umwandlungsrechts. Neben die dualistische Organisationsverfassung trat nach Wahl der Rechtsanwender das monistische System mit einem Verwaltungsrat. Die Mitbestimmung wurde ebenfalls aus dem Verordnungsentwurf herausgenommen und sollte in einer Richtlinie geregelt werden.[35] Der Richtlinienentwurf stellte der SE und ihren Arbeitnehmern mehrere Mitbestimmungsmodelle zur Auswahl, darunter erstmals ein von Gesellschaft und Arbeitnehmervertretern im Einzelfall auszuhandelndes Mitbestimmungsmodell. 1991 wurde der Entwurf der Verordnung für die SE noch einmal überarbeitet.[36] Auch diese Vorschläge scheiterten jedoch, und zwar wiederum am Thema der Mitbestimmung.

11 Das Mitbestimmungsthema wurde in den folgenden Jahren weiter aufgearbeitet. Dabei kristallisierte sich in den Gremien der EU die Auffassung heraus, dass die Mitbestimmungssysteme der Mitgliedstaaten aus politischen Gründen nicht harmonisierbar seien. Die im Richtlinienentwurf vom 1989 bereits im Kern enthaltene Verhandlungslösung wurde deshalb weiterentwickelt. Sie sollte das Grundmodell für die Arbeitnehmerbeteiligung im Aufsichtsrat werden. Wenn die Verhandlungen scheiterten, sollte eine Auffanglösung eingreifen, gemäß der die SE demjenigen Mitbestimmungssystem unterworfen wurde, das unter den Mitbestimmungssystemen der Gründer die weitreichendsten Mitbestimmungsrechte enthielt. Die Auffanglösung wurde allerdings auf Drängen Spaniens den Mitgliedstaaten nicht in allen Fällen verbindlich vorgeschrieben. Auf diese Weise wollte Spanien verhindern, dass die deutsche Mitbestimmung nach Spanien importiert werden konnte. Wenn danach die Verhandlungen über das Mitbestimmungsmodell scheitern und ein Mitgliedstaat keine Auffanglösung bereithält, kann eine SE mit Sitz in diesem Mitgliedstaat nicht gegründet werden. Dieser Kompromiss wurde auf der Basis fortgeschriebener Entwürfe der Verordnung und der Richtlinie aus dem Jahre 2000[37] schließlich ein Jahr später durch die auf 70 Artikel weiter verkürzte SE-VO[38] sowie die SE-RL[39] kodifiziert. Die **SE-RL** trat am 10.11.20**01**, die **SE-VO** am 8.10.20**04** in Kraft. An diesem Tag endete auch die Umsetzungsfrist der SE-RL.

12 Am 29.12.20**04,** also kurz nach Ablauf der Umsetzungsfrist, trat in Deutschland das Gesetz zur Einführung der Europäischen Gesellschaft (**SEEG**) vom 22.12.2004[40] in Kraft. Dessen Art. 1 enthält das Gesetz zur Ausführung der SE-VO (SE-Ausführungsgesetz – **SEAG**). In Art. 2 findet sich das Gesetz über die Beteiligung der Arbeitnehmer in einer Europäischen Gesellschaft (SE-Beteiligungsgesetz – **SEBG**), durch das die SE-RL in deutsches Recht umgesetzt wird. Die rechtstechnische Notwendigkeit des SEBG liegt auf der Hand, weil europäische Richtlinien in den Mitgliedstaaten grundsätzlich keine unmittelbare Anwendung finden und daher nationaler Umsetzungsakte bedürfen (Art. 288 Abs. 3 AEUV). Demgegenüber gilt die SE-VO als europäische Verordnung ohne Weiteres in allen Mitgliedstaaten (Art. 288 Abs. 2 AEUV). Das SEAG ist dennoch unter zwei Gesichtspunkten unentbehrlich: Erstens regelt die SE-VO als Minimalkonsens nicht alle Aspekte der SE, sondern ruft in vielen Bereichen die Mitgliedstaaten zur Regelung auf. Beispielsweise legt Art. 12 Abs. 1 SE-VO fest, dass die Gesellschaft in das Handelsregister ihres Sitzstaats einzutragen ist. Welches

---

[34] Dok. KOM(88) 320 endg. vom 15.7.1988.
[35] Vorschlag einer Richtlinie zur Ergänzung des SE-Statuts hinsichtlich der Stellung der Arbeitnehmer, ABl. 1989 C 263, S. 69.
[36] ABl. 1991 C 176, S. 1.
[37] Dok. 14 717/00 SE 8 (für die Verordnung) und Dok. 14719/00 SE 9 (für die Richtlinie).
[38] → Fn. 1.
[39] Richtlinie 2001/86/EG des Rates vom 8.10.2001 zur Ergänzung des Statuts der Europäischen Gesellschaft hinsichtlich der Beteiligung der Arbeitnehmer, ABl. 2001 L 294, S. 22.
[40] BGBl. 2004 I S. 3675.

§ 83 Geschichte und Rechtsgrundlagen

Register zuständig ist und welches Registerverfahren anzuwenden ist, ergibt sich aber erst aus § 4 SEAG. Zweitens eröffnet das europäische Recht den Mitgliedstaaten eine Reihe von Wahlmöglichkeiten oder verpflichtet sie sogar dazu, ergänzende Regelungen zu schaffen. Art. 8 Abs. 5 SE-VO zum Beispiel gibt den Mitgliedstaaten die Möglichkeit, den dissentierenden Minderheitsaktionären angemessenen Schutz gegen eine Verlegung des Sitzes in einen anderen Mitgliedstaat zu gewähren. Von dieser Ermächtigung macht § 12 Abs. 1 SEAG in der Weise Gebrauch, dass die SE jedem Aktionär, der gegen den Verlegungsbeschluss der Hauptversammlung Widerspruch zur Niederschrift erklärt, den Erwerb seiner Aktien gegen angemessene Barabfindung anbieten muss (dazu noch → § 85 Rn. 13–14). Art. 64 SE-VO verlangt vom Sitzstaat geeignete Sanktionen für Verstöße gegen die Sitzvorschriften. § 52 SEAG erfüllt diesen Regelungsauftrag.

13 In einem gemäß Art. 69 SE-VO zu erstattenden Bericht vom 17.11.2010 hat die Kommission, gestützt auf eine externe Studie sowie öffentliche Konsultationen und eine Konferenz, **Reformbedarf** im Regelungskosmos der SE erörtert und Reformvorschläge für 2012 in Aussicht gestellt.[41] Die Ankündigung war aber sehr verhalten, und tatsächlich hat die Kommission bisher nichts vorgelegt. In Deutschland, dem Hauptanwendungsland der SE, hatte sich in zeitlicher Nähe zum Kommissionsbericht eine lebhafte Reformdebatte entwickelt, die vielfältige Verbesserungsvorschläge hervorgebracht,[42] aber wohl im Ausland und bei den Gesetzgebern in Brüssel und Berlin wenig Widerhall gefunden hat. Gewichtige Kritikpunkte sind die Restriktionen beim Sitz (Art. 7 SE-VO) und der Rückumwandlung (Art. 66 SE-VO) der SE sowie die Ausgestaltung des Arbeitnehmerbeteiligungsverfahrens und seine Einbindung in den Gründungsprozess (dazu im Folgenden noch eingehender).

III. Normenhierarchie

14 **1. Überblick.** Die Hierarchie der auf die SE nach ihrer Entstehung durch Handelsregistereintragung (Art. 16 Abs. 1 SE-VO) anwendbaren Rechtsnormen ergibt sich aus Art. 9 Abs. 1 SE-VO.[43] Danach sind folgende Stufen zu unterscheiden:

(1) Den höchsten Rang nehmen die Bestimmungen der **SE-VO** ein (Art. 9 Abs. 1 lit. a SE-VO). Diese Bestimmungen sind grundsätzlich zwingend; nur die Satzung der SE darf davon abweichen, und auch nur dann, wenn die SE-VO dies ausdrücklich gestattet (Art. 9 Abs. 1 lit. b SE-VO). Bei satzungsdispositiven Regeln der SE-VO ist also stets zu prüfen, ob die Satzung Abweichungen enthält. Beispielsweise legt Art. 50 Abs. 1 lit. a SE-VO fest, dass die Organe der SE beschlussfähig sind, wenn mindestens die Hälfte ihrer Mitglieder anwesend oder vertreten ist; die Satzung kann jedoch ein anderes Quorum regeln.

(2) Auf der zweiten Stufe stehen diejenigen **Satzungsregelungen,** die auf satzungsdispositiven Normen der SE-VO beruhen (Art. 9 Abs. 1 lit. b SE-VO). Solche Satzungsregelungen, zum Beispiel die vorstehend erwähnte Regelung des Quorums für die Beschlussfassung in den Organen, gehen auch den deutschen Rechtsvorschriften vor.

(3) Die von der SE-VO nicht oder nur teilweise geregelten Bereiche richten sich in erster Linie nach denjenigen Rechtsvorschriften, die der deutsche Gesetzgeber in Ausführung der SE-VO und der SE-RL erlassen hat (Art. 9 Abs. 1 lit. c SE-VO). Dies sind die Normen des **SEAG** und des **SEBG.** Beispielsweise ermächtigt Art. 8 Abs. 5 SE-VO die Mitgliedstaaten, den widersprechenden Minderheitsaktionären angemessenen Schutz gegen eine Verlegung des Sitzes in einen anderen Mitgliedstaat zu gewähren.

---

[41] Bericht der Kommission an das Europäische Parlament und den Rat über die Anwendung der Verordnung EG Nr. 2157/2001 über das Statut der Europäischen Gesellschaft (SE), KOM(2010) 676 endg. Dazu *Kiem* CFL 2011, 134.

[42] Insbesondere *Arbeitskreis Aktien- und Kapitalmarktrecht* ZIP 2009, 698; 2010, 2221; 2011, 1841; *Kiem* ZHR 173 (2009), 156; *Casper* ZHR 173 (2009), 181; *Henssler* ZHR 173 (2009), 222.

[43] Siehe zum Folgenden auch *Bungert/Beier* EWS 2002, 1 (2); *Thoma/Leuering* NJW 2002, 1449 (1450); Jannott/Frodermann HdB SE/*Kuhn* 2. Kap. Rn. 12; Lutter/Hommelhoff/Teichmann SE/ *Lutter* Einl. SE-VO Rn. 29–31.

§ 12 Abs. 1 SEAG macht von dieser Ermächtigung Gebrauch, indem den Aktionären ein Austrittsrecht gegen Barabfindung gewährt wird.

(4) Auf der nächsten Stufe finden sich diejenigen deutschen Rechtsvorschriften, die auf eine in Deutschland gegründete AG anzuwenden wären (Art. 9 Abs. 1 lit. c ii SE-VO). Dabei handelt es sich vor allem um die Normen des **AktG** einschließlich des Konzernrechts. Dazu zählen aber beispielsweise auch die Rechnungslegungsvorschriften des HGB, für börsennotierte AG darüber hinaus etwa die Ad-hoc-Publizitätsvorschriften des WpHG und die Normen des BörsG und der BörsZulV. Auch insoweit gilt der Vorbehalt, dass Bereiche betroffen sein müssen, die durch die SE-VO nicht oder nur teilweise geregelt sind. Dies ist insbesondere bei der Anwendung des UmwG zu beachten. Ferner muss es sich um zwingende deutsche Rechtsnormen oder solche satzungsdispositiven Normen handeln, die durch die Satzung nicht abbedungen worden sind.

(5) Sodann kommen für Bereiche, die durch die SE-VO nicht oder nur teilweise geregelt sind, diejenigen **Satzungsregeln** zur Anwendung, die auf satzungsdispositivem deutschem Recht beruhen (Art. 9 Abs. 1 lit. c iii SE-VO). Zum Beispiel gestattet es § 221 Abs. 1 S. 3 AktG, dass die Satzung für die Ausgabe von Wandelschuldverschreibungen eine andere Mehrheit als drei Viertel des bei der Beschlussfassung vertretenen Grundkapitals festlegt. Die meisten Gesellschaften machen von dieser Ermächtigung Gebrauch, indem sie die einfache Mehrheit ausreichen lassen.

15 Schwierigkeiten bereitet insbesondere die Feststellung, ob die vorstehend unter (3) bis (5) genannten deutschen Rechtsvorschriften zur Anwendung berufen sind. Dazu ist es jeweils erforderlich, dass ein Bereich betroffen ist, der durch die SE-VO nicht oder nur teilweise geregelt wird. Die Literatur ist sich darüber einig, dass dieses Erfordernis über seinen Wortlaut hinaus ausgedehnt werden muss und die bloße Feststellung einer Lücke in der SE-VO nicht genügt. Vielmehr muss es sich um eine **planmäßige Lücke** handeln, also einen Bereich, für den das europäische Recht bewusst den Mitgliedstaaten den Vortritt lassen will. Planwidrige Lücken dagegen sind durch Analogien zu den Regelungen der SE-VO selbst zu schließen.[44] Die Begründung dafür ergibt sich daraus, dass der europäische Gesetzgeber mit der SE-VO einen politischen Kompromiss kodifiziert hat, der einige, aber keineswegs alle ungeregelten Materien den nationalen Rechtsvorschriften überantworten wollte. Vereinfacht gesagt scheidet der Rückgriff auf das deutsche Recht also dort aus, wo die SE-VO eine bewusst abschließende oder eine unbewusst unvollständige Regelung, die durch Analogie auf Ebene der SE-VO geschlossen werden kann, enthält. Dies festzustellen kann im Einzelfall durchaus schwierig sein.

16 **2. Verweisungsnormen der SE-VO.** Die **speziellen Verweisungen** des Art. 9 Abs. 1 lit. c i SE-VO sind im Allgemeinen schnell identifiziert und nicht schwer zu handhaben. Man unterscheidet Verweisungen, die das nationale Recht unmittelbar zur Anwendung berufen (zB Art. 12 Abs. 1 SE-VO: Registerverfahrensrecht des Sitzstaats) von Ermächtigungen, die dem Sitzstaat eine Regelungsmöglichkeit eröffnen (zB Art. 8 Abs. 5 SE-VO: Schutz dissentierender Minderheitsaktionäre bei Sitzverlegung über die Grenze) und Verpflichtungen, die dem Sitzstaat die Regelung bestimmter Bereiche aufgeben (zB Art. 64 Abs. 1 und 2 SE-VO: Sanktionen für Sitz und Hauptverwaltung in verschiedenen Mitgliedstaaten).[45] Mit dem speziellen Anwendungsbefehl und der speziellen Ermächtigung zur Anwendung nationalen Rechts gibt die SE-VO deutlich genug zu erkennen, dass sie diesen Komplex nicht selbst regeln will und damit eine planmäßige Regelungslücke vorliegt.[46] Der in der einleitenden Formulierung von Art. 9 Abs. 1 lit. c

---

[44] *Brandt/Scheifele* DStR 2002, 547 (552–553); *Wagner* NZG 2002, 985 (989); *Casper* FS Ulmer, 2003, 51 (56–62); Jannott/Frodermann HdB SE/*Kuhn* 2. Kap. Rn. 14–16; KölnKommAktG/*Veil* SE-VO Art. 9 Rn. 67–69; Spindler/Stilz AktG/*Casper* SE-VO Art. 9 Rn. 9–10.

[45] Eine Auflistung der entsprechenden Verweisungen findet sich bei Jannott/Frodermann HdB SE/*Kuhn* 2. Kap. Rn. 21 Fn. 28, 29 und 31.

[46] Zur Rangfolge unter den Spezialverweisungen *Brandt/Scheifele* DStR 2002, 547 (554–555).

§ 83 Geschichte und Rechtsgrundlagen

enthaltene Vorbehalt ist damit für die speziellen Verweisungen der SE-VO praktisch bedeutungslos.

Ganz anders sieht es bei der (hinter die Spezialverweisung zurücktretenden) **Generalverweisung** des Art. 9 Abs. 1 lit. c ii SE-VO aus. Hier ist der Einleitungstext, und zwar mit der → Rn. 15 erläuterten Ergänzung, sehr ernst zu nehmen. Das deutsche Recht darf aufgrund der Generalverweisung nur angewandt werden, soweit die SE-VO planmäßig lückenhaft ist. Schon dies ist nicht immer leicht festzustellen. Erschwerend kommt hinzu, dass die Generalverweisung nach allgemeiner Ansicht nicht für sämtliche Materien gelten soll, die von der SE-VO bewusst nicht geregelt worden sind. Vielmehr soll erforderlich sein, dass der regelungsbedürftige Sachverhalt einen spezifischen Bezug zum Recht der SE, dh vor allem zur SE-VO, aufweist.[47] Dass dies richtig ist, zeigt schon der 20. Erwägungsgrund der SE-VO. Darin werden Rechtsbereiche genannt, die von der Verordnung jedenfalls nicht erfasst werden, wie das Steuerrecht, das Wettbewerbsrecht, der gewerbliche Rechtsschutz und das Insolvenzrecht. Für diese Bereiche gilt deshalb auch nicht die Generalverweisung des Art. 9 Abs. 1 lit. c ii SE-VO, so dass das deutsche Recht nicht ohne Weiteres zur Anwendung gelangt.[48] Welches nationale Recht anwendbar ist, ergibt sich vielmehr aus den allgemeinen Regeln des internationalen Privatrechts.[49] Für bestimmte konzernrechtliche Aspekte verweist der 15. Erwägungsgrund der SE-VO sogar ausdrücklich auf die allgemeinen Grundsätze des internationalen Privatrechts.[50] Eine bestehende SE kann sich nach heute hM auch an Umwandlungsvorgängen nach dem UmwG beteiligen, sofern nicht Art. 66 Abs. 1 S. 2 SE-VO (2-Jahres-Sperre beim Rückformwechsel) ausdrücklich entgegensteht.[51]

Bei den Verweisungen in Art. 9 Abs. 1 lit. c i und ii SE-VO handelt es sich nach überwiegender Auffassung um **Sachnormverweisungen,** so dass die Regeln des internationalen Privatrechts des zur Anwendung berufenen nationalen Rechts nicht gelten.[52] Für die speziellen Verweisungen ergibt sich dies ohne Weiteres aus dem Wortlaut der Verweisungsnormen. Für die Generalverweisung ist es damit zu begründen, dass – auch nach dem Willen des europäischen Gesetzgebers – in Ergänzung der SE-VO nur ein nationales Sachrecht für die SE gelten sollte,[53] und zwar dasjenige des Sitzstaats. Das ohnehin schon komplexe Normengefüge, das auf die SE anwendbar ist, würde sonst kaum noch handhabbar. Alle Verweisungen schließen ungeschriebene Rechtsgrundsätze und das Richterrecht ein[54] und sind **dynamisch,** dh das nationale Recht ist in seiner jeweils geltenden Fassung anzuwenden.[55]

---

[47] *Brandt/Scheifele* DStR 2002, 547 (548, 549); *Wagner* NZG 2002, 985 (988); *Casper* FS Ulmer, 2003, 51 (66). Beispiele der danach erfassten Regelungsbereiche bei *Hommelhoff* in Lutter/Hommelhoff, Die Europäische Gesellschaft, 2005, S. 11–14.
[48] MüKoAktG/*Schäfer* SE-VO Art. 9 Rn. 4; Habersack/Drinhausen SE-Recht/*Schürnbrand* SE-VO Art. 9 Rn. 28 mit Hinweisen auf weitere Rechtsbereiche dieser Art.
[49] MüKoAktG/*Schäfer* SE-VO Art. 9 Rn. 4; Spindler/Stilz AktG/*Casper* SE-VO Art. 9 Rn. 6.
[50] Übersicht zum Konzernrecht der SE bei *Brandi* NZG 2003, 889; *Ebert* BB 2003, 1854; *Veil* WM 2003, 2169; MüKoAktG/*Ego* Art. 9 SE-VO Anh.; *Hommelhoff/Lächler* AG 2014, 257; insbesondere zu den Kollisionsfragen *Engert* ZVglRWiss 104 (2005), 444.
[51] Erste Untersuchungen bei *Oplustil/Schneider* NZG 2003, 13; sodann *Marsch-Barner* FS Happ, 2006, 165 und *Kossmann/Heinrich* ZIP 2007, 164. Aktuelle knappe Übersichten bei Spindler/Stilz AktG/*Casper* SE-VO Art. 2, 3 Rn. 32–40; Habersack/Drinhausen SE-Recht/*Drinhausen* Art. 66 Rn. 34–43.
[52] *Brandt/Scheifele* DStR 2002, 547 (549–553); *Wagner* NZG 2002, 985 (987); Jannott/Frodermann HdB SE/*Kuhn* 2. Kap. Rn. 19–20; MüKoAktG/*Schäfer* SE-VO Art. 9 Rn. 15; Habersack/Drinhausen SE-Recht/*Schürnbrand* SE-VO Art. 9 Rn. 34; aA IFSt, Gesellschafts- und steuerrechtliche Grundfragen der Europäischen Aktiengesellschaft (Societas Europaea), 2005, S. 27; *Lächler/Oplustil* NZG 2005, 381 (384).
[53] *Brandt/Scheifele* DStR 2002, 547 (549); Jannott/Frodermann HdB SE/*Kuhn* 2. Kap. Rn. 20.
[54] *Hommelhoff* in Lutter/Hommelhoff, Die Europäische Gesellschaft, 2005, S. 20–21; MüKoAktG/*Schäfer* SE-VO Art. 9 Rn. 17; KölnKommAktG/*Veil* SE-VO Art. 9 Rn. 72.
[55] *Brandt/Scheifele* DStR 2002, 547 (553); *Casper* FS Ulmer, 2003, 51 (65); Schwarz SE-VO Einl. Rn. 133.

19   Allenfalls klarstellende Funktion haben die vordergründig als Verweisungsnormen erscheinenden Art. 9 Abs. 3 und Art. 10 SE-VO. Art. 9 Abs. 3 sagt, dass auf die besondere Geschäftstätigkeit einer SE die für eine solche Geschäftstätigkeit geltenden Normen des einzelstaatlichen Rechts anzuwenden sind. Das ist selbstverständlich, weil die SE-VO besondere Geschäftstätigkeiten gar nicht regelt und auch nicht regeln will, so dass das nationale Recht vollen Regelungszugriff hat. Beispiel: Die Tätigkeit eines in Deutschland als SE betriebenen Kreditinstituts wird natürlich vom KWG reguliert. Art. 10 SE-VO ordnet an, dass eine SE in jedem Mitgliedstaat wie eine AG behandelt wird, die nach dem Recht des Sitzstaats der SE gegründet wurde. Weil dies aber nur vorbehaltlich der Bestimmungen der SE-VO gilt, ist für den Sitzstaat alles bereits durch die Generalverweisung des Art. 9 Abs. 1 lit. c. ii SE-VO geregelt. Für die anderen Mitgliedstaaten wirkt Art. 10 SE-VO als Gleichbehandlungsgebot und Diskriminierungsverbot.[56]

20   **3. Gerichtliche Zuständigkeiten.** Die Auslegung der SE-VO und die Lückenfüllung auf Ebene der SE-VO obliegt dem EuGH (Art. 263 Abs. 1 AEUV). Dies gilt auch für die Verweisungsnormen. Die Auslegung des zur Anwendung berufenen deutschen Rechts ist Sache der deutschen Gerichte. Zum deutschen Recht gehört nicht nur das Gesetzesrecht, sondern auch das Richterrecht.[57]

§ 84 Gründung

Übersicht

	Rn.		Rn.
I. Gründungsformen	1–73	a) Gründungsvorgang im Überblick	45–50
1. Überblick	1–4	b) Mindesteinbringungsquoten und Grundkapital	51–53
2. Verschmelzung	5–44	c) Verhältnis zum Übernahmerecht	54, 55
a) Gründungsvorgang im Überblick	5, 6	d) Minderheitsschutz und Gläubigerschutz	56, 57
b) Verschmelzungsplan	7–9	4. Gemeinsame Tochter-SE	58–61
c) Umtauschverhältnis	10–12	5. Formwechsel	62–71
d) Verschmelzungsstichtag, Schlussbilanz und Gewinnbezugsrecht	13, 14	a) Lückenfüllung	62
e) Verschmelzungsbericht	15–17	b) Gründungsvorgang im Überblick	63–68
f) Verschmelzungsprüfung	18–20	c) Rechtsfolgen des Formwechsels	69
g) Verschmelzungsbeschlüsse	21–25	d) Kein Austrittsrecht	70, 71
h) Erleichterungen bei konzerninterner Verschmelzung	26–28	6. Tochter-SE der SE	72, 73
i) Rechtmäßigkeitskontrolle und Registerverfahren	29–33	II. Haftung im Gründungsstadium	74–79
j) Wirkungen der Verschmelzung	34–36	1. Vor-SE	75–77
k) Minderheitsschutz	37–43	2. Handelndenhaftung	78, 79
l) Gläubigerschutz	44		
3. Holding-SE	45–57		

Schrifttum: *Bayer,* Die Gründung einer Europäischen Gesellschaft mit Sitz in Deutschland, in Lutter/Hommelhoff, Die Europäische Gesellschaft, 2005, S. 25; *Brandes,* Cross Border Merger mittels der SE, AG 2005, 177; *Bungert/Beier,* Die Europäische Aktiengesellschaft, EWS 2002, 1; *Casper,* Die Vor-SE – nationale oder europäische Vorgesellschaft?, Der Konzern 2007, 244; *Casper/Schäfer,* Die Vorrats-SE – Zulässigkeit und wirtschaftliche Neugründung, ZIP 2007, 653; *Drees,* Die Gründung der Europäischen Aktiengesellschaft (SE) in Deutschland und ihre rechtliche Behandlung vor Eintragung (Vor-SE), 2006; *Drinhausen,* Ausgewählte Rechtsfragen der SE-Gründung durch Formwechsel und Verschmelzung, ZHR-Beiheft 77 (2015), 30; *Forst,* Die Beteiligung der Arbeitnehmer in der Vorrats-SE, NZG 2009, 687; Habersack/Drinhausen (Hrsg.), SE-Recht, 2. Aufl., 2016; *Heckschen,* Die Europäische AG aus

---

[56] *Oplustil/Schneider* NZG 2003, 13 (15); Jannott/Frodermann HdB SE/*Kuhn* 2. Kap. Rn. 32; KölnKommAktG/*Veil* SE-VO Art. 10 Rn. 3.

[57] *Hirte* NZG 2002, 1 (2); *Teichmann* ZGR 2002, 383 (398–399).

notarieller Sicht, DNotZ 2003, 251; *Hirte,* Die Europäische Aktiengesellschaft, NZG 2002, 1; van Hulle/Maul/Drinhausen (Hrsg.), Handbuch zur Europäischen Gesellschaft (SE), 2007; *Ihrig/Wagner,* Diskussionsentwurf für ein SE-Ausführungsgesetz, BB 2003, 969; *dies.,* Das Gesetz zur Einführung der Europäischen Gesellschaft (SEEG) auf der Zielgeraden, BB 2004, 1749; Jannott/Frodermann (Hrsg.), Handbuch der Europäischen Aktiengesellschaft – Societas Europaea –, 2. Aufl., 2014; *Kersting,* Societas Europaea: Gründung und Vorgesellschaft, DB 2001, 2079; Kölner Kommentar zum Aktiengesetz, Bd. 8/1 und 8/2: SE-VO, SEBG, 3. Aufl., 2010 und 2012; *Koke,* Die Finanzverfassung der Europäischen Aktiengesellschaft (SE) mit Sitz in Deutschland, 2005; *Kowalski,* Praxisfragen bei der Umwandlung einer Aktiengesellschaft in eine Europäische Gesellschaft (SE), DB 2007, 2243; Lutter/Hommelhoff/Teichmann (Hrsg.), SE-Kommentar, 2. Aufl., 2015; Manz/Mayer/Schröder (Hrsg.), Europäische Aktiengesellschaft (SE), 3. Aufl., 2019; Münchener Kommentar zum Aktiengesetz, Bd. 7: SE-VO, SEBG, 4. Aufl., 2017; *Noack,* Aktionärsbeteiligung bei der SE-Beteiligungsvereinbarung, ZHR-Beiheft 77 (2015), 96; *Oplustil/Schneider,* Zur Stellung der Europäischen Aktiengesellschaft im Umwandlungsrecht, NZG 2003, 13; *Schäfer,* Das Gesellschaftsrecht (weiter) auf dem Weg nach Europa – am Beispiel der SE-Gründung, NZG 2004, 785; *Scheifele,* Die Gründung der Europäischen Aktiengesellschaft (SE), 2004; *Schwarz,* SE-VO, 2006; *Seibt,* Satzung und Satzungsgestaltung in der Europäischen Gesellschaft deutschen Rechts, in Lutter/Hommelhoff, Die Europäische Gesellschaft, 2005, S. 67; *Seibt/Reinhard,* Umwandlung der Aktiengesellschaft in die Europäische Gesellschaft (Societas Europaea), Der Konzern 2005, 407; *Spitzbart,* Die Europäische Aktiengesellschaft (Societas Europaea – SE) – Aufbau der SE und Gründung –, RNotZ 2006, 369; *Stöber,* Die Gründung einer Holding-SE, AG 2013, 110; *Teichmann,* Die Einführung der Europäischen Aktiengesellschaft, ZGR 2002, 383; *ders.,* Minderheitenschutz bei Gründung und Sitzverlegung der SE, ZGR 2003, 367; *ders.,* Austrittsrecht und Pflichtangebot bei Gründung einer Europäischen Aktiengesellschaft, AG 2004, 67; Theisen/Wenz (Hrsg.), Die Europäische Aktiengesellschaft, 2. Aufl., 2005; *Thoma/Leuering,* Die Europäische Aktiengesellschaft – Societas Europaea, NJW 2002, 1449; *J. Vetter,* Minderheitenschutz bei der Gründung einer Europäischen Gesellschaft, in Lutter/Hommelhoff, Die Europäische Gesellschaft, 2005, S. 111; *von der Höh,* Die Vorrats-SE als Problem der Gesetzesumgehung und des Rechtsmissbrauchs, 2017; *ders.,* Der „Kettenformwechsel" in die SE, AG 2018, 185; *Vossius,* Gründung und Umwandlung der deutschen Europäischen Gesellschaft (SE), ZIP 2005, 741; *Wagner,* Praktische Erfahrungen mit der Europäischen Aktiengesellschaft, EWS 2005, 545; *Walden/Mayer-Landrut,* Die grenzüberschreitende Verschmelzung zu einer Europäischen Gesellschaft: Planung und Vorbereitung, DB 2005, 2119; *dies.,* Die grenzüberschreitende Verschmelzung zu einer Europäischen Gesellschaft: Beschlussfassung und Eintragung, DB 2005, 2619.

I. Gründungsformen

1. Überblick. Art. 2 und 3 SE-VO enthalten einen **numerus clausus**[1] von **fünf Gründungsformen.** In allen Fällen kommen als Gründer nur bestimmte juristische Personen und Personengesellschaften (im Folgenden auch als Gründungsgesellschaften bezeichnet) in Betracht, so dass natürlichen Personen die Gründung einer SE verwehrt ist;[2] sie können aber bei Vollzug der Gründung oder später durch Anteilserwerb Aktionäre der SE werden. Die an der Gründung beteiligten juristischen Personen und Personengesellschaften müssen nach dem Recht eines Mitgliedstaats gegründet worden sein und ihren Sitz sowie ihre Hauptverwaltung in der Gemeinschaft haben. Da die SE als supranationale Rechtsform konzipiert ist, verlangen die Gründungsvorschriften in unterschiedlicher Weise jeweils ein Element der **Mehrstaatlichkeit.**[3] Die wesentlichen Charakteristika der fünf Gründungsformen sind folgende:

(1) **Verschmelzung** (Art. 2 Abs. 1 SE-VO): Die an der Verschmelzung beteiligten Rechtsträger müssen AG im Sinne des Anhangs I der SE-VO sein. Dazu gehört auch

---

[1] MüKoAktG/*Oechsler/Mihaylova* SE-VO Art. 2 Rn. 1–4, mit rechtspolitischer Kritik. Zu Kombinationsmöglichkeiten *Oechsler* NZG 2005, 697; *Casper* AG 2007, 97.
[2] *Hommelhoff* AG 2001, 279 (280); *Hirte* NZG 2002, 1 (4); *Schlüter* EuZW 2002, 589 (590).
[3] De lege ferenda weithin kritisiert; zB *Arbeitskreis Aktien- und Kapitalmarktrecht* ZIP 2009, 698; *Casper* ZHR 173 (2009), 181 (189–191); *Kiem* ZHR 173 (2009), 156 (160) („kaum mehr als Feigenblattcharakter").

die KGaA.[4] Als AG gilt in diesem Zusammenhang auch die SE (Art. 3 Abs. 1 SE-VO), so dass die SE übertragende Gesellschaft bei der Verschmelzungsgründung sein kann. Als übernehmende Gesellschaft bei einer Verschmelzung durch Aufnahme scheidet die SE allerdings aus, weil sie in diesem Fall durch die Verschmelzung nicht gegründet würde, wie dies Art. 2 Abs. 1 SE-VO verlangt.[5] Die Verschmelzungsgründung steht nach heute hM auch dann zur Verfügung, wenn die übertragende Gesellschaft unmittelbar oder mittelbar im vollständigen Anteilsbesitz der übernehmenden Gesellschaft steht und dieses Abhängigkeitsverhältnis seit weniger als zwei Jahren besteht, obwohl dabei die zeitliche Grenze für die Formwechselgründung (Art. 2 Abs. 4 SE-VO) umgangen werden kann.[6] Mindestens zwei der Gründungsgesellschaften müssen dem Recht verschiedener Mitgliedstaaten unterliegen. Eine deutsche SE kann demnach entstehen durch Verschmelzung mindestens einer AG aus einem anderen Mitgliedstaat auf eine deutsche AG (Verschmelzung durch Aufnahme, Art. 17 Abs. 2 S. 1 lit. a SE-VO) oder durch Verschmelzung mindestens zweier AG aus jeweils einem anderen Mitgliedstaat auf eine dadurch gegründete neue deutsche SE (Verschmelzung durch Neugründung, Art. 17 Abs. 2 S. 1 lit. b SE-VO).

(2) **Holding-SE** (Art. 2 Abs. 2 SE-VO): An der Gründung können sich neben AG (und demgemäß einer SE selbst, Art. 3 Abs. 1 SE-VO) GmbH im Sinne des Anhangs II der SE-VO beteiligen. Die Gründungsgesellschaften, welche die SE-VO dogmatisch richtig als „die Gründung anstrebende Gesellschaften" (Art. 2 Abs. 2, 32–34 SE-VO) bezeichnet, können ihre Holding-SE natürlich nicht selbst gründen, sondern fordern ihre Gesellschafter in dem von der SE-VO vorgeschriebenen Verfahren auf, ihre Anteile an den Gründungsgesellschaften gegen Gewährung von Aktien an der Holding-SE in diese einzubringen. Weil die Holding-SE nur entsteht, wenn Anteile mit mindestens 50 % der Stimmrechte an jeder Gründungsgesellschaft eingebracht werden (Art. 32 Abs. 2 S. 4, 33 Abs. 2 SE-VO), wird die Holding-SE zum Mutterunternehmen (§ 290 Abs. 2 Nr. 1 HGB) und zum herrschenden Unternehmen (§ 17 AktG) der Gründungsgesellschaften. Die erforderliche Mehrstaatlichkeit liegt vor, wenn mindestens zwei der Gründungsgesellschaften entweder dem Recht verschiedener Mitgliedstaaten unterliegen oder seit mindestens zwei Jahren eine dem Recht eines anderen Mitgliedstaats unterliegende Tochtergesellschaft[7] oder eine Zweigniederlassung in einem anderen Mitgliedstaat haben. Der Sitz der Holding-SE kann in jedem Mitgliedstaat gewählt werden, so dass eine deutsche Holding-SE auch dann entstehen kann, wenn keine der Gründungsgesellschaften nach deutschem Recht gegründet oder in Deutschland ansässig ist.

(3) **Gemeinsame Tochter-SE** (Art. 2 Abs. 3 SE-VO): An der Gründung eines Gemeinschaftsunternehmens in der Rechtsform einer SE können sich neben AG (einschließlich der SE, Art. 3 Abs. 1 SE-VO) und GmbH auch die in Art. 54 Abs. 2 AEUV genannten Genossenschaften und Personengesellschaften (einschließlich der Gesellschaft bürgerlichen Rechts, wenn sie ein Gewerbe betreibt) sowie alle sonstigen juristischen Personen des öffentlichen oder privaten Rechts beteiligen. Im Rahmen der Gründung erwerben die Gründungsgesellschaften gegen Einlage Aktien an der dabei entstehenden SE. Die

---

[4] MüKoAktG/*Oechsler*/*Mihaylova* SE-VO Art. 2 Rn. 24; Spindler/Stilz AktG/*Casper* SE-VO Art. 2, 3 Rn. 7; aA MüKoAktG/*Schäfer* SE-VO Art. 17 Rn. 8; KölnKommAktG/*Veil* SE-VO Art. 2 Rn. 14; Lutter/Hommelhoff/Teichmann SE/*Bayer* SE-VO Art. 2 Rn. 8; *Scheifele* S. 78.

[5] *Oplustil*/*Schneider* NZG 2003, 13 (16); Jannott/Frodermann HdB SE/*Jannott* 3. Kap. Rn. 6 Fn. 17.

[6] Spindler/Silz AktG/*Casper* SE-VO Art. 2, 3 Rn. 24; MüKoAktG/*Oechsler*/*Mihaylova* SE-VO Art. 2 Rn. 14; KölnKommAktG/*Bayer* SE-VO Art. 2 Rn. 12; aA *Hirte* NZG 2002, 1 (3).

[7] Der Begriff Tochtergesellschaft ist in der SE-VO nicht definiert. In praktisch allen europäischen Rechtsakten, die sich mit Mutter-Tochter-Verhältnissen befassen, findet man eine Kombination von Abhängigkeits- und Kontrollkriterien (wie zB in dem auf EU-Recht beruhenden § 290 HGB), die auch mittelbare Beteiligungen erfassen. So auch die Definition in Art. 2 lit. c SE-RL. Tochtergesellschaft kann daher auch eine mittelbar abhängige oder kontrollierte Gesellschaft sein. Ausführlicher dazu MüKoAktG/*Oechsler*/*Mihaylova* SE-VO Art. 2 Rn. 31.

Mehrstaatlichkeit unterliegt hier denselben Voraussetzungen wie bei der Holdinggründung. Mindestens zwei der Gründungsgesellschaften müssen also entweder dem Recht verschiedener Mitgliedstaaten unterliegen oder seit mindestens zwei Jahren eine dem Recht eines anderen Mitgliedstaats unterliegende Tochtergesellschaft oder eine Zweigniederlassung in einem anderen Mitgliedstaat haben. Der Sitz der Tochter-SE kann in jedem Mitgliedstaat gewählt werden, so dass eine deutsche Tochter-SE auch ohne Beteiligung deutscher Gründungsgesellschaften entstehen kann.

(4) **Formwechsel** (Art. 2 Abs. 4 SE-VO): Eine AG kann in eine SE umgewandelt werden, wenn sie seit mindestens zwei Jahren eine dem Recht eines anderen Mitgliedstaats unterliegende Tochtergesellschaft hat.[8] Dabei darf der Sitz der SE nicht in einen anderen Mitgliedstaat verlegt werden (Art. 37 Abs. 3 SE-VO). Gemäß Art. 37 Abs. 2 SE-VO hat die Umwandlung weder die Auflösung der Gesellschaft noch die Gründung einer neuen juristischen Person zur Folge,[9] so dass es sich bei diesem Vorgang dogmatisch um den aus dem deutschen Recht (§ 1 Abs. 1 Nr. 4 UmwG) bekannten Formwechsel handelt.[10]

(5) **Tochter-SE der SE** (Art. 3 Abs. 2 SE-VO): Diese Gründungsform findet sich nicht im Kanon des Art. 2 SE-VO. Sie gehört dennoch dazu, weil im Ergebnis eine neue SE entsteht. Gründungsgesellschaft kann allerdings nur eine SE sein, so dass manche von einer „abgeleiteten" oder „sekundären" Gründung sprechen.[11] Art. 3 Abs. 2 S. 1 SE-VO erwähnt als Gründer der SE-Tochtergesellschaft nur die SE, nicht auch weitere Gesellschafter; auch die beiden weiteren Sätze von Art. 3 Abs. 2 SE-VO befassen sich nur mit der Einmanngründung. Deshalb muss man annehmen, dass andere Gesellschafter sich bei der Gründung einer SE-Tochtergesellschaft nicht beteiligen können.[12] Die SE-Tochtergesellschaft kann ihren Sitz in jedem Mitgliedstaat haben. Auch insoweit kann also eine deutsche SE ohne eine deutsche Gründungsgesellschaft entstehen.

Die allgemeine Rechtsanwendungsvorschrift des Art. 9 Abs. 1 SE-VO[13] gilt nur für die durch Handelsregistereintragung bereits entstandene SE, nicht für die Gründungsphase. Die Gründung unterliegt zunächst den Vorschriften der SE-VO. Soweit diese keine Regelungen enthält, sind **zwei verschiedene Ebenen der Rechtsanwendung** zu unterscheiden: Für Maßnahmen, die allein die Gründungsgesellschaften betreffen (erste Ebene), insbesondere also Vorbereitungsmaßnahmen wie Berichterstattung und Prüfung, gilt das Recht des Mitgliedstaats, dem die betreffende Gründungsgesellschaft unterliegt. Diese Rechtsanwendungsregel ist deutlich, wenn auch lückenhaft in Art. 18, 32 Abs. 4 und 36 SE-VO formuliert. Die Vorschriften sind nach einhelliger Meinung anders als Art. 9 Abs. 1 lit. c i

2

---

[8] Wenn die umzuwandelnde Gesellschaft eine andere Rechtsform hat und demzufolge zunächst in eine AG umgewandelt werden muss, zählt die Vorbesitzzeit bei der ausländischen Tochtergesellschaft nach wohl einhelliger Meinung auch für die AG, so dass keine zusätzliche Wartezeit vor der weiteren Umwandlung in die SE anfällt. Siehe statt aller Lutter/Hommelhoff SE/*Seibt*, 1. Aufl. 2008, SE-VO Art. 37 Rn. 20; Habersack/Drinhausen SE-Recht/*Bücker* SE-VO Art. 37 Rn. 15; *Schwarz* SE-VO Art. 2 Rn. 105; Manz/Mayer/Schröder Europäische AG/*Schröder* SE-VO Art. 2 Rn. 65. Ein Modell zur maximalen Beschleunigung des doppelten Formwechsels entwirft *von der Höh* AG 2018, 185, *passim*.

[9] Missverständlich daher Art. 37 Abs. 9 SE-VO, der von einem Rechtsübergang der Rechte und Pflichten aus Arbeitsverhältnissen spricht.

[10] KölnKommAktG/*Veil* SE-VO Art. 2 Rn. 41; MüKoAktG/*Oechsler/Mihaylova* SE-VO Art. 2 Rn. 42.

[11] *Hommelhoff* AG 2001, 279 (280); *Lutter* BB 2002, 1 (4); *Bayer* in Lutter/Hommelhoff, Die Europäische Gesellschaft, 2005, S. 26; Spindler/Stilz AktG/*Casper* SE-VO Art. 2, 3 Rn. 1; KölnKommAktG/*Veil* SE-VO Art. 2 Rn. 1.

[12] Jannott/Frodermann HdB SE/*Jannott* 3. Kap. Rn. 25; van Hulle/Maul/Drinhausen HdB. SE/*Maul* 4. Abschn. § 6 Rn. 5; Lutter/Hommelhoff/Teichmann SE/*Bayer* SE-VO Art. 3 Rn. 8; MüKoAktG/*Oechsler/Mihaylova* SE-VO Art. 3 Rn. 4.

[13] → § 83 Rn. 14–15.

und ii SE-VO[14] nicht als Sach-, sondern als Gesamtnormverweisungen zu verstehen, so dass das Kollisionsrecht des anzuwendenden nationalen Rechts gilt.[15] Auf der zweiten Ebene, also für den eigentlichen Gründungsvorgang ab Beschlussfassung der Gesellschafterversammlungen der Gründungsgesellschaften, gilt das auf AG anwendbare Sachrecht (Sachnormverweisung)[16] des Sitzstaats der künftigen SE (Art. 15 Abs. 1 SE-VO), für eine deutsche SE also deutsches Aktienrecht und sonstiges auf AG anwendbares deutsches Recht. Die Zweiteilung der Rechtsanwendung entspricht der Zweistufigkeit einiger der in der SE-VO angelegten Gründungsverfahren, bei denen Vorbereitungs- und Beschlussphase einerseits und Vollzugsphase andererseits unterschieden werden können.[17]

3   Nach heute hM können die **Gründungsformen beliebig kombiniert** werden, auch wenn dadurch ihr *numerus clausus* faktisch erweitert und das Gebot der Mehrstaatlichkeit unterlaufen wird.[18] Diese gestaltungsfreundliche Haltung folgt aus der verbreiteten rechtspolitischen Kritik an den Beschränkungen der Gründungsmöglichkeiten.[19] Die Beschränkungen, denen heute kein materieller Gerechtigkeitsgehalt mehr zuerkannt wird, sollen nicht weiter gehen, als nach formaler, am Wortlaut orientierter Handhabung der SE-VO unvermeidlich ist, insbesondere nicht Hilfskonstruktionen als Gestaltungsmissbrauch verbieten. Dem ist aus Sicht der Praxis zuzustimmen. Ein in der Lehre viel gebrauchtes Beispiel[20] ist die Verschmelzung zweier deutscher AG im Wege der SE-Gründung, dh mit verhandeltem Mitbestimmungsmodell. Erforderlich ist lediglich, dass wenigstens eine AG eine Tochtergesellschaft im EU-Ausland hat: Dann kann im ersten Schritt diese AG einen Formwechsel in eine SE durchführen (Art. 2 Abs. 4 SE-VO). Eine sofortige anschließende Verschmelzung durch Aufnahme der anderen AG wäre allerdings allenfalls nach UmwG, also ohne verhandeltes Mitbestimmungsmodell, möglich,[21] weil die Verschmelzung gemäß Art. 2 Abs. 1 SE-VO voraussetzt, dass die Verschmelzungspartner dem Recht verschiedener Mitgliedstaaten unterliegen. Um dies zu erreichen, muss die formgewechselte SE im zweiten Schritt ihren Sitz ins EU-Ausland verlegen (Art. 8 SE-VO), um dann im dritten Schritt auf die andere deutsche AG verschmolzen zu werden. Dasselbe Ergebnis lässt sich auch in zwei Schritten erreichen, indem zunächst die eine AG auf ihre ausländische Tochtergesellschaft und diese sodann auf die andere deutsche AG verschmolzen wird. Dass dabei erheblicher (Zeit-) Aufwand anfällt und steuerliche Restriktionen prohibitiv wirken können, liegt auf der Hand.

4   Heute ebenfalls weitgehend unstreitig[22] und von der Praxis ausgiebig genutzt[23] ist die Möglichkeit, eine SE als **Vorratsgesellschaft** zu gründen. Das Mittel der Wahl, weil am wenigsten aufwändig, ist die Gründung einer Tochter-SE durch eine bereits bestehende SE (Art. 3 Abs. 2 SE-VO), also die „sekundäre" Gründung.[24] Auf diese Weise kann eine

---

[14] → § 83 Rn. 18.
[15] Statt aller *Walden/Meyer-Landrut* DB 2005, 2119; KölnKommAktG/*Maul* SE-VO Art. 18 Rn. 1, 5 mwN.
[16] Statt aller MüKoAktG/*Schäfer* SE-VO Art. 15 Rn. 4 mwN.
[17] *Schwarz* SE-VO Art. 15 Rn. 15.
[18] Grundlegend *Casper* AG 2007, 97; siehe im Übrigen statt aller Spindler/Stilz AktG/*Casper* SE-VO Art. 2, 3 Rn. 21; MüKoAktG/*Oechsler/Mihaylova* SE-VO Art. 2 Rn. 8; Habersack/Drinhausen SE-Recht/*Habersack* SE-VO Art. 2 Rn. 27; jeweils mwN.
[19] → Fn. 1.
[20] ZB Spindler/Stilz AktG/*Casper* SE-VO Art. 2, 3 Rn. 22; KölnKommAktG/*Veil* SE-VO Art. 2 Rn. 7.
[21] *Marsch-Barner* FS Happ, 2006, 165 (173); Spindler/Stilz AktG/*Casper* SE-VO Art. 2, 3 Rn. 36; MüKoAktG/*Schäfer* SE-VO Art. 66 Rn. 14; KölnKommAktG/*Maul* SE-VO Art. 3 Rn. 16; Habersack/Drinhausen SE-Recht/*Drinhausen* SE-VO Art. 66 Rn. 39.
[22] Siehe nur Spindler/Stilz AktG/*Casper* SE-VO Art. 2, 3 Rn. 26–31; KölnKommAktG/*Veil* SE-VO Art. 2 Rn. 49–55 sowie ausführlich *von der Höh* Vorrats-SE S. 90–151.
[23] → § 83 Rn. 4.
[24] Allerdings überwiegt in der Praxis wohl aus alter Gewohnheit noch die Vorratsgründung gemäß Art. 2 Abs. 3 SE-VO (gemeinsame Tochter-SE), weil sich früher nur so die Sicherheitsleistung für nicht einbezahlte Einlagen vermeiden ließ; *von der Höh* Vorrats-SE S. 95–96.

einzige SE fortwährend weitere SE hervorbringen. Wenn die an der Vorratsgründung beteiligten Gesellschaften zusammen nicht mindestens zehn Arbeitnehmer haben, also im Normalfall der Vorratsgründung, ist nach hM das Verfahren zur Beteiligung der Arbeitnehmer entbehrlich und Art. 12 Abs. 2 SE-VO teleologisch zu reduzieren, so dass die Eintragung der neuen SE nicht am fehlenden Verhandlungsverfahren scheitert (näher dazu → § 86 Rn. 33).[25] Um eine Umgehung der Arbeitnehmerrechte zu verhindern, muss das Verhandlungsverfahren analog § 18 Abs. 3 SEBG auch ohne Vorliegen eines der dort geregelten Tatbestände durchgeführt werden, wenn die Vorratsgesellschaft aktiviert wird.[26] Dann sind auch die Regeln für die **wirtschaftliche Neugründung** zu beachten.[27] Dabei ist die analoge Anwendung der Eintragungssperre des Art. 12 Abs. 2 SE-VO nach überzeugender, aber umstrittener Auffassung nicht geboten, weil die Arbeitnehmer durch Statusverfahren (§§ 97 ff. AktG, §§ 25, 26 SEAG) und arbeitsgerichtliches Beschlussverfahren (§ 2a Abs. 1 Nr. 3e ArbGG) hinreichend geschützt sind.[28] Die zweithäufigste Gründungsform für deutsche SE ist der Formwechsel, gefolgt von der Verschmelzung, während die Holdinggründung bisher praktisch keine Rolle gespielt hat.[29]

2. Verschmelzung. a) Gründungsvorgang im Überblick. Die Verschmelzung ist unter allen Gründungsformen in der SE-VO am ausführlichsten geregelt (Art. 17–31). Gleichwohl verbleiben erhebliche Lücken, die durch Anwendung nationalen Verschmelzungsrechts zu schließen sind (Art. 18, 15 SE-VO; dazu → Rn. 2).

In ihren Grundzügen läuft eine Verschmelzungsgründung ab wie eine Verschmelzung nach deutschem UmwG: Nach gewissen Vorbereitungsmaßnahmen stellen die Leitungs- oder Verwaltungsorgane der Gründungsgesellschaften einen Verschmelzungsplan auf, der die wesentlichen Parameter der Verschmelzung enthält, wie zum Beispiel das Umtauschverhältnis der Aktien und den Verschmelzungsstichtag. Dazu erstatten sie einen Verschmelzungsbericht. Der Verschmelzungsplan wird von gerichtlich bestellten Sachverständigen geprüft. Anschließend machen die Gründungsgesellschaften den Verschmelzungsplan und die weitere Verschmelzungsdokumentation bekannt und berufen die Hauptversammlungen ein, in denen die Verschmelzungsbeschlüsse gefasst werden sollen. Spätestens zu diesem Zeitpunkt beginnt auch das Verfahren zur Beteiligung der Arbeitnehmer. Unabhängig davon müssen deutsche Gründungsgesellschaften den Verschmelzungsplan spätestens einen Monat vor ihrer Hauptversammlung dem zuständigen Betriebsrat zuleiten. Nachdem die Hauptversammlungen aller Gründungsgesellschaften dem Verschmelzungsplan zugestimmt haben, wird die Rechtmäßigkeit der Verschmelzung gemäß der Zweistufigkeit des Gründungsverfahrens (→ Rn. 2) nach den auf die Gründungsgesellschaften anwendbaren nationalen Rechtsvorschriften und nach dem Recht der Sitzstaats der künftigen SE (in Deutschland durch das Registergericht) geprüft. Die SE entsteht mit der Eintragung der Verschmelzung und der SE in das Handelsregister. Dissentierende Aktionäre haben verschiedene Rechtsschutzmöglichkeiten, in Deutschland insbesondere die Anfechtungsklage zur Nichtigerklärung des Verschmelzungsbeschlusses der Hauptversammlung und das Spruchverfah-

---

[25] OLG Düsseldorf ZIP 2009, 918 (919, 921); AG München ZIP 2006, 1300 – Beiten Burkhardt mit zust. Anm. *Startz;* Spindler/Stilz AktG/*Casper* SE-VO Art. 2, 3 Rn. 28; Habersack/Drinhausen SE-Recht/*Habersack* SE-VO Art. 2 Rn. 29; jeweils mwN. Dogmatisch ausgreifender (nämlich unter Einbeziehung von SE-RL und SEBG) *von der Höh* Vorrats-SE S. 163–192. AA vor allem *Blanke* ZIP 2006, 789 (791).

[26] OLG Düsseldorf ZIP 2009, 918 (920–921); *Forst* NZG 2009, 687 (690–691); Spindler/Stilz AktG/*Casper* SE-VO Art. 2, 3 Rn. 31; Habersack/Drinhausen SE-Recht/*Habersack* SE-VO Art. 2 Rn. 30; jeweils mwN. Einschränkend (nur bei Strukturänderungen iSv § 18 Abs. 3 SEBG) Gaul/Ludwig/Forst Europäisches MitbestimmungsR/*Kienast* § 2 Rn. 63; *von der Höh* Vorrats-SE S. 211–294; Habersack/Drinhausen SE-Recht/*Hohenstatt/Müller-Bonani* SEBG § 3 Rn. 11.

[27] Grundlegend *Casper/Schäfer* ZIP 2007, 653.

[28] *Casper/Schäfer* ZIP 2007, 653 (661); Spindler/Stilz AktG/*Casper* SE-VO Art. 2, 3 Rn. 31; aA *Forst* NZG 2009, 687 (691).

[29] *Schuberth/Marc von der Höh* AG 2014, 439 (441–442).

ren zur Festsetzung eines Ausgleichs bei unangemessenem Umtauschverhältnis. Darüber hinaus haben sie, wenn auf eine ausländische SE verschmolzen wird, ein besonderes Austrittsrecht gegen Barabfindung.

7 **b) Verschmelzungsplan.** Dieser ist das zentrale Dokument der Verschmelzungsgründung. Art. 20 Abs. 1 S. 1 SE-VO verpflichtet die Leitungs- oder Verwaltungsorgane der Gründungsgesellschaften, den Verschmelzungsplan aufzustellen. Ob die Gründungsgesellschaften einen **gemeinsamen Verschmelzungsplan** aufstellen müssen[30] oder jede Gründungsgesellschaft ein eigenes, selbstverständlich gleich lautendes Dokument (Art. 26 Abs. 3 SE-VO) errichten darf,[31] ist nach wie vor umstritten. Die Praxis sollte vorsichtshalber der weitergehenden Forderung nach einem gemeinsamen Plan genügen, der, wenn die Gründungsgesellschaften sich nicht auf eine Sprache einigen, in mehreren gleichermaßen verbindlichen Sprachfassungen anzufertigen ist. Den Aktionären der deutschen Gründungsgesellschaften und dem deutschen Handelsregister sind die deutsche Fassung oder die fremdsprachige Fassung mit beglaubigter deutscher Übersetzung vorzulegen.[32]

8 Der Verschmelzungsplan **enthält** die Einigung der Leitungs- oder Verwaltungsorgane der Gründungsgesellschaften über alle wesentlichen Parameter der Verschmelzung. Gemäß § 20 Abs. 1 S. 2 SE-VO sind – wie im deutschen Verschmelzungsrecht (§ 5 Abs. 1 UmwG) – insbesondere anzugeben das Umtauschverhältnis der Aktien, der Verschmelzungsstichtag und der Beginn des Gewinnbezugsrechts aus den SE-Aktien. Ferner muss der Verschmelzungsplan auch bei der Verschmelzung durch Aufnahme die Satzung[33] der SE enthalten, weil die übernehmende Gesellschaft mit Wirksamwerden der Verschmelzung ihr Rechtsregime wechselt und zur SE wird. Durch die Satzung können die Mitglieder des ersten Aufsichtsrats oder Verwaltungsrats bestellt werden.[34] Eine weitere Besonderheit der SE-Verschmelzungsgründung sind die in den Verschmelzungsplan aufzunehmenden Angaben zum Verfahren der Arbeitnehmerbeteiligung (dazu → § 86 Rn. 32–38). Hingegen brauchen die Folgen der Verschmelzung für die Arbeitnehmer und ihre Vertretungen nicht beschrieben zu werden.[35] Ein Rückgriff auf den – im Verschmelzungsrecht ohnehin falsch platzierten – § 5 Abs. 1 Nr. 9 UmwG scheidet aus, weil Art. 20 Abs. 1 S. 2 lit. i SE-VO die Pflicht zur Erläuterung von Angelegenheiten der Arbeitnehmer abschließend regelt. Schließlich verlangt § 7 SEAG, dass eine deutsche übertragende Gesellschaft bei Verschmelzung ins Ausland jedem widersprechenden Aktionär im Verschmelzungsplan den Erwerb seiner Aktien gegen eine angemessene Barabfindung anbieten muss (→ Rn. 41–43). Über den durch SE-VO und SEAG vorgeschriebenen Mindestinhalt des Verschmelzungsplans hinaus können die Gründungsgesellschaften darin weitere Punkte aufnehmen (Art. 20 Abs. 2 SE-VO).

---

[30] So zB *Schwarz* SE-VO Art. 20 Rn. 10; van Hulle/Maul/Drinhausen HdB SE/*Teichmann* 4. Abschn. § 2 Rn. 30; *Kallmeyer* AG 2007, 472 (473–474); Manz/Mayer/Schröder Europäische AG/ *Schröder* SE-VO Art. 20 Rn. 1; KölnKommAktG/*Maul* SE-VO Art. 20 Rn. 13.

[31] So zB *Brandes* AG 2005, 177 (180); Lutter/Hommelhoff/Teichmann SE/*Bayer* SE-VO Art. 20 Rn. 2; Spindler/Stilz AktG/*Casper* SE-VO Art. 20 Rn. 2; Habersack/Drinhausen SE-Recht/*Marsch-Barner* SE-VO Art. 20 Rn. 4; *Drinhausen* ZHR-Beiheft 77 (2015), 30 (43–44).

[32] Siehe zum Sprachthema zB Habersack/Drinhausen SE-Recht/*Marsch-Barner* SE-VO Art. 20 Rn. 8.

[33] Zu Spielräumen bei Gestaltung der Satzung ausführlich *Seibt* in Lutter/Hommelhoff, Die Europäische Gesellschaft, 2005, S. 67–94; *Gößl*, Die Satzung der Europäischen Aktiengesellschaft (SE) mit Sitz in Deutschland, 2010, S. 201–285. Mustersatzung für monistische, mitbestimmungsfreie SE bei *Lutter/Kollmorgen/Feldhaus* BB 2005, 2473. Empirische Untersuchung zur Satzungsgestaltung von *Bayer/Hoffmann/Schmidt* AG 2008, R 103.

[34] Art. 40 Abs. 2 S. 2, 43 Abs. 3 S. 2 SE-VO. Satzung in diesem Sinne ist gemäß Art. 6 SE-VO auch die Gründungsurkunde, also der Verschmelzungsplan; Habersack/Drinhausen SE-Recht/*Diekmann* SE-VO Art. 6 Rn. 6 mwN.

[35] Theisen/Wenz Europäische AG/*Neun* S. 85; *Bayer* in Lutter/Hommelhoff, Die Europäische Gesellschaft, 2005, S. 39.

Der Verschmelzungsplan ist nach heute hM seiner Rechtsnatur nach jedenfalls **kein** 9 **Vertrag;**[36] trotzdem ist er wie der Verschmelzungsvertrag des UmwG wegen seiner Beweisfunktion **notariell zu beurkunden,** wenn er von einer deutschen AG (mit) aufgestellt wird (Art. 18 SE-VO iVm § 6 UmwG).[37] Die Beurkundung kann vor oder nach den Hauptversammlungen geschehen, die dem Verschmelzungsplan zustimmen, denn es ist zulässig, den Hauptversammlungen anstelle eines aufgestellten Verschmelzungsplans dessen (endgültigen) Entwurf zur Zustimmung vorzulegen.[38] In der Praxis werden die Gründungsgesellschaften zumindest bei bedeutenden Transaktionen vertragliche Verpflichtungen ausdrücklich in einem *Business Combination Agreement* regeln, das sie der Verschmelzungsgründung zu Grunde legen;[39] die Aufnahme solcher Verpflichtungen in den Verschmelzungsplan selbst (Art. 20 Abs. 2 SE-VO) wird angesichts seiner nicht vollständig geklärten Rechtsnatur nicht empfohlen.[40]

c) Umtauschverhältnis. Das Umtauschverhältnis gibt an, wie viele Aktien der SE die 10 Aktionäre der Gründungsgesellschaften für ihre Aktien an den Gründungsgesellschaften erhalten sollen. Für Spitzenbeträge, die durch ganze Aktien nicht abgegolten werden können, ist ein barer Ausgleich zu leisten, der insgesamt 10 % des anteiligen Betrags des Grundkapitals, der auf die von der SE zu gewährenden Aktien entfällt, nicht übersteigen darf (Art. 18 SE-VO, § 68 Abs. 3 UmwG).[41] Das Umtauschverhältnis wird bestimmt durch den Wert und die Zahl der Aktien an den Gründungsgesellschaften. Der Wert dieser Aktien ergibt sich in der Regel aus dem Wert der jeweiligen Gründungsgesellschaft, so dass in fast allen Fällen eine **vergleichende Unternehmensbewertung** erforderlich ist. Als Bewertungsmethode hat sich in der deutschen Praxis das Ertragswertverfahren gemäß IDW S 1[42] durchgesetzt, das weitgehend zu den gleichen Ergebnissen gelangt wie das international verbreitetere Discounted-Cash-Flow-Verfahren. In der Regel markiert der Börsenkurs die Untergrenze des Aktienwerts.[43] Diese Bewertungsregeln gelten gemäß Art. 18 SE-VO für alle deutschen Gründungsgesellschaften.

Fraglich ist, wie man verfahren soll, wenn das Recht ausländischer Gründungsgesellschaf- 11 ten deutsche Bewertungsregeln ablehnt. Man kann sich dann nicht einfach darauf zurückziehen, dass auf jede Gründungsgesellschaft die für sie geltenden Methoden angewandt werden. Denn eine vergleichende Unternehmensbewertung führt nur dann zu sachgerechten Ergebnissen, wenn jedes beteiligte Unternehmen nach denselben Methoden bewertet wird (Grundsatz der Methodengleichheit).[44] Wegen Art. 18 SE-VO kann sich andererseits eine von einem nationalen Recht akzeptierte Bewertungsmethode nicht gegenüber den Bewertungsmethoden anderer nationaler Rechte durchsetzen. Diese Durchschlagskraft hat auch nicht das am Sitz der künftigen SE geltende Recht, weil Art. 15 SE-VO nur für den

---

[36] Spindler/Stilz AktG/*Eberspächer* SE-VO Art. 20 Rn. 3 mwN.
[37] *Teichmann* ZGR 2002, 383 (420–421); *Hirte* NZG 2002, 1 (3); *Heckschen* DNotZ 2003, 251 (257–259); Jannott/Frodermann HdB SE/*Jannott* 3. Kap. Rn. 37; *Bayer* in Lutter/Hommelhoff, Die Europäische Gesellschaft, 2005, S. 34–35; MüKoAktG/*Schäfer* SE-VO Art. 20 Rn. 6; aA *Schulz/Geismar* DStR 2001, 1078 (1080).
[38] Arg. ex. § 7 Abs. 1 S. 1 SEAG, der ausdrücklich vom Entwurf des Verschmelzungsplans spricht. Ebenso Jannott/Frodermann HdB SE/*Jannott* 3. Kap. Rn. 37 mit Fn. 78; Habersack/Drinhausen SE-Recht/*Marsch-Barner* SE-VO Art. 20 Rn. 6.
[39] Spindler/Stilz AktG/*Eberspächer* SE-VO Art. 20 Rn. 4.
[40] Habersack/Drinhausen SE-Recht/*Marsch-Barner* SE-VO Art. 20 Rn. 3.
[41] Im Ergebnis unstr.; Habersack/Drinhausen SE-Recht/*Marsch-Barner* SE-VO Art. 20 Rn. 16 mwN.
[42] IDW Standard: Grundsätze zur Durchführung von Unternehmensbewertungen (IDW S 1), Stand: 4.2.2008, abgedruckt in IDW-Fachnachrichten 2008, 271 ff.
[43] BVerfG NZG 2012, 1035 (1036) – Daimler/Chrysler (Übertragung der DAT/Altana-Rechtsprechung auf die Verschmelzung); dazu *Bungert/Wettich* FS Hoffmann-Becking, 2013, 157 (187–189).
[44] BayObLG ZIP 2003, 253 (257); Lutter UmwG/*Drygala* § 5 Rn. 28; *Brandes* AG 2005, 177 (181); *Walden/Meyer-Landrut* DB 2005, 2119 (2122).

eigentlichen Gründungsvorgang ab Fassung der Verschmelzungsbeschlüsse gilt. Wenn daher keine Bewertungsmethode zur Verfügung steht, die von den nationalen Rechtsvorschriften aller Gründungsgesellschaften akzeptiert wird – was allerdings kaum vorkommen dürfte –, und die verschiedenen Bewertungsmethoden zu unterschiedlichen Ergebnissen führen, ist die Gründung einer SE im Wege der Verschmelzung nicht möglich.[45]

12   Die vergleichende Unternehmensbewertung hat auf einen **einheitlichen Bewertungsstichtag** zu erfolgen. Dieser ist der Tag, an dem die Hauptversammlung der übertragenden Gesellschaft ihren Verschmelzungsbeschluss fasst.[46] Einen Anhaltspunkt dafür, dass diese, aus dem deutschen Verschmelzungsrecht bekannte Stichtagsbestimmung[47] auch für deutsche Gründungsgesellschaften bei der Verschmelzungsgründung zur SE gilt, ergibt sich aus § 7 Abs. 2 S. 1 SEAG. Danach sind bei der Bemessung der Barabfindung dissentierender Aktionäre „die Verhältnisse der Gesellschaft im Zeitpunkt der Beschlussfassung über die Verschmelzung" zu berücksichtigen. Darüber hinaus erscheint die Stichtagsregel aber auch für Gründungsgesellschaften aus anderen Mitgliedstaaten geeignet, weil die Aktionäre der Gründungsgesellschaften die Angemessenheit des Umtauschverhältnisses aus der Sicht desjenigen Tages beurteilen müssen, an dem sie zur Beschlussfassung über den Verschmelzungsplan aufgerufen sind. Dass es auf die Beschlussfassung bei der übertragenden, nicht aber bei der übernehmenden Gesellschaft ankommt, findet eine, wenn auch schwache Stütze in einer Analogie zu § 305 Abs. 3 S. 2 AktG (Beschlussfassung bei der abhängigen Gesellschaft eines Unternehmensvertrags),[48] ist aber letztlich eine rein pragmatische Festlegung. Bei mehreren übertragenden Gesellschaften sollte man aus Gründen der Praktikabilität einheitlich auf den Tag abstellen, an dem die letzte dieser Hauptversammlungen stattfindet. Weil die Hauptversammlungen aller Gründungsgesellschaften in enger zeitlicher Nähe stattfinden dürften, spielen die wenigen dazwischen liegenden Tage für die Wertverhältnisse in der Regel keine Rolle.

13   **d) Verschmelzungsstichtag, Schlussbilanz und Gewinnbezugsrecht.** Gemäß Art. 20 Abs. 1 S. 2 lit. e SE-VO hat der Verschmelzungsplan den Zeitpunkt zu bezeichnen, von dem an die Handlungen der Gründungsgesellschaften unter dem Gesichtspunkt der **Rechnungslegung** als für Rechnung der SE vorgenommen gelten. Dies ist der Verschmelzungsstichtag.[49] Genau genommen handelt es sich bei diesem Zeitpunkt um den Beginn eines Tages. Auf den Ablauf des vorangegangenen Tages haben die deutschen übertragenden Gesellschaften ihre Schlussbilanz zu erstellen.[50] Diese darf bei Anmeldung der Verschmelzung zum Handelsregister der deutschen übertragenden Gesellschaften nicht älter als acht Monate sein (Art. 15 Abs. 1 SE-VO, § 17 Abs. 2 UmwG). Danach kann auch bei einer Verschmelzungsgründung zur SE der aus der deutschen Verschmelzungspraxis bekannte Zeitplan angewendet werden, der zur Vermeidung zusätzlicher Abschlussarbeiten auf einem Schlussbilanzstichtag zum Ende eines Geschäftsjahres und einem Verschmelzungsstichtag zu Beginn des darauf folgenden Tages aufbaut.

14   Das Gewinnbezugsrecht aus den bei der Verschmelzungsgründung zu gewährenden SE-Aktien (Art. 20 Abs. 1 S. 2 lit. d SE-VO) sollte am Verschmelzungsstichtag beginnen.[51]

---

[45] AA *Adolff* ZHR 173 (2009), 67 (84–98): Für das Umtauschverhältnis soll das Bewertungsregime der übernehmenden Gesellschaft, für die Barabfindung das der übertragenden gelten. Dem zustimmend MüKoAktG/*Schäfer* SE-VO Art. 20 Rn. 15.
[46] *Wagner* EWS 2005, 545 (549).
[47] *Hoffmann-Becking* FS Fleck, 1988, 105 (116); *Priester* BB 1992, 1594 (1596); *Weiler/Meyer* ZIP 2001, 2153 (2156–2157); aA Lutter UmwG/*Drygala* § 5 Rn. 32.
[48] *Hoffmann-Becking* FS Fleck, 1988, 105 (116).
[49] Vgl. § 5 Abs. 1 Nr. 6 UmwG.
[50] Habersack/Drinhausen SE-Recht/*Marsch-Barner* SE-VO Art. 20 Rn. 21; KölnKommAktG/*Maul* SE-VO Art. 20 Rn. 39.
[51] KölnKommAktG/*Maul* SE-VO Art. 20 Rn. 38; Jannott/Frodermann HdB SE/*Jannott* 3. Kap. Rn. 42.

Auf diese Weise kann für die Aktionäre der übertragenden Gesellschaften am leichtesten **Dividendenkontinuität** geschaffen werden. Bis zum Verschmelzungsstichtag fließen die Ergebnisse der Geschäfte noch den übertragenden Gesellschaften zu, und bis zu diesem Zeitpunkt sind die Aktionäre noch bei den übertragenden Gesellschaften dividendenberechtigt. Für die Zeit danach werden die Geschäfte auf Rechnung der übernehmenden SE geführt, und die Aktionäre sind für diese Zeit bei der SE dividendenberechtigt. Zur Sicherung der Dividendenkontinuität ist es darüber hinaus erforderlich, Verschmelzungsstichtag und Beginn des Gewinnbezugsrechts variabel zu regeln, dh sie jeweils auf den Beginn des nächsten Geschäftsjahres springen zu lassen, wenn das Rechenwerk der übernehmenden Gesellschaft für das alte Geschäftsjahr abgeschlossen und die Verschmelzung noch nicht durch Eintragung in das Handelsregister wirksam geworden ist.[52] Um ein dividendenloses Geschäftsjahr zu vermeiden, ist allerdings darauf zu achten, dass die Verschmelzung nicht zwischen dem Wechsel des Verschmelzungsstichtags und den Dividendenbeschlüssen in das Handelsregister der übernehmenden SE eingetragen und damit wirksam wird.[53]

e) Verschmelzungsbericht. Die SE-VO selbst verpflichtet die Gründungsgesellschaften 15 nicht, ihren Aktionären die Hintergründe und Einzelheiten der Verschmelzungsgründung in einem Bericht zu erläutern. Ein solcher Gesetzesbefehl der SE-VO ergibt sich auch nicht mittelbar im Umkehrschluss aus Art. 31 Abs. 2 UAbs. 1.[54] Die darin vorgesehene Sonderregelung soll lediglich die Verschmelzungsgründung bei konzerninternen Vorgängen erleichtern (→ Rn. 26–27), und setzt eine nach nationalem Recht bestehende und über Art. 18 SE-VO bei der Verschmelzungsgründung zur Anwendung kommende Berichtspflicht voraus.[55] Die Mitgliedstaaten sollten eine solche Berichtspflicht in Umsetzung von Art. 95 Abs. 1 Gesellschaftsrechtsrichtlinie[56] geschaffen haben.

In Deutschland folgt die Berichtspflicht nach einhelliger Meinung aus Art. 18 SE-VO, 16 § 8 UmwG.[57] Danach haben die Vorstände der deutschen Gründungsgesellschaften zur Information ihrer Aktionäre einen Verschmelzungsbericht zu erstatten, in dem die Verschmelzung, der Verschmelzungsplan und das Umtauschverhältnis rechtlich und wirtschaftlich erläutert werden. In Deutschland ist es üblich, dass die Vorstände aller an der Verschmelzung beteiligten Gesellschaften von der in § 8 Abs. 1 S. 1 Hs. 2 UmwG eingeräumte Möglichkeit Gebrauch machen, einen **gemeinsamen Verschmelzungsbericht** zu erstatten. Diese Option besteht bei einer SE-Verschmelzungsgründung nur dann, wenn die Rechtsordnungen der ausländischen Gründungsgesellschaften sie ebenfalls gewähren.[58] Dann müssen die Berichtserfordernisse aller beteiligten Rechtsordnungen beachtet werden. Dies kann dazu führen, dass der Verschmelzungsbericht umfangreicher wird als bei einem rein nationalen Vorgang und von dem üblichen Bild nationaler Verschmelzungsberichte abweicht. Auch ein gemeinsamer Verschmelzungsbericht wird den Aktionären der beteiligten Gründungsgesellschaften in der jeweiligen Landessprache zu präsentieren sein, so dass erheblicher Übersetzungs- und Koordinierungsaufwand anfällt. Dennoch sollte ein gemeinsamer Verschmelzungsbericht angestrebt werden,[59] weil dadurch die Aktionäre aller Gründungsgesellschaften dieselben Informationen erhalten und gleichzeitig viele Redundanzen

---

[52] *Hoffmann-Becking* FS Fleck, 1988, 105 (119–120); *Kiem* ZIP 1999, 173 (175–181).
[53] Siehe zum Ganzen auch *Austmann/Frost* ZHR 169 (2005), 431 (463–464).
[54] So aber *Schwarz* SE-VO Art. 20 Rn. 57.
[55] Theisen/Wenz Europäische AG/*Neun* S. 98; *Scheifele* S. 178; *Teichmann* ZGR 2002, 383 (423).
[56] → § 83 Fn. 20.
[57] Siehe nur Habersack/Drinhausen SE-Recht/*Marsch-Barner* SE-VO Art. 20 Rn. 39 mwN.
[58] *Schwarz* SE-VO Art. 20 Rn. 59; Lutter/Hommelhoff/Teichmann SE/*Bayer* SE-VO Art. 20 Rn. 30; MüKoAktG/*Schäfer* SE-VO Art. 22 Rn. 14; Habersack/Drinhausen SE-Recht/*Marsch-Barner* SE-VO Art. 20 Rn. 41.
[59] Anders die Empfehlung von Habersack/Drinhausen SE-Recht/*Marsch-Barner* SE-VO Art. 20 Rn. 41.

im Bericht vermieden werden können. Die einheitliche Information aller Aktionäre verringert die Gefahr, dass Aktionäre einer Gründungsgesellschaft den Verschmelzungsbeschluss mit dem Argument anfechten, schon der (ausführlichere) Verschmelzungsbericht einer anderen Gründungsgesellschaft zeige, dass ihre eigene Information unzureichend gewesen sei. Zur Sprache des Verschmelzungsberichts gilt das oben zum Verschmelzungsplan Gesagte (→ Rn. 7) entsprechend.

17 Ein Verschmelzungsbericht für die Aktionäre der deutschen Gründungsgesellschaften ist entbehrlich, wenn diese Aktionäre alle in notarieller Form auf seine Erstattung **verzichten** (Art. 18 SE-VO, § 8 Abs. 3 UmwG).[60] Dies gilt unabhängig davon, ob auch die betroffenen ausländischen Rechtsordnungen über eine dem § 8 Abs. 3 S. 1 UmwG entsprechende Vorschrift verfügen und ob die Aktionäre der ausländischen Gründungsgesellschaften ebenfalls ihren Verzicht erklären. Denn der Verschmelzungsbericht gemäß § 8 UmwG dient – anders als derjenige nach § 122e AktG – ausschließlich den Informationsinteressen der Aktionäre,[61] und zwar nur derjenigen der deutschen Gründungsgesellschaften.[62] Darüber hinaus gibt es eine weitere Ausnahme für die Berichtspflicht bei der konzerninternen Verschmelzung (→ Rn. 26).

18 **f) Verschmelzungsprüfung.** Art. 22 SE-VO regelt nur Teilaspekte der Verschmelzungsprüfung. Im Übrigen gilt gemäß Art. 18 SE-VO das auf die Gründungsgesellschaften anwendbare nationale Recht.[63] Für deutsche Gründungsgesellschaften gelten demnach §§ 9–12 UmwG. Als Verschmelzungsprüfer kommen aus deutscher Sicht nur Wirtschaftsprüfer und Wirtschaftsprüfungsgesellschaften in Betracht (§ 11 Abs. 1 S. 1 UmwG, § 319 Abs. 1 S. 1 HGB). Nach deutschem Recht sind für die Prüferbestellung diejenigen Landgerichte zuständig, in deren Bezirk eine der übertragenden Gesellschaften ihren Sitz hat (§ 10 Abs. 2 UmwG). Die **gemeinsame** Verschmelzungsprüfung ist deutschen Gründungsgesellschaften gemäß § 10 Abs. 1 S. 2 UmwG eröffnet; in Mitgliedstaaten, die das Wahlrecht von Art. 96 Abs. 1 S. 2 Gesellschaftsrechtsrichtlinie[64] nicht genutzt haben, erlaubt unmittelbar Art. 22 UAbs. 1 SE-VO die gemeinsame Verschmelzungsprüfung. Art. 22 UAbs. 1 SE-VO erweitert die Zuständigkeiten zur Bestellung des gemeinsamen Verschmelzungsprüfers, indem es den Gründungsgesellschaften erlaubt, ihren gemeinsamen Antrag auf Prüferbestellung auch bei dem zuständigen Gericht oder der zuständigen Verwaltungsbehörde jedes Mitgliedstaats zu stellen, dessen Recht eine der Gründungsgesellschaften oder die künftige SE unterliegt. Es reicht aus, dass der gemeinsame Prüfer nach dem Recht irgendeines dieser Mitgliedstaaten qualifiziert ist.[65]

19 **Gegenstand** der Prüfung ist der Verschmelzungsplan (Art. 22 UAbs. 1 SE-VO, § 9 Abs. 1 UmwG) und damit insbesondere das Umtauschverhältnis. Auskunfts- und – über den Verordnungswortlaut hinaus – Einsichts- sowie sonstige Prüfungsrechte des Verschmelzungsprüfers ergeben sich aus Art. 22 UAbs. 2 SE-VO.[66] Der Prüfungsbericht hat als **Ergebnis** die Feststellung zu enthalten, ob das Umtauschverhältnis angemessen ist (§ 12 Abs. 2 S. 1 UmwG). Er sollte auch bei getrennten Verschmelzungsprüfungen vorzugsweise gemäß § 12 Abs. 1 S. 2 UmwG und den einschlägigen Vorschriften für die ausländischen

---

[60] Einhellige Meinung; siehe nur Habersack/Drinhausen SE-Recht/*Marsch-Barner* SE-VO Art. 20 Rn. 48 mwN.
[61] Lutter UmwG/*Drygala* § 8 Rn. 3; Kallmeyer UmwG/*Marsch-Barner* § 8 Rn. 1; *Schwarz* SE-VO Art. 20 Rn. 60.
[62] Theisen/Wenz Europäische AG/*Neun* S. 99; *Schwarz* SE-VO Art. 20 Rn. 61; Lutter/Hommelhoff/Teichmann SE/*Bayer* SE-VO Art. 20 Rn. 34; MüKoAktG/*Schäfer* SE-VO Art. 22 Rn. 15; Habersack/Drinhausen SE-Recht/*Marsch-Barner* SE-VO Art. 20 Rn. 48.
[63] Einhellige Meinung; siehe zB Lutter/Hommelhoff/Teichmann SE/*Bayer* SE-VO Art. 22 Rn. 3; Habersack/Drinhausen SE-Recht/*Marsch-Barner* SE-VO Art. 22 Rn. 2.
[64] → § 83 Fn. 20.
[65] *Scheifele* S. 200–201; Habersack/Drinhausen SE-Recht/*Marsch-Barner* SE-VO Art. 22 Rn. 13.
[66] *Teichmann* ZGR 2002, 383 (424–425); *Schwarz* SE-VO Art. 22 Rn. 32.

Gründungsgesellschaften gemeinsam erstattet werden. Zur Sprache des Verschmelzungsprüfungsberichts gilt das oben zum Verschmelzungsplan Gesagte (→ Rn. 7) entsprechend.

Verschmelzungsprüfung und Verschmelzungsprüfungsbericht sind – wie der Verschmelzungsbericht – für die Aktionäre der deutschen Gründungsgesellschaften **entbehrlich,** wenn diese Aktionäre alle durch notarielle Erklärung verzichten (§§ 9 Abs. 3, 12 Abs. 3 UmwG).[67] Diese Erleichterung gibt es auch bei gewissen Formen der konzerninternen Verschmelzung (→ Rn. 26).

g) Verschmelzungsbeschlüsse. Bevor die Hauptversammlung einer Gründungsgesellschaft dem Verschmelzungsplan zustimmen kann, muss die Gründungsgesellschaft einige **Informationspflichten** erfüllen. Art. 21 SE-VO befasst sich mit der Information der **Allgemeinheit.** Danach müssen bestimmte Angaben über die Gründungsgesellschaften und die künftige SE sowie Hinweise auf Gläubiger- und Minderheitsrechte öffentlich bekannt gemacht werden. Deutsche Gründungsgesellschaften haben diese Angaben dem Handelsregister bei Einreichung des Verschmelzungsplans vor Einberufung der Hauptversammlung (Art. 18 SE-VO, § 61 UmwG) mitzuteilen (§ 5 S. 1 SEAG). Das Registergericht veröffentlicht die Angaben sodann zusammen mit einem Hinweis auf die Einreichung des Verschmelzungsplans im elektronischen Justizinformationssystem (www.handelsregister-bekanntmachungen.de) (§§ 5 S. 2 SEAG, 61 UmwG, 10 HGB). Dem zuständigen **Betriebsrat** jeder deutschen Gründungsgesellschaft ist der Verschmelzungsplan nach ganz hM mindestens einen Monat vor der Hauptversammlung zuzuleiten (Art. 18 SE-VO, § 5 Abs. 3 UmwG).[68]

Die Information der **Aktionäre** richtet sich gemäß Art. 18 SE-VO nach dem auf die betreffende Gründungsgesellschaft anzuwendenden nationalen Recht. Für deutsche Gründungsgesellschaften gilt also § 63 UmwG.[69] Danach müssen ab Einberufung der Hauptversammlung gewisse Unterlagen entweder in den Geschäftsräumen der Gesellschaft zur Einsicht der Aktionäre ausliegen und ihnen auf Verlangen unverzüglich und kostenlos zugesandt sowie über die Internetseite der Gesellschaft zugänglich sein. Dazu gehören insbesondere der Verschmelzungsplan oder sein Entwurf, der Verschmelzungsbericht und der Verschmelzungsprüfungsbericht. Eine Besonderheit enthält § 7 Abs. 1 S. 3 SEAG: Bei Verschmelzung ins Ausland muss das Austrittsrecht der Aktionäre gegen Barabfindung in der Einladung zur Hauptversammlung im Wortlaut, nicht nur – wie der Verschmelzungsplan im Übrigen – gemäß § 124 Abs. 2 S. 2 AktG seinem wesentlichen Inhalt nach bekannt gemacht werden.

Inhaltlich richtet sich der Verschmelzungsbeschluss auf die **Zustimmung zum Verschmelzungsplan** (Art. 23 Abs. 1 SE-VO). Er wird mit einer Mehrheit von mindestens drei Viertel des bei der Beschlussfassung vertretenen Grundkapitals der deutschen Gründungsgesellschaft gefasst, sofern die Satzung keine größere Kapitalmehrheit bestimmt (Art. 18 SE-VO, § 65 Abs. 1 UmwG).[70]

Bei Beschlussfassung braucht das Verfahren der Arbeitnehmerbeteiligung noch nicht beendet zu sein, so dass das Mitbestimmungsmodell der künftigen SE möglicherweise noch nicht feststeht. Die Hauptversammlung jeder Gründungsgesellschaft kann sich deshalb gemäß Art. 23 Abs. 2 SE-VO vorbehalten, die Vereinbarung über die Arbeitnehmerbeteiligung vor Eintragung der SE in das Handelsregister (Art. 12 SE-VO) zu genehmigen.

---

[67] Theisen/Wenz Europäische AG/*Neun* S. 108; *Schwarz* SE-VO Art. 22 Rn. 9. Siehe im Übrigen → Rn. 17.

[68] Habersack/Drinhausen SE-Recht/*Marsch-Barner* SE-VO Art. 21 Rn. 10; *Schwarz* SE-VO Art. 21 Rn. 21; Lutter/Hommelhoff/Teichmann SE/*Bayer* SE-VO Art. 21 Rn. 11; MüKoAktG/*Schäfer* SE-VO Art. 20 Rn. 10.

[69] KölnKommAktG/*Maul* SE-VO Art. 23 Rn. 7; Habersack/Drinhausen SE-Recht/*Marsch-Barner* SE-VO Art. 23 Rn. 5.

[70] MüKoAktG/*Schäfer* SE-VO Art. 23 Rn. 6; KölnKommAktG/*Maul* SE-VO Art. 23 Rn. 10; Habersack/Drinhausen SE-Recht/*Marsch-Barner* SE-VO Art. 23 Rn. 13.

Dieser **Genehmigungsvorbehalt** soll die Aktionäre gegen unliebsame Überraschungen beim **Mitbestimmungsmodell** schützen. Es handelt sich um eine gesetzliche Hauptversammlungskompetenz, die – anders als zB beim genehmigten Kapital, § 202 AktG – nicht delegierbar ist, weil das Gesetz dazu schweigt.[71] Eine Delegation kommt auch nicht gemäß § 111 Abs. 4 S. 2 AktG an den Aufsichtsrat in Betracht,[72] denn diese Vorschrift gilt nur für Geschäftsführungsmaßnahmen, zu denen der Genehmigungsvorbehalt nicht zählt. Infolgedessen ist der Genehmigungsvorbehalt bei Publikumsgesellschaften praktisch wenig brauchbar, weil zu seiner Beseitigung eine weitere Hauptversammlung jeder Gründungsgesellschaft erforderlich wäre. Die dadurch eintretende zeitliche Verzögerung bei der Verschmelzungsgründung wäre genauso groß, als wenn die Gründungsgesellschaften mit ihren Verschmelzungsbeschlüssen von vornherein das Verhandlungsergebnis mit den Arbeitnehmern abwarten.

25 Wenn die Verschmelzungsbeschlüsse gefasst werden, bevor das Verfahren der Arbeitnehmerbeteiligung abgeschlossen ist, kann sich allerdings ein **Widerspruch** zwischen dem ausgehandelten **Mitbestimmungsmodell** und der im Verschmelzungsplan enthaltenen **Satzung** der SE ergeben. Ein solcher Widerspruch würde noch vor Eintragung der SE in das Handelsregister offenbar, weil Art. 12 Abs. 2 SE-VO die Eintragung der SE erst erlaubt, wenn das Mitbestimmungsmodell feststeht. Wenn der Widerspruch nicht aufgelöst wird, besteht gemäß Art. 12 Abs. 4 UAbs. 1 S. 1 SE-VO ein Eintragungshindernis.[73] Denn die in der Rechtsquellenhierarchie des Art. 9 Abs. 1 SE-VO nicht einmal erwähnte Mitbestimmungsvereinbarung setzt sich nicht ipso iure gegen die Satzung durch mit der Folge, dass entgegenstehende Satzungsbestimmungen ohne weiteres nichtig wären.[74] Die Aktionäre, und nur diese,[75] können den Widerspruch allerdings auflösen und das Eintragungshindernis beseitigen, indem sie den Satzungsentwurf in einer neuen Hauptversammlung an das Mitbestimmungsmodell anpassen. Verpflichtet sind sie dazu nach hM aber nicht, auch nicht gemäß Art. 12 Abs. 4 UAbs. 1 S. 2 SE-VO,[76] obwohl die Vorschrift in ihrem Wortlaut kaum klarer sein könnte.[77] Sie können die Gründung vielmehr scheitern lassen, wenn sie sich mit dem ausgehandelten Mitbestimmungsmodell nicht anfreunden mögen. Insoweit wirken entgegenstehende Satzungsbestimmungen wie ein Genehmigungsvorbehalt gemäß Art. 23 Abs. 2 SE-VO. Wer eintragungshindernde Widersprüche zwischen Satzung und Mitbestimmungsvereinbarung ausschließen möchte, sollte möglichst keine mitbestimmungsrelevanten Vorschriften über den Aufsichtsrat in die Gründungssatzung der SE aufnehmen.

26 h) Erleichterungen bei konzerninterner Verschmelzung. Art. 31 SE-VO enthält Erleichterungen für Verschmelzungsgründungen, bei denen die übernehmende Gesellschaft

---

[71] Sehr umstr. Im Ergebnis wie hier Jannott/Frodermann HdB SE/*Jannott* 3. Kap. Rn. 86; Lutter/Hommelhoff/Teichmann SE/*Bayer* SE-VO Art. 23 Rn. 16; KölnKommAktG/*Maul* SE-VO Art. 23 Rn. 21; *Noack* ZHR-Beiheft 77 (2015), 96 (113). AA *Teichmann* ZGR 2002, 383 (430); *Scheifele* S. 218; MüKoAktG/*Schäfer* SE-VO Art. 23 Rn. 2; Habersack/Drinhausen SE-Recht/*Marsch-Barner* SE-VO Art. 23 Rn. 24; Spindler/Stilz AktG/*Eberspächer* SE-VO Art. 23 Rn. 8;.

[72] So aber die Verfechter des Delegationsrechts (→ vorige Fn.).

[73] KölnKommAktG/*Kiem* SE-VO Art. 12 Rn. 74.

[74] Grundlegend *Habersack* AG 2006, 345 (348); *ders.* ZHR 171 (2007), 613 (627–629); KölnKommAktG/*Kiem* SE-VO Art. 12 Rn. 61; Habersack/Drinhausen SE-Recht/*Schürnbrand* SE-VO Art. 12 Rn. 28–29. AA noch *Schwarz* SE-VO Art. 12 Rn. 36.

[75] Von der Ermächtigung des Art. 12 Abs. 4 UAbs. 2 SE-VO (Satzungsanpassung durch Vorstand oder Verwaltungsrat) hat der deutsche Gesetzgeber keinen Gebrauch gemacht.

[76] KölnKommAktG/*Kiem* SE-VO Art. 12 Rn. 78; Spindler/Stilz AktG/*Casper* SE-VO Art. 12 Rn. 24; MüKoAktG/*Schäfer* SE-VO Art. 12 Rn. 10; Habersack/Drinhausen SE-Recht/*Schürnbrand* SE-VO Art. 12 Rn. 30; *Noack* ZHR-Beiheft 77 (2015), 96 (110). AA *Teichmann* AG 2008, 797 (806); *Austmann* FS Hellwig, 2010, 105 (113); *Kiefner/Friebel* NZG 2010, 537 (538).

[77] Die Satzung „ist ... zu ändern". AA Habersack/Drinhausen SE-Recht/*Marsch-Barner* SE-VO Art. 12 Rn. 30 („missverständlicher Wortlaut").

(also die künftige SE) die übertragende Gesellschaft aufgrund Anteilsbesitzes beherrscht; geregelt werden also Sonderfälle des upstream merger.[78] Abs. 1 betrifft den Fall, dass die übernehmende Gesellschaft **unmittelbar sämtliche das Stimmrecht gewährenden Aktien** der übertragenden Gesellschaft besitzt. Vorzugsaktien ohne Stimmrecht bleiben nach hM außer Betracht, auch wenn sie sich nicht in der Hand der übernehmenden Gesellschaft, sondern in den Händen Dritter befinden.[79] Die wesentliche Erleichterung bei solchen Anteilsbesitzverhältnissen besteht darin, dass die übernehmende Gesellschaft keine Aktien zu gewähren hat, so dass im Verschmelzungsplan auch keine Angaben zum Umtauschverhältnis zu machen sind und Verschmelzungsbericht und Verschmelzungsprüfung entfallen.[80] Fraglich und von der hM unbeantwortet ist, welche Gegenleistung die außenstehenden stimmrechtslosen Vorzugsaktionäre erhalten. Man kann einerseits daran denken, die Erleichterungen von Art. 31 Abs. 1 S. 1 SE-VO für diesen Fall auszuschließen und Anteilsgewährung, Regelung im Verschmelzungsplan, Berichterstattung und Verschmelzungsprüfung doch zu verlangen.[81] Als Rechtsgrundlage dafür könnte man Art. 31 Abs. 1 S. 2 SE-VO iVm Art. 24 Verschmelzungsrichtlinie,[82] heute Art. 110 Gesellschaftsrechtsrichtlinie[83], sowie §§ 23, 8 Abs. 3 und 9 Abs. 3 UmwG heranziehen. Allerdings wird Art. 31 Abs. 1 S. 2 SE-VO von der hM gegen seinen Wortlaut („jedoch") so interpretiert, dass die Erleichterungen von Art. 31 Abs. 1 S. 1 SE-VO durch mitgliedstaatliches Recht nicht zurückgenommen, sondern nur weitere Erleichterungen des nationalen Rechts gewährt werden dürfen.[84] Außerdem wäre mit der Rücknahme aller Erleichterungen bei Vorhandensein außenstehender stimmrechtsloser Vorzugsaktionäre nichts gewonnen. Deshalb erscheint es sinnvoller, dass die Vorzugsaktionäre gegen Barabfindung aus der Gesellschaft ausscheiden. Dann wäre zwar im Hinblick auf die Barabfindung zu berichten und zu prüfen. Der Aufwand dafür wäre aber viel geringer als bei einer Anteilsgewährung. Denn für die Barabfindung der aus der übertragenden Gesellschaft ausscheidenden Vorzugsaktionäre muss nur die übertragende Gesellschaft bewertet werden, nicht hingegen die übernehmende.

Keine Anwendung findet § 62 UmwG. Die **übernehmende Gesellschaft** muss also auch dann einen **Verschmelzungsbeschluss** herbeiführen, wenn sie sämtliche Aktien an der übertragenden Gesellschaft besitzt.[85] Formal ergibt sich dies daraus, dass § 62 UmwG nicht auf Art. 24 Verschmelzungsrichtlinie, sondern auf deren Art. 25, 27, heute Art, 111, 112 Gesellschaftsrechtsrichtlinie, beruht, so dass die Vorschrift in Art. 31 Abs. 1 S. 2 SE-VO nicht zur Anwendung berufen ist. Die Rechtsanwendungsnorm des Art. 18 SE-VO wird durch Art. 31 Abs. 1 S. 2 SE-VO als speziellere Vorschrift gesperrt. Materiell ist entscheidend, dass die übernehmende Gesellschaft durch die Verschmelzungsgründung zur SE wird (Art. 29 Abs. 1 lit. d SE-VO). Dies ist für die Aktionäre der übernehmenden

---

[78] Habersack/Drinhausen SE-Recht/*Marsch-Barner* SE-VO Art. 31 Rn. 2 mwN.
[79] *Schwarz* SE-VO Art. 31 Rn. 6; Spindler/Stilz AktG/*Eberspächer* SE-VO Art. 31 Rn. 3; MüKoAktG/*Schäfer* SE-VO Art. 31 Rn. 3; Habersack/Drinhausen SE-Recht/*Marsch-Barner* SE-VO Art. 31 Rn. 3. AA KölnKommAktG/*Maul* SE-VO Art. 31 Rn. 6.
[80] Siehe zu den Rechtsfolgen im Einzelnen Habersack/Drinhausen SE-Recht/*Marsch-Barner* SE-VO Art. 31 Rn. 7–12.
[81] So Habersack/Drinhausen SE-Recht/*Marsch-Barner* SE-VO Art. 31 Rn. 7.
[82] Dritte Richtlinie des Rates vom 9.10.1978 betreffend die Verschmelzung von Aktiengesellschaften (78/855/EWG), ABl. 1978 L 295, S. 36.
[83] → § 83 Fn. 20.
[84] Lutter/Hommelhoff/Teichmann SE/*Bayer* SE-VO Art. 31 Rn. 7, 11; Spindler/Stilz AktG/*Eberspächer* SE-VO Art. 31 Rn. 5; MüKoAktG/*Schäfer* SE-VO Art. 31 Rn. 6; Habersack/Drinhausen SE-Recht/*Marsch-Barner* SE-VO Art. 31 Rn. 10. AA Manz/Mayer/Schröder Europäische AG/*Schröder* SE-VO Art. 31 Rn. 12.
[85] HM; siehe nur *Schwarz* SE-VO Art. 31 Rn. 17–19; Lutter/Hommelhoff/Teichmann SE/*Bayer* SE-VO Art. 31 Rn. 14; Habersack/Drinhausen SE-Recht/*Marsch-Barner* SE-VO Art. 31 Rn. 13 mwN; aA *Teichmann* ZGR 2002, 383 (431).

Gesellschaft eine so erhebliche Rechtsfolge, dass ihr Eintritt ohne zustimmenden Hauptversammlungsbeschluss bei der übernehmenden Gesellschaft nicht in Betracht kommt. Unterstützt wird dieses Ergebnis durch Art. 37 Abs. 5 SE-VO, der für einen Formwechsel in eine SE ohne Ausnahme einen Hauptversammlungsbeschluss verlangt.

28 Art. 31 Abs. 2 SE-VO enthält weitere Erleichterungen bei konzerninterner Verschmelzung, die für deutsche Gründungsgesellschaften nicht in Betracht kommen. Voraussetzung wäre, dass der deutsche Gesetzgeber solche Erleichterungen im nationalen Recht für Fälle vorgesehen hätte, in denen die übernehmende Gesellschaft zwischen 90% und 100% der das Stimmrecht gewährenden Aktien an der übertragenden Gesellschaft hielte. Von den entsprechenden Möglichkeiten in Art. 28 Verschmelzungsrichtlinie, heute Art. 114 Gesellschaftsrechtsrichtlinie, hat Deutschland aber keinen Gebrauch gemacht.[86]

29 **i) Rechtmäßigkeitskontrolle und Registerverfahren.** Die SE kann erst nach einer der Zweistufigkeit des Gründungsverfahrens (→ Rn. 2) entsprechenden zweistufigen Rechtmäßigkeitskontrolle in das Handelsregister eingetragen werden (Art. 27 Abs. 2 SE-VO): Auf der ersten Stufe geht es um die Rechtmäßigkeit derjenigen Verfahrensabschnitte, welche die Gründungsgesellschaften betreffen; diese Prüfung erfolgt für jede Gründungsgesellschaft anhand der auf sie anwendbaren nationalen Vorschriften über die Verschmelzung von AG (Art. 25 Abs. 1 SE-VO). Auf der zweiten Stufe überprüft die zuständige Stelle des künftigen Sitzstaats der SE die Rechtmäßigkeit des Verfahrensabschnitts, in den die Durchführung der Verschmelzung und die Gründung der SE fallen (Art. 26 Abs. 1 SE-VO).

30 Zuständig für die Rechtmäßigkeitskontrolle auf der **ersten Stufe** ist für deutsche Gründungsgesellschaften, und zwar übertragende wie übernehmende,[87] deren **jeweiliges Registergericht** (Art. 25 Abs. 1, 68 Abs. 2 SE-VO, § 4 S. 1 SEAG, §§ 376, 377 FamFG, § 23a Abs. 1 S. 1 Nr. 2, Abs. 2 Nr. 3 GVG). Bei diesem hat der Vorstand der Gründungsgesellschaft die Verschmelzungsgründung zur Erteilung der Rechtmäßigkeitsbescheinigung anzumelden. Der Vorstand einer übertragenden Gesellschaft muss die Anmeldung zudem auf die Eintragung der Verschmelzung erstrecken[88] und die Schlussbilanz vorlegen (§ 17 Abs. 2 UmwG).[89] Die Erklärung, dass keine relevanten Klagen gegen den Verschmelzungsbeschluss vorliegen (§ 16 Abs. 2 UmwG), oder der rechtskräftige gerichtliche Freigabebeschluss (§ 16 Abs. 3 UmwG) kann nachgereicht werden. Das Registergericht prüft neben den registerverfahrensrechtlichen Voraussetzungen[90] die Gründungsberechtigung der Gründungsgesellschaft, dh ihre Rechtsform als AG, das Vorliegen eines Verschmelzungsplans, das Vorliegen eines Verschmelzungsberichts, die Durchführung einer Verschmelzungsprüfung, das Vorliegen eines Prüfungsberichts, die Erfüllung der Einreichungspflichten des § 5 S. 1 SEAG, das Vorliegen eines Verschmelzungsbeschlusses, der in ordnungsgemäß einberufener und durchgeführter Hauptversammlung mit der erforderlichen Mehrheit gefasst worden ist, das Vorliegen einer Versicherung der Vorstandsmitglieder jeder übertragenden Gesellschaft, dass den berechtigten Gläubigern Sicherheit geleistet wurde (§ 8 S. 2 SEAG), sowie ggf. die Eintragung einer Kapitalerhöhung bei der übernehmenden Gesellschaft, aus welcher Aktien der künftigen SE an die Aktionäre der übertragenden Gesellschaft gewährt werden sollen (Art. 18 SE-VO, § 66 UmwG) und die Anzeige des

---

[86] Ob dies nach Einführung des § 62 Abs. 5 UmwG (verschmelzungsrechtlicher Squeeze-out) im Jahr 2011 anders beurteilt werden muss, ist unklar. Übersicht über die Diskussion bei Habersack/Drinhausen SE-Recht/*Marsch-Barner* SE-VO Art. 31 Rn. 17 aE sowie Spindler/Stilz AktG/*Eberspächer* SE-VO Art. 31 Rn. 6.

[87] *Schwarz* SE-VO Art. 25 Rn. 5; Habersack/Drinhausen SE-Recht/*Marsch-Barner* SE-VO Art. 25 Rn. 2.

[88] So wohl auch Lutter/Hommelhoff/Teichmann SE/*Bayer* SE-VO Art. 25 Rn. 11. AA *Schwarz* SE-VO Art. 25 Rn. 11; Habersack/Drinhausen SE-Recht/*Marsch-Barner* SE-VO Art. 25 Rn. 8.

[89] Habersack/Drinhausen SE-Recht/*Marsch-Barner* SE-VO Art. 25 Rn. 10 mwN.

[90] Aufgezählt bei *Schwarz* SE-VO Art. 25 Rn. 11.

Treuhänders an das Registergericht der übernehmenden Gesellschaft, dass er im Besitz der bei der Verschmelzung zu gewährenden Aktien ist (Art. 18 SE-VO, § 71 Abs. 1 S. 2 UmwG).[91] Einer inhaltlichen Überprüfung unterliegen nur der Verschmelzungsplan und der Verschmelzungsbeschluss daraufhin, ob sie den Mindestanforderungen gemäß Art. 20 Abs. 1, 23 Abs. 1 SE-VO entsprechen. Nicht zu überprüfen sind die Zweckmäßigkeit der Verschmelzung oder die Angemessenheit des Umtauschverhältnisses.[92] Ein allgemeines behördliches Einspruchsrecht gegen die Beteiligung einer deutschen Gründungsgesellschaft an der Verschmelzungsgründung zur Wahrung des öffentlichen Interesses gibt es nicht.[93]

Nach positiver Prüfung erteilt das Registergericht die **Rechtmäßigkeitsbescheinigung.** Wie diese auszusehen hat, ist gesetzlich nicht geregelt und höchst umstritten.[94] Naheliegend erscheint es, dass der deutsche Registerrichter sich an den deutschen Gepflogenheiten orientiert, die der Gesetzgeber auch für die grenzüberschreitende Verschmelzung für verbindlich erklärt hat (§ 122k Abs. 2 S. 2 und 3 UmwG): Danach trägt das Registergericht die Verschmelzung in das Handelsregister der übertragenden Gesellschaft ein und vermerkt dazu, dass die Verschmelzung erst mit der Eintragung ins Register der übernehmenden SE wirksam wird (Art. 18 SE-VO, § 19 Abs. 1 UmwG). Die der übertragenden Gesellschaft zu erteilende Eintragungsnachricht gilt als Rechtmäßigkeitsbescheinigung im Sinne von Art. 25 Abs. 2, 68 Abs. 2 S. 1 SE-VO, § 4 S. 1 SEAG.[95]

Auf der **zweiten Stufe** obliegt die Rechtmäßigkeitskontrolle in Deutschland dem **für die künftige SE zuständigen Registergericht** (Art. 26 Abs. 1, 68 Abs. 2 S. 1 SE-VO, § 4 S. 1 SEAG, §§ 376, 377 FamFG, § 23a Abs. 1 S. 1 Nr. 2, Abs. 2 Nr. 3 GVG). Dabei kann es sich um ein anderes Gericht als das für die übernehmende Gesellschaft zuständige handeln, wenn nämlich die übernehmende Gesellschaft im Zuge der Verschmelzung ihren Sitz innerhalb Deutschlands verlegt.[96] Nachdem früher durchweg anerkannt war, dass über Art. 15 Abs. 1 SE-VO ergänzend das Gründungsrecht des Sitzstaats der SE heranzuziehen ist,[97] hält die neuere hL Art. 26 SE-VO in vielen Aspekten für abschließend.[98] Schon angesichts der ausdrücklichen Verweisung von Art. 26 Abs. 4 SE-VO auf das gemäß Art. 15 zur Anwendung berufene nationale Gründungsrecht überzeugt dies nicht. Das nationale Gründungsrecht am Sitz der SE ist grundsätzlich umfassend anzuwenden, und es ist davon auszugehen, dass die Registerrichter dies schon aus Gewohnheit auch tun werden. Ausnahmen bedürfen besonderer Begründung, die sich nicht im Verweis auf den angeblich abschließenden Charakter gewisser Regelungen in Art. 26 SE-VO erschöpfen kann. Vor diesem Hintergrund müssen nicht nur die Gründungsgesellschaften, vertreten durch ihre Vorstände, sondern auch die Mitglieder des ersten Vorstands und Aufsichtsrats (oder – im monistischen Verwaltungssystem – die ersten externen geschäftsführenden Direktoren und

---

[91] Siehe auch die Auflistung der Prüfungspunkte bei Habersack/Drinhausen SE-Recht/*Marsch-Barner* SE-VO Art. 25 Rn. 6–7.
[92] *Schwarz* SE-VO Art. 25 Rn. 15; Lutter/Hommelhoff/Teichmann SE/*Bayer* SE-VO Art. 25 Rn. 7; Habersack/Drinhausen SE-Recht/*Marsch-Barner* SE-VO Art. 25 Rn. 23 mwN.
[93] Von der betreffenden Ermächtigung des Art. 19 SE-VO hat der deutsche Gesetzgeber keinen Gebrauch gemacht.
[94] Ausführliche Aufbereitung des Meinungsstands bei Habersack/Drinhausen SE-Recht/*Marsch-Barner* SE-VO Art. 25 Rn. 25–26.
[95] Wie hier *Heckschen* DNotZ 2003, 251 (259); *Brandes* AG 2005, 177 (187); *Walden/Meyer-Landrut* DB 2005, 2619 (2622); Manz/Mayer/Schröder Europäische AG/*Schröder* SE-VO Art. 25 Rn. 41–46. AA Jannott/Frodermann HdB SE/*Jannott* 3. Kap. Rn. 100; *Schwarz* SE-VO Art. 25 Rn. 25; MüKoAktG/*Schäfer* SE-VO Art. 25 Rn. 10; KölnKommAktG/*Maul* SE-VO Art. 25 Rn. 24; Habersack/Drinhausen SE-Recht/*Marsch-Barner* SE-VO Art. 25 Rn. 26.
[96] Dass dies möglich ist, ergibt sich aus Art. 37 Abs. 3 SE-VO; so auch *Schwarz* SE-VO Art. 25 Rn. 25 mit Fn. 39.
[97] ZB *Brandes* AG 2005, 177 (179); *Schwarz* SE-VO Art. 26 Rn. 5; *Kleindiek* in Lutter/Hommelhoff, Die Europäische Gesellschaft, 2005, S. 95/98.
[98] Umfassende Darstellung bei Habersack/Drinhausen SE-Recht/*Marsch-Barner* SE-VO Art. 26 Rn. 6 ff.

die Mitglieder des ersten Verwaltungsrats, § 21 Abs. 1 SEAG) die SE zur Eintragung anmelden (Art. 15 Abs. 1 SE-VO, § 36 Abs. 1 AktG). Die Anmeldeformalitäten ergeben sich aus § 37 AktG. Zusätzlich zu den üblicherweise beizufügenden Unterlagen (§ 37 Abs. 4 AktG) muss jede Gründungsgesellschaft die für sie ausgestellte Rechtmäßigkeitsbescheinigung, die nicht älter als sechs Monate sein darf, sowie eine Ausfertigung des Verschmelzungsplans, dem ihre Hauptversammlung zugestimmt hat, vorlegen (Art. 26 Abs. 2 SE-VO). Sofern eine Vereinbarung über die Beteiligung der Arbeitnehmer geschlossen wurde, ist auch diese der Anmeldung beizufügen.[99] Der Umfang der registergerichtlichen Prüfung ergibt sich zunächst aus Art. 15 Abs. 1 SE-VO, § 38 AktG.[100] Ferner prüft das Registergericht, ob die Gründungsgesellschaften aus verschiedenen Mitgliedstaaten stammen, ob sie einem gleichlautenden Verschmelzungsplan zugestimmt haben und ob das Verfahren der Arbeitnehmerbeteiligung gemäß Art. 12 Abs. 2 SE-VO zu Ende gebracht worden ist (Art. 26 Abs. 3 SE-VO). Im Übrigen darf das Registergericht sich auf die für die Gründungsgesellschaften erteilten Rechtmäßigkeitsbescheinigungen verlassen; es soll nicht gezwungen sein, die Einhaltung ausländischer Verschmelzungsvorschriften zu überprüfen.[101] Bei **evidenten Mängeln** in einem Verfahrensabschnitt der ersten Stufe darf und muss das für die SE zuständige Registergericht dennoch die Eintragung verweigern.[102] Dies gilt insbesondere bei Verletzung von Vorschriften der SE-VO, beispielsweise bei Fehlen des Umtauschverhältnisses im Verschmelzungsplan.

33 Wenn das für die SE zuständige Registergericht seine Rechtmäßigkeitskontrolle positiv abschließt, **trägt es die Verschmelzung und Gründung der SE in das Handelsregister ein** (Art. 27 Abs. 1 SE-VO). Damit entsteht bei der Verschmelzung zur Neugründung die SE als juristische Person (Art. 16 Abs. 1 SE-VO). Bei der Verschmelzung zur Aufnahme ordnet Art. 29 Abs. 1 lit. d SE-VO den Formwechsel der übernehmenden Gesellschaft in eine SE an. Nach der Eintragung informiert das Registergericht die Registergerichte der Gründungsgesellschaften, die ihrerseits den Eintragungstag im Handelsregister der jeweiligen Gründungsgesellschaft vermerken (Art. 28 SE-VO, § 19 Abs. 2 UmwG).[103] Wenn das Recht einer ausländischen SE eine solche Informationspflicht nicht kennt, muss das Geschäftsleitungsorgan der SE selbst die Registergerichte der Gründungsgesellschaften informieren.[104] Die Eintragungsreihenfolge entspricht also derjenigen in § 19 Abs. 1 S. 1 UmwG.[105] Man wird ein deutsches Registergericht einer übertragenden Gesellschaft allerdings nicht gemäß § 19 Abs. 2 S. 2 UmwG für verpflichtet halten können, einer für die SE zuständigen ausländischen Stelle die Registerakten zur Aufbewahrung zu übersenden; die Aufbewahrungspflichten dürften vielmehr weiterhin in Deutschland zu erfüllen sein.

34 **j) Wirkungen der Verschmelzung.** Die Eintragung der Verschmelzung und der SE in das für die SE zuständige Handelsregister hat grundsätzlich die aus dem deutschen Um-

---

[99] Arg. ex Art. 26 Abs. 3 SE-VO.
[100] Zusammenstellung der Prüfungspunkte bei Habersack/Drinhausen SE-Recht/*Marsch-Barner* SE-VO Art. 26 Rn. 2–3.
[101] *Scheifele* S. 272; *Schwarz* SE-VO Art. 26 Rn. 6; Lutter/Hommelhoff/Teichmann SE/*Bayer* SE-VO Art. 26 Rn. 16.
[102] *Schwarz* SE-VO Art. 26 Rn. 6 mit Fn. 4 (Bindungswirkung ohne Eintragungsverpflichtung); van Hulle/Maul/Drinhausen HdB SE/*Teichmann* 4. Abschn. § 2 Rn. 66; aA Habersack/Drinhausen SE-Recht/*Marsch-Barner* SE-VO Art. 26 Rn. 10.
[103] Dies ist die von Art. 28 SE-VO geforderte Offenlegung der Durchführung der Verschmelzung. Wie hier Manz/Mayer/Schröder Europäische AG/*Schröder* SE-VO Art. 28 Rn. 8; aA diejenigen, die § 19 Abs. 2 UmwG bei der SE-Verschmelzungsgründung nicht für anwendbar halten (schon → Rn. 32) und stattdessen §§ 8 ff. HGB anwenden wollen; Habersack/Drinhausen SE-Recht/*Marsch-Barner* Art. 28 Rn. 4–5.
[104] Eine Holschuld dieser Registergerichte erscheint nicht praxisgerecht. So aber Manz/Mayer/Schröder Europäische AG/*Schröder* SE-VO Art. 28 Rn. 8.
[105] Str.; bereits → Rn. 31 mit → Fn. 95 sowie Habersack/Drinhausen SE-Recht/*Marsch-Barner* SE-VO Art. 27 Rn. 3 mwN.

wandlungsrecht (§ 20 Abs. 1 UmwG) bekannten Wirkungen: Das Aktiv- und Passivvermögen der übertragenden Gesellschaften geht im Wege der **Gesamtrechtsnachfolge** auf die übernehmende SE über; die Aktionäre der übertragenden Gesellschaften werden Aktionäre der übernehmenden SE; die übertragenden Gesellschaften erlöschen (Art. 29 Abs. 1 und 2 SE-VO). Als Pendant zu § 324 UmwG regelt Art. 29 Abs. 4 SE-VO den Übergang der arbeitsrechtlichen Beziehungen auf die SE.

Anders als § 20 Abs. 1 Nr. 3 UmwG enthält die SE-VO keine Sonderregelung für die Fälle, dass die übernehmende Gesellschaft Aktien der übertragenden Gesellschaft hält (außer bei der konzerninternen Verschmelzung, → Rn. 26) oder dass die übertragende Gesellschaft eigene Aktien besitzt. Es wird zu Recht angenommen, dass insoweit eine bewusste Regelungslücke vorliegt, die gemäß Art. 15 Abs. 1 SE-VO durch das nationale Recht des Sitzstaats der SE zu füllen ist. Auf eine deutsche SE ist also § 20 Abs. 1 Nr. 3 S. 1 Hs. 2 UmwG mit der Folge anzuwenden, dass Aktien der übernehmenden SE insoweit nicht gewährt werden, als die übernehmende SE Aktien einer übertragenden Gesellschaft hält oder eine übertragende Gesellschaft eigene Aktien besitzt.[106] Aufgrund von Art. 105 Abs. 2 Gesellschaftsrechtsrichtlinie[107] sollten in den anderen Mitgliedstaaten entsprechende Regelungen bestehen. Gestützt auf Art. 15 Abs. 1 SE-VO, wird man ferner davon ausgehen dürfen, dass die Rechte Dritter an Aktien der übertragenden Gesellschaft sich an den Aktien der deutschen übernehmenden SE fortsetzen (§ 20 Abs. 1 Nr. 3 S. 2 UmwG), auch wenn insoweit die nationalen Rechte der Mitgliedstaaten nicht harmonisiert sind.[108] 35

Art. 30 SE-VO gewährt der SE nach der Verschmelzungsgründung einen **Bestandsschutz,** der im Großen und Ganzen demjenigen nach § 20 Abs. 2 UmwG entspricht: Nach Eintragung der SE kann diese nicht mehr für nichtig erklärt werden, auch wenn die Verschmelzungsgründung fehlerhaft war. Zwar ermächtigt Art. 30 UAbs. 2 SE-VO die Mitgliedstaaten, die fehlende Rechtmäßigkeitskontrolle gemäß Art. 25, 26 SE-VO als Auflösungsgrund zu bestimmen,[109] jedoch hat Deutschland von dieser Möglichkeit keinen Gebrauch gemacht. 36

k) Minderheitsschutz. Die Minderheitsaktionäre deutscher Gründungsgesellschaften genießen einen ähnlichen Schutz gegen Rechtsbeeinträchtigungen wie bei einer rein deutschen Verschmelzung. Die entsprechenden deutschen Vorschriften beruhen auf der Ermächtigungsnorm des Art. 24 Abs. 2 SE-VO und sind aufgrund der Verweisungsnorm des Art. 18 SE-VO bei der Verschmelzungsgründung anwendbar.[110] Zunächst steht den Aktionären bei Gesetzes- oder Satzungsverletzungen die **Anfechtungsklage** gegen den Verschmelzungsbeschluss ihrer Hauptversammlung zur Verfügung (§ 243 Abs. 1 AktG); bei Vorliegen von Nichtigkeitsgründen (§ 241 AktG) können die Aktionäre **Nichtigkeitsklage** erheben (§ 249 AktG). Die Anfechtungsklage kann bei der deutschen übernehmenden Gesellschaft – wie auch bei Verschmelzungen innerhalb Deutschlands – unter anderem auf die Behauptung gestützt werden, das Umtauschverhältnis sei unangemessen. Derartige Anfechtungsklagen und die sich daraus ergebenden Unsicherheiten für den Vollzug der Verschmelzungsgründung sind – außer durch Verschmelzung zur Neugründung – dadurch vermeidbar, dass auf eine Gesellschaft ohne Minderheitsaktionäre verschmolzen wird.[111] 37

---

[106] *Scheifele* S. 297–298; *Schwarz* SE-VO Art. 29 Rn. 22, 23; MüKoAktG/*Schäfer* SE-VO Art. 29 Rn. 4; Spindler/Stilz AktG/*Casper* SE-VO Art. 29 Rn. 4.

[107] → § 83 Fn. 20.

[108] Lutter/Hommelhoff/Teichmann SE/*Bayer* SE-VO Art. 29 Rn. 9; Spindler/Stilz AktG/*Eberspächer* SE-VO Art. 29 Rn. 4; MüKoAktG/*Schäfer* SE-VO Art. 29 Rn. 5. Zu dem damit für ausländische Rechte möglicherweise verbundenen Statutenwechsel Manz/Mayer/Schröder Europäische AG/*Schröder* SE-VO Art. 29 Rn. 16–17; Habersack/Drinhausen SE-Recht/*Marsch-Barner* SE-VO Art. 29 Rn. 6.

[109] *Schwarz* SE-VO Art. 30 Rn. 9.

[110] *Schwarz* SE-VO Art. 24 Rn. 23, Einl. Rn. 149.

[111] So auch Habersack/Drinhausen SE-Recht/*Marsch-Barner* SE-VO Art. 24 Rn. 36.

Eine solche Transaktionsstruktur ist bei rein deutschen Verschmelzungen unter gewissen Rahmenbedingungen erfolgreich angewandt worden.

38 § 14 Abs. 2 UmwG schließt die Bewertungsrüge bei der übertragenden Gesellschaft einer rein deutschen Verschmelzung aus. Bei der SE-Verschmelzungsgründung hingegen greift dieser **Klageausschluss** gemäß § 6 Abs. 1 SEAG nur dann ein, wenn die besonderen Voraussetzungen des Art. 25 Abs. 3 S. 1 SE-VO vorliegen. Danach muss den Aktionären der übertragenden Gesellschaft ein gerichtliches **Spruchverfahren** zur Überprüfung der Angemessenheit des Umtauschverhältnisses eröffnet sein, und die Gründungsgesellschaften aus Mitgliedstaaten, die ein solches Spruchverfahren nicht kennen, müssen die mögliche Durchführung des Spruchverfahrens bei der Zustimmung zum Verschmelzungsplan ausdrücklich akzeptieren. § 6 Abs. 4 S. 1 SEAG ermöglicht es den Aktionären einer deutschen übertragenden Gesellschaft zwar, ein Spruchverfahren einzuleiten. Darin wird das Umtauschverhältnis überprüft und bei Unangemessenheit ein barer Ausgleichsanspruch gemäß § 6 Abs. 2 SEAG für die benachteiligten Aktionäre festgestellt. Wenn die Rechtsordnungen der ausländischen Gründungsgesellschaften ein solches Verfahren nicht kennen, und das ist in Europa zurzeit überwiegend der Fall,[112] wird daraus jedoch keine lebendige Praxis entstehen. Denn die Aktionäre der ausländischen Gründungsgesellschaften, denen Art. 25 Abs. 3 S. 1 SE-VO Waffengleichheit gewähren will, werden der Durchführung eines Spruchverfahrens nur für die Aktionäre der deutschen Gesellschaften nicht zustimmen.[113] Dies gilt trotz der Sonderregelung des § 6 Abs. 4 S. 2 SEAG, aufgrund der auch die Aktionäre der ausländischen übertragenden Gesellschaft das deutsche Spruchgericht anrufen können, wenn dieses international zuständig ist. Denn auch diese Sonderregelung setzt voraus, dass der Sitzstaat der ausländischen übertragenden Gesellschaft ein Spruchverfahren kennt.

39 Es bleibt dann dabei, dass die Bewertungsrüge im Anfechtungsprozess vorzutragen ist.[114] Dadurch wird die **Transaktionssicherheit** einer SE-Verschmelzungsgründung gegenüber einer rein deutschen Verschmelzung empfindlich beeinträchtigt. Dies liegt vor allem daran, dass die Bewertungsrüge im Freigabeverfahren gemäß Art. 18 SE-VO, § 16 Abs. 3 UmwG praktisch nicht entkräftet werden kann, weil sie kaum jemals offensichtlich unbegründet sein wird. Es kommt hinzu, dass in diesen Fällen auch der Anfechtungsausschluss des § 243 Abs. 4 S. 2 AktG nicht eingreift, die Anfechtungsklage also auch auf unrichtige, unvollständige oder unzureichende Informationen in der Hauptversammlung über die Ermittlung, die Höhe oder die Angemessenheit des Umtauschverhältnisses gestützt werden kann.

40 Um den **Ausgleichsanspruch** des § 6 Abs. 2 SEAG und das **Spruchverfahren** des § 6 Abs. 4 SEAG, sofern es denn zur praktischen Anwendung kommt, rankt sich ein weiteres Problem, das sich aus der Formulierung der Ermächtigungsnorm des Art. 24 Abs. 2 SE-VO ergibt. Danach dürfen die Mitgliedstaaten Minderheitsschutz nur für diejenigen Minderheitsaktionäre gewähren, „die sich **gegen die Verschmelzung ausgesprochen** haben". Es ist zweifelhaft, ob deshalb europarechtskonform nur diejenigen Minderheitsaktionäre einen Ausgleichsanspruch haben und einen Antrag auf Einleitung eines Spruchverfahrens stellen können, die gegen den Verschmelzungsbeschluss gestimmt haben.[115] Der deutsche Gesetzgeber verneint dies und will allen Minderheitsaktionären einen Ausgleichsanspruch und ein Antragsrecht geben, die „lediglich mit dem Umtauschverhältnis nicht einverstanden" sind.[116]

---

[112] Ua in den für Deutschland sehr wichtigen Mitgliedsländern Frankreich und Italien. Anders zB in Österreich; Kalss/Hügel Europäische Aktiengesellschaft/*Hügel* SEG §§ 21, 22 Rn. 26; Barnert/Dolezel/Egermann/Illigasch, SE-Handbuch, 2005, S. 31.

[113] So auch die Einschätzung von *Teichmann* ZGR 2002, 383 (428); MüKoAktG/*Schäfer* SE-VO Art. 25 Rn. 12.

[114] Begr. RegE SEEG, BT-Drs. 15/3405, 32; *Ihrig/Wagner* BB 2004, 1749 (1751).

[115] So *Ihrig/Wagner* BB 2003, 969 (972); *DAV-Handelsrechtsausschuss* NZG 2004, 957; *Walden/Meyer-Landrut* DB 2005, 2619 (2620).

[116] Begr. RegE SEEG, BT-Drs. 15/3405, 32.

Dem ist zuzustimmen.[117] Anderenfalls würde der Erfolg der SE-Verschmelzungsgründung unnötig gefährdet, da Aktionäre Anlass hätten, allein deshalb gegen den Verschmelzungsbeschluss zu stimmen, weil sie nur so ausgleichsberechtigt würden und sich nur so das Recht zur gerichtlichen Überprüfung des Umtauschverhältnisses erhalten könnten. Die Ablehnung des Umtauschverhältnisses kann in jeder Form geäußert werden. Es reicht die bankmäßige Geltendmachung des Ausgleichsanspruchs nach Abschluss eines von anderen initiierten Spruchverfahrens;[118] eine eigene Antragstellung ist nach heute hM nicht erforderlich.[119] § 25 Abs. 3 SE-VO zeigt, dass der europäische Verordnungsgeber die Existenz des deutschen Spruchverfahrens mit der *Inter-omnes*-Wirkung, also der Wirkung der Entscheidung für und gegen alle Aktionäre, nicht nur die Antragssteller oder die widersprechenden Aktionäre,[120] kannte und akzeptiert hat.

Ein wesentliches weiteres Schutzrecht der Minderheitsaktionäre gewährt § 7 SEAG. Die Vorschrift ist dem Barabfindungsrecht dissentierender Aktionäre bei der deutschen Mischverschmelzung (§ 29 UmwG) nachgebildet.[121] Gemäß § 7 Abs. 1 S. 1 SEAG muss jede deutsche übertragende Gesellschaft denjenigen Aktionären, die gegen den Verschmelzungsbeschluss Widerspruch zur Niederschrift erklären, den Erwerb ihrer Aktien gegen eine angemessene **Barabfindung** anbieten, wenn die SE ihren **Sitz im Ausland** nehmen soll. Das Angebot muss bereits im Verschmelzungsplan enthalten sein. Um den Aktienerwerb zu ermöglichen, werden die §§ 71 ff. AktG für entsprechend anwendbar erklärt (§ 7 Abs. 1 S. 2 SEAG), insbesondere die Ermächtigung des § 71 Abs. 1 Nr. 3 AktG zum Rückerwerb der eigenen Aktien.[122] Die Angemessenheit der Barabfindung ist stets durch den Verschmelzungsprüfer zu prüfen (§ 7 Abs. 3 SEAG). Die Annahmefrist für die Aktionäre beträgt zwei Monate ab Bekanntmachung der Verschmelzungsgründung (§ 7 Abs. 4 SEAG). **41**

Anders als bei § 6 SEAG macht der Wortlaut von § 7 Abs. 1 S. 1 SEAG unmissverständlich klar, dass das Barabfindungsangebot nur für Aktionäre gilt, die ihre Opposition gegen die Verschmelzungsgründung durch Widerspruch zur Niederschrift artikuliert haben. Neben dem Widerspruch erfordert dies, dass die betreffenden Aktionäre gegen den Verschmelzungsbeschluss stimmen.[123] Nur so kann die erhebliche Liquiditätsbelastung der Gesellschaft verhindert werden, die einträte, wenn Aktionäre, welche die Verschmelzungsgründung eigentlich ablehnen, nur deshalb dem Verschmelzungsplan zustimmen, weil sie ein Austrittsrecht gegen Barabfindung erlangen wollen. Gleichwohl können noch erhebliche Abfindungslasten auf die Gesellschaft zukommen. Im ungünstigsten Fall kann eine qualifizierte Minderheit mit Aktienbesitz im Umfang von bis zu 25 % des Grundkapitals gegen Barabfindung ausscheiden; dies kommt schon einer Teilliquidation nahe.[124] **42**

Auch die Barabfindung bei Austritt kann durch ein gerichtliches **Spruchverfahren** überprüft werden und zu einer zusätzlichen baren Abfindung führen (§ 7 Abs. 5–7 SEAG), allerdings wiederum nur unter den Kautelen des Art. 25 Abs. 3 S. 1 SE-VO (→ Rn. 38). **43**

---

[117] *Teichmann* ZGR 2003, 367 (384–385); *Scheifele* S. 230–232; *Schwarz* SE-VO Art. 24 Rn. 17; MüKoAktG/*Schäfer* SE-VO Art. 24 Rn. 5; Spindler/Stilz AktG/*Eberspächer* SE-VO Art. 24 Rn. 3; Habersack/Drinhausen SE-Recht/*Marsch-Barner* SE-VO Art. 24 Rn. 17. AA *J. Vetter* in Lutter/Hommelhoff, Die Europäische Gesellschaft, 2005, S. 126.
[118] Ähnlich Lutter/Hommelhoff/Teichmann SE/*Bayer* SE-VO Art. 24 Rn. 26.
[119] Siehe nur Habersack/Drinhausen SE-Recht/*Marsch-Barner* SE-VO Art. 24 Rn. 18 mwN.
[120] Heute geregelt in § 13 S. 2 SpruchG.
[121] Begr. RegE SEEG, BT-Drs. 15/3405, 33.
[122] *Oechsler* NZG 2005, 449 (451).
[123] Begr. RegE SEEG, BT-Drs. 15/3405, 33; MüKoAktG/*Schäfer* SE-VO Art. 20 Rn. 23; *Bayer/Schmidt* ZHR 178 (2014), 150 (156–157) mwN auch zu den Parallelvorschriften für grenzüberschreitende Strukturveränderungen. So auch die hM zu § 29 UmwG: Lutter UmwG/*Grunewald* § 29 Rn. 10 mwN.
[124] Kritisch insoweit auch *J. Vetter* in Lutter/Hommelhoff, Die Europäische Gesellschaft, 2005, S. 145.

Soweit die Rechtsordnungen der ausländischen übertragenden Gesellschaften ein solches Verfahren nicht kennen und deren Aktionäre der Durchführung des deutschen Verfahrens im Verschmelzungsbeschluss nicht zustimmen, müssen die Aktionäre der deutschen übertragenden Gesellschaft das von ihnen für unangemessen gehaltene Barabfindungsangebot durch Anfechtungsklage gegen den Verschmelzungsbeschluss bekämpfen.[125] Dadurch wird die Vollzugssicherheit der Verschmelzungsgründung weiter erheblich beeinträchtigt.

44 **l) Gläubigerschutz.** Die Gläubiger deutscher Gründungsgesellschaften werden in zweifacher Weise geschützt: Erstens gilt gemäß Art. 24 Abs. 1 lit. a SE-VO auch für die Verschmelzungsgründung § 22 UmwG. Danach hat die entstandene SE den Gläubigern der deutschen Gründungsgesellschaften **Sicherheit** für ihre noch nicht fälligen Forderungen zu leisten, wenn die Gläubiger die Forderungen innerhalb von sechs Monaten seit Bekanntmachung der Verschmelzungsgründung nach Grund und Höhe schriftlich anmelden und glaubhaft machen, dass die Erfüllung der Forderungen durch die Verschmelzungsgründung gefährdet wird. Dieser nachträgliche Schutz erschien dem deutschen Gesetzgeber allerdings für Fälle unzureichend, in denen die übernehmende SE ihren Sitz im Ausland hat.[126] Er hielt die Situation mit derjenigen bei der Sitzverlegung einer SE ins Ausland für vergleichbar. Deshalb verweist § 8 S. 1 SEAG für die Verschmelzungsgründung mit Sitz der künftigen **SE im Ausland** auf § 13 Abs. 1 und 2 SEAG (dazu näher → § 85 Rn. 15–18). Folglich muss eine deutsche übertragende Gesellschaft ihren Gläubigern bereits vor Wirksamwerden der Verschmelzungsgründung Sicherheit für noch nicht fällige Forderungen leisten, wenn die Gläubiger die Forderungen innerhalb von zwei Monaten seit Offenlegung des Verschmelzungsplans nach Grund und Höhe schriftlich anmelden und glaubhaft machen, dass die Erfüllung ihrer Forderungen durch den Auslandssitz gefährdet wird.

45 **3. Holding-SE. a) Gründungsvorgang im Überblick.** Die Holdinggründung gleicht unter verfahrensmäßigen Aspekten über weite Strecken der Verschmelzungsgründung. Der europäische Gesetzgeber hat sich ersichtlich daran orientiert,[127] allerdings ist der Regelungsumfang sehr viel knapper ausgefallen. Dies bereitet schwierige Probleme der Lückenfüllung, zumal außer in Luxemburg nationale Vorschriften über die Holdinggründung nicht existieren und demnach eine Art. 18 SE-VO entsprechende Vorschrift fehlt und auch überwiegend ins Leere ginge. In Deutschland kann man sich wegen der Gemeinsamkeiten mit der Verschmelzungsgründung zum Teil aber recht gut durch analoge Anwendung von Art. 18 SE-VO und analoge Anwendung des deutschen Verschmelzungsrechts helfen.[128]

46 Auch bei der Holdinggründung ist ein **Umtauschverhältnis** festzulegen, weil die Anteilsinhaber der Gründungsgesellschaften ihre Anteile gegen Gewährung von Aktien an der SE in die SE einbringen. Um das Wertverhältnis der Anteile zu bemessen, muss in der Regel eine vergleichende Unternehmensbewertung durchgeführt werden. Die Leitungs- oder Verwaltungsorgane der Gründungsgesellschaften stellen sodann das zentrale Dokument der Holdinggründung auf, das hier **Gründungsplan** heißt (Art. 32 Abs. 2 S. 1 SE-VO) und das Umtauschverhältnis, die Mindesteinbringungsquoten (→ Rn. 51–53), die wesentlichen weiteren Parameter der Holdinggründung sowie die Satzung der SE, gegebenenfalls einschließlich der Bestellung der Mitglieder des ersten Aufsichtsrats oder Verwaltungsrats (→ Rn. 8), enthält. Wie beim Verschmelzungsplan (→ Rn. 7) sollte in der Praxis vorsichts-

---

[125] Begr. RegE SEEG, BT-Drs. 15/3405, 33.
[126] Begr. RegE SEEG, BT-Drs. 15/3405, 33–34.
[127] *Teichmann* ZGR 2003, 367 (388–390); KölnKommAktG/*Paefgen* SE-VO Art. 32 Rn. 10 mit Fn. 20.
[128] So genannte doppelte Analogie; *Schwarz* SE-VO vor Art. 32 Rn. 11; Lutter/Hommelhoff/Teichmann SE/*Bayer* SE-VO Art. 32 Rn. 7–8; Spindler/Stilz AktG/*Eberspächer* SE-VO Art. 32 Rn. 4; KölnKommAktG/*Paefgen* SE-VO Art. 32 Rn. 10–11. Diese Analogie ist dem eher unspezifischen Rückgriff auf allgemeine Grundsätze des europäischen Gesellschaftsrechts (dafür *Teichmann* ZGR 2002, 383 (434–435)) vorzuziehen, jedenfalls beim jetzigen Stand der Genauigkeit und Regelungsdichte der Richtlinien.

halber ein gemeinsames Dokument angestrebt werden, auch wenn die hM dies rechtlich nicht für erforderlich hält, sondern eigenständige, im Wesentlichen gleichlautende Dokumente ausreichen lässt.[129] Ebenso wie bei der Verschmelzung gibt es einen **Bericht** der Leitungs- oder Verwaltungsorgane der Gründungsgesellschaften (Art. 32 Abs. 2 S. 2 SE-VO), der ebenfalls tunlichst gemeinsam erstattet wird (siehe → Rn. 16 zum Verschmelzungsbericht). Der Holdingbericht ist formal Bestandteil des Gründungsplans; dieser bedarf nach hM insgesamt notarieller Beurkundung.[130] Auch bei der Holdinggründung findet eine **Prüfung** durch unabhängige Sachverständige, in Deutschland also durch gerichtlich bestellte Prüfer statt (Art. 32 Abs. 4 SE-VO); der Umfang der Prüfung entspricht dem bei der Verschmelzungsgründung (→ Rn. 19), allerdings unter teleologisch zweifelhaftem Einschluss des Gründungsberichts.[131]

Der **Gründungsplan** wird gemäß Art. 32 Abs. 3 SE-VO spätestens einen Monat vor Beschlussfassung der Anteilsinhaber **offen gelegt,** und zwar für eine deutsche Gründungsgesellschaft in der Weise, dass die Gründungsgesellschaft ihn zum Handelsregister einreicht und das Registergericht einen Hinweis auf die Einreichung im elektronischen Justizinformationssystem (www.handelsregisterbekanntmachungen.de) veröffentlicht (§ 61 UmwG, § 10 HGB analog). Eine Zuleitung des Gründungsplans an den Betriebsrat ist nicht erforderlich.[132] Denn der deutsche Gesetzgeber hat von der Ermächtigung des Art. 34 SE-VO, entsprechende Schutzvorschriften zu Gunsten der Arbeitnehmer zu erlassen, im SEAG keinen Gebrauch gemacht.[133] Nach Information der Anteilsinhaber der Gründungsgesellschaften entsprechend den Verschmelzungsvorschriften (Art. 18 SE-VO, § 63 UmwG analog)[134] beschließen die Gesellschafterversammlungen über die Zustimmung zum Gründungsplan (Art. 32 Abs. 6 SE-VO). Der **Zustimmungsbeschluss** bedarf gemäß § 10 Abs. 1 SEAG bei einer AG mindestens drei Viertel bei der Beschlussfassung vertretenen Grundkapitals und bei einer GmbH mindestens drei Viertel der abgegebenen Stimmen.[135] Wie bei der Verschmelzung (→ Rn. 24) kann die Gesellschafterversammlung sich das Recht vorbehalten, die Vereinbarung über die Arbeitnehmerbeteiligung vor Eintragung der SE in das Handelsregister zu genehmigen (Art. 32 Abs. 6 UAbs. 2 S. 2 SE-VO). Mit dem letzten Zustimmungsbeschluss entsteht eine Vor-SE (→ Rn. 75).

Anschließend haben die Anteilsinhaber der Gründungsgesellschaften drei Monate Zeit, um ihrer jeweiligen Gründungsgesellschaft mitzuteilen, ob sie ihre Anteile in die Vor-SE einbringen wollen (Art. 33 Abs. 1 SE-VO). Die Einbringung muss nach hM innerhalb der Dreimonatsfrist nicht dinglich vollzogen werden. Art. 33 Abs. 2 SE-VO verlangt nach seinem sehr deutlichen Wortlaut allerdings, dass die Verfügungsgeschäfte geschlossen sein müssen, wenn auch ggf. unter der aufschiebenden Bedingung des Wirksamwerdens der Gründung.[136] Auch von der inzwischen wohl überwiegenden Auffassung, die grundsätzlich eine schuldrechtliche Einbringungsverpflichtung ausreichen lässt, wird teilweise zur Absicherung der Gründung empfohlen, zusammen mit dem schuldrechtlichen Geschäft den

---

[129] *Teichmann* ZGR 2002, 383 (417); MüKoAktG/*Schäfer* SE-VO Art. 32 Rn. 17; KölnKomm-AktG/*Paefgen* SE-VO Art. 32 Rn. 32 mwN. AA *Scheifele* S. 312; *Schwarz* SE-VO Art. 32 Rn. 9.
[130] *Schwarz* SE-VO Art. 32 Rn. 37; MüKoAktG/*Schäfer* Art. 32 Rn. 23; Spindler/Stilz AktG/*Eberspächer* SE-VO Art. 32 Rn. 16 mwN. AA für den Gründungsbericht: KölnKommAktG/*Paefgen* SE-VO Art. 32 Rn. 81; Habersack/Drinhausen SE-Recht/*Scholz* SE-VO Art. 32 Rn. 39.
[131] KölnKommAktG/*Paefgen* SE-VO Art. 32 Rn. 94.
[132] *Schwarz* SE-VO Art. 32 Rn. 40; Habersack/Drinhausen SE-Recht/*Scholz* SE-VO Art. 32 Rn. 75.
[133] *Schwarz* SE-VO Art. 32 Rn. 42; *Spitzbart* RNotZ 2006, 369 (407); MüKoAktG/*Schäfer* SE-VO Art. 32 Rn. 18; Spindler/Stilz AktG/*Eberspächer* Art. 32 Rn. 15.
[134] Ausführlich KölnKommAktG/*Paefgen* SE-VO Art. 32 Rn. 110–112.
[135] Zum Streit um die Vereinbarkeit von § 10 Abs. 1 SEAG mit dem Gemeinschaftsrecht ausführlich KölnKommAktG/*Paefgen* SE-VO Art. 32 Rn. 117–119.
[136] Jannott/Frodermann HdB SE/*Jannott* 3. Kap. Rn. 170; Manz/Mayer/Schröder Europäische AG/*Schröder* SE-VO Art. 33 Rn. 6.

bedingten dinglichen Vollzug zu vereinbaren.¹³⁷ Die Gründung der SE ist nur erfolgreich, wenn innerhalb der Dreimonatsfrist die **Mindesteinbringungsquote** (→ Rn. 51–53) für jede Gründungsgesellschaft erreicht wird. Die Gründungsgesellschaften legen die Quotenerreichung gemäß Art. 33 Abs. 3 UAbs. 1 SE-VO offen, in Deutschland durch Mitteilung an das Registergericht und dessen Hinweisbekanntmachung im elektronischen Justizinformationssystem (www.handelsregisterbekanntmachungen.de) (§ 10 HGB). Danach beginnt eine Frist von einem Monat, innerhalb derer bisher noch zögernde Gesellschafter ihre Anteile an den Gründungsgesellschaften in die SE einbringen können (Art. 33 Abs. 3 UAbs. 2 SE-VO). Dabei handelt es sich um eine dem deutschen Rechtsanwender aus § 16 Abs. 2 WpÜG bekannte „Zaunkönig"-Regelung.

49 Anders als bei der Verschmelzung gibt es bei der Holdinggründung keine zweistufige Rechtmäßigkeitskontrolle. Vielmehr werden die Gründungsvoraussetzungen **nur** von der zuständigen Stelle **im Sitzstaat der SE** geprüft. In Deutschland ist das **Registergericht** zuständig; das Eintragungsverfahren einschließlich der erforderlichen Gründungsprüfung und Berichte¹³⁸ richtet sich nach den Vorschriften des AktG (Art. 15 Abs. 1 SE-VO; → § 3 Rn. 24–30, → § 4 Rn. 32–46).¹³⁹ Zur Eintragung in das Handelsregister anmelden müssen alle Gründungsgesellschaften, vertreten durch ihre Vorstände oder Geschäftsführer, und die Mitglieder des ersten Vorstands und Aufsichtsrats (oder – im monistischen Verwaltungssystem – die ersten externen geschäftsführenden Direktoren und die Mitglieder des ersten Verwaltungsrats, § 21 Abs. 1 SEAG) der SE.¹⁴⁰ Die Vertretungsorgane der SE haben gemäß § 10 Abs. 2 SEAG auch zu erklären, dass relevante Klagen gegen die Zustimmungsbeschlüsse der Gründungsgesellschaften nicht vorliegen. Dies hat nichts mit einer Registersperre (wie zB bei § 16 Abs. 2 UmwG) zu tun, weil Anfechtungsklagen bei der Holdinggründung eine solche Sperrwirkung nicht zukommt.¹⁴¹ Vielmehr soll die **Negativverklärung** den Registerrichter über die Anfechtungssituation informieren, damit dieser nach pflichtgemäßem Ermessen gegebenenfalls von der Eintragung absehen kann, solange Klagen anhängig sind, und er ohne weitere, ihm bei ausländischen Gesellschaften wohl auch kaum mögliche Prüfung bei Vorliegen der Negativverklärung davon ausgehen darf, dass die erforderlichen Gesellschafterbeschlüsse ordnungsgemäß gefasst wurden und wirksam sind.¹⁴² Die SE kann eingetragen werden, sobald alle Mindesteinbringungsquoten erfüllt sind (Art. 33 Abs. 5 SE-VO), nach hM auch vor Ablauf der einmonatigen Nachfrist¹⁴³ und nach weit verbreiteter, vorzugswürdiger Ansicht auch vor Ablauf der Dreimonatsfrist.¹⁴⁴

---

¹³⁷ ZB KölnKommAktG/*Paefgen* SE-VO Art. 33 Rn. 67; Habersack/Drinhausen SE-Recht/*Scholz* SE-VO Art. 33 Rn. 25–26; jeweils mwN.

¹³⁸ §§ 32–35 AktG (Gläubigerschutz); nicht zu verwechseln mit der oben erwähnten Prüfung gemäß Art. 32 Abs. 4 SE-VO (Gesellschafterschutz).

¹³⁹ KölnKommAktG/*Paefgen* SE-VO Art. 33 Rn. 78; Habersack/Drinhausen SE-Recht/*Scholz* SE-VO Art. 33 Rn. 51.

¹⁴⁰ Lutter/Hommelhoff/Teichmann SE/*Bayer* SE-VO Art. 33 Rn. 51; KölnKommAktG/*Paefgen* SE-VO Art. 33 Rn. 94.

¹⁴¹ AA *Ihrig/Wagner* BB 2004, 1749 (1753); *Schwarz* SE-VO Art. 33 Rn. 47; MüKoAktG/*Schäfer* SE-VO Art. 33 Rn. 27; KölnKommAktG/*Paefgen* SE-VO Art. 33 Rn. 108.

¹⁴² Lutter/Hommelhoff/Teichmann SE/*Bayer* SE-VO Art. 33 Rn. 48; KölnKommAktG/*Paefgen* SE-VO Art. 33 Rn. 105.

¹⁴³ Neben den in der → folgenden Fn. Genannten zB *Bungert/Beier* EWS 2002, 1 (8); *Teichmann* ZGR 2002, 383 (437); Jannott/Frodermann HdB SE/*Jannott* 3. Kap. Rn. 188; Spindler/Stilz AktG/*Eberspächer* SE-VO Art. 33 Rn. 15. AA KölnKommAktG/*Paefgen* SE-VO Art. 33 Rn. 76; Habersack/Drinhausen SE-Recht/*Scholz* SE-VO Art. 33 Rn. 4, deren erheblicher argumentativer Aufwand aber den in Art. 33 Abs. 5 SE-VO fehlenden Verweis auf Art. 33 Abs. 3 UAbs. 2 SE-VO nicht zu ersetzen vermag.

¹⁴⁴ *Scheifele* S. 378; *Schwarz* SE-VO Art. 33 Rn. 50; *Spitzbart* RNotZ 2006, 369 (409); MüKoAktG/*Schäfer* SE-VO Art. 33 Rn. 23.

Die Holdinggründung ist eine **Sachgründung**,[145] bei der die Anteile der Gründungs- 50
gesellschaften Einlagegegenstände sind. Gemäß Art. 5 SE-VO, § 27 Abs. 1 S. 1 AktG
müssen die Einlagen nach bestimmten Kriterien in der Satzung beschrieben werden. Früher
wurde bezweifelt, dass dies bei Aufstellung des Gründungsplans, der die Satzung enthält,
bereits möglich sei, weil die Identität der Aktionäre, die ihre Anteile an den Gründungsgesellschaften in die SE einbrächten, erst nach Ablauf der Einbringungsfristen feststehe.[146]
Diese Besorgnis ist aber unbegründet. Die Anforderungen von § 27 Abs. 1 S. 1 AktG an
die Festsetzungen in der Satzung können erfüllt werden. Ebenso wie für die Sacheinlage
einer Vielzahl von Gegenständen, insbesondere von Sachgesamtheiten (→ § 4 Rn. 3),
genügt es für die Angabe der Sacheinleger, dass diese mit nachvollziehbaren Kriterien
beschrieben werden, so dass sie zweifelsfrei bestimmbar sind. Es reicht demnach aus, als
Sachanleger bei der Holdinggründung diejenigen Personen zu bezeichnen, die als Anteilsinhaber der (nach Firma, Sitz und Registernummer) zu benennenden Gründungsgesellschaften ihre Anteile an diesen Gesellschaften während der (nachrechenbar zu beschreiben-
den) Einbringungsfristen an die SE übertragen.[147]

b) Mindesteinbringungsquoten und Grundkapital. Um das mit der Holdinggründung 51
angestrebte Mutter-Tochter-Verhältnis zwischen der Holding-SE und den Gründungs-
gesellschaften herzustellen, müssen so viele Anteile an den Gründungsgesellschaften in die
SE eingebracht werden, dass diese über **mehr als 50 % der Stimmrechte** an jeder
Gründungsgesellschaft verfügt (Art. 32 Abs. 2 S. 4 SE-VO, § 290 Abs. 2 Nr. 1 HGB). Der
Gründungsplan kann den Mindestprozentsatz höher festsetzen; er ist für jede Gründungsgesellschaft getrennt anzugeben (Art. 32 Abs. 2 S. 3 SE-VO). Wie viele Anteile an den
Gründungsgesellschaften im Rahmen der Holdinggründung tatsächlich in die SE einge-
bracht werden, steht erst nach Ablauf der dreimonatigen Einbringungsfrist und gegebenenfalls der einmonatigen Nachfrist fest.

Es ist deshalb nicht möglich, in der Gründungssatzung, die gemäß Art. 32 Abs. 2 S. 2 SE- 52
VO Bestandteil des Gründungsplans ist, die genaue **Höhe des Grundkapitals** zu bestimmen,
wie dies Art. 5 SE-VO, § 23 Abs. 3 Nr. 3 AktG für eine deutsche SE verlangen. Für dieses
Problem werden verschiedene Lösungen vorgeschlagen. Mit § 23 Abs. 3 Nr. 3 AktG nicht
vereinbar ist die Festlegung eines nur vorläufigen Grundkapitals, das nach Abschluss aller
Einbringungsvorgänge berichtigt werden soll.[148] Rechtlich möglich, aber praktisch nicht
optimal ist der Vorschlag, ähnlich wie bei der Verschmelzung (§ 71 UmwG) einen Treuhänder einzuschalten, der zunächst alle Aktien der Holding-SE übernimmt und sie dann entsprechend den tatsächlichen Einbringungen an die Anteilsinhaber der Gründungsgesellschaften überträgt.[149] Denn vorsichtshalber müsste die Grundkapitalziffer dann so bemessen
werden, dass alle Anteilsinhaber aller Gründungsgesellschaften mit SE-Aktien bedient werden
könnten. Weil aber mit an Sicherheit grenzender Wahrscheinlichkeit nicht alle Anteilsinhaber
an der Holdinggründung teilnehmen werden, würde der Treuhänder eine mehr oder weniger
große Zahl von SE-Aktien übrig behalten. Es ist ungeklärt, wie damit verfahren werden
sollte. Die Vorschläge, mit einem Grundkapital zu arbeiten, das nur die Mindesteinbringungsquoten deckt, und den Nachzüglern SE-Aktien aus bedingtem[150] oder genehmigtem[151]

---

[145] Statt aller *Teichmann* ZGR 2003, 367 (390); MüKoAktG/*Schäfer* SE-VO Art. 32 Rn. 36; Haber-
sack/Drinhausen SE-Recht/*Scholz* Art. 32 Rn. 8.
[146] *DAV-Handelsrechtsausschuss* NZG 2004, 75 (78); *Schwarz* SE-VO Vorb. Art. 32 Rn. 24.
[147] Lutter/Hommelhoff/Teichmann SE/*Bayer* SE-VO Art. 32 Rn. 35 mwN.
[148] *Oplustil* 4 GLJ (2003), 107 (120); *Scheifele* S. 317; Habersack/Drinhausen SE-Recht/*Scholz* SE-
VO Art. 32 Rn. 71–72.
[149] *Koke* S. 47 ff.; *Schwarz* SE-VO Art. 32 Rn. 23.
[150] *DAV-Handelsrechtsausschuss* NZG 2004, 75 (78–79); *Brandes* AG 2005, 177 (182–183); Lutter/
Hommelhoff SE/*Bayer* SE-VO Art. 32 Rn. 34; MüKoAktG/*Schäfer* SE-VO Art. 33 Rn. 22–24.
[151] Jannott/Frodermann HdB SE/*Jannott* 3. Kap. Rn. 142; *Brandes* AG 2005, 177 (182–183);
Lutter/Hommelhoff/Teichmann SE/*Bayer* SE-VO Art. 32 Rn. 34.

Kapital zu gewähren, sind nur umsetzbar, wenn die aktienrechtlichen Regelungen über diese Kapitalien für die Holdinggründung geändert oder vom AktG abweichende Vorschriften in das SEAG aufgenommen werden. Die erforderlichen Änderungen haben unterschiedlichen Umfang; in jedem Fall wäre aber die Begrenzung der Kapitalerhöhung auf 50 % des Grundkapitals (§§ 192 Abs. 3 S. 1, 202 Abs. 3 S. 1 AktG) aufzuheben. Sonst könnten nur dann alle Nachzügler bei der Holdinggründung SE-Aktien erhalten, wenn die Mindesteinbringungsquote von vornherein über 66 % angesetzt würde.

53 Die vorzugswürdige Lösung sieht deshalb wie folgt aus:[152] Das Gründungskapital der SE wird so hoch festgesetzt, dass alle Anteilsinhaber der Gründungsgesellschaften, die später bis zur Erreichung der Mindestquoten ihre Anteile einbringen, SE-Aktien erhalten können. Zusätzlich beschließen die Gründungsgesellschaften eine Kapitalerhöhung mit einer Höchstgrenze, die ausreicht, um alle weiteren Anteilsinhaber der Gründungsgesellschaften mit SE-Aktien zu versorgen, die aber nur insoweit durchgeführt wird, wie weitere Anteilsinhaber sich tatsächlich an der Holdinggründung beteiligen. Das deutsche Aktienrecht gestattet derartige „bis-zu"-Kapitalerhöhungen, wenn deren Durchführung nicht vom Ermessen des Vorstands abhängt (→ § 56 Rn. 27). Der Kapitalerhöhungsbeschluss muss in den Gründungsplan aufgenommen werden, so dass er von den Zustimmungsbeschlüssen der Gesellschafterversammlungen der Gründungsgesellschaften umfasst wird.

54 c) **Verhältnis zum Übernahmerecht.** Wenn zu den Gründungsgesellschaften eine deutsche AG mit Notierung an einer deutschen Börse gehört, liegt die Anwendung des WpÜG auf diesen Vorgang nicht fern. Immerhin werden die Publikumsaktionäre aufgefordert, ihre Aktien an der deutschen AG gegen Aktien an der neu entstehenden SE mit dem Ziel zu tauschen, dass die SE die Mehrheit der Stimmrechte an der AG erwirbt. Zudem sagt der 12. Erwägungsgrund der SE-VO ausdrücklich, dass die einzelstaatlichen Bestimmungen „für öffentlich zur Zeichnung auffordernde Aktiengesellschaften" auch dann gelten müssen, „wenn die Gründung der SE durch eine öffentliche Aufforderung zur Zeichnung erfolgt". Deshalb ist grundsätzlich von der Anwendbarkeit des WpÜG auf die Holdinggründung auszugehen. Dabei muss man aber differenzieren:

55 Während der Holdinggründung wird **kein Übernahmeangebot** im Sinne von § 29 Abs. 1 WpÜG abgegeben.[153] Zur Einbringung ihrer Aktien werden die Aktionäre der deutschen AG nicht von der SE aufgefordert, sondern von der deutschen AG selbst. Entscheidend ist aber, dass es zum Schutz der Aktionäre der deutschen AG nicht erforderlich ist, das ohnehin komplizierte Gründungsverfahren mit den Übernahmeregeln zu verzahnen und damit möglicherweise inoperabel zu machen. Denn mit erfolgreicher Holdinggründung erwirbt die Holding-SE die Kontrolle über die deutsche AG und hat deshalb gemäß § 35 Abs. 2 WpÜG ein **Pflichtangebot** an die Aktionäre der deutschen AG abzugeben.[154] Dagegen lässt sich nicht einwenden, dass die Aktionäre der deutschen AG

---

[152] Angedeutet bei *Jannott/Frodermann* HdB SE/*Jannott* 3. Kap. Rn. 142. Weiter entwickelt bei *Spindler/Stilz* AktG/*Eberspächer* SE-VO Art. 32 Rn. 10; KölnKommAktG/*Paefgen* SE-VO Art. 32 Rn. 59; *Stöber* AG 2013, 110 (117).

[153] *Koke* S. 63–65; *Brandes* AG 2005, 177 (179); *Schwarz* SE-VO Vorb. Art. 32 Rn. 16; MüKoAktG/*Oechsler/Mihaylova* SE-VO Art. 2 Rn. 20; Habersack/Drinhausen SE-Recht/*Scholz* SE-VO Art. 32 Rn. 25; wohl auch *DAV-Handelsrechtsausschuss* NZG 2004, 75 (79), der diesen Tatbestand gar nicht erwähnt, wohl aber das Pflichtangebot nach Kontrollerwerb bejaht; aA *Thoma/Leuering* NJW 2002, 1449 (1453); *Scheifele* S. 365–366; KölnKommAktG/*Paefgen* SE-VO Art. 32 Rn. 139; *Stöber* AG 2013, 110 (119) (Angebot durch die Vor-SE).

[154] *DAV-Handelsrechtsausschuss* NZG 2004, 75 (79); *Teichmann* AG 2004, 67 (77–78); *Koke* S. 65–69; *Schwarz* SE-VO Vorb. Art. 32 Rn. 17; MüKoAktG/*Oechsler/Mihaylova* SE-VO Art. 2 Rn. 20–21 (der die Befreiungstatbestände der §§ 36, 37 WpÜG ausschließt); Lutter/Hommelhoff/*Teichmann* SE/*Bayer* SE-VO Art. 32 Rn. 19–20 (der eine Befreiung gemäß § 37 WpÜG für möglich hält). AA *Ihrig/Wagner* BB 2003, 969 (973); *J. Vetter* in Lutter/Hommelhoff, Die Europäische Gesellschaft, 2005, S. 161–162; *Brandes* AG 2005, 177 (186); Habersack/Drinhausen SE-Recht/*Scholz* SE-VO Art. 32 Rn. 25.

durch das Gründungsverfahren, insbesondere die Prüfung der Angemessenheit des Umtauschverhältnisses durch einen gerichtlich bestellten Sachverständigen sowie den Anspruch auf bare Zuzahlung bei Unangemessenheit des Umtauschverhältnisses gemäß § 11 SEAG und das Austrittsrecht gegen Barabfindung gemäß § 9 SEAG (dazu → Rn. 56), hinreichend geschützt seien. Denn alle diese Regelungen stellen sicher, dass den Aktionären der deutschen AG der anteilige Unternehmenswert erhalten bleibt, gegebenenfalls unter Beachtung gewisser Börsenkurse als Wertuntergrenze. Die teilweise strengeren und auch Paketerwerbe einbeziehenden Preisregeln des WpÜG gelten jedoch bei der Holdinggründung nicht.[155] Außerdem besteht das Austrittsrecht gegen Barabfindung nur, wenn die Holding-SE ihren Sitz im Ausland haben soll oder im Sinne von § 17 AktG abhängig sein wird. Die Holding-SE kann Liquiditätsbelastungen dadurch vermeiden, dass sie das Pflichtangebot gegen Gewährung von eigenen Aktien macht. Dies ist gemäß § 31 Abs. 2 S. 1 Alt. 2 WpÜG zulässig, wenn die Aktien der SE im geregelten Markt einer europäischen Börse zum Handel zugelassen sind (§ 2 Abs. 7 WpÜG).

d) Minderheitsschutz und Gläubigerschutz. Der Vermögensschutz der Anteilsinhaber **56** deutscher Gründungsgesellschaften ist in §§ 9 und 11 SEAG ähnlich geregelt wie bei der Verschmelzung. § 11 SEAG befasst sich mit der baren Zuzahlung bei **unangemessenem Umtauschverhältnis.** Bemerkenswert an dieser Regelung ist zunächst, dass diesen Anspruch auch diejenigen Anteilsinhaber haben sollen, die sich an der Holdinggründung überhaupt nicht beteiligen, also weiterhin Gesellschafter der Gründungsgesellschaft bleiben.[156] Es ist unklar, warum diese Anteilsinhaber schutzbedürftig sein sollen, und es ist ferner nicht ersichtlich, welchen Vermögensnachteil sie erleiden, wenn sie in der Gründungsgesellschaft verbleiben. Die an der Gründung teilnehmenden Gesellschafter, die ihre Anteile an der Gründungsgesellschaft in die SE einbringen und dafür SE-Aktien erhalten, sind hingegen möglicherweise schutzbedürftig, auch wenn – anders als bei der Verschmelzung – der Anteilstausch nicht zwangsweise stattfindet. Der deutsche Gesetzgeber ist mit dem Schutz dieser Gesellschaftsgruppe nach heute hM im Rahmen der Ermächtigung des Art. 34 SE-VO geblieben, die Vorschriften zum Schutz nur „der die Gründung ablehnenden Minderheitsgesellschafter" erlaubt.[157] § 9 SEAG regelt das Austrittsrecht gegen Barabfindung in Fällen, in denen die Holding-SE ihren **Sitz im Ausland** haben soll oder im Sinne von § 17 AktG **abhängig** sein wird. Dies spiegelt die Rechtslage bei der Verschmelzung wider (§ 7 SEAG, → Rn. 41–43). Auch das Spruchverfahren zur gerichtlichen Überprüfung der Abfindungen ist in §§ 9 und 11 SEAG wie bei den Verschmelzungsvorschriften geregelt.

Spezielle Gläubigerschutzvorschriften enthält das SEAG für die Holdinggründung nicht, **57** obwohl Art. 34 SE-VO die nationalen Gesetzgeber dazu ermächtigt. Dass der deutsche Gesetzgeber von der Ermächtigung keinen Gebrauch gemacht hat, ist konsequent, weil die Gründungsgesellschaften nach der Holdinggründung fortbestehen (§ 32 Abs. 1 UAbs. 2 SE-VO).

4. Gemeinsame Tochter-SE. Die Gründung einer Tochter-SE ist in der SE-VO nur **58** rudimentär geregelt. Abgesehen von den Anforderungen an die Mehrstaatlichkeit und die

---

[155] *Teichmann* AG 2004, 67 (81) mit Ansätzen für eine Auflösung des Konkurrenzverhältnisses de lege ferenda.
[156] Die Anspruchsberechtigung dieser Anteilsinhaber daher im Wege teleologischer Reduktion verneinend MüKoAktG/*Schäfer* SE-VO Art. 34 Rn. 6; Lutter/Hommelhoff/Teichmann SE/*Bayer* SE-VO Art. 34 Rn. 36; Spindler/Stilz AktG/*Eberspächer* SE-VO Art. 34 Rn. 4; KölnKommAktG/*Paefgen* SE-VO Art. 34 Rn. 39; Habersack/Drinhausen SE-Recht/*Scholz* SE-VO Art. 34 Rn. 8. AA *Schwarz* SE-VO Art. 34 Rn. 13; Jannott/Frodermann HdB SE/*Jannott* 3. Kap. Rn. 193.
[157] Die Ablehnung allein des Umtauschverhältnisses soll dazu ausreichen; siehe nur Münch-KommAktG/*Schäfer* SE-VO Art. 34 Rn. 3, 7; KölnKommAktG/*Paefgen* SE-VO Art. 34 Rn. 38; Habersack/Drinhausen SE-Recht/*Scholz* SE-VO Art. 34 Rn. 6 mwN. AA *DAV-Handelsrechtsausschuss* NZG 2004, 75 (79); wohl auch *J. Vetter* in Lutter/Hommelhoff, Die Europäische Gesellschaft, 2005, S. 156.

Qualifikation der Gründungsgesellschaften, die sich in Art. 2 Abs. 3 SE-VO finden (→ Rn. 1), befasst sich nur die Rechtsanwendungsnorm des Art. 36 SE-VO ausdrücklich mit dieser Gründungsform. In der Tat ist der Regelungsbedarf auf Ebene des EU-Rechts geringer als bei den anderen Gründungsformen, weil es sich bei der Gründung einer Tochter-SE grundsätzlich um eine klassische **Bar- oder Sachgründung** nach dem Aktienrecht des Sitzstaats der SE (Art. 15 Abs. 1 SE-VO) handelt (siehe zur Gründung einer deutschen AG oben §§ 3 und 4).

59 Die Rechtsanwendungsvorschrift des Art. 36 SE-VO ist eine Parallelnorm zu dem bei der Verschmelzung geltenden Art. 18 SE-VO und spiegelt die Zweistufigkeit des Gründungsverfahrens (→ Rn. 2) wider. Aus ihr ergibt sich, dass auf jede Gründungsgesellschaft das nach ihrem Gesellschaftsstatut anwendbare nationale Recht gilt.[158] Für deutsche Gründungsgesellschaften sind danach zum Beispiel § 179a AktG und die Holzmüller/Gelatine-Rechtsprechung des BGH[159] zu beachten, welche die Ausgliederung des wesentlichen Betriebsvermögens von der Zustimmung durch die Hauptversammlung abhängig machen. In allen anderen Fällen handelt es sich bei der Gründung einer Tochter-SE um eine reine Geschäftsführungsmaßnahme, mit der die Hauptversammlung auch einer deutschen Gründungsgesellschaft nicht befasst wird.

60 Anders als bei der Holdinggründung ist bei der Gründung einer gemeinsamen Tochter-SE kein Gründungsplan erforderlich. Der in § 4 Abs. 2 S. 3 SEBG erwähnte „Abschluss der Vereinbarung eines Plans zur Gründung einer Tochtergesellschaft" darf damit nicht verwechselt werden. Er dient dem Gesetzgeber lediglich zur Bestimmung des Zeitpunkts, ab dem die Gründungsgesellschaften die Arbeitnehmervertretungen über das Gründungsvorhaben unterrichten müssen. Mangels eines förmlichen Verschmelzungsplans, eines Gründungsplans oder eines Umwandlungsplans, deren Offenlegung die SE-VO bei den anderen Gründungsformen vorsieht, behilft der deutsche Gesetzgeber sich bei der Gründung einer Tochter-SE mit dem Abschluss einer **Vereinbarung zwischen den Gründungsgesellschaften,** die auf die Gründung der Tochter-SE abzielt. Eine solche Vereinbarung kann formalisiert werden, zB in einem Letter of Intent oder in einem Joint-Venture-Vertrag. Es kann sich aber auch um eine nicht formalisierte Übereinkunft zwischen den Gründungsgesellschaften handeln, die Gründung der Tochter-SE zu betreiben. In diesem Fall wird es schwer festzustellen sein, wann die Verpflichtung zur Information der Arbeitnehmer entsteht.

61 Die geringe europarechtliche Regelungsdichte bei der Gründung einer Tochter-SE und die **grundsätzliche Entbehrlichkeit von Hauptversammlungsbeschlüssen** bei den Gründungsgesellschaften mag Rechtsanwender dazu bewegen, in geeigneten Fällen diese Gründungsform der strikter geregelten Verschmelzung vorzuziehen. Dies kann sich vor allem in Situationen anbieten, in denen die Gesamtrechtsnachfolge der Verschmelzung nicht erforderlich ist, sondern die Aktiva und Passiva der Gründungsgesellschaften auch im Wege der Einzelrechtsnachfolge an die SE übertragen werden können. Allerdings werden die Aktionärskreise der Gründungsgesellschaften bei der Gründung einer Tochter-SE nicht vereinigt, so dass diese im Grunde nur bei konzerninternen Vorgängen eine Alternative zur Verschmelzung sein kann. Jedenfalls steht es den Rechtsanwendern offen, welche der von der SE-VO angebotenen Gründungsformen sie nutzen wollen. Deshalb werden die Verschmelzungsvorschriften nicht dadurch umgangen, dass mit der Gründung einer Tochter-SE möglicherweise dasselbe oder ein ähnliches wirtschaftliches Ergebnis erzielt wird wie mit der Verschmelzung, so dass nach hM auch die analoge Anwendung der Verschmelzungsvorschriften auf einen solchen Fall nicht gerechtfertigt wäre.[160] Dies gilt auch unter

---

[158] HM: *Schwarz* SE-VO Art. 36 Rn. 6–7; KölnKommAktG/*Paefgen* Art. 36 Rn. 3 mwN. Die Gegenauffassung (einheitliche Anwendung des Rechts des Sitzstaats der SE), zB *Bungert/Beier* EWS 2002, 1 (8), hat sich nicht durchgesetzt.

[159] BGHZ 83, 122 – Holzmüller; 159, 30 – Gelatine.

[160] *Scheifele* S. 394–395; *Schwarz* SE-VO Art. 36 Rn. 15; Spindler/Stilz AktG/*Eberspächer* SE-VO Art. 35, 36 Rn. 5 (für deutsche Gründungsgesellschaft); Lutter/Hommelhoff/Teichmann SE/*Bayer*

dem Gesichtspunkt des Minderheitsschutzes. Dieser liegt in der Obhut der für die Gründungsgesellschaften geltenden nationalen Rechtsordnungen. In Deutschland verhindert die Holzmüller/Gelatine-Rechtsprechung des BGH es beispielsweise, dass mit der Gründung einer Tochter-SE anstelle einer Verschmelzung die Zustimmung der Hauptversammlung umgangen wird, obwohl das gesamte oder nahezu das gesamte Vermögen der deutschen Gründungsgesellschaft übertragen werden soll.[161]

5. Formwechsel. a) Lückenfüllung. Auch dem Formwechsel einer nationalen AG in eine SE widmet die SE-VO in Art. 37 nur wenige Vorschriften. Diese sind nicht abschließend gemeint,[162] so dass die Frage zu beantworten ist, wie die Lücken gefüllt werden können. Die Problematik wird dadurch entschärft, dass sich der Formwechsel in der Regel innerhalb einer einzigen nationalen Rechtsordnung abspielt. Denn Art. 37 Abs. 3 SE-VO verbietet es, den Sitz der Gesellschaft anlässlich der Umwandlung in einen anderen Mitgliedstaat zu verlegen. Daraus folgt, dass eine deutsche SE durch Formwechsel für gewöhnlich aus einer deutschen AG entstehen wird. In diesem Fall gilt nicht nur gemäß Art. 15 Abs. 1 SE-VO für den eigentlichen Gründungsvorgang deutsches Recht, auch auf die Vorbereitungsmaßnahmen der deutschen AG, die sich in eine SE umwandelt, ist in Analogie zu Art. 18 SE-VO das deutsche Recht anzuwenden, und zwar vor allem und wiederum **analog das deutsche Formwechselrecht.**[163] In der Vorbereitungsphase kommt über die analoge Anwendung von Art. 18 SE-VO nur dann eine ausländische Rechtsordnung ins Spiel, wenn eine in Deutschland ansässige ausländische AG sich in eine deutsche SE umwandelt.[164] Angesichts der Rechtsprechung des EuGH zur Niederlassungsfreiheit (→ § 83 Rn. 6) mögen solche Fälle künftig häufiger auftreten.

b) Gründungsvorgang im Überblick. Der Formwechsel beginnt damit, dass das Leitungs- oder Verwaltungsorgan der Gründungsgesellschaft einen **Umwandlungsplan** erstellt (Art. 37 Abs. 4 SE-VO). Über dessen Inhalt sagt die SE-VO nichts. Das grundsätzlich analog anzuwendende deutsche Formwechselrecht kennt zwar keinen Formwechselplan, beschreibt aber in § 194 Abs. 1 UmwG den Inhalt des Formwechselbeschlusses. Bei der SE-Gründung beschränkt sich der Umwandlungsbeschluss auf die Zustimmung zum Umwandlungsplan und die Genehmigung der Satzung der SE (Art. 37 Abs. 7 S. 1 SE-VO). Der Umwandlungsbeschluss wird also erst durch den Umwandlungsplan mit Inhalt gefüllt. Deshalb bietet es sich an, den notwendigen Inhalt des Umwandlungsplans aus § 194 Abs. 1 UmwG abzuleiten,[165] während die Gegenauffassung sich in Analogie zu Art. 20 Abs. 1 S. 2 SE-VO am Inhalt des Verschmelzungsplans orientieren will.[166] Der Praxis ist einstweilen zu empfehlen, möglichst die Anforderungen beider Vorschriften zu beachten. Der Umwand-

---

SE-VO Art. 36 Rn. 7; KölnKommAktG/*Paefgen* Rn. 34. AA *Teichmann* ZGR 2002, 383 (438–439); MüKoAktG/*Schäfer* SE-VO Art. 36 Rn. 4.

[161] So schon *Casper* FS Ulmer, 2003, 51 (63).
[162] *Teichmann* ZGR 2002, 383 (440); KölnKommAktG/*Paefgen* SE-VO Art. 37 Rn. 13.
[163] *Teichmann* ZGR 2002, 383 (440); *Schwarz* SE-VO Art. 37 Rn. 10; KölnKommAktG/*Paefgen* SE-VO Art. 37 Rn. 15; Lutter/Hommelhoff/Teichmann SE/*J. Schmidt* SE-VO Art. 37 Rn. 8;. AA Theisen/Wenz Europäische AG/*Neun* S. 174 ff.; MüKoAktG/*Schäfer* SE-VO Art. 37 Rn. 4; (Verweisungsnorm ist Art. 15 Abs. 1 SE-VO).
[164] Anders diejenigen, die Art. 15 Abs. 1 SE-VO heranziehen (→ vorige Fn.) und damit stets zur Anwendung deutschen Rechts gelangen.
[165] Vor allem Spindler/Stilz AktG/*Eberspächer* SE-VO Art. 37 Rn. 9; *Bayer* in Lutter/Hommelhoff, Die Europäische Gesellschaft, 2005, S. 61; ebenso Jannott/Frodermann HdB SE/*Jannott* 3. Kap. Rn. 237; Theisen/Wenz Europäische AG/*Neun* S. 175; *Vossius* ZIP 2005, 741 (747); Manz/Mayer/Schröder Europäische AG/*Schröder* SE-VO Art. 37 Rn. 72.
[166] *Scheifele* S. 405; *Schindler*, Die Europäische Aktiengesellschaft, 2002, S. 39; Seibt/Reinhard Der Konzern 2005, 407 (413–414); *Schwarz* SE-VO Art. 37 Rn. 17; KölnKommAktG/*Paefgen* SE-VO Art. 37 Rn. 28; *Kalss* ZGR 2003, 593 (613) (Analogie zu Art. 8 Abs. 2 S. 2 SE-VO, also zur Vorschrift über den Mindestinhalt des Verlegungsplans).

lungsplan enthält danach mindestens die Erklärung, dass die Gründungsgesellschaft in eine SE umgewandelt wird, die Firma der SE, Angaben über die Beteiligung der Aktionäre an der SE, etwaige Sonderrechte sowie die Folgen des Formwechsels für die Arbeitnehmer und ihre Vertretungen. Vorsichtshalber sollte (analog Art. 20 Abs. 1 S. 2 lit. h SE-VO) die künftige Satzung der SE in den Umwandlungsplan (als Anlage) aufgenommen werden.[167] Aus Vorsicht empfiehlt sich ferner die Beurkundung des Verschmelzungsplans, deren rechtliche Notwendigkeit einige aus einer doppelten Analogie zu Art. 18 SE-VO, § 6 UmwG ableiten.[168]

64 Das Leitungs- oder Verwaltungsorgan der Gründungsgesellschaft hat die rechtlichen und wirtschaftlichen Aspekte des Formwechsels sowie dessen Auswirkungen auf die Aktionäre und die Arbeitnehmer der Gründungsgesellschaft in einem **Umwandlungsbericht** zu erläutern (Art. 37 Abs. 4 SE-VO). Der Umwandlungsbericht[169] dient ausschließlich der Information der Aktionäre[170] und ist deshalb entbehrlich, wenn die Gründungsgesellschaft nur einen Aktionär hat oder wenn alle Aktionäre in notariell beurkundeter Form auf die Erstattung des Berichts verzichten (Art. 18 SE-VO, § 192 Abs. 2 UmwG analog).[171] Gemäß Art. 37 Abs. 6 SE-VO hat ein gerichtlich zu bestellender **Sachverständiger** zu überprüfen und zu bescheinigen, dass die Gründungsgesellschaft über Nettovermögenswerte mindestens in Höhe ihres Kapitals zuzüglich der kraft Gesetzes oder Satzung nicht ausschüttungsfähigen Rücklagen verfügt **(Kapitaldeckungsprüfung).** Das Nettoreinvermögen einer deutschen SE muss das Grundkapital, die gesetzlichen Rücklagen gemäß § 150 Abs. 1 und 2 AktG, die Kapitalrücklagen gemäß § 272 Abs. 2 Nr. 1–3 HGB sowie ggf. ausschüttungsgesperrte Gewinnrücklagen (zB gemäß § 268 Abs. 8 HGB) decken. Zur Ermittlung des Nettoreinvermögens stellt man in der Praxis zunächst die handelsbilanziellen Aktiva den Passiva (ohne Eigenkapital) gegenüber. Der Überschuss deckt die vorstehend beschriebene Kapitalziffer immer dann, wenn ausschüttungsfähige Gewinnrücklagen vorhanden sind. Allerdings verlangt die hM die Bewertung des Nettoreinvermögens nach Verkehrswerten.[172] Wegen des Anschaffungs- und Niederstwertprinzips (§§ 253, 255 HGB) dürften zwar die handelsbilanziellen Werte der Aktiva nicht über den Verkehrswerten liegen. Dennoch nimmt die Praxis bei werbenden Unternehmen zusätzlich eine überschlägige Ertragswertermittlung nach IDW S 1 vor und verifiziert die gefundenen Ergebnisse ggf. noch anhand der Börsenkapitalisierung und mit Hilfe von Multiplikatorverfahren.

65 Der Umwandlungsplan – nicht hingegen der Umwandlungsbericht[173] – ist gemäß Art. 37 Abs. 5 SE-VO mindestens einen Monat vor dem Tag der Hauptversammlung, die den Formwechselbeschluss fassen soll, **offenzulegen**. In Deutschland geschieht dies, da das

---

[167] Gefordert von den Vertretern der Analogie zum Verschmelzungsplan; siehe statt aller KölnKommAktG/*Paefgen* SE-VO Art. 37 Rn. 36 mwN, auch zur Gegenauffassung.
[168] ZB *Heckschen* DNotZ 2003, 251 (264); *Vossius* ZIP 2005, 741 (747) Fn. 74; *Schwarz* SE-VO Art. 37 Rn. 13; *Wagner* AnwBl 2009, 409 (416). AA *Seibt/Reinhard* Der Konzern 2005, 407 (414); MüKoAktG/*Schäfer* SE-VO Art. 37 Rn. 14; KölnKommAktG/*Paefgen* SE-VO Art. 37 Rn. 45.
[169] Ein eigenständiges Dokument, Habersack/Drinhausen/*Bücker* SE-VO Art. 37 Rn. 37 mwN, nicht etwa „integraler Bestandteil" des Umwandlungsplans, wie von einigen Vertretern der Lehre gefordert, KölnKommAktG/*Paefgen* SE-VO Art. 37 Rn. 49 mwN.
[170] Die Arbeitnehmer werden gemäß § 4 Abs. 2 und 3 SEBG im Rahmen des Beteiligungsverfahrens informiert.
[171] Str.; wie hier zB *Schwarz* SE-VO Art. 37 Rn. 35; KölnKommAktG/*Paefgen* SE-VO Art. 37 Rn. 63 mwN; ebenso (gestützt auf die Verweisung des Art. 15 Abs. 1 SE-VO) MüKoAktG/*Schäfer* SE-VO Art. 37 Rn. 17; Lutter/Hommelhoff/Teichmann SE/*J. Schmidt* SE-VO Art. 37 Rn. 28; Spindler/Stilz AktG/*Eberspächer* SE-VO Art. 37 Rn. 11. AA (kein Verzicht möglich) zB Jannott/Frodermann HdB SE/*Jannott* 3. Kap. Rn. 242.
[172] Lutter/Hommelhoff/Teichmann SE/*J. Schmidt* SE-VO Art. 37 Rn. 40; MüKoAktG/*Schäfer* SE-VO Art. 37 Rn. 23; KölnKommAktG/*Paefgen* SE-VO Art. 37 Rn. 74 mwN.
[173] Str.; wie hier zB *Kowalski* DB 2007, 2243 (2246); Lutter/Hommelhoff/Teichmann SE/*J. Schmidt* SE-VO Art. 37 Rn. 30. AA die Vertreter der Einheit von Plan und Bericht; zB KölnKommAktG/*Paefgen* SE-VO Art. 37 Rn. 67.

deutsche Formwechselrecht keinen Umwandlungsplan kennt, in Analogie zu den deutschen Verschmelzungsvorschriften, also durch Einreichung beim Handelsregister, das diese Einreichung durch Hinweis im elektronischen Justizinformationssystem (www.handelsregisterbekanntmachungen.de) veröffentlicht (§ 61 UmwG, § 10 HGB).[174] Eine Zuleitung des Umwandlungsplans an den zuständigen Betriebsrat der Gründungsgesellschaft spätestens einen Monat vor der Hauptversammlung (analog Art. 18 SE-VO, § 194 Abs. 2 UmwG) ist entbehrlich, weil die Arbeitnehmer im Rahmen des Beteiligungsverfahrens gemäß § 4 Abs. 2 und 3 SEBG informiert werden.[175] Gleichwohl empfiehlt sich angesichts der ungeklärten Rechtslage derzeit eine vorsorgliche Zuleitung.[176] Ab Einberufung der Hauptversammlung, die den Formwechselbeschluss fassen soll, müssen die Aktionäre informiert werden, wie bei Strukturbeschlüssen im deutschen Recht üblich (Art. 18 SE-VO, §§ 238 S. 1, 230 Abs. 2 UmwG analog). Den Aktionären müssen also der Umwandlungsplan, die Satzung der SE, der Umwandlungsbericht und die Kapitaldeckungsbescheinigung durch Auslegung und, soweit gewünscht, Zusendung sowie über die Internetseite der Gesellschaft zugänglich gemacht werden.[177]

Die Hauptversammlung fasst den **Formwechselbeschluss** mit einer Mehrheit von mindestens drei Viertel des bei der Beschlussfassung vertretenen Grundkapitals, sofern die Satzung keine größere Kapitalmehrheit oder weitere Erfordernisse bestimmt (Art. 37 Abs. 7 S. 2 SE-VO, § 65 Abs. 1 UmwG).[178] Der Formwechselbeschluss besteht aus zwei Teilen, der Zustimmung zum Umwandlungsplan und der Genehmigung der Satzung (Art. 37 Abs. 7 S. 1 SE-VO). Anders als bei Verschmelzung und Holdinggründung wird ein Genehmigungsvorbehalt hinsichtlich der Vereinbarung über die Arbeitnehmerbeteiligung in Art. 37 SE-VO nicht erwähnt. Ob die Hauptversammlung ihn gleichwohl machen kann, ist umstritten,[179] praktisch hier aber genauso irrelevant wie bei der Verschmelzung (→ Rn. 24). Die Ermächtigung des Art. 37 Abs. 8 SE-VO, den Formwechsel der Zustimmung des Aufsichtsrats zu unterwerfen, hat der deutsche Gesetzgeber nicht ausgenutzt.

Über Art. 15 Abs. 1 SE-VO findet § 197 UmwG und damit das **Gründungsrecht des AktG** grundsätzlich Anwendung. Ein Gründungsbericht gemäß § 32 AktG ist jedoch analog § 245 Abs. 4 UmwG entbehrlich.[180] Erforderlich bleibt nach einer verbreiteten Auffassung aber die interne Gründungsprüfung durch Mitglieder des Vorstands und Aufsichtsrats der künftigen SE (§ 33 Abs. 1 AktG),[181] wenngleich sie beim Formwechsel nur sinnleere Berichte hervorbringen kann. In der Praxis wird sie angesichts der umstrittenen

---

[174] *Teichmann* ZGR 2002, 383 (439); Jannott/Frodermann HdB SE/*Jannott* 3. Kap. Rn. 246; KölnKommAktG/*Paefgen* SE-VO Art. 37 Rn. 69. AA *Schwarz* SE-VO Art. 37 Rn. 36 (Offenlegung durch Eintragung ins Handelsregister und Bekanntmachung der Eintragung).

[175] Str.; wie hier zB *Schwarz* SE-VO Art. 37 Rn. 37; KölnKommAktG/*Paefgen* SE-VO Art. 37 Rn. 48. AA zB Jannott/Frodermann HdB SE/*Jannott* 3. Kap. Rn. 239; Manz/Mayer/Schröder Europäische AG/*Schröder* SE-VO Art. 37 Rn. 81; Lutter/Hommelhoff/Teichmann SE/*J. Schmidt* SE-VO Art. 37 Rn. 22.

[176] Jannott/Frodermann HdB SE/*Jannott* 3. Kap. Rn. 235; *Kowalski* DB 2007, 2243 (2249).

[177] Jannott/Frodermann HdB SE/*Jannott* 3. Kap. Rn. 252; *Schwarz* SE-VO Art. 37 Rn. 51–53; KölnKommAktG/*Paefgen* SE-VO Art. 37 Rn. 85.

[178] Da Art. 37 Abs. 7 S. 2 SE-VO ausdrücklich auf Art. 7 Verschmelzungsrichtlinie, heute Art. 93 Gesellschaftsrechtsrichtlinie (→ § 83 Fn. 20), verweist, ist ausnahmsweise nationales Verschmelzungsrecht, nicht aber Formwechselrecht anzuwenden; *Schwarz* SE-VO Art. 37 Rn. 55; Lutter/Hommelhoff/Teichmann SE/*J. Schmidt* SE-VO Art. 37 Rn. 54; jeweils mwN.

[179] Übersicht über den Meinungsstand bei KölnKommAktG/*Paefgen* SE-VO Art. 37 Rn. 84.

[180] HM; zB *Kiem* ZHR 173 (2009), 156 (162); KölnKommAktG/*Paefgen* SE-VO Art. 37 Rn. 98; jeweils mwN. AA zB *Bayer* in Lutter/Hommelhoff, Die Europäische Gesellschaft, 2005, S. 64.

[181] *Schwarz* SE-VO Art. 37 Rn. 75; Jannott/Frodermann HdB SE/*Jannott* 3. Kap. Rn. 265; KölnKommAktG/*Paefgen* SE-VO Art. 37 Rn. 100. AA *Kowalski* DB 2007, 2243 (2249); *Kiem* ZHR 173 (2009), 156 (162–163); Lutter/Hommelhoff/Teichmann SE/*J. Schmidt* SE-VO Art. 37 Rn. 46; *Drinhausen* ZHR-Beiheft 77 (2015), 30 (40–41).

Meinungslage aus Vorsichtsgründen trotzdem durchgeführt.[182] Von der externen Gründungsprüfung gemäß § 33 Abs. 2 AktG kann nach wohl einhelliger Auffassung angesichts der Kapitaldeckungsprüfung nach Art. 37 Abs. 6 SE-VO abgesehen werden.[183]

68 Der Vorstand der Gründungsgesellschaft (und nur dieser)[184] meldet den Formwechsel zur **Eintragung in das Handelsregister** der Gesellschaft an (Art. 15 Abs. 1 SE-VO, § 246 Abs. 1 UmwG). Die SE entsteht mit der Eintragung (Art. 16 Abs. 1 SE-VO). Diese wird gemäß Art. 15 Abs. 2, 13 SE-VO, § 10 HGB im elektronischen Justizinformationssystem (www.handelsregisterbekanntmachungen.de) im Volltext und gemäß Art. 14 Abs. 1 SE-VO im Amtsblatt der Europäischen Gemeinschaften ihrem wesentlichen Inhalt nach veröffentlicht.

69 c) **Rechtsfolgen des Formwechsels.** Weil die SE mit der Gründungsgesellschaft rechtlich und wirtschaftlich identisch ist, gibt es **keine Vermögensnachfolge**. Art. 37 Abs. 9 SE-VO, der von einem Übergang der Rechte und Pflichten der Gründungsgesellschaft hinsichtlich der Beschäftigungsbedingungen spricht, ist missverständlich formuliert und hat rein deklaratorische Bedeutung.[185] Wenn die SE das dualistische Verwaltungssystem fortführt und der Aufsichtsrat in gleicher Weise[186] gebildet und zusammengesetzt wird wie bei der Gründungsgesellschaft, bleiben die Mitglieder des Aufsichtsrats der Gründungsgesellschaft für den Rest ihrer Amtszeit als Mitglieder des Aufsichtsrats der SE im Amt, sofern sie nicht durch den Umwandlungsbeschluss abberufen werden (Art. 15 Abs. 1 SE-VO, § 203 UmwG analog).[187] Allerdings genügt für eine Änderung der Zusammensetzung des Aufsichtsrats und damit Diskontinuität der Ämter der bisherigen Aufsichtsratsmitglieder, dass auf der (zahlenmäßig unveränderten) Arbeitnehmerbank künftig auch Vertreter ausländischer Arbeitnehmer Platz nehmen.[188] **Kontinuität** des **Aufsichtsratsamtes** wird daher die **Ausnahme** bleiben, und auch in diesem Falle ist der Praxis angesichts des Streitstandes im Schrifttum zu empfehlen, die Aufsichtsratsmitglieder – ebenso wie die Verwaltungsratsmitglieder beim Wechsel zum monistischen System – durch die Satzung zu bestellen (Art. 40 Abs. 2 S. 2, 43 Abs. 3 S. 2 SE-VO). Satzung ist in diesem Zusammenhang auch die Gründungsurkunde (Art. 6 SE-VO), das ist beim Formwechsel der Umwandlungsplan,[189] so dass der eigentliche Satzungstext von der Bestellung der Aufsichtsratsmitglieder freigehalten werden kann. Nicht erforderlich ist die Befristung der Erstmitgliederbestellung auf die Zeit bis zur Beendigung der Hauptversammlung, die über die Entlastung für das

---

[182] So auch die Beobachtung von *Kiem* ZHR 173 (2009), 156 (163).

[183] Statt aller KölnKommAktG/*Paefgen* SE-VO Art. 37 Rn. 101–102 mwN.

[184] *Schwarz* SE-VO Art. 37 Rn. 80; Jannott/Frodermann HdB SE/*Jannott* 3. Kap. Rn. 269; MüKoAktG/*Schäfer* SE-VO Art. 37 Rn. 33; KölnKommAktG/*Paefgen* SE-VO Art. 37 Rn. 104; AA *Spitzbart* RNotZ 2006, 369 (420) (Organmitglieder der künftigen SE); *Kowalski* DB 2007, 2243 (2248) (auch die Organmitglieder der künftigen SE).

[185] Jannott/Frodermann HdB SE/*Jannott* 3. Kap. Rn. 273; *Schwarz* SE-VO Art. 37 Rn. 88; KölnKommAktG/*Paefgen* SE-VO Art. 37 Rn. 2.

[186] Nicht notwendig nach denselben Rechtsvorschriften. So aber *Kleinhenz/Leyendecker-Langner* AG 2013, 507 (511) (gestützt auf die missverständliche Formulierung in der Begr. UmwBerG-E, BT-Drs. 12/6699, 144); *Habersack* Der Konzern 2008, 67 (69); *Drinhausen* ZHR-Beiheft 77 (2015), 30 (33–34). Schon für das UmwG wird dies überwiegend anders gesehen.

[187] Str.; wie hier Jannott/Frodermann Europäische AG/*Jannott* 3. Kap. Rn. 259; Lutter/Hommelhoff/Teichmann SE/*Drygala* SE-VO Art. 40 Rn. 14; KölnKommAktG/*Paefgen* SE-VO Art. 37 Rn. 42; MüKoAktG/*Schäfer* SE-VO Art. 37 Rn. 31; MüKoAktG/*Reichert/Brandes* SE-VO Art. 40 Rn. 45; weitergehend (auch bei Änderung der Größe des Aufsichtsrats) und ohne Rückgriff auf § 203 UmwG *Kleinhenz/Leyendecker-Langner* AG 2013, 507 (511–512). AA *Scheifele* S. 426, 253 f.; Theisen/Wenz Europäische AG/*Neun* S. 182; *Schwarz* SE-VO Art. 37 Rn. 72; *Habersack* Der Konzern 2008, 67 (69); Spindler/Stilz AktG/*Eberspächer* SE-VO Art. 40 Rn. 8; Manz/Mayer/Schröder Europäische AG/*Manz* SE-VO Art. 40 Rn. 10.

[188] Lutter/Hommelhoff/Teichmann SE/*Drygala* SE-VO Art. 40 Rn. 14; MüKoAktG/*Reichert/Brandes* SE-VO Art. 40 Rn. 47.

[189] Manz/Mayer/Schröder Europäische AG/*Schröder* Art. 6 Rn. 4.

erste Voll- oder Rumpfgeschäftsjahr beschließt. Denn § 30 Abs. 3 S. 1 AktG ist beim Formwechsel in die SE nach fast einhelliger Auffassung nicht anwendbar (§ 197 S. 2 UmwG).[190] Auch ein Statusverfahren braucht nach hM im Zusammenhang mit dem Formwechsel in die SE nicht durchgeführt zu werden.[191] Anders als für den Aufsichtsrat wird für den **Vorstand** ganz überwiegend vertreten, dass dessen Mitglieder mit Wirksamwerden der Umwandlung in die SE aus dem Amt scheiden (**Diskontinuität**).[192] Um die Handlungsfähigkeit der SE von vornherein sicher zu stellen und die von vielen für erforderlich gehaltene interne Gründungsprüfung durch den Vorstand der künftigen SE (→ Rn. 67) durchführen zu können, empfiehlt sich eine auf das Wirksamwerden der Umwandlung bedingte Bestellung der Vorstandsmitglieder, sobald die Mitglieder des Aufsichtsrats feststehen; diese fassen die Bestellungsbeschlüsse dann in ihrer Eigenschaft als künftige Aufsichtsratsmitglieder der SE.[193] **Kontinuität** wiederum ist anzunehmen für **nicht eintragungsfähige Hauptversammlungsbeschlüsse** wie zB denjenigen über den Rückkauf eigener Aktien (§ 71 Abs. 1 Nr. 8 AktG) und über die Ermächtigung zur Ausgabe von Wandelschuldverschreibungen (§ 221 Abs. 2 S. 1 AktG).[194] Das auf diese Instrumente anwendbare Rechtsregime ändert sich beim Übergang von AG zu SE nicht. Angesichts der weitgehend fehlenden Diskussion zu diesem Thema im Schrifttum und einer uneinheitlichen Praxis mag sich aber eine vorsorgliche Neufassung solcher Beschlüsse in der ersten Hauptversammlung der SE empfehlen.

d) Kein Austrittsrecht. Ein Abfindungsangebot für widersprechende Aktionäre enthält **70** der Umwandlungsplan nicht, weil die SE-VO ein solches Austrittsrecht gegen Barabfindung nicht vorsieht und §§ 194 Abs. 1 Nr. 6, 207 UmwG nicht ergänzend herangezogen werden dürfen. Der europäische Gesetzgeber hielt ein Austrittsrecht für entbehrlich, weil der Formwechsel einer AG in eine SE gleicher nationaler Prägung die Rechte der Aktionäre nicht wesentlich ändert, und hat deshalb – anders als bei Verschmelzung (Art. 24 Art. 2 SE-VO) und Holdinggründung (Art. 34 SE-VO) – darauf verzichtet, die Mitgliedstaaten zu ermächtigen, Vorschriften zum Schutz der Minderheitsaktionäre zu erlassen.[195] Auch der deutsche Gesetzgeber hat in einer ähnlichen Situation, nämlich beim Formwechsel einer AG in eine KGaA und umgekehrt, entschieden, den Aktionären kein Austrittsrecht gegen Barabfindung zu gewähren (§ 250 UmwG).[196]

Das fehlende Austrittsrecht widersprechender Minderheitsaktionäre ist allerdings nicht **71** unproblematisch, wenn die deutsche Gründungsgesellschaft ihren Sitz im Ausland hat. Denn in diesem Fall werden die Aktionäre durch den Formwechsel in eine ausländische SE einem wesentlich anderen Gesellschaftsrechtsregime unterworfen. Die Situation ist insoweit

---

[190] *Habersack* Der Konzern 2008, 67 (73–74); *Drinhausen* ZHR-Beiheft 77 (2015), 30 (36–37); jeweils mwN.
[191] Grundlegend *Habersack* Der Konzern 2008, 67 (70–73); ebenso MüKoAktG/*Reichert/Brandes* SE-VO Art. 40 Rn. 54; Spindler/Stilz AktG/*Eberspächer* SE-VO Art. 40 Rn. 8; *Drinhausen* ZHR-Beiheft 77 (2015), 30 (34–35). AA KölnKommAktG/*Paefgen* SE-VO Art. 40 Rn. 74; *Kleinhenz/Leyendecker-Langner* AG 2013, 507 (514). Die von *Seibt* (zB Habersack/Drinhausen SE-Recht SE-VO Art. 40 Rn. 74) erwogene Durchführung eines Statusverfahrens im Gründungsstadium betrifft demgegenüber die Feststellung des geltenden Mitbestimmungsregimes für die Anwendung der gesetzlichen Auffangregelung (§ 35 SEBG).
[192] Statt aller Manz/Mayer/Schröder Europäische AG/*Manz* SE-VO Art. 39 Rn. 23–24 mwN. AA wohl nur *Hoger* ZGR 2007, 868 (für das deutsche UmwG) sowie *Kleinhenz/Leyendecker-Langner* AG 2013, 507 (509–510) (für die Umwandlung in SE).
[193] MüKoAktG/*Reichert/Brandes* SE-VO Art. 39 Rn. 28; KölnKommAktG/*Paefgen* SE-VO Art. 39 Rn. 65; *Kleinhenz/Leyendecker-Langner* AG 2013, 507 (513).
[194] *Schwartzkopff/Hoppe* NZG 2013, 733 (734–735).
[195] *Teichmann* ZGR 2003, 367 (395); *Schwarz* SE-VO Art. 37 Rn. 64; *Seibt/Reinhard* Der Konzern 2005, 407 (420).
[196] So der andere Begründungsstrang für das fehlende Austrittsrecht; zB MüKoAktG/*Schäfer* SE-VO Art. 37 Rn. 37; KölnKommAktG/*Paefgen* SE-VO Art. 37 Rn. 94.

den Fällen vergleichbar, die der deutsche Gesetzgeber bei der Verschmelzung, der Holdinggründung und der Sitzverlegung zum Anlass genommen hat, Austrittsrechte gegen Barabfindung zu schaffen (§§ 7, 9, 12 SEAG).

72 **6. Tochter-SE der SE.** Die fünfte Gründungsform setzt voraus, dass bereits eine SE existiert. Diese kann gemäß Art. 3 Abs. 2 S. 1 SE-VO eine Tochtergesellschaft in Form einer SE mit Sitz in einem beliebigen Mitgliedstaat gründen. Art. 3 Abs. 2 S. 2 SE-VO erlaubt die Einpersonen-Gründung auch dann, wenn das Aktienrecht des Sitzstaats der künftigen Tochter-SE – wie früher das deutsche Recht[197] – eine solche Gründung eigentlich nicht zulässt. Umgekehrt verlangt Art. 3 Abs. 2 SE-VO aber auch die **Einpersonen-Gründung.** Wenn sich weitere Gründer beteiligen, handelt es sich um die Gründung einer gemeinsamen Tochter-SE gemäß Art. 2 Abs. 3 SE-VO, die den dort genannten Anforderungen an die Mehrstaatlichkeit genügen muss.[198] Die Tochter-SE ist eine vollwertige SE und kann wiederum von Art. 3 Abs. 2 SE-VO Gebrauch machen und selbst, ohne Beteiligung weiterer Gründer, eine Tochter-SE gründen.[199] Art. 3 Abs. 2 S. 1 SE-VO ist die Gründungsform der Wahl für Vorrats-SE (→ Rn. 4).

73 Die Gründung der Tochter-SE mit Sitz in Deutschland richtet sich gemäß Art. 15 Abs. 1 SE-VO nach den Vorschriften des AktG, wenn die Gründung durch Zeichnung von Aktien **gegen Bar- oder Sacheinlagen** erfolgt (siehe zur AG-Gründung oben §§ 3 und 4). Auch hier gelten Art. 40 Abs. 2 S. 2, 43 Abs. 3 S. 2 SE-VO, nach denen die Mitglieder des ersten Aufsichtsrats oder des ersten Verwaltungsrats durch die Satzung bestellt werden können. Daneben kann eine SE, jedenfalls eine deutsche SE, eine deutsche Tochter-SE nach hM aber auch in der Weise gründen, dass sie einen Teil ihres Vermögens zur Neugründung auf die Tochter-SE gegen Gewährung von Aktien an der Tochter-SE **ausgliedert** (Art. 15 Abs. 1 SE-VO, § 123 Abs. 3 Nr. 2 UmwG).[200] Dieser Gründungsweg ist für die gemeinsame Tochter-SE nicht eröffnet, weil Art. 2 Abs. 3 SE-VO deren Gründung nur durch Zeichnung von Aktien erlaubt. Eine solche Einschränkung enthält § 3 Abs. 2 SE-VO für die Tochter-SE der SE gerade nicht.

II. Haftung im Gründungsstadium

74 Die SE-VO befasst sich nur in Art. 16 Abs. 2 mit der Haftung im Gründungsstadium. Diese Vorschrift enthält kein vollständiges Haftungssystem, sondern regelt lediglich die Handelndenhaftung.[201] Sie ist andererseits nicht abschließend, sondern lässt Raum für das Aktienrecht der Mitgliedstaaten (Art. 15 Abs. 1 SE-VO).[202] Die Haftung im Zusammenhang mit der Gründung einer SE kann deshalb unterschiedlich ausfallen, je nachdem, in welchem Mitgliedstaat die SE ihren Sitz hat. Art. 7 der Publizitätsrichtlinie, heute Art. 7 Abs. 2 Gesellschaftsrechtsrichtlinie,[203] dem Art. 16 Abs. 2 SE-VO offensichtlich nachgebildet worden ist, hat angesichts seines rudimentären Charakters keine Rechtsvereinheitlichung schaffen können. Für eine SE mit Sitz in Deutschland sind die Haftungsfragen gemäß

---

[197] Heute anders, § 2 AktG.
[198] *Schwarz* SE-VO Art. 3 Rn. 22.
[199] *Schwarz* SE-VO Art. 3 Rn. 24.
[200] *Scheifele* S. 442–443; *Schwarz* SE-VO Art. 3 Rn. 29–30; Lutter/Hommelhoff/Teichmann SE/*Bayer* SE-VO Art. 3 Rn. 16; MüKoAktG/*Oechsler/Mihaylova* SE-VO Art. 3 Rn. 6; KölnKommAktG/*Maul* SE-VO Art. 3 Rn. 34 mwN. AA *Hirte* NZG 2002, 1 (4); Jannott/Frodermann HdB SE/*Jannott* 3. Kap. Rn. 23.
[201] HM; siehe nur *Schäfer* NZG 2004, 785 (791); Spindler/Stilz AktG/*Casper* SE-VO Art. 16 Rn. 2; aA *Kersting* DB 2001, 2079 (2081) (Regelung auch der Vorgesellschaft und der Gründerhaftung).
[202] HM; zB *Schindler*, Die Europäische Aktiengesellschaft, 2002, S. 20; Manz/Mayer/Schröder Europäische AG/*Schröder* SE-VO Art. 16 Rn. 10; *Schwarz* SE-VO Art. 16 Rn. 8; *Drees* S. 163; Lutter/Hommelhoff/Teichmann SE/*Bayer* SE-VO Art. 16 Rn. 4; aA *Hirte* NZG 2002, 1 (4); *Vossius* ZIP 2005, 741 (742).
[203] → § 83 Fn. 20.

Art. 15 Abs. 1 SE-VO so zu beurteilen wie im Zusammenhang mit der Gründung einer deutschen AG. Danach gilt im Wesentlichen Folgendes:

1. Vor-SE. Bei der Gründung einer deutschen AG besteht zwischen ihrer Errichtung 75 (Feststellung der Satzung und Übernahme aller Aktien durch die Gründer, §§ 28, 29 AktG) und ihrer Eintragung in das Handelsregister eine Vorgesellschaft, die teilrechtsfähig ist und die nach den Regeln der späteren AG durch ihre Organe handeln kann (→ § 3 Rn. 35, 38, 40–42). Entsprechendes gilt für die SE (Art. 15 Abs. 1 SE-VO).[204] Allerdings entsteht eine Vorgesellschaft **nicht bei jeder Gründungsform.** Bei einer Verschmelzung durch Aufnahme und bei einem Formwechsel besteht die künftige SE während des Gründungsvorgangs bereits als nationale AG, so dass für eine Vorgesellschaft kein Raum ist. In den verbleibenden Gründungsfällen entsteht die Vor-SE mit der Vornahme des Gründungsgeschäfts. Bei der Verschmelzung durch Neugründung ist dies die Zustimmung der Hauptversammlung der letzten Gründungsgesellschaft zum Verschmelzungsplan (Art. 23 Abs. 1 SE-VO), bei der Holdinggründung ist es die Zustimmung der Hauptversammlung der letzten Gründungsgesellschaft zum Gründungsplan (Art. 32 Abs. 6 UAbs. 1 SE-VO), und bei der Gründung einer gemeinsamen Tochter-SE handelt es sich, wie im deutschen Recht, um die Feststellung der Satzung und die Übernahme aller Aktien durch die Gründer (Art. 36 SE-VO, §§ 28, 29 AktG).[205] Auch bei der Gründung einer Tochter-SE durch eine bereits existierende SE, also bei einer Einpersonengründung, geht die hM trotz Fehlen eines zweiten Gesellschafters vom Entstehen einer Vor-SE aus.[206]

Wie im deutschen Recht (→ § 3 Rn. 42) richtet sich das Innenverhältnis bei der Vor-SE 76 nach den **Organisationsregeln der künftigen SE.**[207] Nach außen wird die SE im dualistischen System durch ihren Vorstand, im monistischen System durch die geschäftsführenden Direktoren vertreten. Die Vertretungsorgane dürfen mit Ermächtigung der Gründungsgesellschaften über die zum Abschluss des Gründungsvorgangs hinaus erforderlichen Tätigkeiten die Geschäfte des Unternehmens bereits aufnehmen.[208] Berechtigt und verpflichtet wird dabei die insoweit teilrechtsfähige Vor-SE.

Die Vorgesellschaft endet mit Eintragung der SE in das Handelsregister. Alle im Namen 77 der Vor-SE begründeten Rechte und Pflichten gehen in diesem Augenblick auf die als juristische Person entstehende SE (Art. 16 Abs. 1 SE-VO) im Wege der Gesamtrechtsnachfolge über.[209] Dadurch „übernimmt" die SE diese Rechte und Pflichten im Sinne von Art. 16 Abs. 2 SE-VO, ohne dass eine rechtsgeschäftliche Übernahme erforderlich wäre, wie der Wortlaut der Norm dies nahelegt. Die Rechtslage ist genauso wie bei dem ähnlich formulierten § 41 Abs. 2 AktG.[210] Eine Handelndenhaftung nach Art. 16 Abs. 2 SE-VO kommt in diesem Fall nicht in Betracht. Stattdessen unterliegen die Gründungsgesellschaften der von der Rechtsprechung entwickelten **Unterbilanzhaftung** in dem Umfang, in dem der Wert des Gesellschaftsvermögens der SE zum Zeitpunkt der Eintragung hinter ihrem Grundkapital zurückbleibt (→ § 3 Rn. 44) sowie der **Verlustdeckungshaftung** bei Scheitern der Gründung (→ § 3 Rn. 47). Diese Haftung besteht intern gegenüber der SE,

---

[204] MüKoAktG/*Schäfer* SE-VO Art. 16 Rn. 4–5; *Casper* Der Konzern 2007, 244 (248–250); Habersack/Drinhausen SE-Recht/*Diekmann* SE-VO Art. 16 Rn. 21–23.

[205] *Kersting* DB 2001, 2079 (2081); *Schwarz* SE-VO Art. 16 Rn. 10; Habersack/Drinhausen SE-Recht/*Diekmann* SE-VO Art. 16 Rn. 30–32. AA bei Holdinggründung *Drees* S. 180–181 (Gründungsgeschäft erst mit Erreichen der Mindesteinbringungsquoten gemäß Art. 33 Abs. 2 SE-VO abgeschlossen).

[206] Siehe nur *Drees* S. 287; Lutter/Hommelhoff/Teichmann SE/*Bayer* SE-VO Art. 16 Rn. 8; Habersack/Drinhausen SE-Recht/*Diekmann* SE-VO Art. 16 Rn. 28.

[207] *Schwarz* SE-VO Art. 16 Rn. 14; Lutter/Hommelhoff/Teichmann SE/*Bayer* SE-VO Art. 16 Rn. 9.

[208] *Drees* S. 219; KölnKommAktG/*Maul* SE-VO Art. 16 Rn. 11.

[209] Jannott/Frodermann HdB SE/*Jannott* 3. Kap. Rn. 324; *Schwarz* SE-VO Art. 16 Rn. 31; MüKoAktG/*Schäfer* SE-VO Art. 16 Rn. 21; *Drees* S. 270–273.

[210] Dazu Hüffer/*Koch* AktG § 41 Rn. 28.

nicht unmittelbar gegenüber deren Gläubigern.²¹¹ Die Unterbilanzhaftung kann allerdings nur bei der Holdinggründung²¹² und der Gründung einer gemeinsamen Tochter-SE eintreten, nicht bei der Verschmelzung durch Neugründung. Denn bei der Verschmelzung durch Neugründung erlöschen die Gründungsgesellschaften, so dass es am Haftungssubjekt fehlt; auf die Gesellschafter der Gründungsgesellschaften kann die Unterbilanzhaftung nicht erstreckt werden.²¹³

78 **2. Handelndenhaftung.** Die Handelndenhaftung des Art. 16 Abs. 2 SE-VO trifft diejenigen Personen, die im Namen der SE vor deren Eintragung Geschäfte für die SE getätigt haben. Die Haftung ist unbeschränkbar und gesamtschuldnerisch. Als Schuldner kommen praktisch nur die **Mitglieder des Vorstands** (bei dualistischem System) oder die **geschäftsführenden Direktoren** (bei monistischem System) in Betracht. Dass Gründungsgesellschaften oder Gesellschafter der Gründungsgesellschaften Rechtsgeschäfte im Namen der SE tätigen, dürfte so gut wie nicht vorkommen. Zwar erwähnt Art. 16 Abs. 2 SE-VO neben natürlichen Personen als Schuldner auch Gesellschaften und andere juristische Personen, dies hat jedoch einen anderen Hintergrund: Gemäß Art. 47 Abs. 1 SE-VO kann die Satzung der SE vorsehen, dass eine Gesellschaft oder eine andere juristische Person Organmitglied sein kann, sofern das Recht des Sitzstaats der SE für Aktiengesellschaften nichts anderes bestimmt.²¹⁴ Für eine deutsche SE ist diese Option allerdings durch §§ 76 Abs. 3 S. 1, 100 Abs. 1 S. 1 AktG versperrt, weil in Deutschland nur natürliche Personen als Organmitglieder von Aktiengesellschaften zugelassen sind.

79 Die Handelndenhaftung entsteht nicht, wenn die SE ins Handelsregister eingetragen wird und die Rechte und Pflichten aus den vorher getätigten Rechtsgeschäften „übernimmt" (Art. 16 Abs. 2 SE-VO). Die Übernahme erfolgt grundsätzlich automatisch im Wege der Gesamtrechtsnachfolge (→ Rn. 77). Die **Handelndenhaftung** wird also nur in zwei Fällen begründet: Wenn die SE durch Handelsregistereintragung entsteht, haften die Handelnden nur für diejenigen Rechtsgeschäfte, die sie außerhalb ihrer Vertretungsmacht getätigt haben (etwa weil die Gründungsgesellschaften sie nicht zur Aufnahme der vollen Geschäftstätigkeit ermächtigt haben) und die von der SE nicht durch Einzelrechtsgeschäfte übernommen werden.²¹⁵ Wenn die Gründung der SE scheitert, entsteht die Handelndenhaftung für sämtliche Geschäfte der Vor-SE; die Handelnden haften neben dieser gesamtschuldnerisch.

§ 85 Grenzüberschreitende Sitzverlegung

Übersicht

	Rn.		Rn.
I. Grundgedanken	1, 2	3. Rechtsfolgen	10–12
II. Verfahren	3–12	III. Minderheitsschutz	13, 14
1. Beschlussvorbereitung	3–5	IV. Gläubigerschutz	15–18
2. Verlegungsbeschluss und Registerverfahren	6–9		

Schrifttum: *Habersack/Drinhausen* (Hrsg.), SE-Recht, 2. Aufl., 2016; *Jannott/Frodermann* (Hrsg.), Handbuch der Europäischen Aktiengesellschaft – Societas Europaea, 2. Aufl., 2014; Kölner Kommentar zum Aktiengesetz, Bd. 8/1 und 8/2: SE-VO, SEBG, 3. Aufl. 2010 und 2012; *Lutter/Hommelhoff/ Teichmann* (Hrsg.), SE-Kommentar, 2. Aufl., 2015; *Manz/Mayer/Schröder* (Hrsg.), Europäische Aktien-

---

²¹¹ HM; siehe nur Habersack/Drinhausen SE-Recht/*Diekmann* SE-VO Art. 16 Rn. 37 mwN.
²¹² AA Jannott/Frodermann HdB SE/*Jannott* 3. Kap. Rn. 329.
²¹³ *Schäfer* NZG 2004, 785 (791); Jannott/Frodermann HdB SE/*Jannott* 3. Kap. Rn. 328; *Drees* S. 268. Vgl. auch OLG München DB 2006, 146 mit zust. Anm. *Grunewald* EWiR § 69 UmwG 1/06, 29 (keine Differenzhaftung der Aktionäre der übertragenden AG bei Verschmelzung).
²¹⁴ *Schäfer* NZG 2004, 785 (791); *Schwarz* SE-VO Art. 16 Rn. 23.
²¹⁵ *Schwarz* SE-VO Art. 16 Rn. 31; siehe zum deutschen Aktienrecht auch Hüffer/*Koch* AktG § 41 Rn. 28.

gesellschaft (SE), 3. Aufl., 2019; Münchener Kommentar zum Aktiengesetz, Bd. 7: SE-VO, SEBG, 4. Aufl., 2017; *Oechsler,* Die Sitzverlegung der Europäischen Aktiengesellschaft nach Art. 8 SE-VO, AG 2005, 373; *ders.,* Die Polbud-Entscheidung und die Sitzverlegung der SE, ZIP 2018, 1269; *Ringe,* Die Sitzverlegung der Europäischen Aktiengesellschaft, 2006; *ders.,* Mitbestimmungsrechtliche Folgen einer SE-Sitzverlegung, NZG 2006, 931; *Schwarz,* SE-VO, 2006; *Teichmann,* Die Einführung der Europäischen Aktiengesellschaft, ZGR 2002, 383; Theisen/Wenz (Hrsg.), Die Europäische Aktiengesellschaft, 2. Aufl., 2005; *Zang,* Sitz und Verlegung des Sitzes einer Europäischen Aktiengesellschaft mit Sitz in Deutschland, 2005.

I. Grundgedanken

Gemäß Art. 8 Abs. 1 SE-VO kann eine SE ihren Sitz – gemeint ist der **Satzungssitz**,[1] wie sich aus Art. 7 Abs. 1 S. 1 SE-VO ergibt – in einen anderen Mitgliedstaat verlegen, ohne dass sie dadurch aufgelöst wird oder in dem Zuzugsstaat eine neue juristische Person zu gründen ist. Ein solches Privileg genießt unter den europäischen Kapitalgesellschaften nach dem derzeit geltenden Gesetzesrecht nur die SE. Für eine Sitzverlegungsrichtlinie, nach deren Umsetzung in nationales Recht auch andere Kapitalgesellschaften ihren Satzungssitz in einen anderen Mitgliedstaat verlegen könnten, gibt es bisher nur einen Vorentwurf.[2] Immerhin orientieren sich die Vorschriften über die Sitzverlegung in Art. 8 SE-VO an diesem Vorentwurf.[3] Damit dürfte ein etwaiges künftiges europäisches Sitzverlegungsrecht in Art. 8 SE-VO vorgezeichnet sein. Allerdings hat der EuGH inzwischen seine Rechtsprechung zur Niederlassungsfreiheit von Gesellschaften, die sich lange Zeit mit der grenzüberschreitenden Verlegung nur des Verwaltungssitzes befasst hatte, im Jahre 2012 auf die Verlegung des Satzungssitzes in einen anderen Mitgliedstaat ausgedehnt (→ § 83 Rn. 6). Danach kann auch eine Gesellschaft anderer Rechtsform als SE ihren Satzungssitz grundsätzlich in einen anderen Staat der EU verlegen, wenn sie sich gleichzeitig in eine ihrer bisherigen Rechtsform entsprechende Rechtsform des Zuzugsstaats umwandelt,[4] und zwar auch isoliert, dh ohne gleichzeitige Verlegung des Verwaltungssitzes in den Zuzugsstaat.[5] Freilich dürfte ein solcher Umzug mangels gesetzlicher Regelungen viel Überzeugungsarbeit bei den zuständigen Registern, Gerichten und Behörden erfordern und mit erheblicher Unsicherheit belastet sein. Die Sitzverlegung der SE gemäß Art. 8 SE-VO steht demgegenüber auf solider gesetzlicher Grundlage und wird auch praktisch durchaus intensiv genutzt.[6]

Das in Art. 8 Abs. 1 SE-VO zum Ausdruck kommende Prinzip wird gern als **„Identitätswahrung"** bezeichnet.[7] Das Prinzip unterliegt aber mannigfachen Einschränkungen, deren bedeutendste sich aus Art. 9 Abs. 1 lit. c SE-VO ergibt. Die darin begründete nationale Prägung der SE lässt eine deutsche SE beim Umzug nach Frankreich eben zu

---

[1] *Teichmann* ZGR 2002, 383 (456); *Schwarz* SE-VO Art. 8 Rn. 4, Art. 7 Rn. 5; MüKoAktG/ *Oechsler/Mihaylova* SE-VO Art. 8 Rn. 7; *Ringe* S. 29.

[2] Vorentwurf für eine Vierzehnte Richtlinie des Europäischen Parlaments und des Rates über die Verlegung des Sitzes einer Gesellschaft in einen anderen Mitgliedstaat mit Wechsel des für die Gesellschaft maßgebenden Rechts vom 20.4.1997, abgedruckt in ZIP 1997, 1721. Zu neuen Initiativen seit 2003 siehe *Ringe* S. 4–5; *Leible* FS Roth, 2011, 447; MüKoAktG/*Oechsler/Mihaylova* SE-VO Art. 8 Rn. 1.

[3] MüKoAktG/*Oechsler/Mihaylova* SE-VO Art. 8 Rn. 1; KölnKommAktG/*Veil* SE-VO Art. 8 Rn. 2.

[4] EuGH NZG 2012, 871 – Vale. Dazu zB *Schön* ZGR 2013, 333. Für einen Zuzug von Luxemburg nach Deutschland unter Formwechsel in eine deutsche GmbH OLG Nürnberg ZIP 2014, 128.

[5] EuGH NZG 2017, 1308 – Polbud. Dazu zB *Paefgen* WM 2018, 933 (Teil I) und 1029 (Teil II). Der Zuzugsstaat muss kollisionsrechtlich allerdings der Gründungstheorie folgen.

[6] Per Ende September 2019 sind EU-weit 145 Sitzverlegungsfälle verzeichnet, davon 13 für Deutschland, die meisten sind Wegzüge aus Großbritannien, offenbar im Vorfeld des bevorstehenden Austritts aus der EU; European Trade Union Institute, http://ecdb.worker-participation.eu.

[7] ZB *Oechsler* AG 2005, 373 (374); *Schwarz* SE-VO Art. 8 Rn. 1; Manz/Mayer/Schröder Europäische AG/*Schröder* SE-VO Art. 8 Rn. 16.

einer französischen SE werden und unterwirft sie einem anderen Rechtsregime. Deshalb trägt die grenzüberschreitende Sitzverlegung nach Art. 8 SE-VO starke **Züge eines Formwechsels**[8] in eine nicht verwandte Gesellschaftsform, beispielsweise einer Kapitalgesellschaft in eine Personengesellschaft. Dies verlangt nach wesentlich mehr Regelungen als der Formwechsel gemäß Art. 37 SE-VO, bei dem dieselbe nationale Rechtsordnung zuständig bleibt. Das Spannungsverhältnis zwischen Identitätswahrung und Änderung der auf die SE anwendbaren nationalen Rechtsordnung führt zu schwierigen Anwendungsfragen im Einzelfall.

II. Verfahren

3   **1. Beschlussvorbereitung.** Der Vorstand oder – im monistischen Verwaltungssystem – der Verwaltungsrat oder die geschäftsführenden Direktoren der SE haben zunächst einen **Verlegungsplan** zu erstellen, dessen Inhalt in Art. 8 Abs. 2 S. 2 SE-VO beschrieben ist. Neben technischen Angaben wie dem alten und dem neuen Sitz der Gesellschaft enthält der Verlegungsplan unter anderem den vorgesehenen Zeitplan für die Verlegung. Diese etwas ungewöhnliche Angabe hat offenbar den Sinn, den von der Sitzverlegung Betroffenen die rechtzeitige Wahrnehmung ihrer Rechte zu ermöglichen. Betroffen sind neben den Aktionären die Gläubiger und die Arbeitnehmer der SE. Demgemäß muss der Verlegungsplan auch angeben, welche Rechte zum Schutz der Aktionäre (insbesondere Barabfindungsansprüche, → Rn. 13) und der Gläubiger (insbesondere Ansprüche auf Sicherheitsleistung, → Rn. 16–17) gewährt werden und welche Folgen die Sitzverlegung für die Beteiligung der Arbeitnehmer hat. Anders als bei einer Gründung (zB → § 84 Rn. 64 mit Fn. 170) dient der Verlegungsplan auch der Information der Arbeitnehmer, weil es bei einer Verlegung grundsätzlich kein Beteiligungsverfahren gibt und die Arbeitnehmer daher nicht zwangsläufig gemäß § 4 Abs. 2 und 3 SEBG informiert werden. Der Verlegungsplan ist gemäß Art. 8 Abs. 2 S. 1, 13 SE-VO offen zu legen. Art. 13 SE-VO verweist auf die Publizitätsrichtlinie, heute enthalten in der Gesellschaftsrechtsrichtlinie,[9] und die dazu erlassenen Rechtsvorschriften des Sitzstaats der SE. Für eine deutsche SE geschieht die Offenlegung deshalb durch Einreichung des Verlegungsplans zum Handelsregister und Bekanntmachung eines Hinweises auf die Einreichung durch das Registergericht im elektronischen Justizinformationssystem (www.handelsregisterbekanntmachungen.de) gemäß § 10 HGB. Erst mit der Bekanntmachung beginnt die Zweimonatsfrist des Art. 8 Abs. 6 S. 1 SE-VO zu laufen, nach dessen Ablauf der Verlegungsbeschluss der Hauptversammlung frühestens gefasst werden darf.[10]

4   Art. 8 Abs. 3 SE-VO verpflichtet den Vorstand oder – im monistischen Verwaltungssystem – den Verwaltungsrat oder die geschäftsführenden Direktoren, einen **Verlegungsbericht** zu erstellen, in dem die rechtlichen und wirtschaftlichen Aspekte der Sitzverlegung erläutert und begründet werden. Ferner sind in dem Bericht die Auswirkungen der Sitzverlegung nicht nur für die Aktionäre, sondern auch für die Gläubiger und die Arbeitnehmer im Einzelnen darzulegen. Diese Darlegungspflicht korrespondiert mit den Angaben im Verlegungsplan.

5   Art. 8 Abs. 4 SE-VO begründet nicht nur für die Aktionäre, sondern auch für die Gläubiger der SE ein Recht, den Verlegungsplan und den Verlegungsbericht am Sitz der SE (gemeint sind in diesem Fall die Geschäftsräume der Hauptverwaltung)[11] einzusehen und Abschriften davon zu erhalten. Dieses Recht besteht mindestens einen Monat lang vor der Hauptversammlung, die den Verlegungsbeschluss fassen soll. Die Regelung zeigt gewisse

---

[8] *Teichmann* ZIP 2002, 1109 (1111); MüKoAktG/*Oechsler/Mihaylova* Art. 8 Rn. 3.
[9] → § 83 Fn. 20.
[10] *Oechsler* AG 2005, 373 (379).
[11] AA Manz/Mayer/Schröder Europäische AG/*Schröder* SE-VO Art. 8 Rn. 53; Habersack/Drinhausen SE-Recht/*Diekmann* SE-VO Art. 8 Rn. 37 (am Satzungssitz, gleichwohl von Geschäftsräumen sprechend, die es dort aber möglicherweise gar nicht gibt).

Parallelen zu den im deutschen Recht bekannten Informationsrechten der Aktionäre im Vorfeld von Strukturmaßnahmen (zB § 63 UmwG für die Verschmelzung), wenngleich die Auslegungsfrist etwas knapper bemessen ist, weil die Unterlagen den Aktionären nicht bereits ab Einberufung der Hauptversammlung zur Verfügung stehen müssen.[12] Obwohl die Arbeitnehmer ebenfalls durch Verlegungsplan und -bericht informiert werden sollen, gibt ihnen Art. 8 Abs. 4 SE-VO kein Einsichtsrecht als Arbeitnehmer,[13] sondern allenfalls als Gläubiger von Lohn- und Gehaltsforderungen. Die Information der Arbeitnehmer wird über den SE-Betriebsrat sichergestellt, der gemäß § 29 Abs. 1 SEBG bei Sitzverlegung vom Vorstand zu unterrichten ist, und zwar unter Vorlage aller der Hauptversammlung vorzulegenden Unterlagen (arg. ex § 28 Abs. 1 S. 2 Nr. 3 SEBG). Der SE-Betriebsrat informiert sodann den zuständigen lokalen Betriebsrat, der wiederum die Arbeitnehmer unterrichtet (§ 30 SEBG).

2. Verlegungsbeschluss und Registerverfahren. Der Verlegungsbeschluss der Hauptversammlung enthält mindestens zwei Bestandteile. Erstens bezeichnet § 12 Abs. 1 S. 3 SEAG den Verlegungsplan als Gegenstand der Beschlussfassung.[14] Daraus ergibt sich, dass die Hauptversammlung dem Verlegungsplan im Verlegungsbeschluss zustimmt. Zu diesem Zweck ist der Verlegungsplan im Verlegungsbeschluss genau zu identifizieren, am besten durch wörtliche Wiedergabe im Beschlusstext. Zweitens ändert der Verlegungsbeschluss den Sitz der Gesellschaft und damit einen zwingenden Bestandteil der Satzung (Art. 9 Abs. 1 lit. c ii SE-VO, § 23 Abs. 3 Nr. 1 AktG).[15] Außerdem können zur Anpassung an das Recht des Zuzugsstaats (Art. 9 Abs. 1 lit. c ii SE-VO) weitere Satzungsänderungen erforderlich sein (→ Rn. 8). Als **satzungsändernder Beschluss** bedarf der Verlegungsbeschluss einer zwingenden Mehrheit von mindestens drei Vierteln der abgegebenen Stimmen, die durch die Satzung auf höchstens zwei Drittel der abgegebenen Stimmen herabgesetzt werden kann (Art. 8 Abs. 6 S. 2, 59 Abs. 1 SE-VO, § 179 Abs. 2 S. 1 AktG, § 51 S. 2 SEAG).[16]

Nachdem der Verlegungsbeschluss gefasst worden ist, haben der Vorstand oder – im monistischen Verwaltungssystem – die geschäftsführenden Direktoren ihn zur Eintragung in das **Handelsregister am Sitz der SE** anzumelden. Das Registergericht prüft sodann die Rechtmäßigkeit der bisherigen Verfahrensschritte.[17] Dazu gehören insbesondere die formelle Rechtmäßigkeit des Verlegungsbeschlusses, die Negativerklärung des Vorstands oder der geschäftsführenden Direktoren, dass keine relevanten Klagen gegen die Wirksamkeit des Verlegungsbeschlusses vorliegen (§ 14 SEAG), sowie die Versicherung des Vorstands oder der geschäftsführenden Direktoren, dass allen anspruchsberechtigten Gläubigern angemessene Sicherheit für ihre Forderungen geleistet wurde (Art. 8 Abs. 7 UAbs. 1 SE-VO, § 13 Abs. 3 SEAG). Ferner vergewissert sich das Registergericht, dass kein Verlegungsverbot gemäß Art. 8 Abs. 15 SE-VO besteht, die SE also insbesondere nicht aufgelöst ist.[18] Bei positiver Prüfung trägt das Registergericht den Verlegungsbeschluss in das

---

[12] Zur Kritik an der fehlenden Abstimmung mit Aktionärsrechte-RL und den dort praktikabler geregelten Einsichtsmöglichkeiten Habersack/Drinhausen SE-Recht/*Diekmann* SE-VO Art. 8 Rn. 37 mwN.

[13] *Zang* S. 167–168; *Schwarz* SE-VO Art. 8 Rn. 28; Habersack/Drinhausen SE-Recht/*Diekmann* Art. 8 Rn. 38.

[14] Unrichtig daher *Zang* S. 181.

[15] Theisen/Wenz Europäische AG/*Wenz* S. 239; *Schwarz* SE-VO Art. 8 Rn. 31.

[16] Nähere Begründung → § 86 Rn. 28. Im Ergebnis ebenso Jannott/Frodermann HdB SE/*Hunger* 9. Kap. Rn. 88; *Ringe* S. 111; aA Theisen/Wenz Europäische AG/*Wenz* S. 239; Spindler/Stilz AktG/*Casper* SE-VO Art. 8 Rn. 12 (drei Viertel Mehrheit, durch die Satzung nicht herabsetzbar); MüKo-AktG/*Oechsler/Mihaylova* SE-VO Art. 8 Rn. 26a (zwei Drittel Stimmenmehrheit und drei Viertel Kapitalmehrheit, durch die Satzung auf einfache Kapitalmehrheit herabsetzbar).

[17] Ausführlich zu den praktischen Stolpersteinen des Registerverfahrens bei einer Sitzverlegung von den Niederlanden nach Deutschland *de Lousanoff* FS Spiegelberger, 2009, 604.

[18] Von der Ermächtigung des Art. 8 Abs. 14 SE-VO, ein behördliches Einspruchsrecht gegen die Sitzverlegung vorzusehen, hat der deutsche Gesetzgeber keinen Gebrauch gemacht.

Handelsregister zusammen mit dem Vermerk ein, dass die Verlegung erst mit Eintragung im Register des Zuzugsstaats wirksam wird,[19] und macht einen Hinweis auf diese Eintragung gemäß § 10 HGB im elektronischen Justizinformationssystem (www.handelsregisterbekanntmachungen.de) bekannt; darin liegt die Offenlegung des Verlegungsbeschlusses gemäß Art. 8 Abs. 6 S. 2, 59 Abs. 3, 13 SE-VO. Darüber hinaus erteilt das Registergericht eine **Rechtmäßigkeitsbescheinigung,** aus der gemäß Art. 8 Abs. 8 SE-VO zweifelsfrei hervorgeht, dass die der Sitzverlegung vorangehenden Rechtshandlungen und Formalitäten durchgeführt wurden. Wenn die SE eine Eintragungsnachricht erhält, gilt diese als Rechtmäßigkeitsbescheinigung.[20]

8   Gemäß Art. 12 Abs. 1 SE-VO muss die SE in ein Register des Zuzugsstaats eingetragen werden. Bei einem Zuzug nach Deutschland ist für diese Eintragung das **Registergericht am neuen Sitz der SE** zuständig (§ 4 S. 1 SEAG, §§ 376, 377 FamFG, § 23a Abs. 1 S. 1 Nr. 2, Abs. 2 Nr. 3 GVG). Nach Art. 8 Abs. 9 SE-VO darf das Registergericht die SE am neuen Sitz erst dann eintragen, wenn die Rechtmäßigkeitsbescheinigung aus dem Wegzugsstaat vorgelegt und die Erfüllung der für die Eintragung nach deutschem Recht erforderlichen Formalitäten nachgewiesen wurden. Die Rechtmäßigkeitsbescheinigung des Wegzugsstaats soll der zuständigen Stelle im Zuzugsstaat die Überprüfung ausländischen Rechts ersparen;[21] bei **evidenten Mängeln** darf und muss die Eintragung im Zuzugsstaat aber verweigert werden, so dass keine Bindung an die Rechtmäßigkeitsbescheinigung besteht.[22] Zu den darüber hinaus beim Zuzug nach Deutschland vom Registergericht des neuen Sitzes zu überprüfenden Formalitäten gehört die Satzung der SE.[23] Weil die SE mit der Sitzverlegung gemäß Art. 9 Abs. 1 lit. c ii SE-VO unter ein neues Rechtsregime gerät, beim Zuzug nach Deutschland also das deutsche Aktiengesetz beachten muss, können **Anpassungen der Satzung** erforderlich sein. Diese muss die Hauptversammlung zusammen mit der Sitzverlegung beschließen, so dass sie gleichzeitig mit der Eintragung der Sitzverlegung in das deutsche Handelsregister eingetragen und damit wirksam werden. Der Registerrichter hat festzustellen, ob die etwa erforderlichen Satzungsänderungen beschlossen wurden und die Satzung danach den Anforderungen von § 23 AktG entspricht.

9   Darüber hinaus wird vertreten, dass die Sitzverlegung wegen des damit materiell einhergehenden Rechtsformwechsels in Analogie zu § 197 UmwG oder jedenfalls wegen der im Rechtsformwechsel liegenden wirtschaftlichen Neugründung dazu führe, dass die Gründungsvorschriften des AktG, insbesondere die Kapitalaufbringungsvorschriften, zu beachten seien.[24] Diese Auffassung ist jedoch abzulehnen. Sie widerspricht Art. 8 Abs. 1 S. 2 SE-VO, nach dem die Verlegung des Sitzes einer SE nicht zur Gründung einer neuen juristischen Person führt. Insoweit siegt also das Prinzip der Identitätswahrung über den mit der Sitzverlegung einhergehenden Formwechselaspekt.[25] Weiterhin wird von einigen angenommen, dass die SE im neuen Sitzstaat nur eingetragen werden dürfe, wenn sie zuvor ihre Hauptverwaltung in diesen Staat verlegt habe; denn gemäß Art. 7 S. 1 SE-VO müssten Satzungssitz und Hauptverwaltung sich in demselben Mitgliedstaat befinden.[26] Auch diese

---

[19] So schon *Priester* ZGR 1999, 36 (44) zum Diskussionsentwurf der Sitzverlegungsrichtlinie von 1997.
[20] Theisen/Wenz Europäische AG/*Wenz* S. 249–252; *Oechsler* AG 2005, 373 (379); *Ringe* S. 143. Schon → § 84 Rn. 31.
[21] Statt aller *Schwarz* SE-VO Art. 8 Rn. 44; KölnKommAktG/*Veil* SE-VO Art. 8 Rn. 94 mwN.
[22] So schon oben für die Verschmelzung → § 84 Rn. 32.
[23] Statt aller Theisen/Wenz Europäische AG/*Wenz* S. 258; *Ringe* S. 146; Habersack/Drinhausen SE-Recht/*Diekmann* SE-VO Art. 8 Rn. 94 mwN.
[24] Theisen/Wenz Europäische AG/*Wenz* S. 255, 259; so früher schon zum Diskussionsentwurf der Sitzverlegungsrichtlinie *Priester* ZGR 1999, 36 (48).
[25] *Oechsler* AG 2005, 373 (374–375); *Schwarz* SE-VO Art. 8 Rn. 56; *Ringe* S. 145; KölnKommAktG/*Veil* SE-VO Art. 8 Rn. 96 mwN.
[26] *Zang* S. 234–235; *Schwarz* SE-VO Art. 8 Rn. 52; Lutter/Hommelhoff/Teichmann SE/*Ringe* SE-VO Art. 8 Rn. 75; Manz/Mayer/Schröder Europäische AG/*Schröder* SE-VO Art. 8 Rn. 100. Eine

Auffassung ist wenig überzeugend. Gegen Art. 7 S. 1 SE-VO wird auch dann verstoßen, wenn die SE ihre Hauptverwaltung in den künftigen Sitzstaat verlegt, obwohl die Sitzverlegung noch nicht wirksam geworden ist. Auch dann müsste gemäß Art. 64 SE-VO, § 52 SEAG, § 262 Abs. 1 Nr. 5 AktG ein Verfahren in Gang gesetzt werden, dass letztlich zur Auflösung und Liquidation der SE führt. Es ist deshalb nur entscheidend, dass die **Hauptverwaltung** im zeitlichen Zusammenhang[27] mit der Sitzverlegung **in dem neuen Mitgliedstaat** errichtet wird. Auf eine bestimmte Reihenfolge kommt es nicht an.[28] Praktisch mag es von Vorteil sein, die Hauptverwaltung erst nach der Eintragung der SE in das Register des neuen Sitzstaats zu verlegen. Dann kann die Sitzverlegung bei unerwarteten Hindernissen noch abgebrochen werden, ohne dass die bereits verlegte Hauptverwaltung mit erneutem logistischem Aufwand wieder in den Ausgangsstaat zurückziehen muss.

3. Rechtsfolgen. Mit der Eintragung der SE im Register des Zuzugsstaats wird die Sitzverlegung wirksam (Art. 8 Abs. 10 SE-VO). Das Register des neuen Sitzes meldet von Amts wegen dem Register des bisherigen Sitzes, dass die Eintragung stattgefunden hat, woraufhin die SE im Register des Wegzugsstaats gelöscht wird (Art. 8 Abs. 11 SE-VO). Die Eintragung im Zuzugsstaat und die Löschung im Wegzugsstaat werden gemäß Art. 8 Abs. 12, 13 SE-VO offen gelegt, in Deutschland durch das Registergericht mit einer Bekanntmachung der Eintragungen gemäß § 10 HGB im elektronischen Justizinformationssystem (www.handelsregisterbekanntmachungen.de). Erst mit dieser Bekanntmachung wird die Sitzverlegung Dritten gegenüber wirksam (Art. 8 Abs. 13 SE-VO).

Für die Mitglieder der SE-Organe gilt **Amtskontinuität.** Das Wirksamwerden der Sitzverlegung lässt ihre Organstellung unberührt.[29] Etwas anderes kann ausnahmsweise dann gelten, wenn es im Zuzugsstaat zwingende Rechtsvorschriften über die Zusammensetzung der Organe gibt, etwa über die Höchst- oder Mindestzahl von Organmitgliedern, welche die SE bisher nicht beachten musste und daher nicht erfüllt hat.[30] Das Mitbestimmungsmodell bleibt grundsätzlich unverändert.[31]

Änderungen kann es bei der **Ausstattung der Aktien** geben. Wenn etwa eine SE aus einem Mitgliedstaat, in dem Mehrstimmrechte zulässig sind, ihren Sitz nach Deutschland verlegt, fallen diese Mehrstimmrechte wegen Art. 5 SE-VO, § 12 Abs. 2 AktG mit dem Wirksamwerden der Sitzverlegung weg. Die Inhaber der Mehrstimmrechtsaktien sind insoweit durch Art. 60 SE-VO geschützt. Danach bedarf es zu der Sitzverlegung eines Sonderbeschlusses ihrer Aktiengattung.[32] Ohne einen solchen Sonderbeschluss kann die Rechtmäßigkeitsbescheinigung nach Art. 8 Abs. 8 SE-VO im Wegzugsstaat nicht ausgestellt werden.

Mindermeinung nimmt zwar Gemeinschaftsrechtswidrigkeit von Art. 7 S. 1 SE-VO (Verstoß gegen die Niederlassungsfreiheit) an: *de Diego* EWS 2005, 446 (448–454); *Ringe* S. 99–100; *Drinhausen/ Nohlen* FS Spiegelberger, 2009, 645 (649–652); unter Berufung auf EuGH NZG 2017, 1308 – Polbud erneuerte Ansätze, zB *Oechsler* ZIP 2018, 1269, *passim*. Dagegen aber die ganz hM; statt aller Spindler/ Stilz AktG/*Casper* SE-VO Art. 7 Rn. 2 mwN.

[27] Spindler/Stilz AktG/*Casper* SE-VO Art. 8 Rn. 23 (halbes Jahr); KölnKommAktG/*Veil* SE-VO Art. 8 Rn. 106 (4–12 Wochen).

[28] AA die → Fn. 26 Genannten sowie umgekehrt (immer erst Sitzverlegung, dann Umzug der Hauptverwaltung) MüKoAktG/*Oechsler/Mihaylova* SE-VO Art. 8 Rn. 50; KölnKommAktG/*Veil* SE-VO Art. 8 Rn. 104; Habersack/Drinhausen SE-Recht/*Diekmann* SE-VO Art. 8 Rn. 99.

[29] *Oechsler* AG 2005, 373 (375); *Schwarz* SE-VO Art. 8 Rn. 57; KölnKommAktG/*Veil* SE-VO Art. 8 Rn. 103.

[30] *Zang* S. 237; KölnKommAktG/*Veil* SE-VO Art. 8 Rn. 103.

[31] Ausführlich *Kiem* ZHR-Beiheft 77 (2015), 126 (129–139).

[32] *Schwarz* SE-VO Art. 8 Rn. 54–55; Habersack/Drinhausen SE-Recht/*Diekmann* SE-VO Art. 8 Rn. 47 mwN.

III. Minderheitsschutz

13 Der deutsche Gesetzgeber hat von der Ermächtigung in Art. 8 Abs. 5 SE-VO Gebrauch gemacht und besondere Schutzvorschriften für Minderheitsaktionäre erlassen, die sich gegen die Sitzverlegung ausgesprochen haben. § 12 Abs. 1 S. 1 SEAG verpflichtet die SE, jedem Aktionär, der gegen den Verlegungsbeschluss Widerspruch zur Niederschrift erklärt, den Erwerb seiner Aktien gegen eine angemessene **Barabfindung** anzubieten. Neben dem Widerspruch ist Voraussetzung für die Geltendmachung des Barabfindungsanspruchs, dass die betreffenden Aktionäre gegen den Verlegungsbeschluss stimmen.[33] Sonst könnten Aktionäre versucht sein, ihre Stimmen nur deshalb für die Sitzverlegung abzugeben, weil sie ein Austrittsrecht gegen Barabfindung erlangen wollen, so dass unabsehbar große Liquiditätsbelastungen auf die SE zukämen.[34] Der Gesetzgeber hat das Austrittsrecht bewusst in Anlehnung an die Regelung zum Formwechsel in § 207 UmwG konzipiert, weil er die grenzüberschreitende Sitzverlegung wegen des damit verbundenen Wechsels des nationalen Rechtsregimes (Art. 9 Abs. 1 lit. c ii SE-VO) als mit einem Rechtsformwechsel vergleichbar ansieht.[35] Das Abfindungsangebot muss im Verlegungsplan enthalten sein (Art. 8 Abs. 2 lit. e SE-VO) und ist bei der Einberufung der Hauptversammlung mit der Tagesordnung (§ 124 Abs. 1 S. 1 AktG) im Wortlaut bekanntzumachen (§ 12 Abs. 1 S. 3 SEAG). Weil es sich empfiehlt, den ganzen Verlegungsplan wörtlich in den Beschlusstext aufzunehmen (→ Rn. 6), wird in der Regel der ganze Verlegungsplan im Wortlaut bekanntgemacht.

14 Aktionäre können den Verschmelzungsbeschluss nicht mit der Begründung anfechten, eine Barabfindung sei im Verlegungsplan nicht oder nicht ordnungsgemäß angeboten worden oder sie sei zu niedrig (§§ 12 Abs. 2, 7 Abs. 5 SEAG).[36] In diesen Fällen ist den Aktionären gemäß §§ 12 Abs. 2, 7 Abs. 7 SEAG das **Spruchverfahren** eröffnet, in dem sie um eine Barabfindung in angemessener Höhe streiten können. Zuständig für das Spruchverfahren ist das Landgericht, in dessen Bezirk die SE ihren Sitz hatte, bevor die Sitzverlegung wirksam wird (§§ 1 Nr. 5, 2 Abs. 1 S. 1 SpruchG). Dabei bleibt es ohne Auswirkungen, dass Anträge auf gerichtliche Entscheidung gemäß § 4 Abs. 1 S. 1 Nr. 6 SpruchG erst nach Eintragung der Sitzverlegung im Zuzugsstaat gestellt werden können. Die einmal begründete Zuständigkeit des deutschen Spruchgerichts bleibt erhalten (Art. 8 Abs. 16 SE-VO).[37]

IV. Gläubigerschutz

15 Gemäß Art. 8 Abs. 16 SE-VO wird für alle Forderungen gegen die SE, die vor Eintragung der Sitzverlegung in das Register des Zuzugsstaats entstanden sind, fingiert, dass die SE ihren Sitz weiterhin im Wegzugsstaat hat. Diese Sitzfiktion ist gleichzeitig IPR-Norm und Gerichtsstandsvorschrift und soll die Durchsetzung von Altforderungen im Wegzugsstaat erleichtern. Der durch Art. 8 Abs. 16 SE-VO begründete **Gerichtsstand** ist kein

---

[33] Jannott/Frodermann HdB SE/*Hunger* 9. Kap. Rn. 94; *Ringe* S. 121; MüKoAktG/*Oechsler/Mihaylova* SE-VO Art. 8 Rn. 56a; *Bayer/Schmidt* ZHR 178 (2014), 150 (156–157). AA KölnKommAktG/ *Veil* SE-VO Art. 8 Rn. 109.

[34] Siehe zu der parallelen Abfindungsproblematik bei der Verschmelzungsgründung → § 84 Rn. 42.

[35] Begr. RegE SEEG, BT-Drs. 15/3405, 35. Siehe zum Diskussionsentwurf in diesem Sinne schon *Neye/Teichmann* AG 2003, 169 (174); *Ihrig/Wagner* BB 2003, 969 (973).

[36] Spindler/Stilz AktG/*Casper* SE-VO Art. 8 Rn. 9; *Hoger,* Kontinuität beim Formwechsel nach dem UmwG und der grenzüberschreitenden Verlegung des Sitzes einer SE, 2008, S. 330; KölnKomm-AktG/*Veil* SE-VO Art. 8 Rn. 62, 110. Teilweise aA *Oechsler* AG 2005, 373 (376); van Hulle/Maul/ Drinhausen HdB SE/*Teichmann* 7. Abschn. Rn. 46; Habersack/Drinhausen SE-Recht/*Diekmann* SE-VO Art. 8 Rn. 56 (bei vollständigem Fehlen des Barabfindungsangebots bleibt es bei der Anfechtungsklage).

[37] MüKoAktG/*Oechsler/Mihaylova* SE-VO Art. 8 Rn. 58; Spindler/Stilz AktG/*Casper* SE-VO Art. 8 Rn. 25; Habersack/Drinhausen SE-Recht/*Diekmann* SE-VO Art. 8 Rn. 123.

ausschließlicher, so dass die Gläubiger wählen können, ob sie die SE im Wegzugsstaat oder im Zuzugsstaat verklagen wollen.[38] Die Norm steht zwar angesichts des Zusammenwachsens der EU bei Anerkennung und Vollstreckung von Zivilrechtsentscheidungen unter Beobachtung der Kommission (Art. 69 S. 2 lit. c SE-VO); in ihrem ersten Bericht zur Anwendung der SE-VO Ende 2010 sah die Kommission aber noch keinen Anlass, Art. 8 Abs. 16 SE-VO zu ändern oder aufzuheben.[39]

Darüber hinaus wird den Gläubigern einer deutschen SE, die ihren Sitz ins Ausland verlegt, besonderer Schutz nach § 13 SEAG zuteil, der Ausführungsvorschrift zu Art. 8 Abs. 7 SE-VO. Danach muss die SE denjenigen Gläubigern, die ihre Ansprüche innerhalb von zwei Monaten seit Offenlegung des Verlegungsplans nach Grund und Höhe schriftlich anmelden, **Sicherheit** für noch nicht fällige Forderungen leisten, wenn die Gläubiger glaubhaft machen, dass die Erfüllung ihrer Forderungen durch die Sitzverlegung gefährdet wird. Fraglich ist, worin eine spezifisch durch die Sitzverlegung hervorgerufene Gefährdung liegen kann. Der Gesetzgeber ist der Auffassung, dass die Sitzverlegung als solche die Gläubiger nicht nennenswert beeinträchtigt und verweist zur Begründung auf die Gerichtsstandsklausel des Art. 8 Abs. 16 der SE-VO.[40] Als Beispiel einer Gläubigergefährdung erwähnt der Gesetzgeber bedeutende Vermögensverlagerungen im Zuge der Sitzverlegung.[41] Der Umzug der Hauptverwaltung, die gemäß Art. 7 S. 1, 64 SE-VO dem Satzungssitz folgen muss, wird in der Regel keine Vermögensverlagerung mit ausreichendem Gefährdungspotenzial darstellen.[42]

16

Sicherheitsleistung können die Gläubiger nur für solche Forderungen verlangen, die vor Offenlegung des Verlegungsplans oder bis zu fünfzehn Tage danach entstanden sind (§ 13 Abs. 2 SEAG). Ab Offenlegung des Verlegungsplans können die Gläubiger der SE sich auf den bevorstehenden Umzug einstellen, so dass dem Gesetzgeber die knappe Übergangsfrist ausreichend erschien. Entscheidend kam es ihm darauf an, dass die Sicherheitsleistung noch vor Vollzug der Sitzverlegung erbracht wird.[43]

17

Die SE muss dem Registergericht des Wegzugsstaats gemäß Art. 8 Abs. 7 UAbs. 1 SE-VO nachweisen, dass die Interessen der Gläubiger angemessen geschützt sind, bevor das Registergericht die Rechtmäßigkeitsbescheinigung gemäß Art. 8 Abs. 8 SE-VO ausstellt. Dieser Nachweis wird gemäß § 13 Abs. 3 SEAG in der Weise erbracht, dass die Mitglieder des Vorstands oder – im monistischen Verwaltungssystem – die geschäftsführenden Direktoren gegenüber dem Registergericht die Versicherung abgeben, dass allen anspruchsberechtigten Gläubigern eine angemessene Sicherheit geleistet wurde.

18

---

[38] *Oechsler* AG 2005, 373 (378); KölnKommAktG/*Veil* SE-VO Art. 8 Rn. 115; Spindler/Stilz AktG/*Casper* SE-VO Art. 8 Rn. 25.
[39] Bericht der Kommission an das Europäische Parlament und den Rat über die Anwendung der Verordnung (EG) Nr. 2157/2001 des Rates vom 8.10.2001 über das Statut der Europäischen Gesellschaft (SE), KOM(2010) 676 endg., S. 9–10.
[40] Begr. RegE SEEG, BT-Drs. 15/3405, 35. So auch die hM; statt aller Spindler/Stilz AktG/*Casper* SE-VO Art. 8 Rn. 15; Lutter/Hommelhoff/Teichmann SE/*Ringe* SE-VO Art. 8 Rn. 46; Manz/Mayer/Schröder Europäische AG/*Schröder* SE-VO Art. 8 Rn. 77. AA im Ergebnis MüKoAktG/*Oechsler/Mihaylova* SE-VO Art. 8 Rn. 40.
[41] Begr. RegE SEEG, BT-Drs. 15/3405, 35.
[42] AA *Oechsler* AG 2005, 373 (377); im Ergebnis auch heute noch MüKoAktG/*Oechsler/Mihaylova* SE-VO Art. 8 Rn. 49.
[43] Begr. RegE SEEG, BT-Drs. 15/3405, 35.

§ 86 Verfassung

Übersicht

	Rn.		Rn.
I. Leitungs- und Aufsichtsorgane	1–26	e) Überwachung der Geschäftsführung	20
1. Zwei Grundmodelle	1, 2	f) Organstruktur und Mitbestimmung	21–25
2. Dualistisches System: Aufsichtsrat und Vorstand	3–9	g) Vertretung der SE	26
a) Weitgehender Gleichlauf mit dem AktG	3	II. Hauptversammlung	27–29
b) Abweichungen vom AktG	4–9	III. Festlegung des Mitbestimmungsmodells	30–57
3. Monistisches System: Verwaltungsrat und geschäftsführende Direktoren	10–26	1. Regelungskonzept	30, 31
		2. Verfahren	32–38
a) Regelungskonzept	10	3. Verhandlungsergebnis	39–52
b) Zusammensetzung, Besetzung und innere Ordnung des Verwaltungsrats	11–14	a) Vereinbarung eines Mitbestimmungsmodells	40–45
c) Rechtsstellung der Verwaltungsratsmitglieder und geschäftsführenden Direktoren	15	b) Nichtaufnahme oder Abbruch der Verhandlungen	46, 47
		c) Gesetzliche Auffangregelung	48–52
d) Kompetenzverteilung bei der Geschäftsführung	16–19	4. Wege aus der Mitbestimmung	53–57

Schrifttum: *Austmann,* Größe und Zusammensetzung des Aufsichtsrats einer deutschen SE, FS Hellwig, 2010, S. 105; *Bachmann,* Der Verwaltungsrat der monistischen SE, ZGR 2008, 779; *Benker,* Die Gestaltung der Mitbestimmung in der Europäischen Aktiengesellschaft, 2019; *Brandt,* Die Hauptversammlung der Europäischen Aktiengesellschaft (SE), 2005; *Bunz,* Die Hauptversammlung der monistischen SE, AG 2018, 466; *Drinhausen/Keinath,* Verwendung der SE zur Vermeidung von Arbeitnehmermitbestimmung – Abgrenzung zulässiger Gestaltungen vom Missbrauch gemäß § 43 SEBG, BB 2011, 2699; *Enke,* Beteiligungsvereinbarungen nach § 21 SEBG, 2015 *Feldhaus/Vanscheidt,* „Strukturelle Änderungen" der Europäischen Aktiengesellschaft im Lichte von Unternehmenstransaktionen, BB 2008, 2246; *Forst,* Zur Größe des mitbestimmten Organs einer kraft Beteiligungsvereinbarung mitbestimmten SE, AG 2010, 350; Gaul/Ludwig/Forst (Hrsg.), Europäisches Mitbestimmungsrecht, 2015; *Göz,* Beschlussmängelklagen bei der Societas Europaea (SE); ZGR 2008, 593; *Grambow,* Auslegung der Auffangregelungen zur Mitbestimmung bei Gründung einer Societas Europaea, BB 2012, 902; *Grobys,* SE-Betriebsrat und Mitbestimmung in der Europäischen Gesellschaft, NZA 2005, 84; *Güntzel,* Die Richtlinie über die Arbeitnehmerbeteiligung in der Europäischen Aktiengesellschaft (SE) und ihre Umsetzung in das deutsche Recht, 2006; *Habersack,* Schranken der Mitbestimmungsautonomie in der SE, AG 2006, 345; *ders.,* Das Mitbestimmungsstatut der SE: „Ist" oder „Soll"?, AG 2018, 823; Habersack/Drinhausen (Hrsg.), SE-Recht, 2. Aufl., 2016; *Habersack/Verse,* Europäisches Gesellschaftsrecht, 5. Aufl., 2019; *Hoffmann-Becking,* Organe: Strukturen und Verantwortlichkeiten, insbesondere im monistischen System, ZGR 2004, 355; *Ihrig,* Die geschäftsführenden Direktoren in der monistischen SE: Stellung, Aufgaben und Haftung, ZGR 2008, 809; *Jacobs,* Privatautonome Unternehmensmitbestimmung in der SE, FS K. Schmidt, 2009, S. 795; Jannott/Frodermann (Hrsg.), Handbuch der Europäischen Aktiengesellschaft – Societas Europaea, 2. Aufl., 2014; *Jares/Vogt,* Das Arbeitnehmerbeteiligungsverfahren bei SE-Gründung in der unternehmerischen Praxis, DB 2020, 223; *Kallmeyer,* Das monistische System in der SE mit Sitz in Deutschland, ZIP 2003, 1531; *Kienast,* Kommt es beim Wechsel in eine SE auf die objektive Rechtslage oder auf die tatsächlich praktizierte Mitbestimmung an?, DB 2018, 2487; *Knapp,* Die Hauptversammlung der Europäischen Aktiengesellschaft (SE), DStR 2012, 2392; Kölner Kommentar zum Aktiengesetz, Bd. 8/1 und 8/2: SE-VO, SEBG, 3. Aufl., 2010 und 2012; *Koke,* Die Finanzverfassung der Europäischen Aktiengesellschaft (SE) mit Sitz in Deutschland, 2005; *Kurzböck/Weinbeck,* Societas Europaea: Dauerhafte Zementierung eines rechtswidrigen Mitbestimmungsstatuts durch Umwandlung?, BB 2019, 244; Lutter/Hommelhoff/Teichmann (Hrsg.), SE-Kommentar, 2. Aufl., 2015; Manz/Mayer/Schröder (Hrsg.), Europäische Aktiengesellschaft (SE), 3. Aufl., 2019; *Marsch-Barner,* Zur monistischen Führungsstruktur einer deutschen Europäischen Gesellschaft, in GS Bosch, 2006, S. 99; *Merkt,* Die monistische Unternehmensverfassung für die Europäische Aktiengesellschaft aus deutscher Sicht, ZGR 2003, 650; Münchener Kommentar zum Aktiengesetz, Bd. 7: SE-VO, SEBG, 4. Aufl., 2017; *R. Krause,* Die Mitbestimmung der Arbeitnehmer in der Europäischen Gesellschaft (SE), BB 2005, 1221; *Mock,* Sonderprüfungen bei der Europäischen Aktiengesellschaft, Der Konzern 2010, 455; *Mückl,* Mitbestimmung bei Gründung einer Societas Europaea (SE) – „Sein" oder Sollen?, BB 2019, 2868; *Müller-Bonani/Melot de Beauregard,* Mitbestimmung in der Societas Europaea, GmbHR 2005, 195; *Oetker,* Die Mitbestimmung der Arbeitnehmer in der Europäischen Gesellschaft, in Lutter/Hommelhoff, Die Europäische Gesellschaft, 2005, S. 277; *ders.,* Unternehmerische Mitbestimmung kraft Vereinbarung in der Europäischen Gesellschaft (SE), FS Konzen, 2006, S. 635; *Rahlmeyer/Klose,* Der trügerische Gleichlauf: Die kleinen, aber feinen Unterschiede zwischen der AG und der dualistischen SE, NZG 2019, 854; *Rombey/Vogt,* Zur Zustimmung des Aufsichtsorgans einer SE nach § 35 I SEBG und § 21 VI SEBG, NZG 2019, 1412; *Schaper,* Unternehmenskommunikation und Vertraulichkeit in der Europäischen Aktiengesellschaft (SE) im Vergleich zur AG, AG 2018, 356; *Scheibe,* Die Mitbestimmung der Arbeitnehmer in der SE unter besonderer Berücksichtigung des monistischen Systems, 2007; *Schubert,* Unternehmensmitbestimmung in der SE & Co. KGaA, 2018; *Spindler,* Personalunion in einem Konzern mit monistisch strukturierter SE als Obergesellschaft, FS Bergmann, 2018, S. 711; *Seibt,* Größe und Zusammensetzung des Aufsichtsrats in der SE, ZIP 2010, 1057; *Spindler,* Die Hauptversammlung der Europäischen Gesellschaft und Anfechtungsklagen gegen ihre Beschlüsse, in Lutter/Hommelhoff, Die Europäische Gesellschaft, S. 223; *Schwarz,* SE-VO, 2006; *Teichmann,* Gestaltungsfreiheit im monistischen Leitungssystem der Europäischen Aktiengesellschaft, BB 2004, 53; *ders.,* Die monistische Verfassung der Europäischen Gesellschaft, in Lutter/Hommelhoff, Die Europäische Gesellschaft, 2005, S. 195; *ders.,* Neuverhandlung einer SE-Beteiligungsvereinbarung bei „strukturellen Änderungen", FS Hellwig, 2010, S. 347; *ders.,* Bestandsschutz für die Mitbestimmung bei Umwandlung in eine SE, ZIP 2014, 1049; Theisen/Wenz (Hrsg.), Die Europäische Aktiengesellschaft, 2. Aufl., 2005; *Verse,* Das Weisungsrecht des Verwaltungsrats der monistischen SE, FS Hoffmann-Becking, 2013, S. 1277; *von der Höh,* Die Vorrats-SE als Problem der Gesetzesumgehung und des Rechtsmissbrauchs, 2017; *Witschen,* Neuverhandlung der Arbeitnehmerbeteiligung nach Gründung einer SE, ZGR 2016, 644; *Wollburg/Banerjea,* Die Reichweite der Mitbestimmung in der Europäischen Gesellschaft, ZIP 2005, 277; *Ziegler/Gey,* Arbeitnehmermitbestimmung im Aufsichtsrat der Europäischen Gesellschaft (SE) im Vergleich zum Mitbestimmungsgesetz, BB 2009, 1750.

I. Leitungs- und Aufsichtsorgane

1. Zwei Grundmodelle. Gemäß Art. 38 lit. b SE-VO wird in der Satzung der SE festgelegt, ob die Gesellschaft nach dem dualistischen oder nach dem monistischen System verwaltet wird. Im **dualistischen** Verwaltungssystem sind für die Geschäftsleitung und die Aufsicht zwei verschiedene Organe zuständig, im **monistischen** System nimmt ein Organ beide Funktionen wahr. Für deutsche AG gilt mit der Aufgabenteilung zwischen Vorstand (§ 76 Abs. 1 AktG) und Aufsichtsrat (§ 111 Abs. 1 AktG) bekanntlich das dualistische System. Ebenso verfahren beispielsweise die Niederlande, Dänemark und Österreich, während die europäischen Flächenstaaten Italien und Spanien das monistische Verwaltungssystem anwenden; Frankreich stellt beide Systeme alternativ zur Verfügung. Angesichts dieser Ausgangslage ist es wenig verwunderlich, dass der europäische Gesetzgeber keines der beiden Systeme für die SE zwingend vorschreibt, sondern den Gründern sowie den Aktionären, wenn diese das System später ändern wollen, die **freie Wahl** lässt.[1]

Die SE-VO regelt die Verwaltungssysteme nur sehr knapp. Art. 39–42 betreffen das dualistische und Art. 43–45 das monistische System; Art. 46–51 enthalten gemeinsame Vorschriften. Weil deutsche AG dualistisch strukturiert sind und die betreffenden Vorschriften des AktG gemäß Art. 9 Abs. 1 lit. c ii SE-VO auch auf die SE anwendbar sind, brauchte der deutsche Gesetzgeber für das dualistische System in §§ 15–19 SEAG nur wenige Ausführungsvorschriften zu erlassen. Diese machen insbesondere von Ermächtigun-

---

[1] In Deutschland haben etwa zwei Drittel der SE eine dualistische und ein Drittel eine monistische Struktur gewählt. Die monistisch strukturierten SE sind allerdings alle mitbestimmungsfrei; siehe dazu ausführlicher → Rn. 21–25. Die entsprechenden Rechtstatsachen werden kontinuierlich und ausführlich aufbereitet vom Institut für Mitbestimmung und Unternehmensführung der Hans-Böckler-Stiftung; https://boeckler.de/pdf/pb_mitbestimmung_se_2019_6.pdf (Stand: 1.7.2019).

gen der SE-VO Gebrauch. Sondervorschriften für die dualistisch strukturierte SE, die von den Regelungen des AktG abweichen, sind dem deutschen Gesetzgeber außerhalb spezieller Ermächtigungen der SE-VO[2] sogar verboten. Insbesondere gilt für Deutschland nicht die allgemeine Ermächtigungsnorm des § 39 Abs. 5 SE-VO, aufgrund derer Mitgliedstaaten, die kein dualistisches System haben, Vorschriften für eine dualistische Struktur der SE erlassen können.[3] Für die Ausgestaltung der monistischen Verfassung bei der SE indessen steht dem deutschen Gesetzgeber die allgemeine Ermächtigungsnorm des Art. 43 Abs. 4 SE-VO zur Verfügung, weil dieses System im deutschen Aktienrecht nicht kodifiziert ist. Von dieser Ermächtigung hat der Gesetzgeber in §§ 20–49 SEAG ausführlich Gebrauch gemacht. Gleichzeitig hat er sich damit dagegen entschieden, die monistische Verwaltungsstruktur als Alternative zum bestehenden dualistischen System allgemein für alle deutsche AG im AktG zu regeln.

3 **2. Dualistisches System: Aufsichtsrat und Vorstand. a) Weitgehender Gleichlauf mit dem AktG.** §§ 76–116 AktG finden gemäß Art. 9 Abs. 1 lit. c ii SE-VO fast uneingeschränkte Anwendung auf die dualistisch strukturierte SE. Insoweit kann mit wenigen Einschränkungen auf die Darstellung oben im fünften und sechsten Kapitel verwiesen werden. Das Leitungsorgan der deutschen SE heißt also **Vorstand**, das Aufsichtsorgan heißt **Aufsichtsrat**.[4] Soweit die SE-VO dies zulässt, indem sie entsprechende Ermächtigungen für die nationalen Gesetzgeber bereitstellt, sorgen §§ 15–19 SEAG für den Gleichlauf der Verfassung einer deutschen SE mit der einer deutschen AG.[5] Diese Vorschriften sind bei der Rechtsanwendung zu beachten, weil insoweit das AktG über Art. 9 Abs. 1 lit. c ii SE-VO nicht zur Anwendung kommt. Beispielsweise wird die Zahl der Mitglieder des Aufsichtsrats, soweit Mitbestimmungsrecht nicht eingreift, bei der SE nicht durch § 95 S. 1–4 AktG geregelt, sondern durch den gleich lautenden § 17 Abs. 1 SEAG, der sich auf die Ermächtigung des Art. 40 Abs. 3 S. 2 SE-VO stützt. Wenn es § 17 Abs. 1 SEAG nicht gäbe, würden gemäß Art. 40 Abs. 3 S. 1 SE-VO die Zahl der Mitglieder des Aufsichtsrats oder die Regeln für Ihre Festlegung ausschließlich durch die Satzung, die insoweit § 95 S. 1–4 AktG verdrängte, bestimmt. Darüber hinaus enthalten §§ 15–19 SEAG notwendige Ergänzungen aktienrechtlicher Institute. Dazu gehört zum Beispiel die Regelung, dass beim Statusverfahren zur Zusammensetzung des Aufsichtsrats neben den in § 98 Abs. 2 AktG genannten Antragsberechtigten auch der SE-Betriebsrat ein Antragsrecht hat (§ 17 Abs. 3 Satz SEAG).

4 **b) Abweichungen vom AktG.** Abgesehen vom Mitbestimmungsmodell (→ Rn. 30) kann der deutsche Gesetzgeber einen Gleichlauf der Organverfassung zwischen deutscher SE und deutscher AG nur in wenigen Punkten nicht herstellen (wenngleich der Satzungsgeber die verbleibenden Punkte teilweise wieder einebnen kann). Für die Praxis bedeutsam sind vor allem die folgenden: Der erste Punkt betrifft die **Amtszeit der Organmitglieder.** Gemäß Art. 46 Abs. 1 SE-VO werden die Organmitglieder für einen in der Satzung festgelegten Zeitraum, der sechs Jahre nicht überschreiten darf, bestellt. Die Mitgliedstaaten können von dieser Regelung nicht abweichen. Danach ist die Amtszeit der Organmitglieder einer SE in zweifacher Hinsicht anders geregelt als bei der AG: Erstens beträgt die längstmögliche Amtszeit bei der SE sechs Jahre, während Vorstandsmitglieder der AG gemäß § 84 Abs. 1 S. 1 AktG auf höchstens fünf Jahre und Aufsichtsratsmitglieder der AG gemäß § 102 Abs. 1 S. 1 AktG auf höchstens einen Zeitraum bestellt werden können, der in Abhängigkeit von der Terminierung der ordentlichen Hauptversammlung der AG etwa

---

[2] Siehe zu den vom deutschen Gesetzgeber bewusst nicht genutzten Optionen *DAV-Handelsrechtsausschuss* NZG 2004, 75 (80–81).
[3] *Teichmann* ZIP 2002, 1109 (1114); *Schwarz* SE-VO Art. 39 Rn. 78.
[4] So hätte das SEAG selbst die Organe ohne weiteres benennen können (und sollen); *Waclawik* DB 2004, 1191 (1195).
[5] Siehe im Einzelnen Begr. RegE SEEG, BT-Drs. 15/3405, 35–36.

fünf Jahre beträgt (→ § 30 Rn. 80). Zweitens wird nach dem Wortlaut von Art. 46 Abs. 1 SE-VO die Amtszeit der SE-Organmitglieder innerhalb der sechsjährigen Höchstdauer anders als bei der AG nicht im Bestellungsbeschluss, sondern ausschließlich durch die Satzung festgelegt.[6] Dies unterstreicht ein Vergleich mit dem Wortlaut von Art. 40 Abs. 3 S. 1 SE-VO. Während Art. 46 Abs. 1 SE-VO von einem „in der Satzung festgelegten Zeitraum" spricht, sagt Art. 40 Abs. 3 S. 1 SE-VO, dass die Satzung „die Zahl der Mitglieder des Aufsichtsorgans oder die Regeln für ihre Festlegung ... bestimmt". Die zweite Alternative, dass also nur die Regeln für die Festlegung in die Satzung aufgenommen werden, fehlt in Art. 46 Abs. 1 SE-VO. Das Wortlautargument wird von einer starken Meinung im Schrifttum allerdings abgelehnt.[7] Die Amtszeit der Vorstandsmitglieder würde ansonsten nicht mehr vom Aufsichtsrat, sondern von der Hauptversammlung festgelegt, und ein so schwerwiegender Eingriff in das Kompetenzgefüge des (deutschen) dualistischen Systems sei dem europäischen Gesetzgeber nicht zu unterstellen.[8] Wie weit dieses Hauptargument der traditionellen deutschen Sichtweise angesichts von Tendenzen trägt, sogar die Vergütungskompetenz in wesentlichen Teilen vom Aufsichtsrat auf die Hauptversammlung zu verlagern,[9] wird sich erweisen. Die Praxis, so ist zu konstatieren, folgt bisher ganz überwiegend dem traditionellen Ansatz und belässt es bei Festsetzung einer Höchstdauer in der Satzung auch für die Bestellung der Vorstandsmitglieder. Beanstandungen durch die Registergerichte sind nicht bekannt geworden.

Für die Amtszeit der Aufsichtsratsmitglieder allerdings gibt es Judikatur aus den früheren Jahren der SE-VO, nach der mit Art. 46 Abs. 1 SE-VO eine Regelung in der Satzung nicht vereinbar ist, die sich an § 102 Abs. 1 AktG anlehnt und etwa bestimmt, dass Aufsichtsratsmitglieder bis zur Beendigung der Hauptversammlung bestellt werden, die über ihre Entlastung für das vierte Geschäftsjahr nach dem Beginn der Amtszeit beschließt.[10] Denn in diesem Fall legte die Satzung nicht die Amtszeit fest, sondern gäbe den Gesellschaftsorganen Spielraum, durch die Terminierung der ordentlichen Hauptversammlung oder die Verschiebung des Entlastungsbeschlusses die Dauer der Amtszeit in gewissen Grenzen nach ihrem Ermessen zu gestalten.

Der zweite Punkt, in dem der deutsche Gesetzgeber zwischen dualistisch strukturierter SE und AG keinen Gleichlauf herstellen kann, betrifft **zustimmungsbedürftige Geschäfte.** Als Grundsatz sieht Art. 48 Abs. 1 UAbs. 1 SE-VO vor, dass diese Geschäfte in der Satzung aufgeführt werden. Darin liegt keine Ermächtigung, sondern eine Verpflichtung des Satzungsgebers, die Satzung entsprechend zu gestalten.[11] Gemäß UAbs. 2 von Art. 48 Abs. 1 SE-VO dürfen die Mitgliedstaaten jedoch regeln, dass im dualistischen System das Aufsichtsorgan selbst bestimmte Arten von Geschäften von seiner Zustimmung abhängig machen kann. Von dieser Ermächtigung macht § 19 SEAG Gebrauch. Der Gesetzgeber scheint anzunehmen, dass dadurch nicht die Pflicht des Satzungsgebers entfällt, Kataloge mit zustimmungsbedürftigen Geschäften in die Satzung

---

[6] Wie hier Lutter/Hommelhoff/Teichmann SE/*Teichmann* SE-VO Art. 46 Rn. 4; Manz/Mayer/Schröder Europäische AG/*Manz* SE-VO Art. 46 Rn. 2; KölnKommAktG/*Siems* SE-VO Art. 46 Rn. 12; KölnKommAktG/*Paefgen* SE-VO Art. 39 Rn. 51.
[7] *Hoffmann-Becking* ZGR 2004, 355 (364); *Seibt* in Lutter/Hommelhoff, Die Europäische Gesellschaft, 2005, S. 74; *Schwarz* SE-VO Art. 46 Rn. 13–15; Spindler/Stilz AktG/*Eberspächer* SE-VO Art. 46 Rn. 5; MüKoAktG/*Reichert/Brandes* SE-VO Art. 46 Rn. 3; Habersack/Drinhausen SE-Recht/*Drinhausen* SE-VO Art. 46 Rn. 10; offen gelassen von *DAV-Handelsrechtsausschuss* NZG 2004, 75 (81).
[8] Eingehend *Drinhausen/Nohlen* ZIP 2009, 1890 (1892–1894).
[9] Siehe zB den Koalitionsvertrag zwischen CDU, CSU und SPD für die 18. Legislaturperiode vom 27.11.2013, S. 17.
[10] AG Hamburg ZIP 2005, 2017 (2018) – Zoll Pool Hafen; bestätigt von LG Hamburg ZIP 2005, 2017 (2018). AA *Frodermann/Jannott* ZIP 2005, 2251; *Reinhard* RIW 2006, 67 (70).
[11] *Hirte* NZG 2002, 1 (5–6); *DAV-Handelsrechtsausschuss* NZG 2004, 75 (81); *Schwarz* SE-VO Art. 48 Rn. 9.

aufzunehmen.¹² Wortlaut und Systematik des Art. 48 Abs. 1 SE-VO sprechen jedoch gegen diese Auffassung.¹³ In UAbs. 2 heißt es nämlich nicht, dass die Befugnis des Aufsichtsrats, selbst zustimmungsbedürftige Geschäfte festzulegen, über die Regelung in UAbs. 1 hinaus geschaffen werden kann, sondern „jedoch", das heißt an deren Stelle. Damit gibt es nur im monistischen System die Verpflichtung gemäß Art. 48 Abs. 1 UAbs. 1 SE-VO, einen Katalog mit Geschäften in die Satzung aufzunehmen, die der ausdrücklichen Beschlussfassung des Verwaltungsrats bedürften. Dieser Unterschied zwischen den Systemen ist sinnvoll, weil sonst bei der monistisch strukturierten AG der Verwaltungsrat, der ja zugleich oberstes Geschäftsleitungsorgan ist, selbst über diesen Katalog disponieren könnte.

7 Für die dualistisch strukturierte deutsche SE wird im Ergebnis ein Rechtszustand geschaffen, der von § 111 Abs. 4 S. 2 AktG abweicht. Während die deutsche AG entweder in der Satzung oder durch Beschluss des Aufsichtsrats einen Katalog zustimmungsbedürftiger Geschäfte schaffen muss, steht der deutschen SE dies frei; sie kann, muss aber nicht bestimmte Arten von Geschäften in der Satzung oder durch Aufsichtsratsbeschluss von der Zustimmung des Aufsichtsrats abhängig machen.¹⁴ Für börsennotierte deutsche SE allerdings schreibt Nr. 3.3 des Deutschen Corporate Governance Kodex in der Fassung vom 2.6.2005 vor, die zustimmungsbedürftigen Geschäfte in der Satzung oder durch Aufsichtsratsbeschluss festzulegen.

8 Der dritte Punkt betrifft die Geschäftsführung im Vorstand. Art. 50 Abs. 2 S. 1 SE-VO gibt (vorbehaltlich anderer Regelung durch die Satzung) dem Vorstandsvorsitzenden bei Stimmengleichheit ein Doppelstimmrecht. Dadurch wird bei der SE schon von Gesetzes wegen das Kollegialprinzip des § 77 Abs. 1 S. 1 AktG modifiziert;¹⁵ dort bedürfte ein Doppelstimmrecht des Vorstandsvorsitzenden einer ausdrücklichen Regelung in Satzung oder Geschäftsordnung.

9 Viertens schließlich muss die Geschlechterquote (mindestens 30%) im Aufsichtsrat einer börsennotierten, paritätisch mitbestimmten SE vom Gesamtgremium erfüllt werden (§ 17 Abs. 2 SEAG). Ein Widerspruchsrecht der Anteilseigner- und der Arbeitnehmerseite mit der Folge, dass jede Seite die Quote getrennt zu erfüllen hat, mochte der Gesetzgeber – anders als bei der deutschen AG, § 96 Abs. 2 S. 3 AktG – bei der SE nicht vorsehen. Dabei hat er sich von dem Gedanken leiten lassen, dass das Mitbestimmungsmodell bei der SE in der Regel frei ausgehandelt sei, so dass es für ein Widerspruchsrecht keinen Raum gebe.¹⁶ Auch wenn die gesetzliche Auffangregelung (dazu → Rn. 49–52) bei dieser Begründung außer Betracht geblieben ist, wird man die bewusste Entscheidung des Gesetzgebers akzeptieren müssen. Die Parteien sind allerdings nicht gehindert, ein Widerspruchsrecht in die Mitbestimmungsvereinbarung aufzunehmen.¹⁷

10 **3. Monistisches System: Verwaltungsrat und geschäftsführende Direktoren.**
a) Regelungskonzept. Die SE-VO lässt weitgehende Freiheit bei der Ausgestaltung des monistischen Systems. Diese Freiheit reicht der deutsche Gesetzgeber nicht an die Gründungsgesellschaften und die Hauptversammlung weiter, sondern trifft selbst detaillierte

---

¹² Begr. RegE SEEG, BT-Drs. 15/3405, 36 (Befugnis der Mitgliedstaaten, „darüber hinaus" den Aufsichtsrat zur Festlegung zustimmungsbedürftiger Geschäfte zu ermächtigen).
¹³ Im Ergebnis ebenso *Bungert/Beier* EWS 2002, 1 (3); *Hoffmann-Becking* ZGR 2004, 355 (365); *DAV-Handelsrechtsausschuss* NZG 2004, 75 (81).
¹⁴ Zusätzlich zu den in der → vorstehenden Fn. Genannten *Spitzbart* RNotZ 2006, 369 (378); MüKoAktG/*Reichert/Brandes* SE-VO Art. 40 Rn. 18. AA (Zustimmungskatalog als zwingender Satzungsbestandteil) *Habersack* AG 2006, 345 (354); *Schwarz* SE-VO Art. 40 Rn. 9; KölnKommAktG/ *Paefgen* SE-VO Art. 40 Rn. 20–21; Habersack/Drinhausen SE-Recht/*Seibt* SE-VO Art. 48 Rn. 4.
¹⁵ MüKoAktG/*Reichert/Brandes* SE-VO Art. 38 Rn. 11.
¹⁶ Beschlussempfehlung und Bericht des 13. Ausschusses zum Entwurf eines Gesetzes für die gleichberechtigte Teilhabe von Frauen und Männern an Führungspositionen in der Privatwirtschaft und im öffentlichen Dienst, BT-Drs. 18/4227, 22.
¹⁷ *Habersack/Verse* Europäisches GesellschaftsR § 13 Rn. 31.

Festlegungen zu Organverfassung und -kompetenzen.[18] Mangels eigener Erfahrungen mit einem monistischen Verwaltungssystem hätte Deutschland sich dabei an den praktisch erprobten Regelungen anderer europäischer Mitgliedstaaten (zum Beispiel Großbritannien, Italien, Spanien, Frankreich) orientieren können. Stattdessen dienten als Vorbild weitgehend die Regelungen des AktG,[19] so dass dem an sich einzigen Verwaltungsorgan, das bei der deutschen SE **Verwaltungsrat** heißt (§ 20 SEAG), gemäß § 40 Abs. 1 S. 1 SEAG zwingend die Bestellung **geschäftsführender Direktoren** aufgegeben wird.[20] Diese führen die Geschäfte der SE (§ 40 Abs. 2 S. 1 SEAG) und sind die alleinigen organschaftlichen Vertreter[21] der Gesellschaft (§ 41 Abs. 1 SEAG), während der Verwaltungsrat gemäß § 22 Abs. 1 SEAG die Gesellschaft leitet, die Grundlinien ihrer Tätigkeit bestimmt und deren Umsetzung überwacht. Die geschäftsführenden Direktoren können dem Verwaltungsrat angehören, soweit die Mehrheit der Mitglieder weiterhin nicht geschäftsführend ist (§ 40 Abs. 1 S. 2 SEAG). Die nicht geschäftsführenden Mitglieder sind auf die Überwachungsaufgabe beschränkt.[22] Wenn gemäß § 40 Abs. 1 S. 3 SEAG ausschließlich solche geschäftsführende Direktoren bestellt werden, die nicht zugleich Mitglieder des Verwaltungsrats sind, ergibt sich eine Dualität der Organe,[23] die durchaus an das Verhältnis von Aufsichtsrat und Vorstand erinnert.[24] Offenbar will der deutsche Gesetzgeber mit diesem Konzept die deutsche Mitbestimmung auch in der monistischen SE funktionsfähig machen, indem er die Vertreter der Arbeitnehmer aus dem Tagesgeschäft heraushält (siehe dazu noch → Rn. 21–25).

b) Zusammensetzung, Besetzung und innere Ordnung des Verwaltungsrats. § 23 Abs. 1 SEAG regelt die **Zahl der Mitglieder** des Verwaltungsrats. Dieser besteht, wenn die Satzung nichts anderes bestimmt, aus drei Mitgliedern. Die Satzung kann eine höhere Zahl festsetzen, die – im Gegensatz zur Mitgliederzahl beim Aufsichtsrat, § 95 S. 3 AktG, § 17 Abs. 1 S. 3 SEAG – nicht durch drei teilbar sein muss. Die auf das Grundkapital abstellende Regelung über die Höchstzahl entspricht § 95 S. 4 AktG, so dass der Verwaltungsrat maximal aus 21 Mitgliedern bestehen kann. Anders als für den Aufsichtsrat kann die Satzung bestimmen, dass der Verwaltungsrat bei einer SE mit einem Grundkapital von 3 Millionen EUR oder weniger nur zwei Mitglieder oder gar nur ein Mitglied hat. Die darin liegende Verwaltungsvereinfachung für kleine Gesellschaften[25] wird leider

---

[18] Von einigen als Überregulierung kritisiert, zB *DAV-Handelsrechtsausschuss* NZG 2004, 75 (81); *Merkt* ZGR 2003, 650 (654). Dagegen, unter Hinweis auf die verbleibenden Gestaltungsalternativen, *Teichmann* BB 2004, 53 (54–57).
[19] *Bachmann* ZGR 2008, 779 (781).
[20] Eine nach heute allgemeiner Meinung von Art. 43 Abs. 4 SE-VO gedeckte Festlegung; siehe nur Habersack/Drinhausen SE-Recht/*Verse* SE-VO Art. 43 Rn. 14.
[21] Habersack/Drinhausen SE-Recht/*Verse* SEAG § 40 Rn. 5 mwN.
[22] Damit wird zugleich die Anregung von Erwägungsgrund 14 Satz 3 der SE-VO erfüllt, Geschäftsführung und Aufsicht personell klar zu trennen.
[23] Die Organqualität der geschäftsführenden Direktoren (des „Direktoriums") wird nach deutschem Rechtsverständnis (SEAG) heute überwiegend bejaht (*Bauer*, Organstellung und Organvergütung in der monistisch verfassten Europäischen Aktiengesellschaft (SE), 2008, S. 49–51; *Ihrig* ZGR 2008, 809 (810); *Seitz*, Die Geschäftsführer einer monistischen Societaes Europaea (SE) mit Sitz in der Bundesrepublik Deutschland, 2010, S. 145–152; MüKoAktG/*Reichert/Brandes* SE-VO Art. 43 Rn. 8, 15; aA KölnKommAktG/*Siems* Anh. Art. 51 SE-VO SEAG § 40 Rn. 7), auch wenn eine Organstellung im Sinne der Art. 46–51 SE-VO damit nicht gegeben ist (Habersack/Drinhausen SE-Recht/*Verse* SEAG § 40 Rn. 6 mwN).
[24] Daher anfangs unter Zweifeln an der Vereinbarkeit mit Art. 38 lit. b SE-VO kritisiert als „verdeckt dualistisches System"; *DAV-Handelsrechtsausschuss* NZG 2004, 75 (82); *Hoffmann-Becking* ZGR 2004, 355 (369–372); *Marsch-Barner* GS Bosch, 2006, 99 (104); dagegen seinerzeit schon *Teichmann* BB 2004, 53 (58); *Horn* DB 2005, 147 (150–151). Heute nicht mehr in Frage gestellt; *Bachmann* ZGR 2008, 779 (780); *Ihrig* ZGR 2008, 809 (810–811); Spindler/Stilz AktG/*Eberspächer* SE-VO Art. 43 Rn. 5; Habersack/Drinhausen SE-Recht/*Verse* SEAG § 20 Rn. 4.
[25] *Teichmann* BB 2004, 53 (54).

dadurch konterkariert, dass auch der Ein-Personen-Verwaltungsrat gemäß § 40 Abs. 1 S. 1 SEAG mindestens einen geschäftsführenden Direktor bestellen muss, der nicht mit dem Verwaltungsratsmitglied identisch sein kann, weil gemäß § 40 Abs. 1 S. 2 SEAG die Mehrheit des Verwaltungsrats zwingend aus nicht geschäftsführenden Mitgliedern bestehen muss.

12 Der Verwaltungsrat setzt sich aus **Mitgliedern der Aktionäre** und – soweit Mitbestimmungsregeln eingreifen (dazu → Rn. 30 ff.) – aus solchen der **Arbeitnehmer** zusammen (§ 24 Abs. 1 SEAG). Die Mitglieder der Aktionäre werden gemäß § 43 Abs. 3 S. 1 SE-VO durch die Hauptversammlung für den in der Satzung festgelegten Zeitraum, der sechs Jahre nicht überschreiten darf (Art. 46 Abs. 1 SE-VO, → Rn. 4), bestellt. Wenn der Verwaltungsrat unvollständig besetzt ist, können fehlende Verwaltungsratsmitglieder gerichtlich bestellt werden (§ 30 SEAG, entsprechend § 104 AktG, dazu → § 30 Rn. 72–78). §§ 24 Abs. 2, 25 und 26 SEAG regeln das Statusverfahren für den Verwaltungsrat entsprechend §§ 96 Abs. 2, 97–99 AktG (dazu → § 28 Rn. 54–73). Die Anpassung der Satzung an das Ergebnis des Statusverfahrens durch einfachen Mehrheitsbeschluss der Hauptversammlung (§ 25 Abs. 2 S. 4 SEAG) ist im Ergebnis mit Art. 59 SE-VO vereinbar, auch wenn das dort vorausgesetzte Beschlussquorum von mindestens der Hälfte des gezeichneten Kapitals nicht präsent ist.[26] § 27 Abs. 1 SEAG enthält Bestellungsverbote, die denen für den Aufsichtsrat entsprechen (§ 100 Abs. 2 AktG, → § 30 Rn. 13–25).[27] § 27 Abs. 3 SEAG hält klarstellend fest, dass, anders als in Art. 47 Abs. 1 UAbs. 1 SE-VO grundsätzlich vorgesehen, eine **juristische Person** nicht Mitglied des Verwaltungsrats sein kann.[28] Rechtsfähige Personengesellschaften sind ebenfalls ausgeschlossen.[29] Der Ausschluss anderer als natürlicher Personen ergibt sich allerdings bereits aus den Bestellungsverboten des Art. 47 Abs. 2 SE-VO, nach denen das Fehlen einer persönlichen Voraussetzung für die Mitgliedschaft in irgendeinem Organ einer nationalen AG die Mitgliedschaft in jedem Organ der SE ausschließt.[30] Demnach sind auch unter den natürlichen Personen geschäftsunfähige, beschränkt geschäftsfähige und unter Vermögensbetreuung stehende natürliche Personen (§ 100 Abs. 1 AktG) sowie wegen Konkursstraftaten vorbestrafte und unter Berufsverbot stehende Personen (§ 76 Abs. 3 AktG) von der Mitgliedschaft im Verwaltungsrat ausgeschlossen.[31] Die Abberufung von Verwaltungsratsmitgliedern (§ 29 SEAG) ist entsprechend den Vorschriften für Aufsichtsratsmitglieder (§ 103 AktG, dazu → § 30 Rn. 82–88) geregelt.

13 Der Verwaltungsrat wählt aus seiner Mitte einen **Vorsitzenden** (Art. 45 S. 1 SE-VO) und mindestens einen **Stellvertreter** (§ 34 Abs. 1 S. 1 SEAG). Wenn die SE paritätisch mitbestimmt ist, muss der Vorsitzende ein von der Hauptversammlung gewähltes Mitglied des Verwaltungsrats sein (Art. 45 S. 2 SE-VO). Eine besondere Machtfülle wächst dem Verwaltungsratsvorsitzenden zu, wenn er gleichzeitig geschäftsführender Direktor und unter mehreren geschäftsführenden Direktoren deren Vorsitzender ist (so genanntes **CEO-Modell**).[32]

---

[26] Str.; wie hier *Schwarz* SE-VO Anh. Art. 43 Rn. 103; Habersack/Drinhausen SE-Recht/*Verse* SEAG § 25 Rn. 11. AA Lutter/Hommelhoff/Teichmann SE/*Teichmann* Anh. Art. 43 SE-VO SEAG § 25 Rn. 12; KölnKommAktG/*Siems* Anh. Art. 51 SE-VO SEAG §§ 24–26 Rn. 7.
[27] Nach LG Frankfurt a. M. NZG 2018, 783 (785–786) gilt das Bestellungsverbot des § 27 Abs. 1 Nr. 2 SEAG (zugleich gesetzlicher Vertreter eines von der SE abhängigen Unternehmens) nicht für Verwaltungsratsmitglieder, die zugleich geschäftsführende Direktoren sind, weil diese eher mit Vorstandsmitgliedern in dualistischem System vergleichbar seien und deren Geschäftsführungsfunktion im Vordergrund stehe. Ebenso die Lit.; statt aller *Spindler* FS Bergmann, 2018, 711 (717–722) mwN.
[28] Kritisch dazu *Brandes* NZG 2004, 642 (644–645).
[29] Habersack/Drinhausen SE-Recht/*Verse* SEAG § 27 Rn. 15.
[30] Im Ergebnis ebenso *DAV-Handelsrechtsausschuss* NZG 2004, 75 (83); aA *Schwarz* SE-VO Anh. Art. 43 Rn. 128.
[31] Im Ergebnis ebenso *Schwarz* SE-VO Anh. Art. 43 Rn. 129–131; Habersack/Drinhausen SE-Recht/*Verse* SEAG § 27 Rn. 16.
[32] Zu Gestaltungsmöglichkeiten zB *Eder* NZG 2004, 544.

§ 86 Verfassung   14, 15 § 86

SE-VO und SEAG verbieten diese Konstellation nicht.[33] In den europäischen Mutterländern des monistischen Systems, insbesondere Frankreich, ist die Kombination der Funktionen des chairman of the board und des chief executive officer allerdings in den letzten Jahren zunehmend in die Kritik geraten.[34] Die Corporate-Governance-Regeln dieser Länder sehen deshalb heute vor, dass die Personalunion publik zu machen ist und der Verwaltungsrat adäquate Mechanismen zur Überwachung des Verwaltungsratsvorsitzenden schaffen soll; dazu kann zum Beispiel die Berufung eines stellvertretenden Verwaltungsratsvorsitzenden gehören, der nicht mit Geschäftsführungsfragen betraut ist und aufgrund seiner Berufserfahrung und seiner Persönlichkeit das besondere Vertrauen der Aktionäre genießt.[35] Kritik am CEO-Modell regt sich auch in den USA.[36]

Gerade bei mitgliederstarken Verwaltungsräten dürfte es sich empfehlen, von der in § 34 **14** SEAG vorgesehenen Möglichkeit Gebrauch zu machen, aus der Mitte des Verwaltungsrats **Ausschüsse** zu bilden, die sowohl Beschlüsse des Plenums vorbereiten als auch in dem nach § 34 Abs. 4 S. 2 SEAG zulässigen Rahmen anstelle des Plenums entscheiden.[37] Vorbehaltlich anderer Regelungen in der Satzung ist der Verwaltungsrat beschlussfähig, wenn mindestens die Hälfte seiner Mitglieder anwesend oder vertreten ist; die Beschlüsse werden mit der Mehrheit der anwesenden oder vertretenen Mitglieder gefasst (Art. 50 Abs. 1 SE-VO). Bei Stimmengleichheit gibt die Stimme des Vorsitzenden den Ausschlag; die Satzung kann eine andere Regelung treffen, allerdings nicht bei einer paritätisch mitbestimmten SE (Art. 50 Abs. 2 SE-VO). Die weiteren Regelungen über die innere Ordnung des Verwaltungsrats (§§ 34–37 SEAG) sind eng an §§ 107–110 AktG angelehnt (siehe dazu oben § 31).

c) **Rechtsstellung der Verwaltungsratsmitglieder und geschäftsführenden Direkto- 15 ren.** Obwohl mit Leitungsaufgaben betraut, stehen die nicht geschäftsführenden Mitglieder des Verwaltungsrats in einem rein organschaftlichen Verhältnis zur SE, haben daneben also keinen Anstellungsvertrag.[38] Deshalb wird die **Vergütung** der Verwaltungsratsmitglieder in der Satzung festgesetzt oder durch einfachen Hauptversammlungsbeschluss bewilligt (§ 38 Abs. 1 SEAG, § 113 Abs. 1 S. 2 AktG). Auch die übrigen Vorschriften der §§ 113–115 AktG werden von § 38 SEAG für entsprechend anwendbar erklärt. Die geschäftsführenden Direktoren, auch wenn sie zugleich Mitglieder des Verwaltungsrats sind, schließen dagegen **Anstellungsverträge** mit der SE ab, die neben ihrem Organverhältnis bestehen (§ 40 Abs. 5 S. 2 SEAG). Für die Höhe der Vergütung gelten gemäß §§ 40 Abs. 7 SEAG, 87 AktG die Grundsätze über die Vorstandsvergütung bei einer AG. Sowohl die Verwaltungsratsmitglieder (§ 39 SEAG) als auch die geschäftsführenden Direktoren (§ 40 Abs. 8 SEAG) haben bei ihrer Amtsführung die Sorgfaltspflichten von Vorstandsmitgliedern einer deut-

---

[33] Der deutsche Gesetzgeber hält sie aber nicht für sinnvoll; Begr. RegE SEEG, BT-Drs. 15/3405, 39.
[34] MüKoAktG/*Reichert/Brandes* SE-VO Art. 38 Rn. 20–21.
[35] Siehe zum CEO-Modell bei der SE *Merkt* ZGR 2003, 650 (664–665); Theisen/Wenz Europäische AG/*Theisen/Hölzl* S. 306–307; *Bachmann* ZGR 2008, 779 (788–790).
[36] *Fassbach* Der Aufsichtsrat 2014, 144, passim.
[37] Dabei dürfte es sich um ein Redaktionsversehen handeln, dass der Erlass einer Geschäftsordnung für den Verwaltungsrat (§ 34 Abs. 2 SEAG) nicht dem Plenum vorbehalten wird. Kritisiert hatte dies schon beim DiskE *DAV-Handelsrechtsausschuss* NZG 2004, 75 (85). Der Erlass einer solchen Geschäftsordnung durch einen Ausschuss würde wohl dem natürlichen Organisationsgefälle innerhalb des Gremiums widersprechen und wäre deshalb unzulässig. Im Ergebnis ebenso (und auch für weitere ungeschriebene Delegationsverbote) Habersack/Drinhausen SE-Recht/*Verse* SEAG § 34 Rn. 28; Spindler/Stilz AktG/*Eberspächer* SE-VO Art. 44 Rn. 6; MüKoAktG/*Reichert/Brandes* SE-VO Art. 44 Rn. 45.
[38] Jannott/Frodermann Hdb. SE/*Frodermann* 5. Kap. Rn. 153; Lutter/Hommelhoff/Teichmann SE/*Teichmann* Anh. Art. 43 SE-VO SEAG § 28 Rn. 5; *Bauer*, Organstellung und Organvergütung in der monistisch verfassten Europäischen Aktiengesellschaft (SE), 2008, S. 105–107; Habersack/Drinhausen SE-Recht/*Verse* SEAG § 28 Rn. 3. AA *Schwarz* SE-VO Art. 43 Rn. 117; Manz/Mayer/Schröder Europäische AG/*Manz* SE-VO Art. 43 Rn. 33.

schen AG und haften bei Verletzung dieser Pflichten entsprechend gegenüber der SE (§ 93 AktG).[39] Obwohl § 39 SEAG insoweit nicht differenziert, sind die **Sorgfaltsanforderungen** für nicht geschäftsführende Mitglieder des Verwaltungsrats anders als für geschäftsführende zu bestimmen.[40] Sie dürften eher an den Sorgfaltsmaßstäben für Aufsichtsratsmitglieder einer AG gemäß § 116 AktG zu orientieren sein.[41]

16 **d) Kompetenzverteilung bei der Geschäftsführung.** Die Grundnorm ist Art. 43 Abs. 1 S. 1 SE-VO: Das Verwaltungsorgan, bei der deutschen SE also der Verwaltungsrat, führt die Geschäfte der SE. Die Hauptversammlung hat kein Weisungsrecht gegenüber dem Verwaltungsrat.[42] Dessen Zuständigkeit ist allumfassend und nicht entziehbar, auch nicht durch den nationalen Gesetzgeber. Zwar ermächtigt Art. 43 Abs. 1 S. 2 SE-VO die Mitgliedstaaten dazu vorzusehen, dass ein oder mehrere Geschäftsführer die laufenden Geschäfte in eigener Verantwortung führen. Diese, auf Wunsch Schwedens in die SE-VO aufgenommene Ermächtigung gilt jedoch nur in Ländern, deren Aktienrecht ein monistisches System und eine besondere Kategorie von Geschäftsführern für die laufenden Geschäfte vorsieht.[43] Der deutsche Gesetzgeber kann sich also nicht auf die Ermächtigung stützen, so dass es hier zwingend bei der Allzuständigkeit des Verwaltungsrats bleibt.

17 Bei der deutschen SE ist die Kompetenzabgrenzung zwischen Verwaltungsrat und geschäftsführenden Direktoren nicht ganz einfach. § 22 Abs. 1 SEAG weist dem **Verwaltungsrat** die **oberste Leitungsfunktion** zu, indem er sagt, dass der Verwaltungsrat die Gesellschaft leitet, die Grundlinien ihrer Tätigkeit bestimmt und deren Umsetzung überwacht. Vielfach wird, in Anlehnung an ein bei der deutschen Aktiengesellschaft verbreitetes Verständnis, die Leitungsaufgabe auf die vier Bereiche Planung und Steuerung (Unternehmensziele, Geschäftsfelder, wichtige Investitionen), Organisation (sachliche Gliederung, Führungspersonal), Finanzen (Rechnungslegung und Kontrollsysteme) sowie Informationsordnung[44] heruntergebrochen.[45] Demgegenüber sollen die **geschäftsführenden Direktoren** gemäß § 40 Abs. 2 S. 1 SEAG die Geschäfte der Gesellschaft führen. Da der Verwaltungsrat bereits die Leitung inne hat, die nach deutschem Rechtsverständnis einen herausgehobenen Teilbereich der Geschäftsführung darstellt,[46] fällt den geschäftsführenden Direktoren der **gesamte Rest der Geschäftsführung** zu. Dazu gehören sicherlich die laufenden Geschäfte, also das Tagesgeschäft in Ausführung der Leitentscheidungen des Verwaltungsrats, möglicherweise aber auch weitere Befugnisse.[47] Letztlich kann die Kompetenz der geschäftsführenden Direktoren nur residual bestimmt werden als derjenige Bereich der Geschäftsführung, der nicht zwingend dem Verwaltungsrat zugewiesen ist oder den der Verwaltungsrat nicht grundsätzlich oder im Einzelfall für sich in Anspruch nimmt. Dies beruht auf der wichtigen Erkenntnis, dass die geschäftsführenden Direktoren keinen originären, vom SEAG geschaffenen Bereich haben, in den der Verwaltungsrat nicht hineinregieren kann.[48] Das gilt selbst für die Anmeldungen und die Einreichung von Unterlagen zum Handelsregister, die § 40 Abs. 2 S. 4 SEAG ausdrücklich in die Zuständigkeit der geschäftsführenden Direktoren legt. Auch über diese Tätigkeiten kann der Ver-

---

[39] Siehe zum Haftungssystem der SE-Organmitglieder *Merkt* ZGR 2003, 650 (671–675).
[40] *Marsch-Barner* GS Bosch, 2006, 99 (112); Lutter/Hommelhoff/Teichmann SE/*Teichmann* Anh. Art. 43 SE-VO SEAG § 39 Rn. 5.
[41] Habersack/Drinhausen SE-Recht/*Verse* SEAG § 39 Rn. 1.
[42] MüKoAktG/*Reichert/Brandes* SE-VO Art. 43 Rn. 9; KölnKommAktG/*Siems* Anh. Art. 51 SE-VO SEAG § 22 Rn. 16–17; Habersack/Drinhausen SE-Recht/*Verse* SEAG § 22 Rn. 11.
[43] *Hoffmann-Becking* ZGR 2004, 355 (372–373); *Teichmann* BB 2004, 53 (59–60).
[44] Einschließlich der Außenkommunikation (Investor Relations); dazu *Schaper* AG 2018, 356 (362–364).
[45] Ausführlich MüKoAktG/*Reichert/Brandes* SE-VO Art. 43 Rn. 76–89.
[46] Hüffer/*Koch* AktG § 76 Rn. 8 mwN.
[47] *Kallmeyer* ZIP 2003, 1531 (1532).
[48] *Teichmann* in Lutter/Hommelhoff, Die Europäische Gesellschaft, 2005, S. 206–207; Habersack/Drinhausen SE-Recht/*Verse* SEAG § 22 Rn. 9.

waltungsrat anstelle der geschäftsführenden Direktoren entscheiden. Art. 43 Abs. 1 S. 1 SE-VO, der die gesamte Geschäftsführung dem Verwaltungsrat zuweist, ist zwingend; das SEAG kann davon nicht abweichen.

Einige Aufgaben des Verwaltungsrats sind spezialgesetzlich geregelt und **nicht auf die geschäftsführenden Direktoren delegierbar** (§ 40 Abs. 2 S. 3 SEAG). Dazu gehören die Einberufung der Hauptversammlung (§ 22 Abs. 2 S. 1 SEAG), die Vorbereitung und Ausführung von Hauptversammlungsbeschlüssen (§ 22 Abs. 2 S. 2 SEAG), die Organisation der Buchführung (§ 22 Abs. 3 S. 1 SEAG), die Einrichtung eines Risikoüberwachungssystems (§ 22 Abs. 3 S. 2 SEAG), die Anzeige des Verlusts des halben Grundkapitals an die Hauptversammlung (§ 22 Abs. 5 S. 1 SEAG) sowie die Stellung eines Insolvenzantrags (§ 22 Abs. 5 S. 2 SEAG, § 15a Abs. 1 S. 1 InsO). Gemäß Art. 48 Abs. 1 UAbs. 1 SE-VO muss[49] die Satzung der SE weitere Arten von Geschäften aufführen, für die im monistischen System ein ausdrücklicher Beschluss des Verwaltungsorgans erforderlich ist, die also von Satzungs wegen nicht delegierbar sind.[50]

Abgesehen davon, dass der Verwaltungsrat jederzeit jedes Geschäft der Gesellschaft anstelle der geschäftsführenden Direktoren **selbst vornehmen** kann, kann der Verwaltungsrat die geschäftsführenden Direktoren jederzeit **anweisen,** in einer bestimmten Art und Weise vorzugehen (§ 44 Abs. 2 SEAG).[51] Insoweit ähnelt die Stellung der geschäftsführenden Direktoren überhaupt nicht der eines mit eigener Leitungsverantwortlichkeit ausgestatteten Vorstands einer AG (§ 76 Abs. 1 AktG), sondern vielmehr der eines GmbH-Geschäftsführers, der den Weisungen der Gesellschafterversammlung unterworfen ist.[52] Ferner kann der Verwaltungsrat geschäftsführende Direktoren jederzeit, auch ohne wichtigen Grund, **abberufen,** sofern die Satzung nicht anderes regelt (§ 40 Abs. 5 S. 1 SEAG),[53] so dass die organschaftliche Stellung der geschäftsführenden Direktoren weit weniger unabhängig ist als die der Vorstandsmitglieder einer AG (§ 84 Abs. 3 AktG).

e) **Überwachung der Geschäftsführung.** Die SE-VO lässt offen, wie die Kontrolle der Geschäftsführung stattfinden soll, die im monistischen System ebenfalls dem Verwaltungsrat obliegt. In Erwägungsgrund 14 Satz 3 heißt es lediglich, dass eine klare Abgrenzung der Verantwortungsbereiche jener Personen, denen die Geschäftsführung obliegt und der Personen, die mit der Aufsicht betraut sind, wünschenswert sei. Damit drückt der europäische Gesetzgeber, ohne insoweit eine zwingende Regelung zu treffen, seine Sympathie für die Unterscheidung zwischen geschäftsführenden und nicht geschäftsführenden Mitgliedern des Verwaltungsrats aus, die in vielen monistischen Systemen anderer Mitgliedstaaten anzutreffen ist. Der deutsche Gesetzgeber greift diesen Gedanken in § 40 Abs. 1 S. 2 SEAG auf und legt fest, dass die Mehrheit des Verwaltungsrats aus nicht geschäftsführenden Mitgliedern bestehen muss. Zur Wahrnehmung seiner Überwachungsfunktion stehen dem Verwaltungsrat über die Möglichkeiten eines deutschen Aufsichtsrats hinaus intensivere Kontrollmechanismen zur Verfügung, weil er die geschäftsführenden Direktoren jederzeit anweisen kann (→ Rn. 19), also auch jederzeit Berichte und Unterlagen anfordern und Mitarbeiter befragen kann. Ferner kann der Verwaltungsrat unverzüglich Abhilfe schaffen, indem er eine Geschäftsführungsmaßnahme selbst vornimmt (→ Rn. 19). Schließlich kann er durch Geschäftsordnung oder ad hoc einen umfangreicheren Katalog zustimmungspflichtiger Geschäfte formulieren, als

---

[49] HM; statt aller Habersack/Drinhausen SE-Recht/*Seibt* SE-VO Art. 48 Rn. 4 mwN.
[50] *Merkt* ZGR 2003, 650 (662). Anhaltspunkte für mögliche Regelungsgegenstände gibt die ICSA Guidance on Matters Reserved for the Board (2007); dazu Habersack/Drinhausen SE-Recht/*Seibt* SE-VO Art. 48 Rn. 11.
[51] Grundlegend zum Weisungsrecht *Verse* FS Hoffmann-Becking, 2013, 1277.
[52] So auch Begr. RegE SEEG, BT-Drs. 15/3405, 39; *Merkt* ZGR 2003, 650 (663); *Nagel* NZA 2004, 833 (836); *Marsch-Barner* GS Bosch, 2006, 99 (105).
[53] *Marsch-Barner* GS Bosch, 2006, 99 (105); MüKoAktG/*Reichert/Brandes* SE-VO Art. 43 Rn. 132–140; Habersack/Drinhausen SE-Recht/*Verse* SEAG § 40 Rn. 51–57.

ein deutscher Aufsichtsrat dies könnte, weil die geschäftsführenden Direktoren nicht, wie gemäß § 76 AktG ein deutscher Vorstand, über einen gesetzlich geschützten Geschäftsführungsbereich verfügen.

21 **f) Organstruktur und Mitbestimmung.** Die Mitbestimmung der Arbeitnehmer in deutschen Unternehmen stellt eine besondere Herausforderung für das monistische System bei der deutschen SE dar.[54] Wenn das Mitbestimmungsmodell nicht im Verhandlungswege vereinbart wird, kommt es in der Regel gemäß §§ 34, 35 SEBG zur gesetzlichen Auffangregelung, nach der die Arbeitnehmer im Verwaltungsrat der SE vertreten sind, und zwar mit einer Zahl, die sich nach dem höchsten Anteil an Arbeitnehmervertretern in den Organen der Gründungsgesellschaften bemisst (dazu näher → Rn. 49–51). Dies wirft unter zwei Gesichtspunkten Probleme auf: Erstens ist sicherzustellen, dass die Mitbestimmung nach dem MitbestG nicht zu einer „Überparität" der Arbeitnehmer im Verwaltungsrat führt. Zweitens ist die erstmals in der deutschen Mitbestimmung auftretende Situation zu bewältigen, dass Arbeitnehmervertreter an Geschäftsführungsentscheidungen der Gesellschaft beteiligt werden.

22 Die Überlegungen zur **Verhinderung der Überparität** der Arbeitnehmervertreter im Verwaltungsrat gehen von der Prämisse aus, dass, obwohl es rechtlich möglich wäre, Arbeitnehmer nicht zu geschäftsführenden Direktoren bestellt werden. Diese Annahme ist realistisch, weil an einer solchen Bestellung in der Regel weder die Aktionäre noch die Arbeitnehmer interessiert sind.[55] Vor diesem Hintergrund hätte es nahe gelegen, die Drittelbeteiligung oder Parität der Arbeitnehmer im Verwaltungsrat nur auf die nicht geschäftsführenden Mitglieder zu beziehen und so die aus dem dualistischen System in Deutschland bisher bekannte Beteiligungsstruktur bei der Mitbestimmung herzustellen.[56] Der deutsche Gesetzgeber ist dem jedoch nicht gefolgt, sondern ordnet in § 35 Abs. 2 S. 2 SEBG an, dass der Arbeitnehmeranteil im Verwaltungsrat auf die Gesamtzahl der Mitglieder (geschäftsführende und nicht geschäftsführende) zu beziehen ist.[57]

23 Um gleichwohl das verfassungsrechtlich gebotene Letztentscheidungsrecht der Anteilseigner[58] zu gewährleisten, hat der Gesetzgeber einige Vorkehrungen getroffen. Dazu gehört der bei paritätischer Mitbestimmung durch die Satzung nicht abdingbare **Stichentscheid des Verwaltungsratsvorsitzenden** (Art. 50 Abs. 2 SE-VO), der gemäß Art. 45 SE-VO bei paritätischer Mitbestimmung stets ein Vertreter der Aktionäre ist. Darüber hinaus verleiht § 35 Abs. 3 SEAG dem Verwaltungsratsvorsitzenden eine **zusätzliche Stimme,** wenn ein geschäftsführendes[59] Mitglied des Verwaltungsrats aus rechtlichen Gründen gehindert ist, an der Beschlussfassung teilzunehmen. Die Gesetzesbegründung hält einen solchen Fall bei Beschlüssen des Verwaltungsrats für gegeben, die Weisungen an die geschäftsführenden Direktoren enthalten[60] oder diese in sonstiger Weise persönlich und unmittelbar betreffen; allgemeiner wird auf die Grundsätze über Stimmverbote (§ 34 BGB)

---

[54] So schon *Schiessl* ZHR 167 (2003), 235 (250–251). Tatsächlich gab es mit der Puma SE (Drittelbeteiligung) nur ein mitbestimmtes Unternehmen mit monistischer Verwaltungsstruktur. Auch diese Gesellschaft ist 2018 zum dualistischen System übergegangen.

[55] Der Arbeitsdirektor (§ 38 Abs. 2 S. 2 SEBG) ist kein Arbeitnehmervertreter, sondern ein geschäftsführender Direktor mit der Sonderzuständigkeit Arbeit und Soziales.

[56] So eine im Gesetzgebungsverfahren erhobene Forderung von *Reichert/Brandes* ZGR 2003, 767 (792); *Teichmann* BB 2004, 53 (56).

[57] Grundsätzliche Zweifel an der Verfassungskonformität von § 35 SEBG daher bei *Kämmerer/Veil* ZIP 2005, 369.

[58] BVerfGE 50, 290 (350).

[59] Auf nicht-geschäftsführende Verwaltungsratsmitglieder nach hM nicht analog anwendbar; statt aller Habersack/Drinhausen SE-Recht/*Verse* SEAG § 35 Rn. 9 mwN.

[60] Bericht des Rechtsausschusses zum SEEG, BT-Drs. 15/4053, 59; Marsch-Barner GS Bosch, 2006, 99 (109). AA ohne überzeugende Begründung die heute hL; *Siems* NZG 2007, 129 (131); Spindler/Stilz AktG/*Eberspächer* SE-VO Art. 50 Rn. 8; Lutter/Hommelhoff/Teichmann SE/*Teichmann* Anh. Art. 43 SE-VO SEAG § 35 Rn. 13; Habersack/Drinhausen SE-Recht/*Verse* SEAG § 35 Rn. 12.

und das Verbot des Richtens in eigener Sache verwiesen.[61] In Situationen, in denen mehrere geschäftsführende Verwaltungsratsmitglieder von einem Stimmverbot betroffen sind, was zum Beispiel bei Weisungen stets der Fall sein wird, muss § 35 Abs. 3 SEAG mehrfach angewandt werden, so dass der Verwaltungsratsvorsitzende so viele zusätzliche Stimmen erhält, wie geschäftsführende Verwaltungsratsmitglieder von der Stimmrechtsausübung ausgeschlossen sind.[62] Durch das Gesetz ungelöst bleibt dann lediglich der Fall, dass der Verwaltungsratsvorsitzende selbst geschäftsführend ist und einem Stimmverbot unterliegt.[63] Dem Gesetzgeber liegt möglicherweise schon deshalb nicht an einer Lösung, weil er, ohne dies zu verbieten, das CEO-Modell (→ Rn. 13) nicht für sinnvoll hält.[64] Um diese Situation zufriedenstellend zu handhaben, sollte man die Organe von vornherein so strukturieren, dass es auf das zusätzliche Stimmrecht des Verwaltungsratsvorsitzenden gemäß § 35 Abs. 3 SEBG nicht ankommt. Zu diesem Zweck sollte man den Verwaltungsrat von geschäftsführenden Mitgliedern freihalten und ausschließlich externe geschäftsführende Direktoren bestellen.[65]

Auch wenn die Überparität der Arbeitnehmer im Verwaltungsrat technisch verhindert werden kann, bleibt das weitere Problem, dass die **Arbeitnehmervertreter** gemäß § 22 Abs. 1 SEAG nicht nur an der Überwachung der Geschäftsführung, sondern an der **Leitung der Gesellschaft** teilhaben. Darin liegt eine wesentliche Ausweitung ihrer Rechte gegenüber der in Deutschland bislang praktizierten Mitbestimmung, zugleich aber auch eine erhebliche Ausweitung ihrer Pflichten. Beispielsweise trifft die nicht geschäftsführenden Verwaltungsratsmitglieder, auch die Arbeitnehmervertreter, die nicht auf die geschäftsführenden Direktoren delegierbare Pflicht, gemäß § 22 Abs. 5 S. 2 SEAG, § 15a Abs. 1 S. 1 InsO spätestens drei Wochen nach Eintritt der Zahlungsunfähigkeit oder Überschuldung der SE die Eröffnung des Insolvenzverfahrens zu beantragen. Auch die Arbeitnehmervertreter müssen sich ständig auf einem Informationsstand halten, der es ihnen ermöglicht, dieser Pflicht nachzukommen. Die Verletzung der Insolvenzantragspflicht steht gemäß § 53a Abs. 4 Nr. 2 SEAG auch für die Arbeitnehmervertreter im Verwaltungsrat unter Strafe. Ebenso wenig wie die Aktionäre eine Beteiligung der Arbeitnehmer an Leitungsentscheidungen der SE wünschen, werden die Arbeitnehmer an der damit einhergehenden erheblichen Vergrößerung ihres Pflichtenkreises interessiert sein. Darin liegt die eigentliche Inkompatibilität von monistischem System und Mitbestimmung.

Verschiedentlich unternommene Versuche, die Rechte und Pflichten der Arbeitnehmervertreter im Verwaltungsrat auf dessen Überwachungsfunktion zurückzuschrauben, können im Ergebnis nicht erfolgreich sein. So ist es beispielsweise nicht zulässig, die Arbeitnehmervertreter von Leitungsentscheidungen des Verwaltungsrats durch (satzungsmäßiges oder geschäftsordnungsmäßiges) Stimmverbot auszuschließen.[66] Denn § 38 Abs. 1 SEBG schreibt ausdrücklich vor, dass die Arbeitnehmervertreter im Verwaltungsrat die gleichen Rechte und Pflichten haben wie die Mitglieder der Aktionäre.[67] Wenig hilfreich ist die

---

[61] Spindler/Stilz AktG/*Eberspächer* SE-VO Art. 50 Rn. 8; Habersack/Drinhausen SE-Recht/*Verse* SEAG § 35 Rn. 11.

[62] *Wagner* EWS 2005, 545 (551); MüKoAktG/*Reichert/Brandes* SE-VO Art. 50 Rn. 45; Spindler/Stilz AktG/*Eberspächer* SE-VO Art. 50 Rn. 8; Habersack/Drinhausen SE-Recht/*Verse* SEAG § 35 Rn. 15.

[63] Lösungsvorschläge, allerdings ohne gesetzliche Fundierung, bei Jannott/Frodermann HdB SE/*Frodermann* 5. Kap. Rn. 202; MüKoAktG/*Reichert/Brandes* SE-VO Art. 50 Rn. 44; *Scheibe* S. 265–266.

[64] Begr. RegE SEEG, BT-Drs. 15/3405, 39.

[65] *Kallmeyer* ZIP 2003, 1531 (1535); Jannott/Frodermann HdB SE/*Frodermann* 5. Kap. Rn. 207; *Marsch-Barner* GS Bosch, 2006, 99 (113); *Scheibe* S. 260.

[66] So der Vorschlag von *Kallmeyer* ZIP 2003, 1531 (1535); differenzierend *Scheibe* S. 130–138; dagegen *Teichmann* BB 2004, 53 (57); MüKoAktG/*Reichert/Brandes* SE-VO Art. 50 Rn. 49; *Marsch-Barner* GS Bosch, 2006, 99 (113).

[67] SE-RL, Anhang Teil 3 lit. b UAbs. 4.

Errichtung exekutiver Ausschüsse, von denen die Arbeitnehmervertreter systematisch ferngehalten werden.[68] Denn eine Entscheidungskompetenz in Leitungsfragen kann einem Ausschuss anstelle des Verwaltungsrats gerade nicht übertragen werden (§§ 34 Abs. 4 S. 2, 22 Abs. 1 SEAG). Damit verbleibt es bei der Letztverantwortlichkeit der nicht geschäftsführenden Verwaltungsratsmitglieder einschließlich der Arbeitnehmervertreter.

26 **g) Vertretung der SE.** Die SE wird nicht durch den Verwaltungsrat, sondern gemäß § 41 Abs. 1 SEAG ausschließlich durch die **geschäftsführenden Direktoren** gerichtlich und außergerichtlich vertreten. Darin liegt keine unzulässige Einschränkung der Geschäftsführungszuständigkeit des Verwaltungsrats gemäß Art. 43 Abs. 1 S. 1 SE-VO, weil diese die Vertretung nicht umfasst.[69] Gegenüber den geschäftsführenden Direktoren ist der Verwaltungsrat zur Vertretung der SE berufen (§ 41 Abs. 5 SEAG). Im Einzelnen entsprechen die Vertretungsregeln in §§ 41–44 SEAG denjenigen des AktG (§§ 78–80, 82 AktG, siehe dazu oben § 23).

II. Hauptversammlung

27 Das Organisationsrecht der Hauptversammlung entspricht im Wesentlichen dem deutschen **Aktienrecht** (siehe oben 7. Kapitel).[70] Dies gilt auch für Sonderprüfung[71] und Beschlussmängelrecht.[72] Soweit Art. 52–60 SE-VO Ermächtigungen enthalten, nutzt der deutsche Gesetzgeber diese zur Anpassung an das AktG. Beispielsweise verlangt Art. 55 Abs. 1 SE-VO für ein Minderheitsverlangen auf Einberufung ein Quorum von mindestens 10 % des Grundkapitals, ermächtigt die Mitgliedstaaten jedoch, einen geringeren Anteil ausreichen zu lassen. Von dieser Ermächtigung macht § 50 Abs. 1 SEAG Gebrauch, indem er das Quorum im Einklang mit § 122 Abs. 1 S. 1 AktG auf fünf Prozent des Grundkapitals absenkt. Soweit die SE-VO und das SEAG keine abschließenden Regelungen zur Hauptversammlung enthalten, gelten für die deutsche SE gemäß Art. 9 Abs. 1 lit. c ii SE-VO die Vorschriften des AktG. Art. 53 SE-VO, der dies für die Organisation, den Ablauf der Hauptversammlung und die Abstimmungsverfahren ausdrücklich anordnet, ist deshalb überflüssig.

28 Nur in wenigen Punkten stellt sich die Rechtslage für die SE anders dar als für eine deutsche AG.[73] Für die Praxis sind vor allem die beiden folgenden von Bedeutung: Erstens muss die **ordentliche Hauptversammlung** nicht innerhalb der ersten acht Monate (§ 175 Abs. 1 S. 2 AktG), sondern schon während der **ersten sechs Monate** des Geschäftsjahres stattfinden (Art. 54 Abs. 1 S. 1 SE-VO). Allerdings ist die Fristüberschreitung – wie im AktG[74] – praktisch sanktionslos, führt insbesondere nicht zur Anfechtbarkeit oder Nichtigkeit der in der verspäteten Hauptversammlung gefassten Beschlüsse.

29 Zweitens gelten bei einer deutschen SE teilweise **andere Mehrheitserfordernisse** oder jedenfalls andere Regeln zur Feststellung der erforderlichen Beschlussmehrheit als bei einer

---

[68] Vorschläge dazu bei *Gruber/Weller* NZG 2003, 297 (300–301); Jannott/Frodermann HdB SE/*Frodermann* 5. Kap. Rn. 210–223; *Mauch,* Das monistische Leitungssystem der Europäischen Aktiengesellschaft, 2008, S. 158–171. Ablehnend *Teichmann* BB 2004, 53 (57); einschränkend auch *Scheibe* S. 138–143.

[69] Lutter/Hommelhoff/Teichmann SE/*Teichmann* SE-VO Art. 43 Rn. 17–19; MüKoAktG/*Reichert/Brandes* SE-VO Art. 43 Rn. 16–18; Manz/Mayer/Schröder Europäische AG/*Manz* SE-VO Art. 43 Rn. 24; Habersack/Drinhausen SE-Recht/*Verse* SE-VO Art. 43 Rn. 17. Kritisch *Hoffmann-Becking* ZGR 2004, 355 (373).

[70] Ausführliche Darstellung der Hauptversammlung der SE zB bei *Spindler* in Lutter/Hommelhoff, Die Europäische Gesellschaft, 2005, S. 223–248; kurze Übersicht zB bei *Knapp* DStR 2012, 2392. Speziell für die monistisch strukturierte SE *Bunz* AG 2018, 466 (468–471).

[71] Ausführlich dazu *Mock* Der Konzern 2010, 455.

[72] Ausführlich dazu *Göz* ZGR 2008, 593.

[73] Übersicht bei *Rahlmeyer/Klose* NZG 2019, 854 (854–856).

[74] Statt aller Hüffer/*Koch* AktG § 175 Rn. 4.

deutschen AG. Das Meinungsbild im Schrifttum ist, auch mangels jeder Art von Judikatur, ausgesprochen vielfältig. Aus heutiger Sicht ist festzuhalten: Art. 57 SE-VO verlangt im Grundsatz für alle Hauptversammlungsbeschlüsse eine einfache **Mehrheit der abgegebenen Stimmen.** Eine größere (qualifizierte) Stimmenmehrheit ist nur erforderlich, wenn das im Sitzstaat der SE geltende Recht diese für eine AG vorschreibt. In Deutschland ist dies der Fall nur bei der Abwahl von Aufsichtsratsmitgliedern, für die § 103 Abs. 1 AktG drei Viertel der abgegebenen Stimmen verlangt, sofern die Satzung diese Mehrheit nicht herauf- oder (bis zur einfachen Mehrheit) herabsetzt. Beides, also sowohl die gesetzliche Erhöhung als auch die satzungsmäßige Erhöhung über die einfache Mehrheit hinaus,[75] gilt auch für eine deutsche SE. Es ist sehr umstritten, ob daneben über Art. 9 Abs. 1 lit. c ii SE-VO **qualifizierte Kapitalmehrheiten** zur Anwendung kommen, die das AktG insbesondere bei Kapitalmaßnahmen vorsieht (drei Viertel des bei der Beschlussfassung vertretenen Grundkapitals, zB in § 182 Abs. 1 S. 1 AktG). Nach der überzeugenden hM ist dies abzulehnen, weil Art. 57 SE-VO nur „größere", nicht dagegen „andere" Mehrheiten berücksichtigt, dh nur die mitgliedstaatlichen Regelungen zu Stimmenmehrheiten in Betracht zieht und solche zu Kapitalmehrheiten ignoriert.[76] Allerdings sollten qualifizierte Kapitalmehrheiten SE-spezifisch als qualifizierte Stimmenmehrheiten ausgelegt werden, weil nach dem Wegfall der Mehrstimmrechte (§ 12 Abs. 2 AktG, § 5 Abs. 1 S. 1 EGAktG) und – für börsennotierte Gesellschaften – der Höchststimmrechte (§ 5 Abs. 7 EGAktG) Stimmenmehrheiten und Kapitalmehrheiten in Deutschland in der Regel übereinstimmen.[77] Gesetzlich qualifizierte Mehrheiten können, wo zugelassen (zB in § 182 Abs. 1 S. 2 AktG), durch die Satzung herauf- oder (bis zur einfachen Mehrheit) herabgesetzt werden.[78] Für die in Art. 59 SE-VO speziell geregelte **Satzungsänderung** ist danach bei einer deutschen SE grundsätzlich eine Mehrheit von drei Viertel der abgegebenen Stimmen erforderlich (Art. 59 Abs. 1 SE-VO, § 179 Abs. 2 S. 1 AktG). Die Satzung kann diese Mehrheit auf höchstens zwei Drittel der abgegebenen Stimmen absenken, jedoch nicht für eine Änderung des Unternehmensgegenstands (§ 179 Abs. 2 S. 2 AktG). Wenn bei der Beschlussfassung mindestens die Hälfte des Grundkapitals vertreten ist, kann die Satzung eine einfache Mehrheit der abgegebenen Stimmen ausreichen lassen; dies gilt nicht für eine Änderung des Unternehmensgegenstands, sonstige Fälle, für die eine höhere Kapitalmehrheit gesetzlich zwingend vorgeschrieben ist, oder eine grenzüberschreitende Sitzverlegung (Art. 59 Abs. 2 SE-VO, § 51 SEAG).

---

[75] KölnKommAktG/*Kiem* SE-VO Art. 57 Rn. 28; Habersack/Drinhausen SE-Recht/*Bücker* SE-VO Art. 57 Rn. 20. AA im Hinblick auf den Wortlaut von Art. 57 SE-VO („vorschreibt") im Gegensatz zu Art. 59 SE-VO („vorsehen oder zulassen") *Brandt* S. 243; *Schwarz* SE-VO Art. 57 Rn. 11–12. Das Wortlautargument hat allerdings auch den deutschen Gesetzgeber nicht überzeugt, der in § 29 Abs. 1 SEAG die Abberufung von Verwaltungsratsmitgliedern einer monistischen SE gerade vollkommen parallel zu § 103 Abs. 1 AktG geregelt hat.

[76] *Brandt* S. 247–251; *Koke* S. 124–126; *Schwarz* SE-VO Art. 57 Rn. 9; Lutter/Hommelhoff/Teichmann SE/*Spindler* SE-VO Art. 57 Rn. 13; Spindler/Stilz AktG/*Eberspächer* SE-VO Art. 57, 58 Rn. 5; MüKoAktG/*Kubis* SE-VO Art. 57, 58 Rn. 7; van Hulle/Maul/Drinhausen HdB SE/*Maul* 5. Abschn. § 4 Rn. 68. AA Lutter/Hommelhoff/Teichmann SE/*Bayer* SE-VO Art. 59 Rn. 16; KölnKommAktG/*Kiem* SE-VO Art. 57 Rn. 36–39; Habersack/Drinhausen SE-Recht/*Bücker* SE-VO Art. 57 Rn. 28; *Bunz* AG 2018, 466 (468).

[77] *Brandt* S. 247–251; *Koke* S. 127–129; *Schwarz* SE-VO Art. 57 Rn. 10; Lutter/Hommelhoff/Teichmann SE/*Spindler* SE-VO Art. 57 Rn. 13; Spindler/Stilz AktG/*Eberspächer* SE-VO Art. 57, 58 Rn. 5; MüKoAktG/*Kubis* SE-VO Art. 57, 58 Rn. 7. So im Ergebnis auch *Arbeitskreis Aktien- und Kapitalmarktrecht* ZIP 2009, 698 (699).

[78] Siehe die Nachweise in → Fn. 75 sowie (ablehnend) Lutter/Hommelhoff/Teichmann SE/*Spindler* SE-VO Art. 57 Rn. 14; MüKoAktG/*Kubis* SE-VO Art. 57, 58 Rn. 8.

III. Festlegung des Mitbestimmungsmodells

30 1. Regelungskonzept. Der politische Kompromiss im Streit um die Mitbestimmung, der die SE nach jahrzehntelangem Ringen möglich machte (→ § 83 Rn. 7–11), brachte das Vorher-Nachher-Prinzip (Erwägungsgrund 18 SE-RL) hervor: Es geht um die **Wahrung des Besitzstands;** die bisher in den Gründungsgesellschaften bestehenden Mitbestimmungsrechte sollen in der SE fortgesetzt werden. Es geht aber auch nicht um mehr; stärkere Mitbestimmungsrechte als in den Gründungsgesellschaften brauchen in der SE von Gesetzes wegen nicht gewährt zu werden, insbesondere ist das **nationale Mitbestimmungsrecht im Sitzstaat der SE nicht anwendbar** (Art. 13 Abs. 2 SE-RL, § 47 Abs. 1 Nr. 1 SEBG). Das darauf beruhende Regelungskonzept sieht vor, dass die Gründungsgesellschaften mit ihren Arbeitnehmern darüber verhandeln, wie die Arbeitnehmer im Verwaltungs- oder Aufsichtsorgan der SE vertreten sein sollen, insbesondere wie viele Mitglieder dieses Organs sie bestimmen können (Art. 4 Abs. 2 lit. g SE-RL). Wenn die Verhandlungen scheitern, greift eine gesetzliche Auffangregelung ein, nach der sich im Ergebnis die stärkste Form der Mitbestimmung, die in den Gründungsgesellschaften gilt, in der SE durchsetzt (Art. 7 Abs. 2 SE-RL).[79] Ohne dass das Verfahren zur Festlegung des Mitbestimmungsmodells durchlaufen worden ist, kann eine SE nicht in das Register ihres Sitzstaats eingetragen werden (Art. 12 Abs. 2 SE-VO) und damit als juristische Person nicht entstehen (Art. 16 Abs. 1 SE-VO).[80] Der in Deutschland zuständige Registerrichter, dem die Einhaltung des Verfahrens nachzuweisen ist, hat insoweit eine materielle Prüfungspflicht.[81]

31 In der SE-RL wird insbesondere das Verhandlungsverfahren ausgearbeitet (Art. 3–7). Mangels unmittelbarer Geltung der SE-RL in den Mitgliedstaaten hat der deutsche Gesetzgeber die Richtlinie durch das SEBG umgesetzt; für die Rechtsanwendung in Deutschland (§ 3 Abs. 1 SEBG) ist also ein Rückgriff auf die Richtlinie in der Regel nicht erforderlich. SE-RL und SEBG befassen sich neben der unternehmerischen Mitbestimmung im Verwaltungs- oder Aufsichtsorgan der SE auch mit der betrieblichen Mitbestimmung durch den SE-Betriebsrat (Unterrichtung und Anhörung), weshalb in den Überschriften beider Rechtsakte auch allgemein von der Beteiligung der Arbeitnehmer gesprochen wird. Im Folgenden geht es nur um die unternehmerische Mitbestimmung.

32 2. Verfahren. Das Verfahren zur Festlegung des Mitbestimmungsmodells beginnt gemäß § 4 Abs. 2 S. 1 und 2 SEBG damit, dass die Leitungen der Gründungsgesellschaften (das sind gemäß § 2 Abs. 5 SEBG deren geschäftsführungs- und vertretungsberechtigte Organe) die Arbeitnehmervertretungen und Sprecherausschüsse in den Gründungsgesellschaften, den betroffenen Tochtergesellschaften und den betroffenen Betrieben oder, soweit es keine Arbeitnehmervertretung gibt, unmittelbar die Arbeitnehmer über das Gründungsvorhaben **unterrichten.** Zu den Tochtergesellschaften gehören gemäß § 2 Abs. 3 SEBG und der dort in Bezug genommenen Richtlinie über den europäischen Betriebsrat[82] alle rechtlich selbstständigen Unternehmen, auf die eine Gründungsgesellschaft unmittelbar oder mittelbar einen beherrschenden Einfluss ausüben kann oder die unmittelbar oder mittelbar von

---

[79] Von der auf Drängen Spaniens geschaffenen Ermächtigung des Art. 7 Abs. 3 SE-RL, nach der die Verschmelzungsgründung von der gesetzlichen Auffangregelung freigestellt werden kann, hat Deutschland keinen Gebrauch gemacht. dazu schon → § 83 Rn. 11.

[80] Die Anwendbarkeit von SE-RL und SEBG auf die „abgeleitete" Gründung einer Tochter-SE durch eine bereits bestehende SE ist allerdings – zu Unrecht – umstritten; siehe zum Meinungsstand MüKoAktG/*Jacobs* SEBG Vor § 1 Rn. 11–13.

[81] *Oetker* in Lutter/Hommelhof, Die Europäische Gesellschaft, 2005, S. 277/288.

[82] Art. 3 Abs. 2–7 der Richtlinie 94/45/EG des Rates vom 22.9.1994 über die Einsetzung eines europäischen Betriebsrats oder die Schaffung eines Verfahrens zur Unterrichtung und Anhörung der Arbeitnehmer in gemeinschaftsweit operierenden Unternehmen und Unternehmensgruppen, ABl. L 254, S. 64; nunmehr Art. 3 Abs. 2–7 der neu gefassten Richtlinie 2009/38/EG des Europäischen Parlaments und des Rates vom 6.5.2009, ABl. 2009 L 122, S. 28.

einer Gründungsgesellschaft kontrolliert werden.[83] Die Kontrolle knüpft dabei vor allem an die Mehrheit der Stimmrechte der Gesellschafter sowie alternativ an das Recht an, die Mehrheit der Mitglieder des Verwaltungs-, Leitungs- oder Aufsichtsorgans zu bestellen. Betroffen sind die Tochtergesellschaften und Betriebe gemäß § 2 Abs. 4 SEBG dann, wenn sie durch den Gründungsvorgang zu Tochtergesellschaften oder Betrieben der SE werden sollen.[84]

Die Leitungen der Gründungsgesellschaften können dann auf die Verfahrenseinleitung verzichten, wenn keine der Gründungsgesellschaften oder der betroffenen Tochtergesellschaften oder Betriebe Arbeitnehmer beschäftigt, also namentlich im Fall der Vorratsgründung (dazu → § 84 Rn. 4). Wenn die **Arbeitnehmerlosigkeit** dem Registergericht nachgewiesen wird, steht Art. 12 Abs. 2 SE-VO der Eintragung der SE in das Handelsregister nicht entgegen, obwohl das Verfahren zur Festlegung des Mitbestimmungsmodells nicht durchlaufen wurde.[85] Denn bei Arbeitnehmerlosigkeit gibt es niemanden, den die Leitungen der Gründungsgesellschaften gemäß § 4 Abs. 2 S. 1 und 2 SEBG über das Gründungsvorhaben informieren könnten. Nach dieser Ratio ist das Verfahren zur Feststellung der Arbeitnehmerbeteiligung auch dann entbehrlich, wenn die Gründungsgesellschaften und alle betroffenen Tochtergesellschaften arbeitnehmerlos sind, es jedoch nicht betroffene Tochtergesellschaften (also solche, die nicht Tochtergesellschaften der SE werden sollen) mit Arbeitnehmern gibt. Dies ist denkbar bei der Gründung einer gemeinsamen Tochter-SE, wenn nämlich die Gründungsgesellschaften solche Tochtergesellschaften von der Einbringung ausnehmen, die Arbeitnehmer haben. Denkbar ist dies auch bei der Gründung einer Tochter-SE durch eine bereits existierende SE, wenn die SE selbst keine Arbeitnehmer hat, mögen in sonstigen Tochtergesellschaften der SE auch Arbeitnehmer beschäftigt sein. Hingegen kann auf das Verfahren zur Festlegung des Mitbestimmungsmodells nicht verzichtet werden, wenn die SE zwar nach den Bekundungen ihrer Organe arbeitnehmerlos bleiben soll, die Gründungsgesellschaften jedoch Arbeitnehmer beschäftigen.[86] Denn gerade die Arbeitnehmerlosigkeit der SE kann Gegenstand der Verhandlungen sein mit der Folge, dass die SE künftig doch Arbeitnehmer beschäftigt. Was hier zur Arbeitnehmerlosigkeit gesagt wurde, gilt entsprechend für den Fall, dass die Gründungsgesellschaften und die betroffenen Tochtergesellschaften und Betriebe insgesamt **weniger als zehn Arbeitnehmer** beschäftigen. Denn dann kann ein besonderes Verhandlungsgremium, das mindestens 10 Mitglieder haben muss (→ Rn. 35) nicht gebildet werden.[87]

Die Arbeitnehmer oder ihre Vertretungen sind **unverzüglich nach Offenlegung** des Verschmelzungsplans (→ § 84 Rn. 21), des Gründungsplans (→ § 84 Rn. 47), des Umwandlungsplans (→ § 84 Rn. 65) oder nach Abschluss der Vereinbarung eines Plans zur Gründung einer Tochtergesellschaft (→ § 84 Rn. 60) zu informieren (§ 4 Abs. 2 S. 3 SEBG). Eine **frühere Information** setzt das Arbeitnehmerbeteiligungsverfahren ebenfalls in Gang[88] und ist in der Praxis häufig zu empfehlen, beispielsweise im Anschluss an die Grundsatzentschei-

---

[83] Näher dazu *Henssler* FS K. Schmidt, 2009, 601 (605–616); MüKoAktG/*Jacobs* SEBG § 2 Rn. 10–13.

[84] Näher dazu MüKoAktG/*Jacobs* SEBG § 2 Rn. 14–16.

[85] OLG Düsseldorf ZIP 2009, 918 (919, 921); AG München ZIP 2006, 1300 – Beiten Burkhardt mit zust. Anm. *Startz*; Spindler/Stilz AktG/*Casper* SE-VO Art. 2, 3 Rn. 28; Habersack/Drinhausen SE-Recht/*Habersack* SE-VO Art. 2 Rn. 29; jeweils mwN. AA vor allem *Blanke* ZIP 2006, 789 (791).

[86] AG Hamburg ZIP 2005, 2017 (2018) – Zoll Pool Hafen; bestätigt durch LG Hamburg ZIP 2005, 2018 (2019). Zustimmend *Noack* EWiR Art. 12 SE-VO 1/05, 905; *Seibt* ZIP 2005, 2248 (2248–2249). Ablehnend *Reinhard* RIW 2006, 68 (69–70); MüKoAktG/*Schäfer* SE-VO Art. 12 Rn. 7.

[87] HM; statt aller KölnKommAktG/*Kiem* SE-VO Art. 12 Rn. 42; Habersack/Drinhausen SE-Recht/*Schürnbrand* SE-VO Art. 12 Rn. 25; jeweils mwN. Dogmatisch ausgreifender (nämlich unter Einbeziehung von SE-RL und SEBG) *von der Höh* Vorrats-SE S. 163–192. AA vor allem *Blanke* ZIP 2006, 789 (791) sowie Lutter/Bayer/Schmidt, Europäisches Unternehmens- und Kapitalmarktrecht, 5. Aufl., 2012, § 41 Rn. 194 (teleologische Reduktion der Gremiengröße).

[88] *Noack* ZHR-Beiheft 77 (2015), 96 (103–104) mwN.

dung der Unternehmensleitung, eine SE zu gründen. Dadurch kann das zeitaufwändige Verfahren vielfach besser in den Transaktionsplan eingebunden werden, so dass der Vollzug der Gründung nicht ohne Not mangels Verfahrensabschlusses aufgehalten wird (Art. 12 Abs. 2 SE-VO; → Rn. 30). Der Inhalt der Information wird im § 4 Abs. 3 SEBG im Einzelnen beschrieben; Ziel ist es, den Arbeitnehmern oder ihren Vertretungen diejenigen Angaben zu vermitteln, die zur Bildung des besonderen Verhandlungsgremiums, das mit den Leitungen der Gründungsgesellschaften über die Beteiligung der Arbeitnehmer in der SE verhandeln und darüber eine Vereinbarung abschließen soll, erforderlich sind. Mit der Information fordern die Leitungen der Gründungsgesellschaften die Arbeitnehmer oder ihre Vertretungen auf, das besondere Verhandlungsgremium zu bilden (§ 4 Abs. 1 S. 1 SEBG).

35 In dem **besonderen Verhandlungsgremium** sind die Arbeitnehmer der Gründungsgesellschaften, der betroffenen Tochtergesellschaften und der betroffenen Betriebe repräsentiert. § 5 SEBG legt die Größe des Gremiums und die Verteilung der Sitze im Einzelnen fest. Ziel der Regelung ist es, für jeden Mitgliedstaat, in dem Arbeitnehmer beschäftigt sind, mindestens einen Vertreter in das besondere Verhandlungsgremium zu wählen und das Gremium gleichzeitig in einer überschaubaren Größe zu halten. Deshalb weist § 5 Abs. 1 S. 2 SEBG den Arbeitnehmern eines Mitgliedstaats für jede angefangene 10 % der Gesamtzahl der in allen Mitgliedstaaten beschäftigten Arbeitnehmer ein Mitglied für das besondere Verhandlungsgremium zu. Daraus folgt, dass dieses Gremium stets aus **mindestens zehn Mitgliedern** besteht;[89] in der Regel werden es mehr sein. Zusätzliche Mitglieder, deren Zahl allerdings 20 % der ursprünglichen Mitglieder nicht überschreiten darf (§ 5 Abs. 3 S. 1 SEBG) sind zu wählen, wenn die SE durch Verschmelzung gegründet und es durch die Zusammensetzung der ursprünglichen Mitglieder nicht erreicht wird, dass die Arbeitnehmer jeder übertragenden Gründungsgesellschaft in dem besonderen Verhandlungsgremium repräsentiert sind (§ 5 Abs. 2 SEBG).

36 § 7 SEBG regelt die **Verteilung der auf Arbeitnehmer in Deutschland entfallenden Sitze** im besonderen Verhandlungsgremium. Dabei wird angestrebt, dass jede deutsche Gründungsgesellschaft, die Arbeitnehmer in Deutschland beschäftigt, durch mindestens ein Mitglied im Gremium vertreten ist. Die auf Arbeitnehmer in Deutschland entfallenden Sitze des besonderen Verhandlungsgremiums können mit Arbeitnehmern der Gründungsgesellschaften, der betroffenen Tochtergesellschaften und der betroffenen Betriebe oder mit Gewerkschaftsvertretern besetzt werden; jedes dritte auf Arbeitnehmer in Deutschland entfallende Mitglied ist ein Vertreter einer Gewerkschaft, die in einer Gründungsgesellschaft vertreten ist, jedes siebte Mitglied ist ein leitender Angestellter (§ 6 SEBG).

37 Die Mitglieder des besonderen Verhandlungsgremiums, die auf die in Deutschland beschäftigten Arbeitnehmer entfallen, werden von einem **Wahlgremium** gewählt (§ 8 Abs. 1 S. 1 SEBG), das grundsätzlich aus den Mitgliedern der höchsten betrieblichen Arbeitnehmervertretung besteht, die bei der deutschen Gründungsgesellschaft gebildet worden ist, also beispielsweise dem Konzernbetriebsrat oder, sofern ein Konzernbetriebsrat nicht besteht, den Gesamtbetriebsräten (§ 8 Abs. 2–5 SEBG). Nur wenn es keine betrieblichen Arbeitnehmervertretungen gibt, wählen die Arbeitnehmer die Mitglieder des Wahlgremiums unmittelbar (§ 8 Abs. 7 SEBG). Die Zahl der Mitglieder des Wahlgremiums ist gemäß § 8 Abs. 6 SEBG auf vierzig beschränkt. Das Wahlgremium ist beschlussfähig, wenn mindestens zwei Drittel seiner Mitglieder, die mindestens zwei Drittel der Arbeitnehmer vertreten, anwesend sind. Die Beschlussfassung erfolgt mit einfacher Mehrheit der abgegebenen Stimmen. Dabei haben die Mitglieder des Wahlgremiums jeweils so viele Stimmen, wie sie Arbeitnehmer vertreten (§ 10 Abs. 1 SEBG). Die den Gewerkschaften und den leitenden Angestellten vorbehaltenen Mitglieder des besonderen Verhandlungsgremiums (→ Rn. 36) wählt das Wahlgremium aufgrund von Wahlvorschlägen der Gewerk-

---

[89] *R. Krause* BB 2005, 1221 (1224) (mit Rechenbeispiel); *Oetker* in Lutter/Hommelhoff, Die Europäische Gesellschaft, 2005, S. 277/292; *Seibt* ZIP 2005, 2248 (2249); MüKoAktG/*Jacobs* SEBG § 5 Rn. 2 mwN.

schaften und der leitenden Angestellten (§ 8 Abs. 1 S. 2–5 SEBG). Das Wahlgremium muss seine Arbeit innerhalb von **zehn Wochen** nach der Information der Arbeitnehmervertretungen durch die Leitungen der Gründungsgesellschaften erledigen (§ 11 Abs. 1 SEBG).[90] Diese Frist verlängert sich nur insoweit, als die Arbeitnehmer ihre Überschreitung nicht zu vertreten haben; im Übrigen beginnt die Frist für die Verhandlungen zwischen den Leitungen der Gründungsgesellschaften und dem besonderen Verhandlungsgremium auch dann, wenn das besondere Verhandlungsgremium noch nicht oder noch nicht vollständig besetzt sein sollte (§ 11 Abs. 2 SEBG).

Das besondere Verhandlungsgremium **verhandelt** mit den Leitungen der Gründungsgesellschaften während eines Zeitraums von höchstens **sechs Monaten,** der von den Verhandlungspartnern einvernehmlich auf höchstens ein Jahr verlängert werden kann, über die betriebliche und unternehmerische Mitbestimmung in der SE; die Frist für die Verhandlungen beginnt mit der Einladung der Mitglieder des besonderen Verhandlungsgremiums zur konstituierenden Sitzung, die von den Leitungen der Gründungsgesellschaften ausgesprochen wird (§§ 20 Abs. 1 S. 2, 12 Abs. 1 S. 1 SEBG). Wie die Leitungen der Gründungsgesellschaften sich zur Führung der Verhandlungen organisieren, bestimmt das SEBG nicht. Die Unternehmensleitungen sind insoweit frei; sie können eine von ihnen mit der Verhandlungsführung beauftragen oder eine Verhandlungskommission bilden,[91] ohne dass ein besonderer Proporz gewahrt werden muss, wie dies für das besondere Verhandlungsgremium vorgeschrieben ist. Die für die Beschlussfassung des besonderen Verhandlungsgremiums erforderliche Mehrheit hängt davon ab, zu welchem Ergebnis die Verhandlungen gelangen (dazu sogleich → Rn. 43). 38

3. Verhandlungsergebnis. Die Verhandlungen können auf drei verschiedene Arten enden: Vereinbarung eines Mitbestimmungsmodells, Abbruch der Verhandlungen durch die Arbeitnehmer (dem steht die Nichtaufnahme gleich), Fristablauf ohne Verhandlungsergebnis und ohne Abbruchentscheidung der Arbeitnehmer. 39

a) Vereinbarung eines Mitbestimmungsmodells. § 21 SEBG beschreibt den Inhalt der Vereinbarung zwischen dem besonderen Verhandlungsgremium und den Leitungen der Gründungsgesellschaften.[92] Bemerkenswert daran ist zunächst, dass die betriebliche Arbeitnehmerbeteiligung (Unterrichtung und Anhörung), insbesondere durch die Einsetzung eines SE-Betriebsrats, zwingend vereinbart werden muss (§ 21 Abs. 1 und 2 SEBG), die unternehmerische Mitbestimmung jedoch nicht (§ 21 Abs. 3 SEBG).[93] Wenn die Vereinbarung keine Regelung über die unternehmerische Mitbestimmung enthält, bleibt die SE mitbestimmungsfrei. Dieser Fall kann etwa praktisch werden, wenn die Gründungsgesellschaften mitbestimmungsfrei sind und die Leitungen der Gründungsgesellschaften sich vor diesem Hintergrund nur zu einer Einigung über die betriebliche Beteiligung der Arbeitnehmer bereit finden. Wenn dagegen auch nur eine der Gründungsgesellschaften mitbestimmt ist, wird das besondere Verhandlungsgremium die Vereinbarung ohne eine Mitbestimmungsregelung nicht abschließen. 40

Für die **inhaltliche Ausgestaltung** einer solchen Regelung macht der Gesetzgeber nur wenige Vorgaben.[94] § 21 Abs. 3 SEBG enthält lediglich einige sinnvolle Soll-Vorschriften für den Vereinbarungsinhalt, wie zum Beispiel Ausgestaltung des Verfahrens, nach dem die 41

---

[90] Mangels Vorgabe der Frist durch die SE-RL kann die Wahl der ausländischen Mitglieder des besonderen Verhandlungsgremiums länger dauern, so dass das Gremium bei Beginn der Verhandlungen noch unvollständig besetzt ist und während der Verhandlungen vervollständigt wird; *Güntzel,* Die Richtlinie über die Arbeitnehmerbeteiligung in der Europäischen Aktiengesellschaft und ihre Umsetzung in das deutsche Recht, 2006, S. 395; Lutter/Hommelhoff/Teichmann SE/*Oetker* SEBG § 11 Rn. 7, 9; KölnKommAktG/*Feuerborn* SEBG § 11 Rn. 7.
[91] *Oetker* in Lutter/Hommelhoff, Die Europäische Gesellschaft, 2005, S. 277/297–298.
[92] Ausführlich zu Inhalt, Auslegung und Form der Vereinbarung *Oetker* FS Konzen, 2006, 635.
[93] HM; statt aller MüKoAktG/*Jacobs* SEBG § 21 Rn. 18 mwN.
[94] Begr. RegE SEEG, BT-Drs. 15/3405, 51.

Arbeitnehmervertreter im Aufsichtsrat oder Verwaltungsrat zu wählen sind.[95] Zwingend ist gemäß §§ 21 Abs. 6, 15 Abs. 5 SEBG nur, dass bei einer SE-Gründung durch Formwechsel in Bezug auf alle Komponenten der Arbeitnehmerbeteiligung zumindest das gleiche Ausmaß vereinbart werden muss, wie es in der sich umwandelnden AG besteht, auch wenn dabei die dualistische durch eine monistische Organisationsstruktur abgelöst wird.[96] Die Zurückhaltung des SEBG eröffnet trotzdem keine unbeschränkte Vereinbarungsfreiheit. Insoweit sind zwei wichtige **Leitlinien** zu beachten: Erstens muss die Mitbestimmungsvereinbarung sich im Rahmen der Satzungsautonomie bewegen,[97] darf deshalb nicht in die Organisationsautonomie des Aufsichtsrats oder Verwaltungsrats eingreifen, also beispielsweise Bildung und Zusammensetzung von Ausschüssen und Wahl des Vorsitzenden und des oder der Stellvertreter nicht regeln.[98] Zweitens kann die Vereinbarung sich nur mit Fragen der Mitbestimmung im Sinne von § 2 Abs. 12 SEBG befassen, maßgeblich also mit der Zusammensetzung und Besetzung des Aufsichtsrats oder Verwaltungsrats und den Rechten der Arbeitnehmervertreter, nicht dagegen mit Angelegenheiten wie Zustimmungsvorbehalten, Sitzungsfrequenz, Ladungsfristen und Arbeitssprache.[99] Die sich in diesen Grenzen entwickelnde Praxis ist außerordentlich vielfältig.[100]

42 Höchst streitig ist, ob neben dem Anteil der Arbeitnehmervertreter im Aufsichtsrat auch deren absolute Zahl durch die Mitbestimmungsvereinbarung festgeschrieben werden kann, und zwar verbindlich auch gegenüber dem Satzungsgeber (Art. 12 Abs. 4 SE-VO). Diese Frage ist nach dem Wortlaut von § 21 Abs. 3 Nr. 1 SEBG, der Gesetzessystematik und dem Telos der betroffenen SE-Normen zu bejahen.[101] Daraus folgt, dass die **Größe des Aufsichtsrats** innerhalb der Mindest- und Höchstgrenzen des § 17 Abs. 1 S. 1 SEAG von Unternehmensleitungen und besonderen Verhandlungsgremium vereinbart werden kann. Diese Regelungskompetenz war besonders bedeutsam, solange das 2016 durch das AReG[102]

---

[95] *Jannott/Frodermann* HdB SE/*Kienast* 13. Kap. Rn. 414; *Oetker* FS Konzen, 2006, 635 (648–649); *Kiem* ZHR 173 (2009), 157 (178); Manz/Mayer/Schröder Europäische AG/*Evers/Hartmann/Bodenstedt* SEBG § 21 Rn. 37; MüKoAktG/*Jacobs* SEBG § 21 Rn. 34. AA *Seibt* AG 2005, 413 (422); van Hulle/Maul/Drinhausen HdB SE/*Köklü* 6. Abschn. Rn. 142; KölnKommAktG/*Feuerborn* SEBG § 21 Rn. 44 (zwingender Mindestinhalt).

[96] Die Reichweite dieser Mindestvorgabe ist strittig. Jedenfalls gehört der Anteil der Arbeitnehmervertreter dazu. Von einigen wird auch deren Zahl und die konkrete Zusammensetzung der Arbeitnehmerbank (unter Berücksichtigung der Vertretung der Gewerkschaften und der leitenden Angestellten) unter den Mindestschutz gefasst. Ausführlich dazu *Teichmann* ZIP 2014, 1049, *passim*. Gegen einen Schutz der Gewerkschaftsvertretung LAG Baden-Württemberg ZIP 2018, 2414 (2417–2420).

[97] Eingehend *Jacobs* FS K. Schmidt, 2009, 795 (802); *Kiem* ZHR 173 (2009), 156 (176–178) sowie *Cannistra*, Das Verhandlungsverfahren zur Regelung der Mitbestimmung der Arbeitnehmer bei Gründung einer Societas Europaea und bei Durchführung einer grenzüberschreitenden Verschmelzung, 2014, S. 148–155; so auch schon *Oetker* FS Konzen, 2006, 635 (649).

[98] *Habersack* AG 2006, 345 (349).

[99] *Habersack* AG 2006, 345 (351, 353–354); *Oetker* FS Konzen, 2006, 635 (655–656); *Linden*, Die Mitbestimmungsvereinbarung der dualistisch verfassten Societas Europaea (SE), 2012, S. 126 ff.; KölnKommAktG/*Feuerborn* SEBG § 21 Rn. 48, 50–65; Gaul/Ludwig/Forst Europäisches MitbestimmungsR/*Kuhnke/Hoops* § 2 Rn. 258.

[100] Bis 2015 sorgfältig ausgewertet von *Enke*, Beteiligungsvereinbarungen, *passim*. Systematische Zusammenstellung der einer Regelung zugänglichen Themen bei Gaul/Ludwig/Forst Europäisches MitbestimmungsR/*Kienast* § 2 Rn. 345–374 sowie sehr ausführlich bei *Benker* Mitbestimmung SE S. 161–195.

[101] Ausführlich *Austmann* FS Hellwig, 2010, 105 (110–116); im Ergebnis ebenso *Oetker* ZIP 2006, 1113 (1114–1116); *Schwarz* SE-VO Art. 40 Rn. 82; *Teichmann* Der Konzern 2007, 89 (94); *Feldhaus/Vanscheidt* BB 2008, 2246 (2247); *Kiefner/Friebel* NZG 2010, 537 (539); *Seibt* ZIP 2010, 1057 (1061). AA vor allem *Habersack* AG 2006, 345 (347); *Rieble* NJW 2006, 2214 (2216–2217); *Jacobs* FS K. Schmidt, 2009, 795 (803–804); *Diekmann* GS Gruson, 2009, 75 (82); *Kiem* Der Konzern 2010, 275 (279–280); *Forst* AG 2010, 350 (355–357); KölnKommAktG/*Feuerborn* SEBG § 21 Rn. 52.

[102] Art. 7 Nr. 2 Abschlussprüferreformgesetz vom 10.5.2016, BGBl. I S. 1142. Tatsächlich ist der Dreiteilbarkeitsgrundsatz wohl schon kurz vorher der Aktienrechtsnovelle 2016 vom 30.12.2015, BGBl. I

abgeschaffte Dreiteilbarkeitsgebot des § 17 Abs. 1 S. 3 SEAG aF noch galt, um den Aufsichtsrat auch mit dem aus dem MitbestG geläufigen 16 oder 20 Mitgliedern zusammensetzen zu können.[103]

Über den Abschluss der Vereinbarung befindet das besondere Verhandlungsgremium **43** gemäß § 15 Abs. 2 S. 1 SEBG grundsätzlich mit der Mehrheit seiner Mitglieder, die zugleich die Mehrheit der Arbeitnehmer vertreten. Dieses, vom Gesetzgeber als „**doppelte Mehrheit**" bezeichnete Erfordernis[104] liegt in seiner Struktur etlichen Gremienentscheidungen des SEBG zugrunde. Wenn die Mitbestimmungsvereinbarung eine Minderung der Mitbestimmungsrechte zur Folge hätte, muss das besondere Verhandlungsgremium darüber gemäß § 15 Abs. 3 SEBG mit einer „**doppelten**" **qualifizierten Mehrheit** von zwei Dritteln seiner Mitglieder beschließen, die mindestens zwei Drittel der Arbeitnehmer in mindestens zwei Mitgliedstaaten vertreten. Diese qualifizierte Mehrheit ist allerdings nur erforderlich, wenn eine weitere Voraussetzung gegeben ist: Bei einer Verschmelzungsgründung müssen mindestens 25 %, bei der Gründung einer Holding-SE, einer gemeinsamen Tochter-SE oder einer Tochter-SE einer bereits bestehenden SE mindestens 50 % der Gesamtzahl der Arbeitnehmer der Gründungsgesellschaften und der betroffenen Tochtergesellschaften[105] Mitbestimmungsrechte haben.

Was unter einer **Minderung der Mitbestimmungsrechte** zu verstehen ist, wird in **44** § 15 Abs. 4 SEBG legal definiert, und zwar unter Anknüpfung an rein formale Kriterien vorwiegend quantitativer Art,[106] so dass sich eine im Einzelfall schwierige qualitative Bewertung unterschiedlicher Mitbestimmungsrechte erübrigt.[107] In erster Linie ist gemäß § 15 Abs. 4 Nr. 1 SEBG entscheidend, ob der Anteil der Arbeitnehmervertreter im Aufsichtsrat oder Verwaltungsrat der SE geringer ist als der höchste Anteil in den vergleichbaren Organen der Gründungsgesellschaften. Es kommt also nicht auf die absolute Zahl an, sondern auf das **Stimmengewicht der Arbeitnehmervertreter.** Danach kann die absolute Zahl der Arbeitnehmervertreter im Aufsichtsrat oder Verwaltungsrat der SE sogar geringer sein als in allen vergleichbaren Organen der Gründungsgesellschaften, ohne dass eine Minderung der Mitbestimmungsrechte im Sinne von § 15 Abs. 4 Nr. 1 SEBG vorliegt.[108] Daneben sieht § 15 Abs. 4 Nr. 2 SEBG es als Minderung der Mitbestimmungsrechte an, wenn das Recht, Mitglieder des Aufsichtsrats oder Verwaltungsrats zu wählen, zu bestellen, zu empfehlen oder abzulehnen, beseitigt oder eingeschränkt wird. Diese Regelung sollte insbesondere dem früheren niederländischen Kooptationsmodell[109] und dem deutschen Repräsentationsmodell den gleichen Rang einräumen.[110]

Die Mitbestimmungsvereinbarung kann durch ein späteres **Statusverfahren** über die **45** richtige Zusammensetzung des Aufsichtsrats (Art. 9 Abs. 1 lit. c ii SE-VO, §§ 17 Abs. 4 S. 1 SEAG, §§ 97 ff. AktG; dazu → § 28 Rn. 54–73) grundsätzlich nicht außer Kraft

---

S. 2565 zum Opfer gefallen. Denn die entsprechende Änderung des § 95 S. 3 AktG wirkte sich gemäß Art. 10 SE-VO auch zugunsten der SE aus. Ausführlich dazu *Bayer/Scholz* ZIP 2016, 193 (197–198).

[103] Schon vor Abschaffung des Dreiteilbarkeitsgebots hatte das LG Nürnberg-Fürth AG 2010, 384 – GfK einen 10er Aufsichtsrat akzeptiert. Die MAN SE hatte, vom Registergericht unbeanstandet, bei ihrer Gründung 2009 einen paritätischen 16er Aufsichtsrat gebildet.

[104] Begr. RegE SEEG, BT-Drs. 15/3405, 49.

[105] Deren Einbeziehung ist europarechtlich nicht unbedenklich; Überblick über den Meinungsstand bei MüKoAktG/*Jacobs* SEBG § 15 Rn. 9.

[106] MüKoAktG/*Jacobs* SEBG § 15 Rn. 12.

[107] Begr. RegE SEEG, BT-Drs. 15/3405, 50. Anschauliche Beispiele für die sonst entstehenden schwierigen Bewertungsfragen bei *Herfs-Röttgen* NZA 2002, 358 (361).

[108] Begr. RegE SEEG, BT-Drs. 15/3405, 50; Lutter/Hommelhoff/Teichmann SE/*Oetker* SEBG § 15 Rn. 20; KölnKommAktG/*Feuerborn* SEBG § 15 Rn. 25; MüKoAktG/*Jacobs* SEBG § 15 Rn. 12; jeweils mwN.

[109] Näher dazu MüKoAktG/*Jacobs* SEBG § 2 Rn. 24.

[110] Angedeutet in Begr. RegE SEEG, BT-Drs. 15/3405, 50. Ausführlich *Oetker* in Lutter/Hommelhof, Die Europäische Gesellschaft, 2005, S. 277/304–305.

gesetzt werden. Dies gilt schon deshalb, weil die Parteien grundsätzlich frei sind, das in den Gründungsgesellschaften bestehende Mitbestimmungsniveau in der Vereinbarung herabzusetzen. Wo dies ausnahmsweise nicht möglich ist, nämlich bei der Formwechselgründung (§§ 21 Abs. 6, 15 Abs. 5 SEBG), kann durch ein Statusverfahren allerdings sichergestellt werden, dass die in der umzuwandelnden AG praktizierte Mitbestimmung (Ist-Zustand) in der SE nicht unterschritten wird. Auf den Soll-Zustand, dh das vormals in der umzuwandelnden AG richtigerweise anzuwendende Mitbestimmungsmodell, kommt es jedenfalls dann nicht an, wenn das Statusverfahren erst nach Entstehung der SE, dh nach ihrer Eintragung in das Handelsregister (→ § 84 Rn. 68), eingeleitet worden ist.[111] Sollte ein Statusverfahren bereits vorher eingeleitet worden sein,[112] wird man indessen im Einklang mit der Rechtsprechung des BGH zur gesetzlichen Auffangregelung bei fehlender Mitbestimmungsvereinbarung[113] annehmen müssen, dass dann auch der Soll-Zustand im Statusverfahren festzustellen ist und nicht unterschritten werden darf.[114]

46 **b) Nichtaufnahme oder Abbruch der Verhandlungen.** Wenn das besondere Verhandlungsgremium beschließt, keine Verhandlungen aufzunehmen oder bereits aufgenommene Verhandlungen abzubrechen, kommt es weder zum Abschluss einer Mitbestimmungsvereinbarung noch findet die gesetzliche Auffangregelung Anwendung (§ 16 Abs. 2 SEBG). Der Beschluss bedarf gemäß § 16 Abs. 1 SEBG einer **„doppelten" qualifizierten Mehrheit** von zwei Dritteln der Mitglieder des besonderen Verhandlungsgremiums, die mindestens zwei Drittel der Arbeitnehmer in mindestens zwei Mitgliedstaaten vertreten. Bei einer SE-Gründung durch Formwechsel lässt § 16 Abs. 3 SEBG einen solchen Beschluss nur zu, wenn den Arbeitnehmern in der sich umwandelnden AG keine Mitbestimmungsrechte zustehen. Das Verhandlungsverfahren kann frühestens zwei Jahre nach dem Beschluss über die Nichtaufnahme oder den Abbruch der Verhandlungen wieder begonnen werden; die gesetzliche Auffangregelung findet dann allerdings keine Anwendung (§ 18 Abs. 1 und 2 SEBG).

47 Für die Leitungen der Gründungsgesellschaften sieht das SEBG keine Möglichkeit vor, die Nichtaufnahme oder den Abbruch der Verhandlungen zu beschließen.[115] Die Rechtsfolge daraus könnte selbstverständlich nicht die Mitbestimmungsfreiheit der SE sein, sondern nur das sofortige Eingreifen der gesetzlichen Auffangregelung.[116] Daran besteht möglicherweise Interesse, weil die Gründungsgesellschaften auf diese Weise das Verhandlungsverfahren und damit die Frist bis zur Eintragung der SE (§ 12 Abs. 2 SE-VO) verkürzen könnten. Gleichwohl hält die SE-RL die Gründungsgesellschaften an der Verhandlungsfrist von mindestens sechs Monaten fest. Wenn allerdings das besondere Verhandlungsgremium mit dem vorzeitigen ergebnislosen Ende der Verhandlungen einverstanden ist, spricht nichts dagegen, die gesetzliche Auffangregelung sofort eingreifen zu lassen.[117]

---

[111] LG Berlin ZIP 2019, 2057 (2060) – Axel Springer mit zust. Anm. *Schatz* EWiR 2019, 655 (656); offengelassen vom Beschwerdegericht KG Beschluss vom 24.1.2020 14 W 45/19 – Axel Springer (nicht veröffentlicht).
[112] So zB im Fall LG Berlin ZIP 2018, 1692 – Delivery Hero. Weitergehend OLG München BeckRS 2020, 5667 Rn. 30, 54-Sixt, nicht rechtskräftig (ausreichend, dass bei Umwandlung „die aktuelle Aufsichtsratszusammensetzung bereits in Frage gestellt... wurde").
[113] BGH NZG 2019, 1157 Rn. 34–35 – Deutsche Wohnen. Dazu → Rn. 49.
[114] AA *Seibt* EWiR 2019, 549 (550) und (jedenfalls vor BGH NZG 2019, 1157 – Deutsche Wohnen) *Habersack* AG 2018, 823 (828) (Mitbestimmungsvereinbarung schlägt Statusverfahren immer).
[115] *Grobys* NZA 2005, 84 (86); van Hulle/Maul/Drinhausen HdB SE/*Köklü* 6. Abschn. Rn. 75; *Ziegler/Gey* BB 2009, 1750 (1755). AA KölnKommAktG/*Feuerborn* SEBG § 16 Rn. 4; MüKoAktG/*Jacobs* SEBG § 16 Rn. 3.
[116] So die Regelung in § 23 Abs. 1 Nr. 3 MgVG für grenzüberschreitende Verschmelzungen gemäß §§ 122a ff. UmwG.
[117] *Grobys* NZA 2005, 84 (88); Gaul/Ludwig/Forst Europäisches MitbestimmungsR/*Forst* § 2 Rn. 460.

c) **Gesetzliche Auffangregelung.** Wenn die Verhandlungsfrist ohne Abschluss einer Vereinbarung abgelaufen ist und das besondere Verhandlungsgremium keinen Beschluss über die Nichtaufnahme oder den Abbruch der Verhandlungen gefasst hat, greift die gesetzliche Auffangregelung ein. Diese führt gemäß § 22 Abs. 1 SEBG stets zur Anwendung der Vorschriften über den SE-Betriebsrat. Die Mitbestimmungsregeln sind gemäß § 34 Abs. 1 SEBG hingegen nur bei Eingreifen weiterer Voraussetzungen anzuwenden. Dabei ist zwischen der SE-Gründung durch Formwechsel und den anderen Gründungsformen zu unterscheiden. 48

Bei einer SE-Gründung durch **Formwechsel** gilt die gesetzliche Auffangregelung, wenn die umzuwandelnde AG der Mitbestimmung unterlag (§ 34 Abs. 1 Nr. 1 SEBG). Als Rechtsfolge schreibt § 35 Abs. 1 SEBG vor, dass diejenige Regelung zur Mitbestimmung erhalten bleibt, die in der Gesellschaft vor der Umwandlung bestanden hat. Dies ist allerdings nicht dahingehend zu verstehen, dass die SE dem MitbestG oder dem DrittelbG unterliegt, denn deutsches Mitbestimmungsrecht findet gemäß § 47 Abs. 1 Nr. 1 SEBG auf die SE keine Anwendung.[118] Vielmehr bleibt nur der Umfang der bisherigen Mitbestimmung im Sinne des bisherigen Anteils der Arbeitnehmervertreter (nicht ihrer absoluten Zahl) erhalten.[119] Dabei ist höchst streitig, ob es auf die in der umzuwandelnden AG bisher tatsächlich praktizierte Mitbestimmung, den Ist-Zustand, ankommt[120] oder ob der Anteil der Arbeitnehmervertreter sich nach der für die umzuwandelnde AG gesetzlich gebotenen Mitbestimmung, dem Soll-Zustand, richtet.[121] Der BGH hat diese Frage allgemein ausdrücklich offen gelassen und nur für den Fall entschieden, dass vor Entstehen der SE durch Handelsregistereintragung (Art. 16 Abs. 1 SE-VO; dazu → § 84 Rn. 68) ein Statusverfahren über die richtige Zusammensetzung des Aufsichtsrats (§§ 97 ff. AktG; dazu → § 28 Rn. 54–73) anhängig war.[122] Dann soll das Statusverfahren, das gemäß Art. 9 Abs. 1 lit. c ii SE-VO, § 17 Abs. 4 S. 1 SEAG auch auf die SE anwendbar ist,[123] weiter geführt werden. Je nach Ausgang des Statusverfahrens kann sich in der SE daraufhin diejenige Mitbestimmung durchsetzen, die in der umzuwandelnden AG richtigerweise hätte praktiziert werden sollen. Dem BGH ging es ersichtlich darum, das Statusverfahren gegen überholende SE-Gründungsvorgänge zu schützen.[124] Diese Rechtsprechung verdient Zustimmung,[125] markiert aber auch die Grenze: Weil das in der umzuwandelnden AG praktizierte Mitbestimmungsmodell jederzeit der gerichtlichen Überprüfung im Statusverfahren zugänglich ist, muss es im Interesse der Rechtssicherheit für die SE beim vormals praktizierten Ist-Zustand bleiben, wenn vor Entstehung der SE die Einleitung eines Statusverfahrens nicht beantragt wurde.[126] 49

---

[118] BGH NZG 2019, 1157 Rn. 24 – Deutsche Wohnen; *Oekter* in Lutter/Hommelhoff, Die Europäische Gesellschaft, 2005, S. 277/306–308.

[119] Praktisch einhellige Meinung; statt aller *Austmann* FS Hellwig, 2010, 105 (108); MüKoAktG/*Jacobs* SEBG § 35 Rn. 9; jeweils mwN.

[120] *Seibt* ZIP 2010, 1057 (1064); Lutter/Hommelhoff/Teichmann SE/*Oetker* SEBG § 34 Rn. 15 Habersack/Drinhausen SE-Recht/*Hohenstatt/Müller-Bonanni* SEBG § 34 Rn. 6; MüKoAktG/*Jacobs* SEBG § 34 Rn. 5; *Mückl* BB 2018, 2868, *passim*; *Schapers* EWiR 2018, 615 (616).

[121] OLG Frankfurt a. M. NZG 2018, 1254 Rn. 21–30 (Vorinstanz zu BGH NZG 2019, 1157 – Deutsche Wohnen); *Ziegler/Gey* BB 2009, 1750 (1756); *Grambow* BB 2012, 902; *Kienast* DB 2018, 2487 (2487–2488); ebenso, aber nur durch nachträgliche Anpassung im Wege eines Statusverfahrens: *Behme* EWiR 2018, 333 (334); *Kurzböck/Weinbeck* DB 2019, 244 (246).

[122] BGH NZG 2019, 1157 Rn. 31–38 – Deutsche Wohnen. Die Lösung des BGH hatte vorher bereits *Habersack* AG 2018, 823 (829) vertreten.

[123] BGH NZG 2019, 1157 Rn. 32 – Deutsche Wohnen.

[124] BGH NZG 2019, 1157 Rn. 38 – Deutsche Wohnen.

[125] Ablehnend dagegen *Seibt* EWiR 2019, 549 (550).

[126] Ebenso *Mückl* DB 2019, 2288 (2289); *Wendler/von Rimon* BB 2019, 2304; *Mösinger/Neumann* GWR 2019, 383; *Jares/Vogt* DB 2020, 223 (229–230). Noch weitergehend OLG München BeckRS 2020, 5667 Rn. 30, 54-Sixt, nicht rechtskräftig, in einem Fall mit abgeschlossener Mitbestimmungsvereinbarung → Rn. 45. AA *Rombey/Vogt* NZG 2019, 1412 (1415).

50 Dabei kann es zu einer **Internationalisierung der Arbeitnehmervertreter** kommen. Denn § 34 Abs. 1 SEBG ordnet nach seinem eindeutigen Wortlaut auch die Anwendung von § 36 Abs. 1 und 2 SEBG an. Danach verteilt der SE-Betriebsrat die Zahl der Sitze im Aufsichtsrat oder Verwaltungsrat nach dem jeweiligen Anteil der in den einzelnen Mitgliedstaaten beschäftigten Arbeitnehmer der SE, ihrer Tochtergesellschaften und Betriebe auf die Mitgliedstaaten.[127] Bei einer deutschen AG mit knapp über 4.000 in Deutschland beschäftigten Arbeitnehmern, die eine Tochtergesellschaft in Frankreich mit knapp über 16.000 in Frankreich beschäftigten Arbeitnehmern hat und die in eine deutsche SE mit einem Aufsichtsrat von 20 Mitgliedern umgewandelt wird, stehen also den deutschen Arbeitnehmern bei der SE nur noch zwei, den französischen Arbeitnehmern jedoch acht Sitze im Aufsichtsrat zu. Mit diesem sachgerechten Ergebnis wird die unter dem deutschen Mitbestimmungsregime häufig zu Recht kritisierte Überrepräsentanz der deutschen Arbeitnehmer in Konzernobergesellschaften mit ausländischem Beteiligungsbesitz und ausländischen Betrieben wesentlich eingeschränkt.[128]

51 Bei einer **Verschmelzungsgründung** gilt die gesetzliche Auffangregelung nur, wenn mindestens eine der Gründungsgesellschaften mitbestimmt ist und sich die Mitbestimmung auf mindestens 25 % der Gesamtzahl der Arbeitnehmer aller Gründungsgesellschaften und betroffenen Tochtergesellschaften erstreckt oder, falls dieser Anteil nicht erreicht wird, das besondere Verhandlungsgremium den Beschluss fasst, die gesetzliche Auffangregelung anzuwenden (§ 34 Abs. 1 Nr. 2 SEBG). Bei einer **Holdinggründung** oder der Gründung einer **gemeinsamen Tochter-SE** oder einer **Tochter-SE einer bereits bestehenden SE**[129] gilt Entsprechendes, allerdings mit einer Mindestquote der von der bisherigen Mitbestimmung erfassten Arbeitnehmer von 50 % (§ 34 Abs. 1 Nr. 3 SEBG). Anders als bei der SE-Gründung durch Formwechsel kann es bei der Verschmelzungsgründung, der Holdinggründung oder der Gründung einer gemeinsamen Tochter-SE oder einer Tochter-SE einer bereits bestehenden SE verschiedene Formen der Mitbestimmung in den Gründungsgesellschaften geben. § 34 Abs. 2 SEBG legt für diesen Fall fest, welche Form der Mitbestimmung sich in der SE durchsetzt. In erster Linie richtet sich die Form der Mitbestimmung nach einem dazu durch das besondere Verhandlungsgremium zu fassenden Beschluss. Wenn ein solcher Beschluss nicht gefasst wird und eine mitbestimmte deutsche Gesellschaft an der Gründung der SE beteiligt ist, sind die Arbeitnehmer berechtigt, über die Besetzung eines bestimmten Anteils der Sitze im Aufsichtsrat oder Verwaltungsrat der SE zu bestimmen. Wenn keine deutsche Gründungsgesellschaft der Mitbestimmung unterliegt, richtet sich die Form der Mitbestimmung nach dem Mitbestimmungsmodell derjenigen Gründungsgesellschaft, die der größten Zahl von Arbeitnehmern Mitbestimmungsrechte gewährt. Die Zahl der Arbeitnehmervertreter im Aufsichts- oder Verwaltungsorgan der SE bemisst sich nach dem höchsten Anteil an Arbeitnehmervertretern, der in den Organen der Gründungsgesellschaften bestand (§ 35 Abs. 2 S. 2 SEBG). Für die Verteilung der Sitze im Aufsichtsrat oder Verwaltungsrat gelten die oben (→ Rn. 47) für die Gründung durch Formwechsel dargestellten Grundsätze.

52 Die Arbeitnehmervertreter im Aufsichtsrat oder Verwaltungsrat der SE werden durch ein Wahlgremium bestimmt, das sich entsprechend den Vorschriften über das Wahlgremium für das besondere Verhandlungsgremium zusammensetzt (§ 36 Abs. 3 SEBG). Die so bestimmten Arbeitnehmervertreter werden der Hauptversammlung zur Bestellung vorgeschlagen; die Hauptversammlung ist an die Vorschläge gebunden (§ 36 Abs. 4 SEBG).

53 **4. Wege aus der Mitbestimmung.** Die SE hat die Phantasie vieler Rechtsanwender gerade auch zu der Frage angeregt, ob man mit ihrer Hilfe nicht der vielfach als

---

[127] Systematik und Rechenbeispiel bei Gaul/Ludwig/Forst Europäisches MitbestimmungsR/*Forst* § 2 Rn. 494–504.
[128] So schon *Schiessl* ZHR 167 (2003), 235 (251).
[129] Zu den spezifischen Themen dieser Fallgruppe *Oetker* FS Kreutz, 2010, 797.

hinderlich empfundenen deutschen Mitbestimmung bei der Konzernobergesellschaft entkommen oder sie wenigstens in ihren Wirkungen begrenzen kann.[130] Die Diskussion hat in den letzten Jahren keine wesentlich neuen Erkenntnisse zu Tage gefördert; richtungsweisende Gerichtsentscheidungen fehlen weitgehend.[131] Besonders aggressive Gestaltungen hat die Praxis nicht aufgegriffen. Dazu gehörte zB der vollständige Ausstieg aus der Mitbestimmung durch Verschmelzungsgründung einer britischen SE unter Teilnahme einer deutschen AG und Umwandlung der SE in eine mitbestimmungsfreie britische PLC nach Ablauf der zweijährigen Wartefrist des Art. 66 Abs. 1 S. 2 SE-VO.[132] Für realistische, auch unternehmenspolitisch vertretbare Überlegungen zum Einfrieren oder zur Einschränkung des Mitbestimmungsniveaus sind folgende Eckpunkte von Bedeutung:

Zunächst stellt § 47 Abs. 1 Nr. 1 SEBG klar, dass die deutschen Mitbestimmungsgesetze für eine SE nicht gelten; vielmehr gilt abschließend das SEBG.[133] Das SEBG enthält keine Regelung für die **natürliche Fluktuation der Arbeitnehmerzahl** durch Neueinstellungen bei Ausweitung des Geschäfts und Entlassungen bei Verkleinerung des Unternehmens. Das Über- oder Unterschreiten der nach DrittelbG und MitbestG relevanten Schwellen von 500 und 2.000 Arbeitnehmern führt deshalb nach praktisch einhelliger Meinung nicht dazu, dass das bei Gründung der SE festgelegte Mitbestimmungsregime neu zu verhandeln ist und gegebenenfalls einer neuen gesetzlichen Auffangregelung zugeführt wird.[134] Für dieses Ergebnis sprechen sowohl § 1 Abs. 1 SEBG als auch Erwägungsgründe 3 und 18 SE-RL, die den Mitbestimmungsumfang bei der SE an die in den Gründungsgesellschaften bestehenden Beteiligungsrechte der Arbeitnehmer knüpfen. Insoweit wird das bei Gründung der SE festgelegte Mitbestimmungsstatut tatsächlich zementiert. 54

§ 18 Abs. 3 SEBG bricht diese Versteinerung auf, indem er bei **strukturellen Änderungen der SE,** die geeignet sind, die Beteiligungsrechte der Arbeitnehmer zu mindern, ein neues, wenngleich etwas modifiziertes Verhandlungsverfahren verlangt, das bei Nichteinigung unter denselben Voraussetzungen wie im regulären Verhandlungsverfahren zur Anwendung der gesetzlichen Auffangregelung führt.[135] Insbesondere das Tatbestandsmerkmal „strukturelle Änderungen" hat noch immer keine hinreichend scharfen Konturen. Der Gesetzgeber erwähnt als möglichen Beispielsfall die „Aufnahme" eines mitbestimmten Unternehmens mit einer größeren Zahl von Arbeitnehmern durch eine SE, in der es bisher keine Mitbestimmung gibt.[136] Der Gesetzgeber selbst sagt nicht, ob er mit „Aufnahme" eine Verschmelzung, eine Einbringung gegen Gewährung von Aktien oder bloß einen Unternehmenserwerb durch Kauf meint. Letzteres, also Kauf (und auch Verkauf) von Unternehmen oder Unternehmensteilen, gleichgültig ob in Form von Gesellschaftsanteilen oder einzelnen Vermögensgegenständen, wird von der heute ganz hM grund- 55

---

[130] Sehr ausführlich *Wollburg/Banerjea* ZIP 2005, 277; *Rehberg* ZGR 2005, 859. Zur Erhaltung des Tendenzschutzes *Rieble* AG 2014, 224. Zum Einsatz der SE als Komplementärin einer KGaA ausführlich *Schubert*, passim.

[131] Übersicht über die spärliche Judikatur bei *Bungert/Gotsche* ZIP 2013, 649. Auch seither hatten die Gerichte keine Gelegenheit, zu diesem Themenkomplex Stellung zu nehmen.

[132] *Oechsler* NZG 2005, 697 (699) Fn. 26; *Lutter/Kollmorgen/Feldhaus* BB 2007, 509; *Bayer/Schmidt* AnwBl 2008, 327 (332).

[133] Begr. RegE SEEG, BT-Drs. 15/3405, 57; *Götze/Winzer/Arnold* ZIP 2009, 245 (251).

[134] *Wollburg/Banerjea* ZIP 2005, 277 (282–283); *Müller-Bonanni/Melot de Beauregard* GmbHR 2005, 195 (197–198); *Habersack* Der Konzern 2006, 105 (107–108); *Feldhaus/Vanscheidt* BB 2008, 2246 (2247); *Teichmann* FS Hellwig, 2010, 347 (367); *Ege/Grzimek/Schwarzfischer* DB 2011, 1205 (1208); MüKoAktG/*Jacobs* SEBG § 18 Rn. 19 mwN.

[135] Mit dem Ergebnis allerdings, dass auf die bisher gemäß Mitbestimmungsvereinbarung geltenden Regeln zurückzugreifen ist, weil nationales Mitbestimmungsrecht ab Gründung der SE keine Anwendung mehr findet. Instruktiv zu den verschiedenen Fallgruppen *Witschen* ZGR 2016, 644, *passim*.

[136] Begr. RegE SEEG, BT-Drs. 15/3405, 50.

sätzlich nicht als strukturelle Änderung angesehen.[137] Erfasst werden nur **Vorgänge mit gründungsähnlichem Charakter.**[138] Deshalb bewirkt der Kauf eines Unternehmens ausnahmsweise doch eine strukturelle Änderung, wenn es sich um die Aktivierung einer Vorrats-SE, also eine wirtschaftliche Neugründung, handelt.[139] Manche fordern darüber hinaus einen korporativen Akt,[140] der allerdings nach der Konzeption von § 18 Abs. 3 SEBG nicht zwingend ist.[141]

56 Nicht unproblematisch ist auch das zweite Tatbestandsmerkmal, dass die strukturellen Änderungen der SE geeignet sein müssen, Beteiligungsrechte der Arbeitnehmer zu mindern. Aus den Verfahrensregelungen in § 18 Abs. 3 SEBG und dem vom Gesetzgeber erwähnten Beispiel (Aufnahme eines mitbestimmten Unternehmens durch eine nicht mitbestimmte SE)[142] ergibt sich, dass es dabei nicht nur um die Beteiligungsrechte der Arbeitnehmer der SE, sondern auch um die Beteiligungsrechte der neu hinzukommenden Arbeitnehmer geht.[143] Deshalb kann man wohl von einer **Minderung der Beteiligungsrechte** der Arbeitnehmer sprechen, wenn das von der SE aufgenommene Unternehmen als solches wegen der Zahl seiner Arbeitnehmer die Voraussetzungen für eine Form der Mitbestimmung erfüllt hat und diese Mitbestimmung in der SE verloren gehen oder eingeschränkt würde.[144] Nicht ausreichen dürfte es dagegen, wenn die Arbeitnehmer des aufgenommenen Unternehmens nicht in diesem selbst, sondern nur in dem abgebenden Konzern Mitbestimmungsrechte hatten, weil diese Mitbestimmungsrechte nicht durch Aufnahme in die SE, sondern durch das Ausscheiden aus den bisherigen Konzernstrukturen vermindert werden.[145]

57 Zu beachten ist schließlich das **Missbrauchsverbot** des § 43 SEBG. Danach dürfen den Arbeitnehmern durch die Einschaltung einer SE Beteiligungsrechte nicht entzogen oder vorenthalten werden. Missbrauch wird vermutet, wenn ohne Durchführung eines Verfahrens nach § 18 Abs. 3 SEBG innerhalb eines Jahres nach Gründung der SE strukturelle Änderungen vorgenommen werden, aufgrund derer den Arbeitnehmern **Beteiligungsrechte vorenthalten oder entzogen werden.**[146] Anders als bei § 18 Abs. 3 SEBG reicht also zur Anwendung des Missbrauchsverbots eine bloße Minderung der Beteiligungsrechte nicht; vielmehr müssen diese vollständig entzogen werden. Andererseits genügt auch das von Art. 18 Abs. 3 SEBG nicht erfasste Vorenthalten von Beteiligungsrechten, um das Missbrauchsverbot eingreifen zu lassen. Danach ist Vorsicht insbesondere bei Fallgestaltungen geboten, in denen eine SE innerhalb eines Jahres nach ihrer Gründung durch den Erwerb eines Unternehmens oder eines Betriebs so viele Arbeitnehmer hinzugewinnt, dass sie ein Verhandlungsverfahren hätte durchführen müssen, wenn das betreffende Unternehmen oder der betreffende Betrieb schon bei der Gründung eingebracht worden wäre.

---

[137] *Wollburg/Banerjea* ZIP 2005, 277 (278–279, 280–281); *Grobys* NZA 2005, 84 (91); *Habersack* Der Konzern 2006, 105 (109–110); *Feldhaus/Vanscheidt* BB 2008, 2246 (2249); MüKoAktG/*Jacobs* SEBG § 18 Rn. 17 mwN. AA Theisen/Wenz Europäische AG/*Köstler* S. 371; *Teichmann* FS Hellwig, 2010, 347 (365–366); *Nagel* ZIP 2011, 2047 (2049).
[138] Statt aller KölnKommAktG/*Feuerborn* SEBG § 18 Rn. 24; MüKoAktG/*Jacobs* SEBG § 18 Rn. 12; jeweils mwN.
[139] OLG Düsseldorf ZIP 2009, 918 (920–921); → § 84 Rn. 4 mit → Fn. 26.
[140] *Wollburg/Banerjea* ZIP 2005, 277 (279); *Rieble* BB 2006, 2018 (2022); *Henssler* ZHR 173 (2009), 222 (244); MüKoAktG/*Jacobs* SEBG § 18 Rn. 12.
[141] *Feldhaus/Vanscheidt* BB 2008, 2246 (2247); Lutter/Hommelhoff/Teichmann SE/*Oetker* SEBG § 18 Rn. 21; KölnKommAktG/*Feuerborn* SEBG § 18 Rn. 25; *Teichmann* FS Hellwig, 2010, 347 (364).
[142] Begr. RegE SEEG, BT-Drs. 15/3405, 50.
[143] *Wollburg/Banerjea* ZIP 2005, 277 (289); MüKoAktG/*Jacobs* SEBG § 18 Rn. 14 mwN.
[144] *Teichmann* FS Hellwig, 2010, 347 (361); MüKoAktG/*Jacobs* SEBG § 18 Rn. 16.
[145] So im Ergebnis auch *Wollburg/Banerjea* ZIP 2005, 277 (279–280).
[146] Analyse von praktisch relevanten Fallkonstellationen bei *Drinhausen/Keinath* BB 2011, 2699.

Sachverzeichnis

Die halbfetten Zahlen verweisen auf die Paragraphen, die mageren Zahlen auf die Randnummern.

Abberufung des Hauptversammlungsleiters
37 43 ff
Abberufung von Aufsichtsratsmitgliedern
– entsandte Mitglieder **30** 97 f
– durch Gericht **30** 99 f
– durch Hauptversammlung **30** 95 f
– Rechtsgrundlagen **30** 94
Abberufung von Vorstandsmitgliedern
– gesetzliche Beispiele **20** 53 ff
– grobe Pflichtverletzung **20** 54
– Kasuistik **20** 60 ff
– Koppelungsklausel **20** 45
– Pflicht zum Widerruf **20** 62
– Rechtsschutz **20** 64
– Unfähigkeit zur Geschäftsführung **20** 56
– Verhältnis zur Kündigung **21** 126 f
– Vertrauensentzug **20** 58
– wichtiger Grund **20** 49 ff
– Widerruf der Bestellung **20** 45 ff
– Wirksamwerden **20** 63
– Wirkung **20** 47 f
Abberufungsdurchgriff 79 9
Abfindung
– Aktien der Muttergesellschaft **74** 37
– ausgeschiedener Aktionäre bei Eingliederung **74** 35 ff
– Erwerb eigener Aktien **15** 25
– gerichtliche Festsetzung **74** 41 ff
Abfindung außenstehender Aktionäre
– in Aktien **71** 120 ff
– Anrechnungen **71** 117
– Art **71** 119
– Barabfindung **71** 121, 123
– Befristung des Abfindungsangebots **71** 114
– Berücksichtigung des Börsenkurses **71** 138 ff
– Bewertungsstichtag **71** 129
– Bewertungsziel **71** 129 ff
– Dauer des Abfindungsangebots **71** 114
– Ertragswertberechnung **71** 134 ff
– Fälligkeit **71** 116
– fehlende Bestimmung **71** 128
– gerichtliche Bestimmung **71** 142 ff
– gerichtliche Überprüfung **71** 146 ff
– Gewinnabführungsvertrag **72** 8, 38
– Gläubiger des Anspruchs **71** 112
– Höhe **71** 127
– Kündigung des Unternehmensvertrags **71** 150
– Schuldner des Anspruchs **71** 112
– Unangemessenheit **71** 128
– Veränderung wesentlicher Umstände **71** 118

– Verpflichtung **71** 113
– Vertragsbeendigung **71** 222
– im Vertragskonzern **71** 111 ff
– Verzinsung **71** 116
Abfindungen
– ablösende **21** 76
– Change of Control-Klauseln **21** 79
– Vorstandsmitglied **21** 76 ff
– zusätzliche **21** 76
Abfindungsprüfer 75 51 ff
Abgeleitete Firma 7 12
Abhängige Unternehmen s. a. Beherrschender Einfluss
– Abhängigkeitsbegriff **69** 36 ff
– Abhängigkeitsbericht **70** 95 f
– Abhängigkeitsvermutung **69** 59 ff
– Aufsichtsrat **70** 39 ff
– Beendigung der Abhängigkeit **69** 58
– Begriffsdefinition **69** 36
– Begründung herrschenden Einflusses **70** 2 ff
– beherrschender Einfluss **69** 38 ff; **70** 2 ff
– Beherrschungsmittel **69** 41
– Berichtspflicht **70** 97 ff
– Gemeinschaftsunternehmen **69** 51
– Konzernleitung durch herrschendes Unternehmen **70** 22 ff
– Leitung durch Vorstand **70** 31 f
– mehrstufige Abhängigkeit **69** 49 f, 65; **71** 10 f
– mittelbare Abhängigkeit **69** 49 f
– Nachteilsausgleich **70** 75 ff
– Rechtsfolgen der Abhängigkeit **69** 66
– Schutz gegen Abhängigkeitsverhältnis **70** 17 ff
– Schutz vor nachteiliger Einflussnahme **70** 65 ff
– Unterordnungskonzern **69** 72 ff
– Widerlegung der Abhängigkeitsvermutung **69** 62 ff
Abhängigkeitsbericht
– Aufstellungspflicht **70** 95
– Berichtspflicht **70** 97 ff
– berichtspflichtige Vorfälle **70** 105 ff
– Einzelangaben **70** 111
– Inhalt **70** 104 ff
– Jahresabschlussfeststellung **46** 5
– Jahresabschlussprüfung **45** 21
– Negativbericht **70** 113
– Offenlegung **70** 96
– Prüfung durch Abschlussprüfer **70** 114 ff
– Prüfung durch Aufsichtsrat **70** 119 ff
– keine Publizitätspflicht **70** 96
– Schlusserklärung **70** 112

Hartwich 2201

Sachverzeichnis

halbfette Zahlen = Paragraphen

- Sonderprüfung **70** 122 ff
- Teil der Rechnungslegung **45** 10; **48** 4

Abhängigkeitsverhältnis s. a. Beherrschender Einfluss
- Abwehrmaßnahmen **70** 18 ff
- Beherrschungsvertrag **71** 2
- Gewinnabführungsvertrag **72** 26
- mehrstufiges – **69** 49 f; **70** 73, 80, 98
- Nachteilsausgleich **70** 75 ff
- Schutz vor – **70** 17 ff
- Schutz vor nachteiliger Einflussnahme **70** 65 ff
- Unterordnungskonzern **69** 72

Abhängigkeitsvermutung
- Entherrschungsvertrag **69** 62 f
- Grundlagen **69** 59 ff
- Rechtsfolgen **69** 66
- Widerlegung **69** 64 ff

Abhandenkommen
- Aktienurkunde **12** 33; **14** 11

Abkauf von Anfechtungsklagen 16 68

Abmahnung 21 138

Abschlussprüfer
- Auskunftsrecht der Aktionäre zur Wahl **38** 28
- Bestellung **3** 25
- gerichtliche Ersetzung **45** 6
- Prüfungsbericht **45** 13
- Rechtsstellung **19** 11
- Teilnahme an Hauptversammlung **37** 3
- Wahl **36** 85 f; **40** 87 ff; **45** 2 ff
- Wahlvorschläge **36** 122 f; **45** 2
- zweiter – **45** 4

Abschlussprüfung s. a. Jahresabschluss
- durch Abschlussprüfer **45** 1 ff
- durch Aufsichtsrat **45** 8 ff
- Bericht des Abschlussprüfers **45** 13
- Bericht des Aufsichtsrats **45** 17
- Erteilung des Prüfungsauftrags **45** 5
- Nachtragsprüfung **46** 10
- Überwachung **32** 33

Abspaltungsverbot 17 9 f

Abstimmung
- Auszählungsverfahren **40** 35 ff
- Beschlussanträge **40** 15 ff
- Briefwahl **40** 31
- Eventualabstimmung **40** 24
- geheime – **40** 27
- Stimmabgabe **40** 28 ff
- Verbindung von Abstimmungen **40** 20 ff
- Verfahren **40** 25 ff
- Veröffentlichung der Ergebnisse **41** 35
- Zulassung **40** 13 f

Abtretung
- unverkörperte Mitgliedschaft **14** 3

Abwehrklage 18 8 ff

Abwickler
- Aufgaben **67** 9 ff
- Bestellung **67** 4 ff
- geborene – **67** 4

- gekorene – **67** 5
- Vertretungsmacht **67** 13 f
- Wahl **40** 87 ff

Abwicklung s. a. Liquidation
- Abwickler **67** 4 ff
- Abwicklungsgesellschaft **67** 1 f
- Abwicklungsüberschuss **67** 19
- Fortsetzung aufgelöster Gesellschaft **67** 21
- KGaA **77** 47
- Rechnungslegung **67** 15 ff
- Verteilung des Vermögens **67** 19 f

Acting in concert 69 53

Ad hoc-Mitteilung s. a. Meldepflichten
- Insiderinformationen **15** 39; **57** 204; **60** 103; **75** 39

Änderung des Unternehmensgegenstandes 9 18 ff

Agio, schuldrechtliches 3 17

Aktien
- Aktienarten **13** 1 ff
- Aktienformen **12** 1
- Aktiengattungen **13** 7 ff
- Aktienurkunden **12** 3 ff
- Allgemeines **12** 1 f
- Ausgabebetrag **4** 13 ff
- Begriff **12** 1
- eigene Aktien s. dort
- Erwerb eigener Aktien **15** 12 ff
- Erwerb eigener Aktien durch Dritte **15** 60 ff
- Globalaktie **12** 23
- Globalurkunde **12** 19 ff
- gutgläubiger Erwerb **16** 4
- Inhaberaktien **12** 7; **13** 1
- Inpfandnahme eigener Aktien **15** 62
- KGaA **77** 18 ff
- Mehrstimmrechtsaktien **13** 9
- Namensaktien **12** 7; **13** 1 f; **77** 18
- Nennbetragsaktien **13** 16 f
- Stückaktien **13** 16, 18
- Tracking Stocks **13** 10 f
- Übernahme eigener Aktien **15** 2 ff
- Übertragung **14** 1 f
- Umwandlung von Inhaber- in Namensaktien **13** 5 f
- unechte nennwertlose Aktien **13** 18
- Unteilbarkeit **12** 18
- Veräußerung eigener Aktien **15** 37
- verfassungsrechtlicher Schutz **12** 2
- Verfügungen **14** 1 ff
- verkörperte Mitgliedschaft **17** 1
- Vorzugsaktien **13** 9; **77** 19
- Wahlfreiheit zwischen Aktienarten **13** 2
- Zulassung zum Börsenhandel **12** 13

Aktiendividende 47 34

Aktiengattungen
- Begriff **13** 7 f
- Beispiele **13** 9 ff
- Bestehen mehrerer – **15** 38

magere Zahlen = Randnummern

Sachverzeichnis

- Festsetzung in Satzung **13** 12 ff
- Gleichbehandlungsgebot **13** 15

Aktiengesellschaft
- AG & Co. KG **7** 11
- Anmeldung **3** 29 ff
- Bargründung **3** 1 ff
- im Besitz öffentlicher Hand **2** 12
- börsennotierte AG **2** 15 f; **12** 39
- dreigliedrige Organisation **19** 1 ff
- Einpersonen-AG **3** 32
- Entstehungsformen **3** 1 f
- Familien-AG **2** 9
- Formwechsel **3** 1, 22
- gemischte Bar- und Sachgründung **3** 2
- Genossenschaftliche AG **2** 11
- Gesellschafterkreis **2** 6
- Gründung **3 ff**
- historische Entwicklung **1** 1 ff
- Investment AG **2** 13
- Kapitalsammelbecken **2** 5
- Leitung durch Vorstand **19** 14 f
- Nachgründung **4** 50 ff
- Nebenleistungs-AG **2** 10
- Organisation der Gesellschafter **2** 6
- Publikums-AG **2** 8
- REIT-AG **2** 17
- Sachgründung **3** 2; **4** 1 ff
- Trennung Kapital/Management **2** 7
- Typen **2** 8 ff
- Unternehmensbeteiligungs-AG **2** 14
- Verbreitung **2** 1 f
- Vorgesellschaft **3** 37 ff
- Vorratsgründung **3** 8
- wirtschaftliche Funktionen **2** 4 ff

Aktiengesetz
- von 1937 **1** 12 ff
- von 1965 **1** 26 ff
- ADHGB von 1861 **1** 5 ff
- Änderungen seit 1965 **1** 19
- EG-Rechtsangleichung **1** 20
- Geschichte **1** 1 ff
- Konzessionssystem **1** 3 f
- System der Normativbestimmungen **1** 5
- Vorläufer **1** 1
- Weimarer Republik **1** 8 ff

Aktienoptionen
- Angaben im Kapitalerhöhungsbeschluss **58** 40
- für Aufsichtsratsmitglieder **64** 131
- Aufsichtsratsvergütung **33** 38
- Aufteilung der Bezugsrechte **64** 109
- Ausgabebeschluss **64** 107
- Ausgabebetrag **64** 108, 124
- Ausübungspreis **64** 108
- Berechtigte **64** 105 f
- Bezugsrecht **58** 19; **64** 125
- Bezugsrechtsausschluss **64** 122, 128
- Cash Bonus Arrangement **64** 113
- Erfolgsziele **64** 110 ff
- Ermächtigungsbeschluss **64** 107
- Erwerbs- und Ausübungszeiträume **64** 117
- kursorientierte Erfolgsziele **64** 112
- nachhaltige Unternehmensentwicklung **64** 111
- Repricing **64** 113
- selbstständige Optionen mit bedingtem Kapital **64** 103 ff
- selbstständige Optionen mit Erwerb eigener Aktien **64** 123 ff
- Sperrfrist **64** 119
- Tochter- bzw. Enkelgesellschaften **64** 106
- Übertragbarkeit der Optionen **64** 121
- Verwässerungsschutz **64** 121
- virtuelle Optionsprogramme **64** 129 f, 132
- Volumen **64** 104
- Vorstandsvergütung **21** 70
- Wandel- oder Optionsanleihen **64** 126 ff
- Wartezeit **64** 118
- keine Wertpapiere iSd. WpPG **58** 104
- Zustimmungsbeschluss **64** 107

Aktienrechtlicher Minderheitsausschluss
- s. Squeeze-out

Aktienregister
- Allgemeines **14** 36 ff
- Einrichtung **14** 36
- Eintragung von Legitimationsaktionären **14** 36
- Eintragungen **14** 38 ff
- erstmalige Eintragung **14** 41
- freier Meldestand **14** 44
- kein Handelsbuch **14** 37
- Inhalt **14** 38 ff
- Löschung von Eintragungen **14** 54 ff
- Prüfung **14** 49
- spätere Eintragungen **14** 42 ff
- Vermutungswirkung **14** 50
- Verwendung der Registerdaten **14** 58 f
- Wirkungen der Eintragung **14** 50 ff

Aktienurkunde
- Abhandenkommen **12** 33; **14** 11
- Ausgabe **12** 3 ff
- Ausstellung **14** 4
- Ausstellung und Datum **12** 10 f
- Dauerglobalurkunden **12** 22
- Erneuerungsschein **12** 30 f
- Form **12** 12 f
- Gewinnanteilschein **12** 27
- Globalurkunde **12** 19 ff
- Inhalt **12** 8
- interimistische Globalurkunden **12** 21
- Kraftloserklärung **12** 32 ff
- Mängel **12** 14 ff
- Nennbetrag **12** 8
- technische Globalurkunden **12** 20
- Teilleistung **12** 8
- Umtausch **12** 32 ff
- Unrichtigkeit **12** 35 ff
- Vernichtung **12** 33
- Zwischenscheine **12** 24 ff

Sachverzeichnis

halbfette Zahlen = Paragraphen

Aktienverfügungen
- Aktienregister **14** 36 ff
- Legitimationsübertragung **14** 67 ff
- Nießbrauch **14** 70 ff
- steuerliche Behandlung **14** 82 ff
- Treuhand **14** 78 ff
- Übertragung unter Berücksichtigung der Verwahrung **14** 60 ff
- Übertragung unverkörperter Mitgliedschaft **14** 2 f
- Übertragung von Inhaberaktien **14** 4 f
- Übertragung von Namensaktien **14** 6 ff
- Verpfändung **14** 75 ff

Aktionär
- Ausgleich außenstehender – im Vertragskonzern **71** 78 ff
- Auskunftsrecht **38** 1 ff
- Ausschluss säumiger – **16** 14 ff
- Einlagepflichten **16** 3 ff
- Gewinnanspruch **47** 26 ff
- Gleichbehandlungsgrundsatz **17** 11 ff
- Individualrechte **18** 1, 2 f
- Klagerechte **18** 2 ff
- Minderheitenrechte **18** 1, 4
- Mitgliedschaft **17** 1 ff
- Mitgliedschaftsrechte **17** 3 ff
- Nebenleistungspflichten **16** 54 ff
- Rechtsschutz **35** 69 ff
- schuldrechtliche Verpflichtungen **16** 57
- sonstige Leistungspflichten **16** 54 ff
- Teilnahme an Hauptversammlung **37** 6 ff
- Treuepflicht **17** 19 ff

Aktionärsdarlehen 64 2
Aktionärsforum 36 90 ff; **43** 52
Aktionärsklage
- Abwehrklage **18** 8 ff
- Aktionärsklage **18** 6 f
- Anspruchsinhaberin **43** 51
- Beiladung **43** 57
- Bekanntmachung des Klagezulassungsverfahrens **43** 56
- Besonderheiten **43** 57
- Beweislast **43** 54
- Ersatzansprüche im eigenen Namen **43** 51
- gerichtliches Zulassungsverfahren **43** 51 ff
- Klageerhebung **43** 57
- Klagerücknahme **43** 61
- Kosten **43** 59 f
- Nebenintervention **43** 57
- Prozessvermeidung **43** 61
- Rechtskraft **43** 57 f
- Terminologie **18** 5
- Urteilswirkung **43** 58
- Verfahrensbeendigung **43** 61
- Vergleich **43** 61

Aktionärsvertreter
- Teilnahme an Hauptversammlung **37** 14 ff

Allgemeine Geschäftsbedingungen
- Anstellungvertrag **21** 15

Allgemeines Deutsches Handelsgesetzbuch (ADHGB) 1 5 ff

Allgemeines Gleichbehandlungsgesetz (AGG) 21 16

Altersgrenzen 20 5; **21** 16
Altersrente 21 92 ff
Amtsniederlegung
- Aufsichtsratsmitglieder **30** 92 f
- Vorstandsmitglieder **20** 67 f

Andienungsrecht 15 37
Anerkennungsprämien 21 69
Anfechtbarkeit von Beschlüssen
- Anfechtungsgründe **42** 42 ff
- Anfechtungsklage **42** 82 ff
- ausgeschlossene Verfahrensfehler **42** 50 ff
- Bestätigung anfechtbarer Beschlüsse **42** 75 ff
- Gesetzesverletzungen **42** 42 ff
- Gründe **42** 2
- Informationsmängel **42** 55 ff
- Inhaltsfehler **42** 62 ff
- Kapitalherabsetzungsbeschluss **61** 33
- Mängel bei Durchführung der Hauptversammlung **42** 49, 59
- Mängel bei Vorbereitung der Hauptversammlung **42** 48
- Rechtsfolgen **42** 74
- Relevanz des Verfahrensverstoßes **42** 55
- sachliche Rechtfertigung **42** 71
- Satzungsverletzungen **42** 44
- Sondervorteile **42** 63 ff
- Teilanfechtbarkeit **42** 74
- Treuepflichtverletzung **42** 68 ff
- Übertragungsbeschluss **75** 79 ff
- Ungleichbehandlung **42** 67
- Verfahrensfehler **42** 46 ff

Anfechtungsklage
- Abkauf **16** 68
- Beklagte **42** 108 ff
- Beschlussmängel **42** 82 ff
- Darlegungs- und Beweislast **42** 121 f
- Dispositionsmaxime **42** 119 f
- Kläger **42** 107
- Klageabweisung **42** 126
- Klagebefugnis **42** 82 ff
- Klagefrist **42** 99 ff
- Kosten **42** 133 f
- Missbrauch des Anfechtungsrechts **42** 95
- Nebenintervenient **42** 111 ff
- positive Beschlussfeststellungsklage **42** 131 f
- Publizität **42** 129 f
- Rechtsschutzbedürfnis **42** 83
- Streitwert **42** 133 f
- Urteil **42** 29, 123 ff
- Vergleich **42** 127
- bei Verletzung des Auskunftsrechts **38** 66 f
- Zuständigkeit **42** 103 ff

magere Zahlen = Randnummern

Sachverzeichnis

Anforderungsberichte 25 65, 74 f
Anhang 44 25
Anschaffungskosten 5 14
Anstellungsverhältnis der Vorstandsmitglieder 21 1 ff
Anstellungvertrag der Vorstandsmitglieder 20 15
– Abschluss **21** 21 ff
– AGG **21** 16
– Allgemeine Geschäftsbedingungen **21** 15
– arbeitsrechtliche Schutzvorschriften **21** 7 ff
– Auskunfts- und Herausgabepflichten **21** 125
– Auslagenersatz **21** 111 f
– Bezüge **21** 35 ff
– Dauer **21** 25 f
– Dienstvertrag **21** 1
– Drittanstellung **21** 3 ff
– einvernehmliche Beendigung **21** 148
– Ende **21** 126 ff
– fehlerhafter Vertrag **21** 33 ff
– Form **21** 24
– Fortzahlungsklauseln **21** 28
– Inhaltskontrolle **21** 15
– Insolvenzfall **21** 14
– Konzernanstellungsverträge **21** 3
– Koppelungs-/Gleichlaufklausel **21** 29
– Kündigung durch Gesellschaft **21** 126 ff
– Kündigung durch Vorstandsmitglied **21** 147 f
– Kündigungsschutz **21** 11
– Leistungsstörungen **21** 89 f
– ordentliche Kündigung **21** 13
– Organpflichten **21** 115
– Pfändungsschutz **21** 10
– Pflichten des Vorstandsmitglieds **21** 115 ff
– Rechte des Vorstandsmitglieds **21** 35 ff
– Rechtsnatur des Anstellungsverhältnisses **21** 1 ff
– Ruhegeld **21** 92 ff
– Sozialversicherungsrecht **21** 20
– Trennungsgrundsatz **21** 2
– Treuepflicht **21** 18 f
– Umwandlung in Arbeitsverhältnis **21** 30 ff
– Urlaub **21** 113
– Verlängerungsklauseln **21** 27 f
– Vorrang des Organverhältnisses **21** 2
– und Vorstandsamt **21** 2
– Vorstandsgestellungsverträge **21** 3, 6
– Wettbewerbsverbot **21** 116 ff
– Zeugnis **21** 114
– Zuständigkeit des Aufsichtsrats **21** 21 ff
Anteilstausch 5 43 ff
ARAG/Garmenbeck-Entscheidung 25 54; **43** 32
Arbeitnehmeraktien 58 15, 41; **59** 36
Arbeitnehmermitbestimmung 1 9; **86** 20 ff, 29 ff
Arbeitnehmervertreter
– Amtszeit **30** 85 f
– im Aufsichtsrat **28** 9 ff
– Wahl **28** 11 ff, 35 f
Arbeitnehmerwahlen 4 29
Arbeitsdirektor 24 8 ff
– Allgemeines **24** 8 ff
– Bestellung **24** 11 ff
– Gleichberechtigung **24** 18 f
– Kernbereich von Zuständigkeiten **24** 9
– Widerruf der Bestellung **24** 11 ff
– Zuständigkeitsbereich **24** 14 ff
Arbeitslosenversicherung 21 20
ARUG 1 28
ARUG II 1 32; **64** 102a
Auffüllung gesetzlicher Rücklage
– Beherrschungsvertrag **71** 60 ff
Aufgeld 4 13
Aufhebungsvertrag
– Beherrschungsvertrag **71** 196 f
– Unternehmensverträge **73** 76
Auflösung der Gesellschaft
– Abwicklung s. dort
– Änderung des Gesellschaftszwecks **66** 1
– AG **66** 1 ff
– Anmeldung **66** 11; **77** 46
– Anstellungsverträge der Vorstandsmitglieder **21** 150
– durch Beschluss **66** 4 f; **77** 34
– Eintragung **66** 11
– Feststellung eines Satzungsmangels **66** 8
– Fortsetzung aufgelöster Gesellschaft **67** 19
– durch gerichtliche Entscheidung **77** 37 f
– bei Insolvenz **66** 6 f; **77** 35 f
– KGaA **77** 29 ff
– durch Kündigung **77** 39 ff
– Liquidation **68** 3
– Löschung wegen Vermögenslosigkeit **66** 1, 9
– Rechtsnatur nach – **67** 1
– aus wichtigem Grund **77** 37 f
– durch Zeitablauf **66** 2 f; **77** 33
Aufrechnung
– Darlegungs- und Beweislast **16** 30
– Sacheinlage **16** 29
– Zulässigkeit **16** 30
Aufrechnungsverbot
– Einlageforderung **16** 8, 29 ff
Aufsichtsrat
– der abhängigen Gesellschaft **70** 39 ff; **71** 175
– Änderungen der Satzungsfassung **29** 7
– nur Aktionärvertreter **28** 1 ff
– Amtsperioden **30** 84
– mit Arbeitnehmervertreter **28** 9 ff
– ohne Arbeitnehmervertreter **28** 1 ff
– Aufgaben **3** 19; **19** 32; **29** 1 ff
– Ausschüsse s. dort
– Beirat **29** 23 ff
– Bekanntmachung von Änderungen **30** 102 ff
– Beratung **29** 51
– Beschlussfähigkeit nach AktG **31** 60 ff

Sachverzeichnis

halbfette Zahlen = Paragraphen

- Beschlussfähigkeit nach MitbestG **31** 63 f
- Beschlussfassung **29** 86 ff
- Beteiligungsausschuss **29** 88; **32** 2
- Branchenkompetenz **30** 30
- Business Judgement Rule **33** 87 ff
- nach DrittelbG **28** 9 ff
- Ehrenvorsitzender **31** 26
- Einberufung der Hauptversammlung **36** 11 ff
- Einberufung von Sitzungen **31** 36 ff
- Einsichts- und Prüfungsrecht **29** 52 ff
- Entscheidung über Ausübung von Beteiligungsrechten **29** 8, 81 ff
- Entsprechenserklärung **29** 10
- Erster – **3** 18 ff; **4** 21 ff
- Europäische Aktiengesellschaft **86** 3 f
- bei Familien-AG **28** 3
- Fortgeltung des Mitbestimmungsmodells **28** 38 ff
- Geschäftsordnung **31** 1 ff
- Geschlechterquote **30** 31 ff
- gesetzliche Zuständigkeiten **29** 1 ff
- bei Gründung **3** 18 ff; **4** 21 ff
- Gründungsprüfung **3** 27 f
- Haftung **3** 36
- und Hauptversammlung **29** 19 ff
- des herrschenden Unternehmens **70** 34 ff; **71** 175
- innere Ordnung **31** 1 ff
- Investitionsausschuss **32** 2
- KGaA **79** 54 ff
- bei kleiner AG **28** 2
- Meinungsbeschlüsse **29** 50
- Meinungsbildung, -äußerung **29** 47 ff
- nach MitbestG **28** 17 ff
- Mitbestimmung **28** 26 ff; **79** 69 ff
- Mitbestimmungsvereinbarungen zur Zusammensetzung **28** 44 ff
- Mitentscheidung über Jahresabschluss/Ergebnisverwendung **29** 5
- Mitentscheidung über Kapitalausnutzung **29** 9
- Mitgliederzahl **28** 8, 10, 23, 32 f
- Mitgliedschaft **30** 1 ff
- Modelle **28** 1 ff
- Nominierungsausschuss **32** 2, 18
- notwendiges Gesellschaftsorgan **29** 1
- Personalausschuss **32** 2, 10 ff
- Personalentscheidungen **29** 2; **70** 38, 41; **79** 61
- Präsidium **32** 13 ff
- Prüfung des Jahresabschlusses **45** 8 ff
- Prüfungsausschuss **29** 53; **32** 2, 19 ff
- Rechte und Pflichten bei Eingliederung **74** 59
- Rumpfaufsichtsrat **4** 25 ff
- Sitzungen s. Aufsichtsratssitzungen
- Statusverfahren **28** 54 ff
- bei Tendenzunternehmen **28** 4 ff
- Überwachungskompetenz **29** 4, 28 ff, 32; **33** 78 ff; **70** 26, 34 ff, 40; **79** 63 f
- Umwandlungsgesetz **28** 40
- Verhältnis zu anderen Organen **29** 11 ff
- Verkleinerung **30** 101
- Vermittlungsausschuss **32** 2, 36 ff
- Vertretungskompetenz **23** 6 ff; **77** 66
- Vorsitzender nach AktG **31** 7 ff
- Vorsitzender nach MitbestG **31** 37 ff
- und Vorstand **29** 11 ff
- Vorstandsorganisation **29** 3
- Wahl der Arbeitnehmervertreter **28** 11 ff
- Zustimmungsvorbehalte **29** 58 ff
- zweiter – **3** 24

Aufsichtsrat der KGaA
- Amtszeit der Mitglieder **79** 58 f
- anwendbare Vorschriften **79** 57
- Ausführungskompetenz **79** 65
- Beendigung der Mitgliedschaft **79** 58 f
- Begründung **79** 58 f
- Funktion **79** 54 ff
- Haftung der Mitglieder **79** 68
- Kompetenzen **79** 60 ff
- Mitbestimmung **79** 69 ff
- keine Personalkompetenz **79** 61
- Präsenzrecht bei fakultativen Organen **79** 85
- Überwachung **79** 63 f
- Unterscheidung zum AG-Aufsichtsrat **79** 54, 61
- Unterschiede zum AG-Aufsichtsrat **79** 61 f
- Vertretungskompetenz **79** 66
- Zusammensetzung **79** 58

Aufsichtsratsbeschlüsse
- Ausführung **31** 100 ff
- Beschlussfähigkeit **31** 60 ff, 98
- Beschlussfassung **31** 65 ff, 71 ff
- Beschlussvorschläge **31** 42
- Blankoerklärung **31** 90
- fehlerhafte Beschlüsse **31** 113 ff
- gemischte Beschlussfassung **31** 93
- Inhalts- und Verfahrensfehler **31** 116
- Leitung der Beschlussfassung **31** 57 ff
- Mehrheitserfordernisse **31** 66 ff, 71 ff
- Niederschrift über Beschlussfassung ohne Sitzung **31** 112
- ohne Sitzung **31** 94 ff
- schriftliche Stimmabgabe **31** 88
- Sitzungsniederschrift **31** 105 ff
- Stichentscheid **31** 68
- Stimmverbote **31** 70
- Telefon- oder Videokonferenz **31** 95
- Verfahrensmängel **31** 117
- Vertagung **31** 86 f

Aufsichtsratshaftung
- Allgemeines **33** 70 ff
- für fehlerhafte Beschlüsse **33** 86
- bei Geschäftsführungsüberwachung **33** 78 ff
- bei Gründung **3** 36
- Sorgfaltspflichtsverletzungen **33** 74 ff

magere Zahlen = Randnummern

Sachverzeichnis

Aufsichtsratsmitglieder
- Abberufung **30** 65, 71, 94 ff
- Amtsniederlegung **30** 92 f
- Amtszeit **3** 21; **4** 26; **30** 68, 77, 79 ff
- Auskunftsrecht der Aktionäre zur Wahl **38** 29
- Ausscheiden **30** 89 ff
- Beginn der Amtszeit **30** 79
- Beratungsverträge **33** 44 ff
- Bestellung **30** 46 ff; s. a. dort
- Doppelmitgliedschaftsverbot **30** 9 ff
- Eignung **30** 1 ff
- Entlastung **35** 23 ff
- Entsendung **30** 60 ff
- Ersatzmitglieder **30** 65 ff
- externe Beratungshilfe **33** 5
- Finanzexperte **30** 26 ff
- gesetzliche Voraussetzungen **30** 1 ff
- Gleichheit/Gleichbehandlung **33** 1 f
- Haftung **33** 70 ff
- Höchstzahl von Aufsichtsratsmandate **30** 13 ff
- Interessenkonflikte **33** 80 ff
- Karenzzeit bei Wechsel aus Vorstand **30** 23 ff
- Klagebefugnis **33** 90 ff
- Kreditgewährung **33** 56
- Listenwahl **30** 54
- Organisationsgefälle im Konzern **30** 19 f
- persönliche Amtsausübung **33** 3 ff
- Rechte und Pflichten **33** 1 ff
- Sachkunde **30** 4, 27
- satzungsmäßige Voraussetzungen **30** 44 f
- Stellvertreter von Vorstandsmitglied **24** 24 ff
- Teilnahme an Hauptversammlung **37** 2
- Unabhängigkeit **30** 5 ff; **33** 7 ff
- Verbot der Überkreuzverflechtung **30** 21 f
- Vergütung s. dort
- Verschwiegenheitspflicht **33** 57 ff
- Verträge mit – **33** 44 ff
- Wahl **28** 34 ff; **30** 46 ff; **36** 85; **40** 87 ff
- Wahlvorschläge **36** 122 f
- Wegfall persönlicher Voraussetzungen **30** 89 ff
- Weisungsfreiheit **33** 7 ff

Aufsichtsratspräsidium 32 15 ff

Aufsichtsratssitzungen
- Aufhebung/Verlegung **31** 47
- Beratungsreihenfolge **31** 55
- Beschlussfassung nach AktG **31** 65 ff
- Beschlussfassung nach MitbestG **31** 71 ff
- Einberufung s. dort
- konstituierende Sitzung **31** 13
- Leitung der Beratungen **31** 56
- Leitung der Beschlussfassung **31** 57 ff
- Niederschrift **31** 105 ff
- Protokollführer **31** 54
- Sitzungsgelder **33** 20
- Sitzungsleitung **31** 48 ff
- Sprache **31** 53
- Stimmabgabe **31** 88 ff

- Teilnahme von Sachverständigen/Auskunftspersonen **31** 48 ff
- Teilnahme von Vorstandsmitglieder **31** 52
- Vorbesprechungen **31** 37
- Zahl der Sitzungen **31** 36 f

Aufsichtsratstantieme 33 34 ff

Aufsichtsratsvorsitzender
- Abberufung **31** 14, 34
- nach AktG **31** 7 ff
- Amtsniederlegung **31** 16
- Amtszeit **31** 15, 32
- Anmeldung zum Handelsregister **31** 14
- Aufgaben/Befugnisse **31** 19 ff, 35
- aufsichtsratsinterne Aufgaben **31** 22
- Ausführung von Beschlüssen **31** 100 ff
- Ehrenvorsitzender **31** 26
- geheime Abstimmung **31** 12
- gerichtliche Bestellung **31** 30
- Hilfsgeschäfte **31** 23
- kein besonderes Organ **31** 21
- Leitung der Hauptversammlung **37** 36
- nach MitbestG **31** 27 ff
- Stellvertreter nach AktG **31** 17 f
- Stellvertreter nach MitbestG **31** 24 f
- Wahl **31** 8 ff, 27 ff
- Zweitstimmrecht **31** 35, 80 ff

Aufsichtsratswahlen s. Wahlen

Aufwendungsersatz
- Angemessenheit **33** 16
- Aufsichtsratsmitglieder **33** 15 ff
- Prozesskosten **33** 17
- Vorstandsmitglieder **21** 111

Ausfallhaftung
- ausgeschlossener Aktionäre **16** 20
- qualifiziert faktisches Konzernverhältnis **70** 150
- Subsidiarität **16** 20

Ausfuhrlieferungen 54 41

Ausgabe neuer Aktien s. a. Kapitalerhöhung
- bedingte Kapitalerhöhung **58** 77 ff, 95 ff
- reguläre Kapitalerhöhung **57** 1, 28, 193 f

Ausgleich außenstehender Aktionäre
- bei Aktiensplitt **71** 105
- Anpassung des festen Ausgleichs **71** 107 f
- Anpassung des variablen Ausgleichs **71** 103 ff
- Anspruchsinhalt **71** 83 ff
- außenstehende Aktionäre **71** 80
- Berücksichtigung des Börsenkurses **71** 138 ff
- Bewertungsstichtag **71** 129
- Bewertungsziel **71** 129 ff
- Dauer des Anspruchs **71** 78
- Ertragswertberechnung **71** 134 ff
- Fälligkeit **71** 86
- fehlende Bestimmung **71** 109
- fester Ausgleich **71** 84, 87 ff
- gerichtliche Bestimmung **71** 142 ff
- gerichtliche Überprüfung **71** 146 ff
- Gewinnabführungsvertrag **72** 8, 38
- Inhaber des Anspruchs **71** 79

Sachverzeichnis

halbfette Zahlen = Paragraphen

– bei Kapitalveränderungen **71** 103
– Kündigung des Unternehmensvertrags **71** 150
– in mehrstufigen Konzernen **71** 99 ff
– Mindesthöhe **71** 85
– Schuldner des Anspruchs **71** 82
– Unangemessenheit **71** 110
– variabler Ausgleich **71** 84, 95 ff
– verdeckter – **72** 7
– Verjährung **71** 86
– Vertragsbeendigung **71** 221
– im Vertragskonzern **71** 78 ff
– Voraussetzungen **71** 78
Ausgleichszahlung
– Gewinnabführungsvertrag **44** 13
Auskunfts- und Herausgabepflichten
– Vorstandsmitglieder **21** 125
Auskunftserzwingung 38 58 ff
Auskunftsrecht der Aktionäre
– Anfechtungsklage **38** 65
– Angelegenheiten der Gesellschaft **38** 8 ff
– Auskunftserteilung **38** 38 ff
– Auskunftserzwingung **38** 58
– Auskunftsschuldner **38** 6
– Auskunftsverlangen **38** 31 ff
– Ausübung **38** 31 ff
– Erforderlichkeit der Auskunft **38** 16 ff
– erweitertes – **38** 51 ff
– Folgeauskunft **38** 51 ff
– Funktion **38** 1 ff
– Gegenstand **38** 8 ff
– Missbrauchsgrenze **38** 34
– Protokollierung nicht beantworteter Fragen **38** 35 ff
– Rechtsnatur **38** 1 ff
– Strafbarkeit der Auskunftserteilung **38** 48
– Tagesordnungsbezug **38** 17
– übermäßige Fragezahl **38** 33
– Umfang **38** 8 ff
– verbundene Unternehmen **38** 14 f
– Verweigerung der Auskunft **38** 41 ff
Auskunftsverweigerung
– Allgemeines **38** 41 f
– Auskunft auf Internetseite **38** 50
– Bilanzierungs- und Bewertungsmethoden **38** 47
– Gründe **38** 43 ff
– Kredit- und Finanzdienstleistungsinstitute **38** 49
– Nachteilszufügung **38** 43 f
– Steuern **38** 45
– stille Reserven **38** 46
– Strafbarkeit der Auskunftserteilung **38** 48
Ausländische Betriebsstätte 50 45 ff
Auslagenersatz
– Vorstandsmitglieder **21** 111 f
Auslegung
– Hauptversammlungsbeschlüsse **40** 2
– Satzung **6** 4

Ausschließung eines Komplementärs 78 40 f
Ausschließungsklage 78 40 f
Ausschluss von Aktionären s. a. Squeeze-out
– Androhung des Ausschlusses **16** 16
– Ausfallhaftung **16** 20
– fehlerhafter – **16** 21
– Minderheitsaktionäre **75** 1 ff
– bei nicht rechtzeitiger Einlagenzahlung **16** 13 ff
– Regress gegen Vormänner **16** 22 f
– Verfahren **16** 15
– Wirkung **16** 18
Ausschüsse des Aufsichtsrats
– Arbeitsteilung **32** 1 ff
– Auswahl der Ausschussmitglieder **32** 44 ff
– Berichtspflicht **32** 48 ff
– Beschlussfähigkeit **32** 57
– Beschlussmehrheit **32** 58
– Besetzung **32** 42 ff
– Beteiligungsausschuss **32** 2
– Bildung **32** 41
– Einberufung von Sitzungen **32** 54
– entscheidende – **32** 3
– Geschäfte mit nahestehenden Personen **32** 40
– Grenzen der Entscheidungsdelegation **32** 4 ff
– Häufigkeit **32** 1 f
– Investitionsausschuss **32** 2
– Nominierungsausschuss **32** 2, 18
– Personalausschuss **32** 2, 10 ff
– Präsidium **32** 13 ff
– Prüfungsausschuss **32** 2, 19 ff
– Regelungskompetenzen **32** 52
– Sitzungsleitung **32** 56
– Sitzungsniederschrift **32** 60
– Teilnahme an Sitzungen **32** 55
– überwachende – **32** 3
– Überwachung der Ausschüsse **32** 48 ff
– Vermittlungsausschuss **32** 2, 36 ff
– vorbereitende – **32** 3
– Vorsitzender **32** 53
– Zahl der Ausschussmitglieder **32** 43
Austauschverträge
– verbotene Einlagenrückgewähr **16** 63
– zulässige Einlagenrückgewähr **16** 80
Auszählung der Stimmen 40 35 ff
Auszahlungs- und Erlassverbot
– bei ordentlicher Kapitalherabsetzung **61** 57 ff
Auszahlungsverbot
– Erwerb eigener Aktien **63** 35

Backstop-Vereinbarung 57 110
Bareinlage
– Abreden über künftige Verwendung **16** 7
– AG **16** 5 ff
– Bankkonto **16** 6
– endgültige freie Verfügung des Vorstands **16** 6
– KGaA **77** 25 f
– Steuerbarkeit **5** 17

magere Zahlen = Randnummern

Sachverzeichnis

Bargründung s. a. Gründung
- AG **3** 1 ff
- Angabe der Gründer **3** 4 ff
- Anmeldung **3** 29 f
- Bestellung des Abschlussprüfers **3** 25
- Bestellung des ersten Aufsichtsrats **3** 18 ff
- Feststellung der Satzung **3** 7 ff
- gemischte Bar- und Sachgründung **3** 2
- Gründungsbericht **3** 26
- Gründungsprotokoll **3** 3 ff
- Gründungsprüfung **3** 27 f
- Haftung der Gründer **3** 34 f
- Haftung der Gründungsprüfer **3** 36
- Haftung des Aufsichtsrats **3** 36
- Haftung des Vorstands **3** 36
- KGaA **77** 2
- Mitteilungen nach AktG **3** 31 f
- Normalform der AG-Gründung **3** 2
- Sondervorteile für Mitwirkung **3** 10
- Übernahme der Aktien **3** 13 ff
- Vorgesellschaft **3** 37 ff

basket hedging 21 72

Bedingte Kapitalerhöhung s. Kapitalerhöhung, bedingte

Bedingtes Kapital 58 1; **80** 15

Befreiungsverbot von Leistungspflichten
- Aufrechnungsverbot **16** 8, 29 ff
- Ausnahmen **16** 33
- Begriff „Befreiung" **16** 27
- Leistung an Erfüllungs Statt **16** 28
- Rechtsfolgen bei Verstoß **16** 26
- sonstige Beschränkungen **16** 32
- Stundung **16** 28
- Umfang **16** 26
- Vergleiche **16** 28

Begebungsvertrag 14 4; **58** 79

Beherrschender Einfluss s. a. Beteiligungserwerb und -veräußerung
- Beendigung der Abhängigkeit **69** 58
- Begründung **70** 2 ff
- Beherrschungsmittel **69** 41 ff
- Besetzung der Geschäftsführung **69** 39
- Beteiligungserwerb und -veräußerung **70** 2 ff
- Dauer **69** 40
- Gemeinschaftsunternehmen **69** 51 ff
- bei Gemeinschaftsunternehmen **69** 51
- durch gesellschaftsrechtliche Grundlage **69** 41
- durch gesellschaftsvertragliche Regelung **69** 47
- durch Kapitalmehrheit **69** 45
- mehrstufige Abhängigkeit **69** 49 f
- mittelbare Abhängigkeit **69** 49 f
- durch Personenverbindungen **69** 48
- durch Stimmenmacht **69** 42 ff
- durch Unternehmensverträge **69** 46
- Voraussetzungen **69** 38 ff

Beherrschendes Unternehmen
- Aufsichtsrat **70** 34 ff
- Leitung des Unternehmensverbundes **70** 22 ff
- nachteilige Einflussnahmen **70** 65 ff
- Rechte und Pflichten des Aufsichtsrats **70** 34 ff
- Schutz des abhängigen Unternehmens vor Einflussnahme **70** 65 ff
- Weisungsrecht **71** 6

Beherrschungsvertrag s. a. Vertragskonzern
- Abfindung außenstehender Aktionäre **71** 7, 31, 111 ff, 194
- Abhängigkeitsverhältnis **71** 2
- Änderungskündigung **71** 183
- Änderungsvereinbarung **71** 183 ff
- Anmeldung **71** 56 ff
- Auffüllung gesetzlicher Rücklage **71** 60 ff
- Aufhebungsvertrag **71** 196 f
- Ausgleich außenstehender Aktionäre **71** 78 ff
- Ausgleich des Jahresfehlbetrags **71** 64 ff
- Ausschluss des Weisungsrechts **71** 6
- außerordentliche Kündigung **71** 201 ff
- Beendigung **71** 195 ff
- Befristung/Bedingung **71** 15
- Berichtspflicht des Vorstands **71** 25 ff
- Bindungswirkung **71** 17
- Dauer **71** 180 ff
- Dividendengarantie **71** 78
- Eingliederung **71** 217
- Eintragung **71** 56 ff
- Ende des Weisungsrechts **71** 220
- fehlerhafter – **71** 13, 19
- fester Ausgleich der Aktionäre **71** 84, 87 ff, 194
- Formwechsel **71** 216
- Gegenstand der Zustimmung **71** 24
- Gemeinschaftsunternehmen **71** 11
- Information der Hauptversammlung **71** 44 ff
- Inhalt **71** 4 ff
- Insolvenz eines Vertragspartners **71** 207
- Kartellrecht **71** 3
- Konzernleitung **71** 151 ff
- Mängel der Beschlussfassung **71** 53
- Mängel des Vertrags **71** 18
- Mehrmütter-Beherrschungsvertrag **71** 23, 82, 95
- mehrstufige Abhängigkeit **71** 10 f
- ordentliche Kündigung **71** 198 ff
- mit Organschaftsvertrag **71** 1
- Prüfung durch Sachverständige **71** 34 ff
- Rechtsfolgen der Vertragsbeendigung **71** 220 ff
- Rechtsform **71** 8 f
- Rechtsform der Untergesellschaft **71** 8
- Rechtsform des herrschenden Vertragspartners **71** 9
- sachliche Rechtfertigung **71** 51
- Schriftform **71** 15
- Sicherstellung der Gläubiger bei Vertragsbeendigung **71** 224 ff
- Sitz der Vertragsparteien **71** 8 f
- Sonderbeschluss außenstehender Aktionäre **71** 186

Sachverzeichnis

halbfette Zahlen = Paragraphen

- Spaltung **71** 212 ff
- Teilbeherrschungsvertrag **71** 5
- variabler Ausgleich der Aktionäre **71** 84, 95 ff, 194
- verdeckter – **71** 12; **73** 41, 57
- Verkürzung **71** 182
- Verlängerung **71** 180 f
- Verlustausgleich **71** 64 ff
- Vermögensübertragung **71** 215
- Verschmelzung **71** 208 ff
- Vertragsabschluss **71** 14 ff
- Vertragsbeendigung nach § 307 AktG **71** 205
- Vertragsbeitritt **71** 193
- Vertragsbericht des Vorstands **71** 25 ff
- Vertragsübernahme **71** 192
- Vorbereitung durch Vorstand abhängiger Gesellschaft **71** 14
- Wirksamwerden **71** 56 ff
- Wirkung der Zustimmung **71** 52
- Zustandekommen **71** 14 ff
- Zustimmungsbeschluss **71** 50
- Zustimmungspflicht **71** 20 ff

Beirat
- AG **19** 11 f; **29** 23 ff
- Haftung **79** 84
- KGaA **79** 77
- rechtsgeschäftlicher – **79** 86

Bekanntmachung
- Änderungen im Aufsichtsrat **30** 102 ff
- Aktionärsklage **43** 56
- Allgemeines **9** 6 f
- Bezugsrecht **57** 112 f, 152
- Bezugsrechtsausschluss **57** 131
- Einberufung der Hauptversammlung **36** 38 ff
- Einziehungsbeschluss **63** 45 f
- in Gesellschaftsblätter **9** 7 ff
- Kapitalerhöhung gegen Einlagen **57** 186 ff
- Kapitalerhöhungsbeschluss **58** 55 ff
- Kapitalherabsetzungsbeschluss **62** 47
- Klagezulassungsverfahren **43** 56
- Mitteilungspflichten **69** 132
- Satzung **9** 6 ff
- Statusverfahren **28** 63 ff
- Tagesordnung **36** 63 ff

Belegschaftsaktien
- Deckung der Einlagen aus Jahresüberschuss **59** 80 f
- Deckung der Einlagen durch Leistung eigener Mittel **59** 82
- Durchführung in der Praxis **59** 83
- Erwerb eigener Aktien **15** 20 f
- Grundlagen **59** 77 ff
- Kapitalerhöhung durch genehmigtes Kapital **59** 77 ff
- Kapitalerhöhung gegen Einlagen **57** 119c
- Umfang **59** 77
- Zwischenschaltung eines Emissionsinstituts **59** 83

Beratungsgeheimnis **33** 63

Beratungsverträge
- mit Aufsichtsratsmitgliedern **33** 44
- Zustimmungsvorbehalt **33** 44, 50 ff

Berechtigungsnachweis
- Aktionäre **37** 8 ff

Berichtspflicht s. a. Vorstandsberichte
- Ausschüsse des Aufsichtsrats **32** 48 ff

Beschlussantrag
- Abstimmung **40** 15 ff
- Antragsrecht **40** 10 f
- Antragstellung **40** 12 f
- Funktion **40** 6
- Gegenanträge **40** 9
- Inhalt **40** 7 ff
- Sachanträge **40** 7
- Verfahrensanträge **40** 8
- Zulassung zur Abstimmung **40** 12 f

Beschlussfähigkeit
- Aufsichtsrat **31** 60 ff
- Hauptversammlung **40** 5

Beschlussfassung
- Aufsichtsrat **31** 65 ff, 71 ff
- Hauptversammlung **40** 1 ff
- Übertragungsbeschluss **75** 77
- Verhalten überstimmter Vorstandsmitglieder **22** 15 f
- Vorstand **22** 11 ff

Beschlussfeststellung
- Hauptversammlungsbeschlüsse **40** 48 ff
- Klage **42** 131
- Protokollierung **41** 11

Beschlusskontrolle
- Missbrauch **42** 8
- durch Nichtigkeits- und Anfechtungsklage **42** 7 ff

Beschlussmängel s. a. Anfechtbarkeit, Nichtigkeit, Freigabeverfahren
- allgemeine Feststellungsklage **42** 4
- Amtslöschung **42** 30 ff
- Anfechtbarkeit von Beschlüssen **42** 42 ff
- Anfechtungsgründe **42** 2, 42 ff
- Anfechtungsklage **42** 5, 82 ff
- Einberufungsmängel **42** 14 ff
- Freigabeverfahren **42** 9, 144 ff
- Gesetzesverletzungen **42** 42 ff
- Gewinnverwendungsbeschlüsse **42** 184 ff
- Hauptversammlungsbeschlüsse **40** 2; **42** 1 ff
- Heilung **42** 37 ff
- Inhaltsfehler **42** 62 ff
- Kapitalerhöhungsbeschlüsse **42** 188 ff
- Kontrollmechanismen **42** 2 ff
- Nichtigerklärung durch Anfechtungsurteil **42** 29
- Nichtigkeit von Beschlüssen **42** 12 ff
- Nichtigkeitsfolge **42** 35 f
- Nichtigkeitsgründe **42** 2, 14 ff
- Nichtigkeitsklage **42** 135 ff

magere Zahlen = Randnummern

- Niederschriftsmängel **42** 21 f
- sachliche Rechtfertigung **42** 71
- Satzungsverletzungen **42** 42 ff
- Schiedsverfahren **42** 11
- Sittenverstoß **42** 28
- Sondervorteile **42** 63 ff
- Treuepflichtverletzung **42** 68 ff
- Übertragungsbeschluss **75** 79 ff
- Ungleichbehandlung **42** 67
- Verfahrensfehler **42** 46 ff
- Verletzung des öffentlichen Interessen **42** 23 ff
- Verletzung von Gläubigerschutzvorschriften **42** 23 ff
- Wahlen zum Aufsichtsrat **42** 166 ff
- Widerspruch zum AG-Wesen **42** 23 ff

Besondere Vertreter
- Geltendmachung von Ersatzansprüchen **43** 39 ff
- gerichtliche Bestellung **43** 46 ff
- Vergütung **43** 49
- Widerruf gerichtlicher Bestellung **43** 49

Bestätigung anfechtbarer Beschlüsse
- Begriff und Abgrenzung **42** 75 ff
- Prozessuales **42** 81
- Voraussetzungen **42** 77 ff
- Wirkungen **42** 79 ff

Bestellung
- Abschlussprüfer **3** 25
- Abwickler **67** 4 ff
- Arbeitsdirektor **24** 11 ff
- besonderer Vertreter **43** 46 ff
- Hauptversammlungsleiter **37** 35 ff

Bestellung der Aufsichtsratsmitglieder s. a. Entsendung, Wahl
- Begriff **30** 46
- Entsendung **30** 60 ff
- Ersatzmitglieder **30** 65 ff
- erster Aufsichtsrat **3** 18 ff; **4** 21 ff
- gerichtliche – **30** 72 ff
- Wahl durch Hauptversammlung **30** 46 ff

Bestellung der Vorstandsmitglieder
- durch Aufsichtsrat **20** 19 ff
- Bestellungsbeschluss **20** 14, 21 ff
- Bestellungskompetenz **20** 19 ff
- Dauer **20** 36 ff
- einvernehmliche Beendigung **20** 69
- faktische Vorstandsverhältnisse **20** 43 f
- fehlerhafte Vorstandsverhältnisse **20** 40
- Form **20** 25
- durch Gericht **20** 30 ff
- bei Gründung **3** 19
- Mitbestimmungsgesetz **20** 23
- Verlängerung der Amtszeit **20** 38 f
- Verlängerungsklauseln **20** 39
- Widerruf **20** 45 ff
- Wiederbestellung **20** 18, 26 ff

Bestellung von Sonderprüfern 43 13 ff, 20 ff

Sachverzeichnis

Beteiligung an ausländischer Kapitalgesellschaft
- Einkommensermittlung **50** 54 ff

Beteiligung an ausländischer Personengesellschaft
- Einkommensermittlung **50** 51 ff

Beteiligungsausschuss 32 2

Beteiligungserwerb und -veräußerung s. a. Beherrschender Einfluss
- Bindung an Unternehmensgegenstand **70** 7
- Entherrschungsvertrag **69** 62 f; **70** 16
- Geschäftsführungsmaßnahme **35** 64 ff; **70** 2
- Hauptversammlungskompetenz **35** 64
- Kartellrecht **70** 3
- Konzeptbeschluss **70** 12
- Konzernklausel **70** 5 f
- Pflichtangebot **70** 4
- Rechtsfolgen unzulässigen Beteiligungserwerbs **70** 15
- sachliche Rechtfertigung **70** 13
- Zustimmung der Hauptversammlung **70** 9 ff
- Zustimmungsbeschluss **70** 14

Betriebsaufspaltung 50 7
Betriebsführungsauftrag 73 60
Betriebsführungsvertrag
- Abgrenzung zum Beherrschungsvertrag **73** 57
- Arbeitsverhältnisse der Arbeitnehmer **73** 56
- echter – **73** 48
- Entgeltlichkeit/Unentgeltlichkeit **73** 52
- Inhalt und Wirkung **73** 51 ff
- Kombination mit anderen Unternehmensverträgen **73** 58 ff
- Managementverträge **73** 50
- Typen **73** 50
- unechter – **73** 48

Betriebspacht
- Abgrenzung zum Beherrschungsvertrag **73** 41
- Angemessenheit der Gegenleistung **73** 36 ff
- Definition **73** 24
- Inhalt und Wirkung **73** 28 ff
- Kombination mit anderen Unternehmensverträgen **73** 44
- Praxis **73** 26
- Rechte und Pflichten der Vertragsparteien **73** 34 f

Betriebsüberlassung
- Abgrenzung zum Beherrschungsvertrag **73** 41
- Angemessenheit der Gegenleistung **73** 36 ff
- Definition **73** 24
- Inhalt und Wirkung **73** 31 ff
- Kombination mit anderen Unternehmensverträgen **73** 44 ff
- Praxis **73** 26
- Rechte und Pflichten der Vertragsparteien **73** 34 f

Beurkundung
- Amtspflichten des Notars **41** 18 ff
- Feststellung der Satzung **3** 11

Sachverzeichnis

halbfette Zahlen = Paragraphen

- Niederschrift über Hauptversammlung **41** 14 ff
- Verfahren **41** 21 ff

Bewertungsvorbehalt 46 21
Bewertungswahlrechte 5 20, 30 ff, 45
Bezugserklärung
- bei bedingter Kapitalerhöhung **58** 65 ff
- Form **58** 66
- Inhalt **58** 67 ff
- bei Kapitalerhöhung gegen Einlagen **57** 106 f
- Mängel **58** 75 f
- Nichtigkeit **58** 76
- Stellvertretung **58** 72
- Wirkung **58** 73 f
- Zeitpunkt **58** 71

Bezugsrecht
- Aktienoptionsprogramme **64** 109
- allgemeines – **57** 96
- auf Altaktien **64** 57 f
- Ausnahmen **57** 95
- Ausschluss s. Bezugsrechtsausschluss
- Ausübung **57** 100, 106 f; **58** 65 ff
- Ausübungsfrist **57** 107, 154
- Bedeutung **57** 94
- bei bedingter Kapitalerhöhung **58** 18 ff, **59** ff
- Bekanntmachung **57** 112 f, 152
- Berechtigte **57** 97 ff
- Bezugsangebot **57** 112, 152
- Bezugsanspruch **57** 96
- Bezugserklärung **57** 106 f; **58** 65 ff
- Bezugsrechtshandel **57** 101
- auf Drittaktien **64** 59
- eigene Aktien **57** 98
- bei eigenen Aktien **64** 38
- Entstehung **57** 96; **58** 59
- Gattungsbezugsrecht **57** 105
- Gegenstand **57** 103 ff
- bei genehmigtem Kapital **59** 58
- Genussrechte **64** 81 f
- gesetzliches – **57** 94 ff; **59** 58
- Hauptaktionär **75** 28
- Inhalt **57** 94
- bei Kapitalerhöhung gegen Einlagen **57** 94 ff
- im Konzern **57** 160 f
- Mischbezugsrecht **57** 105
- mittelbares – **57** 146 ff; **59** 21; **64** 39
- Namensaktien **57** 97
- Nießbrauch an Aktien **57** 99
- rechtsgeschäftliches – **57** 158; **58** 59; **59** 66
- Schutz **58** 62 ff
- steuerliche Behandlung bei Veräußerung/Ausübung **57** 162 ff
- Steuerneutralität **65** 2
- Über- und Nachbezugsrechte **57** 109 ff
- Übergehung **57** 108
- Überzeichnung **57** 111
- Verfügungen über Bezugsanspruch **57** 100 ff, 162 ff
- Verwertung nicht bezogener Aktien **57** 108 ff

- Wandel- und Optionsanleihen **64** 30 ff
- Zeitpunkt der Einräumung **58** 60 f
- zwingender Charakter **57** 95

Bezugsrechtsausschluss
- Abwendung drohender Abhängigkeit **57** 119k
- Aktienoptionsprogramme **64** 122
- Angemessenheit **57** 117; **58** 22
- Arbeitnehmeraktien **59** 36
- Ausgleich von Spitzenbeträgen **57** 119a
- Ausschlussermächtigung **59** 29
- Barkapitalerhöhung **57** 119 ff
- Bedienung von Wandel- und Optionsanleihen **57** 119b
- bei bedingter Kapitalerhöhung **57** 18 f
- Bekanntmachung **57** 131
- Belegschaftsaktien **57** 119c
- Bericht des Vorstands **57** 132 ff; **58** 20; **59** 35
- Einzelfälle bei Barkapitalerhöhungen **57** 119
- erstmalige Börseneinführung **57** 119f
- faktischer – **57** 9, 140
- förmliche Voraussetzungen **57** 130 ff
- gekreuzter – **57** 105, 119d
- bei genehmigtem Kapital **57** 27 ff, **59** ff
- höherer Ausgabekurs **57** 119i
- Inhaltskontrolle **42** 71; **57** 115
- bei Kapitalerhöhung gegen Einlagen **57** 114 ff
- bei Kapitalherabsetzung auf Null **61** 17
- im Konzern **57** 160 f
- Kooperation mit anderen Unternehmen **57** 119e
- Mängel **57** 143 ff
- materielle Anforderungen **57** 115 ff
- Mehrheitserfordernisse **57** 130
- mittelbare Bezugsrechtsemission über Nicht-Kreditinstitut **57** 119l, 155 f
- Sachkapitalerhöhung **57** 120 ff
- Sanierungssituationen **57** 119j
- Situation des Kapitalmarkts **57** 119h
- teilweiser – **57** 139
- Umfang **57** 139 ff
- vereinfachter – **57** 123 ff, 138; **59** 34
- Verwässerung der Beteiligungsquoten **57** 118
- Wandel- und Optionsanleihen **64** 31 ff
- zusätzliche Zulassung an Auslandsbörse **57** 119g

Bezugsrechtshandel 57 101
Bilanzausweis des Eigenkapitals 44 8 ff
Bilanzgewinnverwendung s. Gewinnverwendung
Bilanzpolizei 19 11
Blankoindossament 14 8, 64
Börsennotierte AG
- Legaldefinition **12** 39
- regulierter Markt **12** 39
- Typus **2** 15 f

Börsenpflichtblätter 36 39
Boni 21 68
Branchenkompetenz
- Aufsichtsrat **30** 30

magere Zahlen = Randnummern

Sachverzeichnis

Break-Fee-Vereinbarungen 16 67
Briefwahl 40 31 ff
Buchführungspflicht 25 128 ff
– Eröffnungsbilanz **25** 129
– inhaltliche Anforderungen **25** 131
– Pflichtverstoß **25** 134
Business Combination Agreements 19 37
Business Judgement Rule
– angemessene Information **25** 58
– Aufsichtsrat **33** 87 ff
– Beweislast **25** 63
– gesetzliche Regelung **25** 54 f
– Handeln in gutem Glauben **25** 60
– Handeln ohne Sonderinteressen/sachfremde Einflüsse **25** 61
– unternehmerische Entscheidung **25** 57 f; **33** 88
– Voraussetzungen **25** 57 ff
– Vorstand **25** 54 ff
– Wohle der Gesellschaft **25** 59 f

Call Option 15 31
Cash Management 70 49, 64
Cash Pooling 16 6, 84; **57** 74
Centros-Entscheidung 8 23
CEO-Modell 22 22; **24** 4; **86** 12
Change of Control-Klauseln 21 79
Clawbacks 21 74 f
Closed Periods 57 210 ff
Compliance 19 19; **25** 16 ff
– bedarfsgerechte Organisation **25** 26
– Begriff **25** 16 ff
– Ermessen bei Ausgestaltung **25** 21 ff
– gesichertes Informationssystem **25** 25
– Kodex **25** 17
– Konzern **25** 30
– konzernweite **19** 39
– Rechtspflicht **25** 16 ff
– Richtlinien und Schulungen **25** 27
– Risikoanalyse **25** 24
– Sanktionierung von Verstößen **25** 29
– Systemprüfung und Nachjustierung **25** 28
Compliance-Management-System 25 17
Contingent Convertible Bonds 64 54
Controllingsystem 19 19
– konzernweites **19** 39
Corporate Governance Kodex 25 8
– Ausweitung **34** 11
– Befolgungsquote **34** 10
– Entsprechenserklärung **29** 10; **34** 15 ff
– Entstehung, Entwicklung **34** 4 ff
– gesetzliche Regelungen **34** 1 ff
– KGaA **34** 2; **79** 94 ff
– Rechtsnatur **34** 12; **42** 42
– rechtspolitische Diskussion **34** 14
– Regierungskommission **1** 27; **34** 4 ff
– Stakeholder Value-Konzept **19** 25
– verfassungsrechtliche Zulässigkeit **34** 12

Corporate Governance-Bericht 44 23
Corporate Social Responsibility (CSR) 19 26 f
Coupon s. Gewinnanteilschein
COVID-19-Pantemie-Gesetz 37 103 ff

D & O-Versicherung 26 59 ff; **33** 21
– Ausgestaltung **26** 64
– Claims Made-Prinzip **26** 65
– Dreiecksverhältnis **26** 66 ff
– Gruppenversicherung **26** 64
– Rechtfertigung **26** 63
– Selbstbehalt **26** 71
– Versicherungsmodell **26** 59 f
– Zulässigkeit **26** 61
– Zuständigkeit **26** 62
Darlehensgewährung
– verbotene Einlagenrückgewähr **16** 64
– zulässige Einlagenrückgewähr **16** 81
Darlehensrückgewähr
– Anfechtung **16** 93 ff
– Ausgangslage **16** 88
– insolvenzrechtliche Lösung **16** 89 ff
– Nachrang **16** 90 ff
– und verbotene Einlagenrückgewähr **16** 88
Dauerglobalaktien 14 65
Dauerglobalurkunde 14 1
Debt Equity Swap 57 85 ff
Deckungsgebot 16 80
Delegation
– von Aufgaben **74** 49
– horizontale **19** 33
– Outsourcing **19** 34 ff
– vertikale **19** 34 ff
Delegation von Aufgaben s. a. Ausschüsse
Deliktshaftung
– Vorstandsmitglieder **26** 56 ff
Delisting 19 10; **35** 66 ff
Depotstimmrecht 69 44
Deregulierung des Aktienrechts 1 23
Deutscher Corporate Governance Kodex s. Corporate Governance Kodex
Dienstliche Fürsorgeaufwendungen 21 39
Differenzhaftung
– bei Gründung **3** 46; **4** 39, 48
– bei Kapitalerhöhung **57** 55, 60 ff; **58** 47
Directors' Dealings 58 105
Diversität 20 12; **30** 51
Dividendeneinkünfte
– steuerfreie Bezüge **50** 21 ff
Dividendengarantie 71 78
Dividendenschein s. Gewinnanteilschein
Dividendenverzicht 47 30
Doppelmitgliedschaftsverbot 29 13; **30** 9 ff
Doppelsicherung 16 90
Doppelsitz 8 7 f
Due Diligence 17 17; **25** 53

Sachverzeichnis

halbfette Zahlen = Paragraphen

EG-Rechtsangleichung 1 20
Ehrenvorsitzender 31 26
Eigene Aktien
– Allgemeines 15 1
– Erwerb eigener Aktien 15 12 ff
– Erwerb eigener Aktien durch Dritte 15 60 ff
– Inpfandnahme eigener Aktien 15 62
– Rechte und Pflichten 15 56
– steuerliche Behandlung 15 71 ff
– Übernahme eigener Aktien 15 2 ff
Eigenkapital
– Begriff 11 4
– Beschaffung 56 1 ff
– Finanzierung 56 ff
– Grundkapital 44 8 f
– körperschaftsteuerliches – 51 5 ff
– Rücklagenveränderung 44 10
– Sonderregeln zum Bilanzausweis 44 8 ff
Eignung
– Aufsichtsratsmitglieder 30 1 ff
– Vorstands-Doppelmandate 20 10
– Vorstandsmitglieder 20 1 ff
Einberufung der Aufsichtsratssitzungen
– Aufhebung/Verlegung 31 47
– Beschlussvorschläge 31 40 ff
– Einberufungsverlangen 31 44 ff
– Form/Frist 31 38 f
– Selbsteinberufungsrecht 31 44 ff
– Tagesordnung 31 40 f
– Zahl der Sitzungen 31 36 f
Einberufung der Ausschusssitzungen 32 54
Einberufung der Hauptversammlung
– Änderung der Einberufungsmodalitäten 36 137
– Aktionärsforum 36 90 ff
– durch Aktionärsminderheit 36 31 ff; 42 18
– auf Aktionärsverlangen 36 17 ff
– durch Aufsichtsrat 29 6; 36 11 ff; 42 17
– Bekanntmachung 36 38 ff
– Bekanntmachungfehler 42 20
– durch Dritte 36 15 f
– Einberufungsgründe 36 1 ff
– Einberufungsverlangen 36 17 ff
– fehlende Einberufungsbefugnis 42 15
– Folgen unterbliebener 36 7
– Form des Einberufungsverlangens 36 23 ff
– Gegenanträge 36 102 ff
– bei Geschäftsführungsfragen 36 26
– Inhalt 36 42 ff
– Inhalt des Einberufungsverlangens 36 23 ff
– bei Kapitalverlust 36 3
– Mängel 36 132 ff; 42 14 ff
– Mitteilungen durch Gesellschaft 36 93 ff
– Ort 36 50 ff
– Quorum 36 4, 18 ff
– Rechtsmissbrauch 36 29
– Rücknahme des Einberufungsverlangens 36 25
– bei satzungsändernden Beschlüssen 40 80

– Schranken 36 26 ff
– Tagesordnung 36 24, 36, 57 ff
– Verpflichtung 36 3
– Verwaltungsvorschläge 36 80 ff
– durch Vorstand 36 8 ff; 42 16
– Weiterleitung von Kreditinstutsmitteilungen 36 124 ff
– zum Wohl der Gesellschaft 36 5 f
– Zeit 36 49
– Zugänglichmachen von Gegenanträgen 36 102 ff
– Zugänglichmachen von Wahlvorschlägen 36 122 f
– Zuständigkeit 36 8 ff
Einbringungsbilanz 4 6
Einbringungsvertrag
– Kapitalerhöhung gegen Einlagen 57 53
– Sachgründung einer AG 4 7 ff
Einflussnahme s. Schädliche Beeinflussung
Eingliederung
– 100 %-ige Tochtergesellschaft nach § 319 AktG 74 6 ff
– Abfindung ausgeschiedener Aktionäre 74 35 ff
– Abfindungsfestsetzung durchs Gericht 74 41 ff
– Auskunftsrecht der Aktionäre 74 14, 31, 60
– Bedeutung 74 2
– Beendigung 74 61 ff
– Beendigungsfolgen 74 67 ff
– Befreiung von gesetzlichen Rücklagen 74 56
– Befreiung von Vermögensbindung 74 55
– Eingliederungsbericht des Vorstands 74 13, 25
– Eingliederungsbeschluss 74 9 ff, 29 ff
– Eingliederungsprüfung 74 26 ff
– Eintragung ins Handelsregister 74 16 ff, 34
– erforderliche Kapitalbeteiligung 74 7 f, 24
– Erläuterungspflicht 74 14
– fehlerhafte Gesellschaft 74 34
– Freigabeverfahren 74 18 ff
– Gewinnabführungsverträge 74 57, 70
– Gläubigerschutz 74 44 ff
– Haftung der Hauptgesellschaft 74 45 ff, 68
– Konzernentstehung 74 1, 5
– Konzernleitungspflicht 74 50
– Leitungsmacht 74 48 ff
– durch Mehrheitsbeschluss 74 23 ff
– in mehrstufigen Konzern 74 15
– Negativerklärung 74 17
– Rechte und Pflichten des Aufsichtsrats 74 59
– Rechtsform der Gesellschaften 74 3
– Registersperre 74 20
– sachliche Rechtfertigung 74 32
– Sicherheitsleistung 74 44
– steuerliche Behandlung 74 69 ff
– Verantwortlichkeit 74 53
– Verlustausgleichspflicht 74 5
– Vermögenszugriff der Hauptgesellschaft 74 55 ff

magere Zahlen = Randnummern

Sachverzeichnis

– Weisungsfolgepflicht eingegliederter Gesellschaft **74** 51 f
– Weisungsrecht der Hauptgesellschaft **74** 48 ff
– Wirksamwerden **74** 17, 34
– Wirkung **74** 48 ff
– Zustimmungsbeschluss der Hauptgesellschaft **74** 11 ff, 33

Einkaufskommission 15 26

Einkommensermittlung
– ausländische Betriebsstätte **50** 45 ff
– bei Auslandsbezug **50** 40 ff
– Beteiligung an ausländischer Kapitalgesellschaft **50** 54 ff
– Beteiligung an ausländischer Personengesellschaft **50** 51 ff
– nach EStG **50** 1 ff
– grenzüberschreitende Lieferungen/Leistungen **50** 41 ff
– KGaA **82** 10
– Welteinkommen **50** 40

Einlagen s. a. Bareinlage, Sacheinlage
– Abreden über künftige Verwendung **16** 7
– Aufrechnung **16** 30
– Aufrechnungsverbot **16** 8, 29 ff
– Ausschluss säumiger Aktionäre **16** 14 ff
– Bareinlagepflicht **16** 5
– Befreiungsverbot **16** 26 ff
– Einforderung **16** 9 ff
– Einlagepflicht **16** 3 ff
– Entstehung **16** 3
– Erfüllung **16** 5 ff
– Fälligkeit **16** 9 ff; **77** 24
– freiwillige Mehrleistungen **16** 9
– Hin- und Herzahlen **16** 49 ff
– KGaA **77** 32 ff
– Leistung an Dritte **16** 8
– Leistung an Erfüllungs Statt **16** 28
– Leistung zur freien Verfügung des Vorstands **16** 6
– Nachfristsetzung **16** 16 f
– nicht rechtzeitige Zahlung **16** 13 ff
– persönlich haftende Gesellschafter **77** 21 ff
– Sacheinlagepflicht **16** 5
– Stundung **16** 28
– Teilbeträge **16** 11
– Unterbilanzhaftung **16** 9
– Untergang durch gutgläubigen lastenfreien Erwerb **16** 4
– verdeckte Sacheinlagen **16** 34 ff
– Zahlungsaufforderung **16** 11

Einlagenrückgewähr, verbotene
– Abkauf von Anfechtungsklagen **16** 68
– Ausnahmen **16** 74 ff
– Austauschverträge **16** 63, 80
– Auswirkungen auf Hauptversammlungsbeschlüsse **16** 102
– Bestellung von Sicherheiten **16** 85
– Break-Fee-Vereinbarungen **16** 67

– Cash Pooling **16** 84
– Darlehensgewährung **16** 64, 81
– Dividendenzahlung **16** 61
– Drittgeschäfte **16** 60
– eingegliederte Gesellschaften **16** 78
– Einzelfälle **16** 61 ff
– Erwerb eigener Aktien **16** 62, 74
– faktischer Konzern **16** 77
– Finanzplankredite **16** 97 ff
– Grundsatz umfassender Vermögensbindung **16** 58
– Haftungsfreistellung bei Aktienplatzierung **16** 66
– Kapitalherabsetzung **16** 75
– kapitalmarktrechtliche Ansprüche **16** 87
– im Konzern **70** 52
– Konzernrecht **16** 76 ff
– Kursgarantie **16** 65
– Leistungen der AG an Dritte **16** 71 ff
– Leistungen der AG durch Dritte **16** 70
– MPS-Urteil **16** 79
– November-Urteil **16** 79
– offene Verstöße **16** 59
– Rechtsfolgen von Verstößen **16** 101 ff
– Rückgewähr von Aktionärsdarlehen **16** 88 ff
– Rückgewähransprüche **16** 101
– Schadensersatzansprüche **16** 103
– Umfang **16** 58
– Umplatzierung von Aktien **16** 66
– verdeckte Verstöße **16** 60
– Vertragskonzern **16** 76 ff
– vollwertiger Gegenleistungs- oder Rückgewähranspruch **16** 79 ff
– Wiederkaufspflicht **16** 65
– Zinsverbot **16** 100

Einpersonen-AG
– Mitteilungen nach AktG **3** 32

Einsichts- und Prüfungsrecht
– des Aufsichtsrats **29** 52 ff

Einstimmigkeitsprinzip 22 11

Eintragung in Aktienregister 14 36 ff

Eintragung in Handelsregister
– Einziehungsbeschluss **63** 45 f
– Ermächtigungsbeschluss **59** 43
– Formwechsel **84** 68
– Hauptversammlungsbeschluss **40** 82 ff
– Kapitalerhöhung **57** 93, 186 ff; **60** 52 ff
– Kapitalherabsetzung **61** 34 ff; **63** 45 f
– Nachgründung **4** 65
– Niederschriften **41** 31 ff
– Satzungsänderung **40** 82

Einzelgeschäftsführung 22 7

Einzelvertretung 23 23

Einziehung
– Beschluss **63** 29 ff, 42
– Einziehungshandlung **63** 47
– Entgelt **63** 15 ff
– nach Erwerb durch Gesellschaft **63** 24 ff

Sachverzeichnis

halbfette Zahlen = Paragraphen

- Erwerb eigener Aktien **15** 28
- Gläubigerschutz **63** 33 ff, 43
- zur Kapitalherabsetzung **63** 1 ff
- ordentliches Einziehungsverfahren **63** 29 ff
- sachliche Rechtfertigung **63** 11, 13 f
- von Stückaktien ohne Kapitalherabsetzung **63** 51 ff
- Umwandlung von Kommanditaktien in Komplementäreinlagen **80** 18
- vereinfachtes Verfahren **63** 37 ff
- Zwangseinziehung **63** 8 ff

Einziehungsbeschluss
- Anmeldung **63** 45 f
- Bekanntmachung **63** 45 f
- Eintragung **63** 45 f
- bei Einziehung von Stückaktien ohne Kapitalherabsetzung **63** 53 f
- Inhalt **63** 30
- Mängel **63** 32
- Mehrheitserfordernis **63** 42
- im ordentlichen Verfahren **63** 29 ff
- Sonderbeschluss **63** 29, 42
- im vereinfachten Verfahren **63** 42

Einziehungsentgelt
- Festlegungszuständigkeit **63** 16
- Höhe **63** 17 ff

Elektronische Medien 37 2, 53, 103 ff; **40** 26, 31

Empfang verbotener Leistungen
- Haftung **16** 104 ff

Entherrschungsvertrag 69 62 ff; **70** 16; **73** 3

Entlastung
- kein Anspruch **35** 39 ff
- Auskunftsrecht der Aktionäre **38** 27
- Beschlussfassung **35** 24 ff
- Beschlussinhalt **35** 32 ff
- Einzelentlastung **37** 74
- fehlerhafte Beschlussfassung **35** 39 f
- Gesamtentlastung **35** 25
- Stimmverbot **39** 37
- und Stimmverbot **35** 29 ff
- Verweigerung **35** 37
- Wirkung des Beschlusses **35** 32 ff
- Zuständigkeit **35** 23

Entsendung von Aufsichtsratsmitgliedern
- Abberufung **30** 64, 97 f
- Amtszeit **30** 64, 87
- Ausübung des Entsendungsrechts **30** 63
- Höchstzahl der Entsendungsmandate **30** 62
- Satzungsbestimmung **30** 60 f

Entsprechenserklärung
- Abgabepflicht **34** 15 ff
- Form und Veröffentlichung **34** 23
- jährliche Erklärung **34** 20 ff
- KGaA **79** 94 ff
- Sanktionen bei Verstößen **34** 25 ff

Erbschaftsteuer
- Aktienerwerb von Todes wegen **53** 2 ff
- beschränkte Steuerpflicht **53** 9
- Besonderheiten des Verfahrens **53** 37
- Bewertungsstichtag **53** 35
- Entstehen der Steuer **53** 35
- Leistungen von Aktionären/Dritten an AG **53** 38
- Progressionsvorbehalt **53** 32
- Schenkung unter Lebenden **53** 5 f
- Steuerbefreiungen **53** 11 ff
- Steuerbemessungsgrundlage **53** 25 ff
- Steuerschuldner **53** 7
- Steuerverschonungen **53** 11 ff
- Tarif **53** 33, 36
- unbeschränkte Steuerpflicht **53** 8 ff

Ermessenstantiemen 21 69

Ernennung
- Vorstandsvorsitzende **24** 2 f

Erneuerungsschein
- einfaches Legitimationspapier **12** 30
- kein selbstständiges Recht **12** 31

Eröffnungsbilanz 25 129; **67** 15

Ersatzansprüche
- Ansprüche aus Gründung **43** 31
- Erhebung durch Hauptversammlungsbeschluss **43** 34 ff
- Geltendmachung durch besondere Vertreter **43** 39 ff
- Geltendmachung durch Gesellschaft **43** 30 ff
- Geltendmachung durch Vorstand/Aufsichtsrat **43** 35 ff
- Pflicht zur Geltendmachung **43** 34 ff
- Schadenersatzansprüche **43** 31
- Schadenersatzansprüche wegen Pflichtverletzung **43** 31
- Vorbereitung durch Sonderprüfung **43** 30

Erwerb eigener Aktien
- Abfindung von Aktionären **15** 25
- Ad-hoc-Mitteilung **15** 39
- Ausnahmen vom Erwerbsverbot **15** 14 ff
- Belegschaftsaktien **15** 20 f
- bilanzielle Behandlung **15** 50 ff
- durch Dritte **15** 60 ff
- Einkaufskommission **15** 26
- Einziehung **15** 28
- Ermächtigungsbeschluss **15** 30 ff
- Erwerbsverbot **15** 12
- Gesamtrechtsnachfolge **15** 27
- Handelsbestand **15** 29
- Informations- und Publizitätspflichten **15** 57 f
- internationales Privatrecht **15** 70
- im Konzern **70** 53 f
- Marktmanipulationsverbot **15** 39
- Rechte und Pflichten **15** 56
- zur Schadensabwehr **15** 15 f
- unentgeltlicher Erwerb **15** 26
- verbotene Einlagenrückgewähr **16** 61, 74

Erwerbsverbot
- allgemeine Ausnahmegrundsätze **15** 47

magere Zahlen = Randnummern   **Sachverzeichnis**

– Ausnahmen **15** 14 ff
– Grundsatz **15** 12
– Rechtsfolgen von Verstößen gegen Erwerbsverbot **15** 53 f
– Umgehungsgeschäfte **15** 63 ff
Europäische Aktiengesellschaft
– Amtskontinuität **85** 11
– Aufsichtsrat **86** 3 f
– dualistisches System **86** 1, 3 ff
– eigene Gesellschaftsform **83** 1 ff
– Einsatzbereich **83** 3
– durch Formwechsel **84** 62 ff
– Gemeinsame Tochter-SE **84** 58 ff
– gerichtliche Zuständigkeiten **83** 20
– geschäftsführende Direktoren **86** 9 ff
– Geschäftsführung **86** 15 ff
– Gesetzgebung **83** 7 ff
– Gläubigerschutz **84** 44, 56 f; **85** 15 ff
– grenzüberschreitende Sitzverlegung **85** 1 ff
– Gründung **84** 1 ff
– Haftung im Gründungsstadium **84** 74 ff
– Handelndenhaftung **84** 78
– Hauptversammlung **86** 26 ff
– Holdinggründung **84** 45 ff
– Leitungs- und Aufsichtsorgane **86** 1 ff
– Mehrstaatlichkeit **84** 1
– Minderheitsschutz **84** 56; **85** 13 f
– Mitbestimmung der Arbeitnehmer **86** 20 ff, 29 ff
– Mitbestimmungsmodell **86** 29 ff
– monistisches System **86** 1, 9 ff
– Neugründung **84** 4
– Normenhierarchie **83** 14 ff
– Prägung nach Sitzstaat **83** 2
– Satzungssitz **85** 1
– Sitzverlegung **85** 1 ff
– Tochter-SE **84** 72 f
– Überwachung der Geschäftsführung **86** 19
– Verfassung **86** 1 ff
– durch Verschmelzung **84** 5 ff
– Vertretung **86** 25
– Verwaltungsrat **86** 9 ff
– Verwaltungssysteme **86** 1 ff
– Verweisungsnormen **83** 16 ff
– Vor-SE **84** 75 ff
– Vorstand **86** 3 f
Existenzvernichtungshaftung
– Unterkapitalisierung **11** 6, 9

Factoring 54 30
Faktische Satzungsänderung 40 78
Faktische Vorstandsmitglieder 26 8
Faktischer Aktionär
– Begriff **16** 72
– Leistungen an – **16** 72
Faktischer Konzern s. a. Qualifiziert faktischer Konzern
– Erwerbsverbot eigener Aktien **15** 66

– Unterordnungskonzern **69** 74
– verbotene Einlagenrückgewähr **16** 78
Familien-AG 2 9
Fantasiefirma 7 4
Fehlerhafte Aufsichtsratsbeschlüsse
– Grundsätze **31** 113 ff
– Haftung des Aufsichtsrats **33** 86
– Inhalts- und Verfahrensfehler **31** 116 ff
– Klagebefugnis **33** 93
Filialprokura 10 8
Finanzexperte 30 26 ff
Finanzplankredite 16 97 ff
Finanzverantwortung 25 12
Firma
– abgeleitete Firma **7** 12
– Fantasiefirma **7** 4
– Firmenbildung **7** 4 ff
– Gegenstand des Unternehmens **7** 1
– gesetzliche Regelung **7** 1
– Grundsatz **7** 4
– Insolvenz **7** 9 f
– Irreführungsverbot **7** 6
– KGaA **77** 7 ff
– Liquidation **7** 10
– Personenfirma **7** 4; **77** 7
– Rechtsfolgen von Gesetzesverstößen **7** 2 f
– Rechtsformzusatz **7** 1, 5
– Sachfirma **7** 4
– Satzungsbestimmung **7** 2
– Schutz **7** 14
– Sonderfälle **7** 13
– Vorgesellschaft **7** 9
– Zweigniederlassung **10** 2, 6 f
Firmenrechtliches Irreführungsverbot 7 6 f
Firmenschutz 7 14
Formwechsel
– Eintragung **84** 68
– Gründung **3** 1, 22; **4** 56
– Gründung einer SE **84** 62 ff
– Gründungsvorgang **84** 63 f
– Lückenfüllung **84** 62
– Rechtsfolgen **84** 69
– Satzung **7** 13
– steuerliche Behandlung **5** 51 f
– Umwandlungsbericht **84** 64
– Umwandlungsplan **84** 63
Fortzahlungsklauseln 21 28
Frauenquote 1 31; **19** 56 ff; **20** 11 f; s. a. Geschlechterquote
– Anwendungsbereich **19** 58
– betroffene Führungsebenen **19** 59
– Festlegung der Zielgrößen **19** 60
– Fristsetzung **19** 63 f
– Personalplanung **19** 60
– Verfehlung der Zielgröße **19** 65
– Veröffentlichung **19** 63 f
– Verschlechterungsverbot **19** 62

Sachverzeichnis

halbfette Zahlen = Paragraphen

Freigabeverfahren
– Anwendungsbereich **42** 144 f
– Eilcharakter **42** 159
– Freigabegründe **42** 147 ff
– Mindestaktienbesitz nicht rechtzeitig nachgewiesen **42** 150 ff
– nachgeschobene Nichtigkeitsklagen **42** 161
– offensichtliche Unbegründetheit der Klage **42** 148 f
– Rechtsfolgen der Freigabe **42** 164 f
– Unzulässigkeit der Klage **42** 148 f
– Verfahren **42** 159 ff
– vorrangiges Interesse an Beschlusswirksamkeit **42** 143 ff

Freiheit der Finanzierungsentscheidung 11 5

Freistellung
– einvernehmliche – **20** 78

Fremdkapitalfinanzierung 56 1; **64** 1 ff

Früherkennungssystem für bestandsgefährdende Entwicklungen 25 13 ff

Führungslosigkeit
– Vertretung **23** 13

Fürsorgepflichten der Gesellschaft 21 18

Gegenanträge
– Adressat **36** 117
– Anforderungen **36** 107 ff
– Begründung **36** 108
– Berechtigung **36** 115
– Form/Frist **36** 117
– Inhalt **36** 107
– Rücknahme **36** 119
– unzulässige Anträge **36** 111 ff
– Veröffentlichungsform **36** 120
– Veröffentlichungsfrist **36** 121
– Veröffentlichungsgegenstand **36** 104 ff
– Zugänglichmachung **36** 102 ff
– Zugang **36** 118

Gegenstand des Unternehmens
– Änderung **9** 18 ff
– aktienrechtliche Bedeutung **9** 9
– faktische Änderungen **9** 20 f
– Firma **7** 1
– Gesellschaftszweck/Gesellschaftsgegenstand **9** 9 ff
– Individualisierung **9** 13 ff
– steuerliche Bedeutung **9** 22 ff
– Über- und Unterschreitung **9** 19

***Gelatine*-Entscheidung 19** 10; **35** 55 ff

Geldstrafen, Geldbußen
– Abzugsverbot **50** 14

Gemeinschaftsunternehmen 69 51 ff, 77; **71** 11

Gemischte Sacheinlage s. Sacheinlagen

Genehmigtes Kapital 56 5
– Ablaufstadien **59** 4
– Aktienausgabe **59** 43 ff
– Aktienausgabe gegen Sacheinlagen **59** 50, 53 ff
– Anfechtbarkeit der Ermächtigung **59** 39
– Anmeldung zur Eintragung ins Handelsregister **59** 71 ff
– Arbeitnehmeraktien **59** 36
– Ausgabe neuer Aktien **59** 74
– Ausgabebedingungen **59** 48 ff
– Ausgabebetrag **59** 49
– ausstehende Einlagen **59** 47
– Belegschaftsaktien **59** 77 ff
– Bezugsrechte **59** 58 ff
– Bezugsrechtsausschluss **59** 20, 27 ff, 50
– Durchführung der Kapitalerhöhung **59** 42 ff, 67 ff
– Eintragung der Ermächtigung ins Handelsregister **59** 41, 43
– Ermächtigung des Vorstands **59** 1, 8 ff
– Ermächtigungsfrist **59** 25
– Ermächtigungsinhalt **59** 13 ff
– Erteilung der Ermächtigung **59** 8 ff
– fehlerhafte Kapitalerhöhung **59** 75 f
– Festsetzungen **59** 48 ff, 54
– gesetzliches – **59** 7
– Grenzen der Ermächtigung **59** 13 ff
– kein Grundkapital **59** 3
– kapitalmarktrechtliche Aspekte **59** 6
– Komplementärkapital **80** 8
– Mängel der Sachkapitalerhöhung **59** 55
– mehrere genehmigte Kapitalien **59** 26
– Mindesteinlagen **59** 69
– mittelbares Bezugsrecht **59** 21
– Nennbetrag **59** 14 ff
– Neufassung des Satzungswortlauts **59** 70
– reguläre Kapitalerhöhung **59** 13
– Sacheinlagen **59** 19
– Sacheinlagevereinbarungen vor Gesellschaftseintragung **59** 57
– Überblick **59** 1 ff
– Vorzugsaktien **59** 22, 50
– Wirksamwerden **59** 74
– Zeichnung **59** 67 f
– Zustimmung zur Aktienausgabe **59** 44 ff, 48

Generaldebatte
– Hauptversammlung **37** 60, 87, 91 ff

Generalhandlungsvollmacht 23 30; **30** 12

Generalvollmacht 23 30

Genossenschaftliche AG
– Typus **2** 11

Genussrechte 64 3
– Abgrenzung **64** 69 ff
– aktiengleiche Genussrechte **64** 79
– Ausgabe **64** 80 ff
– Ausgestaltung **64** 76 ff
– Begriff **64** 69 ff
– Bezugsrecht **64** 81 f
– bilanzielle Behandlung **64** 75
– Dauerschuldverhältnisse eigener **64** 71
– Einschränkungen **64** 70
– Genussscheinbedingungen **64** 78
– Genussscheine **64** 72

magere Zahlen = Randnummern **Sachverzeichnis**

– Geschäftsführungsmaßnahmen **64** 85
– Gewinnfeststellung und -verwendung **64** 84
– Hauptversammlungsbeschluss **64** 80 f
– Kapital- und Strukturmaßnahmen **64** 83
– an Konzernunternehmen **64** 86 f
– keine Mitgliedschaftsrechte **64** 71
– Schuldverschreibungsgesetz **64** 74
– Schutz gegen wirtschaftliche Beeinträchtigungen **64** 83 ff
– steuerliche Behandlung **65** 41 ff
– typische Vermögensrechte von Aktionären **64** 69
– Unternehmensvertrag **64** 88 ff
– Zwecksetzung **64** 73
Gesamtgeschäftsführungsbefugnis 22 3 ff
Gesamtvertretung 23 15 ff, 22, 25 f
Geschäfte mit nahestehenden Personen
– Ausnahmen vom Zustimmungsvorbehalt **29** 71 ff
– Ausschuss des Aufsichtsrats **32** 40
– Beschluss über Billigung **35** 47 f
– erfasste Geschäfte/Personen **29** 69 ff
– Schwellenwert **29** 73
– Veröffentlichung **29** 78 ff
– Zustimmungsverfahren **29** 74 ff
– Zustimmungsvorbehalt **29** 68 ff
Geschäftschancenlehre 25 44 ff
Geschäftsführende Direktoren
– Anstellungsverträge **86** 14
– Europäische Aktiengesellschaft **86** 9 ff
– Kompetenzabgrenzung **86** 16
– Rechtsstellung **86** 14
– Vertretung der SE **86** 25
Geschäftsführung
– Abgrenzung zur Leitung **19** 16
– Begriff **22** 1
– Einbindung der Hauptversammlung **35** 16 ff
– Einzelgeschäftsführung **22** 7
– Entscheidungszuständigkeit der Hauptversammlung **19** 8
– Europäische Aktiengesellschaft **86** 15 ff
– Gesamtgeschäftsführungsbefugnis **22** 3 ff
– Geschäftsführungsbefugnis **22** 2, 3 ff
– Geschäftsordnung **22** 30 ff
– Geschäftsverteilung **22** 17 ff
– im engeren Sinn **19** 16
– Mehrheitsprinzip **22** 8 f
– Mischformen **22** 10
– Überwachung **29** 4, 28 ff; **33** 78 ff
– durch Vorstand **22** 1 f
– Willensbildung des Vorstands **22** 11 ff
Geschäftsführung bei KGaA
– außergewöhnliche Geschäfte **79** 14 ff
– Einschränkung der Befugnis **79** 21
– Einzelgeschäftsführung **79** 4 ff
– Entzug der Geschäftsführungsbefugnis **79** 7 ff
– Gesamtgeschäftsführung **79** 6
– Grundlagengeschäfte **79** 18

– durch Komplementäre **78** 16 ff; **79** 2 f
– Niederlegung der Befugnis **79** 13
– Sorgfaltspflicht **79** 22
– Tätigkeitsvereinbarung **79** 24 ff
– Umfang der Geschäftsführungsbefugnis **79** 14 ff
– Vergütung **79** 27 ff
– Vertretungsmacht **79** 29 ff
– Zustimmungserfordernis **79** 14 f
Geschäftsführungsvertrag 72 1, 11 ff
Geschäftsjahr 5 9 ff; **9** 1 ff
Geschäftsordnung
– Aufsichtsrat **31** 1 ff
– Behandlung von Anträgen **37** 57 ff
– Effizienzprüfung **31** 6
– Erlasskompetenz **22** 32; **31** 1 ff; **79** 6, 62
– Geltungsdauer **31** 4 f
– Hauptversammlung **37** 32 ff
– Vorstand **22** 30 ff
Geschäftsverteilung
– Änderung **22** 29
– Vorstand **22** 17 ff
– Wirkungen **22** 17 ff
Geschlechterquote s. a. Frauenquote
– Anwendungsbereich **30** 31 ff
– Aufsichtsrat **30** 31 ff
– Berechnung **30** 34 ff
– Frauenanteil **30** 42 f
– Gesamterfüllung **30** 35
– Getrennterfüllung **30** 35
– Rechtsfolgen **30** 37 ff
– Verfahren **30** 34 ff
– Widerspruch **30** 35 f
– Zielsetzung **30** 31 ff
– Zielsetzung für Frauenanteil **30** 42 f
Gesellschafterdarlehen 77 28
Gesellschaftsblätter 9 7 ff
Gesellschaftsgegenstand s. Gegenstand des Unternehmens
Gesellschaftsvermögen
– Begriff **11** 3
Gesellschaftsvertrag s. a. Satzung
Gesellschaftszweck 9 9 ff
Gewerbesteuer
– Aufwendungen für befristete Überlassung von Rechten **52** 24
– ausländische Betriebsstätten **52** 36
– ausländische Steuern **52** 30
– Bemessungsgrundlage **52** 5 ff
– Besteuerungsverfahren **52** 51 ff
– Bildung des Steuermessbetrages **52** 44 f
– Dividenden **52** 26
– Ende der Steuerpflicht **52** 4
– Ende unbeschränkter – **49** 13 ff
– Entgelte für Schulden **52** 13 ff
– Ermittlung **52** 44 ff
– erweiterte Gewerbeertragskürzung **52** 32
– Festsetzung **52** 51
– Finanzierungsaufwendungen **52** 13 ff

Hartwich 2219

Sachverzeichnis
halbfette Zahlen = Paragraphen

- Gewerbeertrag **52** 6 ff
- Gewerbeverlust **52** 38 ff
- Gewinnanteile an persönlich haftende KGaA-Gesellschafter **52** 25
- Gewinnanteile stillen Gesellschafters **52** 21
- Gewinne aus Kapitalgesellschaftsbeteiligung **52** 34
- Gewinne aus KGaA **52** 35
- Gewinne aus Mitunternehmerschaften **52** 33
- Grundbesitz **52** 31 f
- Hinzurechnungen **52** 12 ff
- KGaA **82** 19 f
- Kürzungen **52** 31 ff
- Liquidation **68** 16 f
- Maßnahmen gegen „Gewerbesteueroasen" **52** 50
- Miet- und Pachtzinsen **52** 22 f
- Organschaft **52** 3
- Rechtsbehelfe **52** 62 ff
- Rechtsmittel **52** 57 ff
- Renten/dauernde Lasten **52** 18 ff
- Spenden **52** 28, 37
- Steuererhebung **52** 44 f
- Steuerpflicht kraft Rechtsform **52** 1
- Teilwertabschreibungen **52** 29
- unbeschränkte Steuerpflicht **49** 4 ff
- Veräußerung des gesamten Gewerbebetriebes **52** 9
- Veräußerungsgewinne **52** 9
- Verluste **52** 29
- Verluste aus Mitunternehmerschaft **52** 27
- Verspätungszuschläge **52** 54
- Vorauszahlungen **52** 55
- Zerlegung des Steuermessbetrages **52** 46 ff

Gewerbesteuerbescheid
- Rechtsmittel **52** 61

Gewerbesteuermessbescheid
- Rechtsmittel **52** 57 ff
- Zuständigkeit **52** 53

Gewinn- und Verlustrechnung
- Ausgleichszahlung bei Gewinnabführungsvertrag **44** 13
- Ausweis der Rücklagenveränderungen **44** 12
- KGaA **81** 7
- Sonderregeln **44** 11 ff

Gewinnabführungsverträge
- bei Eingliederung **74** 57

Gewinnabführungsvertrag
- Abfindung außenstehender Aktionäre **72** 8
- Abhängigkeitsverhältnis **72** 26
- Änderung **72** 17
- Allgemeines **72** 1 ff
- Auffüllung gesetzlicher Rücklage **72** 27 f
- Auflösung einer Vertragspartei **72** 20
- Ausgleich außenstehender Aktionäre **72** 8
- Ausgleichszahlung **44** 13
- Beendigung **72** 18 ff
- Berechnung der Gewinnabführung **72** 30
- Besteuerung bei Ergebnisabführungsvertrag **72** 39 ff
- Dauer **72** 16
- Fälligkeit des Gewinnabführungsanspruchs **72** 29
- fehlerhafter – **72** 15
- Geschäftsführungsvertrag **72** 1, 11 ff, 36
- gewerbesteuerliche Organschaft **72** 75
- Gewinnabführung **72** 29 ff
- Inhalt **72** 5 ff
- Insolvenz einer Vertragspartei **72** 20
- isolierter – **72** 2
- Kartellrecht **72** 4
- körperschaftsteuerliche Organschaft **72** 43 ff
- Leitungsmacht **72** 25 f
- Mehrmütterorganschaft **72** 10
- Parteien **72** 9
- Rechtsfolgen der Vertragsbeendigung **72** 23 f
- stille Gesellschaft **72** 2
- überhöhte Gewinnabführung **72** 35
- umsatzsteuerliche Organschaft **72** 76 f
- Verantwortlichkeit **72** 25 f
- verbundene Unternehmen **72** 3
- Verlustausgleich **72** 37
- Verschmelzung **72** 21
- Wirkung **72** 25 ff
- Zustandekommen **72** 13 ff

Gewinnanspruch des Aktionärs
- Dividendenverzicht **47** 30
- Fälligkeit **47** 29
- Gewinnanteilschein **47** 31
- Grundlage **47** 26 ff
- Inhalt **47** 26 ff

Gewinnanteilschein
- Begriff **12** 27; **47** 31
- Rechtsnatur **12** 28
- Übertragung **12** 29

Gewinnauschüttungsbeschränkung
- bei vereinfachter Kapitalherabsetzung **62** 34 ff

Gewinnausschüttungen
- steuerliche Folgen **51** 11 ff
- verdeckte – s. dort

Gewinnausschüttungsverbot
- bei vereinfachter Kapitalherabsetzung **62** 31 ff

Gewinnbegriff 64 66

Gewinnberechtigung
- Abspaltungsverbot **17** 9

Gewinnermittlungsgrundlagen 46 18 ff

Gewinngemeinschaftsvertrag
- Angemessenheit der Gegenleistung **73** 13
- Aufteilung **73** 11
- Bedeutung **73** 9
- Definition **73** 8
- fusionsähnliche Verbindungen **73** 12
- Inhalt **73** 10 ff
- Wirkung **73** 10 ff

Gewinnminderungen 50 32 f

Gewinnschuldverschreibungen 64 3, 66 ff

magere Zahlen = Randnummern

Sachverzeichnis

Gewinnverteilung
- abweichende Bestimmungen **47** 24; **81** 19
- AG **47** 22 f
- gesetzliche Regeln **47** 22 f; **81** 16 ff
- KGaA **81** 15 ff

Gewinnverwendung
- Aktiendividende **47** 34
- Aktionärsbesteuerung **47** 35 ff
- Auskunftsrecht der Aktionäre **38** 26
- Besteuerung **47** 35 ff
- disproportionale Ausschüttung **47** 52
- Dividendenbesteuerung **47** 50 f
- Einkommensteuer **47** 36 ff, 50
- Entnahme der Komplementäre **81** 21 ff
- Gewinnanspruch des Aktionärs **47** 26 ff
- Gewinnanteile der Kommanditaktionäre **81** 20
- Gewinnverteilung **47** 22 ff
- InvStG **47** 43 ff
- Kapitalertragsteuer **47** 45 ff
- KGaA **81** 20 ff
- Körperschaftsteuer **47** 42
- im Konzern **70** 56 f
- Rücklagenbildung **81** 28
- Sachdividende **47** 32 f
- Verwendung des Bilanzgewinns **47** 16 ff
- Vorschlag des Aufsichtsrats **45** 9

Gewinnverwendungsbeschluss
- Anfechtung **42** 185 f; **47** 17
- Beschlussmängel **42** 184 ff
- Nichtigkeit **42** 184
- Nichtigkeitsfolge **42** 187
- Vorschläge **36** 85

Gewinnvorzug s. Stimmrechtslose Vorzugsaktien

Gleichbehandlungsgrundsatz
- Aktiengattungen **13** 15
- Ergänzung durch Treuepflicht **17** 19
- Feststellung von Ungleichbehandlungen **17** 14
- Inhalt **17** 11 ff
- § 53a AktG **15** 37
- Rechtsfolgen **17** 18
- Unabdingbarkeit **17** 12
- Vorstandsmitglieder **21** 12

Gleichgeordnete Unternehmen
- Unternehmensbegriff **69** 13

Gleichlaufklausel 21 29

Gleichordnungskonzern
- Beendigung **69** 93
- faktischer – **69** 88
- Haftung **69** 87 ff
- Kartellverbot **69** 92
- Konzernbildung **69** 86
- Konzernleitung **69** 87 ff
- Leitungsorgan **69** 9
- mangelnde Abhängigkeit **69** 80
- Systematisierung **69** 79
- Verbund von Gleichordnungs-/Unterordnungskonzern **69** 84 f

- vertraglicher – **69** 81 f, 89
- Voraussetzungen **69** 79 ff

Gleichordnungsverträge 69 81; **73** 3
Globalurkunde 12 19 ff; **58** 78
Going-Public-Anleihen 64 56
Greenshoe 59 52

Gründer
- Angabe in Gründungsprotokoll **3** 4 ff
- Differenzhaftung **4** 48
- Gesamtschuldner **3** 34
- Gründungsbericht **3** 26 ff
- Haftung **3** 34 ff
- Haftung aus Einlageversprechen **3** 35; **4** 49
- Unterbilanzhaftung **3** 44

Gründung s. a. Bargründung, Sachgründung
- AG **3** ff
- Anmeldung **3** 29 ff; **4** 44 ff
- durch Bargründung **3** 2 ff; **77** 2
- Bestellung des ersten Aufsichtsrats **3** 18 ff; **4** 21 ff
- Europäische Aktiengesellschaft **84** 1 ff
- durch Formwechsel **3** 1, 22; **77** 11 ff; **84** 62 ff
- durch gemischte Bar- und Sachgründung **3** 2
- Gründungsbericht **3** 26; **4** 32 ff; **77** 3
- Gründungsprotokoll **3** 3 ff
- Gründungsprüferbericht **4** 36 ff
- Gründungsprüfung **3** 27 f; **4** 35; **77** 3
- Haftung bei SE-Gründung **84** 78
- Haftung der Gründer **3** 34 f; **4** 47 ff
- Haftung der Gründungsprüfer **3** 36
- Haftung des Aufsichtsrats **3** 36
- Haftung des Vorstands **3** 36
- Holding-SE **84** 45 ff
- KGaA **77** 1 ff
- Mitteilungen nach AktG **3** 31 f
- Nachgründung **4** 50 ff; **77** 17
- Neugründung **84** 4
- durch Sachgründung **3** 2; **4** 1 ff; **77** 2
- Sondervorteile für Mitwirkung **3** 10
- durch Spaltung **3** 1
- Steuern **5**
- Tochter-SE **84** 58 ff
- durch Umwandlung **77** 11 ff
- durch Verschmelzung **3** 1; **84** 5 ff
- Vorgesellschaft **3** 37 ff; **84** 75
- Vorratsgesellschaft **84** 4
- durch Vorratsgründung **3** 8

Gründungsaufwand 3 9; **4** 5
Gründungsbericht 3 26; **4** 32 ff; **77** 3
Gründungsgesellschaft s. Vorgesellschaft
Gründungskosten 5 15 f

Gründungsprotokoll
- Angabe der Gründer **3** 4 ff
- Bestellung des Abschlussprüfers **3** 25
- Bestellung des Aufsichtsrats **3** 18 ff
- Feststellung der Satzung **3** 7 ff
- Übernahme der Aktien **3** 13

Gründungsprüfer 3 28, 36; **4** 40; **77** 3

Sachverzeichnis halbfette Zahlen = Paragraphen

Gründungsprüfungsbericht 3 27 f; **4** 35, 36 ff
Grunderwerbsteuer 55 3 ff
Grundkapital
– Begriff **11** 1 ff
– Bestimmung der Höhe **11** 5
– Freiheit der Finanzierungsentscheidung **11** 5
– Haftungsrisiken **11** 6 ff
– Kapitalherabsetzung **11** 13
– materielle Unterkapitalisierung **11** 8
– nominelle Unterkapitalisierung **11** 7
– Unterkapitalisierung **11** 6 ff
– Unterschreitung des Mindestgrundkapitals **11** 13 ff
– Zerlegung in Aktien **11** 11 f
Grundlagengeschäfte 22 1; **35** 51 ff; **79** 18, 51
Grundsteuer 55 1 f
Gutgläubiger Aktienerwerb 14 11 f; **16** 4

Haftung
– bei AG-Gründung **3** 34 ff
– Aufsichtsratshaftung **3** 36; s. dort
– Ausfallhaftung **16** 20
– Differenzhaftung s. dort
– Empfang verbotener Leistungen **16** 104 ff
– Gründungsprüfer **3** 36
– schädliche Einflussnahme **27** 1 ff
– Unterbilanzhaftung der Gründer **3** 44
– Verlustdeckungshaftung **3** 47
– Vorstandshaftung s. dort
Handelskompagnien 1 1
Handelsverbot
– MMVO **60** 105
Hauptaktionär
– Berechnung der Mindestbeteiligung **75** 27
– Beteiligter beim Minderheitsausschluss **75** 19 ff
– Bezugsrechte auf Aktien **75** 28
– eigene Aktien **75** 25
– Kapitalbeteiligung von mindestens 95 %. **75** 20
– Kapitalmaßnahmen **75** 27
– persönliche Voraussetzungen **75** 19
– Prüfung der Mindestbeteiligung **75** 32
– relevante Zeitpunkte **75** 29 ff
– Zurechnung von Aktien **75** 21 ff
Hauptversammlung 35 ff
– Abberufung der Aufsichtsratsmitglieder **30** 95 f
– Absage **36** 135 ff
– Aufgaben **19** 1, 6 ff; **35** 11 ff
– Auskunftsrecht der Aktionäre **38** 1 ff
– außerordentliche – **35** 76 ff
– Ausübung von Mitgliedschaftsrechten **35** 1
– und Beschlüsse in Geschäftsführungsangelegenheiten **35** 16 ff
– Beschlussfähigkeit **40** 5
– Beschlussfassung **40** 1 ff; **79** 39 ff
– Beschränkung der Rede- und Fragezeit **37** 65 ff
– Billigung der Vorstandsvergütung **35** 43 f

– Einberufung s. dort
– Einflussmöglichkeiten **35** 7
– Entlastungsentscheidung **35** 23 ff; **37** 74
– Enumerationsprinzip **35** 11 ff
– Eröffnung **37** 84 ff
– Europäische Aktiengesellschaft **86** 26 ff
– Fragen- und Antwortrunden **37** 63
– Fragen von Aktionären **38** 31
– Gegenanträge **36** 104 ff
– *Gelatine*-Entscheidung **35** 55 ff
– Generaldebatte **37** 60, 87, 91 ff
– und Geschäftsführung **19** 8
– Geschäftsordnung **37** 32 ff
– Geschäftsordnungsanträge **37** 57 ff
– gesetzliche Zuständigkeit **35** 11 ff
– Grundlagenentscheidungen **35** 51 ff
– *Holzmüller*-Enscheidung **35** 52 ff
– KGaA **79** 35 ff
– Kommanditaktionäre **79** 35 ff
– Kommunikationsforum **35** 3
– Kompetenzüberschreitungen **42** 25
– Leitfaden **37** 82 f
– Leitung **37** 35 ff
– *Macrotron*-Entscheidung **35** 66 ff
– und Mitbestimmung **35** 9 f
– Mitwirkungsbefugnisse **79** 53
– Niederschrift **41** 1 ff
– ordentliche – **35** 74 f
– Ordnungsmaßnahmen bei Störung **37** 76 ff
– Ort **36** 50 ff
– Räumung **37** 81
– Reihenfolge der Abstimmungen **37** 75
– Reihenfolge der Redner **37** 62
– Reihenfolge der Tagesordnungspunkte **37** 61
– satzungsmäßige Kompetenzzuweisungen **35** 6
– satzungsmäßige Zuständigkeit **35** 49 f
– Schließung **37** 102
– Schließung der Rednerliste **37** 69
– Schluss der Debatte **37** 70
– Sonderversammlung **40** 67
– stenografisches Protokoll **37** 56
– Stimmrecht s. dort
– Tagesordnung **36** 24, 36, 57 ff
– Teilnahmeberechtigung **37** 1 ff; **79** 35 f
– Teilnehmerverzeichnis **37** 25 ff
– Ton- und Bildaufnahmen **37** 53
– typischer Ablauf **37** 82 ff
– ungeschriebene Zuständigkeit **35** 51 ff
– Universalversammlung **35** 78 f
– Unterbrechung **37** 64
– Unterrichtungen im Vorfeld **36** 93 ff
– Verhältnis zu anderen Organen **35** 5 ff
– Verhandlungssprache **37** 55
– Versammlungsleiter **37** 35 ff
– Verweisung **37** 80 f
– virtuelle **37** 103 ff
– Vollversammlung **35** 78

magere Zahlen = Randnummern

Sachverzeichnis

- Wahl der Aufsichtsratsmitglieder **30** 46 ff
- Wahlen **40** 87 ff
- Wortentzug **37** 78
- Zeit **36** 49
- Zulassung von Gästen **37** 52
- Zuständigkeit **35** 11 ff
- Zweck **35** 1 ff

Hauptversammlungsbeschlüsse
- Ausführungspflicht **25** 94
- Vorbereitung und Abschluss von Verträgen **25** 92
- Vorbereitung von Maßnahmen **25** 91

Hauptversammlungsbeschluss
- Abstimmung **40** 15 ff
- Abstimmungsverfahren **40** 25 ff
- Amtslöschung **42** 30 f
- Anfechtbarkeit **42** 42 ff
- Antragsrecht **40** 10 f
- Aufhebung **40** 59
- Auslegung **40** 2
- Bedingung **40** 56 ff
- Befristung **40** 55
- Beschlussantrag **40** 6 ff
- Charakteristika **40** 3 f
- Eingangskontrolle **42** 3
- Eintragung ins Handelsregister **40** 54, 82 ff
- Eventualabstimmung **40** 24
- Feststellung **40** 48 ff
- formeller Beschluss **40** 3
- geheime Abstimmung **40** 27
- Kapitalmehrheit **40** 42 ff
- Mängel s. Beschlussmängel
- Mehrheitserfordernisse **40** 38 ff, 81; **79** 43; **86** 28
- Nichtigkeit **40** 2; **42** 12 ff
- Protokollierung **40** 53; **41** 9 ff
- Rechtsgeschäft eigener Art **40** 1 f
- Rückwirkung **40** 60
- satzungsändernde Beschlüsse s. dort
- Sonderbeschlüsse s. dort
- Stimmmehrheit **40** 42 ff
- Teilnichtigkeit **42** 36
- zeitliche Geltung **40** 55 ff
- Zustimmungserfordernisse **4** 62; **40** 5; **79** 39 ff

Hauptversammlungsleiter
- Abberufung **37** 43 ff
- Abwahlantrag **40** 16
- Aufgaben und Befugnisse **37** 46 ff
- Aufsichtsratsvorsitzender **37** 36
- Bestellung **37** 35 ff
- Bindung an Tagesordnung **37** 49 ff
- Eröffnung der Versammlung **37** 84 ff
- Interimsleiter **37** 39
- Leitungsmaßnahmen **37** 52 ff
- Vertreter **37** 38

Heilung
- Beurkundungsmängel **42** 38

- Einberufungsfehler **42** 39
- Nichtigkeit eines Hauptversammlungsbeschlusses **42** 37 ff
- schwere Inhaltsfehler **42** 39

Herrschender Einfluss s. Beherrschender Einfluss

Hin- und Herzahlen
- Abgrenzung **16** 49
- bei bedingter Kapitalerhöhung **58** 53
- Darlegungs- und Beweislast **16** 51
- Erfüllungswirkung der Einlageleistung **16** 52; **57** 72
- Her- und Hinzahlen **16** 53
- Kapitalerhöhung gegen Sacheinlagen **57** 72 ff
- im Konzern **70** 49
- Rechtsfolgen **16** 52
- Rückgewähranspruch **16** 51; **57** 76
- Vereinbarung **16** 50
- Voraussetzungen **16** 50 f

Hinterbliebenenversorgung 21 86, 110 ff

Höchststimmrecht
- Beseitigung **39** 18 f
- Einführung **39** 18 f
- möglicher Inhalt **39** 14 ff
- Umgehungsschutz **39** 17

Holdinggesellschaft 54 31

Holding-SE
- Gläubigerschutz **84** 56
- Gründungsplan **84** 46 f
- Gründungsvorgang **84** 45 ff
- Grundkapital **84** 52
- Minderheitsschutz **84** 56
- Mindesteinbringungsquote **84** 48, 51
- Sachgründung **84** 50
- Umtauschverhältnis **84** 46, 56
- Verhältnis zum Übernahmerecht **84** 54 f
- Zustimmungsbeschluss **84** 47

Holzmüller-**Rechtsprechung 19** 10; **35** 52 ff; **59** 46; **70** 11; **73** 67

Indossament
- Blankoindossament **14** 8, 64
- Form und Inhalt **14** 7 ff
- gutgläubiger Erwerb **14** 11 f
- Legitimationswirkung **14** 10
- Übertragung von Namensaktien **14** 6 ff

Industrieobligationen 64 1

Informationsordnung 25 65

Informationspflichten
- Erwerb eigener Aktien **15** 57 f

Informationspflichten nach WpHG s. a. Ad hoc-Mitteilung

Inhaberaktien
- Aktienart **12** 7; **13** 1
- Übereignung **14** 5
- Übertragung **14** 4
- Übertragung bei Sammelverwahrung **14** 65

Sachverzeichnis

halbfette Zahlen = Paragraphen

- Übertragung bei Sonderverwahrung **14** 61
- Umwandlung in Namensaktien **13** 5 f
- Verkörperung der Mitgliedschaft **14** 4

Inhaltskontrolle
- Anstellungsverträge der Vorstandsmitglieder **21** 15
- Bezugsrechtsausschluss **42** 71; **57** 115

Insiderinformation s. Ad hoc-Mitteilung
Insiderliste 57 206
Insolvenz
- Auflösungsgrund **66** 6 f
- Firma **7** 9 f
- Gesellschaft **21** 150; **66** 6
- Vorstandsmitglieder **21** 14, 144 f

Insolvenzantragspflicht 25 104 ff
- Allgemeines **25** 104 ff
- Antragstellung **25** 114 f
- Überschuldung **25** 110 ff
- Voraussetzungen **25** 108 ff
- Zahlungsunfähigkeit **25** 109
- Zahlungsverbot **25** 116 ff

Insolvenzantragsrecht 25 106
Inspire Art-Entscheidung **8** 23
Interim Manager 21 6
Internal Investigations 26 4; **29** 45
Internationales Privatrecht
- Erwerb eigener Aktien **15** 70
- Übernahme eigener Aktien **15** 11

Interne Revision 32 28
Invaliditätsrente 21 92
Investitionsausschuss 32 2
Investment-AG 2 13
Irreführungsverbot 7 6

Jahresabschluss
- Abhängigkeitsbericht **45** 10, 21; **46** 5; **48** 4
- bei Abwicklung **67** 17
- Änderung fehlerfreien Abschlusses **46** 17
- Änderung fehlerhaften Abschlusses **46** 15 f
- Änderung vor Feststellung **46** 12
- Änderung vor/nach Hauptversammlungseinberufung **46** 13 f
- AG **44 ff**
- Angaben zu übernahmerelevanten Umständen **44** 15
- Angaben zu Vorstandsbezügen **44** 14
- Anhang **44** 25
- Aufstellung **44** 1 ff; **81** 1
- Ausgleichszahlung bei Gewinnabführungsvertrag **44** 13
- Auskunftsrecht der Aktionäre **38** 22
- Ausweis der Rücklagenveränderungen **44** 12
- Bilanzausweis des Eigenkapitals **44** 8 ff
- Billigung unter Auflagen/Bedingungen **46** 4
- Corporate Governance-Berichts **44** 23
- Erklärung zur Unternehmensführung **44** 22 f
- fehlerhafte Bewertung **48** 8
- fehlerhafte Gliederung **48** 7
- Feststellung durch Hauptversammlung **46** 7 ff; **81** 12 f
- Feststellung durch Urteil **81** 14
- Feststellung durch Vorstand/Aufsichtsrat **46** 1 ff
- Feststellungsfehler **48** 6
- gesetzliche Rücklage **44** 2 ff, 7
- Gewinn- und Verlustrechnung **44** 11 ff; **81** 7
- Gewinnermittlungsgrundlagen **46** 18 ff
- Gewinnverwendung **47** 1 ff; **81** 20 ff
- Grundkapital **44** 8
- Heilung von Mängeln **48** 9
- Inhalts- und Prüfungsmängel **48** 5
- Kapitalrücklage **44** 5 f, 7
- KGaA **81** 1 ff
- Mängel **46** 16; **48** 5 ff
- Maßgeblichkeitsgrundsatz **46** 20
- Nachtragsprüfung **46** 10
- Nichtfinanzielle Erklärung/Bericht **44** 16 ff
- Nichtigkeit **46** 15; **48** 1 ff
- Prüfung s. Abschlussprüfung
- Rücklagenbildung **47** 4 ff
- Rücklagenveränderung **44** 10
- Sonderregeln **44** 1 ff, 2 ff
- Sondervorschriften bei KGaA **81** 4 ff
- steuerliche Bedeutung **46** 18 ff
- Vergütungsbericht **44** 24
- zusätzliche Pflichtangaben/Erklärungen **44** 14 ff
- zusätzlicher Jahresabschluss **81** 8 f

Jahresabschlussprüfung s. Abschlussprüfung

Kaduzierung
- Androhung des Ausschlusses **16** 16
- Ausfallhaftung **16** 20
- Ausschlussverfahren **16** 15
- fehlerhafter Ausschluss **16** 21
- bei nicht rechtzeitiger Einlagenzahlung **16** 13 ff
- Regress gegen Vormänner **16** 22 f
- Wirkungen des Ausschlusses **16** 18

Kapitalaufbringung
- durch Bar- oder Sacheinlagen **16** 1
- Befreiungsverbot **16** 26 ff
- Einlagepflicht **16** 3 ff
- Grundsatz realer – **15** 1; **16** 1
- Hin- und Herzahlen **16** 49 ff
- im Konzern **70** 49 ff
- Sicherung **15** 1; **16** 3 ff
- verdeckte Sacheinlagen **16** 34 ff

Kapitalerhaltung
- Einlagerückgewährverbot **16** 58 ff
- im Konzern **70** 49 ff
- Zweck **15** 1; **16** 1

Kapitalerhöhung
- bedingte – **56** 4; **58** 1 ff
- Beschaffung neuen Eigenkapitals **56** 2 ff

magere Zahlen = Randnummern

Sachverzeichnis

– gegen Einlagen **56** 3; **57** 1 ff
– genehmigtes Kapital **59** 1 ff
– aus Gesellschaftsmitteln **56** 6; **60** 1 ff
Kapitalerhöhung aus Gesellschaftsmitteln
– Ad hoc-Mitteilung **60** 103
– Anmeldung **60** 49
– Aufrechterhaltung bestehender Aktionärsrechte **60** 75 ff
– Ausstattung neuer Aktien **60** 73 f
– Ausübung von Mitgliedschaftsrechten **60** 65
– Berechtigung der Altaktionäre **60** 58 ff
– Beschlussfassung **60** 9 ff
– echte Kapitalerhöhung **60** 1
– Eintragung ins Handelsregister **60** 52 ff
– Erhöhung bedingten Kapitals **60** 92 f
– fehlerhafte Eintragung **60** 57
– Gewinnbeteiligung **60** 70 ff
– Jahresbilanz **60** 28 ff
– Kapitalerhöhungsbeschluss **60** 9 ff
– Kapital-/Gewinnrücklagen **60** 40 f
– kapitalmarktrechtliche Aspekte **60** 102 ff
– Nennbetragsaktien **60** 3, 66 f
– Prospektpflicht **60** 102
– Rechtsbeziehungen mit Dritten **60** 88 ff
– Schranken **60** 7
– Schütt-aus-hol-zurück-Verfahren **60** 8
– Sonderrücklage **60** 48, 93
– steuerliche Behandlung **65** 10 ff
– Stückaktien **60** 4, 66
– teileingezahlte Aktien **60** 66 ff, 83 ff
– Teilrechte **60** 62 ff
– Umwandlungsausschluss **60** 44 ff
– Umwandlungsbeschränkung **60** 44 ff
– umwandlungsfähige Rücklagen **60** 39 ff
– Verbindung mit sonstigen Kapitalveränderungen **60** 5 f
– Verbriefung **60** 62, 94 ff
– Verlust/Verlustvortrag **60** 46
– Vermeidung von Teilrechten **60** 64
– verschiedene Aktiengattungen **60** 75
– Verwertung nicht abgeholter Aktien **60** 99 ff
– Wahrung bestehender Rechte **60** 75 ff
– Wirksamwerden **60** 55 f
– Zehn-Prozent-Grenze **60** 44 f
– Zuführungen **60** 42 f
– zugrunde zu legende Bilanz **60** 28 ff
– Zulässigkeit der Umwandlung **60** 39 ff
– zweckbestimmte Gewinnrücklagen **60** 47
– Zwischenbilanz **60** 32 ff
Kapitalerhöhung, bedingte
– Ablauf **58** 4
– abschließende Aufzählung **58** 16
– Aktienoptionen **58** 40 f, 104
– Arbeitnehmeraktien **58** 11 ff, 15
– Ausgabe neuer Aktien **58** 77 ff, 95 ff
– Ausgabebetrag **58** 22, 34 ff
– Begebung **58** 79
– Berichtspflicht **58** 20 f

– Beschlussfassung **58** 25 ff
– Beschlussinhalt **58** 29 ff
– Bezugsrecht **58** 18 ff, 59 ff
– Bezugsrechtsausschluss **58** 18 f
– Erhöhungsbeschluss **58** 25 ff, 55 ff
– naked warrants **58** 9, 12
– praktische Bedeutung **58** 3
– Sacheinlagen **58** 44 ff
– Sacheinlagenkauteln **58** 45 ff
– sachliche Rechtfertigung **58** 18 f
– Stock Options **58** 11 ff
– Umfang **58** 23 f
– Umtausch- und Bezugsberechtigte **58** 33
– Unternehmenszusammenschlüsse **58** 10, 39
– Verbriefung **58** 78
– Verwässerungsschutzklausel **58** 37
– Volleinzahlung bisheriger Einlagen **58** 17
– Voraussetzungen **58** 5 ff
– Wandel- und Optionsanleihen **58** 6 ff, 48 ff, 84 ff, 99 ff
– Wirksamwerden **58** 93 f
– zulässige Zwecke **58** 5 ff
– Zweck bedingter Kapitalerhöhung **58** 32
Kapitalerhöhung durch genehmigtes Kapital s. Genehmigtes Kapital
Kapitalerhöhung gegen Einlagen
– Ablauf **57** 2
– Anmeldung zur Eintragung ins Handelsregister **57** 186 ff
– nach Auflösung **57** 10
– Ausgabe neuer Aktien **57** 1, 28, 193 f
– Ausgabebetrag **57** 29 ff, 43 ff
– Ausschluss des Bezugsrechts **57** 114 ff
– Auswirkung auf Vertragsbeziehungen zu Dritten **57** 195 ff
– Bekanntmachung **57** 186 ff
– Bewertung der Sacheinlage **57** 47 ff
– Bezugsrecht **57** 94 ff
– Bezugsrechtsausschluss **57** 33, 114 ff
– Bezugsverhältnis **57** 33, 103
– Bilanzierung **57** 50
– Debt Equity Swap **57** 85 ff
– Differenzhaftung des Einbringenden **57** 60 ff
– Einbringungsvertrag **57** 53
– Einlageleistung **57** 182 ff
– Eintragung ins Handelsregister **57** 186 ff
– Einzahlung bisheriger Einlagen **57** 3 ff
– fehlerhafte – **57** 198 ff
– gemischte Sacheinlage **57** 83 f
– gesetzliches Bezugsrecht **57** 94 ff
– Gewährleistung der AG **57** 54 f
– Höhe des Ausgabekurses **57** 31
– Informationspflichten **57** 204 ff
– bei Insolvenz **57** 10
– Kapitalerhöhungsbeschluss **57** 15 ff
– Leistungsstörungen **57** 59
– Missbrauchskontrolle **57** 9
– mittelbares Bezugsrecht **57** 146 ff

Sachverzeichnis

halbfette Zahlen = Paragraphen

- als Nachgründung **57** 64
- ordnungsgemäße Durchführung früherer Kapitalmaßnahmen **57** 12
- Pflicht zum Unterlassen **57** 13 f
- Pflicht zur Durchführung **57** 13 f
- prospektfreie **57** 203
- Prospektpflicht **57** 202 f
- Prüfung der Sacheinlagen **57** 51 f
- rechtsgeschäftliches Bezugsrecht **57** 158 ff
- Sacheinlagen **57** 33, 47 ff
- sachliche Rechtfertigung **57** 8 f
- Schütt-aus-hol-zurück-Verfahren **57** 79 ff
- steuerliche Behandlung **65** 1 ff
- bei Übernahmeangebot **57** 11
- Übernahmerecht **57** 207
- Unwirksamkeit der Sacheinlagevereinbarung **57** 59
- Verbindung mit anderen Kapitalmaßnahmen **57** 1
- verdeckte Sacheinlagen **57** 3, 66 ff
- Voreinzahlung auf künftige Bareinlagepflicht **57** 184
- Wirksamwerden **57** 192
- Zeichnung der Aktien **57** 165 ff
- Zeichnungsmängel **57** 177 ff
- Zulässigkeitsvoraussetzungen **57** 3 ff

Kapitalerhöhungsbeschluss
- Änderung **57** 25
- Aktienoptionsprogramme **58** 40 f
- Anmeldung zur Eintragung ins Handelsregister **57** 88 f; **58** 55 ff
- Arbeitnehmeraktien **58** 41
- Aufhebung **57** 25
- Ausgabebetrag **57** 29 ff, 43 ff; **58** 34 ff
- bei bedingter Kapitalerhöhung **58** 25 ff
- Beginn der Gewinnberechtigung **57** 34
- Bekanntmachung **58** 55 ff
- Beschlussfassung **57** 15 ff; **58** 25 ff; **60** 9 ff, 18
- Bezugsrechtsausschluss **57** 33, 114 ff; **58** 18 f
- Bezugsverhältnis **57** 33, 103
- Durchführungsfrist **57** 27, 35
- Eintragung ins Handelsregister **57** 93; **58** 55 ff; **60** 55
- Erhöhungsbetrag **57** 27; **58** 30; **60** 12
- Fälligkeit der Einlagen **57** 37
- fakultativer Inhalt **57** 34 ff; **58** 42
- fehlerhafte Eintragung **60** 57
- Inhalt **57** 26 ff; **58** 29 ff; **60** 12 ff
- bei Kapitalerhöhung aus Gesellschaftsmitteln **60** 9 ff
- bei Kapitalerhöhung gegen Einlagen **57** 15 ff
- Mängel **42** 188 ff; **57** 40; **58** 43; **60** 19 ff
- Mehrheitserfordernis **57** 16 ff; **58** 26; **60** 10
- neue Aktien **57** 28
- Prüfung durch Registergericht **57** 90 ff
- Sacheinlagen **57** 33, 43 ff
- Sonderbeschluss **57** 20 ff; **58** 27; **60** 11
- Stückelung neuer Aktien **60** 16

- Umtausch- und Bezugsberechtigte **58** 33
- Verfallfrist **57** 36
- Zuständigkeit **57** 15; **58** 25
- Zweck bedingter Kapitalerhöhung **58** 32

Kapitalherabsetzung
- durch Einziehung **56** 10; **63** 1 ff
- ordentliche – **56** 7 ff; **61** 1 ff
- steuerliche Behandlung **65** 13 ff
- als verdeckte Gewinnausschüttung **65** 24
- vereinfachte – **56** 9; **62** 1 ff

Kapitalherabsetzung durch Einziehung
- Ablauf der Einziehung **63** 7
- Abwicklung **63** 45 ff
- Allgemeines **63** 1 ff
- angeordnete Zwangseinziehung **63** 9 ff
- Anmeldung der Durchführung **63** 50
- Anmeldung des Einziehungsbeschlusses **63** 45 f
- Auflösung **63** 5
- bei Ausschluss von Aktionären **63** 56 ff
- Ausweis im Jahresabschluss **63** 6
- Auszahlungsverbot **63** 34
- Bekanntmachung des Einziehungsbeschlusses **63** 45 f
- Eintragung des Einziehungsbeschlusses **63** 45 f
- Einziehung nach Erwerb durch Gesellschaft **63** 24 ff
- Einziehung von Stückaktien ohne Kapitalherabsetzung **63** 51 ff
- Einziehungsbeschluss **63** 29 ff, 42
- Einziehungsentgelt **63** 15 ff
- Einziehungshandlung **63** 47
- Einziehungsverfahren **63** 28 ff
- nach Erwerb der Aktien durch Gesellschaft **63** 7, 24 ff
- gestattete Zwangseinziehung **63** 12 ff
- Gläubigerschutz **63** 33 ff, 43
- Insolvenz **63** 5
- Mindestnennbetrag **63** 4
- ordentliche Einziehung **63** 29 ff
- sachliche Rechtfertigung **63** 11, 13 f
- Sicherheitsleistung **63** 33
- Untergang einzelner Aktien **63** 1
- vereinfachte Einziehung **63** 37 ff
- Wirksamwerden **63** 48 f
- durch Zwangseinziehung **63** 7, 8 ff

Kapitalherabsetzung, ordentliche
- Ablauf **61** 20
- Abwicklung **61** 61 ff
- Änderung **61** 45 f
- Aktionärsschutz **61** 12, 16 f
- Anmeldung der Durchführung **61** 75 ff
- Aufhebung **61** 45 f
- Ausweis im Jahresabschluss **61** 1 ff
- Auswirkungen auf Mitgliedschaftsrechte **61** 42 f
- Auswirkungen auf Rechte Dritter **61** 44
- Auszahlungs- und Erlassverbot **61** 57 ff
- Beschlussfassung **61** 21 ff

magere Zahlen = Randnummern

Sachverzeichnis

- Bezugsrechtsausschluss **61** 17
- Directors' Dealings **61** 81
- Durchführungswege **61** 5 ff
- fehlerhafte – **61** 47
- freiwillige Zuzahlungen **61** 14
- Gewinn- und Verlustrechnung **61** 4
- Gläubigerschutz **61** 48 ff
- Gleichbehandlungsgebot **61** 18
- Herabsetzung auf Null **61** 11, 83 ff
- Herabsetzung der Aktiennennbeträge **61** 6, 15, 62 ff
- Herabsetzung unter Mindestbetrag **61** 11
- Informationspflichten nach WpHG **61** 80 f
- Inhalt **61** 1 ff
- Insolvenz **61** 19
- Kapitalherabsetzungsbeschluss **61** 21 ff
- Kraftloserklärung **61** 70 ff
- Liquidation **61** 19
- Meldepflichten **61** 80 ff, 85
- Neueinteilung der Aktiennennbeträge **61** 9
- Neuzulassung **61** 84
- prospektrechtliche Aspekte **61** 79
- Reduzierung der Grundkapitalziffer **61** 7, 61
- Sachausschüttungen **61** 3
- sachliche Rechtfertigung **61** 15
- Satzungsänderung **61** 21
- Sicherheitsleistung **61** 49 ff
- sofortige Wiedererhöhung **61** 10
- Spitzenverwertung **61** 68 ff
- Übernahmerecht **61** 82
- Unterbilanz **61** 1, 10
- unverkörperte Aktien **61** 74
- Verbindung mit anderen Kapitalmaßnahmen **61** 10 ff
- Wiedererhöhung nach Herabsetzung auf Null **61** 16 f
- Wirksamwerden **61** 39 ff
- Zusammenlegung von Aktien **61** 7
- durch Zusammenlegung von Aktien **61** 15, 65 ff
- Zusammenlegungsverfahren **61** 65
- Zweck **61** 1 ff

Kapitalherabsetzung, vereinfachte
- Abwicklung **62** 21
- Allgemeines **62** 1 ff
- Auflösung von Reserven **62** 10 ff
- Ausschüttungsbeschränkung **62** 34 ff
- Ausschüttungsverbot **62** 23, 31 ff
- Ausweis im Jahresabschluss **62** 4
- Bekanntmachung des Jahresabschlusses **62** 47
- Beschränkung künftiger Gewinnausschüttungen **62** 31 ff
- Durchführung **62** 18 ff
- Einstellung von Beträgen in Kapitalrücklage **62** 25 ff
- Einstellungspflichtverletzungen **62** 30
- kein Gewinnvortrag **62** 11
- gleichzeitige Wiedererhöhung **62** 2

- Höchstbetrag zur Rücklagendotierung **62** 15 f
- Insolvenzplan **62** 5
- Kapitalherabsetzungsbeschluss **62** 18 ff
- Kraftloserklärung **62** 21
- Minderheitenschutz **62** 17
- Rückbeziehung der Kapitalherabsetzung **62** 38 ff
- Rückbeziehung gleichzeitiger Kapitalerhöhung **62** 42 ff
- Rücklagenauflösung **62** 10 ff
- Rückwirkung **62** 1, 38 ff
- sachliche Rechtfertigung **62** 17
- keine Sicherheitsleistungspflicht **62** 1
- steuerliche Behandlung **65** 25 f
- Verlustdeckung **62** 8
- Zwecke **62** 7 ff
- zweckgerechte Verwendungspflicht **62** 22 ff

Kapitalherabsetzungsbeschluss
- Anfechtbarkeit **61** 33; **62** 20
- Anmeldung **61** 34 ff
- Bekanntmachung **61** 38
- Beschlussfassung **61** 21 ff; **62** 18
- Bestimmbarkeit **61** 27
- Durchführung **61** 30
- Eintragung **61** 34 ff
- Herabsetzungsbetrag **61** 27 f
- Inhalt **61** 26 ff; **62** 19
- Mängel **61** 33; **62** 20
- Mehrheitserfordernis **61** 22
- Nichtigkeit **61** 33; **62** 20
- bei ordentlicher Kapitalherabsetzung **61** 21 ff
- Prüfung des Registergerichts **61** 37
- Satzungsanpassung **61** 32
- Sonderbeschluss **61** 24
- bei vereinfachter Kapitalherabsetzung **62** 18
- Zuständigkeit **61** 21
- Zweck der Herabsetzung **61** 29

Kapitalmarktrechtliche Publizitätspflichten
s. Ad hoc-Publizität, Directors' Dealings

Kapitalmaßnahmen
- Aktienoptionsprogramme **64** 100 ff
- Aktienpotionen **64** 100 ff
- Auskunftsrecht der Aktionäre **38** 30
- Eigenkapitalfinanzierung **56 ff**
- Fremdkapitalfinanzierung **64**
- KGaA **80** 18
- steuerliche Behandlung **65** 1 ff

Kapitalmehrheit 40 42 ff; **69** 45
Kapitalrücklage 71 69
Kapitalsammelbecken 2 5
Kernbereich von Aktionärsrechten 78 64
Klagebefugnis
- Aufsichtsratsmitglieder **33** 90 ff
- Fallgruppen **33** 91 ff

Kleinbeteiligtenprivileg 16 91
Körperschaftsteuer
- Abzugsverbote **50** 9, 11 ff
- AG **51** 2 ff

Sachverzeichnis

halbfette Zahlen = Paragraphen

- Aufsichtsratsvergütungen **50** 15 ff
- ausländische Betriebsstätte **50** 45 ff
- Besonderheiten aus Systemwechsel **51** 16 ff
- Beteiligung an ausländischer Kapitalgesellschaft **50** 54 ff
- Beteiligung an ausländischer Personengesellschaft **50** 51 ff
- Einkommensabgrenzung KGaA/Komplementär **82** 12 ff
- Einkommensermittlung **50** 1 ff; **82** 10 f
- Einkünfte aus Gewerbebetrieb **50** 3
- Ende unbeschränkter – **49** 10 ff
- Erhöhungen **51** 18
- Geldstrafen, Geldbußen **50** 14
- grenzüberschreitende Lieferungen/Leistungen **50** 41 ff
- KGaA **82** 9 ff
- körperschaftsteuerliche Eigenkapital **51** 5 ff
- Liquidation **68** 4 ff
- Minderungen **51** 17
- Rückausnahmen von Steuerfreiheit **50** 34 ff
- Sanierungsgewinne **50** 38
- Spendenabzug **50** 11 f
- Steuerabzugsverbot **50** 13
- steuerfreie Einkünfte **50** 19 ff
- Steuersätze **51** 2 ff; **82** 16
- Systemwechsel **51** 16 ff
- unbeschränkte Steuerpflicht **8** 20; **49** 1 ff
- verdeckte Einlagen **50** 109 ff
- verdeckte Gewinnausschüttungen **50** 60 ff; **82** 11
- Verlustnutzung bei AG **50** 154 ff
- Zinsabzugsbegrenzung **50** 123 ff
- Zinsschrankenregelung **50** 123 ff

Kommanditaktien
- Umwandlung in Komplementäreinlagen **80** 18

Kommanditaktionäre
- Anteile im Betriebsvermögen **82** 8, 33 ff
- Anteile im Privatvermögen **82** 7, 31 f
- Auskunftsrecht **78** 60
- Besteuerung **82** 7 f, 31 ff
- Bezugsrecht **80** 4
- Geschäftsführung **78** 28
- Gestaltungsfreiheit **78** 62
- Gewinnverwendung **81** 21
- Kernbereich von Aktionärsrechten **78** 64
- Parteifähigkeit **78** 59
- kein Personenverband **78** 58
- Rechte **78** 60 ff
- Rechtsstellung **78** 57 ff
- Rechtsverhältnis zu Komplementären **78** 58 f
- Schutz bei Kapitalmaßnahmen **80** 5 f
- sonstige Vergütungen **82** 36
- Treuepflicht **78** 61
- Verbandsverhältnis **78** 58
- Versammlung **79** 35 ff

Kommanditgesellschaft auf Aktien 2 3
- Aktien **77** 18 ff
- Auflösung **77** 29 ff
- Aufsichtsrat **79** 54 ff
- Ausgestaltung **76** 17
- Ausscheiden eines Komplementärs **78** 31 ff, 42 ff
- Ausschließung eines Komplementärs **78** 40 ff
- Bedeutung **76** 3 ff
- Begründung der Komplementärstellung **78** 2 ff
- Beirat **79** 77
- Besteuerung **82** 3
- Bezugsrecht der Kommanditaktionäre **80** 4
- Bilanz **81** 4 ff
- Corporate Governance Kodex **79** 94 ff
- Einheits-Kapitalgesellschaft & Co. KGaA **78** 12
- Einlagen der persönlich haftenden Gesellschafter **77** 21 ff
- Entwicklung **76** 1 f
- Erhöhung bestehender Komplementäranteile **80** 1 ff
- Erhöhung des Grundkapitals **80** 9 ff
- Ertragsbesteuerung **82** 9 ff
- fakultative Gesellschaftsorgane **79** 76 ff
- Firma **77** 7 ff
- genehmigtes Komplementärkapital **80** 8
- Geschäftsführung **78** 16 ff; **79** 2 ff
- Gesellschafterausschuss **79** 79
- Gesellschafterdarlehen **77** 28
- Gestaltungsfreiheit **76** 14 ff; **78** 62; **79** 1
- Gewerbesteuer **82** 19
- Gewinnverteilung **81** 15 ff
- Gewinnverwendung **81** 20 ff
- Gründung **77** 1 ff
- Hauptversammlung **79** 35 ff
- Jahresabschluss **81** 1 ff
- Kapitalmaßnahmen **80** 1 ff
- Körperschaft **82** 3
- Körperschaftsteuer **82** 9 ff
- Kombination der Besteuerungssysteme **82** 2
- Komplementärgesellschaft **76** 12
- Komplementärhaftung **78** 20 ff
- Konzernrecht **79** 87 ff
- Kreditgewährung **81** 5
- Mitteilungspflichten **79** 92 f
- Nachteile **76** 9
- Normenhierarchie **76** 13
- persönlich haftende Gesellschafter **78** 10 ff
- Rechte der Komplementäre **78** 16 ff
- Rechtsbeziehungen **76** 11
- Rechtsnatur **76** 10 ff
- Rechtsstellung der Kommanditaktionäre **78** 57 ff
- Satzung **77** 4 ff; **79** 1 ff
- Schaffung neuer Komplementäranteile **80** 1 ff
- Selbstorganschaft **79** 3
- Squeeze -out **79** 91
- Steuerrecht **82** 1 ff
- Treuepflicht **78** 29 f
- Übergangsrechtsform **76** 7
- Übernahmerecht **79** 100

magere Zahlen = Randnummern

- Umwandlung von Kommanditaktien in Komplementäreinlagen **80** 18
- Umwandlung von Komplementäranteilen in Aktien **80** 12 ff
- Verbuchung einer Vermögenseinlage **80** 7
- Verfassung **79** 1 ff
- Vermögenseinlagen **80** 1 ff
- Vertretung **78** 19; **79** 29 ff
- Verwässerungsschutz **80** 5
- Vorteile **76** 8
- Wahl der Rechtsform **82** 1
- Wettbewerbsverbot **78** 25 ff
- zusätzlicher Jahresabschluss **81** 8 ff

Kompetenzverteilung 79 1; **86** 15 ff

Komplementär
- Abfindung bei Ausscheiden **78** 53
- Aufnahme bei Gründung **78** 3
- Aufnahme nach Gründung **78** 4
- Aufnahme neuer Komplementäre **78** 5
- Ausscheiden aufgrund gesetzlicher Regelungen **78** 31 ff
- Ausscheiden aufgrund Satzungsregelungen **78** 42 ff
- Ausscheiden des letzten persönlich haftenden Gesellschafters **78** 48 ff
- Ausschließung **78** 40 f
- Ausschluss von Geschäftsführung **78** 17
- Bedingung/Befristung der Komplementärstellung **78** 45
- Begründung der Komplementärstellung **78** 2 ff
- beschränkt Geschäftsfähige **78** 15
- Besteuerung **82** 4 ff
- Entnahmen **81** 22 ff
- Ertragsbesteuerung **82** 21 ff
- Geschäftsführung **78** 16 ff; **79** 2 f
- Geschäftsunfähige **78** 15
- Gewinnverwendung **81** 22 ff
- Haftung im Innenverhältnis **78** 22
- Haftungsdauer **78** 23
- Haftungsfreistellung **78** 24
- Haftungsumfang **78** 20
- Insolvenz **78** 37
- Kapitalgesellschaft **79** 28
- Kündigung des Gesellschaftsverhältnis **78** 38, 39, 46
- persönliche Haftung **78** 20 ff
- Qualifikation **78** 10 ff
- Rechte **78** 16 ff
- Rechte bei Grundkapitalerhöhung **80** 10 f
- Rechtsfolgen des Ausscheidens **78** 53 ff
- Sorgfaltspflicht **79** 22 f
- Tod **78** 33 ff
- Treuepflicht **78** 29 f
- Übertragung des Kapitalanteils **78** 47
- Umwandlung des Kapitalanteils **78** 55
- Vertretung **78** 19
- Wettbewerbsverbot **78** 25 ff

Sachverzeichnis

Komplementäranteile
- Erhöhung bestehender Anteile **80** 1 ff
- genehmigtes Komplementärkapital **80** 8
- Schaffung neuer Anteile **80** 1 ff
- Umwandlung in Aktien **80** 12 ff

Konsortialabsprache 33 9

Konsortialverträge 69 52 ff

KonTraG 1 26

Konzeptbeschluss 70 12

Konzern s. a. Unternehmensverträge
- Begriffsdefinition **69** 67 ff
- Beständigkeit der Zusammenfassung **69** 69 ff
- durch Eingliederung **74 ff**
- einheitliche Leitung **69** 69 ff
- enger Begriff **69** 70
- faktischer – **69** 74; **70** 141 ff
- Gleichordnungskonzern **69** 79 ff
- Grundlagen **69** 67 f
- Konzern im Konzern **28** 12, 20; **69** 76
- Rechtsfolgen **69** 78
- Unterordnungskonzern **69** 72 ff
- Vertragskonzern **71** 1 ff
- weiter Begriff **69** 70

Konzernabschluss 81 3
- Auskunftsrecht der Aktionäre **38** 22
- KGaA **81** 3, 15
- keine Sonderregeln **44** 1

Konzernanstellungsverträge 21 3 f

Konzernfinanzierung
- Cash Management **70** 49, 64
- Erwerb eigener Aktien **70** 53 f
- Fremdfinanzierung **70** 58 ff
- Gewinnverwendung **70** 56 f
- Kapitalaufbringung **70** 49 ff
- Kapitalerhaltung **70** 49 ff
- Mehrfachbelegung des Kapitals **70** 55
- Nachgründung **70** 50
- Sonderprobleme **70** 48
- verdeckte Einlagenrückgewähr **70** 52
- verdeckte Sacheinlagen **70** 49
- Vergabe „absteigender" Darlehen **70** 59
- Vergabe „aufsteigender" Darlehen **70** 60

Konzerngefahr 69 6; **71** 9

Konzerninteresse 70 25

Konzernklausel 70 5

Konzernleitung 19 38 ff
- im Abhängigkeitsverhältnis **70** 22 ff; **71** 151 ff
- Aufsichtsrat der abhängigen Gesellschaft **70** 39 ff; **71** 175
- Aufsichtsrat des herrschenden Unternehmens **70** 34 ff; **71** 174
- Auskunftsanspruch **71** 156
- Ausübung des Weisungsrechts **71** 157 ff
- bei Beherrschungsvertrag **71** 151 ff
- Compliance-System **70** 26
- Eingriffe in Vermögenssubstanz **71** 154
- Hauptversammlungszuständigkeiten **70** 43 ff
- durch herrschendes Unternehmen **70** 22 ff

Sachverzeichnis

halbfette Zahlen = Paragraphen

– Informationsrechte **70** 27, 33, 37, 47; **71** 178
– Interessenkonflikte **70** 32
– Kontrolle durch Hauptversammlungen **70** 43 ff; **71** 176 ff
– Konzerninteresse **70** 25
– Konzernleitungspflicht **74** 50
– Konzernstrategie **19** 39
– Leitungsmaßnahmen **71** 151
– Leitungspflicht **70** 26; **71** 160
– nachteilige Weisungen **71** 153
– Personalentscheidungen **70** 38, 41
– Pflichten des Vorstands abhängiger Gesellschaft **70** 31; **71** 161 ff
– Überwachung **29** 32; **70** 26, 34 ff, 40
– unzulässige Maßnahmen **70** 24 f; **71** 152
– Verantwortlichkeit der abhängigen Gesellschaft **71** 170 ff
– Verantwortlichkeit des herrschenden Unternehmens **71** 164 ff
– Vertragskonzern **71** 151 ff
– Weisungsadressat **71** 158
– Weisungsfolgepflichtverletzung **71** 163
– Weisungsrecht des herrschenden Unternehmens **70** 23; **71** 151 ff
– zulässige Einflussnahme **70** 24
– Zustimmungsvorbehalte **70** 36, 43 ff

Konzernrecht s. a. Beteiligungserwerb und -veräußerung
– abhängige Unternehmen **69** 36 ff; **70** 1 ff
– Ausstrahlung auf andere Rechtsbereiche **69** 4
– Begriffsbestimmungen **69** 2
– Beteiligungserwerb und -veräußerung **70** 2 ff
– Entwicklung **1** 10
– gleichgeordnete Unternehmen **69** 13
– Grundlagen **69** 67 ff
– KGaA **79** 87 ff
– Konzerne **69** 67 ff
– Mehrheitsbeteiligungen **69** 18 ff
– Mitteilungspflichten **69** 115 ff
– Rechtsfolgenüberblick **69** 3
– verbundene Unternehmen **69** 5 ff
– wechselseitige Beteiligungen **69** 94 ff

Konzernvermutung 69 73 f
Konzessionssystem 1 3 f
Koppelungsklausel 20 45; **21** 29
Kraftloserklärung von Aktienurkunden
– Allgemeines **12** 32
– Aufgebotsverfahren **12** 34
– gerichtliche – **12** 33
– durch Gesellschaft **12** 35 ff

Krankenversicherung 21 20
Kreditbegriff 21 153
Kreditgewährung
– an Aufsichtsratsmitglieder **33** 56
– an Handlungsbevollmächtigte **21** 152
– KGaA **81** 5
– Kreditbegriff **21** 153
– an Prokuristen **21** 152

– Rechtsfolge bei Verstößen **21** 156
– sofortige Rückgewähr **21** 156
– an Vorstandsmitglieder **21** 151 f
– Zustimmung des Aufsichtsrats **21** 151, 154 f

Kündigung
– Auflösung der Gesellschaft **66** 3, 10; **77** 39 ff
– Beherrschungsvertrag **71** 198 ff, 201 ff
– Unternehmensverträge **73** 76 f

Kündigung von Komplementären 78 38, 39, 46

Kündigung von Vorstandsmitgliedern
– Abmahnung **21** 138
– vor Amtsbeginn **21** 143
– Anhörung **21** 138, 140
– außerordentliche – **21** 130 ff
– betriebsbedingte – **21** 136 f
– Erklärung **21** 127
– Frist **21** 139
– durch Gesellschaft **21** 126 ff
– grobe Pflichtverletzung **21** 133 f
– bei Insolvenz **21** 144
– ordentliche – **21** 142
– personenbedingte – **21** 135
– Rechtsschutz **21** 146
– Verhältnis zur Abberufung **21** 126 f
– verhaltensbedingte – **21** 133 f
– durch Vorstandsmitglied **21** 147 f
– aus wichtigem Grund **21** 130 ff
– Zuständigkeit **21** 128

Kündigungsschutz 21 11
Kursgarantie 15 6 ff; **16** 65
Kurspflege 15 16

Legal Judgement Rule 25 57
Legalitätskontrollpflicht 25 32
Legalitätspflicht
– Durchbrechungen **25** 33 ff
– Inhalt **25** 31
– nützliche Pflichtverletzungen **25** 37
– unsichere Rechtslage **25** 34
– Vertragspflichten der Gesellschaft **25** 33

Legitimationsübertragung 14 67 ff
Leitung der Gesellschaft
– Abgrenzung zur Geschäftsführung **19** 16
– bei abhängiger Gesellschaft **19** 42
– Autonomie **19** 31 f
– Berichtspflichten **25** 87 ff
– Compliance **25** 16 ff
– Corporate Governance **19** 25
– Corporate Social Responsibility **19** 26 f
– Eigenverantwortlichkeit **19** 13, 30 ff
– Europäische Aktiengesellschaft **86** 1 ff
– Finanzverantwortung **25** 12
– Fremdeinfluss **19** 37
– Früherkennungssystem für bestandsgefährdende Entwicklungen **25** 13 ff
– Gegenstand **19** 17
– Gesamtverantwortung **19** 33

magere Zahlen = Randnummern　　　　　　　　　　　　　**Sachverzeichnis**

- horizontale Delegation **19** 33
- Konzernleitung s. dort
- Konzernverantwortung **19** 38 ff
- Leitungspflicht **25** 4 ff
- Organisationspflicht **25** 6 ff
- Outsourcing **19** 34 ff
- Personalverantwortung **25** 11
- Pflicht **25** 4 ff
- Pflicht zur Unternehmensorganisation **25** 6 ff
- Schmiergeldzahlungen **19** 29
- Shareholder Value **19** 22
- Sorgfaltspflichten **25** 31 ff
- Stakeholder Value **19** 22
- Treuepflicht **25** 38 ff
- Überwachung durch Aufsichtsrat **29** 28 ff
- Umfang **19** 18 ff
- Unternehmensplanung-/-steuerungspflicht **25** 7 ff
- im Unternehmensverbund **19** 38 ff
- Unveräußerlichkeitsgrundsatz **19** 37
- Verschwiegenheitpflicht **25** 47 ff
- vertikale Delegation **19** 34 ff
- Vorgaben **19** 21 ff
- Vorlagepflichten **25** 85 ff
- durch Vorstand **19** 13 ff
- Vorwegbindungsverbot **19** 37
- Wohl der Gesellschaft **19** 21
- Zielvorgaben **19** 21 ff

Leveraged Buyout 15 68
Liquidation der Aktiengesellschaft s. a. Abwicklung
- Abwicklungsanfangsvermögen **68** 10 ff
- Abwicklungsendvermögen **68** 13
- Besteuerungszeitraum **68** 4 ff
- Firma **7** 10
- gewerbesteuerliche Behandlung **68** 16 f
- Liquidationsausschüttungen **68** 21 ff
- Liquidationsgewinn **68** 17
- Liquidationsgewinnermittlung **68** 2 f
- steuerliche Behandlung **68** 1 ff
- steuerliches Eigenkapital **68** 19 f
- Umsatzsteuer **68** 18
- Vermögensvergleich **68** 8 ff
- Zwischenveranlagungen **68** 6

Listenwahl 30 54; **40** 93
Listing 19 10
Lizenzschranke
- Allgemeines **50** 148
- Rechtsfolgen **50** 152 f
- Tatbestandsvoraussetzungen **50** 149 ff

Macrotron-Entscheidung **35** 66 ff; **57** 101; **61** 86
Mantelgründung s. Vorratsgründung
Mantelkauf 6 15; **50** 161
Mantelverwendung 6 15
Marktmanipulationsverbot 15 16, 39
Marktschutzklausel 57 14

Maßgeblichkeitsgrundsatz 46 20
Matrixorganisation 22 20
Mehrdividende 39 21
Mehrheitsbeteiligungen
- Abhängigkeitsvermutung **69** 35, 59 ff
- Anteilsmehrheit **69** 20 ff
- Begriffsdefinition **69** 18
- Berechnung **69** 21 ff, 33 f
- Inhaber **69** 19
- Kapitalanteile **69** 21
- Mitteilungspflichten nach § 20 AktG **69** 125
- Mitteilungspflichten nach § 21 AktG **69** 152
- Rechtsfolgen **69** 35
- Stimmrechte **69** 30 ff
- Stimmrechtsmehrheit **69** 30 ff

Mehrheitseingliederung 75 10
Mehrheitserfordernis
- Einziehungsbeschluss **63** 42
- Hauptversammlungsbeschluss **40** 38 ff
- Kapitalerhöhungsbeschluss **57** 16 ff; **58** 26; **60** 10
- Kapitalherabsetzung **61** 22
- satzungsändernde Beschlüsse **40** 81
- Sonderbeschluss **40** 71
- Wahlen **30** 53; **40** 89 f

Mehrheitsprinzip 22 8 f
Mehrstimmrecht 39 12 f
Mehrstimmrechtsaktien 13 9
Mehrstufige Abhängigkeit 69 49 f, 65
Merger Buyout 15 68
Minderheitenrechte 18 1, 4
Minderheitsausschluss s. Squeeze-out
Mindestaktienbesitz
- rechtzeitiger Nachweis **42** 150 ff

Minus-Eins-Regel 69 62
Missbrauch des Minderheitsausschlusses
- Allgemeines **75** 120
- Fallgruppen **75** 122 ff
- Rechtsfolgen **75** 133
- Verbot des Rechtsmissbrauchs **75** 121

Mitarbeiterbeteiligungen
- steuerliche Behandlung **21** 163

Mitbestimmung
- KGaA **79** 69 ff

Mitbestimmungsmodell der SE
- doppelte Mehrheit **86** 42
- Dreiteilbarkeitsgebot **86** 41
- gesetzliche Auffangregelung **86** 46 ff
- Minderung der Mitbestimmungsrechte **86** 43
- Missbrauchsverbot **86** 54
- Nichtaufnahme/Abbruch der Verhandlungen **86** 44 ff
- Regelungskonzept **86** 29 f
- Vereinbarung **86** 39 f
- Verfahren **86** 31 ff
- Verhandlungsergebnis **86** 38 ff
- Wege aus der Mitbestimmung **86** 50 ff

Sachverzeichnis

halbfette Zahlen = Paragraphen

Mitbestimmungsstatus
- Statusverfahren nach §§ 97 ff. AktG **28** 54 ff

Mitgliedschaftsrechte
- Abspaltungsverbot **17** 9
- Ausübung **35** 1
- eigennützige – **17** 5
- Erwerb **17** 2
- Pflichten **17** 8
- Schutz **18** 13
- Sonderrechte **17** 7
- Stimmrecht **17** 6
- uneigennützige – **17** 5
- Verlust **17** 2
- Vermögensrechte **17** 4
- Verwaltungsrechte **17** 3

Mitteilungspflichten
- Bekanntmachung **69** 132
- bei Beteiligungserwerb und -veräußerung **69** 114 ff
- Erstattung der Mitteilung **69** 127 ff
- bei Gründung **3** 31 f
- Kapitalgesellschaften mit Sitz im Inland **69** 124
- KGaA **79** 92 f
- im Konzernrecht **69** 115 ff
- Mehrheitsbeteiligung **69** 125, 152
- Nachweis **69** 131
- nach § 20 AktG **69** 118 ff
- nach § 21 AktG **69** 150 ff
- nach § 328 Abs. 4 AktG **69** 155
- Pflichtverletzung **69** 134 ff, 154
- Schachtelbeteiligung **69** 118 ff, 151
- Überblick **69** 115 ff
- Übermittlung der Mitteilung **69** 130
- wechselseitige Beteiligung **69** 155
- Wegfall der Beteiligung **69** 126, 153

Mittelbares Bezugsrecht 57 146 ff; **59** 21; **64** 39

Mitunternehmerschaft 50 6

Montanmitbestimmung
- Aufsichtsrat **28** 26 ff
- Ausscheiden **28** 37
- Fortgeltungsgesetze **28** 37 ff

MPS-Urteil 16 79

Nachgründung
- Anwendungsbereich **4** 50 ff
- Begriff **4** 51
- Eintragung im Handelsregister **4** 65
- Formwechsel **4** 56
- Kapitalerhöhung mit Sacheinlagen **4** 57
- KGaA **77** 17
- im Konzern **70** 50
- Nachgründungsbericht **4** 63
- Nachgründungsprüfung **4** 64
- Nachgründungsvertrag **4** 57
- Sachkapitalerhöhung **57** 64
- Schriftform **4** 61
- Verfahren **4** 60a ff

- Verhältnis zu verdeckten Sacheinlagen **16** 48
- Vorratsgesellschaft **4** 55
- Zustimmung der Hauptversammlung **4** 62

Nachteilige Einflussnahme des herrschenden Unternehmens
- Abhängigkeitsverhältnis **70** 71
- Anwendbarkeit des Schutzvorschriften **70** 70
- Nachteilsausgleich **70** 75 ff
- qualifiziert faktischer Konzern **70** 141 ff
- Schutzsystem **70** 65 ff

Nachteilsausgleich
- Ausgleich des Nachteils **70** 89 ff
- Begründung eines Rechtsanspruchs **70** 94
- Ermittlung des Nachteils **70** 82 ff
- bei nachteiliger Einflussnahme des herrschenden Unternehmens **70** 75 ff
- passive Konzerneffekte **70** 76
- Pflichtverletzung **70** 129 ff
- qualifiziert faktischer Konzern **70** 141 ff
- Veranlassung von Rechtsgeschäften/Maßnahmen **70** 76 ff
- Verantwortlichkeit der Verwaltungsmitglieder abhängiger Gesellschaft **70** 138 ff
- Verantwortlichkeit des herrschenden Unternehmens **70** 129 ff
- Zeitpunkt der Ausgleichsleistung **70** 92

Nahestehende Personen 35 47 f
- Geschäfte mit **29** 68 ff

Naked warrants 58 9, 12; **64** 53

Namensaktien
- Aktienart **12** 7; **13** 1, 2 ff
- gutgläubiger Erwerb **14** 11 f
- Orderpapiere **14** 6
- Übertragung bei Sammelverwahrung **14** 66
- Übertragung bei Sonderverwahrung **14** 62
- Übertragung durch Indossament **14** 6 ff
- Verpfändung **14** 75
- vinkulierte – **14** 14 ff

Namensaktiengesetz 1 25; **14** 32 ff
Nebenintervention 42 111 ff; **43** 33, 53, 57
Nebenleistungs-Gesellschaft 2 10
Nebenleistungspflichten der Aktionäre 16 54 ff
Negotiated Repurchase 15 37
Nennbetragsaktien 11 11 f; **13** 16 ff
Neugründung
- Europäische Aktiengesellschaft **84** 4

Neutralitätspflicht 70 18
Nichtfinanzielle Erklärung 44 16 ff
Nichtigkeit des Jahresabschlusses
- fehlerhafte Bewertung **48** 8
- fehlerhafte Gliederung **48** 7
- Feststellungsfehler **48** 6
- Geltendmachung **48** 9
- Heilung **48** 9
- Inhalts- und Prüfungsmängel **48** 5
- Konzernabschluss **48** 4

magere Zahlen = Randnummern

Sachverzeichnis

Nichtigkeit von Beschlüssen
– abschließende Aufzählung **42** 12
– allgemeine Feststellungsklage **42** 4
– Amtslöschung **42** 30 ff
– Einberufungsmängel **42** 14 ff
– Gründe **42** 2, 14 ff
– Heilung **42** 37 ff
– Kapitalherabsetzungsbeschluss **61** 33
– Nichtigerklärung durch Anfechtungsurteil **42** 29
– Nichtigkeitsfolge **42** 35 f
– Nichtigkeitsklage **42** 135 ff
– Nicht-/Scheinbeschlüsse **42** 13
– Niederschriftsmängel **42** 21 f
– Teilnichtigkeit **42** 36
– Übertragungsbeschluss **75** 79 ff
– Verletzung des öffentlichen Interessen **42** 23 ff
– Verletzung von Gläubigerschutzvorschriften **42** 23 ff
– Verstoß gegen gute Sitten **42** 28
– Widerspruch zum AG-Wesen **42** 23 ff

Nichtigkeitsklage
– Anwendbarkeit der Anfechtungsregeln **42** 138
– Anwendungsbereich **42** 135 ff; **48** 14
– Befristung bei Verschmelzungsbeschluss **42** 142
– Feststellungsklage **42** 137
– Feststellungswirkung **42** 143
– Klagebefugnis **42** 139 f
– Klagefrist **42** 141 f
– Rechtskraftwirkung **42** 143
– Urteilswirkungen **42** 143

Niederschrift
– Abschriften **41** 34
– von Aufsichtsratssitzungen **31** 105 ff, 112 ff
– Beschlüsse **41** 9
– Beurkundung **41** 14 ff
– Einreichung zum Handelsregister **41** 31 ff
– Einsichtnahme **41** 34
– Ergebnisprotokoll **41** 3
– Erleichterungen **41** 25 ff
– fehlende -/fehlerhafte – **41** 36 ff
– Formverstöße **42** 21
– Haftung des Protokollanten **41** 38 f
– von Hauptversammlungen **41** 1 ff
– Inhalt **41** 7 ff
– inhaltliche Protokollfehler **42** 22
– Mängel **42** 21 ff
– Nichtigkeit **41** 36 f
– notarielles Protokoll **41** 2, 14 ff
– privatschriftliches Protokoll **41** 2
– Publizität **41** 31 ff
– bei Sonderversammlung **41** 5
– bei Universalversammlung **41** 6
– des Versammlungsleiters **41** 25 ff
– Zweck **41** 1

Nießbrauch 57 99
– Bestellung **14** 70

– Inhalt **14** 71 ff
– Verfügungen über Aktien **14** 70 ff
Nominierungsausschuss 32 2, 18
Notar
– Amtspflichten **41** 18 ff
– Beurkundung von Versammlungsniederschriften **41** 14 ff
November-Urteil 16 79
Nutzungen
– als Einlage **5** 20

Octroisystem 1 2
Offenlegung von Vorstandsbezügen 21 157 f
Optionsaktien 58 9
Ordnungsgemäße Unternehmensführung 25 5
Organschaft 54 27
Outsourcing 54 43

Parteispenden 19 28
Personalausschuss 32 2, 10 ff
Personalentscheidungen 29 2; **70** 41; s. a. Wahlen
Personalverantwortung 25 11
Personenfirma 7 4; **77** 7
Pfändungsschutz 21 10
Pflegeversicherung 21 20
Phantom Stocks 21 73
Planung des Unternehmens 25 7
Präsidium 32 13 ff
Private-Equity-Transaktionen 15 68
Prokura
– Erteilung als Geschäftsführungsmaßnahme **23** 29
– Filialprokura **10** 8
– KGaA **79** 17
– Zweigniederlassung **10** 2, 8
Prospektpflicht
– Kapitalerhöhung aus Gesellschaftsmitteln **60** 102
– Kapitalerhöhung gegen Einlagen **57** 202 f
– Wandel- und Optionsanleihen **58** 100 ff
Protokoll s. Niederschrift
Prozessstandschaft 18 1, 7
Prüfstelle nach § 342b HGB 19 11
Prüfungsausschuss
– Aufgaben **32** 23 ff
– Aufsichtsrat **29** 53; **32** 2, 19 ff
– Besetzung **32** 22
– Bildung **32** 19 f
– interne Revision **32** 28
– Risikomanagement **32** 27
– Überwachung der Abschlussprüfung **32** 33
– Überwachung des internen Kontrollsystems **32** 26
– Überwachung des Rechnungslegungsprozesses **32** 25
– Vorprüfung der Abschlüsse **32** 24

Sachverzeichnis

halbfette Zahlen = Paragraphen

Publikums-AG
– Typus **2** 8
Publizitätspflichten
– Erwerb eigener Aktien **15** 57 f

Qualifiziert faktischer Konzern
– Abfindung **70** 151
– Abwehransprüche **70** 153
– Ausfallhaftung **70** 150
– Ausgleich **70** 151
– Darlegungs- und Beweisfragen **70** 145 f
– einseitige Risikoverteilung **70** 144
– Feststellung durch Abschlussprüfer **70** 154
– Grundlagen **70** 141 ff
– personelle Verflechtungen **70** 144
– qualifizierte Nachteilszufügung **70** 141
– rechtliche Behandlung **70** 147 ff
– Rechtsfigur **70** 142
– Schadensersatzansprüche **70** 152
– Sicherheitsleistung **70** 150
– Tatbestandsvoraussetzungen **70** 143 ff
– Unmöglichkeit des Einzelausgleichs **70** 143 ff
– Unzulässigkeit **70** 153
– Verlustausgleichspflicht **70** 147 ff
– Waschkorb-Fälle **70** 144
Quartalsberichte 25 70

Rechnungslegung
– bei Abwicklung **67** 15 ff
– Jahresabschluss s. dort
Rechnungswesen s. Buchführungspflicht
Rechteüberlassung
– Beschränkungen des Betriebsausgabenabzug **50** 148 ff
Rechtsschutz
– des abberufenen Vorstandsmitglieds **20** 64 ff
– Aktionäre **35** 69 ff
Regelberichte des Vorstands 25 65, 67 ff
– Bericht über beabsichtigte Geschäftspolitik **25** 67 f
– Bericht über Gang der Geschäfte **25** 70
– Rentabilitätsbericht **25** 69
Regierungskommission Corporate Governance 1 27
REIT-AG 2 17
Related party transactions 29 68; **35** 47 f; **70** 69, 96
Relationship Agreements 70 30
Relevanztheorie 38 66
Rentabilitätsberichte 25 69
Rentenversicherung 21 20
Restricted Shares 21 73
Revision, interne 32 28
Risikomanagementsystem 32 27
Rückgewähr von Aktionärsdarlehen s. Darlehensrückgewähr
Rückkaufangebot 15 37

Rücklagen
– Anpassung an steuerliche Passivposten **47** 10
– Ausweis der Rücklagenveränderungen **44** 12
– Befreiung von gesetzlichen – **74** 56
– Bildung **46** 9; **47** 4 ff; **81** 28
– gesetzliche – **44** 2 ff; **47** 4; **71** 69
– Kapital- **44** 5 f; **71** 69
– satzungsmäßige – **47** 5
– Sonder- **60** 48, 93
– Sonderregeln **44** 2 ff
– umwandlungsfähige – **60** 39 ff
– Veränderung **44** 10
– Verwendung **44** 7
– Wertaufholungs- **47** 9
– zweckbestimmte Gewinnrücklagen **60** 47
Rücklagenauffüllung
– nach Abschluss eines Beherrschungsvertrags **71** 60 ff
– Frist **71** 61
– Gewinnabführungsvertrag **72** 27 f
– Jahresüberschuss **71** 62
– Kapitalerhöhung **71** 63
– Kapitalherabsetzung **71** 63
– im Vertragskonzern **71** 60 ff
Rücklagenbildung
– Anpassung an steuerliche Passivposten **47** 10
– bei Feststellung des Jahresabschlusses **47** 4 ff
– freie – **47** 6 ff
– gesetzliche Rücklage **47** 4
– aufgrund gesetzlicher Ermächtigung **47** 6, 8 ff
– KGaA **81** 28
– im Konzern **47** 11 ff
– satzungsmäßige Rücklage **47** 5
– aufgrund satzungsmäßiger Ermächtigung **47** 7
– Wertaufholungsrücklage **47** 9
Rücktrittsrecht
– Unternehmensverträge **73** 79
Rückwirkung
– Hauptversammlungsbeschluss **40** 60
– Kapitalherabsetzung **61** 39
– Satzungsänderung **40** 85
– Vereinbarungen zur Vermeidung verdeckter Gewinnausschüttungen **50** 89
– bei vereinfachter Kapitalherabsetzung **62** 38 ff
Ruhegehalt 21 86
Ruhegeld
– Altersrente **21** 92
– Anspruch **21** 34
– Ausschluss **21** 105 f
– Berechnungsgrundlage **21** 99 ff
– BetrAVG **21** 96 ff
– Dritter Pensionsfall **21** 92
– Entgeltcharakter **21** 92
– Hinterbliebenenversorgung **21** 110 ff
– Insolvenzsicherung **21** 107 ff
– Invaliditätsrente **21** 92
– Minderung **21** 105 f
– Übergangsgeld **21** 92

magere Zahlen = Randnummern   **Sachverzeichnis**

– Unverfallbarkeit **21** 106
– Verlust **21** 105 f
– Versorgungszusage **21** 95
– Vorstandsmitglieder **21** 92 ff
– Wertsicherung **21** 102 ff
Rumpfaufsichtsrat 4 25 ff

Sachdividende 47 32 f
Sacheinlagen
– Aktienausgabe gegen – **59** 53 ff
– Anteilstausch **5** 43 ff
– Ausgabebetrag **57** 43, 46 ff
– bei bedingter Kapitalerhöhung **58** 44 ff
– Bestimmbarkeit **4** 6; **57** 43
– Betriebe **5** 26 ff
– Bewertung **5** 19 ff; **57** 47 ff
– Bewertungswahlrechte **5** 30 ff, 45
– Bilanzierung **4** 18 ff; **57** 50
– Differenzhaftung **57** 55, 60 ff; **58** 47
– Einbringung **57** 53 ff
– Einbringungsbilanz **4** 6
– Einlagefähigkeit **4** 3
– Forderungen aus Arbeitnehmergewinnbeteiligungen **58** 52
– Formwechsel **5** 51
– gemischte – **4** 4; **57** 83 f
– genehmigtes Kapital **59** 19
– Gewährleistung der AG **57** 54 f
– bei Kapitalerhöhung gegen – **57** 41 ff
– Mitunternehmeranteile **5** 28
– Prüfung **57** 51 f; **58** 45; **59** 56
– Sacheinlagepflicht **16** 5
– Sacheinlagevereinbarung **4** 7; **57** 53 ff; **59** 57
– Sachgründung **4** 1 ff; **5** 19 ff
– steuerliche Behandlung **5** 13 f, 19 ff
– Teilbetriebe **5** 26 ff
– Umsatzsteuer **5** 22
– verdeckte Sacheinlage s. dort
– Wandel- und Optionsanleihen **58** 48 ff
– Wertprüfung **4** 17
– Wirtschaftsgüter **5** 23 ff
Sacheinlagevereinbarung
– Allgemeines **57** 53
– Gewährleistung **57** 54 f
– Gründung **4** 7
– Leistungsstörungen **57** 59
– Schriftform **57** 57 f
– Unwirksamkeit **57** 59
– Zeitpunkt **57** 56
Sachfirma 7 4
Sachgründung s. a. Gründung
– AG **3** 2; **4** 1 ff
– Anmeldung **4** 44 ff
– Ausgabebetrag **4** 13 ff
– Bestellung des ersten Aufsichtsrats **4** 21 ff
– Bilanzansatz bei Sacheinlagen **4** 13 ff
– Einbringungsvertrag **4** 7 ff
– Festsetzungen in der Satzung **4** 1 ff

– gemischte Bar- und Sachgründung **3** 2
– Gründungsbericht **4** 32 ff
– Gründungsprüfung **4** 35 ff
– Haftung **4** 47 ff
– Holding-SE **84** 50
– KGaA **77** 2
– Nachgründung **4** 50 ff
– Sacheinlagen **4** 1 ff
– Sachübernahmen **4** 1 ff
Sachübernahme
– Sachgründung einer AG **4** 1 ff
Safe Harbour 15 40
Sammelverwahrung
– Aktienübertragung bei – **14** 63 ff
– Inhaberaktien **14** 65
– Namensaktien **14** 66
Sanierungsgewinne 50 38
Sanierungsprivileg 16 91
Satzung 6 ff
– allgemeine Bestimmungen **6** 1 ff
– Auslegung **6** 4
– Bargründung **3** 7 ff
– Bekanntmachungen **9** 6 ff
– Doppelfunktion **6** 1 ff
– Festsetzungen bei Gründung **3** 7 ff; **4** 1 ff;
  77 4 ff
– Firma **7** 2
– Form **6** 5
– Geschäftsjahr **9** 1 ff
– individualrechtliche Regelungen **6** 1
– KGaA **77** 4 ff; **79** 1 ff
– korporative Bestimmungen **6** 1
– Mängel **6** 7; **66** 8; **77** 43
– Mindestinhalt **6** 7
– Nebenabreden **6** 13 f
– nichtkorporative Bestimmungen **6** 2, 4
– notwendiger Inhalt **6** 1, 6 ff
– potentiell korporative Bestimmungen **6** 2
– Rechtsnatur **6** 3
– Sachgründung **4** 1 ff
– und schuldrechtliche Aktionärsvereinbarungen
  6 13 f
– Sitz **8** 1 ff
– statutarische Regelungen **6** 8, 9 ff
– Unternehmensgegenstand **9** 13 ff
– Vorratsgründung **6** 15
– Zweigniederlassung **10** 5
Satzungsänderungen
– Anmeldung **10** 20
– Beschlussverfahren **40** 79 ff
– Einberufung der Hauptversammlung **40** 80
– Eintragung ins Handelsregister **40** 82
– faktische – **40** 78
– Fassungsänderung **40** 76
– KGaA **79** 48; **80** 3
– bei korporativen Satzungsbestandteile **40** 76
– Mehrheitserfordernisse **40** 81
– Rückwirkung **40** 85

Sachverzeichnis

halbfette Zahlen = Paragraphen

- sachliche Rechtfertigung **40** 86
- satzungsändernde Beschlüsse **40** 74 ff
- Satzungsdurchbrechung **40** 77
- Sitzverlegung **8** 9
- bei unechten Satzungsbestandteilen **40** 75

Satzungsdurchbrechung 40 77
Satzungsstrenge 42 25
Schachtelbeteiligung
- Mitteilungspflichten nach § 20 AktG **69** 118 ff
- Mitteilungspflichten nach § 21 AktG **69** 151

Schädliche Beeinflussung
- Anspruchsberechtigte **27** 12 f
- Haftungsausnahmen **27** 9 ff
- Haftungstatbestand **27** 2 ff
- Handelnde **27** 2 f
- Mithaftungen **27** 7 f
- Verhältnis zu anderen Haftungstatbeständen **27** 15 ff
- Verzicht, Vergleich, Verjährung **27** 14

Schädlicher Beteiligungserwerb
- Anteilsrechte an Verlustkörperschaft **50** 167
- Erwerber, Erwerbergruppen **50** 172
- Konzernsachverhalte **50** 176
- Rechtsfolge **50** 174
- Sanierungsausnahme **50** 178
- Stille Reserven **50** 177
- Übertragung **50** 168
- unmittelbare/mittelbare Übertragung **50** 170
- Veränderung der Beteiligungsquote **50** 171
- Verlustabzugsbegrenzung **50** 166 ff
- Wagniskapitalgesellschaften **50** 179
- zeitlicher Rahmen **50** 173

Schenkungen 53 5 f
Schenkungsteuer 50 121 f
Schiedsverfahren
- bei Beschlussmängelstreitigkeiten **42** 11

Schlussrechnung
- bei Abwicklung **67** 18

Schmiergeldzahlungen 19 29
Schütt-aus-hol-zurück-Verfahren 16 42
- genehmigtes Kapital **59** 53
- Kapitalerhöhung aus Gesellschaftsmitteln **60** 8
- Kapitalerhöhung gegen Sacheinlagen **57** 79 ff
- steuerliche Wirkungen **57** 81 ff

Schuldrechtliches Agio 3 17
Schuldübernahme 15 68
Schweigepflicht s. Verschwiegenheitspflicht
scrip dividend 57 203
Selbstkontrahierungsverbot 23 6 f; **50** 87
Selbstorganschaft 79 3
Shareholder Value 19 22
Sicherheitsleistung
- Anspruch **61** 49
- Anspruchsausschluss **61** 51 ff
- Art und Weise **61** 54
- bei Beendigung des Beherrschungsvertrags **71** 224 ff
- bei Eingliederung **74** 44

- geschützte Forderungen **61** 50
- Gläubiger **61** 49
- Gläubigerschutz **61** 48 ff
- bei Kapitalherabsetzung durch Einziehung **63** 33
- klagbarer Anspruch **61** 55
- bei ordentlicher Kapitalherabsetzung **61** 49 ff
- qualifiziert faktisches Konzernverhältnis **70** 150
- bei vereinfachter Kapitalherabsetzung **62** 1
- Verfall des Sicherungsanspruchs **61** 56
- zulässige Einlagenrückgewähr **16** 85

Sicherung außenstehender Aktionäre
- angemessener Ausgleich **71** 78 ff
- Vertragskonzern **71** 78 ff

Siemens/Nold-**Entscheidung 59** 31
Sittenverstoß 42 28
Sitz
- Bedeutung **8** 1 f, 20 ff
- bestimmte deutsche Gemeinde **8** 6
- Bestimmung **8** 3 ff
- Doppelsitz **8** 6 f
- innerhalb Deutschlands **8** 4
- Rechtsfolgen von Verstößen **8** 18 ff
- steuerliche Bedeutung **8** 20 ff
- Verlegung **8** 9 ff; **85** 1 ff
- Wahl **8** 5

Sitzungen s. Aufsichtsratssitzungen, Vorstandssitzungen
Sitzverlegung
- Anmeldung **8** 10 ff
- Anzeige bei Finanzamt **8** 22
- Ausland **8** 13 ff; **66** 4
- grenzüberschreitende – **85** 1 ff
- Satzungsänderung **8** 9 ff

Societas Europaea (SE) s. Europäische Aktiengesellschaft
Sonderberichte 25 65, 71 ff
Sonderbeschluss
- Anfechtbarkeit **40** 72
- außenstehender Aktionäre **71** 186; **73** 73
- Einziehungsbeschluss **63** 29, 42
- von Gesetzes wegen **40** 63 ff
- gesonderte Beschlussfassung **40** 70
- Kapitalerhöhung **57** 20 ff
- Kapitalerhöhung aus Gesellschaftsmitteln **60** 11
- Kapitalerhöhungsbeschluss **58** 27
- Kapitalherabsetzung **61** 24
- Minderheitsrechte **40** 68
- Nichtigkeit **40** 72
- Rechtsgeschäfte eigener Art **40** 62
- Rechtswirkungen **40** 72 f
- kraft Satzung **40** 66
- Sonderversammlung **40** 67, 69
- Verfahren **40** 67 ff
- Zweck **40** 61 f

magere Zahlen = Randnummern

Sachverzeichnis

Sonderprüfer
- Bestellung **43** 20 ff
- Eignung **43** 23 f
- gerichtliche Bestellung **43** 13 ff
- Stellung **43** 20 ff
- Verantwortlichkeit **43** 23 f
- Vergütung **43** 25
- Wahl **36** 85; **40** 87 ff
- Wahlvorschläge **36** 122 f
- Widerruf der Bestellung **43** 20 ff
- Wirtschaftsprüfer **43** 23

Sonderprüfung
- Arten **43** 3 f
- Auskunftsverweigerungsrecht **43** 27
- Durchführung **43** 26 ff
- durch Hauptversammlungsbeschluss **43** 5 ff
- informelle – **43** 7
- Kosten **43** 29
- Prüfungsbericht **43** 28
- Stimmverbot **43** 8
- Unterstützung durch Vorstand **43** 26
- wegen unzulässiger Unterbewertung **48** 10 ff
- Veranlassung **43** 5 ff
- auf Veranlassung einer Minderheit **43** 13 ff
- Zweck **43** 2, 30

Sonderverwahrung
- Aktienübertragung bei – **14** 60 ff
- Inhaberaktien **14** 61
- Namensaktien **14** 62

Sondervorteile
- Anfechtbarkeit von Beschlüssen **42** 63 ff
- für Mitwirkung an AG-Gründung **3** 10
- Verbot **25** 41

Sorgfaltspflicht
- Haftung der Aufsichtsratsmitglieder **33** 74 ff
- Legalitätspflicht **25** 31 ff
- bei Vermögensverfall **25** 95 ff
- des Vorstands **25** 31 ff

Sozialversicherungsrecht 21 20
Spartenorganisation 19 33; **22** 19
Spenden
- steuerliche Behandlung **19** 27; **50** 11; **52** 28, 38

Sponsoring 19 27
Squeeze-out
- Abfindungsprüfer **75** 51 ff
- Abfindungsprüfung **75** 56 ff
- Abfindungsprüfung durch Gericht **75** 111 f
- Ablauf **75** 12 ff
- Abwicklung der Barabfindung **75** 110
- Alleinaktionär auf Zeit **75** 129
- Anfechtung des Übertragungsbeschlusses **75** 79 ff
- Angemessenheit der Barabfindung **75** 56 ff
- anhängige Klagen/Verfahren **75** 115 ff, 131
- Anrechungen auf Abfindung **75** 104 ff
- Auskunftsanspruch des Hauptaktionärs **75** 46 f
- Auskunftsrecht der Aktionäre **75** 76
- Bankgarantie **75** 60 ff

- Barabfindung der Minderheitsaktionäre **75** 44, 50 ff, 96 ff
- Barabfindungsanspruch **75** 107 ff
- Berechnung der Mindestbeteiligung **75** 27
- Bereinigung der Konzernstruktur **75** 1
- Bericht des Hauptaktionärs **75** 42 ff
- Beschlussfassung **75** 77
- Beschlussmängel **75** 79 ff
- Bestellung des Abfindungsprüfers **75** 51 ff
- Beteiligte **75** 18 ff
- betroffene Gesellschaft **75** 18
- Bewertung der Abfindung **75** 96 ff
- Bezugsrechte auf Aktien **75** 28, 113
- bei Bezugsrechtsausschluss **75** 126
- Durchführung der Hauptversammlung **75** 73 ff
- Eintragung ins Handelsregister **75** 83
- Eintragungswirkungen **75** 92 ff
- formelle Anforderungen an Übertragungsverlangen **75** 34 ff
- Freigabeverfahren **75** 85 ff
- Hauptaktionär **75** 19 ff
- Höhe der Barabfindung **75** 34, 50, 96 ff
- Information der Minderheitsaktionäre **75** 68 ff
- Insiderinformation **75** 39
- Kapitalbeteiligung von mindestens 95 %. **75** 20
- Kapitalmaßnahmen **75** 27
- KGaA **79** 91
- Mehrheitseingliederung **75** 10
- Missbrauch des Minderheitsausschlusses **75** 120 ff
- Nachweis der Mindestbeteiligung **75** 33
- Nichtigkeit des Übertragungsbeschlusses **75** 79 ff
- Prüfung der Mindestbeteiligung **75** 32
- Prüfung des Übertragungsverlangens durch Vorstand **75** 37
- Prüfungsbericht des Abfindungsprüfers **75** 59
- Regeln der Mehrheitseingliederung **75** 3
- Registersperre **75** 84
- Sicherung der Abfindungsansprüche **75** 38, 60 ff
- Tagesordnungsangaben **75** 64 ff
- übernahmerechtlicher – **75** 7 f
- Übernahmerichtlinie **75** 4
- übertragende Auflösung **75** 11
- Übertragungsbericht **75** 42 ff
- Übertragungsbeschluss **75** 64 ff
- Übertragungsverlangen **75** 34 ff
- bei Umwandlung **75** 122 ff
- Verfassungsmäßigkeit **75** 5
- verschmelzungsrechtlicher – **75** 9
- Vorbereitung der Hauptversammlung **75** 64 ff
- Vorbereitung des Übertragungsbeschlusses **75** 34 ff
- vorheriges Delisting **75** 132
- Vorschläge zur Beschlussfassung **75** 67
- Widerspruch mit vertraglichen Abreden **75** 130

Sachverzeichnis

halbfette Zahlen = Paragraphen

- wirtschaftliche Begründung **75** 45
- Zeitpunkt des Übertragungsverlangena **75** 40
- Zurechnung von Aktien **75** 21 ff
- bei Zusammenschluss von Aktionären **75** 128

Stakeholder Value 19 22

Statusverfahren
- Anwendungsbereich **28** 57 ff
- Bekanntmachung **28** 63 ff
- gerichtliche Entscheidung **28** 67 f
- Überleitungsvollzug **28** 69 ff
- Zweck **28** 54 ff

Stellvertretende Vorstandsmitglieder
- Allgemeines **24** 20 f
- anwendbare Regelungen **24** 22 f

Stelvertreter
- des Aufsichtsratsvorsitzenden **31** 17 f, 24 f

Steuerabzugsbeträge 25 140

Steuerbilanz 46 25 f

Steuerentrichtung 25 140 ff

Steuererklärungen
- Abgabe **25** 135 ff
- Berichtigung **25** 135 ff

Steuerfreie Einkünfte
- Dividendeneinkünfte **50** 21 ff
- Gewinnminderungen **50** 32 f
- nach KStG **50** 19 ff
- Rückausnahmen **50** 34 ff
- Veräußerungsgewinne **50** 24 ff

Steuerliche Organschaft
- bei Eingliederung **74** 69

Steuern
- Aktien als Gegenleistung einer Sacheinlage **14** 94 ff
- Aktien im Betriebsvermögen einer Kapitalgesellschaft **14** 104 ff
- Aktien im Betriebsvermögen natürlicher Personen **14** 99 ff
- Aktien im Privatvermögen **14** 82 ff
- Bedeutung des Geschäftsjahres **5** 9 ff
- Einlagen **5** 13 f, 19 f
- Entstehen der Aktiengesellschaft **5** 7 f
- Gewerbesteuer s. dort
- bei Gründung **5**
- Gründungskosten **5** 15 f
- für Gründungsmaßnahmen **5** 13 ff
- Gründungsphase **5** 4 ff
- Körperschaftsteuer s. dort
- Mitarbeiterbeteiligungen **21** 166
- Umsatzsteuer s. dort
- Verfügungen über Aktien **14** 82 ff
- Vorgründungsphase **5** 2 f
- Vorstandsbezüge **21** 163 ff

Steuerpflicht
- der Aktiengesellschaft **5** 1 ff; **49** 1 ff
- beschränkte – **49** 18
- Ende unbeschränkter – **49** 9 ff
- Entstehung unbeschränkter – **5** 1 ff; **49** 1 ff
- Gewerbesteuer **49** 4 ff, 13 ff

- Körperschaftsteuer **49** 1 ff, 10 ff
- Umsatzsteuer **49** 7 f
- unbeschränkte – **49** 1 ff

Stimmabgabe
- Anfechtung wegen Erklärungsirrtums **40** 29
- Briefwahl **40** 31
- empfangsbedürftige Willenserklärung **40** 28 f
- uneinheitliche – **40** 30
- Widerruf **40** 29

Stimmauszählung 40 35 ff

Stimmbindungsverträge
- Durchsetzung der Stimmbindung **39** 56 ff
- Erscheinungsformen **39** 45 ff
- Konsortialverträge/Poolverträge **39** 46
- Konzernrecht **69** 64
- Rechtsnatur **39** 45 ff
- Zulässigkeitsschranken **39** 51 ff

Stimmenmacht
- als beherrschender Einfluss **69** 42 ff

Stimmrecht
- Abspaltungsverbot **17** 9
- Ausschluss **20** 22; **39** 36 ff; **69** 106 ff
- Ausübung durch Dritte **39** 4 f
- Ausübung in Hauptversammlung **39** 2
- Beginn mit vollständiger Einlagenleistung **39** 8 ff
- Beschränkungen **79** 37
- Gegenstand **39** 1 f
- Höchststimmrecht **39** 14 ff
- Inhaber **39** 3
- KGaA **79** 37 f
- Legitimationszession **37** 23
- Mehrstimmrecht **39** 12 f
- Rechtsnatur **39** 1 f
- Stimmabgabe **40** 28
- Stimmbindungsverträge **39** 45 ff
- Stimmrechtsberater **39** 6 f
- stimmrechtslose Vorzugsaktien s. dort
- Stimmverbot **39** 36 ff, 44; **79** 37
- uneigennütziges Mitgliedschaftsrecht **17** 6
- bei verdeckter Sacheinlage **39** 11
- bei wechselseitige Beteiligungen **69** 106 ff

Stimmrechtsberater 39 6 f

Stimmrechtskonsortien 69 9

Stimmrechtslose Vorzugsaktien
- Aufhebung/Beschränkung des Vorzugs **39** 30 ff
- Aufleben des Stimmrechts **39** 28 f
- Ausgabe neuer Vorzugsaktien **39** 34 f
- Ausschluss des Stimmrechts **39** 28 f
- Gewinnvorzug **39** 20 ff
- Mehrdividende **39** 21
- Nachzahlungsrecht **39** 26 f
- Umwandlung in Stammaktien **39** 32
- Vorabdividende **39** 21 ff

Stimmrechtsmehrheit 69 30 ff

Stimmverbote
- Adressaten **39** 40 ff
- Aufsichtsrat **31** 70